第一批國家珍貴古籍名録圖録

第二册

中國國家圖書館
中國國家古籍保護中心 編

國家圖書館出版社

第二册目録

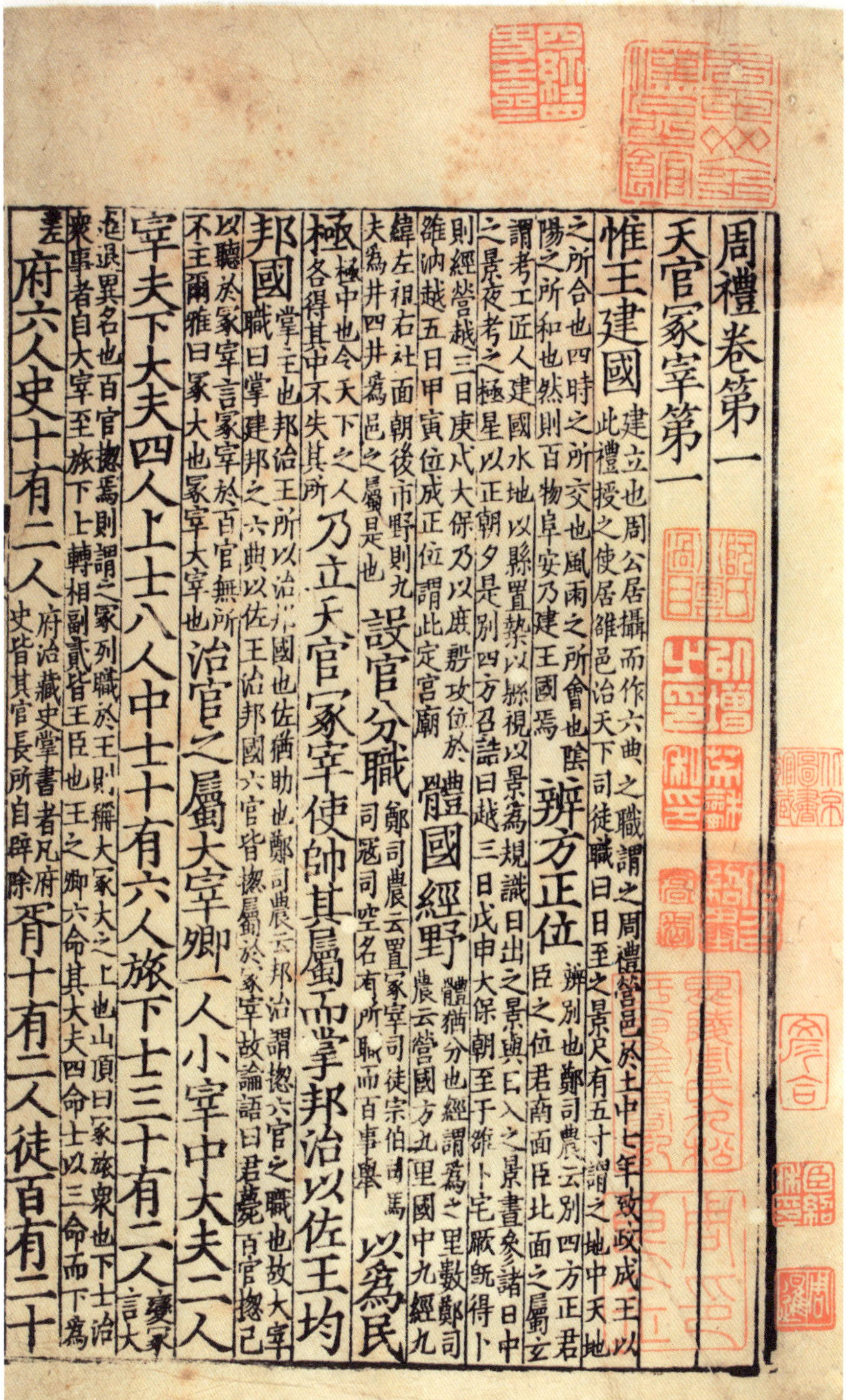

周禮卷第一

天官冢宰第一

惟王建國 建立也周公居攝而作六典之職謂之周禮營邑於土中七年致政成王以此禮授之使居雒邑治天下司徒職曰日至之景尺有五寸謂之地中天地之所合也四時之所交也風雨之所會也陰陽之所和也然則百物阜安乃建王國焉 辨方正位 辨別也鄭司農云別四方正君臣之位君南面臣北面之屬玄謂考工匠人建國水地以縣置槷以縣視以景爲規識日出之景與日入之景晝參諸日中之景夜考之極星以正朝夕是別四方召誥曰越三日戊申太保朝至于雒卜宅厥既得卜則經營越三日庚戌太保乃以庶殷攻位於雒汭越五日甲寅位成正位謂此定宮廟 體國經野 體猶分也經謂爲之里數鄭司農云營國方九里國中九經九緯左祖右社面朝後市野則九夫爲井四井爲邑之屬是也 設官分職 鄭司農云置冢宰司徒宗伯司馬司寇司空各有所職而百事舉 以爲民極 極中也令天下之人各得其中不失其所 乃立天官冢宰使帥其屬而掌邦治以佐王均邦國 掌主也邦治王所以治邦國也佐猶助也鄭司農云邦治謂總六官之職也故大宰職曰掌建邦之六典以佐王治邦國六官皆總屬於冢宰故論語曰君薨百官總己以聽於冢宰言冢宰於百官無所不主爾雅曰冢大也冢宰大宰也 治官之屬大宰卿一人小宰中大夫二人宰夫下大夫四人上士八人中士十有六人旅下士三十有二人 變冢言大冢退異名也百官總焉則謂之冢列職於王則稱大冢大之上也山頂曰冢旅衆也下士治衆事者自大宰至旅下士轉相副貳皆王臣也王之卿六命其大夫四命士以三命而下爲差 府六人史十有二人 府治藏史掌書者凡府史皆其官長所自辟除 胥十有二人徒百有二十

00250 周禮十二卷 （漢）鄭玄注　宋婺州市門巷唐宅刻本

匡高19.8厘米，廣13.1厘米。半葉十三行，行二十五至二十八字，小字雙行三十五字，白口，左右雙邊。有“婺州市門巷唐宅”、“婺州唐奉議宅”等牌記。有“毘陵周氏九松迂叟藏書記”、“四經四史之齋”、“周暹”等印。勞健抄補并跋。國家圖書館藏。

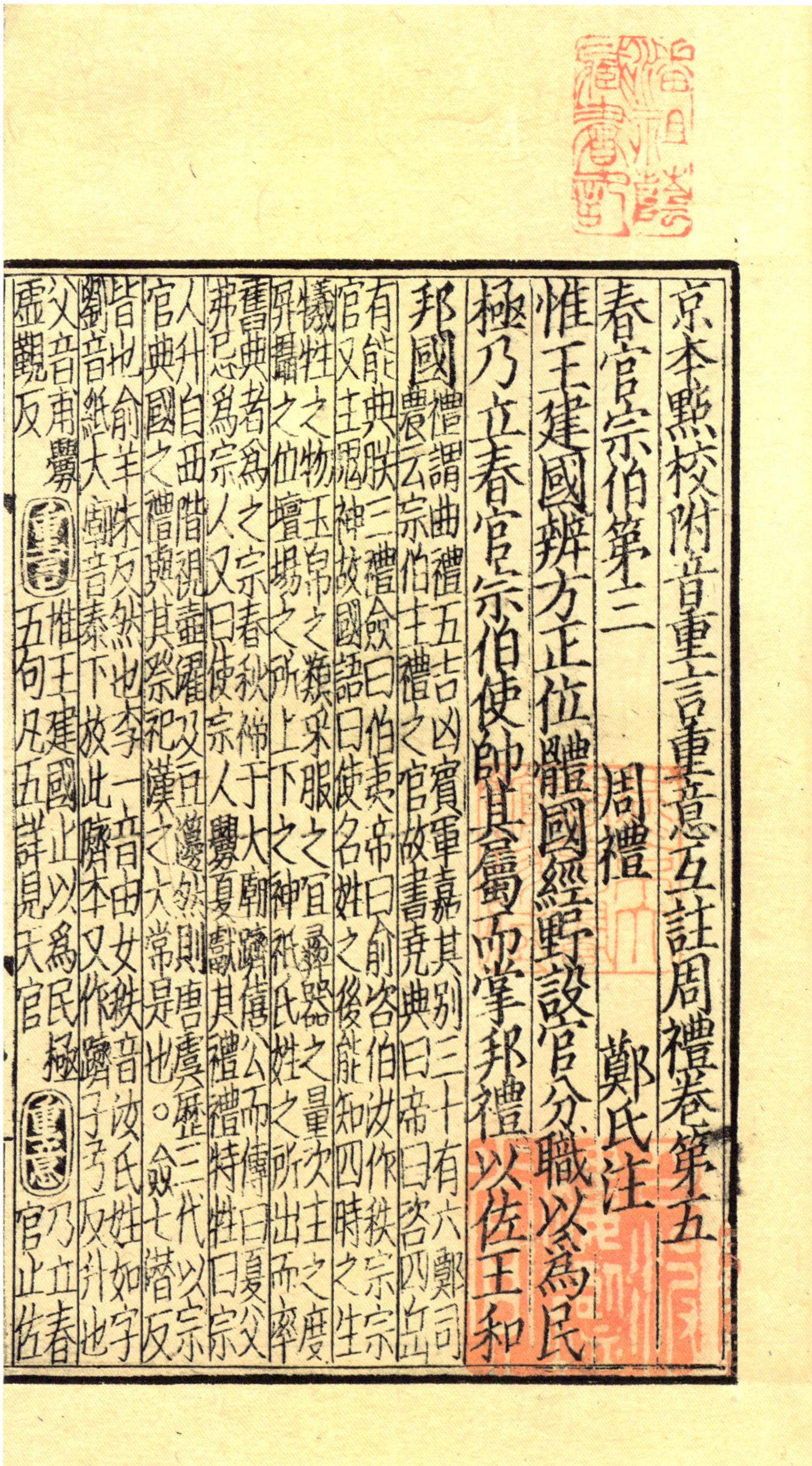

京本點校附音重言重意互註周禮卷第五
春官宗伯第三　周禮　鄭氏注
惟王建國辨方正位體國經野設官分職以爲民
極乃立春官宗伯使帥其屬而掌邦禮以佐王和
邦國禮謂曲禮五吉凶賓軍嘉其別三十有六鄭司農云宗伯主禮之官故書堯典曰帝曰咨四岳
有能典朕三禮僉曰伯夷帝曰俞咨伯汝作秩宗官又主鬼神故國語曰使名姓之後能知四時之生
犧牲之物玉帛之類采服之宜彝器之量次主之度屏攝之位壇場之所上下之神祇氏姓之所出而率
舊典者爲之宗春秋禘于大廟躋僖公而傳曰夏父弗忌爲宗人又曰使宗人釁夏獻其禮禮特牲曰宗
人升自西階視壺濯及豆籩然則唐虞歷三代以宗官典國之禮與其祭祀漢之大常是也○僉七潛反
皆也俞羊朱反然也李一音由女汝音汝氏姓如字劉音紙大廟音泰下放此躋本又作隮子兮反升也
父音甫釁虛覲反　重言　惟王建國止以爲民極五句凡五篇見天官　重意　乃立春官止佐

00251 京本點校附音重言重意互註周禮十二卷 （漢）鄭玄注　南宋建陽刻本

匡高12.9厘米，廣8.5厘米。半葉十一行，行十九字，小字雙行二十字，白口，四周雙邊。有“潘祖蔭藏書記”等印。北京大學圖書館藏，存四卷。

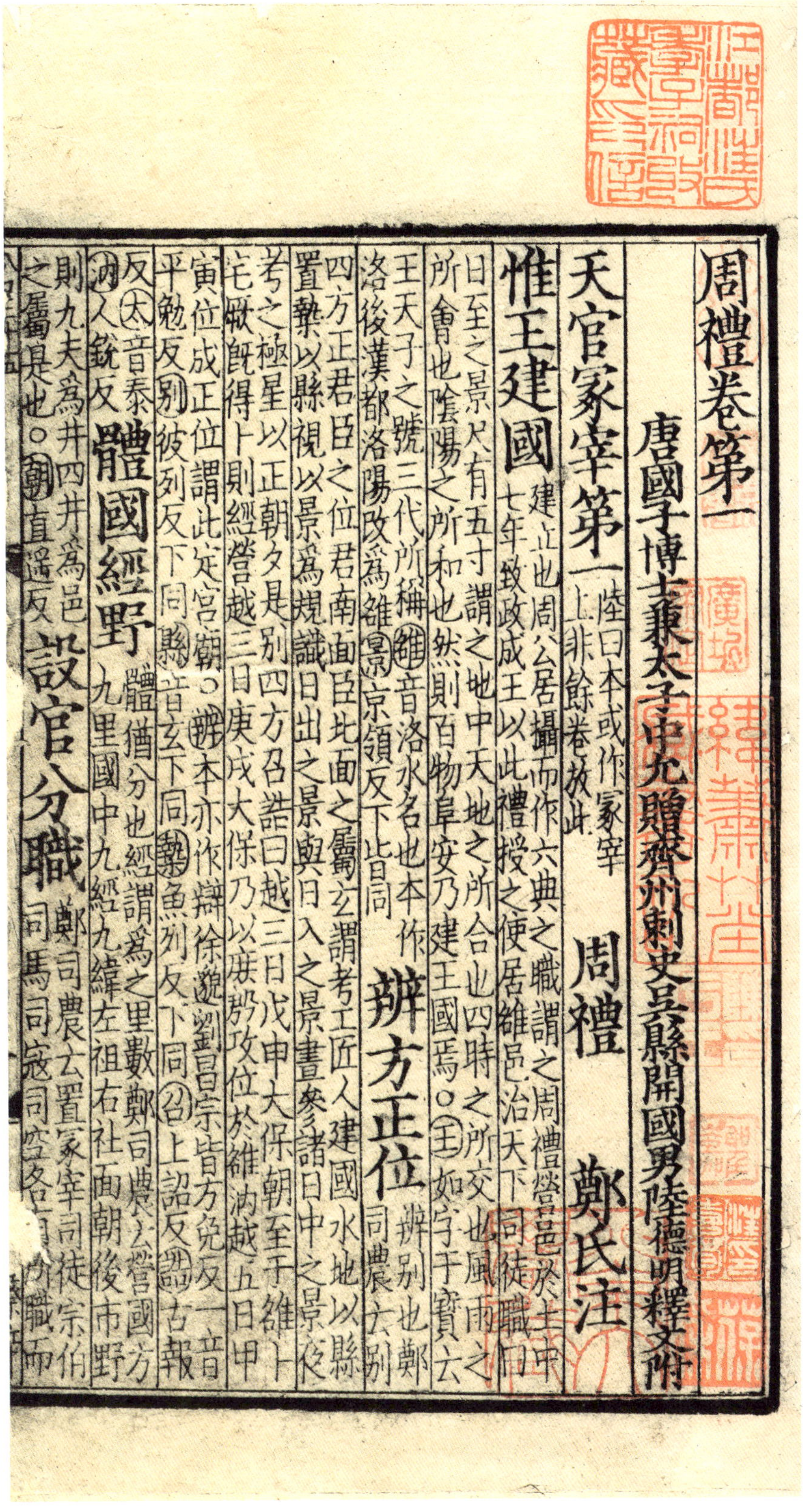

周禮卷第一

唐國子博士兼太子中允贈齊州刺史吳縣開國男陸德明釋文附

周禮　鄭氏注

天官冢宰第一 陸曰本或作冢宰上非餘卷放此

惟王建國 建立也周公居攝而作六典之職謂之周禮營邑於土中七年致政成王以此禮授之使居雒邑治天下司徒職曰日至之景尺有五寸謂之地中天地之所合也四時之所交也風雨之所會也陰陽之所和也然則百物阜安乃建王國焉○(王)如字于寶云王天子之號三代所稱(雒)音洛水名也本作洛後漢都洛陽改爲雒(景)京領反下皆同 辨方正位 辨別也鄭司農云別四方正君臣之位君南面臣北面之屬玄謂考工匠人建國水地以縣置槷以縣視以景爲規識日出之景與日入之景晝參諸日中之景夜考之極星以正朝夕是別四方召誥曰越三日戊申大保朝至于雒卜宅厥既得卜則經營越三日庚戌大保乃以庶殷攻位於雒汭越五日甲寅位成正位謂此定宮廟○(辨)本亦作辯徐邈劉昌宗皆方免反一音平勉反(別)彼列反下同(縣)音玄下同(槷)魚列反下同(召)上詔反(誥)古報反(大)音泰(汭)人銳反 體國經野 體猶分也經謂爲之里數鄭司農云營國方九里國中九經九緯左祖右社面朝後市野則九夫爲井四井爲邑之屬是也○(朝)直遥反 設官分職 鄭司農云置冢宰司徒宗伯司馬司寇司空各有所職而

00252 周禮十二卷周禮圖一卷 （漢）鄭玄注　（唐）陸德明釋文 宋刻本

匡高18.7厘米，廣12.6厘米。半葉十一行，行二十字，小字雙行二十七至二十八字，白口，四周雙邊。有“緯蕭草堂藏書記”、“江都汪氏孝子祠收藏印信”、“汪印喜荀”等印。北京大學圖書館藏。

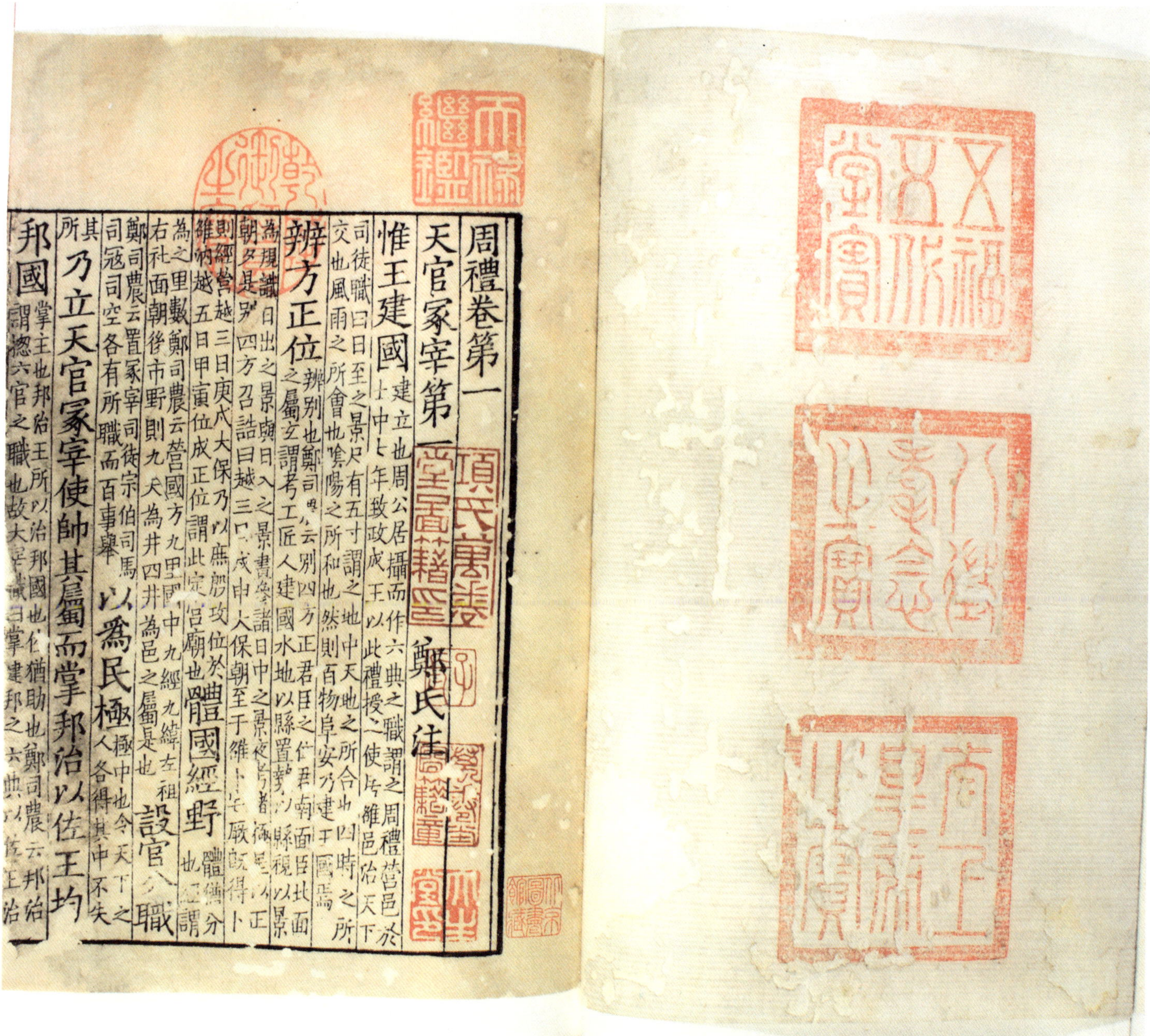

00253 周禮十二卷 （漢）鄭玄注 **釋音一卷** （唐）陸德明撰 金刻本

匡高18.5厘米，廣13.2厘米。半葉十一行，行十九至二十三字，小字雙行二十六至三十字，白口，左右雙邊。有“項氏萬卷堂圖籍印”、“天禄繼鑑”等印。國家圖書館藏。

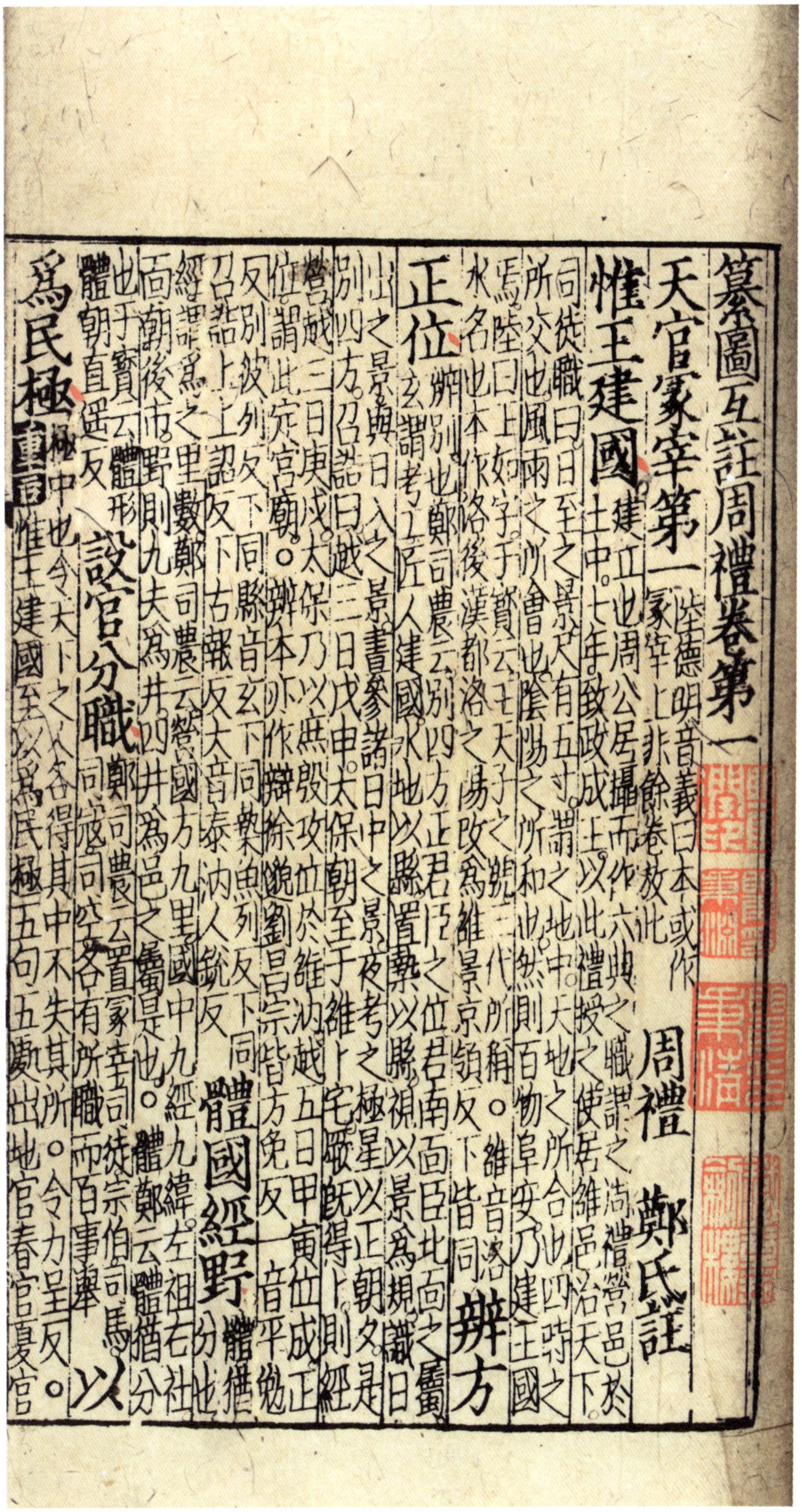

00254 纂圖互註周禮十二卷 （漢）鄭玄注 （唐）陸德明釋文 **圖説一卷** 宋刻本

匡高17.9厘米，廣12厘米。半葉十二行，行二十一字，小字雙行二十五字，細黑口，左右雙邊。有“鐵琴銅劍樓”等印。國家圖書館藏。

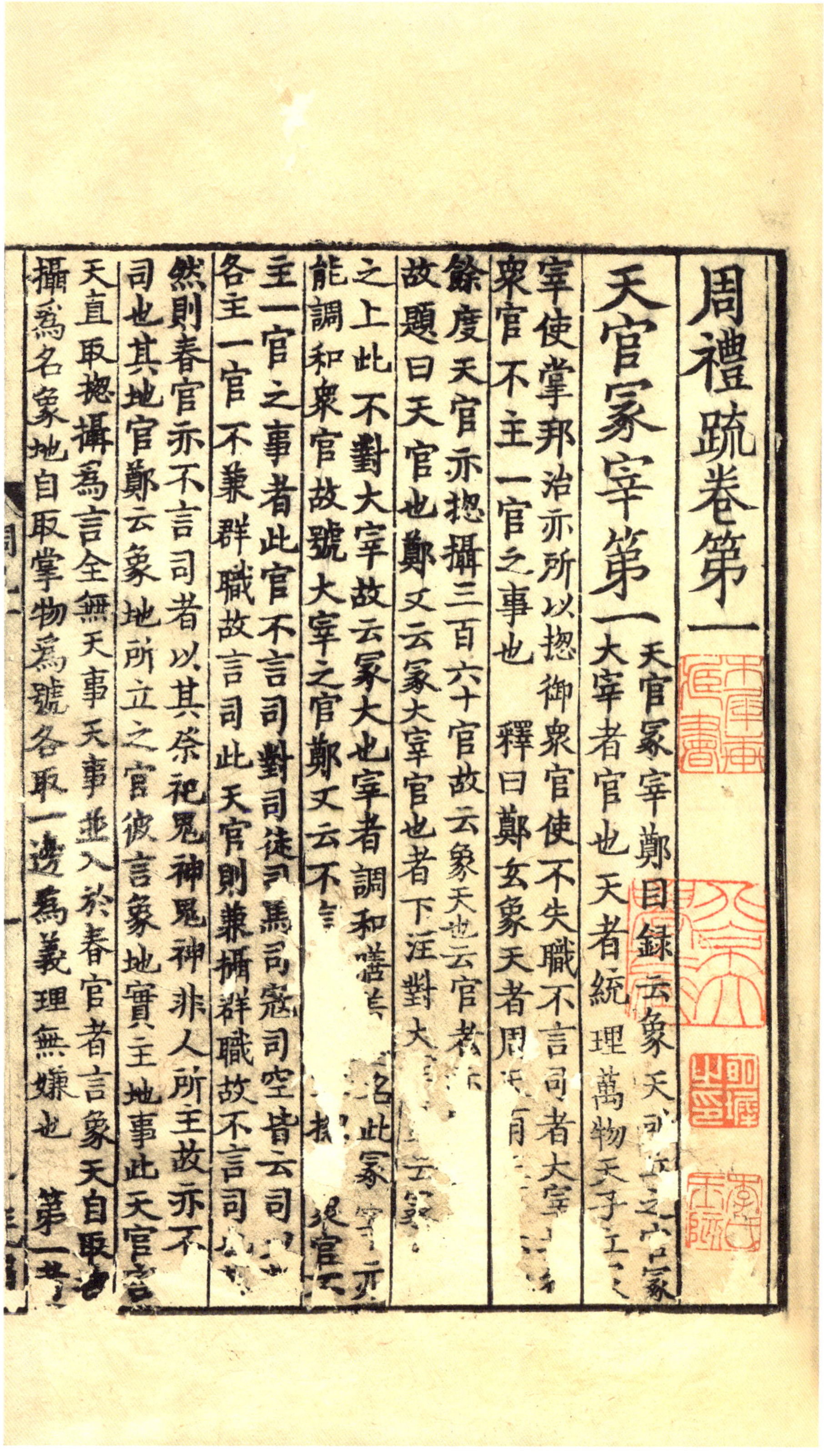
周禮疏卷第一
天官冢宰第一 天官冢宰鄭目録云象天[illegible] 大宰者官也天者統理萬物天子[illegible]
宰使掌邦治亦所以揔御衆官使不失職不言司者大宰[illegible]
衆官不主一官之事也 釋曰鄭玄象天者周[illegible]
餘度天官亦揔攝三百六十官故云象天也云官者[illegible]
故題曰天官也鄭又云冢大宰官也者下注對大[illegible]
之上此不對大宰故云冢大也宰者調和膳[illegible]名此冢宰[illegible]
能調和衆官故號大宰之官鄭又云不[illegible]
主一官之事者此官不言司對司徒司馬司寇司空皆云司[illegible]
各主一官不兼群職故言司此天官則兼攝群職故不言司[illegible]
然則春官亦不言司者以其祭祀鬼神鬼神非人所主故亦不
司也其地官鄭云象地所立之官彼言象地實主地事此天官[illegible]
天直取揔攝爲言全無天事天事並入於春官者言象天自取[illegible]
攝爲名象地自取掌物爲號各取一邊爲義理無嫌也 第一[illegible]

00255、00256 周禮疏五十卷 （唐）賈公彦等撰　南宋初兩浙東路茶鹽司刻宋元遞修本

匡高21.7厘米，廣16.6厘米。半葉八行，行十六至十九字，小字雙行二十五字，白口，左右雙邊。國家圖書館藏，有“安樂堂藏書記”、“結一廬藏書印”等印；北京大學圖書館藏，有“明墀之印”、“木犀軒藏書”等印，存二十七卷。

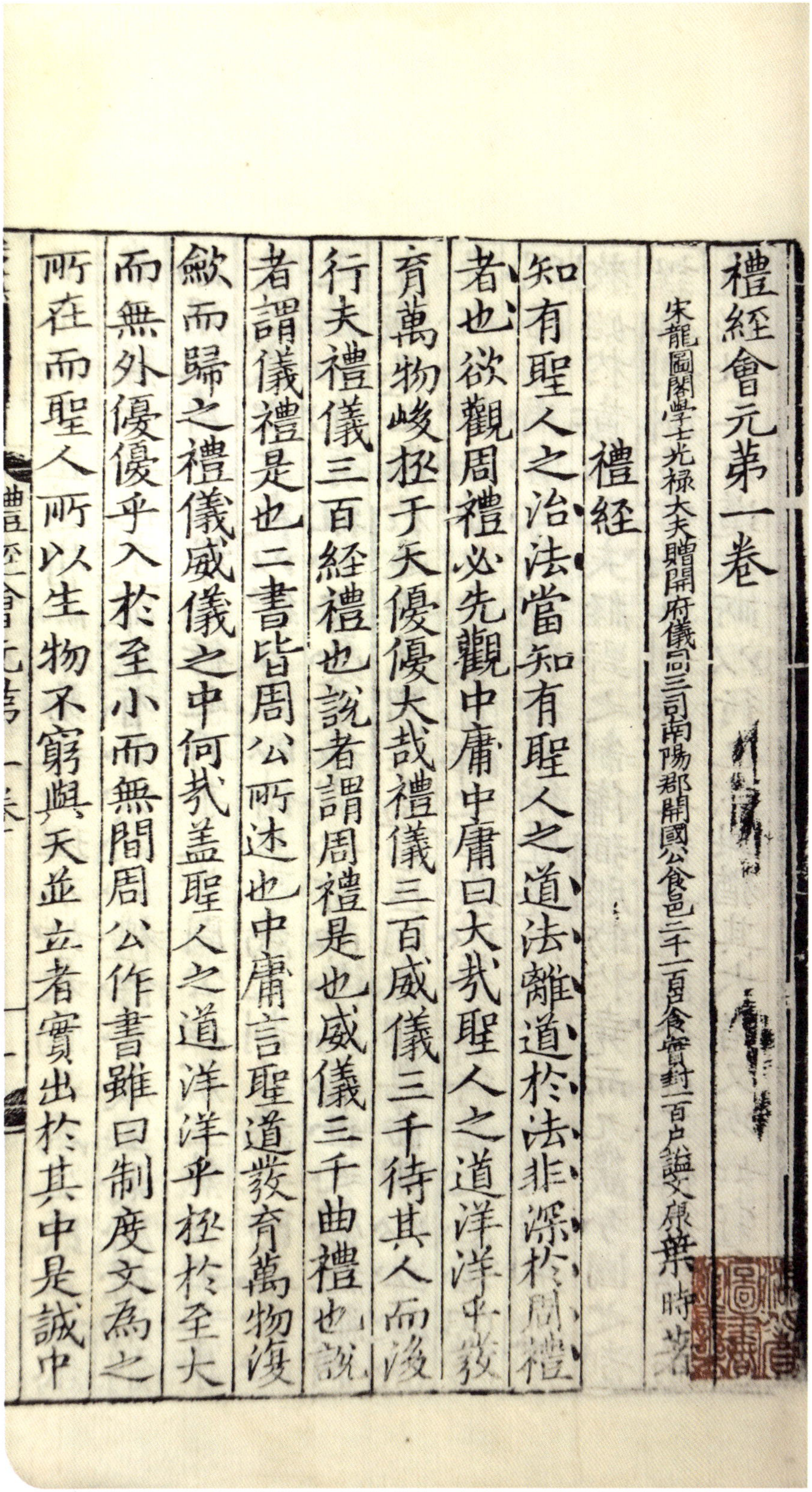

禮經會元第一卷

宋龍圖閣學士光禄大夫贈開府儀同三司南陽郡開國公食邑二千一百户食實封一百户謚文康葉時著

禮經

知有聖人之治法當知有聖人之道法離道於法非深於周禮者也欲觀周禮必先觀中庸中庸曰大哉聖人之道洋洋乎發育萬物峻極于天優優大哉禮儀三百威儀三千待其人而後行夫禮儀三百經禮也説者謂周禮是也威儀三千曲禮也説者謂儀禮是也二書皆周公所述也中庸言聖道發育萬物復斂而歸之禮儀威儀之中何哉蓋聖人之道洋洋乎極於至大而無外優優乎入於至小而無間周公作書雖曰制度文為之所在而聖人所以生物不窮與天並立者實出於其中是誠中

00257 禮經會元四卷 （宋）葉時撰　元至正二十六年（1366）刻明修本

匡高20.3厘米，廣14.6厘米。半葉十一行，行二十四字，黑口，左右雙邊。

湖北省圖書館藏。

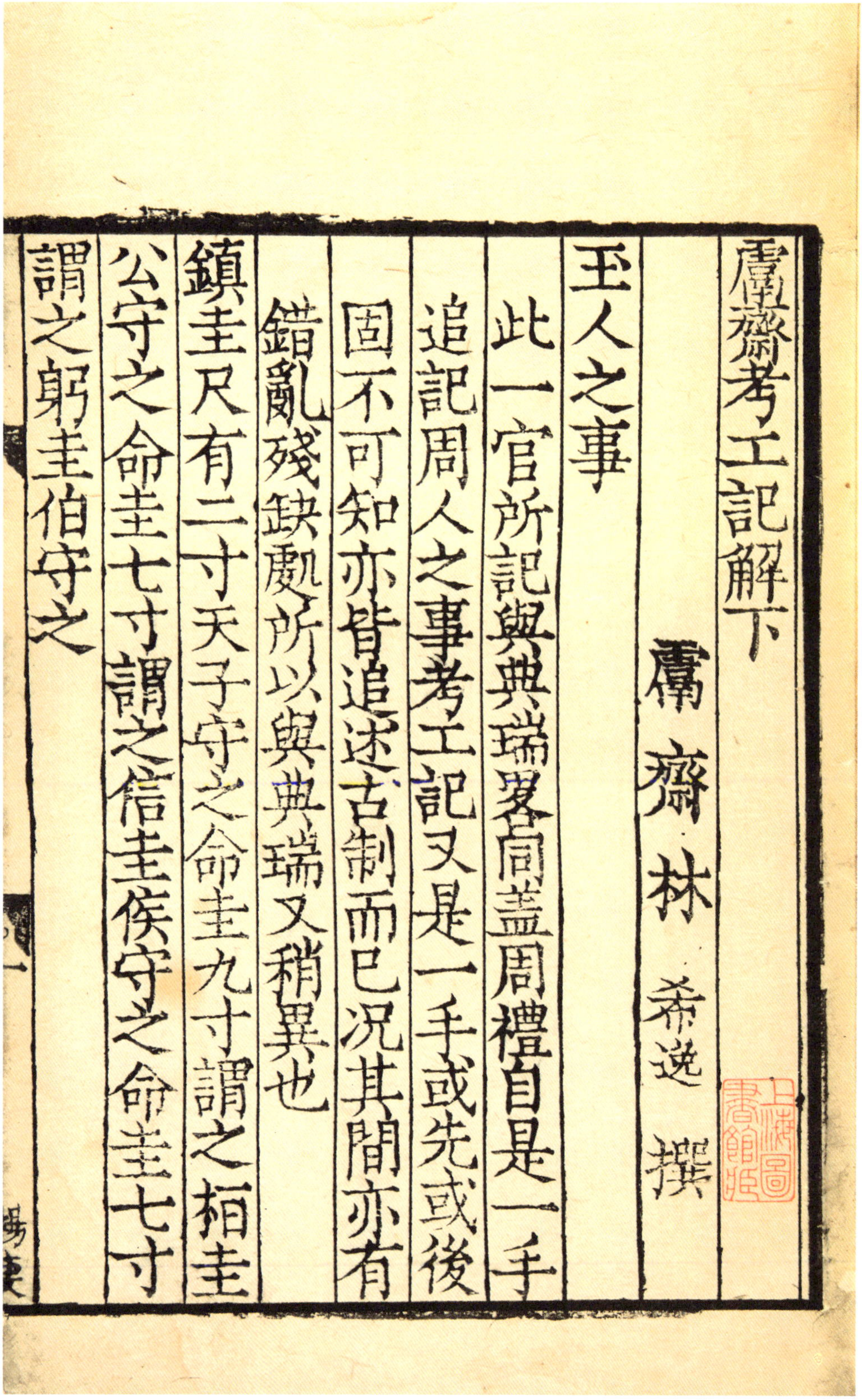

鬳齋考工記解下

鬳齋 林 希逸 撰

玉人之事

此一官所記與典瑞畧同蓋周禮自是一手追記周人之事考工記又是一手或先或後固不可知亦皆追述古制而已況其間亦有錯亂殘缺處所以與典瑞又稍異也

鎮圭尺有二寸天子守之命圭九寸謂之桓圭公守之命圭七寸謂之信圭侯守之命圭七寸謂之躬圭伯守之

00258 鬳齋考工記解二卷 （宋）林希逸撰 **釋音二卷** 南宋刻元延祐四年（1317）重修本（有抄配）

匡高20.5厘米，廣15.8厘米。半葉十行，行十八字，白口，左右雙邊。有“古香樓”、“汪季子文柏柯庭氏印”、“雙谿艸堂圖記”、“潘祖蔭藏書記”等印。上海圖書館藏。

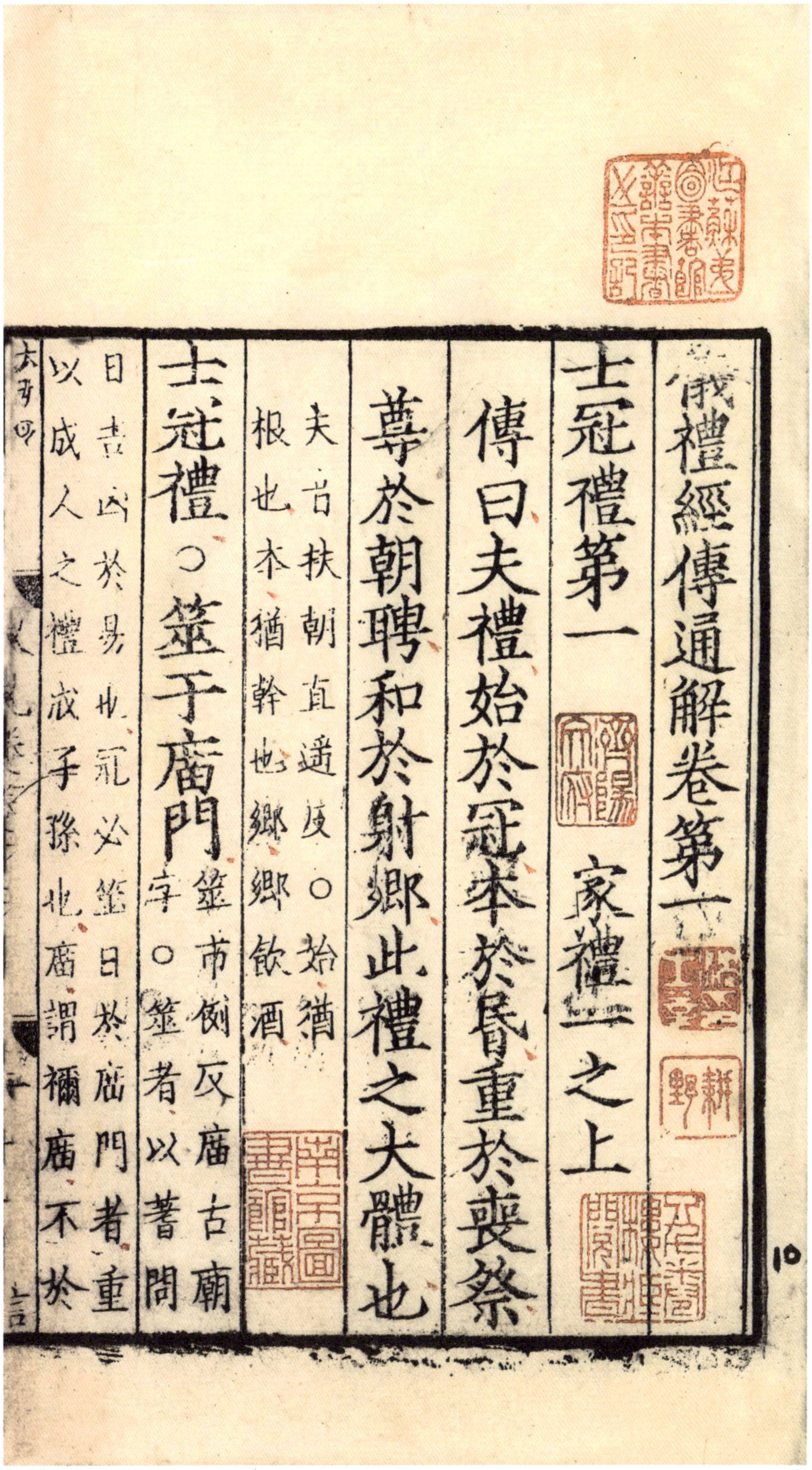

儀禮經傳通解卷第一

士冠禮第一　家禮一之上

傳曰夫禮始於冠本於昏重於喪祭尊於朝聘和於射鄉此禮之大體也夫古扶朝直遥反○始猶根也本猶幹也鄉鄉飲酒

士冠禮○筮于廟門筮市制反廟古廟字○筮者以蓍問日吉凶於易也冠必筮日於廟門者重以成人之禮成子孫也廟謂禰廟不於

00259 儀禮經傳通解三十七卷　（宋）朱熹撰　宋嘉定十年（1217）南康道院刻元明遞修本（卷八至十、二十三配明抄本）

匡高19.4厘米，廣14.2厘米。半葉七行，行十五字，小字雙行同，黑口，左右雙邊。有“八千卷樓藏閲書”等印。丁丙跋。南京圖書館藏，存三十六卷。

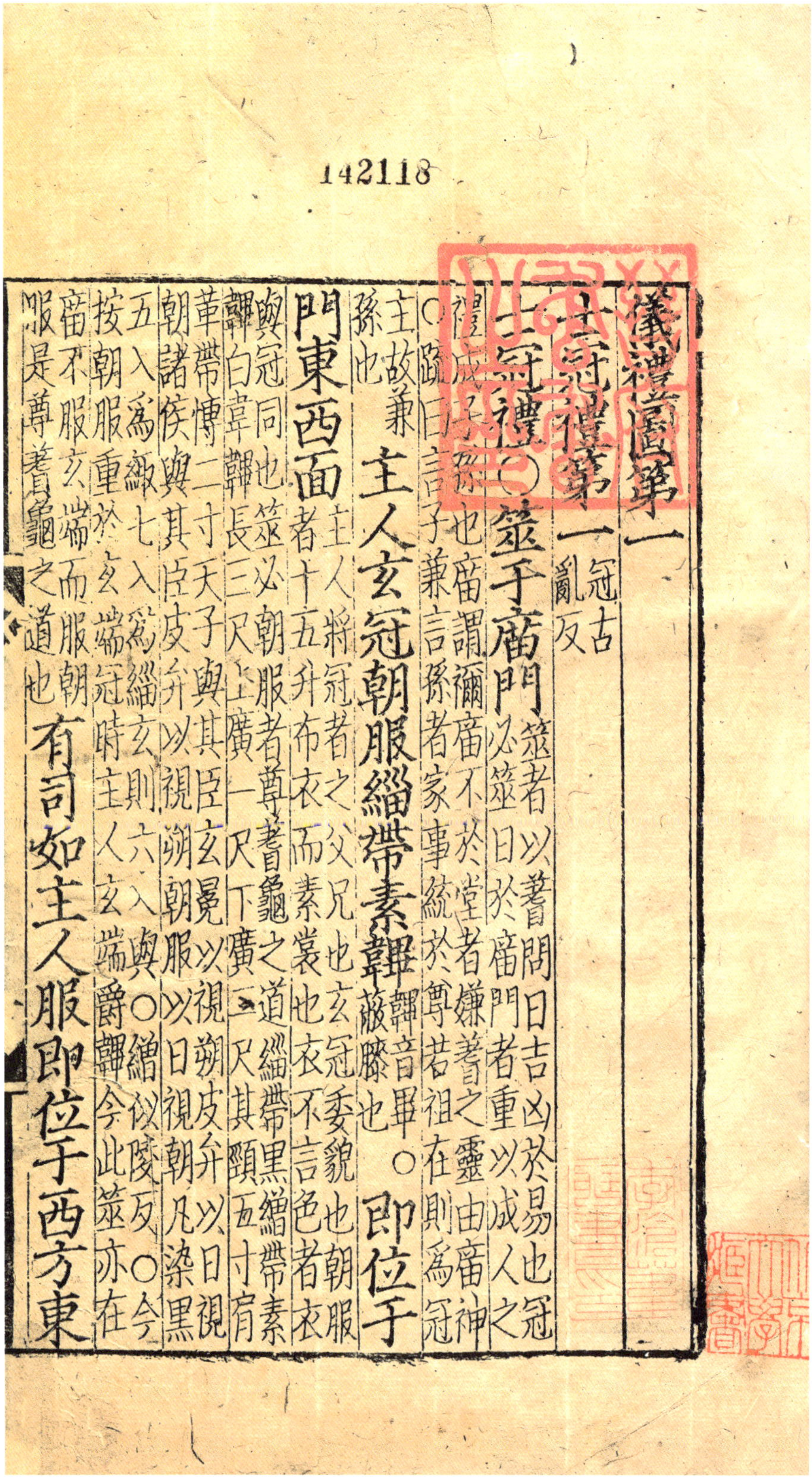

142118

儀禮圖第一

士冠禮第一 冠古亂反

士冠禮○筮于廟門 筮者以蓍問日吉凶於易也冠必筮日於廟門者重以成人之禮成於廟也廟謂禰廟不於堂者嫌蓍之靈由廟神○疏曰言子兼言孫者家事統於尊若祖在則爲冠主故兼孫也 主人玄冠朝服緇帶素韠 韠音畢蔽膝也 ○即位于門東西面 主人將冠者之父兄也玄冠委貌也朝服者十五升布衣而素裳也衣不言色者衣與冠同也筮必朝服者尊蓍龜之道緇帶黑繒帶素韠白韋韠長三尺上廣一尺下廣二尺其頸五寸肩革帶博二寸天子與其臣玄冕以視朔皮弁以日視朝諸侯與其臣皮弁以視朔朝服以日視朝凡染黑五入爲緅七入爲緇玄則六入與○繒似陵反○今按朝服重於玄端冠時主人玄端爵韠今此筮亦在廟不服玄端而服朝服是尊蓍龜之道也 有司如主人服即位于西方東

00260 儀禮圖十七卷儀禮旁通圖一卷附儀禮十七卷 （宋）楊復撰　元刻本

匡高18.6厘米，廣12.2厘米。半葉十行，行二十字，小字雙行同，黑口，左右雙邊。有“晉府書畫之印”、“季滄葦藏書印”等印。北京大學圖書館藏。

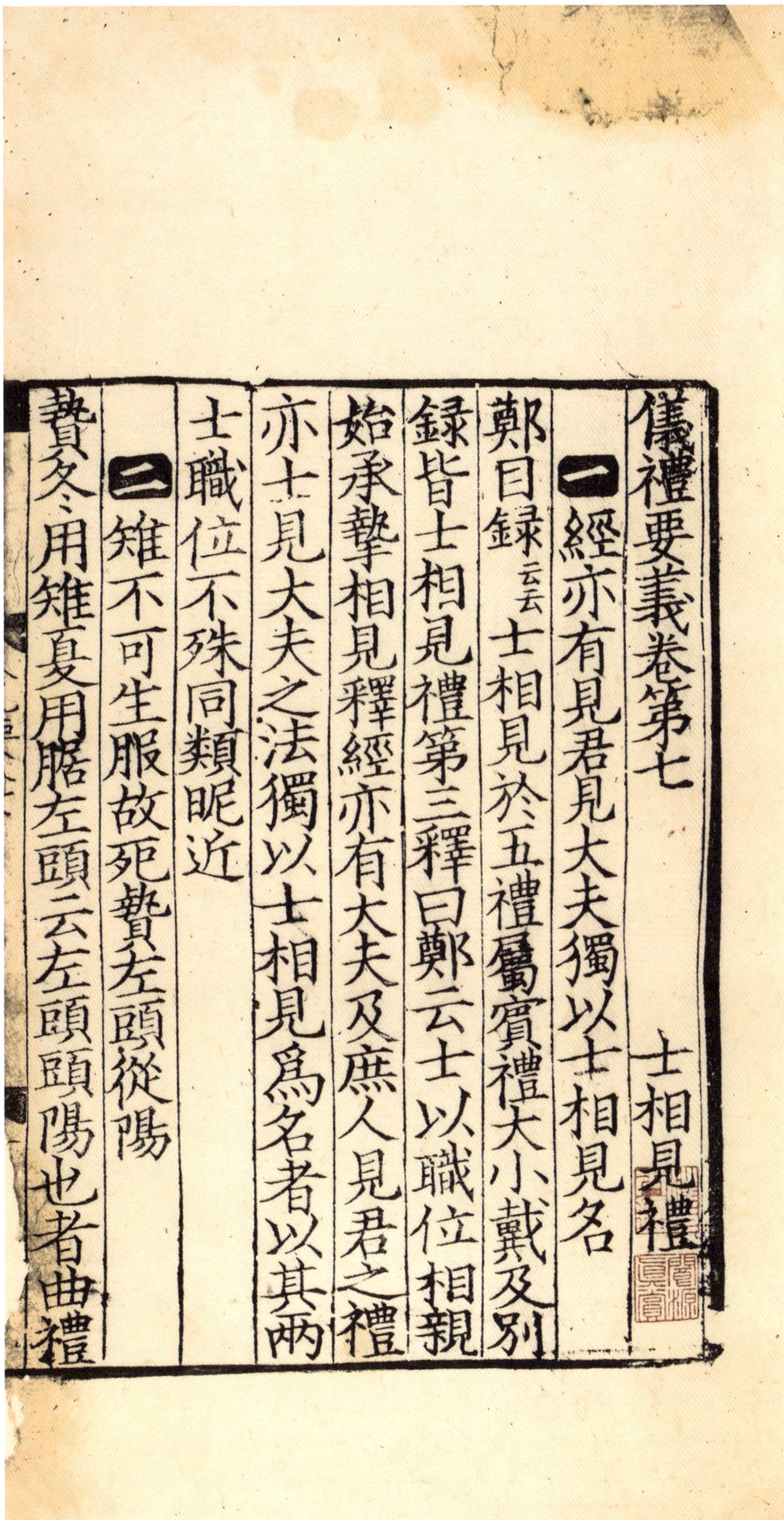

儀禮要義卷第七　　士相見禮

一經亦有見君見大夫獨以士相見名

鄭目録云云 士相見於五禮屬賓禮大小戴及別録皆士相見禮第三釋曰鄭云士以職位相親始承摯相見釋經亦有大夫及庶人見君之禮亦士見大夫之法獨以士相見爲名者以其兩士職位不殊同類昵近

二雉不可生服故死贄左頭從陽

贄冬用雉夏用腒左頭云左頭頭陽也者曲禮

00261 儀禮要義五十卷　（宋）魏了翁撰　宋淳祐十二年（1252）魏克愚徽州紫陽書院刻本（目録、卷一至六、二十五至二十八、四十一至四十三配清抄本）

匡高20.1厘米，廣14.8厘米。半葉九行，行十八字，白口，左右雙邊。有“汪印士鐘”、“莫友芝圖書印”、“郁印松年”等印。國家圖書館藏。

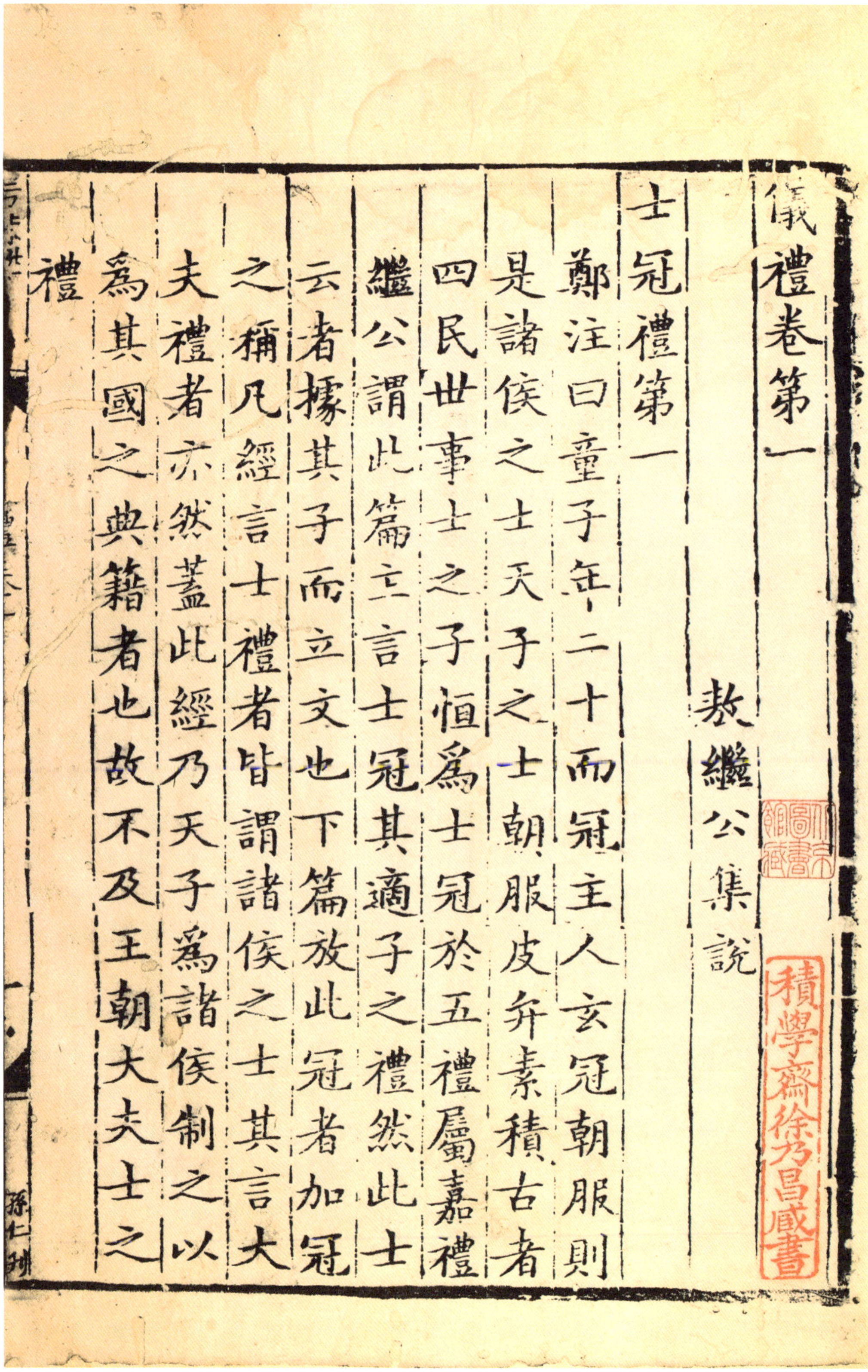
儀禮卷第一
敖繼公集說
士冠禮第一
鄭注曰童子年二十而冠主人玄冠朝服則是諸侯之士天子之士朝服皮弁素積古者四民世事士之子恒爲士冠於五禮屬嘉禮
繼公謂此篇言士冠其適子之禮然此士云者據其子而立文也下篇放此冠者加冠之稱凡經言士禮者皆謂諸侯之士其言大夫禮者亦然蓋此經乃天子爲諸侯制之以爲其國之典籍者也故不及王朝大夫士之禮

00262 儀禮集說十七卷 （元）敖繼公撰　元大德刻明修本

匡高22.8厘米，廣17.5厘米。半葉十二行，行十八字，細黑口，左右雙邊。有“積學齋徐乃昌藏書”等印。國家圖書館藏。

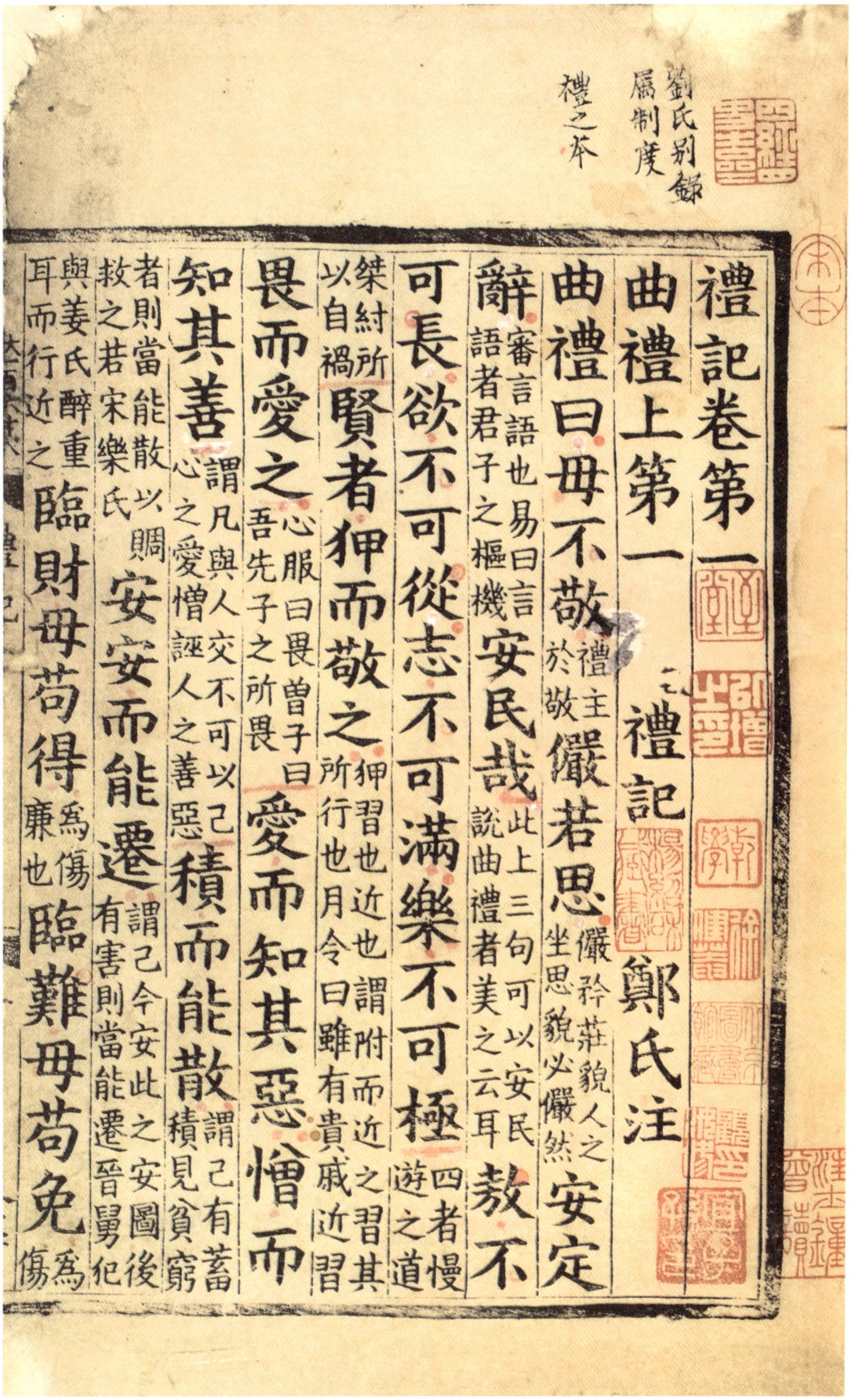
禮記卷第一
曲禮上第一　禮記　鄭氏注
曲禮曰毋不敬禮主於敬儼若思儼矜莊貌人之坐思貌必儼然安定
辭審言語也易曰言語者君子之樞機安民哉此上三句可以安民說曲禮者美之云耳敖不
可長欲不可從志不可滿樂不可極四者慢遊之道
桀紂所以自禍賢者狎而敬之狎習也近也謂附而近之習其所行也月令曰雖有貴戚近習
畏而愛之心服曰畏曾子曰吾先子之所畏愛而知其惡憎而
知其善謂凡與人交不可以己心之愛憎誣人之善惡積而能散謂己有蓄積見貧窮
者則當能散以賙救之若宋樂氏安安而能遷謂己今安此之安圖後有害則當能遷晉舅犯
與姜氏醉重耳而行近之臨財毋苟得爲傷廉也臨難毋苟免爲傷

00263 禮記二十卷（漢）鄭玄注　**釋文四卷**（唐）陸德明撰　宋淳熙四年（1177）撫州公使庫刻咸淳九年（1273）高夢炎重修本

匡高21.3厘米，廣15.6厘米。半葉十行，行十六字，小字雙行二十四字，白口，四周雙邊。有“顧印汝修”、“徐健菴”、“楊紹和藏書”等印。顧廣圻跋。國家圖書館藏。

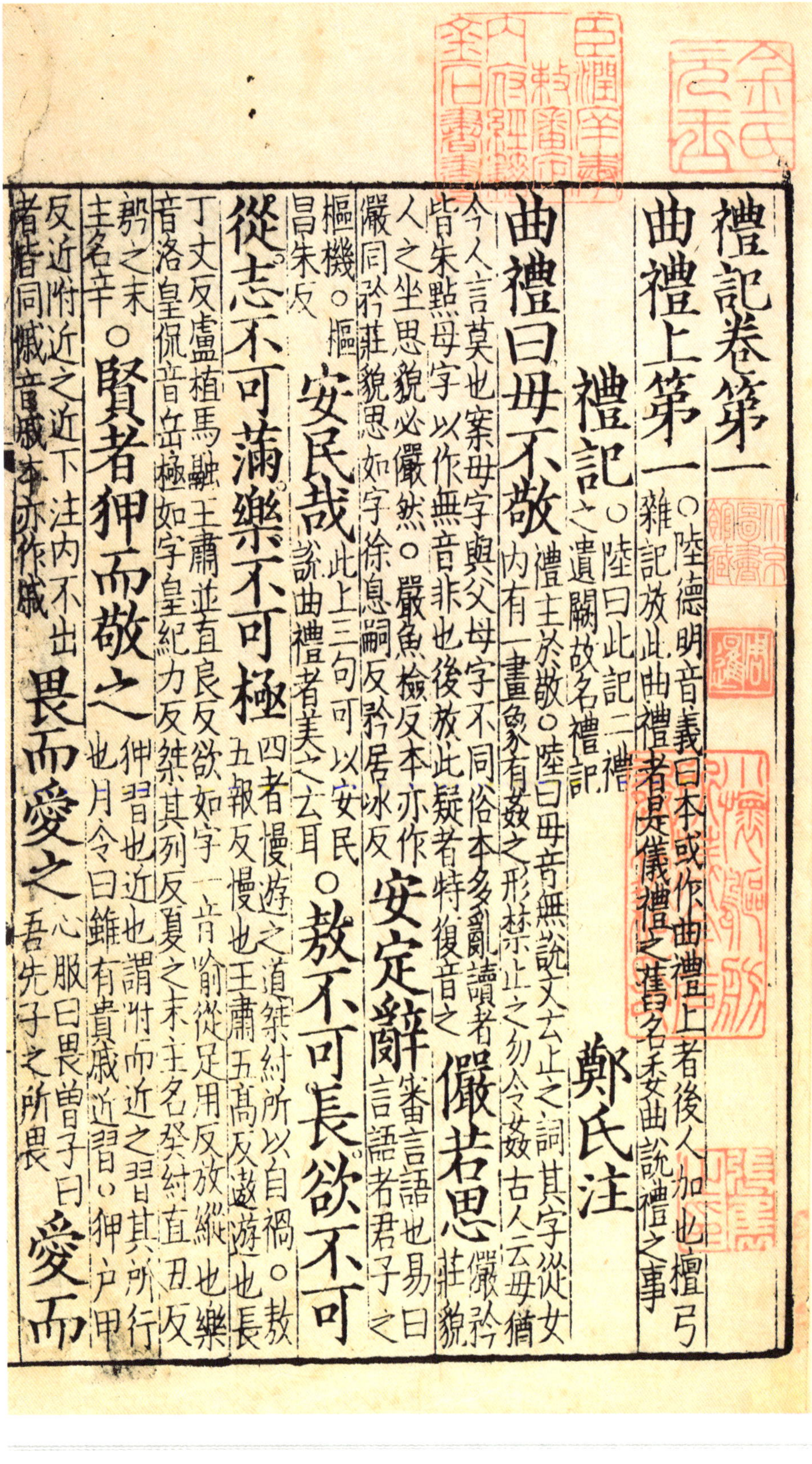
禮記卷第一
曲禮上第一　○陸德明音義曰本或作曲禮上者後人加也檀弓雜記放此曲禮者是儀禮之舊名委曲說禮之事
禮記　○陸曰此記二禮之遺闕故名禮記　鄭氏注
曲禮曰毋不敬　禮主於敬○陸曰毋音無說文云止之詞其字從女內有一畫象有姦之形禁止之勿令姦古人云毋猶今人言莫也案毋字與父母字不同俗本多亂讀者皆朱點毋字以作無音非也後放此疑者特復音之　儼若思　儼矜莊貌人之坐思貌必儼然○儼魚檢反本亦作儼同矜莊貌思如字徐息嗣反矜居冰反　安定辭　審言語也易曰言語者君子之樞機○樞昌朱反　安民哉　此上三句可以安民說曲禮者美之云耳　○敖不可長欲不可從志不可滿樂不可極　四者慢游之道桀紂所以自禍○敖五報反慢也王肅五高反遨遊也長丁丈反盧植馬融王肅並直良反欲如字一音俞從足用反放縱也樂音洛皇侃音岳極如字皇紀力反桀其列反夏之末主名癸紂直丑反殷之末主名辛　○賢者狎而敬之　狎習也近也謂附而近之習其所行也月令曰雖有貴戚近習○狎戶甲反近附近之近下注內不出者皆同戚音戚本亦作慼　畏而愛之　心服曰畏曾子曰吾先子之所畏　愛而

00264 禮記二十卷　（漢）鄭玄注　（唐）陸德明音義　宋余仁仲萬卷堂家塾刻本

匡高17.9厘米，廣12.5厘米。半葉十一行，行十九字，小字雙行二十七字，細黑口，左右雙邊。有“余氏刊於萬卷堂”、“余仁仲刊於家塾”等牌記。有“張雋之印”、“小懷鷗舫所藏金石書籍印”、“周暹”等印。周叔弢跋。國家圖書館藏。

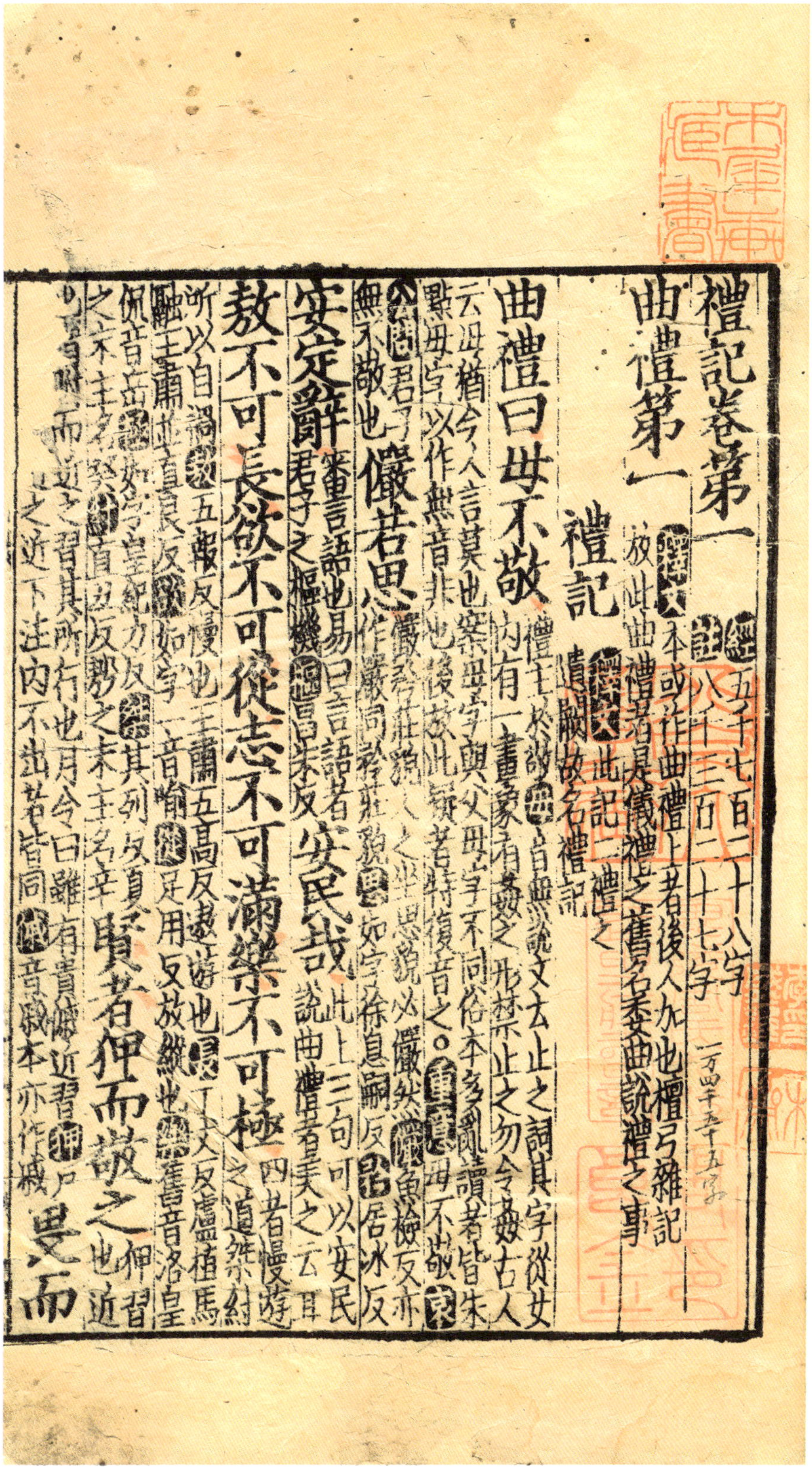
禮記卷第一
曲禮第一
禮記
曲禮曰毋不敬儼若思安定辭安民哉
敖不可長欲不可從志不可滿樂不可極
賢者狎而敬之畏而

00265 禮記二十卷（漢）鄭玄注　（唐）陸德明音義　宋刻本

匡高16.3厘米，廣11.9厘米。半葉十一行，行十九字，小字雙行二十五字，白口，左右雙邊。有“周印良金”、“李印盛鐸”等印。北京大學圖書館藏。

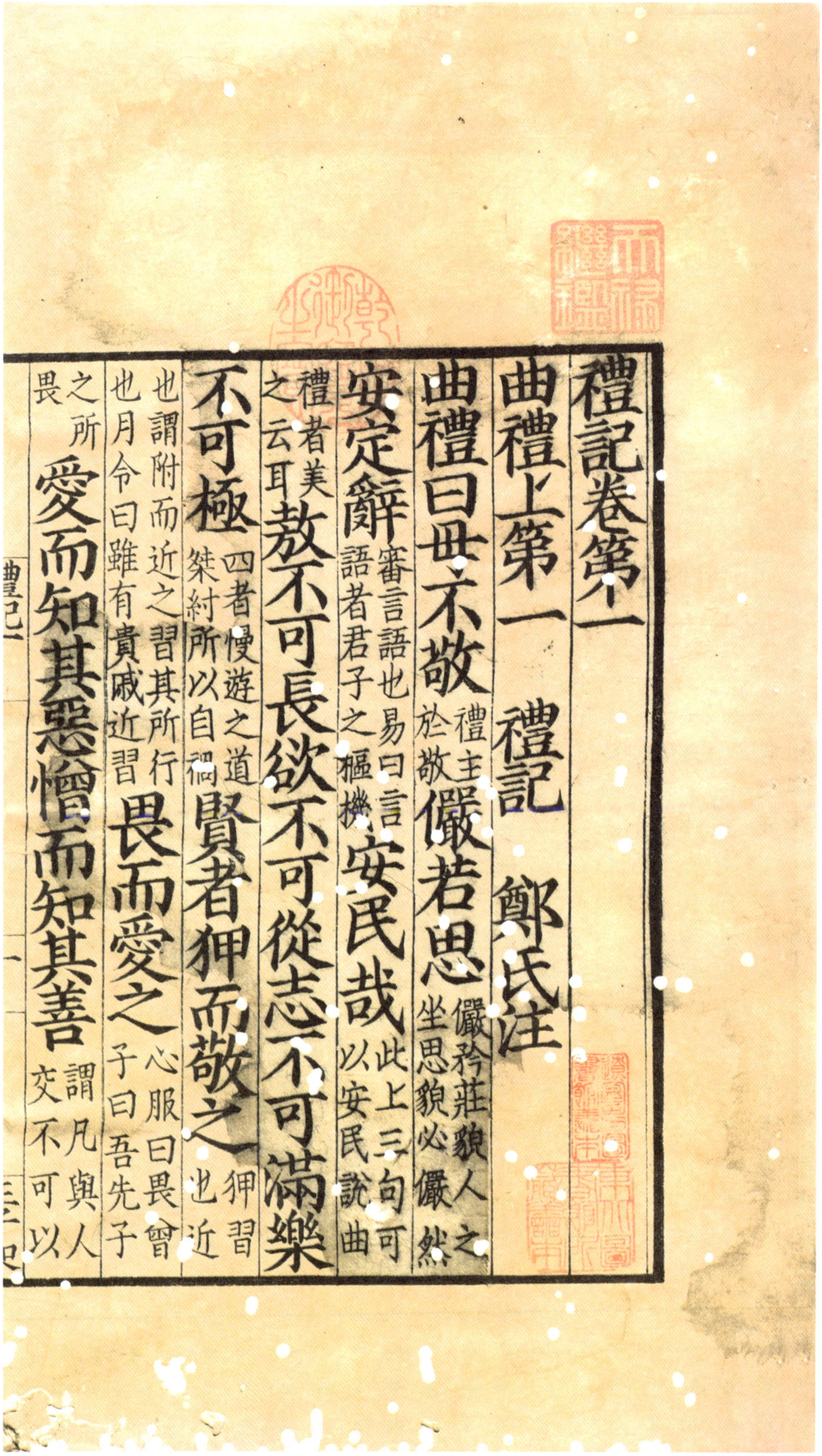

禮記卷第一

曲禮上第一　禮記　鄭氏注

曲禮曰毋不敬禮主於敬儼若思儼矜莊貌人之坐思貌必儼然安定辭審言語也易曰言語者君子之樞機安民哉此上三句可以安民說曲禮者美之云耳敖不可長欲不可從志不可滿樂不可極四者慢遊之道桀紂所以自禍賢者狎而敬之狎習也近也謂附而近之習其所行也月令曰雖有貴戚近習畏而愛之心服曰畏曾子曰吾先子之所畏愛而知其惡憎而知其善謂凡與人交不可以

禮記一　三

00266　禮記二十卷　（漢）鄭玄注　宋刻本

匡高23.8厘米，廣17.2厘米。半葉八行，行十六字，小字雙行二十一字，白口，左右雙邊。有“天禄繼鑑”、“乾隆御覽之寶”等印。遼寧省圖書館藏，存五卷。

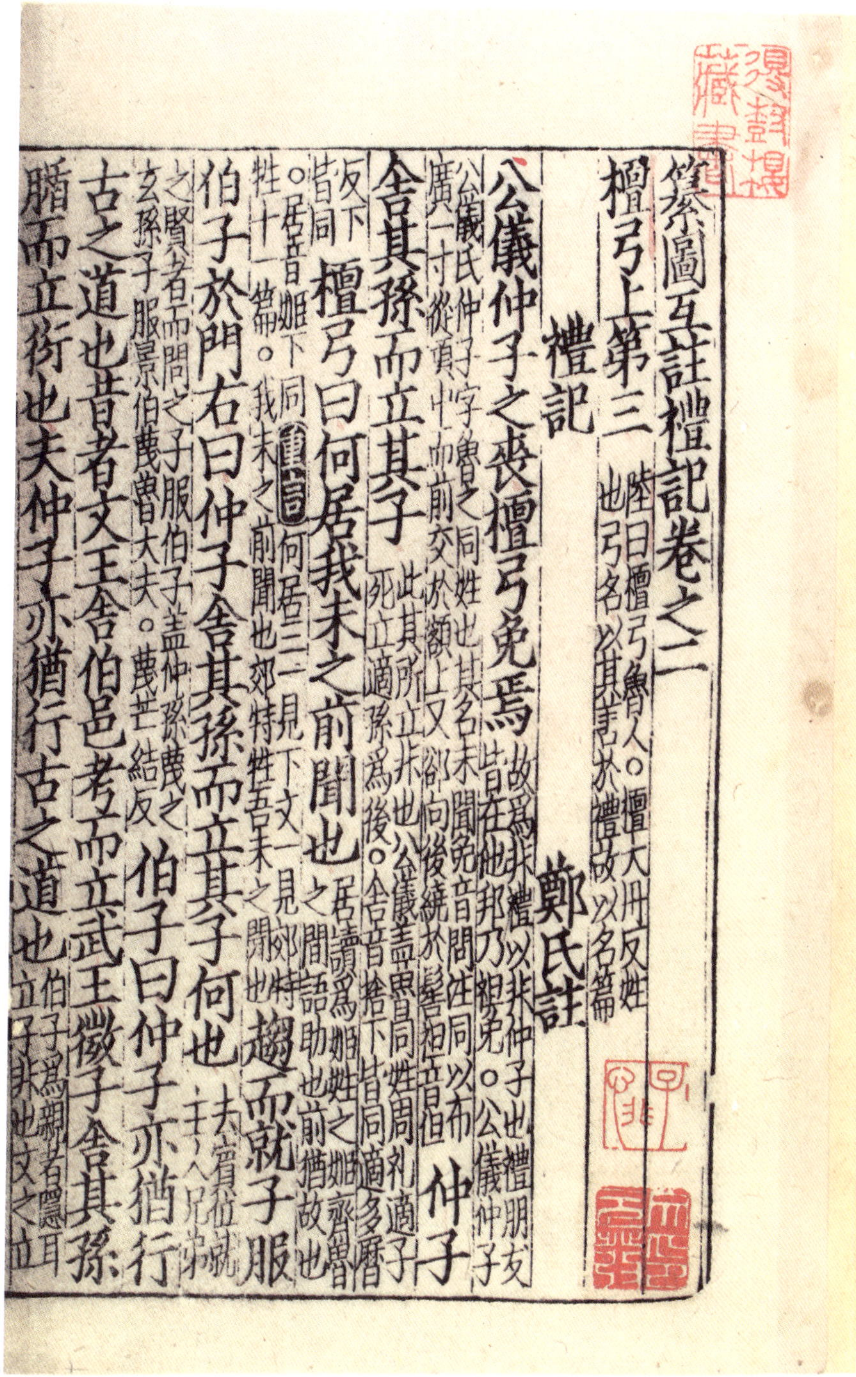

纂圖互註禮記卷之二
檀弓上第三
禮記　鄭氏註
公儀仲子之喪檀弓免焉　仲子
舍其孫而立其子
檀弓曰何居我未之前聞也　趨而就子服
伯子於門右曰仲子舍其孫而立其子何也
伯子曰仲子亦猶行
古之道也昔者文王舍伯邑考而立武王微子舍其孫
腯而立衍也夫仲子亦猶行古之道也

00267　纂圖互註禮記二十卷禮記舉要圖一卷　（漢）鄭玄注　（唐）陸德明音義　宋紹熙福建刻本

匡高18.4厘米，廣12厘米。半葉十二行，行二十一字，小字雙行二十五字，白口，左右雙邊。有“文印元發”、“得樹樓藏書”、“舊山樓”等印。錢天樹、孫鋆、楊希鈺、李兆洛、陳鑾、吳憲澄、張爾旦、季錫疇、吳輔仁、張蓉鏡跋。國家圖書館藏。

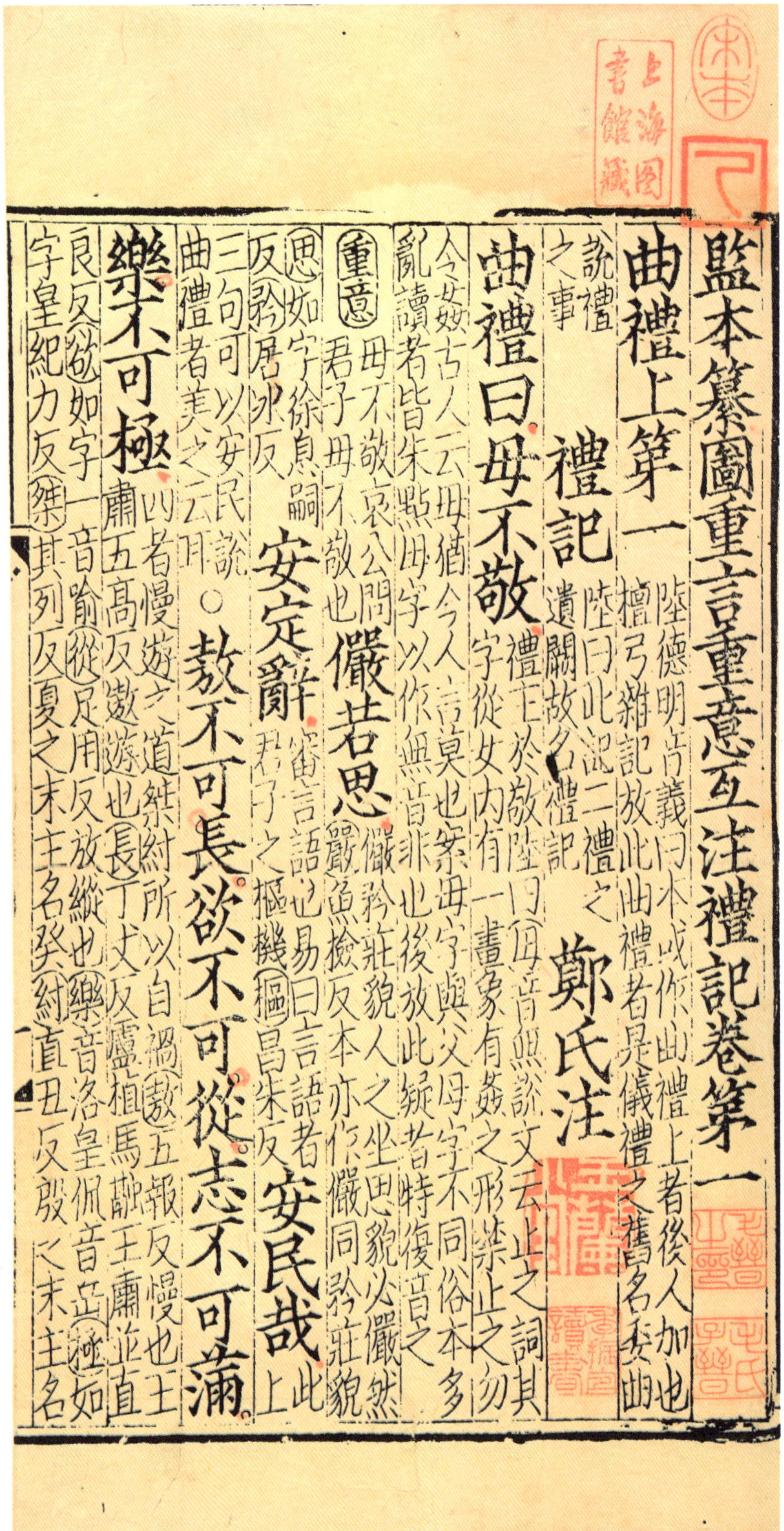

00268 監本纂圖重言重意互注禮記二十卷 （漢）鄭玄注 （唐）陸德明音義 宋刻本

匡高20.2厘米，廣13.2厘米。半葉十行，行十八字，十五卷以後十九字，小字雙行二十四字，細黑口，四周雙邊或左右雙邊。有“玉蘭堂”、“毛氏子晉”、“毛晉之印”等印。上海圖書公司藏。

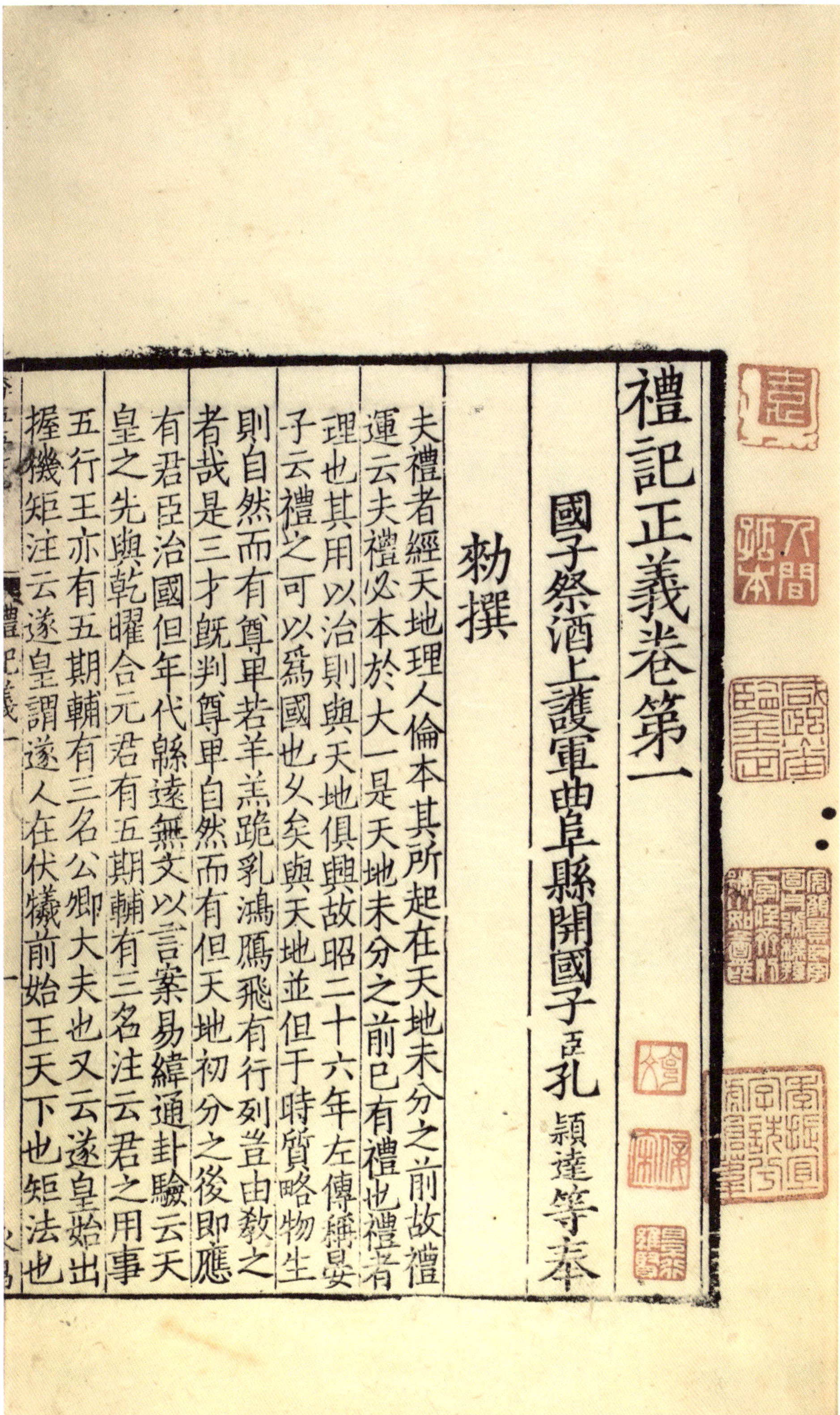
禮記正義卷第一
國子祭酒上護軍曲阜縣開國子臣孔穎達等奉
勑撰
夫禮者經天地理人倫本其所起在天地未分之前故禮
運云夫禮必本於大一是天地未分之前已有禮也禮者
理也其用以治則與天地俱興故昭二十六年左傳稱晏
子云禮之可以為國也久矣與天地並但于時質略物生
則自然而有尊卑若羊羔跪乳鴻鴈飛有行列豈由教之
者哉是三才既判尊卑自然而有但天地初分之後即應
有君臣治國但年代緜遠無文以言案易緯通卦驗云天
皇之先與乾曜合元君有五期輔有三名注云君之用事
五行王亦有五期輔有三名公卿大夫也又云遂皇始出
握機矩注云遂皇謂遂人在伏犧前始王天下也矩法也

00269 禮記正義七十卷 （唐）孔穎達撰 宋紹熙三年（1192）黄唐兩浙東路茶鹽司刻宋元遞修本

匡高21.4厘米，廣16.7厘米。半葉八行，行十六字，小字雙行二十二至二十三字，白口，左右雙邊。有“秋壑圖書”、“北平孫氏”、“季印振宜”、“景行維賢”、“寒雲秘笈”等印。惠棟、李盛鐸跋。國家圖書館藏。

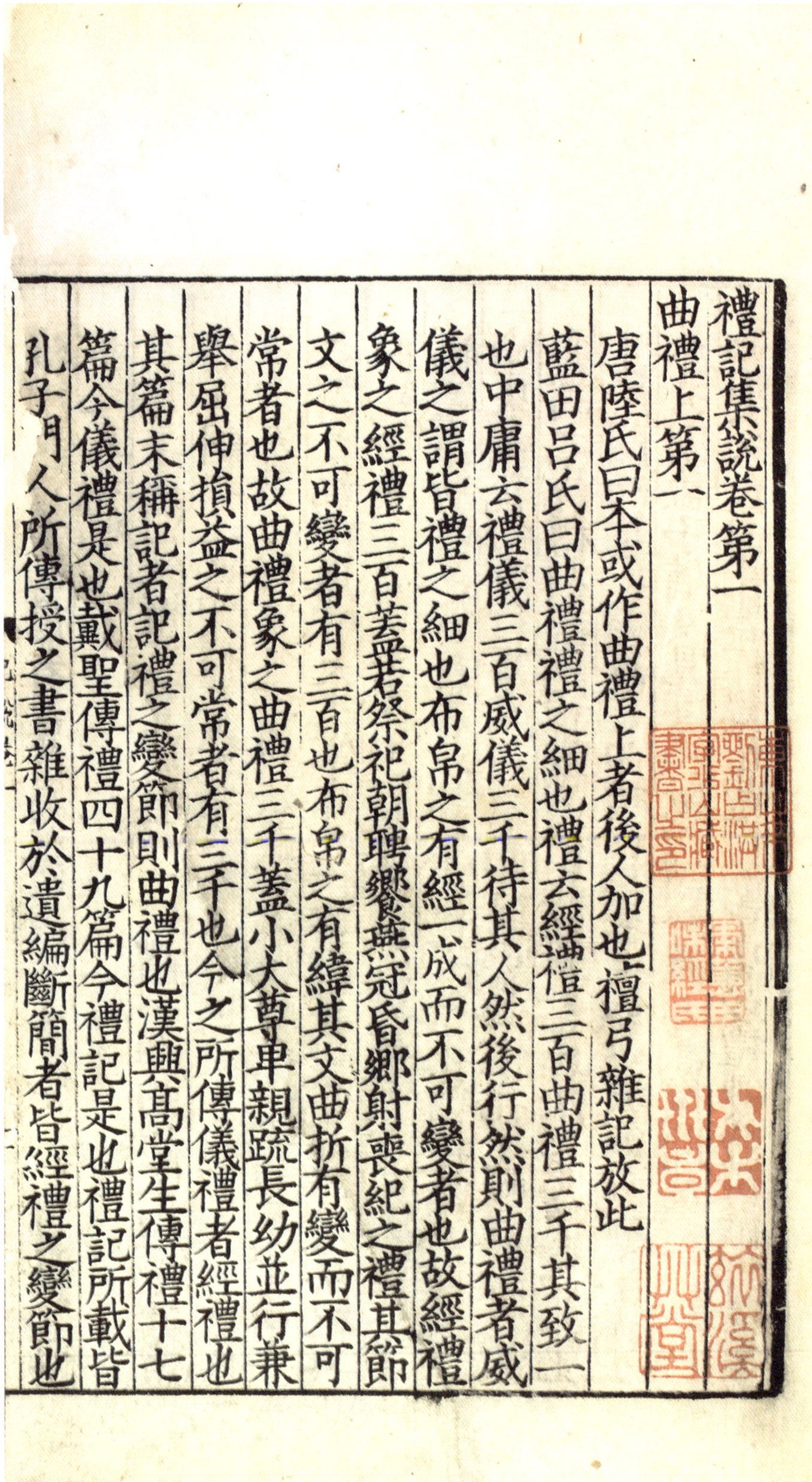

禮記集說卷第一
曲禮上第一
唐陸氏曰本或作曲禮上者後人加也檀弓雜記放此
藍田呂氏曰曲禮之細也禮云經禮三百曲禮三千其致一
也中庸云禮儀三百威儀三千待其人然後行然則曲禮者威
儀之謂皆禮之細也布帛之有經一成而不可變者也故經禮
象之經禮三百蓋若祭祀朝聘饗燕冠昏鄉射喪紀之禮其節
文之不可變者有三百也布帛之有緯其文曲折有變而不可
常者也故曲禮象之曲禮三千蓋小大尊卑親踈長幼並行兼
舉屈伸損益之不可常者有三千也今之所傳儀禮者經禮也
其篇末稱記者記禮之變節則曲禮也漢興高堂生傳禮十七
篇今儀禮是也戴聖傳禮四十九篇今禮記是也禮記所載皆
孔子門人所傳授之書雜收於遺編斷簡者皆經禮之變節也

00270 禮記集說一百六十卷統說一卷 （宋）衛湜撰　宋嘉熙四年（1240）衛湜新定郡齋刻本（卷三十四至四十、九十三至九十五、一百至一百六配清抄本）

匡高21.9厘米，廣15.8厘米。半葉十三行，行二十五字，白口，左右雙邊。有“華亭朱氏珍藏”、“秦蕙田味經氏”、“汪印士鐘”、“東萊劉占洪字少山藏書之印”等印。黃丕烈跋。國家圖書館藏。

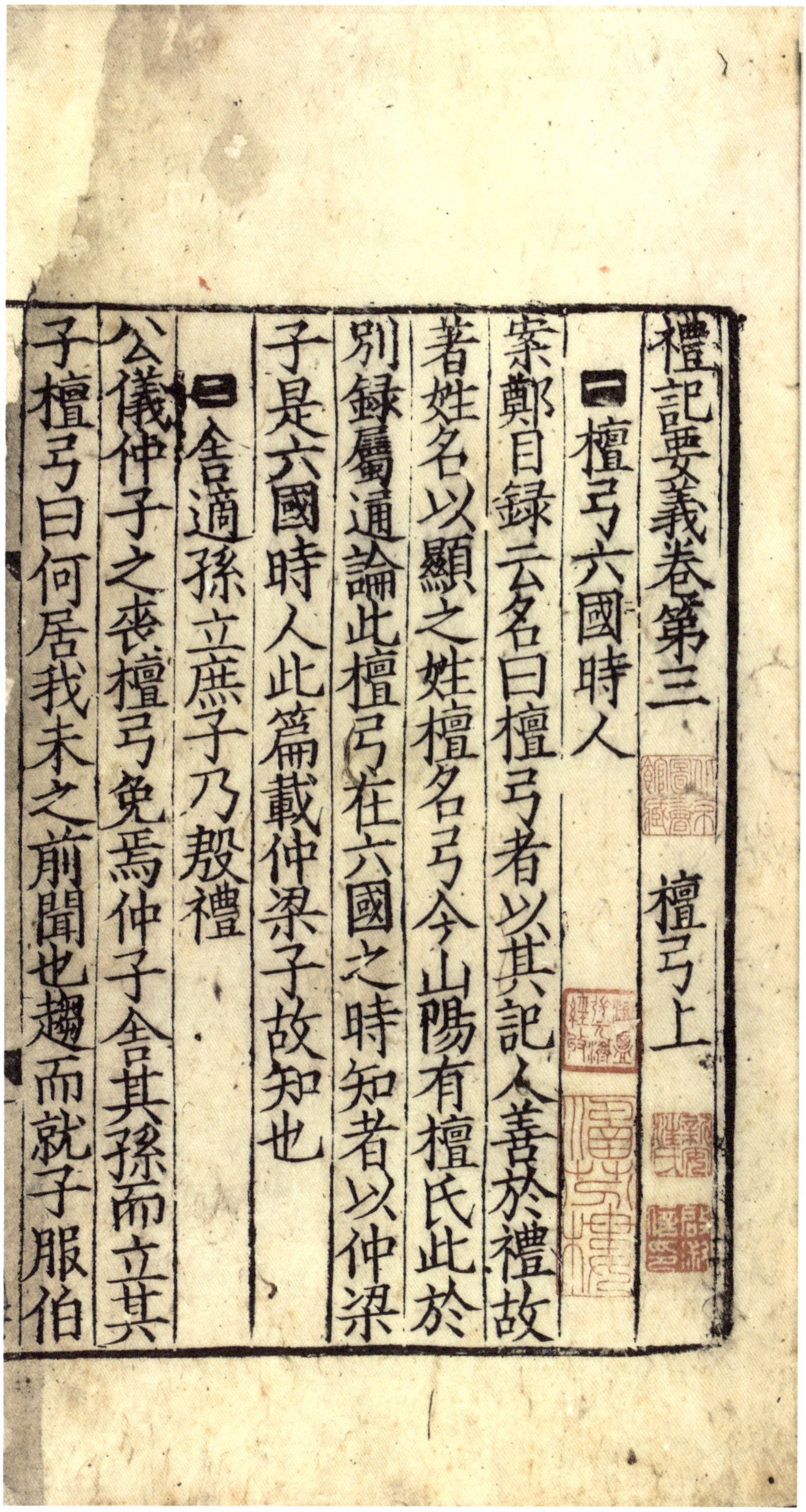

禮記要義卷第三　　檀弓上

一　檀弓六國時人

案鄭目録云名曰檀弓者以其記人善於禮故著姓名以顯之姓檀名弓今山陽有檀氏此於別録屬通論此檀弓在六國之時知者以仲梁子是六國時人此篇載仲梁子故知也

二　舍適孫立庶子乃殷禮

公儀仲子之喪檀弓免焉仲子舍其孫而立其子檀弓曰何居我未之前聞也趨而就子服伯

00271　禮記要義三十三卷　（宋）魏了翁撰　宋淳祐十二年（1252）魏克愚徽州紫陽書院刻本

匡高20.6厘米，廣15厘米。半葉九行，行十八字，白口，左右雙邊。有“新安汪氏”、“啟淑信印”、“涵芬樓”等印。金錫爵跋。國家圖書館藏，存三十一卷。

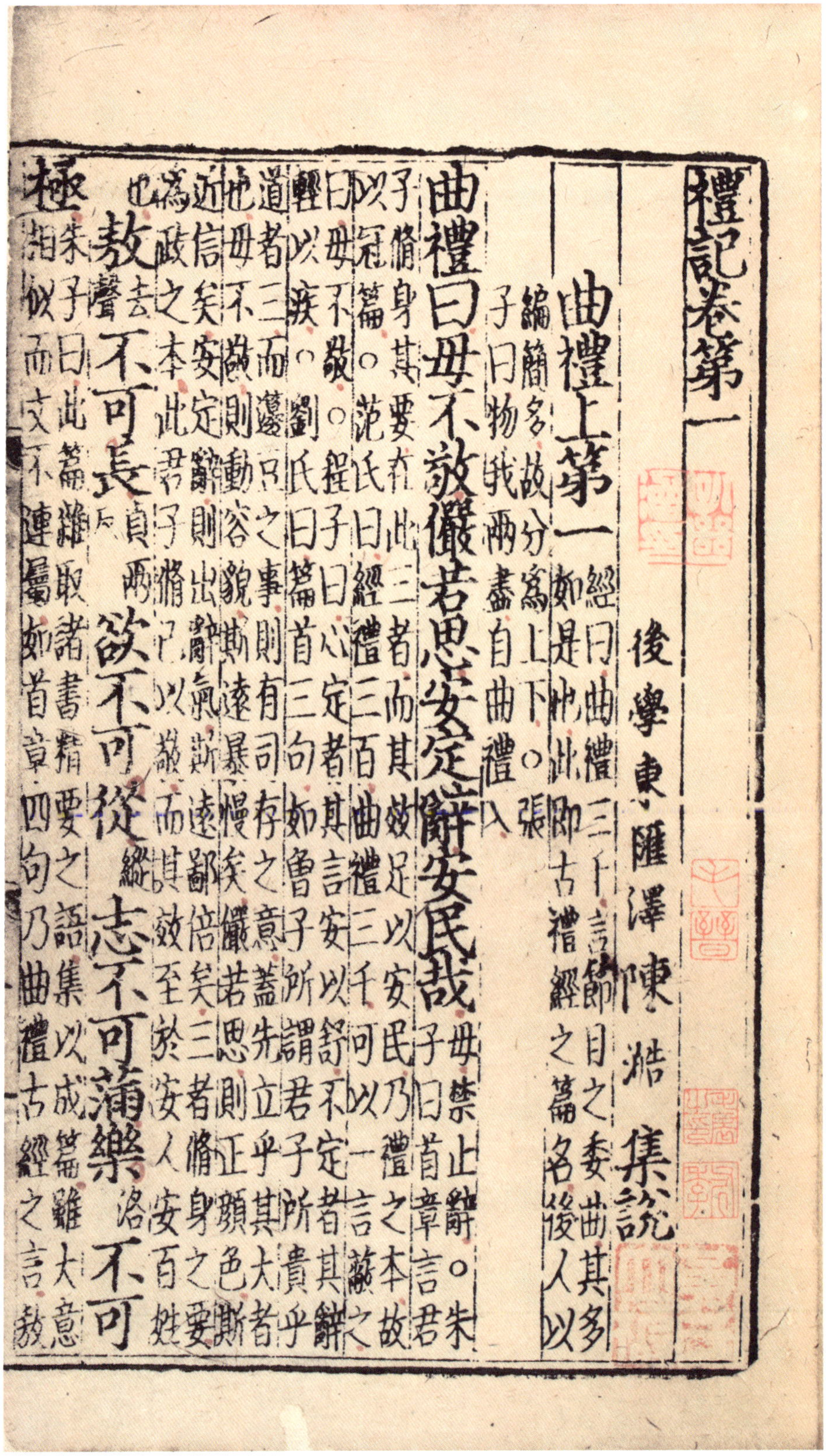

00272、00273、00274 禮記集説十六卷 （元）陳澔撰　元天曆元年（1328）建安鄭明德宅刻本

匡高20.6厘米，廣13.1厘米。半葉十一行，行二十一字，小字雙行同，細黑口，四周雙邊。國家圖書館藏，有“汲古閣”、“孔繼涵印”等印，存十四卷；北京大學圖書館藏，有“明墀之印”等印，存十二卷；北京師範大學圖書館藏，爲重修本。

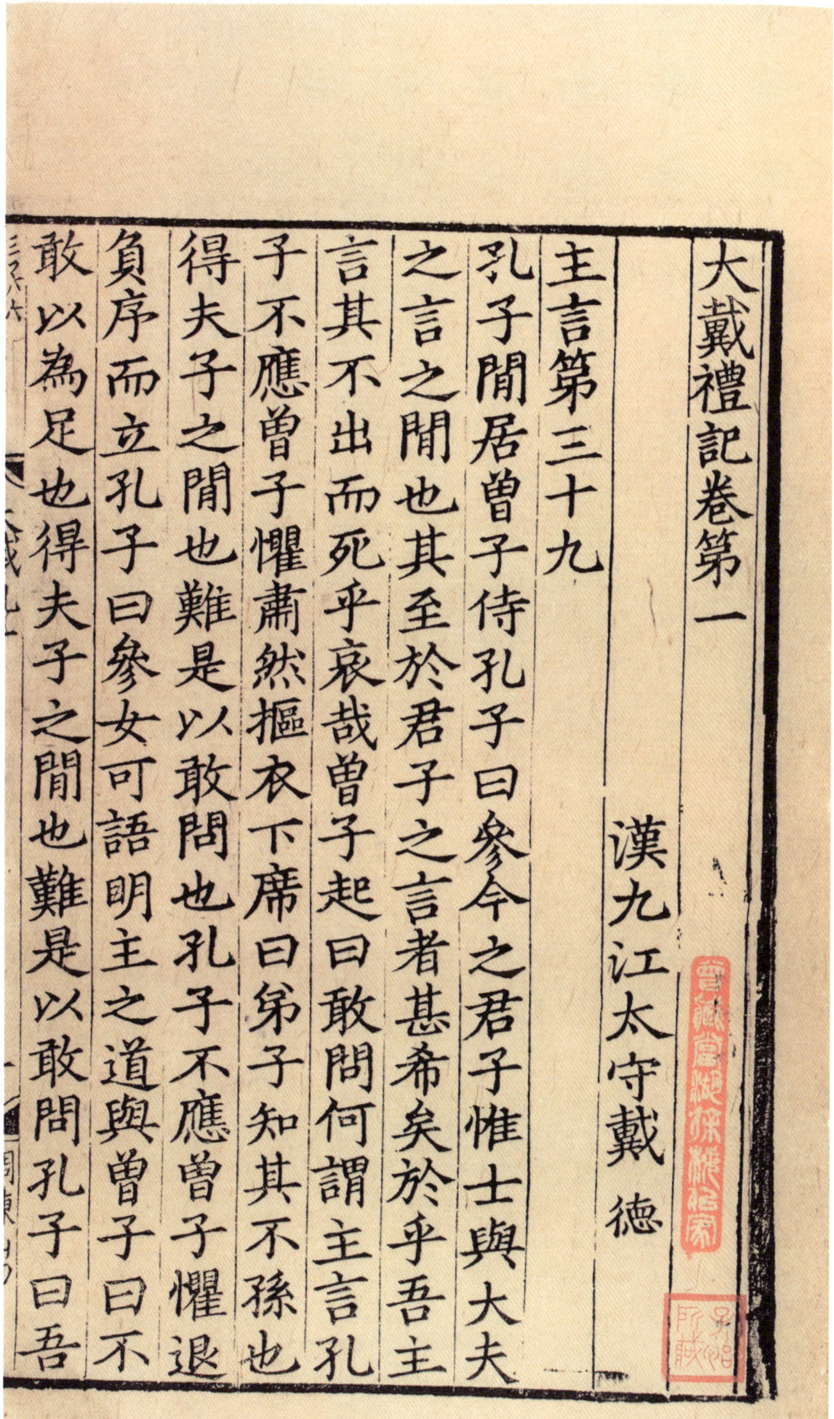

大戴禮記卷第一

漢九江太守戴德

主言第三十九

孔子閒居曾子侍孔子曰參今之君子惟士與大夫之言之閒也其至於君子之言者甚希矣於乎吾主言其不出而死乎哀哉曾子起曰敢問何謂主言孔子不應曾子懼肅然摳衣下席曰弟子知其不孫也得夫子之閒也難是以敢問也孔子不應曾子懼退負序而立孔子曰參女可語明主之道與曾子曰不敢以為足也得夫子之閒也難是以敢問孔子曰吾

00275、00276 大戴禮記十三卷 （漢）戴德撰 （北周）盧辯注 元至正十四年（1354）嘉興路儒學刻本

匡高22.7厘米，廣14.6厘米。半葉十行，行二十字，小字雙行同，細黑口，左右雙邊。國家圖書館藏，有“晉府書畫之印”、“劉世珩”等印，嵇承謙校并跋，俞樾跋；國家圖書館藏又一部，有“毛晉私印”、“楝亭曹氏藏書”、“海源閣”等印。

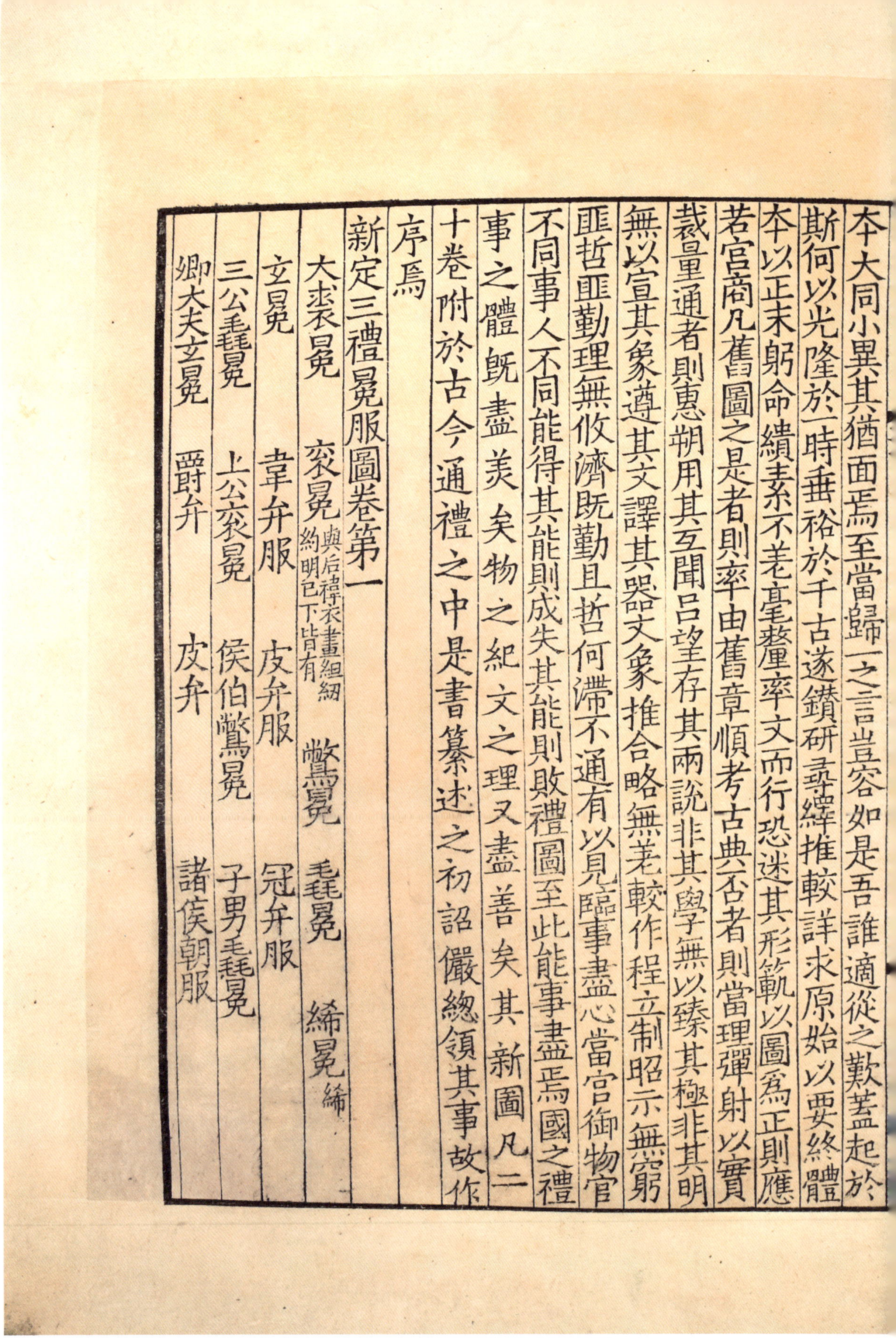

本大同小異其猶面焉至當歸一之言豈容如是吾誰適從之歎蓋起於
斯何以光隆於一時垂裕於千古遂鑽研尋繹推較詳求原始以要終體
本以正末躬命續素不差毫氂率文而行恐迷其形範以圖爲正則應
若宮商凡舊圖之是者則率由舊章順考古典否者則當理彈射以實
裁量通者則惠朔用其互聞呂望存其兩說非其學無以臻其極非其明
無以宣其象遵其文譯其器文象推合略無差較作程立制昭示無窮
匪哲匪勤理無攸濟既勤且哲何滯不通有以見臨事盡心當官御物官
不同事人不同能得其能則成失其能則敗禮圖至此能事盡焉國之禮
事之體既盡美矣物之紀文之理又盡善矣其新圖凡二
十卷附於古今通禮之中是書纂述之初詔儼總領其事故作
序焉

新定三禮冕服圖卷第一

大裘冕　袞冕與后褘衣畫組紃約明已下皆有　鷩冕　毳冕　絺冕絺
玄冕　韋弁服　皮弁服　冠弁服
三公毳冕　上公袞冕　侯伯鷩冕　子男毳冕
卿大夫玄冕　爵弁　皮弁　諸侯朝服

00277 新定三禮圖二十卷 （宋）聶崇義集注　宋淳熙二年（1175）鎮江府學刻公文紙印本

蝴蝶裝。匡高21.7厘米，廣16.5厘米。半葉十六行，行二十六至三十字，白口，左右雙邊。有"俞貞木"、"季振宜"、"乾學"、"海源閣"、"周暹"等印。錢謙益跋。國家圖書館藏。

新定三禮圖序

通議大夫國子司業兼太常博士柱國賜紫金魚袋臣聶崇義集注

昔者秦始皇之重法術而天下貴刑名魏文帝之惡方嚴而人間尚通變上之化下下必從焉是以雙劍崇節飛白成俗挾琴飾容赴曲增抃自然之道也　周世宗暨

今皇帝恢堯舜之典則總夏商之禮文思隆大猷崇正舊物儀形作範旁詔四方常恨近代以來不能慕遠無所釐革溺於因循傳積世之漸訛爲千載之絕軌去聖遼遠貿名實謬乖朱紫混淆鄭雅交雜痛心疾首求以正之而名儒嚮風適其所願國子司業兼太常博士聶崇義垂髫之歲篤志於禮禮經之內游刃其間每謂春秋不經仲尼恥是關雎既亂師摯憫之今吉凶之容禮樂之器制度舛錯失之甚焉施之於家猶曰不可朝廷之大寧容濫瀆（御名）欲正失於得返邪於正潛訪同志定其禮圖而所學有淺深所見有差異作舍道側三年不成衆口云云何所不至會

國朝創制彝器迨於車服乃究其軌量親自規摸舉之措之或沿或革從理以變雅適其本時之學者曉然服義於是專采三禮舊圖凡得六

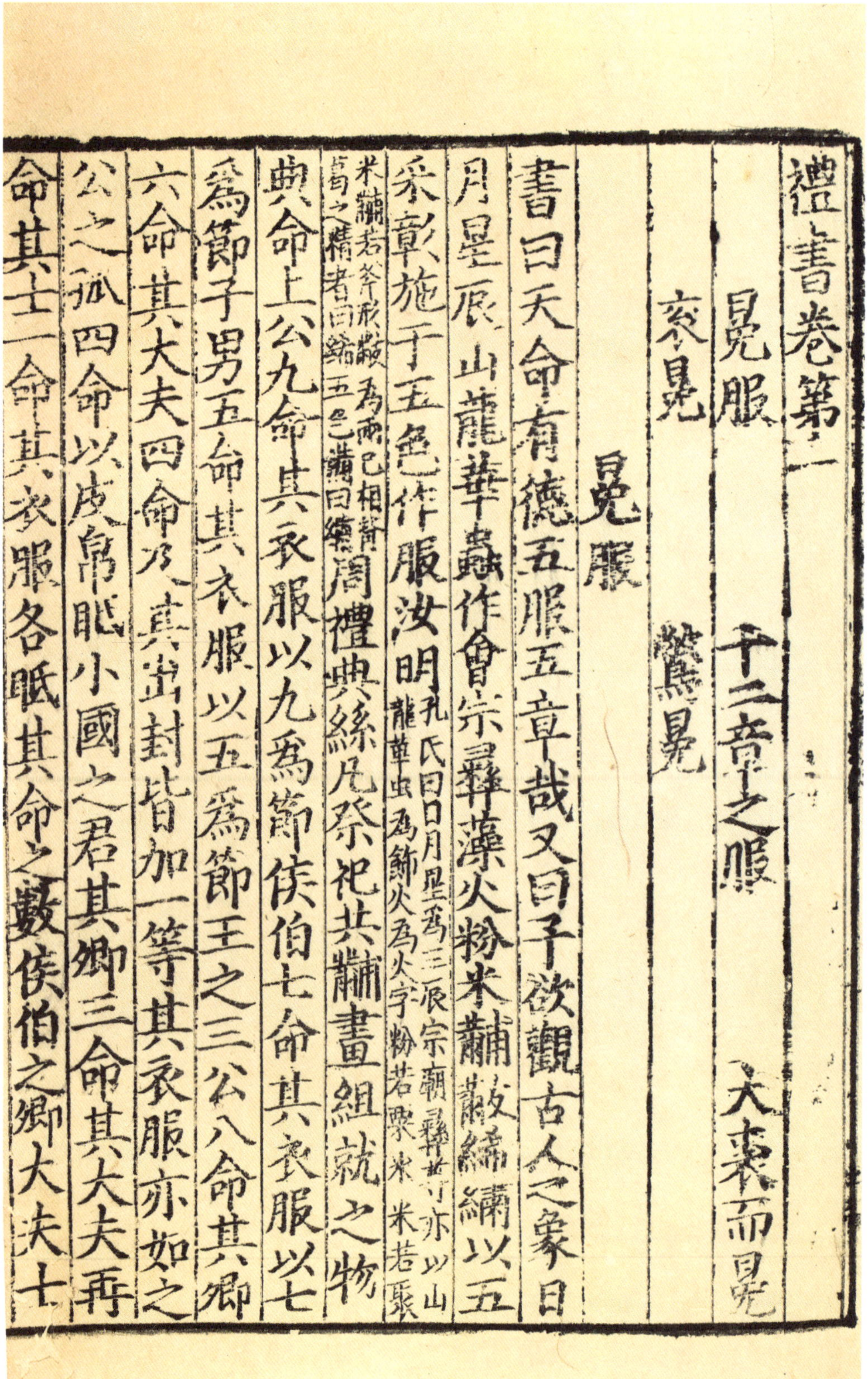

禮書卷第一

冕服　十二章之服　大裘而冕

衮冕　鷩冕

冕服

書曰天命有德五服五章哉又曰予欲觀古人之象日月星辰山龍華蟲作會宗彝藻火粉米黼黻絺繡以五采彰施于五色作服汝明孔氏曰日月星爲三辰宗廟彝尊亦以山龍華虫爲飾火爲火字粉若粟米米若聚米黼若斧形黻爲兩己相背葛之精者曰絺五色備曰繡周禮典絲凡祭祀共黼畫組就之物典命上公九命其衣服以九爲節侯伯七命其衣服以七爲節子男五命其衣服以五爲節王之三公八命其卿六命其大夫四命及其出封皆加一等其衣服亦如之公之孤四命以皮帛眂小國之君其卿三命其大夫再命其士一命其衣服各眂其命之數侯伯之卿大夫士

00278 禮書一百五十卷（宋）陳祥道撰　元至正七年（1347）福州路儒學刻明修本

匡高22.2厘米，廣16.5厘米。半葉十三行，行二十一至二十二字，小字雙行二十九至三十四字，白口，左右雙邊。國家圖書館藏。

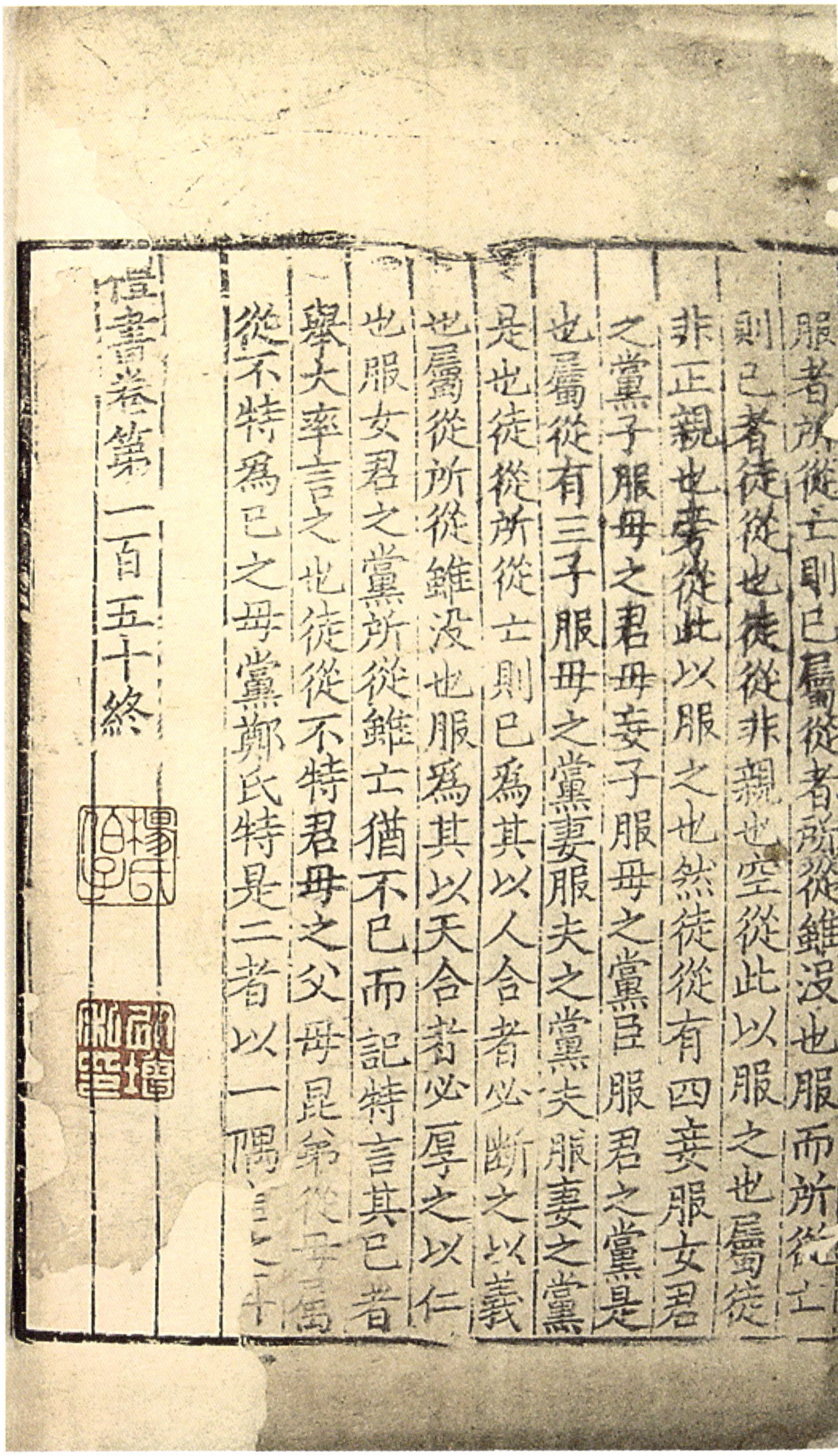

服者所從亡則已屬從者所從雖没也服而所從亡則已者徒從也徒從非親也空從此以服之也屬從非正親也妾從此以服之也然徒從有四妾服女君之黨子服母之君母妾子服母之黨臣服君之黨是也屬從有三子服母之黨妻服夫之黨夫服妻之黨是也徒從所從亡則已爲其以人合者必斷之以義也屬從所從雖没也服爲其以天合者必厚之以仁也服女君之黨所從雖亡猶不已而記特言其已者舉大率言之也徒從不特君母之父母昆弟從母屬從不特爲已之母黨鄭氏特是二者以一隅[illegible]

禮書卷第一百五十終

00279 禮書一百五十卷 （宋）陳祥道撰　元至正七年（1347）福州路儒學刻明修本（有十四卷抄配）

匡高21厘米，廣16.1厘米。半葉十三行，行二十一至二十三字，小字雙行二十一至三十五字，白口或黑口，左右雙邊。有“海源閣”、“宋存書室”等印。山東省博物館藏。

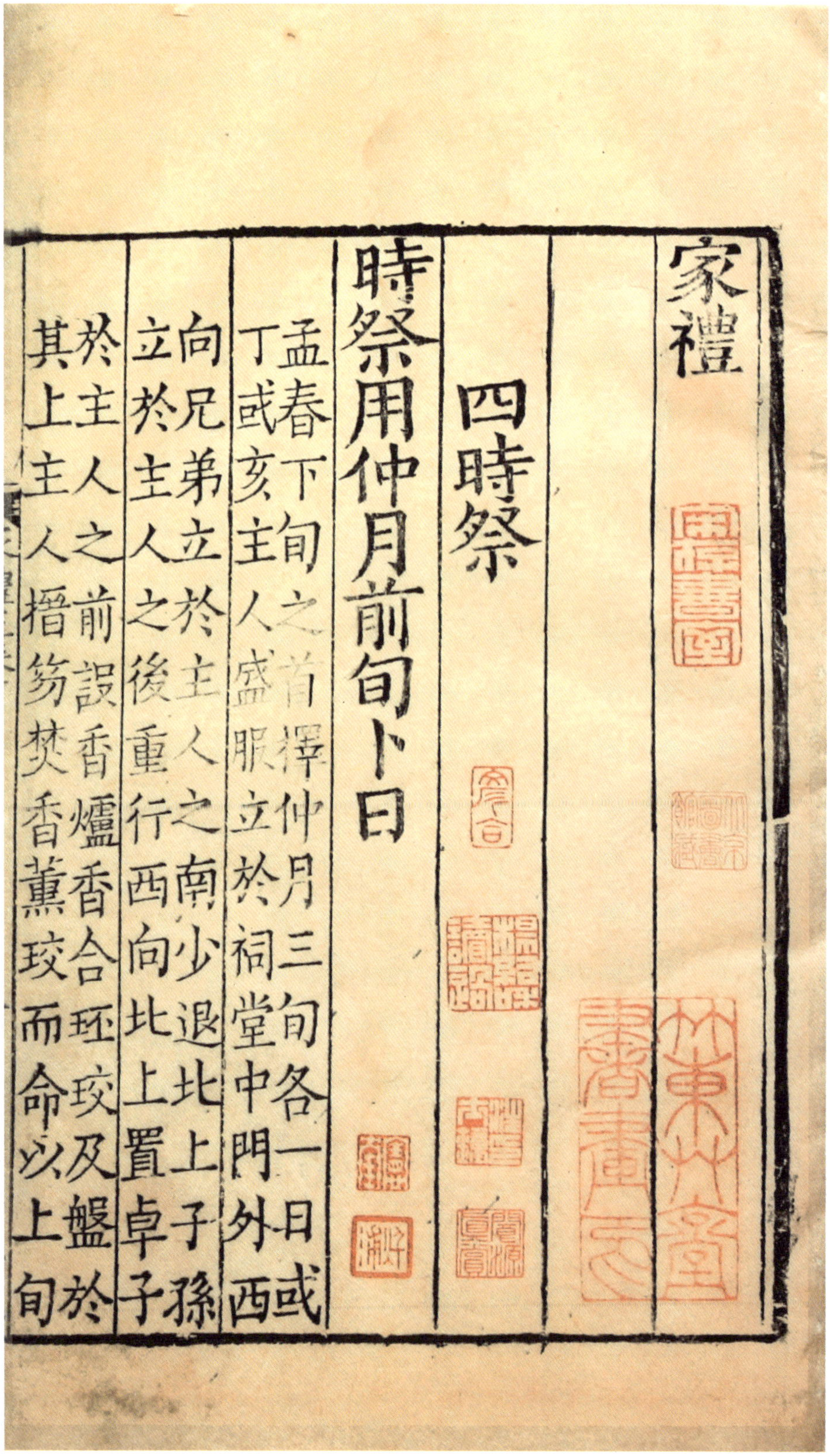

00280 家禮五卷 題（宋）朱熹撰 **附録一卷** 宋淳祐刻本（卷一至三配清影宋抄本）

匡高22.7厘米，廣16.5厘米。半葉七行，行十六字，小字雙行同，白口，左右雙邊。有“汪印士鐘”、“海源閣”等印。國家圖書館藏。

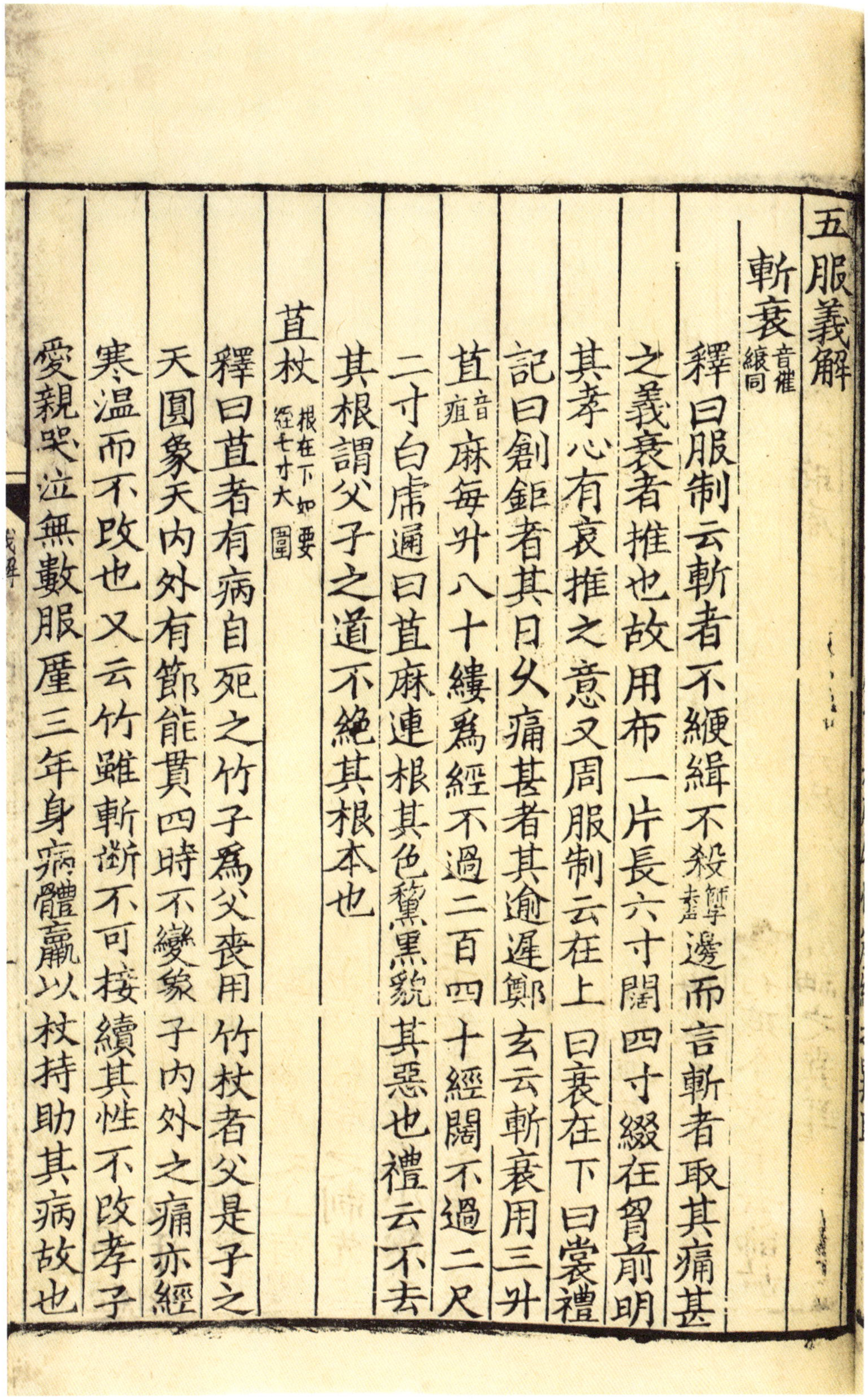

五服義解

斬衰（音催 縗同）

釋曰服制云斬者不緶緝不殺（所界 去聲）邊而言斬者取其痛甚之義衰者推也故用布一片長六寸闊四寸綴在胷前明其孝心有哀推之意又周服制云在上曰衰在下曰裳禮記曰創鉅者其日久痛甚者其愈遲鄭玄云斬衰用三升苴（音疽）麻每升八十縷爲絰不過二百四十縷闊不過二尺二寸白虎通曰苴麻連根其色黧黑貌其惡也禮云不去其根謂父子之道不絶其根本也

苴杖（根在下如要 絰七寸大圍）

釋曰苴者有病自死之竹子爲父喪用竹杖者父是子之天圓象天内外有節能貫四時不變象子内外之痛亦經寒温而不改也又云竹雖斬斵不可接續其性不改孝子愛親哭泣無數服屋三年身病體羸以杖持助其病故也

00281 五服圖解一卷 （元）龔端禮撰　元泰定元年（1324）杭州路儒學刻本

匡高24.9厘米，廣19.2厘米。半葉十四行，行二十五字，白口，左右雙邊。有“士礼居藏”、“汪印士鐘”等印。黄丕烈跋。國家圖書館藏。

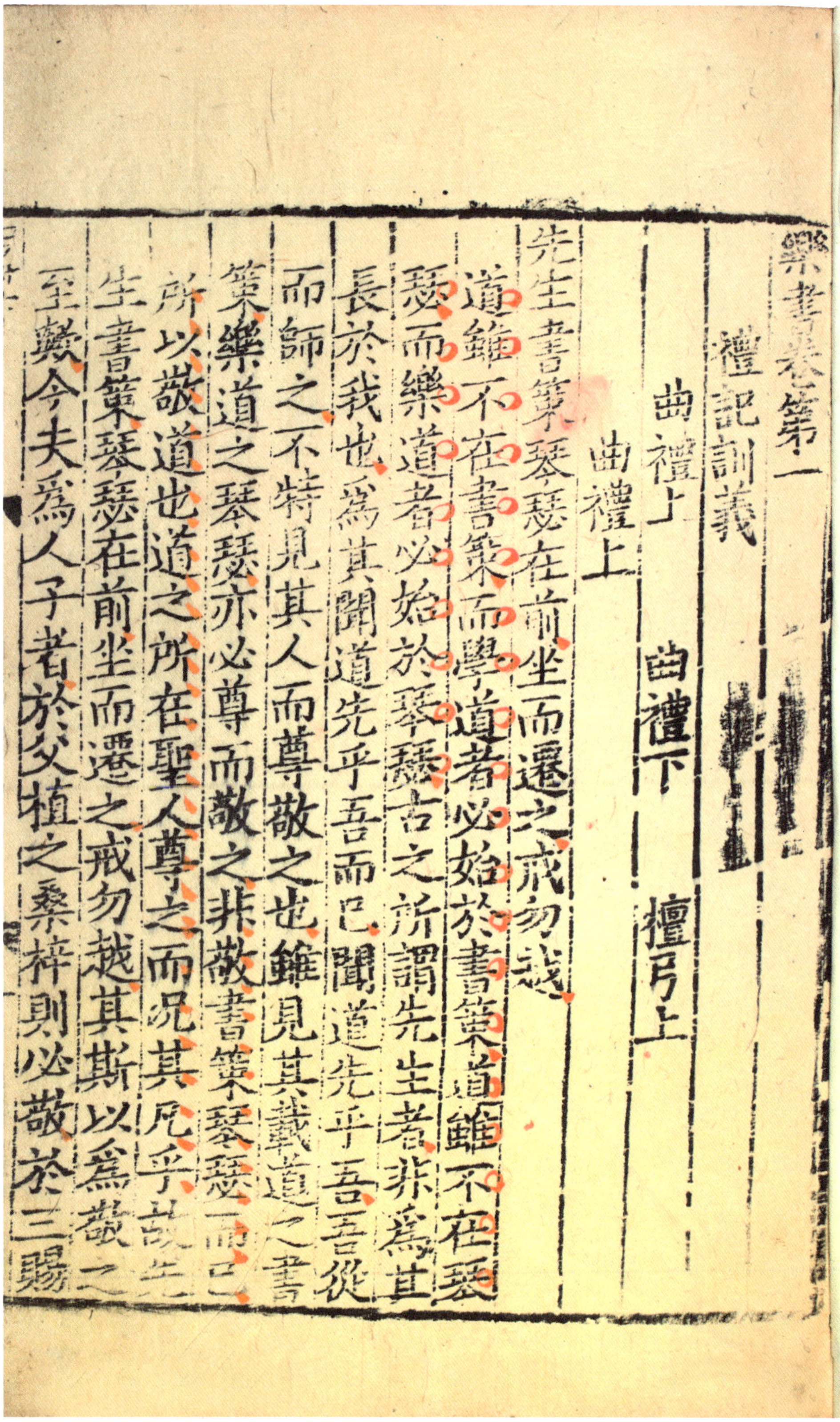
樂書卷第一
禮記訓義
曲禮上　曲禮下　檀弓上
曲禮上
先生書策琴瑟在前坐而遷之戒勿越
道雖不在書策而學道者必始於書策道雖不在琴
瑟而樂道者必始於琴瑟古之所謂先生者非爲其
長於我也爲其聞道先乎吾而已聞道先乎吾吾從
而師之不特見其人而尊敬之也雖見其載道之書
策樂道之琴瑟亦必尊而敬之非敬書策琴瑟而已
所以敬道也道之所在聖人尊之而况其凡乎故先
生書策琴瑟在前坐而遷之戒勿越其斯以爲敬之
至歟今夫爲人子者於父植之桑梓則必敬於三賜

00282　樂書二百卷目録二十卷　（宋）陳暘撰　元至正七年（1347）福州路儒學刻明修本

匡高21.2厘米，廣16.4厘米。半葉十三行，行二十一字，白口，左右雙邊。有“柯印逢時”、“莆陽鄭氏藏書記”等印。柯逢時跋。國家圖書館藏。

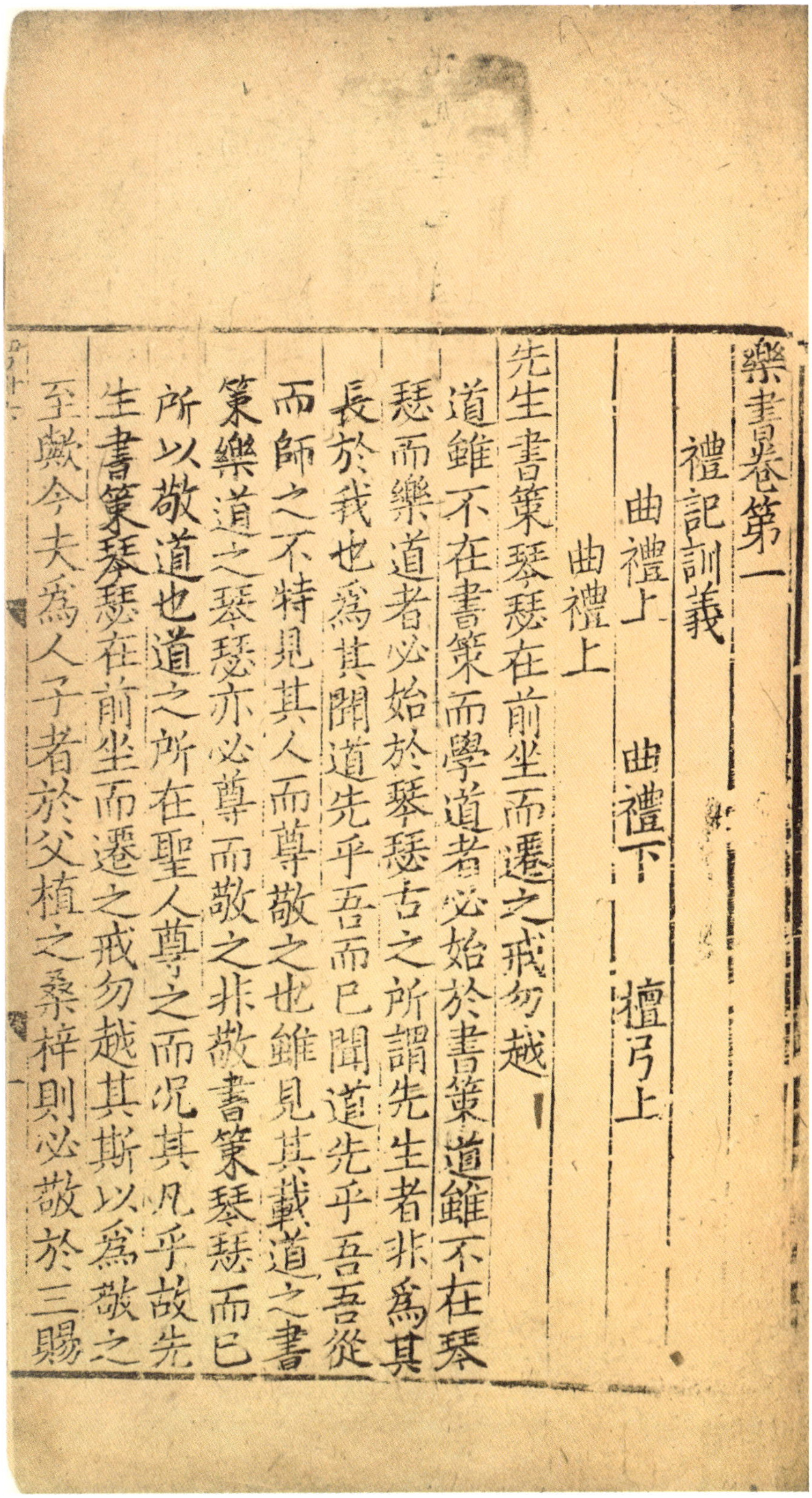

樂書卷第一

禮記訓義

曲禮上　曲禮下　檀弓上

曲禮上

先生書策琴瑟在前坐而遷之戒勿越

道雖不在書策而學道者必始於書策道雖不在琴瑟而樂道者必始於琴瑟古之所謂先生者非爲其長於我也爲其聞道先乎吾而已聞道先乎吾吾從而師之不特見其人而尊敬之也雖見其載道之書策樂道之琴瑟亦必尊而敬之非敬書策琴瑟而已所以敬道也道之所在聖人尊之而況其凡乎故先生書策琴瑟在前坐而遷之戒勿越其斯以爲敬之至歟今夫爲人子者於父植之桑梓則必敬於三賜

00283 樂書二百卷目録二十卷 （宋）陳暘撰　**正誤一卷** （宋）樓鑰撰　元至正七年（1347）福州路儒學刻明修明成化公文紙印本（目録、正誤配清抄本）

匡高21.8厘米，廣16.8厘米。半葉十三行，行二十一字，白口，左右雙邊。河南省圖書館藏，存一百九十六卷。

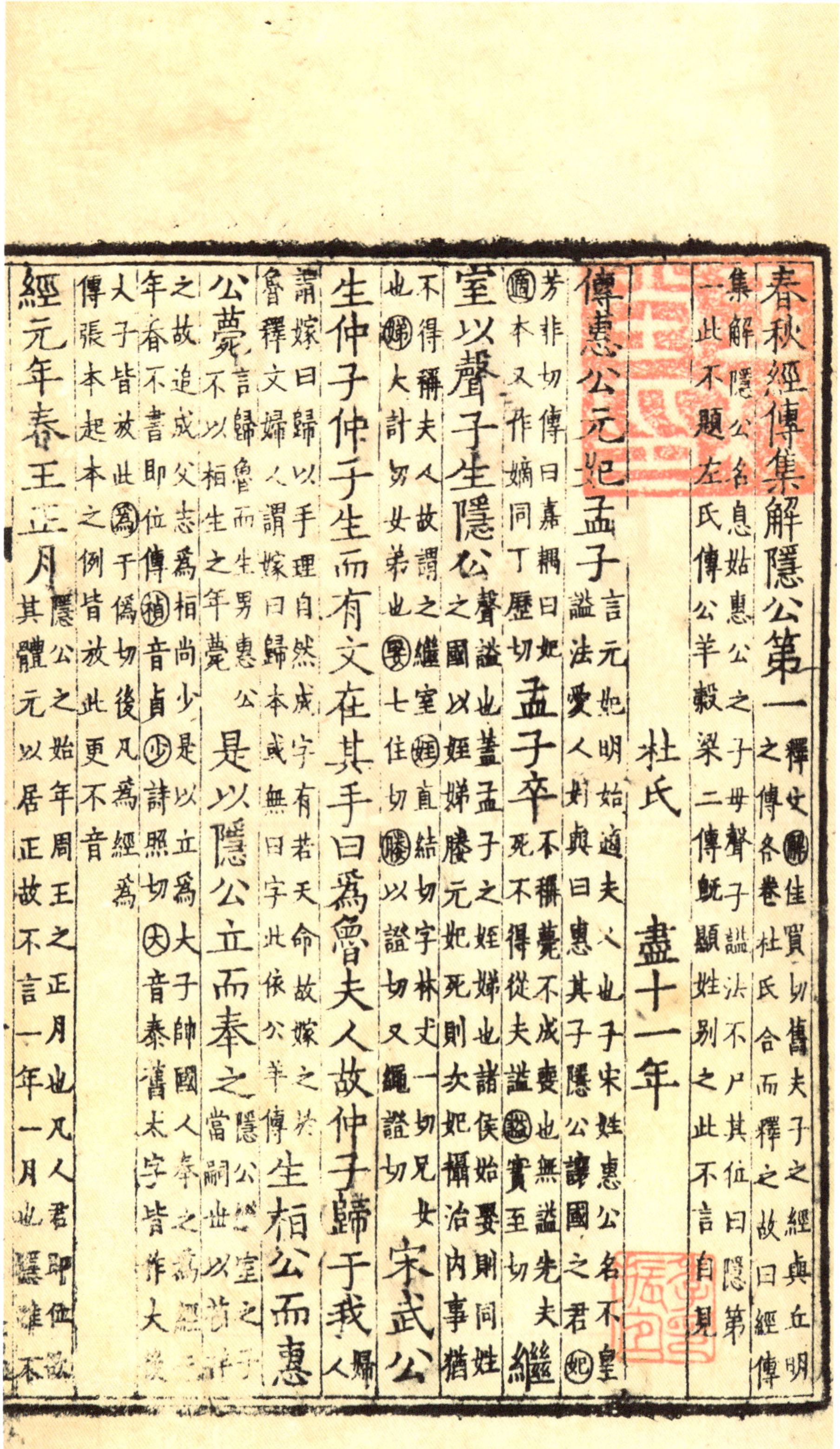
春秋經傳集解隱公第一 釋文闕佳買切舊夫子之經與丘明之傳各卷杜氏合而釋之故曰經傳
集解隱公名息姑惠公之子母聲子謚法不尸其位曰隱第
一此不題左氏傳公羊穀梁二傳既顯姓別之此不言自見
杜氏 盡十一年
傳惠公元妃孟子 言元妃明始適夫人也子宋姓惠公名不皇 謚法愛人好與曰惠其子隱公讓國之君妃
芳非切傳曰嘉耦曰妃 適本又作嫡同丁歷切 孟子卒 不稱薨不成喪也無謚先夫 死不得從夫謚謚實至切 繼
室以聲子生隱公 聲謚也蓋孟子之姪娣也諸侯始娶則同姓 之國以姪娣媵元妃死則次妃攝治內事猶
不得稱夫人故謂之繼室姪直結切字林丈一切兄女 也娣大計切女弟也娶七住切媵以證切又繩證切 宋武公
生仲子仲子生而有文在其手曰為魯夫人故仲子歸于我 婦人
謂嫁曰歸以手理自然成字有若天命故嫁之於 魯釋文婦人謂嫁曰歸本或無曰字此依公羊傳 生桓公而惠
公薨 言歸魯而生男惠公 不以桓生之年薨 是以隱公立而奉之 隱公繼室之子 當嗣世以禎祥
之故追成父志為桓尚少是以立為大子帥國人奉之為經 年春不書即位傳禎音貞少詩照切大音泰舊太字皆作大後
人子皆放此為于偽切後凡為經為 傳張本起本之例皆放此更不音
經元年春王正月 隱公之始年周王之正月也凡人君即位欲 其體元以居正故不言一年一月也隱雖不

00284 春秋經傳集解三十卷春秋二十國年表一卷 （晋）杜預撰　（唐）陸德明釋文　南宋刻本（有抄配）

匡高14.9厘米，廣10.9厘米。半葉十三行，行二十四字，小字雙行同，白口，四周雙邊。有“曲阿孫育”、“吴生元恭”、“徐氏公宣家藏圖書”、“季印振宜”、“玉林堂印”、“張印伯駒”等印。上海圖書館藏。

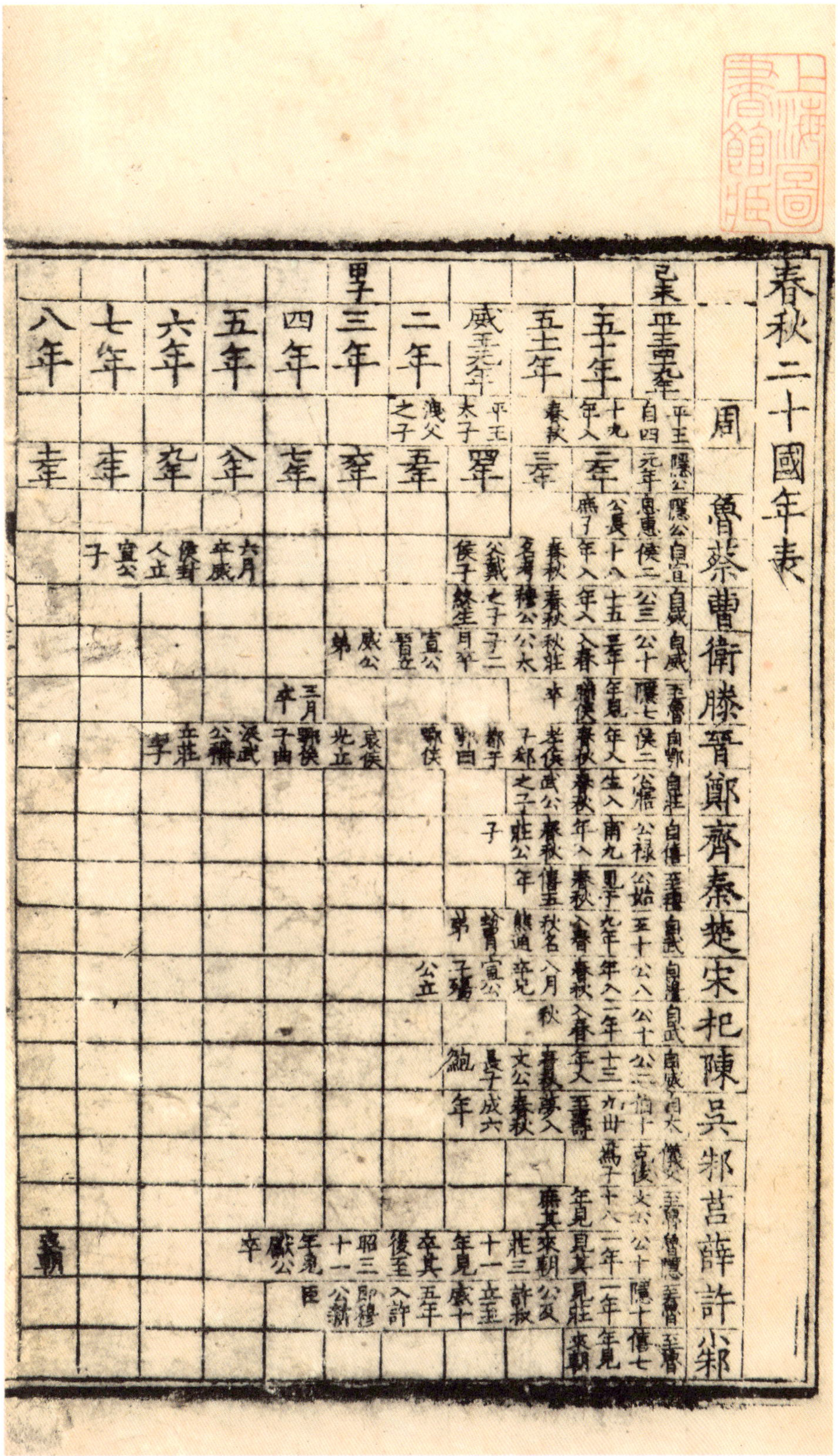

春秋二十國年表

周 魯 蔡 曹 衛 滕 晉 鄭 齊 秦 楚 宋 杞 陳 吳 邾 莒 薛 許 小邾

己未平王四十九年
平王 隱公 隱公自宣 自戴 自戴 王會 自鄭 自莊 自僖 至釐 自武 自壟 自戴 自太 僕父 至齊 鄧隱 至曹
自四 元年 自惠 侯二 公三 公十 隱七 侯二 公靖 公祿 公始 五十 公八 公十 公二 伯十 克後 文公 公十 隱十 僖七

五十年
十九 二年 公長 十八 十五 三年 年見 年入 生入 甫九 見于 九年 年入 二年 十三 九世 爲子 十八 一年 一年 年見
年入 燕子 年入 年入 入春 鄭侯 春秋 春秋 年入 春秋 春秋 入春 年入 至壽 年見 見其 見莊 來朝

五十一年
春秋 三年 春秋 春秋 秋莊 卒 孝侯 武公 春秋 傳五 秋名 八月 秋 春秋 夢入 齊其 來朝 公及 莊三 許叔

桓王元年壬戌
平王 太子 四十二年 名寤 穆公 公太 子鄀 之子 莊公 年 熊通 蚡冒 文公 春秋
洩父 之子 公戴 之子 子二 鄀子 子 弟 宣公 長子成六 十一 立王 年見 戴十

二年
三十一年 侯子 終生 月卒 鄂侯 郤白 子殤 公立 鮑 年 卒其 五年 後至 入許

甲子三年
二十一年 宣公 暨立 戚公 弟 哀侯 光立 昭三 十一 即穆 公謚

四年
十三年 三月 卒 鄂侯 子郄 年見 獻公 臣

五年
二十一年 六月 卒威 侯對 人立 宣公 子 洪武 公稱 卒

六年
二十一年 立莊 孝

七年
十一年

八年
十一年 來朝

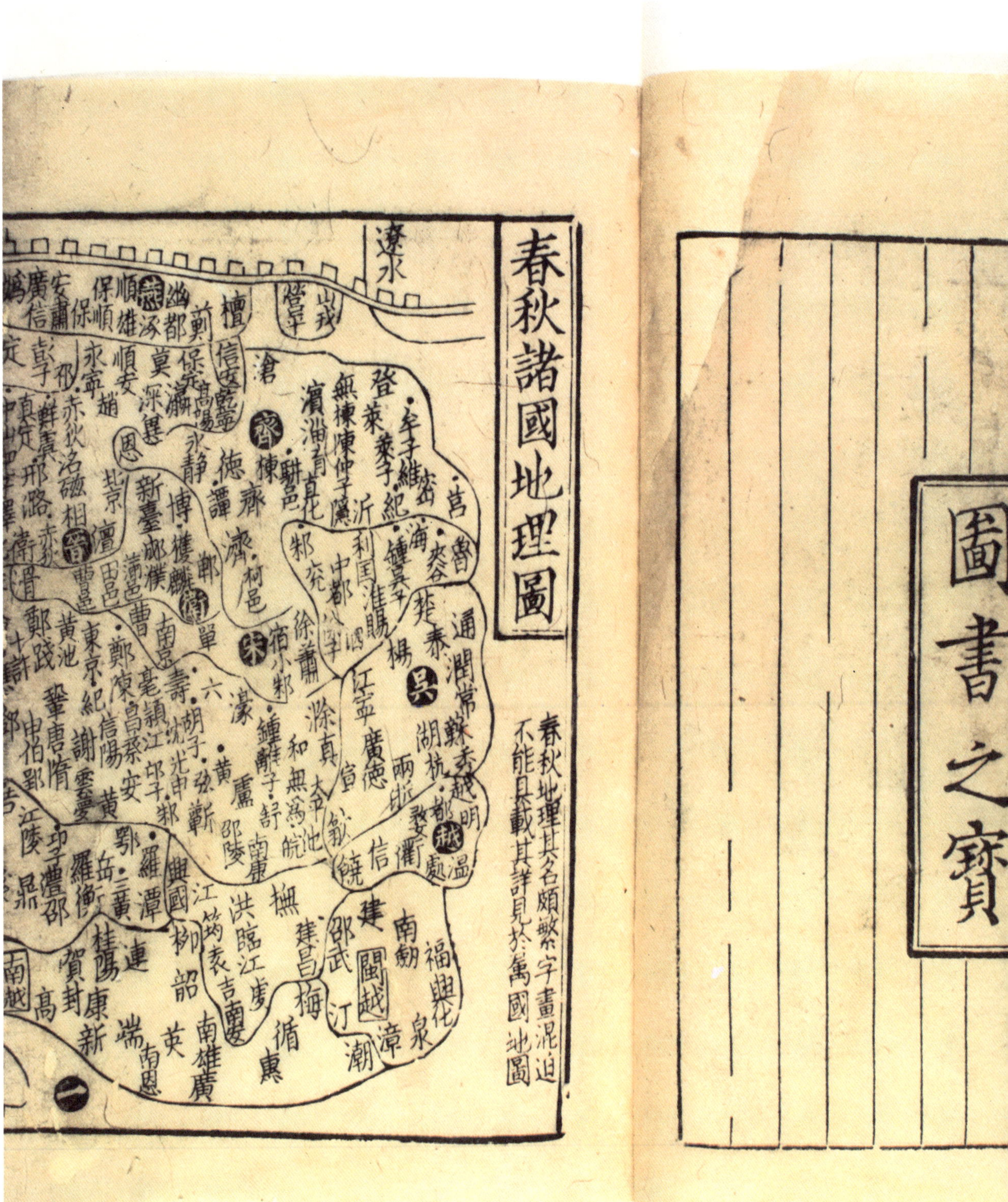

00285 纂圖互註春秋經傳集解三十卷（晉）杜預撰　（唐）陸德明釋文　**春秋名號歸一圖二卷**　（蜀）馮繼先撰　宋刻本

匡高18.7厘米，廣12.4厘米。半葉十二行，行二十一字，小字雙行二十五字，細黑口，左右雙邊。有“龍山書院圖書之寶”牌記。有“抱經樓”、“寒雲主人”等印。國家圖書館藏。

纂圖互註春秋經傳集解隱公第一○陸德明音義曰舊夫子之經與丘明之傳各異卷杜氏合而釋之故曰經傳集解隱公名息姑惠公之子母聲子謚法不尸其位曰隱第一此不數是左氏傳公羊穀梁三傳既題姓別之此不言名自見

杜氏　盡十一年

傳惠公元妃孟子言元妃明始適夫人也子宋姓○惠公名弗皇謚法愛人好與曰惠其子隱公讓國之君○元妃芳非反傳曰嘉耦曰妃適本又作嫡同丁歷反孟子卒不稱薨不成喪也無謚先夫死不得從夫謚○謚實至反

繼室以聲子生隱公聲謚也蓋孟子之姪娣也諸侯始娶則同姓之國以姪娣媵元妃死則次妃攝治內事猶不得稱夫人故謂之繼室○姪直結反字林丈一反兄女也娣大計反女弟也娶七住反媵以證反又繩證反

宋武公生仲子仲子生而有文在其手曰為魯夫人故仲子歸于我婦人謂嫁曰歸以手理自然成字有若天命故嫁之於魯○婦人謂嫁曰歸本或無曰字此依公羊傳○重言有文在其手凡四閔公二年昭公三十二年季友及生有文在其手曰友○昭元年唐叔及生有文在其手曰虞生桓公而惠公薨言歸魯而生男惠公不以桓生之年薨是以隱公立而奉之隱公繼室之子當嗣世以禎祥之故追成父志為桓尚少是以立為大子帥國人奉之為經元年春不書即位傳○禎音貞[illegible]

龍山書院

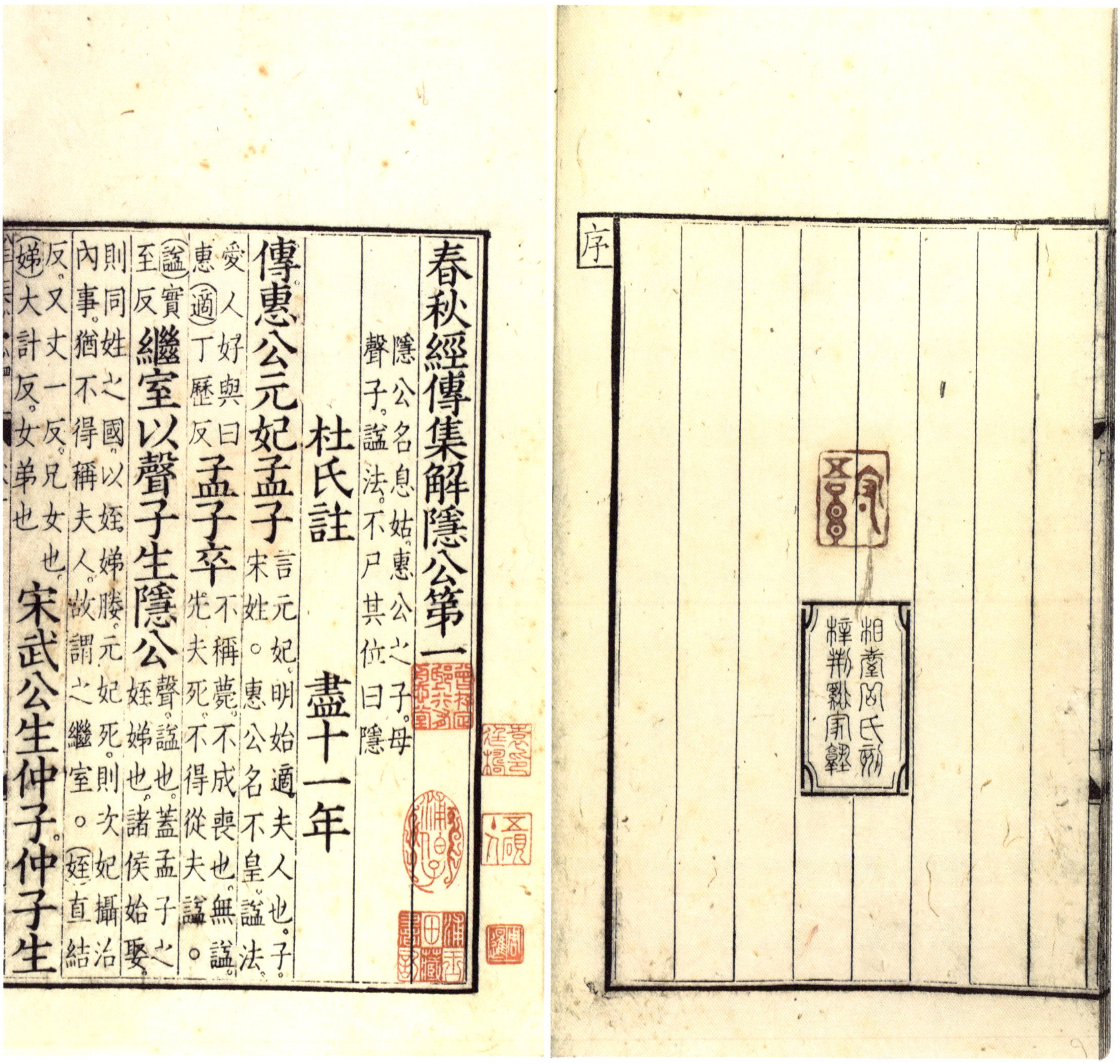
春秋經傳集解隱公第一

隱公名息姑。惠公之子。母聲子。謚法。不尸其位曰隱

杜氏註　盡十一年

傳惠公元妃孟子言元妃。明始適夫人也。子。宋姓。○惠公名不皇。謚法。愛人好與曰惠(適)丁歷反孟子卒不稱薨。不成喪也。無謚。先夫死。不得從夫謚。○(謚)實至反繼室以聲子生隱公聲。謚也。蓋孟子之姪娣也。諸侯始娶則同姓之國。以姪娣媵。元妃死。則次妃攝治內事。猶不得稱夫人。故謂之繼室。○(姪)直結反。又丈一反。兄女也。(娣)大計反。女弟也宋武公生仲子。仲子生

序

相臺岳氏刻梓荊谿家塾

00286 春秋經傳集解三十卷（晉）杜預撰　（唐）陸德明釋文　**春秋名號歸一圖二卷**（蜀）馮繼先撰　**年表一卷**

元岳氏荊谿家塾刻本（卷十九至二十配明刻本）

匡高20.7厘米，廣13.5厘米。半葉八行，行十七字，小字雙行同，細黑口，四周雙邊。有“相臺岳氏刻梓荊谿家塾”牌記。有“徐健菴”、“浦祺之印”、“袁印廷檮”等印。周叔弢跋。國家圖書館藏。

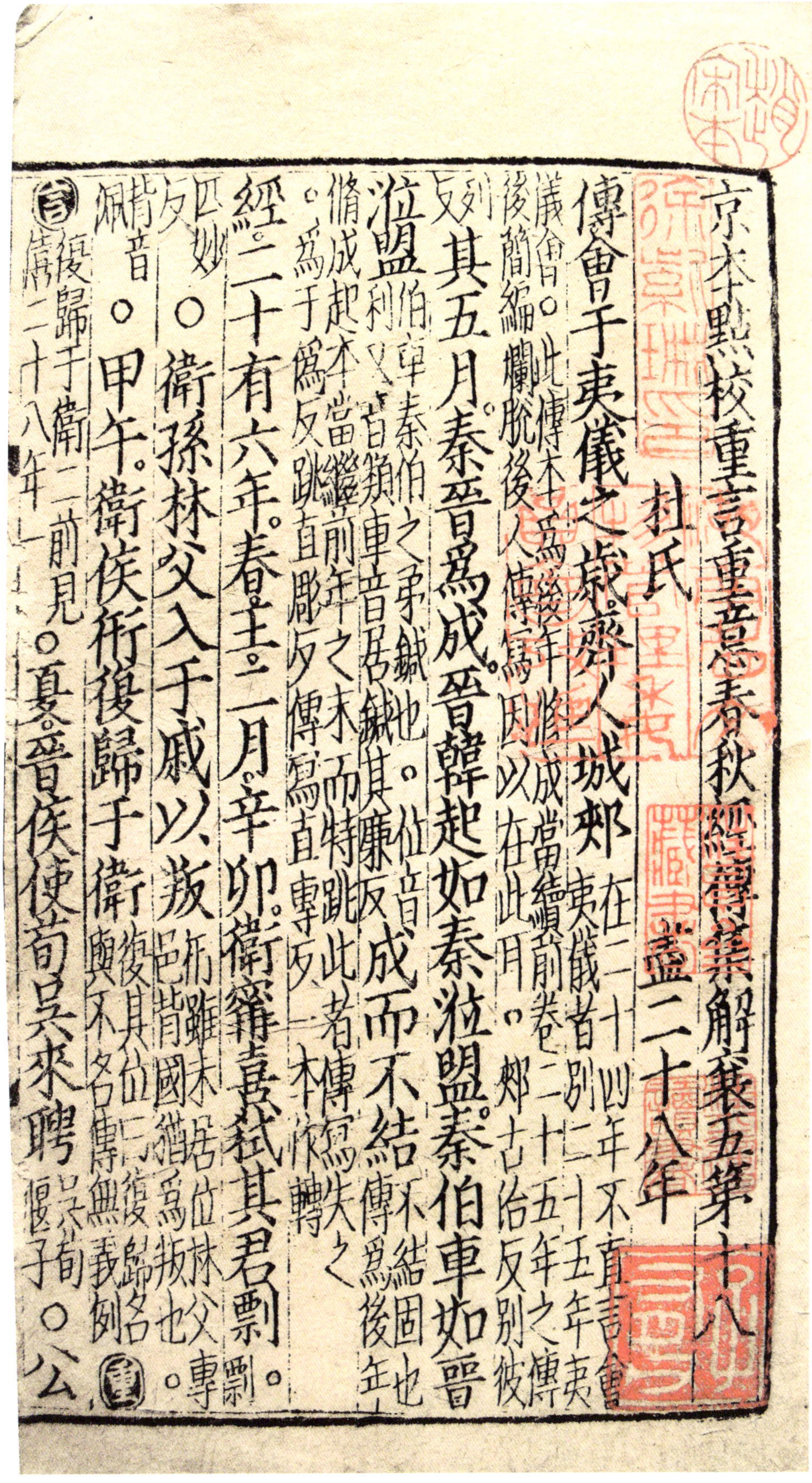
京本點校重言重意春秋經傳集解卷第十八
杜氏 盡二十八年
傳會于夷儀之歲齊人城郟
其五月秦晉爲成晉韓起如秦涖盟秦伯車如晉
涖盟 成而不結
經二十有六年春王二月辛卯衛甯喜弒其君剽
衛孫林父入于戚以叛
甲午衛侯衎復歸于衛
夏晉侯使荀吳來聘 ○公

00287 京本點校重言重意春秋經傳集解三十卷 （晉）杜預撰　（唐）陸德明釋文　宋刻本

匡高14厘米，廣8厘米。半葉十一行，行二十字，小字雙行二十一字，白口，四周雙邊。有“汪厚齋藏書”、“徐紫珊印”等印。湖南圖書館藏，存十五卷。

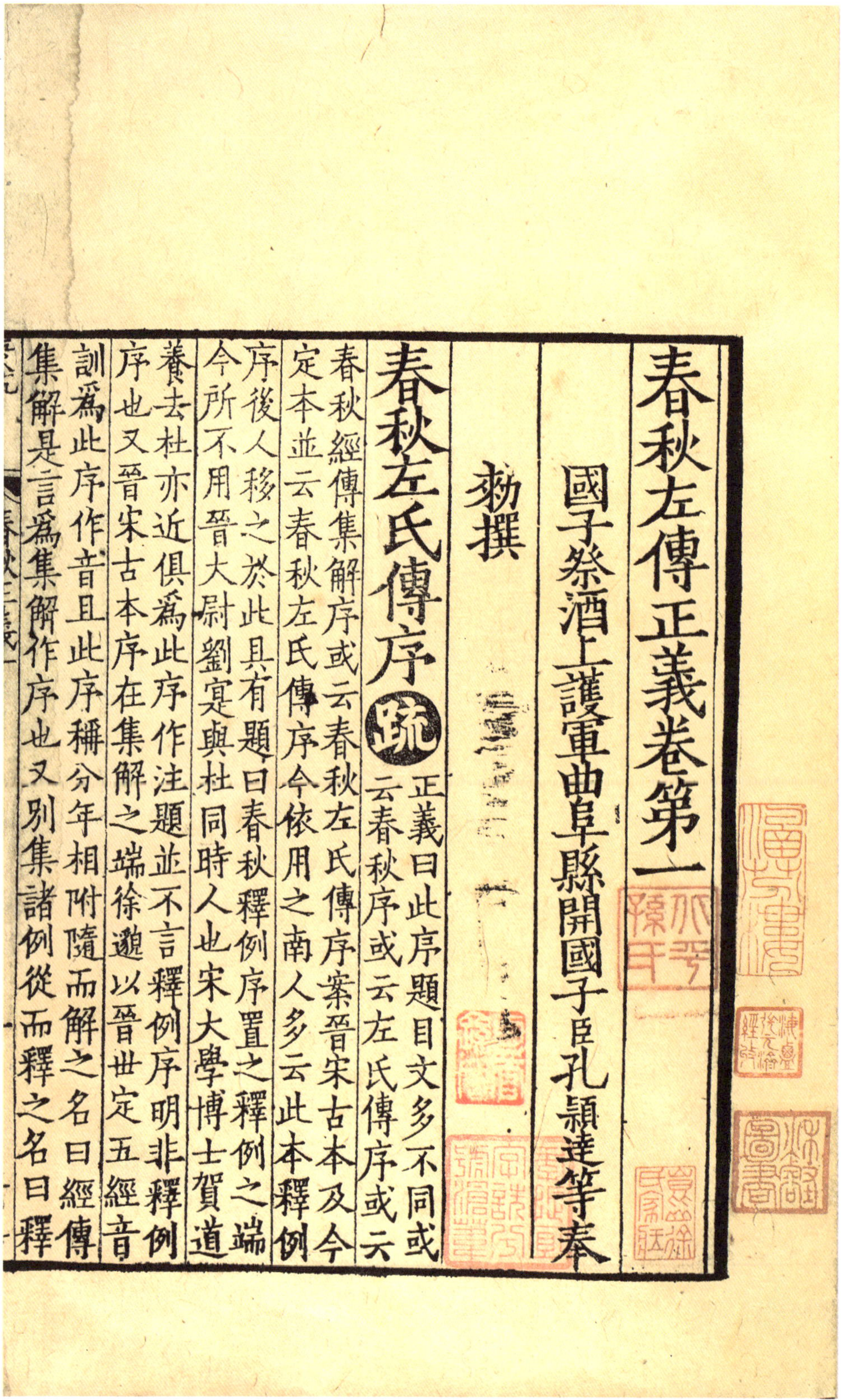

春秋左傳正義卷第一

國子祭酒上護軍曲阜縣開國子臣孔穎達等奉

勑撰

春秋左氏傳序 疏 正義曰此序題目文多不同或云春秋序或云左氏傳序或云春秋經傳集解序或云春秋左氏傳序案晉宋古本及今定本並云春秋左氏傳序今依用之南人多云此本釋例序後人移之於此具有題曰春秋釋例序置之釋例之端今所不用晉大尉劉寔與杜同時人也宋大學博士賀道養去杜亦近俱爲此序作注題並不言釋例序明非釋例序也又晉宋古本序在集解之端徐邈以晉世定五經音訓爲此序作音且此序稱分年相附隨而解之名曰經傳集解是言爲集解作序也又別集諸例從而釋之名曰釋

00288 春秋左傳正義三十六卷 （唐）孔穎達撰　宋慶元六年（1200）沈作賓紹興府刻宋元遞修本

匡高21.7厘米，廣17.5厘米。半葉八行，行十六字，小字雙行二十二字，白口，左右雙邊。有“秋壑圖書”、“北平孫氏”、“季印振宜”、“徐健菴”、“涵芬樓”等印。國家圖書館藏。

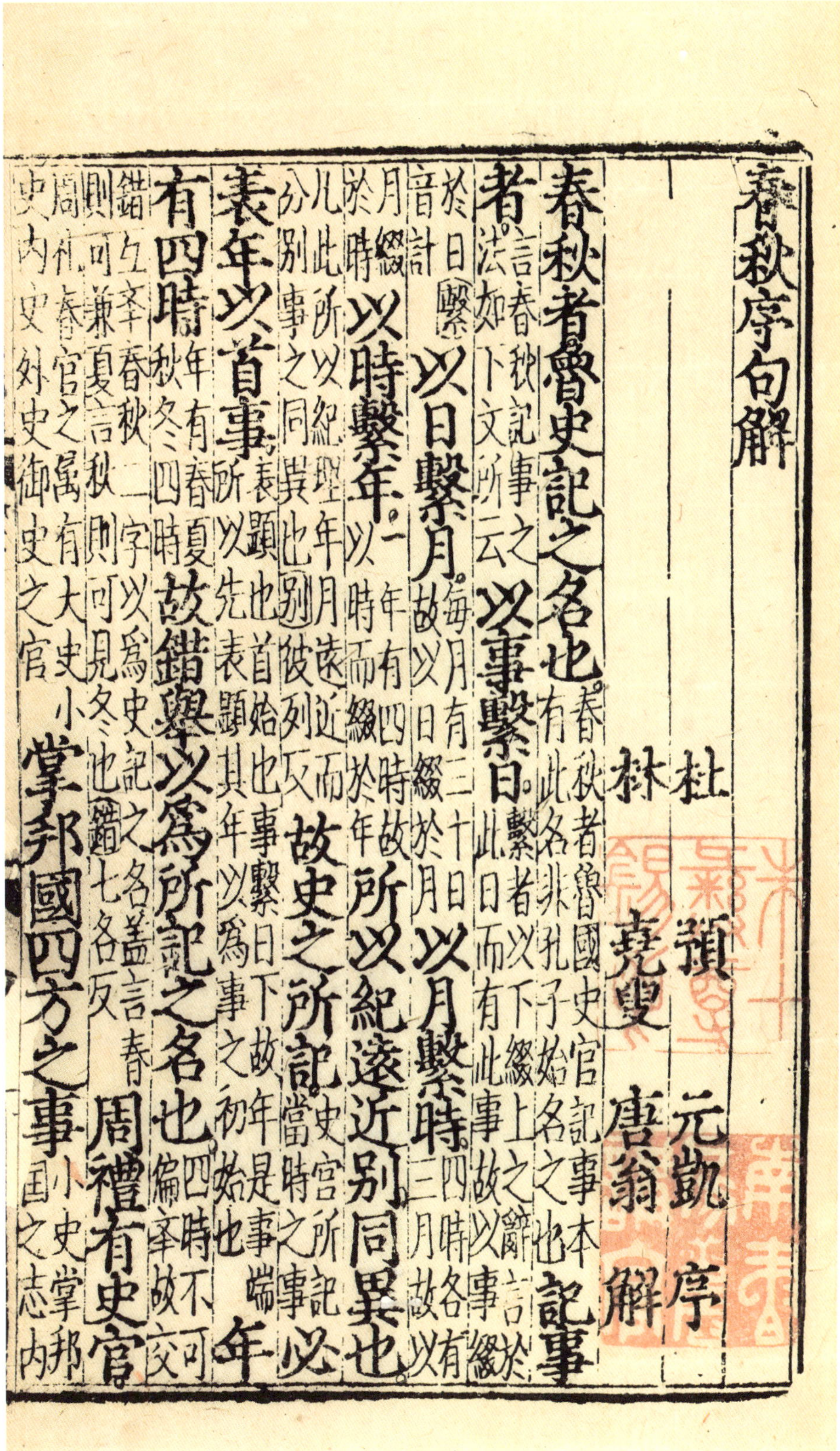

00289 音註全文春秋括例始末左傳句讀直解七十卷 （宋）林堯叟撰　元刻明修本

匡高19厘米，廣12.7厘米。半葉十二行，行二十一字，小字雙行同，黑口，四周雙邊或單邊。有“南書房舊講官”、“朱十彝尊錫鬯”等印。國家圖書館藏。

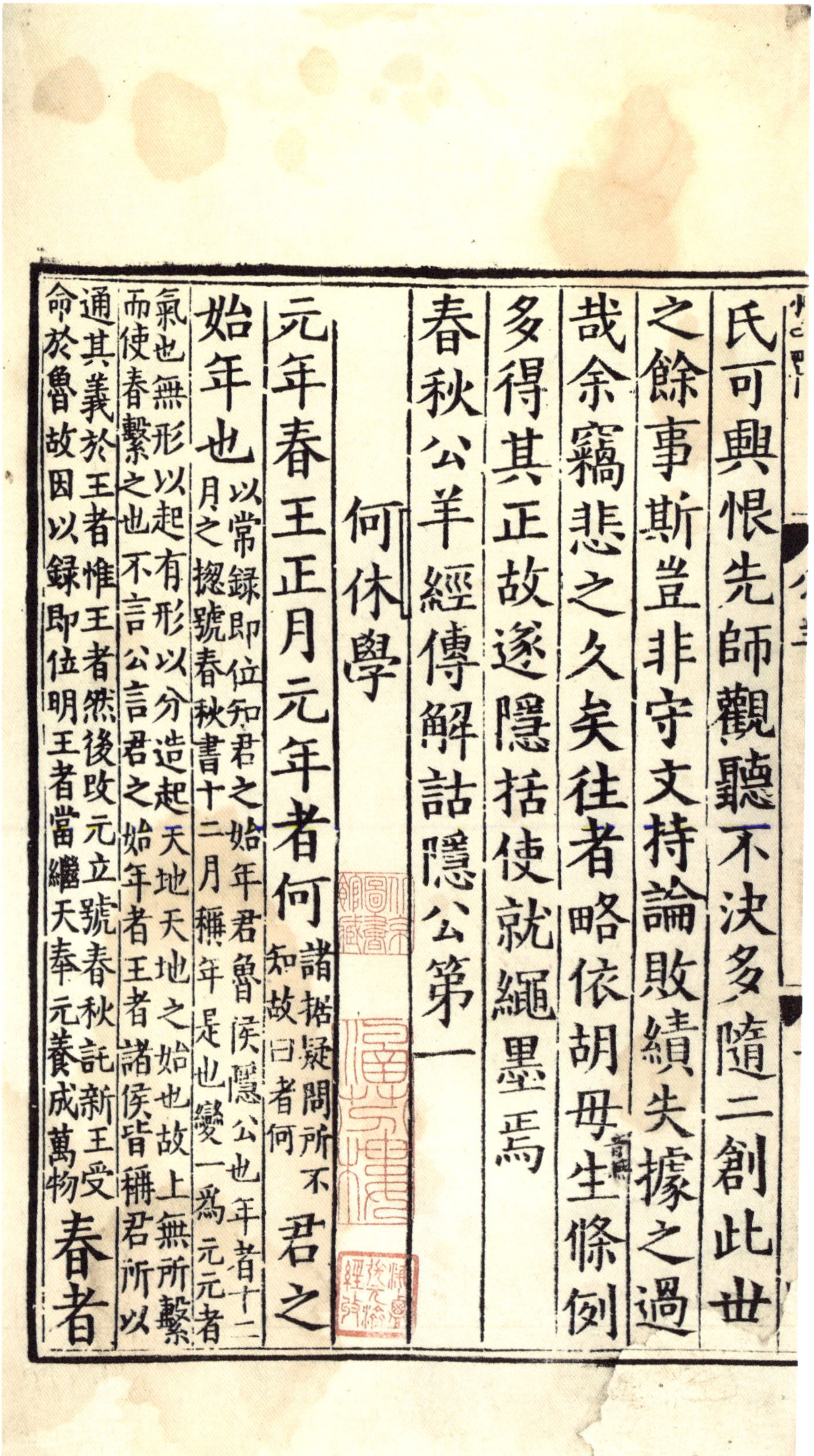

氏可興恨先師觀聽不決多隨二創此世
之餘事斯豈非守文持論敗績失據之過
哉余竊悲之久矣往者略依胡毋生條例
多得其正故遂隱括使就繩墨焉
春秋公羊經傳解詁隱公第一
何休學
元年春王正月元年者何諸據疑問所不知故曰者何君之
始年也以常錄即位知君之始年君魯侯隱公也年者十二月之摠號春秋書十二月稱年是也變一為元元者
氣也無形以起有形以分造起天地天地之始也故上無所繫而使春繫之也不言公言君之始年者王者諸侯皆稱君所以
通其義於王者惟王者然後改元立號春秋託新王受命於魯故因以錄即位明王者當繼天奉元養成萬物春者

00290 春秋公羊經傳解詁十二卷 （漢）何休撰 **釋文一卷** （唐）陸德明撰 宋淳熙撫州公使庫刻紹熙四年（1193）重修本

匡高21.1厘米，廣15.6厘米。半葉十行，行十六字，小字雙行二十三至二十五字，白口，四周雙邊。有“孫氏朝讓”、“毛晉之印”、“涵芬樓”等印。國家圖書館藏。

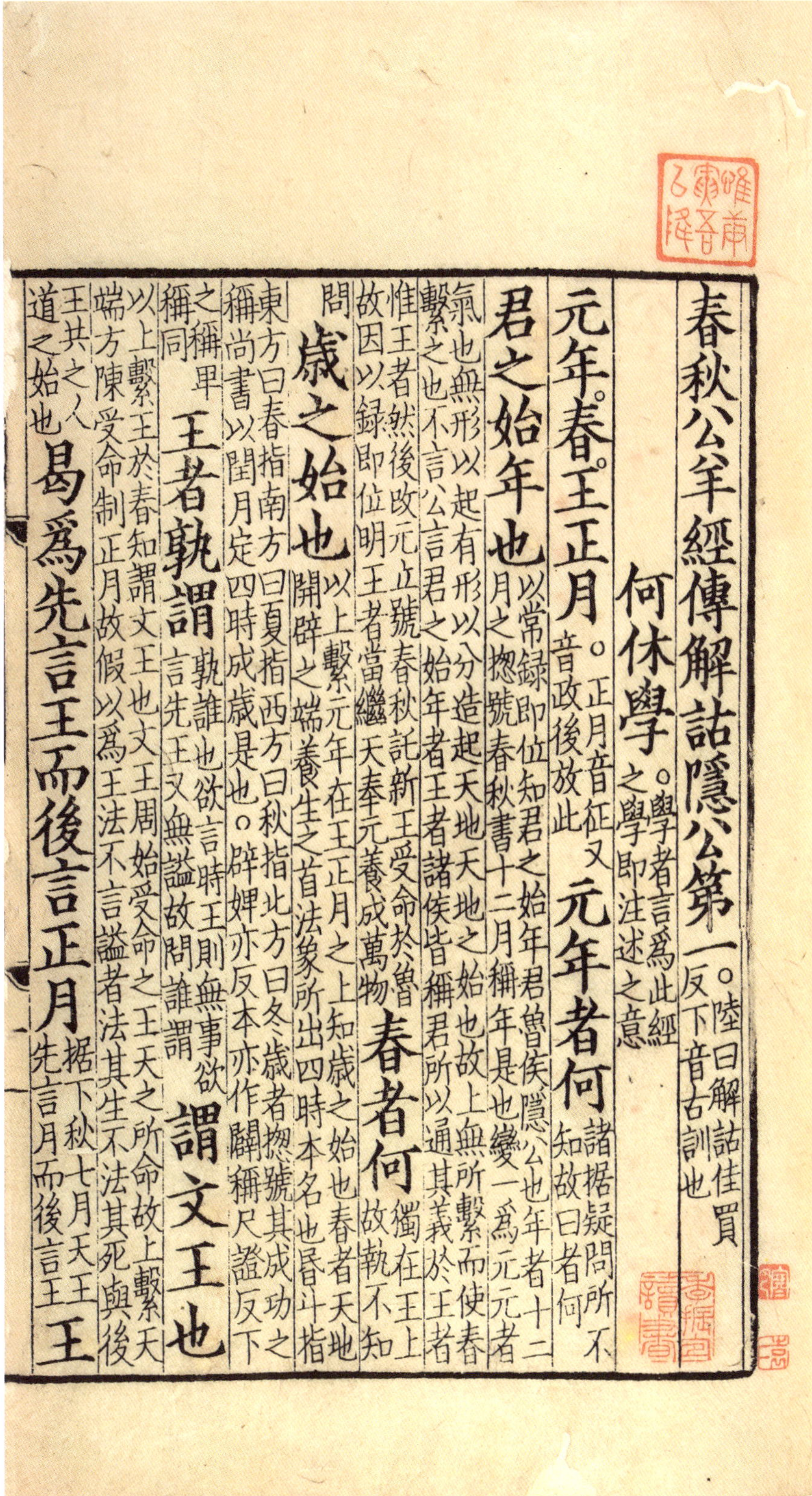

春秋公羊經傳解詁隱公第一 ○陸曰解詁佳買反下音古訓也

何休學 ○學者言爲此經之學即注述之意

元年春王正月○ 正月音征又音政後放此 元年者何 諸據疑問所不知故曰者何

君之始年也 以常録即位知君之始年君魯侯隱公也年者十二月之揔號春秋書十二月稱年是也變一爲元元者氣也無形以起有形以分造起天地天地之始也故上無所繫而使春繫之也不言公言君之始年者王者諸侯皆稱君所以通其義於王者惟王者然後改元立號春秋託新王受命於魯故因以録即位明王者當繼天奉元養成萬物

春者何 獨在王上故執不知問

歲之始也 以上繫元年在王正月之上知歲之始也春者天地開辟之端養生之首法象所出四時本名也昬斗指東方曰春指南方曰夏指西方曰秋指北方曰冬歲者揔號其成功之稱尚書以閏月定四時成歲是也○辟婢亦反本亦作闢稱尺證反下之稱甲稱同

王者孰謂 孰誰也欲言時王則無事欲言先王又無謚故問誰謂

謂文王也 以上繫王於春知謂文王也文王周始受命之王天之所命故上繫天端方陳受命制正月故假以爲王法不言謚者法其生不法其死與後王共之人道之始也

曷爲先言王而後言正月 據下秋七月天王先言月而後言王

王

00291 春秋公羊經傳解詁十二卷 （漢）何休撰　（唐）陸德明音義　宋紹熙二年（1191）余仁仲萬卷堂刻本

匡高17.9厘米，廣12.5厘米。半葉十一行，行十九字，小字雙行二十七字，細黑口，左右雙邊。有“汪喜孫孟慈氏”、“季印振宜”、“徐健菴”、“寒雲”等印。黄彭年、李盛鐸、袁克文跋。國家圖書館藏。

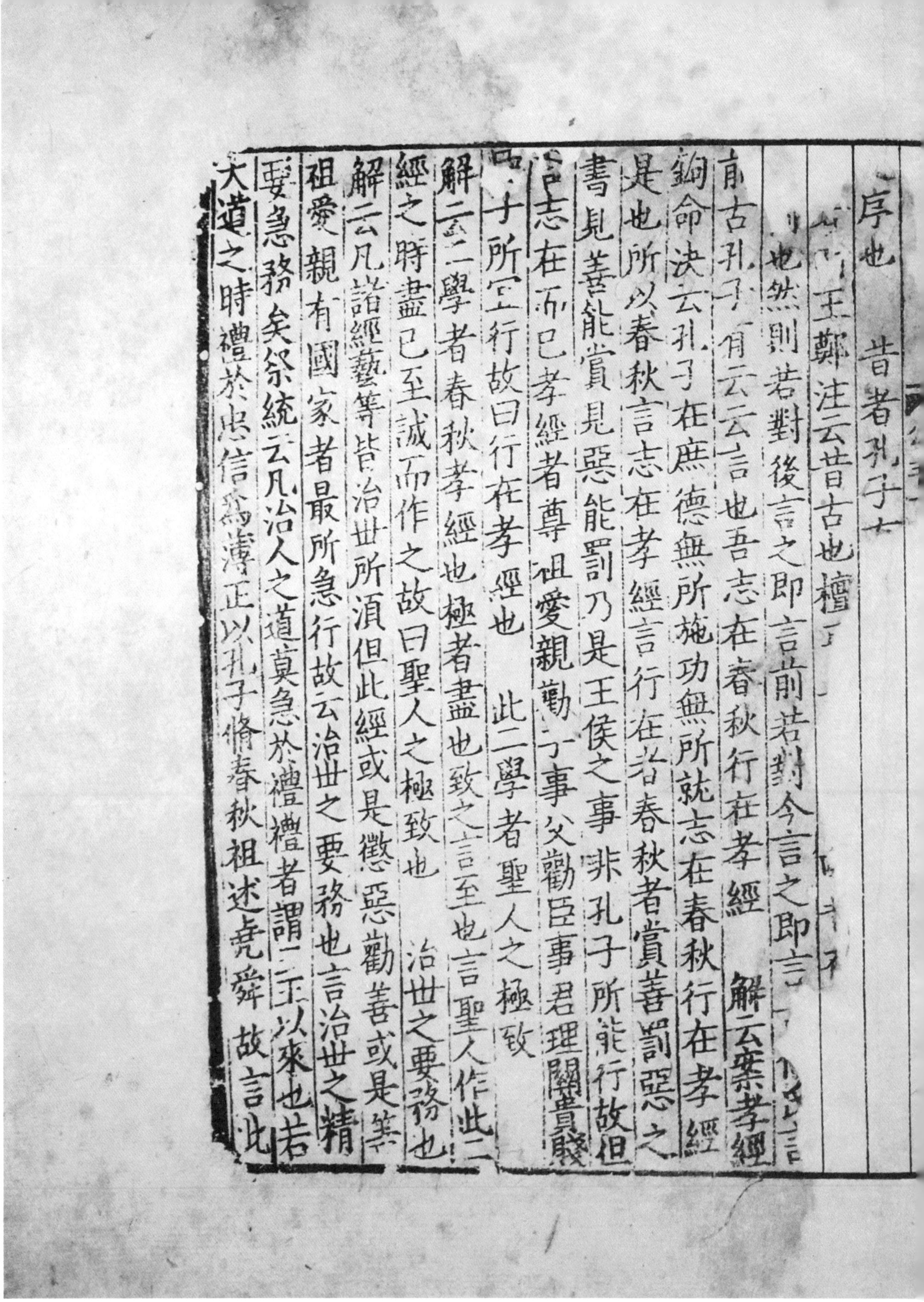

序也　昔者孔子

[illegible]王鄭注云昔古也檀[illegible]

[illegible]也然則若對後言之即言前若對今言之即言[illegible]

亦古孔子[illegible]有云云言也吾志在春秋行在孝經　解云案孝經

鉤命決云孔子在庶德無所施功無所就志在春秋行在孝經

是也所以春秋言志在孝經言行在者春秋者賞善罰惡之

書見善能賞見惡能罰乃是王侯之事非孔子所能行故但

言志在而已孝經者尊祖愛親勸子事父勸臣事君理關貴賤

臣子所宜行故曰行在孝經也　此二學者聖人之極致

解云二學者春秋孝經也極者盡也致之言至也言聖人作此二

經之時盡己至誠而作之故曰聖人之極致也　治世之要務也

解云凡諸經藝等皆治世所須但此經或是懲惡勸善或是尊

祖愛親有國家者最所急行故云治世之要務也言治世之精

要急務矣祭統云凡治人之道莫急於禮禮者謂三王以來也若

大道之時禮於忠信為薄正以孔子脩春秋祖述堯舜故言比

00292 春秋公羊疏三十卷（唐）徐彥撰　宋刻元修本

經折裝。匡高21.9厘米，廣16.8厘米。半葉十五行，行二十三至二十八字，白口，左右雙邊。國家圖書館藏，存七卷。

春秋公羊疏卷第一　　隱公一

起序盡元年正月

漢司空掾　解云漢者巴漢之間地名也於秦二世元年諸侯叛秦沛人共立劉季以爲沛公二年八月沛公入秦秦相趙高殺二世立二世兄子子嬰冬十月爲漢元年子嬰降二年春立八項羽尊楚懷王以爲義帝其年二月項羽自立爲西楚霸王分天下爲十八國更立沛公爲漢王王巴漢之間四十一縣都於南鄭至漢王五年冬十二月乃破項羽垓[illegible]斬之六年正月乃稱皇帝遂取漢爲天下號若夏殷周既克天下乃取本受命之地爲天下號云司空者漢三公官名也掾者即其下屬官也者[illegible]之三府掾是也　任城樊何休序　解云任城者郡名樊者姓何名休字邵公其本傳云休爲人質朴訥口而雅有心研六經世儒無及者大傅[illegible]參政事[illegible]作春秋公羊解[illegible]也[illegible]展己意

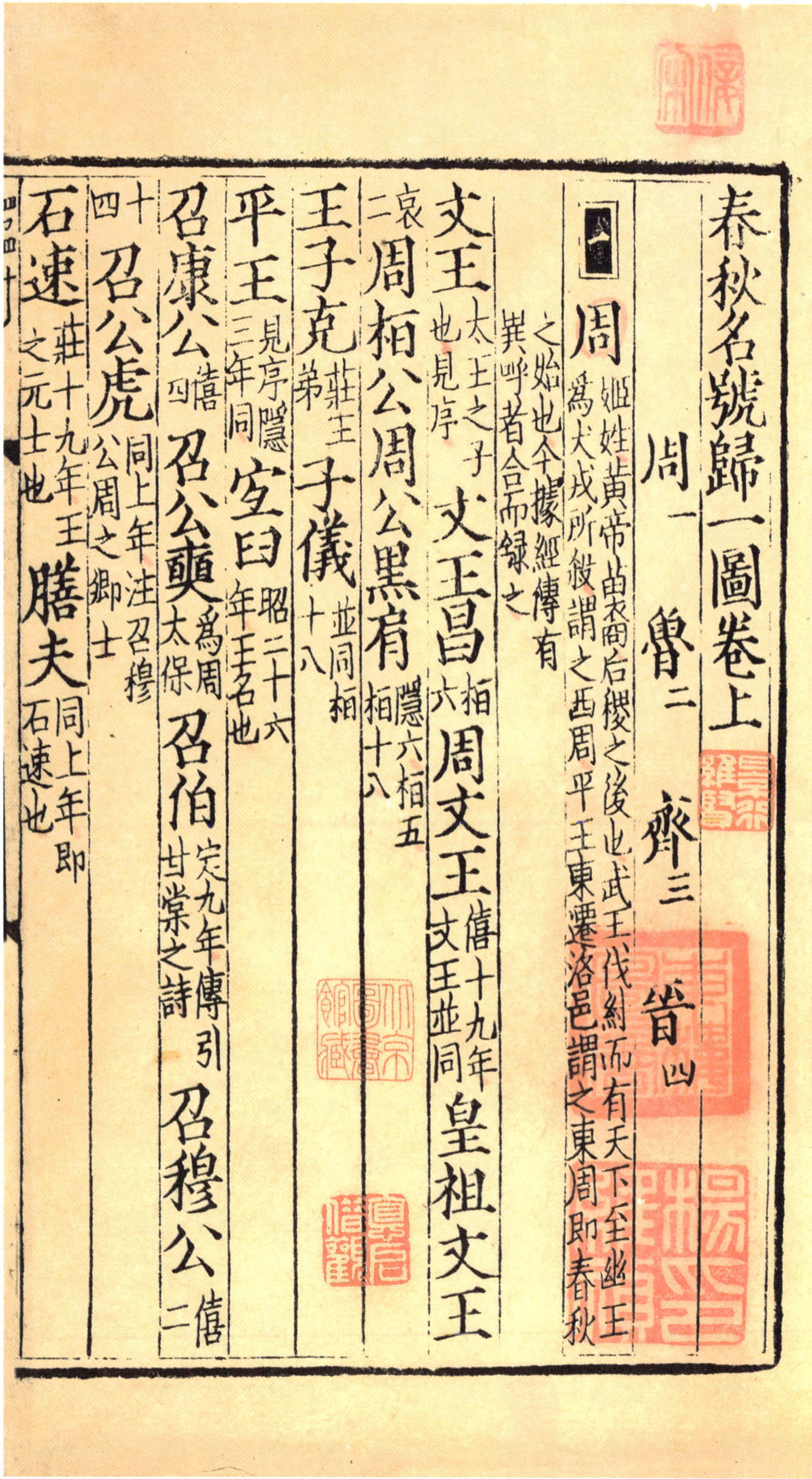
春秋名號歸一圖卷上
周一 魯二 齊三 晉四
周 姬姓黄帝苗裔后稷之後也武王伐紂而有天下至幽王爲犬戎所殺謂之西周平王東遷洛邑謂之東周即春秋之始也今據經傳有異呼者合而録之
文王 太王之子也見序 文王昌 桓六 周文王 僖十九年 文王並同 皇祖文王
哀二 周桓公 周公黑肩 隱六桓五桓十八
王子克 莊王弟 子儀 並同桓十八
平王 見序隱三年同 宜臼 昭二十六年王名也
召康公 僖四 召公奭 爲周太保 召伯 定九年傳引甘棠之詩 召穆公 僖二十四
召公虎 同上年注召穆公周之卿士
石速 莊十九年王之元士也 膳夫 同上年即石速也

00293 春秋名號歸一圖二卷 （蜀）馮繼先撰 **春秋二十國年表一卷春秋圖説一卷** 宋刻本

匡高19厘米，廣12.5厘米。半葉十一行，行大小字不等，細黑口，四周雙邊。有“楊印維禎”、“東樓圖書”、“景行維賢”、“寒雲秘笈珍藏之印”等印。國家圖書館藏。

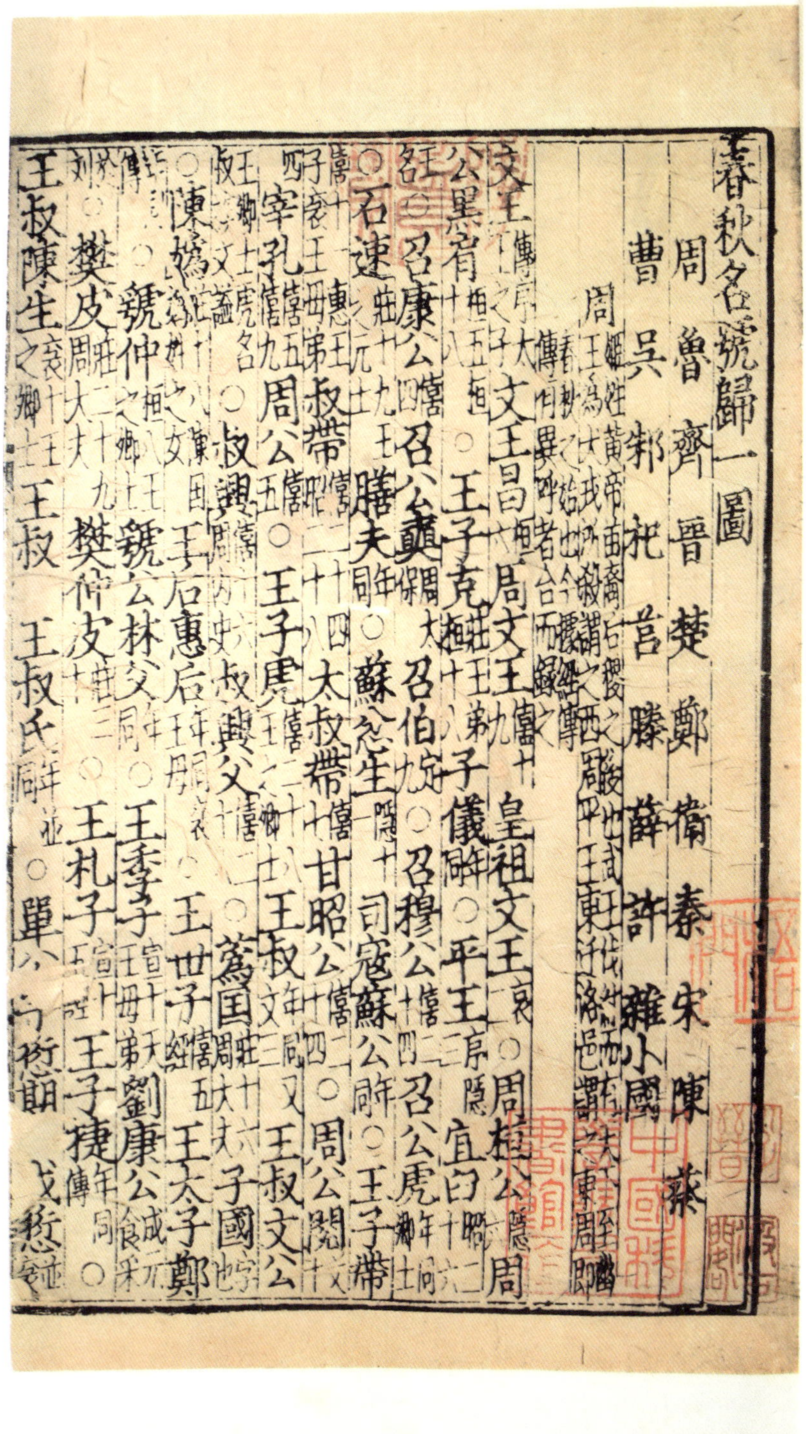

00294 春秋名號歸一圖二卷 （蜀）馮繼先撰 **春秋二十國年表一卷春秋圖説一卷** 元刻本

匡高19.9厘米，廣13.4厘米。半葉行不等，行字不等，細黑口，四周雙邊。有"汲古閣"、"毛晉"、"法式善"、"王懿榮"等印。中國科學院國家科學圖書館藏。

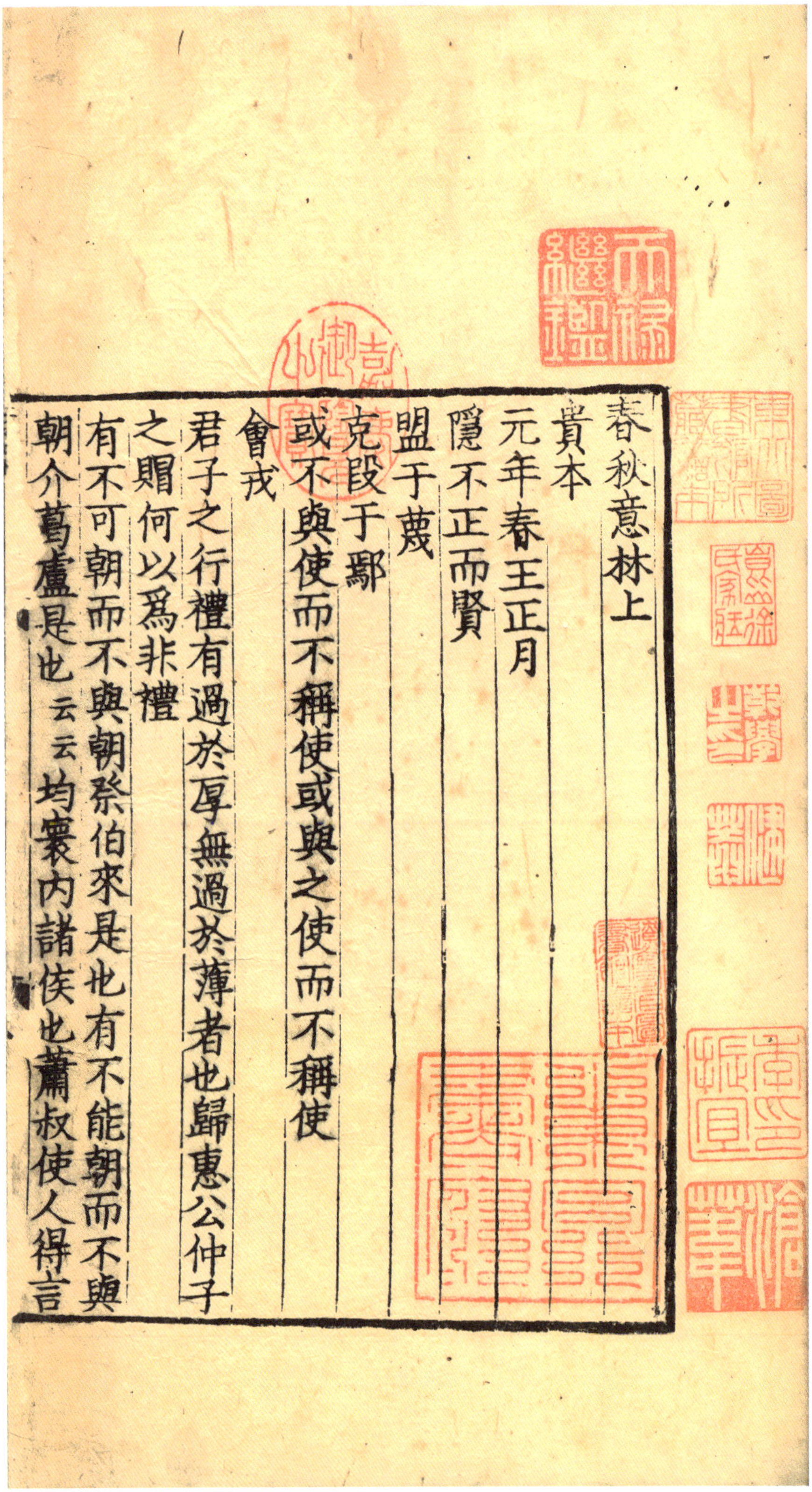
春秋意林上
貫本
元年春王正月
隱不正而賢
盟于蔑
克段于鄢
或不與使而不稱使或與之使而不稱使
會戎
君子之行禮有過於厚無過於薄者也歸惠公仲子
之賵何以爲非禮
有不可朝而朝而不與朝祭伯來是也有不能朝而不與
朝介葛盧是也 云云 均襄内諸侯也蕭叔使人得言

00295 春秋意林二卷 （宋）劉敞撰 宋刻本

匡高19.8厘米，廣14.6厘米。半葉十二行，行二十字，小字雙行字不等，白口，左右雙邊。有“東宮書府”、“崑山徐氏家藏”、“天禄繼鑑”、“嘉慶御覽之寶”等印。遼寧省圖書館藏。

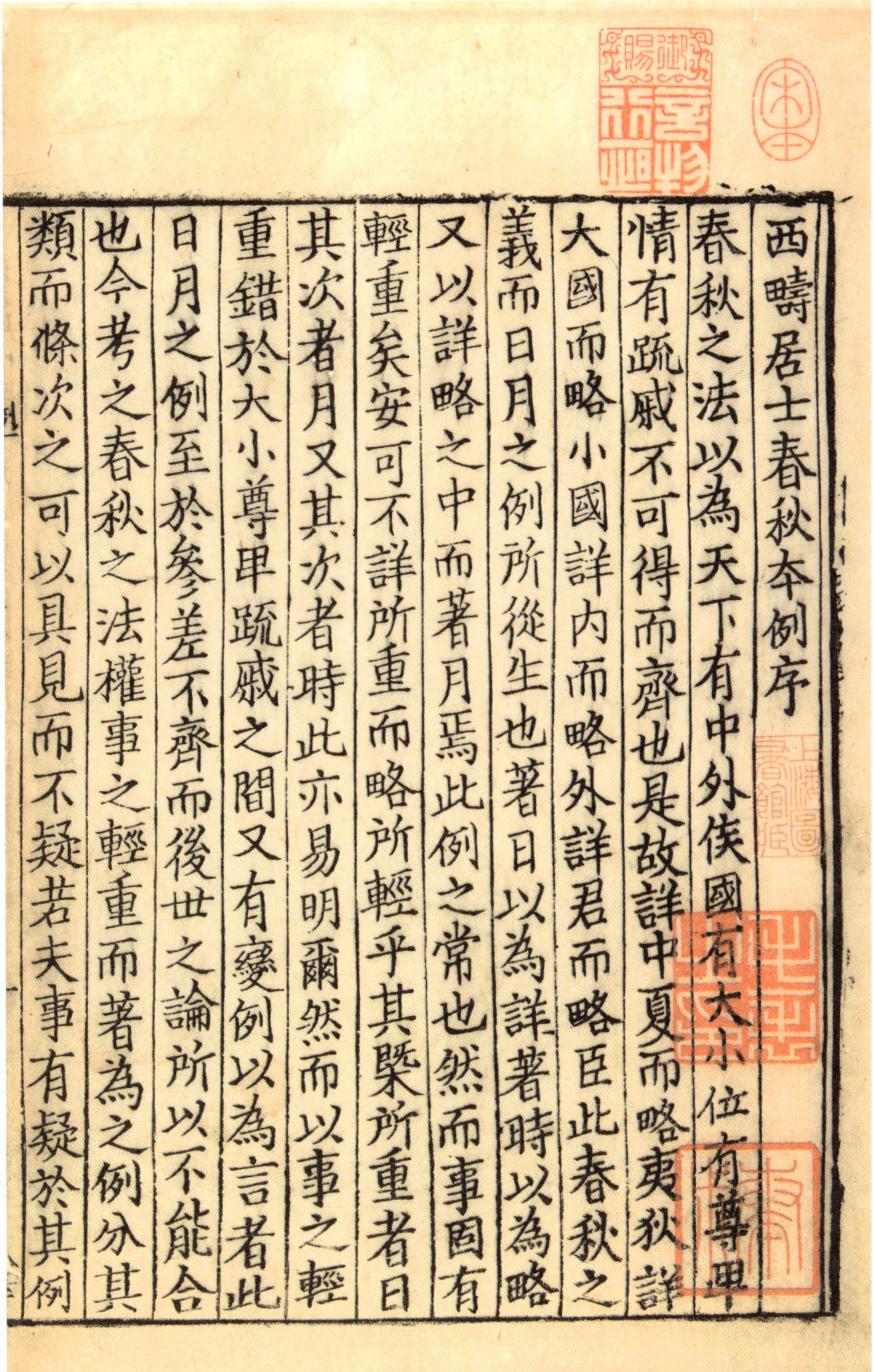
西疇居士春秋本例序
春秋之法以為天下有中外侯國有大小位有尊卑
情有疏戚不可得而齊也是故詳中夏而略夷狄詳
大國而略小國詳內而略外詳君而略臣此春秋之
義而日月之例所從生也著日以為詳著時以為略
又以詳略之中而著月焉此例之常也然而事固有
輕重矣安可不詳所重而略所輕乎其槩所重者日
其次者月又其次者時此亦易明爾然而以事之輕
重錯於大小尊卑疏戚之間又有變例以為言者此
日月之例至於參差不齊而後世之論所以不能合
也今考之春秋之法權事之輕重而著為之例分其
類而條次之可以具見而不疑若夫事有疑於其例

00296 西疇居士春秋本例二十卷 （宋）崔子方撰　宋刻本

匡高21.4厘米，廣16.3厘米。半葉十二行，行二十字，小字雙行二十至二十二字，白口，左右雙邊。有“毛表之印”、“奏叔”、“季印振宜”、“滄葦”、“御賜言物行恒”、“皇次子章”、“慎静齋”、“養正書屋圖記”等印。上海圖書館藏。

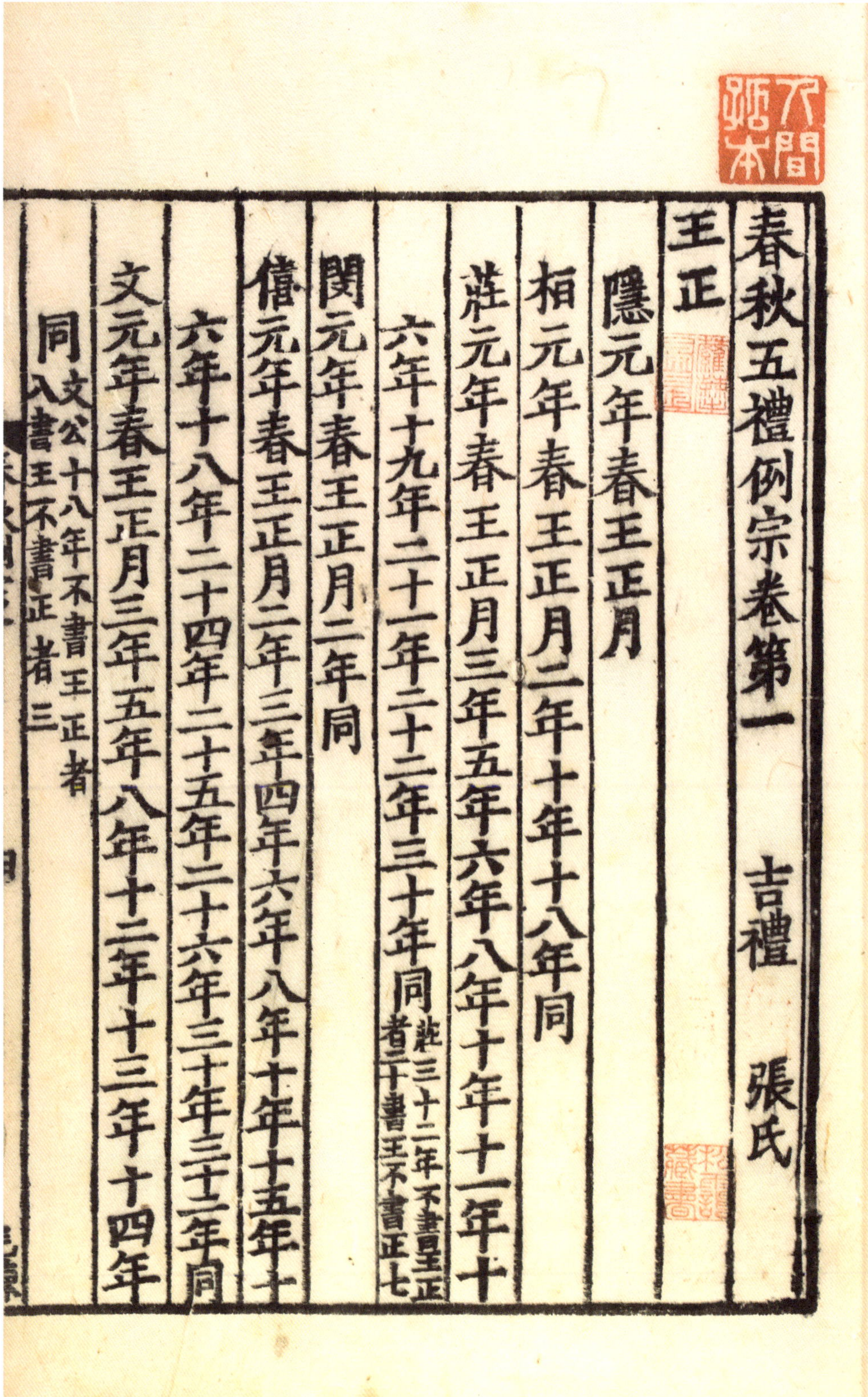
春秋五禮例宗卷第一　吉禮　張氏
王正
隱元年春王正月
桓元年春王正月二年十年十八年同
莊元年春王正月三年五年六年八年十年十一年十
六年十九年二十一年二十二年三十年同莊三十二年不書王正者二十書王不書正七
閔元年春王正月二年同
僖元年春王正月二年三年四年六年八年十年十五年十
六年十八年二十四年二十五年二十六年三十年三十三年同
文元年春王正月三年五年八年十二年十三年十四年
同文公十八年不書王正者八書王不書正者三

00297 春秋五禮例宗十卷 （宋）張大亨撰　宋刻本

匡高20.8厘米，廣15.7厘米。半葉十一行，行十九至二十四字，白口，左右雙邊。有“乾學”、“周春”、“寒雲秘笈珍藏之印”等印。傅增湘跋。國家圖書館藏，存七卷。

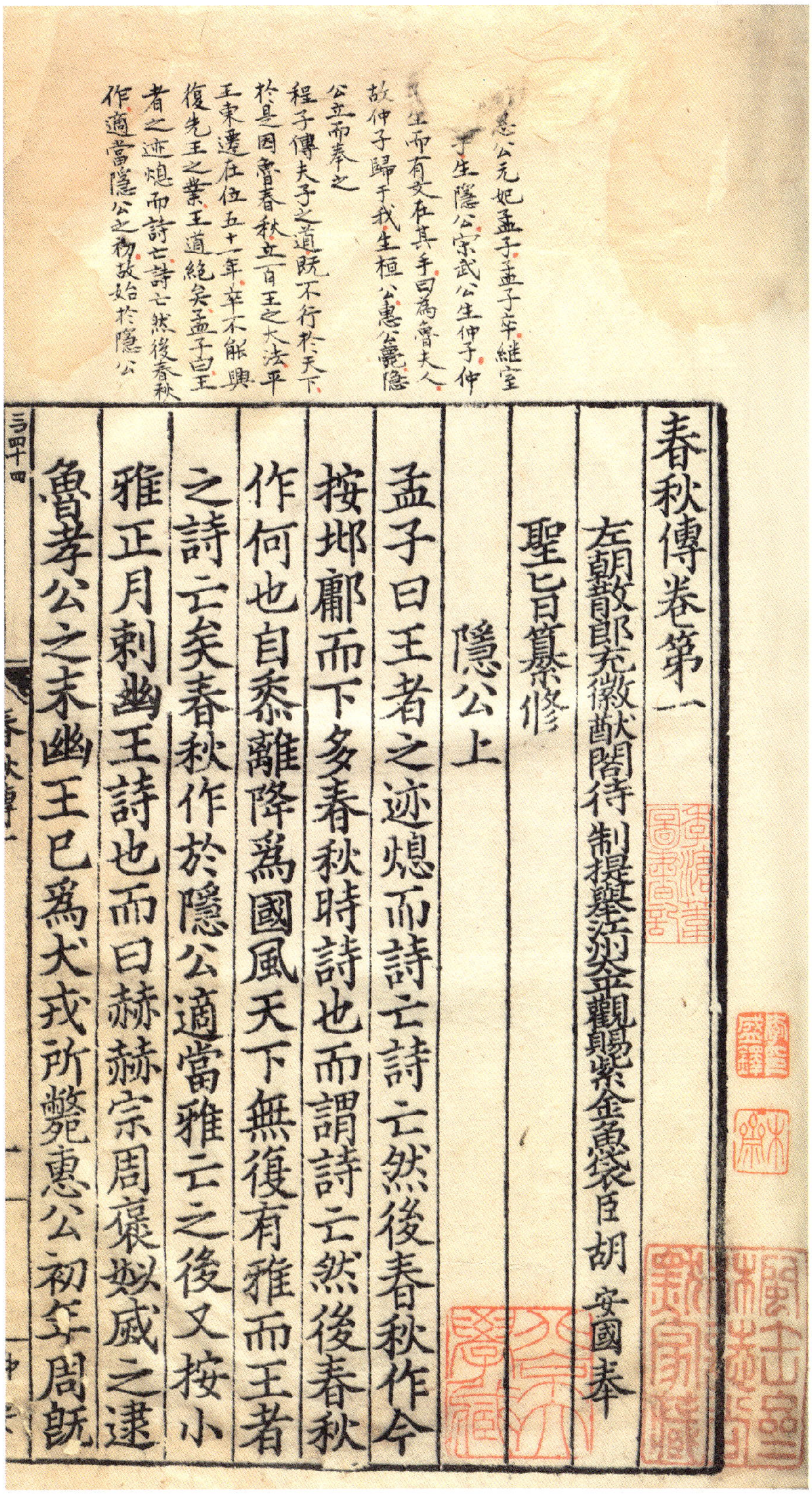

惠公元妃孟子孟子卒繼室以聲子生隱公宋武公生仲子仲子生而有文在其手曰爲魯夫人故仲子歸于我生桓公惠公薨隱公立而奉之

程子傳夫子之道既不行於天下於是因魯春秋立百王之大法平王東遷在位五十一年卒不能興復先王之業王道絶矣孟子曰王者之迹熄而詩亡詩亡然後春秋作適當隱公之初故始於隱公

春秋傳卷第一

左朝散郎充徽猷閣待制提舉江州太平觀賜紫金魚袋臣胡安國奉

聖旨纂修

隱公上

孟子曰王者之迹熄而詩亡詩亡然後春秋作今按邶鄘而下多春秋時詩也而謂詩亡然後春秋作何也自黍離降爲國風天下無復有雅而王者之詩亡矣春秋作於隱公適當雅亡之後又按小雅正月刺幽王詩也而曰赫赫宗周褒姒威之逮魯孝公之末幽王已爲犬戎所斃惠公初年周旣

00298 春秋傳三十卷 （宋）胡安國撰　宋乾道四年（1168）刻慶元五年（1199）黄汝嘉重修本

匡高21厘米，廣14.7厘米。半葉十行，行二十字，白口，左右雙邊。有“閩缶齋林誌尚默家藏”、“季滄葦圖書記”、“李印盛鐸”等印。北京大學圖書館藏。

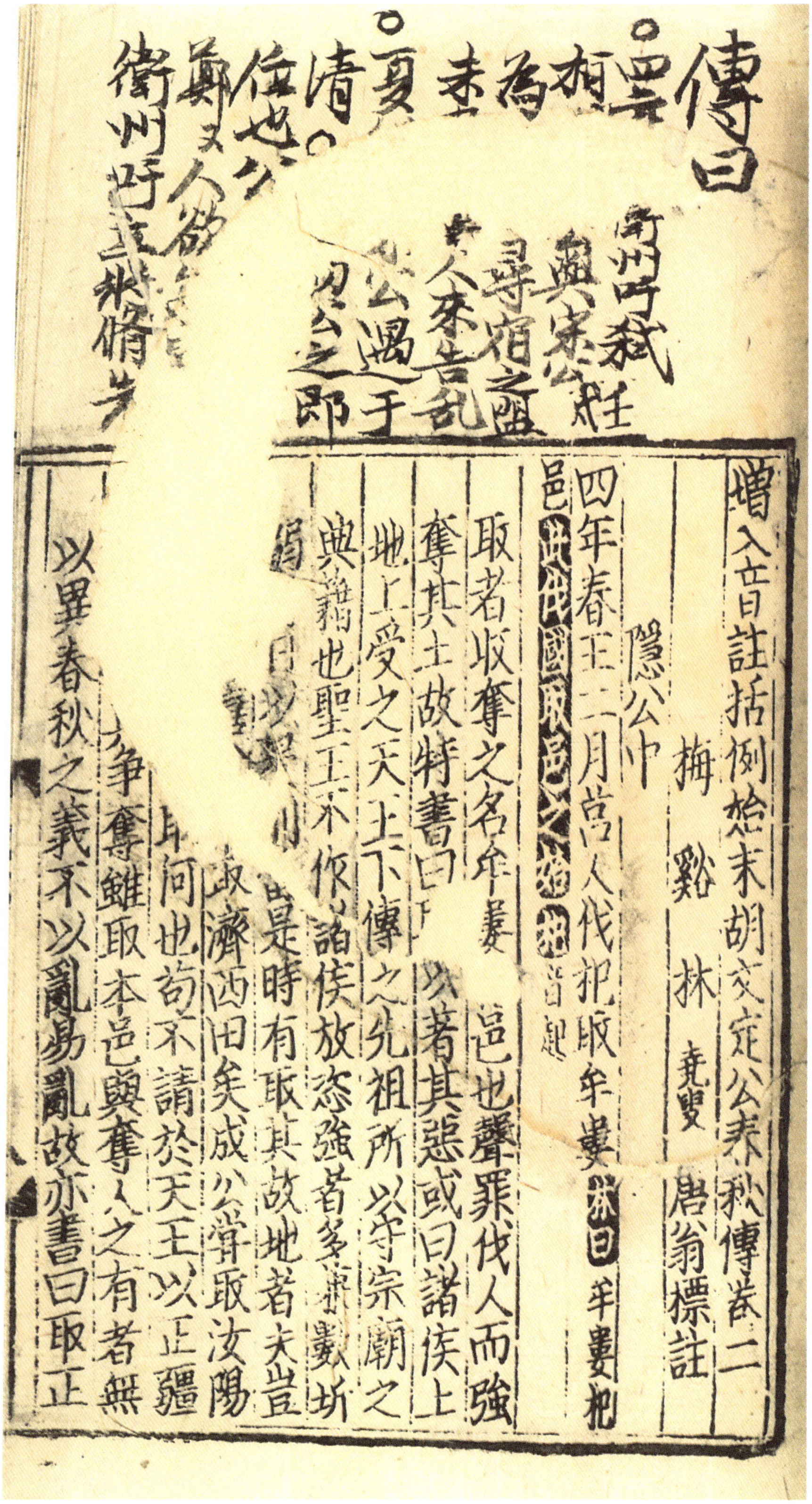

00299 增入音註括例始末胡文定公春秋傳三十卷 （宋）胡安國撰　（宋）林堯叟標注　**春秋名號歸一圖** （蜀）馮繼先撰　**經傳始見諸國圖一卷東坡春秋列國圖説二卷列國興廢一卷氏族二卷** 元初刻本

匡高10.3厘米，廣7.7厘米。半葉十四行，行十八字，細黑口，四周雙邊。1970年明魯荒王墓出土。山東省博物館藏。

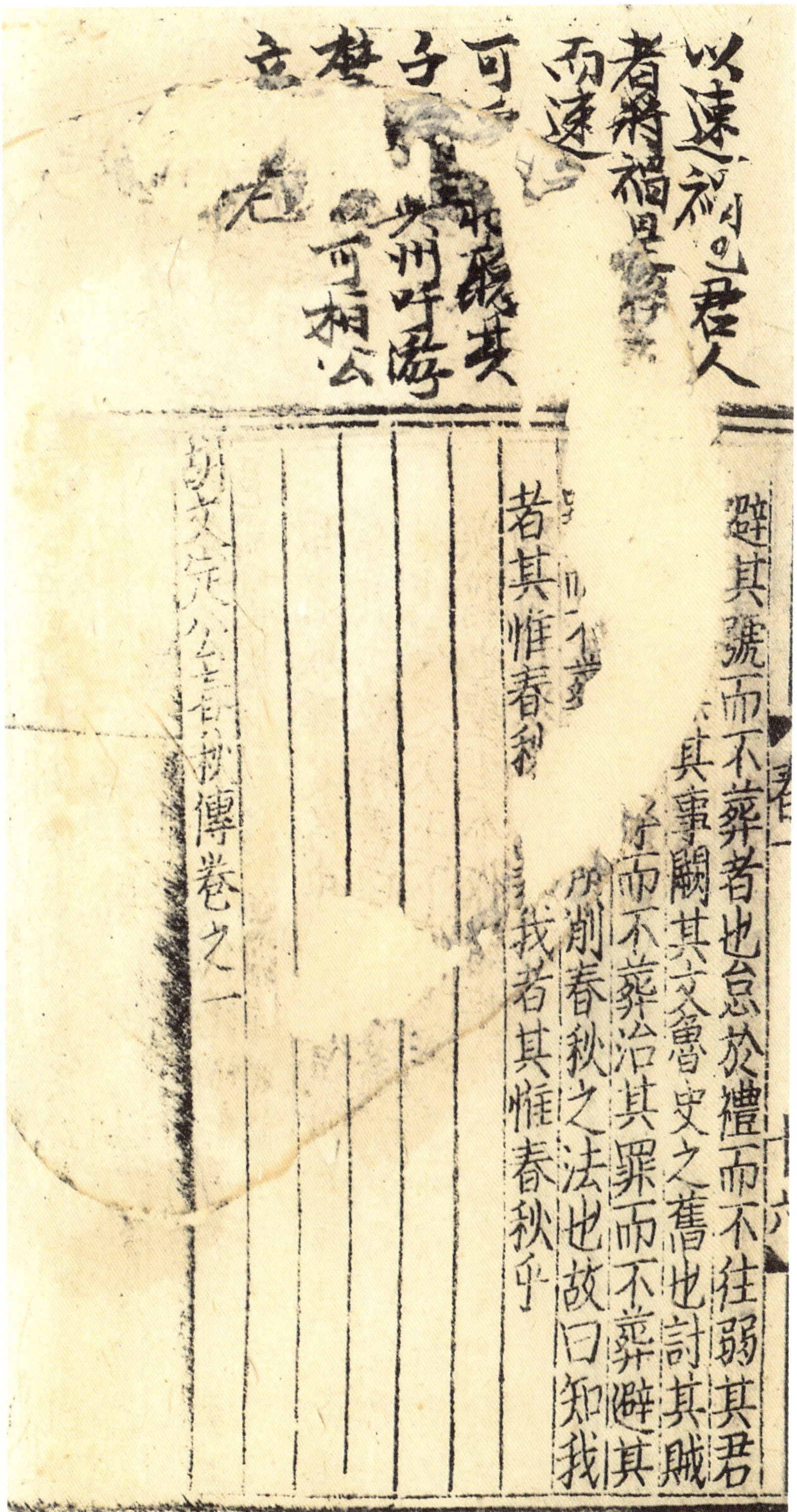
避其號而不葬者也怠於禮而不往弱其君
其事闕其文魯史之舊也討其賊
而不葬治其罪而不葬避其
削春秋之法也故曰知我
者其惟春秋　我者其惟春秋乎

胡文定公春秋傳卷之一

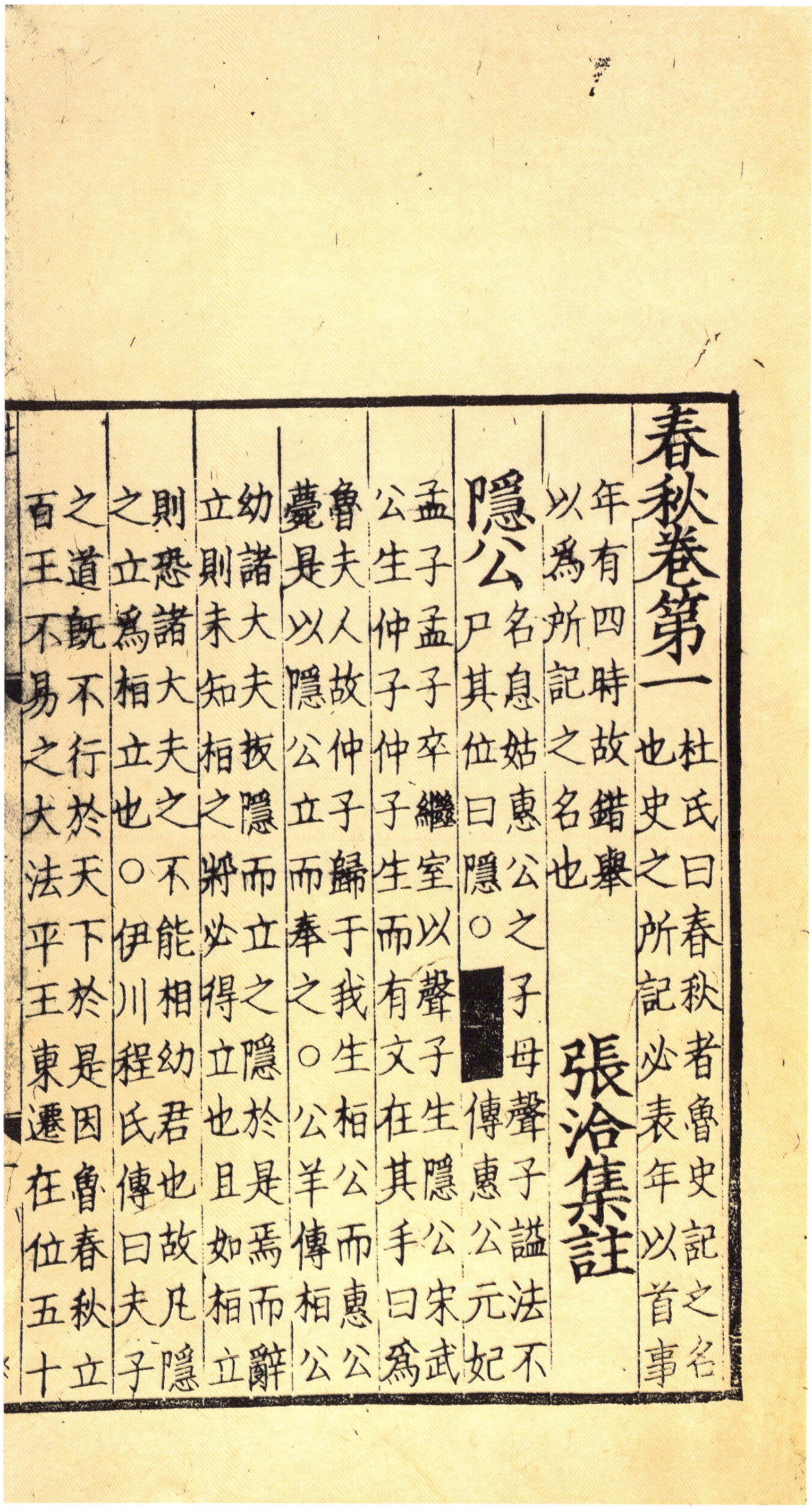

春秋卷第一

杜氏曰春秋者魯史記之名也史之所記必表年以首事年有四時故錯舉以爲所記之名也

張洽集註

隱公名息姑惠公之子母聲子謚法不尸其位曰隱○傳惠公元妃孟子孟子卒繼室以聲子生隱公宋武公生仲子仲子生而有文在其手曰爲魯夫人故仲子歸于我生桓公而惠公薨是以隱公立而奉之○公羊傳桓公幼諸大夫扳隱而立之隱於是焉而辭立則未知桓之將必得立也且如桓立則恐諸大夫之不能相幼君也故凡隱之立爲桓立也○伊川程氏傳曰夫子之道既不行於天下於是因魯春秋立百王不易之大法平王東遷在位五十

00300 春秋集註十一卷綱領一卷 （宋）張洽撰　宋寶祐三年（1255）方應發臨江郡庠刻本

匡高20厘米，廣14.9厘米。半葉八行，行十六字，小字雙行同，白口，左右雙邊。國家圖書館藏。

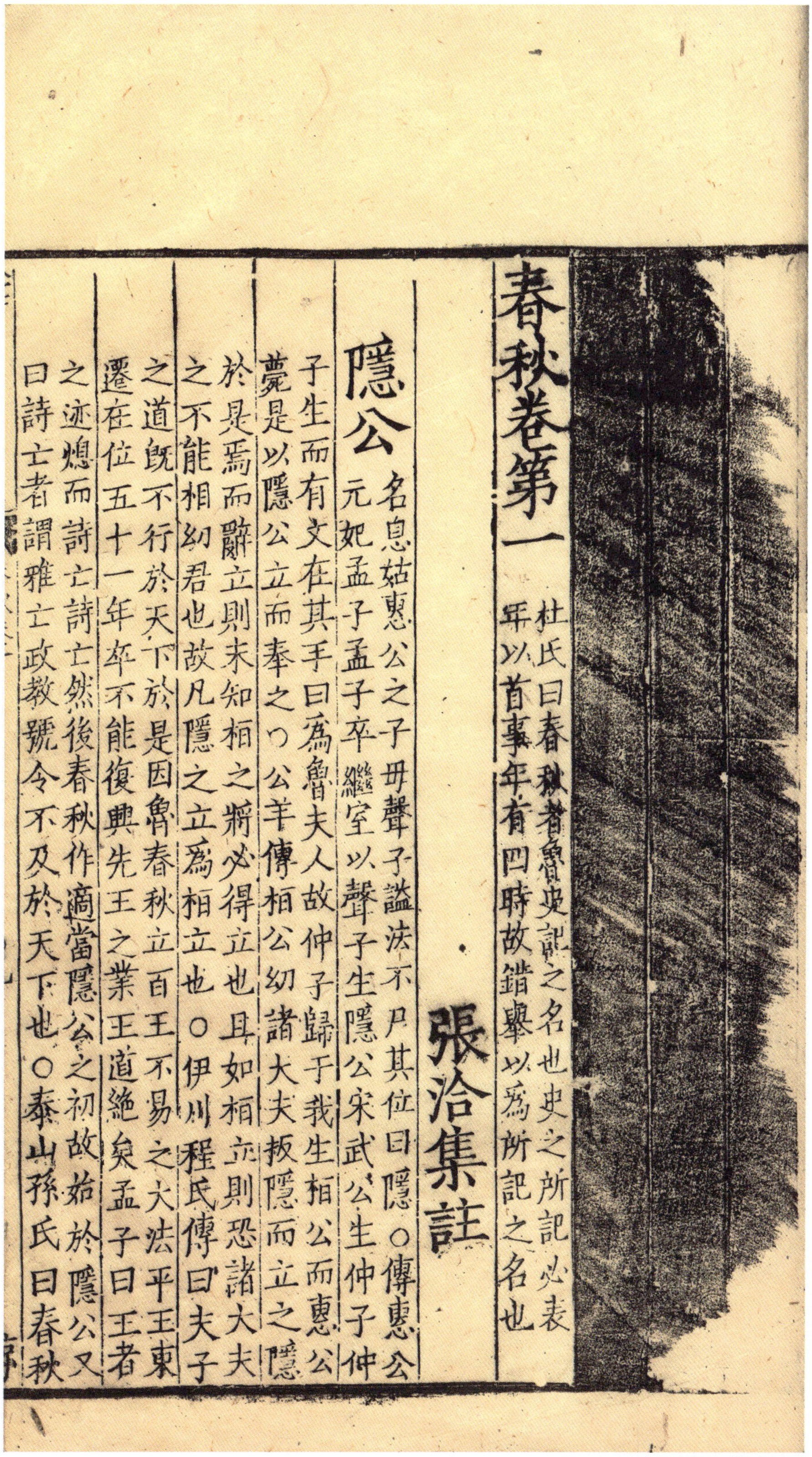

春秋卷第一 杜氏曰春秋者魯史記之名也史之所記必表年以首事年有四時故錯舉以爲所記之名也

張洽集註

隱公 名息姑惠公之子母聲子謚法不尸其位曰隱○傳惠公元妃孟子孟子卒繼室以聲子生隱公宋武公生仲子仲子生而有文在其手曰爲魯夫人故仲子歸于我生桓公而惠公薨是以隱公立而奉之○公羊傳桓公幼諸大夫扳隱而立之隱於是焉而辭立則未知桓之將必得立也且如桓立則恐諸大夫之不能相幼君也故凡隱之立爲桓立也○伊川程氏傳曰夫子之道既不行於天下於是因魯春秋立百王不易之大法平王東遷在位五十一年卒不能復興先王之業王道絶矣孟子曰王者之迹熄而詩亡詩亡然後春秋作適當隱公之初故始於隱公又曰詩亡者謂雅亡政教號令不及於天下也○泰山孫氏曰春秋

00301 春秋集註十一卷綱領一卷 （宋）張洽撰 宋德祐元年（1275）衛宗武華亭義塾刻本

匡高24.9厘米，廣18.5厘米。半葉十行，行十八字，小字雙行二十七字，白口，左右雙邊。遼寧省圖書館藏。

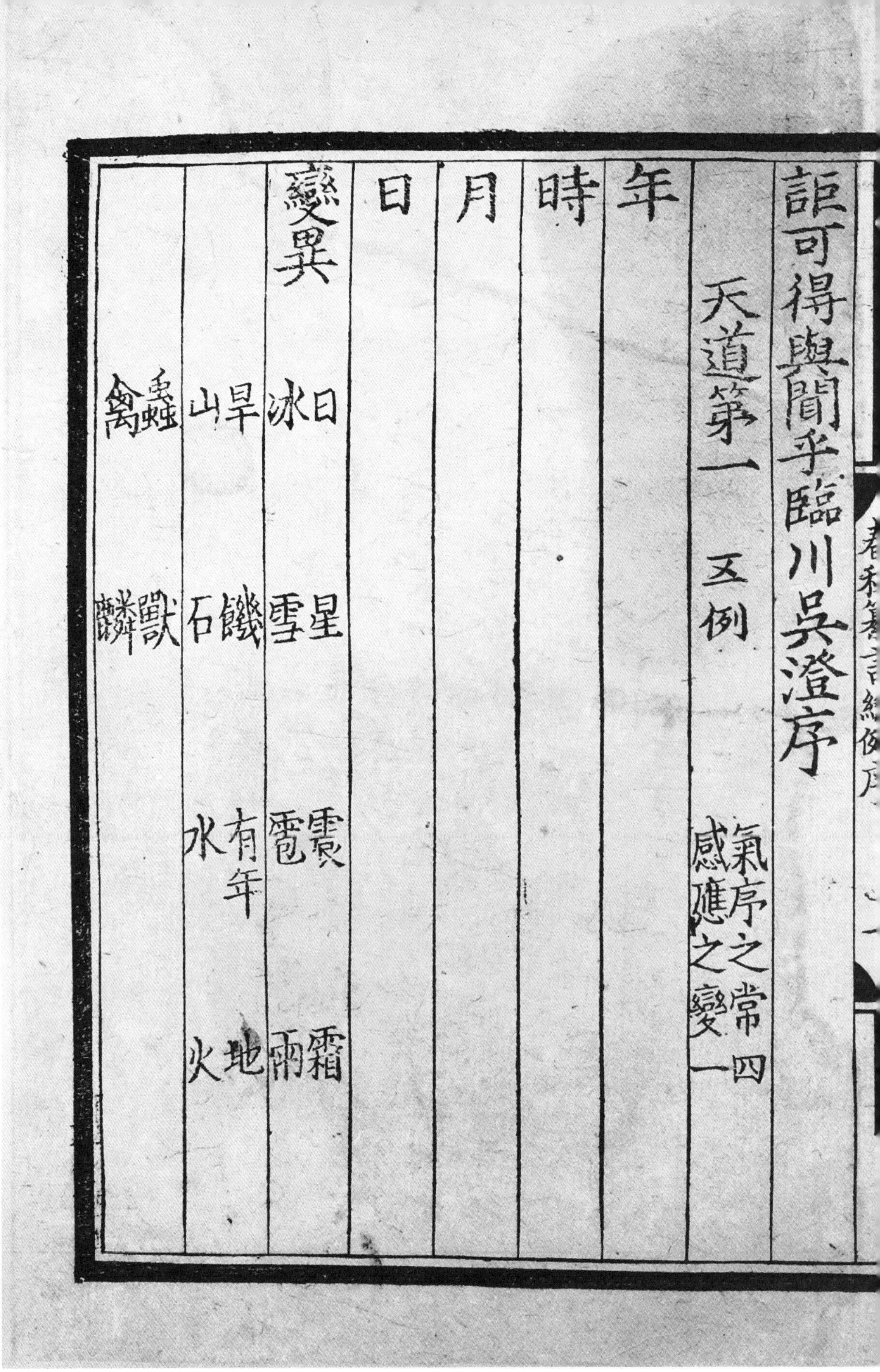

詎可得與聞乎臨川吳澄序

天道第一　五例　氣序之常四　感應之變一

年

時

月

日

變異　日　星　震　霜
冰　雪　雹　雨
旱　饑　有年　地
山　石　水　火
螽　獸
禽　麟

春秋纂言總例序　一

00302　春秋纂言十二卷總例七卷　（元）吳澄撰　元刻本

蝴蝶裝。匡高20厘米，廣13.8厘米。半葉九行，行二十字，小字雙行同，黑口，四周雙邊。有“國子監印”、“句吳梅氏珍藏”、“汪厚齋藏書”、“鐵琴銅劍樓”等印。國家圖書館藏。

春秋纂言總例

屬辭比事春秋教也昔唐啖助趙匡集春秋傳門人陸淳又類聚事辭成纂例十卷今澄既采摭諸家之言各麗于經乃分所異合所同倣纂例爲總例七篇初一天道次二人紀次三嘉禮次四賓禮次五軍禮次六凶禮次七吉禮例之綱七例之目八十有八凡春秋之例禮失者書出于禮則入于法故曰刑書也事實辭文善惡畢見聖人何容心哉盖渾渾如天道焉嗚呼其義微矣而執謙自謂之竊取區區末學庸

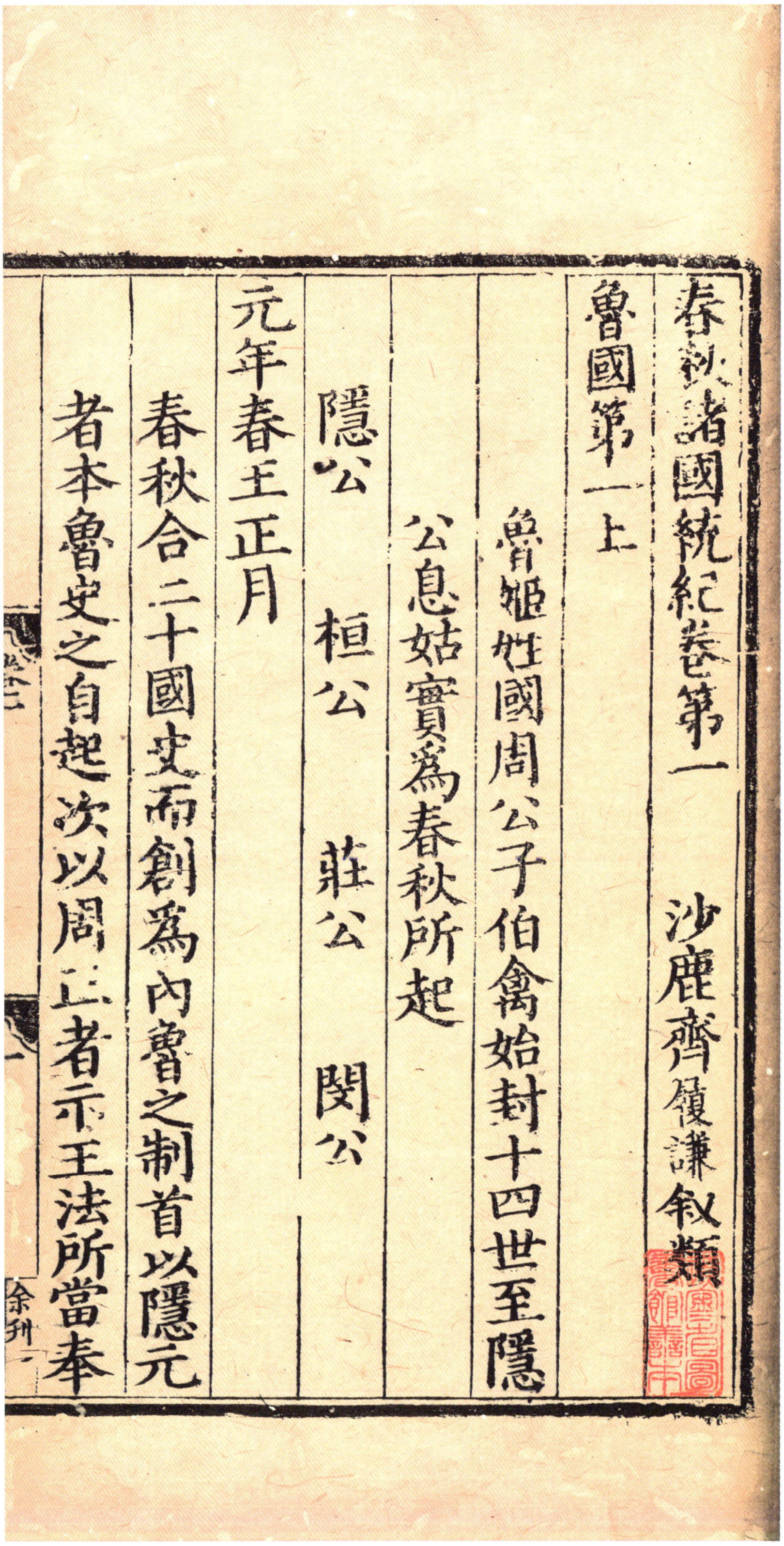
春秋諸國統紀卷第一　沙鹿齊履謙敘類
魯國第一上
魯姬姓國周公子伯禽始封十四世至隱
公息姑實爲春秋所起
隱公　桓公　莊公　閔公
元年春王正月
春秋合二十國史而創爲内魯之制首以隱元
者本魯史之自起次以周正者示王法所當奉

00303　春秋諸國統紀六卷　（元）齊履謙撰　元延祐刻本

匡高21.5厘米，廣14.5厘米。半葉八行，行二十字，白口，四周雙邊。遼寧省圖書館藏。

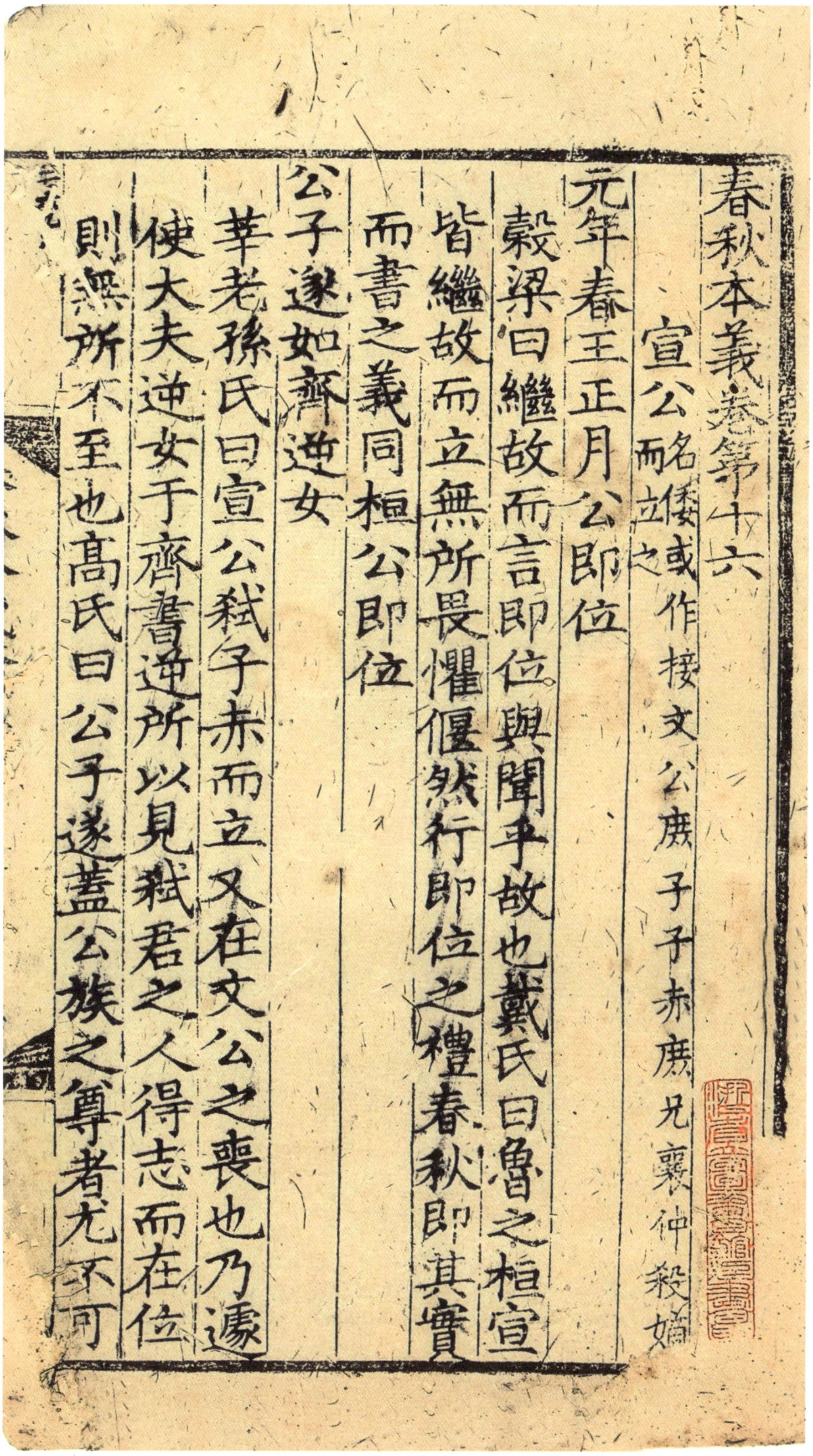
春秋本義卷第十六
宣公名倭或作接文公庶子子赤庶兄襄仲殺嫡而立之
元年春王正月公即位
穀梁曰繼故而言即位與聞乎故也戴氏曰魯之桓宣
皆繼故而立無所畏懼偃然行即位之禮春秋即其實
而書之義同桓公即位
公子遂如齊逆女
華老孫氏曰宣公弑子赤而立又在文公之喪也乃遽
使大夫逆女于齊書逆所以見弑君之人得志而在位
則無所不至也高氏曰公子遂蓋公族之尊者尤不可

00304　春秋本義三十卷　（元）程端學撰　元刻本

匡高22.4厘米，廣14.9厘米。半葉十行，行二十二字，細黑口，左右雙邊。浙江圖書館藏，存七卷。

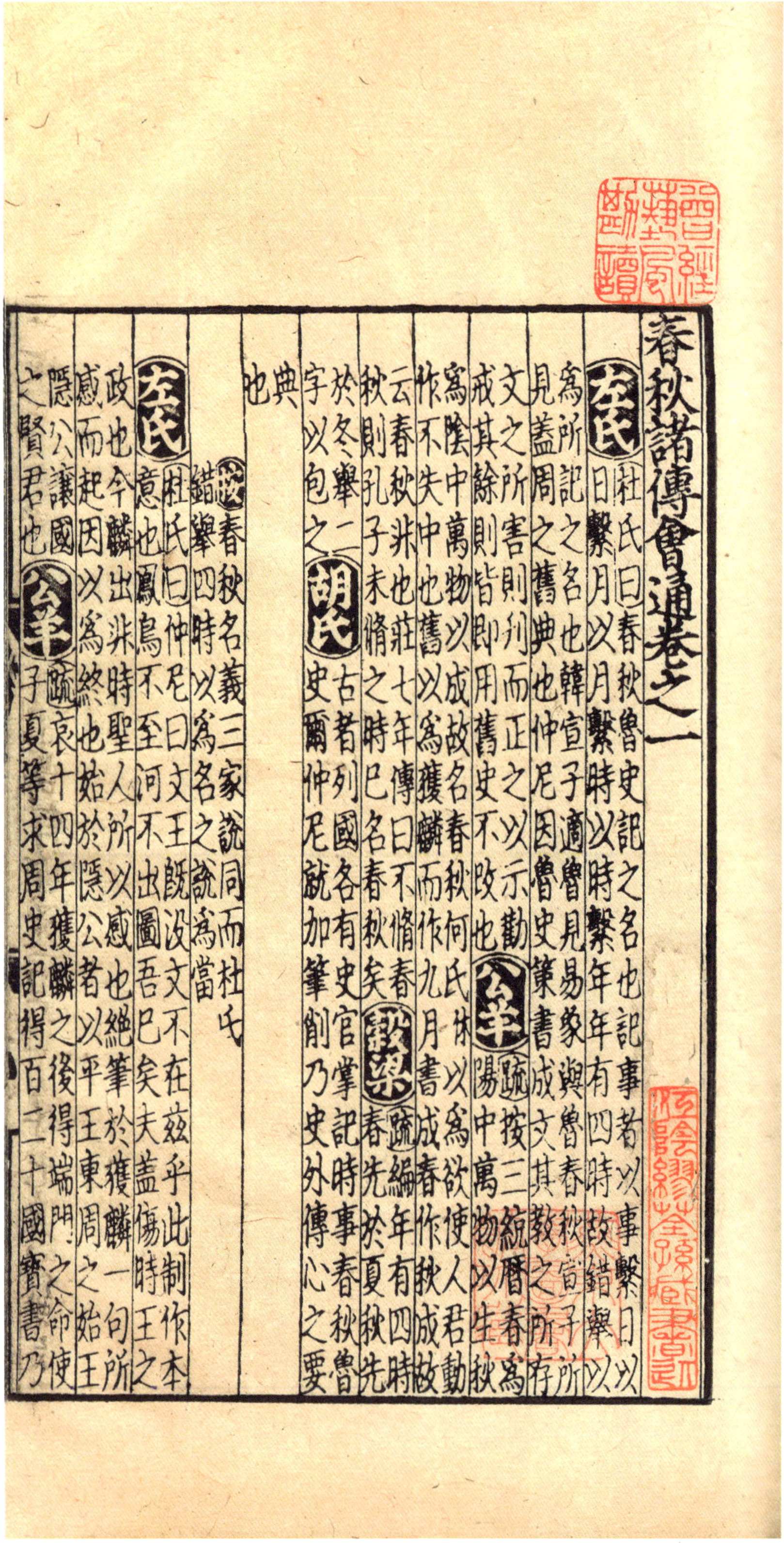
春秋諸傳會通卷之一
左氏 杜氏曰春秋魯史記之名也記事者以事繫日以日繫月以月繫時以時繫年年有四時故錯舉以
爲所記之名也韓宣子適魯見易象與魯春秋宣子所見盖周之舊典也仲尼因魯史策書成文其教之所存
文之所害則刊而正之以示勸戒其餘則皆即用舊史不改也 公羊 疏按三統曆春爲陽中萬物以生秋
爲陰中萬物以成故名春秋何氏休以爲欲使人君動作不失中也舊以爲獲麟而作九月書成春作秋成故
云春秋非也莊七年傳曰不脩春秋則孔子未脩之時已名春秋矣 穀梁 疏編年有四時春先於夏秋先
於冬舉二字以包之 胡氏 古者列國各有史官掌記時事春秋魯史爾仲尼就加筆削乃史外傳心之要
典也
按 春秋名義三家說同而杜氏錯舉四時以爲名之說爲當
左氏 杜氏曰仲尼曰文王既沒文不在茲乎此制作本意也鳳鳥不至河不出圖吾已矣夫盖傷時王之
政也今麟出非時聖人所以感也絕筆於獲麟一句所感而起因以爲終也始於隱公者以平王東周之始王
隱公讓國之賢君也 公羊 疏哀十四年獲麟之後得端門之命使子夏等求周史記得百二十國寶書乃

00305、00306、00307 春秋諸傳會通二十四卷 （元）李廉撰　元至正十一年（1351）虞氏明復齋刻本

匡高20.3厘米，廣13.5厘米。半葉十二行，行二十二字，小字雙行同，黑口，左右雙邊。有“至正辛卯仲冬虞氏明復齋刊”牌記。國家圖書館藏，有“涵芬樓”等印；故宫博物院藏，有“天禄繼鑑”、“乾隆御覽之寶”等印；北京大學圖書館藏，有“江陰繆荃孫藏書印”等印。

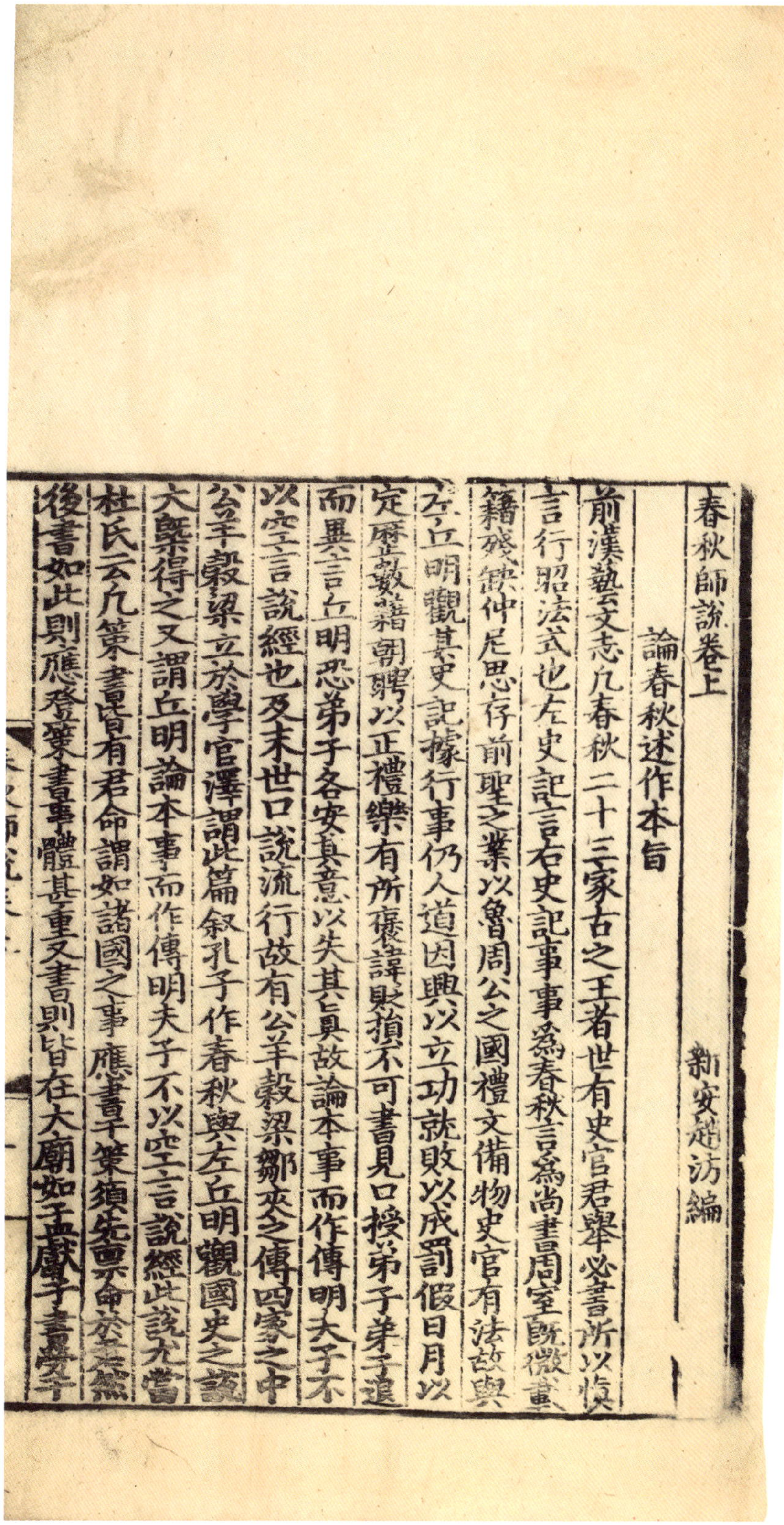
春秋師説卷上
論春秋述作本旨　　新安趙汸編
前漢藝文志凡春秋二十三家古之王者世有史官君舉必書所以慎
言行昭法式也左史記言右史記事事爲春秋言爲尚書周室既微載
籍殘缺仲尼思存前聖之業以魯周公之國禮文備物史官有法故與
左丘明觀其史記據行事仍人道因興以立功就敗以成罰假日月以
定曆數藉朝聘以正禮樂有所襃諱貶損不可書見口授弟子弟子退
而異言丘明恐弟子各安其意以失其真故論本事而作傳明夫子不
以空言説經也及末世口説流行故有公羊穀梁鄒夾之傳四家之中
公羊穀梁立於學官澤謂此篇叙孔子作春秋與左丘明觀國史之説
大槩得之又謂丘明論本事而作傳明夫子不以空言説經此説尤當
杜氏云凡策書皆有君命謂如諸國之事應書于策須先面承命於宗廟然
後書如此則應登策書事體甚重又書則皆在大廟如孟獻子書勞于

00308 春秋師説三卷附録二卷 （元）趙汸撰　元至正二十至二十四年（1360-1364）休寧商山義塾刻明弘治六年（1493）高忠重修本

匡高16.8厘米，廣13.8厘米。半葉十三行，行二十七字，細黑口，左右雙邊。有“稽瑞樓”等印。國家圖書館藏。

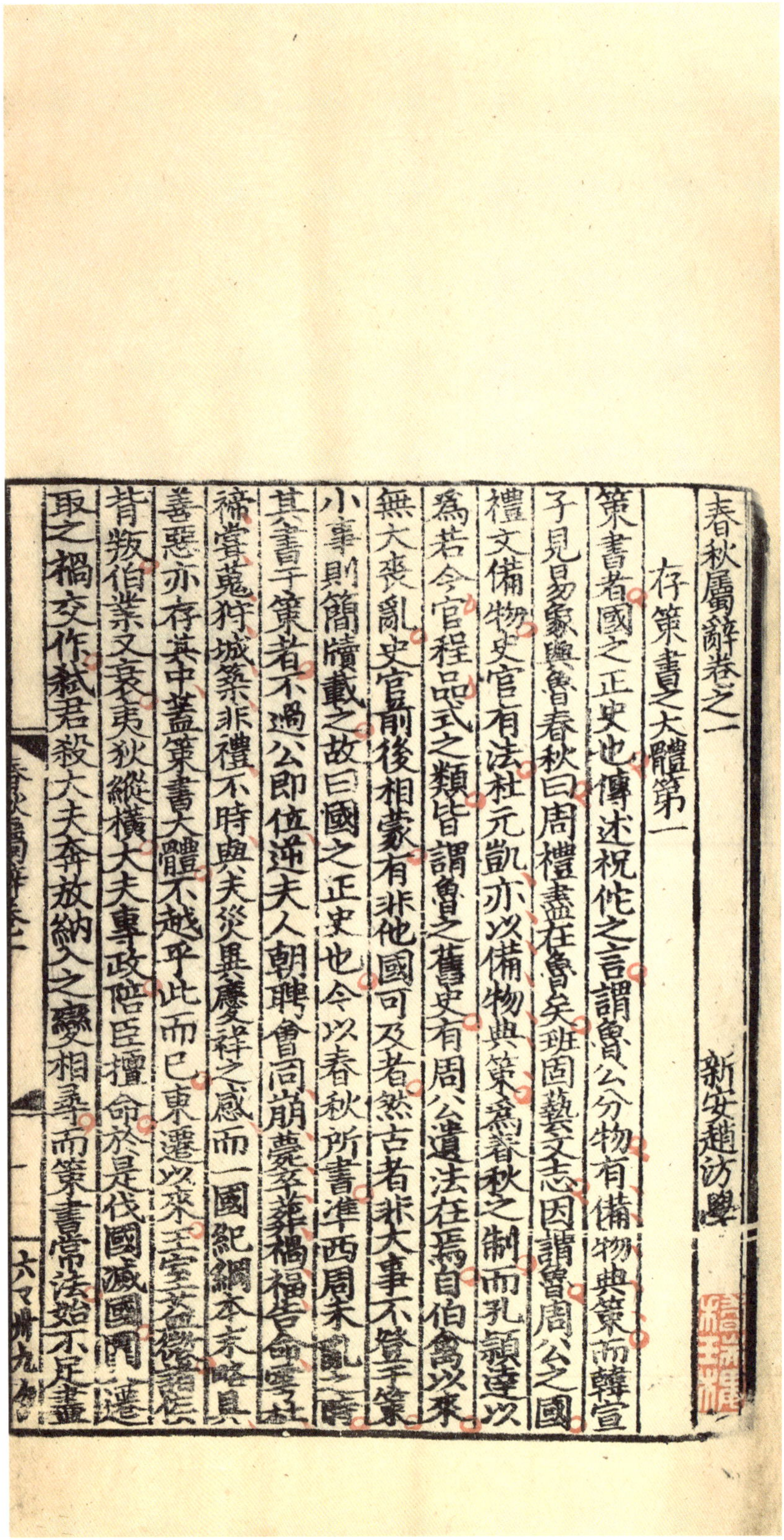
春秋屬辭卷之一
新安趙汸學
存策書之大體第一
策書者國之正史也傳述祝佗之言謂魯公分物有備物典策而韓宣
子見易象與魯春秋曰周禮盡在魯矣班固藝文志因謂魯周公之國
禮文備物史官有法杜元凱亦以備物典策爲春秋之制而孔穎達以
爲若今官程品式之類皆謂魯之舊史有周公遺法在焉自伯禽以來
無大喪亂史官前後相蒙有非他國可及者然古者非大事不登于策
小事則簡牘載之故曰國之正史也今以春秋所書準西周未亂之時
其書于策者不過公即位逆夫人朝聘會同崩薨卒葬禍福告命郊社
禘嘗蒐狩城築非禮不時與夫災異慶祥之感而一國紀綱本末略具
善惡亦存其中蓋策書大體不越乎此而已東遷以來王室益微諸侯
背叛伯業又衰夷狄縱横大夫專政陪臣擅命於是伐國滅國圍邑遷
取之禍交作弒君殺大夫奔放納入之變相尋而策書常法始不足盡

00309、00310、00311、00312、00313 春秋屬辭十五卷 （元）趙汸撰　元至正二十至二十四年（1360–1364）休寧商山義塾刻明弘治六年（1493）高忠重修本

匡高16.9厘米，廣13.6厘米。半葉十三行，行二十七字，黑口，左右雙邊。國家圖書館藏，有“稽瑞樓”等印；安徽省博物館藏，存十二卷；四川師範大學圖書館藏；北京大學圖書館藏，有“東莞莫氏五十萬卷樓”等印，存十卷；蘇州圖書館藏，又有春秋左氏傳補注十卷春秋師説三卷附録二卷。

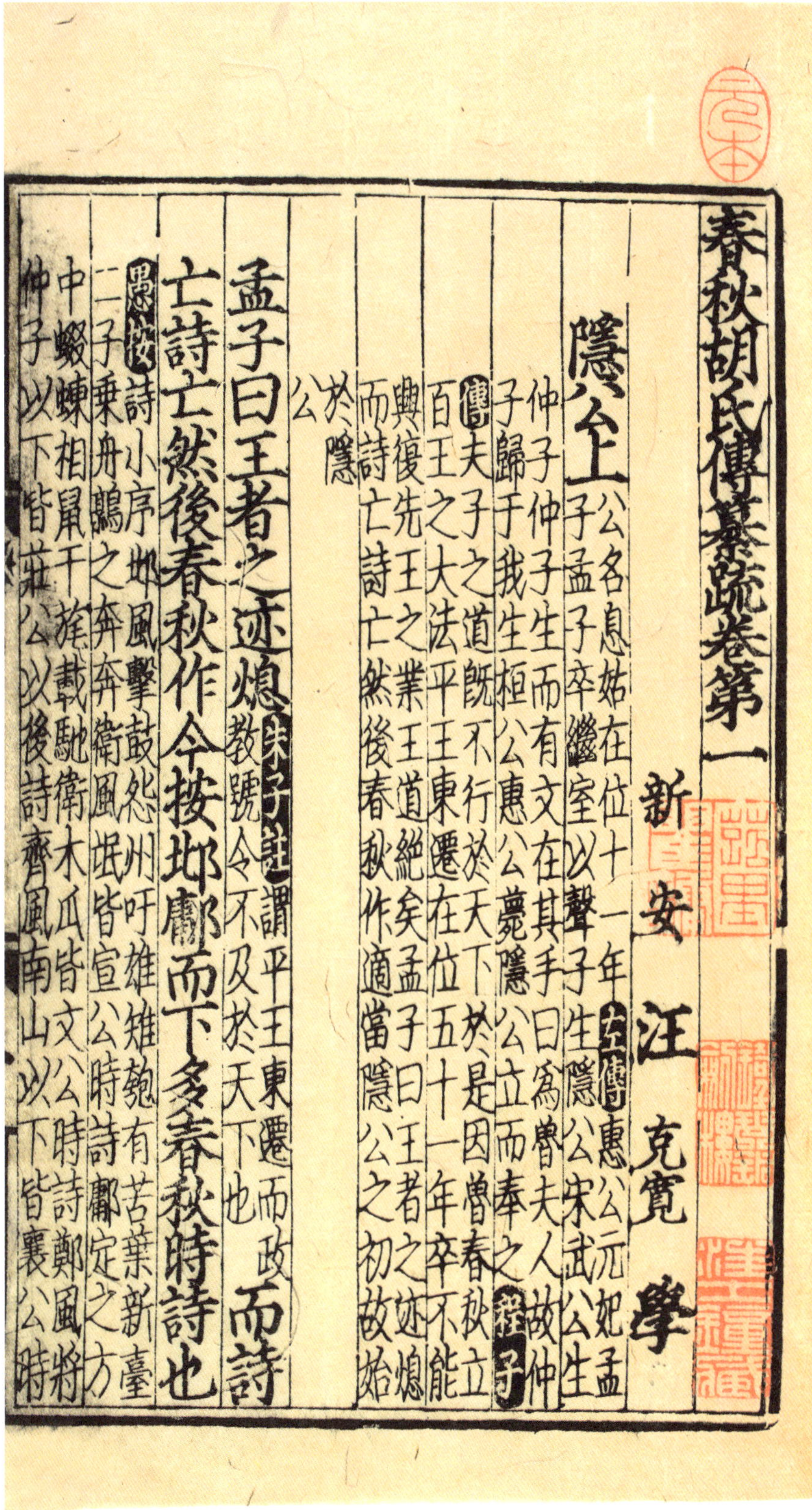
春秋胡氏傳纂疏卷第一
新安汪克寬學
隱公上　公名息姑在位十一年【左傳】惠公元妃孟子孟子卒繼室以聲子生隱公宋武公生仲子仲子生而有文在其手曰爲魯夫人故仲子歸于我生桓公惠公薨隱公立而奉之【程子】
【傳】夫子之道既不行於天下於是因魯春秋立百王之大法平王東遷在位五十一年卒不能興復先王之業王道絶矣孟子曰王者之迹熄而詩亡然後春秋作適當隱公之初故始於隱公
孟子曰王者之迹熄【朱子註】謂平王東遷而政教號令不及於天下也而詩亡詩亡然後春秋作今按邶鄘而下多春秋時詩也
【愚按】詩小序邶風擊鼓怨州吁雄雉匏有苦葉新臺二子乘舟鶉之奔奔衛風氓皆宣公時詩鄘定之方中蝃蝀相鼠干旄載馳衛木瓜皆文公時詩鄭風將仲子以下皆莊公以後詩齊風南山以下皆襄公時

00314、00315、00316　春秋胡氏傳纂疏三十卷　（元）汪克寬撰　元至正八年（1348）建安劉叔簡日新堂刻本

匡高19.5厘米，廣12.5厘米。半葉十一行，行二十一字，小字雙行同，黑口，四周雙邊。有“建安劉叔簡刊於日新堂”牌記。國家圖書館藏，有“汪士鐘藏”、“鐵琴銅劍樓”、“菰里瞿鏞”等印；安徽師範大學圖書館藏，存十四卷；天津圖書館藏，存九卷。

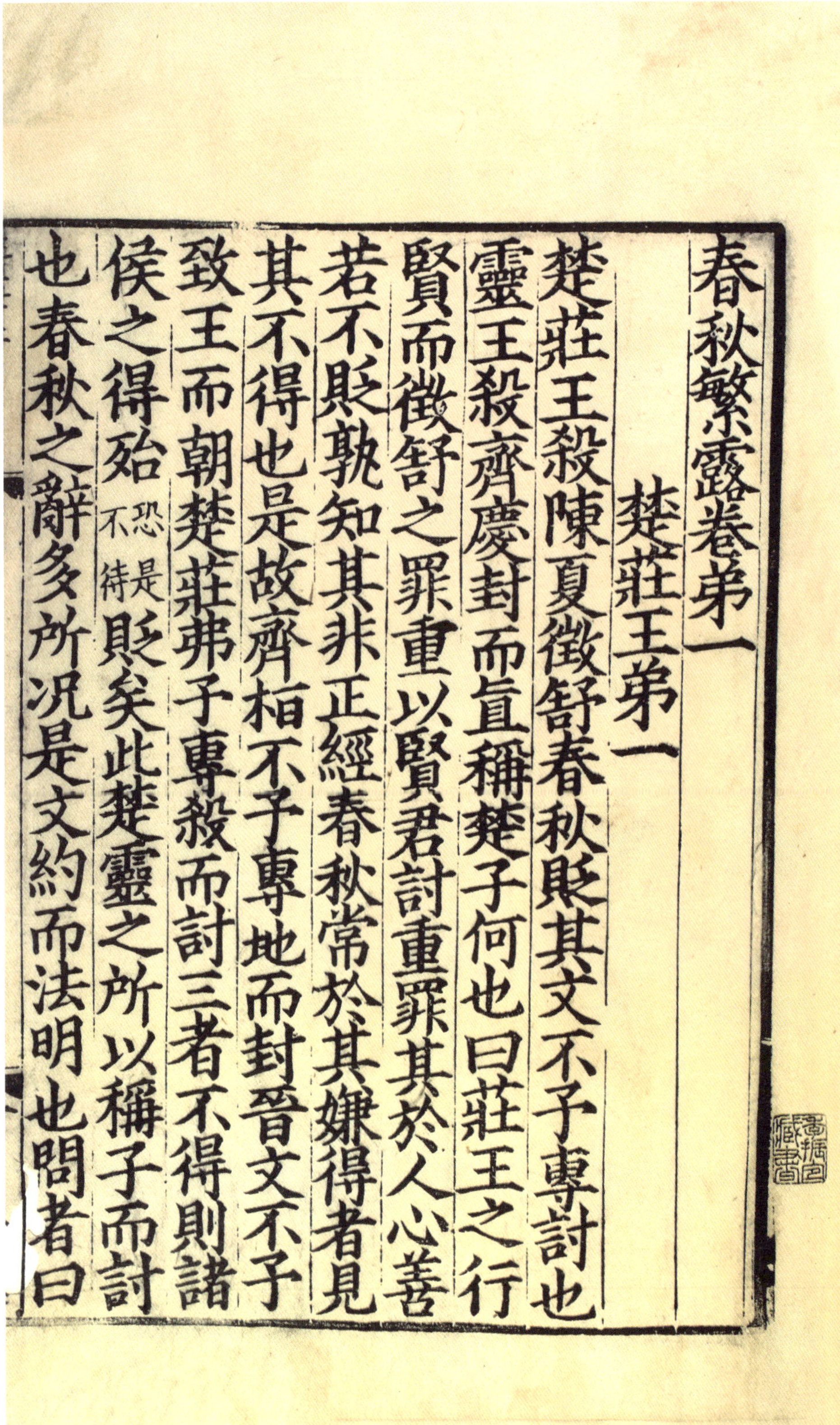

春秋繁露卷第一

楚莊王第一

楚莊王殺陳夏徵舒春秋貶其文不予專討也靈王殺齊慶封而直稱楚子何也曰莊王之行賢而徵舒之罪重以賢君討重罪其於人心善若不貶孰知其非正經春秋常於其嫌得者見其不得也是故齊桓不予專地而封晉文不予致王而朝楚莊弗予專殺而討三者不得則諸侯之得殆（恐是不待）貶矣此楚靈之所以稱子而討也春秋之辭多所況是文約而法明也問者曰

00317 春秋繁露十七卷 （漢）董仲舒撰　宋嘉定四年（1211）胡槻江右計臺刻本

匡高22.3厘米，廣16.1厘米。半葉十行，行十八字，白口，左右雙邊。有“華亭朱氏”、“季印振宜”、“徐健菴”、“天禄琳琅”、“天禄繼鑑”等印。國家圖書館藏。

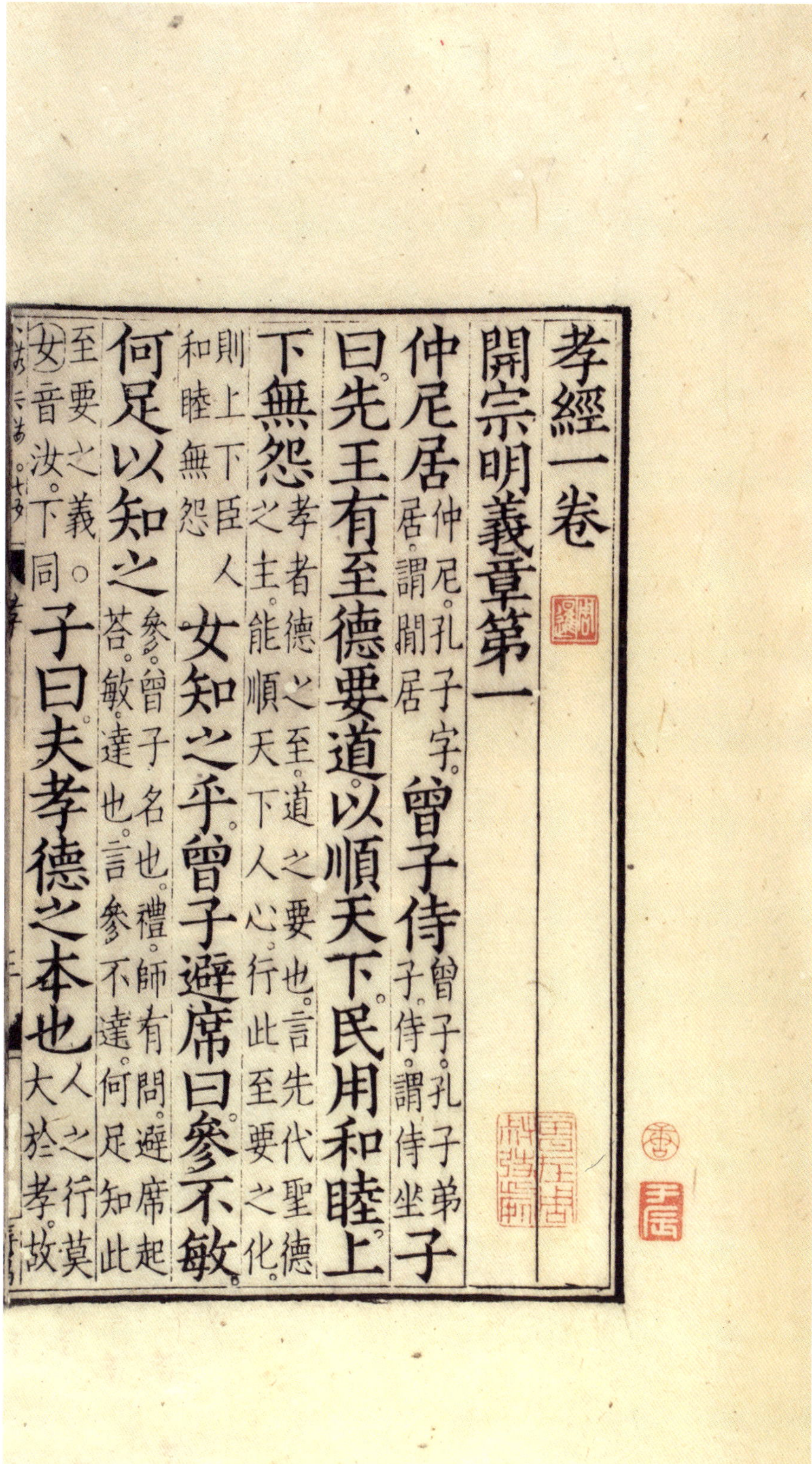
孝經一卷

開宗明義章第一

仲尼居仲尼，孔子字。居，謂閒居。曾子侍曾子，孔子弟子。侍，謂侍坐。子曰先王有至德要道以順天下民用和睦上下無怨孝者德之至，道之要也。言先代聖德之主，能順天下人心，行此至要之化，則上下臣人和睦無怨。女知之乎曾子避席曰參不敏何足以知之參，曾子名也。禮，師有問，避席起荅。敏，達也。言參不達，何足知此至要之義。女音汝。下同。子曰夫孝德之本也人之行莫大於孝故

00318 孝經一卷 （唐）玄宗李隆基注 （唐）陸德明音義 元岳氏荊谿家塾刻本

匡高21.5厘米，廣13.6厘米。半葉八行，行十七字，細黑口，四周雙邊。有“晉府書畫之印”、“季印振宜”、“乾學”、“天禄繼鑑”、“周暹”等印。國家圖書館藏。

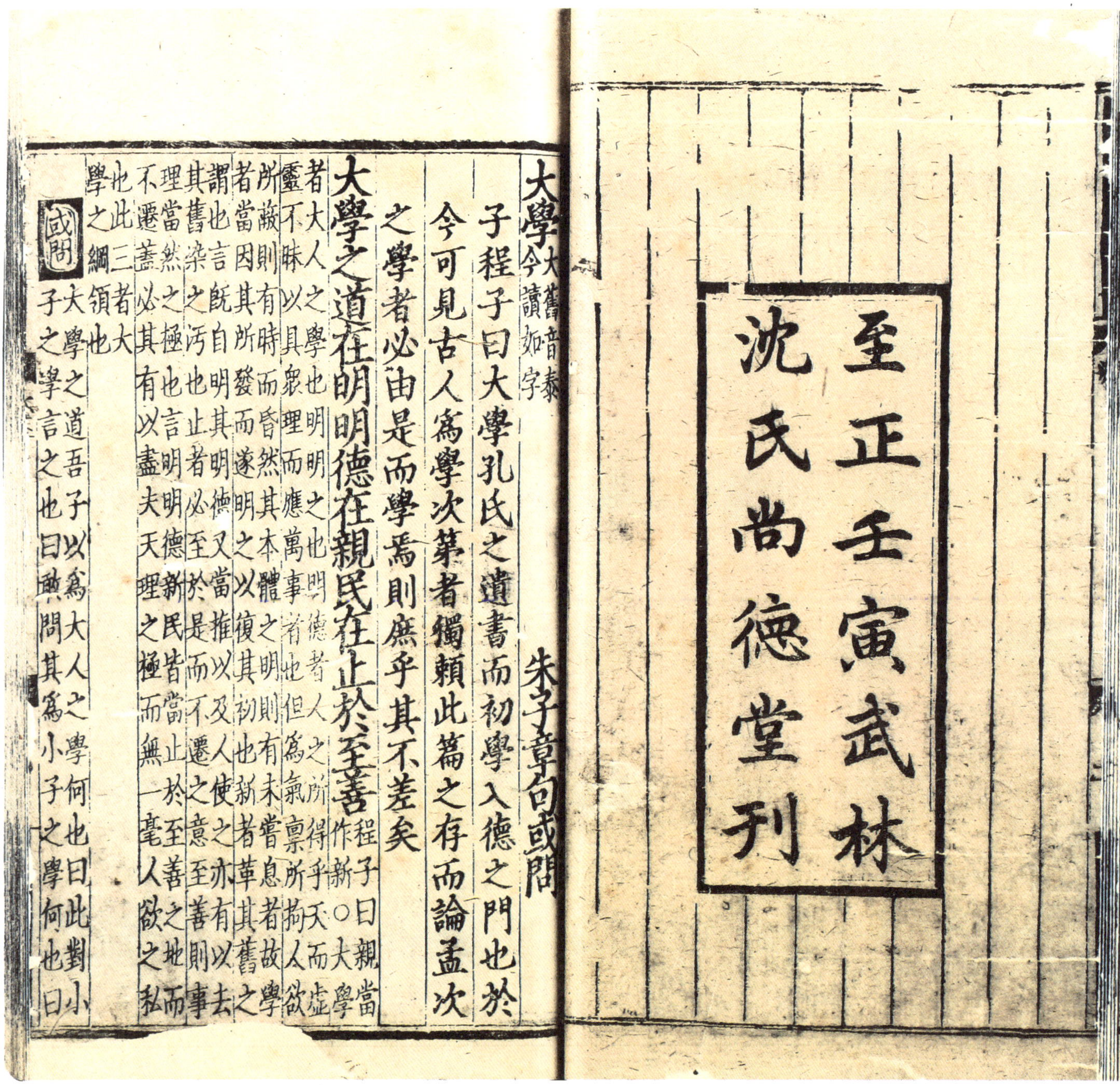

大學（大舊音泰　今讀如字）　朱子章句或問

子程子曰大學孔氏之遺書而初學入德之門也於今可見古人爲學次第者獨賴此篇之存而論孟次之學者必由是而學焉則庶乎其不差矣

大學之道在明明德在親民在止於至善（程子曰親當作新○大學者大人之學也明明之也明德者人之所得乎天而虛靈不昧以具衆理而應萬事者也但爲氣稟所拘人欲所蔽則有時而昏然其本體之明則有未嘗息者故學者當因其所發而遂明之以復其初也新者革其舊之謂也言既自明其明德又當推以及人使之亦有以去其舊染之汚也止者必至於是而不遷之意至善則事理當然之極也言明明德新民皆當止於至善之地而不遷蓋必其有以盡夫天理之極而無一毫人欲之私也此三者大學之綱領也）

或問　大學之道吾子以爲大人之學何也曰此對小子之學言之也曰敢問其爲小子之學何也曰

至正壬寅武林
沈氏尚德堂刊

00319 四書集註二十一卷 （宋）朱熹撰　元至正二十二年（1362）沈氏尚德堂刻本

匡高24.5厘米，廣15厘米。半葉十一行，行二十一字，小字雙行同，細黑口，四周雙邊。有“至正壬寅武林沈氏尚德堂刊”牌記。1970年明魯荒王墓出土。山東省博物館藏。

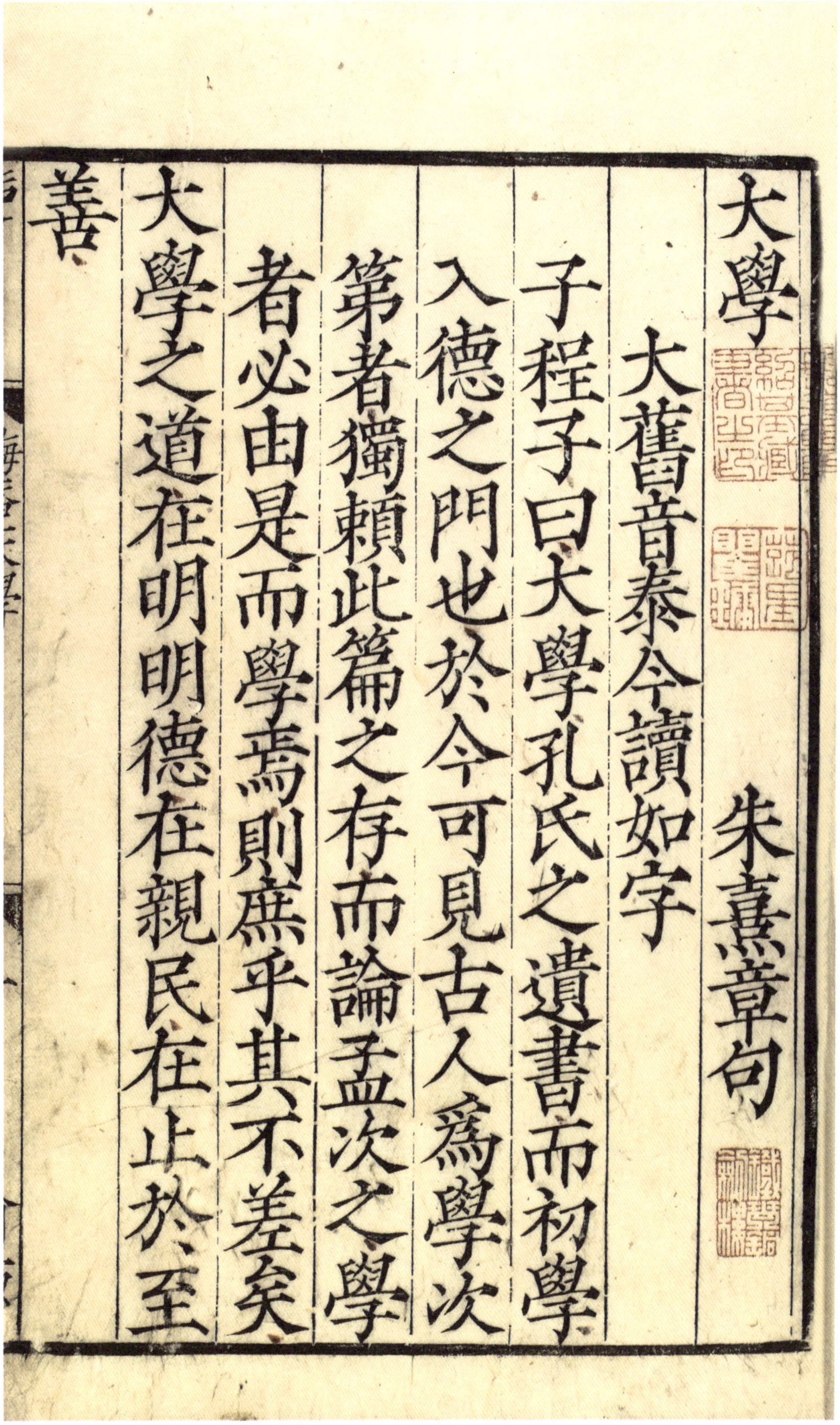

大學　　朱熹章句

大舊音泰今讀如字

子程子曰大學孔氏之遺書而初學入德之門也於今可見古人爲學次第者獨賴此篇之存而論孟次之學者必由是而學焉則庶乎其不差矣

大學之道在明明德在親民在止於至善

00320 四書章句集註二十八卷（宋）朱熹撰　宋嘉定十年（1217）當塗郡齋刻嘉熙四年（1240）淳祐八年（1248）十二年（1252）遞修本

匡高25.3厘米，廣14.7厘米。半葉八行，行十五字，白口，左右雙邊。有“鐵琴銅劍樓”等印。國家圖書館藏。

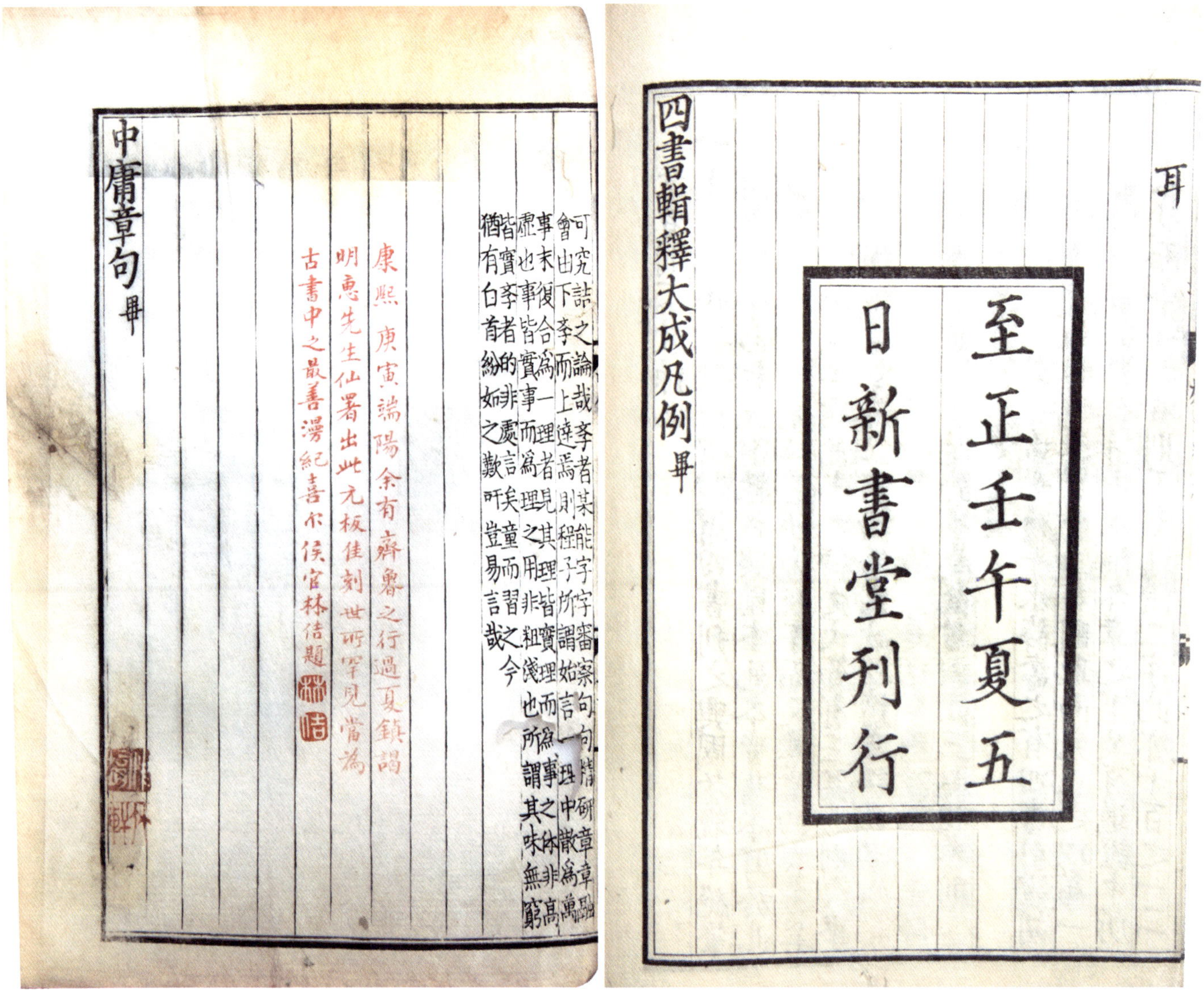

00321 四書輯釋三十六卷 元至正二年（1342）日新書堂刻本

匡高21.5厘米，廣13.9厘米。半葉十三行，行二十三字，小字雙行同，黑口，四周雙邊。有“至正壬午夏五日新書堂刊行”牌記。有“詒晉齋”等印。林佶朱筆跋。蓬萊市文化局慕湘藏書館藏，存二卷。

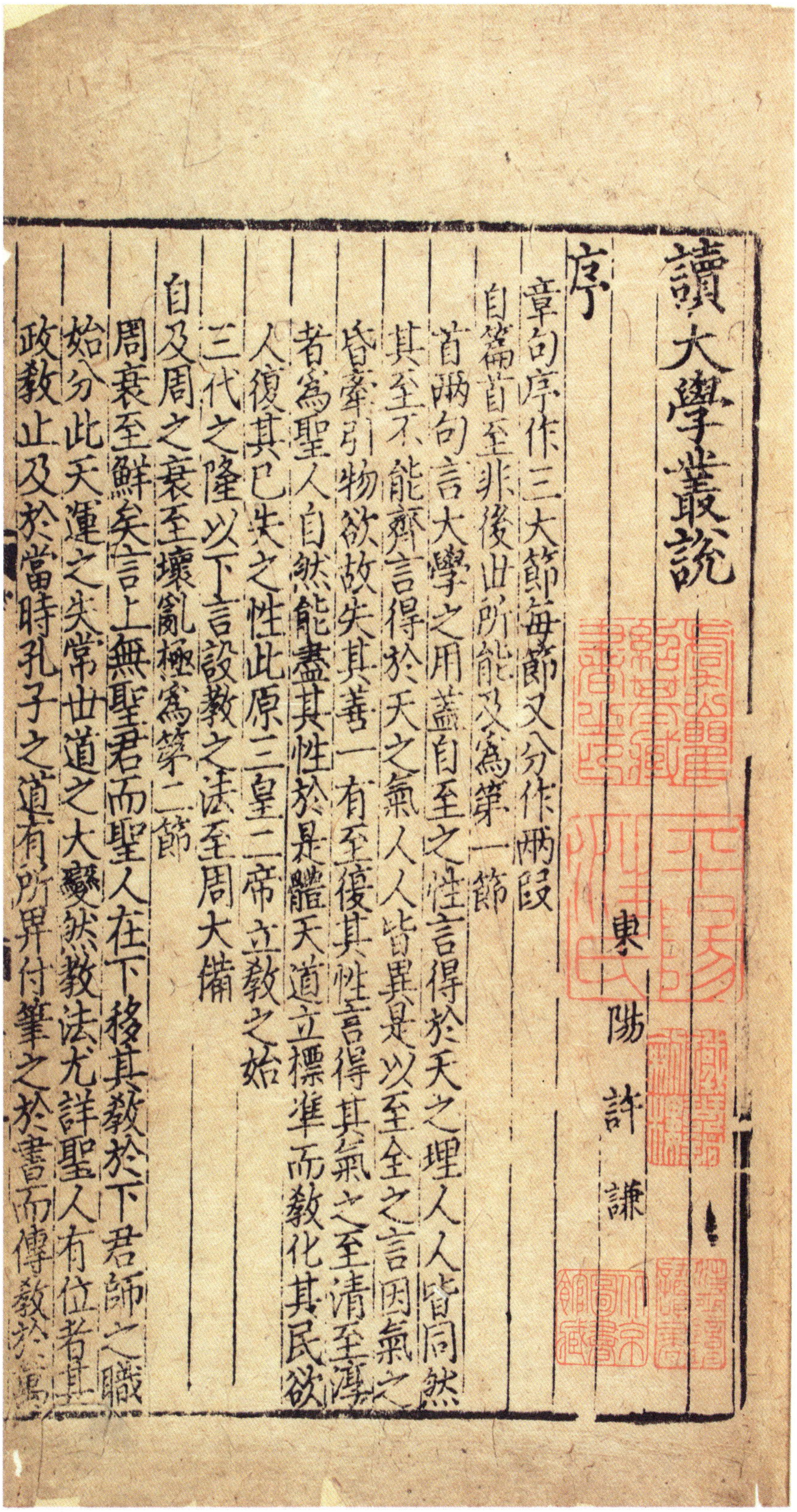
讀大學叢說
序　　東陽許謙
章句序作三大節每節又分作兩段
自篇首至非後世所能及爲第一節
首兩句言大學之用蓋自至之性言得於天之理人人皆同然
其至不能齊言得於天之氣人人皆異是以至全之言因氣之
昏牽引物欲故失其善一有至復其性言得其氣之至清至淳
者爲聖人自然能盡其性於是體天道立標準而教化其民欲
人復其已失之性此原三皇二帝立教之始
三代之隆以下言設教之法至周大備
自及周之衰至壞亂極爲第二節
周衰至鮮矣言上無聖君而聖人在下移其教於下君師之職
始分此天運之失常世道之大變然教法尤詳聖人有位者其
政教止及於當時孔子之道有所畀付筆之於書而傳教於萬

00322 讀四書叢說八卷（元）許謙撰　元刻本

匡高19.7厘米，廣12.3厘米。半葉十六行，行二十六字，黑口，左右雙邊。有“平陽汪氏”、“鐵琴銅劍樓”等印。黄丕烈跋。國家圖書館藏。

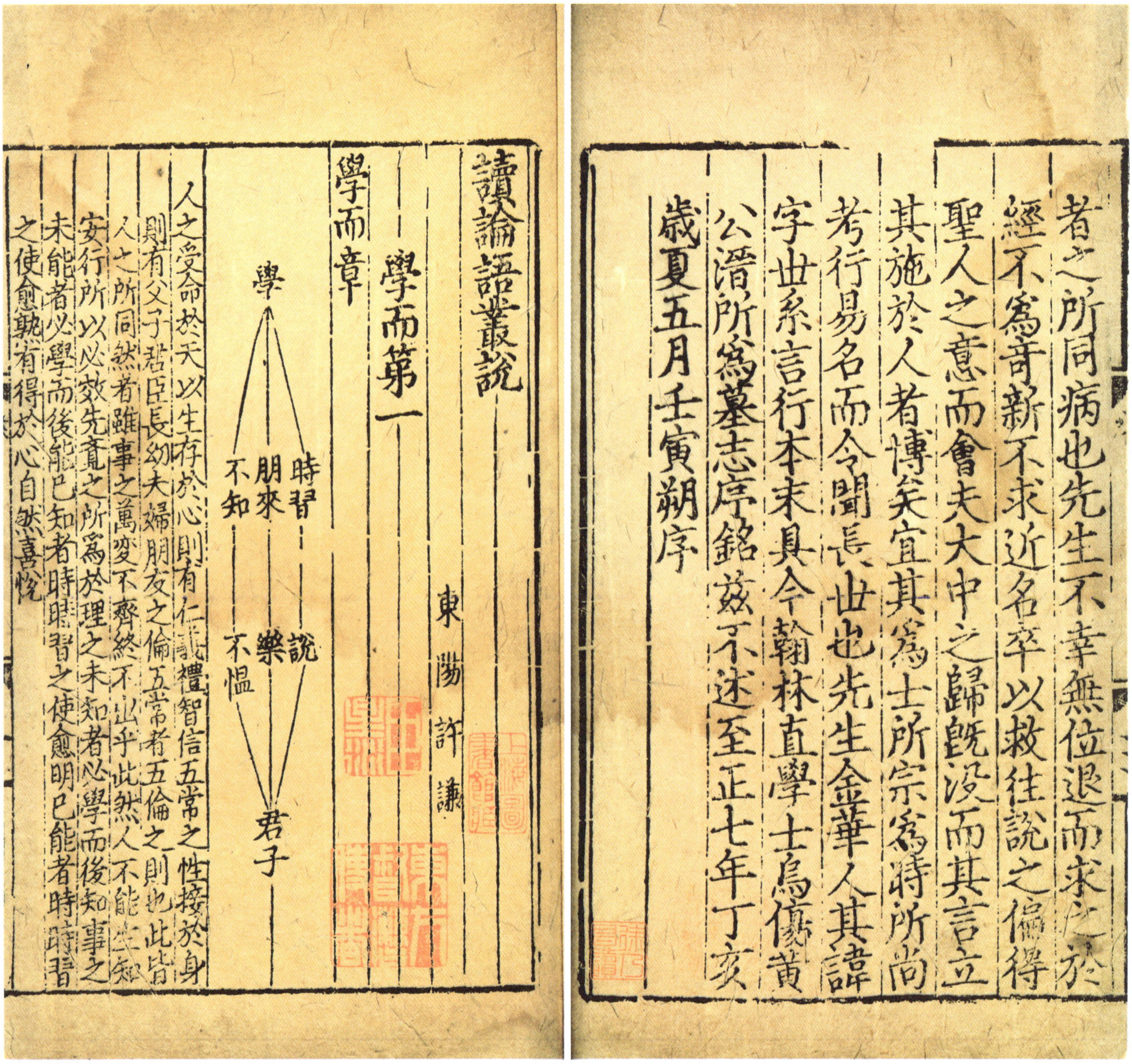

者之所同病也先生不幸無位退而求之於經不爲奇新不求近名卒以救往說之偏得聖人之意而會夫大中之歸既沒而其言立其施於人者博矣宜其爲士所宗爲時所尚考行易名而今聞長世也先生金華人其諱字世系言行本末具今翰林直學士烏傷黃公溍所爲墓志序銘茲不述至正七年丁亥歲夏五月壬寅朔序

讀論語叢說

東陽許謙

學而第一

學而章

學 時習 說 朋來 樂 不知 不慍 君子

人之受命於天以生存於心則有仁義禮智信五常之性接於身則有父子君臣長幼夫婦朋友之倫五常者五倫之則也此皆人之所同然者雖事之萬變不齊終不出乎此然人不能生知安行所以必效先覺之所爲於理之未知者必學而後知事之未能者必學而後能已知者時時習之使愈明已能者時時習之使愈熟有得於心自然喜悅

00323 讀四書叢說八卷 （元）許謙撰　元刻本

匡高19.6厘米，廣12.5厘米。半葉十六行，行二十六字，黑口，左右雙邊。有“孫伯淵”、“臣星衍”、“東方督漕使者”、“結一廬藏書印”等印。上海圖書館藏。

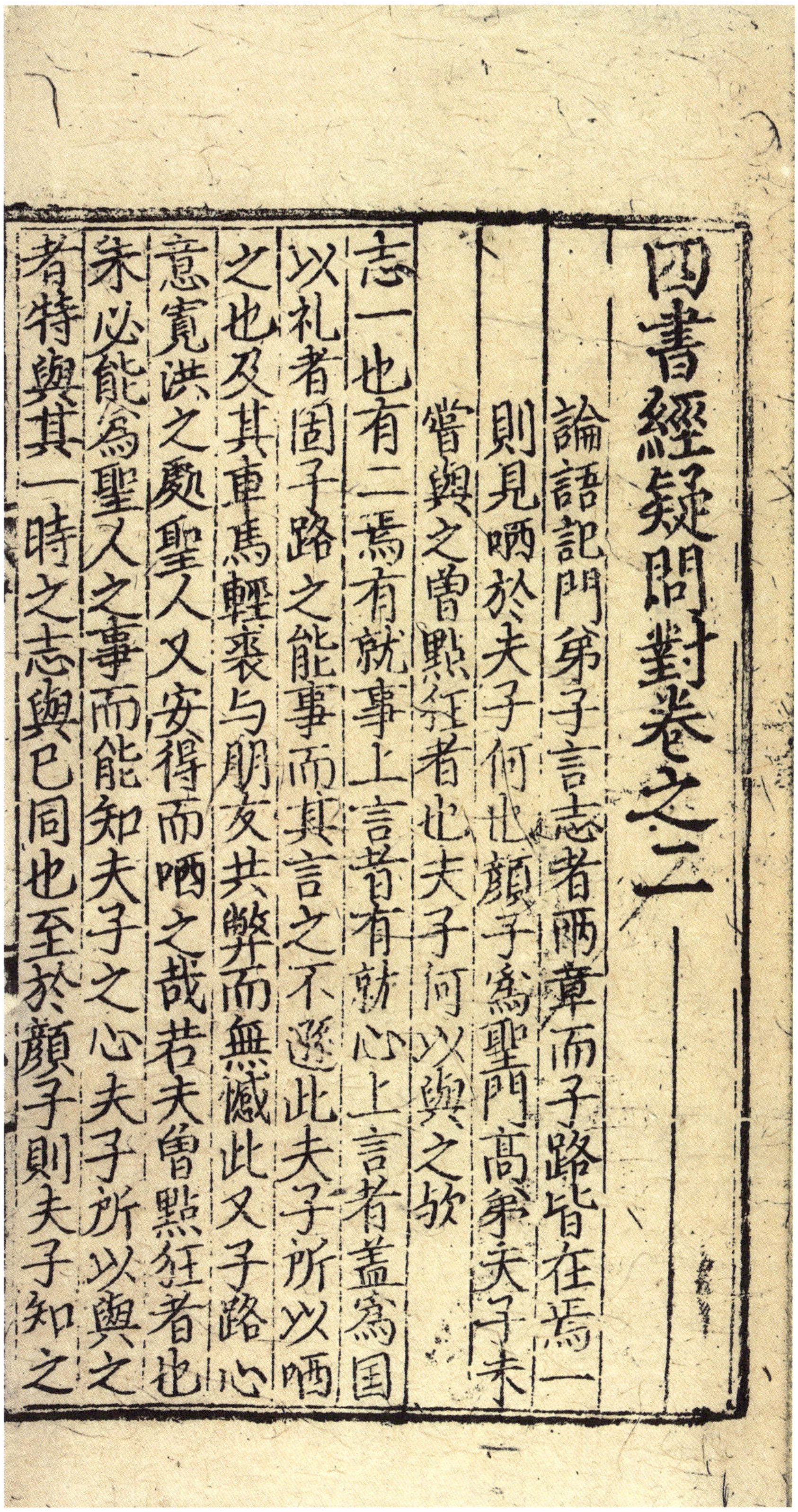

四書經疑問對卷之二

論語記門弟子言志者兩章而子路皆在焉一則見哂於夫子何也顔子爲聖門高弟夫子未嘗與之曾點狂者也夫子何以與之歟

志一也有二焉有就事上言者有就心上言者蓋爲国以礼者固子路之能事而其言之不遜此夫子所以哂之也及其車馬輕裘与朋友共弊而無憾此又子路心意寛洪之處聖人又安得而哂之哉若夫曾點狂者也未必能爲聖人之事而能知夫子之心夫子所以與之者特與其一時之志與己同也至於顔子則夫子知之

00324 四書經疑問對八卷 （元）董彝撰 元至正十一年（1351）同文堂刻本

匡高18.5厘米，廣11.9厘米。半葉十一行，行二十一字，黑口，左右雙邊或四周雙邊。有“拜經樓吴氏藏書”等印。吴騫跋。國家圖書館藏。

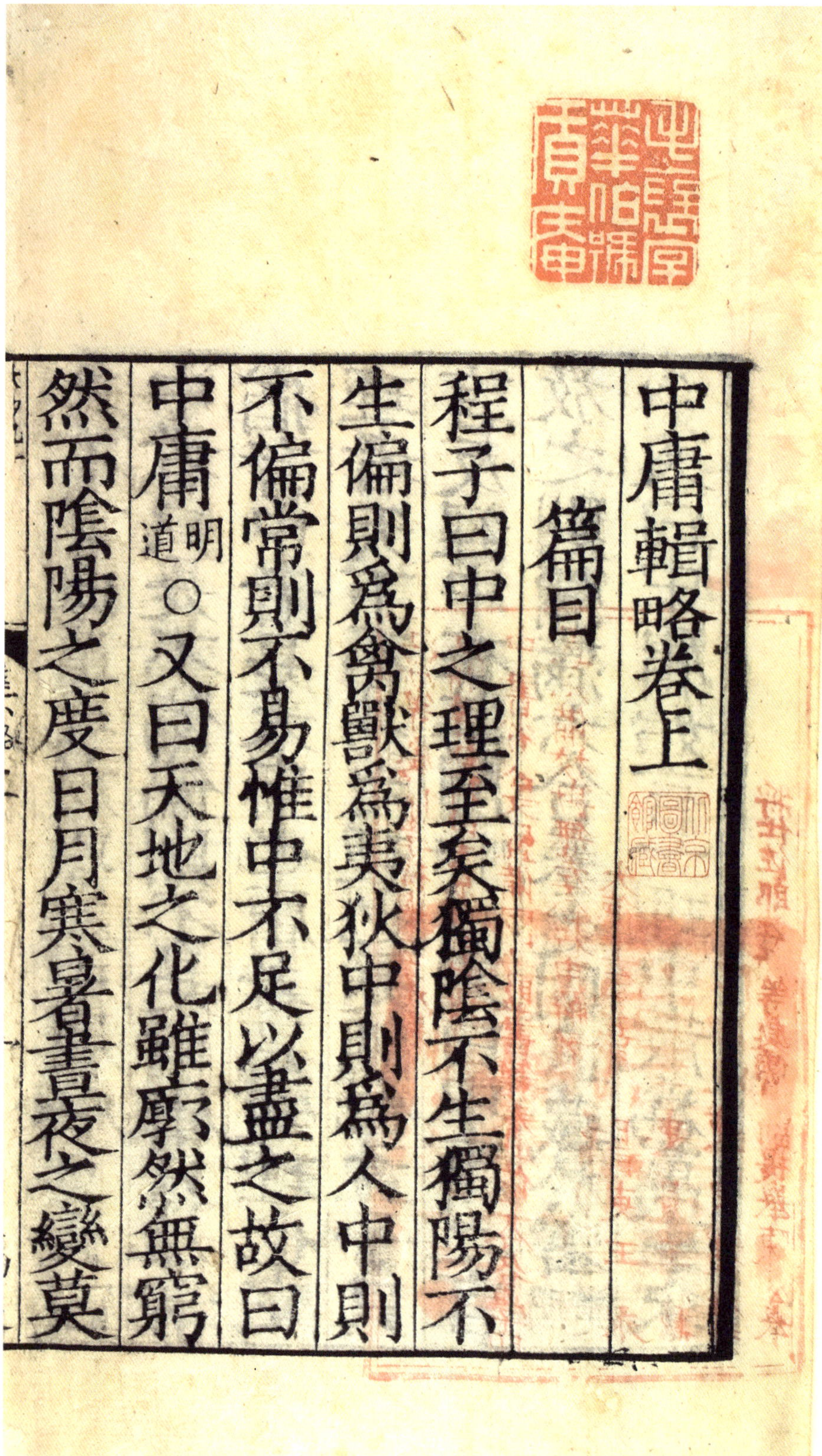

00325 中庸輯略二卷 （宋）石𡼖輯　（宋）朱熹删定　宋慶元元年至嘉定十七年（1195–1224）刻本

匡高18.6厘米，廣14.2厘米。半葉七行，行十五字，白口，左右雙邊。有“國子監印”、“毛褎字華伯號質庵”等印。國家圖書館藏。

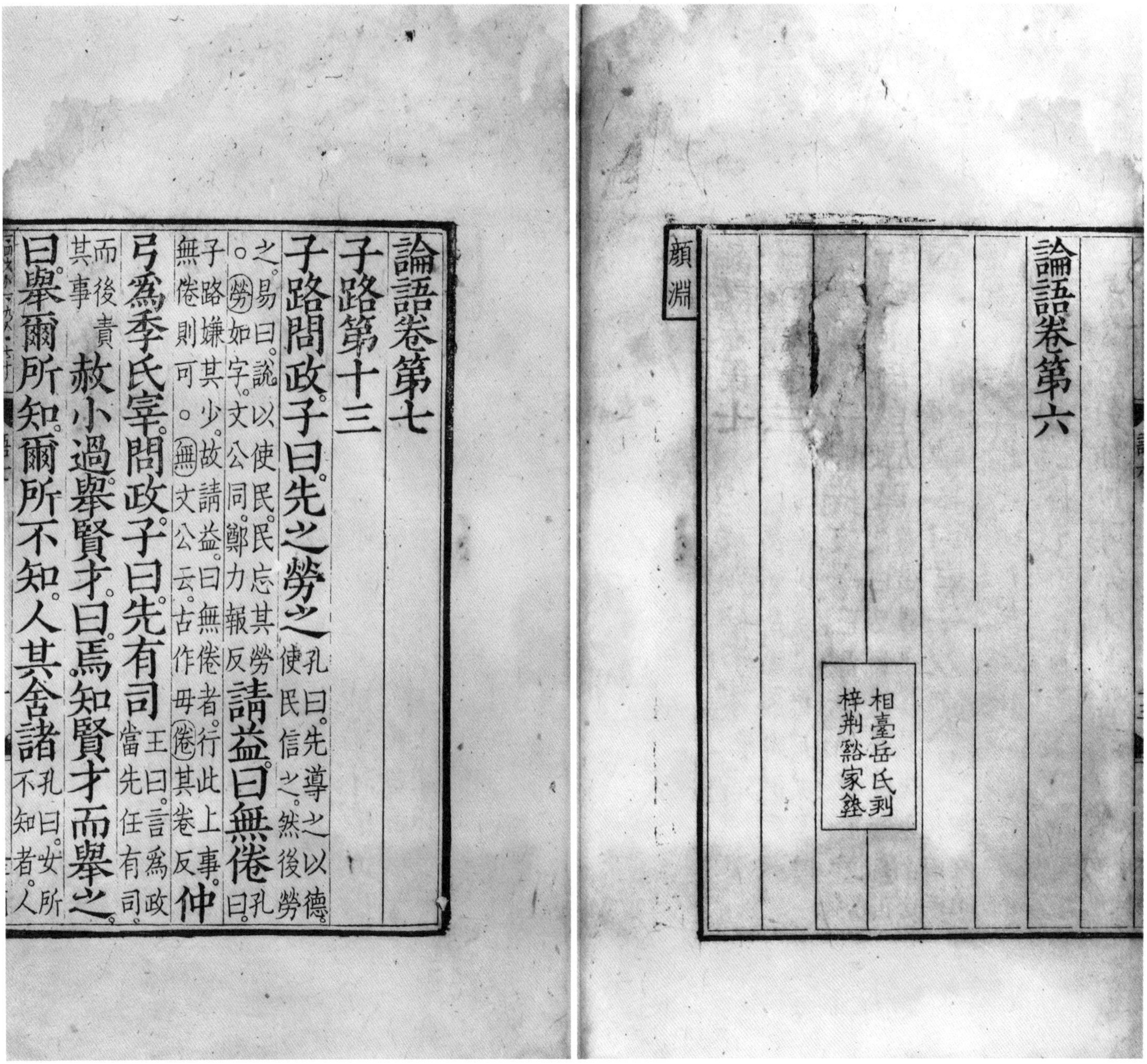

00326 論語集解十卷 （魏）何晏撰　（唐）陸德明釋文　元岳氏荆谿家塾刻本

匡高21.4厘米，廣13.7厘米。半葉八行，行十七字，小字雙行同，細黑口，四周雙邊。有“相臺岳氏刻梓荆谿家塾”牌記。有“敬德堂圖書印”、“滄葦”、“乾隆御覽之寶”等印。國家圖書館藏。

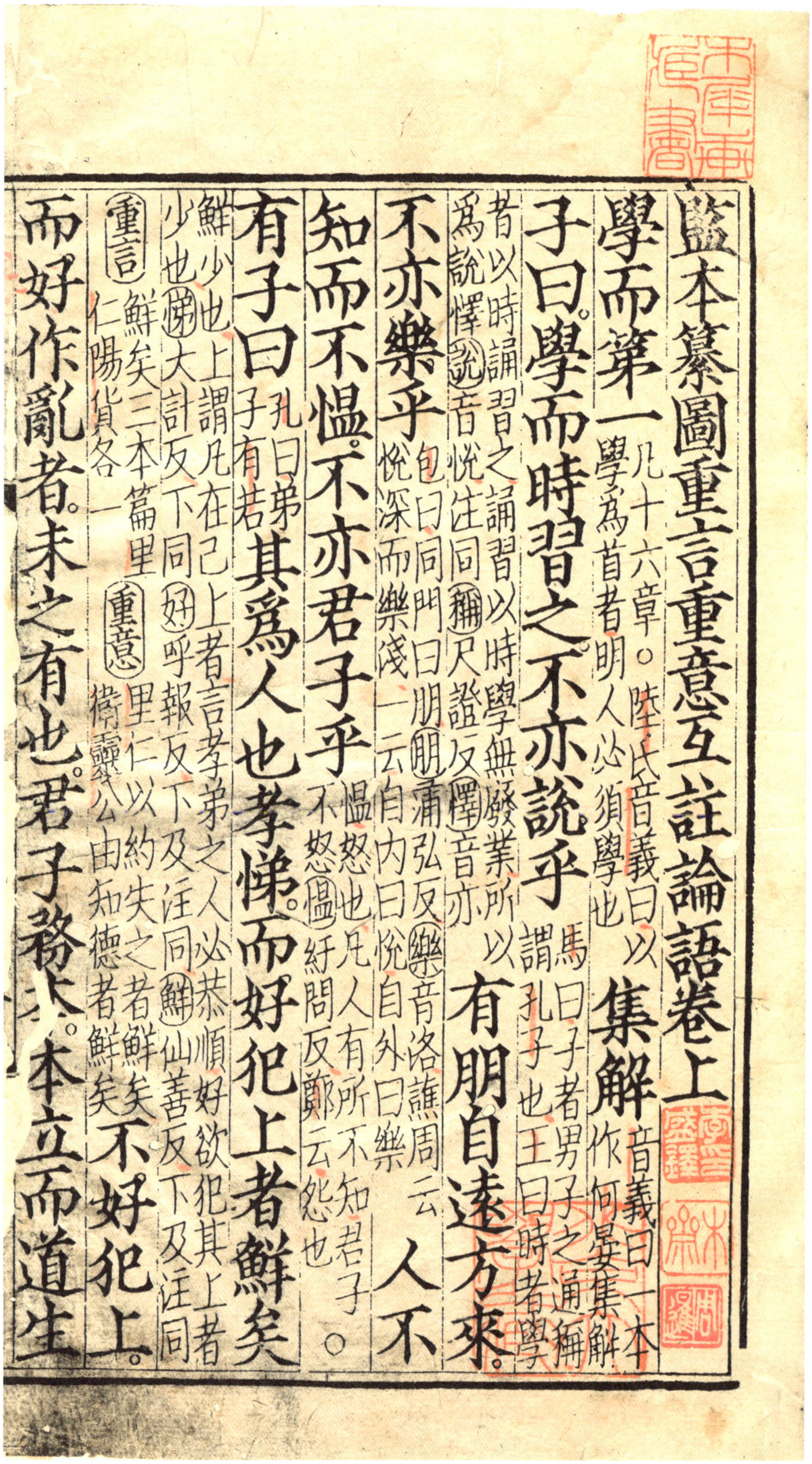
監本纂圖重言重意互註論語卷上
學而第一 凡十六章○陸氏音義曰以學爲首者明人必須學也 集解 音義曰一本作何晏集解
子曰。學而時習之。不亦說乎 馬曰子者男子之通稱謂孔子也王曰時者學者以時誦習之誦習以時學無廢業所以爲說懌（說）音悅注同（稱）尺證反（懌）音亦 有朋自遠方來。不亦樂乎 包曰同門曰朋（朋）蒲弘反（樂）音洛譙周云悅深而樂淺一云自內曰悅自外曰樂 人不知而不慍。不亦君子乎 慍怒也凡人有所不知君子不怒（慍）紆問反鄭云怨也○
有子曰 孔曰弟子有若 其爲人也孝悌。而好犯上者鮮矣 鮮少也上謂凡在己上者言孝弟之人必恭順好欲犯其上者少也（弟）大計反下同（好）呼報反下及注同（鮮）仙善反下及注同
（重言）鮮矣三本篇里仁陽貨各一 （重意）里仁以約失之者鮮矣 衛靈公由知德者鮮矣 不好犯上。而好作亂者。未之有也。君子務本。本立而道生

00327 監本纂圖重言重意互註論語二卷 （魏）何晏集解 宋劉氏天香書院刻本

匡高21.4厘米，廣13.7厘米。半葉十行，行十八字，小字雙行二十四字，白口，四周雙邊。有"劉氏天香書院之記"牌記。有"周暹"、"李印盛鐸"等印。楊守敬、袁克文跋。北京大學圖書館藏。

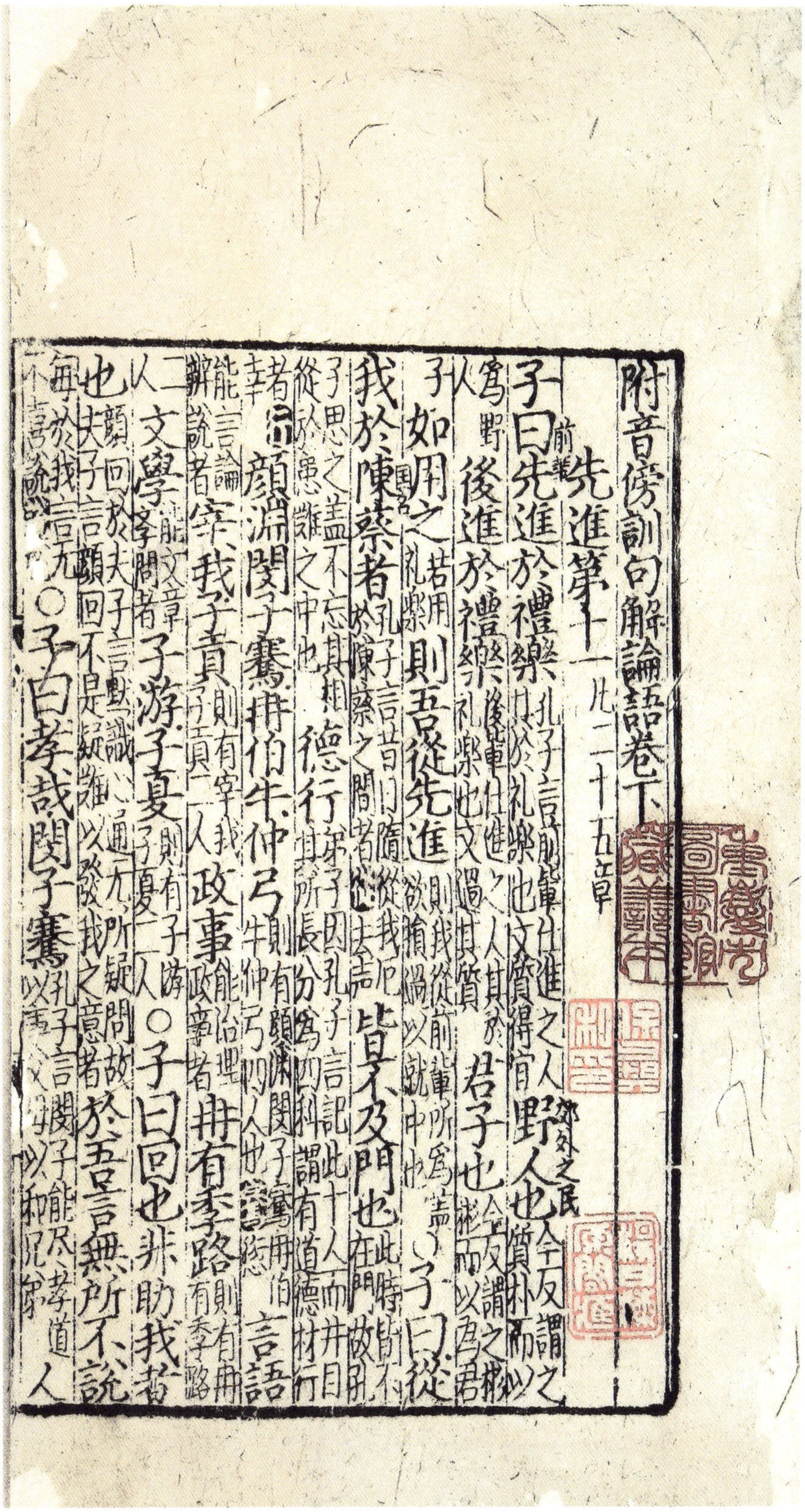

00328 附音傍訓句解論語二卷 （魏）何晏集解 元刻本

匡高16.5厘米，廣10.6厘米。半葉十二行，行二十三字，小字雙行同，黑口，左右雙邊。有“楊氏海原閣藏”等印。重慶圖書館藏。

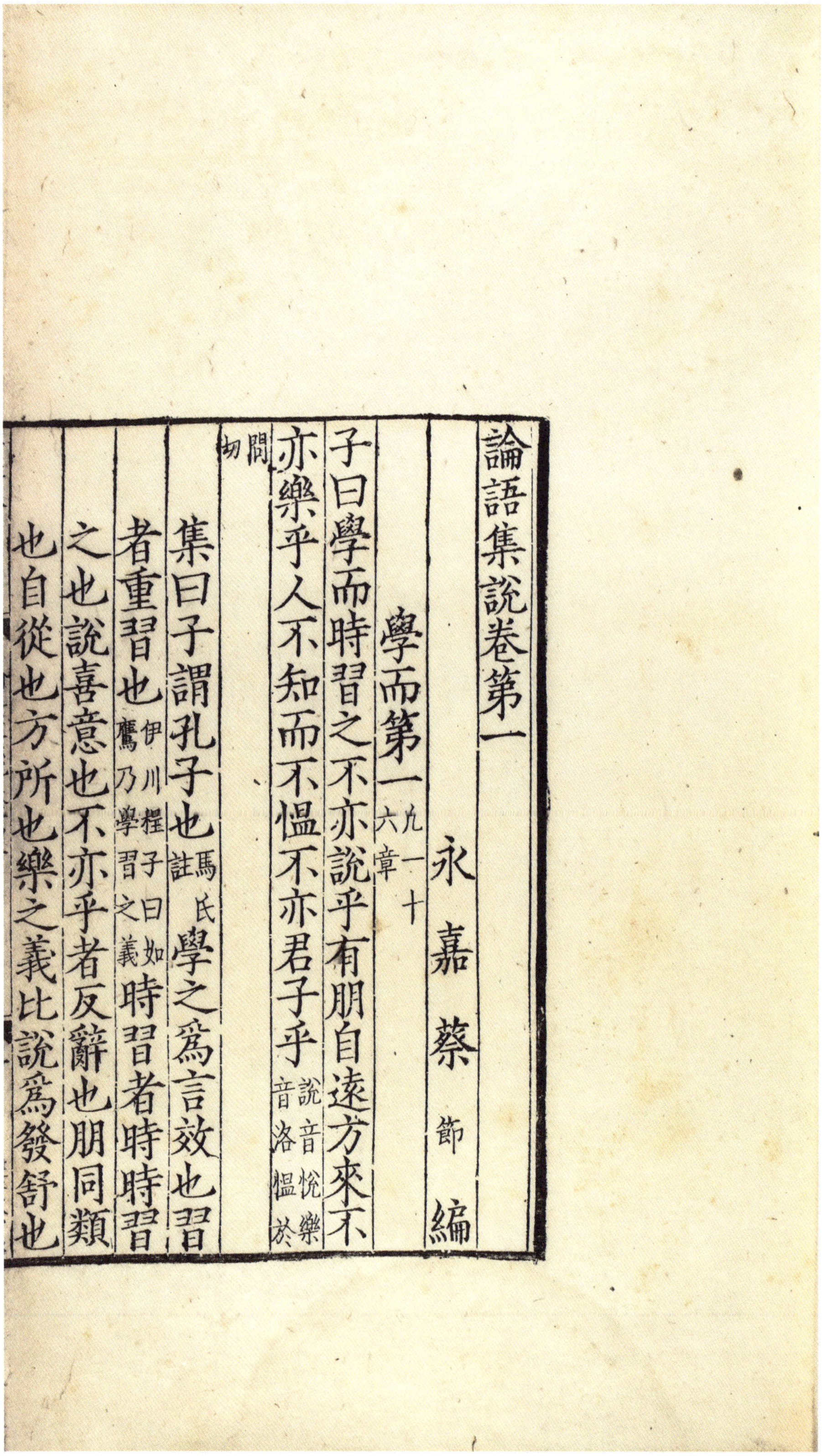
論語集說卷第一

永嘉蔡　節　編

學而第一　凡一十六章

子曰學而時習之不亦說乎有朋自遠方來不亦樂乎人不知而不慍不亦君子乎說音悅樂音洛慍於問切

集曰子謂孔子也馬氏註學之爲言效也習者重習也伊川程子曰如鷹乃學習之義時習者時時習之也說喜意也不亦乎者反辭也朋同類也自從也方所也樂之義比說爲發舒也

00329 論語集説十卷　（宋）蔡節撰　宋淳祐六年（1246）姜文龍湖州頖官刻本

匡高23.9厘米，廣15.8厘米。半葉十行，行十八字，小字雙行同，白口，左右雙邊。有“東宮書府”、“成親王”、“詒晉齋印”等印。國家圖書館藏。

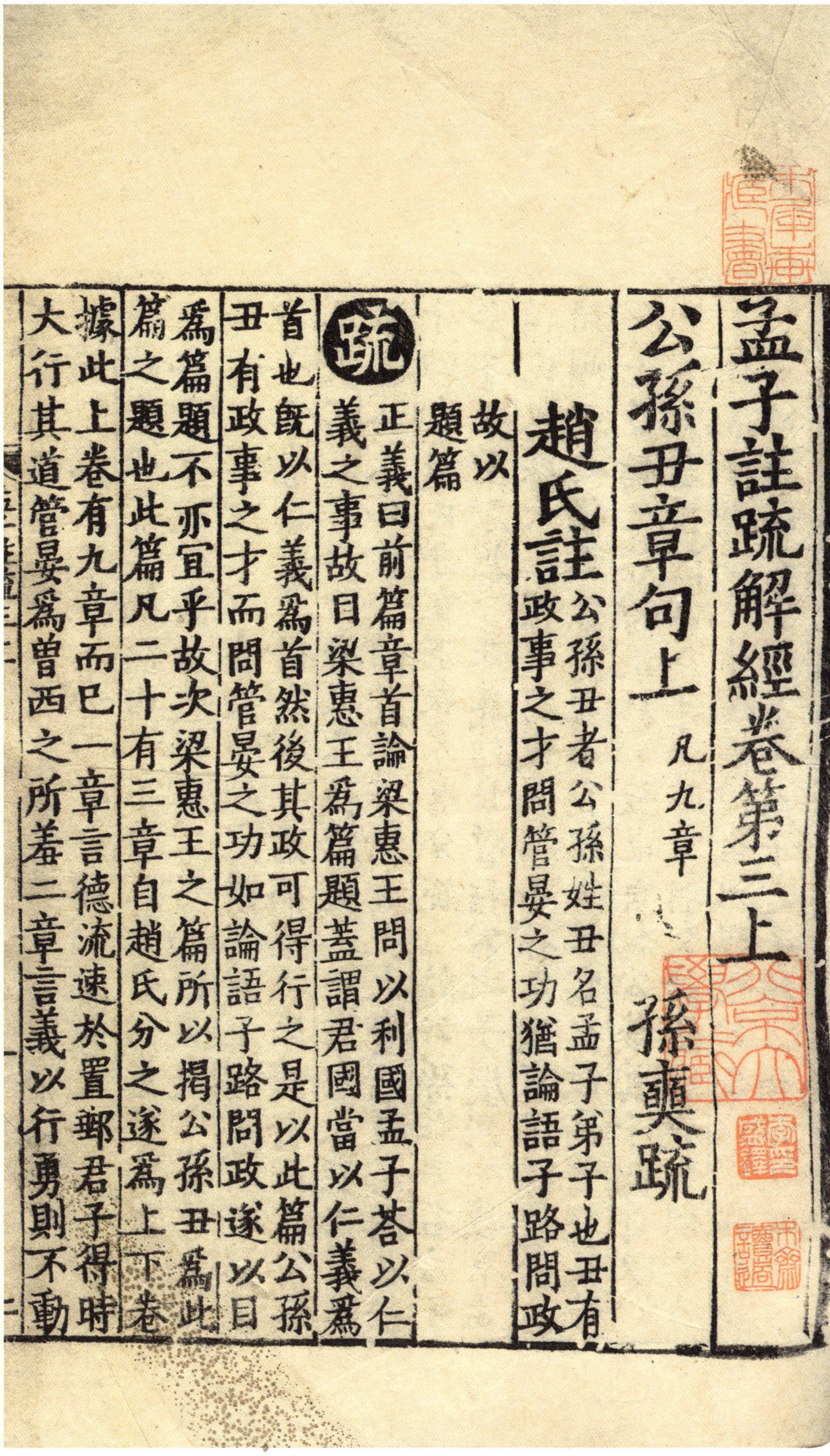

孟子註疏解經卷第三上
公孫丑章句上　凡九章　孫奭疏
趙氏註　公孫丑者公孫姓丑名孟子弟子也丑有政事之才問管晏之功猶論語子路問政故以題篇
疏　正義曰前篇章首論梁惠王問以利國孟子荅以仁義之事故曰梁惠王爲篇題蓋謂君國當以仁義爲首也既以仁義爲首然後其政可得行之是以此篇公孫丑有政事之才而問管晏之功如論語子路問政遂以目爲篇題不亦宜乎故次梁惠王之篇所以揭公孫丑爲此篇之題也此篇凡二十有三章自趙氏分之遂爲上下卷據此上卷有九章而已一章言德流速於置郵君子得時大行其道管晏爲曾西之所羞二章言義以行勇則不動

00330　孟子註疏解經十四卷　（漢）趙岐注　（宋）孫奭疏　南宋兩浙東路庾司刻本

匡高21.3厘米，廣17.2厘米。半葉八行，行十六字，小字雙行二十二字，白口，左右雙邊。有“木犀軒藏書”等印。北京大學圖書館藏，存四卷。

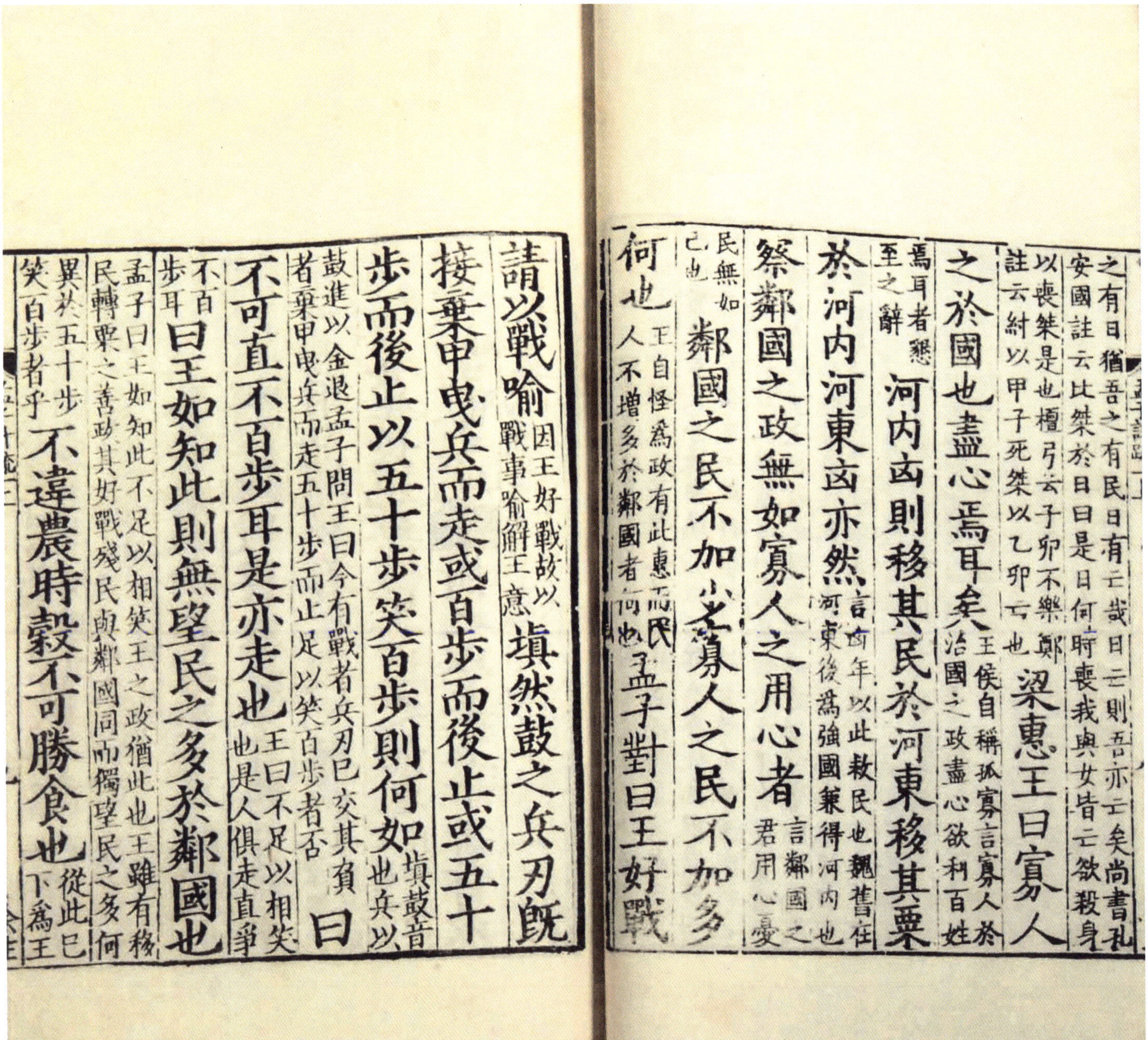

之有日猶吾之有民日有亡哉日亡則吾亦亡矣尚書孔安國註云比桀於日日是日何時喪我與女皆亡欲殺身以喪桀是也檀弓云子卯不樂鄭註云紂以甲子死桀以乙卯亡也梁惠王曰寡人之於國也盡心焉耳矣王侯自稱孤寡言寡人於治國之政盡心欲利百姓焉耳者懇至之辭河內凶則移其民於河東移其粟於河內河東凶亦然言凶年以此救民也魏舊在河東後爲強國兼得河內也察鄰國之政無如寡人之用心者言鄰國之君用心憂民無如己也鄰國之民不加少寡人之民不加多何也王自怪爲政有此惠而民人不增多於鄰國者何也孟子對曰王好戰

請以戰喻因王好戰故以戰事喻解王意塡然鼓之兵刃既接棄甲曳兵而走或百步而後止或五十步而後止以五十步笑百步則何如塡鼓音也兵以鼓進以金退孟子問王曰今有戰者兵刃已交其負者棄甲曳兵而走五十步而止足以笑百步者否曰不可直不百步耳是亦走也王曰不足以相笑也是人俱走直爭不百步耳曰王如知此則無望民之多於鄰國也孟子曰王如知此不足以相笑王之政猶此也王雖有移民轉粟之善政其好戰殘民與鄰國同而獨望民之多何異於五十步笑百步者乎不違農時穀不可勝食也從此已下爲王

00331 孟子註疏解經十四卷 （漢）趙岐注　（宋）孫奭疏　宋刻元明遞修本

匡高21.3厘米，廣17.2厘米。半葉八行，行十六字，小字雙行二十二字，白口，左右雙邊。南京博物院藏，存十卷。

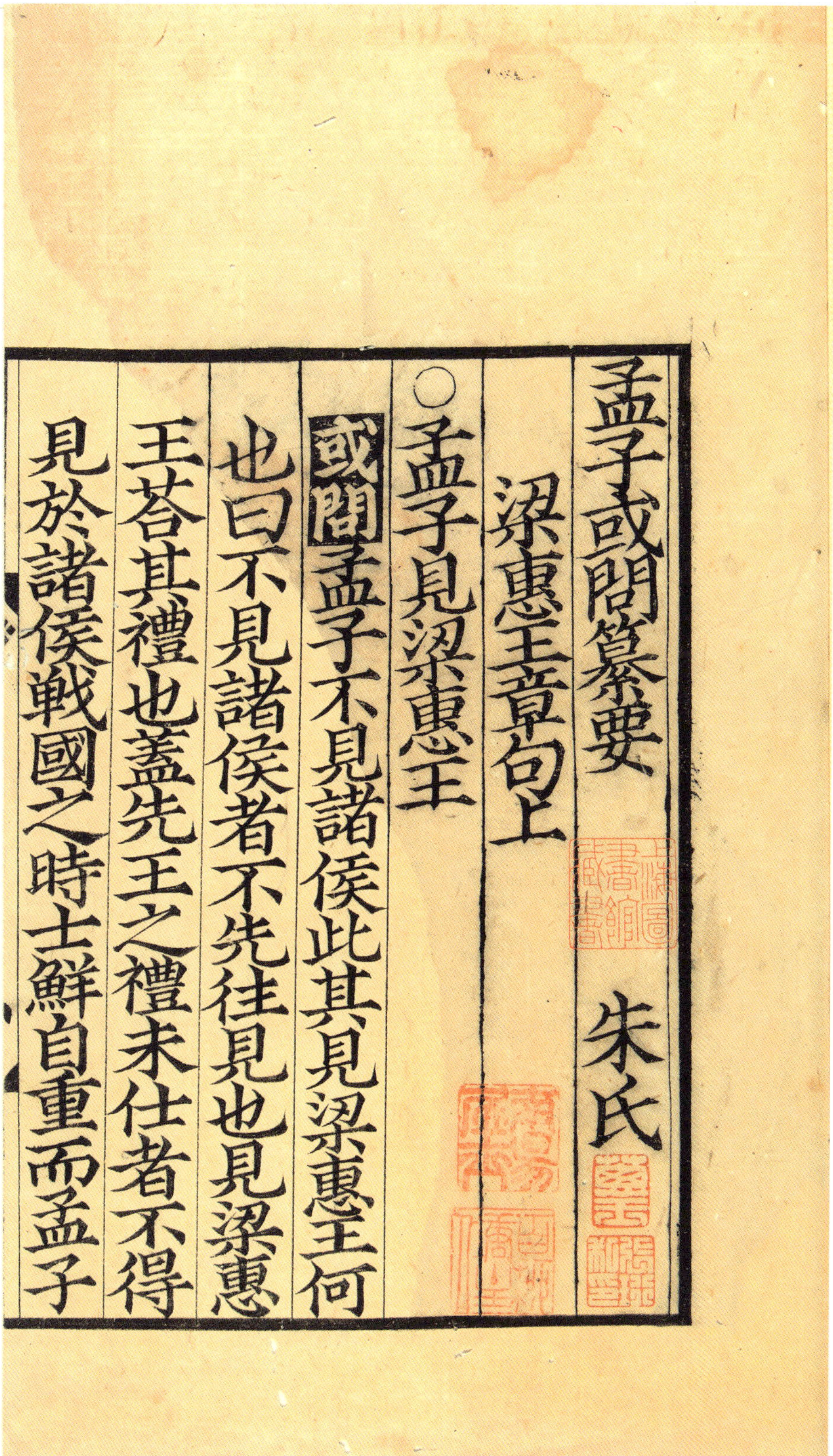

孟子或問纂要

梁惠王章句上　朱氏

○孟子見梁惠王

或問孟子不見諸侯此其見梁惠王何

也曰不見諸侯者不先往見也見梁惠

王荅其禮也蓋先王之禮未仕者不得

見於諸侯戰國之時士鮮自重而孟子

00332　孟子或問纂要一卷　（宋）朱熹撰　宋刻本

匡高22.4厘米，廣16厘米。半葉七行，行十六字，細黑口，左右雙邊。有“南陽居士”、“百柳唐主人”、“張珩私印”、“葱玉”等印。上海圖書館藏。

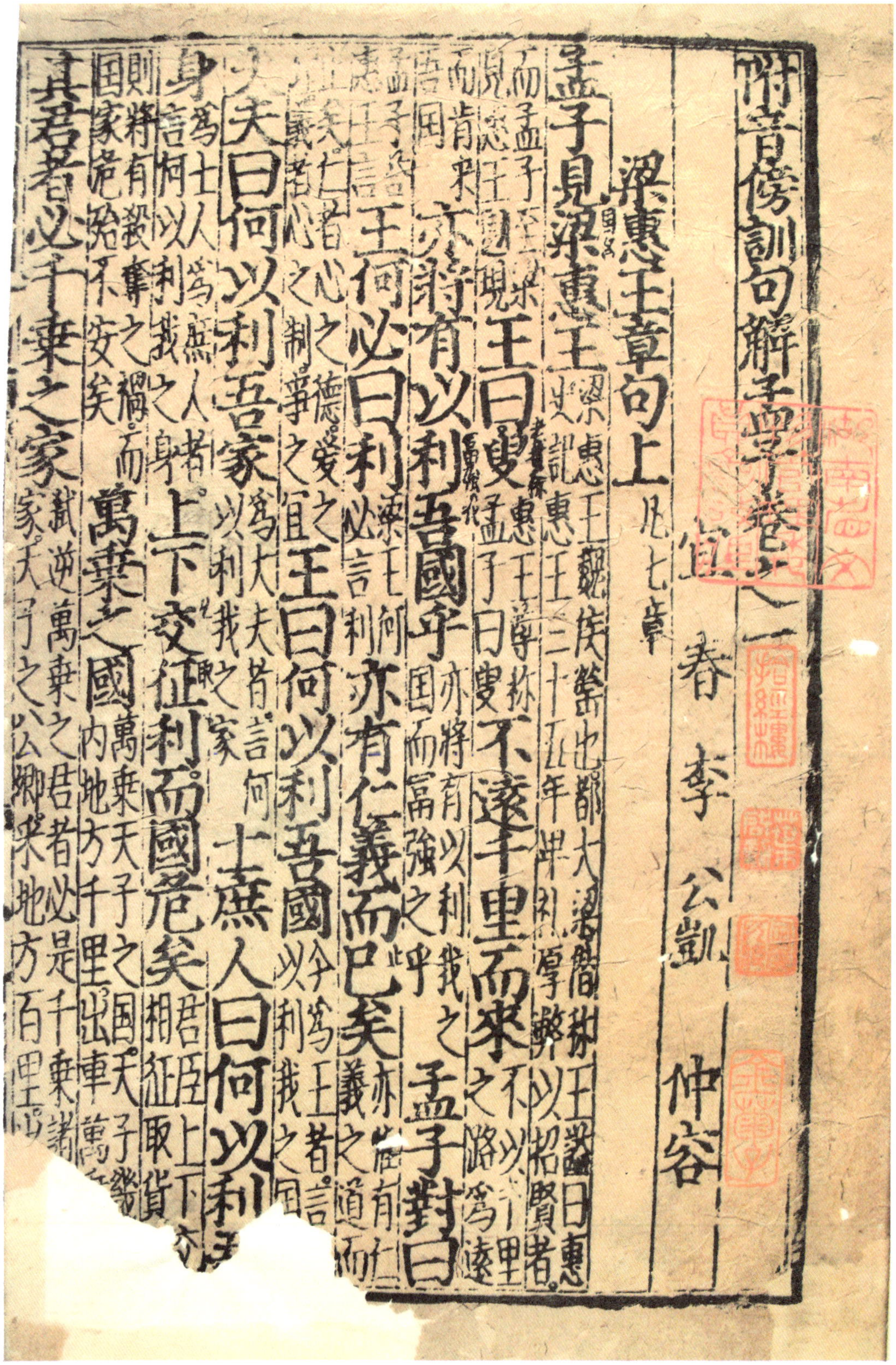
附音傍訓句解孟子卷之一
宜春 李 公凱 仲容
梁惠王章句上 凡七章
孟子見梁惠王（梁惠王魏侯罃也都大梁僭稱王謚曰惠 史記惠王三十五年卑禮厚幣以招賢者）
而孟子至梁 王曰叟 不遠千里而來（不以千里為遠）
亦將有以利吾國乎（亦將有以利我之國而富強之乎）孟子對曰
王何必曰利 亦有仁義而已矣（亦惟有仁義之道而已）
王曰何以利吾國（為王者言何以利我之國）
大夫曰何以利吾家（為大夫者言何以利我之家）士庶人曰何以利
吾身（為士人庶人者言何以利我之身）上下交征利而國危矣（君臣上下相征取貨）
則將有弒奪之禍而國家危殆不安矣 萬乘之國（萬乘天子之國天子畿內地方千里出車萬乘）
弒其君者必千乘之家（弒逆萬乘之君者必是千乘諸侯之家）

00333 附音傍訓句解孟子七卷 （元）李公凱撰　元刻本

匡高25厘米，廣13.5厘米。半葉十二行，行二十二字，小字雙行同，黑口，四周雙邊。有“金菊子”、“拾經樓”等印。湖南圖書館藏。

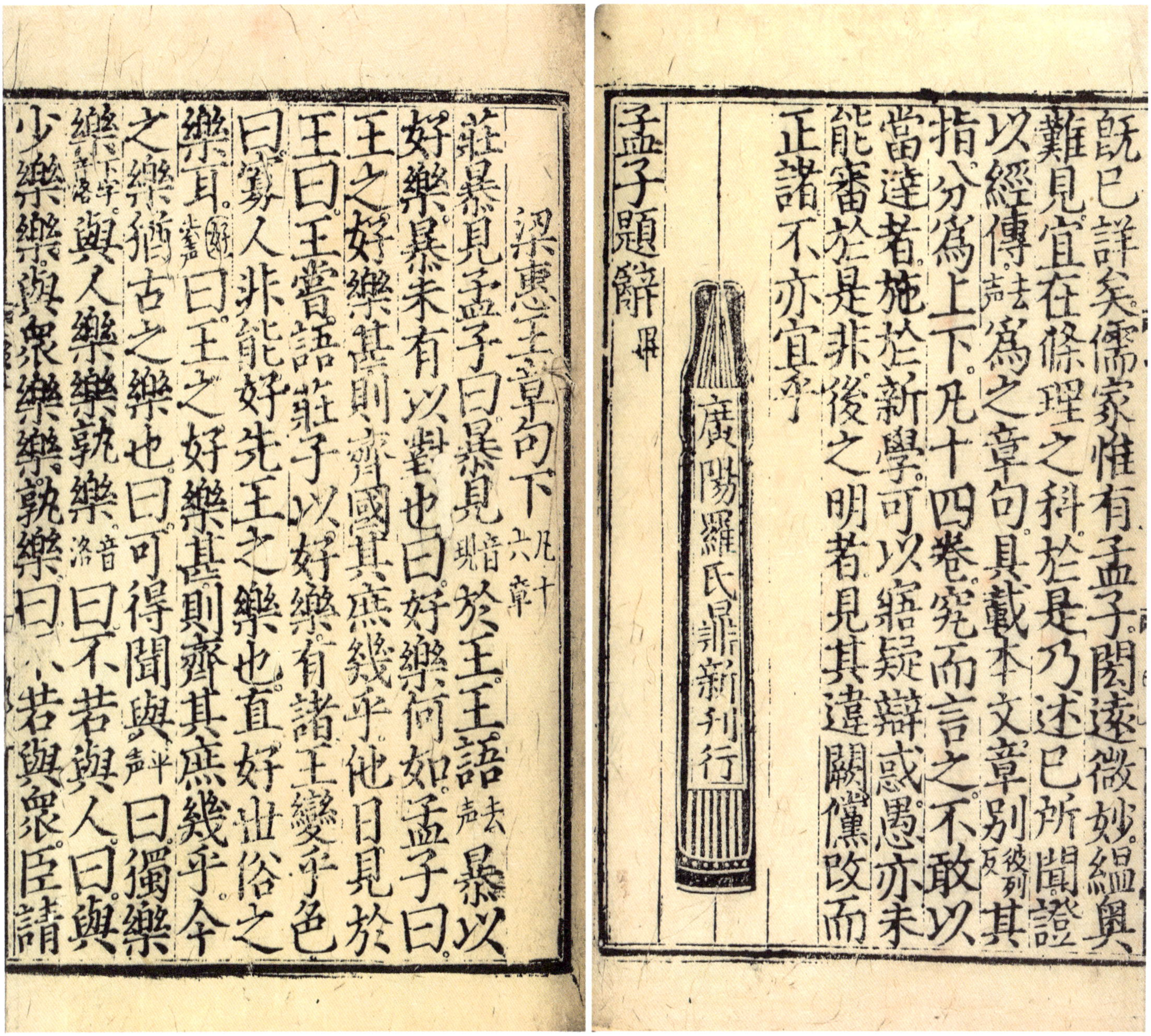
既已詳矣。儒家惟有孟子，閎遠微妙，緼奥難見，宜在條理之科。於是乃述已所聞，證以經傳，為之章句，具載本文，章別(彼列反)其指，分為上下，凡十四卷。究而言之，不敢以當達者，施於新學，可以寤疑辯惑。愚亦未能審於是非，後之明者見其違闕，儻改而正諸，不亦宜乎。

孟子題辭 畢

廣陽羅氏鼎新刊行

梁惠王章句下 凡十六章

莊暴見孟子曰：暴見(音現)於王，王語(去聲)暴以好樂，暴未有以對也。曰：好樂何如。孟子曰：王之好樂甚，則齊國其庶幾乎。他日見於王曰：王嘗語莊子以好樂，有諸。王變乎色曰：寡人非能好先王之樂也，直好世俗之樂耳。(音洛)曰：王之好樂甚，則齊其庶幾乎。今之樂猶古之樂也。曰：可得聞與(平聲)。曰：獨樂樂(下字音洛)，與人樂樂，孰樂(音洛)。曰：不若與人。曰：與少樂樂，與眾樂樂，孰樂。曰：若與眾。臣請

00334 魁本大字詳音句讀孟子二卷 元廣陽羅氏刻本

匡高19.5厘米，廣12.8厘米。半葉十行，行十六字，黑口，四周雙邊或左右雙邊。有“廣陽羅氏鼎新刊行”牌記。有“涵芬樓”等印。國家圖書館藏。

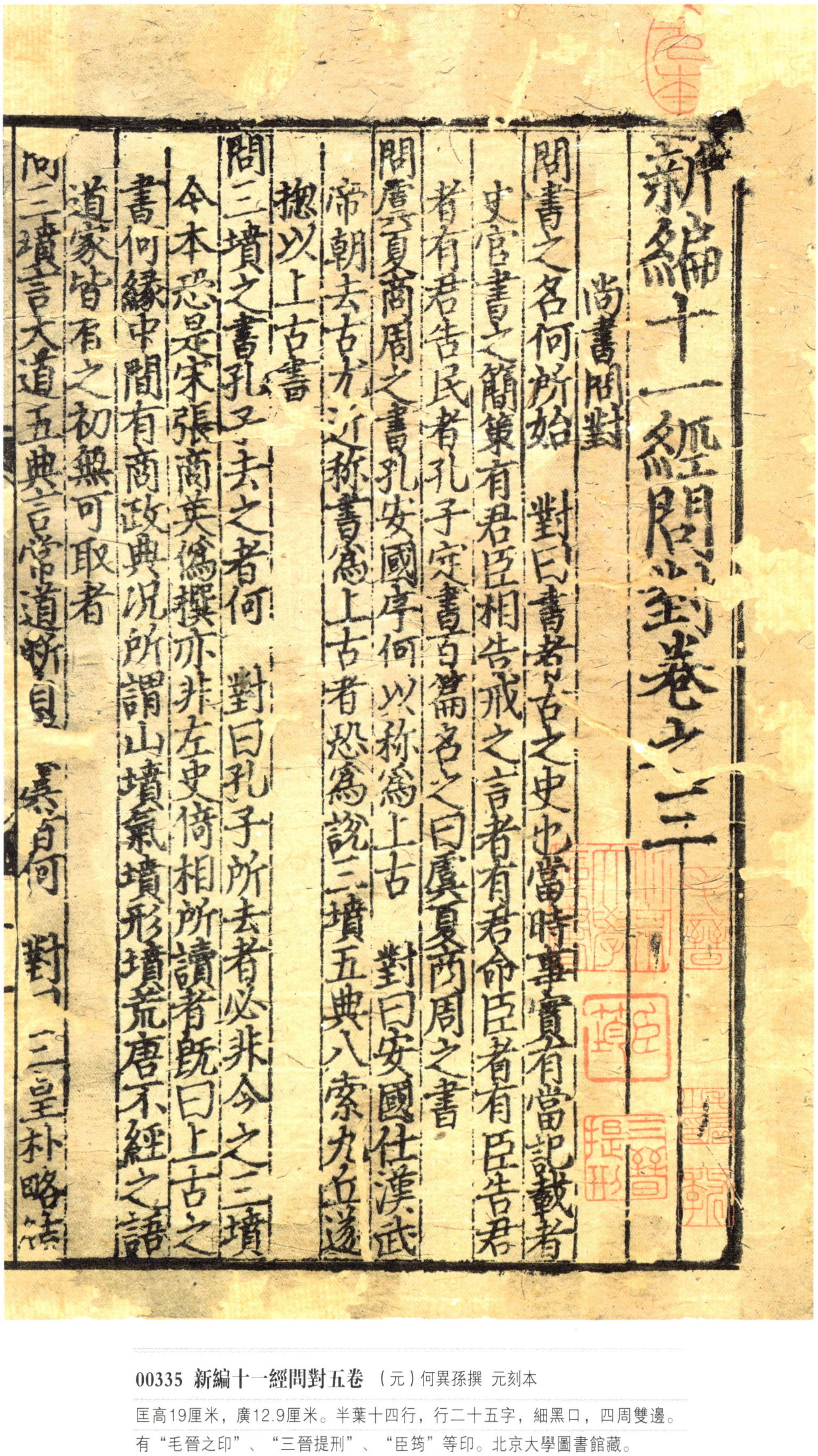
新編十一經問對卷之三
尚書問對
問書之名何所始　對曰書者古之史也當時事實有當記載者史官書之簡策有君臣相告戒之言者有君命臣者有臣告君者有君告民者孔子定書百篇名之曰虞夏商周之書
問虞夏商周之書孔安國序何以稱爲上古　對曰安國仕漢武帝朝去古尤近稱書爲上古者恐爲說三墳五典八索九丘遂揔以上古書
問三墳之書孔子去之者何　對曰孔子所去者必非今之三墳今本恐是宋張商英僞撰亦非左史倚相所讀者既曰上古之書何緣中間有商政典況所謂山墳氣墳形墳荒唐不經之語道家皆有之初無可取者
問三墳言大道五典言常道所見異同何　對曰三皇朴略

00335 新編十一經問對五卷　（元）何異孫撰　元刻本

匡高19厘米，廣12.9厘米。半葉十四行，行二十五字，細黑口，四周雙邊。有“毛晉之印”、“三晉提刑”、“臣筠”等印。北京大學圖書館藏。

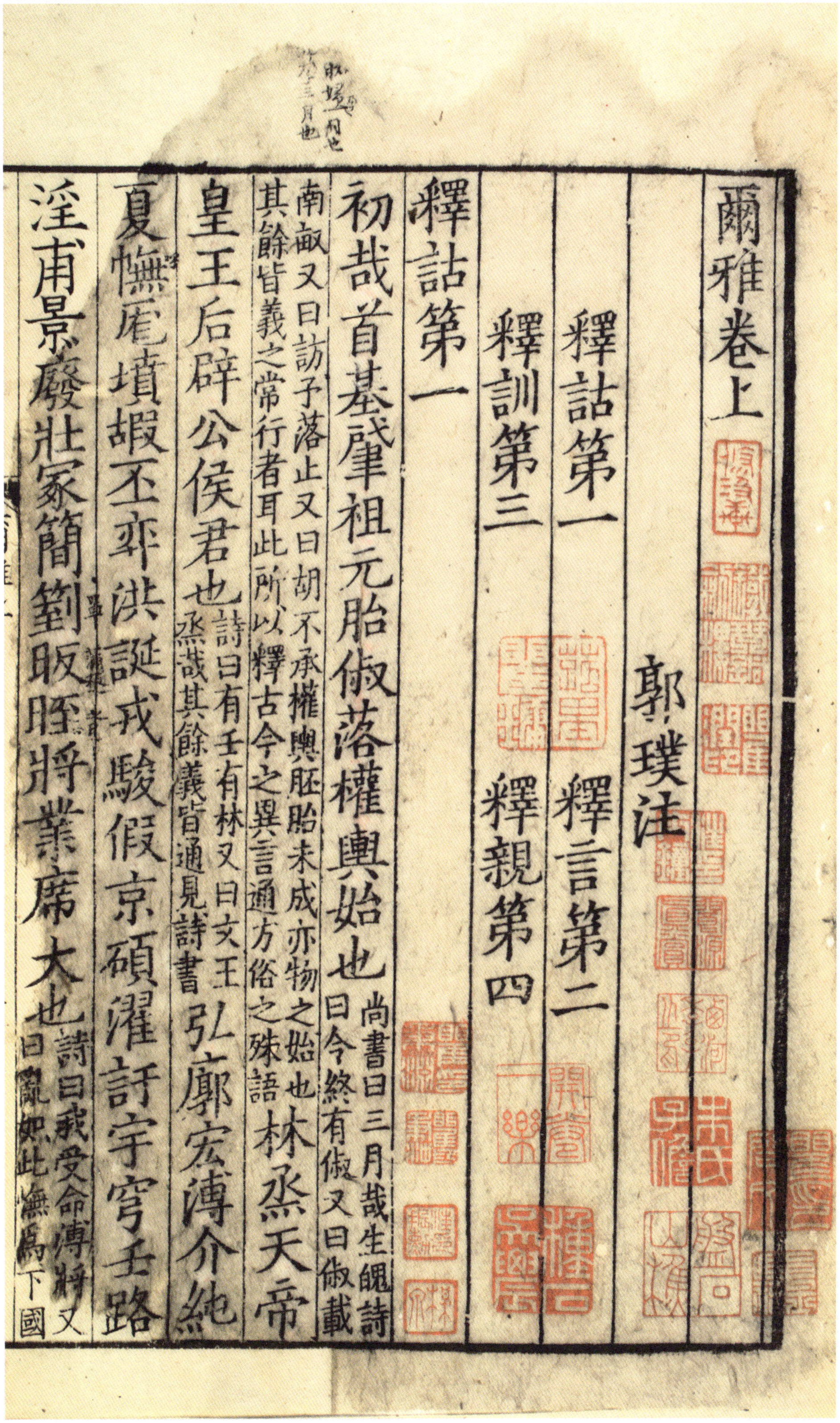

爾雅卷上
郭璞注
釋詁第一　釋言第二
釋訓第三　釋親第四
釋詁第一
初哉首基肇祖元胎俶落權輿始也尚書曰三月哉生魄詩曰令終有俶又曰俶載南畝又曰訪予落止又曰胡不承權輿胚胎未成亦物之始也其餘皆義之常行者耳此所以釋古今之異言通方俗之殊語
林烝天帝皇王后辟公侯君也詩曰有壬有林又曰文王烝哉其餘義皆通見詩書
弘廓宏溥介純夏幠厖墳嘏丕奕洪誕戎駿假京碩濯訏宇穹壬路淫甫景廢壯冢簡箌昄晊將業席大也詩曰我受命溥將又曰亂如此憮爲下國

00336 爾雅三卷（晉）郭璞注　**音釋三卷**　南宋初刻本

匡高21.8厘米，廣15厘米。半葉十行，行二十字，小字雙行三十字，白口，左右雙邊。有“朱印子儋”、“汪印士鐘”、“鐵琴銅劍樓”等印。顧廣圻跋。國家圖書館藏。

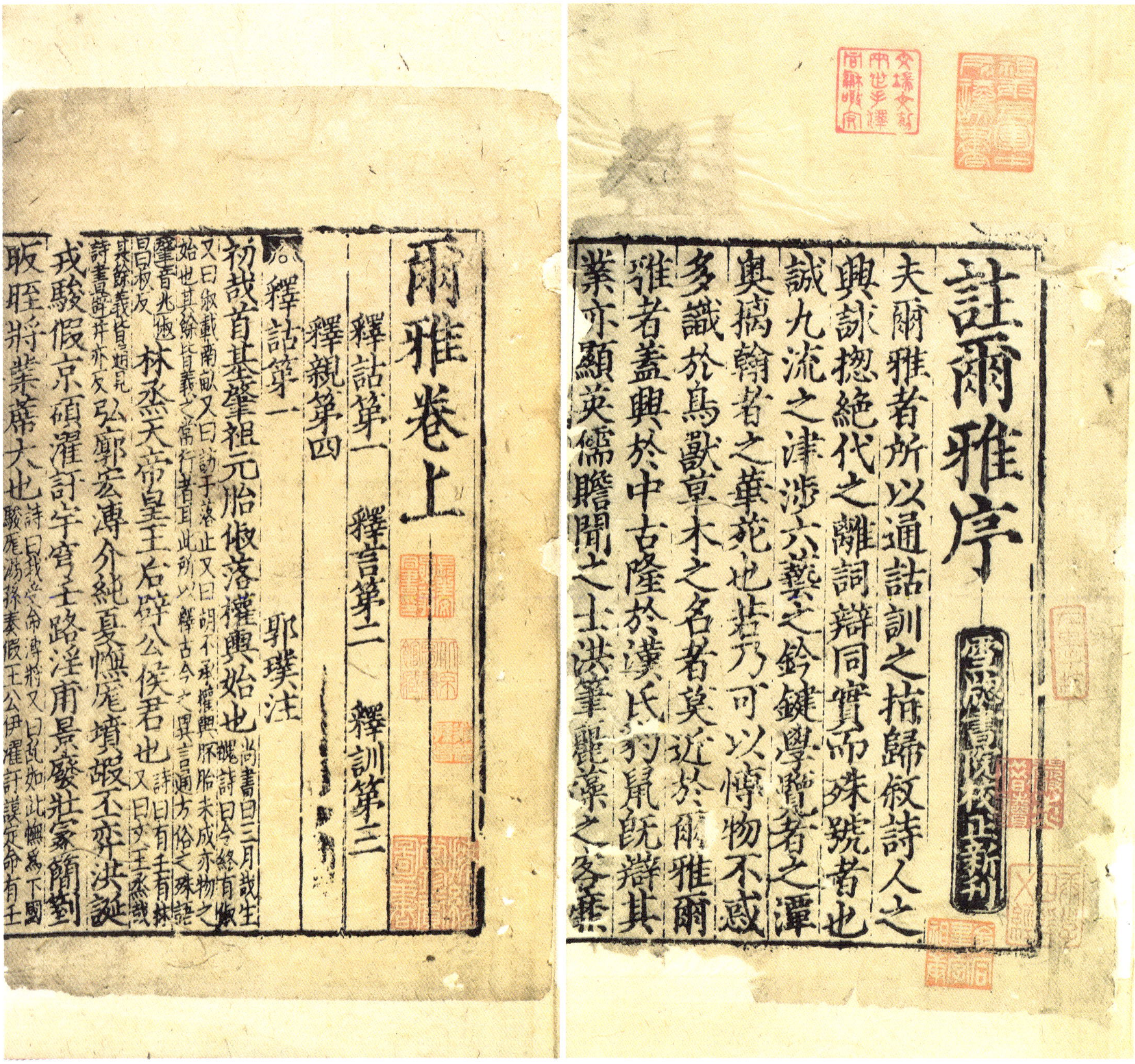
註爾雅序
雪牕書院校正新刊
夫爾雅者所以通詁訓之指歸敘詩人之
興詠揔絶代之離詞辯同實而殊號者也
誠九流之津涉六藝之鈐鍵學覽者之潭
奧摛翰者之華苑也若乃可以博物不惑
多識於鳥獸草木之名者莫近於爾雅爾
雅者蓋興於中古隆於漢氏豹鼠既辯其
業亦顯英儒贍聞之士洪筆麗藻之客靡

爾雅卷上
釋詁第一　釋言第二　釋訓第三
釋親第四
釋詁第一　郭璞注
初哉首基肇祖元胎俶落權輿始也
林烝天帝皇王后辟公侯君也
弘廓宏溥介純夏幠厖墳嘏丕奕洪誕
戎駿假京碩濯訏宇穹壬路淫甫景廢壯冢簡箌
昄晊將業席大也

00337 爾雅三卷 （晉）郭璞注　元雪牕書院刻本

匡高18.4厘米，廣13.1厘米。半葉十一行，行十九字，小字雙行二十六字，黑口，左右雙邊。有"雪牕書院校正新刊"牌記。有"翁同書字祖庚"、"翁斌孫印"等印。陳焯、翁同書、周叔弢跋。國家圖書館藏。

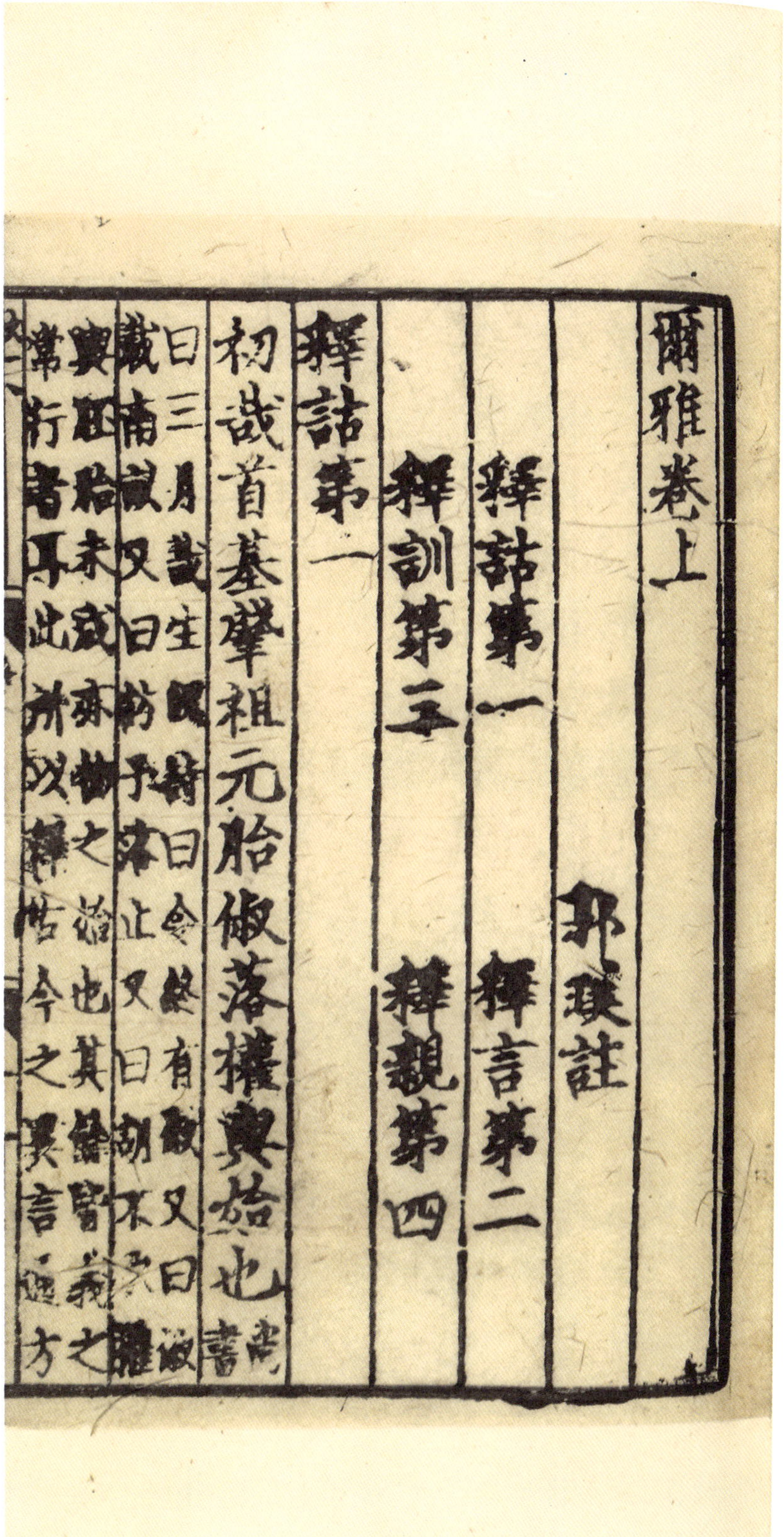

00338 爾雅三卷 （晉）郭璞注 **音釋三卷** 元大德三年（1299）平水曹氏進德齋刻本（音釋卷下配清影元抄本）

匡高14.6厘米，廣10厘米。半葉八行，行十五字，黑口，左右雙邊。有“鐵琴銅劍樓”等印。國家圖書館藏。

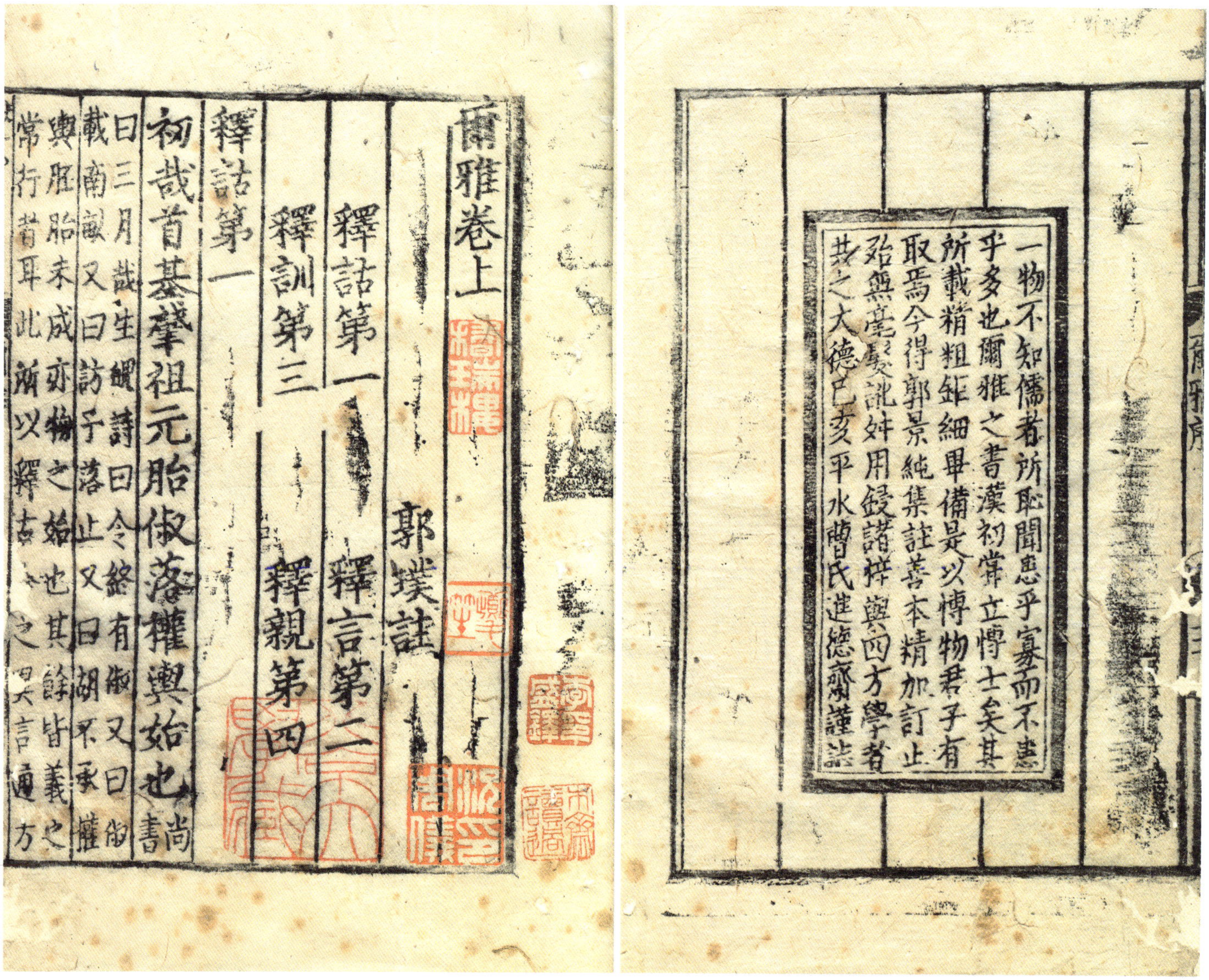
一物不知儒者所耻聞患乎寡而不患
乎多也爾雅之書漢初嘗立博士矣其
所載精粗鉅細畢備是以博物君子有
取焉今得郭景純集註善本精加訂正
殆無毫髮訛舛用鋟諸梓與四方學者
共之大德己亥平水曹氏進德齋謹誌

爾雅卷上
釋詁第一　釋言第二
釋訓第三　釋親第四
郭璞註
釋詁第一
初哉首基肇祖元胎俶落權輿始也　尚書
曰三月哉生魄詩曰令終有俶又曰俶
載南畝又曰訪予落止又曰胡不承權
輿胚胎未成亦物之始也其餘皆義之
常行者耳此所以釋古今之異言通方

00339 爾雅三卷 （晉）郭璞注　元大德三年（1299）平水曹氏進德齋刻本

匡高14.6厘米，廣10厘米。半葉八行，行十五字，黑口，左右雙邊。有“况印周儀”、“稽瑞樓”、“李印盛鐸”等印。北京大學圖書館藏。

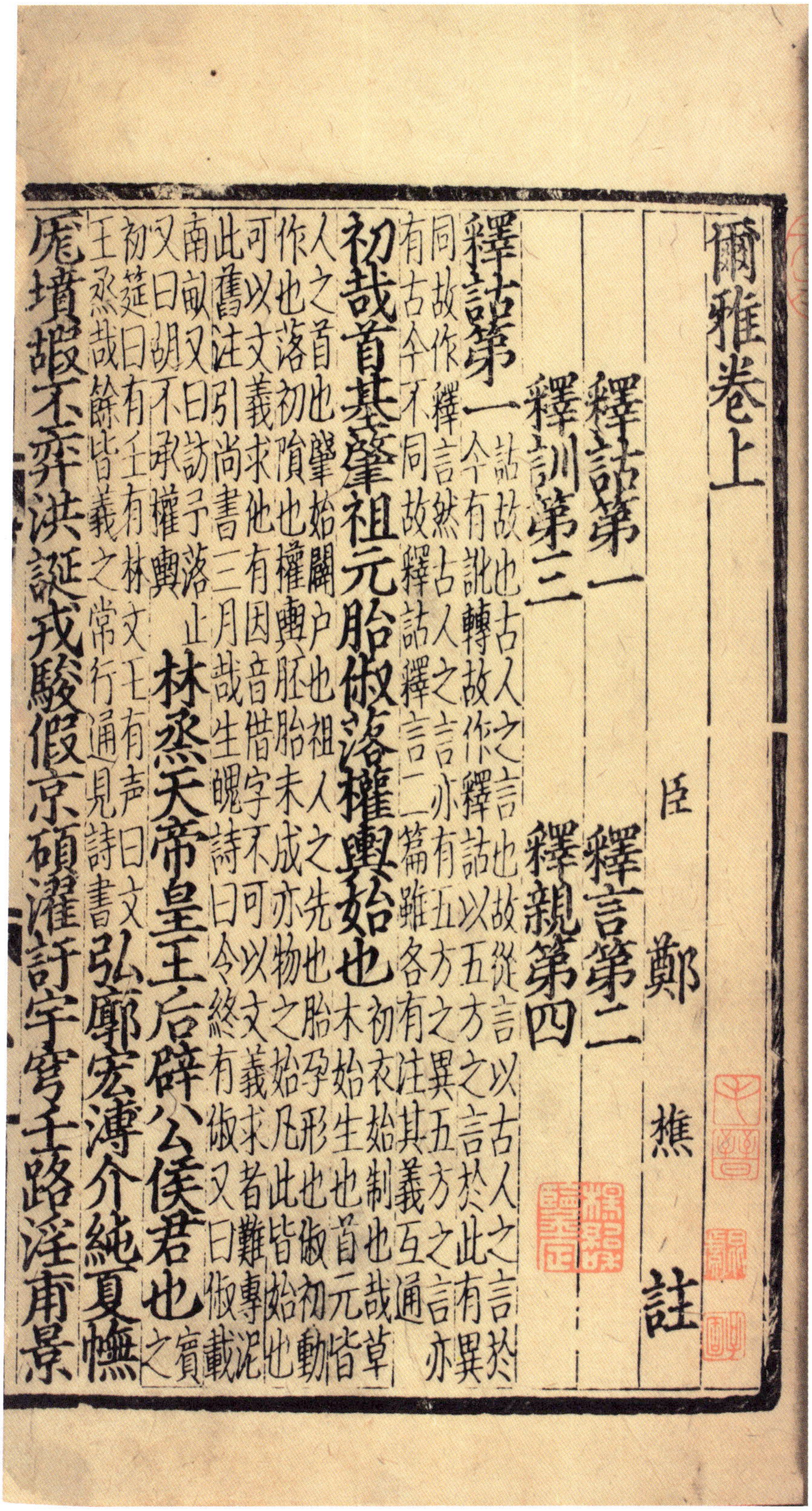

爾雅卷上

臣鄭樵註

釋詁第一　釋言第二

釋訓第三　釋親第四

釋詁第一 詁故也古人之言也故從言以古人之言於今有訛轉故作釋詁以五方之言於此有異同故作釋言然古人之言亦有五方之異五方之言亦有古今不同故釋詁釋言二篇雖各有注其義互通

初哉首基肇祖元胎俶落權輿始也 初衣始制也哉草木始生也首元皆人之首也肇始闢户也祖人之先也胎孕形也俶初動作也落初隕也權輿胚胎未成亦物之始凡此皆始也可以文義求他有因音借字不可以文義求者難專泥此舊注引尚書三月哉生魄詩曰令終有俶又曰俶載南畝又曰訪予落止又曰胡不承權輿

林烝天帝皇王后辟公侯君也 賓之初筵曰有壬有林文王有声曰文王烝哉餘皆義之常行通見詩書

弘廓宏溥介純夏憮厖墳嘏丕弈洪誕戎駿假京碩濯訏宇穹壬路淫甫景

00340 爾雅三卷（宋）鄭樵注　元刻本

匡高20厘米，廣13.1厘米。半葉十二行，行二十一字，小字雙行同，黑口，四周雙邊。有"華亭朱氏"、"毛氏子晉"、"海源閣"等印。國家圖書館藏。

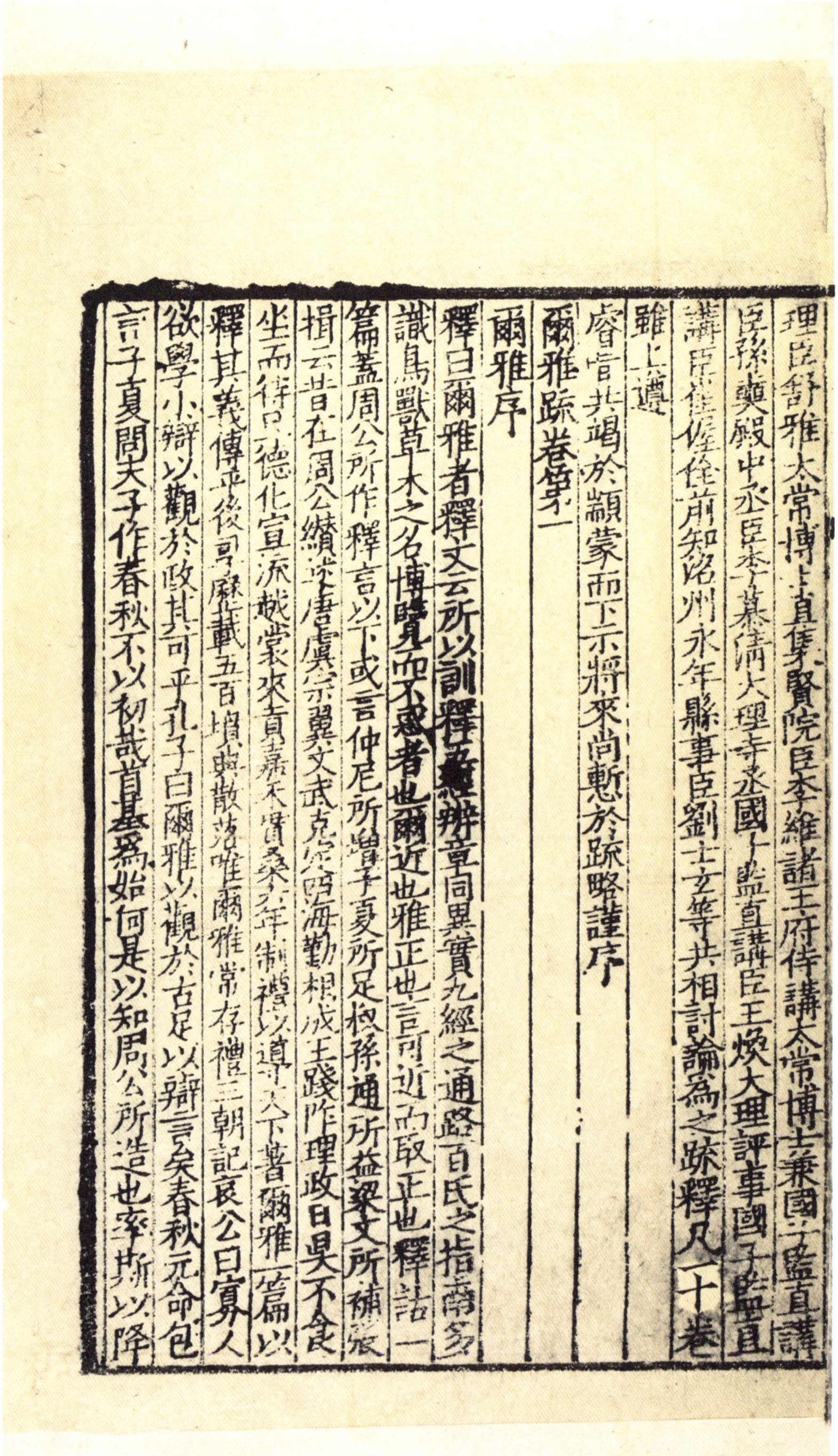

理臣舒雅太常博士直集賢院臣李維諸王府侍講太常博士兼國子監直講
臣孫奭殿中丞臣李慕清大理寺丞國子監直講臣王煥大理評事國子監直
講臣崔偓佺前知洺州永年縣事臣劉士玄等共相討論爲之疏釋凡十卷
雖上遵
睿旨共竭於顓蒙而下示將來尚慙於疏略謹序
爾雅疏卷第一
爾雅序
釋曰爾雅者釋文云所以訓釋五經辨章同異實九經之通路百氏之指南多
識鳥獸草木之名博覽而不惑者也爾近也雅正也言可近而取正也釋詁一
篇蓋周公所作釋言以下或言仲尼所增子夏所足叔孫通所益梁文所補張
揖云昔在周公纘述唐虞宗翼文武克定四海勤相成王踐阼理政日昃不食
坐而待旦德化宣流越裳來貢嘉禾貫桑六年制禮以道天下著爾雅一篇以
釋其義傳至後世歷載五百墳典散落唯爾雅常存禮三朝記哀公曰寡人
欲學小辯以觀於政其可乎孔子曰爾雅以觀於古足以辯言矣春秋元命包
言子夏問夫子作春秋不以初哉首基爲始何是以知周公所造也率斯以降

00341 爾雅疏十卷　（宋）邢昺撰　宋刻宋元明初遞修公文紙印本

匡高20.1厘米，廣15厘米。半葉十五行，行三十字，白口，左右雙邊。有“文淵閣印”、“陳鱣收藏”、“汪印士鐘”、“涵芬樓”等印。國家圖書館藏。

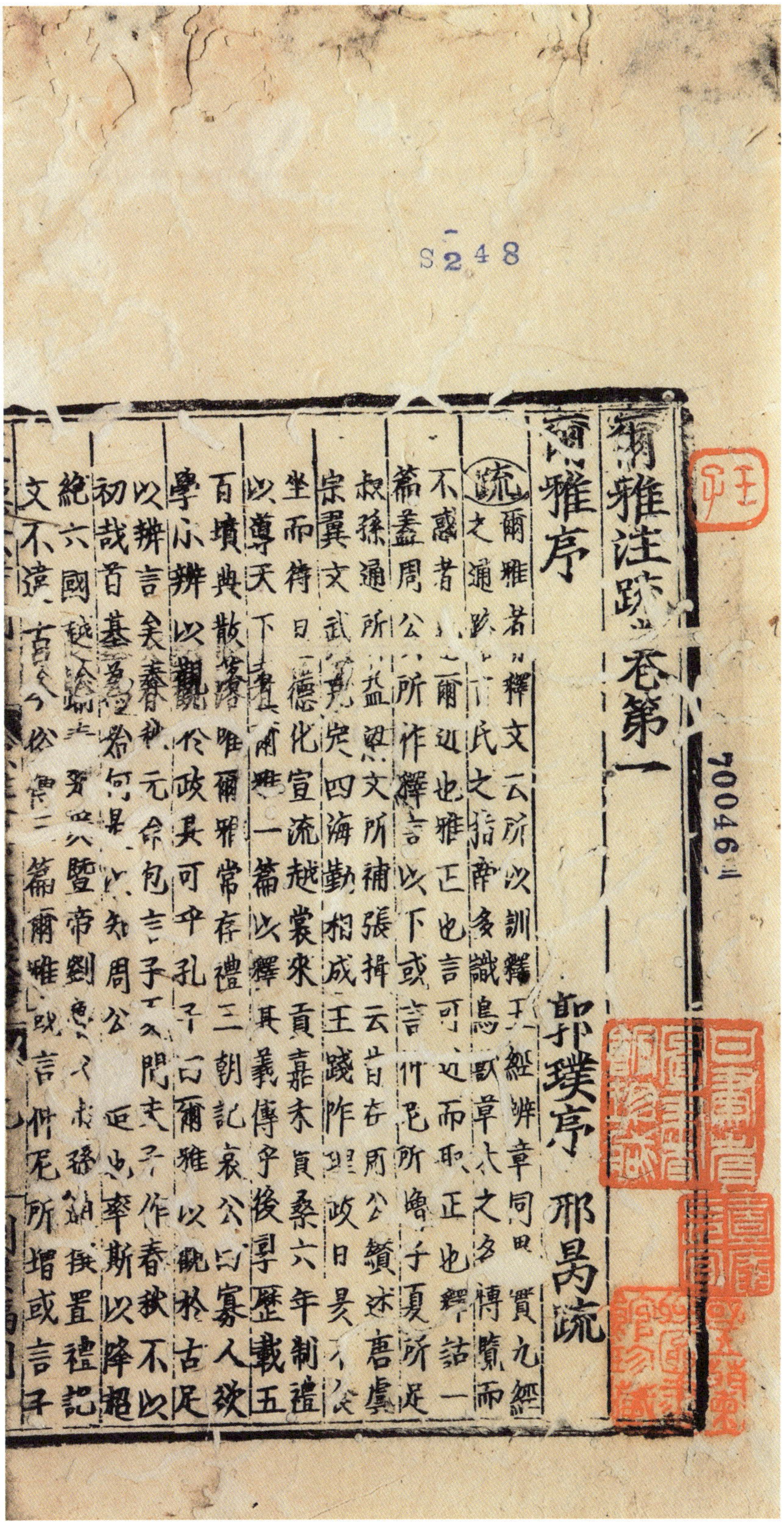

爾雅注疏卷第一
爾雅序　郭璞序　邢昺疏
疏爾雅者釋文云所以訓釋五經辨章同異實九經
之通路百氏之指南多識鳥獸草木之名博覽而
不惑者也爾近也雅正也言可近而取正也釋詁一
篇蓋周公所作釋言以下或言仲尼所增子夏所足
叔孫通所益梁文所補張揖云昔在周公纘述唐虞
宗翼文武克定四海勤相成王踐阼理政日昊不食
坐而待旦德化宣流越裳來貢嘉禾貫桑六年制禮
以尊天下著爾雅一篇以釋其義傳于後學歷載五
百墳典散落唯爾雅常存禮三朝記哀公曰寡人欲
學小辨以觀於政其可乎孔子曰爾雅以觀於古足
以辨言矣春秋元命包言子夏問夫子作春秋不以
初哉首基為始何是以知周公所造也率斯以降超
絕六國越逾秦楚爰暨帝劉魯人叔孫通撰置禮記
文不違古今俗所傳三篇爾雅或言仲尼所增或言子

00342　爾雅注疏十卷（晉）郭璞注　（宋）邢昺疏　元刻明修本

匡高17.6厘米，廣11.8厘米。半葉九行，行二十字，小字雙行二十一字，黑口，四周雙邊。有“耄遜”，“海日樓”等印。甘肅省圖書館藏，存九卷。

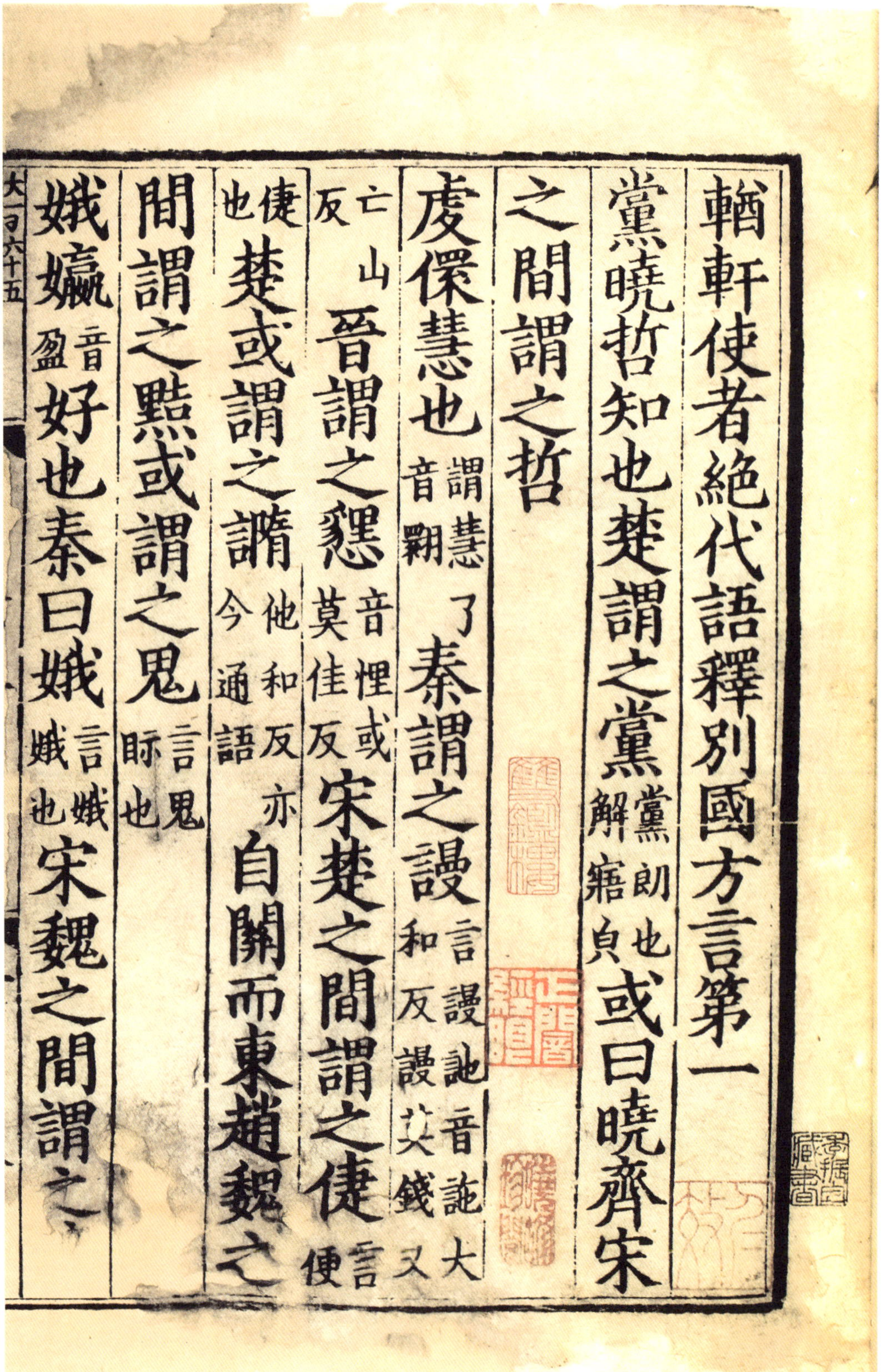

00343 輶軒使者絶代語釋別國方言十三卷 （漢）揚雄撰 （晉）郭璞注 宋慶元六年（1200）李孟傳潯陽郡齋刻本

匡高21.6厘米，廣15.2厘米。半葉八行，行十七字，小字雙行同，黑口，四周雙邊。有“仁效”、“華亭朱氏”、“季振宜藏書”、“臣印克文”、“藏園”等印。繆荃孫、鄧邦述等跋。國家圖書館藏。

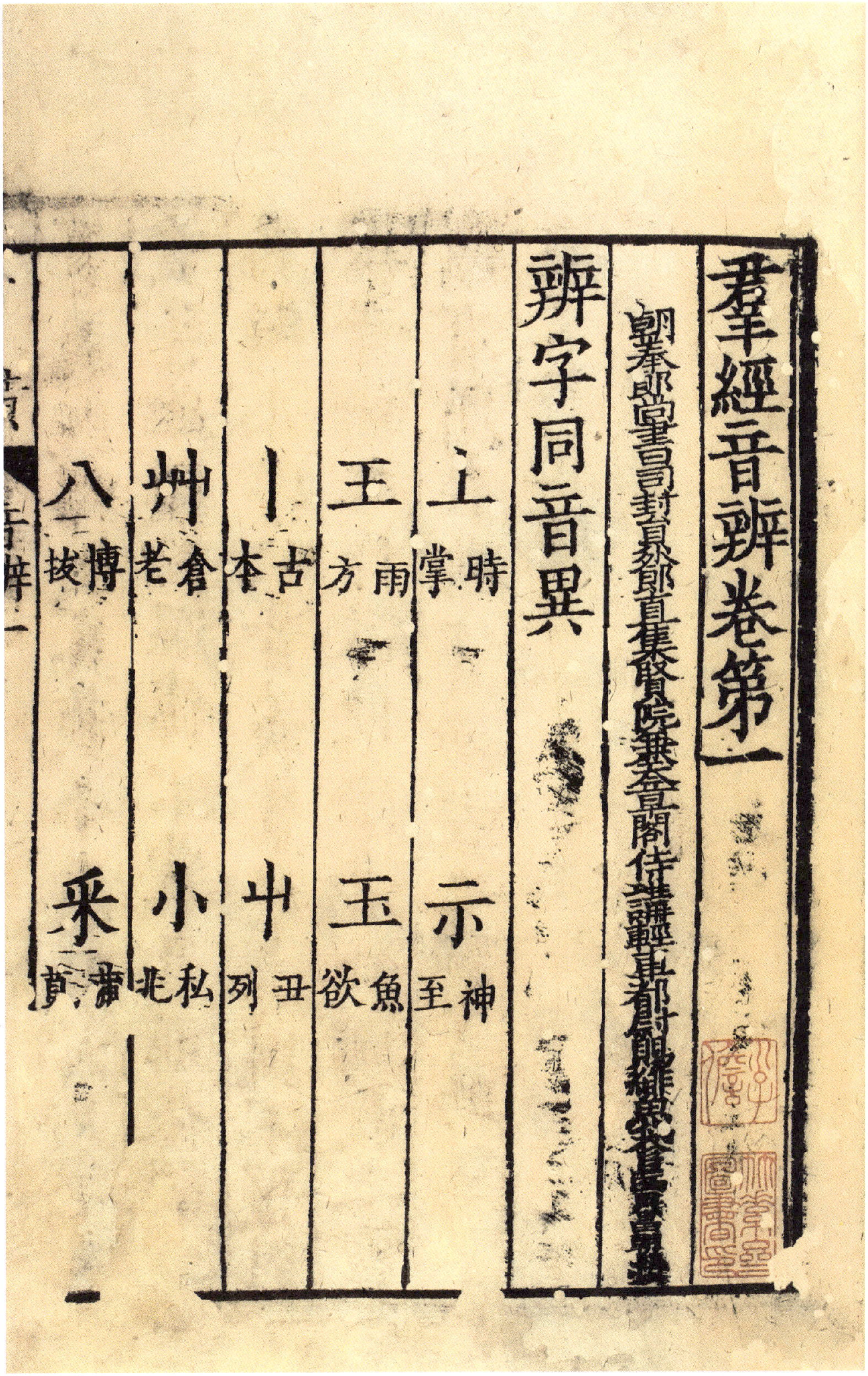

00344 羣經音辨七卷 （宋）賈昌朝撰　宋紹興九年（1139）臨安府學刻宋元遞修本

匡高22.7厘米，廣17.9厘米。半葉八行，行十五字，小字雙行同，細黑口，左右雙邊。有“子儋”、“天禄琳琅”、“太上皇帝之寶”等印。國家圖書館藏。

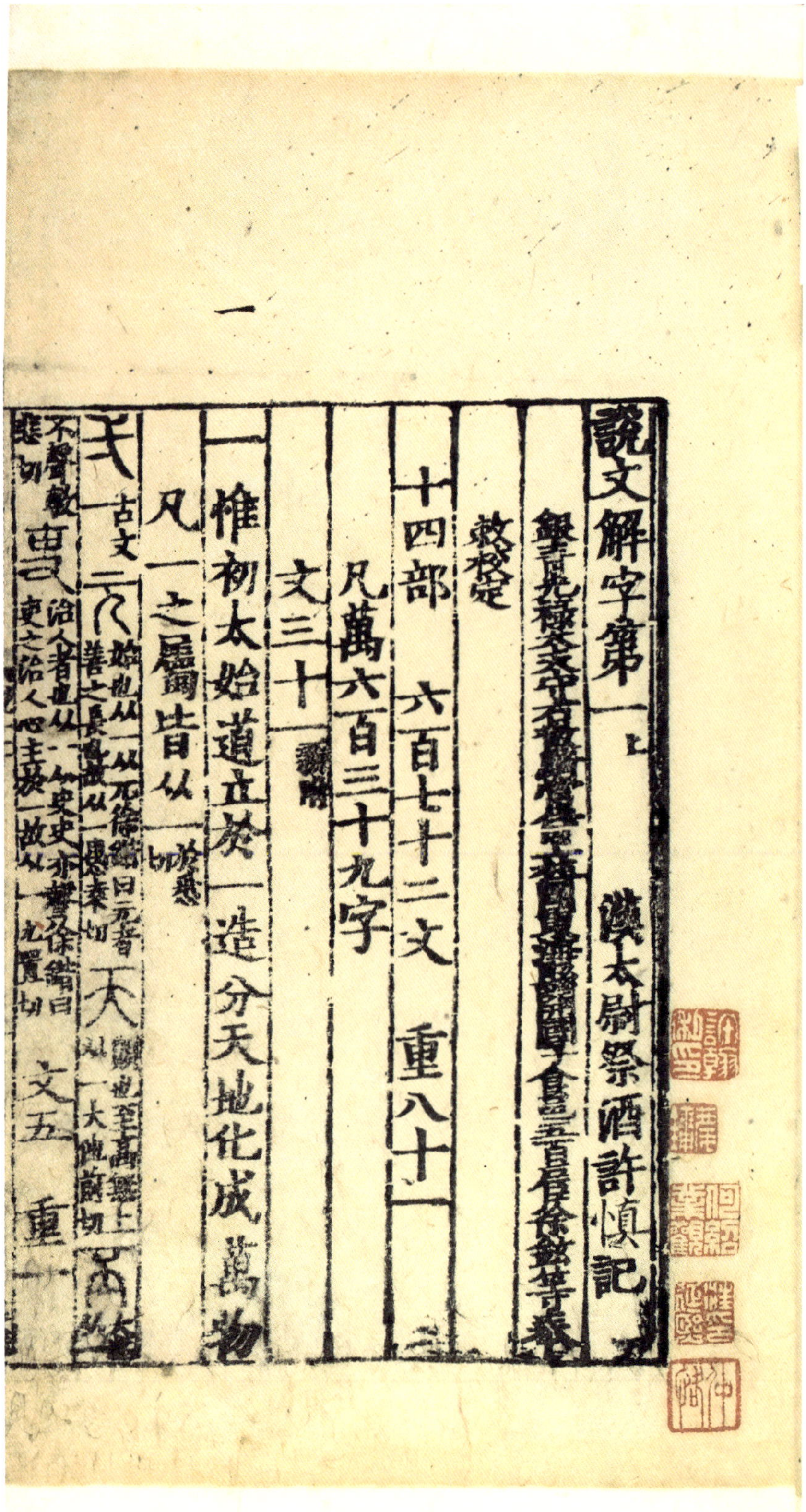

説文解字第一上
漢太尉祭酒許慎記
銀青光祿大夫守右散騎常侍上柱國東海縣開國子食邑五百戶臣徐鉉等奉
勅校定
十四部 六百七十二文 重八十一
凡萬六百三十九字
文三十一 新附
一 惟初太始道立於一造分天地化成萬物
凡一之屬皆从一 於悉切
弌 古文一
元 始也从一从兀徐鍇曰元者善之長也故从一 愚袁切 天 顛也至高無上从一大 他前切 丕 大也从一不聲 敷悲切 吏 治人者也从一从史史亦聲徐鍇曰吏之治人心主於一故从一 力置切
文五 重一

00345 説文解字十五卷 （漢）許慎撰 宋刻元修本

匡高18.1厘米，廣12.8厘米。半葉十行，行十六至十八字，白口，左右雙邊。有“仲愘”、“汪延熙”、“麓鏞”、“許翰私印”等印。丁晏跋。國家圖書館藏。

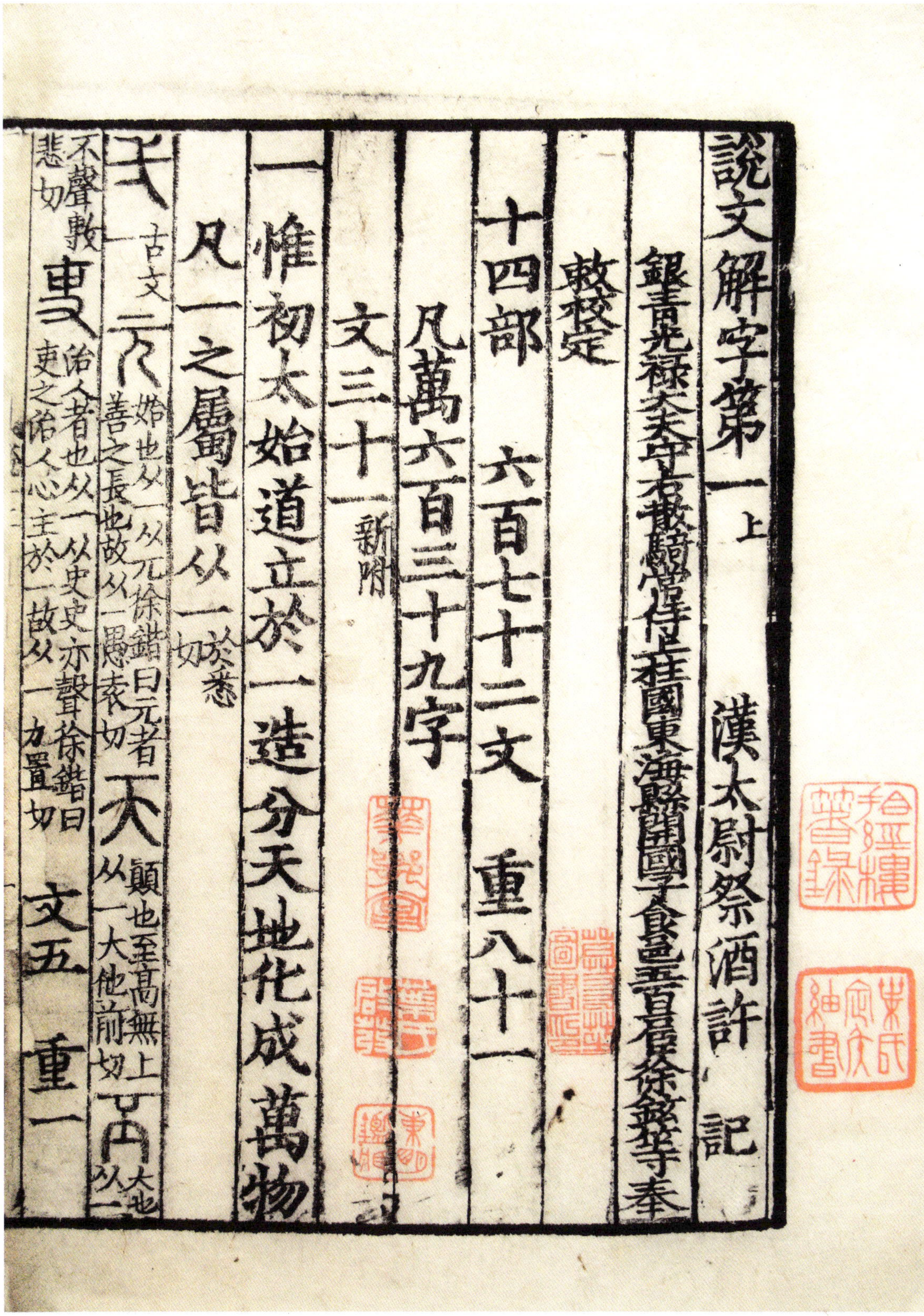

說文解字第一上

漢太尉祭酒許愼記

銀青光祿大夫守右散騎常侍上柱國東海縣開國子食邑五百戶臣徐鉉等奉

敕校定

十四部　六百七十二文　重八十一

凡萬六百三十九字

文三十一新附

一　惟初太始道立於一造分天地化成萬物凡一之屬皆从一　於悉切

弌　古文一

元　始也从一从兀徐鍇曰元者善之長也故从一　愚袁切

天　顛也至高無上从一大　他前切

丕　大也从一不聲　敷悲切

吏　治人者也从一从史史亦聲徐鍇曰吏之治人心主於一故从一　力置切

文五　重一

00346　說文解字十五卷　（漢）許慎撰　宋刻元修本

匡高18厘米，廣12.5厘米。半葉十行，行十六至十八字，白口，左右雙邊。有“毛扆之印”、“斧季”、“吳越王孫”、“慧海樓藏書印”、“莫友芝圖書印”、“湘潭劉氏蘭竹山房藏書之印”等印。湖南圖書館藏。

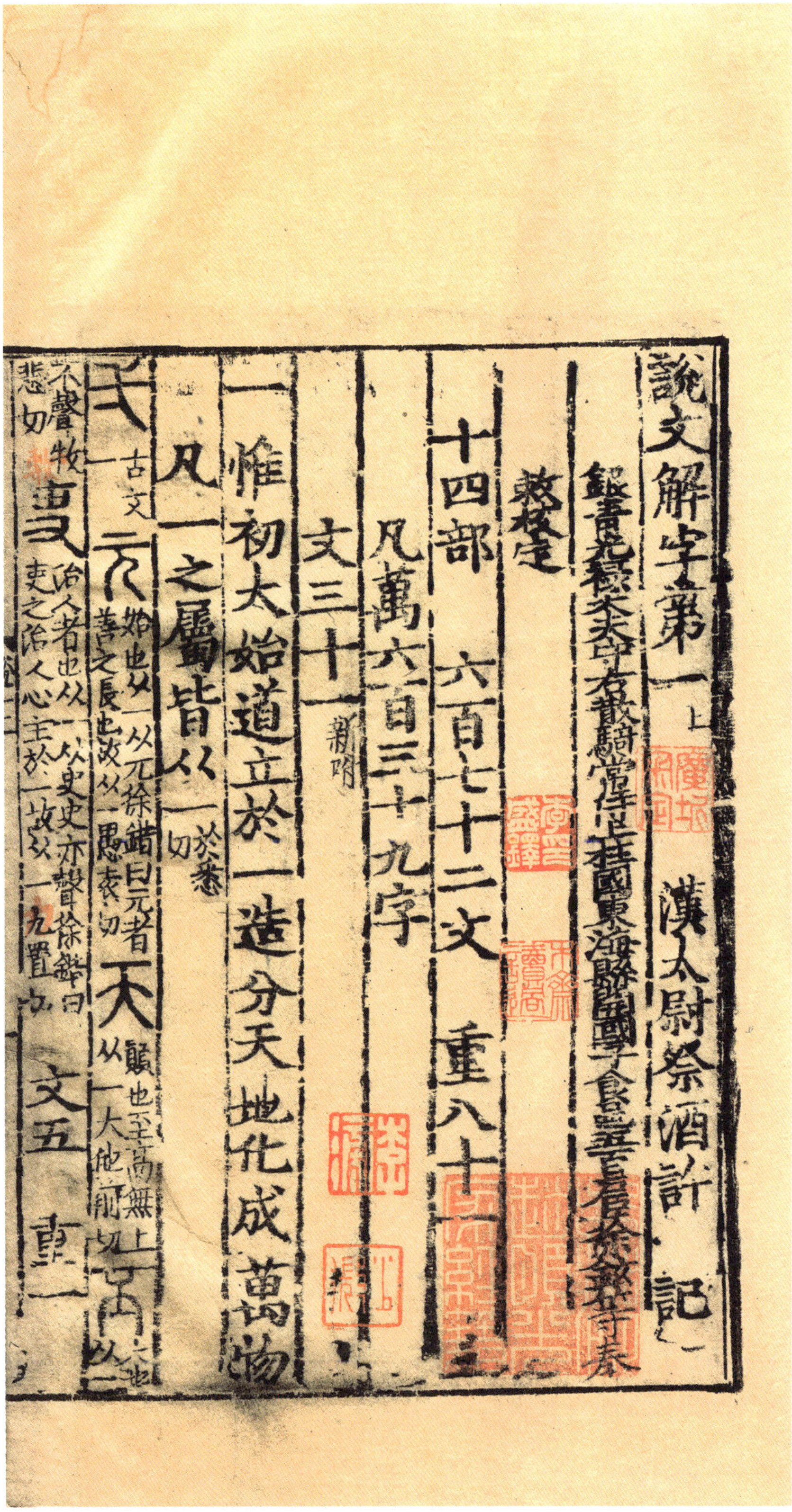

00347 說文解字十五卷標目一卷 （漢）許慎撰 宋刻元修本

匡高18厘米，廣12.8厘米。半葉十行，行十六至十八字，白口，左右雙邊。有“吳郡趙頤光家經籍”、“錢曾”、“星衍私印”、“古潭州袁卧雪廬收藏”等印。北京大學圖書館藏，存七卷。

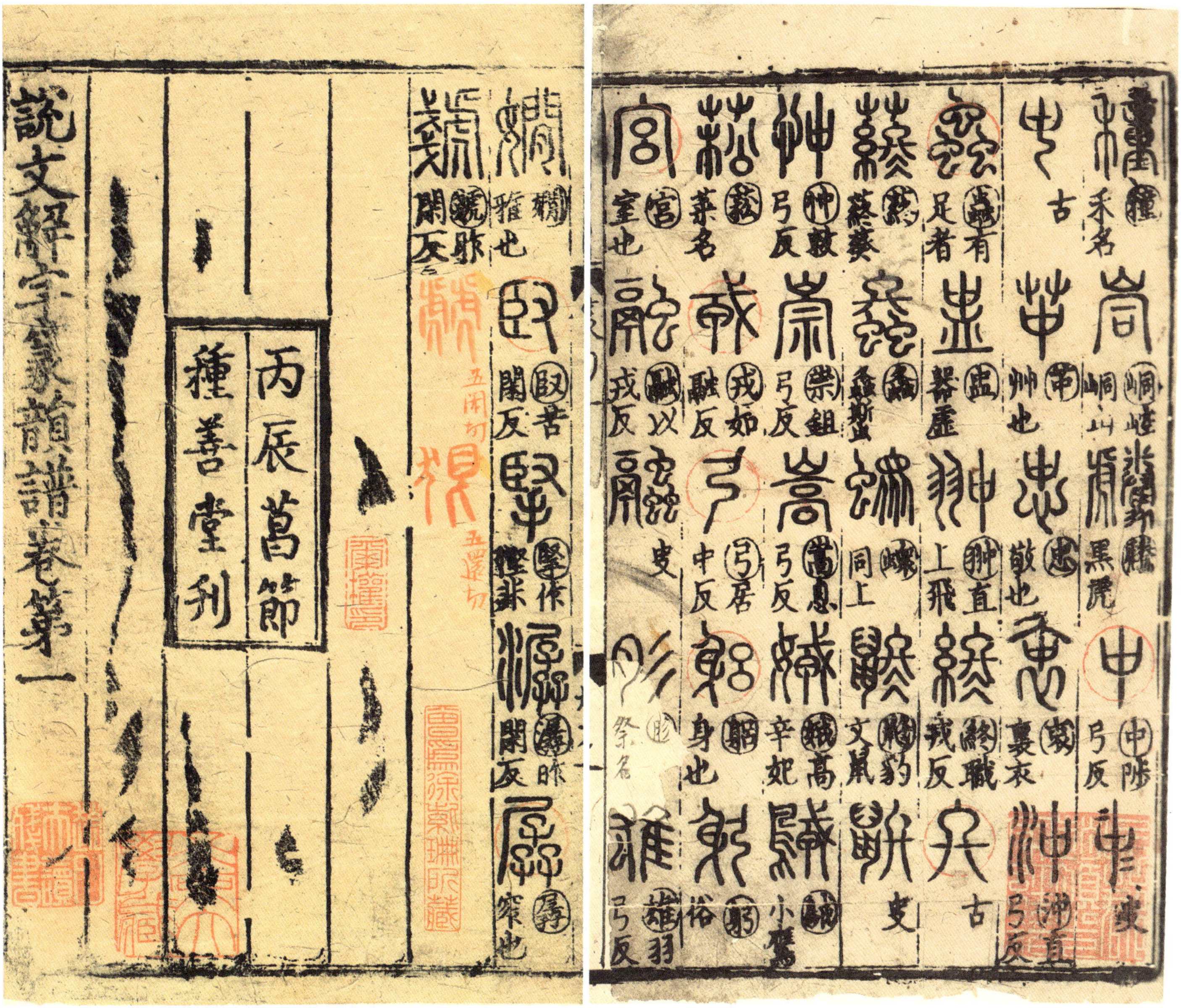

00348、00349 説文解字韻譜五卷 （南唐）徐鍇撰 元延祐三年（1316）種善堂刻本

匡高21.4厘米，廣14.4厘米。半葉七行，行十字，黑口，四周雙邊。有“丙辰菖節種善堂刊”牌記。國家圖書館藏，有“陸印鑨”等印；北京大學圖書館藏，有“吳郡趙頤光家經籍”、“曾爲徐紫珊所藏”等印。

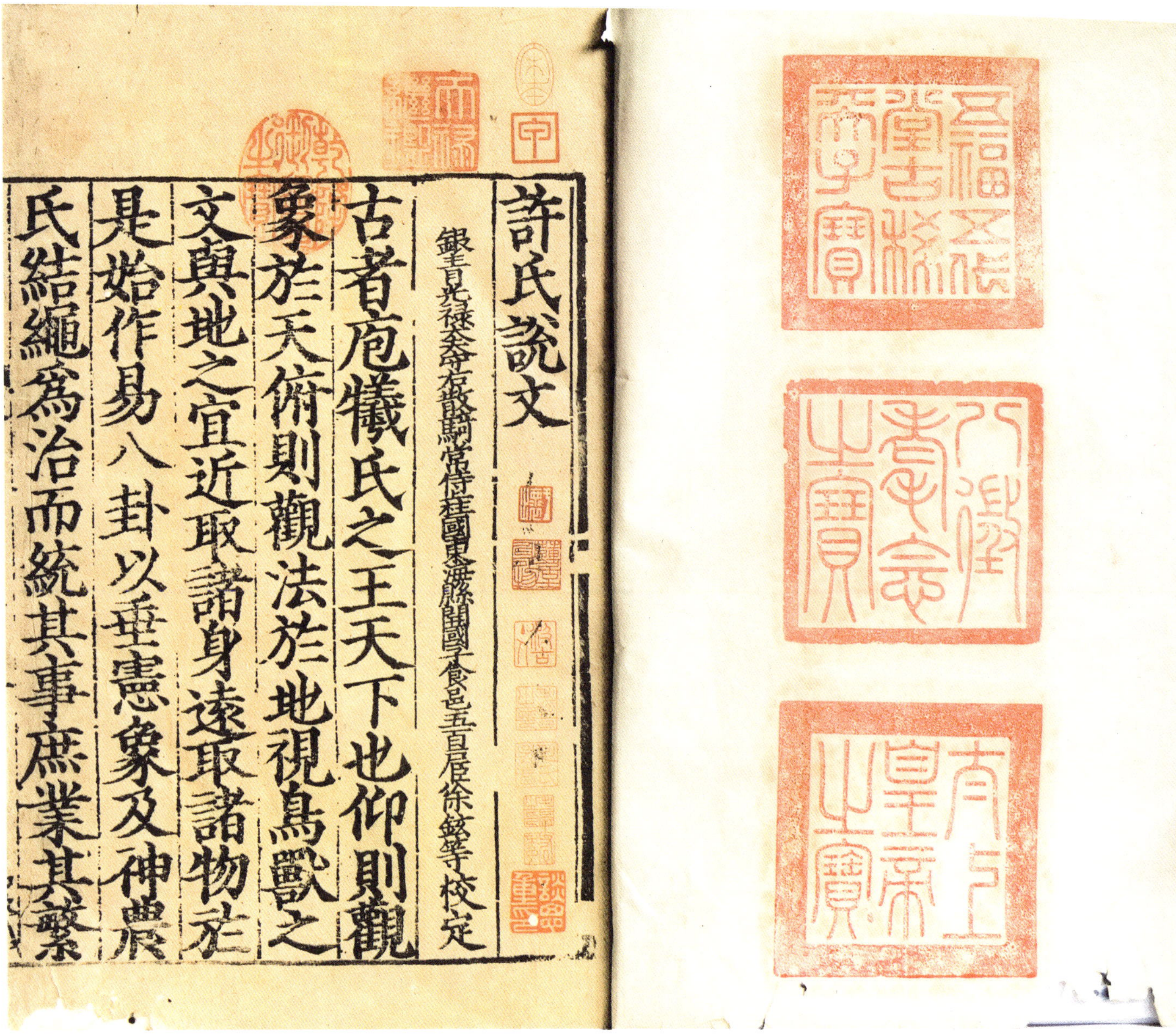

00350 重刊許氏説文解字五音韻譜十二卷 （宋）李燾撰 宋刻元明遞修本

匡高23.1厘米，廣17.8厘米。半葉七行，行大小字不等，白口，左右雙邊。有“斧季”、“天禄琳琅”、“天禄繼鑑”、“乾隆御覽之寶”等印。中國書店藏。

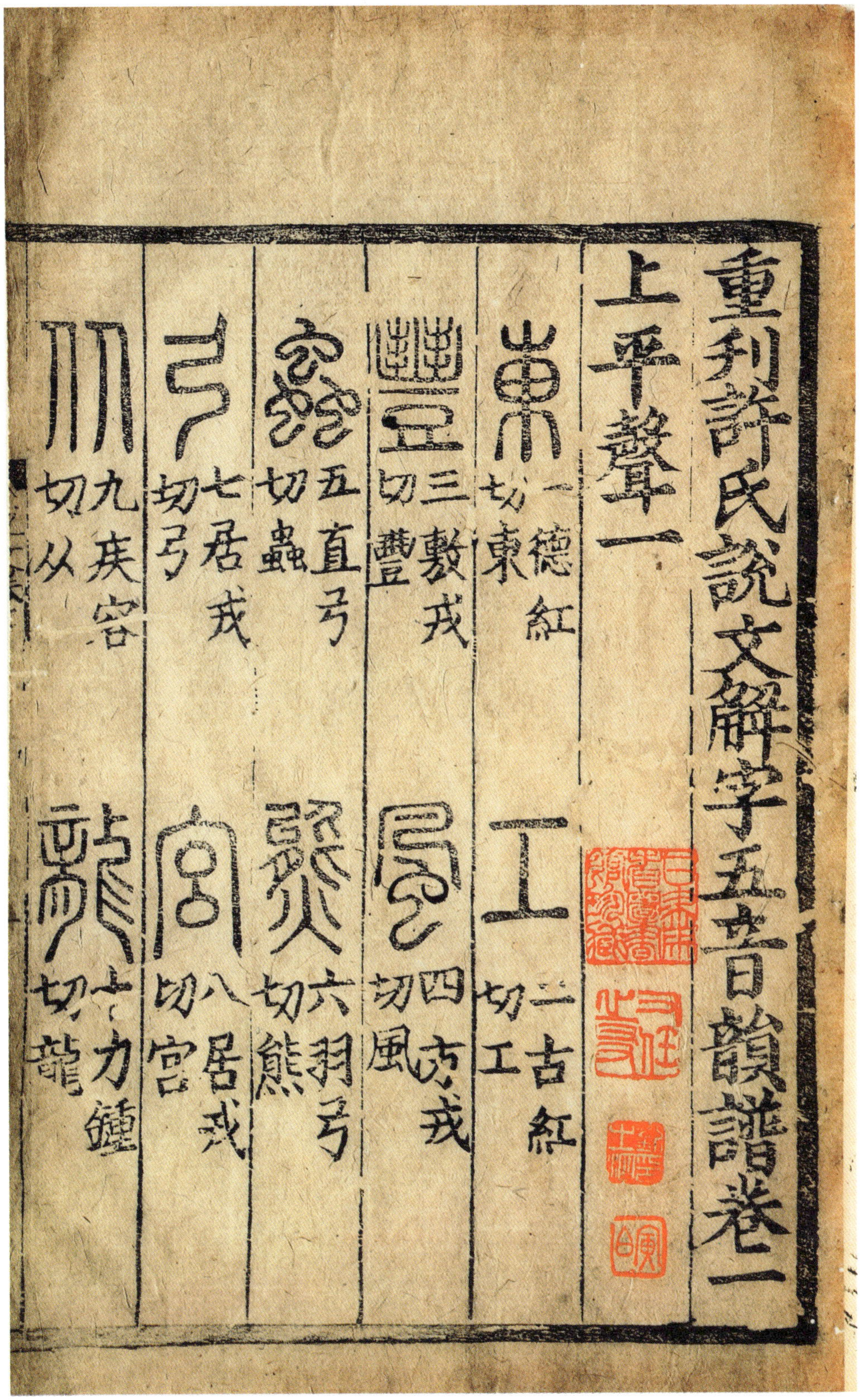

00351 重刊許氏説文解字五音韻譜十二卷 （宋）李燾撰 宋刻元明遞修本

匡高22.8厘米，廣16.8厘米。半葉七行，行大小字不等，白口，四周單邊。有“寅白”等印。甘肅省圖書館藏。

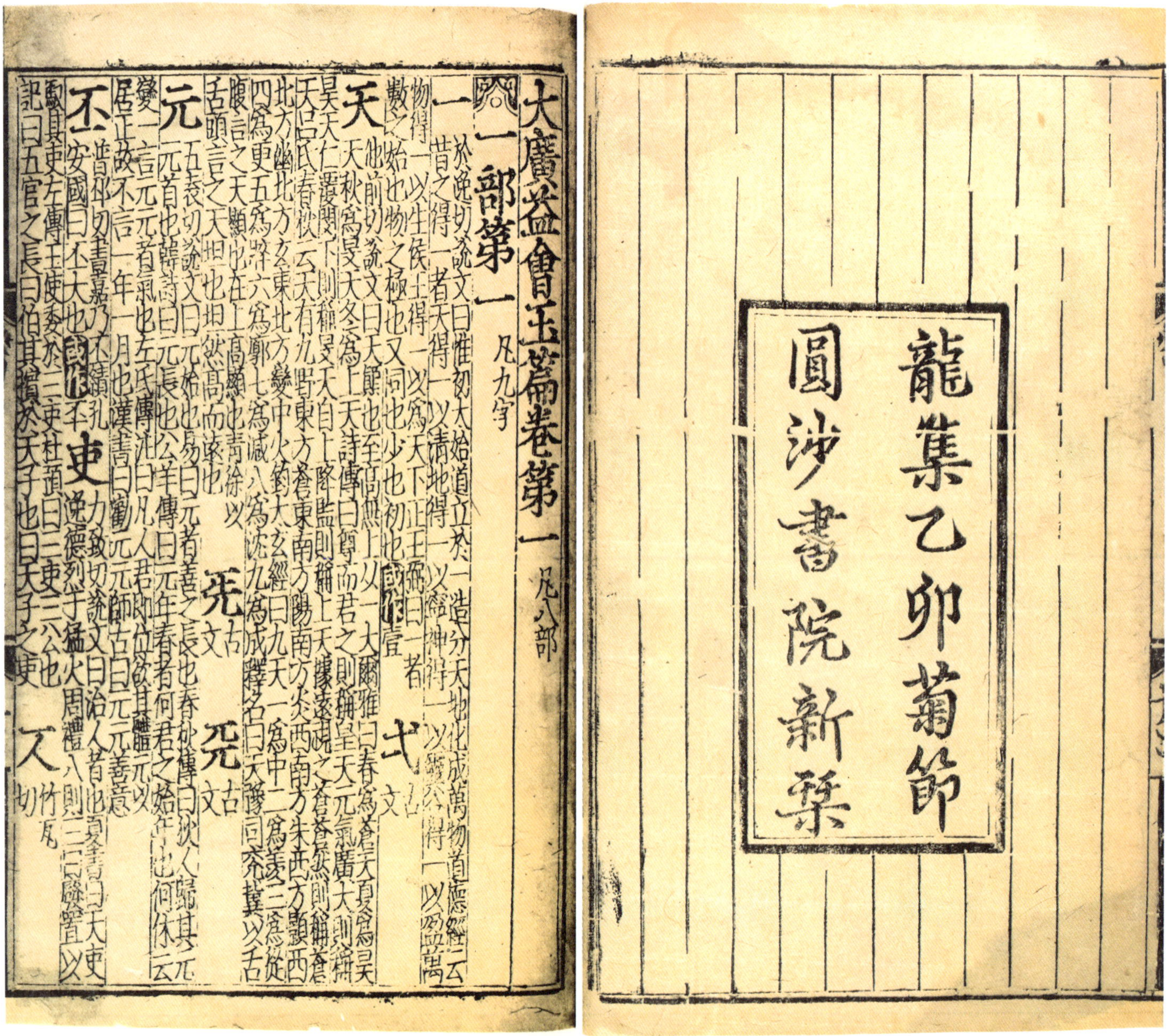

00352 大廣益會玉篇三十卷 （梁）顧野王撰 （唐）孫强增字 （宋）陳彭年等重修 **玉篇廣韻指南一卷** 元延祐二年（1315）圓沙書院刻本

匡高21.2厘米，廣13.4厘米。半葉十二行，行二十字，小字雙行二十八字，黑口，四周雙邊。有"龍集乙卯菊節圓沙書院新栞"牌記。有"涵芬樓"等印。國家圖書館藏。

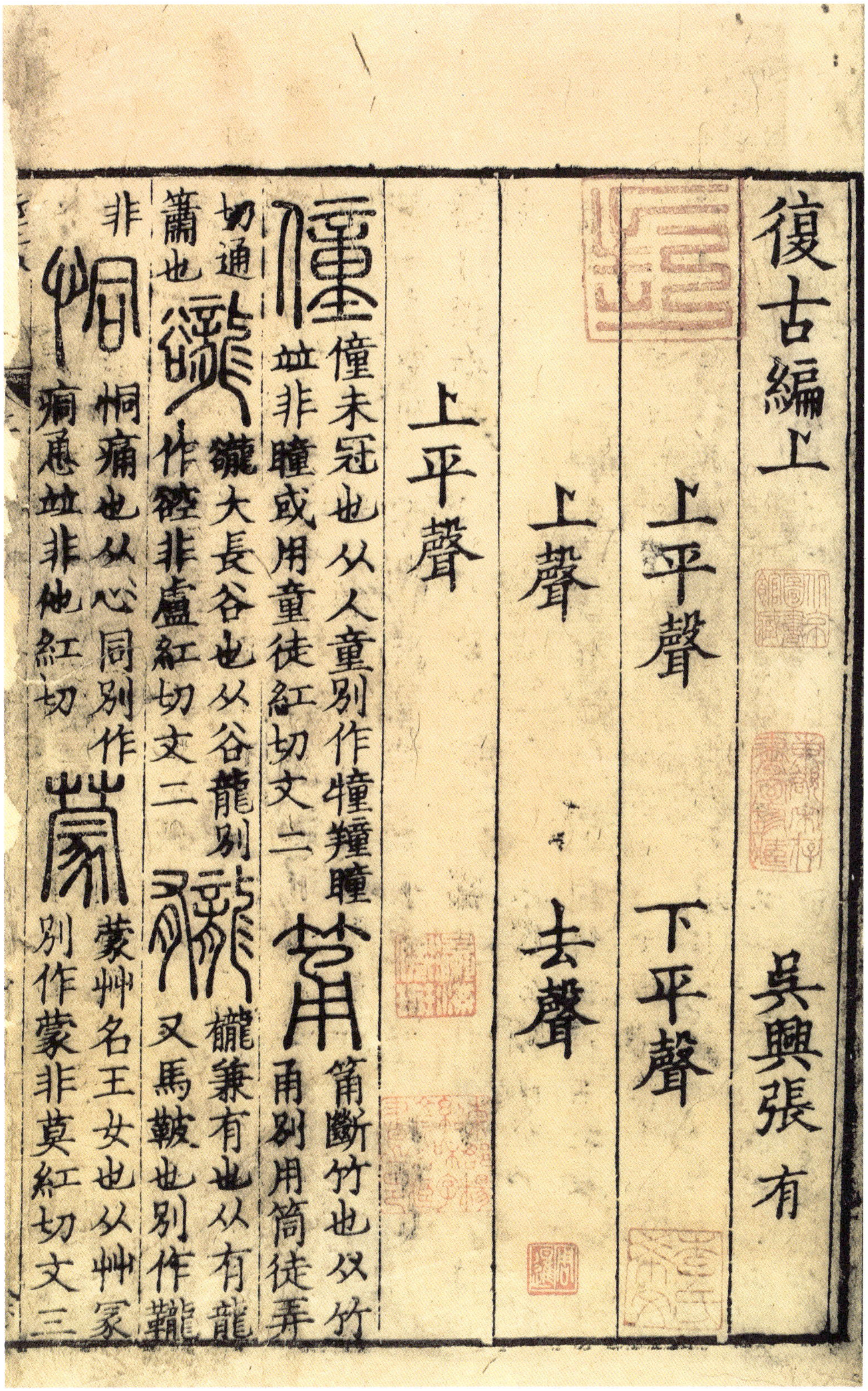

00353 復古編二卷 （宋）張有撰　元至正六年（1346）吴志淳好古齋刻本

匡高24厘米，廣18.1厘米。半葉七行，行字不等，小字雙行二十四字，白口，左右雙邊。有“至正丙戌秋九月望日曹南吴志淳刻于好古齋”牌記。有“李芾圖書”、“安樂堂藏書”、“海源閣”、“周暹”等印。楊哲、周叔弢跋。國家圖書館藏。

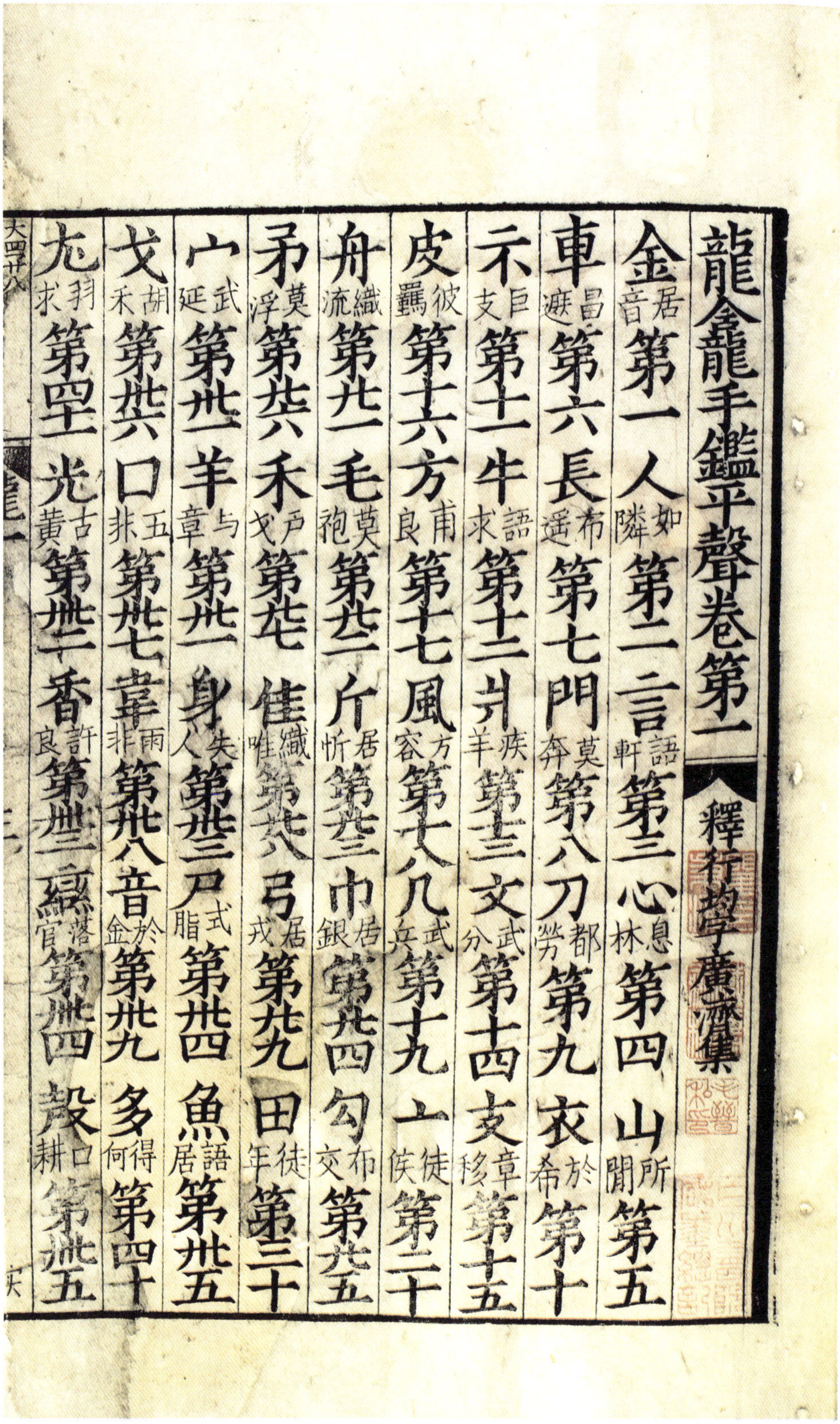

龍龕手鑑平聲卷第一　釋行均字廣濟集

金居音第一　人如隣第二　言語軒第三　心息林第四　山所閒第五
車昌遮第六　長布遥第七　門莫奔第八　刀都勞第九　衣於希第十
示巨支第十一　牛語求第十二　疒疾羊第十三　文武分第十四　支章移第十五
皮彼羈第十六　方甫良第十七　風方容第十八　几武兵第十九　亠徒侯第二十
舟職流第廿一　毛莫袍第廿二　斤居忻第廿三　巾居銀第廿四　勹布交第廿五
矛莫浮第廿六　禾戶戈第廿七　隹職唯第廿八　弓居戎第廿九　田徒年第三十
宀武延第卅一　羊与章第卅二　身失人第卅三　尸式脂第卅四　魚語居第卅五
戈胡禾第卅六　口五非第卅七　韋雨非第卅八　音於金第卅九　多得何第四十
尢羽求第四十一　光古黄第四十二　香許良第四十三　䜌落官第四十四　殳口耕第四十五

00354 龍龕手鑑四卷 （遼）釋行均撰　宋刻本（卷二配清初毛氏汲古閣影宋抄本）

匡高26厘米，廣18.7厘米。半葉十行，行字不等，白口，左右雙邊。有“安石珍藏圖書”、“白川書院硃墨總記”、“毛晉私印”、“汪印士鐘”、“鐵琴銅劍樓”、“郇齋”等印。國家圖書館藏。

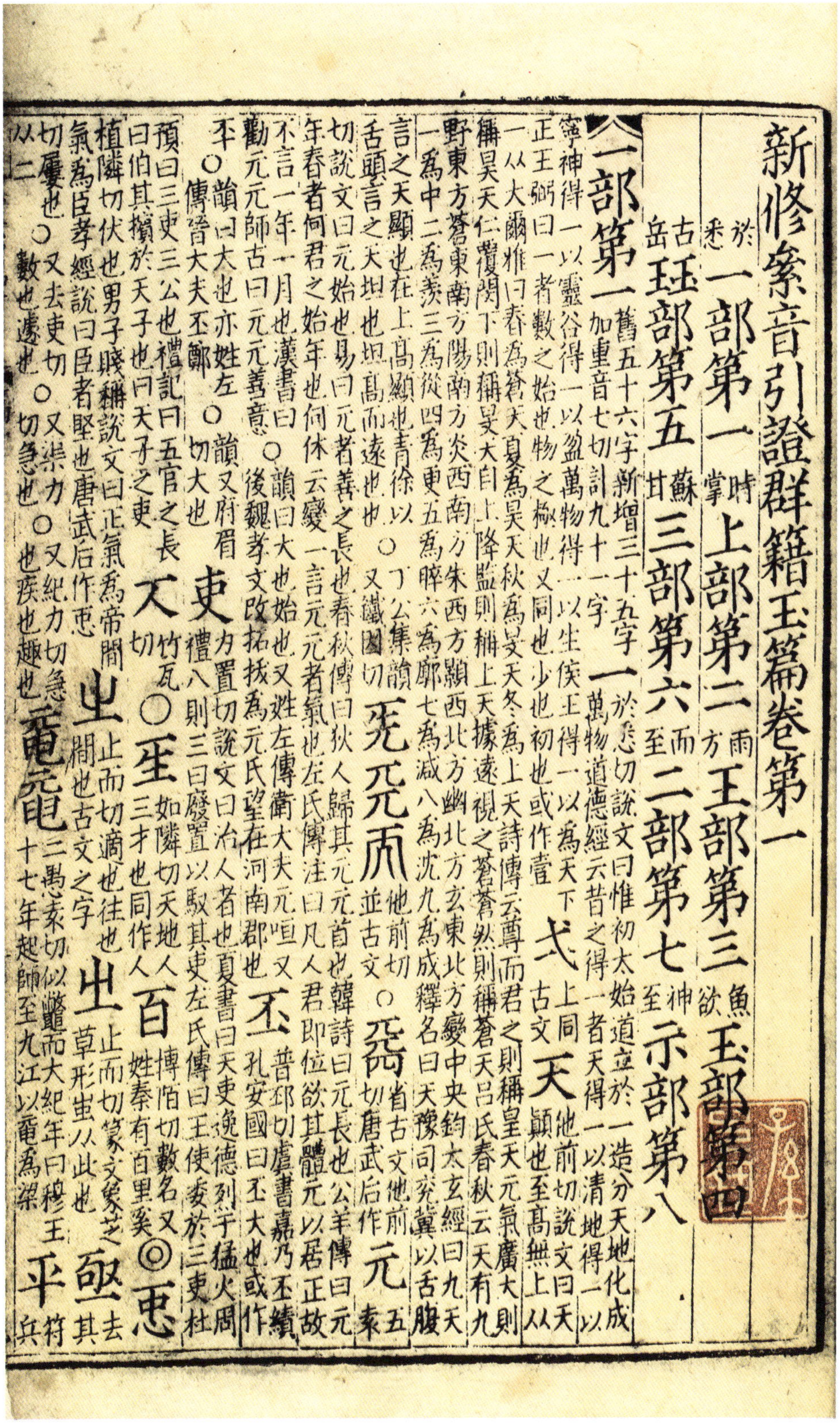
新修絫音引證群籍玉篇卷第一

於悉一部第一 時掌上部第二 雨方王部第三 魚欲玉部第四

古岳玨部第五 蘇甘三部第六 而至二部第七 神至示部第八

一部第一 舊五十六字新增三十五字 加重音七切計九十一字

00355 新修絫音引證群籍玉篇三十卷 （金）邢準撰　金刻本

匡高24厘米，廣16.2厘米。半葉十四行，行字不等，小字雙行三十八字，白口，四周雙邊。有“天都陳氏承雅堂圖籍”、“潘祖蔭藏書記”等印。國家圖書館藏，存二十九卷。

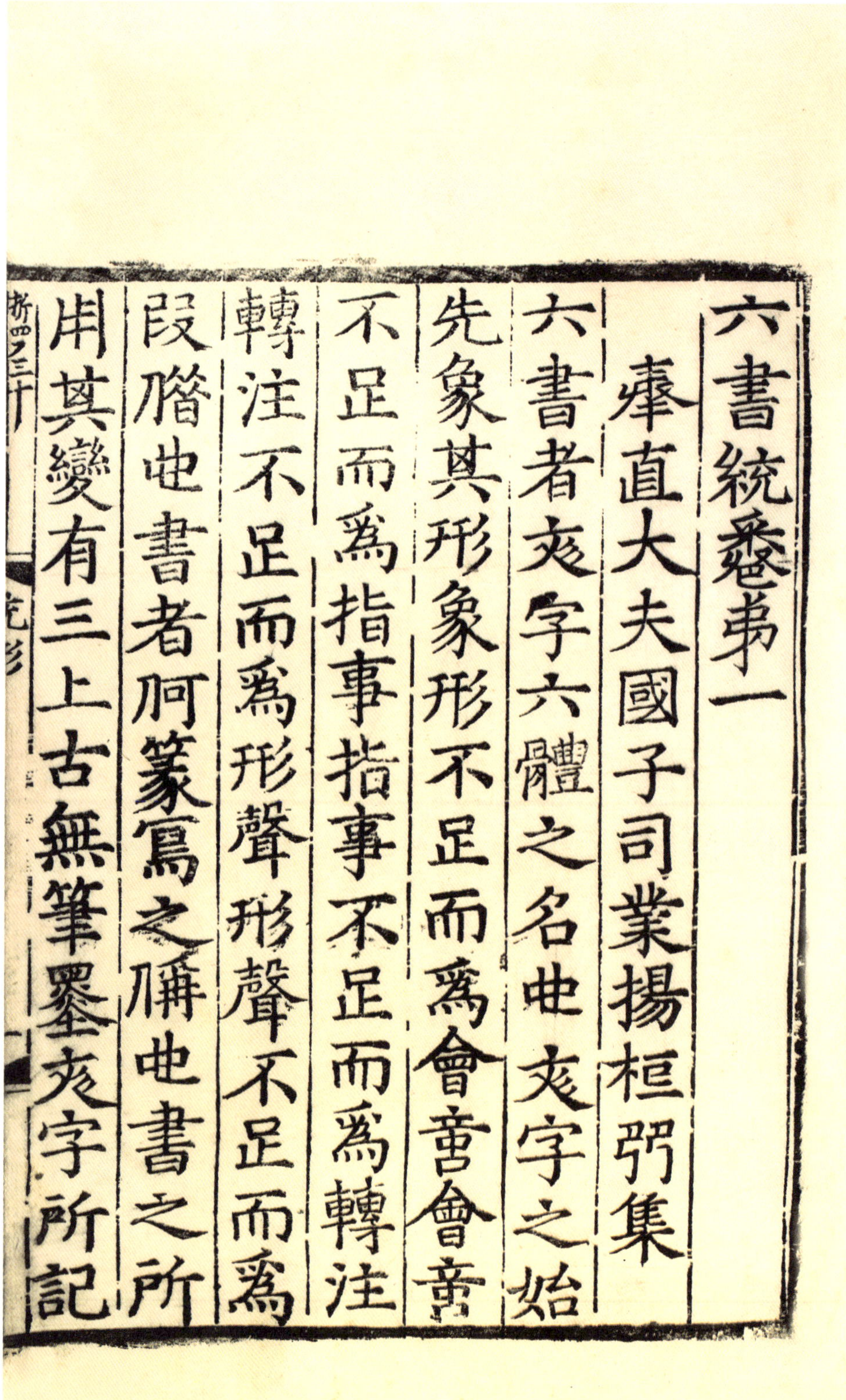
六書統卷弟一
奉直大夫國子司業揚桓弜集
六書者文字六體之名也文字之始
先象其形象形不足而爲會意會意
不足而爲指事指事不足而爲轉注
轉注不足而爲形聲形聲不足而爲
叚借也書者伺篆寫之偁也書之所
用其變有三上古無筆墨文字所記

00356、00357、00358、00359、00360 六書統二十卷 （元）楊桓撰　元至大元年（1308）江浙行省儒學刻元明遞修本

匡高22.2厘米，廣17.1厘米。半葉八行，行十四字，小字雙行二十三字，黑口，左右雙邊。國家圖書館藏，有“錢印謙益”、“姑蘇吳岫家藏”、“鐵琴銅劍樓”等印；北京大學圖書館藏；中山大學圖書館藏，有“積餘秘笈識者寶之”等印；重慶圖書館藏，有抄配，有“娱園藏書”、“味經書屋”等印；中國人民大學圖書館藏。

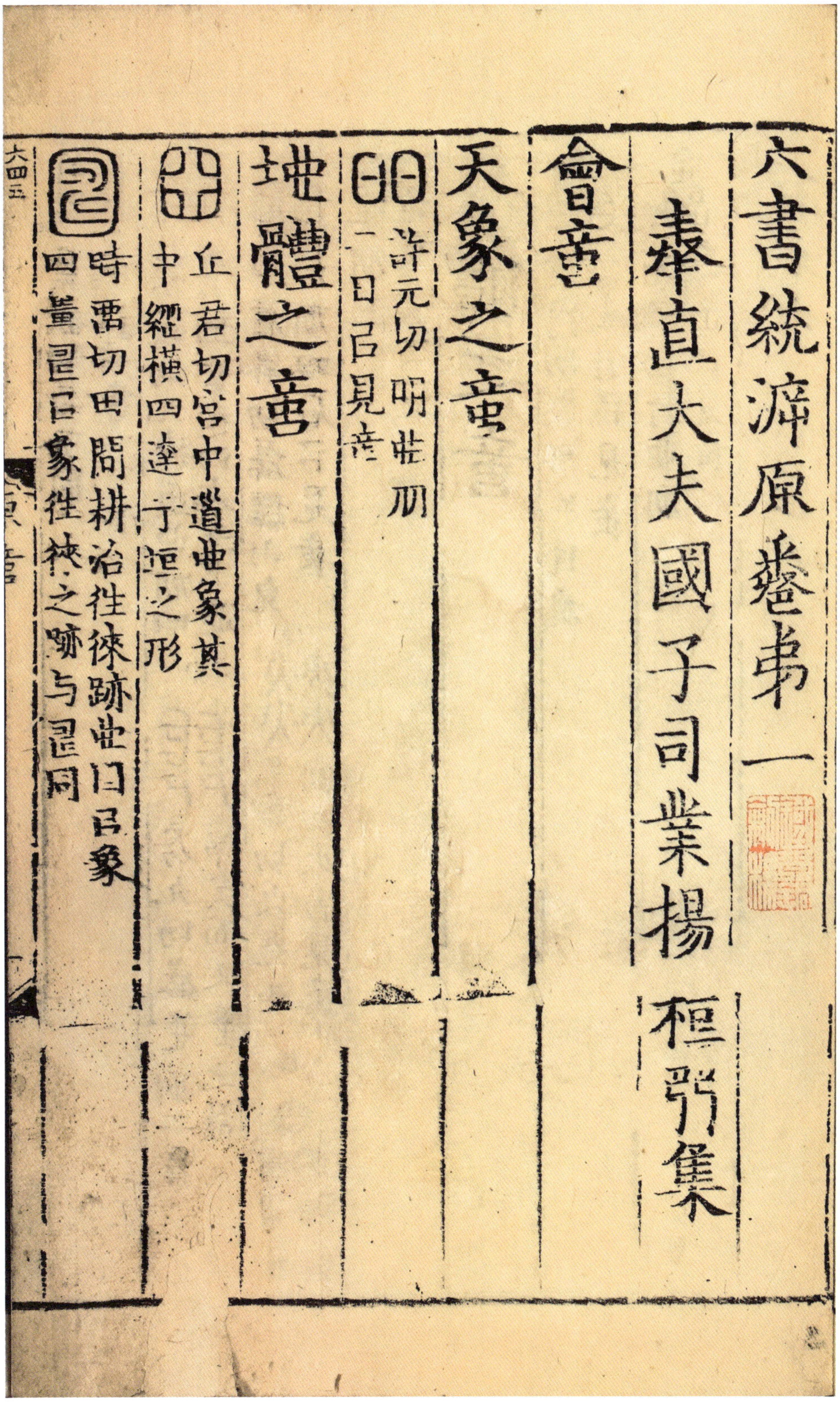
六書統溯原卷第一
奉直大夫國子司業楊
會意
天象之意
地體之意

00361、00362 六書統溯原十三卷 （元）楊桓撰　元至大元年（1308）江浙行省儒學刻元明遞修本

匡高23厘米，廣16.7厘米。半葉八行，行字不等，小字雙行二十五字，黑口，左右雙邊。國家圖書館藏，有“鐵琴銅劍樓”等印；中國人民大學圖書館藏。

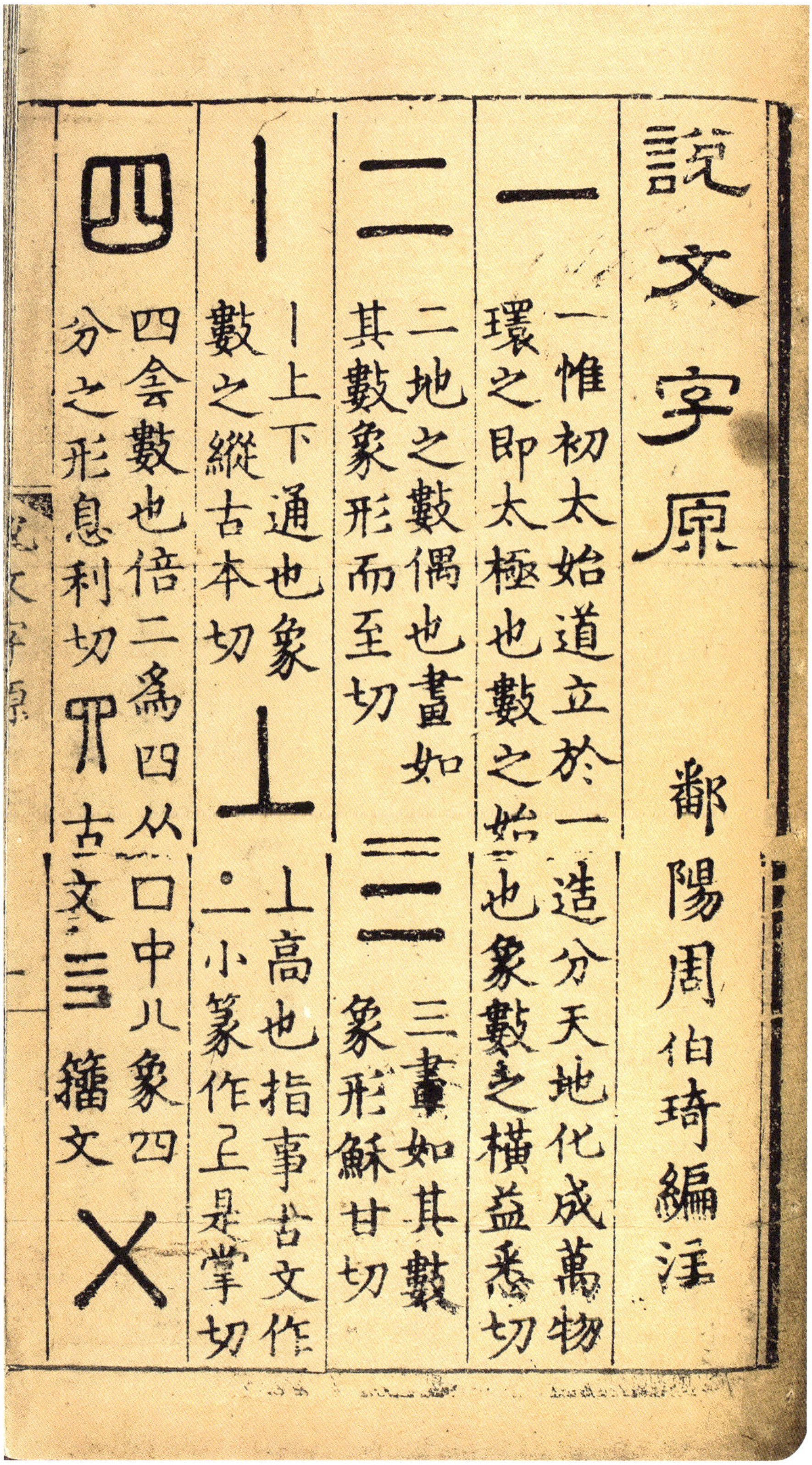

說文字原

鄱陽周伯琦編注

一 一惟初太始道立於一造分天地化成萬物環之即太極也數之始也象數之横益悉切

二 二地之數偶也畫如其數象形而至切

三 三畫如其數象形穌甘切

丨 丨上下通也象數之縱古本切

丄 丄高也指事古文作丄小篆作上是掌切

四 四侌數也倍二爲四从口中八象四分之形息利切 [illegible]古文 亖籒文

㐅

00363 說文字原一卷 （元）周伯琦撰 元至正十五年（1355）高德基等刻公文紙印本

匡高24.8厘米，廣15.7厘米。半葉五行，行字不等，小字雙行二十字，黑口，左右雙邊。有“安樂堂藏書記”、“明善堂覽書画印記”等印。國家圖書館藏。

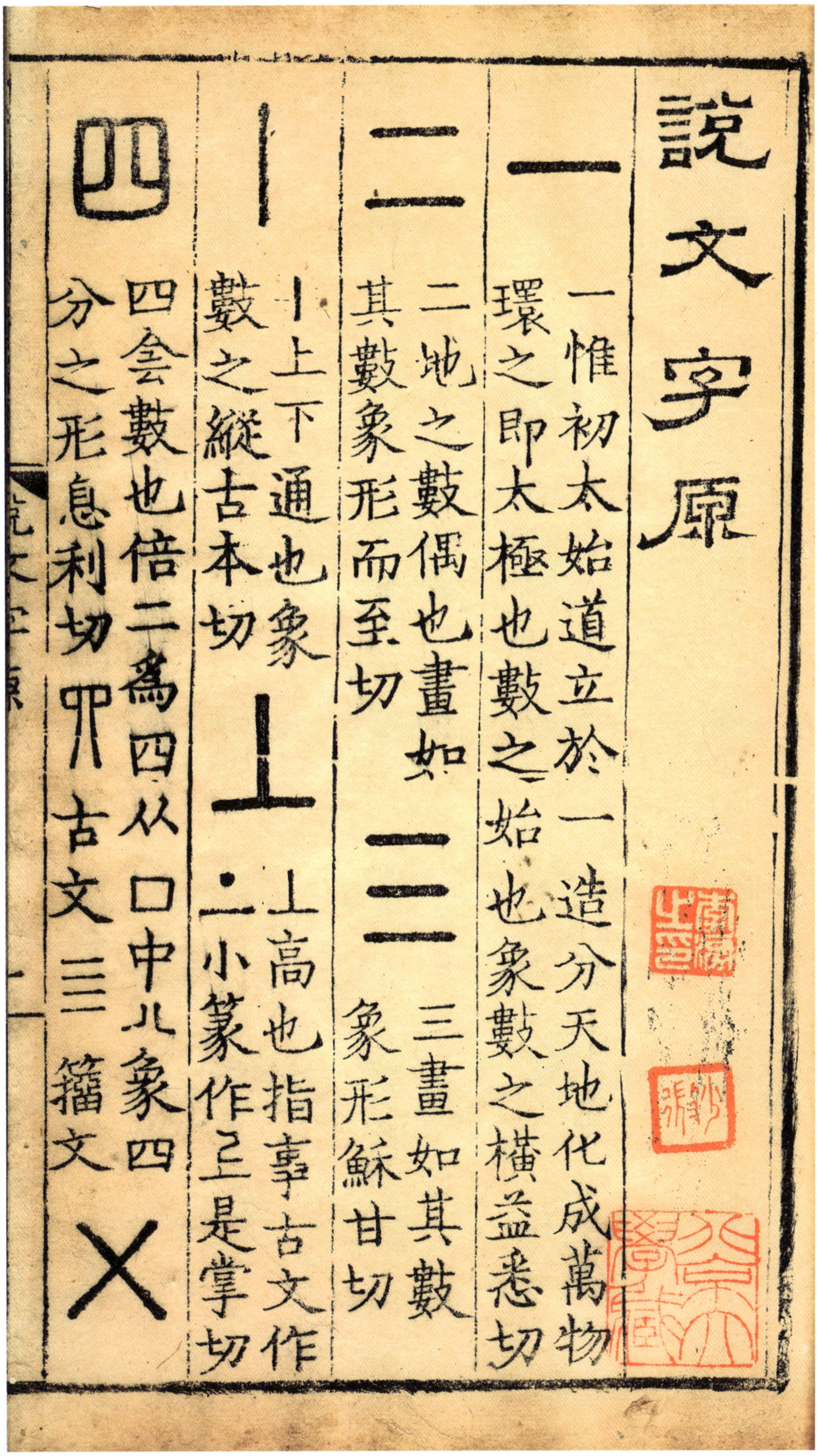

說文字原

一　一惟初太始道立於一造分天地化成萬物環之即太極也數之始也象數之橫益悉切

二　二地之數偶也畫如其數象形而至切

三　三畫如其數象形穌甘切

丨　丨上下通也象數之縱古本切

丄　丄高也指事古文作二小篆作上是掌切

四　四会數也倍二爲四从口中儿象四分之形息利切　古文　三　籀文

乂

00364 說文字原一卷　（元）周伯琦撰　元刻本

匡高24.8厘米，廣15.7厘米。半葉五行，行字不等，小字雙行二十字，黑口，左右雙邊。有“李滂之印”等印。吴燕紹、姜可能、陳文中跋。北京大學圖書館藏。

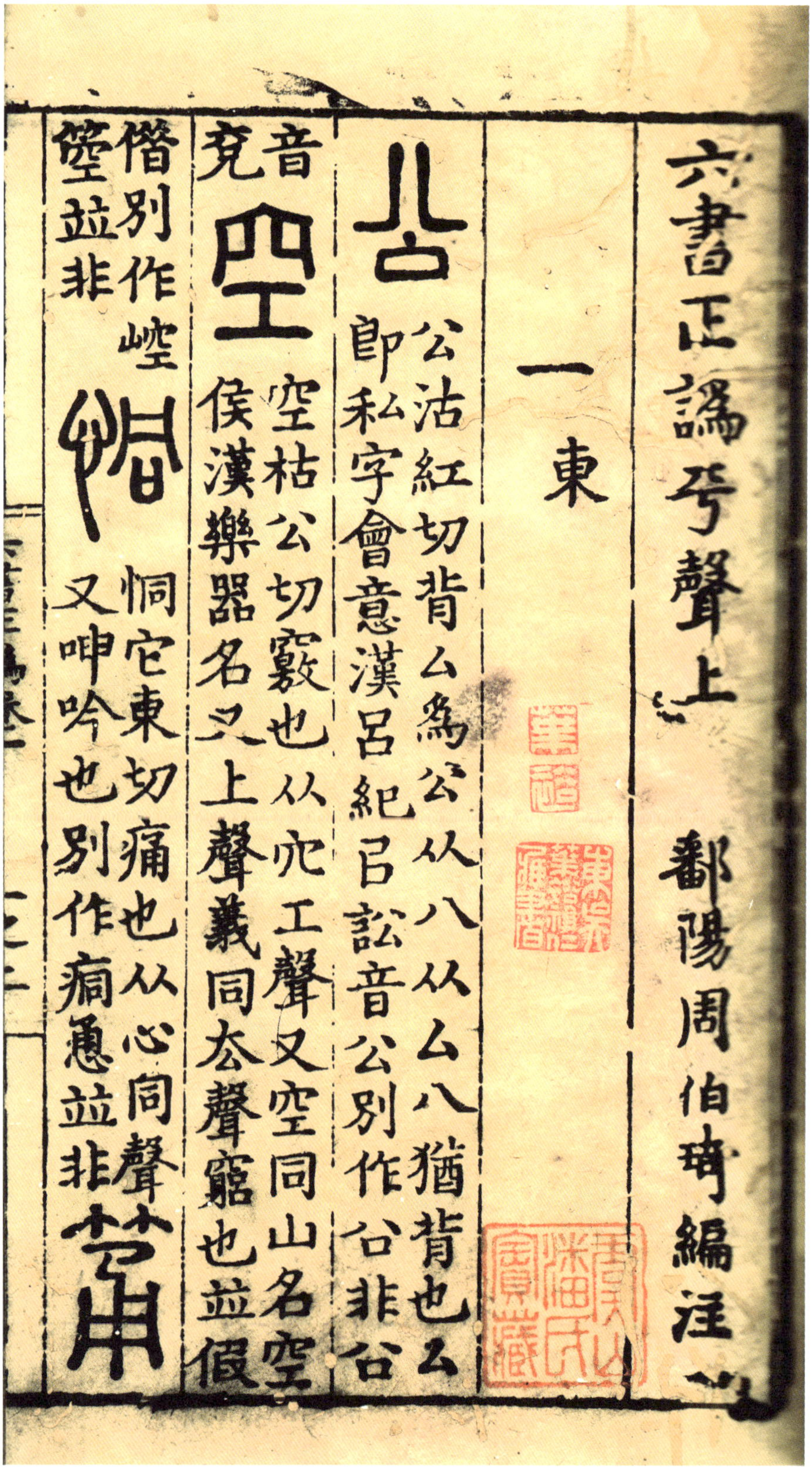
六書正譌平聲上
鄱陽周伯琦編注
一東
公沽紅切背厶為公从八从厶八猶背也厶卽私字會意漢呂紀呂訟音公別作伀非伀音兗
空枯公切竅也从穴工聲又空同山名空侯漢樂器名又上聲義同去聲窮也並假借別作崆箜並非
恫它東切痛也从心同聲又呻吟也別作痌恿並非

00365 六書正譌五卷 （元）周伯琦撰 元至正十五年（1355）高德基等刻本（卷三至五抄配）

匡高24.3厘米，廣15.4厘米。半葉五行，行字不等，小字雙行二十字，細黑口，左右雙邊。有"虞山潘氏寶藏"、"東吴葉裕祖仁藏書"等印。北京大學圖書館藏。

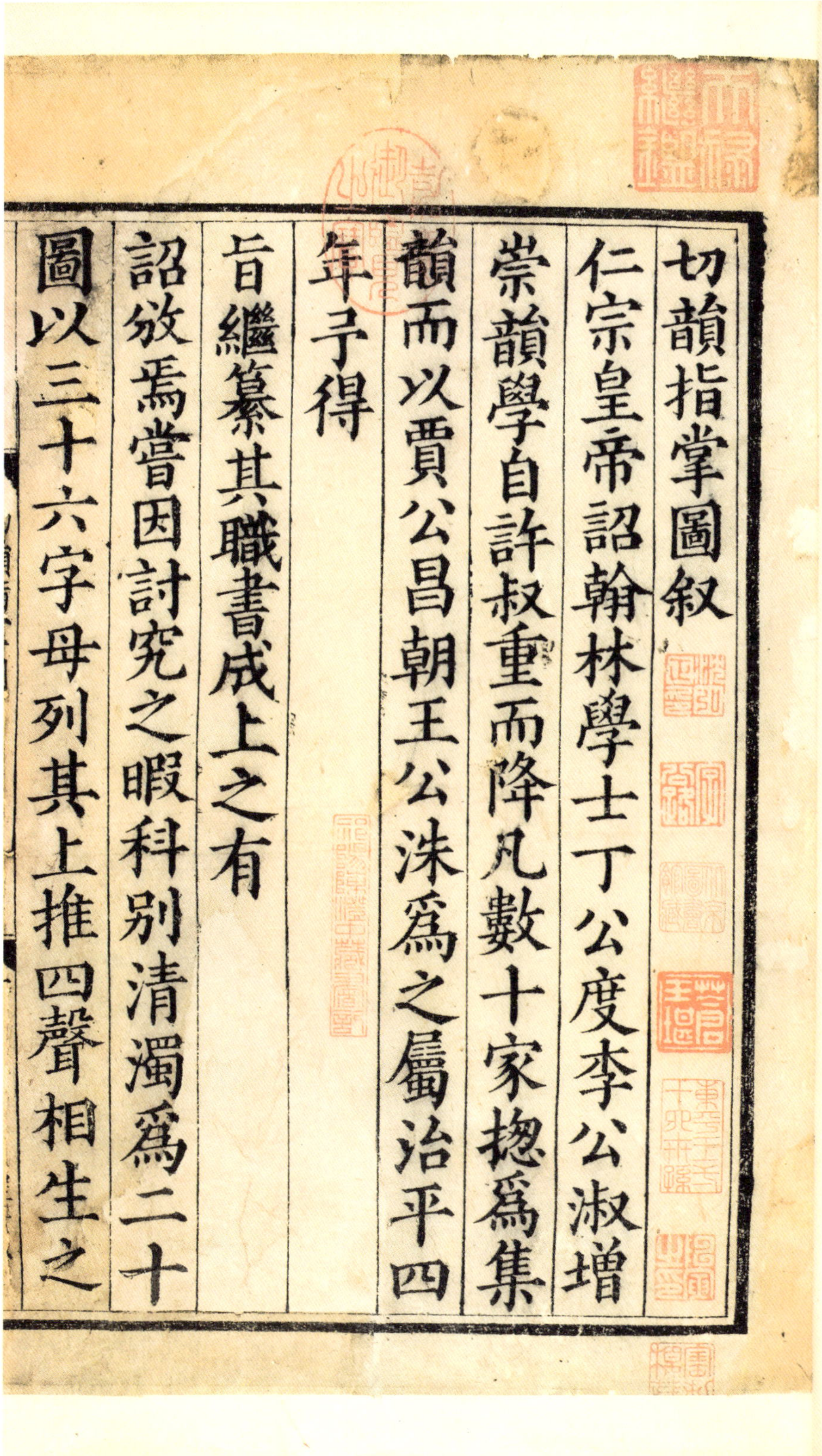

切韻指掌圖叙
仁宗皇帝詔翰林學士丁公度李公淑增
崇韻學自許叔重而降凡數十家總爲集
韻而以賈公昌朝王公洙爲之屬治平四
年子得
旨繼纂其職書成上之有
詔攽焉嘗因討究之暇科別清濁爲二十
圖以三十六字母列其上推四聲相生之

00366 切韻指掌圖一卷 題（宋）司馬光撰 宋紹定三年（1230）越州讀書堂四世從孫刻本。

匡高25.3厘米，廣17.6厘米。半葉八行，行十六字，白口，四周雙邊。有“陳寅之印”、“東平王弌十四世孫”、“沈弘正印”、“天禄琳琅”、“天禄繼鑑”、“祁陽陳澄中藏書記”等印。國家圖書館藏。

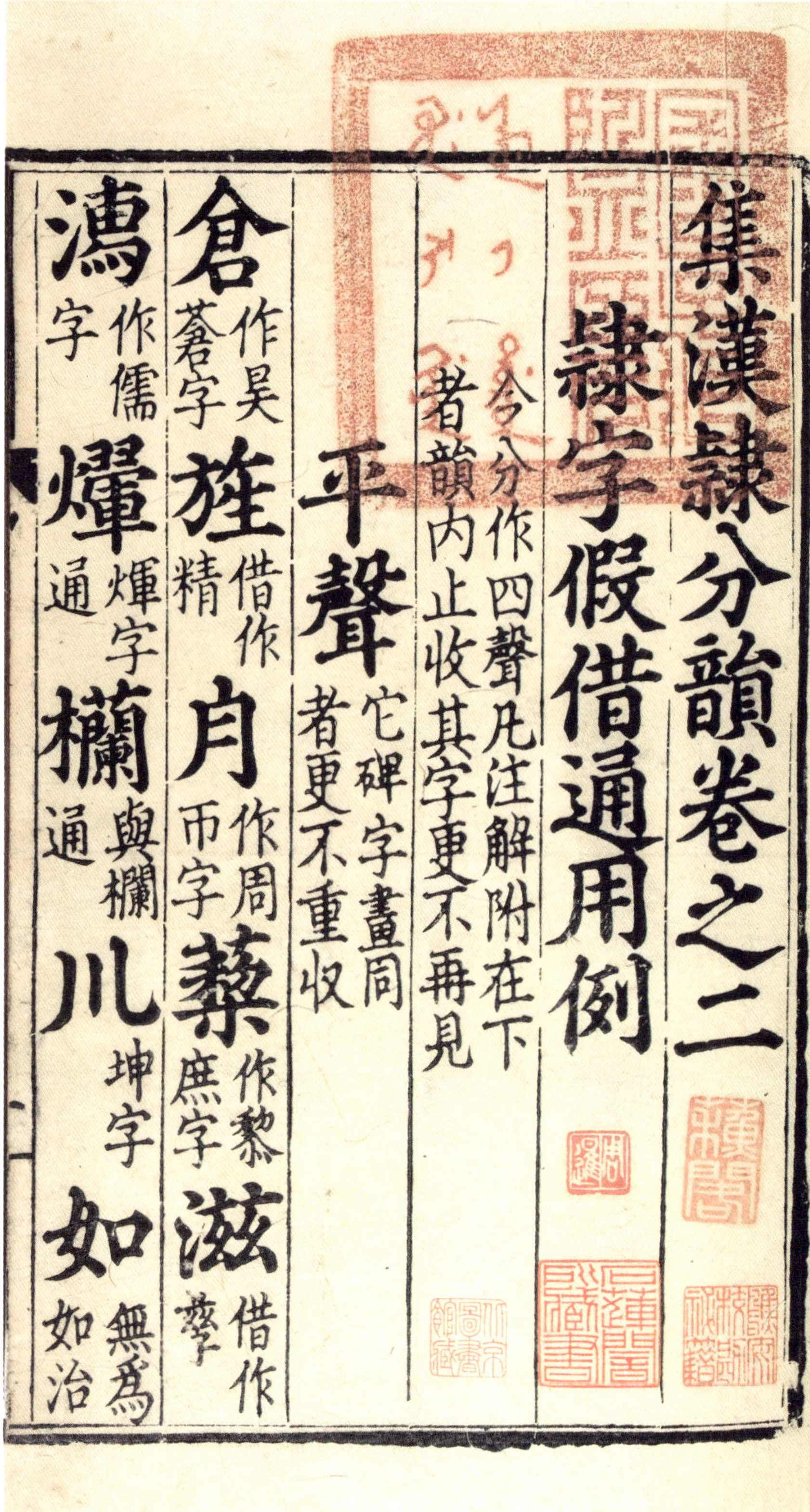
集漢隸分韻卷之二
隸字假借通用例
今分作四聲凡注解附在下者韻内止收其字更不再見
平聲 它碑字畫同者更不重收
倉作昊蒼字 旌借作精 月作周币字 蔾作黎庶字 滋借作孳
濡作儒字 燀煇字通 欗與欄通 川坤字 如無爲如治

00367 漢隸分韻七卷 元刻本

匡高21.5厘米，廣14厘米。半葉六行，行字不等，黑口，四周雙邊。有“國子監印”、“蘇閣”、“周暹”等印。國家圖書館藏。

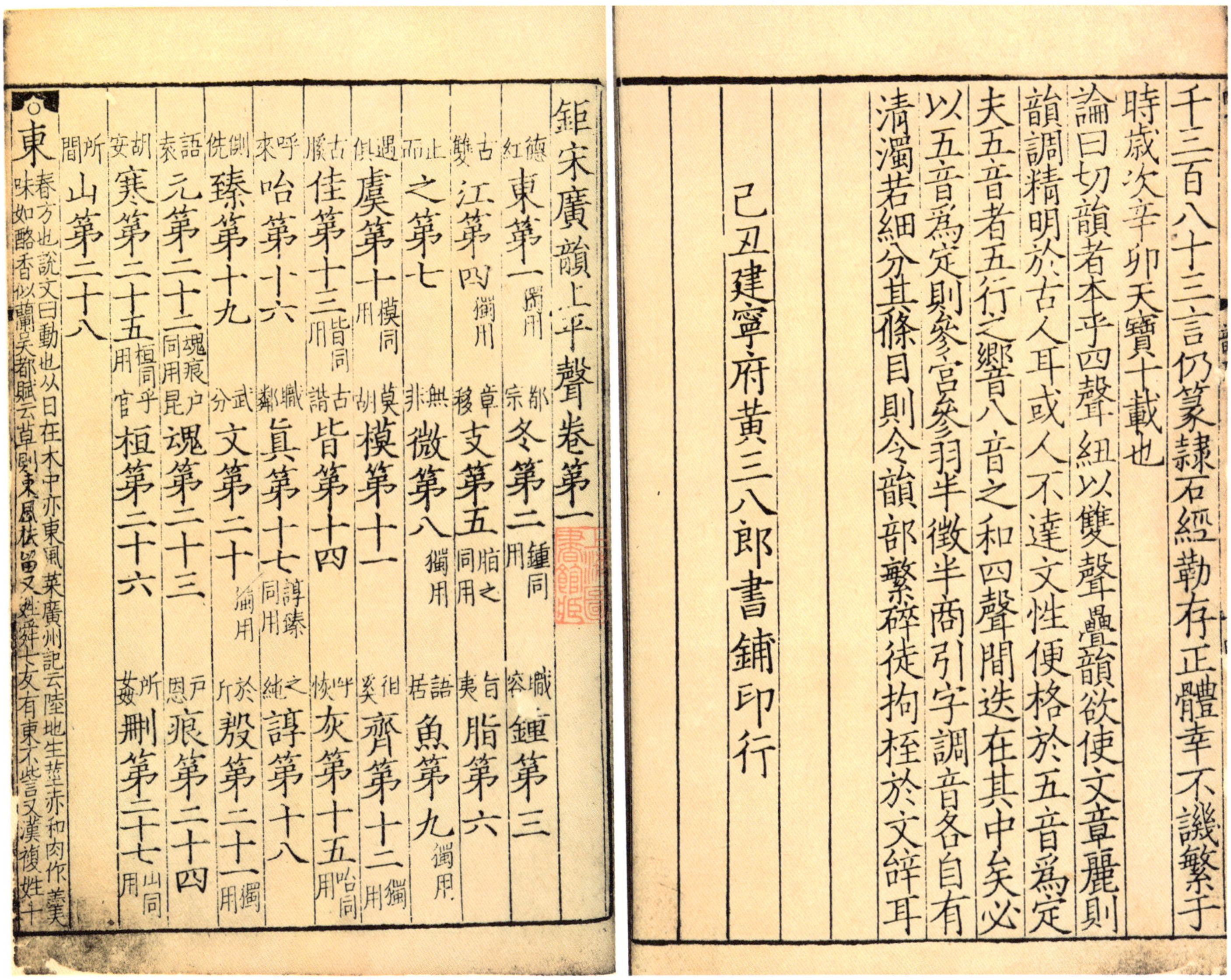

00368 鉅宋廣韻五卷 （宋）陳彭年等撰　宋乾道五年（1169）建寧府黄三八郎刻本（卷四配元刻本）

匡高20.3厘米，廣14.6厘米。半葉十二行，行二十一字，小字雙行三十四字，白口，左右雙邊。有“己丑建寧府黄三八郎書鋪印行”刻書題記。有“向黄邨珍藏印”、“顧氏鑒藏古經異書”、“徐乃昌讀”等印。上海圖書館藏。

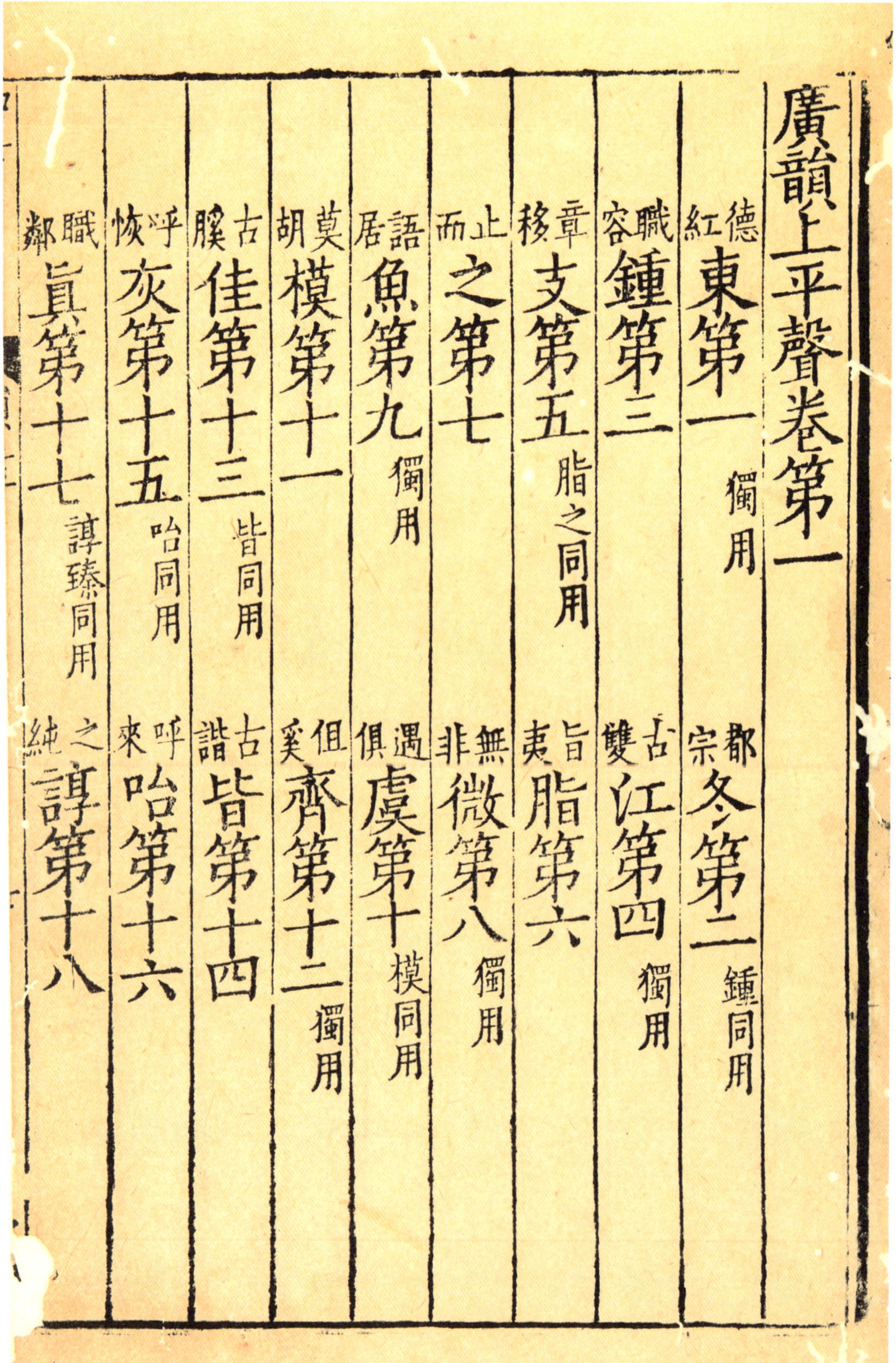
廣韻上平聲卷第一
德紅 東第一 獨用　都宗 冬第二 鍾同用
職容 鍾第三　古雙 江第四 獨用
章移 支第五 脂之同用　旨夷 脂第六
止而 之第七　無非 微第八 獨用
語居 魚第九 獨用　遇俱 虞第十 模同用
莫胡 模第十一　徂奚 齊第十二 獨用
古膎 佳第十三 皆同用　古諧 皆第十四
呼恢 灰第十五 咍同用　呼來 咍第十六
職鄰 真第十七 諄臻同用　之純 諄第十八

00369 廣韻五卷（宋）陳彭年等撰 宋刻本

匡高21.7厘米，廣15.3厘米。半葉十行，行二十字，小字雙行同，白口，左右雙邊。有“黄絹幼婦”、“讀杜草堂”、“星吾海外訪得秘笈”、“潘祖蔭藏書記”等印。上海圖書館藏。

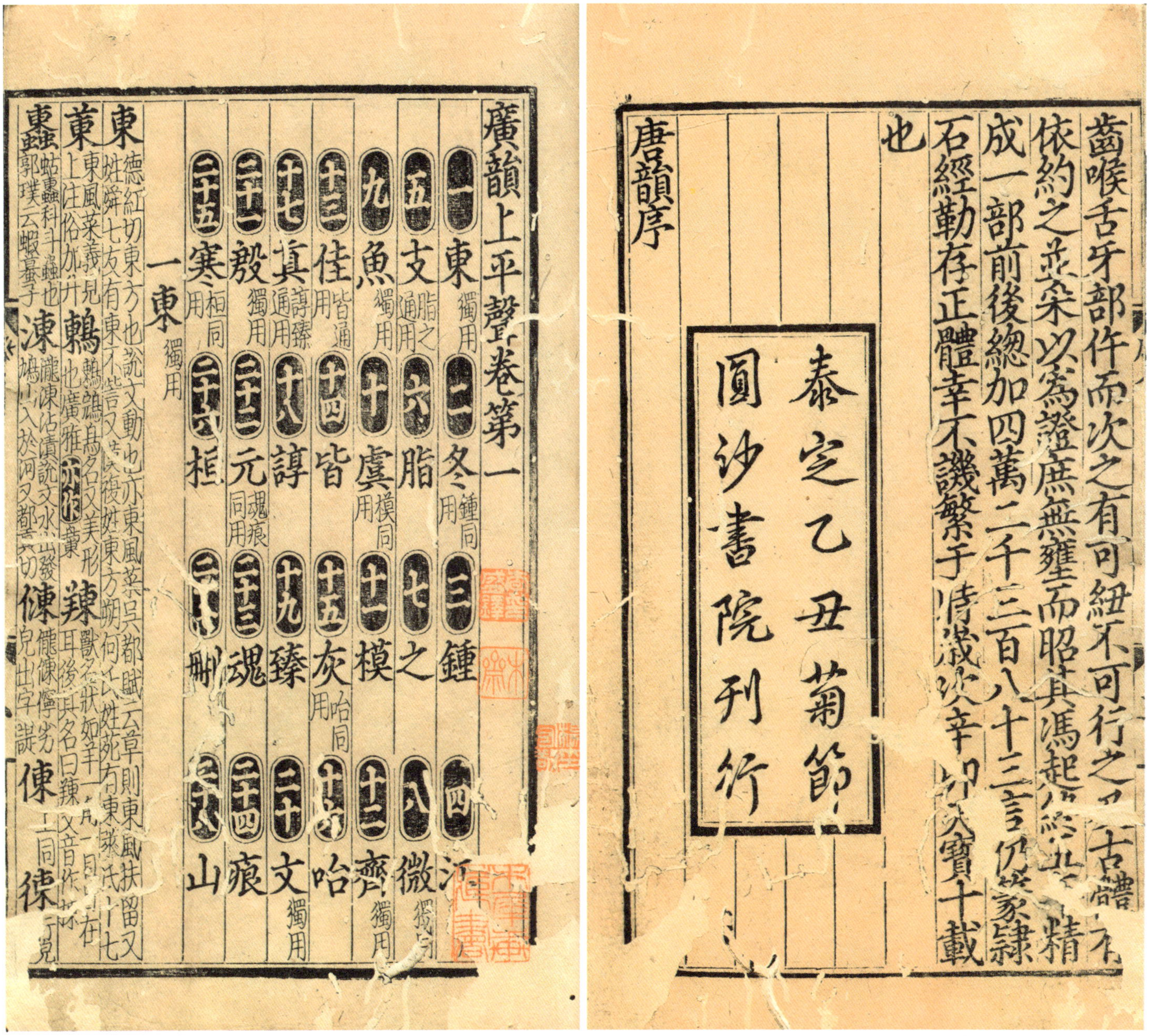

00370 廣韻五卷 （宋）陳彭年等撰　元泰定二年（1325）圓沙書院刻本

匡高21.9厘米，廣13.5厘米。半葉十二行，行字不等，黑口，四周雙邊。有“泰定乙丑菊節圓沙書院刊行”牌記。楊守敬跋。北京大學圖書館藏。

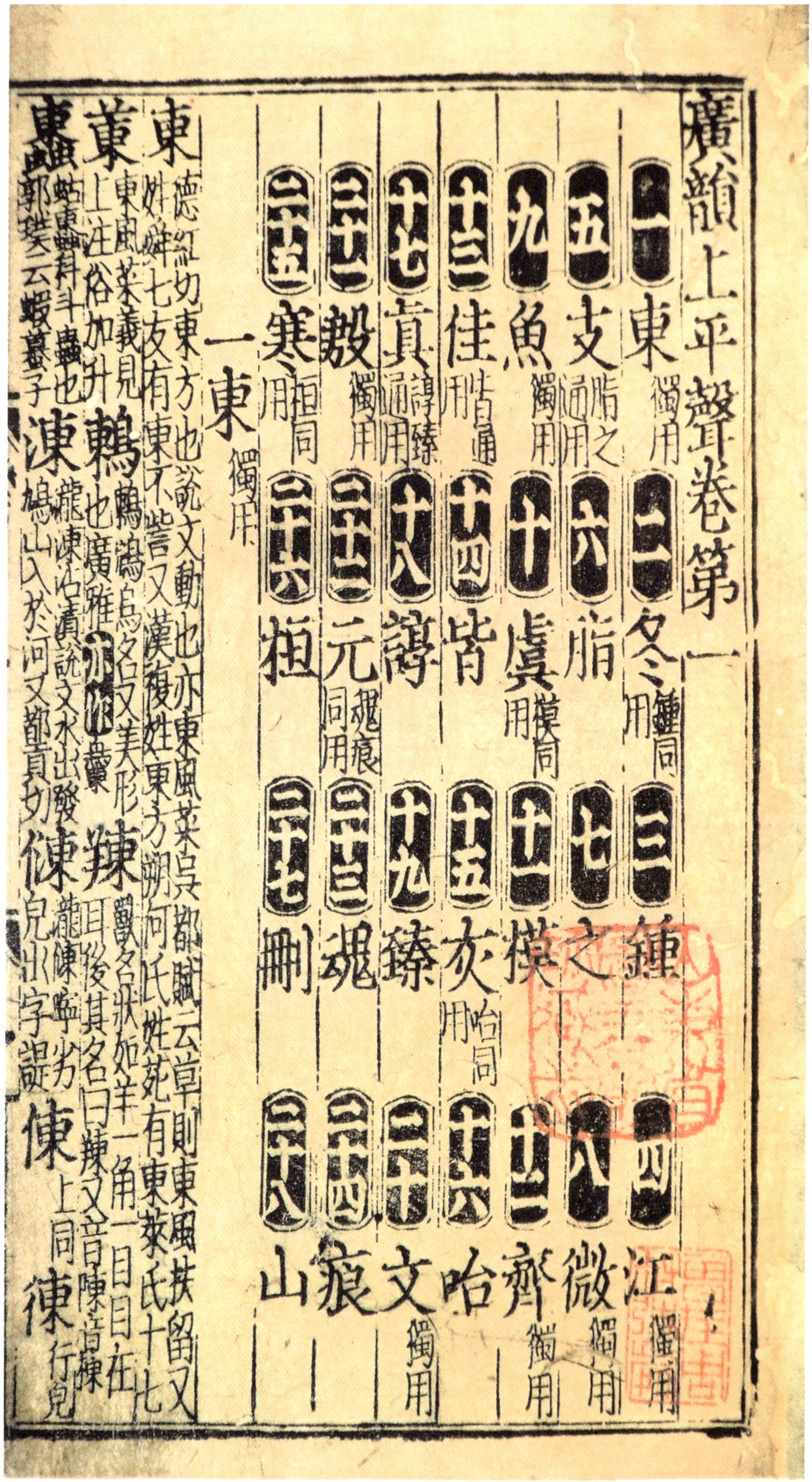

00371 廣韻五卷 （宋）陳彭年等撰　元刻本

匡高21.9厘米，廣13.5厘米。半葉十二行，行字不等，細黑口，四周雙邊。有“曾在周叔弢處”等印。山東省圖書館藏。

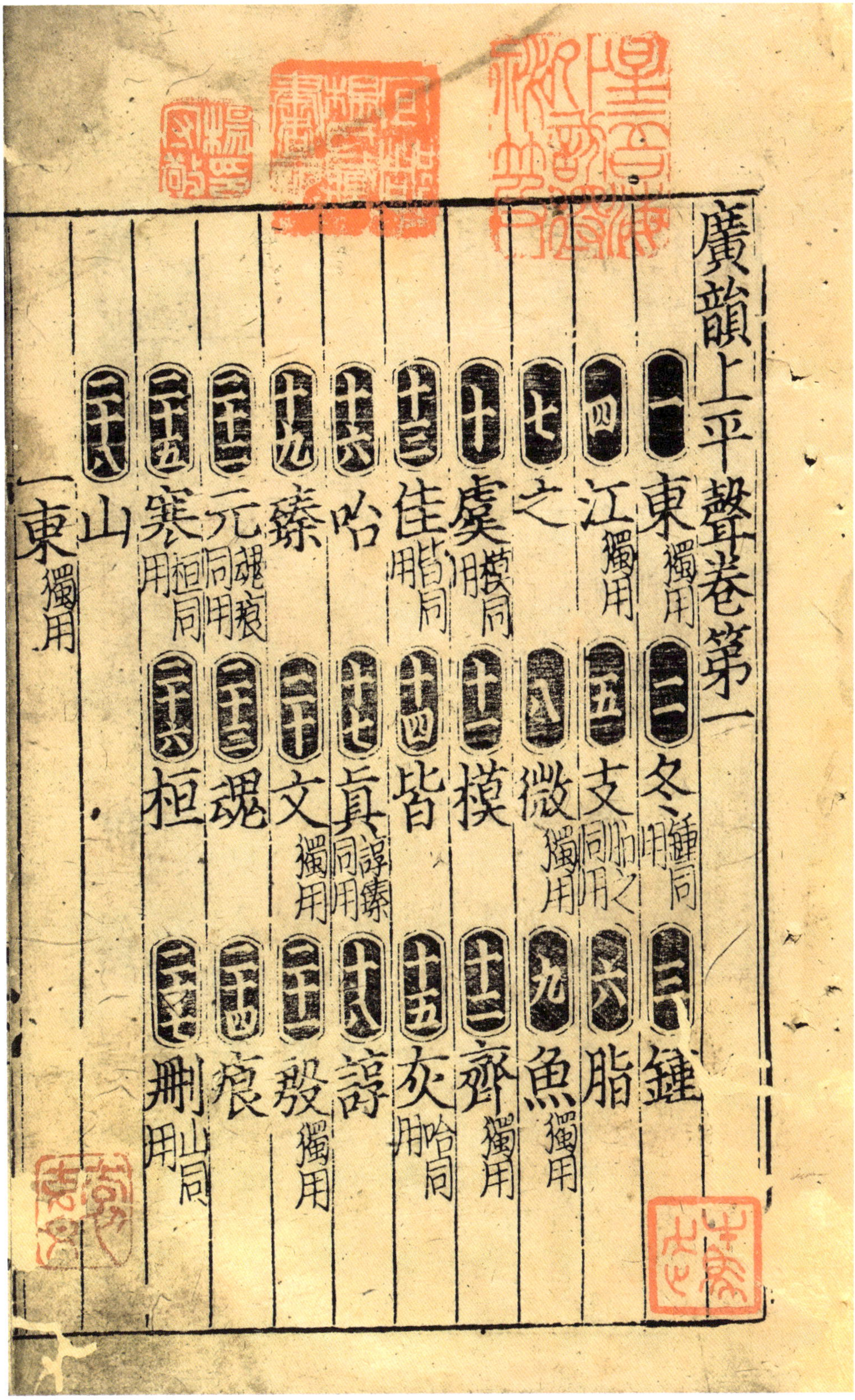
廣韻上平聲卷第一
一東獨用　二冬鍾同用　三鍾
四江獨用　五支脂之同用　六脂
七之　八微獨用　九魚獨用
十虞模同用　十一模　十二齊獨用
十三佳皆同用　十四皆　十五灰咍同用
十六咍　十七真諄臻同用　十八諄
十九臻　二十文獨用　二十一殷獨用
二十二元魂痕同用　二十三魂　二十四痕
二十五寒桓同用　二十六桓　二十七刪山同用
二十八山
一東獨用

00372 廣韻五卷　（宋）陳彭年等撰　元刻本

匡高16.5厘米，廣11.4厘米。半葉十二行，行字不等，細黑口，左右雙邊。有“楊印守敬”、“涵芬樓”、“袁克文”等印。楊守敬、袁克文跋。國家圖書館藏。

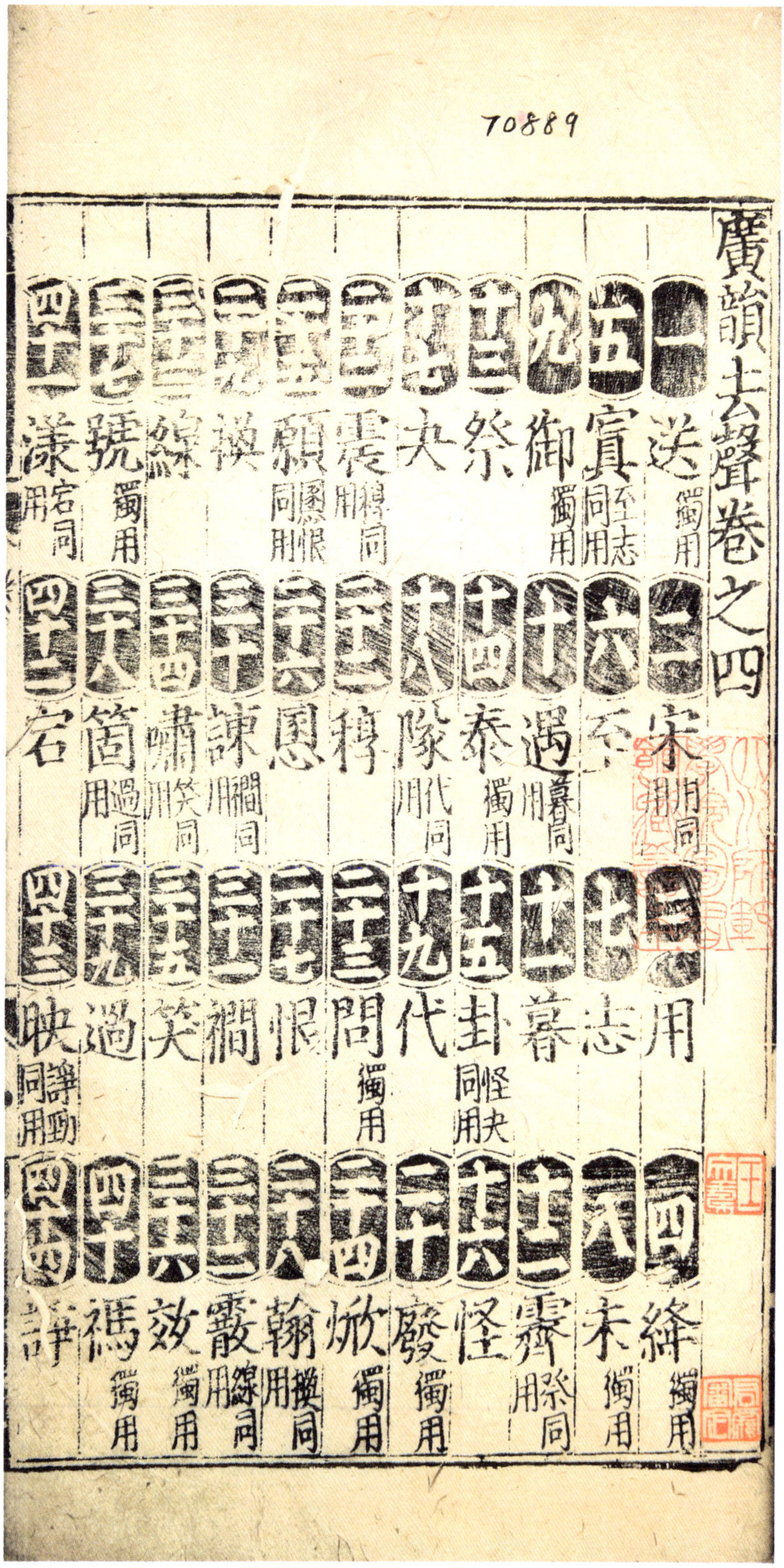

00373 廣韻五卷 （宋）陳彭年等撰 元刻本

匡高16.5厘米，廣11.4厘米。半葉十二行，行字不等，黑口，四周雙邊。四川師範大學圖書館藏。

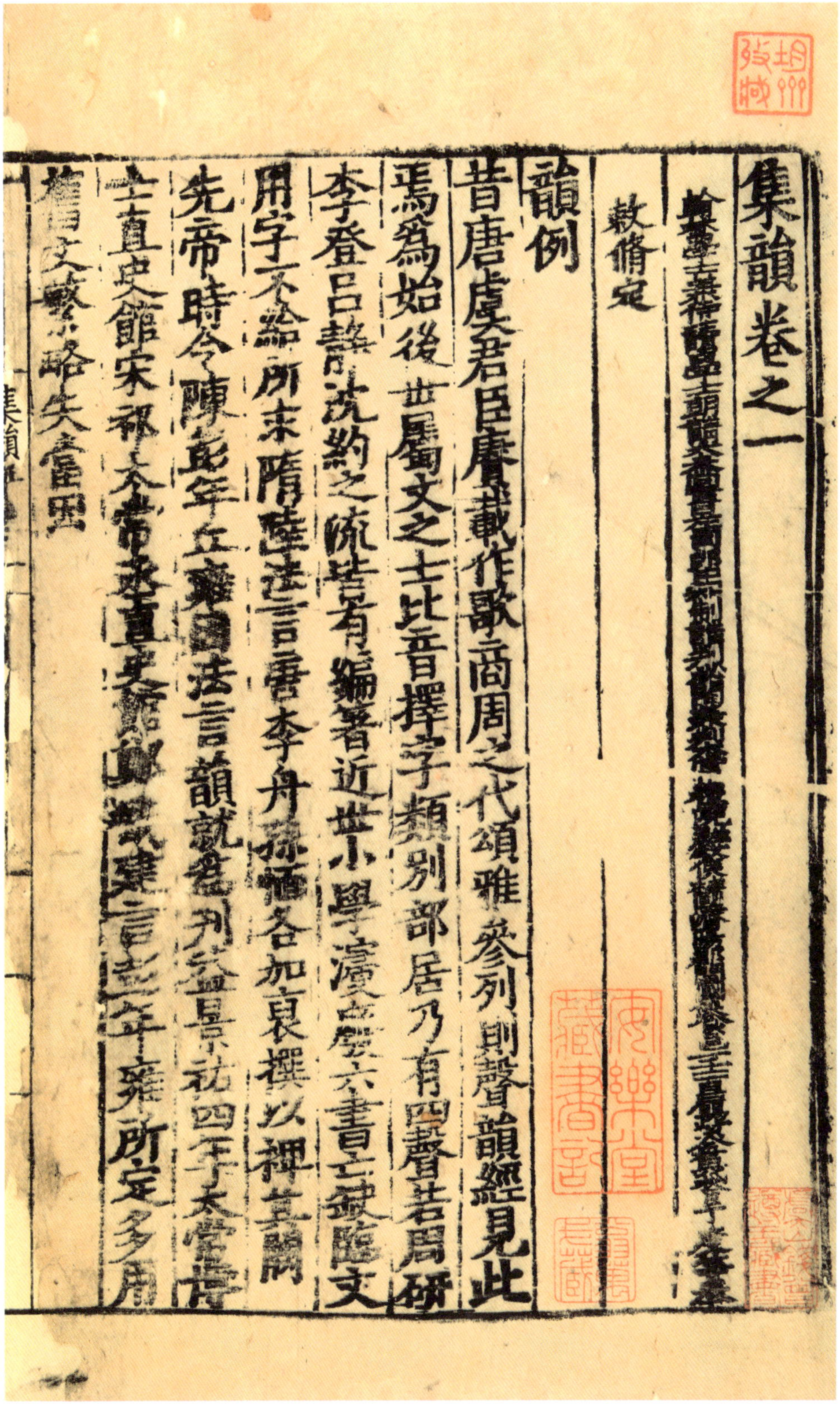

集韻卷之一

敕脩定

韻例

昔唐虞君臣賡載作歌商周之代頌雅參列則聲韻經見此焉爲始後世屬文之士比音擇字類别部居乃有四聲若周研李登呂靜沈約之流皆有編著近世小學寖廢六書亡缺臨文用字不給所求隋陸法言唐李舟孫愐各加裒撰以裨其闕先帝時令陳彭年丘雍因法言韻就爲刊益景祐四年太常博士直史館宋祁太常丞直史館鄭戩建言彭年雍所定多用舊文繁略失當因

00374 集韻十卷 （宋）丁度等撰 宋明州刻修補本

匡高16.5厘米，廣11.4厘米。半葉十一行，行二十三至二十七字，小字雙行二十五至二十七字，白口，左右雙邊。有“虞山錢曾遵王藏書”、“安樂堂藏書記”、“均齋收藏”、“伯寅經眼”、“八求精舍”、“漢學居”、“翁萬戈藏”等印。潘祖蔭、李文田、汪鳴鑾等題記。上海圖書館藏。

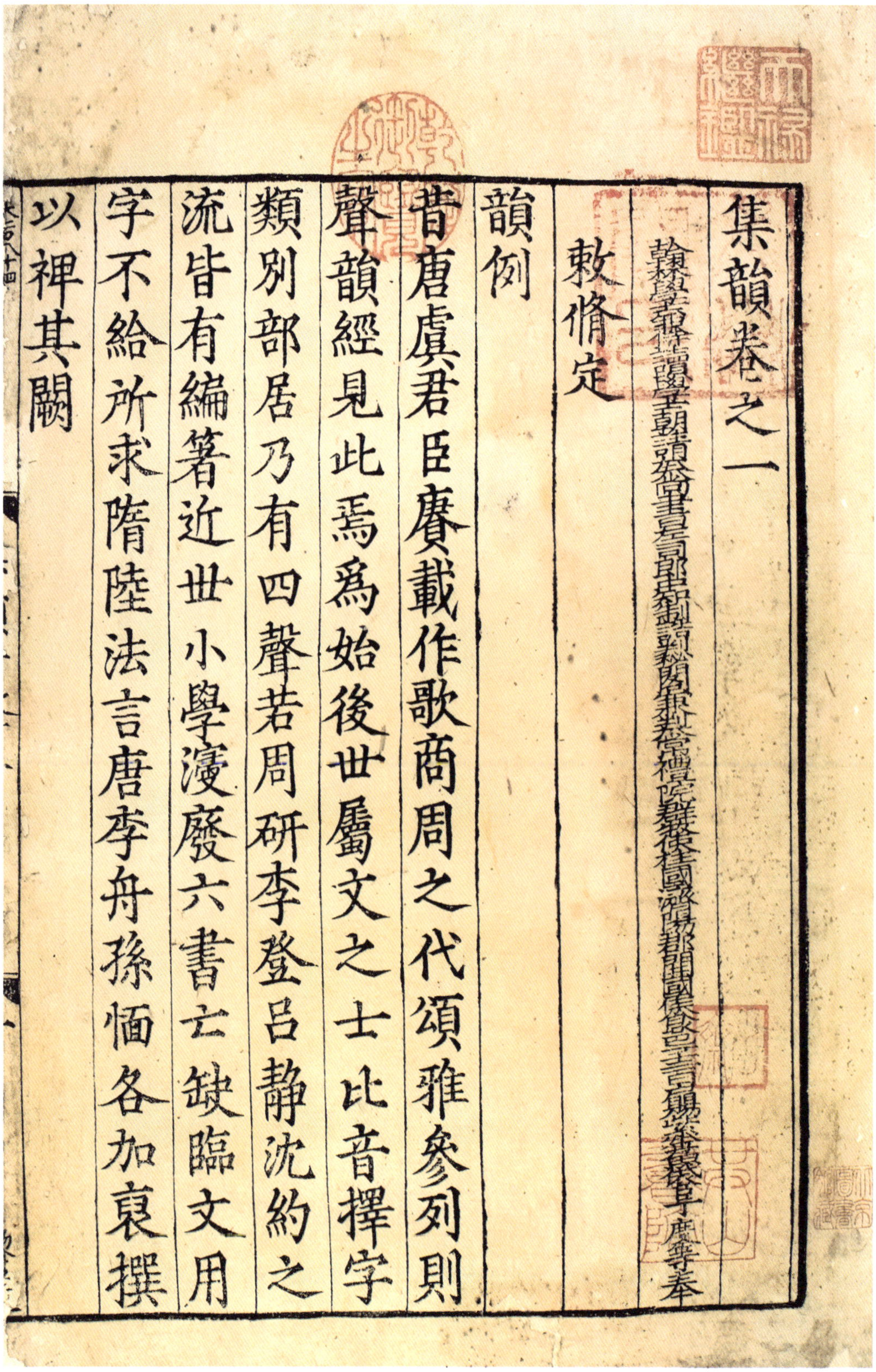

集韻卷之一

敕脩定

韻例

昔唐虞君臣賡載作歌商周之代頌雅參列則聲韻經見此焉爲始後世屬文之士比音擇字類別部居乃有四聲若周研李登呂靜沈約之流皆有編著近世小學寖廢六書亡缺臨文用字不給所求隋陸法言唐李舟孫愐各加裒撰以裨其闕

00375 集韻十卷 （宋）丁度等撰　南宋初刻本

匡高19.7厘米，廣13.1厘米。半葉十行，行字不等，白口，左右雙邊。有“文淵閣”、“天禄琳琅”等印。國家圖書館藏。

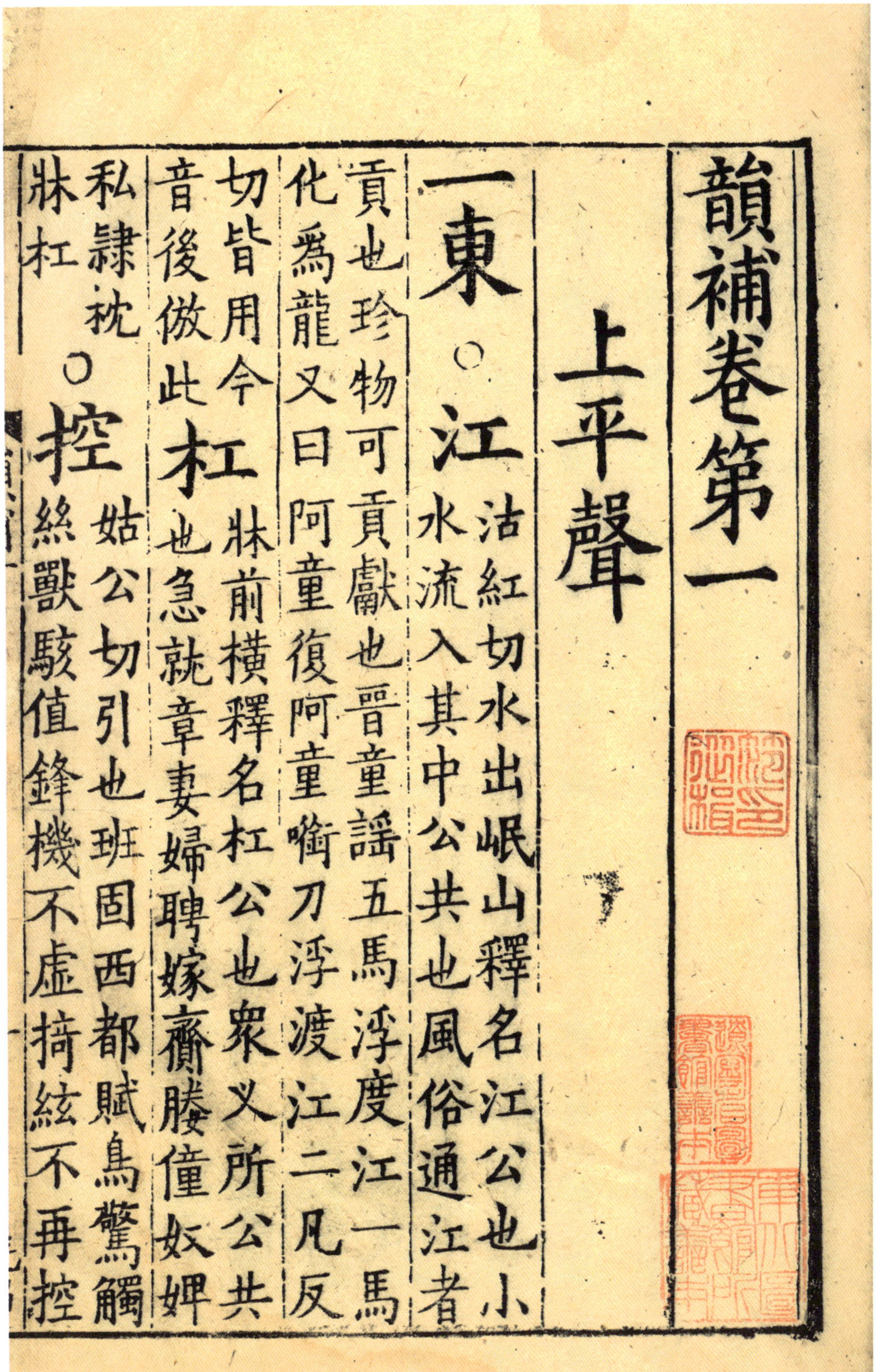

韻補卷第一

上平聲

一東 ○江 沽紅切水出岷山釋名江公也小水流入其中公共也風俗通江者

貢也珍物可貢獻也晉童謠五馬浮度江一馬

化爲龍又曰阿童復阿童啣刀浮渡江二凡反

切皆用今音後倣此 杠 牀前横釋名杠公也衆乂所公共也急就章妻婦聘嫁齎媵僮奴婢

私隷秕牀杠 ○控 姑公切引也班固西都賦鳥驚觸絲獸駭值鋒機不虛掎絃不再控

00376 韻補五卷 （宋）吳棫撰 宋刻本

匡高21.5厘米，廣15.2厘米。半葉六行，行字不等，白口，左右雙邊。有"乾學"、"徐健菴"、"天禄琳琅"、"天禄繼鑑"、"范印從楫"等印。遼寧省圖書館藏。

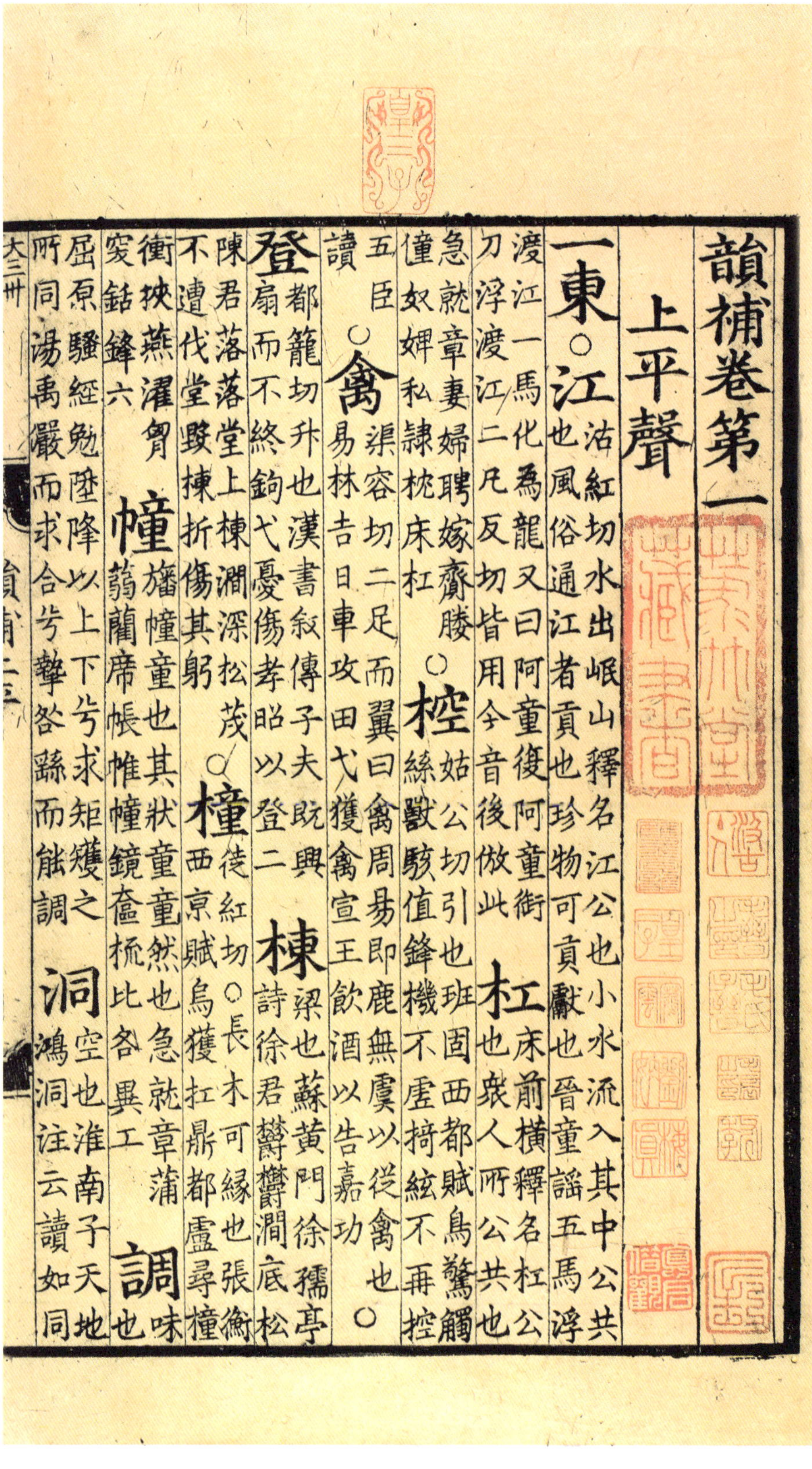

韻補卷第一
上平聲
一東○江沽紅切水出岷山釋名江公也小水流入其中公共也風俗通江者貢也珍物可貢獻也晉童謠五馬浮渡江一馬化爲龍又曰阿童復阿童銜刀浮渡江二凡反切皆用今音後倣此杠床前横釋名杠公也衆人所公共也急就章妻婦聘嫁齎媵僮奴婢私隸枕床杠○椌姑公切引也班固西都賦鳥驚觸絲獸駭値鋒機不虛掎絃不再控五臣讀○禽渠容切二足而翼曰禽周易即鹿無虞以從禽也易林吉日車攻田弋獲禽宣王飲酒以告嘉功○登都籠切升也漢書敘傳子夫既興扇而不終鉤弋憂傷孝昭以登二棟梁也蘇黃門徐孺亭詩徐君欝欝澗底松陳君落落堂上棟澗深松茂不遭伐堂毀棟折傷其躬○橦徒紅切○長木可緣也張衡西京賦烏獲扛鼎都盧尋橦衝挾燕濯胷窔銛鋒六幢旛幢童也其狀童童然也急就章蒲蒻藺席帳帷幢鏡奩梳比各異工調味也屈原騷經勉陞降以上下兮求矩矱之所同湯禹嚴而求合兮摯咎繇而能調洞空也淮南子天地鴻洞注云讀如同

00377 韻補五卷（宋）吴棫撰 元刻本

匡高23.8厘米，廣17.2厘米。半葉十行，行字不等，細黑口，左右雙邊。有“菉竹堂藏書”、“毛晉之印”、“寒雲”等印。國家圖書館藏。

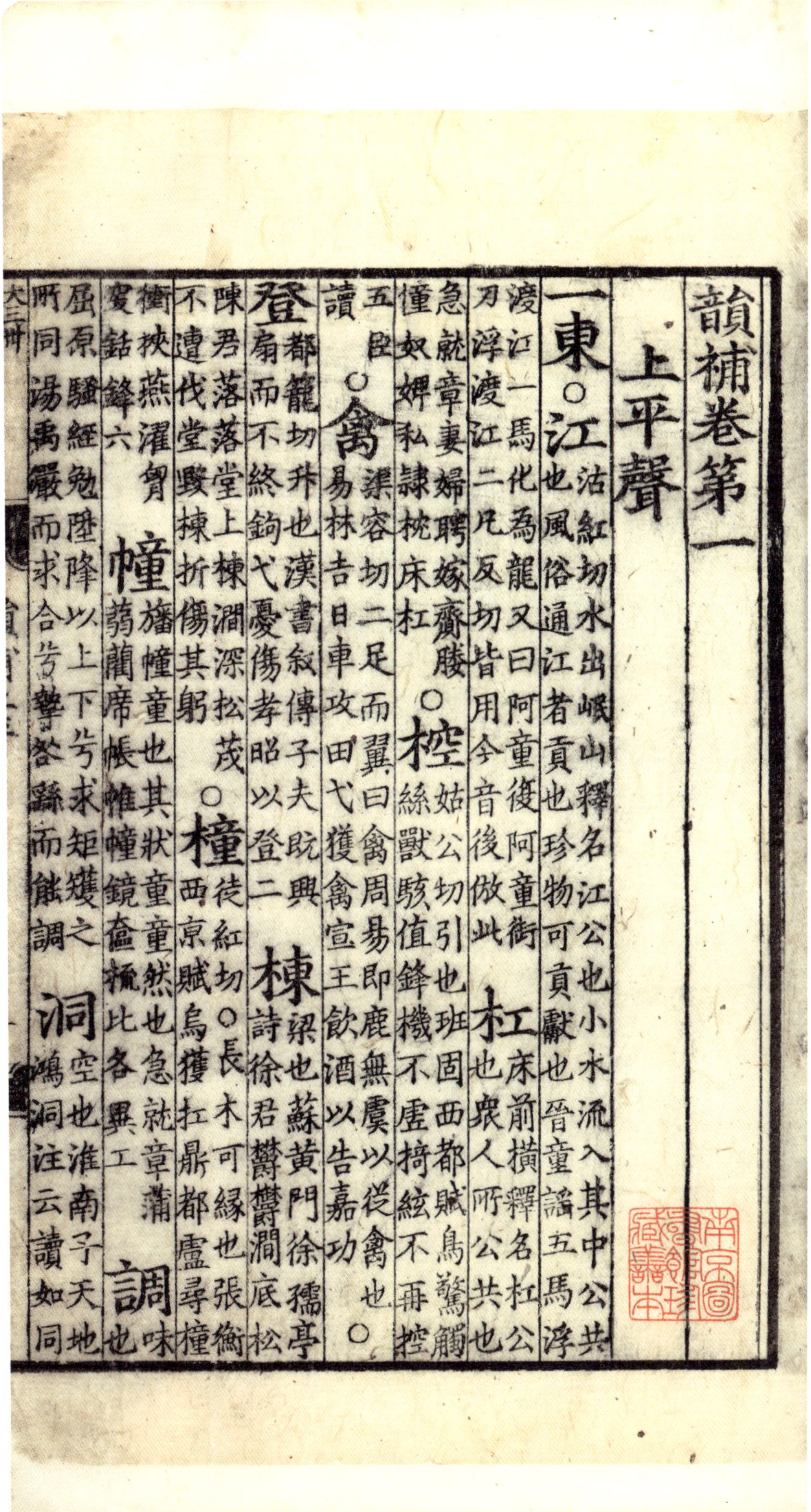

韻補卷第一

上平聲

一東○江沽紅切水出岷山釋名江公也小水流入其中公共也風俗通江者貢也珍物可貢獻也晉童謡五馬浮渡江一馬化爲龍又曰阿童復阿童銜刀浮渡江二凡反切皆用今音後倣此杠工床前横釋名杠公也衆人所公共也急就章妻婦聘嫁齎媵僮奴婢私隸枕床杠○椌姑公切引也班固西都賦鳥驚觸絲獸駭值鋒機不虛掎絃不再控五臣讀○禽渠容切二足而翼曰禽周易即鹿無虞以從禽也易林吉日車攻田弋獲禽宣王飲酒以告嘉功○登都籠切升也漢書叙傳子夫既興扇而不終鉤弋憂傷孝昭以登二棟梁也蘇黃門徐孺亭詩徐君鬱鬱澗底松陳君落落堂上棟澗深松茂不遺伐堂騣棟折傷其躬○橦徒紅切○長木可緣也張衡西京賦烏獲扛鼎都盧尋橦衝狹燕濯胷突銛鋒六幢幡幢童也其狀童童然也急就章蒲蒻藺席帳帷幢鏡奩梳比各異工調味也屈原騷經勉陞降以上下兮求矩矱之所同湯禹嚴而求合兮摯咎繇而能調洞空也淮南子天地鴻洞注云讀如同

00378 韻補五卷 （宋）吴棫撰　元刻本

匡高23.6厘米，廣16.4厘米。半葉十行，行字不等，黑口，左右雙邊。南京圖書館藏。

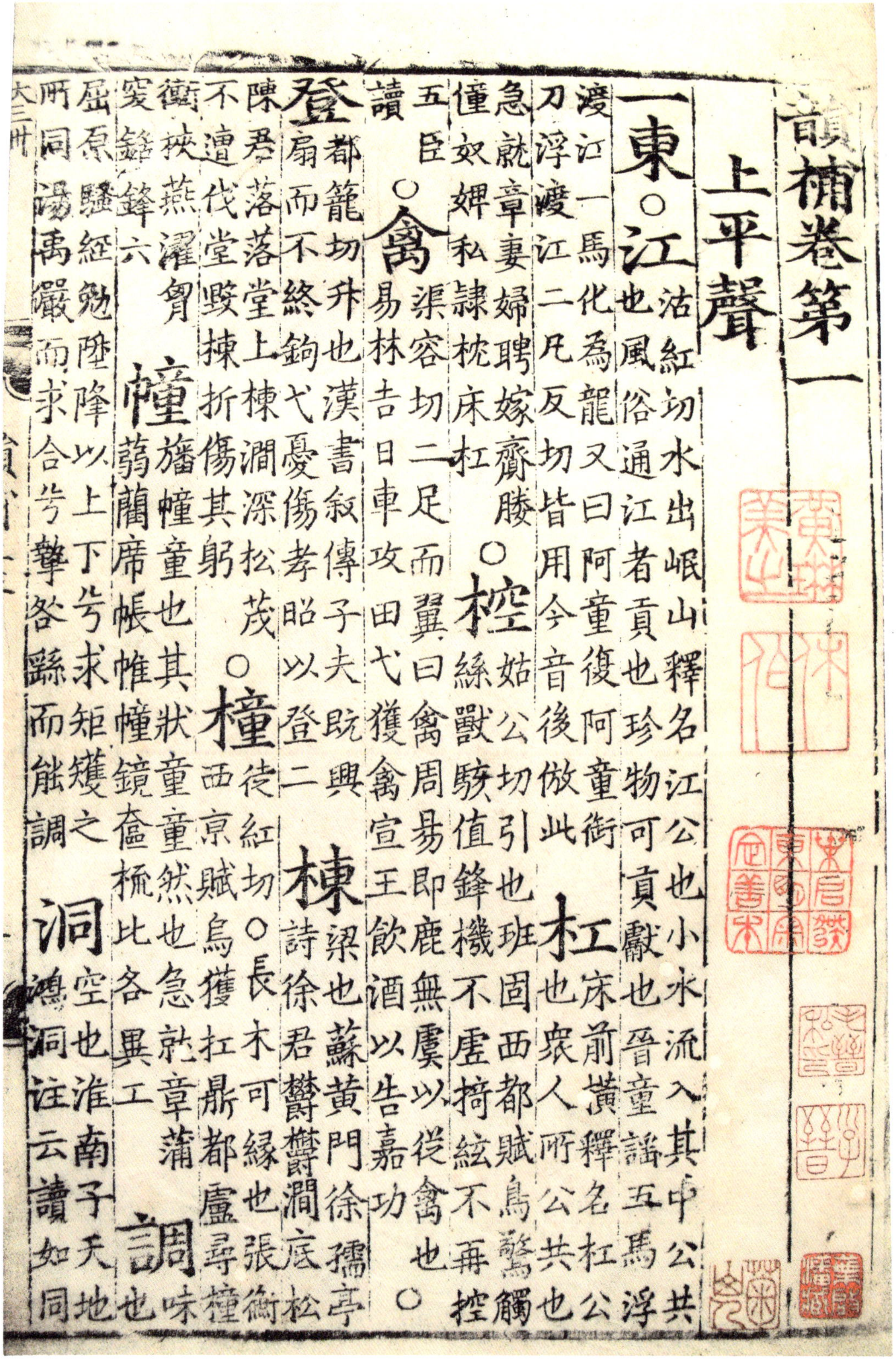

韻補卷第一

上平聲

一東 ○江 沽紅切水出岷山釋名江公也小水流入其中公共也風俗通江者貢也珍物可貢獻也晉童謠五馬浮渡江一馬化爲龍又曰阿童復阿童銜刀浮渡江二凡反切皆用今音後倣此

杠 牀前橫釋名杠公也衆人所公共也急就章妻婦聘嫁齎媵僮奴婢私隸枕床杠 ○椌 姑公切引也班固西都賦鳥驚觸絲獸駭值鋒機不虛掎絃不再控五臣讀 ○禽 渠容切二足而翼曰禽周易即鹿無虞以從禽也易林吉日車攻田弋獲禽宣王飲酒以告嘉功 ○

登 都籠切升也漢書叙傳子夫既興扇而不終鉤弋憂傷孝昭以登二

棟 梁也蘇黃門徐孺亭詩徐君鬱鬱澗底松陳君落落堂上棟澗深松茂不遭伐堂毀棟折傷其躬 ○橦 徒紅切○長木可緣也張衡西京賦烏獲扛鼎都盧尋橦衞挾燕濯胷竇鎽鋒六

幢 旛幢童也其狀童童然也急就章蒲蒻藺席帳帷幢鏡奩梳比各異工

調 味也屈原騷經勉陞降以上下兮求矩矱之所同湯禹儼而求合兮摯咎繇而能調

洞 空也淮南子天地鴻洞注云讀如同

00379 韻補五卷　（宋）吴棫撰　元刻本

匡高21.5厘米，廣14.5厘米。半葉十行，行字不等，黑口，左右雙邊。有“毛晉私印”、“聽松風處”、“慧海樓藏書印”、“何紹基印”、“德輝”等印。葉啟勳、葉啟發跋。湖南圖書館藏。

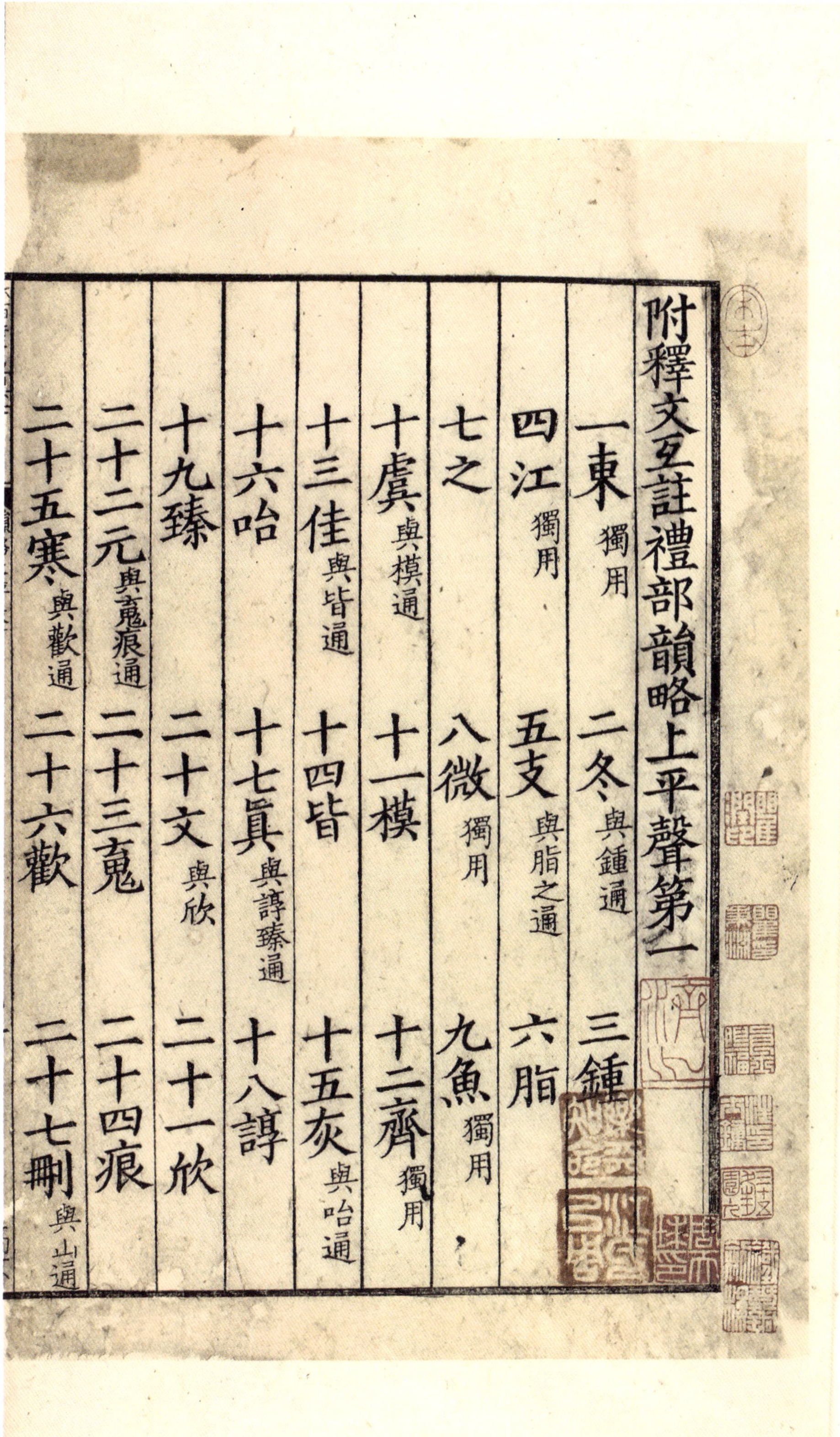

附釋文互註禮部韻略上平聲第一

一東獨用　二冬與鍾通　三鍾

四江獨用　五支與脂之通　六脂

七之　八微獨用　九魚獨用

十虞與模通　十一模　十二齊獨用

十三佳與皆通　十四皆　十五灰與咍通

十六咍　十七真與諄臻通　十八諄

十九臻　二十文與欣　二十一欣

二十二元與魂痕通　二十三魂　二十四痕

二十五寒與歡通　二十六歡　二十七刪與山通

00380 附釋文互註禮部韻略五卷韻略條式一卷 宋紹定三年（1230）藏書閣刻本

匡高25厘米，廣18.1厘米。半葉十行，行字不等，白口，左右雙邊。有“江氏以周”、“周天球印”、“顧霖印”、“鐵琴銅劍樓”等印。國家圖書館藏。

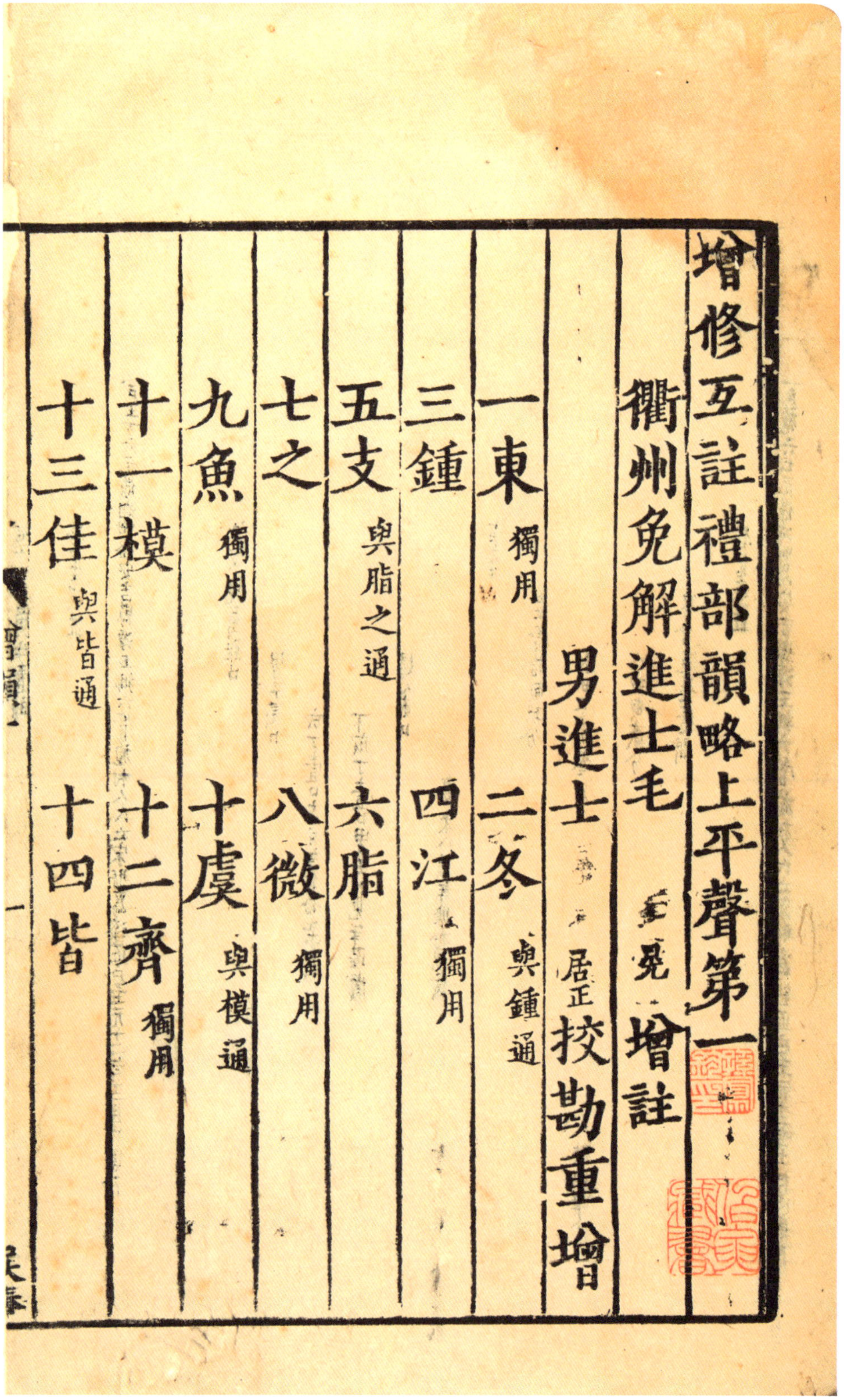

00381 增修互註禮部韻略五卷（宋）毛晃增注　（宋）毛居正重增　宋杭州刻元公文紙印本（有抄配）

匡高28.5厘米，廣20.5厘米。半葉十行，行十七字，小字雙行三十二字，白口，左右雙邊。有“孫鳳鈞印”、“安樂堂藏書記”、“佞宋齋”、“伯寅藏書”、“潘祖蔭藏書記”、“八求精舍”、“小脈望館”等印。上海圖書館藏。

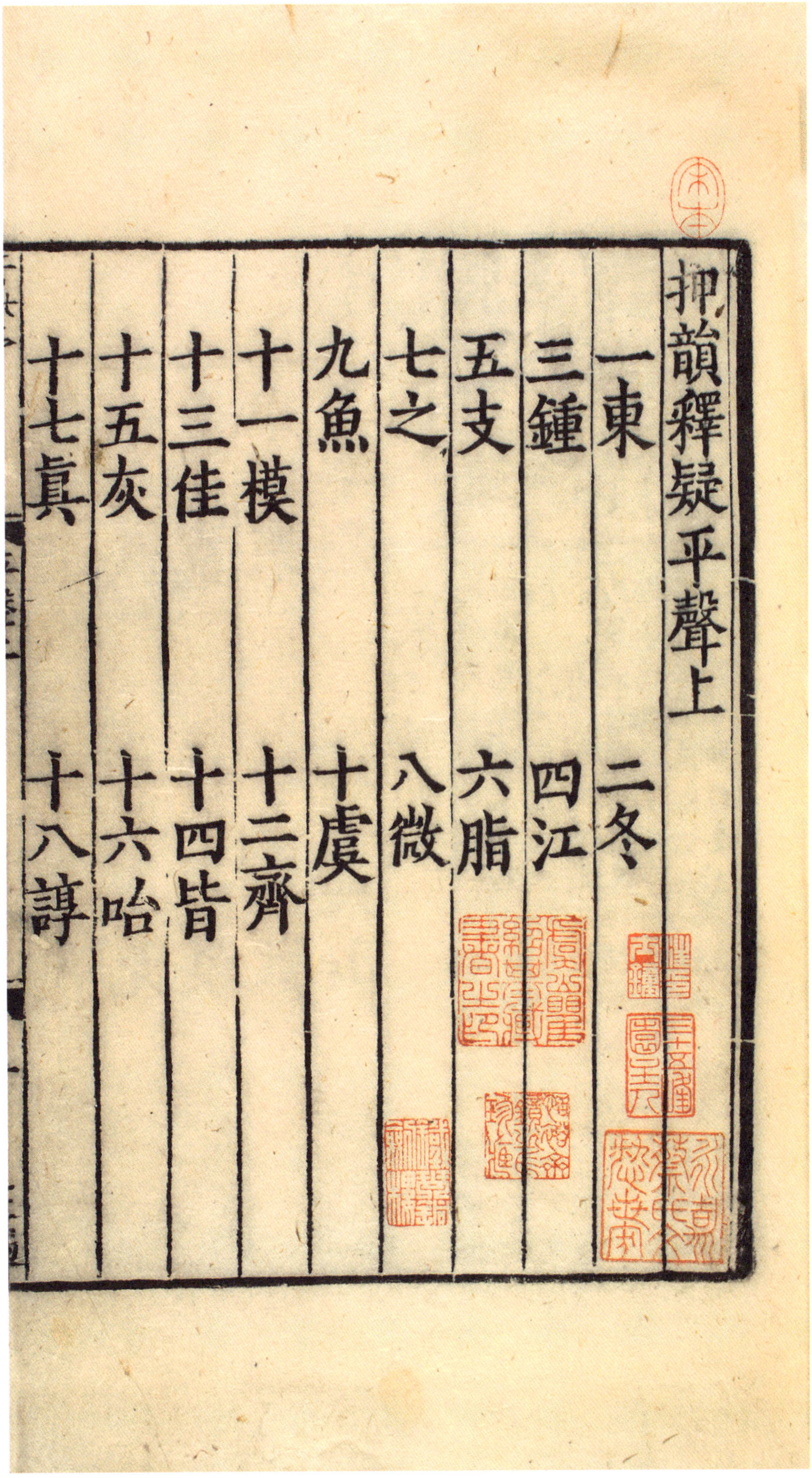

押韻釋疑平聲上

一東　二冬
三鍾　四江
五支　六脂
七之　八微
九魚　十虞
十一模　十二齊
十三佳　十四皆
十五灰　十六咍
十七真　十八諄

00382 押韻釋疑五卷拾遺一卷 （宋）歐陽德隆撰　宋嘉熙三年（1239）余天任禾興郡齋刻本

匡高21.9厘米，廣16.2厘米。半葉十行，小字雙行二十五字，白口，左右雙邊。有“槐雨亭印”、“蔡氏宗文”、“乾學”、“顧霖印”、“汪印士鐘”、“鐵琴銅劍樓”等印。國家圖書館藏，存五卷。

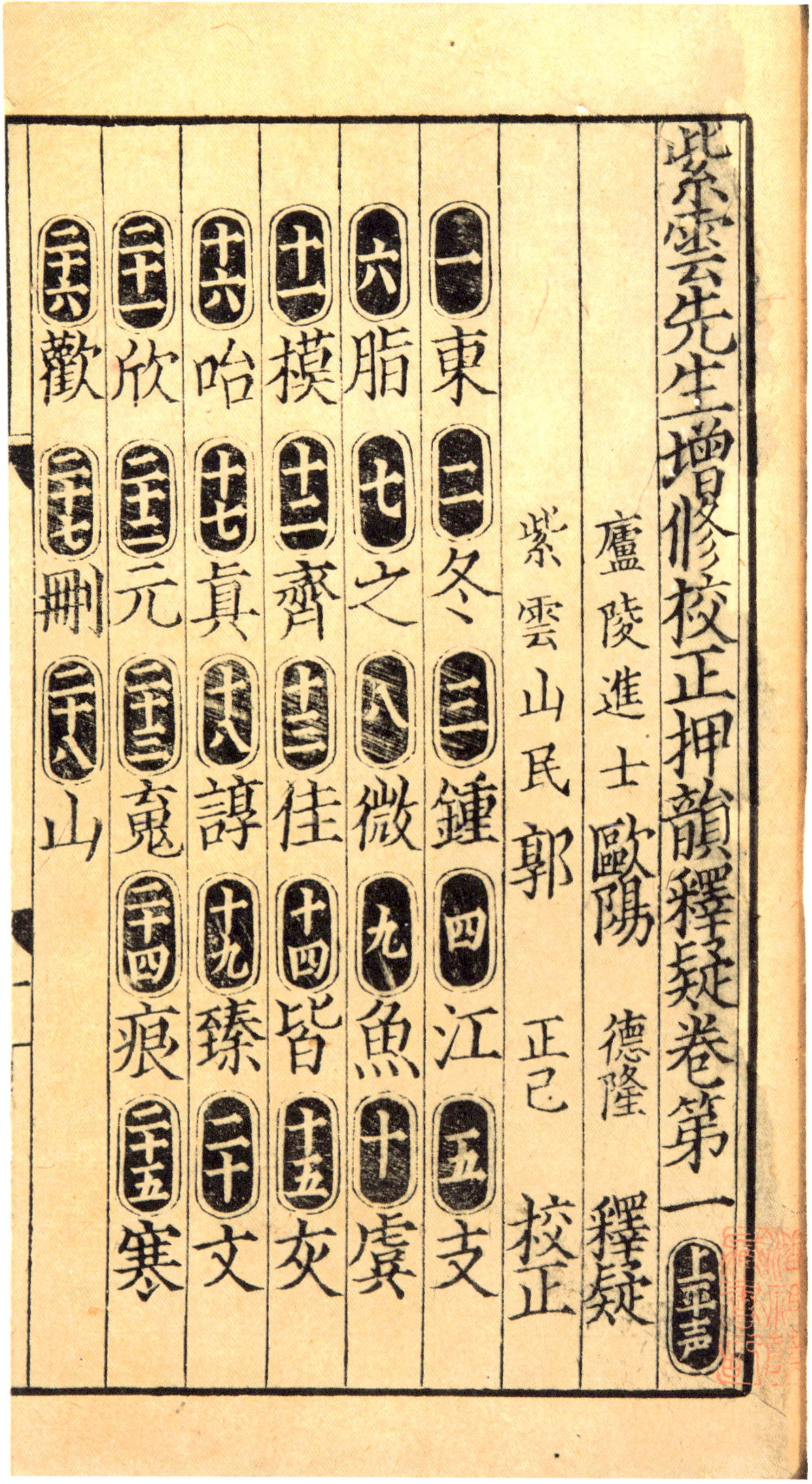

00383 紫雲先生增修校正押韻釋疑五卷 （宋）歐陽德隆撰 （宋）郭守正增修 宋刻本

匡高18.5厘米，廣11厘米。半葉九行，行十七字，細黑口，左右雙邊。有“安樂堂藏書記”、“伯寅藏書”、“潘祖蔭藏書記”等印。上海圖書館藏。

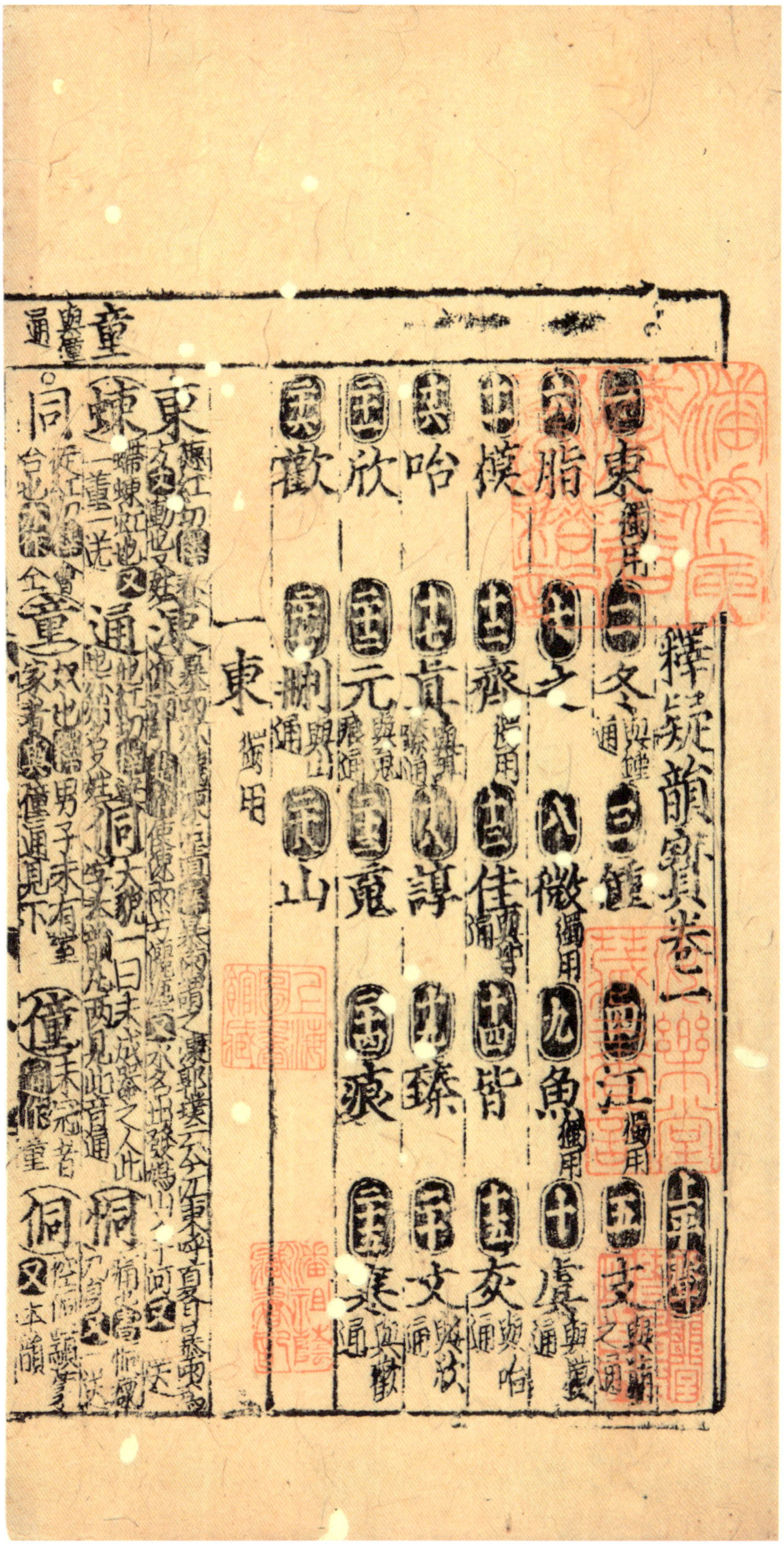

00384 魁本足註釋疑韻寶五卷 元刻本

匡高19.5厘米，廣12.9厘米。半葉十一行，行十六字，細黑口，左右雙邊。有“安樂堂藏書記”、“明善堂覽書画印記”、“潘祖蔭藏書記”、“潘伯寅藏金石書籍記”等印。上海圖書館藏。

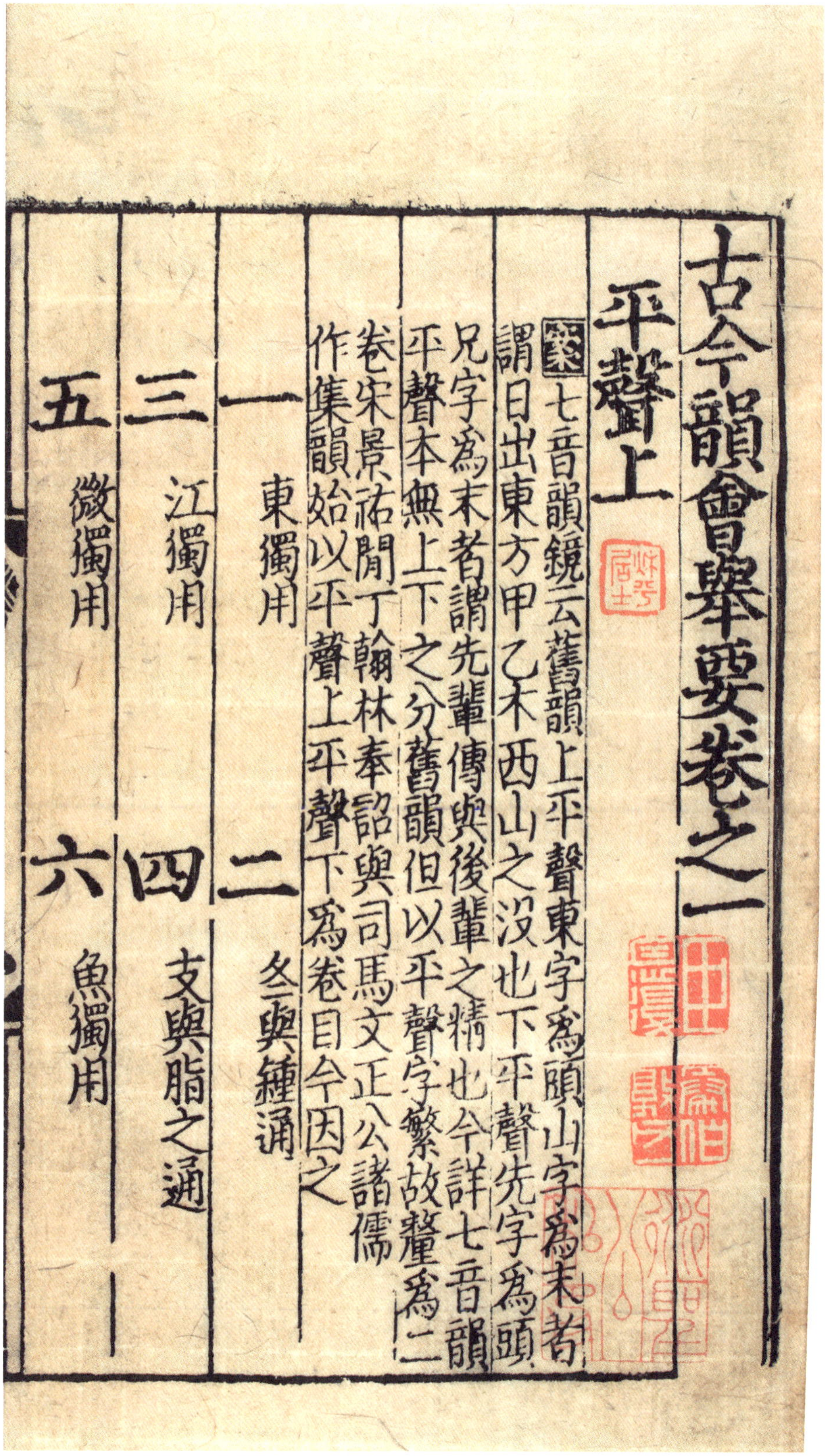

古今韻會舉要卷之一

平聲上

〔案〕七音韻鏡云舊韻上平聲東字爲頭山字爲末者謂日出東方甲乙木西山之沒也下平聲先字爲頭兄字爲末者謂先輩傳與後輩之精也今詳七音韻平聲本無上下之分舊韻但以平聲字繁故釐爲二卷宋景祐閒丁翰林奉詔與司馬文正公諸儒作集韻始以平聲上平聲下爲卷目今因之

一 東獨用　　二 冬與鍾通

三 江獨用　　四 支與脂之通

五 微獨用　　六 魚獨用

00385 古今韻會舉要三十卷禮部韻略七音三十六母通考一卷 （元）熊忠撰　元刻本

匡高19厘米，廣13厘米。半葉八行，小字雙行二十二字，黑口，左右雙邊。有“衍聖公私印”、“承澤堂”、“秦伯敦父”、“宋存書室”等印。錢大昕、袁克文跋。國家圖書館藏。

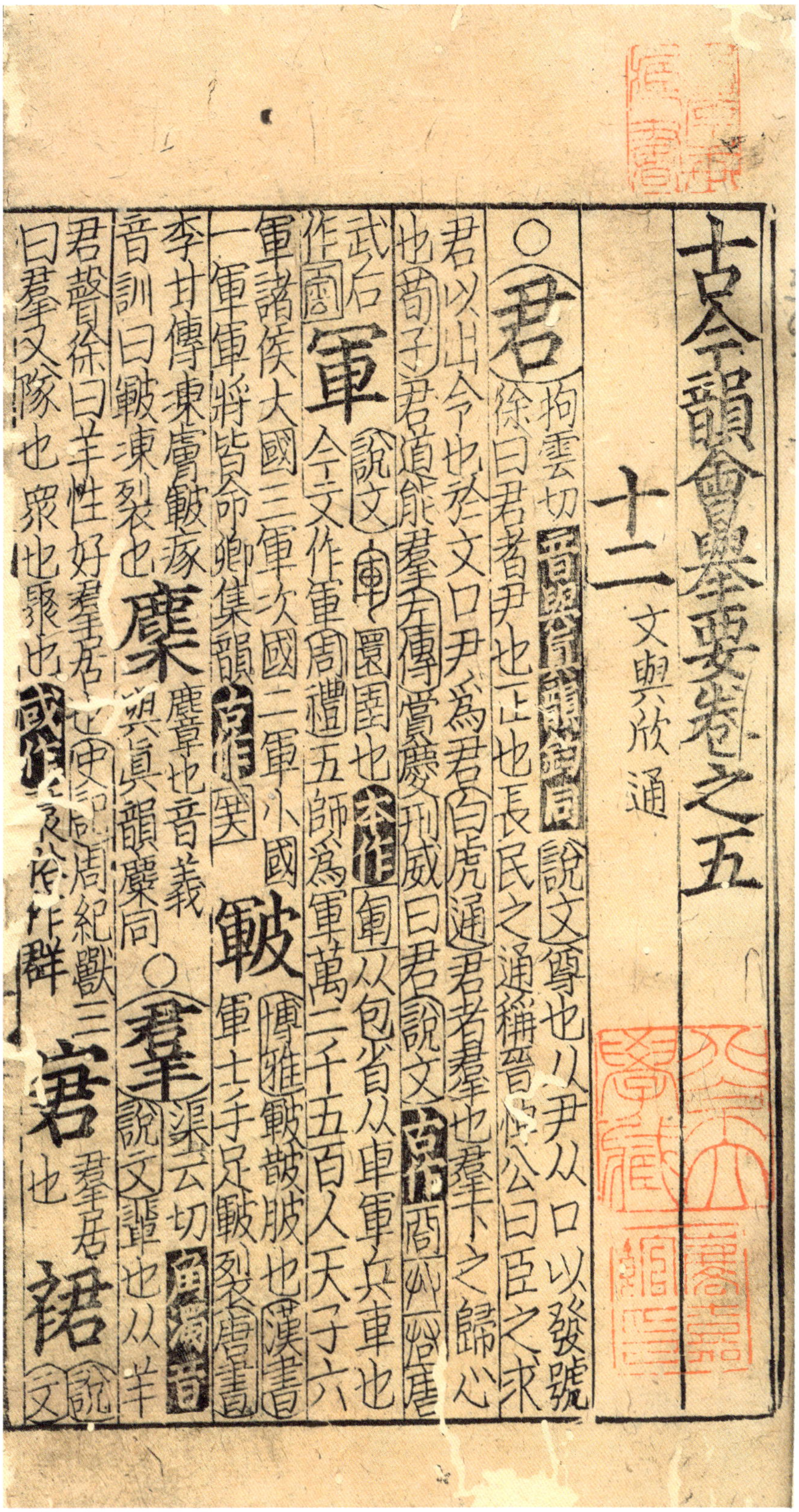
古今韻會舉要卷之五
十二文 與欣通
○君 拘雲切 音與贇韻鈞同 說文尊也从尹从口以發號
徐曰君者尹也正也長民之通稱晉[illegible]公曰臣之求
君以出令也於文口尹爲君白虎通君者羣也羣下之歸心
也荀子君道能羣左傳賞慶刑威曰君說文古作[illegible]
武后作圀 軍 說文圜圍也本作軍从包省从車車兵車也
今文作軍周禮五師爲軍萬二千五百人天子六
軍諸侯大國三軍次國二軍小國 皸 博雅皸散皮也漢書
一軍軍將皆命卿集韻亦作[illegible] 軍士手足皸裂唐書
李甘傳凍膚皸瘃 麇 麏麞也音義 ○羣 渠云切 角濁音
音訓曰皸凍裂也 與眞韻麏同 說文輩也从羊
君聲徐曰羊性好羣羣居也史記周紀獸三 宭 羣居 說
曰羣又隊也衆也聚也 或作[illegible]作群 也 裙 文

00386 古今韻會舉要三十卷禮部韻略七音三十六母通考一卷 （元）熊忠撰 元刻本

匡高19.6厘米，廣12.7厘米。半葉八行，小字雙行二十三字，細黑口，左右雙邊。有“木犀軒藏書”等印。北京大學圖書館藏，存二十八卷。

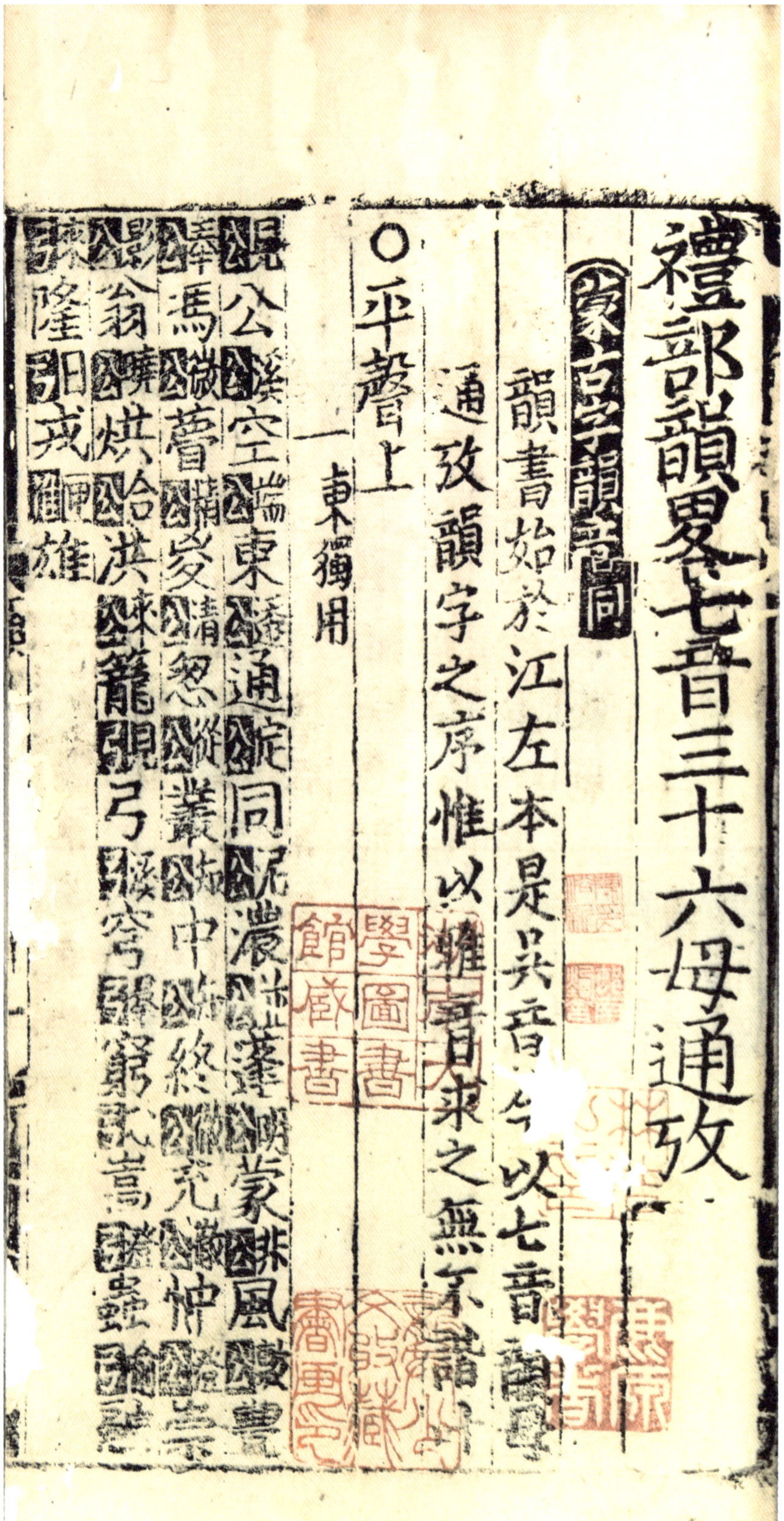

00387 古今韻會舉要三十卷禮部韻畧七音三十六母通攷一卷 （元）熊忠撰　元刻明遞修本

匡高廣不一。半葉八行，小字雙行二十三字，黑口，四周單邊。有“玉㲄山房”、“鹿原林氏藏書”、“鄭氏注韓居珍藏記”、“龔少文收藏書画印”等印。湖南師範大學圖書館藏。

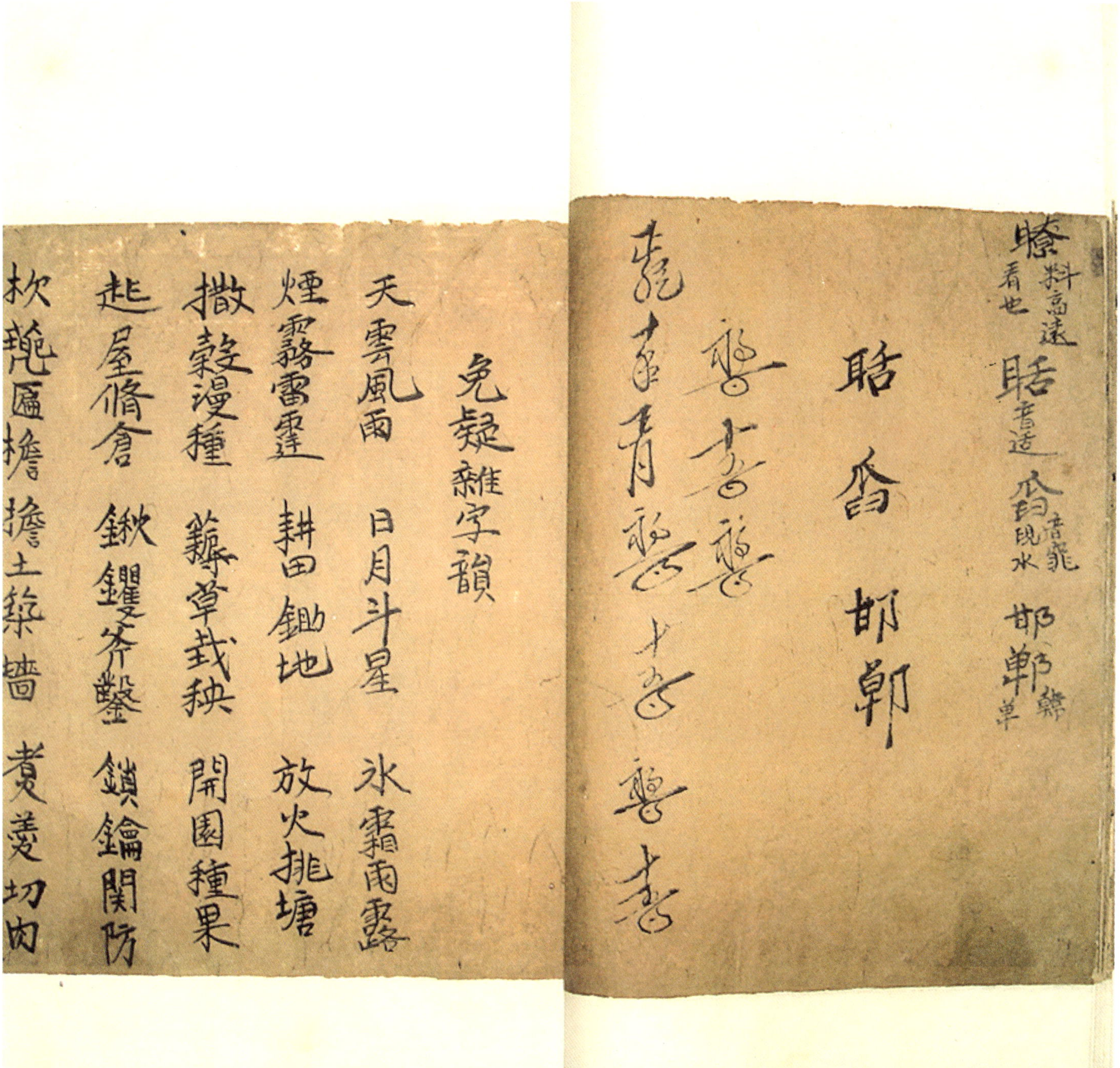

00388 韻書二卷免疑雜字一卷 元抄本

半葉六行，行字不等。山東省博物館藏。

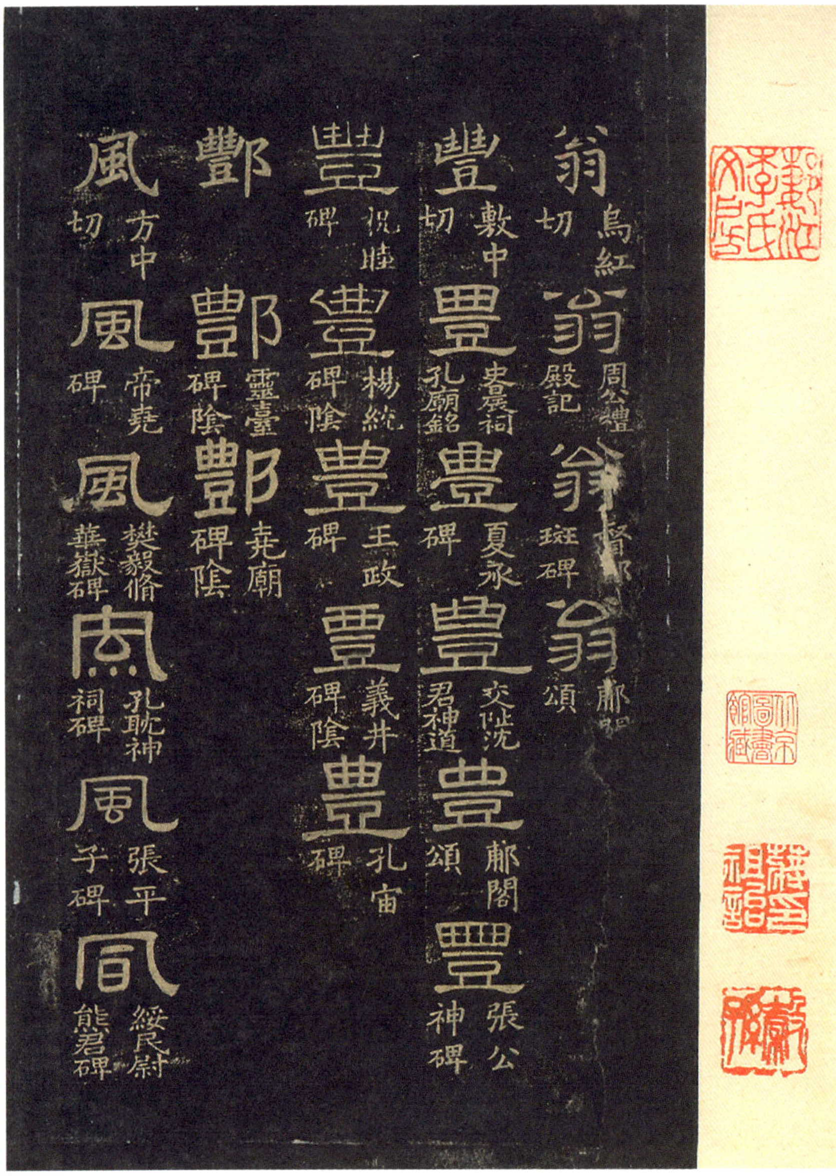

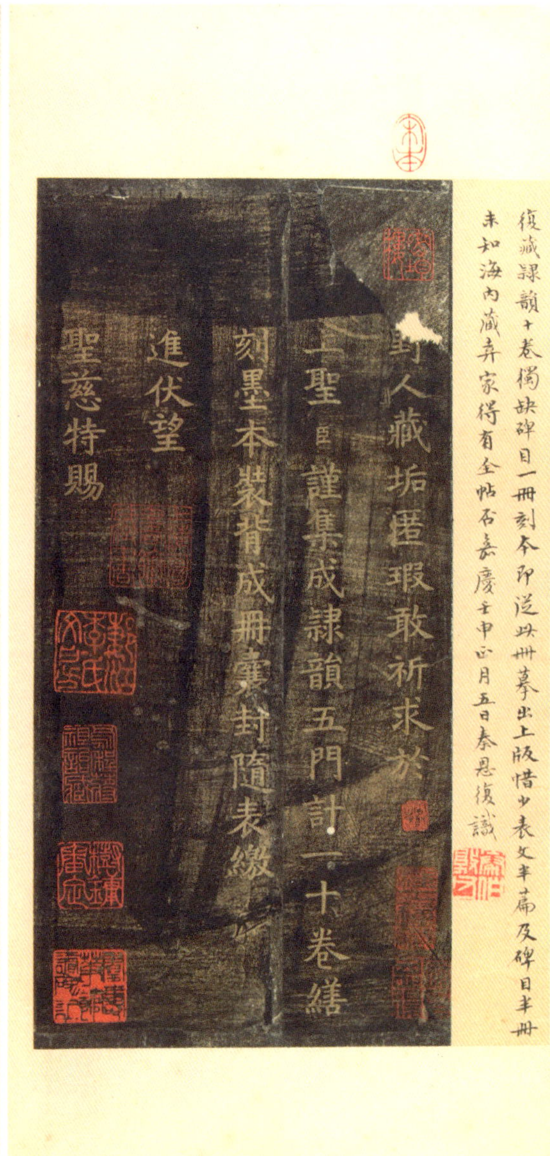

00389、00390 隸韻十卷 （宋）劉球纂集 南宋淳熙二年（1175）刻版 宋拓本

墨本高25.5厘米，廣15.7厘米。國家圖書館藏，有“范大澈印”、“錢大昕印”、“鄞江李氏文房”等印，存九卷；上海圖書館藏，有“伯元父印”、“徐紫珊秘篋印”、“沈氏金石”、“鄞江李氏文房”、“西蠡”、“銅山張氏小來禽館金石書畫”、“烏程蔣祖詒藏書”等印，存六卷。

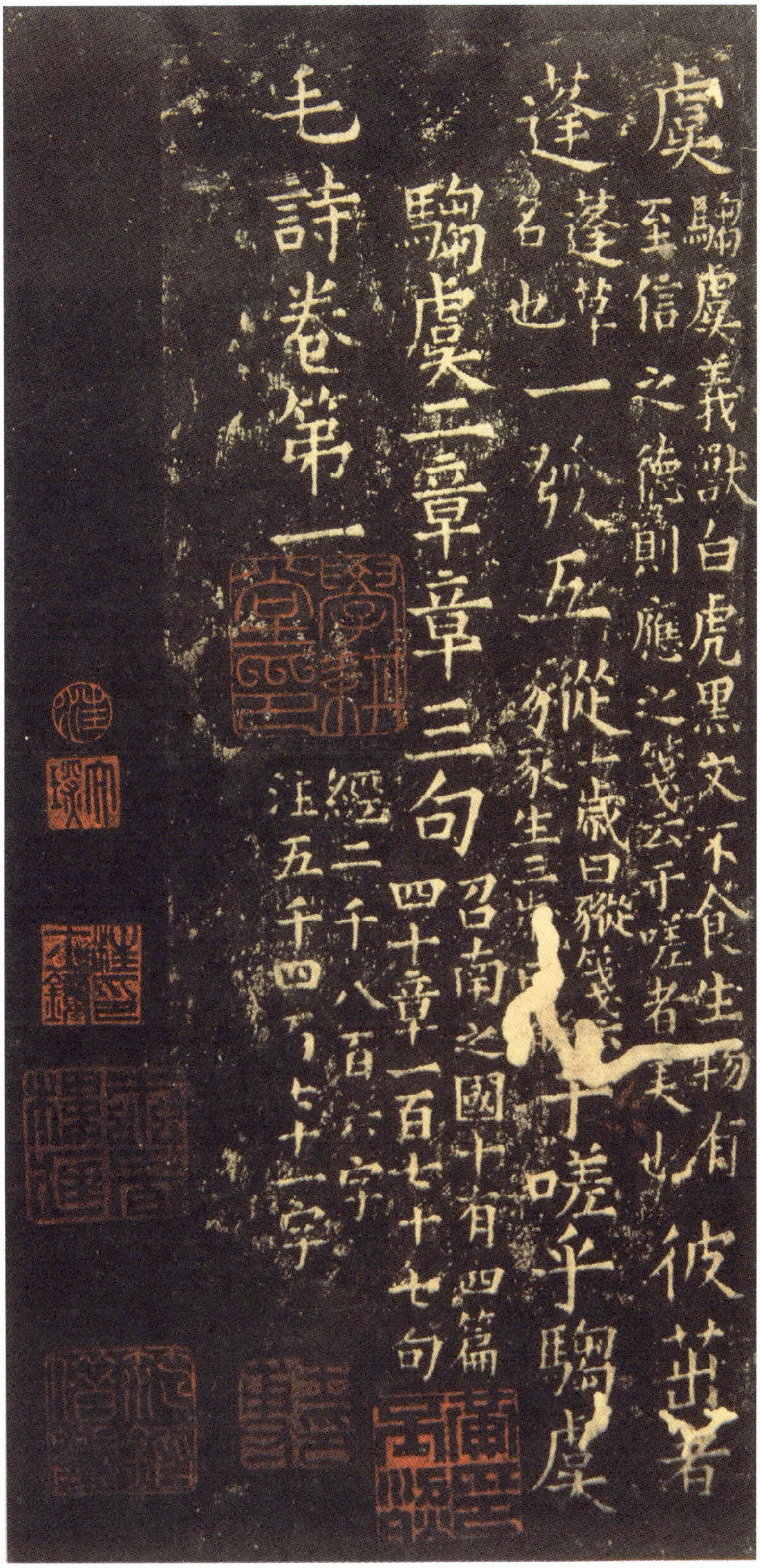

00391 廣政石經 十國後蜀廣政初年至南宋乾道六年（1170）刻石 宋拓本

有錢大昕致黃丕烈書劄。黃丕烈、葉志詵、戴熙跋。上海圖書館藏。

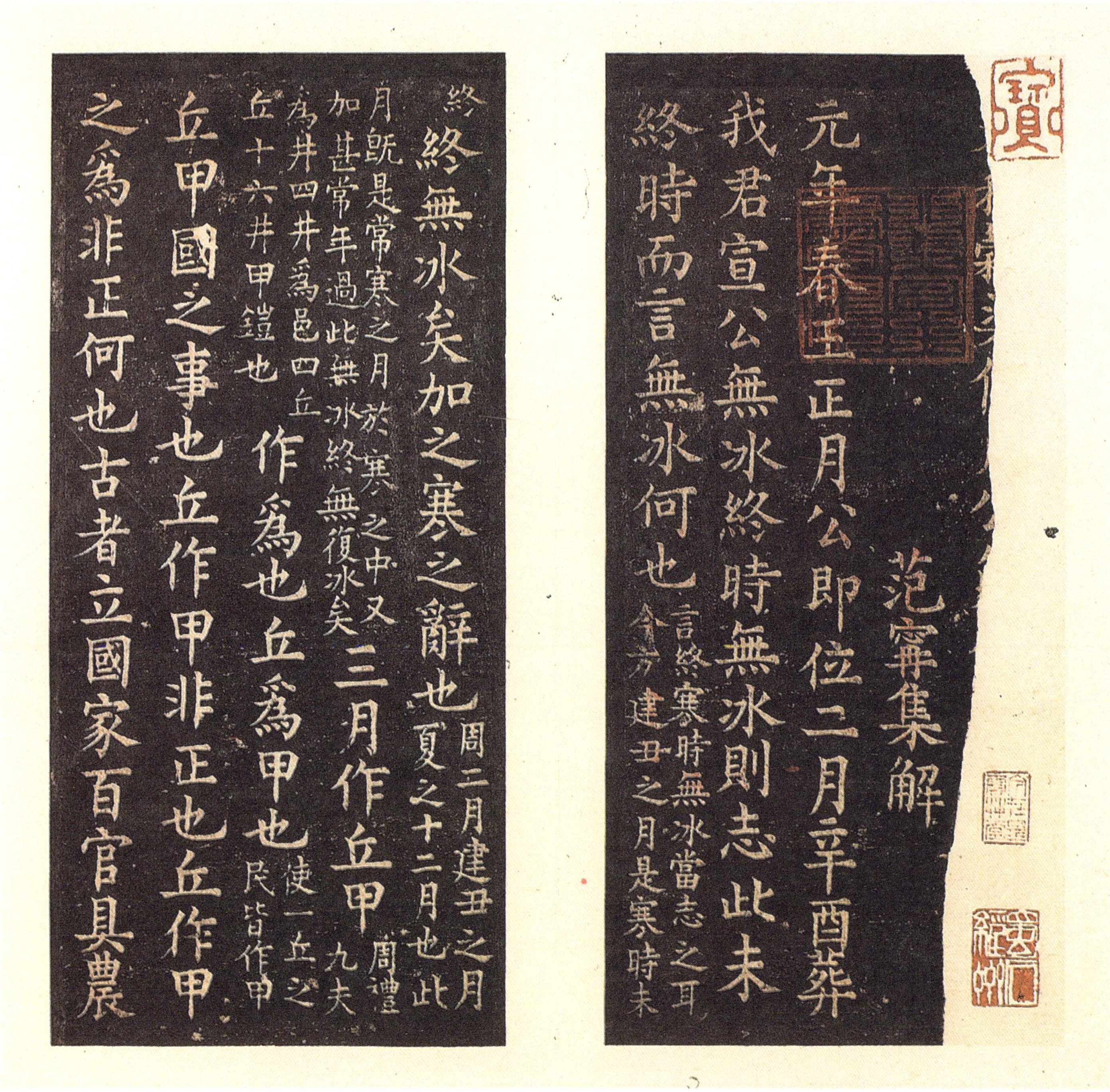
范寧集解
元年春王正月公即位二月辛酉葬
我君宣公無冰終時無冰則志此未
終時而言無冰何也言終寒時無冰當志之耳今方建丑之月是寒時未
終終無冰矣加之寒之辭也周二月建丑之月夏之十二月也此月既是常寒之月於寒之中又加甚常年過此無冰終無復冰矣
三月作丘甲周禮九夫爲井四井爲邑四丘丘十六井甲鎧也
作爲也丘爲甲也使一丘之民皆作甲
丘甲國之事也丘作甲非正也丘作甲
之爲非正何也古者立國家百官具農

00392 廣政石經　十國後蜀廣政初年至南宋乾道六年（1170）刻石　宋元拓本　有"黄印丕烈"等印。錢大昕跋。國家圖書館藏。

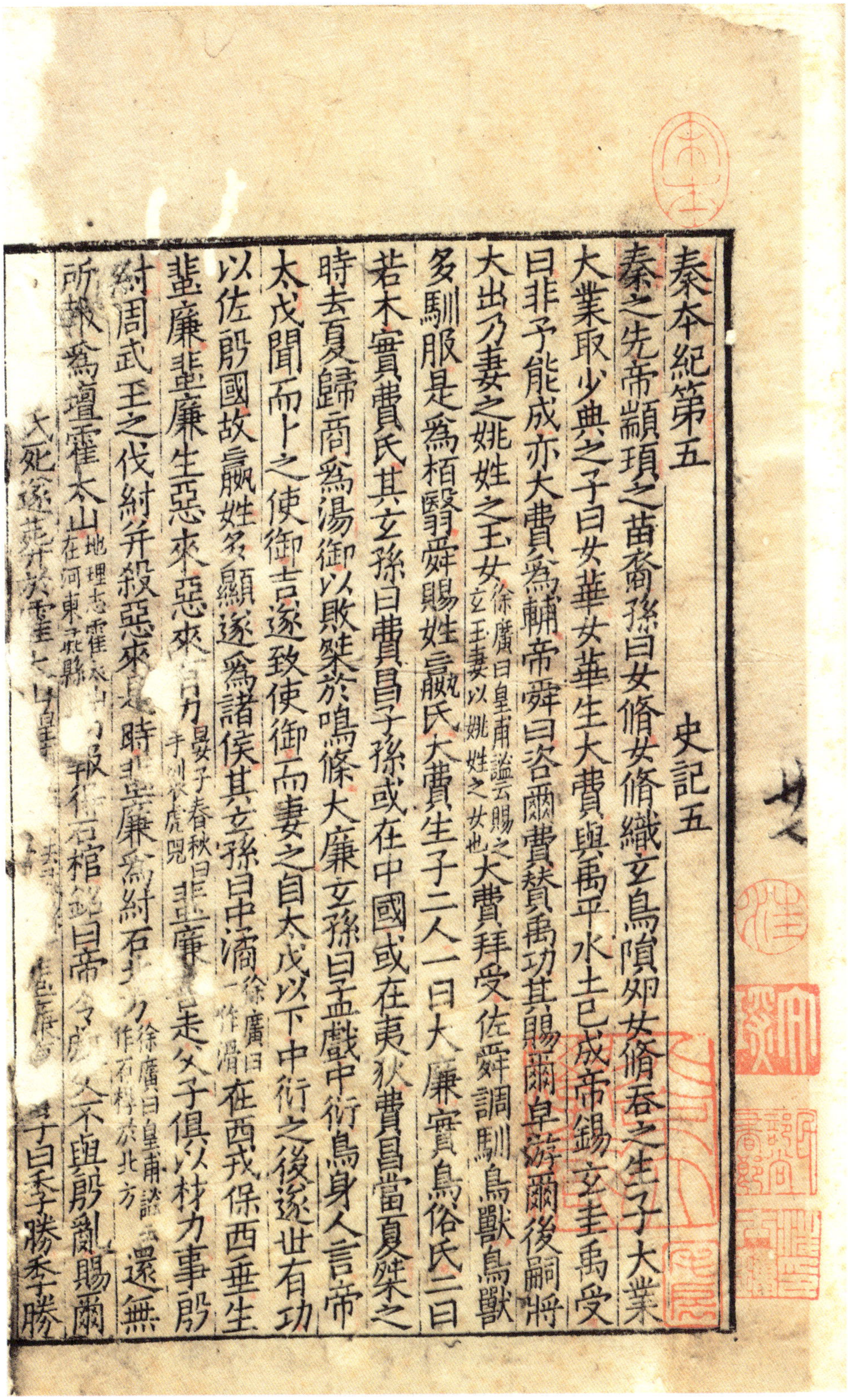
秦本紀第五　　史記五
秦之先帝顓頊之苗裔孫曰女脩女脩織玄鳥隕卵女脩吞之生子大業
大業取少典之子曰女華女華生大費與禹平水土已成帝錫玄圭禹受
曰非予能成亦大費爲輔帝舜曰咨爾費贊禹功其賜爾皁游爾後嗣將
大出乃妻之姚姓之玉女徐廣曰皇甫謐云賜之玄玉妻以姚姓之女也大費拜受佐舜調馴鳥獸鳥獸
多馴服是爲栢翳舜賜姓嬴氏大費生子二人一曰大廉實鳥俗氏二曰
若木實費氏其玄孫曰費昌子孫或在中國或在夷狄費昌當夏桀之
時去夏歸商爲湯御以敗桀於鳴條大廉玄孫曰孟戲中衍鳥身人言帝
太戊聞而卜之使御吉遂致使御而妻之自太戊以下中衍之後遂世有功
以佐殷國故嬴姓多顯遂爲諸侯其玄孫曰中潏徐廣曰一作滑在西戎保西垂生
蜚廉蜚廉生惡來惡來有力晏子春秋曰手裂虎兕蜚廉善走父子俱以材力事殷
紂周武王之伐紂并殺惡來是時蜚廉爲紂石北方徐廣曰皇甫謐云作石椁於北方還無
所報爲壇霍太山地理志霍太山在河東彘縣而報得石棺銘曰帝令處父不與殷亂賜爾
[illegible]死遂葬於霍太山[illegible]子曰季勝季勝

00393 史記一百三十卷　（漢）司馬遷撰　（南朝宋）裴駰集解　北宋刻本（卷一至四、八至一百三十配南宋初建陽刻本）

匡高18.5厘米，廣12.6厘米。半葉十四行，行二十七字至二十九字，小字雙行三十二至三十六字，白口，左右雙邊。有“子晉氏”、“毛鳳苞印”、“平陽汪氏藏書印”、“四經四史之齋”等印。北京大學圖書館藏。

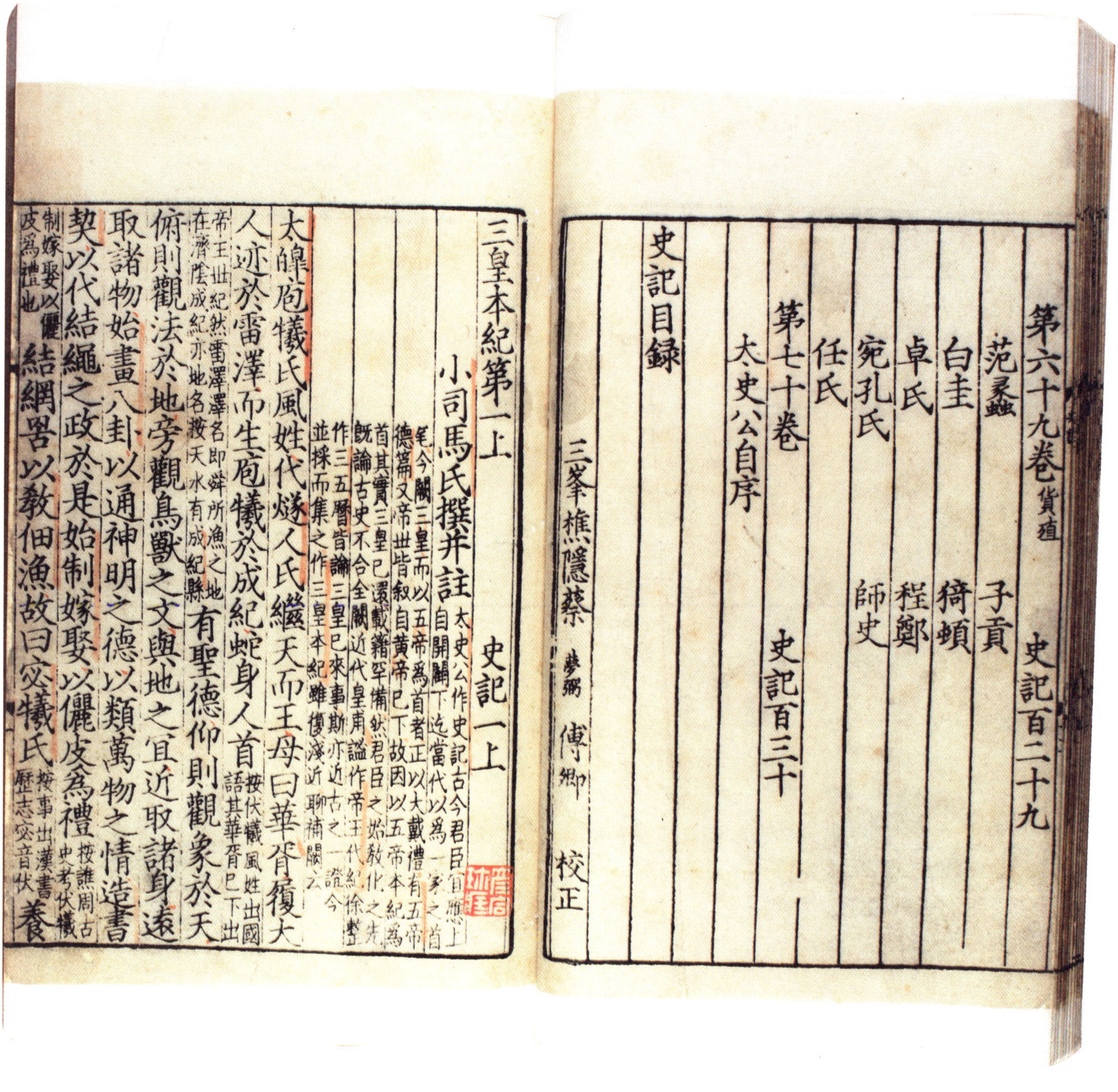
第六十九卷 貨殖 史記百二十九
范蠡 子貢
白圭 猗頓
卓氏 程鄭
宛孔氏 師史
任氏
第七十卷 史記百三十
太史公自序
史記目録
三峯樵隱蔡夢弼傅卿校正

三皇本紀第一上 史記一上
小司馬氏撰并註 太史公作史記古今君臣宜應上自開闢下迄當代以爲一家之首今闕三皇而以五帝爲首者正以大戴禮有五帝德篇又帝世皆叙自黃帝已下故因以五帝本紀爲首其實三皇已還載籍罕備然君臣之始教化之先既論古史不合全闕近代皇甫謐作帝王代紀徐整作三五曆皆論三皇已來事斯亦近古之一證今並採而集之作三皇本紀雖復淺近聊補闕云
太皞庖犧氏風姓代燧人氏繼天而王母曰華胥履大人迹於雷澤而生庖犧於成紀蛇身人首 按伏犧風姓出國語其華胥已下出帝王世紀然雷澤澤名即舜所漁之地在濟陰成紀亦地名按天水有成紀縣 有聖德仰則觀象於天俯則觀法於地旁觀鳥獸之文與地之宜近取諸身遠取諸物始畫八卦以通神明之德以類萬物之情造書契以代結繩之政於是始制嫁娶以儷皮爲禮 按譙周古史考伏犧制嫁娶以儷皮爲禮也 結網罟以教佃漁故曰宓犧氏 按事出漢書歷志宓音伏 養

00394 史記一百三十卷 （漢）司馬遷撰 （南朝宋）裴駰集解 （唐）司馬貞索隱 宋乾道七年（1171）蔡夢弼東塾刻本（卷四十三配清光緒元年楊保彝影宋抄本）

匡高18.9厘米，廣13.2厘米。半葉十二行，行二十一字，小字雙行二十八字，白口，左右雙邊。有“建谿三峯樵隱蔡夢弼傅卿親刻校梓於東塾”、“建谿三峯樵隱蔡夢弼傅卿校正謹刻梓於望道亭”等牌記。有“朱印子儋”、“錢興祖印”、“季振宜藏書”、“汪士鐘藏”、“四經四史之齋”等印。季振宜題款。國家圖書館藏。

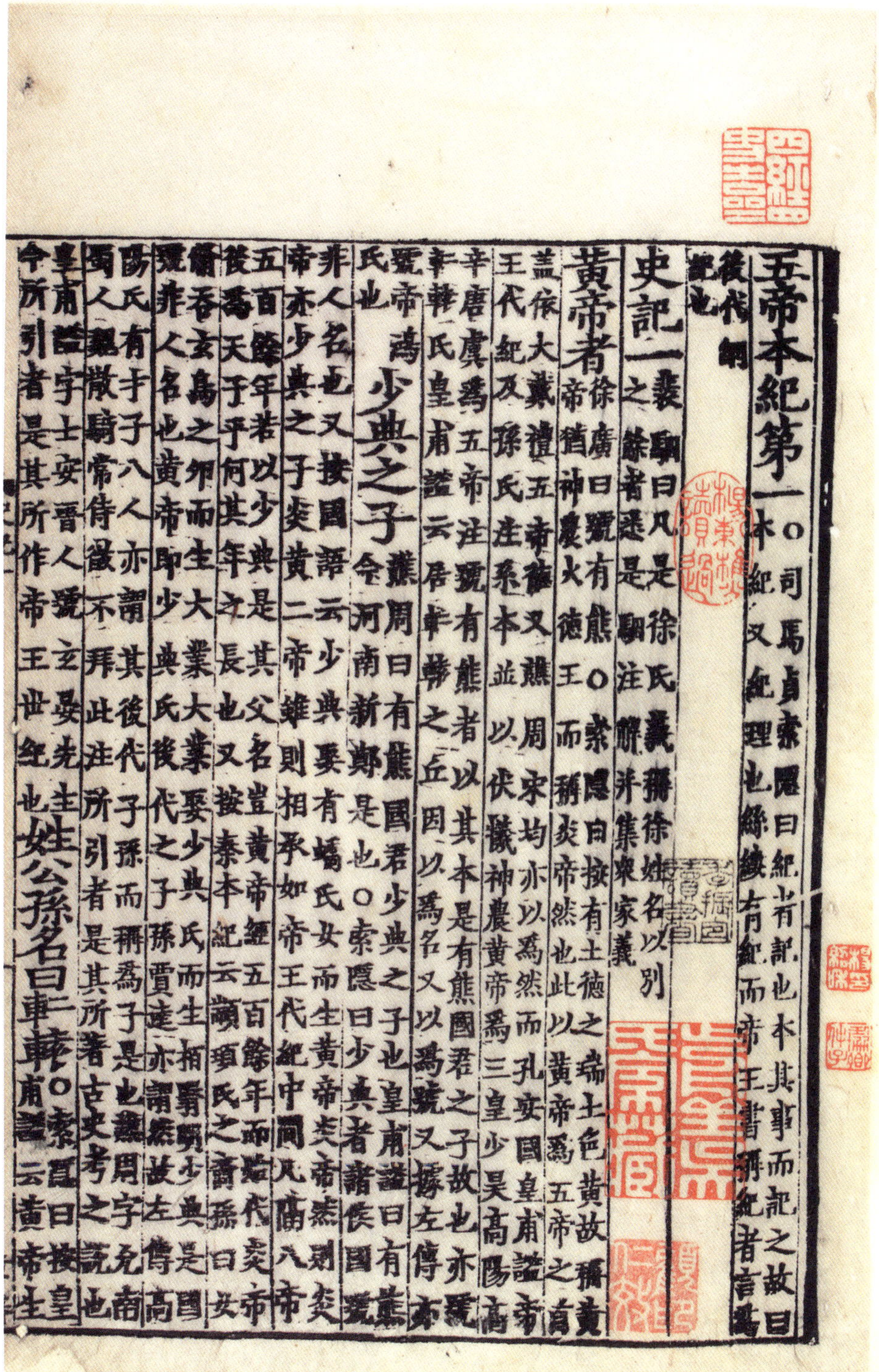

五帝本紀第一 ○司馬貞索隱曰紀者記也本其事而記之故曰本紀又紀理也絲縷有紀而帝王書稱紀者言為後代綱紀也

史記一 裴駰曰凡是徐氏義稱徐姓名以別之餘者悉是駰注解并集衆家義

黃帝者 徐廣曰號有熊○索隱曰按有土德之瑞土色黃故稱黃帝猶神農火德王而稱炎帝然也此以黃帝為五帝之首蓋依大戴禮五帝德又譙周宋均亦以為然而孔安國皇甫謐帝王代紀及孫氏注系本並以伏犧神農黃帝為三皇少昊高陽高辛唐虞為五帝注號有熊者以其本是有熊國君之子故也亦號軒轅氏皇甫謐云居軒轅之丘因以為名又以為號又據左傳亦號帝鴻氏也

少典之子 裴駰曰少典國君少典之子也皇甫謐曰有熊今河南新鄭是也○索隱曰少典者諸侯國號非人名也又按國語云少典娶有蟜氏女而生黃帝炎帝然則炎帝亦少典之子炎黃二帝雖則相承如帝王代紀中間凡隔八帝五百餘年若以少典是其父名豈黃帝經五百餘年而始代炎帝後為天子乎何其年之長也又按秦本紀云顓頊氏之裔孫曰女脩吞玄鳥之卵而生大業大業娶少典氏而生柏翳明少典是國號非人名也黃帝即少典氏後代之子孫賈逵亦謂然故左傳高陽氏有才子八人亦謂其後代子孫而稱為子是也譙周字允南蜀人魏散騎常侍徵不拜此注所引者是其所著古史考之說也皇甫謐字士安晉人號玄晏先生今所引者是其所作帝王世紀也

姓公孫名曰軒轅 ○索隱曰按皇甫謐云黃帝生

00395 史記一百三十卷 （漢）司馬遷撰 （南朝宋）裴駰集解 （唐）司馬貞索隱 宋淳熙三年（1176）張杅桐川郡齋刻八年（1181）耿秉重修本

匡高19.2厘米，廣14.9厘米。半葉十二行，行二十五字，小字雙行同，白口，左右雙邊。有“白川書院朱墨通記”、“曲阿孫育”、“顧印仁效”、“戊戌毛晉”、“振宜之印”、“乾學”、“汪士鐘藏”、“海源閣”等印。國家圖書館藏。

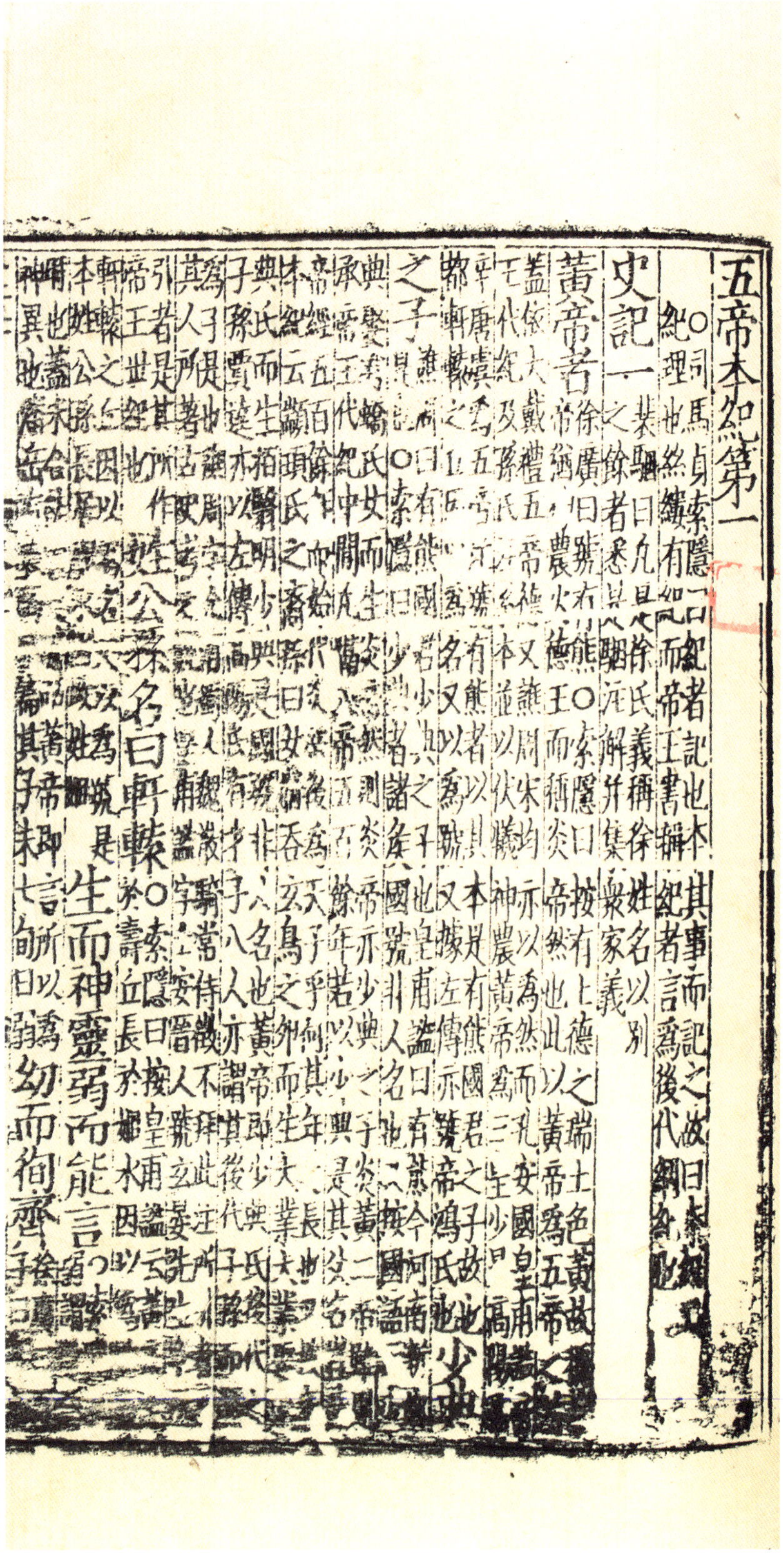
五帝本紀第一

史記一

黃帝者

少典之子

姓公孫名曰軒轅

生而神靈弱而能言幼而徇齊

00396 史記一百三十卷 （漢）司馬遷撰 （南朝宋）裴駰集解 （唐）司馬貞索隱 蒙古中統二年（1261）段子成刻明修本（卷三十至四十三配明刻本）

匡高18.6厘米，廣12.9厘米。半葉十四行，行二十五字，小字雙行同，黑口，四周雙邊。有“涵芬樓”、“寒雲秘笈珍藏”等印。袁克文跋，張元濟題款。國家圖書館藏。

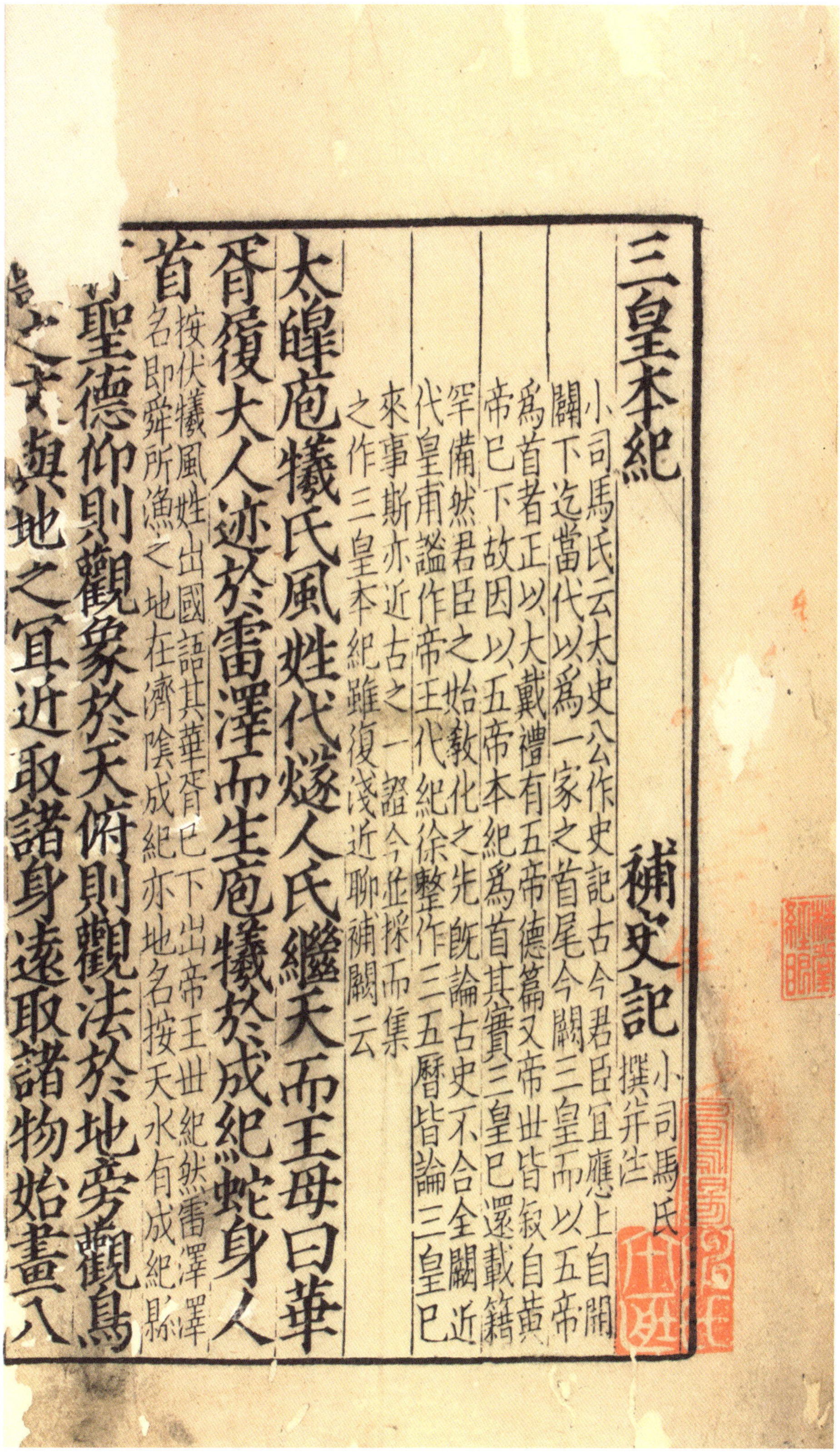

三皇本紀　補史記　小司馬氏撰幷注

小司馬氏云太史公作史記古今君臣宜應上自開闢下迄當代以爲一家之首尾今闕三皇而以五帝爲首者正以大戴禮有五帝德篇又帝世皆叙自黄帝已下故因以五帝本紀爲首其實三皇已還載籍罕備然君臣之始教化之先既論古史不合全闕近代皇甫謐作帝王代紀徐整作三五曆皆論三皇已來事斯亦近古之一證今並採而集之作三皇本紀雖復淺近聊補闕云

太皥庖犧氏風姓代燧人氏繼天而王母曰華胥履大人迹於雷澤而生庖犧於成紀蛇身人首按伏犧風姓出國語其華胥已下出帝王世紀然雷澤名卽舜所漁之地在濟陰成紀亦地名按天水有成紀縣有聖德仰則觀象於天俯則觀法於地旁觀鳥獸之文與地之宜近取諸身遠取諸物始畫八

00397 史記一百三十卷　（漢）司馬遷撰　（南朝宋）裴駰集解　（唐）司馬貞索隱　（唐）張守節正義　宋建安黄善夫家塾刻本

匡高20.1厘米，廣13.2厘米。半葉十行，行十八字，小字雙行二十三字，細黑口，左右雙邊。有“建安黄善夫刊于家塾之敬室”牌記。有“狩谷望之”、“島田氏雙桂樓收藏”、“雙鑑樓珍藏宋本”、“涵芬樓”等印。黄紹箕、羅振玉題款。國家圖書館藏，存六十八卷。

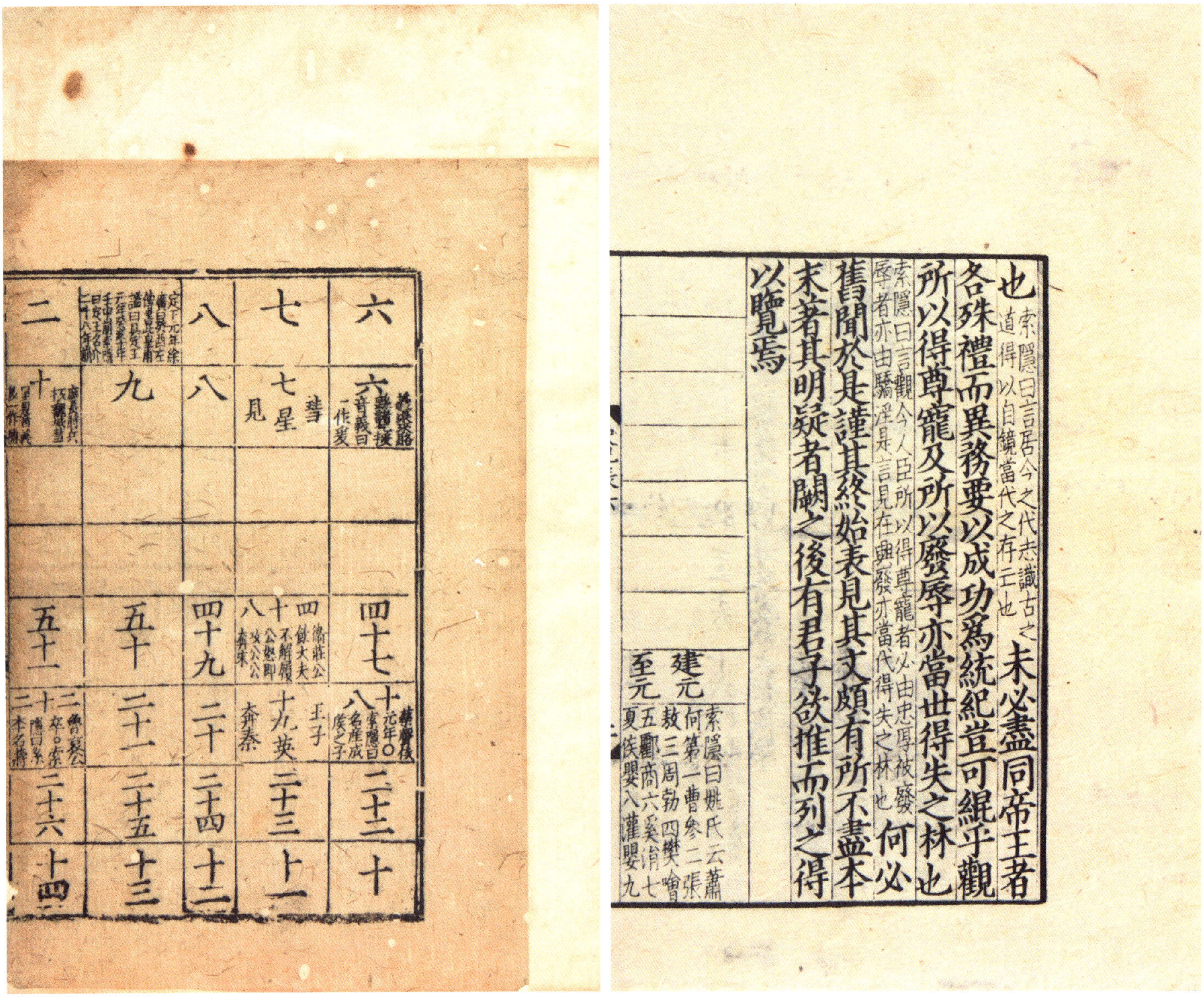

也索隱曰言居今之代志識古之道得以自鏡當代之存亡也未必盡同帝王者各殊禮而異務要以成功爲統紀豈可緄乎觀所以得尊寵及所以廢辱亦當世得失之林也索隱曰言觀今人臣所以得尊寵者必由忠厚被廢辱者亦由驕淫是言見在興廢亦當代得失之林也何必舊聞於是謹其終始表見其文頗有所不盡本末著其明疑者闕之後有君子欲推而列之得以覽焉

00398 史記一百三十卷 （漢）司馬遷撰 （南朝宋）裴駰集解 （唐）司馬貞索隱 （唐）張守節正義 宋元明清集配本

有"雙鑑樓藏書印"等印。中國書店藏。

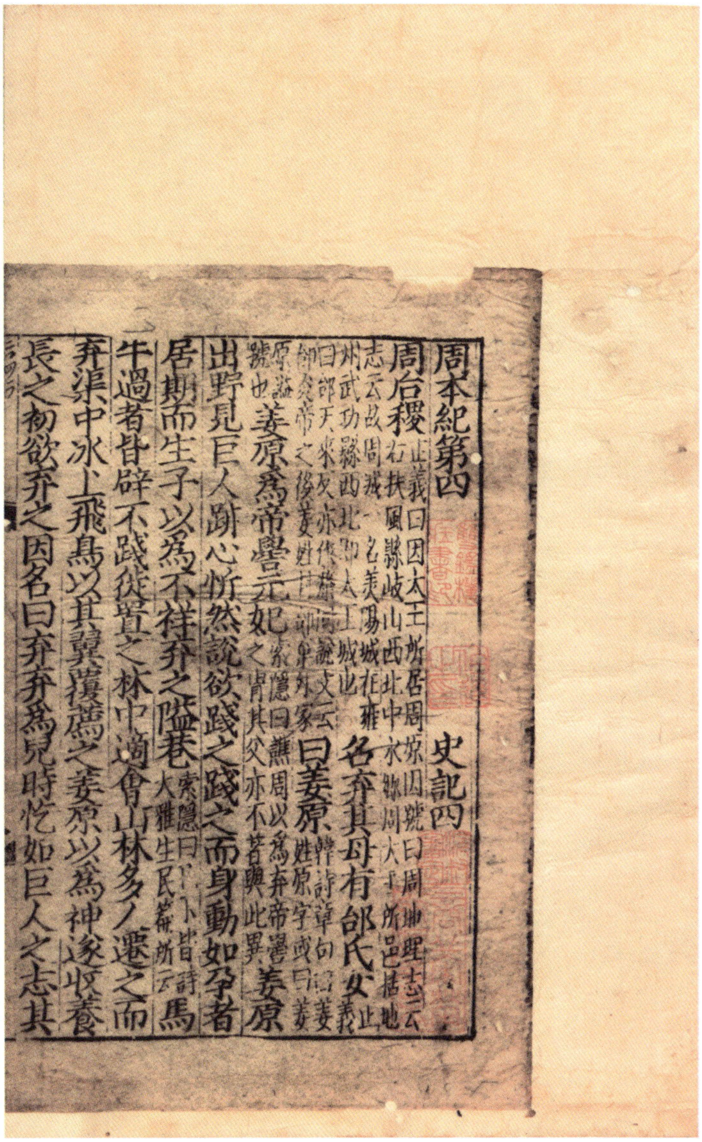
周本紀第四　史記四
周后稷正義曰因太王所居周原因號曰周地理志云右扶風美陽縣岐山西北中水鄉周大王所邑括地志云故周城一名美陽城在雍州武功縣西北太王城也名弃其母有邰氏女曰郃天來反亦作斄同說文云邰炎帝之後姜姓封邰周弃外家曰姜原韓詩章句曰姜姓原字或曰姜原謚號也姜原爲帝嚳元妃索隱曰譙周以爲弃帝嚳之胄其父亦不著與此異姜原
出野見巨人跡心忻然說欲踐之踐之而身動如孕者
居期而生子以爲不祥弃之隘巷索隱曰已下皆詩大雅生民篇所云馬
牛過者皆辟不踐徙置之林中適會山林多人遷之而
弃渠中冰上飛鳥以其翼覆薦之姜原以爲神遂收養
長之初欲弃之因名曰弃弃爲兒時屹如巨人之志其

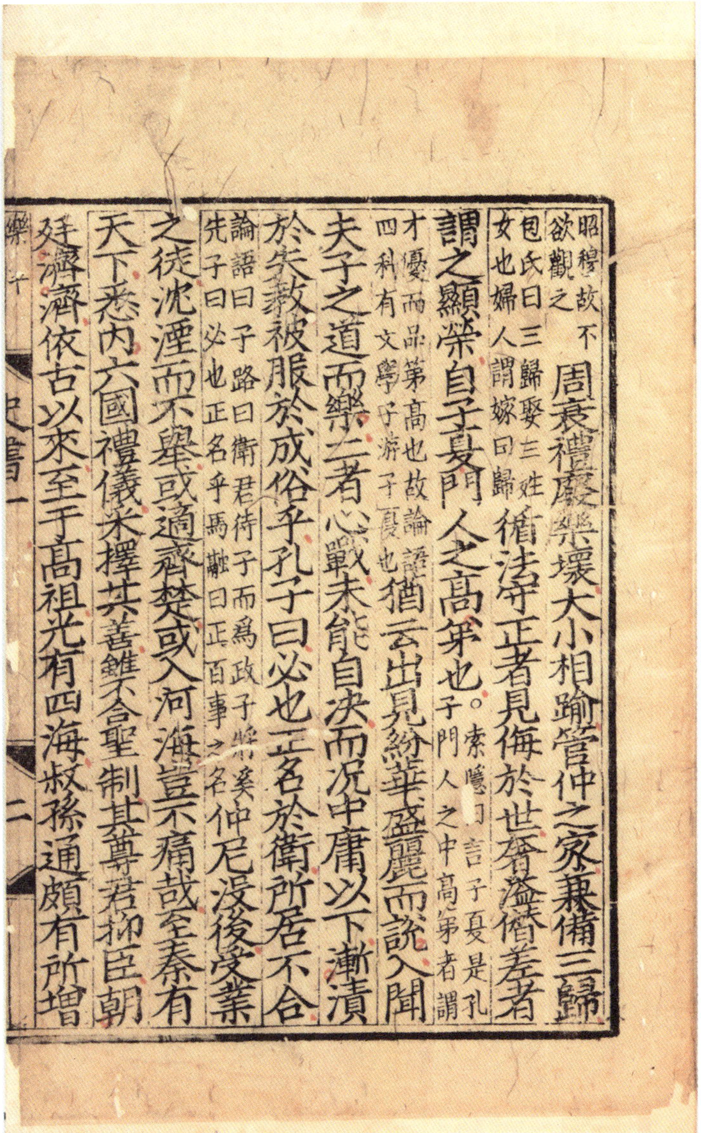
昭穆故不欲觀之周衰禮廢樂壞大小相踰管仲之家兼備三歸
包氏曰三歸娶三姓女也婦人謂嫁曰歸循法守正者見侮於世奢溢僭差者
謂之顯榮自子夏門人之高弟也索隱曰言子夏是孔子門人之中高弟者謂
才優而品第高也故論語四科有文學子游子夏也猶云出見紛華盛麗而說入聞
夫子之道而樂二者心戰未能自決而況中庸以下漸漬
於失教被服於成俗乎孔子曰必也正名於衛所居不合
論語曰子路曰衛君待子而爲政子將奚先子曰必也正名乎馬融曰正百事之名仲尼沒後受業
之徒沈湮而不舉或適齊楚或入河海豈不痛哉至秦有
天下悉內六國禮儀采擇其善雖不合聖制其尊君抑臣朝
廷濟濟依古以來至于高祖光有四海叔孫通頗有所增

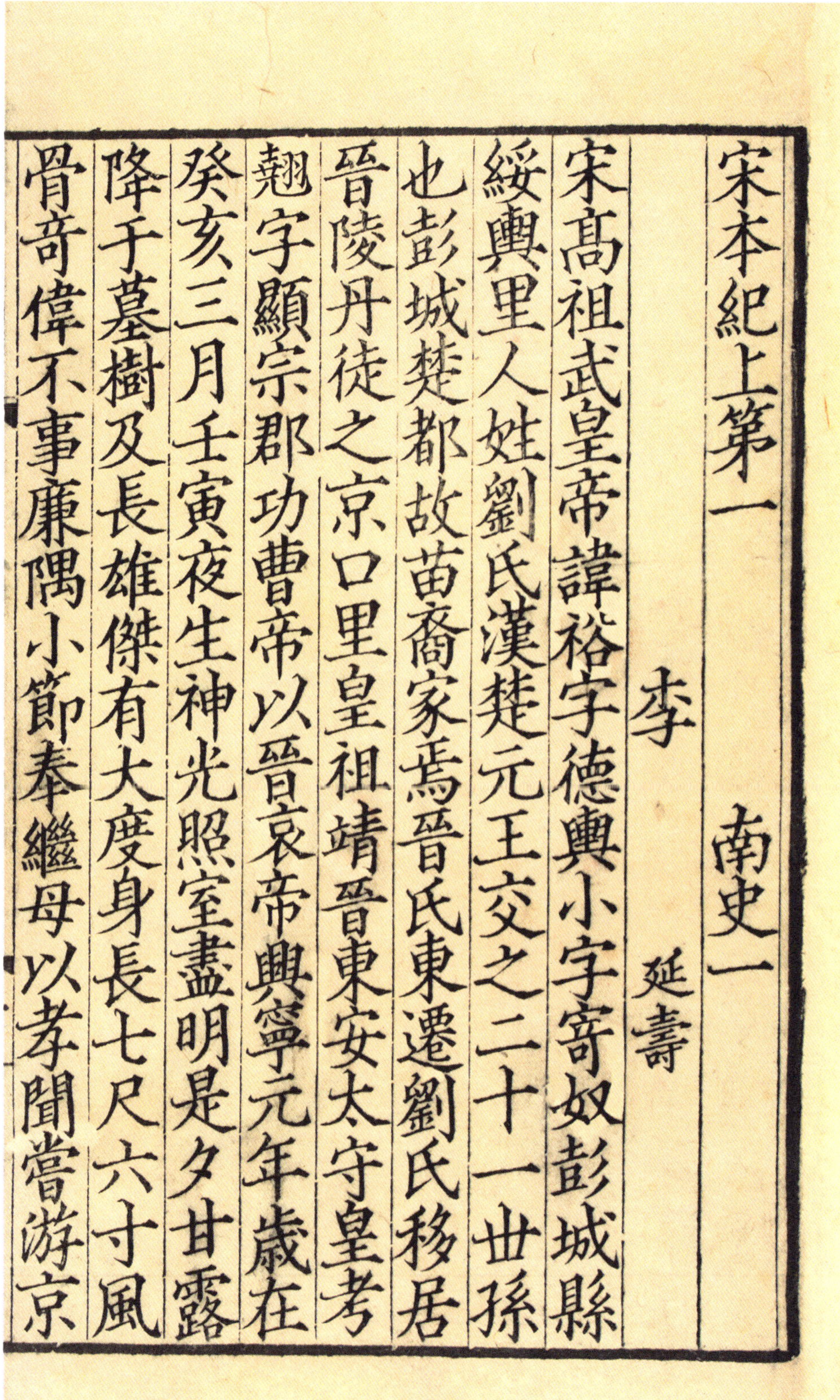

宋本紀上第一　　南史一

李　延壽

宋高祖武皇帝諱裕字德輿小字寄奴彭城縣綏輿里人姓劉氏漢楚元王交之二十一世孫也彭城楚都故苗裔家焉晉氏東遷劉氏移居晉陵丹徒之京口里皇祖靖晉東安太守皇考翹字顯宗郡功曹帝以晉哀帝興寧元年歲在癸亥三月壬寅夜生神光照室盡明是夕甘露降于墓樹及長雄傑有大度身長七尺六寸風骨奇偉不事廉隅小節奉繼母以孝聞嘗游京

00399 南史八十卷　（唐）李延壽撰 宋刻本（卷十一、十五至十八、二十一配清初抄本）

匡高19.3厘米，廣13.3厘米。半葉十行，行十八字，細黑口，左右雙邊。有“季印振宜”、“滄葦”等印。國家圖書館藏，存四十五卷。

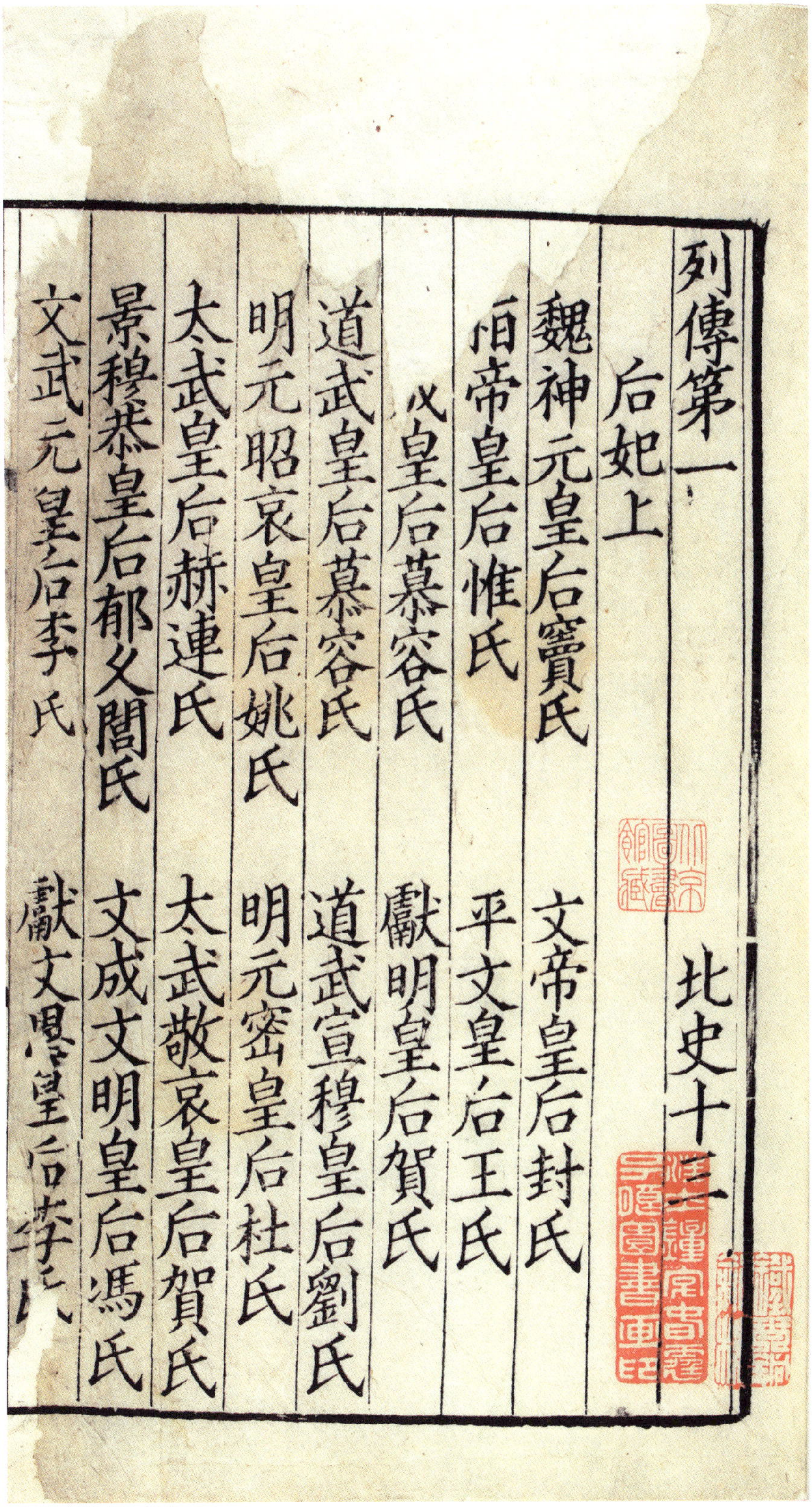
列傳第一　北史十三
后妃上
魏神元皇后竇氏　文帝皇后封氏
桓帝皇后惟氏　平文皇后王氏
昭成皇后慕容氏　獻明皇后賀氏
道武皇后慕容氏　道武宣穆皇后劉氏
明元昭哀皇后姚氏　明元密皇后杜氏
太武皇后赫連氏　太武敬哀皇后賀氏
景穆恭皇后郁久閭氏　文成文明皇后馮氏
文武元皇后李氏　獻文思皇后李氏

00400 北史一百卷　（唐）李延壽撰　宋刻本

匡高20.6厘米，廣13.2厘米。半葉十行，行十八字，細黑口，左右雙邊。有"汪士鐘字春霆号眼園書画印"、"鐵琴銅劍樓"等印。國家圖書館藏，存二十七卷。

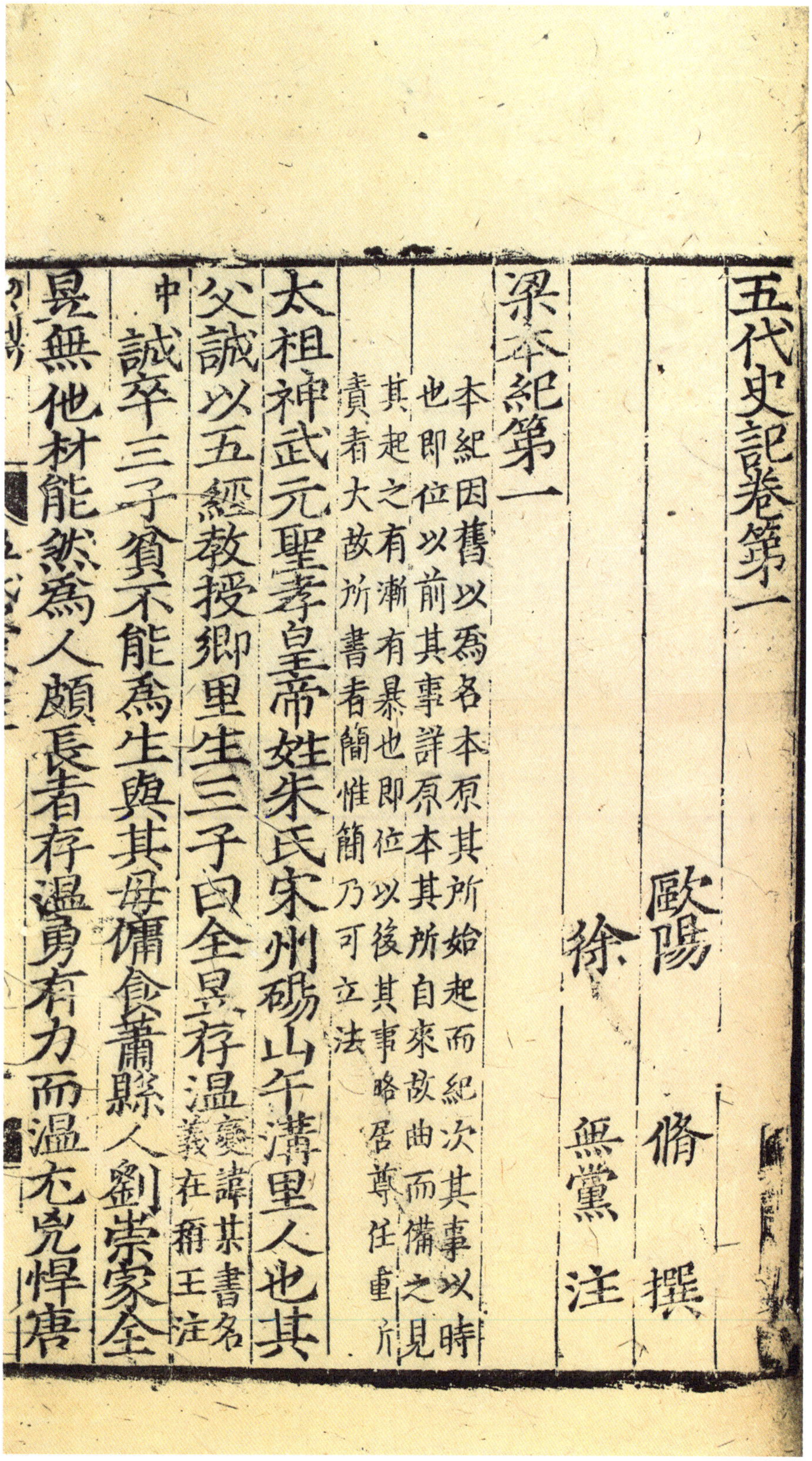

五代史記卷第一

歐陽脩撰

徐無黨注

梁本紀第一

本紀因舊以爲名本原其所始起而紀次其事以時也即位以前其事詳原本其所自來故曲而備之見其起之有漸有暴也即位以後其事略居尊任重所責者大故所書者簡惟簡乃可立法

太祖神武元聖孝皇帝姓朱氏宋州碭山午溝里人也其父誠以五經教授鄉里生三子曰全昱存温變諱其書名義在稱王注中誠卒三子貧不能爲生與其母傭食蕭縣人劉崇家全昱無他材能然爲人頗長者存温勇有力而温尤凶悍唐

00401 五代史記七十四卷 （宋）歐陽修撰 （宋）徐無黨注 元宗文書院刻明修本

匡高21.7厘米，廣16.5厘米。半葉十行，行二十二字，小字雙行同，細黑口，左右雙邊。有“宗文書院刊”牌記。有“世豐山房”等印。國家圖書館藏。

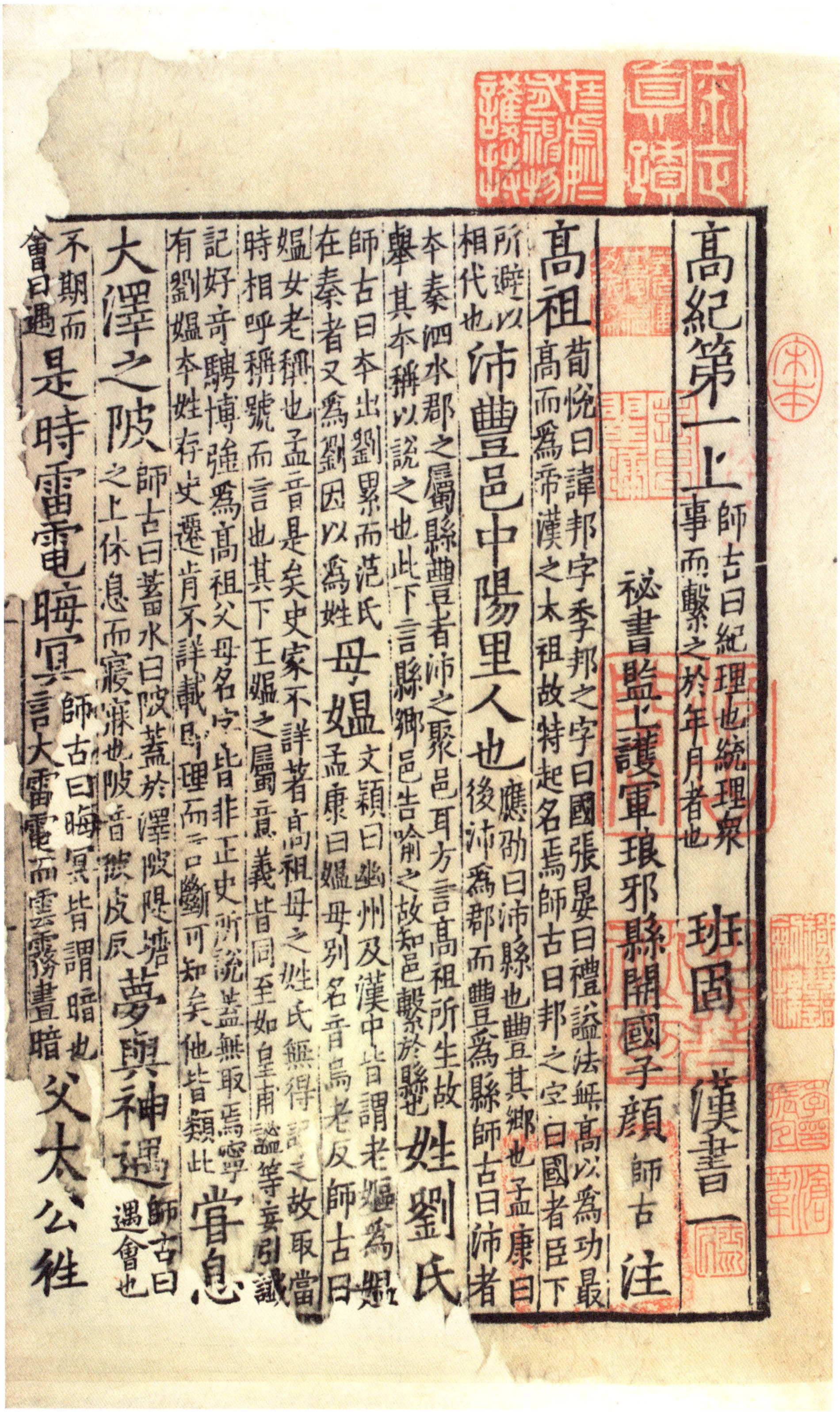
高紀第一上 師古曰紀理也統理衆事而繫之於年月者也　班固　漢書一
祕書監上護軍琅邪縣開國子顏師古注
高祖 荀悅曰諱邦字季邦之字曰國張晏曰禮謚法無高以爲功最高而爲帝漢之太祖故特起名焉師古曰邦之字曰國者臣下所避以相代也 沛豐邑中陽里人也 應劭曰沛縣也豐其鄉也孟康曰後沛爲郡而豐爲縣師古曰沛者本秦泗水郡之屬縣豐者沛之聚邑耳方言高祖所生故舉其本稱以說之也此下言縣鄉邑告諭之故知邑繫於縣也 姓劉氏 師古曰本出劉累而范氏在秦者又爲劉因以爲姓 母媼 文穎曰幽州及漢中皆謂老嫗爲媼孟康曰媼母別名音烏老反師古曰媼女老稱也孟音是矣史家不詳著高祖母之姓氏無得記之故取當時相呼稱號而言也其下王媼之屬意義皆同至如皇甫謐等妄引讖記好奇騁博強爲高祖父母名字皆非正史所說蓋無取焉寧有劉媼本姓存史遷肯不詳載序理而言斷可知矣他皆類此 嘗息大澤之陂 師古曰蓄水曰陂蓋於澤陂隄塘之上休息而寢寐也陂音彼皮反 夢與神遇 師古曰遇會也不期而會曰遇 是時雷電晦冥 師古曰晦冥皆謂暗也言大雷電而雲霧晝暗 父太公往

00402 漢書一百卷 （漢）班固撰　（唐）顏師古注　北宋刻遞修本（卷二十九配宋嘉定蔡琪刻本、卷三十配宋慶元元年劉元起刻本）

匡高22厘米，廣15.5厘米。半葉十行，行十九字，小字雙行二十六至二十七字，白口，左右雙邊。有“汲古閣”、“季印振宜”、“乾學”、“士禮居”、“汪印士鐘”、“鐵琴銅劍樓”、“祁陽陳澄中藏書記”等印。倪瓚、黄丕烈、顧廣圻跋。國家圖書館藏。

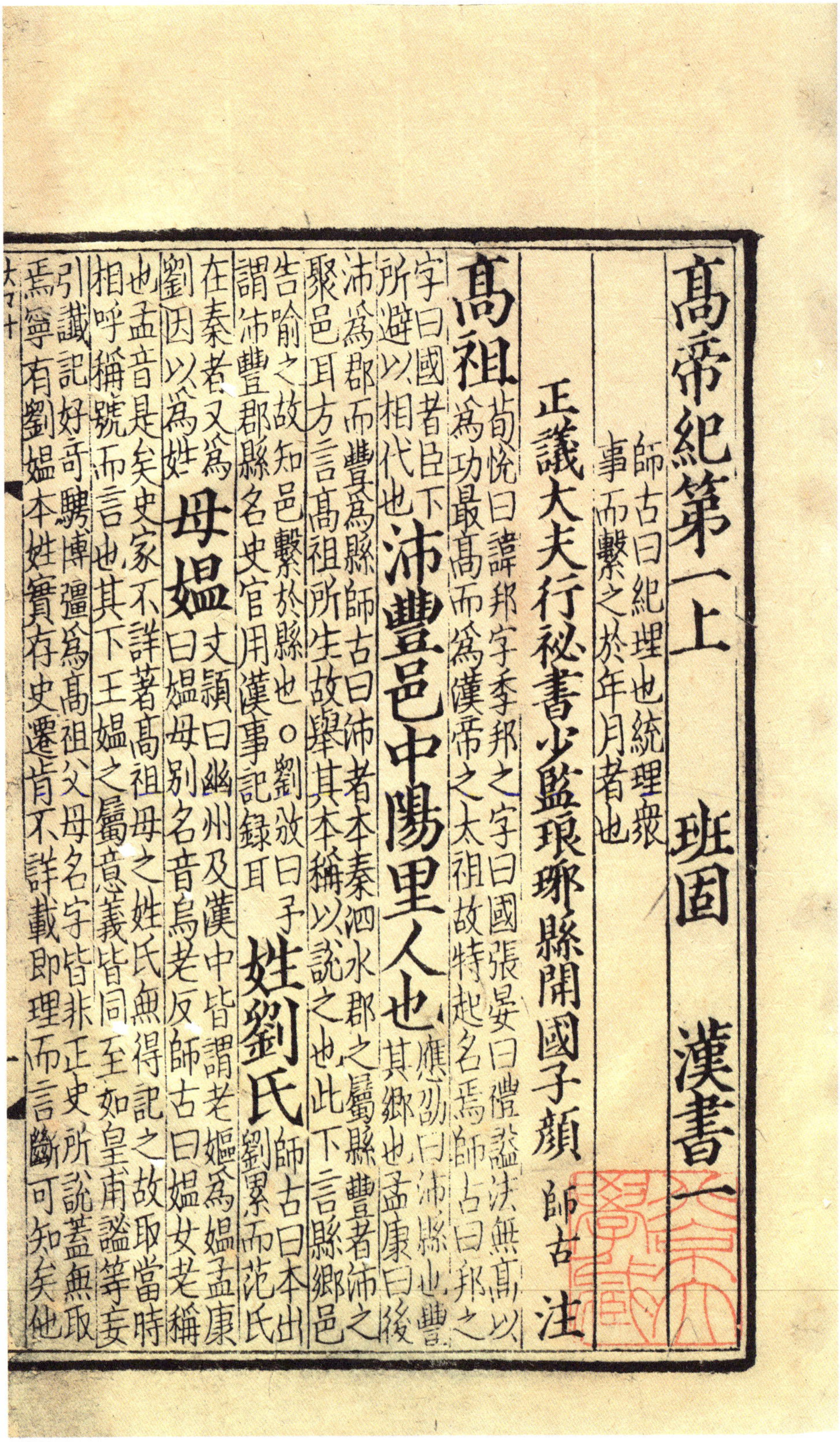
漢書一

高帝紀第一上　班固

師古曰紀理也統理衆事而繫之於年月者也

正議大夫行秘書少監琅琊縣開國子顔　師古　注

高祖 荀悅曰諱邦字季邦之字曰國張晏曰禮謚法無高以為功最高而為漢帝之太祖故特起名焉師古曰邦之字曰國者臣下所避以相代也 沛豐邑中陽里人也 應劭曰沛縣也豐其鄉也孟康曰後沛為郡而豐為縣師古曰沛者本秦泗水郡之屬縣豐者沛之聚邑耳方言高祖所生故舉其本稱以說之也此下言縣鄉邑告喻之故知邑繫於縣也○劉攽曰予謂沛豐郡縣名史官用漢事記錄耳 姓劉氏 師古曰本出劉累而范氏在秦者又為劉因以為姓 母媪 文穎曰幽州及漢中皆謂老嫗為媪孟康曰媪母別名音烏老反師古曰媪女老稱也孟音是矣史家不詳著高祖母之姓氏無得記之故取當時相呼稱號而言也其下王媪之屬意義皆同至如皇甫謐等妄引讖記好奇騁博彊為高祖父母名字皆非正史所說蓋無取焉寧有劉媪本姓實存史遷肯不詳載即理而言斷可知矣他

00403 漢書一百卷　（漢）班固撰　（唐）顔師古注　宋建安黄善夫刻慶元元年（1195）建安劉元起修印本

匡高19.4厘米，廣13.2厘米。半葉十行，行十七至十八字，小字雙行二十四字，白口，四周雙邊。有“建安劉元起刊于家塾之敬室”牌記。有“濮陽李廷相雙檜堂書畫私印”等印。北京大學圖書館藏。

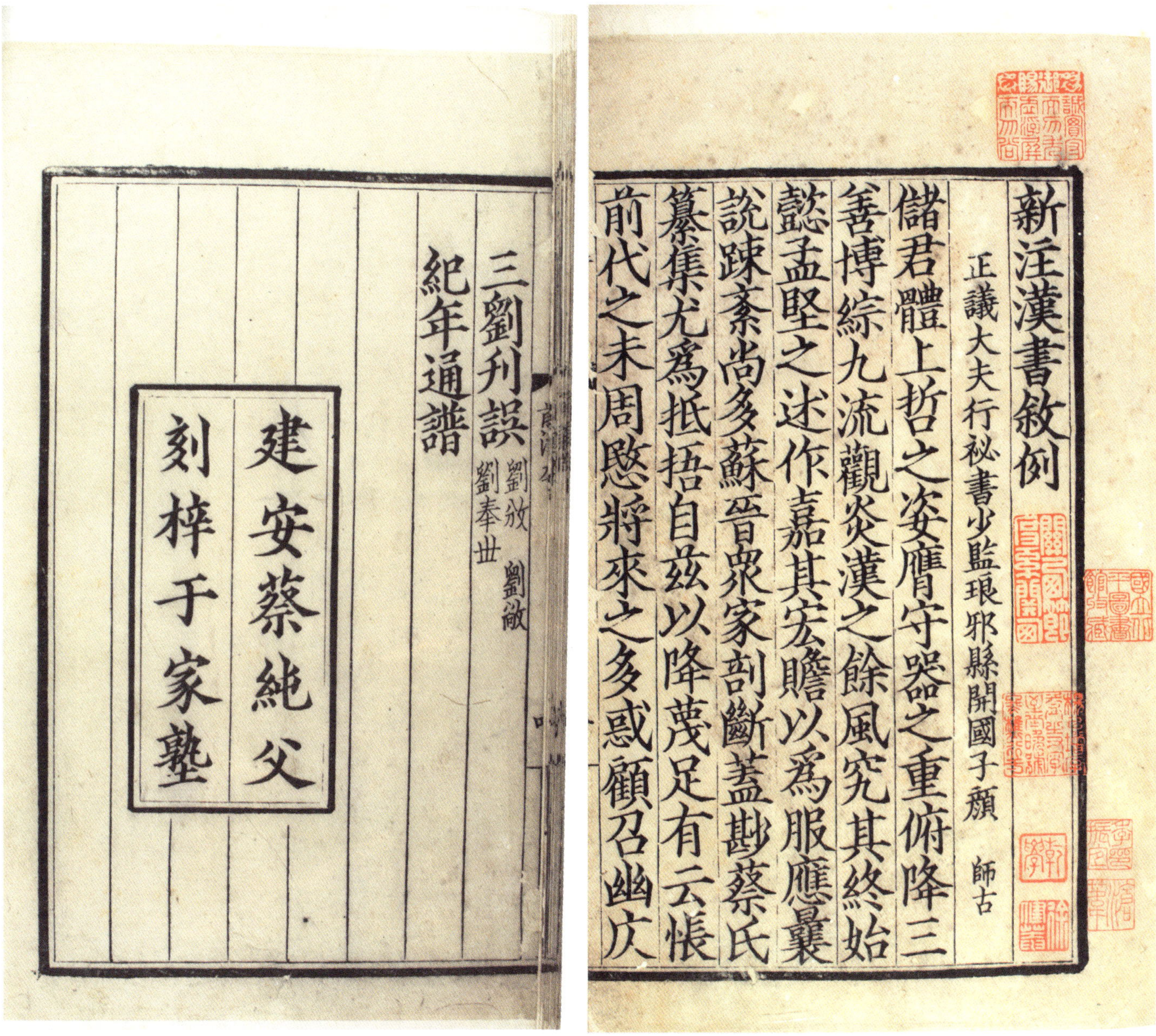
新注漢書敘例
正議大夫行祕書少監琅邪縣開國子顏　師古
儲君體上哲之姿膺守器之重俯降三
善博綜九流觀炎漢之餘風究其終始
懿孟堅之述作嘉其宏贍以爲服應曩
說疎紊尚多蘇晉衆家剖斷蓋尟蔡氏
纂集尤爲抵捂自茲以降蔑足有云悵
前代之未周愍將來之多惑顧召幽仄

三劉刊誤　劉攽　劉敞　劉奉世
紀年通譜

建安蔡純父
刻梓于家塾

00404 漢書一百卷　（漢）班固撰　（唐）顔師古注　宋蔡琪家塾刻本（卷二十九、四十五至四十七、五十六至五十七上、八十六、八十八、九十九配另一宋刻本）

匡高21.8厘米，廣13.9厘米。半葉八行，行十六字，小字雙行二十一至二十二字，細黑口，四周雙邊。有“建安蔡純父刻梓于家塾”牌記。有“古虞毛氏奏叔圖書記”、“季印振宜”、“乾學”、“海源閣”等印。國家圖書館藏。

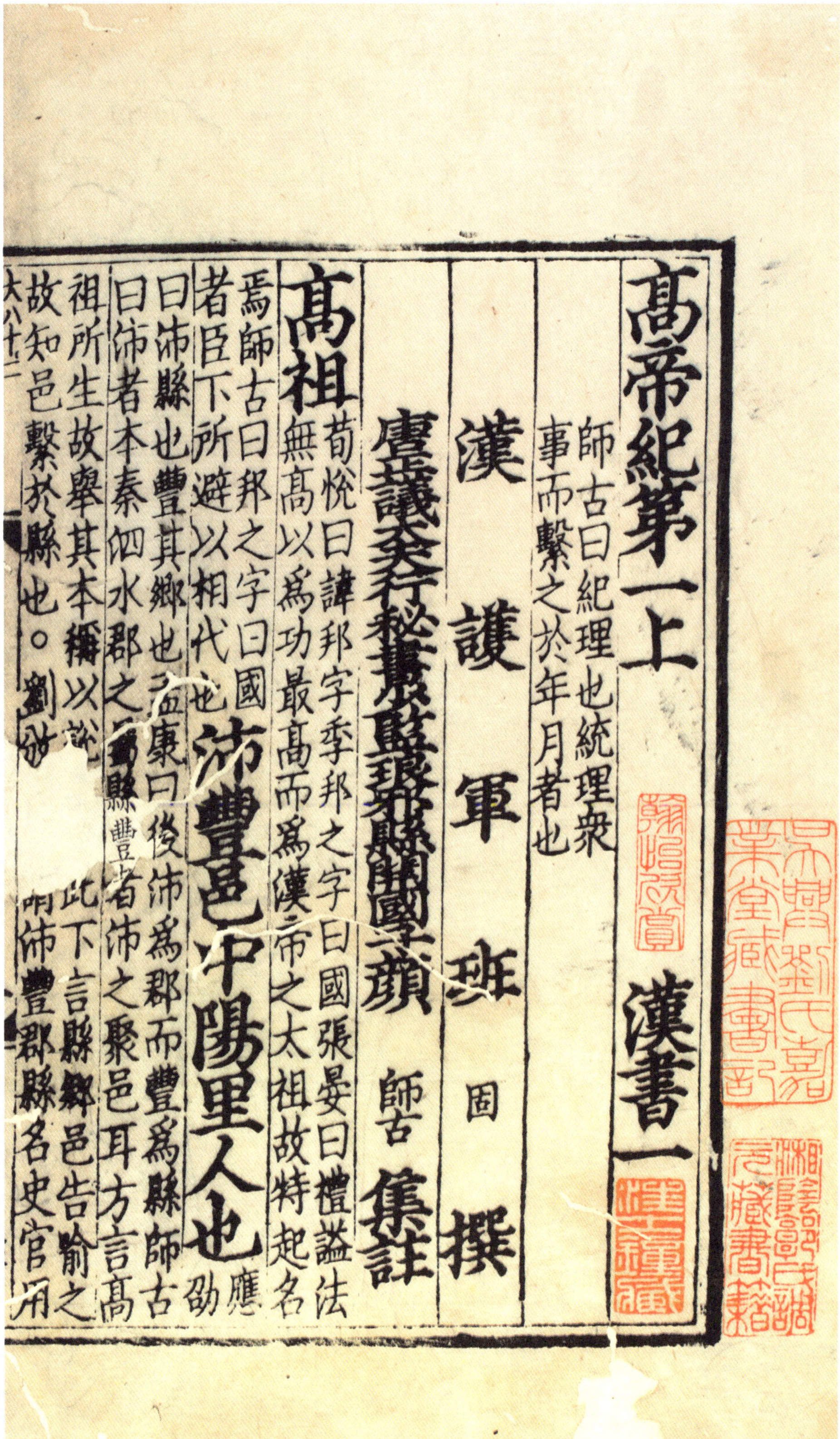

高帝紀第一上　漢書一
師古曰紀理也統理衆事而繫之於年月者也
漢　護　軍　班　固　撰
唐正議大夫行祕書少監琅邪縣開國子顔　師古　集註
高祖荀悅曰諱邦字季邦之字曰國張晏曰禮謚法無高以爲功最高而爲漢帝之太祖故特起名焉師古曰邦之字曰國者臣下所避以相代也沛豐邑中陽里人也應劭曰沛縣也豐其鄉也孟康曰後沛爲郡而豐爲縣師古曰沛者本秦泗水郡之屬縣豐者沛之聚邑耳方言高祖所生故舉其本稱以說[illegible]此下言縣鄉邑告諭之故知邑繫於縣也。劉攽[illegible]沛豐郡縣名史官用

00405 漢書一百卷　（漢）班固撰　（唐）顔師古注　宋嘉定十七年（1224）白鷺洲書院刻本（卷七十八至八十一配明影宋刻本）

匡高20.7厘米，廣14厘米。半葉八行，行十六字，小字雙行二十一字，細黑口，四周雙邊。有“甲申歲刊於白鷺洲書院”牌記。有“項篤壽印”、“汪厚齋藏書”、“蔣祖詒讀書記”、“吴興劉氏嘉業堂藏書印”等印。國家圖書館藏。

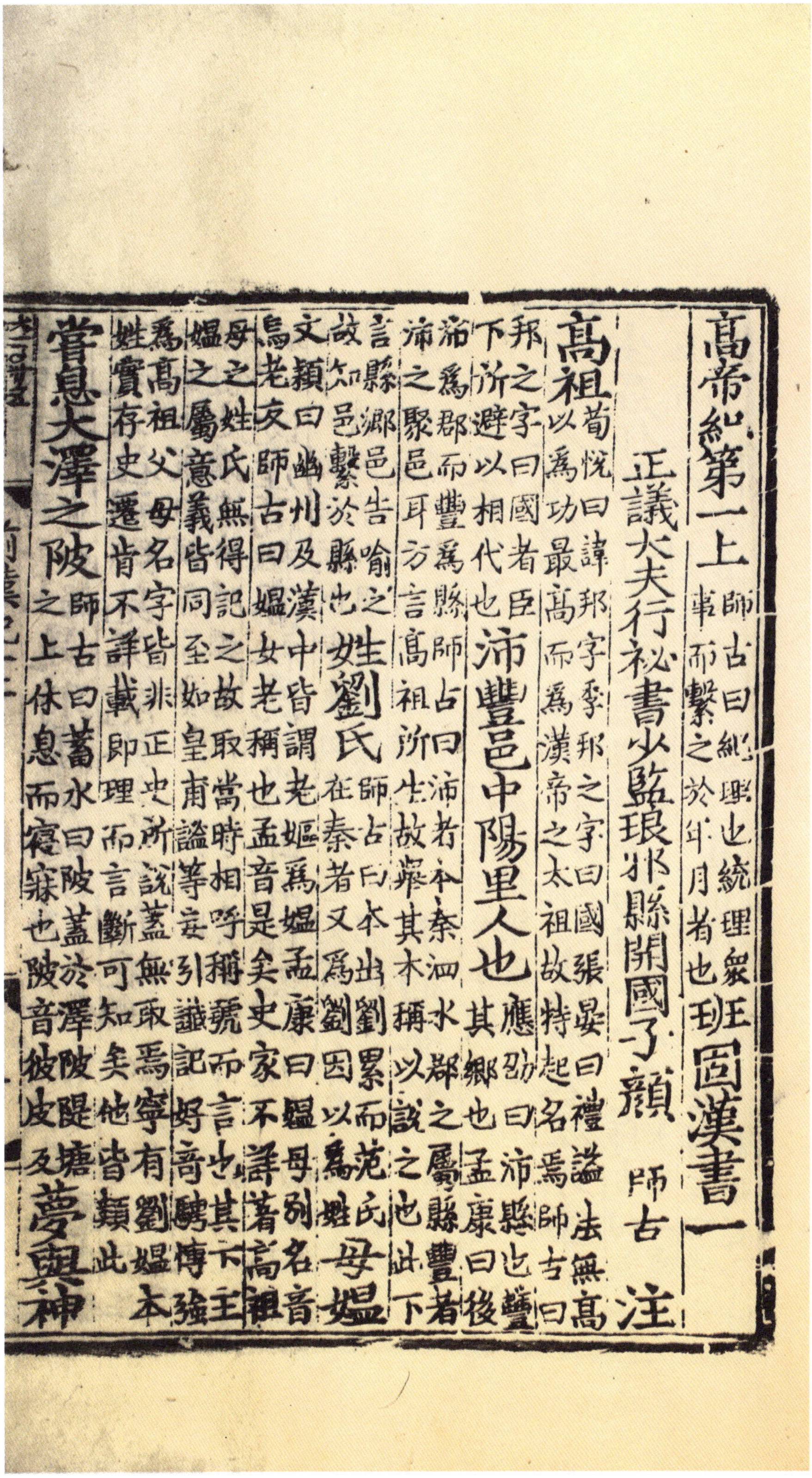
高帝紀第一上 師古曰紀理也統理衆事而繫之於年月者也 班固漢書一
正議大夫行祕書少監琅邪縣開國子顔師古注
高祖 荀悅曰諱邦字季邦之字曰國張晏曰禮謚法無高以爲功最高而爲漢帝之太祖故特起名焉師古曰邦之字曰國者臣下所避以相代也 沛豐邑中陽里人也 應劭曰沛縣也豐其鄉也孟康曰後沛爲郡而豐爲縣師古曰沛者本秦泗水郡之屬縣豐者沛之聚邑耳方言高祖所生故舉其本稱以說之也此下言縣鄉邑告喻之故知邑繫於縣也 姓劉氏 師古曰本出劉累而范氏在秦者又爲劉因以爲姓 母媪 文穎曰幽州及漢中皆謂老嫗爲媪孟康曰媪母別名音烏老反師古曰媪女老稱也孟音是矣史家不詳著高祖母之姓氏無得記之故取當時相呼稱號而言也其下王媪之屬意義皆同至如皇甫謐等妄引讖記好奇騁博強爲高祖父母名字皆非正史所說蓋無取焉寧有劉媪本姓實存史遷肯不詳載即理而言斷可知矣他皆類此 嘗息大澤之陂 師古曰蓄水曰陂蓋於澤陂隄塘之上休息而寢寐也陂音彼皮反 夢與神

00406 漢書一百卷 （漢）班固撰 （唐）顔師古注 元大德九年（1305）太平路儒學刻明成化、正德遞修本

匡高22.5厘米，廣16.9厘米。半葉十行，行二十二字，小字雙行同，黑口，四周雙邊。有“鐵琴銅劍樓”等印。國家圖書館藏。

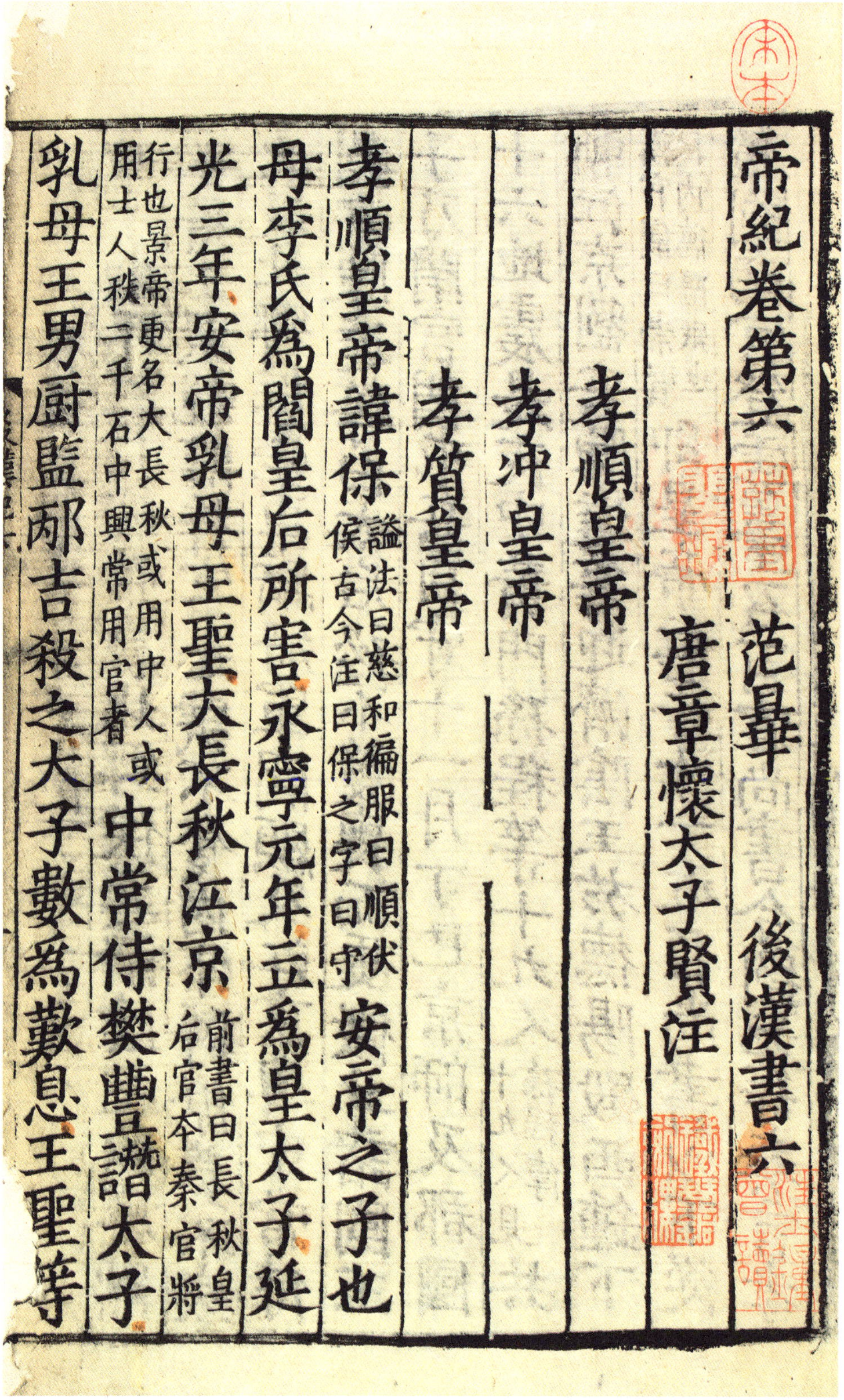
帝紀卷第六　范曄　後漢書六
唐章懷太子賢注
孝順皇帝
孝沖皇帝
孝質皇帝
孝順皇帝諱保（謚法曰慈和徧服曰順伏侯古今注曰保之字曰守）安帝之子也
母李氏爲閻皇后所害永寧元年立爲皇太子延
光三年安帝乳母王聖大長秋江京（前書曰長秋皇后官本秦官將
行也景帝更名大長秋或用中人或用士人秩二千石中興常用官者）中常侍樊豐譖太子
乳母王男廚監邴吉殺之太子數爲歎息王聖等

00407 後漢書九十卷（南朝宋）范曄撰（唐）李賢注 **志三十卷**（晉）司馬彪撰（梁）劉昭注　北宋刻遞修本

匡高21.2厘米，廣15.4厘米。半葉十行，行十九字，小字雙行二十五字，白口，左右雙邊。有“國瑞家藏”、“鐵琴銅劍樓”等印。國家圖書館藏，存一百十五卷。

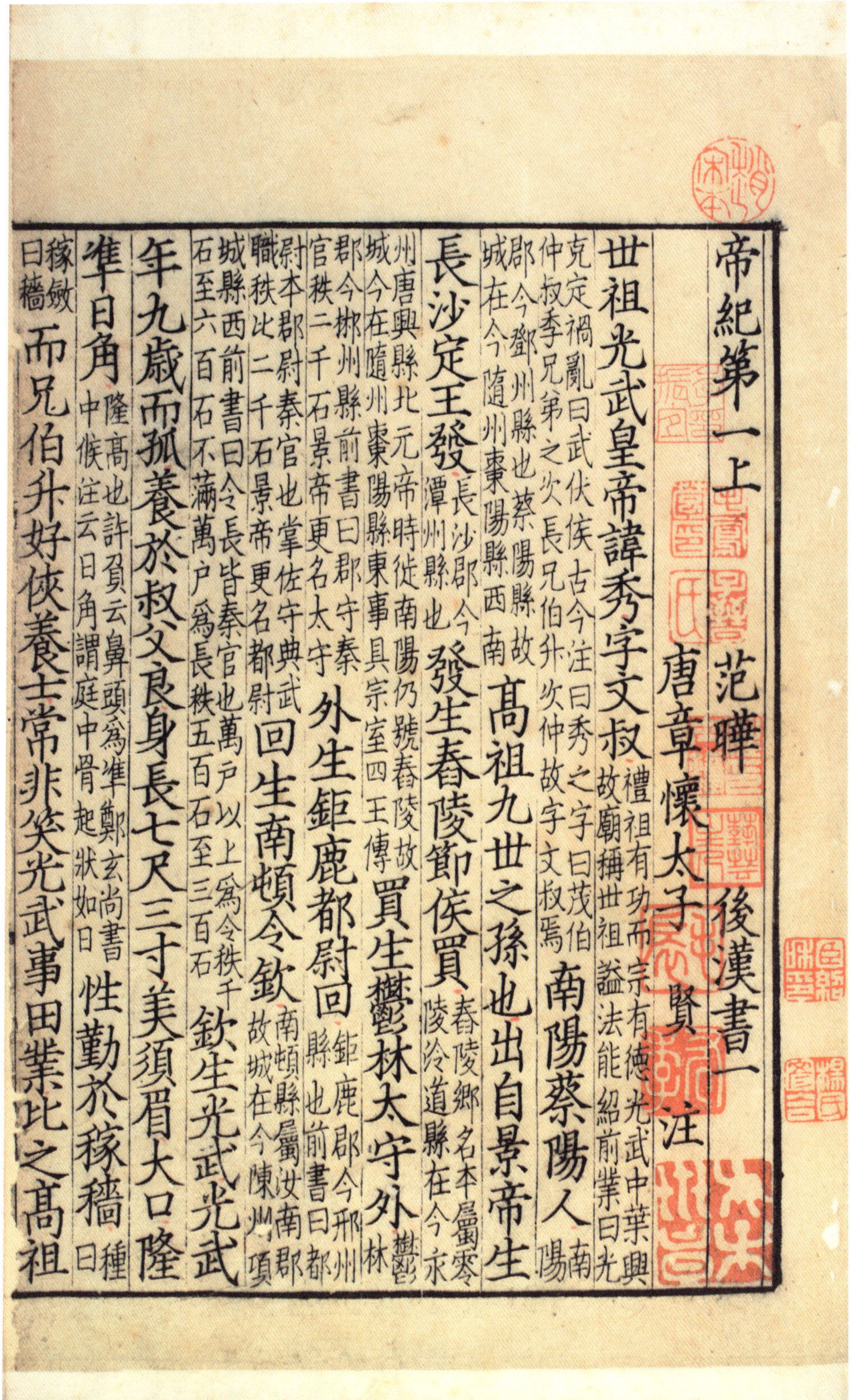

帝紀第一上　范曄　後漢書一
唐章懷太子賢注
世祖光武皇帝諱秀字文叔 禮祖有功而宗有德光武中興故廟稱世祖謚法能紹前業曰光
克定禍亂曰武伏侯古今注曰秀之字曰茂伯仲叔季兄弟之次長兄伯升次仲故字文叔焉 南陽蔡陽人 南陽
郡今鄧州縣也蔡陽縣故城在今隨州棗陽縣西南 高祖九世之孫也出自景帝生
長沙定王發 長沙郡今潭州縣也 發生舂陵節侯買 舂陵鄉名本屬零陵泠道縣在今永
州唐興縣北元帝時徙南陽仍號舂陵故城今在隨州棗陽縣東事具宗室四王傳 買生鬱林太守外 鬱林
郡今鬱州縣前書曰郡守秦官秩二千石景帝更名太守 外生鉅鹿都尉回 鉅鹿郡今邢州縣也前書曰都
尉本郡尉秦官也掌佐守典武職秩比二千石景帝更名都尉 回生南頓令欽 南頓縣屬汝南郡故城在今陳州項
城縣西前書曰令長皆秦官也萬戶以上爲令秩千石至六百石不滿萬戶爲長秩五百石至三百石 欽生光武光武
年九歲而孤養於叔父良身長七尺三寸美須眉大口隆
準日角 隆高也許負云鼻頭爲準鄭玄尚書中候注云日角謂庭中骨起狀如日 性勤於稼穡 種曰
稼斂曰穡 而兄伯升好俠養士常非笑光武事田業比之高祖

00408 後漢書九十卷　（南朝宋）范曄撰　（唐）李賢注　**志三十卷**　（晉）司馬彪撰　（梁）劉昭注　宋錢塘王叔邊建陽刻本

匡高18.5厘米，廣13.7厘米。半葉十三行，行二十二字，小字雙行二十六至二十七字，白口，左右雙邊。有“華亭朱氏珍藏”、“周印良金”、“汲古閣”、“御史振宜之章”、“乾學”、“汪印士鐘”、“海源閣”等印。國家圖書館藏。

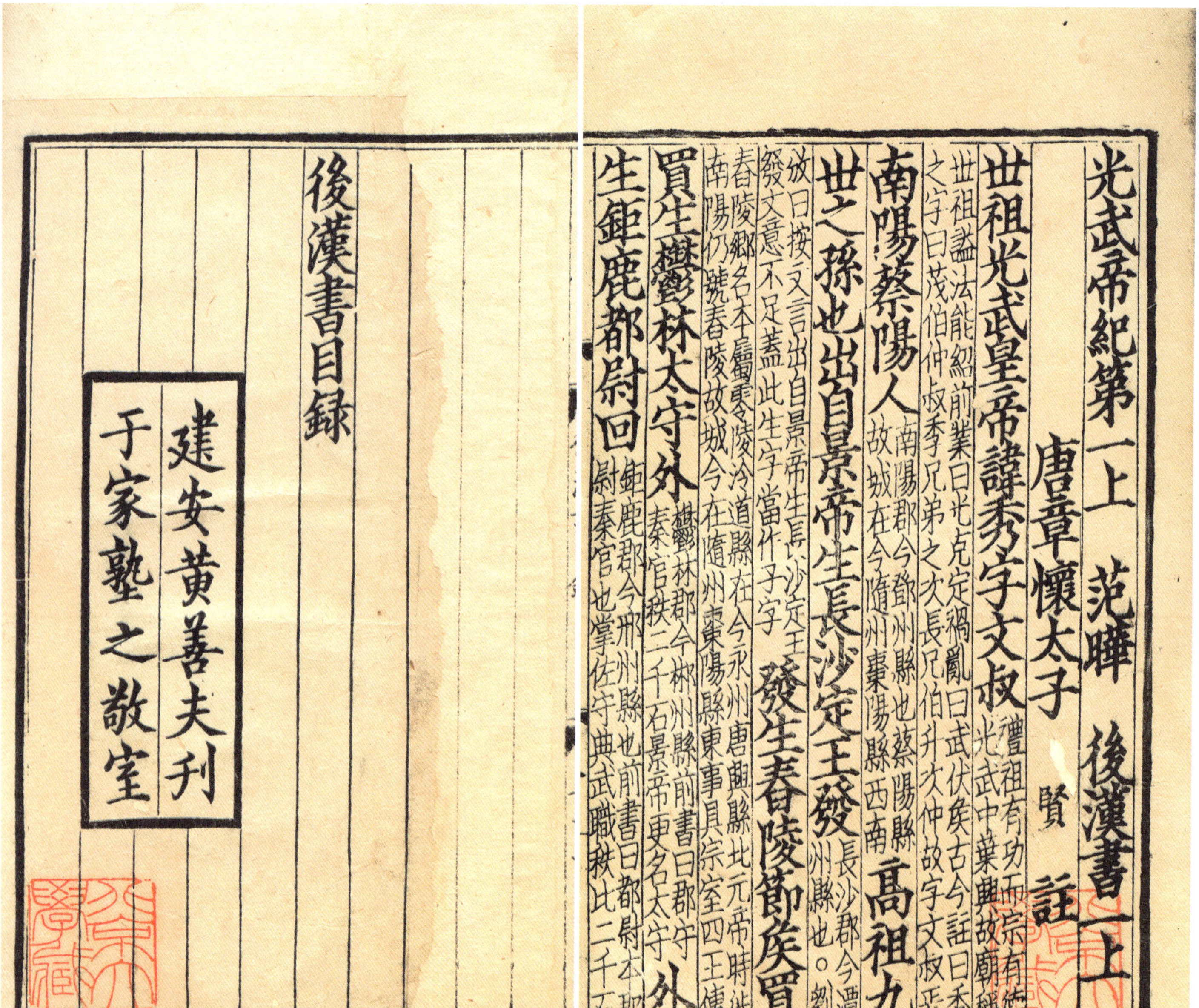
光武帝紀第一上　范曄　後漢書一上
唐章懷太子　賢　註
世祖光武皇帝諱秀字文叔禮祖有功而宗有德光武中興故廟稱世祖謚法能紹前業曰光克定禍亂曰武伏侯古今註曰秀之字曰茂伯仲叔季兄弟之次長兄伯升次仲故字文叔焉
南陽蔡陽人南陽郡今鄧州縣也蔡陽縣故城在今隨州棗陽縣西南高祖九
世之孫也出自景帝生長沙定王發長沙郡今潭州縣也。劉攽曰按文言出自景帝生長沙定王發文意不足蓋此生字當作子字發生舂陵節侯買舂陵鄉名本屬零陵泠道縣在今永州唐興縣北元帝時徙南陽仍號舂陵故城今在隨州棗陽縣東事具宗室四王傳
買生鬱林太守外鬱林郡今郴州縣前書曰郡守秦官秩二千石景帝更名太守外
生鉅鹿都尉回鉅鹿郡今邢州縣也前書曰都尉本郡尉秦官也掌佐守典武職秩比二千石

後漢書目録
建安黄善夫刊于家塾之敬室

00409　後漢書九十卷　（南朝宋）范曄撰　（唐）李賢注　**志三十卷**　（晋）司馬彪撰　（梁）劉昭注　宋建安黄善夫刻本

匡高20.1厘米，廣13.1厘米。半葉十行，行十八字，小字雙行二十三字，白口，四周雙邊。有“建安黄善夫刊于家塾之敬室”牌記。潘祖蔭跋。北京大學圖書館藏。

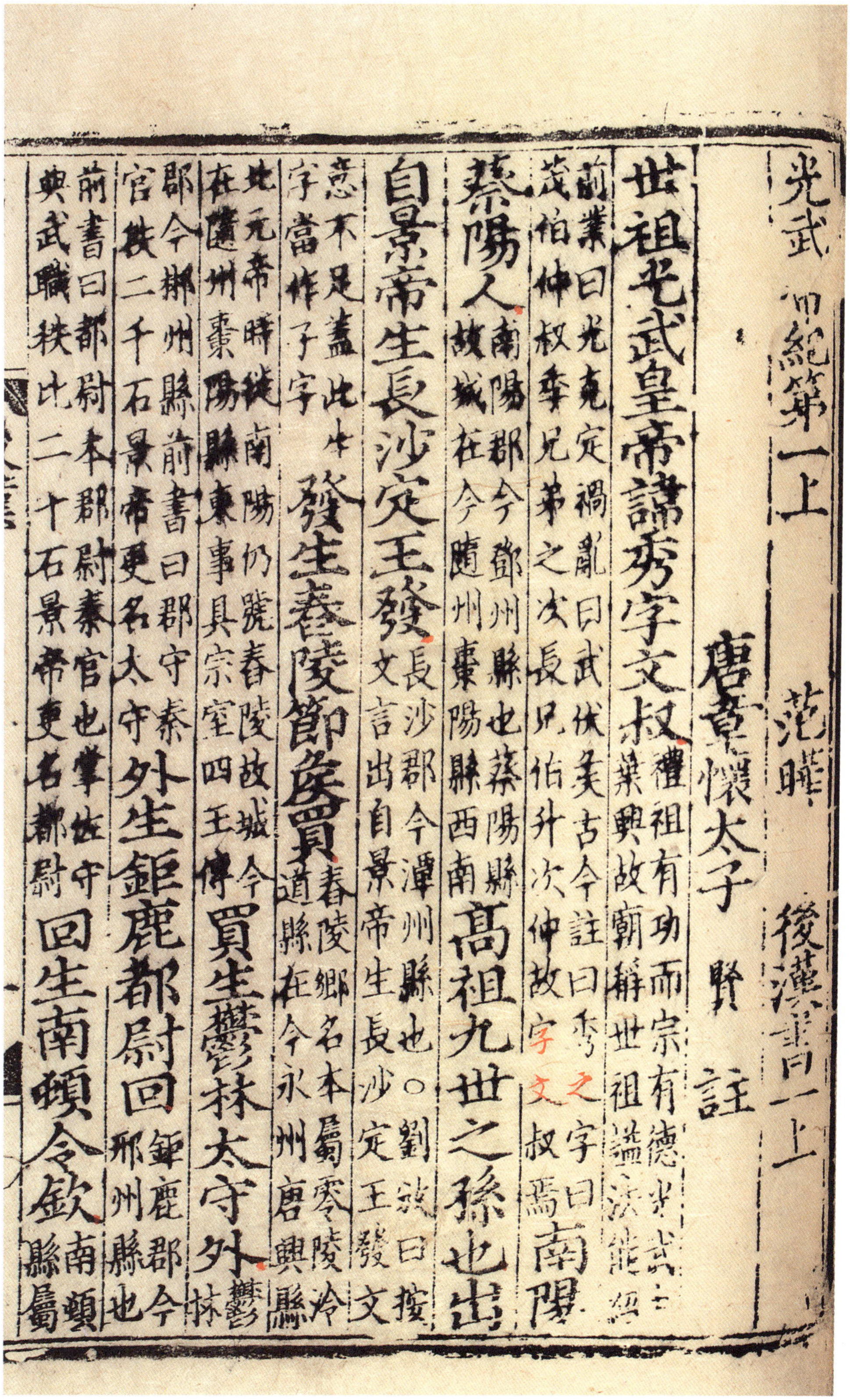

光武帝紀第一上　范曄　後漢書一上
唐章懷太子賢註
世祖光武皇帝諱秀字文叔禮祖有功而宗有德光武中興故廟稱世祖謚法能紹前業曰光克定禍亂曰武伏侯古今注曰秀之字曰茂伯仲叔季兄弟之次長兄伯升次仲故字文叔焉南陽蔡陽人南陽郡今鄧州縣也蔡陽縣故城在今隨州棗陽縣西南高祖九世之孫也出自景帝生長沙定王發長沙郡今潭州縣也○劉攽曰按文言出自景帝生長沙定王發文意不足蓋此本字當作子字發生舂陵節侯買舂陵鄉名本屬零陵泠道縣在今永州唐興縣此元帝時徙南陽仍號舂陵故城今在隨州棗陽縣東事具宗室四王傳買生鬱林太守外鬱林郡今鄧州縣前書曰郡守秦官秩二千石景帝更名太守外生鉅鹿都尉回鉅鹿郡今邢州縣也前書曰郡尉本郡尉秦官也掌佐守典武職秩比二十石景帝更名都尉回生南頓令欽南頓縣屬

00410、00411 後漢書九十卷　（南朝宋）范曄撰　（唐）李賢注　**志三十卷**　（晋）司馬彪撰　（梁）劉昭注　元大德九年（1305）寧國路儒學刻明遞修本

匡高21.2厘米，廣15.4厘米。半葉十行，行二十二字，白口，四周雙邊。國家圖書館藏，有“鐵琴銅劍樓”等印；山東省圖書館藏，有“海源閣”等印。

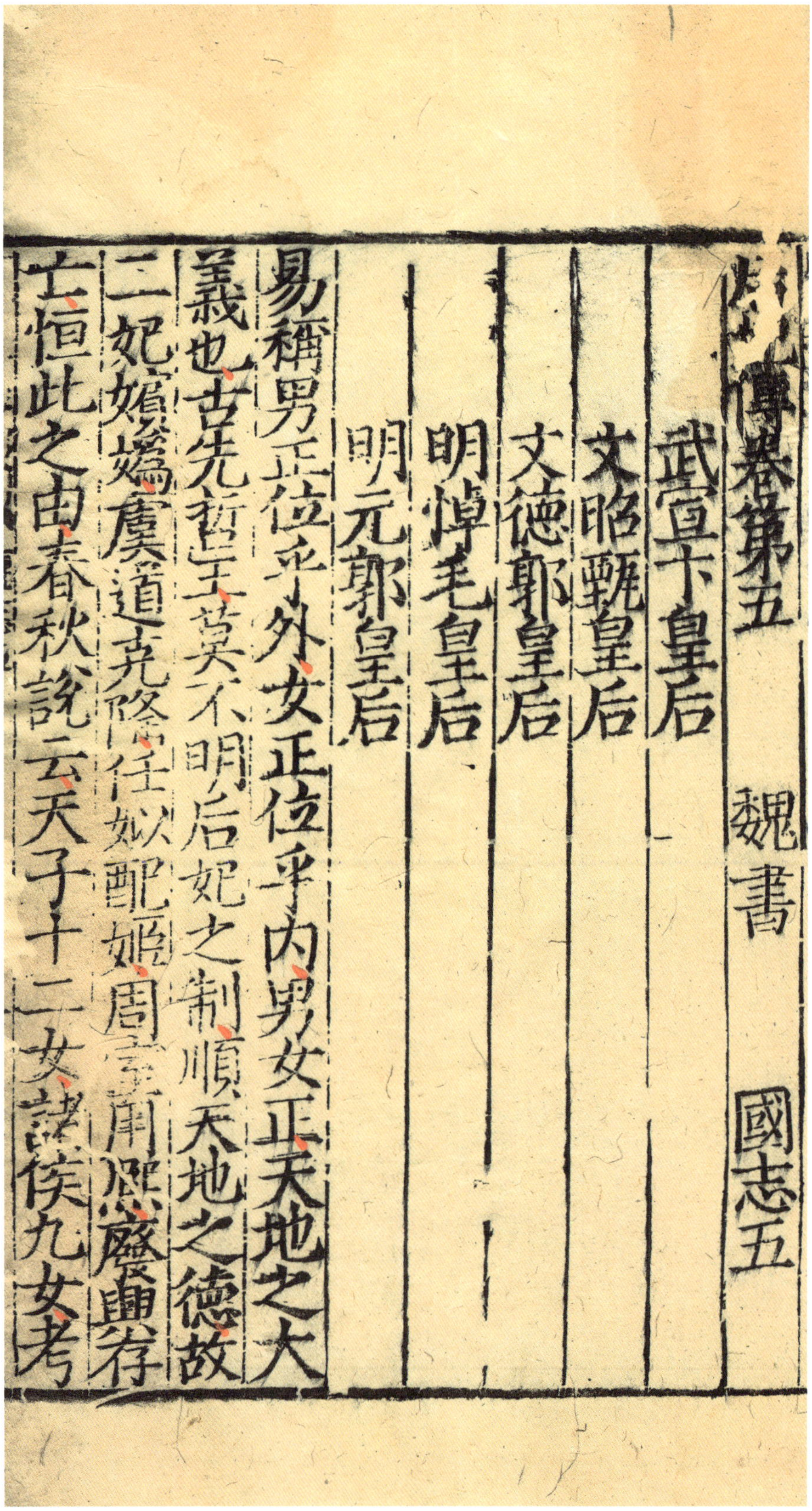

后妃傳卷第五　魏書　國志五

武宣卞皇后

文昭甄皇后

文德郭皇后

明悼毛皇后

明元郭皇后

易稱男正位乎外女正位乎内男女正天地之大義也古先哲王莫不明后妃之制順天地之德故二妃嬀汭虞道克隆任姒配姬周室用熙廢興存亡恒此之由春秋說云天子十二女諸侯九女考

00412　三國志六十五卷　（晉）陳壽撰　（南朝宋）裴松之注　宋衢州州學刻元明遞修本

匡高20.9厘米，廣15.2厘米。半葉十行，行十九字，小字雙行二十一字，白口，左右雙邊。北京大學圖書館藏。

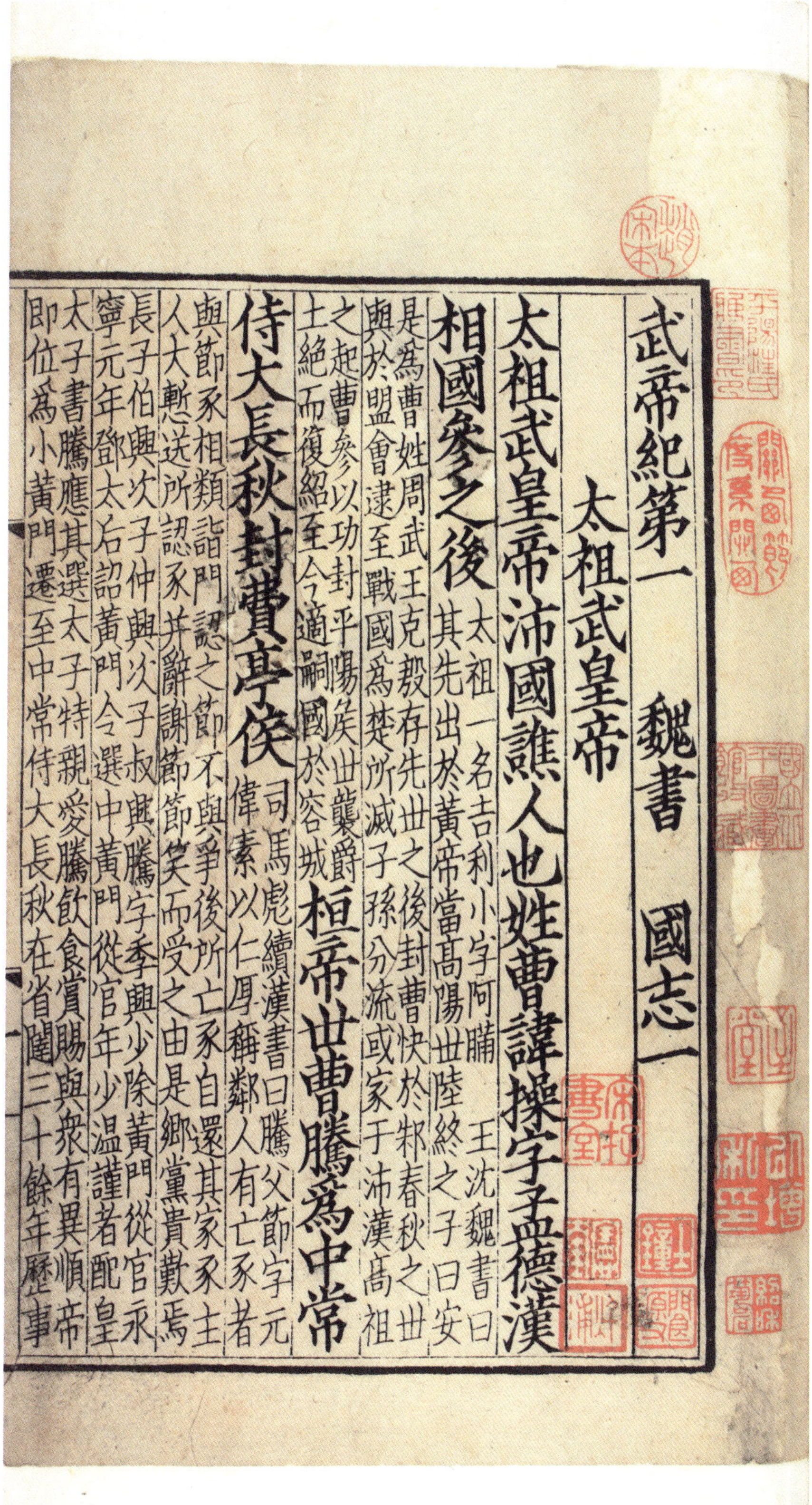

武帝紀第一　　魏書　國志一

太祖武皇帝

太祖武皇帝沛國譙人也姓曹諱操字孟德漢相國參之後太祖一名吉利小字阿瞞　王沈魏書曰其先出於黃帝當高陽世陸終之子曰安是爲曹姓周武王克殷存先世之後封曹俠於邾春秋之世與於盟會逮至戰國爲楚所滅子孫分流或家于沛漢高祖之起曹參以功封平陽侯世襲爵土絕而復紹至今適嗣國於容城桓帝世曹騰爲中常侍大長秋封費亭侯司馬彪續漢書曰騰父節字元偉素以仁厚稱鄰人有亡豕者與節家相類詣門認之節不與爭後所亡豕自還其家豕主人大慙送所認豕并辭謝節節笑而受之由是鄉黨貴歎焉長子伯興次子仲興次子叔興騰字季興少除黃門從官永寧元年鄧太后詔黃門令選中黃門從官年少溫謹者配皇太子書騰應其選太子特親愛騰飲食賞賜與衆有異順帝即位爲小黃門遷至中常侍大長秋在省闥三十餘年歷事

00413　三國志六十五卷　（晉）陳壽撰　（南朝宋）裴松之注　宋刻本

匡高19.7厘米，廣13.2厘米。半葉十行，行十八至十九字，小字雙行二十三至二十四字，白口，四周雙邊。有“士鐘”、“海源閣”等印。國家圖書館藏。

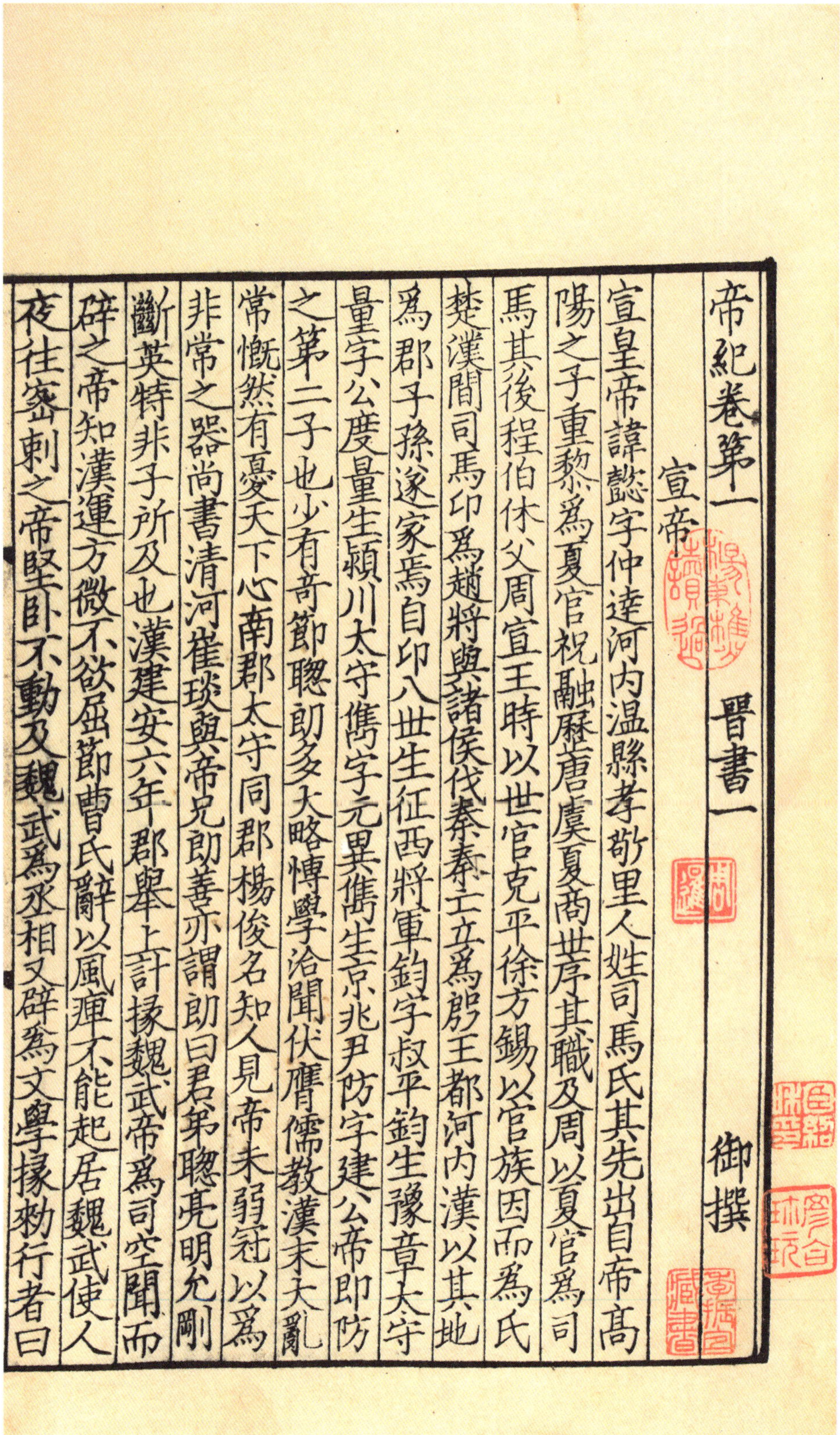
帝紀卷第一　晉書一　御撰
宣帝
宣皇帝諱懿字仲達河内温縣孝敬里人姓司馬氏其先出自帝高
陽之子重黎爲夏官祝融歷唐虞夏商世序其職及周以夏官爲司
馬其後程伯休父周宣王時以世官克平徐方錫以官族因而爲氏
楚漢間司馬卬爲趙將與諸侯伐秦秦亡立爲殷王都河内漢以其地
爲郡子孫遂家焉自卬八世生征西將軍鈞字叔平鈞生豫章太守
量字公度量生潁川太守儁字元異儁生京兆尹防字建公帝即防
之第二子也少有奇節聰朗多大略博學洽聞伏膺儒教漢末大亂
常慨然有憂天下心南郡太守同郡楊俊名知人見帝未弱冠以爲
非常之器尚書清河崔琰與帝兄朗善亦謂朗曰君弟聰亮明允剛
斷英特非子所及也漢建安六年郡舉上計掾魏武帝爲司空聞而
辟之帝知漢運方微不欲屈節曹氏辭以風痺不能起居魏武使人
夜往密刺之帝堅卧不動及魏武爲丞相又辟爲文學掾勑行者曰

00414 晉書一百三十卷　（唐）房玄齡等撰　南宋初期刻本

匡高18厘米，廣13.1厘米。半葉十四行，行二十六至二十七字，白口，左右雙邊。有“華亭朱氏珍藏”、“季印振宜”、“乾學”、“以增之印”、“周暹”等印。國家圖書館藏。

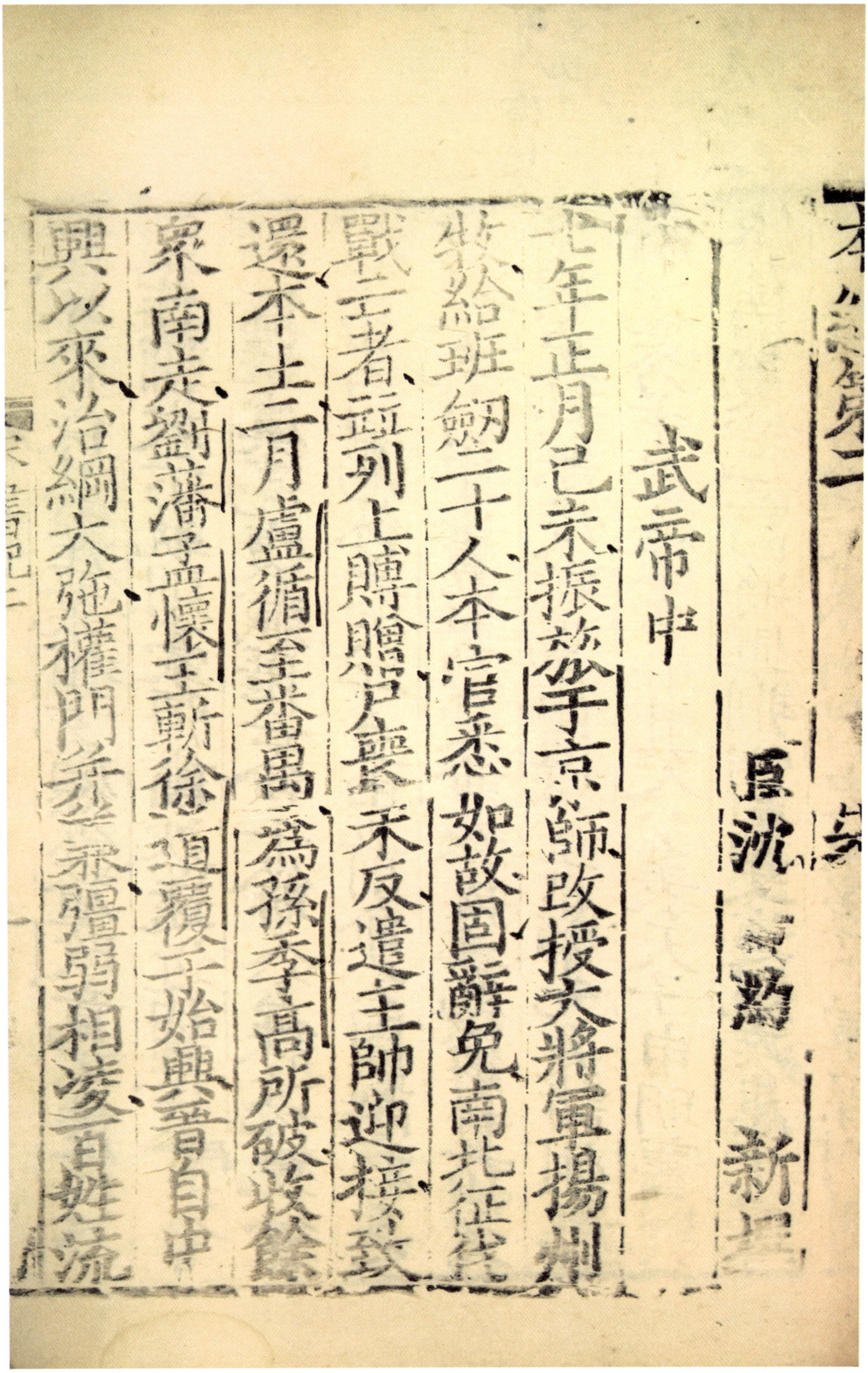
武帝中
七年正月己未振旅于京師改授大將軍揚州
牧給班劍二十人本官悉如故固辭免南北征伐
戰亡者並列上賻贈尸喪未反遣主帥迎接致
還本土二月盧循至番禺爲孫季高所破收餘
衆南走劉藩孟懷玉斬徐道覆于始興晉自中
興以來治綱大弛權門并兼强弱相凌百姓流

00415 宋書一百卷 （梁）沈約撰　宋刻宋元明遞修本

匡高23.4厘米，廣18.7厘米。半葉九行，行十八字，白口，左右雙邊。有“涵芬樓”等印。國家圖書館藏。

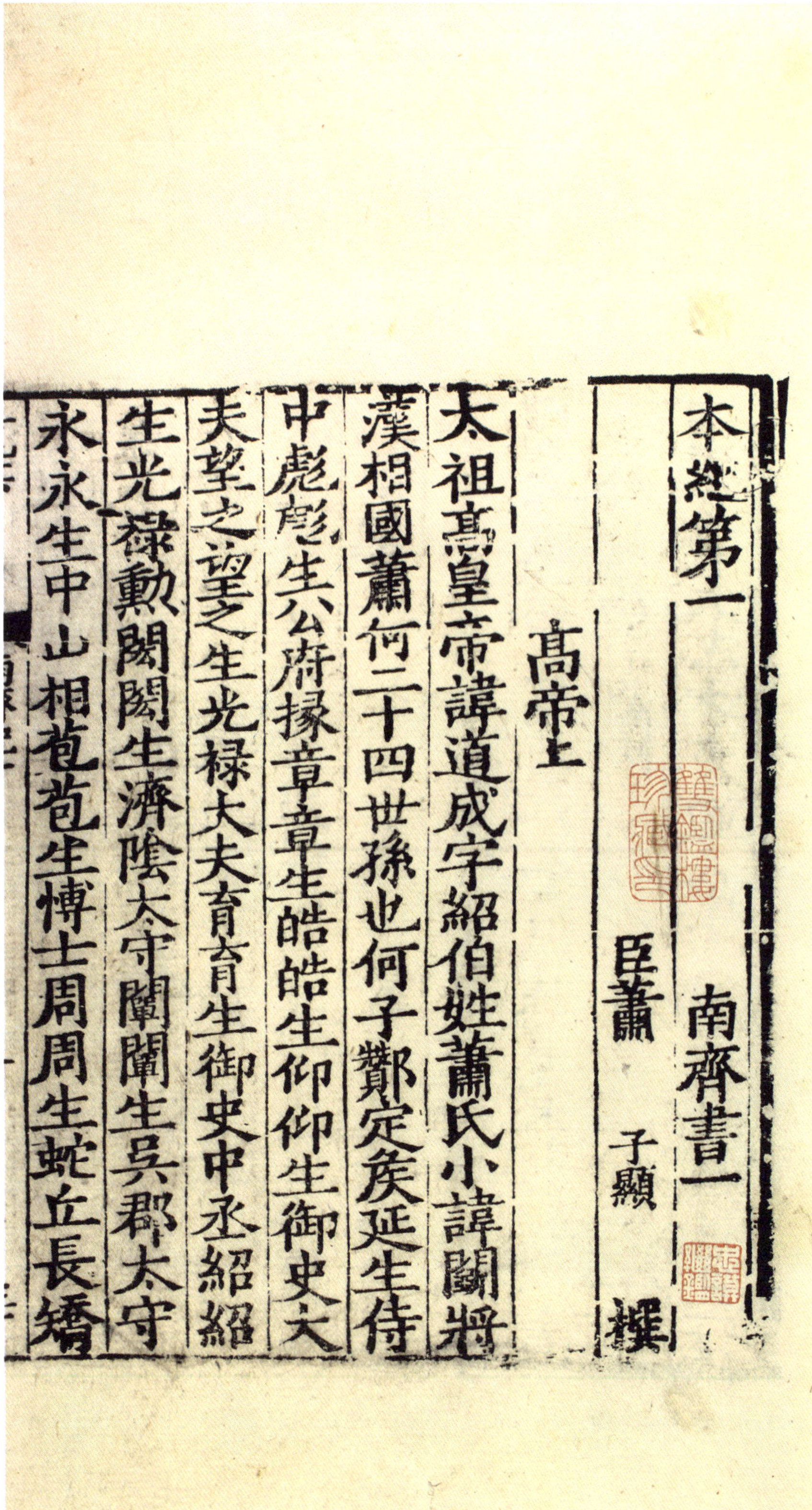

本紀第一　南齊書一

高帝上　臣蕭子顯　撰

太祖高皇帝諱道成字紹伯姓蕭氏小諱鬬將

漢相國蕭何二十四世孫也何子酇定侯延生侍

中彪彪生公府掾章章生皓皓生仰仰生御史大

夫望之望之生光禄大夫育育生御史中丞紹紹

生光禄勳閎閎生濟陰太守闡闡生吳郡太守

永永生中山相苞苞生博士周周生蛇丘長矯

00416、00417、00418、00419、00420、00421　南齊書五十九卷　（梁）蕭子顯撰　宋刻宋元明初遞修本

匡高22.6厘米，廣18.9厘米。半葉九行，行十八字，白口，左右雙邊。國家圖書館藏，有“禮部官書”、“雙鑑樓珍藏印”等印，繆荃孫、楊守敬、章鈺、吴慈培跋；四川大學圖書館、湖南圖書館、重慶圖書館、雲南省圖書館、西北大學圖書館等藏，爲宋刻元明遞修本。

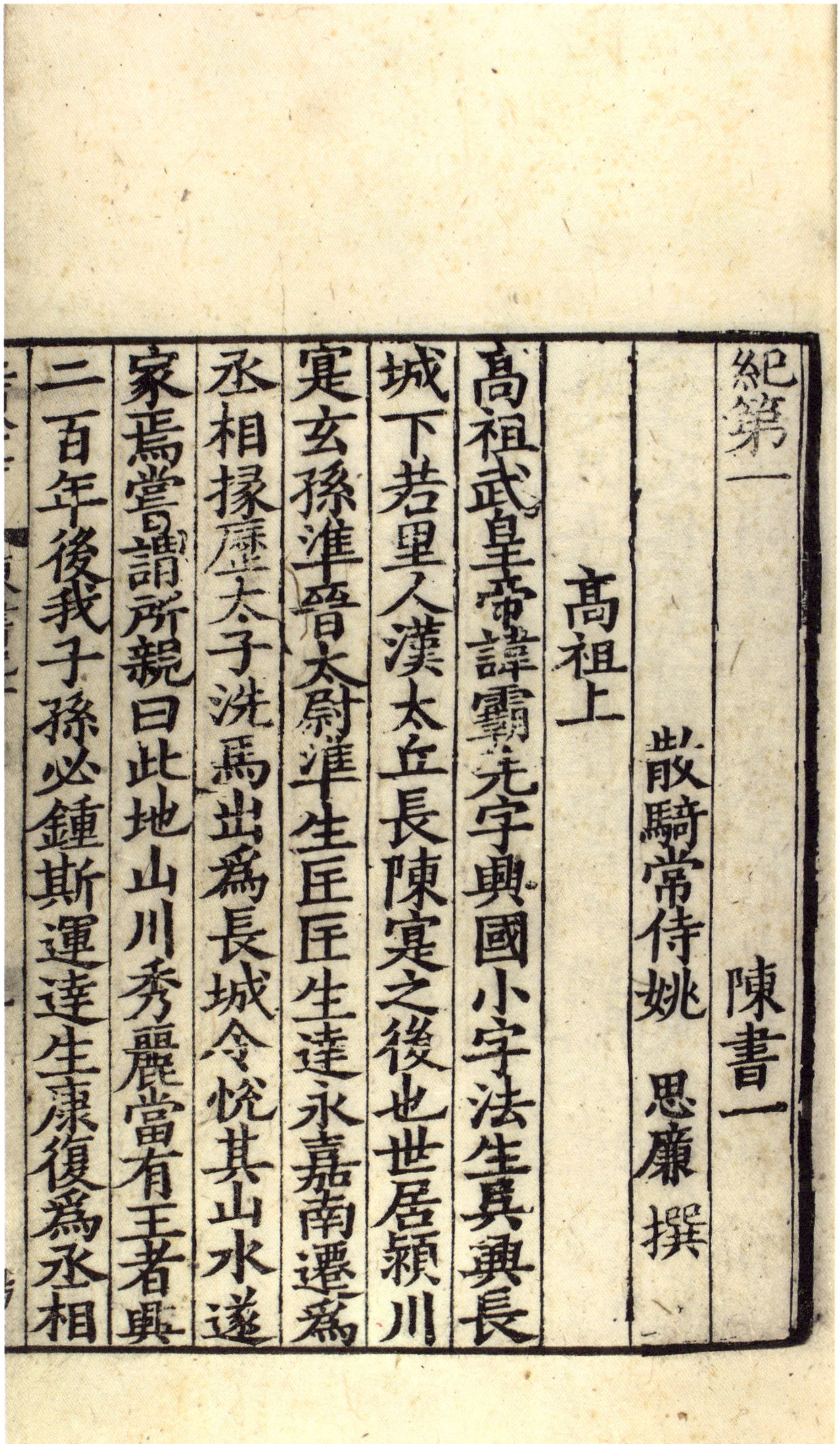

紀第一　陳書一

散騎常侍姚　思廉　撰

高祖上

高祖武皇帝諱霸先字興國小字法生吳興長城下若里人漢太丘長陳寔之後也世居潁川寔玄孫準晉太尉準生匡匡生達永嘉南遷爲丞相掾歷太子洗馬出爲長城令悅其山水遂家焉嘗謂所親曰此地山川秀麗當有王者興二百年後我子孫必鍾斯運達生康復爲丞相

00422 陳書三十六卷　（唐）姚思廉撰　宋刻宋元遞修本

匡高22.4厘米，廣18.7厘米。半葉九行，行十八字，白口，左右雙邊。有“禮部官書”、“季印振宜”、“慧海樓藏書印”等印。國家圖書館藏。

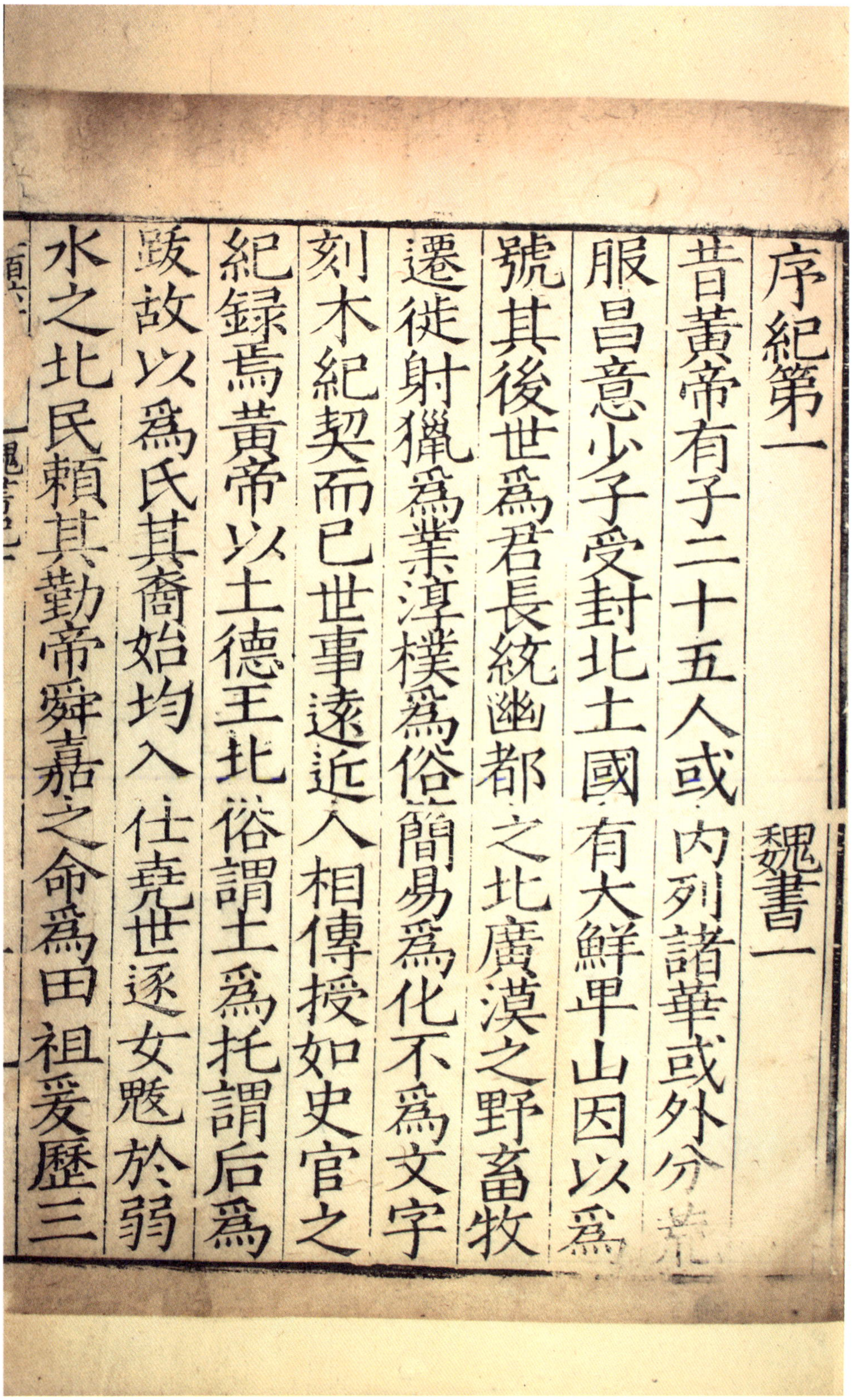

序紀第一　　魏書一

昔黃帝有子二十五人或內列諸華或外分荒服昌意少子受封北土國有大鮮卑山因以爲號其後世爲君長統幽都之北廣漠之野畜牧遷徙射獵爲業淳樸爲俗簡易爲化不爲文字刻木紀契而已世事遠近人相傳授如史官之紀録焉黃帝以土德王北俗謂土爲托謂后爲跋故以爲氏其裔始均入仕堯世逐女魃於弱水之北民賴其勤帝舜嘉之命爲田祖爰歷三

00423 魏書一百十四卷 （北齊）魏收撰 宋刻宋元遞修公文紙印本（配宋元明遞修本）

匡高22.9厘米，廣19厘米。半葉九行，行十八字，白口，左右雙邊。有“涵芬樓”等印。國家圖書館藏。

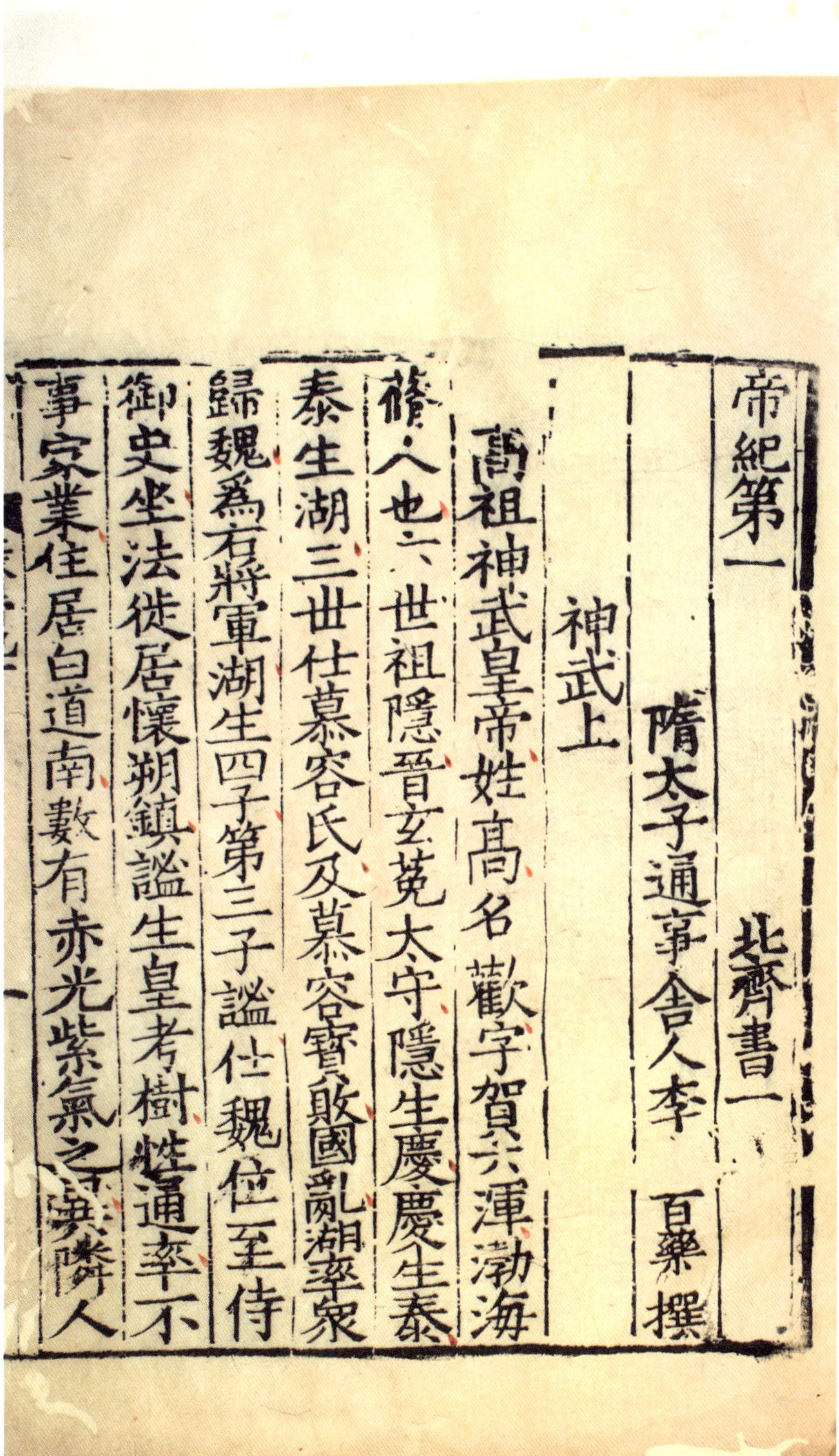
帝紀第一　北齊書一
隋太子通事舍人李　百藥撰
神武上
高祖神武皇帝姓高名歡字賀六渾渤海
蓨人也六世祖隱晉玄菟太守隱生慶慶生泰
泰生湖三世仕慕容氏及慕容寶敗國亂湖率衆
歸魏爲右將軍湖生四子第三子謐仕魏位至侍
御史坐法徙居懷朔鎮謐生皇考樹生性通率不
事家業住居白道南數有赤光紫氣之異鄰人

00424、00425、00426、00427 北齊書五十卷　（唐）李百藥撰　宋刻宋元明遞修本

匡高22.3厘米，廣18.6厘米。半葉九行，行十七至十九字，白口，左右雙邊。國家圖書館藏，有“涵芬樓”等印；武漢大學圖書館藏；四川大學圖書館藏，有“暘閣所藏”、“沈弘正印”等印；開封市圖書館藏。

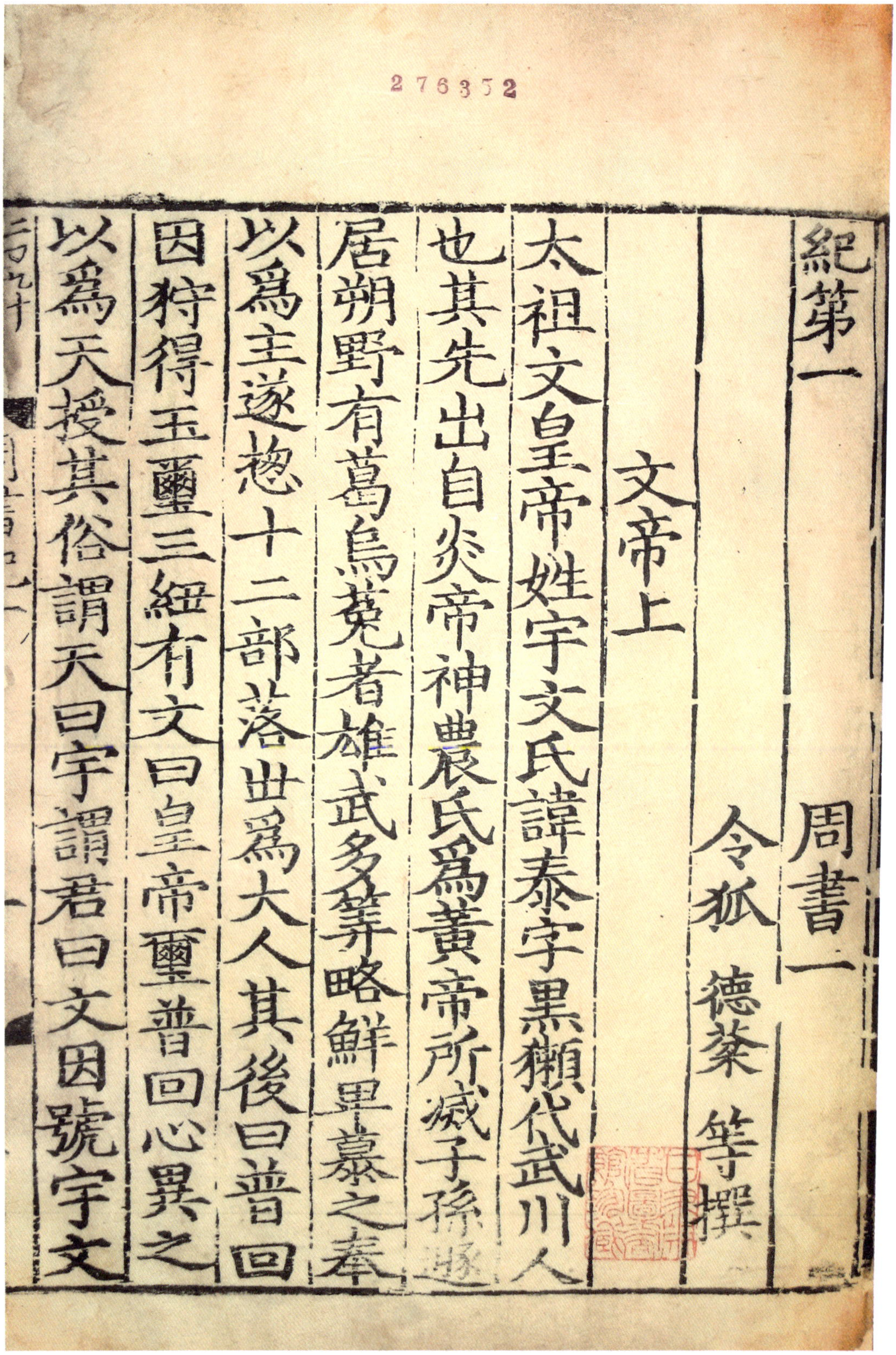
紀第一　周書一
令狐德棻等撰
文帝上
太祖文皇帝姓宇文氏諱泰字黑獺代武川人
也其先出自炎帝神農氏爲黃帝所滅子孫遯
居朔野有葛烏菟者雄武多筭略鮮卑慕之奉
以爲主遂揔十二部落世爲大人其後曰普回
因狩得玉璽三紐有文曰皇帝璽普回心異之
以爲天授其俗謂天曰宇謂君曰文因號宇文

00428、00429、00430、00431、00432 周書五十卷　（唐）令狐德棻等撰　宋刻宋元明遞修本

匡高22厘米，廣18.5厘米。半葉九行，行十八字，白口，左右雙邊。北京大學圖書館藏，有“述古堂圖書記”等印；武漢大學圖書館藏；湖南圖書館藏，有“葉氏雅好”等印；甘肅省圖書館藏；雲南省圖書館藏。

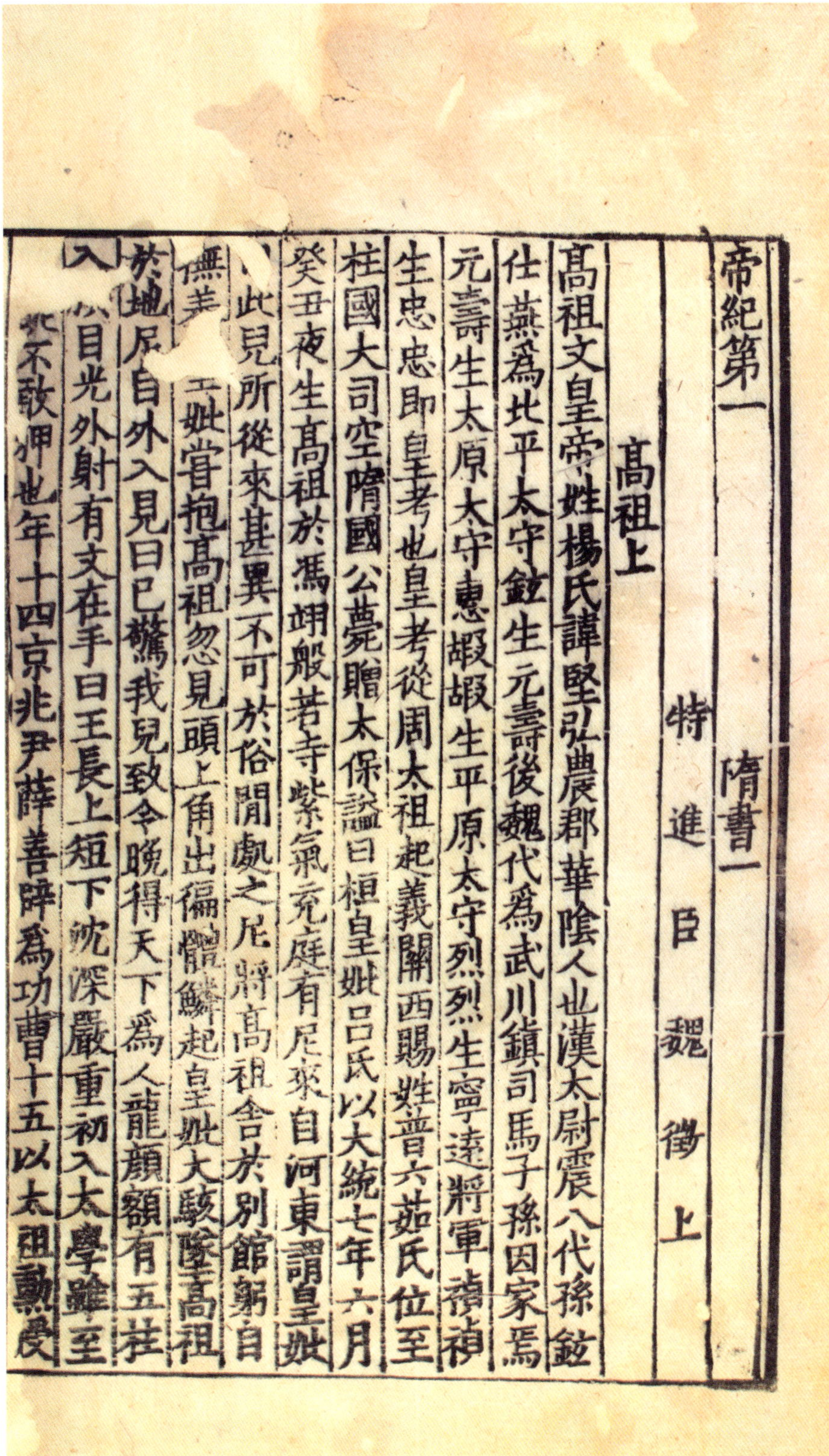
帝紀第一　　隋書一
特進臣魏徵上
高祖上
高祖文皇帝姓楊氏諱堅弘農郡華陰人也漢太尉震八代孫鉉仕燕為北平太守鉉生元壽後魏代為武川鎮司馬子孫因家焉元壽生太原太守惠嘏嘏生平原太守烈烈生寧遠將軍禎禎生忠忠即皇考也皇考從周太祖起義關西賜姓普六茹氏位至柱國大司空隋國公薨贈太保謚曰桓皇妣呂氏以大統七年六月癸丑夜生高祖於馮翊般若寺紫氣充庭有尼來自河東謂皇妣曰此兒所從來甚異不可於俗間處之尼將高祖舍於別館躬自撫養皇妣嘗抱高祖忽見頭上角出徧體鱗起皇妣大駭墜高祖於地尼自外入見曰已驚我兒致令晚得天下為人龍顏額有五柱入頂目光外射有文在手曰王長上短下沈深嚴重初入太學雖至親不敢狎也年十四京兆尹薛善辟為功曹十五以太祖勳授

00433　隋書八十五卷　（唐）魏徵等撰　宋刻遞修本

匡高21.3厘米，廣15.2厘米。半葉十四行，行二十五至二十六字，白口，左右雙邊。沈兆奎題記。國家圖書館藏，存六十五卷。

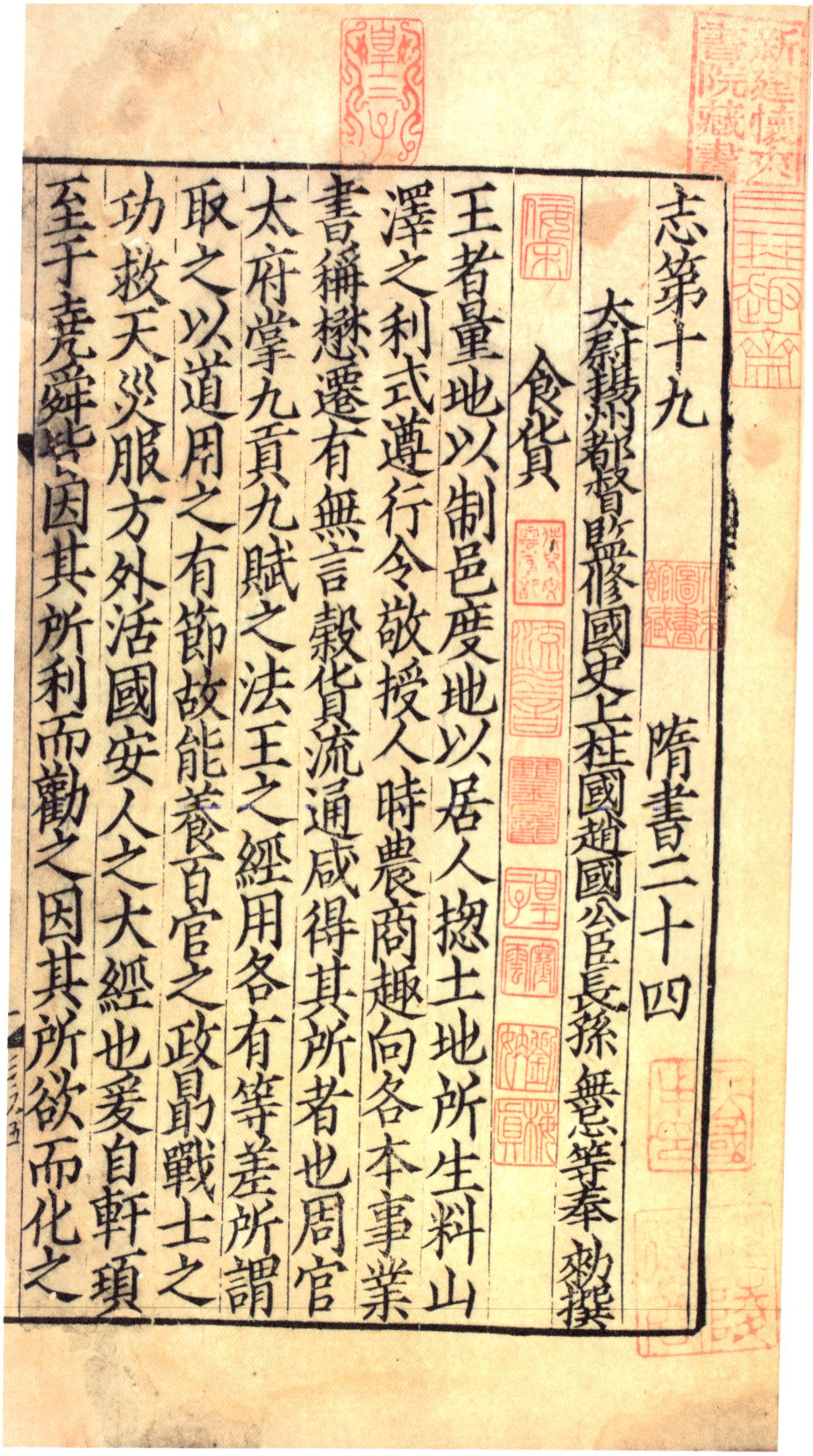

志第十九　隋書二十四

太尉揚州都督監修國史上柱國趙國公臣長孫無忌等奉　勑撰

食貨

王者量地以制邑度地以居人揔土地所生料山澤之利式遵行令敬授人時農商趣向各本事業書稱懋遷有無言穀貨流通咸得其所者也周官太府掌九貢九賦之法王之經用各有等差所謂取之以道用之有節故能養百官之政勗戰士之功救天災服方外活國安人之大經也爰自軒頊至于堯舜皆因其所利而勸之因其所欲而化之

00434　隋書八十五卷　（唐）魏徵等撰　宋刻本

匡高21厘米，廣13.2厘米。半葉十行，行十九字，黑口，左右雙邊。有“延陵後裔”、“鐵琴銅劍樓”、“寒雲”等印。李盛鐸、袁克文跋。國家圖書館藏，存五卷。

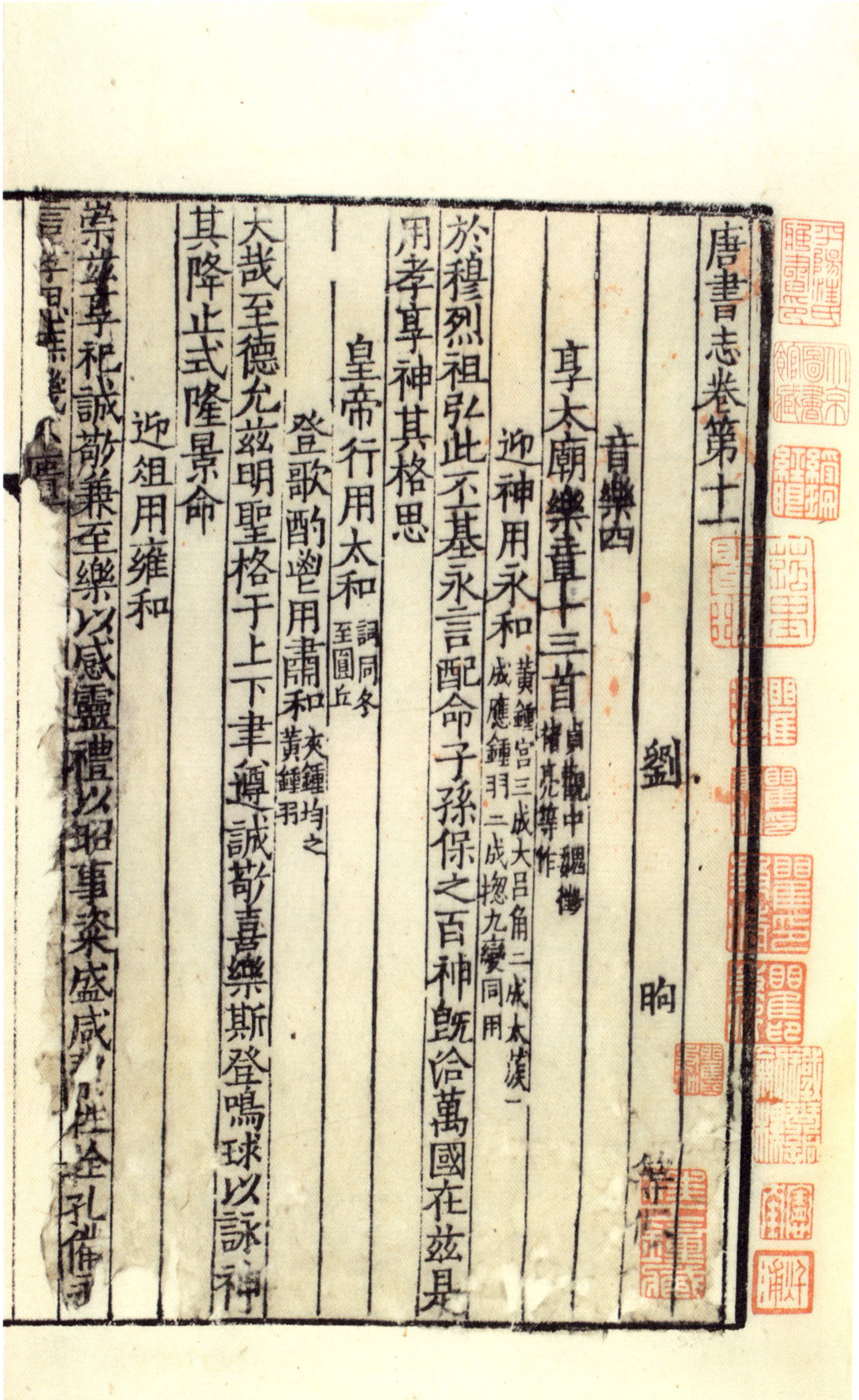

唐書志卷第十一

劉昫等

音樂四

享太廟樂章十三首 貞觀中魏徵褚亮等作

迎神用永和 黃鍾宮三成大呂角二成太簇一成應鍾羽二成揔九變同用

於穆烈祖弘此丕基永言配命子孫保之百神既洽萬國在茲是用孝享神其格思

皇帝行用太和 詞同冬至圓丘

登歌酌鬯用肅和 夾鍾均之黃鍾羽

大哉至德允茲明聖格于上下聿遵誠敬喜樂斯登鳴球以詠神其降止式隆景命

迎俎用雍和

崇茲享祀誠敬兼至樂以感靈禮以昭事粢盛咸牲全孔備

00435 唐書二百卷　（後晉）劉昫等撰　宋紹興兩浙東路茶鹽司刻本

匡高21.7厘米，廣14.9厘米。半葉十四行，行二十五字，小字雙行三十至三十三字，白口，左右雙邊。有“紹興府鎮越堂官書”、“汪士鐘藏”、“鐵琴銅劍樓”等印。國家圖書館藏，存六十九卷。

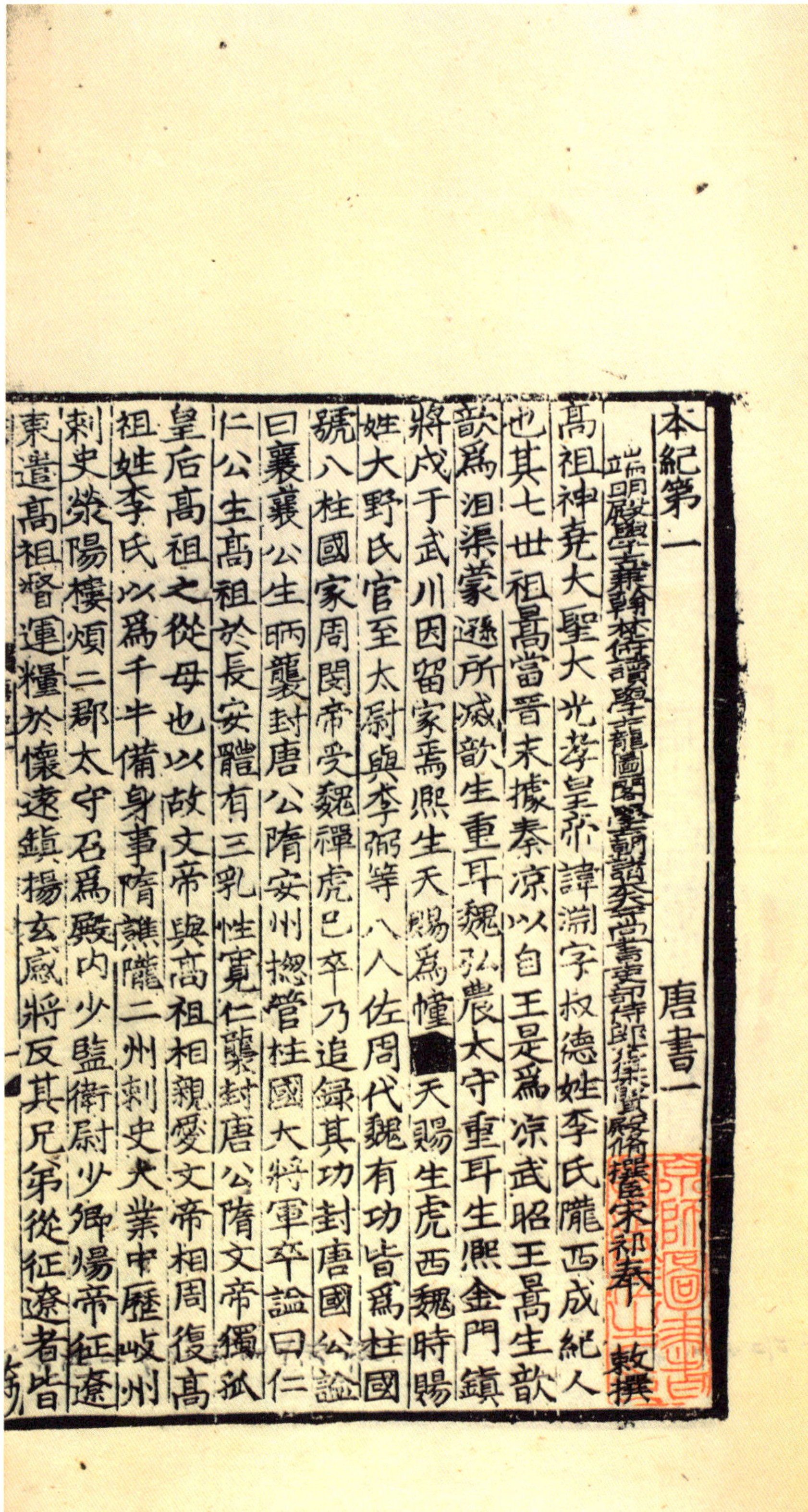
本紀第一　　　唐書一
端明殿學士兼翰林侍讀學士龍圖閣學士朝散大夫尚書吏部侍郎兼提舉集賢殿修撰臣宋祁奉敕撰
高祖神堯大聖大光孝皇帝諱淵字叔德姓李氏隴西成紀人
也其七世祖暠當晉末據秦涼以自王是爲涼武昭王暠生歆
歆爲沮渠蒙遜所滅歆生重耳魏弘農太守重耳生熙金門鎮
將戍于武川因留家焉熙生天賜爲幢主天賜生虎西魏時賜
姓大野氏官至太尉與李弼等八人佐周代魏有功皆爲柱國
號八柱國家周閔帝受魏禪虎已卒乃追録其功封唐國公謚
曰襄襄公生昞襲封唐公隋安州總管柱國大將軍卒謚曰仁
仁公生高祖於長安體有三乳性寬仁襲封唐公隋文帝獨孤
皇后高祖之從母也以故文帝與高祖相親愛文帝相周復高
祖姓李氏以爲千牛備身事隋譙隴二州刺史大業中歷岐州
刺史滎陽樓煩二郡太守召爲殿内少監衛尉少卿煬帝征遼
東遣高祖督運糧於懷遠鎮楊玄感將反其兄弟從征遼者皆

00436 唐書二百二十五卷目録二卷（宋）歐陽修　宋祁等撰　宋紹興刻宋元遞修公文紙印本

匡高20.5厘米，廣14.9厘米。半葉十四行，行二十四至二十五字，白口，左右雙邊。國家圖書館藏，存一百三十二卷。

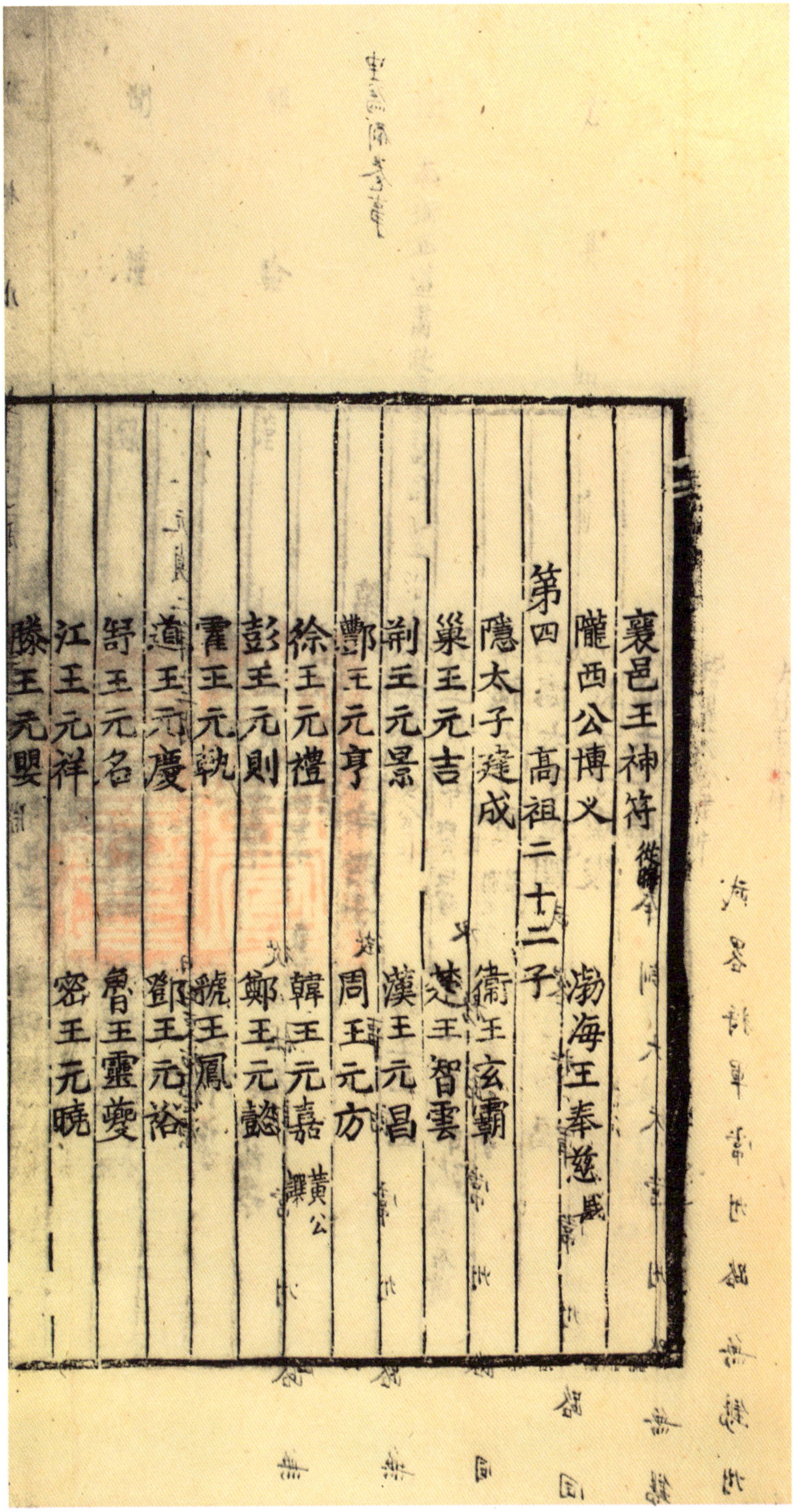
襄邑王神符　渤海王奉慈
隴西公博乂
第四　高祖二十二子
隱太子建成　衛王玄霸
巢王元吉　楚王智雲
荆王元景　漢王元昌
酆王元亨　周王元方
徐王元禮　韓王元嘉　黃公譔
彭王元則　鄭王元懿
霍王元軌　虢王鳳
道王元慶　鄧王元裕
舒王元名　魯王靈夔
江王元祥　密王元曉
滕王元嬰

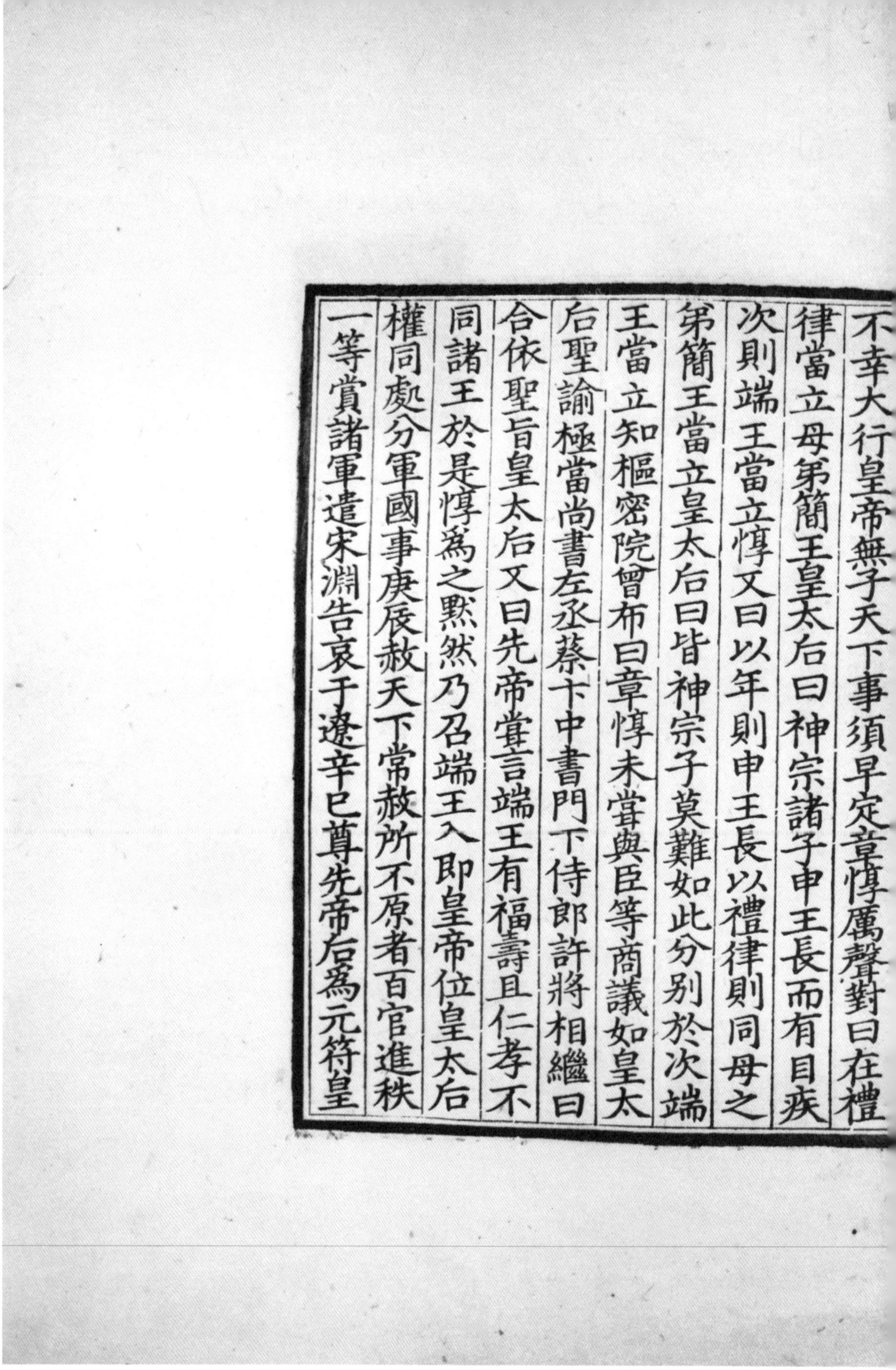

不幸大行皇帝無子天下事須早定章惇厲聲對曰在禮
律當立母弟簡王皇太后曰神宗諸子申王長而有目疾
次則端王當立惇又曰以年則申王長以禮律則同母之
弟簡王當立皇太后曰皆神宗子莫難如此分別於次端
王當立知樞密院曾布曰章惇未甞與臣等商議如皇太
后聖諭極當尚書左丞蔡卞中書門下侍郎許將相繼曰
合依聖旨皇太后又曰先帝甞言端王有福壽且仁孝不
同諸王於是惇爲之黙然乃召端王入即皇帝位皇太后
權同處分軍國事庚辰赦天下常赦所不原者百官進秩
一等賞諸軍遣宋淵告哀于遼辛巳尊先帝后爲元符皇

00437 宋史四百九十六卷（元）脱脱等撰　元至正六年（1346）江浙等處行中書省刻本

蝴蝶裝。匡高21.7厘米，廣16.5厘米。半葉十行，行二十二字，小字雙行同，細黑口，四周雙邊。有"晉府書畫之印"等印。國家圖書館藏，存一百二十七卷。

本紀卷第十九　宋史十九

開府儀同三司上柱國錄軍國重事前中書右丞相監修　國史領　經筵事都總裁臣脫脫等奉

敕修

徽宗一

徽宗體神合道駿烈遜功聖文仁德憲慈顯孝皇帝諱佶神宗第十一子也母曰欽慈皇后陳氏元豐五年十月丁巳生於宮中明年正月賜名十月授鎮寧軍節度使封寧國公哲宗即位封遂寧郡王紹聖三年以平江鎮江軍節度使封端王出就傅五年加司空改昭德彰信軍節度元符三年正月己卯哲宗崩皇太后垂簾哭謂宰臣曰家國

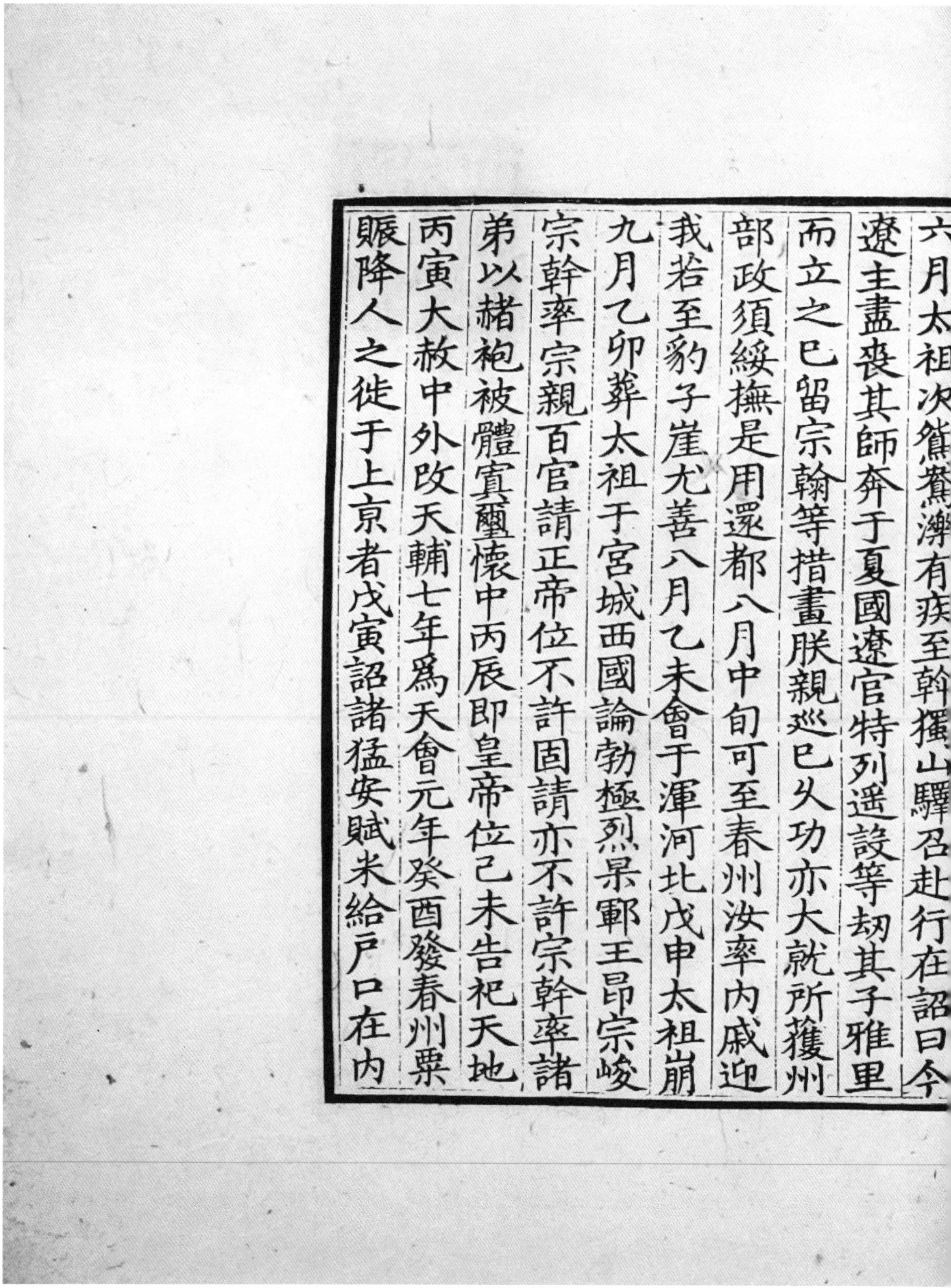

六月太祖次鴛鴦濼有疾至斡獨山驛召赴行在詔曰今
遼主盡喪其師奔于夏國遼官特列遥設等刼其子雅里
而立之巳留宗翰等措畫朕親巡巳乆功亦大就所獲州
部政須綏撫是用還都八月中旬可至春州汝率内戚迎
我若至豹子崖尤善八月乙未會于渾河北戊申太祖崩
九月乙卯葬太祖于宮城西國論勃極烈杲鄆王昂宗峻
宗幹率宗親百官請正帝位不許固請亦不許宗幹率諸
弟以赭袍被體寘璽懷中丙辰即皇帝位己未告祀天地
丙寅大赦中外改天輔七年爲天會元年癸酉發春州粟
賑降人之徙于上京者戊寅詔諸猛安賦米給戶口在內

00438 金史一百三十五卷目録二卷 （元）脱脱等撰　元至正五年（1345）江浙等處行中書省刻本

匡高21.7厘米，廣16.3厘米。半葉十行，行二十二字，細黑口，四周雙邊。有“晉府書畫之印”等印。國家圖書館藏，存五十四卷。

本紀第三　　　　金史三

開府儀同三司上柱國錄軍國重事中書右丞相監修國史領經筵事都總裁臣脫脫奉

勑修

太宗

太宗體元應運世德昭功哲惠仁聖文烈皇帝諱晟本諱吳乞買世祖第四子母曰翼簡皇后拏懶氏太祖母弟也遼大康元年乙卯歲生初爲穆宗養子收國元年七月命爲諳班勃極烈太祖征伐常居守天輔五年賜詔曰汝惟朕之母弟義均一體是用汝貳我國政凡軍事違者閱實其罪從宜處之其餘事無大小一依本朝舊制天輔七年

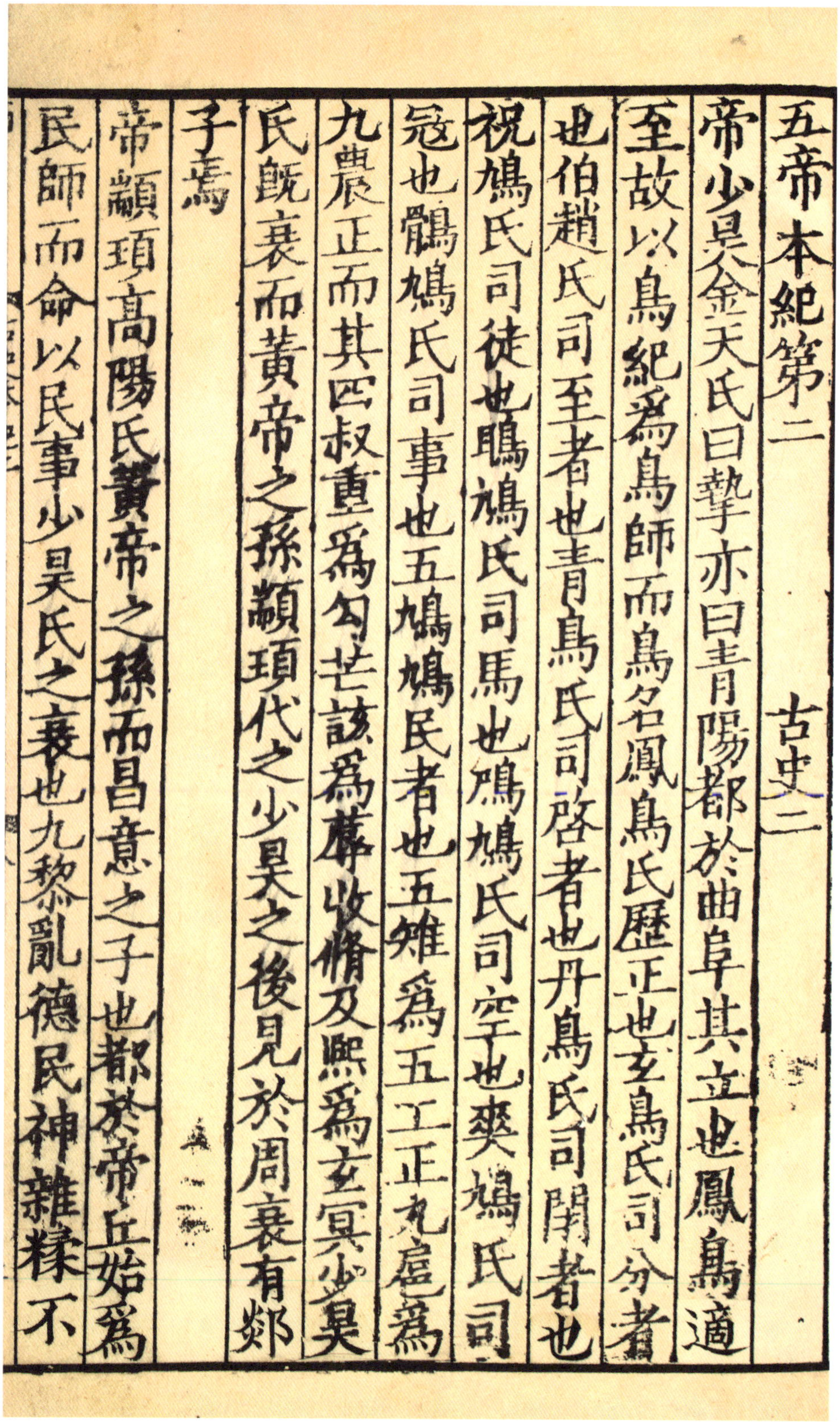

五帝本紀第二　古史二
帝少昊金天氏曰摯亦曰青陽都於曲阜其立也鳳鳥適至故以鳥紀爲鳥師而鳥名鳳鳥氏歷正也玄鳥氏司分者也伯趙氏司至者也青鳥氏司啓者也丹鳥氏司閉者也祝鳩氏司徒也鴡鳩氏司馬也鳲鳩氏司空也爽鳩氏司寇也鶻鳩氏司事也五鳩鳩民者也五雉爲五工正九扈爲九農正而其四叔重爲勾芒該爲蓐收脩及熙爲玄冥少昊氏既衰而黄帝之孫顓頊代之少昊之後見於周衰有郯子焉

帝顓頊高陽氏黄帝之孫而昌意之子也都於帝丘始爲民師而命以民事少昊氏之衰也九黎亂德民神雜糅不

00439　古史六十卷　（宋）蘇轍撰　宋刻元明遞修本（有明人抄配）

匡高24.4厘米，廣16.8厘米。半葉十一行，行二十二字，白口，左右雙邊。有“王印定安”等印。楊守敬跋。國家圖書館藏。

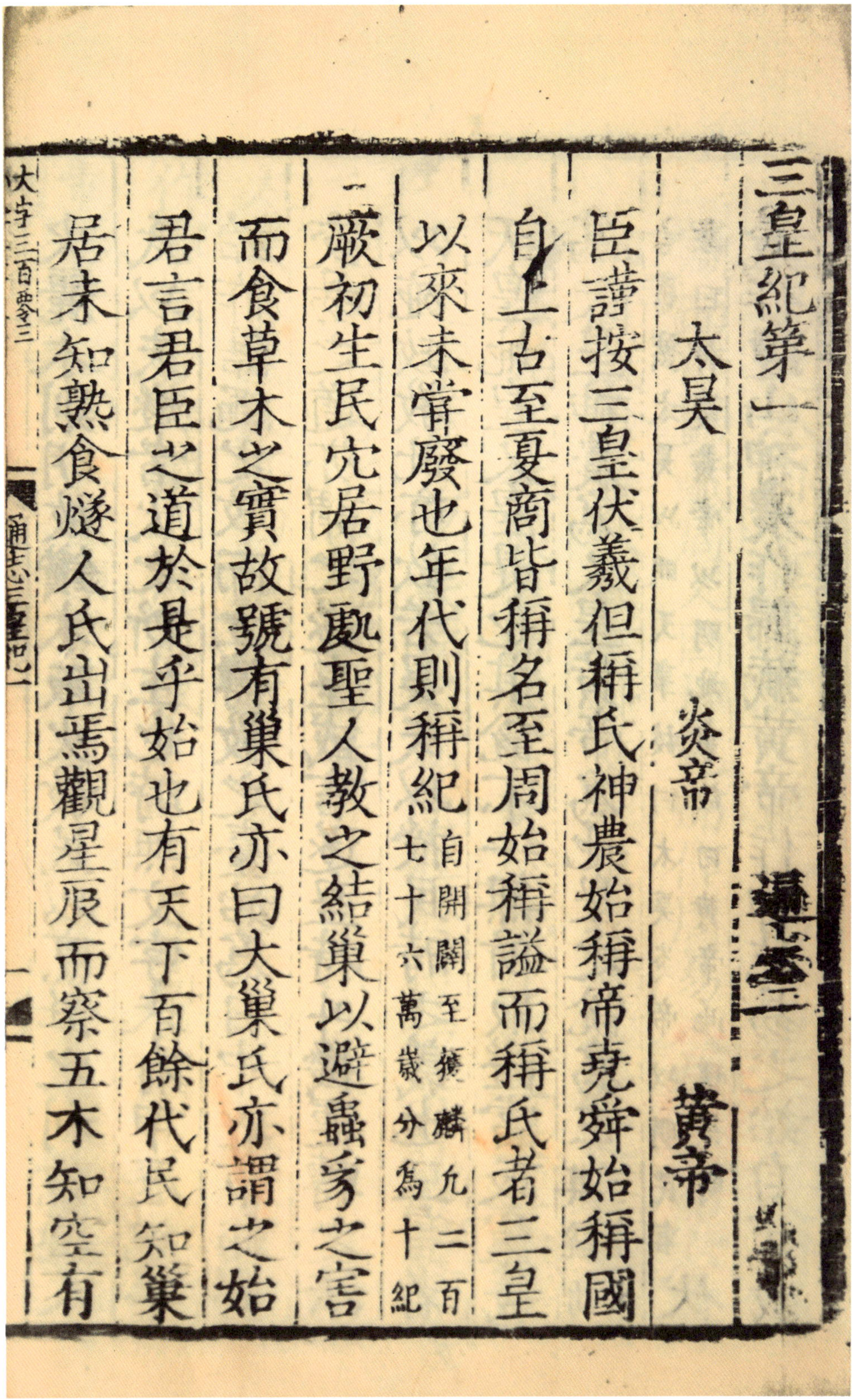
三皇紀第一　　通志卷三

太昊　　炎帝　　黃帝

臣謹按三皇伏羲但稱氏神農始稱帝堯舜始稱國自上古至夏商皆稱名至周始稱謚而稱氏者三皇以來未嘗廢也年代則稱紀自開闢至獲麟二百七十六萬歲分爲十紀

厥初生民穴居野處聖人教之結巢以避蟲豸之害而食草木之實故號有巢氏亦曰大巢氏亦謂之始君言君臣之道於是乎始也有天下百餘代民知巢居未知熟食燧人氏出焉觀星辰而察五木知空有

00440　通志二百卷　（宋）鄭樵撰　元大德三山郡庠刻元明遞修明弘治公文紙印本

匡高29厘米，廣19.8厘米。半葉九行，行二十一字，小字雙行同，白口，左右雙邊。重慶圖書館藏。

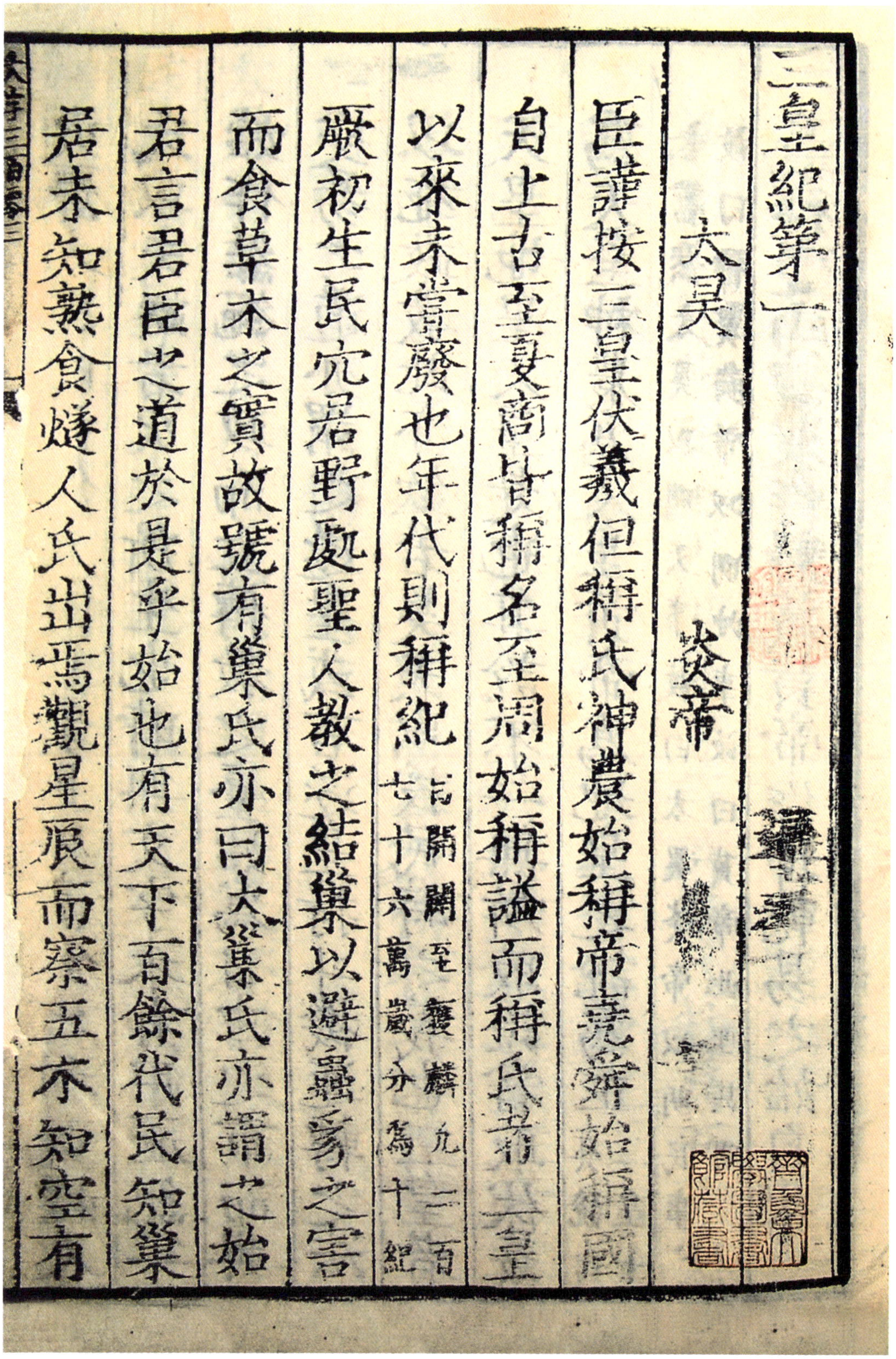

三皇紀第一

太昊　炎帝　黄帝

臣謹按三皇伏羲但稱氏神農始稱帝堯舜始稱國自上古至夏商皆稱名至周始稱謚而稱氏者三皇以來未嘗廢也年代則稱紀自開闢至獲麟二百七十六萬歲分為十紀厥初生民穴居野處聖人教之結巢以避蟲豸之害而食草木之實故號有巢氏亦曰大巢氏亦謂之始君言君臣之道於是乎始也有天下百餘代民知巢居未知熟食燧人氏出焉觀星辰而察五木知空有

00441、00442 通志二百卷　（宋）鄭樵撰　元大德三山郡庠刻元明遞修本

匡高29厘米，廣19.8厘米。半葉九行，行二十一字，小字雙行同，白口，左右雙邊。國家圖書館藏，有“鐵琴銅劍樓”等印；山東省圖書館藏。

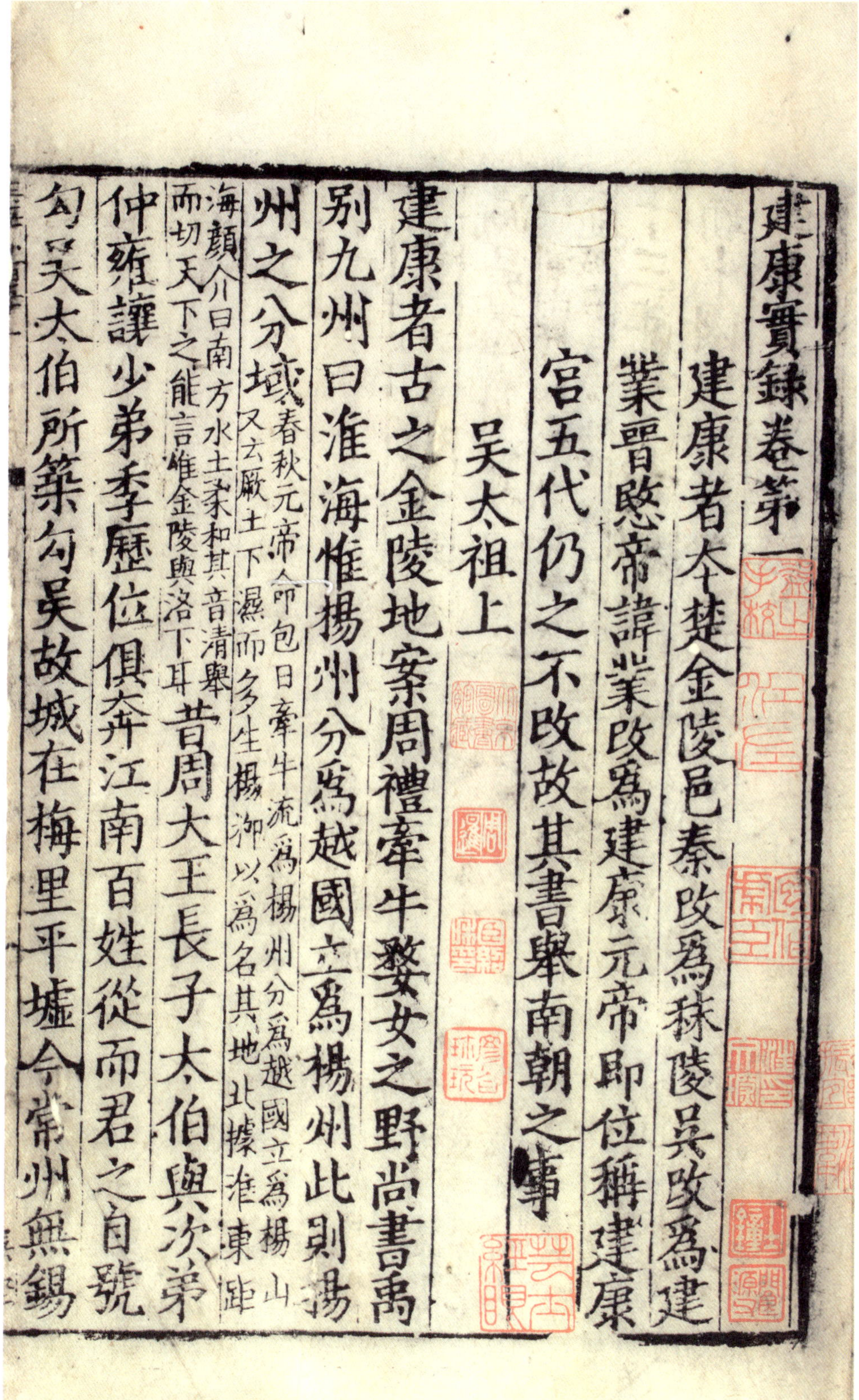
建康實録卷第一
建康者本楚金陵邑秦改爲秣陵吴改爲建
業晉愍帝諱業改爲建康元帝即位稱建康
宫五代仍之不改故其書舉南朝之事
吴太祖上
建康者古之金陵地案周禮牽牛婺女之野尚書禹
别九州曰淮海惟揚州分爲越國立爲揚州此則揚
州之分域春秋元帝命包曰牽牛流爲揚州分爲越國立爲揚山又云厥土下濕而多生楊柳以爲名其地北據淮東距海顔介曰南方水土柔和其音清舉而切天下之能言唯金陵與洛下耳昔周大王長子太伯與次弟
仲雍讓少弟季歷位俱奔江南百姓從而君之自號
句吴太伯所築句吴故城在梅里平墟今常州無錫

00443 建康實録二十卷　（唐）許嵩撰　宋紹興十八年（1148）荆湖北路安撫使司刻遞修本

匡高23.1厘米，廣16.7厘米。半葉十一行，行二十字，小字雙行二十七至三十字，白口，左右雙邊。有“明善齋記”、“江左”、“毛晉私印”、“季振宜藏書”、“宋存書室”等印。國家圖書館藏。

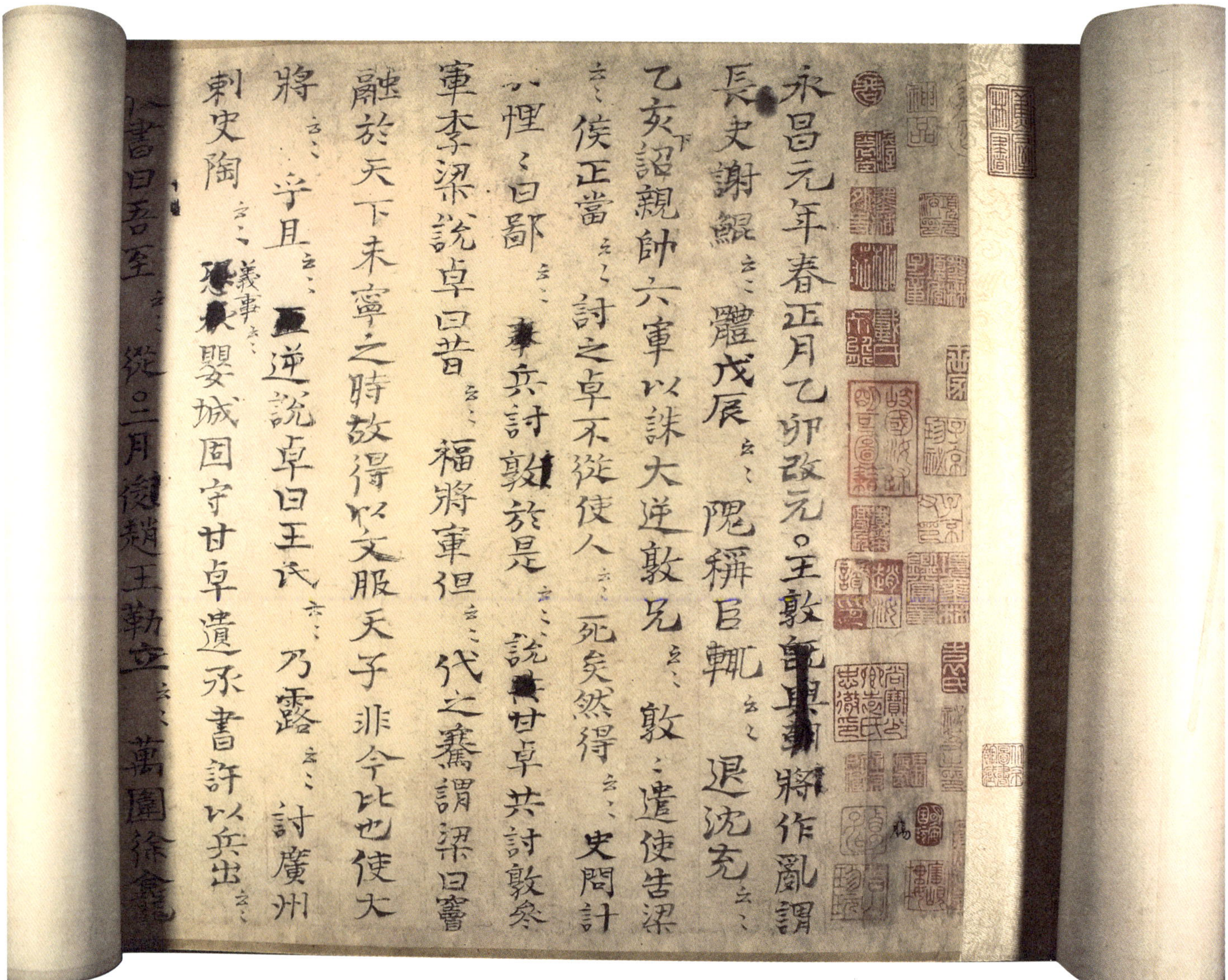

00444 資治通鑑殘稿　（宋）司馬光撰　稿本

卷軸裝。寬33.2厘米，長106厘米。二十九行，四百六十五字。有“尚寶少卿袁氏忠徹印”、“子京珍藏”、“乾隆御覽之寶”、“嘉慶御覽之寶”等印。任希夷、趙汝述、葛洪、程珌、趙崇龢、柳貫、黄溍、宇文公諒、朱德潤、鄭元祐跋。國家圖書館藏。

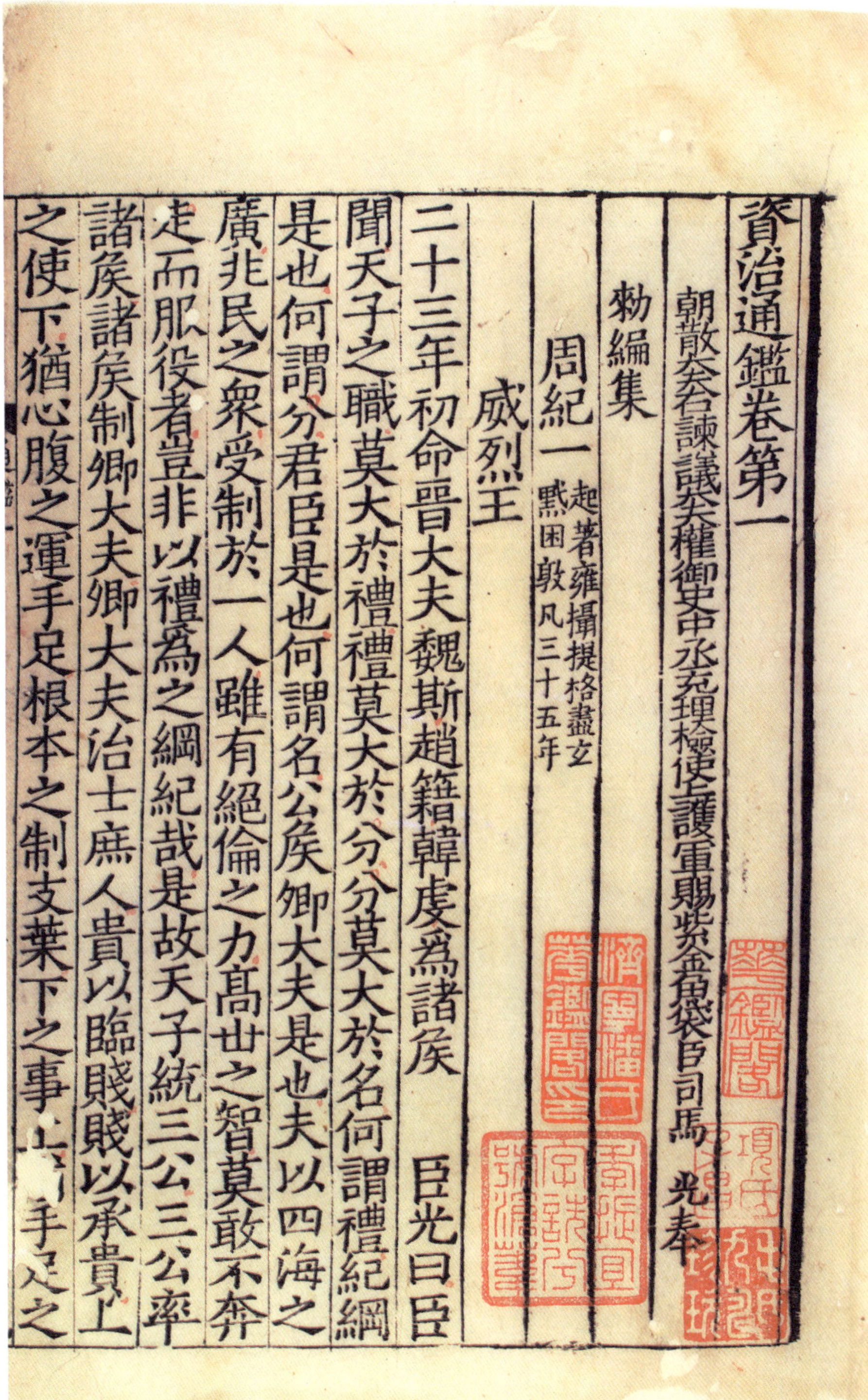

00445 資治通鑑二百九十四卷目録三十卷 （宋）司馬光撰　宋紹興二至三年（1132–1133）兩浙東路茶鹽司公使庫刻本

匡高20.4厘米，廣14.9厘米。半葉十二行，行二十四至二十五字，白口，左右雙邊。有"玉蘭堂"、"顧從德"、"振宜之印"、"乾學"、"華鑑閣"等印。國家圖書館藏。

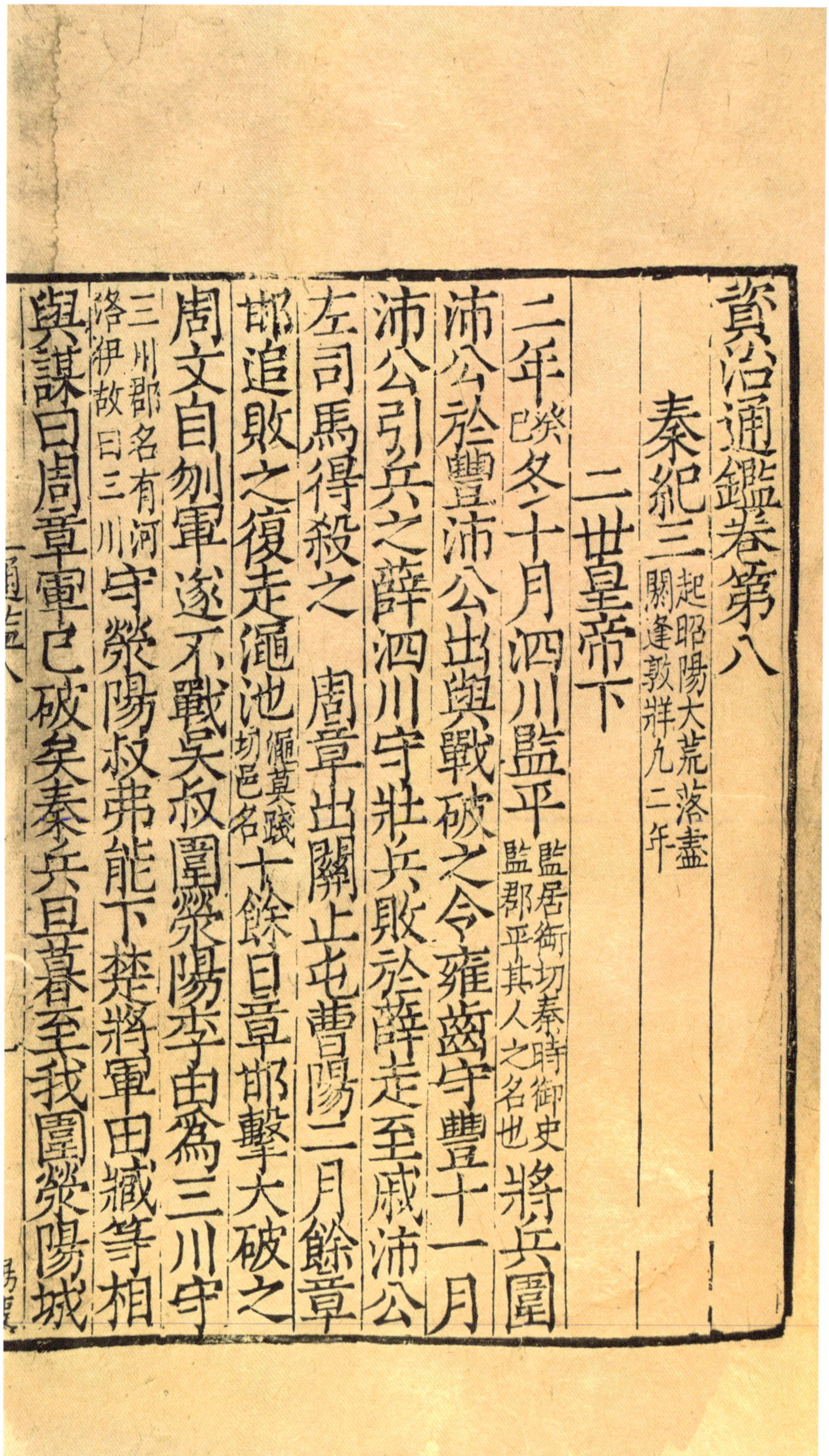
資治通鑑卷第八
秦紀三（起昭陽大荒落盡閼逢敦牂凡二年）
二世皇帝下
二年（癸巳）冬十月泗川監平（監居銜切秦時御史監郡平其人之名也）將兵圍
沛公於豐沛公出與戰破之令雍齒守豐十一月
沛公引兵之薛泗川守壯兵敗於薛走至戚沛公
左司馬得殺之　周章出關止屯曹陽二月餘章
邯追敗之復走澠池（澠莫踐切邑名）十餘日章邯擊大破之
周文自剄軍遂不戰　吴叔圍滎陽李由為三川守（三川郡名有河洛伊故曰三川）守滎陽叔弗能下楚將軍田臧等相
與謀曰周章軍已破矣秦兵旦暮至我圍滎陽城

00446 資治通鑑二百九十四卷目録三十卷　（宋）司馬光撰　元至元二十六至二十八年（1289-1291）魏天祐刻本

包背裝。匡高25厘米，廣18.9厘米。半葉十一行，行十九字，白口，左右雙邊。有“禮部評驗書畫關防”等印。國家圖書館藏，存七十一卷。

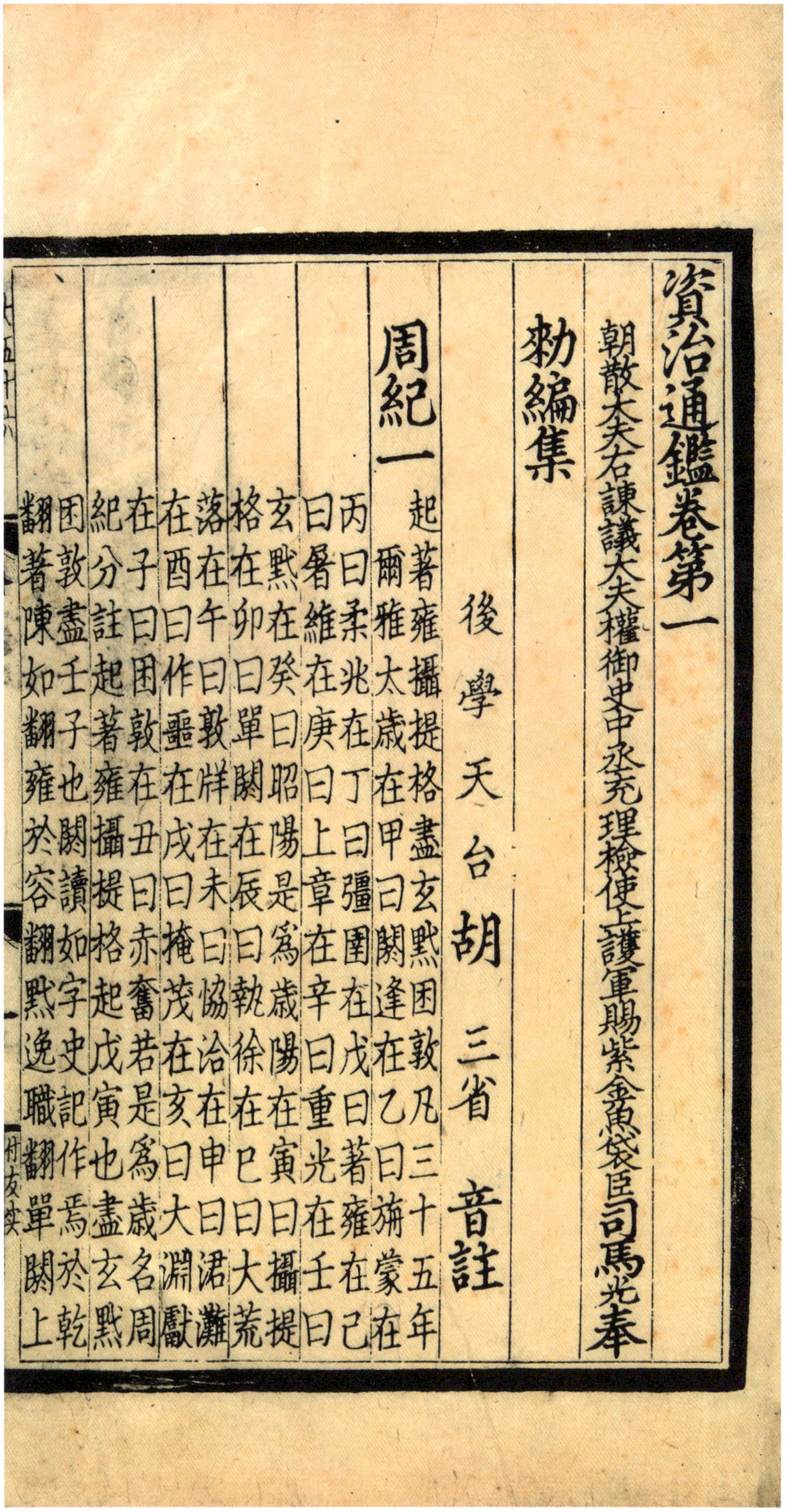
資治通鑑卷第一
朝散大夫右諫議大夫權御史中丞充理檢使上護軍賜紫金魚袋臣司馬光奉
勅編集
後學天台胡三省音註
周紀一
起著雍攝提格盡玄黓困敦凡三十五年
爾雅太歲在甲曰閼逢在乙曰旃蒙在丙曰柔兆在丁曰彊圉在戊曰著雍在己曰屠維在庚曰上章在辛曰重光在壬曰玄黓在癸曰昭陽是爲歲陽在寅曰攝提格在卯曰單閼在辰曰執徐在巳曰大荒落在午曰敦牂在未曰協洽在申曰涒灘在酉曰作噩在戌曰掩茂在亥曰大淵獻在子曰困敦在丑曰赤奮若是爲歲名周紀分註起著雍攝提格起戊寅也盡玄黓困敦盡壬子也閼讀如字史記作焉於乾翻著陳如翻雍於容翻黓逸職翻單閼上

00447 資治通鑑二百九十四卷 （宋）司馬光撰　（元）胡三省音注　**通鑑釋文辨誤十二卷**　（元）胡三省撰　元刻本

匡高22.5厘米，廣14.5厘米。半葉十行，行二十字，小字雙行同，黑口，四周雙邊。上海圖書館藏。

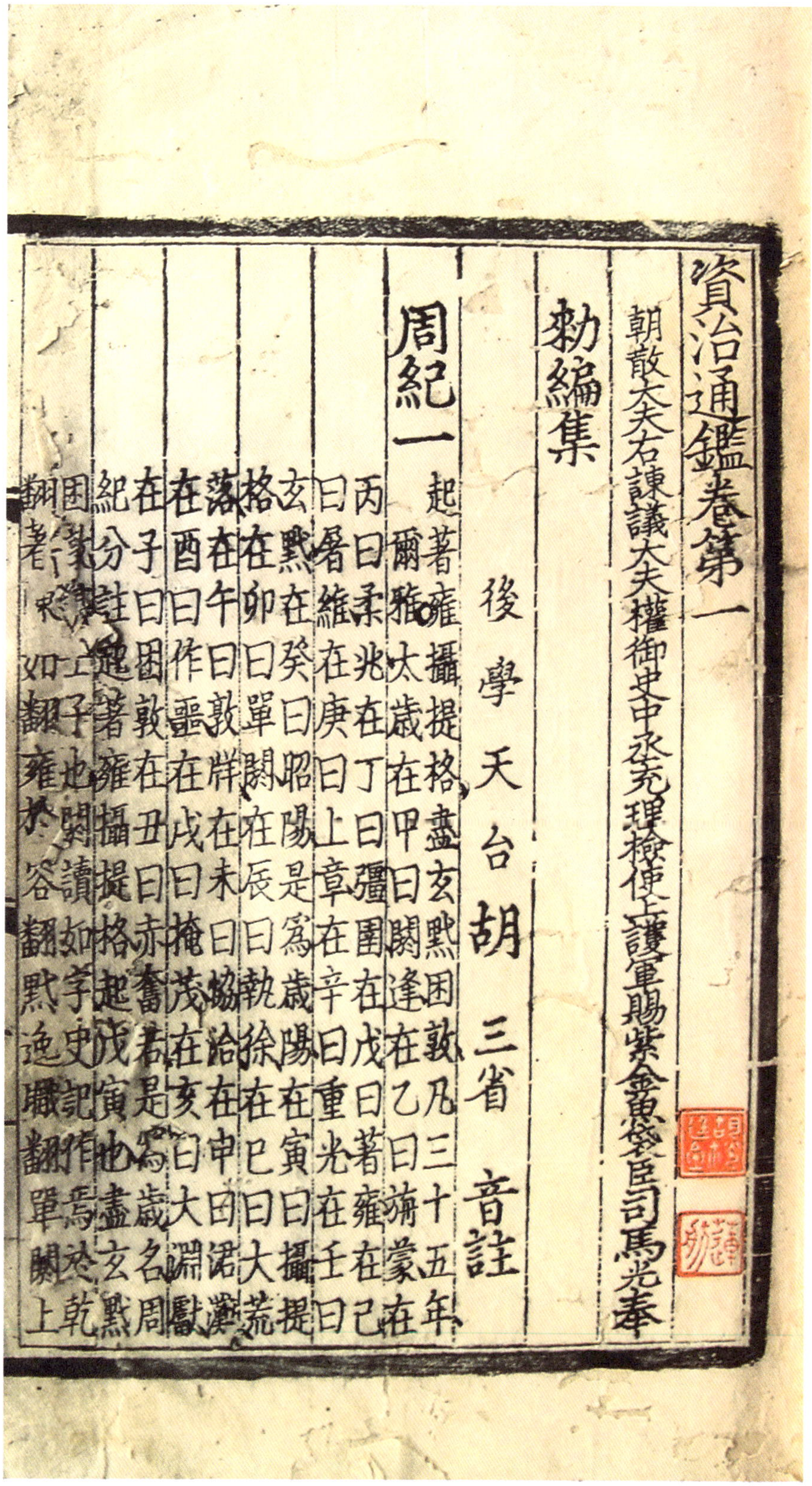

資治通鑑卷第一

朝散大夫右諫議大夫權御史中丞充理檢使上護軍賜紫金魚袋臣司馬光奉

勅編集

後學天台胡三省音註

周紀一 起著雍攝提格，盡玄黓困敦，凡三十五年。

爾雅太歲在甲曰閼逢在乙曰旃蒙在丙曰柔兆在丁曰彊圉在戊曰著雍在己曰屠維在庚曰上章在辛曰重光在壬曰玄黓在癸曰昭陽是爲歲陽在寅曰攝提格在卯曰單閼在辰曰執徐在巳曰大荒落在午曰敦牂在未曰協洽在申曰涒灘在酉曰作噩在戌曰掩茂在亥曰大淵獻在子曰困敦在丑曰赤奮若是爲歲名周紀分注起著雍攝提格起戊寅也盡玄黓困敦[illegible]子也閼讀如字史記作焉[illegible]乾翻著[illegible]如翻雍於容翻黓逸職翻單閼上

00448 資治通鑑二百九十四卷 （宋）司馬光撰 （元）胡三省音注 **通鑑釋文辨誤十二卷** （元）胡三省撰 元刻本

匡高22.6厘米，廣15厘米。半葉十行，行二十字，小字雙行同，黑口，四周雙邊。有“蓮舫”等印。江西省圖書館藏。

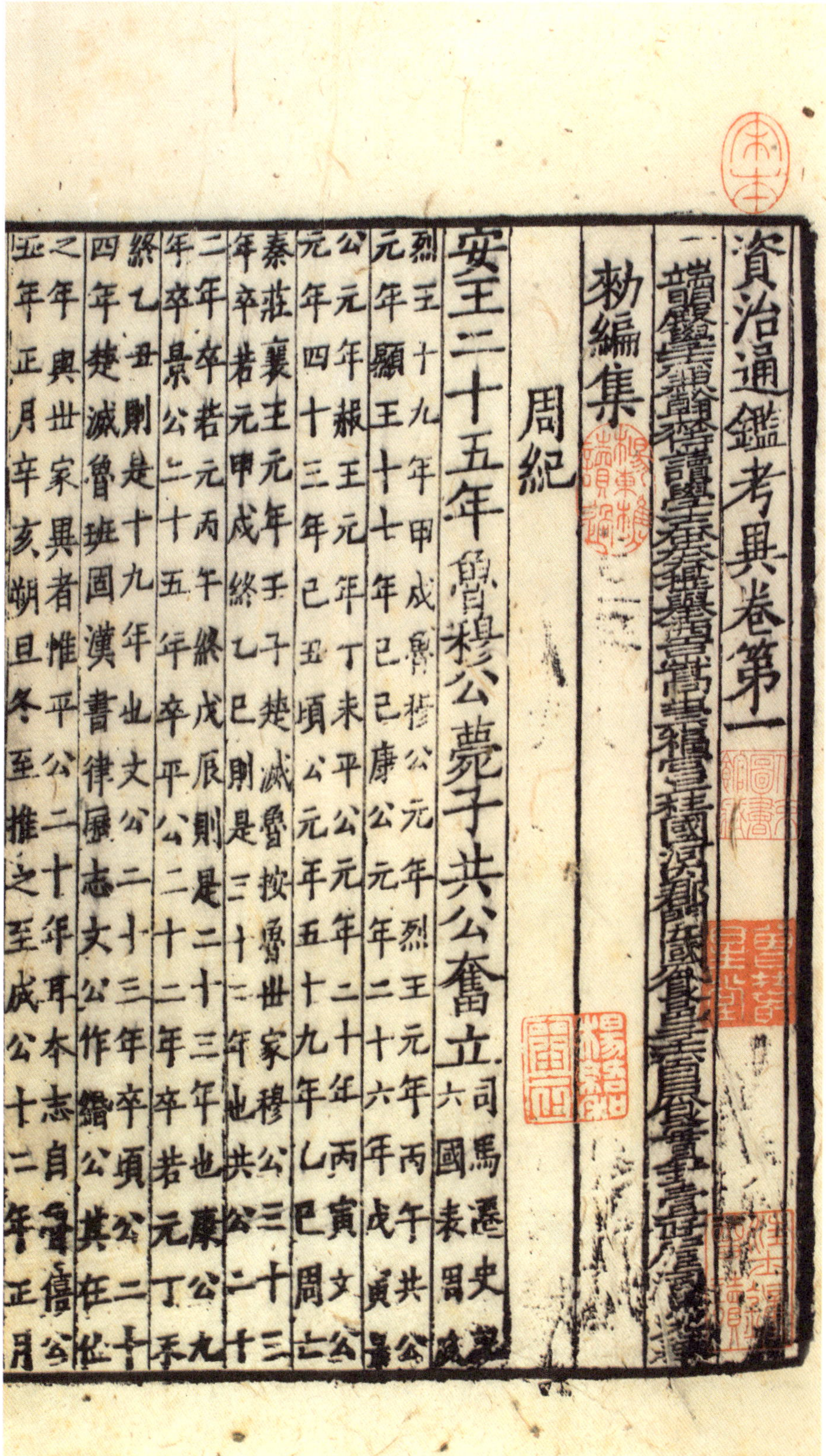
資治通鑑考異卷第一
[illegible]
敕編集
周紀
安王二十五年魯穆公薨子共公奮立 司馬遷史記六國表曰威[illegible]
烈王十九年甲戌魯穆公元年烈王元年丙午共公
元年顯王十七年己巳康公元年二十六年戊申景公
公元年赧王元年丁未平公元年二十年丙寅文公
元年四十三年己丑頃公元年五十九年乙巳周亡
秦莊襄王元年壬子楚滅魯按魯世家穆公三十三
年卒若元甲戌終乙巳則是三十三年也共公二十
二年卒若元丙午終戊辰則是二十三年也康公九
年卒景公二十五年卒平公二十二年卒若元丁未
終乙丑則是十九年也文公二十三年卒頃公二十
四年楚滅魯班固漢書律曆志文公作緡公其在位
之年與世家異者惟平公二十年耳本志自魯僖公
五年正月辛亥朔旦冬至推之至成公十二年正月

00449 資治通鑑考異三十卷 （宋）司馬光撰　宋紹興二至三年（1132–1133）兩浙東路茶鹽司公使庫刻宋元遞修本（卷二十七至三十配清影宋抄本）

匡高20.6厘米，廣15厘米。半葉十一行，行二十字，小字雙行同，白口，左右雙邊。有“楊紹和審定”等印。國家圖書館藏。

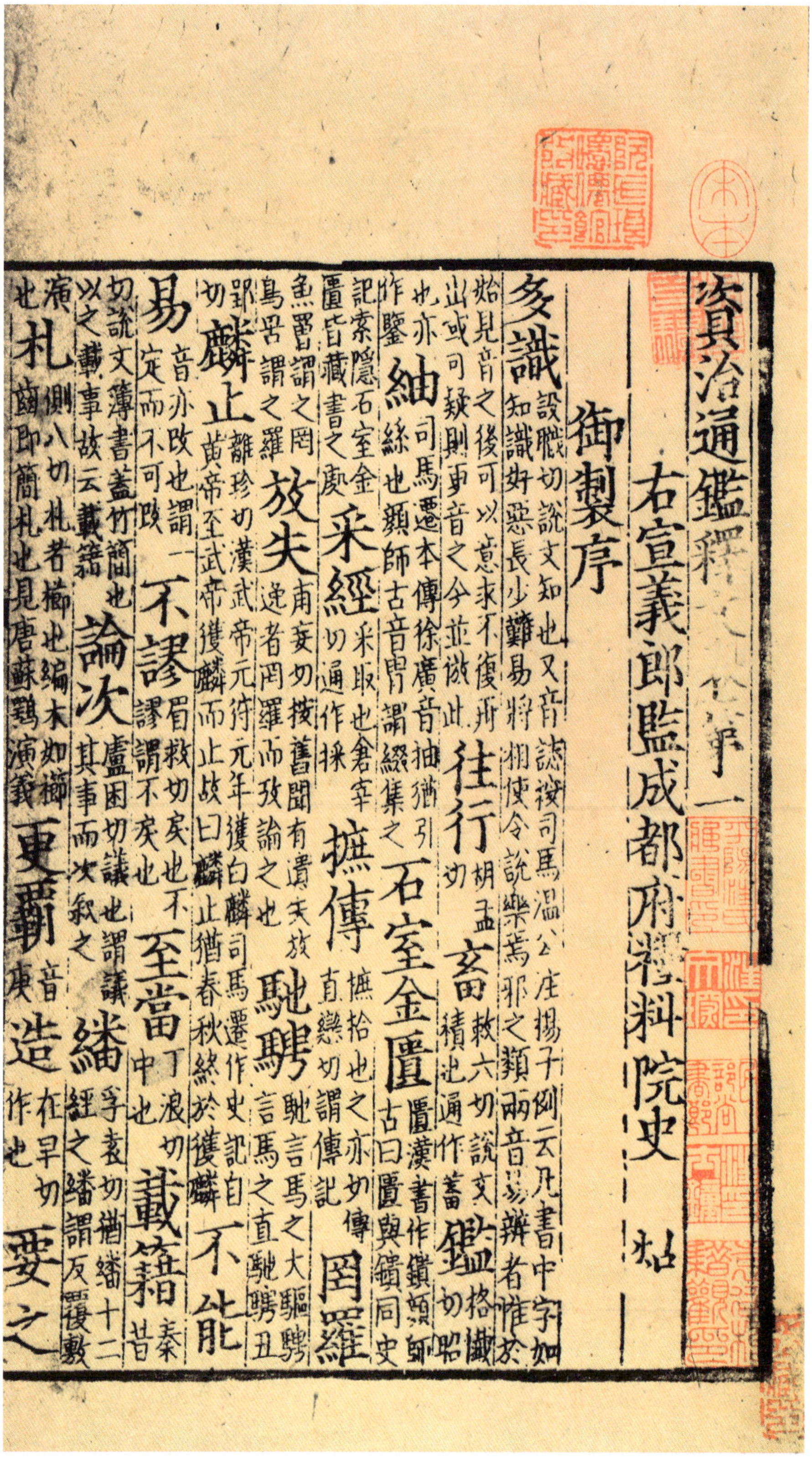
資治通鑑釋文卷第一
右宣義郎監成都府糧料院史　炤
御製序
多識設職切說文知也又音誌按司馬溫公序揚子劉云凡書中字如知識好惡長少難易將相使令說樂焉耶之類兩音兼辨者惟於
始見音之後可以意求不復所出或可疑則再音之今並倣此往行胡孟切畜救六切說文積也通作蓄鑑格懺切昭
也亦作鑒紬司馬遷本傳徐廣音抽猶引絲也顏師古音胄謂綴集之石室金匱匱漢書作鐀顏師古曰匱與鐀同史
記索隱石室金匱皆藏書之處采經采取也倉宰切通作採摭傳摭拾也之亦切傳直戀切謂傳記罔羅
魚罟謂之罔鳥罟謂之羅放失甫妄切按舊聞有遺失放逸者罔羅而攷論之也馳騁馳言馬之大驅騁言馬之直馳騁丑
郢切麟止離珍切漢武帝元狩元年獲白麟司馬遷作史記自黃帝至武帝獲麟而止故曰麟止猶春秋終於獲麟不能
易音亦改也謂一定而不可改不謬眉救切戾也不謬謂不戾也至當丁浪切中也載籍秦昔
切說文簿書蓋竹簡也以之載事故云載籍論次盧困切議也謂議其事而次叙之繙孚袁切猶繙十二經之繙謂反覆敷
演札側八切札者櫛也編木如櫛齒即簡札也見唐蘇鶚演義更覇音庚造在早切作也要之

00450 資治通鑑釋文三十卷　（宋）史炤撰　宋刻本

匡高19.7厘米，廣14.5厘米。半葉十二行，行十九字，小字雙行二十八字，白口或細黑口，左右雙邊。有“汪印士鐘”、“阮元私印”等印。阮元跋。國家圖書館藏。

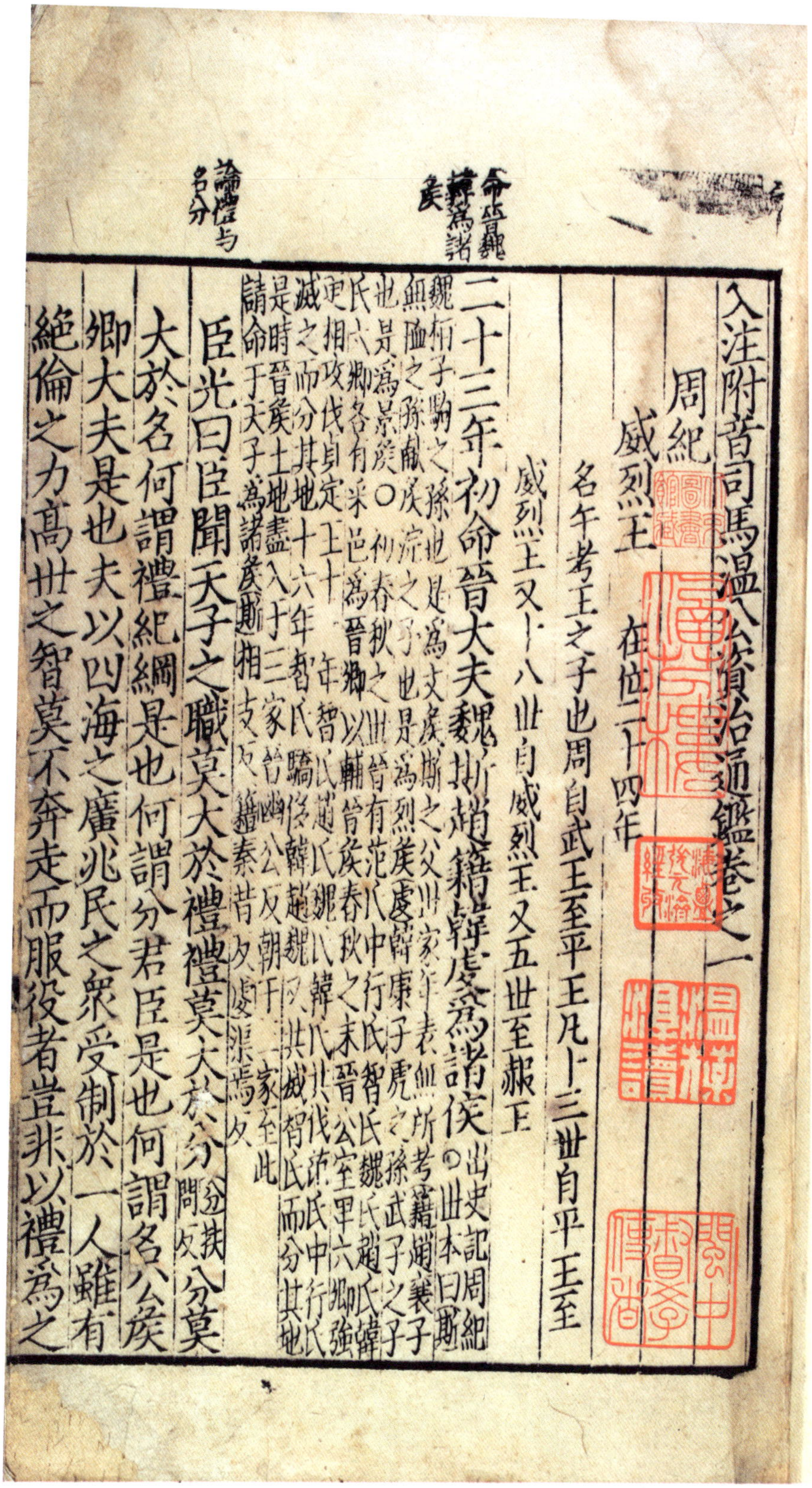

命晉魏趙韓爲諸侯

論禮与名分

入注附音司馬温公資治通鑑卷之一

周紀一

威烈王 名午考王之子也周自武王至平王凡十三世自平王至威烈王又十八世自威烈王又五世至赧王 在位二十四年

二十三年初命晉大夫魏斯趙籍韓虔爲諸侯 出史記周紀○曲本曰斯魏桓子駒之孫也是爲文侯斯之父以世家年表無所考籍趙襄子無恤之孫獻侯浣之子也是爲烈侯虔韓康子虎之孫武子之子也是爲景侯○初春秋之世晉有范氏中行氏智氏魏氏趙氏韓氏六卿各有采邑爲晉卿以輔晉侯春秋之末晉公室卑六卿強更相攻伐貞定王十六年智氏及趙氏魏氏韓氏共伐范氏中行氏滅之而分其地十六年智氏驕侈韓趙魏共滅智氏而分其地是時晉侯土地盡入于三家晉幽公反朝于三家至此請命于天子爲諸侯斯相支反籍秦昔反虔渠焉反

臣光曰臣聞天子之職莫大於禮禮莫大於分分扶問反分莫大於名何謂禮紀綱是也何謂分君臣是也何謂名公侯卿大夫是也夫以四海之廣兆民之衆受制於一人雖有絶倫之力高世之智莫不奔走而服役者豈非以禮爲之

00451 入注附音司馬温公資治通鑑一百卷 宋刻本

匡高19.5厘米，廣13.2厘米。半葉十四行，行二十三字，小字雙行二十五字，白口，左右雙邊。有“大興朱竹君藏書之印”、“温葆淳讀”、“涵芬樓”、“江安傅沅叔收藏善本”等印。傅增湘跋。國家圖書館藏，存八十一卷。

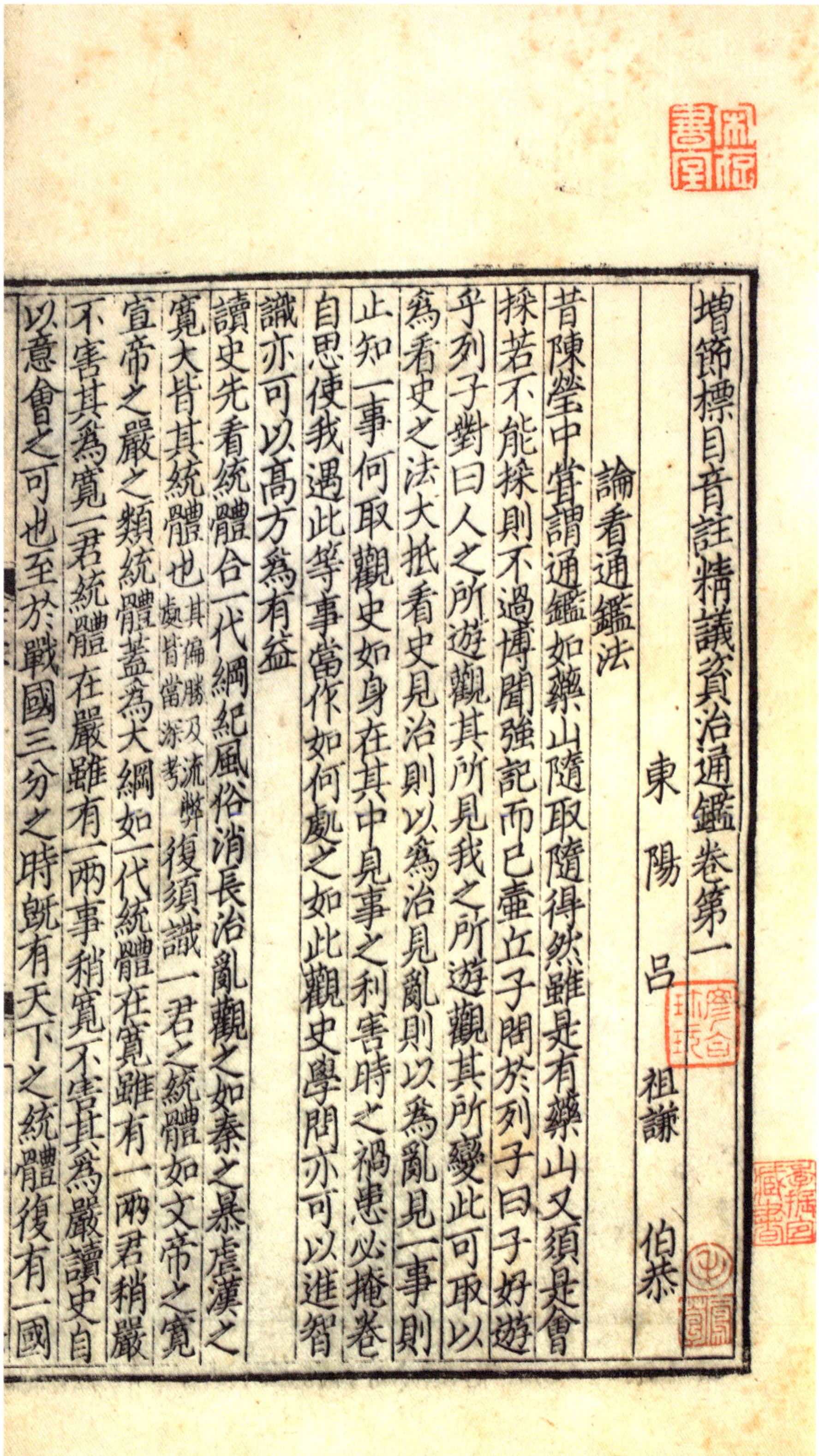

增節標目音註精議資治通鑑卷第一

東陽呂祖謙伯恭

論看通鑑法

昔陳瑩中嘗謂通鑑如藥山隨取隨得然雖是有藥山又須是會採若不能採則不過博聞強記而已壺丘子問於列子曰子好遊乎列子對曰人之所遊觀其所見我之所遊觀其所變此可取以爲看史之法大抵看史見治則以爲治見亂則以爲亂見一事則止知一事何取觀史如身在其中見事之利害時之禍患必掩卷自思使我遇此等事當作如何處之如此觀史學問亦可以進智識亦可以高方爲有益

讀史先看統體合一代綱紀風俗消長治亂觀之如秦之暴虐漢之寬大皆其統體也其偏勝及流弊處皆當深考復須識一君之統體如文帝之寬宣帝之嚴之類統體蓋爲大綱如一代統體在寬雖有一兩君稍嚴不害其爲寬一君統體在嚴雖有一兩事稍寬不害其爲嚴讀史自以意會之可也至於戰國三分之時既有天下之統體復有一國

00452 增節標目音註精議資治通鑑一百二十卷 題（宋）吕祖謙輯　蒙古憲宗三至五年（1253-1255）張宅晦明軒刻本（卷二十五至二十九、六十二至六十五、八十一至八十五、九十一至九十五、一百三至一百五配宋刻本）

匡高18.7厘米，廣13.3厘米。半葉十五行，行二十五字，細黑口，四周雙邊。有"時泰和甲子下乙卯歲季秋朔日工畢堯都張宅晦明軒謹記"牌記。有"汲古閣"、"季振宜藏書"、"海源閣"等印。國家圖書館藏。

乙卯新集增節資治通鑑總目終

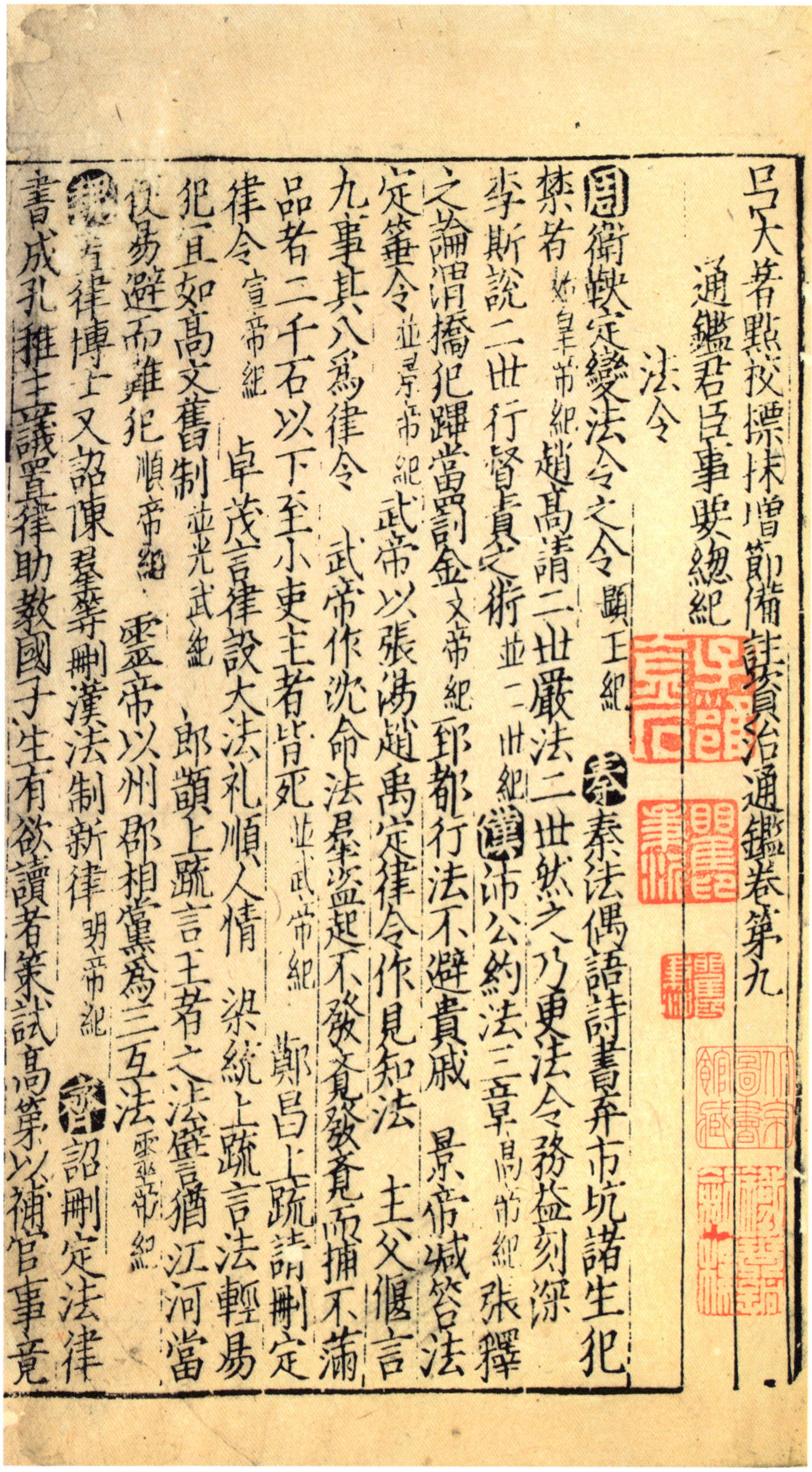
呂大著點校標抹增節備註資治通鑑卷第九
通鑑君臣事要總紀
法令
國 衛鞅定變法令之令 顯王紀 秦 秦法偶語詩書弃市坑諸生犯
禁者 始皇帝紀 趙高請二世嚴法二世然之乃更法令務益刻深
李斯說二世行督責之術 並二世紀 漢 沛公約法三章 高帝紀 張釋
之論渭橋犯蹕當罰金 文帝紀 郅都行法不避貴戚 景帝減笞法
定箠令 並景帝紀 武帝以張湯趙禹定律令作見知法 主父偃言
九事其八爲律令 武帝作沈命法羣盜起不發覺發覺而捕不滿
品者二千石以下至小吏主者皆死 並武帝紀 鄭昌上疏請刪定
律令 宣帝紀 卓茂言律設大法礼順人情 梁統上疏言法輕易
犯且如高文舊制 並光武紀 郎顗上疏言王者之法譬猶江河當
使易避而難犯 順帝紀 靈帝以州郡相黨爲三互法 靈帝紀
魏 有律博士又詔陳羣等刪漢法制新律 明帝紀 晉 詔刪定法律
書成孔稚圭議置律助教國子生有欲讀者策試高第以補官事竟

00453 吕大著點校標抹增節備註資治通鑑一百二十卷 （宋）吕大著撰　宋刻本（卷三十至三十八、六十一、七十四至七十七、九十一至九十四配瞿氏鐵琴銅劍樓影宋抄本）

匡高19.2厘米，廣12.9厘米。半葉十五行，行二十六字，細黑口，左右雙邊。有“鐵琴銅劍樓”等印。瞿熙邦跋。國家圖書館藏，存八十六卷。

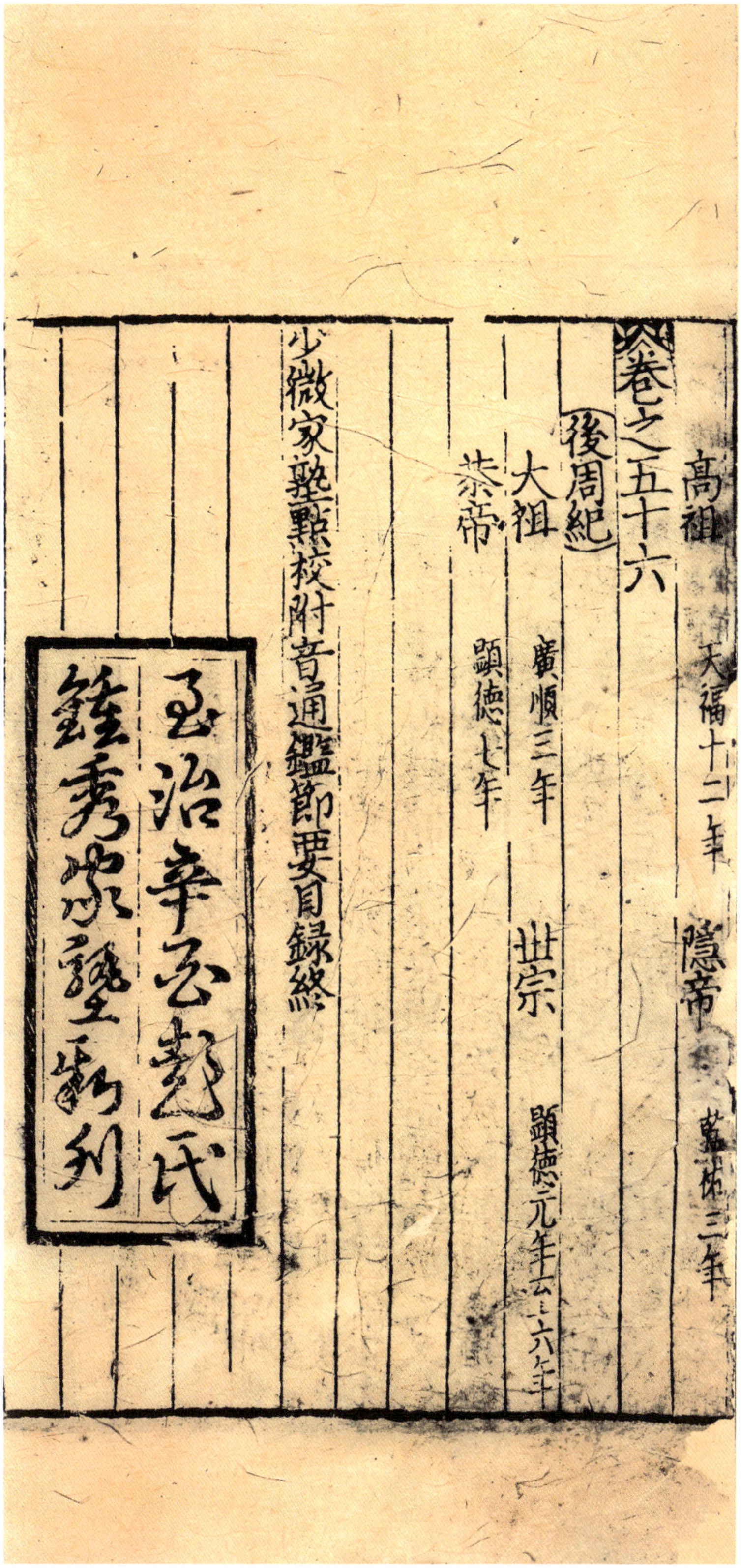

00454 少微家塾點校附音通鑑節要五十六卷外紀四卷　（宋）江贄撰　元至治元年（1321）趙氏鍾秀家塾刻本

匡高14.6厘米，廣9.9厘米。半葉十三行，行二十二字，小字雙行同，細黑口，左右雙邊。有“至治辛酉趙氏鍾秀家塾新刊”牌記。山東省博物館藏。

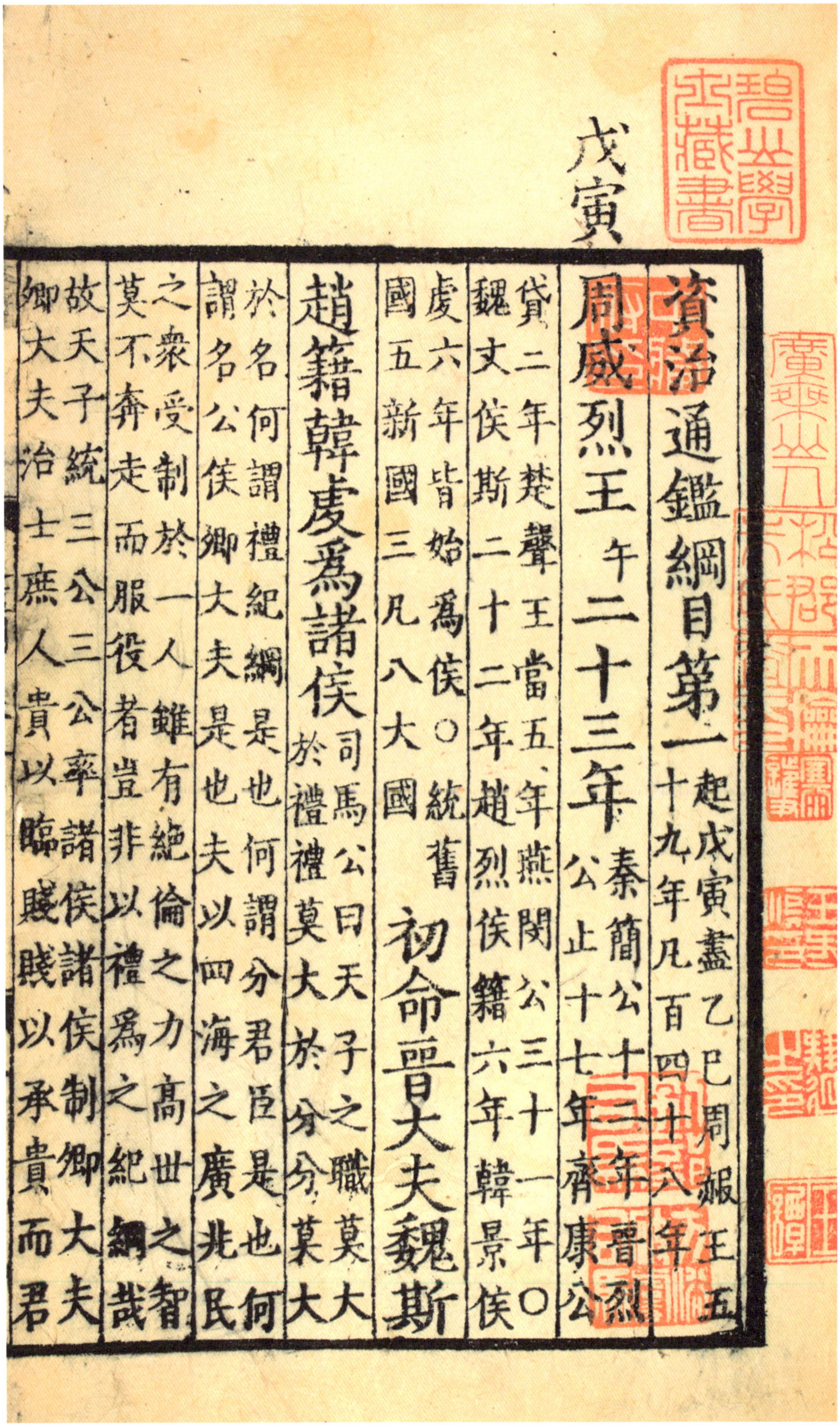
戊寅

資治通鑑綱目第一 起戊寅盡乙巳周赧王五十九年凡百四十八年

周威烈王午二十三年 秦簡公十三年晉烈公止十七年齊康公貸二年楚聲王當五年燕閔公三十一年○魏文侯斯二十二年趙烈侯籍六年韓景侯虔六年皆始爲侯○統舊國五新國三凡八大國

初命晉大夫魏斯趙籍韓虔爲諸侯

司馬公曰天子之職莫大於禮禮莫大於分分莫大於名何謂禮紀綱是也何謂分君臣是也何謂名公侯卿大夫是也夫以四海之廣兆民之衆受制於一人雖有絕倫之力高世之智莫不奔走而服役者豈非以禮爲之紀綱哉故天子統三公三公率諸侯諸侯制卿大夫卿大夫治士庶人貴以臨賤賤以承貴而君

00455 資治通鑑綱目五十九卷 （宋）朱熹撰 宋刻本（卷四十六至五十一配其它兩種宋刻本）

匡高21.2厘米，廣14.6厘米。半葉八行，行十七字，小字雙行同，白口，左右雙邊。有“碧山學士藏書”、“松郡朱氏”等印。國家圖書館藏。

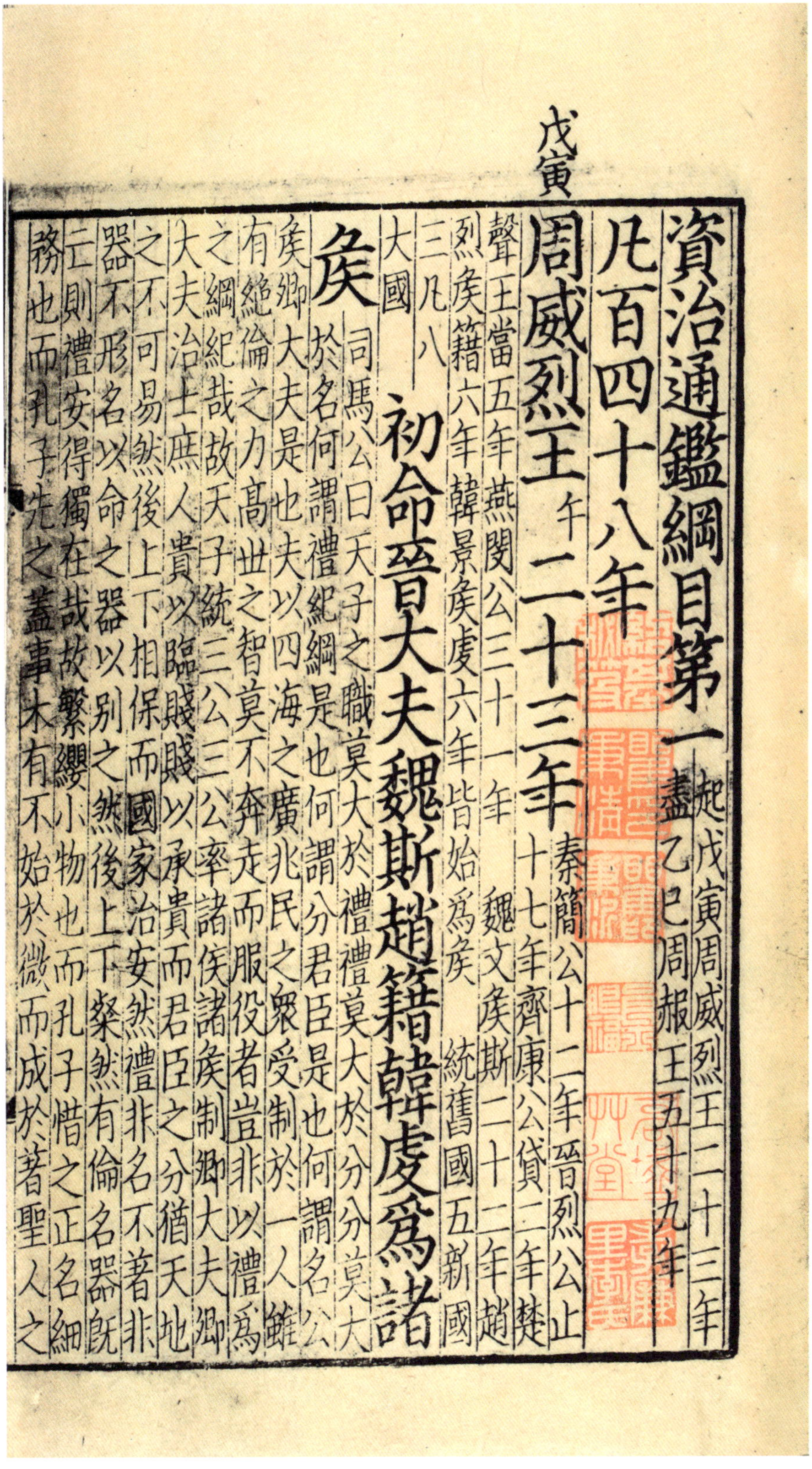

資治通鑑綱目第一 起戊寅周威烈王二十三年盡乙巳周赧王五十九年
凡百四十八年
戊寅 周威烈王二十三年 秦簡公十二年晉烈公止十七年齊康公貸二年楚聲王當五年燕閔公三十一年　魏文侯斯二十二年趙烈侯籍六年韓景侯虔六年皆始爲侯　統舊國五新國三凡八大國
初命晉大夫魏斯趙籍韓虔爲諸侯
司馬公曰天子之職莫大於禮禮莫大於分分莫大於名何謂禮紀綱是也何謂分君臣是也何謂名公侯卿大夫是也夫以四海之廣兆民之衆受制於一人雖有絶倫之力高世之智莫不奔走而服役者豈非以禮爲之綱紀哉故天子統三公三公率諸侯諸侯制卿大夫卿大夫治士庶人貴以臨賤賤以承貴而君臣之分猶天地之不可易然後上下相保而國家治安然禮非名不著非器不形名以命之器以別之然後上下粲然有倫名器既亡則禮安得獨在哉故繁纓小物也而孔子惜之正名細務也而孔子先之蓋事未有不始於微而成於著聖人之

00456 資治通鑑綱目五十九卷 （宋）朱熹撰　元至元二十四年（1287）詹光祖月崖書堂刻本

匡高20.4厘米，廣13.1厘米。半葉十行，行十六字，小字雙行二十二字，細黑口，左右雙邊。有“武夷詹光祖重刊于月崖書堂”牌記。有“彭城”、“季印振宜”、“汪士鐘藏”、“鐵琴銅劍樓”等印。國家圖書館藏。

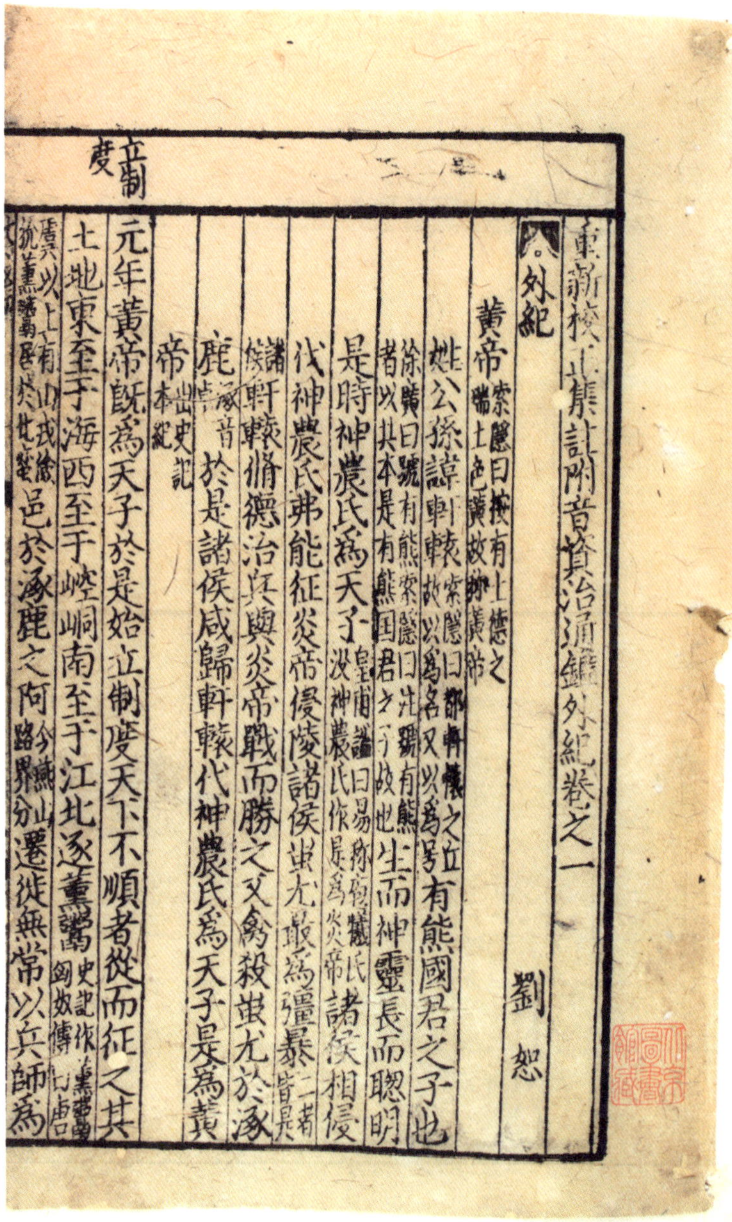
立制度

重新校正集註附音資治通鑑外紀卷之一　劉恕

外紀

黃帝 索隱曰按有土德之瑞土色黃故稱黃帝

姓公孫諱軒轅 索隱曰都軒轅之丘故以爲名又以爲號 有熊國君之子也

徐廣曰號有熊 索隱曰先號有熊者以其本是有熊國君之子故也 生而神靈長而聰明

是時神農氏爲天子 皇甫謐曰易稱庖犧氏沒神農氏作是爲炎帝 諸侯相侵

伐神農氏弗能征炎帝侵陵諸侯蚩尤最爲殘暴 二者皆是

諸侯 軒轅脩德治兵與炎帝戰而勝之又禽殺蚩尤於涿

鹿 涿音卓 於是諸侯咸歸軒轅代神農氏爲天子是爲黃

帝 出史記本紀

元年黃帝既爲天子於是始立制度天下不順者從而征之其

土地東至于海西至于崆峒南至于江北逐葷粥 史記作葷粥匈奴傳曰唐

虞以上有山戎獫狁葷粥居于北蠻 邑於涿鹿之阿 分藏山路界分 遷徙無常以兵師爲

00457 重新校正集註附音資治通鑑外紀四卷　（宋）劉恕撰　元刻本

匡高16.8厘米，廣10.5厘米。半葉十三行，行二十四字，小字雙行二十四至二十五字，細黑口，左右雙邊。國家圖書館藏。

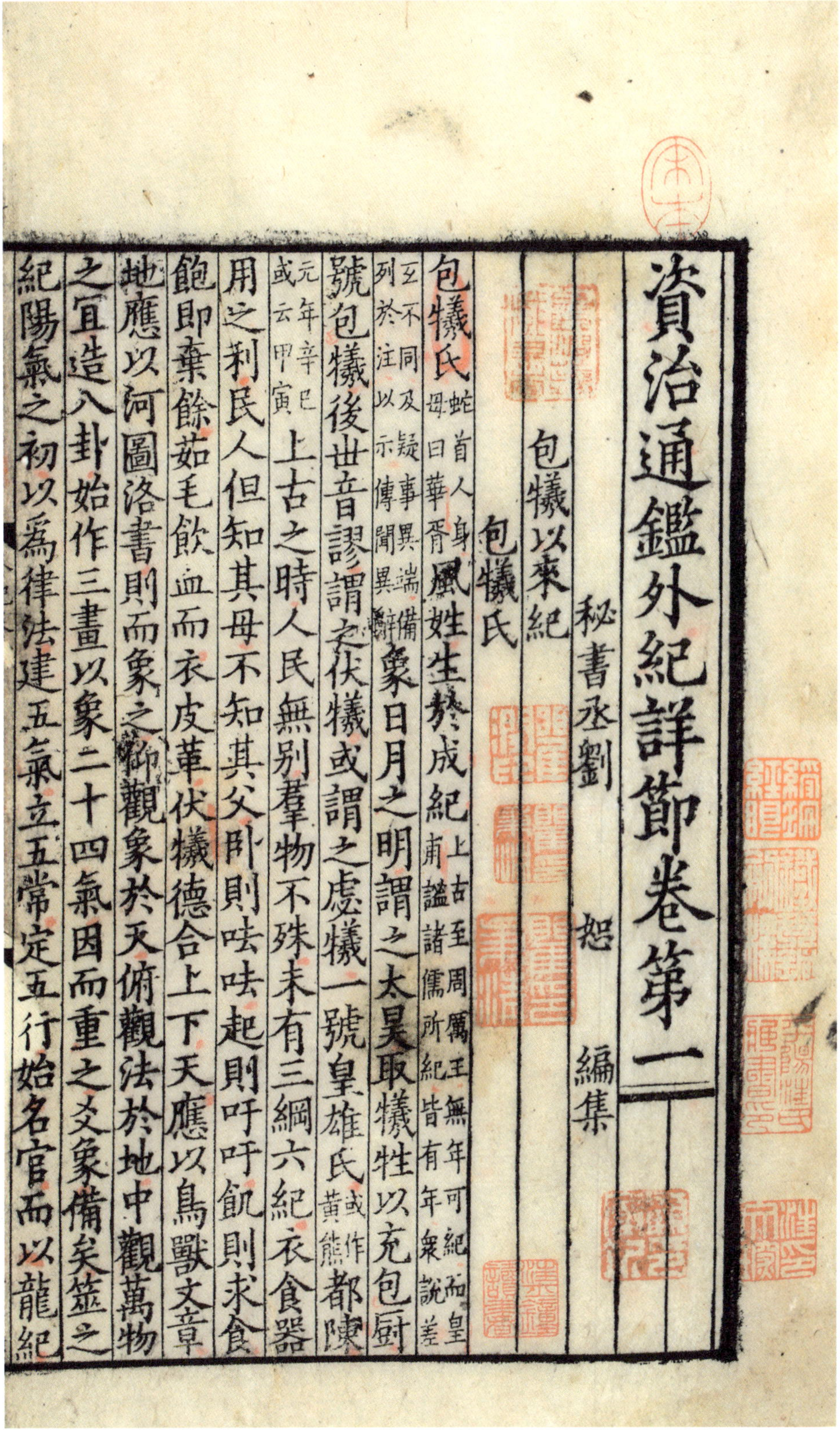

資治通鑑外紀詳節卷第一

秘書丞劉　恕　編集

包犧以來紀

包犧氏

包犧氏蛇首人身母曰華胥風姓生於成紀上古至周厲王無年可紀而皇甫謐諸儒所紀皆有年衆說差互不同及疑事異端備列於注以示傳聞異辭象日月之明謂之太昊取犧牲以充包廚號包犧後世音謬謂之伏犧或謂之虙犧一號皇雄氏或作黃熊都陳元年辛巳或云甲寅上古之時人民無别羣物不殊未有三綱六紀衣食器用之利民人但知其母不知其父卧則呿呿起則吁吁飢則求食飽即棄餘茹毛飲血而衣皮革伏犧德合上下天應以鳥獸文章地應以河圖洛書則而象之仰觀象於天俯觀法於地中觀萬物之宜造八卦始作三畫以象二十四氣因而重之爻象備矣筮之紀陽氣之初以爲律法建五氣立五常定五行始名官而以龍紀

00458 資治通鑑外紀詳節十卷 宋刻本

匡高19厘米，廣12.6厘米。半葉十四行，行二十五字，小字雙行同，白口，左右雙邊。有“華亭朱氏”、“平陽汪氏藏書印”、“鐵琴銅劍樓”等印。國家圖書館藏。

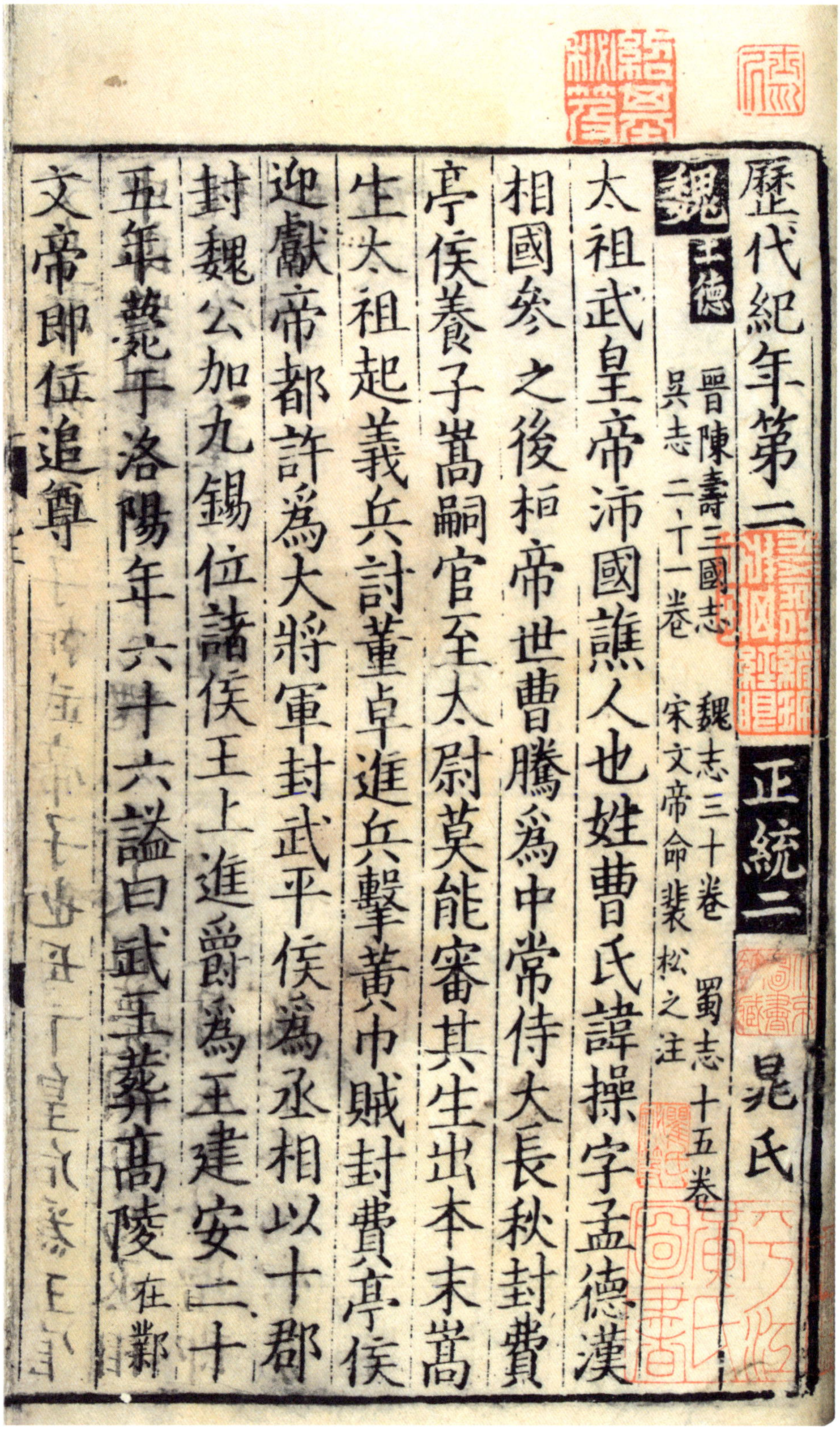
歷代紀年第二 正統二 晁氏
魏 土德 晉陳壽三國志 吳志二十一卷 魏志三十卷 蜀志十五卷 宋文帝命裴松之注
太祖武皇帝沛國譙人也姓曹氏諱操字孟德漢
相國叅之後桓帝世曹騰爲中常侍大長秋封費
亭侯養子嵩嗣官至太尉莫能審其生出本末嵩
生太祖起義兵討董卓進兵擊黃巾賊封費亭侯
迎獻帝都許爲大將軍封武平侯爲丞相以十郡
封魏公加九錫位諸侯王上進爵爲王建安二十
五年薨年六十六謚曰武王葬高陵在鄴
文帝即位追尊

00459 歷代紀年十卷　（宋）晁公邁撰　宋紹熙三年（1192）盱江郡齋刻本

匡高19.1厘米，廣12.8厘米。半葉十行，行十九字，小字雙行二十九至三十字，白口，左右雙邊。有“士禮居”、“鐵琴銅劍樓”等印。黄丕烈跋。國家圖書館藏，存九卷。

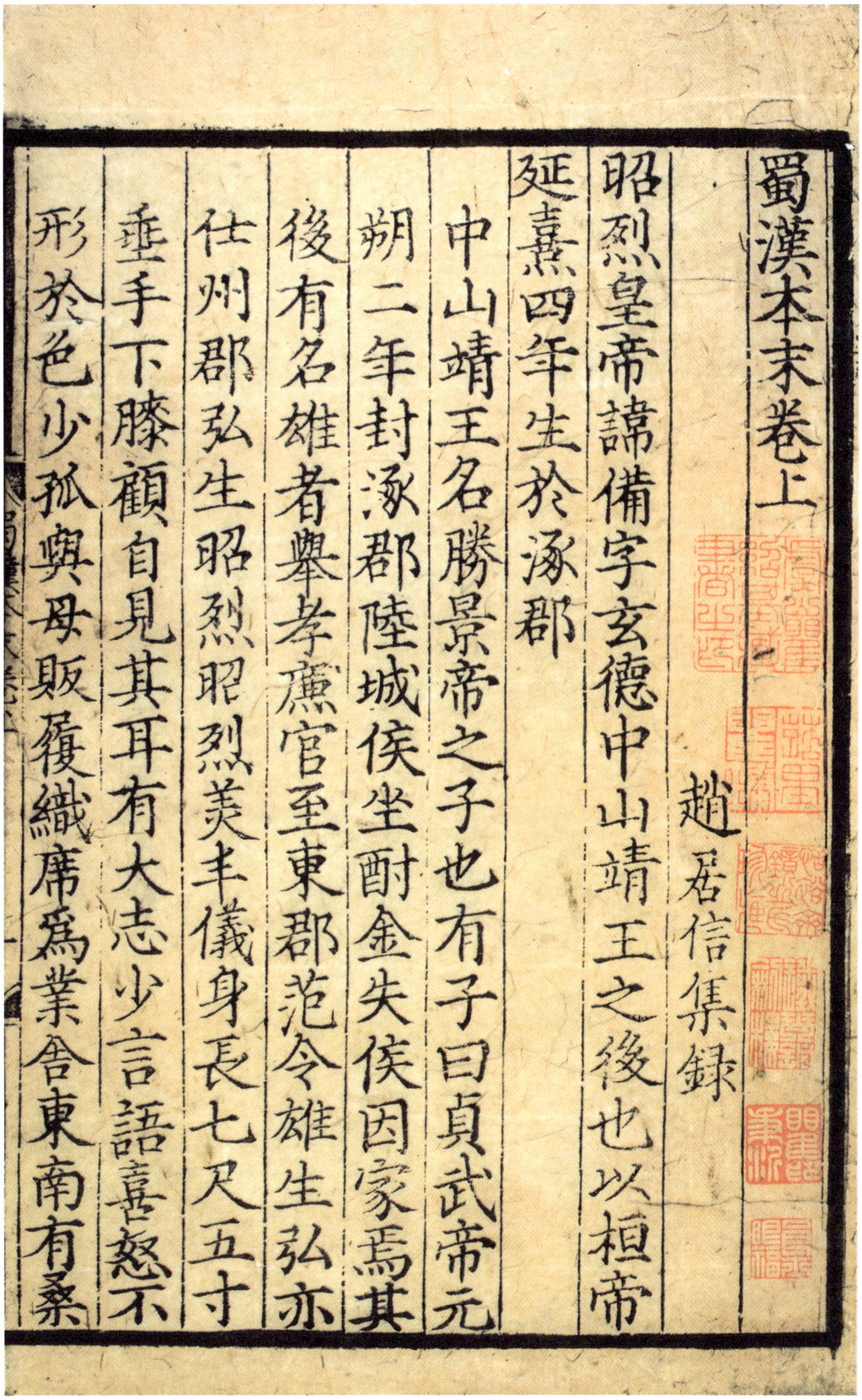

蜀漢本末卷上

趙居信集録

昭烈皇帝諱備字玄德中山靖王之後也以桓帝
延熹四年生於涿郡
中山靖王名勝景帝之子也有子曰貞武帝元朔二年封涿郡陸城侯坐酎金失侯因家焉其後有名雄者舉孝廉官至東郡范令雄生弘亦仕州郡弘生昭烈昭烈美丰儀身長七尺五寸垂手下膝顧自見其耳有大志少言語喜怒不形於色少孤與母販屨織席爲業舍東南有桑

00460 蜀漢本末三卷　（元）趙居信撰　元至正十一年（1351）建寧路建安書院刻本

匡高24.5厘米，廣17.4厘米。半葉十行，行十九字，黑口，左右雙邊。有“鐵琴銅劍樓”等印。國家圖書館藏。

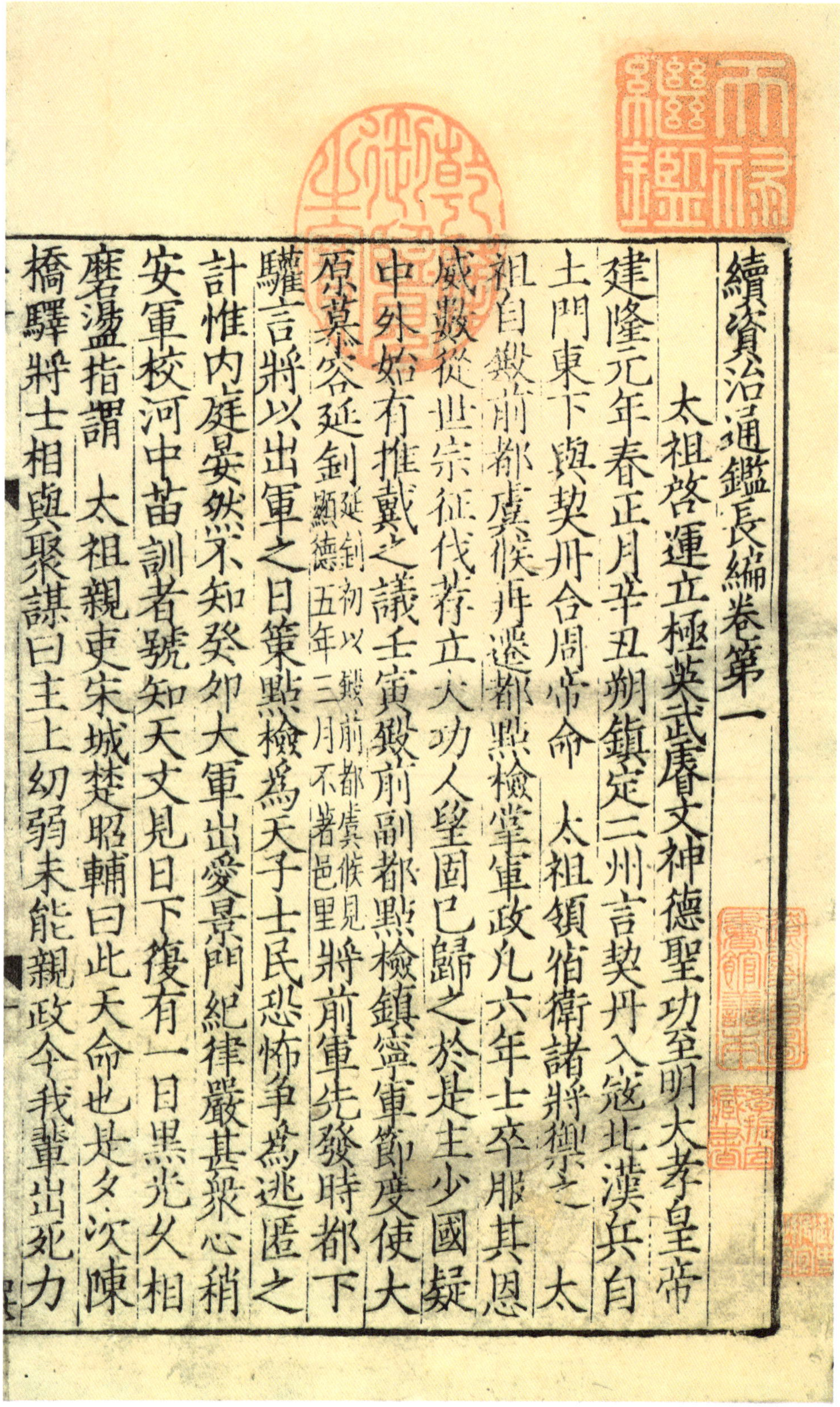

續資治通鑑長編卷第一

太祖啓運立極英武睿文神德聖功至明大孝皇帝

建隆元年春正月辛丑朔鎮定二州言契丹入寇北漢兵自土門東下與契丹合周帝命　太祖領宿衛諸將禦之　太祖自殿前都虞候再遷都點檢掌軍政凡六年士卒服其恩威數從世宗征伐荐立大功人望固已歸之於是主少國疑中外始有推戴之議壬寅殿前副都點檢鎮寧軍節度使大原慕容延釗延釗初以殿前都虞候見顯德五年三月不著邑里將前軍先發時都下讙言將以出軍之日策點檢爲天子士民恐怖爭爲逃匿之計惟內庭晏然不知癸卯大軍出愛景門紀律嚴甚衆心稍安軍校河中苗訓者號知天文見日下復有一日黑光久相磨盪指謂　太祖親吏宋城楚昭輔曰此天命也是夕次陳橋驛將士相與聚謀曰主上幼弱未能親政今我輩出死力

00461 續資治通鑑長編一百八卷　（宋）李燾撰 宋刻本

匡高17.9厘米，廣12.8厘米。半葉十三行，行二十三字，小字雙行同，白口，左右雙邊。有“季振宜藏書”、“天禄繼鑑”等印。遼寧省圖書館藏，存一百六卷。

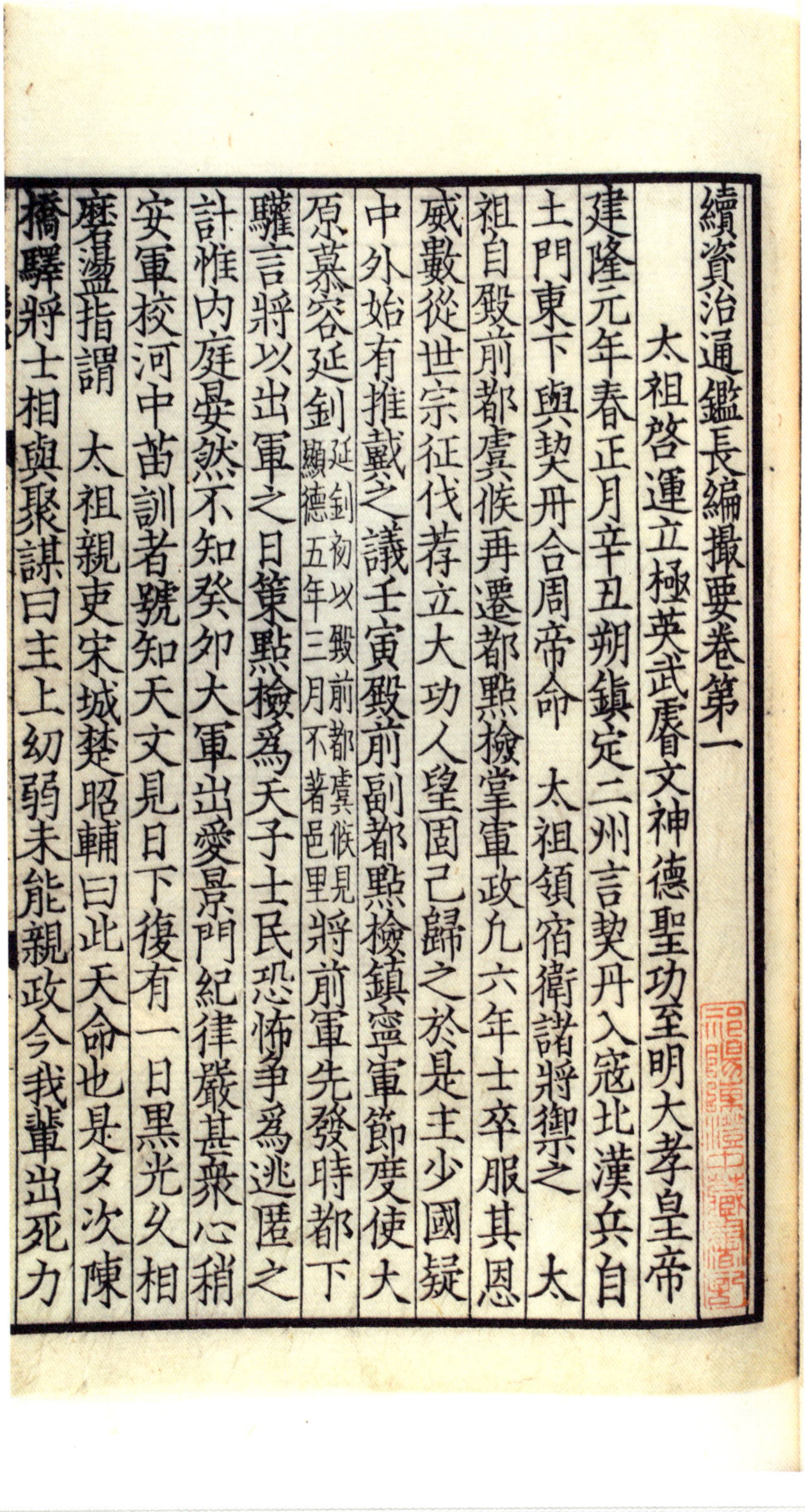

續資治通鑑長編撮要卷第一
太祖啓運立極英武睿文神德聖功至明大孝皇帝
建隆元年春正月辛丑朔鎮定二州言契丹入寇北漢兵自土門東下與契丹合周帝命　太祖領宿衛諸將禦之　太祖自殿前都虞候再遷都點檢掌軍政九六年士卒服其恩威數從世宗征伐薦立大功人望固已歸之於是主少國疑中外始有推戴之議壬寅殿前副都點檢鎮寧軍節度使大原慕容延釗（延釗初以殿前都虞候見顯德五年三月不著邑里）將前軍先發時都下讙言將以出軍之日策點檢爲天子士民恐怖爭爲逃匿之計惟内庭晏然不知癸卯大軍出愛景門紀律嚴甚衆心稍安軍校河中苗訓者號知天文見日下復有一日黑光久相磨盪指謂　太祖親吏宋城楚昭輔曰此天命也是夕次陳橋驛將士相與聚謀曰主上幼弱未能親政今我輩出死力

00462 續資治通鑑長編撮要一百八卷　（宋）李燾撰　宋刻本（卷八至二十九、三十五至三十八之一、四十一之二至六十一、六十七至七十九、八十一之三至八十二之三、八十七至八十八配清乾隆八年楊瀋抄本）

匡高18.8厘米，廣13厘米。半葉十三行，行二十三字，小字雙行同，細黑口，左右雙邊。有“楊瀋”、“潘祖蔭藏書記”、“祁陽陳澄中藏書記”等印。楊瀋、蔣重光跋。國家圖書館藏。

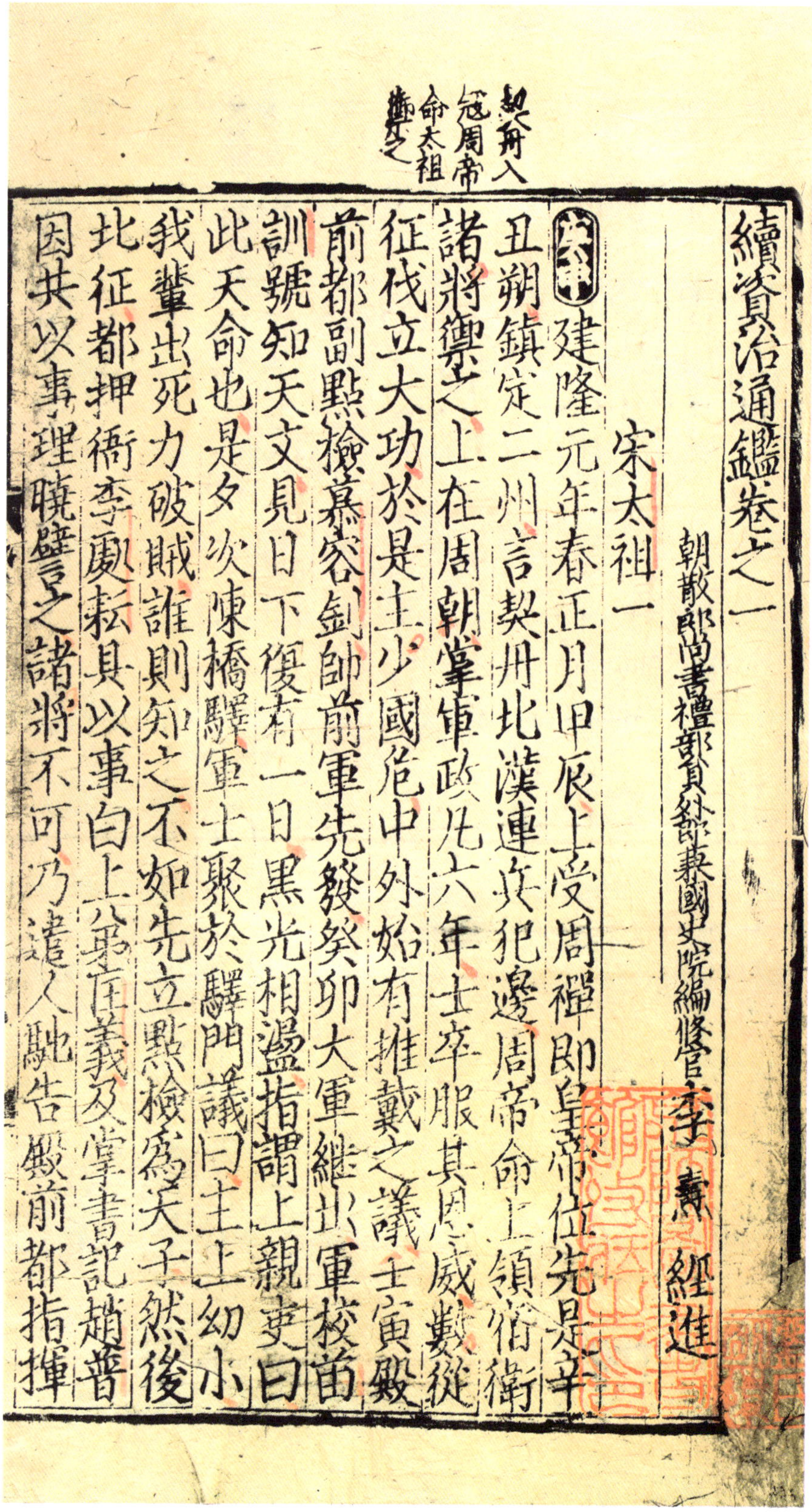

契丹入寇周帝命太祖禦之

續資治通鑑卷之一

朝散郎尚書禮部員外郎兼國史院編修官李燾 經進

宋太祖一

太祖 建隆元年春正月甲辰上受周禪即皇帝位先是辛丑朔鎮定二州言契丹北漢連兵犯邊周帝命上領宿衛諸將禦之上在周朝掌軍政凡六年士卒服其恩威數從征伐立大功於是主少國危中外始有推戴之議壬寅殿前都副點檢慕容延釗帥前軍先發癸卯大軍繼出軍校苗訓號知天文見日下復有一日黑光相盪指謂上親吏曰此天命也是夕次陳橋驛軍士聚於驛門議曰主上幼小我輩出死力破賊誰則知之不如先立點檢為天子然後北征都押衙李處耘具以事白上弟匡義及掌書記趙普因共以事理曉譬之諸將不可乃遣人馳告殿前都指揮

00463 續資治通鑑十八卷 題（宋）李燾撰 元陳氏餘慶堂刻本

匡高19.3厘米，廣13.2厘米。半葉十三行，行二十二字，黑口，四周雙邊。有“建安陳氏餘慶堂刊”牌記。國家圖書館藏。

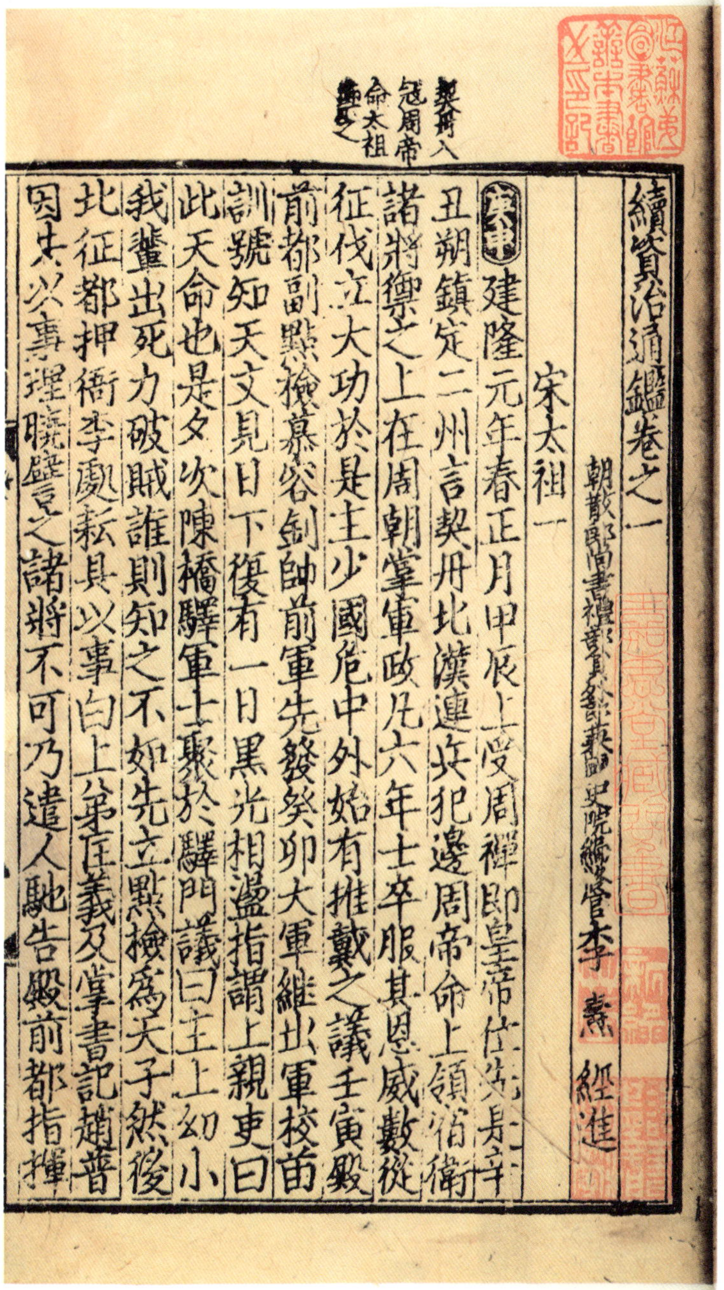

00464 續資治通鑑十八卷 題（宋）李燾撰 元朱氏與畊堂刻本

匡高19.6厘米，廣13.2厘米。半葉十三行，行二十二字，黑口，四周雙邊。有“建安朱氏與畊堂刊”牌記。有“新緣草堂”、“嘉惠堂藏閱書”等印。丁丙跋。南京圖書館藏。

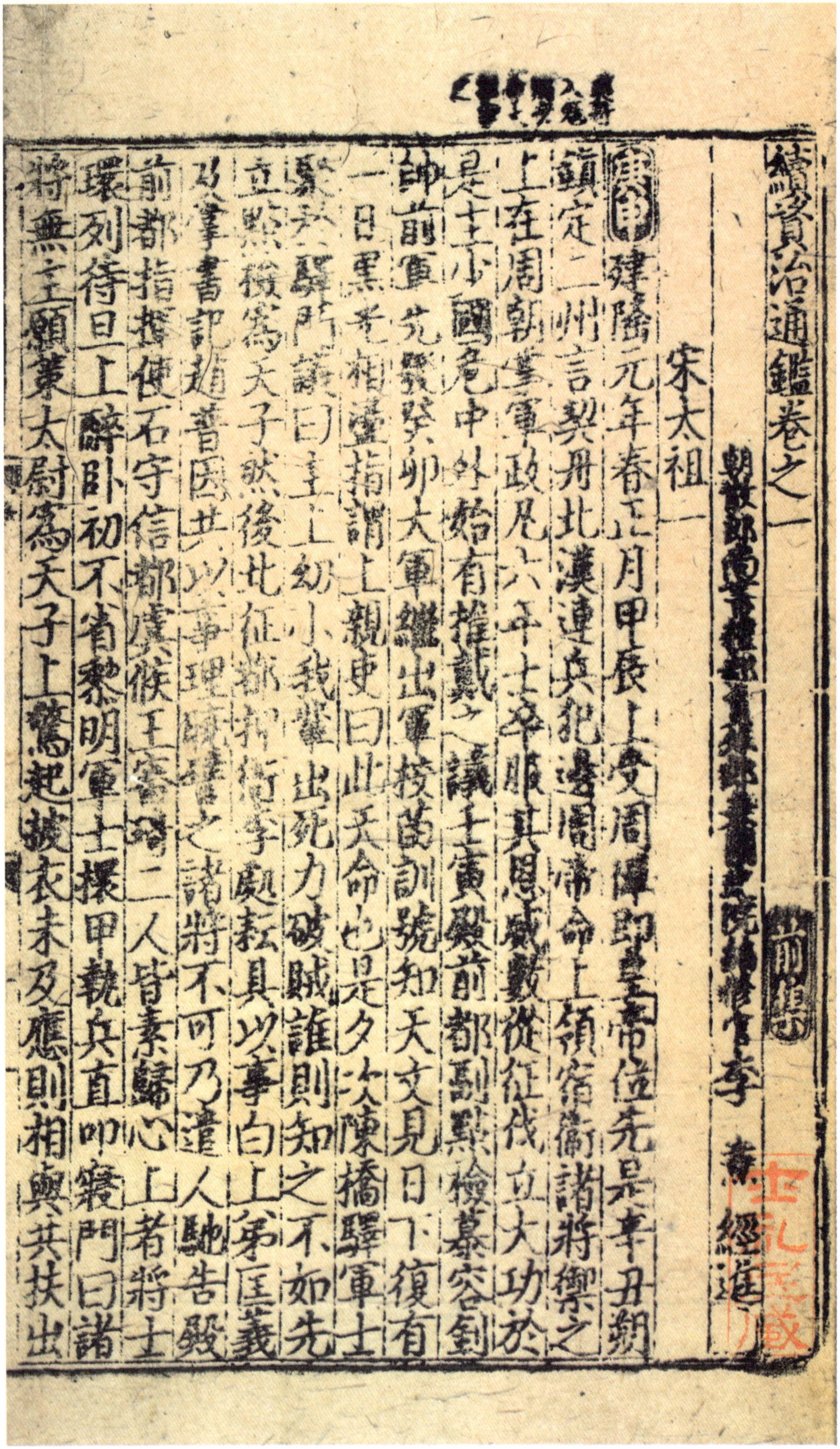

續資治通鑑卷之一　前集
朝散郎尚書禮部員外郎兼實錄院檢討官李　燾　經進
宋太祖　一
（庚申）建隆元年春正月甲辰上受周禪即皇帝位先是辛丑朔
鎮定二州言契丹北漢連兵犯邊周帝命上領宿衛諸將禦之
上在周朝典軍政凡六年士卒服其恩威數從征伐立大功於
是主少國危中外始有推戴之議壬寅殿前都副點檢慕容釗
帥前軍先發癸卯大軍繼出軍校苗訓號知天文見日下復有
一日黑光相盪指謂上親吏曰此天命也是夕次陳橋驛軍士
聚於驛門議曰主上幼小我輩出死力破賊誰則知之不如先
立點檢為天子然後北征都押衙李處耘具以事白上弟匡義
及掌書記趙普匡共以事理曉譬之諸將不可乃遣人馳告殿
前都指揮使石守信都虞候王審琦二人皆素歸心上者將士
環列待旦上醉臥初不省黎明軍士擐甲執兵直叩寢門曰諸
將無主願策太尉為天子上驚起披衣未及應則相與共扶出

00465 續資治通鑑前集十八卷 題（宋）李燾撰 **後集十五卷** （宋）劉時舉撰　元雲衢張氏刻本

匡高20.4厘米，廣13.8厘米。半葉十五行，行二十四字，黑口，四周雙邊。有“雲衢張氏鼎新栞行”牌記。有“士礼居藏”等印。國家圖書館藏。

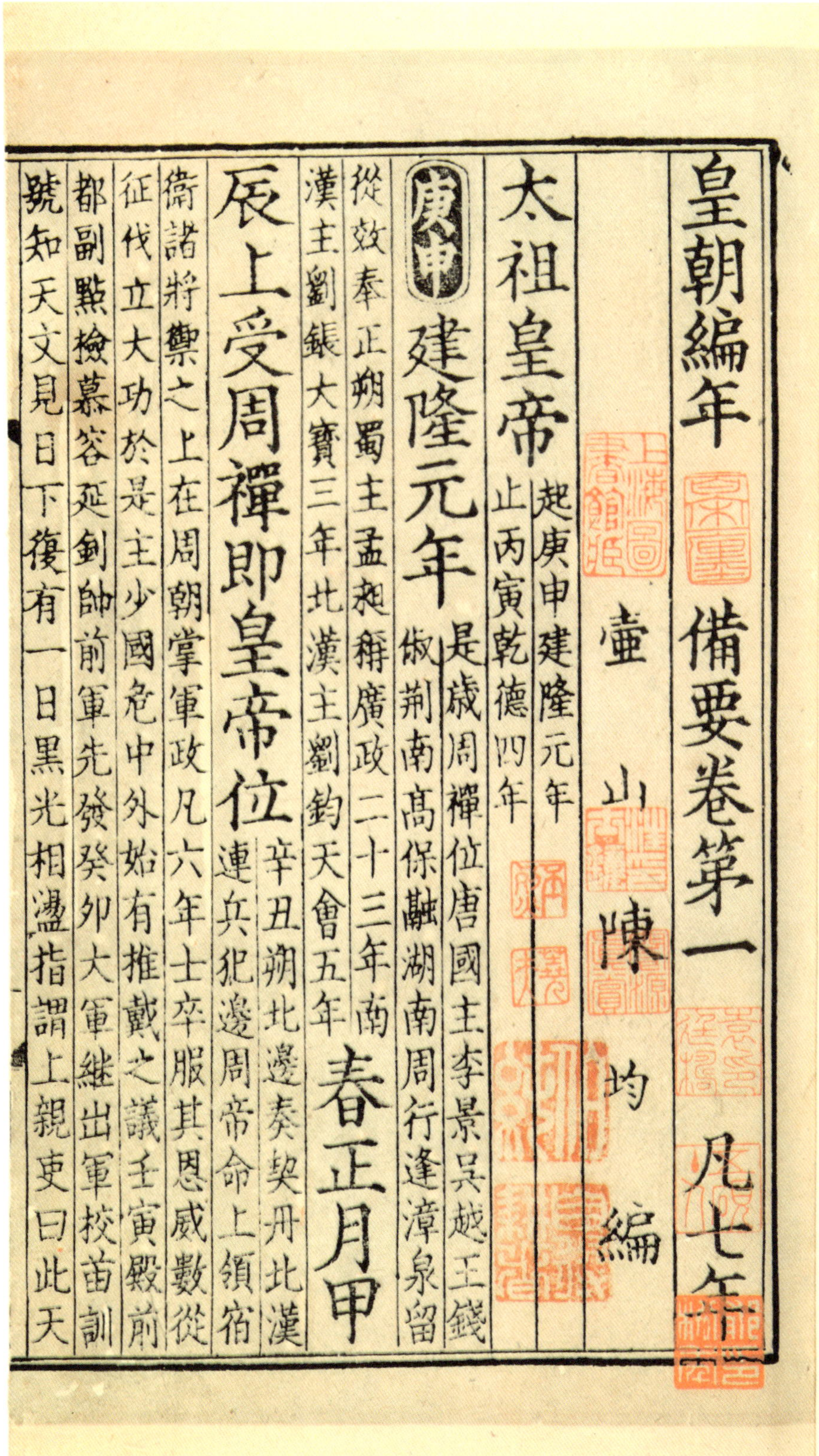
皇朝編年備要卷第一　凡七年
壷山陳均編
太祖皇帝 起庚申建隆元年止丙寅乾德四年
庚申 建隆元年 是歲周禪位唐國主李景吳越王錢俶荆南高保勗湖南周行逢漳泉留從效奉正朔蜀主孟昶稱廣政二十三年南漢主劉鋹大寶三年北漢主劉鈞天會五年 春正月甲
辰上受周禪即皇帝位 辛丑朔北邊奏契丹北漢連兵犯邊周帝命上領宿
衛諸將禦之上在周朝掌軍政凡六年士卒服其恩威數從
征伐立大功於是主少國危中外始有推戴之議壬寅殿前
都副點檢慕容延釗帥前軍先發癸卯大軍繼出軍校苗訓
號知天文見日下復有一日黑光相盪指謂上親吏曰此天

00466 皇朝編年備要三十卷　（宋）陳均撰　宋刻本

匡高19.3厘米，廣12.7厘米。半葉八行，行十六字，小字雙行二十三字，白口，四周雙邊。有“袁印廷檮”、“汪印士鐘”、“郁印松年”等印。錢大昕跋。上海圖書館藏。

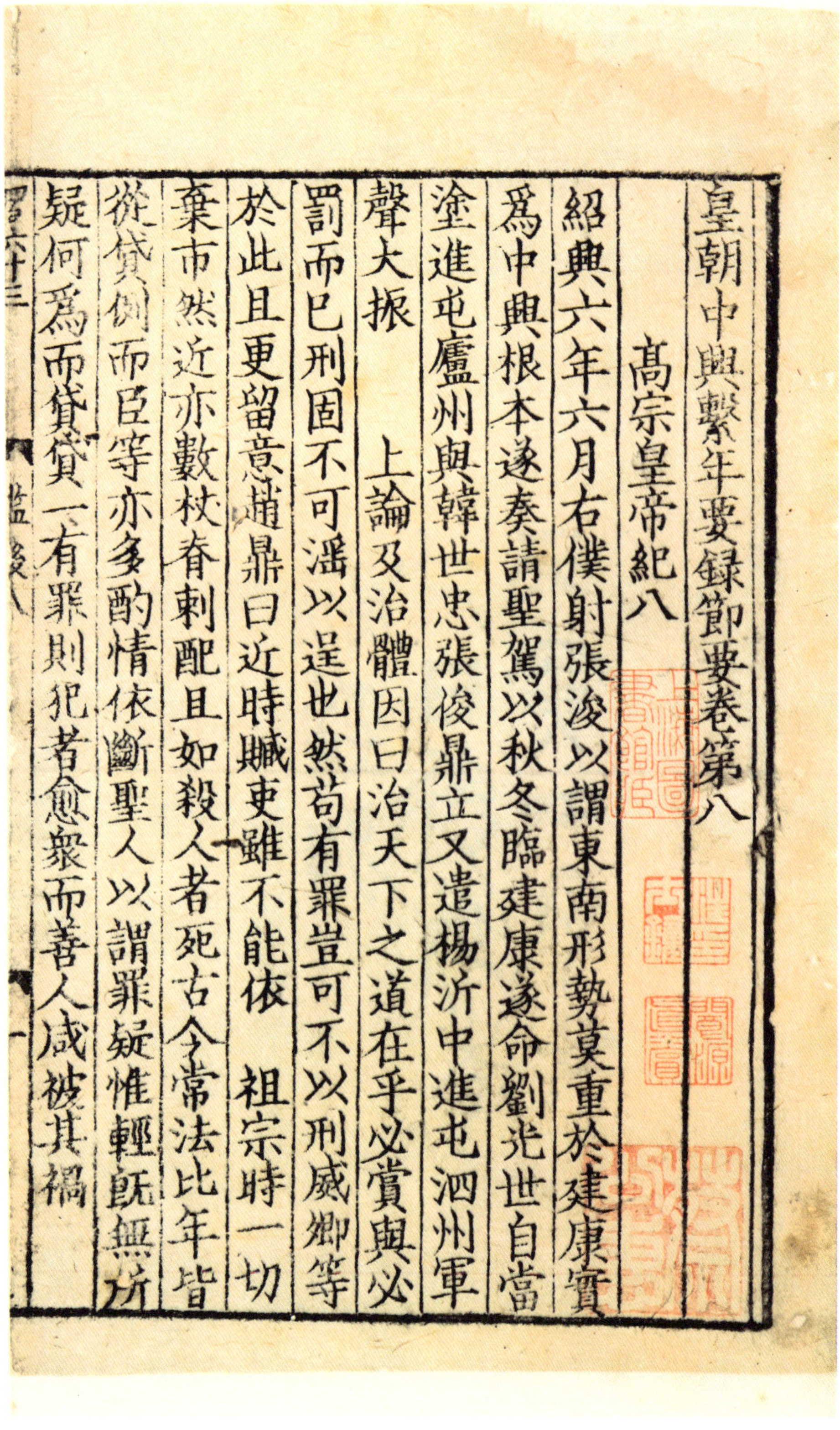

皇朝中興繫年要録節要卷第八

高宗皇帝紀八

紹興六年六月右僕射張浚以謂東南形勢莫重於建康實爲中興根本遂奏請聖駕以秋冬臨建康遂命劉光世自當塗進屯廬州與韓世忠張俊鼎立又遣楊沂中進屯泗州軍聲大振　上諭及治體因曰治天下之道在乎必賞與必罰而已刑固不可濫以逞也然苟有罪豈可不以刑威卿等於此且更留意趙鼎曰近時贓吏雖不能依　祖宗時一切棄市然近亦數杖脊刺配且如殺人者死古今常法比年皆從貸側而臣等亦多酌情依斷聖人以謂罪疑惟輕既無所疑何爲而貸貸一有罪則犯者愈衆而善人咸被其禍

00467 皇朝中興繫年要録節要□□卷　（宋）佚名輯　宋刻本

匡高17.7厘米，廣12.1厘米。半葉十一行，行二十三字，白口，左右雙邊。有“蔡公惠”、“汪印士鐘”等印。上海圖書館藏，存十卷。

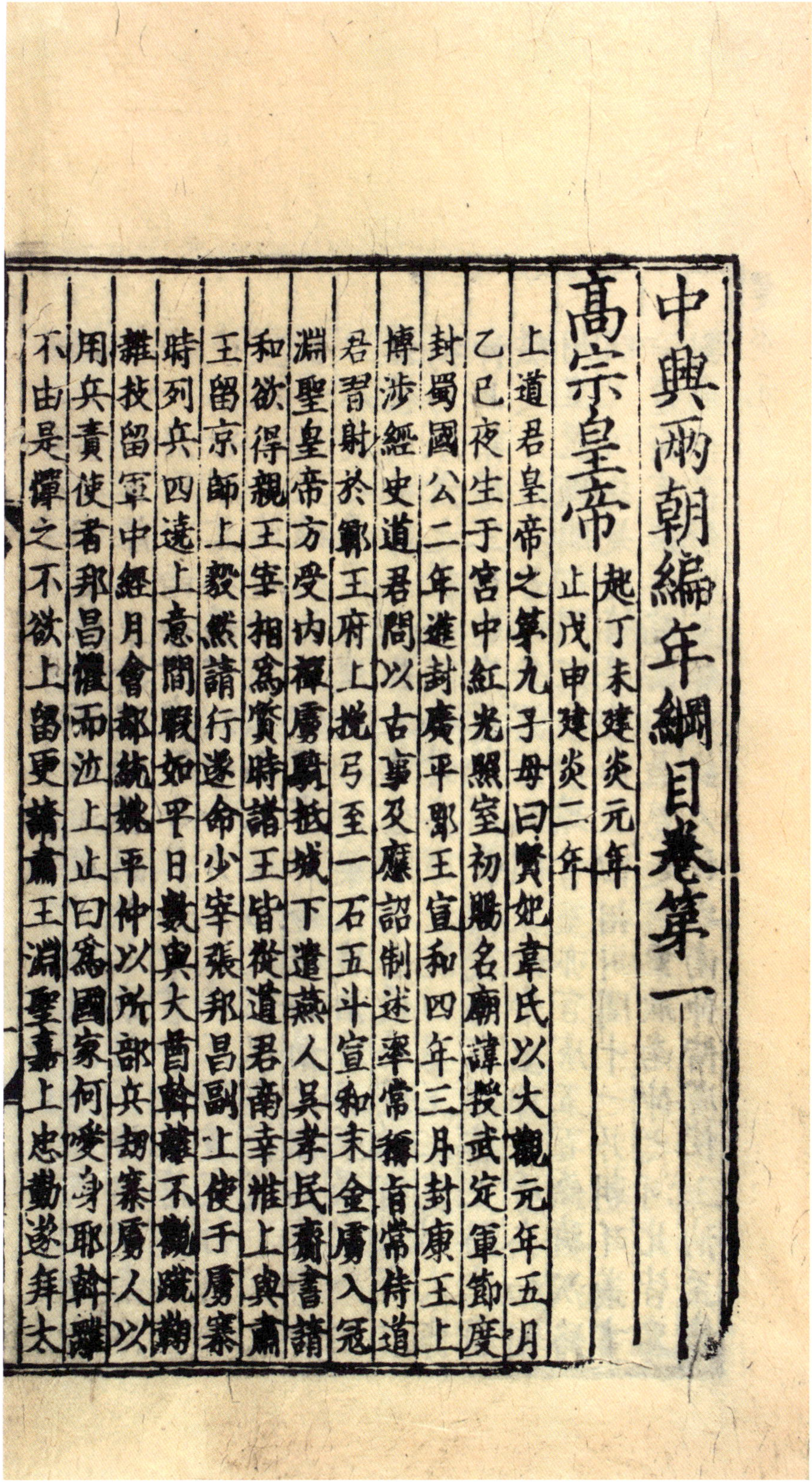
中興兩朝編年綱目卷第一
高宗皇帝 起丁未建炎元年 止戊申建炎二年
上道君皇帝之第九子母曰賢妃韋氏以大觀元年五月
乙巳夜生于宮中紅光照室初賜名廟諱授武定軍節度
封蜀國公二年進封廣平郡王宣和四年三月封康王上
博涉經史道君問以古事及應詔制述率常稱旨常侍道
君習射於鄆王府上挽弓至一石五斗宣和末金虜入寇
淵聖皇帝方受內禪虜騎抵城下遣燕人吳孝民齎書請
和欲得親王宰相為質時諸王皆從道君南幸惟上與肅
王留京師上毅然請行遂命少宰張邦昌副之使于虜寨
時列兵四遶上意閒暇如平日數與大酋斡離不觀蹴鞠
離拔留軍中經月會都統姚平仲以所部兵劫寨虜人以
用兵責使者邦昌懼而泣上止曰為國家何愛身耶斡離
不由是憚之不欲上留更請肅王淵聖嘉上忠勤遂拜太

00468 中興兩朝編年綱目十八卷 宋刻元修本

匡高18.9厘米，廣12.7厘米。半葉八行，行十六字，小字雙行二十三字，黑口，四周雙邊。有“晉府書畫之印”等印。國家圖書館藏，存十卷。

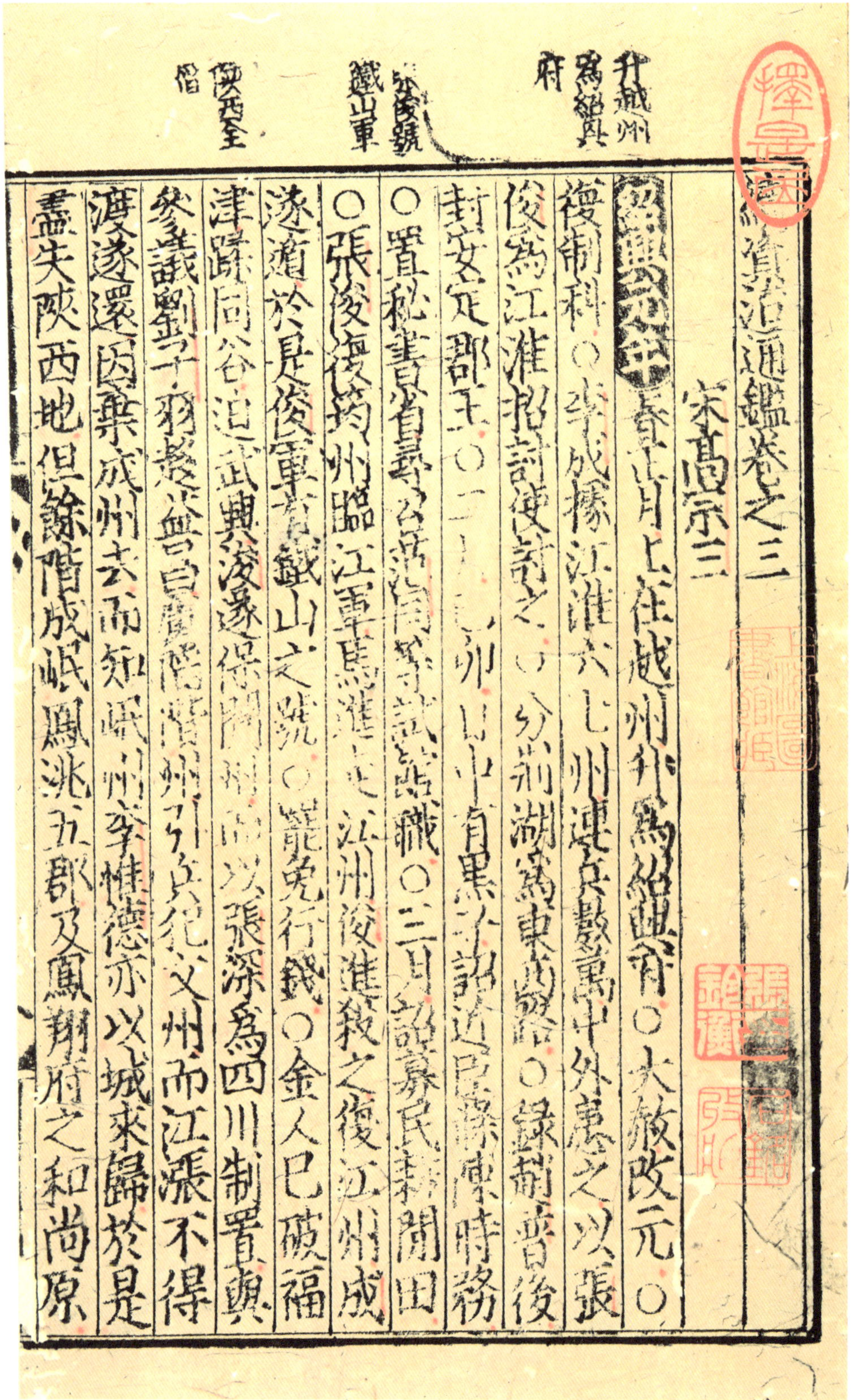

續資治通鑑卷之三
宋高宗三
紹興元年春正月上在越州升爲紹興府○大赦改元○
復制科○以戚方犯江淮六七州連兵數萬中外患之以張
俊爲江淮招討使討之○分荊湖爲東西路○録蔡晉後
封安定郡王○二月己卯日中有黑子詔近臣條陳時務
○置秘書省尋以宰臣兼領○三月詔募民耕閑田
○張俊復筠州臨江軍馬進走江州俊進殺之復江州成
遂遁於是俊軍于鐵山文號○罷免行錢○金人已破福
津跡同谷近武興浚遂保閬州以張深爲四川制置與
參議劉子羽趍益昌覆階州引兵化又州而江漲不得
渡遂還因棄成州去而知成州李性德亦以城來歸於是
盡失陝西地但餘階成岷鳳洮五郡及鳳翔府之和尚原

00469 續資治通鑑十五卷 （宋）劉時舉撰 元陳氏餘慶堂刻本

匡高19厘米，廣13.3厘米。半葉十三行，行二十二字，細黑口，四周雙邊。有“陳氏餘慶堂刊”牌記。有“石銘收藏”、“張印均衡”等印。上海圖書館藏。

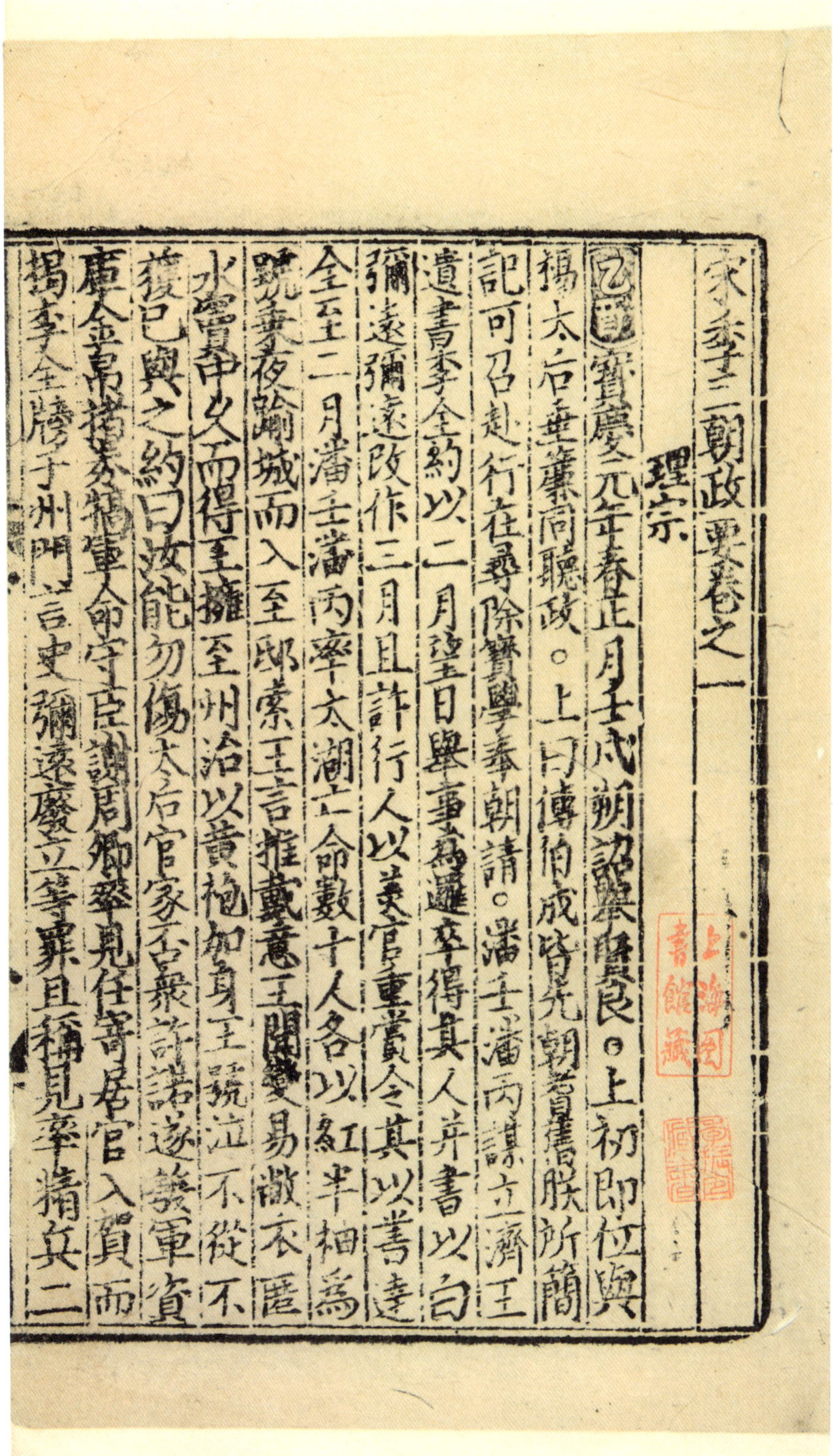

宋季三朝政要卷之一

理宗

乙酉寶慶元年春正月壬戌朔詔舉賢良。上初即位與楊太后垂簾同聽政。上曰傳伯成皆先朝耆舊朕所簡記可召赴行在尋除寶學奉朝請。潘壬潘丙謀立濟王遺書李全約以二月望日舉事爲邏卒得真人并書以白彌遠彌遠改作三月且許行人以美官重賞令其以書達全至二月潘壬潘丙率太湖亡命數十人各以紅半袖爲號乘夜踰城而入至邸索王言推戴意王聞變易敝衣匿水竇中久而得王擁至州治以黃袍加身王號泣不從不獲已與之約曰汝能勿傷太后官家否衆許諾遂發軍資庫金帛楮券犒軍命守臣謝周卿率見任寄居官入賀而揭李全榜于州門言史彌遠廢立等罪且稱見率精兵二

00470 宋季三朝政要六卷 元皇慶元年（1312）陳氏餘慶堂刻本

匡高18.7厘米，廣12.5厘米。半葉十三行，行二十二字，黑口，四周雙邊。有“陳氏餘慶堂刊皇慶壬子”牌記。有“季振宜藏書”等印。趙烈文、費念慈、鄧邦述跋。上海圖書館藏。

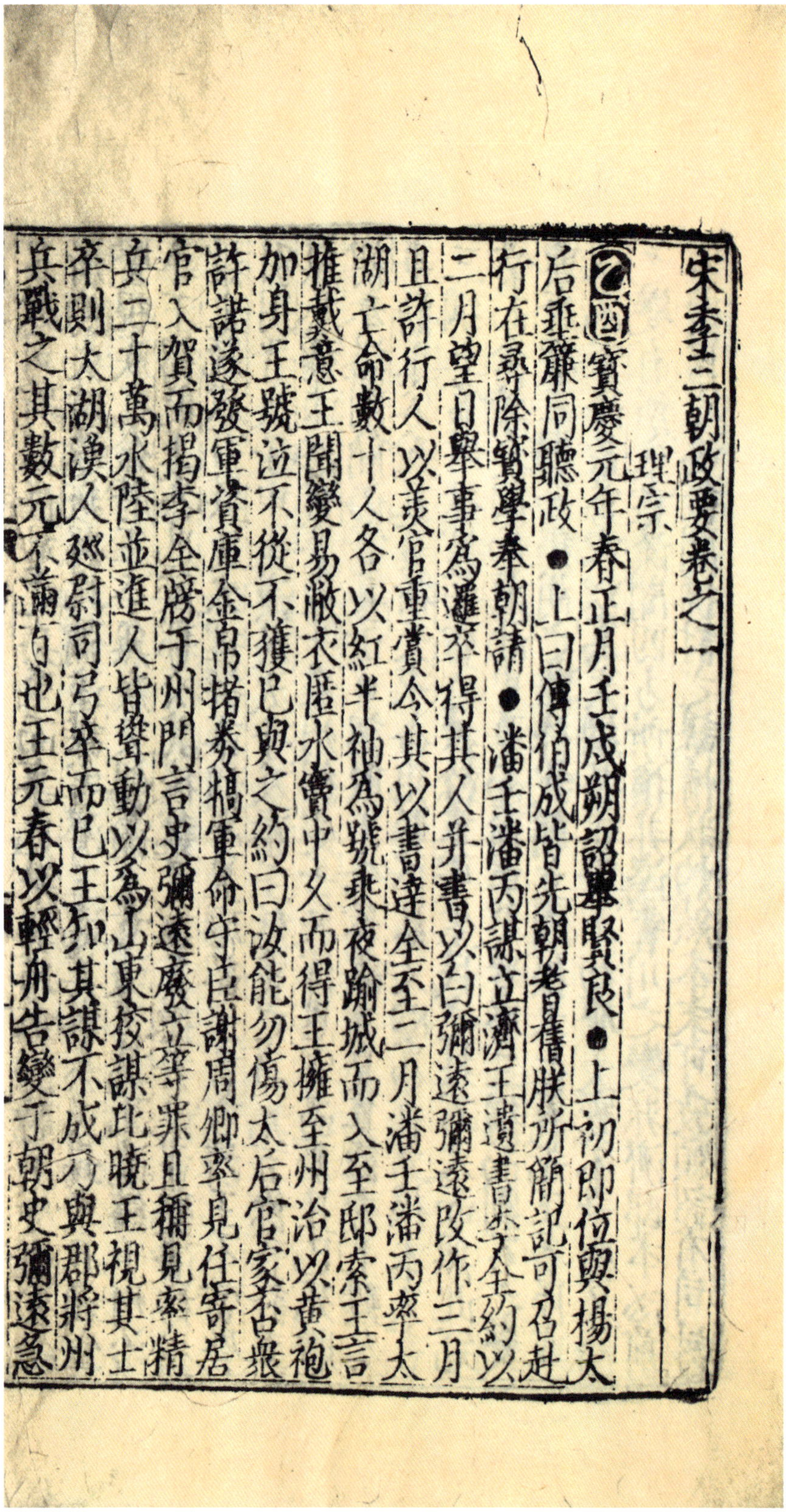
宋季三朝政要卷之一
理宗
乙酉寶慶元年春正月壬戌朔詔舉賢良●上初即位與楊太
后垂簾同聽政●上曰傅伯成皆先朝老臣朕所簡記可召赴
行在尋除寶學奉朝請●潘壬潘丙謀立濟王遣書李全約以
二月望日舉事爲邏卒得其人并書以白彌遠彌遠改作二月
且許行人以美官重賞令其以書達全至二月潘壬潘丙率太
湖亡命數十人各以紅半袖爲號乘夜踰城而入至邸索王言
推戴意王聞變易敝衣匿水竇中久而得王擁至州治以黃袍
加身王號泣不從不獲已與之約曰汝能勿傷太后官家否衆
許諾遂發軍資庫金帛楮券犒軍命守臣謝周卿率見任寄居
官入賀而揭李全榜于州門言史彌遠廢立等罪且稱見率精
兵二十萬水陸並進人皆聳動以爲山東狡謀比曉王視其士
卒則太湖漁人巡尉司弓卒而已王知其謀不成乃與郡將州
兵戰之其數元不滿百也王元春以輕舟告變于朝史彌遠急

00471 宋季三朝政要六卷 元至治三年（1323）雲衢張氏刻本

包背裝。匡高21.2厘米，廣13.8厘米。半葉十五行，行二十四字，黑口，四周雙邊。有“至治癸亥張氏新刊”牌記。國家圖書館藏。

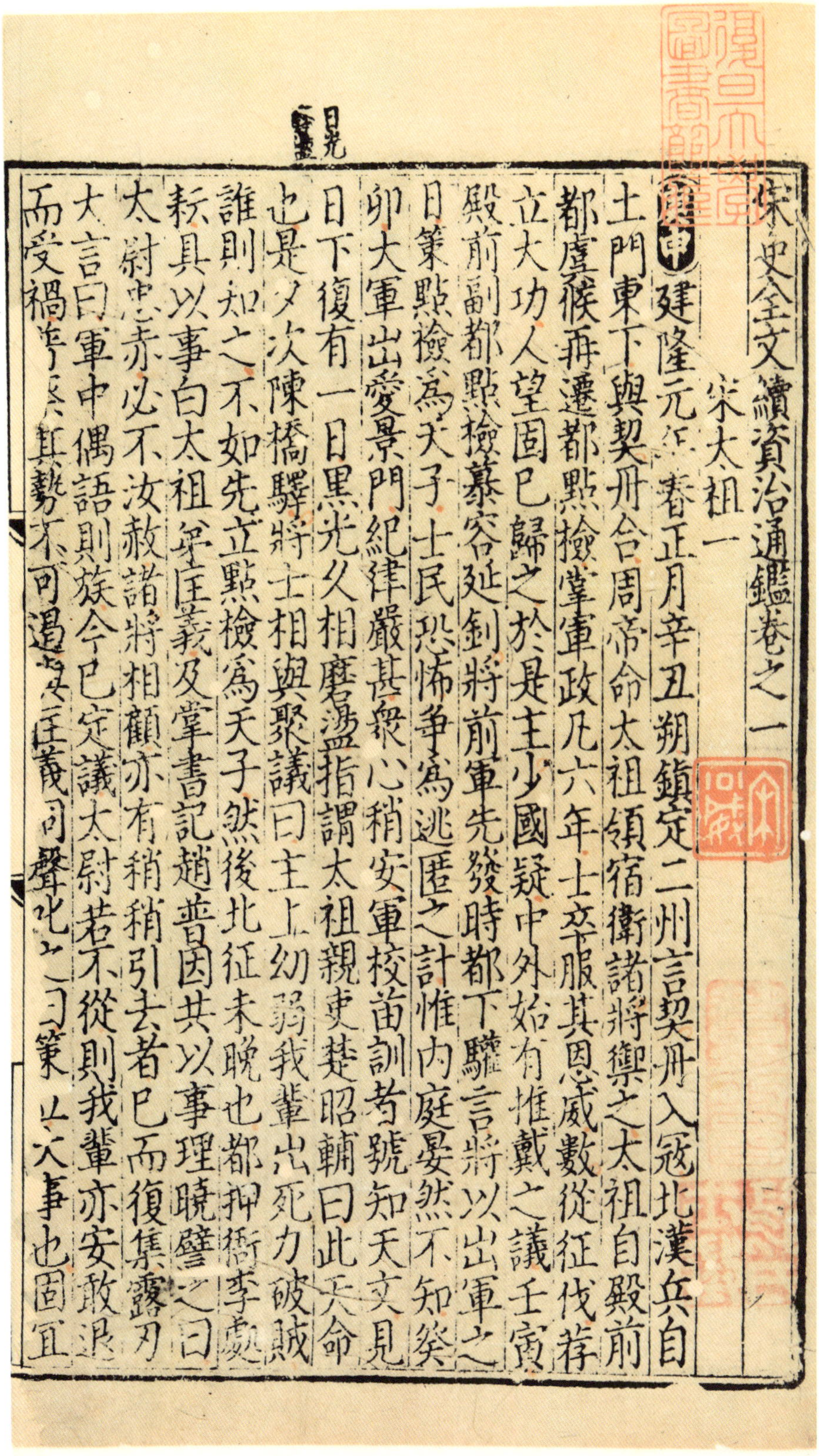
宋史全文續資治通鑑卷之一
宋太祖一
建隆元年春正月辛丑朔鎮定二州言契丹入寇北漢兵自土門東下與契丹合周帝命太祖領宿衛諸將禦之太祖自殿前都虞候再遷都點檢掌軍政凡六年士卒服其恩威數從征伐薦立大功人望固已歸之於是主少國疑中外始有推戴之議壬寅殿前副都點檢慕容延釗將前軍先發時都下讙言將以出軍之日策點檢爲天子士民恐怖爭爲逃匿之計惟內庭晏然不知癸卯大軍出愛景門紀律嚴甚衆心稍安軍校苗訓者號知天文見日下復有一日黑光久相磨盪指謂太祖親吏楚昭輔曰此天命也是夕次陳橋驛將士相與聚議曰主上幼弱我輩出死力破賊誰則知之不如先立點檢爲天子然後北征未晚也都押衙李處耘具以事白太祖弟匡義及掌書記趙普因共以事理曉譬之曰太尉忠赤必不汝赦諸將相顧亦有稍稍引去者已而復集露刃大言曰軍中偶語則族今已定議太尉若不從則我輩亦安敢退而受禍乎普知其勢不可遏與匡義同聲叱之曰策立大事也固宜

00472 宋史全文續資治通鑑三十六卷增入名儒講義續資治通鑑宋季朝事實二卷 （元）佚名撰 元建陽刻本（有缺葉）

匡高20.2厘米，廣13.4厘米。半葉十六至二十四行，行二十五至二十六字，小字雙行同，細黑口，四周雙邊。復旦大學圖書館藏。

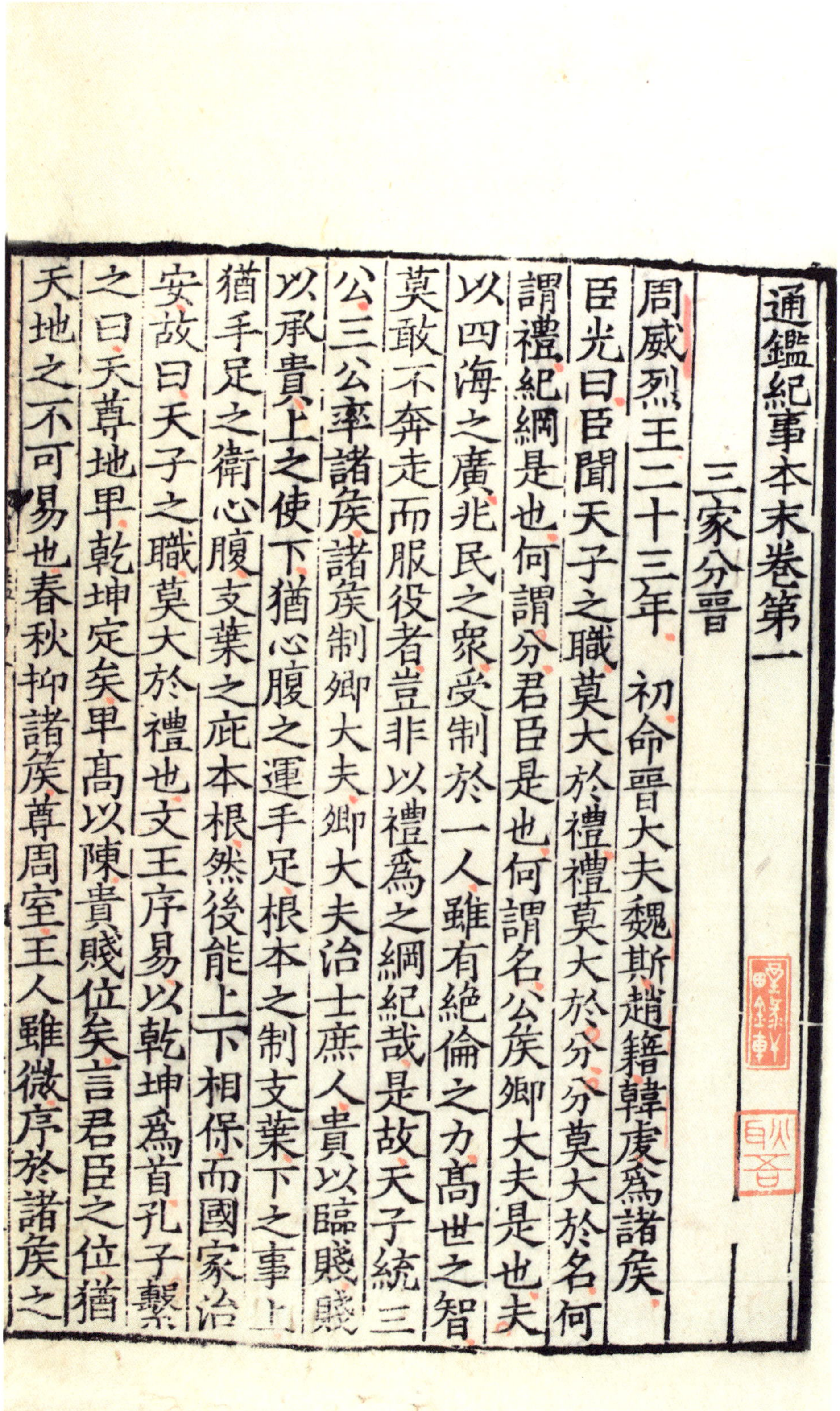

通鑑紀事本末卷第一
三家分晉
周威烈王二十三年　初命晉大夫魏斯趙籍韓虔爲諸侯
臣光曰臣聞天子之職莫大於禮禮莫大於分分莫大於名何
謂禮紀綱是也何謂分君臣是也何謂名公侯卿大夫是也夫
以四海之廣兆民之衆受制於一人雖有絶倫之力高世之智
莫敢不奔走而服役者豈非以禮爲之綱紀哉是故天子統三
公三公率諸侯諸侯制卿大夫卿大夫治士庶人貴以臨賤賤
以承貴上之使下猶心腹之運手足根本之制支葉下之事上
猶手足之衛心腹支葉之庇本根然後能上下相保而國家治
安故曰天子之職莫大於禮也文王序易以乾坤爲首孔子繫
之曰天尊地卑乾坤定矣卑高以陳貴賤位矣言君臣之位猶
天地之不可易也春秋抑諸侯尊周室王人雖微序於諸侯之

00473 通鑑紀事本末四十二卷　（宋）袁樞撰　宋淳熙二年（1175）嚴陵郡庠刻本

匡高20.4厘米，廣16厘米。半葉十三行，行二十四至二十五字，白口，左右雙邊。有“善繼”、“存畊書塾”、“乾學之印”等印。顧廣圻、石韞玉、宗舜年跋。國家圖書館藏。

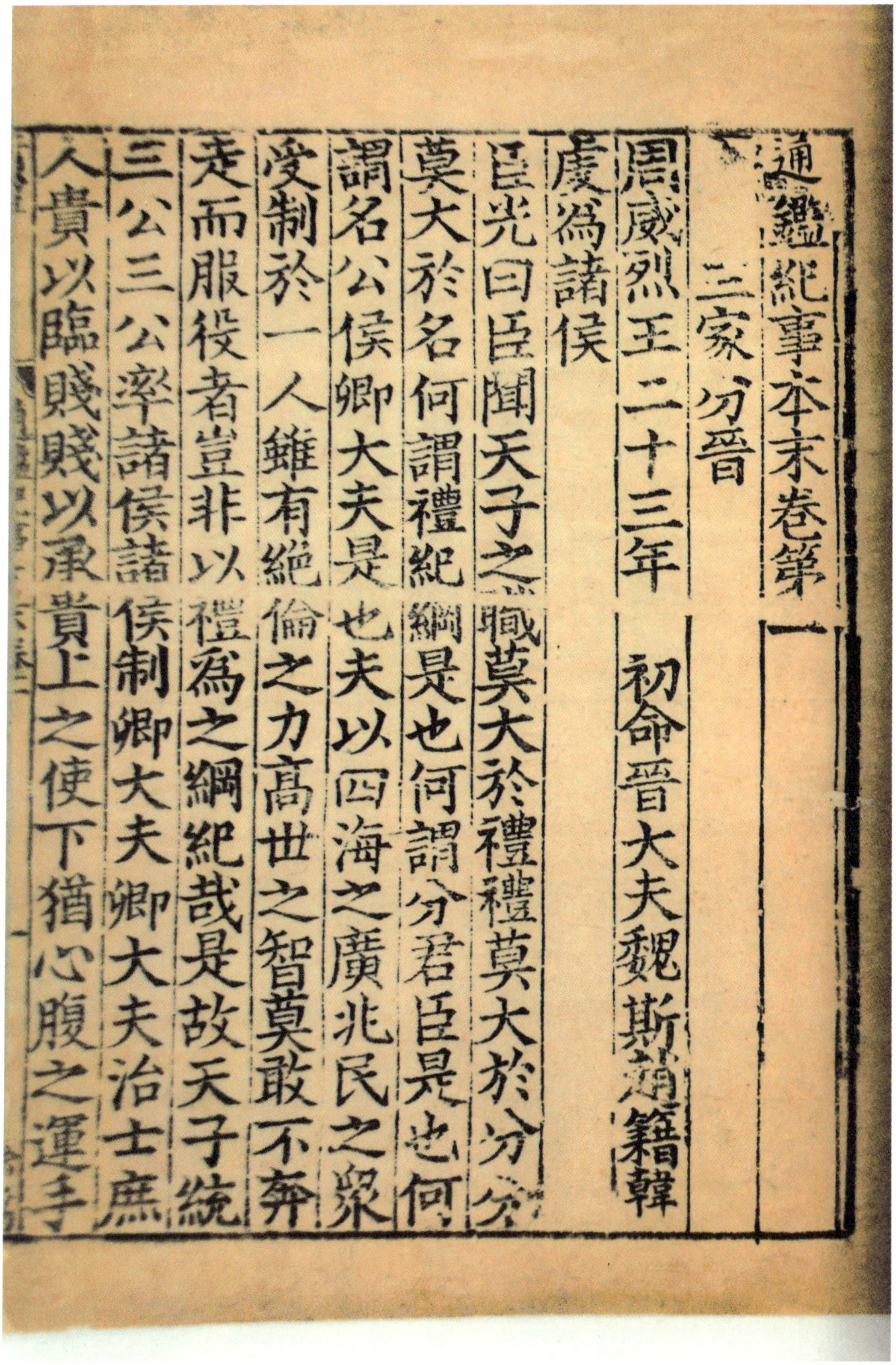
通鑑紀事本末卷第一
三家分晉
周威烈王二十三年　初命晉大夫魏斯趙籍韓
虔爲諸侯
臣光曰臣聞天子之職莫大於禮禮莫大於分分
莫大於名何謂禮紀綱是也何謂分君臣是也何
謂名公侯卿大夫是也夫以四海之廣兆民之衆
受制於一人雖有絶倫之力高世之智莫敢不奔
走而服役者豈非以禮爲之綱紀哉是故天子統
三公三公率諸侯諸侯制卿大夫卿大夫治士庶
人貴以臨賤賤以承貴上之使下猶心腹之運手

00474、00475　通鑑紀事本末四十二卷　（宋）袁樞撰　宋寶祐五年（1257）趙與憲刻元明遞修本

匡高26.3厘米，廣19.2厘米。半葉十一行，行十九字，白口，左右雙邊。中華書局藏，有“古莘陳氏子子孫孫永寶用”等印；上海辭書出版社藏，有繆荃孫、葉德輝、楊守敬跋。

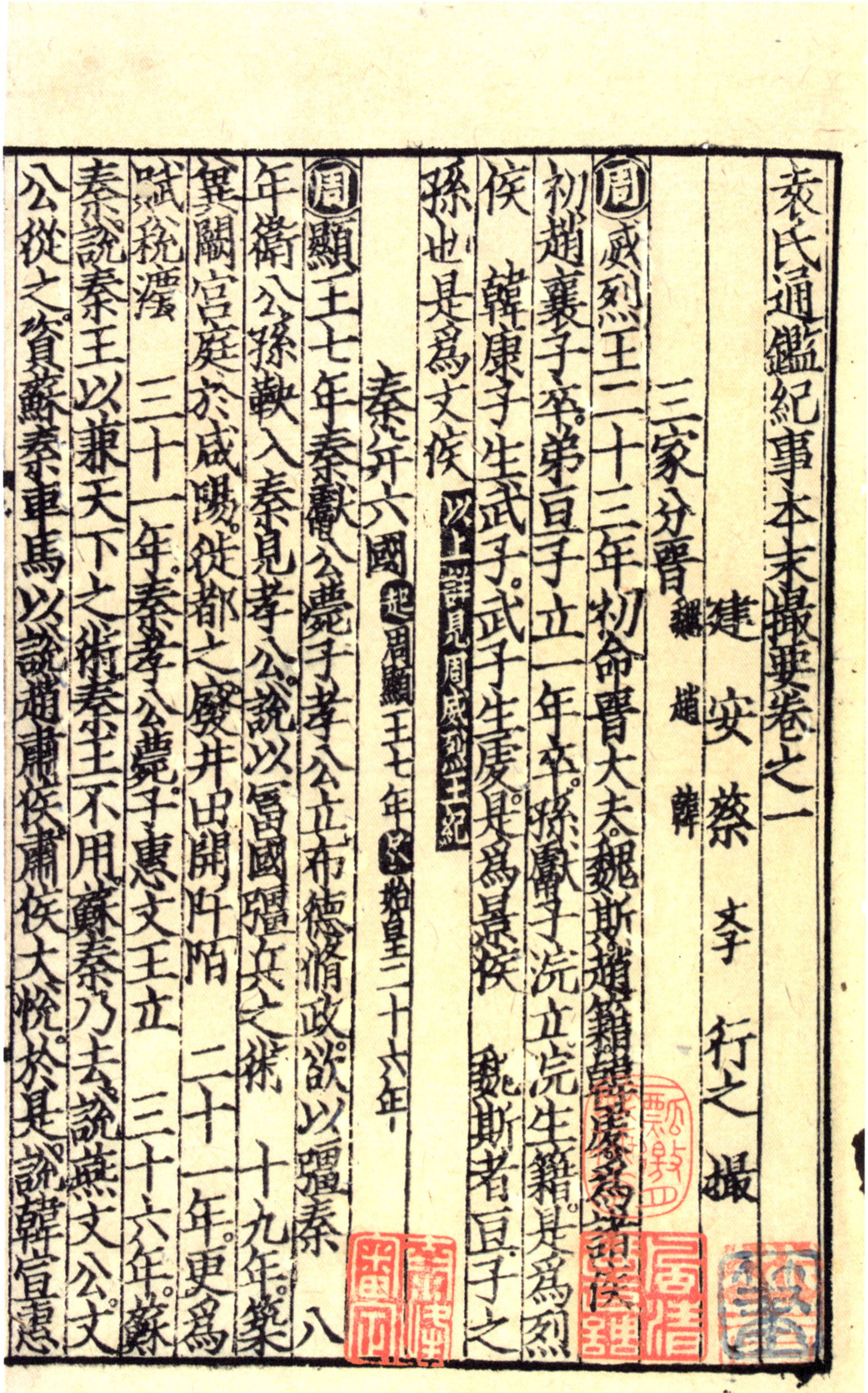
袁氏通鑑紀事本末撮要卷之一
建安蔡　李　行之撮
三家分晉 魏趙韓
(周)威烈王二十三年初命晉大夫魏斯趙籍韓虔爲諸侯
初趙襄子卒弟亘子立一年卒孫獻子浣立浣生籍是爲烈
侯　韓康子生武子武子生虔是爲景侯　魏斯者亘子之
孫也是爲文侯 以上詳見周威烈王紀
秦并六國 起周顯王七年訖始皇二十六年
(周)顯王七年秦獻公薨子孝公立布德脩政欲以彊秦　八
年衛公孫鞅入秦見孝公説以富國彊兵之術　十九年築
冀闕宮庭於咸陽從都之廢井田開阡陌　二十一年更爲
賦稅灋　三十一年秦孝公薨子惠文王立　三十六年蘇
秦説秦王以兼天下之術秦王不用蘇秦乃去説燕文公文
公從之資蘇秦車馬以説趙肅侯肅侯大悅於是説韓宣惠

00476 袁氏通鑑紀事本末撮要八卷　（宋）蔡文子輯 宋刻本

匡高18.9厘米，廣13厘米。半葉十四行，行二十三字，白口，左右雙邊。有“周印良金”、“汪印士鐘”、“涵芬樓”等印。張敦仁校。國家圖書館藏。

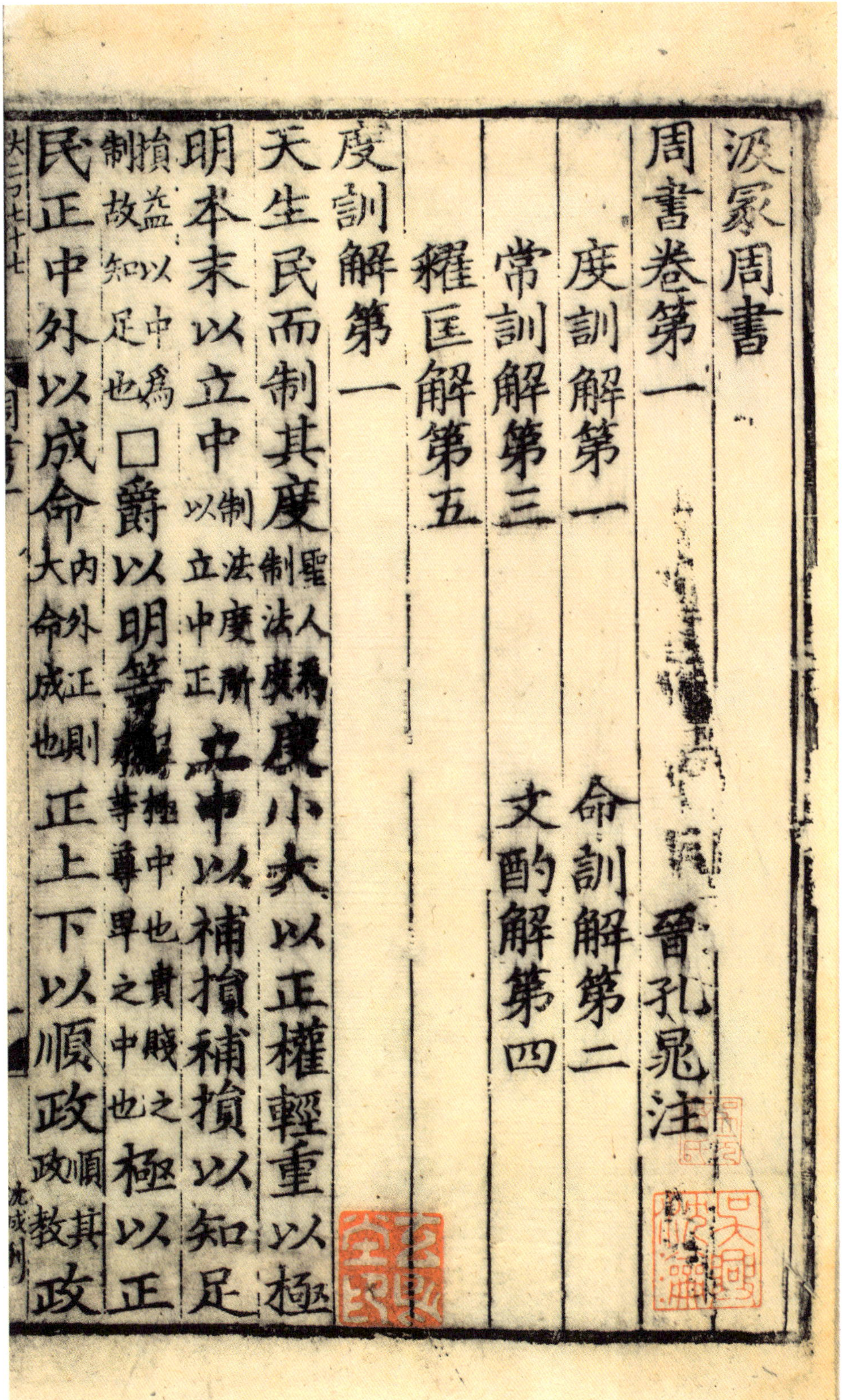
汲冢周書
周書卷第一　晉孔晁注
度訓解第一　命訓解第二
常訓解第三　文酌解第四
糴匡解第五
度訓解第一
天生民而制其度（聖人稱制法度）度小大以正權輕重以極
明本末以立中（制法度所以立中正）立中以補損補損以知足
（損益以中爲故知足也）口爵以明等極（極中也貴賤之等尊卑之中也）極以正
民正中外以成命（內外正則大命成也）正上下以順政（順其政教）政

00477 汲冢周書十卷　（晉）孔晁注　元至正十四年（1354）嘉興路儒學刻本

匡高23.2厘米，廣15.6厘米。半葉十行，行二十字，小字雙行同，細黑口，左右雙邊。有“吳興沈湍”、“吳元恭氏”、“鐵琴銅劍樓”等印。王振聲跋。國家圖書館藏。

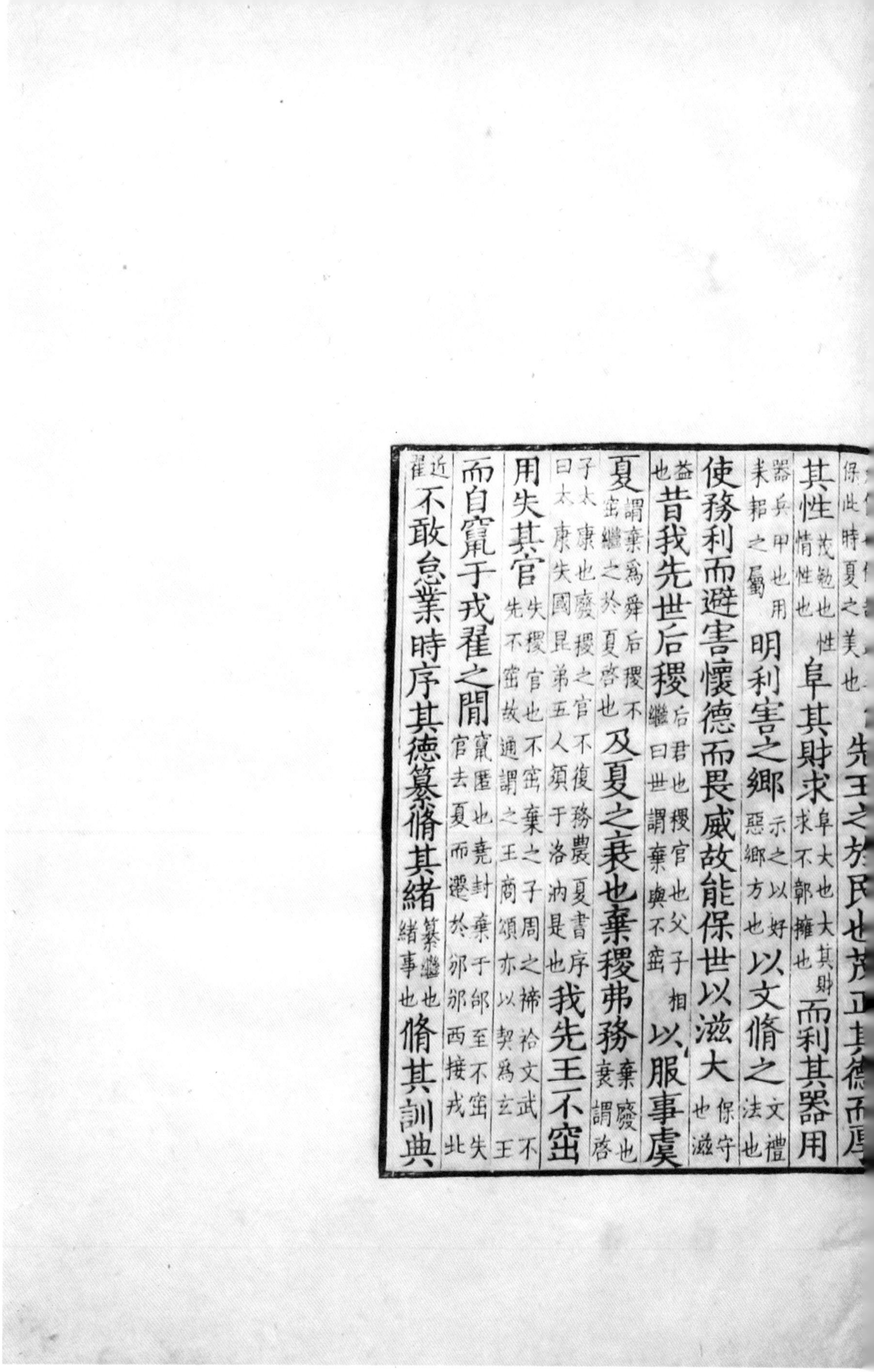
保此時夏之美也先王之於民也茂正其德而厚
其性茂勉也性情性也阜其財求阜大也大其財求不郭擁也而利其器用
器兵甲也用耒耜之屬明利害之鄉示之以好惡鄉方也以文脩之文禮法也
使務利而避害懷德而畏威故能保世以滋大保守也滋
益也昔我先世后稷后君也稷官也父子相繼曰世謂棄與不窋以服事虞
夏謂棄爲舜后稷不窋繼之於夏啓也及夏之衰也棄稷弗務棄廢也衰謂啓
子太康也廢稷之官不復務農夏書序曰太康失國昆弟五人須于洛汭是也我先王不窋
用失其官失稷官也不窋棄之子周之禘祫文武不先不窋故通謂之王商頌亦以契爲玄王
而自竄于戎翟之間竄匿也堯封棄于郃至不窋失官去夏而遷於邠邠西接戎北
近翟不敢怠業時序其德纂脩其緒纂繼也緒事也脩其訓典

00478 國語二十一卷 （吳）韋昭注 **補音三卷** （宋）宋庠撰 宋刻宋元遞修本

蝴蝶裝。匡高21.8厘米，廣15.4厘米。半葉十行，行二十字，小字雙行同，白口，左右雙邊。有“東宮書府”、“涵芬樓”等印。國家圖書館藏。

周語上第一　國語　韋氏解

穆王將征犬戎（穆王周康王之孫昭王之子穆王滿也征正也上討下之稱犬戎西戎之別名在荒服）祭公謀父諫曰不可（祭畿內之國周公之後為王卿士謀父字也傳曰凡蔣邢茅胙祭周公之胤也）先王耀德不觀兵（耀明也觀示也明德尚道化也不示兵者有大罪惡然後致誅不以小小而示威武）夫兵戢而時動動則威（戢聚也威畏也時動謂三時務農一時講武守則有財征則有威）觀則玩玩則無震（玩黷也震懼也）是故周文公之頌曰（文公周公旦之謚也頌時邁之詩武王既伐紂周公為作此詩巡守告祭之樂歌）載戢干戈載櫜弓矢（載則也干盾也戈戟也櫜韜也言天下已定聚斂其干戈韜藏其弓矢示不復用）我求懿德肆于時夏（懿美也肆陳也于於也時是也夏大也言武王常求美德故陳其功於是夏而歌之樂章大者曰夏）允王保之

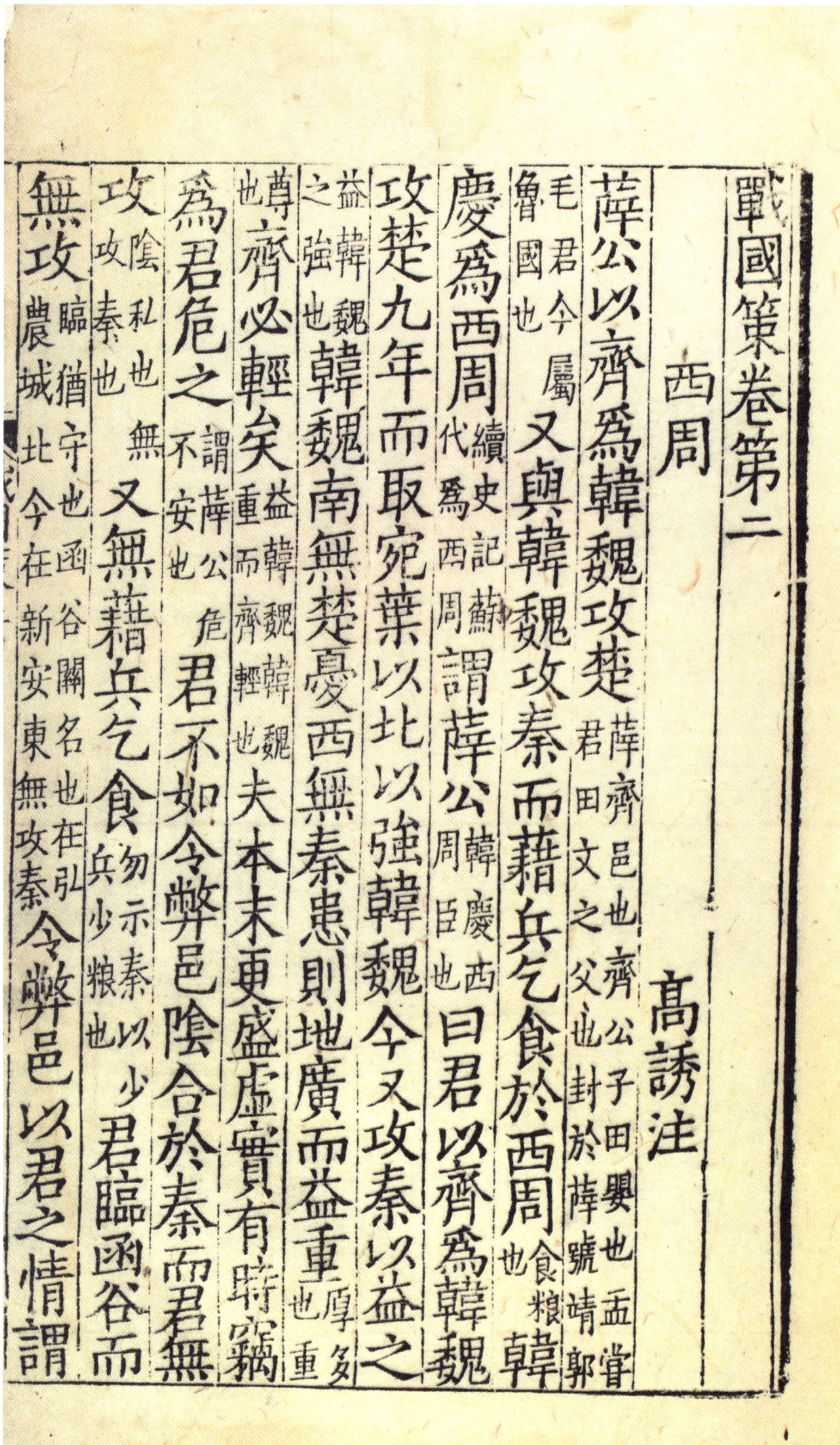
戰國策卷第二
西周　高誘注
薛公以齊爲韓魏攻楚薛齊邑也齊公子田嬰也孟嘗君田文之父也封於薛號靖郭
毛君今屬魯國也又與韓魏攻秦而藉兵乞食於西周食粮也韓
慶爲西周續史記蘇代爲西周謂薛公韓慶西周臣也曰君以齊爲韓魏
攻楚九年而取宛葉以北以強韓魏今又攻秦以益之
益韓魏之強也韓魏南無楚憂西無秦患則地廣而益重厚多也重
尊也齊必輕矣益韓魏韓魏重而齊輕也夫本末更盛虛實有時竊
爲君危之謂薛公危不安也君不如令弊邑陰合於秦而君無
攻陰私也無攻秦也又無藉兵乞食勿示秦以少兵少粮也君臨函谷而
無攻臨猶守也函谷關名也在弘農城北今在新安東無攻秦令弊邑以君之情謂

00479 戰國策三十三卷　（漢）高誘注　（宋）姚宏校正　宋紹興刻本

匡高22.5厘米，廣15.3厘米。半葉十一行，行十九至二十一字，小字雙行同，白口，左右雙邊。有“蕘圃”、“汪印士鐘”、“德均審定”等印。黄丕烈、顧廣圻跋并題詩，鈕樹玉、袁廷檮、夏文燾題詩。國家圖書館藏。

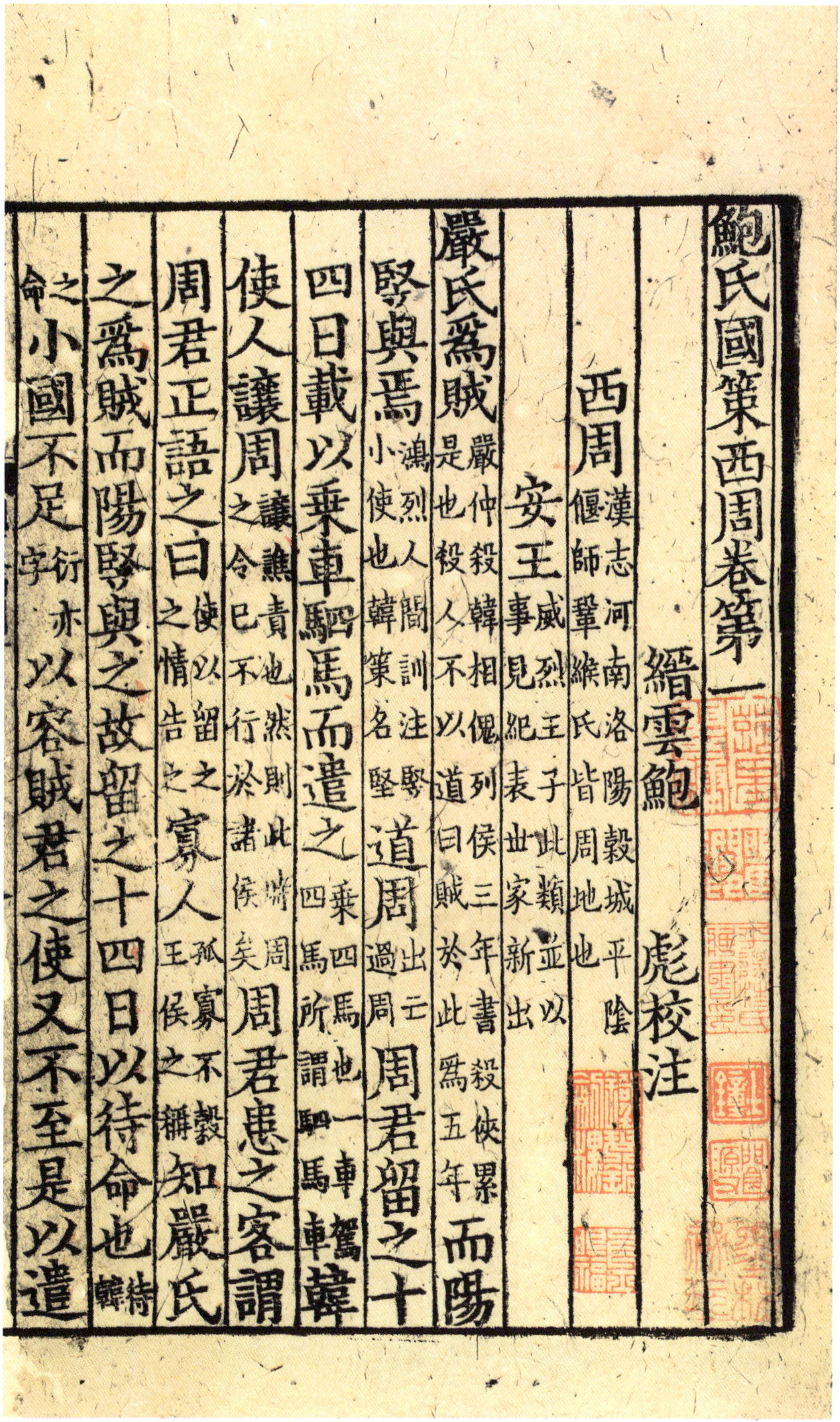
鮑氏國策西周卷第一

縉雲鮑彪校注

西周 漢志河南洛陽穀城平陰偃師鞏緱氏皆周地也

安王 威烈王子此類並以事見紀表世家新出

嚴氏爲賊 嚴仲殺韓相傀列侯三年書殺俠累是也殺人不以道曰賊於此爲五年 而陽豎與焉 鴻烈人間訓注豎小使也韓策名堅 出亡 道周 過周 周君留之十四日載以乘車駟馬而遣之 乘四馬也一車四馬所謂駟馬 韓使人讓周 讓譙責也然則此時周之令已不行於諸侯矣 周君患之客謂周君正語之曰 使以留之之情告之 寡人 孤寡不穀王侯之稱 知嚴氏之爲賊而陽豎與之故留之十四日以待命也 待韓之命 小國不足 衍字 亦以容賊君之使又不至是以遣

00480 鮑氏國策十卷 （宋）鮑彪校注 宋紹熙二年（1191）會稽郡齋刻本

匡高21厘米，廣15.7厘米。半葉十一行，行二十字，小字雙行同，白口，左右雙邊。有“安氏懋卿圖籍”、“文琛”、“鐵琴銅劍樓”等印。國家圖書館藏。

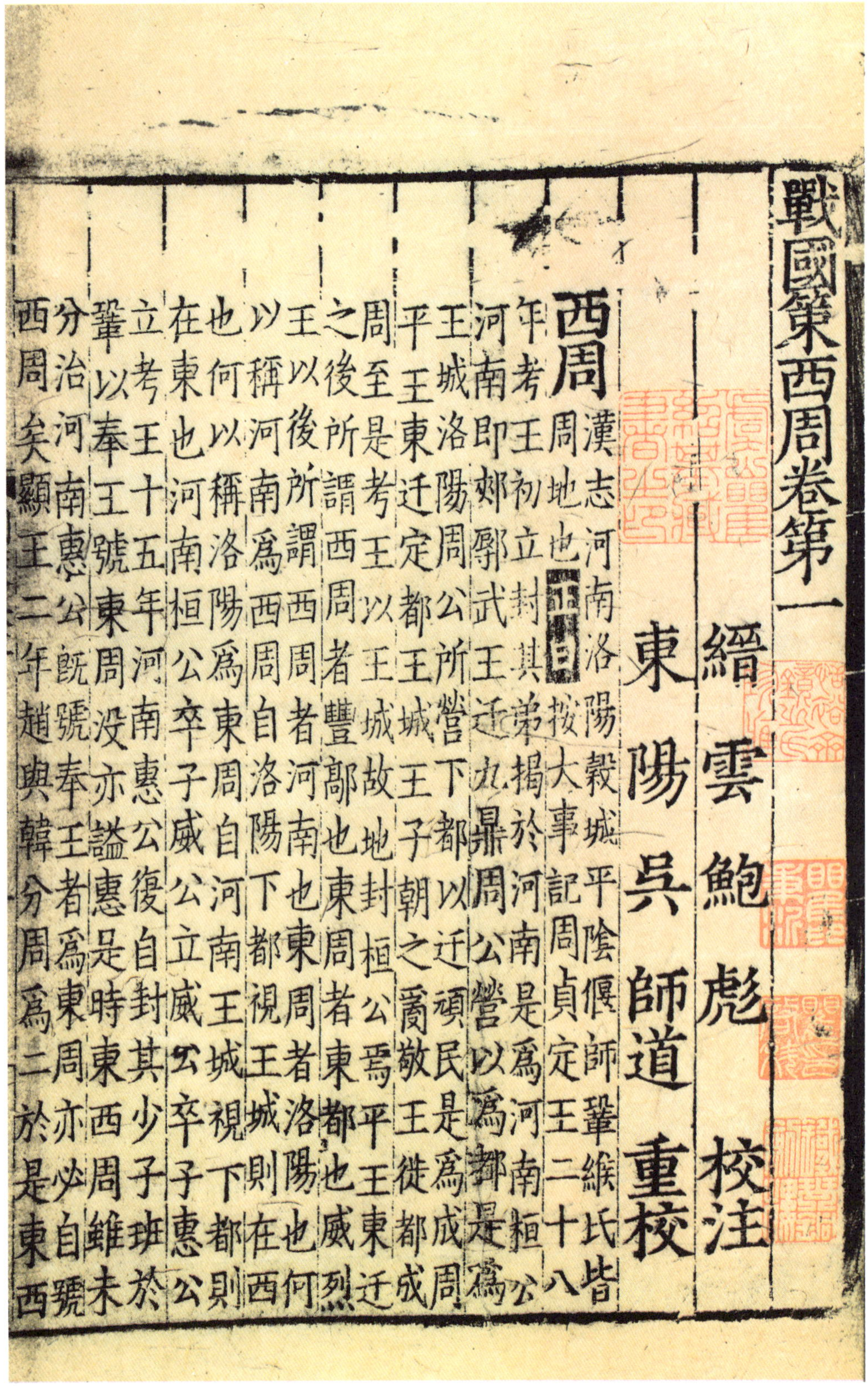
戰國策西周卷第一
縉雲鮑彪校注
東陽吳師道重校
西周
漢志河南洛陽穀城平陰偃師鞏緱氏皆
周地也[補曰]按大事記周貞定王二十八
年考王初立封其弟揭於河南是爲河南桓公
河南即郟鄏武王迁九鼎周公營以爲都是爲
王城洛陽周公所營下都以迁頑民是爲成周
平王東迁定都王城王子朝之亂敬王徙都成
周至是考王以王城故地封桓公焉平王東迁
之後所謂西周者豐鄗也東周者東都也威烈
王以後所謂西周者河南也東周者洛陽也何
以稱河南爲西周自洛陽下都視王城則在西
也何以稱洛陽爲東周自河南王城視下都則
在東也河南桓公卒子威公立威公卒子惠公
立考王十五年河南惠公復自封其少子班於
鞏以奉王號東周沒亦謚惠是時東西周雖未
分治河南惠公既號奉王者爲東周亦必自號
西周矣顯王二年趙與韓分周爲二於是東西

00481、00482 戰國策十卷 （宋）鮑彪校注 （元）吳師道補正 元至正二十五年（1365）平江路儒學刻明修本

匡高20.9厘米，廣15.6厘米。半葉十一行，行二十字，小字雙行同，細黑口，左右雙邊。國家圖書館藏，有“鐵琴銅劍樓”等印；山東省博物館藏。

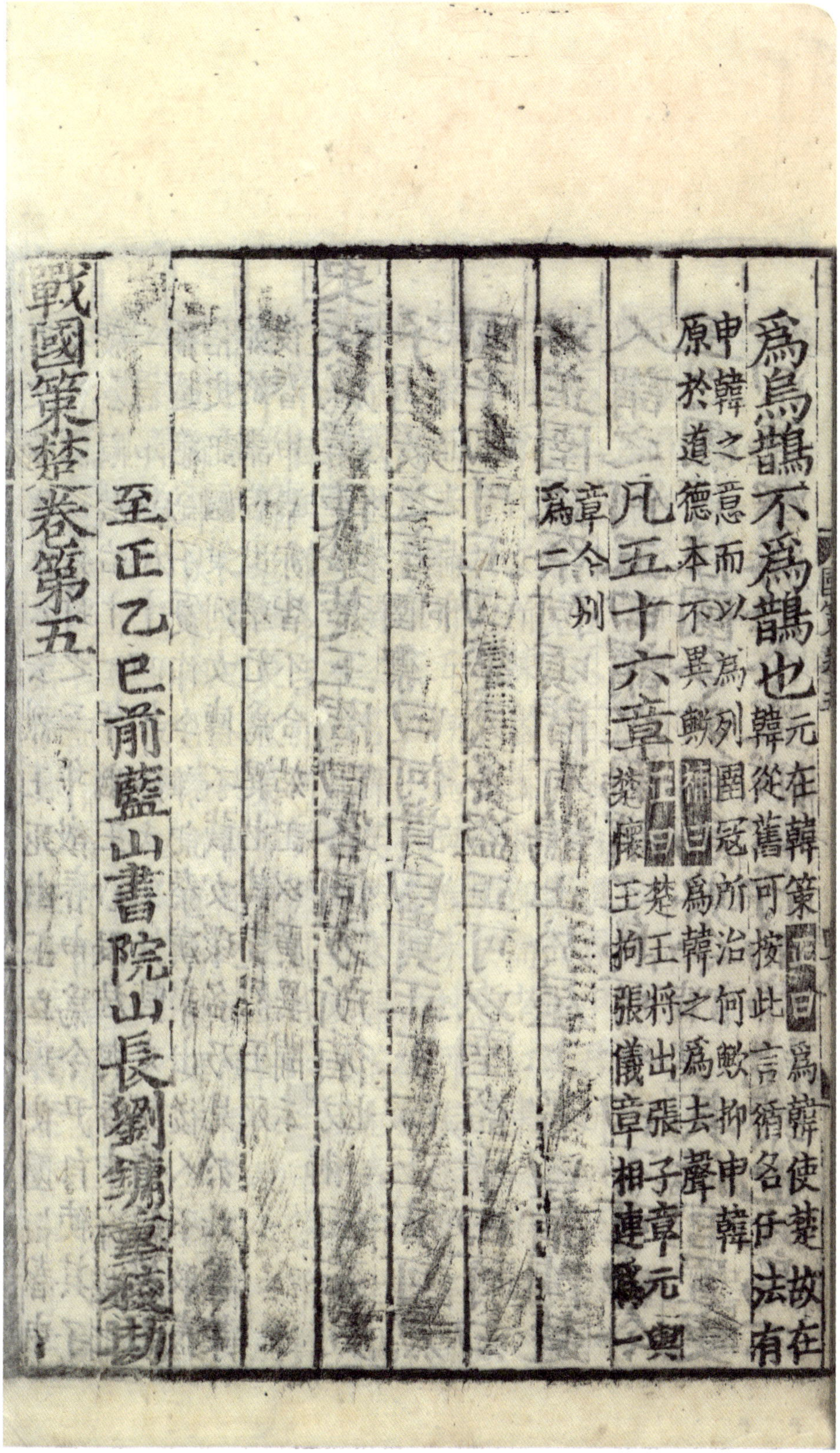

爲烏鵲不爲鵲也元在韓策[正曰]爲韓使楚故在韓從舊可按此言猶名法有申韓之意而以爲列國冠所治何歟抑申韓原於道德本不異歟[補曰]爲韓之爲去聲

凡五十六章[正曰]楚王將出張子章元與楚懷王拘張儀章相連爲一章今別爲二

至正乙巳前藍山書院山長劉鏞重校勘

戰國策校注卷第五

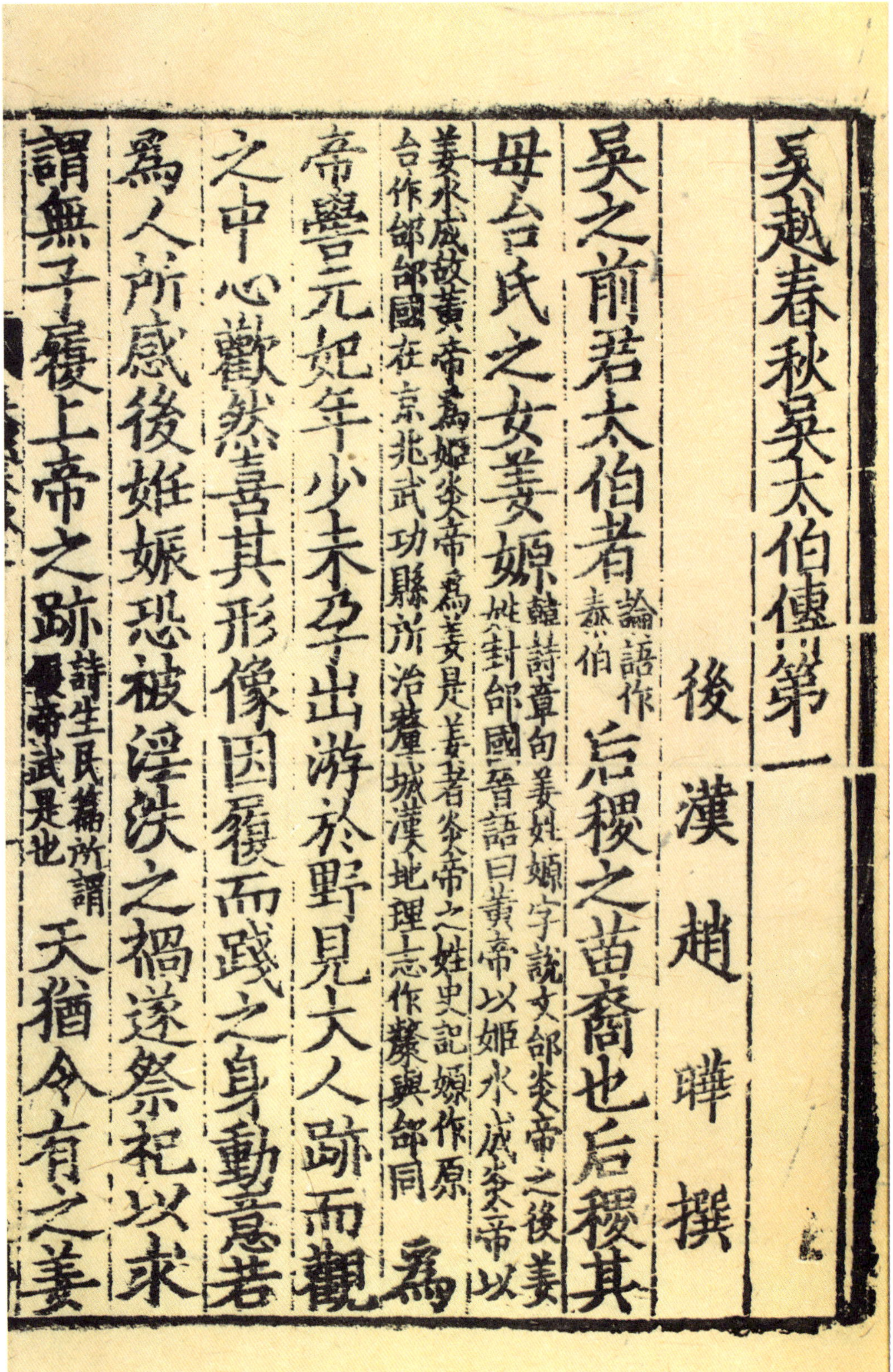

吳越春秋吳太伯傳第一

後漢趙曄撰

吳之前君太伯者（論語作泰伯）后稷之苗裔也后稷其母台氏之女姜嫄（韓詩章句姜姓嫄字說文邰炎帝之後姜姓封邰國國語曰黃帝以姬水成炎帝以姜水成故黃帝為姬炎帝為姜是姜者炎帝之姓史記嫄作原台作邰邰國在京兆武功縣所治斄城漢地理志作斄與邰同）為帝嚳元妃年少未孕出游於野見大人跡而觀之中心歡然喜其形像因履而踐之身動意若為人所感後妊娠恐被淫泆之禍遂祭祀以求謂無子履上帝之跡（詩生民篇所謂履帝武是也）天猶令有之姜

00483 吳越春秋十卷 （漢）趙曄撰 （元）徐天祜音注 元大德十年（1306）紹興路儒學刻明修本

匡高22.3厘米，廣16.4厘米。半葉九行，行十八字，白口，左右雙邊。有“鐵琴銅劍樓”等印。國家圖書館藏。

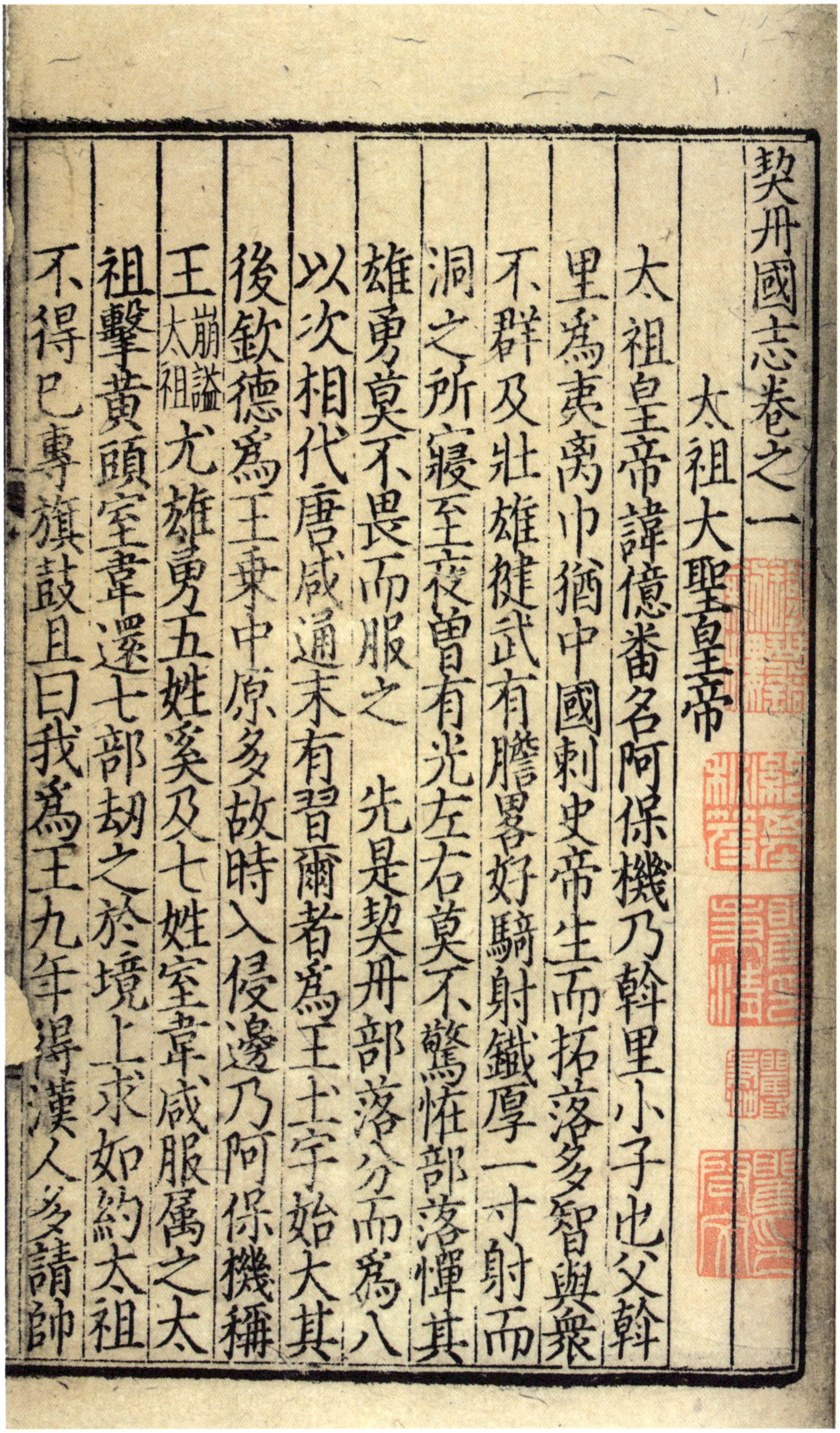

契丹國志卷之一

太祖大聖皇帝

太祖皇帝諱億番名阿保機乃斡里小子也父斡里爲夷离巾猶中國刺史帝生而拓落多智與衆不群及壯雄健武有膽畧好騎射鐵厚一寸射而洞之所寢至夜曾有光左右莫不驚恠部落憚其雄勇莫不畏而服之　先是契丹部落分而爲八以次相代唐咸通末有習爾者爲王土字始大其後欽德爲王乘中原多故時入侵邊乃阿保機稱王崩謚太祖尤雄勇五姓奚及七姓室韋咸服屬之太祖擊黄頭室韋還七部劫之於境上求如約太祖不得已專旗鼓且曰我爲王九年得漢人多請帥

00484 契丹國志二十七卷　（宋）葉隆禮撰　元刻本

匡高18.4厘米，廣12.3厘米。半葉十二行，行二十一字，黑口，四周雙邊。有“黄印丕烈”、“汪印士鐘”、“鐵琴銅劍樓”等印。黄丕烈跋。國家圖書館藏。

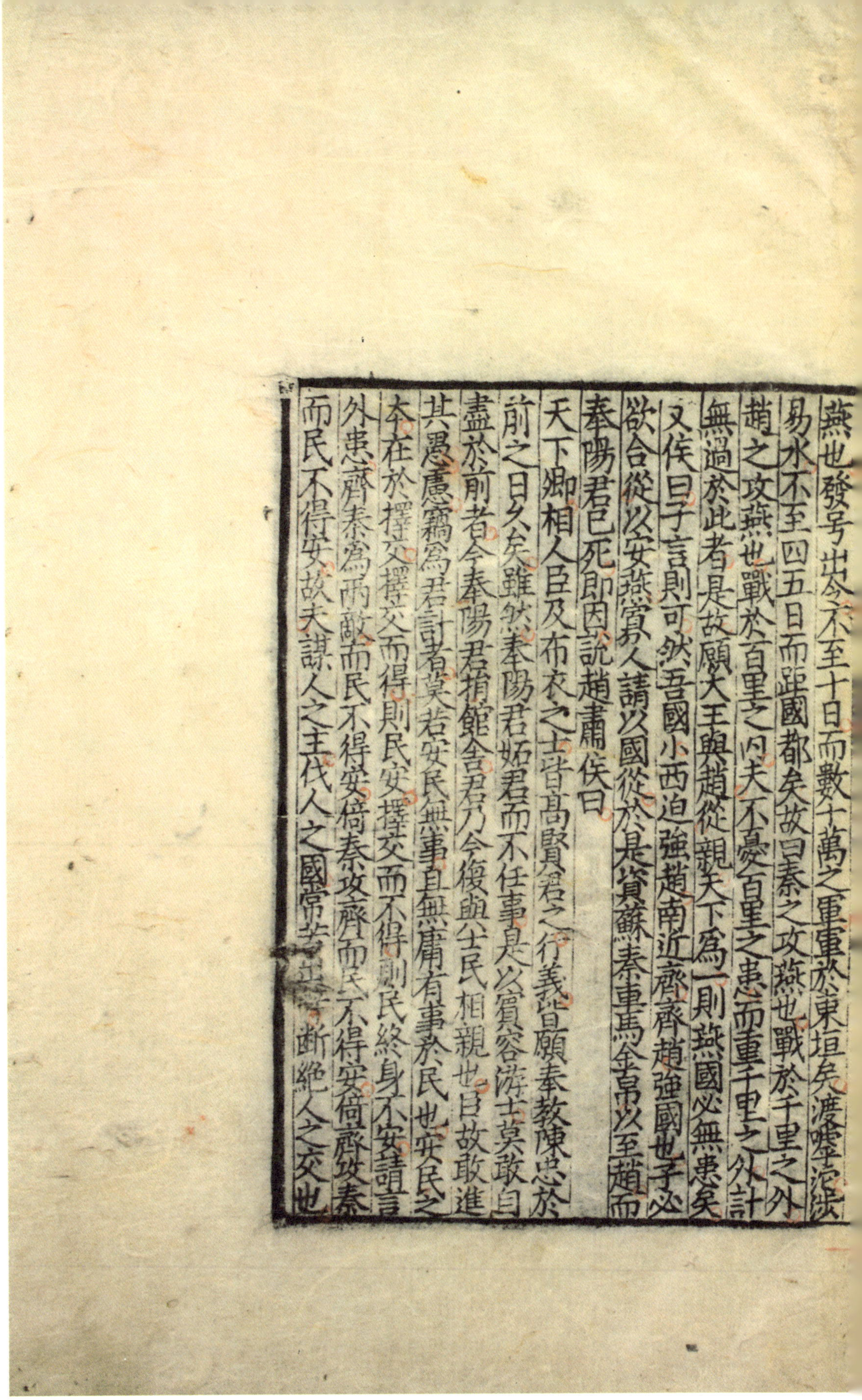
燕也發号出令不至十日而數十萬之軍軍於東垣矣渡嘑沱涉
易水不至四五日而距國都矣故曰秦之攻燕也戰於千里之外
趙之攻燕也戰於百里之內夫不憂百里之患而重千里之外計
無過於此者是故願大王與趙從親天下爲一則燕國必無患矣
文侯曰子言則可然吾國小西迫强趙南近齊齊趙强國也子必
欲合從以安燕寡人請以國從於是資蘇秦車馬金帛以至趙而
奉陽君已死即因說趙肅侯曰
天下卿相人臣及布衣之士皆高賢君之行義皆願奉教陳忠於
前之日久矣雖然奉陽君妬君而不任事是以賓客游士莫敢自
盡於前者今奉陽君捐館舍君乃今復與士民相親也臣故敢進
其愚慮竊爲君計者莫若安民無事且無庸有事於民也安民之
本在於擇交擇交而得則民安擇交而不得則民終身不安請言
外患齊秦爲兩敵而民不得安倚秦攻齊而民不得安倚齊攻秦
而民不得安故夫謀人之主伐人之國常苦出辭斷絕人之交也

00485 眉山新編十七史策要一百五十卷 宋刻本

蝴蝶裝。匡高15.5厘米，廣10.9厘米。半葉十四行，行二十五字，白口，左右雙邊。有“盧倧私印”等印。國家圖書館藏，存一百十一卷。

眉山新編史記策要

史記一

蘇秦說六國合從辭

蘇秦東周雒陽人也事齊鬼谷先生得周書陰符伏而讀之簡練以爲揣摩西至秦說秦王以兼天下之術秦王不用其言蘇秦乃去說燕文公曰

燕東有朝鮮遼東北有林胡樓煩西有雲中九原南有嘑沱易水地方二千餘里帶甲數十萬車六百乘騎六千匹粟支數年南有碣石鴈門之饒北有棗栗之利民雖不佃作而足於棗栗矣此所謂天府者也夫安樂無事不見覆軍殺將無過燕者大王知其所以然乎夫燕之所以不犯寇被甲兵者以趙之爲蔽其南也秦趙五戰秦再勝而趙三勝秦趙相斃而王以全燕制其後此燕之所以不犯寇也且夫秦之攻燕也踰雲中九原過代上谷弥地數千里雖得燕城秦計固不能守也秦之不能害燕亦明矣今趙之攻

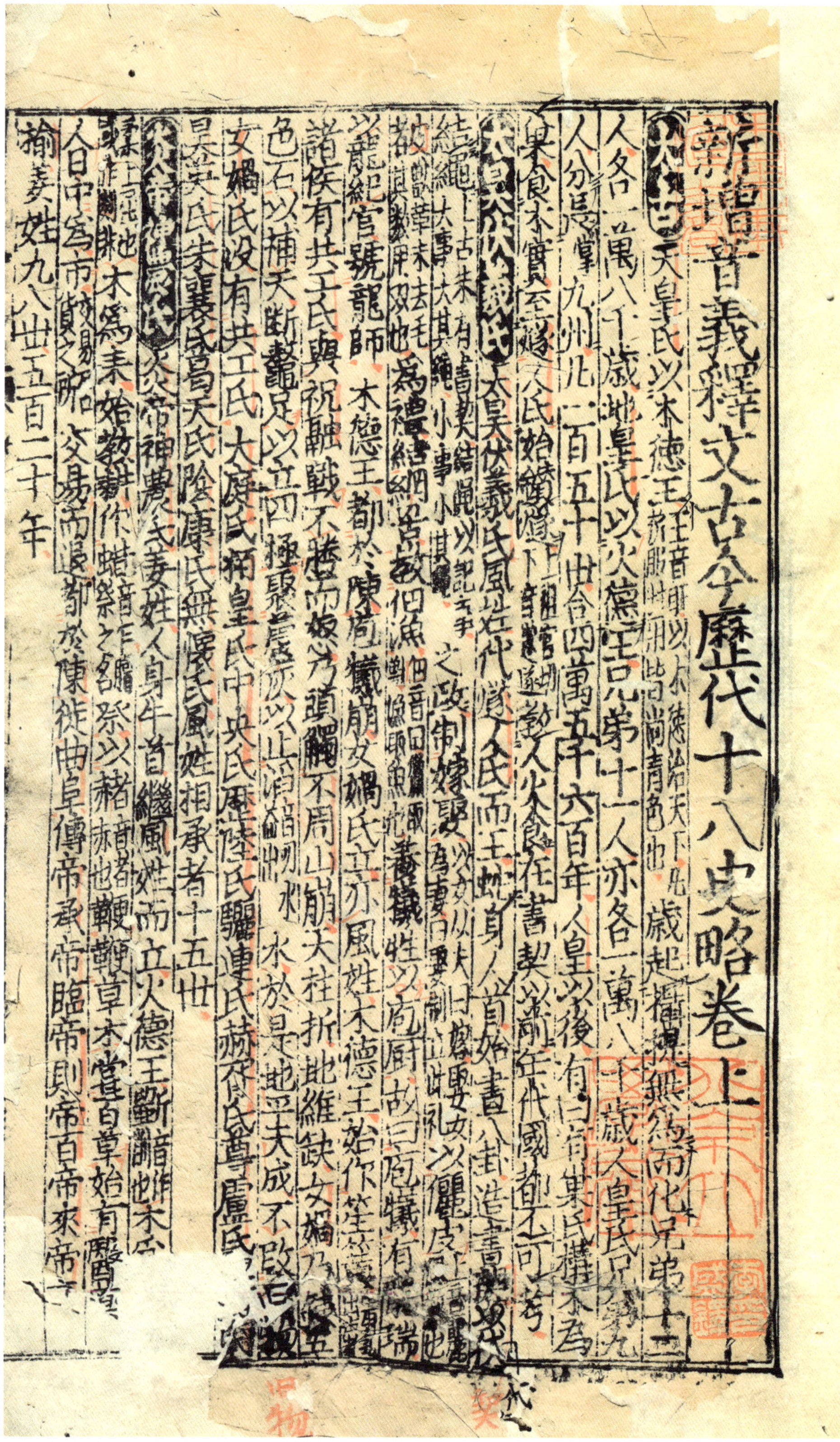

新增音義釋文古今歷代十八史略卷上
天皇氏以木德王歲起攝提無爲而化兄弟十二
人各一萬八千歲地皇氏以火德王兄弟十一人亦各一萬八千歲人皇氏兄弟九
人分長九州凡一百五十世合四萬五千六百年人皇以後有巢氏構木爲
巢食木實燧人氏始鑽燧教人火食在書契以前年代國都不可考
太昊伏羲氏風姓代燧人氏而王蛇身人首始畫八卦造書契以代
結繩之政制嫁娶以儷皮爲禮結網罟教佃漁養犧牲以庖廚故曰庖犧有龍瑞
以龍紀官號龍師木德王都於陳崩女媧氏立亦風姓木德王始作笙簧
諸侯有共工氏與祝融戰不勝而怒乃頭觸不周山崩天柱折地維缺女媧乃鍊五
色石以補天斷鼇足以立四極聚蘆灰以止滔水於是地平天成不改舊物
女媧氏沒有共工氏大庭氏柏皇氏中央氏歷陸氏驪連氏赫胥氏尊盧氏
昊英氏有巢氏朱襄氏葛天氏陰康氏無懷氏風姓相承者十五世
炎帝神農氏姜姓人身牛首繼風姓而立火德王斲木
爲耜揉木爲耒始教耕作蜡祭以赭鞭鞭草木嘗百草始有醫藥
教人日中爲市交易而退都於陳徙曲阜傳帝承帝臨帝則帝百帝來帝
榆罔姓九八世五百二十年

00486 新增音義釋文古今歷代十八史略二卷 （元）曾先之輯 元刻本

匡高21.5厘米，廣13.5厘米。半葉十八行，行三十二字，小字雙行同，細黑口，四周雙邊。有“李印盛鐸”等印。北京大學圖書館藏。

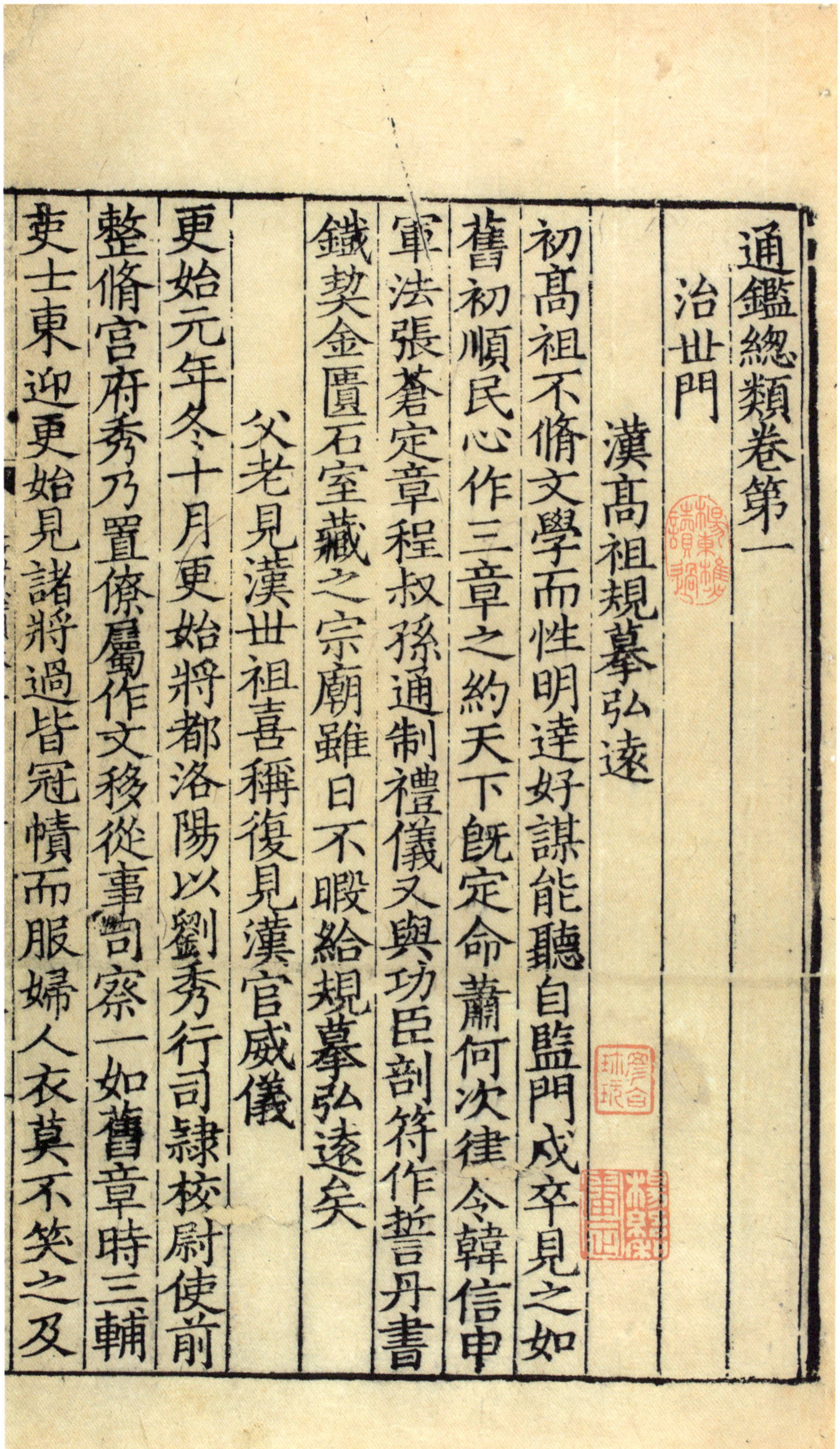
通鑑總類卷第一
治世門
漢高祖規摹弘遠
初高祖不脩文學而性明達好謀能聽自監門戍卒見之如舊初順民心作三章之約天下既定命蕭何次律令韓信申軍法張蒼定章程叔孫通制禮儀又與功臣剖符作誓丹書鐵契金匱石室藏之宗廟雖日不暇給規摹弘遠矣
父老見漢世祖喜稱復見漢官威儀
更始元年冬十月更始將都洛陽以劉秀行司隸校尉使前整脩宮府秀乃置僚屬作文移從事司察一如舊章時三輔吏士東迎更始見諸將過皆冠幘而服婦人衣莫不笑之及

00487 通鑑總類二十卷 （宋）沈樞輯　元至正二十三年（1363）吴郡庠刻本

匡高24.9厘米，廣17.8厘米。半葉十一行，行二十三字，細黑口，左右雙邊。有“彥合珍玩”等印。國家圖書館藏。

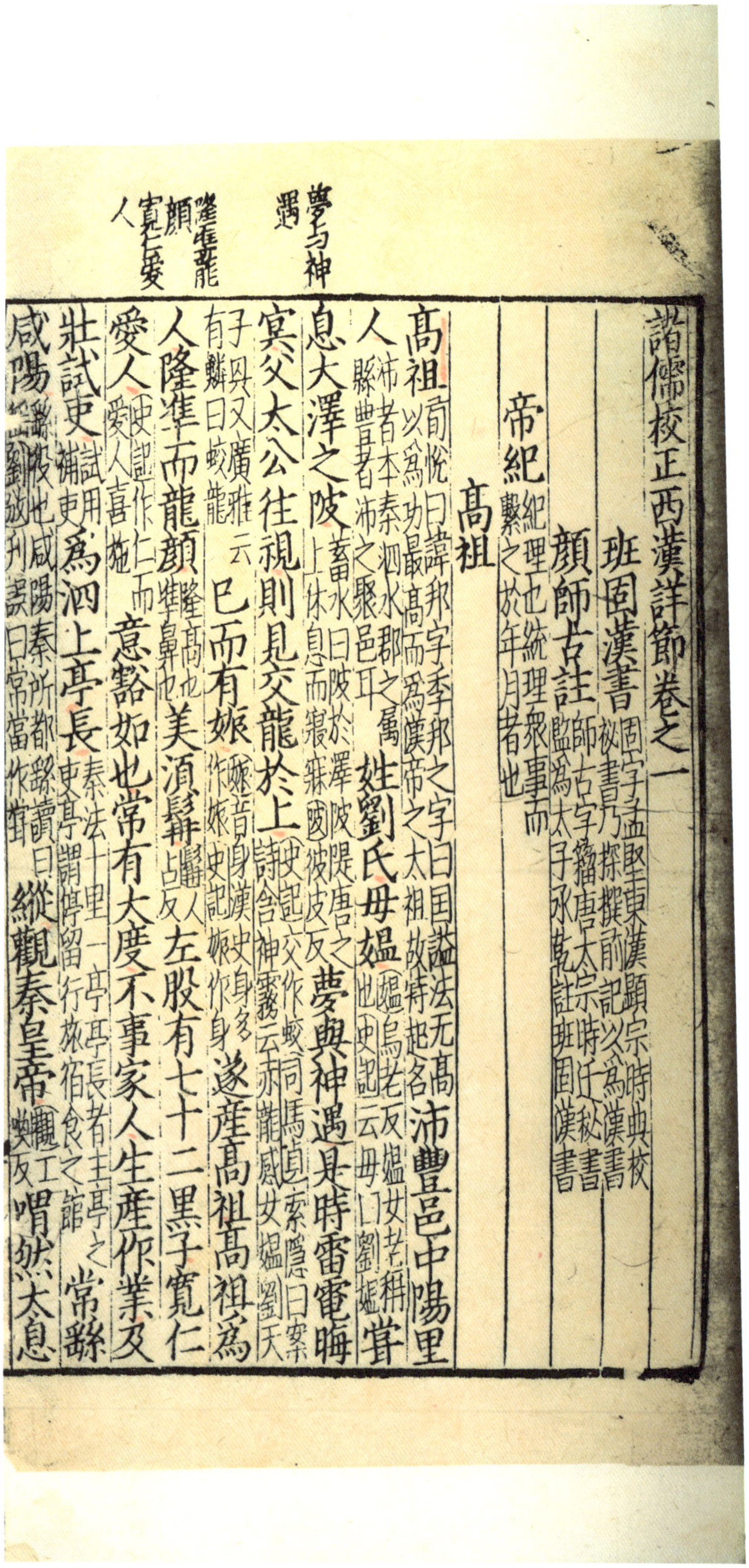

夢與神遇　隆準龍顏　寬仁愛人

諸儒校正西漢詳節卷之一

班固漢書（固字孟堅，東漢顯宗時典校秘書，乃探撰前記以爲漢書）

顏師古註（師古字籀，唐太宗時任秘書監，爲太子承乾註班固漢書）

帝紀（紀理也，統理衆事而繫之於年月者也）

高祖

高祖（荀悅曰諱邦字季，邦之字曰國，諡法无功曰高，以爲功最高而爲漢帝之太祖，故特起名）沛豐邑中陽里人（沛者本秦泗水郡之屬縣，豐者沛之聚邑耳）姓劉氏，母媼（媼烏老反，媼女老稱也，史記云母曰劉媼）甞息大澤之陂（蓄水曰陂，陂於澤陂，隄唐之上休息而寢寐，陂彼皮反）夢與神遇，是時雷電晦冥，父太公往視，則見交龍於上（史記交作蛟，同，詩含神霧云赤龍感女媼，劉季興，又廣雅云有鱗曰蛟龍）已而有娠（娠音身，漢史身多作娠，史記娠作身）遂產高祖。高祖爲人，隆準而龍顏（隆高也，準鼻也），美須髯（髯人占反），左股有七十二黑子，寬仁愛人（史記作仁而愛人，喜施），意豁如也，常有大度，不事家人生產作業，及壯試吏（試用補吏），爲泗上亭長（秦法十里一亭，亭長者主亭之吏，亭謂停留行旅宿食之館），常繇咸陽（繇讀曰徭，咸陽秦所都，劉攽刊誤曰常當作甞），縱觀秦皇帝（觀工喚反），喟然太息

00488 諸儒校正西漢詳節三十卷　（宋）呂祖謙輯　宋刻本

匡高16.1厘米，廣10.9厘米。半葉十四行，行二十四字，小字雙行同，細黑口，左右雙邊。有“楊紹和審定”、“彦合珍玩”等印。羅振常跋。華東師範大學圖書館藏，存二十八卷。

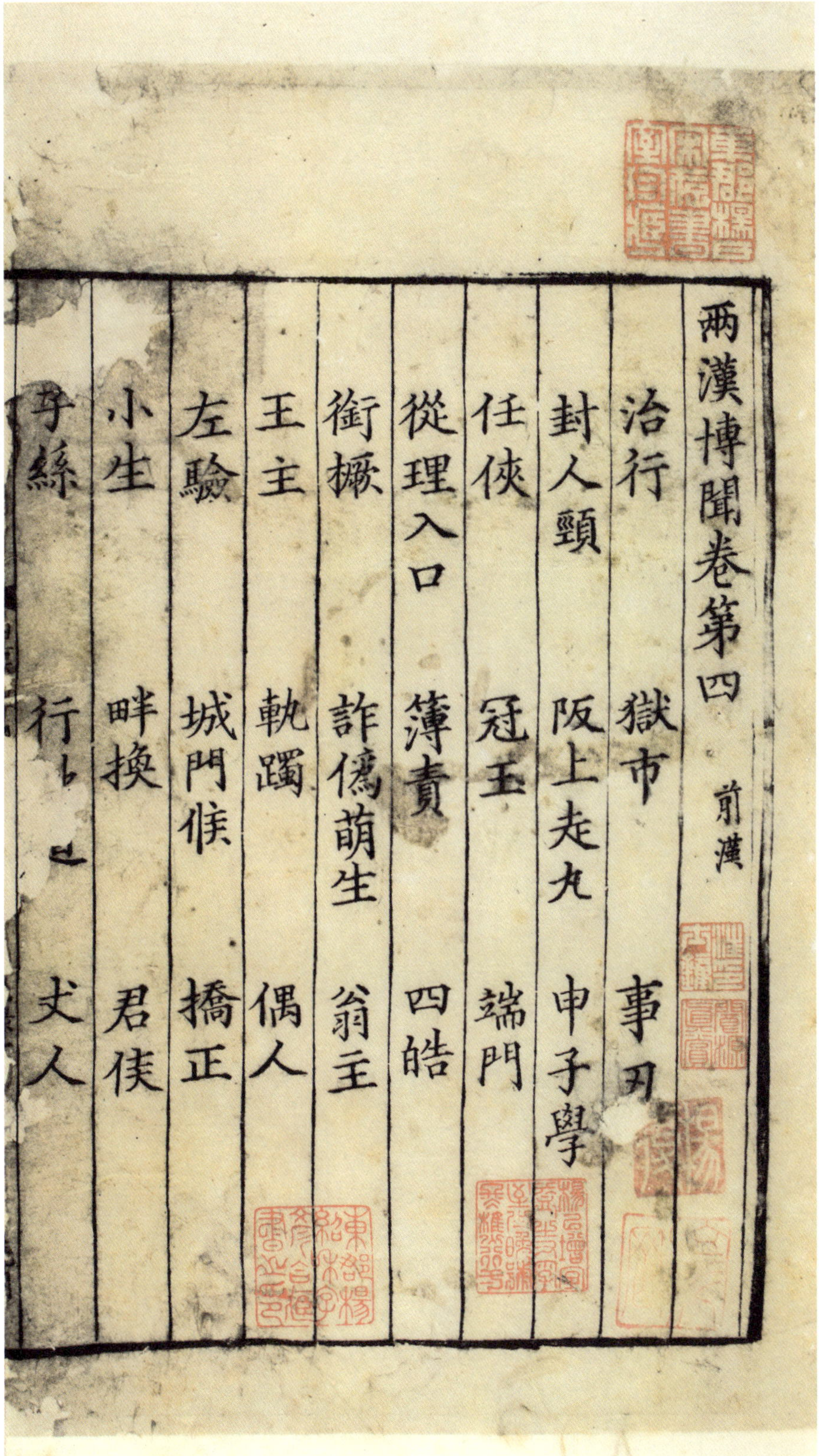
兩漢博聞卷第四　前漢
治行　獄市　事刃
封人頸　阪上走丸　申子學
任俠　冠玉　端門
從理入口　簿責　四皓
銜橛　詐僞萌生　翁主
王主　軌躅　偶人
左驗　城門候　撟正
小生　畔換　君侯
孑絲　行[illegible]　丈人

00489 兩漢博聞十二卷　（宋）楊侃輯　宋乾道八年（1172）胡元質姑孰郡齋刻本（卷一至三配清抄本）

匡高21.9厘米，廣15.7厘米。半葉十行，行十九字，白口，左右雙邊。有“楊復”、“汪印士鐘”、“海源閣”等印。國家圖書館藏。

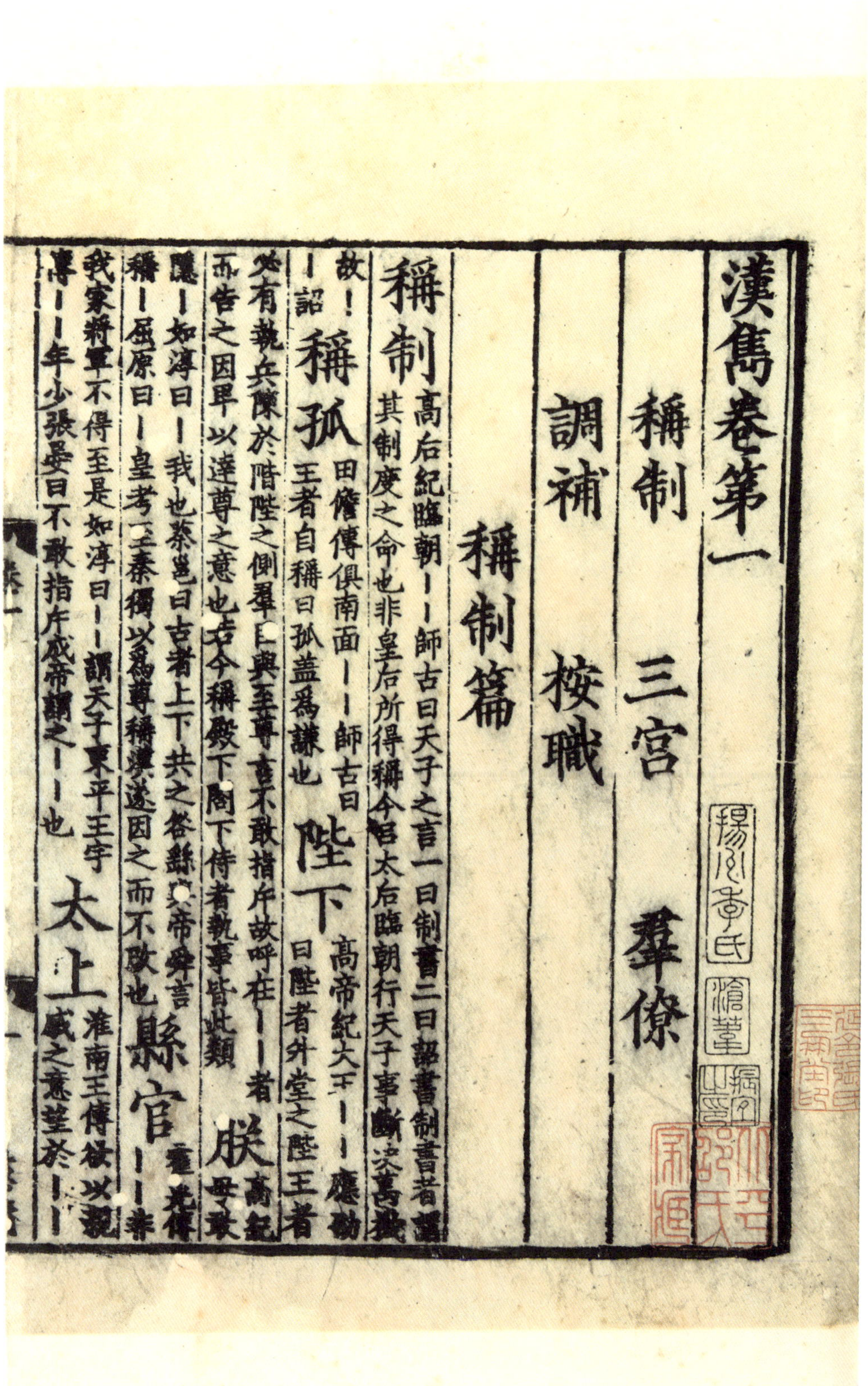

漢雋卷第一

稱制　三宮　羣僚
調補　按職

稱制篇

稱制 高后紀臨朝一一師古曰天子之言一曰制書二曰詔書制書者謂其制度之命也非皇后所得稱今呂太后臨朝行天子事斷決萬機故一詔

稱孤 田儋傳俱南面一一師古曰王者自稱曰孤蓋爲謙也

陛下 高帝紀大王一一應劭曰陛者升堂之陛王者必有執兵陳於階陛之側羣臣與至尊言不敢指斥故呼在一一者而告之因卑以達尊之意也若今稱殿下閤下侍者執事皆此類

朕 高紀 隱一如淳曰一我也蔡邕曰古者上下共之咎繇與帝舜言稱一屈原曰一皇考亦秦獨以爲尊稱漢遂因之而不改也

縣官 我家將軍不得至是如淳曰一一謂天子東平王宇傳一一年少張晏曰不敢指斥成帝謂之一一也

太上 淮南王傳欲以親戚之意望於一一

00490 漢雋十卷　（宋）林鉞輯　宋淳熙五年（1178）滁陽郡齋刻本

匡高21.4厘米，廣16.6厘米。半葉九行，行字不等，小字雙行三十字，白口，左右雙邊。有“北平邵氏家藏”、“季振宜藏書”、“徐健菴”、“乾隆御覽之寶”等印。上海圖書館藏。

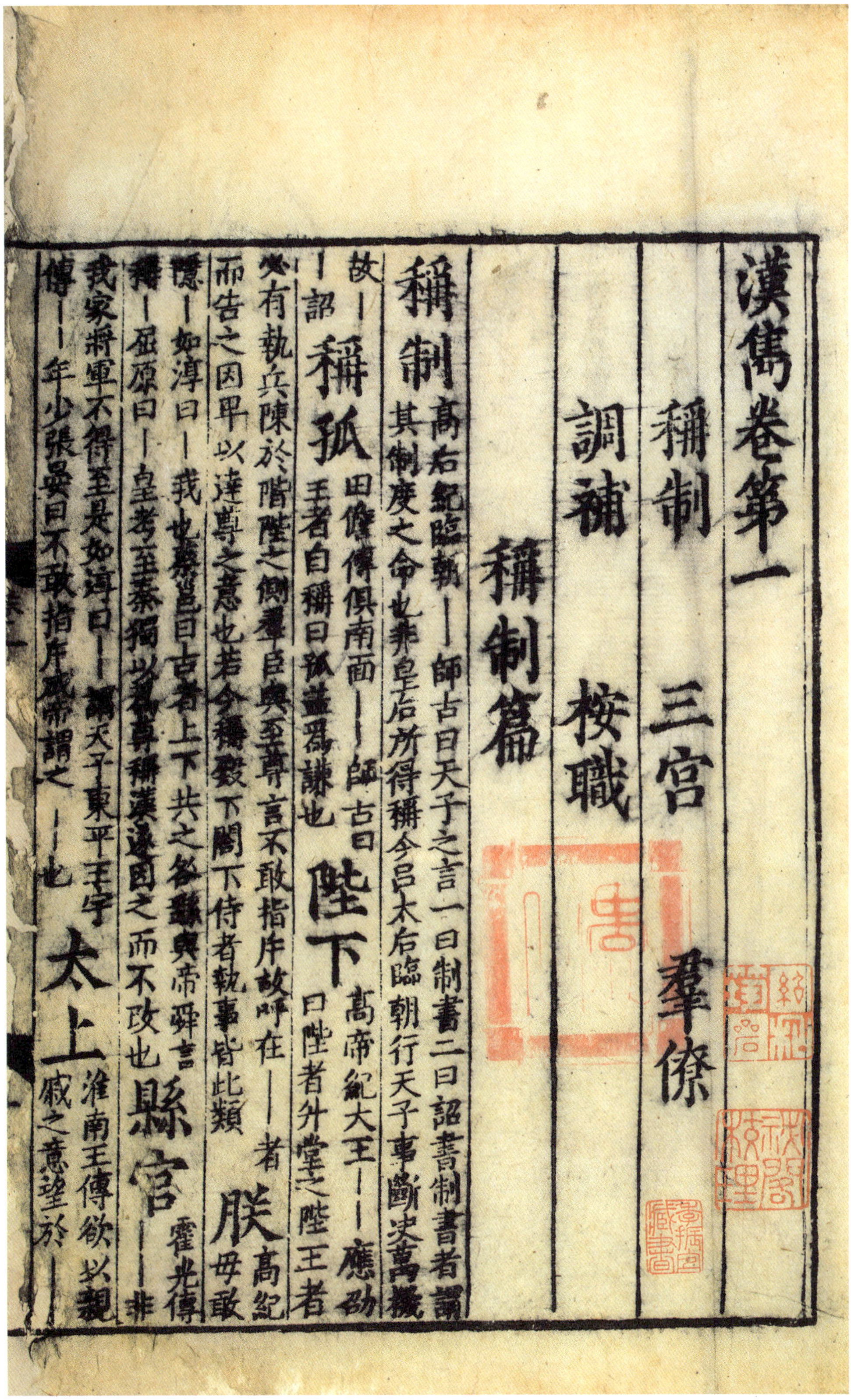
漢雋卷第一
稱制　三宮　羣僚
調補　按職
稱制篇
稱制 高后紀臨朝——師古曰天子之言一曰制書二曰詔書制書者謂其制度之命也非皇后所得稱今呂太后臨朝行天子事斷決萬機
故——詔 稱孤 田儋傳俱南面——師古曰王者自稱曰孤蓋爲謙也 陛下 高帝紀大王——應劭曰陛者升堂之陛王者
必有執兵陳於階陛之側羣臣與至尊言不敢指斥故呼在——者而告之因卑以達尊之意也若今稱殿下閣下侍者執事皆此類 朕 高紀毋敢
隱——如淳曰——我也蔡邕曰古者上下共之咎繇與帝舜言稱——屈原曰——皇考至秦獨以爲尊稱漢遂因之而不改也 縣官 霍光傳——非
我家將軍不得至是如淳曰——謂天子東平王宇傳——年少張晏曰不敢指斥成帝謂之——也 太上 淮南王傳欲以親戚之意望於——

00491、00492 漢雋十卷　（宋）林鉞輯　宋淳熙十年（1183）象山縣學刻本

匡高21.2厘米，廣16.7厘米。半葉九行，行字不等，小字雙行三十字，白口，左右雙邊。國家圖書館藏，有“季振宜藏書”、“紹和筠巖”等印；遼寧省圖書館藏，有“天禄繼鑑”等印。

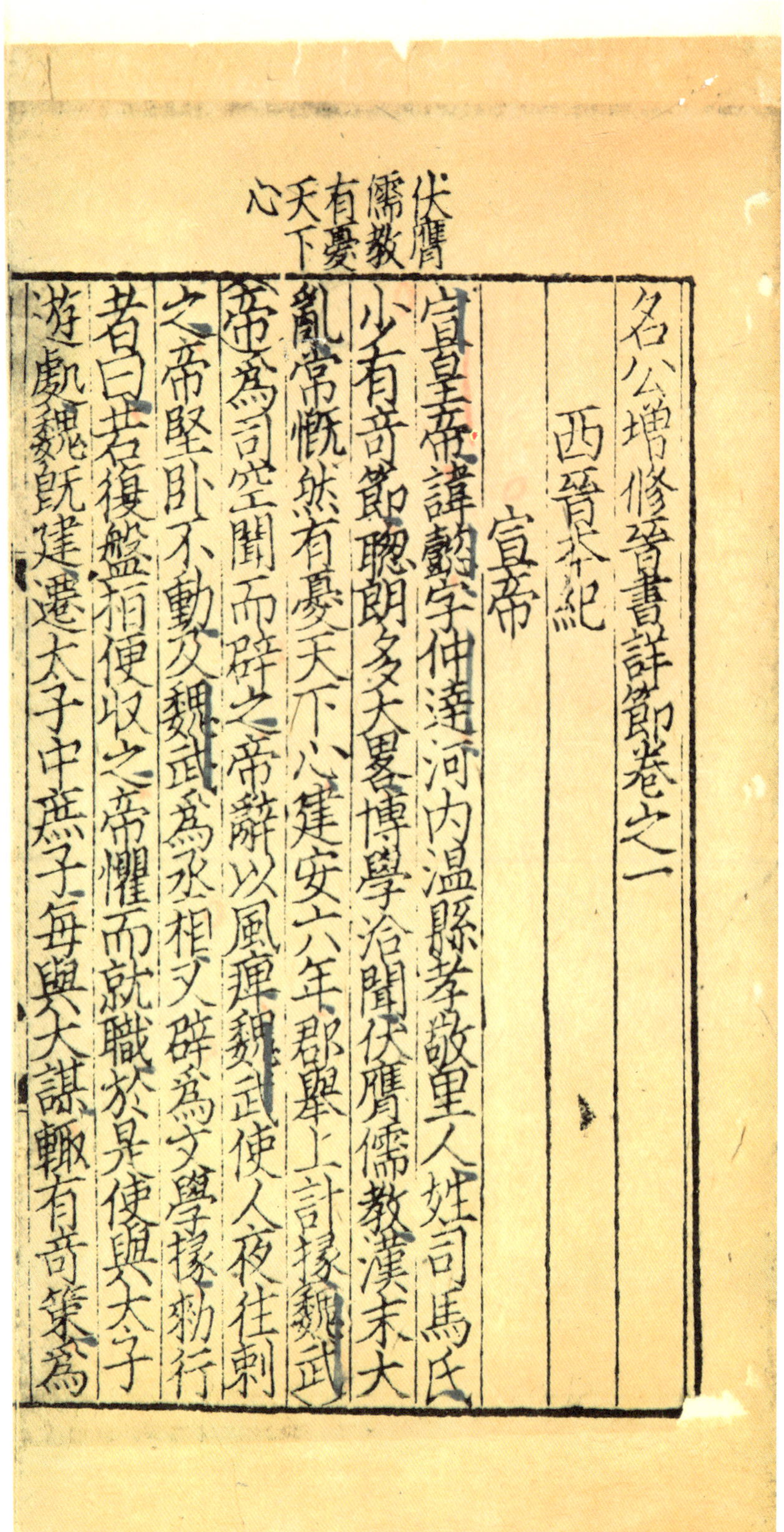

名公增修晉書詳節卷之一

西晉本紀

宣帝

宣皇帝諱懿字仲達河内温縣孝敬里人姓司馬氏少有奇節聰朗多大畧博學洽聞伏膺儒教漢末大亂常慨然有憂天下心建安六年郡舉上計掾魏武帝為司空聞而辟之帝辭以風痺魏武使人夜往刺之帝堅卧不動及魏武為丞相又辟為文學掾勑行者曰若復盤桓便收之帝懼而就職於是使與太子遊處魏既建遷太子中庶子每與大謀輙有奇策為

00493 名公增修晉書詳節三十卷 （宋）吕祖謙輯　宋刻本

匡高10.5厘米，廣6.5厘米。半葉十行，行二十字，白口，左右雙邊。上海圖書館藏。

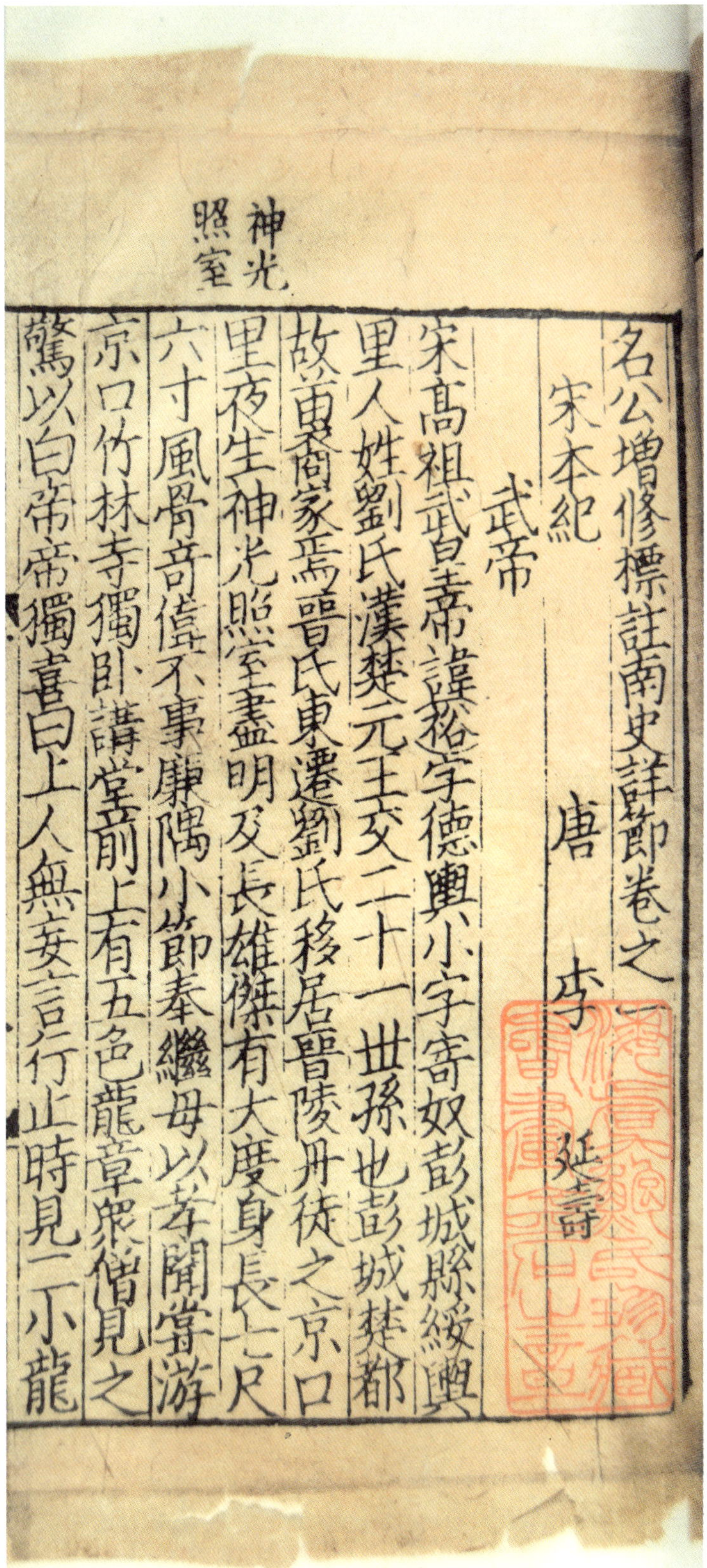

00494 名公增修標註南史詳節二十五卷 （宋）呂祖謙輯 宋刻本

匡高10.4厘米，廣6.7厘米。半葉十行，行二十字，細黑口，左右雙邊。有“季振宜印”、“海虞鮑氏珍藏書畫金石之章”等印。南京大學圖書館藏，存六卷。

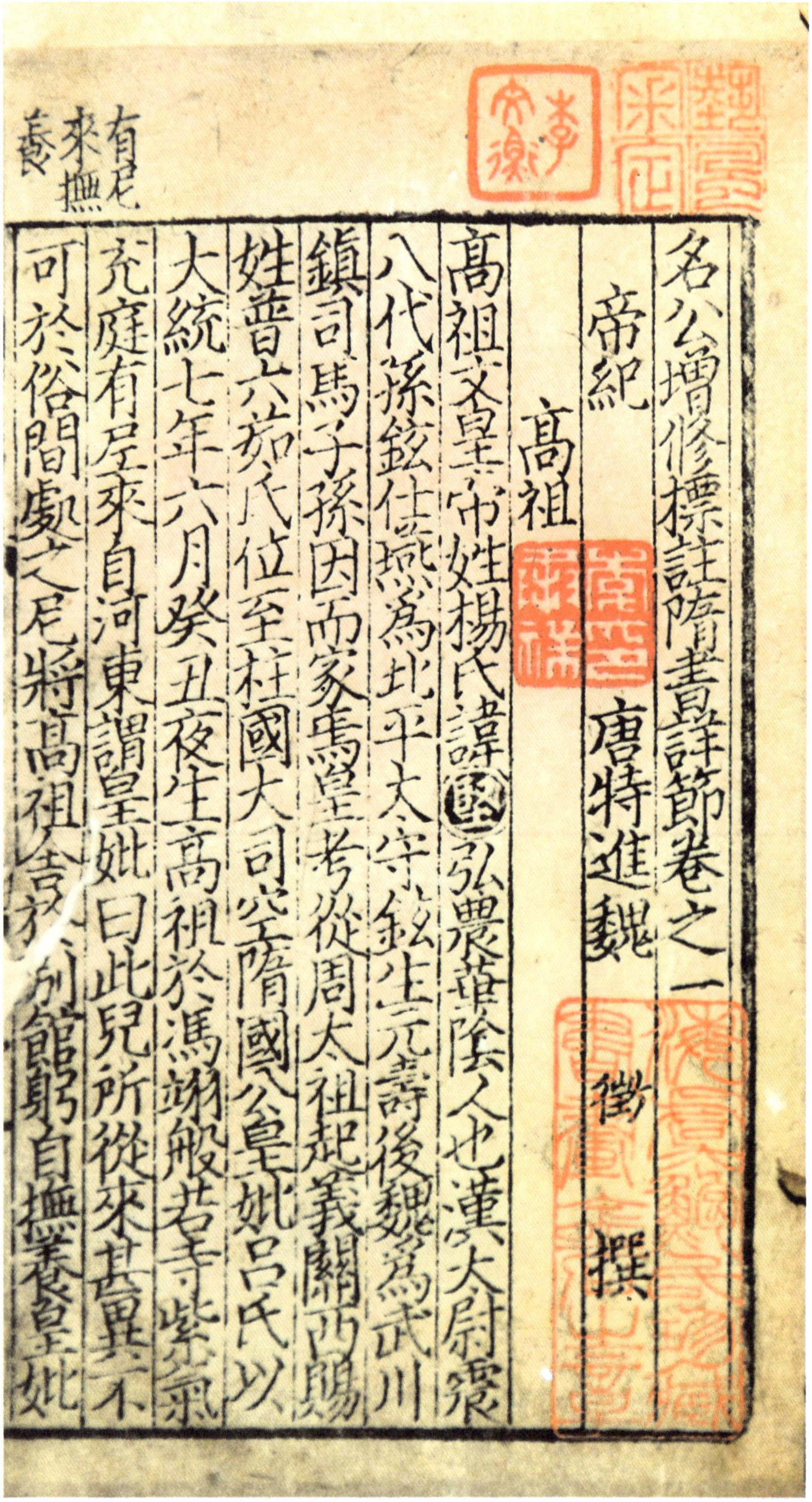

00495 名公增修標註隋書詳節二十卷 （宋）呂祖謙輯　宋刻本

匡高10.6厘米，廣6.7厘米。半葉十行，行二十字，細黑口，左右雙邊。有“海虞鮑氏珍藏書畫金石之章”等印。重慶圖書館藏。

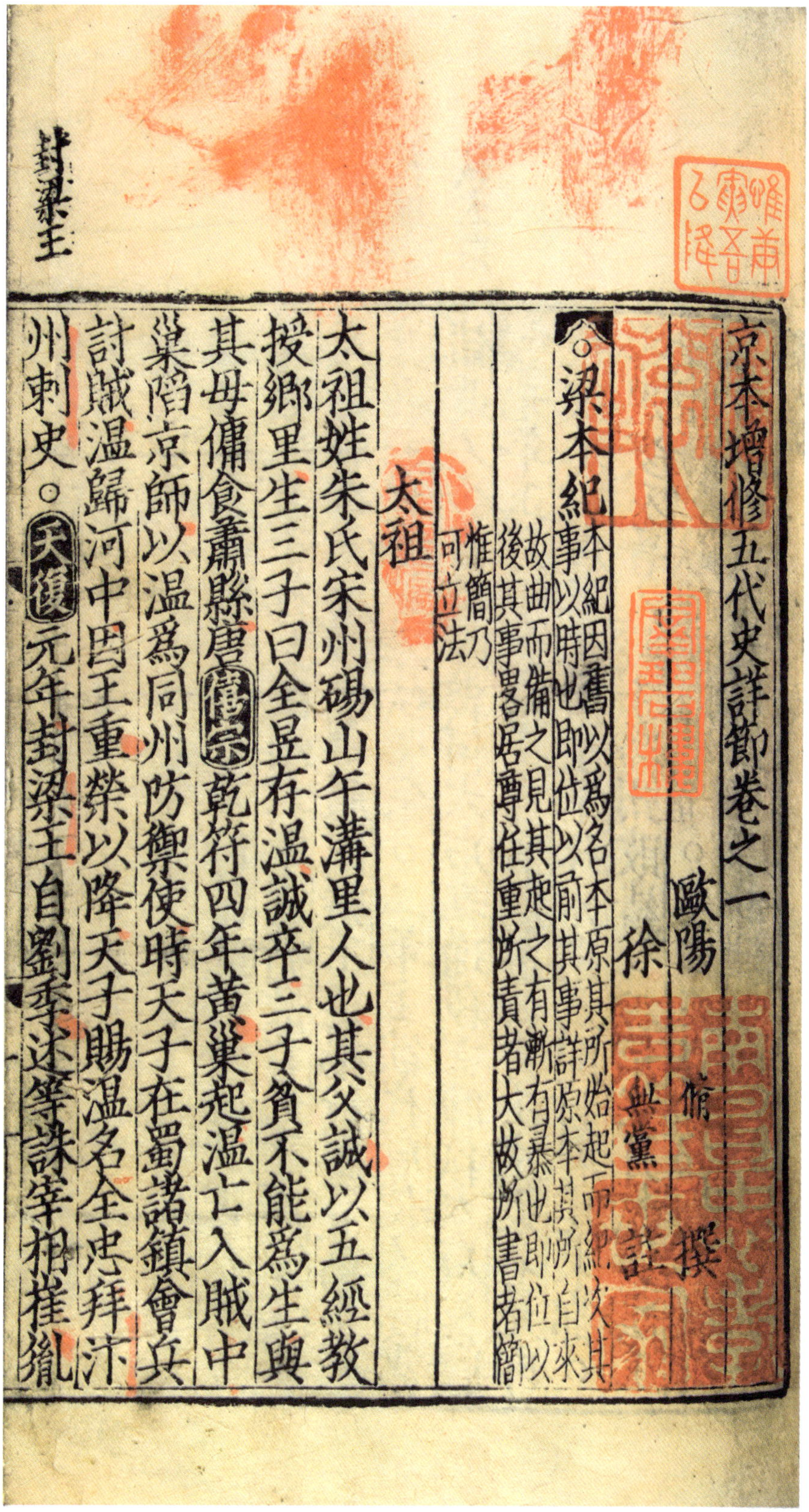
京本增修五代史詳節卷之一
歐陽　脩　撰
徐　無黨　註
梁本紀本紀因舊以爲名本其所始起而紀次其事以時也即位以前其事詳原本其所以自來故曲而備之見其起之有漸有暴也即位以後其事略居尊任重所責者大故所書者簡惟簡乃可立法
太祖
太祖姓朱氏宋州碭山午溝里人也其父誠以五經教授鄉里生三子曰全昱存溫誠卒三子貧不能爲生與其母傭食蕭縣唐僖宗乾符四年黃巢起溫亡入賊中巢陷京師以溫爲同州防禦使時天子在蜀諸鎮會兵討賊溫歸河中因王重榮以降天子賜溫名全忠拜汴州刺史。天復元年封梁王自劉季述等誅宰相崔胤
封梁王

00496 京本增修五代史詳節十卷　（宋）呂祖謙輯　宋刻本

匡高14.1厘米，廣10.2厘米。半葉十三行，行二十一字，細黑口，四周雙邊。有“南昌袁氏”等印。袁克文題識。國家圖書館藏。

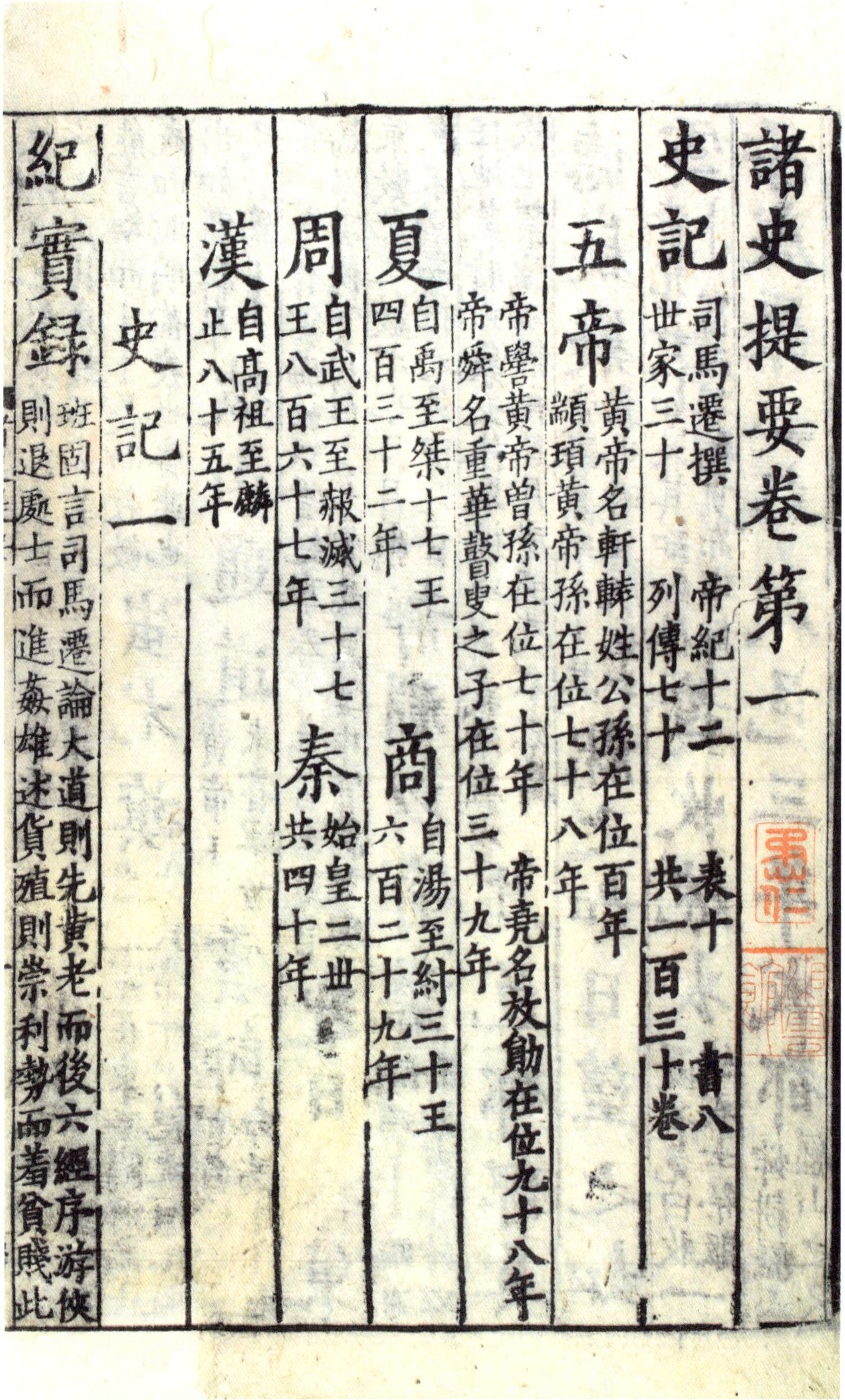

諸史提要卷第一

史記 司馬遷撰 帝紀十二 表十 書八 世家三十 列傳七十 共一百三十卷

五帝 黃帝名軒轅姓公孫在位百年 顓頊黃帝孫在位七十八年 帝嚳黃帝曾孫在位七十年 帝舜名重華瞽叟之子在位三十九年 帝堯名放勛在位九十八年

夏 自禹至桀十七王四百三十二年 商 自湯至紂三十王六百二十九年

周 自武王至赧三十七王八百六十七年 秦 始皇二世共四十年

漢 自高祖至麟止八十五年

史記一

紀實録 班固言司馬遷論大道則先黃老而後六經序游俠則退處士而進姦雄述貨殖則崇利勢而羞貧賤此

00497 諸史提要十五卷 （宋）錢端禮撰 宋乾道紹興府學刻本

匡高23.3厘米，廣17.1厘米。半葉九行，行十四字，小字雙行二十八字，白口，左右雙邊。有“華亭朱氏”、“傅增湘”、“涵芬樓”、“曾在周叔弢處”等印。國家圖書館藏。

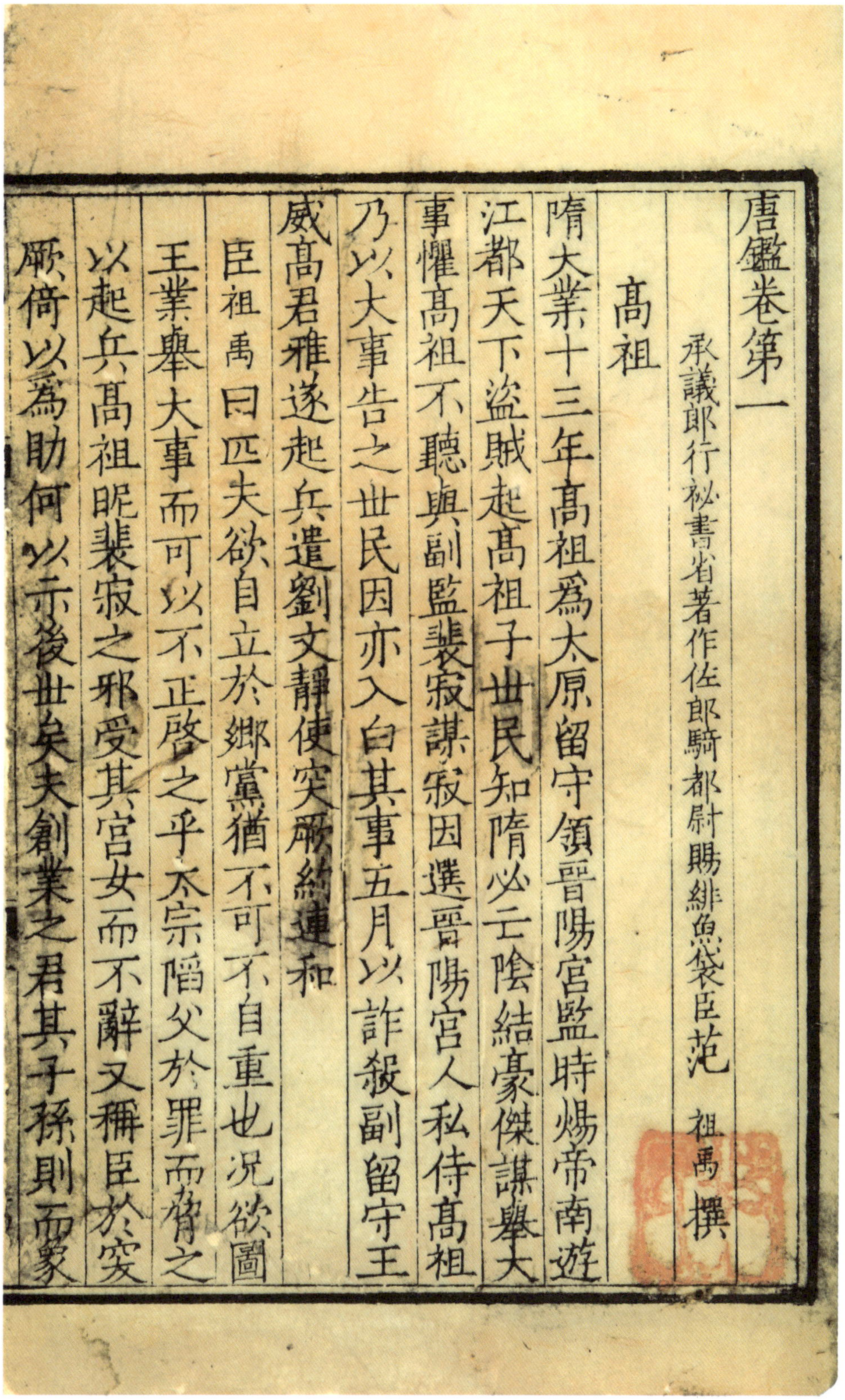
唐鑑卷第一
承議郎行秘書省著作佐郎騎都尉賜緋魚袋臣范　祖禹撰
高祖
隋大業十三年高祖爲太原留守領晉陽宫監時煬帝南遊
江都天下盜賊起高祖子世民知隋必亡陰結豪傑謀舉大
事懼高祖不聽與副監裴寂謀寂因選晉陽宫人私侍高祖
乃以大事告之世民因亦入白其事五月以詐殺副留守王
威高君雅遂起兵遣劉文靜使突厥約連和
臣祖禹曰匹夫欲自立於鄉黨猶不可不自重也况欲圖
王業舉大事而可以不正啓之乎太宗陷父於罪而脅之
以起兵高祖昵裴寂之邪受其宫女而不辭又稱臣於突
厥倚以爲助何以示後世矣夫創業之君其子孫則而象

00498 唐鑑十二卷　（宋）范祖禹撰　宋刻本

匡高16厘米，廣11.7厘米。半葉十二行，行二十三字，白口，卷一首葉四周雙邊，餘左右雙邊。有“謙牧堂藏書記”等印。上海圖書館藏。

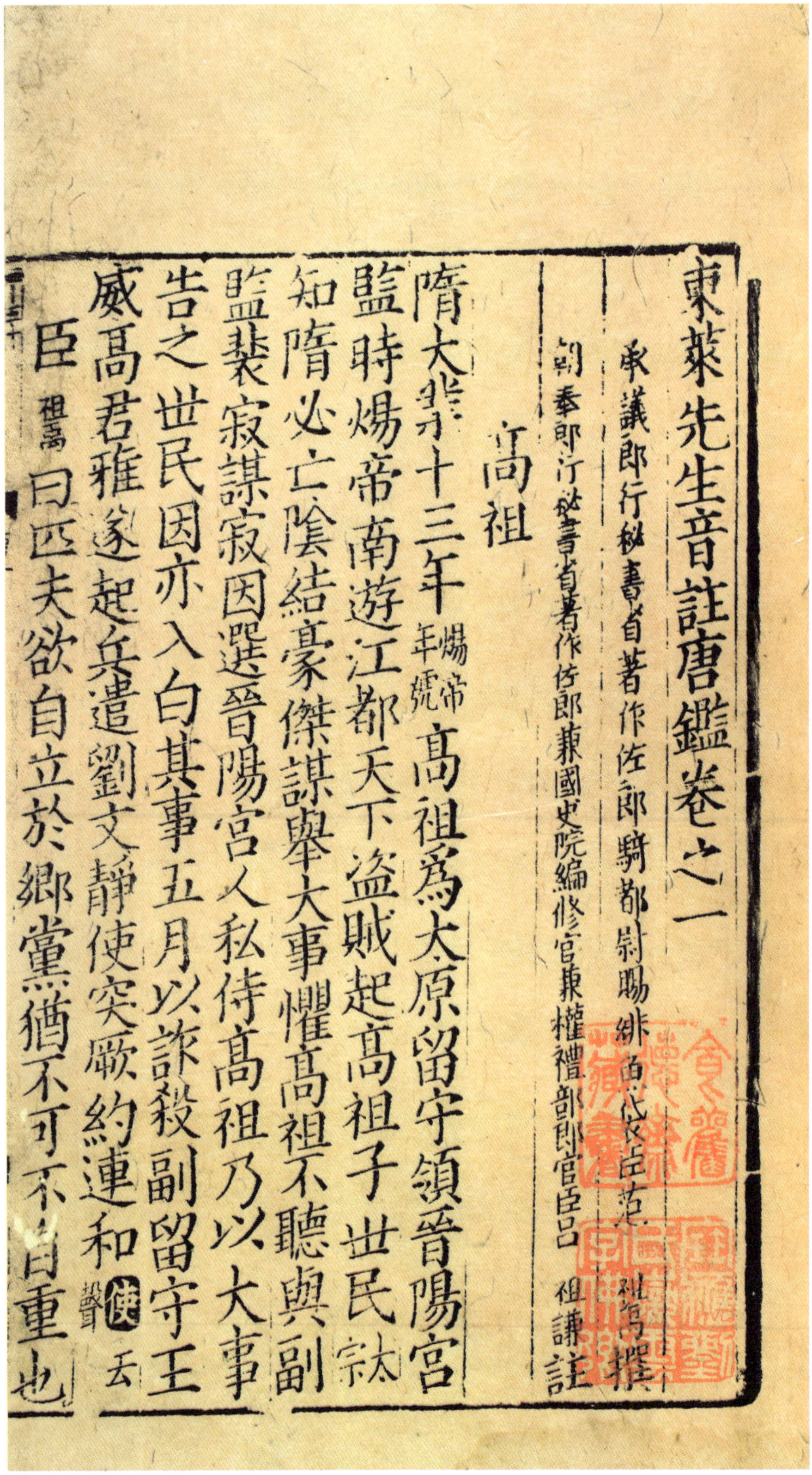
東萊先生音註唐鑑卷之一
承議郎行秘書省著作佐郎騎都尉賜緋魚袋臣范祖禹撰
朝奉郎行秘書省著作佐郎兼國史院編修官兼權禮部郎官臣呂祖謙註
高祖
隋大業十三年煬帝年號高祖爲太原留守領晉陽宮監時煬帝南遊江都天下盜賊起高祖子世民太宗知隋必亡陰結豪傑謀舉大事懼高祖不聽與副監裴寂謀寂因選晉陽宮人私侍高祖乃以大事告之世民因亦入白其事五月以詐殺副留守王威高君雅遂起兵遣劉文靜使突厥約連和使去聲
臣祖禹曰匹夫欲自立於鄉黨猶不可不自重也

00499 東萊先生音註唐鑑二十四卷 （宋）范祖禹撰　（宋）呂祖謙注　宋刻元修本

匡高18.8厘米，廣12.8厘米。半葉十一行，行十九字，小字雙行二十三字，白口或細黑口，左右雙邊。有"寶應劉氏藏書"、"涵芬樓"等印。劉啟瑞校并跋。國家圖書館藏。

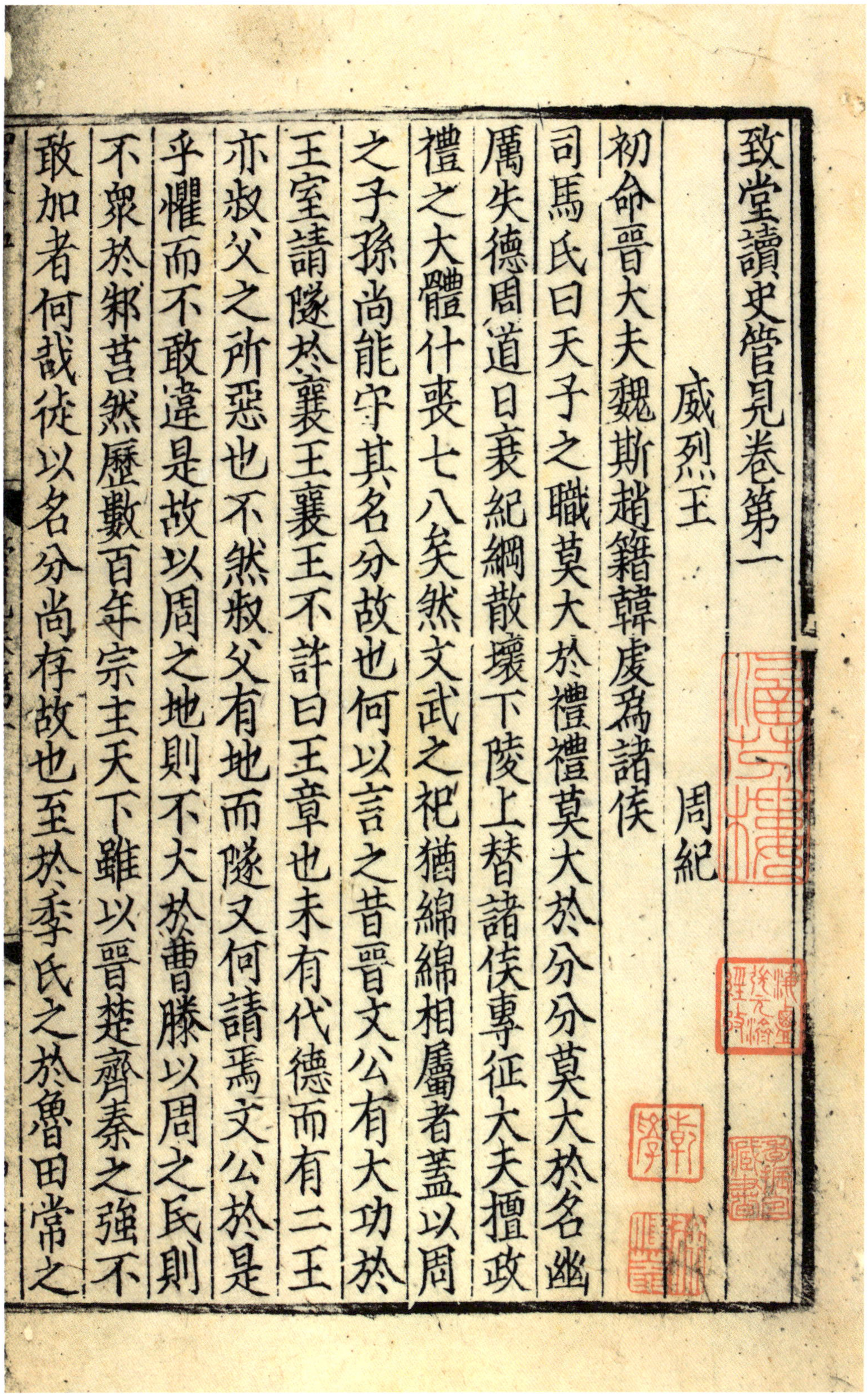
致堂讀史管見卷第一
威烈王　周紀
初命晉大夫魏斯趙籍韓虔為諸侯
司馬氏曰天子之職莫大於禮禮莫大於分分莫大於名幽
厲失德周道日衰紀綱散壞下陵上替諸侯專征大夫擅政
禮之大體什喪七八矣然文武之祀猶綿綿相屬者蓋以周
之子孫尚能守其名分故也何以言之昔晉文公有大功於
王室請隧於襄王襄王不許曰王章也未有代德而有二王
亦叔父之所惡也不然叔父有地而隧又何請焉文公於是
乎懼而不敢違是故以周之地則不大於曹滕以周之民則
不衆於邾莒然歷數百年宗主天下雖以晉楚齊秦之強不
敢加者何哉徒以名分尚存故也至於季氏之於魯田常之

00500 致堂讀史管見三十卷（宋）胡寅撰　宋嘉定十一年（1218）衡陽郡齋刻本（卷五至六、九至十、十三至三十配元刻本）

匡高20.8厘米，廣14.3厘米。半葉十二行，行二十三字，白口，左右雙邊。有“季振宜藏書”、“乾學”、“涵芬樓”等印。劉震孫跋。國家圖書館藏。

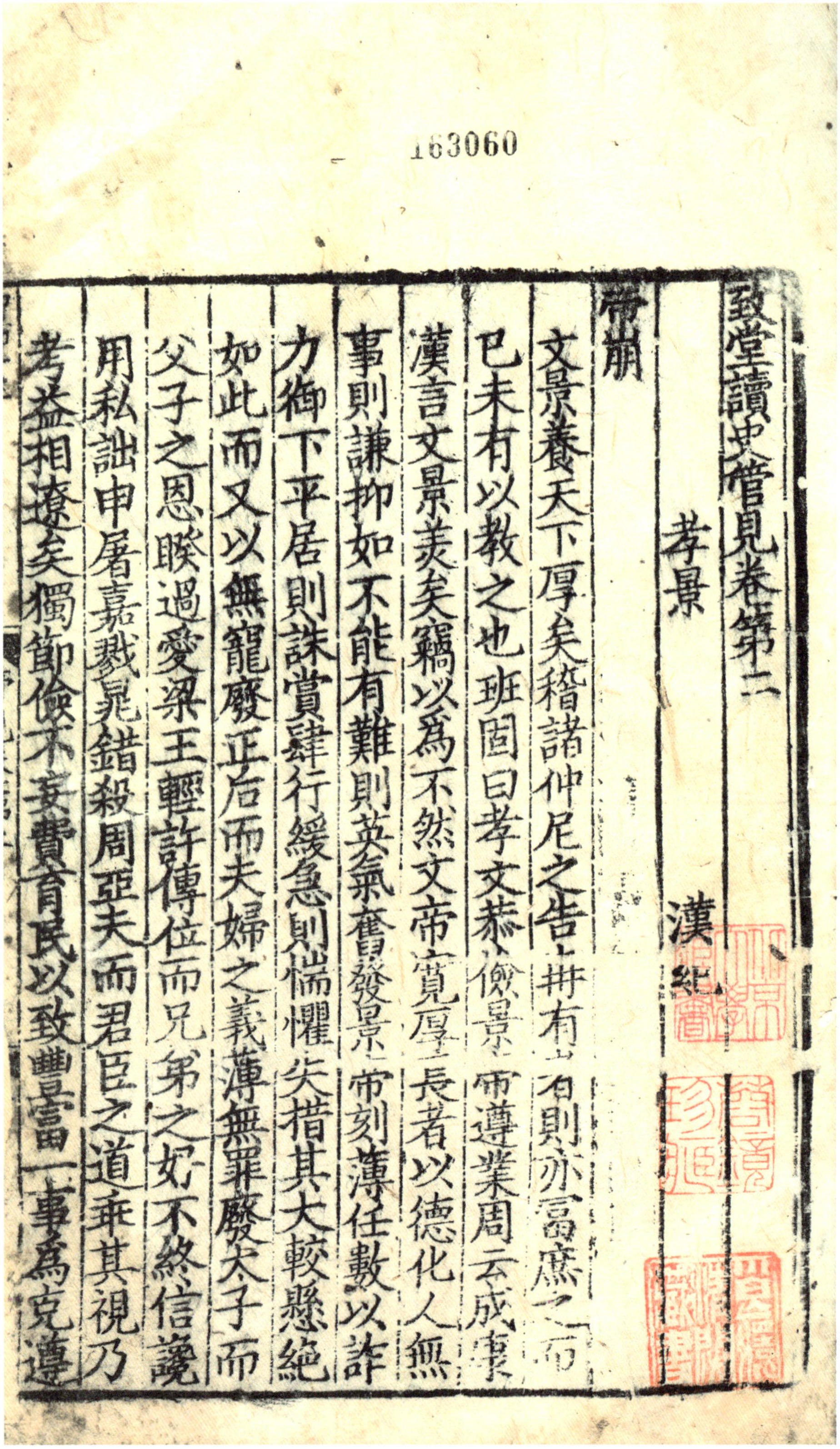
163060
致堂讀史管見卷第二
孝景　漢紀
帝崩
文景養天下厚矣稽諸仲尼之告冉有則亦富庶之而
已未有以教之也班固曰孝文恭儉孝景遵業周云成康
漢言文景美矣竊以爲不然文帝寬厚長者以德化人無
事則謙抑如不能有難則英氣奮發景帝刻薄任數以詐
力御下平居則誅賞肆行緩急則惴懼失措其大較懸絶
如此而又以無寵廢正后而夫婦之義薄無罪廢太子而
父子之恩睽過愛梁王輕許傳位而兄弟之好不終信讒
用私詘申屠嘉戮晁錯殺周亞夫而君臣之道乖其視乃
考益相遼矣獨節儉不妄費育民以致豐富一事爲克遵

00501、00502　致堂讀史管見三十卷　（宋）胡寅撰　宋寶祐二年（1254）刻元明遞修本

匡高20.2厘米，廣14.6厘米。半葉十二行，行二十三字，白口，左右雙邊。北京大學圖書館藏，有“蓉鏡珍藏”等印，存十二卷；重慶市北碚圖書館藏，有“竹蘭堂珍藏印”等印。

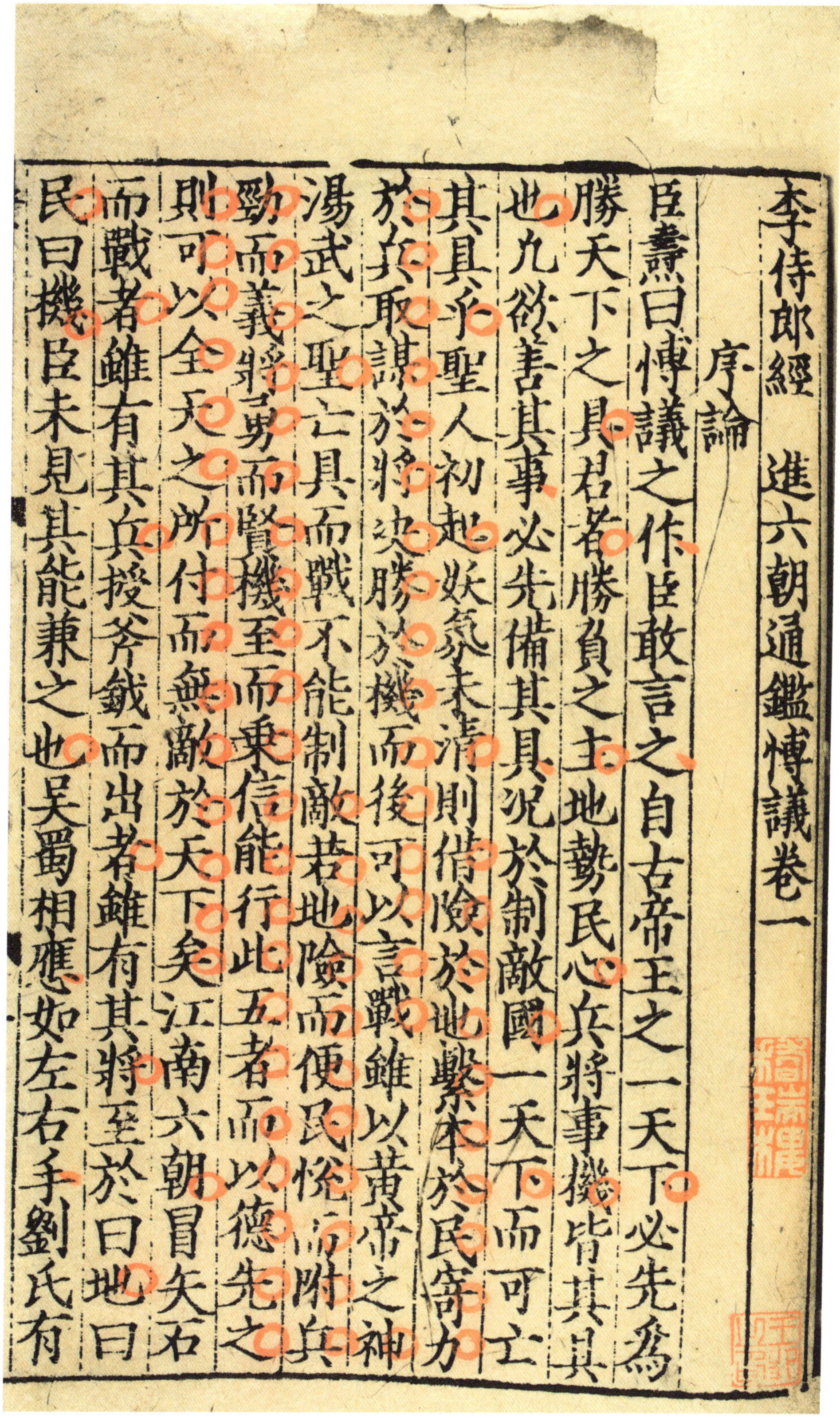
李侍郎經　進六朝通鑑博議卷一

序論

臣燾曰博議之作臣敢言之自古帝王之一天下必先為勝天下之具君者勝負之主地勢民心兵將事機皆其具也凡欲善其事必先備其具況於制敵國一天下而可亡其具乎聖人初起妖氛未清則借險於地繫本於民寄力於兵取謀於將決勝於機而後可以言戰雖以黃帝之神湯武之聖亡具而戰不能制敵若地險而便民悅而附兵勁而義將勇而賢機至而乘信能行此五者而以德先之則可以全天之所付而無敵於天下矣江南六朝冒矢石而戰者雖有其兵援斧鉞而出者雖有其將至於曰地曰民曰機臣未見其能兼之也吴蜀相應如左右手劉氏有

00503 李侍郎經進六朝通鑑博議十卷　（宋）李燾撰　宋畢萬裔宅富學堂刻本

匡高18.4厘米，廣12.8厘米。半葉十二行，行二十二字，白口，左右雙邊。有“稽瑞樓”、“鐵琴銅劍樓”等印。國家圖書館藏。

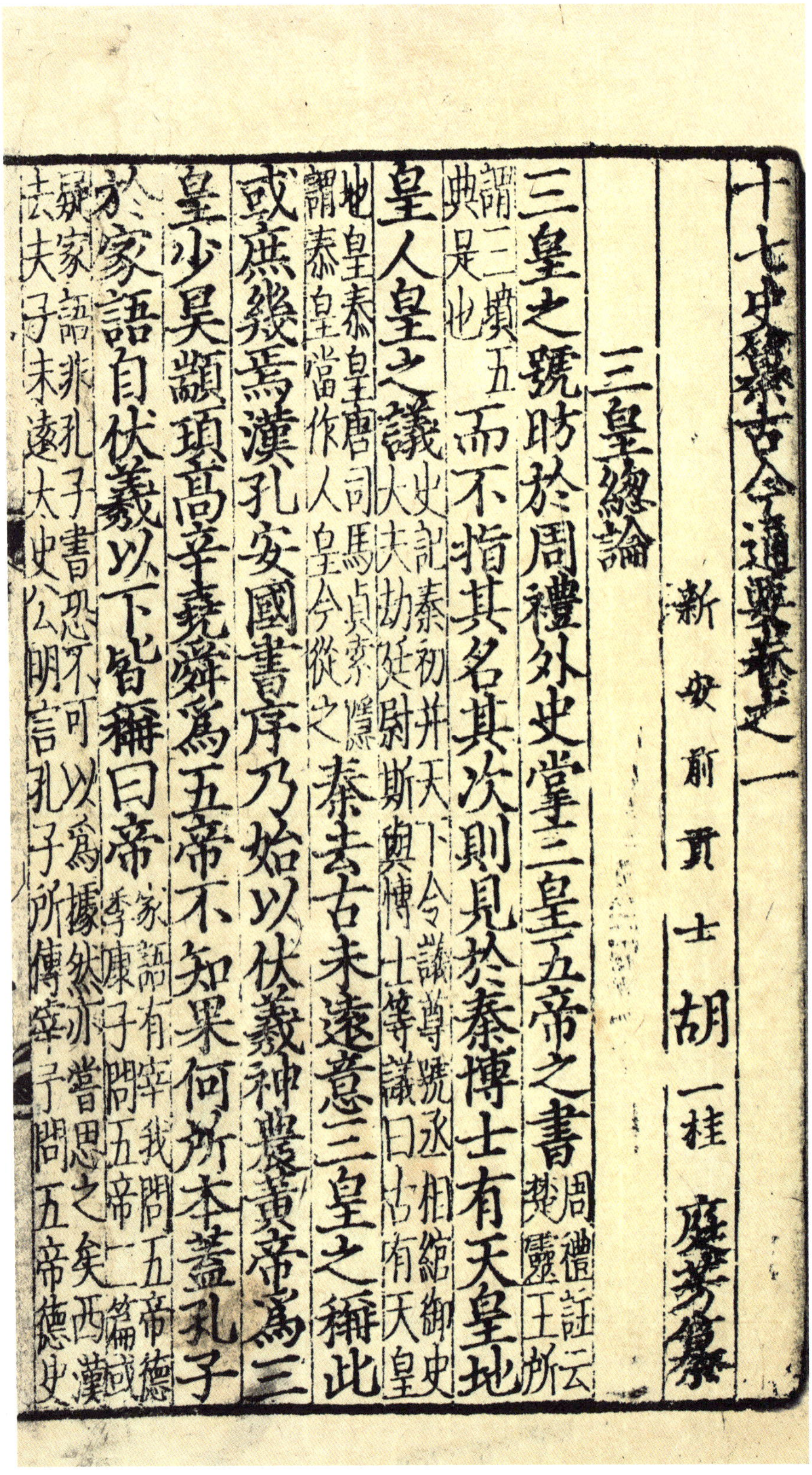
十七史纂古今通要卷之一
新安前貢士胡一桂庭芳纂
三皇總論
三皇之號昉於周禮外史掌三皇五帝之書周禮註云楚靈王所謂三墳五典是也而不指其名其次則見於秦博士有天皇地皇人皇之議史記秦初并天下令議尊號丞相綰御史大夫劫廷尉斯與博士等議曰古有天皇地皇泰皇泰皇最貴唐司馬貞索隱謂泰皇當作人皇今從之秦去古未遠意三皇之稱此或庶幾焉漢孔安國書序乃始以伏羲神農黃帝為三皇少昊顓頊高辛堯舜為五帝不知果何所本蓋孔子於家語自伏羲以下皆稱曰帝家語有宰我問五帝德季康子問五帝二篇或疑家語非孔子書恐不可以為據然亦嘗思之矣西漢去夫子未遠太史公明言孔子所傳宰予問五帝德史

00504 十七史纂古今通要十七卷 （元）胡一桂撰 **史纂通要後集三卷** （元）董鼎撰 元刻本（有抄配）。

匡高19.8厘米，廣13厘米。半葉十一行，行二十一字，小字雙行同，黑口，左右雙邊。有“汪印士鐘”、“鐵琴銅劍樓”等印。國家圖書館藏。

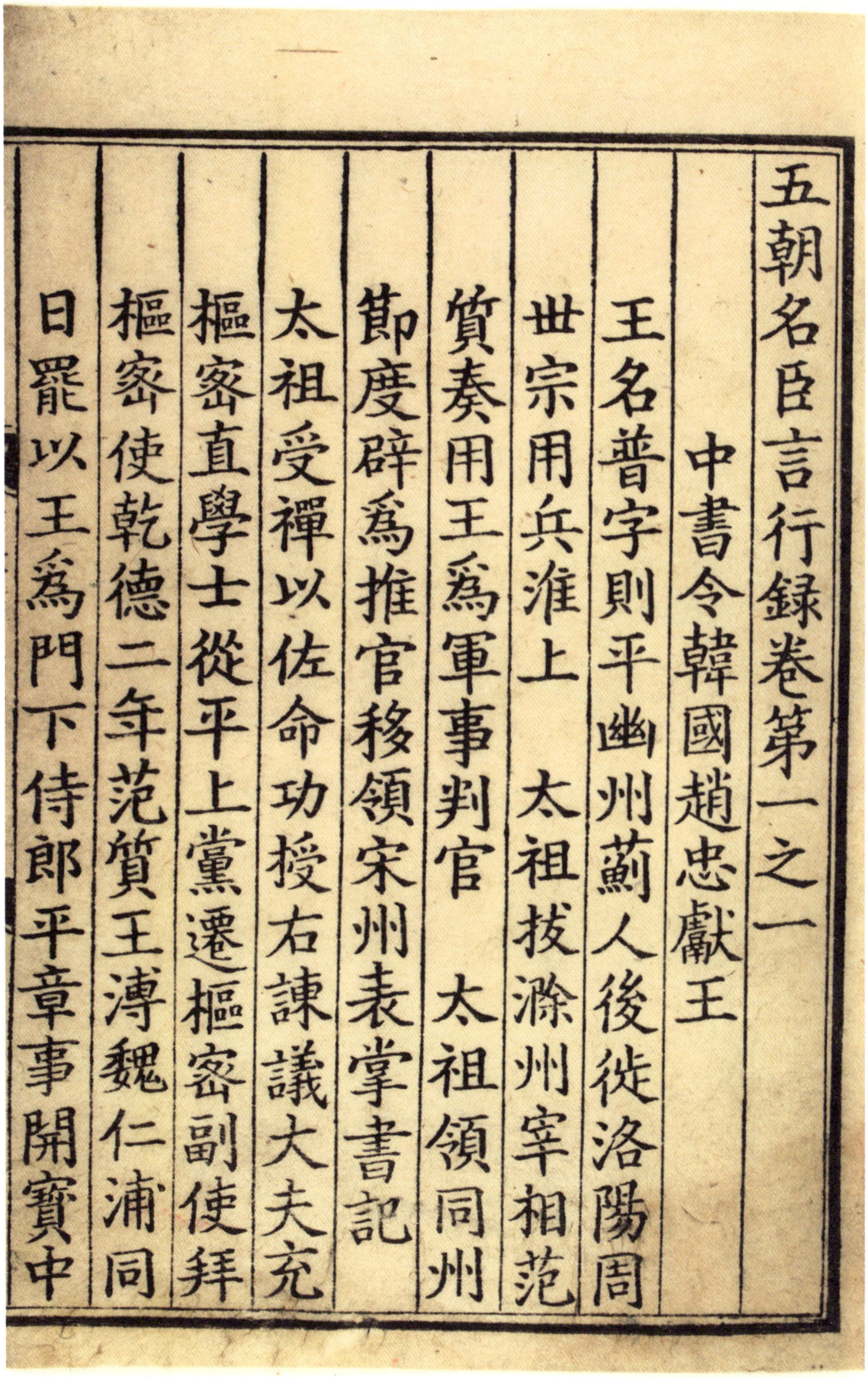
五朝名臣言行録卷第一之一
中書令韓國趙忠獻王
王名普字則平幽州薊人後徙洛陽周
世宗用兵淮上　太祖拔滁州宰相范
質奏用王爲軍事判官　太祖領同州
節度辟爲推官移領宋州表掌書記
太祖受禪以佐命功授右諫議大夫充
樞密直學士從平上黨遷樞密副使拜
樞密使乾德二年范質王溥魏仁浦同
日罷以王爲門下侍郎平章事開寶中

00505　五朝名臣言行録十卷三朝名臣言行録十四卷　（宋）朱熹輯　宋淳熙江西刻本

匡高20.9厘米，廣15.5厘米。半葉十行，行十七字，小字雙行二十字，白口，四周雙邊。國家圖書館藏。

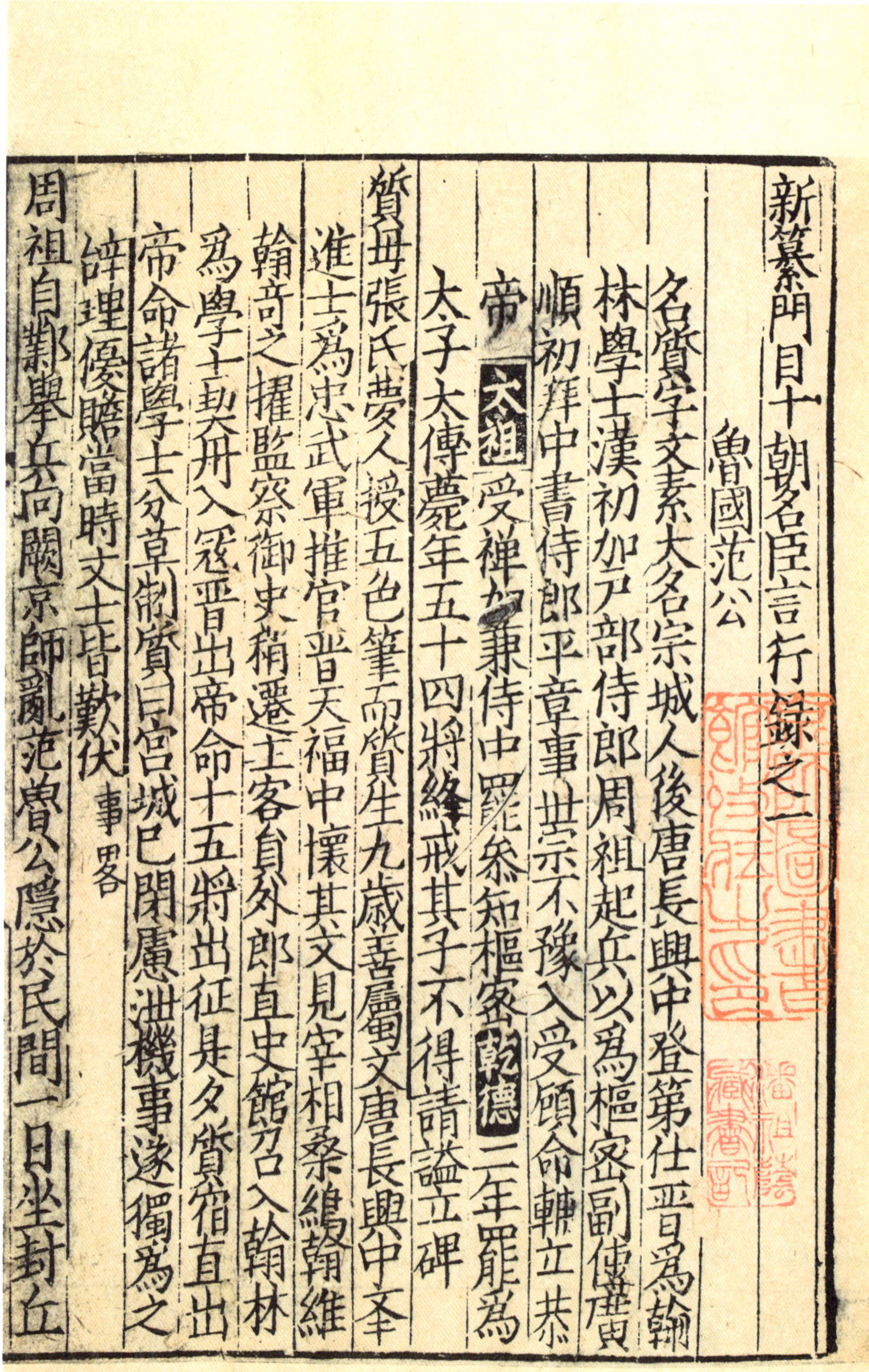

新纂門目十朝名臣言行錄之二

魯國范公

名質字文素大名宗城人後唐長興中登第仕晉爲翰林學士漢初加戶部侍郎周祖起兵以爲樞密副使廣順初拜中書侍郎平章事世宗不豫入受顧命輔立恭帝太祖受禪加兼侍中罷參知樞密乾德二年罷爲太子太傅薨年五十四將終戒其子不得請謚立碑

質母張氏夢人授五色筆而質生九歲善屬文唐長興中登進士爲忠武軍推官晉天福中懷其文見宰相桑維翰奇之擢監察御史稍遷主客員外郎直史館召入翰林爲學士契丹入寇晉出帝命十五將出征是夕質宿直出帝命諸學士分草制質曰宮城已閉慮泄機事遂獨爲之辭理優贍當時文士皆歎伏 事略

周祖自鄴舉兵向闕京師亂范質公隱於民間一日坐封丘

00506 新纂門目十朝名臣言行録四十卷 宋刻本

匡高18.6厘米，廣12.9厘米。半葉十四行，行二十三字，小字雙行同，細黑口，左右雙邊。有"怡親王寶"、"潘祖蔭藏書記"等印。國家圖書館藏。

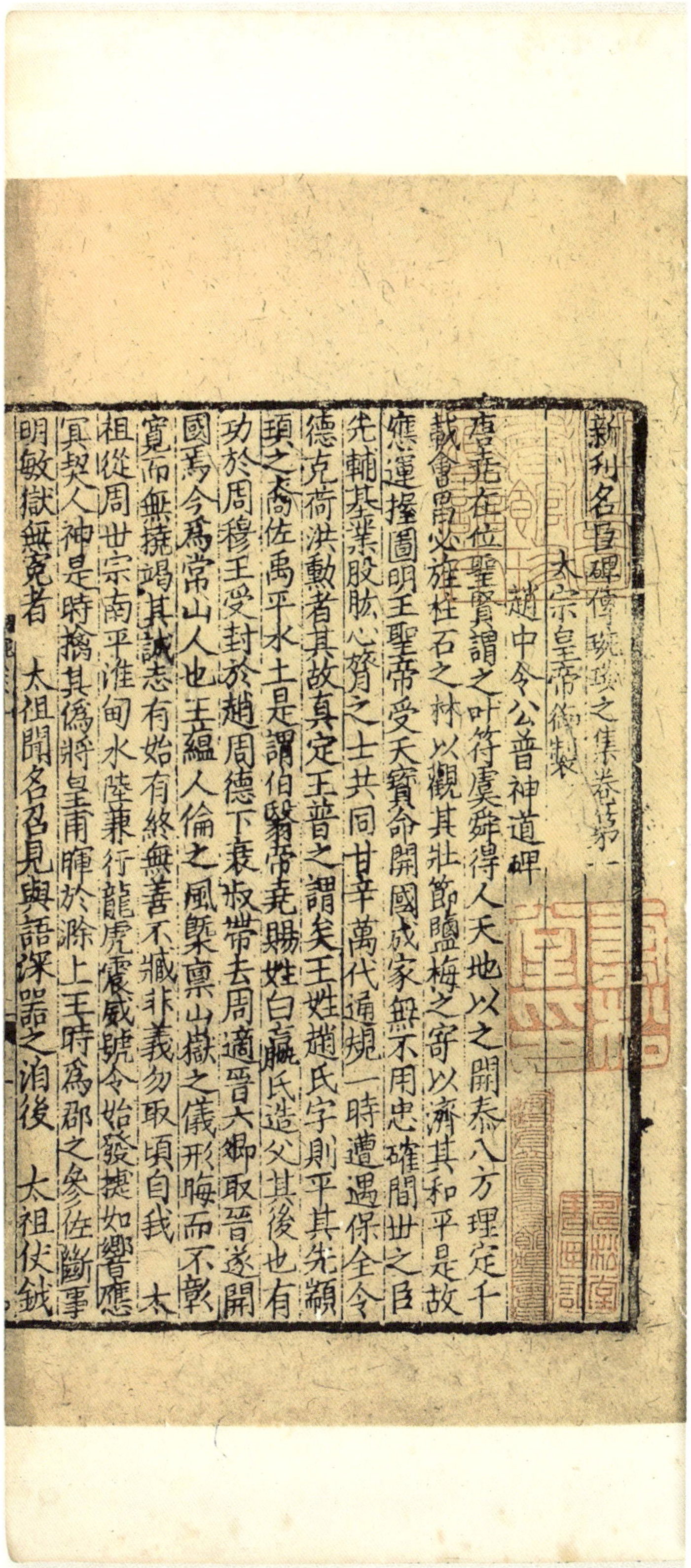
新刊名臣碑傳琬琰之集卷第一
太宗皇帝御製
趙中令公普神道碑
唐堯在位聖賢謂之叶符虞舜得人天地以之開泰八方理定千
載會昌必旌柱石之林以觀其壯節鹽梅之寄以濟其和平是故
應運握圖明王聖帝受天寶命開國成家無不用忠確間世之臣
先輔其基業股肱心膂之士共同甘辛萬代通規一時遭遇保全令
德克荷洪勳者其故真定王普之謂矣王姓趙氏字則平其先顓
頊之裔佐禹平水土是謂伯翳帝堯賜姓白嬴氏造父其後也有
功於周穆王受封於趙周德下衰叔帶去周適晉六卿取晉遂開
國焉今爲常山人也王縕人倫之風稟山嶽之儀形晦而不彰
寬而無撓竭其誠志有始有終無善不臧非義勿取頃自我　太
祖從周世宗南平淮甸水陸兼行龍虎震威號令始發捷如響應
冥契人神是時擒其僞將皇甫暉於滁上王時爲郡之參佐斷事
明敏獄無冤者　太祖聞名召見與語深器之洎後　太祖仗鉞

00507 新刊名臣碑傳琬琰之集上集二十七卷中集五十五卷下集二十五卷　（宋）杜大珪輯　宋刻元明遞修本（上集十一、中集六至十二、二十九至三十六、下集一至六、二十至二十五配明抄本）（四庫底本）

匡高19厘米，廣13.5厘米。半葉十五行，行二十五字，白口，左右雙邊。有“壽松堂印”、“翰林院印”等印。俞樾題款。浙江圖書館藏。

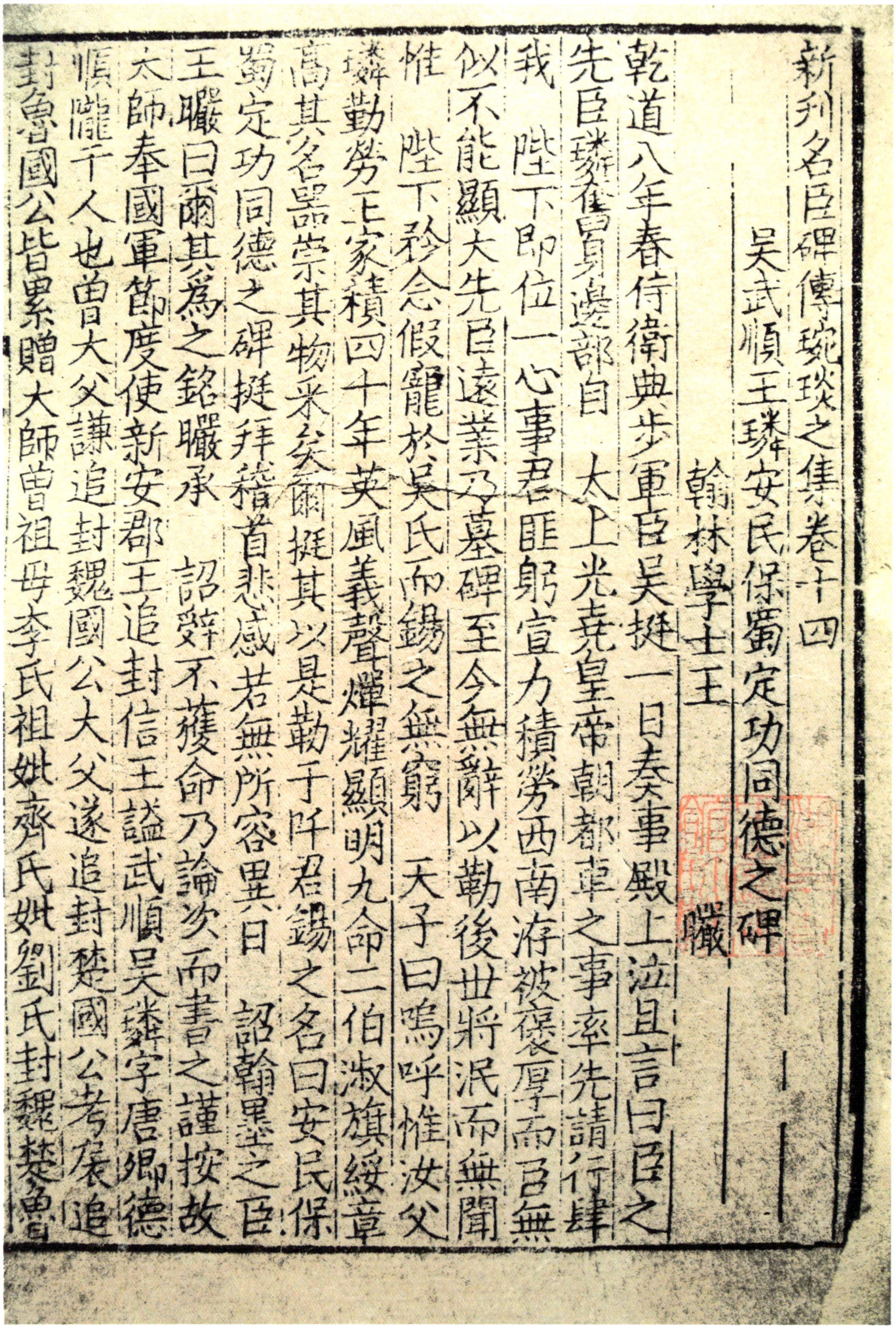

新刊名臣碑傳琬琰之集卷十四
吴武順王璘安民保蜀定功同德之碑
翰林學士王　曮
乾道八年春侍衛典步軍臣吴挺一日奏事殿上泣且言曰臣之
先臣璘奮身邊部自　太上光堯皇帝朝都革之事率先請行肆
我　陛下即位一心事君匪躬宣力積勞西南洊被褒厚而臣無
似不能顯大先臣遠業乃墓碑至今無辭以勸後世將泯而無聞
惟　陛下矜念假寵於吴氏而錫之無窮　天子曰嗚呼惟汝父
璘勤勞王家積四十年英風義聲燀耀顯明九命二伯淑旗綏章
高其名器崇其物采矣爾挺其以是勒于阡君錫之名曰安民保
蜀定功同德之碑挺拜稽首悲感若無所容異日　詔翰林學士臣
王曮曰爾其爲之銘曮承　詔辭不獲命乃論次而書之謹按故
太師奉國軍節度使新安郡王追封信王謚武順吴璘字唐卿德
順隴干人也曾大父謙追封魏國公大父遂追封楚國公考扆追
封魯國公皆累贈太師曾祖母李氏祖妣齊氏妣劉氏封魏楚魯

00508 新刊名臣碑傳琬琰之集上集二十七卷中集五十五卷下集二十五卷　（宋）杜大珪輯　宋刻元明遞修本

匡高18厘米，廣13.5厘米。半葉十五行，行二十五字，白口，左右雙邊。湖南圖書館藏。

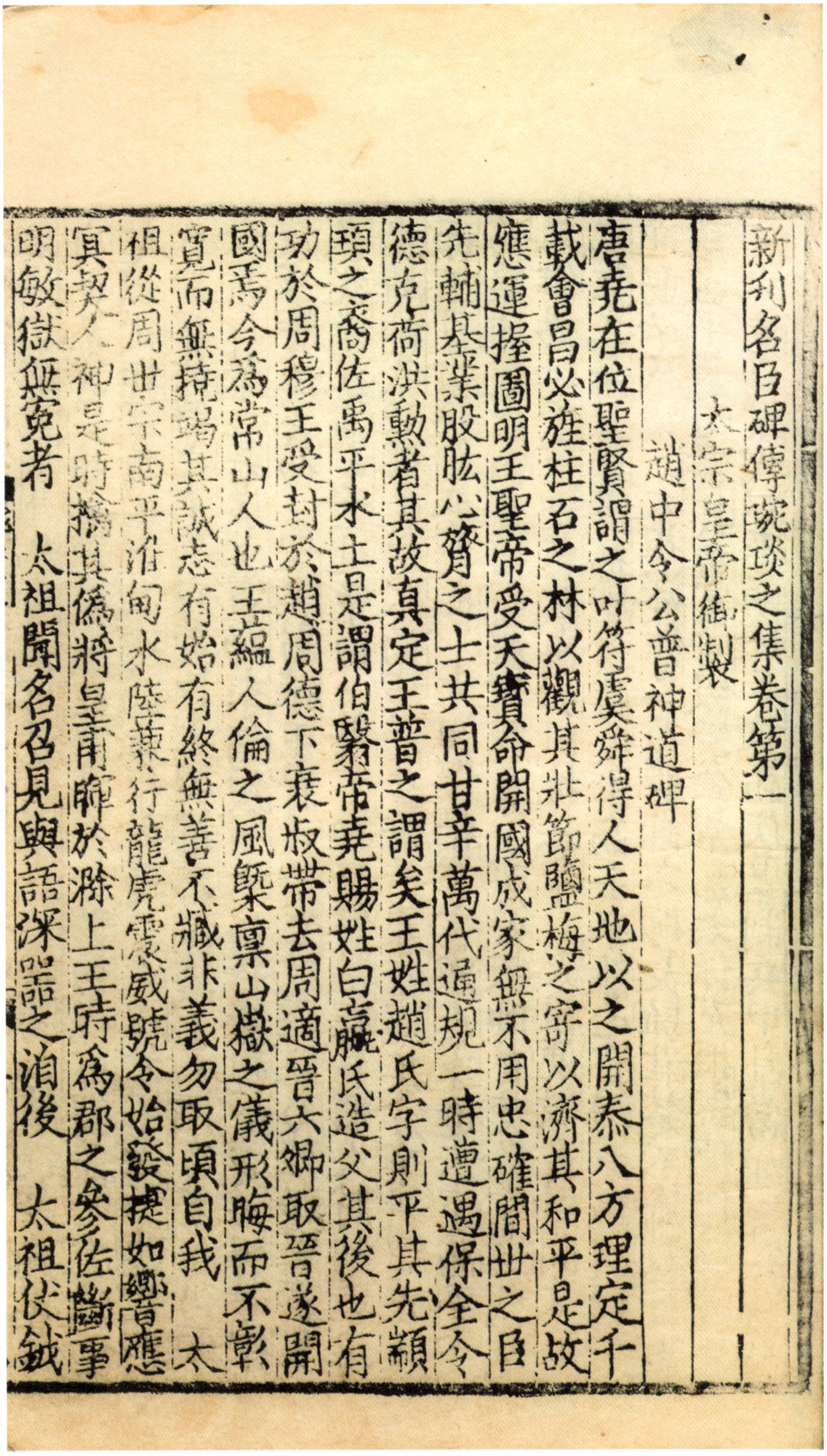
新刊名臣碑傳琬琰之集卷第一
太宗皇帝御製
趙中令公普神道碑
唐堯在位聖賢謂之叶符虞舜得人天地以之開泰八方理定千
載會昌必旌柱石之林以觀其壯節鹽梅之寄以濟其和平是故
應運握圖明王聖帝受天寶命開國成家無不用忠確間世之臣
先輔其基業股肱心膂之士共同甘辛萬代遍規一時遭遇保全令
德克荷洪勳者其故真定王普之謂矣王姓趙氏字則平其先顓
頊之裔佐禹平水土是謂伯翳帝堯賜姓白嬴氏造父其後也有
功於周穆王受封於趙周德下衰叔帶去周適晉六卿取晉遂開
國焉今爲常山人也王藴人倫之風稟山嶽之儀形晦而不彰
寛而無撓端其誠志有始有終無善不臧非義勿取須自我 太
祖從周世宗南平淮甸水陸兼行龍虎雲威號令始發提如響應
冥契人神是時擒其僞將皇甫暉於滁上王時爲郡之參佐斷事
明敏獄無寃者 太祖聞名召見與語深器之洎後 太祖仗鉞

00509 新刊名臣碑傳琬琰之集上集二十七卷中集五十五卷下集二十五卷 （宋）杜大珪輯 宋刻元明遞修本

匡高23.3厘米，廣15.3厘米。半葉十五行，行二十五字，白口，左右雙邊。有“寒雲秘笈珍藏之印”等印。華東師範大學圖書館藏。

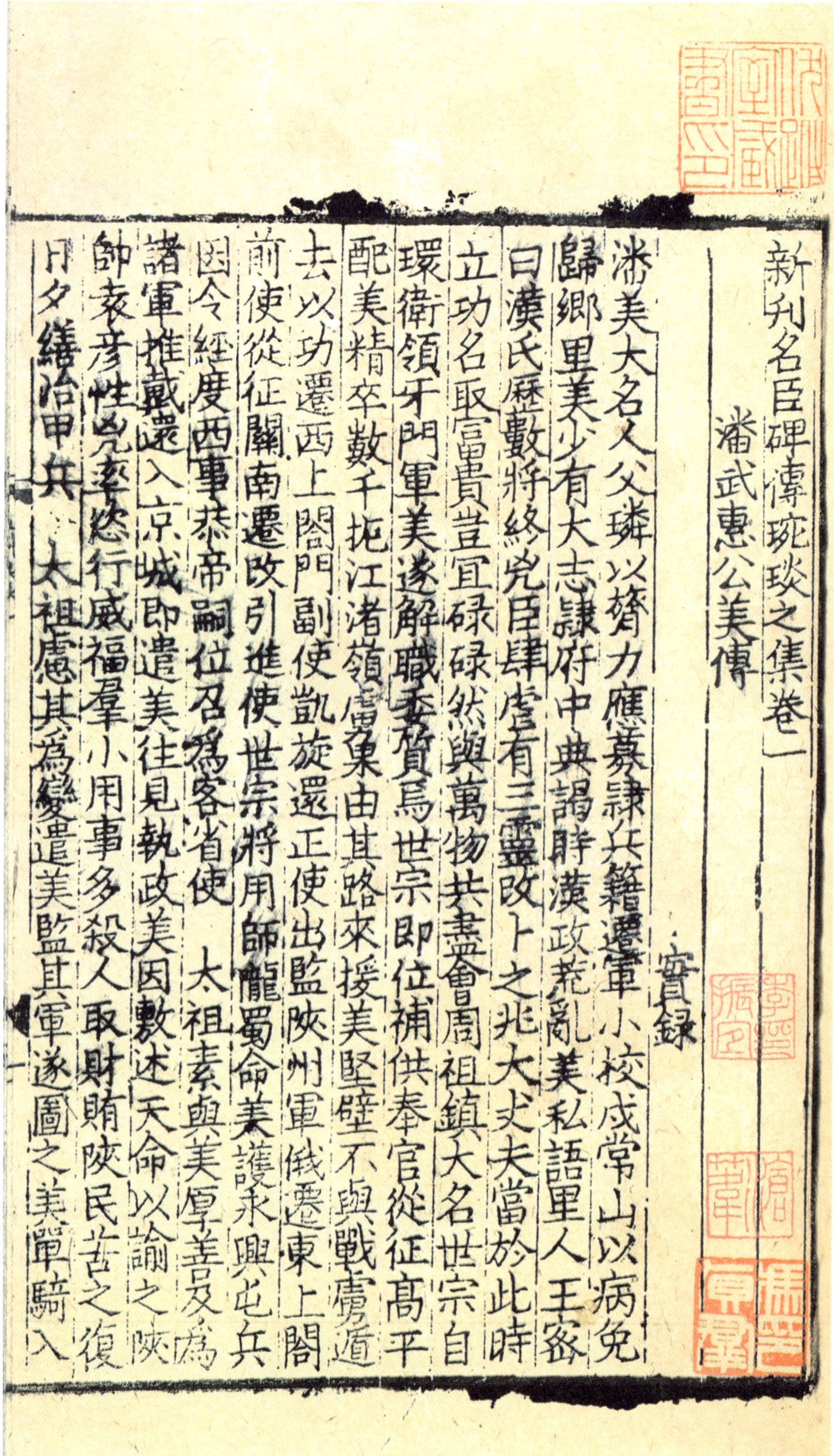
新刊名臣碑傳琬琰之集卷一
潘武惠公美傳　實録
潘美大名人父璘以勇力應募隷兵籍遷軍小校戍常山以病免
歸鄉里美少有大志隷府中典謁時漢政荒亂美私語里人王密
曰漢氏歷數將終兇臣肆虐有三靈改卜之兆大丈夫當於此時
立功名取富貴豈宜碌碌然與萬物共盡會周祖鎮大名世宗自
環衛領牙門軍美遂解職委質爲世宗即位補供奉官從征高平
配美精卒數千扼江渚嶺虜衆由其路來援美堅壁不與戰虜遁
去以功遷西上閤門副使凱旋還正使出監陝州軍俄遷東上閤
門使從征關南遷改引進使世宗將用師隴蜀命美護永興屯兵
因令經度西事恭帝嗣位召爲客省使　太祖素與美厚善及爲
諸軍推戴還入京城即遣美往見執政美因敷述天命以諭之陝
帥袁彦性兇率恣行威福羣小用事多殺人取財賄陝民苦之復
日夕繕治甲兵　太祖慮其爲變遣美監其軍遂圖之美單騎入

00510 新刊名臣碑傳琬琰之集上集二十七卷中集五十五卷下集二十五卷　（宋）杜大珪輯　宋刻元明遞修本

匡高19.6厘米，廣13.5厘米。半葉十五行，行二十五字，白口，左右雙邊。有“季印振宜”等印。練廷璜、毛岳生題款。寧波市天一閣博物館藏。

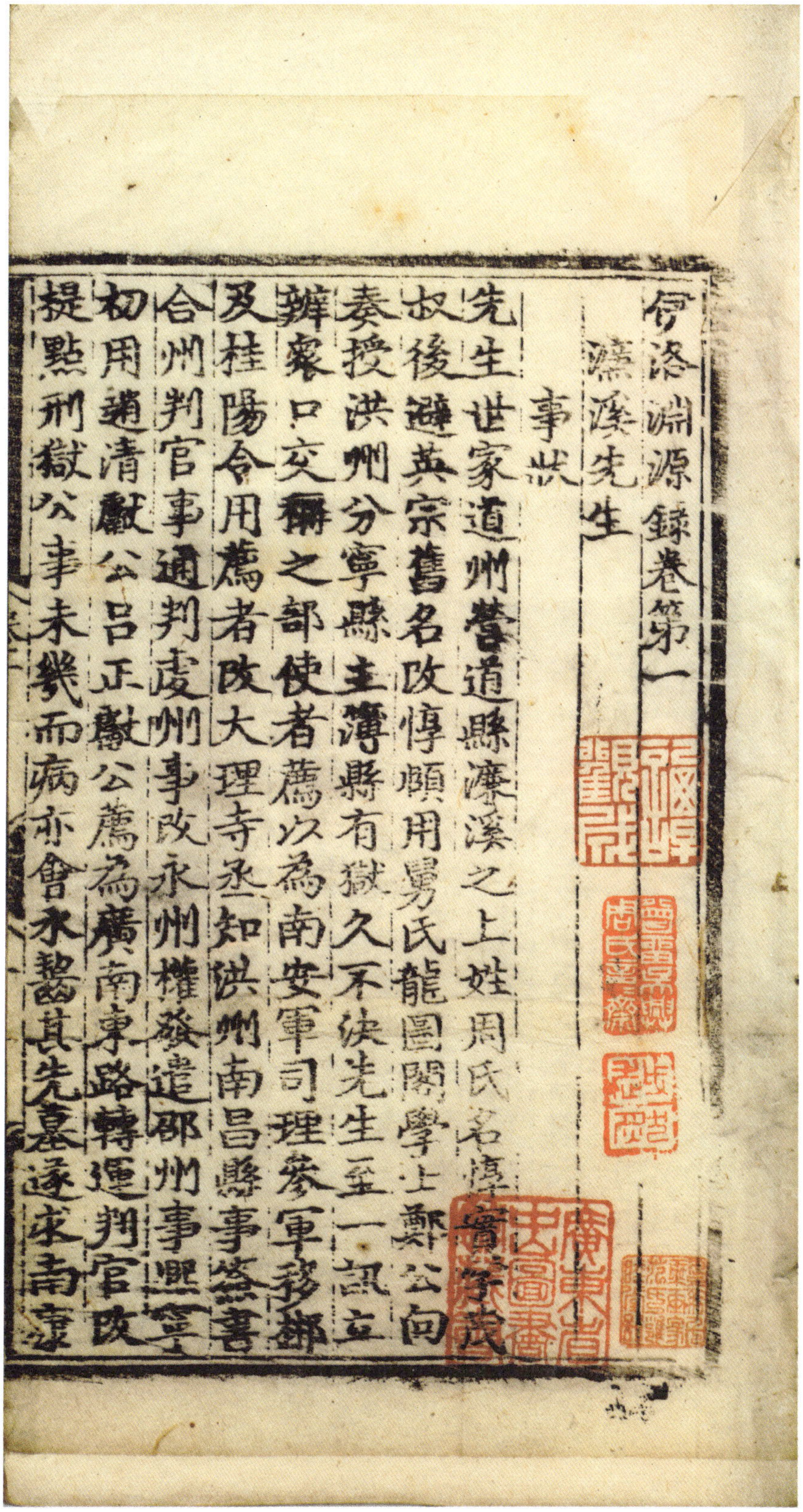

伊洛淵源録卷第一
濂溪先生
事狀
先生世家道州營道縣濂溪之上姓周氏名惇實字茂
叔後避英宗舊名改惇頤用舅氏龍圖閣學士鄭公向
奏授洪州分寧縣主簿縣有獄久不決先生至一訊立
辨衆口交稱之部使者薦以爲南安軍司理參軍移郴
及桂陽令用薦者改大理寺丞知洪州南昌縣事簽書
合州判官事通判虔州事改永州權發遣邵州事熈寧
初用趙清獻公呂正獻公薦爲廣南東路轉運判官改
提點刑獄公事未幾而病亦會水齧其先墓遂求南康

00511 伊洛淵源録十四卷　（宋）朱熹撰　元刻本

匡高20.3厘米，廣13.3厘米。半葉十一行，行二十一至二十二字，黑口，四周雙邊。有“越然”、“觀成”等印。廣東省立中山圖書館藏。

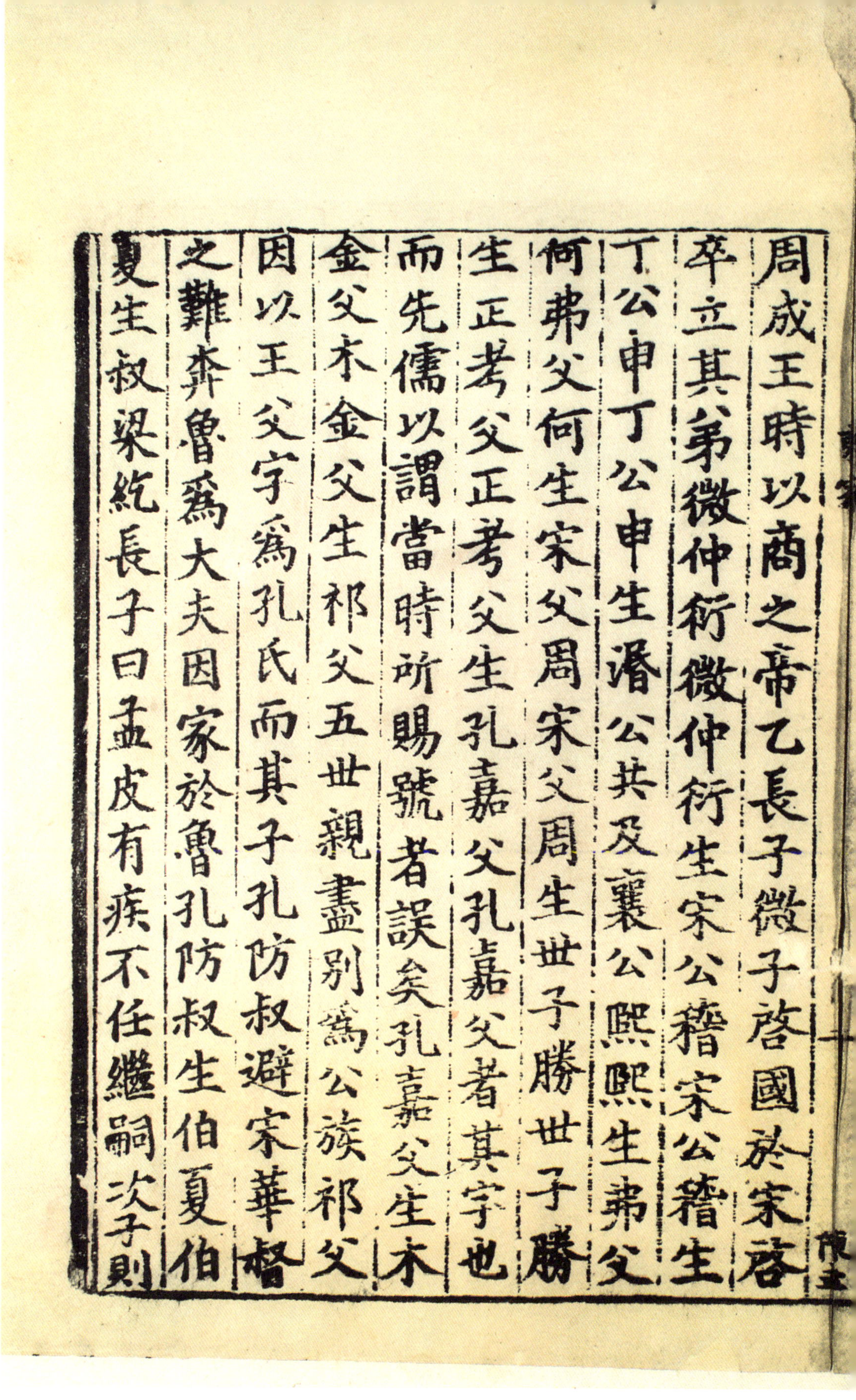
周成王時以商之帝乙長子微子啓國於宋啓卒立其弟微仲衍微仲衍生宋公稽宋公稽生丁公申丁公申生湣公共及襄公熙熙生弗父何弗父何生宋父周宋父周生世子勝世子勝生正考父正考父生孔嘉父孔嘉父者其字也而先儒以謂當時所賜號者誤矣孔嘉父生木金父木金父生祁父五世親盡別爲公族祁父因以王父字爲孔氏而其子孔防叔避宋華督之難奔魯爲大夫因家於魯孔防叔生伯夏伯夏生叔梁紇長子曰孟皮有疾不任繼嗣次子則

00512 東家雜記二卷 （宋）孔傳撰　宋刻遞修本

經折裝。匡高19.8厘米，廣14.5厘米。半葉十行，行十八字，白口，左右雙邊。有“士禮居”、“汪印士鐘”、“鐵琴銅劍樓”等印。黃丕烈、錢大昕、袁則明跋。國家圖書館藏。

東家雜記上

右朝議大夫知撫州軍州事兼管內勸農使仙源縣開國男食邑三伯戶借紫金魚袋孔傳編

姓譜　先聖誕辰諱日

母顏氏　娶幷官氏

追封謚号　歷代崇奉

嗣襲封爵沿改　改衍聖公告

鄉官

姓譜

昔契以佐禹治水有功封於商而賜姓子氏至

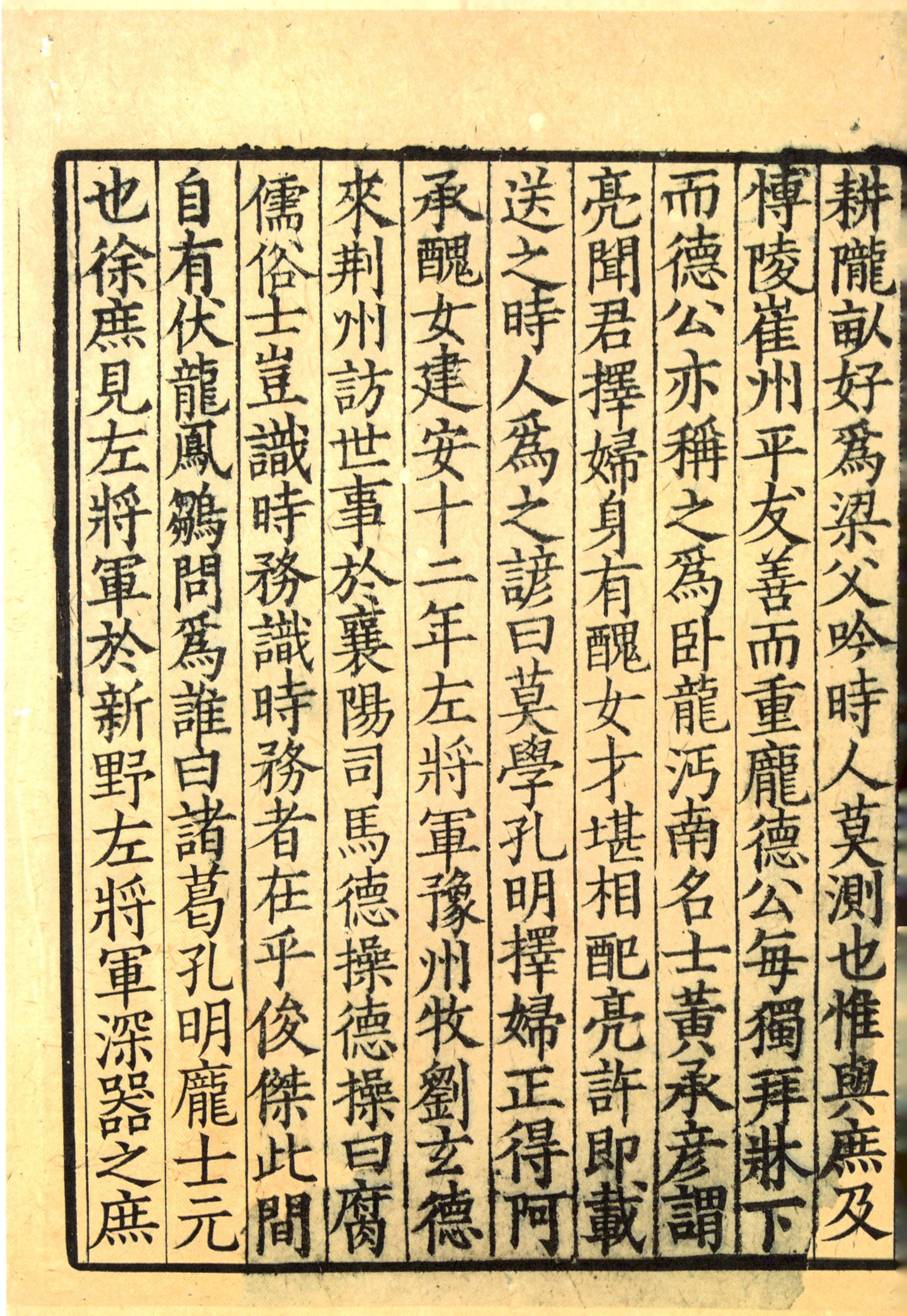
耕隴畝好爲梁父吟時人莫測也惟與庶及
博陵崔州平友善而重龐德公每獨拜牀下
而德公亦稱之爲卧龍沔南名士黄承彦謂
亮聞君擇婦身有醜女才堪相配亮許即載
送之時人爲之諺曰莫學孔明擇婦正得阿
承醜女建安十二年左将軍豫州牧劉玄德
來荆州訪世事於襄陽司馬德操德操曰腐
儒俗士豈識時務識時務者在乎俊傑此間
自有伏龍鳳鶵問爲誰曰諸葛孔明龐士元
也徐庶見左将軍於新野左将軍深器之庶

00513 漢丞相諸葛忠武侯傳一卷 （宋）張栻撰　宋刻本

蝴蝶裝。匡高21.3厘米，廣16.5厘米。半葉十行，行十七字，白口，左右雙邊。有“文徵明印”、“文彭印”、“京兆劉氏世家”、“士禮居”、“汪文琛印”、“輸怡”、“劉承幹印”等印。黄丕烈跋。上海圖書館藏。

漢丞相諸葛忠武侯傳

廣漢張栻 撰

諸葛亮字孔明琅邪陽都人蚤孤從父玄依劉表亮從玄來荊州元死遂家于南陽隆中㓜與潁川徐庶元直及石廣元孟公威游學三人務爲精熟亮獨觀其大略每晨夜從容抱膝長嘯而謂三子曰卿等可至郡守刺史也問其所志但笑而不言公威念鄉欲還亮曰中國饒士大夫遨遊何必故鄉耶消搖而

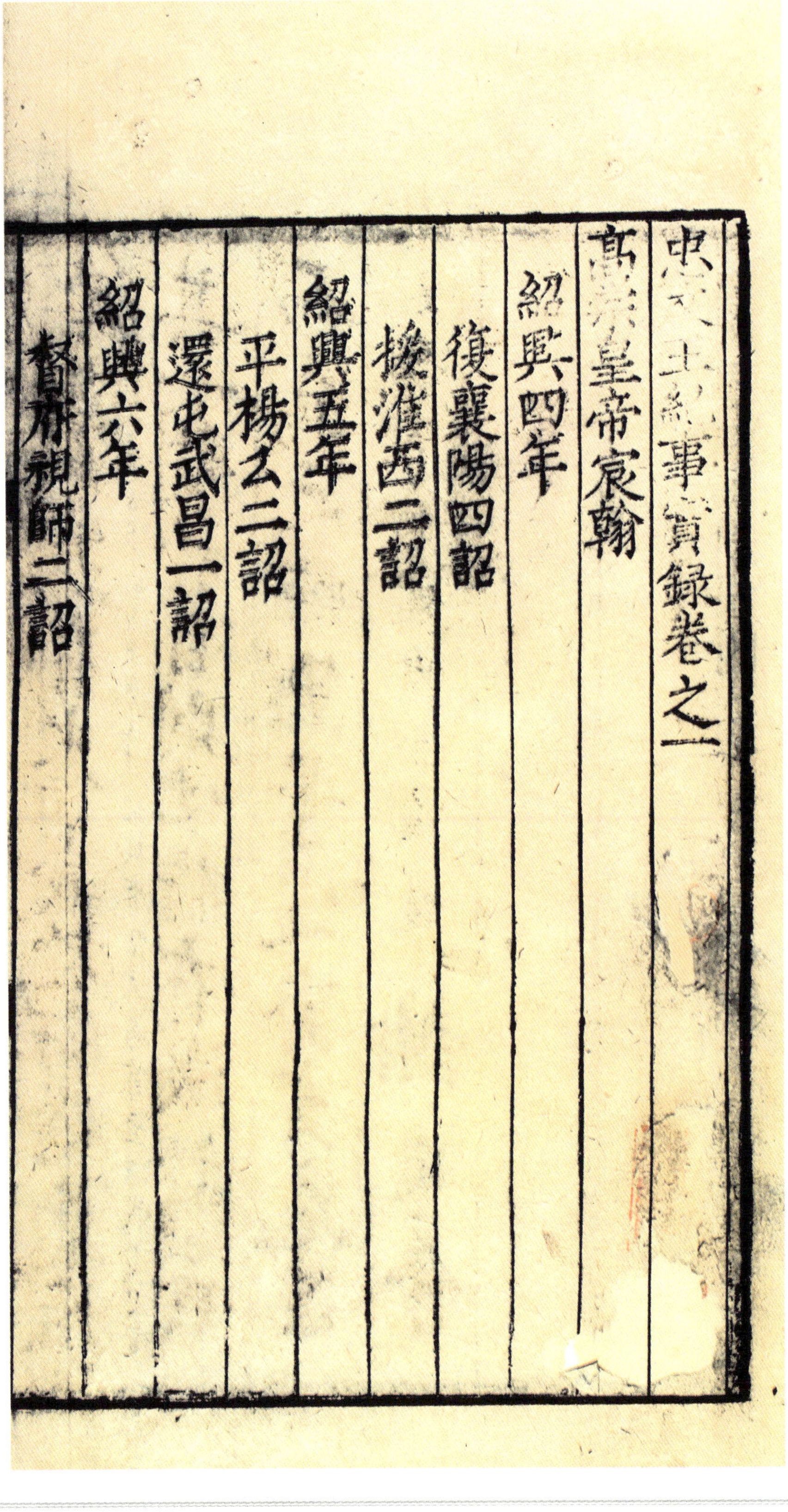
忠文王紀事實録卷之一
高宗皇帝宸翰
紹興四年
復襄陽四詔
撥淮西二詔
紹興五年
平楊么二詔
還屯武昌一詔
紹興六年
督府視師二詔

00514 忠文王紀事實録五卷 （宋）謝起巖撰　宋咸淳七年（1271）吴安朝等刻明洪武公文紙印本

匡高22.3厘米，廣14.1厘米。半葉十行，行二十二字，白口，左右雙邊。有“錫山安國寶藏”等印。傅增湘跋，紀昀題簽。國家圖書館藏。

奕迎破賊鋒戕其酋領實爲雋功然大敵在近卿以一軍
獨與決戰忠義所奮裨明助之再三嘉歎不忘于懷比巳
遣楊沂中全軍自宿泗前去韓世忠亦出兵東向卿料敵
素無遺策進退緩急之間可隨機審處仍與劉錡相約同
之屢巳踰卿不從中御軍前凡有所須一一奏來七月九
二日

兀朮兵十二萬退屯臨潁小校楊再興以三百騎
至小商橋與虜遇大破其師兀朮憤其敗遂攻潁
昌王命子雲以背嵬援王貴戰于潁昌城西虜衆
大敗殺兀朮之子壻統軍上將軍夏金吾等凡六

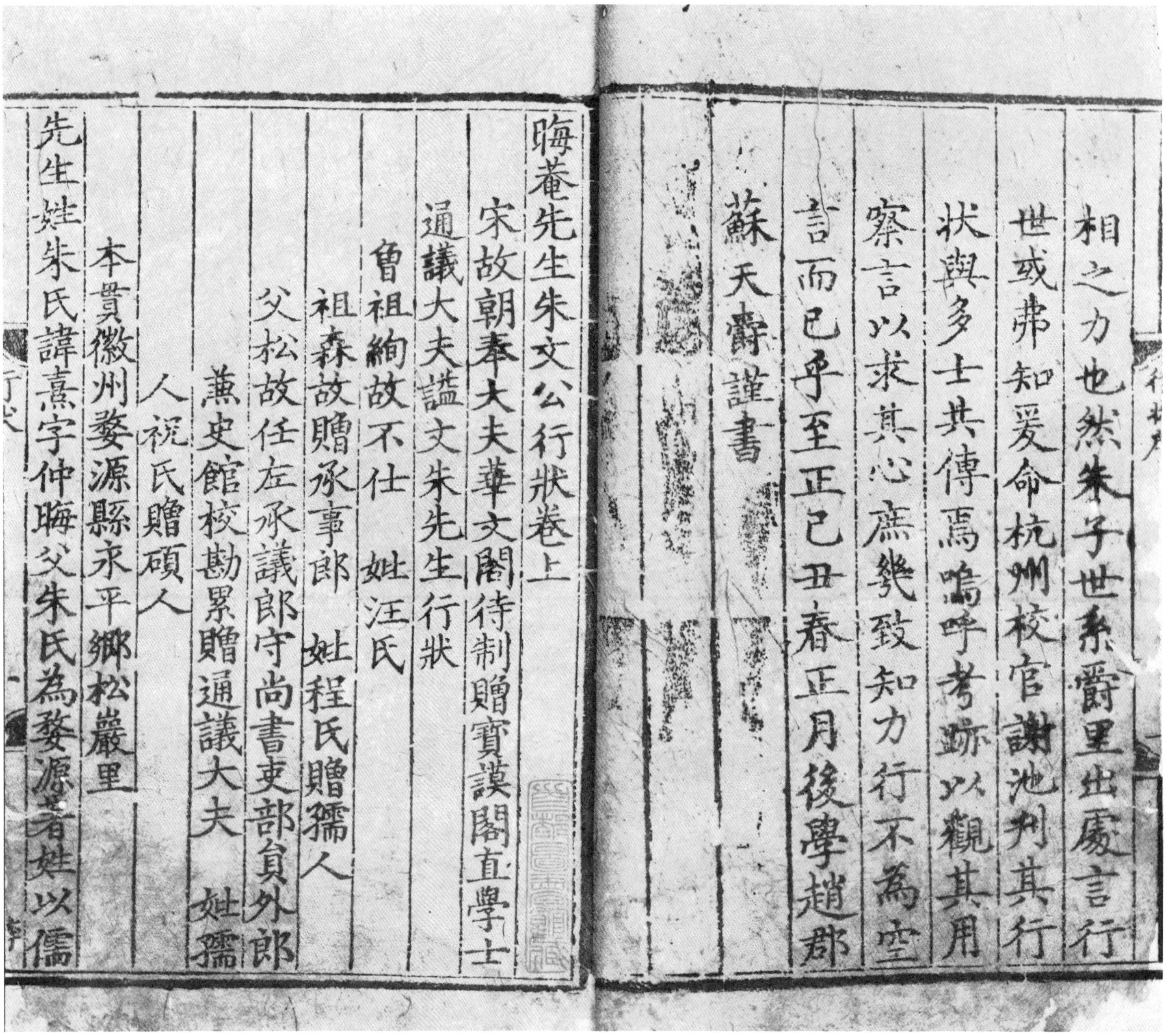

相之力也然朱子世系爵里出處言行世或弗知爰命杭州校官謝池刋其行狀與多士共傳焉嗚呼考跡以觀其用察言以求其心庶幾致知力行不為空言而已乎至正己丑春正月後學趙郡
蘇天爵謹書

晦菴先生朱文公行狀卷上
宋故朝奉大夫華文閣待制贈寶謨閣直學士
通議大夫謚文朱先生行狀
曾祖絢故不仕　妣汪氏
祖森故贈承事郎　妣程氏贈孺人
父松故任左承議郎守尚書吏部員外郎
兼史館校勘累贈通議大夫　妣孺
人祝氏贈碩人
本貫徽州婺源縣永平鄉松巖里
先生姓朱氏諱熹字仲晦父朱氏為婺源著姓以儒

00515 晦菴先生朱文公行狀二卷　（宋）黄榦輯　元至正九年（1349）謝池刻本

匡高20.8厘米，廣14.3厘米。半葉十行，行二十字，細黑口，四周雙邊。費寅跋。首都圖書館藏，存一卷。

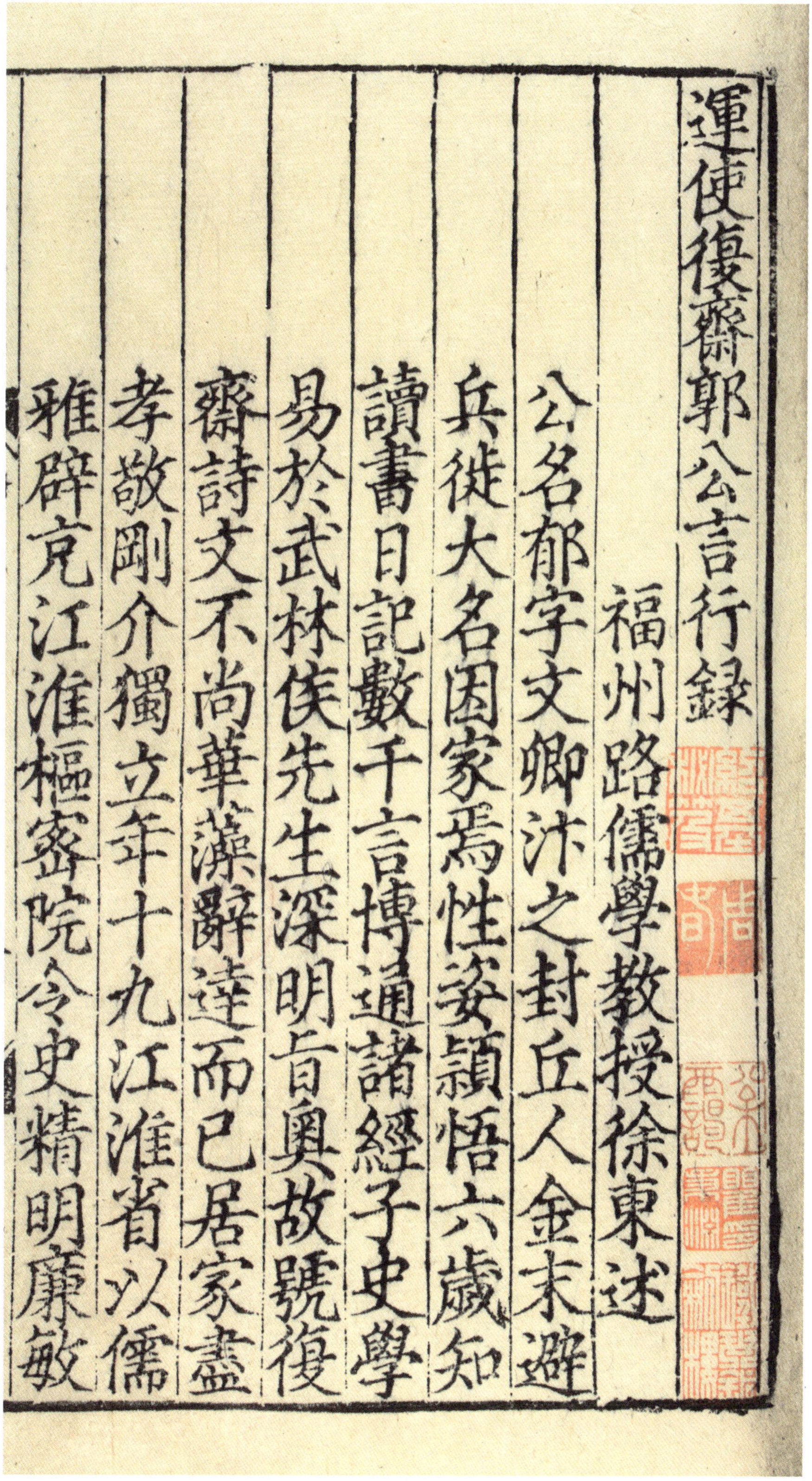
運使復齋郭公言行録
福州路儒學教授徐東述
公名郁字文卿汴之封丘人金末避
兵徙大名因家焉性姿穎悟六歲知
讀書日記數千言博通諸經子史學
易於武林侯先生深明旨奥故號復
齋詩文不尚華藻辭達而已居家盡
孝敬剛介獨立年十九江淮省以儒
雅辟充江淮樞密院令史精明廉敏

00516 運使復齋郭公言行録一卷 （元）徐東撰 **敏行録一卷** 元至順福州路儒學刻本

匡高22.1厘米，廣13.3厘米。第一至十九葉，半葉九行，行十八字；第二十葉以後，半葉十行，行二十一字，小字雙行同，黑口，左右雙邊。有“黄印丕烈”、“汪印士鐘”、“鐵琴銅劍樓”等印。國家圖書館藏。

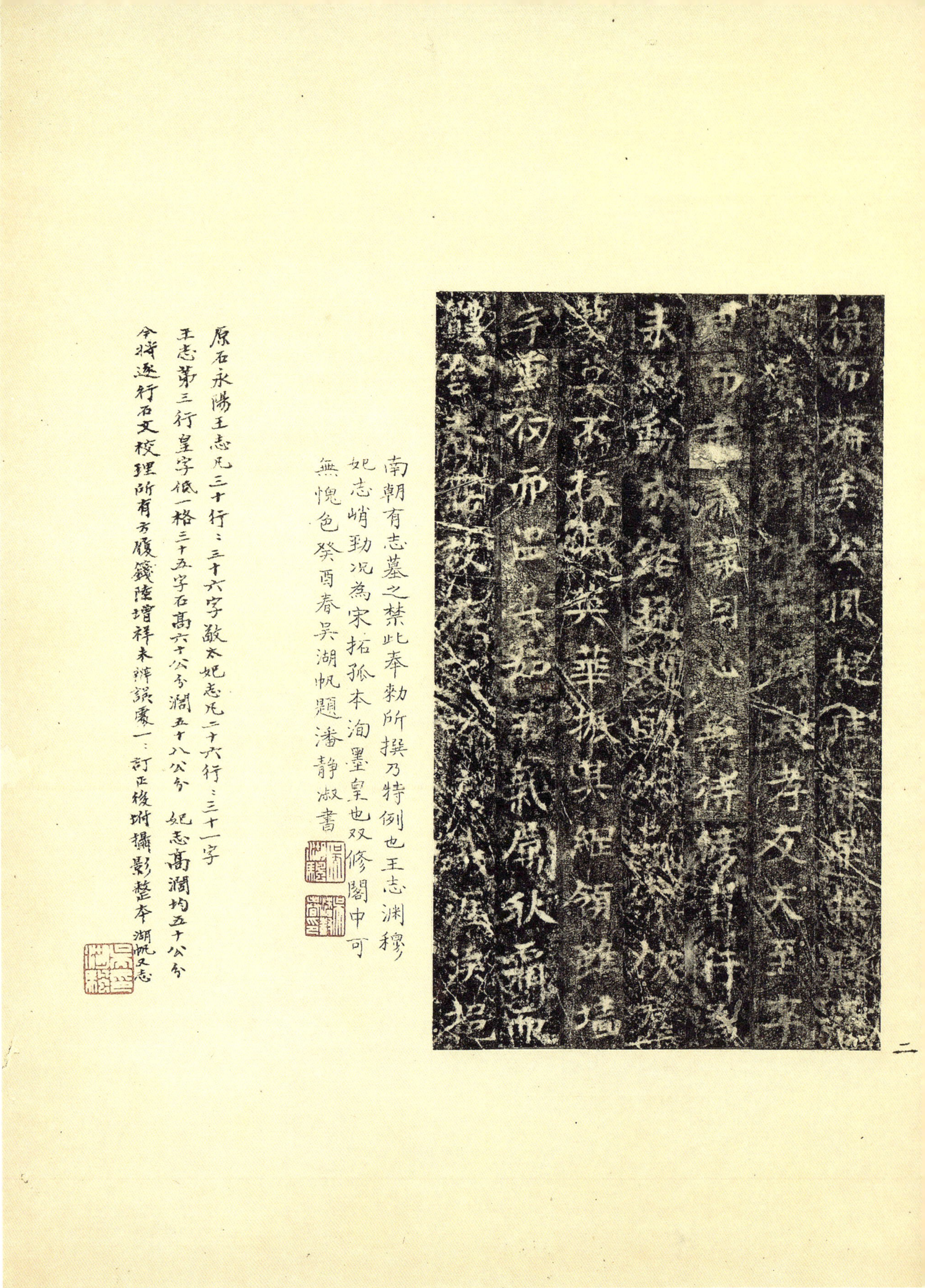

00517 蕭敷及敬太妃墓志 南朝梁普通元年（520）刻石 宋拓本

冊葉裝。墨本高21.8厘米，廣13.1厘米。蕭敷志六開，其妻敬太妃王氏志四開半。正書。方履籛、程恩澤、何紹基、李文田、李佐賢、羅振玉等題跋，沈兆霖、程恩澤題簽，翁心存、吳大澄、王懿榮、葉恭綽、褚德彝、沈尹默等觀款。上海博物館藏。

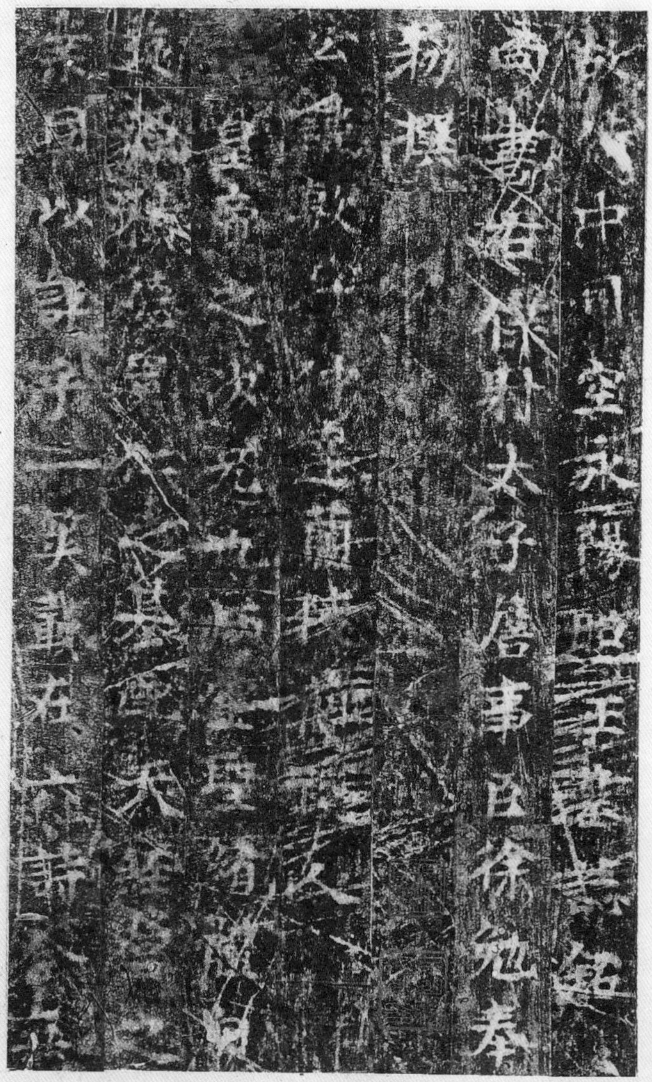

梁永陽王敬太妃墓志
吳氏雙脩閣珍藏至寶
吳湖帆潘靜淑同記

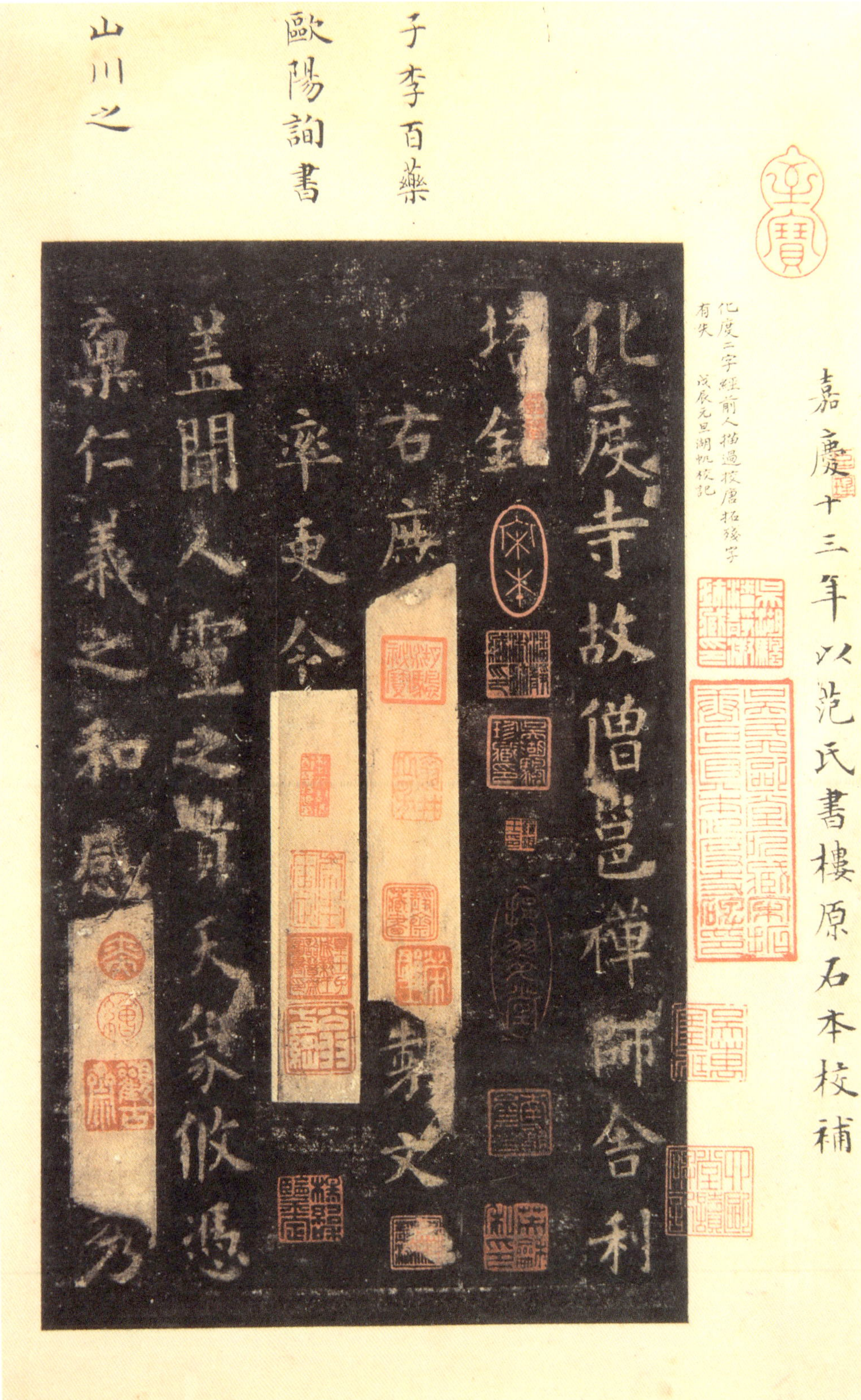

00518 化度寺邕禪師塔銘 （唐）李百藥撰文 （唐）歐陽詢書 唐貞觀五年（631）刻石 宋拓本

二十七開，墨本高24.1厘米，廣14.8厘米。原石久佚，翁方綱考原碑爲三十五行，行三十三字。楷書。翁方綱、王同愈、羅振玉、陳承修、吳湖帆、伯希和、沈尹默等跋，李鴻裔、高時顯、馮超然、朱孝臧、吳梅、鄧邦述、蔡晉鏞、方還、蔣祖詒、陳曾壽、葉恭綽等觀款。上海圖書館藏。

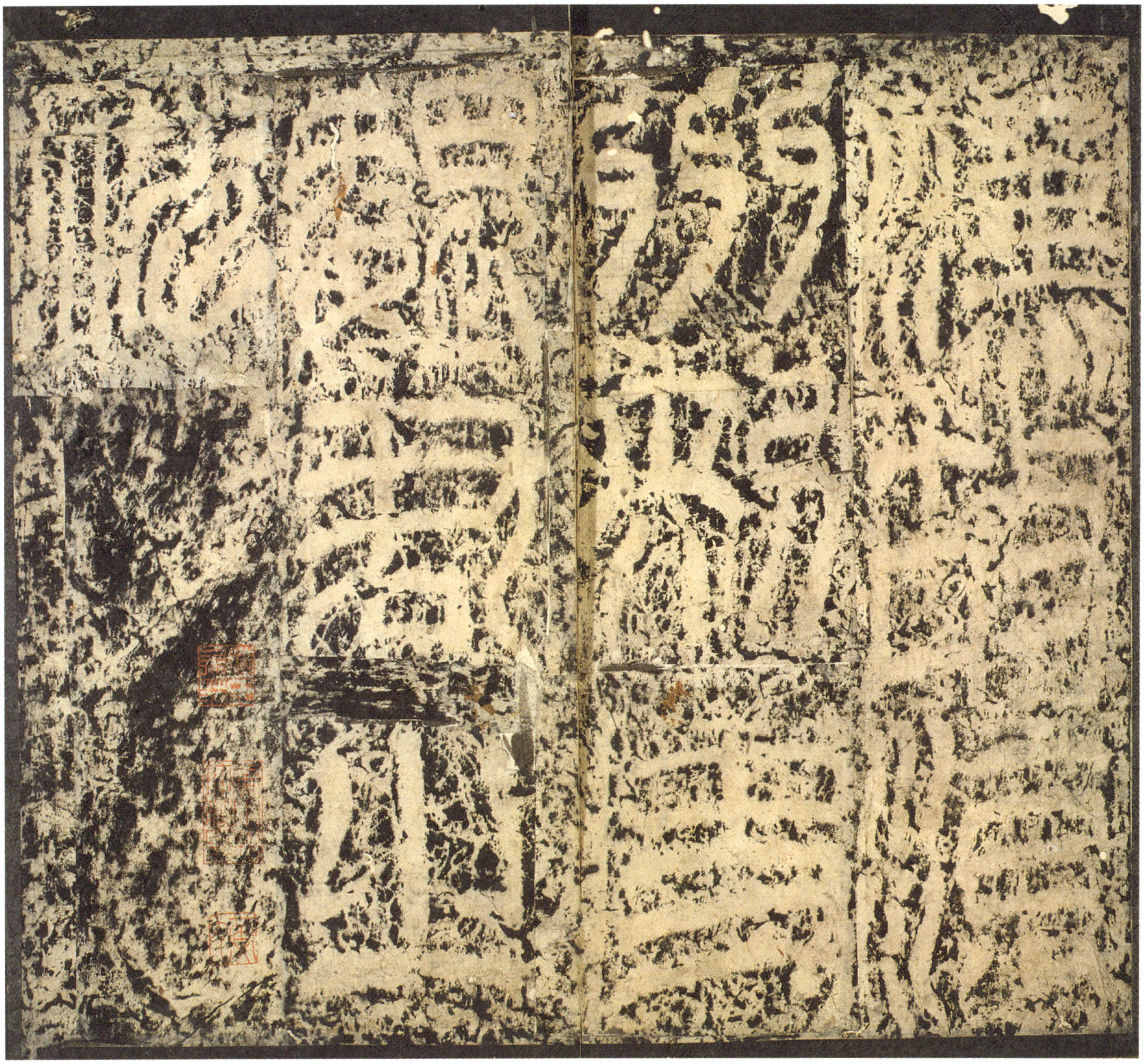

00519 魏元丕碑 東漢光和四年（181）刻石 宋拓本

九開，其中碑額一開四行，碑文八開。墨本高33.3厘米，廣18厘米。額爲篆書，碑文爲隸書。有“翁方綱”、“黄小松收藏印”、“楊守敬印”等印。翁方綱、畢沅、黄易等跋，阮元、孫星衍、錢泳等觀款。故宫博物院藏。

00520 范式碑 三國魏青龍三年（235）刻石 宋拓本

十一開，篆額一開，碑文隸書十開半。墨本高34厘米，廣17厘米。翁方綱、黄易等跋，宋葆淳等觀款。故宫博物院藏。

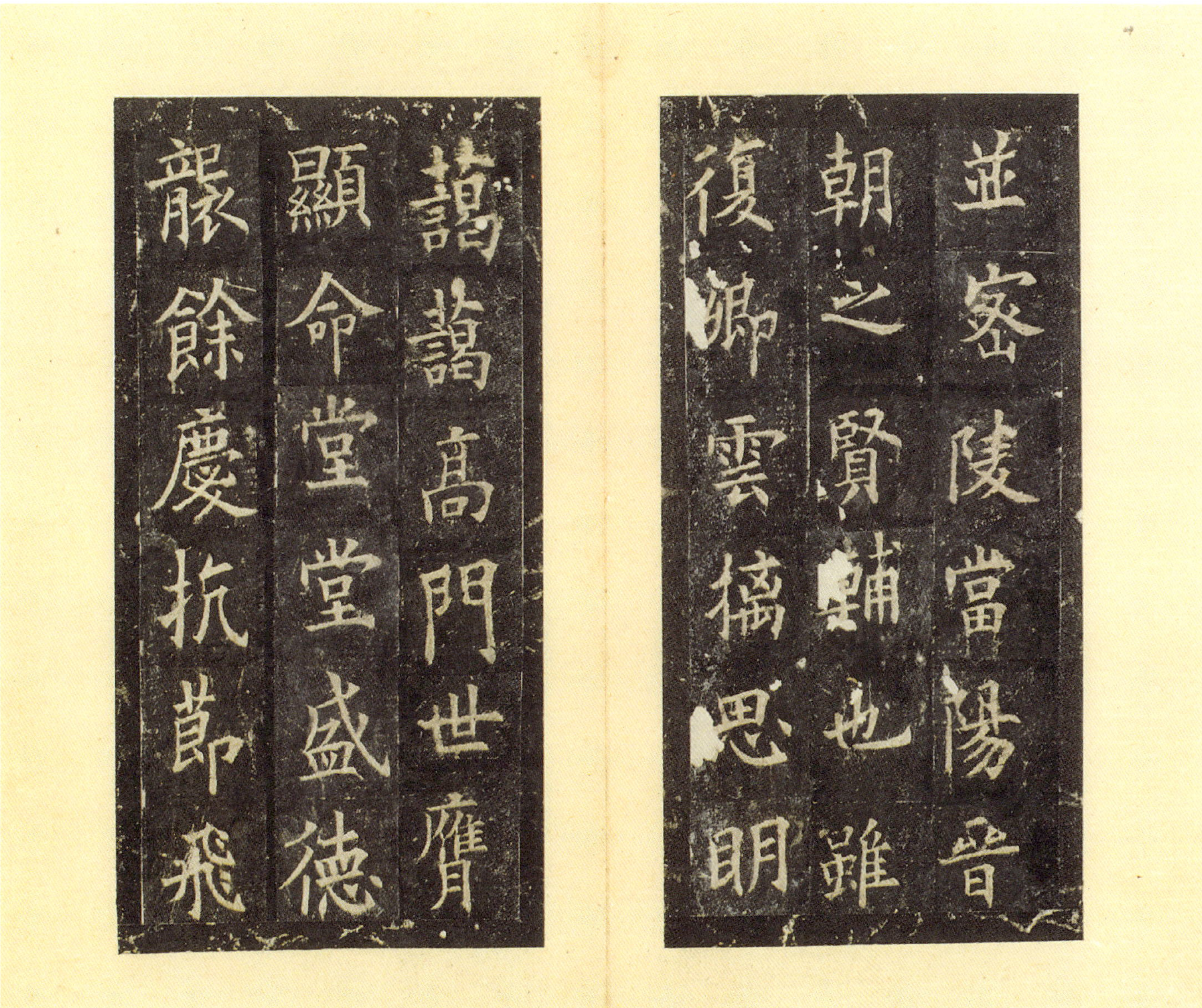

00521 溫彦博碑　（唐）岑文本撰文　（唐）歐陽詢書　唐貞觀十一年（637）刻石　宋拓本

十一開半。墨本高18.3厘米，廣9.2厘米。有"公彦珍秘"等印。汪瀚雲等題簽，陳鏞等跋。故宫博物院藏。

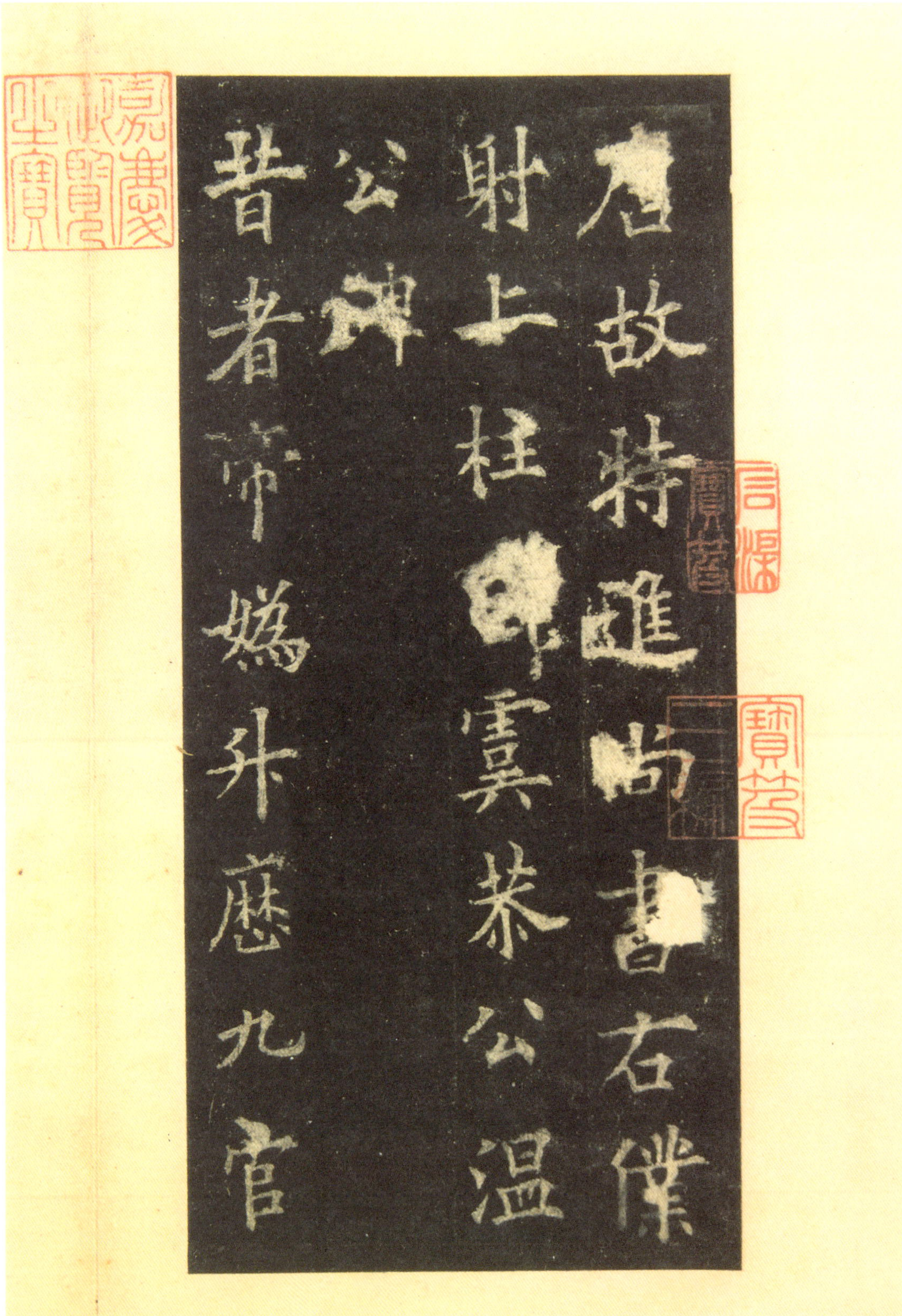

00522 溫彥博碑　（唐）岑文本撰文　（唐）歐陽詢書　唐貞觀十一年（637）刻石　宋拓本

二十五開。墨本高24.8厘米,廣11.9厘米。有"三希堂精鑑璽"、"宜子孫"、"嘉慶鑑賞"等印。王澍、翁方綱、王文治跋。上海圖書館藏。

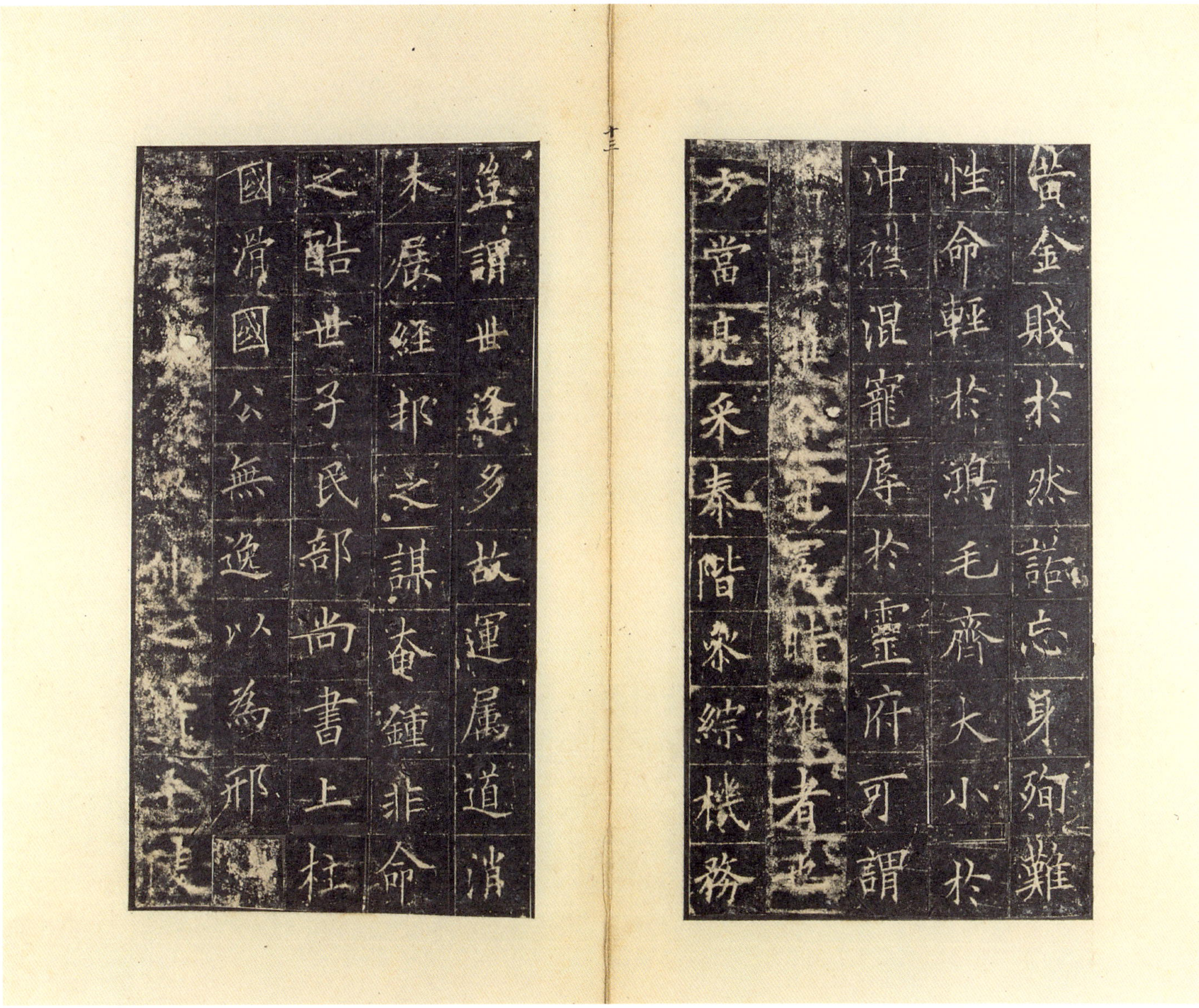

00523 皇甫誕碑　（唐）于志寧撰文　（唐）歐陽詢書　唐貞觀十七年（643）刻石　宋拓本

十六開。墨本高30.2厘米，廣16.4厘米。張祖翼、朱翼盦題簽。故宫博物院藏。

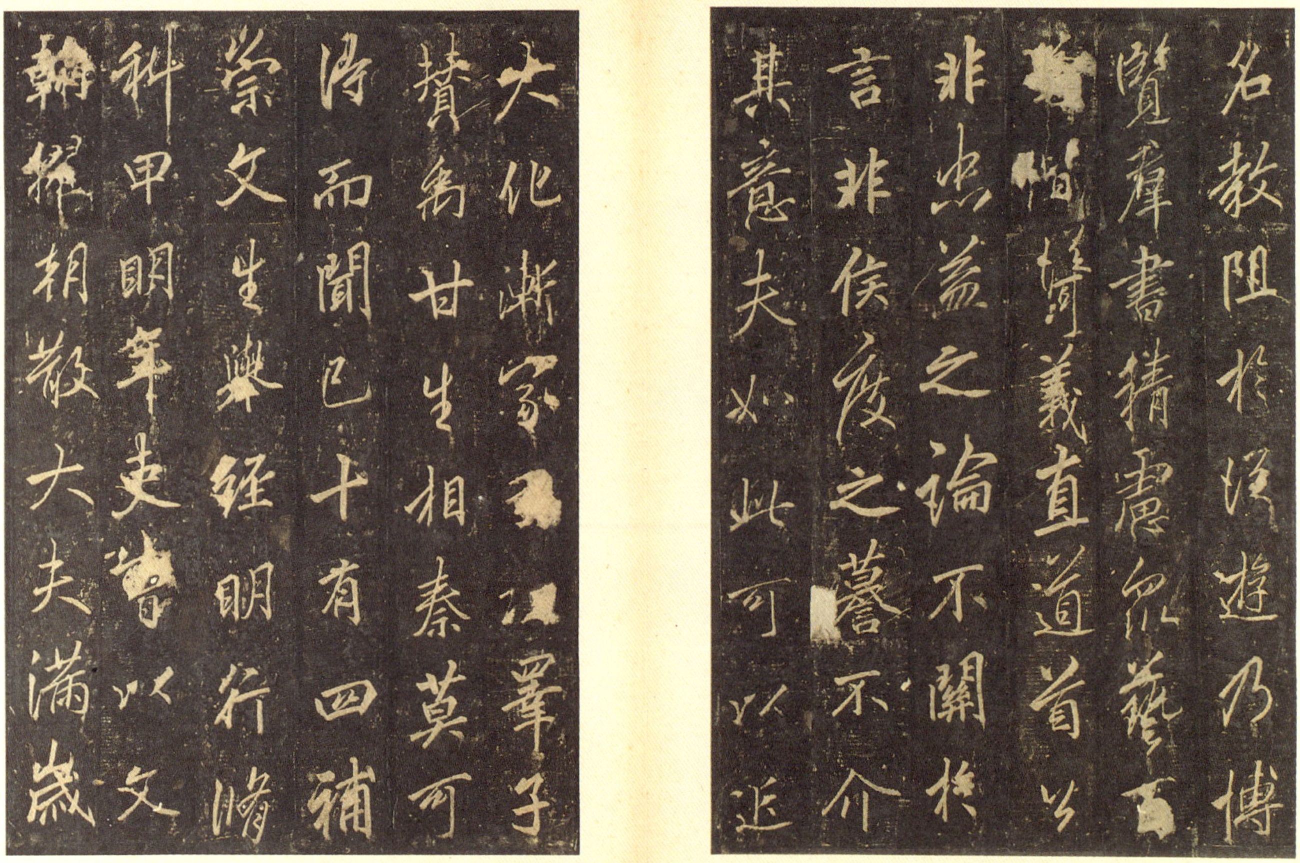

00524 李思訓碑 （唐）李邕撰文并書 唐開元八年（720）刻石 宋拓本

碑文僅存上半，十一開。墨本高31.6厘米，廣22.2厘米。朱翼盦跋，梁鼎芬題簽，張所鑒觀款。故宫博物院藏。

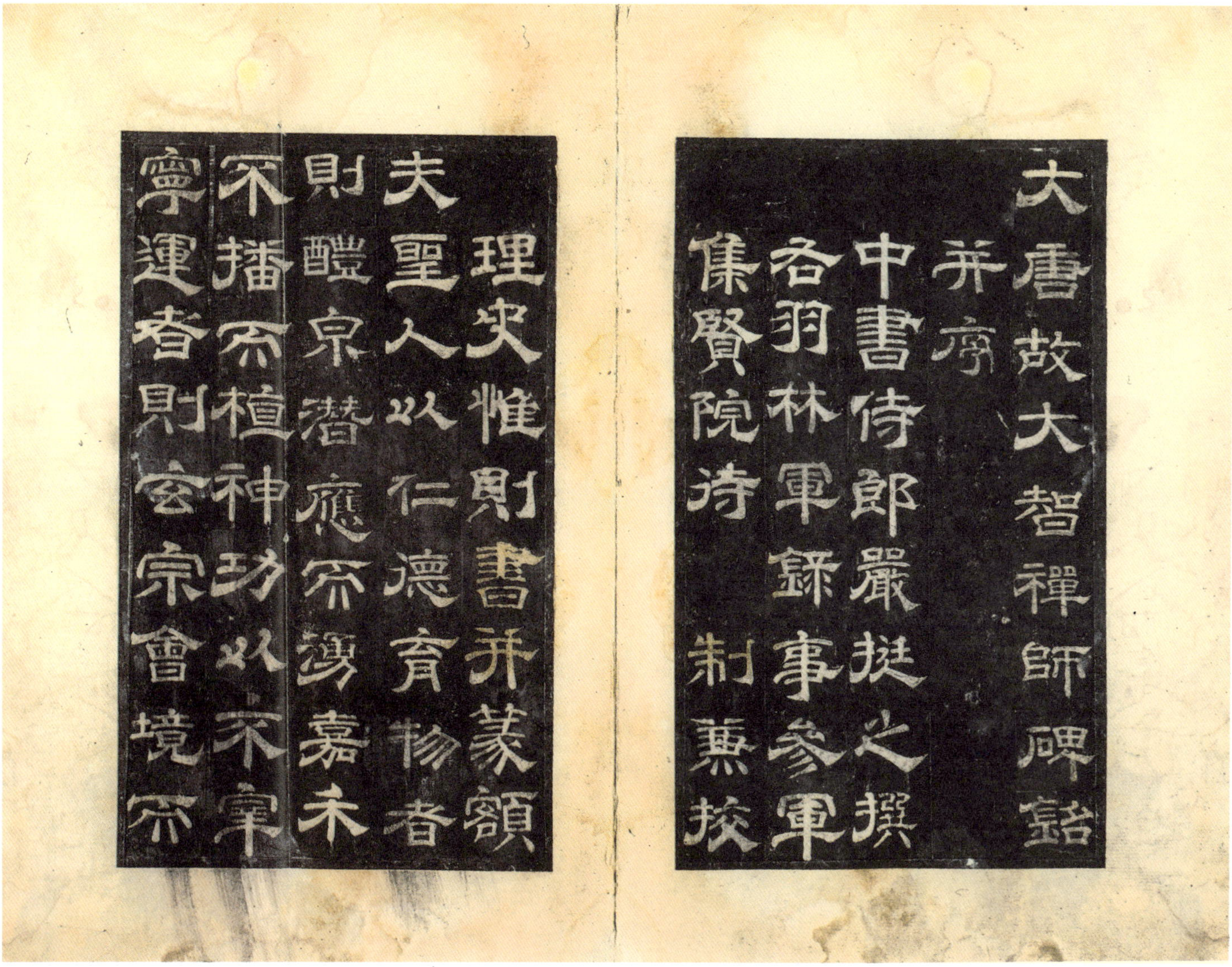

大唐故大智禪師碑銘
并序
中書侍郎嚴挺之撰
右羽林軍録事參軍
集賢院待制兼挍
理究惟則書并篆額
夫聖人以仁德育物者
則醴泉潛應不溢嘉禾
不播不植神功以不宰
寧運者則玄宗會境不

00525 大智禪師碑　（唐）嚴挺之撰文　史維則隸書并篆額　史子華刻　唐開元二十四年（736）刻石　宋拓本

二十一開半。墨本高33厘米，廣18.5厘米。國家圖書館藏。

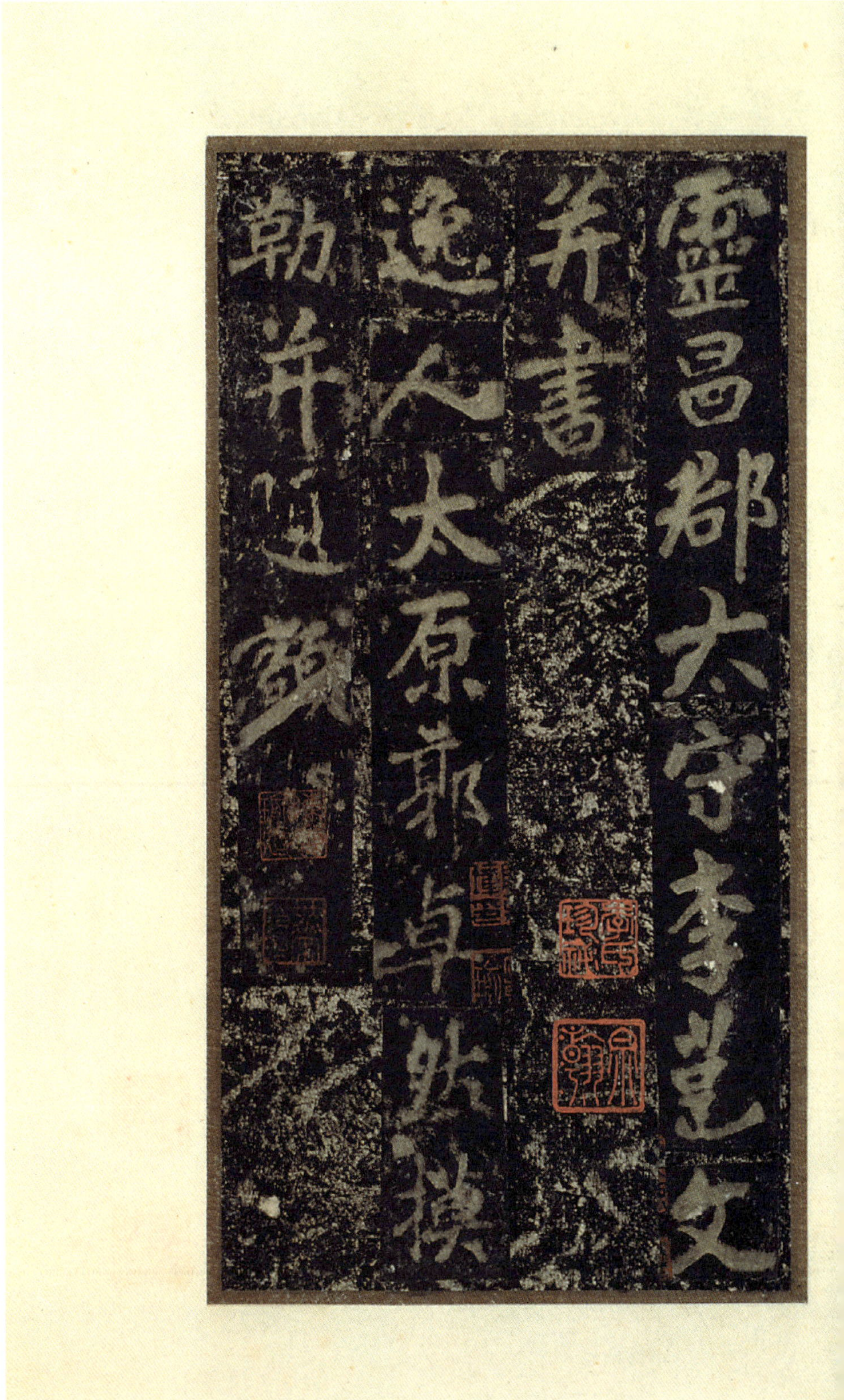

00526 李秀碑 （唐）李邕撰文并書　（唐）郭卓然摹勒并題額　（唐）□慈敏　張昂等鐫　唐天寶元年（742）刻石　宋拓本　二十七開，額篆書二開半，碑文楷書二十四開半。墨本高27.5厘米，廣14.5厘米。王存善、李宗翰等跋。故宮博物院藏。

唐故雲麾將軍左豹
韜衛翊府中郎將遼
西郡開國公上柱國
李府君神道碑并序

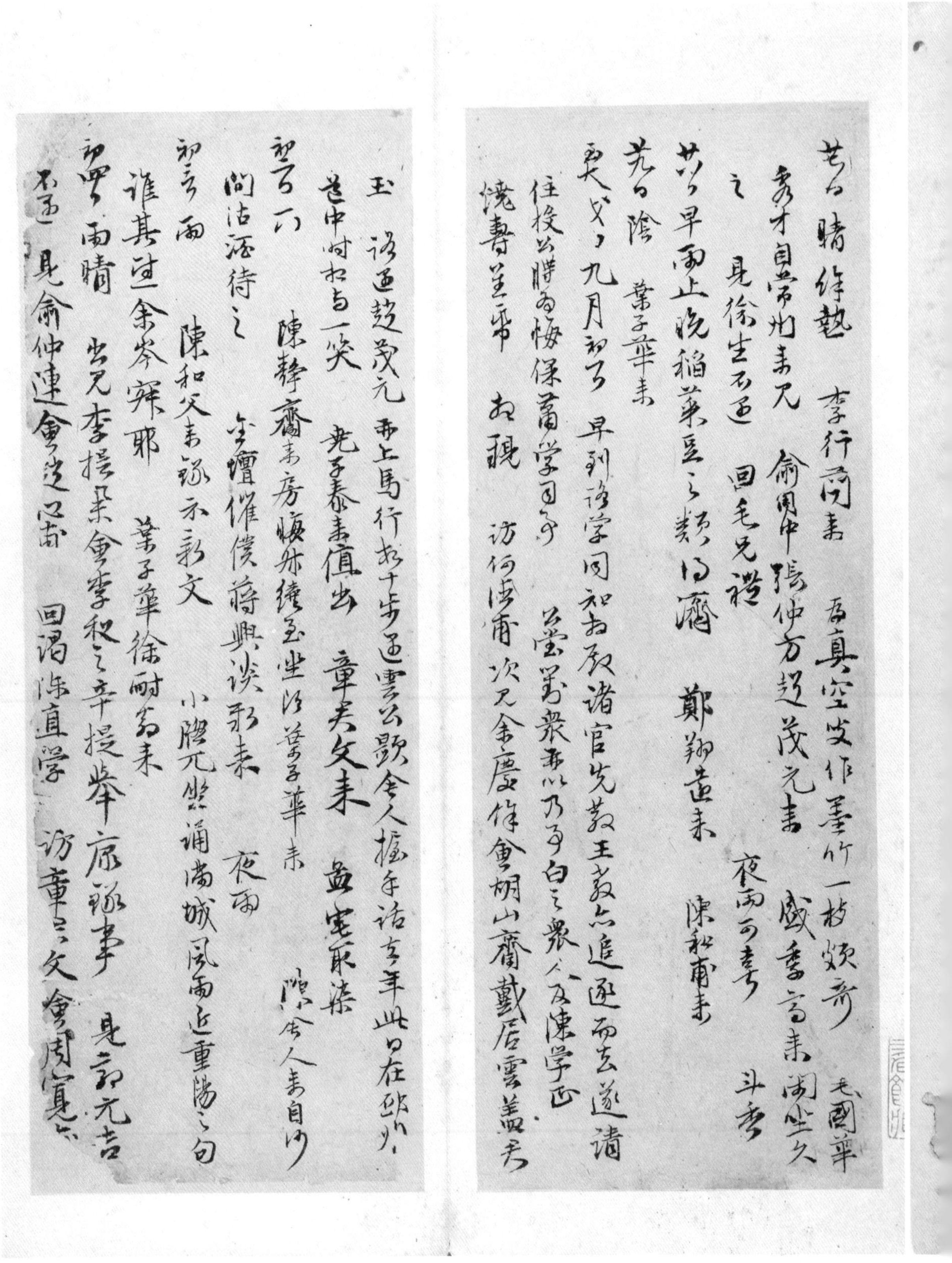

00527 **元郭畀手寫日記不分卷** （元）郭畀撰　稿本

經折裝。此稿歷久散佚，今存五十二葉（記事自至大元年八月二十七日至二年六月二十日）。翁方綱、崇恩跋，周爾墉題識。上海圖書館藏。

元郭髯手寫日記冊[illegible]

蘭坡老弟中丞与予滯迹蒲坂，樂數晨夕凡三載餘，此迹遂得飽觀，并手錄十餘帋藏諸篋衍，以侈墨緣。臨行題眉，未及署款，今乃補書于京邸，計又三年矣。乙巳春禊日敔翁崇恩

郭天錫手書日記始於至大元年八月廿七日，訖於二年十月三日，蓋前後有失去之葉也。後倪元鎮題天錫畫詩在至正癸卯十二月，時距天錫之歿二十餘年，則至大之初正其壯歲筆也。天錫書派出於趙文敏，是時文敏年五十五，居於家，是冊尚及与文敏及石民瞻諸人遊還，其書清勁秀逸，純是趙法，通計四冊，將三萬字，誠可寶也。近日厲樊榭僅錄其四之一，題曰客杭日記，鮑氏刻於知不足齋者，乃又其節錄之本耳。安邑宋芝山孝廉持此見示，爲賦三詩

來往西泠下若還，鬖雲日日蘸湖煙。廳頭舫子人如玉，中酉初交至大年。

句曲仙翁亦趙書，試將髯也較何如。縱橫三萬銀鉤合，尚是鄱江未上初。

對榻無聞了即休，海門月湧大江流。盡收瘦石疎篁影，何減蘇齋接唱酬。予齋中藏郭髯爲無聞上人作竹石卷，因此寫此記於其卷後。

乾隆五十九年歲在甲寅秋九月廿有四日北平翁方綱

咸豐四年[illegible] 時客汴垣

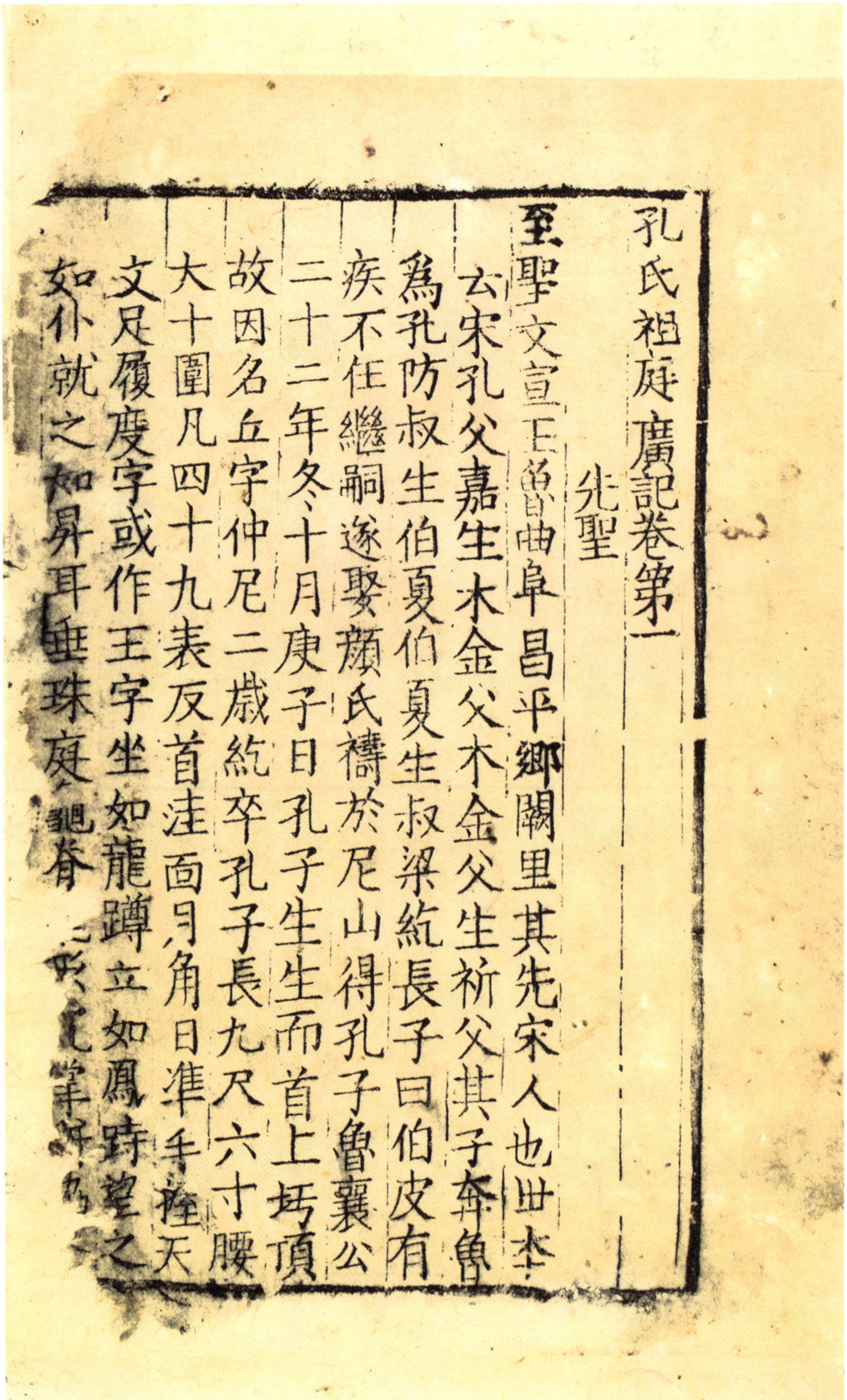
孔氏祖庭廣記卷第一
先聖
至聖文宣王魯曲阜昌平鄉闕里其先宋人也世本
云宋孔父嘉生木金父木金父生祈父其子奔魯
為孔防叔生伯夏伯夏生叔梁紇長子曰伯皮有
疾不任繼嗣遂娶顏氏禱於尼山得孔子魯襄公
二十二年冬十月庚子日孔子生生而首上圩頂
故因名丘字仲尼二歲紇卒孔子長九尺六寸腰
大十圍凡四十九表反首洼面月角日準手握天
文足履度字或作王字坐如龍蹲立如鳳跱望之
如仆就之如昇耳垂珠庭

00528 孔氏祖庭廣記十二卷　（金）孔元措撰　蒙古乃馬真后元年（1242）孔氏刻本

包背裝。匡高22.7厘米，廣14.7厘米。半葉十一行，行二十字，小字雙行同，白口，左右雙邊。有"士禮居"、"汪印士鐘"、"鐵琴銅劍樓"、"祁陽陳澄中藏書記"等印。錢大昕、瞿中溶、黄丕烈等跋。國家圖書館藏。

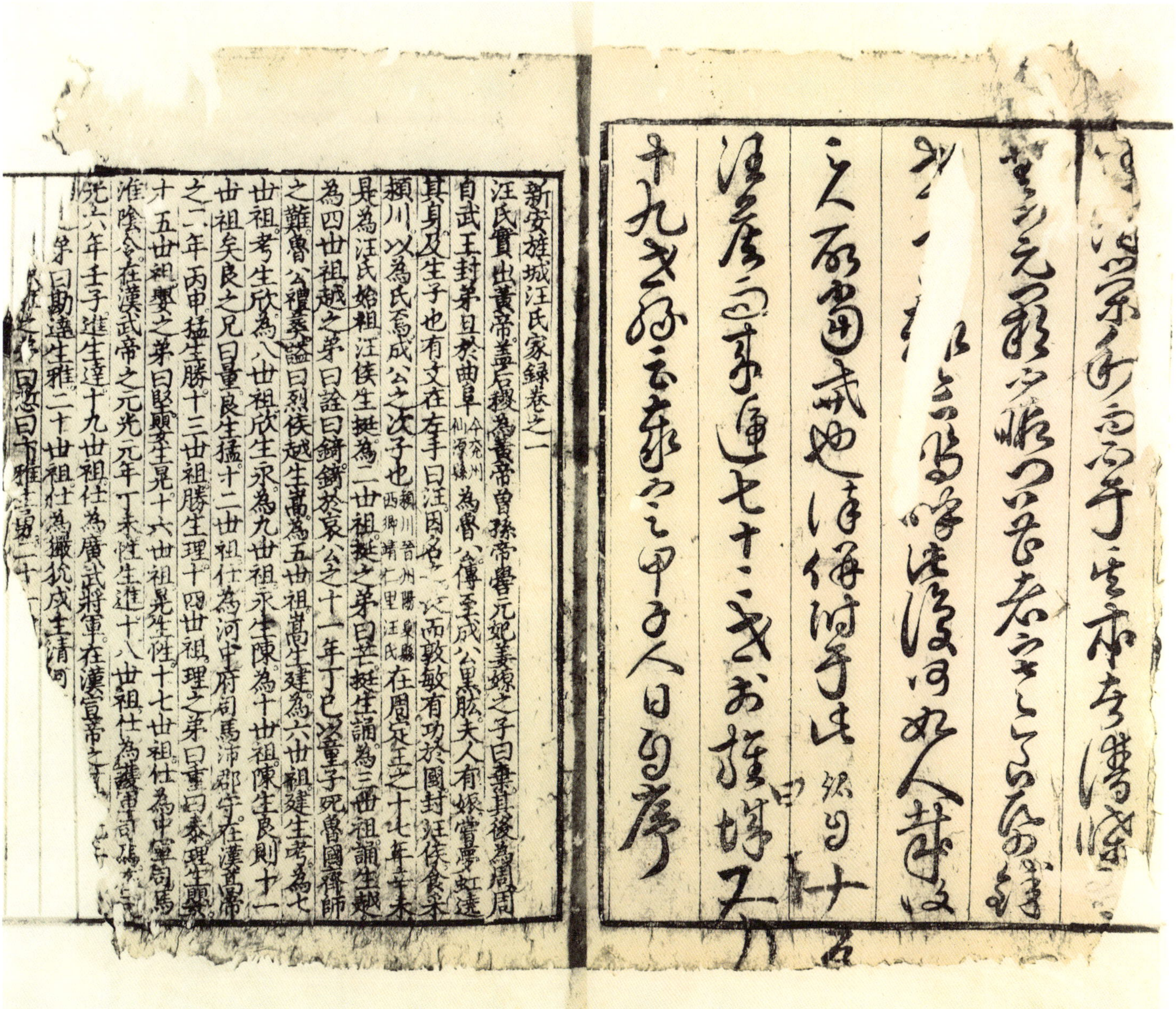
新安旌城汪氏家録卷之一
汪氏實出黄帝姜后稷為黄帝曾孫帝嚳元妃姜嫄之子曰棄其後為周周
自武王封弟旦於曲阜今兖州仙源縣為魯公八傳至成公黑肱夫人有娠嘗夢虹遶
其身及生子也有文在左手曰汪因名之[illegible]而聰敏有功於國封汪侯食采
潁川以為氏為成公之次子也[illegible]在周定王之十七年辛未
是為汪氏始祖汪侯生誑為二世祖誑之弟曰芒誑生誦為三世祖誦生越
為四世祖越之弟曰詮曰錡錡於哀公之十一年丁巳以童子死魯國齊師
之難魯公禮葬之謚曰烈侯越生嵩為五世祖嵩生建為六世祖建生考為七
世祖考生欣為八世祖欣生求為九世祖求生陳為十世祖陳生良則十一
世祖矣良之兄曰量良生猛十二世祖仕為河中府司馬沛郡守在漢景帝
之二年丙申猛生勝十三世祖勝生理十四世祖理之弟曰重曰泰理生顯
十五世祖顯之弟曰堅顯生晃十六世祖晃生胜十七世祖仕為中軍司馬
淮陰令在漢武帝之元光元年丁未胜生進十八世祖仕為護軍司馬[illegible]
[illegible]元六年壬子進生達十九世祖仕為廣武將軍在漢宣帝之[illegible]
[illegible]弟曰勛達生雅二十世祖仕為撫軍[illegible]
[illegible]

00529 新安旌城汪氏家録七卷 （元）汪炤纂修　元泰定元年（1324）刻本

匡高27.4厘米，廣20.3厘米。半葉十六行，行二十九至三十二字，白口，左右雙邊。安徽省博物館藏，存七卷。

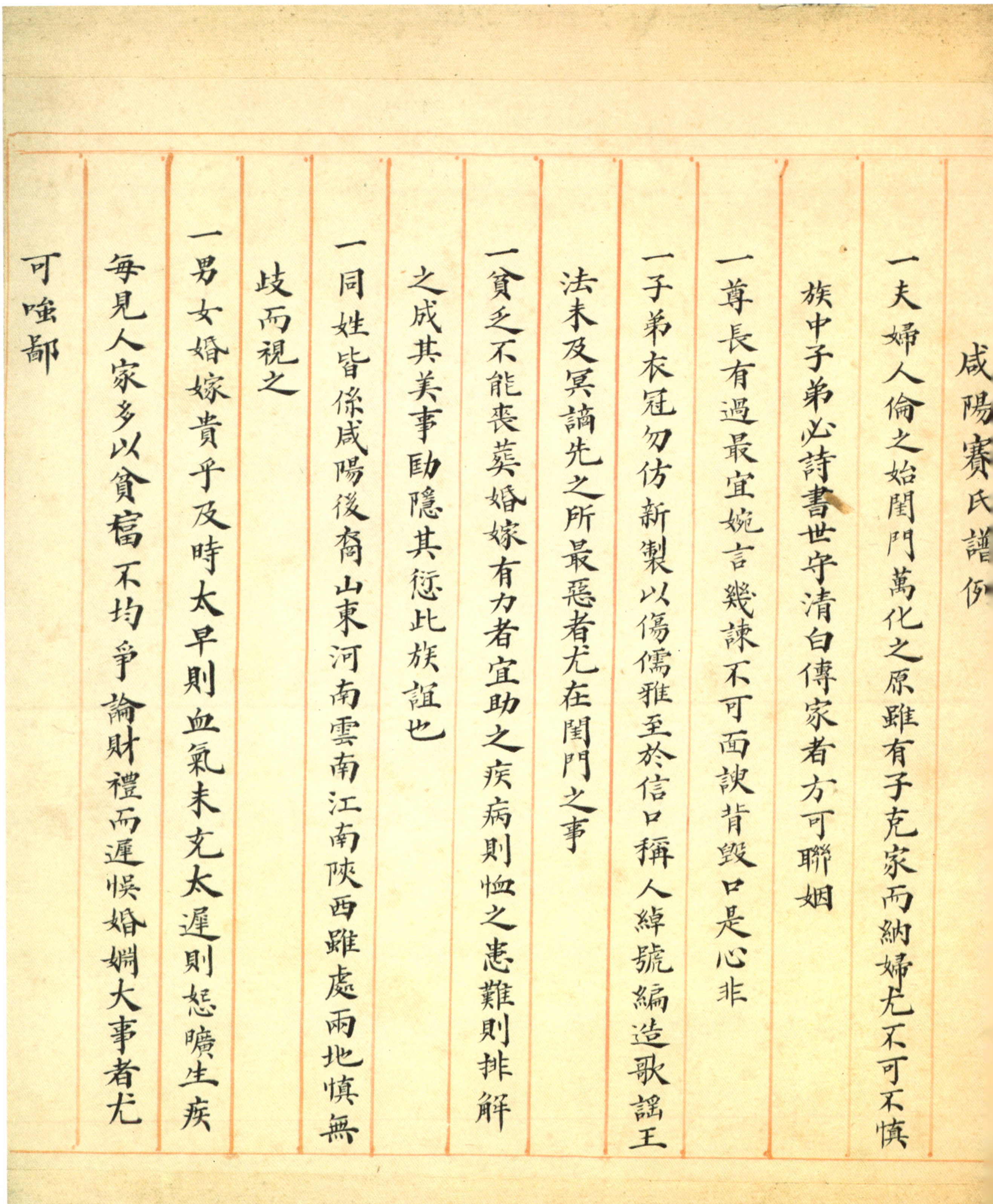
咸陽賽氏譜例

一夫婦人倫之始閨門萬化之原雖有子克家而納婦尤不可不慎
族中子弟必詩書世守清白傳家者方可聯姻

一尊長有過最宜婉言幾諫不可面訣背毀口是心非

一子弟衣冠勿仿新製以傷儒雅至於信口稱人綽號編造歌謡王
法未及冥謫先之所最惡者尤在閨門之事

一貧乏不能喪葬婚嫁有力者宜助之疾病則恤之患難則排解
之成其美事勗隱其愆此族誼也

一同姓皆係咸陽後裔山東河南雲南江南陝西雖處兩地慎無
歧而視之

一男女婚嫁貴乎及時太早則血氣未充太遲則怨曠生疾
每見人家多以貧富不均爭論財禮而遲悮婚姻大事者尤
可嗤鄙

00530 忠惠咸陽王賽氏家傳不分卷 （元）畨東明 （清）賽宣 賽灼等輯 元大德三年至清光緒八年（1299-1882）寫本

半葉十三行，行字不等。山東省博物館藏。

勅命

大元大德三年六月　日

之寶

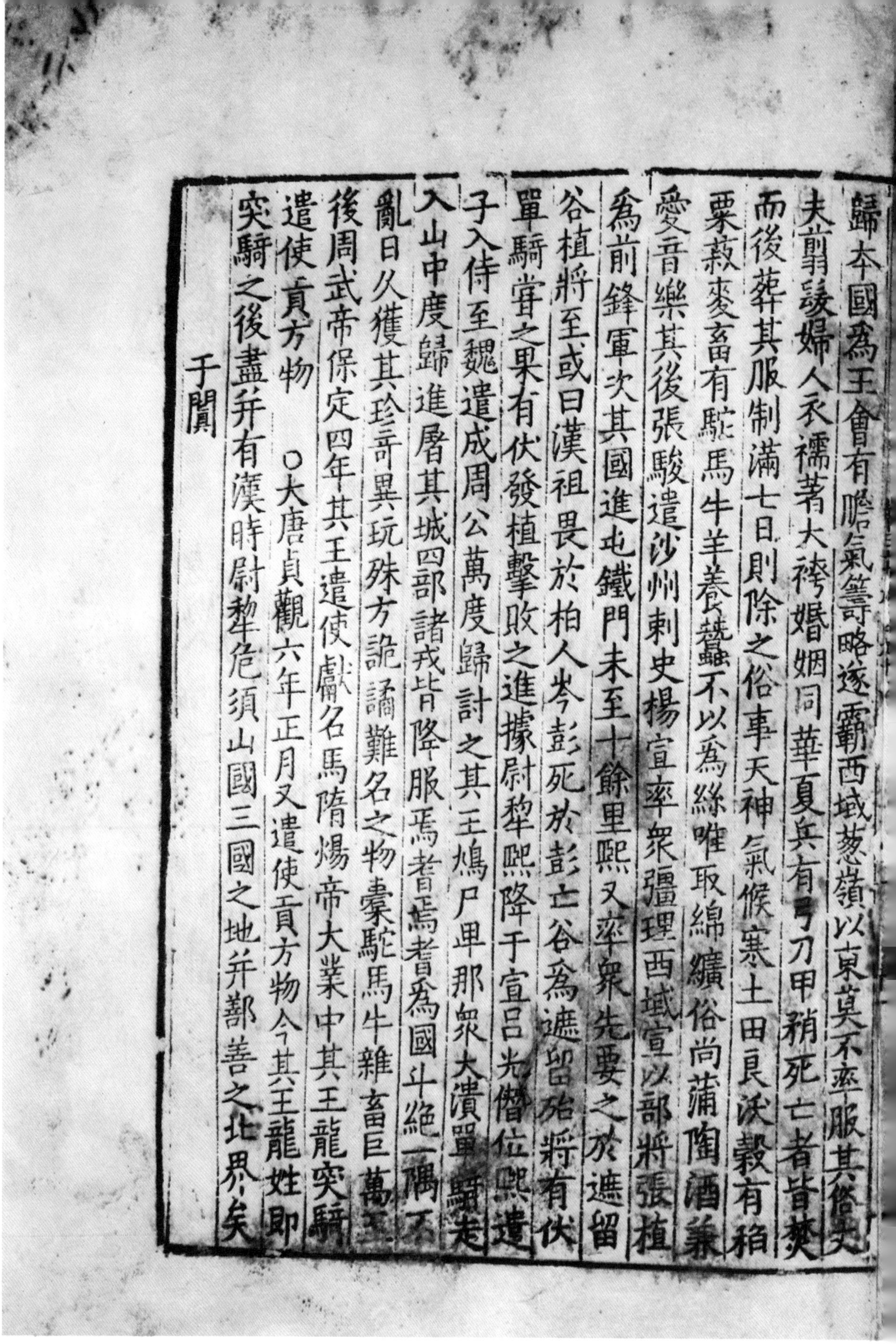
歸本國爲王會有膽氣籌略遂霸西域葱嶺以東莫不率服其俗丈夫翦髮婦人衣襦著大袴婚姻同華夏兵有弓刀甲矟死亡者皆焚而後葬其服制滿七日則除之俗事天神氣候寒土田良沃穀有稻粟菽麥畜有駝馬牛羊養蠶不以爲絲唯取綿纊俗尚蒲陶酒兼愛音樂其後張駿遣沙州刺史楊宣率衆彊理西域宣以部將張植爲前鋒軍次其國進屯鐵門未至十餘里熙又率衆先要之於遮留谷植將至或曰漢祖畏於柏人岑彭死於彭亡谷爲遮留殆將有伏單騎嘗之果有伏發植擊敗之進據尉犂熙降于宣呂光僭位熙遣子入侍至魏遣成周公萬度歸討之其王鳩尸卑那衆大潰單騎走入山中度歸進屠其城四部諸戎皆降服焉耆爲國斗絶一隅不亂日久獲其珍奇異玩殊方詭譎難名之物橐駝馬牛雜畜巨萬後周武帝保定四年其王遣使獻名馬隋煬帝大業中其王龍突騎遣使貢方物 ○大唐貞觀六年正月又遣使貢方物今其王龍姓即突騎之後盡并有漢時尉犂危須山國三國之地并鄯善之北界矣

于闐

00531、00532、00533、00534通典二百卷 （唐）杜佑撰 宋刻宋元遞修本

匡高22.8厘米，廣16.5厘米。半葉十五行，行二十六至二十八字，小字雙行三十六至三十七字，白口，左右雙邊。北京大學圖書館藏，存八十八卷；國家圖書館藏，有“元照之印”、“臣光焴印”等印，存二十三卷；國家圖書館藏又一部，有“曹印元忠”、“涵芬樓”等印，存七卷；國家圖書館藏又一部，蝴蝶裝，有“晉府書畫之印”、“雙鑑樓藏書印”等印，存五卷。

焉耆　于闐　疏勒　烏孫　姑墨　温宿

烏秅　難兜　大宛　莎車　罽賓　烏弋山離

條支　安息　大夏　大月氏　小月氏

焉耆

焉耆漢時通焉耆王理員渠城員丁君反在白山之南七十里去長安七千三百里戶四千西南至都護理所四百里南去尉犂百里北與烏孫接東去交河城音今九百里西去龜茲九百里皆沙磧其國近海水多魚鹽蒲葦之利四面有大山道險阨易守海水曲入四山之內周匝其城三十餘里後漢明帝永平末有戶萬五千與龜茲共攻沒都護陳睦至和帝永光六年都護班超發諸國兵討之殺其王超乃立焉耆左侯元孟爲王至安帝時西域背叛延光中超子勇爲西域長史復討定之晉武帝太康中其王龍安遣子入侍安夫人獪胡之女獪古邁反妊身十二月剖脇生子曰會立爲世子會少而勇傑安病篤謂會曰我嘗爲龜茲王白山所辱汝能雪之乃吾子也及會立襲滅白山遂據其國遣子熙

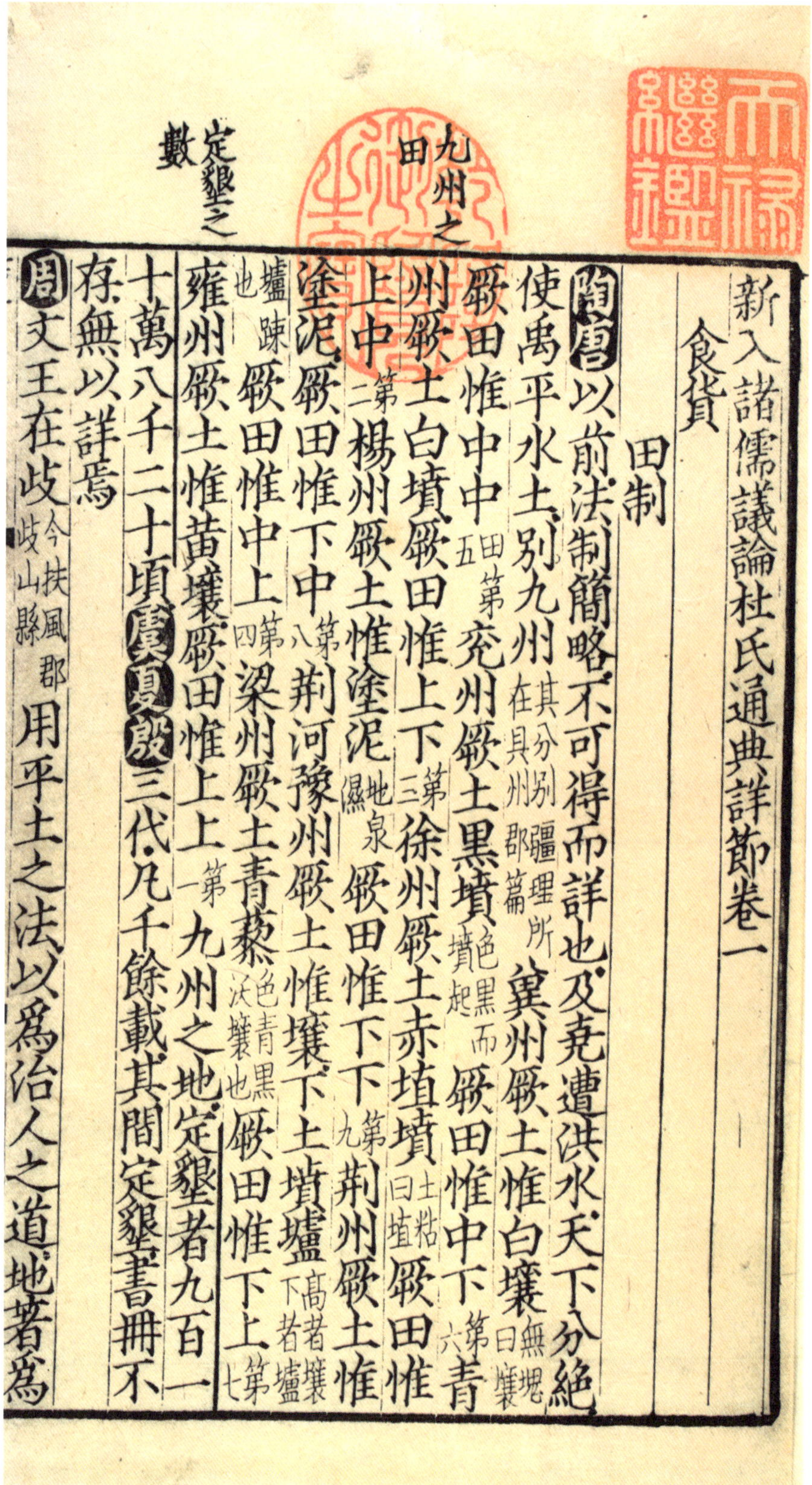

九州之田
定墾之數

新入諸儒議論杜氏通典詳節卷一
食貨
田制
陶唐以前法制簡略不可得而詳也及堯遭洪水天下分絶使禹平水土別九州其分別疆理所在具州郡篇冀州厥土惟白壤無塊曰壤厥田惟中中田第五兗州厥土黑墳色黑而墳起厥田惟中下第六青州厥土白墳厥田惟上下第三徐州厥土赤埴墳土粘曰埴厥田惟上中第二楊州厥土惟塗泥地泉濕厥田惟下下第九荆州厥土惟塗泥厥田惟下中第八荆河豫州厥土惟壤下土墳壚高者壤下者壚壚疎也厥田惟中上第四梁州厥土青黎色青黑沃壤也厥田惟下上第七雍州厥土惟黃壤厥田惟上上第一九州之地定墾者九百一十萬八千二十頃虞夏殷三代凡千餘載其間定墾書冊不存無以詳焉
周文王在岐今扶風郡岐山縣用平土之法以爲治人之道地著爲

00535 新入諸儒議論杜氏通典詳節四十二卷圖譜一卷 宋紹熙五年（1194）擇善堂刻本

匡高18.3厘米，廣12.4厘米。半葉十四行，行二十三字，小字雙行同，細黑口，左右雙邊。有“閼逢攝提格之歲律中黃鐘之月有宋文忠公之裔子刊于擇善堂”牌記。有“天禄琳琅”、“天禄繼鑑”等印。國家圖書館藏，存十九卷。

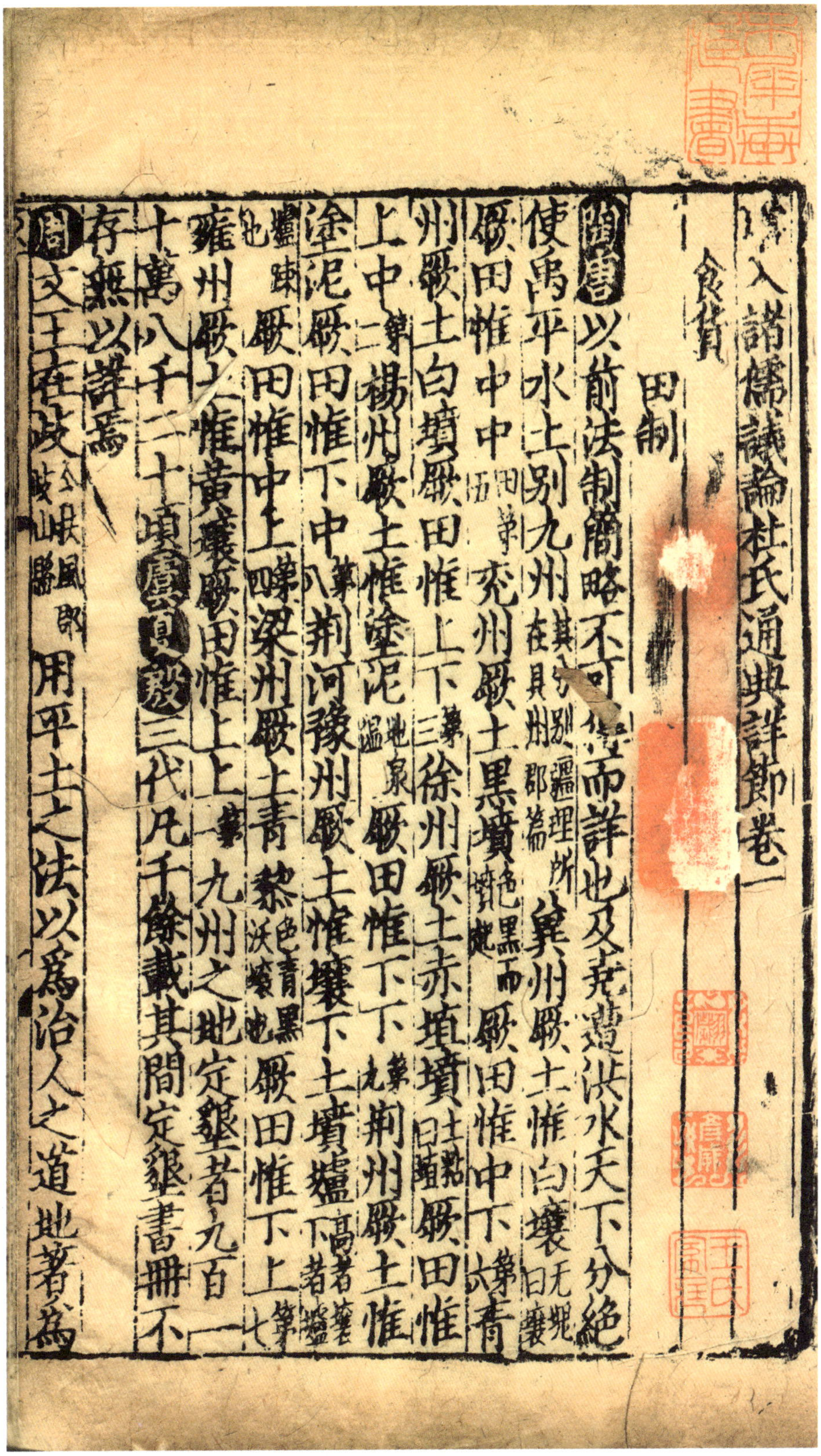
增入諸儒議論杜氏通典詳節卷一

食貨

田制

陶唐以前法制簡略不可得而詳也及堯遭洪水天下分絶使禹平水土別九州（其分別疆理所在具州郡篇）冀州厥土惟白壤（無塊曰壤）厥田惟中中（第五）兗州厥土黑墳（色黑而墳起）厥田惟中下（第六）青州厥土白墳厥田惟上下（第三）徐州厥土赤埴墳（土黏曰埴）厥田惟上中（第二）揚州厥土惟塗泥（地泉濕）厥田惟下下（第九）荊州厥土惟塗泥厥田惟下中（第八）荊河豫州厥土惟壤下土墳壚（高者壤下者壚壚疏也）厥田惟中上（第四）梁州厥土青黎（色青黑沃壤也）厥田惟下上（第七）雍州厥土惟黃壤厥田惟上上（第一）九州之地定墾者九百一十萬八千二十頃虞夏殷三代凡千餘載其間定墾書冊不存無以詳焉

周文王在岐（今扶風郡岐山縣）用平土之法以爲治人之道地著爲

00536 增入諸儒議論杜氏通典詳節四十二卷 元至元二十三年（1286）刻本

匡高18.5厘米，廣13厘米。半葉十四行，行二十三字，小字雙行同，細黑口，左右雙邊。北京大學圖書館藏，存四十卷。

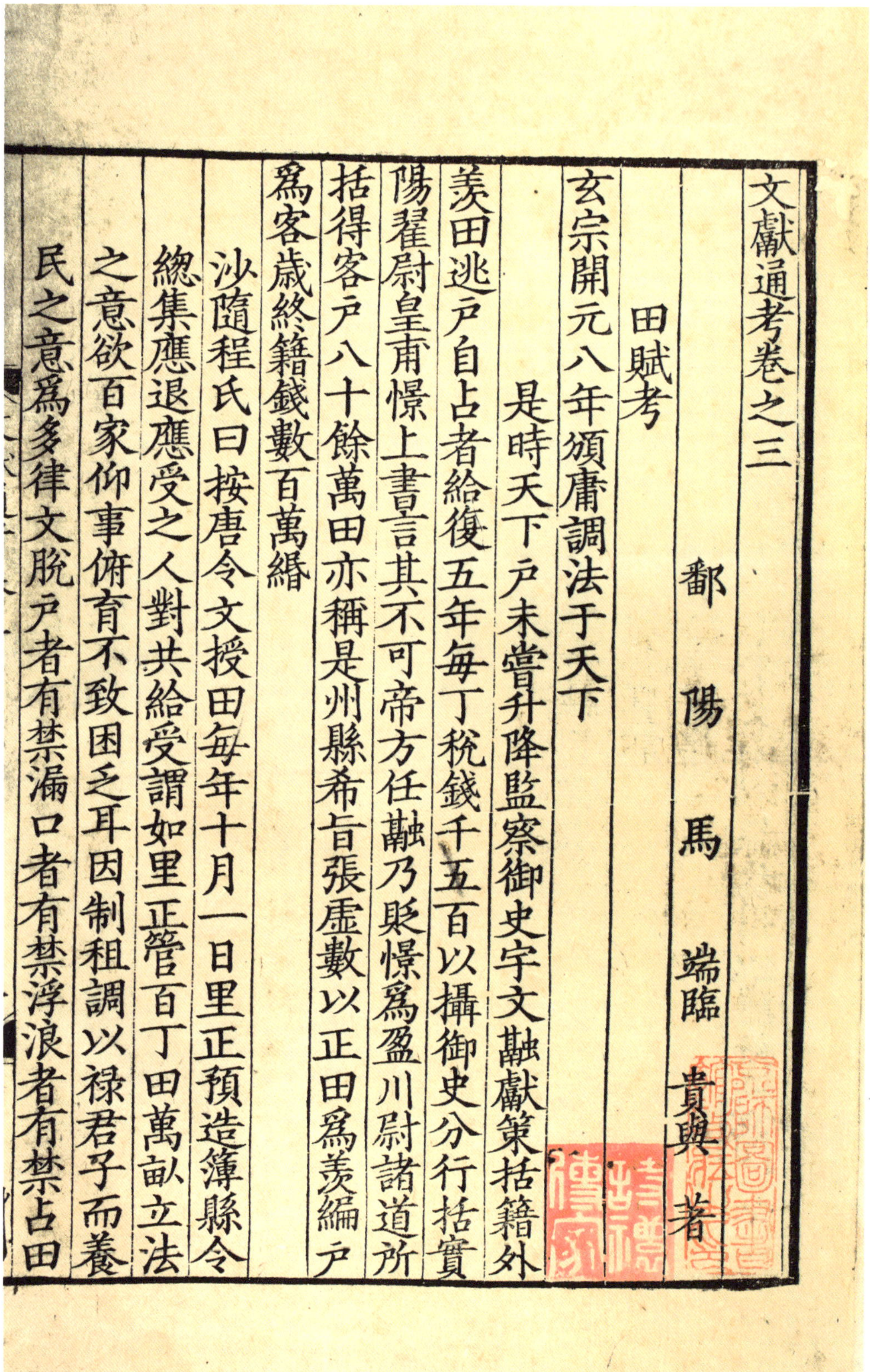

文獻通考卷之三

田賦考　　鄱陽馬端臨貴與著

玄宗開元八年頒庸調法于天下

是時天下戶未嘗升降監察御史宇文融獻策括籍外羨田逃戶自占者給復五年每丁稅錢千五百以攝御史分行括實陽翟尉皇甫憬上書言其不可帝方任融乃貶憬爲盈川尉諸道所括得客戶八十餘萬田亦稱是州縣希旨張虛數以正田爲羨編戶爲客歲終籍錢數百萬緡

沙隨程氏曰按唐令文授田每年十月一日里正預造簿縣令總集應退應受之人對共給受謂如里正管百丁田萬畝立法之意欲百家仰事俯育不致困乏耳因制租調以祿君子而養民之意爲多律文脫戶者有禁漏口者有禁浮浪者有禁占田

00537 文獻通考三百四十八卷　（元）馬端臨撰　元泰定元年（1324）西湖書院刻本

包背裝。匡高26厘米，廣19.2厘米。半葉十三行，行二十六字，小字雙行同，細黑口，左右雙邊。有“詩禮傳家”等印。國家圖書館藏，存二百八十二卷。

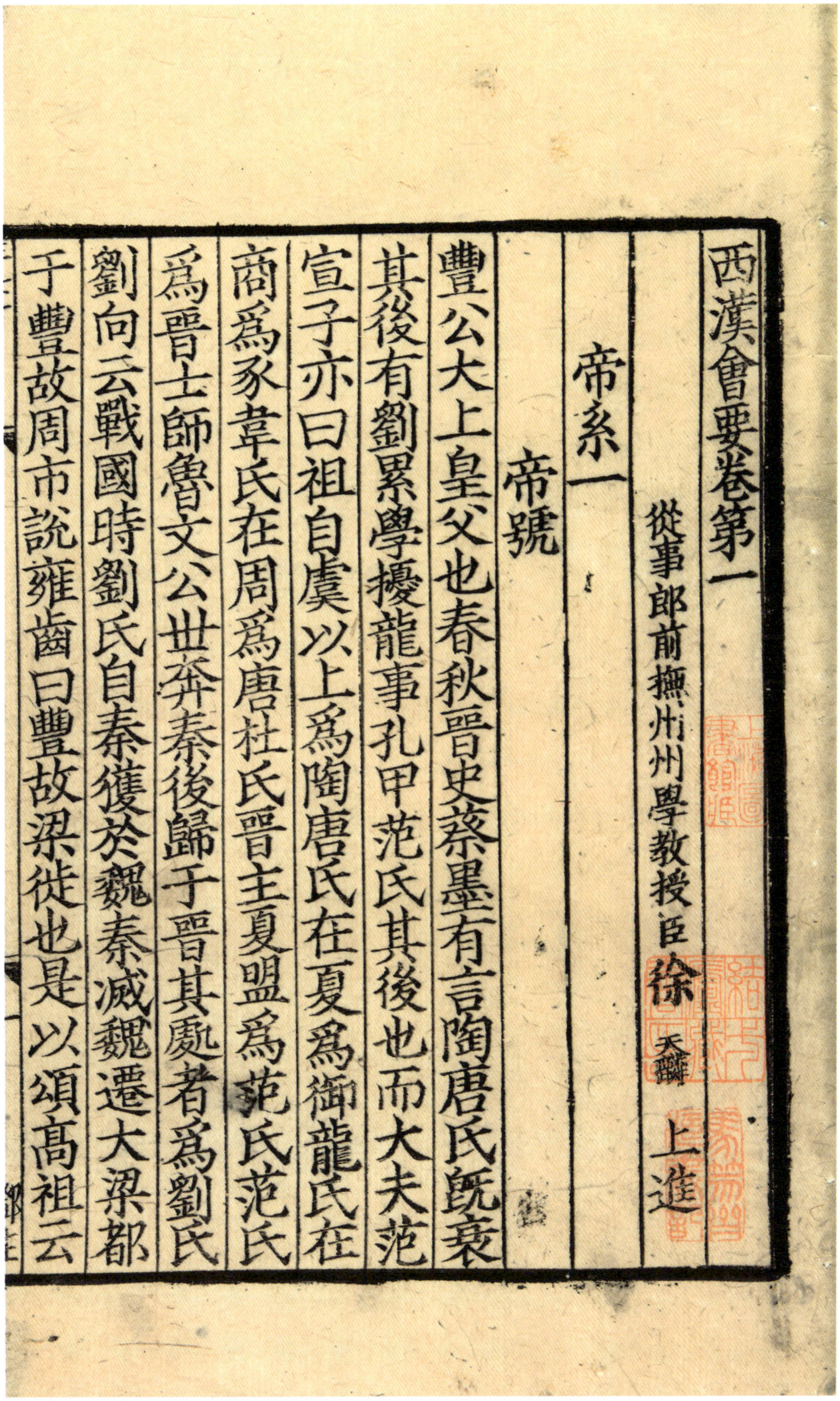
西漢會要卷第一
從事郎前撫州州學教授臣徐天麟上進
帝系一
帝號
豐公大上皇父也春秋晉史蔡墨有言陶唐氏既衰其後有劉累學擾龍事孔甲范氏其後也而大夫范宣子亦曰祖自虞以上爲陶唐氏在夏爲御龍氏在商爲豕韋氏在周爲唐杜氏晉主夏盟爲范氏范氏爲晉士師魯文公世奔秦後歸于晉其處者爲劉氏劉向云戰國時劉氏自秦獲於魏秦滅魏遷大梁都于豐故周市說雍齒曰豐故梁徙也是以頌高祖云

00538、00539西漢會要七十卷　（宋）徐天麟撰　宋嘉定建寧郡齋刻元明遞修本

匡高21.7厘米，廣16厘米。半葉十一行，行二十字，小字雙行同，白口，左右雙邊。南京圖書館藏，爲公文紙印本，有"馬印玉堂"等印；上海圖書館藏，有"尚寶少卿袁氏忠徹印"、"馬笏齋藏書記"、"結一廬藏書記"、"徐乃昌讀"等印。

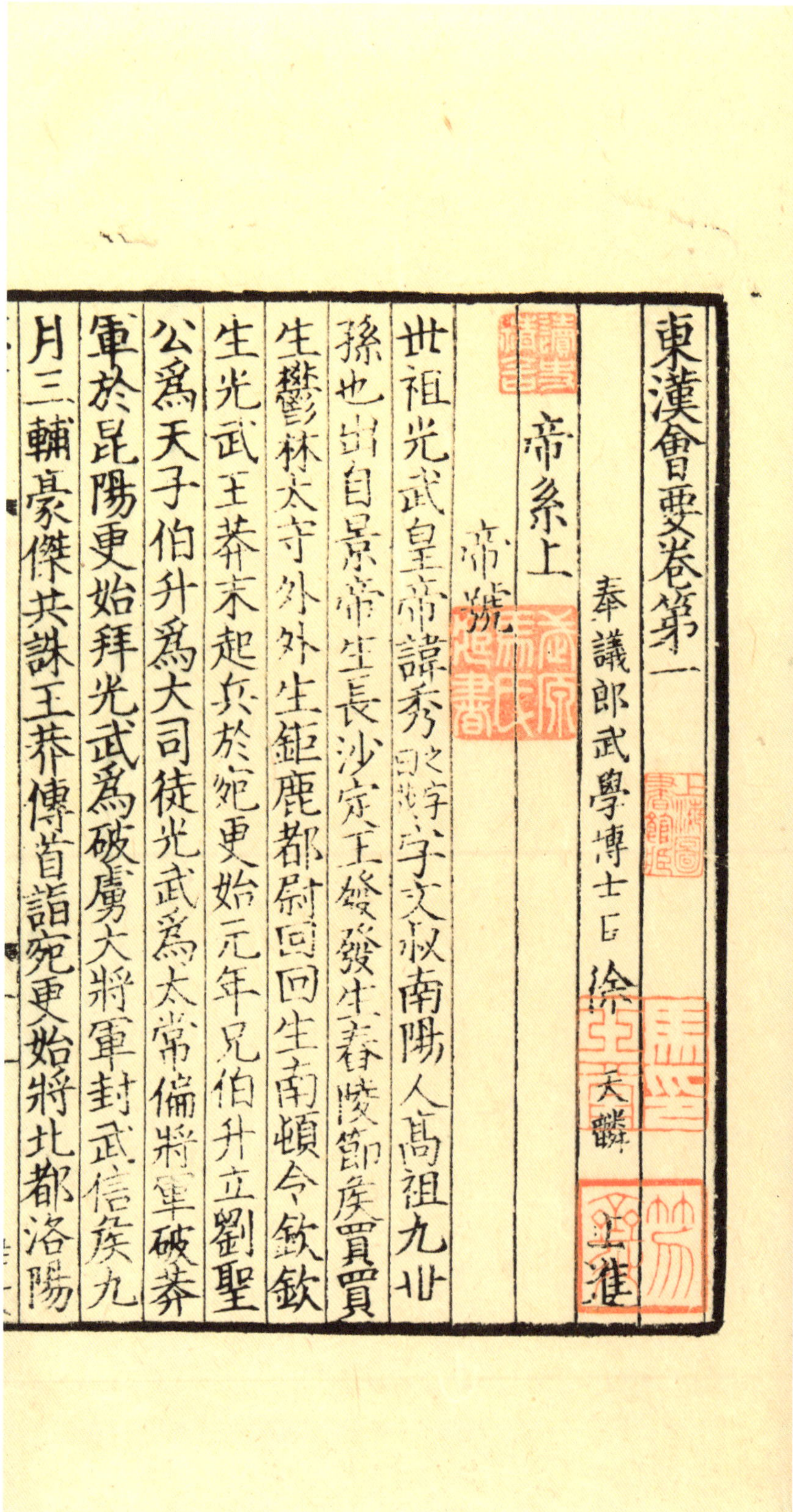

00540、00541 東漢會要四十卷　（宋）徐天麟撰　宋寶慶二年（1226）建寧郡齋刻本（卷三十六至四十配清抄本）

匡高23.1厘米，廣16.8厘米。半葉十一行，行二十字，白口，左右雙邊。上海圖書館藏，有“馬印玉堂”、“結一廬藏書印”、“徐乃昌讀”等印；南京圖書館藏，有“馬印玉堂”等印。

第一批國家珍貴古籍名録圖録

第四册

中國國家圖書館
中國國家古籍保護中心 編

國家圖書館出版社

第四册目録

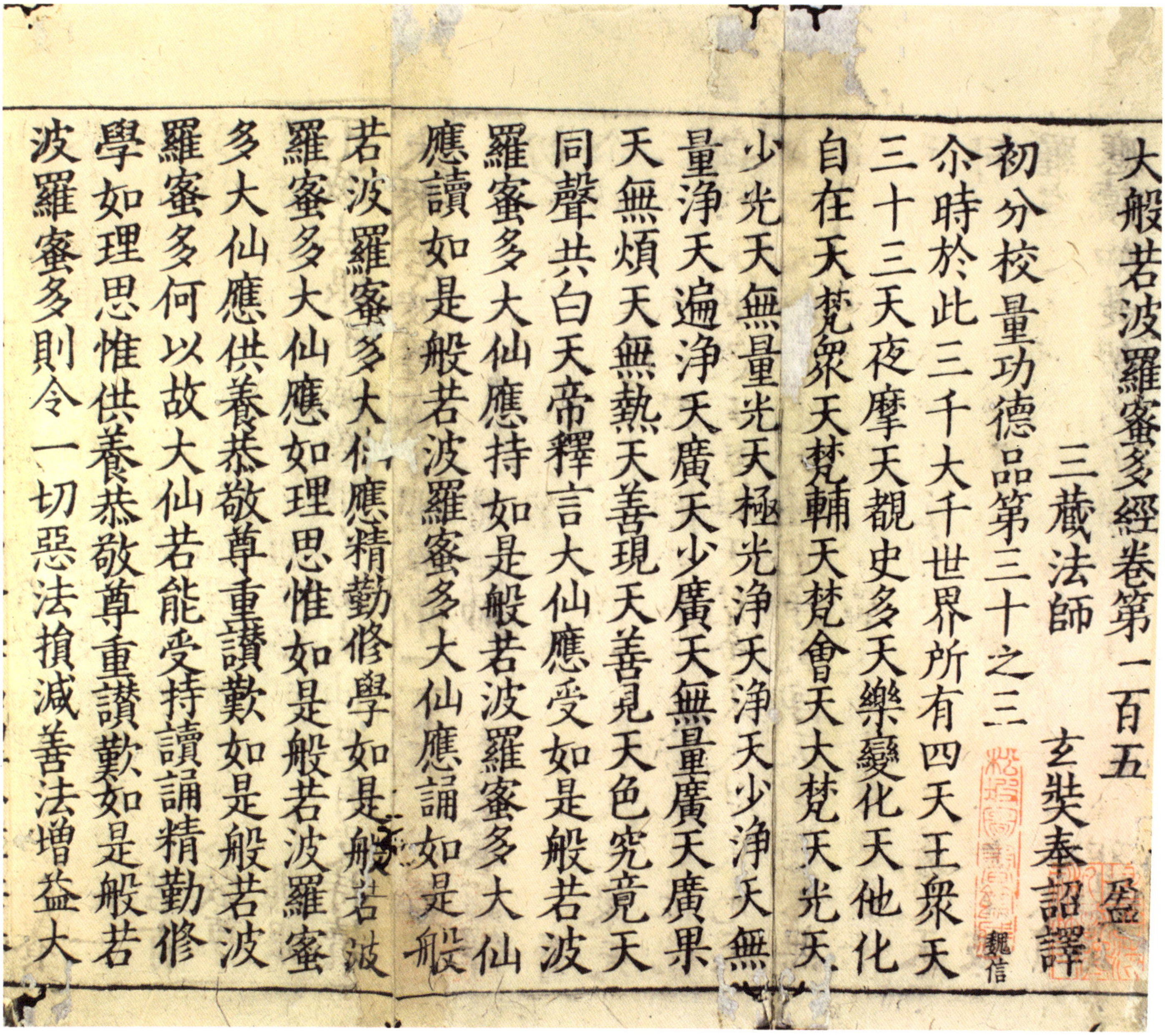

00839 思溪藏五千九百十三卷 宋靖康元年至紹興二年（1126—1132）王永從刻本

經折裝。半葉六行，行十七字。上下單邊。清末楊守敬自日本購回，有日本菅山寺抄補。有“星吾東瀛訪古記”等印。國家圖書館藏，存四百二十八函，四千六百四十七册。

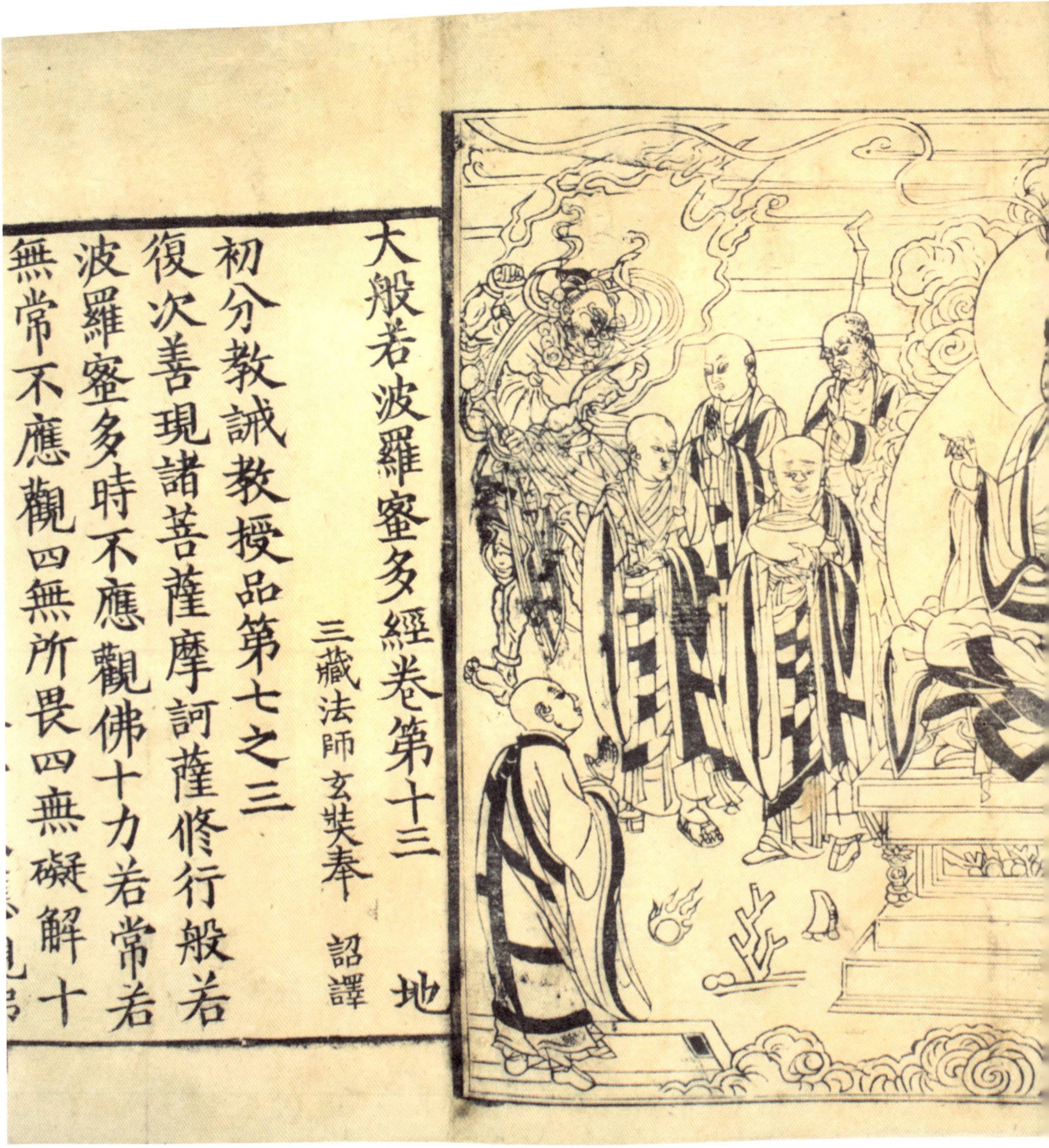
大般若波羅蜜多經卷第十三　地
三藏法師玄奘奉　詔譯
初分教誡教授品第七之三
復次善現諸菩薩摩訶薩修行般若
波羅蜜多時不應觀佛十力若常若
無常不應觀四無所畏四無礙解十

00840 趙城金藏六千九百八十卷 金皇統九年至大定十三年（1149–1173）解州天寧寺刻本（有明人補抄）

卷軸裝。每紙二十三行，行十四字。上下單邊。發現於山西省趙城縣廣勝寺，在八路軍、解放軍及當地僧衆保護下，得以幸存。部分卷尾有牌記。部分經卷保留了《開寶藏》題記。國家圖書館藏，存四千八百十三卷。

大般若波羅蜜多經卷第十三

地

趙城縣廣勝寺

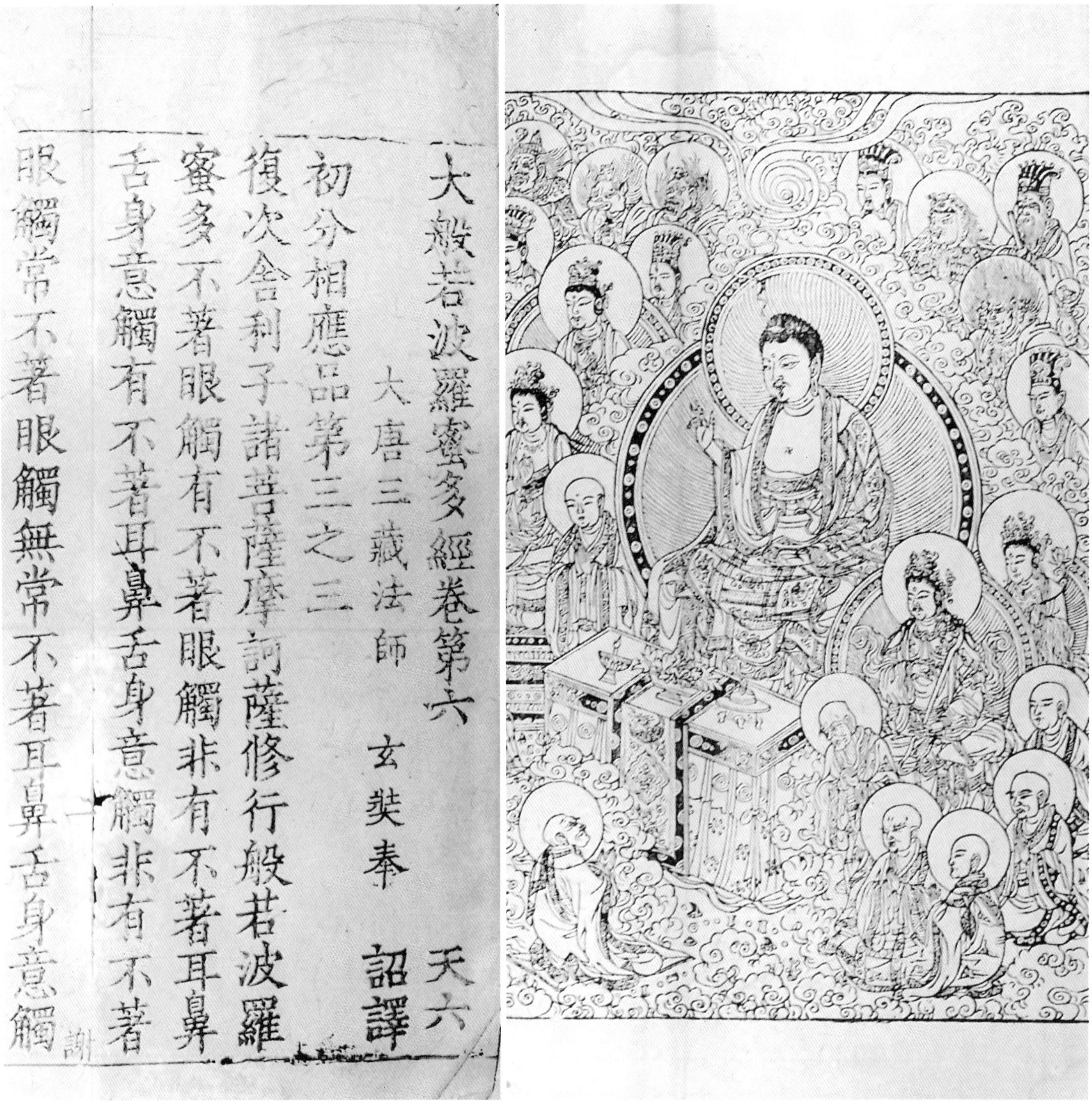

大般若波羅蜜多經卷第六　天六
大唐三藏法師　玄奘奉　詔譯
初分相應品第三之三
復次舍利子諸菩薩摩訶薩修行般若波羅
蜜多不著眼觸有不著眼觸非有不著耳鼻
舌身意觸有不著耳鼻舌身意觸非有不著
眼觸常不著眼觸無常不著耳鼻舌身意觸

00841 磧砂藏六千三百六十二卷 南宋刻元補明遞修本

經折裝。半葉六行，行十七字。上下單邊。卷末有宋、元、明歷代題記、牌記。陝西省圖書館藏，存五千五百四十六卷。

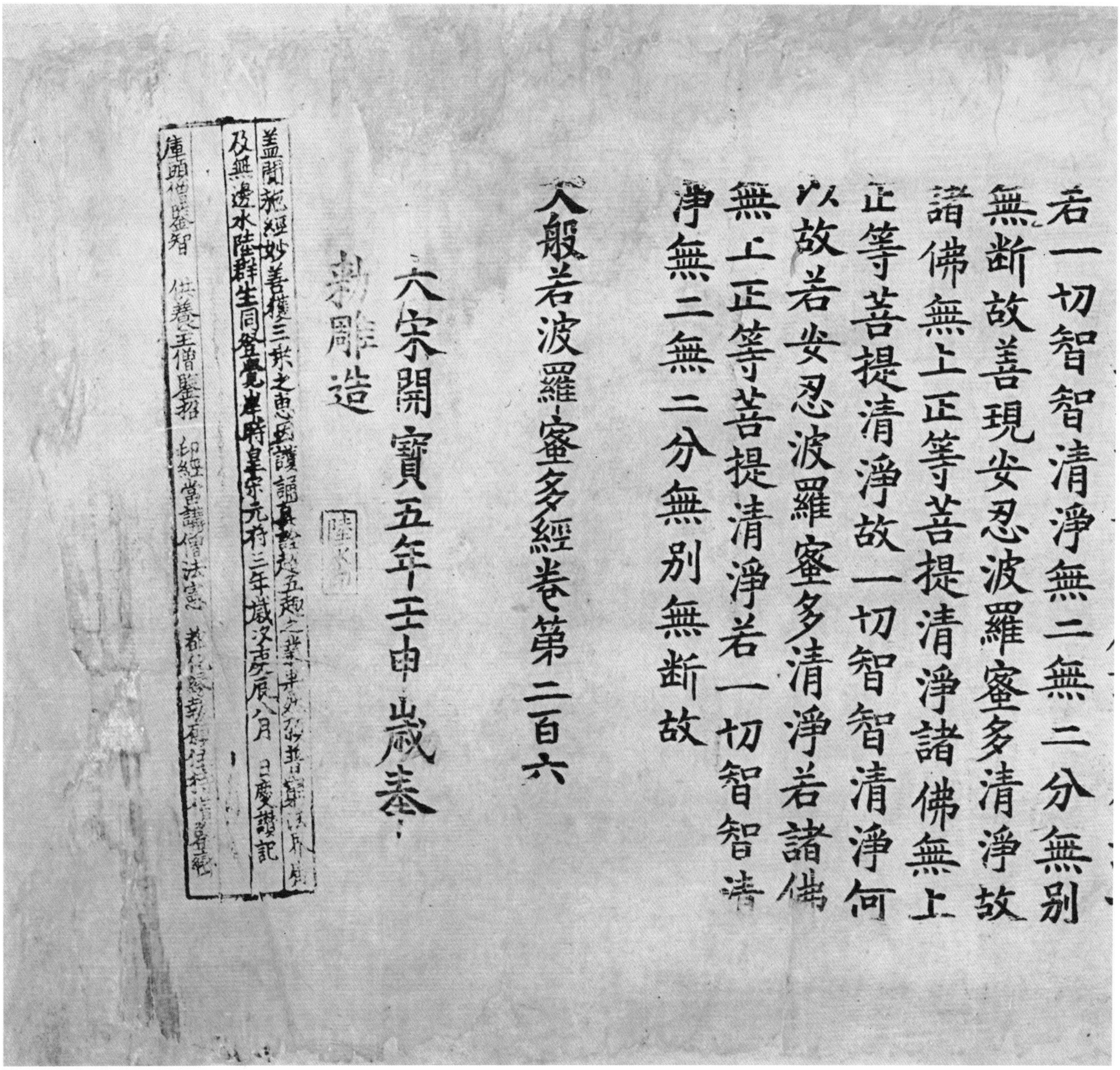

00842 大般若波羅蜜多經六百卷（唐）釋玄奘譯　北宋開寶五年（972）刻元符三年（1100）印開寶藏本

卷軸裝。高32.3厘米，長745厘米。一紙長47.5厘米。每紙二十三行，行十四字。千字文帙號爲“秋”。卷尾存刊板題記和請印牌記及元符三年（1100）慶讚疏。有印工“陸永印”墨印。山西博物院藏，存一卷。

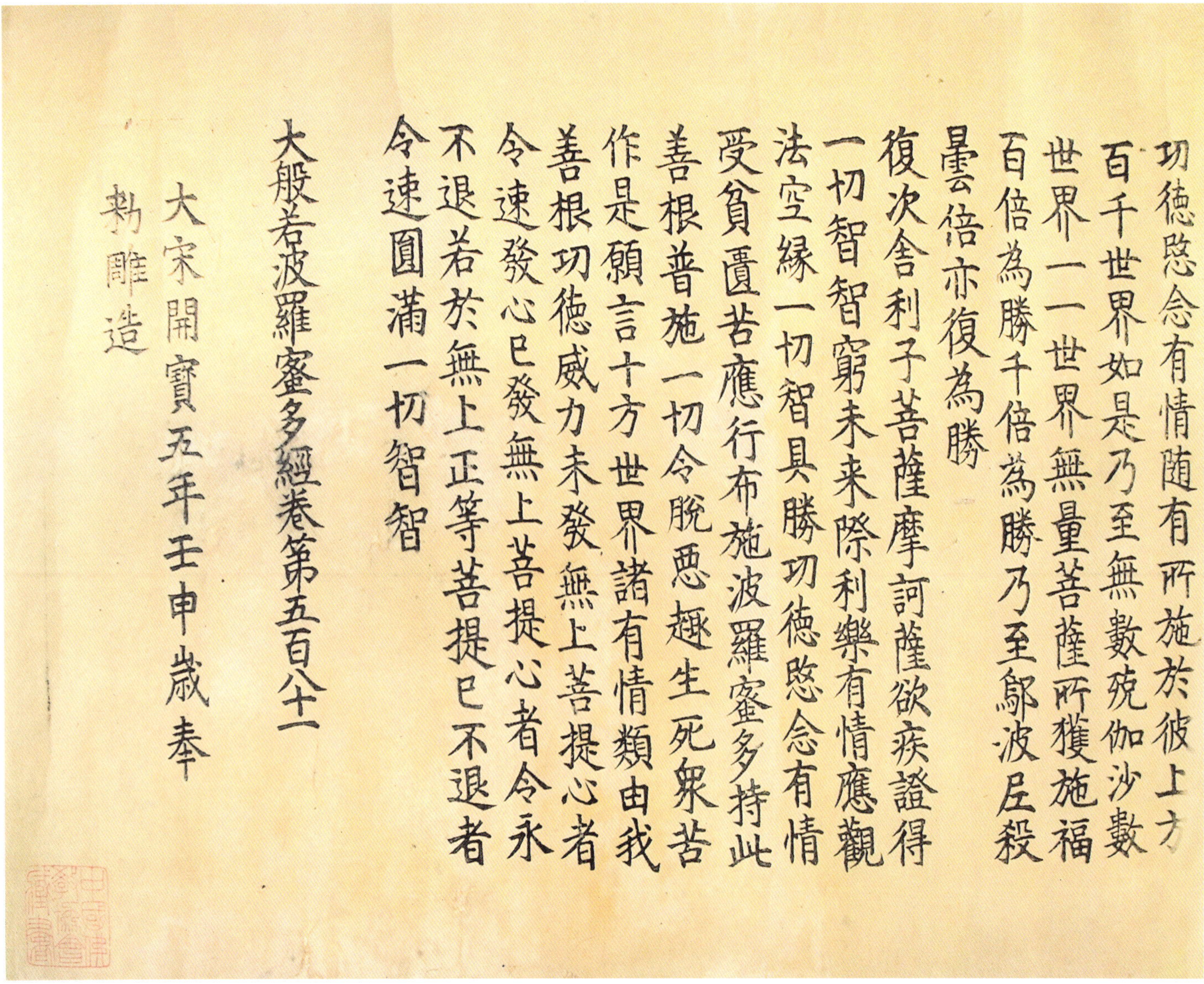

00843 大般若波羅蜜多經六百卷 （唐）釋玄奘譯　北宋開寶五年（972）刻開寶藏本

卷軸裝。高32.3厘米，長836厘米。一紙長47.5厘米。每紙二十三行，行十四字。千字文帙號爲“李”。卷尾存刊板題記“大宋開寶五年壬申歲奉敕雕造”。中國佛教圖書文物館藏，存一卷。

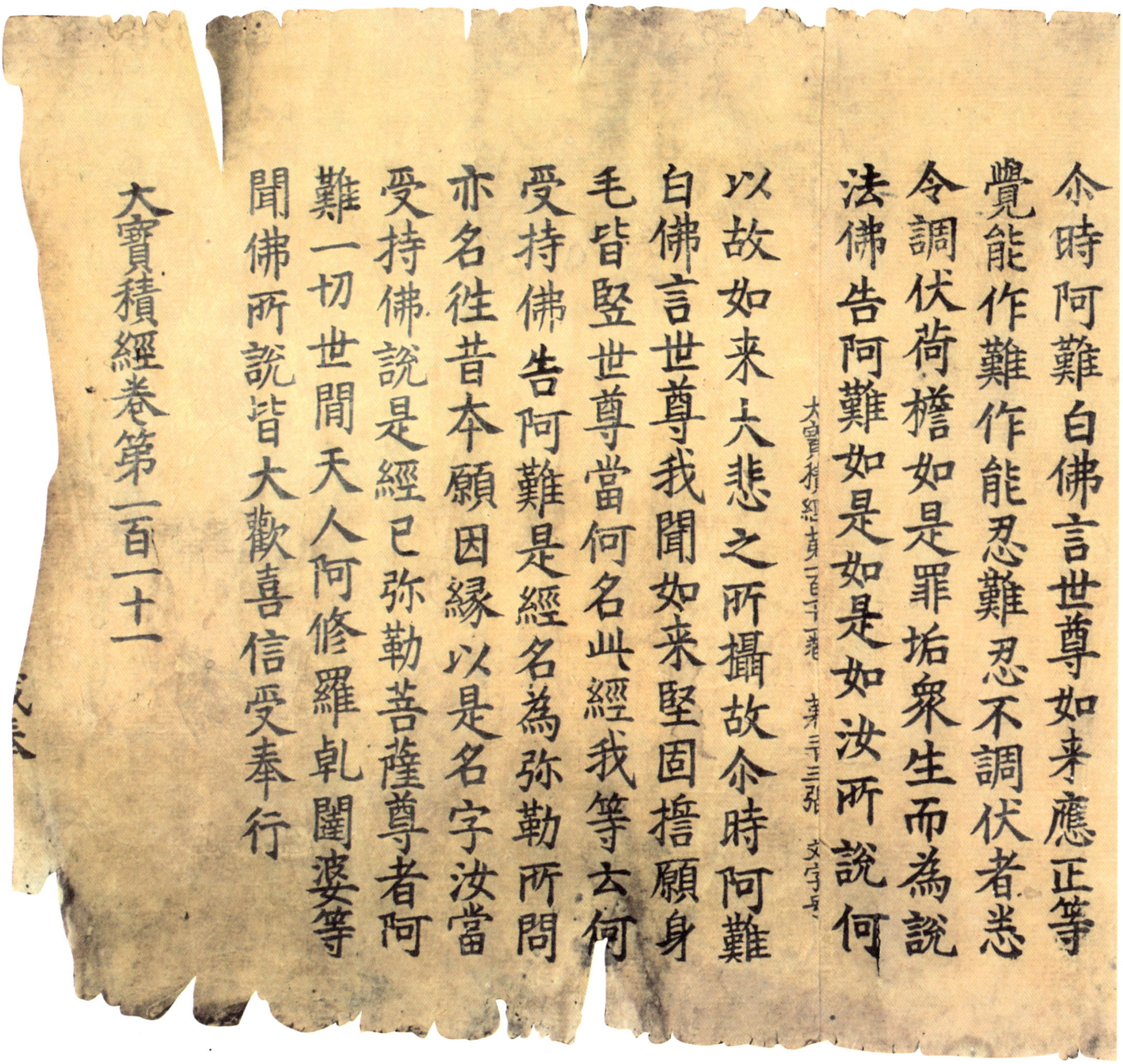

00844 大寶積經一百二十卷 （唐）釋菩提流志等譯　北宋開寶年間刻開寶藏本

卷軸裝。高29.8厘米，一紙長48.5厘米。全三十三紙。每紙二十三行，行十四字。千字文帙號爲“文”。卷背有裝牘題記三行。國家圖書館藏，存一卷。

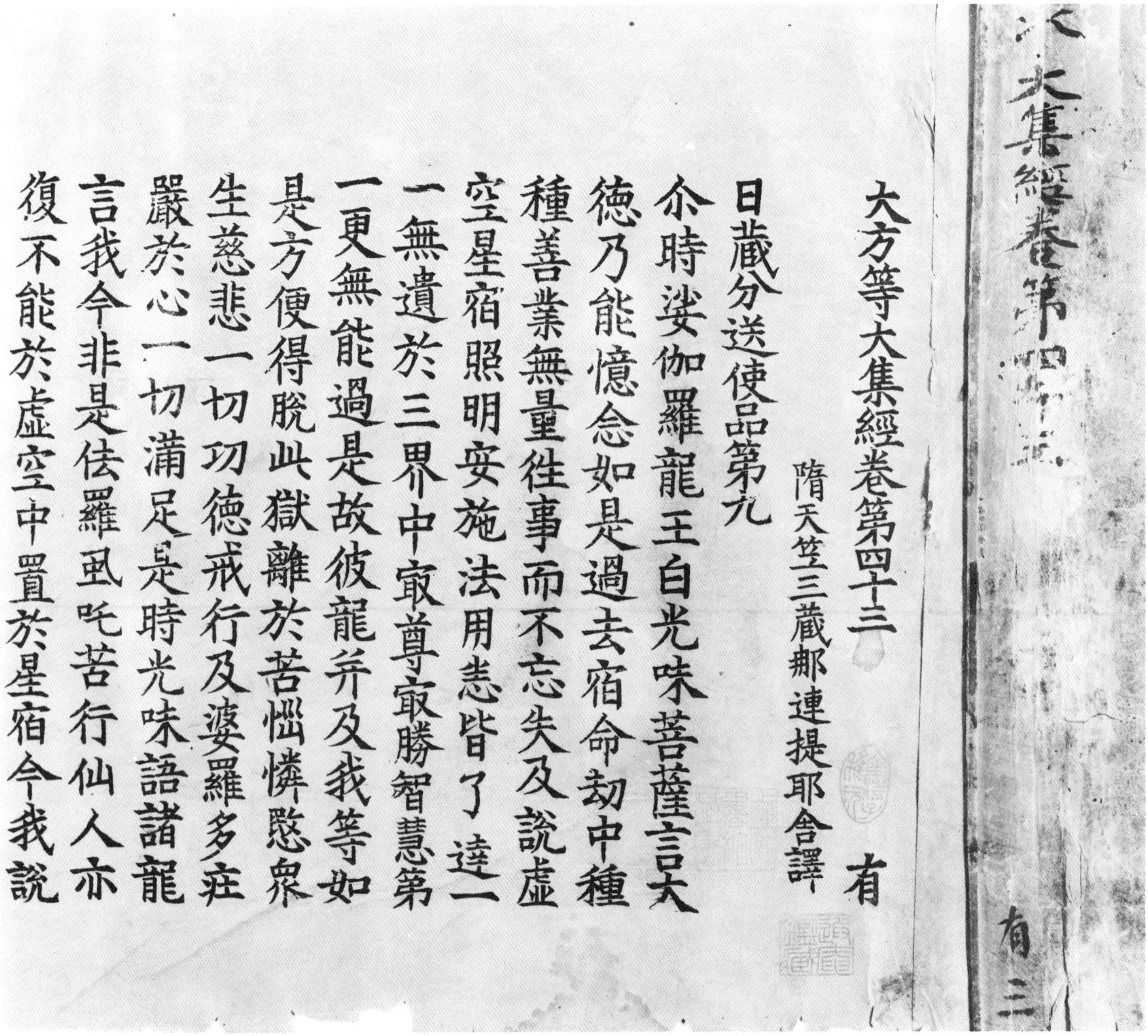
大方等大集經卷第四十三　有
隋天竺三藏那連提耶舍譯
日藏分送使品第九
尒時娑伽羅龍王白光味菩薩言大
德乃能憶念如是過去宿命劫中種
種善業無量往事而不忘失及說虛
空星宿照明安施法用悉皆了達一
一無遺於三界中最尊最勝智慧第
一更無能過是故彼龍并及我等如
是方便得脫地獄離於苦惱憐愍衆
生慈悲一切功德戒行及婆羅多莊
嚴於心一切滿足是時光味語諸龍
言我今非是佉羅虱吒苦行仙人亦
復不能於虛空中置於星宿今我說

00845　大方等大集經六十卷　（隋）釋那連提耶舍譯　北宋開寶年間刻大觀二年（1108）印開寶藏本

卷軸裝。長1403厘米。每紙二十三行，行十四字。千字文帙號爲“有”。有“葉恭綽”、“遐庵鑑藏”等印。上海圖書館藏，存一卷。

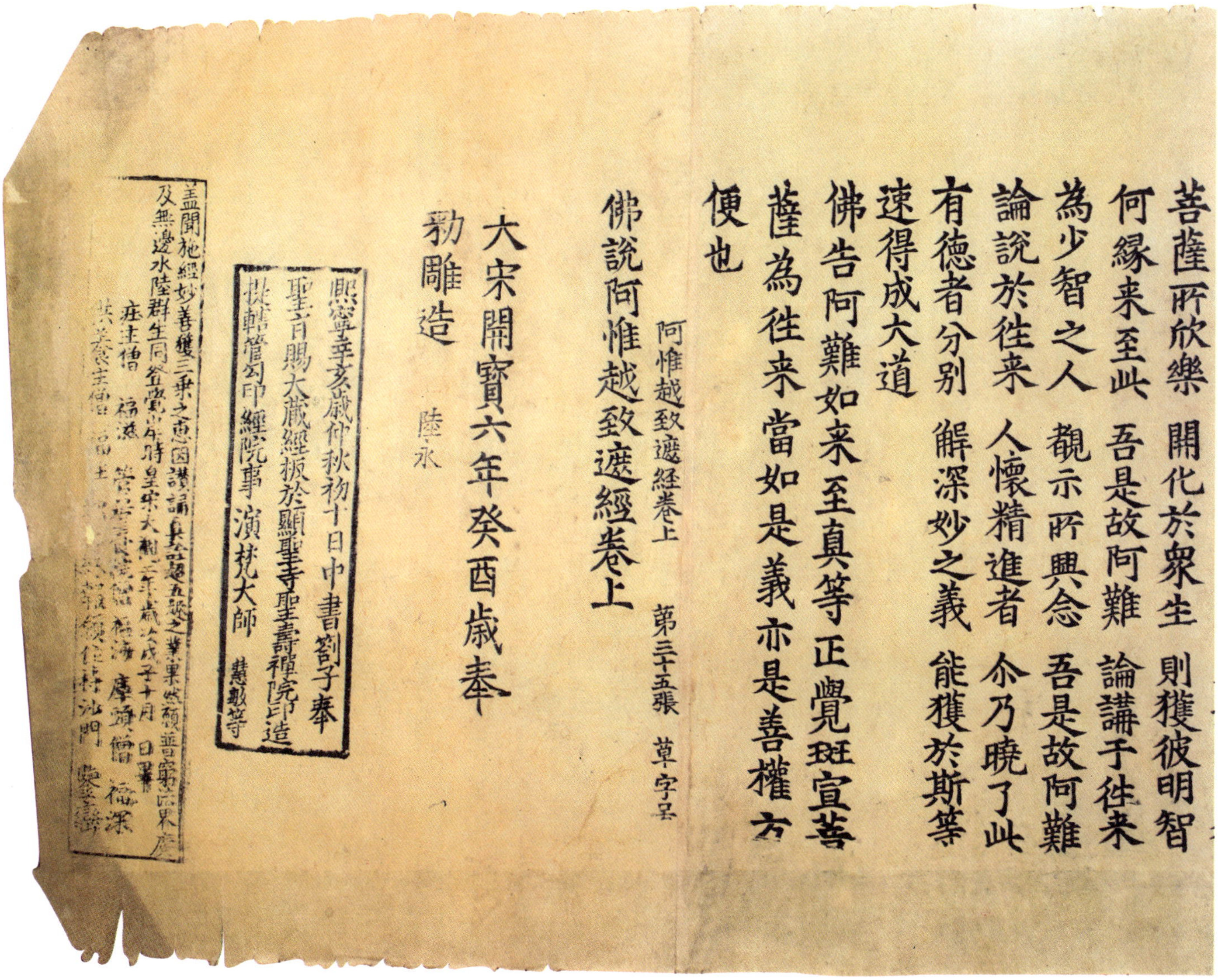

00846 阿惟越致遮經三卷 （晉）釋竺法護譯　北宋開寶六年（973）刻大觀二年（1108）印開寶藏本

卷軸裝。高32厘米，長1560厘米。一紙長46.2至48.8厘米。每紙二十三行，行十四字。千字文帙號爲“草”。卷尾有刊板題記“大宋開寶六年癸酉歲奉敕雕造”、熙寧四年（1071）印經牌記及大觀二年(1108)施經牌記。有印工“陸永”墨印。國家圖書館藏，存一卷。

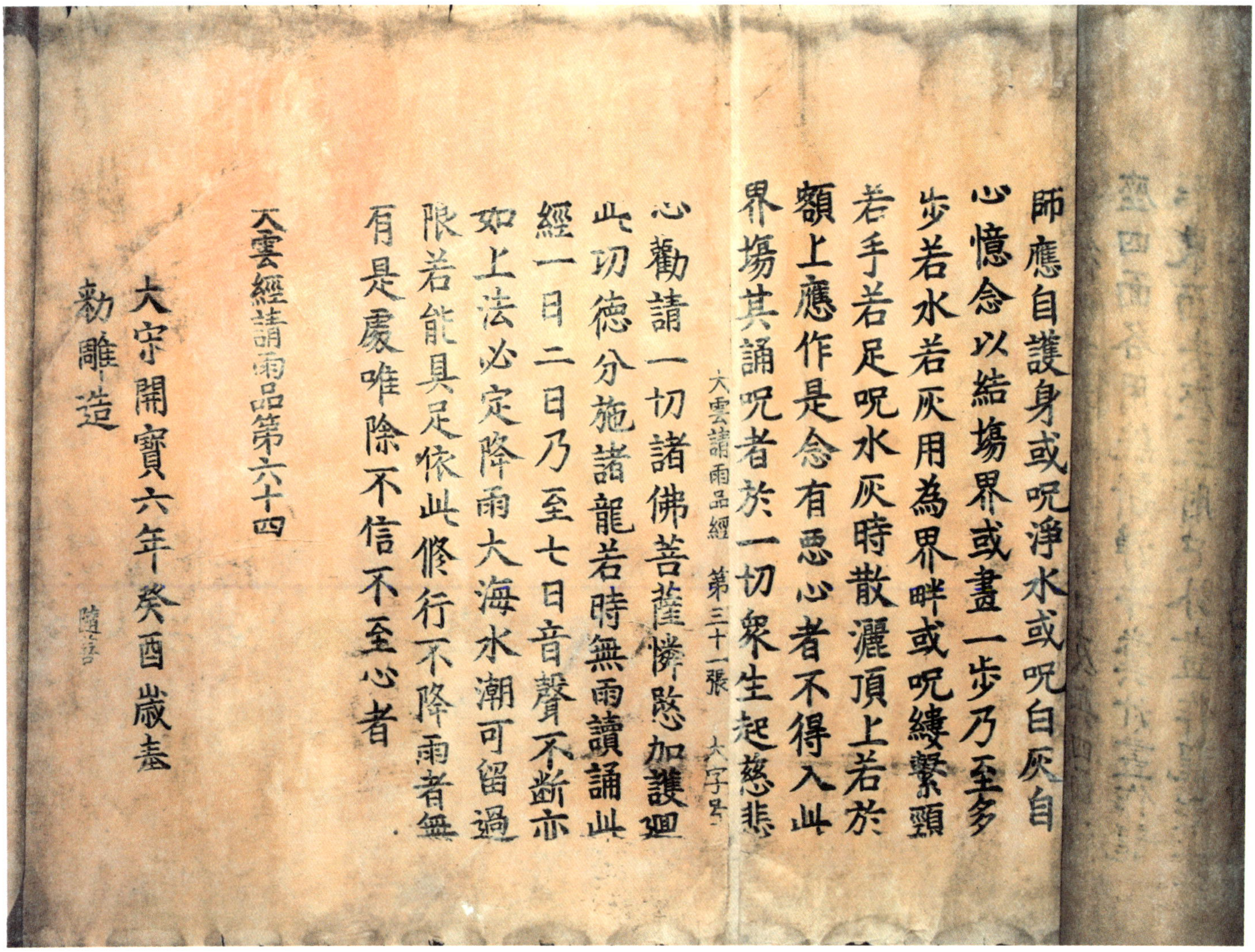
師應自護身或呪淨水或呪白灰自
心憶念以結場界或畫一步乃至多
步若水若灰用為界畔或呪縷繫頸
若手若足呪水灰時散灑頂上若於
額上應作是念有惡心者不得入此
界場其誦呪者於一切衆生起慈悲
大雲請雨品經　第三十一張　大字号
心勸請一切諸佛菩薩憐愍加護迴
此功德分施諸龍若時無雨讀誦此
經一日二日乃至七日音聲不斷亦
如上法必定降雨大海水潮可留過
限若能具足依此修行不降雨者無
有是處唯除不信不至心者
大雲經請雨品第六十四
大宋開寶六年癸酉歲奉
勅雕造
隨菩

00847 大雲經請雨品卷六十四（北周）釋闍那耶舍譯　北宋開寶六年（973）刻開寶藏本

卷軸裝。高32.5厘米，長1275厘米。一紙長47.6至48.5厘米。每紙二十三行，行十四字。千字文帙號爲“大”。卷尾有“大宋開寶六年癸酉歲奉敕雕造”刊板題記及印工“隨菩”墨印戳記。山西省高平市文博館藏，存一卷。

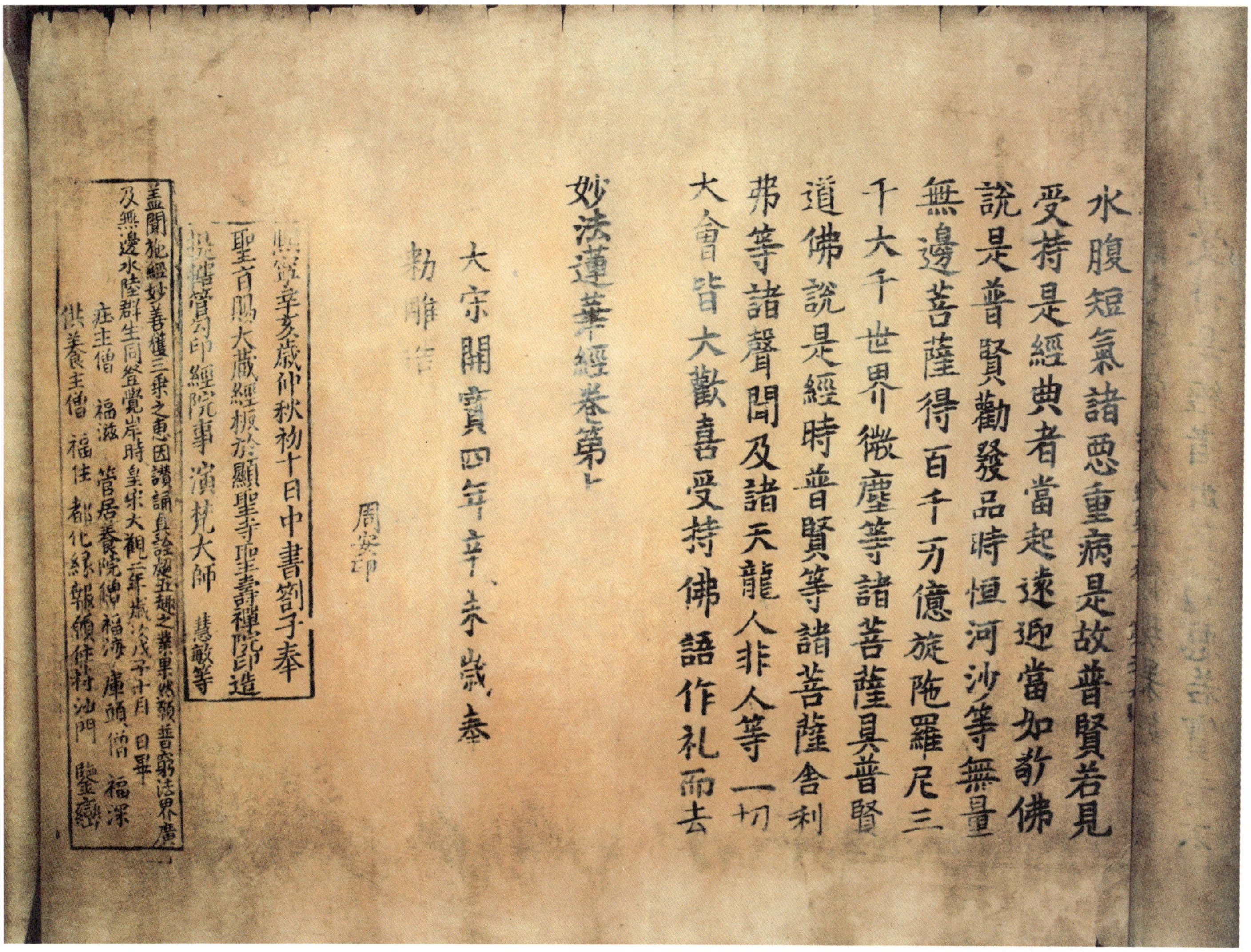

00848 妙法蓮華經七卷 （後秦）釋鳩摩羅什譯　北宋開寶四年（971）刻大觀二年（1108）印開寶藏本

卷軸裝。高32.4厘米，長445.2厘米。一紙長47.8厘米。每紙二十三行，行十四字。無千字文帙號。卷尾有刊板題記“大宋開寶四年辛未歲奉敕雕造”、熙寧四年（1071）印經牌記和大觀二年（1108）施印題記。卷尾有印工“周安印”墨印戳記。山西省高平市文博館藏，存一卷。

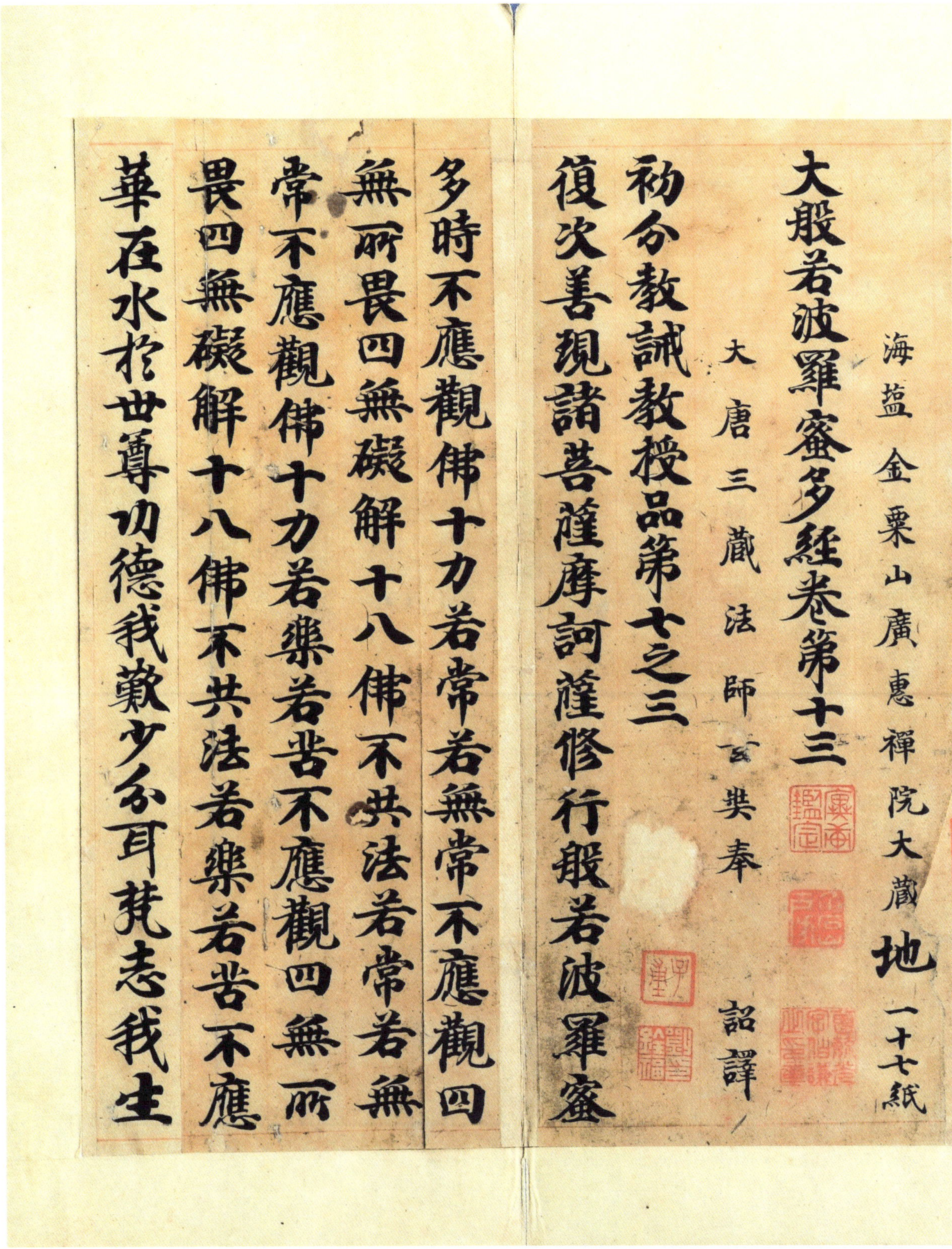
海鹽金粟山廣惠禪院大藏　地　一十七紙
大般若波羅蜜多經卷第十三
大唐三藏法師玄奘奉　詔譯
初分教誡教授品第七之三
復次善現諸菩薩摩訶薩修行般若波羅蜜
多時不應觀佛十力若常若無常不應觀四
無所畏四無礙解十八佛不共法若常若無
常不應觀佛十力若樂若苦不應觀四無所
畏四無礙解十八佛不共法若樂若苦不應
華在水於世尊功德我歎少分耳梵志我生

00849　大般若波羅蜜多經、阿毗達磨大毗婆沙論兩種　（唐）釋玄奘譯　北宋寫金粟山廣惠禪院大藏經本

經折裝。高30.8厘米，廣13.3厘米。朱絲欄。《金粟山藏經》零本合册。有“劉印銓福”、“鄭盦”等印。吴大澂篆寫題簽。趙之謙、葉德輝題記、跋。貴州省博物館藏，存二卷。

設未斷而他界緣或他地緣或自界他界
識色無色界各四部識亦尒有善别者謂見
道所斷無漏緣隨眠相應識緣緣命根苦集
類智品相應識後准應知合為十二識十三
苦集道智品無漏識是命根緣緣識緣緣命
根有漏無漏識故此識非隨眠隨增故說命
根緣緣識三界四部隨眠隨增

阿毗達磨大毗婆沙論卷第八十七

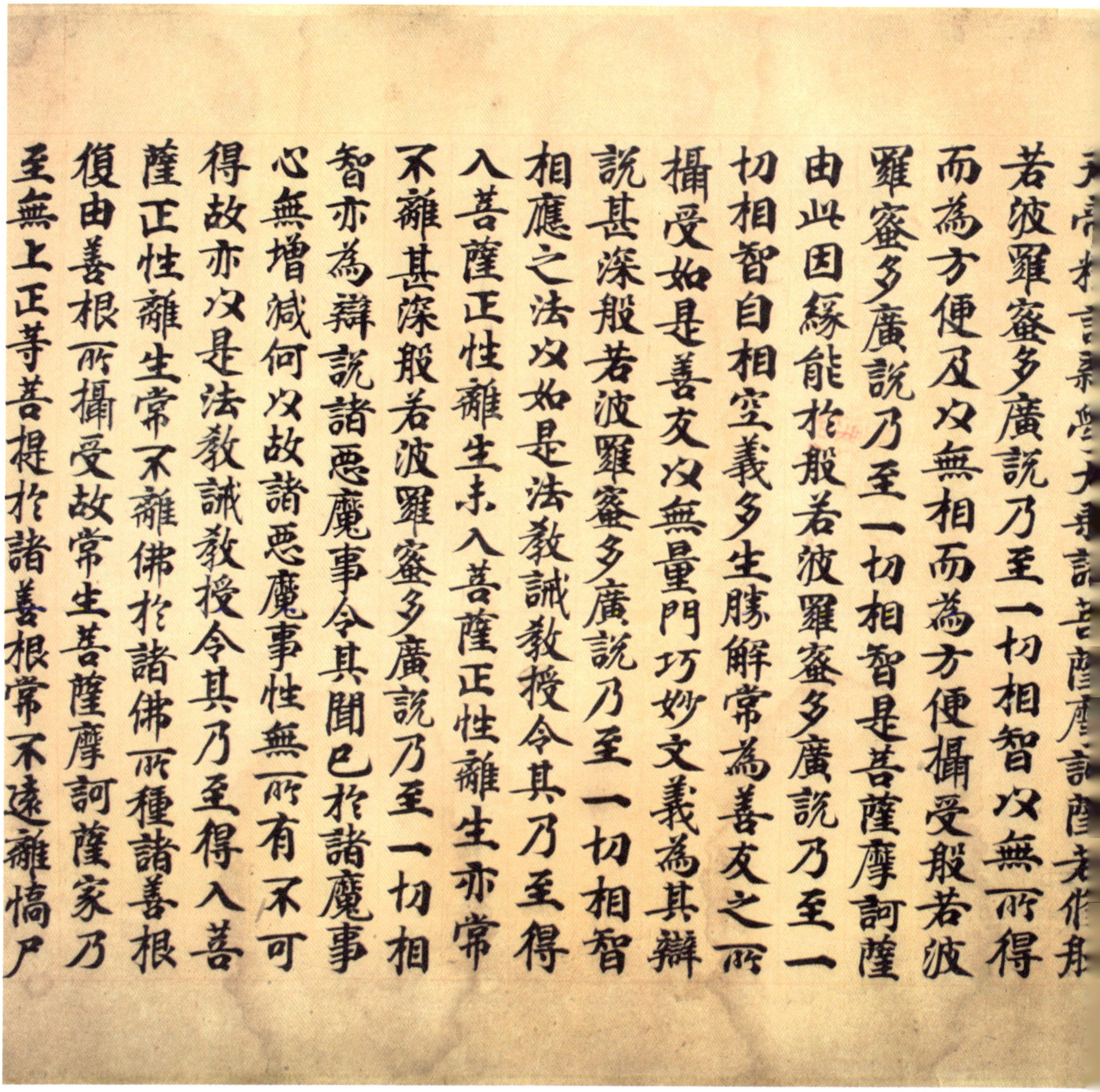

若波羅蜜多廣說乃至一切相智以無所得
而為方便及以無相而為方便攝受般若波
羅蜜多廣說乃至一切相智是菩薩摩訶薩
由此因緣能於般若波羅蜜多廣說乃至一
切相智自相空義多生勝解常為善友之所
攝受如是善友以無量門巧妙文義為其辯
說甚深般若波羅蜜多廣說乃至一切相智
相應之法以如是法教誡教授令其乃至得
入菩薩正性離生未入菩薩正性離生亦常
不離甚深般若波羅蜜多廣說乃至一切相
智亦為辯說諸惡魔事令其聞已於諸魔事
心無增減何以故諸惡魔事性無所有不可
得故亦以是法教誡教授令其乃至得入菩
薩正性離生常不離佛於諸佛所種諸善根
復由善根所攝受故常生菩薩摩訶薩家乃
至無上正等菩提於諸善根常不遠離憍尸

00850 大般若波羅蜜多經六百卷 （唐）釋玄奘譯　北宋寫金粟山廣惠禪院大藏經本

卷軸裝。高30.7厘米，長1029.6厘米。一紙長60.5厘米。每紙三十行，行十七字。朱絲欄。千字文帙號爲“巨”。有“乾清宮鑑藏寶”、“秘殿新編”、“珠林重定”等印。國家圖書館藏，存一卷。

海鹽金粟山廣惠禪院大藏　巨　一十八紙

大般若波羅蜜多經卷第五百五

大唐三藏法師玄奘奉　詔譯

第三分隨喜迴向品第九之二

尒時天帝釋白具壽善現言新學大乘諸菩
薩摩訶薩聞如是法其心將無驚恐疑惑新
學大乘諸菩薩摩訶薩云何能以所修善根
迴向無上正等菩提云何攝受隨喜俱行諸
福業事迴向無上正等菩提時具壽善見吉

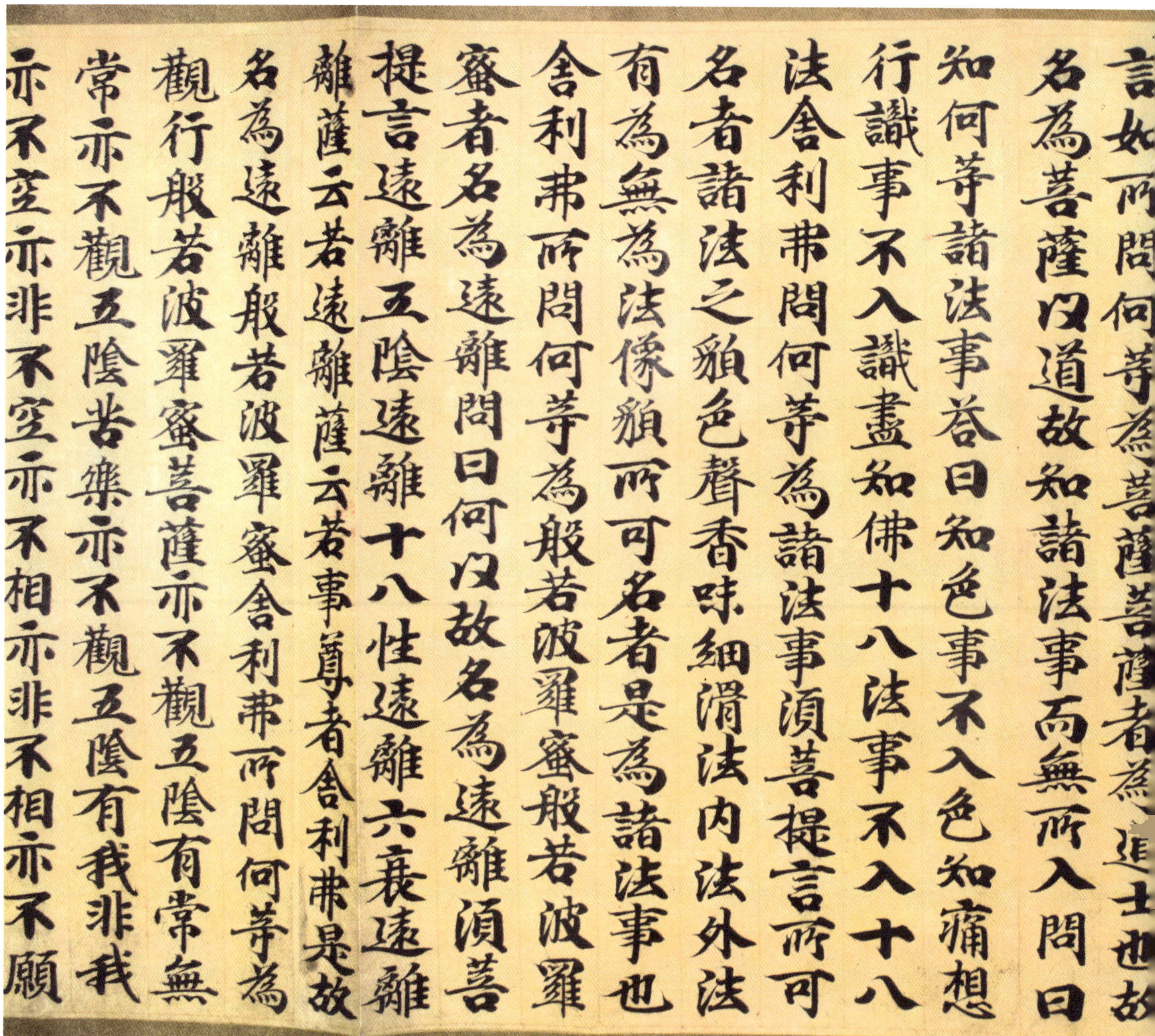
言如所問何等爲菩薩菩薩者爲道士也故
名爲菩薩以道故知諸法事而無所入問曰
知何等諸法事答曰知色事不入色知痛想
行識事不入識盡知佛十八法事不入十八
法舍利弗問何等爲諸法事須菩提言所可
名者諸法之貌色聲香味細滑法内法外法
有爲無爲法像貌所可名者是爲諸法事也
舍利弗所問何等爲般若波羅蜜般若波羅
蜜者名爲遠離問曰何以故名爲遠離須菩
提言遠離五陰遠離十八性遠離六衰遠離
離薩云若遠離薩云若事尊者舍利弗是故
名爲遠離般若波羅蜜舍利弗所問何等爲
觀行般若波羅蜜菩薩亦不觀五陰有常無
常亦不觀五陰苦樂亦不觀五陰有我非我
亦不空亦非不空亦不相亦非不相亦不願

00851 放光摩訶般若波羅蜜經三十卷 （晉）釋無羅叉　釋竺叔蘭譯　北宋寫金粟山廣惠禪院大藏經本

卷軸裝。高25厘米，長548厘米。一紙長60.5厘米。每紙三十行，行十七字。朱絲欄。千字文帙號爲“菜”。有“乾隆御覽之寶”、“太上皇帝之寶”、“秘殿珠林”、“秘殿新編”等印。國家圖書館藏，存一卷。

海鹽金粟山廣惠禪院大藏　菜　一十五紙

放光摩訶般若波羅蜜經卷第八

西晉三藏無羅叉共竺叔蘭譯

問觀品第二十七

舍利弗問須菩提言菩薩摩訶薩云何行般若波羅蜜而觀諸法何等為菩薩何等為般若波羅蜜何等為觀尊者須菩提語舍利弗

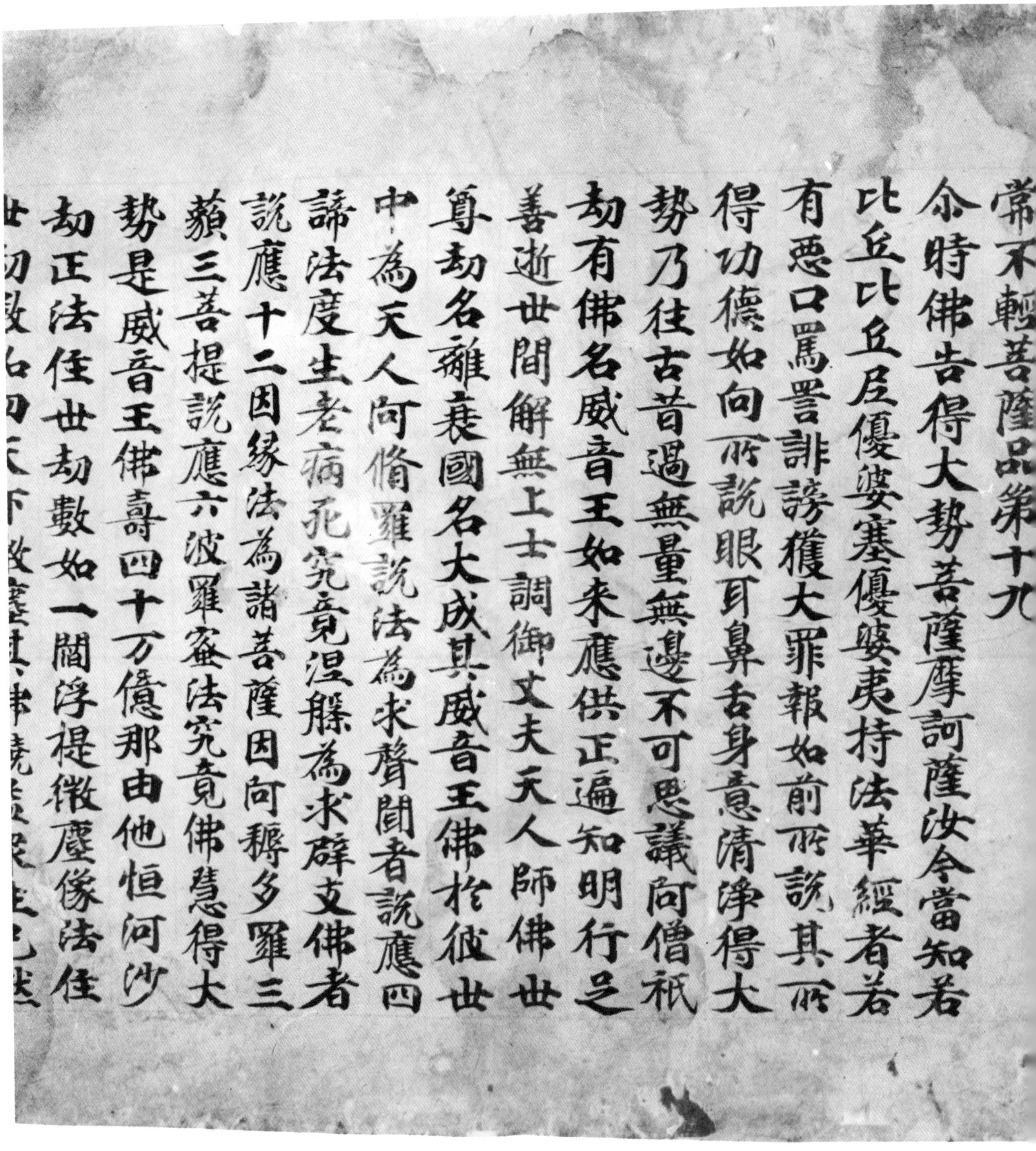

常不輕菩薩品第十九
尒時佛告得大勢菩薩摩訶薩汝今當知若
比丘比丘尼優婆塞優婆夷持法華經者若
有惡口罵詈誹謗獲大罪報如前所說其所
得功德如向所說眼耳鼻舌身意清淨得大
勢乃往古昔過無量無邊不可思議阿僧祇
劫有佛名威音王如來應供正遍知明行足
善逝世間解無上士調御丈夫天人師佛世
尊劫名離衰國名大成其威音王佛於彼世
中為天人阿脩羅說法為求聲聞者說應四
諦法度生老病死究竟涅槃為求辟支佛者
說應十二因緣法為諸菩薩因阿耨多羅三
藐三菩提說應六波羅蜜法究竟佛慧得大
勢是威音王佛壽四十万億那由他恒河沙
劫正法住世劫數如一閻浮提微塵像法住
世劫數如四天下微塵其佛饒益衆生已然

00852 添品妙法蓮華經七卷 （隋）釋闍那笈多等譯　北宋寫金粟山廣惠禪院大藏經本

卷軸裝。長924厘米。一紙長60.5厘米。每紙三十行，行十七字。朱絲欄。千字文帙號爲“白”。有“一菜堂藏”等印。南嶺樵、余紹宋題跋。國家圖書館藏，存一卷。

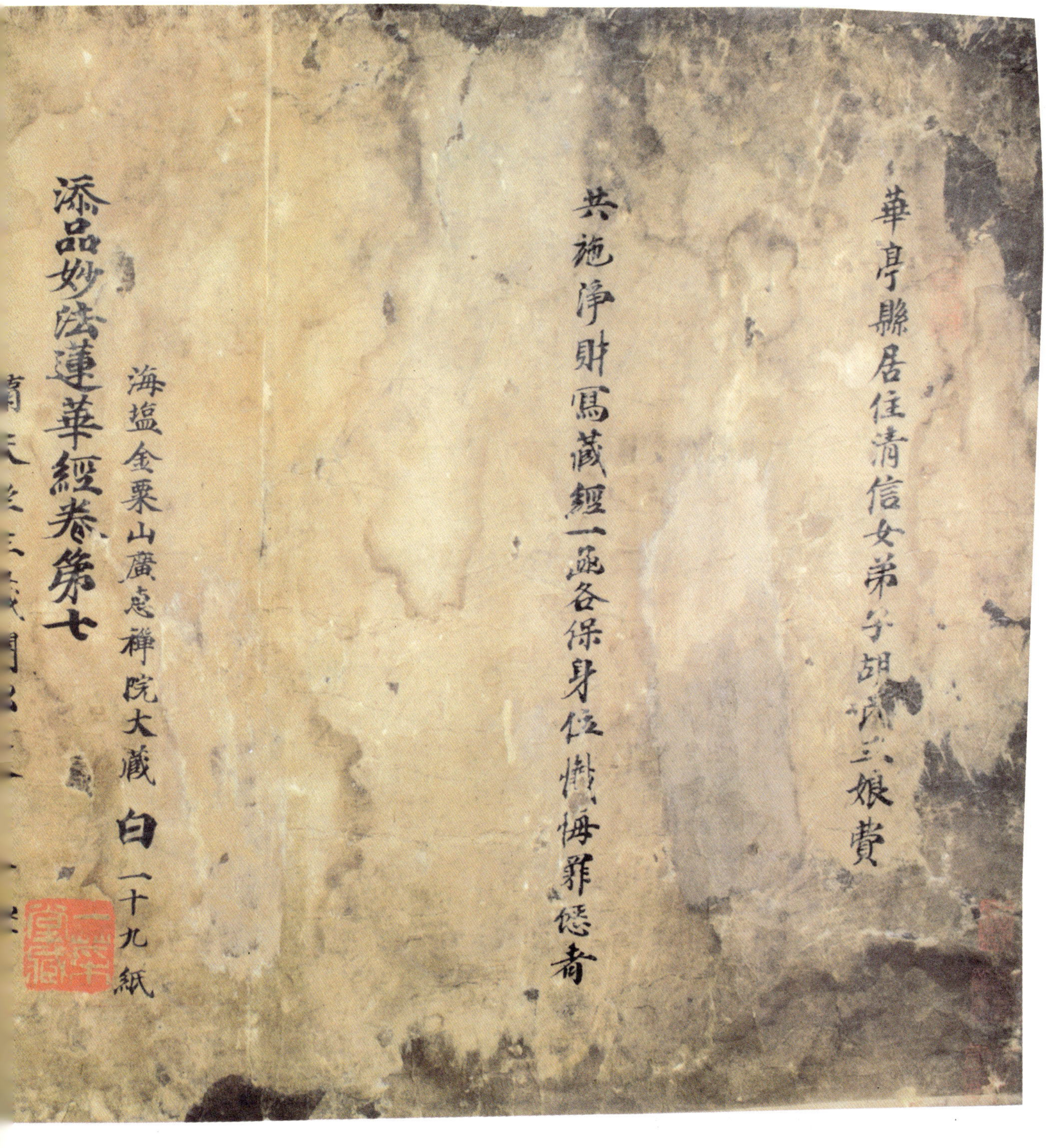

華亭縣居住清信女弟子胡[illegible]三娘費

共施淨財寫藏經一函各保身位懺悔罪愆者

添品妙法蓮華經卷第七

海塩金粟山廣惠禪院大藏　白　一十九紙

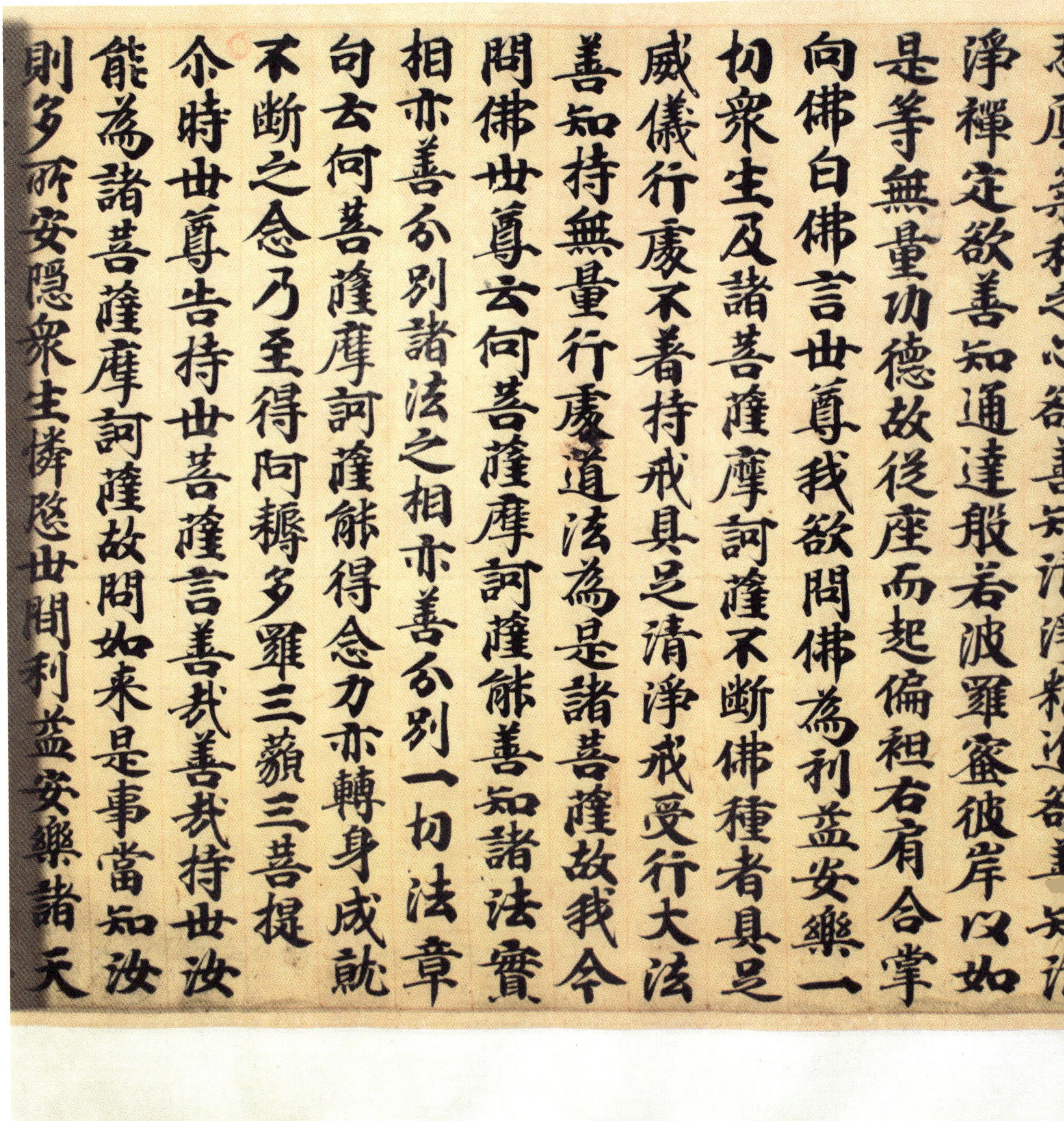
淨禪定欲善知通達般若波羅蜜彼岸以如
是等無量功德故從座而起偏袒右肩合掌
向佛白佛言世尊我欲問佛為利益安樂一
切衆生及諸菩薩摩訶薩不斷佛種者具足
威儀行處不著持戒具足清淨戒受行大法
善知持無量行處道法為是諸菩薩故我今
問佛世尊云何菩薩摩訶薩能善知諸法實
相亦善分別諸法之相亦善分別一切法章
句云何菩薩摩訶薩能得念力亦轉身成就
不斷之念乃至得阿耨多羅三藐三菩提
尒時世尊告持世菩薩言善哉善哉持世汝
能為諸菩薩摩訶薩故問如來是事當知汝
則多所安隱衆生憐愍世間利益安樂諸天

00853 持世經四卷 （後秦）釋鳩摩羅什譯　北宋熙寧元年（1068）寫金粟山廣惠禪院大藏經本

卷軸裝。長924厘米。一紙長60.5厘米。每紙三十行，行十七字。朱絲欄。千字文帙號爲“盖”。有“語鈴道人”、“語鈴道人秘笈之印”、“玉牒崇恩”、“南皮張氏可園收藏庚壬兩劫所餘之一”等印。卷前有題跋。國家圖書館藏，存一卷。

海塩金粟山廣惠禪院大藏 蓋 五十紙

持世經卷第一

姚秦三藏法師羅什譯

四利品第一

如是我聞一時佛在王舍城迦蘭陁竹園與大比丘僧俱尒時世尊與若干百千万衆恭敬圍遶而為說法會中有菩薩摩訶薩名曰持世為諸菩薩摩訶薩無量功德莊嚴發心欲善知一切法決定彼岸欲善知發量願具足無量莊嚴欲通達無量諸法決定相欲發無量莊嚴願深心所行清淨欲善知清淨具足布施欲善知畢定清淨持戒欲善知具足

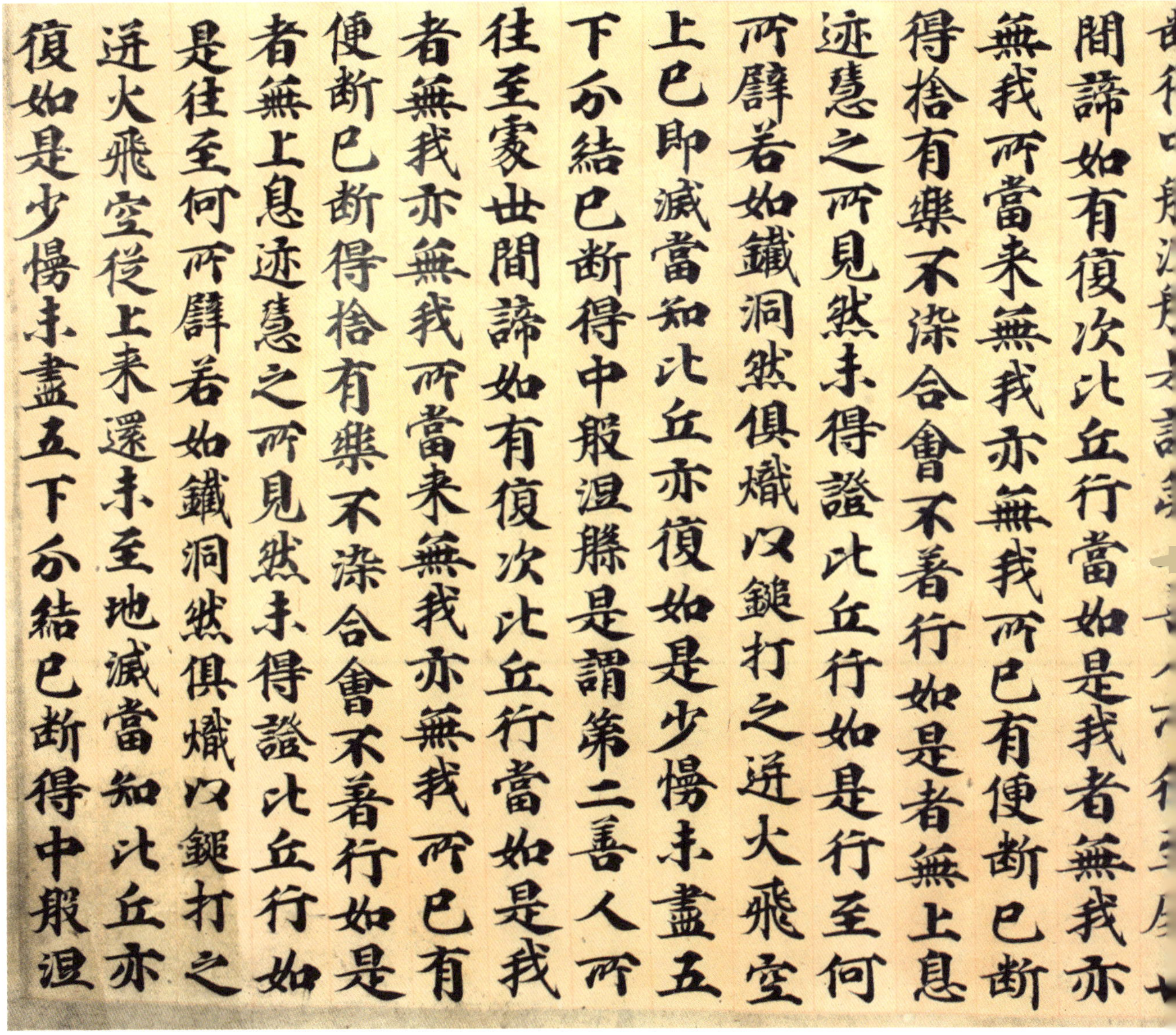
間諦如有復次比丘行當如是我者無我亦
無我所當来無我亦無我所已有便斷已斷
得捨有樂不染合會不著行如是者無上息
迹慧之所見然未得證比丘行如是行至何
所辟若如鐵洞然俱熾以鎚打之迸火飛空
上已即滅當知比丘亦復如是少慢未盡五
下分結已斷得中般涅槃是謂第二善人所
往至處世間諦如有復次比丘行當如是我
者無我亦無我所當来無我亦無我所已有
便斷已斷得捨有樂不染合會不著行如是
者無上息迹慧之所見然未得證比丘行如
是往至何所辟若如鐵洞然俱熾以鎚打之
迸火飛空從上来還未至地滅當知比丘亦
復如是少慢未盡五下分結已斷得中般涅

00854 中阿含經六十卷 （晉）釋瞿曇僧伽提婆譯　北宋寫金粟山廣惠禪院大藏經本

卷軸裝。長909厘米。一紙長60.5厘米。每紙三十行，行十七字。朱絲欄。千字文帙號爲“夙”。有“乾隆御覽之寶”、“太上皇帝之寶”、“秘殿珠林”、“秘殿新編”等印。國家圖書館藏，存一卷。

海塩金粟山廣惠禪院大藏　鳳　十七紙

中阿含經卷第二

東晉僧伽提婆奉詔譯

七法品善人往来經第六　初一日誦

我聞如是一時佛遊舍衛國在勝林給孤獨
園尒時世尊告諸比丘我當為汝說七善人
所往至處及無餘涅槃諦聽諦聽善思念之
時諸比丘受教而聽佛言云何為七比丘行
當如是我者無我亦無我所當来無我亦無
我所已有便斷已斷得捨有樂不染合會不
著如是行者無上息迹慧之所見然未得證
比丘行如是往至何所譬如燒麩纔然便滅
當知比丘亦復如是少慢未盡五下分結已

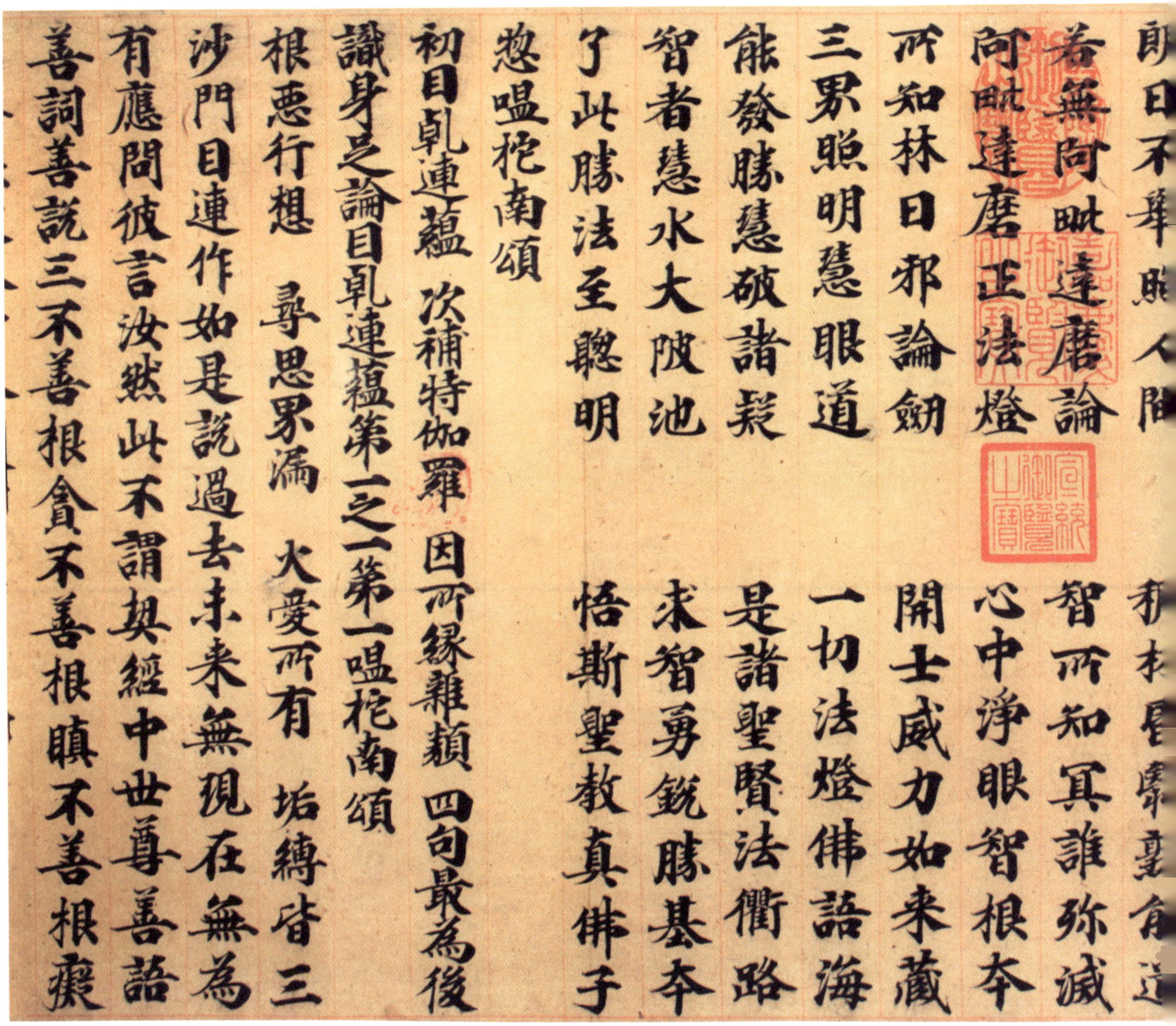

00855 阿毗達磨識身足論十六卷 （唐）釋玄奘譯　北宋寫金粟山廣惠禪院大藏經本

卷軸裝。高25.2厘米，長892.3厘米。一紙長60.3厘米。每紙三十行，行十七字。朱絲欄。千字文帙號爲“枝”。有“乾隆御覽之寶”、“太上皇帝之寶”、“秘殿珠林”、“秘殿新編”等印。國家圖書館藏，存一卷。

海鹽金粟山廣惠禪院大藏　枝　十五紙

阿毗達磨識身足論卷第一

提婆設摩阿羅漢造　三藏法師　玄奘奉　詔譯

初歸礼讚頌

稽首大覺覺中王　覺王所供三界日

解脫妙法智所歸　智者所依諸聖衆

阿毗達磨海難渡　佛口池流千聖飲

於竟巨寘詠善說　故我至誠今頂礼

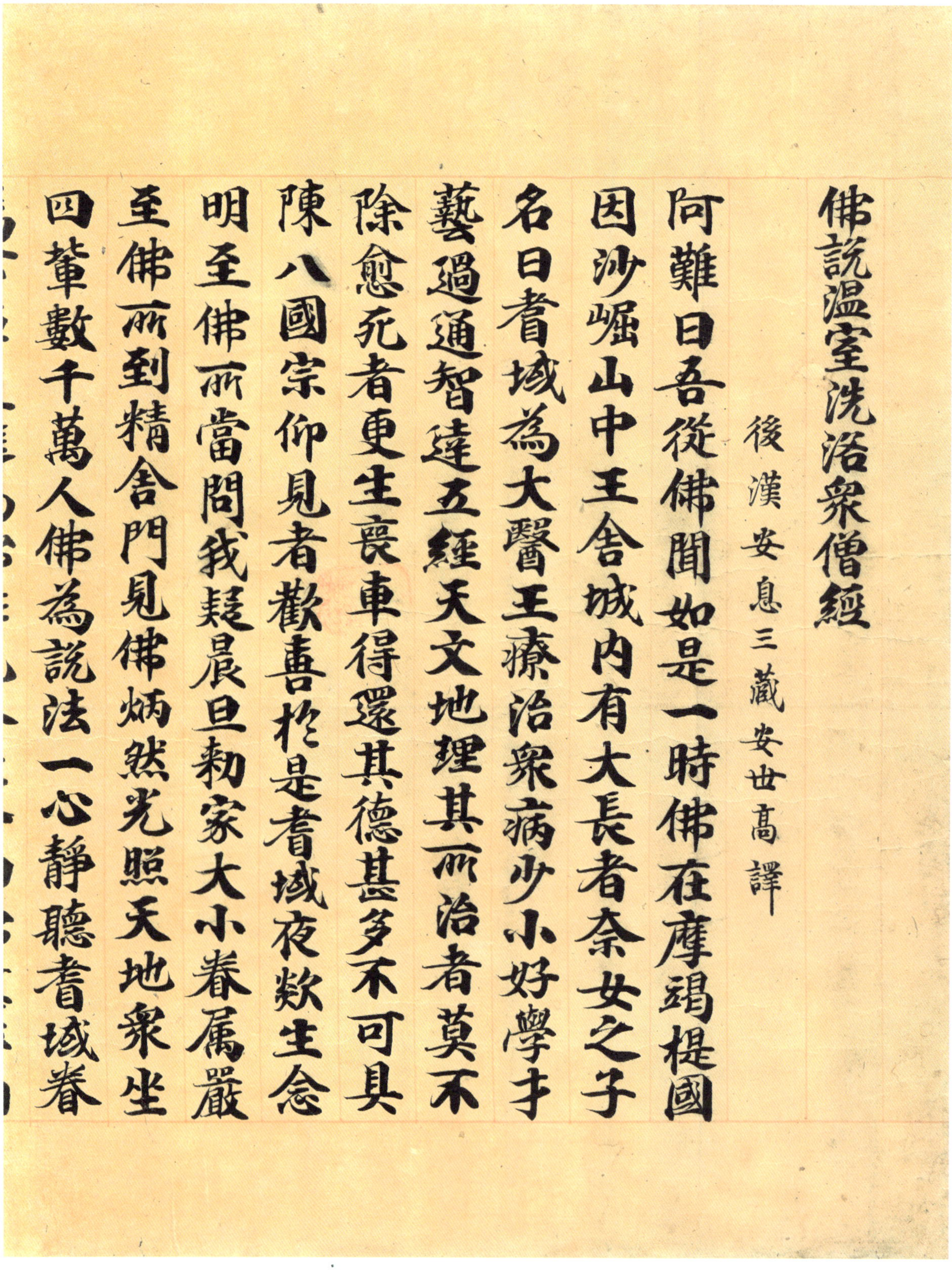

佛說温室洗浴衆僧經
後漢安息三藏安世高譯
阿難曰吾從佛聞如是一時佛在摩竭提國
因沙崛山中王舍城内有大長者奈女之子
名曰耆域為大醫王療治衆病少小好學才
藝過通智達五經天文地理其所治者莫不
除愈死者更生喪車得還其德甚多不可具
陳八國宗仰見者歡喜於是耆域夜欵生念
明至佛所當問我疑晨旦勑家大小眷屬嚴
至佛所到精舍門見佛炳然光照天地衆坐
四輩數千萬人佛為說法一心静聽耆域眷

00856 温室洗浴衆僧經一卷 （漢）釋安世高譯　北宋熙寧元年（1068）寫金粟山廣惠禪院大藏經本

卷軸裝。高32厘米，長158.6厘米。一紙長60.5厘米。每紙三十行，行十七字。朱絲欄。千字文帙號原缺。南京圖書館藏。

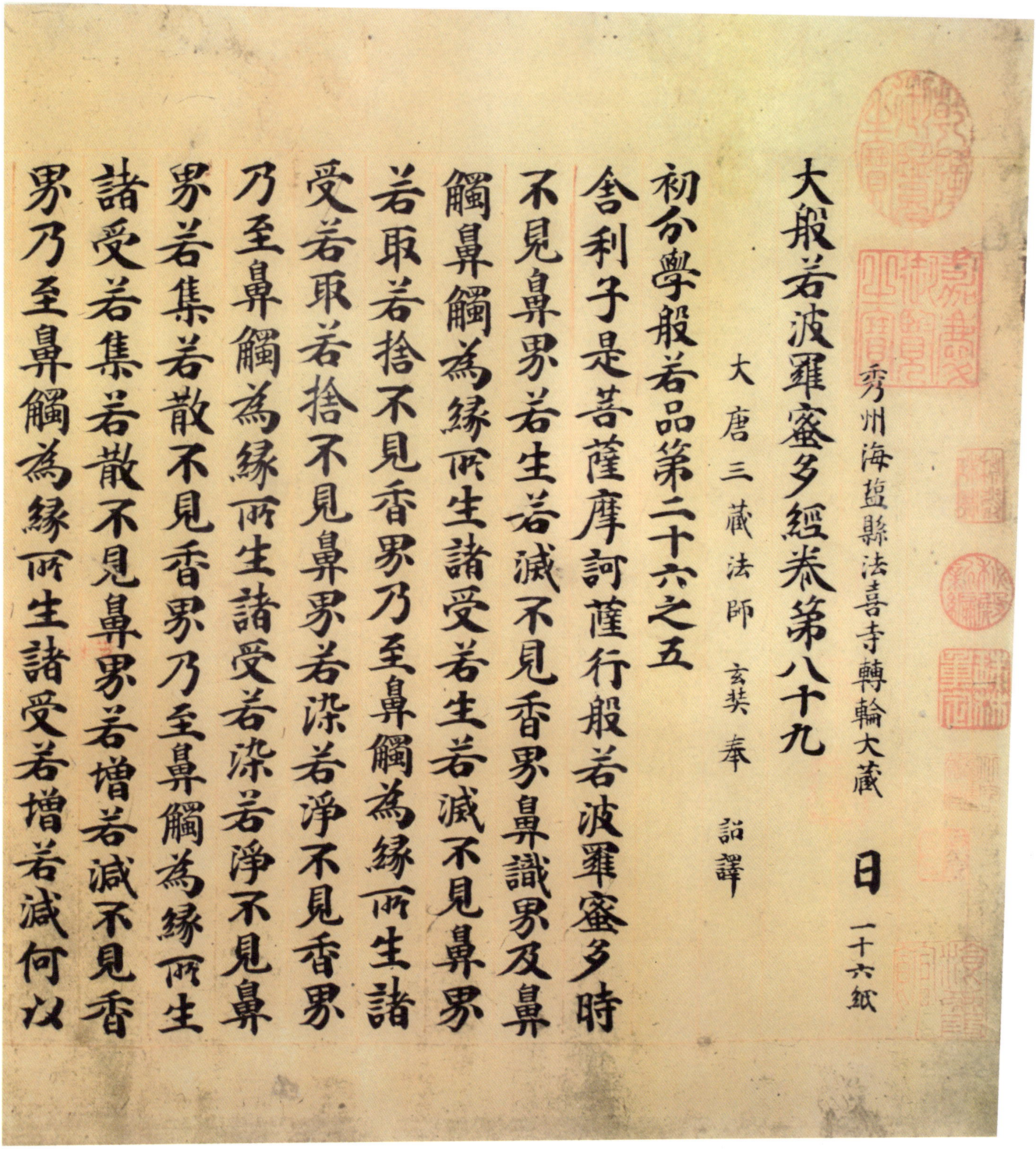

秀州海塩縣法喜寺轉輪大藏　日　一十六紙
大般若波羅蜜多經卷第八十九
大唐三藏法師　玄奘　奉　詔譯
初分學般若品第二十六之五
舍利子是菩薩摩訶薩行般若波羅蜜多時
不見鼻界若生若滅不見香界鼻識界及鼻
觸鼻觸為緣所生諸受若生若滅不見鼻界
若取若捨不見香界乃至鼻觸為緣所生諸
受若取若捨不見鼻界若染若淨不見香界
乃至鼻觸為緣所生諸受若染若淨不見鼻
界若集若散不見香界乃至鼻觸為緣所生
諸受若集若散不見鼻界若增若減不見香
界乃至鼻觸為緣所生諸受若增若減何以

00857 大般若波羅蜜多經六百卷 （唐）釋玄奘譯　北宋熙寧十年（1077）寫法喜寺轉輪大藏經本

卷軸裝。高30.4厘米，長947.7厘米。每紙三十行，行十七字。朱絲欄。千字文帙號爲“日”。有“乾隆御覽之寶”、“嘉慶御覽之寶”、“宣統御覽之寶”、“三希堂精鑑璽”等印。國家圖書館藏，存一卷。

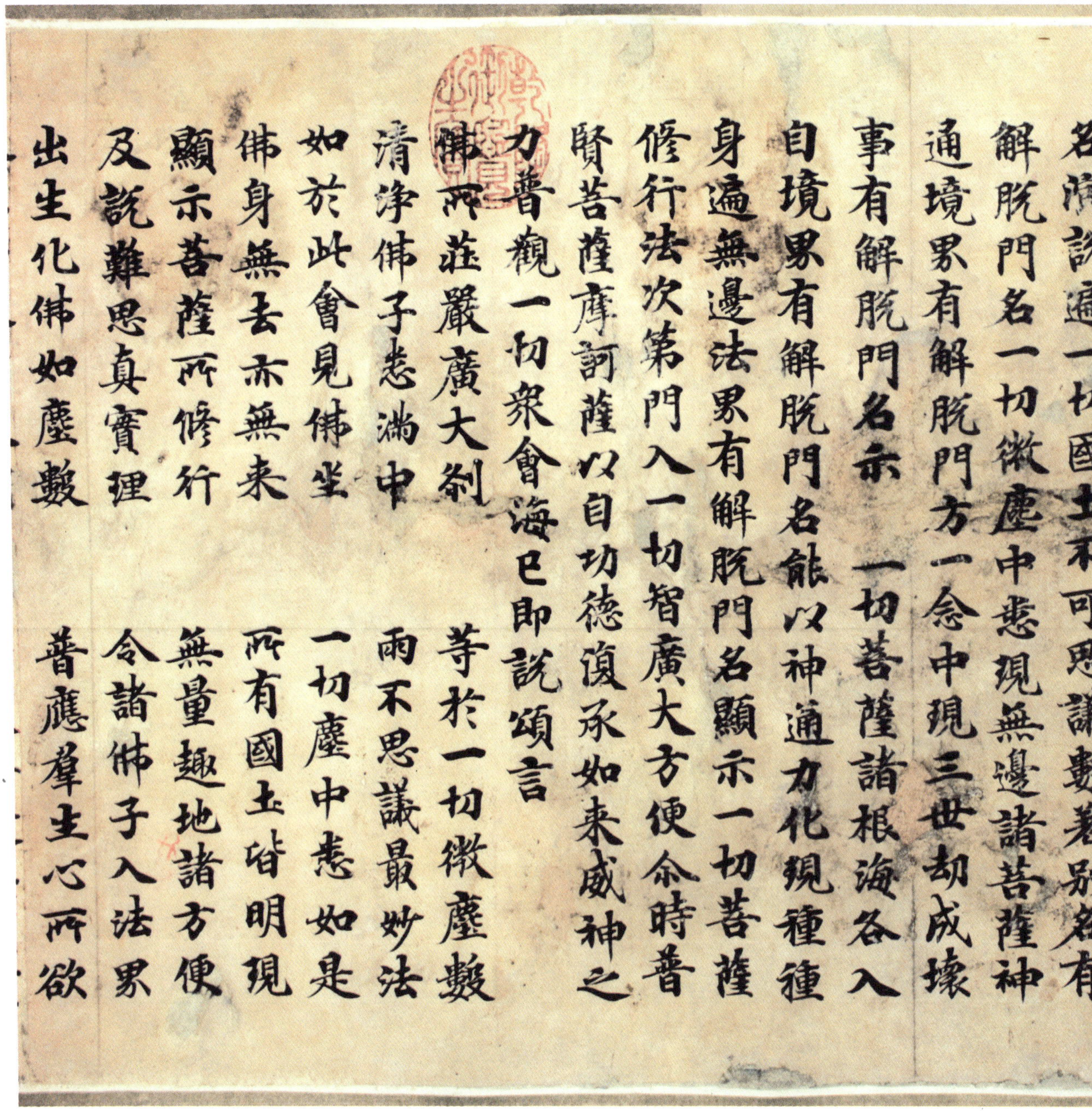
名說遍一切國土不可思議數差別名有
解脫門名一切微塵中悉現無邊諸菩薩神
通境界有解脫門名一念中現三世劫成壞
事有解脫門名示 一切菩薩諸根海各入
自境界有解脫門名能以神通力化現種種
身遍無邊法界有解脫門名顯示一切菩薩
修行法次第門入一切智廣大方便爾時普
賢菩薩摩訶薩以自功德復承如來威神之
力普觀一切衆會海已即說頌言
佛所莊嚴廣大刹 等於一切微塵數
清淨佛子悉滿中 雨不思議最妙法
如於此會見佛坐 一切塵中悉如是
佛身無去亦無來 所有國土皆明現
顯示菩薩所修行 無量趣地諸方便
及說難思真實理 令諸佛子入法界
出生化佛如塵數 普應羣生心所欲

00858 大方廣佛華嚴經八十卷 （唐）釋實叉難陀譯　宋寫大和寧國藏經本

卷軸裝。高27.5厘米，長731厘米。一紙長50.5厘米。每紙三十行，行十七字。千字文帙號爲“平”。有“乾隆御覽之寶”、“三希堂精鑑璽”、“乾清宮鑑藏寶”等印。國家圖書館藏，存一卷。

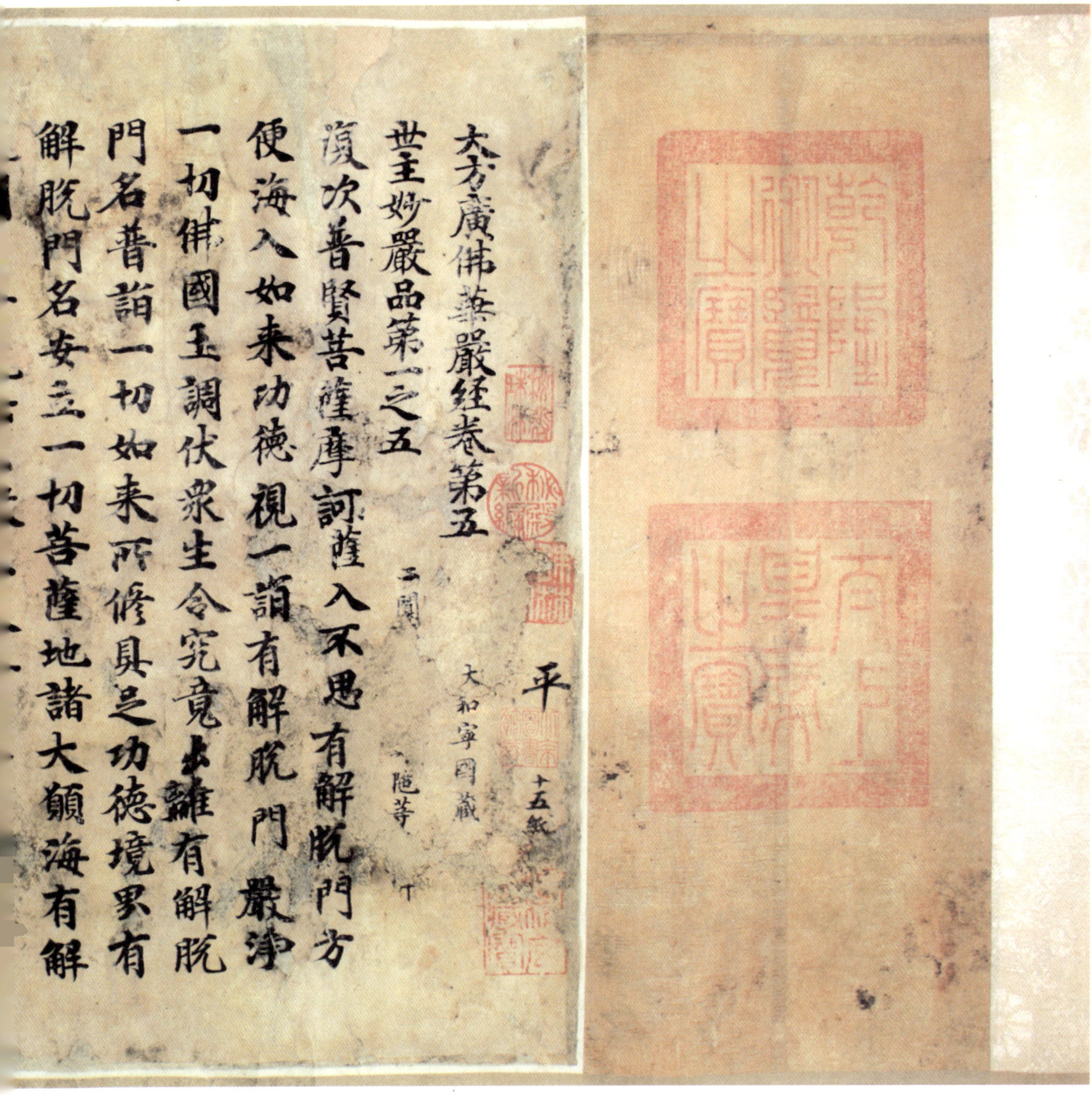

大方廣佛華嚴經卷第五

世主妙嚴品第一之五

復次普賢菩薩摩訶薩入不思有解脫門方
便海入如來功德視一詣有解脫門嚴淨
一切佛國土調伏衆生令究竟出離有解脫
門名普詣一切如來所修具足功德境界有
解脫門名安立一切菩薩地諸大願海有解

二闕

隨等

丁

大和寧國藏

平

十五紙

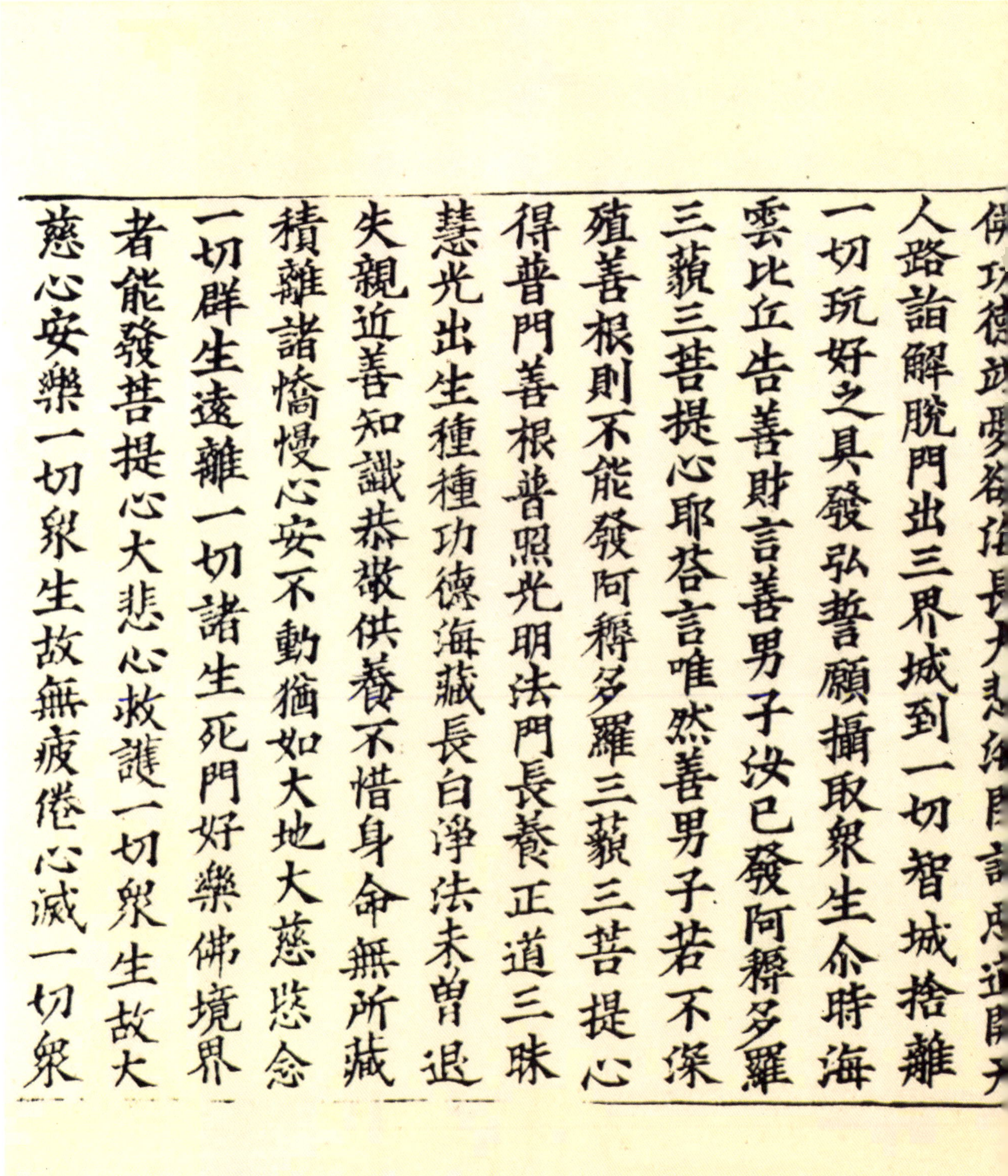
人路詣解脫門出三界城到一切智城捨離
一切玩好之具發弘誓願攝取衆生尒時海
雲比丘告善財言善男子汝已發阿耨多羅
三藐三菩提心耶答言唯然善男子若不深
殖善根則不能發阿耨多羅三藐三菩提心
得普門善根普照光明法門長養正道三昧
慧光出生種種功德海藏長白淨法未曾退
失親近善知識恭敬供養不惜身命無所藏
積離諸憍慢心安不動猶如大地大慈愍念
一切群生遠離一切諸生死門好樂佛境界
者能發菩提心大悲心救護一切衆生故大
慈心安樂一切衆生故無疲倦心滅一切衆

00859 大方廣佛華嚴經六十卷 （東晉）釋佛陀跋陀羅譯　遼刻大藏經大字本

卷軸裝。高29.7厘米，長824.4厘米。十五紙，每紙二十七行，行十七字。上下單邊。千字文帙號爲“垂”。1974年山西應縣木塔發現，護首、軸、杆、縹帶均系原物。紙背有“寶嚴”戳記。山西省應縣木塔文物管理所藏，存一卷。

大方廣佛華嚴經卷第四十七　垂

東晉天竺三藏佛陀跋陀羅譯

入法界品第三十四之三

尒時善財童子一心正念善知識教智慧光明菩薩法門菩薩三昧觀察一切菩薩諸方便海圓滿功德心常樂見一切菩薩念一切佛次第興世清淨功德漸趣南方海門國土詣海雲比丘頭面礼足右遶畢退住一面白言大聖我已先發阿耨多羅三藐三菩提心欲度一切智慧大海而未知菩薩云何離生死性得不退轉生如來家度生死海遠得如來一切智海捨凡夫地得如來地斷生死流入菩薩流滅諸趣輪滿諸願輪降伏衆魔具

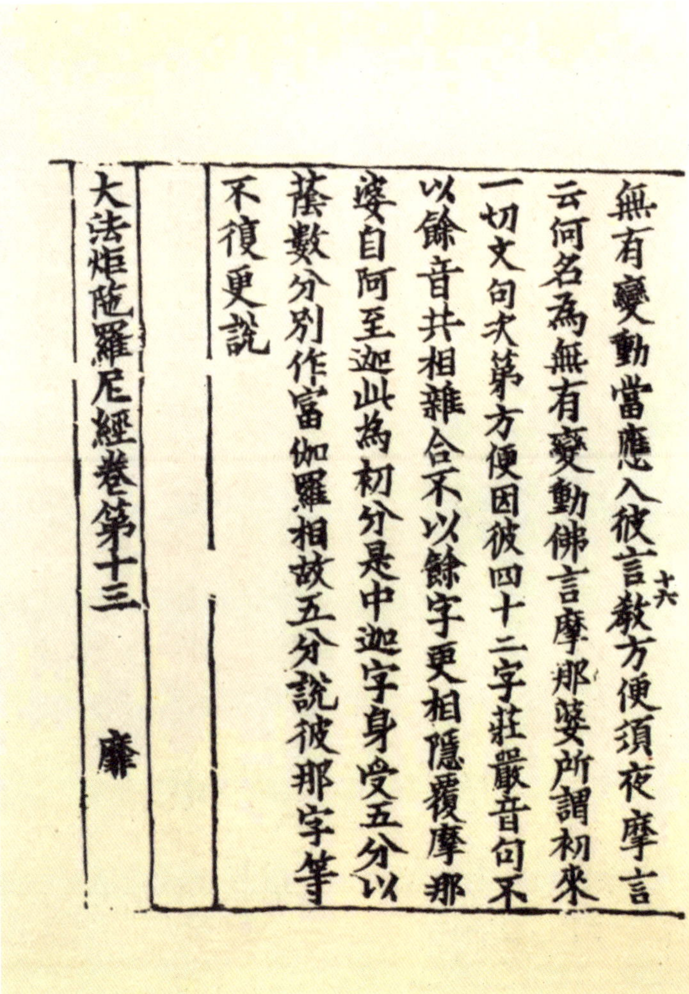

無有變動當應入彼言數方便須夜摩言
云何名為無有變動佛言摩那婆所謂初來
一切文句次第方便因彼四十二字莊嚴音句不
以餘音共相雜合不以餘字更相隱覆摩那
婆自阿至迦此為初分是中迦字身受五分以
蕃數分別作富伽羅相故五分說彼那字等
不復更說

大法炬陀羅尼經卷第十三　靡

00860 大法炬陀羅尼經二十卷 （隋）釋闍那崛多等譯　遼刻大藏經大字本

卷軸裝。高29.7厘米，長865.7厘米。十六紙，每紙二十七行，行十七字。上下單邊。千字文帙號爲“靡”。1974年山西應縣木塔發現，經背每紙有“神坡雲泉院藏經記”朱印。山西省應縣木塔文物管理所藏，存一卷。

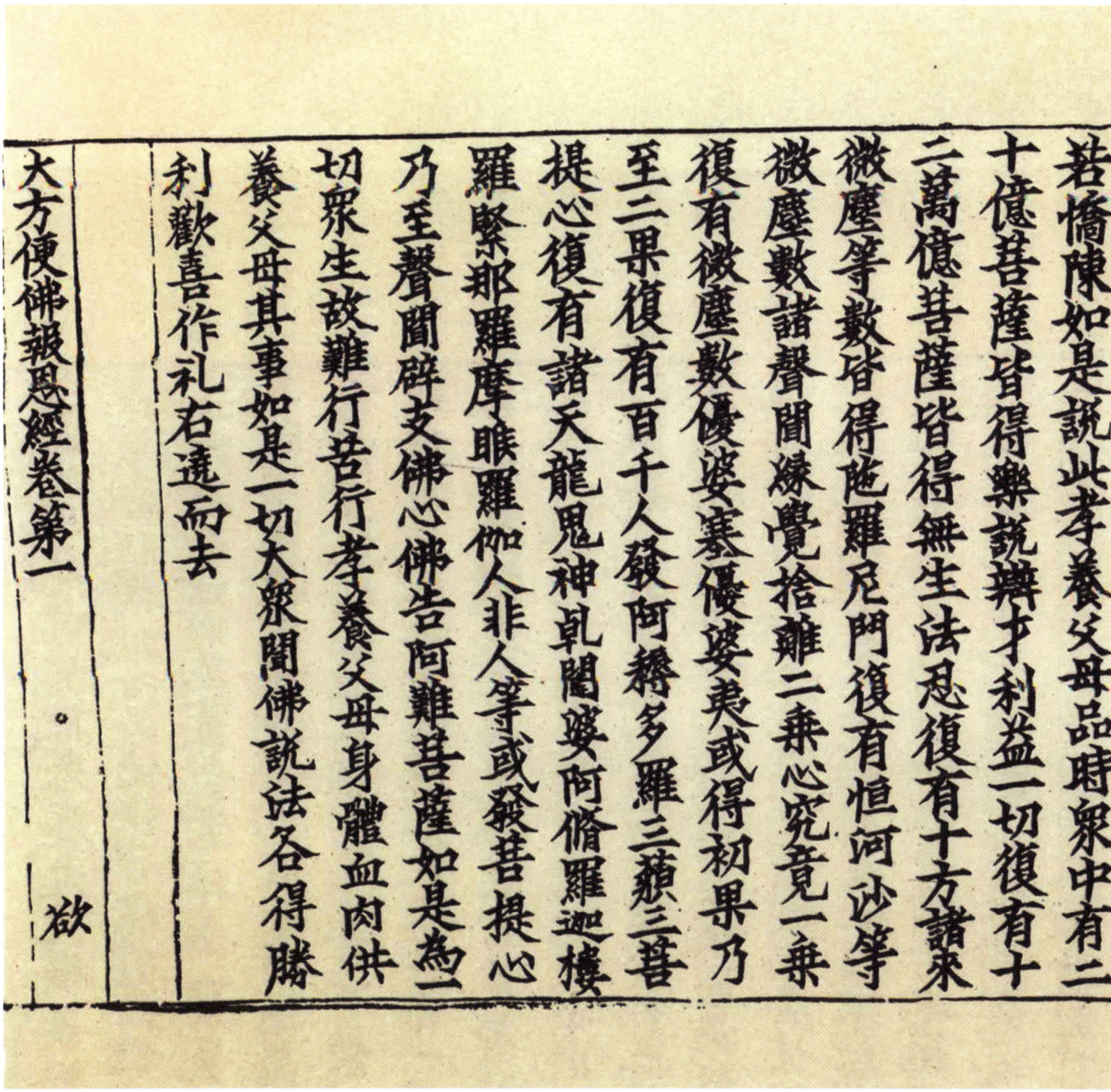
菩憍陳如是說此孝養父母品時衆中有二
十億菩薩皆得樂說辯才利益一切復有十
二萬億菩薩皆得無生法忍復有十方諸來
微塵等數皆得陁羅尼門復有恒河沙等
微塵數諸聲聞緣覺捨離二乘心究竟一乘
復有微塵數優婆塞優婆夷或得初果乃
至三果復有百千人發阿耨多羅三藐三菩
提心復有諸天龍鬼神乾闥婆阿脩羅迦樓
羅緊那羅摩睺羅伽人非人等或發菩提心
乃至聲聞辟支佛心佛告阿難菩薩如是為一
切衆生故難行苦行孝養父母身體血肉供
養父母其事如是一切大衆聞佛說法各得勝
利歡喜作礼右遶而去

大方便佛報恩經卷第一　欲

00861 大方便佛報恩經七卷　失譯　遼刻大藏經大字本

卷軸裝。高28.4厘米，長493.3厘米。每紙二十七行，行十七字。上下單邊。千字文帙號爲“欲”。1974年山西應縣木塔發現。山西省應縣木塔文物管理所藏，存一卷。

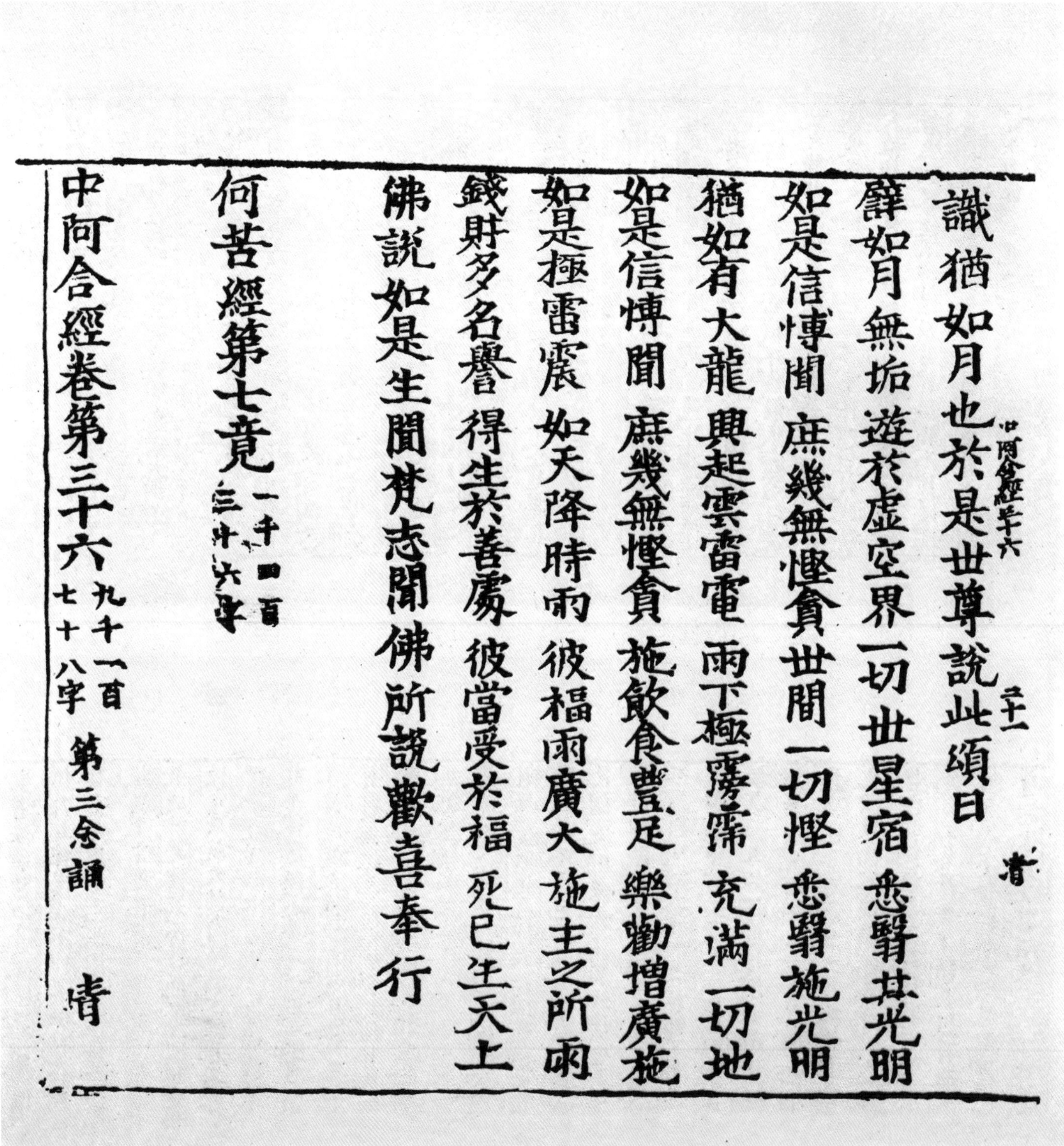

識猶如月也於是世尊說此頌曰　中阿含經卅六　卅二　清

譬如月無垢　遊於虛空界　一切世星宿　悉翳其光明
如是信慚聞　庶幾無慳貪　世間一切慳　悉翳施光明
猶如有大龍　興起雲雷電　雨下極霶霈　充滿一切地
如是信慚聞　庶幾無慳貪　施飲食豐足　樂勸增廣施
如是極雷震　如天降時雨　彼福雨廣大　施主之所雨
錢財多名譽　得生於善處　彼當受於福　死已生天上

佛說如是　生聞梵志聞佛所說歡喜奉行

何苦經第七竟　一千四百三十六字

中阿含經卷第三十六　九千一百七十八字　第三念誦　清

00862 中阿含經六十卷　（東晉）釋伽提波譯　遼刻大藏經大字本

卷軸裝。高29.7厘米，長1129厘米。一紙長53.4厘米。每紙二十七行，行十七字。上下單邊。千字文帙號爲“清”。1974年山西應縣木塔發現。經背每紙有“神坡雲泉院藏經記”朱印。山西省應縣木塔文物管理所藏，存一卷。

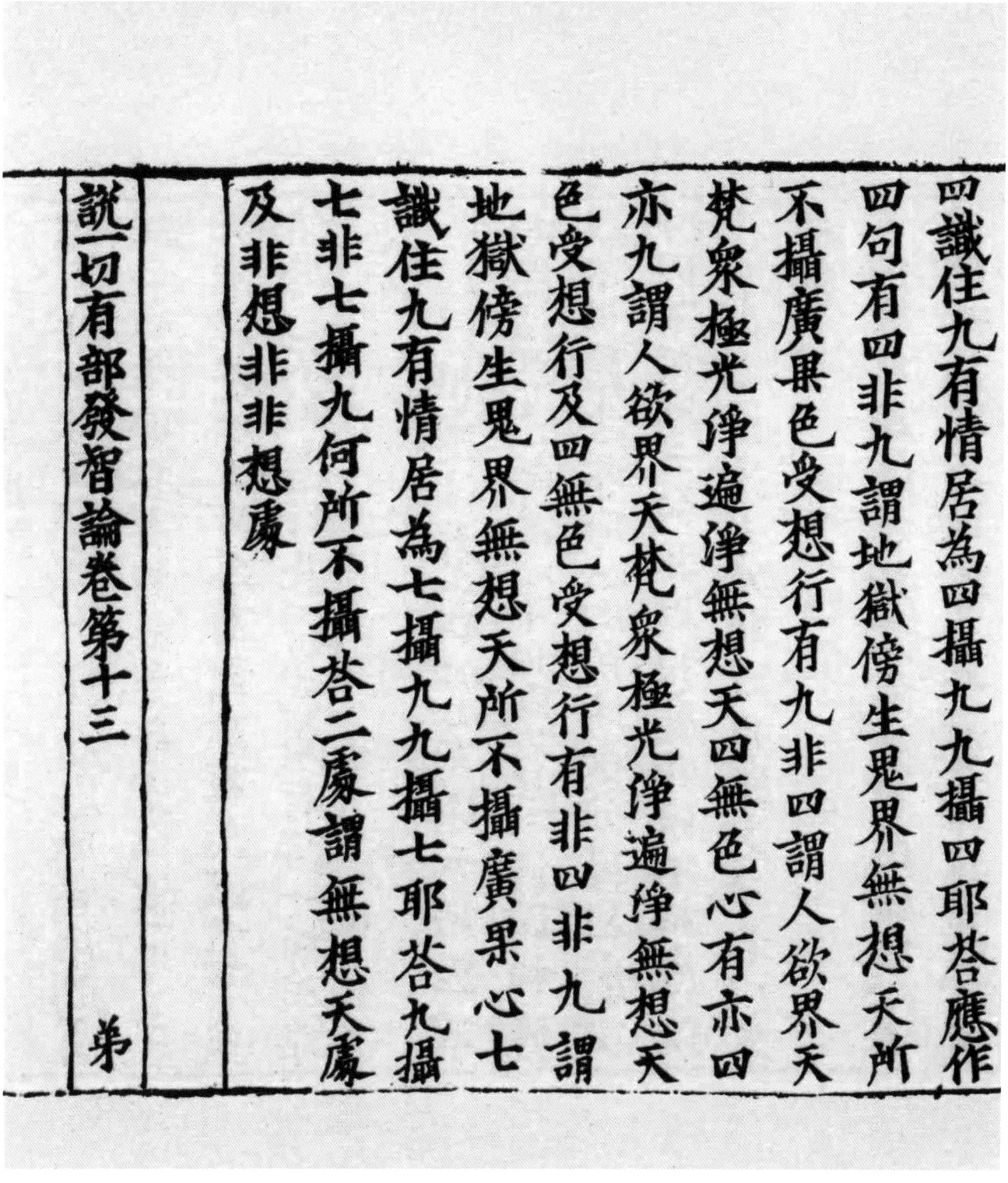
四識住九有情居爲四攝九九攝四耶答應作
四句有四非九謂地獄傍生鬼界無想天所
不攝廣果色受想行有九非四謂人欲界天
梵衆極光淨遍淨無想天四無色心有亦四
亦九謂人欲界天梵衆極光淨遍淨無想天
色受想行及四無色受想行有非四非九謂
地獄傍生鬼界無想天所不攝廣果心七
識住九有情居爲七攝九九攝七耶答九攝
七非七攝九何所不攝答二處謂無想天處
及非想非非想處

說一切有部發智論卷第十三　弟

00863 阿毗達磨發智論二十卷 （唐）釋玄奘譯　遼刻大藏經大字本

卷軸裝。高29.1厘米，長1129.2厘米。一紙長53.5厘米。每紙二十七行，行十七字。上下單邊。千字文帙號爲“弟”。1974年山西應縣木塔發現。山西省應縣木塔文物管理所藏，存一卷。

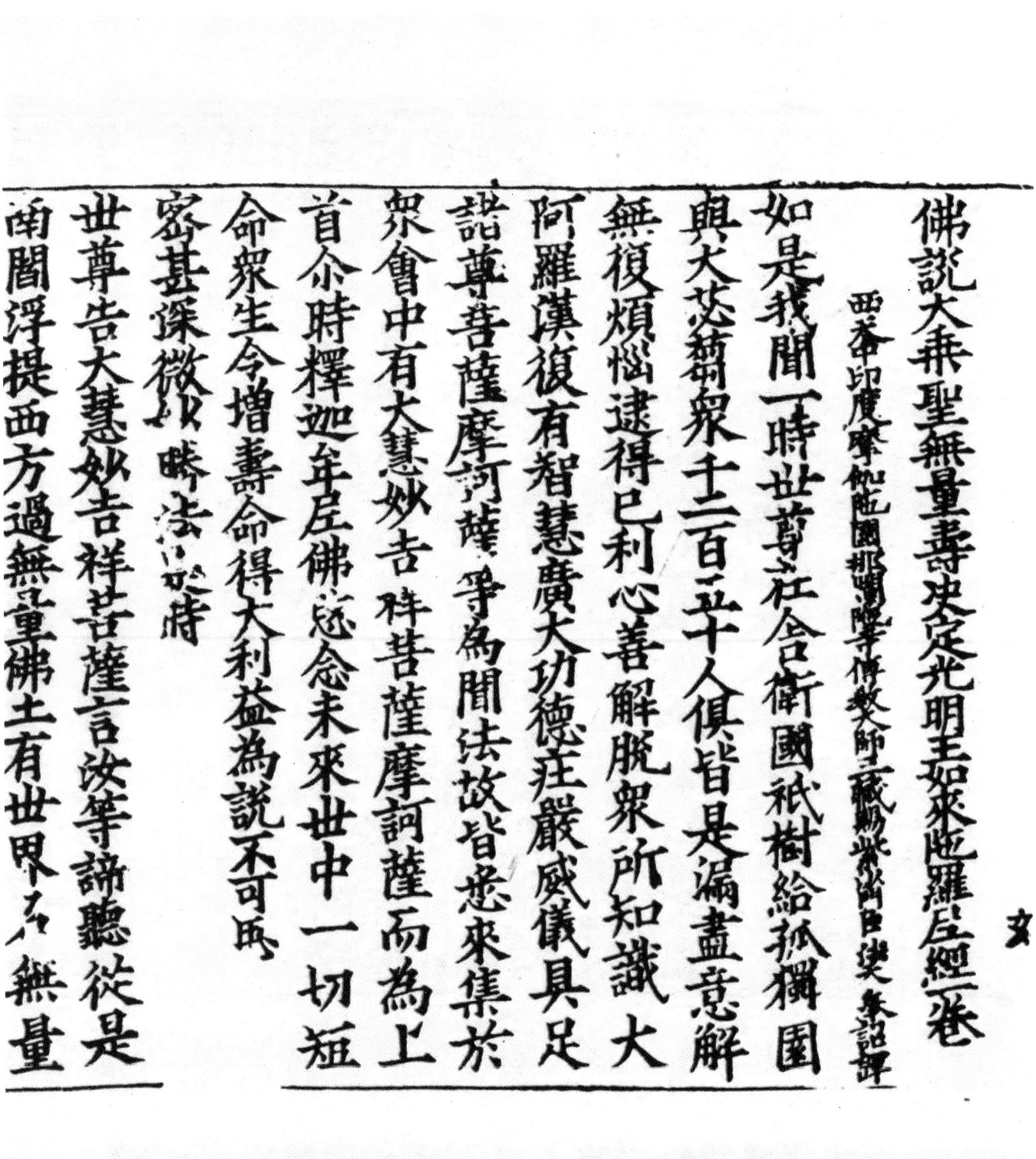

佛說大乘聖無量壽決定光明王如來陀羅尼經一卷　刻
西天中印度摩伽陀國那爛陀寺傳教大師三藏賜紫沙門臣法天奉　詔譯
如是我聞一時世尊在舍衛國祇樹給孤獨園
與大苾芻衆千二百五十人俱皆是漏盡意解
無復煩惱逮得已利心善解脫衆所知識大
阿羅漢復有智慧廣大功德莊嚴威儀具足
諸尊菩薩摩訶薩　爭為聞法故皆悉來集於
衆會中有大慧妙吉　祥菩薩摩訶薩而為上
首尒時釋迦牟尼佛𢘡念未來世中一切短
命衆生令增壽命得大利益為說不可思
議甚深微妙之法於時
世尊告大慧妙吉祥菩薩言汝等諦聽從是
南閻浮提西方過無量佛土有世界名無量

00864 佛說大乘聖無量壽決定光明王如來陀羅尼經一卷 （宋）釋法天譯　遼刻大藏經大字本

卷軸裝。高29.2厘米，長292厘米。一紙長53.3厘米。每紙二十七行，行十七字。上下單邊。千字文帙號爲“刻”。1974年山西應縣木塔發現。山西省應縣木塔文物管理所藏。

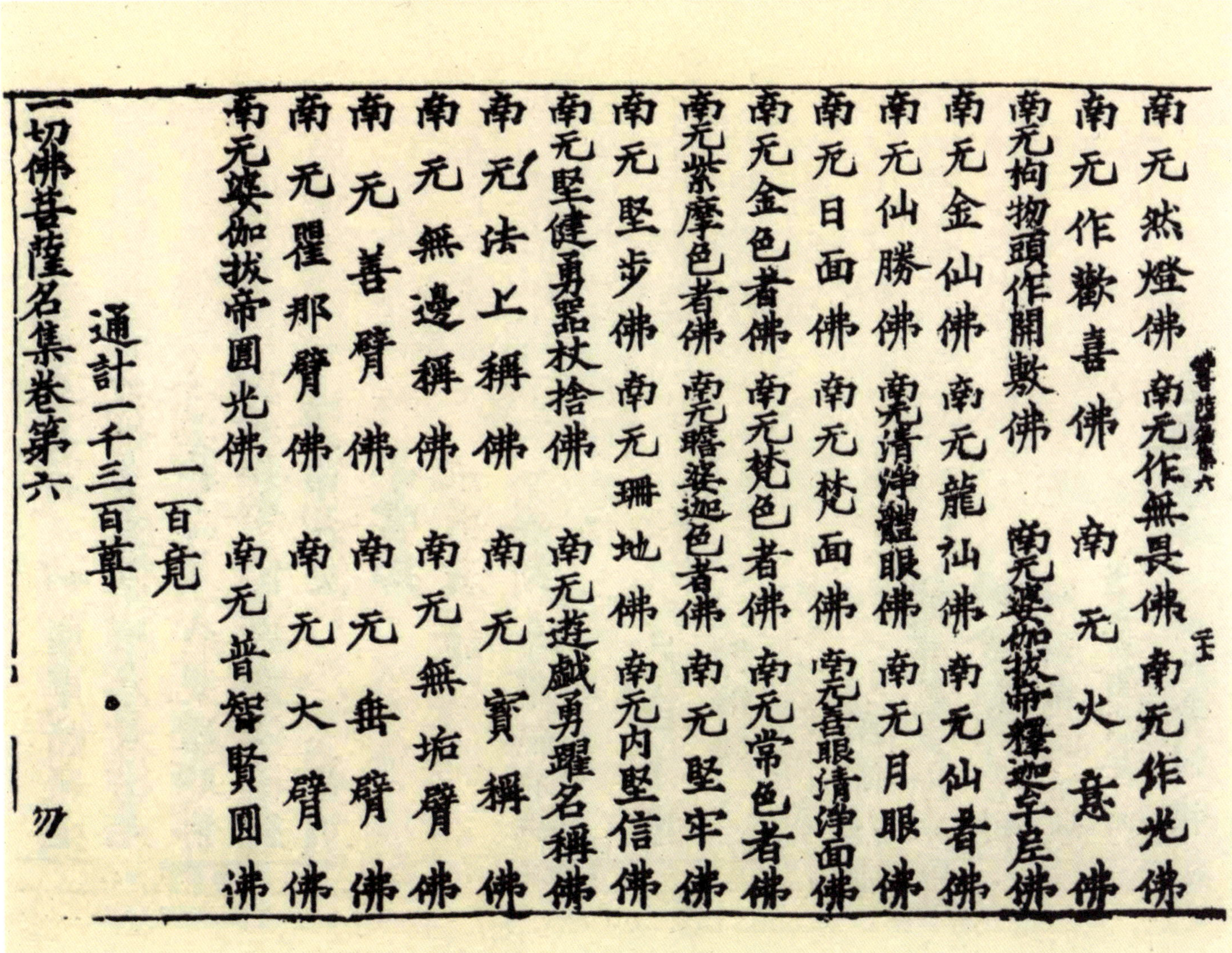

菩薩名集第六

南无然燈佛 南无作無畏佛 南无作光佛
南无作歡喜佛 南无火意佛
南无拘物頭作開敷佛 南无婆伽拔帝釋迦牟尼佛
南无金仙佛 南无龍仙佛 南无仙者佛
南无仙勝佛 南无清淨體眼佛 南无月眼佛
南无日面佛 南无梵面佛 南无善眼清淨面佛
南无金色者佛 南无梵色者佛 南无常色者佛
南无紫摩色者佛 南无瞻婆迦色者佛 南无堅牢佛
南无堅步佛 南无珊地佛 南无内堅信佛
南无堅健勇器杖捨佛 南无遊戲勇躍名稱佛
南无法上稱佛 南无寶稱佛
南无無邊稱佛 南无無垢臂佛
南无善臂佛 南无無臂佛
南无瞿那臂佛 南无大臂佛
南无婆伽拔帝圓光佛 南无普智賢圓佛
一百竟
通計一千三百尊
一切佛菩薩名集卷第六 勿

00865 一切佛菩薩名集二十二卷 （遼）釋德雲等集 遼刻大藏經大字本

卷軸裝。高28.9厘米，長235.4厘米。一紙長55.2厘米。每紙二十八行，行十七至二十一字。上下單邊。千字文帙號爲“勿”。1974年山西應縣木塔發現。山西省應縣木塔文物管理所藏，存一卷。

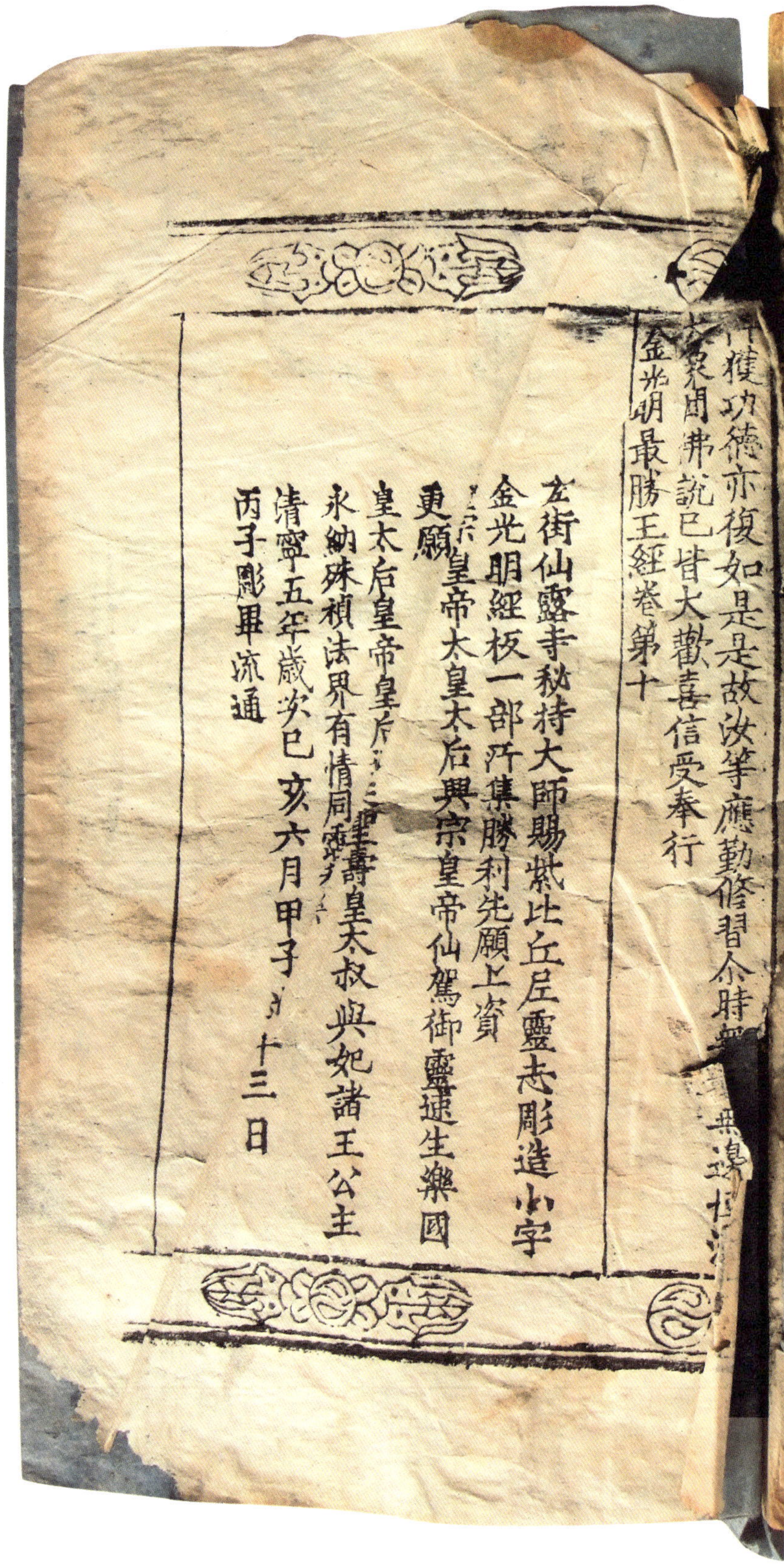

00866 金光明最勝王經十卷 （唐）釋義淨譯　遼清寧五年（1059）刻大藏經小字本

蝴蝶裝。匡高15.8厘米，廣9.1厘米。半葉十三行，行二十四字。白口，左右單邊，上下雙邊。1987年發現於河北豐潤天宫寺塔。千字文帙號爲“化”。每卷首葉粘一小藍綢布爲檢索標誌。末有刊刻題記八行，有“彫造小字金光明經”字樣。唐山市豐潤區文物管理所藏。

若見住菩提　與為不請友　及至捨身命　為護此經王
我聞如是法　當往覩史天　由世尊加護　廣為人天說
尒時上坐大迦葉波合掌恭敬說伽他曰
佛於聲聞乘　說我尠智慧　我今隨自力　護持如是經
若有持此經　我當攝受彼　授其詞辯力　常隨讚善哉
尒時具壽阿難陁合掌向佛說伽他曰
我親從佛聞　無量衆經典　未曾聞如是　深妙法中王
我今聞是經　親於佛前受　諸樂菩提者　當為廣宣通
尒時世尊見諸菩薩人天大衆各各發心於此經典流通擁護
勸進菩薩廣利衆生讚言善哉善哉汝等能於如是微妙經王
虔誠流布乃至於我般涅槃後不令散滅即是無上菩提正因
所獲功德於恒沙劫說不能盡若有苾芻苾芻尼鄔波索迦鄔

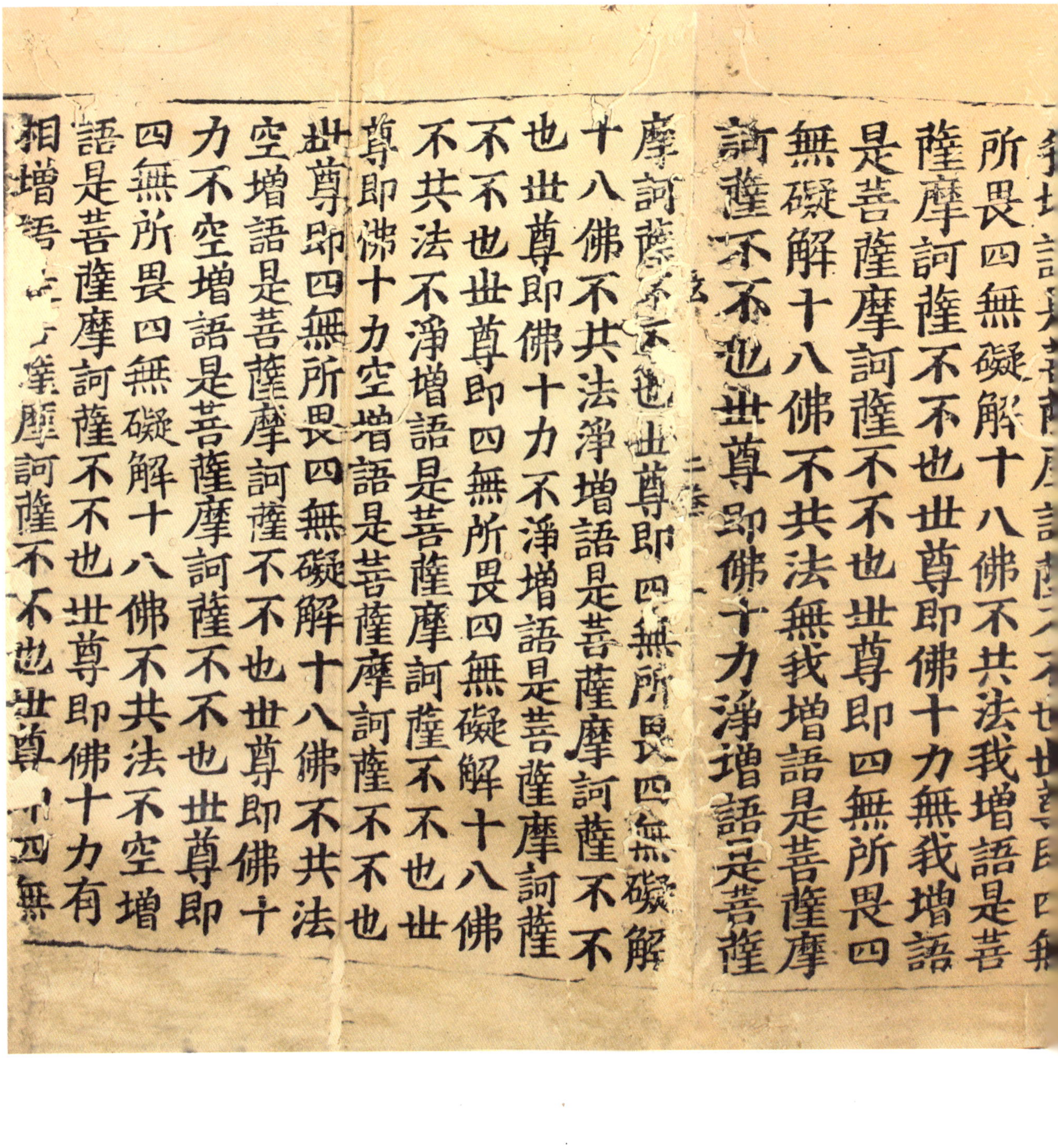
所畏四無礙解十八佛不共法我增語是菩
薩摩訶薩不不也世尊即佛十力無我增語
是菩薩摩訶薩不不也世尊即四無所畏四
無礙解十八佛不共法無我增語是菩薩摩
訶薩不不也世尊即佛十力淨增語是菩薩
摩訶薩不不也世尊即四無所畏四無礙解
十八佛不共法淨增語是菩薩摩訶薩不不
也世尊即佛十力不淨增語是菩薩摩訶薩
不不也世尊即四無所畏四無礙解十八佛
不共法不淨增語是菩薩摩訶薩不不也世
尊即佛十力空增語是菩薩摩訶薩不不也
世尊即四無所畏四無礙解十八佛不共法
空增語是菩薩摩訶薩不不也世尊即佛十
力不空增語是菩薩摩訶薩不不也世尊即
四無所畏四無礙解十八佛不共法不空增
語是菩薩摩訶薩不不也世尊即佛十力有
相增語是菩薩摩訶薩不不也世尊即四無

00867 大般若波羅蜜多經六百卷 （唐）釋玄奘譯　宋元豐三年至政和二年（1080－1112）刻福州東禪等覺禪院崇寧萬壽大藏經本

經折裝。一版五至六個半葉，半葉六行，行十七字。上下單邊。千字文帙號分別爲“玄”、“閏”、“稱”、“成”、“呂”。有刻工“鄭求”等姓名。有“王惠印造”、“王興印造”、“何文印造”等墨記。國家圖書館藏，存五卷。

大般若波羅蜜多經卷第二十二

三藏法師玄奘奉　詔譯

初分教誡教授品第七之十二

復次善現所言菩薩摩訶薩者於意云何即佛十力增語是菩薩摩訶薩不不也世尊即四無所畏四無礙解十八佛不共法增語是菩薩摩訶薩不不也世尊即佛十力常增語是菩薩摩訶薩不不也世尊即四無所畏四無礙解十八佛不共法常增語是菩薩摩訶薩不不也世尊即佛十力無常增語是菩薩摩訶薩不不也世尊即四無所畏四無礙解十八佛不共法無常增語是菩薩摩訶薩不不也世尊即佛十力樂增語是菩薩摩訶薩不不也世尊即四無所畏四無礙解十八佛不共法樂增語是菩薩摩訶薩不不也世尊即佛十力苦增語是菩薩摩訶薩不不也世尊即四無所畏四無礙解十八佛不共法苦增語是菩薩摩訶薩

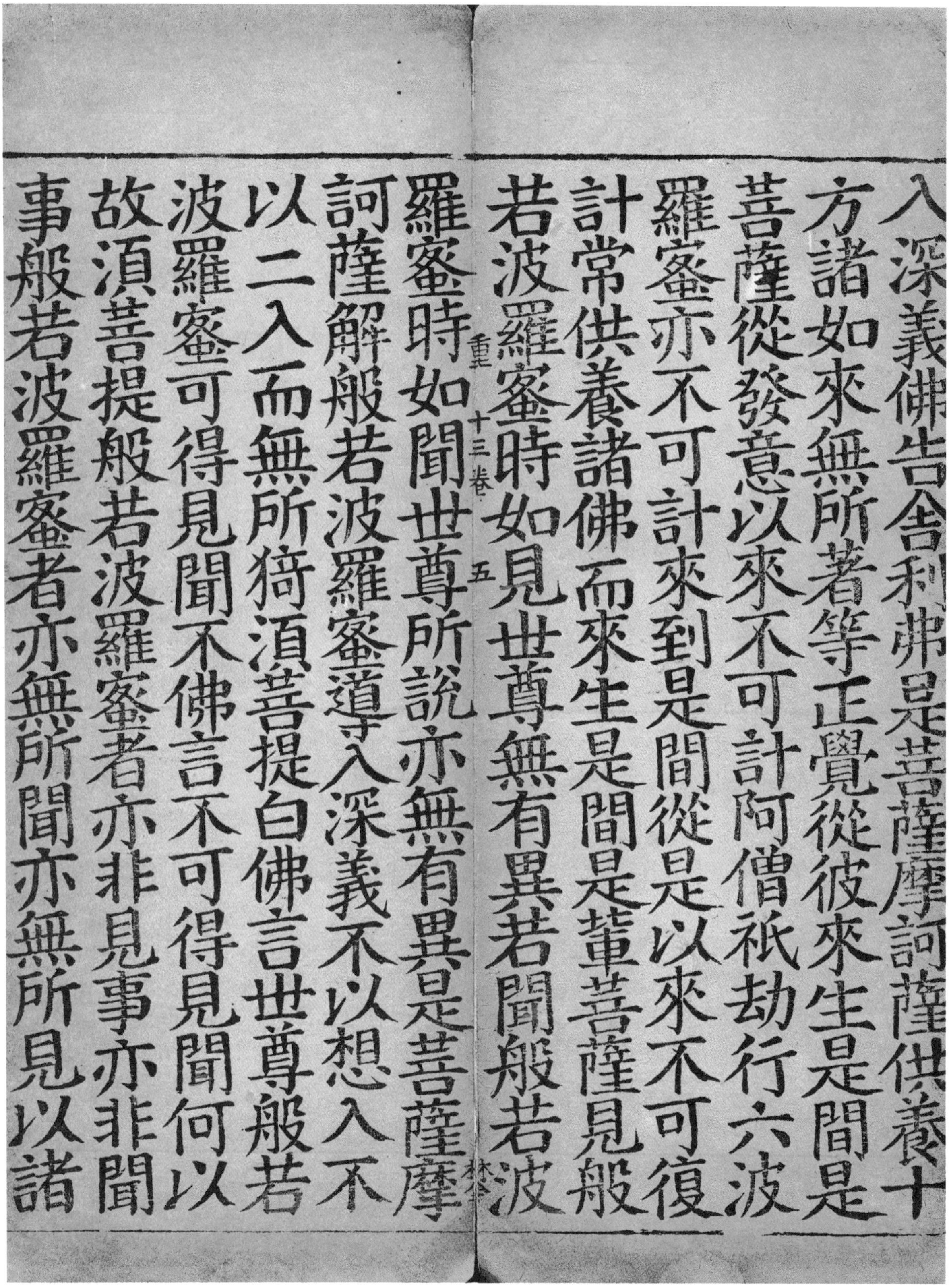

入深義佛告舍利弗是菩薩摩訶薩供養十
方諸如來無所著等正覺從彼來生是間是
菩薩從發意以來不可計阿僧祇劫行六波
羅蜜亦不可計來到是間從是以來不可復
計常供養諸佛而來生是間是輩菩薩見般
若波羅蜜時如見世尊無有異若聞般若波

重 十三卷 五

羅蜜時如聞世尊所說亦無有異是菩薩摩
訶薩解般若波羅蜜導入深義不以想入不
以二入而無所猗須菩提白佛言世尊般若
波羅蜜可得見聞不佛言不可得見聞何以
故須菩提般若波羅蜜者亦非見事亦非聞
事般若波羅蜜者亦無所聞亦無所見以諸

00868 放光般若波羅蜜經二十卷 （西晉）釋無羅叉譯　宋元豐三年至政和二年（1080－1112）刻福州東禪等覺禪院崇寧萬壽大藏經本

經折裝。匡高24.6厘米，廣11.2厘米。一版五至六個半葉，半葉六行，行十七字。上下單邊。千字文帙號爲“重”。南京圖書館藏，存一卷。

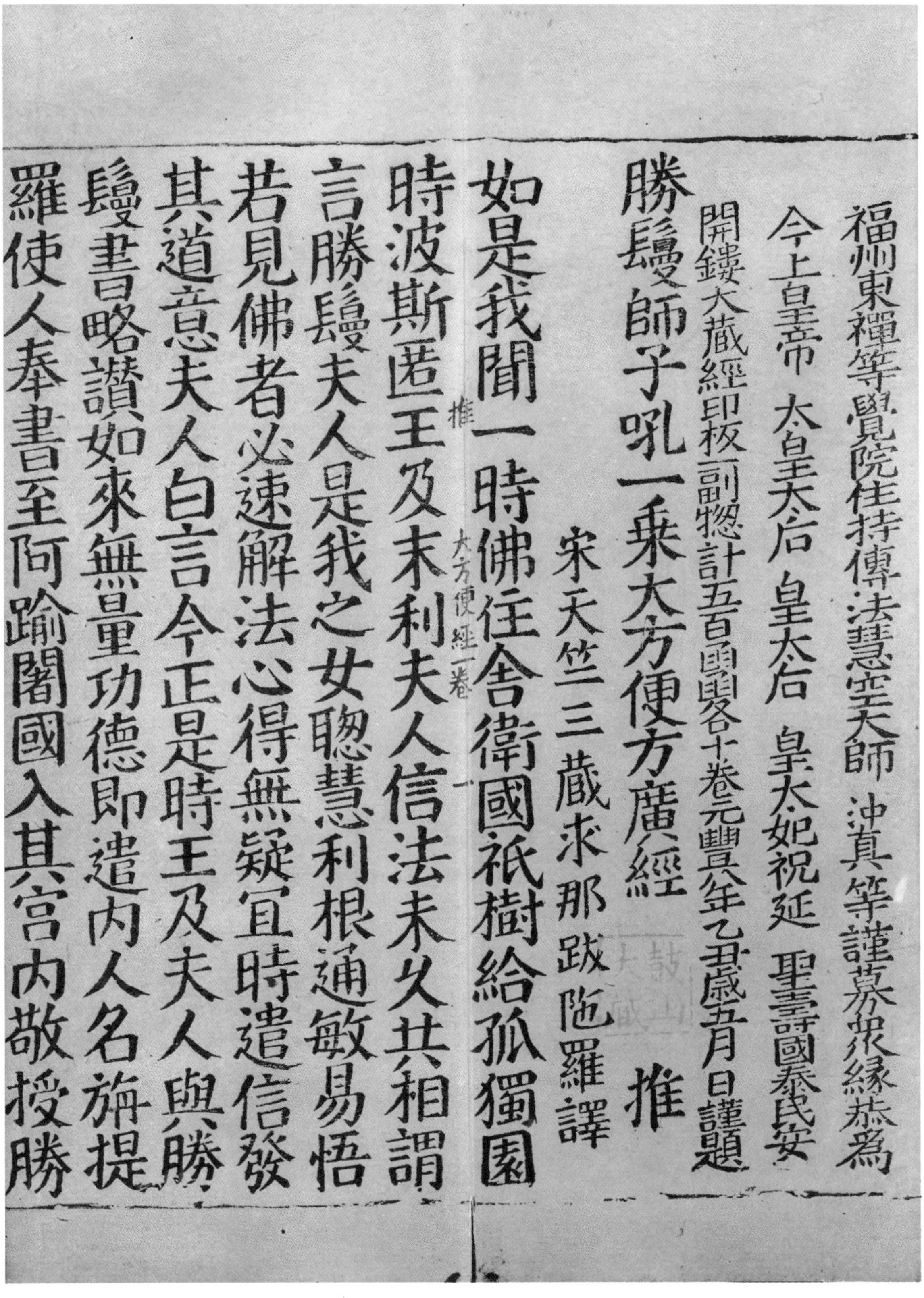

福州東禪等覺院住持傳法慧空大師沖真等謹募衆緣恭爲
今上皇帝 太皇太后 皇太后 皇太妃祝延 聖壽國泰民安
開鏤大藏經印板一副惣計五百函畧各十卷元豐八年乙丑歲五月 日謹題
勝鬘師子吼一乘大方便方廣經 推
宋天竺三藏求那跋陁羅譯
如是我聞一時佛住舍衛國祇樹給孤獨園
時波斯匿王及末利夫人信法未久共相謂
言勝鬘夫人是我之女聰慧利根通敏易悟
若見佛者必速解法心得無疑宜時遣信發
其道意夫人白言今正是時王及夫人與勝
鬘書略讚如來無量功德即遣內人名旃提
羅使人奉書至阿踰闍國入其宮內敬授勝

00869 勝鬘師子吼一乘大方便方廣經一卷 （南朝宋）釋求那跋陀羅譯　宋元豐三年至政和二年（1080–1112）刻福州東禪等覺禪院崇寧萬壽大藏經本

經折裝。匡高24.9厘米，廣11.2厘米。半葉六行，行十七字。上下單邊。千字文帙號爲“推”。有“鼓山大藏”朱印及印造者墨印。山西博物院藏。

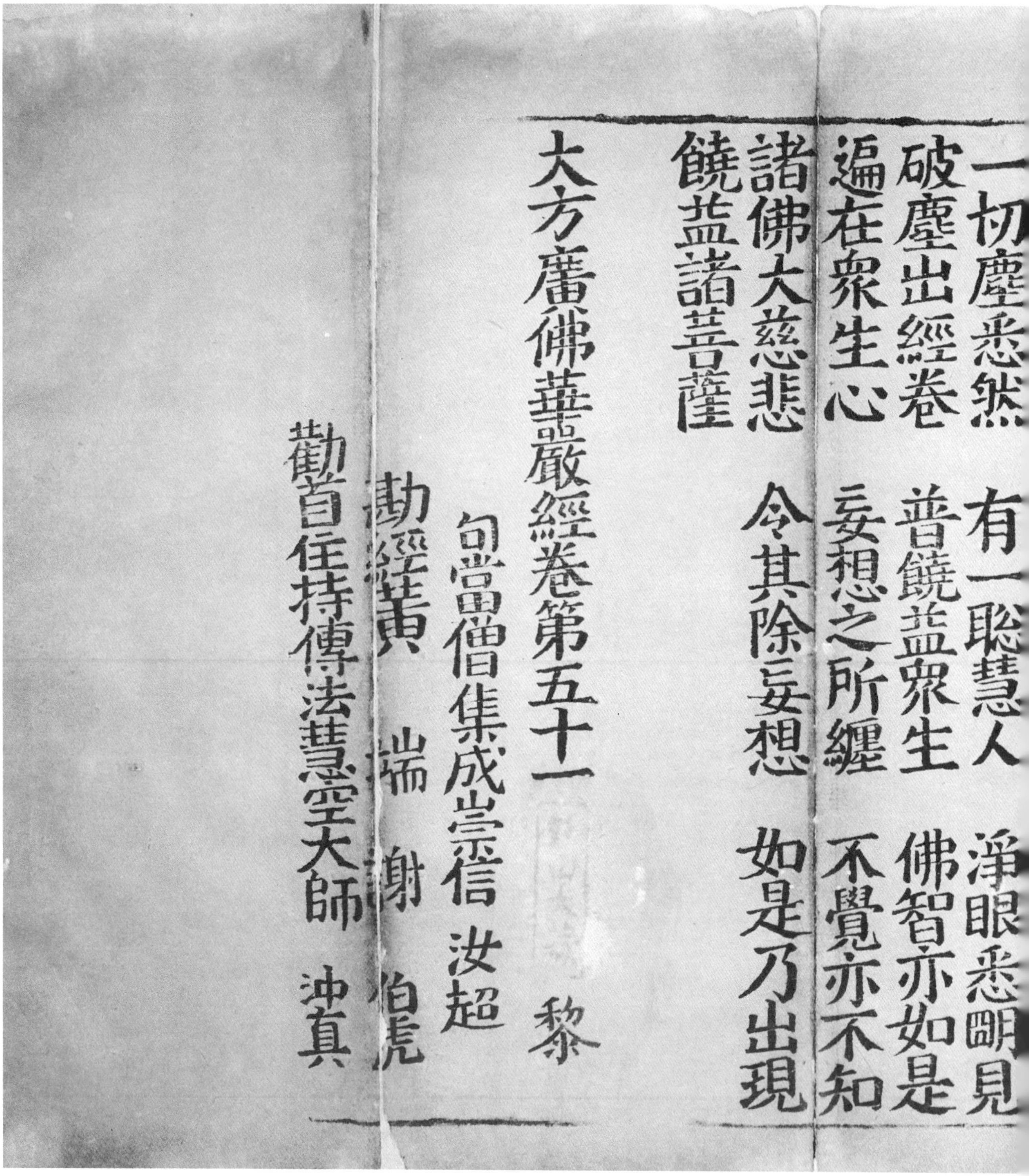

00870 大方廣佛華嚴經八十卷 （唐）釋實叉難陀譯 宋元豐三年至政和二年（1080-1112）刻福州東禪等覺禪院崇寧萬壽大藏經本

經折裝。半葉六行，行十七字。上下單邊。千字文帙號爲“黎”。有“鼓山大藏”朱印及印造者墨印。國家圖書館藏，存一卷。

餘人莫能見　唯除大菩薩　如海有四寶
能飲一切水　令海不流溢　亦復無增減
如來智亦尒　息浪除法愛　廣大無有邊
能生佛菩薩　下方至有頂　欲色無色界
一切依虛空　虛空不分別　聲聞與獨覺
菩薩衆智慧　皆依於佛智　佛智無分別

雪山有藥王　名爲無盡根　能生一切樹
根莖葉花實　佛智亦如是　如來種中生
旣得菩提已　復生菩薩行　如人把乾草
置之於劫燒　金剛猶洞然　此無不燒理
三世劫與刹　及其中衆生　彼草容不燒
此佛無不知　有風名散壞　能壞於大千

若無別風止　壞及無量界　大智風亦尒
滅諸菩薩惑　別有善巧風　令住如來地

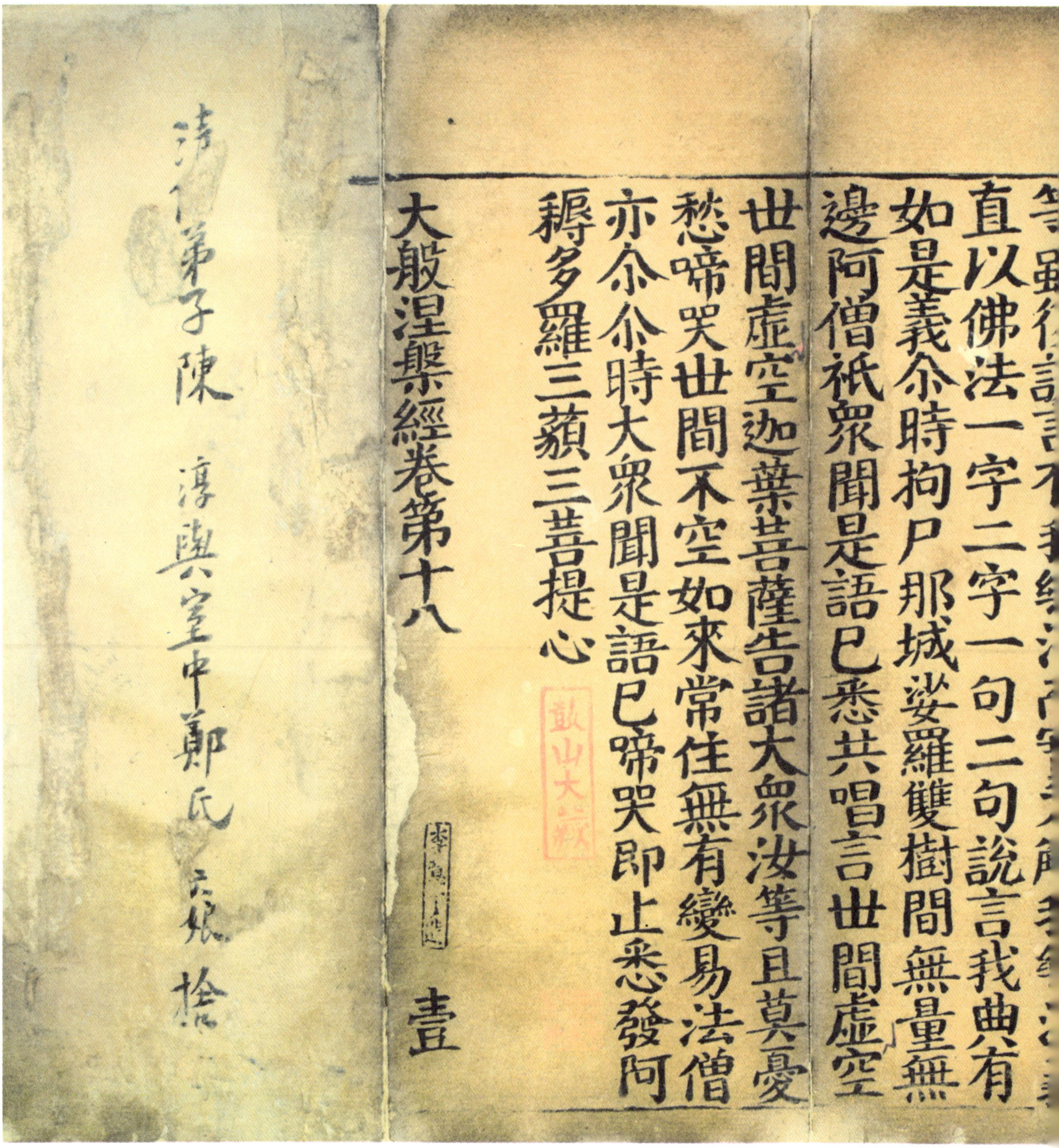

00871 大般涅槃經四十卷 （北涼）釋曇無讖譯　宋元豐三年至政和二年（1080－1112）刻福州東禪等覺禪院崇寧萬壽大藏經本

經折裝。半葉六行，行十七字。上下單邊。千字文帙號爲“壹”。有“鼓山大藏”朱印及印造者墨印。

國家圖書館藏，存一卷。

苦行或言如來無病苦行或言如來不聽比
丘食十種肉何等爲十人蛇象馬驢狗師子
漢阿羅漢者終不生想我得羅漢阿羅漢者
唯說善法不說不善長老所說純是非法若
有得見十二部經定知長老非阿羅漢善男
子尒時破戒比丘徒衆即共斷是阿羅漢命
善男子是時魔王因是二衆忿恚之心悉共
害是六百比丘尒時凡夫各共說言哀哉佛
法於是滅盡而我正法實不滅也尒時其國
有十二萬諸大菩薩善持我法云何當言我
法滅耶當于尒時閻浮提內無一比丘爲我
弟子尒時波旬悉以大火焚燒一切所有經
典其中或有遺餘在者諸婆羅門即共偷取
處處採拾安置己典以是義故諸小菩薩佛
未出時率共信受婆羅門語諸婆羅門雖作
是說我有齋戒而諸外道真實無也諸外道

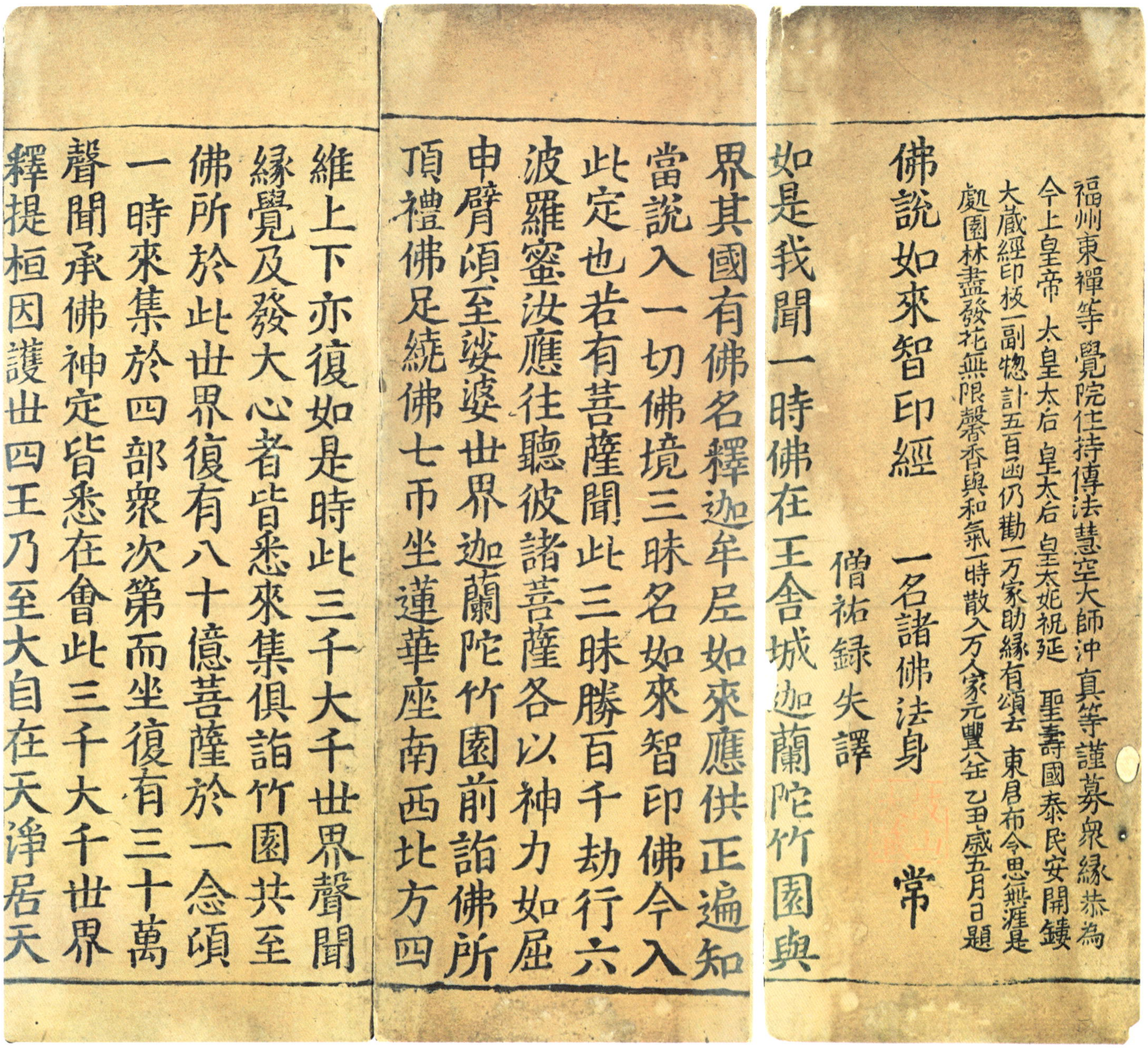

福州東禪等覺院住持傳法慧空大師沖真等謹募衆緣恭為
今上皇帝 太皇太后 皇太后 皇太妃祝延 聖壽國泰民安開鏤
大藏經印板一副總計五百函仍勸一万家助緣有頌云 東君布令思無涯是
處園林盡發花無限馨香與和氣一時散入万人家元豐八年乙丑歲五月日題
佛說如來智印經　一名諸佛法身　常
僧祐録失譯
如是我聞一時佛在王舍城迦蘭陀竹園與
界其國有佛名釋迦牟尼如來應供正遍知
當說入一切佛境三昧名如來智印佛令入
此定也若有菩薩聞此三昧勝百千劫行六
波羅蜜汝應往聽彼諸菩薩各以神力如屈
申臂頃至娑婆世界迦蘭陀竹園前詣佛所
頂禮佛足繞佛七帀坐蓮華座南西北方四
維上下亦復如是時此三千大千世界聲聞
緣覺及發大心者皆悉來集俱詣竹園共至
佛所於此世界復有八十億菩薩於一念頃
一時來集於四部衆次第而坐復有三十萬
聲聞承佛神定皆悉在會此三千大千世界
釋提桓因護世四王乃至大自在天淨居天

00872 如來智印經一卷 失譯 宋元豐三年至政和二年（1080－1112）刻福州東禪等覺禪院崇寧萬壽大藏經本

經折裝。匡高24.9厘米，廣11.2厘米。每紙六個半葉，半葉六行，行十七字。上下單邊。千字文帙號爲“常”。有“鼓山大藏”朱印及印造者墨印。山西博物院藏。

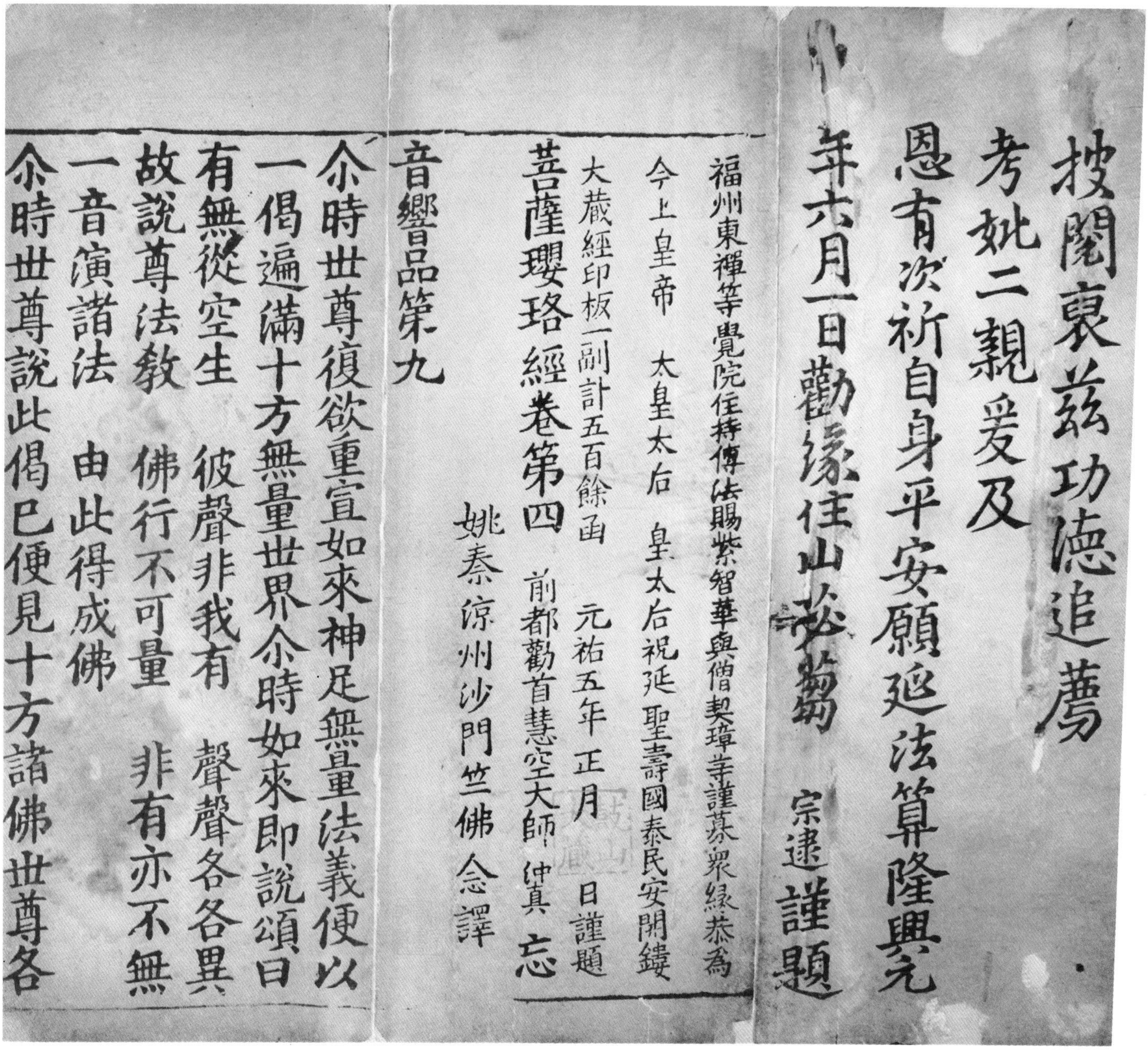
披閱衷茲功德追薦
考妣二親爰及
恩有次祈自身平安願廼法算隆興元
年六月一日勸緣住山[illegible]　宗逺謹題

福州東禪等覺院住持傳法賜紫智華與僧契璋等謹募衆緣恭爲
今上皇帝　太皇太后　皇太后祝延聖壽國泰民安開鏤
大藏經印板一副計五百餘函　元祐五年正月　日謹題
菩薩瓔珞經卷第四　前都勸首慧空大師仲真　忘
姚秦涼州沙門竺佛念譯
音響品第九
尒時世尊復欲重宣如來神足無量法義便以
一偈遍滿十方無量世界尒時如來即說頌曰
有無從空生　彼聲非我有　聲聲各各異
故說尊法教　佛行不可量　非有亦不無
一音演諸法　由此得成佛
尒時世尊說此偈已便見十方諸佛世尊各

00873 菩薩瓔珞經十三卷 （後秦）釋竺佛念譯 宋元豐三年至政和二年（1080–1112）刻福州東禪等覺禪院崇寧萬壽大藏經本

經折裝。半葉六行，行十七字。上下單邊。千字文帙號爲“忘”。有“鼓山大藏”朱印。國家圖書館藏，存一卷。

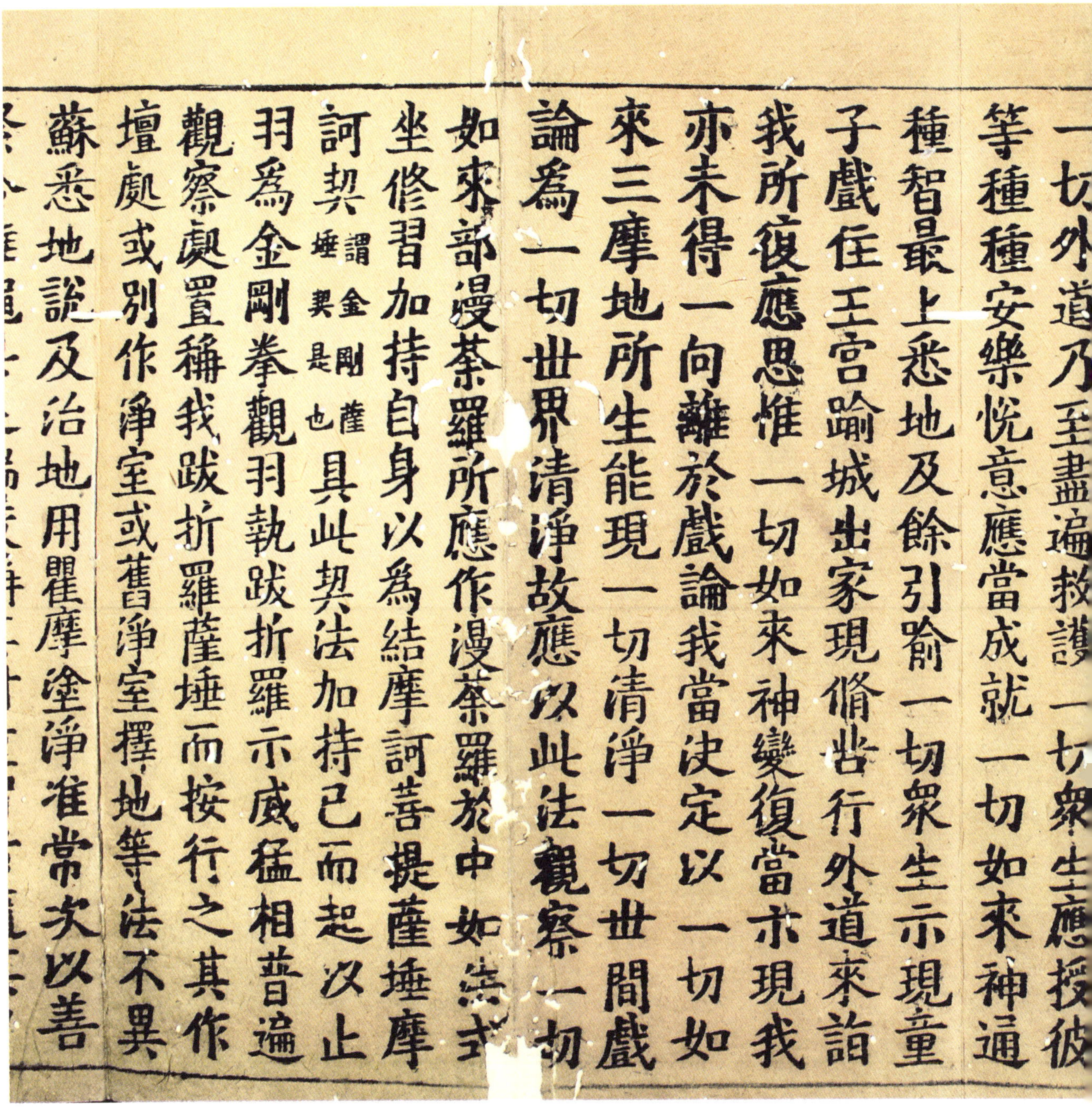
一切外道乃至盡遍救護一切衆生應授彼
等種種安樂悅意應當成就一切如來神通
種智最上悉地及餘引諭一切衆生示現童
子戲任王宮踰城出家現脩苦行外道來詣
我所復應思惟一切如來神變復當亦現我
亦未得一向離於戲論我當決定以一切如
來三摩地所生能現一切清淨一切世間戲
論為一切世界清淨故應以此法觀察一切
如來部漫荼羅所應作漫荼羅於中如法式
坐修習加持自身以為結摩訶菩提薩埵摩
訶契（謂金剛薩埵契是也）具此契法加持已而起以止
羽為金剛拳觀羽執跋折羅示威猛相普遍
觀察處置稱我跋折羅薩埵而按行之其作
壇處或別作淨室或舊淨室擇地等法不異
蘇悉地說及治地用瞿摩塗淨准常式以善

00874 金剛頂瑜伽中略出念誦經四卷　（唐）釋金剛智撰　宋元豐三年至政和二年（1080－1112）

刻福州東禪等覺禪院崇寧萬壽大藏經本

經折裝。半葉六行，行十七字。上下單邊。千字文帙號爲“讃”。有“讀杜草堂”、“三聖寺”等印。

國家圖書館藏，存一卷。

福州東禪等覺院住持傳法賜紫智華與僧契璋等謹募衆緣恭為
今上皇帝　太皇太后　皇太后祝延　聖壽國泰民安開鏤
大藏經印板一副計五百餘函　元祐六年正月　日謹題

金剛頂瑜伽中略出念誦經卷第三　讃

唐南天竺三藏金剛智譯

復次如是思惟我成等正覺未久一切如來普賢心一切如來虛空所生大摩尼寶而灌頂之得一切如來觀自在法智波羅蜜一切如來毗首羯磨性不空無障礙教令所依希求皆悉成就圓滿我今應當於一切法界周流盡虛空界一切世界遍雲海中一切如來平等性智諸神通爲現證故於一一世間安立之處爲一切衆生故應發一切如來大菩提心成就普賢種種奉事一切如來種族詣大菩提道場應當示現降伏一切魔軍證一切如來平等性[illegible]

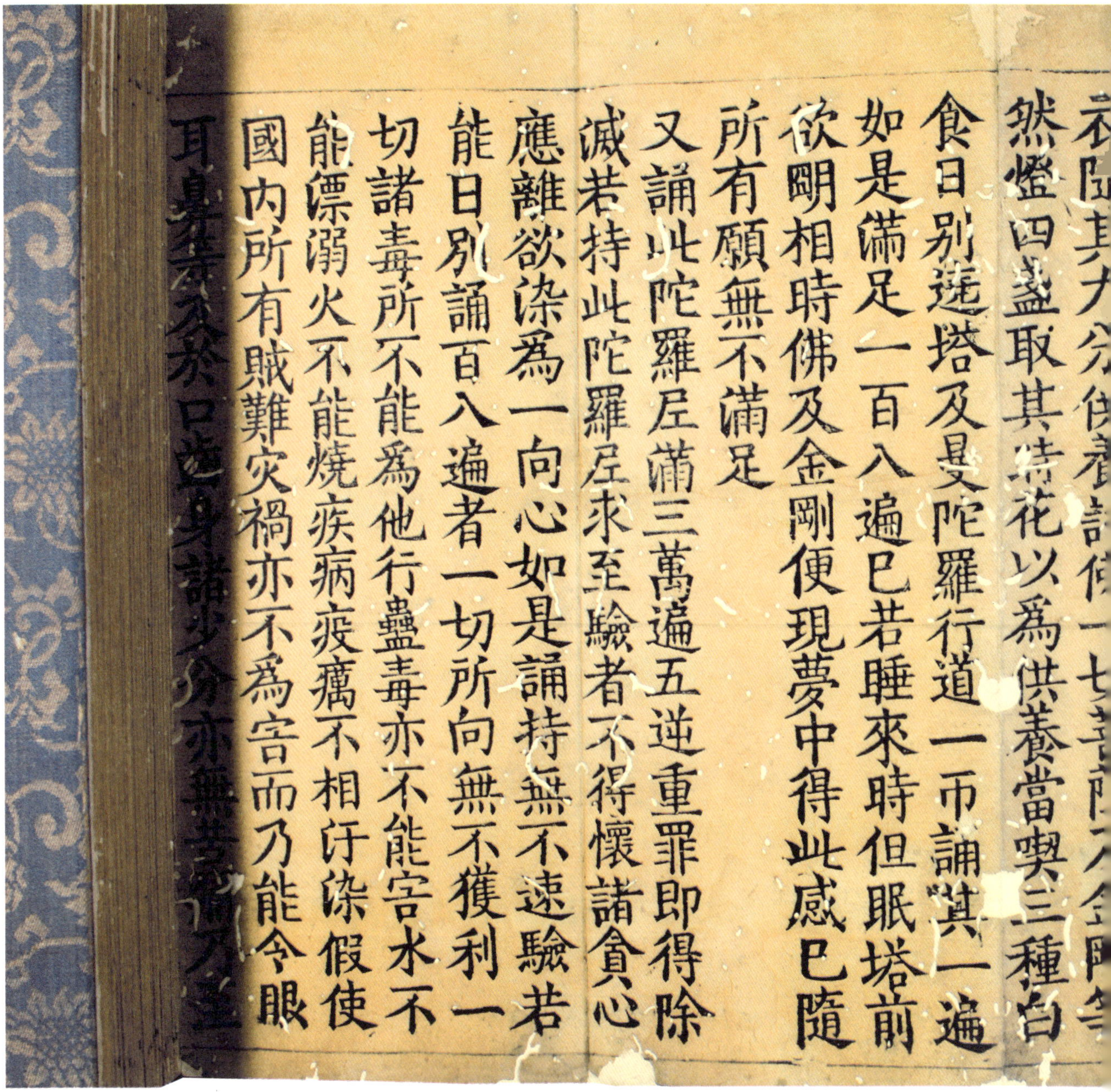
然燈四盞取其持花以爲供養當喫三種白
食日別遶塔及曼陀羅行道一帀誦其一遍
如是滿足一百八遍已若睡來時但眠塔前
欲明相時佛及金剛便現夢中得此感已隨
所有願無不滿足
又誦此陀羅尼滿三萬遍五逆重罪即得除
滅若持此陀羅尼求至驗者不得懷諸貪心
應離欲染爲一向心如是誦持無不速驗若
能日別誦百八遍者一切所向無不獲利一
切諸毒所不能爲他行蠱毒亦不能害水不
能漂溺火不能燒疾病疫癘不相汙染假使
國内所有賊難災禍亦不爲害而乃能令眼
耳鼻舌及於口意身諸少分亦無苦痛乃至

00875 牟梨曼陀羅咒一卷 失譯 宋元豐三年至政和二年（1080–1112）刻福州東禪等覺禪院崇寧萬壽大藏經本

經折裝。半葉六行，行十七字。上下單邊。千字文帙號爲“讃”。有“讀杜草堂”、“三聖寺”等印。

國家圖書館藏。

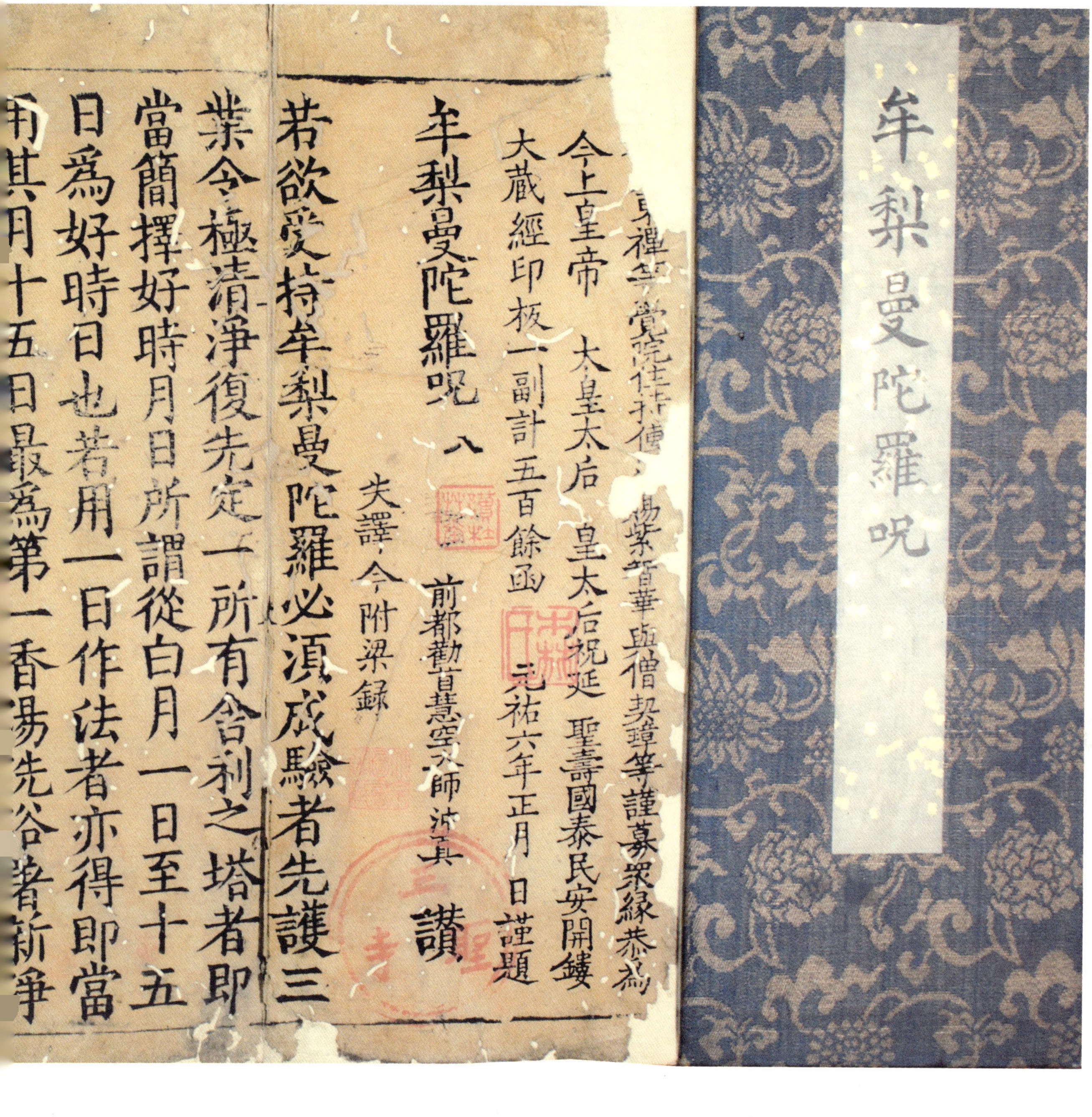
牟梨曼陀羅呪
東禪等覺院住持傳[illegible]暫華與僧契璋等謹募衆緣恭爲
今上皇帝　太皇太后　皇太后祝延　聖壽國泰民安開鏤
大藏經印板一副計五百餘函　元祐六年正月　日謹題
牟梨曼陀羅呪　八
前都勸首慧空大師沖真　讚
夫譯今附梁錄
若欲受持牟梨曼陀羅必須成驗者先護三
業令極清淨復先定一所有舍利之塔者即
當簡擇好時月日所謂從白月一日至十五
日爲好時日也若用一日作法者亦得即當
用其月十五日最爲第一香湯先浴著新淨

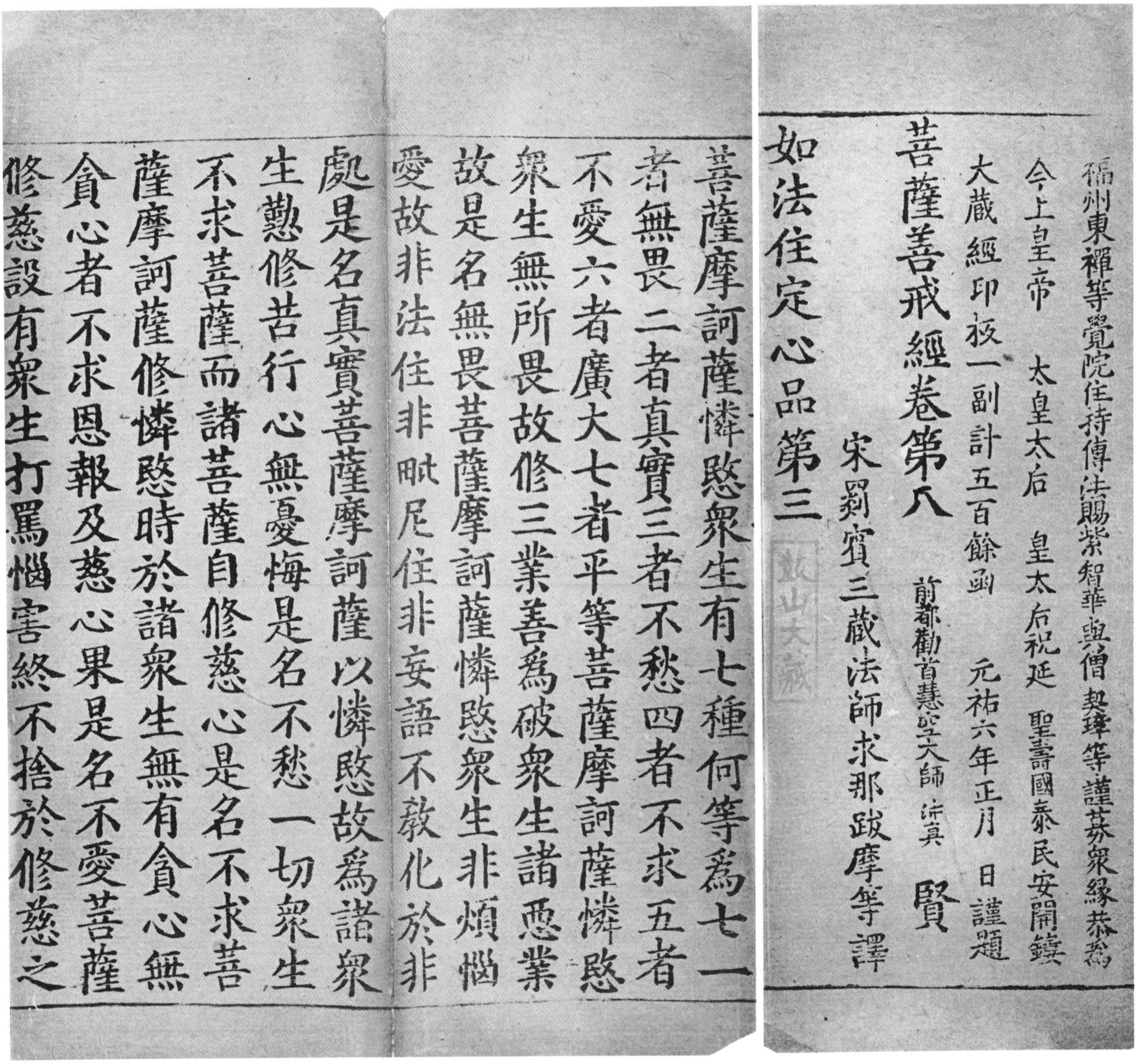

福州東禪等覺院住持傳法賜紫智華與僧契璋等謹募衆緣恭爲
今上皇帝　太皇太后　皇太后祝延　聖壽國泰民安開鏤
大藏經印板一副計五百餘函　元祐六年正月　日謹題
菩薩善戒經卷第八　前都勸首慧空大師　沖真　賢
宋罽賓三藏法師求那跋摩等譯
如法住定心品第三
菩薩摩訶薩憐愍衆生有七種何等爲七一
者無畏二者真實三者不愁四者不求五者
不愛六者廣大七者平等菩薩摩訶薩憐愍
衆生無所畏故修三業善爲破衆生諸惡業
故是名無畏菩薩摩訶薩憐愍衆生非煩惱
愛故非法住非毗尼住非妄語不教化於非
處是名真實菩薩摩訶薩以憐愍故爲諸衆
生懃修苦行心無憂悔是名不愁一切衆生
不求菩薩而諸菩薩自修慈心是名不求菩
薩摩訶薩修憐愍時於諸衆生無有貪心無
貪心者不求恩報及慈心果是名不愛菩薩
修慈設有衆生打罵惱害終不捨於修慈之

00876 菩薩善戒經九卷　（南朝宋）釋求那跋摩譯　宋元豐三年至政和二年（1080–1112）刻福州東禪等覺禪院崇寧萬壽大藏經本

經折裝。匡高24.2厘米，廣11.2厘米。一版六個半葉，半葉六行，行十七字。上下單邊。千字文帙號爲“賢”。有“鼓山大藏”朱印及印造者墨印。山西博物院藏，存一卷。

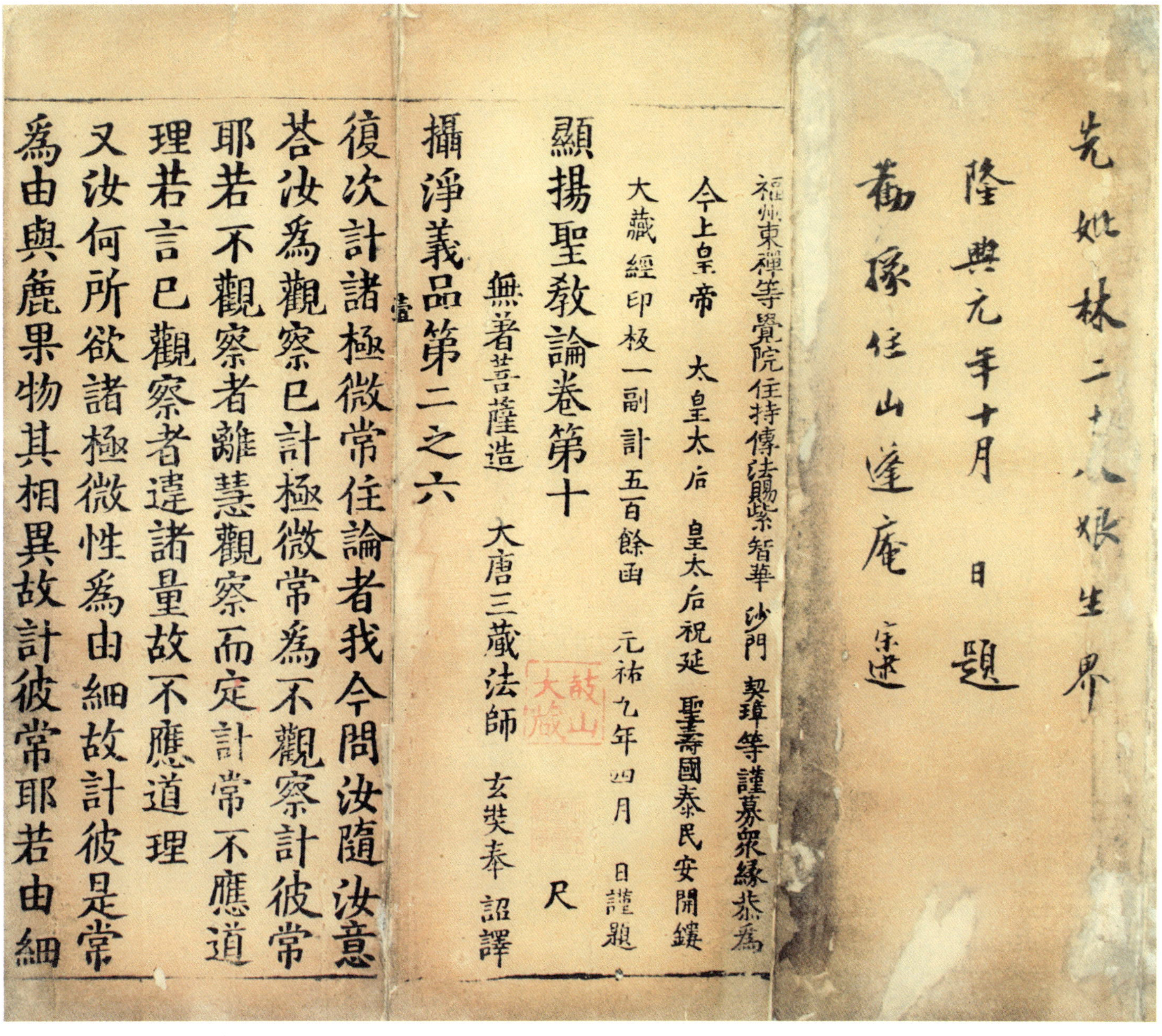

00877 顯揚聖教論二十卷 （唐）釋玄奘譯 宋元豐三年至政和二年（1080-1112）刻福州東禪等覺禪院崇寧萬壽大藏經本

經折裝。半葉六行，行十七字。上下單邊。千字文帙號爲“尺”。有“鼓山大藏”朱印、“鄭保印造”墨記。有隆興元年（1163）十月勸緣住山蓬庵宗逮墨書題記。國家圖書館藏，存一卷。

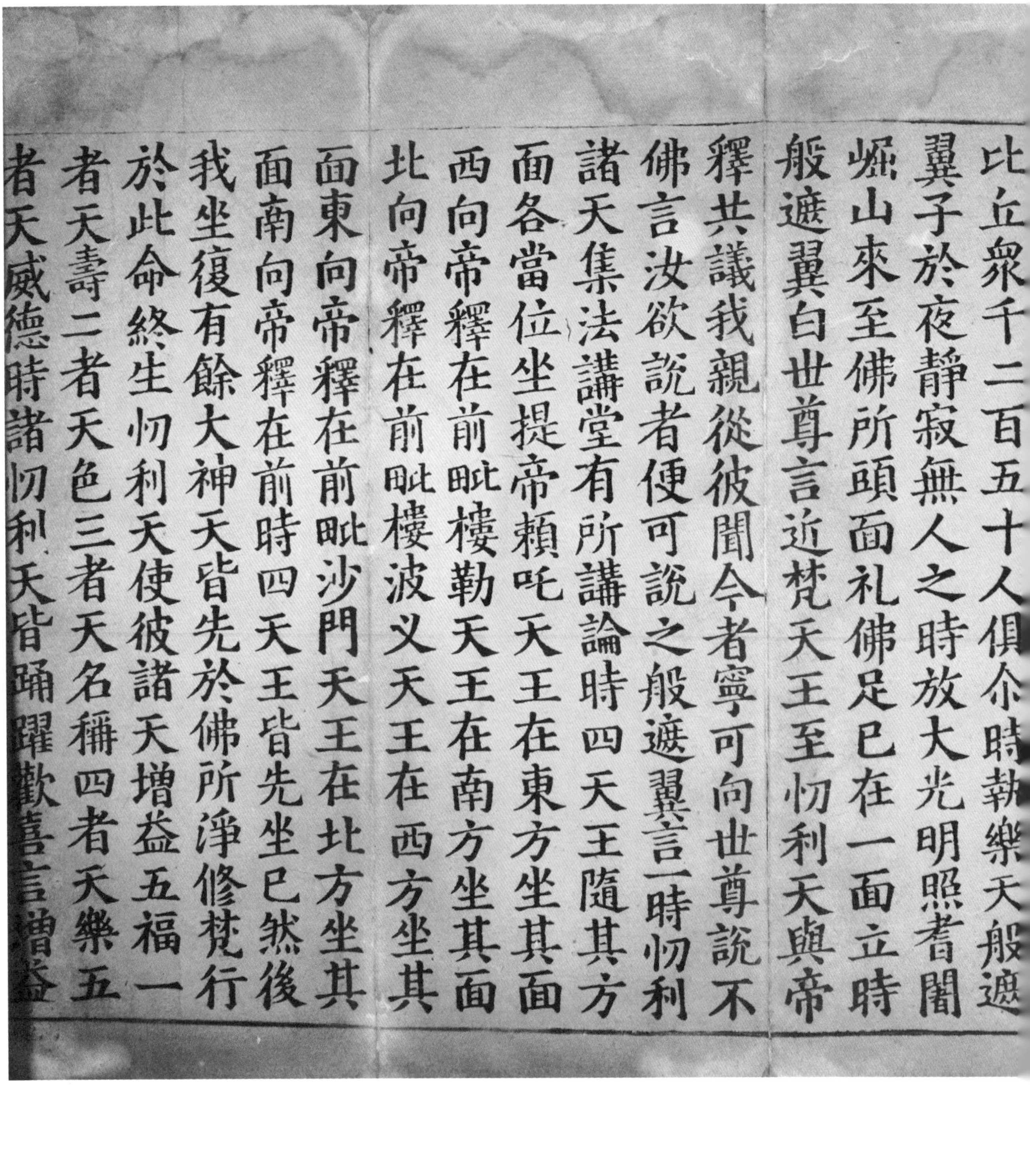
比丘衆千二百五十人俱尒時執樂天般遮
翼子於夜靜寂無人之時放大光明照耆闍
崛山來至佛所頭面礼佛足已在一面立時
般遮翼白世尊言近梵天王至忉利天與帝
釋共議我親從彼聞今者寧可向世尊說不
佛言汝欲說者便可說之般遮翼言一時忉利
諸天集法講堂有所講論時四天王隨其方
面各當位坐提帝賴吒天王在東方坐其面
西向帝釋在前毗樓勒天王在南方坐其面
北向帝釋在前毗樓波叉天王在西方坐其
面東向帝釋在前毗沙門天王在北方坐其
面南向帝釋在前時四天王皆先坐已然後
我坐復有餘大神天皆先於佛所淨修梵行
於此命終生忉利天使彼諸天增益五福一
者天壽二者天色三者天名稱四者天樂五
者天威德時諸忉利天皆踊躍歡喜言增益

00878 長阿含經二十二卷 （後秦）釋佛陀耶舍 釋竺佛念譯 宋元豐三年至政和二年（1080－1112）刻福州東禪等覺禪院崇寧萬壽大藏經本

經折裝。半葉六行，行十七字。上下單邊。千字文帙號爲“深”。有“鼓山大藏”朱印、“鄭保印造”墨記。殘存隆興元年（1163）題記。國家圖書館藏，存一卷。

利樂者

隆興元年十月 日題

福州東禪等覺院住持傳法沙門智賢沙門 契璋等謹募衆緣恭爲

今上皇帝 太皇太后 皇太后祝延 聖壽國泰民安開鏤

大藏經印板一副計五百餘函 紹聖二年 五月六日謹題

長阿含經卷第五 深

姚秦三藏法師佛陁耶舍共竺佛念譯

第一分

典尊經第三

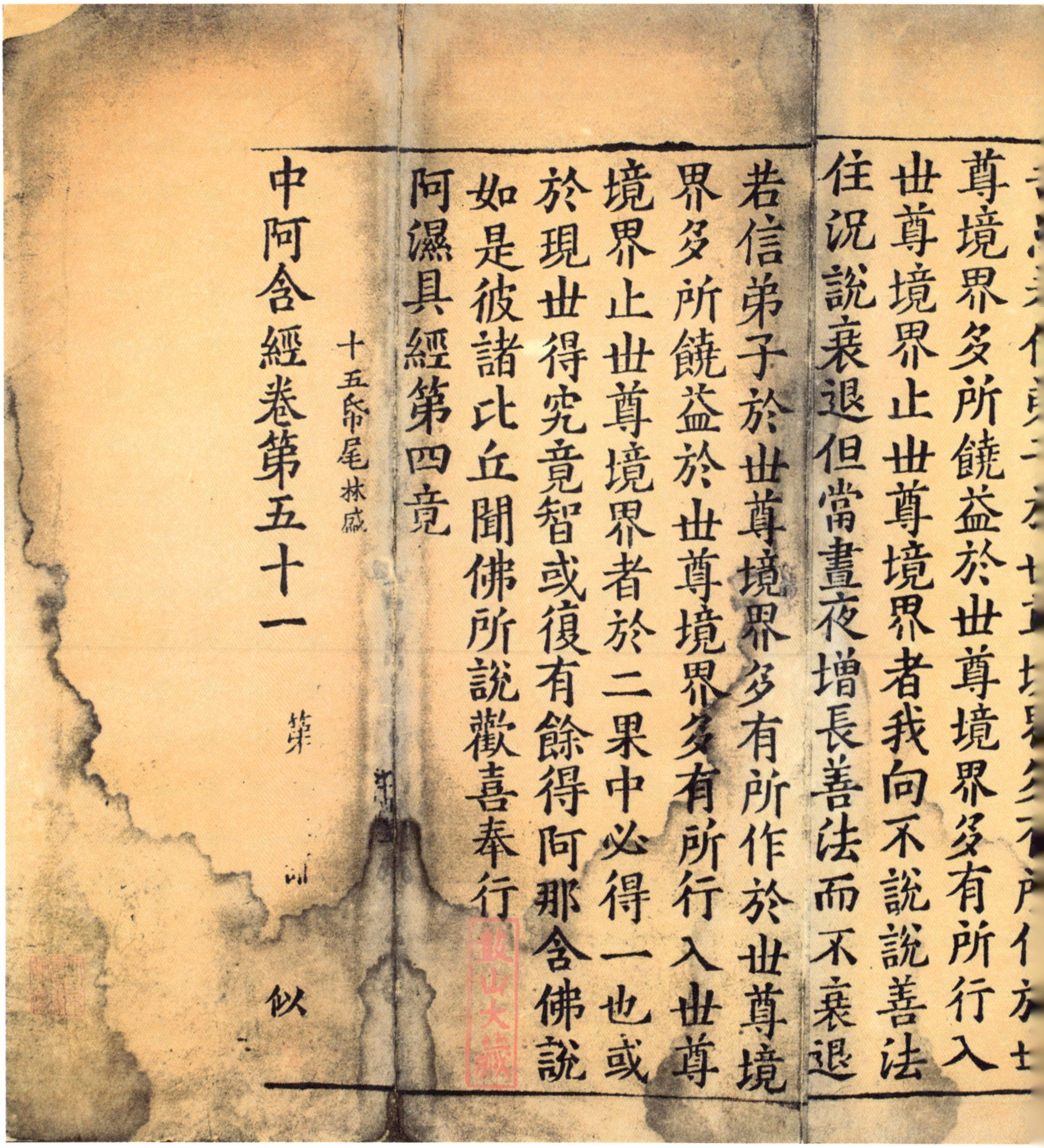

尊境界多所饒益於世尊境界多有所行入
世尊境界止世尊境界者我向不說說善法
住況說衰退但當晝夜增長善法而不衰退
若信弟子於世尊境界多有所作於世尊境
界多所饒益於世尊境界多有所行入世尊
境界止世尊境界者於二果中必得一也或
於現世得究竟智或復有餘得阿那含佛說
如是彼諸比丘聞佛所說歡喜奉行
阿濕具經第四竟
十五紙尾林感
中阿含經卷第五十一　第　似

00879 中阿含經六十卷（晉）釋瞿曇僧伽提婆譯 宋元豐三年至政和二年（1080-1112）刻福州東禪等覺禪院崇寧萬壽大藏經本

經折裝。半葉六行，行十七字。上下單邊。千字文帙號爲“似”。有“鼓山大藏”朱印。殘存隆興元年（1163）題記。國家圖書館藏，存一卷。

此諦我未曾身作證亦非慧增上觀此諦令
身作證以慧增上觀如是漸漸習學趣迹受
教受訶然後諸比丘得究竟智此諸比丘所
得究竟智於是世尊告曰阿濕具弗那婆修
有法名四句我欲爲汝說汝等欲知耶阿濕
具及弗那婆修白曰世尊我等是誰何由知
法於是世尊便作是念此愚癡人越過於我
此正法律極大久遠若有法律師貪著食不

離食者彼弟子不應速行放逸況復我不貪
著食遠離於食信弟子者應如是說世尊是
我師我是世尊弟子世尊爲我說法善逝爲
我說法令我長夜得義得饒益安隱快樂彼
信弟子於世尊境界多有所作於世尊境界
多所饒益於世尊境界多有所行入世尊境
界止世尊境界者若遊東方必得安隱無衆
苦患若遊南方西方北方者必得安樂無衆

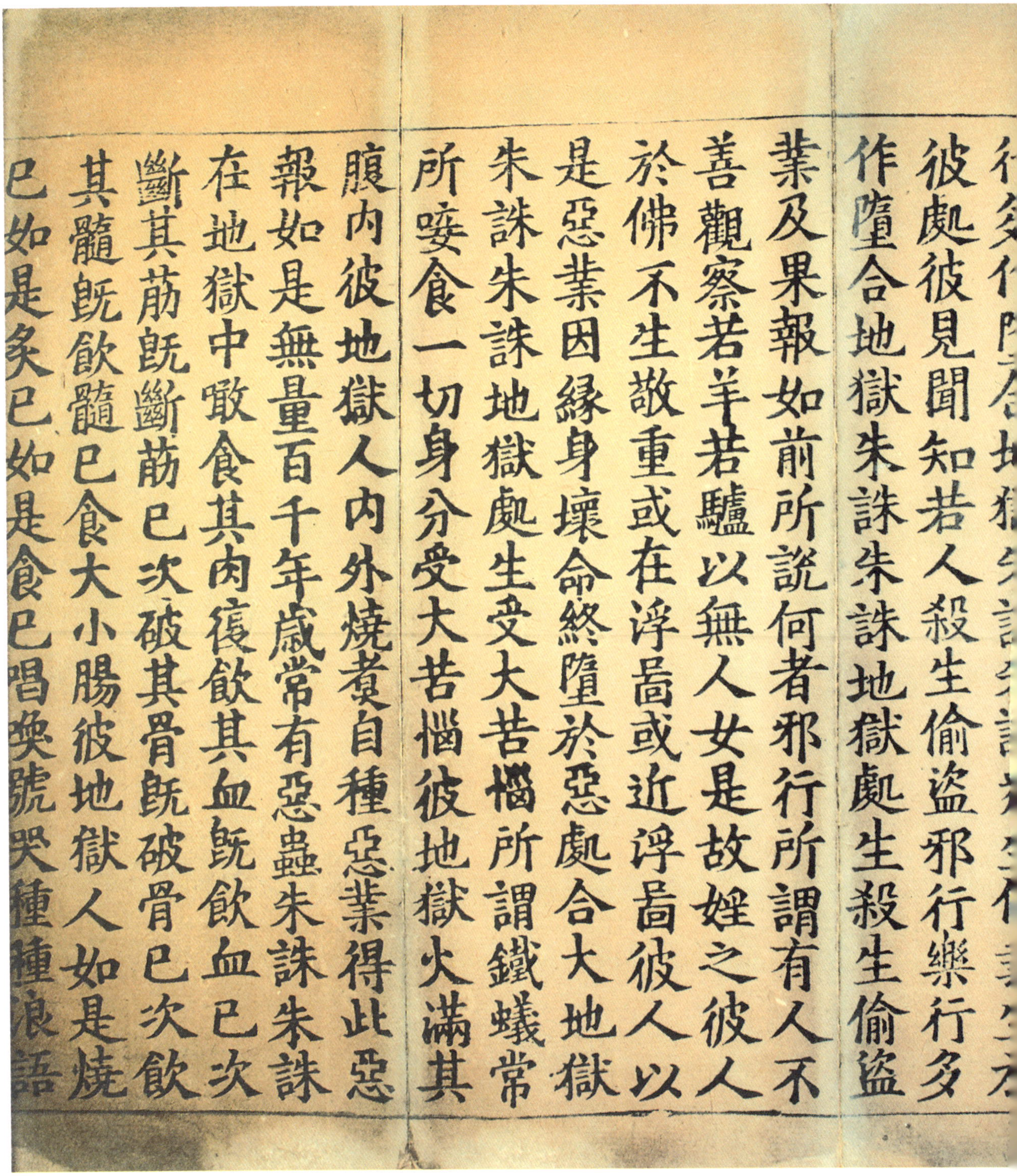
彼處彼見聞知若人殺生偷盜邪行樂行多
作墮合地獄朱誅朱誅朱誅地獄處生殺生偷盜
業及果報如前所說何者邪行所謂有人不
善觀察若羊若驢以無人女是故婬之彼人
於佛不生敬重或在浮啚或近浮啚彼人以
是惡業因緣身壞命終墮於惡處合大地獄
朱誅朱誅地獄處生受大苦惱所謂鐵蟻常
所唼食一切身分受大苦惱彼地獄火滿其
腹內彼地獄人內外燒煮自種惡業得此惡
報如是無量百千年歲常有惡蟲朱誅朱誅
在地獄中噉食其肉復飲其血既飲血已次
斷其筋既斷筋已次破其骨既破骨已次飲
其髓既飲髓已食大小腸彼地獄人如是燒
已如是炙已如是食已唱喚號哭種種浪語

00880 正法念處經七十卷 （北魏）釋瞿曇般若流支譯 宋元豐三年至政和二年（1080－1112）刻福州東禪等覺禪院崇寧萬壽大藏經本

經折裝。半葉六行，行十七字。上下單邊。千字文帙號爲“篤”。有“鼓山大藏”朱印。國家圖書館藏，存一卷。

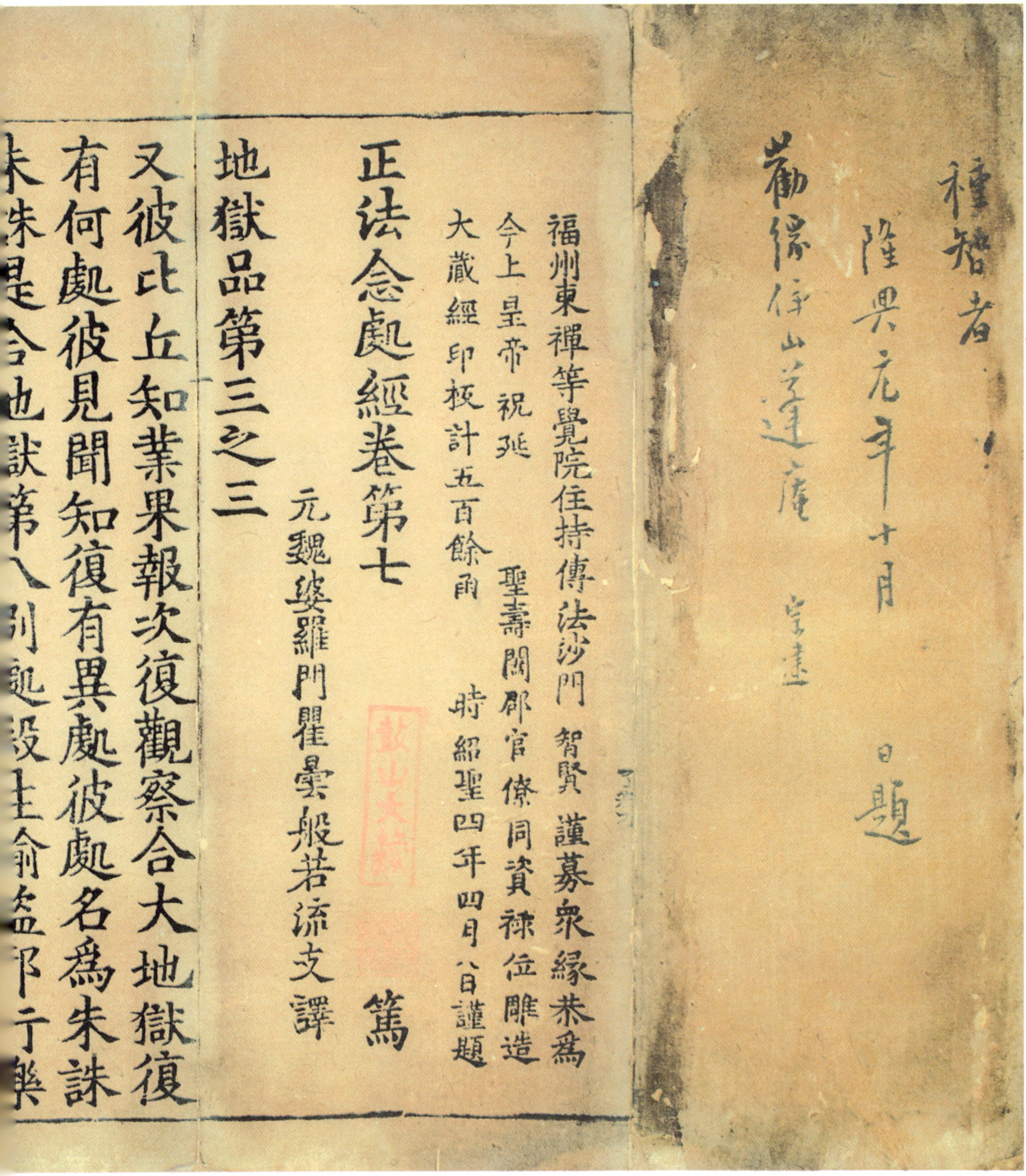

種智者

隆興元年十月 日題

勸緣住山蓮庵 宗達

福州東禪等覺院住持傳法沙門 智賢 謹募衆緣恭爲

今上皇帝祝延 聖壽閩郡官僚同資祿位雕造

大藏經印板計五百餘函 時紹聖四年四月八日謹題

正法念處經卷第七 篤

元魏婆羅門瞿曇般若流支譯

地獄品第三之三

又彼比丘知業果報次復觀察合大地獄復

有何處彼見聞知復有異處彼處名爲朱誅

朱誅是合地獄第八別處殺生偷盜邪行樂

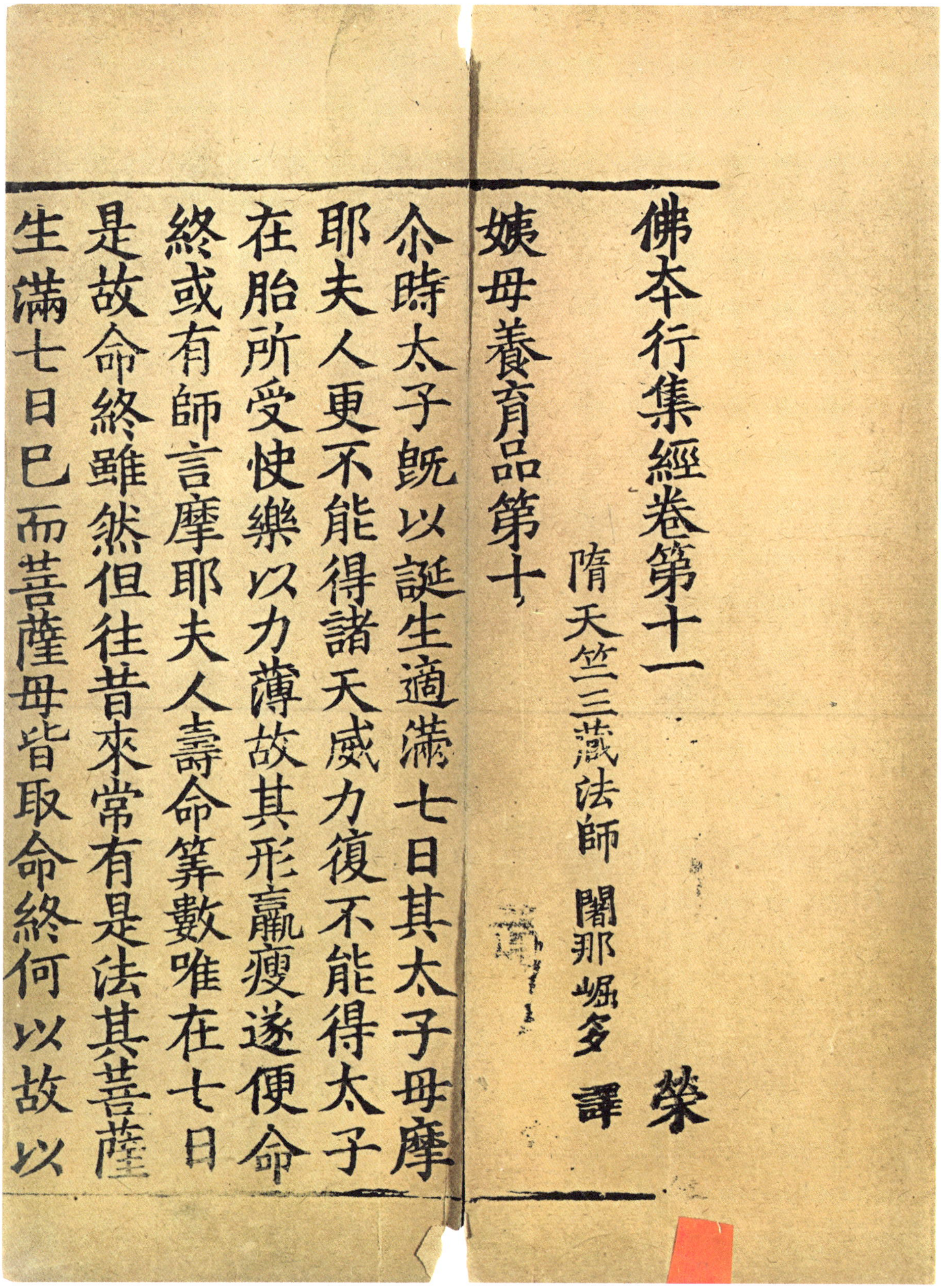
佛本行集經卷第十一　榮
隋天竺三藏法師闍那崛多譯
姨母養育品第十
尒時太子既以誕生適滿七日其太子母摩
耶夫人更不能得諸天威力復不能得太子
在胎所受快樂以力薄故其形羸瘦遂便命
終或有師言摩耶夫人壽命筭數唯在七日
是故命終雖然但往昔來常有是法其菩薩
生滿七日已而菩薩母皆取命終何以故以

00881 佛本行集經六十卷 （隋）釋闍那崛多譯　宋元豐三年至政和二年（1080－1112）刻福州東禪等覺禪院崇寧萬壽大藏經本

經折裝。匡高23.5厘米，廣11.2厘米。一版六個半葉，半葉六行，行十七字。上下單邊。千字文帙號爲“榮”。有“鼓山大藏”朱印及印造者墨印。山西博物院藏，存二卷。

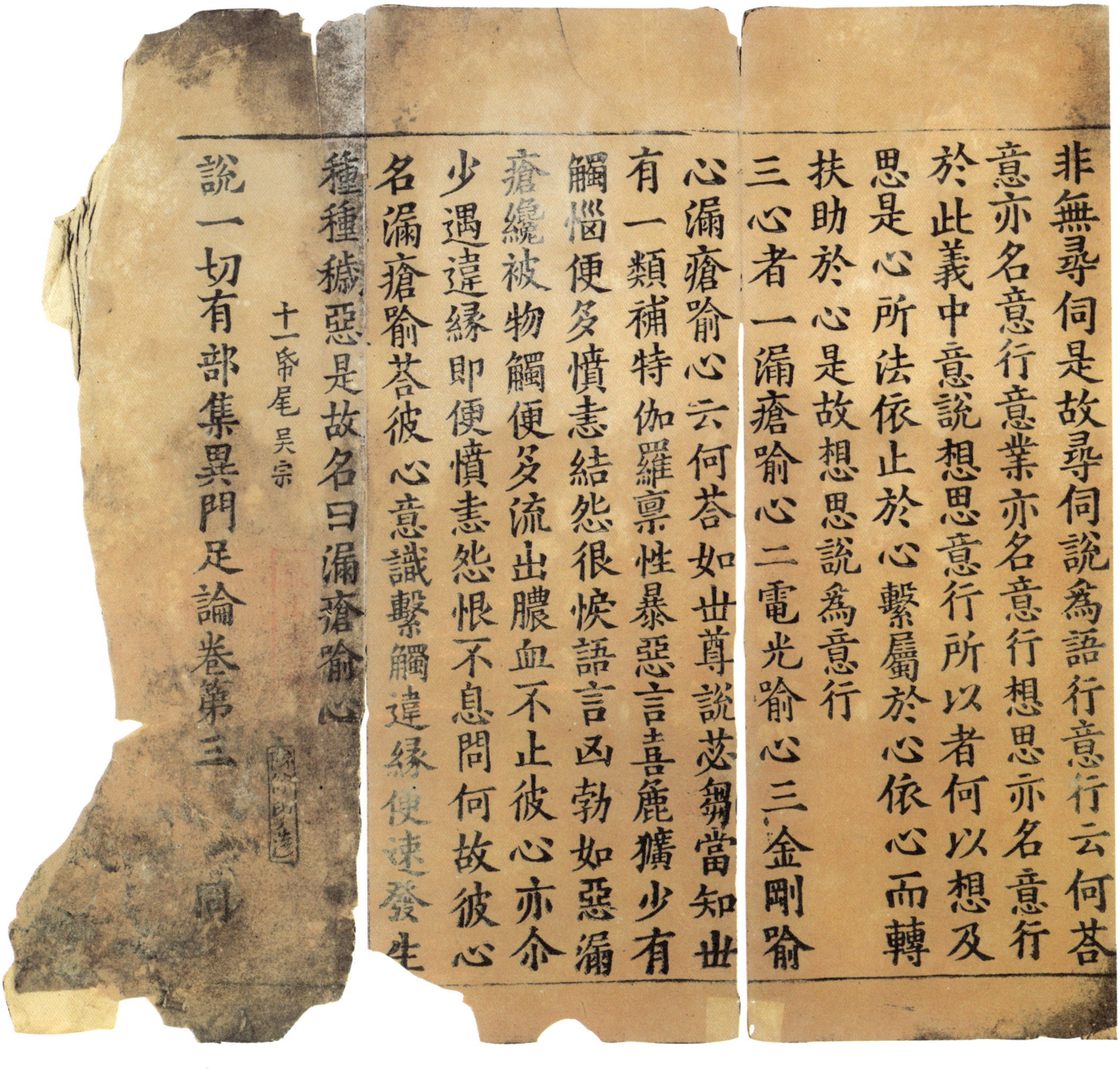
非無尋伺是故尋伺說為語行意行云何荅
意亦名意行意業亦名意行想思亦名意行
於此義中意說想思意行所以者何以想及
思是心所法依止於心繫屬於心依心而轉
扶助於心是故想思說為意行
三心者一漏瘡喻心二電光喻心三金剛喻
心漏瘡喻心云何荅如世尊說苾芻當知世
有一類補特伽羅稟性暴惡言喜麁獷少有
觸惱便多憤恚結怨很戾語言凶勃如惡漏
瘡纔被物觸便多流出膿血不止彼心亦尒
少遇違緣即便憤恚怨恨不息問何故彼心
名漏瘡喻荅彼心意識繫觸違緣便速發生
種種穢惡是故名曰漏瘡喻心
十一帋尾 吴宗
說一切有部集異門足論卷第三 同

00882 說一切有部集異門足論二十卷 （唐）釋玄奘譯 宋元豐三年至政和二年（1080–1112）刻福州東禪等覺禪院崇寧萬壽大藏經本

經折裝。匡高25.2厘米，廣11.2厘米。一版六個半葉，半葉六行，行十七字。上下單邊。千字文帙號爲“同”。有“鼓山大藏”朱印及印造者墨印。山西博物院藏，存一卷。

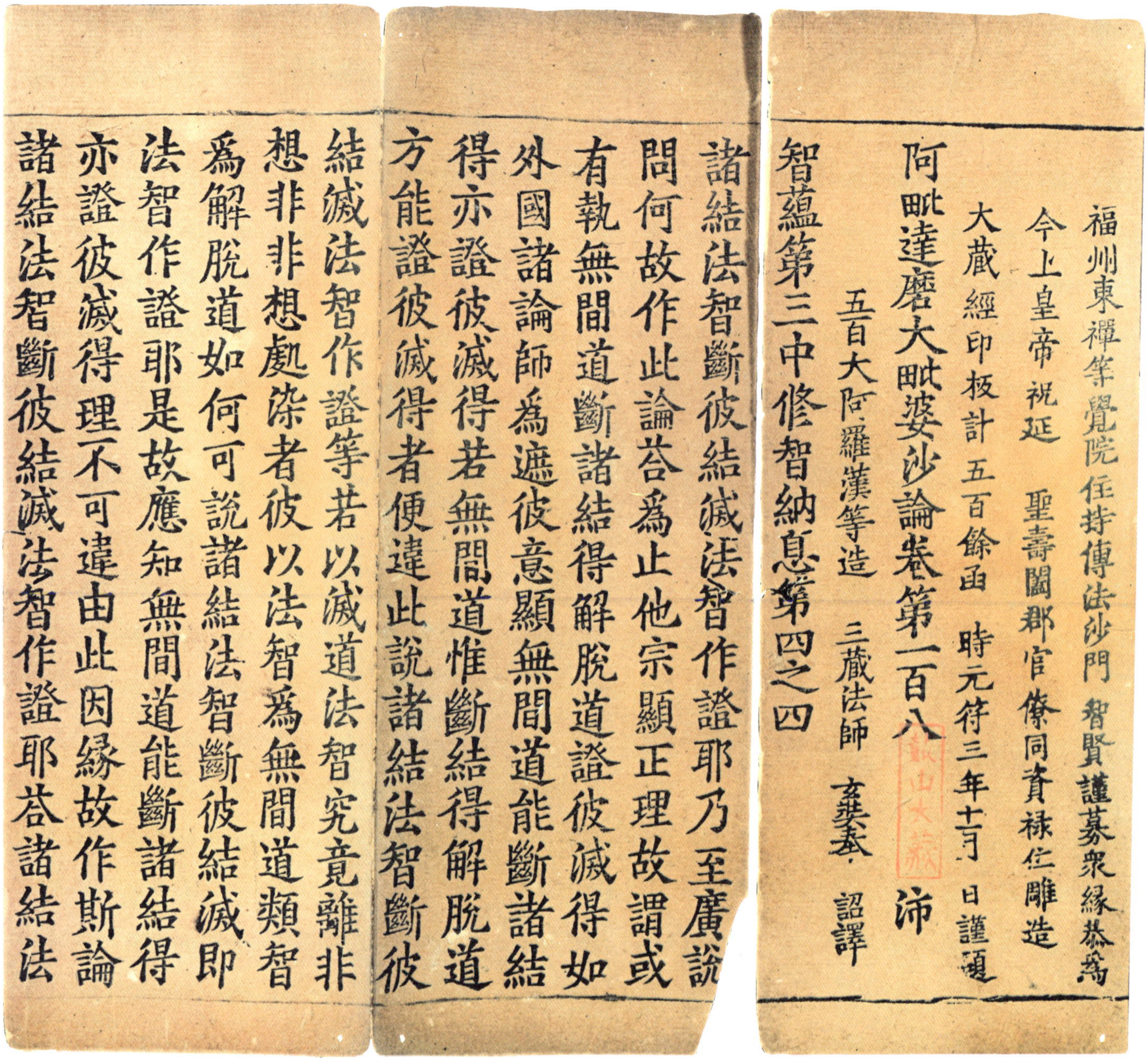
福州東禪等覺院住持傳法沙門 智賢謹募衆緣恭爲
今上皇帝祝延 聖壽闔郡官僚同資禄位雕造
大藏經印板計五百餘函 時元符三年十月 日謹題
阿毗達磨大毗婆沙論卷第一百八 沛
五百大阿羅漢等造 三藏法師 玄奘奉 詔譯
智蘊第三中修智納息第四之四
諸結法智斷彼結滅法智作證耶乃至廣說
問何故作此論荅爲止他宗顯正理故謂或
有執無間道斷諸結得解脱道證彼滅得如
外國諸論師爲遮彼意顯無間道能斷諸結
得亦證彼滅得若無間道惟斷結得解脱道
方能證彼滅得者便違此說諸結法智斷彼
結滅法智作證等若以滅道法智究竟離非
想非非想處染者彼以法智爲無間道類智
爲解脱道如何可說諸結法智斷彼結滅即
法智作證耶是故應知無間道能斷諸結得
亦證彼滅得理不可違由此因緣故作斯論
諸結法智斷彼結滅法智作證耶荅諸結法

00883 阿毗達磨大毗婆沙論二百卷 （唐）釋玄奘譯 宋元豐三年至政和二年（1080－1112）刻福州東禪等覺禪院崇寧萬壽大藏經本

經折裝。匡高25.2厘米，廣11.1厘米。一版六個半葉，半葉六行，行十七字。上下單邊。千字文帙號爲“沛”。有“鼓山大藏”朱印及印造者墨印。山西博物院藏，存一卷。

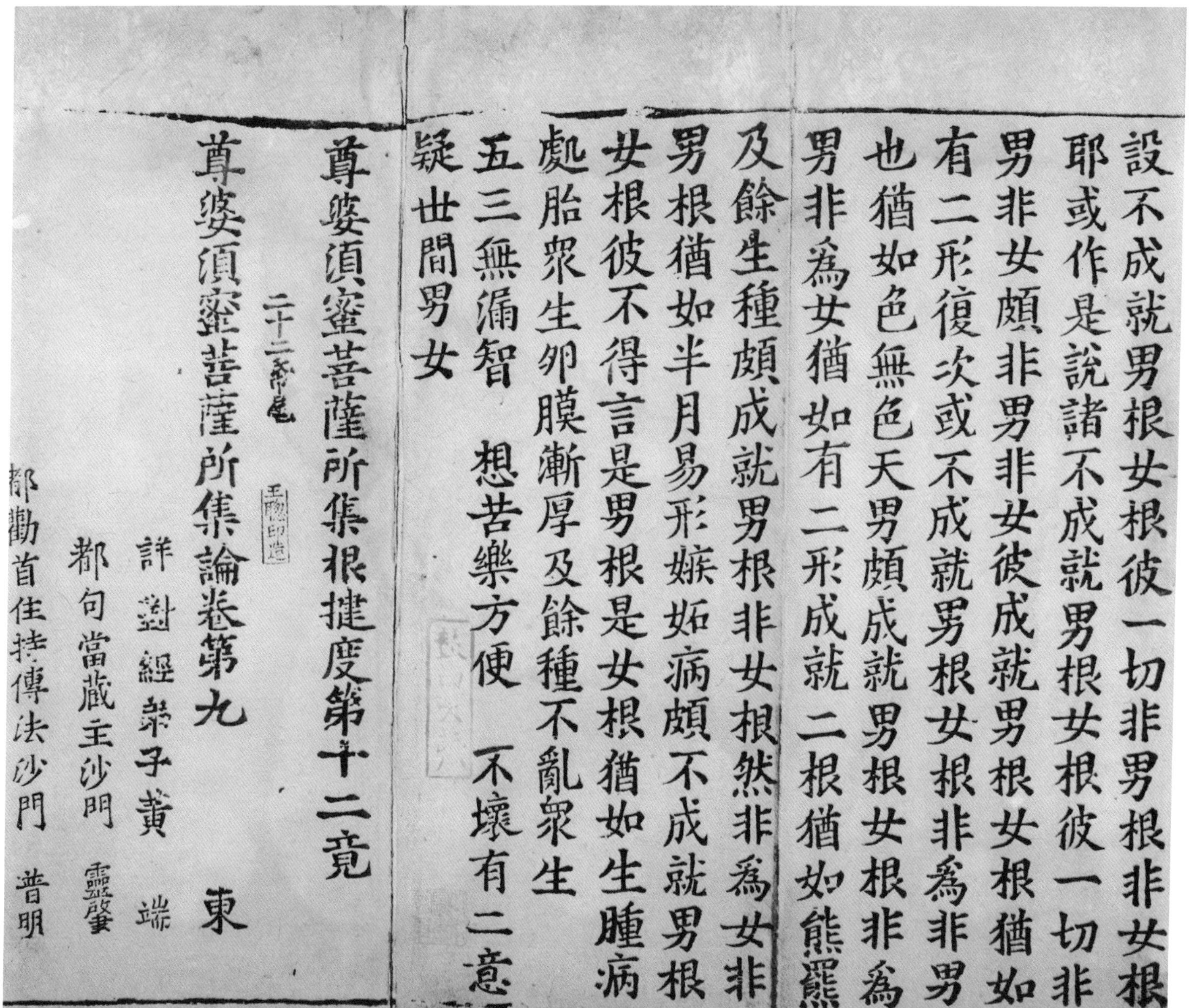

設不成就男根女根彼一切非男根非女根
耶或作是説諸不成就男根女根彼一切非
男非女顚非男非女彼成就男根女根猶如
有二形復次或不成就男根女根非爲非男
也猶如色無色天男顚成就男根女根非爲
男非爲女猶如有二形成就二根猶如熊羆
及餘生種顚成就男根非女根然非爲女非
男根猶如半月易形嫉妬病顚不成就男根
女根彼不得言是男根是女根猶如生腫病
皰胎衆生卵膜漸厚及餘種不亂衆生
五三無漏智　想苦樂方便　不壞有二意
疑世間男女

尊婆須蜜菩薩所集根揵度第十二竟

二十二紙

尊婆須蜜菩薩所集論卷第九　東

詳對經弟子黄　端
都句當藏主沙門　靈馨
都勸首住持傳法沙門　普明

00884 尊婆須蜜菩薩所集論十卷　（前秦）釋伽跋澄等譯　宋元豐三年至政和二年（1080－1112）刻福州東禪等覺禪院崇寧萬壽大藏經本

經折裝。半葉六行，行十七字。上下單邊。千字文帙號爲“東”。有“鼓山大藏”朱印、“王聰印造”墨記。國家圖書館藏，存一卷。

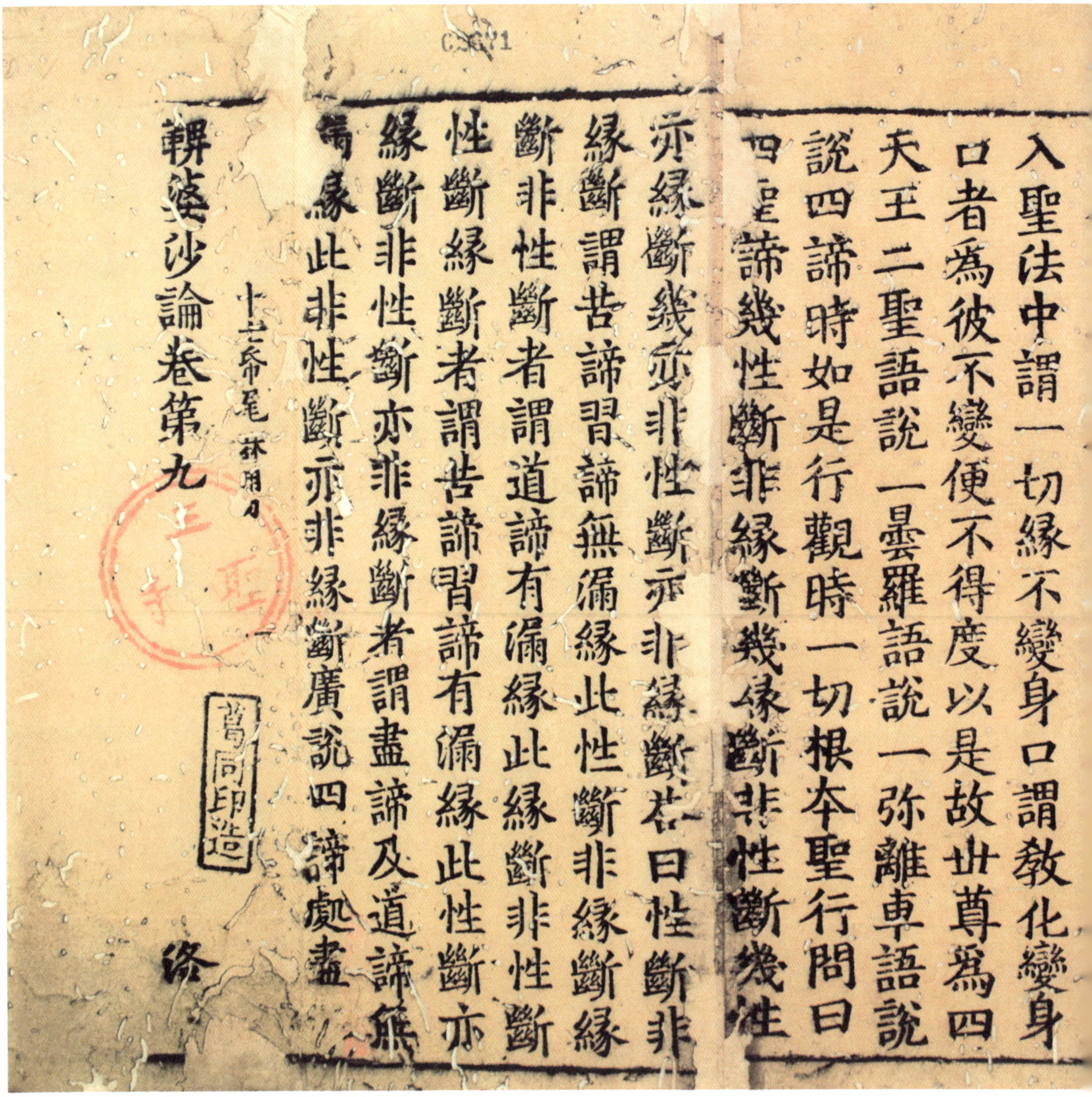

00885 鞞婆沙論卷九　（前秦）釋伽跋澄等譯　宋元豐三年至政和二年（1080－1112）刻福州東禪等覺禪院崇寧萬壽大藏經本

經折裝。半葉六行，行十七字。上下單邊。千字文帙號爲“洛”。有“葛同印造”墨印及“三聖寺”朱印。國家圖書館藏。

棃兜佉勒世尊極知兜佉勒語勝生兜佉勒
中者以是故說一音聲說法悉遍成音義更
有說者世尊有力問曰若尒者此偈爲善通
何以故世尊爲四天王說四諦爲二聖語說
爲一曇羅國語說爲一弥離車國語說荅曰
欲滿彼四天王意願故二天王願世尊聖語
爲我說四諦一願曇羅國語一願弥離車國
語世尊常欲滿他一切善願隨所欲而爲說
法是謂滿四天王意願故爲二聖語說四諦
爲一曇羅國語爲一弥離車國語說或曰斷
他疑故莫令有作是念世尊但善於聖語不
能曇羅國語弥離車國語是故斷他疑故說
我一切中自在以故尒或世尊教化或爲變
身口或不變謂不變身口者若爲彼變便不
得度以是故世尊以巳力遊明者尸人間一

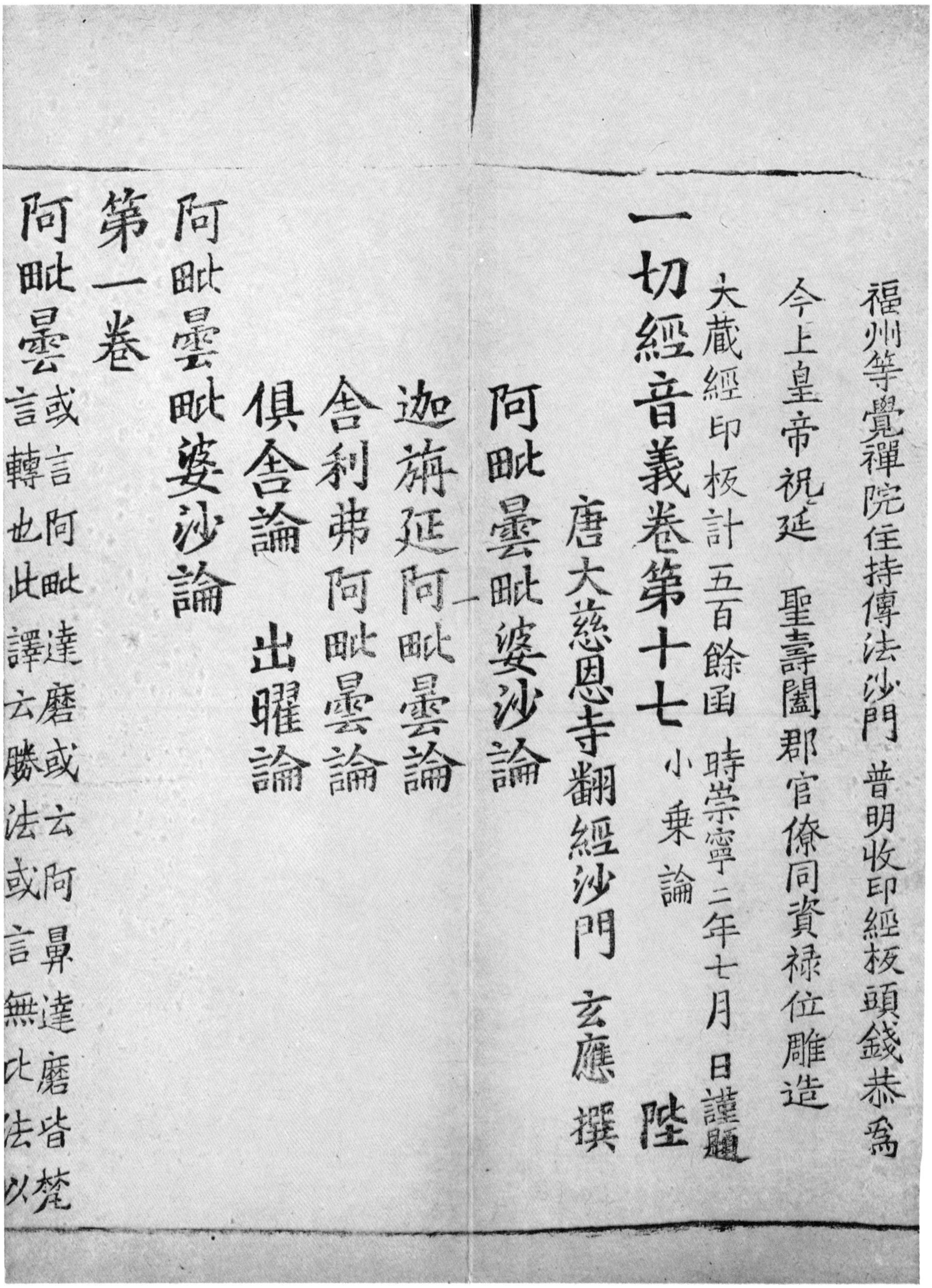
福州等覺禪院住持傳法沙門　普明收印經板頭錢恭爲
今上皇帝祝延　聖壽闔郡官僚同資禄位雕造
大藏經印板計五百餘函　時崇寧二年七月　日謹題
一切經音義卷第十七　小乘論　陞
唐大慈恩寺翻經沙門　玄應撰
阿毗曇毗婆沙論
迦旃延阿毗曇論
舍利弗阿毗曇論
俱舍論　出曜論
阿毗曇毗婆沙論
第一卷
阿毗曇　或言阿毗達磨或云阿鼻達磨皆梵言轉也此譯云勝法或言無比法以

00886　一切經音義二十五卷　（唐）釋玄應音義　宋元豐三年至政和二年（1080－1112）刻福州東禪等覺禪院崇寧萬壽大藏經本

經折裝。匡高24.5厘米，廣11.1厘米。一版六個半葉。半葉六行，行十七字。上下單邊。千字文帙號爲“陞”。有“鼓山大藏”朱印及印造者墨印。山西博物院藏，存一卷。

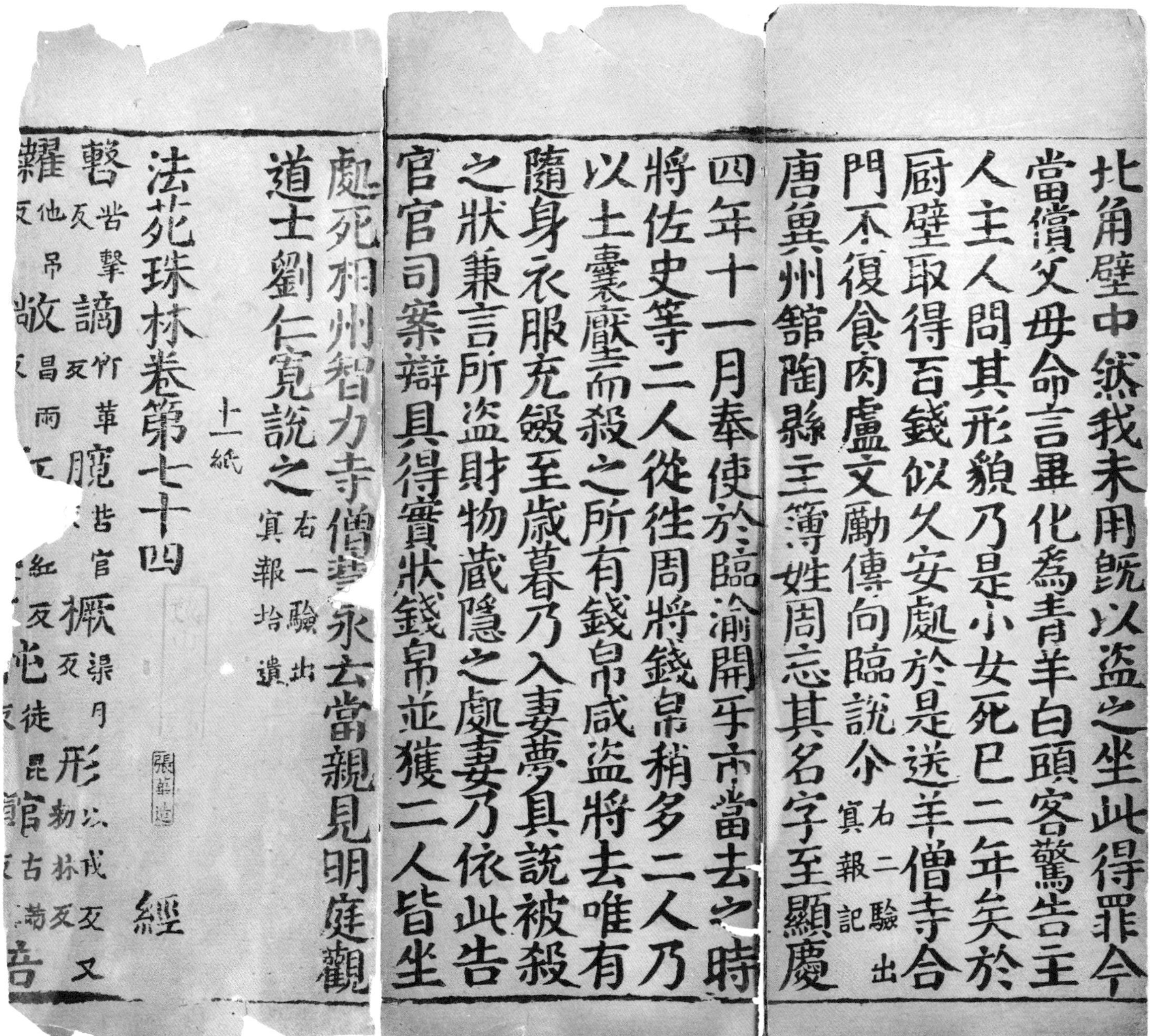
北角壁中然我未用旣以盜之坐此得罪今當償父母命言畢化爲青羊白頭客驚告主人主人問其形貌乃是小女死已二年矣於廚壁取得百錢似久安處於是送羊僧寺合門不復食肉盧文勵傳向臨說介 右二驗出冥報記

唐眞州鄮陶縣主簿姓周忘其名字至顯慶四年十一月奉使於臨渝開于市當去之時將佐史等二人從往周將錢帛稍多二人乃以土囊壓而殺之所有錢帛咸盜將去唯有隨身衣服充斂至歲暮乃入妻夢具說被殺之狀兼言所盜財物藏隱之處妻乃依此告官官司案辯具得實狀錢帛並獲二人皆坐處死相州智力寺僧慧永去當親見明庭觀道士劉仁寬說之 右一驗出冥報拾遺

十一紙

法苑珠林卷第七十四

經

磬 苦擊反 謫 竹革反

00887 法苑珠林一百卷 （唐）釋道世撰 宋元豐三年至政和二年（1080–1112）刻福州東禪等覺禪院崇寧萬壽大藏經本

經折裝。匡高24.4厘米，廣11.2厘米。一版六個半葉，半葉六行，行十七字。千字文帙號爲“經”。有“鼓山大藏”朱印及印造者墨印。山西博物院藏，存二卷。

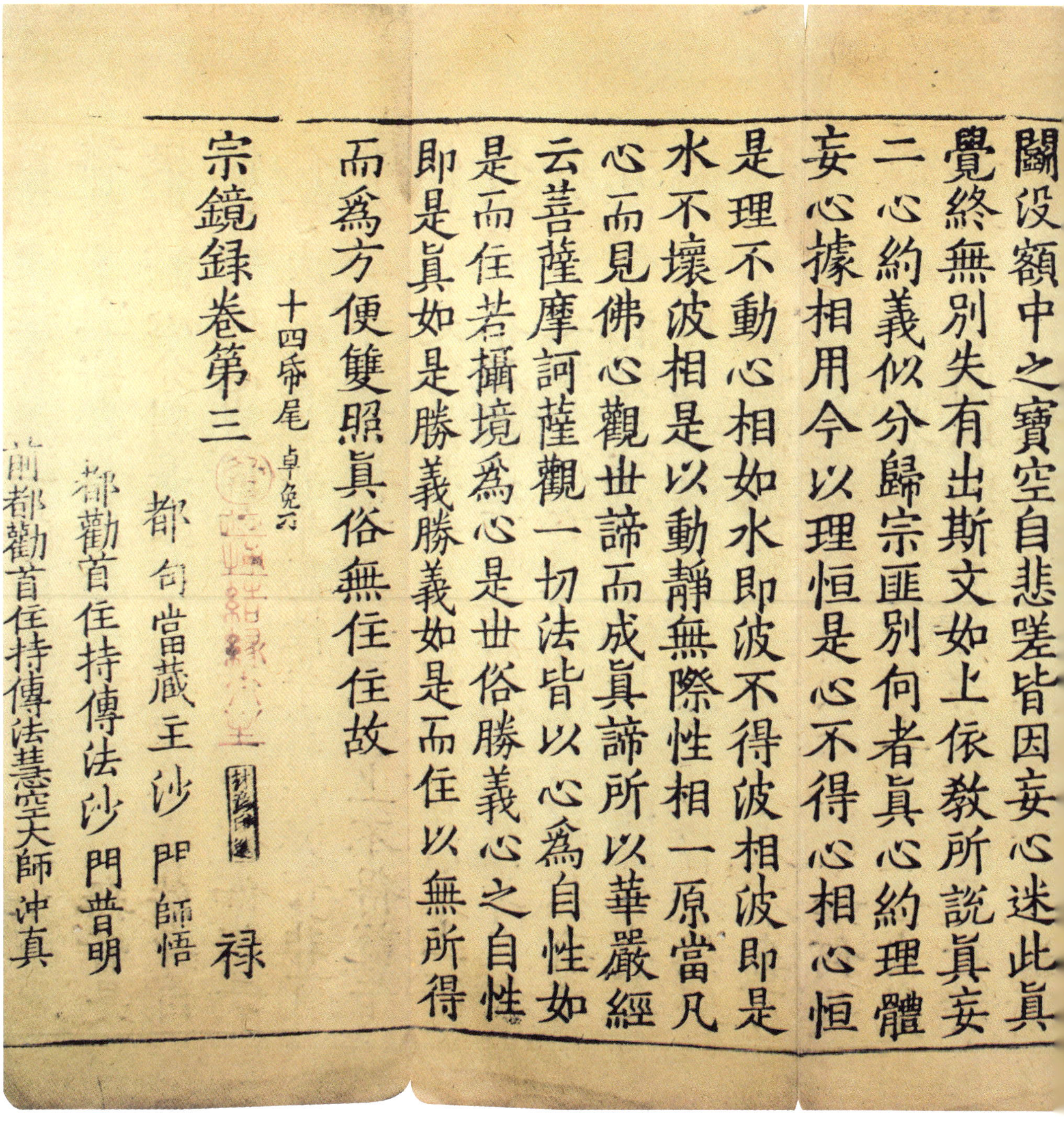

闕没額中之寶空自悲嗟皆因妄心迷此眞
覺終無別失有出斯文如上依教所説眞妄
二心約義似分歸宗匪別向者眞心約理體
妄心據相用今以理恒是心不得心相心恒
是理不動心相如水即波不得波相波即是
水不壞波相是以動靜無際性相一原當凡
心而見佛心觀世諦而成眞諦所以華嚴經
云菩薩摩訶薩觀一切法皆以心爲自性如
是而住若攝境爲心是世俗勝義心之自性
即是眞如是勝義勝義如是而住以無所得
而爲方便雙照眞俗無住住故
宗鏡録卷第三　禄
十四帋尾　卓兔六
都句當藏主沙門師悟
都勸首住持傳法沙門普明
前都勸首住持傳法慧空大師冲眞

00888 宗鏡録一百卷（宋）釋延壽撰 宋元豐三年至政和二年（1080－1112）刻福州東禪等覺禪院崇寧萬壽大藏經本

經折裝。半葉六行，行十七字。上下單邊。千字文帙號爲“禄”。有“林彦印造”墨記。國家圖書館藏，存一卷。

念念欲得利智辯聰高才勇哲鑒達六合十
方顒顒此發世智心行尼乾道九若其心念
念五塵六欲外樂蓋微三禪之樂猶如石泉
其樂內重此發梵心行色無色道十若其心
念念知善惡輪環凡夫躭湎賢聖所訶破惡
由淨慧淨慧由淨禪淨禪由淨戒尚此三法
如飢如渴此發無漏心行二乘道此上十心
或先起非心或先起是心或是非竝起譬象
魚風並濁池水象譬諸非自外而起魚譬內
觀羸弱爲二邊所動風譬內外合雜穢濁混
和前九種心是生死如蠶自縛後一種心是
涅槃如麞獨跳雖得自脫未具佛法俱非故
雙簡明知三界無別理但是妄心生爲八倒
之根株作四流之源穴疾如掣電猛若狂風
覺起塵勞速甚瀑川之水欻生五欲急過旋火
之輪是以結構四魔驅馳十使沈二死之河

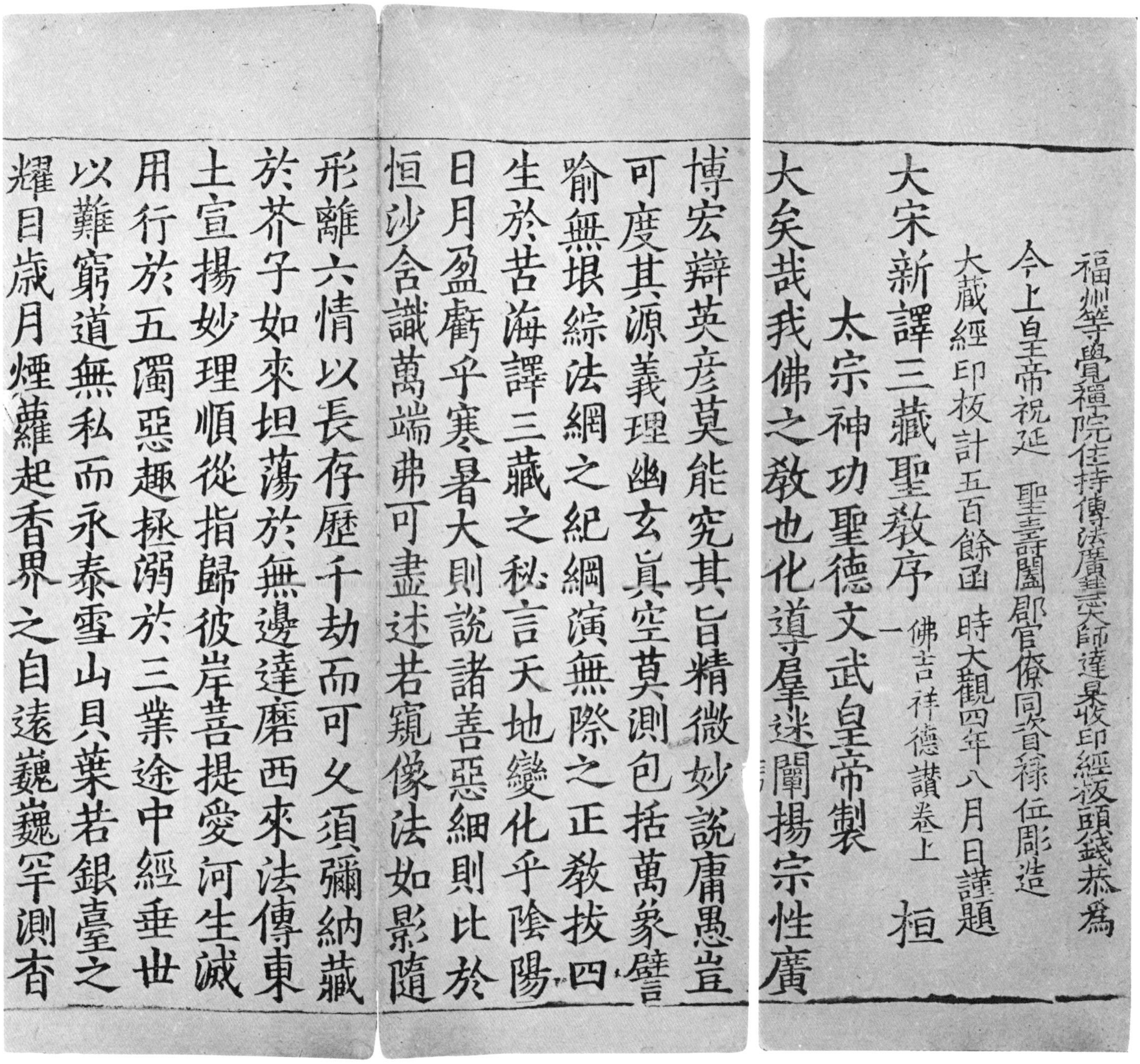
福州等覺禪院住持傳法廣慧大師達杲收印經板頭錢恭為
今上皇帝祝延 聖壽闔郡官僚同資禄位彫造
大藏經印板計五百餘函 時大觀四年八月日謹題
大宋新譯三藏聖教序 一 佛吉祥德讚卷上 桓
太宗神功聖德文武皇帝製
大矣哉我佛之教也化導羣迷闡揚宗性廣
博宏辯英彦莫能究其旨精微妙説庸愚豈
可度其源義理幽玄眞空莫測包括萬象譬
喻無垠綜法網之紀綱演無際之正教拔四
生於苦海譯三藏之秘言天地變化乎陰陽
日月盈虧乎寒暑大則説諸善惡細則比於
恒沙含識萬端弗可盡述若窺像法如影隨
形離六情以長存歷千劫而可久須彌納藏
於芥子如來坦蕩於無邊達磨西來法傳東
土宣揚妙理順從指歸彼岸菩提愛河生滅
用行於五濁惡趣拯溺於三業途中經垂世
以難窮道無私而永泰雪山貝葉若銀臺之
耀目歳月煙蘿起香界之自遠巍巍罕測杳

00889 佛吉祥德讚三卷 （宋）釋施護譯 宋元豐三年至政和二年（1080－1112）刻福州東禪等覺禪院崇寧萬壽大藏經本

經折裝。匡高25.5厘米，廣11.1厘米。一版六個半葉，半葉六行，行十七字。上下單邊。千字文帙號爲“桓”。有“鼓山大藏”朱印及印造者墨印。山西博物院藏，存一卷。

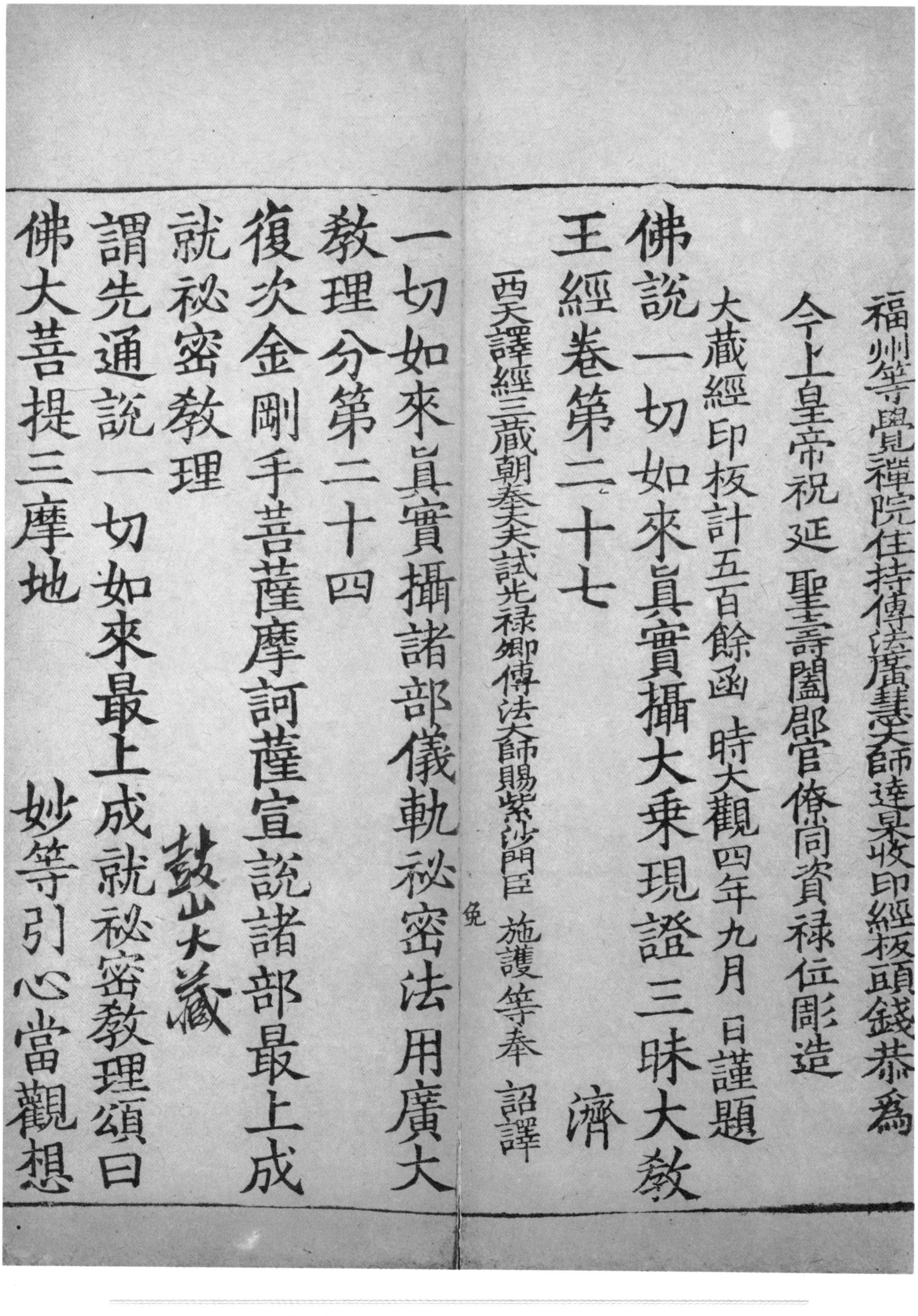

福州等覺禪院住持傳法廣慧大師達杲收印經板頭錢恭爲
今上皇帝祝延 聖壽闔郡官僚同資禄位彫造
大藏經印板計五百餘函 時大觀四年九月 日謹題
佛說一切如來眞實攝大乘現證三昧大教
王經卷第二十七 濟
西天譯經三藏朝奉大夫試光祿卿傳法大師賜紫沙門臣 施護等奉 詔譯
一切如來眞實攝諸部儀軌祕密法用廣大
教理分第二十四
復次金剛手菩薩摩訶薩宣說諸部最上成
就祕密教理
謂先通說一切如來最上成就祕密教理頌曰
佛大菩提三摩地 妙等引心當觀想

00890 一切如來真實攝大乘現證三昧大教王經三十卷 （宋）釋施護等譯 宋元豐三年至政和二年（1080-1112）刻福州東禪等覺禪院崇寧萬壽大藏經本

經折裝。匡高24.1厘米，廣11.2厘米。一版六個半葉，半葉六行，行十七字。上下單邊。千字文帙號爲“濟”。有“鼓山大藏”朱印及印造者墨印。山西博物院藏，存一卷。

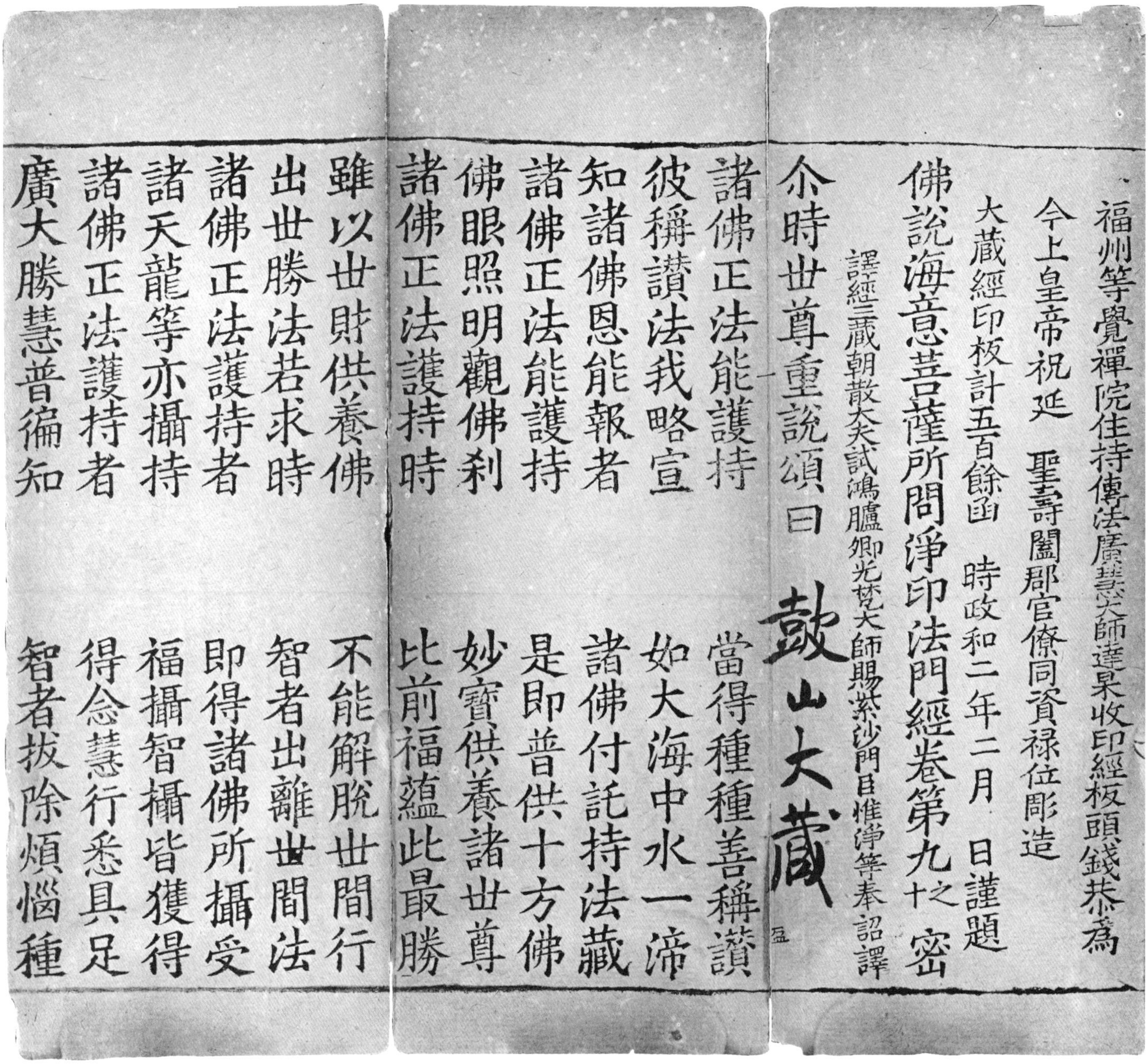

福州等覺禪院住持傳法廣慧大師達杲收印經板頭錢恭為
今上皇帝祝延　聖壽闔郡官僚同資禄位彫造
大藏經印板計五百餘函　時政和二年二月　日謹題
佛說海意菩薩所問淨印法門經卷第九之十　密
譯經三藏朝散大夫試鴻臚卿光梵大師賜紫沙門臣惟淨等奉詔譯
尒時世尊重說頌曰
諸佛正法能護持　當得種種善稱讚
彼稱讚法我略宣　如大海中水一渧
知諸佛恩能報者　諸佛付託持法藏
諸佛正法能護持　是即普供十方佛
佛眼照明覩佛刹　妙寶供養諸世尊
諸佛正法護持時　比前福蘊此最勝
雖以世財供養佛　不能解脫世間行
出世勝法若求時　智者出離世間法
諸佛正法護持者　即得諸佛所攝受
諸天龍等亦攝持　福攝智攝皆獲得
諸佛正法護持者　得念慧行悉具足
廣大勝慧普徧知　智者拔除煩惱種

00891 海意菩薩所問淨印法門經十八卷 （宋）釋惟淨等譯 宋元豐三年至政和二年（1080–1112）刻福州東禪等覺禪院崇寧萬壽大藏經本

經折裝。匡高24.3厘米，廣11.2厘米。一版六個半葉，半葉六行，行十七字。上下單邊。千字文帙號爲“密”。有“鼓山大藏”朱印及印造者墨印。山西博物院藏，存二卷。

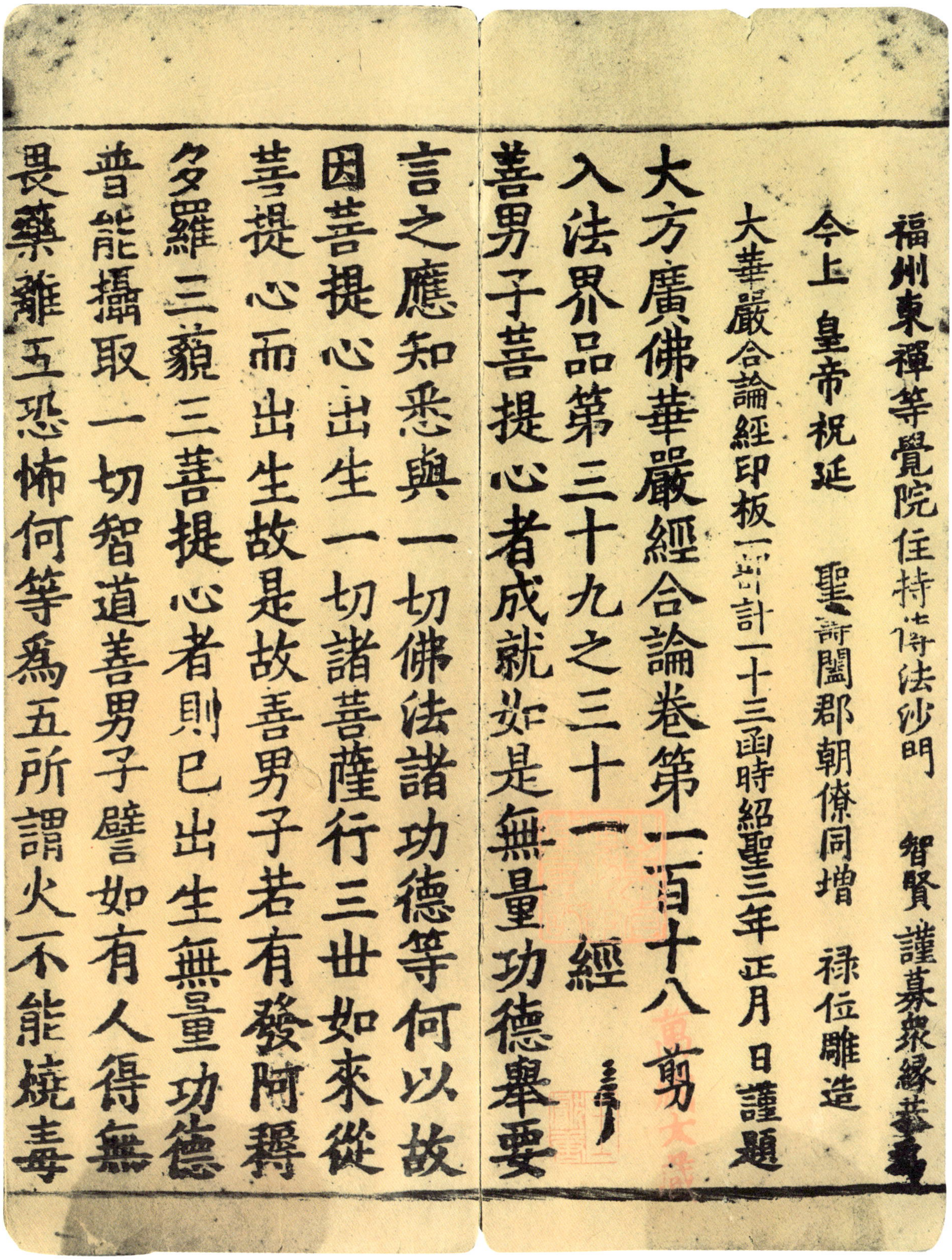
福州東禪等覺院住持傳法沙門　智賢　謹募衆緣恭爲
今上　皇帝祝延　聖壽闔郡朝僚同增　祿位雕造
大華嚴合論經印板一部計一十三函時紹聖三年正月　日謹題
大方廣佛華嚴經合論卷第一百十八　剪
入法界品第三十九之三十一　經
善男子菩提心者成就如是無量功德舉要
言之應知悉與一切佛法諸功德等何以故
因菩提心出生一切諸菩薩行三世如來從
菩提心而出生故是故善男子若有發阿耨
多羅三藐三菩提心者則已出生無量功德
普能攝取一切智道善男子譬如有人得無
畏藥離五恐怖何等爲五所謂火不能燒毒

00892 大方廣佛華嚴經合論一百二十卷　（唐）李通玄造論 釋志寧合論 宋紹聖三年（1096）刻福州東禪等覺禪院崇寧萬壽大藏經本

經折裝。高28.6厘米，廣11.4厘米。半葉六行，行十七字。上下單邊。千字文帙號爲“剪”。有“萬歲大藏”等印。王獻唐題跋。山東省博物館藏，存一卷。

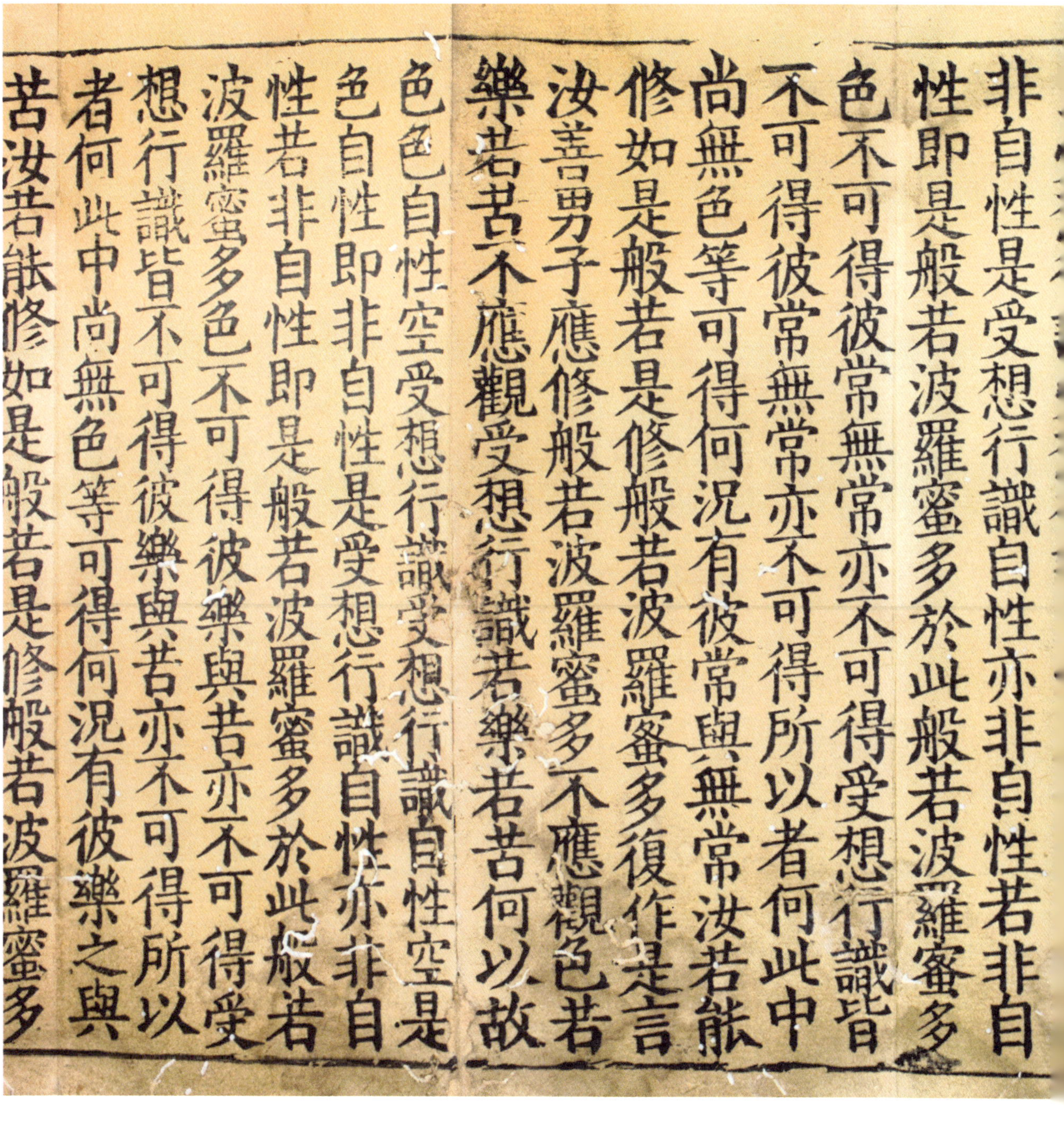
非自性是受想行識自性亦非自性若非自
性即是般若波羅蜜多於此般若波羅蜜多
色不可得彼常無常亦不可得受想行識皆
不可得彼常無常亦不可得所以者何此中
尚無色等可得何況有彼常與無常汝若能
修如是般若是修般若波羅蜜多復作是言
汝善男子應修般若波羅蜜多不應觀色若
樂若苦不應觀受想行識若樂若苦何以故
色色自性空受想行識受想行識自性空是
色自性即非自性是受想行識自性亦非自
性若非自性即是般若波羅蜜多於此般若
波羅蜜多色不可得彼樂與苦亦不可得受
想行識皆不可得彼樂與苦亦不可得所以
者何此中尚無色等可得何況有彼樂之與
苦汝若能修如是般若是修般若波羅蜜多

00893 大般若波羅蜜多經六百卷 （唐）釋玄奘譯 北宋靖康元年（1126）刻福州開元寺毗盧大藏經本

經折裝。半葉六行，行十七字。上下單邊。千字文帙號爲“列”。有“讀杜草堂”、“天下無雙”等印。有“安撫使賈侍郎捨”補刊題記。國家圖書館藏，存二卷。

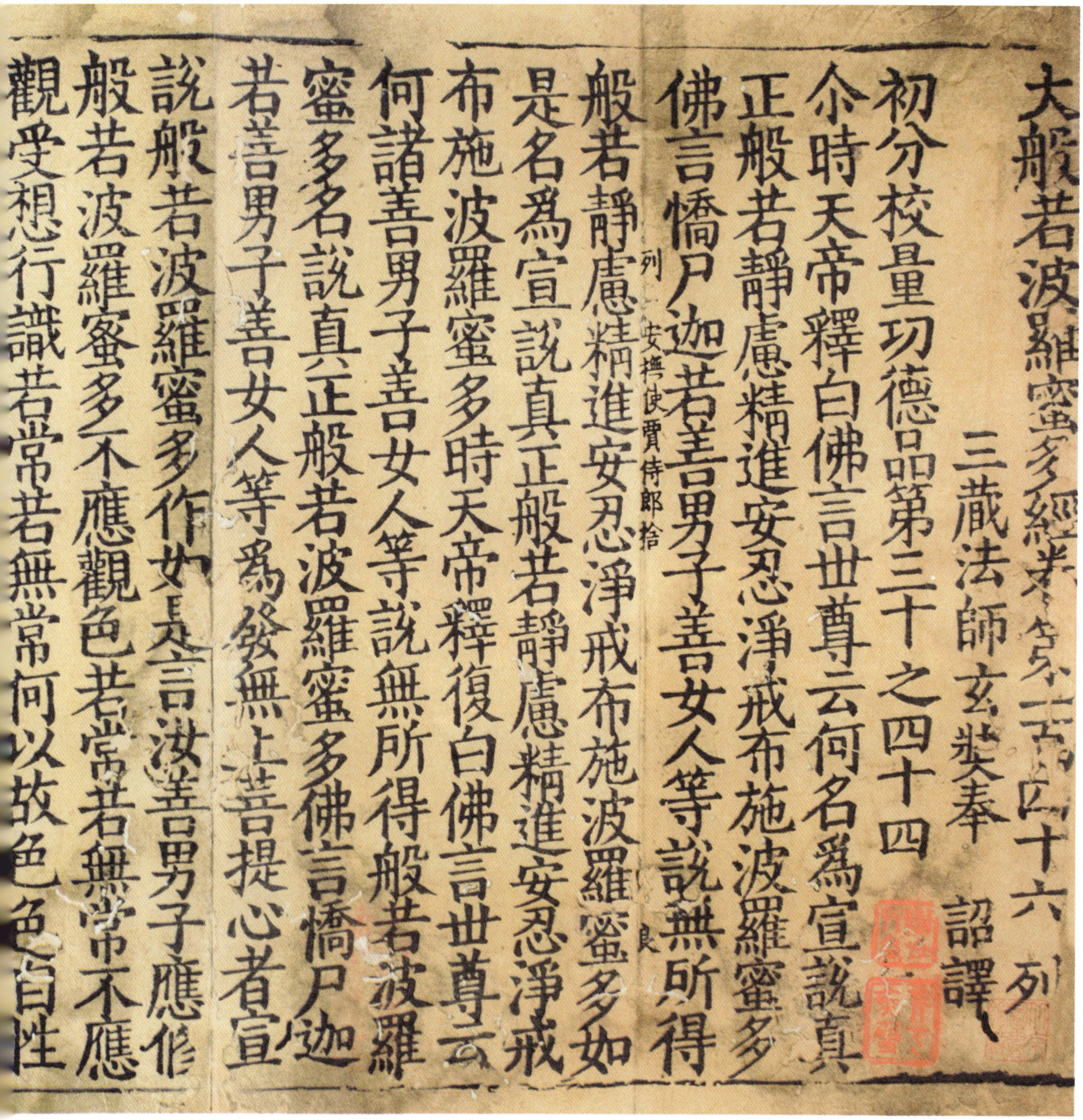
大般若波羅蜜多經卷第三百四十六　列

三藏法師玄奘奉　詔譯

初分校量功德品第三十之四十四

尒時天帝釋白佛言世尊云何名爲宣說真正般若靜慮精進安忍淨戒布施波羅蜜多佛言憍尸迦若善男子善女人等說無所得

列　安撫使賈侍郎捨　良

般若靜慮精進安忍淨戒布施波羅蜜多如是名爲宣說真正般若靜慮精進安忍淨戒布施波羅蜜多時天帝釋復白佛言世尊云何諸善男子善女人等說無所得般若波羅蜜多名說真正般若波羅蜜多佛言憍尸迦若善男子善女人等爲發無上菩提心者宣說般若波羅蜜多作如是言汝善男子應修般若波羅蜜多不應觀色若常若無常不應觀受想行識若常若無常何以故色色自性

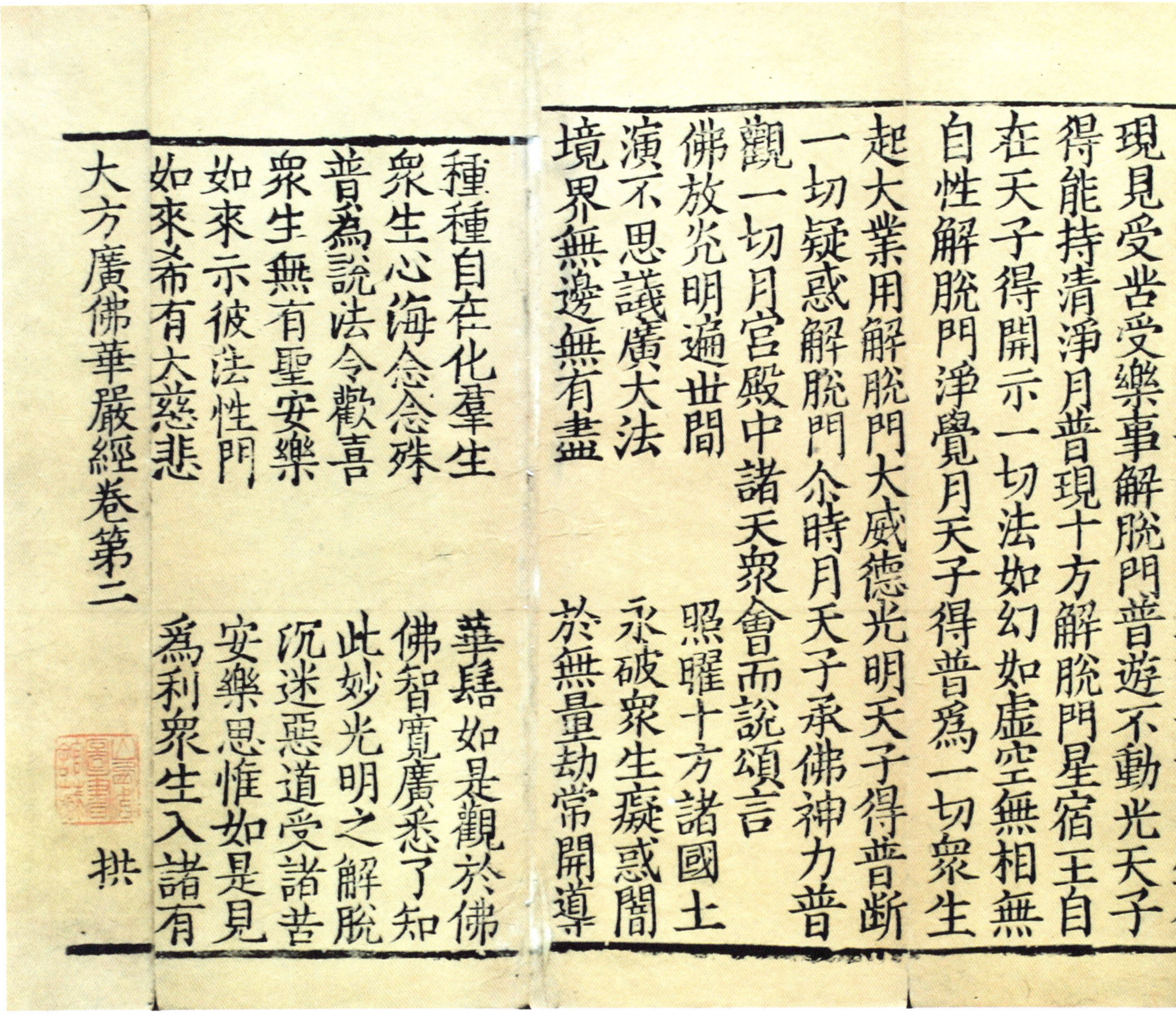
現見受苦受樂事解脫門普遊不動光天子
得能持清淨月普現十方解脫門星宿王自
在天子得開示一切法如幻如虛空無相無
自性解脫門淨覺月天子得普爲一切衆生
起大業用解脫門大威德光明天子得普斷
一切疑惑解脫門尒時月天子承佛神力普
觀一切月宮殿中諸天衆會而說頌言
佛放光明遍世間　照曜十方諸國土
演不思議廣大法　永破衆生癡惑闇
境界無邊無有盡　於無量劫常開導
種種自在化羣生　華髻如是觀於佛
衆生心海念念殊　佛智寬廣悉了知
普爲說法令歡喜　此妙光明之解脫
衆生無有聖安樂　沉迷惡道受諸苦
如來示彼法性門　安樂思惟如是見
如來希有大慈悲　爲利衆生入諸有
大方廣佛華嚴經卷第二　拱

00894 大方廣佛華嚴經八十卷　（唐）釋實叉難陀譯　北宋靖康元年（1126）刻福州開元寺毗盧大藏經本

經折裝。匡高24.9厘米，廣11.2厘米。半葉六行，行十七字。上下單邊。千字文帙號爲“拱”。山西省圖書館藏，存一卷。

放光明網不思議　普淨一切諸含識
悉使發生深信解　此華瓔天所入門
世間所有諸光明　不及佛一毛孔光
佛光如是不思議　此勝幢光之解脫
一切諸佛法如是　悉坐菩提樹王下
令非道者住於道　寶髻光明如是見
衆生盲闇愚癡苦　佛欲令其生淨眼
是故爲然智慧燈　善目於此深觀察
解脫方便自在尊　若有曾見一供養
悉使修行至於果　此是德天方便力
一法門中無量門　無量千劫如是說
所演法門廣大義　普運光天之所了

復次月天子得淨光普照法界攝化衆生解脫門華王髻光明天子得觀察一切衆生界令普入無邊法解脫門衆妙淨光天子得了知一切衆生心海種種攀緣轉解脫門安樂世間心天子得與一切衆生不可思議樂令踊躍大歡喜解脫門樹王眼光明天子得如田家作業種芽莖等隨時守護令成就解脫

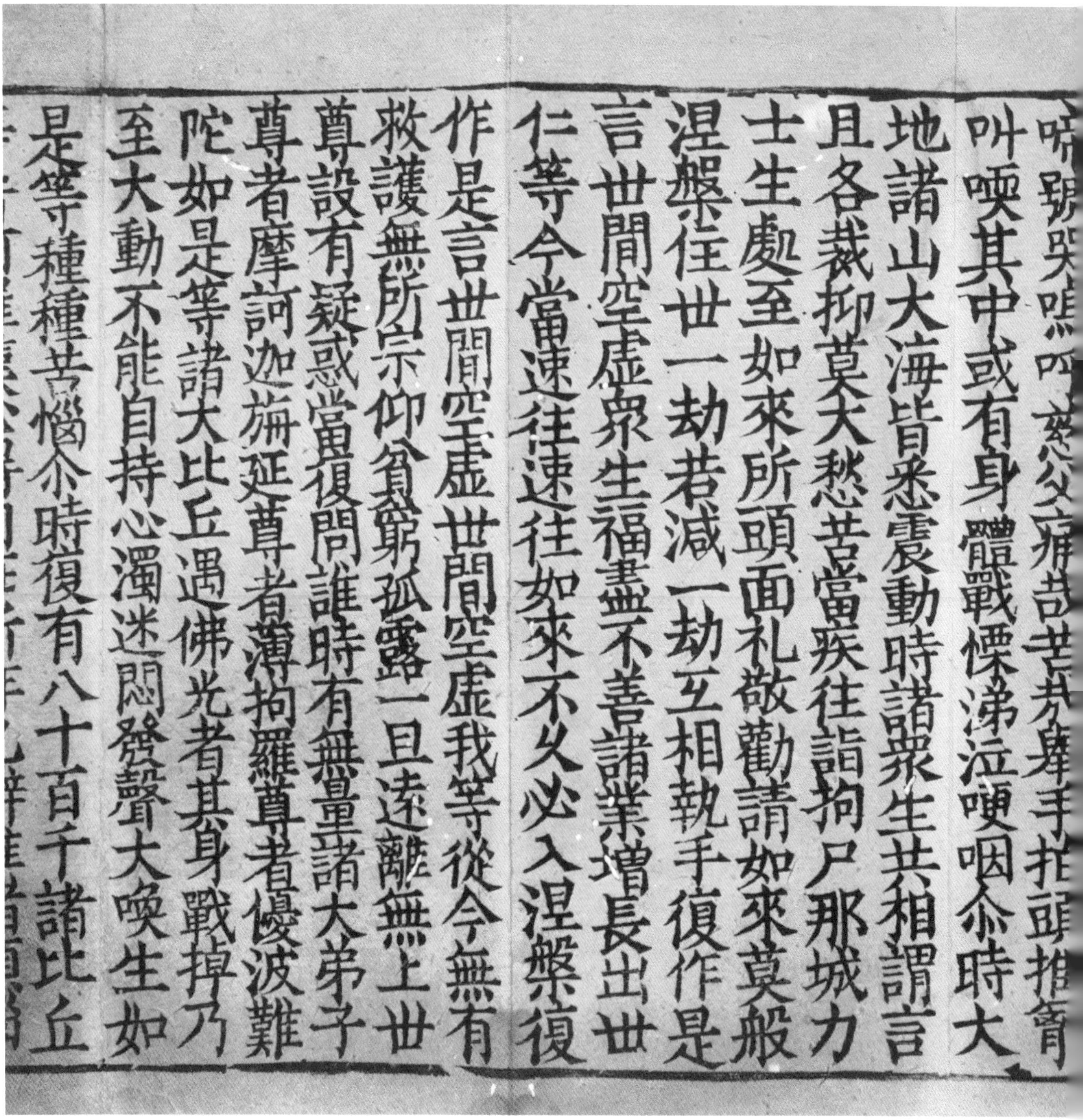

啼號哭嘷吼慈父痛哉苦哉舉手拍頭搥胷
叫喚其中或有身體戰慄涕泣哽咽尒時大
地諸山大海皆悉震動時諸衆生共相謂言
且各裁抑莫大愁苦當疾往詣拘尸那城力
士生處至如來所頭面礼敬勸請如來莫般
涅槃住世一劫若減一劫互相執手復作是
言世間空虛衆生福盡不善諸業增長出世
仁等今當速往速往如來不久必入涅槃復
作是言世間空虛世間空虛我等從今無有
救護無所宗仰貧窮孤露一旦遠離無上世
尊設有疑惑當復問誰時有無量諸大弟子
尊者摩訶迦旃延尊者薄拘羅尊者優波難
陀如是等諸大比丘遇佛光者其身戰掉乃
至大動不能自持心濁迷悶發聲大喚生如
是等種種苦惱尒時復有八十百千諸比丘

00895 大般涅槃經四十卷 （北涼）釋曇無讖譯 北宋靖康元年（1126）刻福州開元寺毗盧大藏經本

經折裝。半葉六行，行十七字。上下單邊。千字文帙號爲“邇”、“壹”。有“讀杜草堂”、“天下無雙”等印。卷首品題下有“福建路安撫江山趙大卿捨刊换”題記。國家圖書館藏，存八卷。

大般涅槃經卷第一　過

北涼天竺三藏曇無讖於姑臧譯

壽命品第一　福建路安撫江上趙大使捨刊換

如是我聞一時佛在拘尸那城力士生地阿利羅跋提河邊娑羅雙樹間尒時世尊與大比丘八十億百千人俱前後圍遶二月十五日臨涅槃時以佛神力出大音聲其聲遍滿乃至有頂隨其類音普告衆生今日如來應正遍知憐愍衆生覆護衆生等視衆生如羅睺羅為作歸依屋舍室宅大覺世尊將欲涅槃一切衆生若有所疑今悉可問為最後問尒時世尊於晨朝時從其面門放種種光其明雜色青黃赤白頗梨馬瑙光遍照此三千大千佛之世界乃至十方亦復如是其中所有六趣衆生遇斯光者罪垢煩惱一切消除是諸衆生見聞是已心大憂愁同時舉聲悲

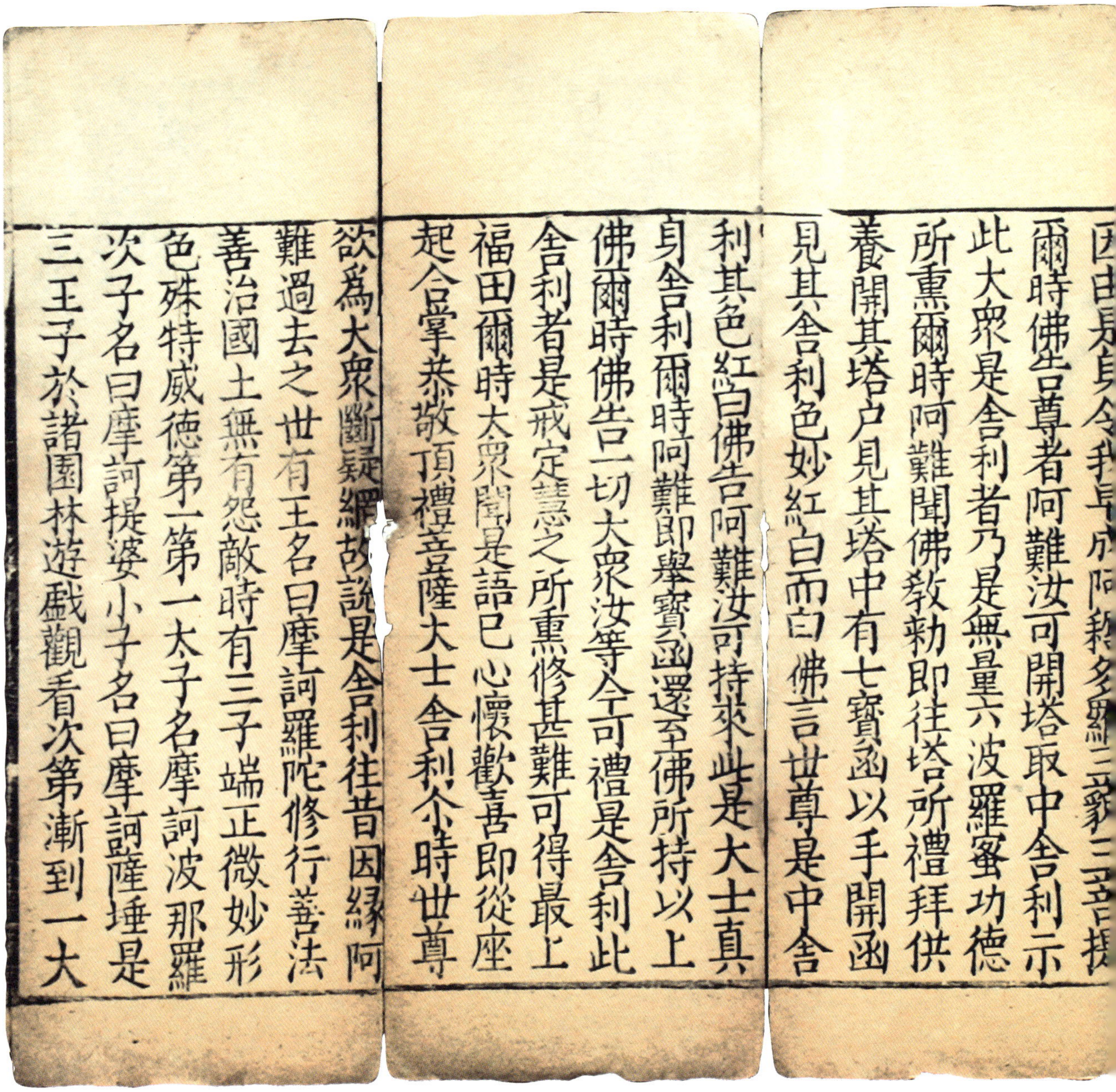
因由是身令我早成阿耨多羅三藐三菩提
爾時佛告尊者阿難汝可開塔取中舍利示
此大衆是舍利者乃是無量六波羅蜜功德
所熏爾時阿難聞佛教勑即往塔所禮拜供
養開其塔户見其塔中有七寶函以手開函
見其舍利色妙紅白而白佛言世尊是中舍
利其色紅白佛告阿難汝可持來此是大士真
身舍利爾時阿難即舉寶函還至佛所持以上
佛爾時佛告一切大衆汝等今可禮是舍利此
舍利者是戒定慧之所熏修甚難可得最上
福田爾時大衆聞是語已心懷歡喜即從座
起合掌恭敬頂禮菩薩大士舍利尒時世尊
欲爲大衆斷疑網故說是舍利往昔因緣阿
難過去之世有王名曰摩訶羅陁修行善法
善治國土無有怨敵時有三子端正微妙形
色殊特威德第一第一太子名摩訶波那羅
次子名曰摩訶提婆小子名曰摩訶薩埵是
三王子於諸園林遊戲觀看次第漸到一大

00896 合部金光明經八卷 （隋）釋寶貴合入 北宋靖康元年（1126）刻南宋咸淳四年（1268）補福州開元寺毗盧大藏經本

經折裝。高30厘米，廣11厘米。半葉六行，行十七至十八字。上下單邊。千字文帙號爲“化”。有“法海寺比丘宝雲捨”題記。山西省圖書館藏，存一卷。

福州開元禪寺住持傳法沙門　道謙募衆十方檀信刊換　大藏經損板恭爲
當今　皇帝聖壽無疆文武官僚同增祿位信心檀那各隨心願報資
恩有者　時咸淳四年九月　日化緣當寺首座比丘　端光　謹題

金光明經卷第八　化

隋大興善寺沙門　寶貴　合入

捨身品第二十二　法海寺比丘宗雲捨　文刃

爾時道場菩提樹神復白佛言世尊我聞世尊過去修行菩薩道時具受無量百千苦行捐捨身命肉血骨髓唯願世尊少說往昔苦行因緣為利眾生受諸快樂尒時世尊即現神足神足力故令此大地六種震動於大講堂眾會之中有七寶塔從地涌出眾寶羅網彌覆其上爾時大眾見是事已生希有心爾時世尊即從座起禮拜此塔恭敬圍遶還就本座爾時道場菩提樹神白佛言世尊如來世雄出現於世常為一切之所恭敬於諸眾生最勝最尊何因緣故禮拜是塔佛言善女天我本修行菩薩道時我身舍利安止是塔

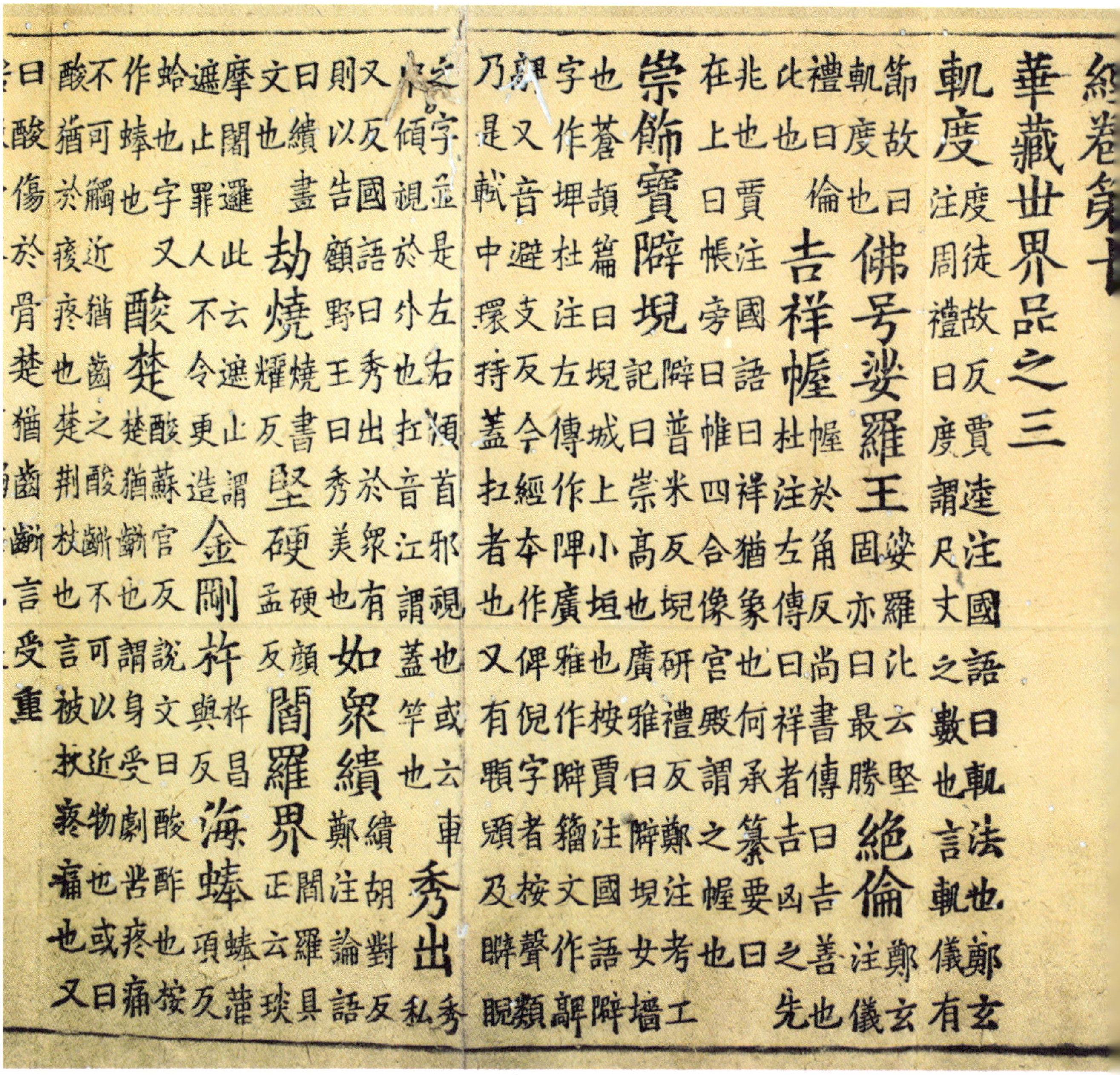

00897 大方廣佛華嚴經音義二卷 （唐）釋慧苑撰 北宋靖康元年（1126）刻福州開元寺毗盧大藏經本

經折裝。半葉六行，行十七字。上下單邊。千字文帙號爲“弁”。有“讀杜草堂”、“天下無雙”等印。國家圖書館藏，存一卷。

具顯如來定記說也殑梵書萬字室利靺蹉此云吉祥海雲
難提迦物多此云右旋本囊伽吒此云滿瓶
或八相中無此瓶有螺鉢特忙此云赤蓮華
跋折羅此云杵盎句奢此曰曲鉤塞嚩悉底
迦此云有樂斫訖羅此云輪

經卷第九

弁 上卷 九

華藏世界品之二

世界名尸利尸利此云珠勝亦曰吉祥城郭風俗通曰城之為言宬郭
之為言廓謂寬廓宬受也狀如四洲尒雅曰水中可居之地曰洲今四天下皆
在四大海中故俱名洲也言狀如四洲者東洲形圓如日西洲形如半月南洲比廣南狹
北洲其形正方也師子頻申毛詩傳曰頻急也申舒也謂有勞僂者以手足
胷背左右上下或急警或舒展用自解其勞僂此或全是梵語如列定記說也世界
名多羅未詳龍淵淵烏玄反孔安國注論語曰淵潭也慣習慣古患反
鄭箋詩曰慣習也字宜從扌或有作串者乃是貫串字也今經本從豎心者俗通用也
天成寶堞堞徒頰反杜預注[illegible]

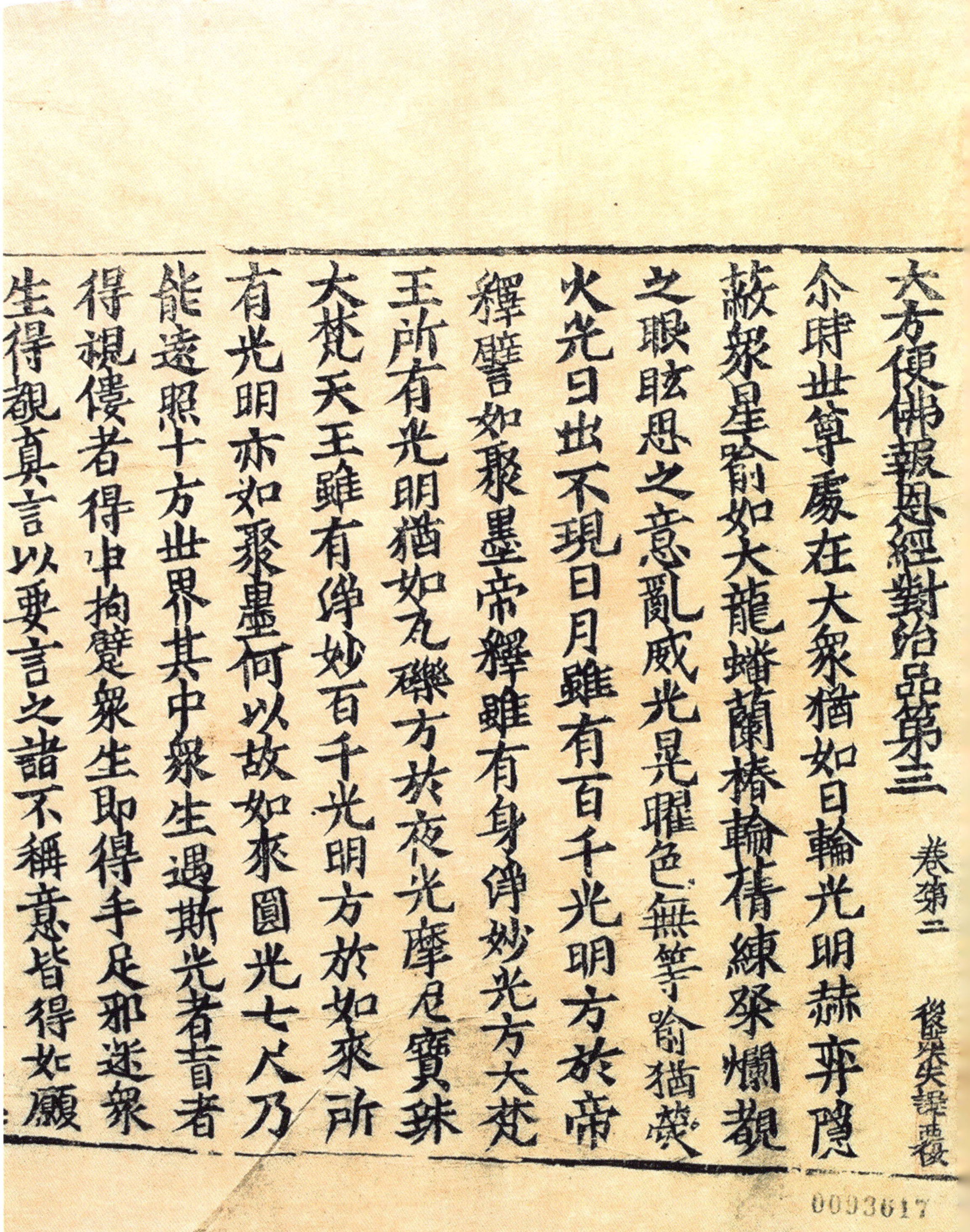
大方便佛報恩經對治品第三　卷第二　後漢失譯[illegible]
尒時世尊處在大衆猶如日輪光明赫奕隱
蔽衆星猶如大龍蟠蘭楯輪精練燦爛覩
之眼眩惑之意亂威光晃曜色無等喻猶劫
火光日出不現日月雖有百千光明方於帝
釋譬如聚墨帝釋雖有身淨妙光方大梵
王所有光明猶如瓦礫方於夜光摩尼寶珠
大梵天王雖有淨妙百千光明方於如來所
有光明亦如聚墨何以故如來圓光七尺乃
能遠照十方世界其中衆生遇斯光者盲者
得視僂者得申拘躄衆生即得手足邪迷衆
生得覩真言以要言之諸不稱意皆得如願

00898 大方便佛報恩經七卷 失譯　金皇統九年至大定十三年（1149－1173）刻元重修趙城金藏本

卷軸裝。每紙二十三行，行十七字。上下單邊。1959年西藏薩迦寺發現。中國民族圖書館藏，存三卷。

護法神王

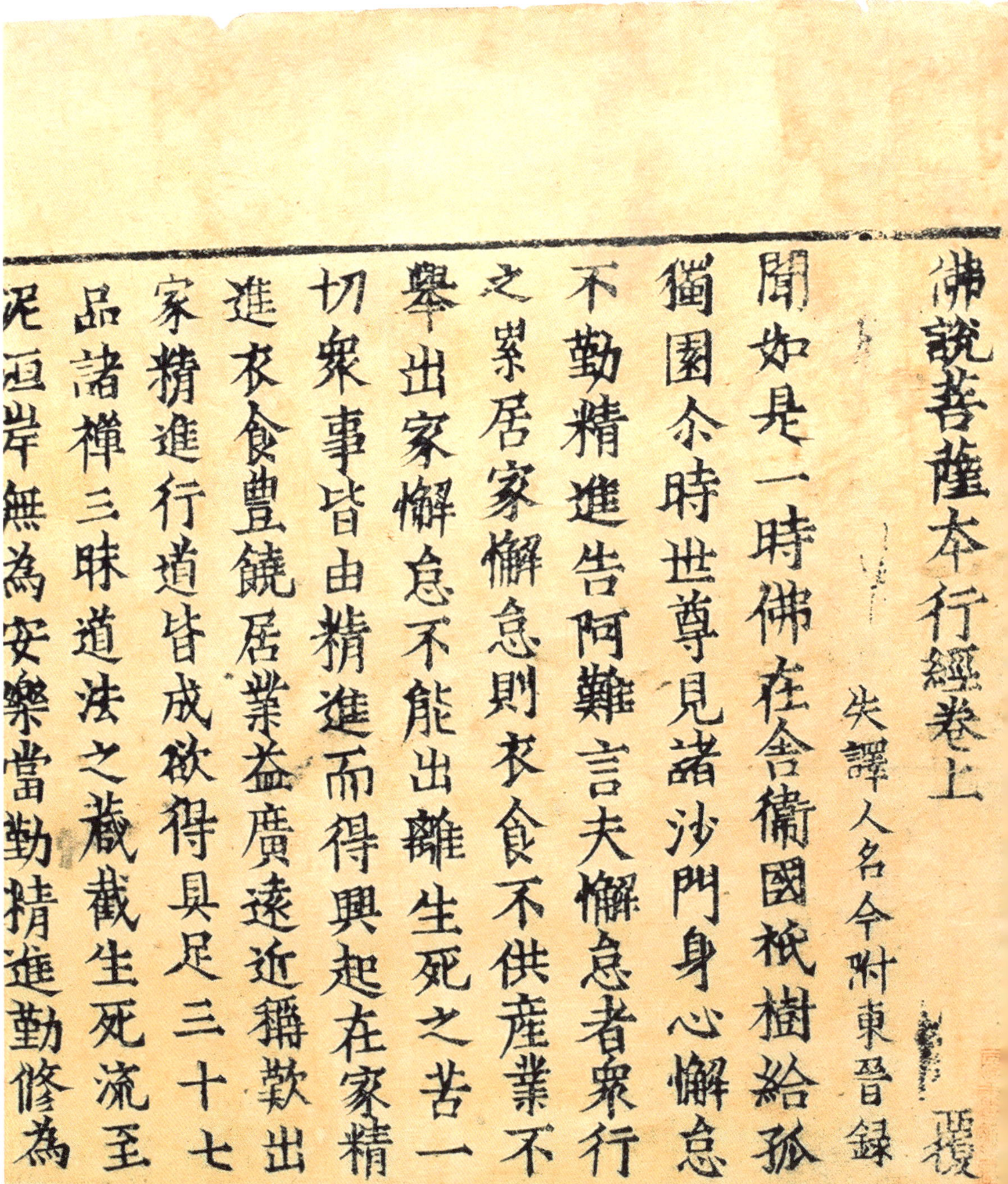
佛說菩薩本行經卷上　覆
失譯人名今附東晉錄
聞如是一時佛在舍衛國祇樹給孤
獨園尒時世尊見諸沙門身心懈怠
不勤精進告阿難言夫懈怠者衆行
之累居家懈怠則衣食不供產業不
舉出家懈怠不能出離生死之苦一
切衆事皆由精進而得興起在家精
進衣食豐饒居業益廣遠近稱歎出
家精進行道皆成欲得具足三十七
品諸禪三昧道法之藏截生死流至
泥洹岸無為安樂當勤精進勤修為

00899 菩薩本行經三卷 失譯 金皇統九年至大定十三年（1149-1173）刻元重修趙城金藏本

卷軸裝。每紙二十三行，行十四字。上下單邊。1959年西藏薩迦寺發現。中國民族圖書館藏。

護法神王

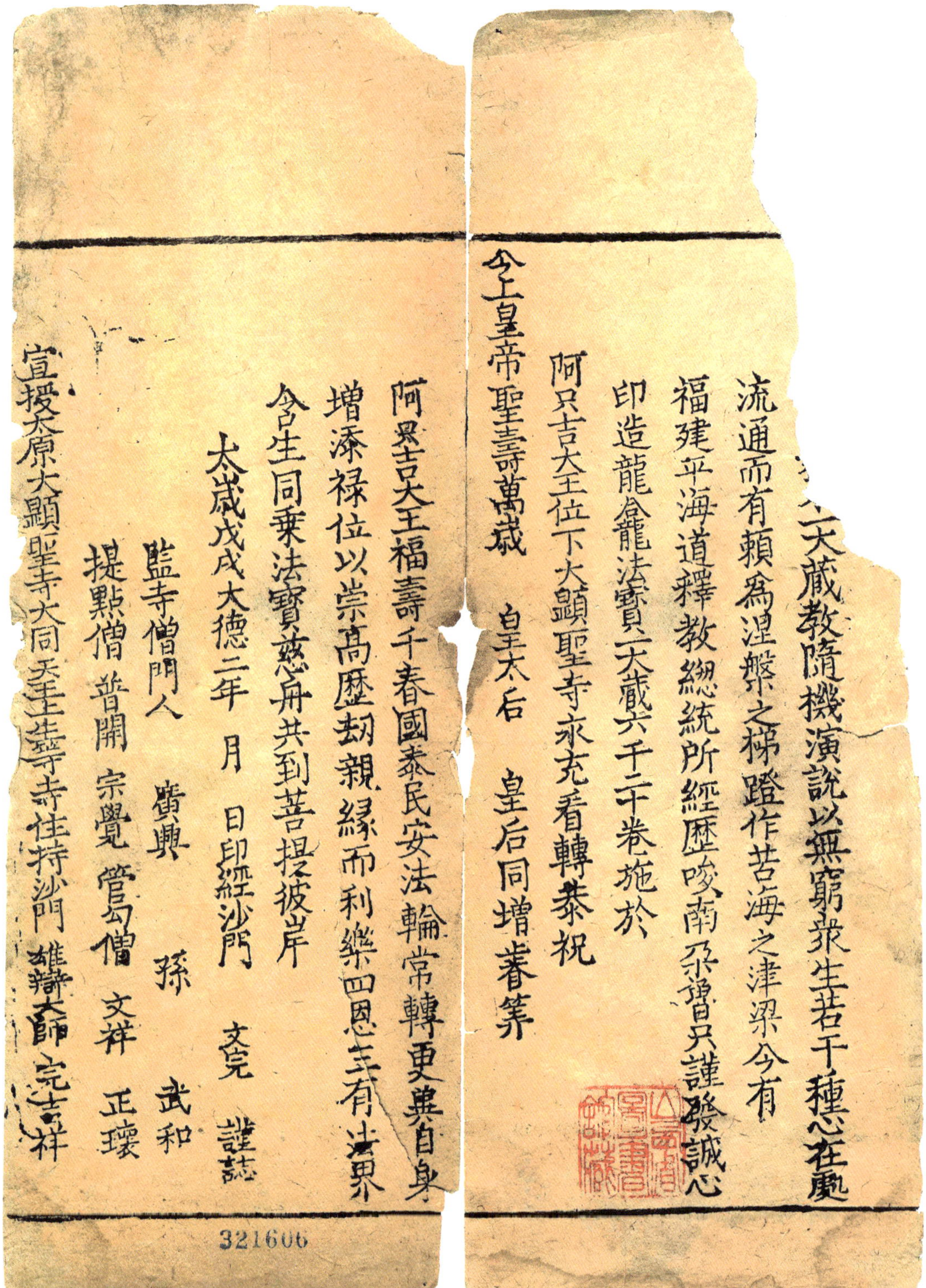

00900 龍龕法寶大藏殘葉　（元）釋完吉祥譯　元大德二年（1298）刻本

經折裝。匡高22.4厘米，廣10.9厘米。半葉六行，字數不等。上下單邊。山西省圖書館藏，存殘葉兩折。

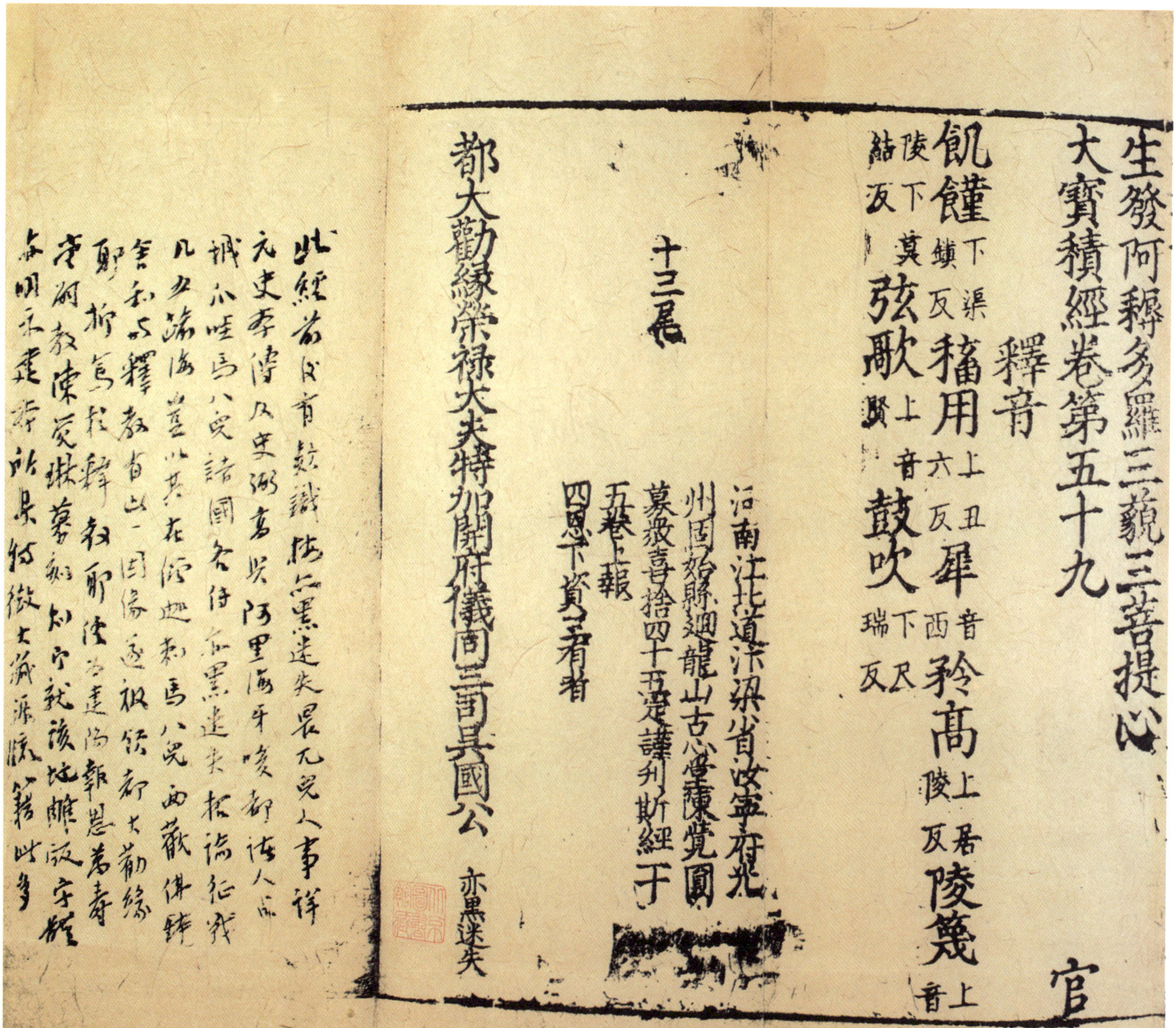
生發阿耨多羅三藐三菩提心
大寶積經卷第五十九 官
釋音
十三卷
湖南江北道汴梁省汝寧府光州固始縣迴龍山古心菴陳覺圓慕衆喜捨四十千足謹刊斯經于
五卷上報四恩下資有者
都大勸緣榮祿大夫特加開府儀同三司吳國公
亦黑迷失

00901 大寶積經一百二十卷 （唐）釋菩提流志等譯　元延祐二年（1315）建陽后山報恩萬壽堂刻毗盧大藏經本

經折裝。匡高24.6厘米，廣11厘米。半葉六行，行十七字。上下單邊。報恩堂小毗盧藏零本。千字文帙號爲“師”、“官”。國家圖書館藏，存二卷。

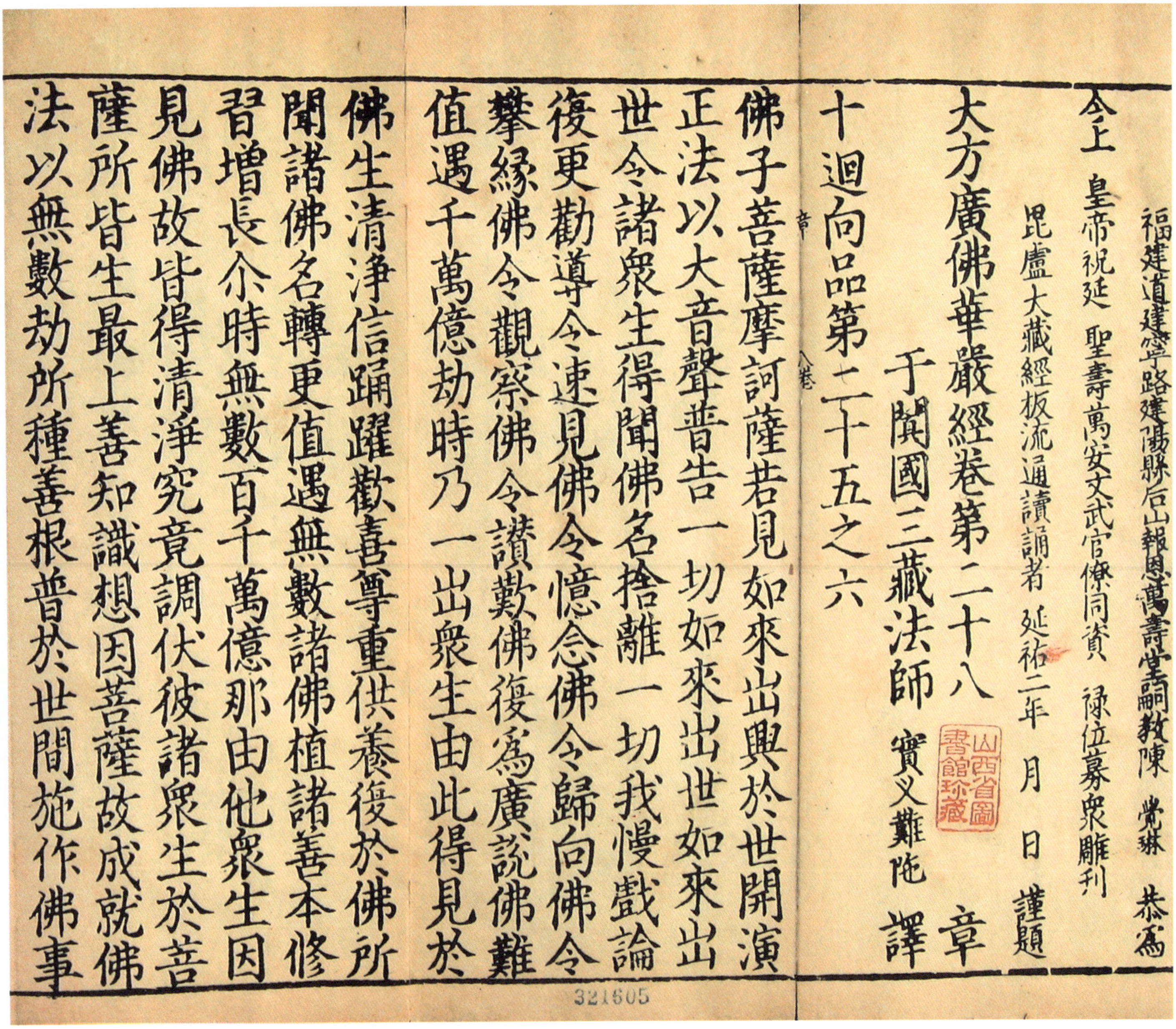
福建道建寧路建陽縣后山報恩萬壽堂嗣教陳 覺琳 恭爲
今上 皇帝祝延 聖壽萬安文武官僚同資 祿位募衆雕刊
毘盧大藏經板流通讀誦者 延祐二年 月 日 謹題
大方廣佛華嚴經卷第二十八 章
于闐國三藏法師 實叉難陀 譯
十迴向品第二十五之六
佛子菩薩摩訶薩若見如來出興於世開演
正法以大音聲普告一切如來出世如來出
世令諸衆生得聞佛名捨離一切我慢戲論
復更勸導令速見佛令憶念佛令歸向佛令
攀緣佛令觀察佛令讚歎佛復爲廣說佛難
值遇千萬億劫時乃一出衆生由此得見於
佛生清淨信踊躍歡喜尊重供養復於佛所
聞諸佛名轉更值遇無數諸佛植諸善本修
習增長尒時無數百千萬億那由他衆生因
見佛故皆得清淨究竟調伏彼諸衆生於菩
薩所皆生最上善知識想因菩薩故成就佛
法以無數劫所種善根普於世間施作佛事

00902 大方廣佛華嚴經八十卷 （唐）釋實叉難陀譯 元延祐二年（1315）建陽后山報恩萬壽堂刻毗盧大藏經本

經折裝。匡高29厘米，廣11厘米。半葉六行，行十七字。上下單邊。報恩堂小毗盧藏零本。千字文帙號爲“章”。山西省圖書館藏，存一卷。

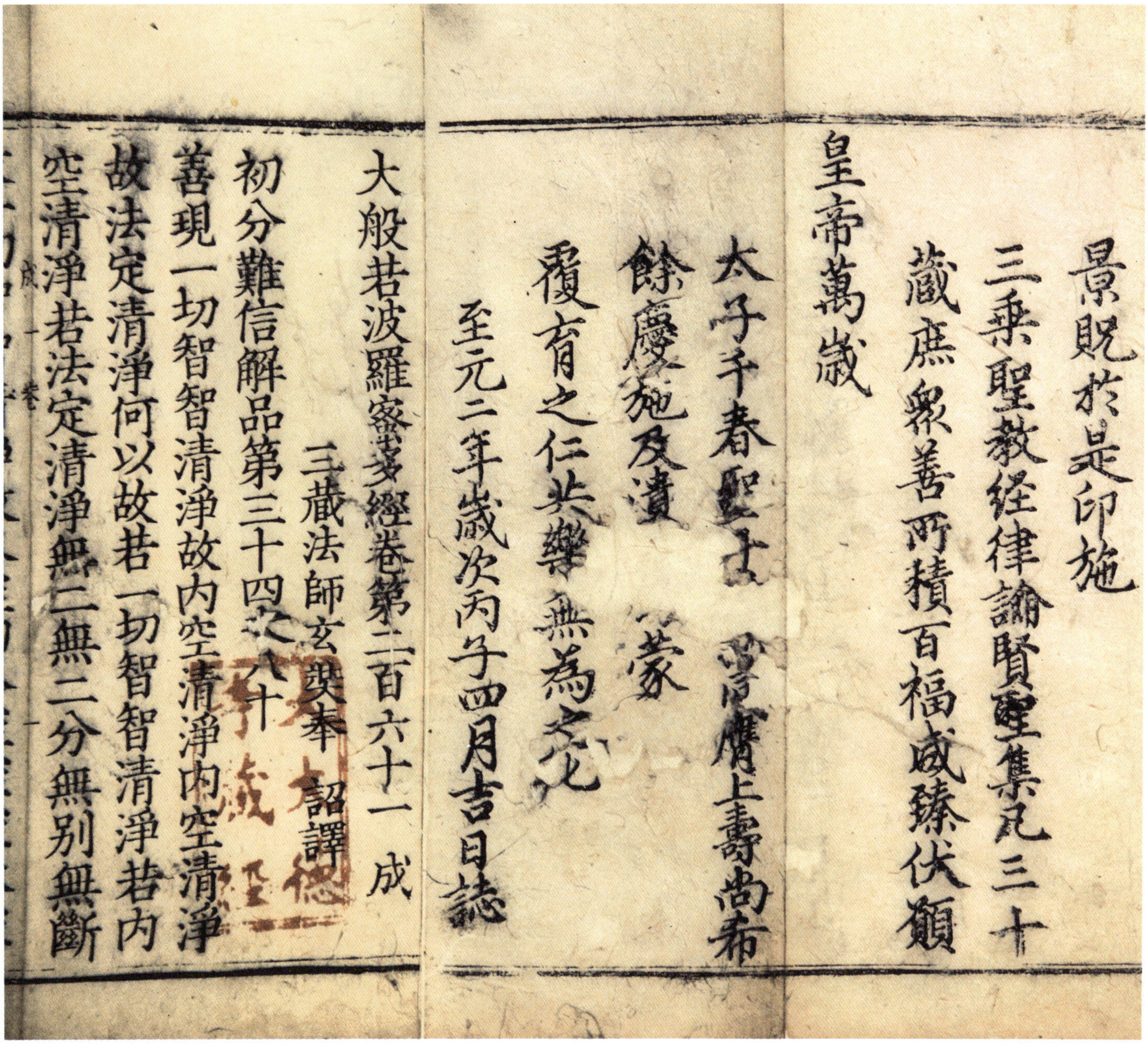

00903 大般若波羅蜜多經六百卷 （唐）釋玄奘譯 元官刻大藏經本

經折裝。匡高24.4厘米，廣11.3厘米。一版七個半葉，半葉六行，行十七字。上下雙邊。千字文帙號爲"成"、"巨"。有"大大德寺藏經"等印。雲南省圖書館藏，存八卷。

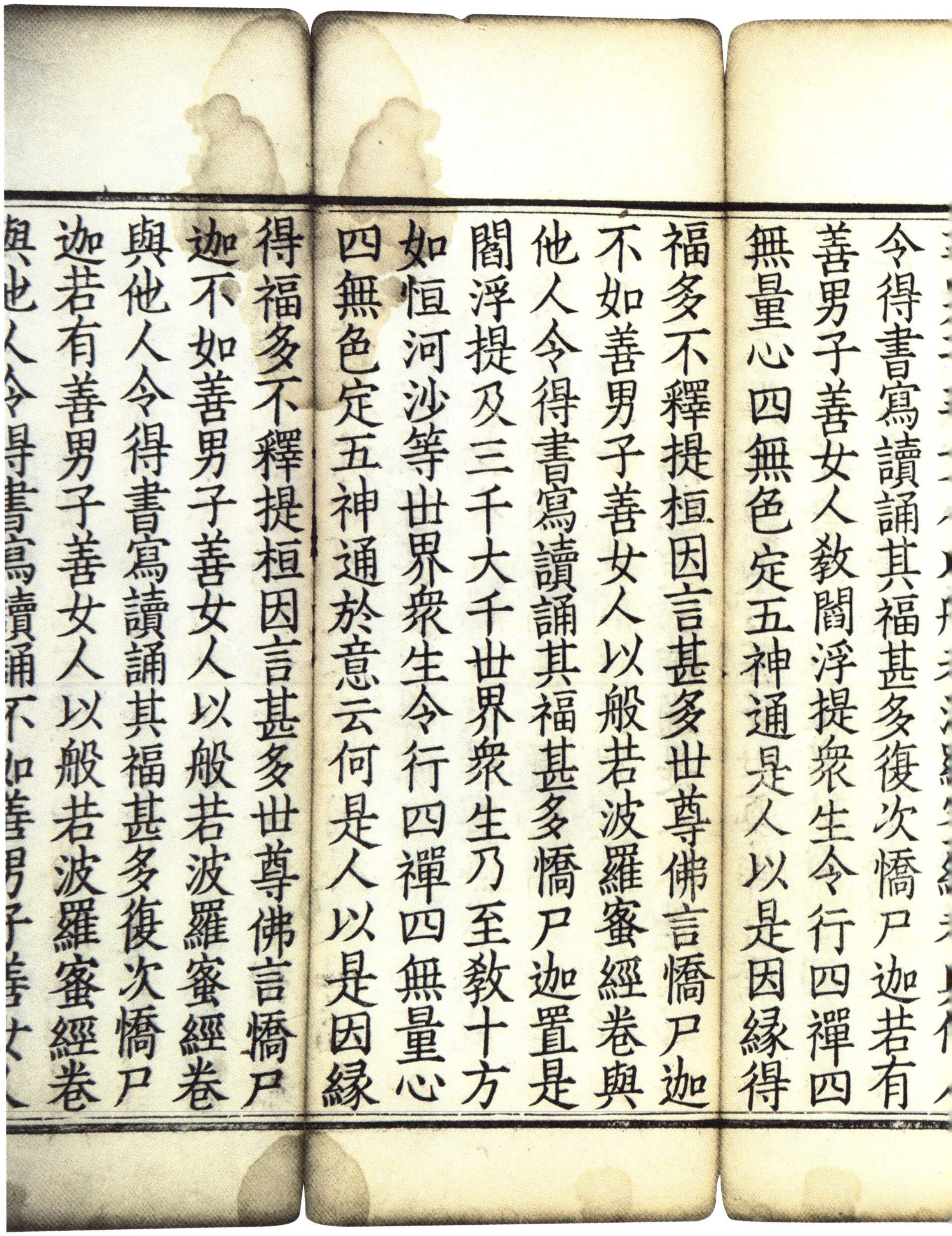

00904 小品般若波羅蜜經十卷 （後秦）釋鳩摩羅什譯 元官刻大藏經本

經折裝。匡高24.4厘米，廣11.3厘米。一版七個半葉，半葉六行，行十七字。上下雙邊。千字文帙號爲“鱗”。雲南省圖書館藏，存一卷。

小品般若波羅蜜經卷第三

姚秦三藏法師鳩摩羅什譯

小品般若波羅蜜經佐助品第六

佛告釋提桓因言憍尸迦若有善男子善女人教閻浮提人令行十善道於意云何是人以是因緣得福多不釋提桓因言甚多世尊

佛言憍尸迦不如善男子善女人以般若波羅蜜經卷與他人令得書寫讀誦其福甚多憍尸迦置是閻浮提衆生若復有人教四天下衆生令行十善道置是四天下若周梨迦小千世界若二千中世界若三千大千世界衆生若教十方如恒河沙等世界衆生令行十善道於意云何是人以是因緣故得福多不釋提桓因言甚多世尊佛言憍尸迦不如

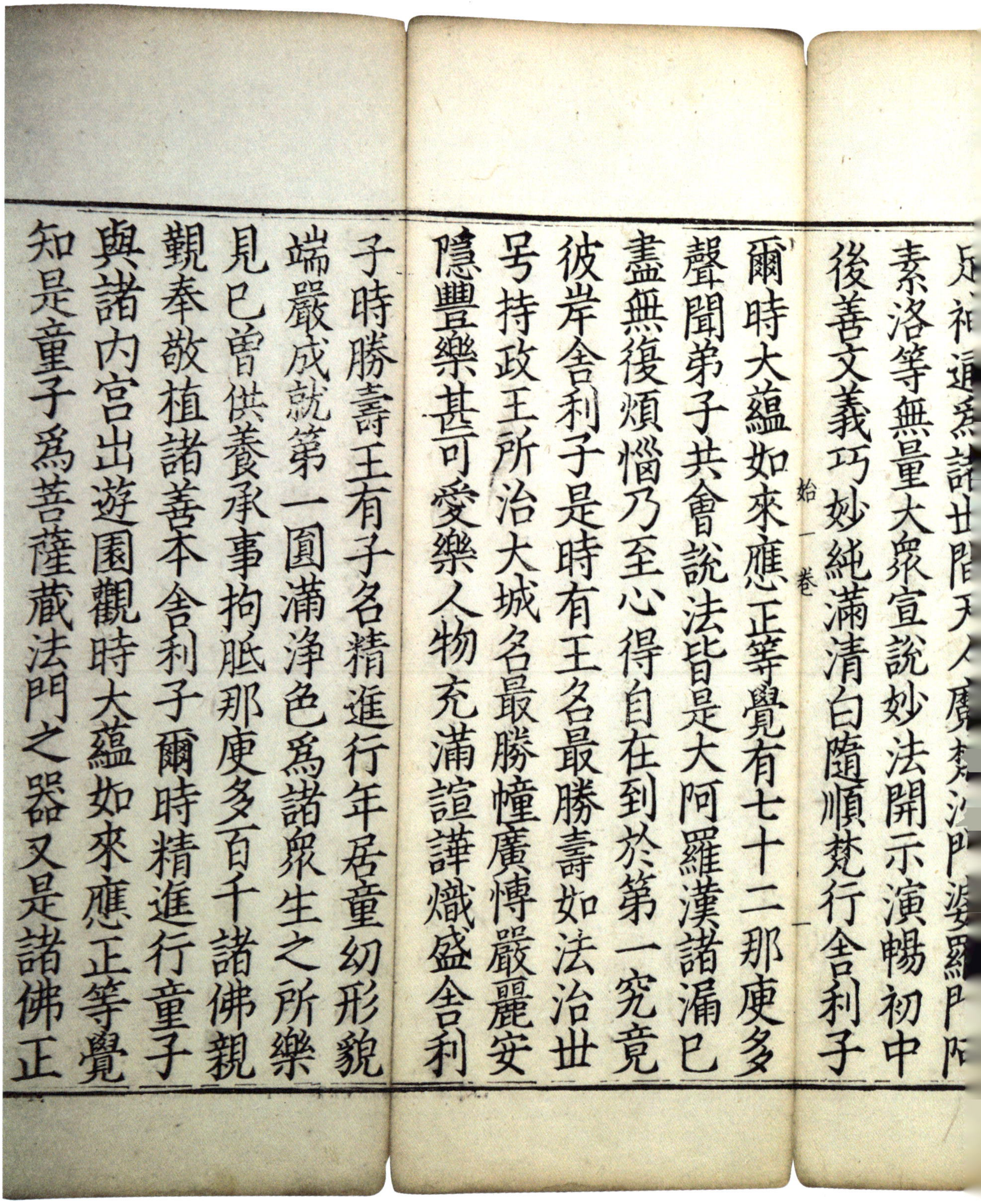

素洛等無量大衆宣說妙法開示演暢初中
後善文義巧妙純滿清白隨順梵行舍利子
始　一卷
爾時大蘊如來應正等覺有七十二那庾多
聲聞弟子共會說法皆是大阿羅漢諸漏已
盡無復煩惱乃至心得自在到於第一究竟
彼岸舍利子是時有王名最勝壽如法治世
号持政王所治大城名最勝幢廣博嚴麗安
隱豐樂甚可愛樂人物充滿諠譁熾盛舍利
子時勝壽王有子名精進行年居童幼形貌
端嚴成就第一圓滿淨色爲諸衆生之所樂
見巳曾供養承事拘胝那庾多百千諸佛親
覲奉敬植諸善本舍利子爾時精進行童子
與諸内宮出遊園觀時大蘊如來應正等覺
知是童子爲菩薩藏法門之器又是諸佛正

00905 大寶積經一百二十卷　（唐）釋菩提流志等譯　元官刻大藏經本

經折裝。匡高24.4厘米，廣11.3厘米。一版七個半葉，半葉六行，行十七字。上下雙邊。千字文帙號爲“始”。雲南省圖書館藏，存一卷。

大寶積經卷第四十一

大唐三藏法師玄奘奉詔譯

菩薩藏會第十二之七

四無量品第五

爾時佛告舍利子菩薩摩訶薩安住如是清淨信已佛薄伽梵知是菩薩摩訶薩爲菩薩藏法門之器知是諸佛正法器已躬往其所開發顯示菩薩之道舍利子汝今當知如是法門差別之相所謂菩薩摩訶薩安住淨信佛薄伽梵知是菩薩爲菩薩藏法門之器知是諸佛正法器已躬往其所開菩薩道舍利子如彼往昔超越無數廣大無量不可思議阿僧企耶劫爾時有佛出現於世名爲大蘊如來應正等覺明行圓滿善逝世間解無上

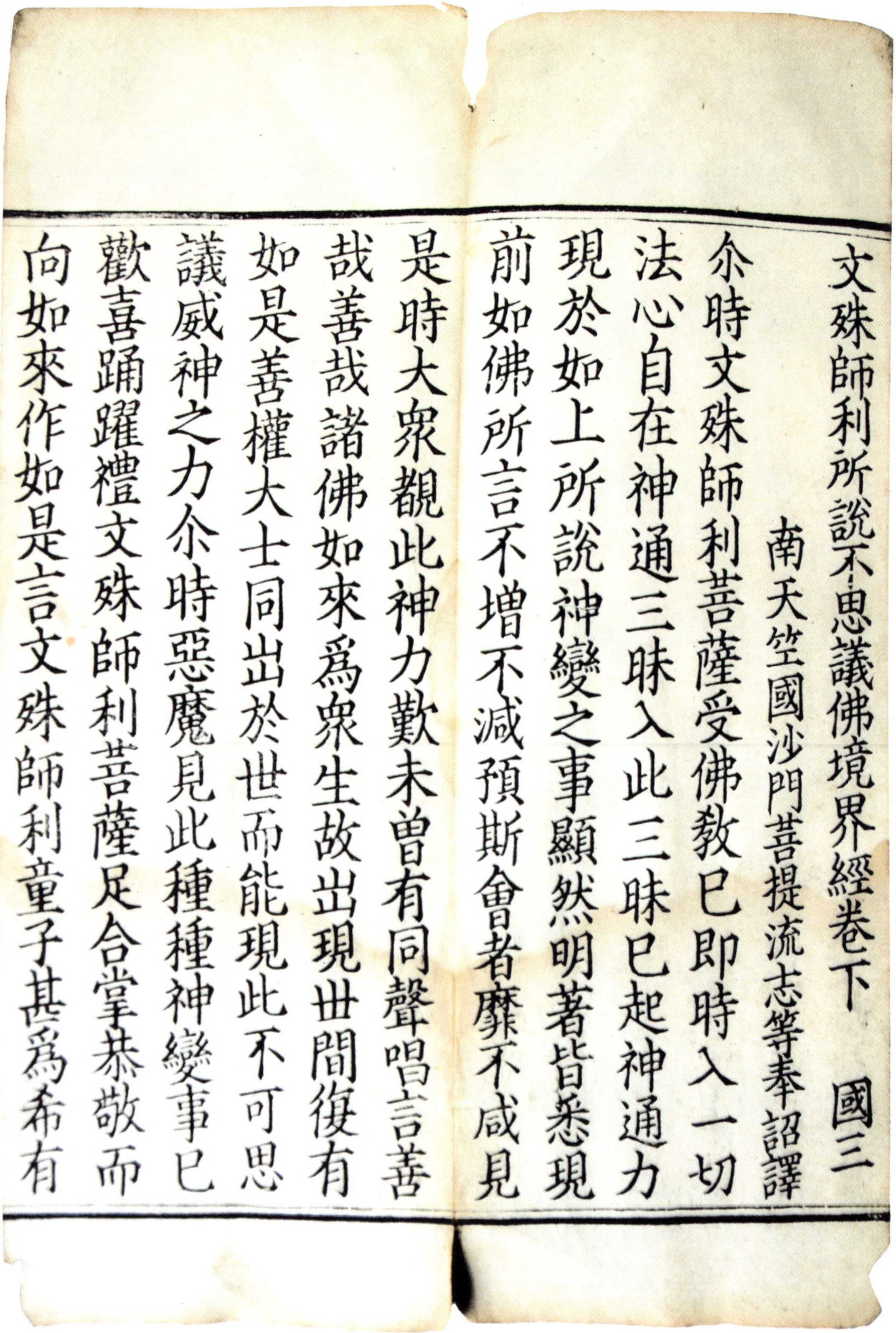
文殊師利所說不思議佛境界經卷下　國三
南天竺國沙門菩提流志等奉詔譯
尒時文殊師利菩薩受佛教已即時入一切
法心自在神通三昧入此三昧已起神通力
現於如上所說神變之事顯然明著皆悉現
前如佛所言不增不減預斯會者靡不咸見
是時大衆覩此神力歎未曾有同聲唱言善
哉善哉諸佛如來爲衆生故出現世間復有
如是善權大士同出於世而能現此不可思
議威神之力尒時惡魔見此種種神變事已
歡喜踊躍禮文殊師利菩薩足合掌恭敬而
向如來作如是言文殊師利童子甚爲希有

00906 文殊師利所説不思議佛境界經二卷 （唐）釋菩提流志等譯 元官刻大藏經本

經折裝。高32.5厘米，長459.2厘米。一版七個半葉，半葉六行，行十七字。上下雙邊。千字文帙號爲“國”。雲南省社會科學院藏，存一卷。

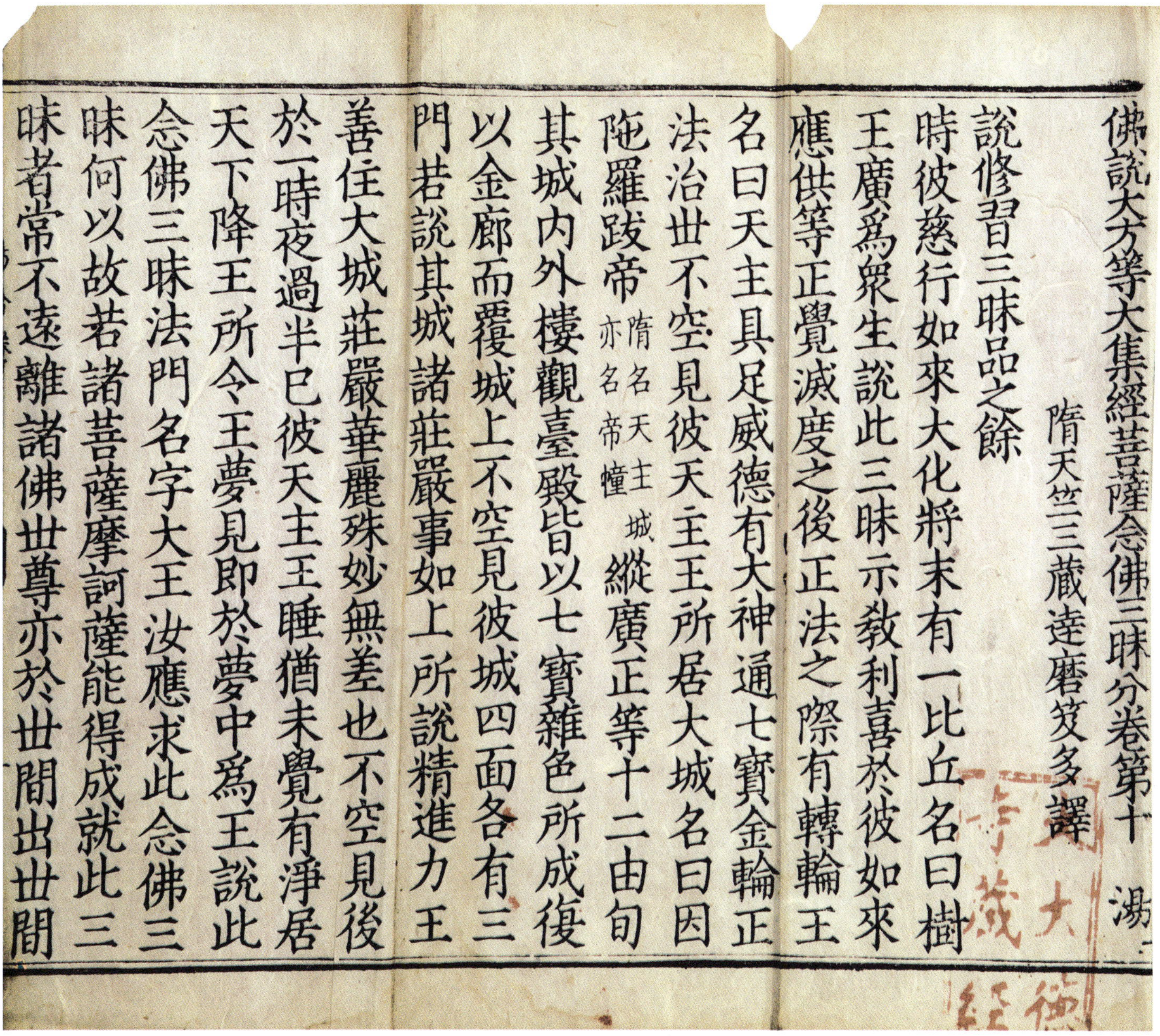

佛說大方等大集經菩薩念佛三昧分卷第十　湯
隋天竺三藏達磨笈多譯
說修習三昧品之餘
時彼慈行如來大化將末有一比丘名曰樹
王廣爲衆生說此三昧示教利喜於彼如來
應供等正覺滅度之後正法之際有轉輪王
名曰天主具足威德有大神通七寶金輪正
法治世不空見彼天主王所居大城名曰因
陁羅跋帝（隋名天主城亦名帝幢）縱廣正等十二由旬
其城内外樓觀臺殿皆以七寶雜色所成復
以金廊而覆城上不空見彼城四面各有三
門若說其城諸莊嚴事如上所說精進力王
善住大城莊嚴華麗殊妙無差也不空見後
於一時夜過半已彼天主王睡猶未覺有淨居
天下降王所令王夢見即於夢中爲王說此
念佛三昧法門名字大王汝應求此念佛三
昧何以故若諸菩薩摩訶薩能得成就此三
昧者常不遠離諸佛世尊亦於世間出世間

00907　大方等大集經六十卷　（隋）釋那連提耶舍譯　元官刻大藏經本

經折裝。匡高24.4厘米，廣11.3厘米。一版七個半葉，半葉六行，行十七字。上下雙邊。千字文帙號爲“湯”。有“大大德寺藏經”等印。雲南省圖書館藏，存一卷。

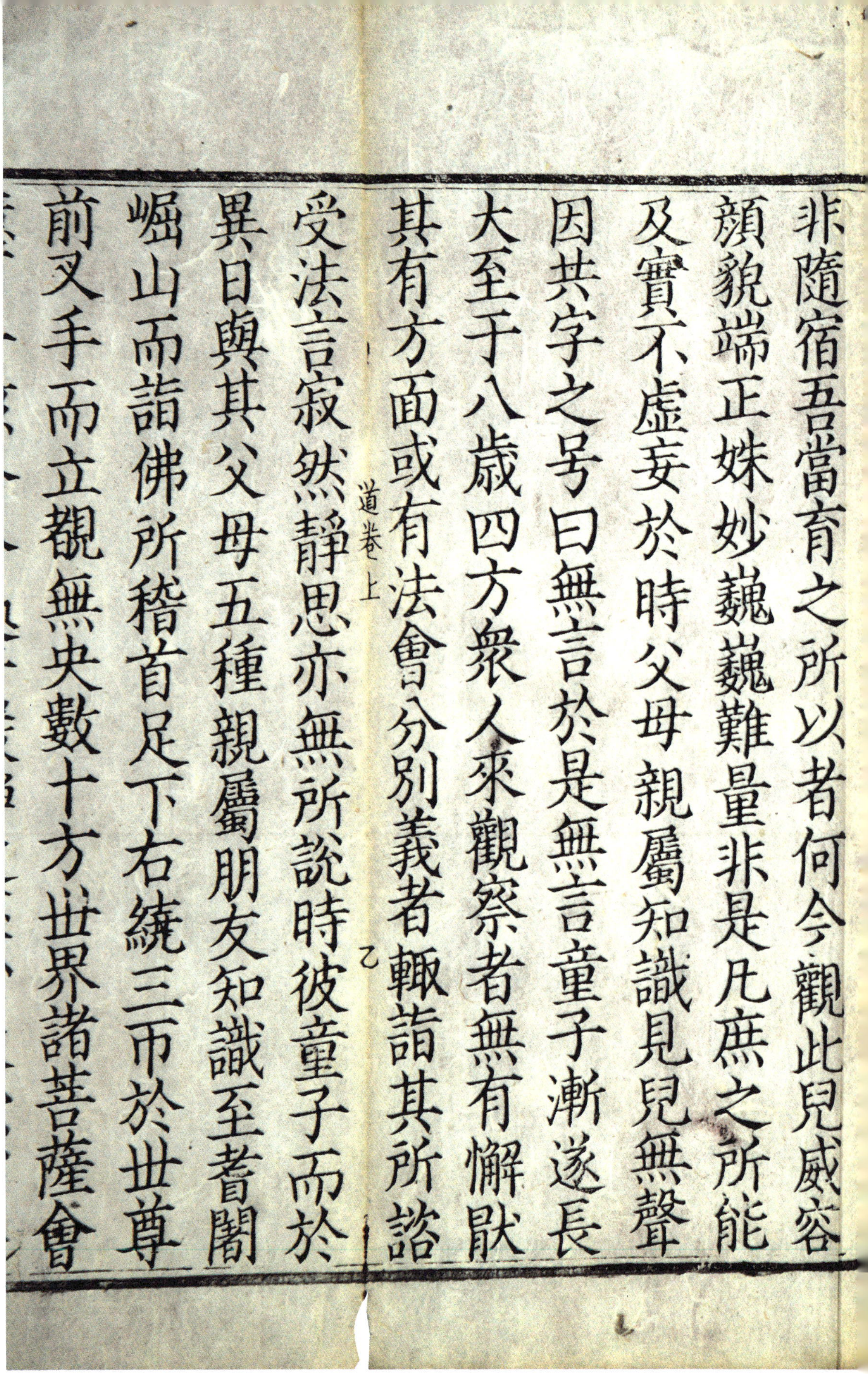

非隨宿吾當育之所以者何今觀此兒威容
顏貌端正姝妙巍巍難量非是凡庶之所能
及實不虛妄於時父母親屬知識見兒無聲
因共字之号曰無言於是無言童子漸遂長
大至于八歲四方衆人來觀察者無有懈猒
其有方面或有法會分別義者輙詣其所諮
道卷上　乙
受法言寂然靜思亦無所說時彼童子而於
異日與其父母五種親屬朋友知識至耆闍
崛山而詣佛所稽首足下右繞三帀於世尊
前叉手而立覩無央數十方世界諸菩薩會

00908 無言童子經二卷（西晉）釋竺法護譯 元官刻大藏經本

經折裝。匡高24.4厘米，廣11.3厘米。一版七個半葉，半葉六行，行十七字。上下雙邊。千字文帙號爲“道”。有“大大德寺藏經”等印。雲南省圖書館藏，存一卷。

佛說無言童子經卷上

西晉月支三藏竺法護譯

聞如是一時佛遊羅閱祇耆闍崛山中與大比丘衆千二百五十人俱摩訶菩薩無央數尒時城中師子將軍第一夫人孕有德男天於虛空唱大音聲而告之曰童子汝當懷抱道教思惟經典愼莫宣說世之言談曉了方便度世之法少言尠辭捨方俗事當歸正義不取美辭嚴飾之說童子遥聞如是音教未曾啼泣亦不出聲初不自現嬰兒之相至于七日顏貌悅豫無有顰頞衆人來觀視之無猒

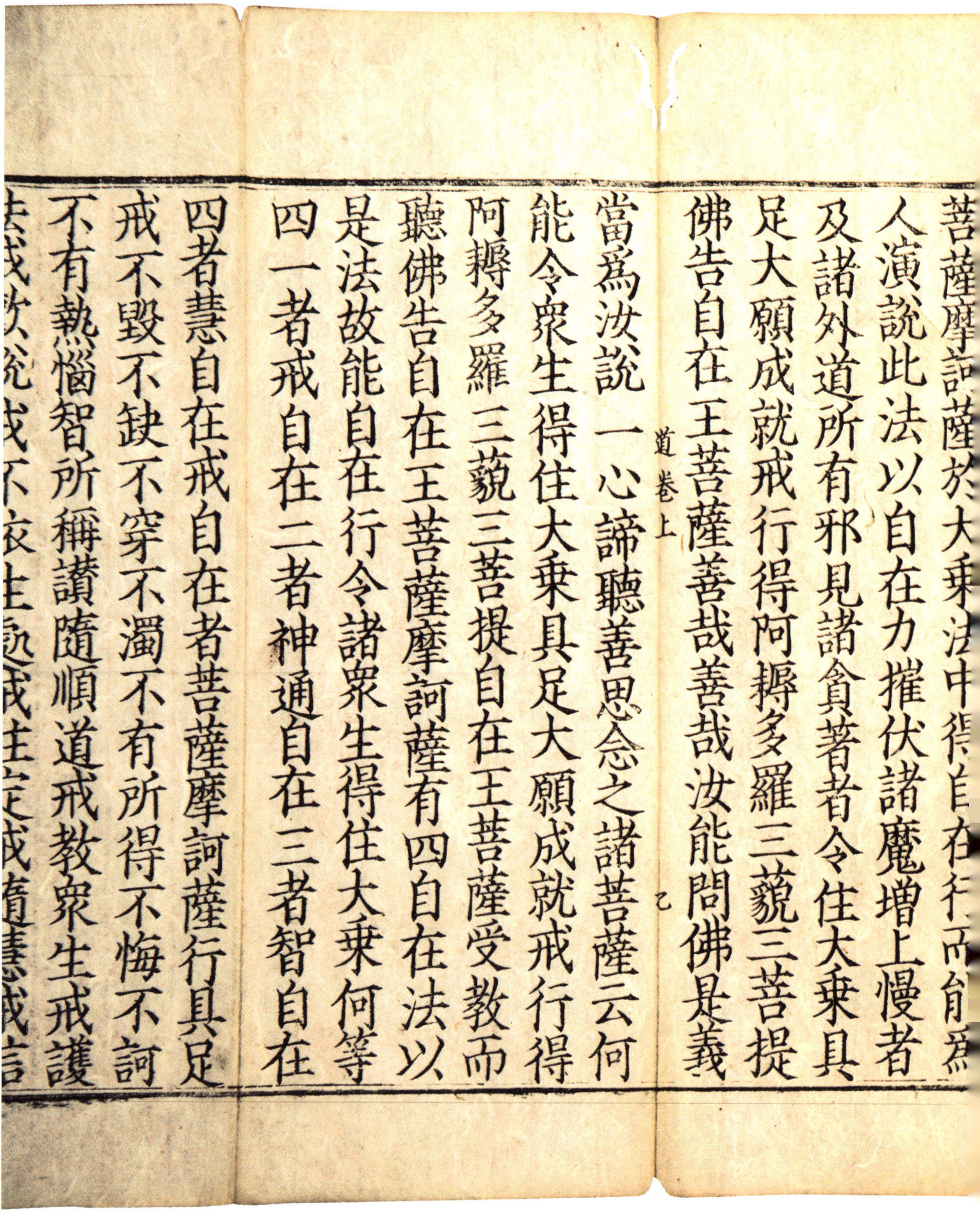

菩薩摩訶薩於大乘法中得自在行而能爲
人演說此法以自在力摧伏諸魔增上慢者
及諸外道所有邪見諸貪著者令住大乘具
足大願成就戒行得阿耨多羅三藐三菩提
佛告自在王菩薩善哉善哉汝能問佛是義

道 卷上 乙

當爲汝說一心諦聽善思念之諸菩薩云何
能令衆生得住大乘具足大願成就戒行得
阿耨多羅三藐三菩提自在王菩薩受教而
聽佛告自在王菩薩摩訶薩有四自在法以
是法故能自在行令諸衆生得住大乘何等
四一者戒自在二者神通自在三者智自在
四者慧自在戒自在者菩薩摩訶薩行具足
戒不毀不缺不穿不濁不有所得不悔不訶
不有熱惱智所稱讚隨順道戒教衆生戒護

00909 自在王菩薩經二卷 （後秦）釋鳩摩羅什譯 元官刻大藏經本

經折裝。匡高24.4厘米，廣11.3厘米。一版七個半葉，半葉六行，行十七字。上下雙邊。千字文帙號爲“道”。有“大大德寺藏經”等印。雲南省圖書館藏，存一卷。

自在王菩薩經卷上

姚秦三藏法師鳩摩羅什譯

如是我聞一時佛在舍衞城祇陀樹林給孤
獨園與大比丘衆二萬人俱諸菩薩摩訶薩
皆是一生補處其名曰彌勒菩薩得大勢菩
薩師子意菩薩師子相菩薩大相菩薩等如
是上首一萬人俱尒時世尊大衆圍遶恭敬
供養爲發大乘意衆生演說經典尒時衆中
有菩薩名自在王從座而起偏袒右肩右膝
著地合掌長跪白佛言世尊欲有所問若蒙
聽許乃敢發言佛告自在王諸有所問佛無
不聽隨意所問當爲汝說令汝得解自在王

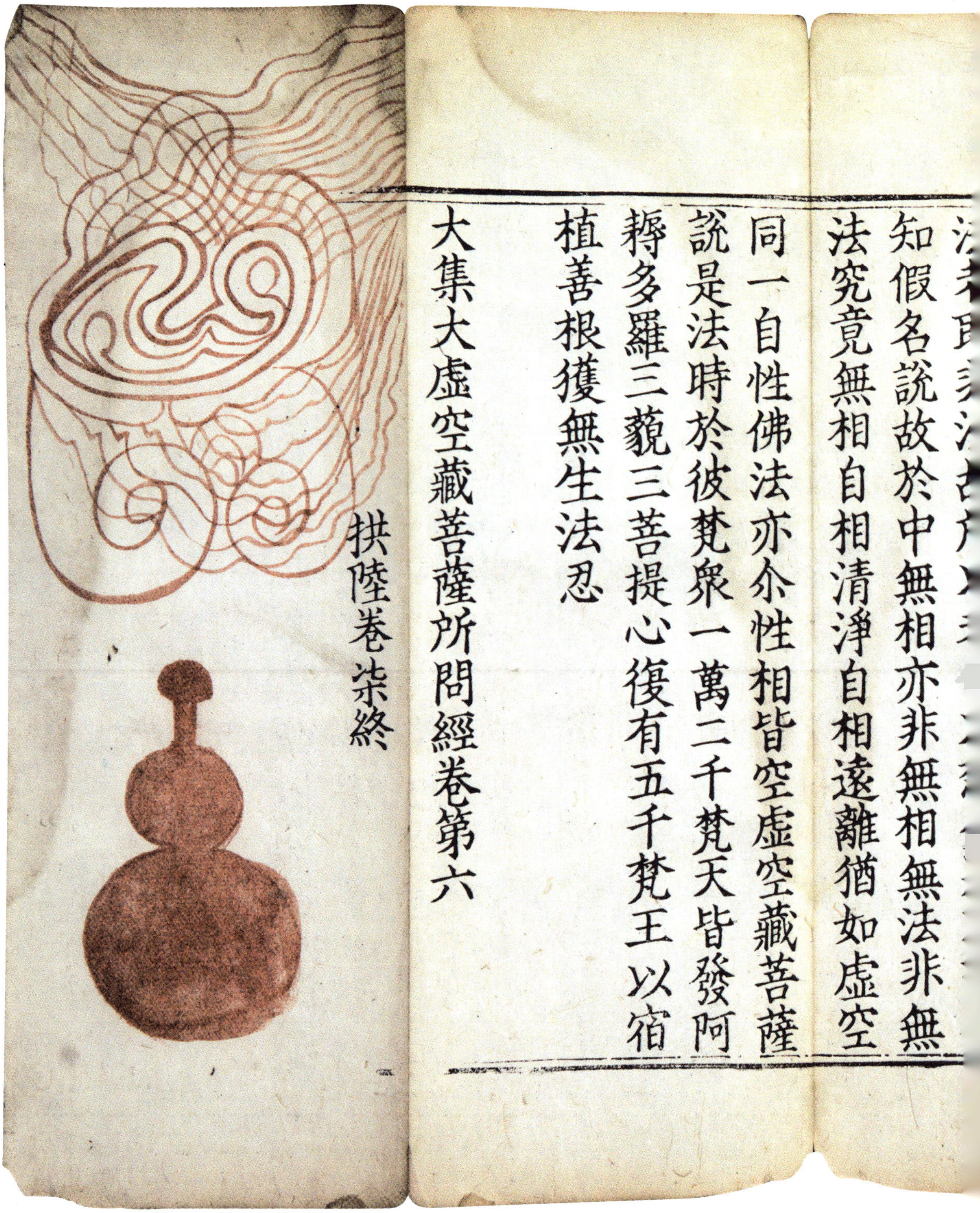
知假名說故於中無相亦非無相無法非無
法究竟無相自相清淨自相遠離猶如虛空
同一自性佛法亦尒性相皆空虛空藏菩薩
說是法時於彼梵衆一萬二千梵天皆發阿
耨多羅三藐三菩提心復有五千梵王以宿
植善根獲無生法忍
大集大虛空藏菩薩所問經卷第六

拱陸卷柒終

00910　大集大虛空藏菩薩所問經八卷　（唐）釋不空譯　元官刻大藏經本

經折裝。匡高24.4厘米，廣11.3厘米。一版七個半葉，半葉六行，行十七字。上下雙邊。千字文帙號爲“拱”。雲南省圖書館藏，存一卷。

是識故一切佛法亦同是性如是廣說處界
十二緣生無明者即是明句以無明性即是
明故一切佛法亦同是性乃至生者是不生
句以不生性即是生故一切佛法亦同是性
一切法句者是無法句以無法性即是諸法
故一切佛法亦同是性梵王是爲一句攝一
切法若菩薩入此法門者則於一句入一切
佛法梵王譬如大海吞納衆流是一一句攝
一切法亦復如是譬如虛空能包萬象此一
一句攝一切法亦復如是是故此句無盡展
轉無量譬如筭師數以筭籌布在局上然局
中無籌籌中無局而能展轉成無量數如是
一句成無量句亦復如是梵王如是等百千
劫所說校量佛法若身若心皆無所得亦不
[illegible]以故何以故一切法者是佛法故是佛

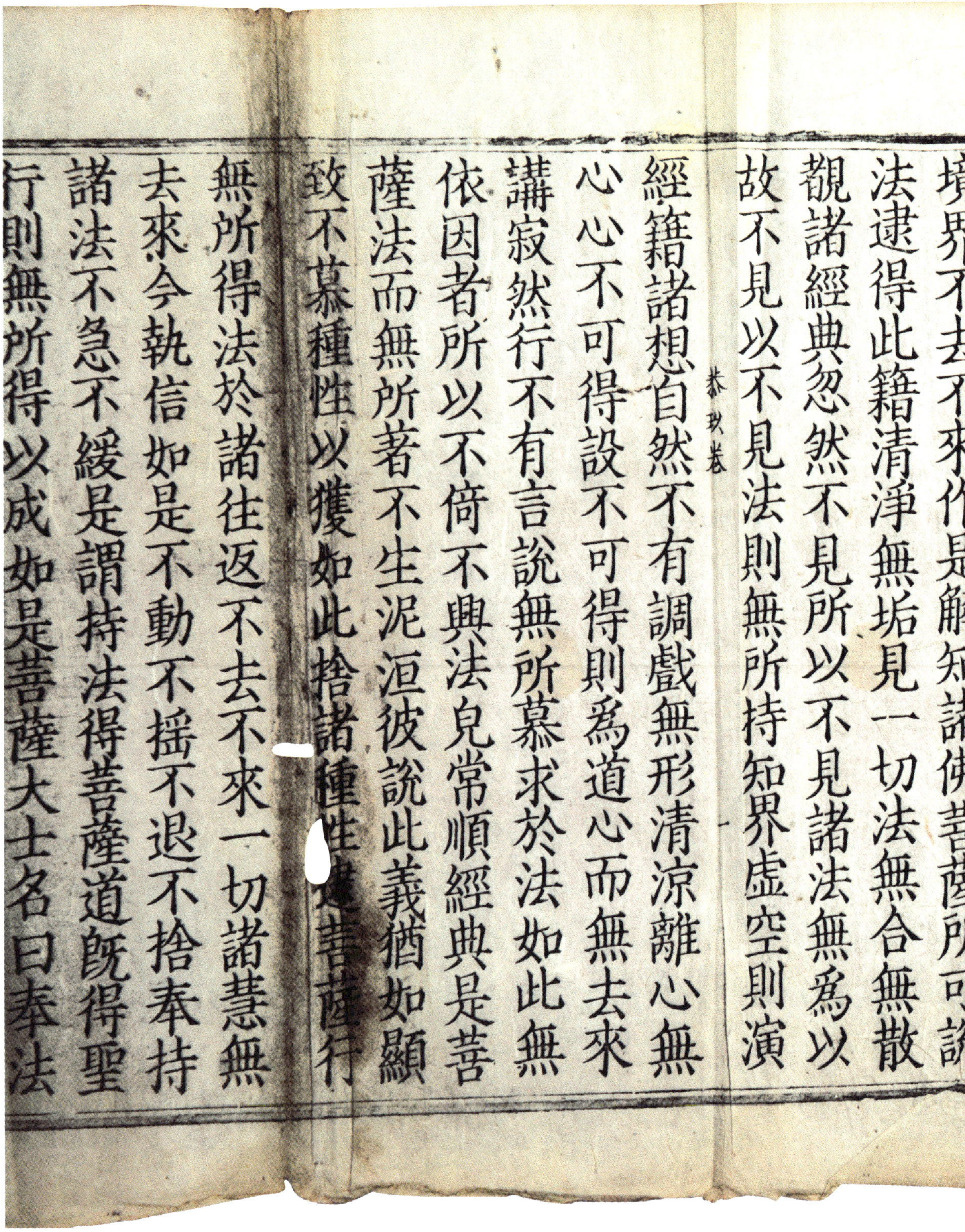
境界不去不來作是解知諸佛菩薩所可說
法逮得此籍清淨無垢見一切法無合無散
覩諸經典忽然不見所以不見諸法無爲以
故不見以不見法則無所持知界虛空則演
恭玖卷　一
經籍諸想自然不有調戲無形清涼離心無
心心不可設不可得則爲道心而無去來
講寂然行不有言說無所慕求於法如此無
依因者所以不倚不興法皃常順經典是菩
薩法而無所著不生泥洹彼說此義猶如顯
致不慕種性以獲如此捨諸種性是菩薩行
無所得法於諸往返不去不來一切諸慧無
去來今執信如是不動不搖不退不捨奉持
諸法不急不緩是謂持法得菩薩道旣得聖
行則無所得以成如是菩薩大士名曰奉法

00911 阿惟越致遮經三卷（晋）釋竺法護譯　元官刻大藏經本

經折裝。匡高24.4厘米，廣11.3厘米。一版七個半葉，半葉六行，行十七字。上下雙邊。千字文帙號爲“恭”。有“大大德寺藏經”等印。雲南省圖書館藏，存一卷。

佛說阿惟越致遮經卷第二　恭九

西晉月氏三藏法師竺法護　譯

奉法品第三

佛告阿難如來至眞等正覺何因讃揚菩薩奉持法乎菩薩於此存於佛道而不退轉執持覺軌了了分別不越法界不可思議逮得經籍所可揔持常處不動志順法句質一切疑諸法自然無所倚著所可揔持不有依立順於揔持不專經本志常樂聖欽敬道者於一切法而無所受以不受行乃爲演法志性仁調進止安隱講寂然經於此持法不倚不捨一切自然則聖道相以獲此義未甞越失其身所行體常堅住世非有處何謂菩薩常

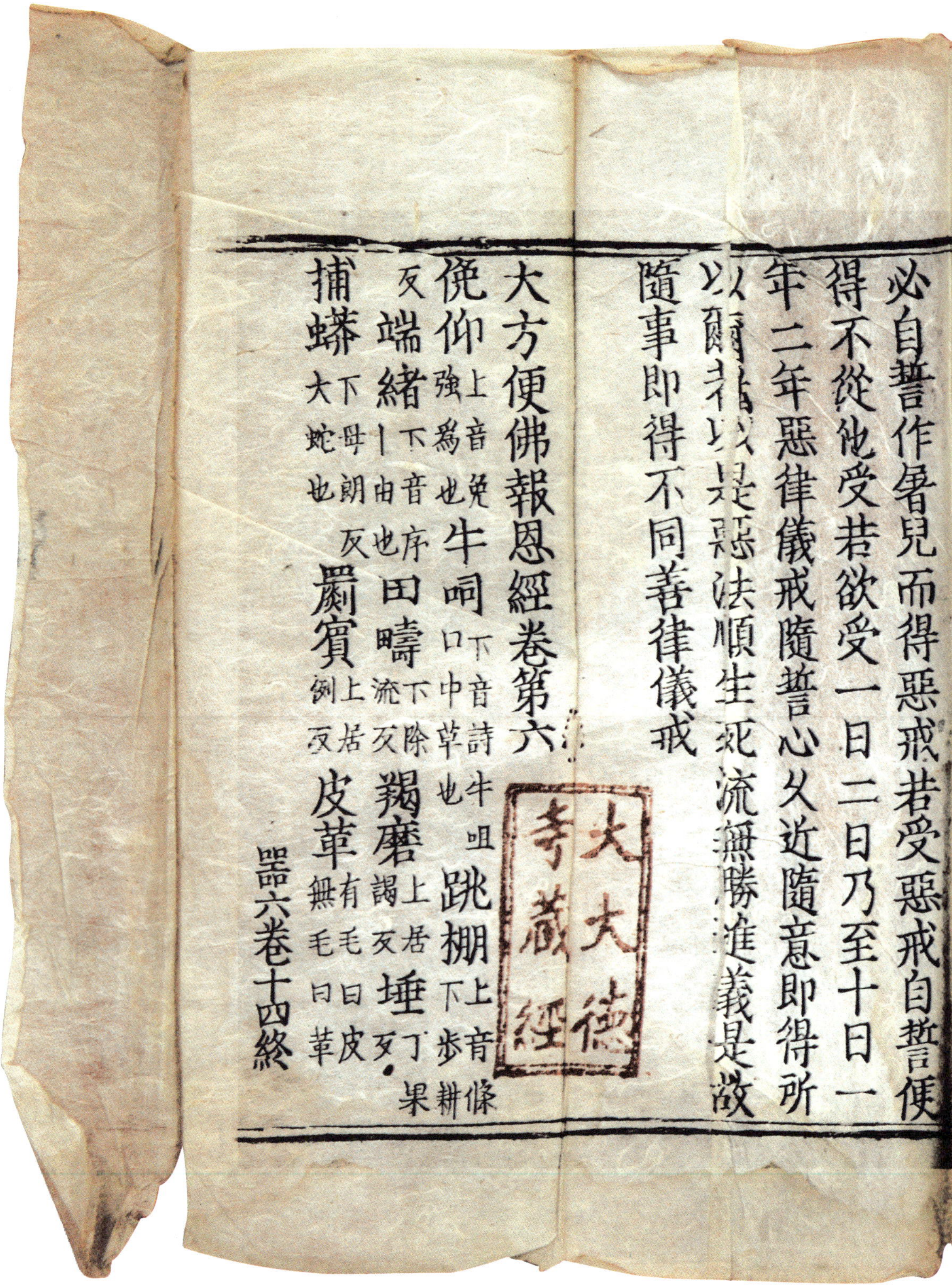

00912 大方便佛報恩經七卷 失譯 元官刻大藏經本

經折裝。匡高24.4厘米，廣11.3厘米。半葉六行，行十七字。上下雙邊。千字文帙號爲“器”。有“大大德寺藏經”等印。雲南省圖書館藏，存一卷。

可殺衆生上盡得惡戒如屠兒殺羊常懷殺心作意殺羊無所齊限設在人天中今者不殺而受生展轉有墮羊中理是故於一切衆生盡得惡戒十二惡律儀亦如是十二惡律儀者一者屠兒二者魁膾三者養豬四者養雞五者捕魚六者獵師七者網鳥八者捕蟒九者呪龍十者獄吏十一者作賊十二者王家常差捕賊是爲十二惡律儀人養蠶業等謂皆不離惡律儀惡律儀戒有三時捨死者欲愛盡時受律儀戒時如受三歸時初始一說即捨惡戒第二第三說時即得善戒人作惡戒時何時捨善戒得惡戒耶答曰一說言我作屠兒即捨善戒第二第三說我作屠兒即得惡戒又云隨何時捨善戒即得惡戒若善戒人未自誓作屠兒但以貪利共屠兒作

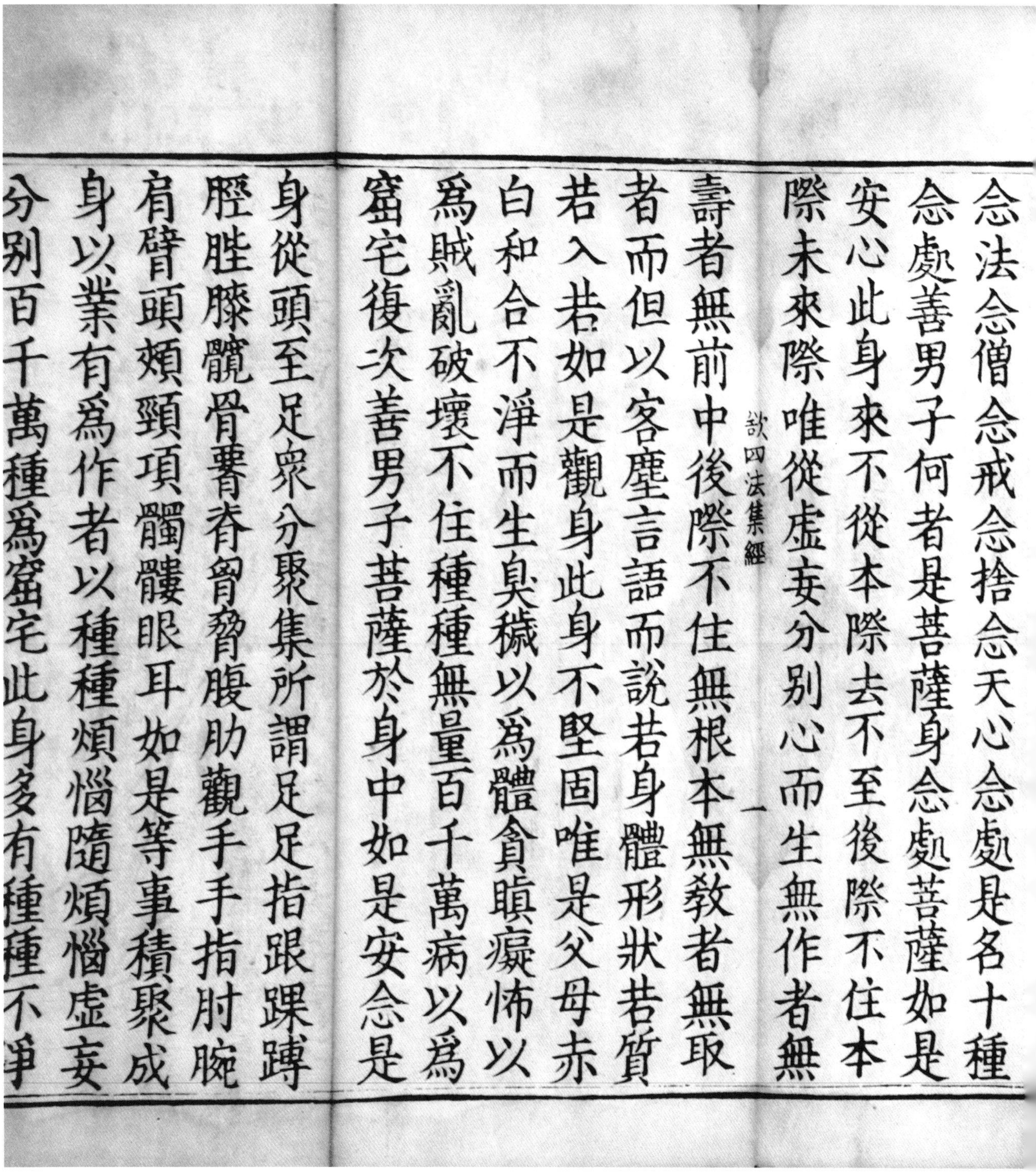

念法念僧念戒念捨念天心念處是名十種念處善男子何者是菩薩身念處菩薩如是安心此身來不從本際去不至後際不住本際未來際唯從虛妄分別心而生無作者無

欲四　法集經　一

壽者無前中後際不住無根本無教者無取者而但以客塵言語而說若身體形狀若質若入若如是觀身此身不堅固唯是父母赤白和合不淨而生臭穢以爲體貪瞋癡怖以爲賊亂破壞不住種種無量百千萬病以爲窟宅復次善男子菩薩於身中如是安念是身從頭至足衆分聚集所謂足足指跟踝蹲脛髀膝髖骨膂脊胷脅腹肋觀手手指肘腕肩臂頭頰頸項髑髏眼耳如是等事積聚成身以業有爲作者以種種煩惱隨煩惱虛妄分別百千萬種爲窟宅此身多有種種不淨

00913 法集經六卷　（北魏）釋菩提流支譯　元官刻大藏經本

經折裝。匡高24.4厘米，廣11.3厘米。一版七個半葉，半葉六行，行十七字。上下雙邊。千字文帙號爲“欲”。雲南省圖書館藏，存一卷。

佛說法集經卷第四　欲四

元魏天竺三藏法師菩提留支譯

爾時奮迅慧菩薩語無所發菩薩言善男子何者是菩薩摩訶薩心念處智何者是念云何心念處爾時無所發菩薩摩訶薩語奮迅慧菩薩言善男子菩薩摩訶薩以於一切法中無生智爲心念處智以無生智爲最勝諸菩薩彼無生智以無生智業得名一切處不亂一切處直一切處不動如大海水不可量一切聲聞辟支佛無能知以何等心念能聞持一切諸佛如來所說法而不散失是菩薩心念處諸佛如來現前知此是如是菩薩心念處彼菩薩心念處有十種處何等爲十所

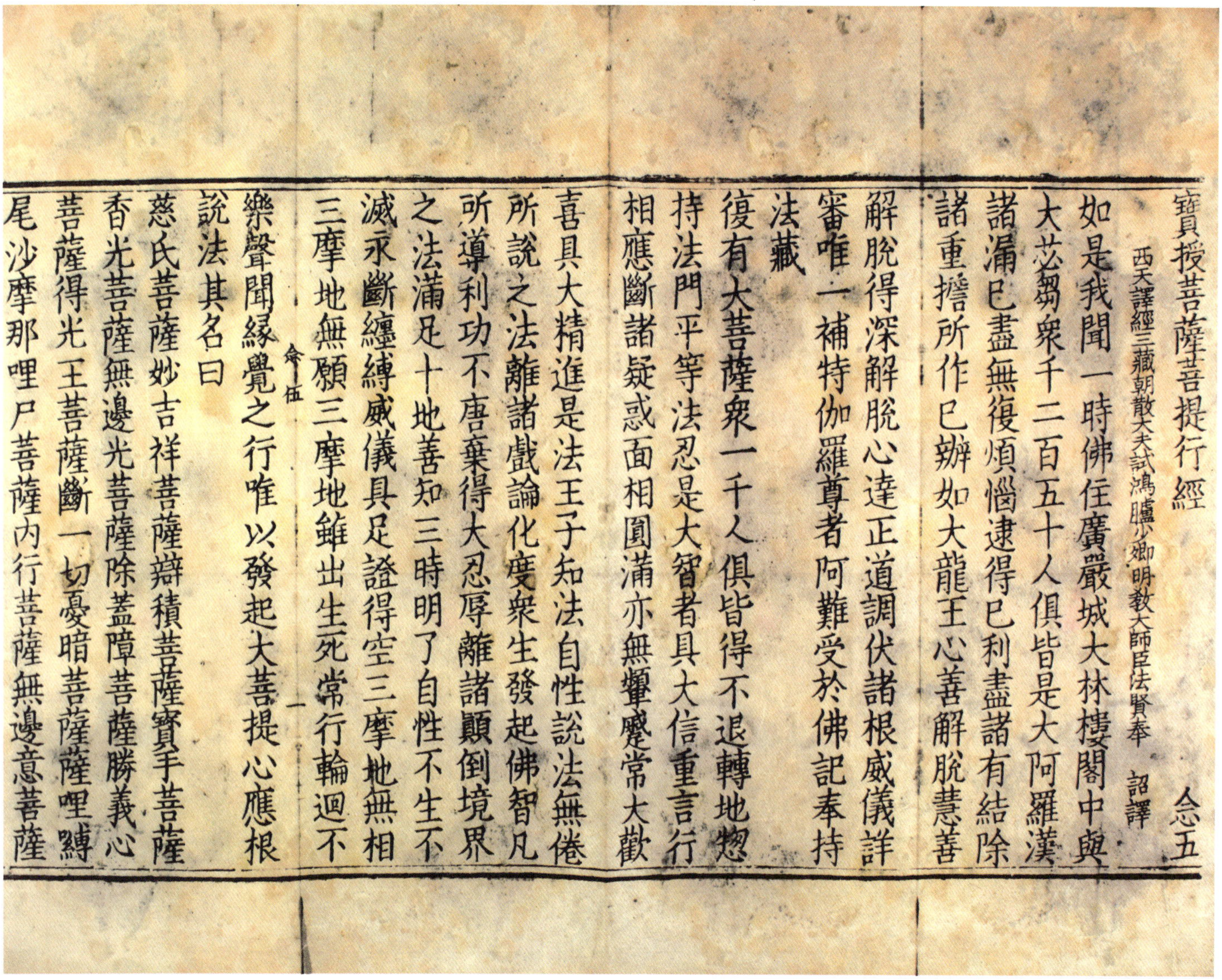
寶授菩薩菩提行經　念五
西天譯經三藏朝散大夫試鴻臚少卿明教大師臣法賢奉　詔譯
如是我聞一時佛住廣嚴城大林樓閣中與
大苾芻衆千二百五十人倶皆是大阿羅漢
諸漏已盡無復煩惱逮得己利盡諸有結除
諸重擔所作已辦如大龍王心善解脫慧善
解脫得深解脫心達正道調伏諸根威儀詳
審唯一補特伽羅尊者阿難受於佛記奉持
法藏
復有大菩薩衆一千人倶皆得不退轉地惣
持法門平等法忍是大智者具大信重言行
相應斷諸疑惑面相圓滿亦無顰蹙常大歡
喜具大精進是法王子知法自性說法無倦
所說之法離諸戲論化度衆生發起佛智凡
所導利功不唐棄得大忍辱離諸顛倒境界
之法滿足十地善知三時明了自性不生不
滅永斷纏縛威儀具足證得空三摩地無相
三摩地無願三摩地雖出生死常行輪迴不
樂聲聞緣覺之行唯以發起大菩提心應根
念伍　一
說法其名曰
慈氏菩薩妙吉祥菩薩辯積菩薩寶手菩薩
香光菩薩無邊光菩薩除蓋障菩薩勝義心
菩薩得光王菩薩斷一切憂暗菩薩薩哩縛
尾沙摩那哩尸菩薩內行菩薩無邊意菩薩

00914 寶授菩薩菩提行經一卷 （宋）釋法賢譯　元官刻大藏經本

經折裝。一版七個半葉，四十二行。半葉六行，行十七字。上下雙邊。千字文帙號爲“念”。國家圖書館藏。

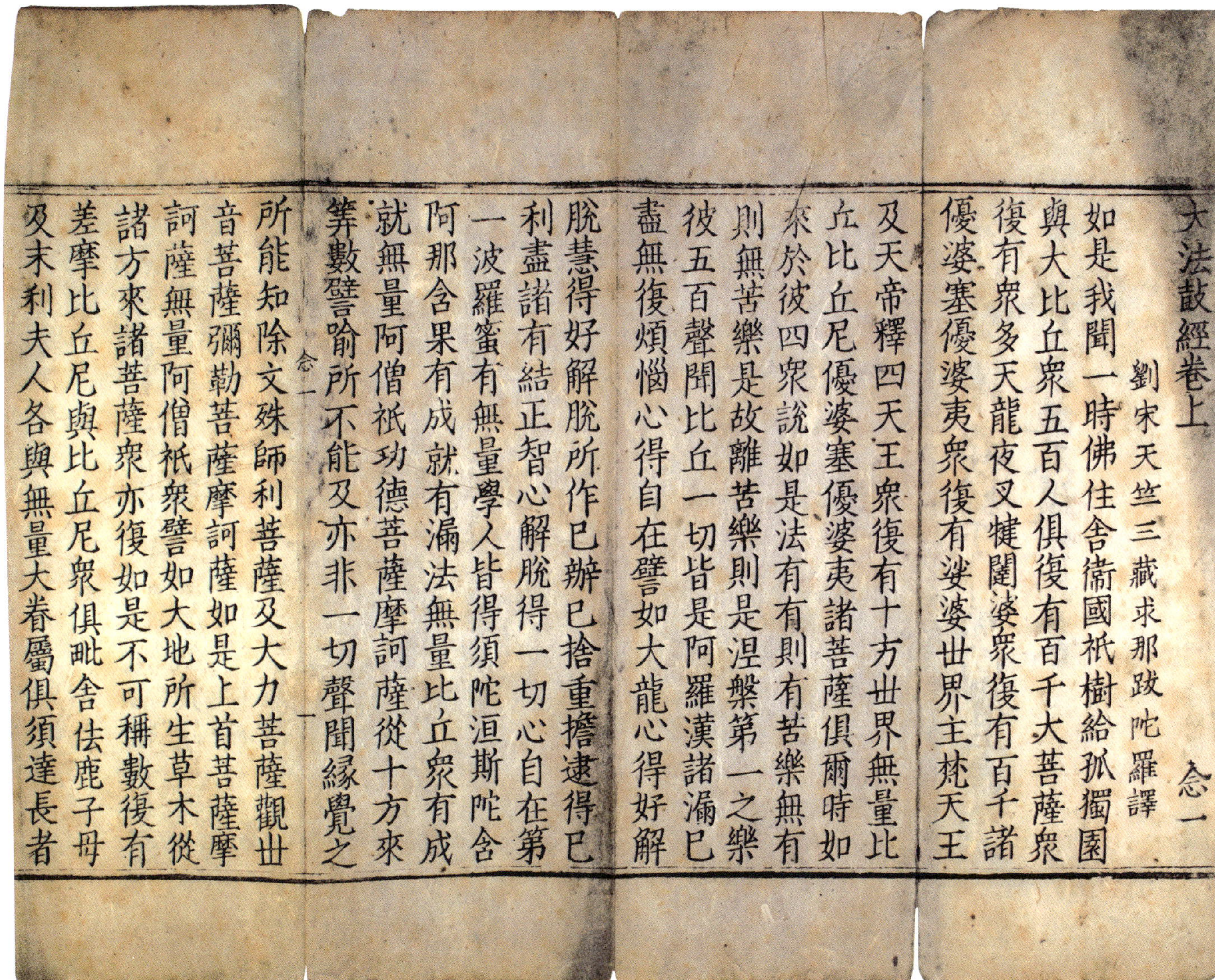

大法鼓經卷上　念一

劉宋天竺三藏求那跋陀羅譯

如是我聞一時佛住舍衛國祇樹給孤獨園與大比丘衆五百人俱復有百千大菩薩衆復有衆多天龍夜叉揵闥婆衆復有百千諸優婆塞優婆夷衆復有娑婆世界主梵天王及天帝釋四天王衆復有十方世界無量比丘比丘尼優婆塞優婆夷諸菩薩俱爾時如來於彼四衆說如是法有有則有苦樂無有則無苦樂是故離苦樂則是涅槃第一之樂彼五百聲聞比丘一切皆是阿羅漢諸漏已盡無復煩惱心得自在譬如大龍心得好解脫慧得好解脫所作已辦已捨重擔逮得已利盡諸有結正智心解脫得一切心自在第一波羅蜜有無量學人皆得須陀洹斯陀含阿那含果有成就有漏法無量比丘衆有成就無量阿僧祇功德菩薩摩訶薩從十方來筭數譬喻所不能及亦非一切聲聞緣覺之

念一　一

所能知除文殊師利菩薩及大力菩薩觀世音菩薩彌勒菩薩摩訶薩如是上首菩薩摩訶薩無量阿僧祇衆譬如大地所生草木從諸方來諸菩薩衆亦復如是不可稱數復有差摩比丘尼與比丘尼衆俱毗舍佉鹿子母及末利夫人各與無量大眷屬俱須達長者

00915 大法鼓經二卷　（南朝宋）釋求那跋陀羅譯　元官刻大藏經本

經折裝。一版七個半葉，四十二行。半葉六行，行十七字。上下雙邊。千字文帙號爲“念”。卷首有“至元二年”太皇太后願文。卷末有僧名録及職名録。國家圖書館藏，存一卷。

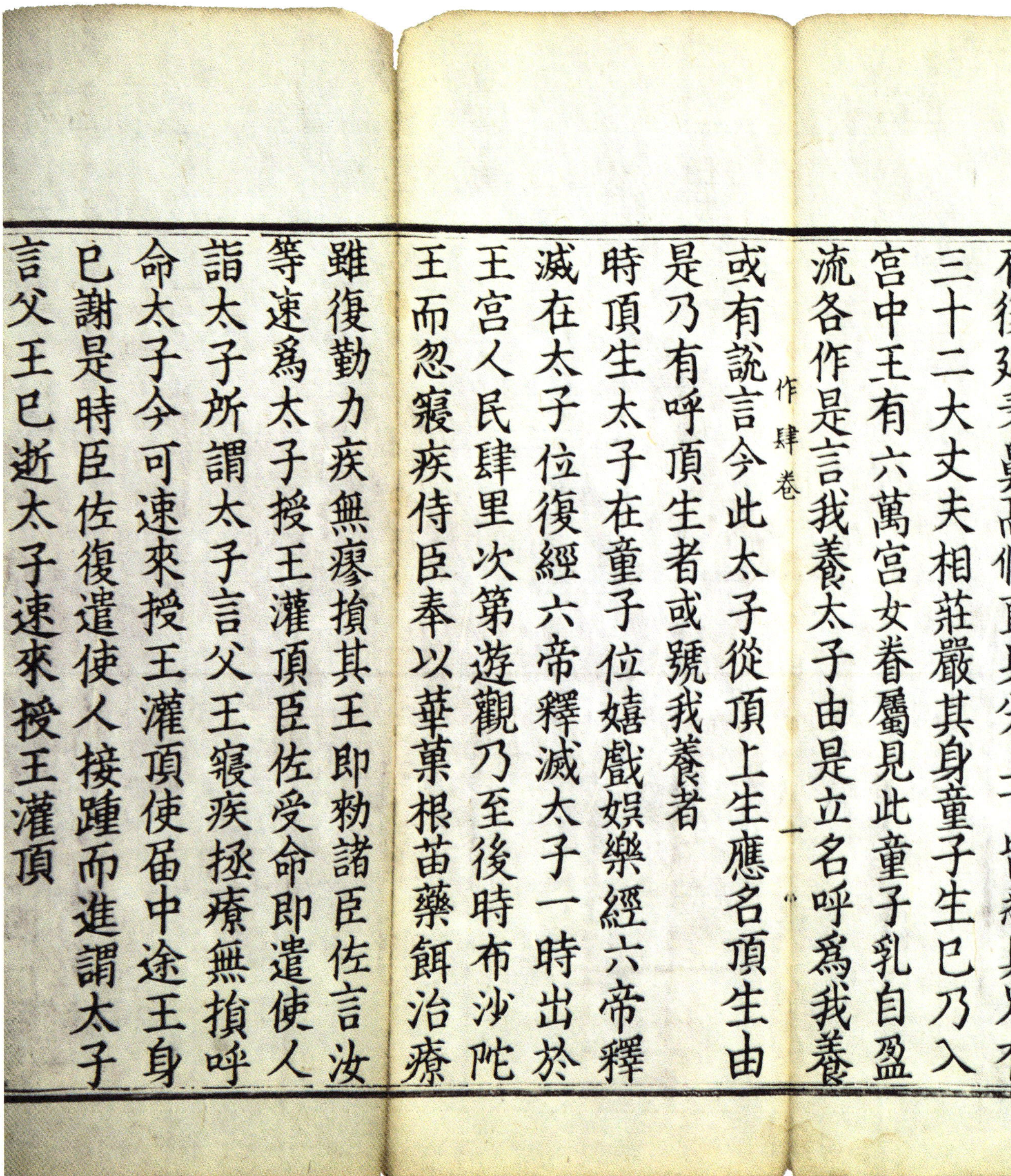

三十二大丈夫相莊嚴其身童子生已乃入
宫中王有六萬宫女眷屬見此童子乳自盈
流各作是言我養太子由是立名呼爲我養
或有說言今此太子從頂上生應名頂生由
作　肆卷　一
是乃有呼頂生者或號我養者
時頂生太子在童子位嬉戲娛樂經六帝釋
滅在太子位復經六帝釋滅太子一時出於
王宫人民肆里次第遊觀乃至後時布沙陁
王而忽寢疾侍臣奉以華菓根苗藥餌治療
雖復勤力疾無瘳損其王即勑諸臣佐言汝
等速爲太子授王灌頂臣佐受命即遣使人
詣太子所謂太子言父王寢疾拯療無損呼
命太子今可速來授王灌頂使届中途王身
已謝是時臣佐復遣使人接踵而進謂太子
言父王已逝太子速來授王灌頂

00916 佛說頂生王因緣經六卷　（宋）釋施護等譯　元官刻大藏經本

經折裝。一版七個半葉，四十二行。半葉六行，行十七字。上下雙邊。千字文帙號爲“作”。雲南省圖書館藏，存一卷。

佛說頂生王因緣經卷第一　作肆

西天譯經三藏朝奉大夫試光祿卿傳法大師賜紫沙門臣 施護等奉 詔譯

佛世尊一時在舍衛國祇樹給孤獨園時憍薩羅國主勝軍大王來詣佛所到已頭面禮世尊足退坐一面白佛言世尊世尊往昔為求阿耨多羅三藐三菩提時云何行施作諸福行佛言大王且止過去久遠劫事我念於此賢劫之中求阿耨多羅三藐三菩提時修布施行其事因緣汝當諦聽極善作意今為汝說大王此劫初時人壽無量歲介時有王名布沙陀其王頂上忽爾肉生如皰而軟如兜羅綿又如細氎亦無痛惱彼成熟已自然開裂生一童子最上色相端正可觀身如金

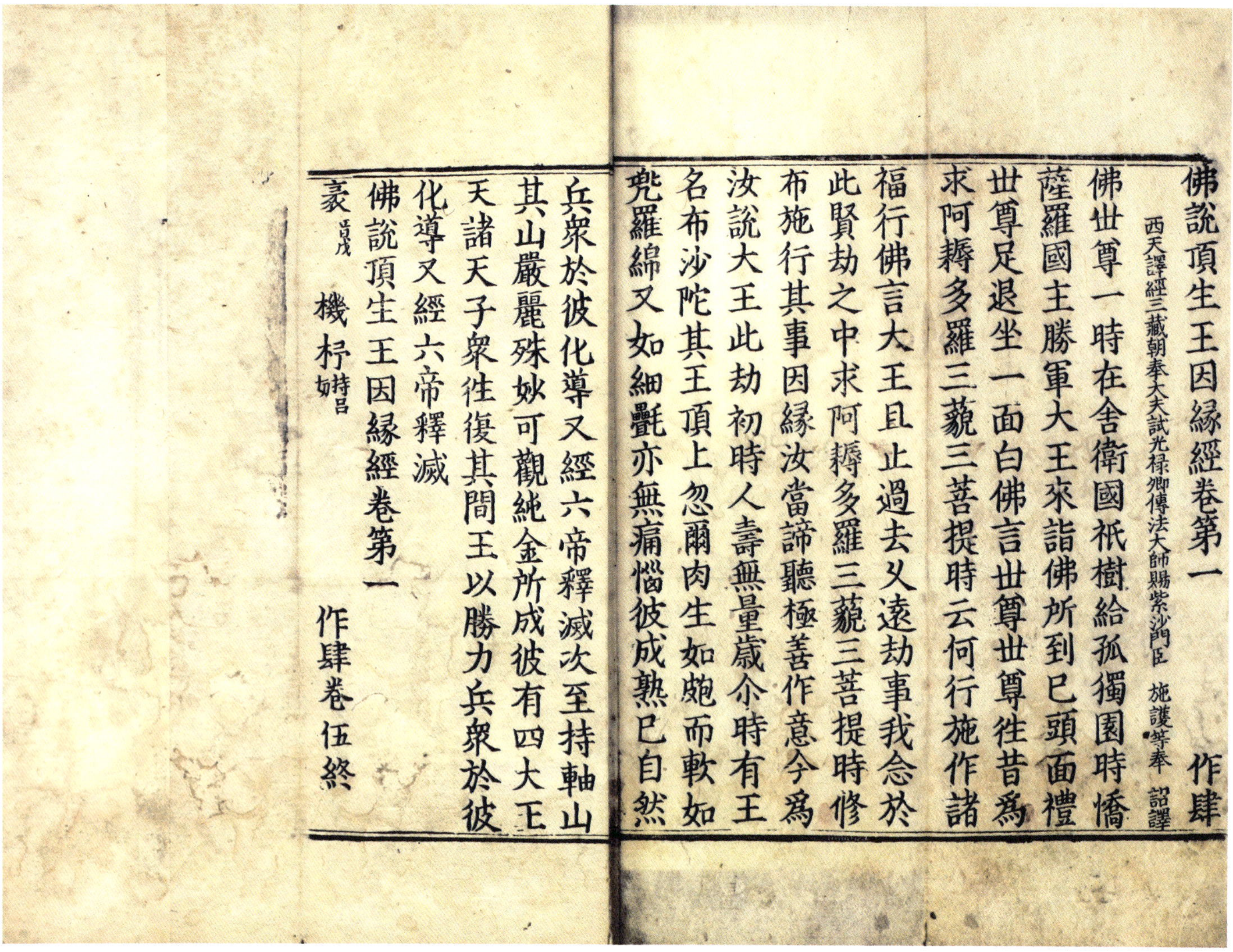

00917 佛說頂生王因緣經六卷　（宋）釋施護等譯　元官刻大藏經本

經折裝。一版七個半葉，四十二行。半葉六行，行十七字。上下雙邊。千字文帙號爲“作”。上海龍華寺藏，存一卷。

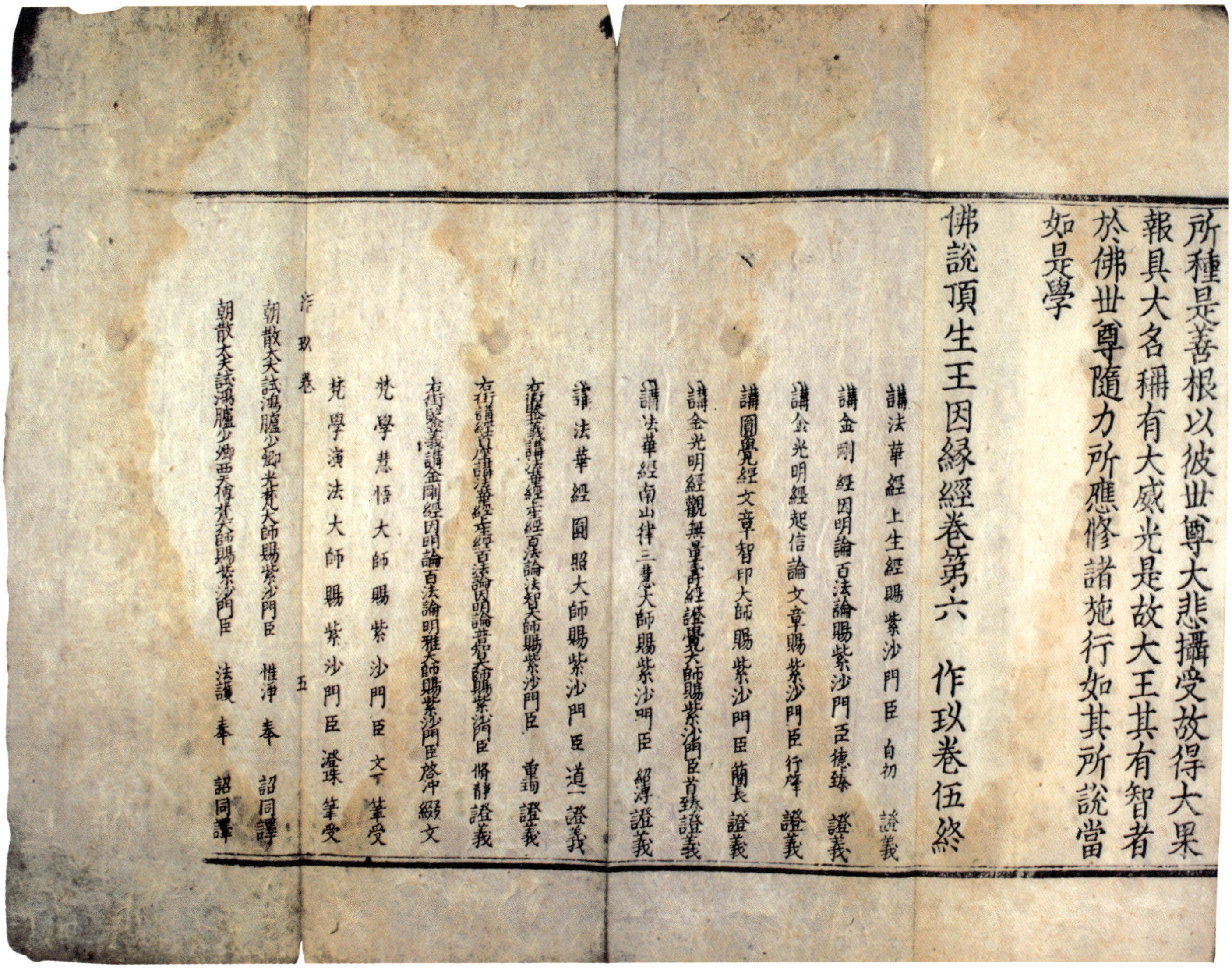

00918 佛説頂生王因緣經六卷　（宋）釋施護等譯　元官刻大藏經本

經折裝。一版七個半葉，四十二行。半葉六行，行十七字。上下雙邊。千字文帙號爲“作”。國家圖書館藏，存五卷。

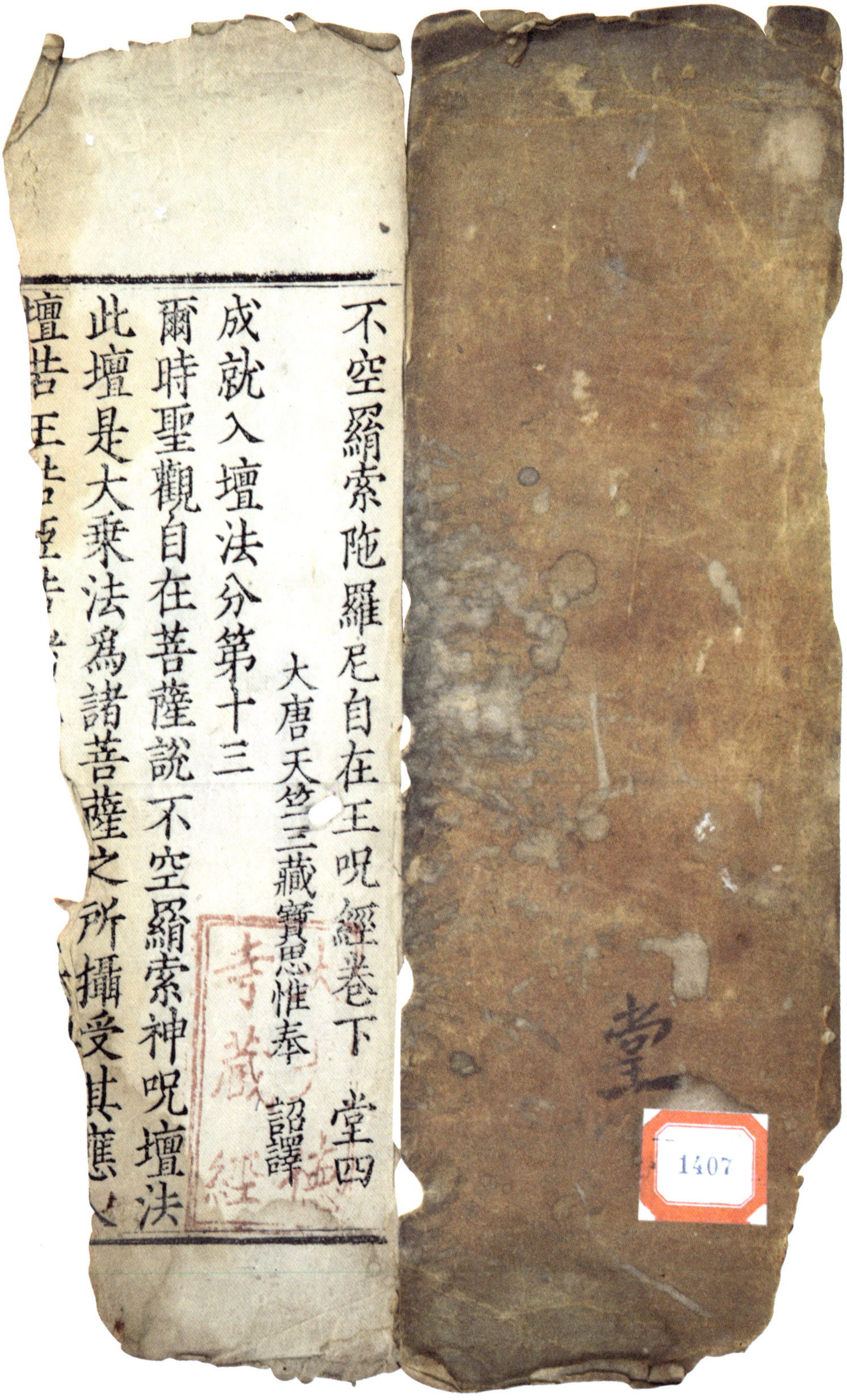

00919 不空羂索陀羅尼自在王咒經三卷 （唐）釋寶思惟譯　元官刻大藏經本

經折裝。一版七個半葉，四十二行。半葉六行，行十七字。上下雙邊。千字文帙號爲“堂”。有“大大德寺藏經”等印。雲南省圖書館藏，存一卷。

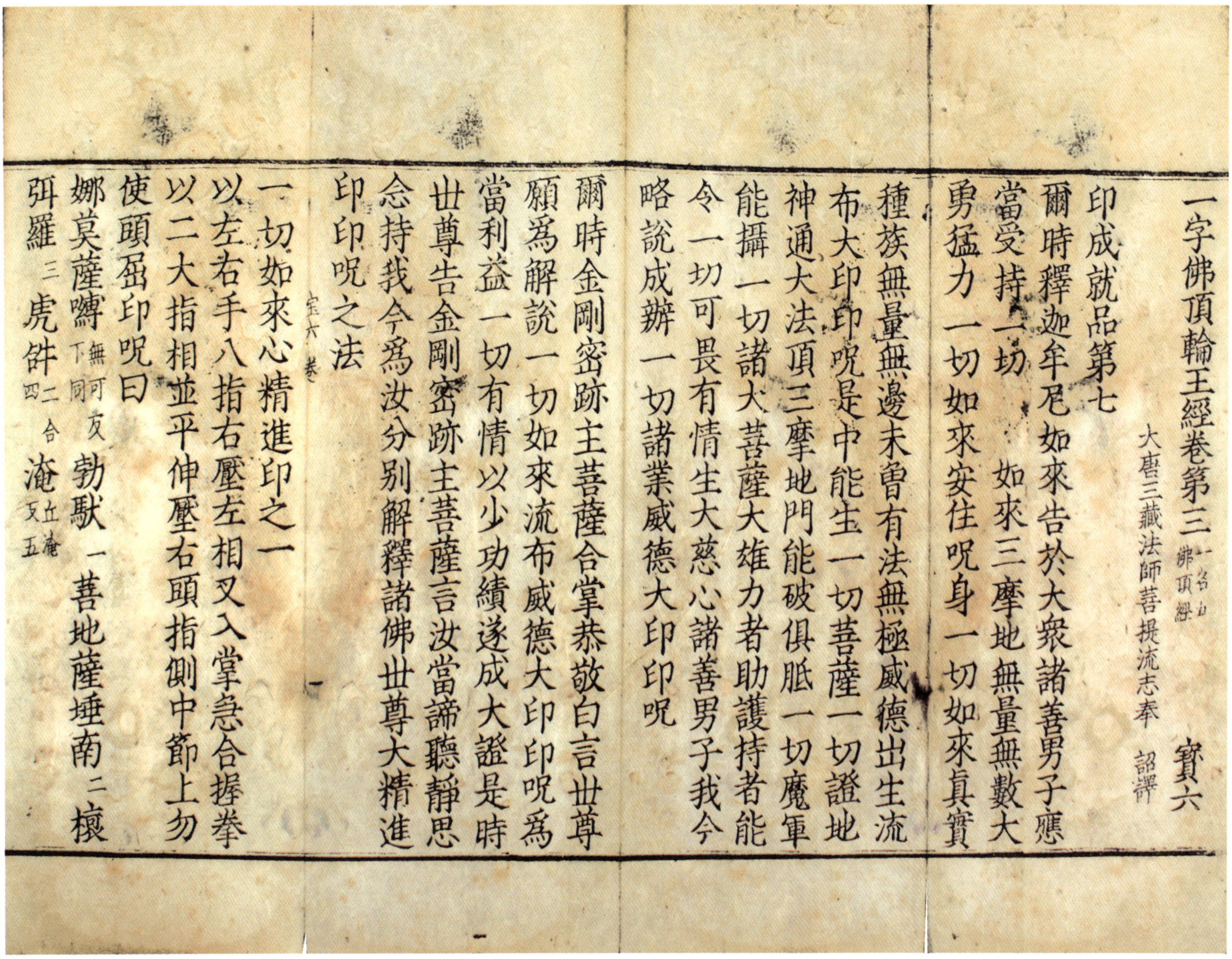
一字佛頂輪王經卷第三 一名五佛頂經 寶六
大唐三藏法師菩提流志奉 詔譯
勇猛力一切如來安住呪身一切如來眞實
當受持一切 如來三摩地無量無數大
爾時釋迦牟尼如來告於大衆諸善男子應
印成就品第七
種族無量無邊未曾有法無極威德出生流
布大印印呪是中能生一切菩薩一切證地
神通大法頂三摩地門能破俱胝一切魔軍
能攝一切諸大菩薩大雄力者助護持者能
令一切可畏有情生大慈心諸善男子我今
略說成辦一切諸業威德大印印呪
爾時金剛密跡主菩薩合掌恭敬白言世尊
願爲解說一切如來流布威德大印印呪爲
當利益一切有情以少功績遂成大證是時
世尊告金剛密跡主菩薩言汝當諦聽靜思
念持我今爲汝分別解釋諸佛世尊大精進
印印呪之法
一切如來心精進印之一
以左右手八指右壓左相叉入掌急合搭拳
以二大指相並平伸壓右頭指側中節上勿
使頭屈印呪曰
娜莫薩嚩 無可反下同 勃馱 一 菩地薩埵南 二 㮏
弭羅 三 虎𤙖 二合 四 淹 丘淹反 五

00920 一字佛頂輪王經五卷 （唐）釋菩提流志譯　元官刻大藏經本

經折裝。一版七個半葉，四十二行。半葉六行，行十七字。上下雙邊。千字文帙號爲“寶”。國家圖書館藏，存一卷。

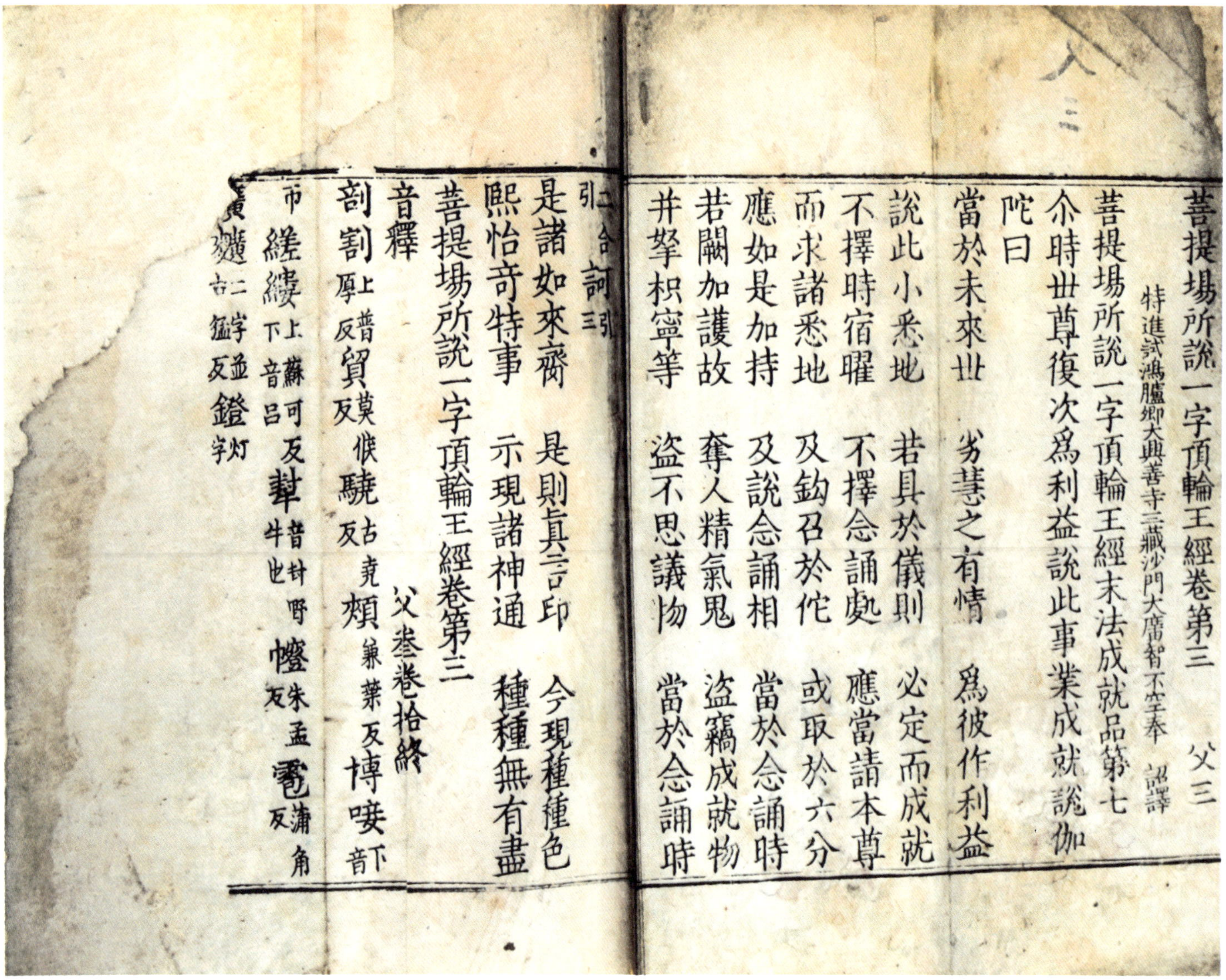

00921 菩提場所説一字頂輪王經五卷 （唐）釋不空譯 元官刻大藏經本

經折裝。一版七個半葉，四十二行。半葉六行，行十七字。上下雙邊。千字文帙號爲“父”。上海龍華寺藏，存一卷。

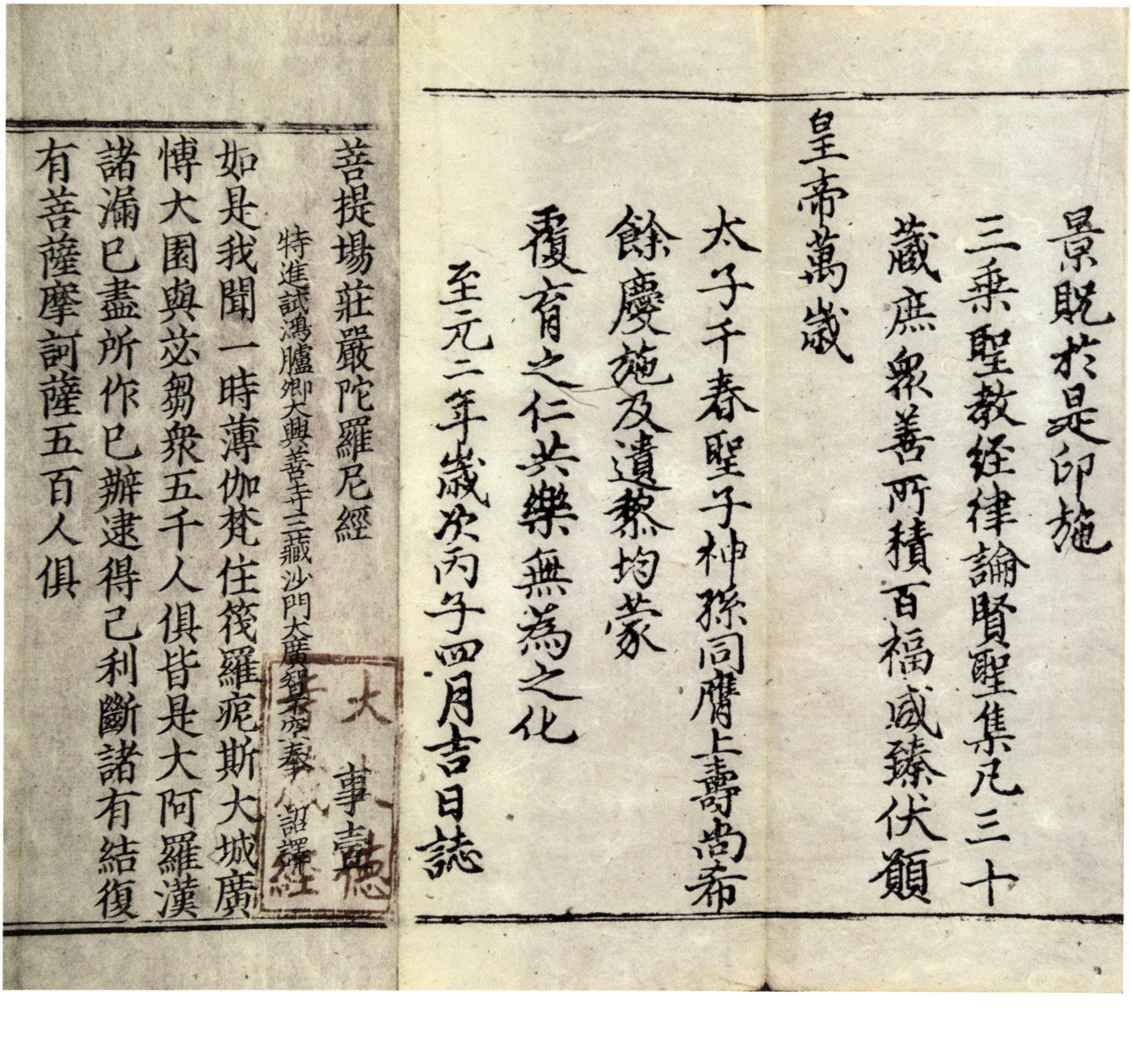

00922 菩提場莊嚴陀羅尼經一卷 （唐）釋不空譯　元官刻大藏經本

經折裝。一版七個半葉，四十二行。半葉六行，行十七字。上下雙邊。千字文帙號爲“事”。有扉畫。有“至元二年”太皇太后願文及僧名録。有“大大德寺藏經”朱印。雲南省圖書館藏。

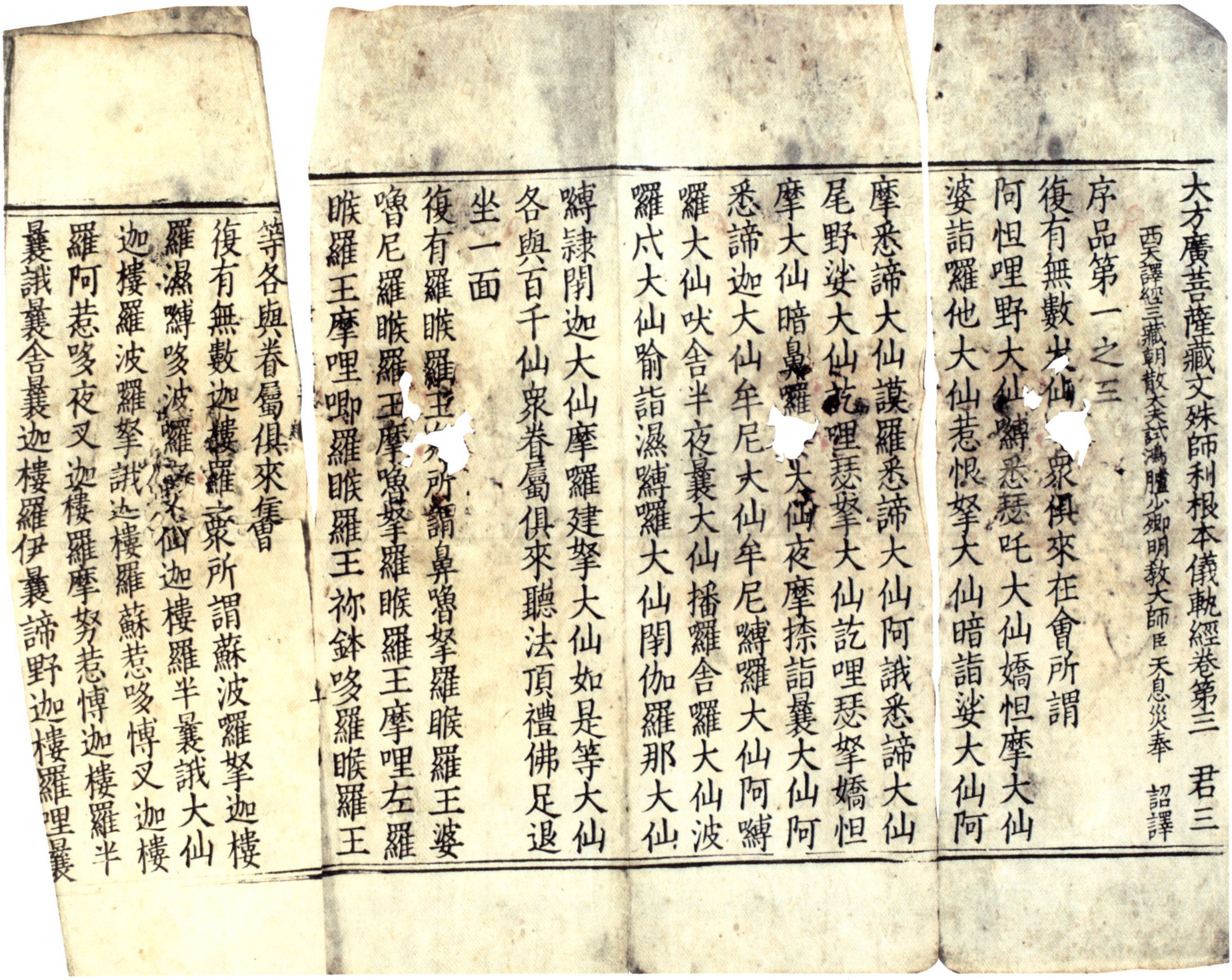
大方廣菩薩藏文殊師利根本儀軌經卷第三　君三
西天譯經三藏朝散大夫試鴻臚少卿明教大師臣天息災奉　詔譯
序品第一之三
復有無數大仙衆俱來在會所謂
阿怛哩野大仙嚩悉瑟吒大仙嬌怛摩大仙
娑詣囉他大仙惹恨拏大仙暗詣娑大仙阿
摩悉諦大仙謨羅悉諦大仙阿誐悉諦大仙
尾野娑大仙訖哩瑟拏大仙訖哩瑟拏嬌怛
摩大仙暗鼻羅大仙夜摩捺詣曩大仙阿
悉諦迦大仙牟尼大仙牟尼嚩囉大仙阿嚩
囉大仙吠舍半夜曩大仙播囉舍囉大仙波
囉戍大仙嚕詣濕嚩囉大仙閉伽羅那大仙
嚩隷閉迦大仙摩羅建拏大仙如是等大仙
各與百千仙衆眷屬俱來聽法頂禮佛足退
坐一面
復有羅睺羅王[illegible]所謂鼻嚕拏羅睺羅王娑
嚕尼羅睺羅王摩嚕拏羅睺羅王摩哩左羅
睺羅王摩哩唧羅睺羅王祢鉢哆羅睺羅王
等各與眷屬俱來集會
復有無數迦樓羅衆所謂蘇波囉拏迦樓
羅濕嚩哆波囉[illegible]仙迦樓羅半曩誐大仙
迦樓羅波羅拏誐迦樓羅蘇惹哆博叉迦樓
羅阿惹哆夜叉迦樓羅摩努惹博迦樓羅半
曩誐曩舍曩迦樓羅伊曩諦野迦樓羅哩曩

00923　大方廣菩薩藏文殊師利根本儀軌經二十卷（宋）釋天息災譯　元官刻大藏經本

經折裝。一版七個半葉，四十二行。半葉六行，行十七字。上下雙邊。千字文帙號爲“君”。國家圖書館藏，存一卷。

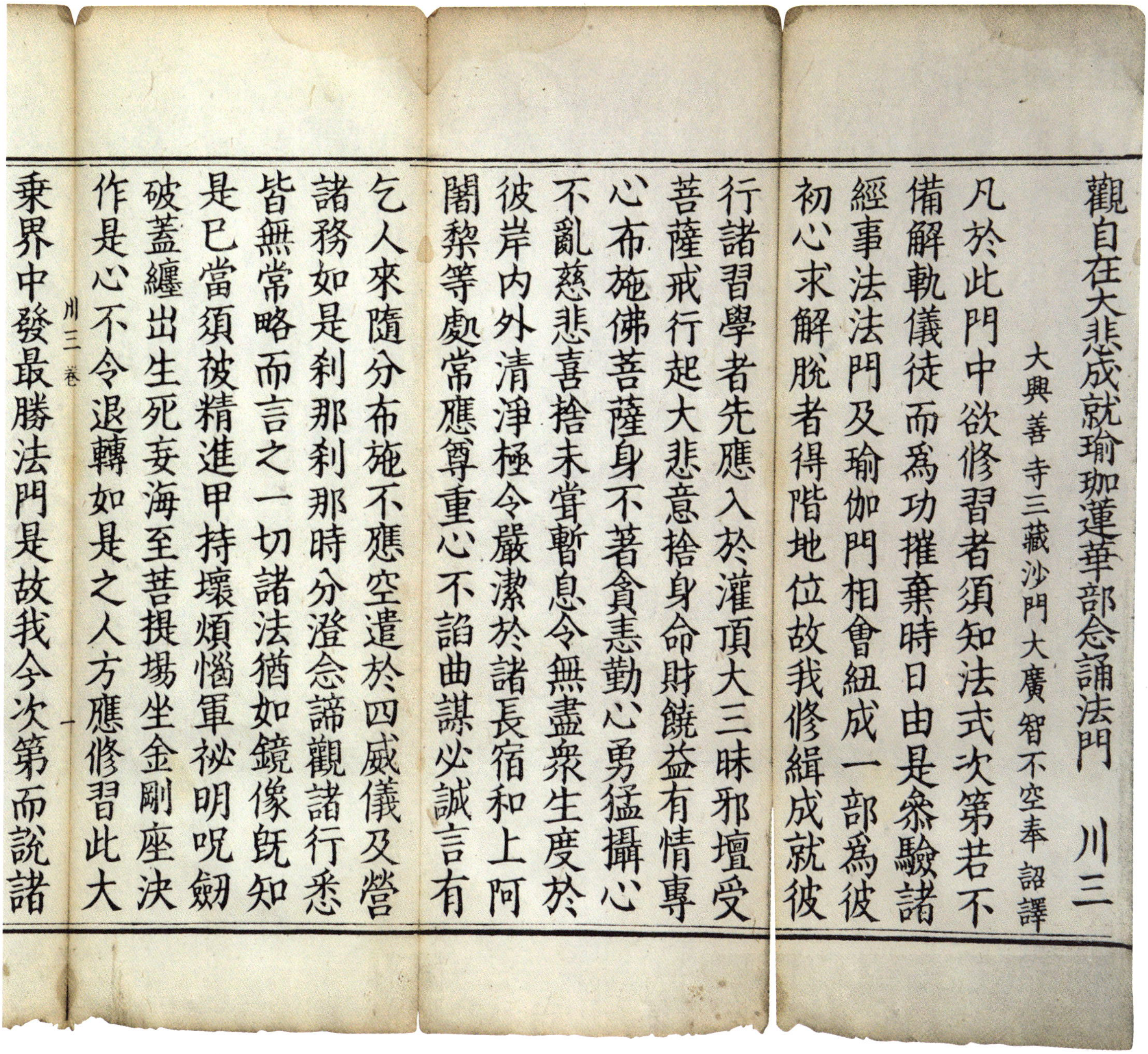

觀自在大悲成就瑜珈蓮華部念誦法門　川三
大興善寺三藏沙門大廣智不空奉　詔譯
凡於此門中欲修習者須知法式次第若不
備解軌儀徒而爲功推棄時日由是參驗諸
經事法法門及瑜伽門相會紐成一部爲彼
初心求解脱者得階地位故我修緝成就彼
行諸習學者先應入於灌頂大三昧邪壇受
菩薩戒行起大悲意捨身命財饒益有情專
心布施佛菩薩身不著貪恚勤心勇猛攝心
不亂慈悲喜捨未嘗暫息令無盡衆生度於
彼岸内外清淨極令嚴潔於諸長宿和上阿
闍棃等處常應尊重心不諂曲謀必誠言有
乞人來隨分布施不應空遣於四威儀及營
諸務如是刹那刹那時分澄念諦觀諸行悉
皆無常略而言之一切諸法猶如鏡像既知
是已當須披精進甲持壞煩惱軍祕明呪劍
破蓋纏出生死妄海至菩提場坐金剛座決
作是心不令退轉如是之人方應修習此大
川三　卷　一
乘界中發最勝法門是故我今次第而説諸

00924　觀自在大悲成就瑜珈蓮華部念誦法門一卷　（唐）釋不空譯　元官刻大藏經本

經折裝。一版七個半葉，四十二行。半葉六行，行十七字。上下雙邊。千字文帙號爲“川”。雲南省圖書館藏。

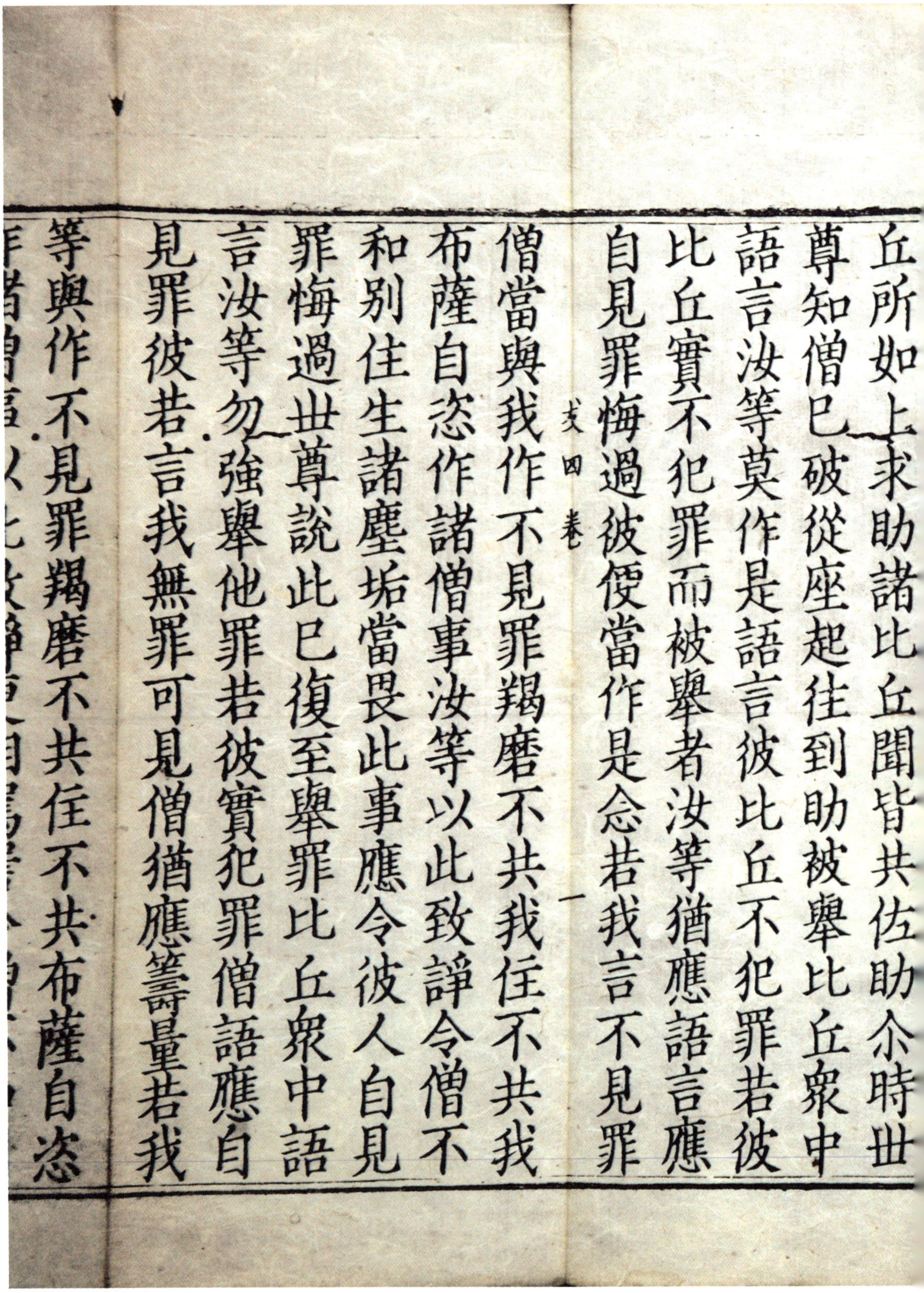

00925 彌沙塞部五分律三十卷 （南朝宋）釋佛陀什 釋竺道生譯 元官刻大藏經本

經折裝。一版七個半葉，四十二行。半葉六行，行十七字。上下雙邊。千字文帙號爲“友”。有“大大德寺藏經”等印。雲南省圖書館藏，存一卷。

彌沙塞部五分律卷第二十四　友四

宋罽賓三藏佛陀什共竺道生譯

第四分之二羯磨法下

佛在拘舍弥城尒時有一比丘犯戒不知所犯語諸比丘諸比丘或謂有犯或謂無犯謂無犯者語言汝不犯戒彼聞巳便生不犯戒想謂有犯者語言汝犯戒應自見罪悔過勿汙染梵行孤負人信施長夜受苦彼比丘言我無所犯云何應自見罪悔過謂是犯戒諸比丘便與作不見罪羯磨彼被舉巳便入拘舍弥城求助伴黨語言我不犯罪彼諸比丘强言我有罪與我作不見罪羯磨是爲羯磨不成諸

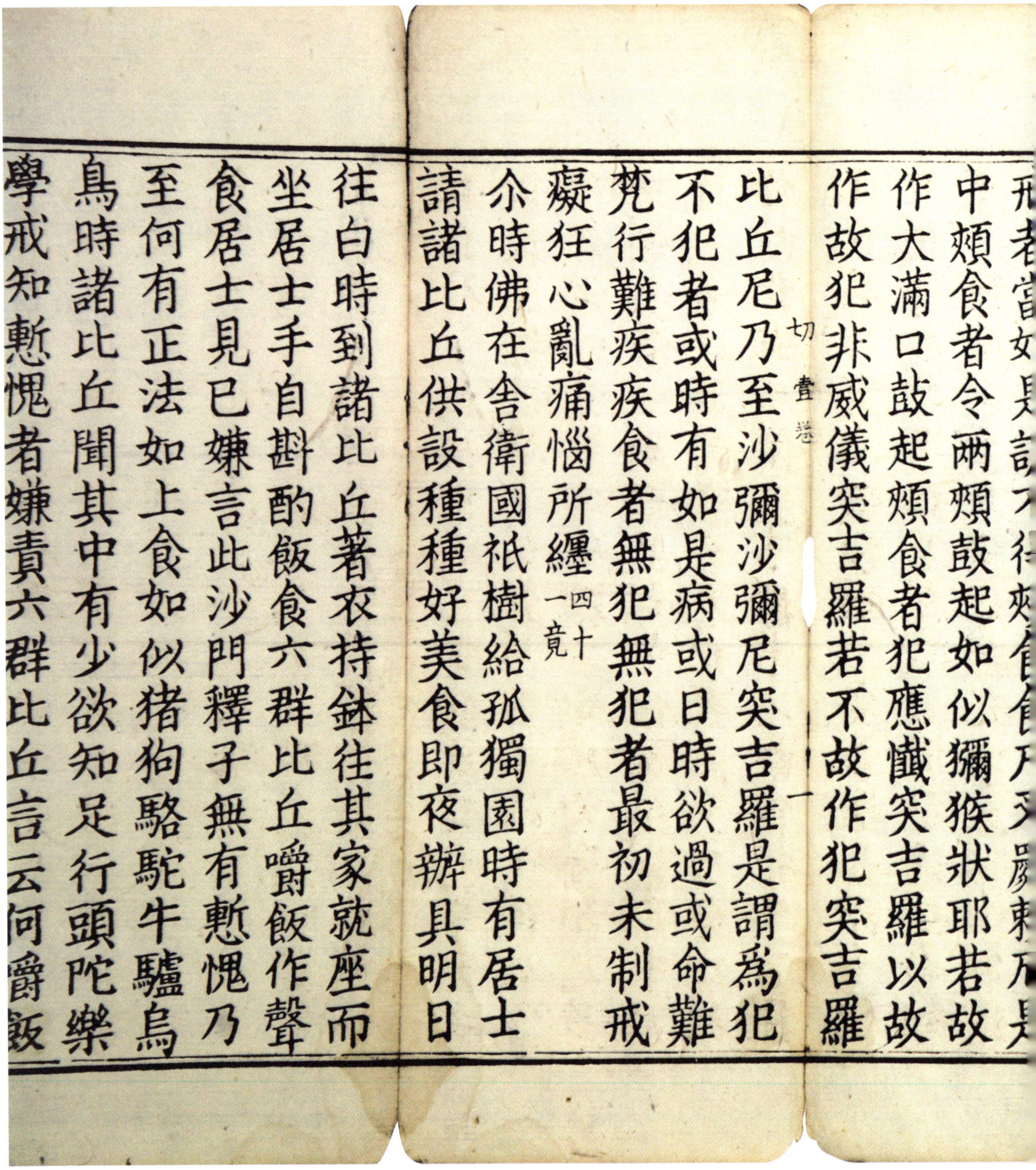

中頰食者令兩頰鼓起如似獼猴狀耶若故
作大滿口鼓起頰食者犯應懺突吉羅以故
作故犯非威儀突吉羅若不故作犯突吉羅
比丘尼乃至沙彌沙彌尼突吉羅是謂爲犯
切 壹卷 一
不犯者或時有如是病或日時欲過或命難
梵行難疾疾食者無犯無犯者最初未制戒
癡狂心亂痛惱所纏四十一竟
尒時佛在舍衛國祇樹給孤獨園時有居士
請諸比丘供設種種好美食即夜辦具明日
往白時到諸比丘著衣持鉢往其家就座而
坐居士手自斟酌飯食六群比丘嚼飯作聲
食居士見已嫌言此沙門釋子無有慚愧乃
至何有正法如上食如似猪狗駱駝牛驢烏
鳥時諸比丘聞其中有少欲知足行頭陀樂
學戒知慚愧者嫌責六群比丘言云何嚼飯

00926 四分律藏六十卷 （後秦）釋佛陀耶舍 釋竺佛念等譯　元官刻大藏經本

經折裝。一版七個半葉，四十二行。半葉六行，行十七字。上下雙邊。千字文帙號爲“切”。雲南省圖書館藏，存一卷。

四分律藏卷第二十一　　切一

姚秦三藏佛陀耶舍共竺佛念譯

第一分七滅諍揵度法第八

爾時佛在舍衛國祇樹給孤獨園時有居士請諸比丘欲供設種種飲食即其夜辦具明日往白時到諸比丘著衣持鉢往其家就座而坐居士手自斟酌飲食時有六群比丘頗食食居士見已嫌言此沙門釋子不知慚愧食如似獼猴時諸比丘聞其中有少欲知足行頭陀樂學戒知慚愧者嫌責已往世尊所頭面禮足在一面坐以此因緣具白世尊世尊尒時以此因緣集比丘僧如上呵責六群比丘乃至最初犯戒已告諸比丘自今已去與比丘結戒集十句義乃至正法久住欲說

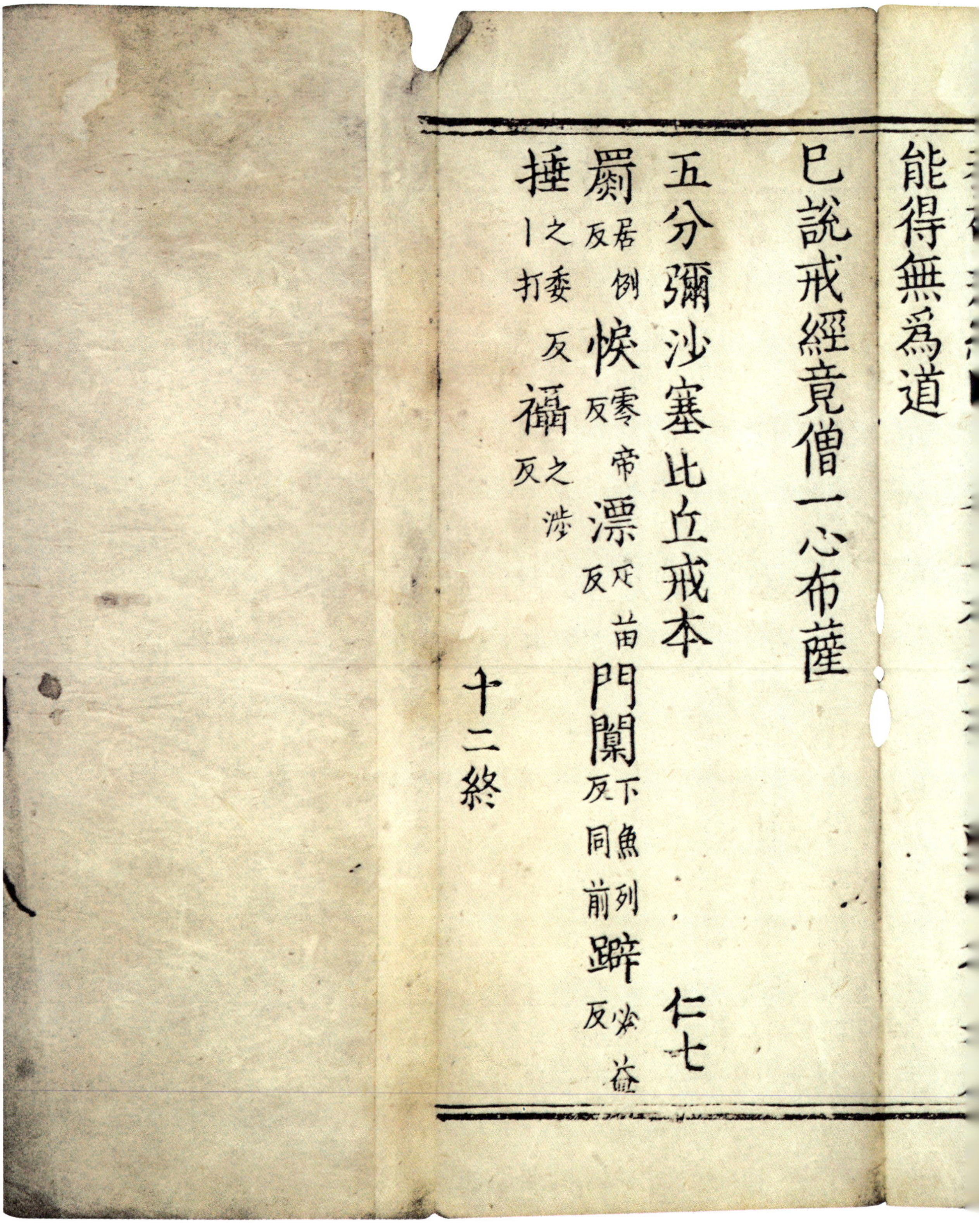
能得無爲道
已說戒經竟僧一心布薩
五分彌沙塞比丘戒本　仁七
罽居例反悷零帝反漂疋苗反門闑下魚列反同前躃必益反
捶之委反丨打禰之涉反
十二終

00927 五分彌沙塞比丘戒本一卷（南朝宋）釋佛陀什等譯　元官刻大藏經本

經折裝。一版七個半葉，四十二行。半葉六行，行十七字。上下雙邊。千字文帙號爲“仁”。雲南省圖書館藏。

初略說波羅提木叉
一切惡莫作　當具足善法　自淨其志意
是名諸佛教

第七我釋迦牟尼佛如來應供正遍知爲寂
靜僧最初略說波羅提木叉
護身爲善哉　能護口亦善　護意爲善哉
護一切亦善　比丘護一切　便得離衆苦
比丘守口意　身不犯衆惡　是三業道淨
得聖所得道

若人撾罵不還報　於嫌恨人心不恨
於瞋人中心常淨　見人爲惡自不作
七佛爲世尊　能救護世間　所可說戒經
我已廣說竟　諸佛及弟子　恭敬是戒經

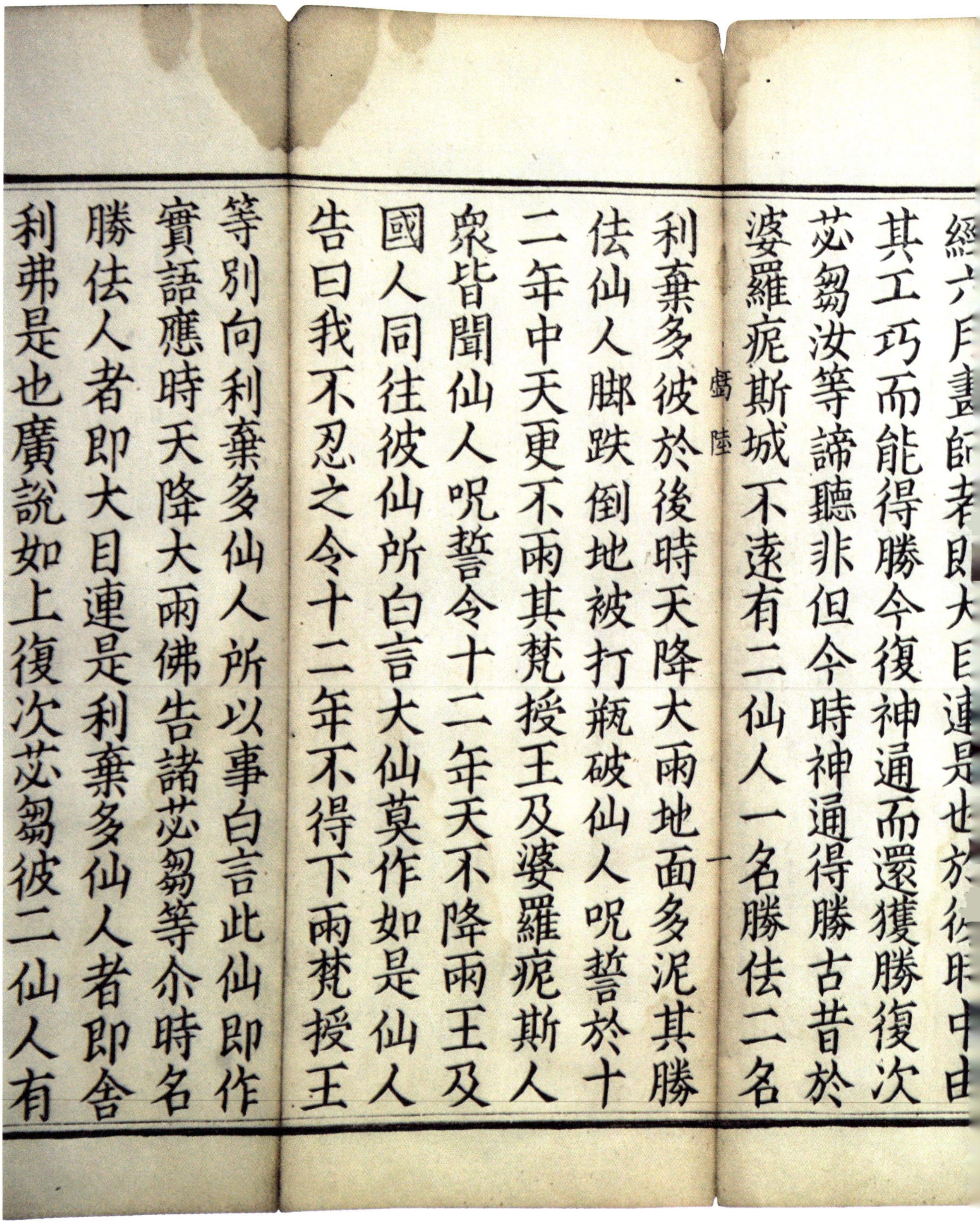

00928 根本説一切有部毗奈耶藥事十八卷 （唐）釋義淨譯　元官刻大藏經本

經折裝。一版七個半葉，四十二行。半葉六行，行十七字。上下雙邊。千字文帙號爲“虧”。雲南省圖書館藏，存一卷。

根本説一切有部毗奈耶藥事卷第十六 虧

大唐三藏法師義淨譯

復次苾芻汝等諦聽乃往古昔别於一方聚落之中有二畫師共鬬技能皆稱我好明解能圖畫時王即令壁上各畫一面畫已能知我不信説其一畫師時經六月乃畫一面其第二者但唯摩飾壁面其畫了者即白王言我畫牆了王共群臣來觀畫彩告曰大端正第二畫師白王看我畫作由前壁畫光影現斯以薄衣覆王見此事甚大怪之云更勝彼其人禮王足已白言此非我畫由彼壁畫於此影現大王爲復畫者端妙爲復此處端正王言如汝作者甚爲端正佛告諸苾芻汝意云何尒時六月摩作畫師者即舍利弗是時

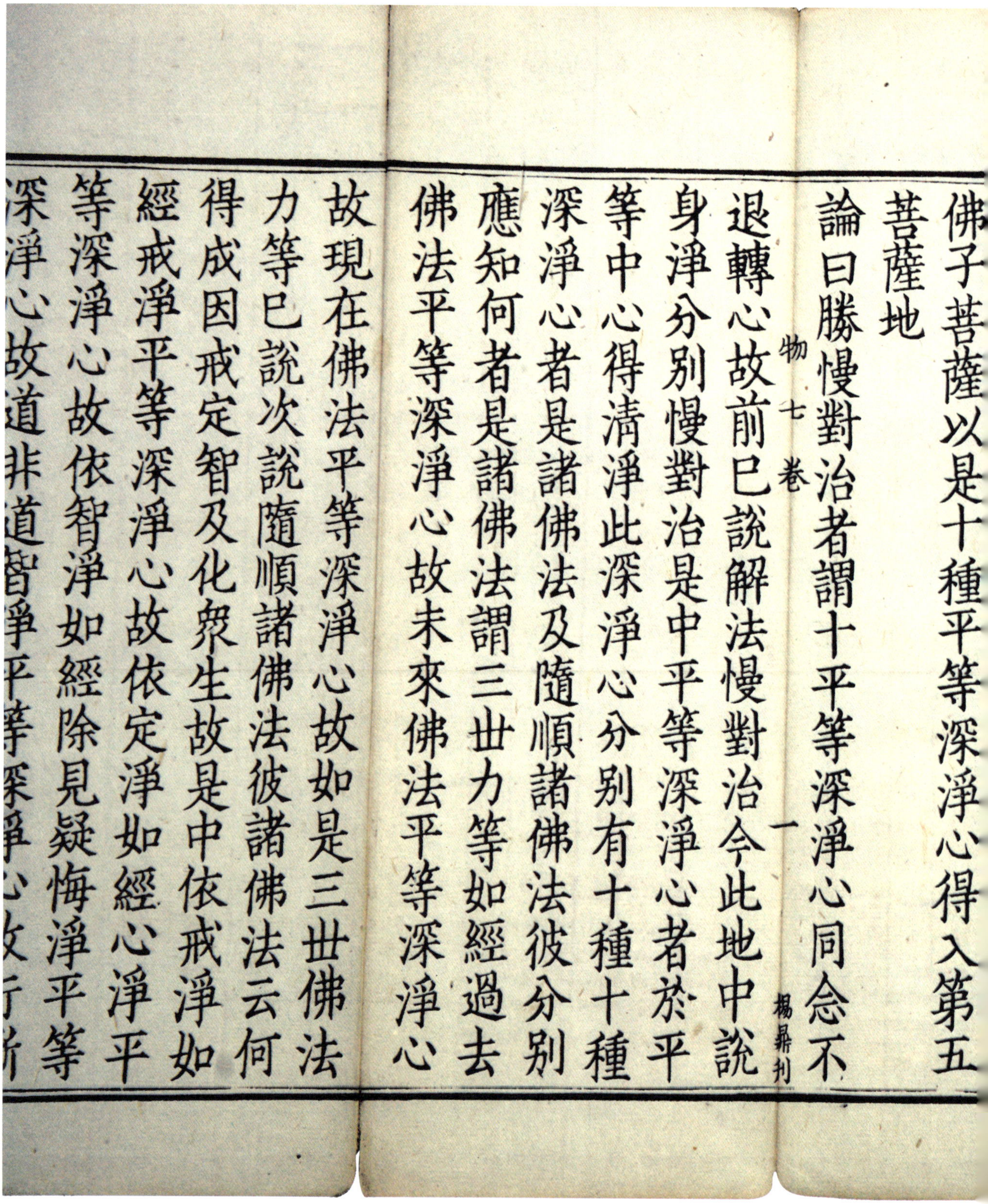
佛子菩薩以是十種平等深淨心得入第五
菩薩地
論曰勝慢對治者謂十平等深淨心同念不
物　七卷　一　楊鼎刊
退轉心故前已說解法慢對治今此地中說
身淨分別慢對治是中平等深淨心者於平
等中心得清淨此深淨心分別有十種十種
深淨心者是諸佛法及隨順諸佛法彼分別
應知何者是諸佛法謂三世力等如經過去
佛法平等深淨心故未來佛法平等深淨心
故現在佛法平等深淨心故如是三世佛法
力等已說次說隨順諸佛法彼諸佛法云何
得成因戒定智及化衆生故是中依戒淨如
經戒淨平等深淨心故依定淨如經心淨平
等深淨心故依智淨如經除見疑悔淨平等
深淨心故道非道智淨平等深淨心故行斷

00929　十地經論十二卷　（北魏）釋菩提留支譯　元官刻大藏經本

經折裝。一版七個半葉，四十二行。半葉六行，行十七字。上下雙邊。千字文帙號爲“物”。雲南省圖書館藏，存一卷。

十地經論卷第七　　物柒

天親菩薩造　　元魏三藏法師菩提留支奉　詔譯

難勝地第五

論曰第五地中分別有三一勝慢對治二不住道行勝三彼果勝云何勝慢對治

經曰爾時金剛藏菩薩言諸佛子若菩薩得第四菩薩地善滿諸行已欲入第五菩薩地當以十平等深淨心得入第五地何等為十一過去佛法平等深淨心故二未來佛法平等深淨心故三現在佛法平等深淨心故四戒淨平等深淨心故五心淨平等深淨心故六除見疑悔淨平等深淨心故七道非道智淨平等深淨心故八行斷智淨平等深淨心故九思量一切菩提分法上上淨平等深淨

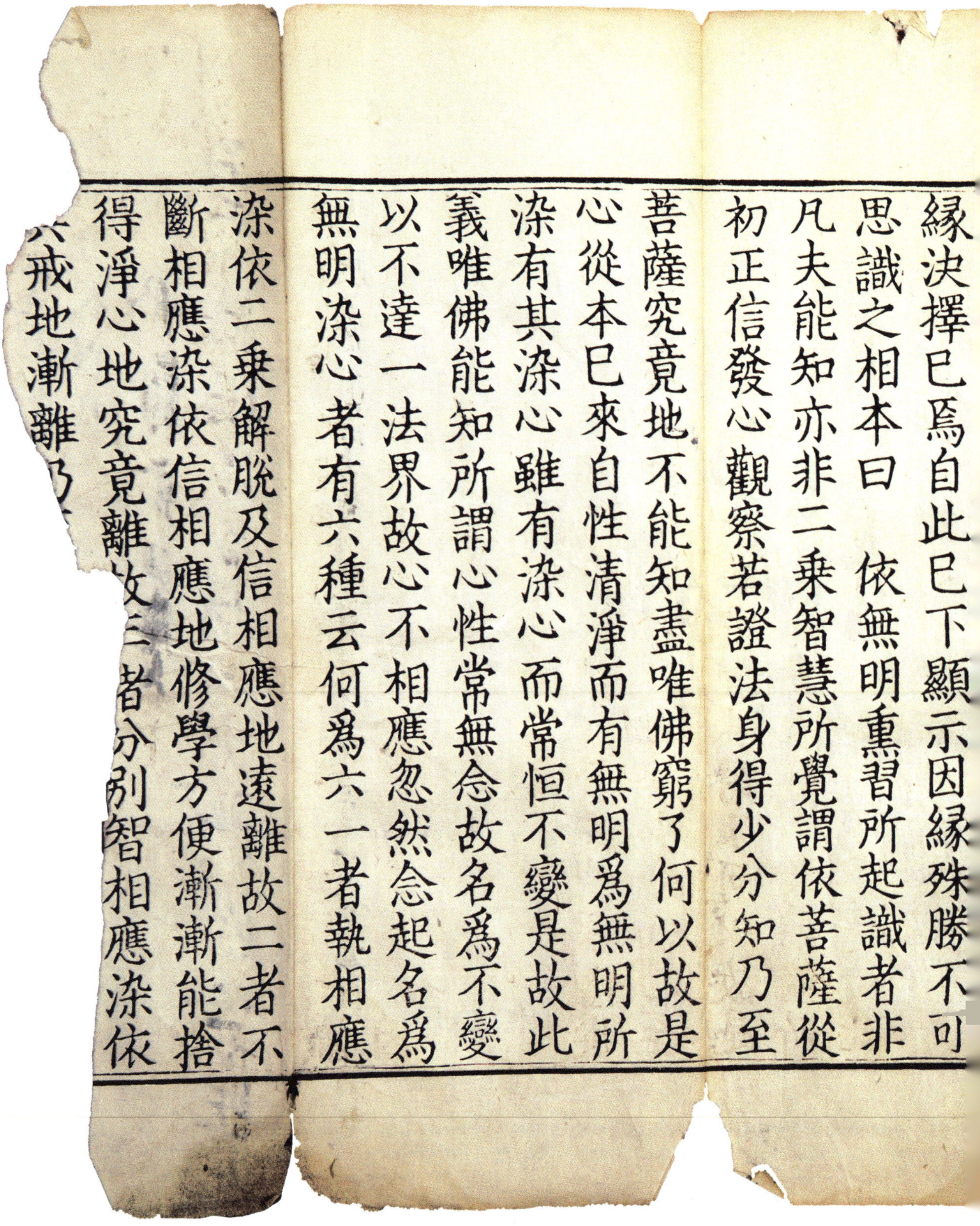
緣決擇已爲自此已下顯示因緣殊勝不可
思識之相本曰　依無明熏習所起識者非
凡夫能知亦非二乘智慧所覺謂依菩薩從
初正信發心觀察若證法身得少分知乃至
菩薩究竟地不能知盡唯佛窮了何以故是
心從本已來自性清淨而有無明爲無明所
染有其染心雖有染心而常恒不變是故此
義唯佛能知所謂心性常無念故名爲不變
以不達一法界故心不相應忽然念起名爲
無明染心　者有六種云何爲六一者執相應
染依二乘解脱及信相應地遠離故二者不
斷相應染依信相應地修學方便漸漸能捨
得淨心地究竟離故三者分別智相應染依
具戒地漸離乃

00930 釋摩訶衍論十卷　（後秦）釋筏提摩多譯　元官刻大藏經本

經折裝。一版七個半葉，四十二行。半葉六行，行十七字。上下雙邊。千字文帙號爲“啟”。雲南省圖書館藏，存二卷。

相夢而眞法空智猶未現前故起種種著堅
執法實隨事思慮不能通達平等正理故如
本種種妄執隨事攀緣分別六塵故建立名
字門者即有三種云何爲三一者所依微細
名字二者所依麤現名字三者隨順境界名
字是名爲三初名云何此識依彼微細末那
以爲止根而得安立故名意識如本名爲意

識故中名云何此識依彼眼等五根以爲止
根分別五塵是故亦名爲分離識如本亦名
分離識故後名云何此識今緣事之境界而
轉分別未以如理爲自境界是故名爲分別
事識如本又復說名分別事識故顯示所依
門者見修二惑熏於本識由此熏力麤分意
識建立增長相續恒轉得住持故如本此識

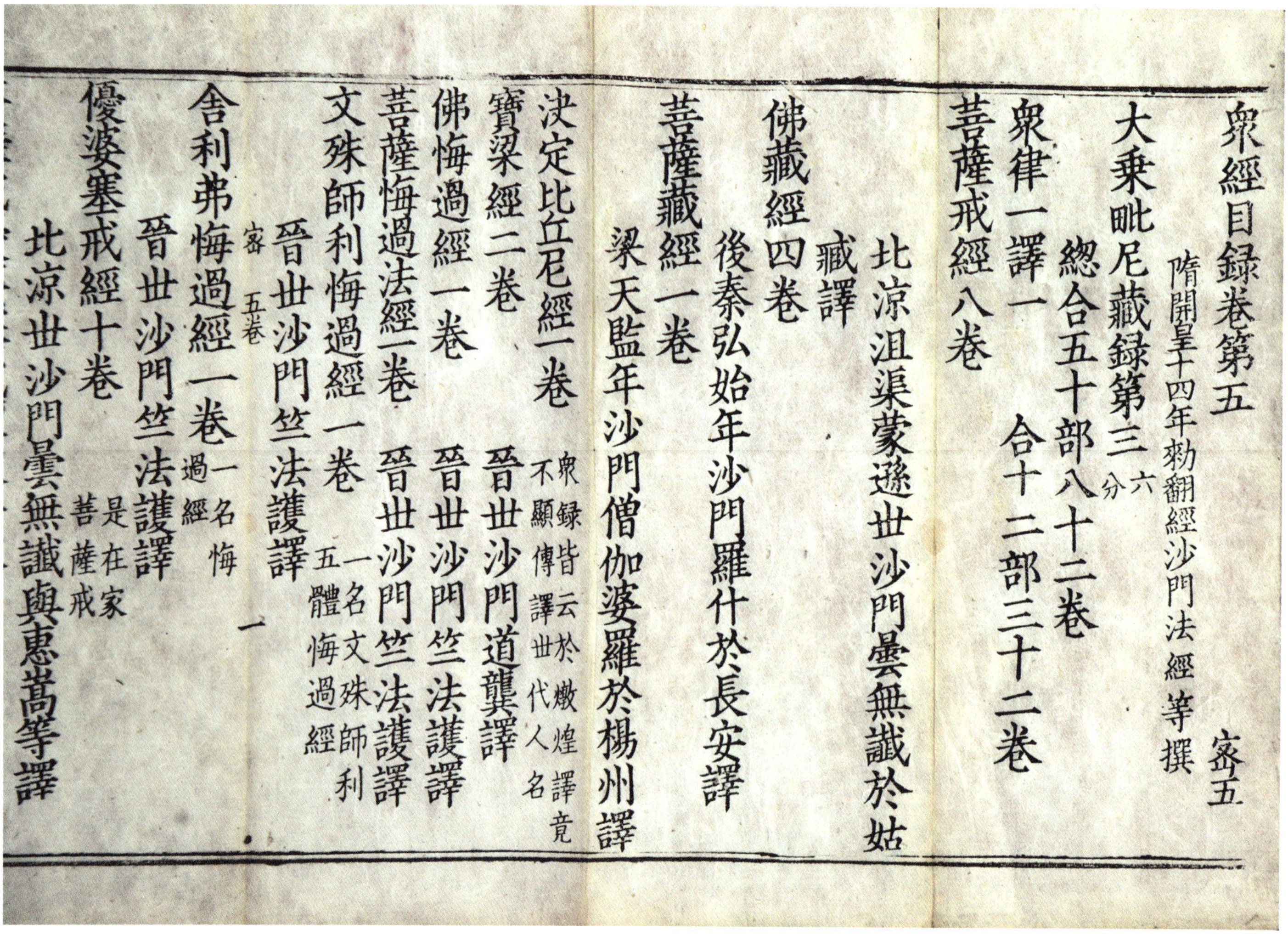

衆經目録卷第五　密五
隋開皇十四年勑翻經沙門法經等撰
大乘毗尼藏録第三 六分
總合五十部八十二卷
衆律一譯一　合十二部三十二卷
菩薩戒經八卷
北涼沮渠蒙遜世沙門曇無讖於姑藏譯
佛藏經四卷
後秦弘始年沙門羅什於長安譯
菩薩藏經一卷
梁天監年沙門僧伽婆羅於楊州譯
決定比丘尼經一卷 衆録皆云於燉煌譯竟不顯傳譯世代人名
寶梁經二卷　晉世沙門道龔譯
佛悔過經一卷　晉世沙門竺法護譯
菩薩悔過法經一卷　晉世沙門竺法護譯
文殊師利悔過經一卷 一名文殊師利五體悔過經
晉世沙門竺法護譯
密 五卷
舍利弗悔過經一卷 一名悔過經　一
晉世沙門竺法護譯
優婆塞戒經十卷 是在家菩薩戒
北涼世沙門曇無讖與惠嵩等譯

00931 衆經目録　（隋）釋法經等撰　元官刻大藏經本

經折裝。一版七個半葉，四十二行。半葉六行，行十七字。上下雙邊。千字文帙號爲“密”。雲南省圖書館藏，存二卷。

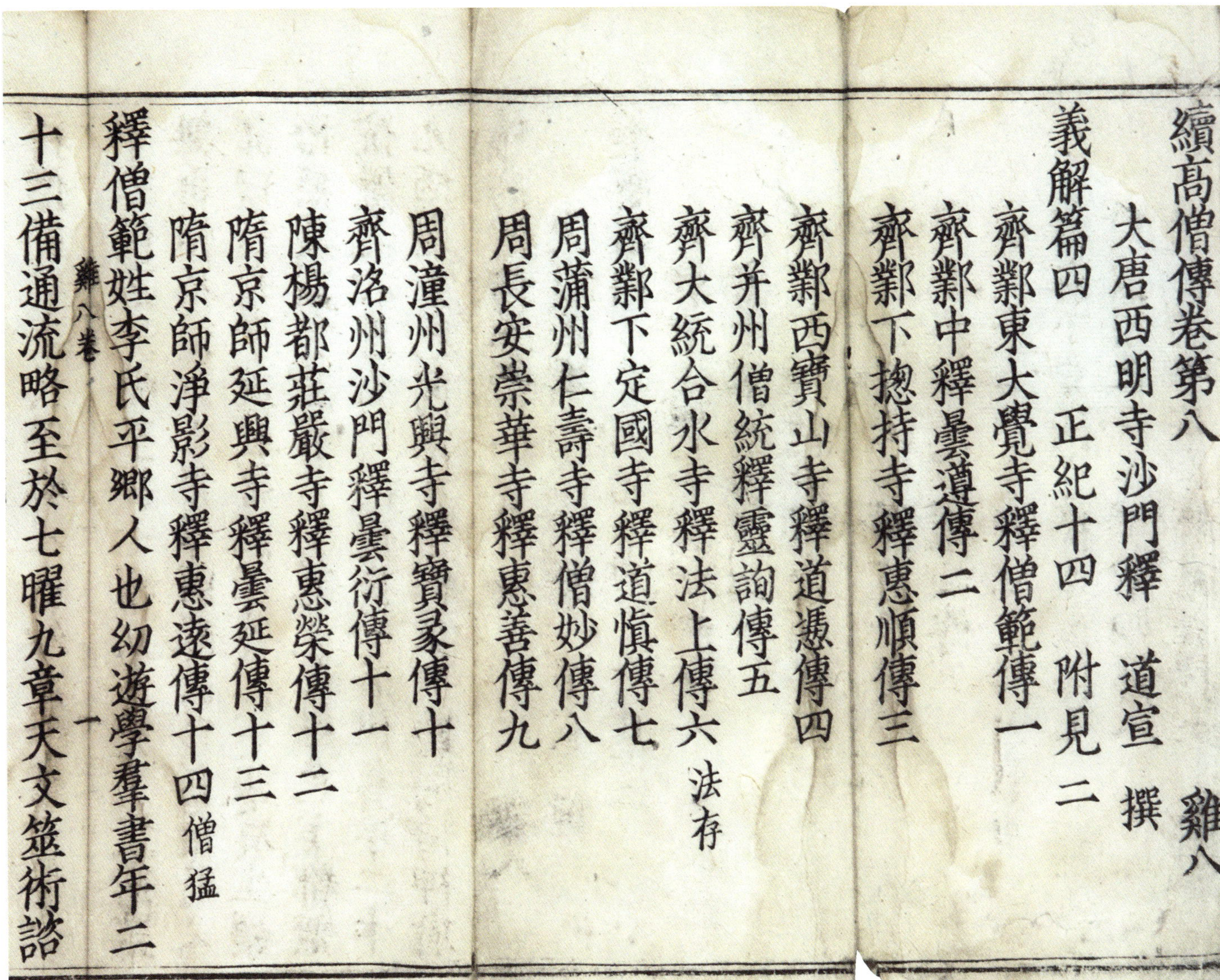
續高僧傳卷第八　　雞八
大唐西明寺沙門釋　道宣　撰
義解篇四　正紀十四　附見二
齊鄴東大覺寺釋僧範傳一
齊鄴中釋曇遵傳二
齊鄴下揔持寺釋惠順傳三
齊鄴西寶山寺釋道憑傳四
齊并州僧統釋靈詢傳五
齊大統合水寺釋法上傳六　法存
齊鄴下定國寺釋道愼傳七
周蒲州仁壽寺釋僧妙傳八
周長安崇華寺釋惠善傳九
周潼州光興寺釋寶彖傳十
齊洛州沙門釋曇衍傳十一
陳楊都莊嚴寺釋惠榮傳十二
隋京師延興寺釋曇延傳十三
隋京師淨影寺釋惠遠傳十四　僧猛
釋僧範姓李氏平鄉人也幼遊學羣書年二
雞八卷　一
十三備通流略至於七曜九章天文筮術諳

00932　續高僧傳三十卷　（唐）釋道宣撰　元官刻大藏經本

經折裝。一版七個半葉，四十二行。半葉六行，行十七字。上下雙邊。千字文帙號爲“雞”。雲南省圖書館藏，存一卷。

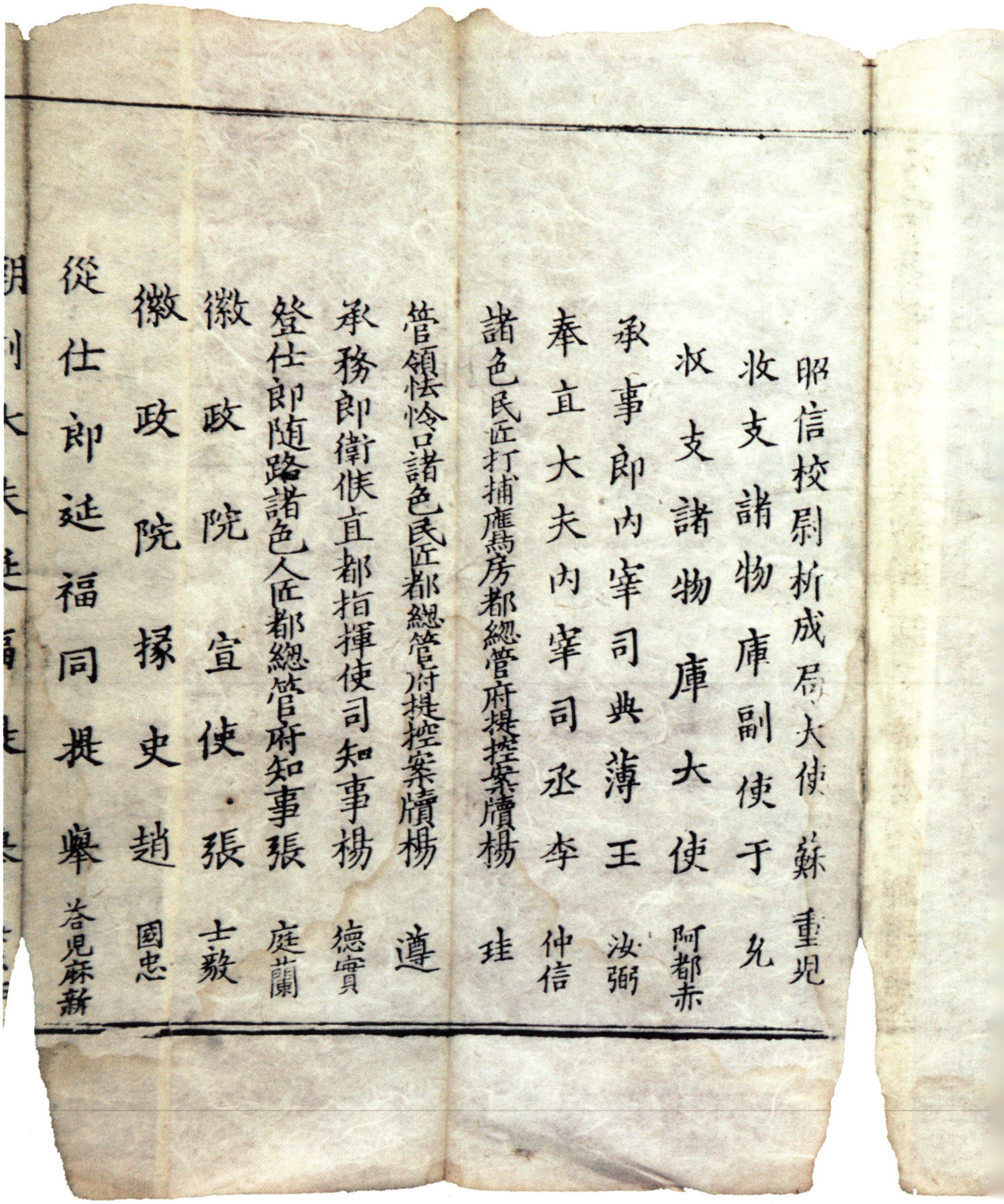
昭信校尉析成局大使蘇重兒
收支諸物庫副使于允
收支諸物庫大使阿都赤
承事郎內宰司典簿王汝弼
奉直大夫內宰司丞李仲信
諸色民匠打捕鷹房都總管府提控案牘楊珪
管領怯憐口諸色民匠都總管府提控案牘楊遵
承務郎衛候直都指揮使司知事楊德實
登仕郎隨路諸色人匠都總管府知事張庭蘭
徽政院宣使張士毅
徽政院掾史趙國忠
從仕郎延福同提舉答兒麻新

00933 大慧普覺禪師住徑山能仁禪院語録四卷 （宋）釋蘊聞編　元官刻大藏經本

經折裝。一版七個半葉，四十二行。半葉六行，行十七字。上下雙邊。千字文帙號爲“治”。雲南省圖書館藏，存一卷。

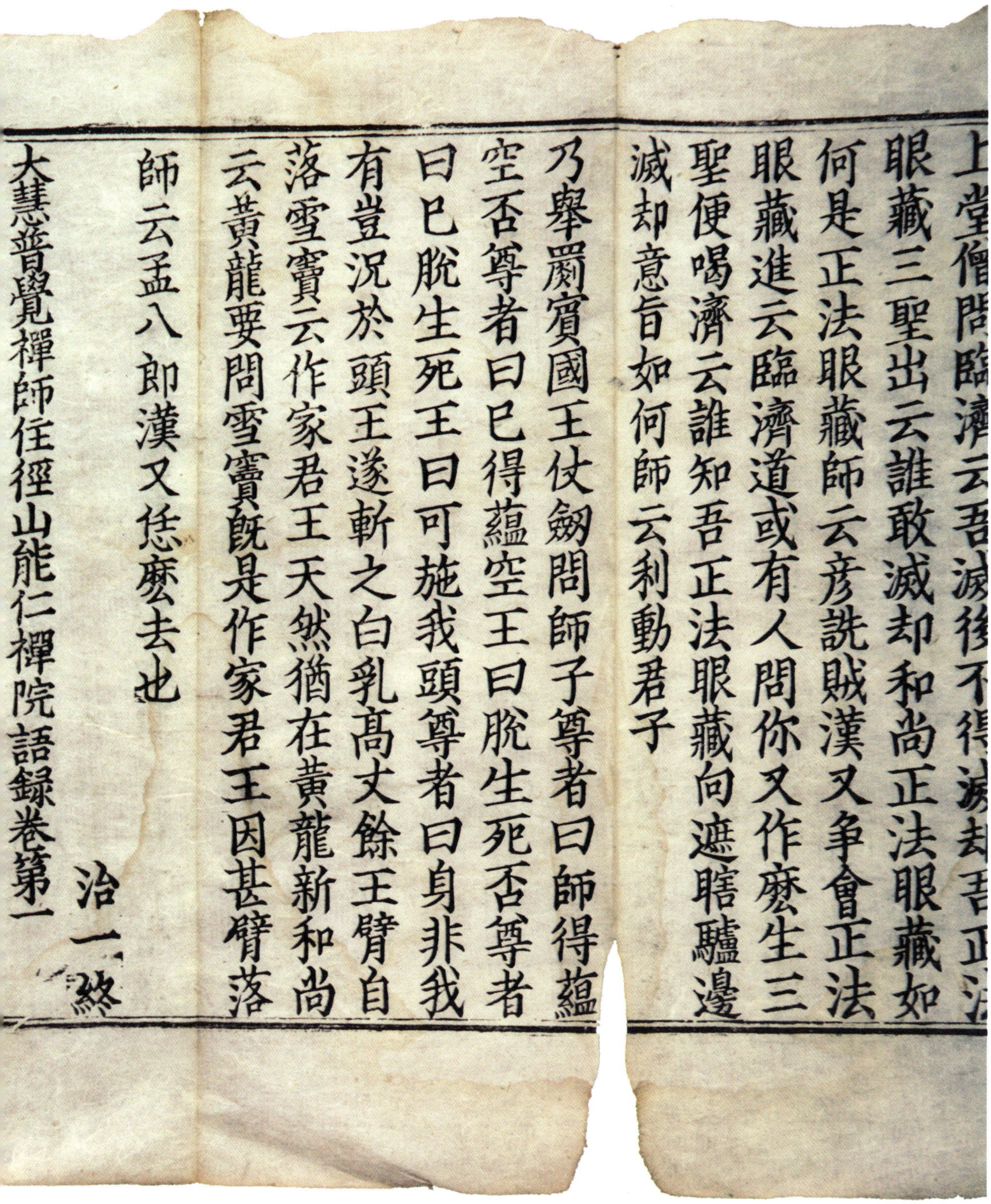

上堂僧問臨濟云吾滅後不得滅却吾正法
眼藏三聖出云誰敢滅却和尚正法眼藏如
何是正法眼藏師云彥誑賊漢又爭會正法
眼藏進云臨濟道或有人問你又作麽生三
聖便喝濟云誰知吾正法眼藏向遮瞎驢邊
滅却意旨如何師云利動君子

乃舉罽賓國王仗劒問師子尊者曰師得蘊
空否尊者曰已得蘊空王曰脫生死否尊者
曰已脫生死王曰可施我頭尊者曰身非我
有豈況於頭王遂斬之白乳高丈餘王臂自
落雪竇云作家君王天然猶在黃龍新和尚
云黃龍要問雪竇旣是作家君王因甚臂落
師云孟八郎漢又恁麽去也

治一終

大慧普覺禪師住徑山能仁禪院語録卷第一

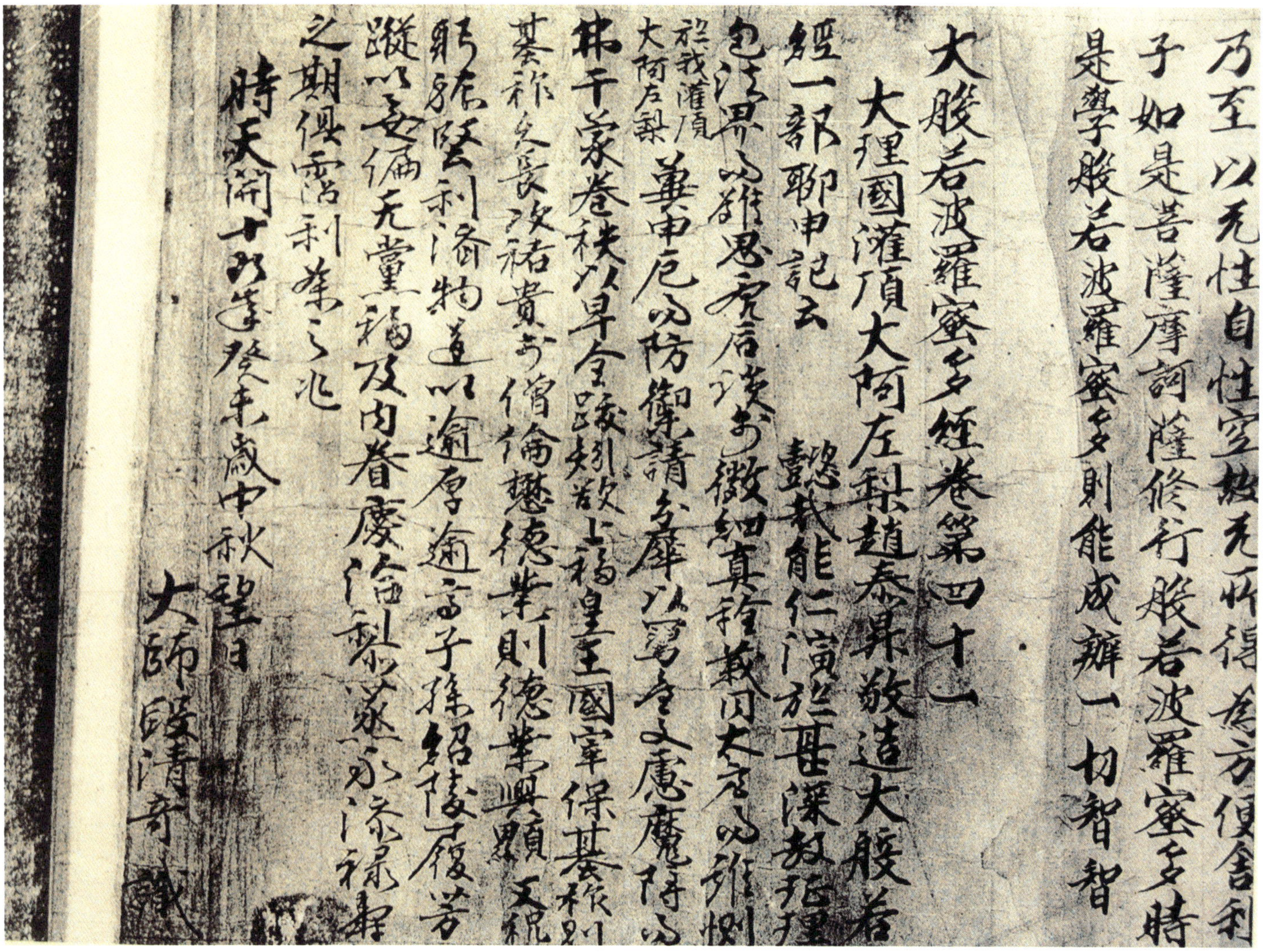
乃至以无性自性空故无所得為方便舍利
子如是菩薩摩訶薩修行般若波羅蜜多時
是學般若波羅蜜多則能成辦一切智智
大般若波羅蜜多經卷第四十一
大理國灌頂大阿左梨趙泰昇敬造大般若
經一部聊申記云

00934 大般若波羅蜜多經六百卷 （唐）釋玄奘譯 大理國天開十九年（1223）寫本

卷軸裝。高30.9厘米，長1294厘米。每紙二十九行，行十七字。烏絲欄。紙背有“皇帝聖德奉戴玄珠”、“灌頂阿左梨釋智生爲法界有情等敬造”朱印。背有清人抄寫《龍關趙氏族譜》。1956年於大理鳳儀北湯天董氏宗祠發現。雲南省博物館藏，存一卷。

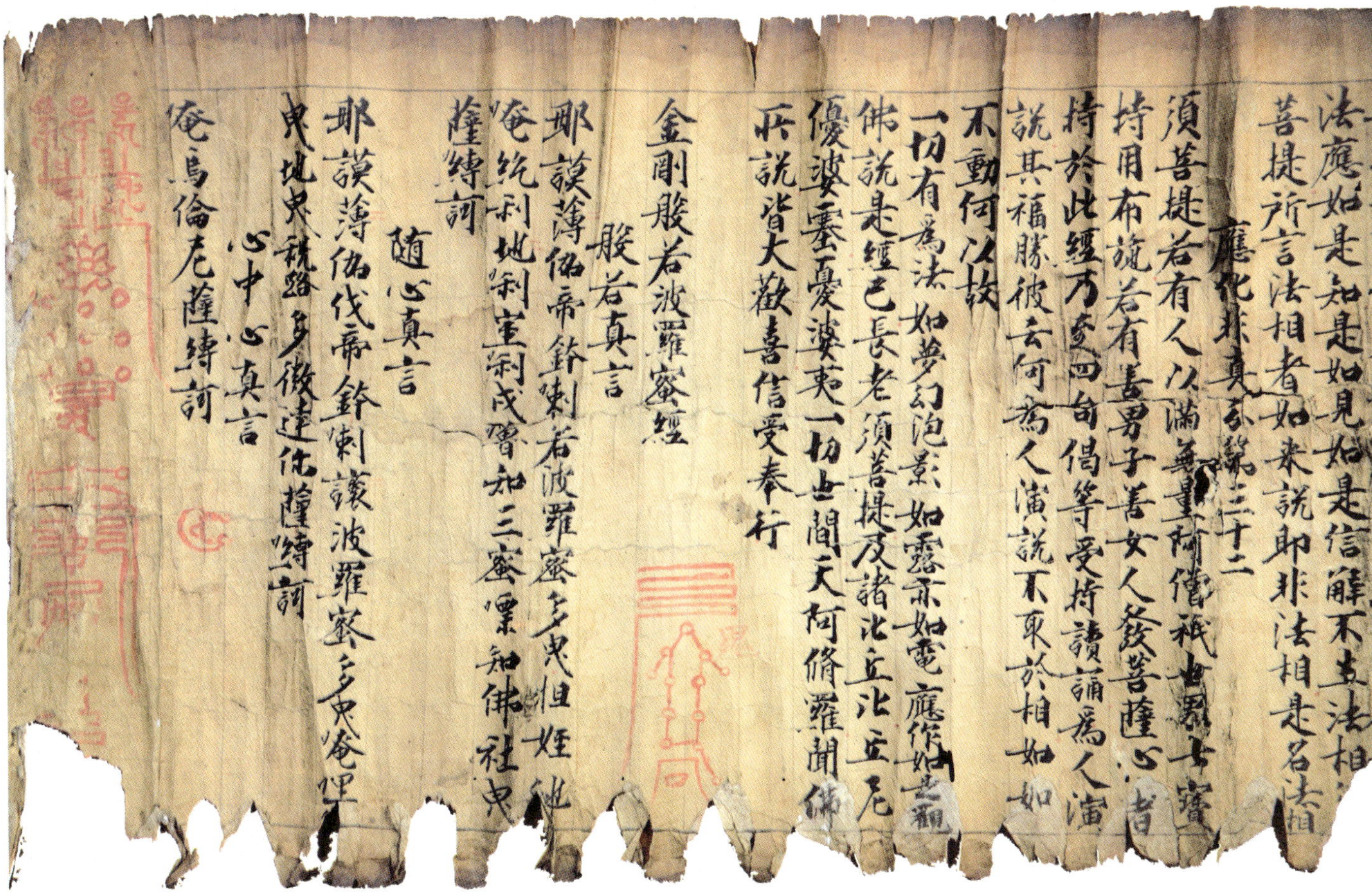

00935 金剛般若波羅蜜經（後秦）釋鳩摩羅什譯　大理國寫本

卷軸裝。高26.3厘米，長300厘米。六紙，一百七十九行。有古代裱補。1956年於大理鳳儀北湯天董氏宗祠發現。雲南省圖書館藏。

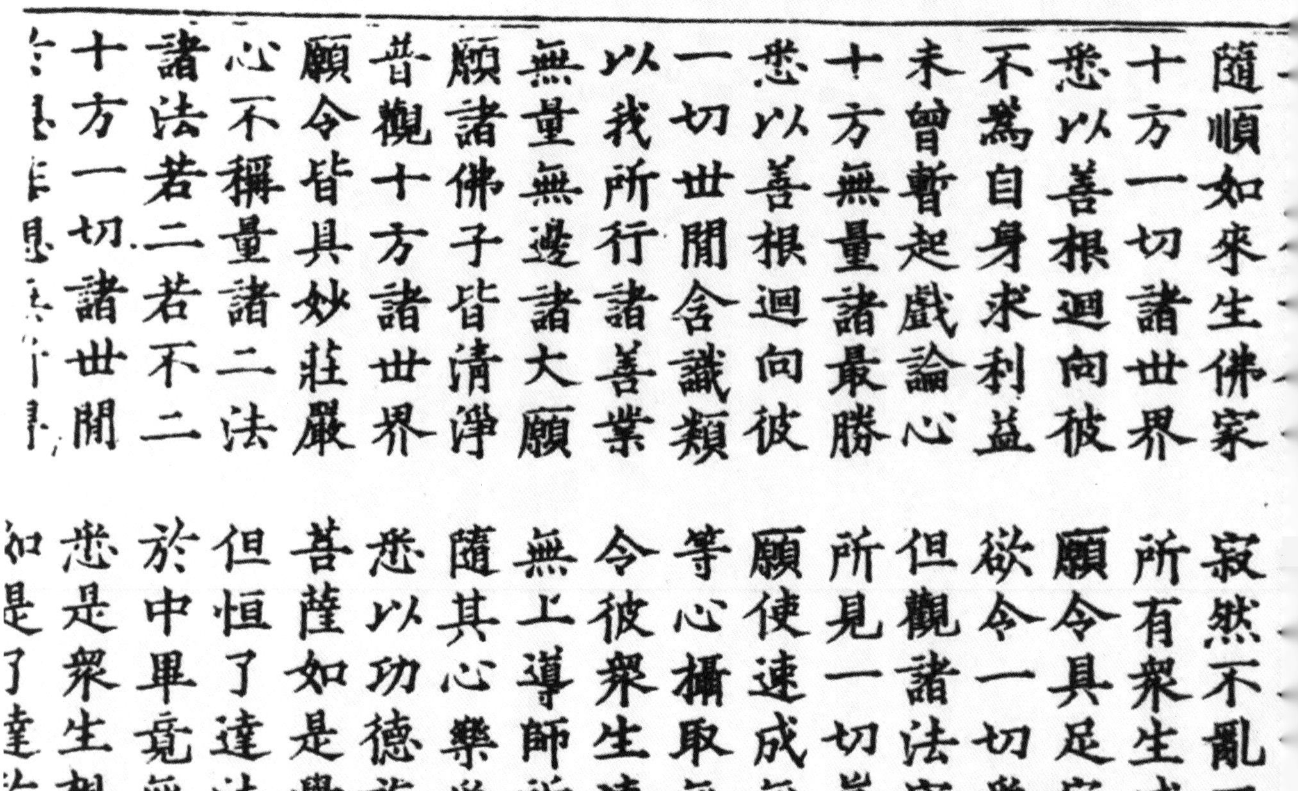
隨順如來生佛家　寂然不亂正迴向
十方一切諸世界　所有衆生咸攝受
悉以善根迴向彼　願令具足安隱樂
不爲自身求利益　欲令一切悉安樂
未曾暫起戲論心　但觀諸法空無我
十方無量諸最勝　所見一切眞佛子
悉以善根迴向彼　願使速成無上覺
一切世間含識類　等心攝取無有餘
以我所行諸善業　令彼衆生速成佛
無量無邊諸大願　無上導師所演說
願諸佛子皆清淨　隨其心樂悉成滿
普觀十方諸世界　悉以功德施於彼
願令皆具妙莊嚴　菩薩如是學迴向
心不稱量諸二法　但恒了達法無二
諸法若二若不二　於中畢竟無所著
十方一切諸世間　悉是衆生想分別

00936 大方廣佛華嚴經八十卷　（唐）釋實叉難陀譯　遼刻本

卷軸裝。高30.5厘米，長125和69厘米。一紙長53.6厘米。每紙二十八行，行十五字。上下雙邊。千字文帙號爲“愛”。每紙有“大華嚴經二十四”、版碼及“愛”字。1974年山西應縣木塔發現。山西省應縣木塔文物管理所藏，存一卷。

如是無量上妙樂　悉以迴向諸最勝
一切世間衆善法　及諸如來所成就
於彼悉稱無有餘　盡以隨喜益衆生
世間隨喜無量種　今此迴向爲衆生
人中師子所有樂　願使群萌悉圓滿
一切國土諸如來　凡所知見種種樂
願令衆生皆悉得　而爲照世大明燈
菩薩所得勝妙樂　悉以迴向諸群生
雖爲群生故迴向　而於迴向無所著
菩薩修行此迴向　興起無量大悲心
如佛所修迴向德　願我修行悉成滿
如諸最勝所成就　一切智乘微妙樂
及我在世之所行　諸菩薩行無量樂
示入衆趣安隱樂　恒守諸根寂靜樂
悉以迴向諸群生　普使修成無上智
非身語意即是業　亦不離此而別有
但以方便滅癡冥　如是修成無上智

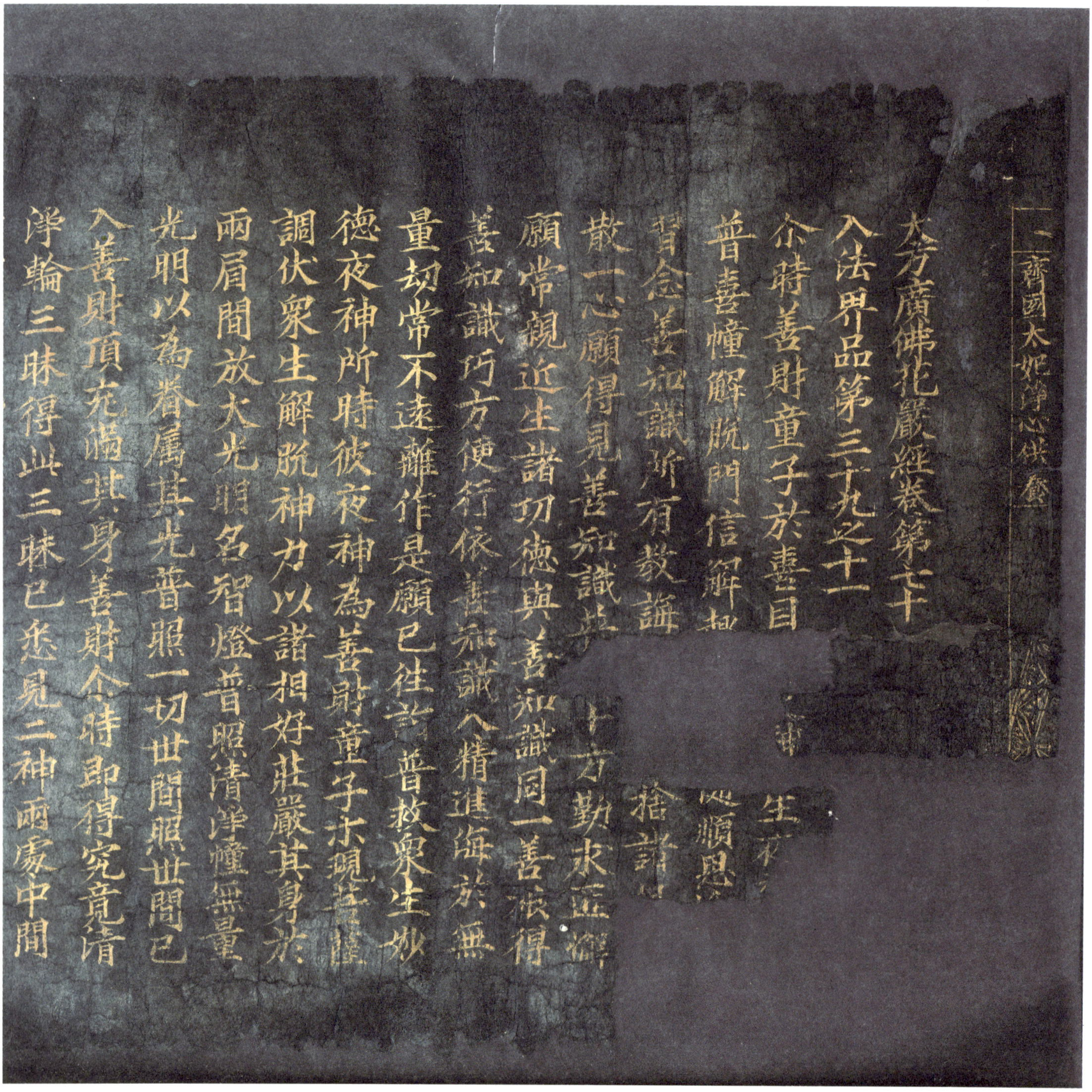

00937 大方廣佛花嚴經八十卷 （唐）釋實叉難陀譯 遼重熙四年（1035）泥金寫本

卷軸裝。高31.4厘米，長895厘米。行十七字。卷末有“重熙四年歲次乙亥六月癸丑朔二十日畢功記”題記。南京圖書館藏，存一卷。

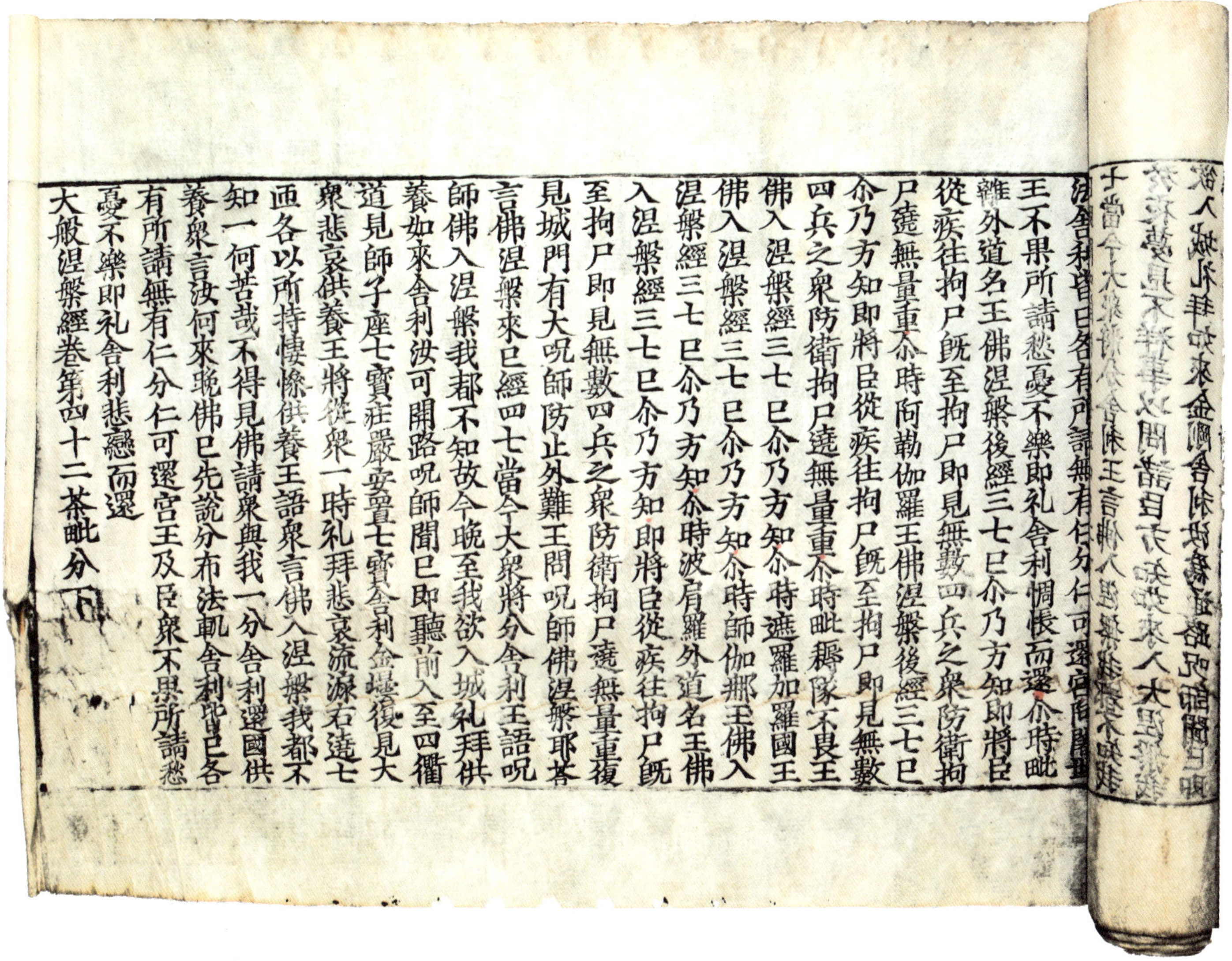

汝舍利皆已各有所請無有仁分仁可還宮臣
王不果所請愁憂不樂即礼舍利悃悵而還尒時毗
離外道名王佛涅槃後經三七已尒乃方知即將臣
從疾往拘尸既至拘尸即見無數四兵之衆防衛拘
尸遶無量重尒時阿勒伽羅王佛涅槃後經三七已
尒乃方知即將臣從疾往拘尸既至拘尸即見無數
四兵之衆防衛拘尸遶無量重尒時毗耨隊不衷王
佛入涅槃經三七已尒乃方知尒時遮羅加羅國王
佛入涅槃經三七已尒乃方知尒時師伽那王佛入
涅槃經三七已尒乃方知尒時波肩羅外道名王佛
入涅槃經三七已尒乃方知即將臣從疾往拘尸既
至拘尸即見無數四兵之衆防衛拘尸遶無量重復
見城門有大呪師防止外難王問呪師佛涅槃耶答
言佛涅槃來已經四七當今大衆將分舍利王語呪
師佛入涅槃我都不知故今晚至我欲入城礼拜供
養如來舍利汝可開路呪師聞已即聽前入至四衢
道見師子座七寶莊嚴安置七寶舍利金壜復見大
衆悲哀供養王將從衆一時礼拜悲哀流淚右遶七
帀各以所持悽愴供養王語衆言佛入涅槃我都不
知一何苦哉不得見佛請衆與我一分舍利還國供
養衆言汝何來晚佛已先說分布法訖舍利皆已各
有所請無有仁分仁可還宮王及臣衆不果所請愁
憂不樂即礼舍利悲戀而還
大般涅槃經卷第四十二茶毗分下

00938 大般涅槃經後分二卷 （唐）釋若那跋陀羅譯 北宋刻本

卷軸裝。高32.5厘米，長457厘米。一紙長57厘米。每紙三十三行，行二十字。上下單邊。山西省曲沃縣圖書館藏，存一卷。

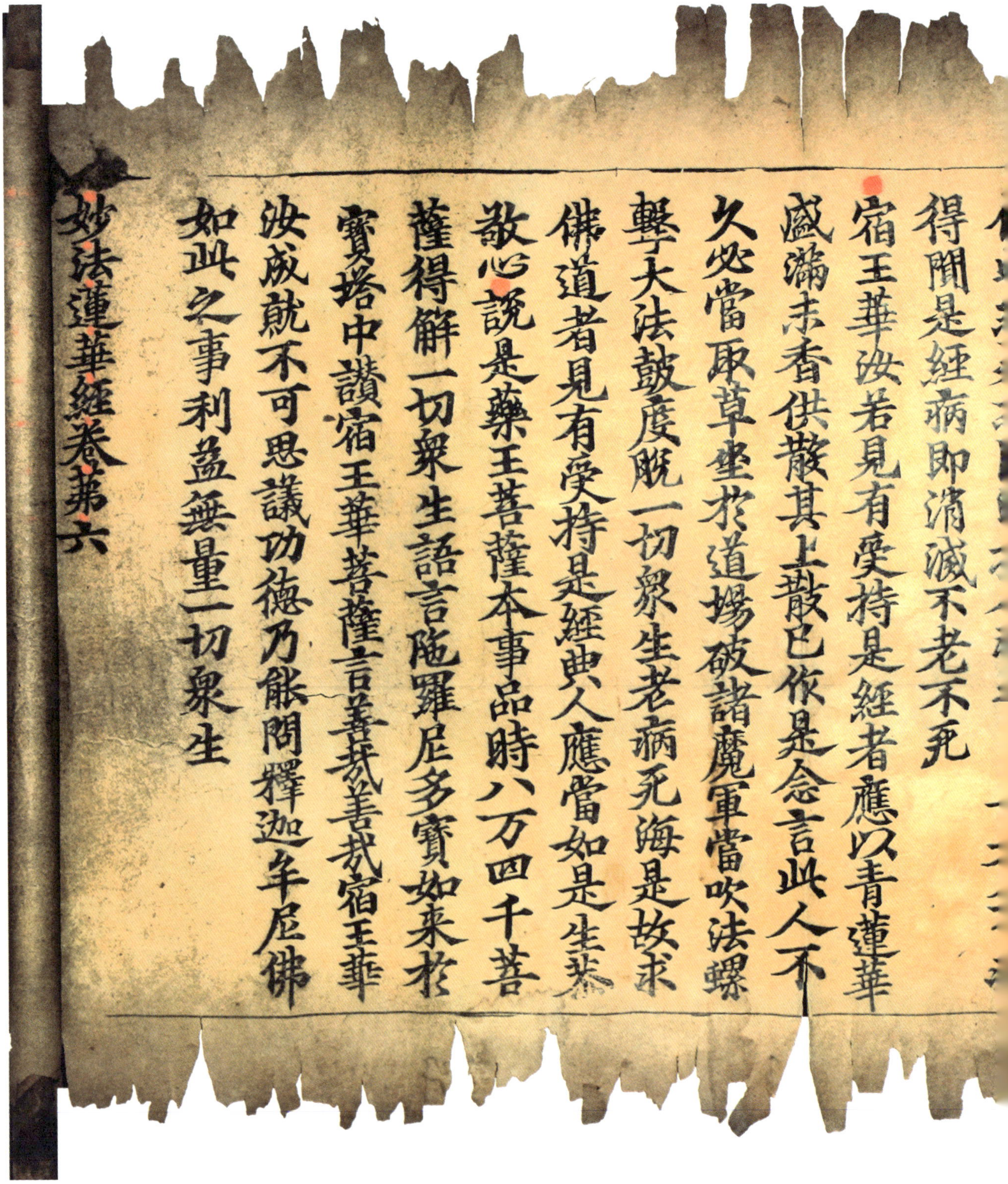
得聞是經病即消滅不老不死
宿王華汝若見有受持是經者應以青蓮華
盛滿末香供散其上散已作是念言此人不
久必當取草坐於道場破諸魔軍當吹法螺
擊大法鼓度脫一切衆生老病死海是故求
佛道者見有受持是經典人應當如是生恭
敬心說是藥王菩薩本事品時八万四千菩
薩得解一切衆生語言陁羅尼多寶如來於
寶塔中讚宿王華菩薩言善哉善哉宿王華
汝成就不可思議功德乃能問釋迦牟尼佛
如此之事利益無量一切衆生
妙法蓮華經卷第六

00939 妙法蓮華經七卷 （後秦）釋鳩摩羅什譯 五代宋初刻本

卷軸裝。高27厘米，長762.6厘米。一紙長49.8至52.2厘米。每紙二十七至二十九行，行十七字。上下單邊。卷尾邊框爲版刻。尾有原軸。卷面有朱筆點標科分。山西省高平市博物館藏，存一卷。

悉摧滅善男子百千諸佛以神通力共守護
汝於一切世間天人之中無如汝者唯除如
來其諸聲聞辟支佛乃至菩薩智慧禪定无
有與汝等者宿王華此菩薩成就如是功德
智慧之力
若有人聞是藥王菩薩本事品能隨喜讃善
者是人現世口中常出青蓮華香身毛孔中
常出牛頭栴檀香所得功德如上所說是故
宿王華以此藥王菩薩本事品囑累於汝我
滅度後後五百歲中廣宣流布於閻浮提无
令斷絕惡魔魔民諸天龍夜叉鳩槃荼等
得其便也
宿王華汝當以神通之力守護是經所以者

00940 妙法蓮華經七卷 （後秦）釋鳩摩羅什譯　北宋慶曆四年（1044）寫本（卷一明洪熙元年修補）

卷軸裝。高30.5厘米。行十六至二十字。尊名金銀字寫，經名及佛、菩薩等字用金字，經文用銀字抄寫。山東即墨市博物館藏，存六卷；膠州市博物館藏，存一卷。

大聖文殊菩薩来詣佛所
四大天王衆
帝釋衆

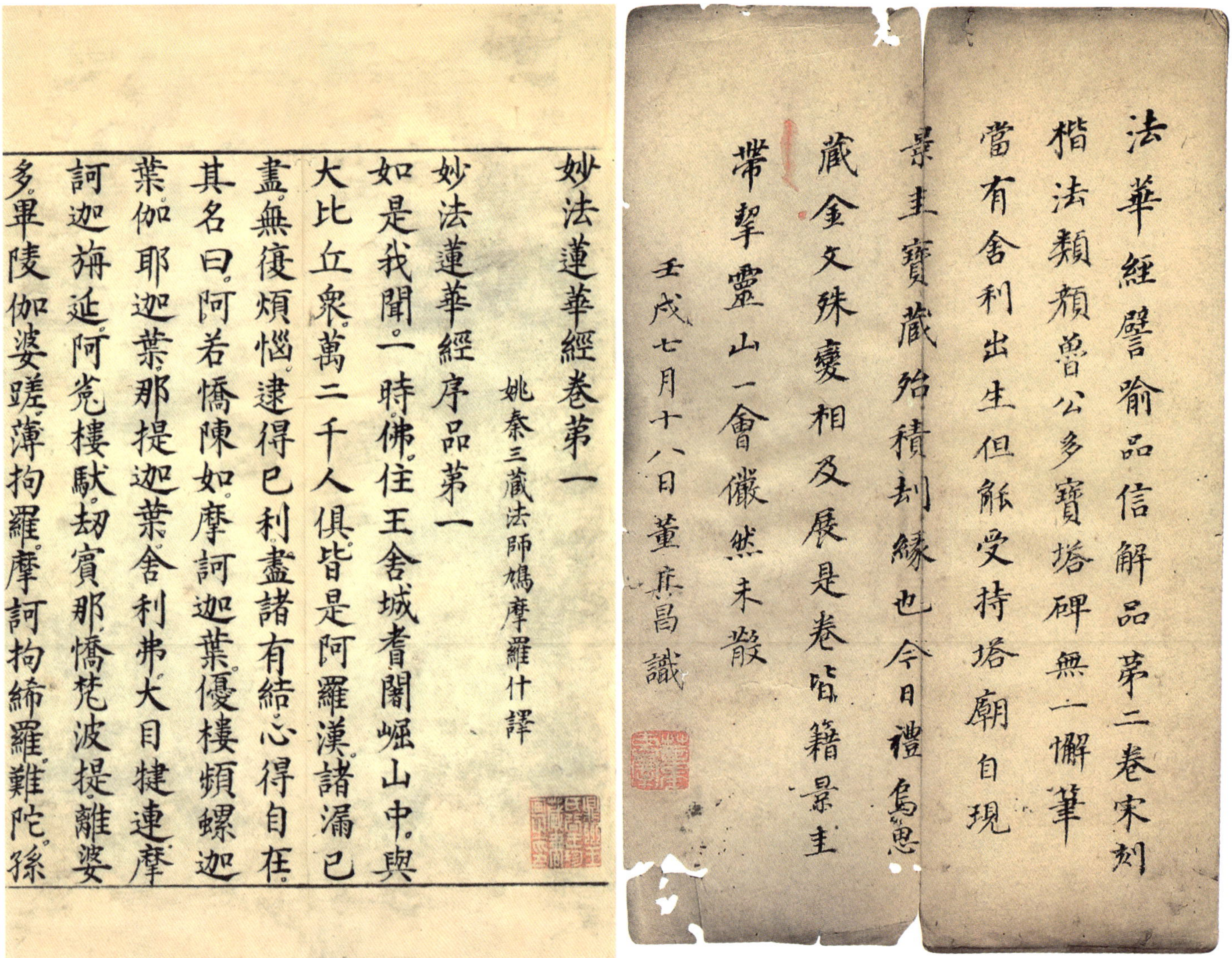

妙法蓮華經卷第一
姚秦三藏法師鳩摩羅什譯
妙法蓮華經序品第一
如是我聞。一時佛住王舍城耆闍崛山中。與
大比丘衆萬二千人俱。皆是阿羅漢。諸漏已
盡。無復煩惱。逮得己利。盡諸有結。心得自在。
其名曰。阿若憍陳如。摩訶迦葉。優樓頻螺迦
葉。伽耶迦葉。那提迦葉。舍利弗。大目揵連。摩
訶迦旃延。阿㝹樓馱。劫賓那。憍梵波提。離婆
多。畢陵伽婆蹉。薄拘羅。摩訶拘絺羅。難陀。孫

法華經譬喻品信解品第二卷宋刻
楷法類顏魯公多寶塔碑無一懈筆
當有舍利出生但能受持塔廟自現
景圭寶藏殆積劫緣也今日禮烏思
藏金文殊變相及展是卷皆籍景圭
帶挈靈山一會儼然未散
壬戌七月十八日董其昌識

00941 妙法蓮華經七卷（後秦）釋鳩摩羅什譯　宋刻本（卷一明配補）

經折裝。匡高24.3厘米。半葉五行，行十七字。上下單邊。宋杭州沈二郎經坊刻。董其昌、潘奕雋跋。曾經圓津禪院慧公禪師等藏。南京圖書館藏。

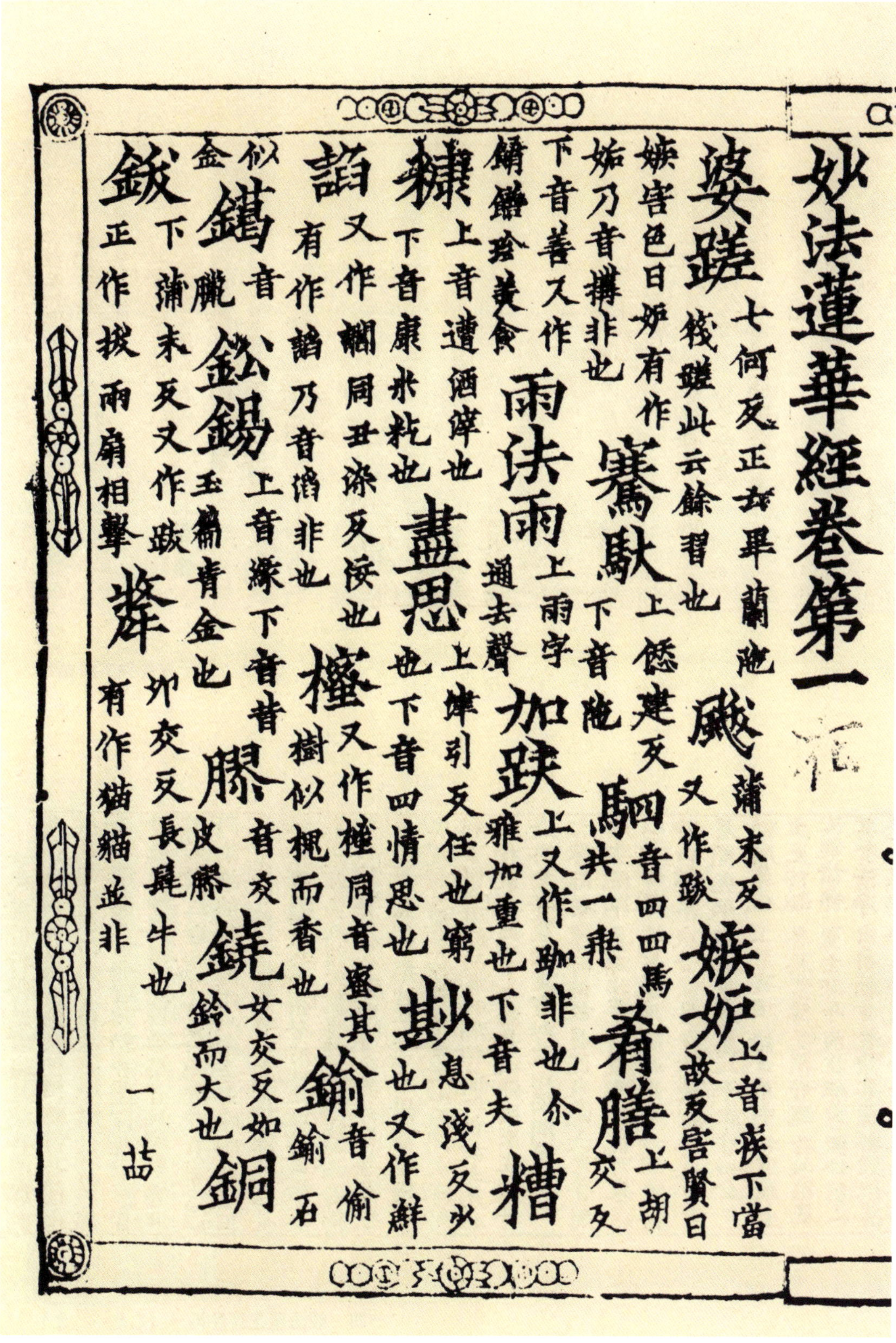

00942 妙法蓮華經八卷 （後秦）釋鳩摩羅什譯 遼刻本

卷軸裝。高25厘米，長753.4厘米。每紙二十六行，行十五至十六字。邊框内有金剛杵及寶珠紋飾。卷尾經名下朱書“在”字帙號。1974年山西應縣木塔發現。山西省應縣木塔文物管理所藏，存一卷。

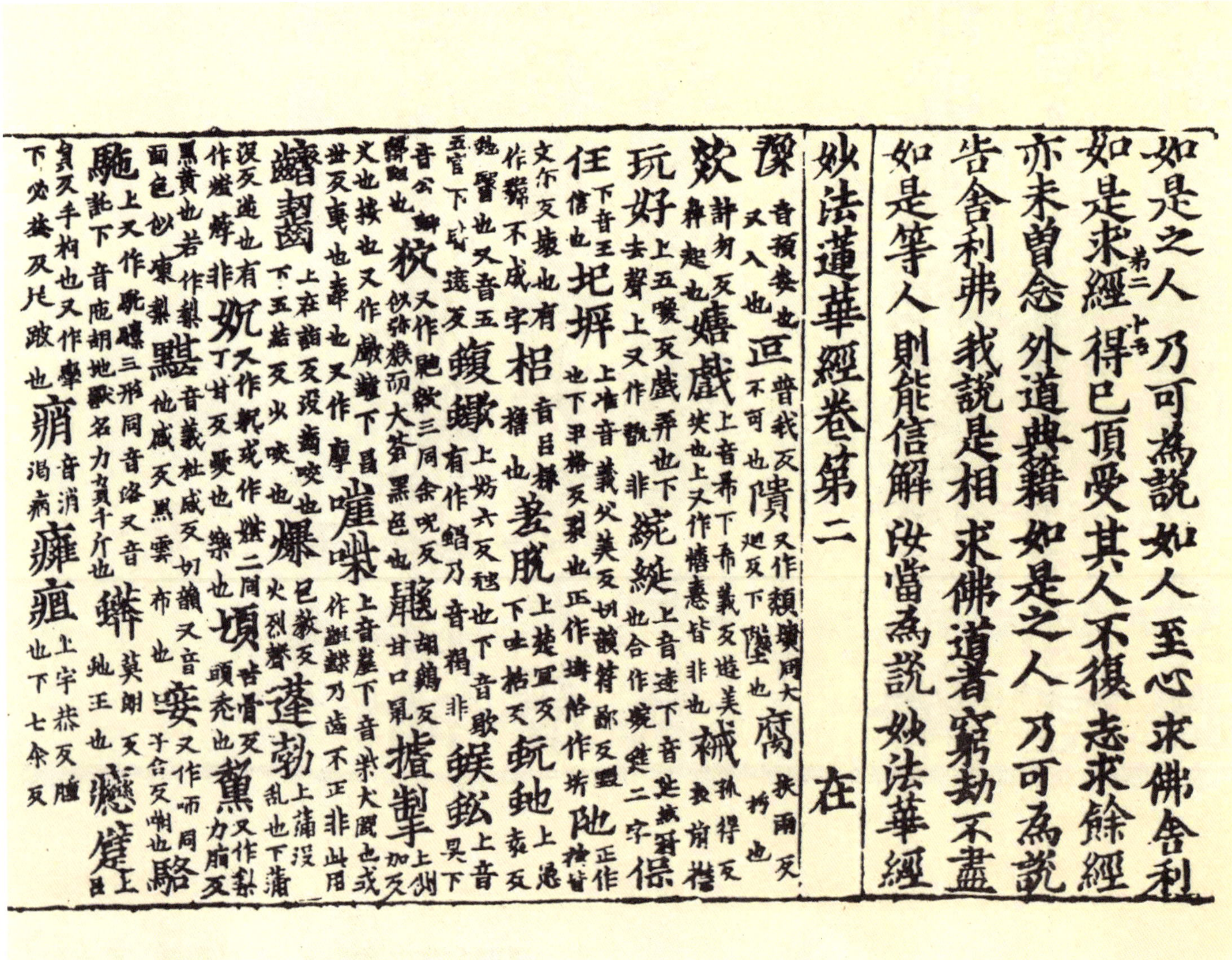
如是之人　乃可為說　如人至心　求佛舍利
如是求經　得已頂受　其人不復　志求餘經
亦未曾念　外道典籍　如是之人　乃可為說
告舍利弗　我說是相　求佛道者　窮劫不盡
如是等人　則能信解　汝當為說　妙法華經
妙法蓮華經卷第二　在

00943 妙法蓮華經八卷 （後秦）釋鳩摩羅什譯　遼刻本

卷軸裝。高28厘米，長536.6厘米。一紙長54.6厘米。每紙二十八行，行十七字。四周單邊。千字文帙號爲“在”，每紙均有“第二”及版碼。1974年山西應縣木塔發現。山西省應縣木塔文物管理所藏，存一卷。

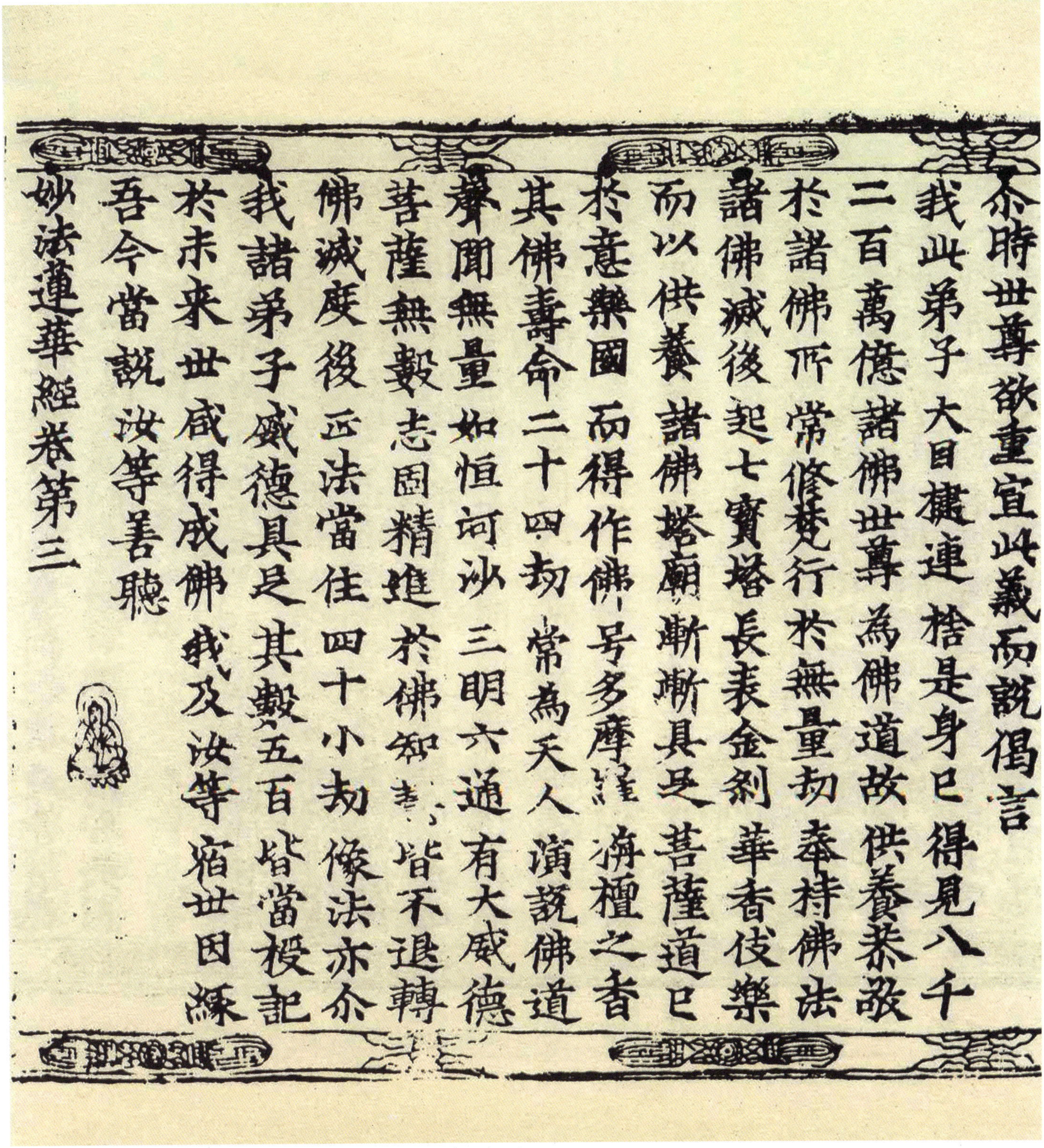

尒時世尊欲重宣此義而說偈言
我此弟子　大目揵連　捨是身已　得見八千
二百萬億　諸佛世尊　為佛道故　供養恭敬
於諸佛所　常修梵行　於無量劫　奉持佛法
諸佛滅後　起七寶塔　長表金剎　華香伎樂
而以供養　諸佛塔廟　漸漸具足　菩薩道已
於意樂國　而得作佛　号多摩羅　栴檀之香
其佛壽命　二十四劫　常為天人　演說佛道
聲聞無量　如恒河沙　三明六通　有大威德
菩薩無數　志固精進　於佛智慧　皆不退轉
佛滅度後　正法當住　四十小劫　像法亦尒
我諸弟子　威德具足　其數五百　皆當授記
於未來世　咸得成佛　我及汝等　宿世因緣
吾今當說　汝等善聽
妙法蓮華經卷第三

00944 妙法蓮華經八卷（後秦）釋鳩摩羅什譯 遼刻本

卷軸裝。高27.7厘米，長767.8厘米。每紙三十行，行十六至十七字，四周雙邊，內有金剛杵及祥雲紋。經名及品名下有結跏趺坐佛像，每紙有小字"三"及版碼。1974年山西應縣木塔發現。山西省應縣木塔文物管理所藏，存一卷。

皆悉利根轉不退輪 彼國常以菩薩莊嚴
諸聲聞衆不可稱數 皆得三明 具六神通
住八解脫 有大威德 其佛說法 現於無量
神通變化不可思議 諸天人民 數如恒沙
皆共合掌 聽受佛語 其佛當壽十二小劫
正法住世二十小劫 像法亦住二十小劫
尒時世尊復告諸比丘衆 我今語汝 是大迦
旃延於當來世 以諸供具供養奉事八千億
佛 恭敬尊重 諸佛滅後 各起塔廟 高千由旬
縱廣正等五百由旬 以金銀琉璃車𤦲馬瑙
真珠玫瑰七寶合成 衆華瓔珞 塗香末香燒
香繒蓋幢幡 供養塔廟 過是已後 當復供養
二萬億佛 亦復如是 供養是諸佛已 具菩薩
道 當得作佛 号曰閻浮那提金光如來 應供
正遍知 明行足 善逝 世間解 無上士 調御丈
夫 天人師 佛 世尊 其土平正 頗梨爲地 寶樹
莊嚴 黃金爲繩 以界道側 妙華覆地 周遍清
淨 見者歡喜 無四惡道 地獄 餓鬼 畜生 阿脩
羅道 多有天人 諸聲聞衆及諸菩薩 無量萬
億 莊嚴其國 佛壽十二小劫 正法住世二十
小劫 像法亦住二十小劫
尒時世尊欲重宣此義而說偈言
諸比丘衆 皆一心聽 如我所說 真實無異
是迦旃延 當以種種 妙好供具 供養諸佛
諸佛滅後 起七寶塔 亦以華香 供養舍利
其最後身 得佛智慧 成等正覺 國土清淨
度脫無量 萬億衆生 皆爲十方 之所供養
佛之光明 無能勝者 其佛号曰 閻浮金光
菩薩聲聞 斷一切有 無量無數 莊嚴其國
尒時世尊復告大衆 我今語汝 是大目揵連

00945 妙法蓮華經八卷 （後秦）釋鳩摩羅什譯 遼刻本

卷軸裝。高28.3厘米，長803.3厘米。每紙三十行，行十六至十七字。四周雙邊，內有金剛杵及祥雲紋。品名下有結跏趺坐佛像，每紙有小字“三”及版碼。1974年山西應縣木塔發現。山西省應縣木塔文物管理所藏，存一卷。

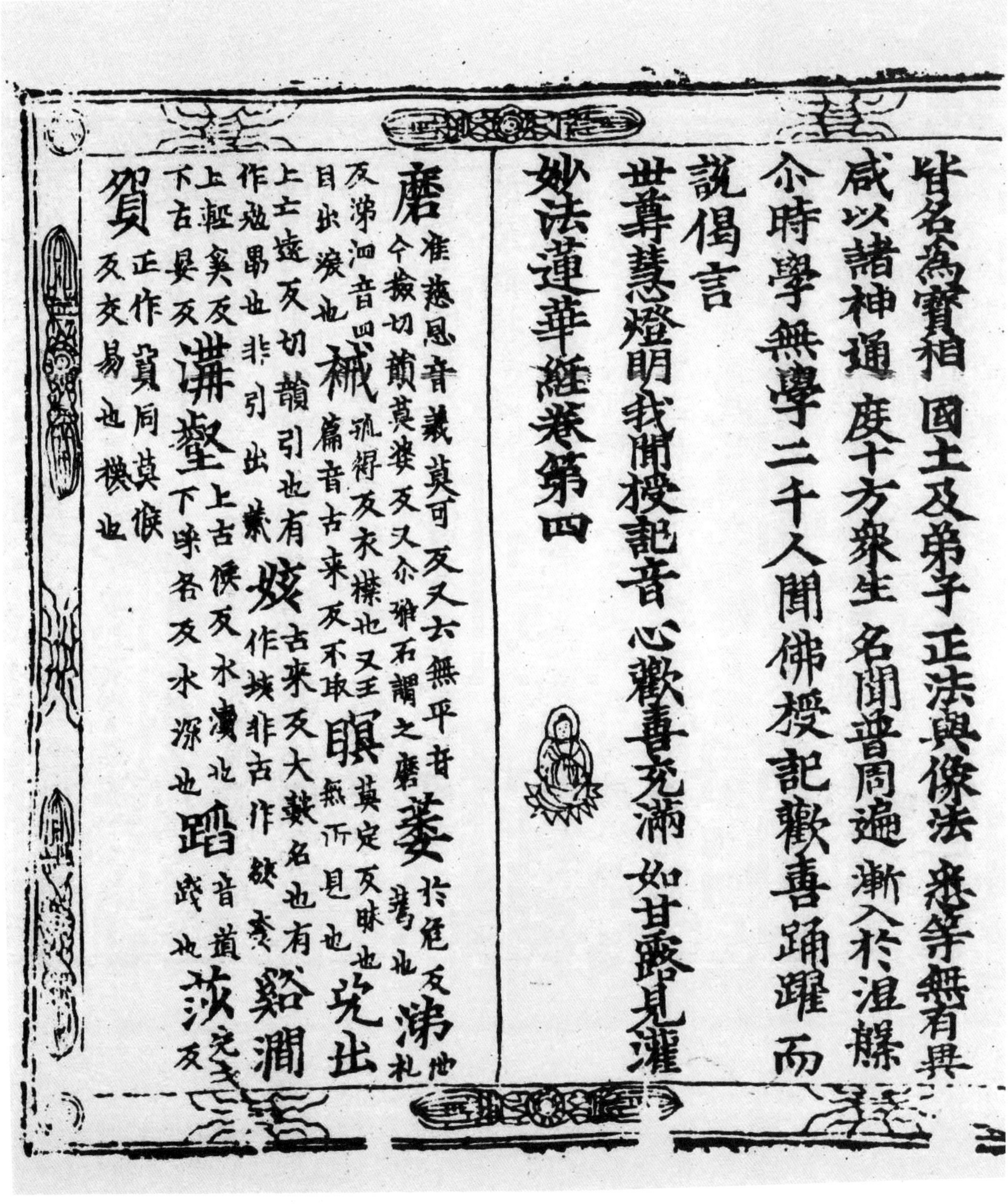

皆名為寶相　國土及弟子　正法與像法　悉等無有異
咸以諸神通　度十方衆生　名聞普周遍　漸入於涅槃
尒時學無學二千人聞佛授記歡喜踊躍而
說偈言
世尊慧燈明　我聞授記音　心歡喜充滿　如甘露見灌
妙法蓮華經卷第四

00946 妙法蓮華經八卷 （後秦）釋鳩摩羅什譯 遼刻本

卷軸裝。高28.7厘米，長112.2厘米。每紙三十至三十二行，行十七至二十字，四周雙邊，内有金剛杵及祥雲紋。每紙有小字“四”及版碼，諸品名下有端坐蓮臺的佛像。有“燕京彫曆日趙守俊并長男少男同彫記”牌記。1974年山西應縣木塔發現。山西省應縣木塔文物管理所藏，存一卷。

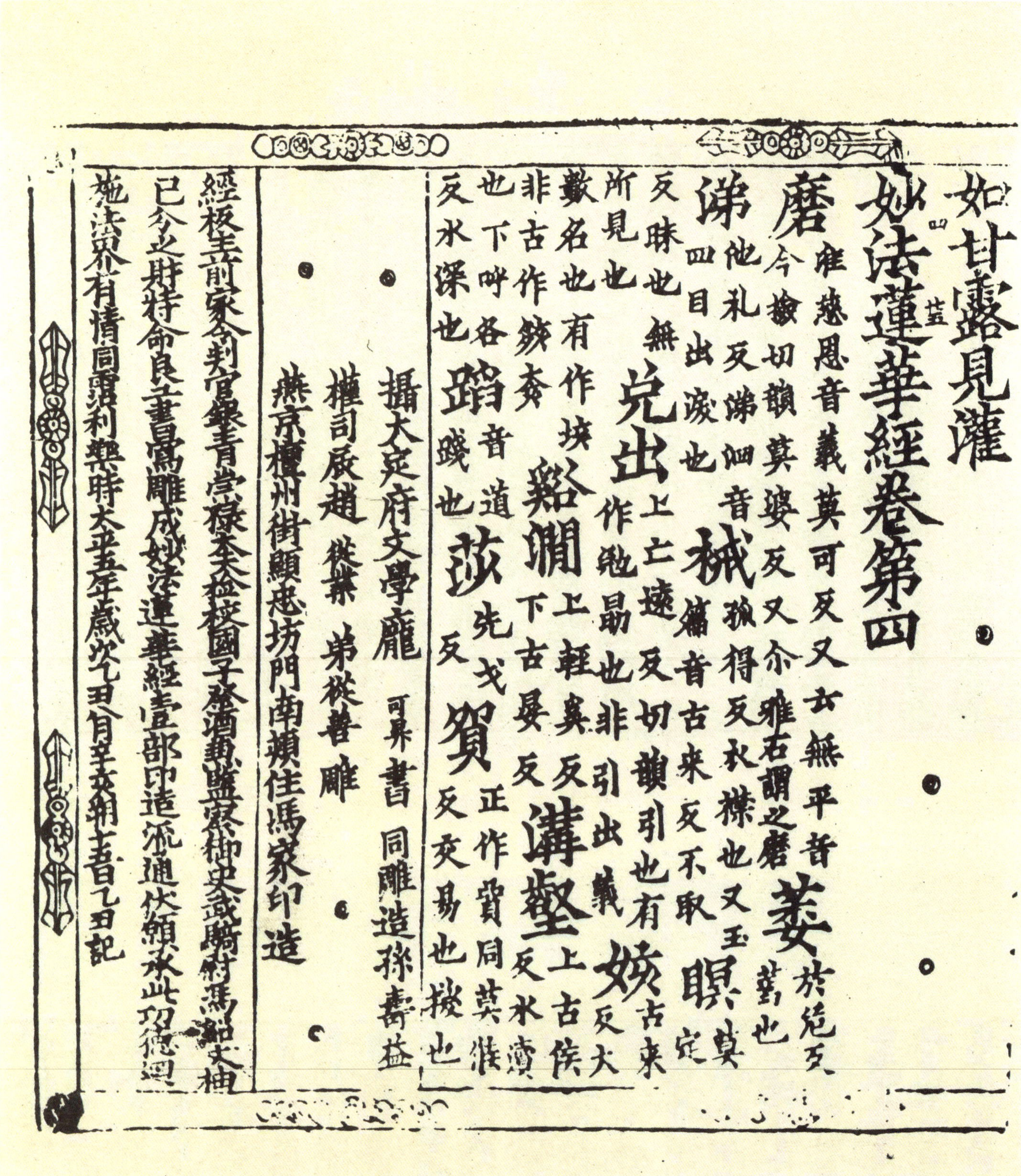
如甘露見灌
妙法蓮華經卷第四
磨准慈恩音義莫可反又去無平音萎於危反
今撿切韻莫婆反又尒雅石謂之磨蔫也
涕他礼反涕洟音棫狐得反杙橛也又玉瞑莫
四目出液也篇音古来反不取定
反眛也無免出上亡遠反切韻引也有㛹古来
所見也作勉勗也非引出義反大
數名也有作垓谿上輕奚反溝壑上古侯
非古作𧀼奏㵎下古晏反反水瀆
也下呼各蹈音道㳄先戈貿正作貿同莫候
反水深也踐也反反交易也撥也
攝大定府文學龐可昇書　同雕造孫壽益
權司辰趙從業　弟從善雕
燕京檀州街顯忠坊門南頰住馮家印造
經板主前家令判官銀青崇祿大夫檢校國子祭酒兼監察御史武騎尉□□大楊
已卯之財特命良工書寫雕成妙法蓮華經壹部印造流通伏願承此功德回
施法界有情同霑利樂時太平五年歲次乙丑八月辛亥朔十五日乙丑記

00947 妙法蓮華經八卷 （後秦）釋鳩摩羅什譯 遼刻本

卷軸裝。高28.7厘米，長1321.3厘米。每紙二十六行，行十六字。四周雙邊，内有金剛杵及寶珠紋飾。每紙有小字"四"及版碼。1974年山西應縣木塔發現。山西省應縣木塔文物管理所藏，存一卷。

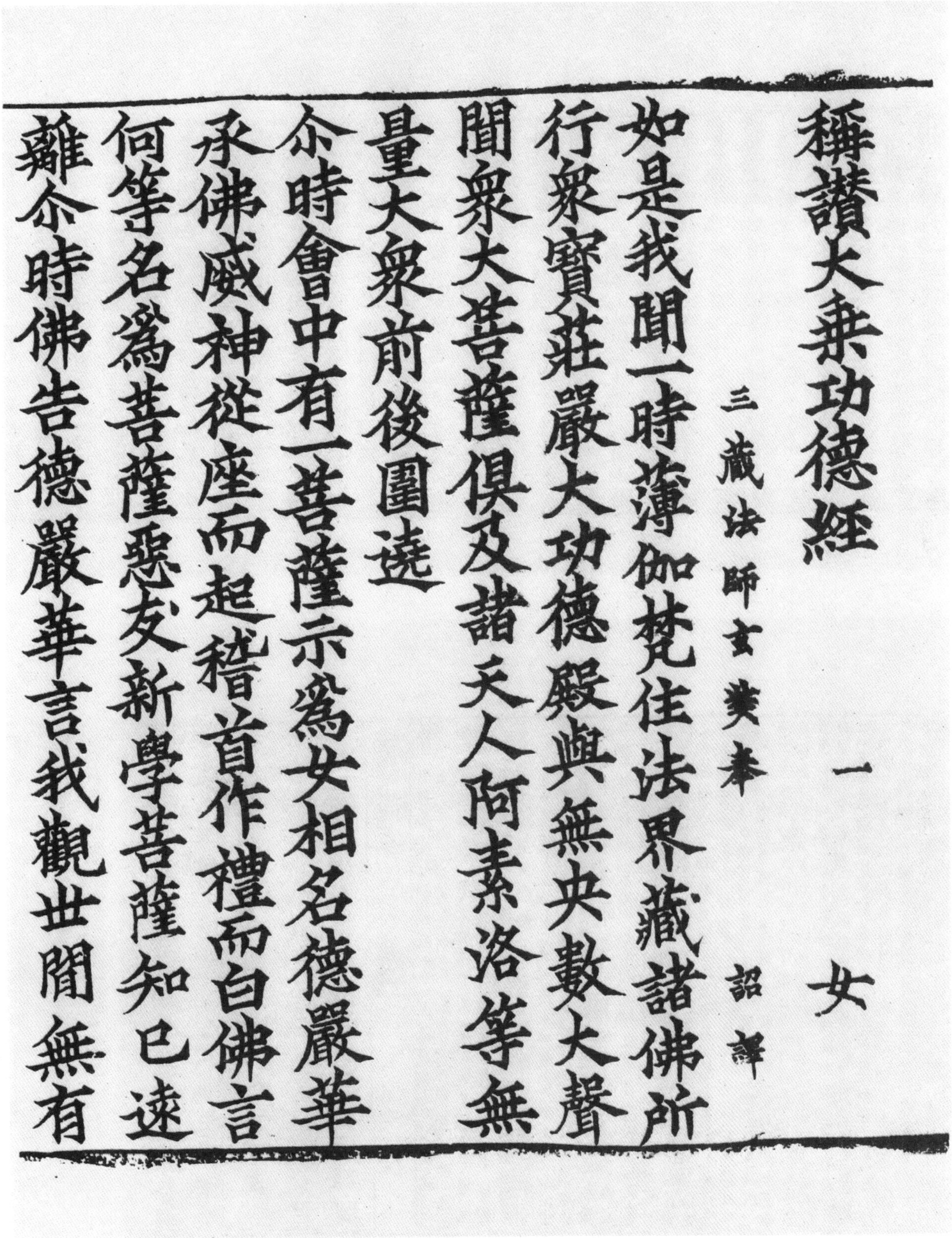

稱讚大乘功德經　一　女
三藏法師玄奘奉　詔譯
如是我聞一時薄伽梵住法界藏諸佛所
行衆寶莊嚴大功德殿與無央數大聲
聞衆大菩薩俱及諸天人阿素洛等無
量大衆前後圍遶
尒時會中有一菩薩示爲女相名德嚴華
承佛威神從座而起稽首作禮而白佛言
何等名爲菩薩惡友新學菩薩知巳速
離尒時佛告德嚴華言我觀世間無有

00948　稱讚大乘功德經一卷　（唐）釋玄奘譯　遼刻本

卷軸裝。高27.8厘米，長275.3厘米。五紙，每紙二十八行，行十五至十七字。四周單邊。千字文帙號爲“女”。存完整軸、杆、縹帶。1974年山西應縣木塔發現。山西省應縣木塔文物管理所藏。

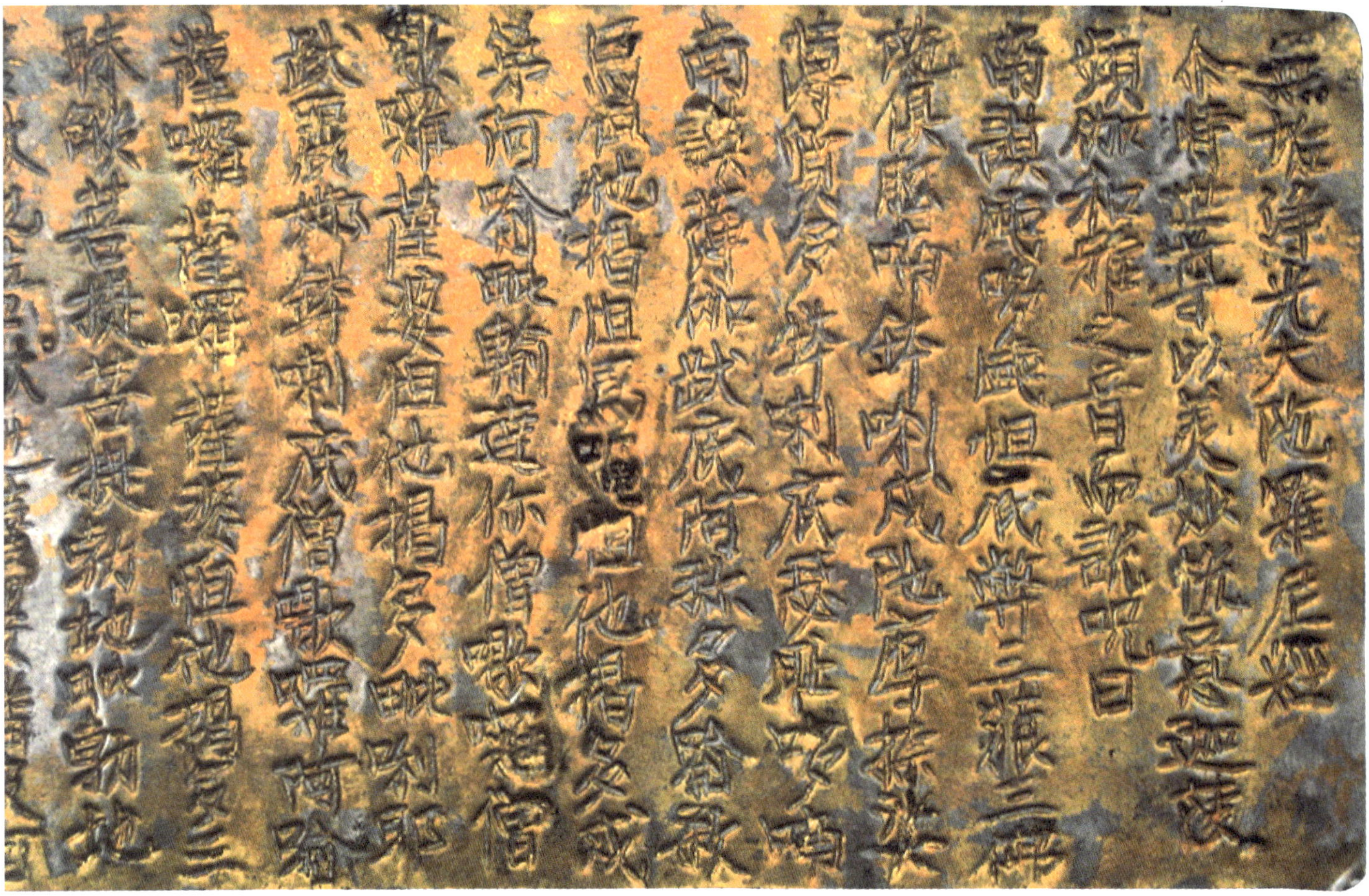

00949 無垢淨光大陀羅尼經一卷 （唐）釋彌陀山譯 遼重熙十八年（1049）刻

長102.5厘米，九十三行，每行字數不等。全卷九百五十三字。遼慶州釋迦佛舍利塔出土鎏金銀鍱。內蒙古巴林右旗博物館藏。

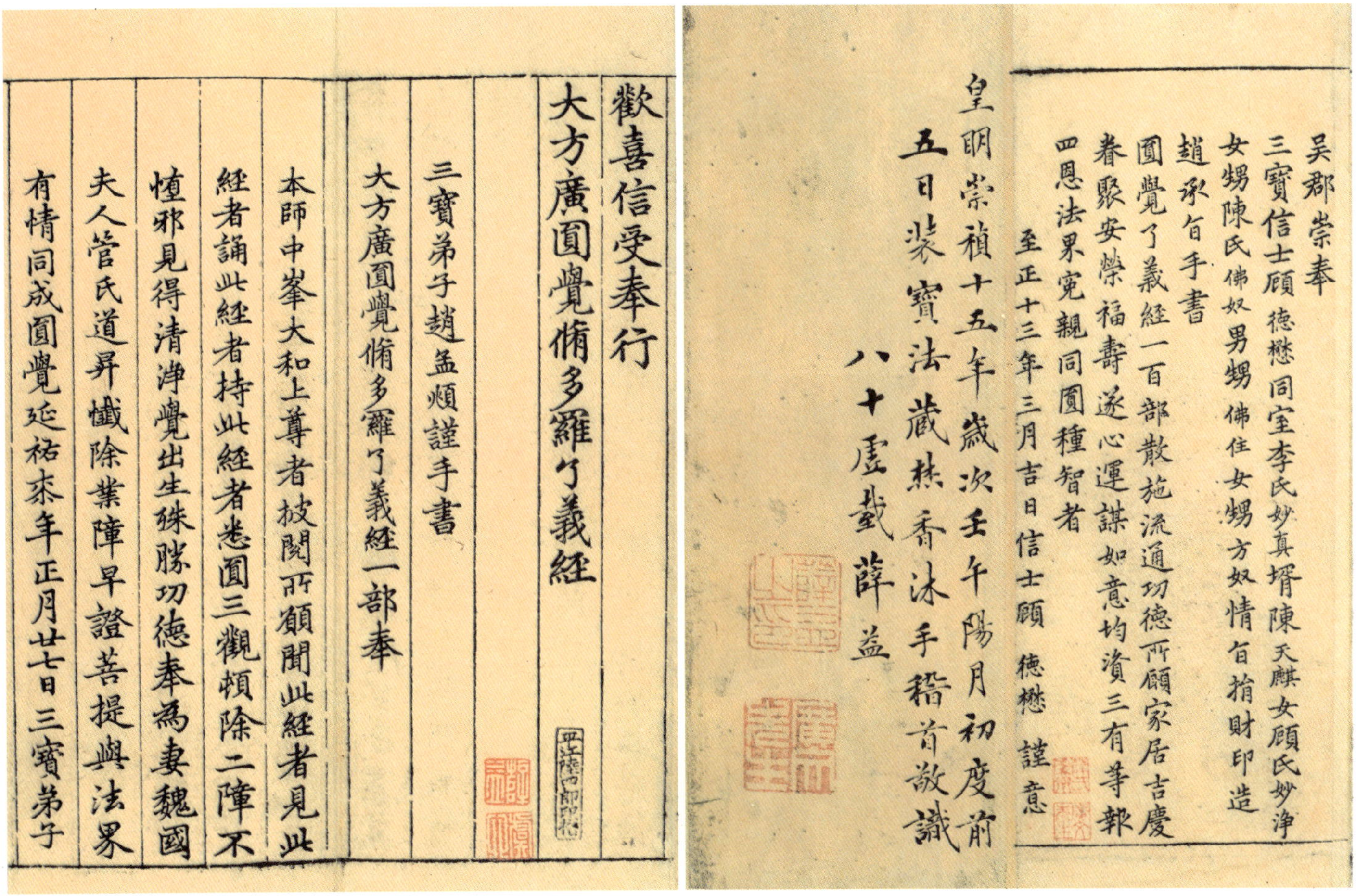

00950 大方廣圓覺修多羅了義經一卷 （唐）釋佛陀多羅譯 元趙孟頫寫至正十三年（1353）刻本

經折裝。匡高24.6厘米，廣10.2厘米。半葉五行，行十七字。有大延題識、顧德懋題記、薛益手書墨字跋語。故宮博物院藏。

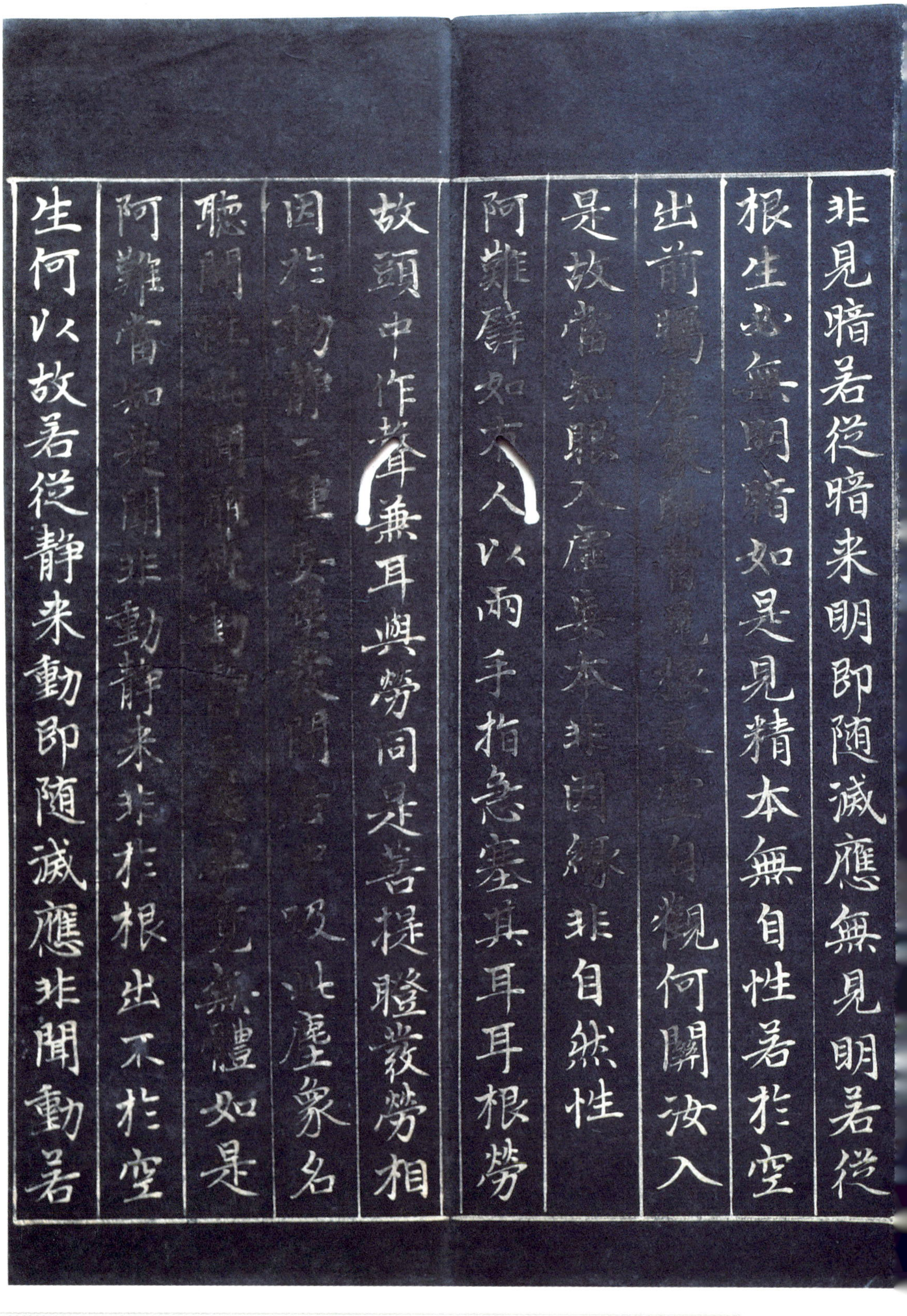

非見暗若從暗来明即隨滅應無見明若從
根生必無明暗如是見精本無自性若於空
出前矚塵像歸當見根又空自觀何關汝入
是故當知眼入虛妄本非因緣非自然性
阿難譬如有人以兩手指急塞其耳耳根勞
故頭中作聲兼耳與勞同是菩提瞪發勞相
因于動靜二種妄塵發聞居中吸此塵象名
聽聞性此聞離彼動靜二塵畢竟無體如是
阿難當知是聞非動靜来非於根出不於空
生何以故若從靜来動即隨滅應無聞動若

00951 大佛頂如來密因修證了義諸菩薩萬行首楞嚴經十卷 （唐）釋般剌密諦 釋彌伽釋迦譯 元至正十年（1350）泥銀寫本

經折裝。匡高23厘米，廣10.3厘米。半葉五行，行十七字。四周單邊。有元清珙、清胡澄、清祖觀題跋及翁同龢題跋、題詩、題記等。江蘇常熟博物館藏，存六卷。

大佛頂如来密因脩證了義諸菩薩萬行首楞嚴經卷第三

天竺沙門般剌密諦譯　烏長國沙門彌伽釋迦譯語

菩薩戒弟子前中書門下平章事房融筆受

復次阿難云何六入本如来藏妙真如性阿難即彼目睛瞪發勞者兼目與勞同是菩提瞪發勞相因于明暗二種妄塵發見居中吸此塵象名為見性此見離彼明暗二塵畢竟無體如是阿難當知是見非明暗来非於根出不於空生何以故若從明来暗即隨滅應

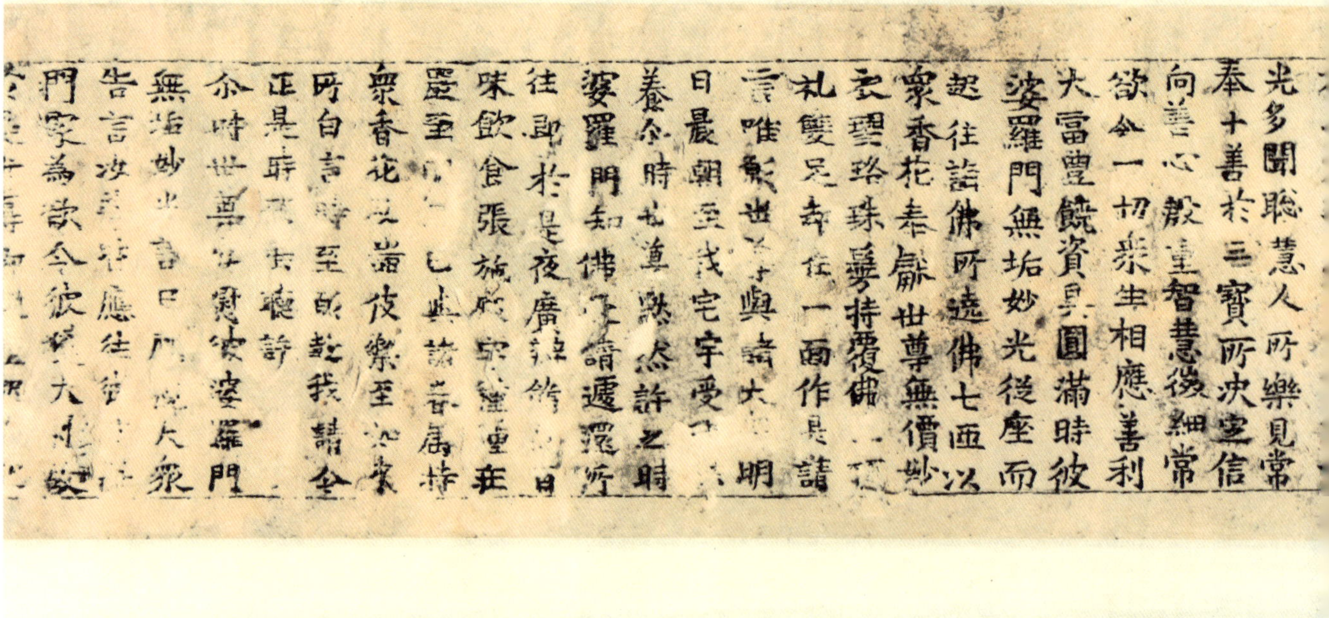

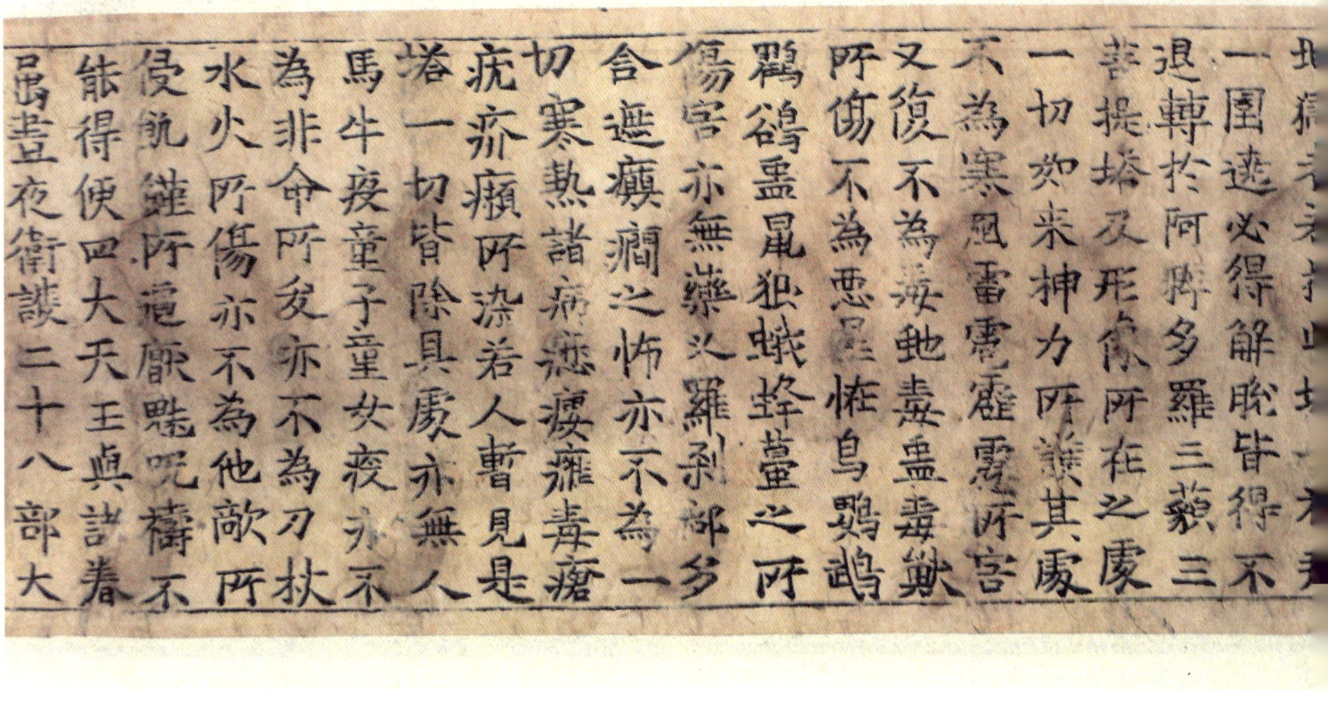

00952 一切如來心秘密全身舍利寶篋印陀羅尼經一卷 （唐）釋不空譯 宋開寶八年（975）刻本

卷軸裝。高5.6厘米，長206厘米。二百七十二行，行十至十一字。四周單邊。末附金塗塔版畫。杭州雷鋒塔經磚藏經。黃起鳳、吳士鑑、陳曾壽、康有爲等跋。上海圖書公司藏。（上）

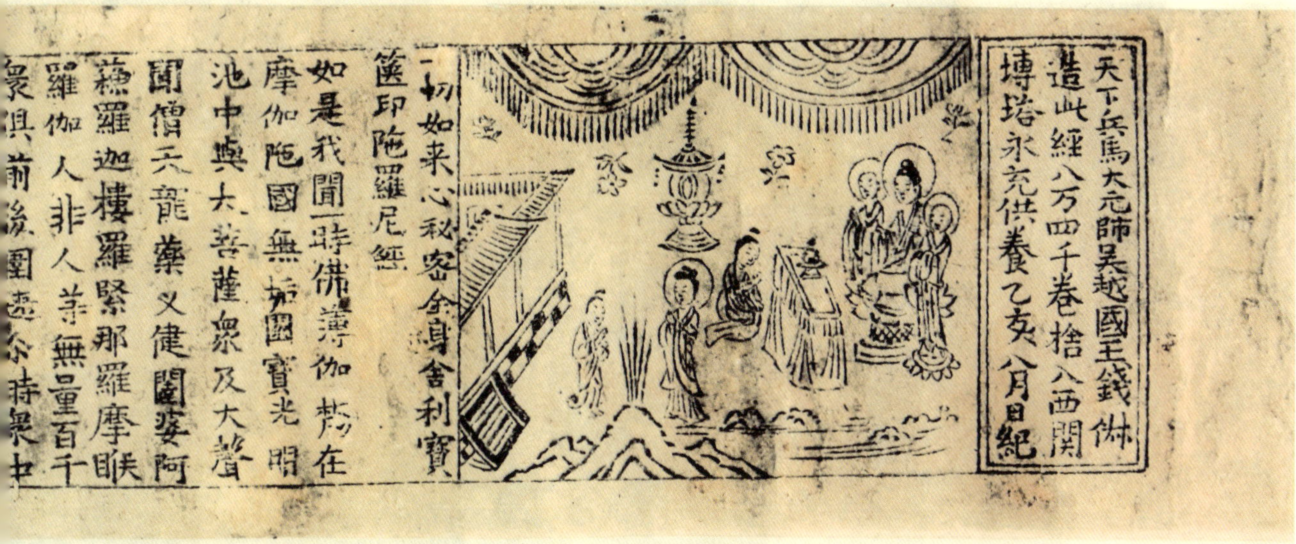

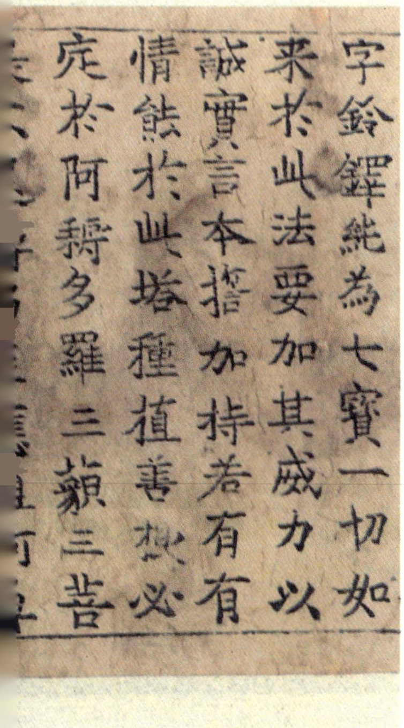

00953　一切如來心秘密全身舍利寶篋印陀羅尼經一卷（唐）釋不空譯　宋開寶八年（975）刻本

卷軸裝。高5.6厘米，行十至十一字。四周單邊。首附金塗塔版畫。杭州雷鋒塔經磚藏經。上海龍華寺藏。（下）

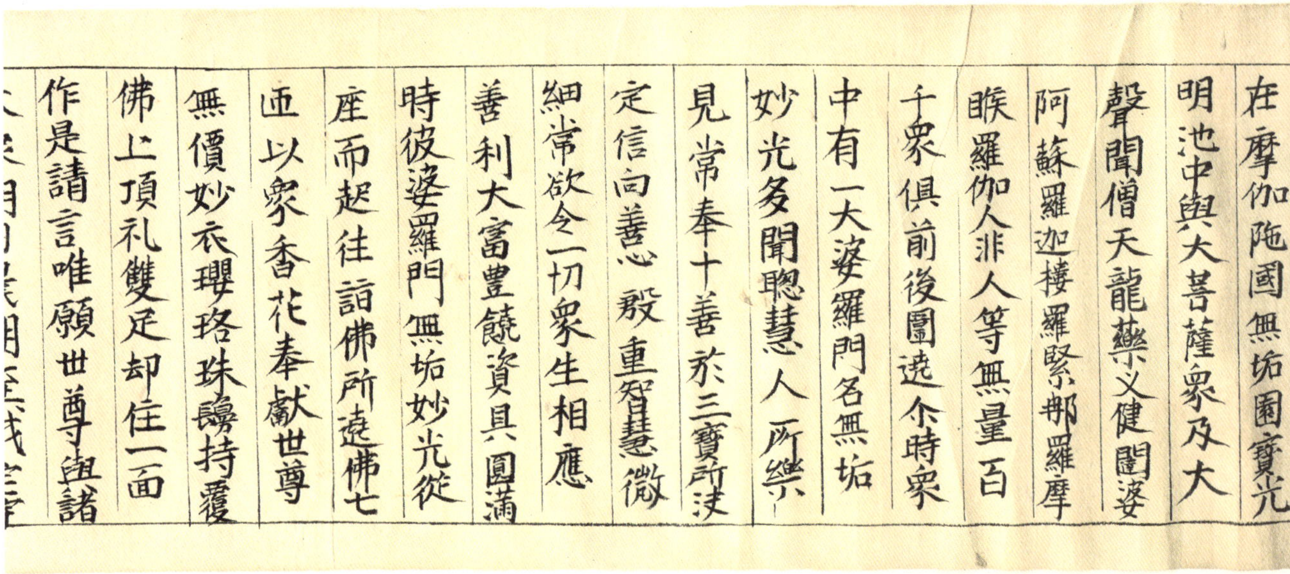

在摩伽陁國無垢園寶光
明池中與大菩薩衆及大
聲聞僧天龍藥叉健闥婆
阿蘇羅迦樓羅緊那羅摩
睺羅伽人非人等無量百
千衆俱前後圍遶尒時衆
中有一大婆羅門名無垢
妙光多聞聰慧人所樂
見常奉十善於三寶所決
定信向善心殷重智慧微
細常欲令一切衆生相應
善利大富豐饒資具圓滿
時彼婆羅門無垢妙光從
座而起往詣佛所遶佛七
匝以衆香花奉獻世尊
無價妙衣瓔珞珠鬘持覆
佛上頂礼雙足却住一面
作是請言唯願世尊與諸

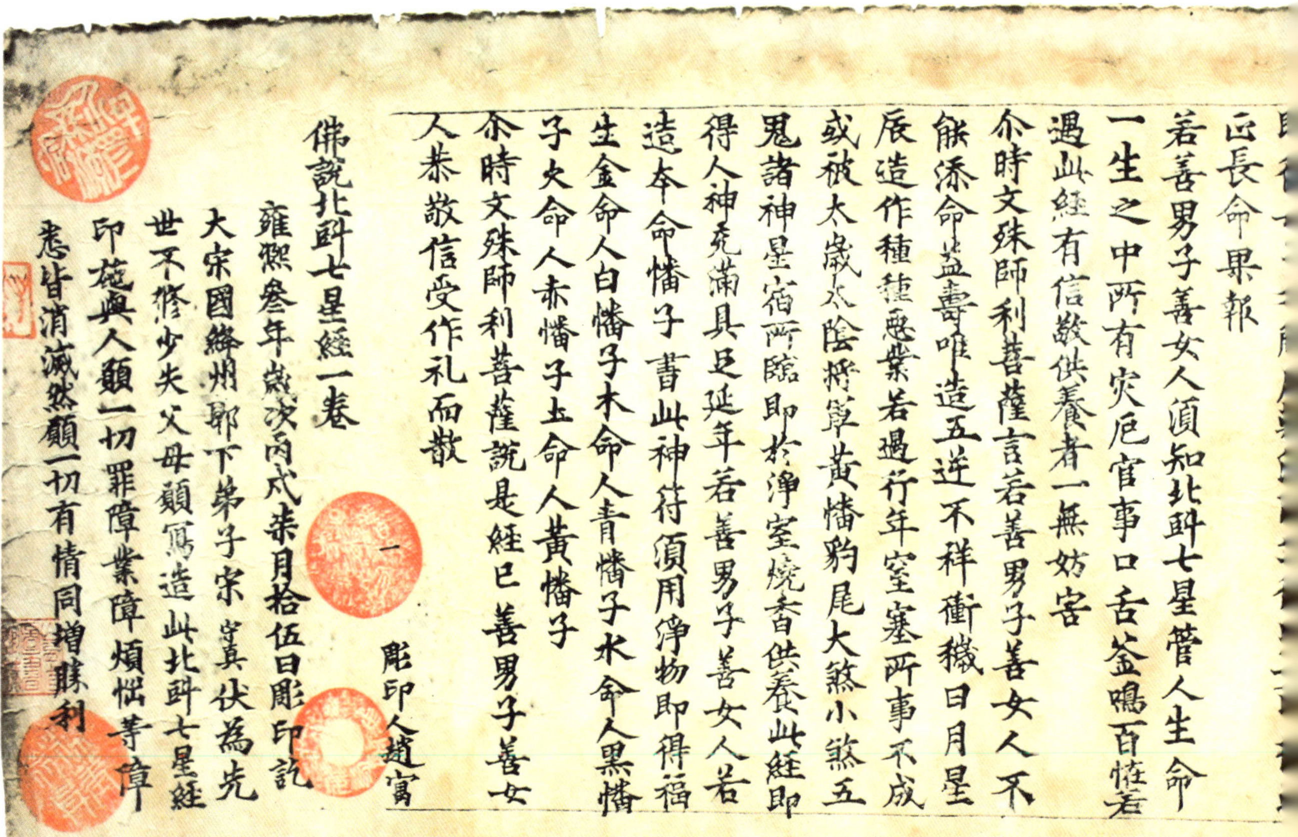

延長命果報
若善男子善女人須知北斗七星管人生命
一生之中所有灾厄官事口舌釜鳴百怪若
遇此經有信敬供養者一無妨害
尒時文殊師利菩薩言若善男子善女人不
能添命益壽唯造五逆不祥衝職日月星
辰造作種種惡業若遇行年空塞所事不成
或被太歲太陰將軍黃幡豹尾大煞小煞五
鬼諸神星宿所臨即於淨室燒香供養此經即
得人神充滿具足延年若善男子善女人若
造本命幡子書此神符須用淨物即得福
生金命人白幡子木命人青幡子水命人黑幡
子火命人赤幡子土命人黃幡子
尒時文殊師利菩薩說是經已善男子善女
人恭敬信受作礼而散
佛說北斗七星經一卷
一　彫印人趙宥
雍熙叁年歲次丙戌柒月拾伍日彫印訖
大宋國絳州鄉下弟子宋 宜真伏爲先
世不修少失父母願寫造此北斗七星經
印施與人願一切罪障業障煩惱等障
悉皆消滅然願一切有情同增勝利

00954　一切如來心秘密全身舍利寶篋印陀羅尼經一卷　（唐）釋不空譯　北宋寫本

卷軸裝。高12.5厘米，長513.7厘米。存二百九十三行，行八字至十字。1968年山東省莘縣宋塔中出土。山東省博物館藏。（上）

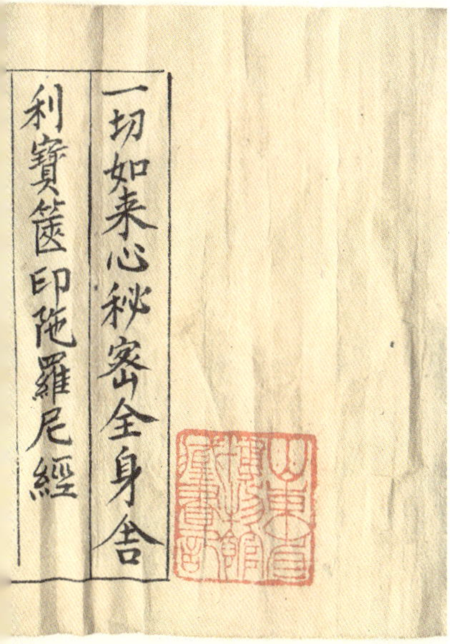
一切如来心秘密全身舍
利寳篋印陀羅尼經

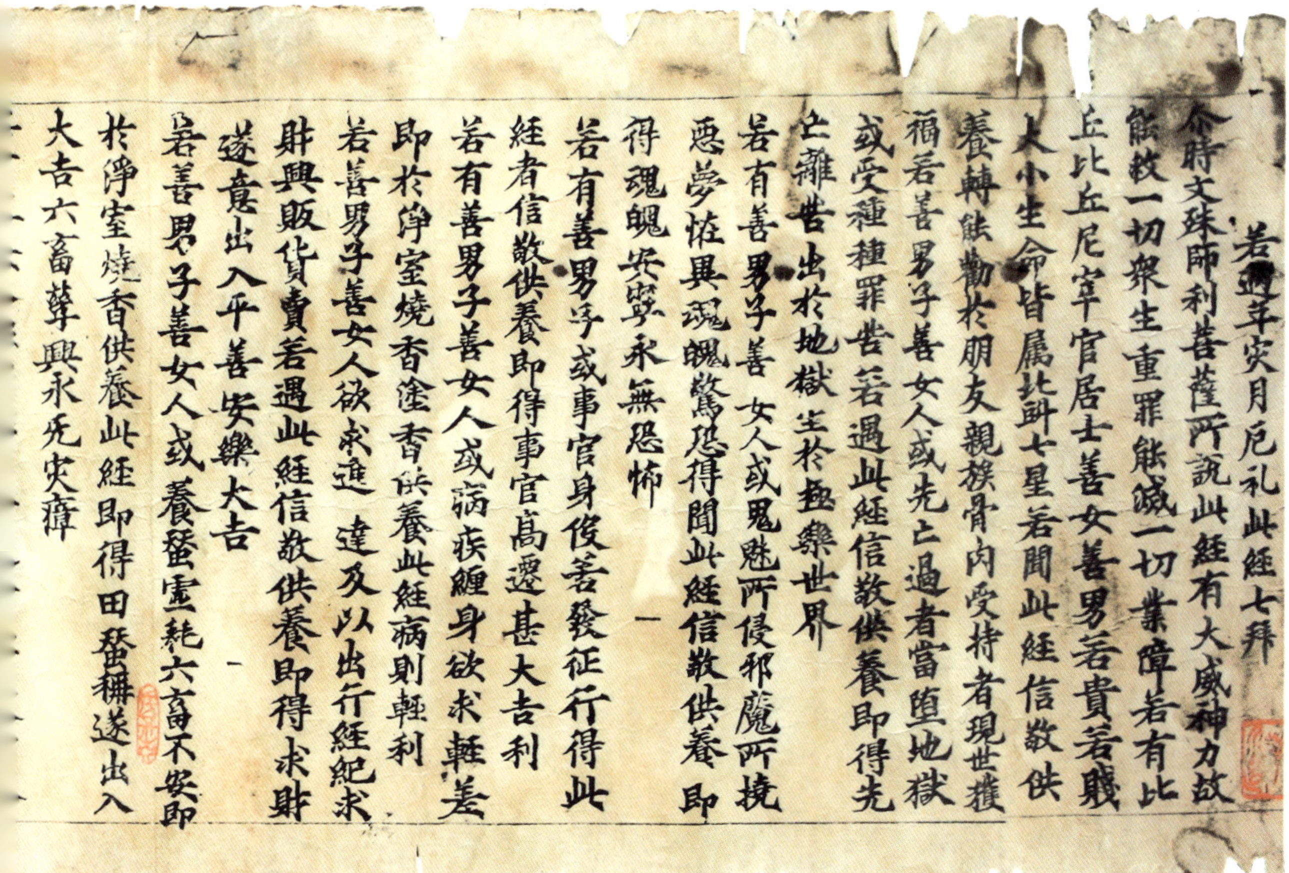
若遇年災月厄礼此經七拜
命時文殊師利菩薩所說此經有大威神力故
能救一切衆生重罪能滅一切業障若有比
丘比丘尼宰官居士善女善男若貴若賤
大小生命皆屬北斗七星若聞此經信敬供
養轉能勸於朋友親族骨肉受持者現世獲
福若善男子善女人或先亡過者當墮地獄
或受種種罪苦若遇此經信敬供養即得先
亡離苦出於地獄生於極樂世界
若有善男子善女人或鬼魅所侵邪魔所撓
惡夢怪異魂魄驚恐得聞此經信敬供養即
得魂魄安寧永無恐怖
若有善男子或事官身俊善發征行得此
經者信敬供養即得事官高遷甚大吉利
若有善男子善女人或病疾纏身欲求輕差
即於淨室燒香塗香供養此經病則輕利
若善男子善女人欲求進達及以出行經紀求
財與販貨賣若遇此經信敬供養即得求財
遂意出入平善安樂大吉
若善男子善女人或養蚕虛耗六畜不安即
於淨室燒香供養此經即得田蚕稱遂出入
大吉六畜孳興永无災瘴

00955 佛說北斗七星經一卷 失譯 北宋雍熙三年（986）刻本

卷軸裝。高29厘米，長103厘米。一紙長54厘米。每紙二十六至二十七行，行十七字。上下單邊。有“雍熙叁年歲次丙戌柒月拾伍日彫印訖”題記。卷尾有朱印六枚。山西省圖書館藏。（下）

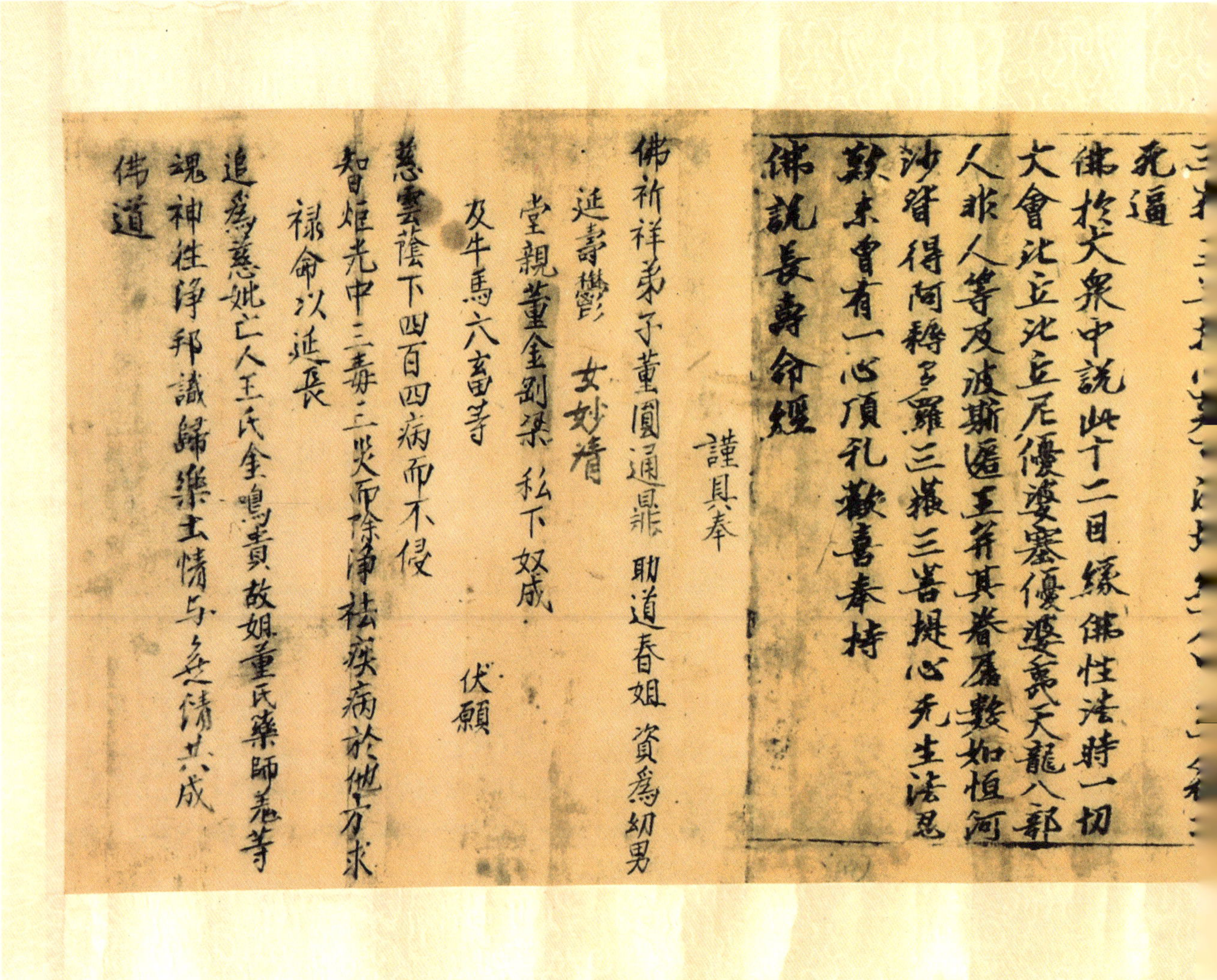

00956 長壽命經 大理國刻本

卷軸裝。高23.4厘米，長922厘米。一紙長54厘米。存十七紙，五百四行。每紙三十行，行十七字。上下單邊。卷尾有董圓通鼎等造經題記。雲南省博物館藏。

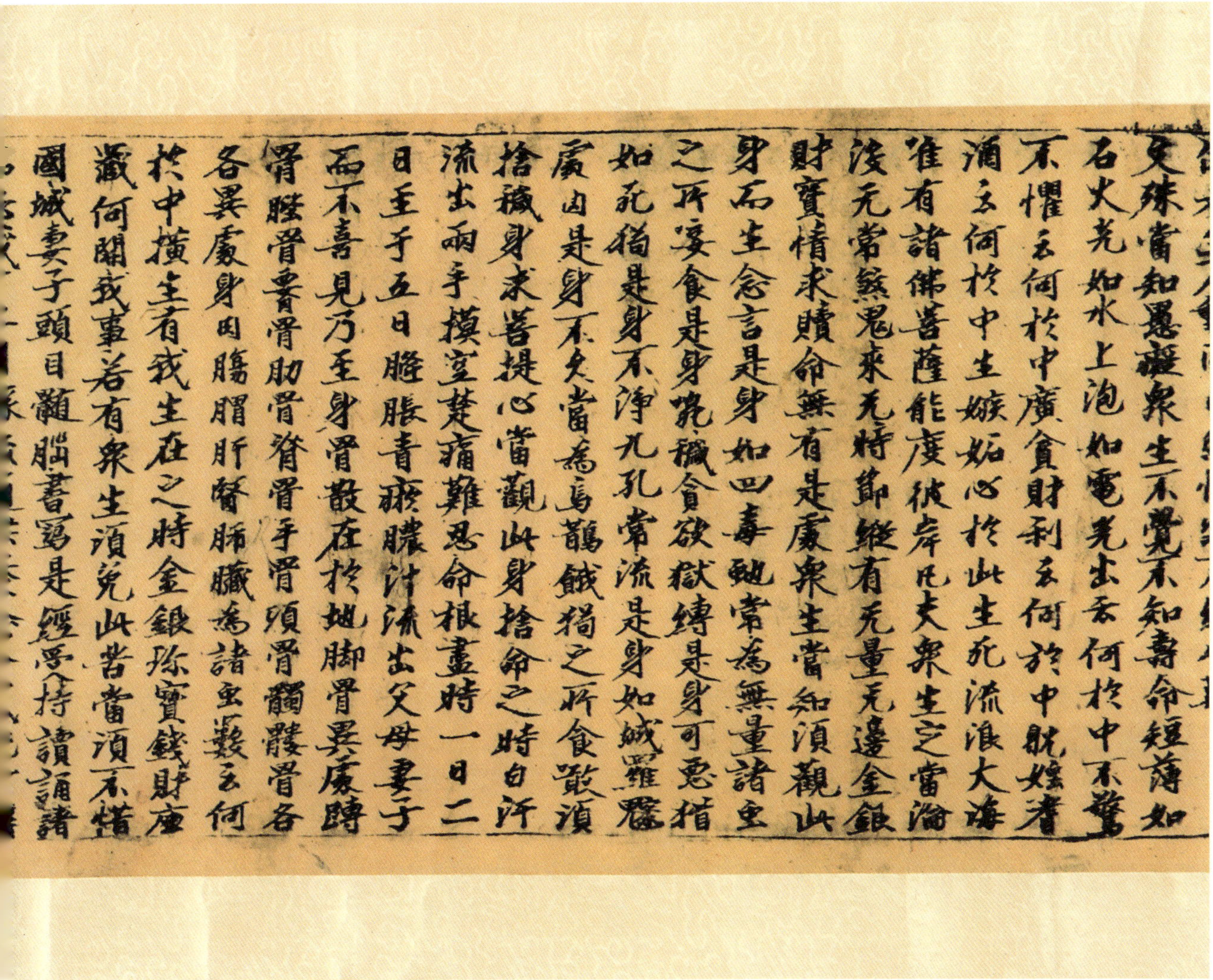
文殊當知愚癡衆生不覺不知壽命短薄如
石火光如水上泡如電光出云何於中不驚
不懼云何於中廣貪財利云何於中耽婬著
酒云何於中生嫉妬心於此生死流浪大海
唯有諸佛菩薩能度彼岸凡夫衆生之當淪
沒无常煞鬼來无時節縱有无量无邊金銀
財寶情求贖命無有是處衆生當知須觀此
身而生念言是身如四毒虵常為無量諸虫
之所唼食是身臭穢貪欲獄縛是身可惡猶
如死狗是身不淨九孔常流是身如城羅刹
處內是身不久當為烏鵲餓狗之所食噉須
捨穢身求菩提心當觀此身捨命之時白汗
流出兩手摸空楚痛難忍命根盡時一日二
日至于五日膖脹青瘀膿汁流出父母妻子
而不喜見乃至身骨散在於地脚骨異處髀
骨膝骨髖骨肋骨脊骨手骨頂骨髑髏骨各
各異處身肉膓胃肝膽肺臟為諸虫藪云何
於中横生有我生在之時金銀珎寶錢財庫
藏何關我事若有衆生須免此苦當須不惜
國城妻子頭目髓腦書寫是經受持讀誦諸

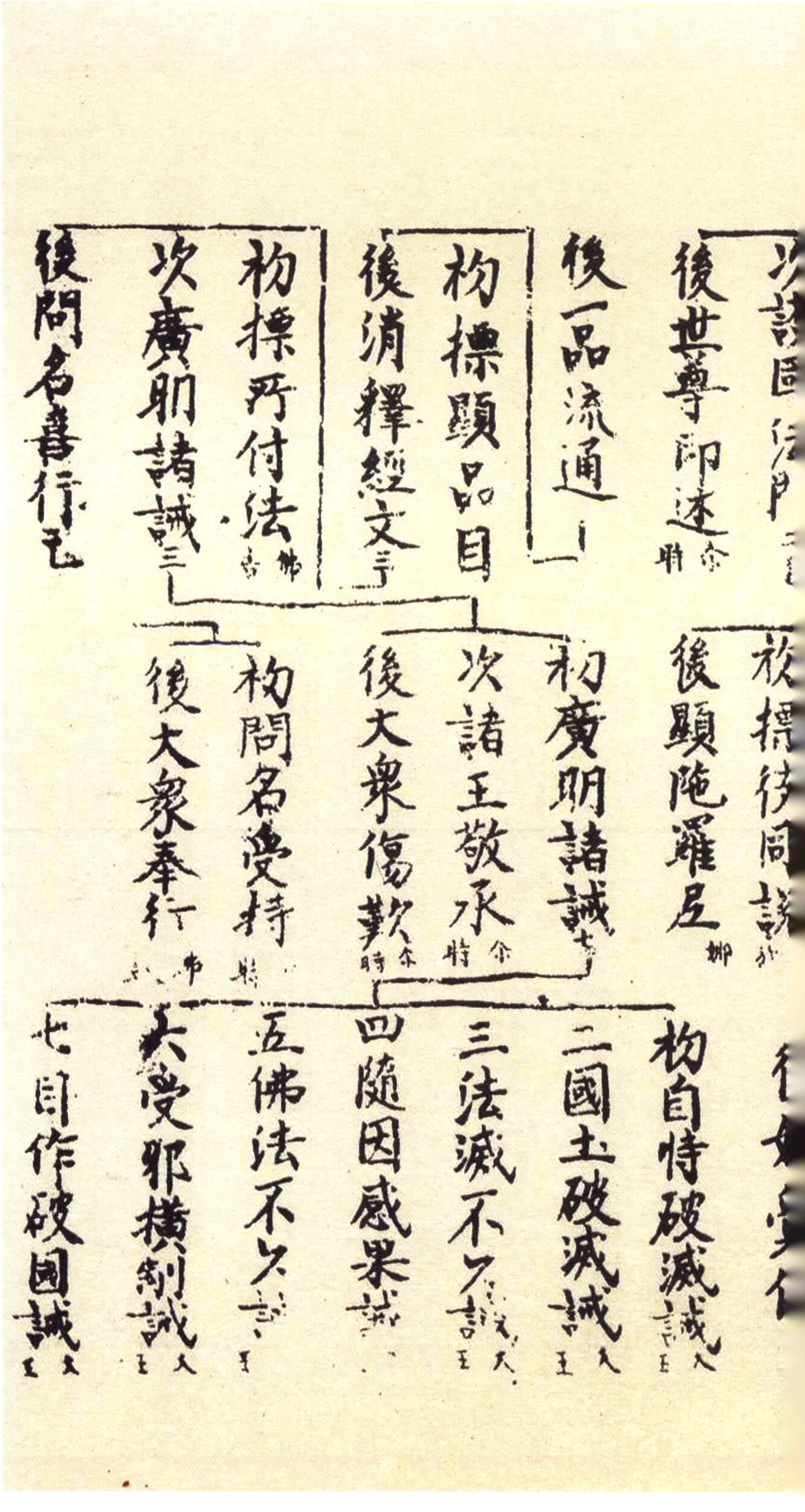

00957 [仁王護國般若波羅蜜多經科文]一卷 遼寫本

卷軸裝。高30.2厘米，長181.6厘米。1974年山西應縣木塔發現。山西省應縣木塔文物管理所藏。

後十六國三奉持

初諸王奉持五

次護國法門三

後諸王獲益

初能護國人

初佛令護國王人

後菩薩領承

初顯護國法佛告

二廣明七難全

三顯諸難因

四明般若德大王

五辯教興廢大王

初明有勝法

後說陀羅尼

十一不動地

十二善慧地

十三法雲地

初標入地相

次住地修行

後結申滿位

初等覺位

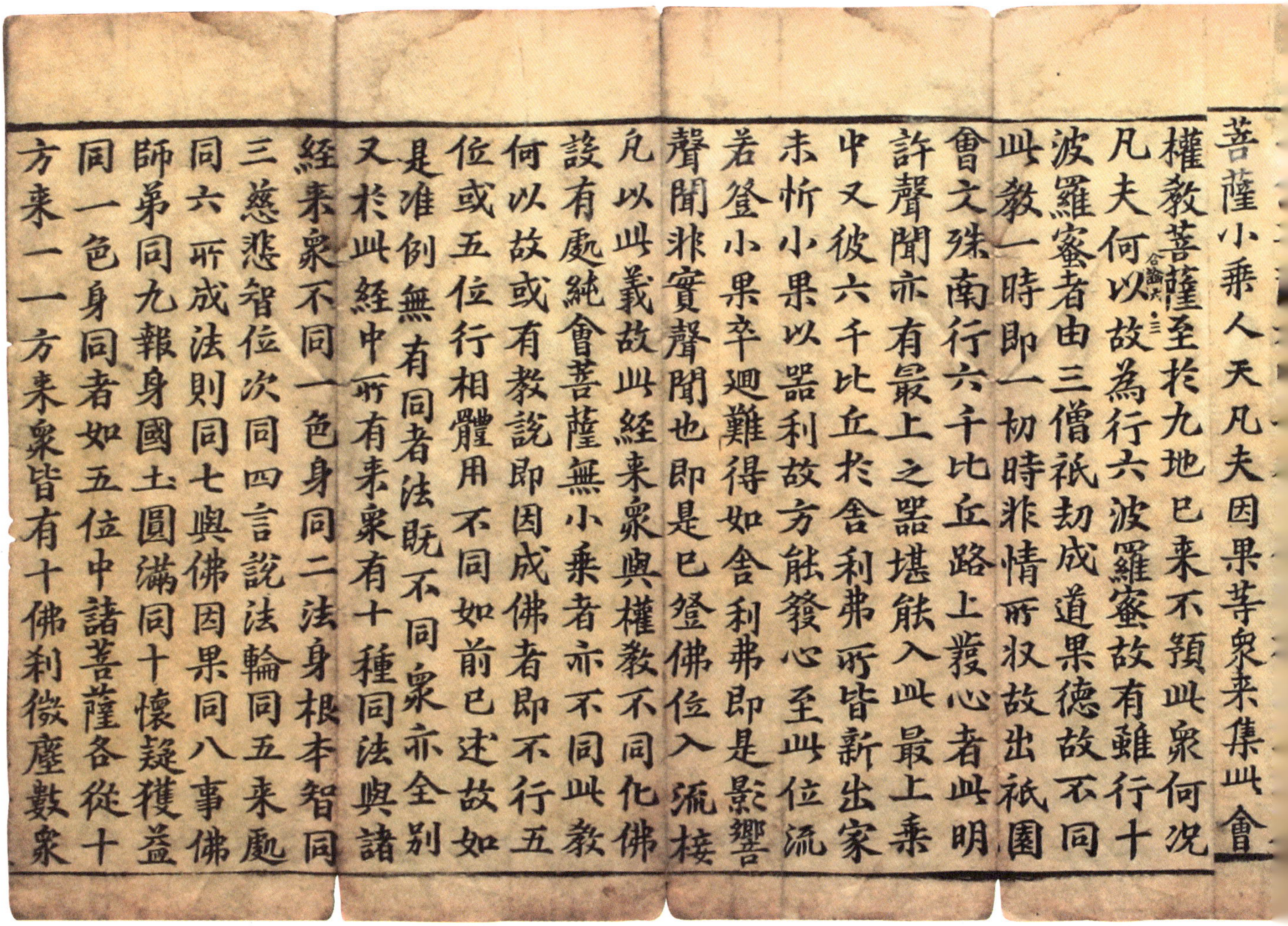

00958 大方廣佛華嚴經合論一百二十卷 （唐）李通玄造論 釋志寧合論 金皇統九年（1149）刻本

經折裝。匡高24.5至25.3厘米，長347厘米。半葉六行，行十六字。上下單邊。太原府榆次縣仁義鄉小郭村都維那郭旺等刻。山西省圖書館藏，存一卷。

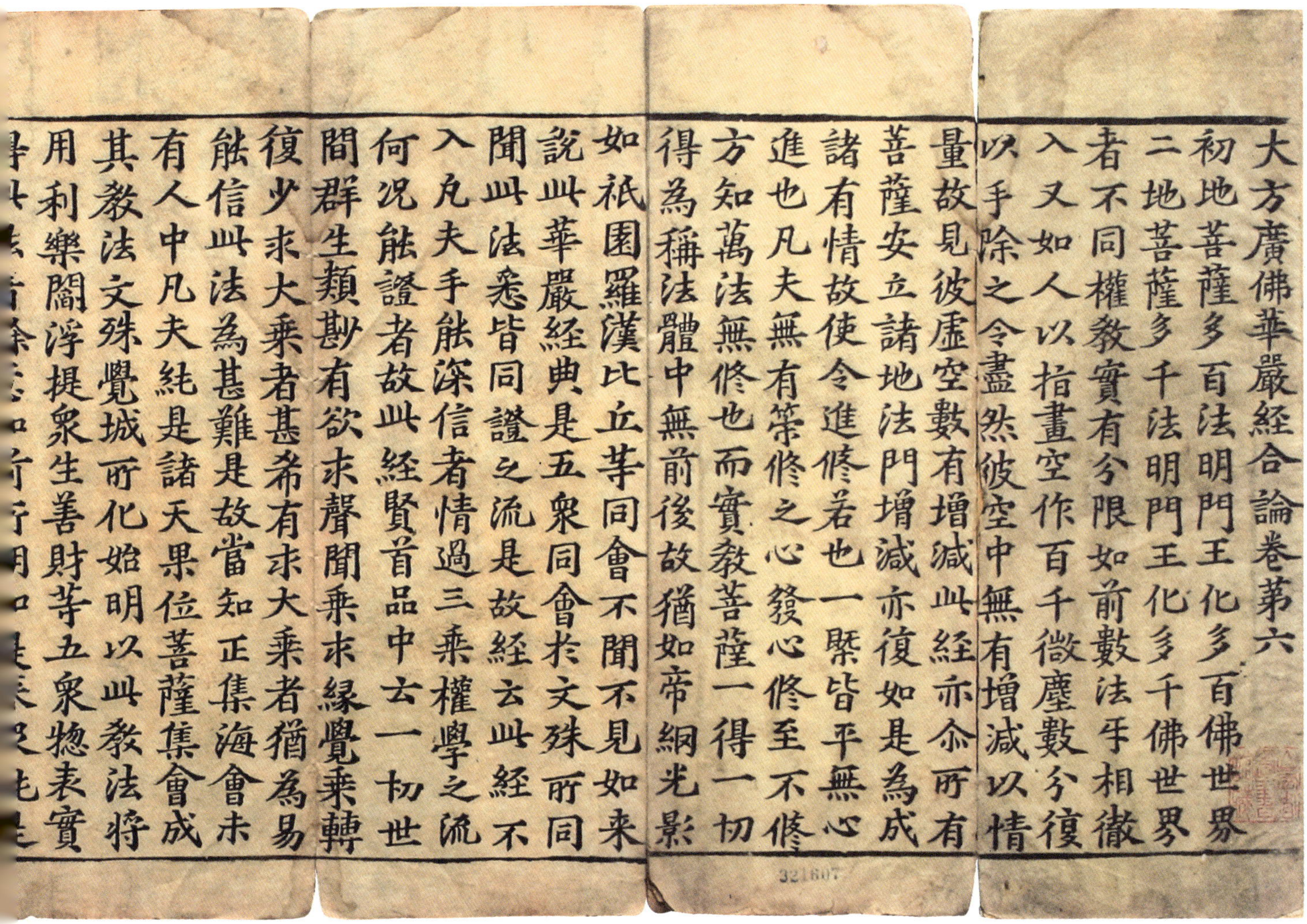
大方廣佛華嚴経合論卷第六
初地菩薩多百法明門王化多百佛世界
二地菩薩多千法明門王化多千佛世界
者不同權教實有分限如前數法乎相徹
入又如人以指畫空作百千微塵數分復
以手除之令盡然彼空中無有增減以情
量故見彼虗空數有增減此經亦尒所有
菩薩安立諸地法門增減亦復如是為成
諸有情故使令進修若也一槩皆平無心
進也凡夫無有等修之心發心修至不修
方知萬法無修也而實教菩薩一得一切
得為稱法體中無前後故猶如帝網光影
如祇園羅漢比丘等同會不聞不見如来
說此華嚴經典是五衆同會於文殊所同
聞此法悉皆同證之流是故經云此經不
入凡夫手能深信者情過三乘權學之流
何況能證者故此經賢首品中云一切世
間群生類尠有欲求聲聞乘求緣覺乘轉
復少求大乘者甚希有求大乘者猶為易
能信此法為甚難是故當知正集海會未
有人中凡夫純是諸天果位菩薩集會成
其教法文殊覺城所化始明以此教法将
用利樂閻浮提衆生善財等五衆揔表實

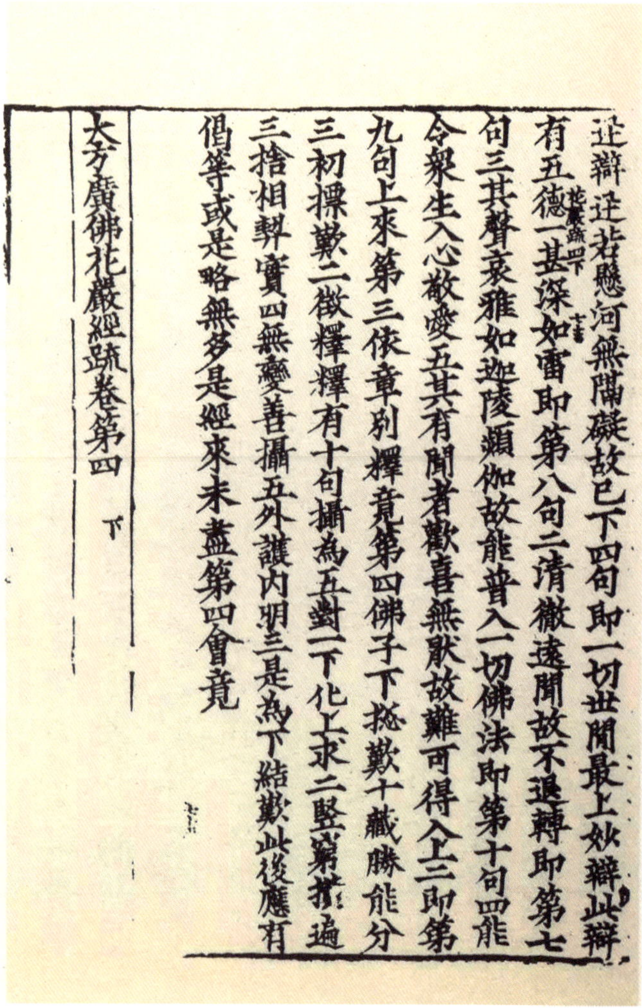

迋辯迋若懸河無關礙故已下四句即一切世間最上妙辯此辯
有五德一甚深如雷即第八句二清徹遠聞故不退轉即第七
句三其聲哀雅如迦陵頻伽故能普入一切佛法即第十句四能
令衆生入心敬愛五其有聞者歡喜無厭故難可得入上三即第
九句上來第三依章别釋竟第四佛子下揔歎十藏勝能分
三初摽歎二徵釋釋有十句攝為五對一下化上求二竪窮横遍
三捨相契實四無變善攝五外護内明三是為下結歎此後應有
倡等或是略無多是經來未盡第四會竟

大方廣佛花嚴經疏卷第四 下

00959 大方廣佛花嚴經疏（分卷不詳）（唐）釋澄觀撰 遼刻本

卷軸裝。高29.2厘米，長2231.1厘米，一紙長54.4至57.2厘米。每紙三十四行，行二十四至二十五字。四周單邊。每紙刻有小字"華嚴疏四下"及版碼。朱筆點讀記號。紙背有陽"福惠邑記"方形朱印及朱書"願智門開"四字。1974年山西應縣木塔發現。山西省應縣木塔文物管理所藏，存一卷。

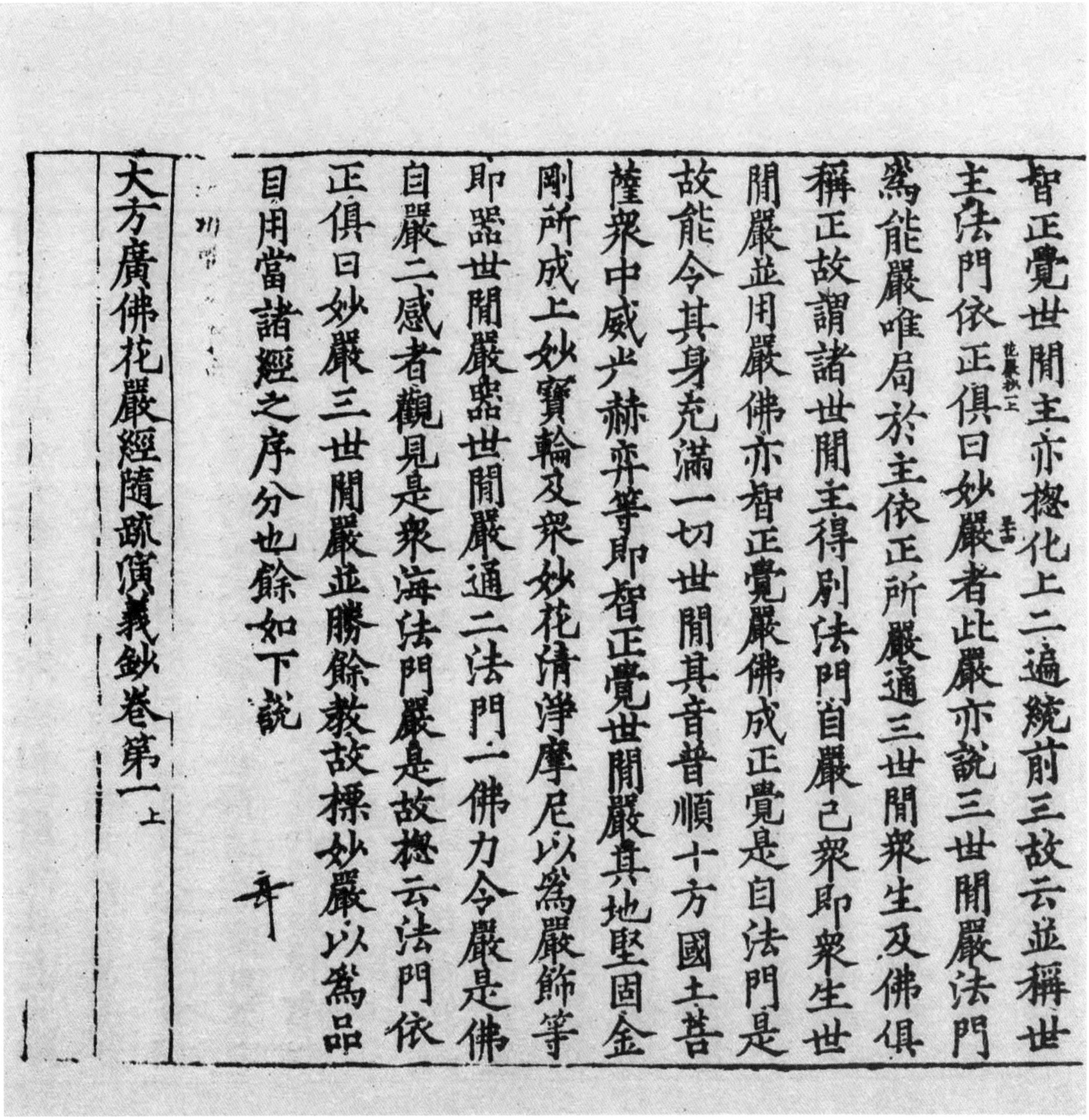
智正覺世間主亦揔化上二遍統前三故云並稱世
主法門依正俱曰妙嚴者此嚴亦說三世間嚴法門
爲能嚴唯局於主依正所嚴通三世間衆生及佛俱
稱正故謂諸世間主得別法門自嚴已衆即衆生世
間嚴並用嚴佛亦智正覺嚴佛成正覺是自法門是
故能令其身充滿一切世間其音普順十方國土菩
薩衆中威光赫奕等即智正覺世間嚴其地堅固金
剛所成上妙寶輪及衆妙花清淨摩尼以爲嚴飾等
即器世間嚴器世間嚴通二法門一佛力令嚴是佛
自嚴二感者觀見是衆海法門嚴是故揔云法門依
正俱曰妙嚴三世間嚴並勝餘教故標妙嚴以爲品
目用當諸經之序分也餘如下說
大方廣佛花嚴經隨疏演義鈔卷第一上

00960 大方廣佛花嚴經隨疏演義鈔（分卷不詳）（唐）釋澄觀撰 遼刻本

卷軸裝。高29厘米，長1879厘米。一紙長56.1至56.7厘米。全卷三十四紙，每紙三十行，行二十字。朱筆點讀。卷尾朱書“涿州寶嚴寺僧可救”。每紙均刻有小字“華嚴抄一上”及版碼。1974年山西應縣木塔發現。山西省應縣木塔文物管理所藏，存四卷。

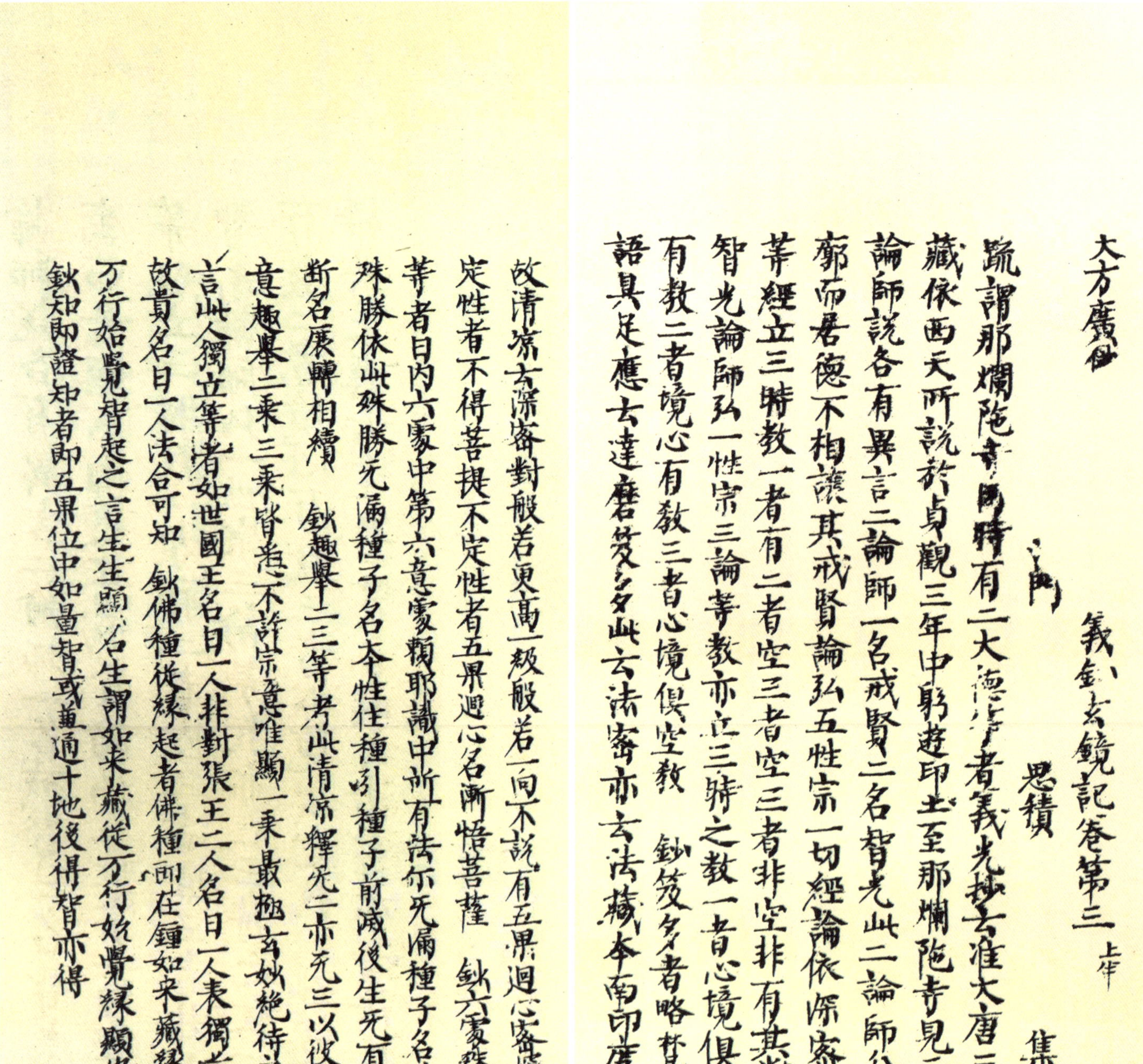
大方廣[illegible]義鈔玄鏡記卷第三 上半
沙門　思積　集
疏謂那爛陁寺同時有二大德者義光抄云准大唐三
藏依西天所說於貞觀三年中躬遊印土至那爛陁寺見二
論師說各有異言二論師一名戒賢二名智光此二論師以
鄭而居德不相讓其戒賢論弘五性宗一切經論依深密
等經立三時教一者有二者空三者非空非有其光
智光論師弘一性宗三論等教亦立三時之數一者心境俱
有教二者境空心有教三者心境俱空教　鈔笈多者略梵
語具足應云達磨笈多此云法密亦云法藏本南印度
故清涼云深密對般若更高一級般若一向不說有五果迴心密宗說
定性者不得菩提不定性者五果迴心名漸悟菩薩　鈔六處殊勝
等者曰內六處中第六意處賴耶識中所有法爾无漏種子名為
殊勝依此殊勝无漏種子名本性住種引種子前滅後生无有間
斷名展轉相續　鈔趣舉二三等者此清涼釋无二亦无三以彼經
意趣舉二乘三乘皆悉不許宗意唯顯一乘最極玄妙絕待之一
言此人獨立等者如世國王名曰一人非對張王二人名曰一人表獨尊
故貴名曰一人法合可知　鈔佛種從緣起者佛種即在纏如來藏緣即
万行始覺智起之言生生顯名生謂如來藏從万行始覺緣顯也
鈔知即證知者即五果位中如量智或通十地後得智亦得

00961 大方廣佛華嚴經隨疏演義鈔玄鏡記（分卷不詳）（遼）釋思積集 遼寫本

綫裝。匡高30.6厘米，廣17.5厘米。原爲散葉，經修復綫裝成册。1974年山西應縣木塔發現。山西省應縣木塔文物管理所藏，存一卷。

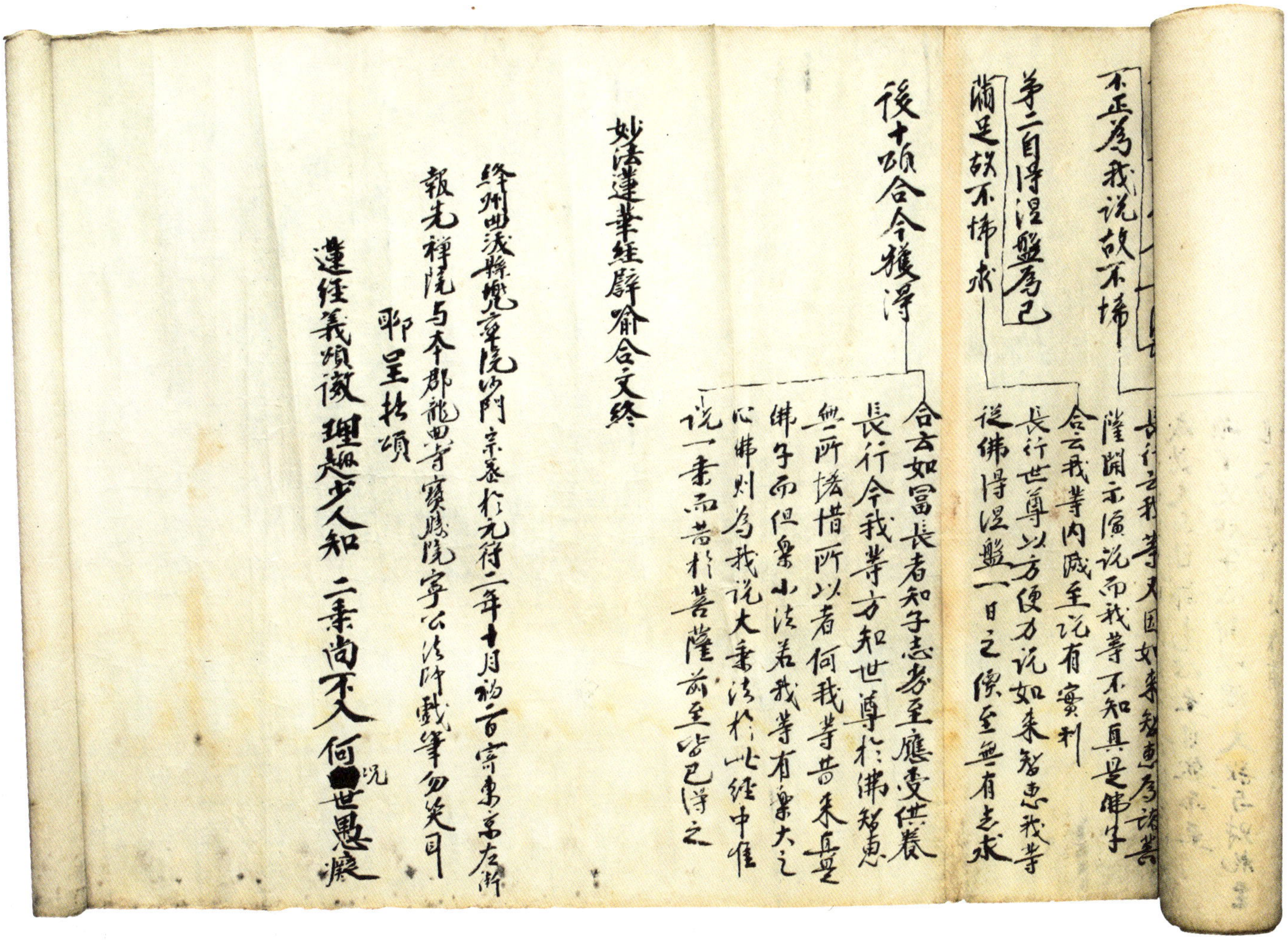

00962 妙法蓮華經譬喻合文一卷 宋元符二年（1099）寫本

卷軸裝。高37厘米，長421厘米。一紙長48.5厘米。每紙二十六行，行十四至十五字。山西省曲沃縣東凝廣福院大佛腹中出土。山西省曲沃縣圖書館藏。

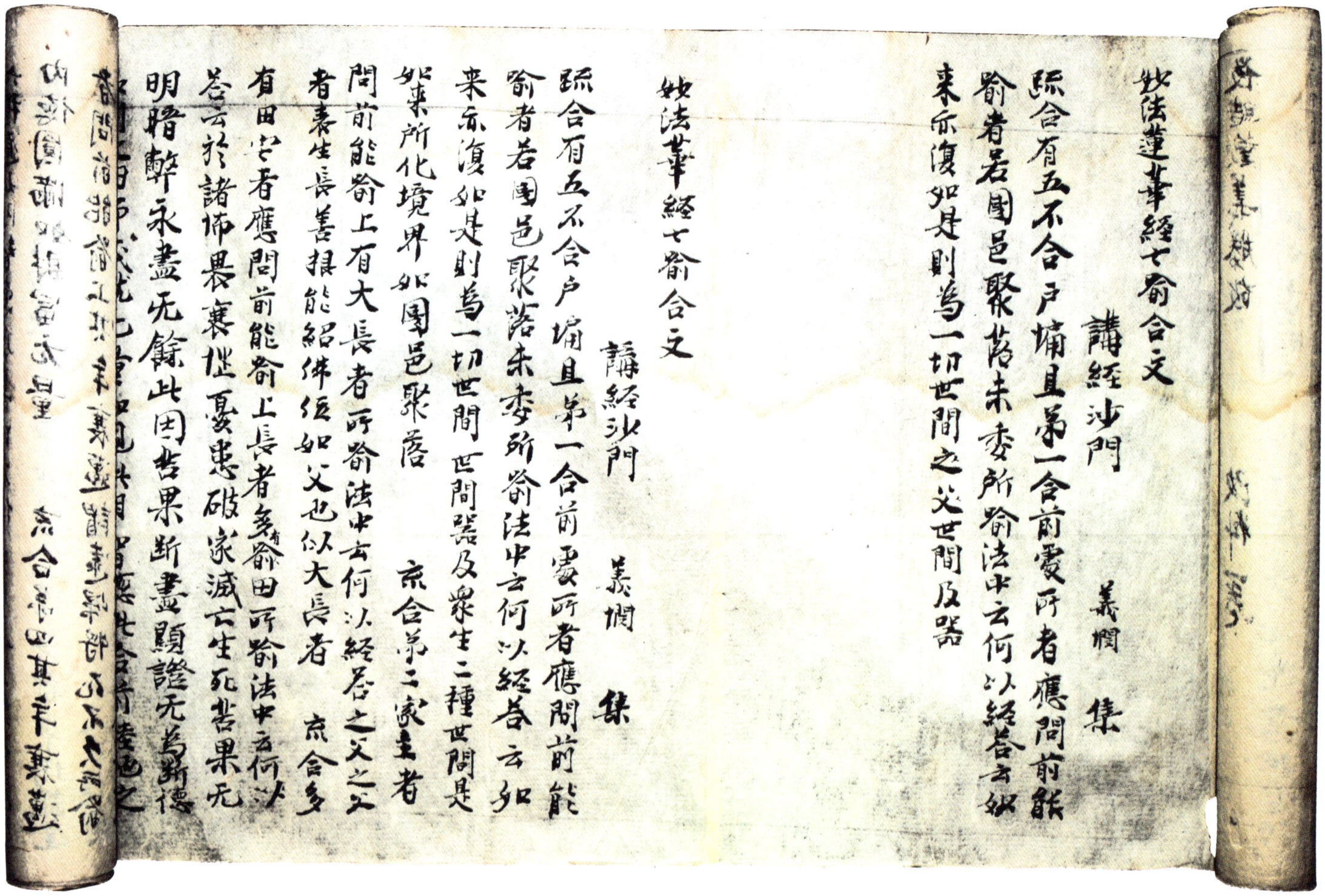

00963 [妙法蓮華經科文一卷] 佚名著 **妙法蓮華經七喻合文一卷** （宋）釋義憫集　宋抄本

卷軸裝。高28厘米，長820厘米。一紙長56厘米。每紙三十八行，行十八字至二十字。卷尾用廢弃“東京景德寺沙門紹才集”《法華經集拂義初機决》作拖尾。山西省曲沃縣圖書館藏，存二卷，合爲一軸。

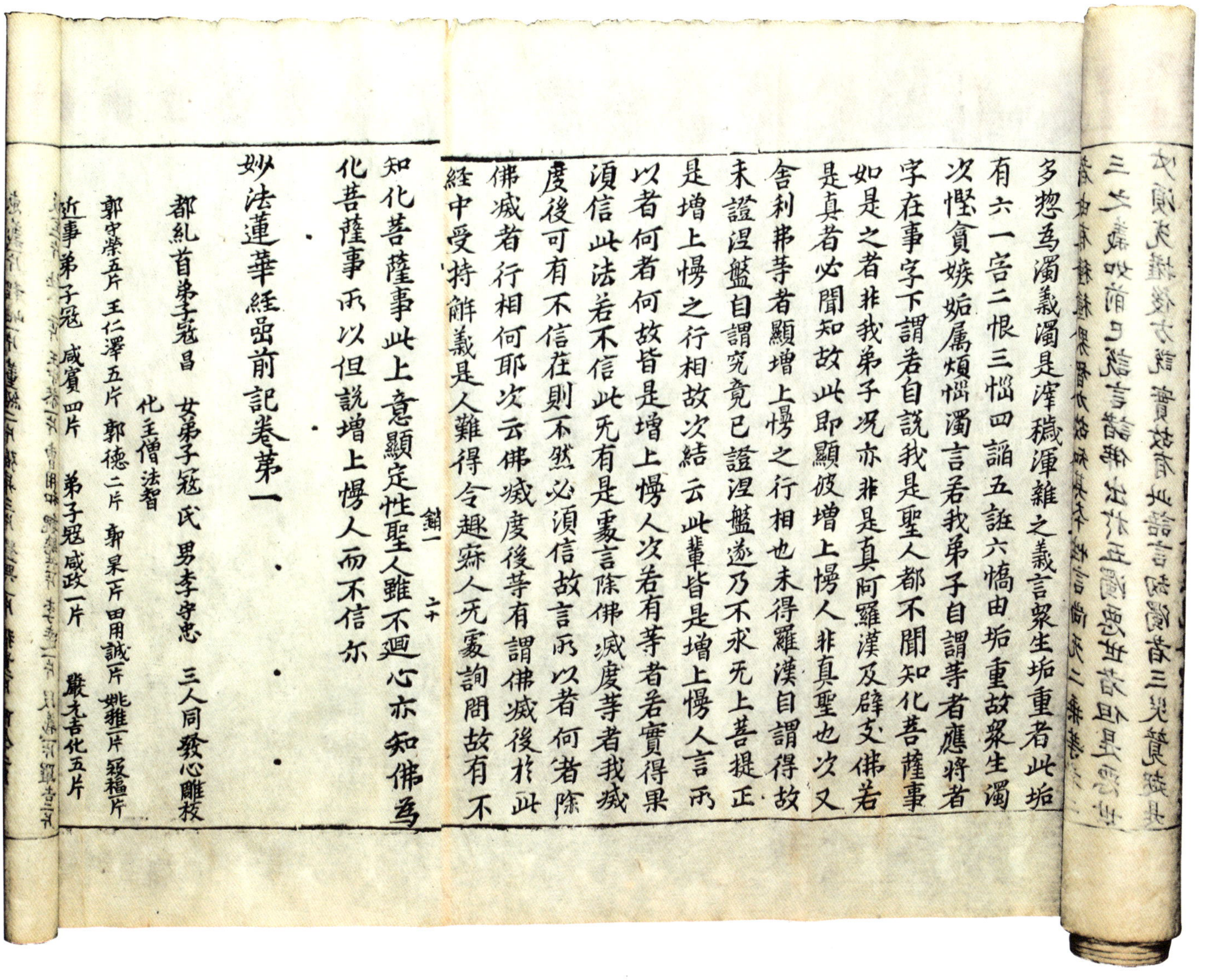

00964 妙法蓮華經畧前記六卷 金皇統八年（1148）刻本

卷軸裝。高35厘米，五卷分別長651、1100、975、1120、773厘米。一紙長50.5厘米。每紙二十八行，行二十一字。題有施板人姓名及“時戊辰歲仲秋月畢手”。曲沃縣東凝廣福院大佛腹中出土。山西省曲沃縣圖書館藏，存五卷。

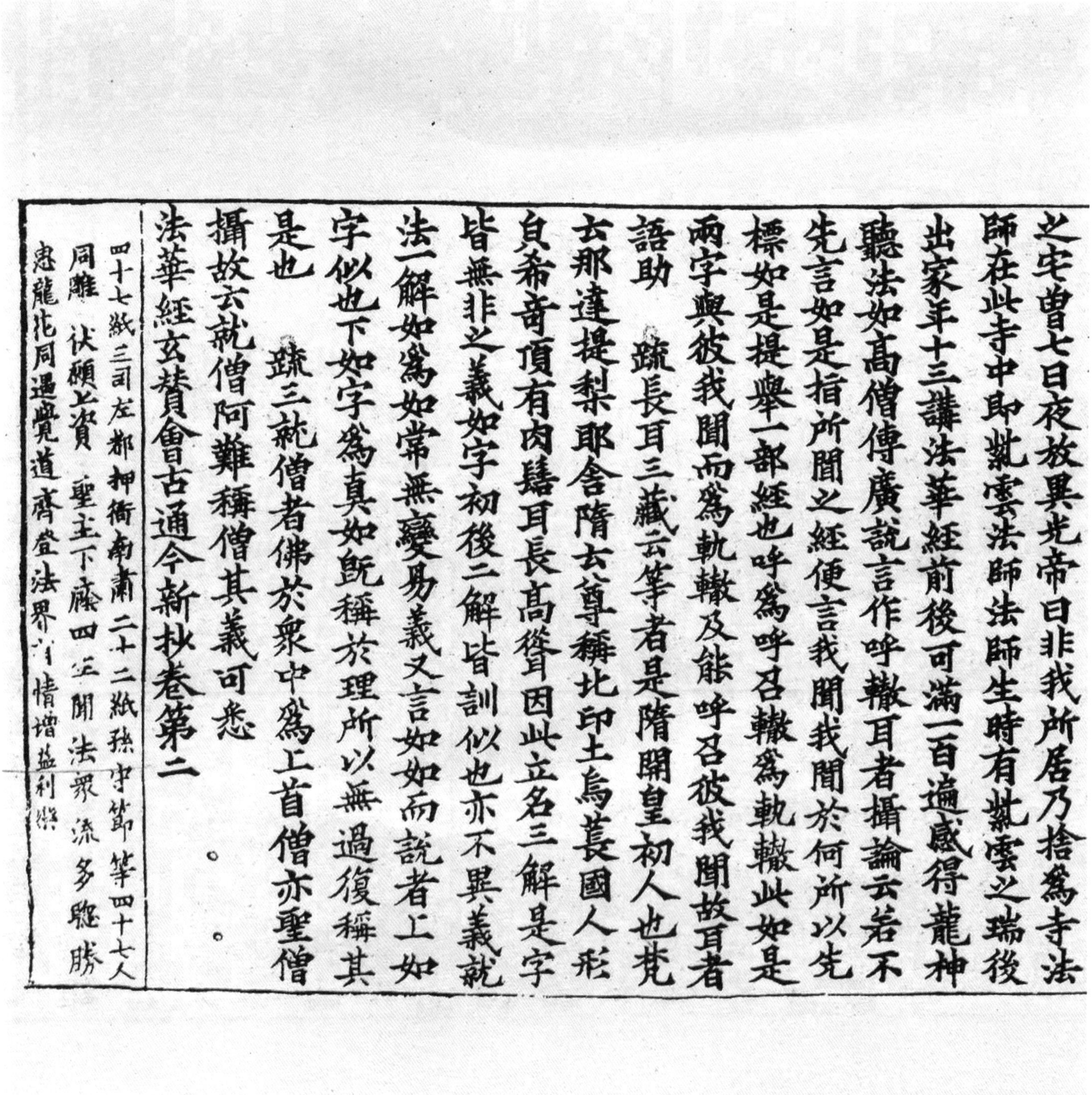

之宅曽七日夜放異光帝曰非我所居乃捨爲寺法
師在此寺中即紫雲法師法師生時有紫雲之瑞後
出家年十三講法華經前後可滿一百遍感得龍神
聽法如高僧傳廣説言作呼轍耳者攝論云若不
先言如是指所聞之經便言我聞我聞於何所以先
標如是提舉一部經也呼爲呼召轍爲軌轍此如是
兩字與彼我聞而爲軌轍及能呼召彼我聞故耳者
語助　疏長耳三藏云等者是隋開皇初人也梵
云那連提梨耶舍隋云尊稱北印土烏萇國人形
貟希奇頂有肉髻耳長高聳因此立名三解是字
皆無非之義如字初後二解皆訓似也亦不異義就
法一解如爲如常無變易義又言如如而説者上如
字似也下如字爲真如既稱於理所以無過復稱其
是也　疏三執僧者佛於衆中爲上首僧亦聖僧
攝故云執僧阿難稱僧其義可悉
法華經玄贊會古通今新抄卷第二
四十七紙　三司左都押衙南肅　二十二紙孫守節　等四十七人
同雕　伏願上資　聖主下蔭四生聞法衆流多聽勝
惠龍花同遇覺道齊登法界有情增益利樂

00965 法華經玄贊會古通今新抄十卷（遼）釋詮明述　遼刻本

卷軸裝。高29.4厘米，長2568.3厘米。一紙長56厘米。每紙三十二行，行二十至二十二字。1974年山西應縣木塔發現。每紙有“法抄”及版碼，朱筆點讀記號。山西省應縣木塔文物管理所藏，存二卷。

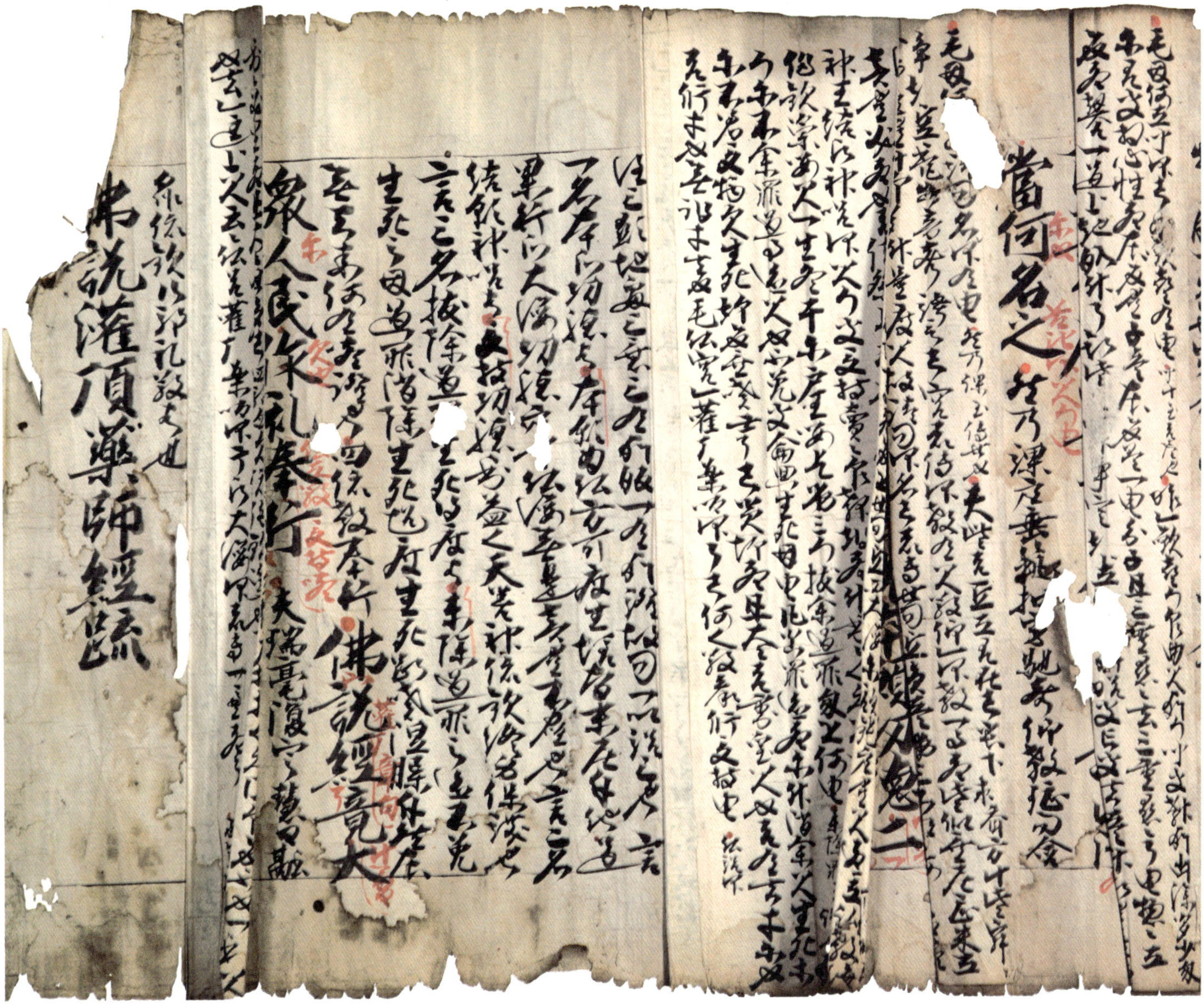

00966 灌頂藥師經疏 （東晉）釋帛尸梨蜜多羅譯 佚名疏 大理國寫本

卷軸裝。高32.8厘米，長550厘米。每紙長47.7至52.5厘米。存十一紙，三百七十一行。尾題“灌頂藥師經疏”。存“祥月難觀音順”六字。有朱筆旁注及浮簽疏注。1956年大理鳳儀北湯天董氏宗祠發現。雲南省圖書館藏，存一卷。

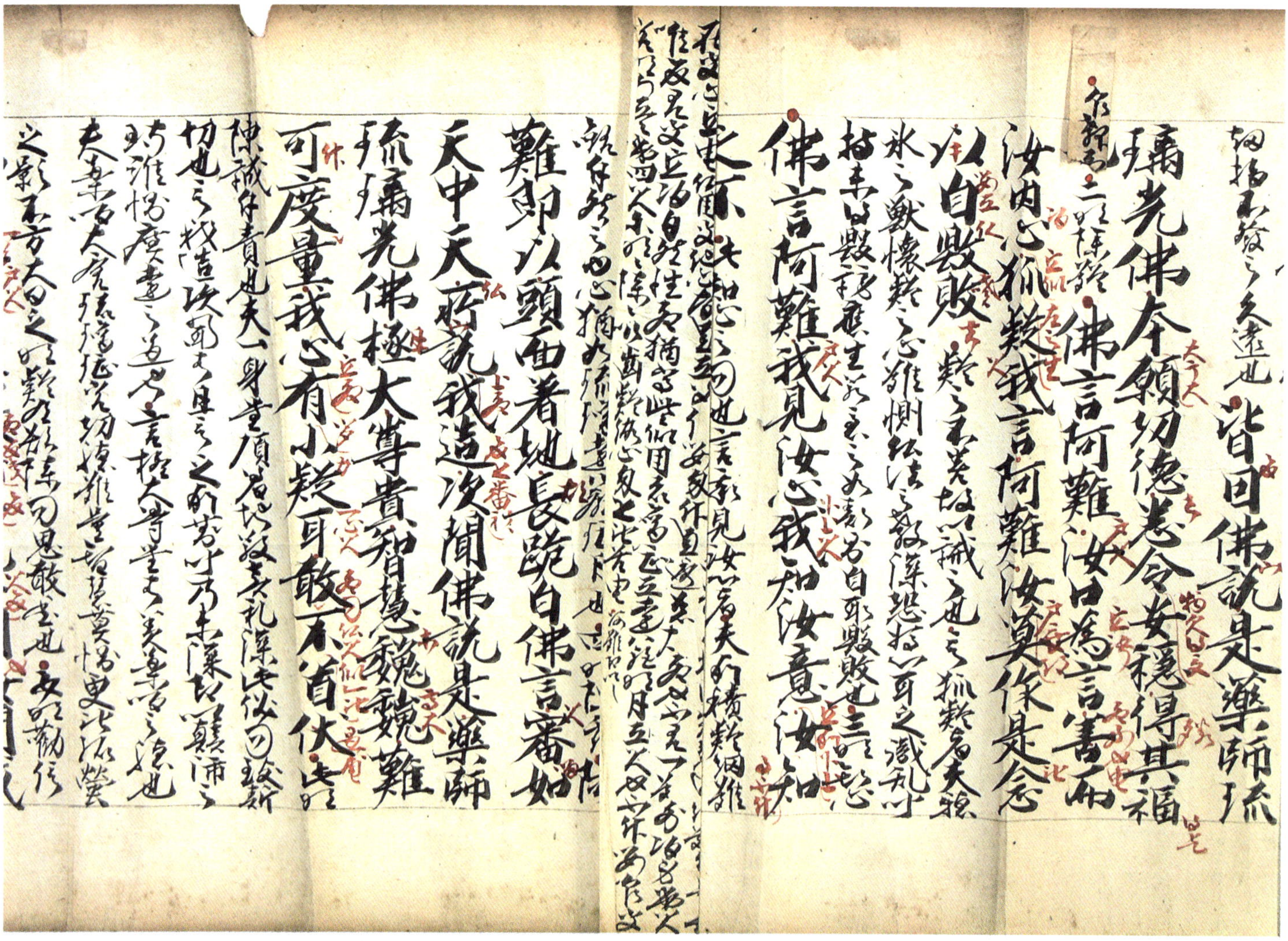

00967 [藥師琉璃光如來本願功德經疏] （唐）釋玄奘譯 佚名疏　大理國寫本

卷軸裝。高29厘米，長375.5厘米。存七紙，二百八十七行。有浮簽十八個。1956年大理鳳儀北湯天董氏宗祠發現。雲南省圖書館藏。

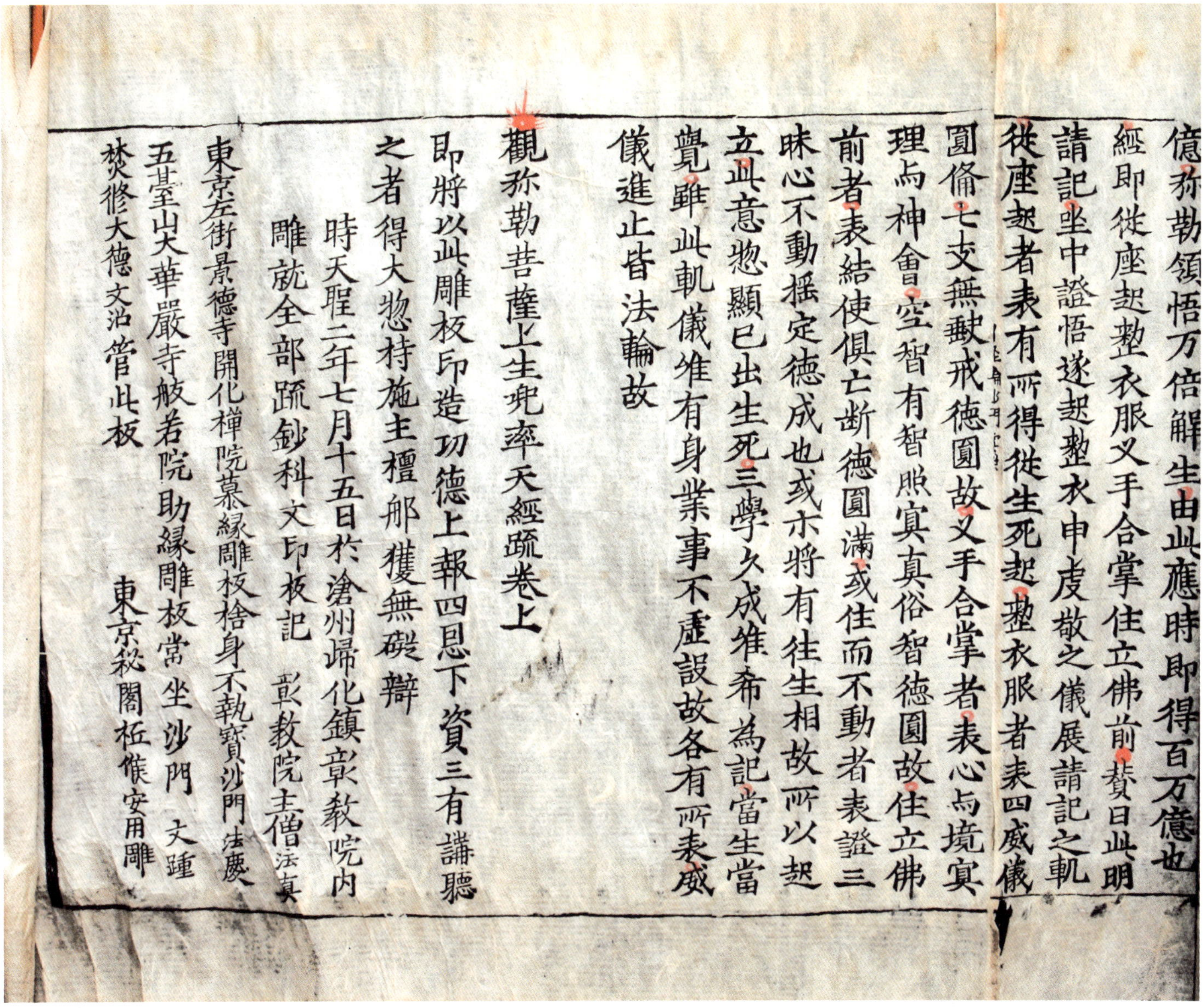

00968 觀彌勒菩薩上生兜率天經疏二卷 （唐）釋窺基撰 宋天聖二年（1024）刻本

卷軸裝。高30.5厘米，長1586厘米。一紙長35厘米。每紙二十一行，行二十字。四周單邊。曲沃縣東凝廣福院大佛腹中出土。朱筆圈點。山西省曲沃縣圖書館藏，存一卷。

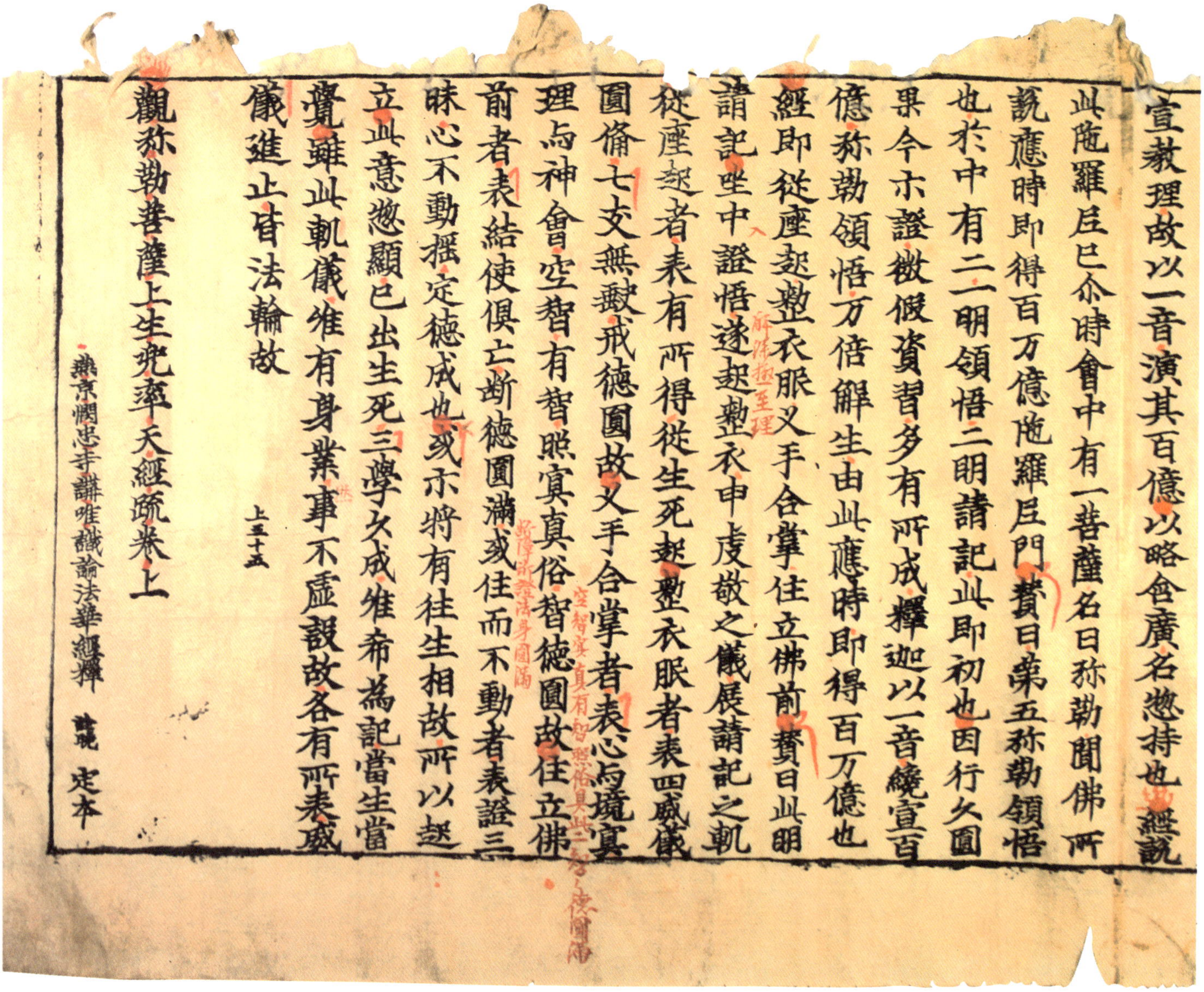
宣教理故以一音演其百億以略會廣名揔持也經説
此陁羅尼已尒時會中有一菩薩名曰弥勒聞佛所
説應時即得百万億陁羅尼門賛曰第五弥勒領悟
也於中有二一明領悟二明請記此即初也因行久圓
果今亦證微假資習多有所成釋迦以一音纔宣百
億弥勒領悟万倍解生由此應時即得百万億也
經即從座起整衣服叉手合掌住立佛前賛曰此明
請記坐中證悟遂起整衣申虔敬之儀展請記之軌
從座起者表有所得從生死起整衣服者表四威儀
圓脩七支無玷戒德圓故叉手合掌者表心与境冥
理与神會空智有智照冥真俗智德圓故住立佛
前者表結使俱亡斷德圓滿或住而不動者表證三
昧心不動揺定德成也或亦將有往生相故所以起
立此意揔顯已出生死三學久成唯希為記當生當
覺雖此軌儀唯有身業事不虚設故各有所表威
儀進止皆法輪故
上五十五
觀弥勒菩薩上生兜率天經疏卷上
燕京憫忠寺講唯識論法華經釋 詮曉 定本

00969 觀彌勒菩薩上生兜率天經疏二卷 （唐）釋窺基撰 遼刻本

卷軸裝。匡高21.6厘米，長805.6厘米。每紙三十行，行十九至二十一字。四周單邊。芷蘭齋藏，存一卷。

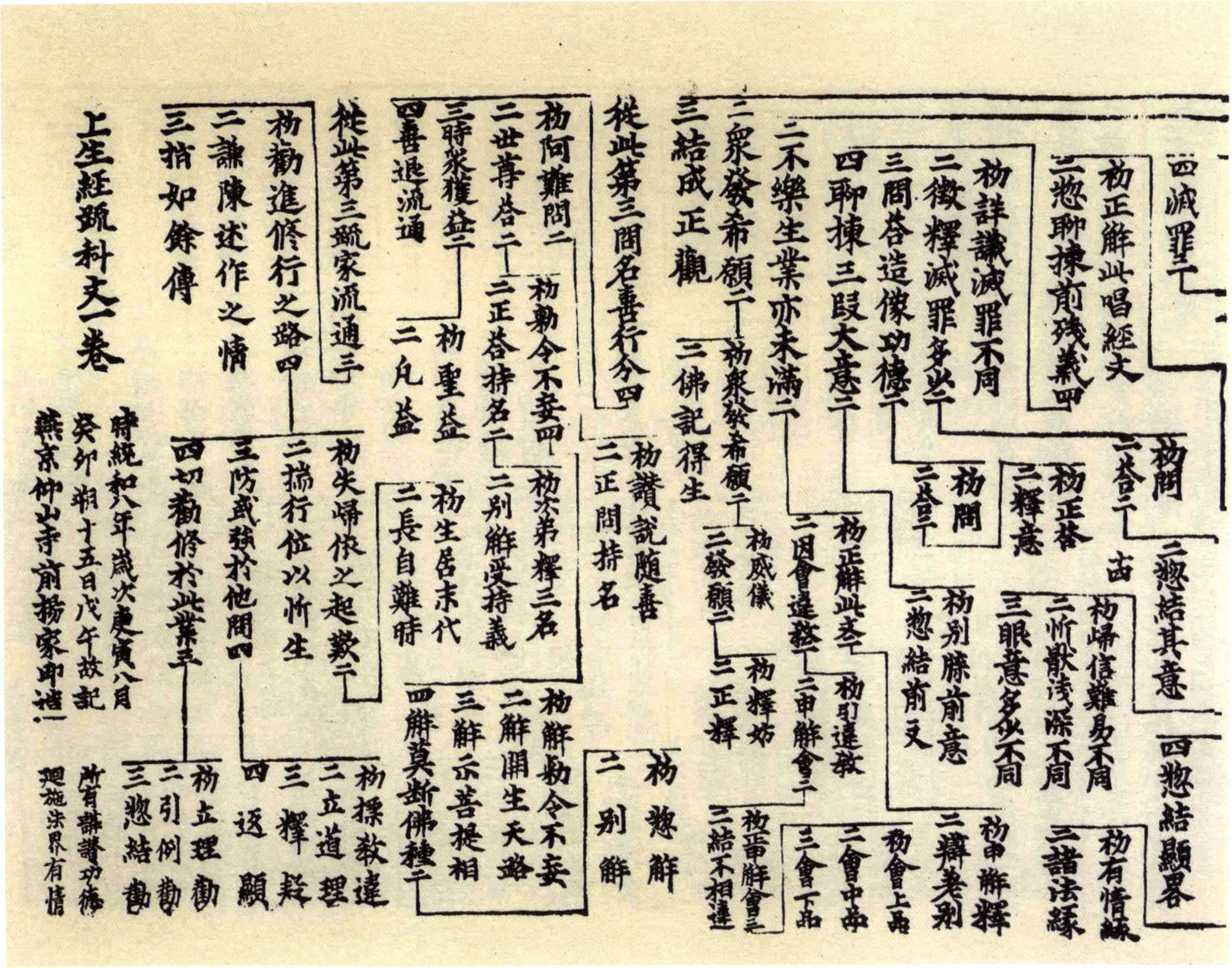

00970 上生經疏科文一卷（遼）釋詮明改定 遼刻本

卷軸裝。高27.5厘米，長721.4厘米。一紙長52.1厘米。每紙行數不等，字數不等。"詮明"之上，鈐有"明"字朱印。卷尾有"時統和八年歲次庚寅八月癸卯朔十五日戊午故記燕京仰山寺前楊家印造所有講讚功德廻施法界有情"題記。山西省應縣木塔文物管理所藏。

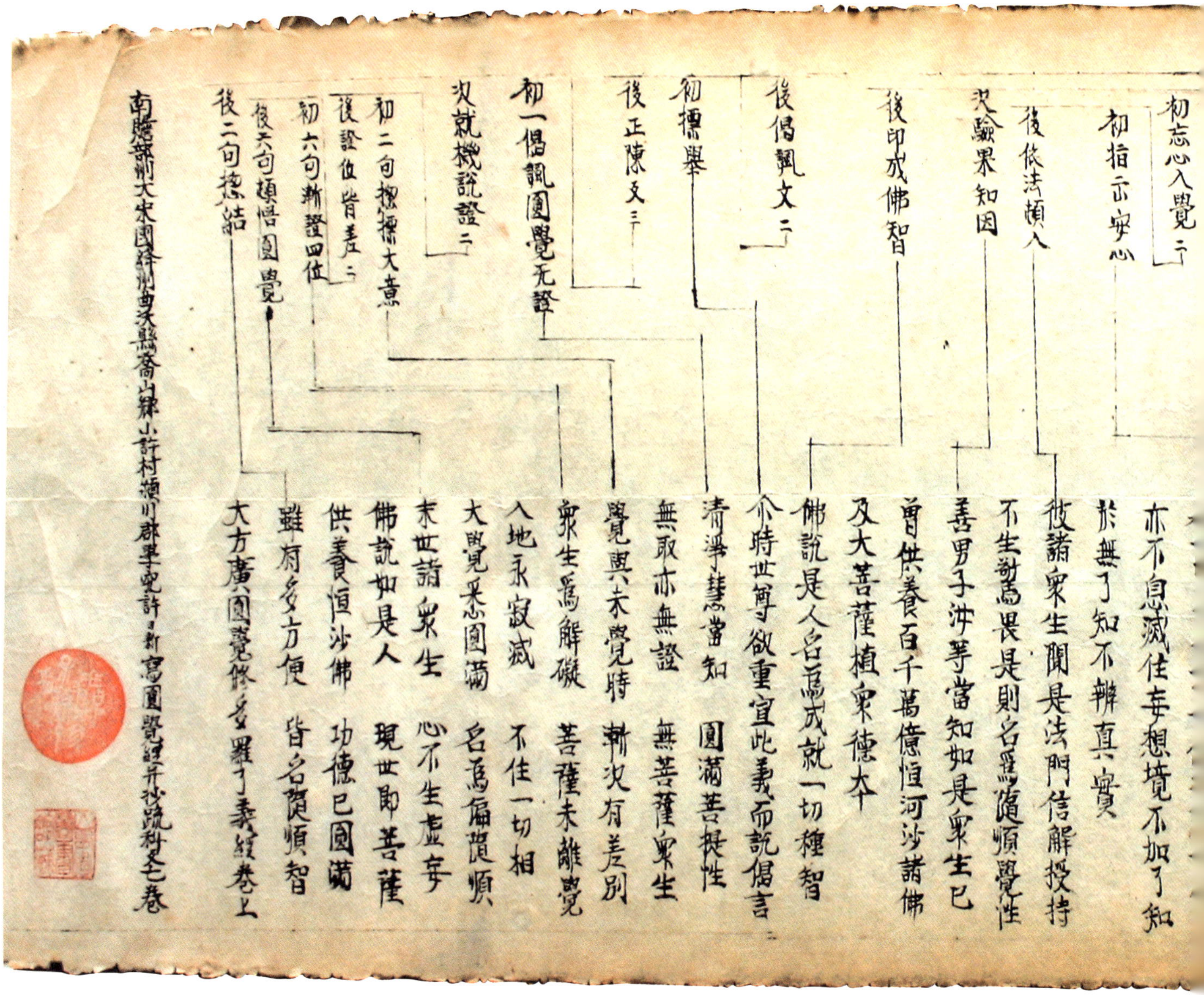

00971 圓覺經并抄疏科文七卷 宋寫本

卷軸裝。高35.8厘米，長260厘米。一紙長52厘米。每紙二十九行，科文部分字不等，經文行十二字，尾有題記。曲沃縣東凝廣福院大佛腹中出土。有圓形朱印六枚。山西省圖書館藏，存一卷。

三聖位三

初悟前非

次明發相二

初明不住證三

初法

次喩

後合

後明不住敎二

初標以喩釋

後具以法合

後結成位

四果位二

初明境

次明心

後結位

是故菩薩常覺不住照與照者

同時寂滅

譬如有人自斷其首首已斷故

無能斷者

則以礙心自滅諸礙礙已斷滅

無滅礙者

修多羅敎如標月指若復見月

了知所標畢竟非月

一切如來種種言說開示菩薩

亦復如是

此名菩薩已入地者隨順覺性

善男子一切障礙即究竟覺得

念失念無非解脫成法破法皆

名涅槃智慧愚癡通爲般若菩

薩外道所成就法同是菩提無

明真如無異境界諸戒定慧及

婬怒癡俱是梵行衆生國土同

一法性地獄天宮皆爲淨土有

性無性齊成佛道一切煩惱畢

竟解脫

法界海慧照了諸相猶如虛空

此名如來隨順覺性

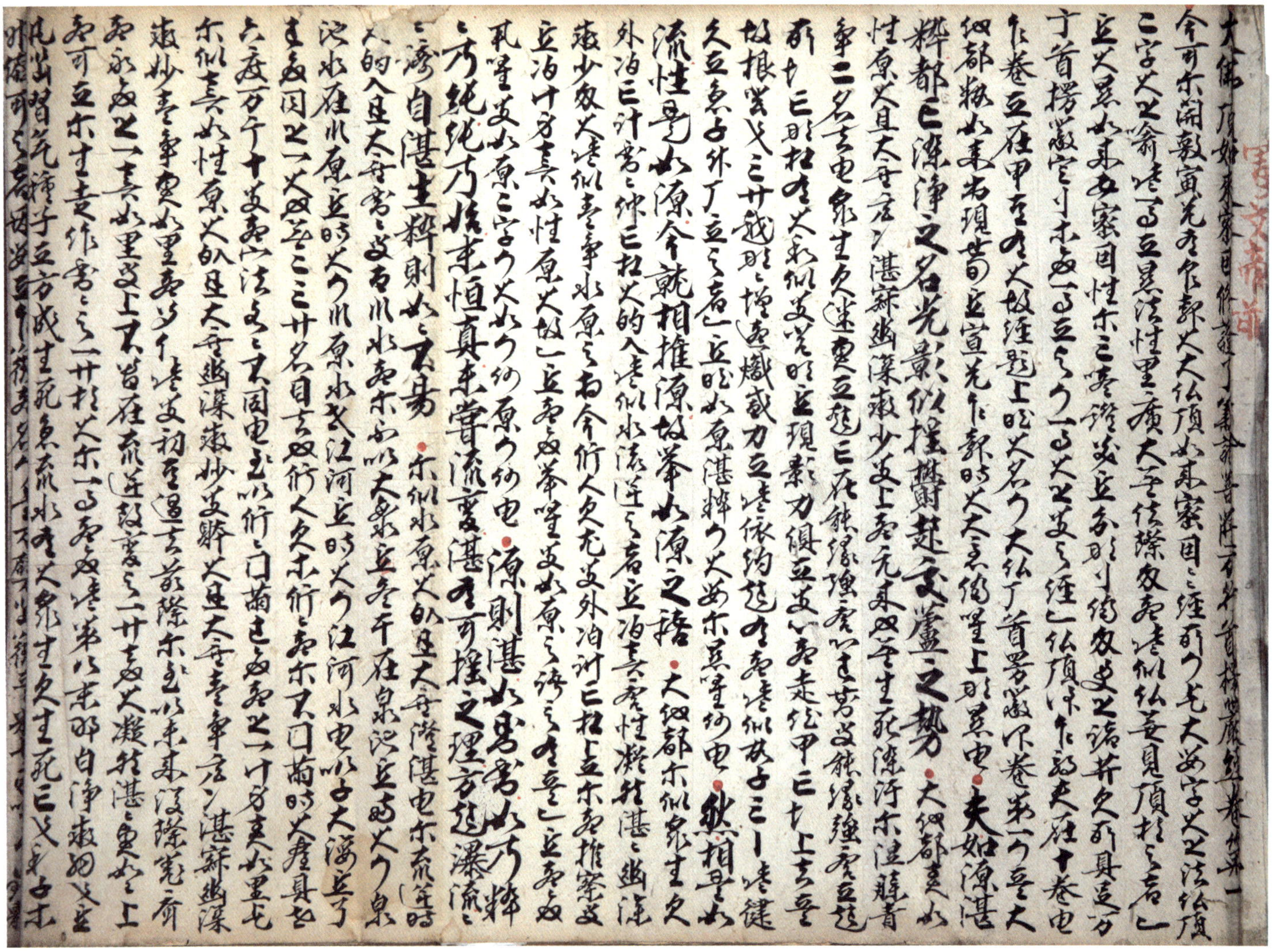

00972 大佛頂如來密因修證了義諸菩薩萬行首楞嚴經疏 （唐）釋般剌密帝譯 佚名疏 大理國寫本

卷軸裝。高29.5厘米，總長448.5厘米。已分爲兩卷。從裝幀形式看，第二卷或爲從第一卷上脱落下來的浮簽。紙背有“置文帝經藏”一方，朱印“置文帝前”、“爲釋行海造”等五個。1956年大理鳳儀北湯天董氏宗祠發現。雲南省圖書館藏。

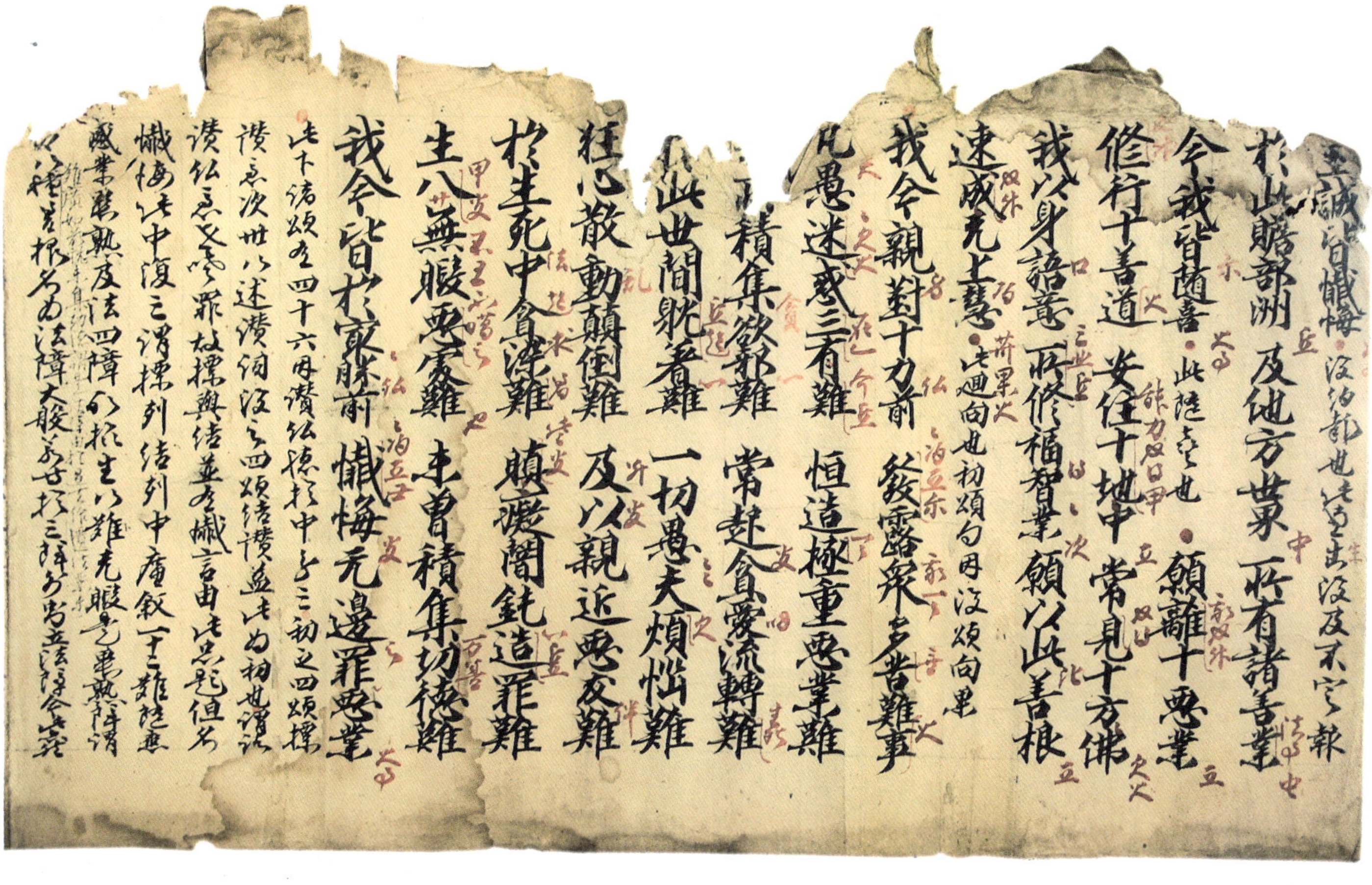

至誠皆懺悔
於此贍部洲 及他方世界 所有諸善業
今我皆隨喜 願離十惡業
修行十善道 安住十地中 常見十方佛
我以身語意 所修福智業 願以此善根
速成无上慧
我今親對十力前 發露衆多苦難事
凡愚迷惑三有難 恒造極重惡業難
積集欲邪難 常起貪愛流轉難
此世間耽著難 一切愚夫煩惱難
狂心散動顛倒難 及以親近惡友難
於生死中貪染難 瞋癡闇鈍造罪難
生八無暇惡處難 未曾積集功德難
我今皆於最勝前 懺悔无邊罪惡業

00973 [普賢菩薩行願讚疏] （唐）釋不空譯 佚名疏 大理國寫本

卷軸裝。高29厘米，長195厘米。一紙長32至66厘米。存一百七行。1956年大理鳳儀北湯天董氏宗祠發現。雲南省圖書館藏。

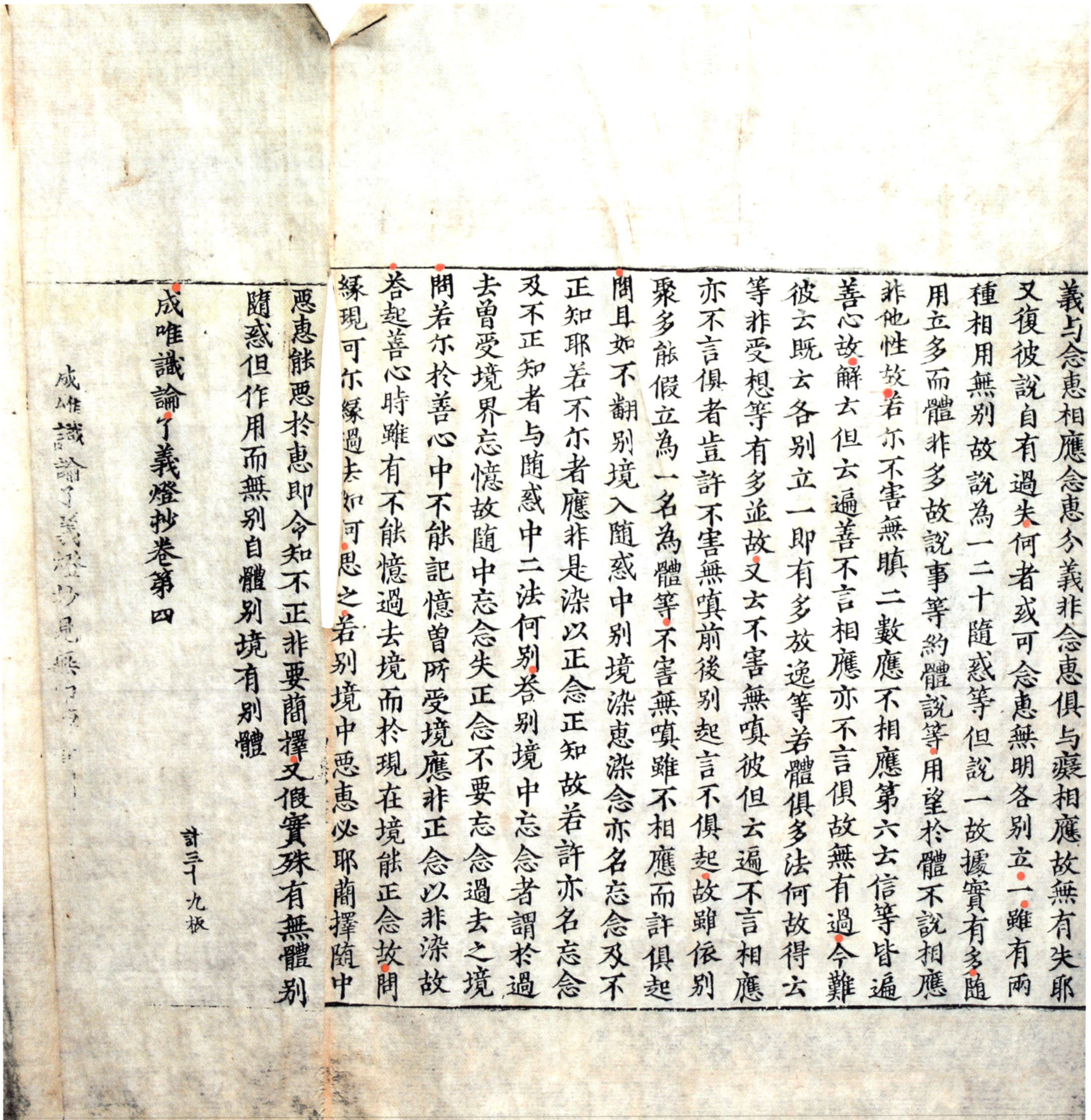

義与念惠相應念惠分義非念惠俱与癡相應故無有失耶
又復彼說自有過失何者或可念惠無明各別立一雖有兩
種相用無別故說為一二十隨惑等但說一故據實有多隨
用立多而體非多故說事等約體說等用望於體不說相應
非他性故若尒不害無瞋二數應不相應第六云信等皆遍
善心故解云但云遍善不言相應亦不言俱故無有過今難
彼云既云各別立一即有多放逸等若體俱多法何故得云
等非受想等有多並故又云不害無嗔彼但云遍不言相應
亦不言俱者豈許不害無嗔前後別起言不俱起故雖依別
聚多能假立為一名為體等不害無嗔雖不相應而許俱起
問且如不翻別境入隨惑中別境染惠染念亦名忘念及不
正知耶若不尒者應非是染以正念正知故若許亦名忘念
及不正知者与隨惑中二法何別答別境中忘念者謂於過
去曾受境界忘憶故隨中忘念失正念不要忘念過去之境
問若尒於善心中不能記憶曾所受境應非正念以非染故
答起善心時雖有不能憶過去境而於現在境能正念故問
緣現可尒緣過去知何思之若別境中惡惠必耶簡擇隨中
惡惠能惡於惠即令知不正非要簡擇又假實殊有無體別
隨惑但作用而無別自體別境有別體
成唯識論了義燈抄卷第四

計三十九板

00974 成唯識論了義燈抄七卷 （唐）釋惠沼撰 金刻本

卷軸裝。高41.5厘米，長1350厘米。一紙長46.5厘米。每紙二十八行，行二十三字。上下單邊。朱筆點讀。葉中間有施板者“徐氏一板”、“趙氏一板”等。有刻工“孫仝刀”、“溥時刀”。 發現於曲沃東凝廣福院内。山西省曲沃縣圖書館藏，存一卷。

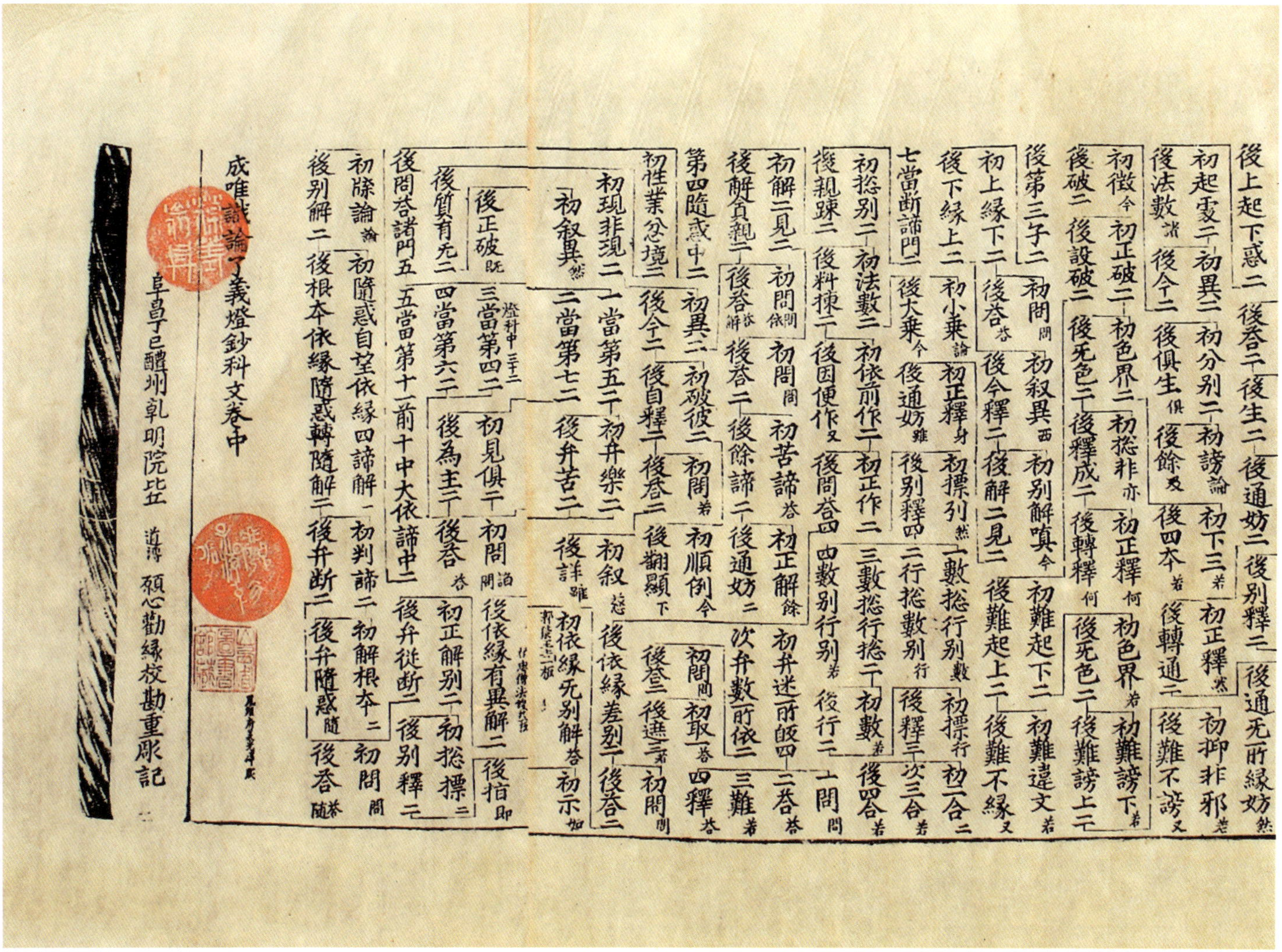
成唯識論了義燈鈔科文卷中
阜昌丁巳醴州乹明院比丘道溥願心勸緣校勘重彫記

00975 成唯識論了義燈鈔科文三卷 齊阜昌八年（1137）醴州乹明院刻本

卷軸裝。高37.8厘米，長1348厘米。一紙長48.3厘米。每紙二十八行，行字不等。有“鳳翔府吳光澤彫”、“阜昌丁巳醴州乹明院比丘道溥願心勸緣校勘重彫記”題記。山西省圖書館藏，存一卷。

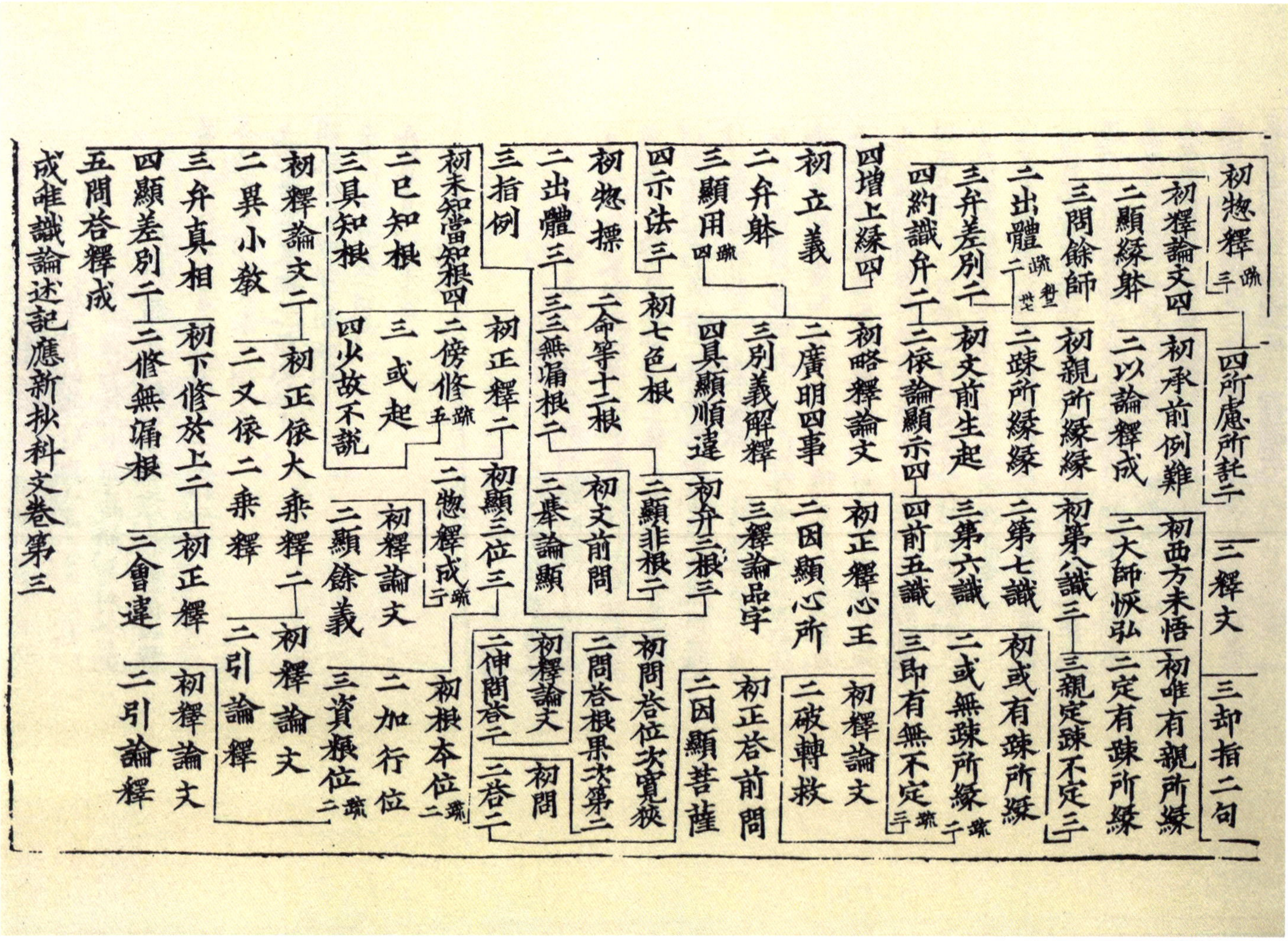
初揔釋 三疏
四所處所詮二
三釋文
三卻指二句
初釋論文四
二顯緣躰
三問餘師
二出體二 疏卌
三弁差別二
四約識弁二
四增上緣四
初承前例難
二以論釋成
初親所緣緣
二疎所緣緣
初文前生起
二依論顯示四
初西方未悟
二大師恢弘
初第八識三
二第七識
三第六識
四前五識
初唯有親所緣
二定有疎所緣
三親定疎不定三
初或有疎所緣
二或無疎所緣二疏
三即有無不定疏三
初立義
二弁躰
三顯用四疏
四示法三
初揔摽
二出體三
三指例
初略釋論文
二廣明四事
三別義解釋
四具顯順違
初正釋心王
二因顯心所
三釋論名字
初釋論文
二破轉救
初正荅前問
二因顯菩薩
初七色根
二命等十二根
三三無漏根二
初弁二根三
二顯非根二
初文前問
二舉論顯
初問荅位次寬狹
二問荅根果次第二
初釋論文
二伸問荅二
初問
二荅二
初正釋二
初未知當知根四
二已知根
三具知根
二傍修五疏
三或起
四少故不說
初顯三位三
二惣釋成二疏
初釋論文
二顯餘義
初根本位二疏
二加行位
三資糧位二疏
初釋論文二
二異小教
三弁真相
四顯差別二
五問荅釋成
初正依大乘釋二
二又依二乘釋
初下修於上二
二修無漏根
初釋論文
二引論釋
初正釋
二會違
初釋論文
二引論釋
成唯識論述記應新抄科文卷第三

00976 成唯識論述記應新抄科文四卷 （遼）釋詮明述 遼刻本

卷軸裝。高28厘米，長1892厘米。一紙長52.5厘米。全卷三十七紙，每紙三十行。四周單邊。各紙有“科三”及版碼。1974年山西應縣木塔發現。山西省應縣木塔文物管理所藏，存一卷。

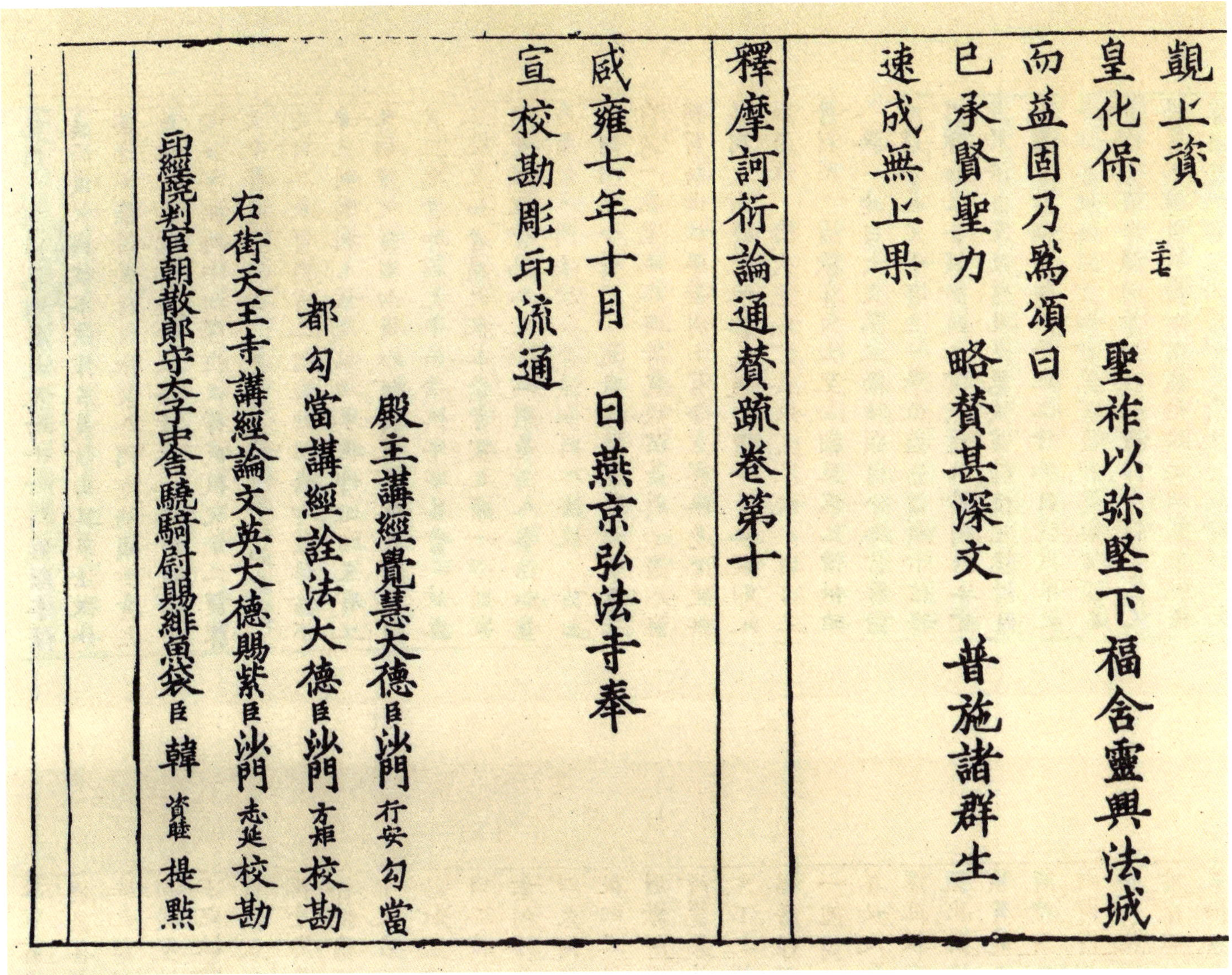
覲上資 三七
皇化保　聖祚以弥堅下福含靈興法城
而益固乃爲頌曰
已承賢聖力　略贊甚深文　普施諸群生
速成無上果

釋摩訶衍論通贊疏卷第十

咸雍七年十月　日燕京弘法寺奉
宣校勘彫印流通
殿主講經覺慧大德臣沙門行安勾當
都勾當講經詮法大德臣沙門方矩校勘
右街天王寺講經論文英大德賜紫臣沙門志延校勘
印經院判官朝散郎守太子中舍驍騎尉賜緋魚袋臣韓資睦提點

00977 釋摩訶衍論通贊疏十卷（遼）釋守臻述　遼刻本

卷軸裝。高29.6厘米，長893厘米。一紙長54.5厘米。每紙二十八行，行十八字。四周單邊。每紙有“通贊疏十”及版碼。有“應州文書”方形朱印。1974年山西應縣木塔發現。山西省應縣木塔文物管理所藏，存一卷。

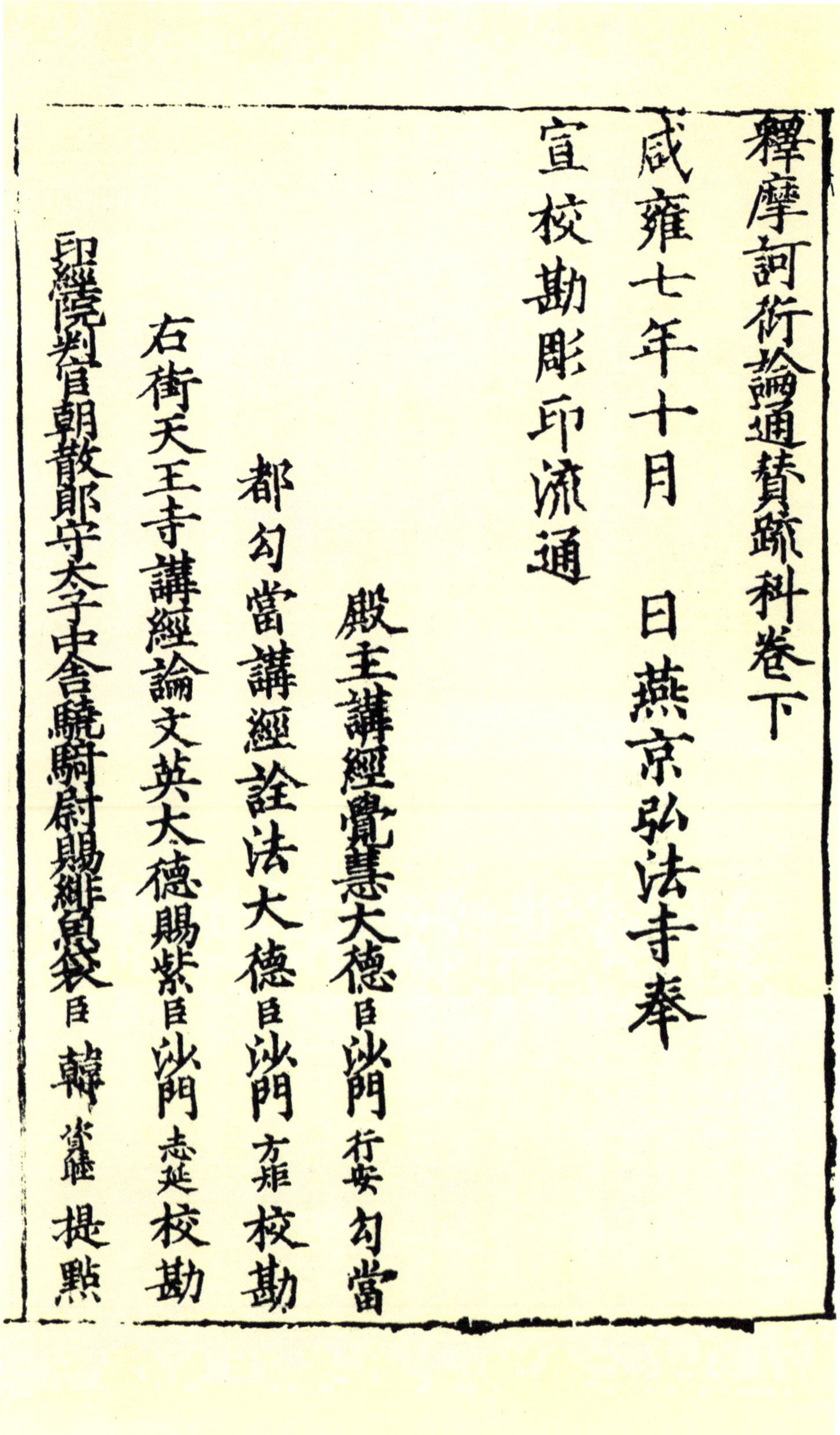

釋摩訶衍論通贊疏科卷下
咸雍七年十月　日燕京弘法寺奉
宣校勘彫印流通
殿主講經覺慧大德臣沙門行安勾當
都勾當講經詮法大德臣沙門方矩校勘
右街天王寺講經論文英大德賜紫臣沙門志延校勘
印經院判官朝散郎守太子中舍驍騎尉賜緋魚袋臣韓資睦提點

00978 釋摩訶衍論通贊疏科三卷 （遼）釋守臻述　遼刻本

卷軸裝。高29.7厘米，長573厘米。一紙長55.3至56.2厘米。存十七紙，每紙二十八行，行十二至二十三字。每紙有“通贊科下”及版碼。紙背有“宣賜燕京”朱印。1974年山西應縣木塔發現。山西省應縣木塔文物管理所藏，存一卷。

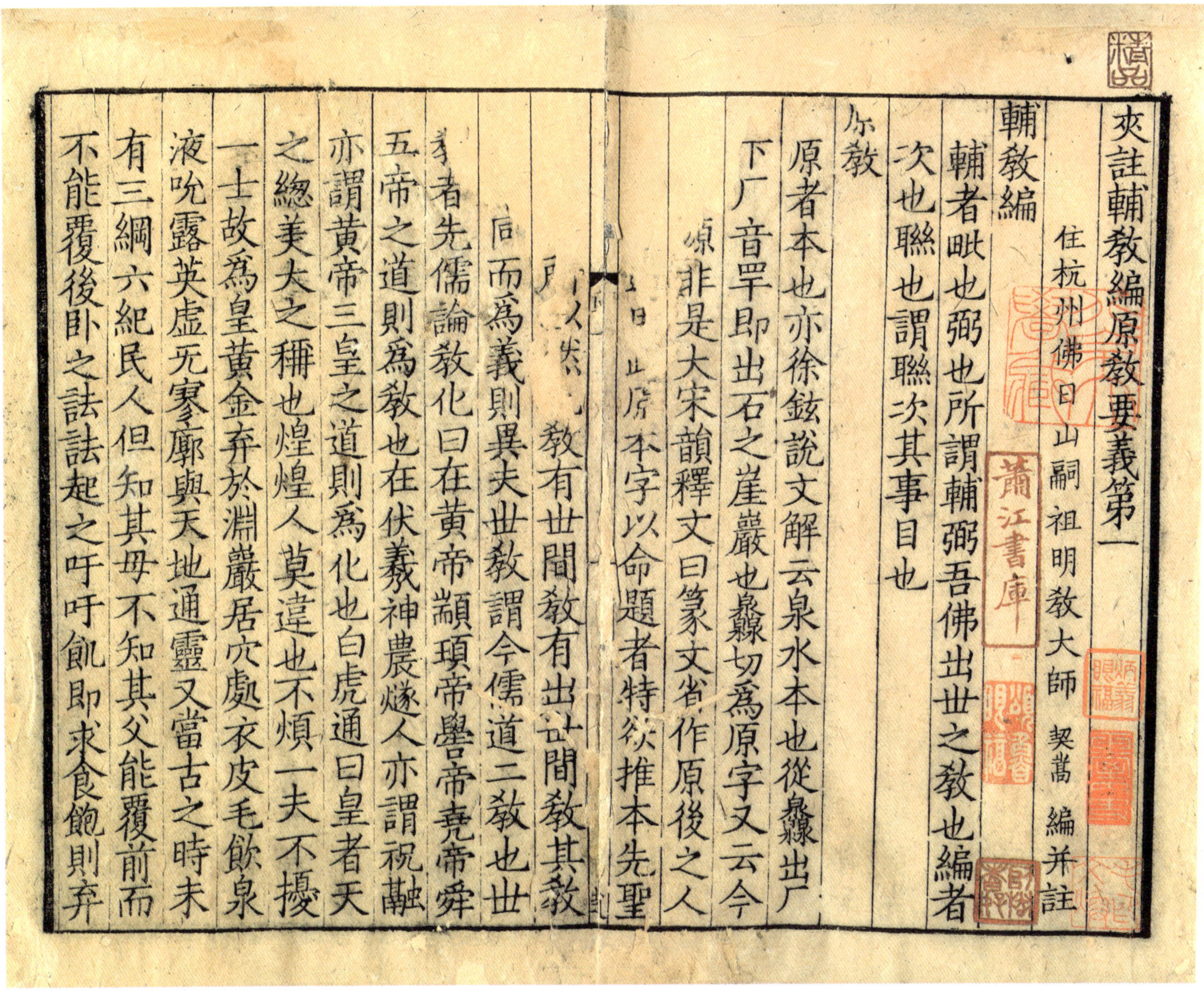

夾註輔教編原教要義第一

住杭州佛日山嗣祖明教大師　契嵩　編并註

輔教編

輔者毗也弼也所謂輔弼吾佛出世之教也編者次也聯也謂聯次其事目也

原教

原者本也亦徐鉉說文解云泉水本也從灥出厂下厂音罕即出石之崖巖也灥灥切為原字又云今原非是大宋韻釋文曰篆文省作原後之人[illegible]日此原本字以命題者特欲推本先聖[illegible]人失[illegible]

教有世間教有出世間教其教同而為義則異夫世教謂今儒道二教也世世孝者先儒論教化曰在黃帝顓頊帝嚳帝堯帝舜五帝之道則為教也在伏羲神農燧人亦謂祝融亦謂黃帝三皇之道則為化也白虎通曰皇者天之總美大之稱也煌煌人莫違也不煩一夫不擾一士故為皇黃金弃於淵巖居穴處衣皮毛飲泉液吮露英虛无寥廓與天地通靈又當古之時未有三綱六紀民人但知其母不知其父能覆前而不能覆後卧之詓詓起之吁吁飢即求食飽則弃

00979 夾註輔教編原教要義三卷　（宋）釋契嵩編注　元延祐七年（1320）翻宋刻本

蝴蝶裝。匡高18.1厘米，廣12.2厘米。半葉十行，行二十字。左右雙邊。經毛晉、管禮耕、葉昌熾等收藏。有管禮耕、葉昌熾識語及“毛印文焕”、“頌魯眼福”等印。北京大學圖書館藏，存一卷。

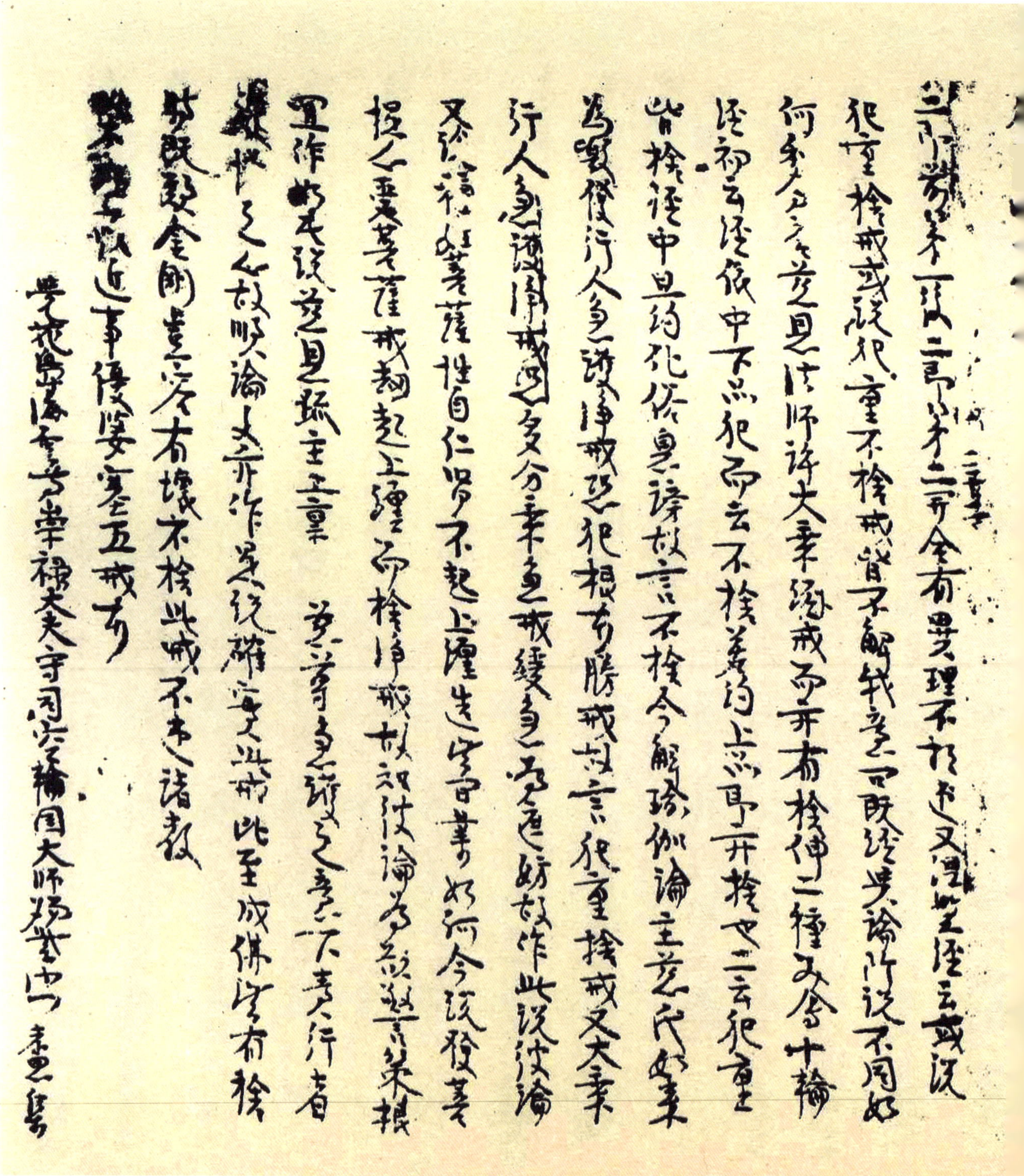

00980 [勸懺悔文]、略示戒相儀、毗奈耶藏近事優婆塞五戒本合卷 （遼）釋守臻 釋思孝集 遼寫本

卷軸裝。高29厘米，長715.8厘米。每紙十五行，行字不等。1974年山西應縣木塔發現。山西省應縣木塔文物管理所藏，存一卷。

第五對辨捨得者，其菩薩戒與其三聚，聲聞各言，然於離受此時
得成，先六時期之今滿足，故眾便和合，此時是教謂由彼位起業
量種清之受時設住此之由於[illegible]期今滿足故，并發得戒[illegible]
離盡形戒時分若依餘緣得戒，非七所明，故不論餘上明得戒
復明捨戒不同，前從今之依增名之為捨，非舊體名為捨也
准瓔珞經、梵網經等，但說菩薩捨菩薩戒。又瓔珞經云：故知菩
薩戒唯有受法，而無捨法，有犯不失，盡未來際。又云：一切菩薩
凡聖戒，盡心為體，是故心亦盡，戒亦盡；心無盡故，戒亦無盡。六道
眾生受得戒，但解語得戒，不失。又十輪經說犯重不捨，乃至
大緣諸大乘教，皆不分明說菩薩戒者，一得永得，盡未來際。直
至此佛，唯瑜伽論兩處說論文，有捨一者菩薩地菩薩四十卷
說二緣故捨：一退菩提心，二起上品纏犯四他勝處。二者決擇分五
十三說二緣故捨：一發起不同分心，二身有識列丈夫前故亦發起
并捨淨言三聚判毀犯四種他勝處，[illegible]法四若以增上品纏[illegible]

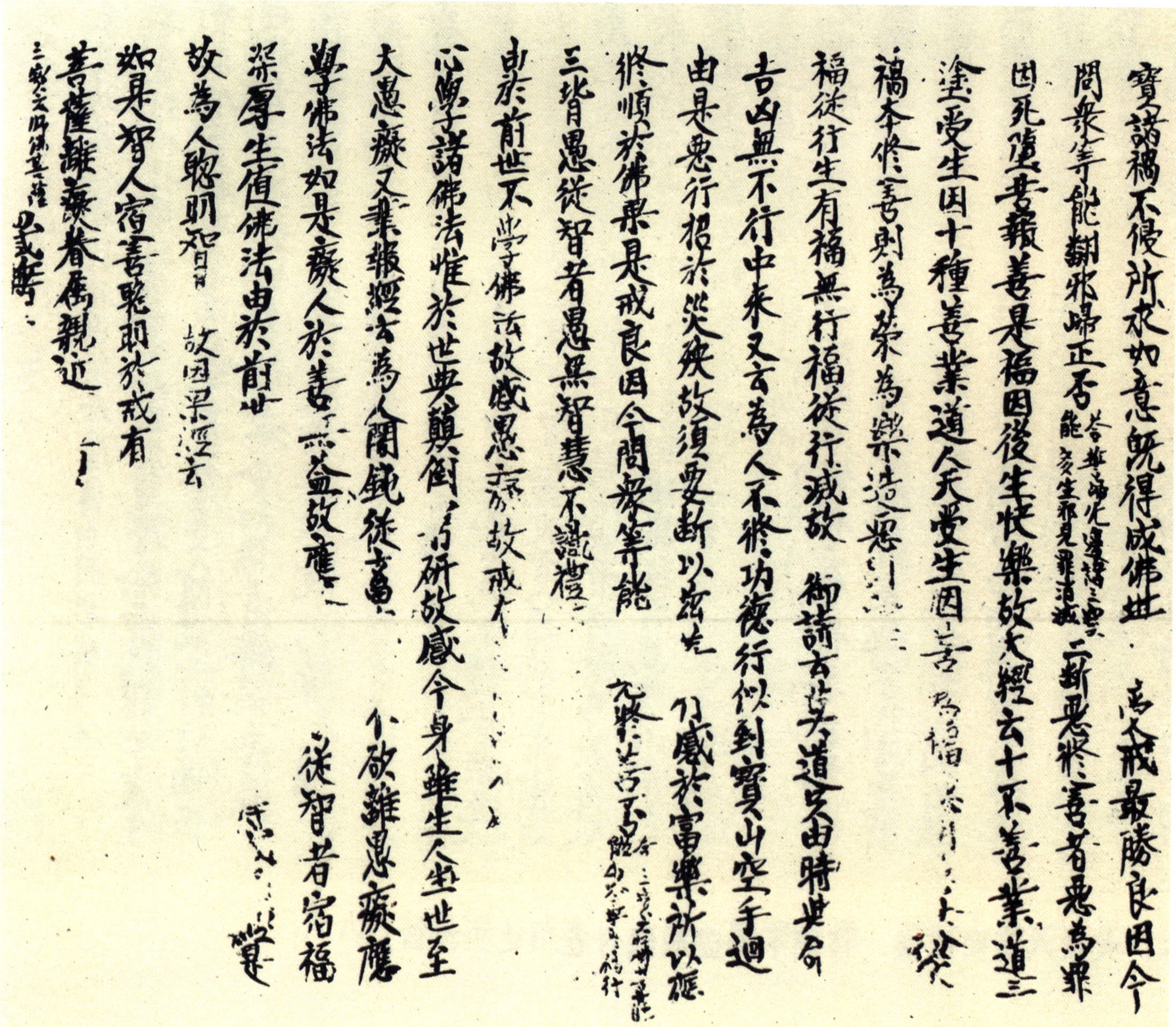

00981 發菩提心戒本、大乘八關齋戒儀、菩薩十無盡戒儀合卷 遼寫本

卷軸裝。長627.5厘米。有“天慶二年歲次壬辰四月十一日寶宫寺第八壇”、“應州寶宫寺四月一日發風”題識。山西省應縣木塔文物管理所藏，存一卷。

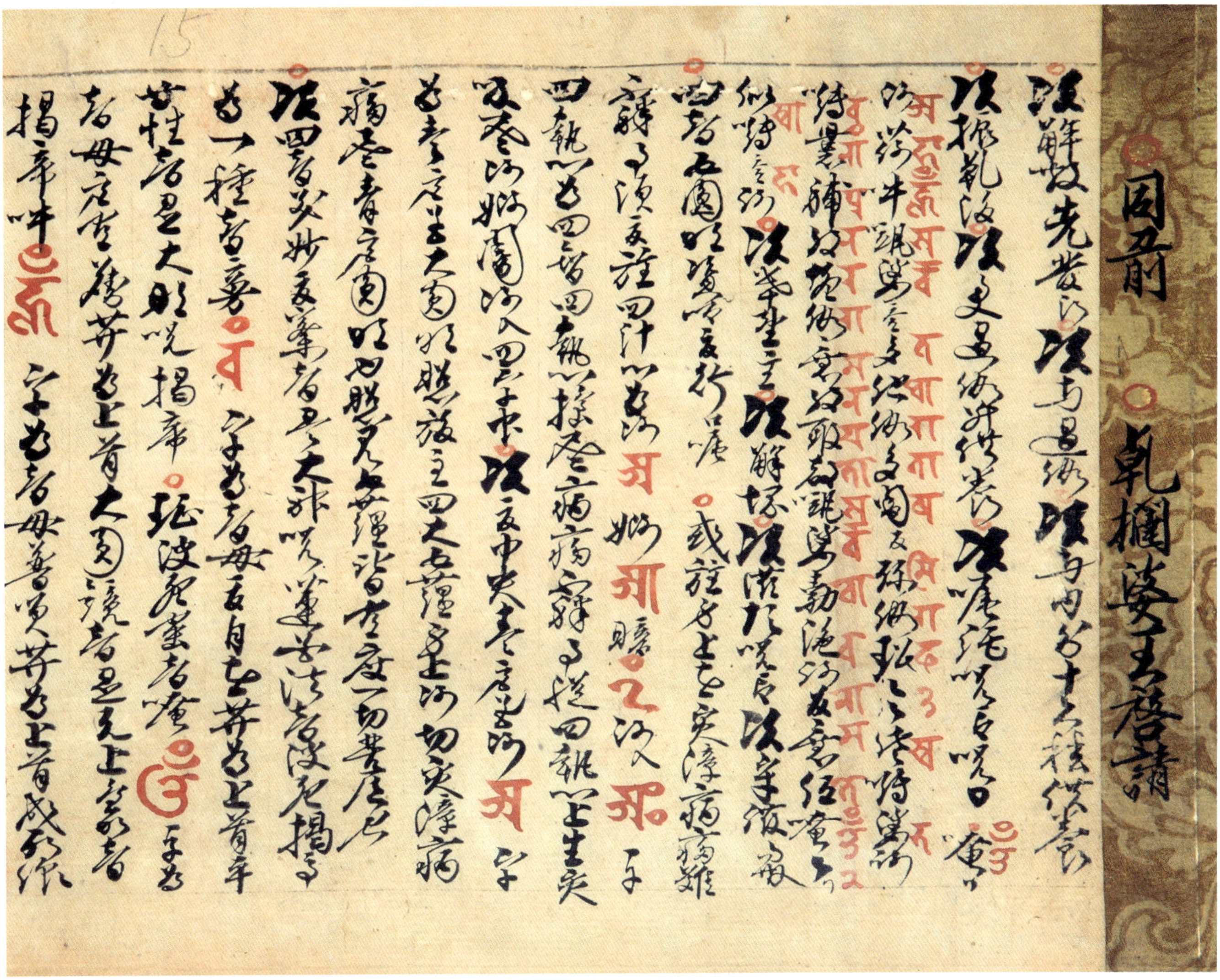

00982 諸佛菩薩金剛等啟請一卷 大理國保天八年（1136）寫本

高25.3厘米，長2989厘米。一紙長100厘米，存三十餘紙。烏絲欄。各葉鈐“大理國慈爽印”，紙背有“僧楊義隆造”長方印。大理鳳儀北湯天董氏宗祠發現。雲南省博物館藏，存二十八葉，已裝裱爲卷軸裝。雲南省圖書館藏，存五葉，散葉。

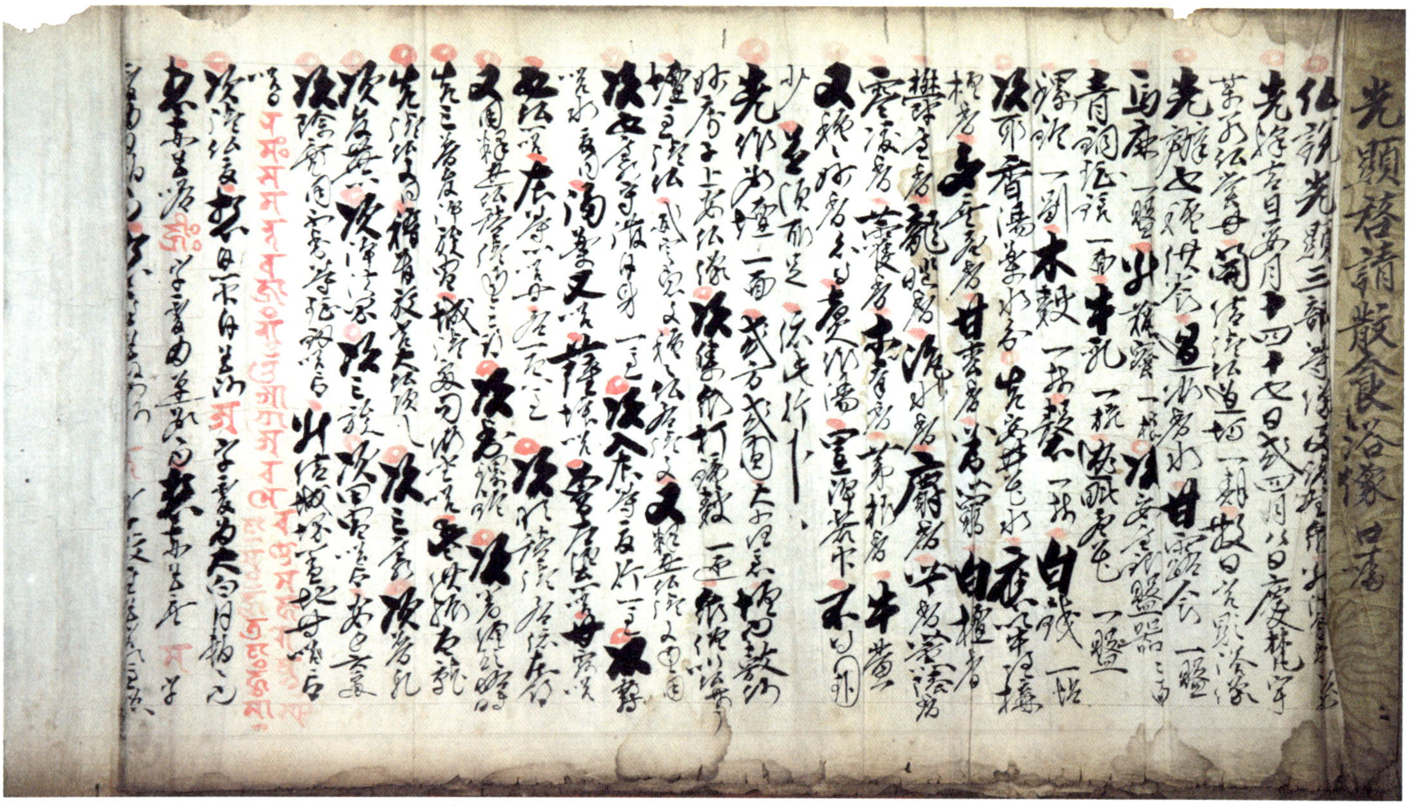

00983 [密教散食儀]一卷 大理國寫本

旋風裝。長261.2厘米。有“光顯啟請散食浴像”、“息灾觸淨散食”等葉目。底紙高29.5厘米，長107厘米。各葉高28.5厘米左右，長度自右至左分别爲16.7至50.7厘米。大理鳳儀北湯天董氏宗祠發現。雲南省圖書館藏。

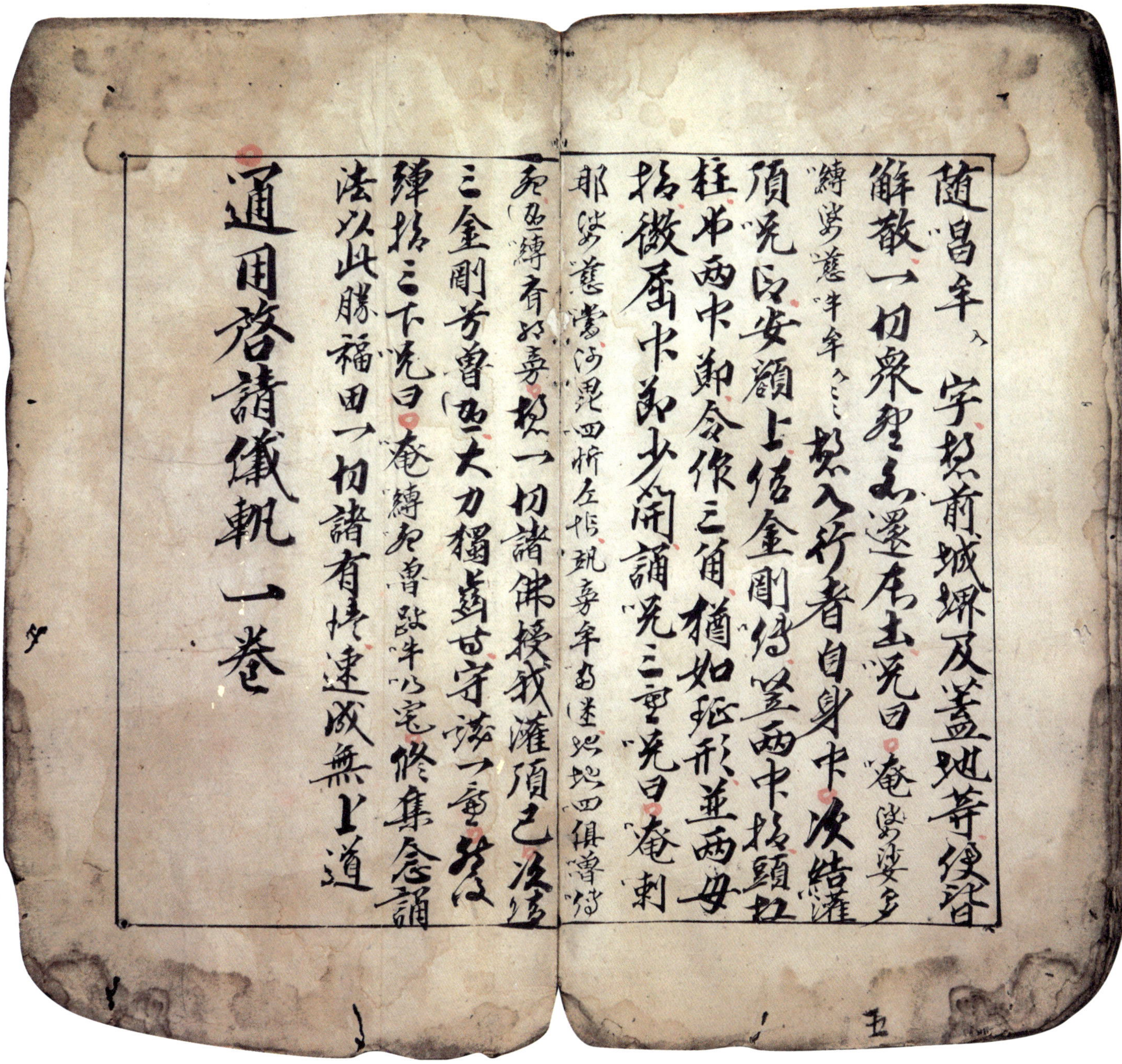

00984 通用啟請儀軌一卷 （大理）周梵彰等述 大理國寫本

蝴蝶裝。匡高24厘米，廣14.5厘米。四周單邊。梵漢并書。《通用啟請儀軌》一卷、《海會八明王四種化現歌贊》和《轉四業法歌》三種文獻組成。大理鳳儀北湯天董氏宗祠發現。雲南省圖書館藏。

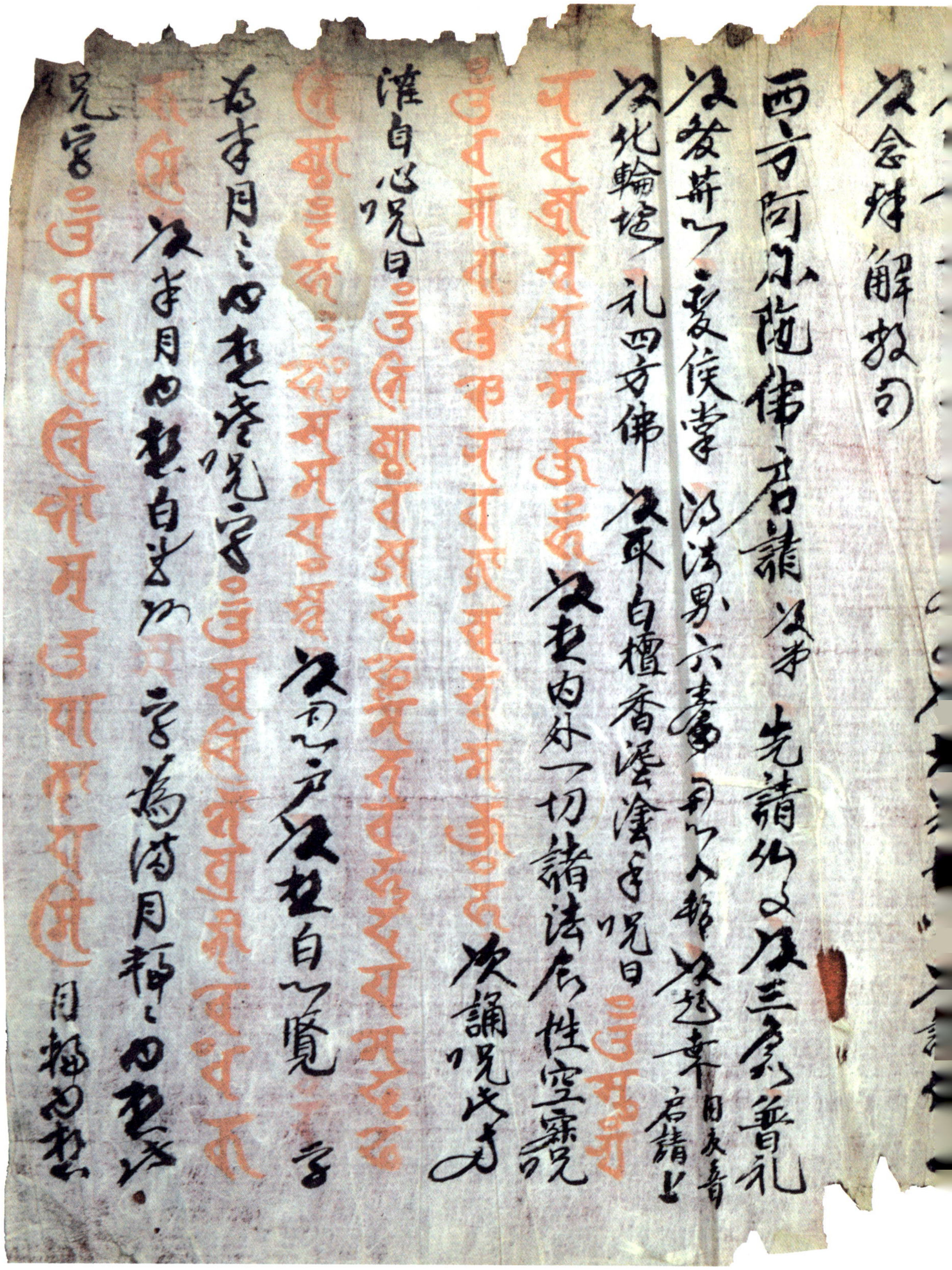

00985 [密教啟請次第] 大理國寫本

旋風裝。高28.5厘米，長42.9厘米。漢文與朱筆梵文字母相間。大理鳳儀北湯天董氏宗祠發現。雲南省圖書館藏，存一葉。

特龍四天三光神陰陽[illegible]一[illegible]

次三金剛 次空宣 次發菩心 家僕嘗 四智 化輪壇 四羯請 入

白心ノ一切有情為蔓荼[illegible]如羯求若 字為蓮花如羯

白色以 字為月輪如想青鬘中 字為[illegible]如[illegible]白上

想五佛種子放千光明照曜其中如圓光者背讚勝果

隨光變真性變成五佛 妻羅臨上想黃色 字放光

明水光照入種子字中變成寶杖如來坐華如白馬坐

上皆赤圓光光外大雲中化出諸佛菩薩之衆從毘

盧ノ如如法性中現於如來調伏衆生四魔六賊煩惱

又願云性ノ一切妙法隨以自在平等相 又 次結請咒[illegible]結

爲縛從二中指屈如法形勢申二毋指指如 字変咒

次 奈[illegible]水 次坐 次[illegible]

次十六種 次振鈴 次[illegible]

四處

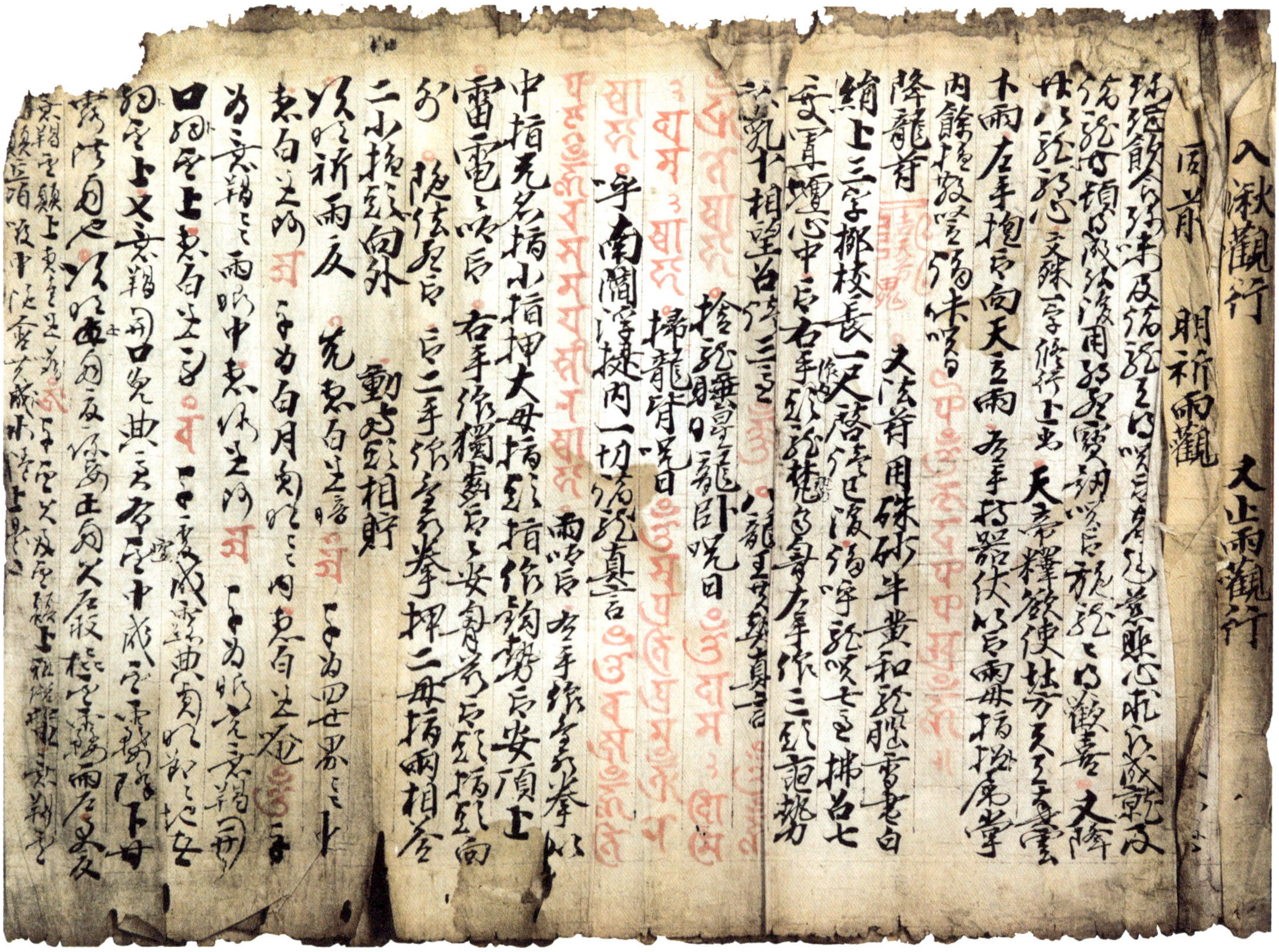

00986 [密教觀行次第] 大理國寫本

旋風裝。高30.3厘米，長41.3厘米。存四十八行。漢文與朱筆梵文字母相間。大理鳳儀北湯天董氏宗祠發現。雲南省圖書館藏，存二葉。

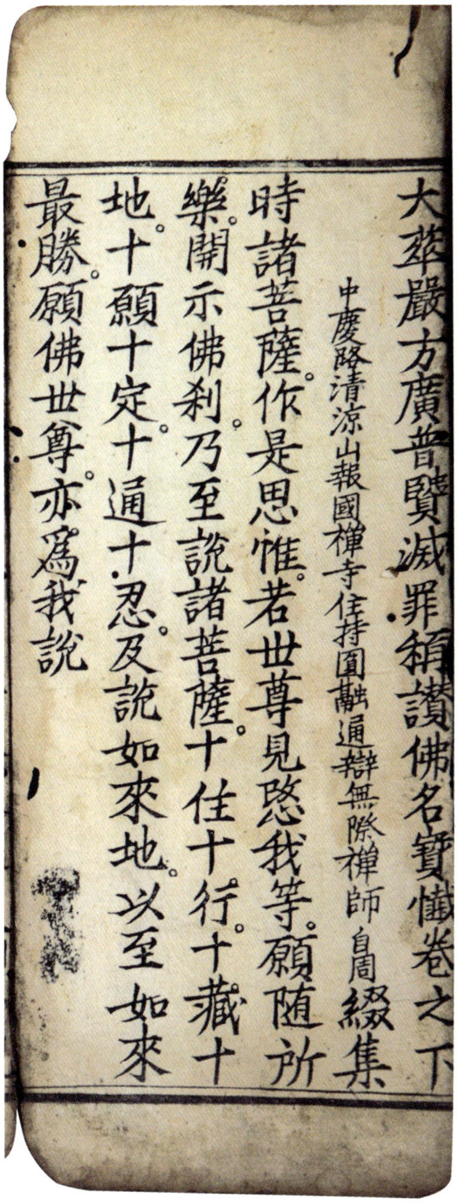
大華嚴方廣普賢滅罪稱讚佛名寶懺卷之下
中慶路清涼山報國禪寺住持圓融通辯無際禪師自周綴集
時諸菩薩作是思惟若世尊見愍我等願隨所
樂開示佛剎乃至說諸菩薩十住十行十藏十
地十願十定十通十忍及說如來地以至如來
最勝願佛世尊亦爲我說

00987 大華嚴方廣普賢滅罪稱讚佛名寶懺卷下 （元）釋自周綴集 元延祐五年（1318）刻本

經折裝。匡高26.8厘米，廣13厘米。半葉六行，行十八字。上下雙邊。扉畫“釋迦牟尼說法圖”中有孔雀、碧鳳，具有濃鬱的雲南邊疆民族特色。雲南省圖書館藏。

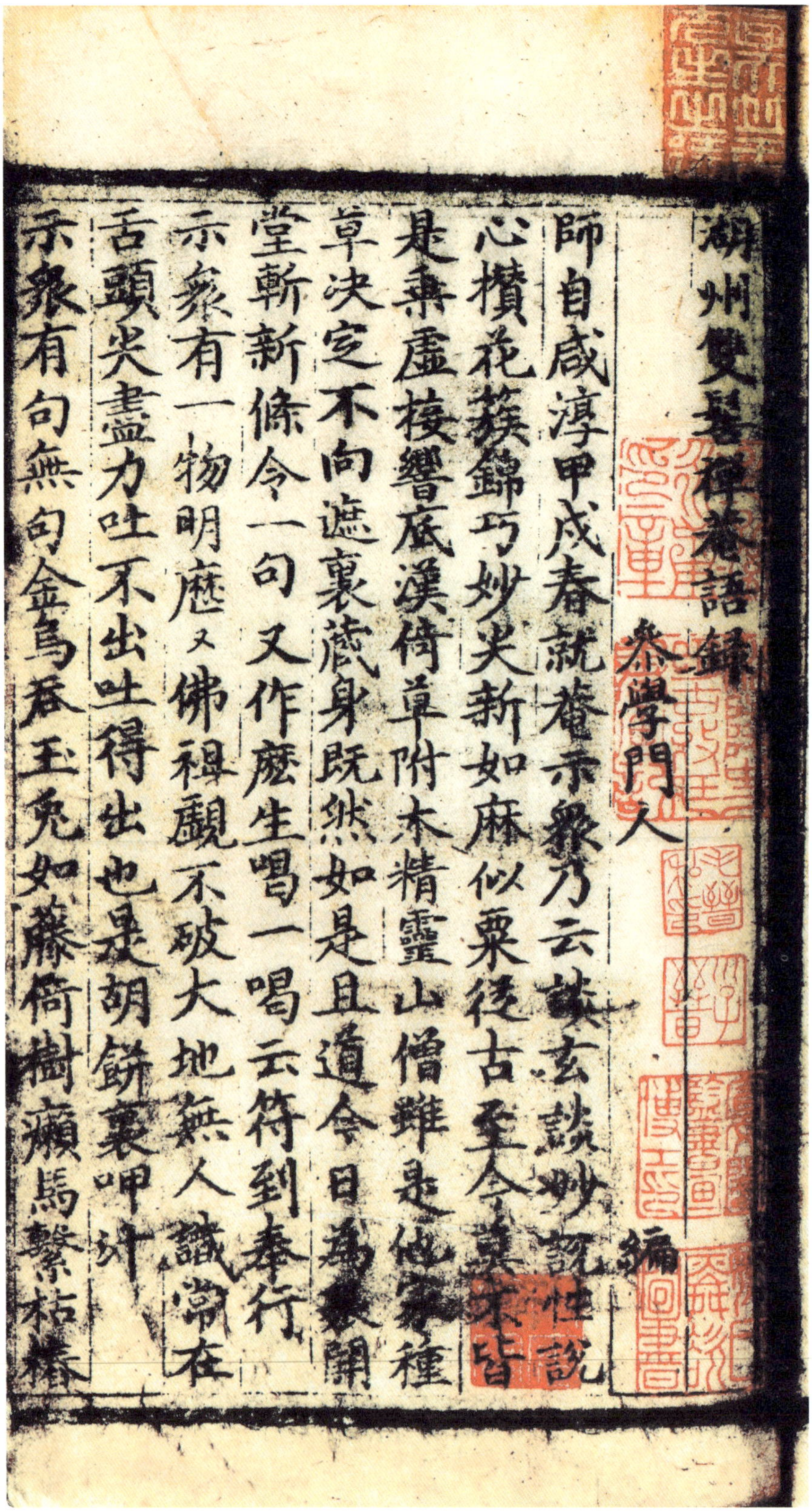
湖州雙髻禪菴語錄
參學門人編
師自咸淳甲戌春就菴示衆乃云談玄談妙說性說
心攢花簇錦巧妙尖新如麻似粟從古至今莫不皆
是乘虛接響底漢倚草附木精靈山僧雖是他家種
草決定不向遮裏藏身既然如是且道今日爲衆開
堂斬新條令一句 又作麽生喝一喝云符到奉行
示衆有一物明歷歷佛祖覷不破大地無人識常在
舌頭尖盡力吐不出吐得出也是胡餅裏呷汁
示衆有句無句金烏吞玉兔如藤倚樹瀨馬繫枯椿

00988 湖州雙髻禪菴語録一卷杭州西天目山師子禪院語録一卷示禪人語一卷 （元）釋原妙語録 參學門人編 元元貞二年（1296）刻本

匡高19.2厘米，廣12.4厘米。半葉十行，行二十字，黑口，四周雙邊。有“宣文閣鑒書画博士印”、“姚氏舜咨圖書”、“毛晉私印”、“子晉”等朱印。山東師範大學圖書館藏。

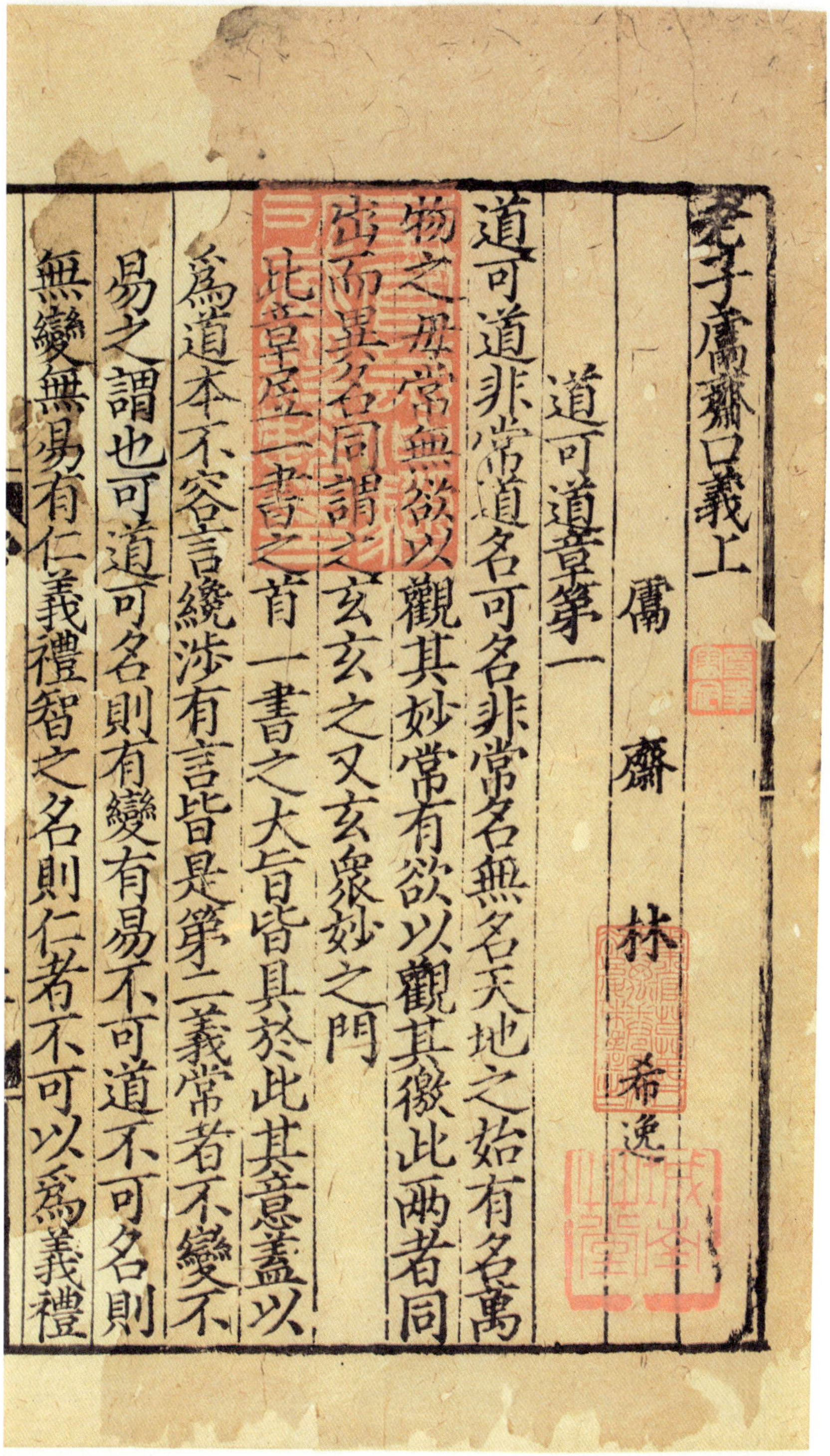

00989 老子鬳齋口義二卷（宋）林希逸撰 元刻本（有抄配）

匡高19.3厘米，廣13厘米。半葉十行，行二十一字，黑口，左右雙邊。有“濮陽李廷相書屋記”、“孫氏萬卷樓印”、“卧雪廬袁氏藏書”、“東官莫伯驥所藏經籍印”等印。秦更年、袁克文跋。國家圖書館藏。

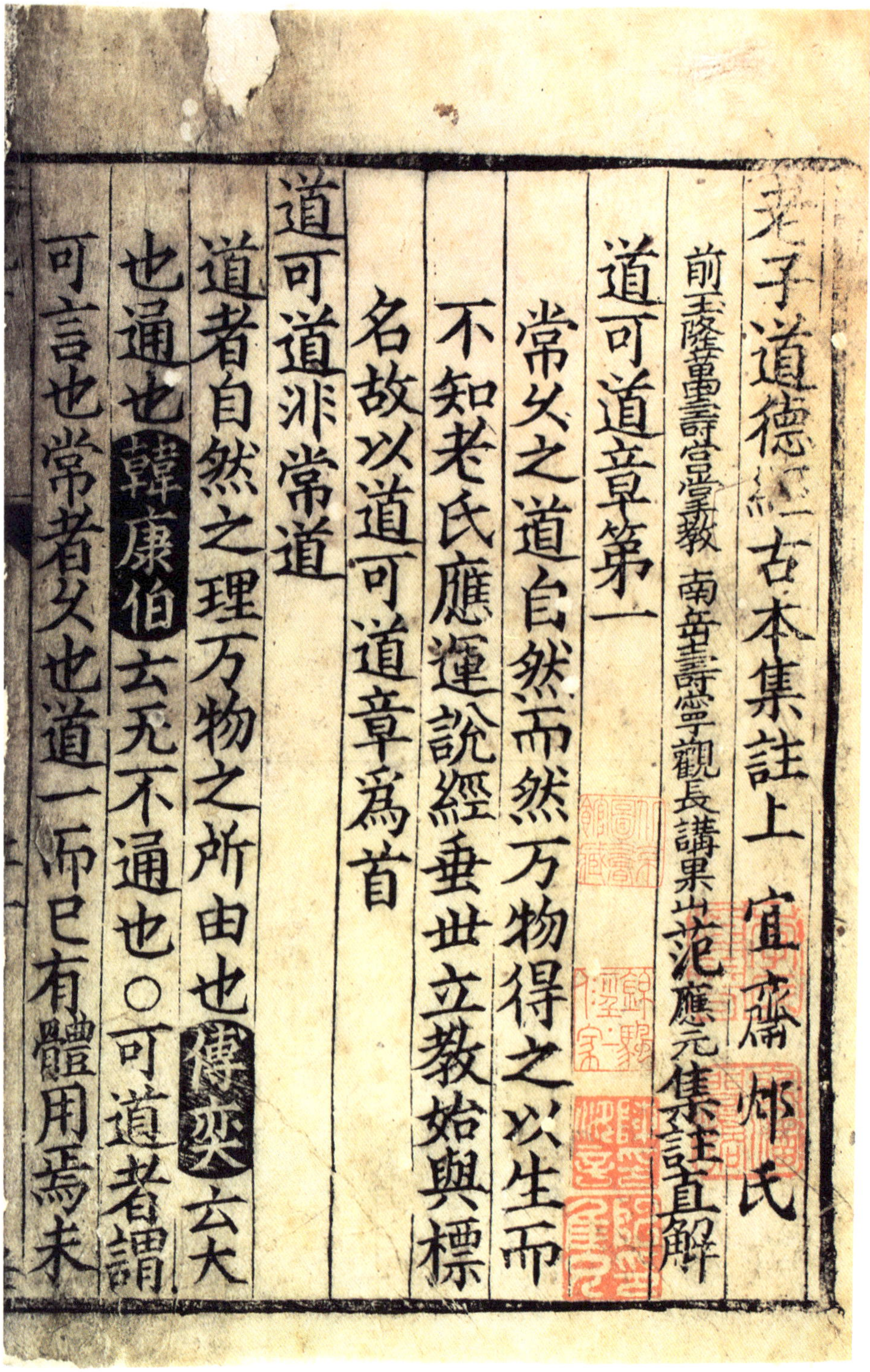

老子道德經古本集註上　宜齋炳氏
前玉隆萬壽宮掌教　南岳壽寧觀長講果山范應元集註直解
道可道章第一
常久之道自然而然万物得之以生而
不知老氏應運說經垂世立教始與標
名故以道可道章爲首
道可道非常道
道者自然之理万物之所由也傅奕云大
也通也韓康伯云无不通也○可道者謂
可言也常者久也道一而已有體用焉未

00990　老子道德經古本集註二卷　（宋）范應元撰　宋刻本（有抄配）

匡高20.2厘米，廣15.1厘米。半葉十行，行十七字，白口，左右雙邊。有“沈彦忠父”、“陳印汝言”、“虛白室道人”等印。繆荃孫、沈曾植、楊守敬、鄧邦述、章鈺、王闓運跋。國家圖書館藏。

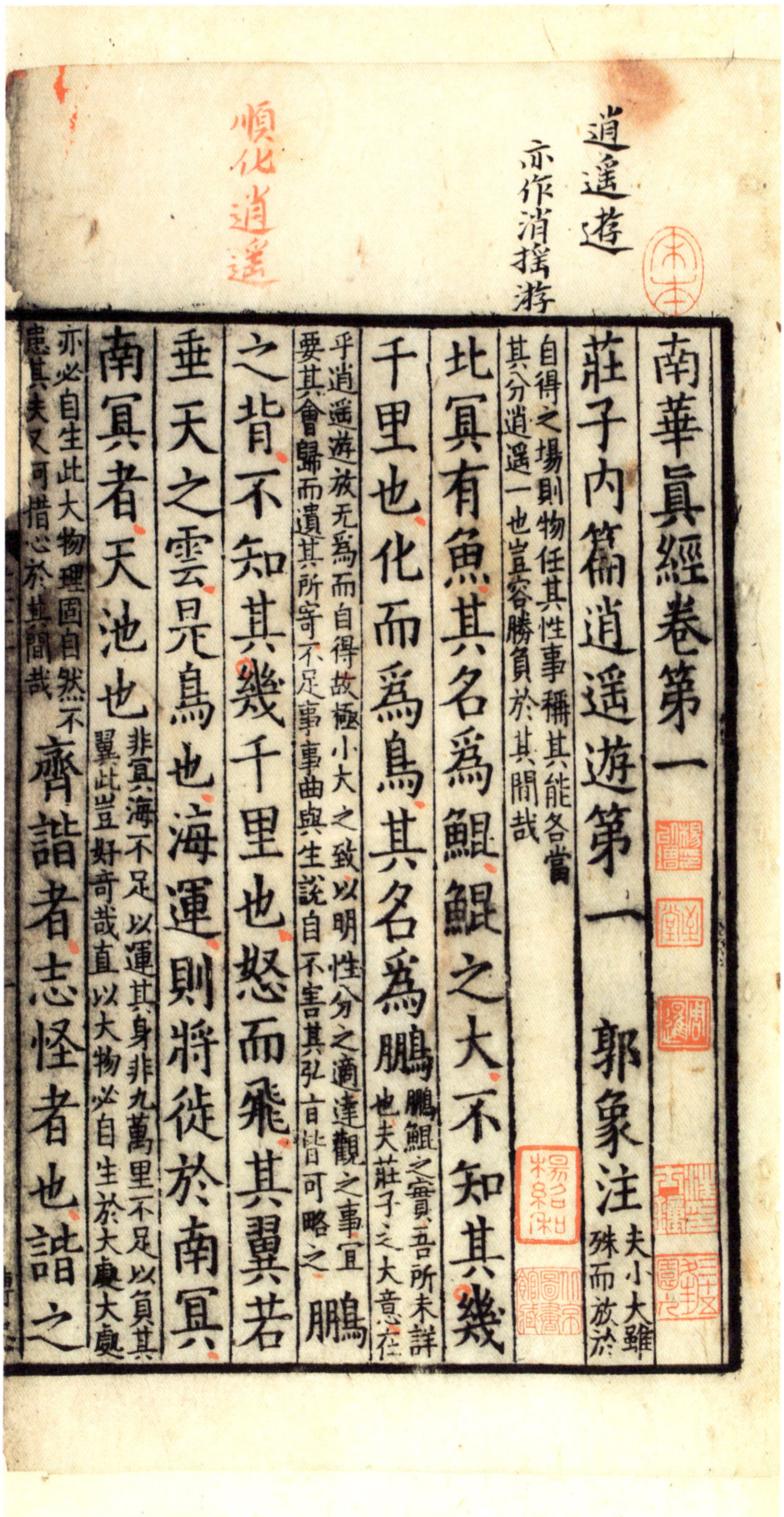
南華眞經卷第一
莊子内篇逍遥遊第一　郭象注 夫小大雖殊而放於自得之場則物任其性事稱其能各當其分逍遥一也豈容勝負於其間哉
北冥有魚其名爲鯤鯤之大不知其幾千里也化而爲鳥其名爲鵬 鵬鯤之實吾所未詳也夫莊子之大意在乎逍遥遊放無爲而自得故極小大之致以明性分之適達觀之事宜要其會歸而遺其所寄不足事事曲與生說自不害其弘旨皆可略之 鵬之背不知其幾千里也怒而飛其翼若垂天之雲是鳥也海運則將徙於南冥南冥者天池也 非冥海不足以運其身非九萬里不足以負其翼此豈好奇哉直以大物必自生於大處大處亦必自生此大物理固自然不患其失又可措心於其間哉 齊諧者志怪者也諧之

00991 南華真經十卷 （晉）郭象注 宋刻本

匡高20.7厘米，廣14.8厘米。半葉十行，行十五字，小字雙行三十字，白口，左右雙邊。有“汪印士鐘”、“楊印以增”、“楊紹和”、“周暹”等印。國家圖書館藏。

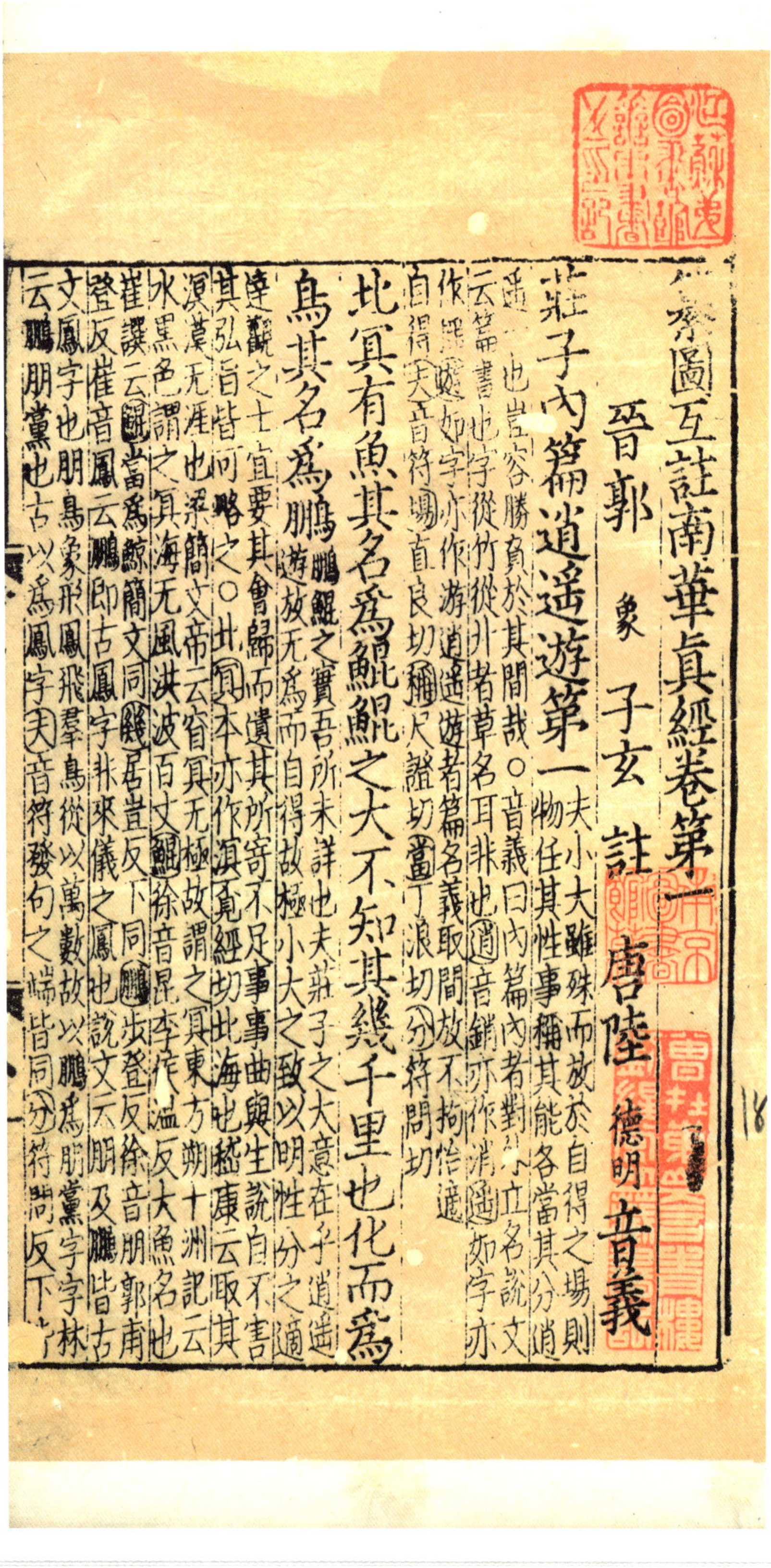
纂圖互註南華真經卷第一
晉郭象子玄註　唐陸德明音義
莊子內篇逍遥遊第一夫小大雖殊而放於自得之場則物任其性事稱其能各當其分逍遥一也豈容勝負於其間哉○音義曰內篇內者對外立名說文云篇書也字從竹從艸者草名耳非也逍音銷亦作消遥如字亦作搖遊如字亦作游逍遥遊者篇名義取閒放不拘怡適自得夫音符塲直良切稱尺證切當丁浪切分符問切
北冥有魚其名爲鯤鯤之大不知其幾千里也化而爲鳥其名爲鵬鵬鯤之實吾所未詳也夫莊子之大意在乎逍遥遊放无爲而自得故極小大之致以明性分之適達觀之士宜要其會歸而遺其所寄不足事事曲與生說自不害其弘旨皆可略之○北冥本亦作溟覓經切北海也嵇康云取其溟漠无涯也梁簡文帝云窅冥无極故謂之冥東方朔十洲記云水黑色謂之冥海无風洪波百丈鯤徐音昆李侯溫反大魚名也崔譔云鯤當爲鯨簡文同鵬步登反徐音朋郭甫登反崔音鳳云鵬即古鳳字非來儀之鳳也說文云朋及鵬皆古文鳳字也朋鳥象形鳳飛羣鳥從以萬數故以鵬爲朋黨字字林云鵬朋黨也古以爲鳳字夫音符發句之端皆同分符問反下

00992 纂圖互註南華真經十卷 （晉）郭象注 （唐）陸德明音義 元刻本

匡高18厘米，廣12.3厘米。半葉十一行，行二十一字，小字雙行二十五字，黑口，左右雙邊。有“含青樓藏書記”等印。丁丙跋。南京圖書館藏。

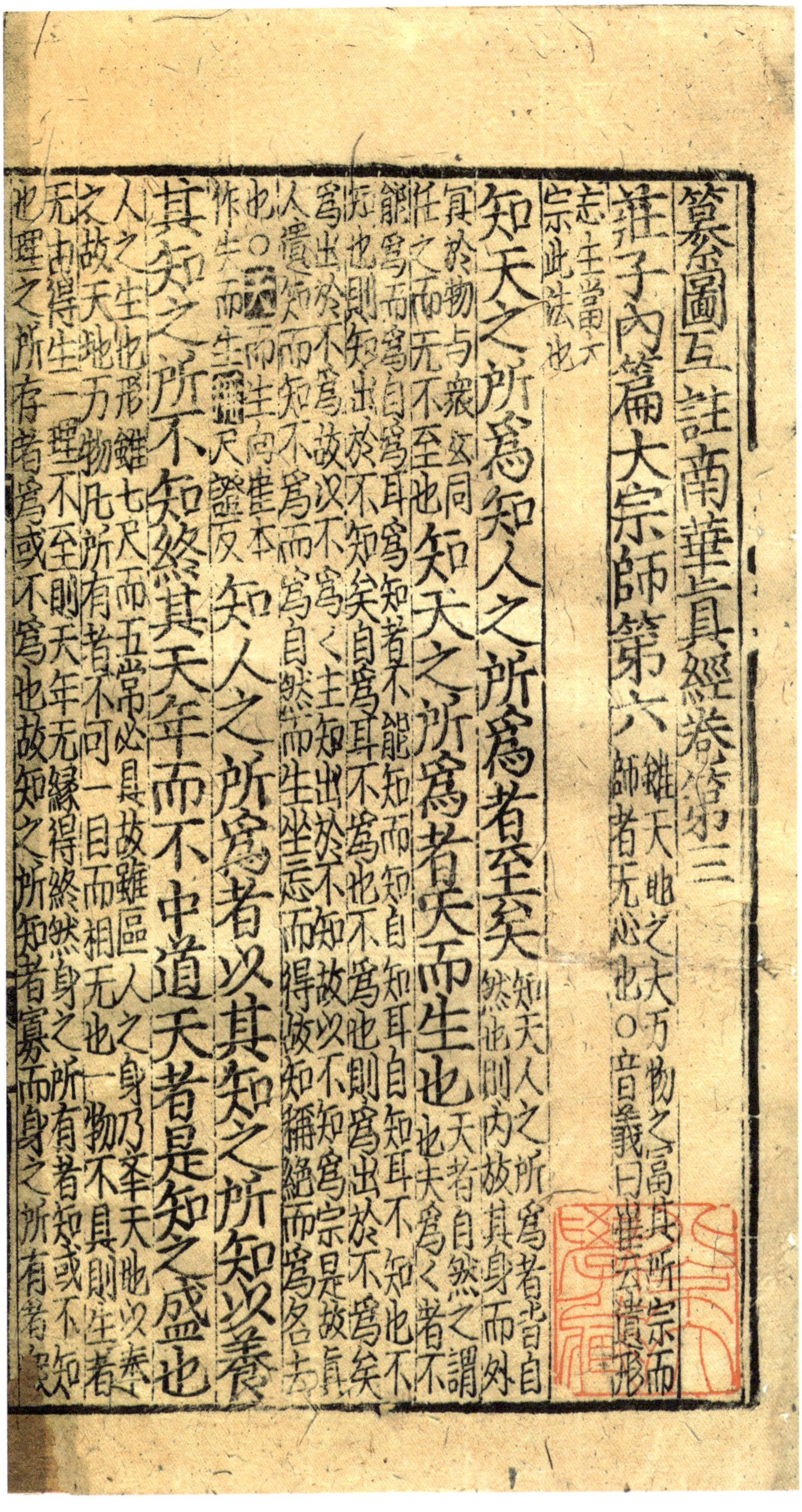
纂圖互註南華真經卷第三
莊子內篇大宗師第六 雖天地之大万物之富其所宗而師者无心也○音義曰崔云遺形
忘生當大宗此法也
知天之所爲知人之所爲者至矣 知天人之所爲者皆自然也則內放其身而外
冥於物与衆玄同任之而无不至也 知天之所爲者天而生也 天者自然之謂也夫爲乀者不
能爲而爲自爲耳爲知者不能知而知自知耳自知耳不知也不知也則知出於不知矣自爲耳不爲也不爲也則爲出於不爲矣
爲出於不爲故以不爲乀主知出於不知故以不知爲宗是故真人遺知而知不爲而爲自然而生坐忘而得故知稱絕而爲名去
也○天而生向崔本作失而生[illegible]天鑒反 知人之所爲者以其知之所知以養
其知之所不知終其天年而不中道天者是知之盛也
人之生也形雖七尺而五常必具故雖區區之身乃舉天地以奉之故天地万物凡所有者不可一日而相无也一物不具則生者
无由得生一理不至則天年无緣得終然身之所有者知或不知也理之所存者爲或不爲也故知之所知者寡而身之所有者衆

00993 纂圖互註南華真經十卷 （晉）郭象注 （唐）陸德明音義 元刻本

匡高18.1厘米，廣12.1厘米。半葉十一行，行二十一字，小字雙行二十五字，粗黑口，四周雙邊或左右雙邊。有“孫星衍印”等印。孫星衍跋。北京大學圖書館藏。

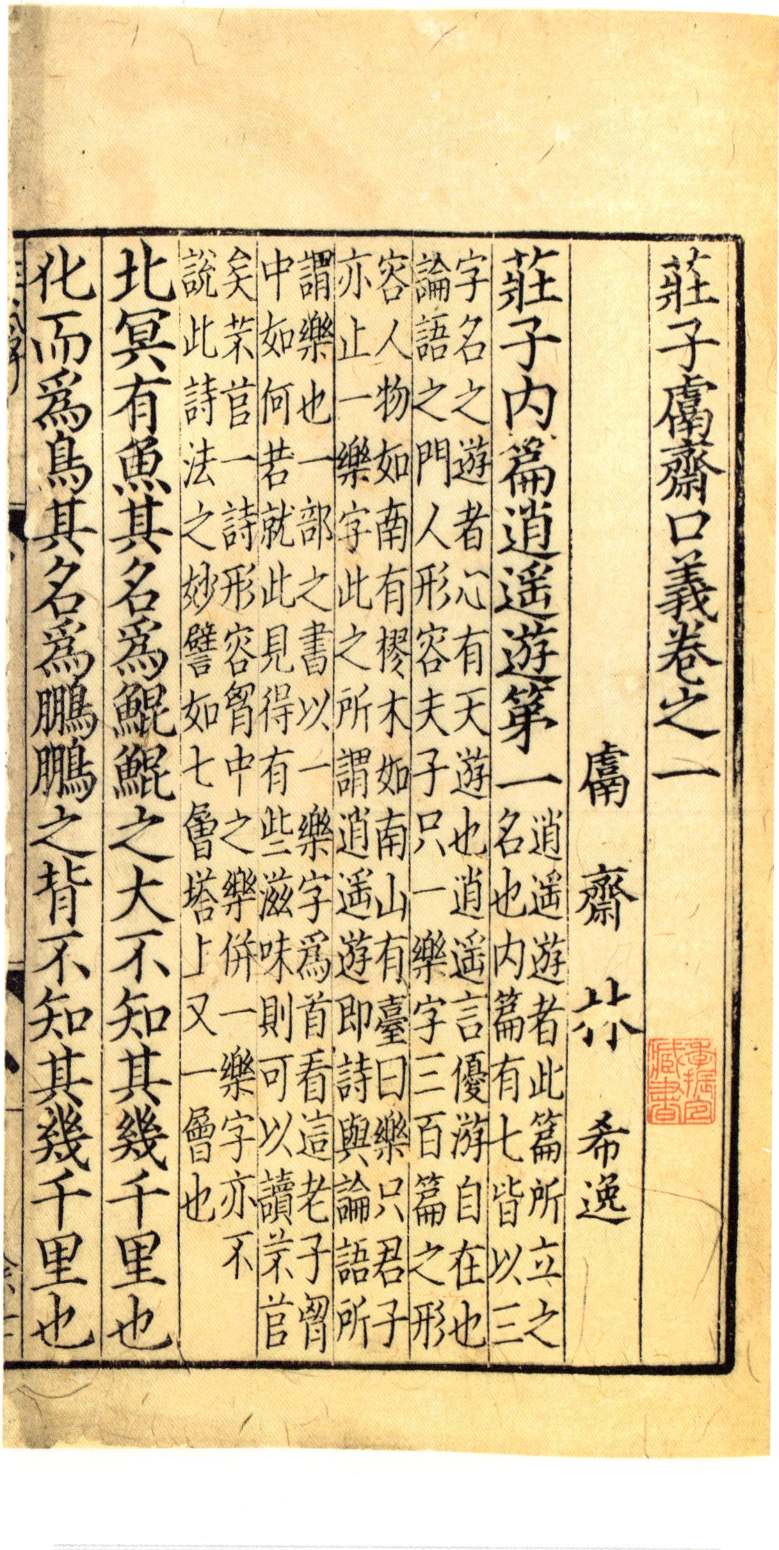

莊子鬳齋口義卷之一
鬳齋 林 希逸
莊子內篇逍遙遊第一 逍遙遊者此篇所立之名也內篇有七皆以三字名之遊者心有天遊也逍遙言優游自在也論語之門人形容夫子只一樂字三百篇之形容人物如南有樛木如南山有臺曰樂只君子亦止一樂字此之所謂逍遙遊即詩與論語所謂樂也一部之書以一樂字爲首看這老子胷中如何若就此見得有些滋味則可以讀荣首矣荣首一詩形容胷中之樂併一樂字亦不說此詩法之妙譬如七層塔上又一層也
北冥有魚其名爲鯤鯤之大不知其幾千里也
化而爲鳥其名爲鵬鵬之背不知其幾千里也

00994 莊子鬳齋口義十卷 （宋）林希逸撰 **釋音一卷** 宋刻本

匡高18.7厘米，廣12.5厘米。半葉九行，行十八字，小字雙行同，細黑口，左右雙邊。有“季振宜藏書”等印。國家圖書館藏。

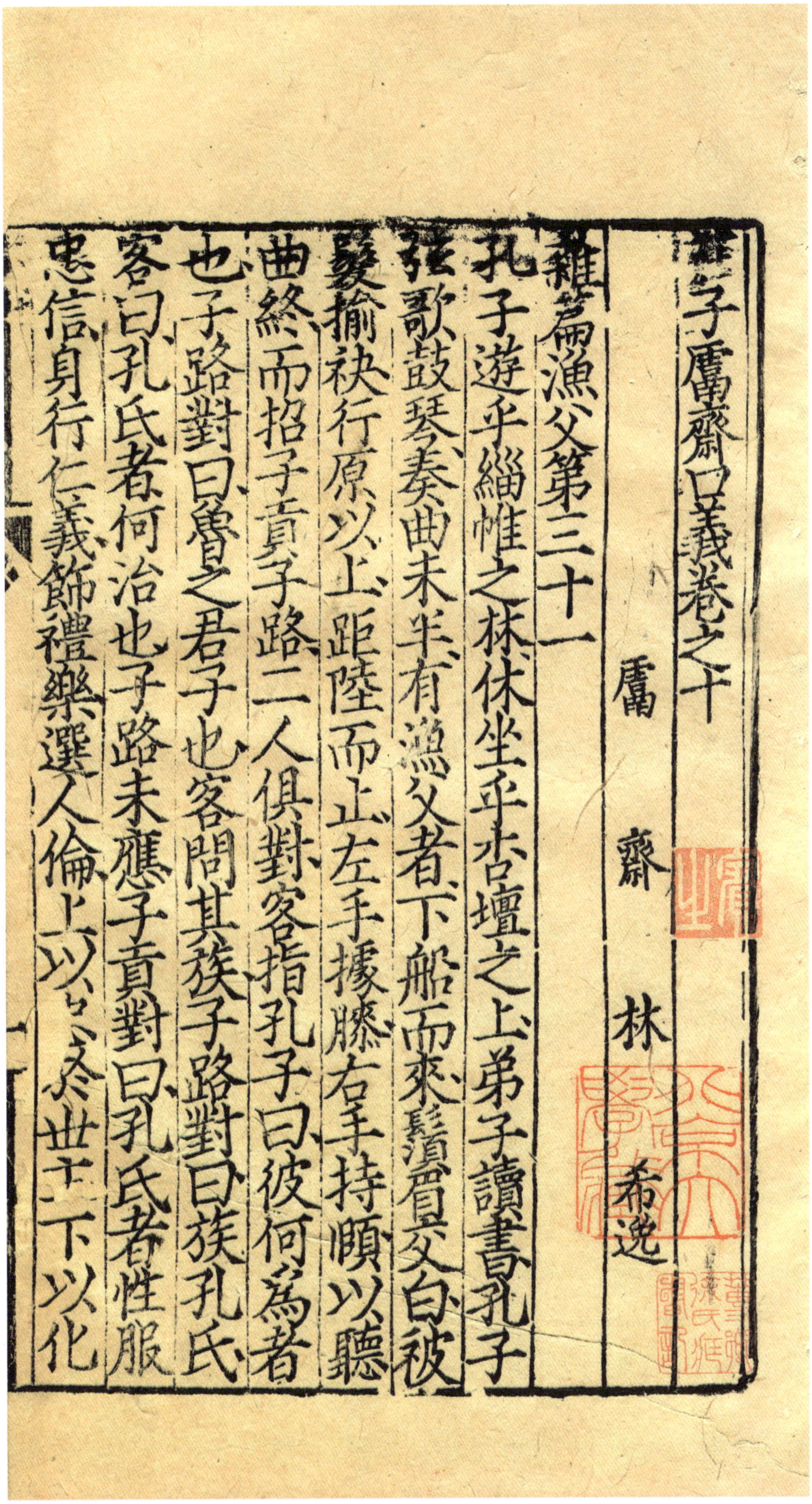
莊子鬳齋口義卷之十
鬳齋　林希逸
雜篇漁父第三十一
孔子遊乎緇帷之林休坐乎杏壇之上弟子讀書孔子
弦歌鼓琴奏曲未半有漁父者下船而來鬚眉交白被
髮揄袂行原以上距陸而止左手據膝右手持頤以聽
曲終而招子貢子路二人俱對客指孔子曰彼何爲者
也子路對曰魯之君子也客問其族子路對曰族孔氏
客曰孔氏者何治也子路未應子貢對曰孔氏者性服
忠信身行仁義飾禮樂選人倫上以忠世主下以化

00995 莊子鬳齋口義十卷 （宋）林希逸撰　元刻本

匡高19.4厘米，廣13.3厘米。半葉十行，行二十一字，粗黑口，左右雙邊。

北京大學圖書館藏。

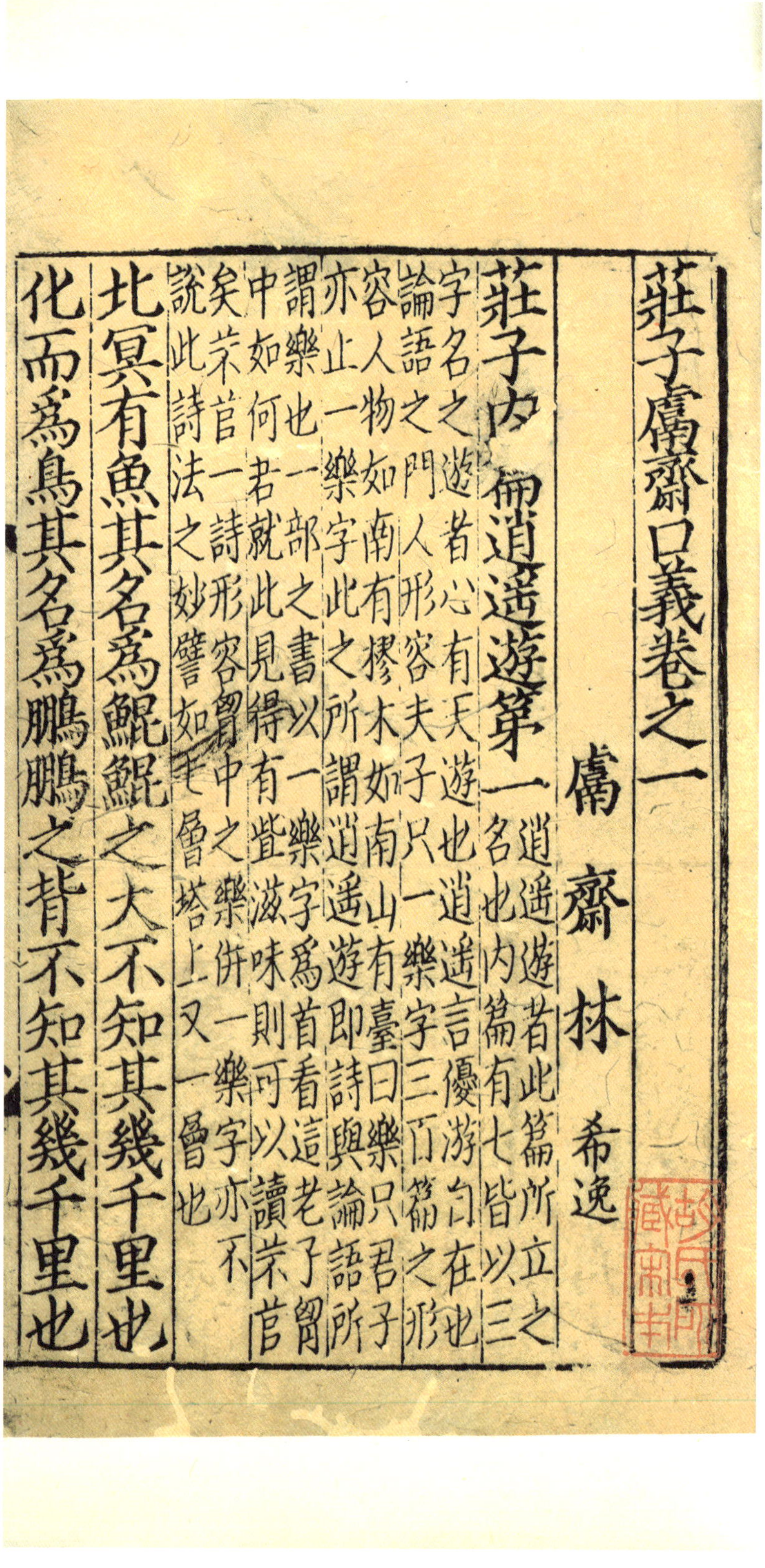

莊子鬳齋口義卷之一

鬳齋林　希逸

莊子內篇逍遙遊第一逍遙遊若此篇所立之名也內篇有七皆以三字名之遊者心有天遊也逍遙言優游自在也論語之門人形容夫子只一樂字三百篇之形容人物如南有樛木如南山有臺曰樂只君子亦止一樂字此之所謂逍遙遊即詩與論語所謂樂也一部之書以一樂字爲首看這老子留中如何若就此見得有些滋味則可以讀莊子矣莊子一詩形容胸中之樂併一樂字亦不說此詩法之妙譬如千疊塔上又一疊也

北冥有魚其名爲鯤鯤之大不知其幾千里也

化而爲鳥其名爲鵬鵬之背不知其幾千里也

00996 莊子鬳齋口義十卷（宋）林希逸撰 元刻本

匡高18.5厘米，廣11.9厘米。半葉九行，行十八字，小字雙行同，細黑口，左右雙邊。有“胡氏所藏宋本”、“曾在周叔弢處”等印。天津圖書館藏。

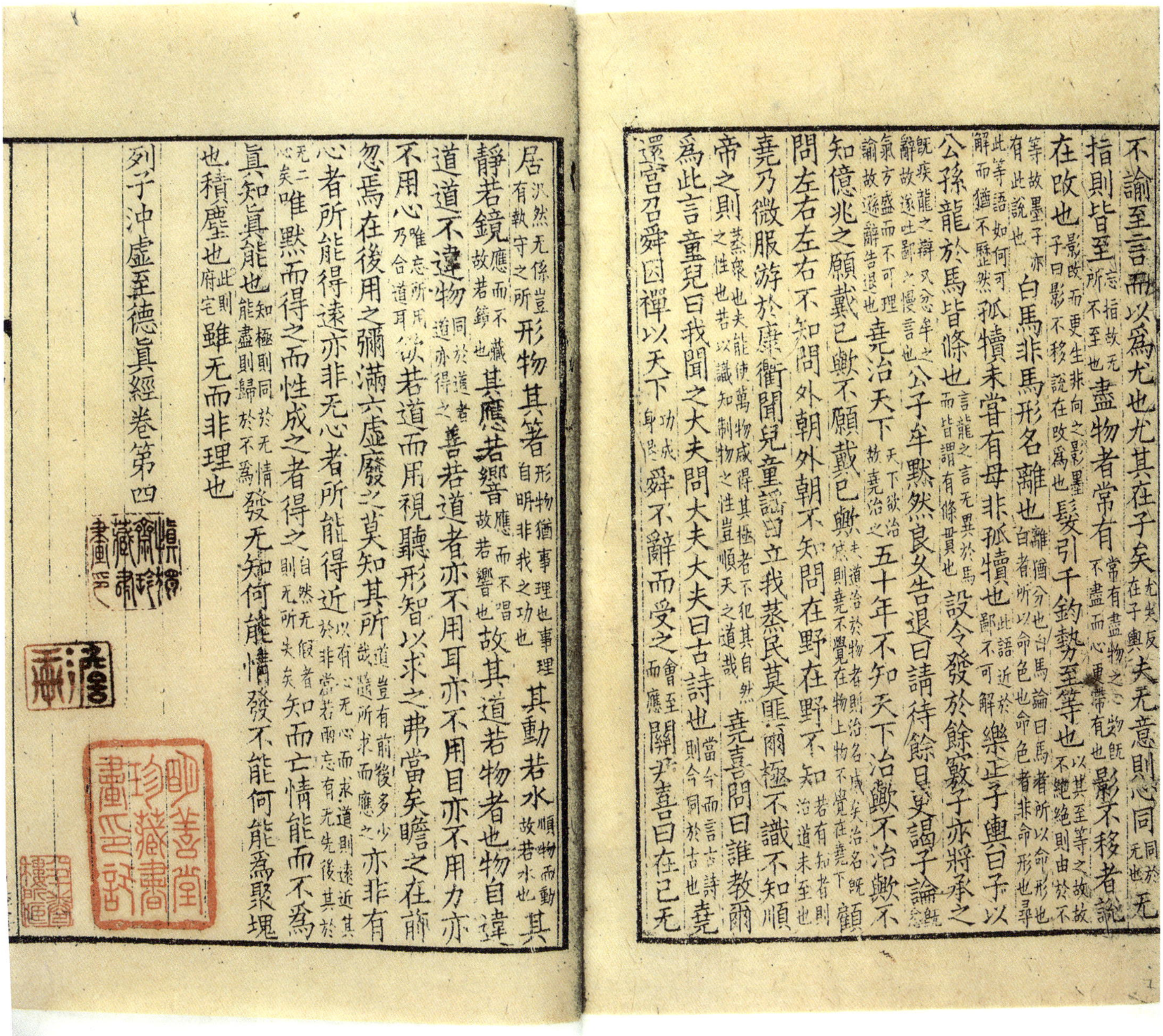

00997 列子沖虛至德真經八卷 （晉）張湛注 宋刻本

匡高17.8厘米，廣12.2厘米。半葉十四行，行二十六字，小字雙行三十字，白口，左右雙邊。有“乾隆御覽之寶”、“明善堂珍藏書畫印記”、“八千卷樓所藏”等印。中國文化遺産研究院藏，存四卷。

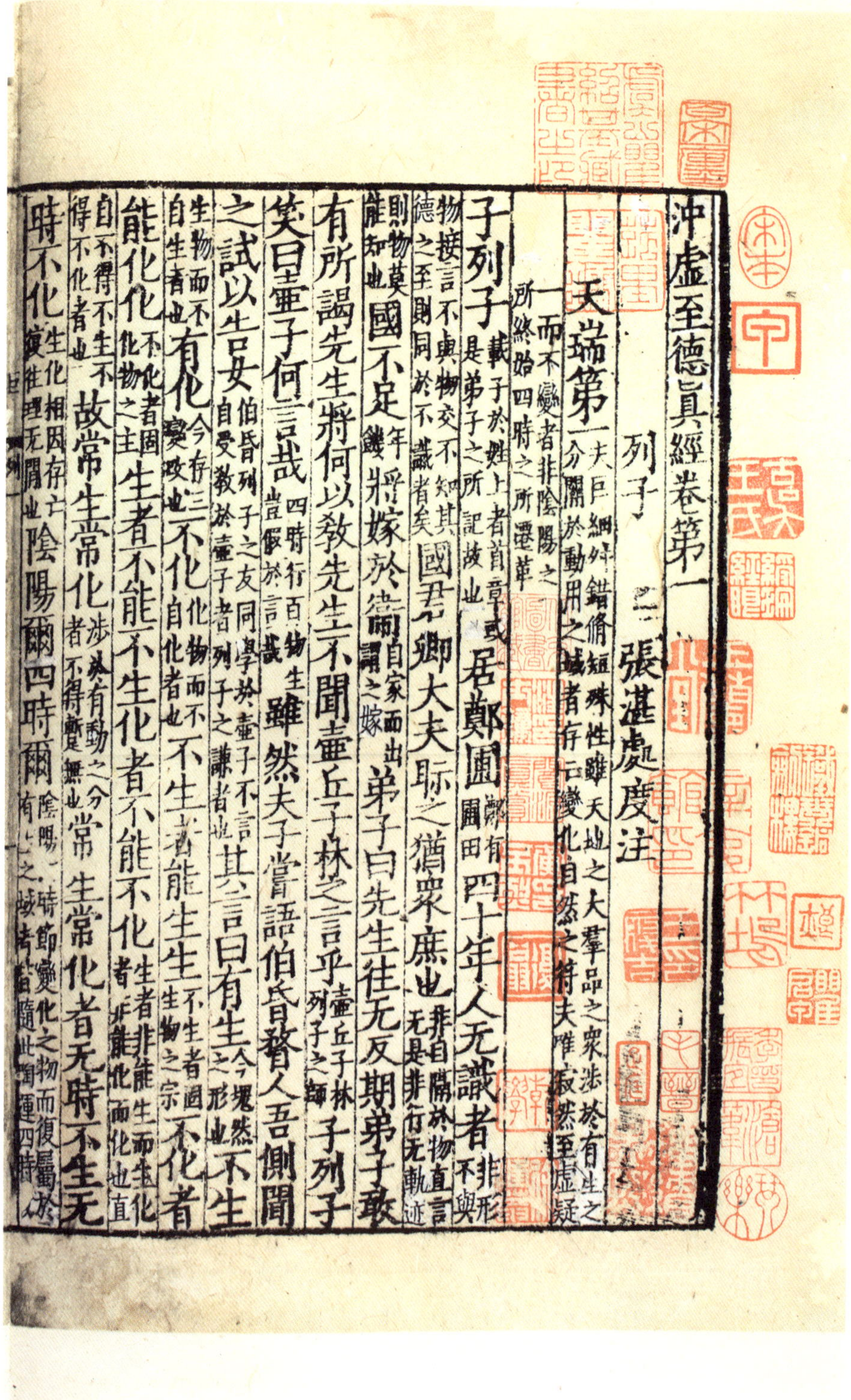
沖虛至德眞經卷第一
列子　張湛處度注
天瑞第一 夫巨細舛錯脩短殊性雖天地之大羣品之衆涉於有生之分關於動用之域者存亡變化自然之符夫唯寂然至虛凝一而不變者非陰陽之所終始四時之所遷革
子列子 載子於姓上者首章或是弟子之所記故也 居鄭圃 鄭有圃田 四十年人无識者 非形不與物接言不與物交不知其德之至則同於不識者矣 國君卿大夫眎之猶衆庶也 非自隱於物直言无是非行无軌迹則物莫能知也 國不足 年饑 將嫁於衞 自家而出謂之嫁 弟子曰先生往无反期弟子敢有所謁先生將何以教先生不聞壺丘子林之言乎 壺丘子林列子之師 子列子笑曰壺子何言哉 四時行百物生豈假於言哉 雖然夫子嘗語伯昏瞀人吾側聞之試以告女 伯昏列子之友同學於壺子不言自受教於壺子者列子之謙者也 其言曰有生不生 今塊然之形也 有化不化 今存亡變改也 不生者能生生 不生者固生物之宗 不化者能化化 不化者固化物之主 生者不能不生化者不能不化 生者非能生而生化者非能化而化也直自不得不生不得不化者也 故常生常化 涉於有動之分者不得暫無也 常生常化者无時不生无時不化 陰陽爾四時爾

00998 沖虛至德眞經八卷　（晉）張湛注　宋刻宋元遞修本（缺葉配清初毛氏汲古閣影宋抄本）

蝴蝶裝。匡高21.8厘米，廣15.3厘米。半葉十四行，行二十五至二十六字，小字雙行三十至三十一字，白口，左右雙邊。有“玉蘭堂”、“王印履吉”、“毛晉”、“季印振宜”、“徐健菴”、“黄印丕烈”、“汪印士鐘”、“鐵琴銅劍樓”等印。黄丕烈、汪駿昌、葉昌熾跋。國家圖書館藏。

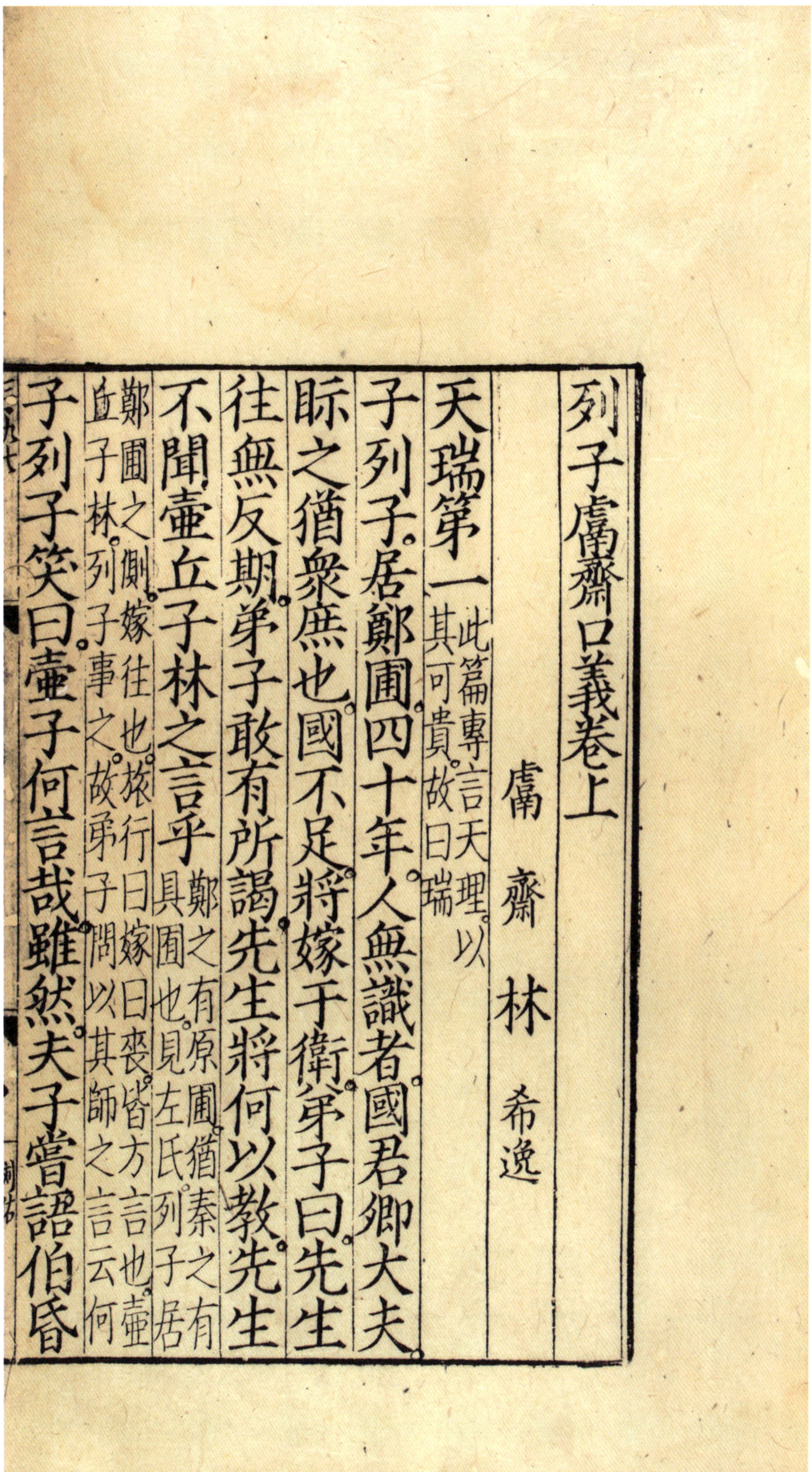

列子鬳齋口義卷上

鬳齋 林 希逸

天瑞第一 此篇專言天理以其可貴故曰瑞

子列子居鄭圃四十年人無識者國君卿大夫眎之猶衆庶也國不足將嫁于衛弟子曰先生往無反期弟子敢有所謁先生將何以教先生不聞壺丘子林之言乎 鄭之有原圃猶秦之有具圃也見左氏列子居鄭圃之側嫁往也旅行曰嫁曰喪皆方言也壺丘子林列子事之故弟子問以其師之言云何

子列子笑曰壺子何言哉雖然夫子嘗語伯昏

00999 列子鬳齋口義二卷 （宋）林希逸撰 元初刻本

匡高18.8厘米，廣12.3厘米。半葉九行，行十八字，小字雙行同，黑口，左右雙邊。有“項元汴印”等印。國家圖書館藏。

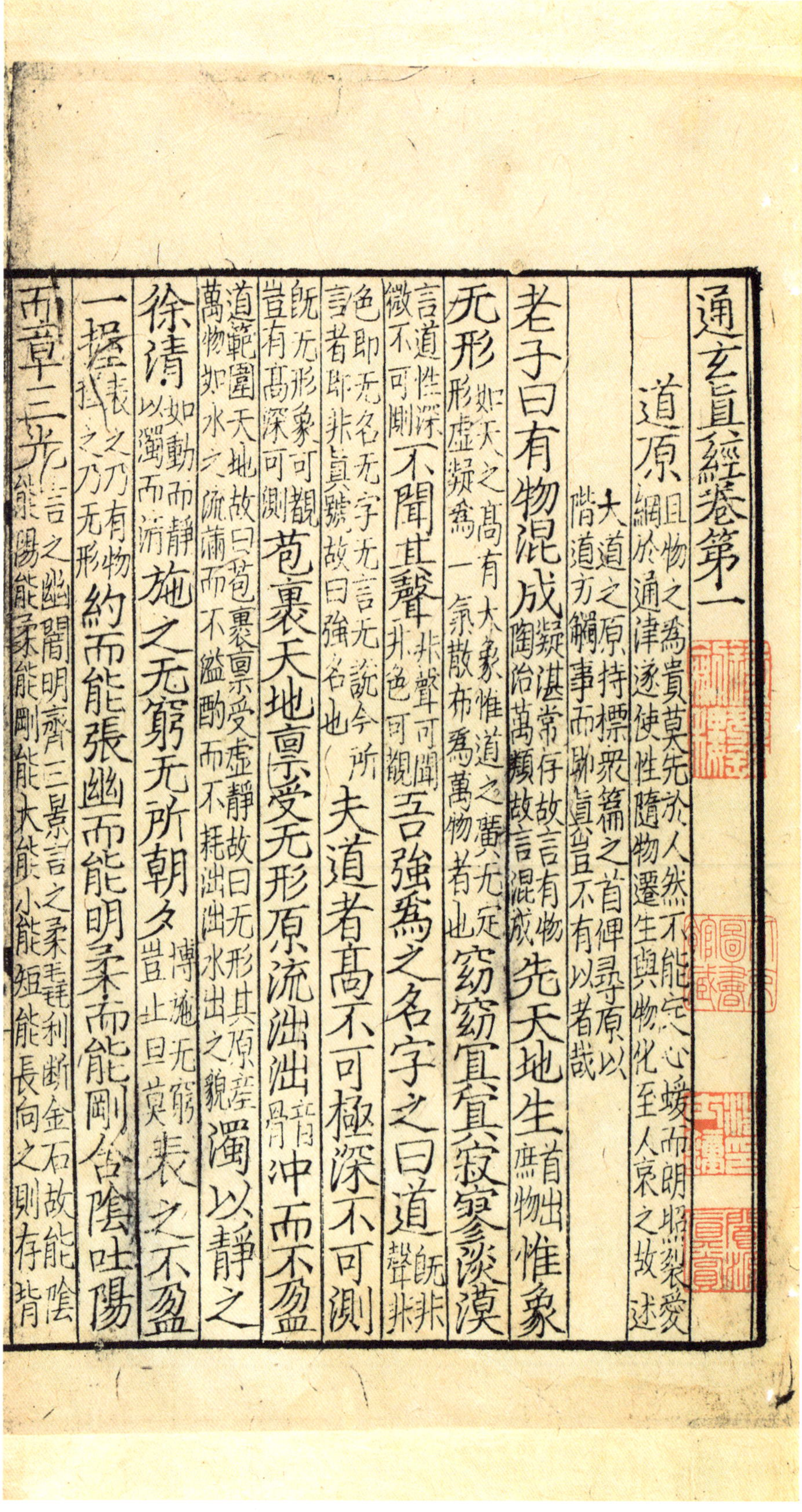
通玄眞經卷第一
道原（凡物之爲貴莫先於人然不能守心嫚而明照襲愛綱於通津遂使性隨物遷生與物化至人哀之故述大道之原持標衆篇之首俾尋原以階道方觸事而覩眞豈不有以者哉）
老子曰有物混成（凝湛常存故言有物陶冶萬類故言混成）先天地生（首出庶物）惟象无形（如天之高有大象惟道之蕃无定形虛凝爲一氣散布爲萬物者也）窈窈冥冥寂寥淡漠（言道性深微不可測）不聞其聲（非聲可聞非色可覩）吾強爲之名字之曰道（既非聲非色即无名无字无言无說今所言者即非眞號故曰強名也）夫道者高不可極深不可測（既无形象可觀豈有高深可測）苞裹天地稟受无形原流泏泏（言其骨）沖而不盈（道範圍天地故曰苞裹稟受虛靜故曰无形其原泉萬物如水之流滿而不溢酌而不耗泏泏水出之貌）濁以靜之徐清（如動而靜以濁而清）施之无窮无所朝夕（博施无窮豈止旦莫）表之不盈一握（表之乃有物握之乃无形）約而能張幽而能明柔而能剛含陰吐陽而章三光（言之幽闇明齊三景言之柔毛毳利斷金石故能陰能陽能柔能剛能大能小能短能長向之則存背）

01000 通玄真經十二卷（唐）徐靈府注 宋刻本（卷十二配影宋抄本）

匡高17厘米，廣13厘米。半葉十二行，行二十二字，小字雙行二十五字，細黑口，左右雙邊。有“汪印士鐘”、“鐵琴銅劍樓”等印。國家圖書館藏。

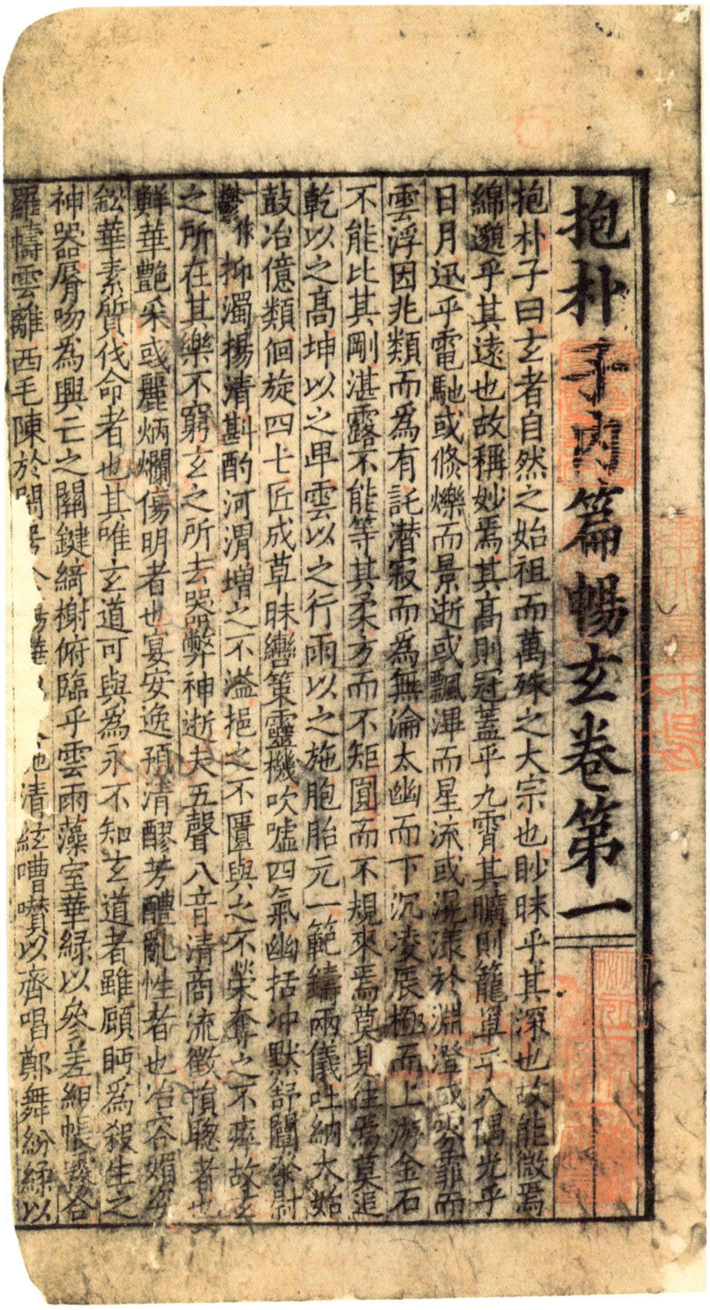
抱朴子內篇暢玄卷第一

抱朴子曰玄者自然之始祖而萬殊之大宗也眇眛乎其深也故能微焉
綿邈乎其遠也故稱妙焉其高則冠蓋乎九霄其曠則籠罩乎八隅光乎
日月迅乎電馳或倏爍而景逝或飄滭而星流或滉漾於淵澄或雰霏而
雲浮因兆類而為有託潛寂而為無淪大幽而下沉凌辰極而上遊金石
不能比其剛湛露不能等其柔方而不矩圓而不規來焉莫見往焉莫追
乾以之高坤以之卑雲以之行雨以之施胞胎元一範鑄兩儀吐納大始
鼓冶億類佪旋四七匠成草昧轡策靈機吹噓四氣幽括沖默舒闡粲尉
鬱作抑濁揚清斟酌河渭增之不溢挹之不匱與之不榮奪之不瘁故玄
之所在其樂不窮玄之所去器弊神逝夫五聲八音清商流徵損聰者也
鮮華艷采彧麗炳爛傷明者也宴安逸豫清醪芳醴亂性者也冶容媚姿
鉛華素質伐命者也其唯玄道可與為永不知玄道者雖顧眄為殺生之
神器脣吻為興亡之關鍵綺榭俯臨乎雲雨藻室華綠以參差組帳霧合
羅幬雲離西毛陳於閑房[illegible]清絃嘈囋以齊唱鄭舞紛緣以

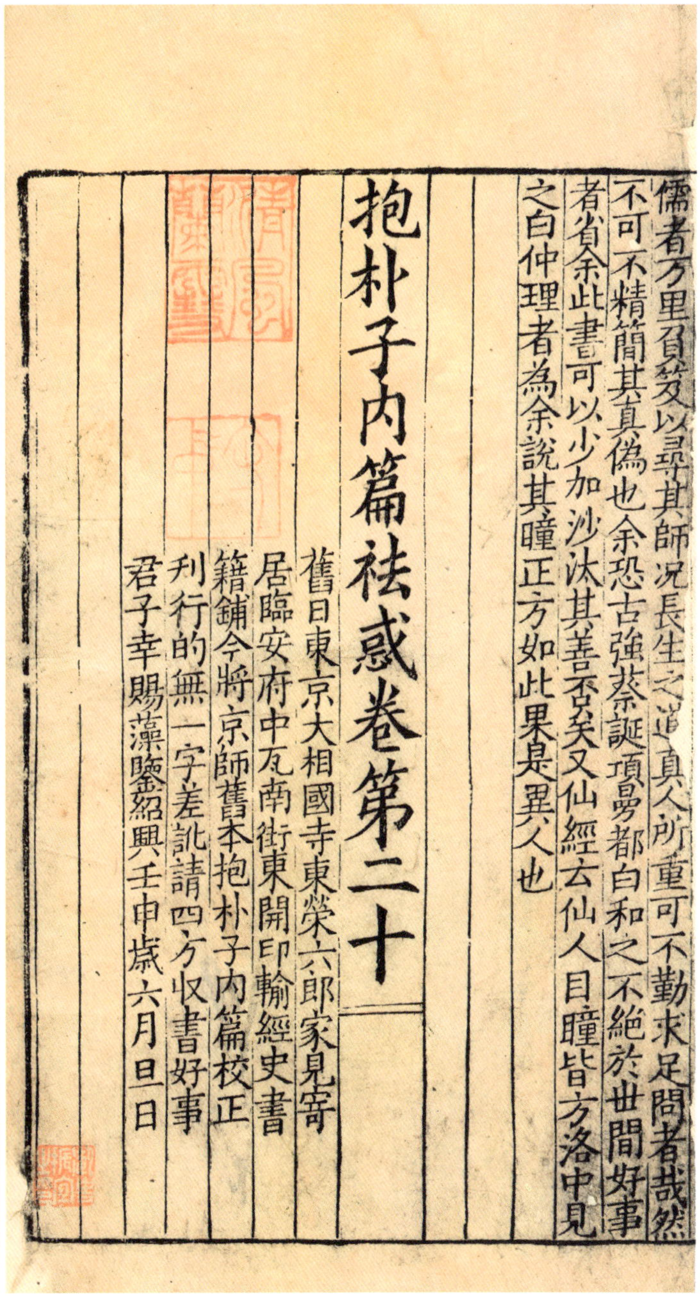
儒者万里召頁笈以尋其師況長生之道真人所重可不勤求足問者哉然
不可不精簡其真偽也余恐古強蔡誕項曼都白和之不絕於世間好事
者省余此書可以少加沙汰其善否矣又仙經云仙人目瞳皆方洛中見
之白仲理者為余說其瞳正方如此果是異人也

抱朴子內篇祛惑卷第二十

舊日東京大相國寺東榮六郎家見寄
居臨安府中瓦南街東開印輸經史書
籍鋪今將京師舊本抱朴子內篇校正
刊行的無一字差訛請四方收書好事
君子幸賜藻鑒紹興壬申歲六月旦日

01001 抱朴子內篇二十卷 （晉）葛洪撰 宋紹興二十二年（1152）臨安府榮六郎家刻本（卷十一至十二、卷十七第八葉、卷十九第二葉配清初錢氏述古堂抄本）

匡高19.6厘米，廣12.2厘米。半葉十五行，行二十八字，白口，左右雙邊。有榮六郎家刻書題記。有“竹塢”、“御史振宜之印”、“乾學”等印。遼寧省圖書館藏。

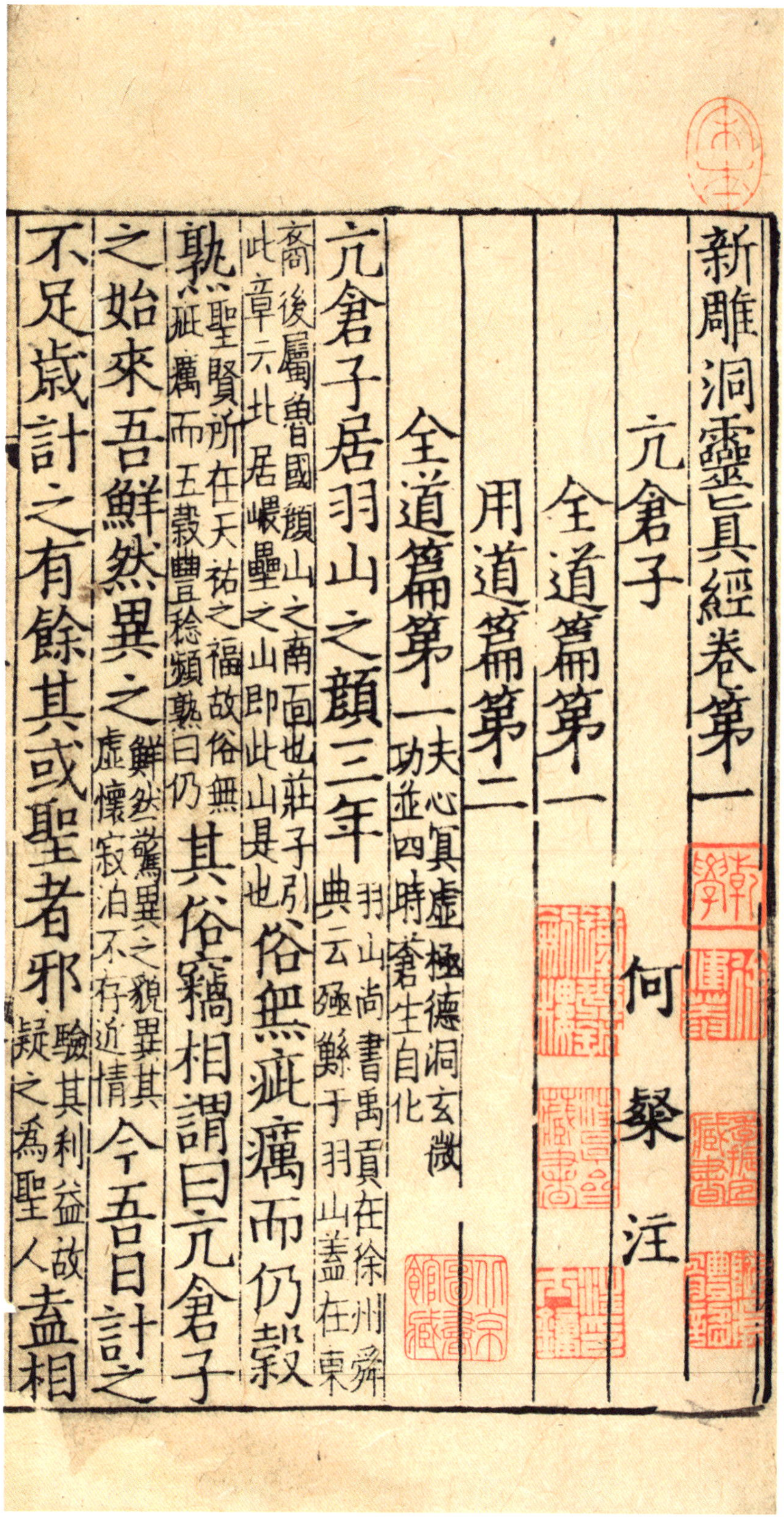
新雕洞靈真經卷第一
亢倉子　何粲注
全道篇第一
用道篇第二
全道篇第一夫心冥真虛極德洞玄微功並四時蒼生自化
亢倉子居羽山之顛三年羽山尚書禹貢在徐州舜典云殛鯀于羽山蓋在東裔後屬魯國顔山之南面也莊子引此章云北居嵔壘之山即此山是也俗無疵癘而仍穀熟聖賢所在天祐之福故俗無疵癘而五穀豐稔類熟曰仍其俗竊相謂曰亢倉子之始來吾鮮然異之鮮然驚異之貌異其虛懷寂泊不存近情今吾日計之不足歲計之有餘其或聖者邪驗其利益故疑之為聖人盡相

01002 新雕洞靈真經五卷 題何粲注　宋刻本（有抄配）

匡高18.2厘米，廣12厘米。半葉十行，行十八至二十字，小字雙行字不等，白口，四周單邊或左右雙邊。有“季振宜藏書”、“乾學”、“汪印士鐘”、“鐵琴銅劍樓”等印。國家圖書館藏。

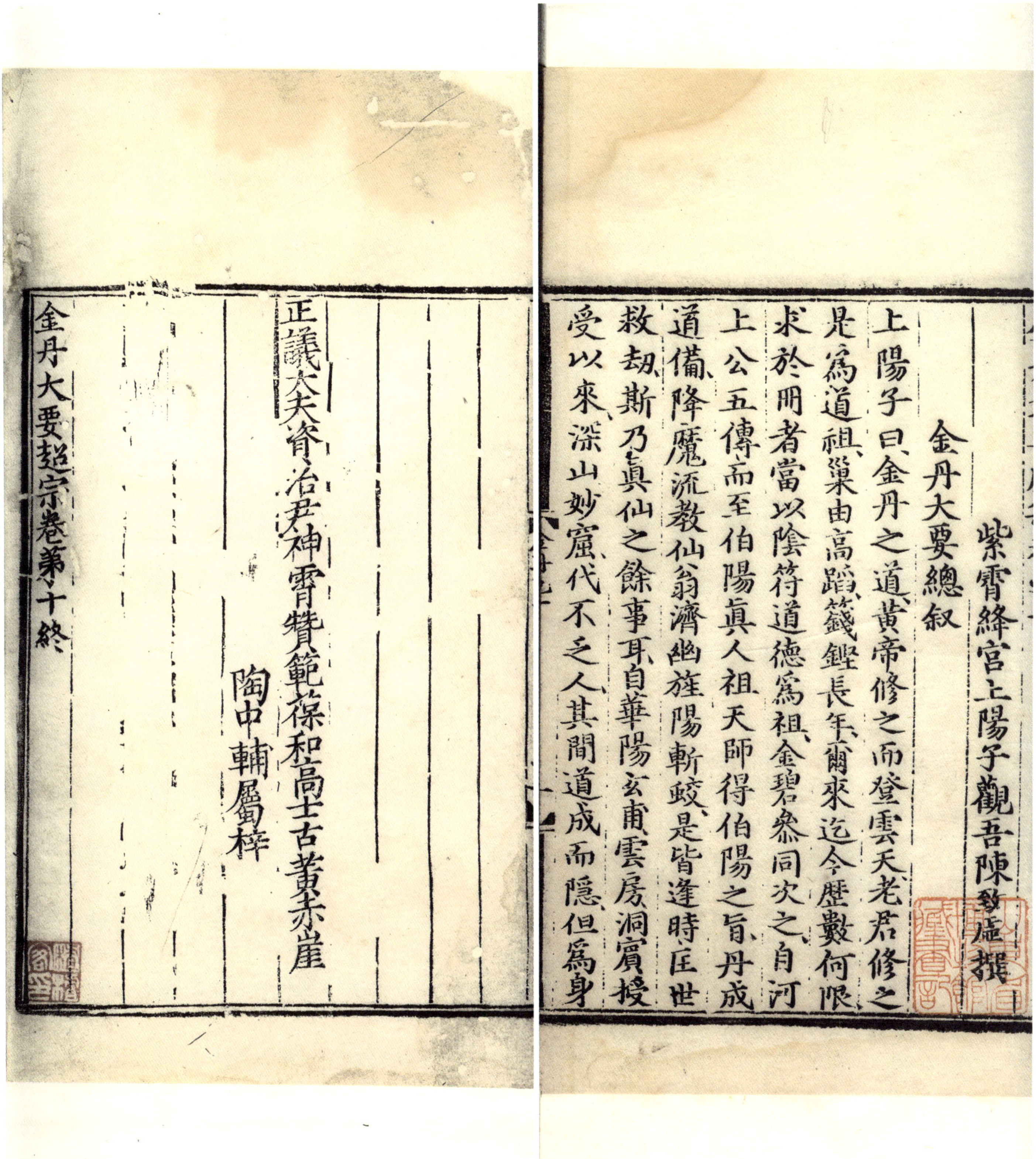

紫霄絳宮上陽子觀吾陳致虛撰

金丹大要總叙

上陽子曰金丹之道黄帝修之而登雲天老君修之是爲道祖巢由高蹈籛鏗長年爾來迄今歷數何限求於用者當以陰符道德爲祖金碧參同次之自河上公五傳而至伯陽眞人祖天師得伯陽之旨丹成道備降魔流教仙翁濟幽旌陽斬蛟是皆逢時匡世救刼斯乃眞仙之餘事耳自華陽玄甫雲房洞賓授受以來深山妙窟代不乏人其間道成而隱但爲身

金丹大要超宗卷第十終

正議大夫資治君神霄贊範葆和高士古杏黄杰崖

陶中輔屬梓

01003 金丹大要十卷（元）陳致虛撰 元刻本

匡高19厘米，廣14.3厘米。半葉十行，行二十字，粗黑口，四周雙邊。山東省博物館藏。

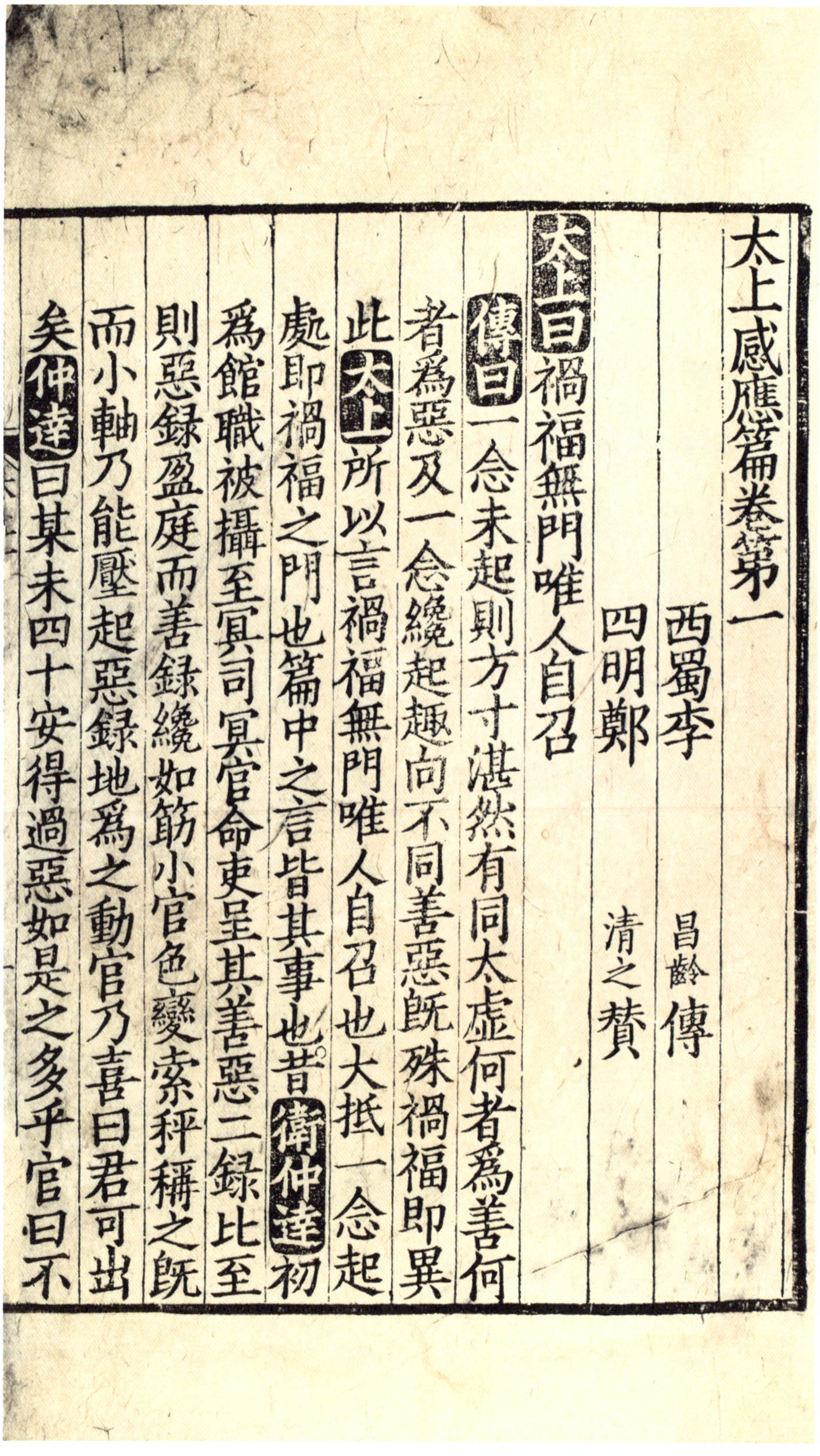

太上感應篇卷第一
西蜀李　昌齡傳
四明鄭　清之賛
太上曰禍福無門唯人自召
傳曰一念未起則方寸湛然有同太虛何者爲善何
者爲惡及一念纔起趣向不同善惡既殊禍福即異
此太上所以言禍福無門唯人自召也大抵一念起
處即禍福之門也篇中之言皆其事也昔衛仲達初
爲館職被攝至冥司冥官命吏呈其善惡二録比至
則惡録盈庭而善録纔如筋小官色變索秤稱之既
而小軸乃能壓起惡録地爲之動官乃喜曰君可出
矣仲達曰某未四十安得過惡如是之多乎官曰不

01004 太上感應篇八卷（宋）李昌齡傳 鄭清之賛 元刻本

包背裝。匡高23.8厘米，廣17.7厘米。半葉十二行，行二十二字，白口，左右雙邊。國家圖書館藏。

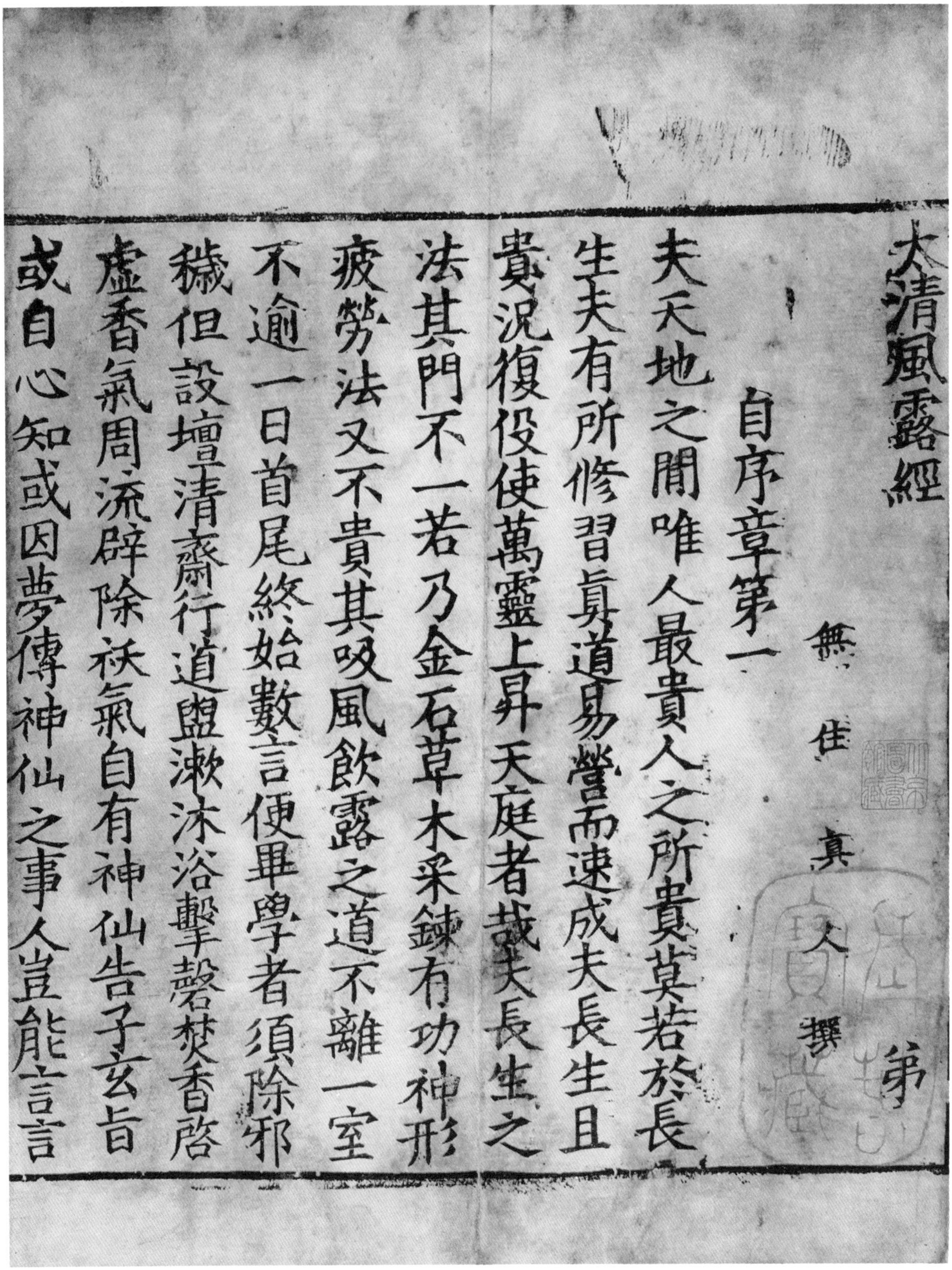

太清風露經

自序章第一　無住真人撰

夫天地之間唯人最貴人之所貴莫若於長生夫有所修習真道易營而速成夫長生且貴況復役使萬靈上昇天庭者哉夫長生之法其門不一若乃金石草木采鍊有功神形疲勞法又不貴其吸風飲露之道不離一室不逾一日首尾終始數言便畢學者須除邪穢但設壇清齋行道盥漱沐浴擊磬焚香啓虛香氣周流辟除祆氣自有神仙告子玄旨或自心知或因夢傳神仙之事人豈能言言

01005 太清風露經一卷 題無住真人撰　蒙古太宗九年至乃馬真后三年（1237－1244）宋德方等刻玄都寶藏本

經折裝。匡高21.9厘米，廣11.3厘米。半葉六行，行十七字。有“長春寶藏”等印。國家圖書館藏。

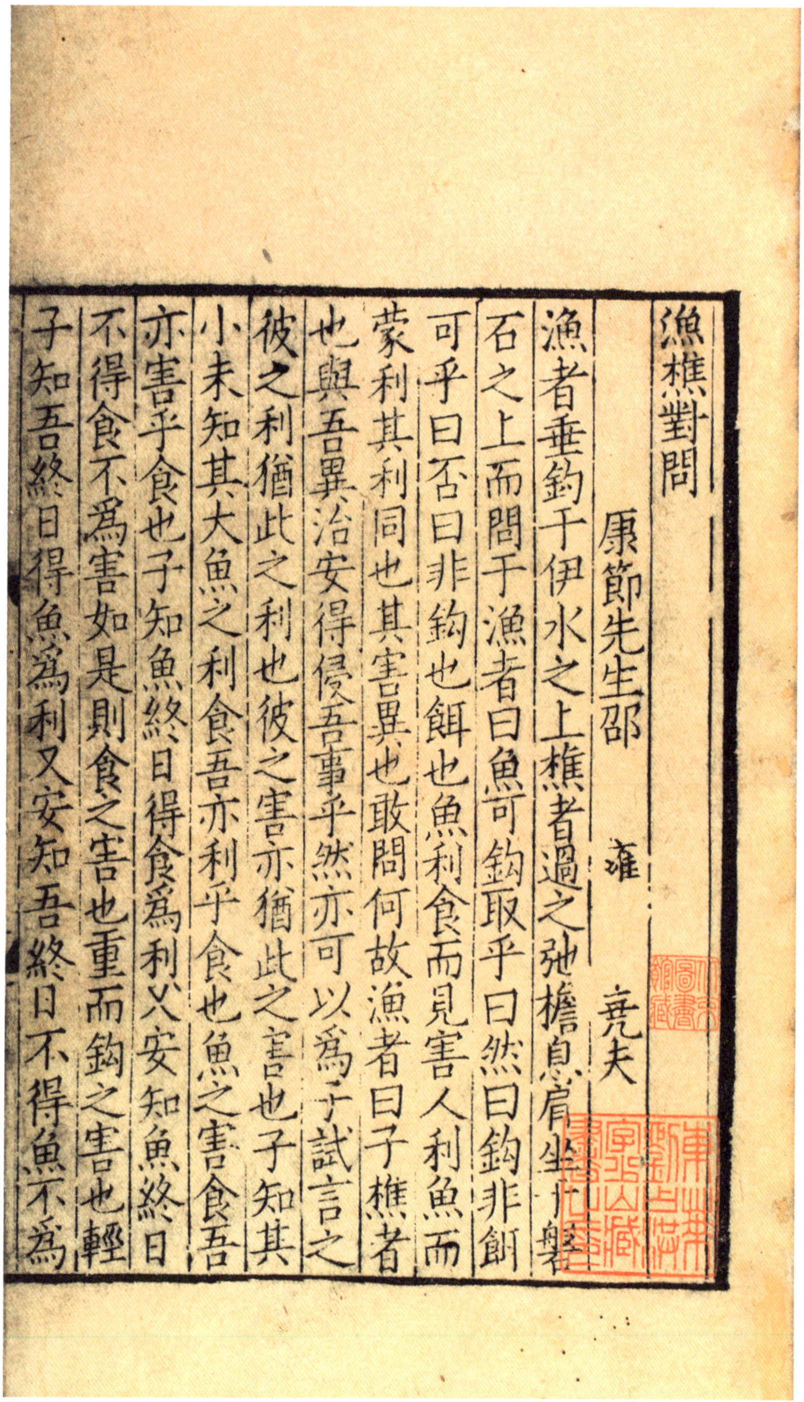
漁樵對問
康節先生邵　雍　堯夫
漁者垂釣于伊水之上樵者過之弛擔息肩坐于盤
石之上而問于漁者曰魚可鈎取乎曰然曰鈎非餌
可乎曰否曰非鈎也餌也魚利食而見害人利魚而
蒙利其利同也其害異也敢問何故漁者曰子樵者
也與吾異治安得侵吾事乎然亦可以為子試言之
彼之利猶此之利也彼之害亦猶此之害也子知其
小未知其大魚之利食吾亦利乎食也魚之害食吾
亦害乎食也子知魚終日得食為利又安知魚終日
不得食不為害如是則食之害也重而鈎之害也輕
子知吾終日得魚為利又安知吾終日不得魚不為

01006 百川學海一百種一百七十九卷（宋）左圭編　宋刻本（配1927年陶氏涉園刻本，有抄配）

匡高18厘米，廣13.7厘米。半葉十二行，行二十字，細黑口，左右雙邊。有“東萊劉占洪字少山藏書之印”等印。劉占洪題記。國家圖書館藏。

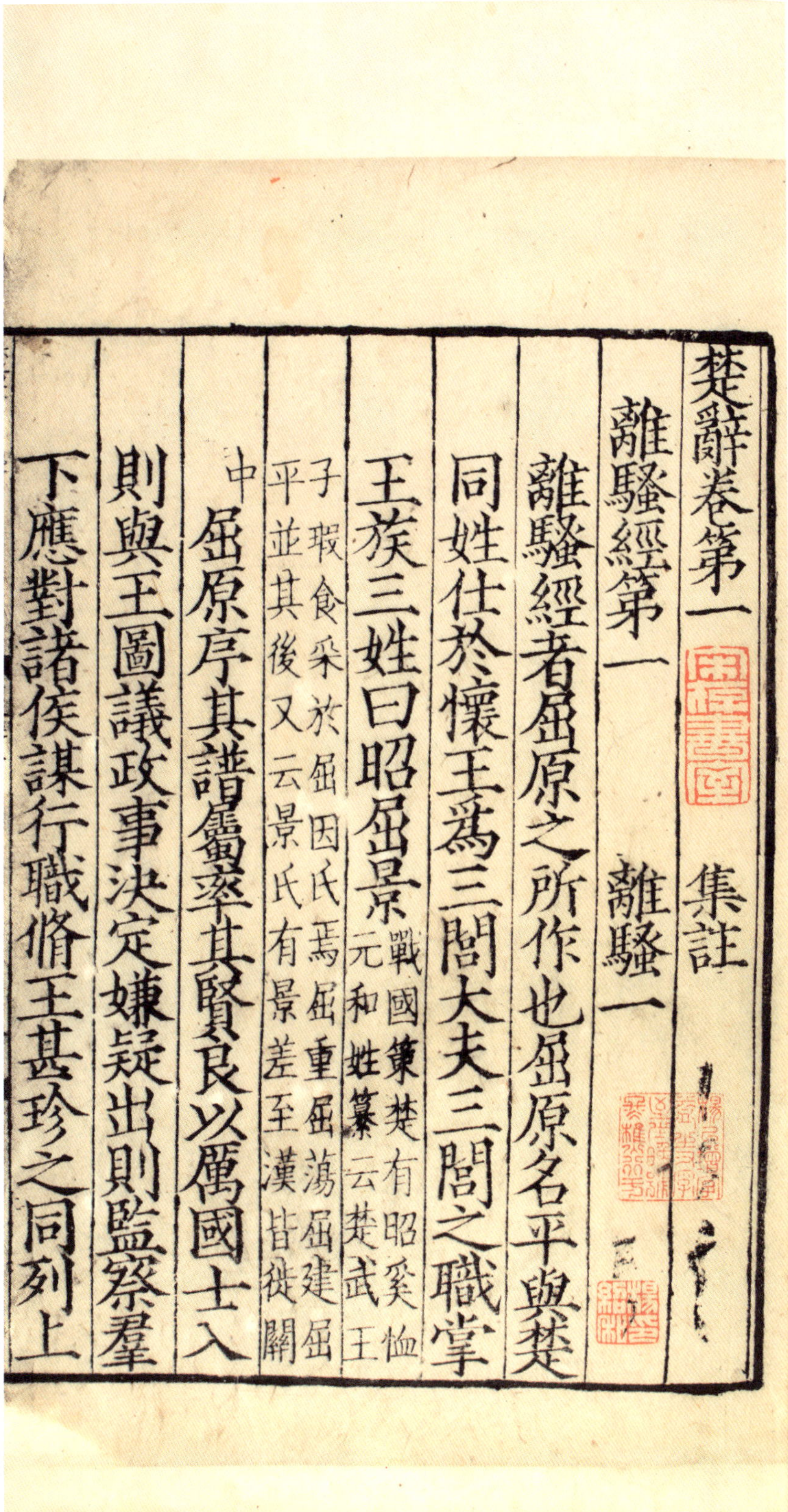
楚辭卷第一　集註
離騷經第一　離騷一
離騷經者屈原之所作也屈原名平與楚同姓仕於懷王爲三閭大夫三閭之職掌王族三姓曰昭屈景（戰國策楚有昭奚恤元和姓纂云楚武王子瑕食采於屈因氏焉屈重屈蕩屈建屈平並其後又云景氏有景差至漢皆徙關中）屈原序其譜屬率其賢良以厲國士入則與王圖議政事決定嫌疑出則監察羣下應對諸侯謀行職脩王甚珍之同列上

01007 楚辭集註八卷辯證二卷後語六卷 （宋）朱熹撰　宋端平刻本

匡高22.6厘米，廣16.7厘米。半葉九行，行十八字，小字雙行同，白口，左右雙邊。有“楊印紹和”、“劉占洪少山氏珍藏”等印。國家圖書館藏。

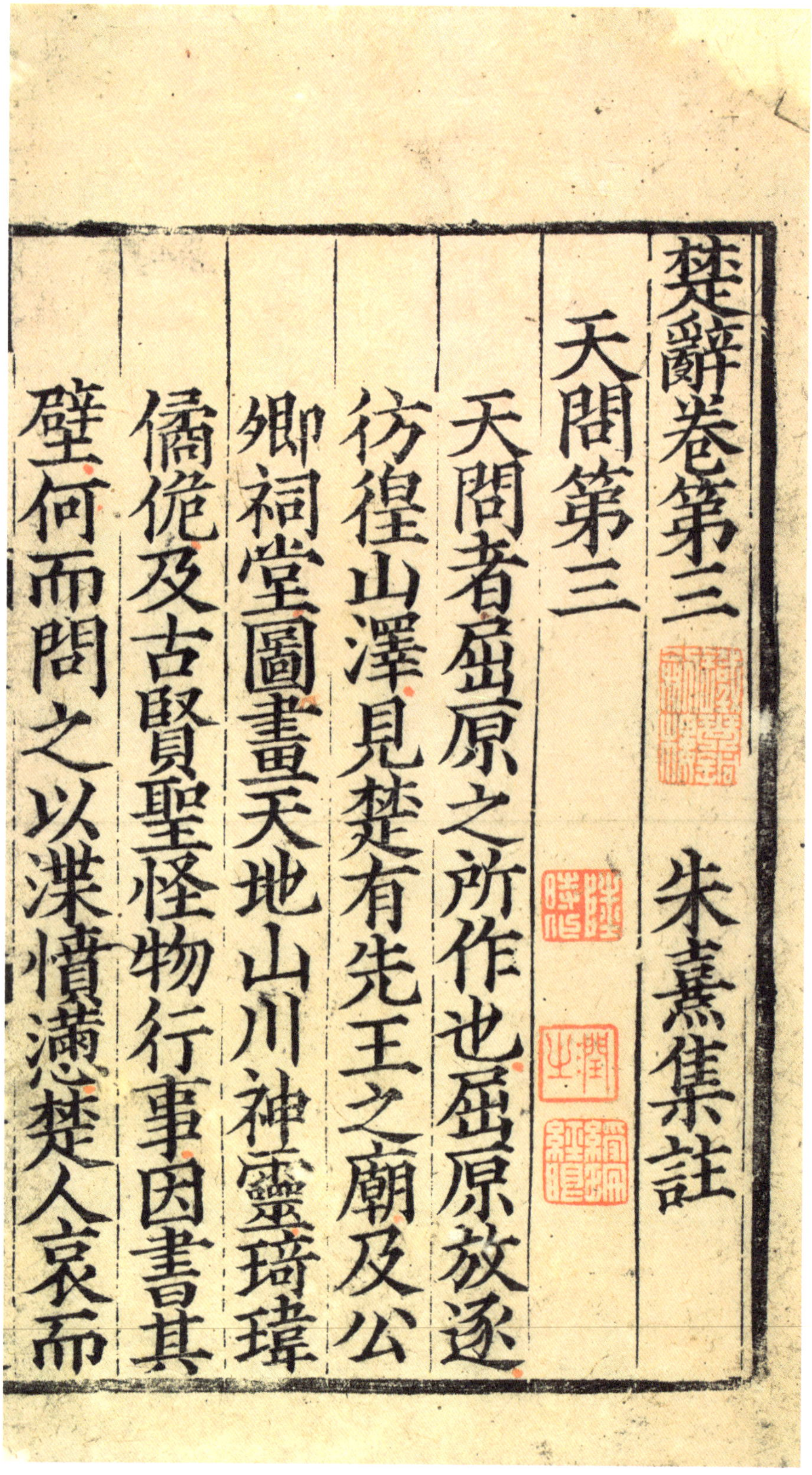

楚辭卷第三

天問第三　朱熹集註

天問者屈原之所作也屈原放逐彷徨山澤見楚有先王之廟及公卿祠堂圖畫天地山川神靈琦瑋僪佹及古賢聖怪物行事因書其壁何而問之以渫憤懣楚人哀而

01008 楚辭集註八卷辯證二卷 （宋）朱熹撰 **反離騷一卷** （漢）揚雄撰　宋嘉定六年（1213）王涔章貢郡齋刻本（卷一至二配清影宋抄本）

匡高19.2厘米，廣13.1厘米。半葉七行，行十五字，黑口或白口，左右雙邊。有楊訥庵圈點批校。有“陸時化”、“鐵琴銅劍樓”等印。國家圖書館藏。

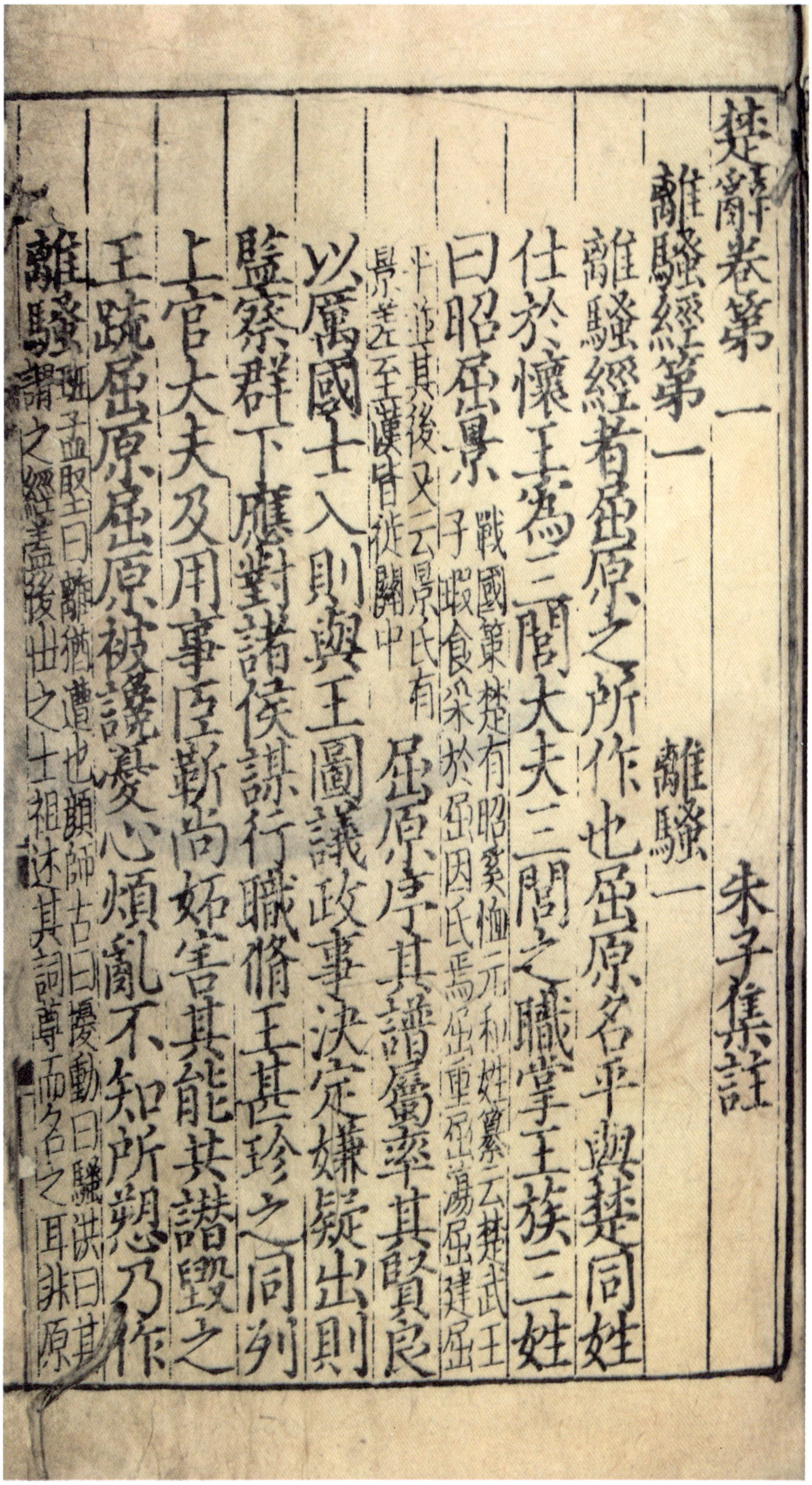
楚辭卷第一　　　　朱子集註
離騷經第一　　　離騷一
離騷經者屈原之所作也屈原名平與楚同姓
仕於懷王爲三閭大夫三閭之職掌王族三姓
曰昭屈景戰國策楚有昭奚恤元和姓纂云楚武王子瑕食采於屈因氏焉屈重屈蕩屈建屈
平並其後又云景氏有景差至漢皆徙關中屈原序其譜屬率其賢良
以厲國士入則與王圖議政事決定嫌疑出則
監察群下應對諸侯謀行職脩王甚珍之同列
上官大夫及用事臣靳尚妒害其能共譖毀之
王疏屈原屈原被讒憂心煩亂不知所愬乃作
離騷班孟堅曰離猶遭也顏師古曰擾動曰騷洪曰其謂之經蓋後世之士祖述其詞尊而名之耳非原

01009 楚辭集註八卷辯證二卷後語六卷（宋）朱熹撰　元至治元年（1321）建安虞信亨宅刻本

匡高20厘米，廣12.5厘米。半葉十一行，行二十字，小字雙行二十四字，細黑口，左右雙邊。有“建安虞信亨宅重刊至治辛酉臘月印行”牌記。有“徵明”等印。山東省圖書館藏。

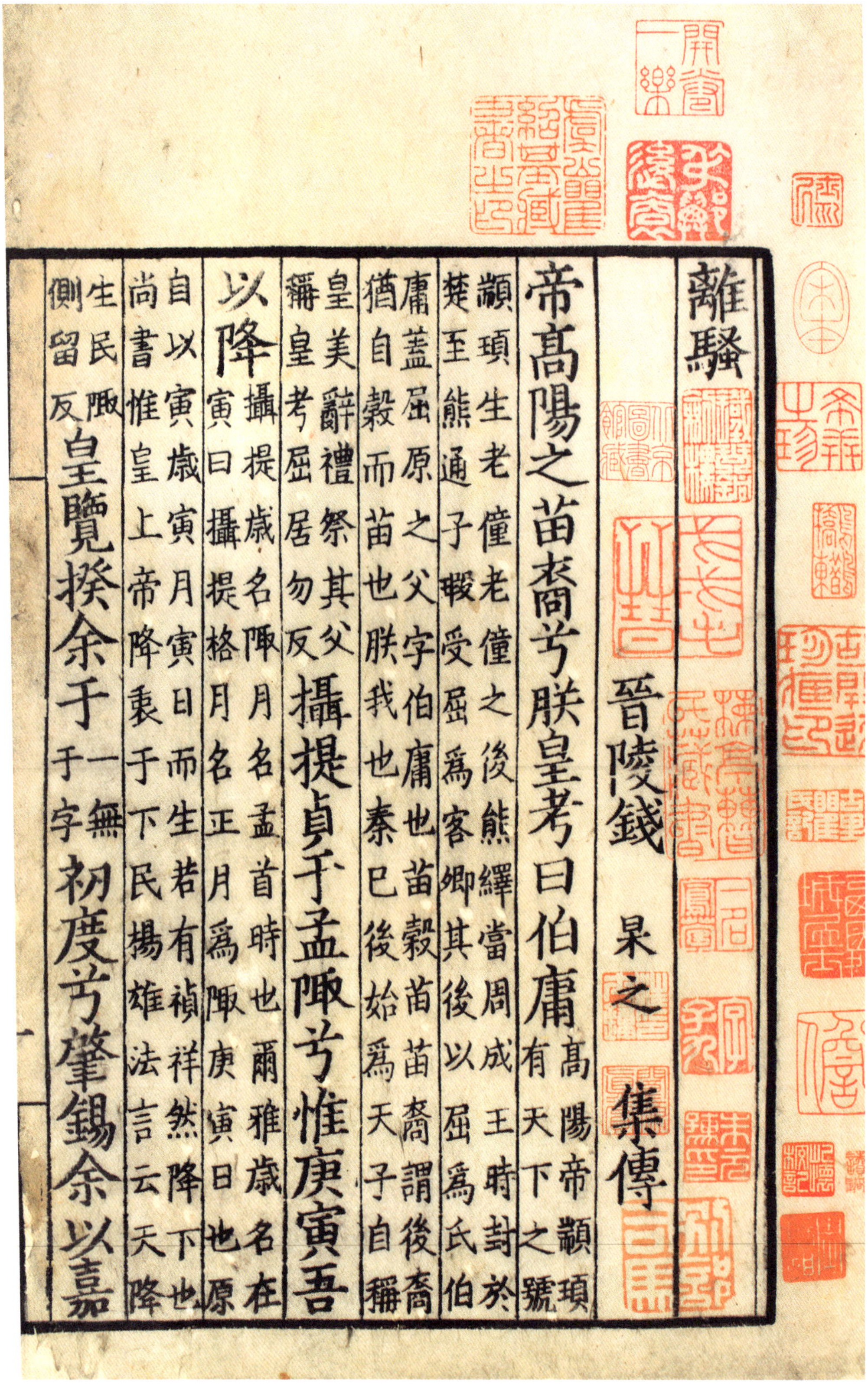

離騷
晉陵錢　杲之　集傳
帝高陽之苗裔兮朕皇考曰伯庸高陽帝顓頊有天下之號顓頊生老僮老僮之後熊繹當周成王時封於楚至熊通子瑕受屈爲客卿其後以屈爲氏伯庸蓋屈原之父字伯庸也苗裔苗裔謂後裔稱猶自穀而苗也朕我也秦巳後始爲天子自稱皇美辭禮祭其父稱皇考屈居勿反攝提貞于孟陬兮惟庚寅吾以降攝提歲名陬月名孟首時也爾雅歲名在寅曰攝提格月名正月爲陬庚寅日也原自以寅歲寅月寅日而生若有禎祥然降下也尚書惟皇上帝降衷于下民揚雄法言云天降生民陬側留反皇覽揆余于一無于字初度兮肇錫余以嘉

01010 離騷集傳一卷　（宋）錢杲之撰　宋刻本

匡高21.4厘米，廣15.6厘米。半葉九行，行十八字，小字雙行同，黑口，左右雙邊。有“別部司馬”、“子儋”、“汲古閣”、“楝亭曹氏藏書”、“黃印丕烈”、“汪印士鐘”、“鐵琴銅劍樓”等印。黃丕烈、孫延跋，朱承爵、費念慈、邵松年題款。國家圖書館藏。

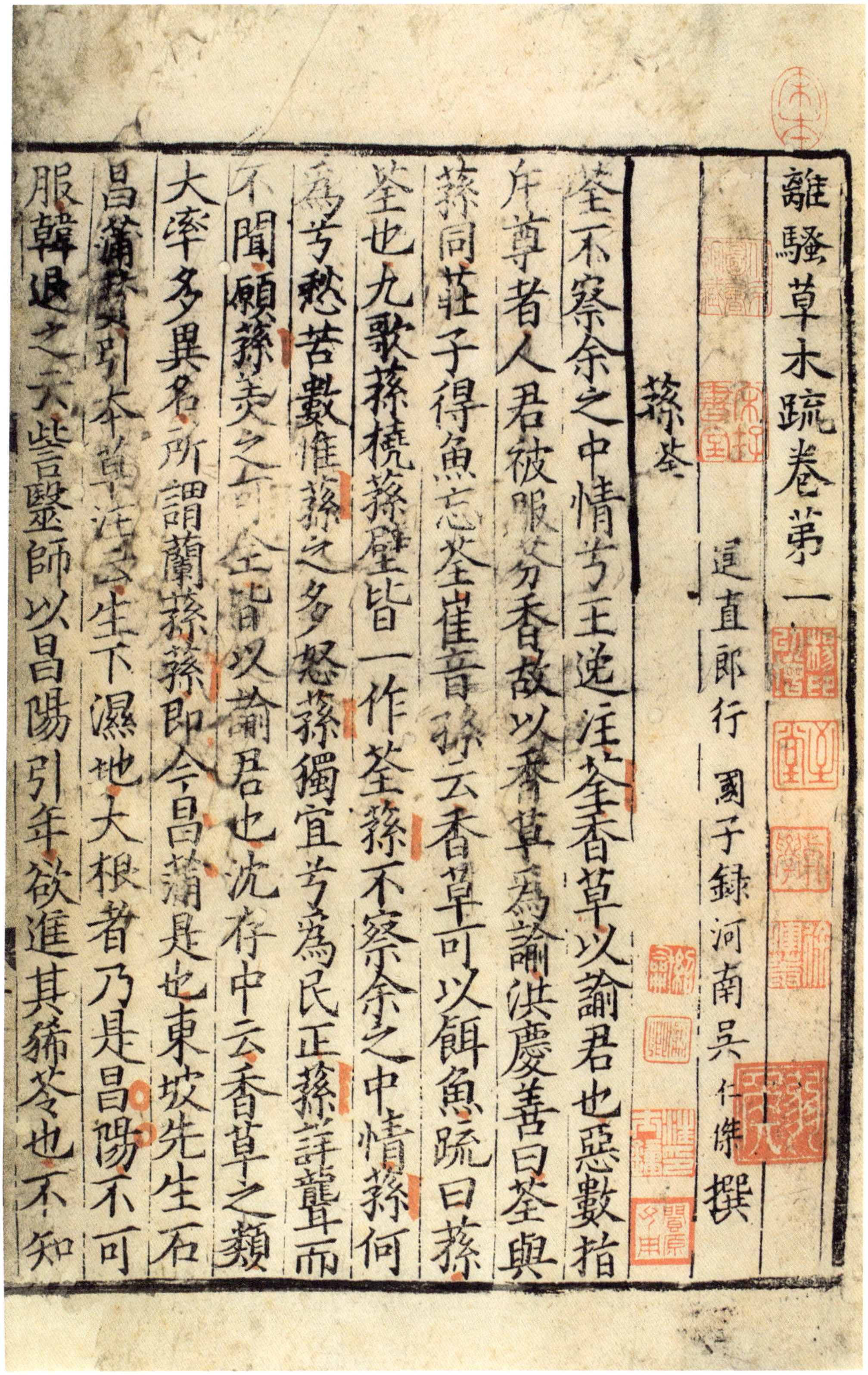

離騷草木疏卷第一

廸直郎行國子録河南吳仁傑撰

蓀荃

荃不察余之中情兮王逸注荃香草以諭君也惡數指斥尊者人君被服芬香故以香草爲諭洪慶善曰荃與蓀同莊子得魚忘荃崔音孫云香草可以餌魚疏曰蓀荃也九歌蓀橈蓀壁皆一作荃蓀不察余之中情蓀何爲兮愁苦數惟蓀之多怒蓀獨宜兮爲民正蓀詳聾而不聞顧蓀美之可全皆以諭君也沈存中云香草之類大率多異名所謂蘭蓀蓀即今昌蒲是也東坡先生石昌蒲贊引本草注云生下濕地大根者乃是昌陽不可服韓退之云訾醫師以昌陽引年欲進其豨苓也不知

01011 離騷草木疏四卷 （宋）吴仁傑撰　宋慶元六年（1200）方燦羅田縣庠刻本

匡高23厘米，廣17.6厘米。半葉十二行，行二十一字，白口，左右雙邊。有“徐健菴”、“汪印士鐘”、“宋存書室”等印。國家圖書館藏。

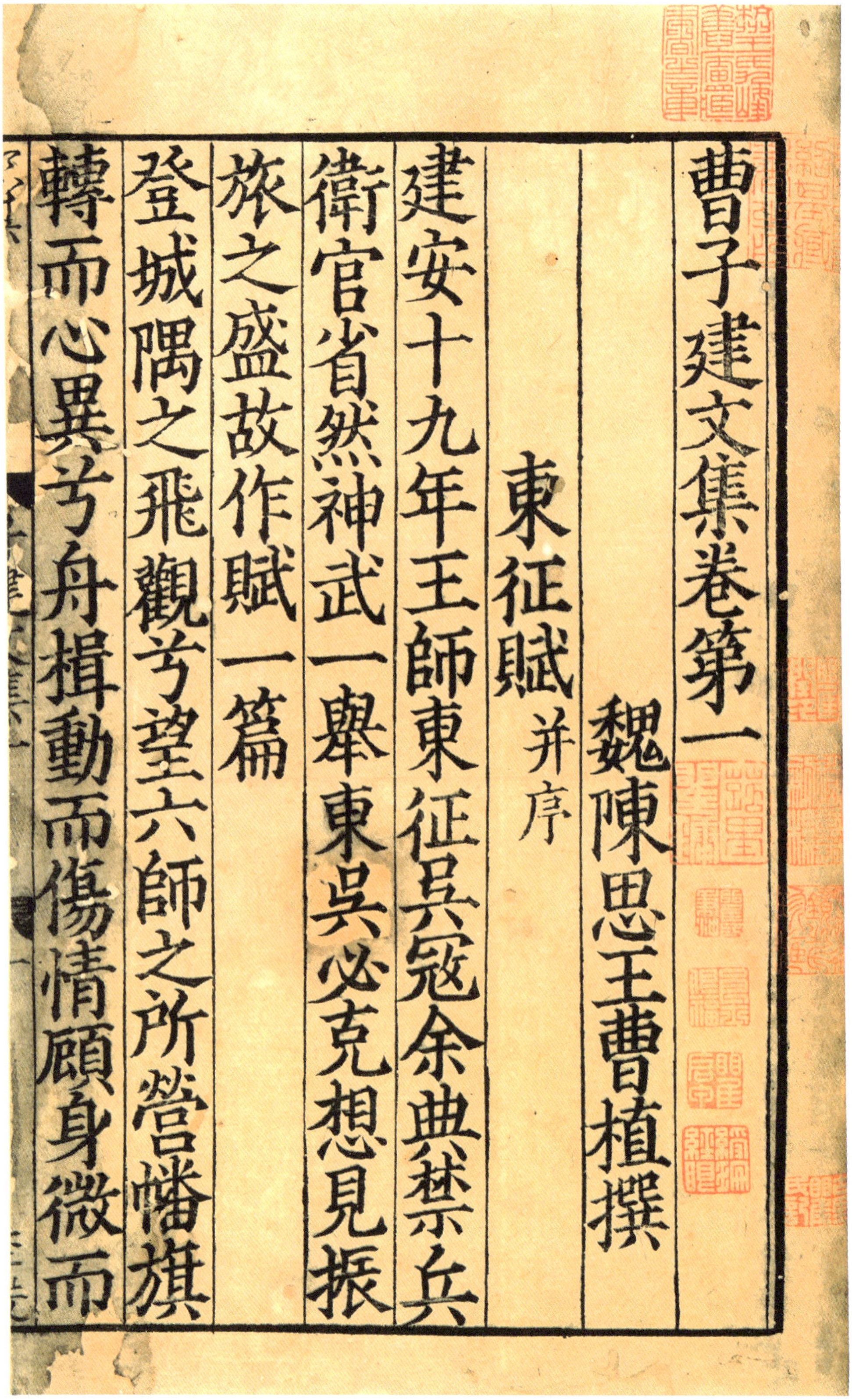
曹子建文集卷第一
魏陳思王曹植撰
東征賦并序
建安十九年王師東征吳寇余典禁兵衛宫省然神武一舉東吳必克想見振旅之盛故作賦一篇
登城隅之飛觀兮望六師之所營幡旗轉而心異兮舟楫動而傷情顧身微而

01012 曹子建文集十卷 （魏）曹植撰 宋刻本

匡高24.7厘米，廣16.5厘米。半葉八行，行十五字，白口，左右雙邊。有“華亭朱氏”、“周良金印”、“鐵琴銅劍樓”、“杭州王氏九峰舊廬藏書之章”等印。上海圖書館藏。

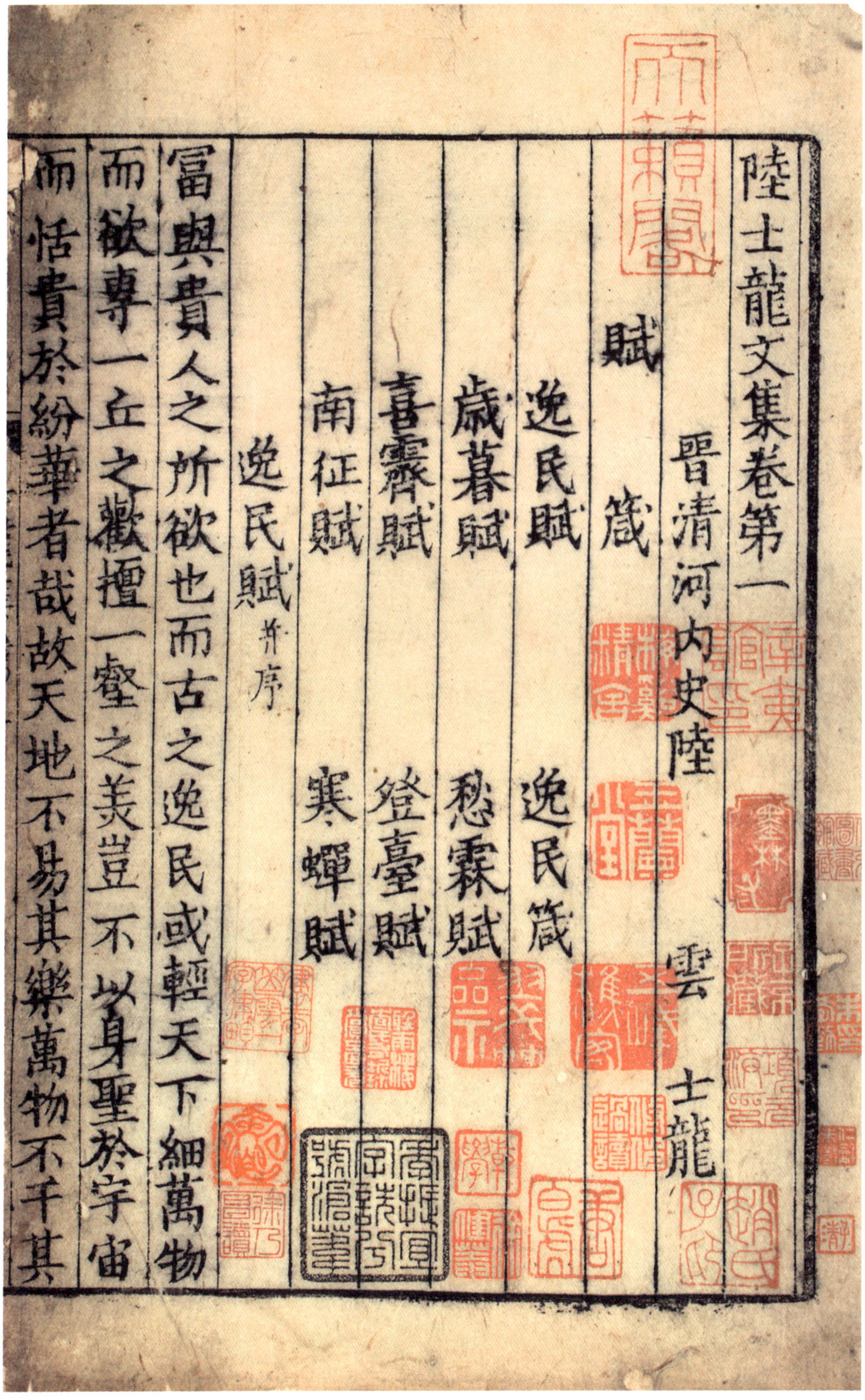

陸士龍文集卷第一
晉清河内史陸　雲　士龍
賦
逸民賦　逸民箴
歲暮賦　愁霖賦
喜霽賦　登臺賦
南征賦　寒蟬賦
逸民賦并序
富與貴人之所欲也而古之逸民或輕天下細萬物
而欲專一丘之歡擅一壑之美豈不以身聖於宇宙
而恬貴於紛華者哉故天地不易其樂萬物不干其

01013 陸士龍文集十卷 （晉）陸雲撰 宋慶元六年（1200）華亭縣學刻本

匡高23厘米，廣16.6厘米。半葉十一行，行二十字，白口，左右雙邊。有“唐白虎”、“玉蘭堂”、“項元汴印”、“振宜之印”、“乾學”、“聽雨樓查氏有圻珍賞圖書”、“結一廬藏書印”、“徐乃昌讀”等印。項元汴跋。國家圖書館藏。

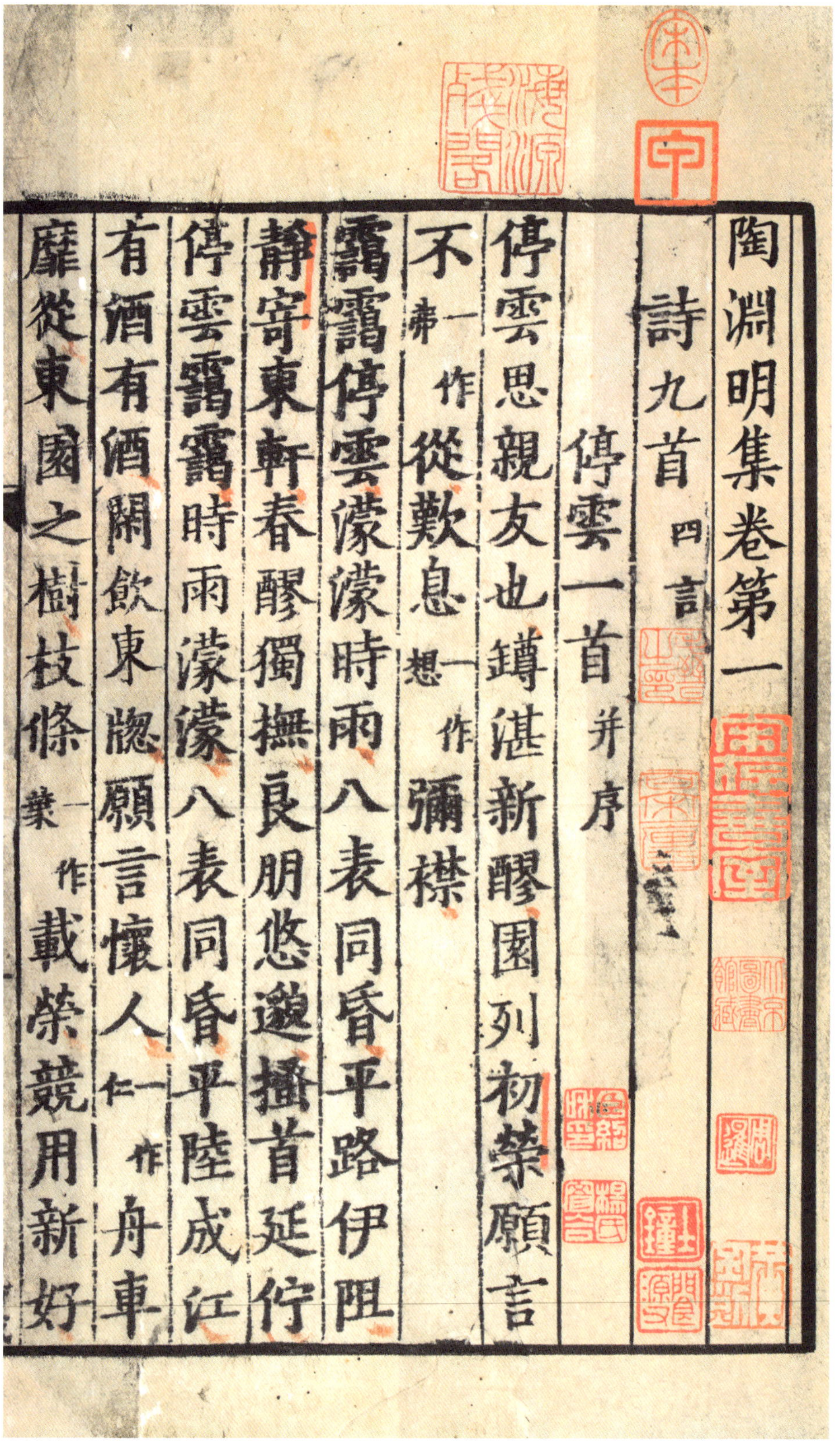
陶淵明集卷第一
詩九首 四言
停雲一首 并序
停雲思親友也罇湛新醪園列初榮願言
不弗一作從歎息想一作彌襟
靄靄停雲濛濛時雨八表同昏平路伊阻
靜寄東軒春醪獨撫良朋悠邈搔首延佇
停雲靄靄時雨濛濛八表同昏平陸成江
有酒有酒閑飲東牕願言懷人仁一作舟車
靡從東園之樹枝條葉一作載榮競用新好

01014 陶淵明集十卷 （晉）陶潛撰　宋刻遞修本

匡高20.1厘米，廣13.7厘米。半葉十行，行十六字，白口，左右雙邊。有“文彭之印”、“毛氏子晉”、“百宋一廛”、“士鐘”、“海源閣”等印。汪駿昌跋，金俊明、孫延題簽。國家圖書館藏。

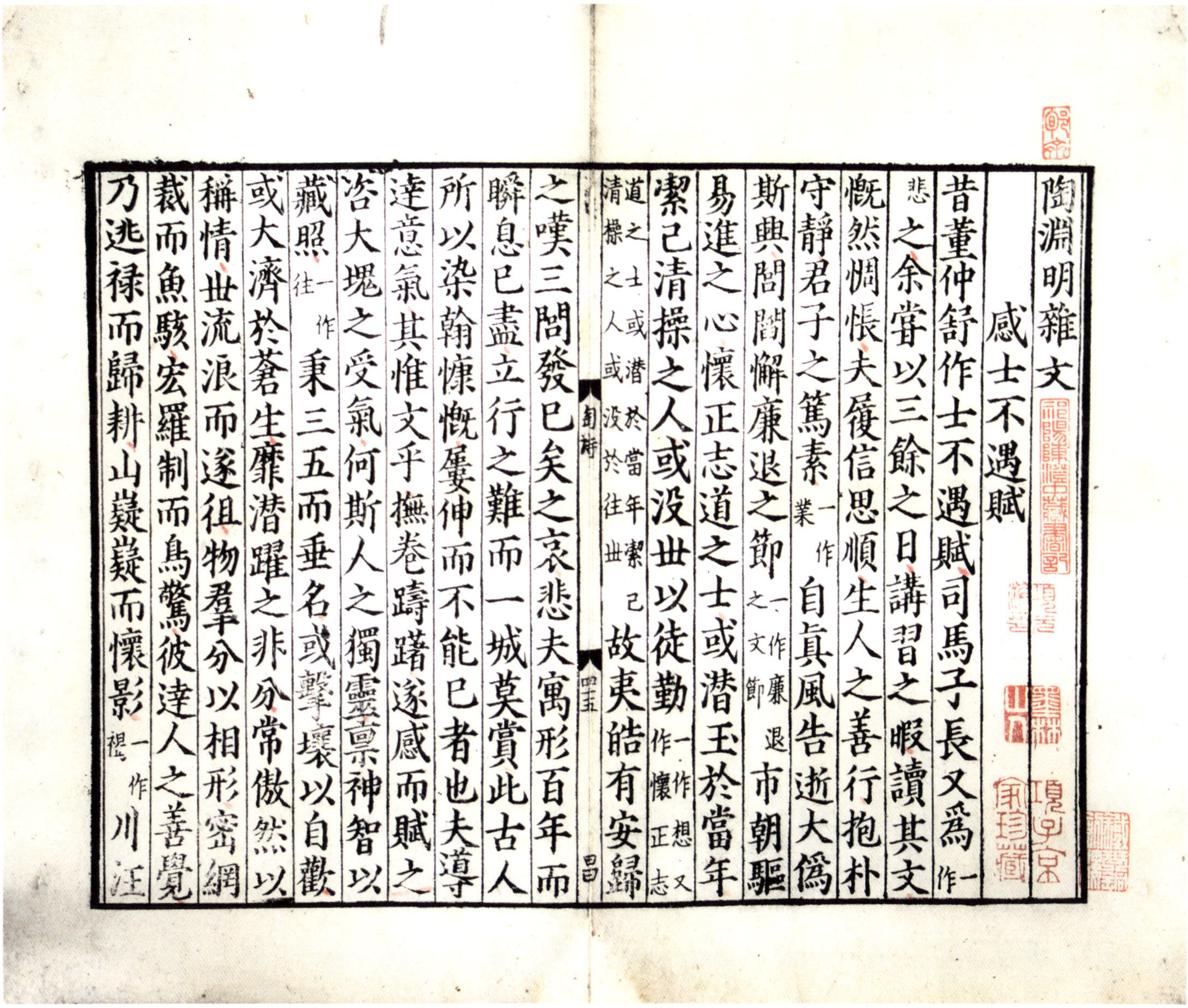

陶淵明雜文

感士不遇賦

昔董仲舒作士不遇賦司馬子長又爲一作悲之余嘗以三餘之日講習之暇讀其文慨然惆悵夫履信思順生人之善行抱朴守靜君子之篤素一作業自眞風告逝大僞斯興閭閻懈廉退之節一作廉退之文節市朝驅易進之心懷正志道之士或潛玉於當年潔己清操之人或沒世以徒勤一作想又作懷正志道之士或潛於當年潔己清操之人或沒於往世故夷皓有安歸之嘆三閭發已矣之哀悲夫寓形百年而瞬息已盡立行之難而一城莫賞此古人所以染翰慷慨屢伸而不能已者也夫導達意氣其惟文乎撫卷躊躇遂感而賦之

洽大塊之受氣何斯人之獨靈稟神智以藏照一作往秉三五而垂名或擊壤以自歡或大濟於蒼生靡潛躍之非分常傲然以稱情世流浪而遂徂物羣分以相形密網裁而魚駭宏羅制而鳥驚彼達人之善覺乃逃祿而歸耕山嶷嶷而懷影一作褆川汪

01015 陶淵明詩一卷雜文一卷 （晉）陶潛撰　宋紹熙三年（1192）曾集刻本

經折裝。匡高20.2厘米，廣14.6厘米。半葉十行，行十六字，白口，左右雙邊。有“袁氏與之”、“項元汴印”、“汪印士鐘”、“鐵琴銅劍樓”、“祁陽陳澄中藏書記”等印。國家圖書館藏。

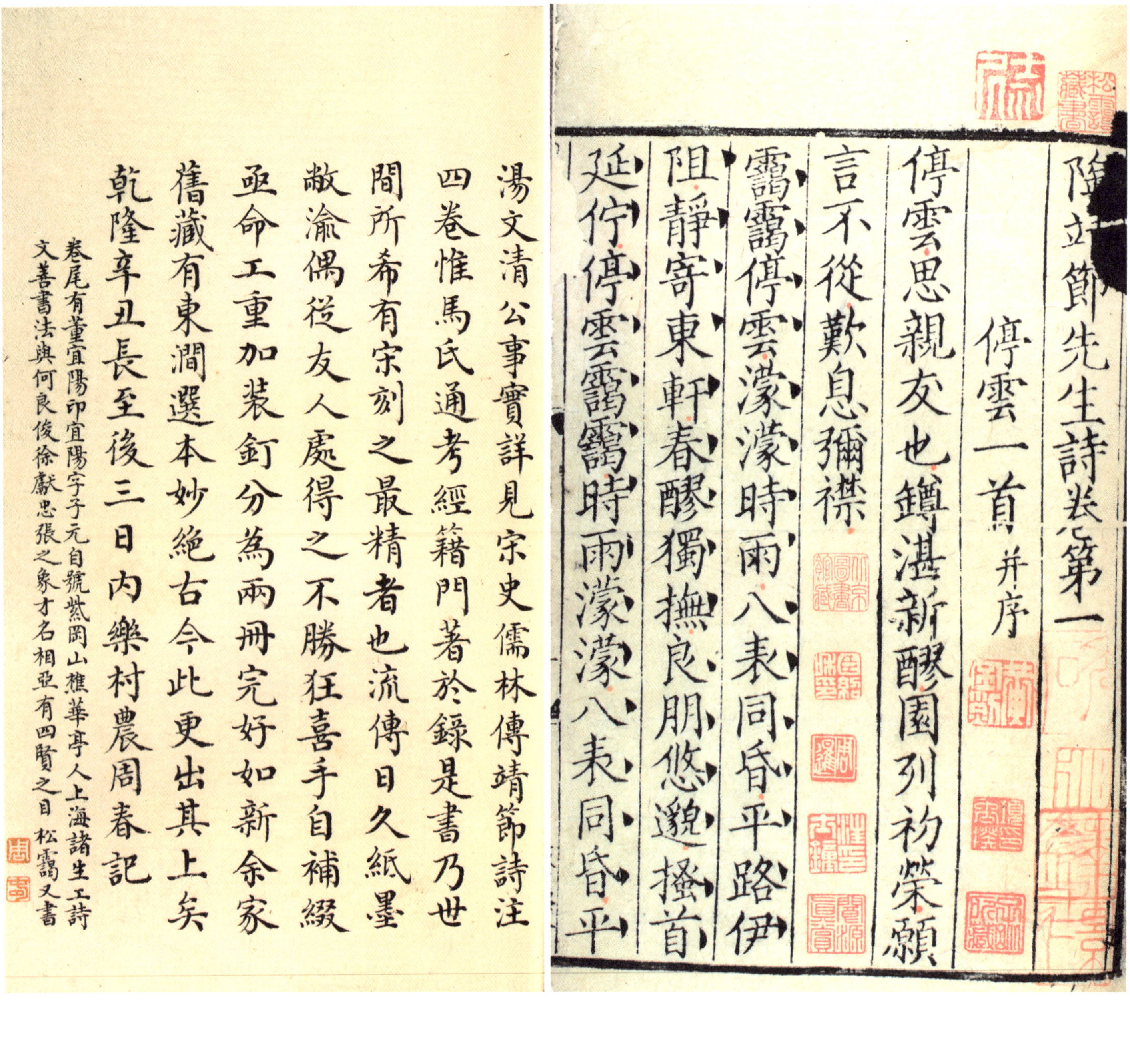

湯文清公事實詳見宋史儒林傳靖節詩注
四卷惟馬氏通考經籍門著於録是書乃世
間所希有宋刻之最精者也流傳日久紙墨
敝渝偶從友人處得之不勝狂喜手自補綴
亟命工重加裝釘分為兩冊完好如新余家
舊藏有東澗選本妙絕古今此更出其上矣
乾隆辛丑長至後三日內樂村農周春記
卷尾有董宜陽印宜陽字子元自號紫岡山樵華亭人上海諸生工詩
文善書法與何良俊徐獻忠張之象才名相亞有四賢之目 松靄又書

陶靖節先生詩卷第一
停雲一首 并序
停雲思親友也罇湛新醪園列初榮願
言不從歎息彌襟
靄靄停雲濛濛時雨八表同昏平路伊
阻靜寄東軒春醪獨撫良朋悠邈搔首
延佇停雲靄靄時雨濛濛八表同昏平

01016 陶靖節先生詩四卷補注一卷 （晉）陶潛撰 （宋）湯漢注 宋刻本

匡高19.7厘米，廣13.6厘米。半葉七行，行十五字，白口，左右雙邊。有“項印禹揆”、“周春”、“士礼居”、“汪印士鐘”、“宋存書室”、“周暹”等印。周春、顧自修、黄丕烈跋，孫延題簽。國家圖書館藏。

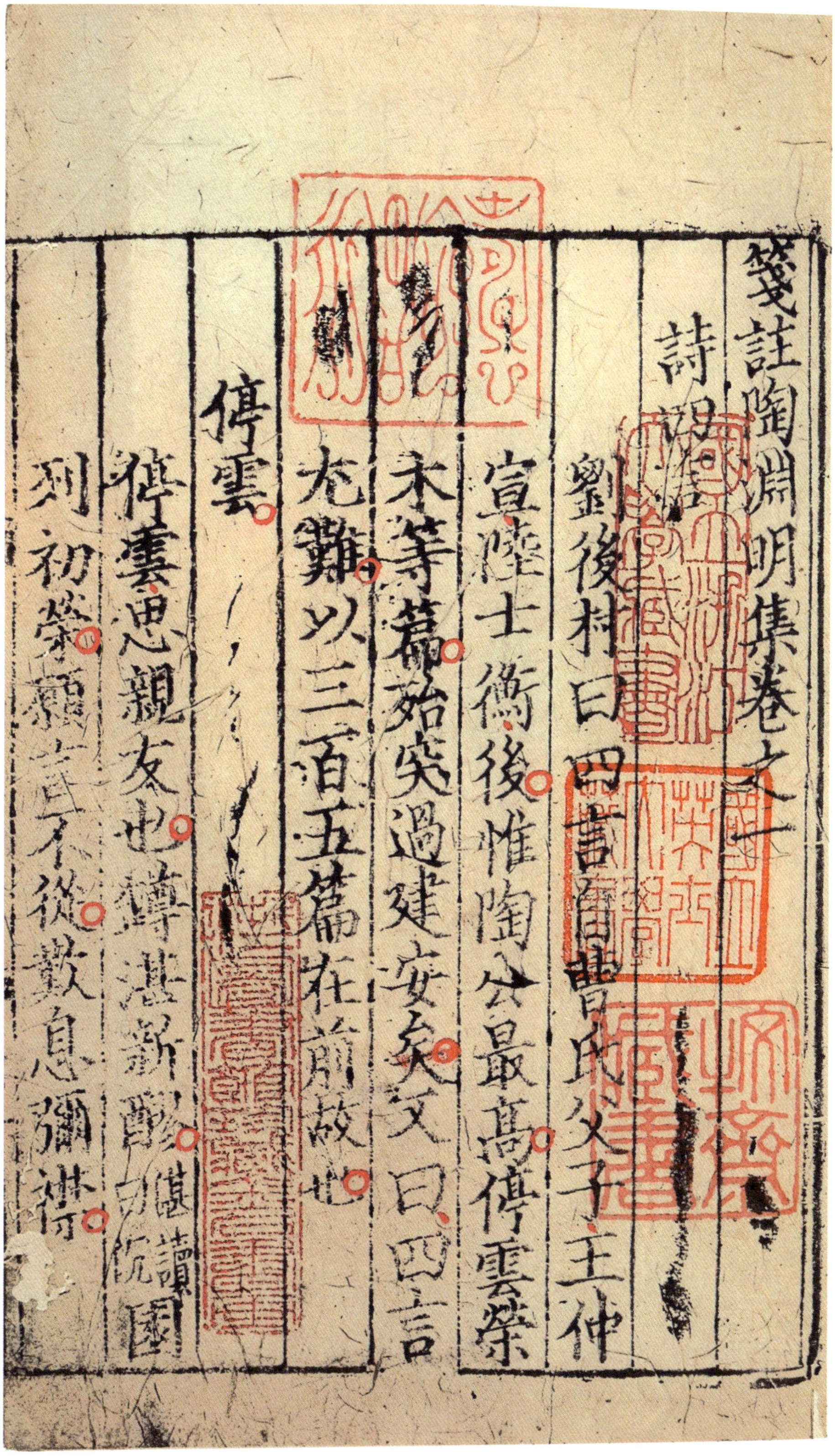

箋註陶淵明集卷之一
詩 四言
劉後村曰四言自曹氏父子王仲
宣陸士衡後惟陶公最高停雲榮
木等篇殆突過建安矣又曰四言
尤難以三百五篇在前故也
停雲
停雲思親友也罇湛新醪園
列初榮願言不從歎息彌襟

01017 箋註陶淵明集十卷總論一卷 （晉）陶潛撰 （宋）湯漢等箋注 （宋）李公焕輯 元刻本

匡高15.7厘米，廣11.4厘米。半葉九行，行十六字，小字雙行同，細黑口，左右雙邊。有“牧齋藏書”等印。浙江圖書館藏。

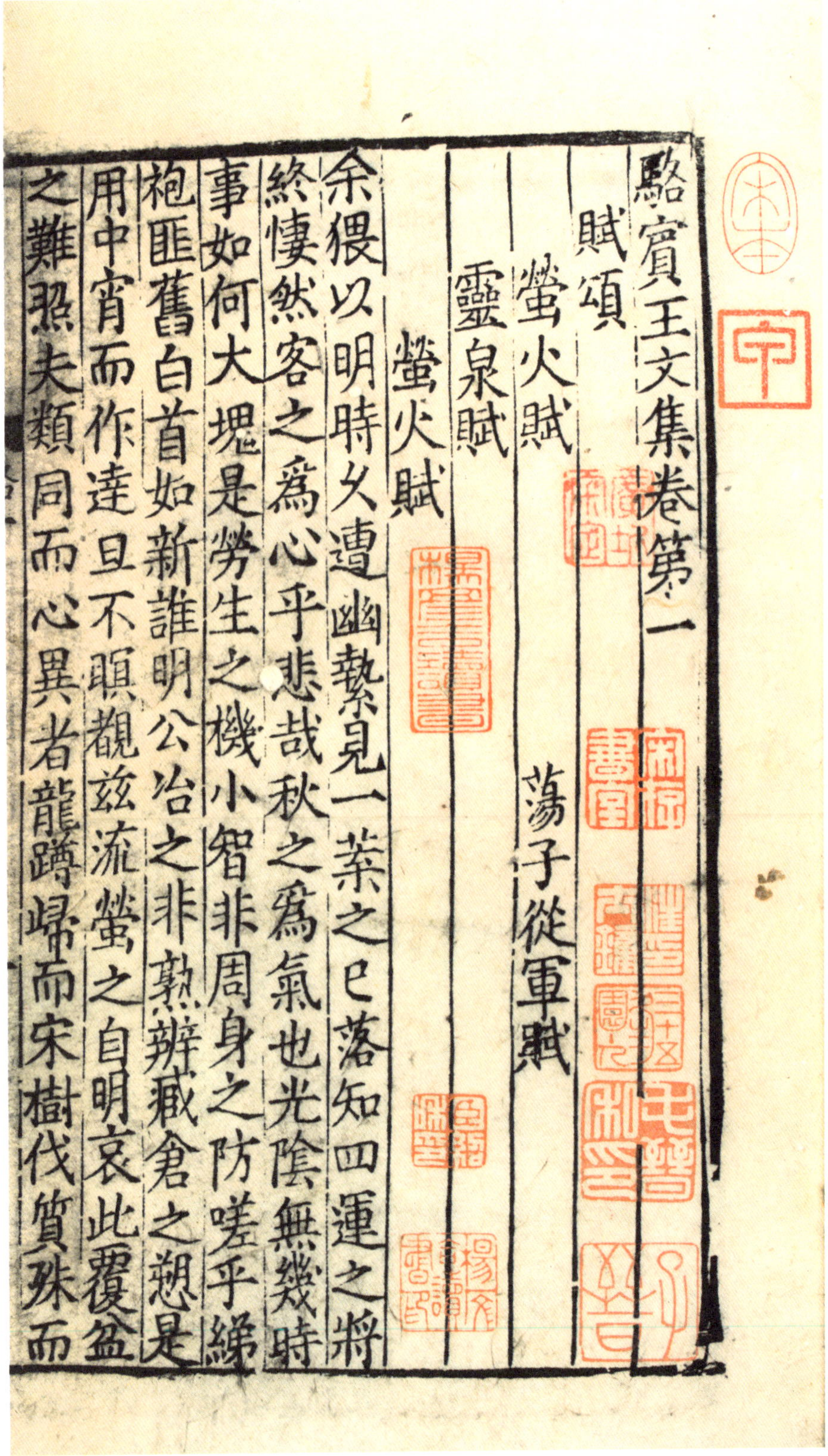
駱賓王文集卷第一
賦頌
螢火賦　蕩子從軍賦
靈泉賦
螢火賦
余猥以明時久遭幽縶見一葉之已落知四運之將
終悽然客之爲心乎悲哉秋之爲氣也光陰無幾時
事如何大塊是勞生之機小智非周身之防嗟乎綿
袍匪舊白首如新誰明公冶之非熟辨臧倉之愬是
用中宵而作達旦不瞑覩兹流螢之自明哀此覆盆
之難照夫類同而心異者龍蹲歸而宋樹伐賀殊而

01018 駱賓王文集十卷 （唐）駱賓王撰　南宋初蜀刻本（卷六至十配毛氏汲古閣影宋抄本）

匡高18.7厘米，廣11.2厘米。半葉十一行，行二十字，白口，左右雙邊。有“毛晉”、“顧印廣圻”、“汪印士鐘”、“東郡楊氏宋存書室珍藏”等印。黄丕烈、顧廣圻跋。國家圖書館藏。

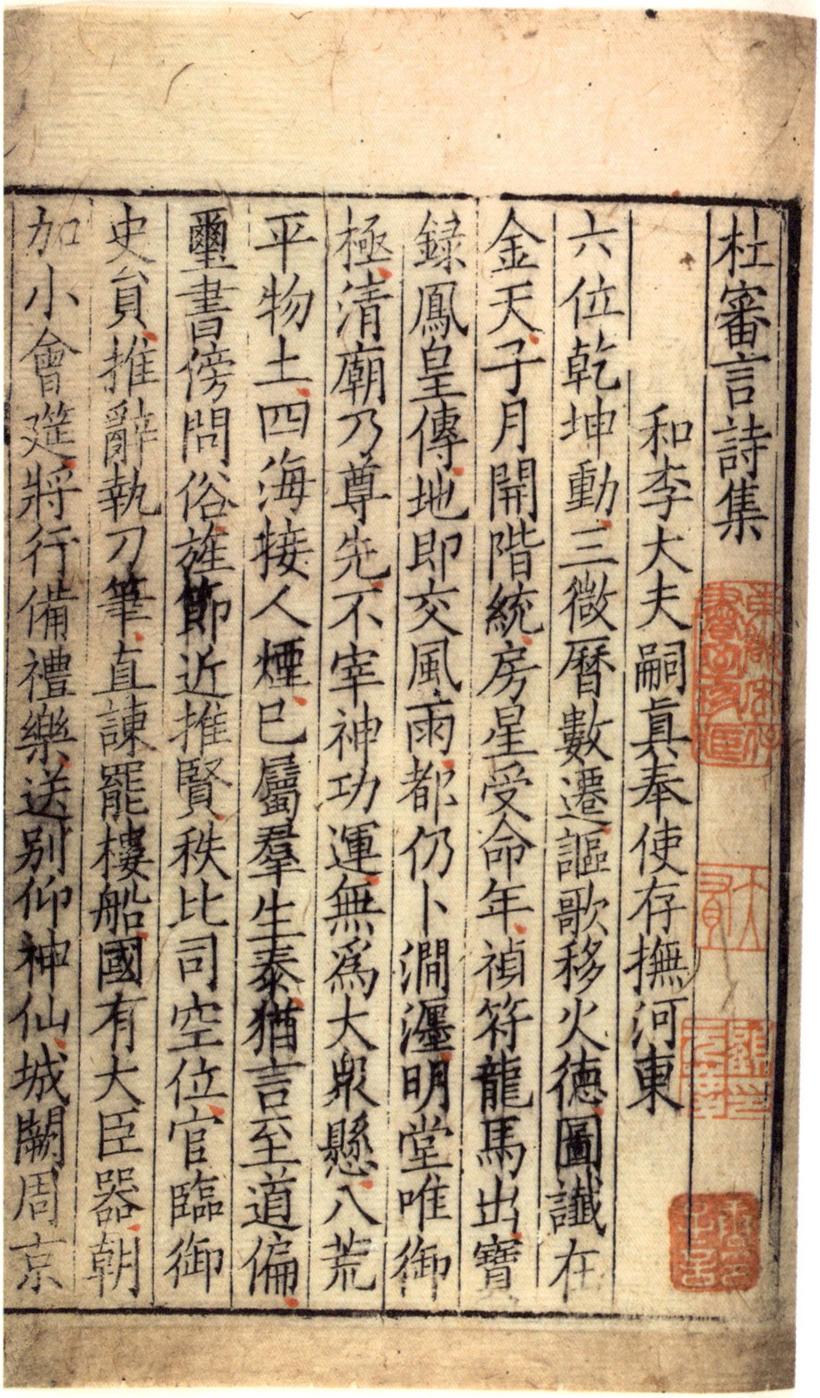
杜審言詩集

和李大夫嗣真奉使存撫河東

六位乾坤動三微曆數遷謳歌移火德圖讖在
金天子月開階統房星受命年禎符龍馬出寶
録鳳皇傳地即交風雨都仍卜澗瀍明堂唯御
極清廟乃尊先不宰神功運無爲大衆懸八荒
平物土四海接人煙巳屬羣生泰猶言至道偏
璽書傍問俗旌節近推賢秩比司空位官臨御
史貟推辭執刀筆直諫罷樓船國有大臣器朝
加小會選將行備禮樂送别仰神仙城闕周京

01019 杜審言詩集一卷 （唐）杜審言撰　宋刻本

匡高17.1厘米，廣12.7厘米。半葉十行，行十八字，白口，左右雙邊。有“顧印元慶”、“顧千里經眼記”、“東郡宋存書室珍藏”等印。國家圖書館藏。

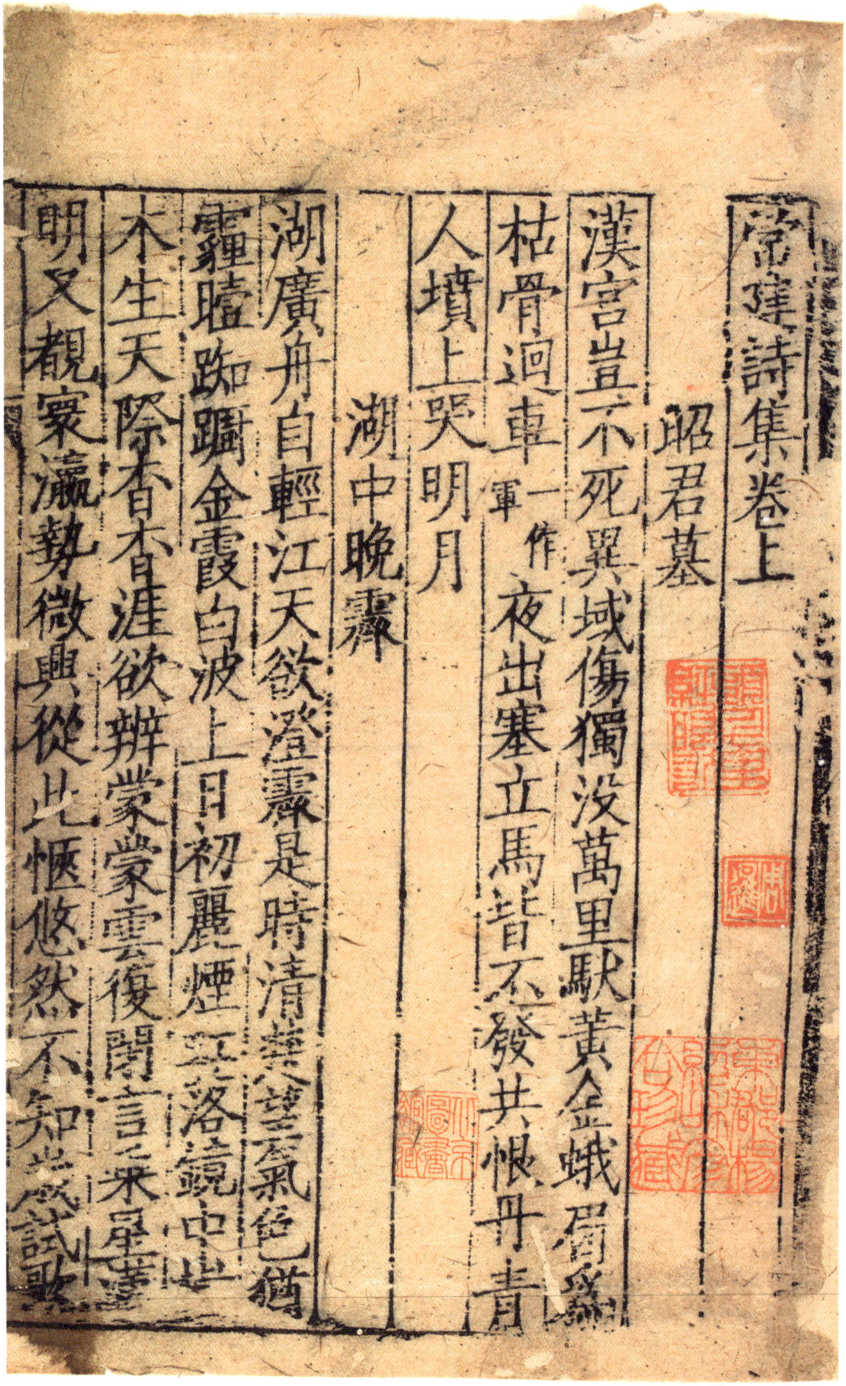
常建詩集卷上
昭君墓
漢宮豈不死異域傷獨没萬里馱黄金蛾眉為
枯骨迴車一作軍夜出塞立馬皆不發共恨丹青
人墳上哭明月
湖中晚霽
湖廣舟自輕江天欲澄霽是時清楚望氣色猶
霾曀踟躕金霞白波上日初麗煙虹落鏡中樹
木生天際杳杳涯欲辨濛濛雲復閉言之来星漢
明又覩寰瀛勢微興從此愜悠然不知歲試歌

01020 常建詩集二卷 （唐）常建撰　宋刻本

匡高17.4厘米，廣13厘米。半葉十行，行十八字，白口，左右雙邊。有“顧千里經眼記”、“東郡楊紹和彦合珍藏”、“周暹”等印。國家圖書館藏。

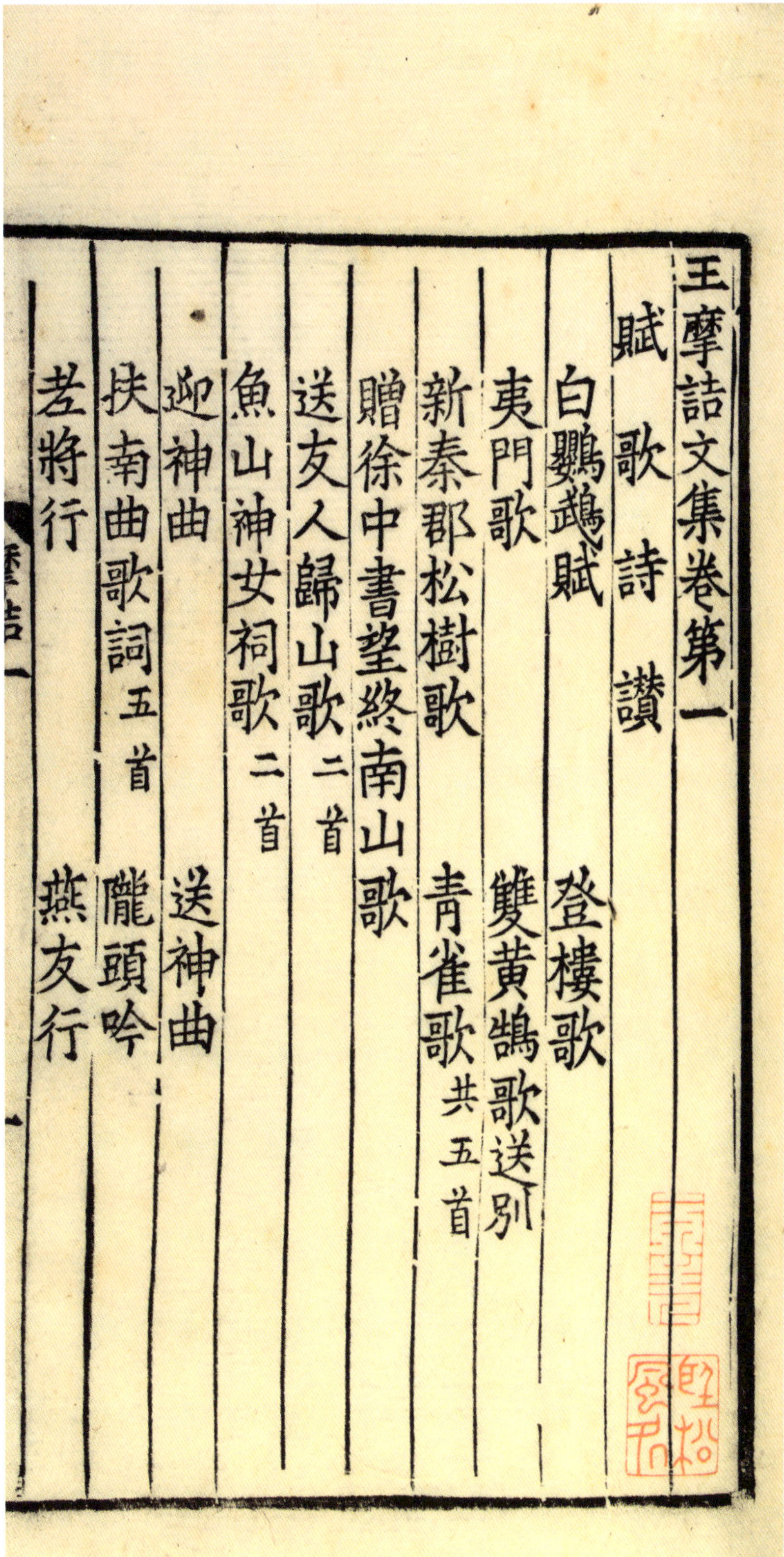

王摩詰文集卷第一

賦歌詩讚

白鸚鵡賦　登樓歌

夷門歌　雙黃鵠歌送別

新秦郡松樹歌　青雀歌共五首

贈徐中書望終南山歌

送友人歸山歌二首

魚山神女祠歌二首

迎神曲　送神曲

扶南曲歌詞五首　隴頭吟

老將行　燕支行

摩詰一

01021 王摩詰文集十卷　（唐）王維撰　北宋末蜀刻本

匡高18.3厘米，廣11.2厘米。半葉十一行，行二十字，白口，左右雙邊。有“子京”、“鏡汀”、“汪印士鐘”、“以增私印”等印。顧廣圻跋，袁褧題款。國家圖書館藏。

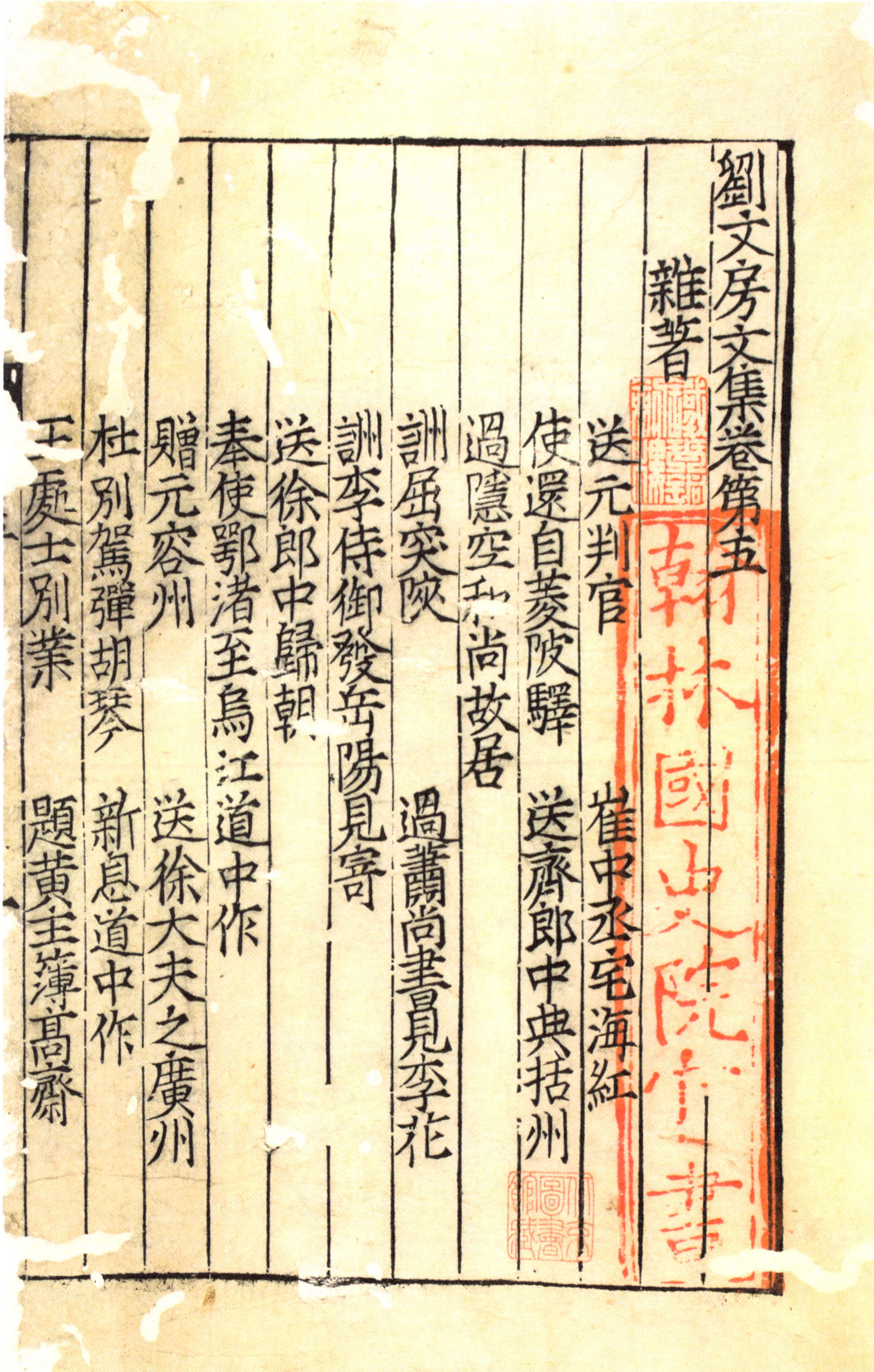

劉文房文集卷第五
雜著
送元判官　崔中丞宅海紅
使還自菱陂驛　送齊郎中典括州
過隱空和尚故居
詶屈突陜　過蕭尚書見李花
詶李侍御發岳陽見寄
送徐郎中歸朝
奉使鄂渚至烏江道中作
贈元容州　送徐大夫之廣州
杜別駕彈胡琴　新息道中作
王處士別業　題黃主簿高齋

01022 劉文房集十卷 （唐）劉長卿撰　南宋中期四川眉山刻唐六十家集本

匡高20.3厘米，廣14.4厘米。半葉十二行，行二十一字，白口，左右雙邊。有“翰林國史院官書”、“稽瑞樓”、“鐵琴銅劍樓”等印。國家圖書館藏，存六卷。

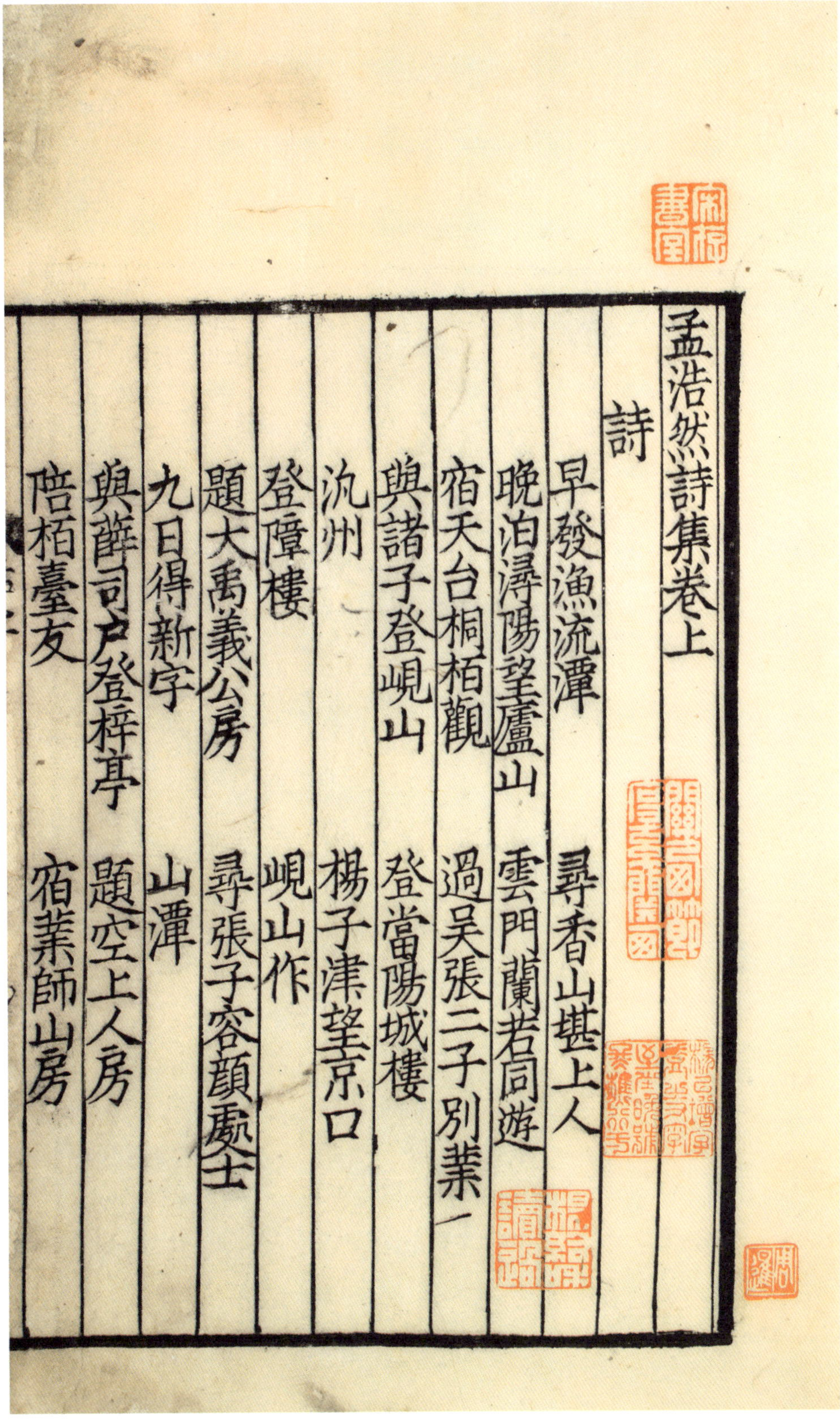
孟浩然詩集卷上
詩
早發漁浦潭　尋香山湛上人
晩泊潯陽望廬山　雲門蘭若同遊
宿天台桐栢觀　過吴張二子別業
與諸子登峴山　登當陽城樓
沇州　楊子津望京口
登障樓　峴山作
題大禹義公房　尋張子容顔處士
九日得新字　山潭
與薛司户登梓亭　題空上人房
陪栢臺友　宿業師山房

01023 孟浩然詩集三卷 （唐）孟浩然撰　南宋中期四川眉山刻唐六十家集本

匡高20.5厘米，廣14.5厘米。半葉十二行，行二十一字，白口，左右雙邊。有“翰林國史院官書”、“黄印丕烈”、“汪印士鐘”、“宋存書室”、“文登于氏小謨觴館藏本”、“李印盛鐸”、“周暹”等印。黄丕烈跋。國家圖書館藏。

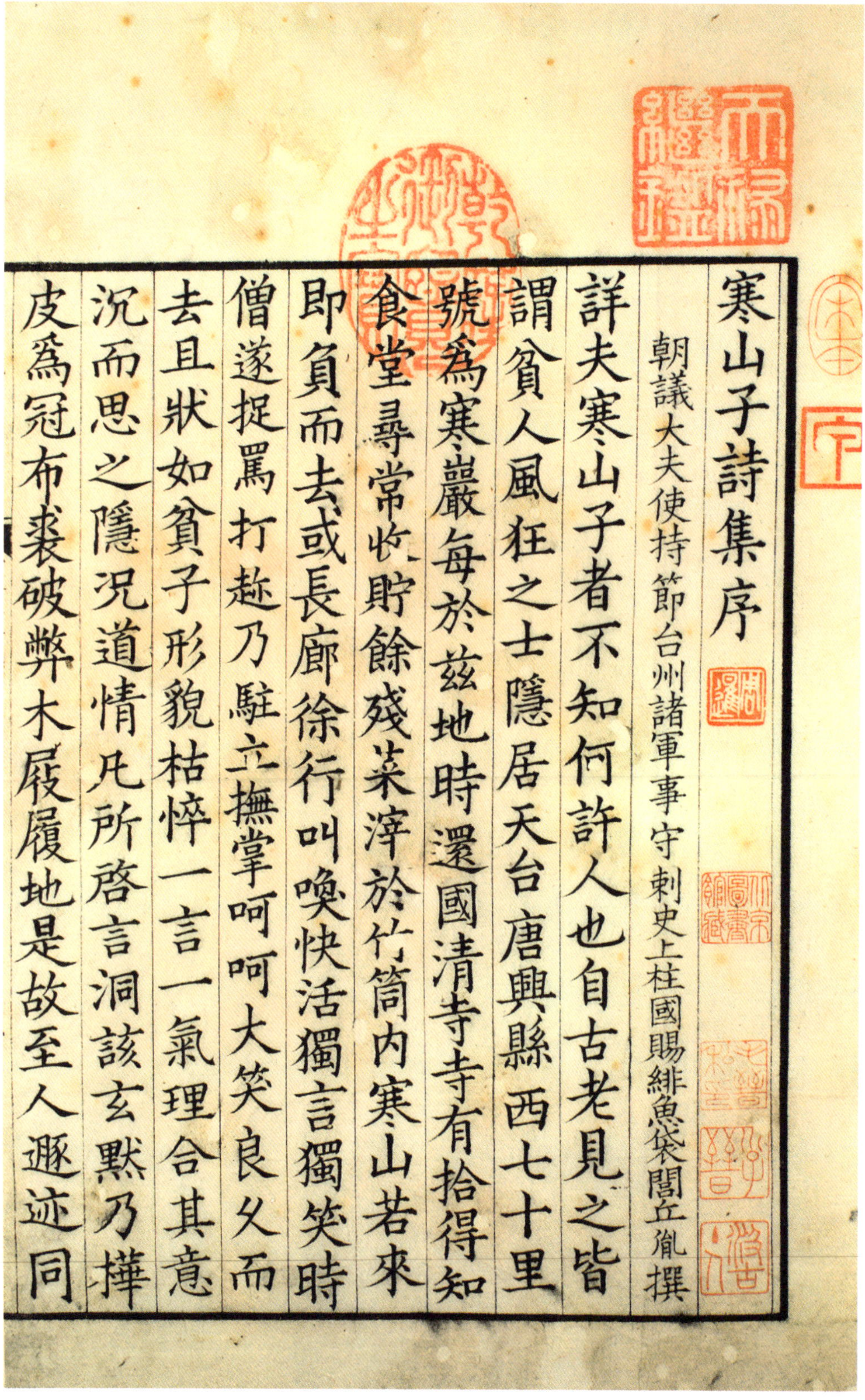

寒山子詩集序

朝議大夫使持節台州諸軍事守刺史上柱國賜緋魚袋閭丘胤撰

詳夫寒山子者不知何許人也自古老見之皆謂貧人風狂之士隱居天台唐興縣西七十里號爲寒巖每於茲地時還國清寺寺有拾得知食堂尋常收貯餘殘菜滓於竹筒內寒山若來即負而去或長廊徐行叫喚快活獨言獨笑時僧遂捉罵打趂乃駐立撫掌呵呵大笑良久而去且狀如貧子形貌枯悴一言一氣理合其意沉而思之隱况道情凡所啓言洞該玄默乃樺皮爲冠布裘破弊木屐履地是故至人遯迹同

01024 寒山詩一卷（唐）釋寒山子撰 **豐干拾得詩一卷**（唐）釋豐干　釋拾得撰　宋刻本

匡高19.7厘米，廣15.4厘米。半葉十一行，行十八字，白口，左右雙邊。有“毛晉之印”、“乾隆御覽之寶”、“天禄琳琅”、“天禄繼鑑”、“周暹”等印。國家圖書館藏。

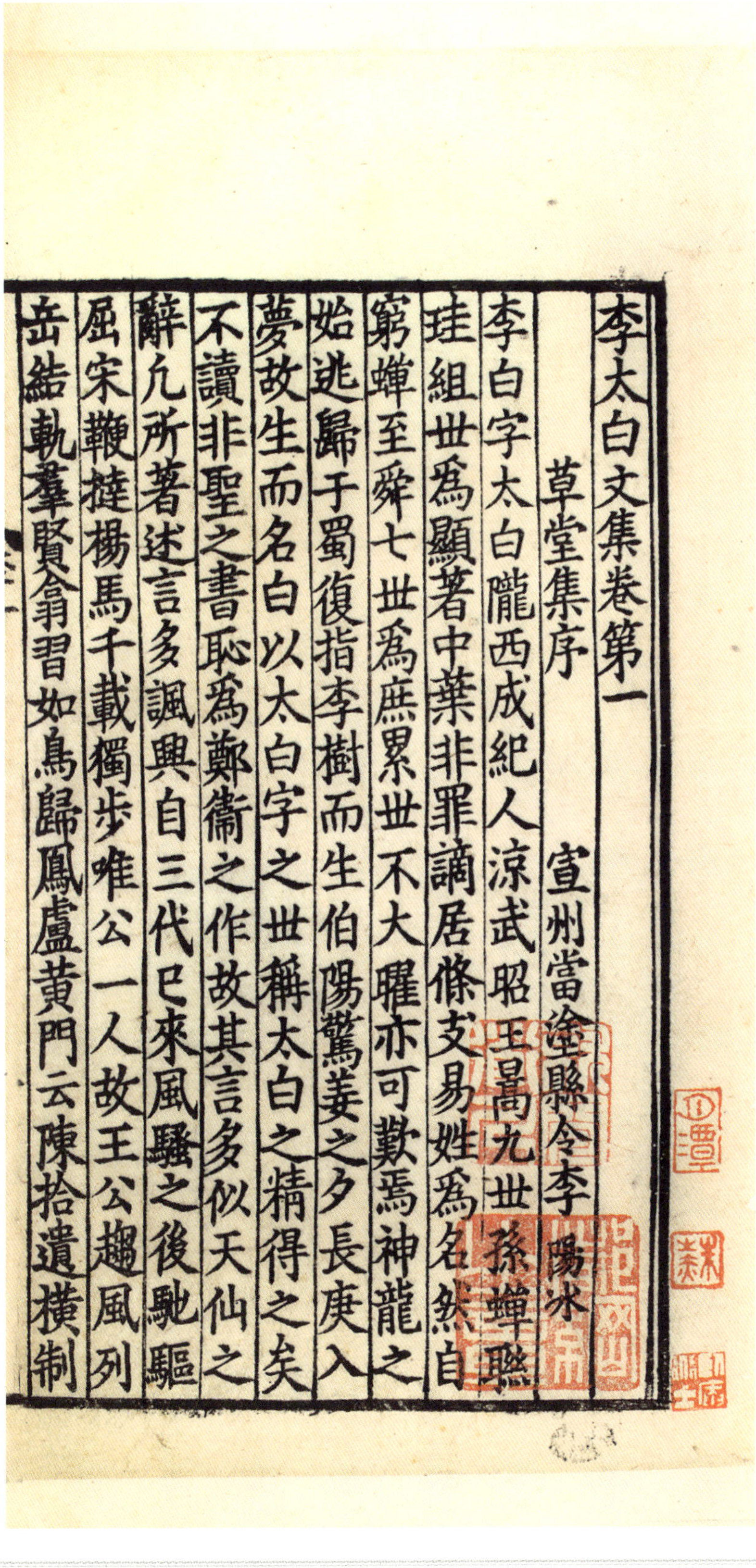

李太白文集卷第一

草堂集序　　宣州當塗縣令李陽冰

李白字太白隴西成紀人涼武昭王暠九世孫蟬聯珪組世爲顯著中葉非罪謫居條支易姓爲名然自窮蟬至舜七世爲庶累世不大曜亦可歎焉神龍之始逃歸于蜀復指李樹而生伯陽驚姜之夕長庚入夢故生而名白以太白字之世稱太白之精得之矣不讀非聖之書恥爲鄭衛之作故其言多似天仙之辭凡所著述言多諷興自三代巳來風騷之後馳驅屈宋鞭撻揚馬千載獨步唯公一人故王公趨風列岳結軌羣賢翕習如鳥歸鳳盧黃門云陳拾遺横制

01025 李太白文集三十卷（唐）李白撰　南宋初蜀刻本（卷十五至二十四配清康熙五十六年繆曰芑雙泉草堂刻本）

匡高18.4厘米，廣11.1厘米。半葉十一行，行二十字，白口，左右雙邊。有"朱印之赤"、"留耕堂"等印。國家圖書館藏。

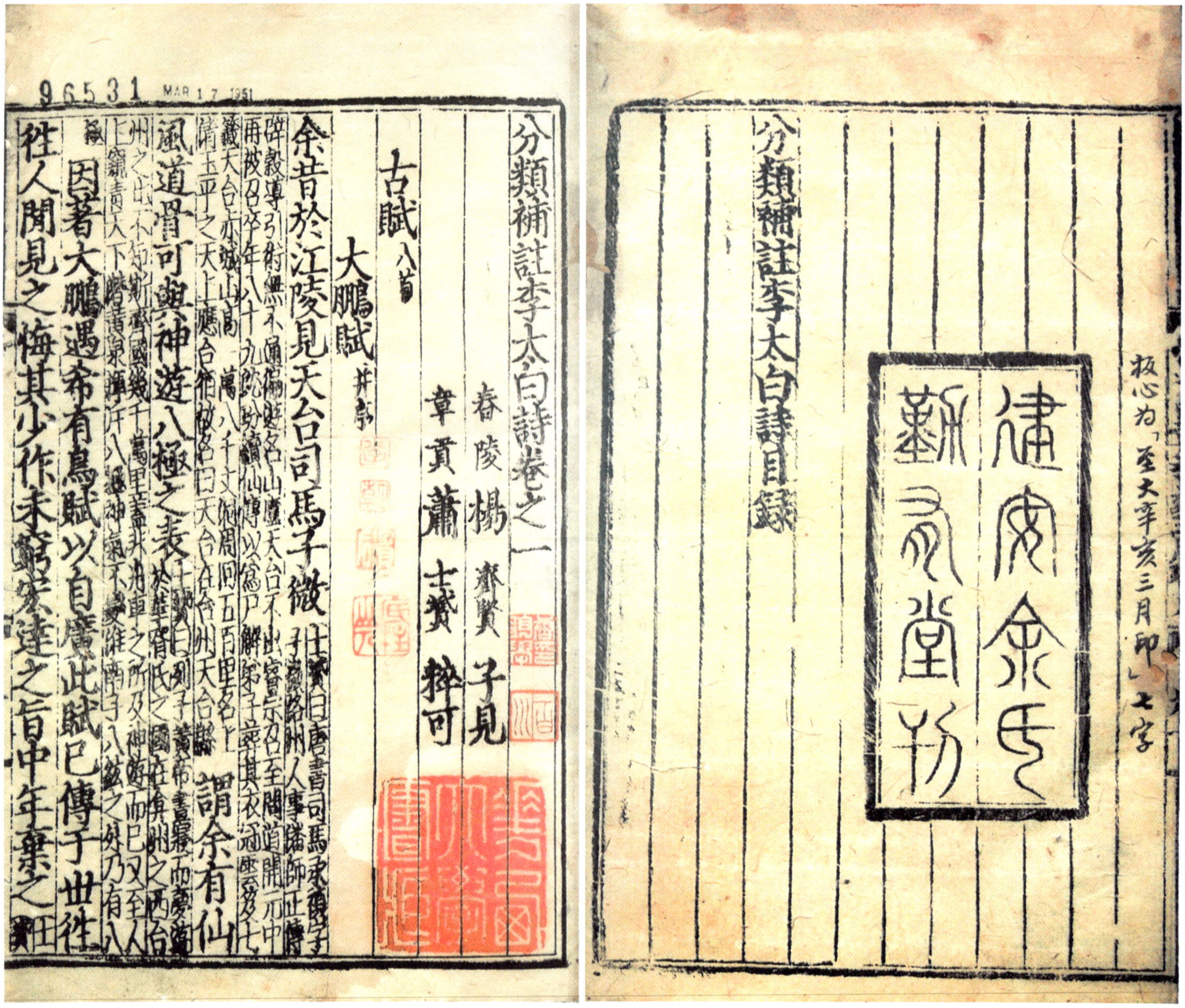

01026 分類補註李太白詩二十五卷 （唐）李白撰 （宋）楊齊賢集注 （元）蕭士贇補注 元建安余氏勤有堂刻本

匡高19.5厘米，廣13.2厘米。半葉十二行，行二十字，小字雙行二十六字，細黑口，四周雙邊。有“建安余氏勤有堂刊”、“至大庚戌余志安刊于勤有書堂”牌記。有“百川”、“底柱山人”、“濱后”等印。四川大學圖書館藏。

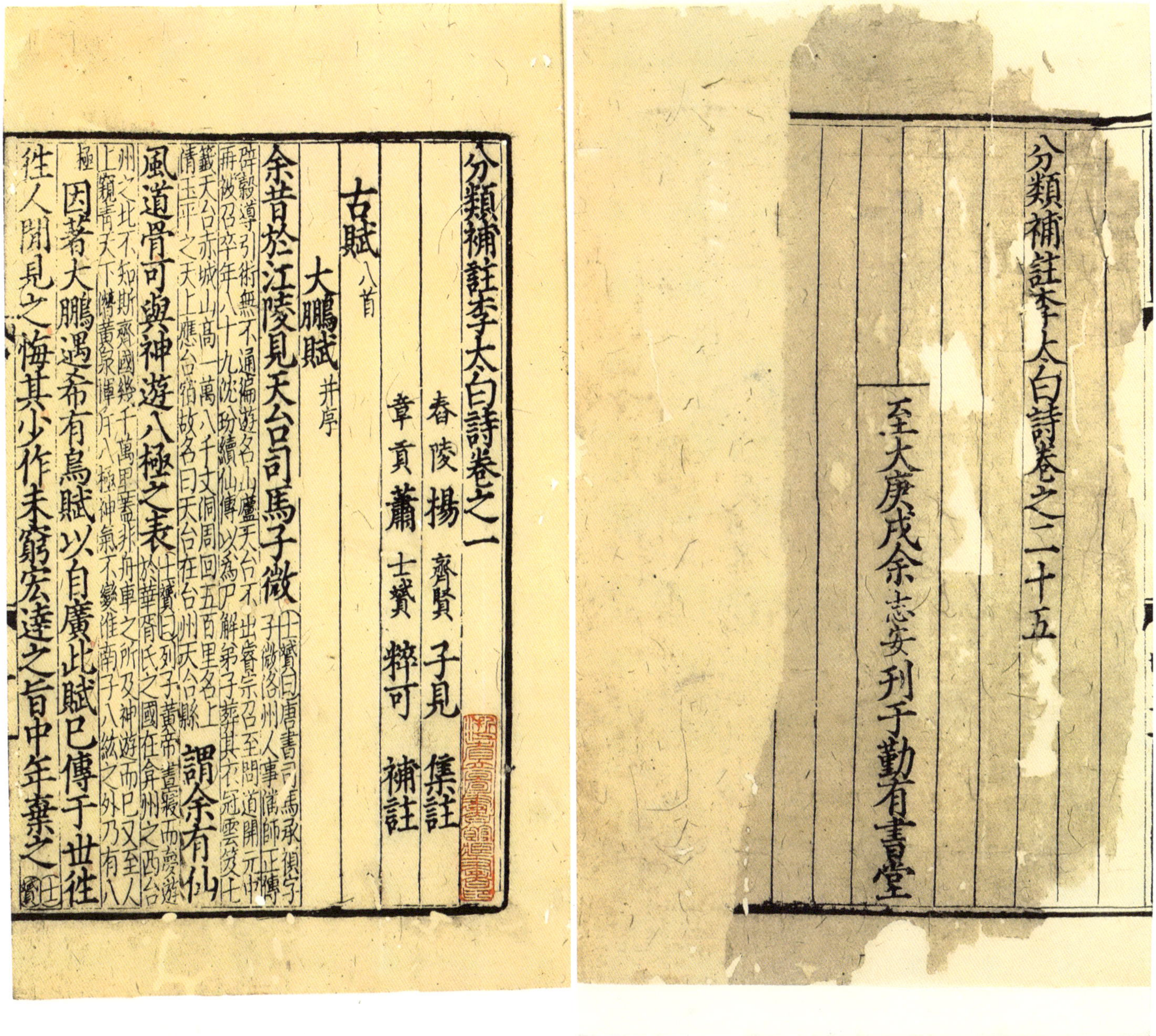

01027 分類補註李太白詩二十五卷 （唐）李白撰 （宋）楊齊賢集注 （元）蕭士贇補注 **唐翰林李太白年譜一卷** （宋）薛仲邕撰 元建安余氏勤有堂刻本

匡高20.1厘米，廣13.3厘米。半葉十二行，行二十字，小字雙行二十六字，細黑口，四周雙邊。有"建安余氏勤有堂刊"、"至大庚戌余志安刊于勤有書堂"牌記。浙江圖書館藏，存二十五卷。

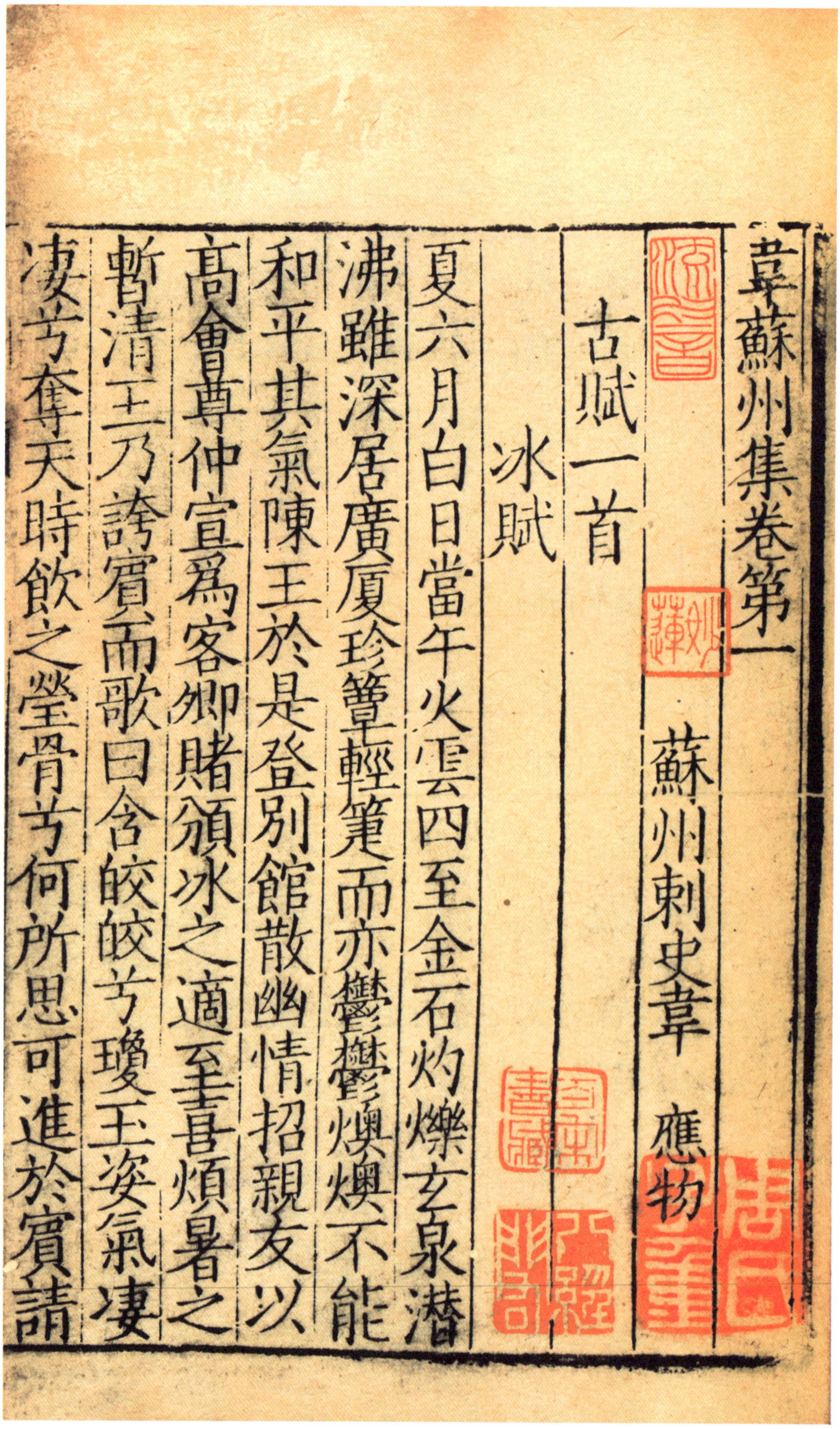

韋蘇州集卷第一

古賦一首　　蘇州刺史韋　應物

冰賦

夏六月白日當午火雲四至金石灼爍玄泉潛沸雖深居廣廈珍簟輕箑而亦鬱鬱燠燠不能和平其氣陳王於是登別館散幽情招親友以高會尊仲宣爲客卿賭須冰之適至喜煩暑之暫清王乃誇賓而歌曰含皎皎兮瓊玉姿氣凄凄兮奪天時飲之瑩骨兮何所思可進於賓請

01028 韋蘇州集十卷拾遺一卷 （唐）韋應物撰　宋刻本

匡高16.8厘米，廣12.7厘米。半葉十行，行十八字，白口，左右雙邊。有“乾隆御覽之寶”、“天禄琳琅”、“周氏子重”、“臣印克文”等印。袁克文跋。國家圖書館藏。

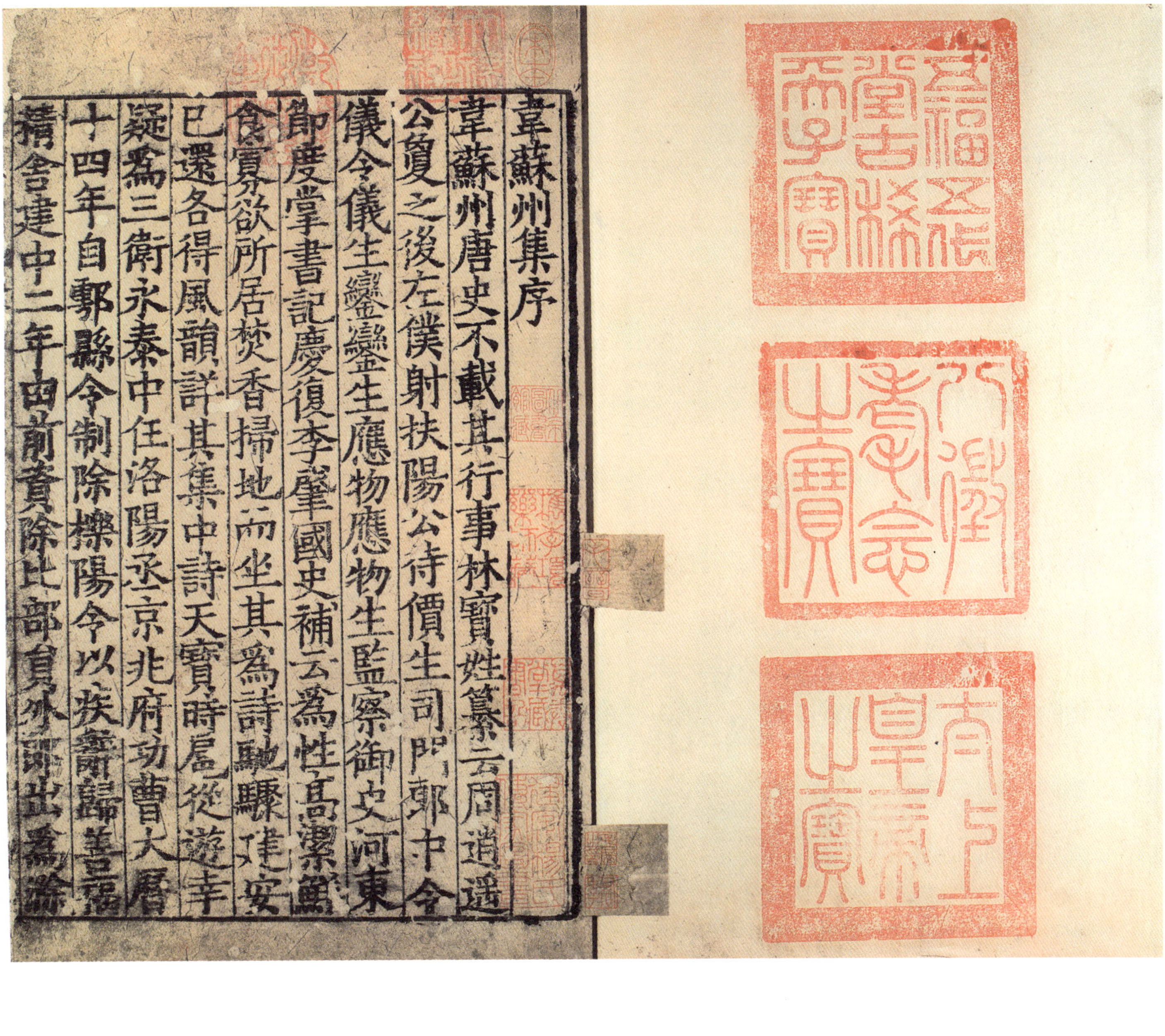

01029 韋蘇州集十卷拾遺一卷 （唐）韋應物撰　宋乾道七年（1171）魏杞平江府學刻遞修本

匡高24厘米，廣17.2厘米。半葉十行，行十八字，白口，左右雙邊。有“萬卷堂藏書記”、“毛晉之印”、“太上皇帝之寶”、“天禄琳琅”、“天禄繼鑑”等印。國家圖書館藏。

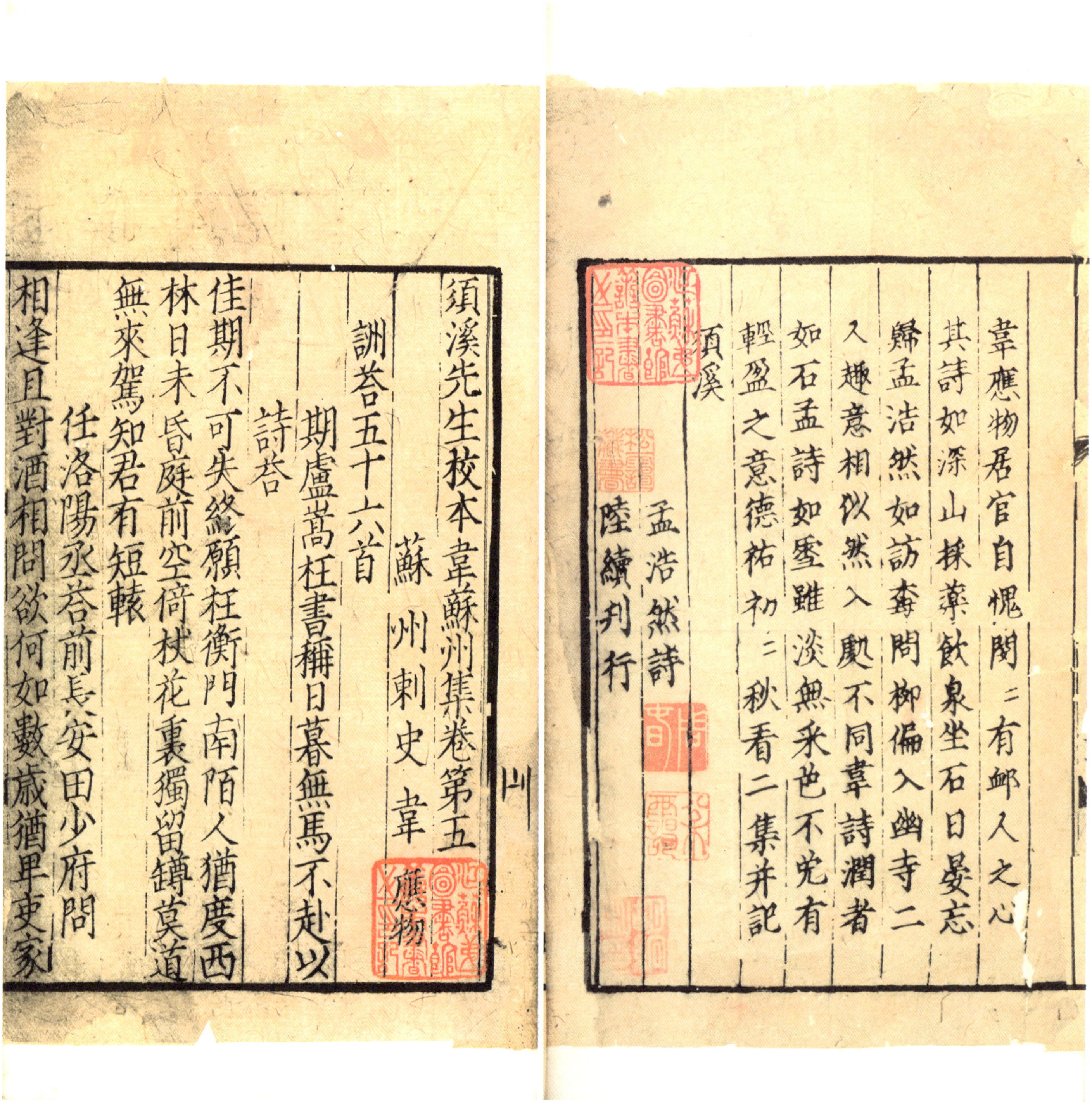

01030 須溪先生校本韋蘇州集十卷拾遺一卷 (唐)韋應物撰 (宋)劉辰翁校　元刻本

匡高16.2厘米，廣11.2厘米。半葉十行，行十六字，小字雙行同，黑口，左右雙邊。有"胡絅私印"、"周春"等印。丁丙跋。南京圖書館藏，存七卷。

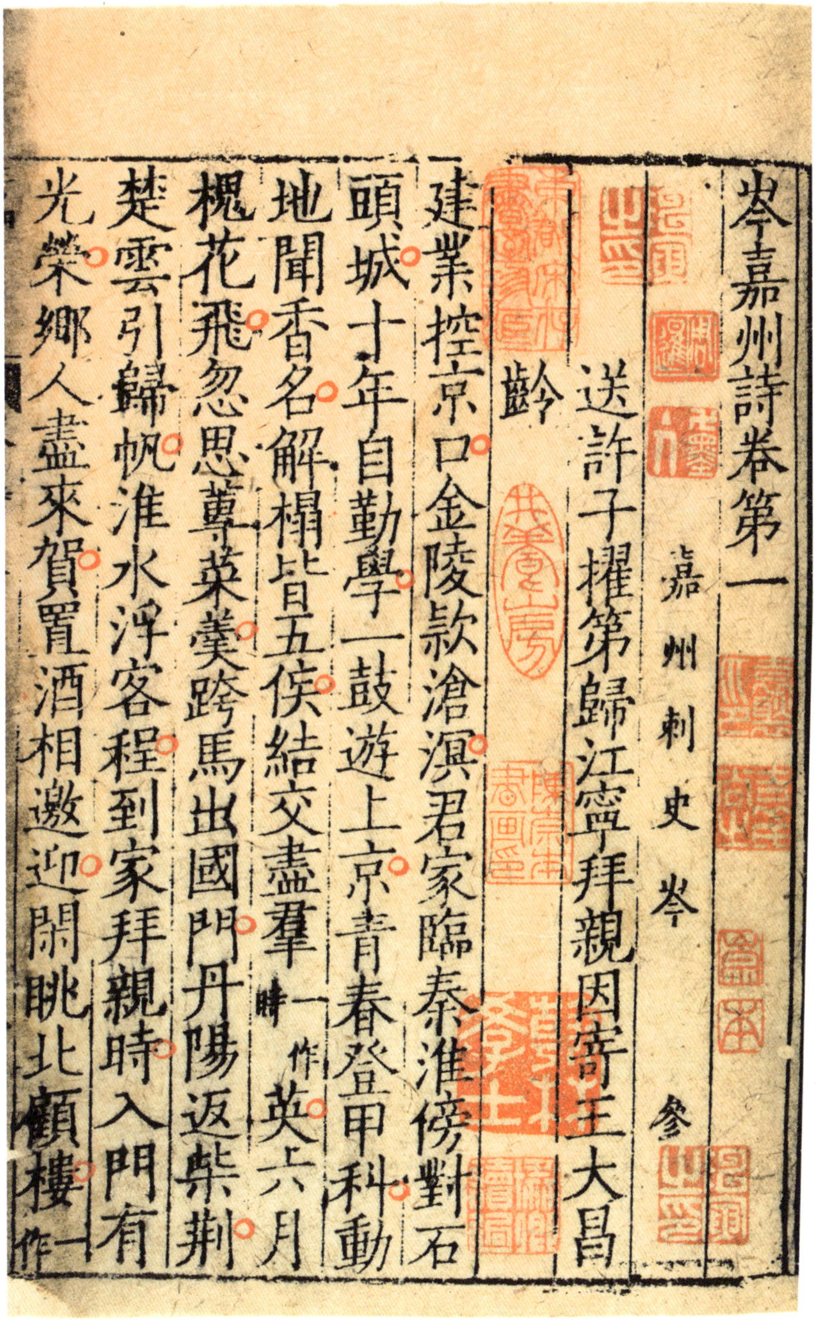
岑嘉州詩卷第一
嘉州刺史岑參
送許子擢第歸江寧拜親因寄王大昌齡
建業控京口金陵款滄溟君家臨秦淮傍對石頭城十年自勤學一鼓遊上京青春登甲科動地聞香名解褐皆五侯結交盡羣一作時英六月槐花飛忽思蓴菜羹跨馬出國門丹陽返柴荊楚雲引歸帆淮水浮客程到家拜親時入門有光榮鄉人盡來賀置酒相邀迎閑眺北顧樓一作

01031 岑嘉州詩八卷 (唐)岑參撰　宋刻本

匡高17.4厘米，廣13厘米。半葉十行，行十八字，白口，左右雙邊。有“停雲生”、“袁褧印”、“宋存書室”、“周暹”等印。國家圖書館藏，存四卷。

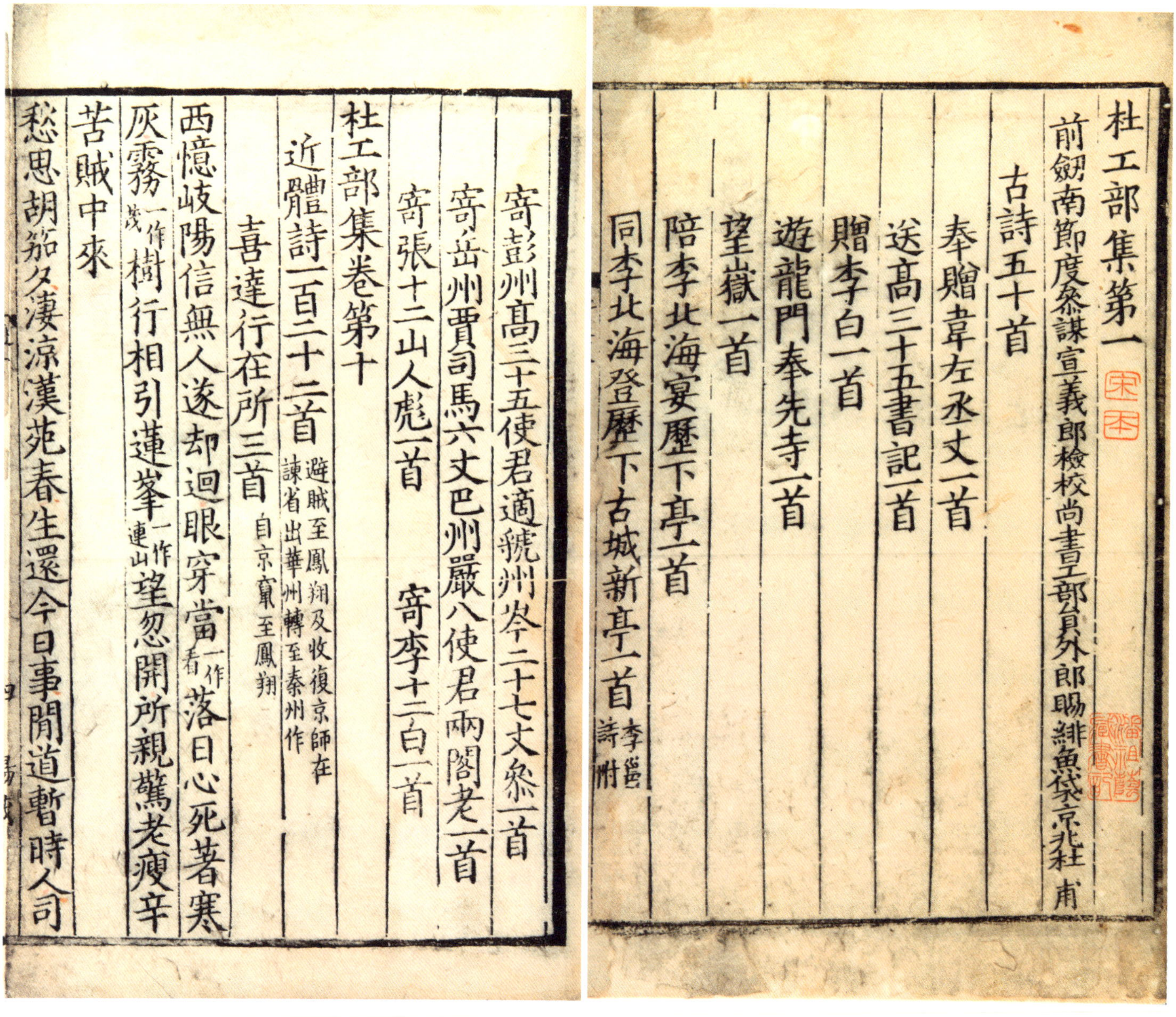
杜工部集第一 宋本
前劍南節度參謀宣義郎檢校尚書工部員外郎賜緋魚袋京兆杜甫
古詩五十首
奉贈韋左丞丈一首
送高三十五書記一首
贈李白一首
遊龍門奉先寺一首
望嶽一首
陪李北海宴歷下亭一首
同李北海登歷下古城新亭一首 李邕詩附

寄彭州高三十五使君適虢州岑二十七丈參一首
寄岳州賈司馬六丈巴州嚴八使君兩閣老一首
寄張十二山人彪一首 寄李十二白一首

杜工部集卷第十
近體詩一百二十二首 避賊至鳳翔及收復京師在諫省出華州轉至秦州作
喜達行在所三首 自京竄至鳳翔
西憶岐陽信無人遂却迴眼穿當一作看落日心死著寒
灰霧一作戍樹行相引蓮峯一作連山望忽開所親驚老瘦辛
苦賊中來
愁思胡笳夕淒涼漢苑春生還今日事閒道暫時人司

01032 杜工部集二十卷補遺一卷 （唐）杜甫撰　宋刻本（卷十至十二配宋紹興建康郡齋刻本，卷二至九、十三至十六配清毛氏汲古閣影宋抄本）

匡高21.8厘米，廣14.6厘米。半葉十行，行十八至二十一字，白口，左右雙邊。有“潘祖蔭藏書記”等印。毛扆跋。上海圖書館藏。

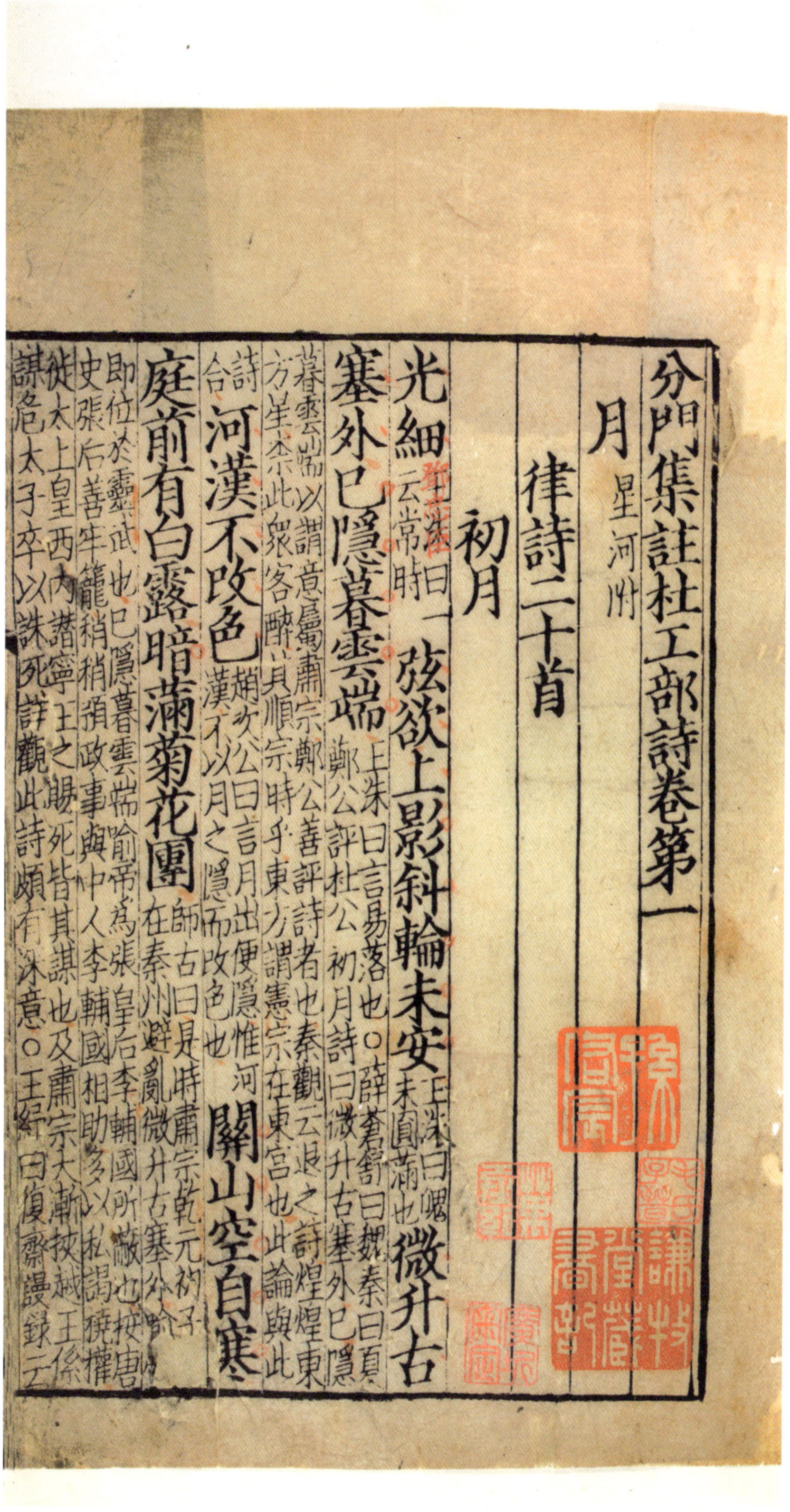

01033 分門集註杜工部詩二十五卷 （唐）杜甫撰　（宋）王洙　趙次公等注　**年譜一卷** （宋）吕大防　蔡興宗　魯訔撰　宋刻本

匡高19.3厘米，廣13.3厘米。半葉十一行，行二十字，小字雙行二十五至二十七字，細黑口，左右雙邊。有“謙牧堂藏書記”、“寒雲秘笈珍藏之印”等印。國家圖書館藏。

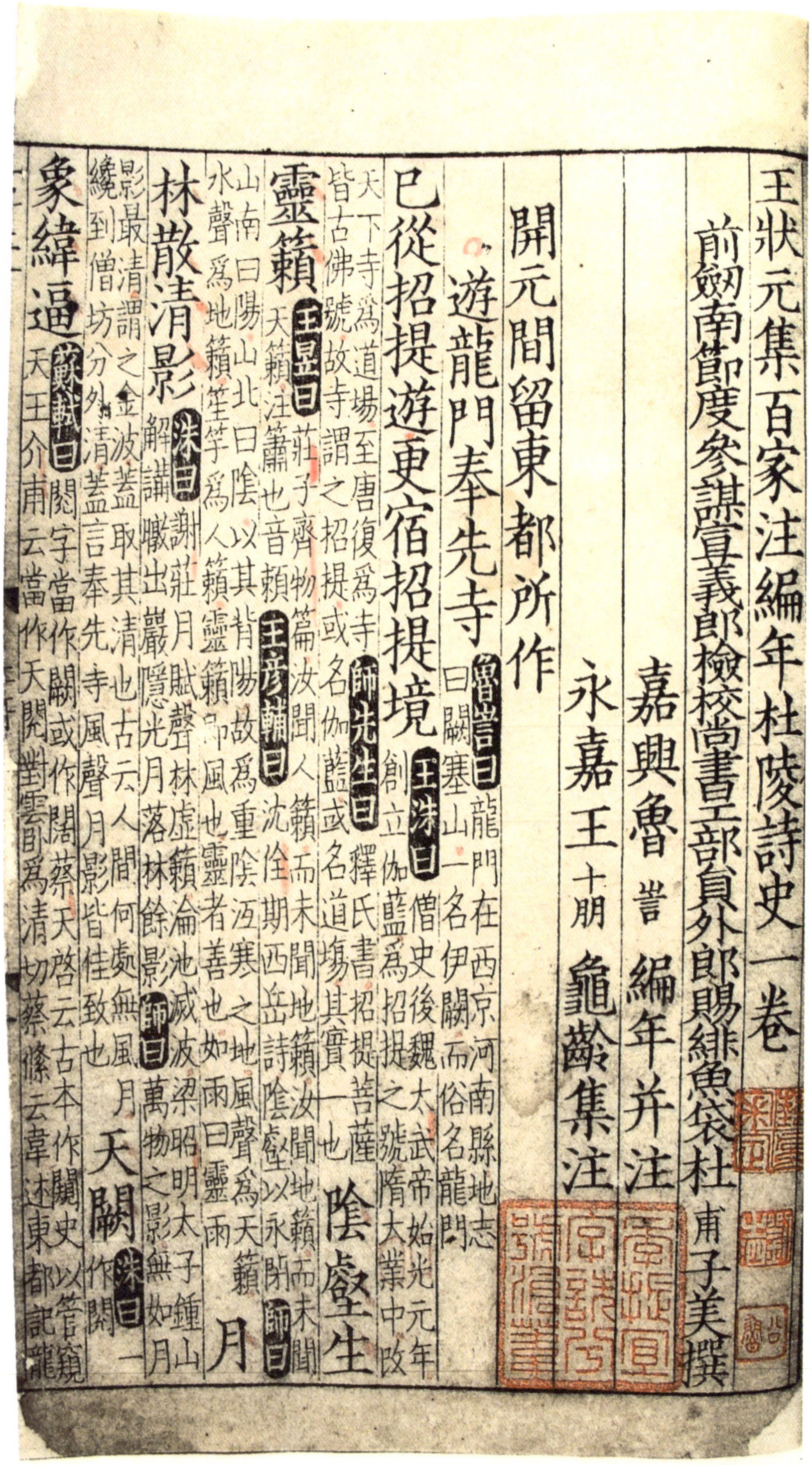
王狀元集百家注編年杜陵詩史一卷
前劒南節度參謀宣義郎檢校尚書工部員外郎賜緋魚袋杜甫子美撰
嘉興魯 訔 編年并注
永嘉王 十朋 龜齡集注
開元間留東都所作
遊龍門奉先寺 魯訔曰 龍門在西京河南縣地志曰闕塞山一名伊闕而俗名龍門
已從招提遊更宿招提境 王洙曰 僧史後魏太武帝始光元年創立伽藍爲招提之號隋大業中改天下寺爲道場至唐復爲寺 師先生曰 釋氏書招提菩薩皆古佛號故寺謂之招提或名伽藍或名道場其實一也
陰壑生靈籟 王昱曰 莊子齊物篇汝聞人籟而未聞地籟汝聞地籟而未聞天籟注簫也音賴 王彥輔曰 沈佺期西岳詩陰壑以永閟 師曰 山南曰陽山北曰陰以其背陽故爲重陰沍寒之地風聲爲天籟水聲爲地籟笙竽爲人籟靈籟即風也靈者善也如雨曰靈雨
月林散清影 洙曰 謝莊月賦聲林虛籟淪池滅波梁昭明太子鍾山解講曬出巖隱光月落林餘影 師曰 萬物之影無如月影最清謂之金波蓋取其清也古云人間何處無風月纔到僧坊分外清蓋言奉先寺風聲月影皆佳致也
天闕 洙曰 一作閲
象緯逼 蘇軾曰 闕字當作闕或作閣蔡天啓云古本作闕史以管窺天王介甫云當作天閲對雲臥爲清切蔡絛云韋述東都記龍

01034 王狀元集百家注編年杜陵詩史三十二卷 （唐）杜甫撰　題（宋）王十朋集注　（宋）魯訔編年并注　宋刻本

匡高19.5厘米，廣12.8厘米。半葉十三行，行二十至二十一字，小字雙行字不等，白口，左右雙邊。有“季振宜字詵兮號滄葦”、“劉之泗”、“藝風審定”等印。蘇州圖書館藏。

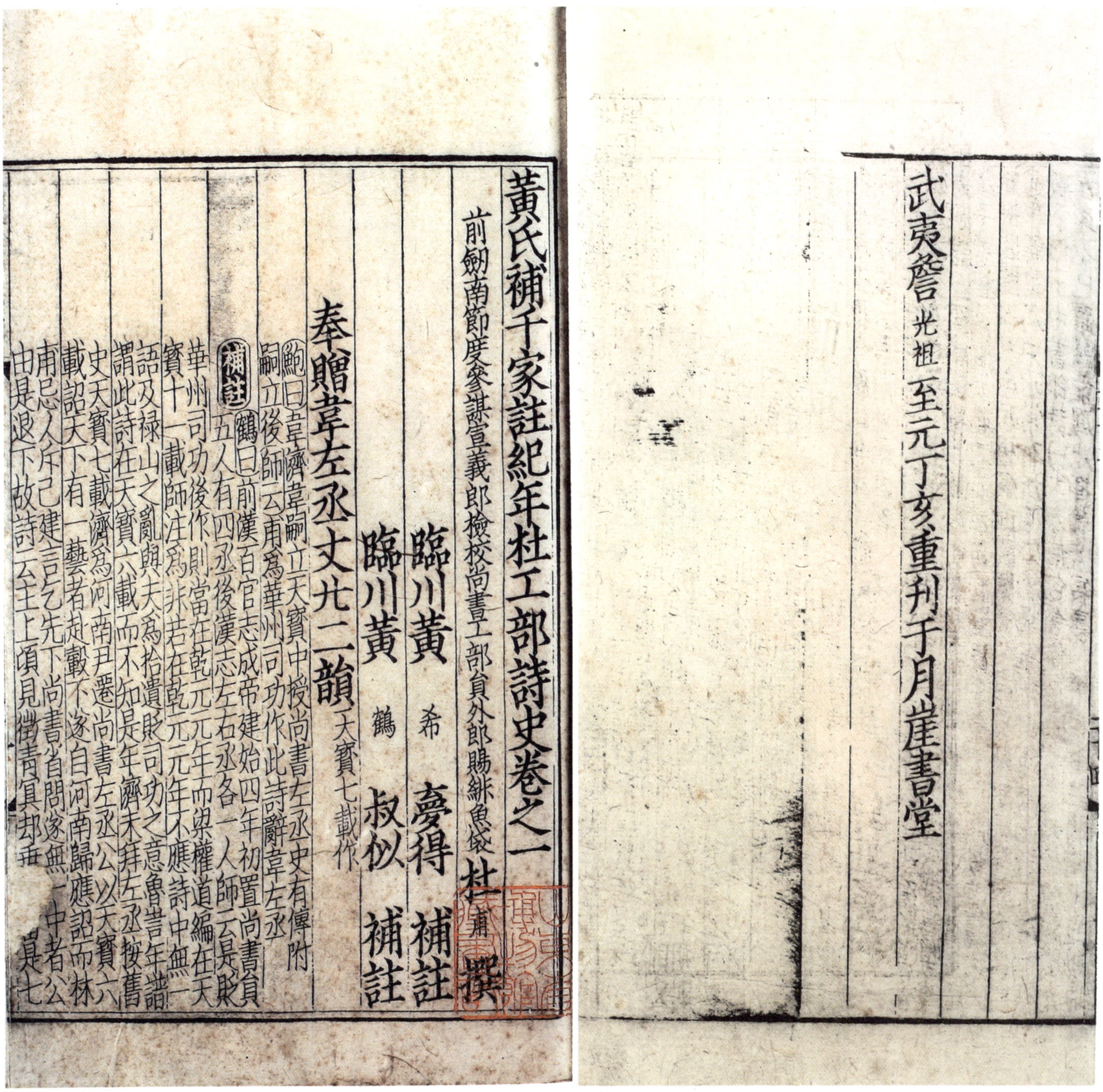
黃氏補千家註紀年杜工部詩史卷之一
前劍南節度參謀宣義郎檢校尚書工部員外郎賜緋魚袋杜甫撰
臨川黃希夢得補註
臨川黃鶴叔似補註
奉贈韋左丞丈二十二韻 天寶七載作
武夷詹光祖至元丁亥重刋于月崖書堂

01035 黃氏補千家註紀年杜工部詩史三十六卷 （唐）杜甫撰 （宋）黃希 黃鶴補注 **年譜辨疑一卷** （宋）黃鶴撰 元至元二十四年（1287）詹光祖月崖書堂刻本

匡高19.6厘米，廣12.8厘米。半葉十一至十二行，行十九至二十二字，小字雙行二十五字，細黑口，四周雙邊。1970年出土于明魯荒王墓。山東省博物館藏。

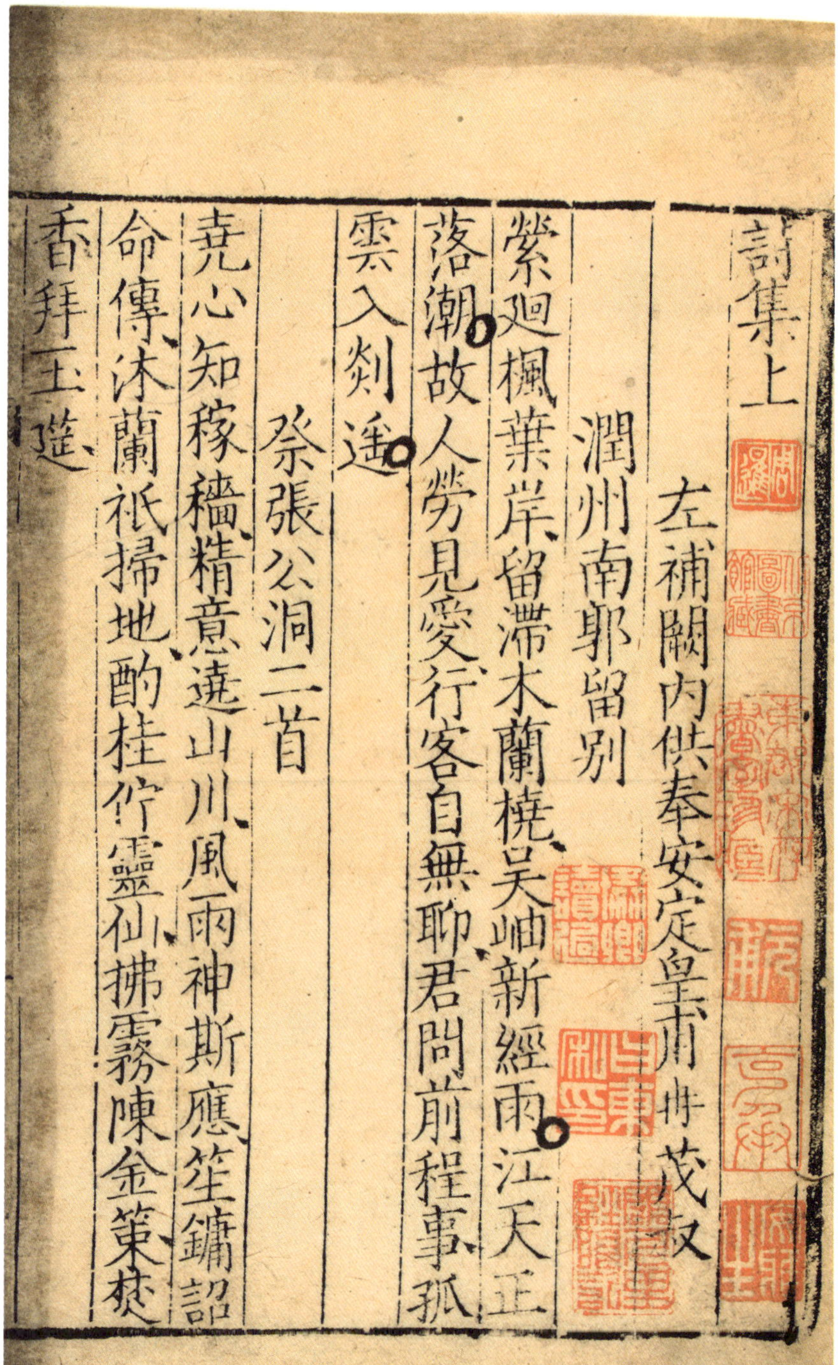
詩集上

左補闕內供奉安定皇甫冉茂政

潤州南郭留别

縈迴楓葉岸留滯木蘭橈吴岫新經雨江天正落潮故人勞見愛行客自無聊君問前程事孤雲入剡遥

祭張公洞二首

堯心知稼穡精意遶山川風雨神斯應笙鏞詔命傳沐蘭祇掃地酌桂佇靈仙拂霧陳金策焚香拜玉筵

01036 皇甫冉詩集二卷 (唐)皇甫冉撰 宋刻本

匡高17.3厘米，廣12.9厘米。半葉十行，行十八字，白口，左右雙邊。有“安雅生”、“克承”、“元甫”、“顧千里經眼記”、“東郡楊紹和彦合珍藏”、“周暹”等印。國家圖書館藏。

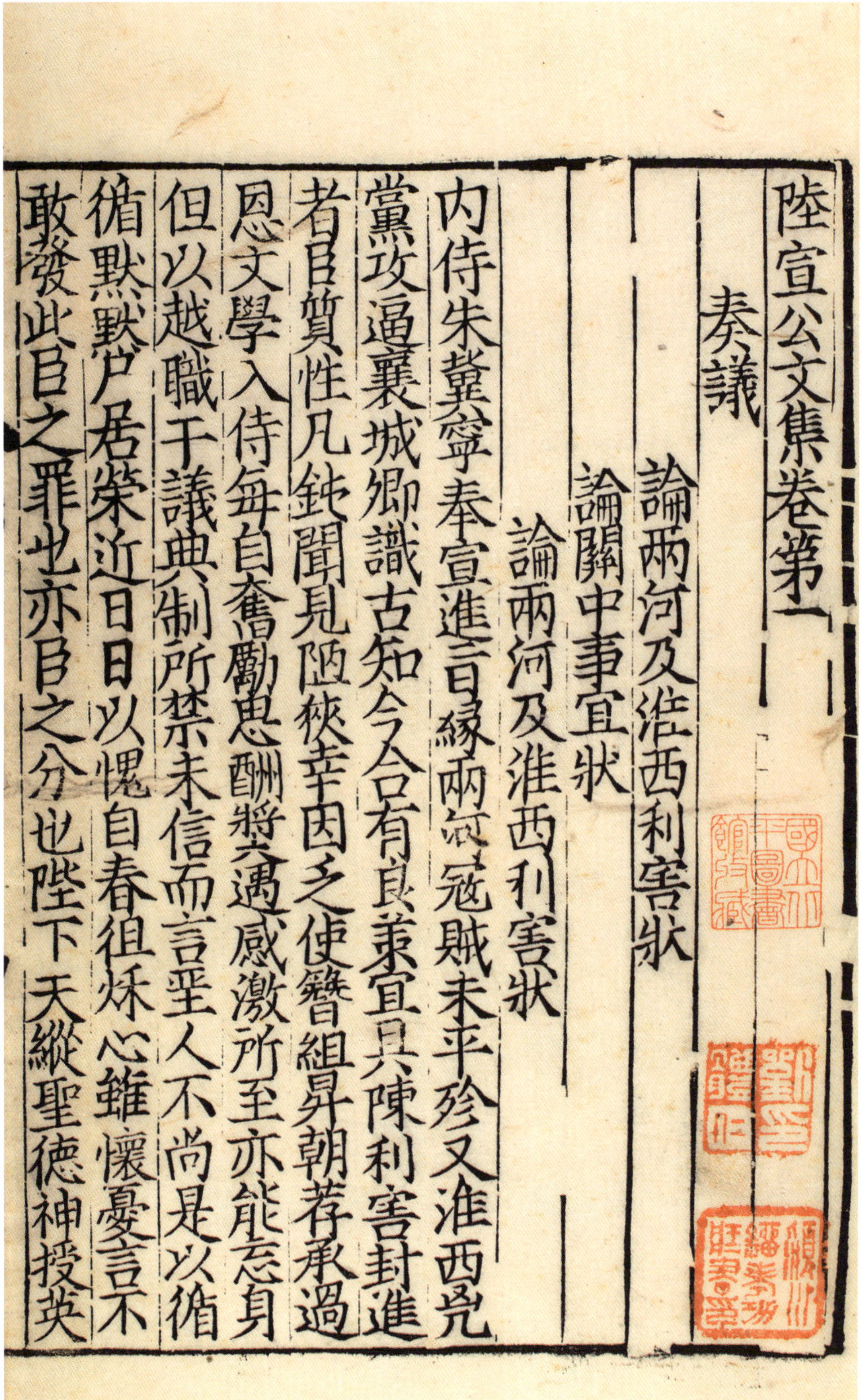

陸宣公文集卷第一

奏議

論兩河及淮西利害狀

論關中事宜狀

論兩河及淮西利害狀

內侍朱冀寧奉宣進止緣兩河寇賊未平殄又淮西凶黨攻逼襄城卿識古知今合有良策宜具陳利害封進者臣質性凡鈍聞見陋狹幸因乏使簪組昇朝荐承過恩文學入侍每自奮勵思酬獎遇感激所至亦能忘身但以越職干議典制所禁未信而言聖人不尚是以循循默默尸居榮近日日以愧自春徂夏心雖懷憂言不敢發此臣之罪也亦臣之分也陛下天縱聖德神授英

01037 陸宣公文集二十二卷 (唐)陸贄撰　南宋中期四川眉山刻唐六十家集本(卷十一至十二配抄本)

匡高19.9厘米，廣14.5厘米。半葉十二行，行二十一字，白口，左右雙邊。有“翰林國史院官書”、“潁川鎦考功藏書印”等印。國家圖書館藏，存十二卷。

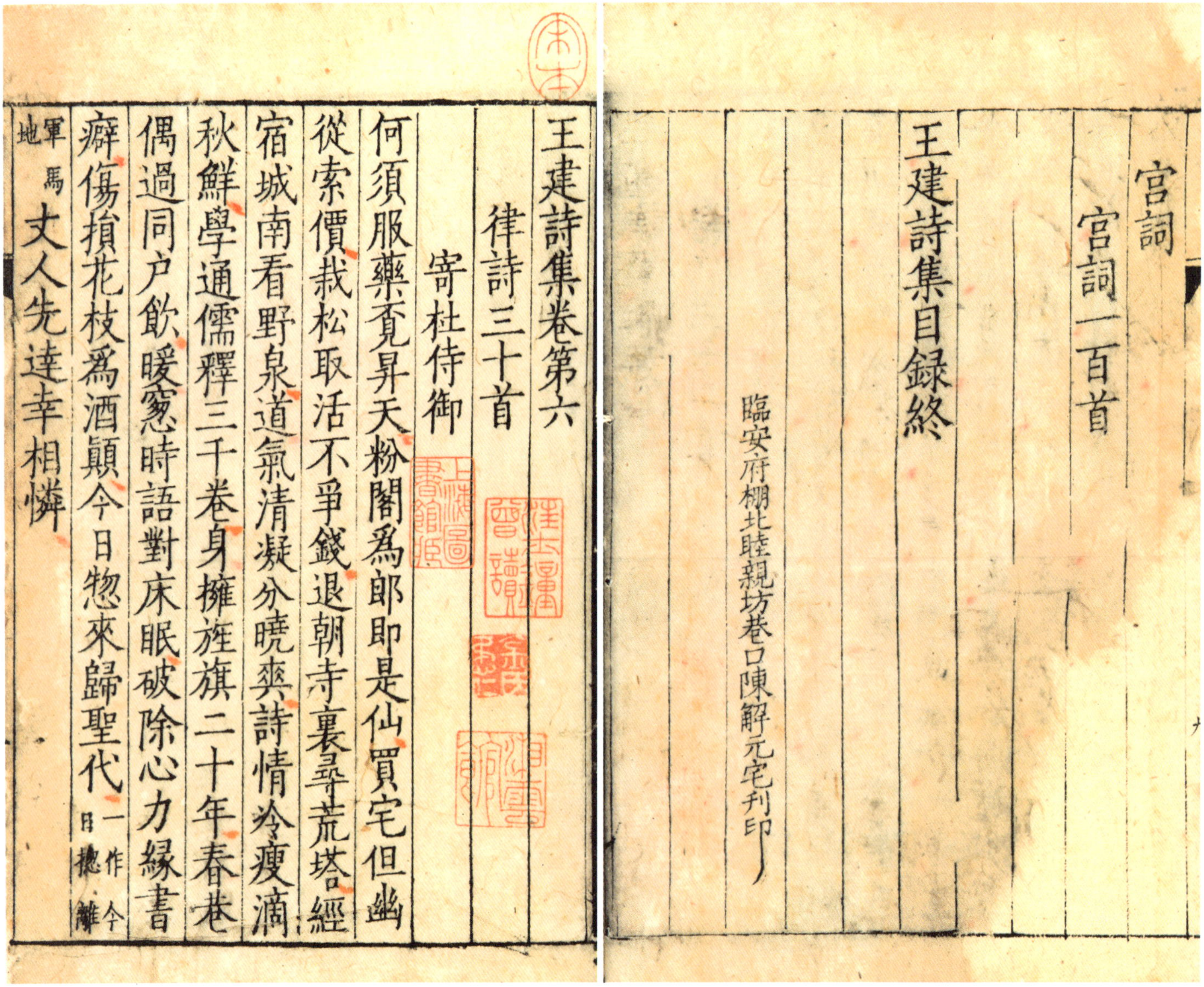
宮詞
宮詞一百首
王建詩集目録終
臨安府棚北睦親坊巷口陳解元宅刊印

王建詩集卷第六
律詩三十首
寄杜侍御
何須服藥覓昇天粉閣爲郎即是仙買宅但幽
從索價栽松取活不爭錢退朝寺裏尋荒塔經
宿城南看野泉道氣清凝分曉爽詩情冷瘦滴
秋鮮學通儒釋三千卷身擁旌旗二十年春巷
偶過同户飲暖窻時語對床眠破除心力緣書
癖傷損花枝爲酒顛今日惣來歸聖代一作今日摠離軍馬地丈人先達幸相憐

01038 王建詩集十卷 (唐)王建撰　宋臨安府陳解元宅刻本(目録及卷一至四、九至十配清影宋抄本)

匡高17.3厘米，廣12.1厘米。半葉十行，行十八字，白口，左右雙邊。有“唐寅私印”、“南京解元”、“季振宜藏書”、“汪士鐘曾讀”等印。唐寅題款。上海圖書館藏。

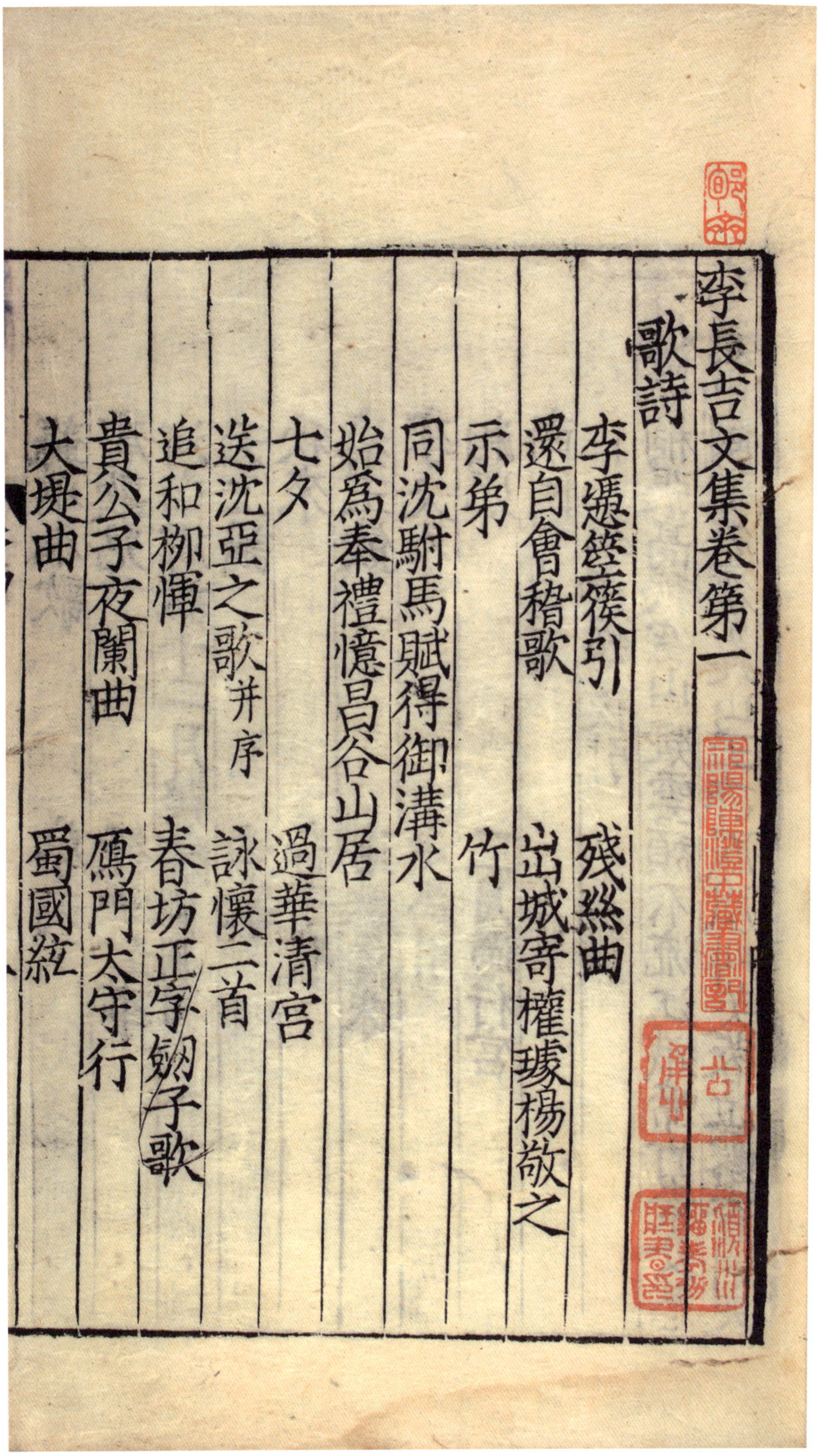

李長吉文集卷第一

歌詩

李憑箜篌引　殘絲曲

還自會稽歌　出城寄權璩楊敬之

示弟　竹

同沈駙馬賦得御溝水

始爲奉禮憶昌谷山居

七夕　過華清宮

送沈亞之歌并序　詠懷二首

追和柳惲　春坊正字劒子歌

貴公子夜闌曲　鴈門太守行

大堤曲　蜀國絃

01039 李長吉文集四卷　(唐)李賀撰　南宋中期四川眉山刻唐六十家集本

匡高19.9厘米，廣14.5厘米。半葉十二行，行二十一字，白口，左右雙邊。有“翰林國史院官書”、“潁川鎦考功藏書印”、“郇齋”等印。國家圖書館藏。

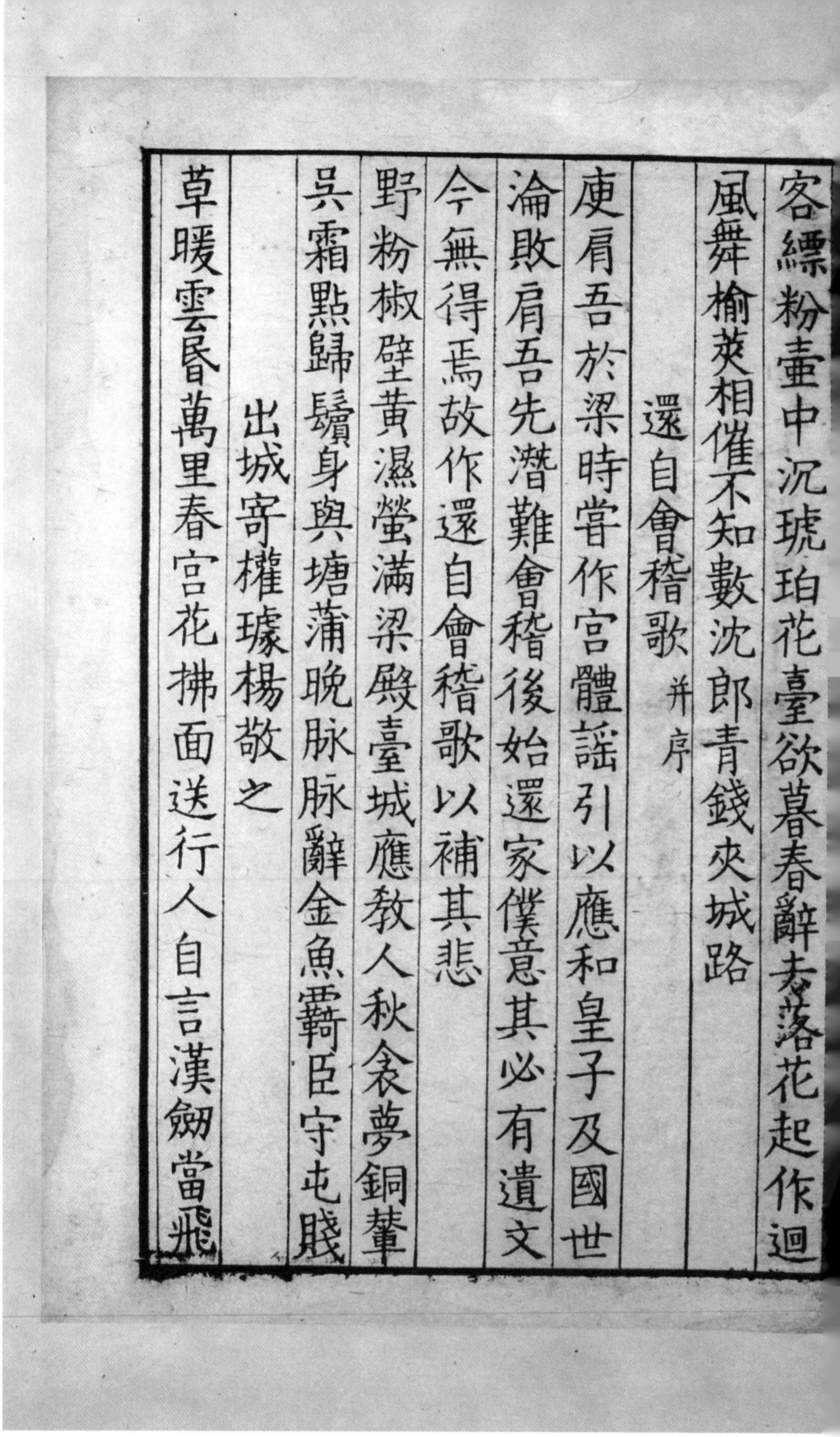

客縹粉壷中沉琥珀花臺欲暮春辭去落花起作迴
風舞楡莢相催不知數沈郎青錢夾城路
還自會稽歌 并序
庾肩吾於梁時嘗作宮體謡引以應和皇子及國世
淪敗肩吾先潛難會稽後始還家僕意其必有遺文
今無得焉故作還自會稽歌以補其悲
野粉椒壁黄濕螢滿梁殿臺城應教人秋衾夢銅輦
吴霜點歸鬢身與塘蒲晚脉脉辭金魚羇臣守屯賤
出城寄權璩楊敬之
草暖雲昏萬里春宮花拂面送行人自言漢劒當飛

01040 歌詩編四卷 (唐)李賀撰 蒙古憲宗六年（1256）趙衍燕京刻本

蝴蝶裝。匡高18.9厘米，廣12.8厘米。半葉十行，行二十字，白口，左右雙邊。有“汪印士鐘”、“虞山瞿紹基藏書之印”、“祁陽陳澄中藏書記”等印。黄丕烈跋，陸拙生題款。國家圖書館藏。

歌詩編第一

隴西李　賀　長吉

李憑箜篌引

吴絲蜀桐張高秋空白凝雲頹不流江娥啼竹素女愁李憑中國彈箜篌崑山玉碎鳳凰叫芙蓉泣露香蘭笑十二門前融冷光二十三絲動紫皇女媧鍊石補天處石破天驚逗秋雨夢入神山教神嫗老魚跳波瘦蛟舞吴質不眠倚桂樹露脚斜飛濕寒兎

残絲曲

垂楊葉老鶯哺兒残絲欲斷黄蜂歸緑鬢少年金釵

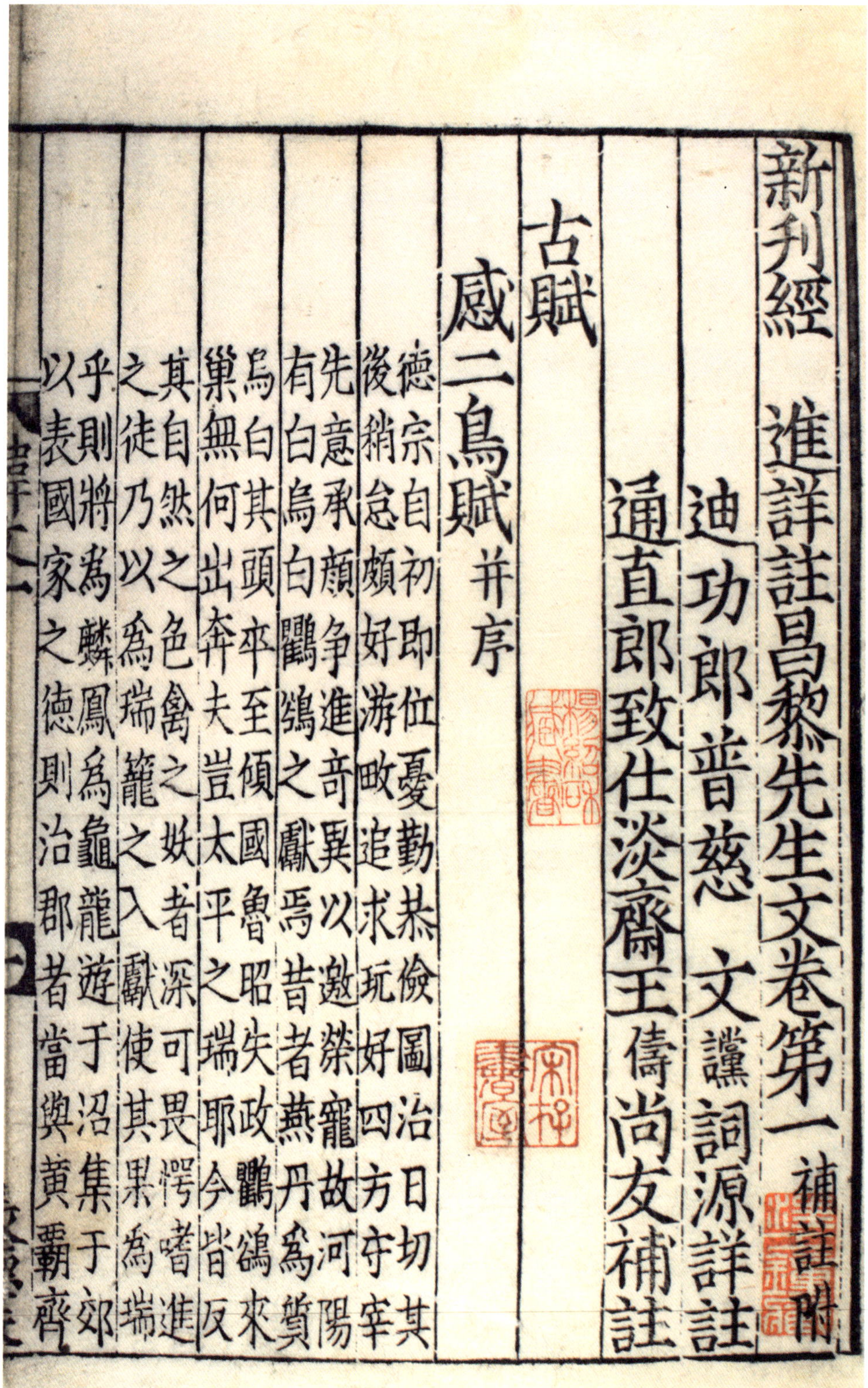
新刊經進詳註昌黎先生文卷第一 補註附
迪功郎普慈文讜詞源詳註
通直郎致仕淡齋王儔尚友補註

古賦

感二鳥賦并序

德宗自初即位憂勤恭儉圖治日切其後稍怠頗好游畋追求玩好四方守宰先意承顔爭進奇異以邀榮寵故河陽有白烏白鸜鵒之獻焉昔者燕丹爲質烏白其頭卒至傾國魯昭失政鸜鵒來巢無何出奔夫豈太平之瑞耶今皆反其自然之色禽之妖者深可畏愕瞽進之徒乃以爲瑞籠之入獻使其果爲瑞乎則將爲麟鳳爲龜龍遊于沼集于郊以表國家之德則治郡者當與黄霸齊

01041 新刊經進詳註昌黎先生文四十卷外集十卷遺文三卷 （唐）韓愈撰 （宋）文讜注 （宋）王儔補注 **韓文公志三卷** 宋刻本（卷十二至十八配另一無注宋刻本）

匡高21.6厘米，廣15.4厘米。半葉十行，行十八字，小字雙行同，白口，左右雙邊。有"乾學之印"、"汪士鐘藏"、"彦合珍藏"等印。國家圖書館藏。

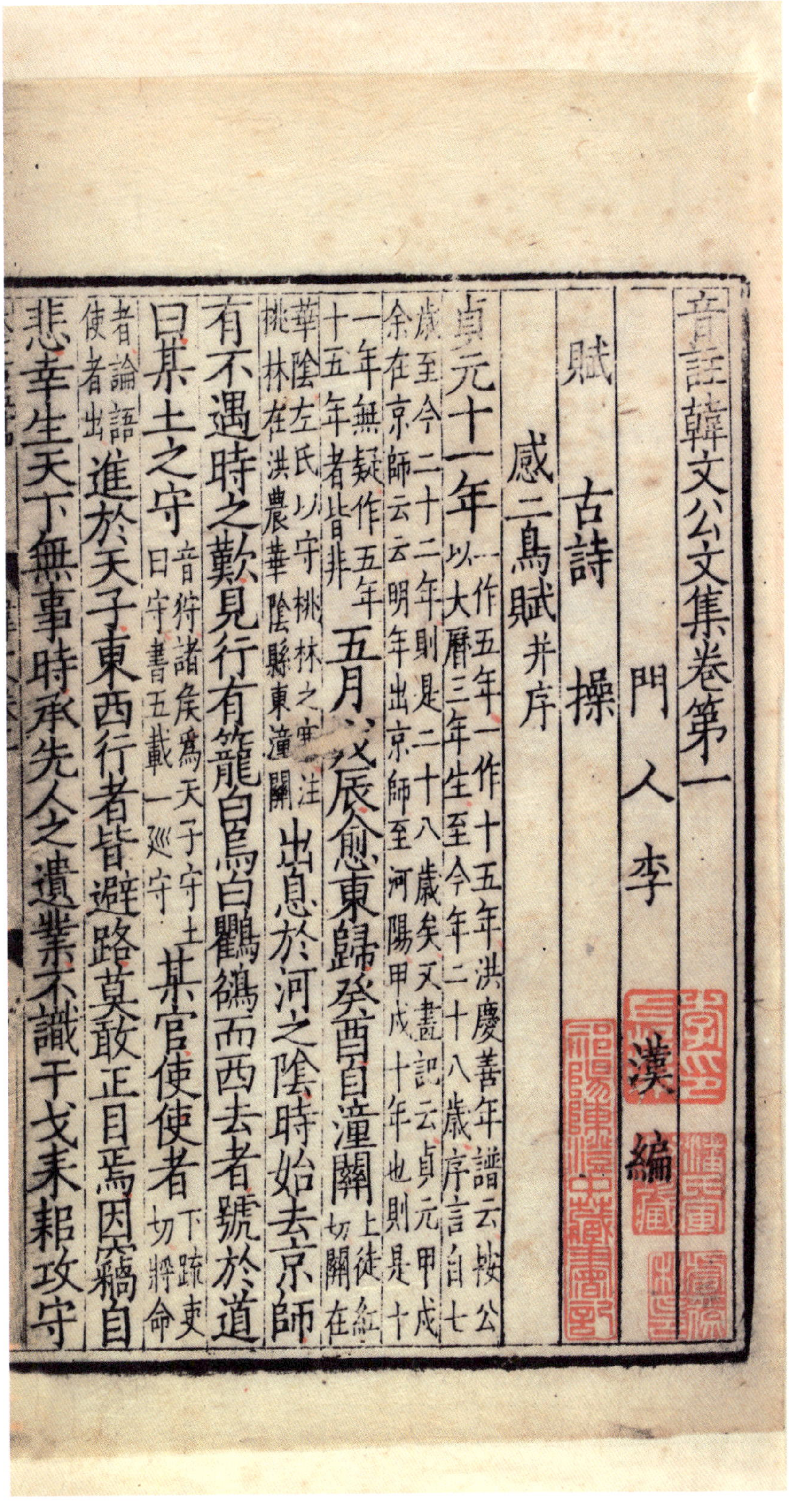
音註韓文公文集卷第一
門人李　漢　編
賦　古詩　操
感二鳥賦并序
貞元十一年一作五年一作十五年洪慶善年譜云按公以大曆三年生至今年二十八歲序言自七歲至今二十二年則是二十八歲矣又書記云貞元甲戌余在京師云云明年出京師至河陽甲戌十年也則是十一年無疑作五年十五年者皆非五月戊辰愈東歸癸酉自潼關上徒紅切關在華陰左氏以守桃林之塞注桃林在洪農華陰縣東潼關出息於河之陰時始去京師有不遇時之歎見行有籠白烏白鸜鵒而西去者號於道曰某土之守音狩諸侯爲天子守土曰守書五載一巡守某官使使者下踈吏切將命者論語使者出進於天子東西行者皆避路莫敢正目焉因竊自悲幸生天下無事時承先人之遺業不識干戈耒耜攻守

01042　音註韓文公文集四十卷外集十二卷　（唐）韓愈撰　（宋）祝充音注　宋刻本

匡高17.1厘米，廣12.1厘米。半葉十二行，行二十一至二十二字，小字雙行同，白口，四周雙邊。有“陳氏惟寅”、“陳淳之印”、“盧㥊私印”、“祁陽陳澄中藏書記”等印。國家圖書館藏。

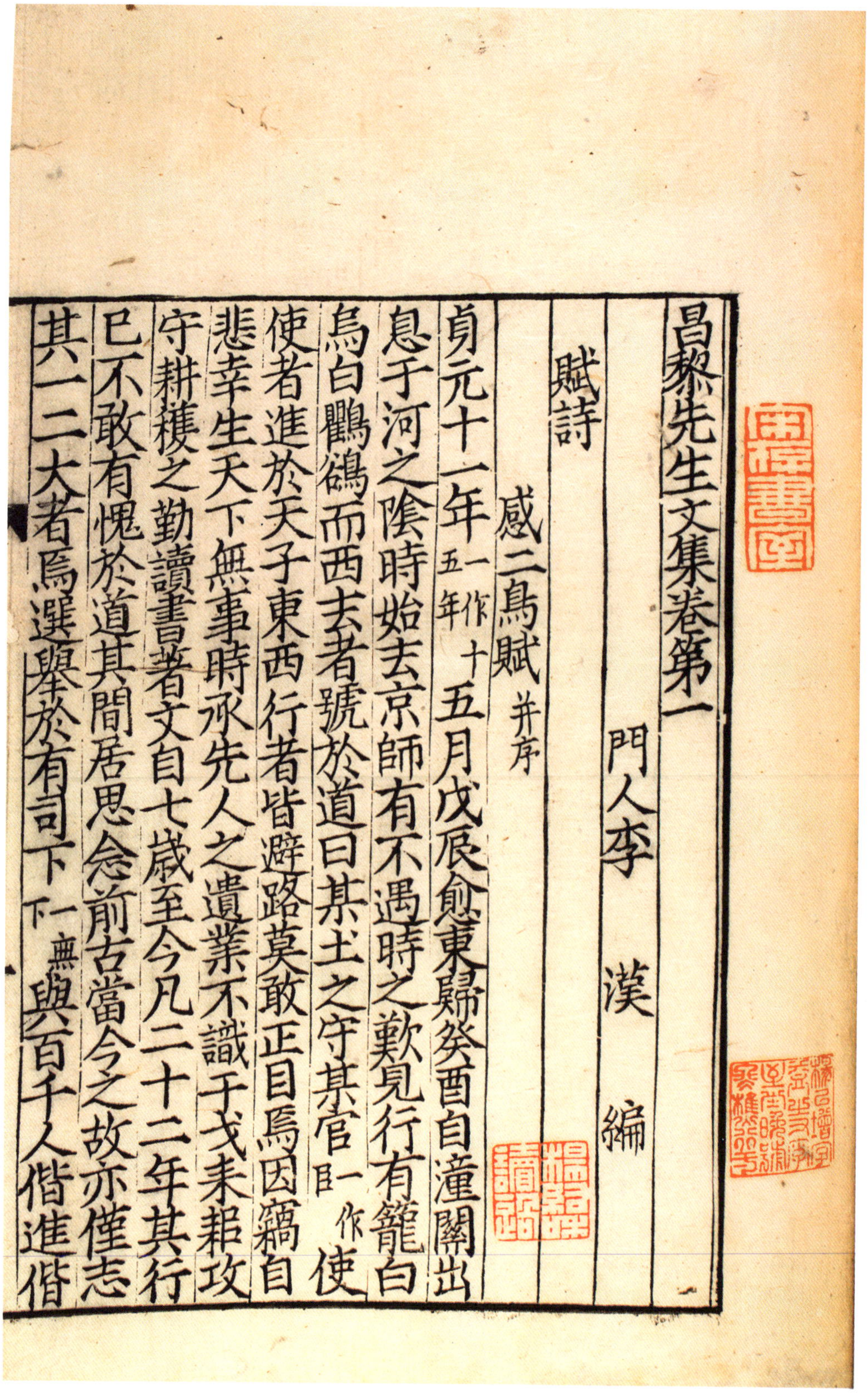

昌黎先生文集卷第一

門人李　漢　編

賦詩

感二鳥賦 并序

貞元十一年（一作十五年）五月戊辰愈東歸癸酉自潼關出息于河之陰時始去京師有不遇時之歎見行有籠白烏白鸜鵒而西去者號於道曰某土之守某官（一作臣）使使者進於天子東西行者皆避路莫敢正目焉因竊自悲幸生天下無事時承先人之遺業不識干戈耒耜攻守耕穫之勤讀書著文自七歲至今凡二十二年其行已不敢有愧於道其間居思念前古當今之故亦僅志其一二大者焉選舉於有司下（下一無）與百千人偕進偕

01043 昌黎先生文集四十卷昌黎先生外集十卷 (唐)韓愈撰　南宋中期四川眉山刻唐六十家集本（卷五至七、十七至二十四，外集一至十配清抄本）

匡高19.8厘米，廣14.3厘米。半葉十二行，行二十一字，白口，左右雙邊。有“翰林國史院官書”、“東郡楊紹和字彦合藏書之印”、“東萊劉占洪字少山藏書之印”等印。國家圖書館藏。

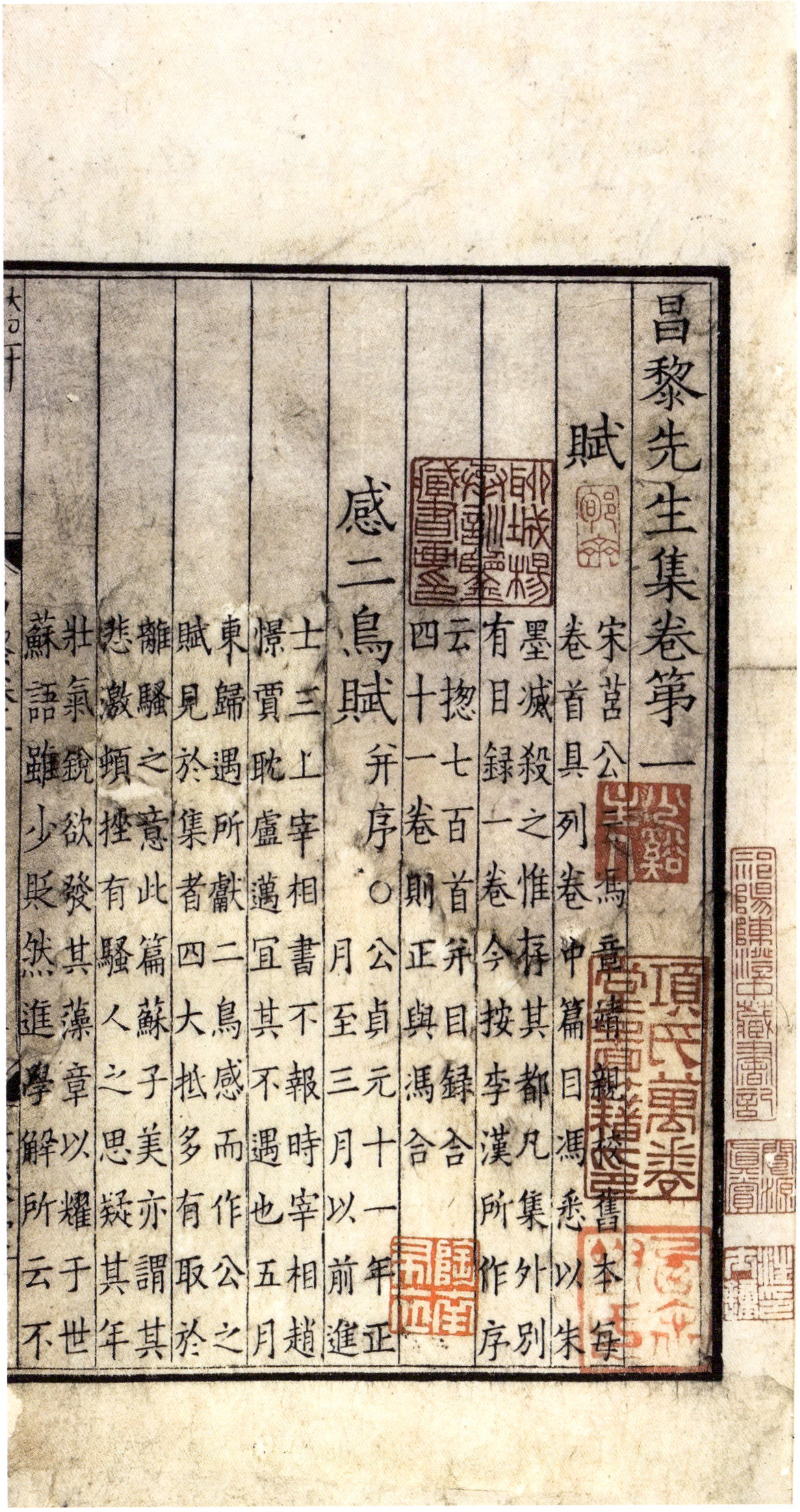

昌黎先生集卷第一

賦

宋莒公言馮章靖親校舊本每
卷首具列卷中篇目悉以朱
墨滅殺之惟存其都凡集外別
有目録一卷今按李漢所作序
云揔七百首并目録合
四十一卷則正與馮合

感二鳥賦 并序 ○公貞元十一年正
月至三月以前進
士三上宰相書不報時宰相趙
憬賈耽盧邁宜其不遇也五月
東歸遇所獻二鳥感而作公之
賦見於集者四大抵多有取於
離騷之意此篇蘇子美亦謂其
悲激頓挫有騷人之思疑其年
壯氣鋭欲發其藻章以耀于世
蘇語雖少貶然進學解所云不

01044 昌黎先生集四十卷外集十卷遺文一卷 (唐)韓愈撰 (宋)廖瑩中校正 **朱子校昌黎先生集傳一卷** 宋咸淳廖氏世綵堂刻本

匡高20.4厘米，廣13.7厘米。半葉九行，行十七字，白口，四周雙邊。有“項篤壽印”、“閬源真賞”、“泰峰審定”、“海源閣藏書”、“祁陽陳澄中藏書記”等印。國家圖書館藏。

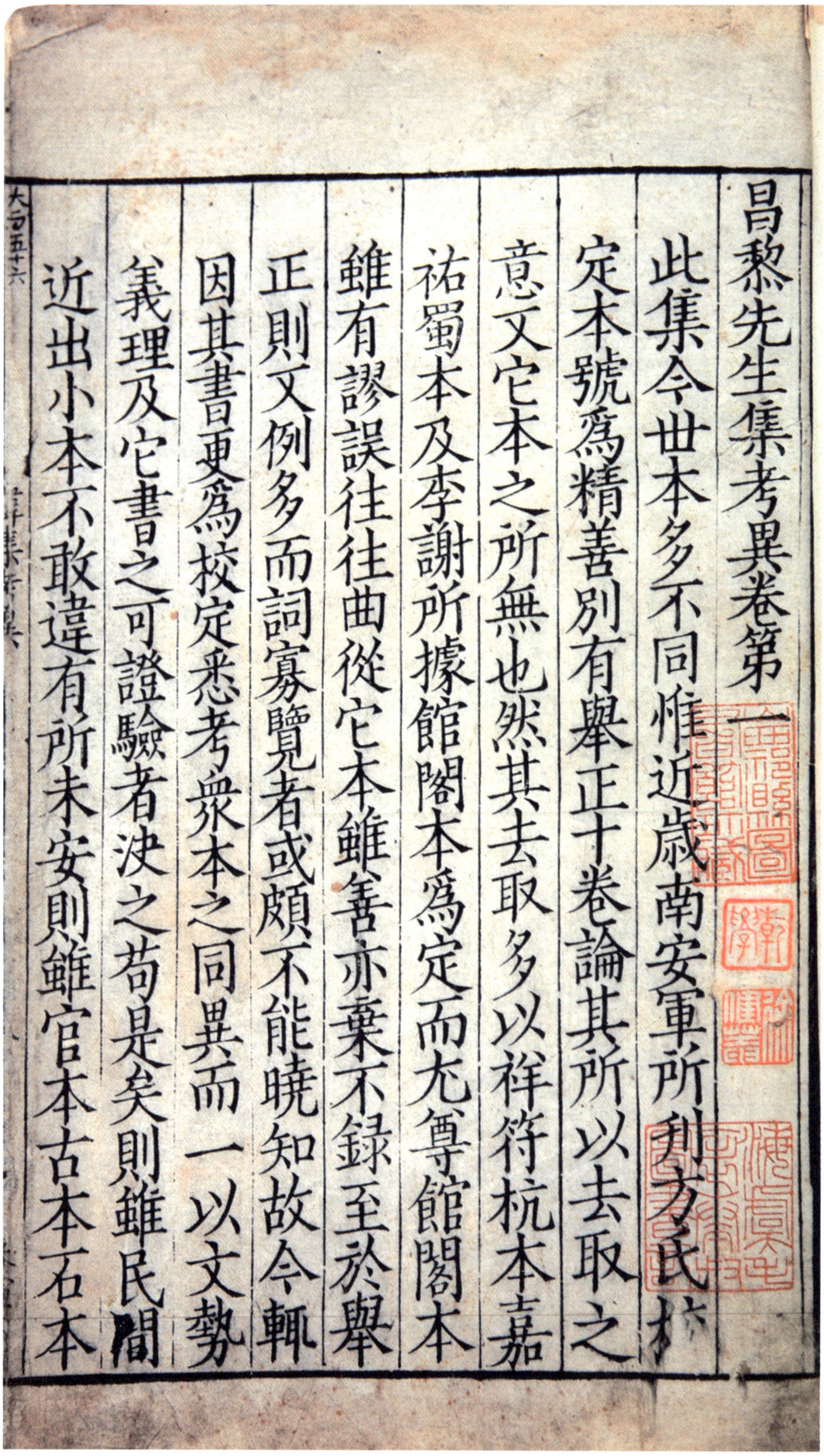

昌黎先生集考異卷第一

此集今世本多不同惟近歲南安軍所刋方氏校定本號爲精善別有舉正十卷論其所以去取之意又它本之所無也然其去取多以祥符杭本嘉祐蜀本及李謝所據館閣本爲定而尤尊館閣本雖有謬誤往往曲從它本雖善亦棄不録至於舉正則又例多而詞寡覽者或頗不能曉知故今輒因其書更爲校定悉考衆本之同異而一以文勢義理及它書之可證驗者決之苟是矣則雖民閒近出小本不敢違有所未安則雖官本古本石本

01045 昌黎先生集考異十卷 (宋)朱熹撰　宋紹定二年（1229）張洽刻本

匡高22.9厘米，廣16.3厘米。半葉十行，行二十字，小字雙行同，白口，左右雙邊。有“奏叔”、“季印振宜”、“乾學”等印。山西省祁縣圖書館藏。

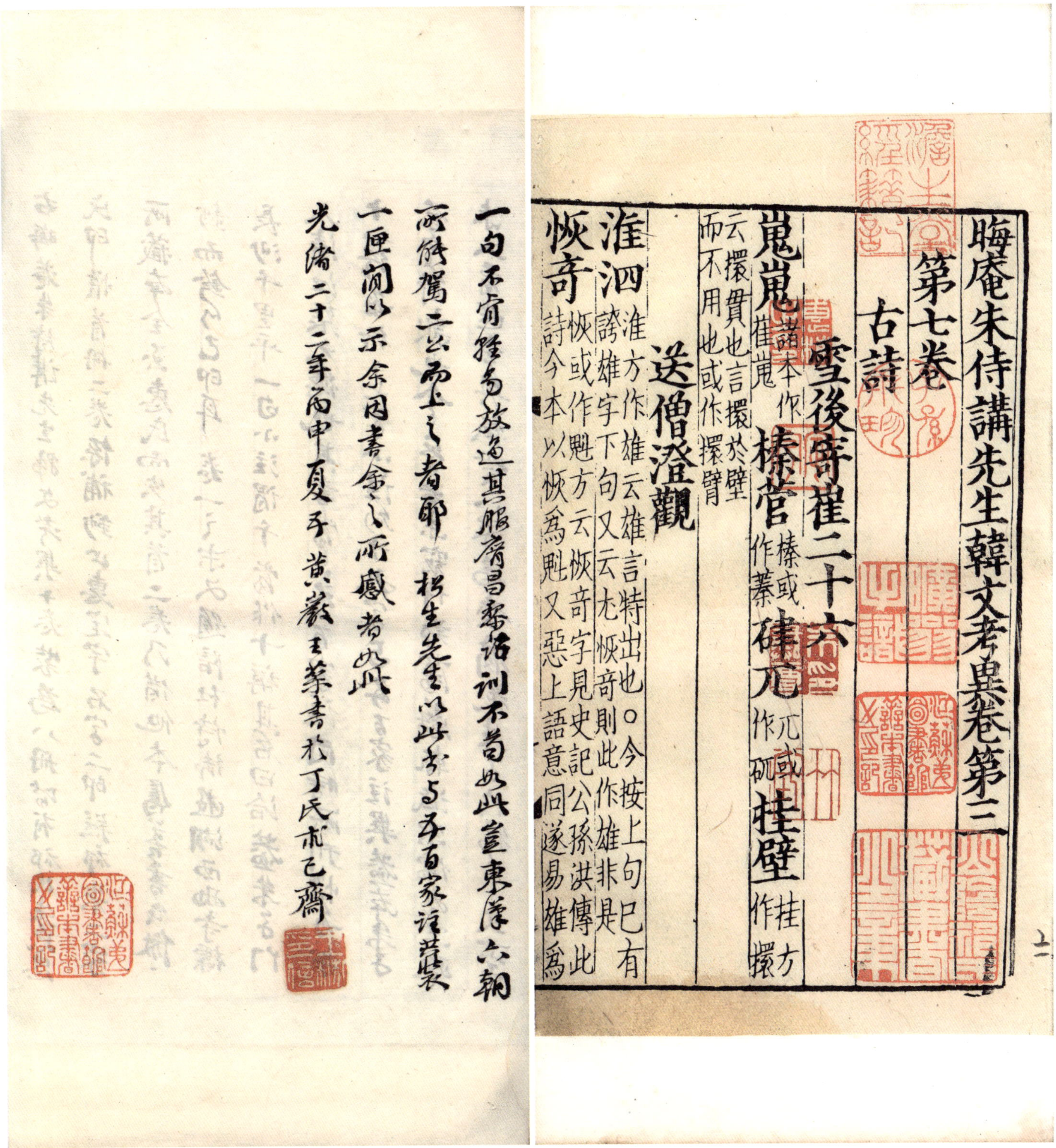
晦庵朱侍講先生韓文考異卷第二
第七卷
古詩
雪後寄崔二十六
嵬嵬 崔嵬諸本作 榛菅 榛或作蓁 硉兀 兀或作矹 挂壁 挂方作擐 云擐貫也言擐於壁而不用也或作擐臂
送僧澄觀
淮泗 淮方作雄云雄言特出也。今按上句已有誇雄字下句又云尤恢奇則此作雄非是
恢奇 恢或作魁方云恢奇字見史記公孫洪傳此詩今本以恢爲魁又惡上語意同遂易雄爲

一句不肯輕易放過，甚服膺昌黎語訓不苟如此，豈東漢六朝所能駕而上之者耶。松生先生以此本与百家註並裝一匣，屬以示余，因書余之所感者如此。
光緒二十二年丙申夏季黄巖王棻書於丁氏求已齋

01046 晦庵朱侍講先生韓文考異十卷 (宋)朱熹撰　宋刻本（卷一至二配清抄本）

匡高20.6厘米，廣13.1厘米。半葉九行，行十七字，小字雙行十九字，黑口，左右雙邊。有“澹生堂經籍記”、“竹垞”等印。王棻跋。南京圖書館藏，存八卷。

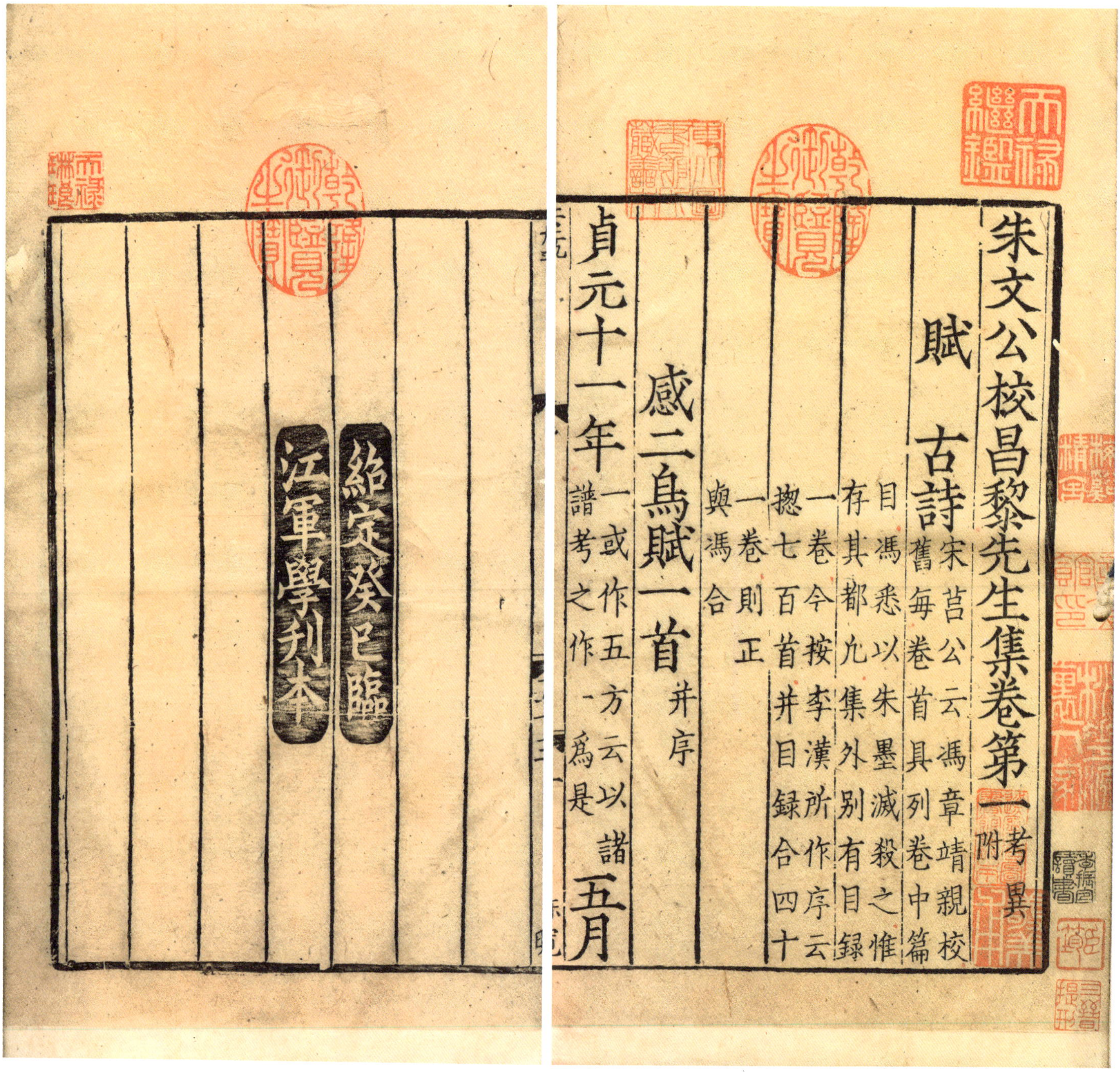

紹定癸巳臨江軍學刊本

朱文公校昌黎先生集卷第一 考異附

賦 古詩 宋莒公云馮章靖親校舊每卷首具列卷中篇目馮悉以朱墨滅殺之惟存其都九集外別有目録一卷今按李漢所作序云搃七百首并目録合四十一卷則正與馮合

感二鳥賦一首 并序

貞元十一年 一或作五方云以諸譜考之作一爲是 五月

01047 **朱文公校昌黎先生集四十卷外集十卷遺文一卷** （唐）韓愈撰 （宋）朱熹考異 **集傳一卷** 南宋紹定六年（1233）臨江軍學刻本

匡高21.3厘米，廣14.5厘米。半葉七行，行十五字，小字雙行同，白口，左右雙邊。有“紹定癸巳臨江軍學刊本”牌記。有“玉蘭堂”、“天禄琳琅”、“天禄繼鑑”、“乾隆御覽之寶”等印。遼寧省圖書館藏，存五十卷。

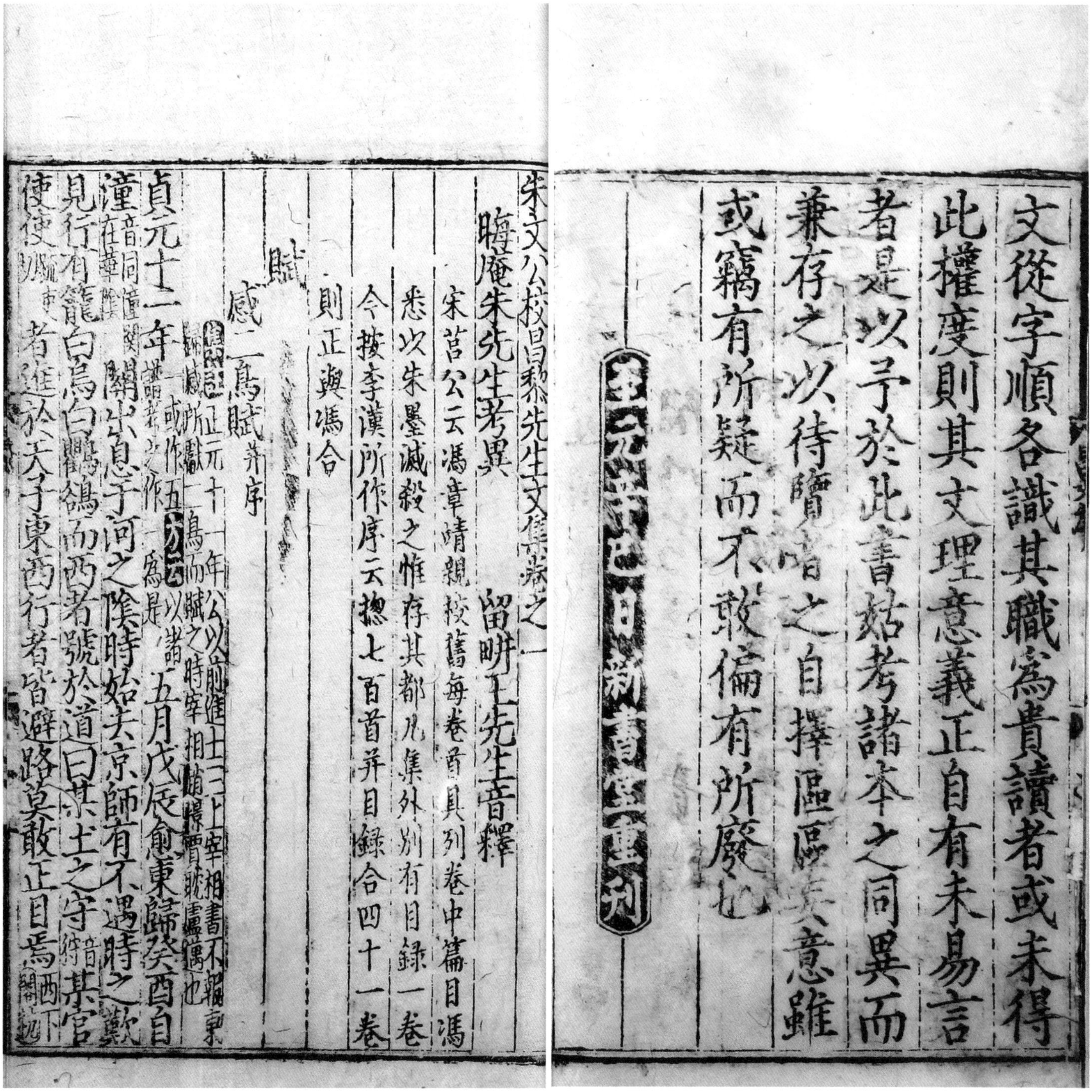

文從字順各識其職爲貴讀者或未得此權度則其文理意義正自有未易言者是以予於此書姑考諸本之同異而兼存之以待覽者之自擇區區實意雖或竊有所疑而不敢偏有所廢也

至元辛巳日新書堂重刊

朱文公校昌黎先生文集卷之一

晦庵朱先生考異　留畊王先生音釋

宋莒公云馮章靖親校舊每卷首具列卷中篇目馮悉以朱墨減殺之惟存其都凡集外別有目錄一卷今按李漢所作序云揔七百首并目錄合四十一卷則正與馮合

賦

感二鳥賦并序

集注 貞元十一年公以前進士三上宰相書不報東歸感所獻二鳥而賦之時宰相趙憬賈耽盧邁也

貞元十一年 一或作五方云以諸本作一爲是 五月戊辰愈東歸癸酉自潼 音同 潼關在華陰 關出息于河之陰時始去京師有不遇時之歎見行有籠白烏白鸜鵒而西者號於道曰某土之守 守音狩 某官使使 所吏 者進於天子東西行者皆避路莫敢正目焉

01048 朱文公校昌黎先生文集四十卷外集十卷遺文一卷（唐）韓愈撰（宋）朱熹考異（宋）王伯大音釋 **集傳一卷** 元至元十八年（1281）日新書堂刻本

匡高19.8厘米，廣12.5厘米。半葉十三行，行二十三字，小字雙行同，黑口，四周雙邊。有“至元辛巳日新書堂重刊”牌記。山東省博物館藏。

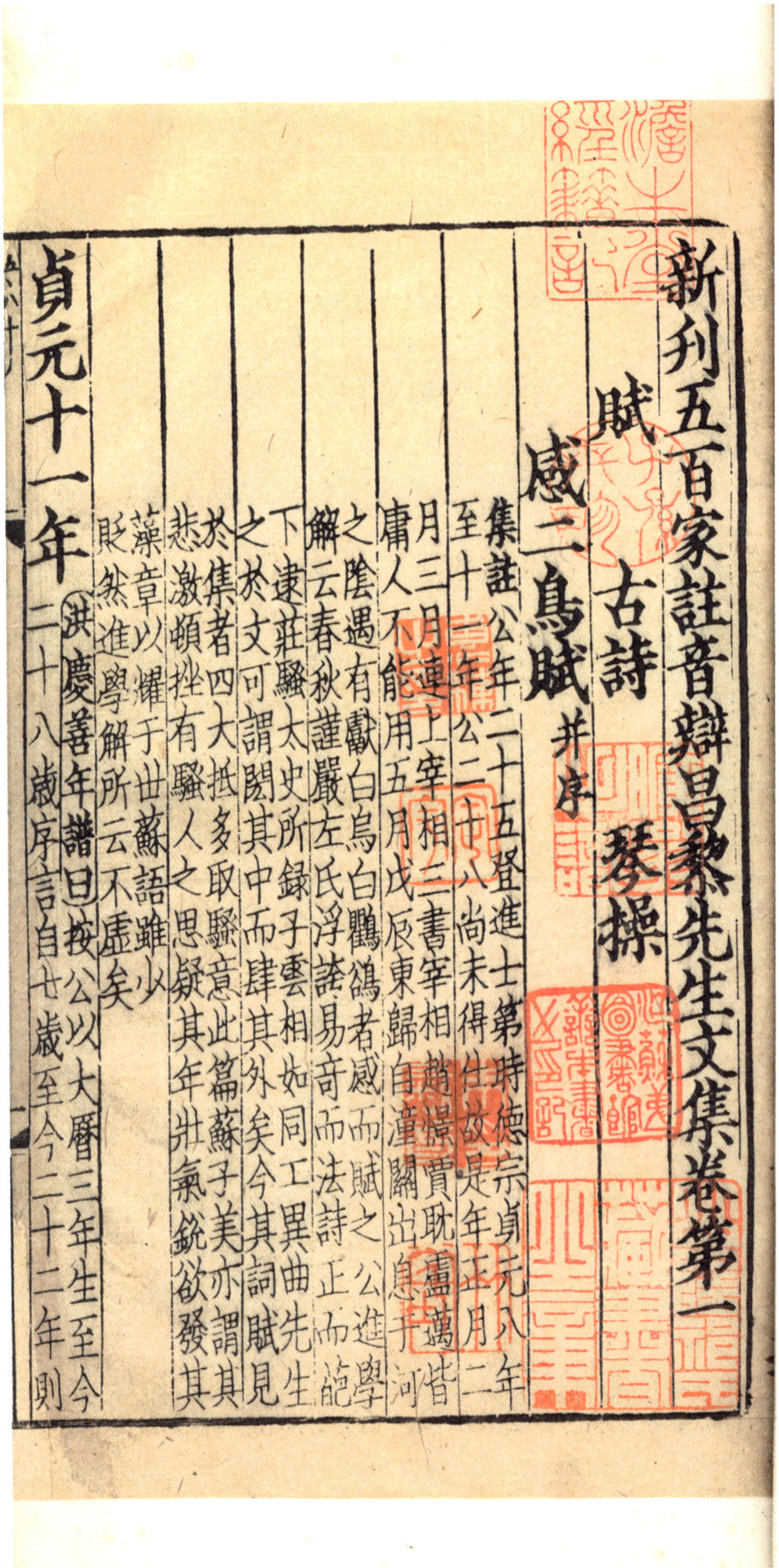
新刊五百家註音辯昌黎先生文集卷第一
賦　古詩　琴操
感二鳥賦 并序
集註 公年二十五登進士第時德宗貞元八年至十一年公二十八尚未得仕故是年正月二月三月連上宰相三書宰相趙憬賈耽盧邁皆庸人不能用五月戊辰東歸自潼關出息于河之陰遇有獻白烏白鸜鵒者感而賦之公進學解云春秋謹嚴左氏浮誇易奇而法詩正而葩下逮莊騷太史所錄子雲相如同工異曲先生之於文可謂閎其中而肆其外矣今其詞賦見於集者四大抵多取騷意此篇蘇子美亦謂其悲激頓挫有騷人之思豈其年壯氣銳欲發其藻章以耀于世蘇語雖以貶然進學解所云不虛矣
貞元十一年 洪慶善年譜曰按公以大曆三年生至今二十八歲序言自七歲至今二十二年則

01049 新刊五百家註音辯昌黎先生文集四十卷外集十卷 （唐）韓愈撰 （宋）魏仲舉輯注 **序傳碑記一卷韓文類譜十卷** （宋）魏仲舉輯 宋慶元六年（1200）魏仲舉家塾刻本（卷三至四、六至七、十五至十七、二十一配清抄本）

匡高20.6厘米，廣13.2厘米。半葉十行，行十八字，小字雙行二十三字，黑口，左右雙邊。有“澹生堂經籍記”、“竹垞”、“惠棟之印”等印。王棻、丁丙跋。南京圖書館藏，存五十四卷。

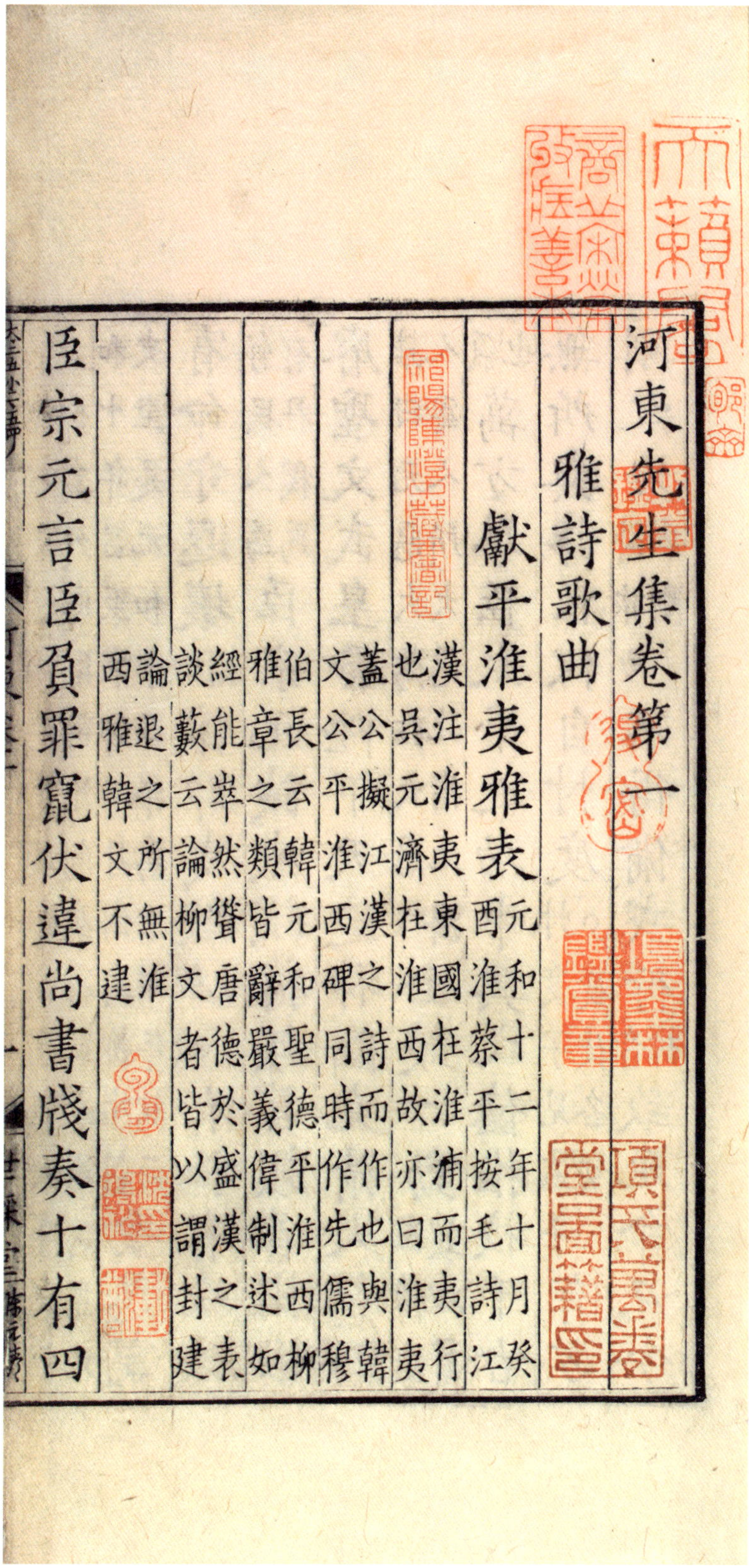
河東先生集卷第一
雅詩歌曲
獻平淮夷雅表元和十二年十月癸酉淮蔡平按毛詩江漢注淮夷東國在淮浦而夷行也吳元濟在淮西故亦曰淮夷蓋公擬江漢之詩而作也與韓文公平淮西碑同時作先儒穆伯長云韓元和聖德平淮西柳雅章之類皆辭嚴義偉制述如經能崒然聳唐德於盛漢之表談藪云論柳文者皆以謂封建論退之所無淮西雅韓文不逮
臣宗元言臣負罪竄伏違尚書牋奏十有四

01050 河東先生集四十五卷外集二卷 （唐）柳宗元撰　（宋）廖瑩中校正　宋咸淳廖氏世綵堂刻本（卷三至五、十配明影宋刻本）

匡高20.7厘米，廣13.7厘米。半葉九行，行十七字，小字雙行同，細黑口，四周雙邊。有“項氏萬卷堂圖籍印”、“項子京家珍藏”、“牧翁鑑定”、“商丘宋犖收藏善本”、“沈印鴻祚”、“祁陽陳澄中藏書記”等印。朱彝尊跋。國家圖書館藏。

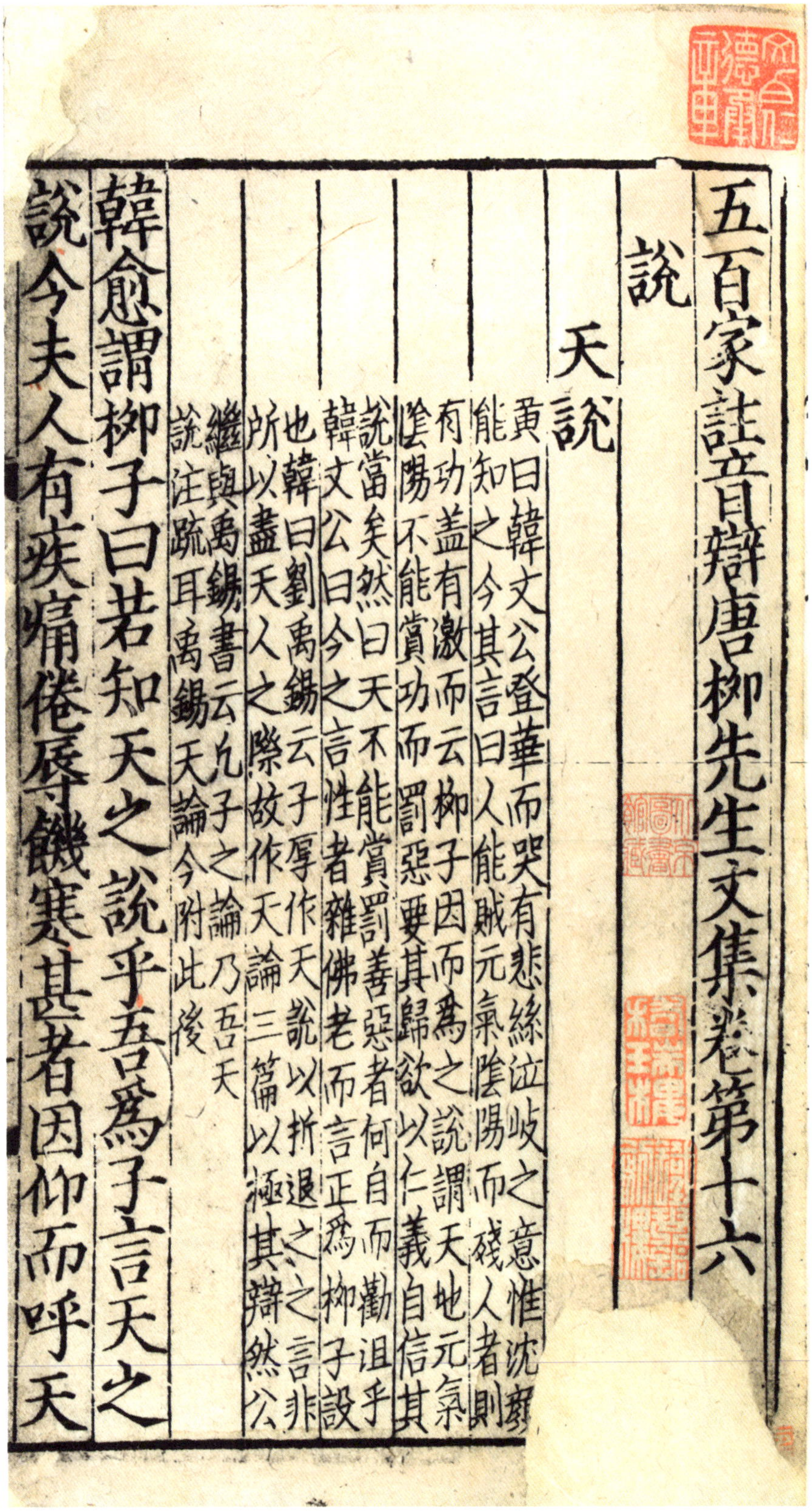

五百家註音辯唐柳先生文集卷第十六

說

天說 黄曰韓文公登華而哭有悲絲泣岐之意惟沈能知之今其言曰人能賊元氣陰陽而殘人者則有功蓋有激而云柳子因而爲之說謂天地元氣陰陽不能賞功而罰惡要其歸欲以仁義自信其說當矣然曰天不能賞罰善惡者何自而勸沮乎韓文公曰今之言性者雜佛老而言正爲柳子設也韓曰劉禹錫云子厚作天說以折退之之言非所以盡天人之際故作天論三篇以極其辯然公繼與禹錫書云凡子之論乃吾天說注疏耳禹錫天論今附此後

韓愈謂柳子曰若知天之說乎吾爲子言天之說今夫人有疾痛倦辱饑寒甚者因仰而呼天

01051 五百家註音辯唐柳先生文集四十五卷 （唐）柳宗元撰　（宋）童宗説　韓醇等注釋　（宋）魏仲舉輯　宋刻本

匡高20.6厘米，廣13厘米。半葉十行，行十八字，小字雙行二十三字，細黑口，左右雙邊。有“文伯仁德承章”、“稽瑞樓”、“鐵琴銅劍樓”等印。黄丕烈跋并題詩。國家圖書館藏，存十一卷。

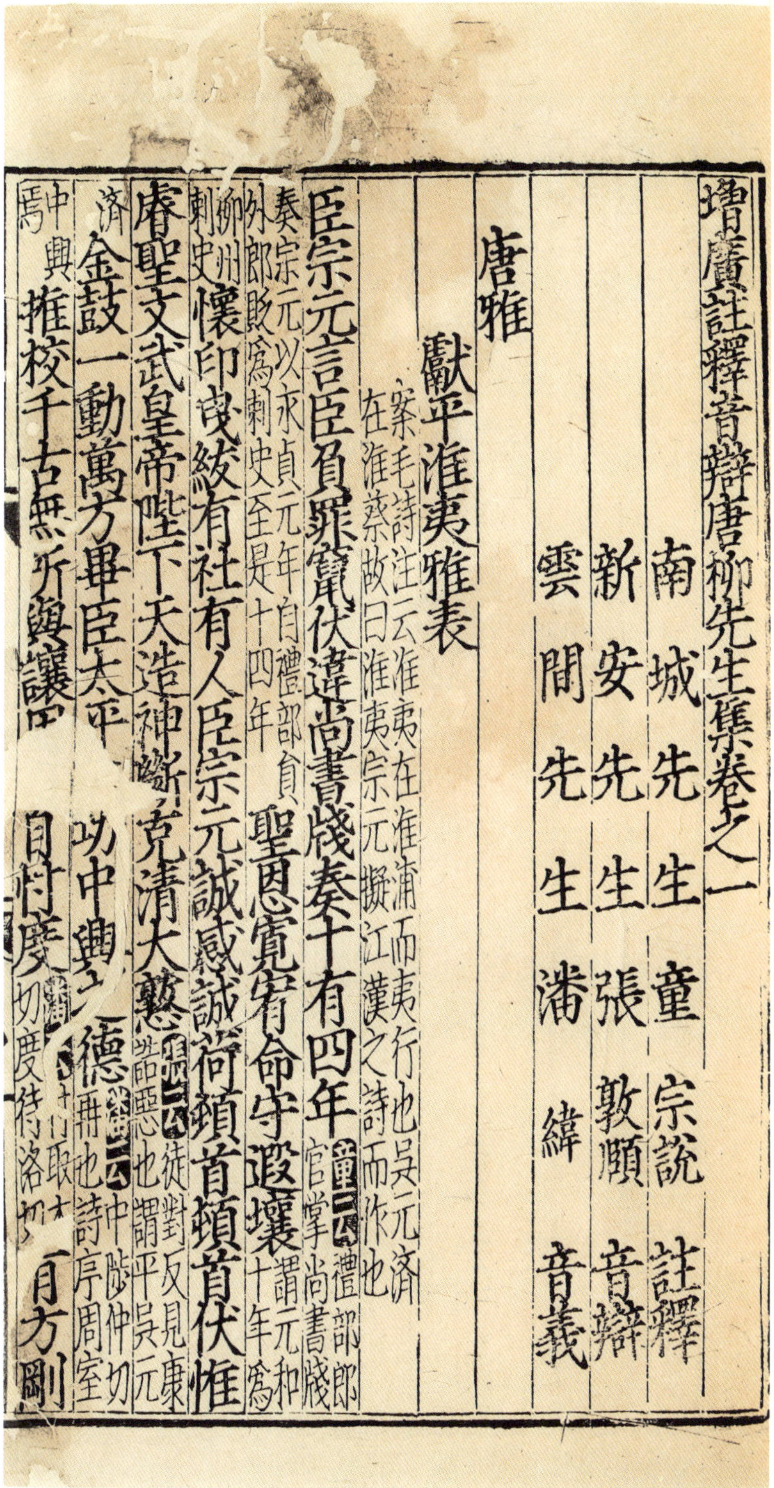
增廣註釋音辯唐柳先生集卷之一
南城先生童宗説註釋
新安先生張敦頤音辯
雲間先生潘緯音義
唐雅
獻平淮夷雅表 案毛詩注云淮夷在淮浦而夷行也吴元濟在淮蔡故曰淮夷宗元擬江漢之詩而作也
臣宗元言臣負罪竄伏違尚書牋奏十有四年童云禮部郎官掌尚書牋奏宗元以永貞元年自禮部員外郎貶爲刺史至是十四年聖恩寬宥命守遐壤謂元和十年爲柳州刺史懷印曳紱有社有人臣宗元誠感誠荷頓首頓首伏惟
睿聖文武皇帝陛下天造神斷克清大憝張云徒對反見康誥惡也謂平吴元濟金鼓一動萬方畢臣太平[illegible]𠯗中興[illegible]德潘云中陟仲切冊也詩序周室中興焉推校千古無所與讓[illegible]自忖度潘云忖取本切度徒洛切[illegible]有方剛

01052 增廣註釋音辯唐柳先生集四十三卷別集二卷外集二卷 （唐）柳宗元撰 （宋）童宗説註釋 （宋）張敦頤音辯 （宋）潘緯音義 **附録一卷** 元刻本

匡高20厘米，廣12.7厘米。半葉十三行，行二十三字，小字雙行同，細黑口，四周雙邊。有“周暹”等印。紹興圖書館藏，存四十四卷。

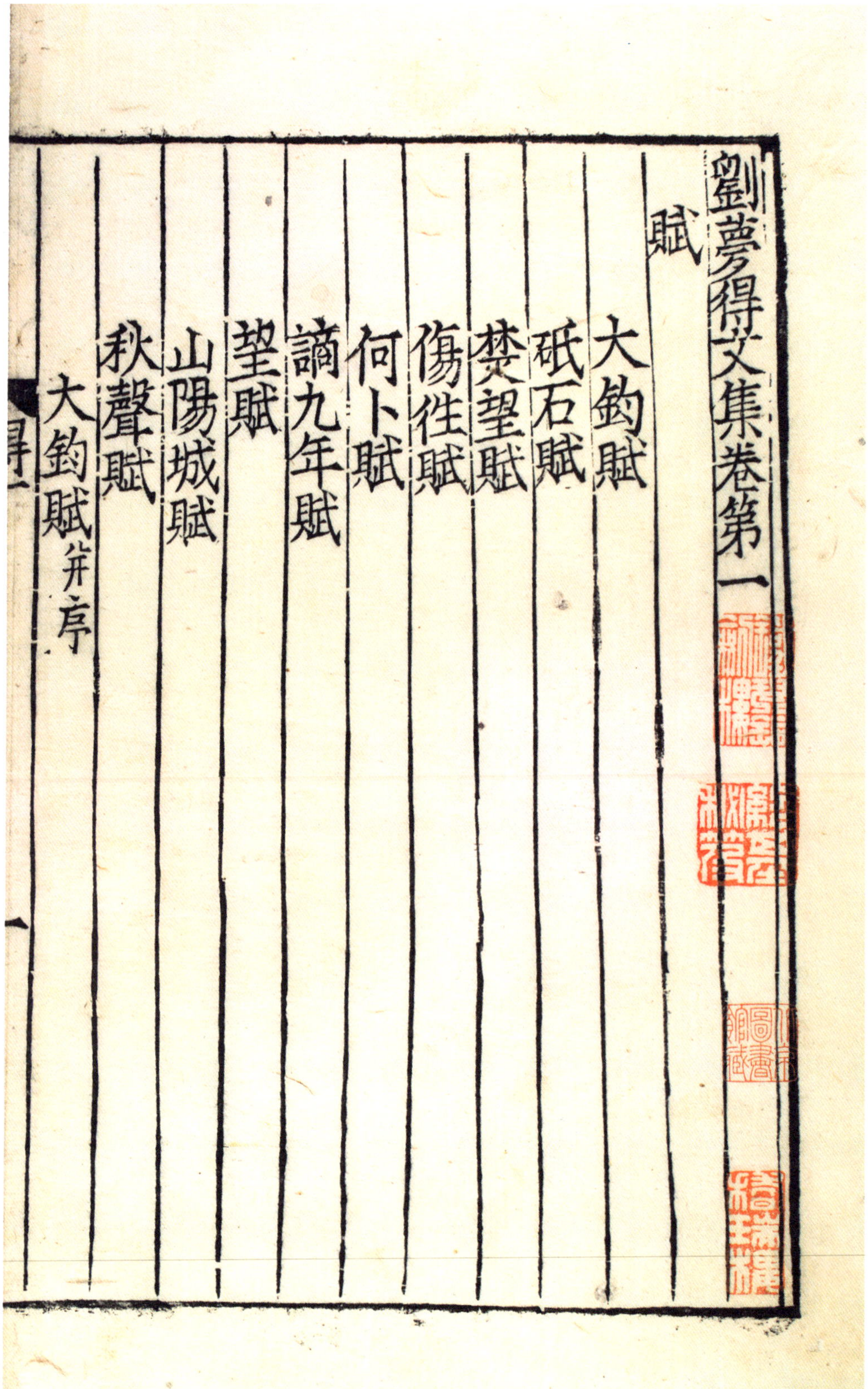

劉夢得文集卷第一

賦

大鈞賦
砥石賦
楚望賦
傷往賦
何卜賦
謫九年賦
望賦
山陽城賦
秋聲賦

大鈞賦并序

01053　劉夢得文集三十卷　（唐）劉禹錫撰　南宋中期四川眉山刻唐六十家集本

匡高19.9厘米，廣13.7厘米。半葉十二行，行二十一字，白口，左右雙邊。有“翰林國史院官書”、“稽瑞樓”、“鐵琴銅劍樓”等印。國家圖書館藏，存四卷。

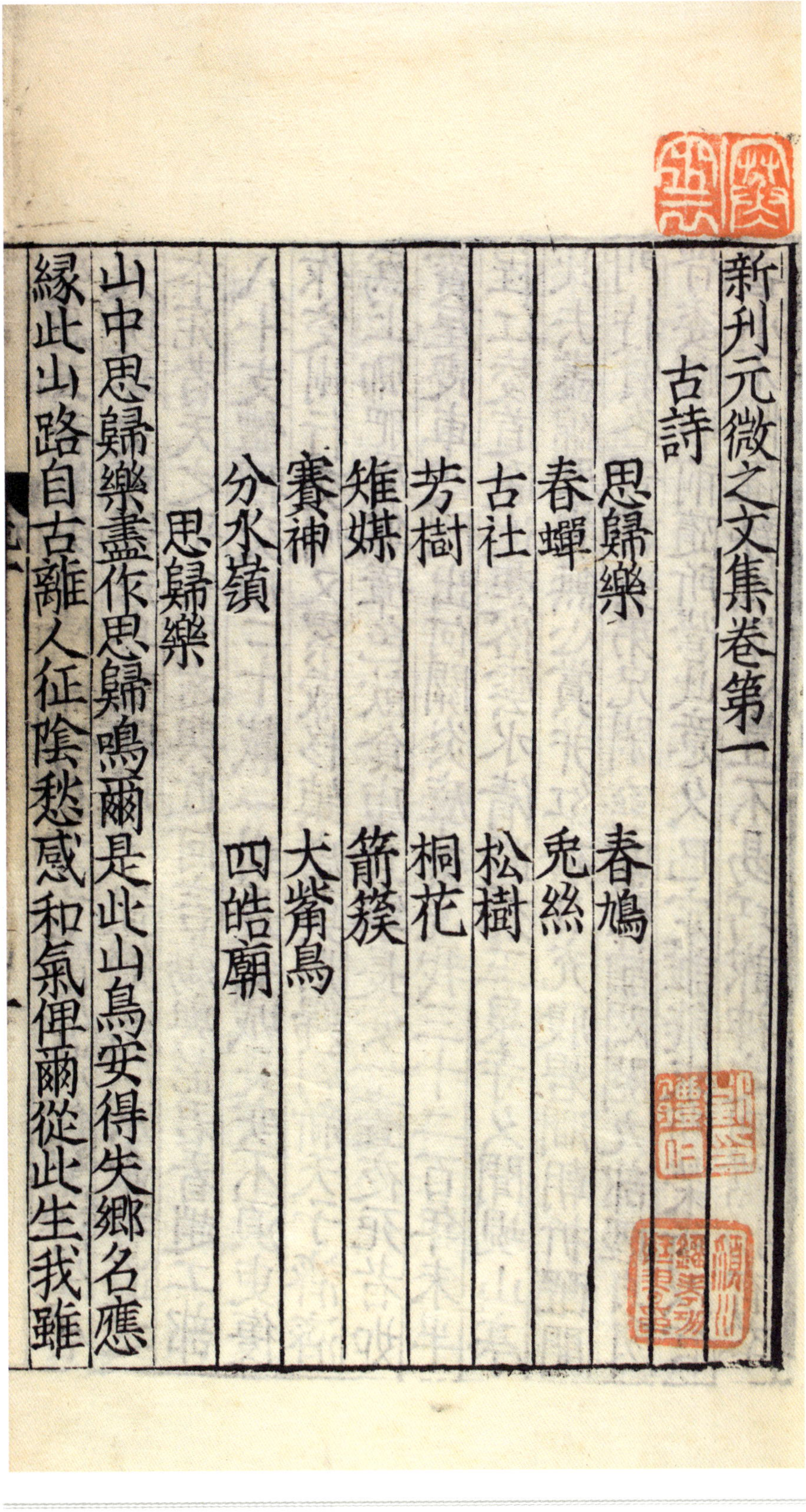
新刊元微之文集卷第一
古詩
思歸樂 春鳩
春蟬 兎絲
古社 松樹
芳樹 桐花
雉媒 箭鏃
賽神 大觜烏
分水嶺 四皓廟
思歸樂
山中思歸樂盡作思歸鳴爾是此山鳥安得失鄉名應
緣此山路自古離人征陰愁慼和氣俾爾從此生我雖

01054 新刊元微之文集六十卷 （唐）元稹撰 南宋中期四川眉山刻唐六十家集本

匡高19.9厘米，廣14.3厘米。半葉十二行，行二十一字，白口，左右雙邊。有“翰林國史院官書”、“劉印體仁”、“劉喜海印”、“寒雲”、“瓶廬”、“涵芬樓”等印。傅增湘跋。國家圖書館藏，存二十五卷。

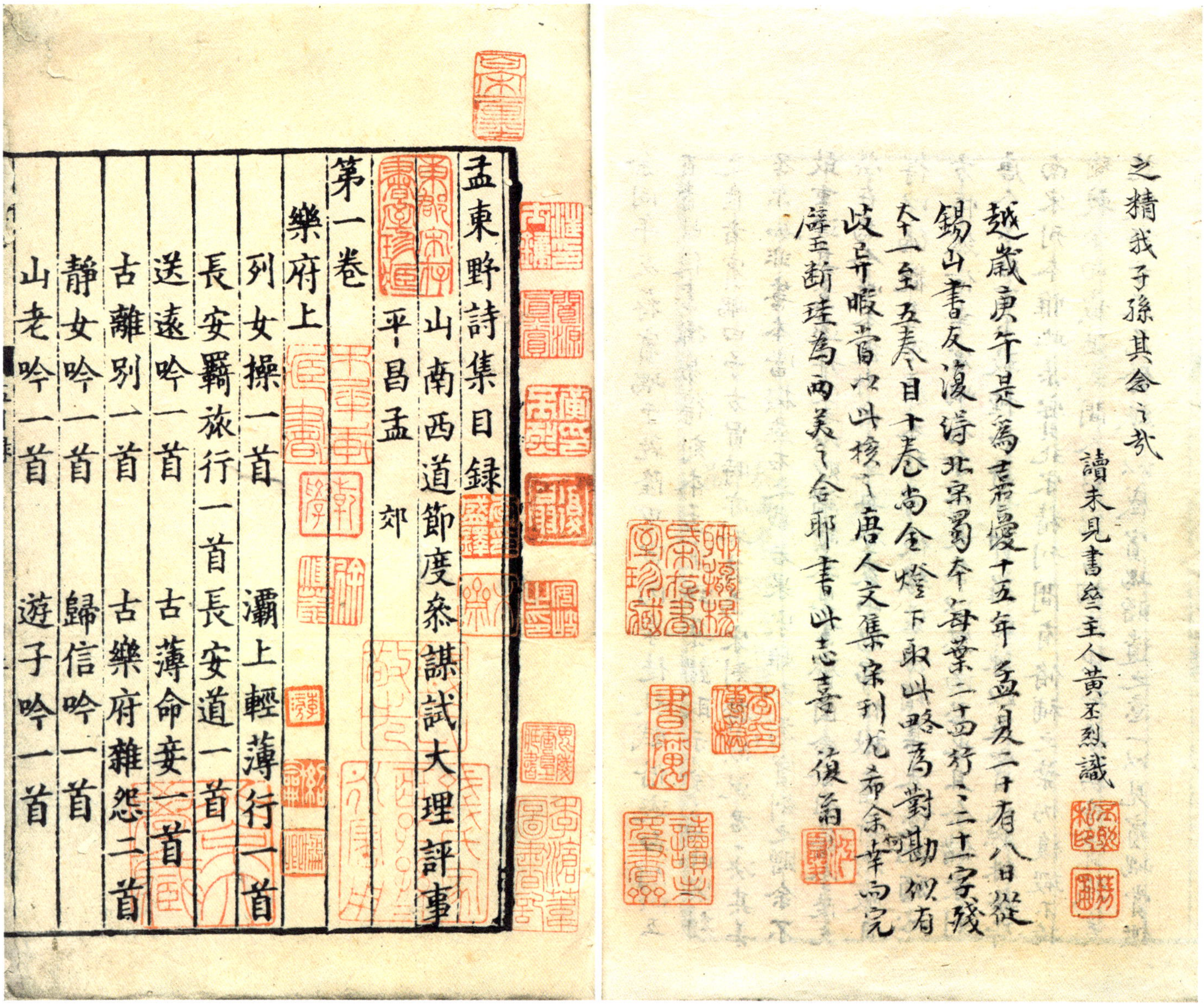
孟東野詩集目録　山南西道節度參謀試大理評事
平昌孟　郊
第一卷
樂府上
列女操一首　灞上輕薄行一首
長安羈旅行一首　長安道一首
送遠吟一首　古薄命妾二首
古離別一首　古樂府雜怨二首
靜女吟一首　歸信吟一首
山老吟一首　遊子吟一首

之精我子孫其念之哉　讀未見書齋主人黃丕烈識
越歲庚午是為嘉慶十五年孟夏二十有八日從錫山書友得北宋蜀本每葉二十四行行二十一字殘本一至五卷七至十卷尚全燈下取此略為對勘似有歧異暇當以此校之唐人文集宋刊尤希余幸而完璧斷珪為兩美之合耶書此志喜　復翁

01055　孟東野詩集十卷　（唐）孟郊撰　宋刻本

匡高16.1厘米，廣11厘米。半葉十一行，行十六字，白口，左右雙邊。有“安岐之印”、“季滄葦圖書記”、“乾學”、“黃印丕烈”、“汪印士鐘”、“協卿”、“木齋”等印。黃丕烈、傅增湘跋。北京大學圖書館藏。

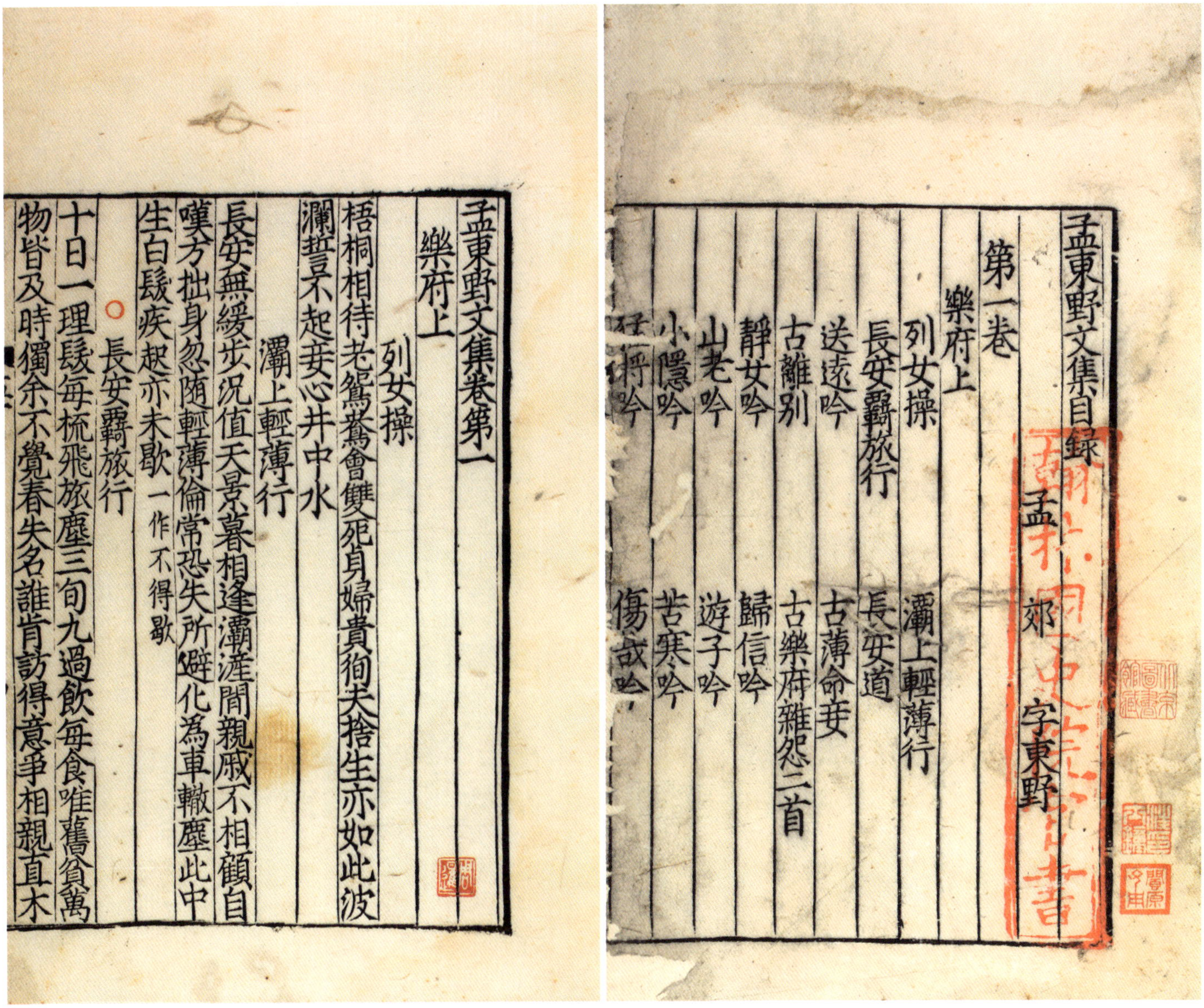

孟東野文集目録

孟　郊　字東野

第一卷

樂府上

列女操　灞上輕薄行

長安羇旅行　長安道

送遠吟　古薄命妾

古離別　古樂府雜怨三首

靜女吟　歸信吟

山老吟　遊子吟

小隱吟　苦寒吟

猛將吟　傷哉吟

孟東野文集卷第一

樂府上

列女操

梧桐相待老鴛鴦會雙死貞婦貴徇夫捨生亦如此波瀾誓不起妾心井中水

灞上輕薄行

長安無緩步況值天景暮相逢灞滻間親戚不相顧自歎方拙身忽隨輕薄倫常恐失所避化為車轍塵此中生白髮疾起亦未歇（一作不得歇）

長安羇旅行

十日一理髮每梳飛旅塵三旬九過飲每食唯舊貧萬物皆及時獨余不覺春失名誰肯訪得意爭相親直木

01056　孟東野文集十卷（唐）孟郊撰　宋刻本

匡高19.8厘米，廣14.4厘米。半葉十二行，行二十一字，白口，左右雙邊。有“翰林國史院官書”、“黄丕烈”、“汪印士鐘”、“郁印松年”、“周暹”等印。黄丕烈、傅增湘、勞健跋。國家圖書館藏，存五卷。

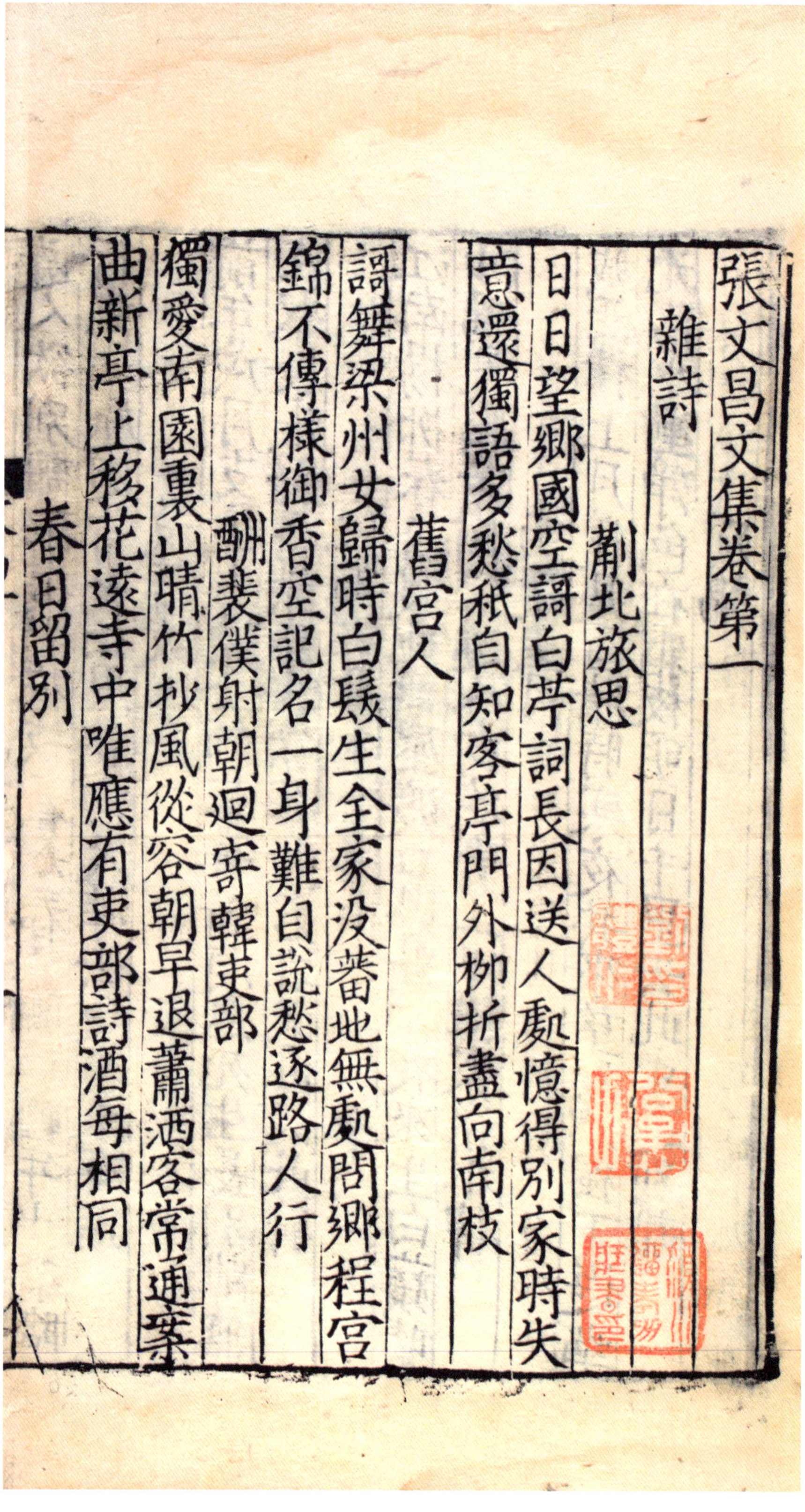
張文昌文集卷第一
雜詩
薊北旅思
日日望鄉國空諳白苧詞長因送人處憶得別家時失
意還獨語多愁秪自知客亭門外柳折盡向南枝
舊宮人
諳舞梁州女歸時白髮生全家没蕃地無處問鄉程宮
錦不傳樣御香空記名一身難自說愁逐路人行
酬裴僕射朝迴寄韓吏部
獨愛南園裏山晴竹杪風從容朝早退蕭洒客常通來
曲新亭上移花遠寺中唯應有吏部詩酒每相同
春日留別

01057 張文昌文集八卷 （唐）張籍撰　南宋中期四川眉山刻唐六十家集本

匡高20.1厘米，廣14.5厘米。半葉十二行，行二十一字，白口，左右雙邊。有“翰林國史院官書”、“劉印體仁”、“郇齋”等印。國家圖書館藏，存四卷。

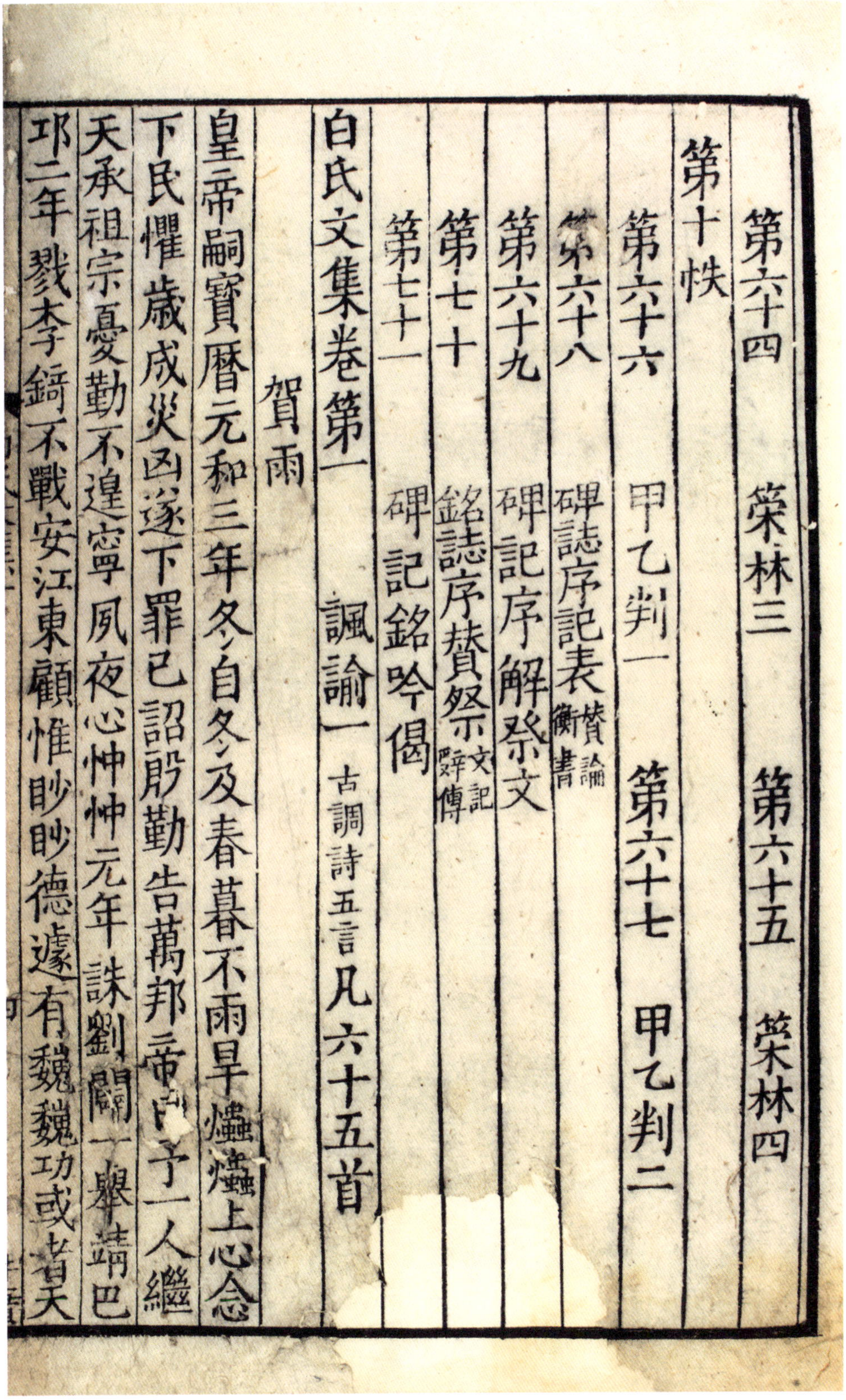

第六十四　策林三　第六十五　策林四
第十帙
第六十六　甲乙判一　第六十七　甲乙判二
第六十八　碑誌序記表贊論衡書
第六十九　碑記序解祭文
第七十　銘誌序贊祭文記辭傳
第七十一　碑記銘吟偈

白氏文集卷第一　諷諭一　古調詩五言凡六十五首

賀雨

皇帝嗣寶曆元和三年冬自冬及春暮不雨旱爞爞上心念下民懼歲成災凶遂下罪己詔殷勤告萬邦帝曰予一人繼天承祖宗憂勤不遑寧夙夜心忡忡元年誅劉闢一舉靖巴邛二年戮李錡不戰安江東顧惟眇眇德遽有巍巍功或者天

01058 白氏文集七十一卷　（唐）白居易撰　南宋紹興杭州刻本（卷三十二至三十三配明影宋抄本）

匡高22.1厘米，廣15.3厘米。半葉十三行，行二十二至二十六字，白口，左右雙邊。有“玉蘭堂”、“季振宜藏書”、“乾學”、“汪士鐘藏”、“杭州王氏九峰舊廬藏書之章”、“鐵琴銅劍樓”等印。國家圖書館藏。

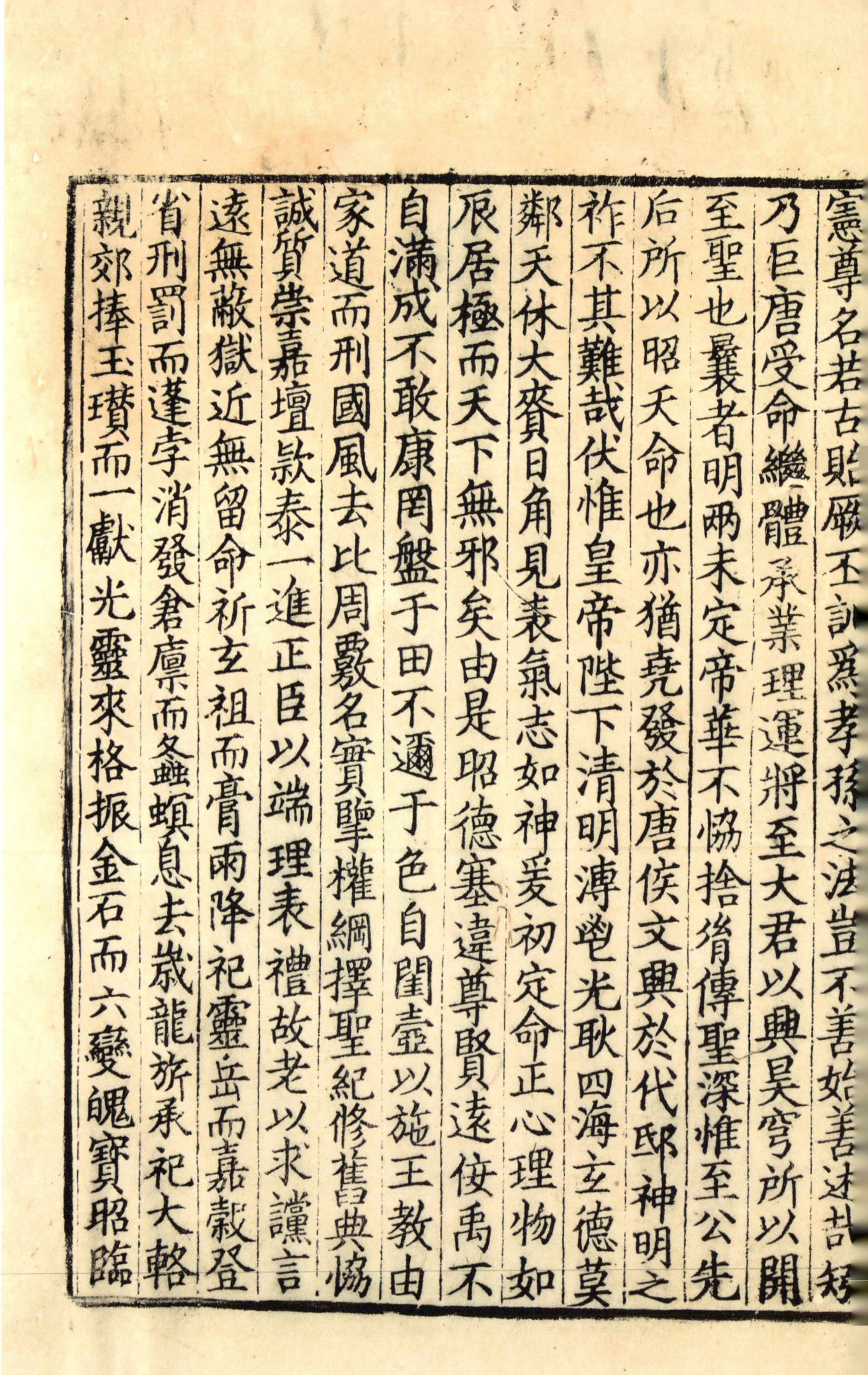

憲尊名若古貽厥王訓烝孝孫之法豈不善始善述哉
乃巨唐受命繼體承業理運將至大君以興昊穹所以開
至聖也曩者明兩未定帝華不協捨胥傳聖深惟至公先
后所以昭天命也亦猶堯發於唐侯文興於代邸神明之
祚不其難哉伏惟皇帝陛下清明溥光耿四海玄德莫
鄰天休大賚日角見表氣志如神爰初定命正心理物如
辰居極而天下無邪矣由是昭德塞違尊賢遠佞禹不
自滿成不敢康罔盤于田不邇于色自閨壼以施王教由
家道而刑國風去比周覈名實擥權綱擇聖紀修舊典協
誠質崇嘉壇款泰一進正臣以端 理表禮故老以求讜言
遠無蔽獄近無留命祈玄祖而膏雨降祀靈岳而嘉穀登
省刑罰而蓬孛消發倉廩而蝥螟息去歲龍旂承祀大輅
親郊捧玉瓚而一獻光靈來格振金石而六變魄寶昭臨

01059 會昌一品制集二十卷 （唐）李德裕撰　宋刻本

蝴蝶裝。匡高23厘米，廣16.9厘米。半葉十三行，行二十二字，白口，左右雙邊。有“濮陽李廷相雙檜堂書畫私印”、“嚴蔚”等印。黃丕烈跋。上海圖書館藏，存十卷。

會昌一品制集卷第一

徽冊　讃

上尊號玉冊文 二

仁聖文武至神大孝皇帝真容讃 并序

上尊號玉冊文 會昌二年 奉敕撰

維會昌二年歲次壬戌四月乙丑朔十四日戊寅攝太尉光禄大夫守司空兼門下侍郎同中書門下平章事臣德裕銀青光禄大夫守尚書左僕射兼門下侍郎同中書門下平章事臣夷行金紫光禄大夫尚書右僕射兼中書侍郎同中書門下平章事臣拱銀青光禄大夫守中書侍郎同中書門下平章事臣李紳及文武百官金紫光禄大夫檢校司徒兼太子太保臣僧孺等六千五百七十四人言臣聞羲皇首太古之號成湯顯其武之稱我高祖皇帝是

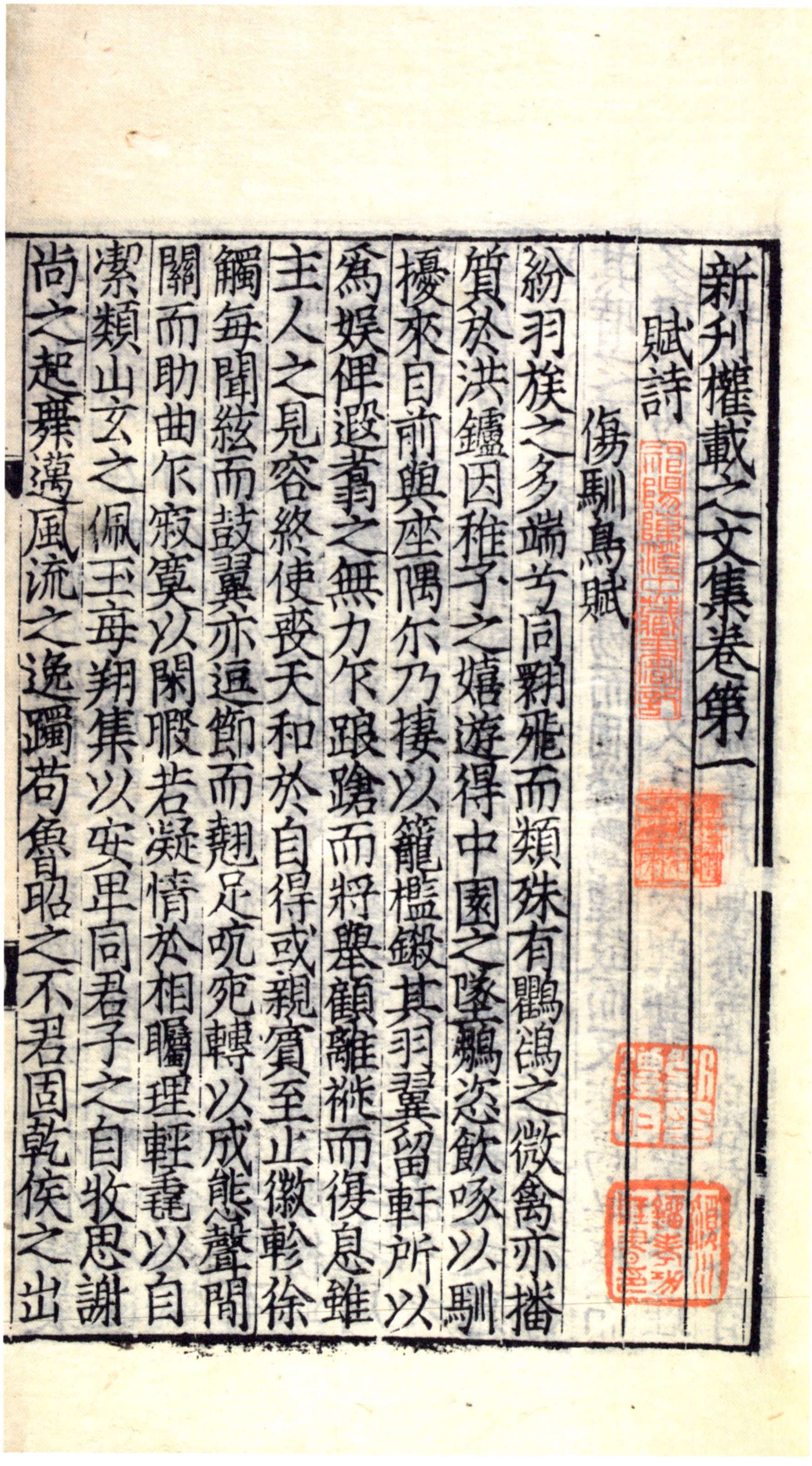
新刊權載之文集卷第一
賦詩
傷馴鳥賦
紛羽族之多端兮同翾飛而類殊有鸜鴿之微禽亦播質於洪鑪因稚子之嬉遊得中園之墜鷇恣飲啄以馴擾來目前與座隅尔乃接以籠檻鍛其羽翼留軒所以爲娱俾遐翥之無力乍踉蹌而將舉顧離褷而復息雖主人之見容終使受天和於自得或親賓至止徽軫徐觸每聞絃而鼓翼亦逗節而翹足吭宛轉以成態聲間關而助曲乍寂寞以閑暇若凝情於相矚理軒毳以自潔類山玄之佩玉每翔集以安卑同君子之自牧思謝尚之起舞邁風流之逸躅苟魯昭之不君固乾侯之出

01060 新刊權載之文集五十卷 （唐）權德輿撰　南宋中期四川眉山刻唐六十家集本

匡高19.9厘米，廣14.3厘米。半葉十二行，行二十一字，白口，左右雙邊。有“翰林國史院官書”、“劉印體仁”、“祁陽陳澄中藏書記”等印。國家圖書館藏，存十九卷。

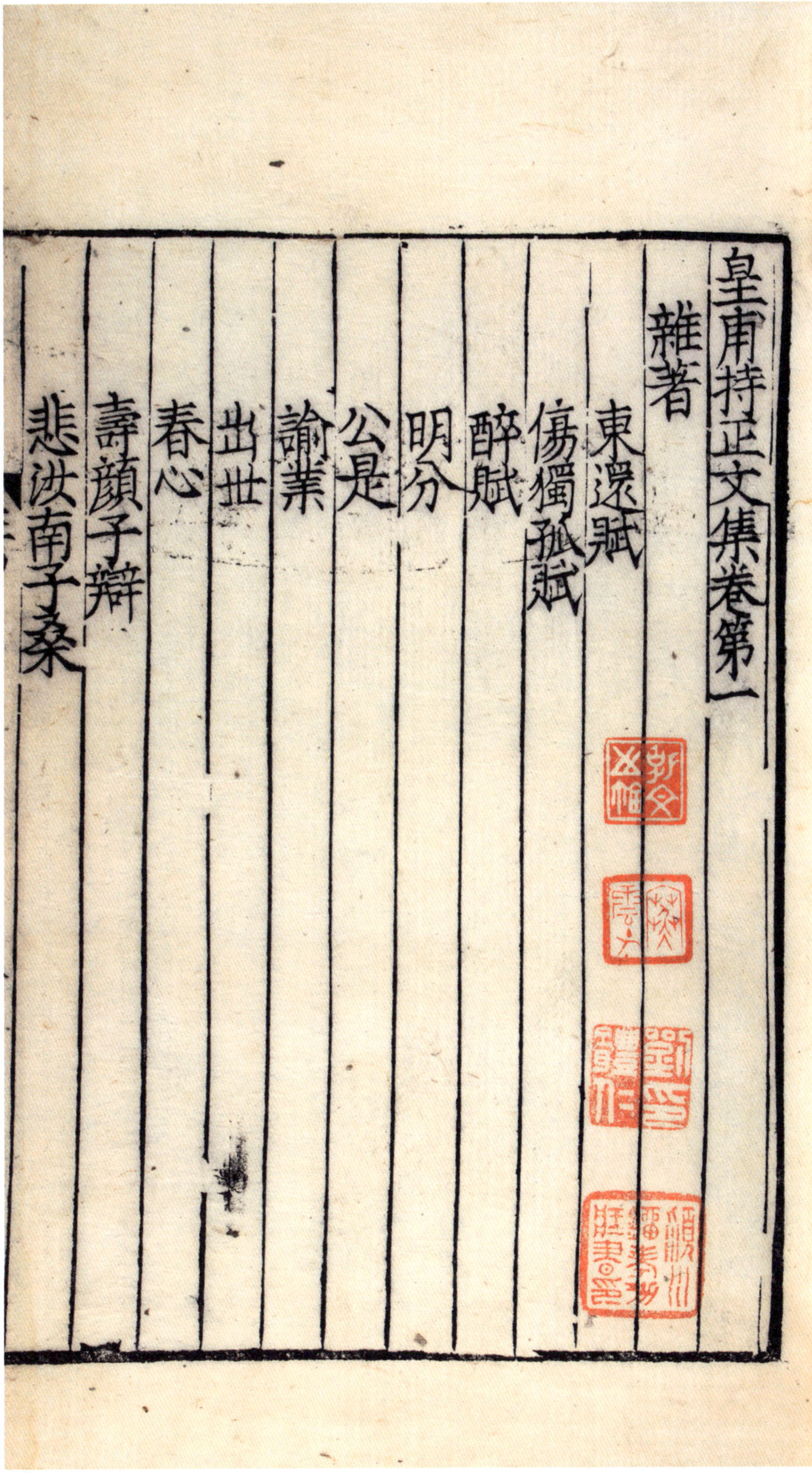
皇甫持正文集卷第一
雜著
東還賦
傷獨孤賦
醉賦
明分
公是
諭業
出世
春心
壽顏子辯
悲汝南子桑

01061 皇甫持正文集六卷 （唐）皇甫湜撰　南宋中期四川眉山刻唐六十家集本

匡高19.9厘米，廣14.5厘米。半葉十二行，行二十一字，白口，左右雙邊。有“翰林國史院官書”、“潁川鎦考功藏書印”、“寒雲藏書”等印。袁克文跋。國家圖書館藏。

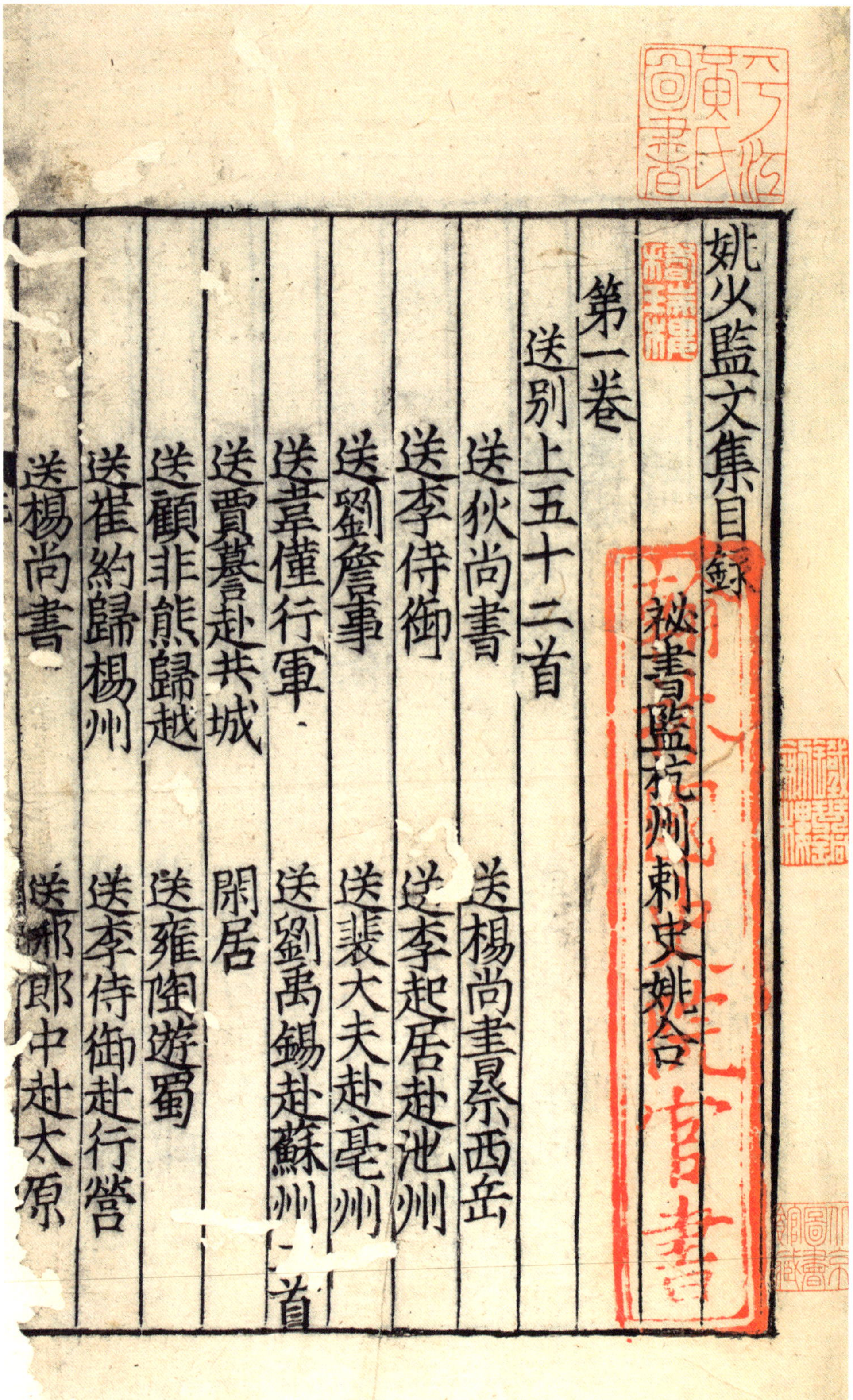
姚少監文集目録
秘書監杭州刺史姚合
第一卷
送別上五十二首
送狄尚書　送楊尚書祭西岳
送李侍御　送李起居赴池州
送劉詹事　送裴大夫赴亳州
送韋僅行軍　送劉禹錫赴蘇州
首
送賈謩赴共城　閑居
送顧非熊歸越　送雍陶遊蜀
送崔約歸楊州　送李侍御赴行營
送楊尚書　送邢郎中赴太原

01062 姚少監詩集十卷 （唐）姚合撰　南宋中期四川眉山刻唐六十家集本

匡高20.1厘米，廣14.4厘米。半葉十二行，行二十一字，白口，左右雙邊。有“翰林國史院官書”、“平江黄氏圖書”、“稽瑞樓”、“鐵琴銅劍樓”等印。黄丕烈跋。國家圖書館藏，存五卷。

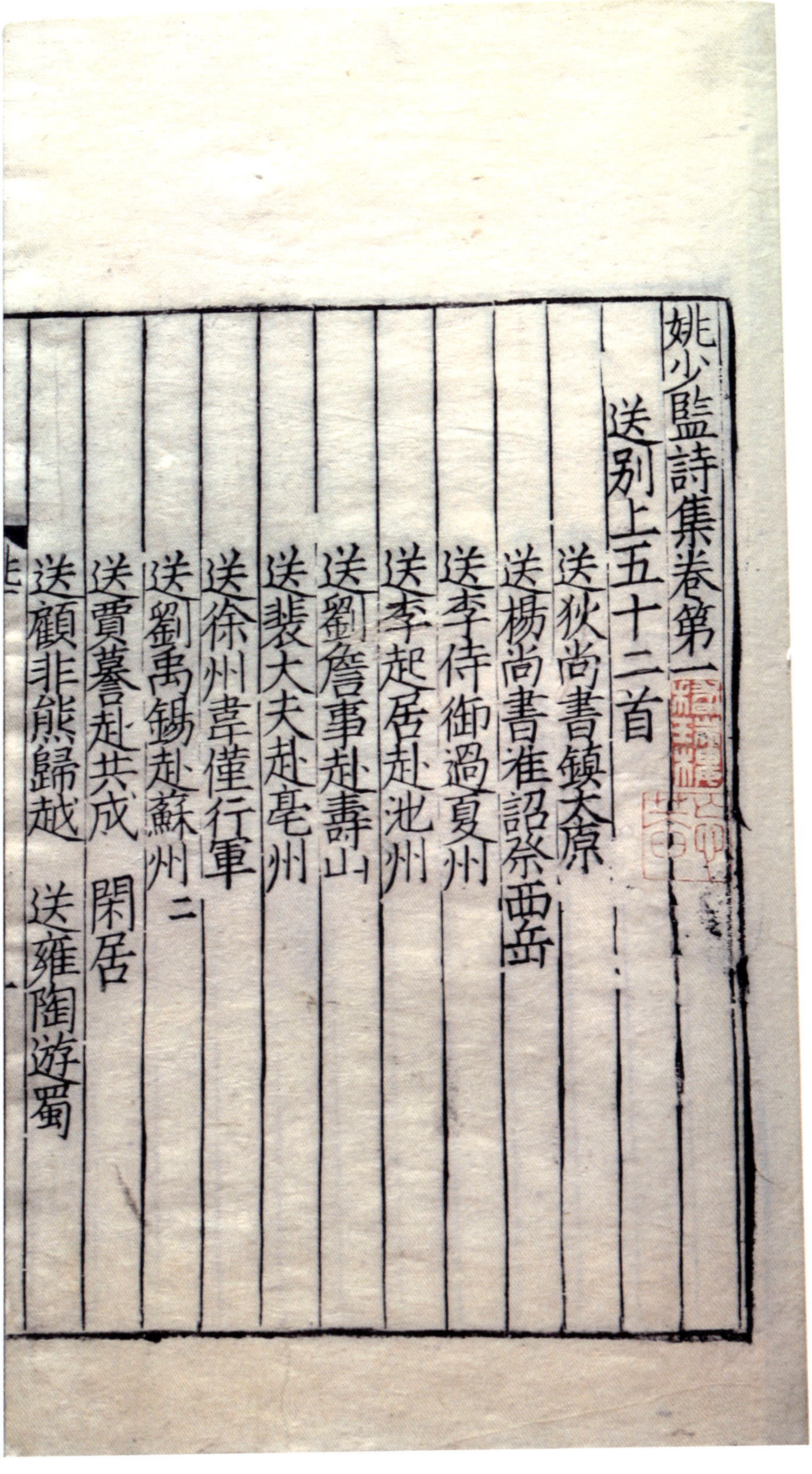
姚少監詩集卷第一
送別上五十二首
送狄尚書鎮太原
送楊尚書奉詔祭西岳
送李侍御過夏州
送李起居赴池州
送劉詹事赴壽州
送裴大夫赴亳州
送徐州韋僕行軍
送劉禹錫赴蘇州 二
送賈謩赴共成　閑居
送顧非熊歸越　送雍陶游蜀

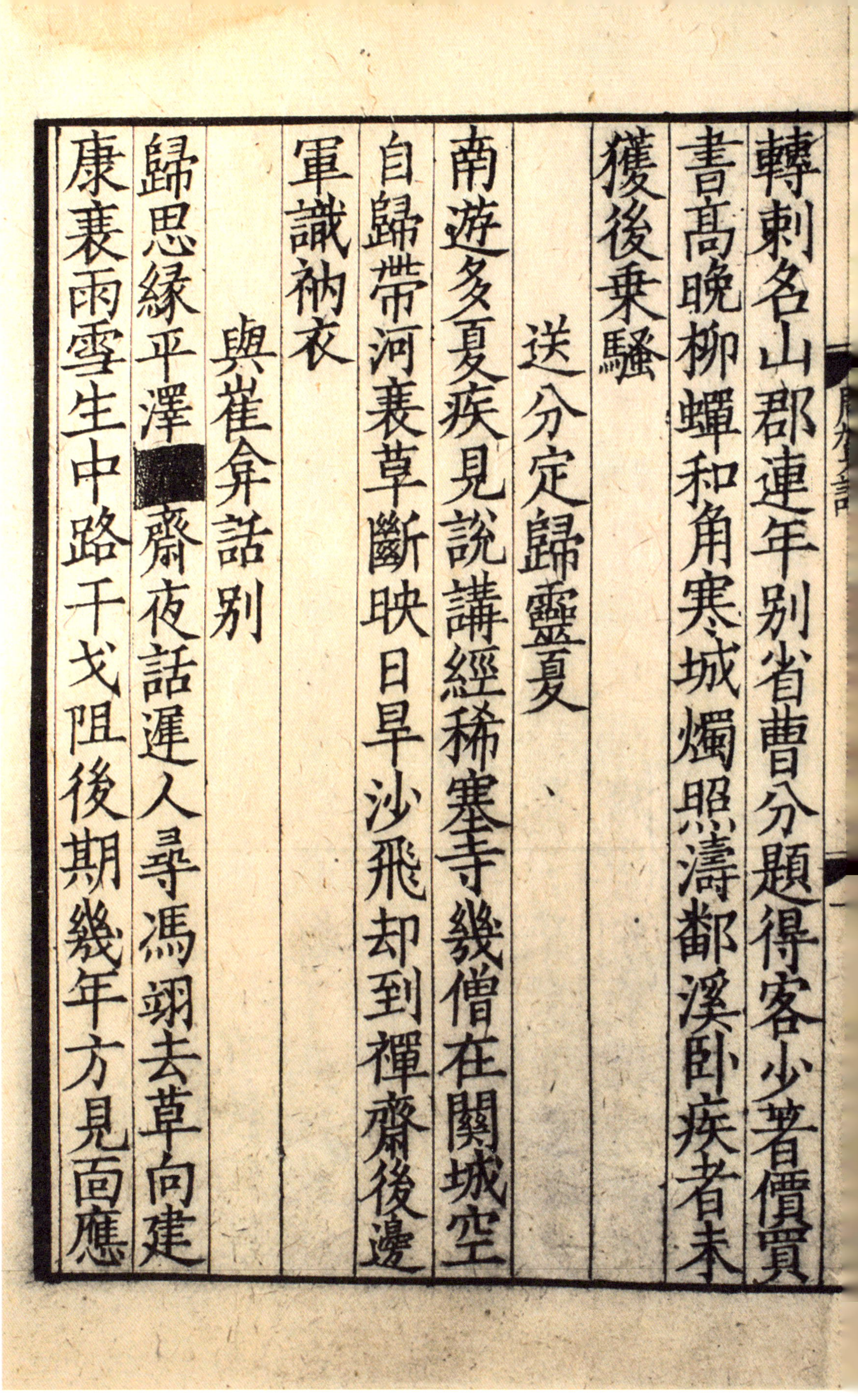
轉刺名山郡連年別省曹分題得客少著價貫
書高晚柳蟬和角寒城燭照濤鄱溪卧疾者未
獲後乘騷
送分定歸靈夏
南遊多夏疾見說講經稀寒寺幾僧在關城空
自歸帶河養草斷映日旱沙飛却到禪齋後邊
軍識衲衣
與崔弇話別
歸思緣平澤■齋夜話遲人尋馮翊去草向建
康衰雨雪生中路干戈阻後期幾年方見面應

01063 周賀詩集一卷 （唐）周賀撰　宋臨安府陳宅書籍鋪刻本

蝴蝶裝。匡高17.7厘米，廣12.9厘米。半葉十行，行十八字，白口，左右雙邊。有“乾學”、“汪印士鐘”、“鐵琴銅劍樓”等印。何焯跋，王穉登題簽。國家圖書館藏。

周賀詩集

留辭杭州姚合郎中

波濤千里隔抱疾亦相尋會宿逢高燒辭歸值積霖叢桑山店迥孤燭海船深尚有重來約知無省閣心

酬吳之問見贈

已當聽鴈夜多事不同居故疾離城晚秋霖見月踈趂風開靜户帶葉卷閑書盪槳期南去荒園久廢鋤

寄姚合郎中

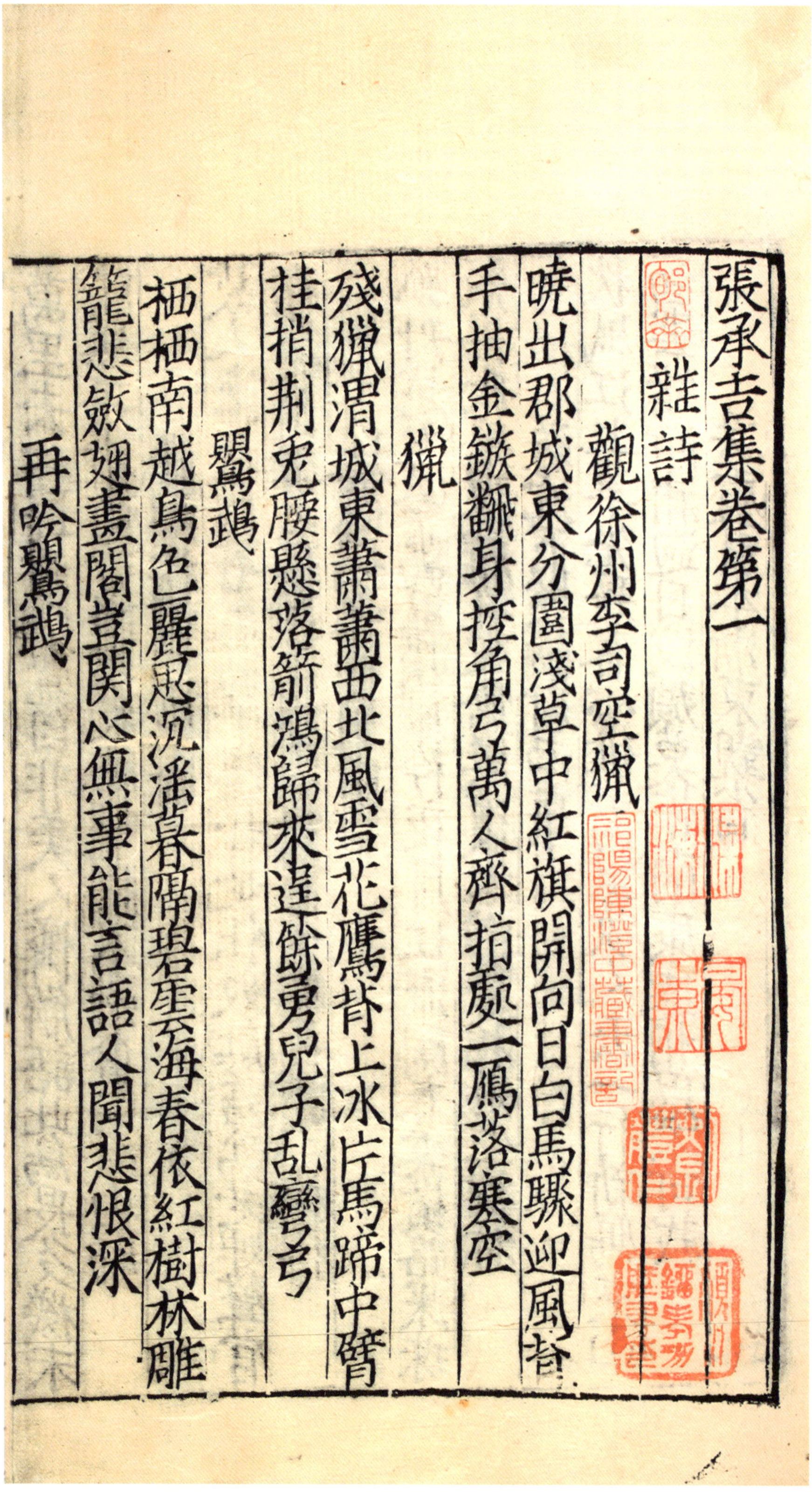
張承吉集卷第一
雜詩
觀徐州李司空獵
曉出郡城東分圍淺草中紅旗開向日白馬驟迎風背
手抽金鏃翻身控角弓萬人齊指處一鴈落寒空
獵
殘獵渭城東蕭蕭西北風雪花鷹背上冰片馬蹄中臂
挂捎荆兔腰懸落箭鴻歸來逞餘勇兒子亂彎弓
鸚鵡
栖栖南越鳥色麗思沉淫暮隔碧雲海春依紅樹林雕
籠悲斂翅畫閣豈關心無事能言語人聞悲恨深
再吟鸚鵡

01064 張承吉集十卷 （唐）張祜撰　南宋中期四川眉山刻唐六十家集本

匡高19.7厘米，廣14.4厘米。半葉十二行，行二十一字，白口，左右雙邊。有“翰林國史院官書”、“劉印體仁”、“祁陽陳澄中藏書記”等印。國家圖書館藏。

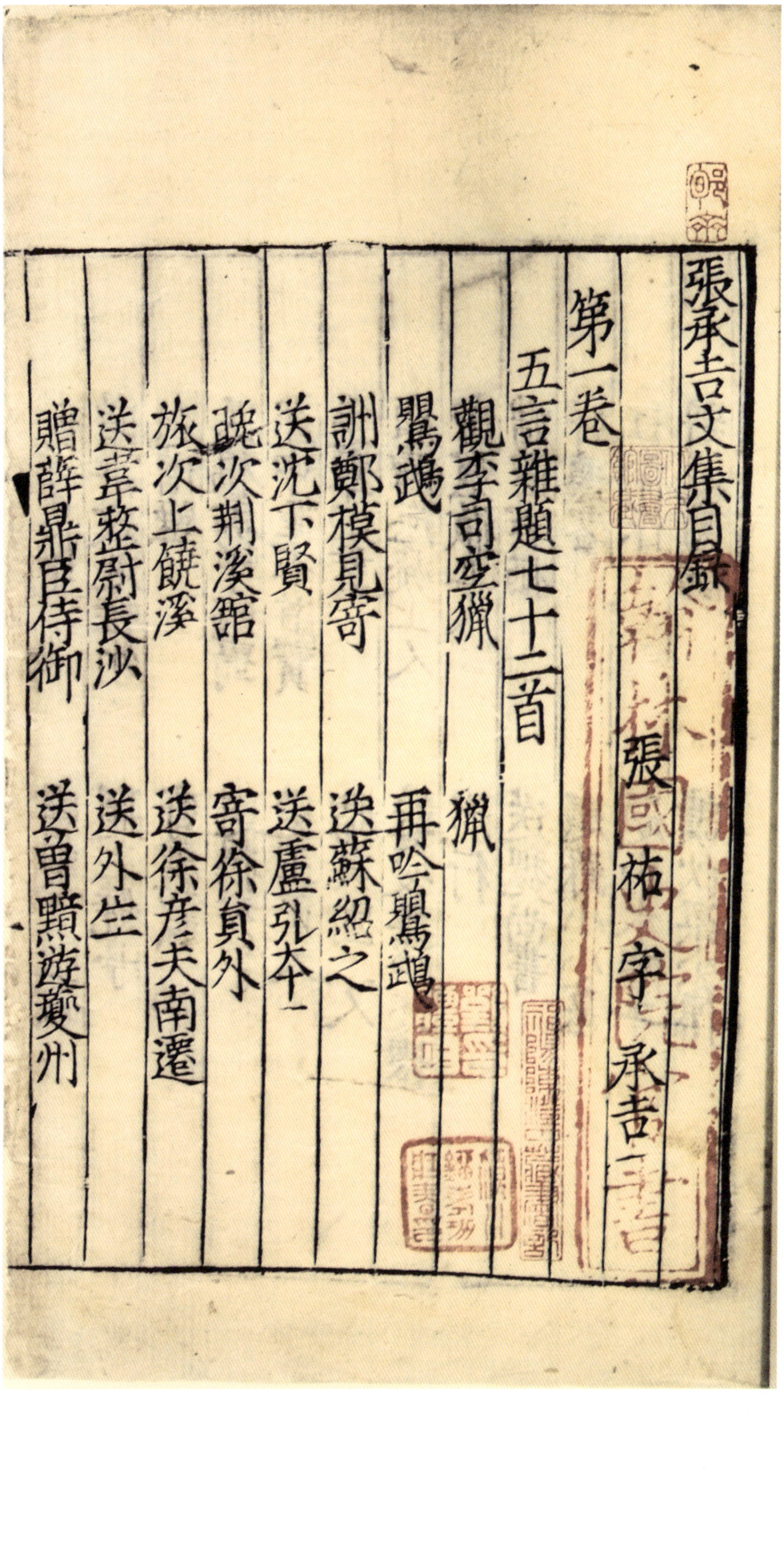

張承吉文集目録

張祜字承吉

第一卷

五言雜題七十二首

觀李司空獵　獵

鸎鵡　再吟鸎鵡

酬鄭模見寄　送蘇紹之

送沈下賢　送盧弘本

晚次荆溪館　寄徐員外

旅次上饒溪　送徐彥夫南遷

送韋整尉長沙　送外生

贈薛鼎臣侍御　送曾黯游夔州

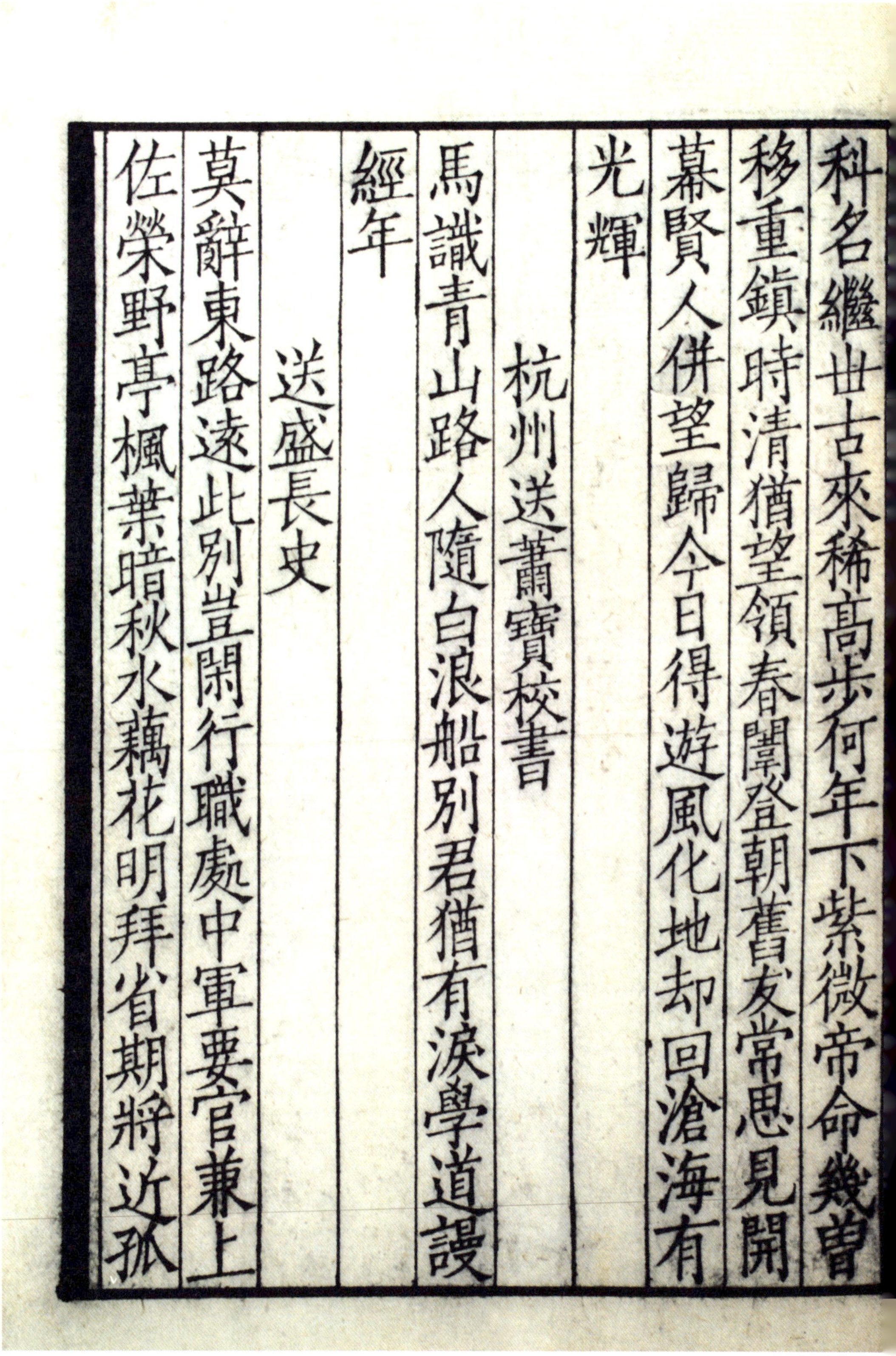
科名繼世古來稀高步何年下紫微帝命幾曾
移重鎮時清猶望領春闈登朝舊友常思見開
幕賢人併望歸今日得遊風化地却回滄海有
光輝
杭州送蕭寶校書
馬識青山路人隨白浪船別君猶有淚學道謾
經年
送盛長史
莫辭東路遠此別豈閑行職處中軍要官兼上
佐榮野亭楓葉暗秋水藕花明拜省期將近孤

01065 朱慶餘詩集一卷 （唐）朱慶餘撰　宋臨安府陳宅經籍鋪刻本

蝴蝶裝。匡高17.2厘米，廣13.1厘米。半葉十行，行十八字，白口，左右雙邊。有“玉蘭堂”、“季振宜藏書”、“乾學”、“丕烈”、“汪印士鐘”、“鐵琴銅劍樓”等印。黄丕烈、瞿中溶跋，季振宜題款。國家圖書館藏。

朱慶餘詩集

泛溪

曲渚迴花舫生衣卧向風鳥飛溪色裏人語棹聲中餘卉纔分影新蒲自作叢前灣更幽絶雖淺去猶通

宿陳處士書齋

結茅當此地下馬見高情菰葉寒塘晚杉陰白石明向爐新茗色隔雪遠鐘聲閑得相逢少吟多寐不成

上宣州沈大夫

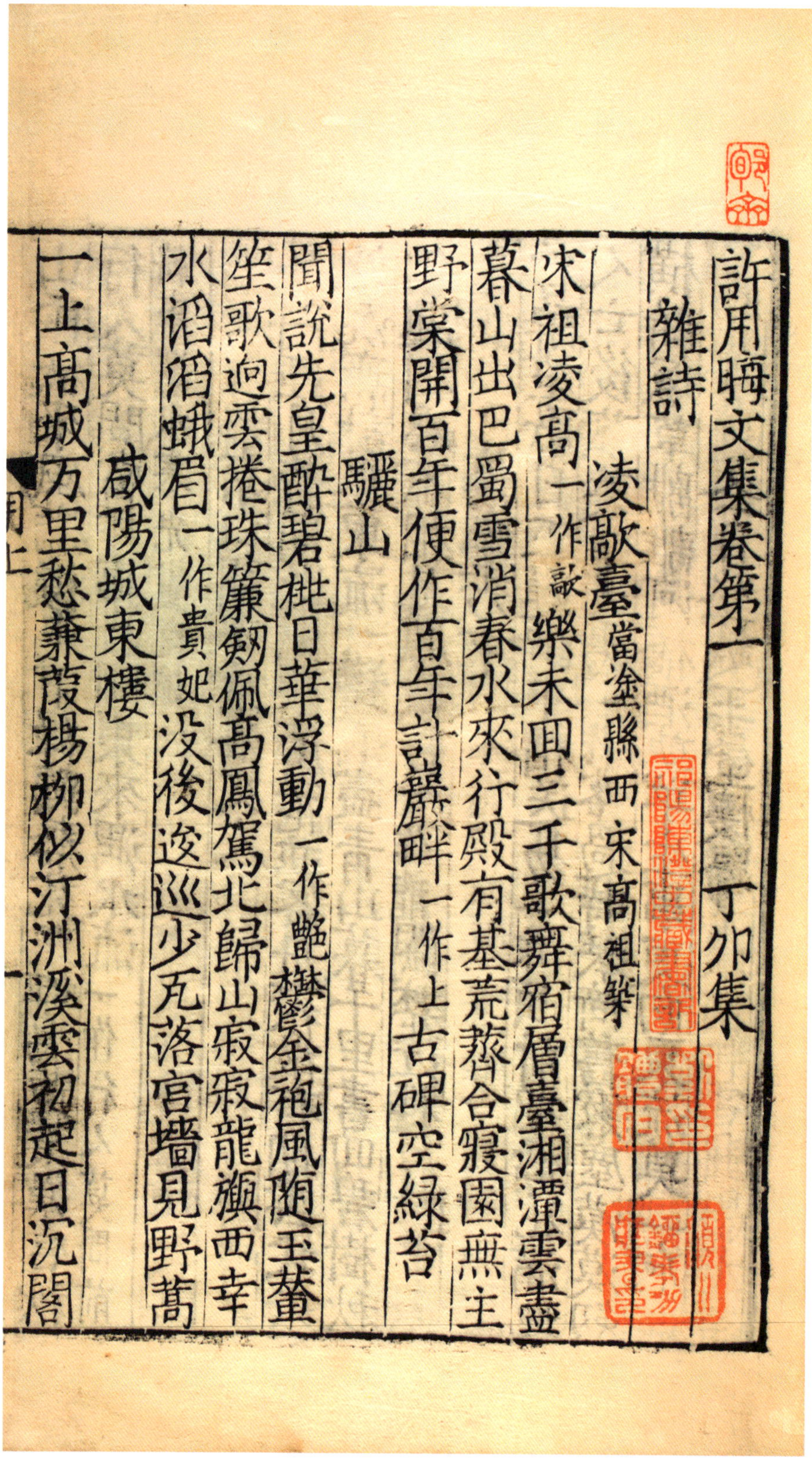

許用晦文集卷第一　丁卯集
雜詩
凌歊臺 當塗縣西宋高祖築
宋祖凌高一作歊樂未回三千歌舞宿層臺湘潭雲盡
暮山出巴蜀雪消春水來行殿有基荒薺合寢園無主
野棠開百年便作百年計巖畔一作上古碑空綠苔
驪山
聞說先皇醉碧桃日華浮動一作艷鬱金袍風隨玉輦
笙歌迥雲捲珠簾劒佩高鳳駕北歸山寂寂龍旟西幸
水滔滔蛾眉一作貴妃没後巡遊少瓦落宮墻見野蒿
咸陽城東樓
一上高城万里愁蒹葭楊柳似汀洲溪雲初起日沉閣

01066 許用晦文集二卷遺篇一卷拾遺一卷 （唐）許渾撰　南宋中期四川眉山刻唐六十家集本

匡高20.1厘米，廣14.5厘米。半葉十二行，行二十一字，白口，左右雙邊。有“翰林國史院官書”、“劉印體仁”、“郇齋”等印。國家圖書館藏。

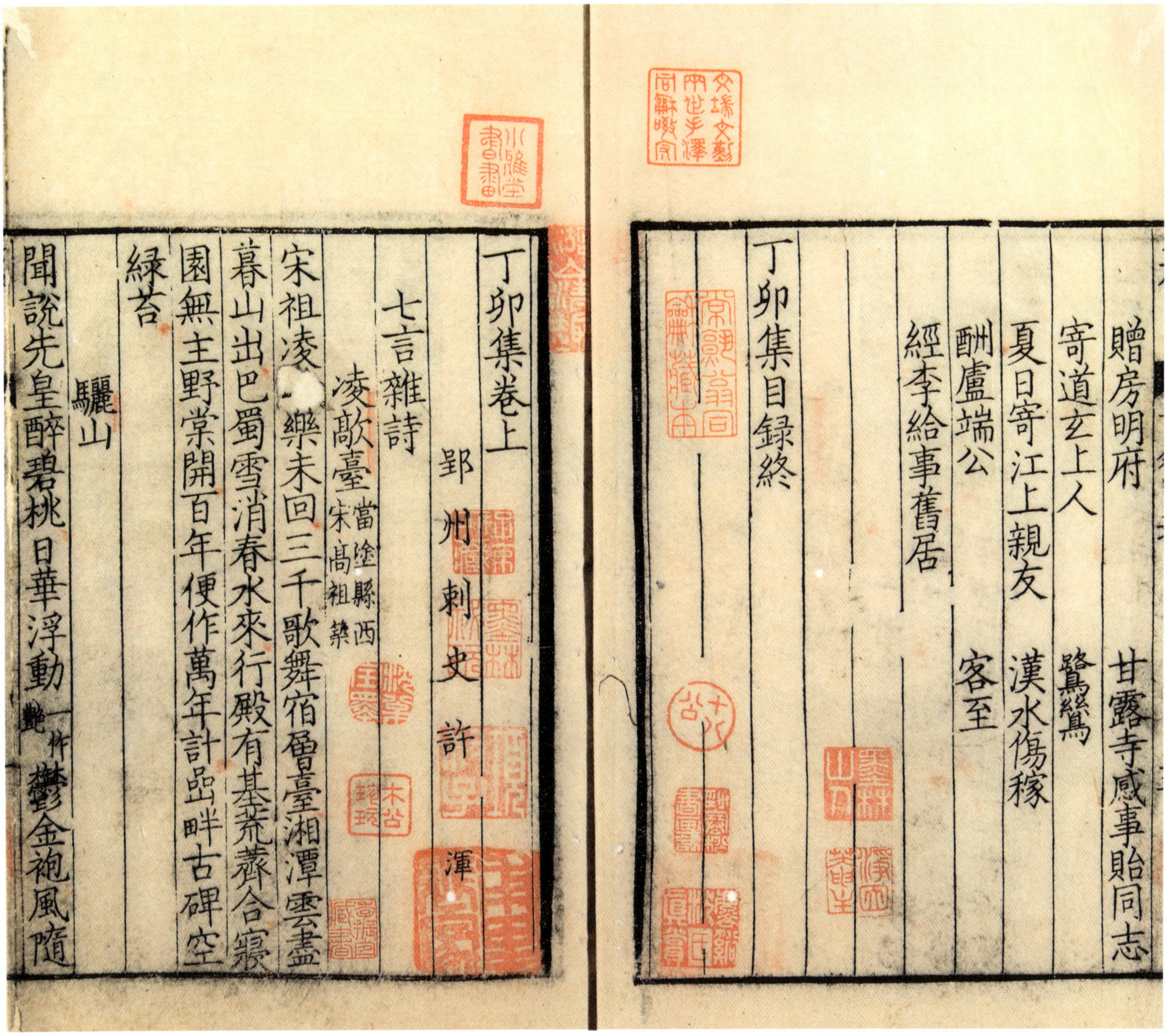

01067 丁卯集二卷（唐）許渾撰　宋刻本

匡高17.4厘米，廣13.1厘米。半葉十行，行十八字，白口，左右雙邊。有“墨林秘玩”、“沈松寶墨”、“季振宜藏書”、“常熟翁同龢藏本”等印。黄丕烈、翁心存、翁同龢題跋，仇英、沈松、季振宜、宋筠題記。上海圖書館藏。

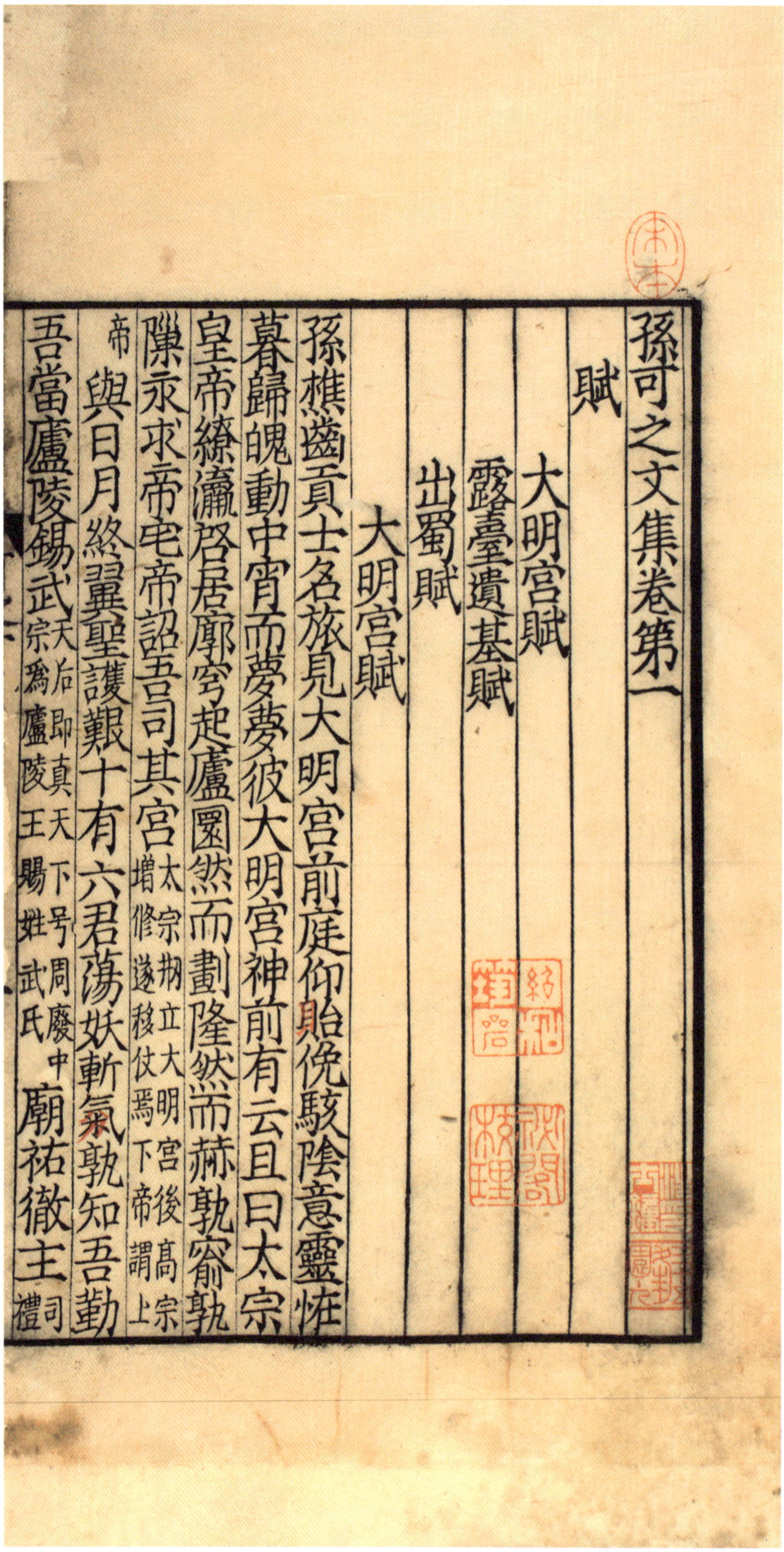

孫可之文集卷第一

賦

大明宮賦

露臺遺基賦

出蜀賦

大明宮賦

孫樵謁貢士名旅見大明宮前庭仰貽俛駭陰意靈怪暮歸魄動中宵而夢夢彼大明宮神前有云且曰太宗皇帝繚瀛啓居廓穹起廬圜然而劃隆然而赫孰窮孰隙永求帝宅帝詔吾司其宮太宗剏立大明宮後高宗增修遂移仗焉下帝謂上帝與日月終翼翼聖護艱十有六君蕩妖斬氣孰知吾勤吾當廬陵錫武天后即真天下号周廢中宗爲廬陵王賜姓武氏廟祐徹主司禮

01068 孫可之文集十卷（唐）孫樵撰　南宋中期四川眉山刻唐六十家集本

匡高20.2厘米，廣14.5厘米。半葉十二行，行二十一字，白口，左右雙邊。有“汪印士鐘”、“海源閣藏書”等印。黄丕烈、顧廣圻跋。國家圖書館藏。

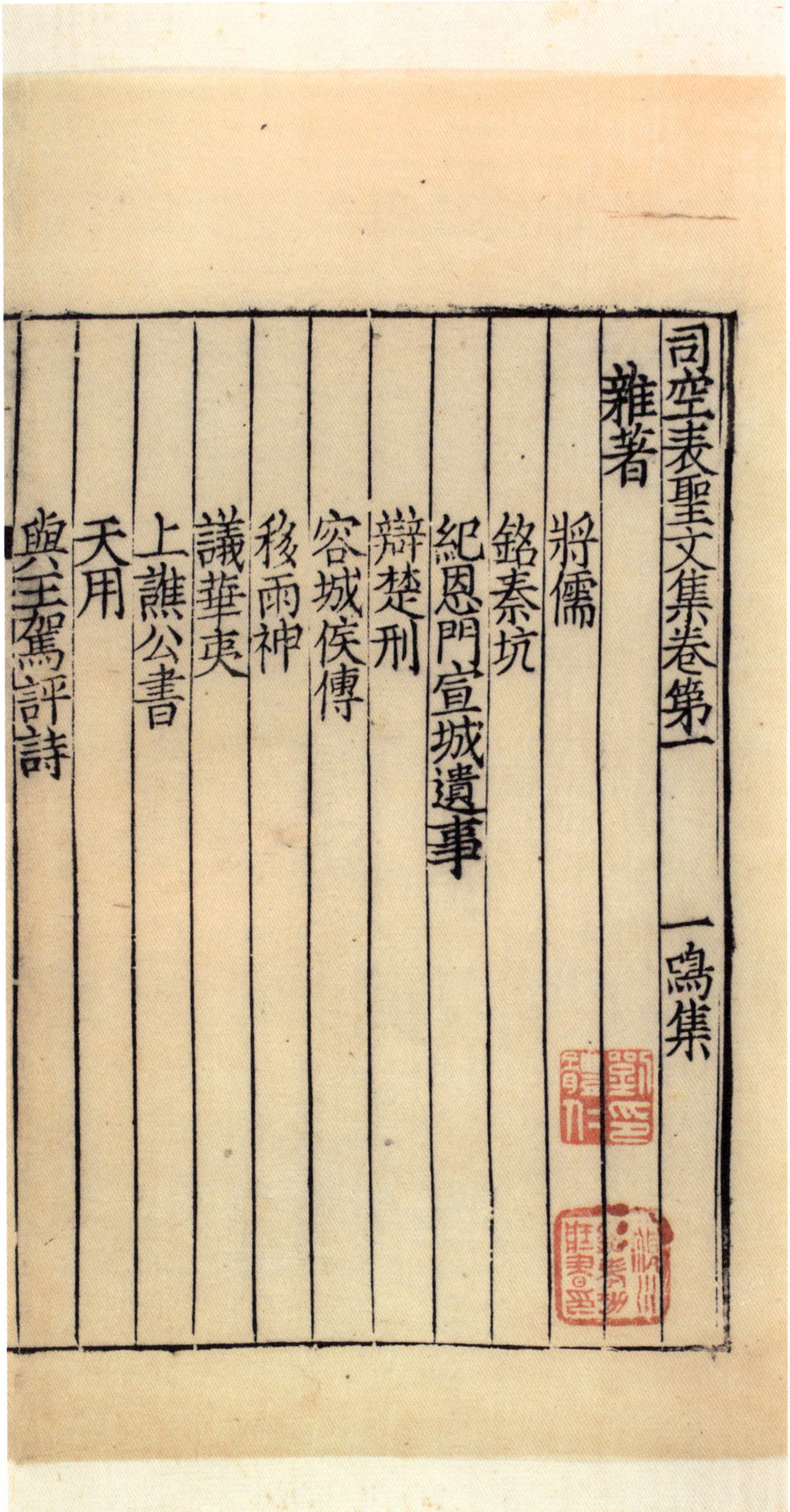

司空表聖文集卷第一　一鳴集

雜著

將儒

銘秦坑

紀恩門宣城遺事

辯楚刑

容城侯傳

移雨神

議華夷

上譙公書

天用

與王駕評詩

01069 司空表聖文集十卷（唐）司空圖撰　南宋中期四川眉山刻唐六十家集本

匡高19.7厘米，廣14.5厘米。半葉十二行，行二十一字，白口，左右雙邊。有“翰林國史院官書”、“劉印體仁”等印。國家圖書館藏。

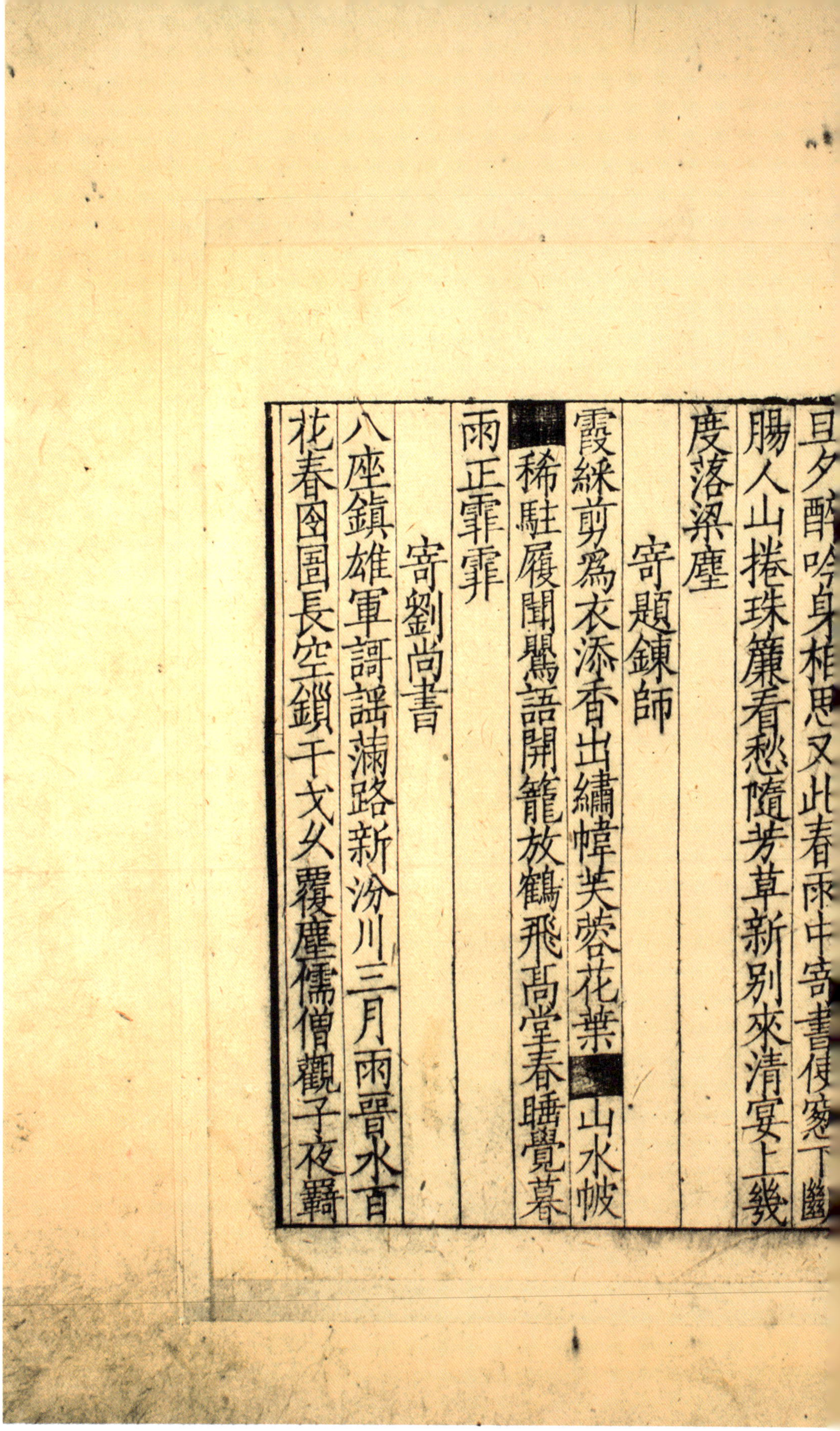

旦夕醉吟身相思又此春雨中寄書使窗下斷
腸人山捲珠簾看愁隨芳草新別來清宴上幾
度落梁塵
寄題鍊師
霞綵剪為衣添香出繡幃芙蓉花葉▆山水帔
稀駐履聞鶯語開籠放鶴飛高堂春睡覺暮
雨正霏霏
寄劉尚書
八座鎮雄軍謌謡滿路新汾川三月雨晉水百
花春圄圄長空鎖干戈久覆塵儒僧觀子夜羇

01070 唐女郎魚玄機詩一卷 （唐）魚玄機撰　宋臨安府陳宅書籍鋪刻本

蝴蝶裝。匡高17.3厘米，廣12.7厘米。半葉十行，行十八字，白口，左右雙邊。有“子儋”、“項元汴印”、“士礼居藏”、“寒雲主人”等印。黄丕烈、顧蒓、潘奕雋跋并題詩，曹貞秀、吴嘉泰、瞿中溶、戴延介、孫延、董國華、袁廷檮、徐雲路、夏文濤、釋達真、女道士韻香、陳文述、石韞玉、徐渭仁題詩，李福、歸懋儀題詞，朱承爵、沈宲、王芑孫、潘遵祁、盛昱題款。國家圖書館藏。

唐女郎魚玄機詩

賦得江邊柳

翠色連荒岸煙姿入遠樓影鋪秋水面花落釣人頭根老藏魚窟枝低繫客舟蕭蕭風雨夜驚夢復添愁

贈鄰女

羞日遮羅袖愁春懶起粧易求無價寶難得有心郎枕上潛垂淚花間暗斷腸自能窺宋玉何必恨王昌

寄國香

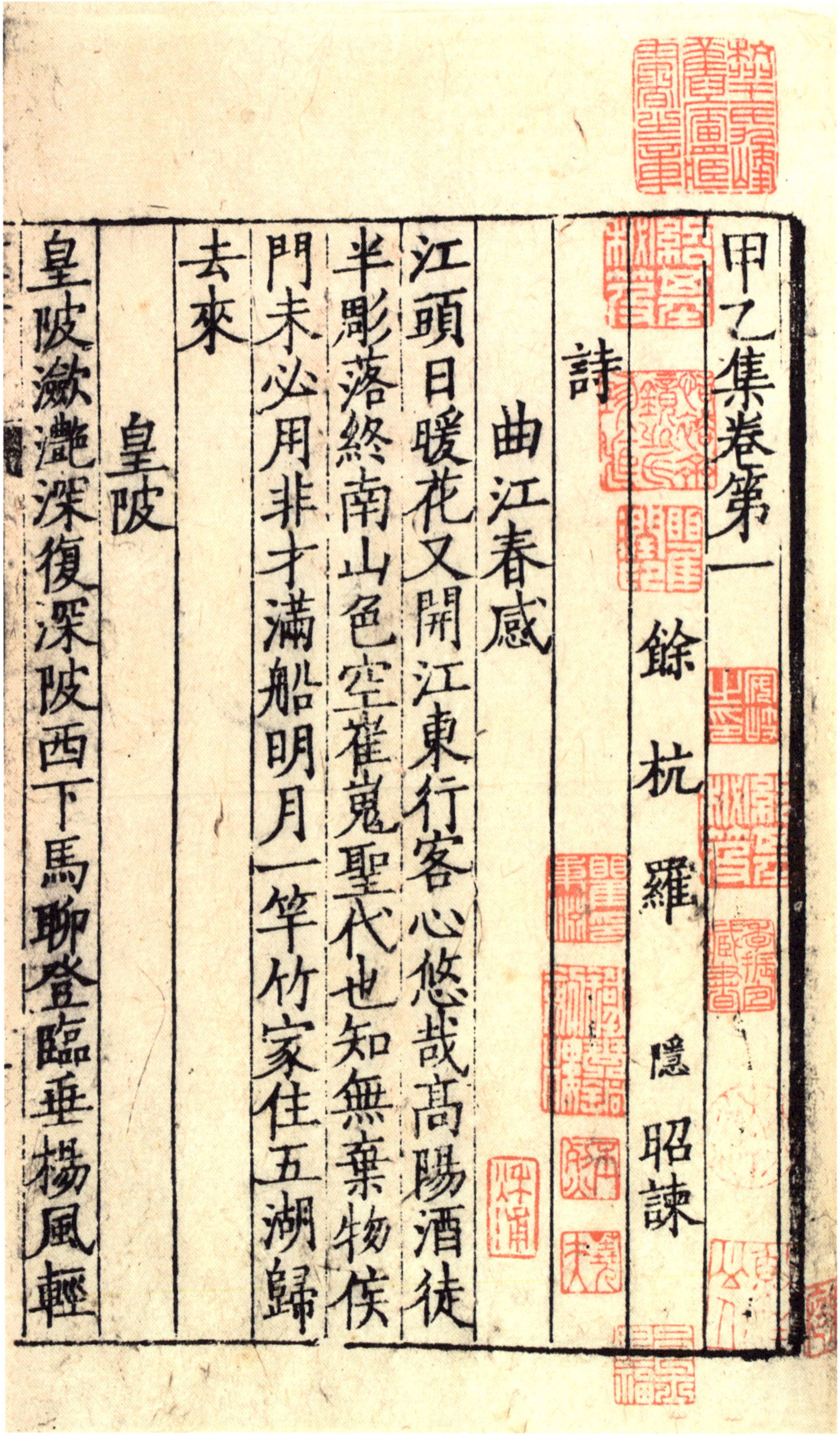
甲乙集卷第一　餘杭羅隱昭諫
詩
曲江春感
江頭日暖花又開江東行客心悠哉高陽酒徒半彫落終南山色空崔嵬聖代也知無棄物侯門未必用非才滿船明月一竿竹家住五湖歸去來
皇陂
皇陂瀲灎深復深陂西下馬聊登臨垂楊風輕

01071 甲乙集十卷（唐）羅隱撰　宋臨安府陳宅經籍鋪刻本

匡高17.5厘米，廣12.9厘米。半葉十行，行十八字，白口，左右雙邊。有“虞山錢曾遵王藏書”、“安岐之印”、“季振宜字詵兮號滄葦”、“乾學”、“丕烈”、“汪印士鐘”、“鐵琴銅劍樓”、“杭州王氏九峰舊廬藏書之章”等印。黄丕烈跋。國家圖書館藏。

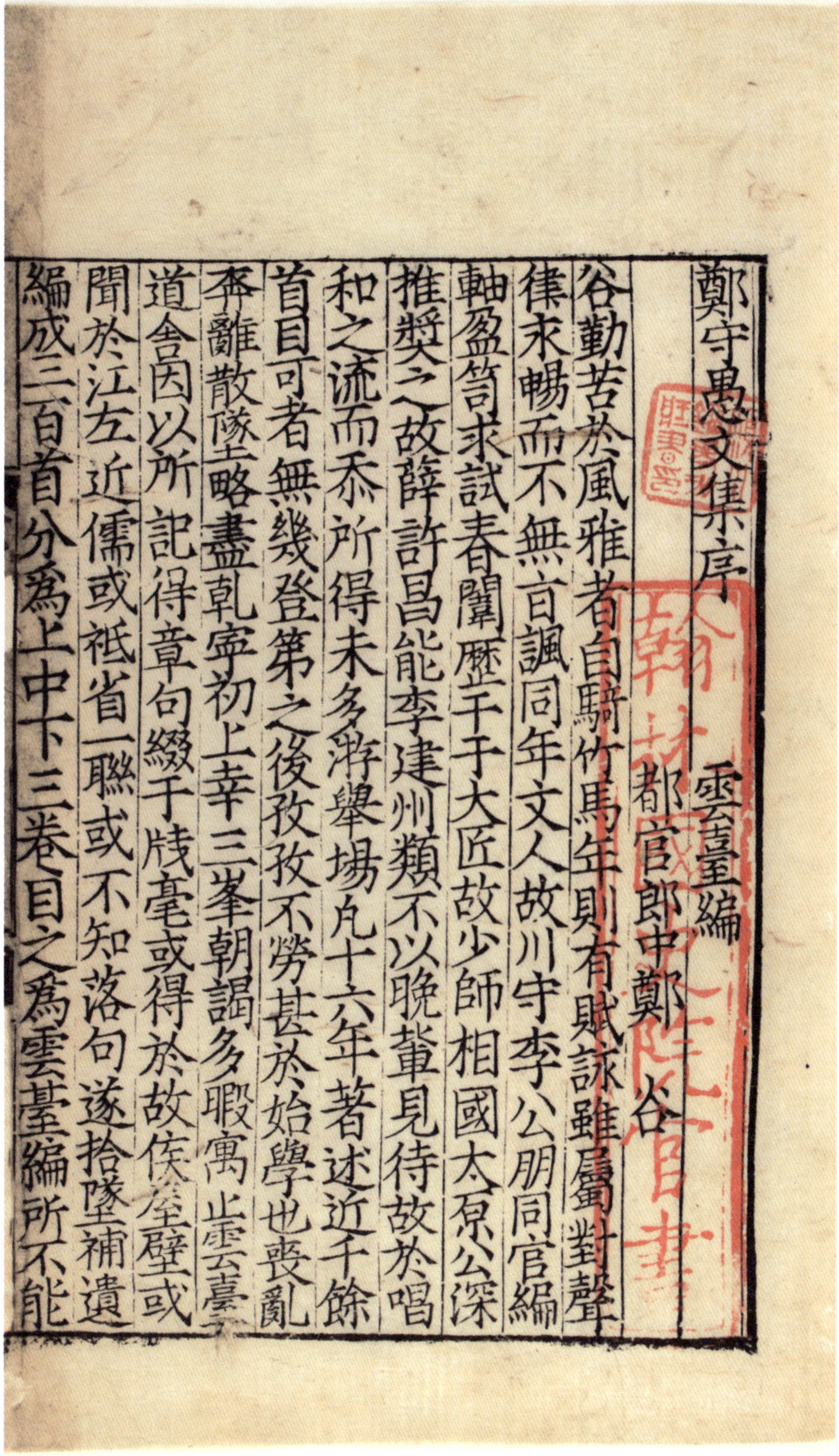

鄭守愚文集序
雲臺編
都官郎中鄭谷
谷勤苦於風雅者自騎竹馬年則有賦詠雖屬對聲律未暢而不無旨諷同年文人故川守李公朋同官編軸盈笥求試春闈歷干于大匠故少師相國太原公深推奬之故薛許昌能李建州頻不以晚輩見待故於唱和之流而忝所得未多游舉場凡十六年著述近千餘首目可者無幾登第之後孜孜不勞甚於始學也喪亂奔離散墜略盡乾寧初上幸三峯朝謁多暇寓止雲臺道舍因以所記得章句綴于牋毫或得於故侯座壁或聞於江左近儒或祗省一聯或不知落句遂拾墜補遺編成三百首分為上中下三卷目之為雲臺編所不能

01072 鄭守愚文集三卷 （唐）鄭谷撰　南宋中期四川眉山刻唐六十家集本

匡高19.9厘米，廣14.6厘米。半葉十二行，行二十一字，白口，左右雙邊。有“翰林國史院官書”、“劉體仁”、“周暹”等印。國家圖書館藏。

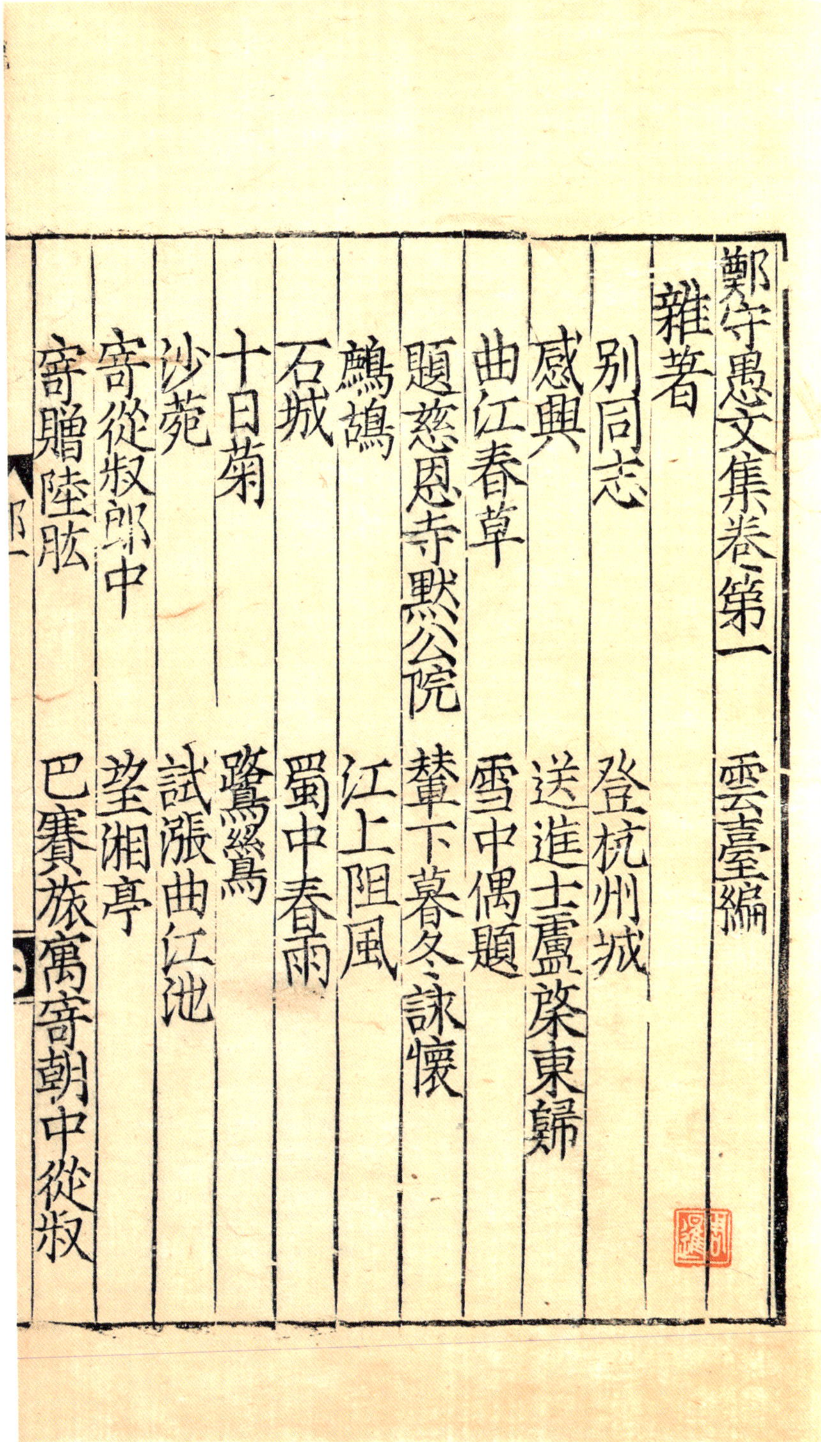
鄭守愚文集卷第一　雲臺編
雜著
別同志　登杭州城
感興　送進士盧棨東歸
曲江春草　雪中偶題
題慈恩寺默公院　輦下暮冬詠懷
鷓鴣　江上阻風
石城　蜀中春雨
十日菊　鷺鷥
沙苑　試漲曲江池
寄從叔郎中　望湘亭
寄贈陸肱　巴賨旅寓寄朝中從叔

01072 鄭守愚文集三卷 （唐）鄭谷撰　南宋中期四川眉山刻唐六十家集本

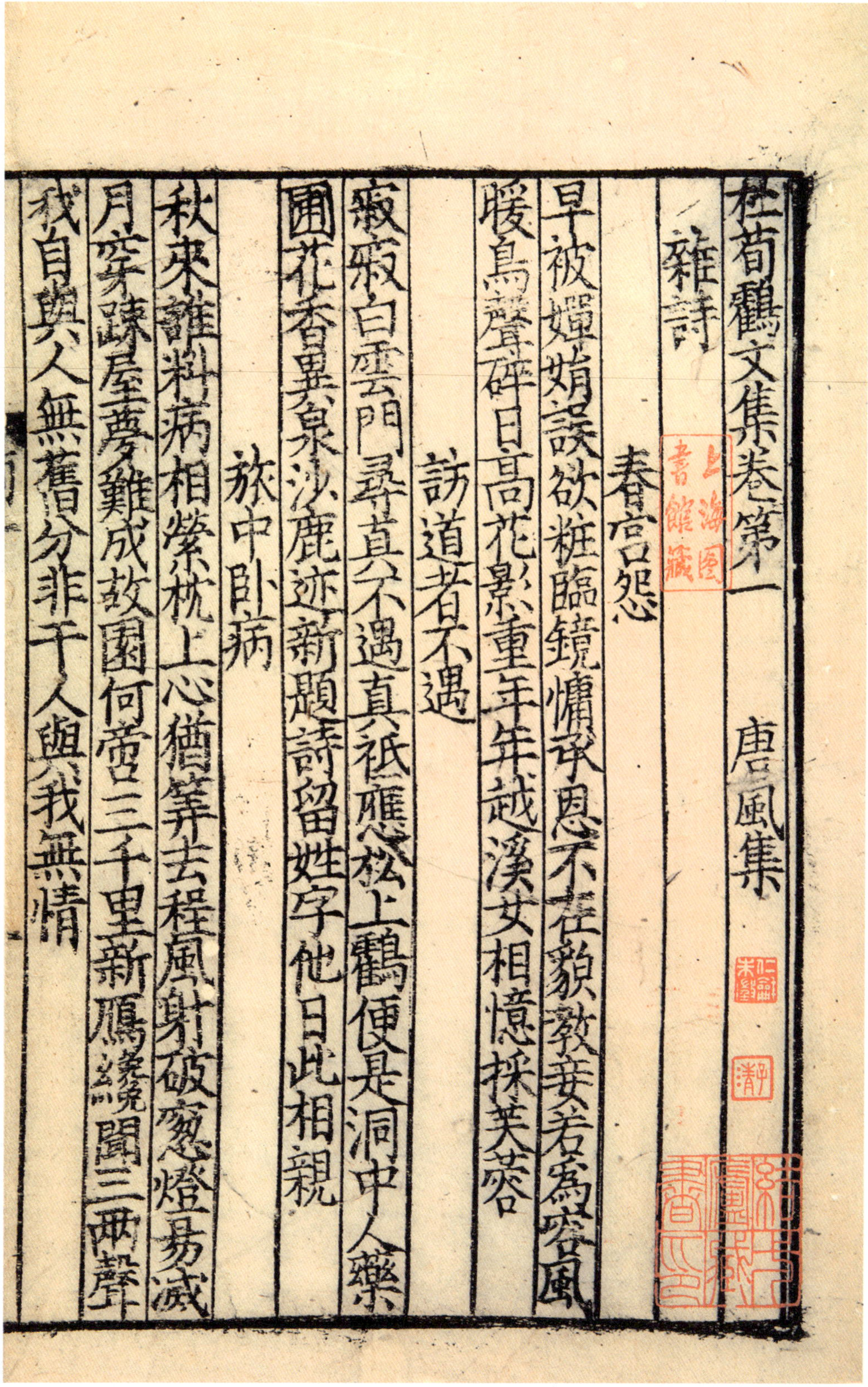

杜荀鶴文集卷第一　唐風集

雜詩

春宮怨

早被嬋娟誤欲粧臨鏡慵承恩不在貌教妾若為容風
暖鳥聲碎日高花影重年年越溪女相憶採芙蓉

訪道者不遇

寂寂白雲門尋真不遇真衹應松上鶴便是洞中人藥
圃花香異泉沙鹿迹新題詩留姓字他日此相親

旅中臥病

秋來誰料病相縈枕上心猶算去程風射破窻燈易滅
月穿疎屋夢難成故園何啻三千里新鴈纔聞三兩聲
我自與人無舊分非干人與我無情

01073　杜荀鶴文集三卷　（唐）杜荀鶴撰　南宋中期四川眉山刻唐六十家集本

匡高20厘米，廣13.8厘米。半葉十二行，行二十一字，白口，左右雙邊。有“黄子羽”、“毛氏子晉”、“季振宜藏書”、“太原叔子藏書記”、“結一廬藏書印”等印。季振宜題記。上海圖書館藏。

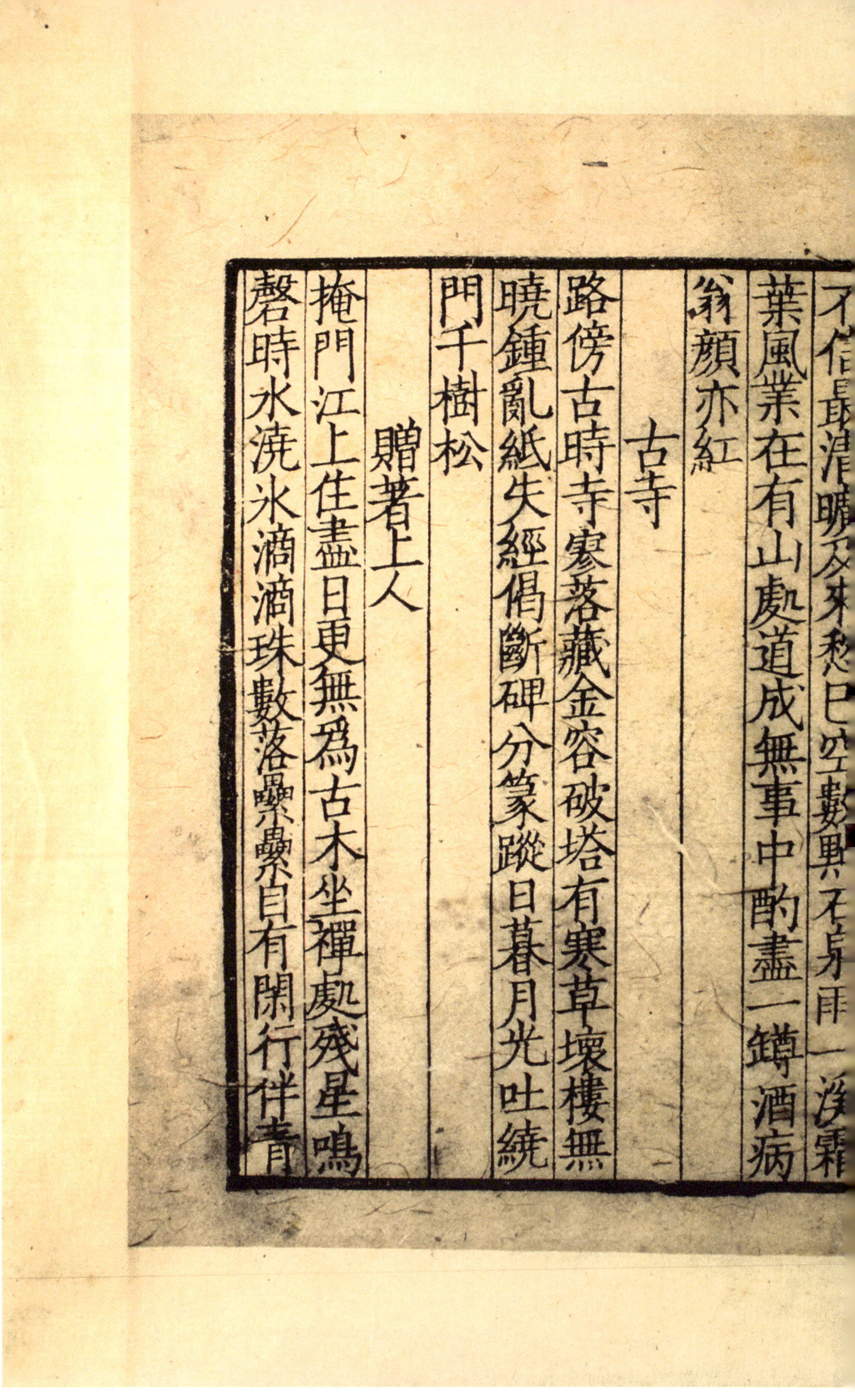

葉風業在有山處道成無事中酌盡一罇酒病
翁顏亦紅
古寺
路傍古時寺寥落藏金容破塔有寒草壞樓無
曉鍾亂紙失經偈斷碑分篆蹤日暮月光吐繞
門千樹松
贈著上人
掩門江上住盡日更無爲古木坐禪處殘星鳴
磬時水澆冰滴滴珠數落纍纍自有閑行伴青

01074 唐求詩集一卷 （唐）唐求撰　宋刻本

蝴蝶裝。匡高17.3厘米，廣13.1厘米。半葉十行，行十八字，白口，左右雙邊。有“季振宜藏書”、“丕烈”、“汪印士鐘”、“四經四史之齋”等印。黄丕烈跋，季振宜題款，顧蒓題簽。國家圖書館藏。

唐求詩集

曉發

旅館候天曙整車趨遠程幾處曉鍾斷半橋殘月明沙上鳥猶在渡頭人未行去去古時道馬嘶三兩聲

客行

上山下山去千里萬里愁樹色野橋暝雨聲孤館秋南北眼前道東西江畔舟世人重金玉無金徒遠游

題鄭處士隱居

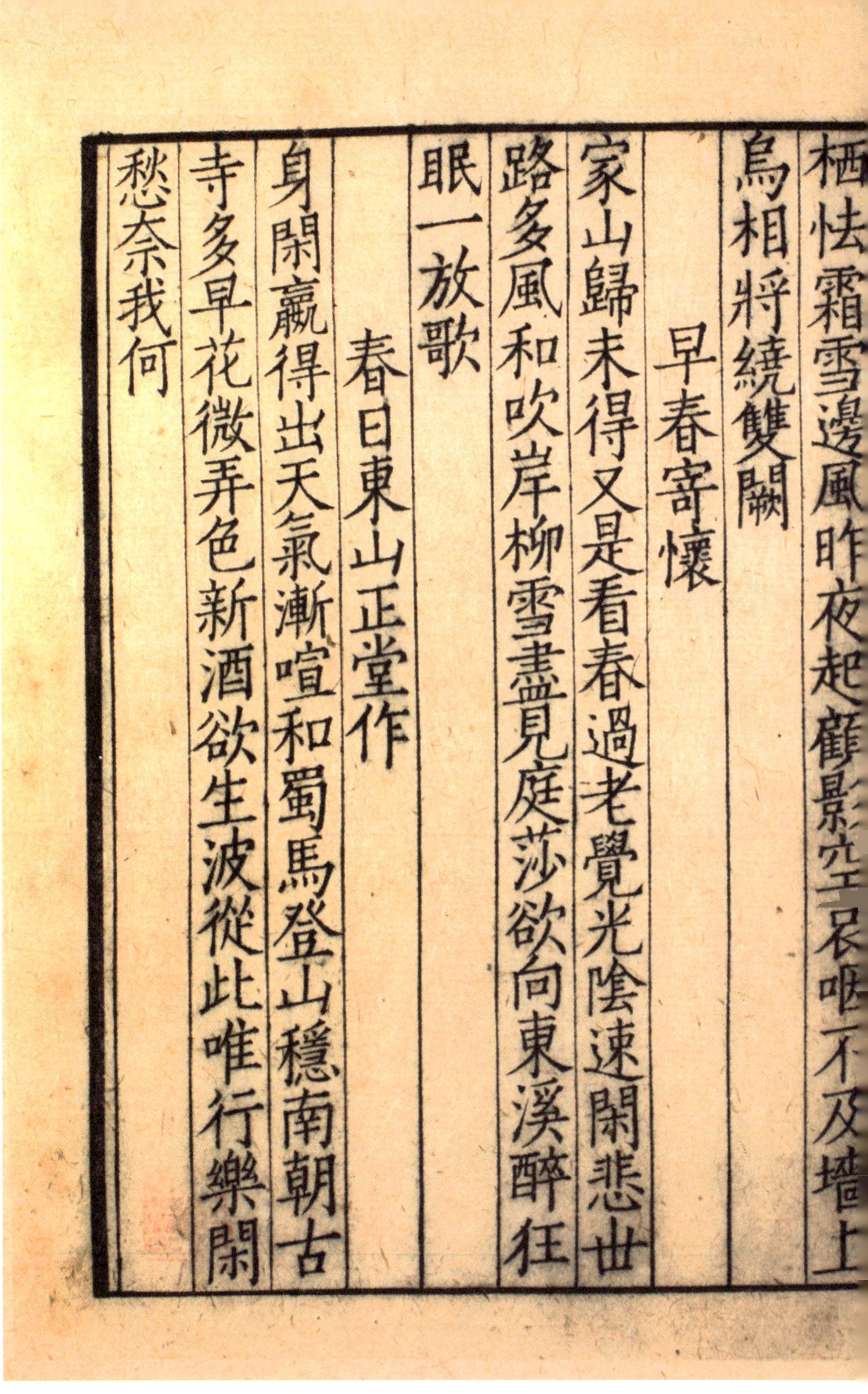
棲怯霜雪邊風昨夜起鶴影空哀唯不及墻上
烏相將繞雙闕
早春寄懷
家山歸未得又是看春過老覺光陰速閑悲世
路多風和吹岸柳雪盡見庭莎欲向東溪醉狂
眠一放歌
春日東山正堂作
身閑羸得出天氣漸喧和蜀馬登山穩南朝古
寺多早花微弄色新酒欲生波從此唯行樂閑
愁奈我何

01075 李丞相詩集二卷 （南唐）李建勳撰　宋臨安府陳宅書籍鋪刻本

蝴蝶裝。匡高18厘米，廣13厘米。半葉十行，行十八字，白口，左右雙邊。有“朱印子儋”、“項墨林鑑賞章”、“汪印士鐘”、“鐵琴銅劍樓”等印。王穉登題簽。國家圖書館藏。

李丞相詩集卷上

隴西　李　建勳

詩四十四首

中酒寄劉行軍

甚矣頻頻醉神昏體亦虚肺傷徒問藥髮落不盈梳戀寢嫌明室修生媿道書西峯老僧語相勸合何如

白鴈

東溪■鴈毛羽何皎潔薄暮浴清波斜陽共明滅差池失羣久幽獨依人■旅食頼菰蒲單

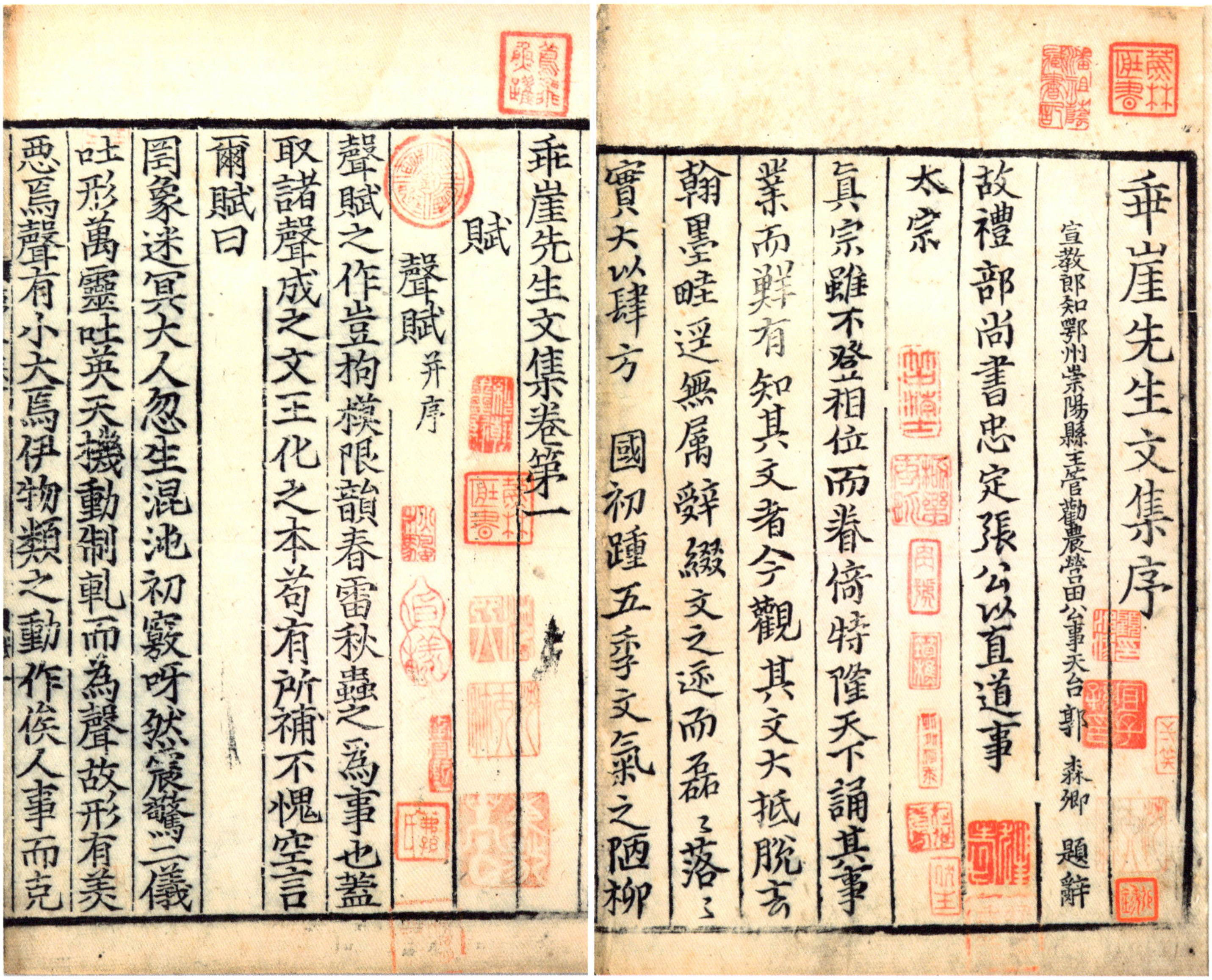

乖崖先生文集序

宣教郎知鄂州崇陽縣主管勸農營田公事天台郭　森卿　題辭

故禮部尚書忠定張公以直道事
太宗
眞宗雖不登相位而眷倚特隆天下誦其事
業而鮮有知其文者今觀其文大抵脫玄
翰墨畦逕無屬辭綴文之迹而磊磊落落
實大以肆方　國初踵五季文氣之陋柳

乖崖先生文集卷第一
賦
聲賦并序
聲賦之作豈拘模限韻春雷秋蟲之爲事也蓋
取諸聲成之文王化之本苟有所補不愧空言
爾賦曰
罔象迷冥大人忽生混沌初竅呀然震驚二儀
吐形萬靈吐英天機動制軋而爲聲故形有美
惡焉聲有小大焉伊物類之動作俟人事而克

01076　乖崖先生文集十二卷　（宋）張詠撰　**附録一卷**　宋嘉定間郭森卿刻本

匡高21.2厘米，廣16.4厘米。半葉九行，行十八字，白口，左右雙邊。有“顧印汝修”、“蕉林藏書”、“潘祖蔭藏書記”等印。上海博物館藏。

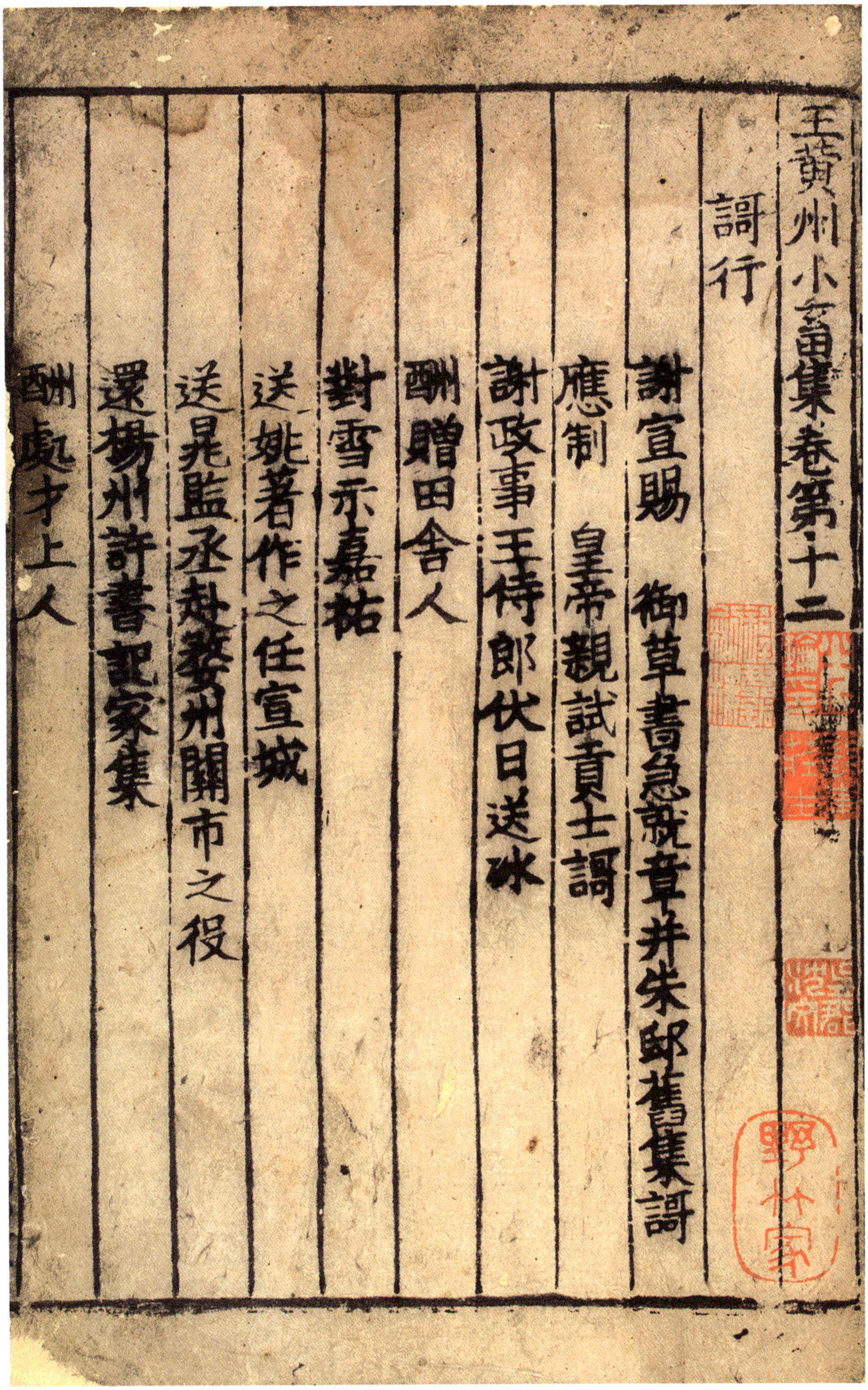
王黃州小畜集卷第十二
謌行
謝宣賜御草書急就章并朱邸舊集謌
應制皇帝親試貢士謌
謝政事王侍郎伏日送冰
酬贈田舍人
對雪示嘉祐
送姚著作之任宣城
送晁監丞赴婺州關市之役
還揚州許書記家集
酬處才上人

01077 王黃州小畜集三十卷　（宋）王禹偁撰　宋紹興十七年（1147）黃州刻遞修本（卷一至十一、十七、二十五至三十配清呂氏吾研齋抄本）

匡高22.6厘米，廣16.4厘米。半葉十一行，行二十二字，白口，左右雙邊。有“沈辨之印”、“光輪印”、“士禮居藏”、“惠棟之印”、“汪士鐘藏”、“鐵琴銅劍樓”等印。黄丕烈跋。國家圖書館藏。

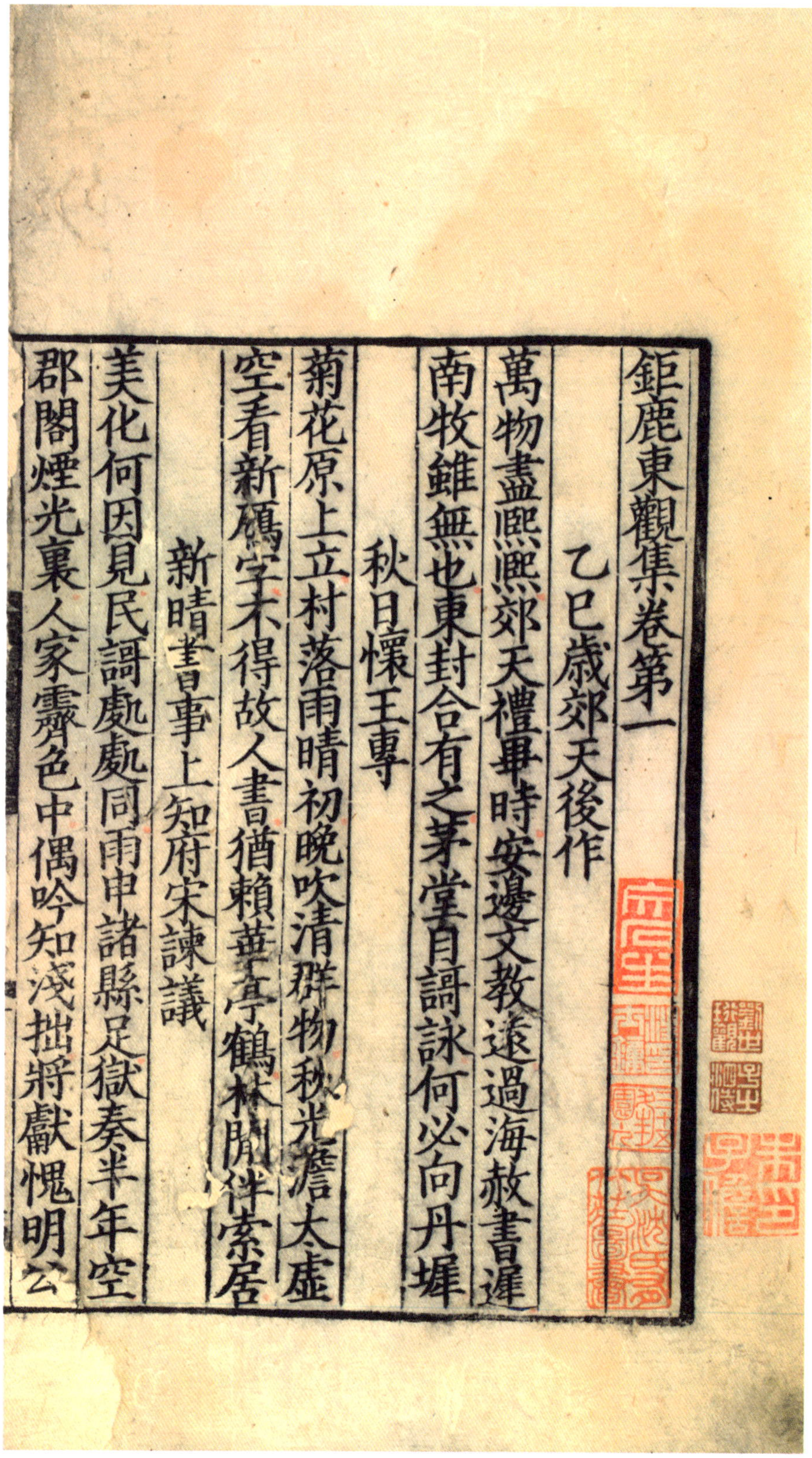
鉅鹿東觀集卷第一
乙巳歲郊天後作
萬物盡熙熙郊天禮畢時安邊文教遠過海赦書遲
南牧雖無也東封合有之茅堂自謌詠何必向丹墀
秋日懷王專
菊花原上立村落雨晴初晚吹清群物秋光澹太虛
空看新鴈字不得故人書猶賴華亭鶴林間伴索居
新晴書事上知府宋諫議
美化何因見民謌處處同雨中諸縣足獄奏半年空
郡閣煙光裏人家霽色中偶吟知淺拙將獻愧明公

01078 鉅鹿東觀集十卷（宋）魏野撰　宋紹定元年（1228）嚴陵郡齋刻本（卷四至六配明抄本）

匡高18.8厘米，廣13.4厘米。半葉十行，行二十字，白口，左右雙邊。有“朱印子儋”、“曹溶私印”、“汪印士鐘”等印。黄丕烈跋。國家圖書館藏。

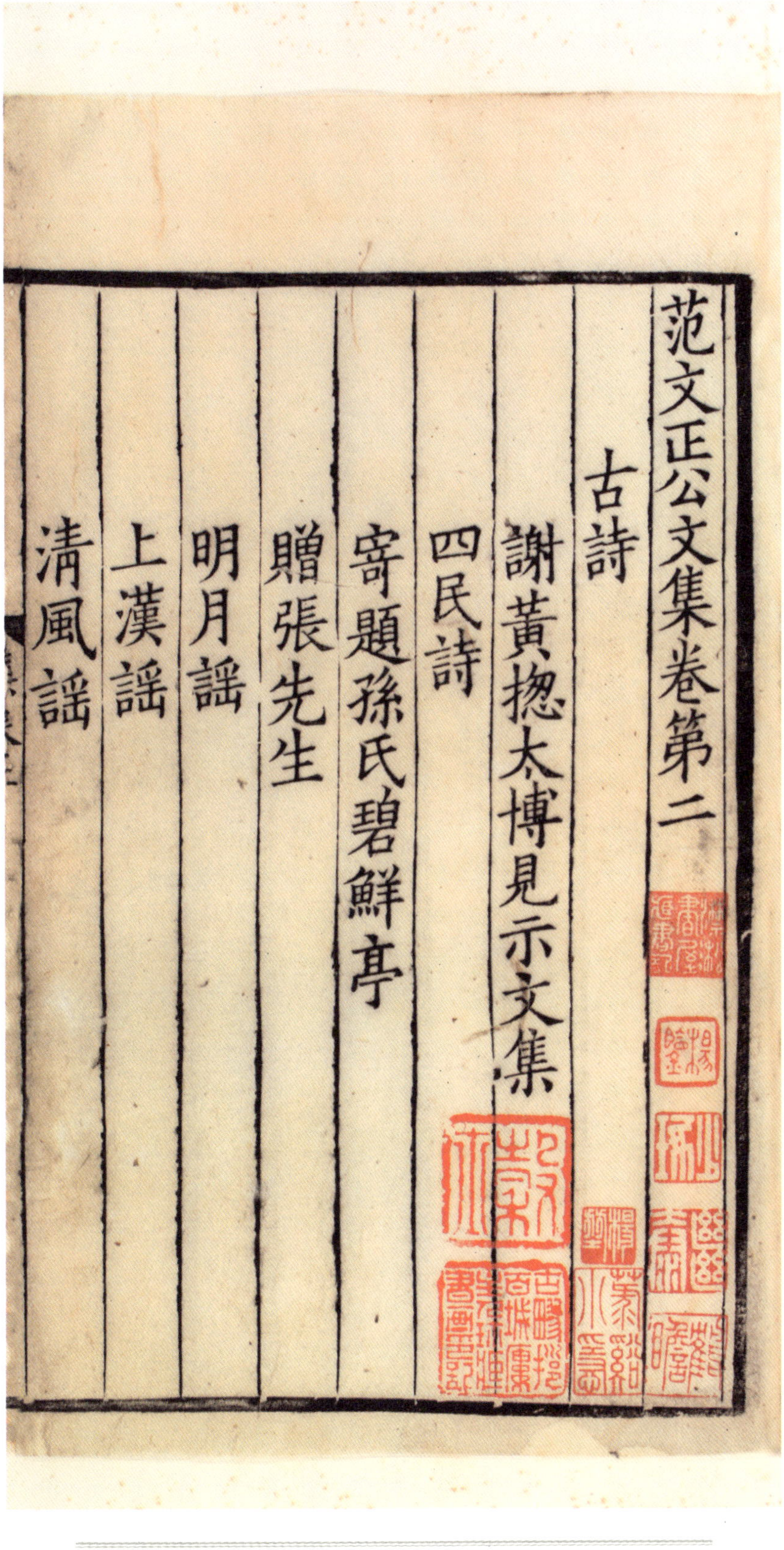
范文正公文集卷第二
古詩
謝黃揔太博見示文集
四民詩
寄題孫氏碧鮮亭
贈張先生
明月謡
上漢謡
清風謡

01079 范文正公文集二十卷 （宋）范仲淹撰　北宋刻本（卷一配抄本）

匡高22.5厘米，廣15.5厘米。半葉九行，行十八字，白口，左右雙邊。有“鶴瞻”、“楊鑒”等印。卷前有清人題記。國家圖書館藏。

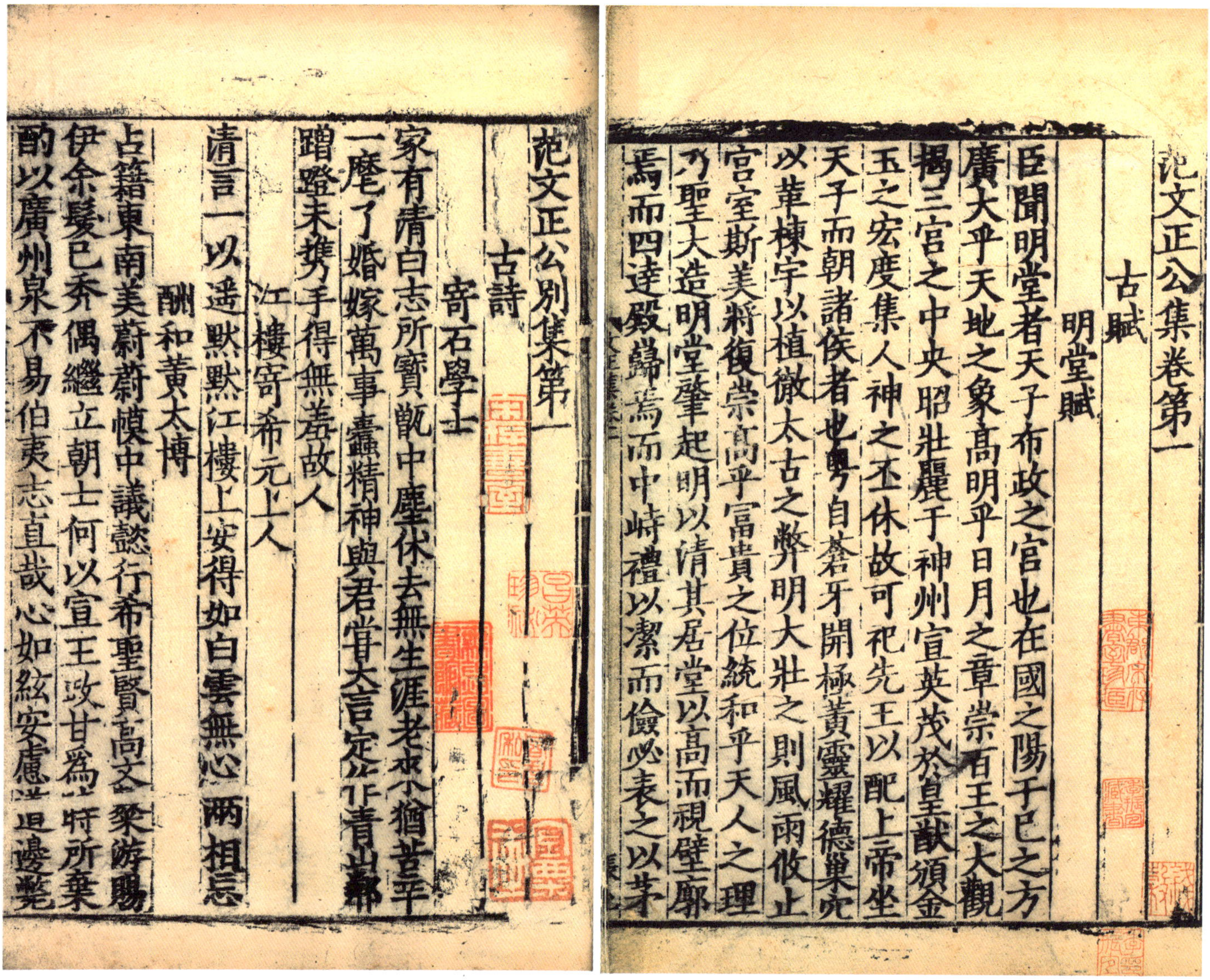
范文正公集卷第一
古賦
明堂賦
臣聞明堂者天子布政之宫也在國之陽于巳之方
廣大乎天地之象高明乎日月之章崇百王之大觀
揭三宫之中央耶壯麗于神州宣英茂於皇猷須金
玉之宏度集人神之丕休故可祀先王以配上帝坐
天子而朝諸侯者也粤自蒼牙開極黄靈耀德巢穴
以革棟宇以植微太古之弊明大壯之則風雨攸止
宫室斯美將復崇高乎富貴之位統和乎天人之理
乃聖大造明堂肇起明以清其居堂以高而視壁廓
焉而四達殿巋焉而中峙禮以潔而儉必表之以茅

范文正公别集第一
古詩
寄石學士
家有清白志所寶甑中塵休去無生涯老來猶苦辛
一麾了婚嫁萬事盡精神與君嘗大言定作青山鄰
蹭蹬未携手得無羞故人
江樓寄希元上人
清言一以遥默默江樓上安得如白雲無心兩相忘
酬和黄太博
占籍東南美蔚蔚槙中議懿行希聖賢高文粲游賜
伊余髮已秀偶繼立朝士何以宣王猷甘爲世所棄
酌以廣州泉不易伯夷志直哉心如絃安慮世迴邅

01080 范文正公集二十卷别集四卷（宋）范仲淹撰　元天曆至正間褒賢世家家塾歲寒堂刻本

匡高22.2厘米，廣16.7厘米。半葉十二行，行二十字，白口，左右雙邊。有“錢穀”、“季振宜藏書”、“東郡宋存書室珍藏”等印。無錫市圖書館藏。

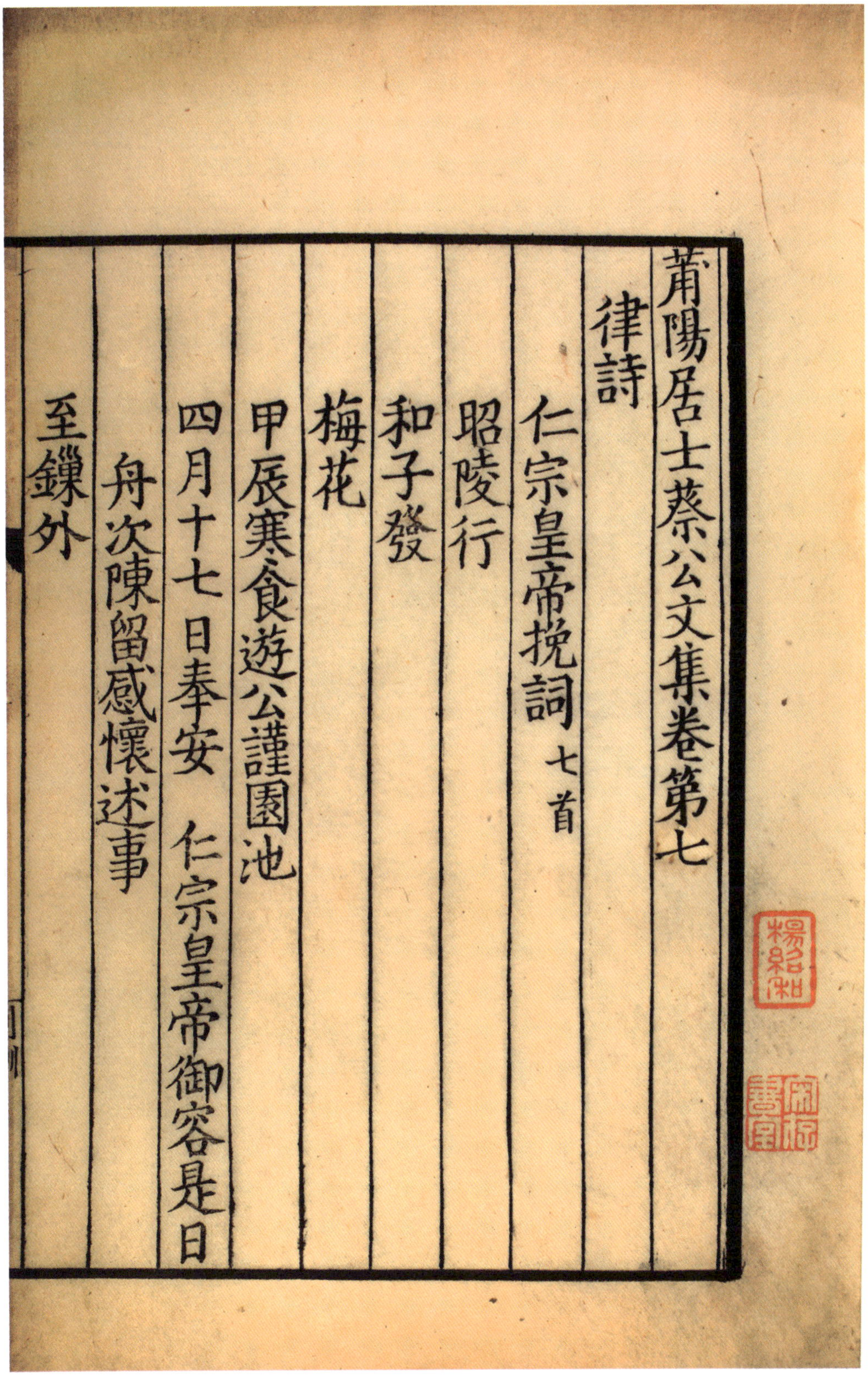
莆陽居士蔡公文集卷第七
律詩
仁宗皇帝挽詞七首
昭陵行
和子發
梅花
甲辰寒食遊公謹園池
四月十七日奉安 仁宗皇帝御容是日
舟次陳留感懷述事
至鏁外

01081 莆陽居士蔡公文集三十六卷 （宋）蔡襄撰 宋刻本（序目、卷一至六、三十五至三十六配清抄本）

匡高21.2厘米，廣15.3厘米。半葉十行，行十九字，黑口，左右雙邊。有“大興朱氏竹君藏書之印”、“朱印錫庚”、“楊氏協卿”、“東萊劉占洪字少山藏書之印”等印。朱錫庚跋。國家圖書館藏。

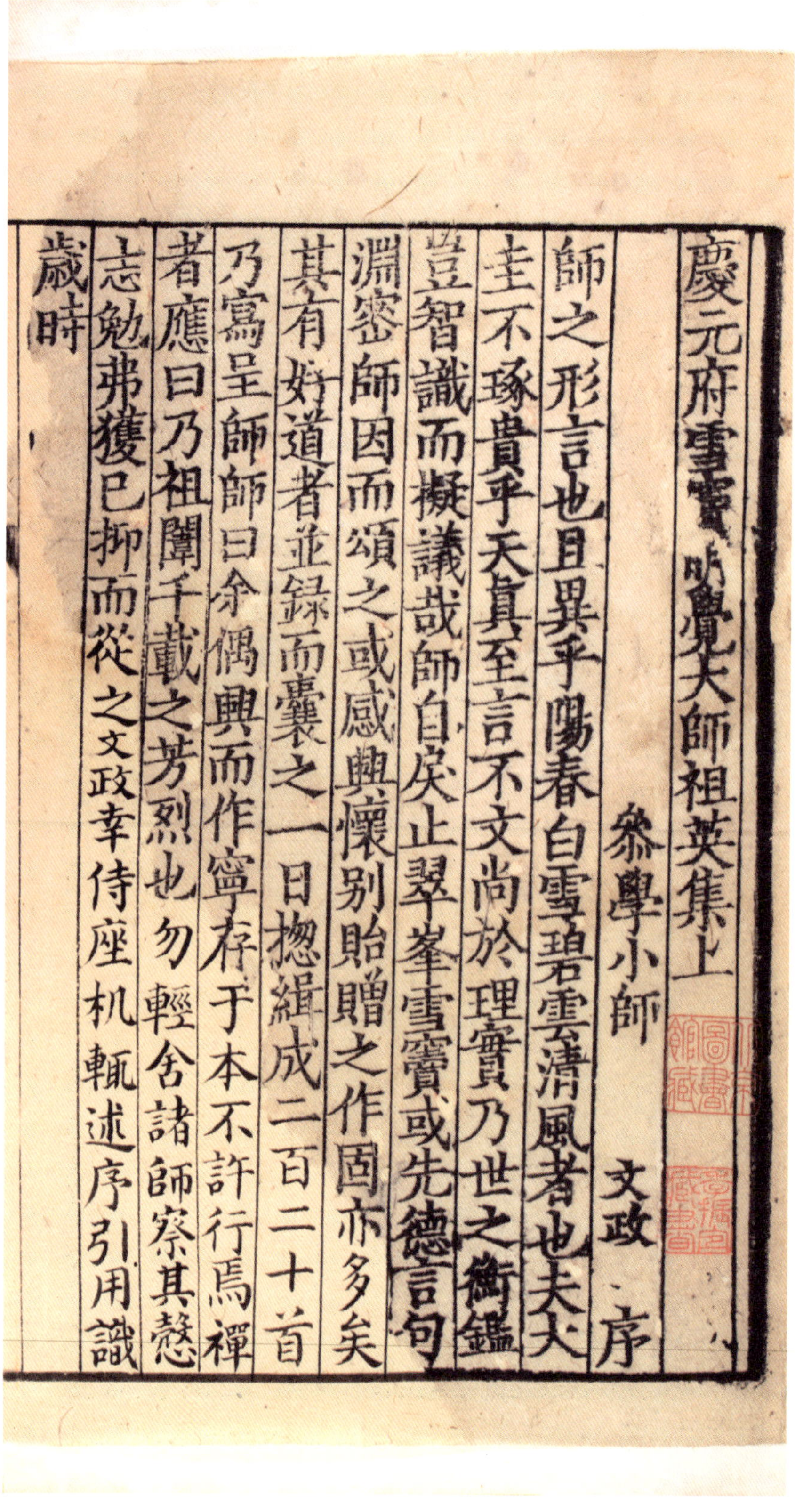
慶元府雪竇明覺大師祖英集上
參學小師　文政　序
師之形言也且異乎陽春白雪碧雲清風者也夫大
圭不琢貴乎天真至言不文尚於理實乃世之衡鑑
豈智識而擬議哉師自宊止翠峯雪竇或先德言句
淵密師因而頌之或感興懷別貽贈之作固亦多矣
其有好道者並録而囊之一日摠緝成二百二十首
乃寫呈師師曰余偶興而作寧存于本不許行焉禪
者應曰乃祖闡千載之芳烈也勿輕舍諸師察其懇
志勉弗獲已抑而從之文政幸侍座机輒述序引用識
歲時

01082 慶元府雪竇明覺大師祖英集二卷 （宋）釋重顯撰 **瀑泉集一卷** （宋）釋允誠輯 **雪竇顯和尚明覺大師頌古集一卷** （宋）釋遠塵輯 **雪竇和尚拈古一卷** 宋刻本

匡高18.6厘米，廣12.9厘米。半葉十一行，行二十字，白口，左右雙邊。有“季振宜藏書”、“鐵琴銅劍樓”等印。李福題簽。國家圖書館藏。

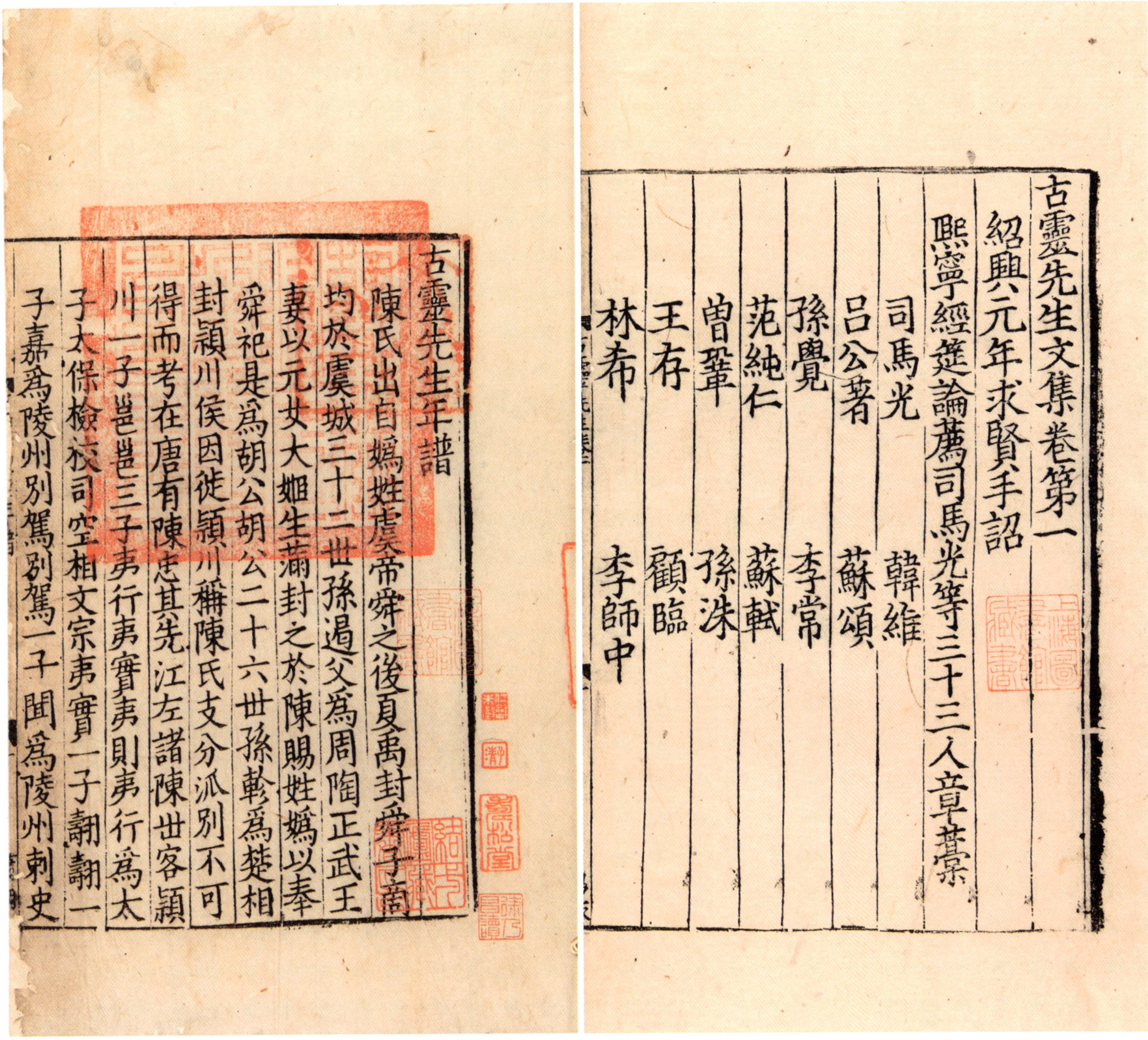

古靈先生文集卷第一
紹興元年求賢手詔
熙寧經筵論薦司馬光等三十三人章藁
司馬光　韓維
呂公著　蘇頌
孫覺　李常
范純仁　蘇軾
曾鞏　孫洙
王存　顧臨
林希　李師中

古靈先生年譜
陳氏出自嬀姓虞帝舜之後夏禹封舜子商
均於虞城三十二世孫遏父爲周陶正武王
妻以元女大姬生滿封之於陳賜姓嬀以奉
舜祀是爲胡公胡公二十六世孫軫爲楚相
封潁川侯因徙潁川稱陳氏支分派别不可
得而考在唐有陳忠其先江左諸陳世客潁
川一子邕邕三子夷行夷實夷則夷行爲太
子太保檢校司空相文宗夷實一子翽翽一
子嘉爲陵州别駕别駕一子閩爲陵州刺史

01083 古靈先生文集二十五卷 （宋）陳襄撰 **年譜一卷** （宋）陳曄撰 **附録一卷** 宋紹興三十一年（1161）陳輝刻本

匡高20.2厘米，廣14.3厘米。半葉十行，行十八字，白口，左右雙邊。書皮有“乾隆三十八年十一月浙江巡撫三寶送到孫仰曾進呈陳古靈集一部計書拾本”戳記，翰林院大方印以及“仁龢朱澂”、“結一廬藏書印”等印。上海圖書館藏。

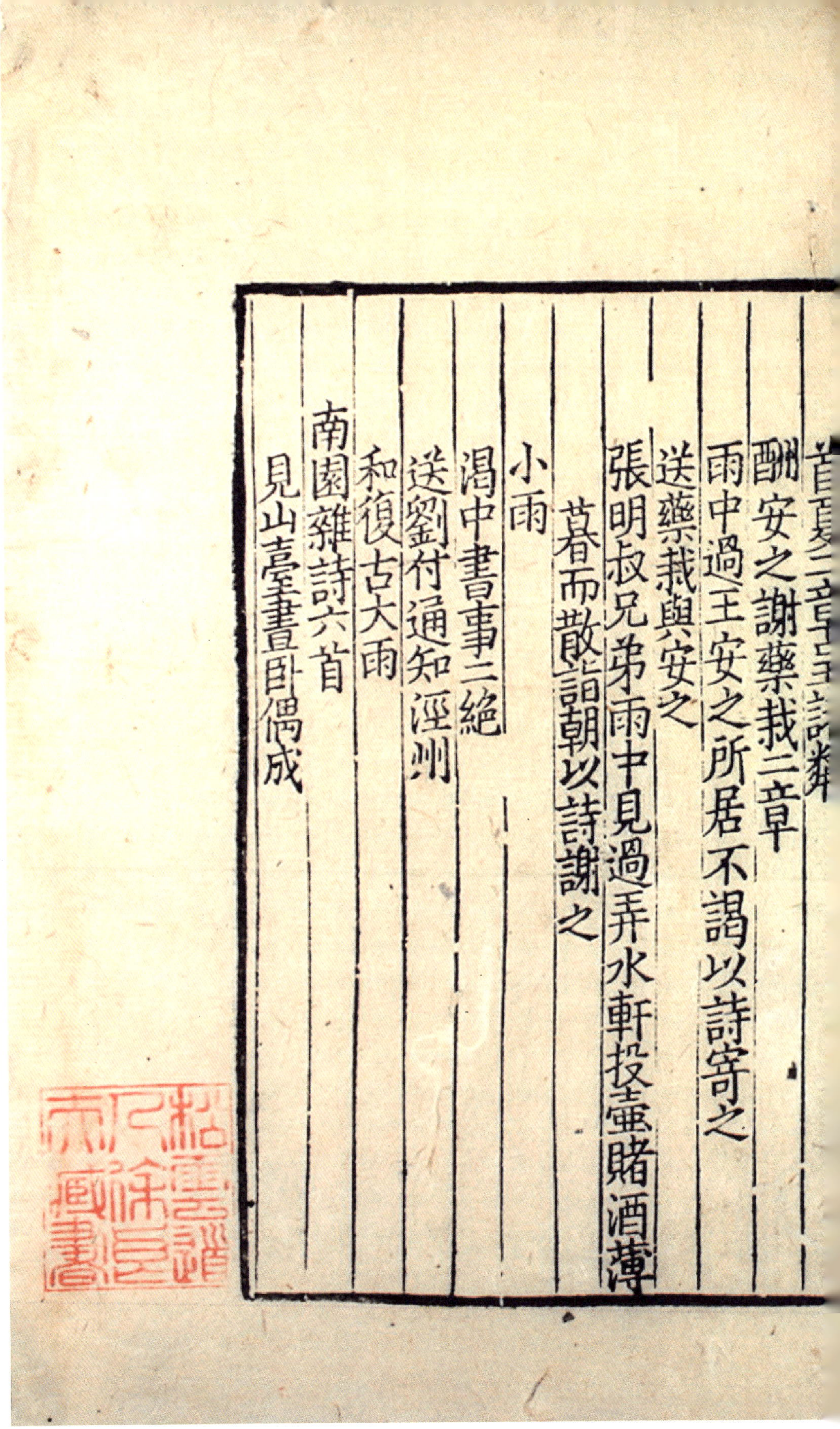
首夏二章呈王詩

酬安之謝藥栽二章

雨中過王安之所居不謁以詩寄之

送藥栽與安之

張明叔兄弟雨中見過弄水軒投壺賭酒薄

暮而散詰朝以詩謝之

小雨

渴中書事二絕

送劉付通知涇州

和復古大雨

南園雜詩六首

見山臺晝卧偶成

01084 温國文正公文集八十卷（宋）司馬光撰 宋刻本（卷一至四、七十七至八十配明弘治十八年盧雍抄本）

蝴蝶裝。匡高19厘米，廣12.3厘米。半葉十二行，行二十字，白口，左右雙邊。有“徐印達左”、“汪印士鐘”、“鐵琴銅劍樓”、“杭州王氏九峰舊廬藏書之章”等印。盧雍、黄丕烈跋，錢大昕題款。國家圖書館藏。

温國文正公文集卷第五

古詩

和利州鮮于轉運竹字子駿公居八詠

桐軒

竹軒

柏軒

毘堂

山齋

間燕亭

會景亭

寶峯亭

題太原通判楊郎中希元新買水北園

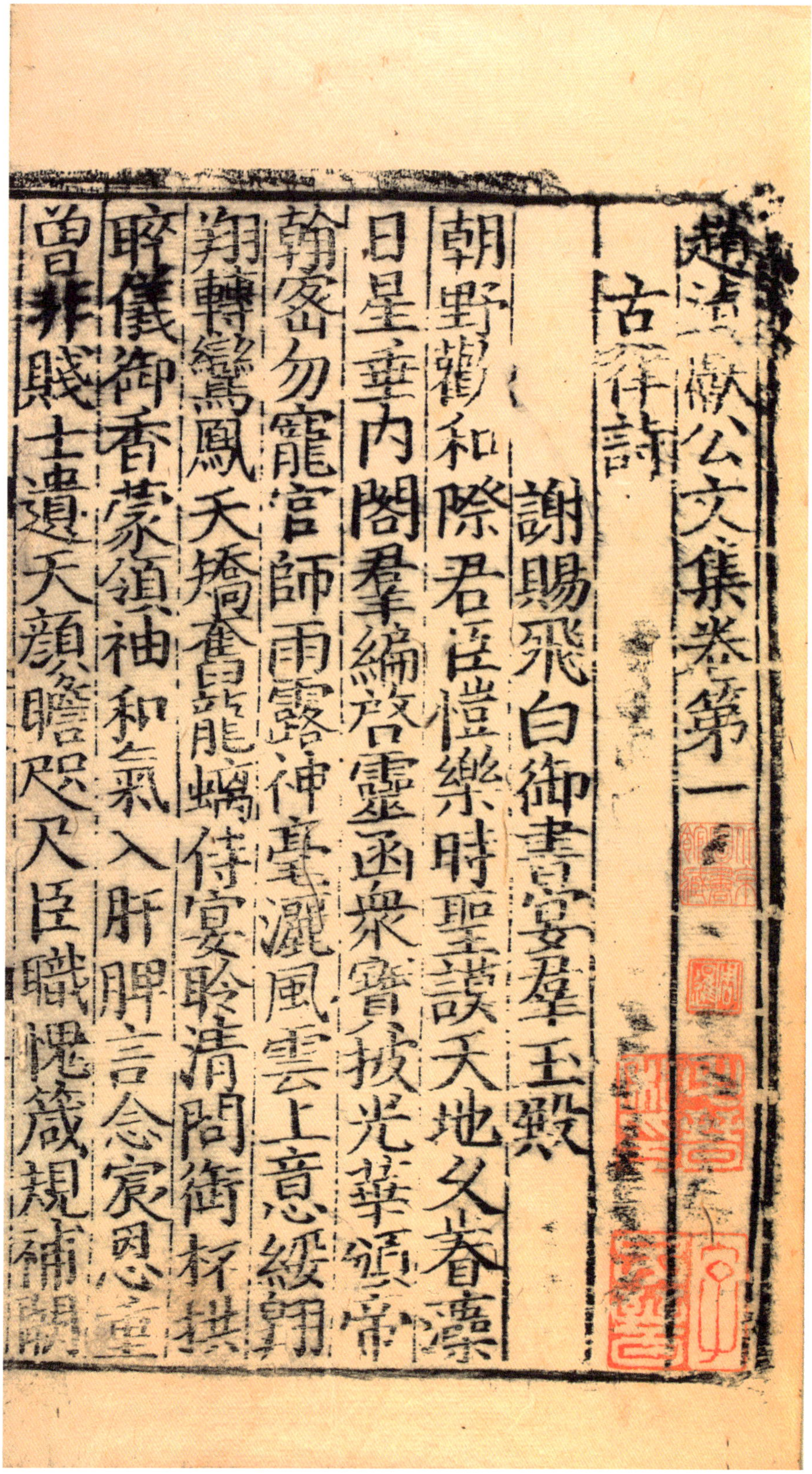

趙清獻公文集卷第一
古律詩
謝賜飛白御書宴羣玉殿
朝野歡和際君臣愷樂時聖謨天地久睿藻
日星垂內閣羣編啓靈函衆寶披光華須帝
翰密勿寵官師雨露神毫灑風雲上意綴翔
翔轉鸞鳳夭矯奮龍螭侍宴聆清問銜杯拱
睟儀御香蒙領袖和氣入肝脾言念宸恩重
曾非賤士遺天顏瞻咫尺臣職愧箴規補闕

01085 趙清獻公文集十六卷（宋）趙抃撰　宋景定元年（1260）陳仁玉刻元明遞修本

匡高22.5厘米，廣15.5厘米。半葉九行，行十七字，白口或黑口，左右雙邊。有“毛晉私印”、“宋筠”、“翁斌孫”、“周暹”等印。國家圖書館藏。

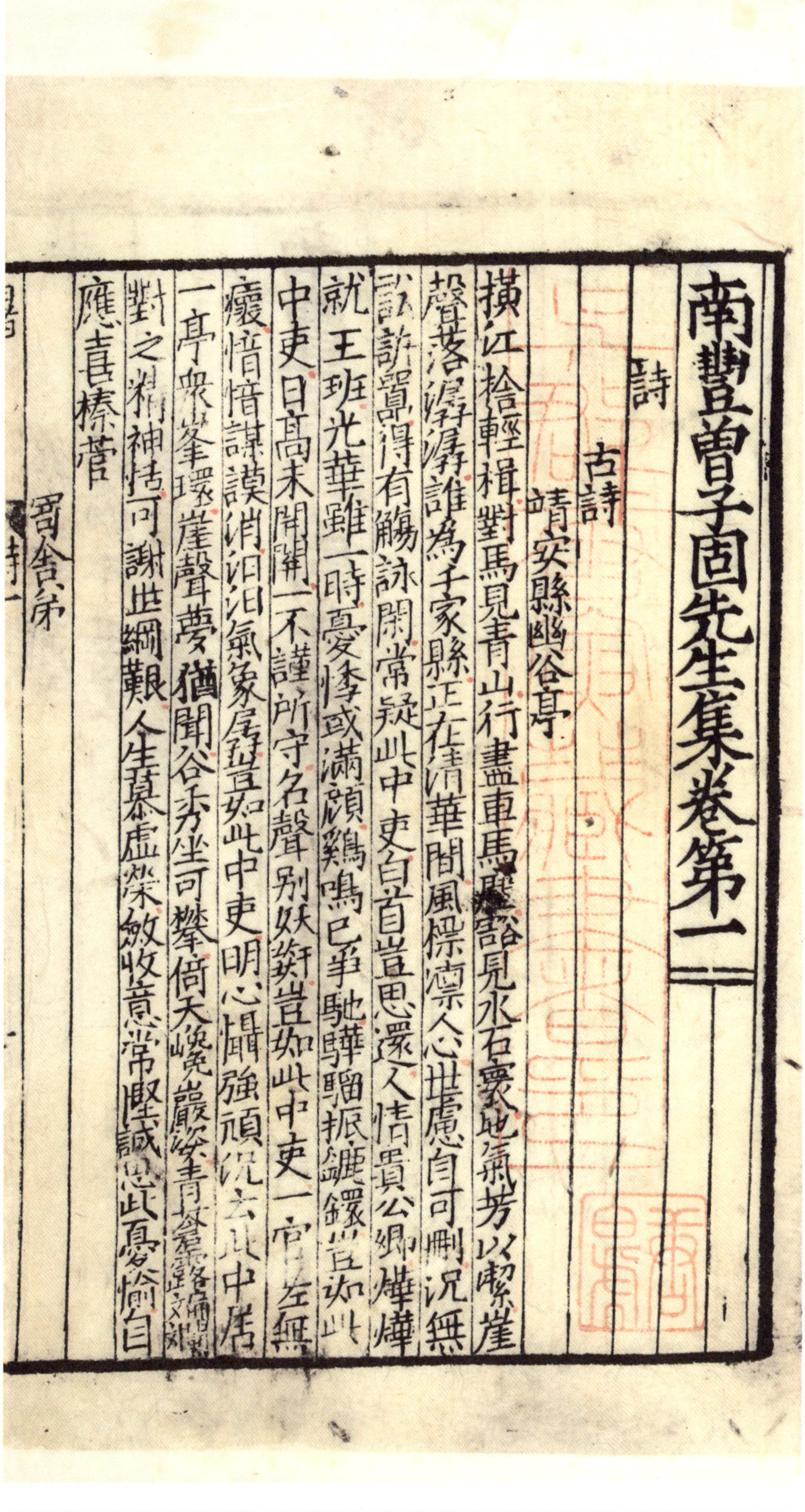
南豐曾子固先生集卷第一
詩
古詩
靖安縣幽谷亭
撗江捨輕楫對馬見青山行盡車馬塵豁見水石寰地氣芳以潔崖
聲落潺潺誰為千家縣正在清華間風標凛人心世慮自可删況無
訟訴嚚得有觴詠閑常疑此中吏白首豈思還人情貴公卿燁燁
就王班光華雖一時憂悴或滿顏鷄鳴已爭馳驊騮振鑣鐶豈如此
中吏日高未開關一不謹所守名聲别妖姸豈如此中吏一官左無
瘝愔愔謀謨消汩汩氣象屠豈如此中吏明心攝強頑況去此中居
一亭衆峯環崖聲夢猶聞谷秀坐可攀倚天巉巖姿青蒼[illegible]
對之精神恬可謝世網艱人生甚慕虛榮斂收意常堅誠思此夐愉自
應甚榛菅
寄舍弟

01086 南豐曾子固先生集三十四卷 （宋）曾鞏撰　金刻本

匡高15.7厘米，廣10.9厘米。半葉十五行，行二十六字，白口，左右雙邊。有"吴郡唐寅藏書印"、"休寧朱之赤珍藏圖書"、"謙牧堂藏書記"、"天禄琳琅"、"天禄繼鑑"、"乾隆御覽之寶"、"曾在趙元方家"等印。國家圖書館藏。

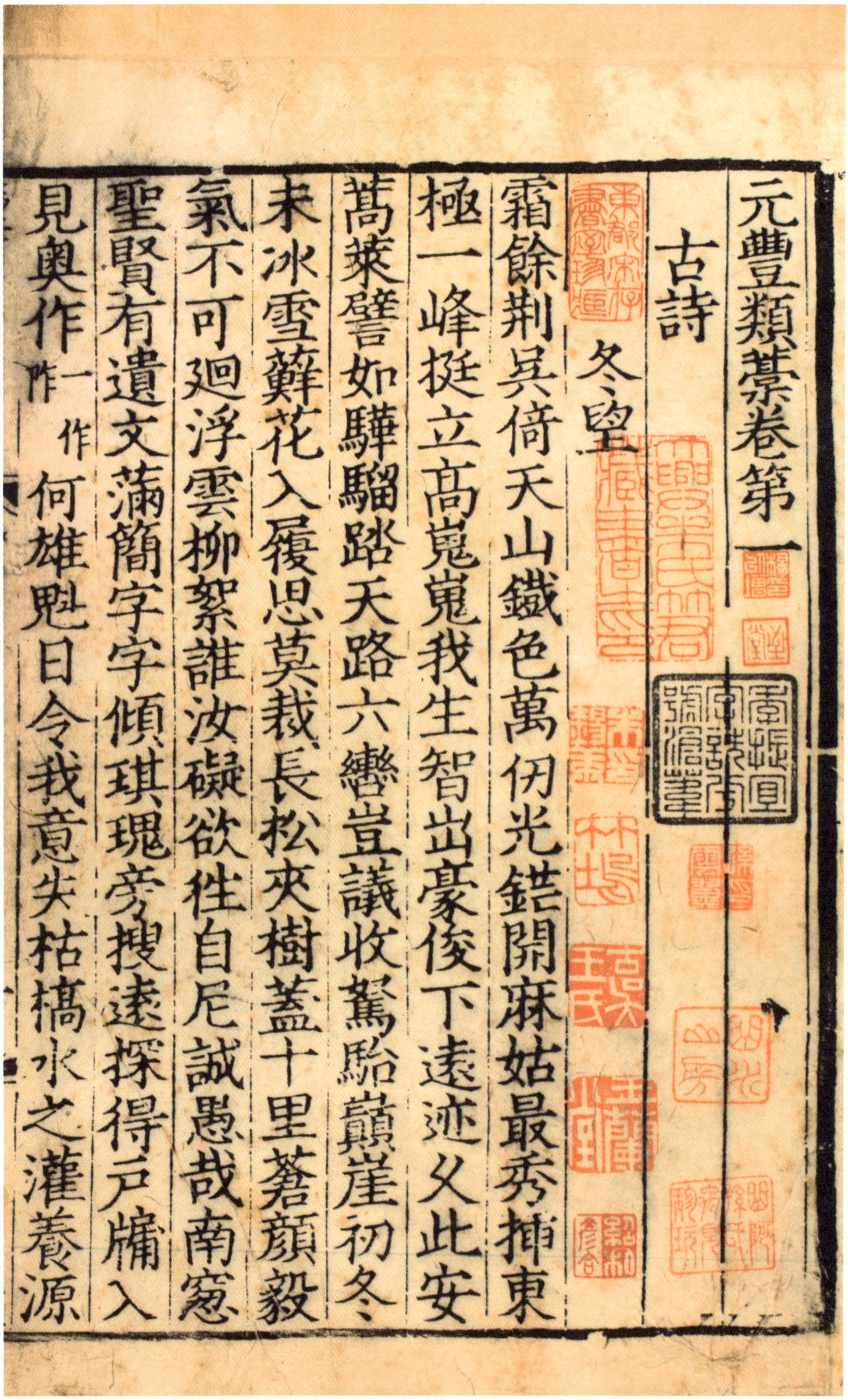

元豐類藁卷第一

古詩

冬望

霜餘荆吳倚天山鐵色萬仞光鋩開麻姑最秀插東極一峰挺立高嵬嵬我生智出豪俊下遠迹久此安蒿萊譬如驊騮踏天路六轡豈議收駕駘巔崖初冬未冰雪䕺花入屨思莫栽長松夾樹蓋十里蒼顔毅氣不可迴浮雲柳絮誰汝礙欲往自尼誠愚哉南窻聖賢有遺文滿簡字字傾琪瑰旁搜遠探得戶牖入見奥作（一作作）何雄魁日令我意失枯槁水之灌養源

01087 元豐類藁五十卷 （宋）曾鞏撰 **續附一卷** 元大德八年（1304）丁思敬刻本

匡高24厘米，廣17.7厘米。半葉十行，行二十字，白口，左右雙邊。有"玉蘭堂"、"王印履吉"、"季振宜字詵兮號滄葦"、"乾學"、"青浦王昶"、"大興朱氏竹君藏書之印"、"楊印以增"等印。朱錫庚跋。國家圖書館藏。

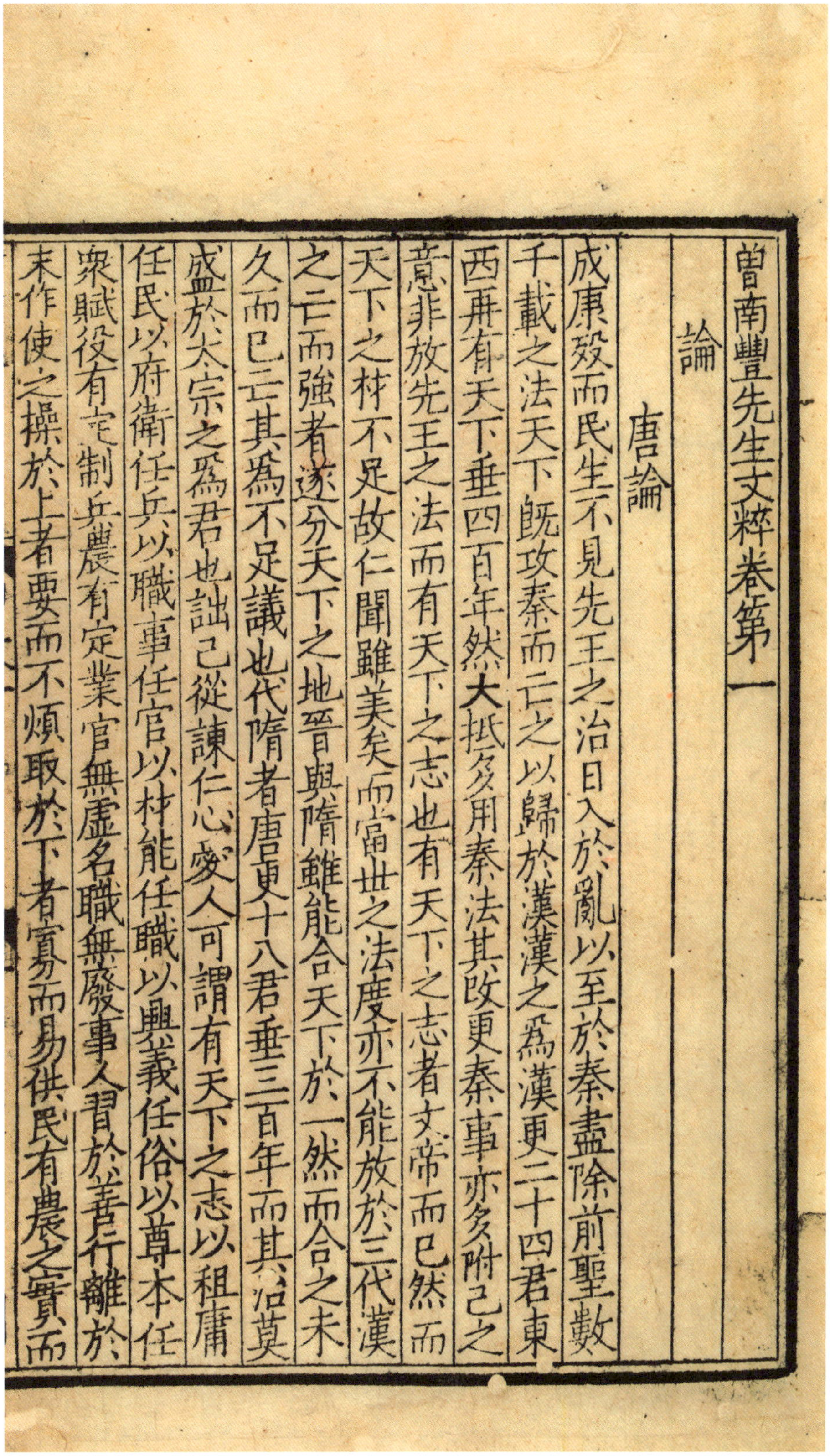

曾南豐先生文粹卷第一

論

唐論

成康殁而民生不見先王之治日入於亂以至於秦盡除前聖數千載之法天下既攻秦而亡之以歸於漢漢之爲漢更二十四君東西再有天下垂四百年然大抵多用秦法其改更秦事亦多附己之意非放先王之法而有天下之志也有天下之志者文帝而已然而天下之材不足故仁聞雖美矣而當世之法度亦不能放於三代漢之亡而強者遂分天下之地晉與隋雖能合天下於一然而合之未久而已亡其爲不足議也代隋者唐更十八君垂三百年而其治莫盛於太宗之爲君也詘己從諫仁心愛人可謂有天下之志以租庸任民以府衛任兵以職事任官以材能任職以興義任俗以尊本任衆賦役有定制兵農有定業官無虚名職無廢事人習於善行離於末作使之操於上者要而不煩取於下者寡而易供民有農之實而

01088 曾南豐先生文粹十卷 （宋）曾鞏撰　宋刻本

匡高16.7厘米，廣12厘米。半葉十四行，行二十五至二十六字，白口，四周雙邊。有“謙牧堂藏書記”、“天禄琳琅”、“乾隆御覽之寶”、“宗室盛昱收藏圖書印”、“克文”等印。國家圖書館藏。

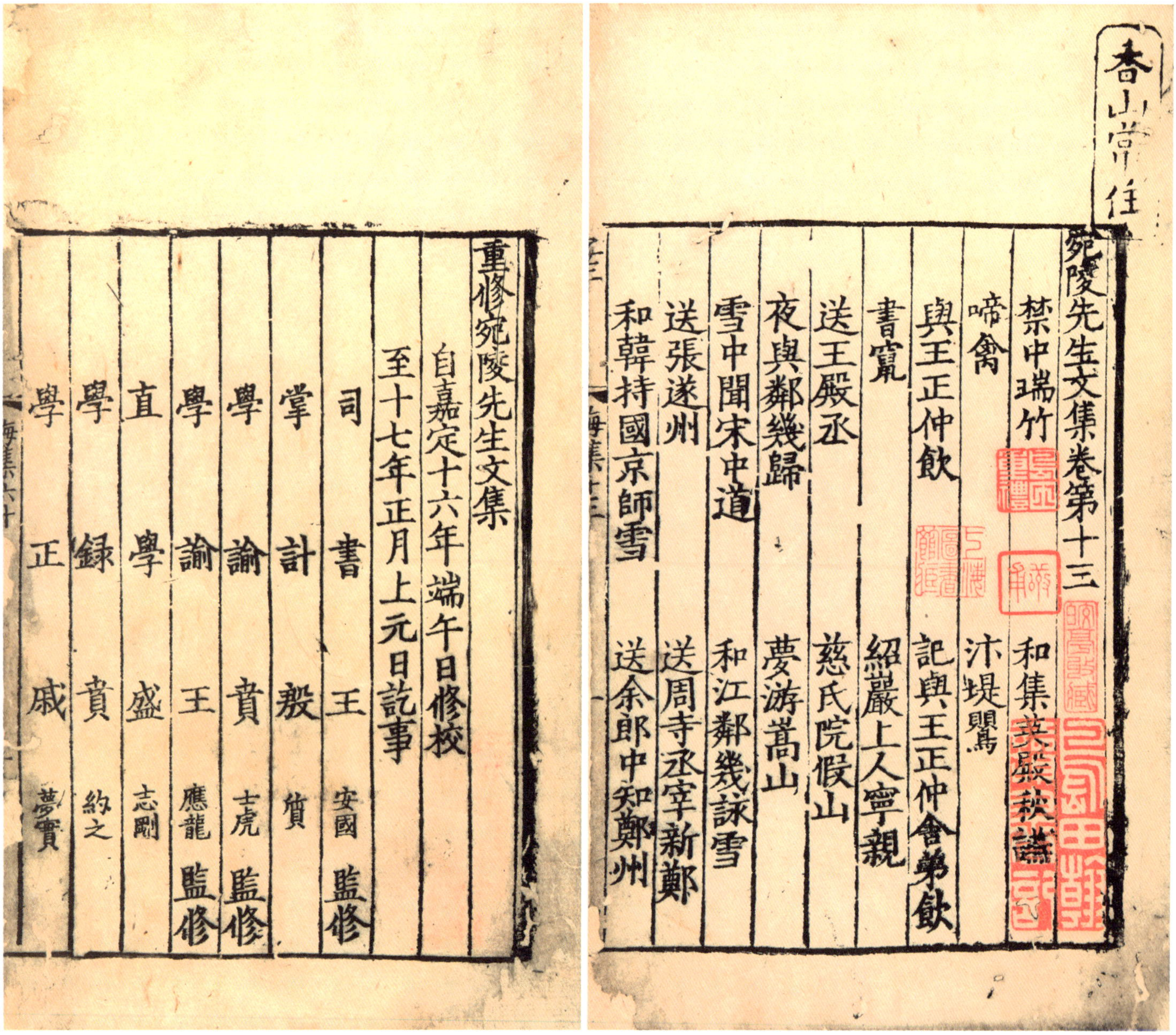

春山常住

宛陵先生文集卷第十三

禁中瑞竹　和集英殿秋讌

啼禽　汴堤鸎

與王正仲飲　記與王正仲會弟欽

書寬　紹巖上人寧親

送王殿丞　慈氏院假山

夜與鄰幾歸　夢游嵩山

雪中聞宋中道　和江鄰幾詠雪

送張遂州　送周寺丞宰新鄭

和韓持國京師雪　送余郎中知鄭州

重修宛陵先生文集

自嘉定十六年端午日修校

至十七年正月上元日訖事

司書王安國監修

掌計殷質

學諭貢士虎監修

學諭王應龍監修

直學盛志剛

學録貢紹之

學正戚夢實

01089 宛陵先生文集六十卷（宋）梅堯臣撰　宋紹興十年（1140）汪伯彦刻嘉定十六至十七年（1223-1224）重修本

匡高19.5厘米，廣13.6厘米。半葉十行，行十七至二十字，白口，左右雙邊。有“島田翰讀書記”等印。島田翰跋。上海圖書館藏，存三十卷。

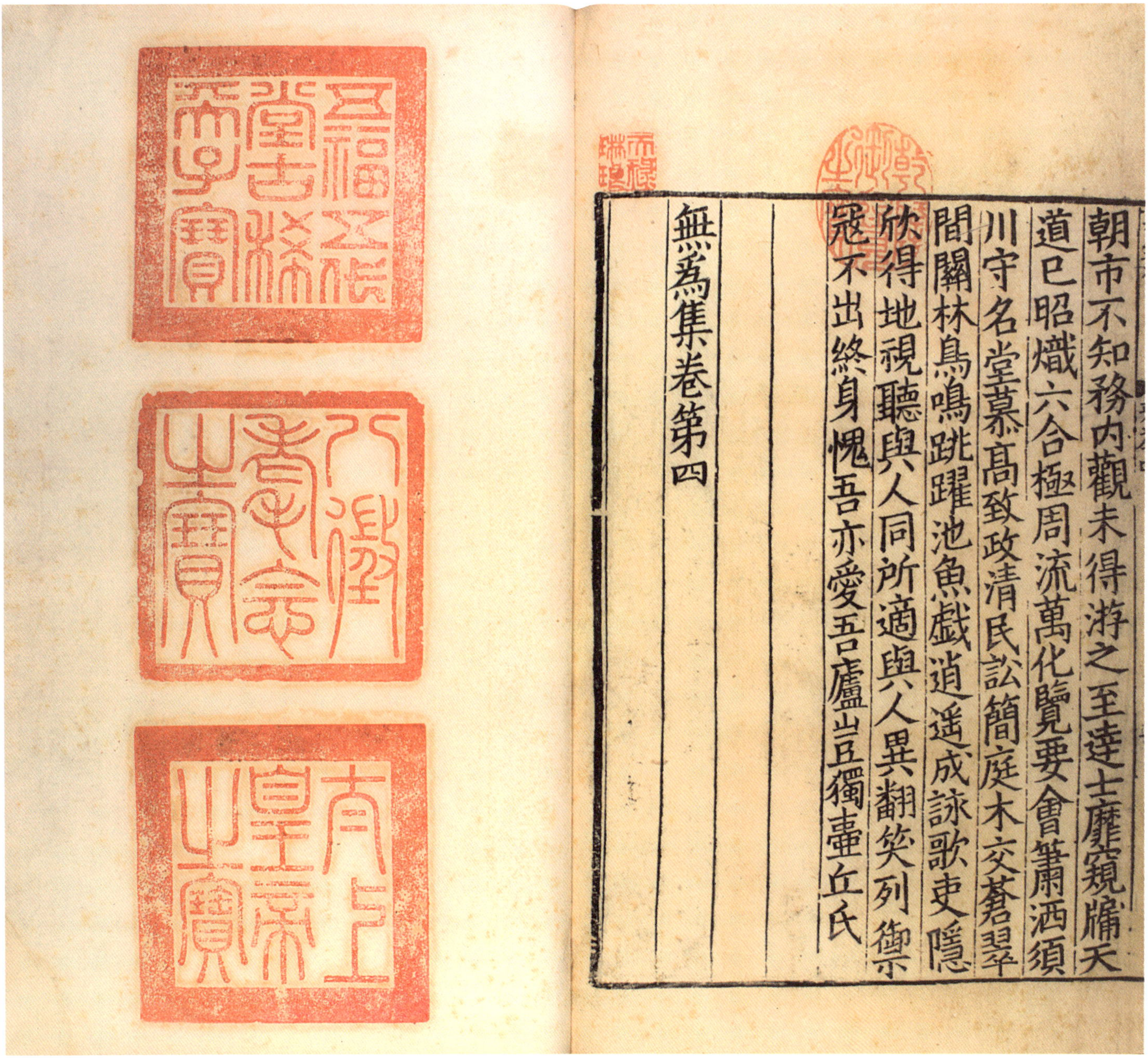

01090 無爲集十五卷 （宋）楊傑撰　宋紹興十三年（1143）趙士粲無爲軍刻遞修本

匡高22.3厘米，廣16厘米。半葉十行，行十七至十九字，白口，左右雙邊。有"文淵閣"、"天禄琳琅"、"乾隆御覽之寶"等印。國家圖書館藏。

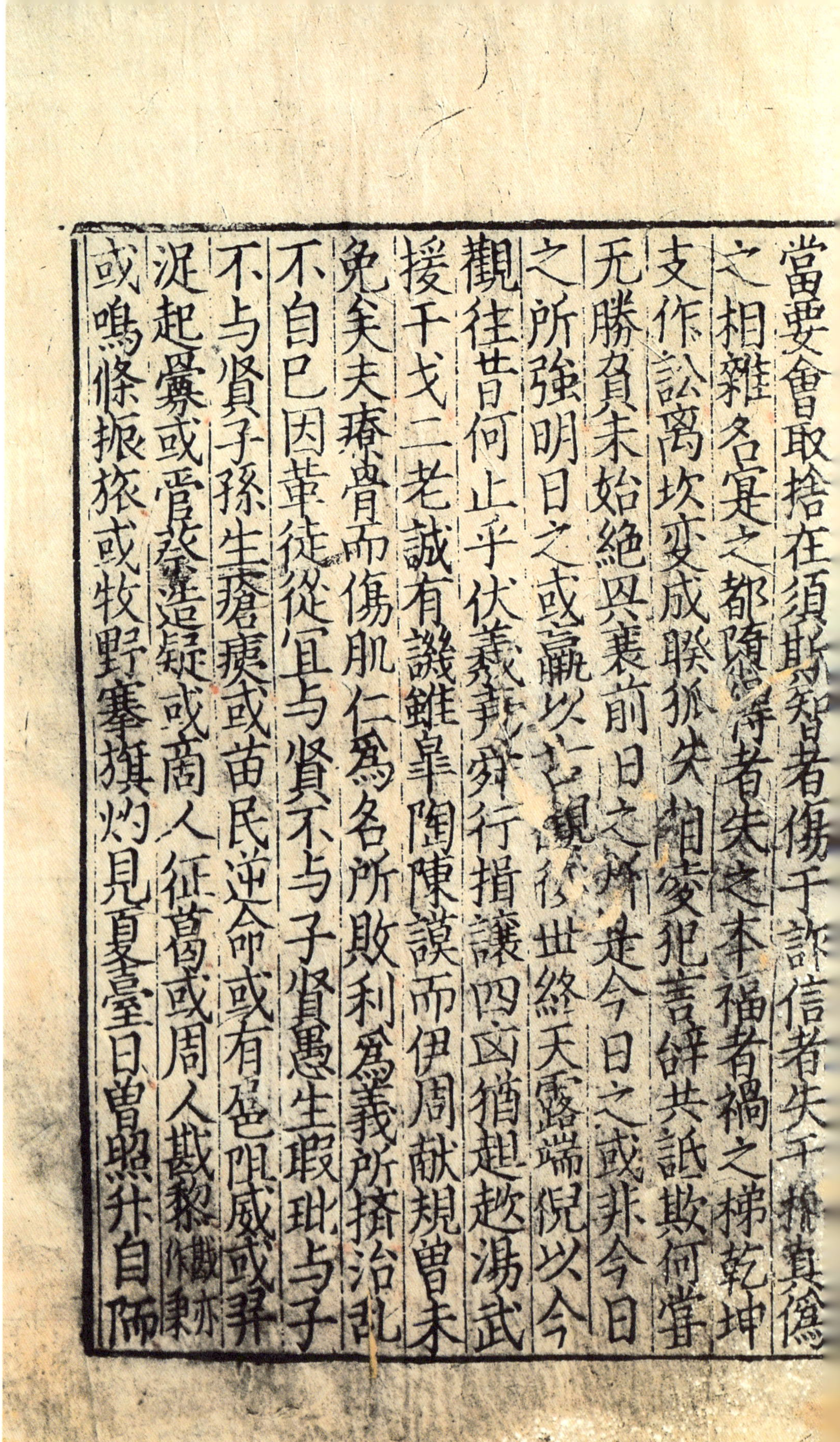

當要會取捨在須斯智者傷于詐信者失于拘真僞
之相雜名寔之都隨得者失之本福者禍之梯乾坤
支作訟离坎变成睽孤失朋爰犯言辞共詆欺何嘗
无勝負未始絶與衰前日之所是今日之或非今日
之所強明日之或羸以古觀後世絲天露端倪以今
觀往昔何止乎伏羲軒舜行揖讓四凶猶趄趑湯武
援干戈二老誠有譏雖臯陶陳謨而伊周献規曾未
免矣夫瘠骨而傷肌仁爲名所敗利爲義所擠治亂
不自已因革徒從宜与賢不与子賢愚生瑕玼与子
不与賢子孫生瘡痍或苗民逆命或有扈阻威或羿
浞起纂或晋楚造疑或商人征葛或周人戡黎（戡亦作㦰）
或鳴條振旅或牧野搴旗灼見夏臺日曾照升自陑

01091 重刊邵堯夫擊壤集七卷 （宋）邵雍撰 （宋）蔡弼重編 宋刻本

蝴蝶裝。匡高17.5厘米，廣12.3厘米。半葉十二行，行二十字，小字雙行同，白口，左右雙邊。江西省九江市星子縣文物管理所藏。

重刊邵堯夫擊壤集卷第一

内集　　敬室蔡弼重編

觀大棊吟五言

人有精遊藝予嘗觀奕棊筭餘知造化着外見幾微好勝心无已亦作厭爭先意不低當人尽賓主對面如蠻夷財利激于衷激亦作蔽喜怒見于顔生殺在于手与奪指于頤戾不殊冰炭和不侔塤箎義不及朋友情不通夫妻珠玉出懷袖龍蛇走肝脾金湯起鐏俎劍戟交憫幃白晝役鬼神平地蟠蛟螭空江鑾雷雹亦作電陸海誅鯨鯢寒暑同舒慘昏明共蔽虧山河爍興地星斗會璇璣因觀輸贏勢翻爲寵辱蹊爲亦作鶩髙卑

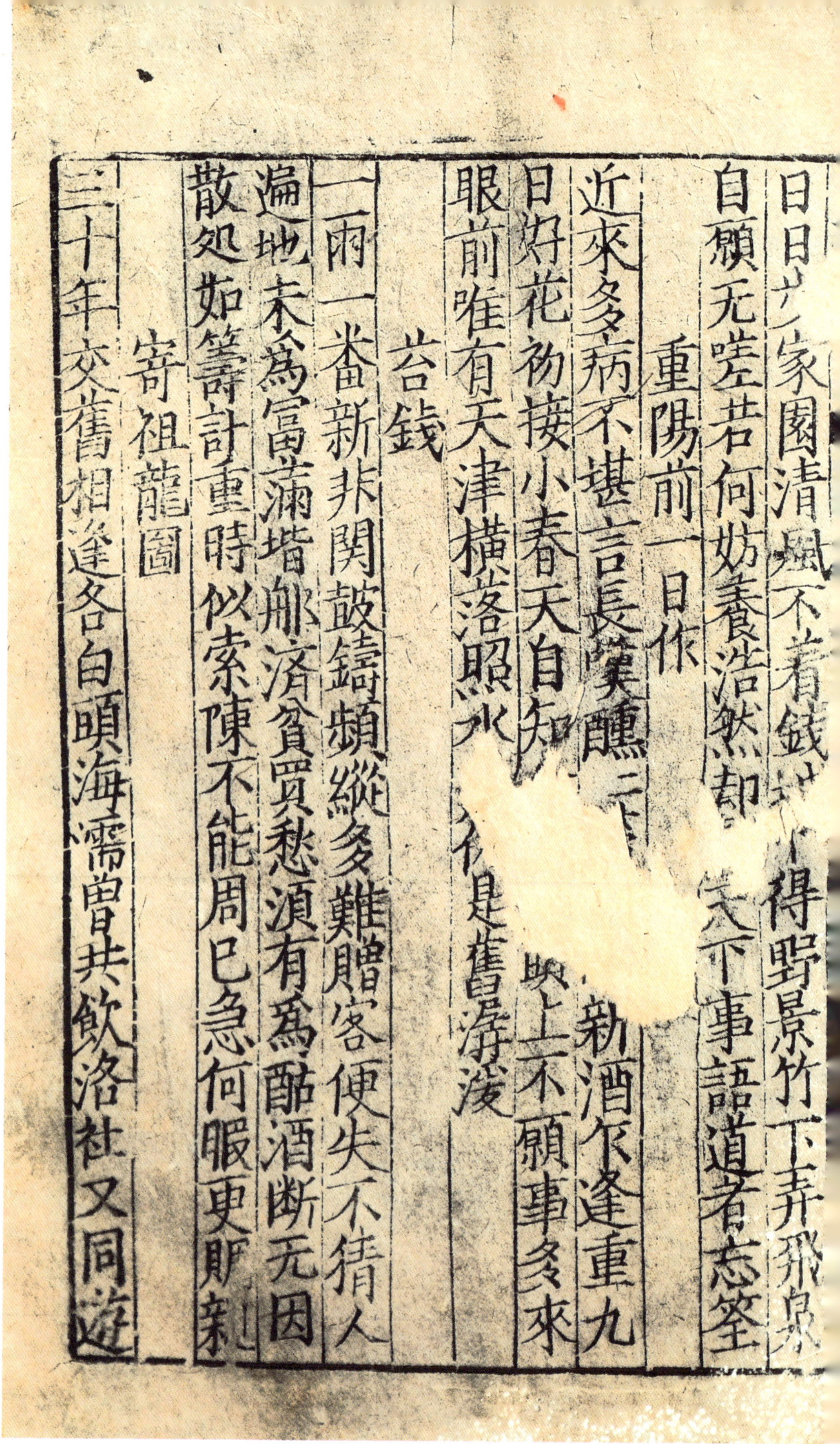
日日□家園清風不着錢[illegible]得野景竹下弄飛泉
自頗无嗟若何妨養浩然却[illegible]天下事語道者忘筌
重陽前一日作
近來多病不甚言長笑醺二[illegible]新酒仍逢重九
日好花初接小春天自知[illegible]與上不頗事多來
眼前唯有天津橫落照水[illegible]後是舊潺湲
答錢
一雨一番新非闕敲鑄頻縱多難贈客便失不猜人
遍地未為富滿堦那濟貧買愁須有為酤酒斷无因
散処如篝討重時似索陳不能周已急何暇更貺親
寄祖龍圖
三十年交舊相逢各白頭海濡曾共飲洛社又同遊

01092 邵堯夫先生詩全集九卷 （宋）邵雍撰　宋刻本

蝴蝶裝。匡高18.5厘米，廣12.4厘米。半葉十二行，行二十字，小字雙行同，白口，四周單邊。江西省九江市星子縣文物管理所藏。

聞少華崩

熙寧壬子歲少華忽然崩七社民俱死九泉神不寧
豈天无駭曠古未之聆欲理陰陽者如何畏不驚

又

變化无蹤倏忽間力迴天地不爲難若教施展巨靈
手豈止掀騰少華山七[illegible]若日覆沒九泉盤石尺
飛翻翻養堯一句能收採吉[illegible]之[illegible]目可攀

唯天有二氣

唯天有二氣一陰而一陽陰[illegible]陽和生鳳凰
安得蚍蜉死不爲人之殃安[illegible]鳳凰生長爲國之祥

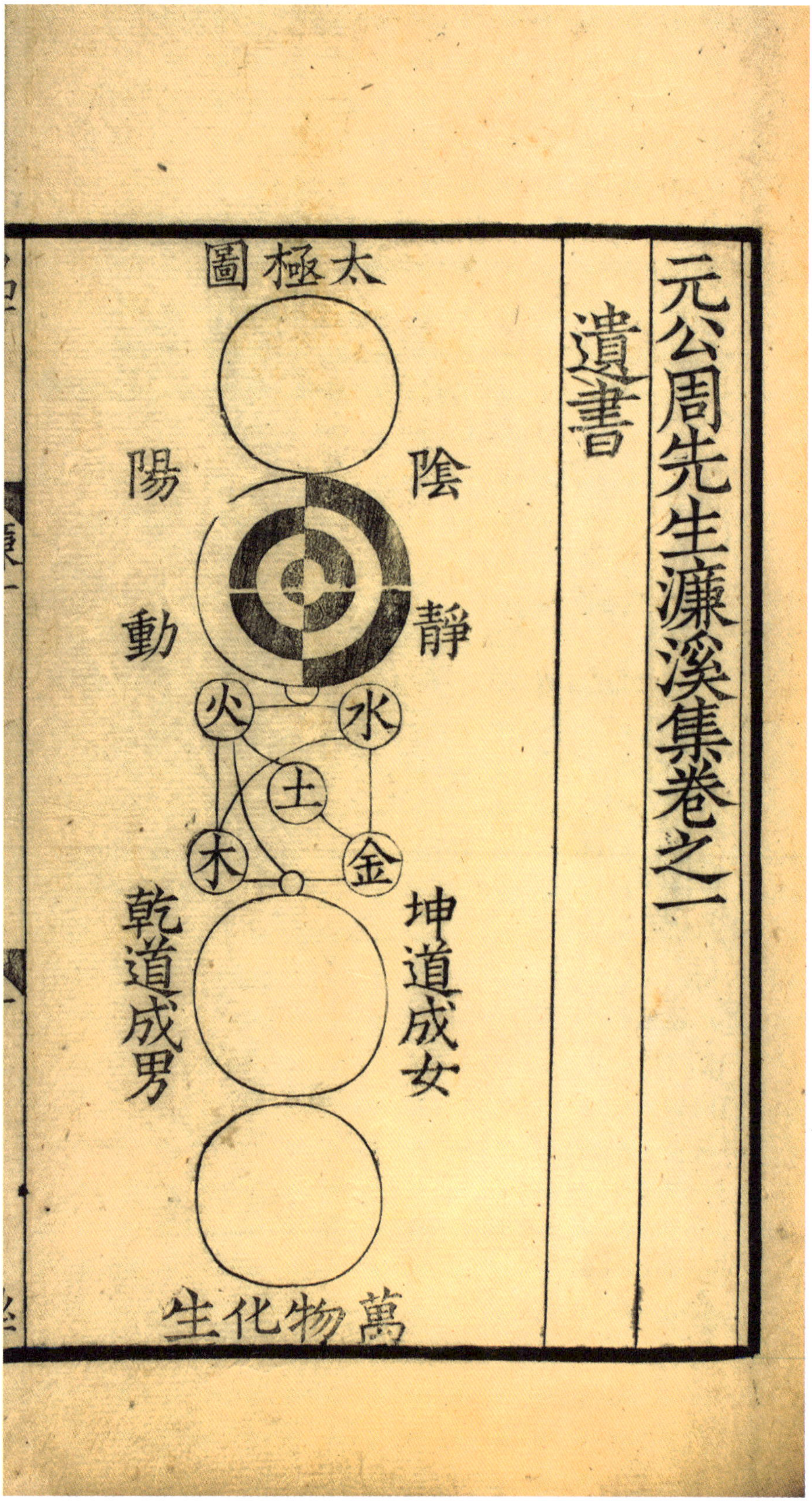

01093 元公周先生濂溪集十二卷（宋）周敦頤撰 **年表一卷** 宋刻本

匡高21.8厘米，廣15厘米。半葉八行，行十七字，白口，左右雙邊。有“乾學”、“宋犖”、“臣筠”等印。國家圖書館藏。

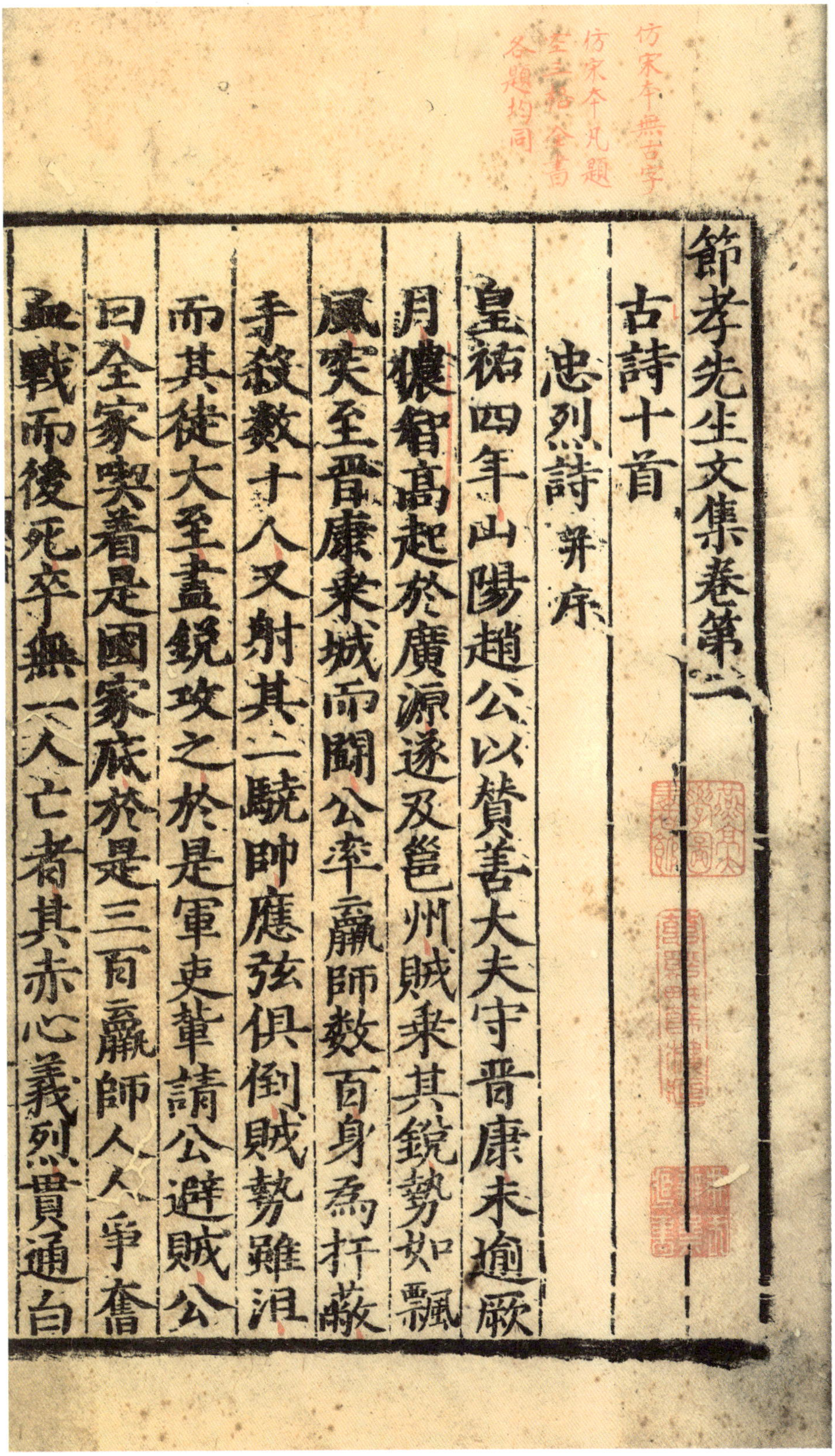
節孝先生文集卷第二

古詩十首

忠烈詩 并序

皇祐四年山陽趙公以贊善大夫守晋康未逾厥月儂智高起於廣源遂及邕州賊乘其鋭勢如飄風突至晋康來城而鬬公率羸師數百身爲扞蔽手殺數十人又射其二驍帥應弦俱倒賊勢雖沮而其徒大至盡鋭攻之於是軍吏輩請公避賊公曰全家與着是國家庇於是三百羸師人人爭奮血戰而後死卒無一人亡者其赤心義烈貫通白

01094 節孝先生文集三十卷 （宋）徐積撰 **節孝先生語一卷事實一卷本朝名臣言行録一卷皇朝東都事略卓行傳序一卷諸君子帖一卷** 元刻明修本（卷一民國二十九年抄配）

匡高20.2厘米，廣14厘米。半葉十行，行二十字，白口，四周單邊。有“馮氏辨齋藏書”、“慈谿耕餘樓藏”等印。北京大學圖書館藏。

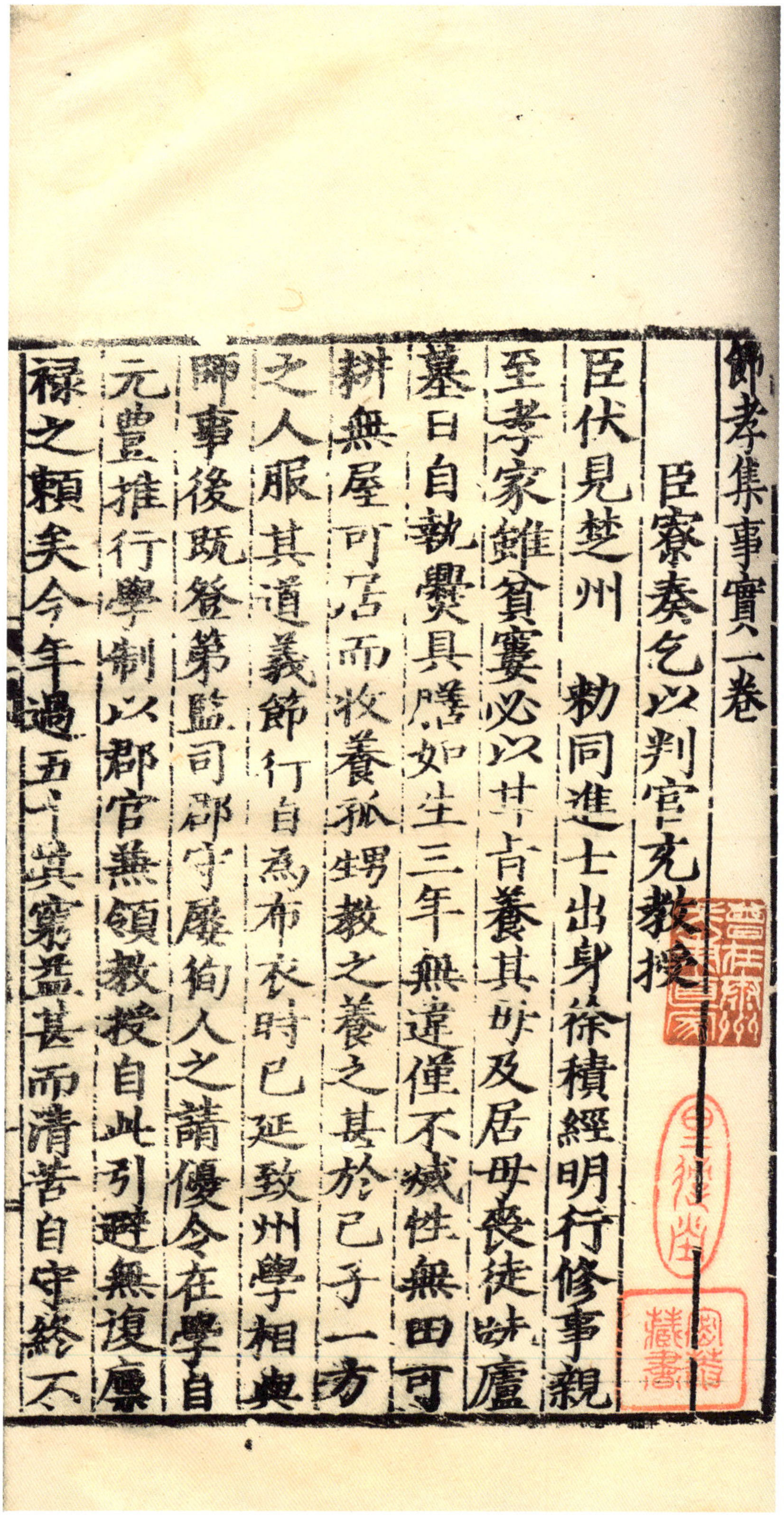

節孝集事實一卷

臣寮奏乞以判官充教授

臣伏見楚州　勑同進士出身徐積經明行修事親至孝家雖貧窶必以甘旨養其母及居母喪徒跣廬墓日自執爨具膳如生三年無違僅不滅性無田可耕無屋可居而收養孤甥教之養之甚於己子一方之人服其道義節行自爲布衣時已延致州學相與師事後既登第監司郡守屢徇人之請優令在學自元豐推行學制以郡官兼領教授自此引避無復廩祿之賴矣今年過五十其窶益甚而清苦自守終不

01095 節孝先生文集三十卷（宋）徐積撰　**語録一卷事實一卷**　元刻明嘉靖四十四年（1565）劉祐修補本

匡高20厘米，廣13.9厘米。半葉十行，行二十字，白口，四周單邊。有“密菴藏書”等印。泰州市圖書館藏。

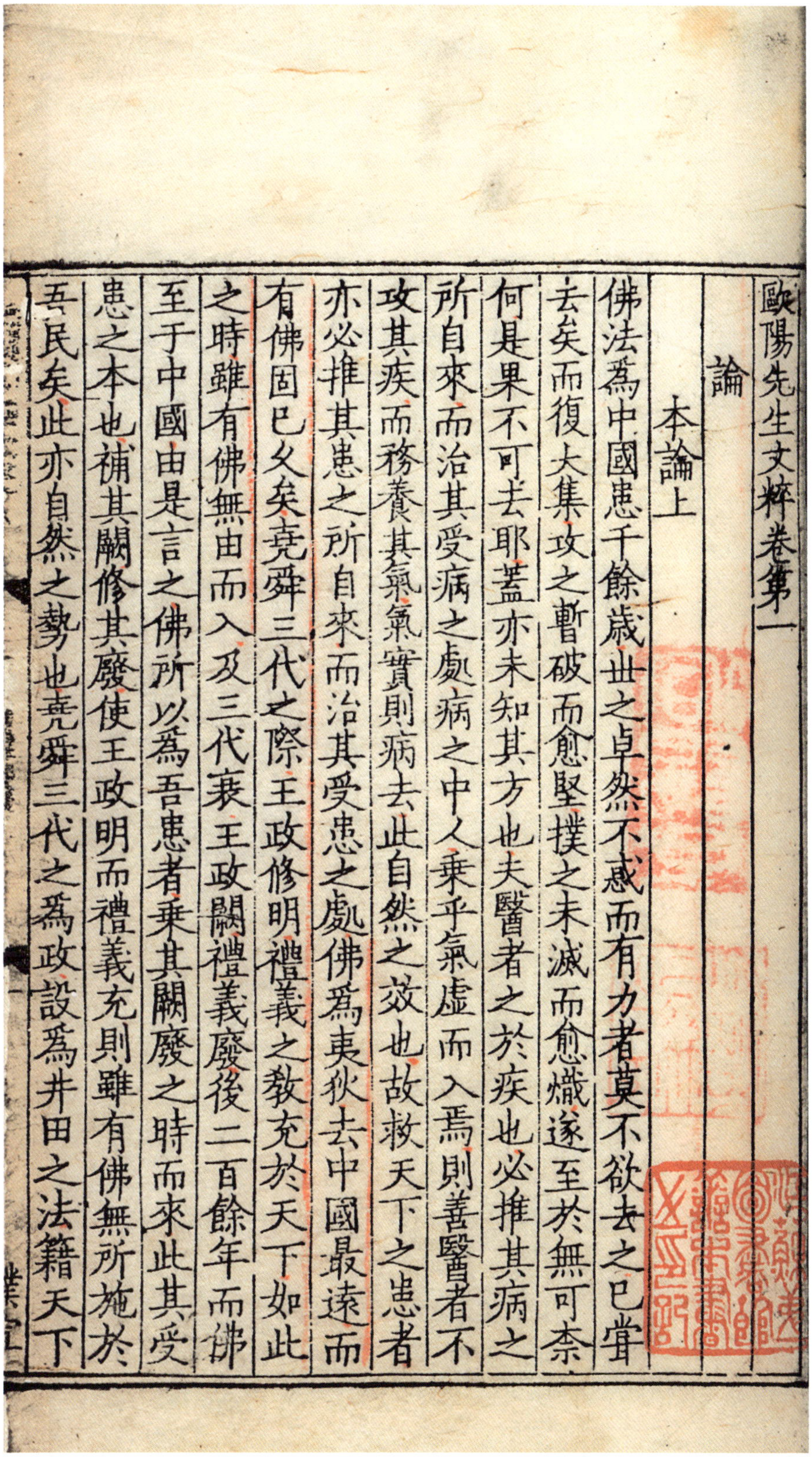
歐陽先生文粹卷第一
論
本論上
佛法爲中國患千餘歲世之卓然不惑而有力者莫不欲去之已甞去矣而復大集攻之暫破而愈堅撲之未滅而愈熾遂至於無可柰何是果不可去耶蓋亦未知其方也夫醫者之於疾也必推其病之所自來而治其受病之處病之中人乘乎氣虚而入焉則善醫者不攻其疾而務養其氣氣實則病去此自然之效也故救天下之患者亦必推其患之所自來而治其受患之處佛爲夷狄去中國最遠而有佛固已久矣堯舜三代之際王政修明禮義之教充於天下如此之時雖有佛無由而入及三代衰王政闕禮義廢後二百餘年而佛至于中國由是言之佛所以爲吾患者乘其闕廢之時而來此其受患之本也補其闕修其廢使王政明而禮義充則雖有佛無所施於吾民矣此亦自然之勢也堯舜三代之爲政設爲井田之法籍天下

01096 歐陽先生文粹五卷 （宋）歐陽修撰 （宋）陳亮輯 宋刻公文紙印本（有抄配）

匡高15.9厘米，廣11.7厘米。半葉十四行，行二十六字，白口，四周雙邊。胡鳳丹、丁丙跋。南京圖書館藏。

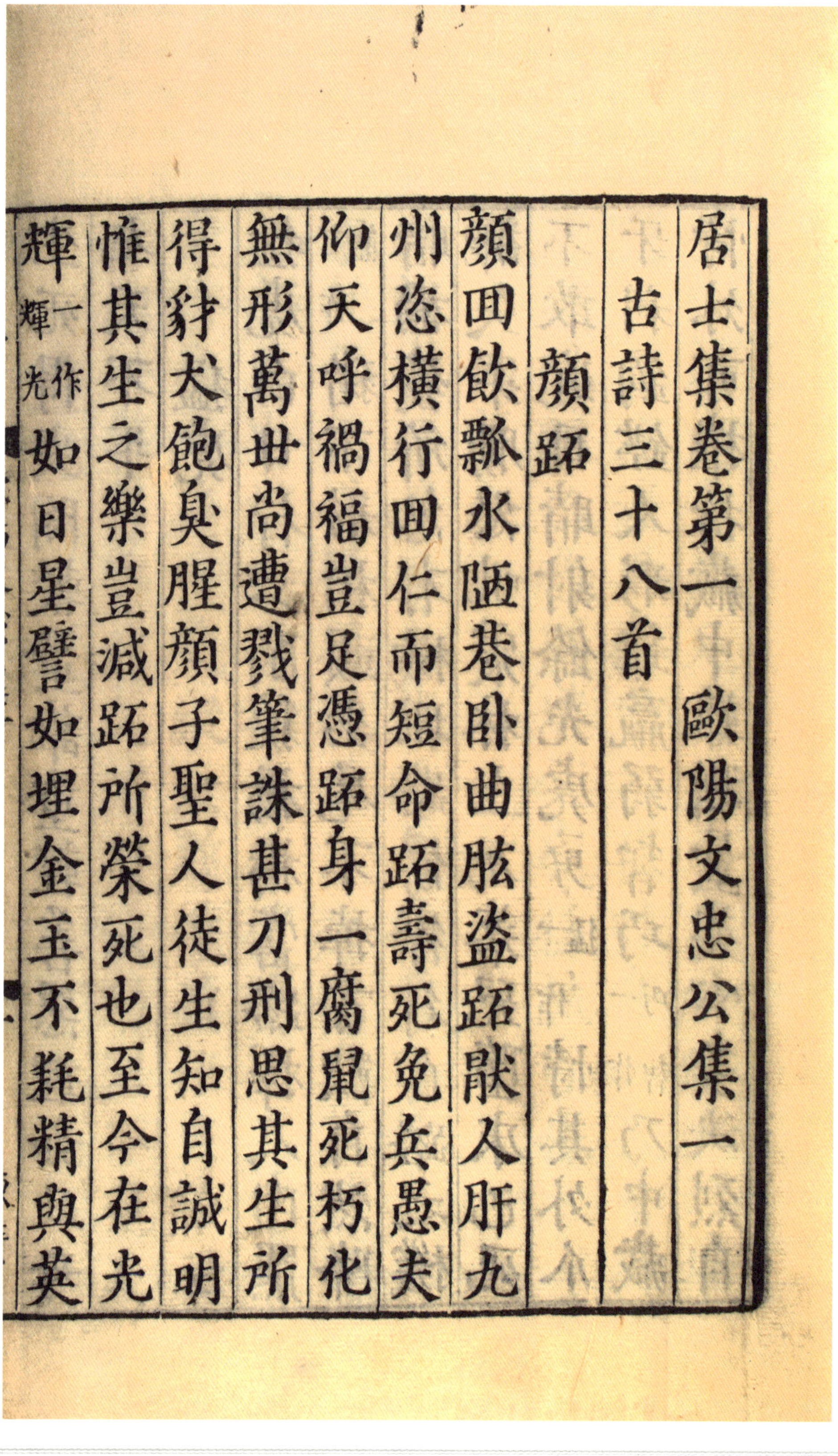
居士集卷第一　歐陽文忠公集一
古詩三十八首
顔跖
顔回飲瓢水陋巷卧曲肱盜跖厭人肝九
州恣横行回仁而短命跖壽死免兵愚夫
仰天呼禍福豈足憑跖身一腐鼠死朽化
無形萬世尚遭戮筆誅甚刀刑思其生所
得豺犬飽臭腥顔子聖人徒生知自誠明
惟其生之樂豈減跖所榮死也至今在光
輝一作輝光如日星譬如埋金玉不耗精與英

01097 歐陽文忠公集一百五十三卷（宋）歐陽修撰　**年譜一卷**（宋）胡柯撰　**附録五卷**　宋慶元二年（1196）周必大刻本（卷三至六、三十八至四十四、六十一至六十三、九十五、一百三十四至一百四十三配明抄本）

匡高21.5厘米，廣15.4厘米。半葉十行，行十六字，白口，左右雙邊。有"徐健菴"、"沅叔藏宋本"等印。國家圖書館藏。

州縣學職事葛潨字德源

王伯芻字駒甫

朱岑字山父

胡柄字謙甫

慶元二年

郡人廸功郎新臨江軍清江縣主簿曾煥字文卿

郡人鄉貢進士胡渙字季亨

郡人鄉貢進士劉贇字棠仲

郡人羅泌字長源

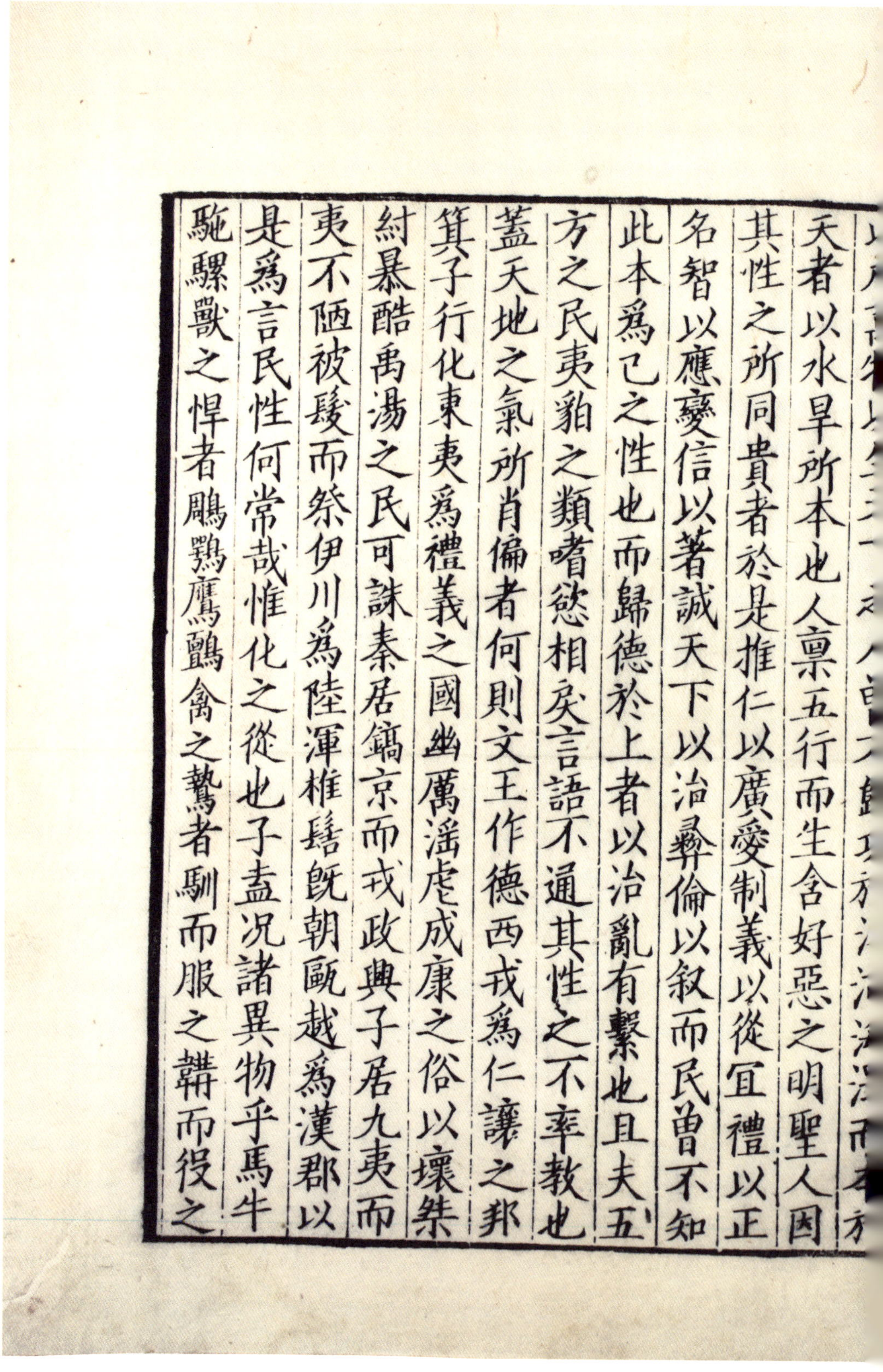

天者以水旱所本也人禀五行而生含好惡之明聖人因其性之所同貴者於是推仁以廣愛制義以從宜禮以正名智以應變信以著誠天下以治彝倫以叙而民曾不知此本爲己之性也而歸德於上者以治亂有繫也且夫五方之民夷貊之類嗜慾相戾言語不通其性之不率教也蓋天地之氣所肖偏者何則文王作德西戎爲仁讓之邦箕子行化東夷爲禮義之國幽厲遙虐成康之俗以壞桀紂暴酷禹湯之民可誅秦居鎬京而戎政興子居九夷而夷不陋被髮而祭伊川爲陸渾椎髻既朝甌越爲漢郡以是爲言民性何常哉惟化之從也子盍況諸異物乎馬牛駞騾獸之悍者鵰鶚鷹鸇禽之鷙者馴而服之鞲而役之

01098 樂全先生文集四十卷 （宋）張方平撰　宋淳熙九年（1182）錫山尤袤江西漕臺刻本

蝴蝶裝。匡高21.4厘米，廣16厘米。半葉十二行，行二十二字，白口，左右雙邊。有“文淵閣”、“汪士鐘字春霆号眼園書画印”、“甲子丙寅韓德均錢潤文夫婦兩度携書避難記”等印。國家圖書館藏，存十八卷。

欒全先生文集卷第十七

論

中庸論上篇

中庸曰天命之謂性率性之謂道修道之謂教此聖人所以叅天人之理極性命之際舉大中之要正教化之端者也至于孟荀楊三子善惡之論則其於中庸之教異矣或問其說對曰三子之言性一人之性也中庸之爲道天下之化也夫天下之人雖風俗異宜賢愚殊品至于口之於味也必同嗜焉耳之於聲也必同樂焉目之於色也必同好焉至于心豈獨不同乎是故天下之心所同貴者五常之道也子知雨雪霧露之所從來乎是亦江河海澤之氣也噓吸而上爲霖雨爲時雪爲霧之閏爲露之需百設

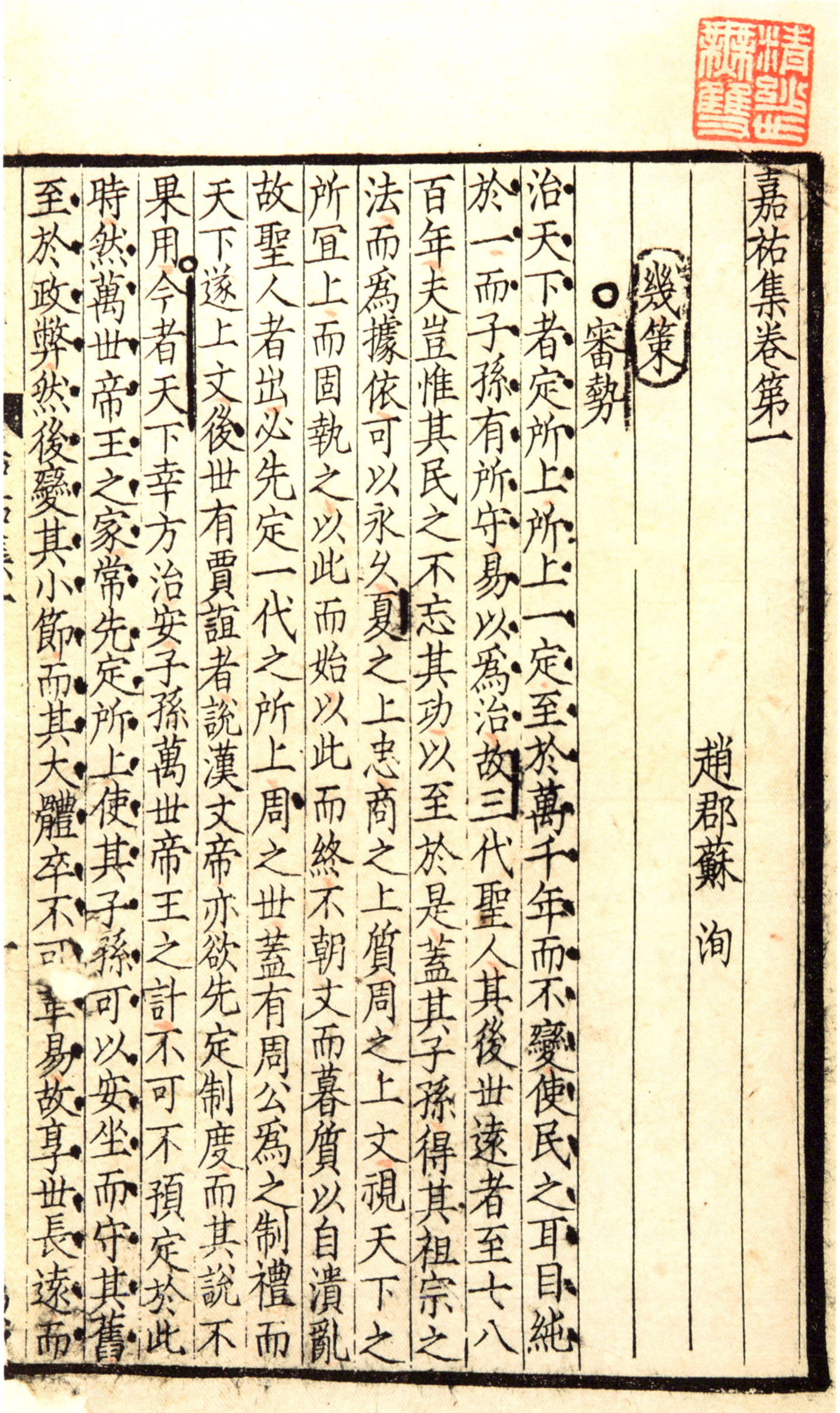

嘉祐集卷第一

趙郡蘇　洵

幾策

審勢

治天下者定所上所上一定至於萬千年而不變使民之耳目純於一而子孫有所守易以爲治故三代聖人其後世遠者至七八百年夫豈惟其民之不忘其功以至於是蓋其子孫得其祖宗之法而爲據依可以永久夏之上忠商之上質周之上文視天下之所宜上而固執之以此而始以此而終不朝文而暮質以自潰亂故聖人者出必先定一代之所上周之世蓋有周公爲之制禮而天下遂上文後世有賈誼者說漢文帝亦欲先定制度而其說不果用今者天下幸方治安子孫萬世帝王之計不可不預定於此時然萬世帝王之家常先定所上使其子孫可以安坐而守其舊至於政弊然後變其小節而其大體卒不可革易故享世長遠而

01099 嘉祐集十五卷（宋）蘇洵撰　宋刻本

匡高15.2厘米，廣10.5厘米。半葉十四行，行二十五字，白口，左右雙邊。有“徐健菴”、“懷璞”、“臣瑾”、“楊武”、“丕烈”、“汪印士鐘”、“松年”、“昌遂”等印。黄丕烈、喬松年跋。上海圖書館藏。

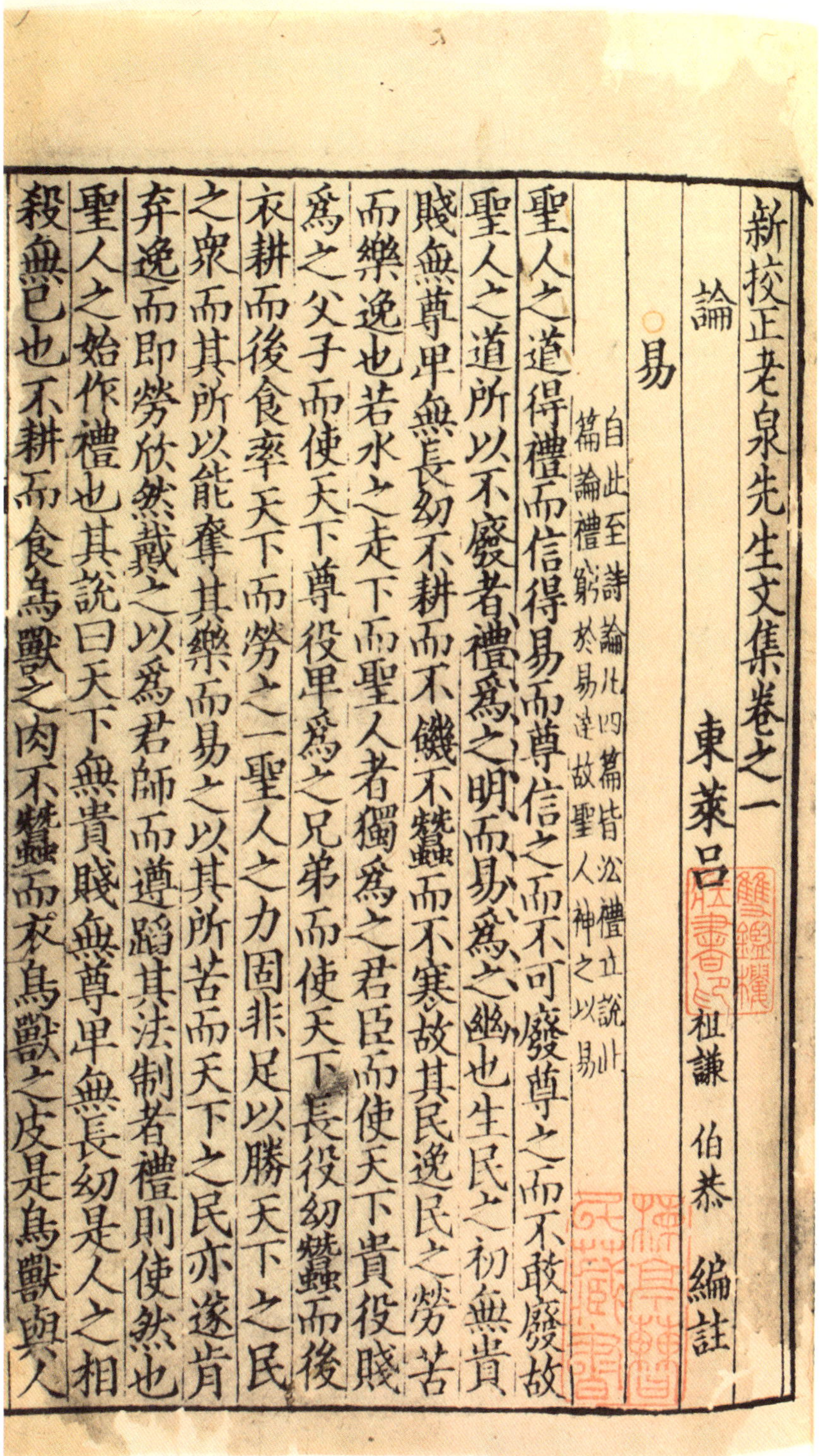
新挍正老泉先生文集卷之一　東萊呂祖謙　伯恭　編註
論
易
自此至詩論凡四篇皆沿禮立說此篇論禮躬於易達故聖人神之以易
聖人之道得禮而信得易而尊信之而不可廢尊之而不敢廢故聖人之道所以不廢者禮爲之明而易爲之幽也生民之初無貴賤無尊卑無長幼不耕而不饑不蠶而不寒故其民逸民之勞苦而樂逸也若水之走下而聖人者獨爲之君臣而使天下貴役賤爲之父子而使天下尊役卑爲之兄弟而使天下長役幼蠶而後衣耕而後食率天下而勞之一聖人之力固非足以勝天下之民之衆而其所以能奪其樂而易之以其所苦而天下之民亦遂肯弃逸而即勞欣然戴之以爲君師而遵蹈其法制者禮則使然也聖人之始作禮也其說曰天下無貴賤無尊卑無長幼是人之相殺無已也不耕而食鳥獸之肉不蠶而衣鳥獸之皮是鳥獸與人

01100 東萊標註老泉先生文集十二卷　（宋）蘇洵撰　（宋）呂祖謙注　宋紹熙四年（1193）吴炎刻本

匡高19.6厘米，廣13.3厘米。半葉十四行，行二十五字，小字雙行同，細黑口，左右雙邊。有“楝亭曹氏藏書”、“雙鑑樓藏書印”等印。國家圖書館藏。

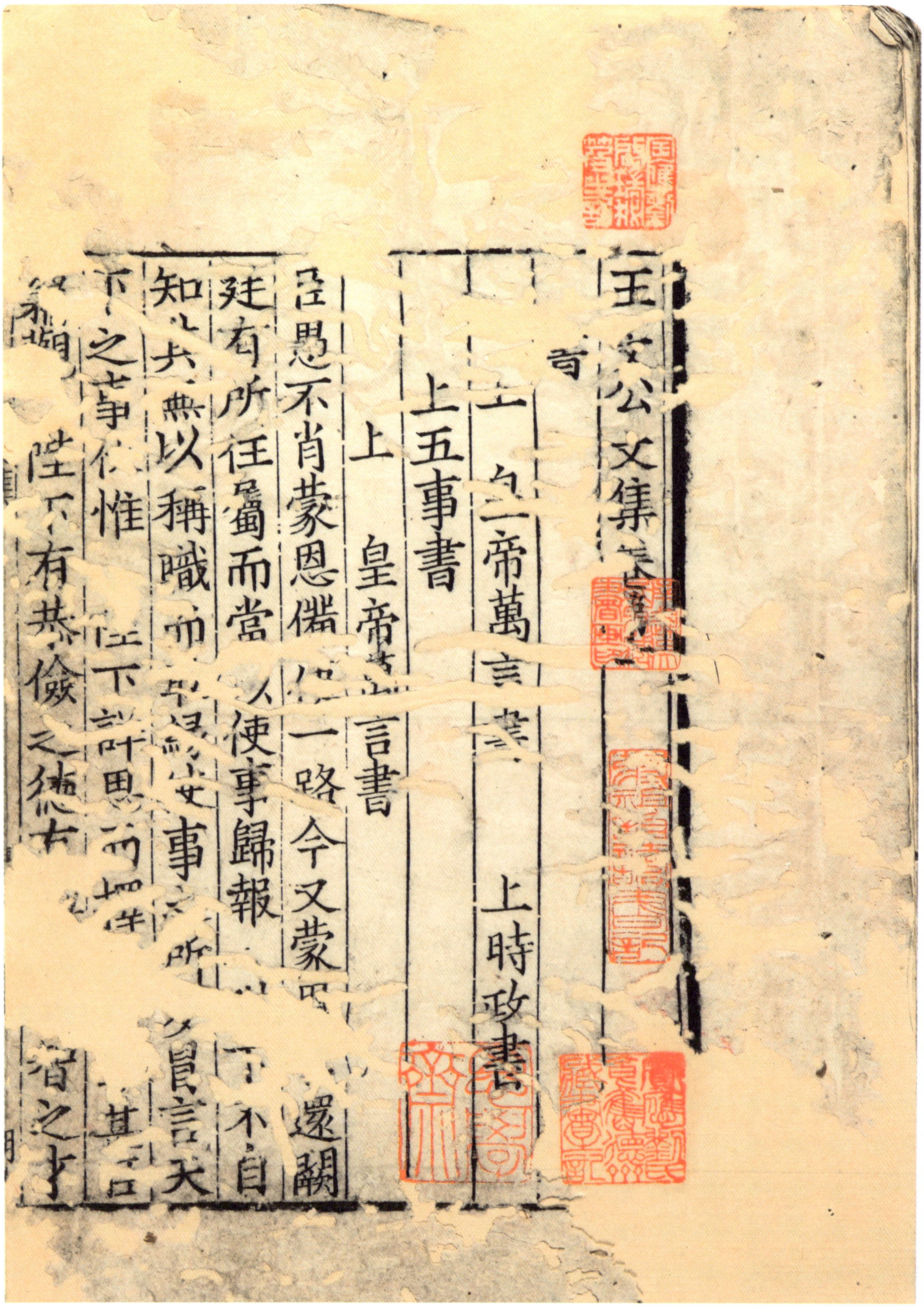

01101 王文公文集一百卷目録二卷 （宋）王安石撰　宋紹興龍舒郡齋刻公文紙印本

匡高20.2厘米，廣15.1厘米。半葉十行，行十七字，白口，左右雙邊。散葉。有“寶應劉氏食舊德齋藏書之記”、“蔣祖詒讀書記”等印。上海博物館藏，存七十二卷。

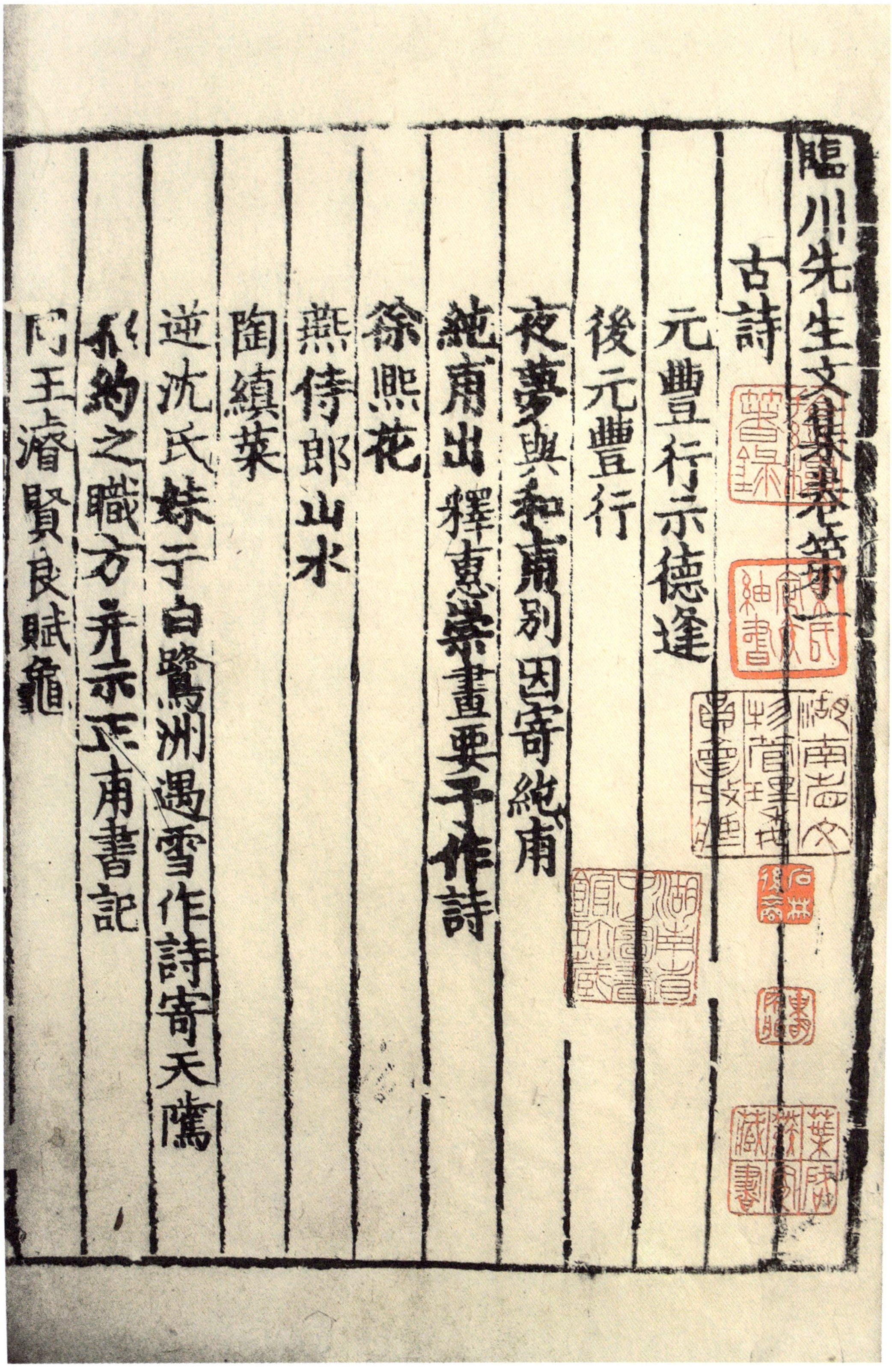

臨川先生文集卷第一
古詩
元豐行示德逢
後元豐行
夜夢與和甫別因寄純甫
純甫出釋惠崇畫要予作詩
徐熙花
燕侍郎山水
陶縝菜
逆沈氏妹于白鷺洲遇雪作詩寄天騭
和約之職方并示正甫書記
同王濬賢良賦龜

01102 臨川先生文集一百卷目録二卷（宋）王安石撰　宋紹興二十一年（1151）兩浙西路轉運司王珏刻元明遞修本

匡高20.4厘米，廣15.8厘米。半葉十二行，行二十字，白口或黑口，左右雙邊或四周單邊。有“葉氏定侯紬書”、“拾經樓著録”等印。湖南圖書館藏。

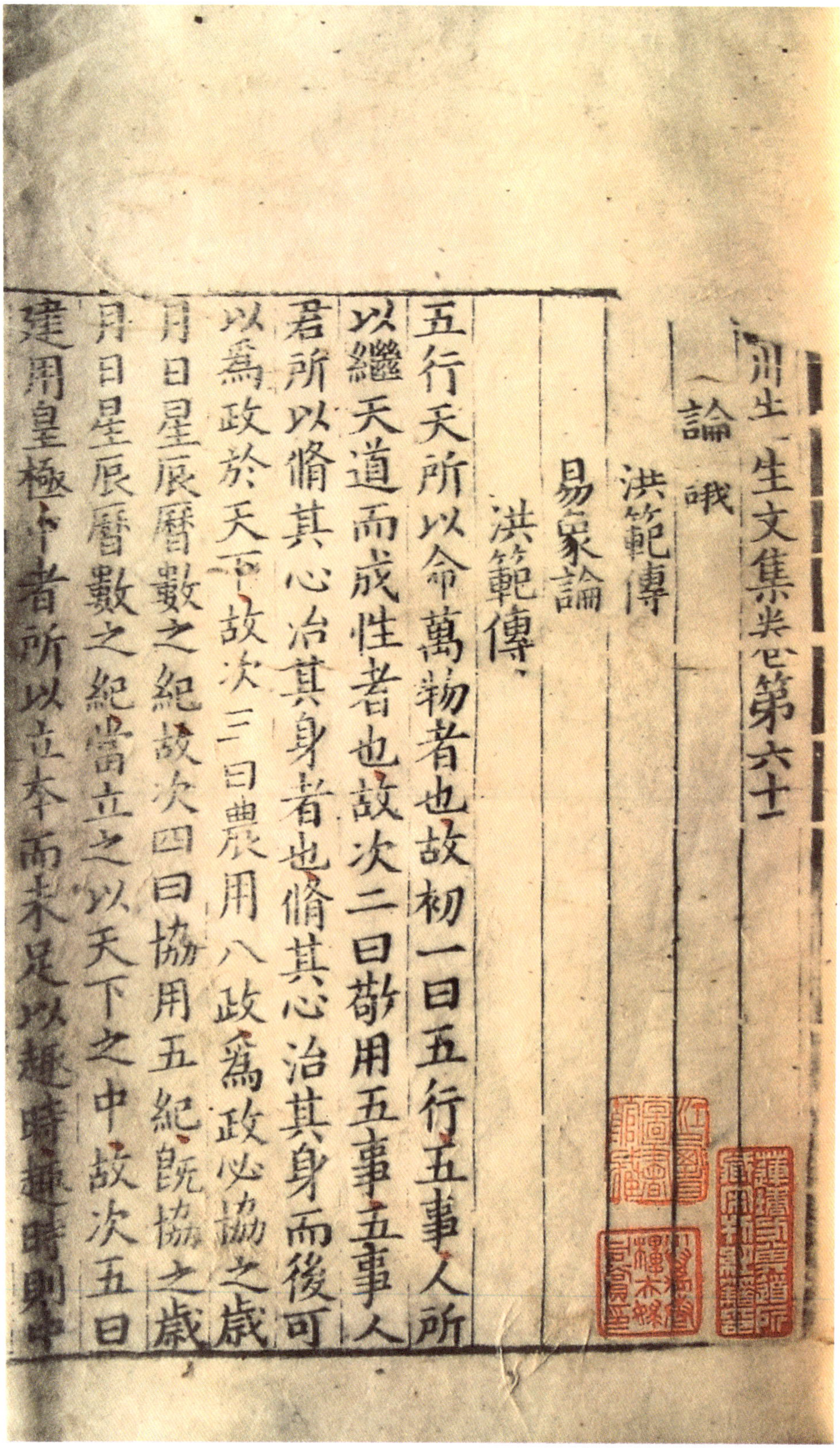

川先生文集卷第六十

論議

洪範傳

易象論

洪範傳

五行天所以命萬物者也故初一曰五行五事人所以繼天道而成性者也故次二曰敬用五事五事人君所以脩其心治其身者也脩其心治其身而後可以爲政於天下故次三曰農用八政爲政必協之歲月日星辰曆數之紀故次四曰協用五紀既協之歲月日星辰曆數之紀當立之以天下之中故次五曰建用皇極中者所以立本而未足以趣時趣時則中

01103、01104 臨川先生文集一百卷 （宋）王安石撰　宋紹興二十一年（1151）兩浙西路轉運司王珏刻元明遞修本

匡高20.4厘米，廣15.8厘米。半葉十二行，行二十字，白口或黑口，左右雙邊或四邊單邊。江西省圖書館藏，存七卷；廣東省立中山圖書館藏。

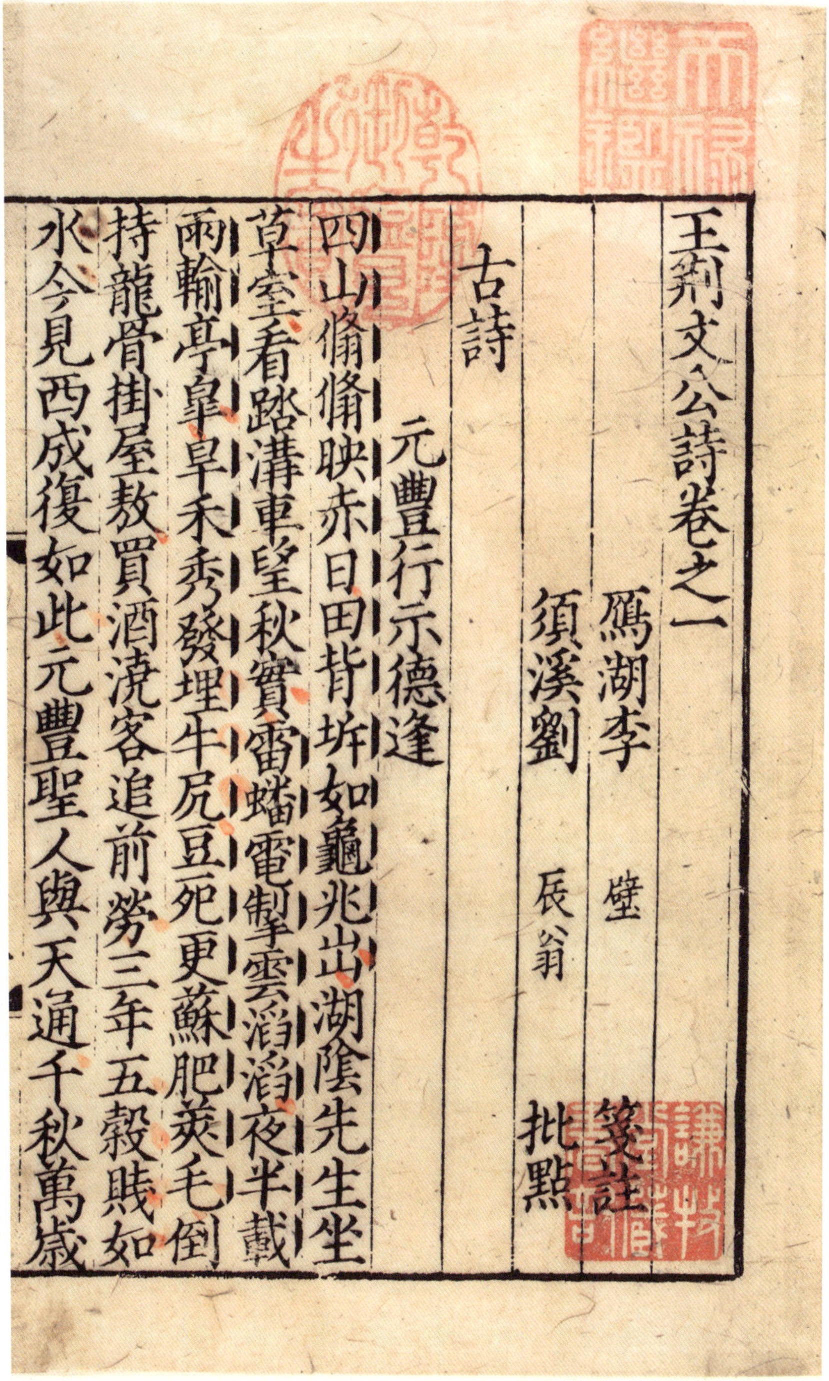

01105 王荆文公詩五十卷目録三卷（宋）王安石撰　（宋）李壁箋注　（宋）劉辰翁批點　**年譜一卷**　（宋）詹大和撰　元大德五年（1301）王常刻本

匡高17.5厘米，廣12.4厘米。半葉十行，行十九字，小字雙行同，細黑口，左右雙邊。有“謙牧堂藏書記”、“天禄琳琅”、“天禄繼鑑”、“乾隆御覽之寶”等印。國家圖書館藏。

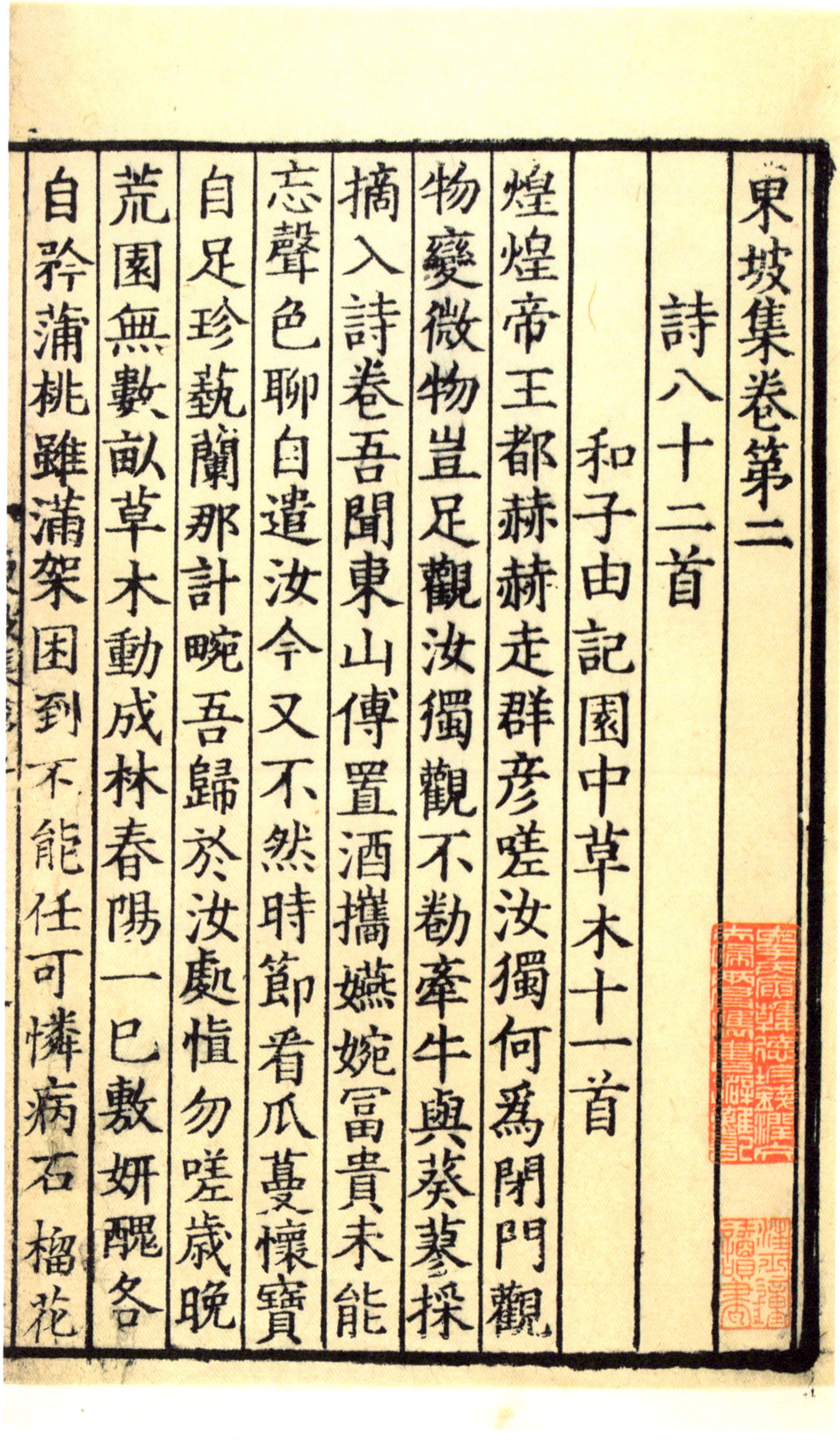

東坡集卷第二

詩八十二首

和子由記園中草木十一首

煌煌帝王都赫赫走群彥嗟汝獨何爲閉門觀物變微物豈足觀汝獨觀不勸牽牛與葵蓼採摘入詩卷吾聞東山傅置酒攜嬿婉冨貴未能忘聲色聊自遣汝今又不然時節看瓜蔓懷寶自足珍蓺蘭那計晼吾歸於汝處愼勿嗟歲晚

荒園無數畝草木動成林春陽一已敷妍醜各自矜蒲桃雖滿架囷到不能任可憐病石榴花

01106 東坡集四十卷 （宋）蘇軾撰　宋刻本（卷三配明抄本）

匡高20.2厘米，廣14厘米。半葉十行，行十八字，白口，左右雙邊。有“汪士鐘讀書”、“甲子丙寅韓德均錢潤文夫婦兩度攜書避難記”等印。韓應陛跋。國家圖書館藏，存三十卷。

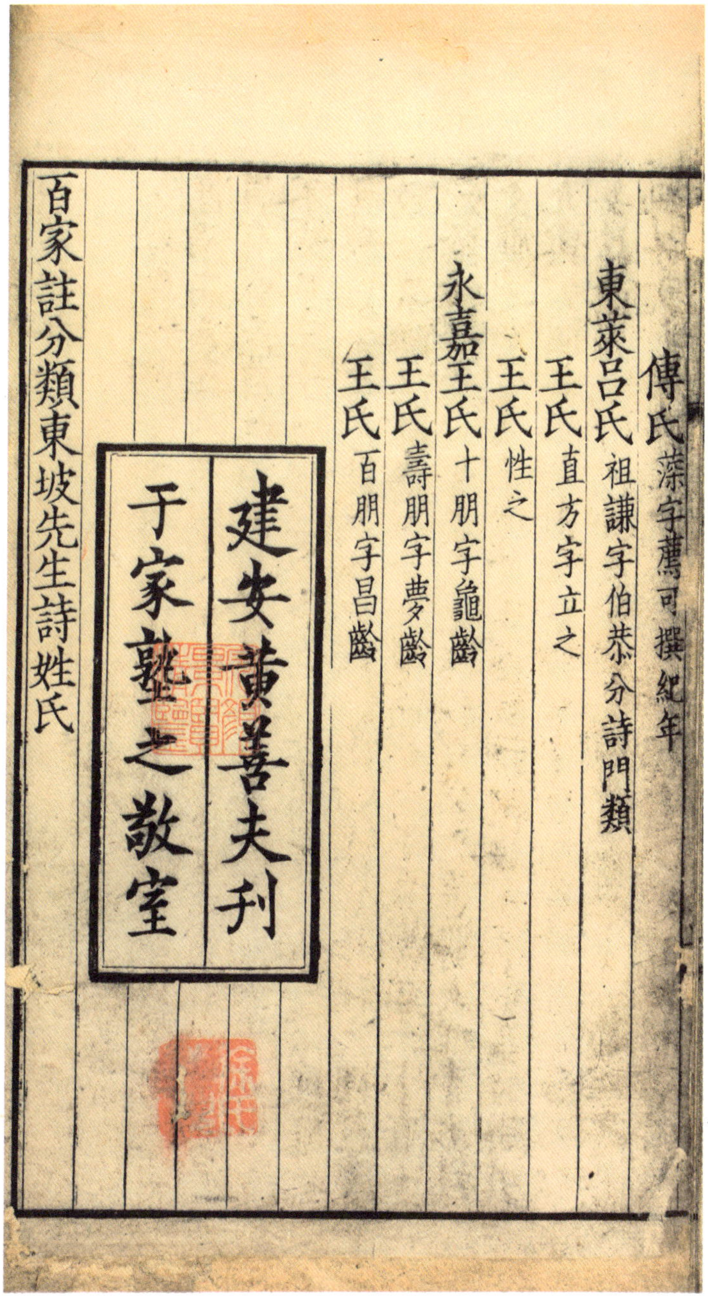

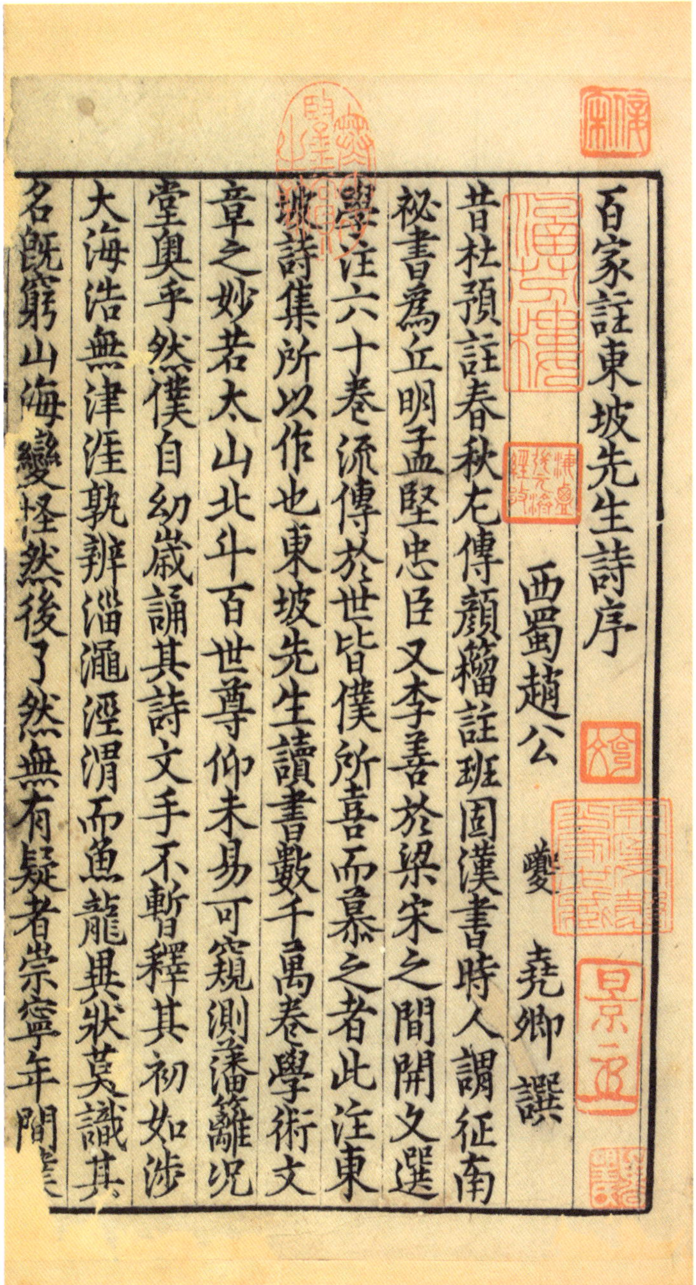

01107 王狀元集百家註分類東坡先生詩二十五卷 （宋）蘇軾撰　題（宋）王十朋纂集　**東坡紀年録一卷** （宋）傅藻撰　宋建安黄善夫家塾刻本（卷一至四、九至十二配另一印本）

匡高20.9厘米，廣13.4厘米。半葉十三行，行二十二至二十三字，小字雙行二十七至二十九字，細黑口，左右雙邊。有“建安黄善夫刊于家塾之敬室”牌記。有“聖清宗室盛昱伯羲之印”、“完顔景賢精鑒”、“克文”、“涵芬樓”等印。國家圖書館藏。

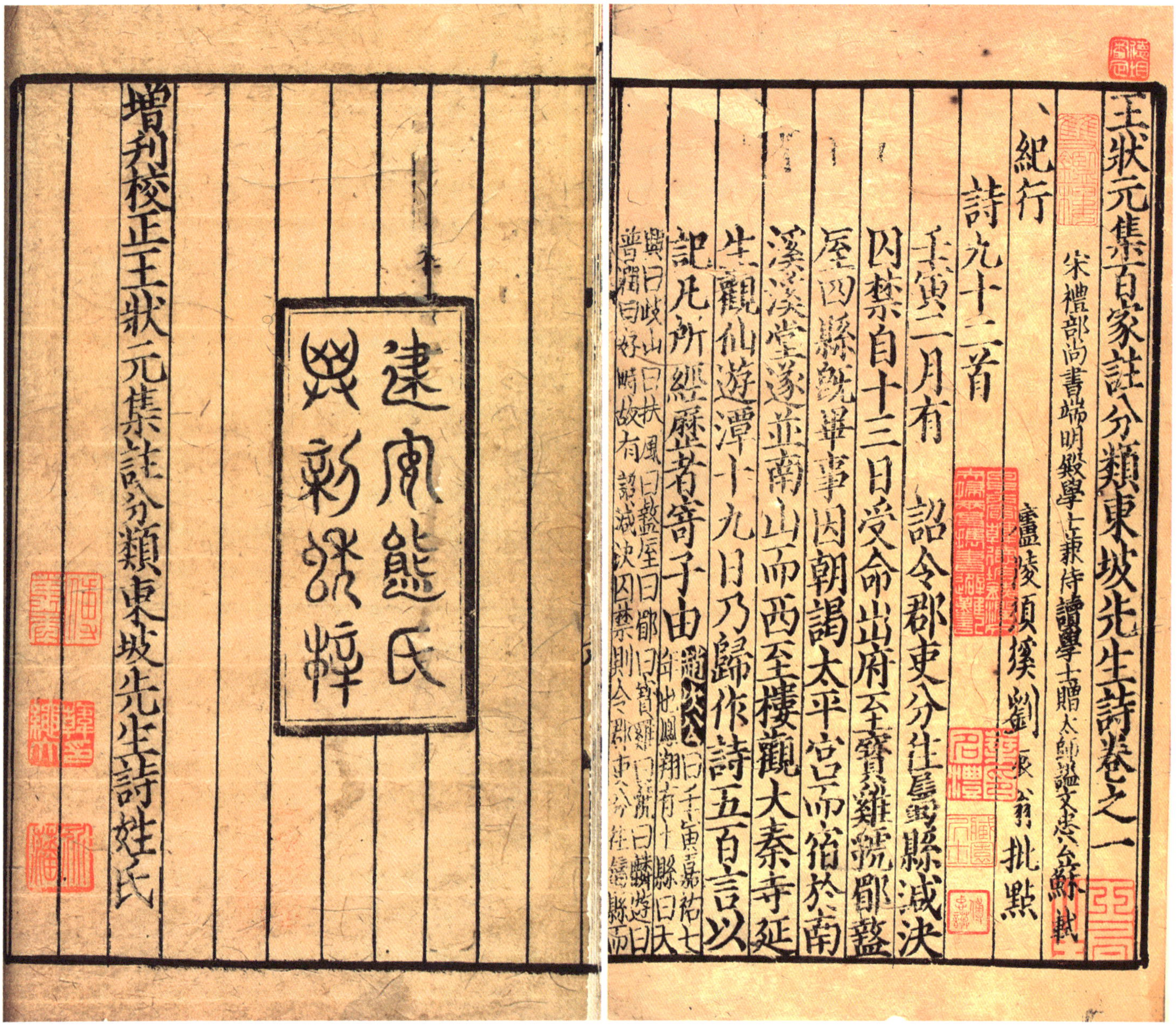

增刊校正王狀元集註分類東坡先生詩姓氏

建安熊氏鼎新綉梓

王狀元集百家註分類東坡先生詩卷之一
宋禮部尚書端明殿學士兼侍讀學士贈太師謚文忠公蘇軾
廬陵須溪劉辰翁批點
紀行
詩九十二首
壬寅二月有　詔令郡吏分往屬縣減決
囚禁自十三日受命出府至寶雞虢郿盩
厔四縣既畢事因朝謁太平宮而宿於南
溪溪堂遂並南山而西至樓觀大秦寺延
生觀仙遊潭十九日乃歸作詩五百言以
記凡所經歷者寄子由次公曰壬寅嘉祐七[illegible]出鳳翔有十縣曰天興曰岐山曰扶風曰盩厔曰郿曰寶雞曰虢曰麟遊曰普潤曰好畤故有詔減決囚禁則令郡吏分往屬縣而

01108　王狀元集百家註分類東坡先生詩二十五卷　（宋）蘇軾撰　題（宋）王十朋纂集　（宋）劉辰翁批點　**東坡紀年録一卷**　（宋）傅藻撰　元建安熊氏刻本

匡高20.7厘米，廣13.2厘米。半葉十一行，行十九字，小字雙行二十五字，細黑口，左右雙邊。有“建安熊氏鼎新綉梓”牌記有“葉印名澧”、“甲子丙寅韓德均錢潤文夫婦兩度携書避難記”、“雙鑑樓藏書印”等印。傅增湘跋。國家圖書館藏。

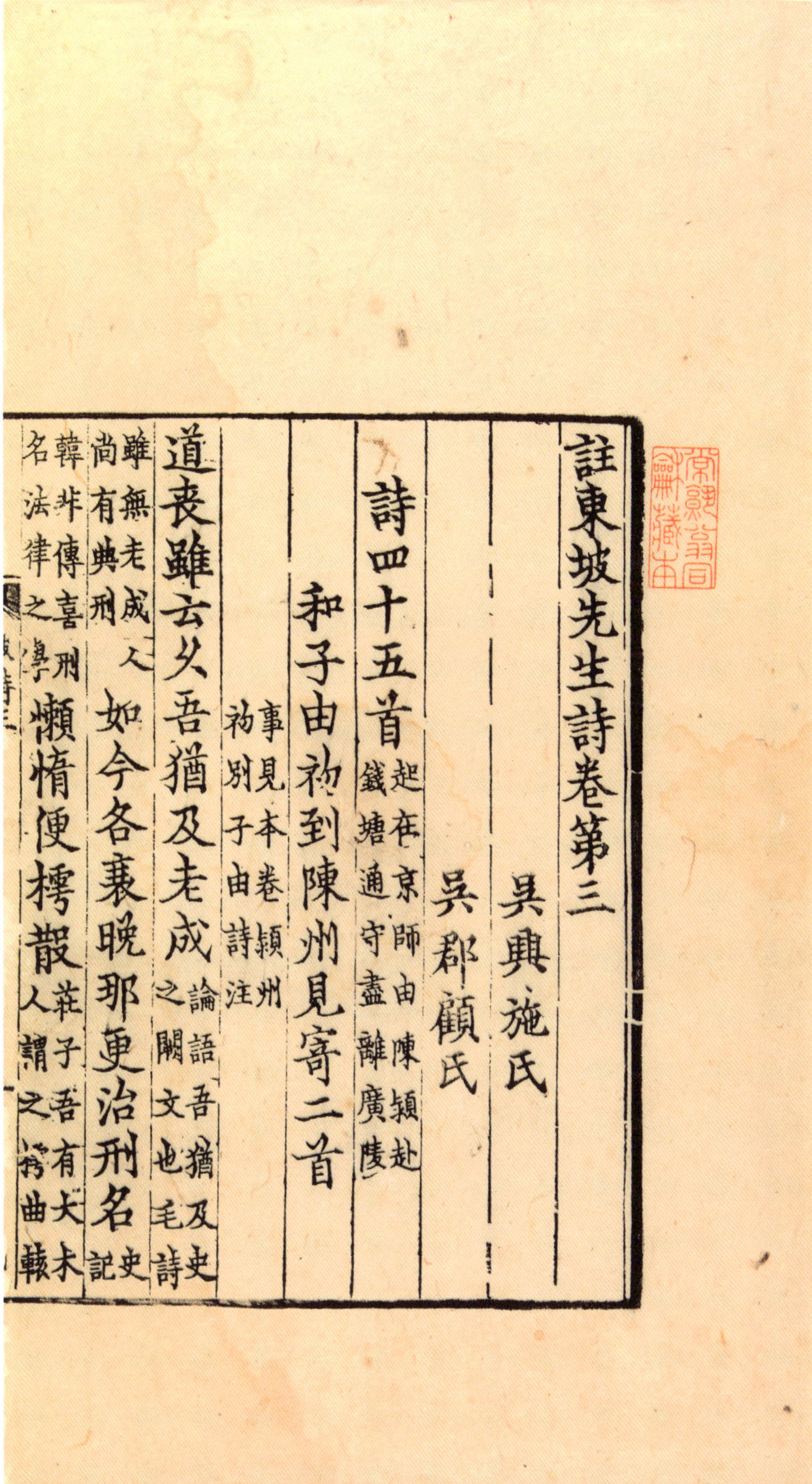
註東坡先生詩卷第三
吳興施氏
吳郡顧氏
詩四十五首起在京師由陳潁赴錢塘通守盡離廣陵
和子由初到陳州見寄二首
事見本卷潁州初別子由詩注
道喪雖云久吾猶及老成論語吾猶及史之闕文也毛詩雖無老成人尚有典刑
如今各衰晚那更治刑名史記韓非傳喜刑名法律之學
懶惰便樗散莊子吾有大木人謂之樗曲轅

01109 註東坡先生詩四十二卷　（宋）蘇軾撰　（宋）施元之　顧禧注　宋嘉定六年（1213）淮東倉司刻景定三年（1262）鄭羽補刻本

匡高20.2厘米，廣15.8厘米。半葉九行，行十六字，小字雙行同，白口，左右雙邊。有“常熟翁同龢藏本”等印。翁同龢、潘祖蔭跋，沈曾峒、王仁東、沈瑜慶題識，汪鳴鑾觀款。上海圖書館藏，存三十二卷。

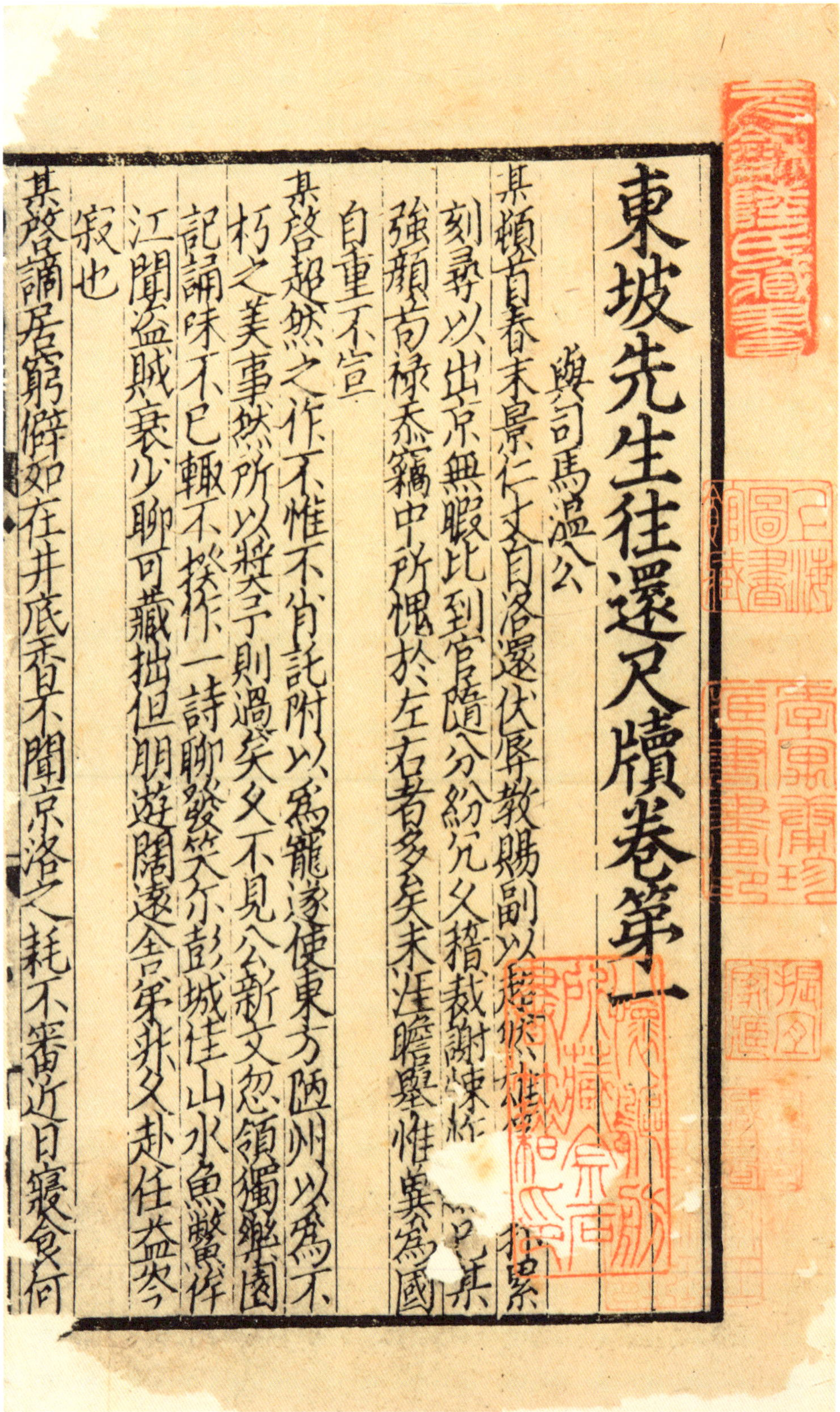
東坡先生往還尺牘卷第一
與司馬温公
某頓首春末景仁丈自洛還伏辱教賜副以[illegible]
刻尋以出京無暇比到官隨分紛冗又稽裁謝悚[illegible]
強顏苟祿忝竊中所愧於左右者多矣未涯瞻望惟冀爲國
自重不宣
某啓超然之作不惟不肖託附以爲寵遂使東方陋州以爲不
朽之美事然所以獎予則過矣久不見公新文忽領獨樂園
記誦味不已輙不揆作一詩聊發笑矣彭城佳山水魚蟹侔
江閩盜賊衰少聊可藏拙但朋游闊遠舍弟非久赴任益岑
寂也
某啓謫居窮僻如在井底杳不聞京洛之耗不審近日寝食何

01110 東坡先生往還尺牘十卷 （宋）蘇軾撰　元刻本

匡高16.2厘米，廣10厘米。半葉十三行，行二十四字，黑口，左右雙邊。有“季寓庸珍藏書畫印”、“季振宜藏書”、“元龢陸氏藏書”、“小懷鷗舫所藏金石書籍印”等印。上海圖書館藏。

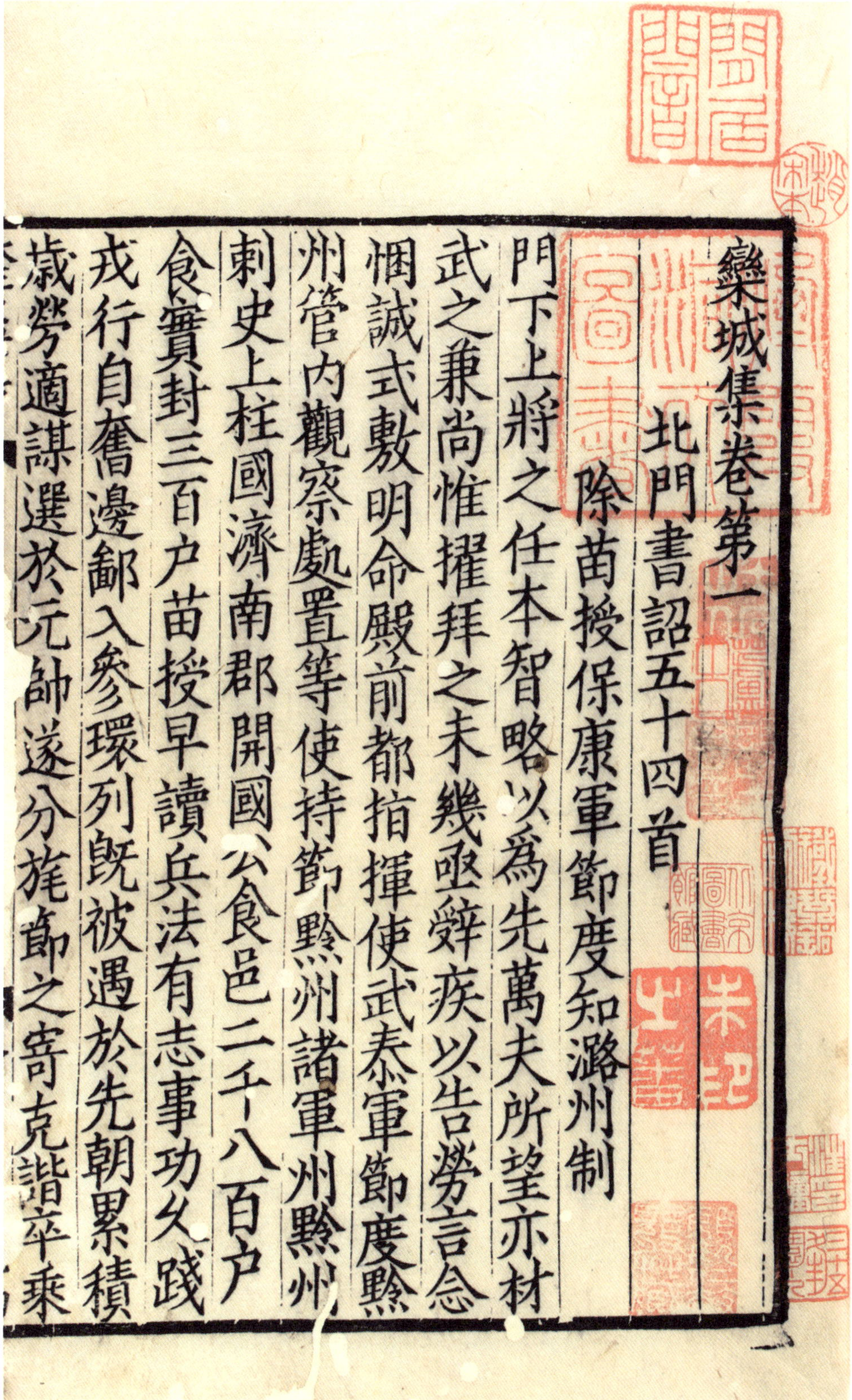
欒城集卷第一
北門書詔五十四首
除苗授保康軍節度知潞州制
門下上將之任本智畧以爲先萬夫所望亦材
武之兼尚惟擢拜之未幾亟辭疾以告勞言念
悃誠式敷明命殿前都指揮使武泰軍節度黔
州管内觀察處置等使持節黔州諸軍州黔州
刺史上柱國濟南郡開國公食邑二千八百户
食實封三百户苗授早讀兵法有志事功久踐
戎行自奮邊鄙入參環列既被遇於先朝累積
歲勞適謀選於元帥遂分旄節之寄克諧卒乘

01111 欒城集五十卷後集二十四卷 （宋）蘇轍撰　宋刻遞修本

匡高19.6厘米，廣14.2厘米。半葉十一行，行十八字，白口，左右雙邊。有“朱印之蕃”、“顧仁效氏收藏”、“黄丕烈”、“汪印士鐘”、“鐵琴銅劍樓”等印。國家圖書館藏，存二十一卷。

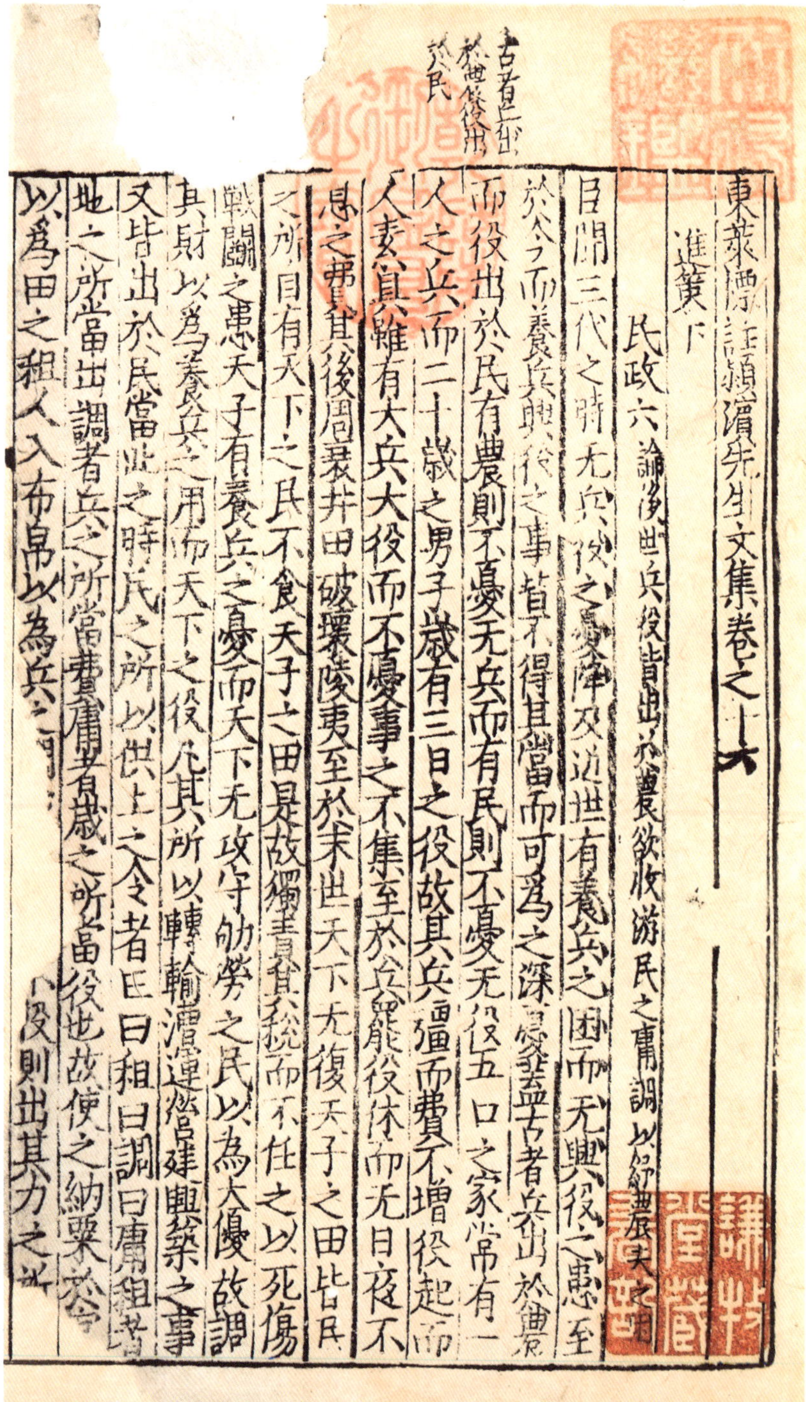
東萊標註潁濱先生文集卷之十六
進策下
民政六論後世兵役皆出於農民欲收游民之庸調以給農民之用
自開三代之時无兵役之憂降及近世有養兵之困而无興役之患至
於今而養兵興役之事皆不得其當而可為之深憂蓋古者兵出於農
而役出於民有農則不憂无兵而有民則不憂无役五口之家常有一
人之兵而二十歲之男子歲有三日之役故其兵強而費不增役起而
人安其雖有大兵大役而不憂事之不集至於兵罷役休而无日夜不
息之勞其後周衰井田破壞陵夷至於末世天下无復天子之田皆民
之所自有天下之民不食天子之田是故獨責其稅而不任之以死傷
戰鬬之患天子有養兵之憂而天下无攻守劬勞之民以為大優故謂
其財以為養兵之用而天下之役凡其所以轉輸漕運營建興築之事
又皆出於民當此之時民之所以供上之令者臣曰租曰調曰庸租者
地之所當出調者兵之所當費庸者歲之所當役也故使之納粟於
以為田之租人入布帛以為兵之調役則出其力之以

01112 東萊標註潁濱先生文集二十二卷 （宋）蘇轍撰　（宋）吕祖謙標注　元刻本

匡高19厘米，廣12.5厘米。半葉十五行，行二十七字，白口，左右雙邊。有"謙牧堂藏書記"、"天禄繼鑑"等印。遼寧省博物館藏。

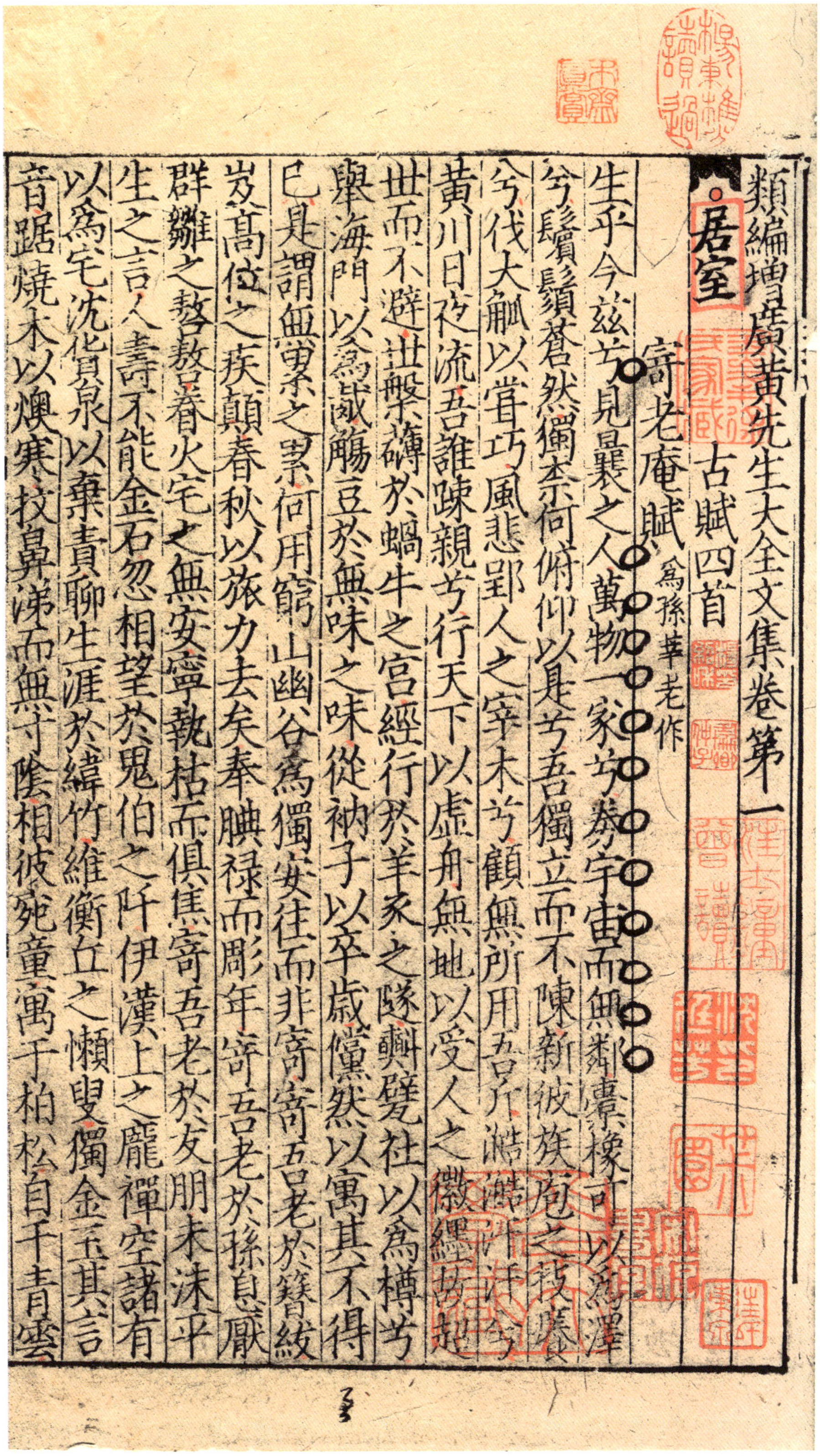

類編增廣黃先生大全文集卷第一
居室　古賦四首
寄老庵賦　爲孫莘老作
生平今茲兮見曩之人萬物一家兮夢宇宙而無鄰廓寥椽可以爲澤
兮鬚鬢蒼然獨奈何俯仰以是兮吾獨立而不陳新彼族庖之殺羨養
兮伐大觚以嘗巧風悲郢人之穿木兮顧無所用吾斤游濫汗汗兮
黃川日夜流吾誰踈親兮行天下以虛舟無地以受人之徽纆坊也
世而不避世槃礴於蝸牛之宮經行於羊豕之隧蓺甓社以爲樽兮
舉海門以爲岳瀫觴豆於無味之味從衲子以卒歲儻然以寓其不得
已是謂無累之累何用窮山幽谷爲獨安往而非寄寄吾老於簪紱
岌高位之疾顛春秋以旅力去矣奉朏祿而周年寄吾老於孫息厭
群雛之嗸嗸眷火宅之無安寧孰枯而俱焦寄吾老於友朋未沬乎
生之言人壽不能金石忽相望於鬼伯之阡伊漢上之龐禪空諸有
以爲宅沈俗貨泉以棄責聊生涯於緯竹維衡立之懶叟獨金玉其言
音踞槁木以燠寒拔鼻涕而無寸陰相彼宛童寓千柏松自千青雲

01113 類編增廣黃先生大全文集五十卷 （宋）黄庭堅撰　宋乾道麻沙鎮水南劉仲吉宅刻本（卷十三至十八配清抄本）

匡高19.7厘米，廣13.3厘米。半葉十五行，行二十六字，白口，左右雙邊。有“茮園”、“沈印廷芳”、“黄印丕烈”、“汪印士鐘”、“楊印紹和”、“李印盛鐸”等印。沈廷芳、黄丕烈跋。北京大學圖書館藏。

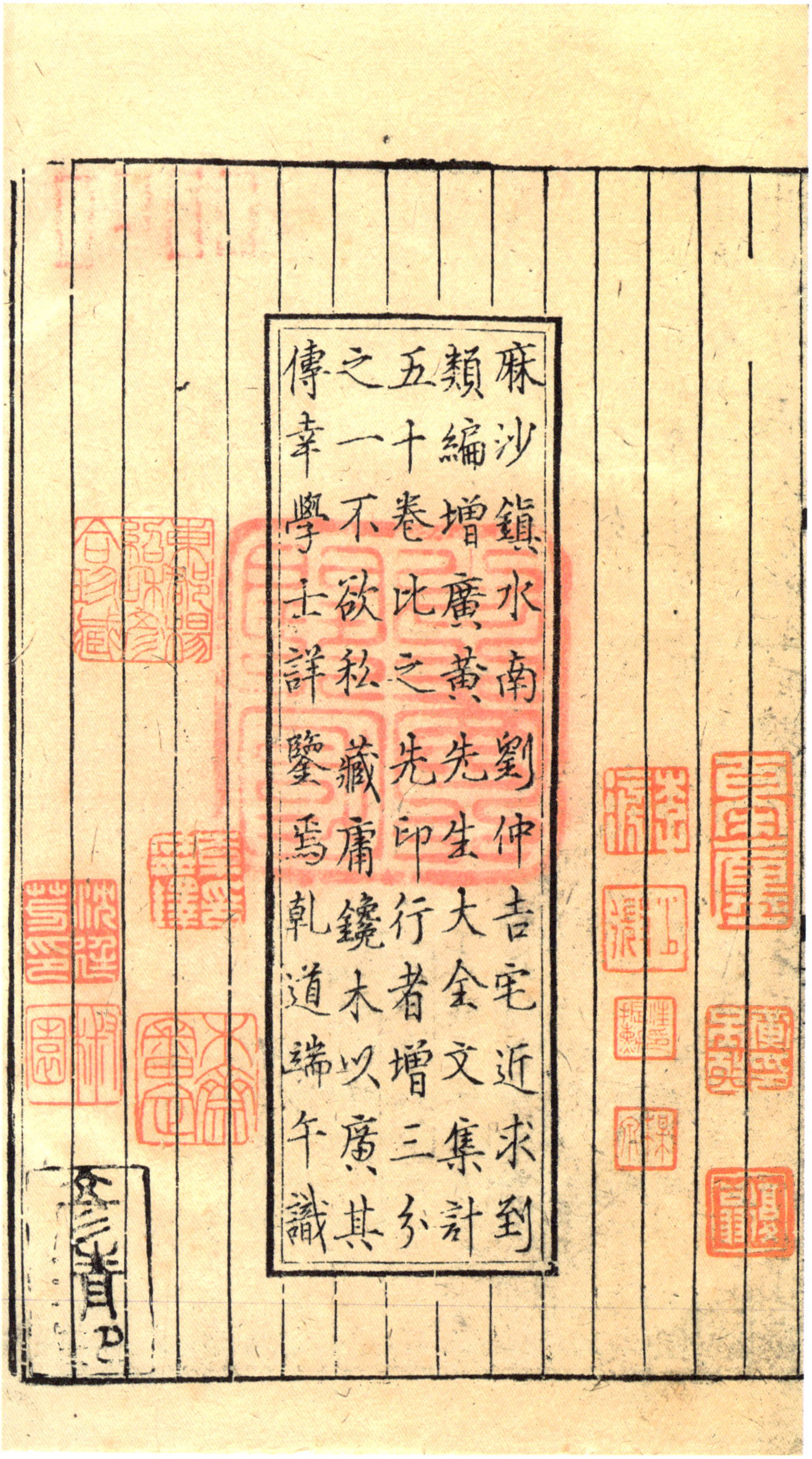

麻沙鎮水南劉仲吉宅近求到
類編增廣黄先生大全文集計
五十卷比之先印行者增三分
之一不欲私藏庸鑱木以廣其
傳幸學士詳鑒焉乾道端午識

01113 類編增廣黄先生大全文集五十卷 （宋）黄庭堅撰　宋乾道麻沙鎮水南劉仲吉宅刻本

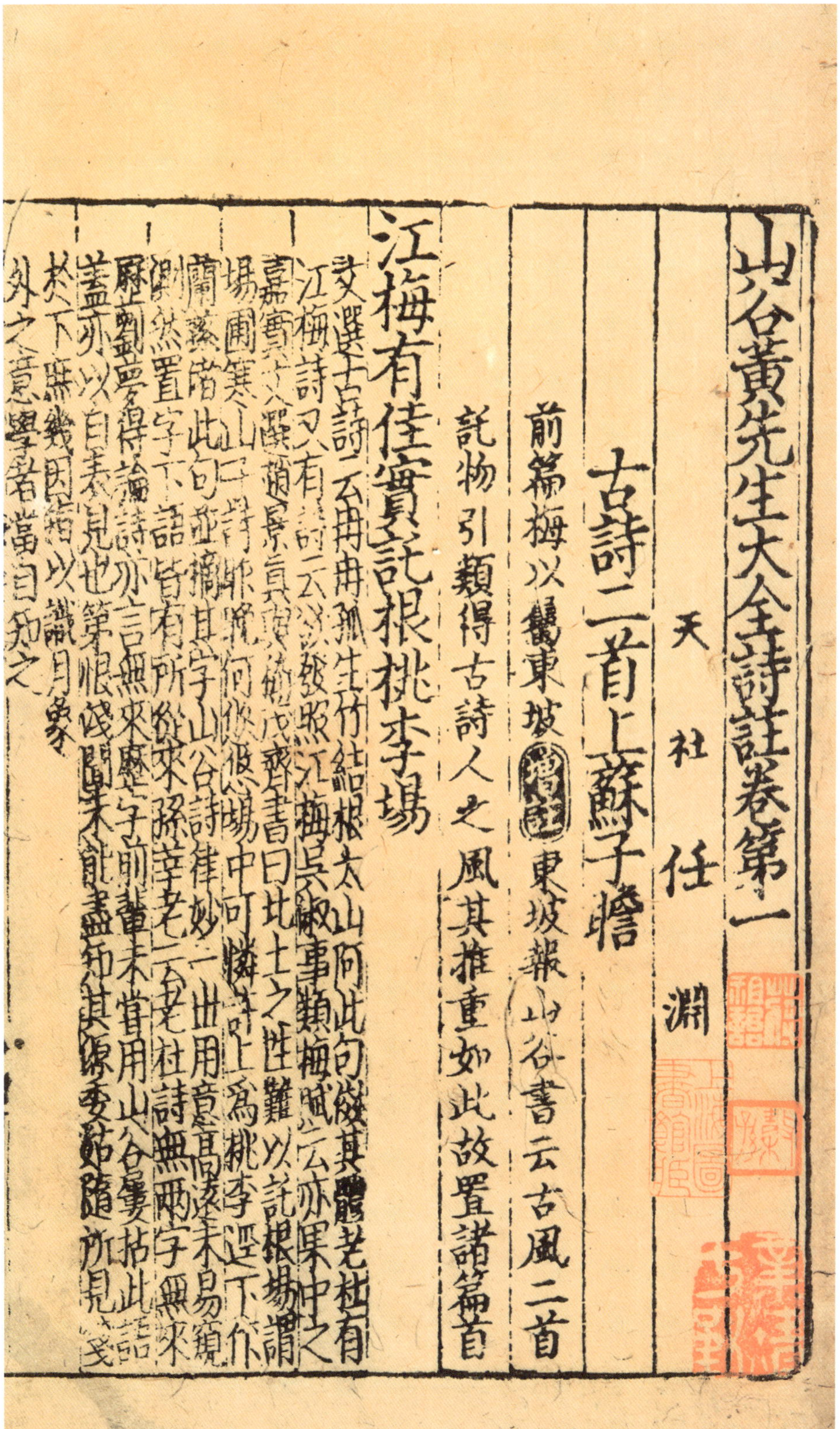

山谷黃先生大全詩註卷第一

天社　任淵

古詩二首上蘇子瞻

前篇梅以 東坡 增注 東坡報山谷書云古風二首

託物引類得古詩人之風其推重如此故置諸篇首

江梅有佳實託根桃李場

01114 山谷黃先生大全詩註二十卷　（宋）黃庭堅撰　（宋）任淵注　元刻本（卷九至十配清抄本）

匡高19.2厘米，廣12.9厘米。半葉十一行，行二十字，小字雙行二十四字，黑口，左右雙邊。有“密均樓”、“烏程蔣祖詒藏書”等印。上海圖書館藏。

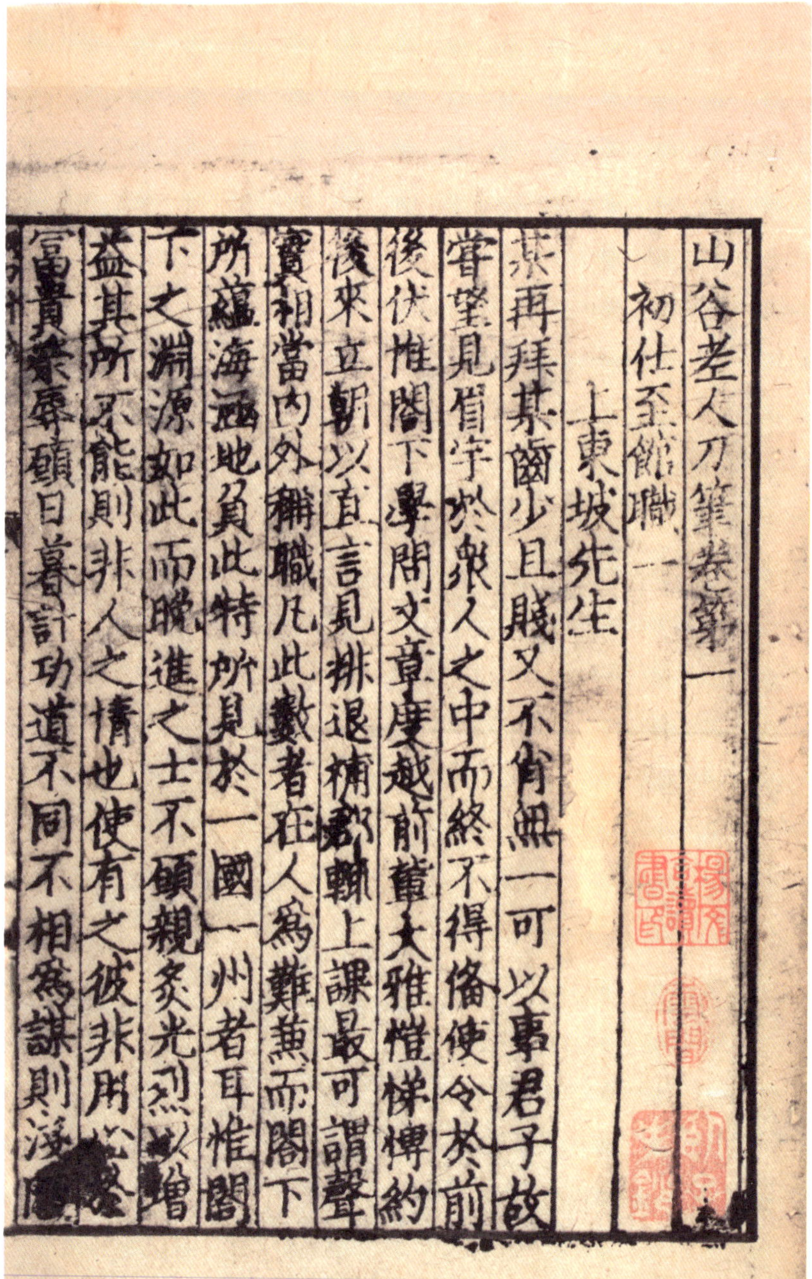

山谷老人刀筆卷第一
初仕至館職一
上東坡先生
某再拜某齒少且賤又不肖無一可以事君子故
嘗望見眉宇於衆人之中而終不得備使令於前
後伏惟閣下學問文章度越前輩大雅愷悌博約
後來立朝以直言見排退補郡輒上課最可謂聲
實相當內外稱職凡此數者在人為難兼而閣下
所蘊海涵地負此特所見於一國一州者耳惟閣
下之淵源如此而晚進之士不願親炙光烈以增
益其所不能則非人之情也使有之彼非用心於
富貴榮辱顛日暮計功道不同不相為謀則淺陋

01115 山谷老人刀筆二十卷 （宋）黄庭堅撰　元刻本（有抄配）

匡高15.8厘米，廣12厘米。半葉十二行，行十九字，細黑口，左右雙邊。有“沈荃”、“宋存書室”、“東萊劉占洪字少山藏書之印”等印。國家圖書館藏。

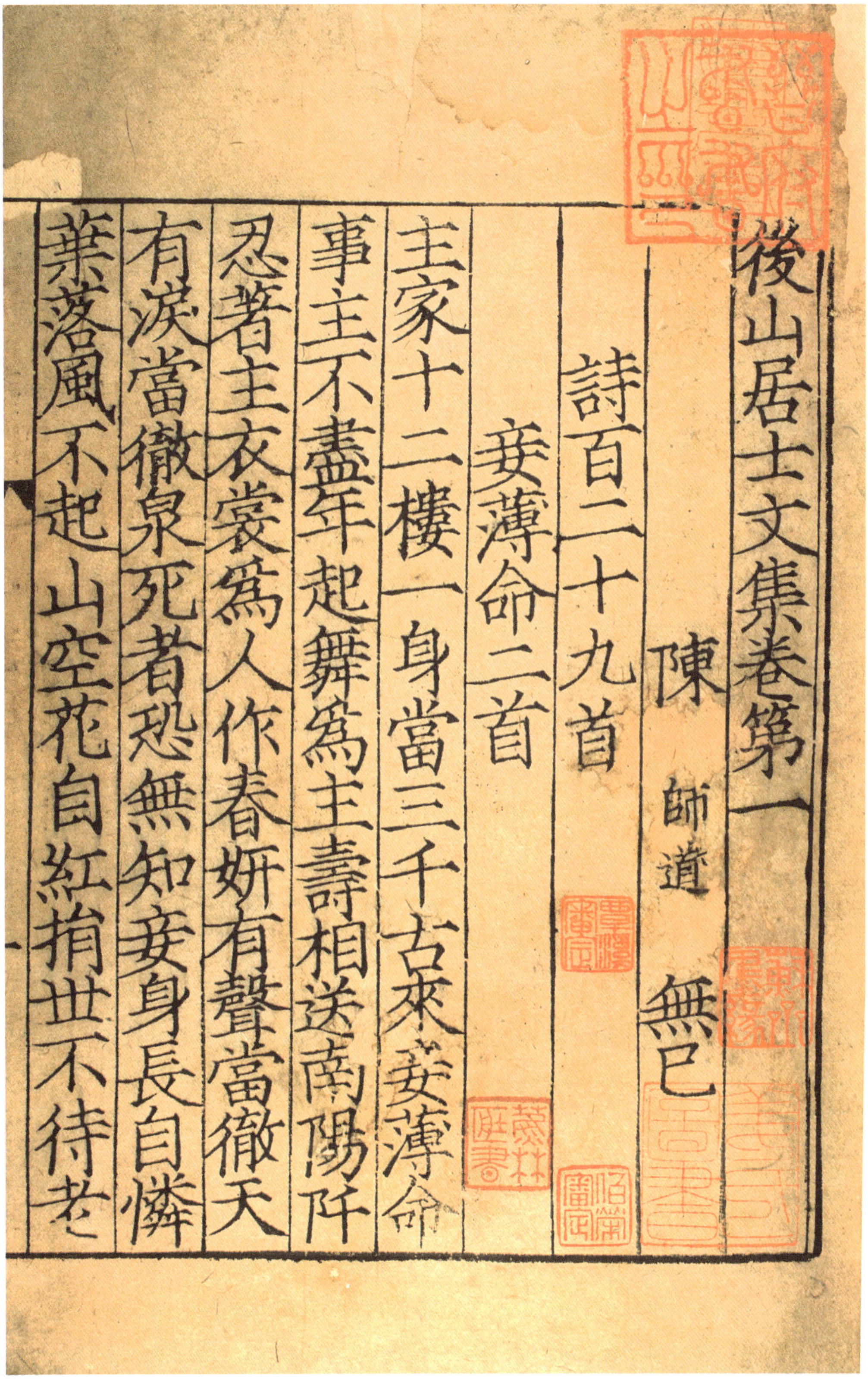

後山居士文集卷第一

陳　師道　無已

詩百二十九首

妾薄命二首

主家十二樓一身當三千古來妾薄命
事主不盡年起舞爲主壽相送南陽阡
忍著主衣裳爲人作春妍有聲當徹天
有淚當徹泉死者恐無知妾身長自憐
葉落風不起山空花自紅捐世不待老

01116 後山居士文集二十卷 （宋）陳師道撰　宋蜀刻本

匡高22.4厘米，廣18.1厘米。半葉九行，行十五字，白口，左右雙邊。有“晉府書畫之印”、“蕉林藏書”、“蘇齋墨緣”、“吴榮光印”等印。翁方綱跋并題詩。國家圖書館藏。

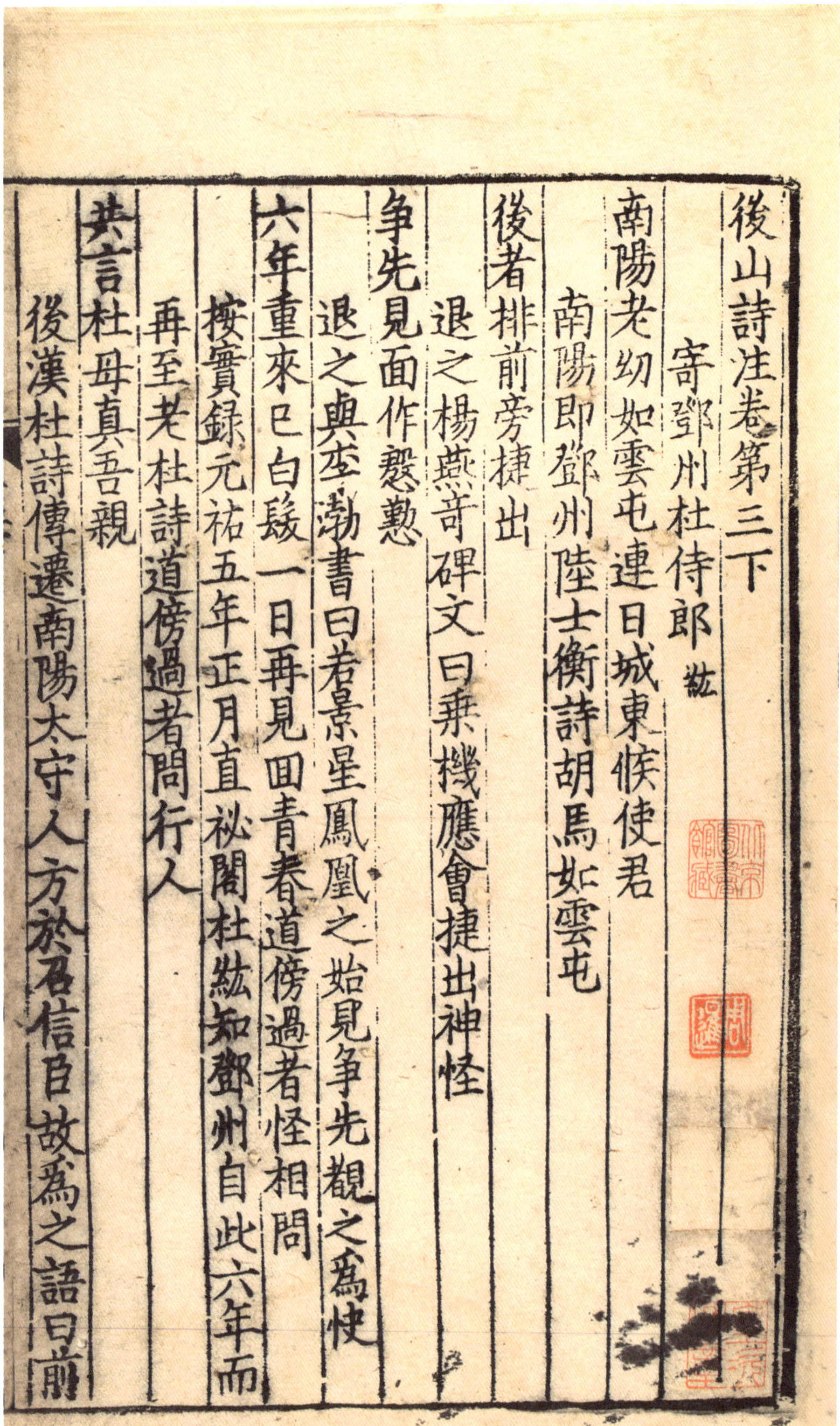

後山詩注卷第三下

寄鄧州杜侍郎紘

南陽老幼如雲屯連日城東候使君

南陽即鄧州陸士衡詩胡馬如雲屯

後者排前旁捷出

退之楊燕奇碑文曰乘機應會捷出神怪

爭先見面作慇懃

退之與李渤書曰若景星鳳凰之始見爭先覩之爲快

六年重來已白鬚一日再見回青春道傍過者怪相問

按實録元祐五年正月直祕閣杜紘知鄧州自此六年而

再至老杜詩道傍過者問行人

共言杜母真吾親

後漢杜詩傳遷南陽太守人方於召信臣故爲之語曰前

01117 後山詩注六卷 （宋）陳師道撰 （宋）任淵注 宋蜀刻本

匡高20.6厘米，廣13.9厘米。半葉十三行，行二十四字，白口，左右雙邊。有“養正書屋”、“周暹”等印。周叔弢跋。國家圖書館藏，存四卷。

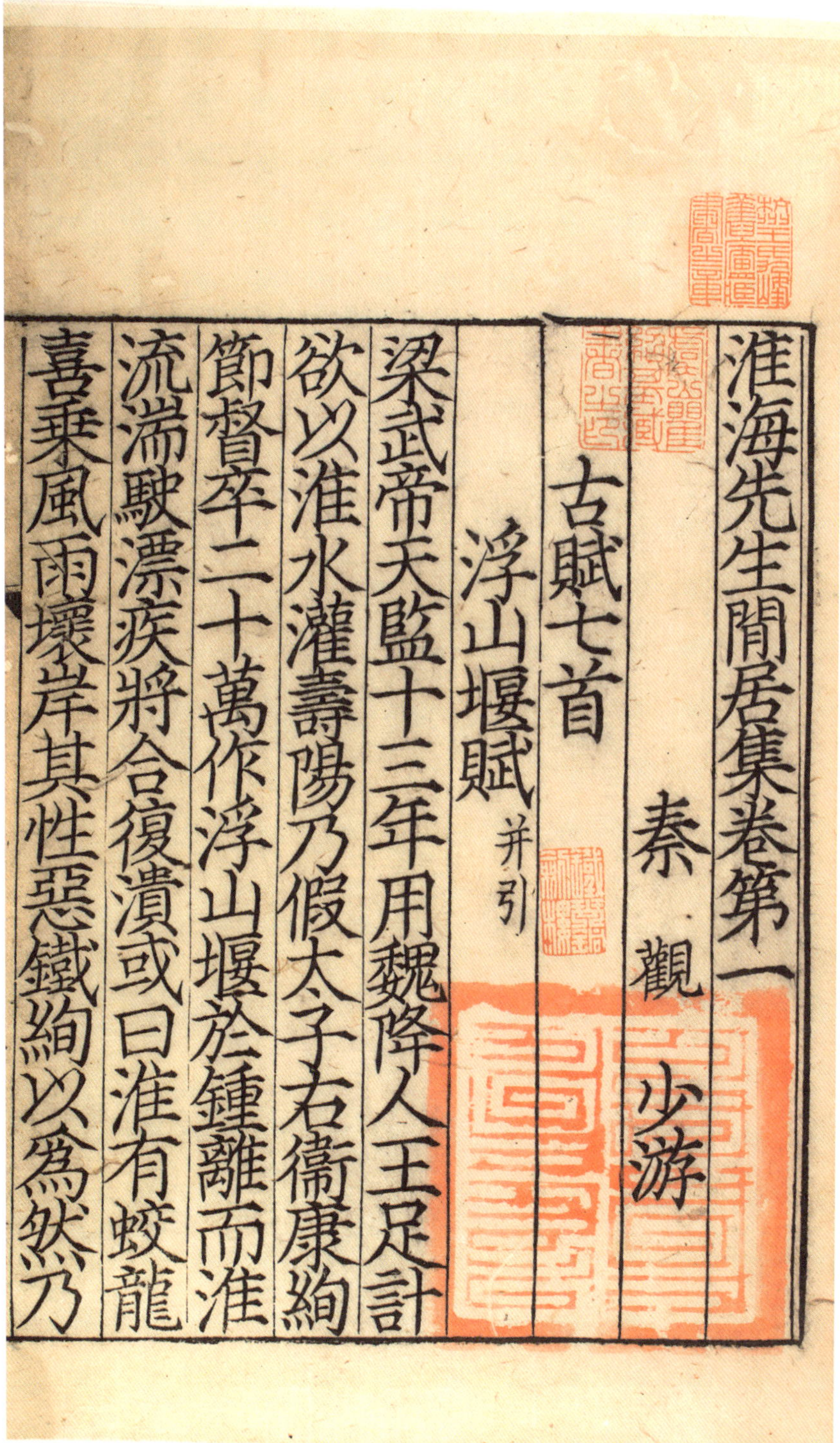

淮海先生閒居集卷第一
秦　觀　少游
古賦七首
浮山堰賦 并引
梁武帝天監十三年用魏降人王足計
欲以淮水灌壽陽乃假太子右衛康絢
節督卒二十萬作浮山堰於鍾離而淮
流湍駛漂疾將合復潰或曰淮有蛟龍
喜乘風雨壞岸其性惡鐵絢以爲然乃

01118 淮海先生閒居集四十卷　（宋）秦觀撰　宋刻本

匡高21.6厘米，廣17.8厘米。半葉九行，行十五字，白口，左右雙邊。有“鐵琴銅劍樓”、“杭州王氏九峰舊廬藏書之章”等印。國家圖書館藏，存二十六卷。

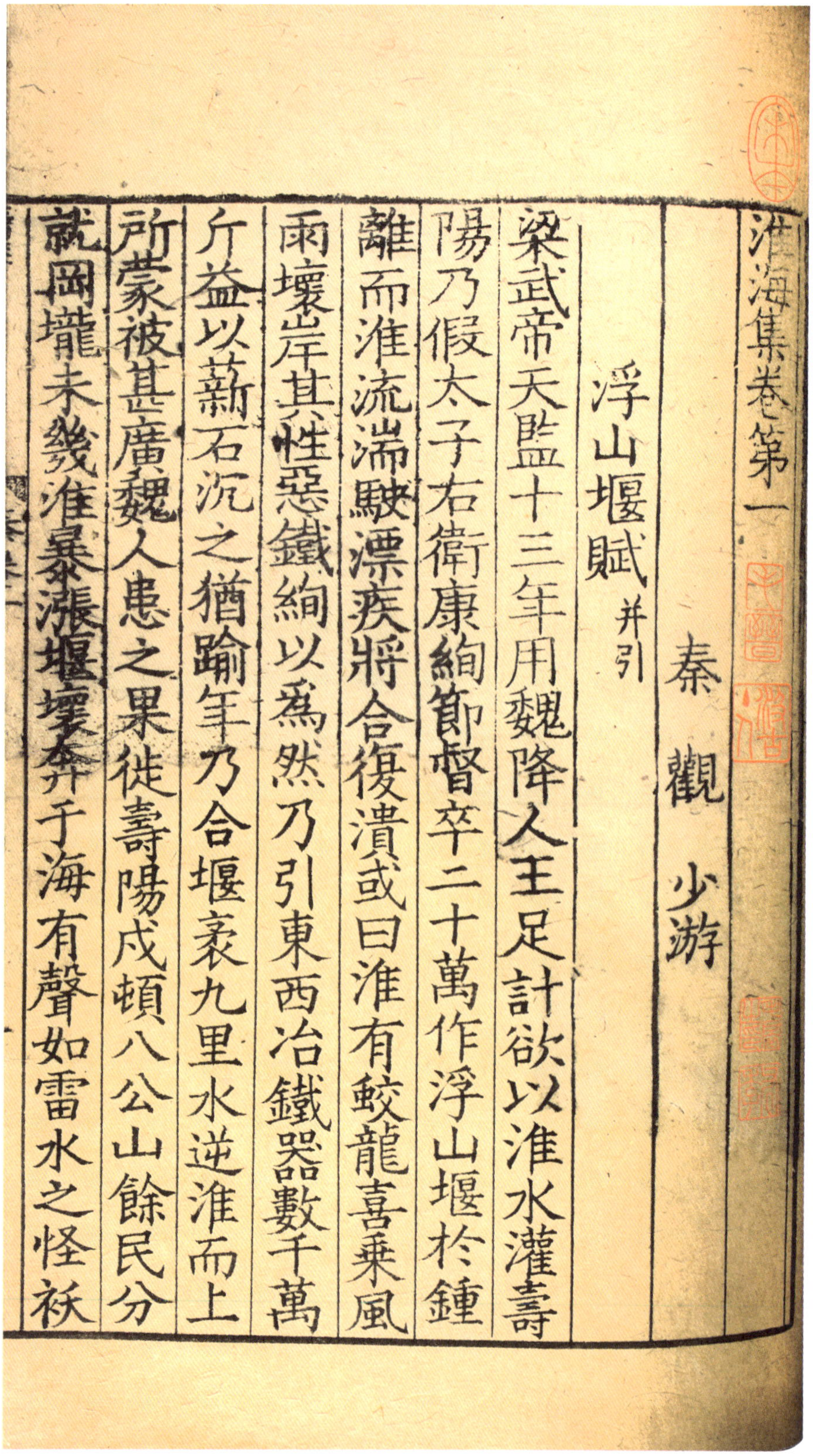

淮海集卷第一
秦觀 少游
浮山堰賦 并引
梁武帝天監十三年用魏降人王足計欲以淮水灌壽陽乃假太子右衛康絢節督卒二十萬作浮山堰扵鍾離而淮流湍駛漂疾將合復潰或曰淮有蛟龍喜乘風雨壞岸其性惡鐵絢以爲然乃引東西冶鐵器數千萬斤益以薪石沉之猶踰年乃合堰袤九里水逆淮而上所蒙被甚廣魏人患之果徙壽陽戍頓八公山餘民分就岡壠未幾淮暴漲堰壞奔于海有聲如雷水之怪袄

01119 淮海集四十卷後集六卷長短句三卷 （宋）秦觀撰　宋乾道九年（1173）高郵軍學刻紹熙三年（1192）謝雩重修本（缺葉缺字清初毛氏汲古閣影宋抄補）

匡高19.9厘米，廣14.8厘米。半葉十行，行二十一字，白口，左右雙邊。有“毛晉私印”、“天禄琳琅”、“乾隆御覽之寶”等印。國家圖書館藏。

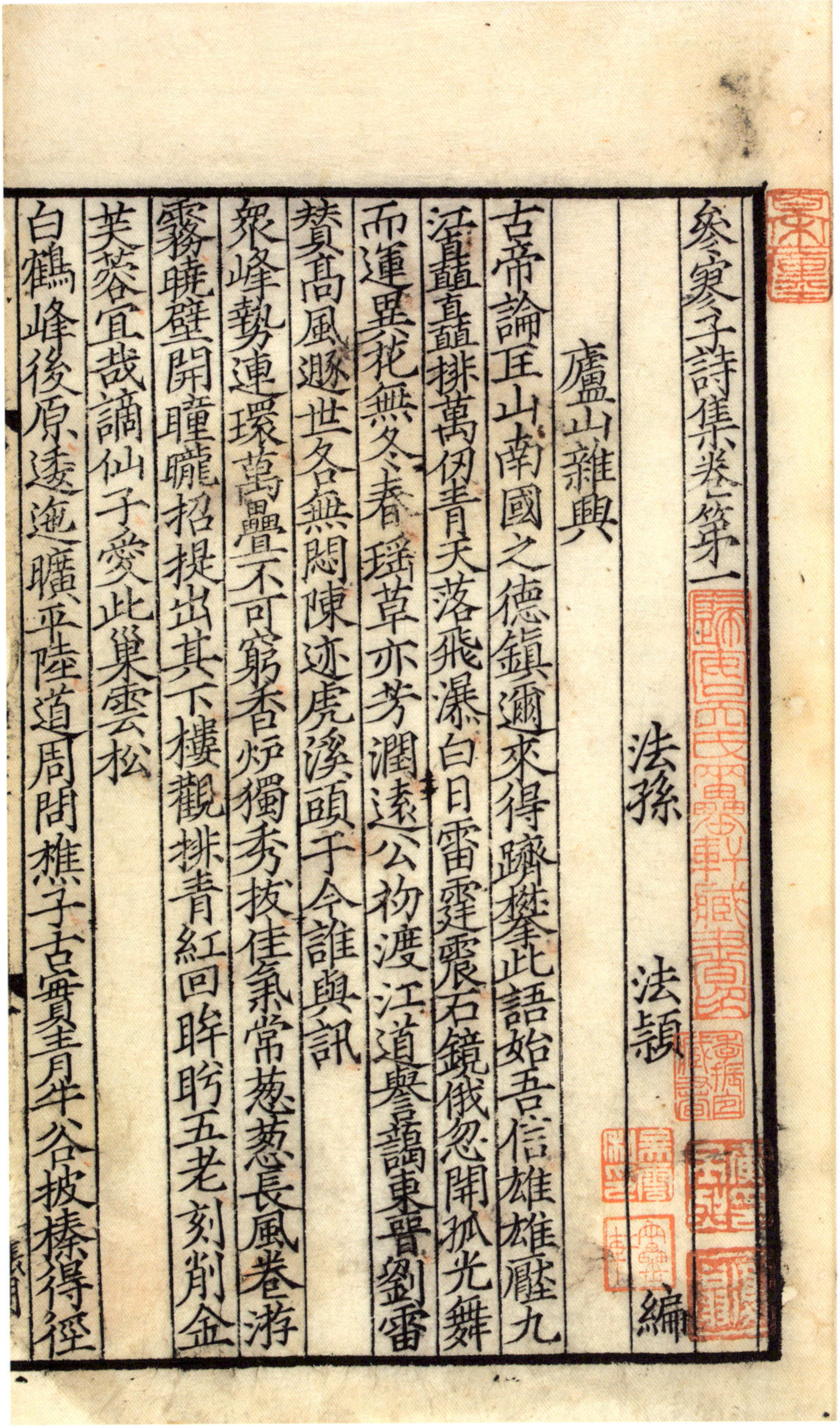

參寥子詩集卷第一
法孫 法頴 編
廬山雜興
古帝論匡山南國之德鎮邇來得躋攀此語始吾信雄雄壓九
江矗矗排萬仞青天落飛瀑白日雷霆震石鏡俄忽開孤光舞
而運異花無冬春瑶草亦芳潤遠公初渡江道譽藹東晉劉雷
賛高風遯世各無悶陳迹虎溪頭于今誰與訊
衆峰勢連環萬疊不可窮香炉獨秀拔佳氣常葱葱長風卷游
霧曉壁開曈曨招提出其下樓觀排青紅回眸眄五老刻削金
芙蓉宜哉謫仙子愛此巢雲松
白鶴峰後原逶迤曠平陸道周問樵子古寶青牛谷披榛得徑

01120 參寥子詩集十二卷 （宋）釋道潛撰 （宋）釋法孫 釋法頴編 宋刻本

匡高18.6厘米，廣12.6厘米。半葉十一行，行二十四字，白口，左右雙邊。有“季印振宜”、“乾學”、“黄印丕烈”、“汪印士鐘”、“吳雲私印”等印。黄丕烈跋，勒方錡等題款。國家圖書館藏。

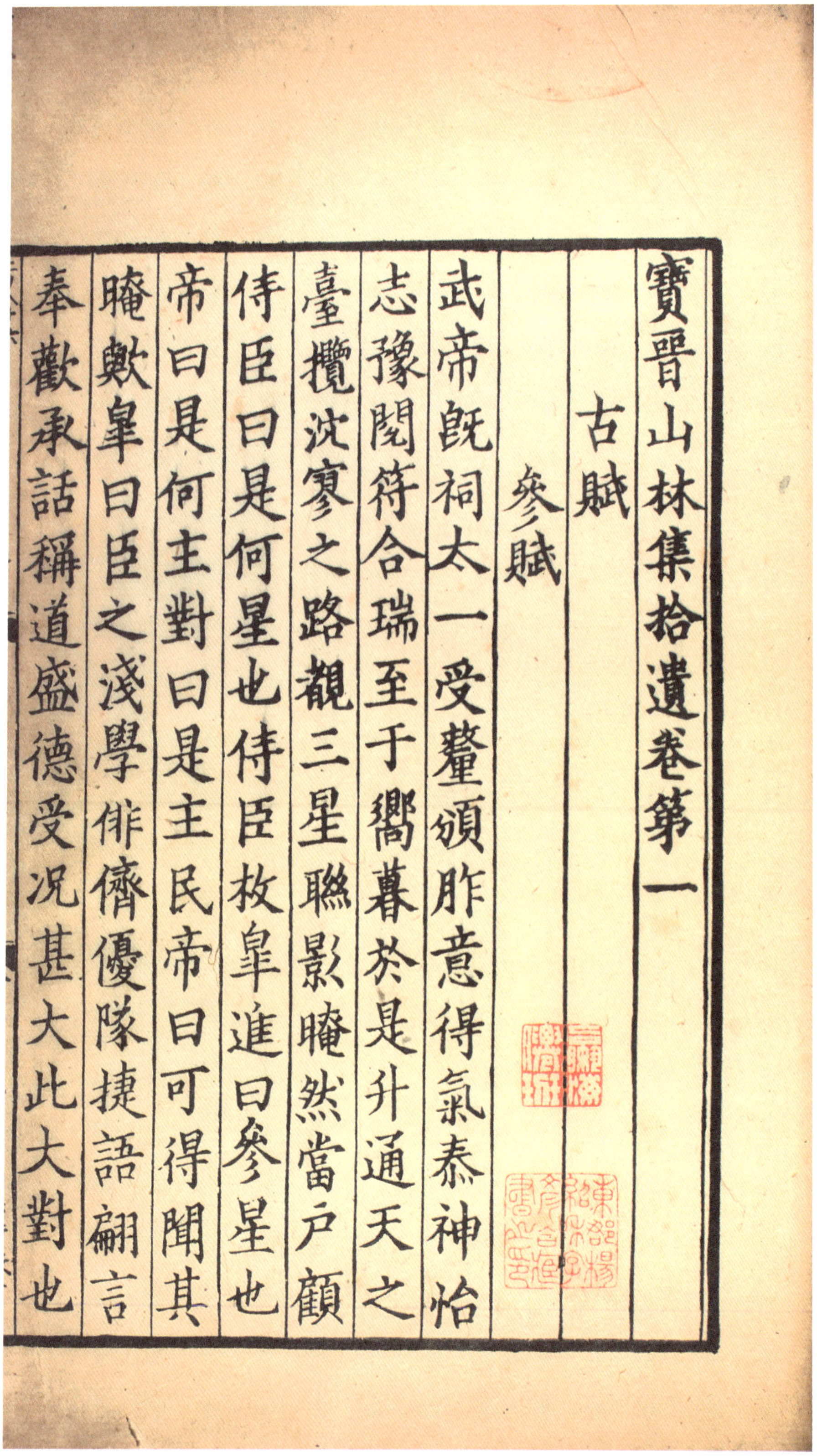

01121 寶晉山林集拾遺八卷 （宋）米芾撰　宋嘉泰元年（1201）筠陽郡齋刻本

匡高23.2厘米，廣15.6厘米。半葉十行，行十六字，白口，左右雙邊。有“海源閣”等印。豐坊跋。國家圖書館藏。

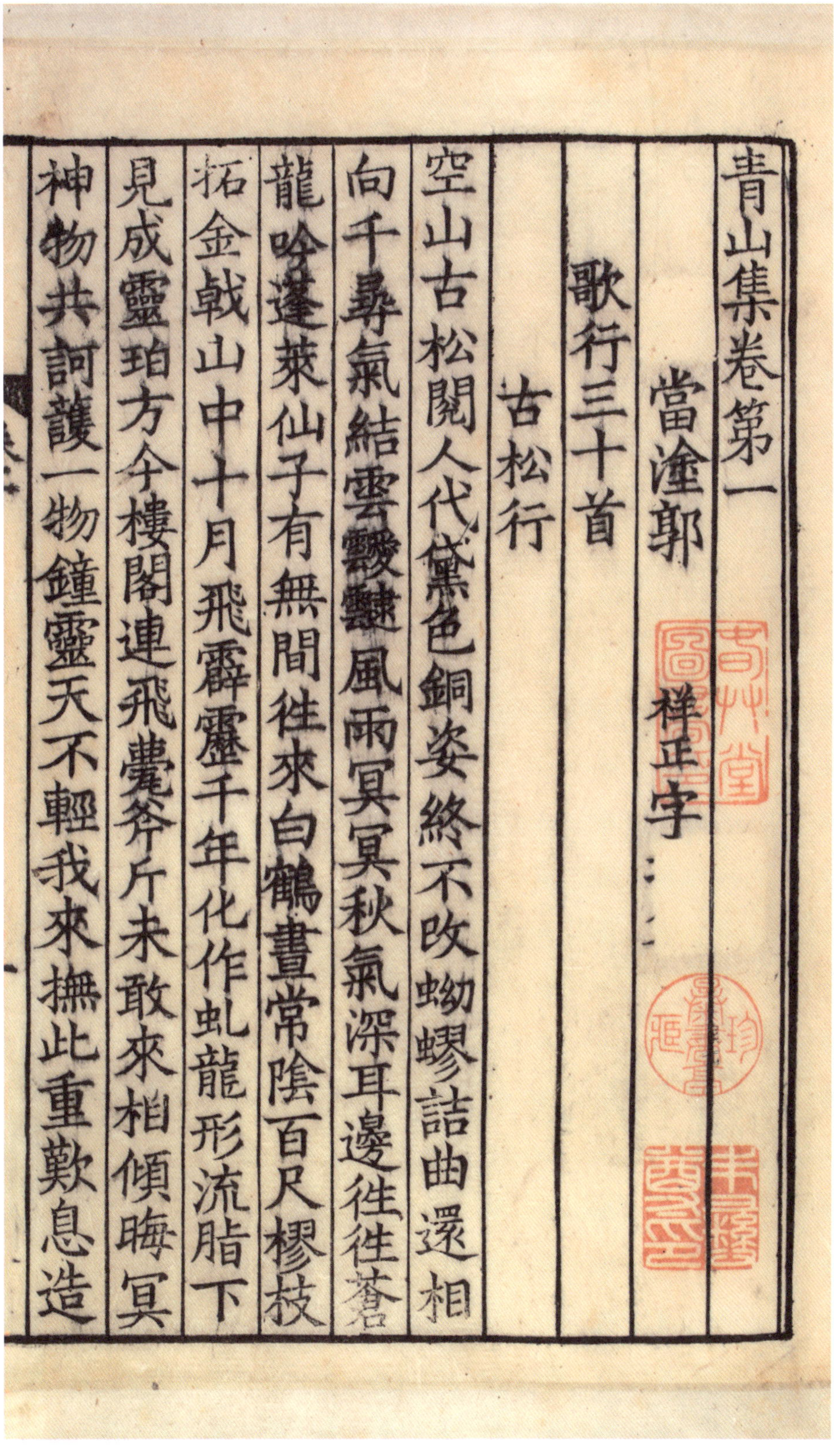
青山集卷第一
當塗郭　祥正字
歌行三十首
古松行
空山古松閱人代黛色銅姿終不改蚴蟉詰曲還相
向千尋氣結雲靉靆風雨冥冥秋氣深耳邊往往蒼
龍吟蓬萊仙子有無間往來白鶴晝常陰百尺樛枝
拓金戟山中十月飛霹靂千年化作虬龍形流脂下
見成靈珀方今樓閣連飛甍斧斤未敢來相傾晦冥
神物共訶護一物鍾靈天不輕我來撫此重歎息造

01122 青山集三十卷（宋）郭祥正撰　宋紹興建康郡齋刻本

匡高22厘米，廣15.1厘米。半葉十行，行二十字，白口，左右雙邊。有“謙牧堂藏書記”、“朱彝尊印”等印。國家圖書館藏。

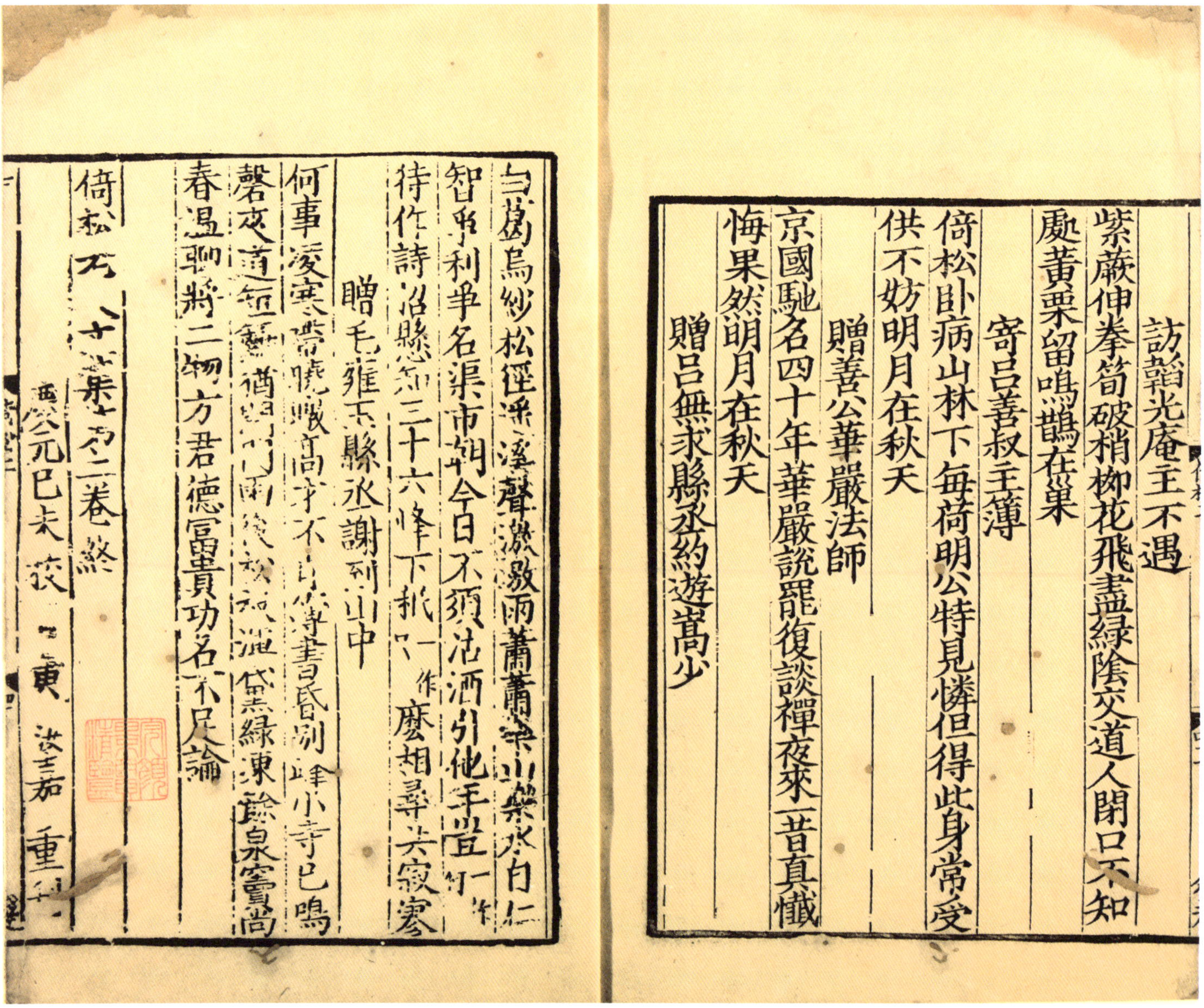

訪韜光庵主不遇
紫蕨伸拳筍破梢柳花飛盡綠陰交道人閉口不知處黃栗留鳴鵲在巢
寄呂善叔主簿
倚松卧病山林下每荷明公特見憐但得此身常受供不妨明月在秋天
贈善公華嚴法師
京國馳名四十年華嚴説罷復談禪夜來一昔真懺悔果然明月在秋天
贈呂無求縣丞約遊嵩少

倚松老人集卷之二卷終

01123 倚松老人詩集二卷 （宋）饒節撰　宋慶元五年（1199）黃汝嘉刻宋重修江西詩派本

匡高19.7厘米，廣15厘米。半葉十行，行二十字，白口，左右雙邊。有“完顏景賢精鑒”等印。袁克文題詩并跋，李盛鐸、傅增湘跋。上海圖書館藏，存一卷。

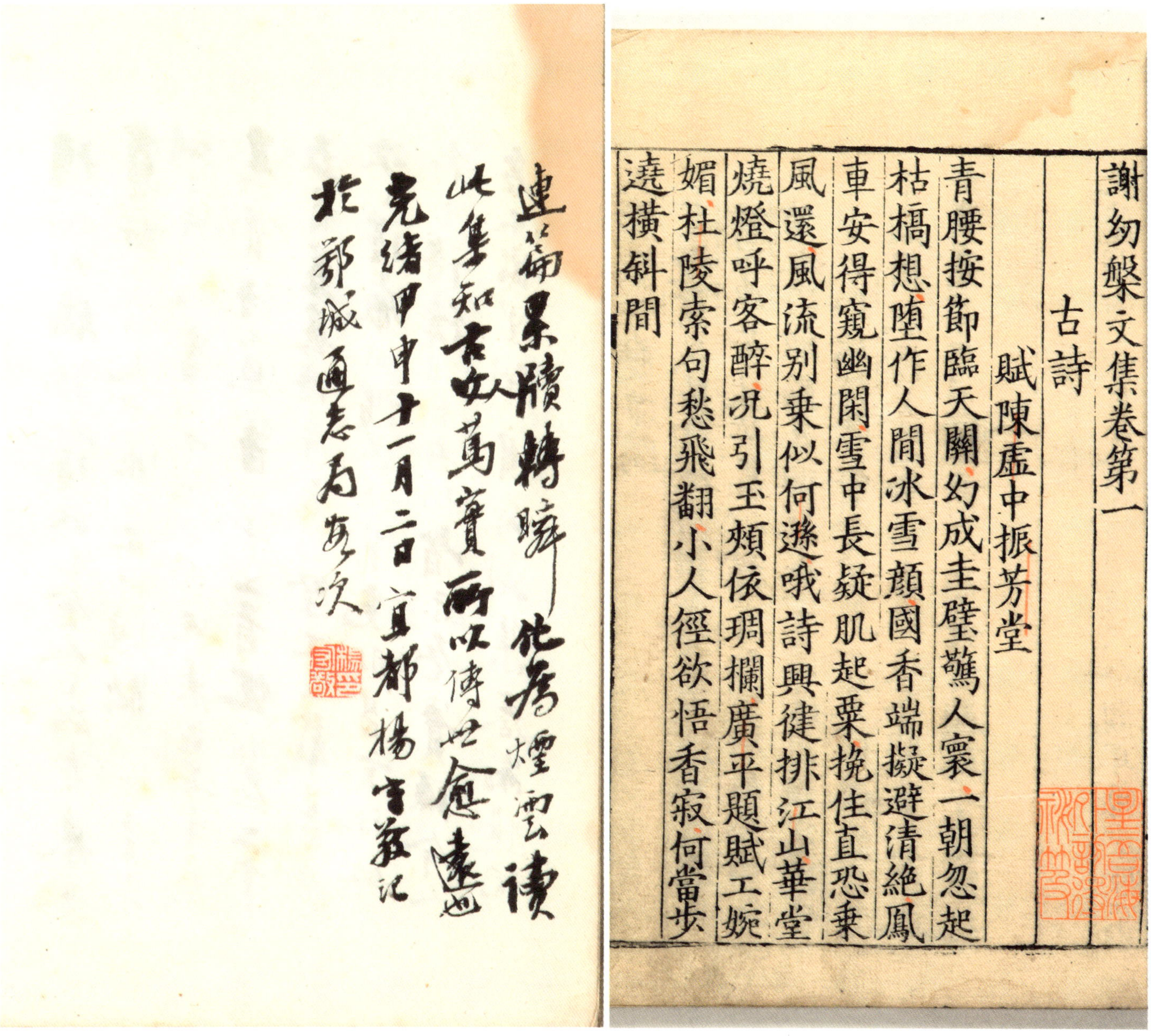

謝幼槃文集卷第一

古詩

賦陳虛中振芳堂

青腰按節臨天關幻成圭璧驚人寰一朝忽起枯槁想墮作人間冰雪顏國香端擬避清絶鳳車安得窺幽閑雪中長疑肌起粟挽住直恐乘風還風流别乘似何遜哦詩興徤排江山華堂燒燈呼客醉况引玉頰依琱欄廣平題賦工婉媚杜陵索句愁飛翻小人徑欲悟香寂何當步遶横斜間

連篇累牘轉瞬化為煙雲讀此集知古人萬寶所以傳世愈遠也
光緒甲申十一月二日宜都楊守敬記於鄂城通志局寓次

01124 謝幼槃文集十卷　（宋）謝薖撰　宋紹興二十二年（1152）撫州州學刻本

匡高19.1厘米，廣13.1厘米。半葉十行，行十八字，白口，左右雙邊。有“星吾海外訪得秘笈”等印。楊守敬跋。上海博物館藏。

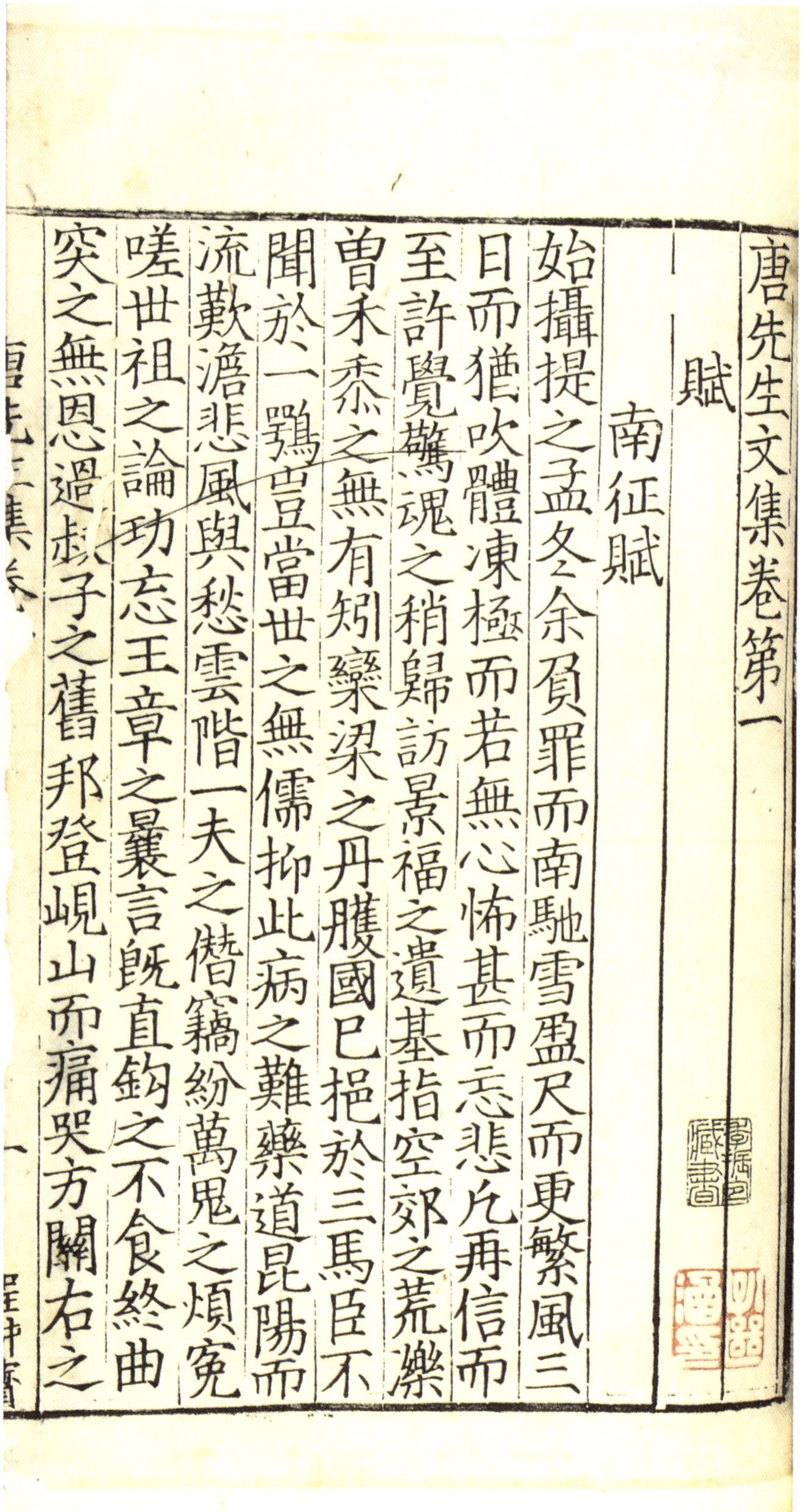
唐先生文集卷第一

賦

南征賦

始攝提之孟冬余負罪而南馳雪盈尺而更繁風三日而猶吹體凍極而若無心怖甚而忘悲凡再信而至許覺驚魂之稍歸訪景福之遺基指空郊之荒欒曾禾黍之無有矧欒梁之丹艧國已圮於三馬臣不聞於一鷄豈當世之無儒抑此病之難藥道昆陽而流歎潛悲風與愁雲偕一夫之僭竊紛萬鬼之煩寃嗟世祖之論功忘王章之曩言既直鈎之不食終曲突之無恩過叔子之舊邦登峴山而痛哭方關右之

唐先生集卷一　一

01125 唐先生文集二十卷（宋）唐庚撰　宋刻本

匡高19.1厘米，廣13.1厘米。半葉十一行，行二十字，白口，左右雙邊。有“季振宜藏書”、“兼牧堂書畫記”、“孔繼涵印”、“潘祖蔭藏書記”、“祁陽陳澄中藏書記”等印。國家圖書館藏。

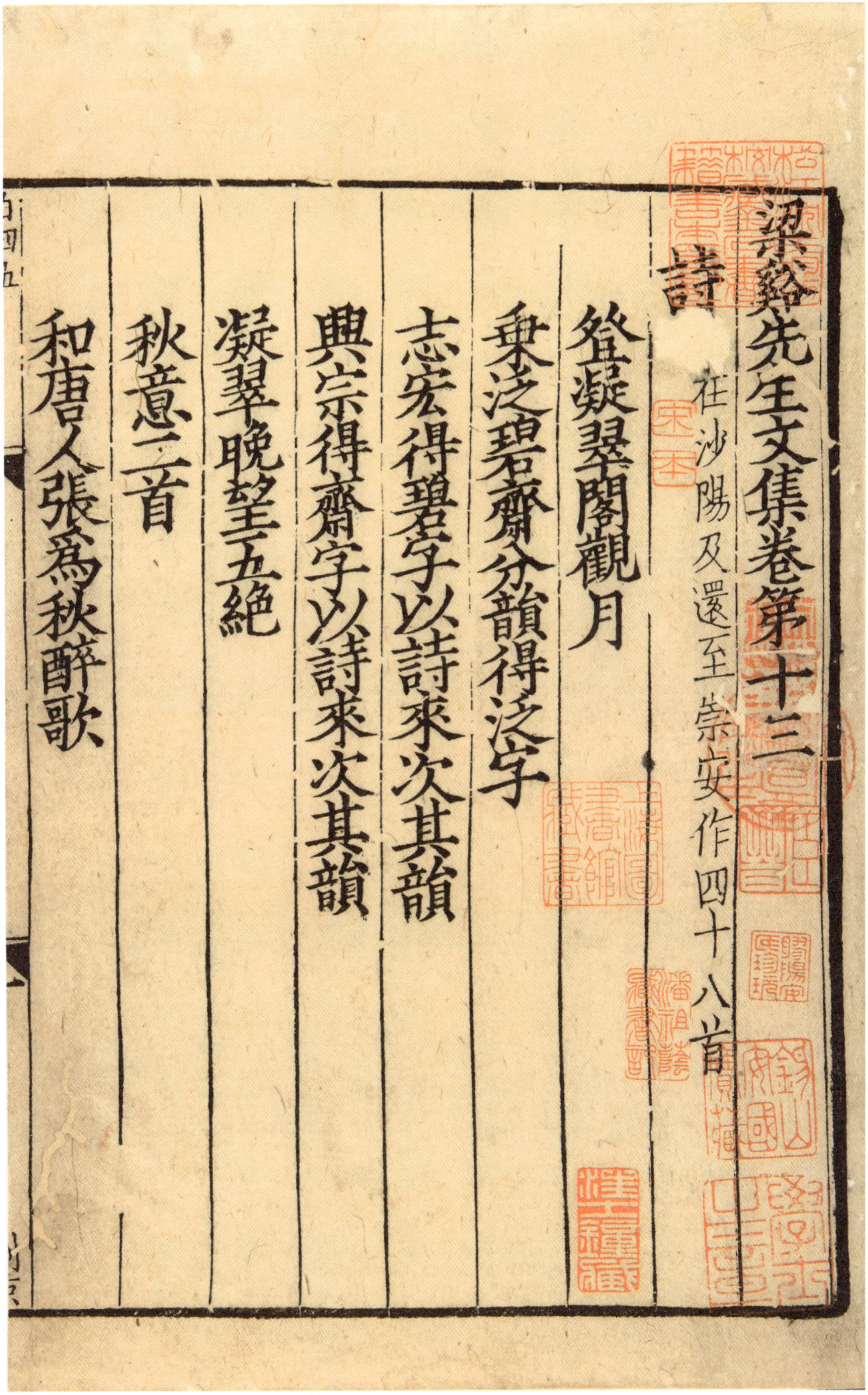
梁谿先生文集卷第十三
詩　在沙陽及還至崇安作四十八首
登凝翠閣觀月
秉之碧齋分韻得泛字
志宏得碧字以詩來次其韻
興宗得齋字以詩來次其韻
凝翠晚望五絶
秋意二首
和唐人張爲秋醉歌

01126 梁谿先生文集一百八十卷 （宋）李綱撰　宋刻本

匡高22.5厘米，廣17.5厘米。半葉九行，行二十字，白口，左右雙邊。有“錫山安國寶藏”、“虞山毛氏汲古閣收藏”、“二十四世孫名枚字一功又字藕塘圖書”、“蕘圃”、“汪士鐘藏”、“沈氏均初”、“樹鏞私印”、“潘祖蔭藏書記”等印。李枚、黄丕烈跋，徐康題識。上海圖書館藏，存三十七卷。

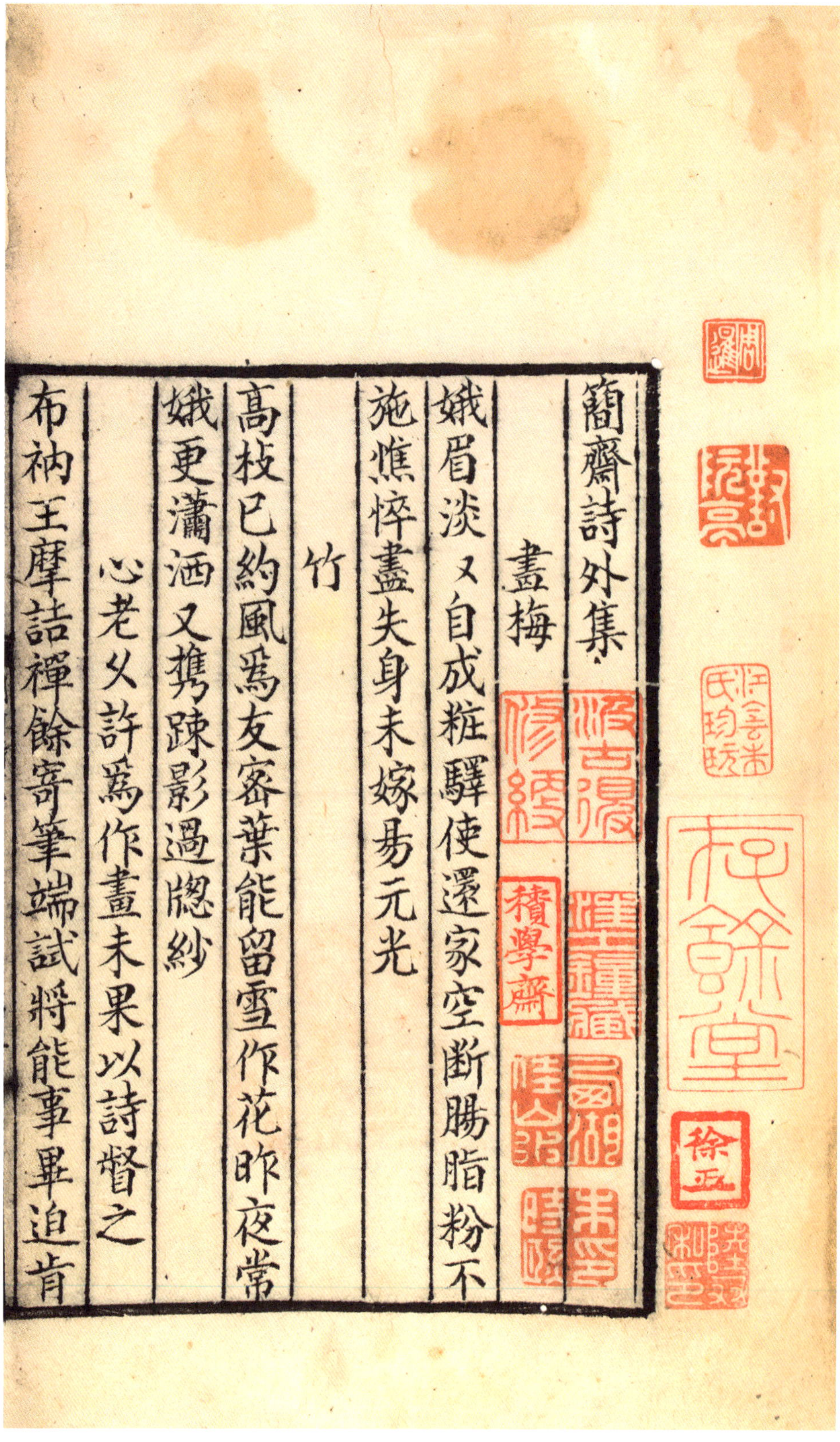

01127 簡齋詩外集一卷 （宋）陳與義撰　元抄本

匡高16.1厘米，廣11.5厘米。半葉九行，行十七字，黑口，左右雙邊。有“錢氏翼之”、“張子昭印”、“朱印子儋”、“朱印時熙”、“汪印士鐘”、“徐印乃昌”、“周暹”等印。錢翼之、鮑毓東跋。國家圖書館藏。

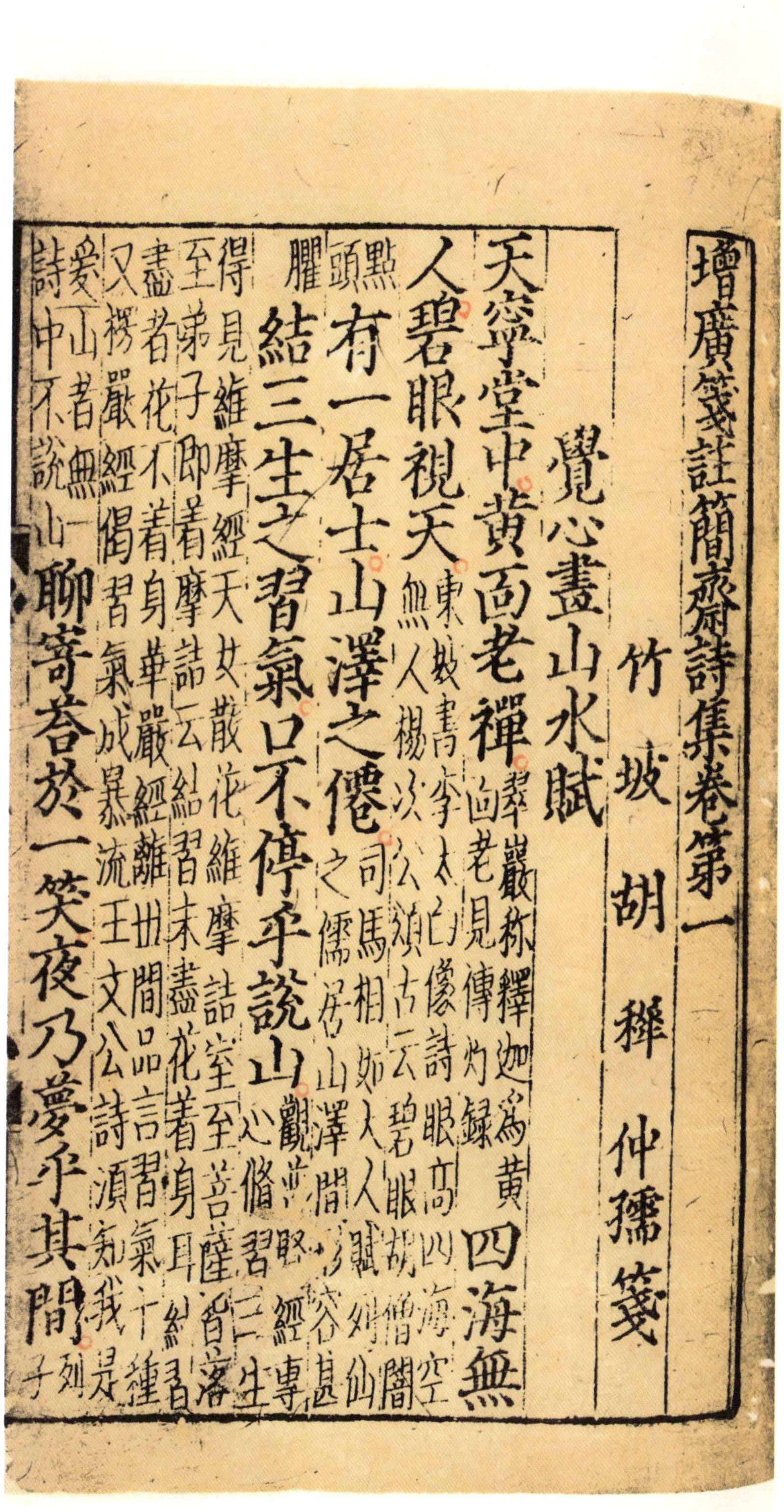

增廣箋註簡齋詩集卷第一

竹坡 胡穉 仲孺箋

覺心畫山水賦

天寧堂中黄面老禪華嚴稱釋迦爲黄面老見傳灯録四海無人碧眼視天東坡書李太白像詩眼高四海空無人楊次公頌古云碧眼胡僧闇點頭有一居士山澤之僊司馬相如大人賦列仙之儒居山澤間形容甚臞結三生之習氣口不停乎說山觀普賢經專心脩習三生得見維摩經天女散花維摩詰室至菩薩皆落至弟子即著摩詰云結習未盡花著身耳結習盡者花不着身華嚴經離世間品言習氣十種又楞嚴經偈習氣成瀑流王文公詩須知我是愛山者無一詩中不說山聊寄荅於一笑夜乃夢乎其間列子

01128 增廣箋註簡齋詩集三十卷無住詞一卷 （宋）陈與義撰 （宋）胡穉箋注 **胡學士續添簡齋詩箋正誤一卷簡齋先生年譜一卷** 胡穉撰 元刻本（無住詞配清影元抄本）

匡高18.3厘米，廣11.9厘米。半葉十行，行十八字，小字雙行同，黑口，左右雙邊。有“汪士鐘藏”、“菰里瞿鏞”等印。國家圖書館藏。

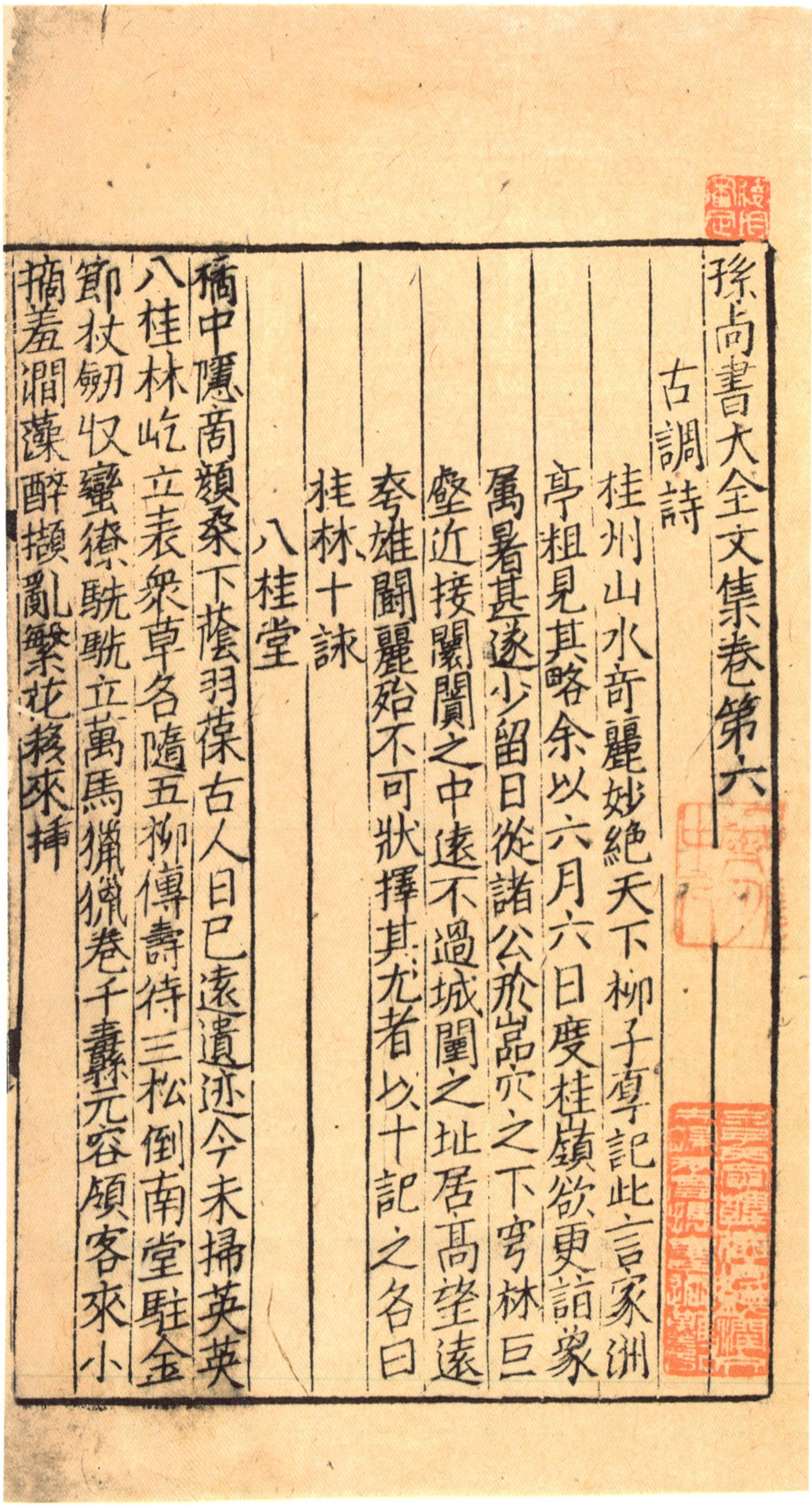
孫尚書大全文集卷第六
古調詩
桂州山水奇麗妙絶天下柳子厚記此言家洲
亭粗見其略余以六月六日度桂嶺欲更詣象
厲暑甚遂少留日從諸公於嵓穴之下穹林巨
壑近接闤闠之中遠不過城闉之址居高望遠
夸雄鬬麗殆不可狀擇其尤者以十記之各曰
桂林十詠
八桂堂
橘中隱商顏桑下蔭羽葆古人日已遠遺迹今未掃英英
八桂林屹立表衆草各隨五柳傳壽待三松倒南堂駐金
節杖劒收蠻獠駪駪立萬馬𤞤𤞤卷千纛元容領客來小
摘羞澗藻醉擷亂繁花移來揷

01129 孫尚書大全文集五十七卷 （宋）孫覿撰　宋刻本

匡高16.9厘米，廣11.5厘米。半葉十三行，行二十二字，白口，四周單邊。有“汪印士鐘”、“韓應陛鑒藏宋元名鈔名校各善本于讀有用書齋印記”、“甲子丙寅韓德均錢潤文夫婦兩度攜書避難記”等印。黄丕烈跋，張祥河題款。國家圖書館藏，存三十三卷。

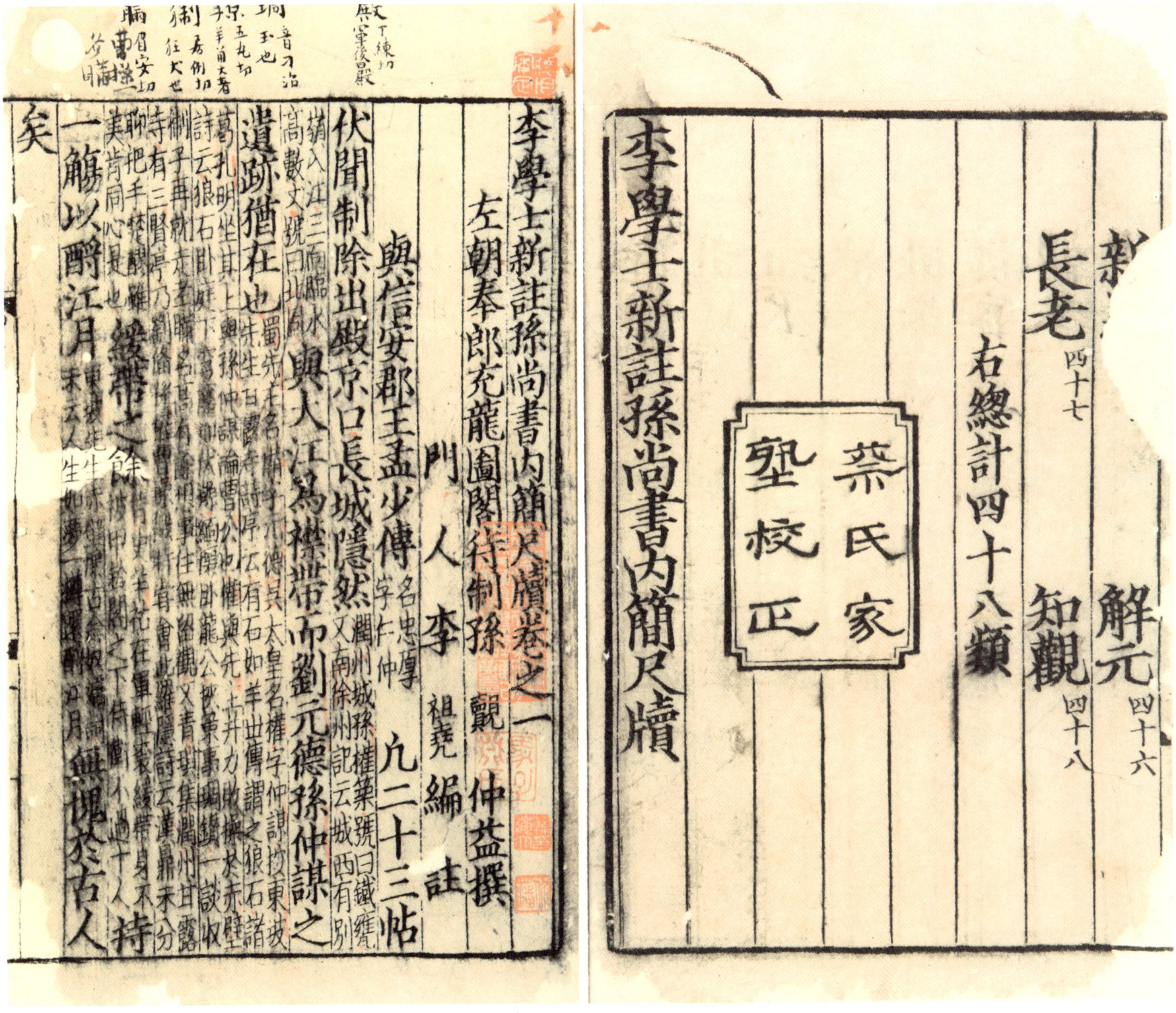

01130 李學士新註孫尚書内簡尺牘十六卷 （宋）孫覿撰　（宋）李祖堯注　宋蔡氏家塾刻本

匡高18.9厘米，廣12.7厘米。半葉十二行，行二十字，小字雙行二十五字。細黑口，左右雙邊。有“蔡氏家塾校正”牌記。有“馬子淵氏”、“玄默道人”、“汪印士鐘”、“韓印繩大”等印。上海圖書館藏。

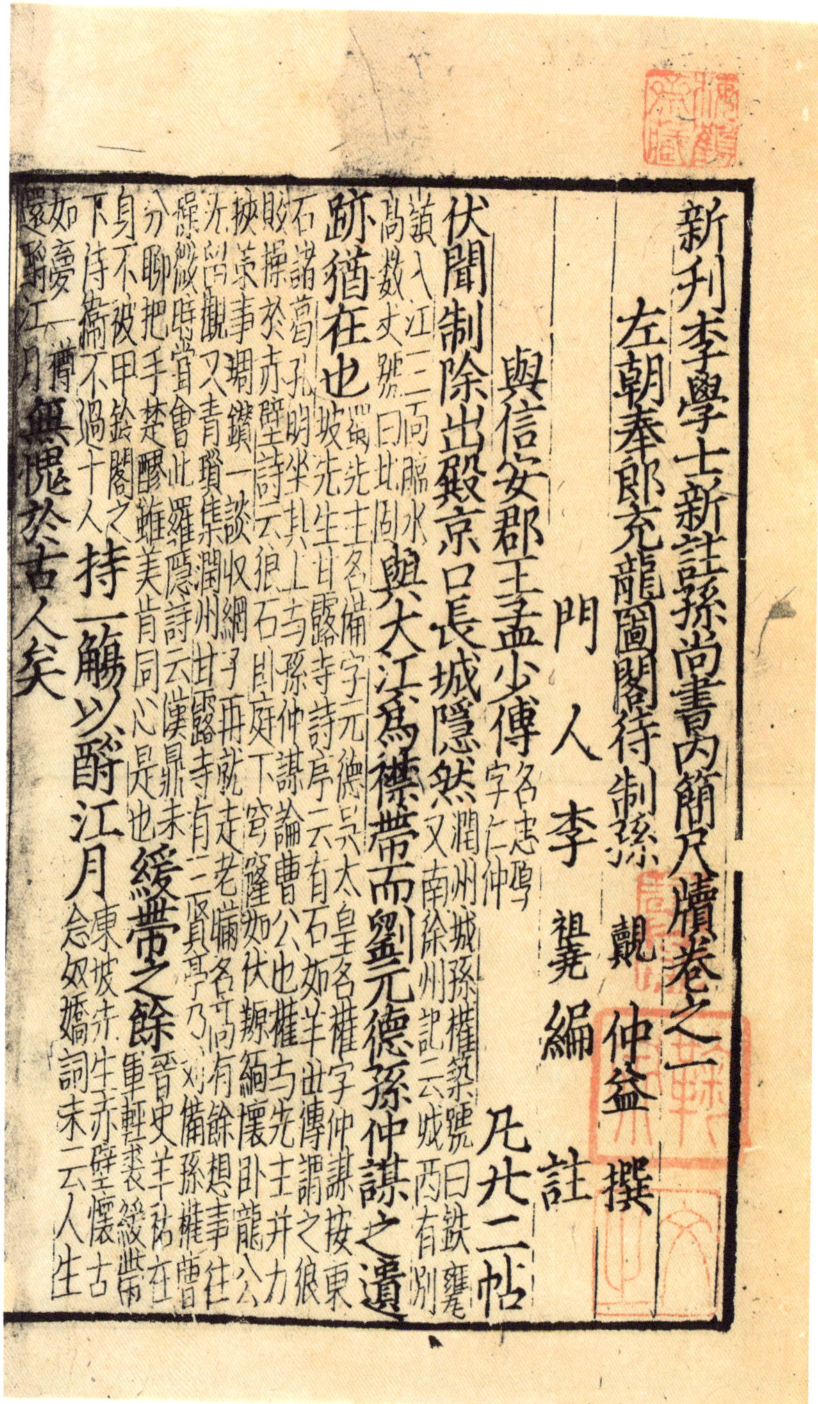

新刊李學士新註孫尚書内簡尺牘卷之一
左朝奉郎充龍圖閣待制孫　覿　仲益　撰
門　人　李　祖堯　編　註
與信安郡王孟少傅（名忠厚字仁仲）　凡九二帖
伏聞制除出殿京口長城隱然（潤州城孫權築號曰鐵甕又南徐州記云城西有㶑嶺入江二三丙臨水高數丈號曰北固）與大江爲襟帶而劉元德孫仲謀之遺跡猶在也（蜀先主名備字元德吳太皇名權字仲謀按東坡先生甘露寺詩序云有石如羊世傳謂之狠石諸葛孔明坐其上與孫仲謀論曹公也權與先主并力敗操於赤壁詩云狠石臥庭下穹窿如伏羱緬懷臥龍公挾策事𤣥鑽一談收綱子再就走老瞞名高有餘想事往迹留觀又青瑣集潤州甘露寺有二亭其亭乃劉備孫權曾縱此羅隱詩云漢鼎未分聊把手楚醪雖美肯同心是也）緩帶之餘（晉史羊祜在軍輕裘緩帶身不被甲鈴閣之下侍衛不過十人）持一觴以酹江月（東坡赤壁懷古念奴嬌詞末云人生如夢一樽還酹江月）無愧於古人矣

01131 新刊李學士新註孫尚書内簡尺牘十卷 （宋）孫覿撰　（宋）李祖堯注　元刻本

匡高17.2厘米，廣11.5厘米。半葉十二行，行二十二字，小字雙行同，黑口，左右雙邊或四周單邊。傅增湘跋。國家圖書館藏。

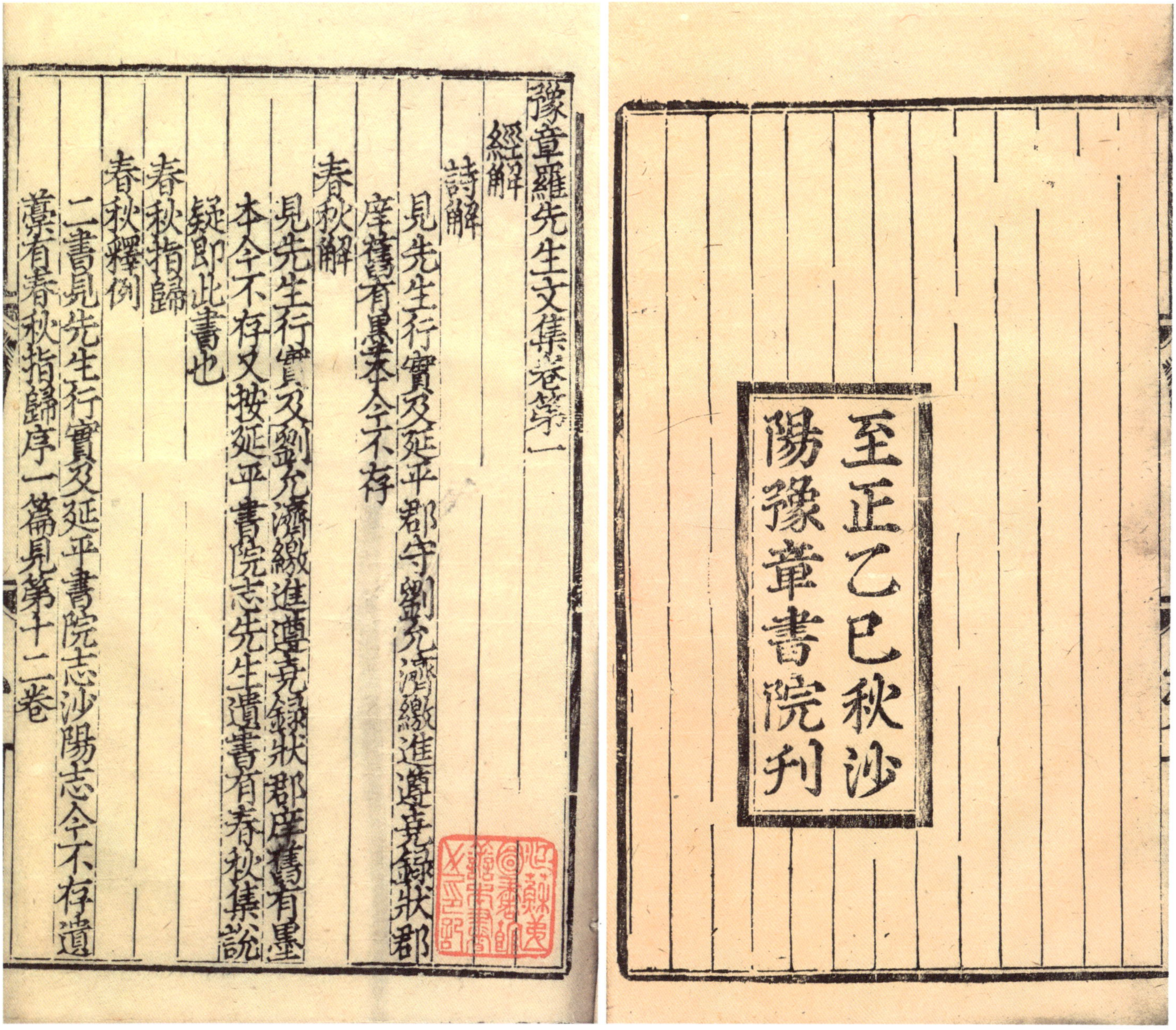

豫章羅先生文集卷第一

經解

詩解

見先生行實及延平郡守劉允濟繳進遵堯錄狀郡
庠舊有墨本今不存

春秋解

見先生行實及劉允濟繳進遵堯錄狀郡庠舊有墨
本今不存又按延平書院志先生遺書有春秋集說
疑即此書也

春秋指歸

春秋釋例

二書見先生行實及延平書院志沙陽志今不存遺
藁有春秋指歸序一篇見第十一卷

至正乙巳秋沙
陽豫章書院刊

01132 豫章羅先生文集十七卷 （宋）羅從彦撰 **年譜一卷** （元）曹道振撰 元至正二十五至二十七年（1365-1367）豫章書院刻本（卷四至六、八至十一配清抄本）

匡高20厘米，廣13厘米。半葉十三行，行二十三字，小字雙行同，細黑口，四周雙邊。有"至正乙巳秋沙陽豫章書院刊"牌記。南京圖書館藏。

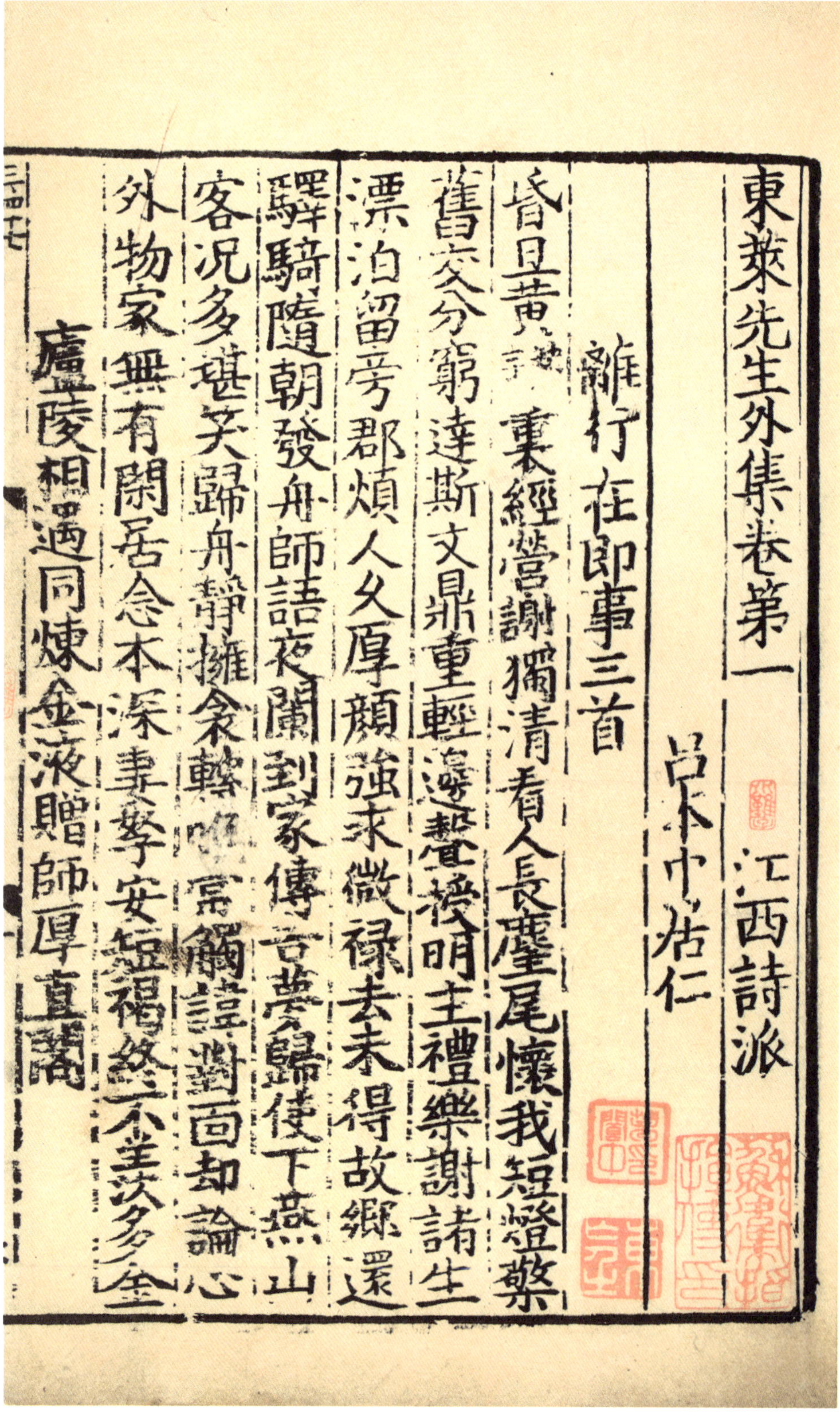

東萊先生外集卷第一　江西詩派

呂本中居仁

雜行在即事三首

昏旦黄（缺字）裏經營謝獨清看人長麈尾懷我短燈檠
舊交分窮達斯文鼎重輕海邊推明主禮樂謝諸生
漂泊留旁郡煩人久厚顏強求微祿去未得故鄉還
驛騎隨朝發舟師語夜闌到家傳吉夢歸使下燕山
客況多堪笑歸舟靜擁衾轄[illegible]常獨諠對面却論心
外物家無有閑居念本深妻孥安短褐終不羨多金

廬陵相遇同煉金液贈師厚直閣

01133 東萊先生詩集二十卷外集三卷　（宋）呂本中撰　宋慶元五年（1199）黄汝嘉刻宋重修江西詩派本

匡高19.7厘米，廣14.8厘米。半葉十行，行二十字，白口，左右雙邊。有“蘇衛指揮使印”、“藏園秘笈孤本”等印。沈曾植題詩。國家圖書館藏，存六卷。

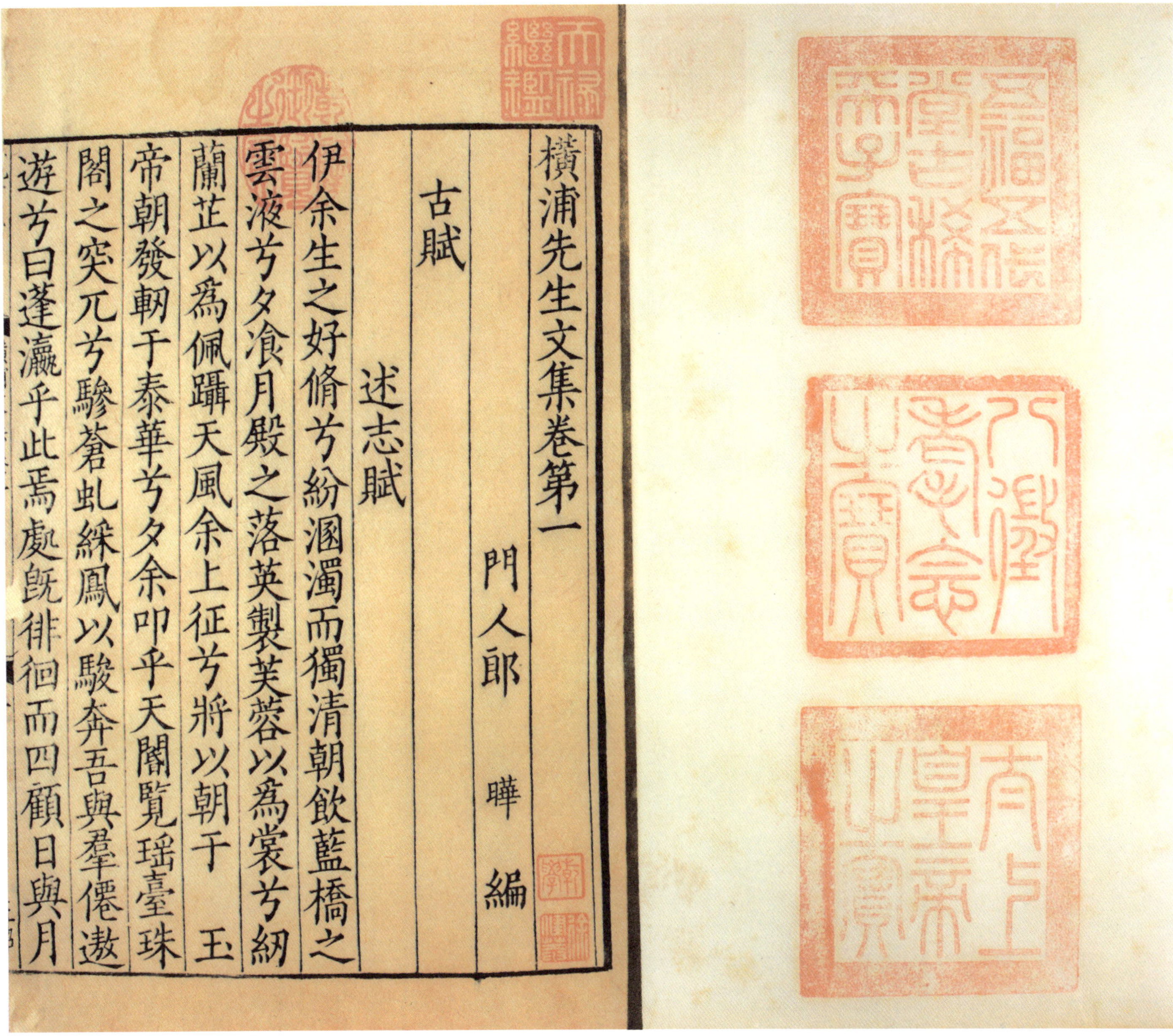
橫浦先生文集卷第一
門人郎　曄　編
古賦
述志賦
伊余生之好脩兮紛溷濁而獨清朝飲藍橋之
雲液兮夕飡月殿之落英製芙蓉以爲裳兮紉
蘭芷以爲佩躡天風余上征兮將以朝于　玉
帝朝發軔于泰華兮夕余叩乎天閽覽瑤臺珠
闕之突兀兮驂蒼虬綵鳳以駿奔吾與羣僊遨
遊兮曰蓬瀛乎此焉處既徘徊而四顧日與月

01134 橫浦先生文集二十卷（宋）張九成撰　**家傳一卷**（宋）張寀撰　**施先生孟子發題一卷**（宋）施德操撰　宋刻本

匡高23.8厘米，廣17.6厘米。半葉十行，行十八字，白口，左右雙邊。有“乾學”、“天祿琳琅”等印。國家圖書館藏。

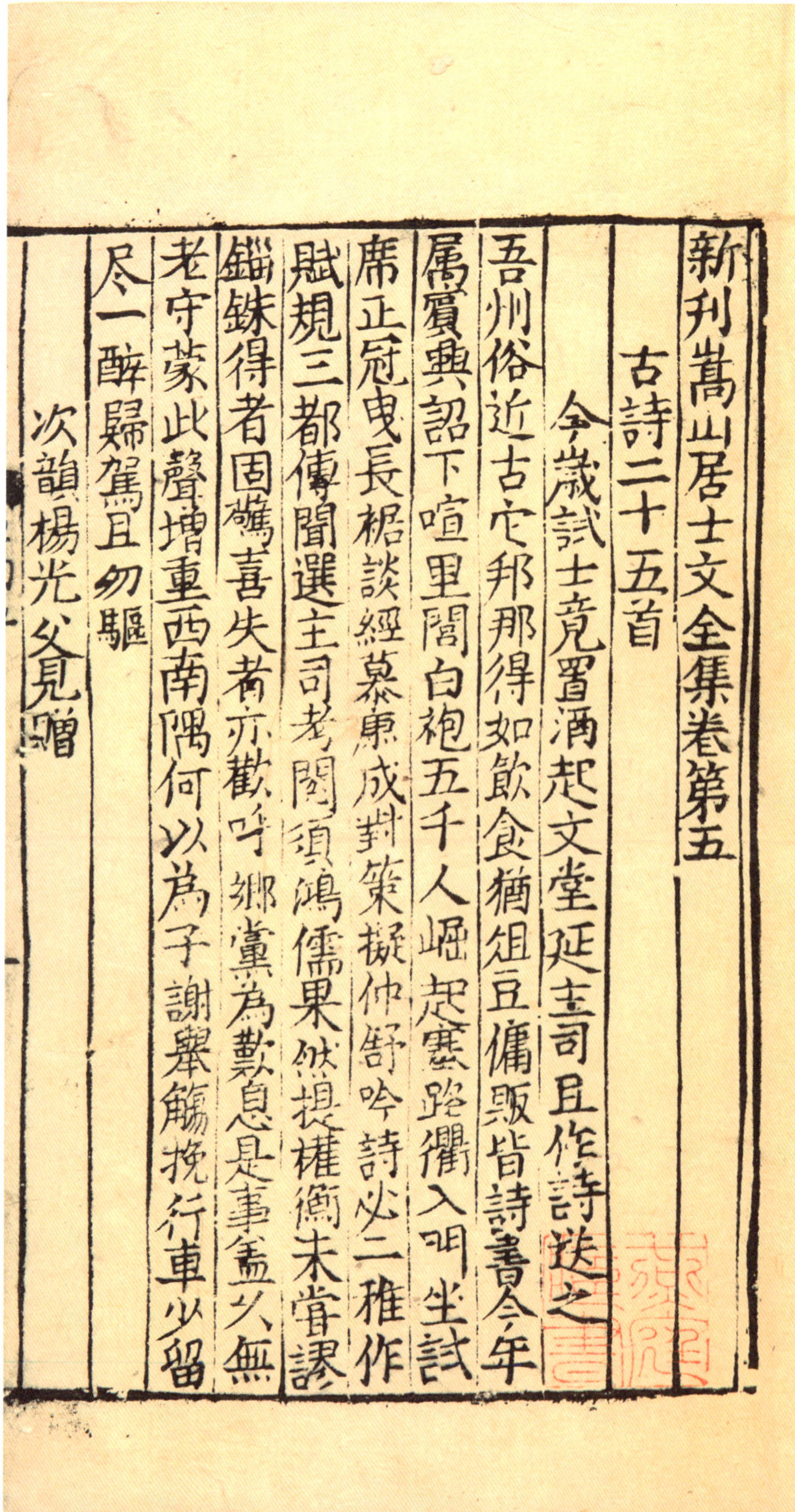

新刊嵩山居士文全集卷第五
古詩二十五首
今歲試士竟置酒起文堂延主司且作詩送之
吾州俗近古它邦那得如飲食猶俎豆儁秀皆詩書今年
屬賓興詔下喧里閭白袍五千人崛起塞路衢入門坐試
席正冠曳長裾談經慕康成對策擬仲舒吟詩必二雅作
賦規三都傳聞選主司考閱須鴻儒果然提權衡未嘗謬
錙銖得者固驩喜失者亦歡呼鄉黨為歎息是事蓋久無
老守蒙此聲增重西南隅何以為子謝舉觴挽行車少留
盡一醉歸駕且勿驅
次韻楊光父見贈

01135 新刊嵩山居士文全集五十四卷 （宋）晁公遡撰　宋乾道四年（1168）嘉州刻本

匡高17.1厘米，廣10.8厘米。半葉十一行，行二十二至二十三字，白口，左右雙邊。有“葉氏菉竹堂藏書”、“燕庭藏書”等印。上海圖書館藏，存四十二卷。

新刊嵩山居士文全集目錄

第一卷

古賦五首

登賦樓賦　屈原宅賦

神女廟賦　暑賦

憫孤賦

第二卷

古詩三十首

送范道卿赴省試　凌雲寺

中嵓　自過犍為山水益佳

清晨坐堂上　池上

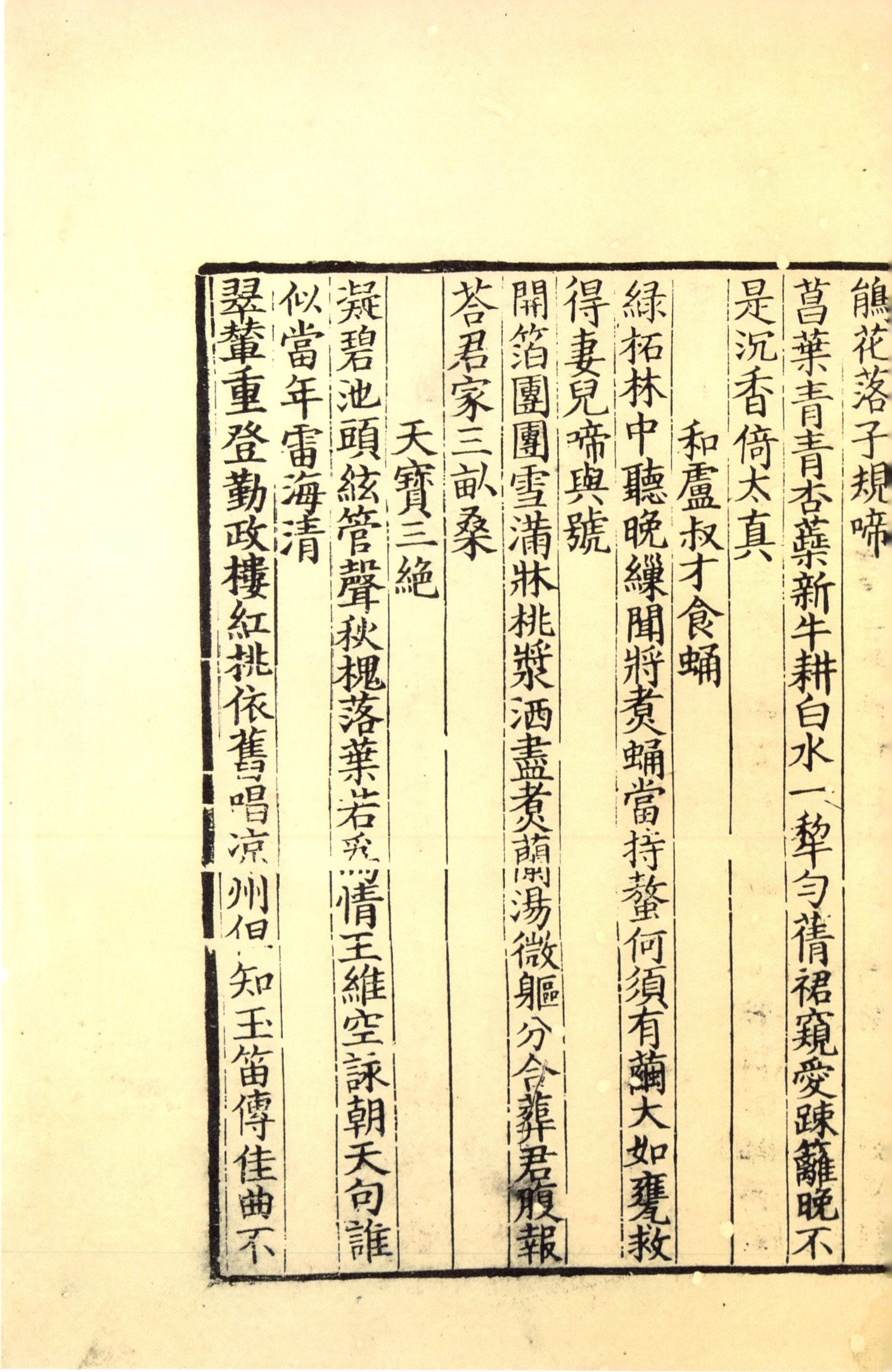

鶬花落子規啼
菖葉青青杏蘂新牛耕白水一犂匀倩裙窺愛蹺籬晚不
是沉香倚太真
和盧叔才食蛹
緑柘林中聽晚繅聞將煑蛹當持螯何須有繭大如甕救
得妻兒啼與號
開箔團團雪滿牀桃漿洒盡煑繭湯微軀分合葬君腹報
荅君家三畒桑
天寳三絶
凝碧池頭絃管聲秋槐落葉若爲情王維空詠朝天句誰
似當年雷海清
翠輦重登勤政樓紅挑依舊唱凉州但知玉笛傳佳曲不

01136 侍郎葛公歸愚集二十卷 （宋）葛立方撰　宋刻本

蝴蝶裝。匡高19.5厘米，廣14.2厘米。半葉十二行，行二十二字，白口，左右雙邊。有“丕烈”、“汪印士鐘”、“潘祖蔭藏書記”等印。黄丕烈跋。上海圖書館藏，存九卷。

侍郎葛公歸愚集卷第五

律詩

避地傷春六絶句

一年春事又𤩽珊可惜芳菲愁裏看怕勿掃花供餵馬惱人秀色自堪餐

洛陽宮闕半成灰草草花枝濺淚開國色天香消息斷狴臺誰奉紫金盃

枯藤六尺步長阡客裏韶光絶可憐好着青楓重試火西陽三日突無煙

碧羅天宇亂花稠搔首花陰只重愁頭上無貂堪換酒開箱賴有鷫鸘裘

石門連日動征鼙花柳無情自繞谿回首故園今好在杜

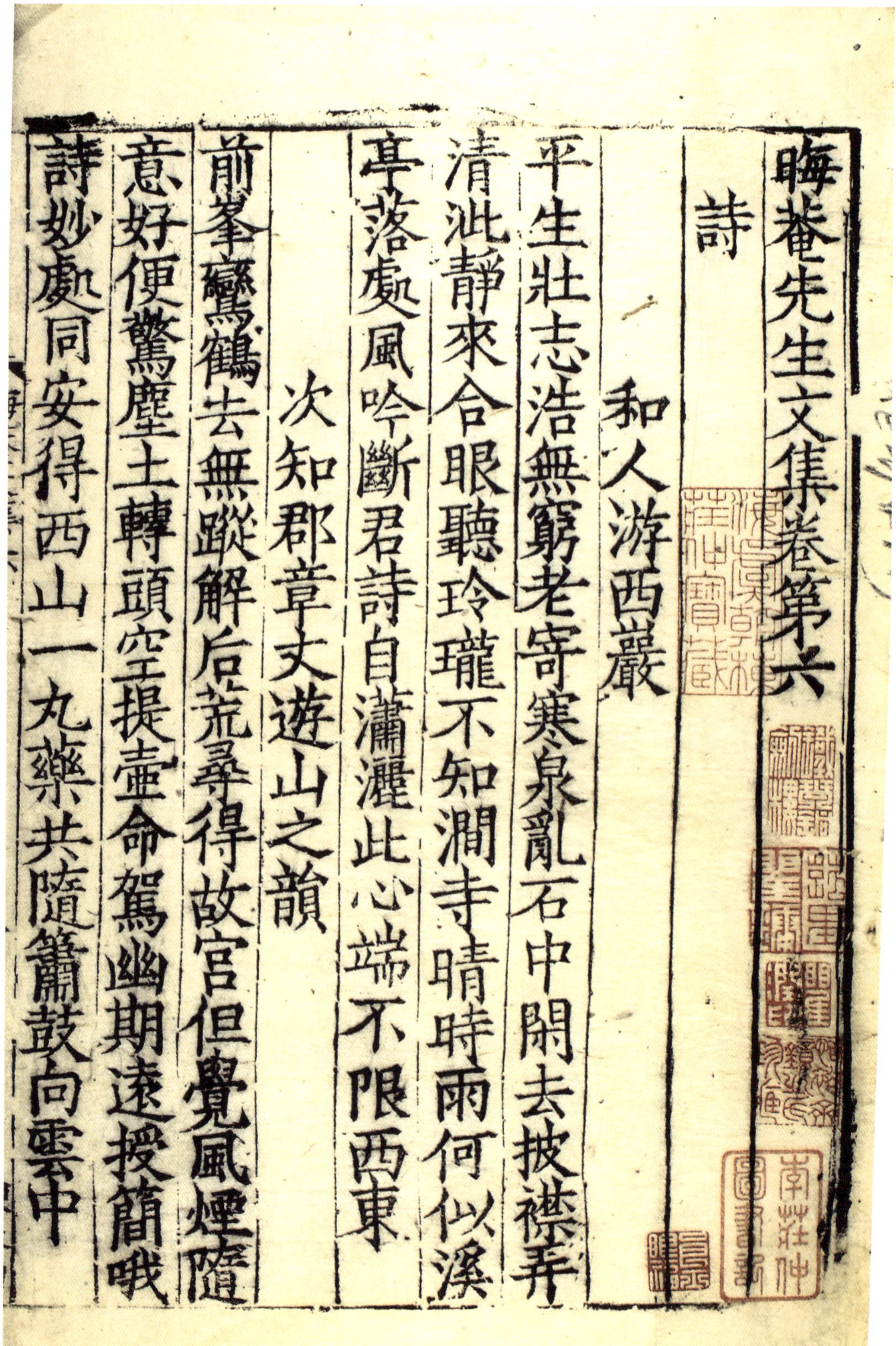

晦菴先生文集卷第六

詩

和人游西巖

平生壯志浩無窮老寄寒泉亂石中閑去披襟弄清泚靜來合眼聽玲瓏不知澗寺晴時雨何似溪亭落處風吟斷君詩自瀟灑此心端不限西東

次知郡章丈遊山之韻

前峯鸞鶴去無蹤解后荒尋得故宮但覺風煙隨意好便驚塵土轉頭空提壺命駕幽期遠授簡哦詩妙處同安得西山一丸藥共隨簫鼓向雲中

01137 晦菴先生文集一百卷目録二卷 （宋）朱熹撰　宋刻本

匡高24厘米，廣17.9厘米。半葉十行，行十九字，白口，左右雙邊。"雲山帶閣李氏藏書"、"鐵琴銅劍樓"等印。國家圖書館藏。

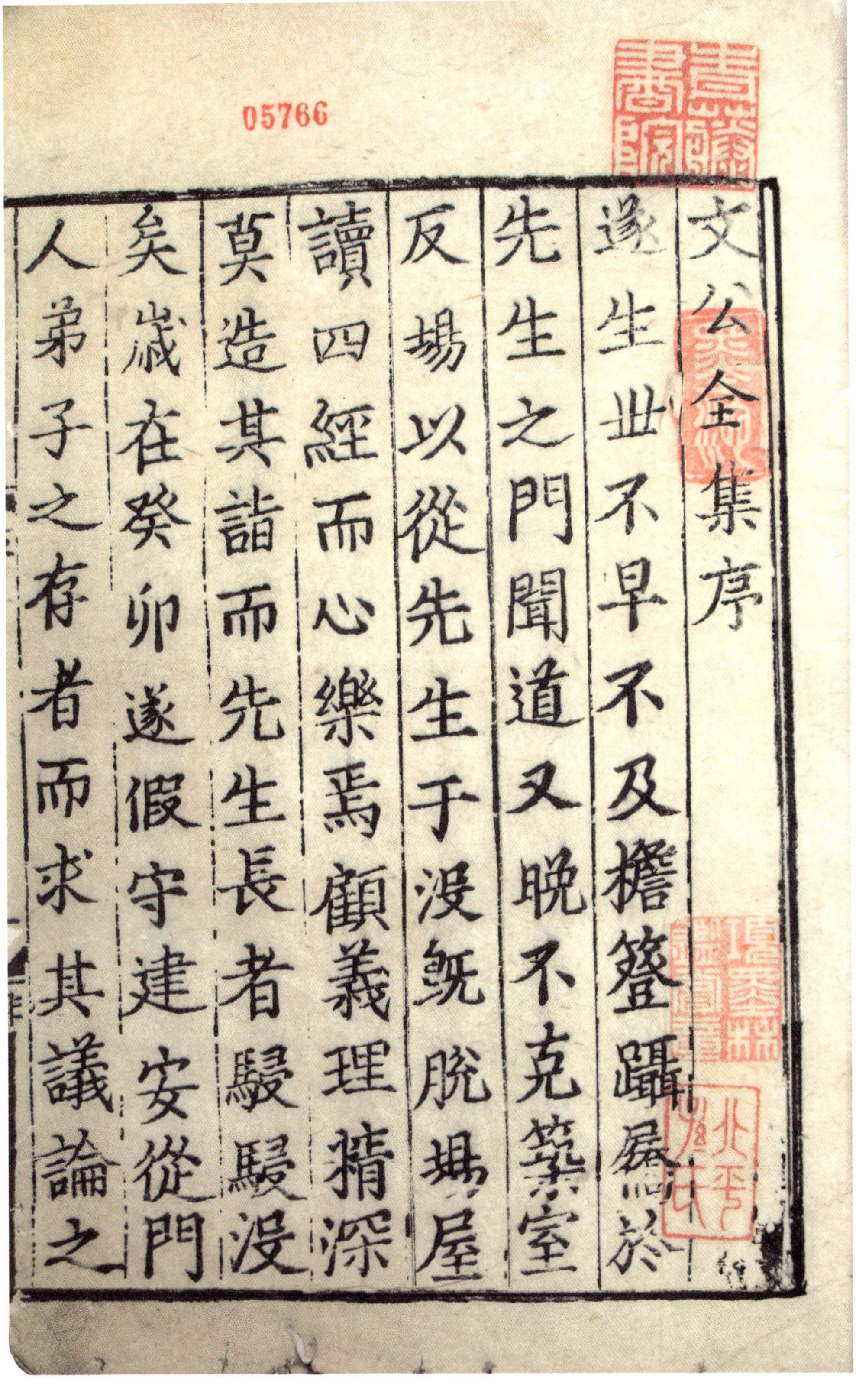
05766
文公全集序
遂生世不早不及擩簦躡屩於
先生之門聞道又晚不克築室
反塲以從先生于沒既脱塲屋
讀四經而心樂焉顧義理精深
莫造其詣而先生長者駸駸沒
矣歲在癸卯遂假守建安從門
人弟子之存者而求其議論之

01138 晦菴先生朱文公文集一百卷續集十一卷目録二卷 （宋）朱熹撰　宋咸淳元年（1265）建寧府建安書院刻宋元明遞修本

匡高20.4厘米，廣16.1厘米。半葉十行，行十八字，白口或黑口，左右雙邊。有“北平孫氏”、“項墨林鑑賞章”、“墨林”、“青藤書院”等印。湖南圖書館藏。

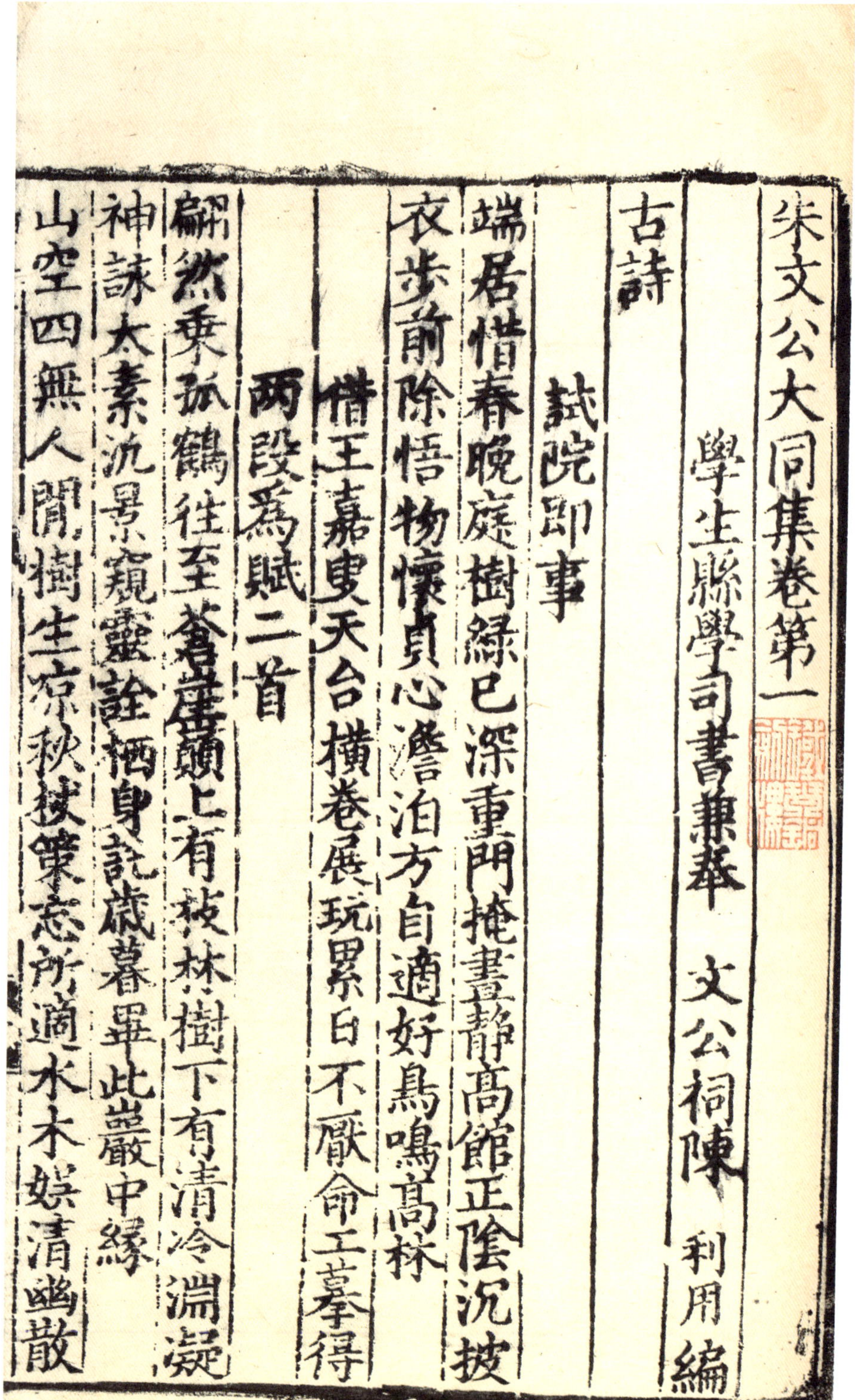

朱文公大同集卷第一
學生縣學司書兼奉　文公祠陳　利用編
古詩
試院即事
端居惜春晚庭樹綠已深重門掩晝靜高館正陰沉披
衣步前除悟物懷貞心澹泊方自適好鳥鳴高林
惜王嘉叟天台橫卷展玩累日不厭命工摹得
兩段爲賦二首
翩然乘孤鶴往至蒼崖顛上有枝林樹下有清冷淵凝
神詠太素沉景窺靈詮栖身託歲暮畢此巖中緣
山空四無人閒樹生凉秋披策忘所適水木娛清幽散

01139 朱文公大同集十卷（宋）朱熹撰　（宋）陳利用輯　**年譜一卷**　（元）都璋撰　元至正十二年（1352）都璋刻明修本（年譜配清抄本）

匡高20.9厘米，廣14.8厘米。半葉十一行，行二十一字，黑口，左右雙邊。有“汪士鐘藏”、“恬裕齋鏡之氏珍藏”等印。國家圖書館藏。

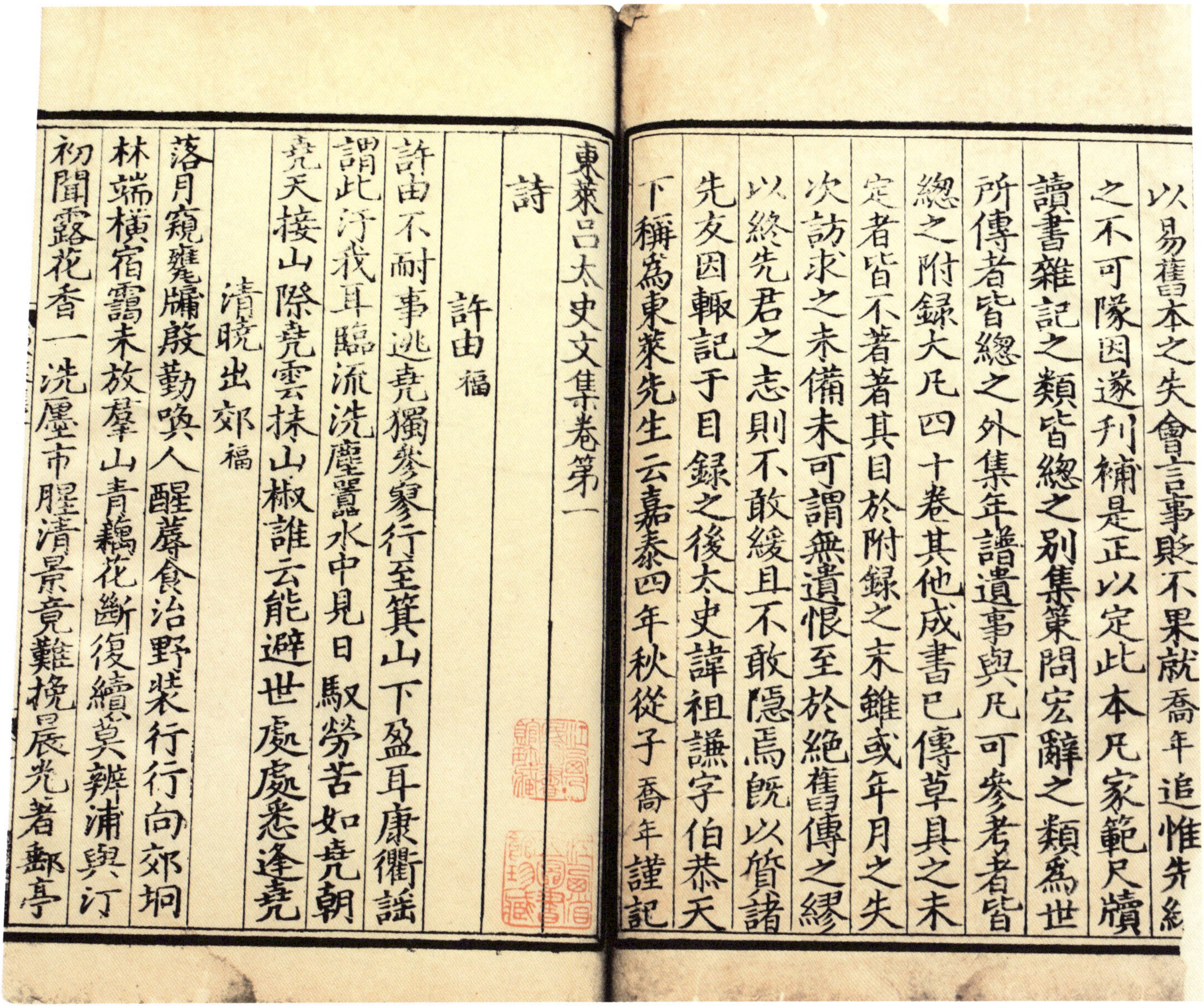
以易舊本之失會言事貶不果就喬年追惟先緒
之不可隊因遂刊補是正以定此本凡家範尺牘
讀書雜記之類皆總之別集策問宏辭之類爲世
所傳者皆總之外集年譜遺事與凡可參考者皆
總之附録大凡四十卷其他成書已傳草具之未
定者皆不著著其目於附録之末雖或年月之失
次訪求之未備未可謂無遺恨至於絶舊傳之繆
以終先君之志則不敢緩且不敢隱焉既以質諸
先友因輙記于目録之後太史諱祖謙字伯恭天
下稱爲東萊先生云嘉泰四年秋從子喬年謹記

東萊吕太史文集卷第一

詩

許由 福

許由不耐事逃堯獨參寥行至箕山下盈耳康衢謡
謂此汙我耳臨流洗塵囂水中見日馭勞苦如堯朝
堯天接山際堯雲抹山椒誰云能避世處處悉逢堯

清曉出郊 福

落月窺甕牖殷勤唤人醒蓐食治野裝行行向郊坰
林端橫宿靄未放羣山青藕花斷復續莫辨浦與汀
初聞露花香一洗廛市腥清景竟難挽晨光著郵亭

01140、01141、01142 東萊吕太史文集十五卷别集十六卷外集五卷 （宋）吕祖謙撰 **麗澤論説集録十卷** （宋）吕祖儉輯 **附録三卷附録拾遺一卷** 宋嘉泰四年（1204）吕喬年刻元明遞修本

匡高21厘米，廣15.8厘米。半葉十行，行二十字，白口，四周雙邊。蘇州博物館藏，有“建安楊氏傳家圖書”、“晉安徐興公家藏書”、“晉安蔣絢臣家藏書”、“鄭杰之印”、“荆州田氏藏書之印”、“蔣祖詒”等印，存十四卷；江西省圖書館藏，無麗澤論説集録十卷；甘肅省圖書館藏，存二十七卷。

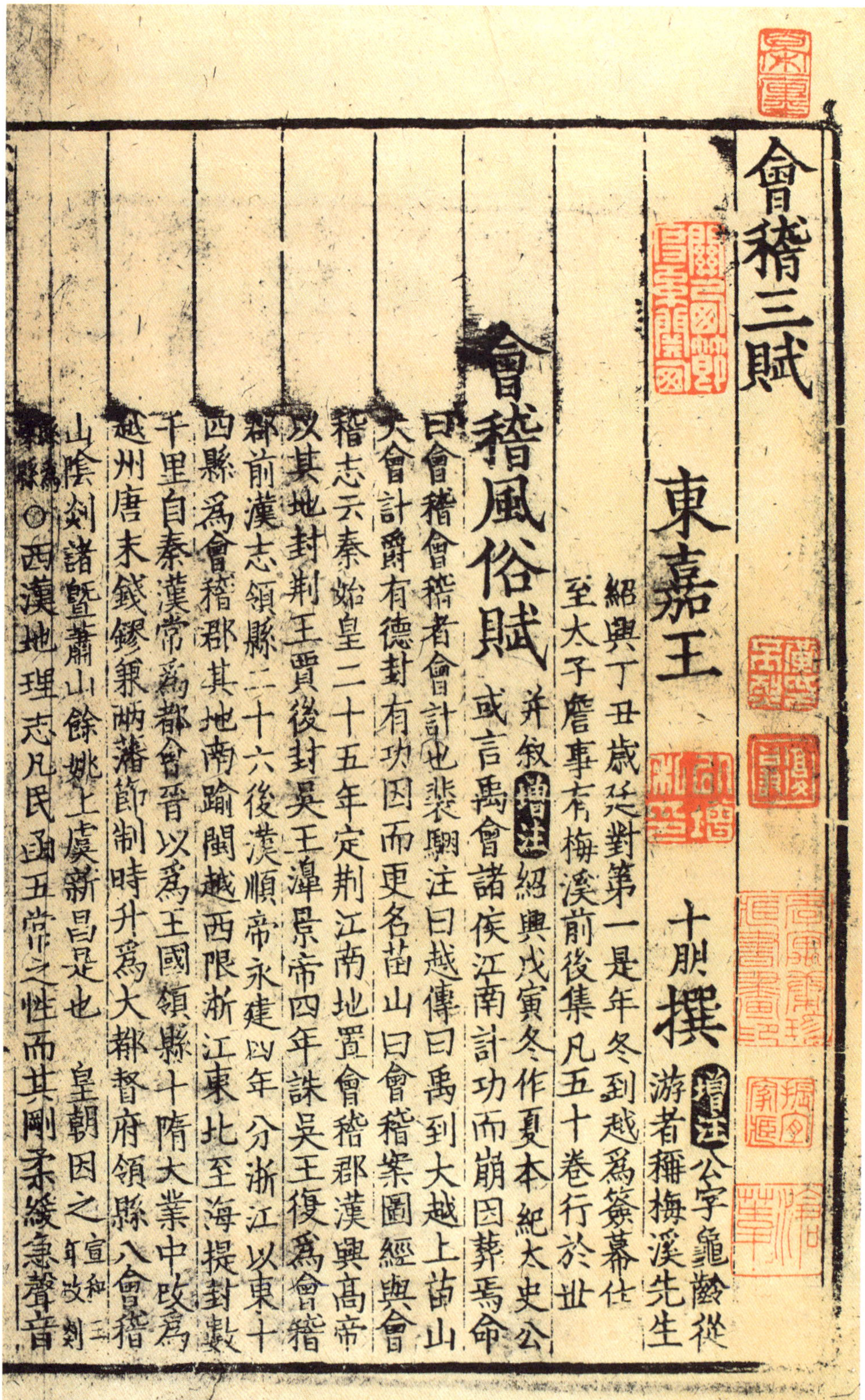
會稽三賦
東嘉王　十朋撰　增注公字龜齡從游者稱梅溪先生紹興丁丑歲廷對第一是年冬到越爲簽幕仕至太子詹事有梅溪前後集凡五十卷行於世
會稽風俗賦　并叙　增注紹興戊寅冬作夏本紀太史公或言禹會諸侯江南計功而崩因葬焉命曰會稽會稽者會計也裴駰注曰越傳曰禹到大越上苗山大會計爵有德封有功因而更名苗山曰會稽案圖經與會稽志云秦始皇二十五年定荆江南地置會稽郡漢興高帝以其地封荆王賈後封吴王濞景帝四年誅吴王復爲會稽郡前漢志領縣二十六後漢順帝永建四年分浙江以東十西縣爲會稽郡其地南踰閩越西限浙江東北至海提封數千里自秦漢常爲都會晉以爲王國領縣十隋大業中改爲越州唐末錢鏐兼兩藩節制時升爲大都督府領縣八會稽山陰剡諸暨蕭山餘姚上虞新昌是也　皇朝因之宣和三年改剡縣爲嵊縣◎西漢地理志凡民函五常之性而其剛柔緩急聲音

01143 會稽三賦一卷　（宋）王十朋撰　（宋）周世則　史鑄注　宋刻元修本

匡高24.9厘米，廣17.4厘米。半葉九行，行十七至十八字，小字雙行三十字，白口，左右雙邊。有“振宜家藏”、“黄印丕烈”、“汪印士鐘”、“以增私印”等印。顧廣圻抄補，黄丕烈跋。國家圖書館藏。

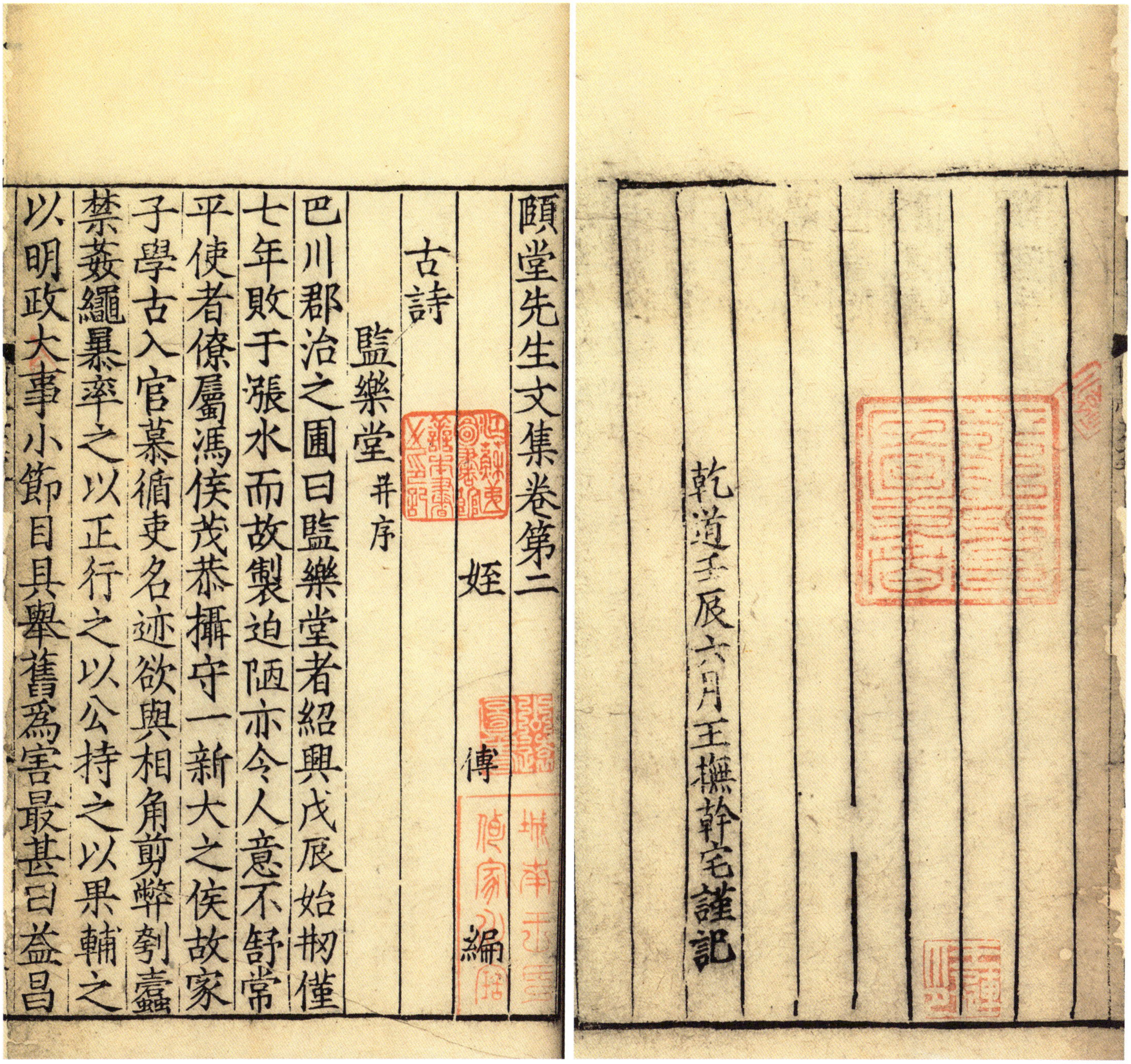
乾道壬辰六月王撫幹宅謹記

頤堂先生文集卷第二
姪　傳　編
古詩
監樂堂　并序
巴川郡治之圃曰監樂堂者紹興戊辰始剏僅
七年敗于漲水而故製迫陋亦令人意不舒常
平使者僚屬馮侯茂恭攝守一新大之侯故家
子學古入官慕循吏名迹欲與相角剪弊剗蠹
禁姦纏暴率之以正行之以公持之以果輔之
以明政大事小節目具舉舊爲害最甚曰益昌

01144　頤堂先生文集五卷　（宋）王灼撰　宋乾道八年（1172）王撫幹宅刻本（目録及附録抄配）

匡高20.3厘米，廣14.2厘米。半葉十行，行十八字，小字雙行同，白口，左右雙邊。有“城南王氏傳家之寶”、“王璉印”等印。丁申、丁丙跋。南京圖書館藏。

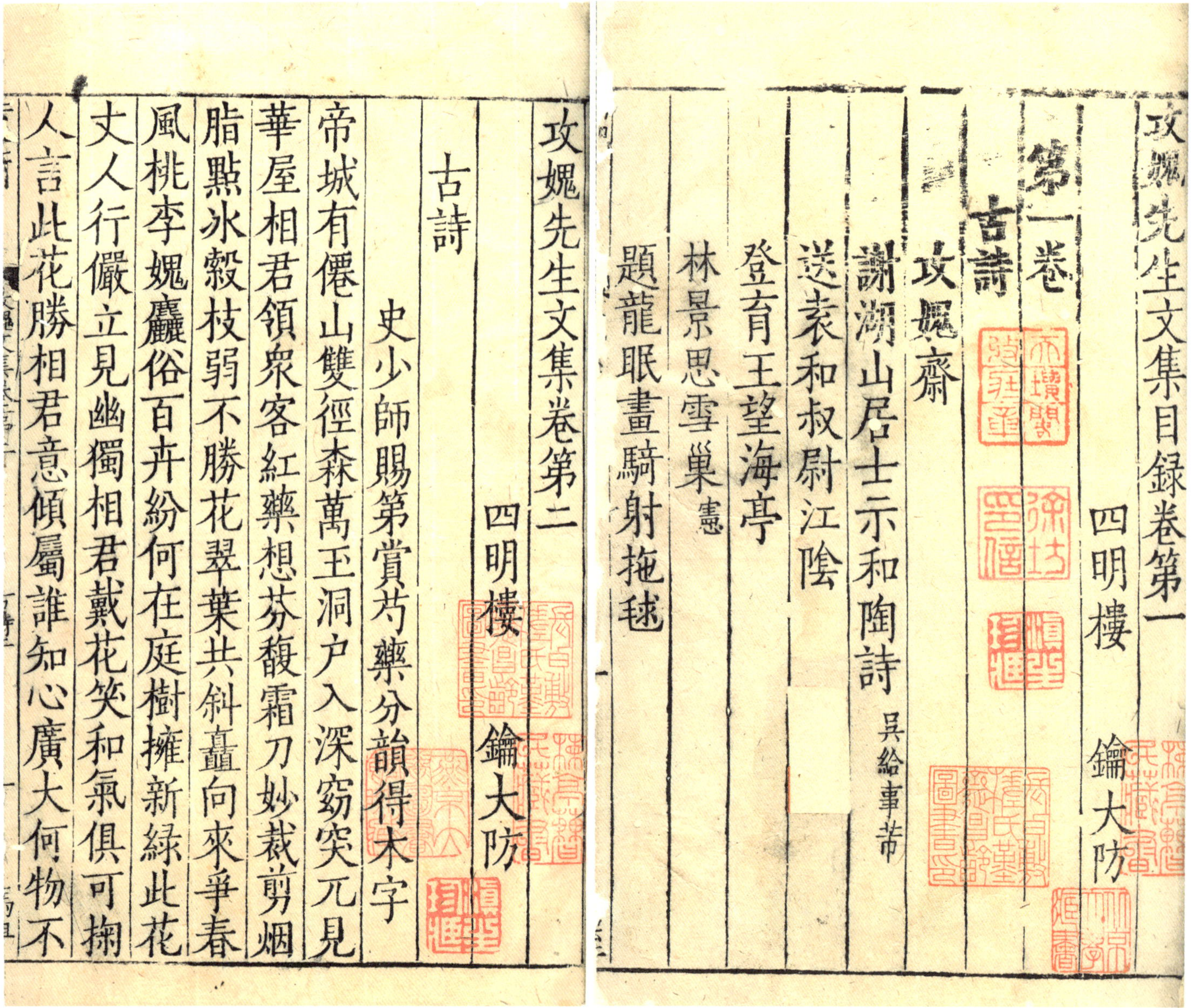

攻媿先生文集目録卷第一
四明樓　鑰大防
第一卷
古詩
攻媿齋
謝湖山居士示和陶詩　呉給事芾
送表和叔尉江陰
登育王望海亭
林景思雪巢　盡
題龍眠畫騎射拖毬

攻媿先生文集卷第二
四明樓　鑰大防
古詩
史少師賜第賞芍藥分韻得木字
帝城有僊山雙徑森萬玉洞户入深窈突兀見
華屋相君領衆客紅藥想芬馥霜刀妙裁剪烟
脂點氷縠枝弱不勝花翠葉共斜矗向來爭春
風桃李媿麤俗百卉紛何在庭樹擁新緑此花
丈人行儼立見幽獨相君戴花笑和氣俱可掬
人言此花勝相君意傾屬誰知心廣大何物不

01145 攻媿先生文集一百二十卷（宋）樓鑰撰　**目録五卷**　宋四明樓氏家刻本

匡高22.5厘米，廣15.7厘米。半葉十行，行十八字，白口，左右雙邊。有“徐乾學”、“楝亭曹氏藏書”、“許乃普”、“滇生珍藏”、“長白敷槎氏堇齋昌齡圖書印”、“慧海樓藏書印”、“王懿榮”、“徐坊”等印。北京大學圖書館藏，存一百八卷。

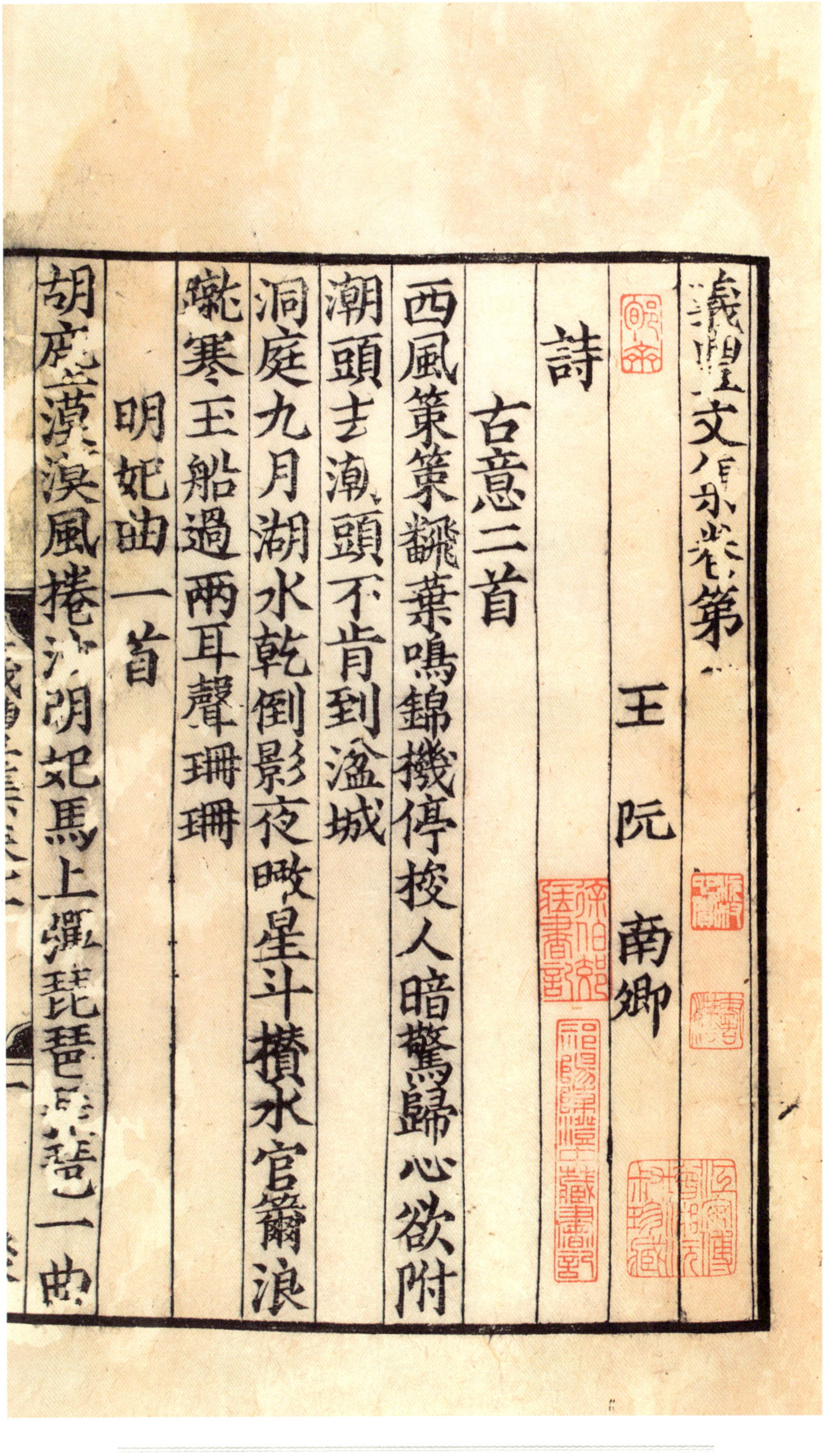
義豐文集卷第一
王阮南卿
詩
古意二首
西風策策飜葉鳴錦機停梭人暗驚歸心欲附
潮頭去潮頭不肯到湓城
洞庭九月湖水乾倒影夜瞰星斗横水官爾浪
皺寒玉船過兩耳聲珊珊
明妃曲一首
胡虜漠漠風捲沙明妃馬上彈琵琶琵琶一曲

01146 義豐文集一卷 （宋）王阮撰　宋淳祐三年（1243）王旦刻本

匡高20.6厘米，廣15.1厘米。半葉十行，行十八字，細黑口，左右雙邊。有“讀易樓”、“黄印丕烈”、“汪印士鐘”、“傅印增湘”、“伯郊所藏”、“祁陽陳澄中藏書記”等印。李盛鐸、傅增湘跋。國家圖書館藏。

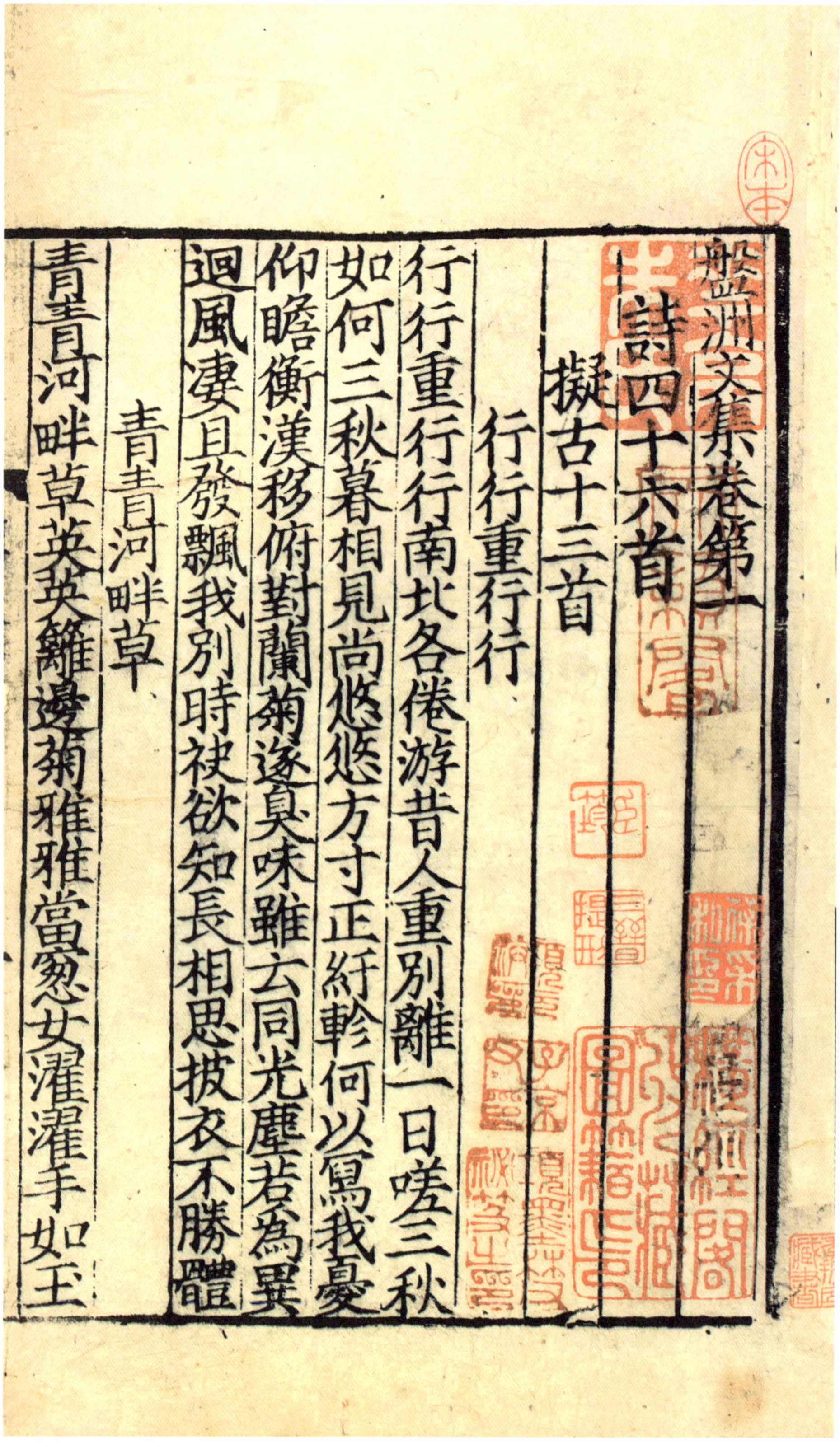

盤洲文集卷第一
詩四十六首
擬古十三首
行行重行行
行行重行行南北各倦游昔人重別離一日嗟三秋
如何三秋暮相見尚悠悠方寸正紆軫何以寫我憂
仰瞻衡漢移俯對蘭菊遂臭味雖云同光塵若爲異
迴風淒且發飄我別時袂欲知長相思披衣不勝體
青青河畔草
青青河畔草英英籬邊菊雅雅當窻女濯濯手如玉

01147 盤洲文集八十卷 （宋）洪适撰　宋刻本

匡高20.8厘米，廣15.6厘米。半葉十行，行二十字，白口，左右雙邊。有“華亭朱氏”、“項元汴印”、“季印振宜”、“乾學”、“張敦仁讀過”、“涵芬樓”等印。國家圖書館藏。

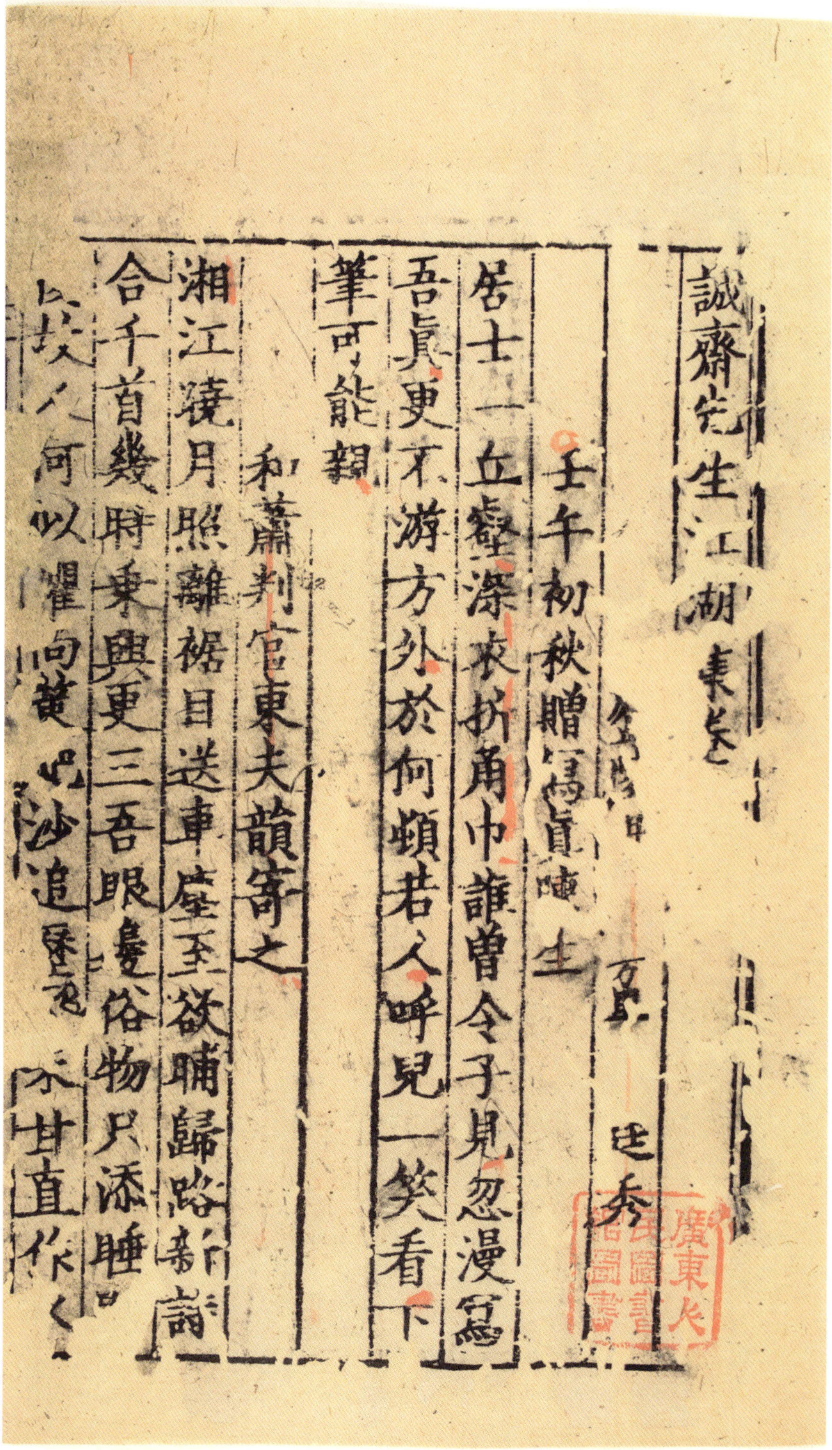

01148 誠齋先生江湖集十四卷荆谿集十卷西歸集四卷南海集八卷江西道院集五卷朝天續集八卷退休集十四卷 （宋）楊萬里撰　宋淳熙、紹熙刻本

匡高18厘米，廣12.5厘米。半葉十行，行十八字，白口，左右雙邊。國家圖書館藏，存六十卷。

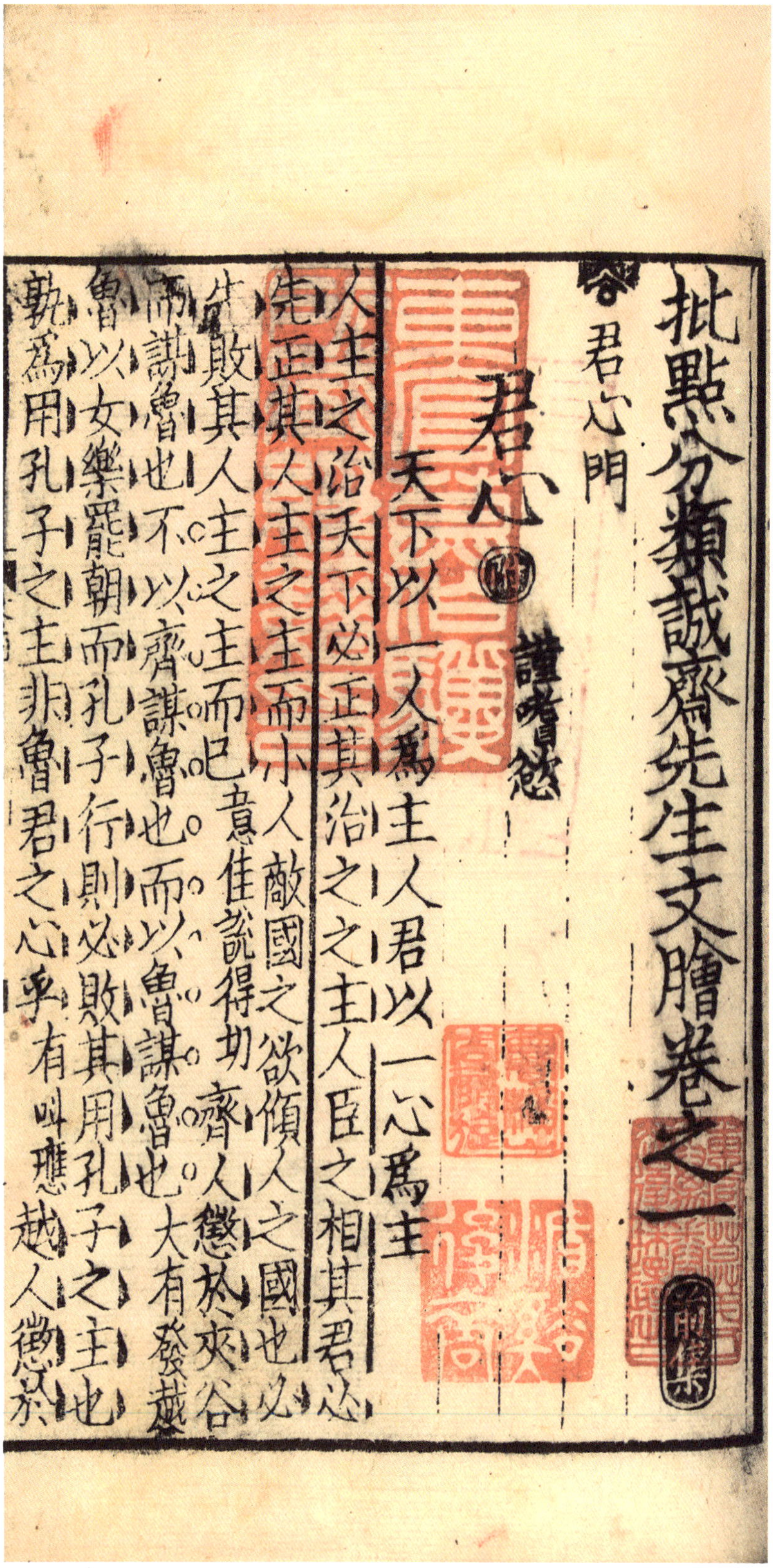
批點分類誠齋先生文膾卷之一
君心門
君心　附　謹嗜慾
天下以一人爲主人君以一心爲主
人主之治天下必正其治之之主人臣之相其君必
先正其人主之主而小人敵國之欲傾人之國也必
先敗其人主之主而已意佳說得切齊人懲於夾谷
而謀魯也不以齊謀魯也而以魯謀魯也大有發越
魯以女樂罷朝而孔子行則必敗其用孔子之主也
孰爲用孔子之主非魯君之心乎有叫應越人懲於

01149 批點分類誠齋先生文膾前集十二卷後集十二卷 （宋）楊萬里撰　（宋）李誠父輯　元刻本

匡高15厘米，廣10.3厘米。半葉十二行，行二十字，黑口，左右雙邊。有“林汲山房藏書”、“東莞莫伯驥所藏經籍印”等印。國家圖書館藏。

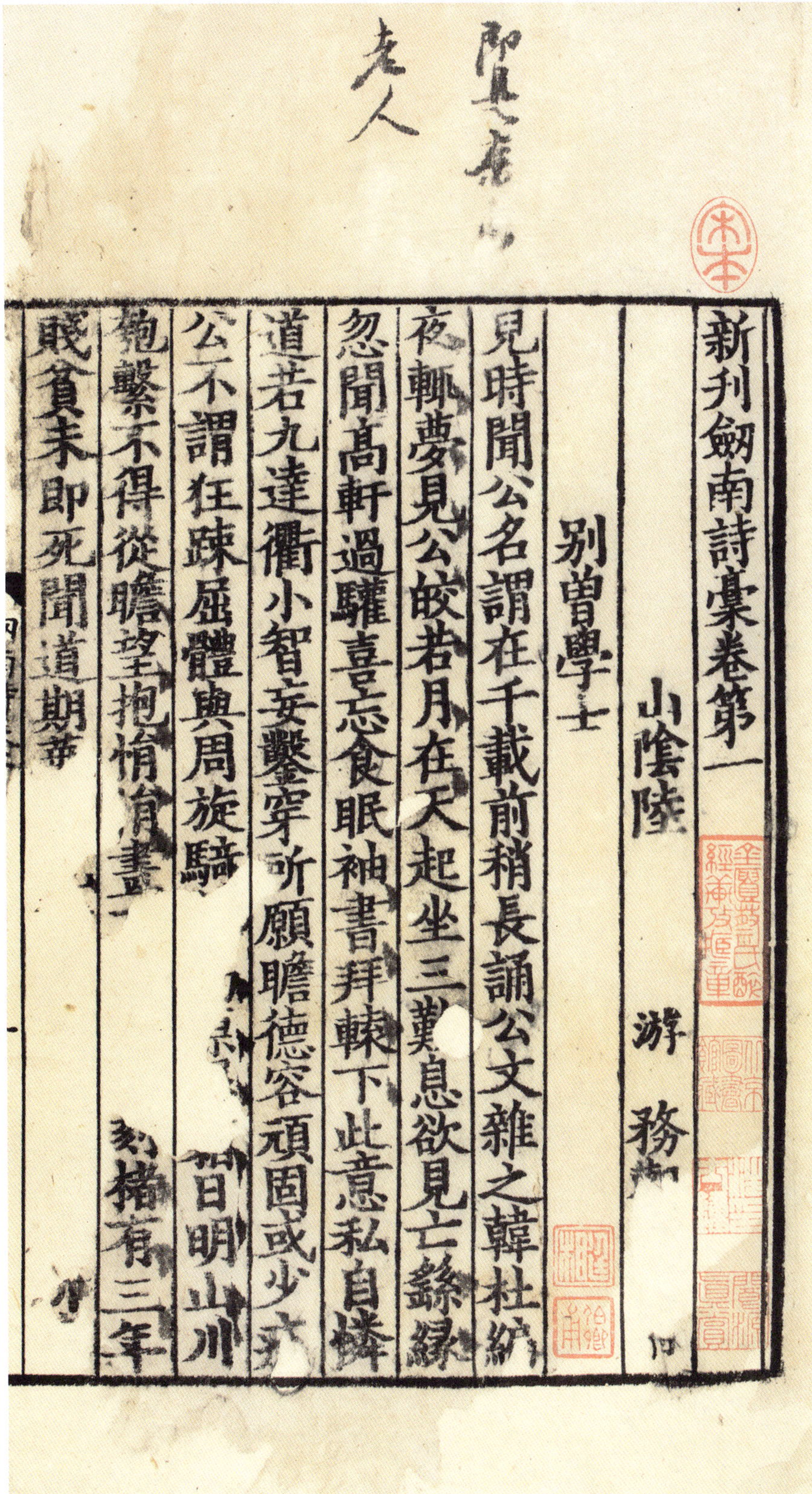

01150 新刊劍南詩稾二十卷（宋）陸游撰　宋淳熙十四年（1187）鄭師尹嚴州郡齋刻本

匡高19.5厘米，廣14.2厘米。半葉十行，行二十字，白口，左右雙邊。有“汪印士鐘”、“金匱蔡氏醉經軒收藏章”等印。國家圖書館藏，存十卷。

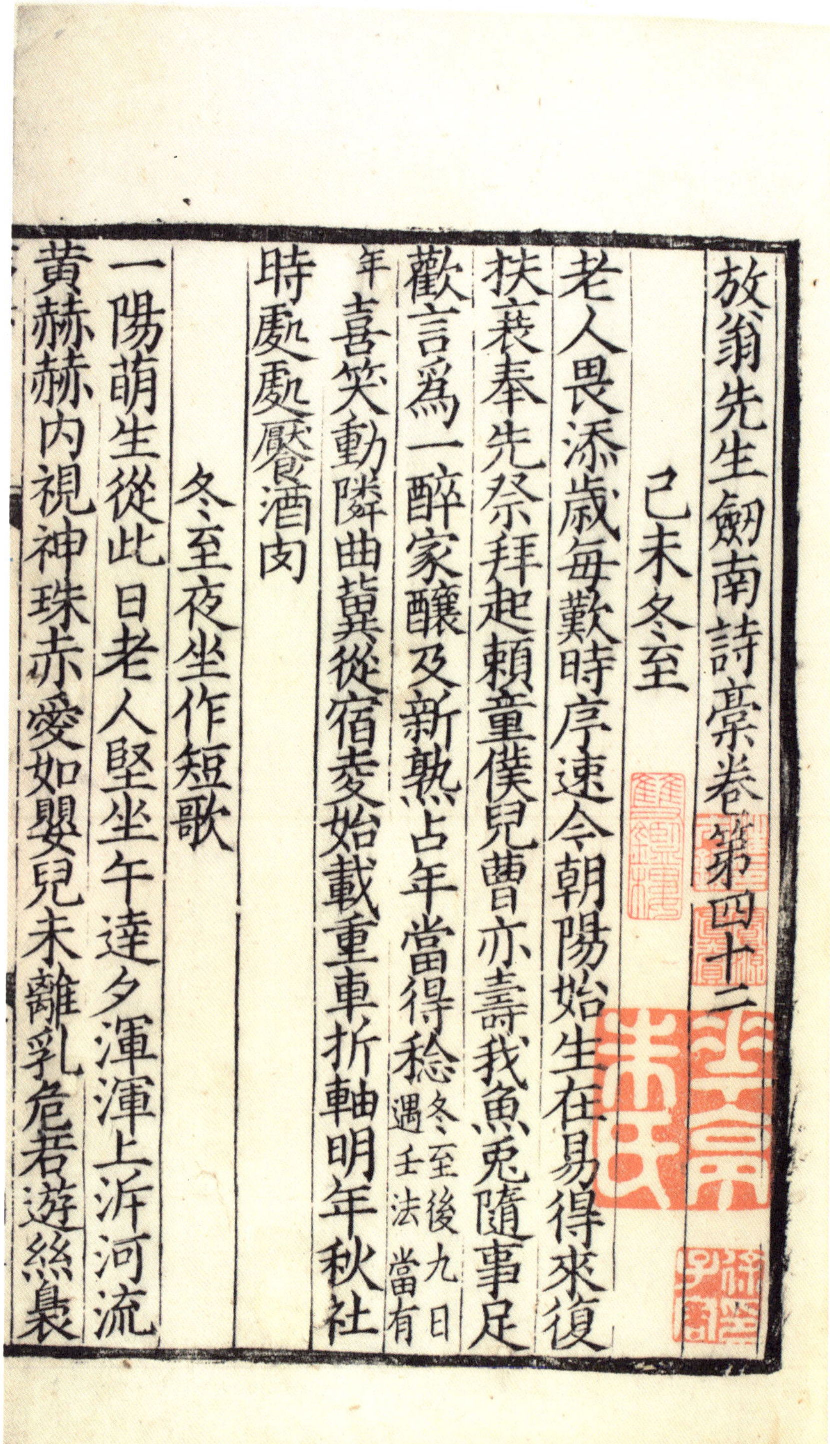

放翁先生劍南詩槀卷第四十二
己未冬至
老人畏添歲每歎時序速令朝陽始生在易得來復
扶衰奉先祭拜起賴童僕兒曹亦壽我魚兎隨事足
歡言爲一醉家釀及新熟占年當得稔冬至後九日遇壬法當有
年喜笑動隣曲冀從宿麦始載重車折軸明年秋社
時處處饜酒肉
冬至夜坐作短歌
一陽萌生從此日老人堅坐午達夕渾渾上泝河流
黄赫赫内視神珠赤愛如嬰兒未離乳危若遊絲裊

01151 放翁先生劍南詩槀六十七卷目録□卷 （宋）陸游撰　宋嘉泰吉州刻本

匡高20厘米，廣14.5厘米。半葉十行，行二十字，白口，左右雙邊。有“華亭朱氏”、“汪印士鐘”、“雙鑑樓”等印。黄丕烈跋并題詩，李放跋。國家圖書館藏，存十五卷。

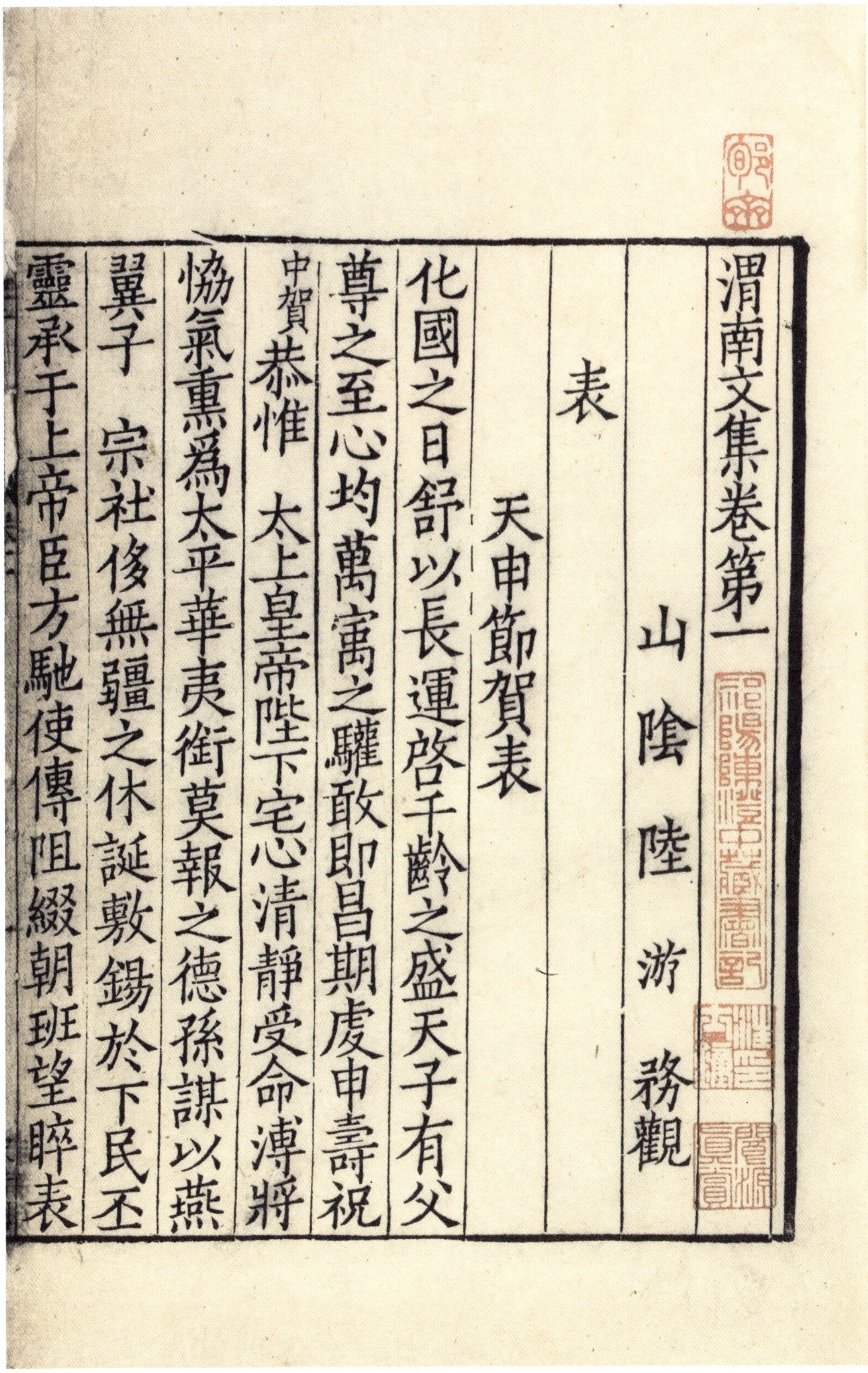

渭南文集卷第一
山陰陸游務觀

表
天申節賀表
化國之日舒以長運啓千齡之盛天子有父
尊之至心均萬寓之驩敢即昌期虔申壽祝
中賀 恭惟 太上皇帝陛下宅心清靜受命溥將
恊氣熏爲太平華夷銜莫報之德孫謀以燕
翼子 宗社侈無疆之休誕敷錫於下民丕
靈承于上帝臣方馳使傳阻綴朝班望睟表

01152 渭南文集五十卷 （宋）陸游撰　宋嘉定十三年（1220）陸子遹溧陽學宫刻本

包背裝。匡高15.9厘米，廣13厘米。半葉十行，行十七字，白口，左右雙邊。有“百宋一廛”、“汪印士鐘”、“徐伯郊藏書記”、“祁陽陳澄中藏書記”等印。黄丕烈跋，張祖翼、繆荃孫題款。國家圖書館藏，存四十六卷。

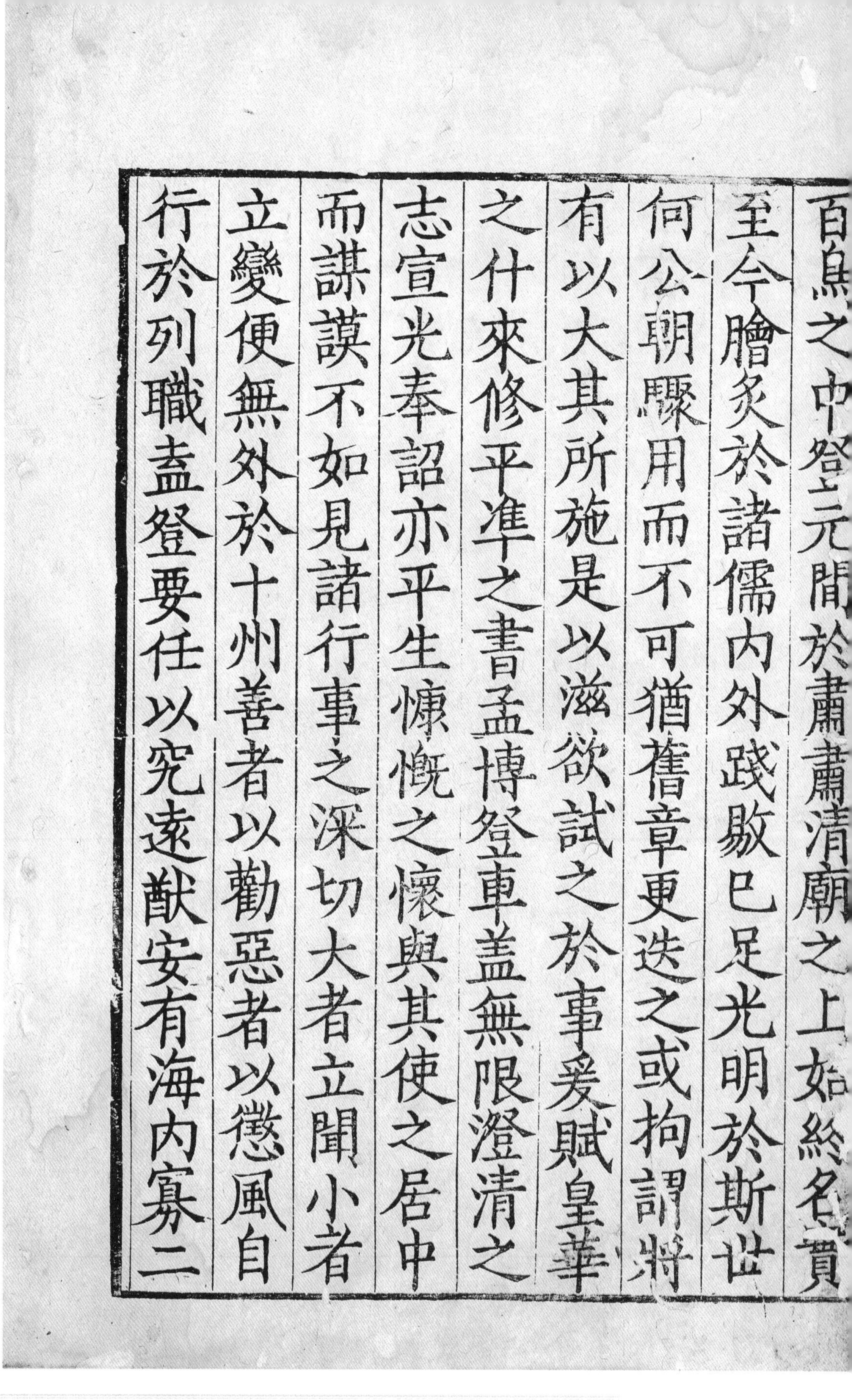

百鼎之中登元閒於肅肅清廟之上始終名貫
至今膾炙於諸儒內外踐敭已足光明於斯世
何公朝驟用而不可猶舊章更迭之或拘謂將
有以大其所施是以滋欲試之於事爰賦皇華
之什來修平準之書孟博登車蓋無限澄清之
志宣光奉詔亦平生慷慨之懷與其使之居中
而謀謨不如見諸行事之深切大者立開小者
立變便無外於十州善者以勸惡者以懲風自
行於列職盡登要任以究遠猷安有海內寡二

01153　蟠室老人文集二十二卷奏議一卷涉史隨筆一卷（宋）葛洪撰　宋刻本

蝴蝶裝。匡高24.3厘米，廣17.3厘米。半葉九行，行十八字，小字雙行同，白口，左右雙邊。南京圖書館藏，存二卷。

蟠室老人文集卷第十五

啓

金谿丞到任通提舉

迫於飢餓姑從藍田松竹之遊蕞尒姓名敢徹繡衣霄漢之聽及瓜而代望履有期行矣遂執鞭於下陳何止潛動魄於一見恭惟某官學足以當宗師之任文足以駕英遊之先名擢天庭聲動京國明白淳粹而不爲崖岸斬絶之行雍容柔巽而不爲矯迂浮詭之辭見孤凰於秋啾

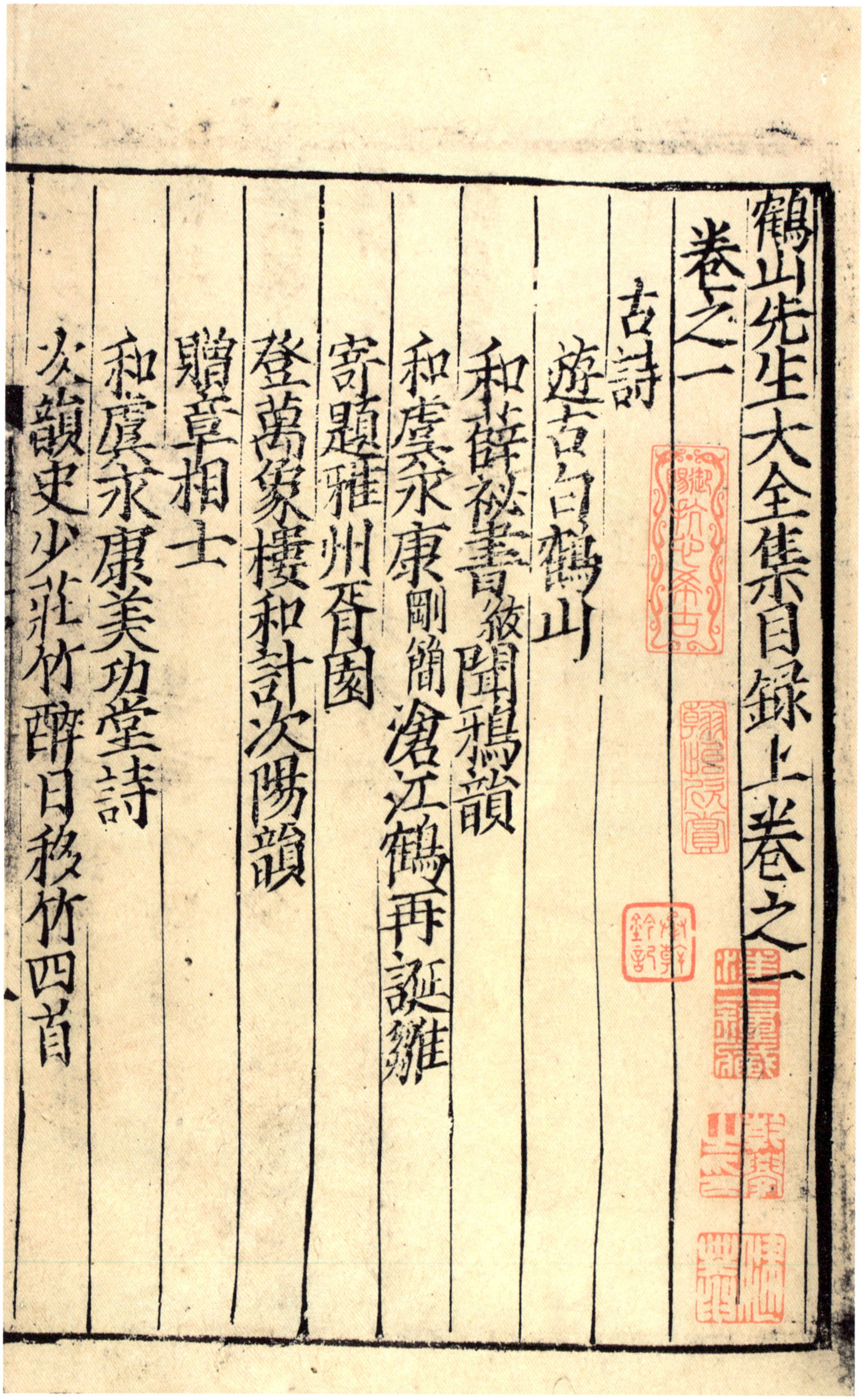

鶴山先生大全集目録上卷之一

卷之一

古詩

遊古白鶴山

和薛秘書叔陶鴟韻

和虞永康剛簡滄江鶴再誕雛

寄題雅州胥園

登萬象樓和計次陽韻

贈章相士

和虞永康美功堂詩

次韻史少莊竹醉日移竹四首

01154 重校鶴山先生大全文集一百十卷目録二卷（宋）魏了翁撰　宋開慶元年（1259）刻本

匡高22.6厘米，廣16.6厘米。半葉十一行，行二十字，白口，左右雙邊。有"乾學之印"、"汪士鐘藏"、"吴興劉氏嘉業堂藏書印"、"蔣祖詒"等印。錢大昕、黄丕烈跋。國家圖書館藏，存九十四卷。

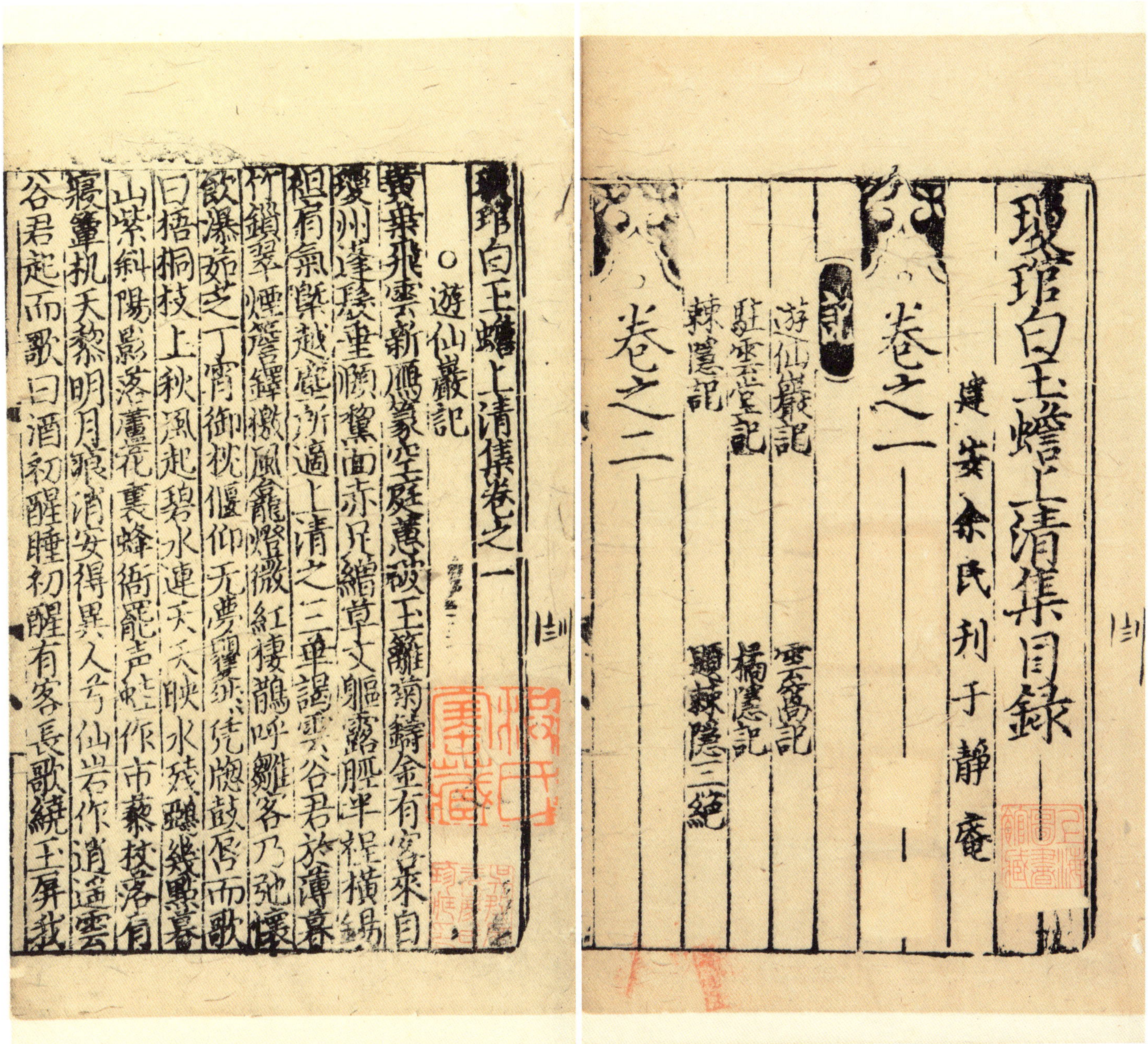
瓊琯白玉蟾上清集目録
建安余氏刊于静菴
卷之一
遊仙巖記　雲窩記
駐雲堂記　橘隱記
棘隱記　題棘隱三絶
卷之二

瓊琯白玉蟾上清集卷之一
○遊仙巖記
黄衆飛雲新鴈篆空庭蕙破玉雞翔鑄金有客來自
瓊州蓬髮垂顴黧面赤足縮草文軀露脛坪裎横錫
粗肩氣槩越從所適上清之三華謁雲谷君於薄暮
竹鎖翠煙鶯鐸微風龕龍燈微紅棲鵲呼雛客乃弛懷
飲瀑茹芝丁宵御枕偃仰无夢[illegible]鼓唇而歌
曰梧桐枝上秋風起碧水連天天映水殘雞幾點暮
山紫斜陽影落蘆花裏蜂衙罷声蛙作市藜杖落肩
寢筆机天黎明月狼消安得異人兮仙岩作逍遥雲
谷君起而歌曰酒初醒睡初醒有客長歌繞玉屏哉

01155 瓊琯白玉蟾上清集八卷 （宋）葛長庚撰　元建安余氏静菴刻本

匡高17.1厘米，廣11.6厘米。半葉十一行，行二十字，黑口，左右雙邊。有“吳郡顧元慶氏珍藏印”、“洪氏寶藏”印。上海圖書館藏。

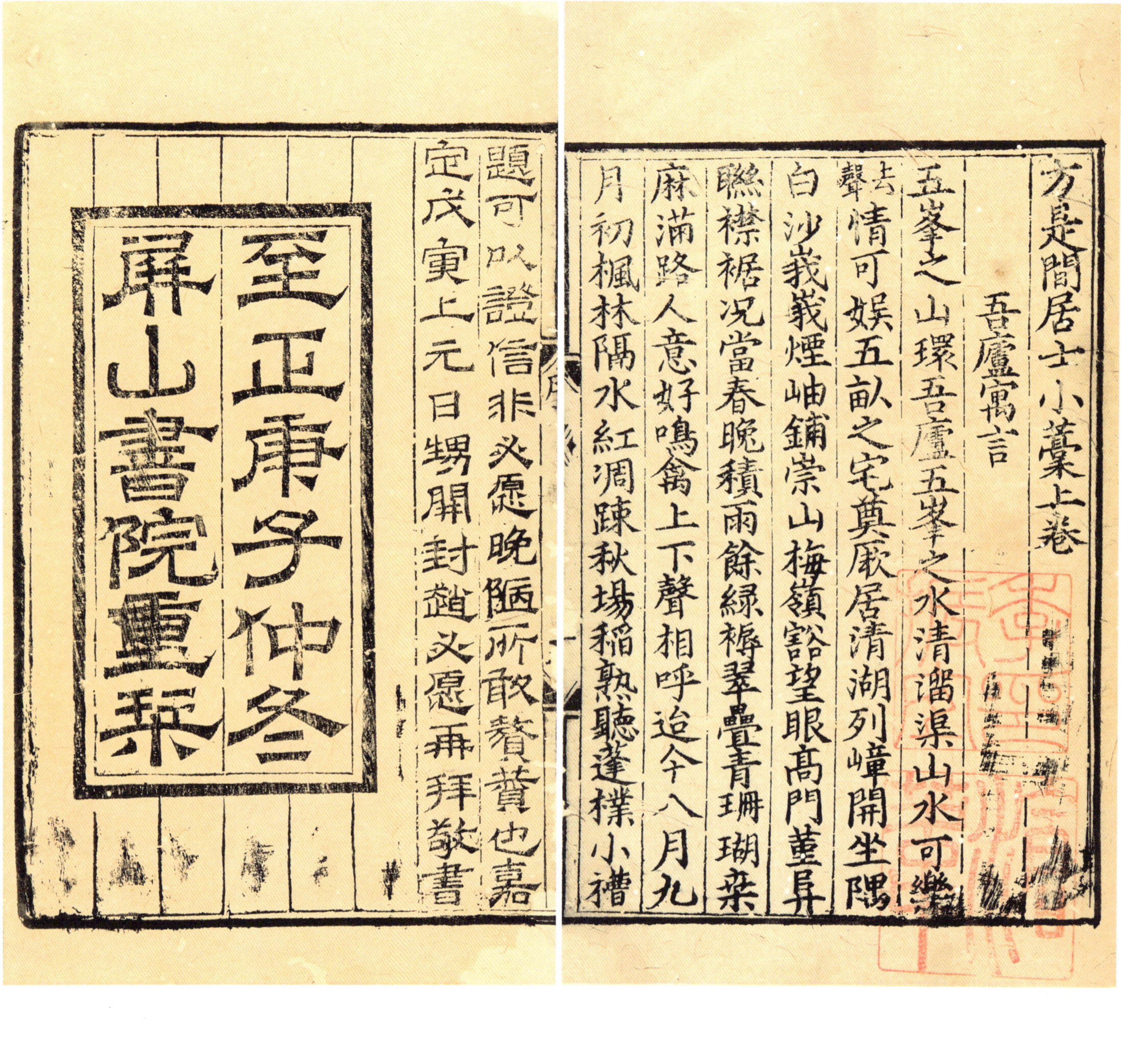
方是閒居士小藁上卷
吾廬寓言
五峯之山環吾廬五峯之水清澑渠山水可樂
去聲 情可娛五畝之宅奠厥居清湖列嶂開坐隅
白沙莪莪煙岫鋪崇山梅嶺谿望眼高門董昇
聯襟裾況當春晚積雨餘綠褥翠疊青珊瑚桒
麻滿路人意好鳴禽上下聲相呼追今八月九
月初楓林隔水紅凋疎秋場稻熟聽蓬樸小禮

題可以證信非必愿晚陋所敢贅贊也嘉
定戊寅上元日甥開封趙必愿再拜敬書

至正庚子仲冬
屏山書院重栞

01156 方是閒居士小藁二卷 （宋）劉學箕撰　元至正二十年（1360）屏山書院刻本

匡高18厘米，廣12.2厘米。半葉八行，行十八字，黑口，四周雙邊。有“至正庚子仲冬屏山書院重栞”牌記。有“萬卷堂藏書記”、“御史振宜之印”、“馬玉堂”、“笏齋珍藏之印”、“結一廬藏書印”等印。上海圖書館藏。

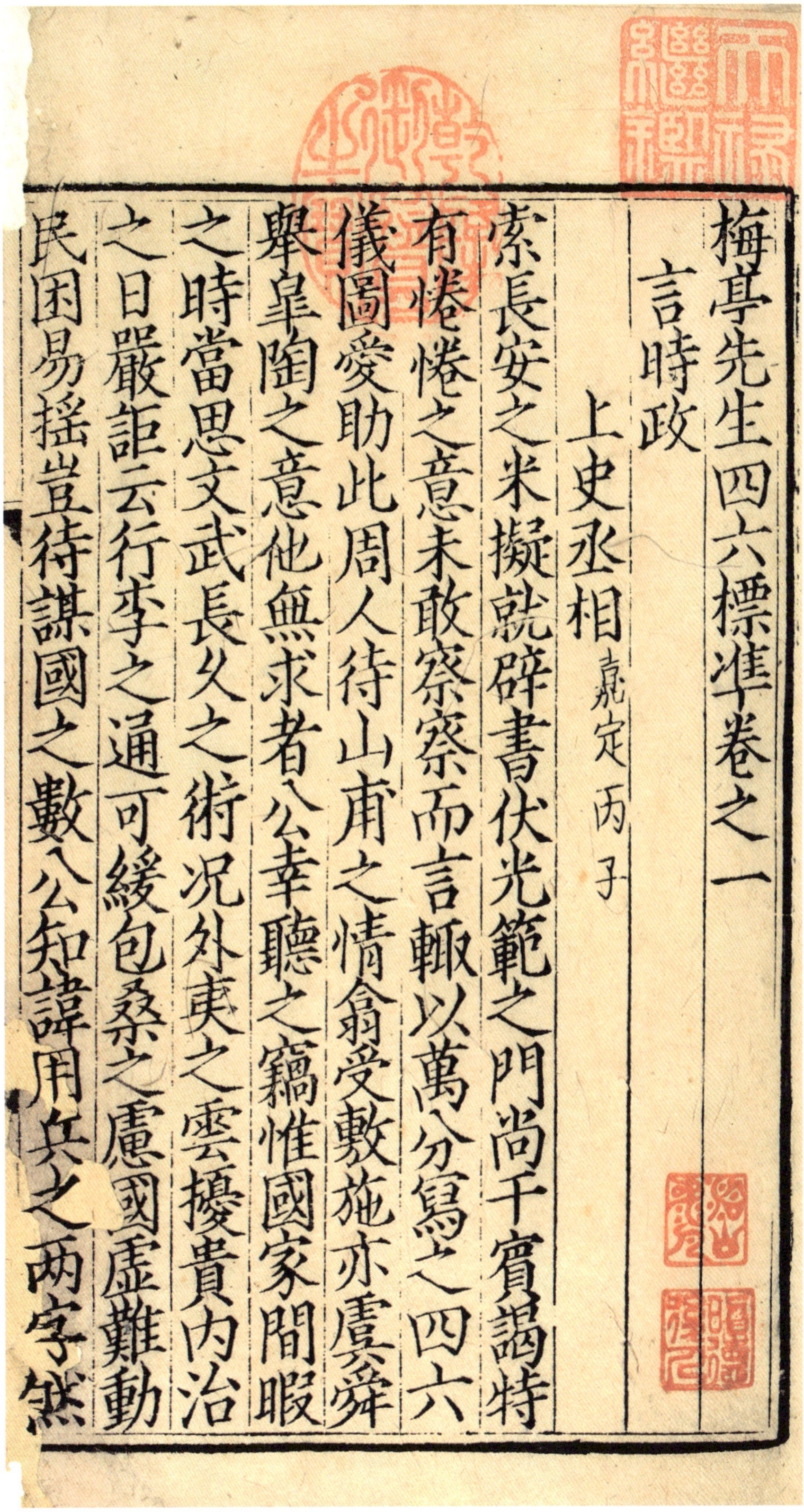

01157 梅亭先生四六標準四十卷 （宋）李劉撰　宋刻本

匡高20.2厘米，廣12.9厘米。半葉十行，行十九字，細黑口，四周雙邊。有“天禄琳琅”等印。國家圖書館藏。

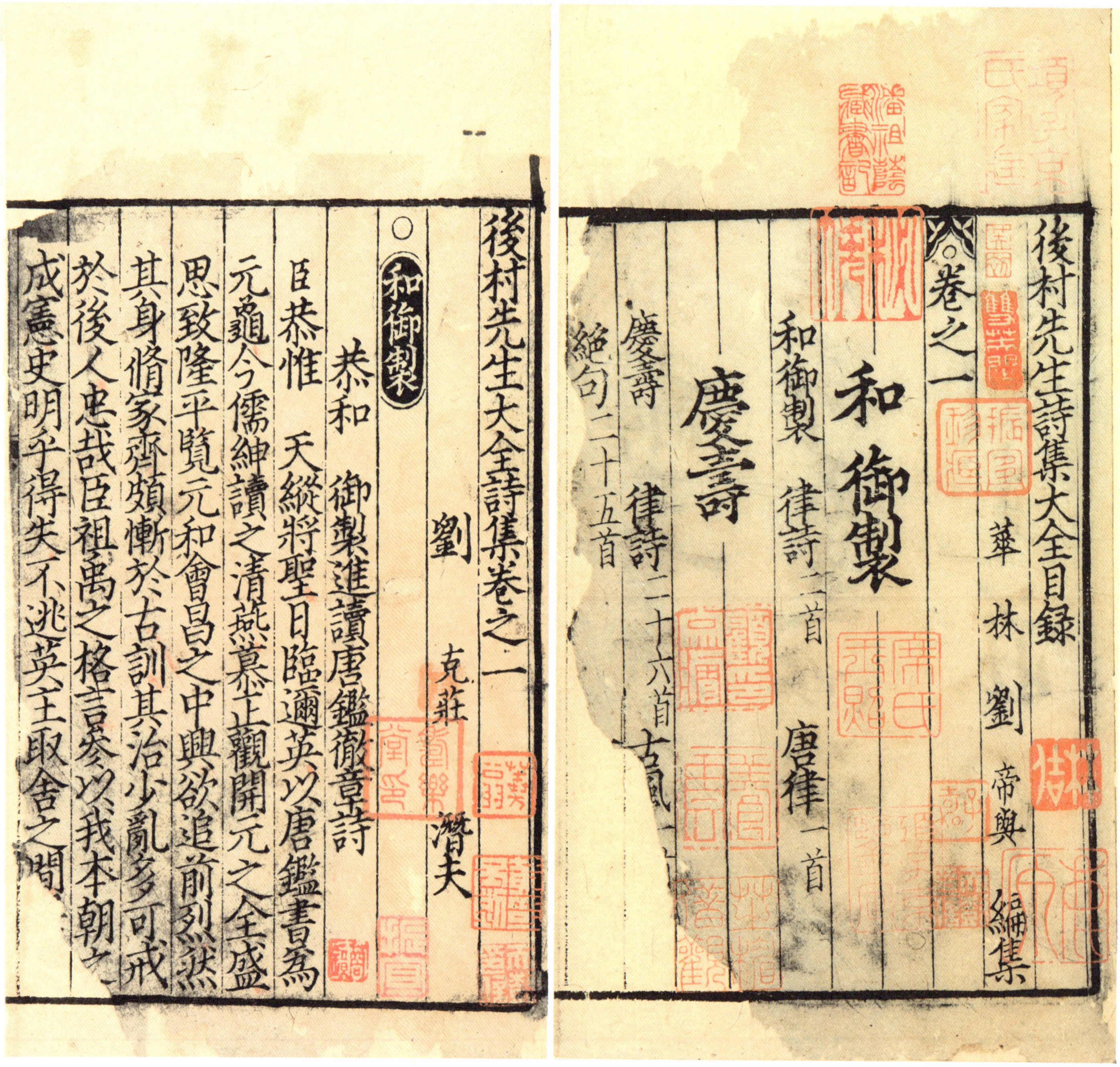
後村先生詩集大全目録
華林 劉 帝與 編集
卷之一
和御製
和御製 律詩二首
唐律一首
慶壽
慶壽 律詩二十六首
古風一
絶句二十五首

後村先生大全詩集卷之一
劉 克莊 潛夫
和御製
恭和 御製進讀唐鑑徹章詩
臣恭惟 天縱將聖日臨邇英以唐鑑書爲
元龜今儒紳讀之清燕慕上觀開元之全盛
思致隆平覽元和會昌之中興欲追前烈然
其身脩家齊頻慟於古訓其治少亂多可戒
於後人忠哉臣祖禹之格言參以我本朝之
成憲史明乎得失不逃英主取舍之間

01158 後村先生大全詩集十五卷 （宋）劉克莊撰　宋刻本

匡高16.3厘米，廣11.1厘米。半葉十行，行十八字，細黑口，左右雙邊。有“項子京氏家藏”、“振宜珍藏”、“林佶”、“席氏玉照”、“黄丕烈印”、“虞山張蓉鏡鑒定宋刻善本”、“芙初女史姚畹真印”、“方氏若蘅曾觀”、“潘祖蔭藏書記”等印。黄丕烈、孫原湘、邵淵耀、姚畹真、錢天樹、王芑孫、單學傅跋。上海圖書館藏，存十一卷。

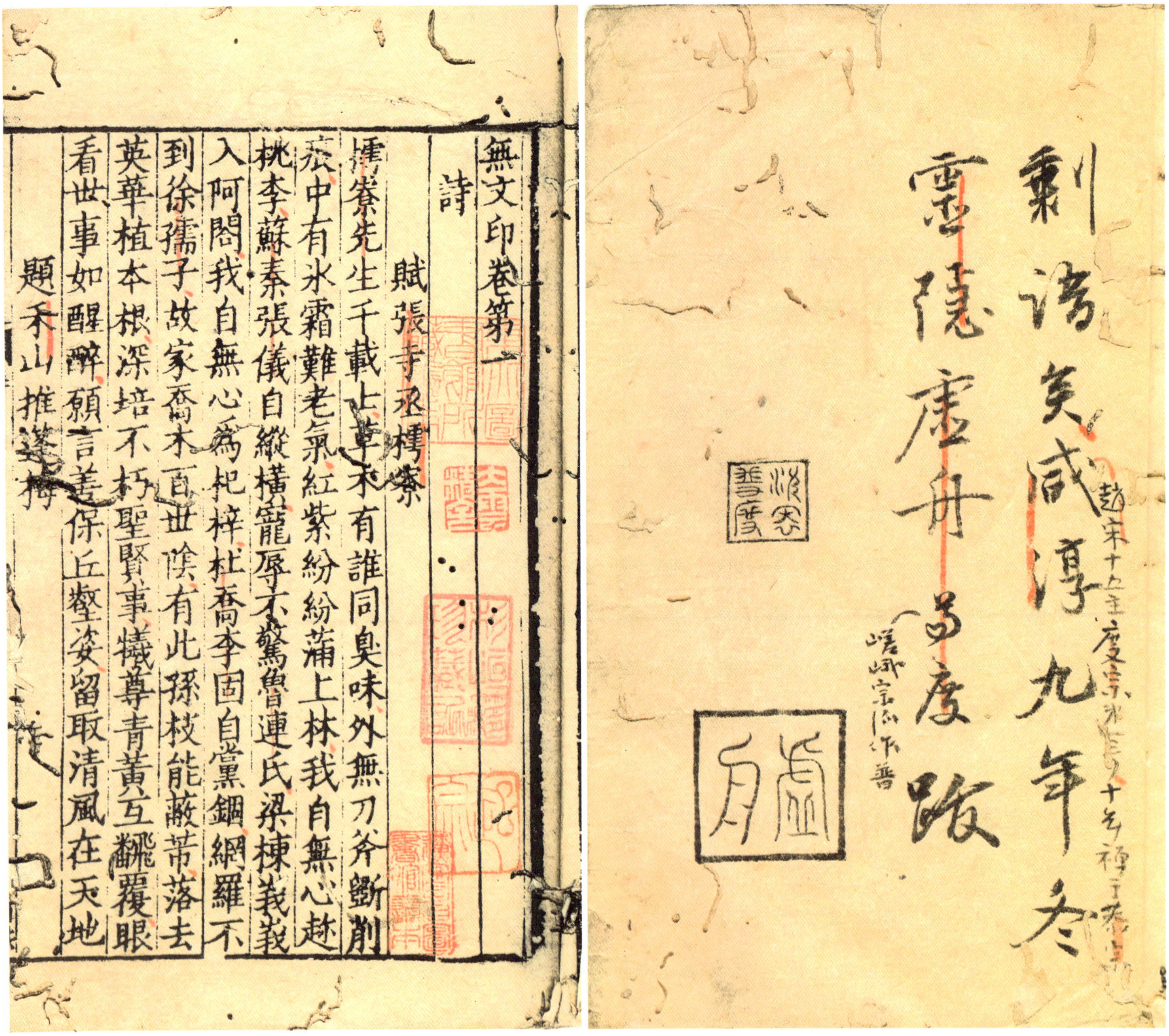
無文印卷第一
詩
賦張寺丞樗寮
樗寮先生千載上草木有誰同臭味外無刀斧斲削
痕中有冰霜難老氣紅紫紛紛蒲上林我自無心趁
桃李蘇秦張儀自縱橫寵辱不驚魯連氏梁棟義穀
入阿閣我自無心爲杞梓杜喬李固自黨錮網羅不
到徐孺子故家喬木百世陰有此孫枝能蔽芾落去
英華植本根深培不朽聖賢事犧尊青黃互飜覆眼
看世事如醒醉頹言善保丘壑姿留取清風在天地
題禾山推篷梅

剩語矣咸淳九年冬
靈隱虛舟普度跋

01161 無文印二十卷語録四卷贊一卷偈頌一卷題跋一卷 （宋）釋無文撰　宋咸淳九年（1273）惟康刻本（卷十二至二十、語録、贊、偈頌、題跋配清抄本）

匡高18厘米，廣12厘米。半葉十一行，行二十字，白口，左右雙邊。有“起宗”、“杉恒簃珍藏記”、“大雲精舍”等印。遼寧省圖書館藏。

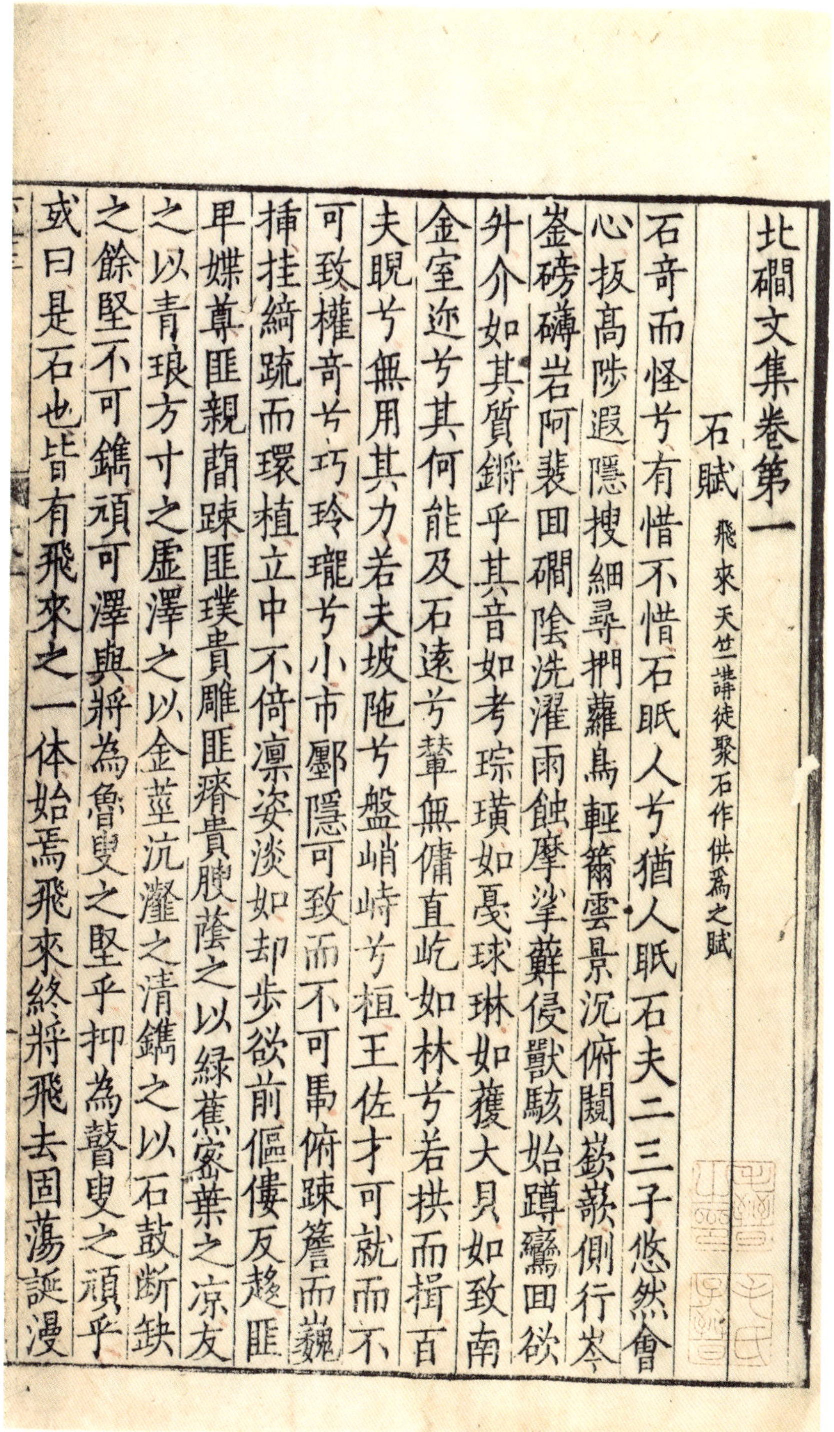

北磵文集卷第一

石賦　飛來天竺一講徒聚石作供爲之賦

石奇而怪兮有惜不惜石眂人兮猶人眂石夫二三子悠然會心扳高陟遐隱搜細尋捫蘿鳥輕篩雲景沉俯闞嶔巇側行岑崟磅礴岩阿裴回磵陰洗濯雨蝕摩挲蘚侵獸駭始蹲鸞回欲升介如其質鏘乎其音如考琮璜如戛球琳如獲大貝如致南金室迩兮其何能及石遠兮葦無備直屹如林兮若拱而揖百夫睨兮無用其力若夫坡陁兮盤峭崎兮桓王佐才可就而不可致權奇兮巧玲瓏兮小市鄽隱可致而不可見俯踈簷而巍揷挂綺疏而環植立中不倚凜姿淡如却步欲前傴僂反趍匪卑媟尊匪親萳踈匪璞貴雕匪瘠貴腴蔭之以綠蕉寄葉之涼友之以青琅方寸之虛澤之以金莖沉瀣之清鐫之以石鼓斷缺之餘堅不可鐫頑可澤與將為魯叟之堅乎抑為聱叟之頑乎或曰是石也皆有飛來之一体始焉飛來終將飛去固蕩誕漫

01160 北磵文集十卷 （宋）釋居簡撰　宋崔尚書宅刻本

匡高22.4厘米，廣15.9厘米。半葉十四行，行二十四字，白口，左右雙邊。有“毛晉之印”、“棟亭曹氏藏書”、“涵芬樓藏”等印。國家圖書館藏，存八卷。

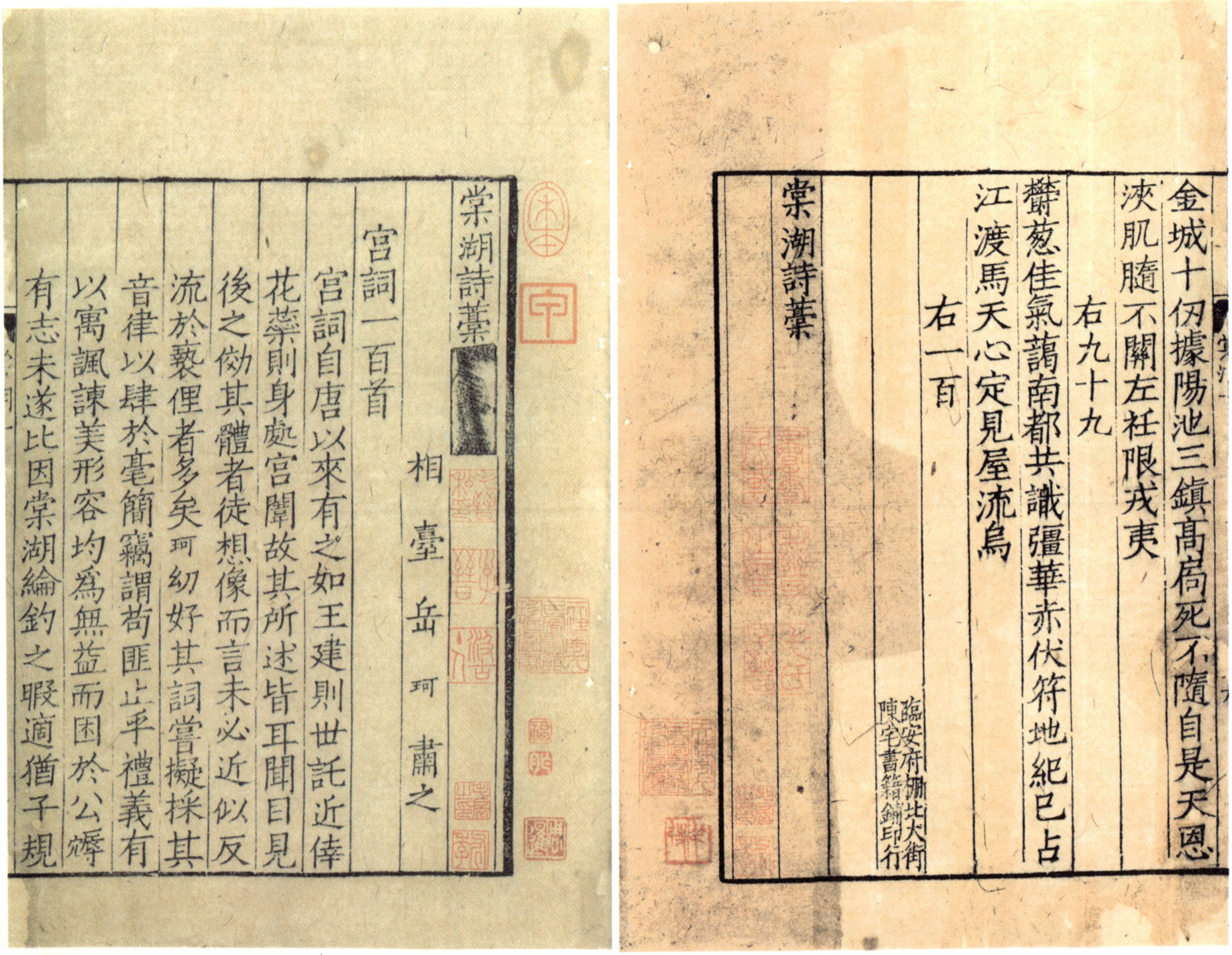

棠湖詩藁
相臺岳珂肅之
宮詞一百首
宮詞自唐以來有之如王建則世託近倖花蘂則身處宮闈故其所述皆耳聞目見後之倣其體者徒想像而言未必近似反流於褻俚者多矣珂幼好其詞嘗擬採其音律以肆於毫簡竊謂苟匪止乎禮義有以寓諷諫美形容均爲無益而困於公牘有志未遂比因棠湖綸釣之暇適猶子規

金城十仞據陽池三鎮高扃死不隳自是天恩浹肌髓不關左衽限戎夷
右九十九
欝葱佳氣藹南都共識彊華赤伏符地紀已占江渡馬天心定見屋流烏
右一百
臨安府棚北大街陳宅書籍鋪印行
棠湖詩藁

01159 棠湖詩藁一卷 （宋）岳珂撰　宋臨安府陳宅書籍鋪刻本

匡高17厘米，廣12.2厘米。半葉十行，行十八字，白口，左右雙邊。有“臨安府棚北大街陳宅書籍鋪印行”刻書題記。有“毛晉私印”、“汲古主人”、“毛扆之印”、“周暹”等印。錢儀吉、錢駿祥、鄧邦述、傅增湘跋。天津圖書館藏。

第一批國家珍貴古籍名録圖録

第五册

中國國家圖書館
中國國家古籍保護中心 編

國家圖書館出版社

第五册目録

（四）明清時期

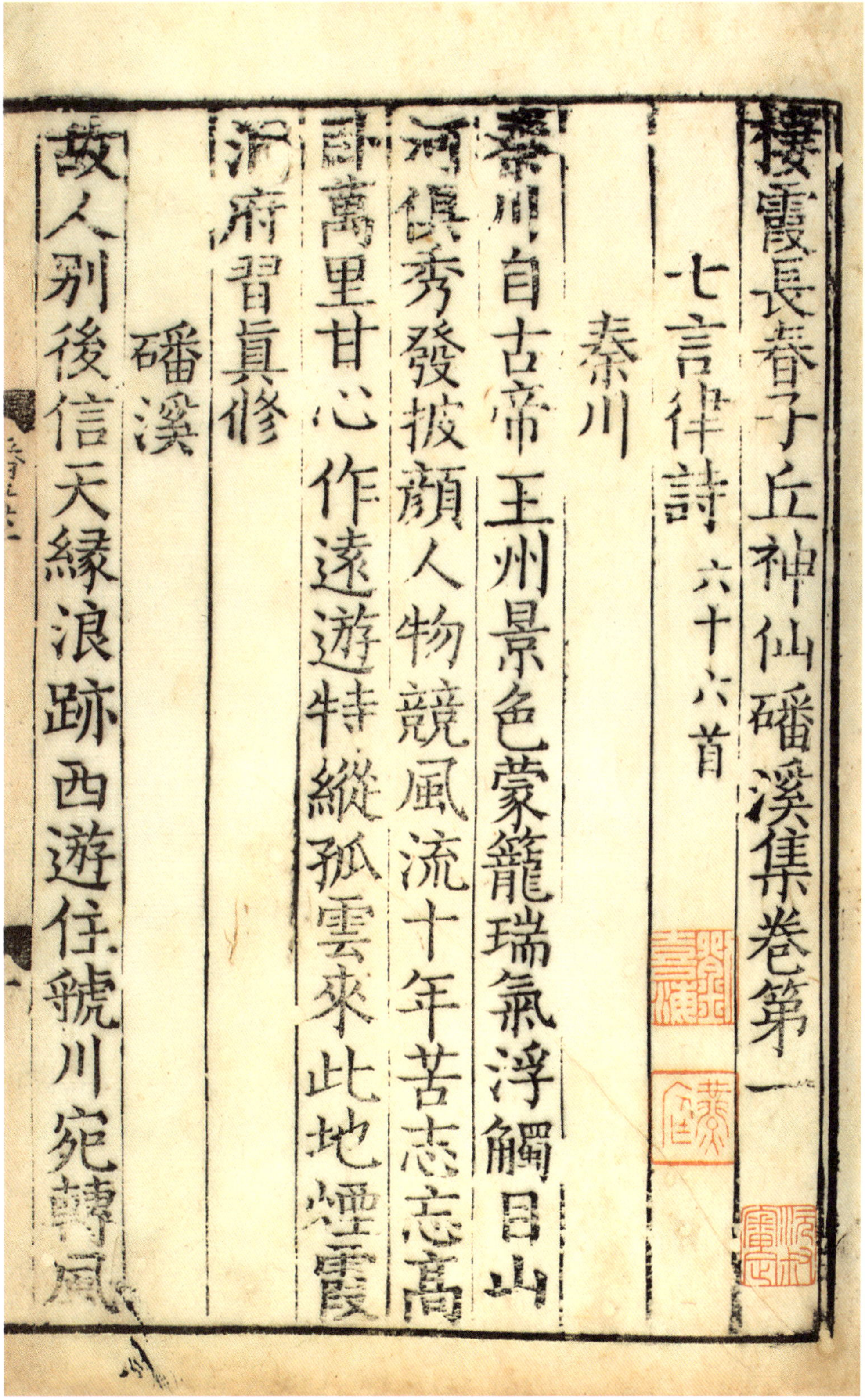
棲霞長春子丘神仙磻溪集卷第一
七言律詩 六十六首
秦川
秦川自古帝王州景色蒙籠瑞氣浮觸目山
河俱秀發披顔人物競風流十年苦志忘高
卧萬里甘心作遠遊特縱孤雲來此地煙霞
洞府習真修
磻溪
故人別後信天縁浪跡西遊住虢川宛轉風

01162 棲霞長春子丘神仙磻溪集三卷 （金）丘處機撰 金刻本

匡高21.8厘米，廣15.2厘米。半葉九行，行十七字，白口，左右雙邊。有“沈與文印”、“毛氏子晉”、“乾學之印”、“東武劉喜海燕庭所藏”、“藏園秘笈孤本”等印。傅增湘跋。國家圖書館藏。

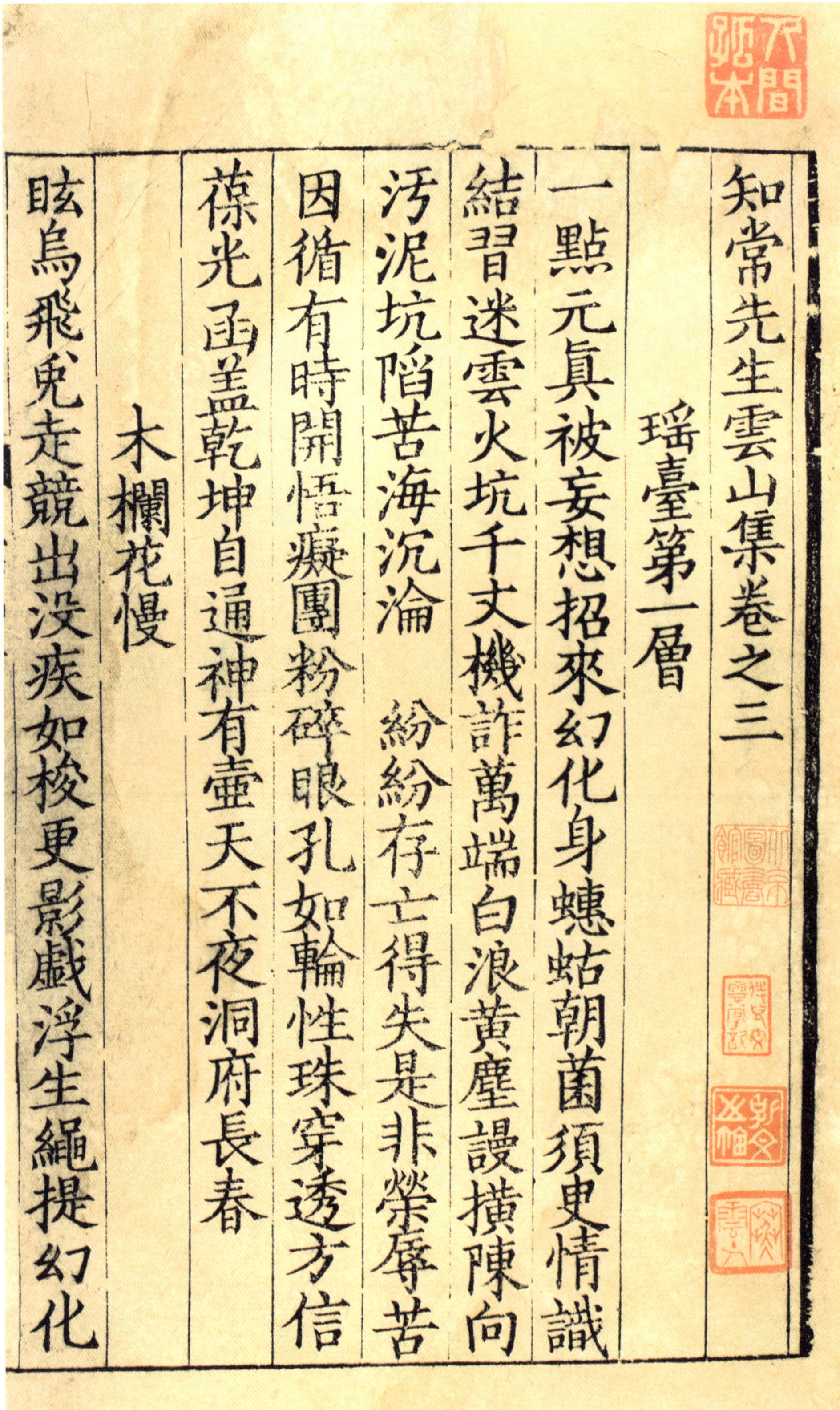
知常先生雲山集卷之三

瑤臺第一層

一點元真被妄想招來幻化身蟪蛄朝菌須臾情識
結習迷雲火坑千丈機詐萬端白浪黃塵謾攢陣向
汚泥坑陷苦海沉淪　紛紛存亡得失是非榮辱苦
因循有時開悟癡團粉碎眼孔如輪性珠穿透方信
葆光函蓋乾坤自通神有壺天不夜洞府長春

木蘭花慢

眩烏飛兎走競出没疾如梭更影戲浮生繩提幻化

01163 知常先生雲山集五卷　（元）姬志真撰　元延祐六年（1319）李懷素刻本

包背裝。匡高23.4厘米，廣16.5厘米。半葉九行，行二十字，白口，左右雙邊。有“寒雲秘笈珍藏之印”等印。章鈺跋。國家圖書館藏，存三卷。

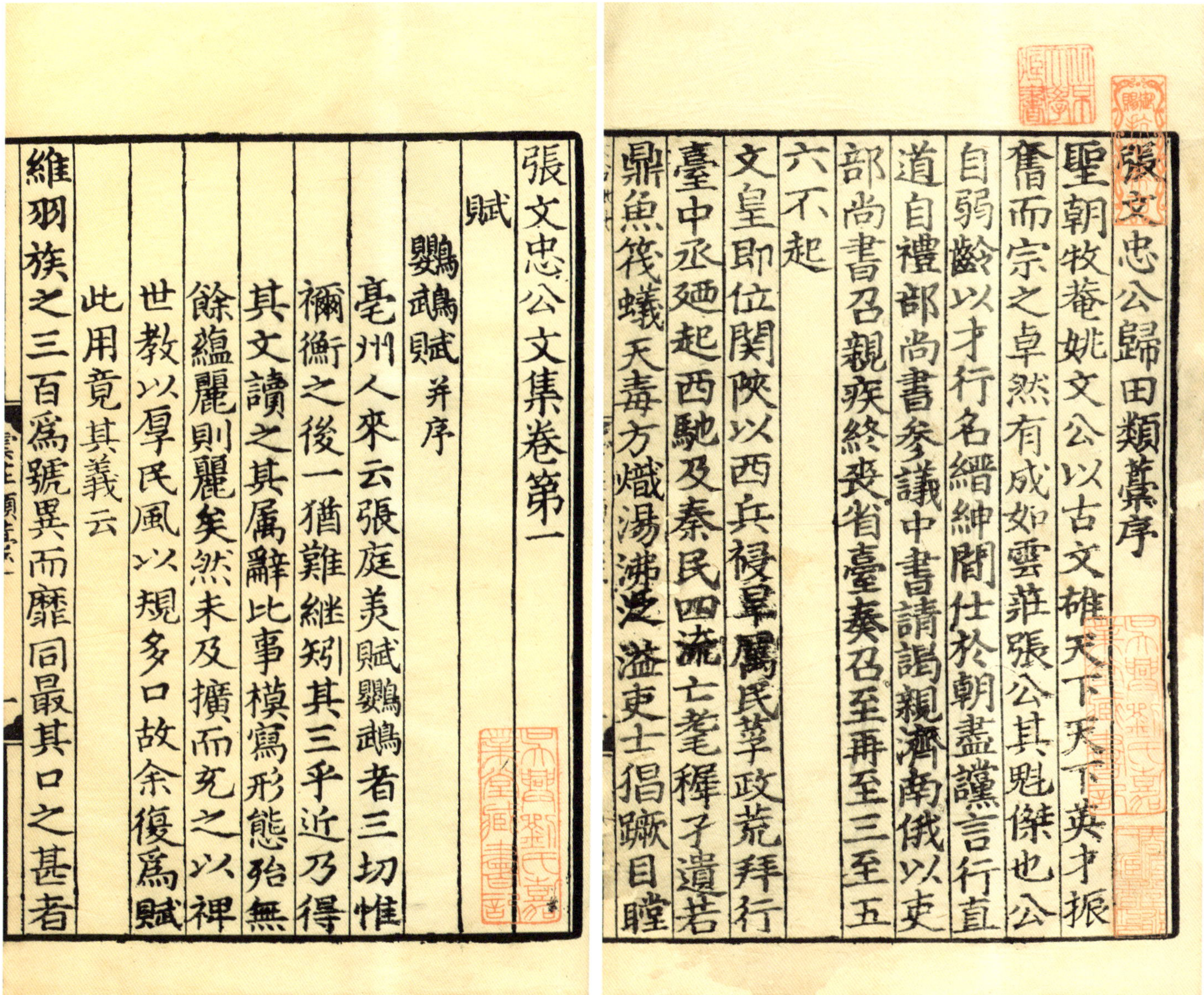
張文忠公歸田類藁序
聖朝牧菴姚文公以古文雄天下天下英才振奮而宗之卓然有成如雲莊張公其魁傑也公自弱齡以才行名縉紳間仕於朝盡讜言行直道自禮部尚書參議中書請謁親濟南俄以吏部尚書召親疾終喪省臺奏召至再至三至五六不起
文皇即位關陝以西兵祲旱厲民苦政荒拜行臺中丞廼起西馳及秦民四流亡耄穉孑遺若鼎魚筏蟻天毒方熾湯沸沙溢吏士猖蹶目瞠

張文忠公文集卷第一
賦
鸚鵡賦并序
亳州人來云張庭美賦鸚鵡者三切惟禰衡之後一猶難繼矧其三乎近乃得其文讀之其屬辭比事模寫形態殆無餘蘊麗則麗矣然未及擴而充之以裨世教以厚民風以規多口故余復爲賦此用竟其義云
維羽族之三百爲號異而靡同最其口之甚者

01164 張文忠公文集二十八卷 （元）張養浩撰　元至正十四年（1354）刻本

匡高21.9厘米，廣16厘米。半葉十行，行十八字，黑口，左右雙邊。有“春怡堂郁氏藏書印”、“吴興劉氏嘉業堂藏書記”等印。北京大學圖書館藏。

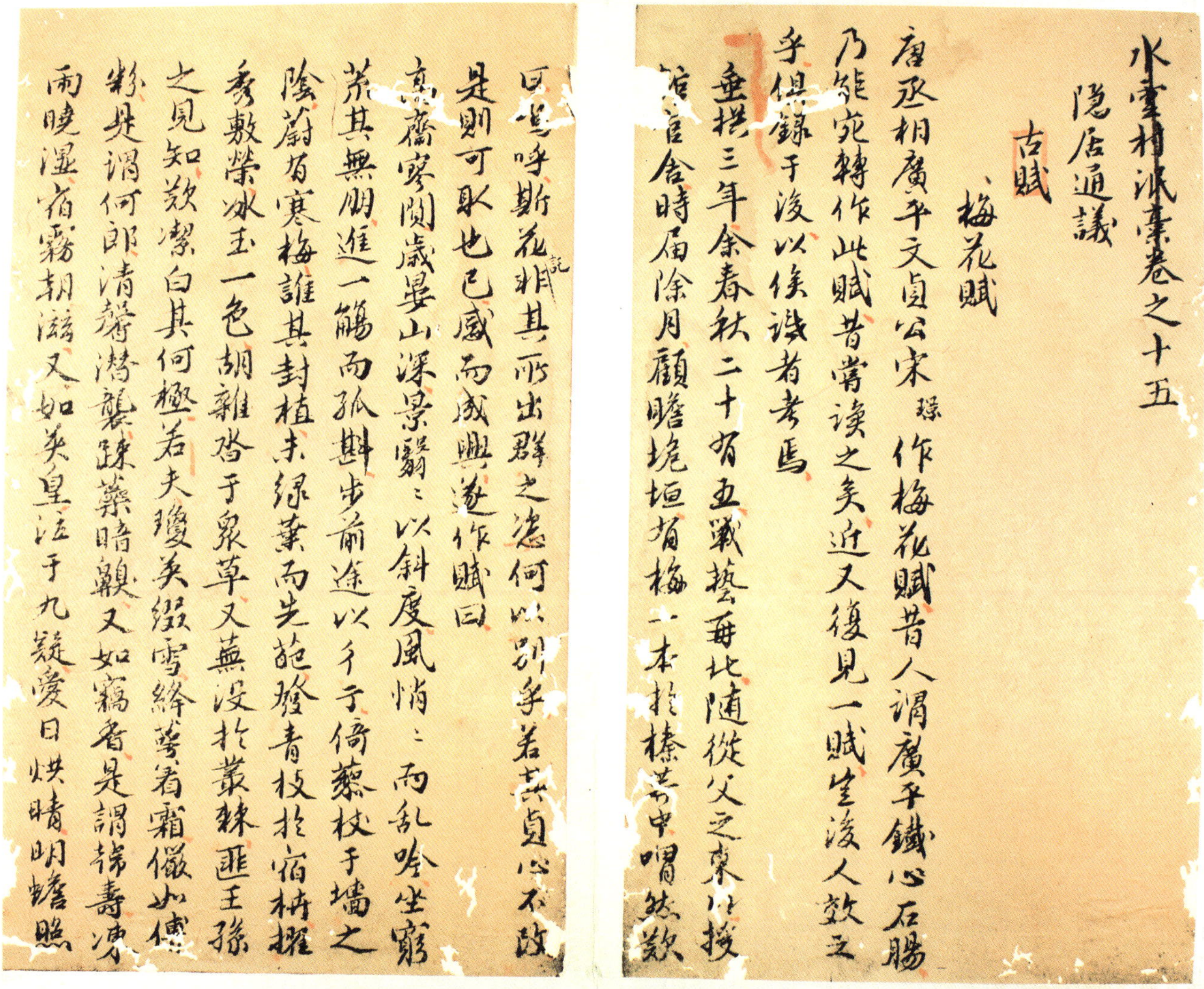

水雲村泯稾卷之十五

隱居通議

古賦

梅花賦

唐丞相廣平文貞公宋璟作梅花賦昔人謂廣平鐵心石腸乃能宛轉作此賦昔嘗誚之矣近又復見一賦在後人效之乎俱錄于後以俟識者考焉

垂拱三年余春秋二十有五戰藝再北隨從父之東川授館官舍時屆除月顧瞻墻垣有梅一本於榛莽中喟然歎曰嗚呼斯花非其所出群之態何以別乎若其貞心不改是則可取也已感而成興遂作賦曰

高齋寥閴歲晏山深景翳翳以斜度風悄悄而亂吟坐窮荒其無朋進一觴而孤斟步前除以彳亍倚藜杖于墻之陰蔚有寒梅誰其封植未綠葉而先葩發青枝於宿枿擢秀敷榮冰玉一色胡雜遝于衆草又蕪沒於叢棘匪王孫之見知羌潔白其何極若夫瓊英綴雪絳萼著霜儼如傅粉是謂何郎清馨潛襲疎蘂暗敷又如竊香是謂韓壽凌雨曉濕宿霧朝滋又如英皇泣于九疑愛日烘晴明蟾照

01165 水雲村泯稾□□卷 （元）劉塤撰　元抄本

經折裝。匡高31.6厘米，廣19.1厘米。半葉九行，行二十二至二十三字。有“南豐劉孚周所藏經籍金石書畫印”、“劉氏三安”等印。國家圖書館藏，存十卷。

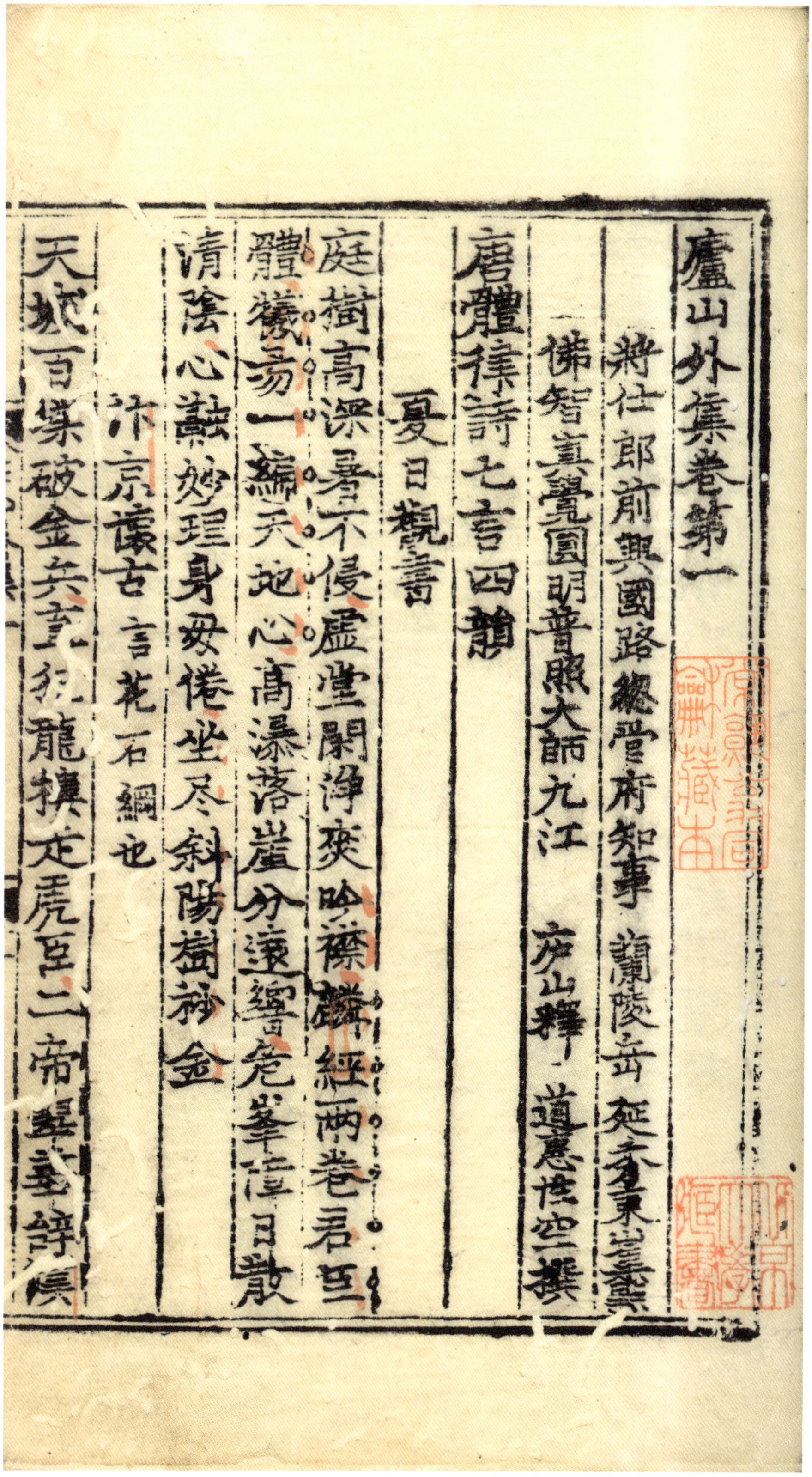
廬山外集卷第一
將仕郎前興國路總管府知事 蘭陵吾丘 延[illegible]
佛智真覺圓明普照大師九江 廬山釋 道惠性空 撰
唐體律詩七言四韻
夏日觀書
庭樹高深暑不侵虛堂閑淨爽吟襟[illegible]經兩卷君至
體藏易一編天地心高瀑落崖分遠響危峯倚日散
清陰心融妙理身安佚坐盡斜陽樹杪金
汴京懷古 言花石綱也
天域百染破金兵[illegible]狂龍携走虎臣二帝[illegible]

01166 廬山外集四卷 （元）釋性空撰　元延祐三年（1316）刻本（卷三至四配清抄本）

匡高18厘米，廣12.5厘米。半葉十行，行二十字，黑口，四周雙邊。有“常熟翁同龢藏本”等印。北京大學圖書館藏。

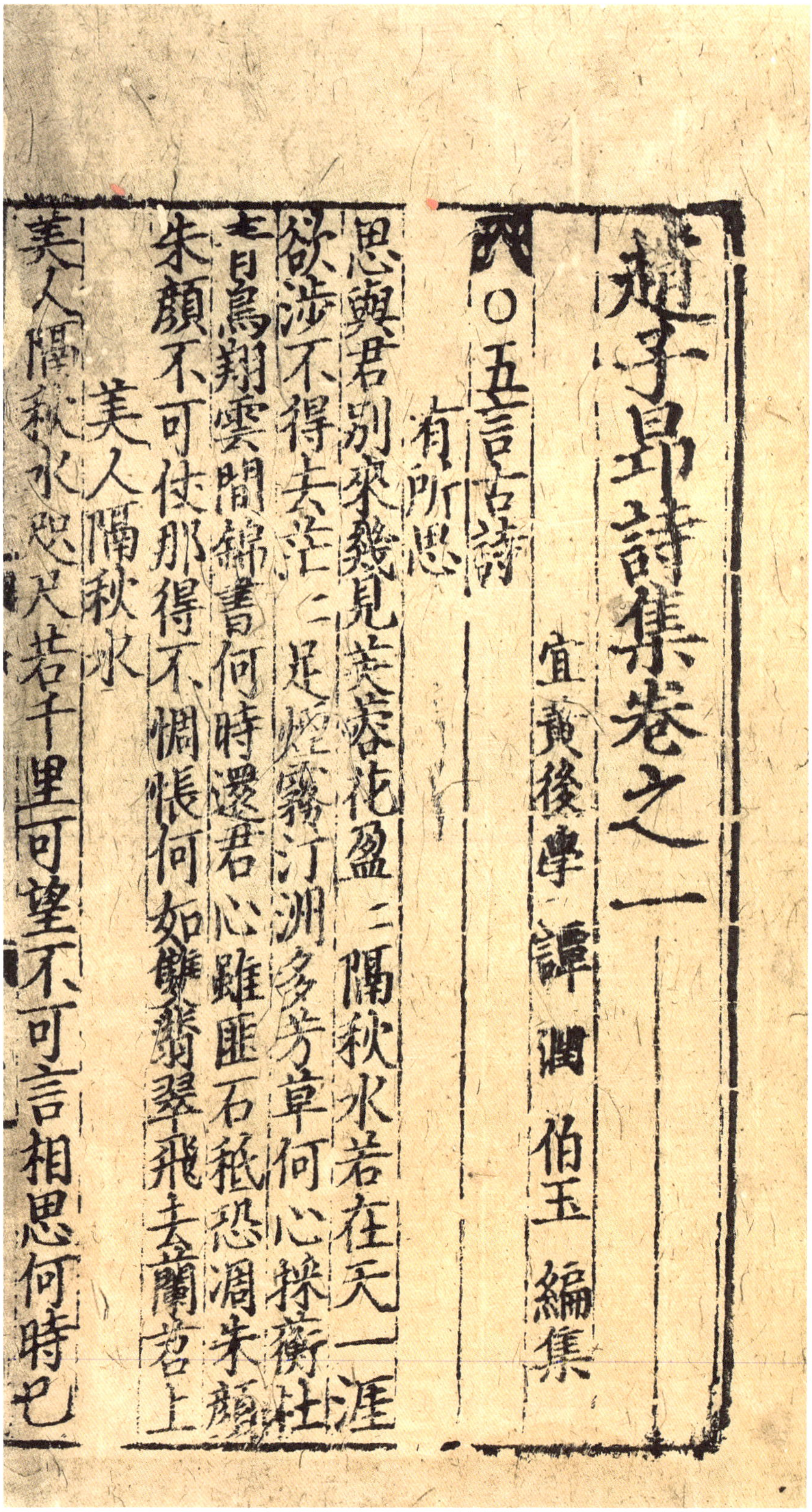

趙子昂詩集卷之一
宜黄後學譚淵伯玉編集
○五言古詩
有所思
思與君别來幾見芙蓉花盈〻隔秋水若在天一涯
欲涉不得去泣〻是煙霧汀洲多芳草何心採蘅杜
青鳥翔雲間錦書何時還君心雖匪石秖恐凋朱顏
朱顏不可使那得不惆悵何如雙翡翠飛去蘭苕上
美人隔秋水
美人隔秋水咫尺若千里可望不可言相思何時已

01167 趙子昂詩集七卷 （元）趙孟頫撰　元至正元年（1341）虞氏務本堂刻本

匡高17.1厘米，廣10.6厘米。半葉十一行，行二十字，細黑口，左右雙邊。有“至元辛巳春和建安虞氏務本堂編刊”刻書題記。有“張坤厚藏書印”等印。傅增湘跋。國家圖書館藏。

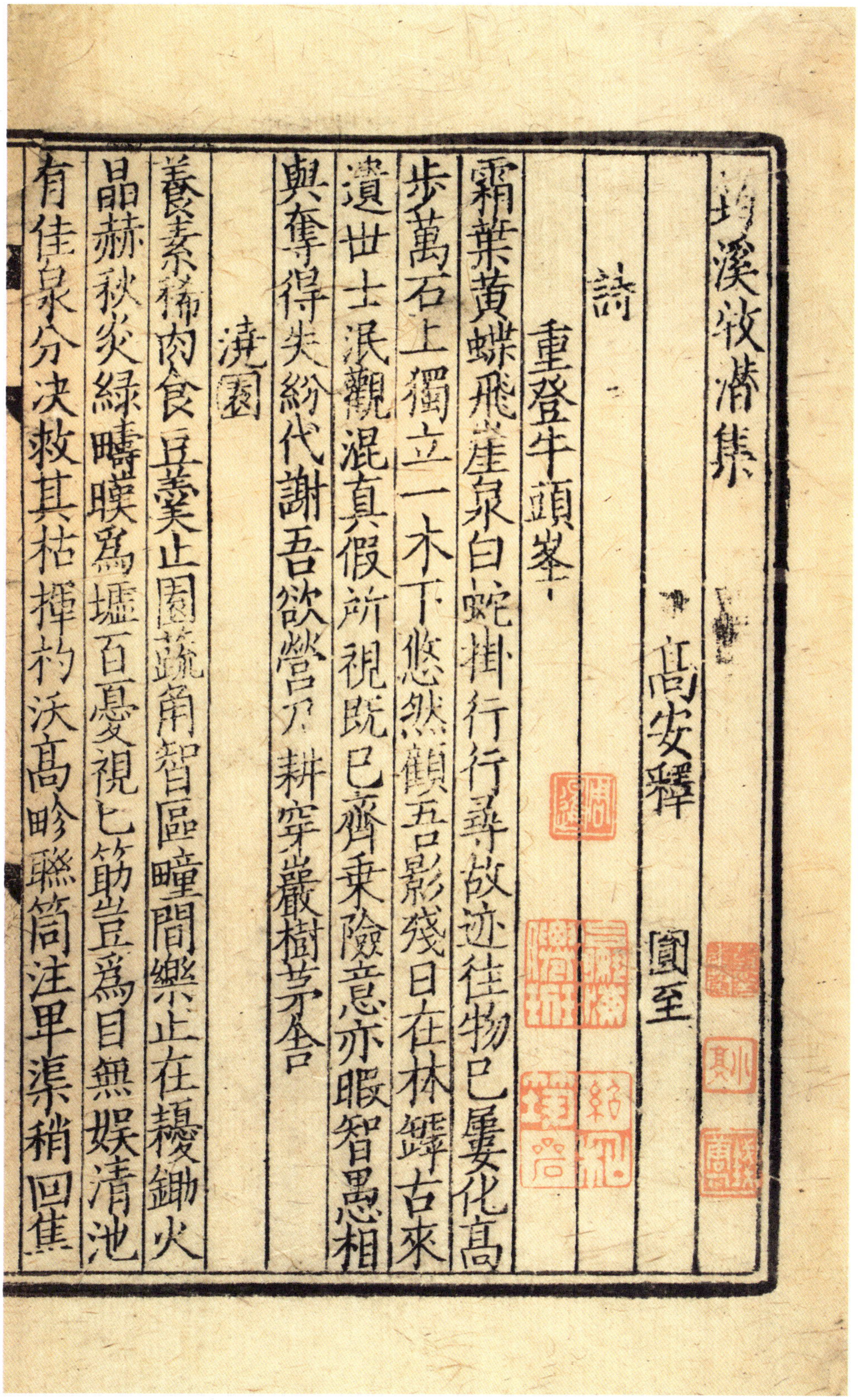
筠溪牧潛集

高安釋 圓至

詩

重登牛頭峯

霜葉黃蝶飛崖泉白蛇掛行行尋故迹往物已屢化高步萬石上獨立一木下悠然顧吾影殘日在林罅古來遺世士泯觀混真假所視既已齊秉險意亦暇智愚相與奪得失紛代謝吾欲營刀耕穿巖樹茅舍

澆園

養素稀肉食豆羹止園蔬甬智區疃間樂止在耰鋤火晶赫秋炎綠疇暵爲墟百憂視匕筋豈爲目無娛清池有佳泉分决救其枯揮杓沃高畛聯筒注卑渠稍回焦

01168 筠溪牧潛集七卷 （元）釋圓至撰　元大德刻本

匡高18.5厘米，廣12.8厘米。半葉十二行，行二十一字，白口，四周雙邊。有“樸學齋”、“韓印泰華”、“紹和筑巖”、“周暹”等印。楊紹和跋。國家圖書館藏。

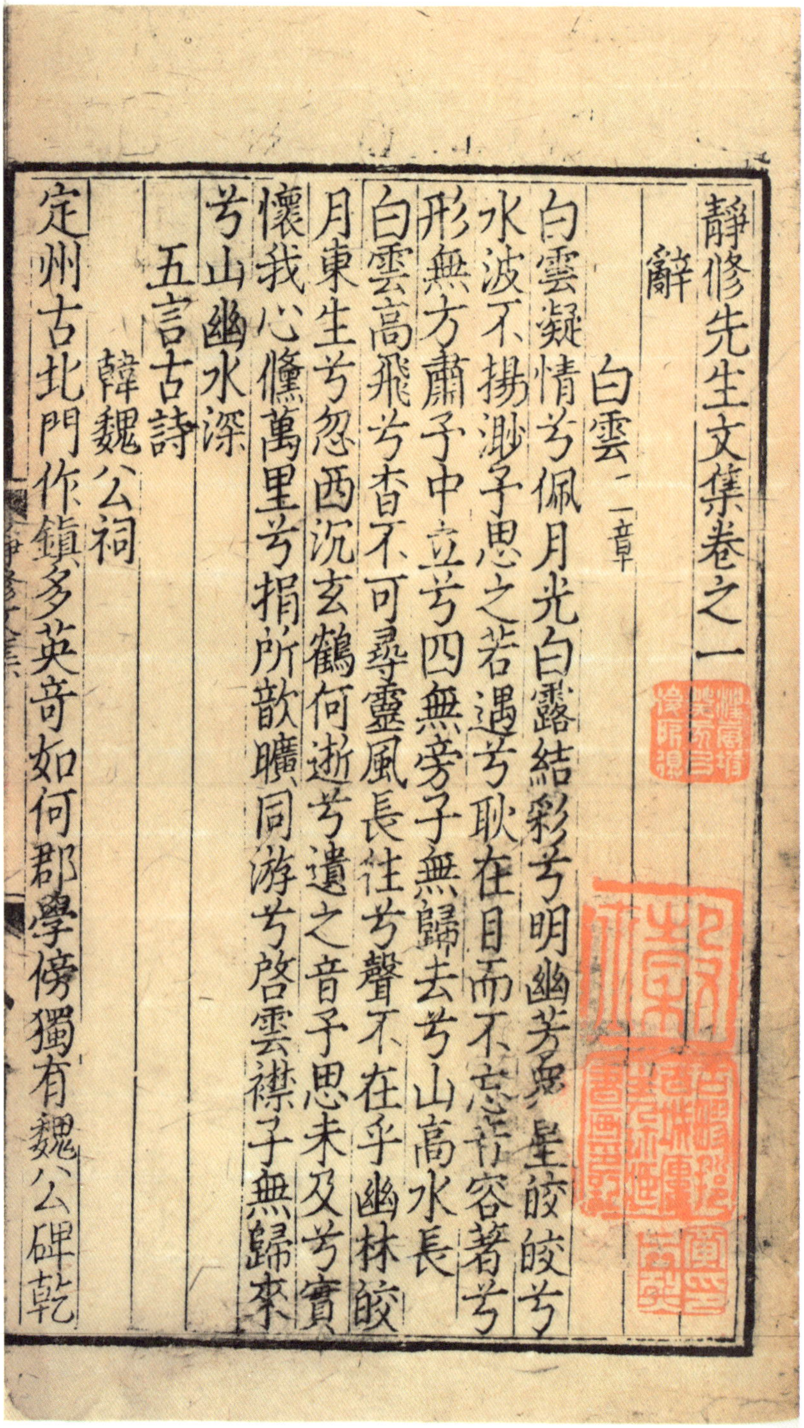

靜修先生文集卷之一

辭

白雲 二章

白雲凝情兮佩月光白露結彩兮明幽芳[illegible]皇皎皎兮水波不揚渺予思之若遇兮耿在目而不忘託容著兮形無方肅予中立兮四無旁子無歸去兮山高水長

白雲高飛兮杳不可尋靈風長往兮聲不在乎幽林皎月東生兮忽西沉玄鶴何逝兮遺之音予思未及兮實懷我心憍萬里兮揖所歡曠同游兮啓雲襟子無歸來兮山幽水深

五言古詩

韓魏公祠

定州古北門作鎮多英奇如何郡學傍獨有魏公碑乾

01169 靜修先生文集二十二卷 （元）劉因撰　元至順元年（1330）宗文堂刻本

匡高19.2厘米，廣12.6厘米。半葉十三行，行二十一字，黑口，四周雙邊。有“至順庚午孟秋宗文堂刊”牌記。有“黄印丕烈”、“蕘士”、“汪嵐坡癸亥以後所得”、“涵芬樓”等印。國家圖書館藏。

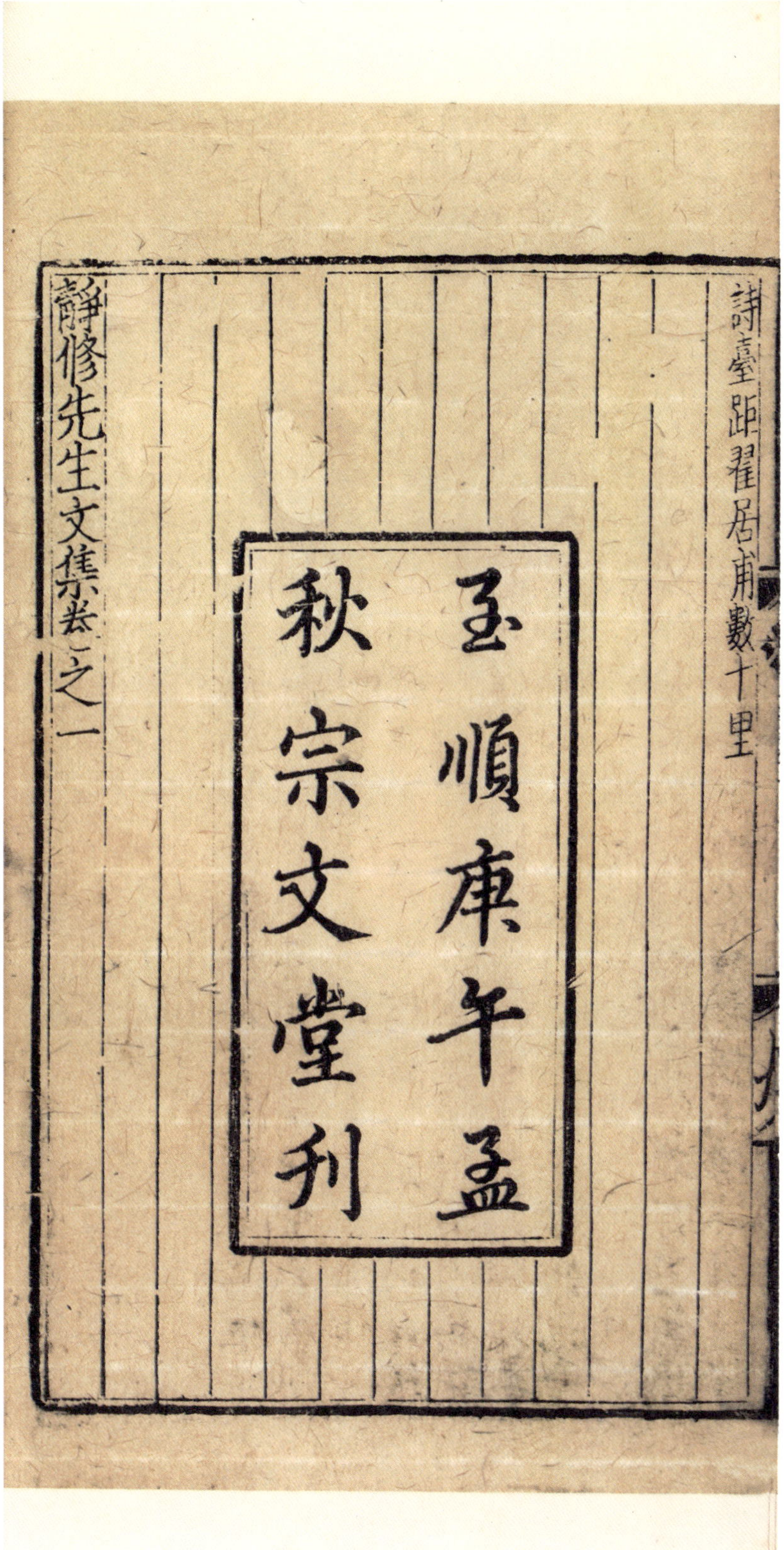
詩臺距翟居甫數十里

至順庚午孟
秋宗文堂刊

靜修先生文集卷之一

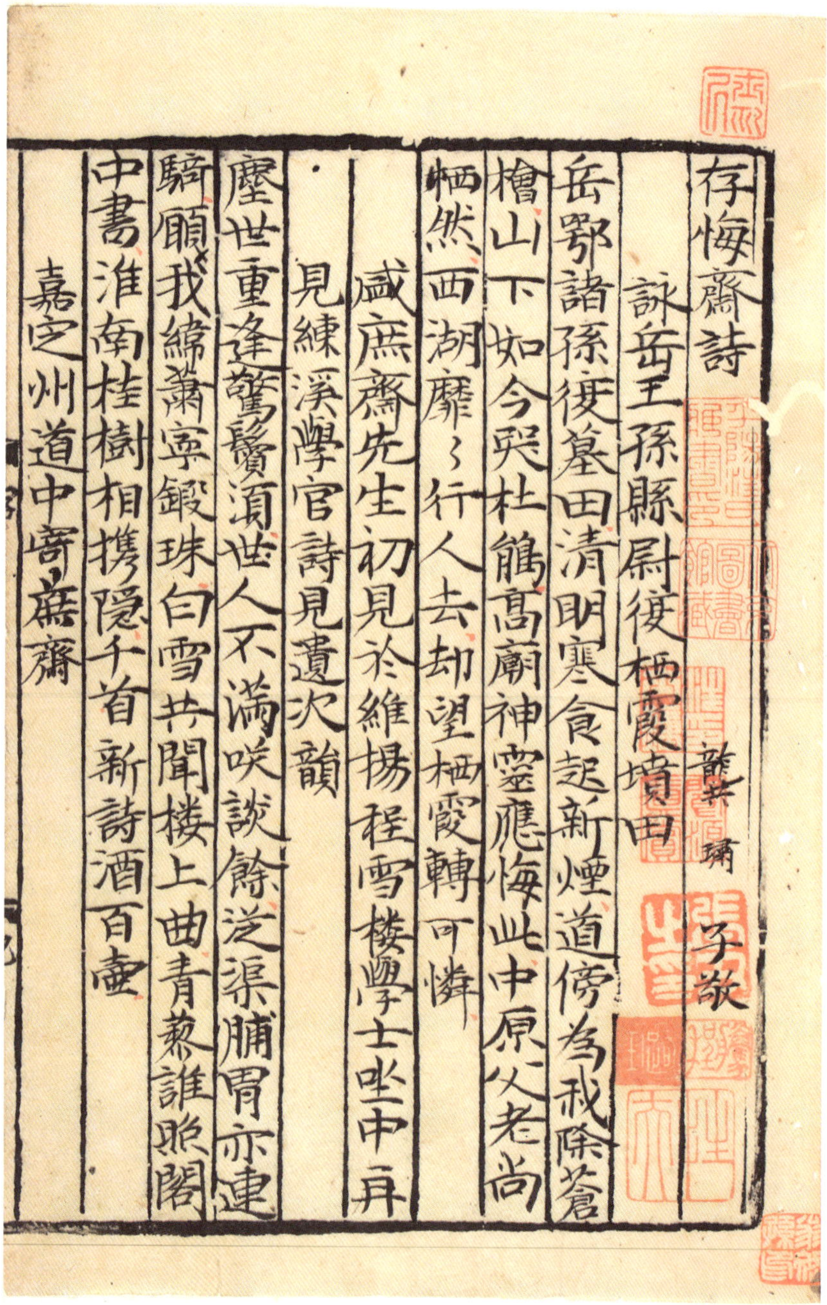

存悔齋詩

詠岳王孫縣尉徙栖霞墳田　龔璛子敬

岳鄂諸孫徙墓田清明寒食起新煙道傍為我除蒼檜山下如今哭杜鵑高廟神靈應悔此中原父老尚栖然西湖靡靡行人去却望栖霞轉可憐

戚庶齋先生初見於維揚程雪樓學士坐中再見練溪學官詩見遺次韻

歷世重逢驚鬢須世人不滿咲談餘從渠脯胃亦連騎顧我綿蕭寧鍛珠白雪共聞樓上曲青蔾誰照閣中書淮南桂樹相携隱千首新詩酒百壺

嘉定州道中寄庶齋

01170 存悔齋詩一卷 （元）龔璛撰　元至正五年（1345）俞楨抄本　**補遺一卷**　（明）朱存理輯　稿本

匡高17.1厘米，廣12.2厘米。半葉十一行，行二十字，白口，左右雙邊。有"吴寬"、"俞氏家藏"、"萬卷堂圖書記"、"士礼居"、"汪印士鐘"、"翁斌孫"等印。張丑、黄丕烈、張鳴珂、王頌蔚、龔易圖、葉昌熾跋，傅以禮、魏錫曾題款。國家圖書館藏。

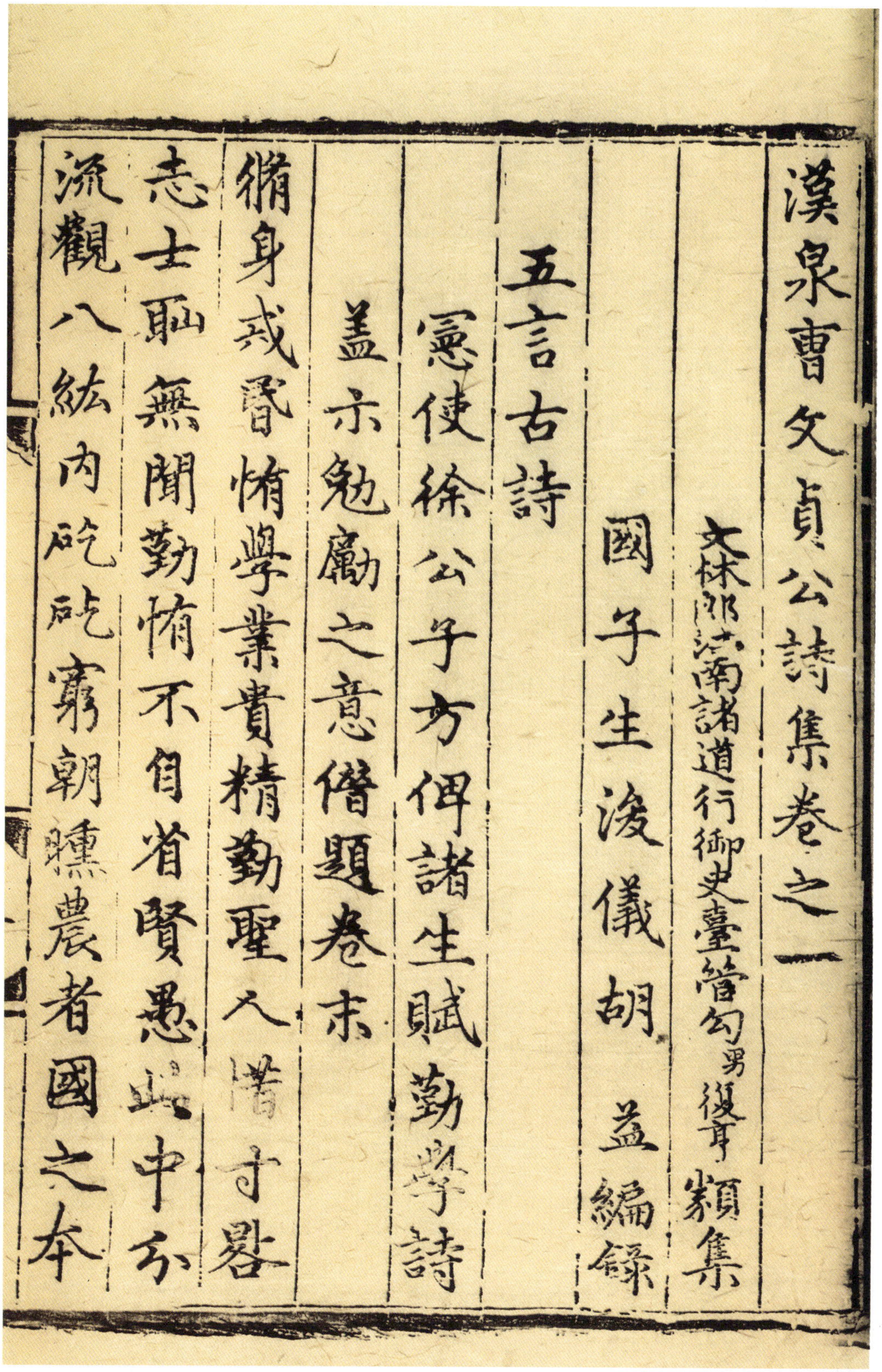

漢泉曹文貞公詩集卷之一

文林郎湖南諸道行御史臺管勾男復亨類集

國子生淩儀胡益編録

五言古詩

憲使徐公子方俾諸生賦勤學詩

蓋示勉勵之意僭題卷末

脩身戒昏惰學業貴精勤聖人惜寸晷

志士恥無聞勤惰不自省賢愚此中分

流觀八紘内矻矻窮朝曛農者國之本

01171 漢泉曹文貞公詩集十卷後録一卷 （元）曹伯啓撰　元後至元四年（1338）曹復亨刻本

匡高22.5厘米，廣17厘米。半葉九行，行十五字，黑口，四周雙邊。有“費氏家藏”、“葉伯寅圖書”、“涵芬樓”等印。國家圖書館藏。

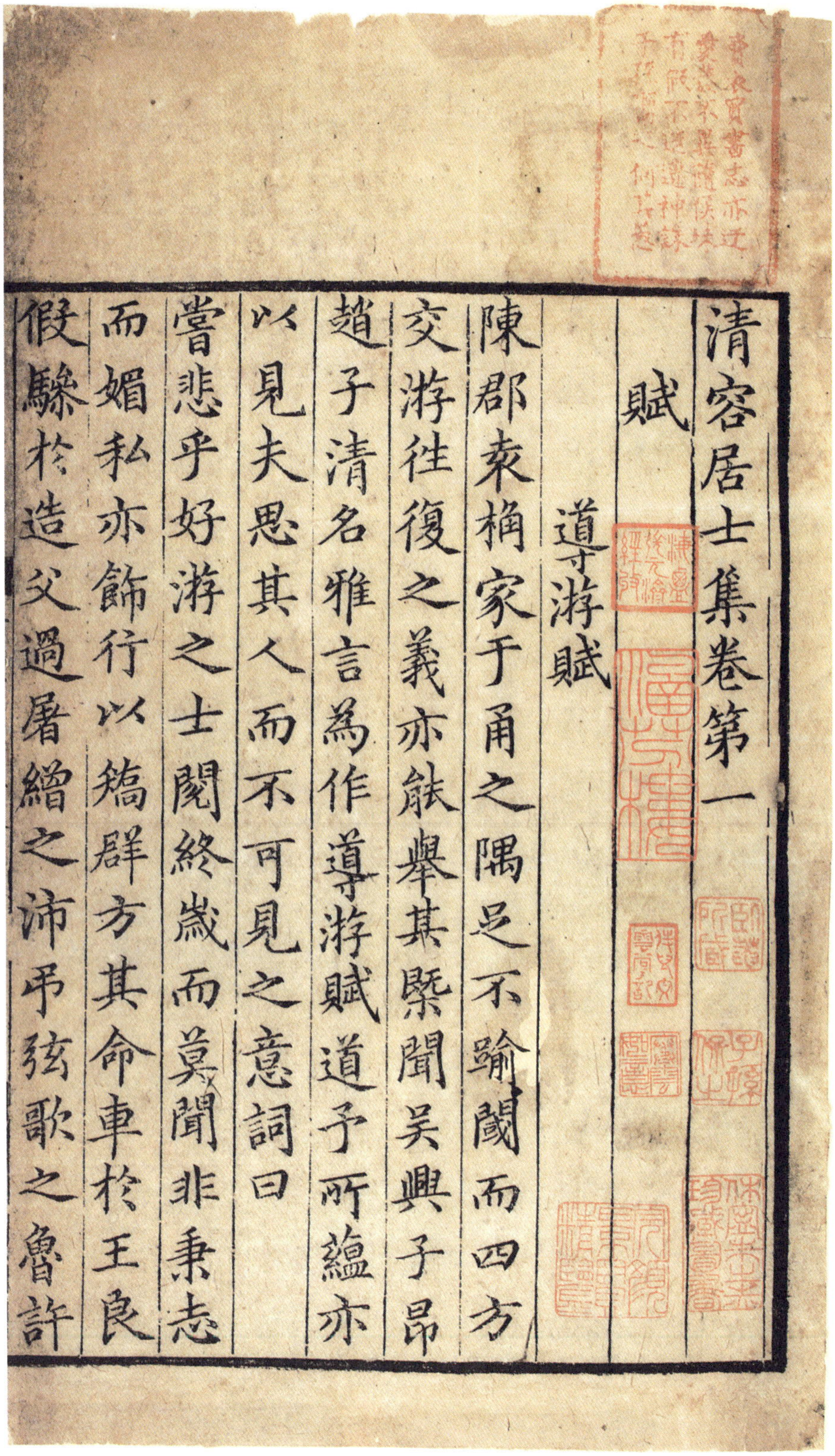
清容居士集卷第一
賦
導游賦
陳郡袁桷家于甬之隅足不踰閾而四方
交游往復之義亦能舉其槩聞吴興子昂
趙子清名雅言爲作導游賦道予所藴亦
以見夫思其人而不可見之意詞曰
嘗悲乎好游之士閲終歲而莫聞非秉志
而媚私亦飾行以鶬群方其命車於王良
假騄於造父過屠繒之沛弔弦歌之魯許

01172 清容居士集五十卷目録二卷 （元）袁桷撰　元刻本（卷二十七至二十九、三十七至三十九、四十七至五十配清抄本）

匡高20.4厘米，廣15.4厘米。半葉十行，行十六字，細黑口，左右雙邊。有“文印徵明”、“休寧朱之赤珍藏圖書”、“完顏景賢精鑒”、“涵芬樓”等印。國家圖書館藏。

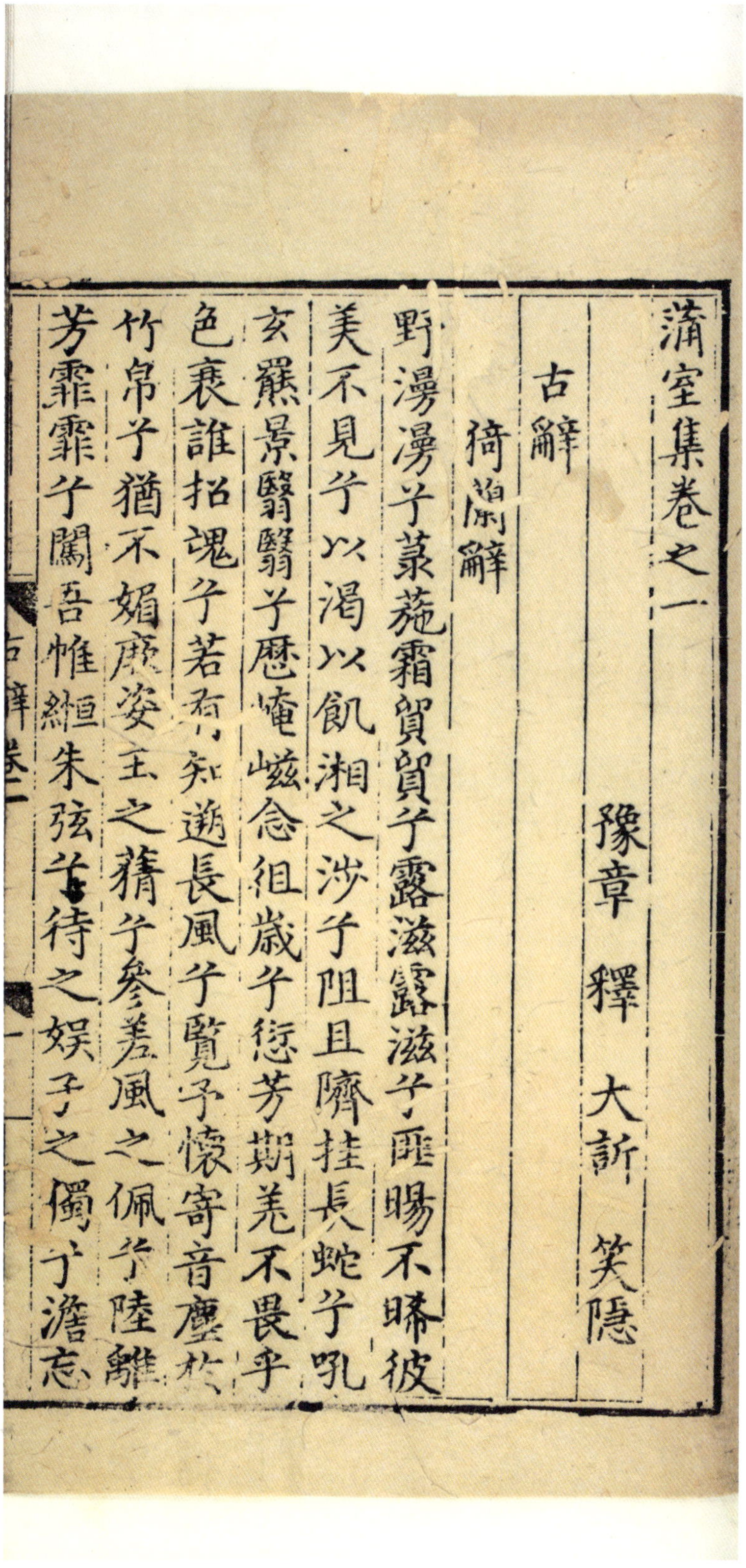

蒲室集卷之一
豫章 釋 大訢 笑隱
古辭
猗蘭辭
野湯湯兮蒹葭霜賀賀兮露滋滋兮匪暘不晞彼
美不見兮以渴以飢湘之涉兮阻且隮挂長蛇兮吼
玄羆景翳翳兮歷崦嵫念徂歲兮愆芳期羌不畏乎
色衰誰招魂兮若有知遡長風兮覽予懷寄音塵於
竹帛兮猶不媚厥姿主之猜兮參差風之佩兮陸離
芳霏霏兮闕吾惟絚朱弦兮待之娛子之獨兮澹忘

01173 蒲室集十五卷書問一卷疏一卷 （元）釋大訢撰 **笑隱和尚語録不分卷** （元）釋廷俊等輯 元後至元四年（1338）刻本

匡高19.5厘米，廣12.8厘米。半葉十行，行二十字，細黑口，四周雙邊。有“涵芬樓”等印。國家圖書館藏。

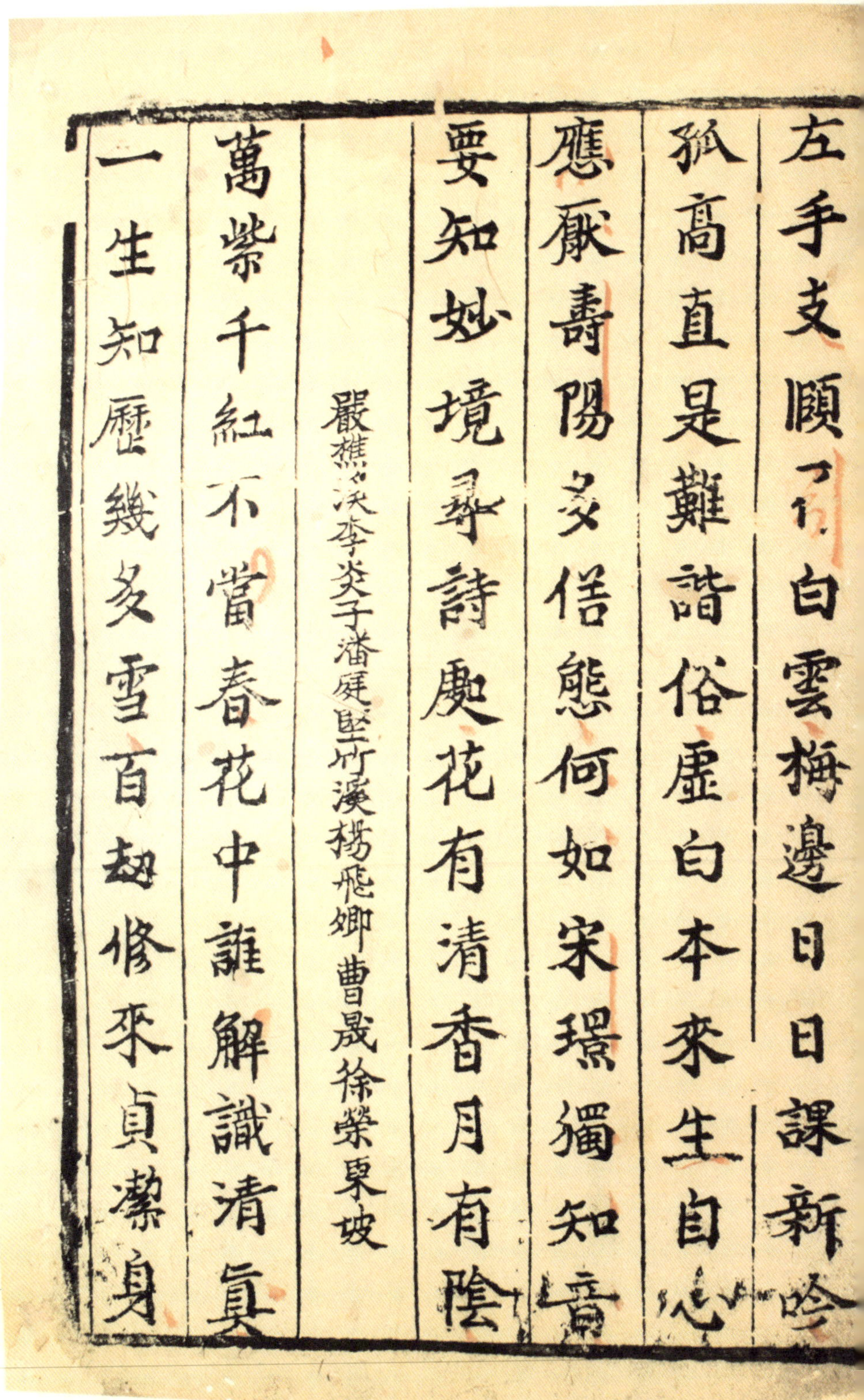

左手支頤[illegible]白雲梅邊日日課新吟
孤高直是難諧俗盡白本來生自心
應厭壽陽多借態何如宋璟獨知音
要知妙境尋詩處花有清香月有陰
嚴樵溪李炎子潘庭堅竹溪楊飛卿曹晟徐榮東坡
萬紫千紅不當春花中誰解識清真
一生知歷幾多雪百劫修來貞潔身

01174 梅花字字香二卷 （元）郭豫亨撰　元至大刻本

匡高25.9厘米，廣17.6厘米。半葉七行，行十四字，白口，左右雙邊。有“明善堂覽書画印記”、“安樂堂藏書記”、“海源閣藏書”、“周暹”等印。楊紹和跋。國家圖書館藏。

梅花字字香 前

梅巖郭 豫亨 述

詩爲吟梅字字香騷人閣筆費平章
近來行輩無和靖誰道花中有孟嘗
冰玉精神霜雪操珍珠樓閣水晶鄉
東君見借陽和力合有春風到草堂

圓悟盧鉞高菊磵白玉蟾翁元廣誠齋康節戴石屏

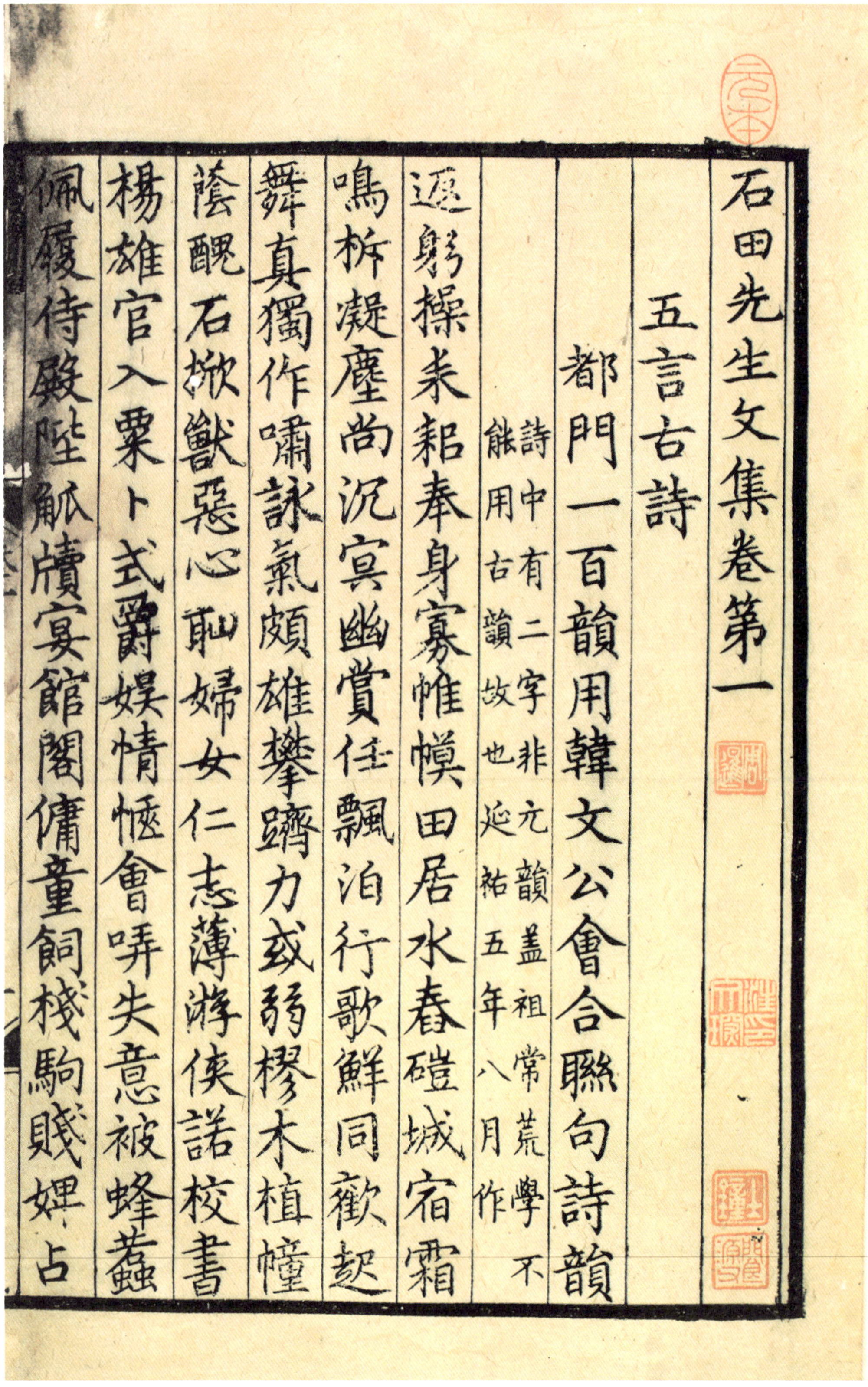
石田先生文集卷第一
五言古詩
都門一百韻用韓文公會合聯句詩韻
詩中有二字非元韻蓋祖常荒學不能用古韻故也延祐五年八月作
遷跡操耒耜奉身寡帷幔田居水舂磑城宿霜
鳴柝凝塵尚沉冥幽賞任飄泊行歌鮮同歡起
舞真獨作嘯詠氣頗雄攀躋力或弱樛木植幢
蔭醜石揪獸惡心恥婦女仁志薄游俠諾校書
楊雄官入粟卜式爵娯情愜會哢失意被蜂蠆
佩履侍殿陛觚牘宴館閣傭童飼棧駒賤婢占

01175 石田先生文集十五卷 （元）馬祖常撰 **附録一卷** 元後至元五年（1339）揚州路儒學刻本（卷二至三、十四至十五、附録配1933年徐宗浩抄本）

匡高23.7厘米，廣16.7厘米。半葉十行，行十八字，細黑口，左右雙邊。有“大梁邢氏”、“平陽汪氏藏書印”、“郁印松年”、“周暹”等印。徐宗浩校跋并題詩。國家圖書館藏。

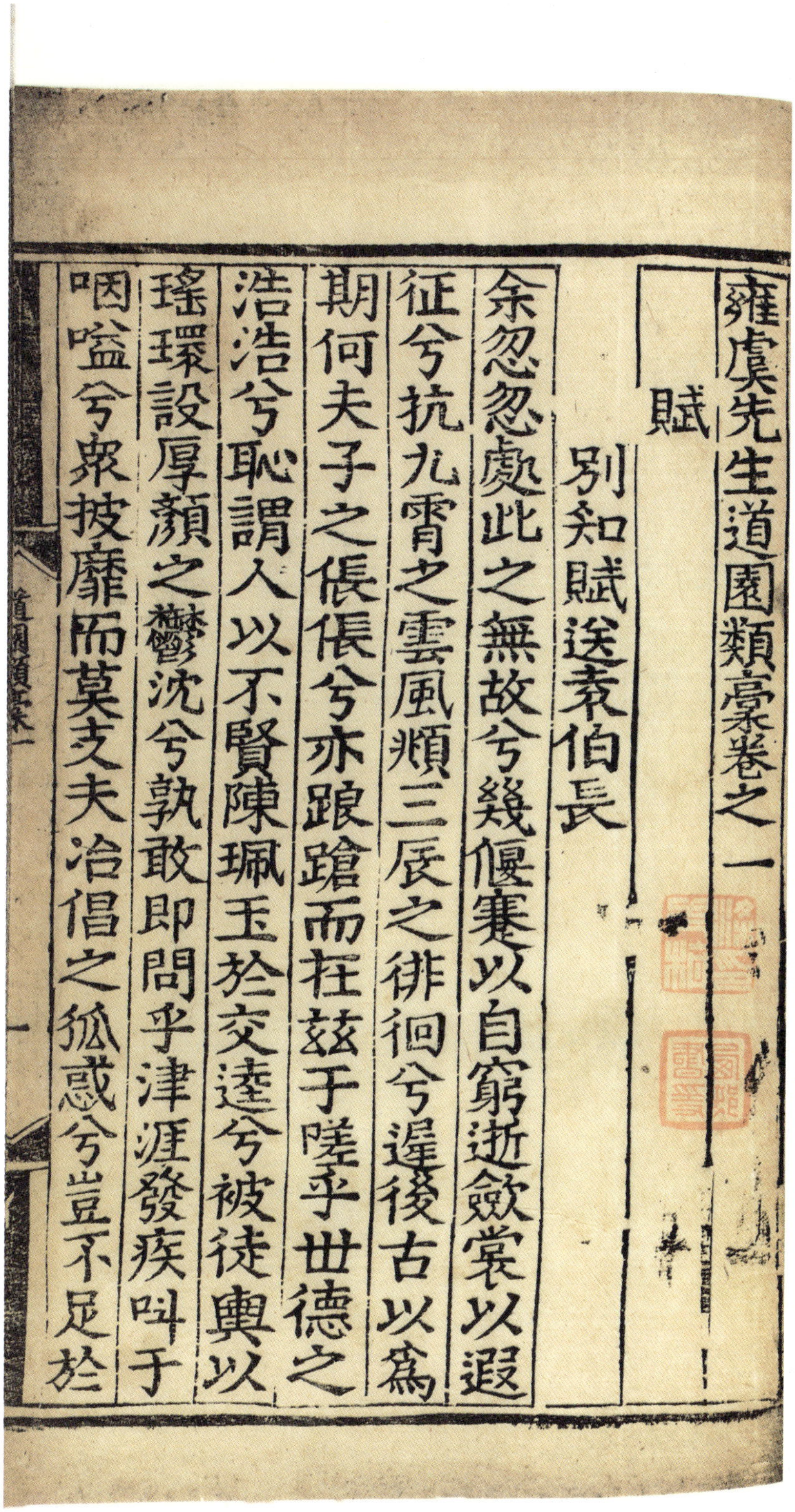

雍虞先生道園類槀卷之一

賦

别知賦送袁伯長

余忽忽處此之無故兮幾偃蹇以自窮逝歛裳以遐征兮抗九霄之雲風頫三辰之徘徊兮遲後古以爲期何夫子之倀倀兮亦踉蹌而在兹于嗟乎世德之浩浩兮聦謂人以不賢陳珮玉於交逵兮被徒輿以瑤環設厚顔之鬱沈兮孰敢即問乎津涯發疾叫于咽嗌兮衆披靡而莫支夫冶倡之孤感兮豈不足於

01176 雍虞先生道園類槀五十卷 （元）虞集撰　元刻本（卷十七至二十配抄本）

匡高22.2厘米，廣15.5厘米。半葉九行，行二十字，黑口，四周雙邊。有“濮陽李廷相書屋記”、“梁印清遠”、“梁印允植”、“耿文光印”等印。耿文光、傅增湘跋。國家圖書館藏。

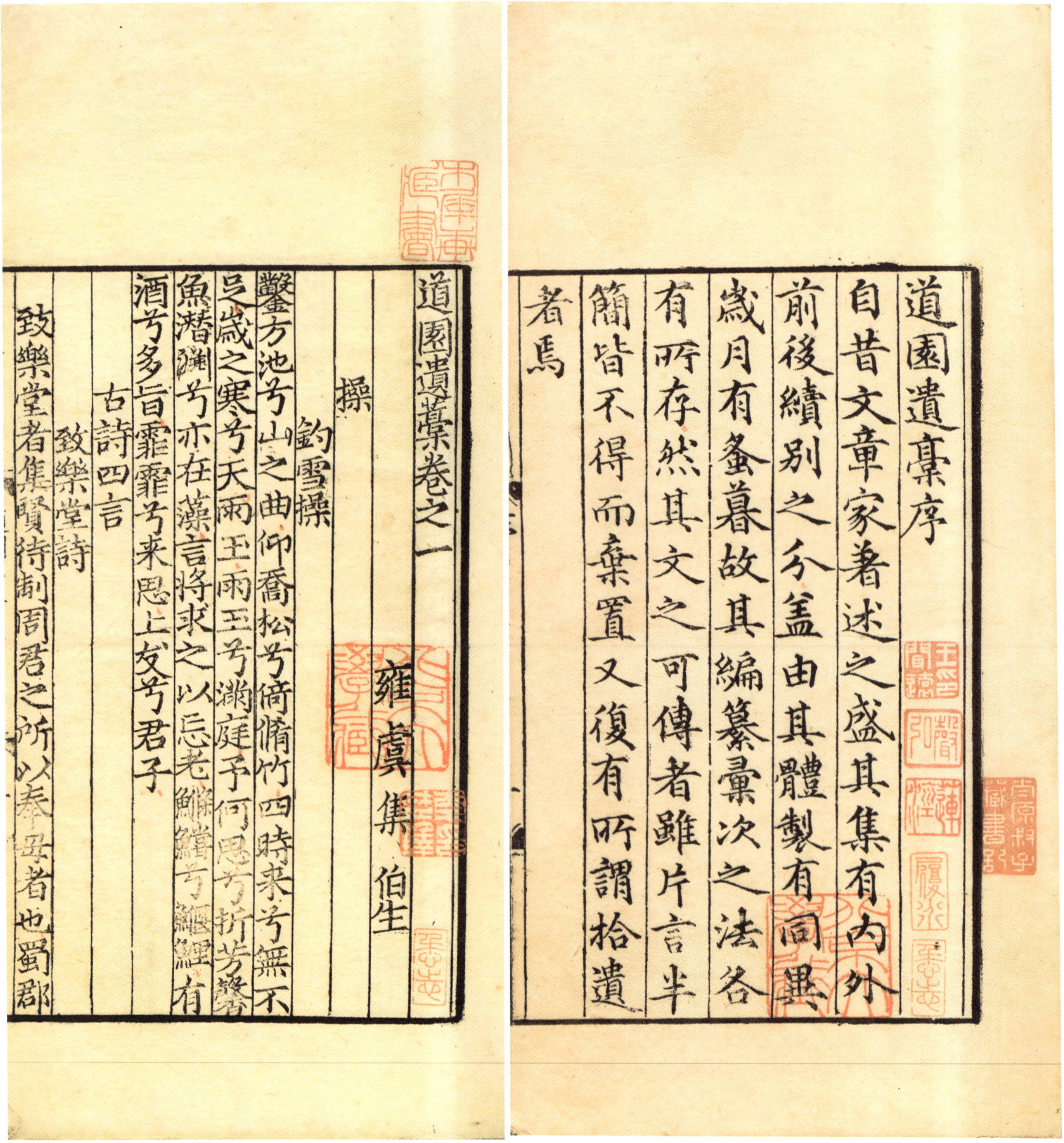

道園遺稾序

自昔文章家著述之盛其集有內外前後續別之分蓋由其體製有同異歲月有蚤暮故其編纂彙次之法各有所存然其文之可傳者雖片言半簡皆不得而棄置又復有所謂拾遺者焉

道園遺稾卷之一

雍虞集伯生

操

釣雪操

鑿方池兮山之曲仰喬松兮倚脩竹四時來兮無不足歲之寒兮天雨玉雨玉兮滿庭予何思兮折芳馨魚潛淵兮亦在藻言將求之以忘老鱗鬐兮纚纚有酒兮多旨霏霏兮來思上友兮君子

古詩四言

致樂堂詩

致樂堂者集賢待制周君之所以奉母者也蜀郡

01177 道園遺藁六卷 （元）虞集撰　元至正十四年（1354）金伯祥刻本

匡高18.1厘米，廣11.5厘米。半葉十一行，行二十字，黑口，左右雙邊。有“王印聞遠”、“太原叔子藏書記”、“李印盛鐸”等印。傅增湘跋。北京大學圖書館藏。

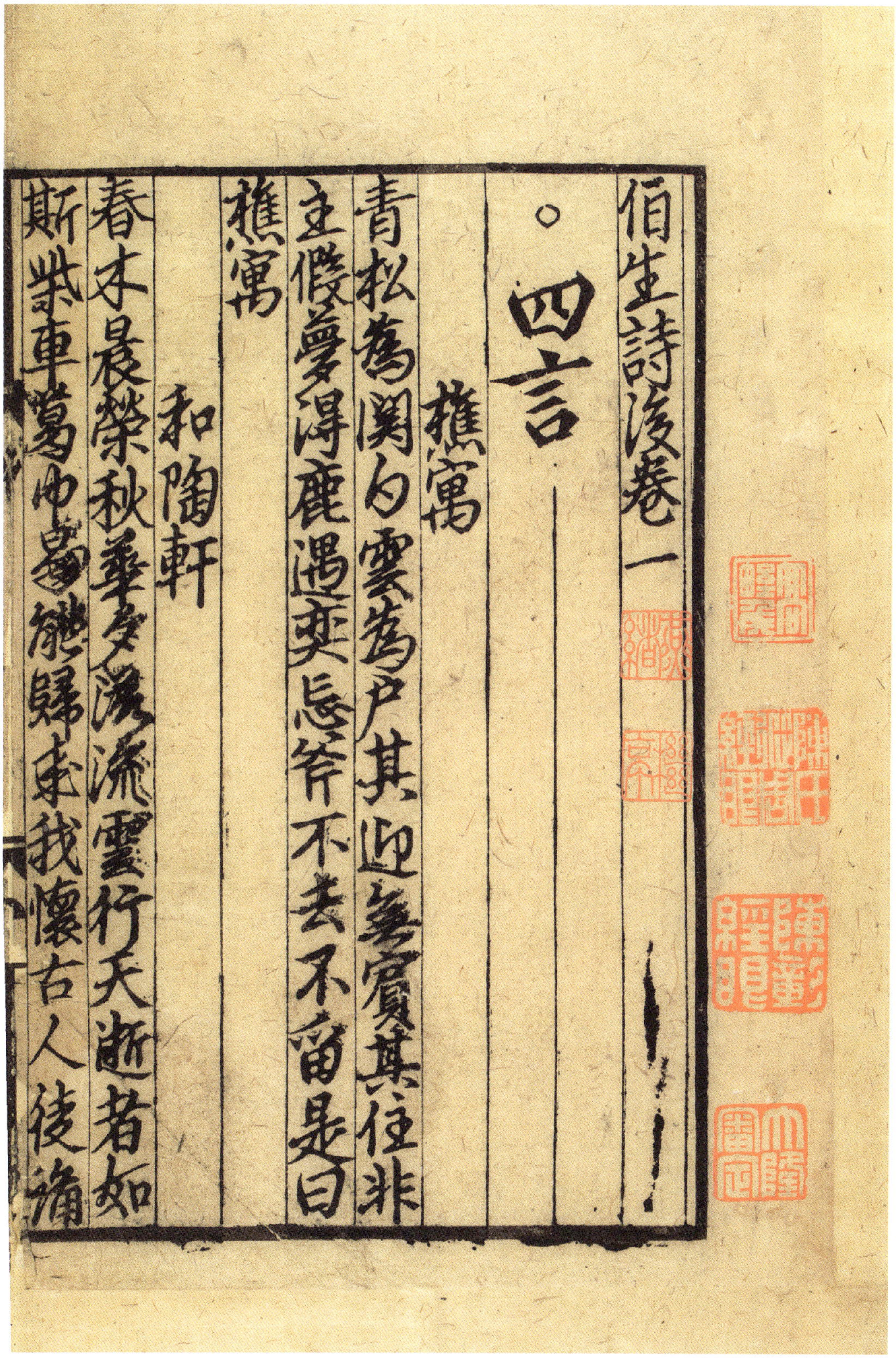
伯生詩後卷一

四言

樵寓

青松為關白雲為户其迎無賓其往非
主假夢得鹿遇爽忘斧不去不留是曰
樵寓

和陶軒

春木晨榮秋華夕淺流雲行天逝者如
斯紫車葛巾歸歟來我懷古人徒論

01178 伯生詩續編三卷 （元）虞集撰　**題葉氏四愛堂詩一卷** （元）虞集　吴全節等撰　元後至元六年（1340）劉氏日新堂刻本

匡高16.5厘米，廣11厘米。半葉十行，行十五字，黑口，左右雙邊。有“黄印丕烈”、“燕緒”、“陳氏從周經眼”、“大隆審定”等印。黄丕烈、葉昌熾、王國維跋，張裕釗、高野侯題款，錢恂、邵章題詞，金兆蕃題詩。國家圖書館藏。

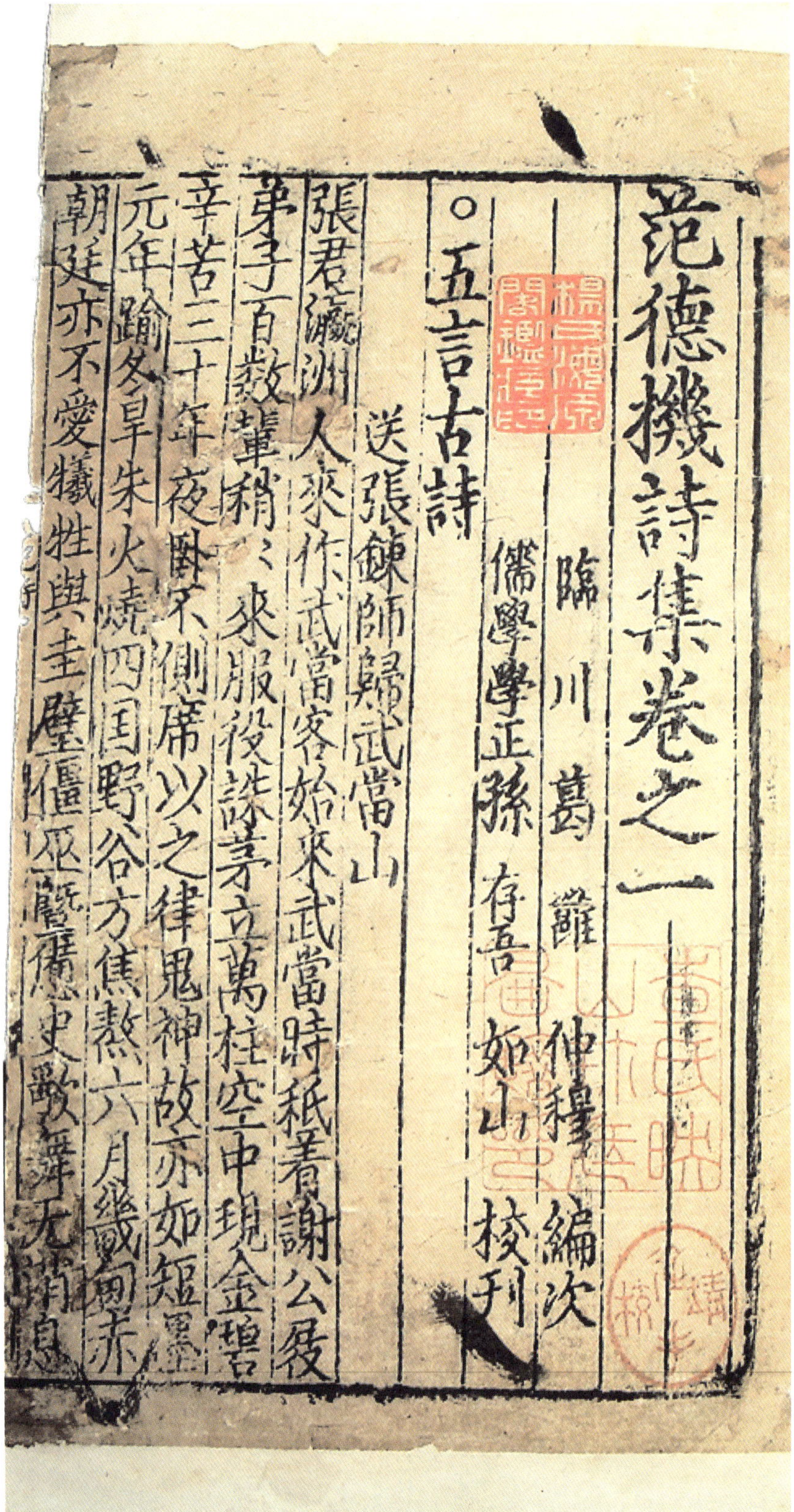

01179 范德機詩集七卷 （元）范梈撰　元後至元六年（1340）益友書堂刻本

包背裝。匡高18厘米，廣10.8厘米。半葉十一行，行二十字，黑口，左右雙邊。有“至元庚辰良月益友書堂新刊”牌記。有“查氏映山珍藏圖籍印”、“楊氏海原閣鑑藏印”等印。楊紹和跋。山東省博物館藏。

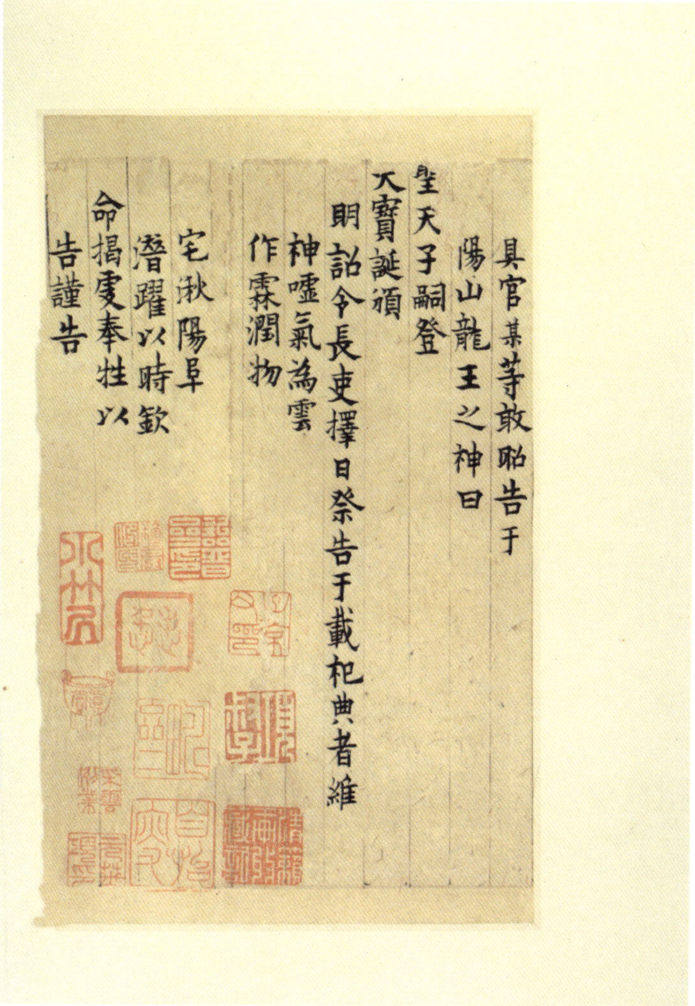

具官某等敢昭告于
陽山龍王之神曰
聖天子嗣登
大寶誕頒
明詔令長吏擇日祭告于載祀典者維
神嘘氣為雲
作霖潤物
宅湫陽阜
潛躍以時欽
命揭虔奉牲以
告謹告

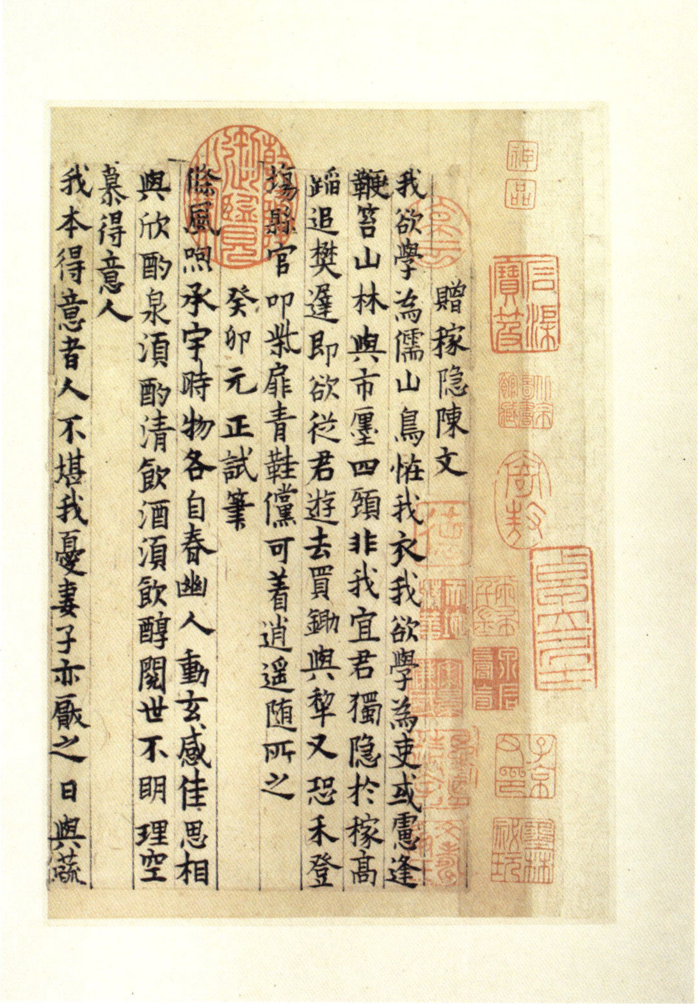

贈稼隱陳文
我欲學為儒山鳥怪我衣我欲學為吏或恚逢
鞭笞山林與市廛四顧非我宜君獨隱於稼高
蹈追樊遲即欲從君遊去買鋤與犂又恐禾登
場縣官叩柴扉青鞋儻可着逍遥隨所之
癸卯元正試筆
條風煦承宇時物各自春幽人動玄感佳思相
與欣酌泉須酌清飲酒須飲醇閲世不明理空
羨得意人
我本得意者人不堪我憂妻子亦厭之日與蔬

01180 嶠齋文稿不分卷 （元）張仲壽撰　稿本

經折裝。匡高23.2厘米，廣16.5厘米。半葉十至十三行，行十八字。有“宋景濂氏”、“停雲”、“墨林秘玩”、“蕉林”、“乾隆御覽之寶”、“石渠寶笈”等印。國家圖書館藏。

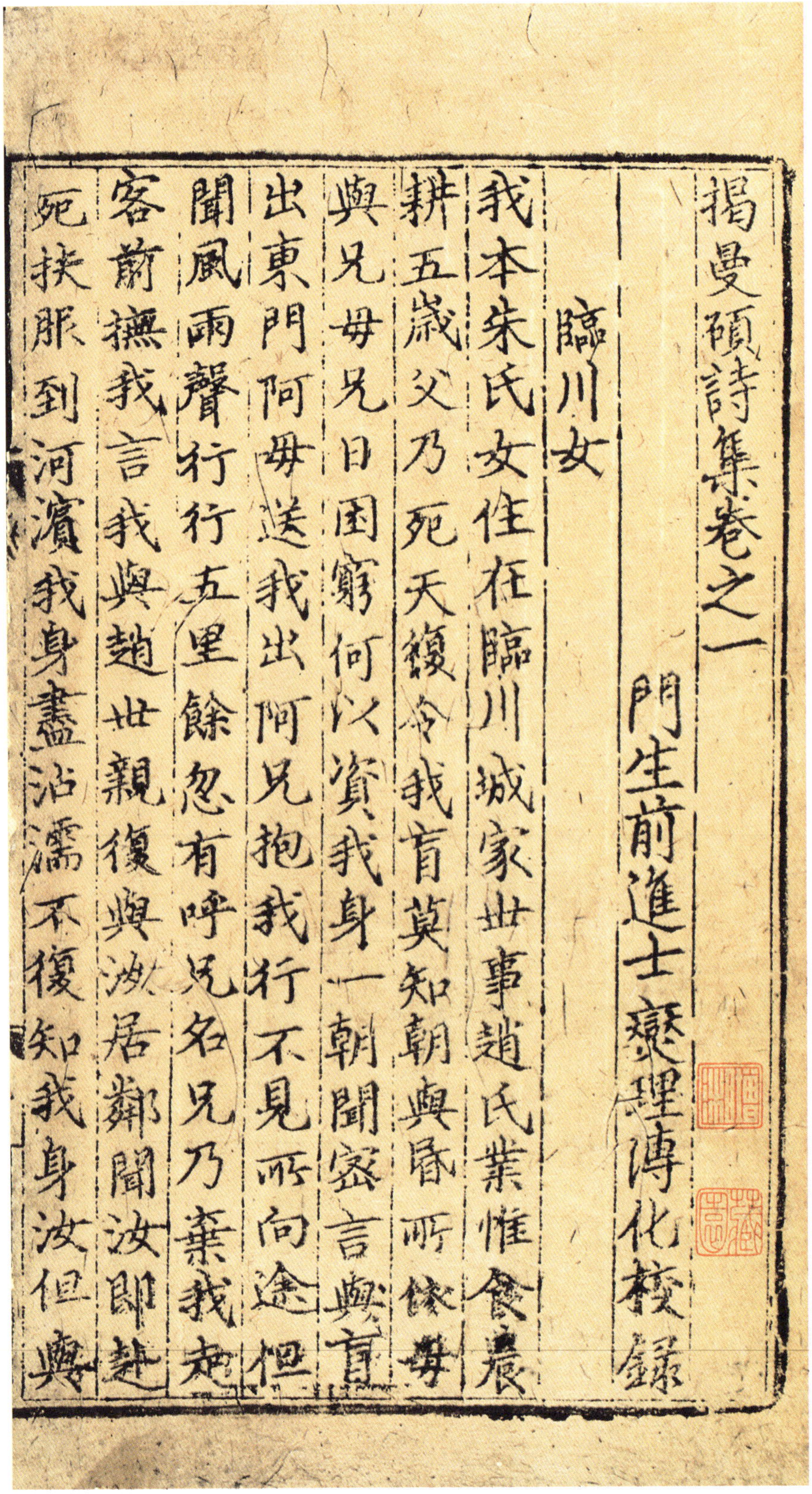
揭曼碩詩集卷之一
門生前進士燮理溥化校録
臨川女
我本朱氏女住在臨川城家世事趙氏業惟食農
耕五歲父乃死天復令我盲莫知朝與昏所賴母
與兄母兄日困窮何以資我身一朝聞盜言與盲
出東門阿母送我出阿兄抱我行不見所向途但
聞風雨聲行行五里餘忽有呼兄名兄乃棄我走
客前撫我言我與趙世親復與汝居鄰聞汝即赴
死扶服到河濱我身盡沾濡不復知我身汝但與

01181、01182 揭曼碩詩集三卷 （元）揭傒斯撰 元後至元六年（1340）日新堂刻本

匡高20.7厘米，廣13.3厘米。半葉十行，行十九字，黑口，四周雙邊。國家圖書館藏，有“江安傅沅叔收藏善本”等印，傅增湘跋；福建省圖書館藏，有“書帶草堂”、“侯官鄭氏藏書”、“龔少文收藏書画印”、“大通樓藏書印”等印。

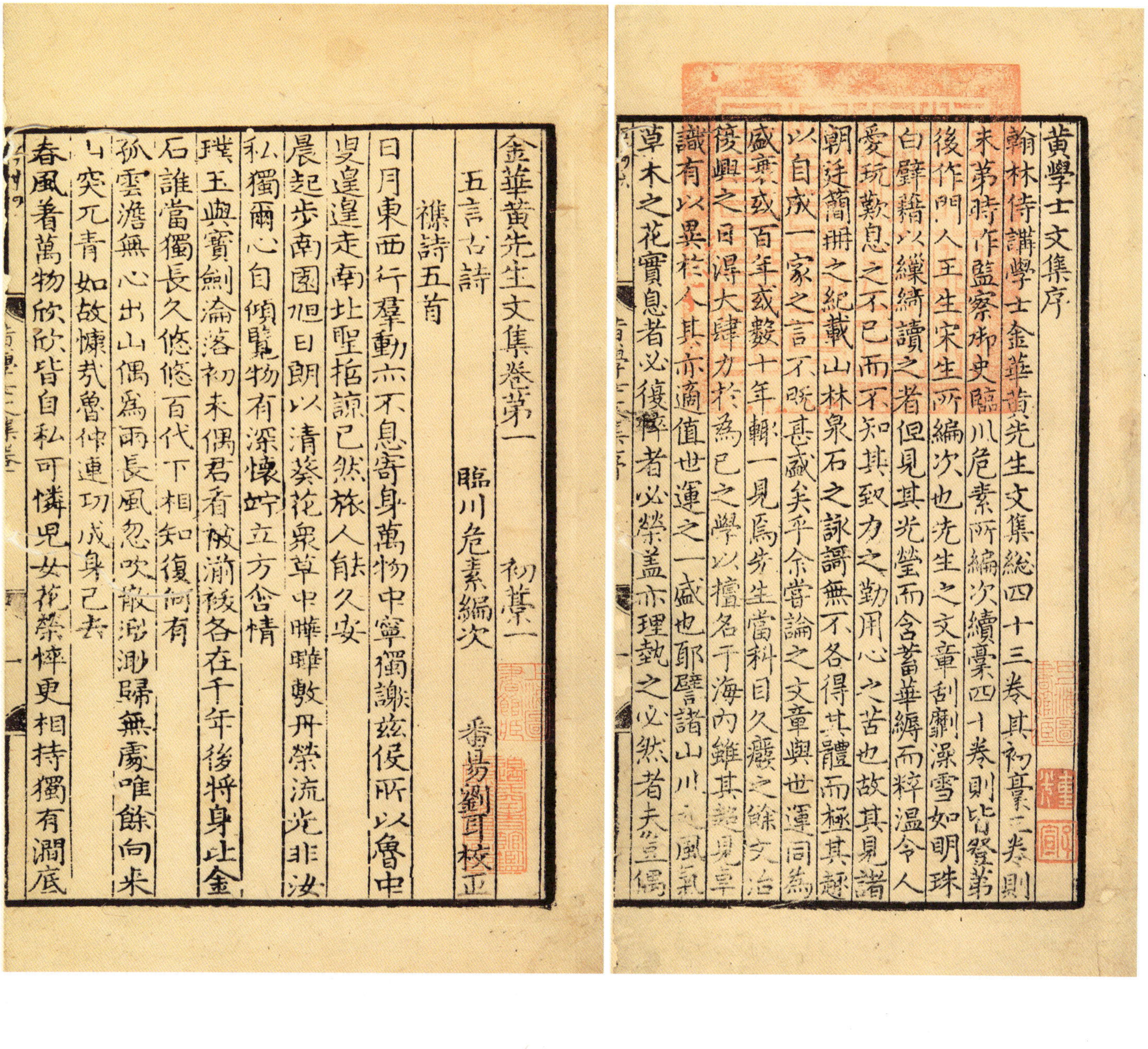

黄學士文集序
翰林侍講學士金華黄先生文集總四十三卷其初藁三卷則
未第時作監察御史臨川危素所編次續藁四十卷則皆登第
後作門人王生宋生所編次也先生之文章刮劘湅雪如明珠
白璧藉以繅綺讀之者但見其光瑩而含蓄華縟而粹温令人
愛玩歎息之不已而不知其致力之勤用心之苦也故其見諸
朝廷簡册之紀載山林泉石之詠謌無不各得其體而極其趣
以自成一家之言不既甚盛矣乎余嘗論之文章與世運同為
盛衰或百年或數十年輒一見焉方生當科目久廢之餘文治
復興之日得大肆力於為己之學以擅名于海内雖其超見卓
識有以異於人其亦適值世運之一盛也耶譬諸山川之風氣
草木之花實息者必復瘁者必榮蓋亦理埶之必然者夫豈偶

金華黄先生文集卷第一　初藁一
五言古詩　臨川危素編次
禖詩五首　番昜劉耳校正
日月東西行羣動六不息寄身萬物中寧獨謝兹役所以魯中
叟遑遑走南北聖指諒已然旅人能久安
晨起步南園旭日朗以清葵花衆草中曄曄敷丹榮流光非汝
私獨爾心自傾覽物有深懷竚立方含情
璞玉與寶劍淪落初未偶君看被湔祓各在千年後將身止金
石誰當獨長久悠悠百代下相知復何有
孤雲澹無心出山偶爲雨長風忽吹散渺渺歸無處唯餘向来
山突兀青如故慷慨曾仲連功成身已去
春風着萬物欣欣皆自私可憐兒女花榮悴更相持獨有澗底

01183 金華黄先生文集四十三卷 （元）黄溍撰　元至正十五年（1355）三山學官刻本（卷二十一至四十三配清抄本）（四庫底本）

匡高23.1厘米，廣13.7厘米。半葉十二行，行二十四字，黑口，左右雙邊。有“翰林院印”等印。繆荃孫跋。上海圖書館藏。

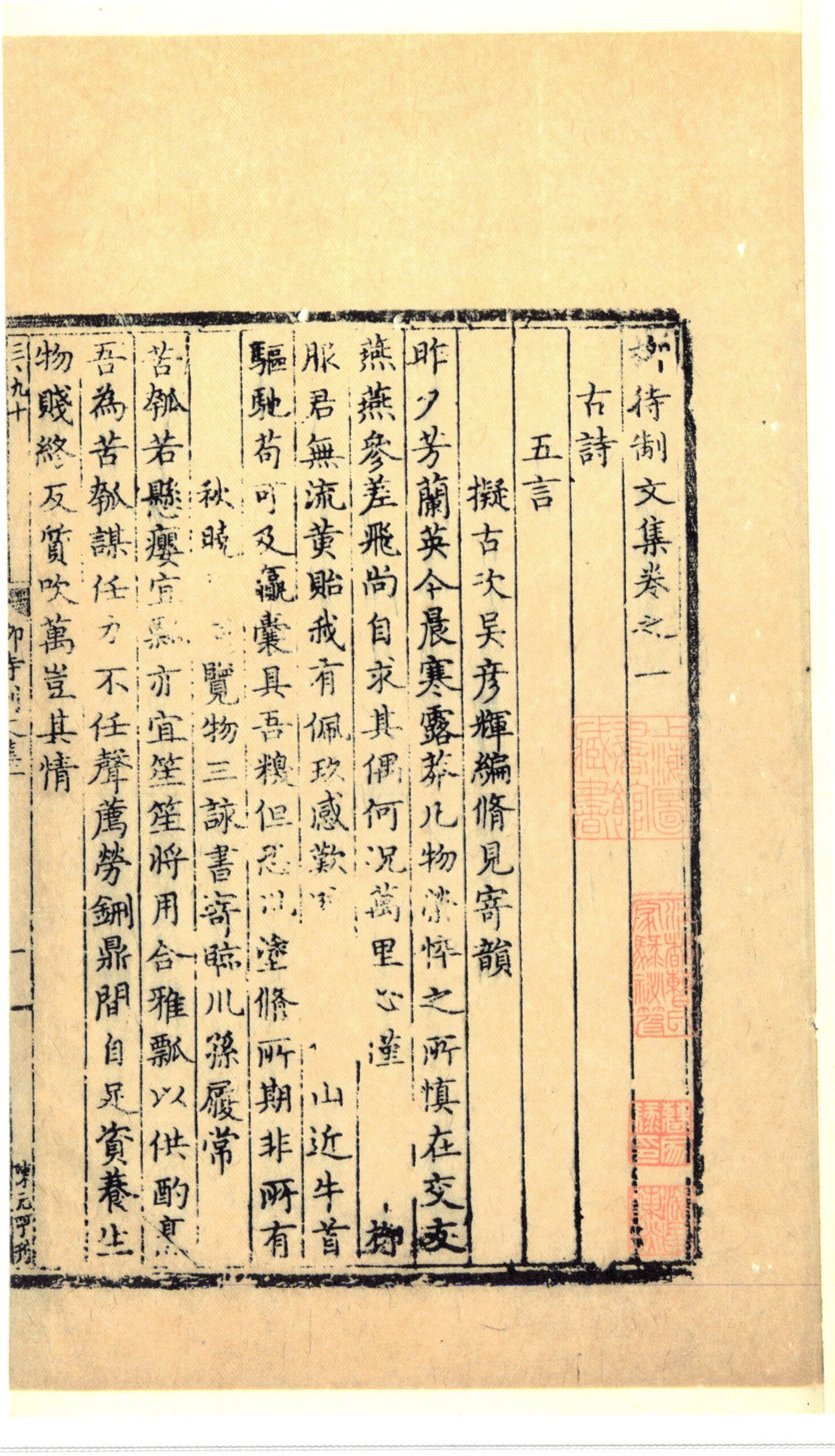
柳待制文集卷之一
古詩
五言
擬古次吳彥輝編脩見寄韻
昨夕芳蘭英今晨寒露莽凡物渫悴之所慎在交友
燕燕參差飛尚自求其偶何況萬里心逢
脈君無流黃貽我有佩玖感歎
驅馳苟可及贏囊具吾糗但恐以塗脩所期非所有
山近牛首
秋晚覽物三詠書寄晾儿孫履常
苦瓠若懸瘿宜亦宜笙笙將用合雅瓢以供酌
吾爲苦瓠謀任力不任聲薦勞鉶鼎間自足資養生
物賤終反貴吹萬豈其情

01184 柳待制文集二十卷標目二卷 （元）柳貫撰 **附録一卷** 元至正十年（1350）余闕浦江學官刻明永樂四年（1406）柳貴重修本（卷十四至十五配清抄本）

匡高20厘米，廣14.6厘米。半葉十二行，行二十字，黑口，四周雙邊。有"安樂堂藏書記"、"明善堂珍藏書畫印記"、"江都曹氏家縣秘笈"、"曹印聲濤"、"曹聲范印"、"金陵夏氏收藏圖書"、"友年所見"、"海昌陳琰"等印。上海圖書館藏。

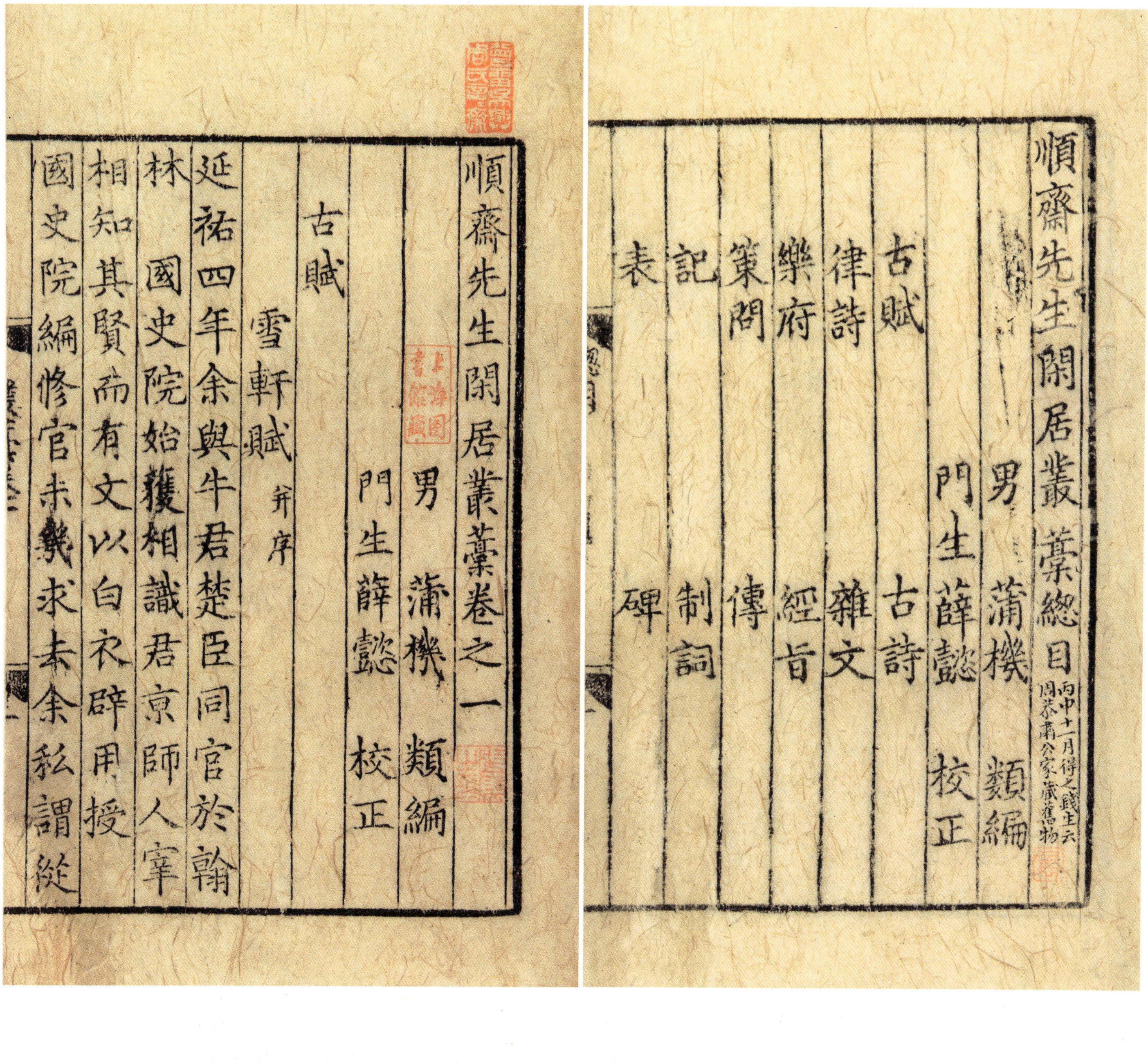

01185 順齋先生閑居叢藁二十六卷 （元）蒲道源撰 **附録一卷** 元至正十年（1350）刻本

匡高21.5厘米，廣13.6厘米。半葉九行，行十四字，白口，左右雙邊。有“張雋”、“曾留吴興周氏言言齋”等印。張雋題識。上海圖書館藏。

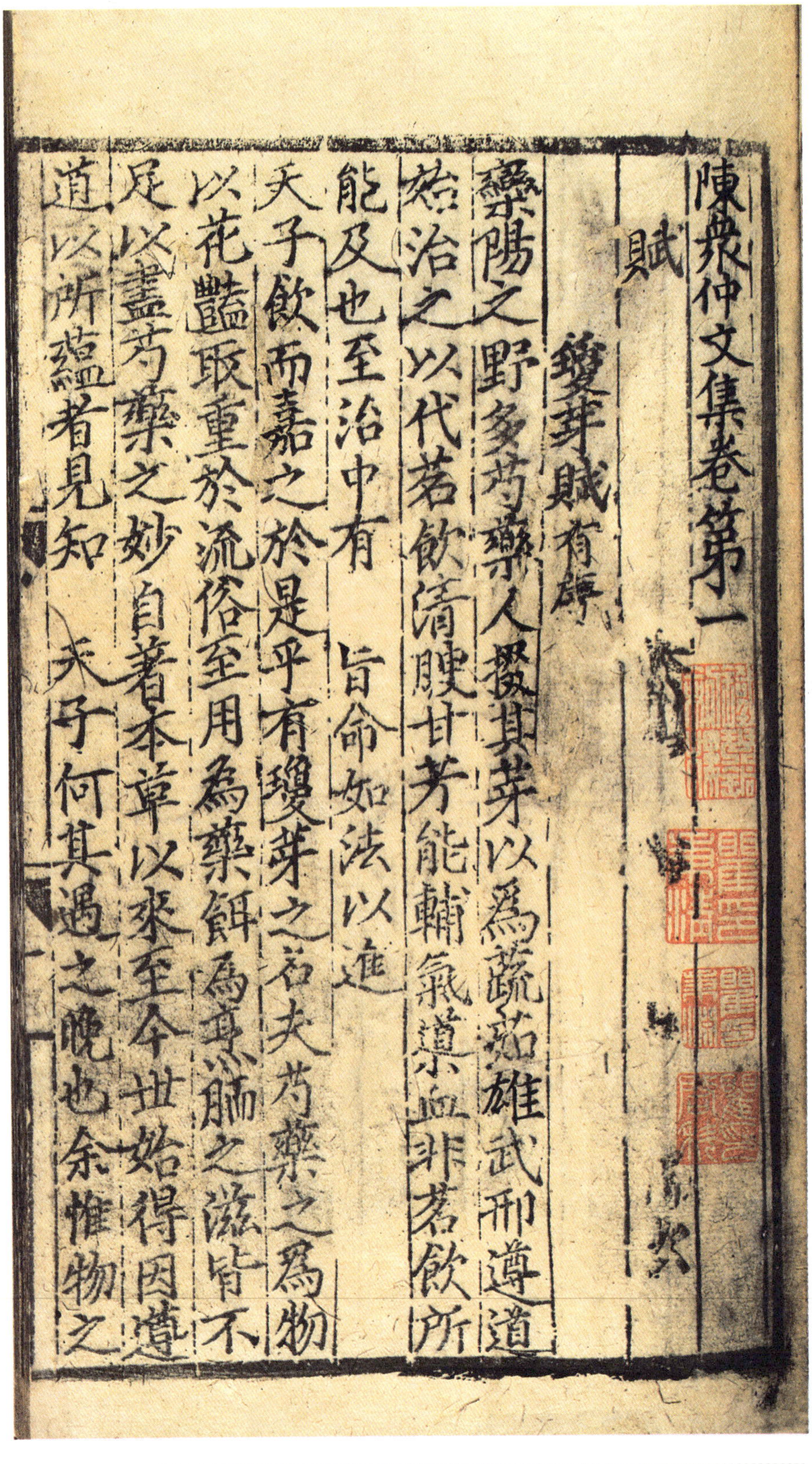
陳衆仲文集卷第一
賦
灤芽賦有序
灤陽之野多芍藥人掇其芽以爲蔬茹雄武邢遵道
始治之以代茗飲清腴甘芳能輔氣導血非茗飲所
能及也至治中有 旨命如法以進
天子飲而嘉之於是乎有灤芽之名夫芍藥之爲物
以花豔取重於流俗至用爲藥餌爲熏膩之滋皆不
足以盡芍藥之妙自著本草以來至今世始得因遵
道以所蘊者見知 天子何其遇之晚也余惟物之

01186 陳衆仲文集十三卷 （元）陳旅撰　元至正刻明修本（卷八至十三配清抄本）

匡高20.5厘米，廣13.1厘米。半葉十行，行二十字，黑口，左右雙邊。有“蕘翁”、“天樹印信”、“子嘉”、“蓉鏡珍藏”、“鐵琴銅劍樓”等印。黄丕烈、錢天樹、李兆洛、程恩澤、季錫疇、王振聲跋。國家圖書館藏。

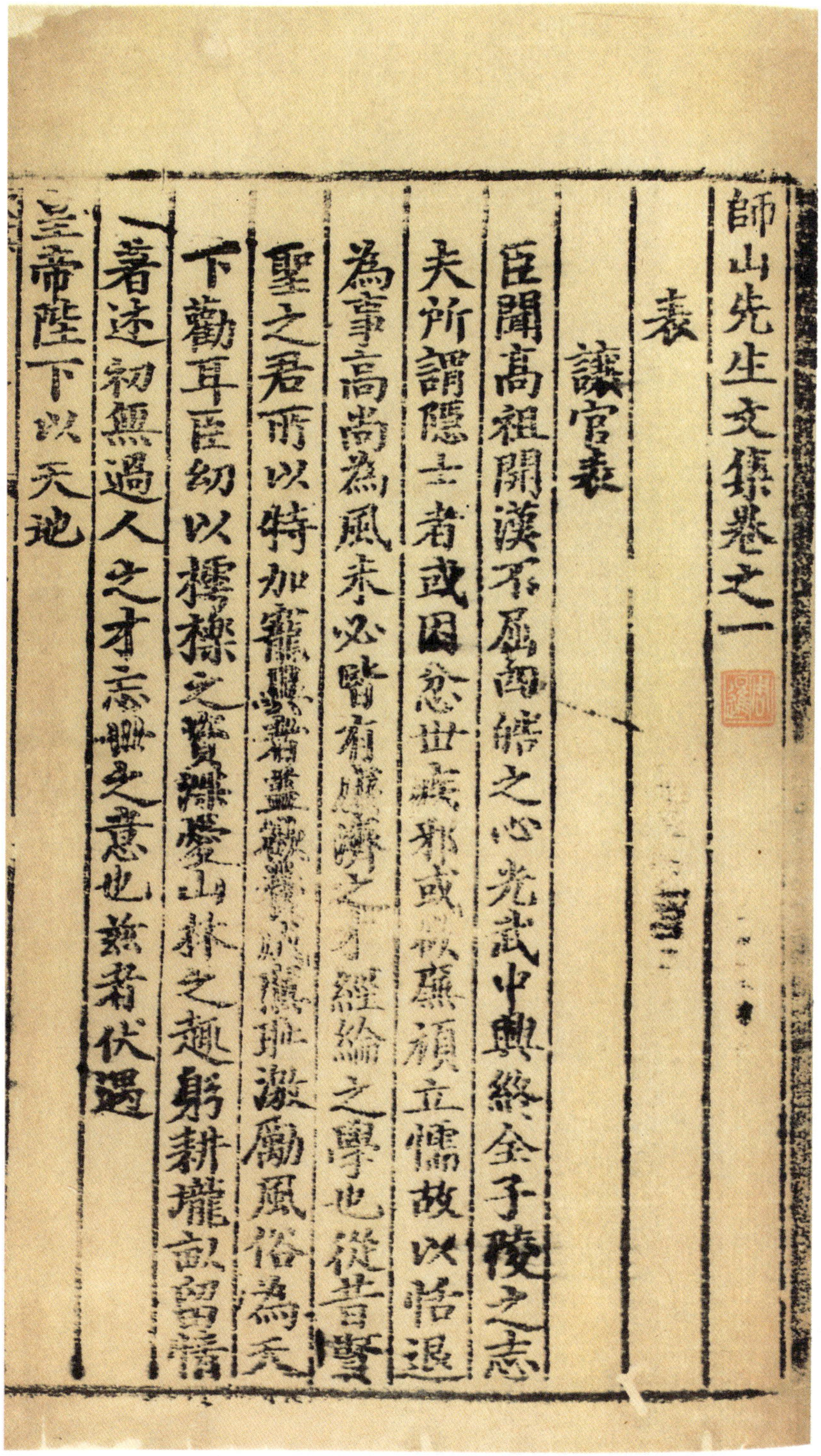

師山先生文集卷之一

表

讓官表

臣聞高祖開漢不屈四皓之心光武中興終全子陵之志夫所謂隱士者或因忿世疾邪或欲矯頑立懦故以恬退為事高尚為風未必皆有經濟之才經綸之學也從昔賢聖之君所以特加寵禮者蓋欲[illegible]激勵風俗為天下勸耳臣幼以樗櫟之質擬蒙山林之趣躬耕壟畝留情著述初無過人之才忘世之意也兹者伏遇皇帝陛下以天地

01187 師山先生文集十一卷 （元）鄭玉撰　元至正刻明修本

匡高23.5厘米，廣16.2厘米。半葉十行，行二十三字，黑口間白口，左右雙邊。有“季振宜讀書”、“長洲顧沅湘舟收藏經籍金石書畫之印”、“蔣祖詒讀書記”、“周暹”等印。國家圖書館藏，存九卷。

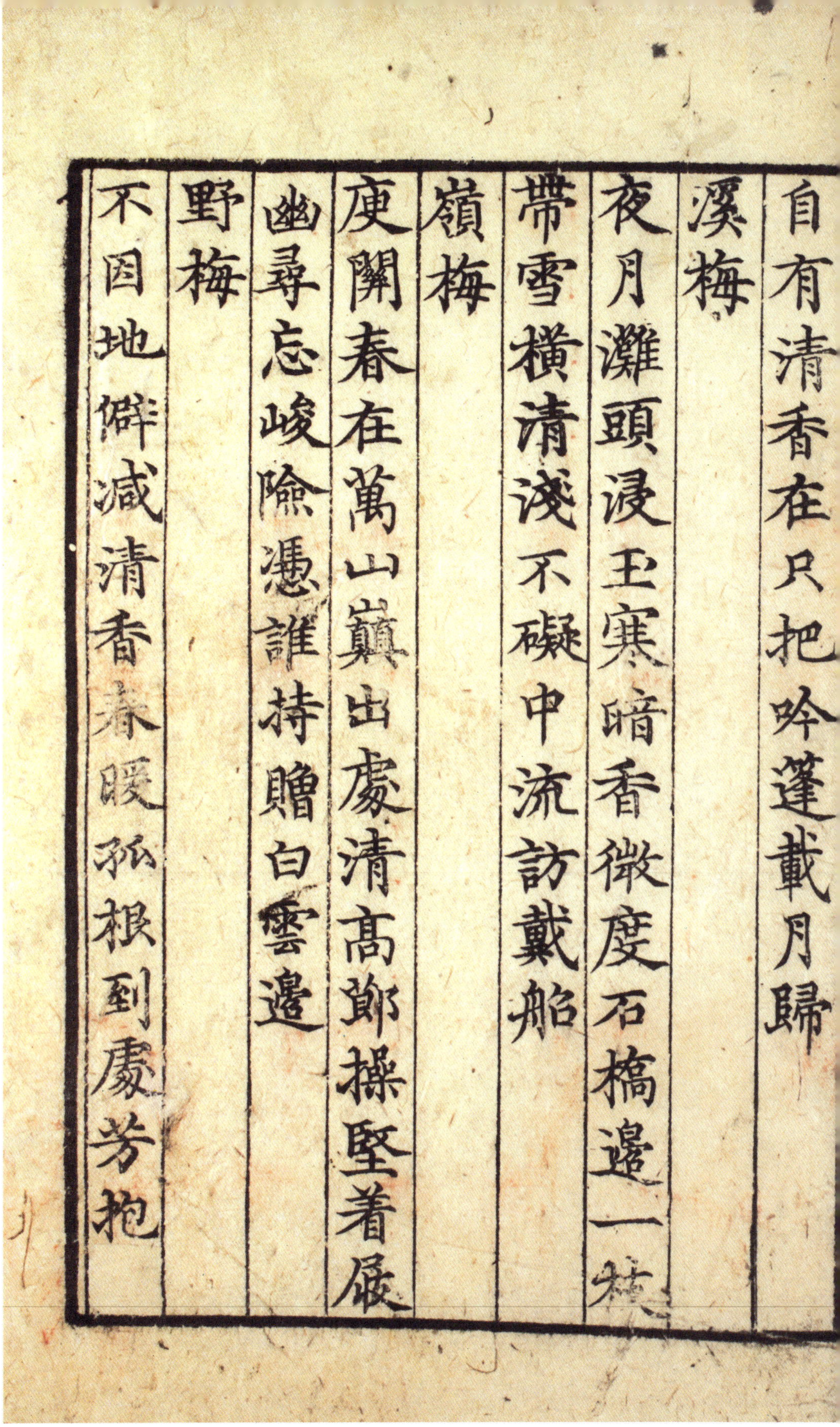
自有清香在只把吟蓬載月歸
溪梅
夜月灘頭浸玉寒暗香微度石橋邊一枝
帶雪横清淺不礙中流訪戴船
嶺梅
庾關春在萬山巔出處清高節操堅着屐
幽尋忘峻險憑誰持贈白雲邊
野梅
不因地僻減清香春暖孤根到處芳抱

01188 梅花百咏一卷 （元）韋珪撰　元至正刻本

蝴蝶裝。匡高20.9厘米，廣14.6厘米。半葉九行，行十六字，黑口，左右雙邊。有“黄印丕烈”、“汪士鐘藏”、“楊印以增”、“周暹”等印。黄丕烈跋并題詩。國家圖書館藏。

梅花百咏　　山陰韋珪賦

庭梅

玉立階除春正融清標不與衆芳同為花
掃雪開東閣人在光風霽月中

官梅

公庭凜凜雪霜姿凍合蠭衙想報遲索咲
家宜清白吏心如明月澹無私

江梅

花下寒潮漱石磯朔風卷雪濺苔衣西湖

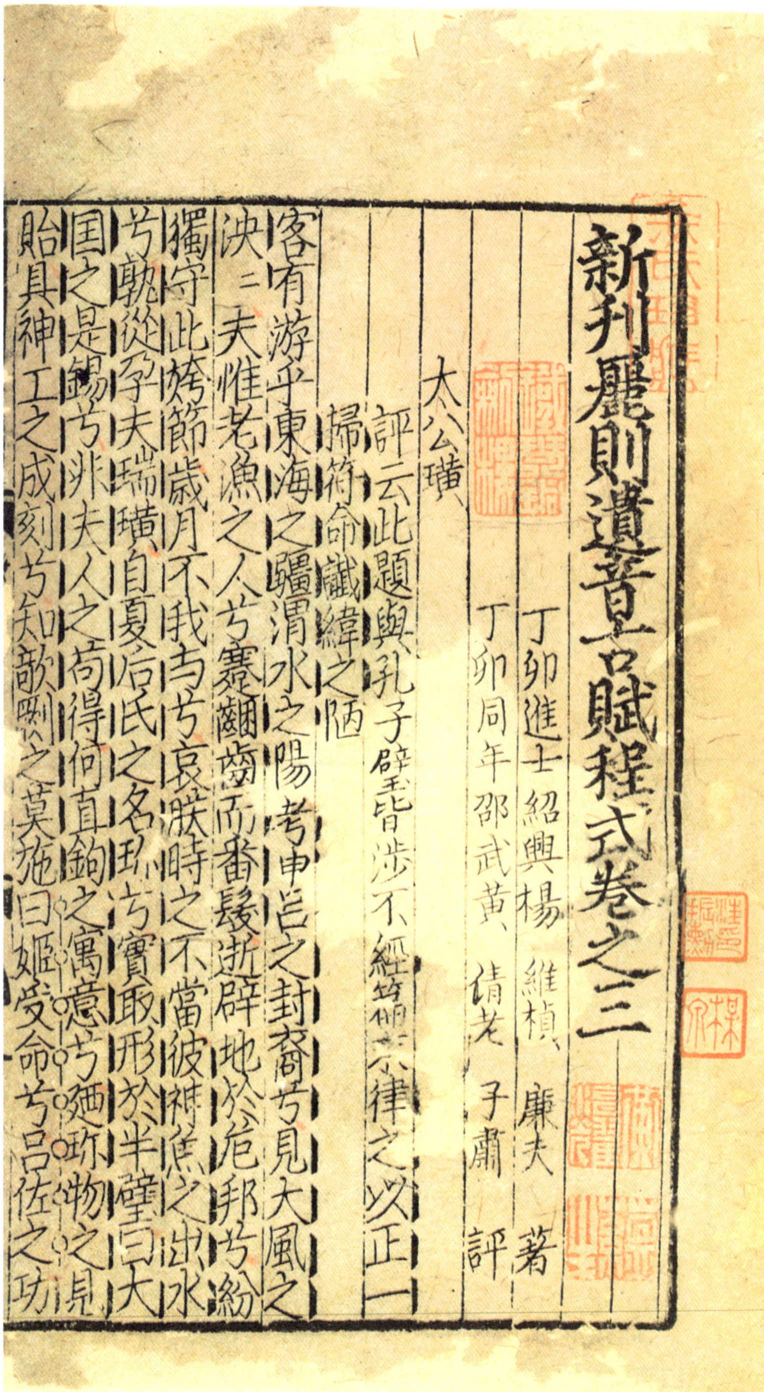
新刊麗則遺音古賦程式卷之三
丁卯進士紹興楊維楨廉夫著
丁卯同年邵武黄清老子肅評
太公璜
評云此題與孔子辟雍皆涉不經第以律之以正
掃符命讖緯之陋
客有游乎東海之疆渭水之陽兮考申呂之封裔兮見大風之
泱泱夫惟老漁之人兮蹇齫齒而番鬚逝辟地於危邦兮紛
獨守此姱節歲月不我与兮哀朕時之不當彼神魚之出水
兮孰從予夫瑞璜自夏后氏之名玉兮實取形於半璧曰大
圭之是錫兮非夫人之苟得何直鉤之寓意兮茀物之見
貽具神工之成刻兮知歆剛之莫施曰姬受命兮呂佐之功

01189 新刊麗則遺音古賦程式四卷 （元）楊維楨撰　元刻本（序、卷一至二配清嘉慶二十二年黄氏士禮居影元抄本）

匡高16.5厘米，廣10.4厘米。半葉十三行，行二十三字，黑口，左右雙邊。有“黄淳耀”、“士禮居”、“曾藏汪閬源家”、“鐵琴銅劍樓”等印。黄丕烈校跋。國家圖書館藏。

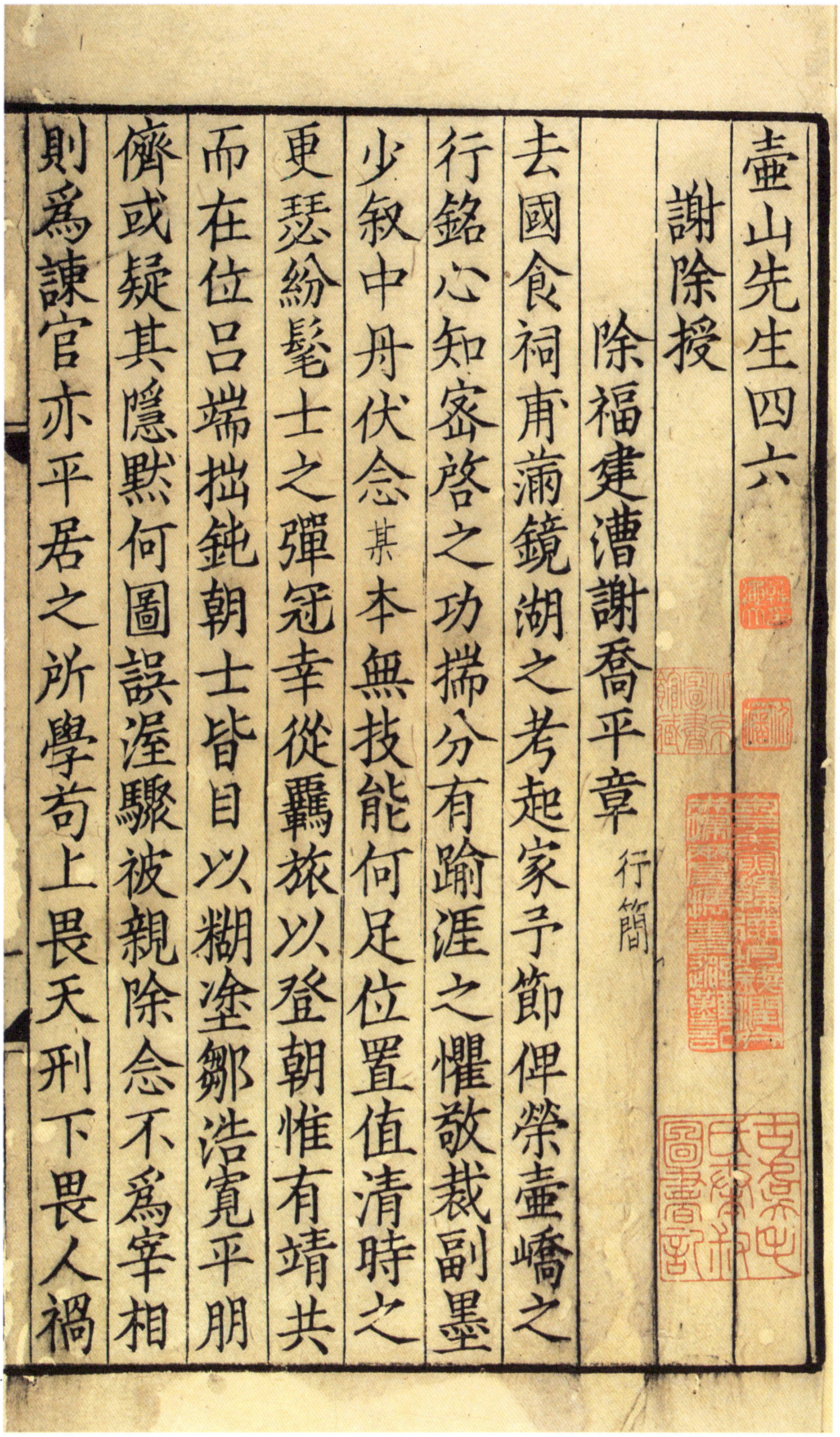

壺山先生四六

謝除授

除福建漕謝喬平章 行簡

去國食祠甫滿鏡湖之考起家予節俾榮壺嶠之行銘心知密啓之功揣分有踰涯之懼敬裁副墨少叙中丹伏念某本無技能何足位置值清時之更瑟紛髦士之彈冠幸從羈旅以登朝惟有靖共而在位吕端拙鈍朝士皆目以糊塗鄒浩寛平朋儕或疑其隱默何圖誤渥驟被親除念不爲宰相則爲諫官亦平居之所學苟上畏天刑下畏人禍

01190 四家四六四卷 宋刻本

匡高19.4厘米，廣13厘米。半葉十行，行十九字，細黑口，左右雙邊。有“虞山毛氏汲古閣收藏”、“松江讀有用書齋金山守山閣兩後人韓德均錢潤文夫婦之印”等印。國家圖書館藏。

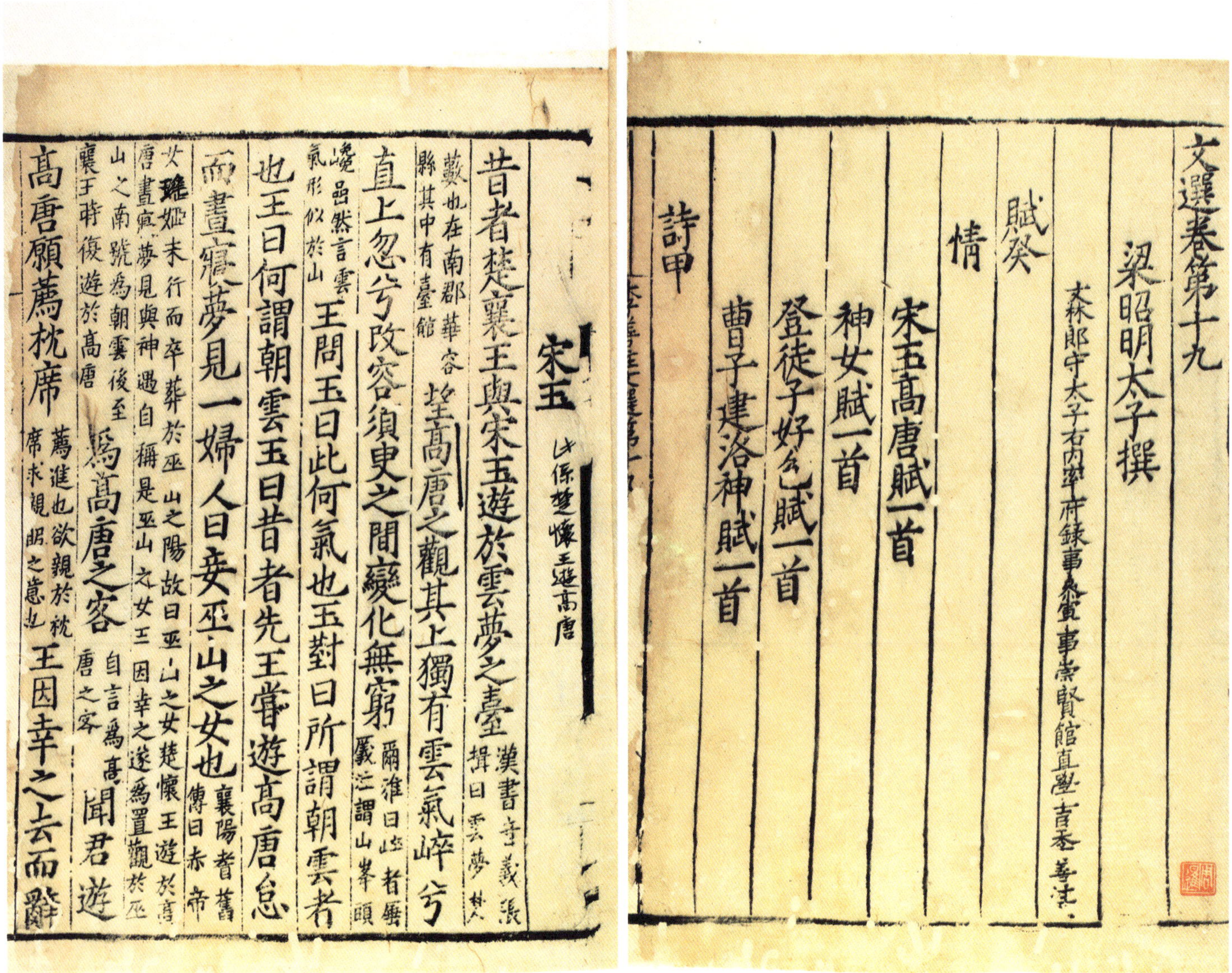

文選卷第十九

梁昭明太子撰

文林郎守太子右內率府録事參軍事崇賢館直學士臣李善注上

賦癸

情

宋玉高唐賦一首

神女賦一首

登徒子好色賦一首

曹子建洛神賦一首

詩甲

高唐賦一首 宋玉 此係楚懷王遊高唐

昔者楚襄王與宋玉遊於雲夢之臺漢書音義張揖曰雲夢楚人藪也在南郡華容縣其中有臺館望高唐之觀其上獨有雲氣崒兮直上忽兮改容須臾之間變化無窮爾雅曰崒者厜㕒謂山峯頭巉嵒然言雲氣形似於山王問玉曰此何氣也玉對曰所謂朝雲者也王曰何謂朝雲玉曰昔者先王嘗遊高唐怠而晝寢夢見一婦人曰妾巫山之女也襄陽耆舊傳曰赤帝女瑤姬未行而卒葬於巫山之陽故曰巫山之女楚懷王遊於高唐晝寢夢見與神遇自稱是巫山之女王因幸之遂為置觀於巫山之南號為朝雲後至襄王時復遊於高唐為高唐之客自言為高唐之客聞君遊高唐願薦枕席薦進也欲親於枕席求親昵之意也王因幸之去而辭

01191 文選六十卷 （梁）蕭統輯 （唐）李善注 北宋刻遞修本

匡高24.6厘米，廣19.2厘米。半葉十行，行十六至十八字，小字雙行二十五至二十六字，白口，左右雙邊。有“周暹”等印。勞健跋，羅振玉題簽。國家圖書館藏，存二十一卷。

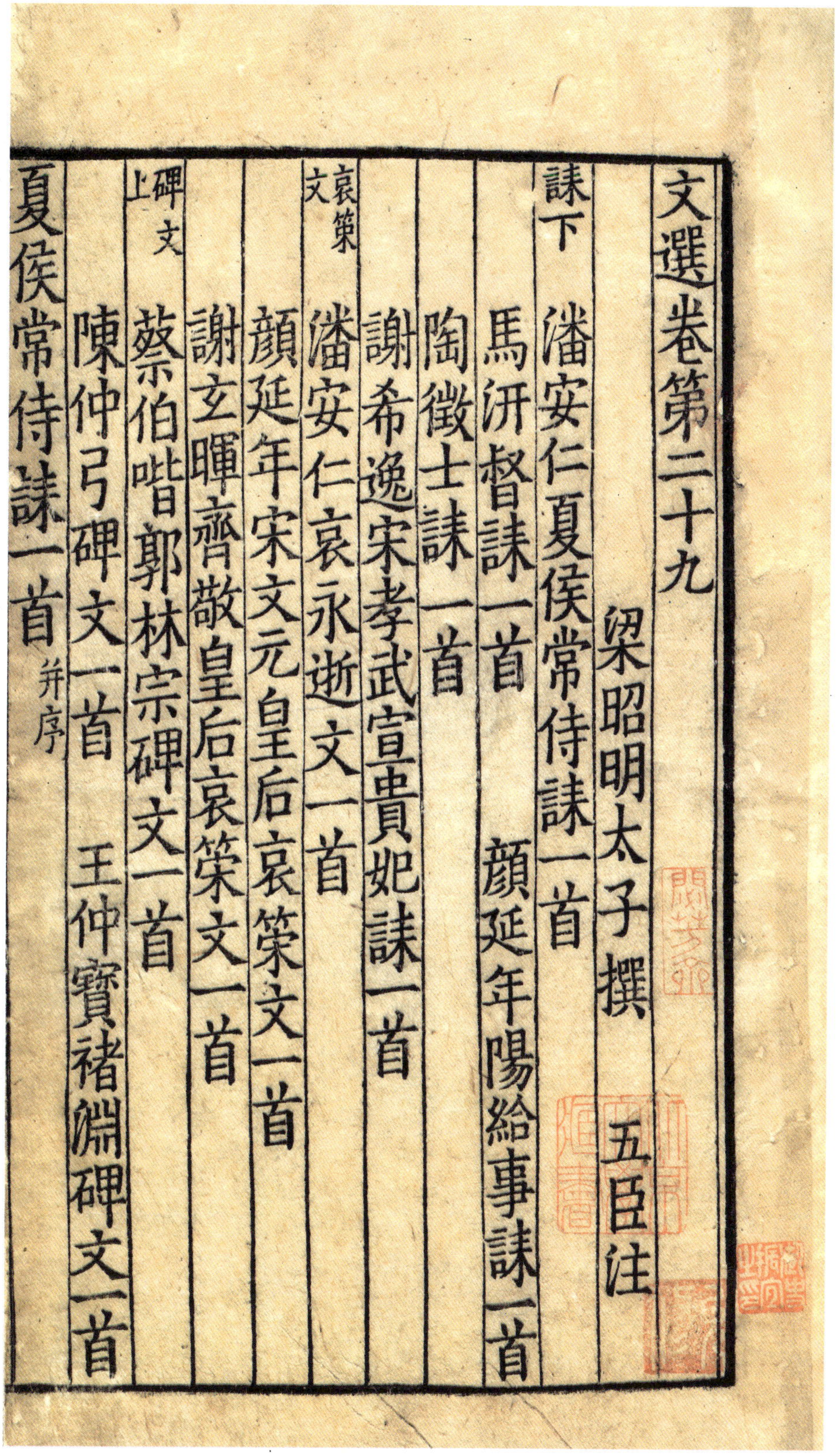

01192、01193　文選三十卷　（梁）蕭統輯　（唐）呂延濟　劉良　張銑　呂向　李周翰注　宋杭州開牋紙馬鋪鍾家刻本

匡高18.9厘米，廣11.4厘米。半葉十二行，行十九字，小字雙行二十七字，白口，左右雙邊。有“杭州猫兒橋河東岸開牋紙馬鋪鍾家印行”等刻書題記。北京大學圖書館藏，有“御史振宜之印”等印，存一卷；國家圖書館藏，有“唐印鍾吉”、“季振宜藏書”等印，存一卷。

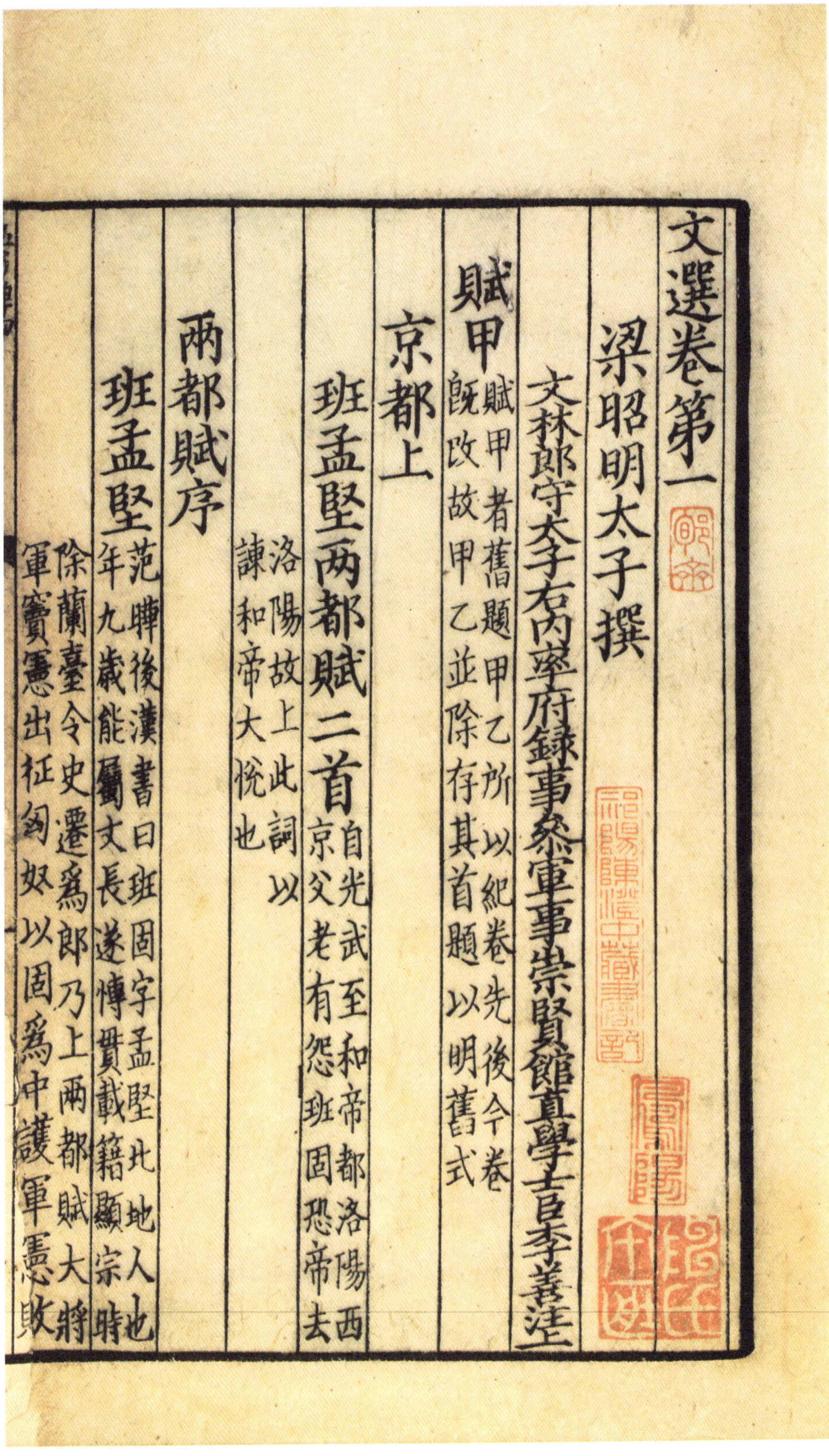

文選卷第一

梁昭明太子撰

文林郎守太子右內率府錄事參軍事崇賢館直學士臣李善注

賦甲 賦甲者舊題甲乙所以紀卷先後今卷既改故甲乙並除存其首題以明舊式

京都上

班孟堅兩都賦二首 自光武至和帝都洛陽西京父老有怨班固恐帝去洛陽故上此詞以諫和帝大悅也

兩都賦序

班孟堅 范曄後漢書曰班固字孟堅北地人也年九歲能屬文長遂博貫載籍顯宗時除蘭臺令史遷爲郎乃上兩都賦大將軍竇憲出征匈奴以固爲中護軍憲敗

01194　文選六十卷（梁）蕭統輯　（唐）李善注　**李善與五臣同異一卷**　宋淳熙八年（1181）池陽郡齋刻本

匡高21.3厘米，廣14.5厘米。半葉十行，行二十一字，小字雙行同，白口，左右雙邊。有“王延喆”、“順德堂”、“祁陽陳澄中藏書記”等印。丁鈞跋。國家圖書館藏。

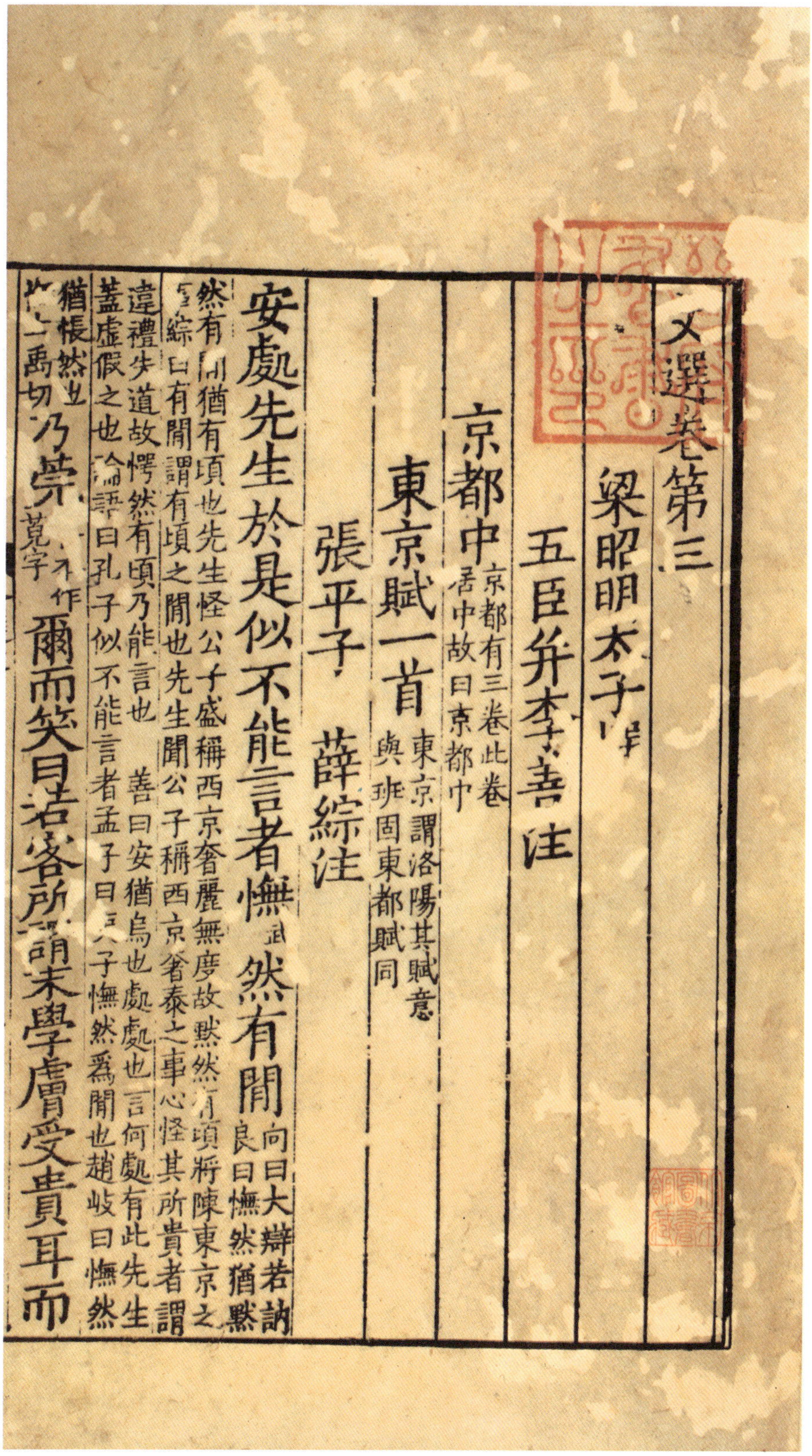
文選卷第三
梁昭明太子譔
五臣并李善注
京都中 京都有三卷此卷居中故曰京都中
東京賦一首 東京謂洛陽其賦意與班固東都賦同
張平子 薛綜注
安處先生於是似不能言者憮武然有閒 向曰大辯若訥良曰憮然猶默然有閒猶有頃也先生怪公子盛稱西京奢麗無度故默然有頃將陳東京之美綜曰有閒謂有頃之閒也先生聞公子稱西京奢泰之事心怪其所貴者謂違禮步道故愕然有頃乃能言也 善曰安猶烏也處處也言何處有此先生蓋虛假之也論語曰孔子似不能言者孟子曰夫子憮然爲閒也趙岐曰憮然猶悵然也 [illegible]禹切
乃莞 不作莧字 爾而笑曰若客所謂末學膚受貴耳而

01195 文選六十卷 （梁）蕭統輯　（唐）呂延濟 劉良 張銑 呂向 李周翰 李善注 宋紹興明州刻遞修本

匡高22厘米，廣15.6厘米。半葉十行，行二十至二十二字，小字雙行三十字，白口，左右雙邊。有“晉府書畫之印”等印。國家圖書館藏，存二十四卷。

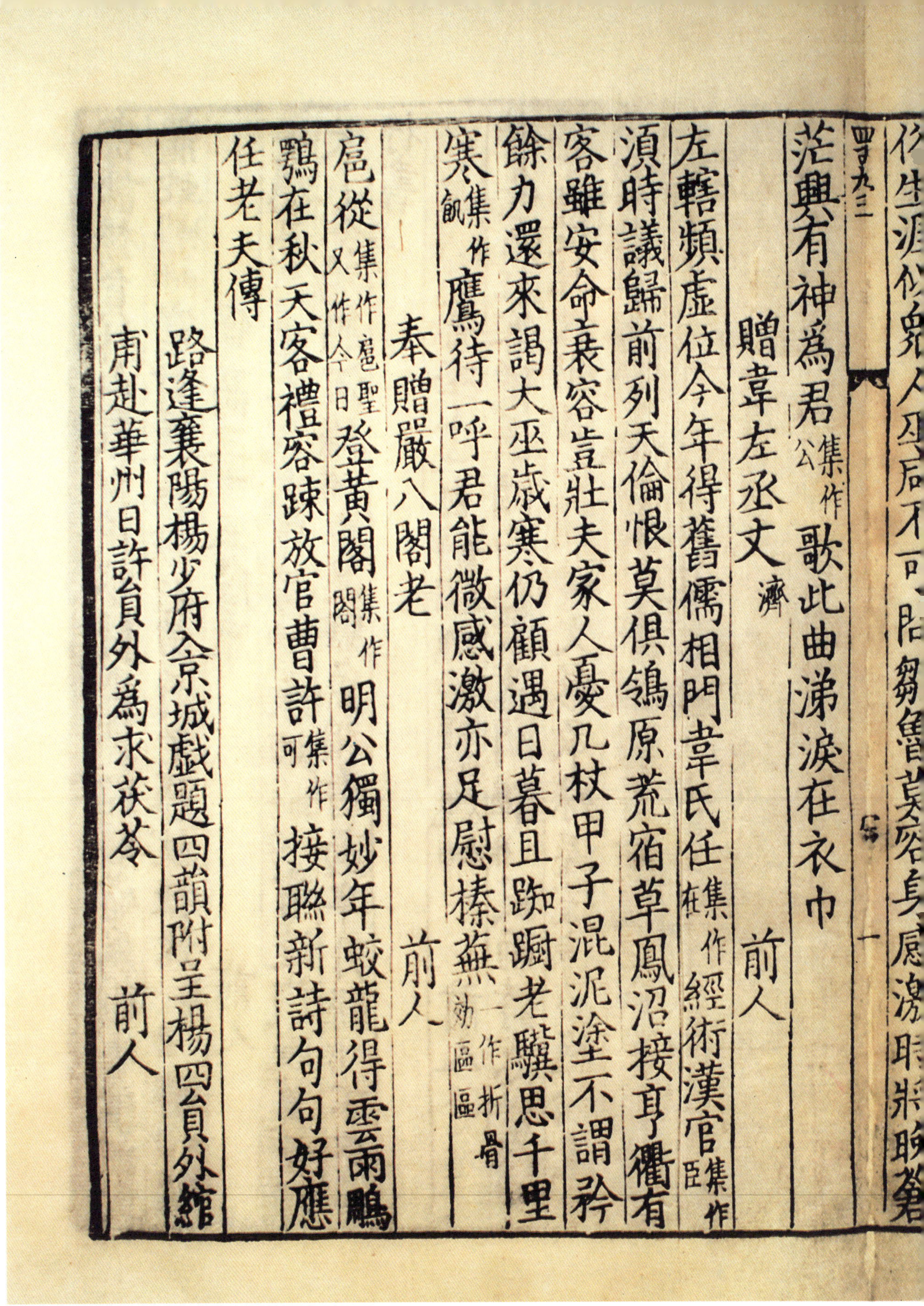

茫興有神爲君 集作公 歌此曲涕淚在衣巾
贈韋左丞丈 濟　前人
左轄頻虛位今年得舊儒相門韋氏任 集作在 經術漢官 集作臣
須時議歸前列天倫恨莫俱鴒原荒宿草鳳沼接亨衢有
客雖安命衰容豈壯夫家人憂几杖甲子混泥塗不謂矜
餘力還來謁大巫歲寒仍顧遇日暮且踟躕老驥思千里
寒 集作飢 鷹待一呼君能微感激亦足慰榛蕪 一作折骨 劬區區
奉贈嚴八閣老　前人
扈從 集作扈聖 又作今日 登黃閣 集作閤 明公獨妙年蛟龍得雲雨鵰
鶚在秋天客禮容疎放官曹許 集作可 接聯新詩句句好應
任老夫傳
路逢襄陽楊少府入京城戲題四韻附呈楊四員外綰
甫赴華州日許員外爲求茯苓　前人

01196 文苑英華一千卷 （宋）李昉等輯　宋嘉泰元年至四年（1201－1204）周必大刻本

蝴蝶裝。匡高22厘米，廣16厘米。半葉十三行，行二十二字，白口，左右雙邊。有“緝熙殿書籍印”、“内殿文璽”、“御府圖書”、“晉府書畫之印”、“周暹”等印。羅振玉跋。國家圖書館藏，存一百三十卷。

文苑英華卷第二百五十一　詩一百一

寄贈五

杜甫十三首　李白十八首

投贈韋左相（時兼兵部尚書故云聽履上星辰）　杜甫

鳳歷軒轅紀龍飛四十春八荒開壽域一氣轉洪鈞霖雨思賢佐丹青憶舊（集作老）臣（公之先人遺風餘烈至今稱之）應圖求駿馬驚世（集作代）得騏驎沙汰江湖（集作河）濁調和鼎鼐新韋賢初相漢范叔已歸秦盛業今如此傳經固絕倫豫章深出地滄海闊無津北斗司喉舌東方領搢紳持衡留藻鑑聽履上星辰獨步才超古餘波德照隣聰明過管輅尺牘倒陳遵豈是池中物由來席上珍廟堂知至理風俗盡還淳才傑俱登用愚蒙但隱淪長卿多病久子夏索居頻回首驅流

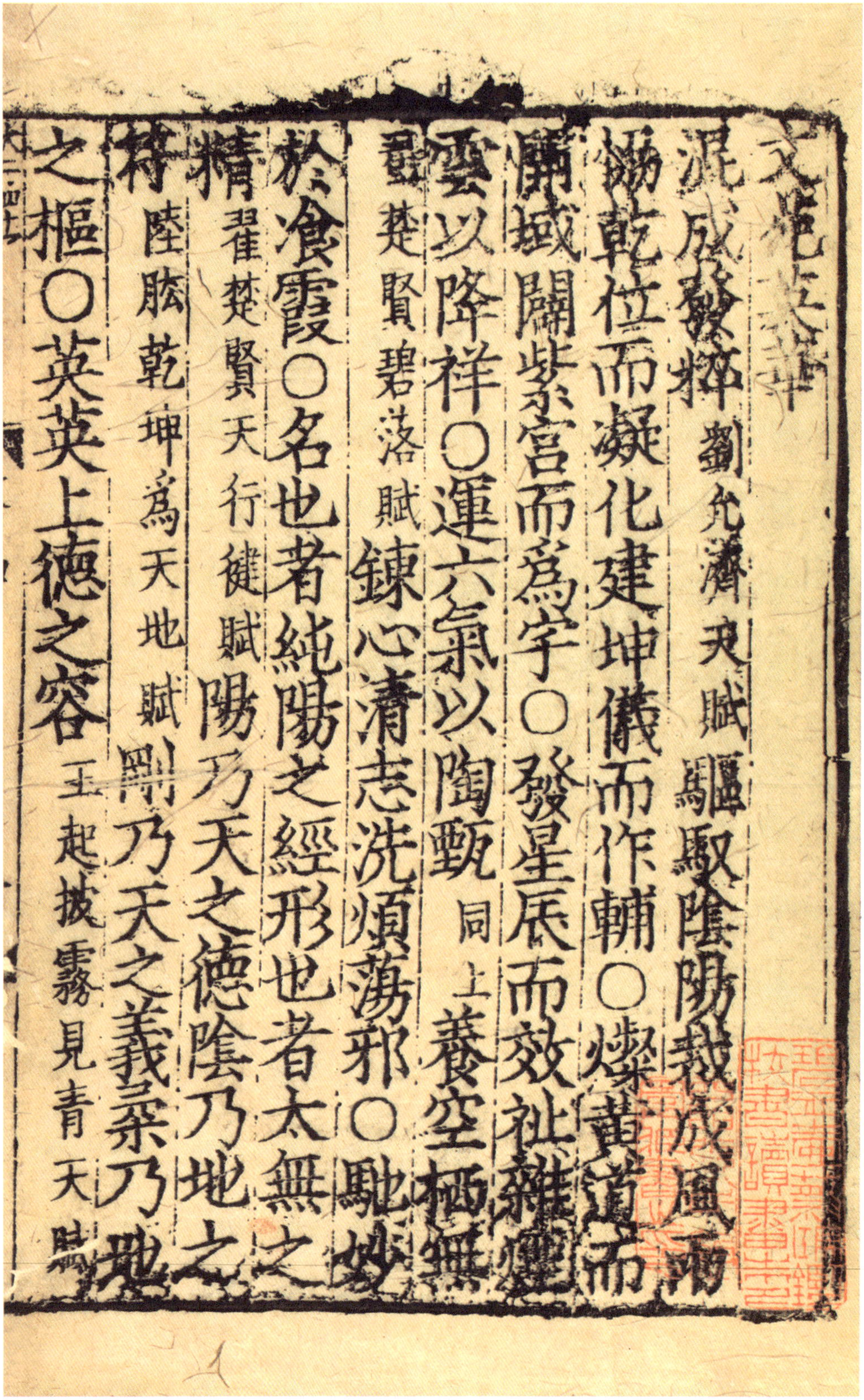
混成發粹 劉允濟天賦 驅馭陰陽裁成風雨
乾位而凝化建坤儀而作輔○爕黃道而
開域闢紫宮而爲宇○發星辰而效社稷變
雲以降祥○運六氣以陶甄 同上 養空極無
楚賢碧落賦 鍊心淸志洗煩蕩邪○馳妙
於滄霞○名也者純陽之經形也者太無之
精 翟楚賢天行健賦 陽乃天之德陰乃地之
精 陸肱乾坤爲天地賦 剛乃天之義柔乃地
之樞○英英上德之容 王起披霧見青天賦

01197 文苑英華纂要八十四卷 （宋）高似孫輯　宋嘉定刻元修本

匡高18.9厘米，廣13.3厘米。半葉十行，行十七字，細黑口，左右雙邊。有“汪印士鐘”、“四明張氏約園藏書之印”、“蔡秋蟾青箱長物”等印。蔡同瑺跋。國家圖書館藏，存八十三卷。

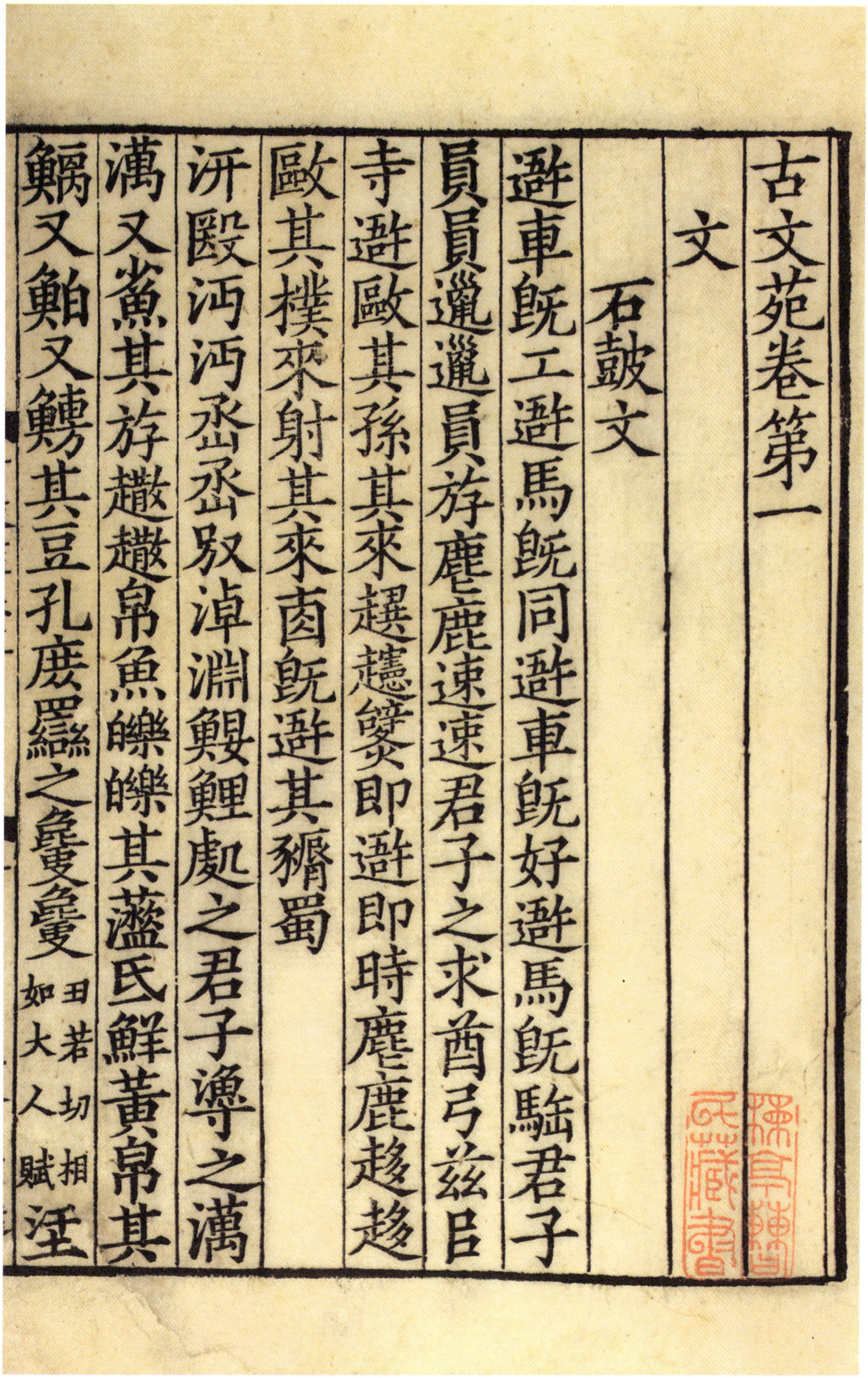
古文苑卷第一
文
石鼓文
避車既工避馬既同避車既好避馬既騂君子
員員邋邋員斿麀鹿速速君子之求𢍰弓茲㠯
寺避毆其孫其來趩趩𧾣𧾣即避即時麀鹿趚趚
毆其樸來射其來亩既避其𩣡蜀
汧殹沔沔烝烝𣵠淖淵鰋鯉處之君子漁之灊
灊又鯊其斿𨗴𨗴帛魚鱳鱳其藍氏鮮黃帛其
鯾又鮊又鱄其亘孔庶臠之𩰫𩰫田若切相如大人賦涇

01198 古文苑九卷 宋刻本

匡高20.8厘米，廣15.5厘米。半葉十行，行十八字，小字雙行同，白口，左右雙邊。有“華亭朱氏珍藏”、“顧印從德”、“顧印九錫”、“楝亭曹氏藏書”、“天禄琳琅”、“天禄繼鑑”等印。國家圖書館藏。

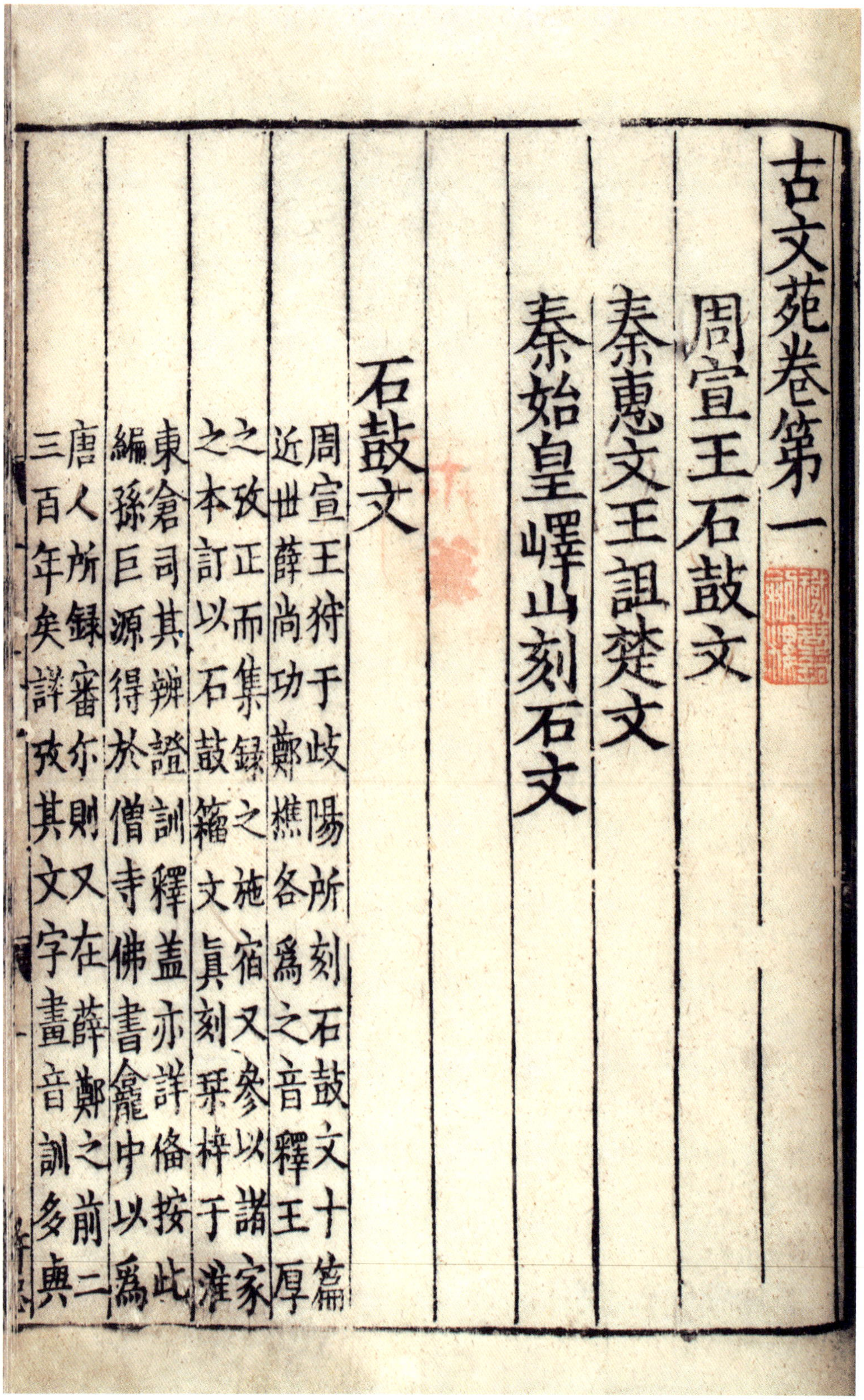

古文苑卷第一

周宣王石鼓文

秦惠文王詛楚文

秦始皇嶧山刻石文

石鼓文

周宣王狩于岐陽所刻石鼓文十篇近世薛尚功鄭樵各爲之音釋王厚之攷正而集録之施宿又參以諸家之本訂以石鼓籀文眞刻栞梓于淮東倉司其辨證訓釋蓋亦詳備按此編孫巨源得於僧寺佛書龕中以爲唐人所録審尓則又在薛鄭之前二三百年矣詳攷其文字畫音訓多與

01199 古文苑二十一卷 （宋）章樵注 宋端平三年（1236）常州軍刻淳祐六年（1246）盛如杞重修本

匡高23.8厘米，廣16.8厘米。半葉十行，行十八字，小字雙行十八至二十三字，白口，左右雙邊。有“汪士鐘曾讀”、“鐵琴銅劍樓”等印。國家圖書館藏。

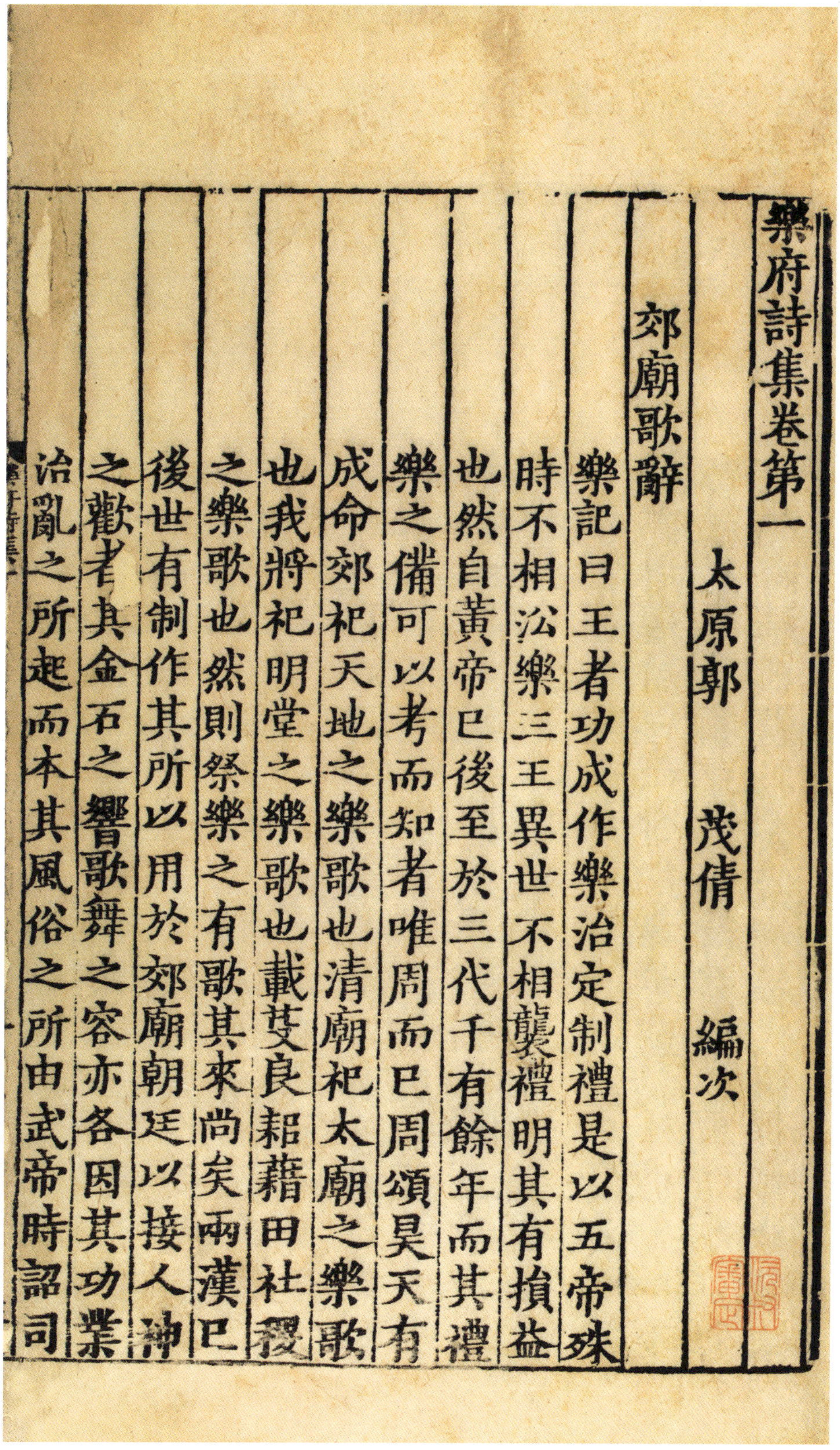
樂府詩集卷第一
太原郭　茂倩　編次
郊廟歌辭
樂記曰王者功成作樂治定制禮是以五帝殊時不相沿樂三王異世不相襲禮明其有損益也然自黃帝巳後至於三代千有餘年而其禮樂之備可以考而知者唯周而巳周頌昊天有成命郊祀天地之樂歌也清廟祀太廟之樂歌也我將祀明堂之樂歌也載芟良耜藉田社稷之樂歌也然則祭樂之有歌其來尚矣兩漢巳後世有制作其所以用於郊廟朝廷以接人神之歡者其金石之響歌舞之容亦各因其功業治亂之所起而本其風俗之所由武帝時詔司

01200 樂府詩集一百卷目録二卷 （宋）郭茂倩輯　宋刻本（卷十九至二十六、九十六至一百配元至正元年集慶路儒學刻本，卷二十七至三十四配清抄本）

匡高22.9厘米，廣16.6厘米。半葉十三行，行二十三字，白口，左右雙邊。有“東吴葉裕祖仁藏書”、“季振宜字詵兮號滄葦”、“乾學之印”、“藏園秘笈”等印。傅增湘跋。國家圖書館藏。

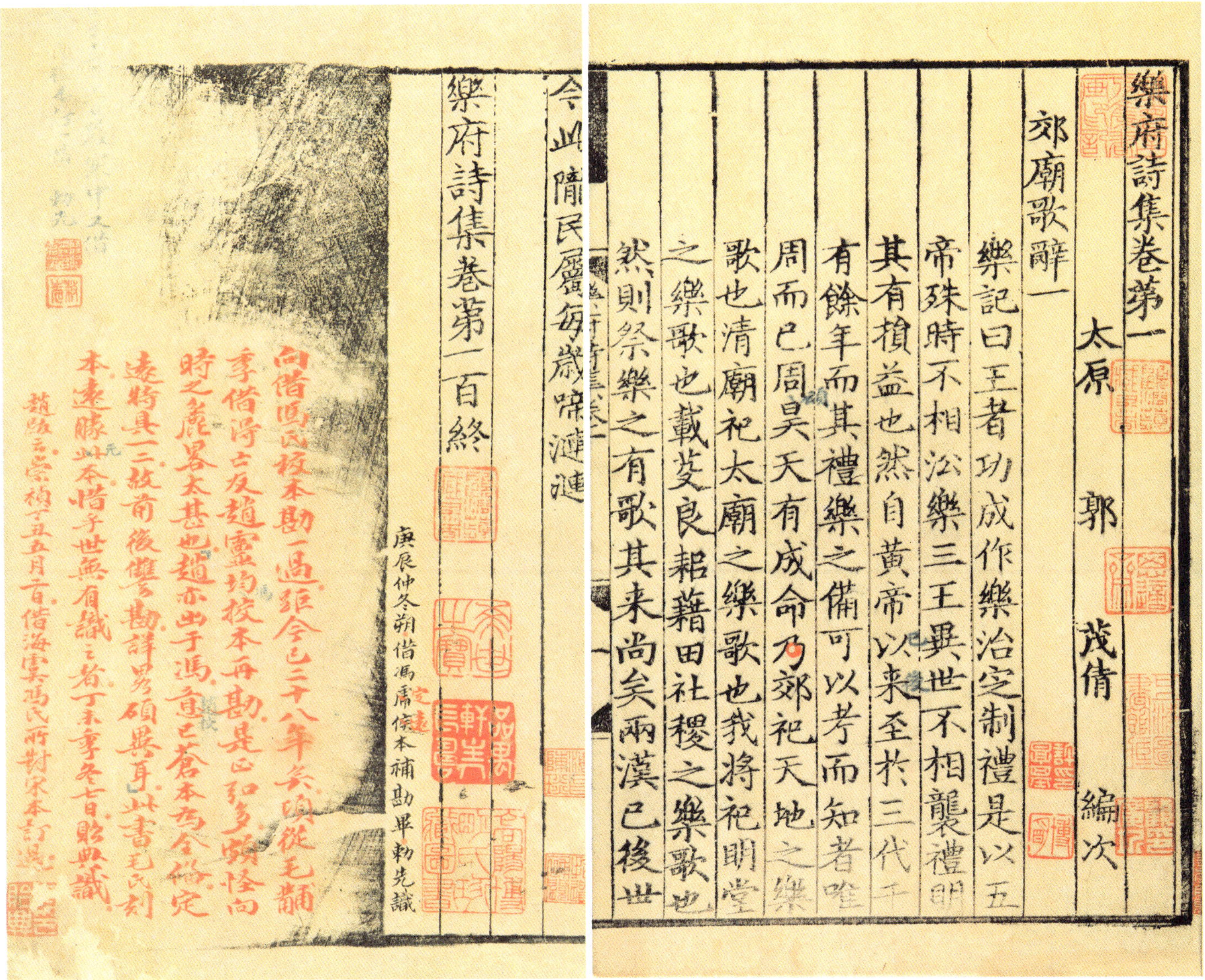
樂府詩集卷第一　太原　郭　茂倩　編次
郊廟歌辭一
樂記曰王者功成作樂治定制禮是以五帝殊時不相沿樂三王異世不相襲禮明其有損益也然自黃帝以來至於三代千有餘年而其禮樂之備可以考而知者唯周而已周昊天有成命乃郊祀天地之樂歌也清廟祀太廟之樂歌也我將祀明堂之樂歌也載芟良耜藉田社稷之樂歌也然則祭樂之有歌其來尚矣兩漢已後世

樂府詩集卷第一百　終

01201、01202、01203、01204、01205　樂府詩集一百卷目録二卷（宋）郭茂倩輯　元至正元年（1341）集慶路儒學刻本

匡高22.5厘米，廣15.5厘米。半葉十一行，行二十字，上黑口、下白口，左右雙邊。紹興圖書館藏，有“汲古閣”、“子晉”等印，存三卷；上海圖書館藏，爲元至正元年（1341）集慶路儒學刻明修本，有“顧印廣圻”、“曾藏汪閬源家”、“博明鑒藏”、“高陽博明氏珍藏圖書”、“許厚基印”等印；無錫市圖書館藏，爲元至正元年（1341）集慶路儒學刻明修本；蘇州博物館藏，爲元至正元年（1341）集慶路儒學刻明修本，有“伯寅藏書”等印，存七十二卷；開封市圖書館藏，爲元至正元年（1341）集慶路儒學刻明修本，存一卷。

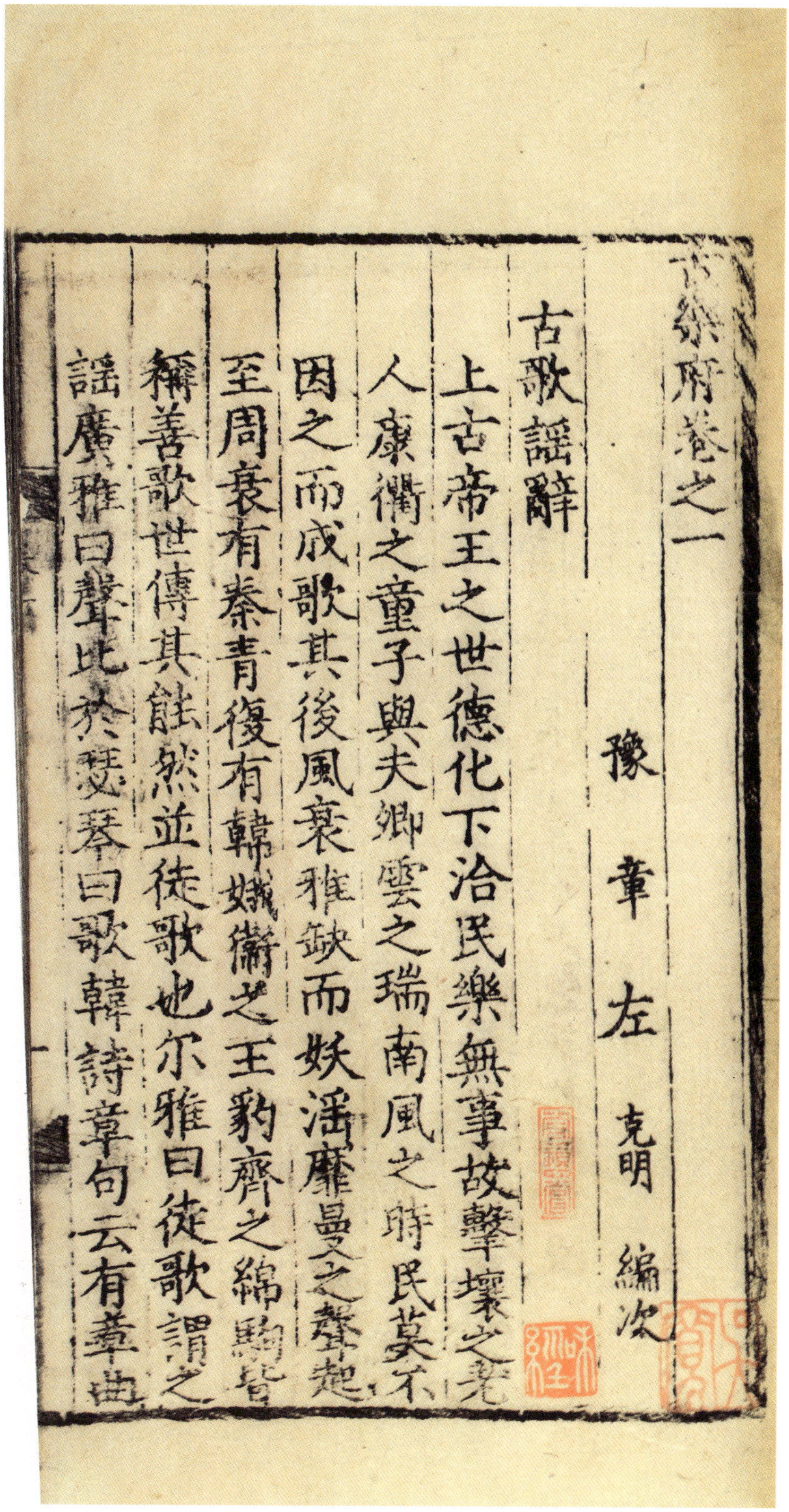
古樂府卷之一
豫章左　克明　編次
古歌謡辭
上古帝王之世德化下洽民樂無事故擊壤之老
人康衢之童子與夫卿雲之瑞南風之時民莫不
因之而成歌其後風衰雅缺而妖淫靡曼之聲起
至周衰有秦青復有韓娥衞之王豹齊之綿駒皆
稱善歌世傳其能然並徒歌也尔雅曰徒歌謂之
謡廣雅曰聲比於琴瑟曰歌韓詩章句云有章曲

01206 古樂府十卷 （元）左克明輯　元至正刻明修本

匡高21厘米，廣13.4厘米。半葉九行，行二十一字，黑口，左右雙邊。有"吴寬"、"丕烈"、"虞山張蓉鏡鑒藏"、"陳鑾"等印。黄丕烈、季錫疇、喬松年跋，方震儒題款。國家圖書館藏。

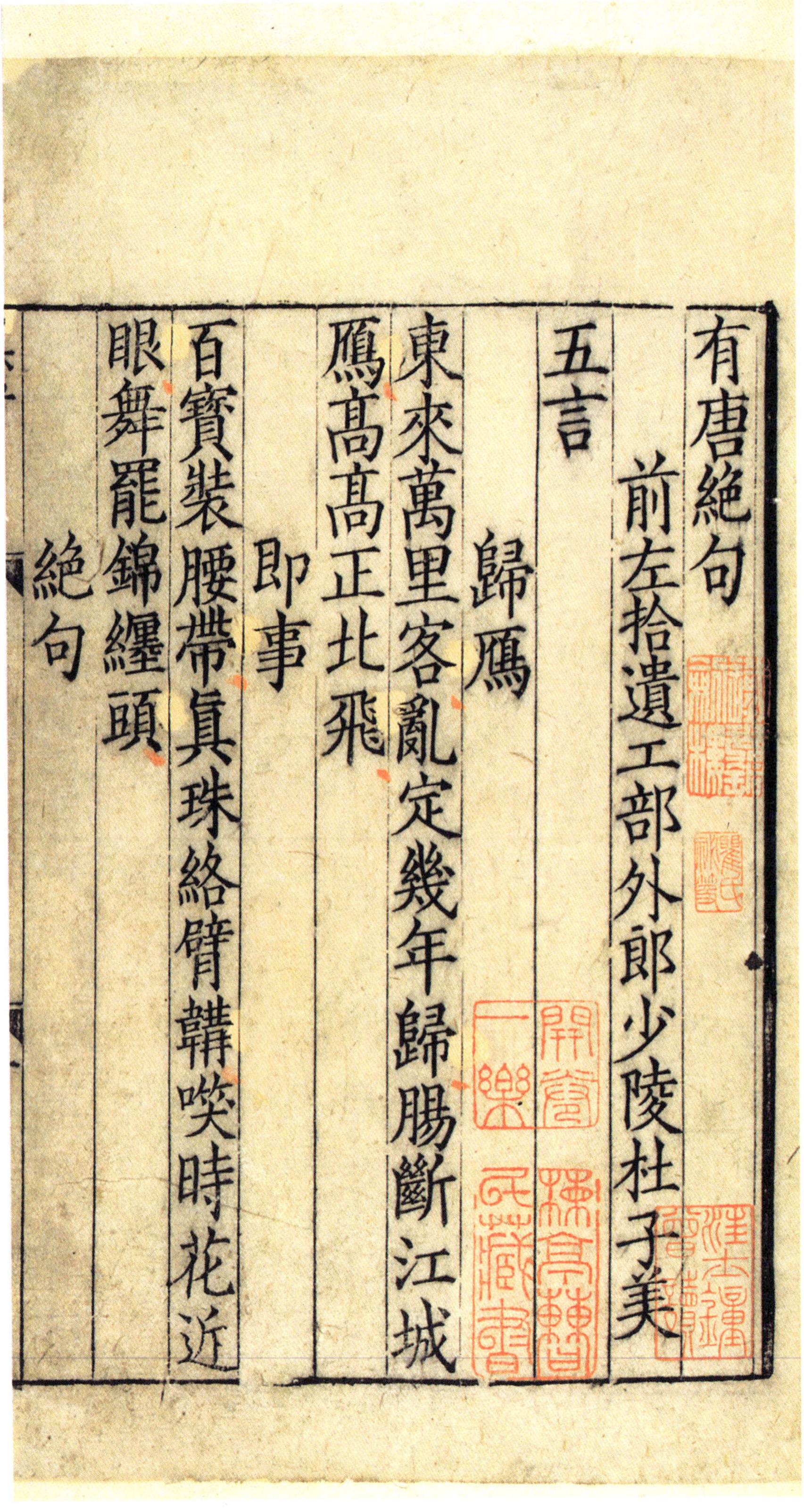
有唐絕句
前左拾遺工部外郎少陵杜子美
五言
歸鴈
東來萬里客亂定幾年歸腸斷江城
鴈高高正北飛
即事
百寶裝腰帶真珠絡臂韝笑時花近
眼舞罷錦纏頭
絕句

01207 古今絕句三卷 （宋）吴説輯　宋刻本（卷中配清抄本）

匡高17.4厘米，廣12.9厘米。半葉十行，行十四字，白口，左右雙邊。有“乾學”、“楝亭曹氏藏書”、“汪士鐘字春霆号眼園書画印”、“鐵琴銅劍樓”等印。國家圖書館藏。

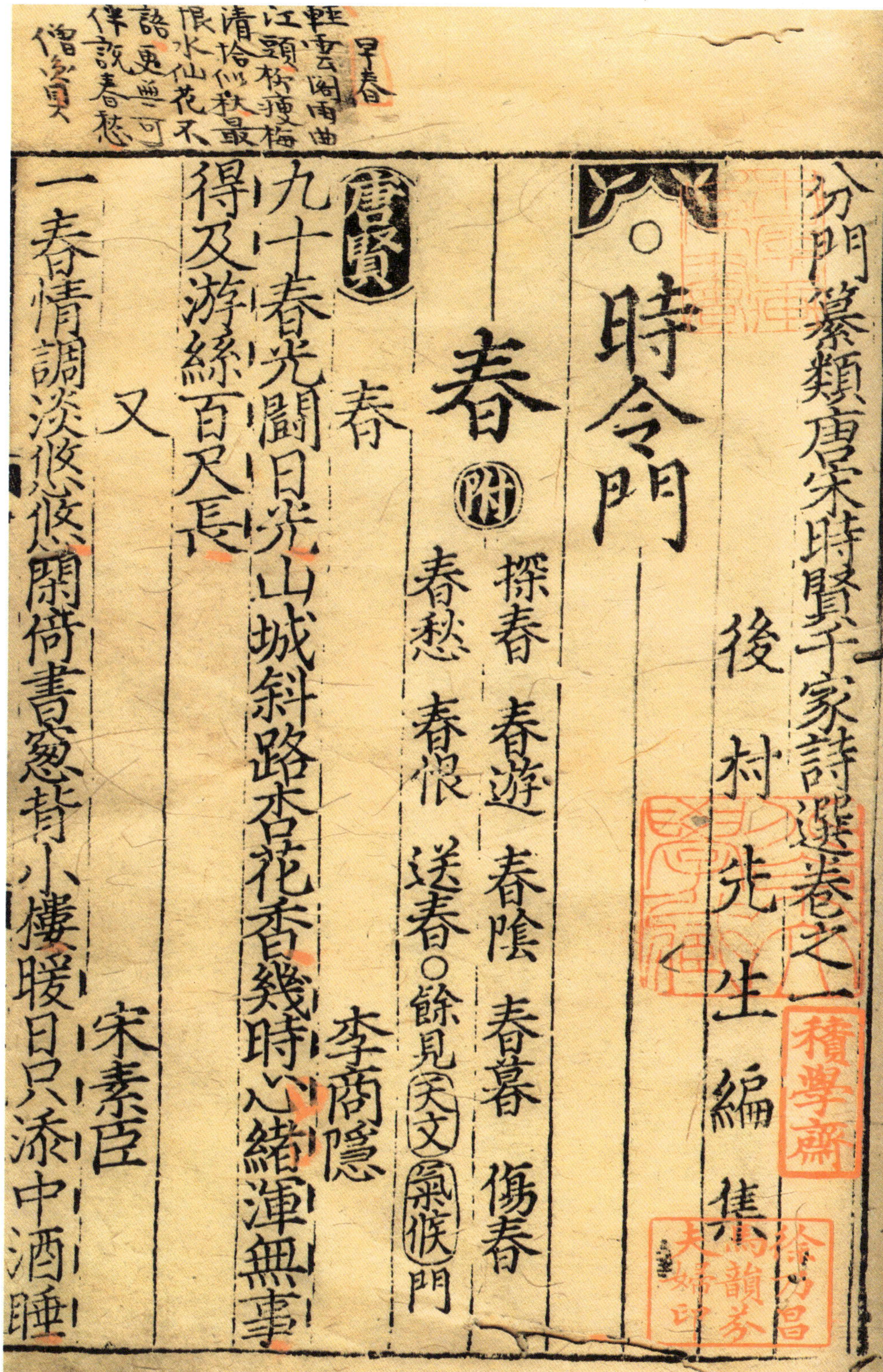

早春
輕雲陰雨曲江頭柳㨾梅清恰似秋最恨水仙花不語更無可伴説春愁

分門纂類唐宋時賢千家詩選卷之一
後村先生編集
時令門
春 附 探春 春遊 春陰 春暮 傷春
春愁 春恨 送春○餘見天文氣候門
唐賢 春 李商隱
九十春光鬬日光山城斜路杏花香幾時心緒渾無事得及游絲百尺長
又 宋素臣
一春情調淡悠悠閑倚書窻背小樓暖日只添中酒睡

01208 分門纂類唐宋時賢千家詩選前集□□卷後集□□卷 （宋）劉克莊輯　元刻本

匡高17.9厘米，廣11.7厘米。半葉十一行，行二十一字，黑口，左右雙邊。有“積學齋”等印。繆荃孫跋。北京大學圖書館藏，存二十一卷。

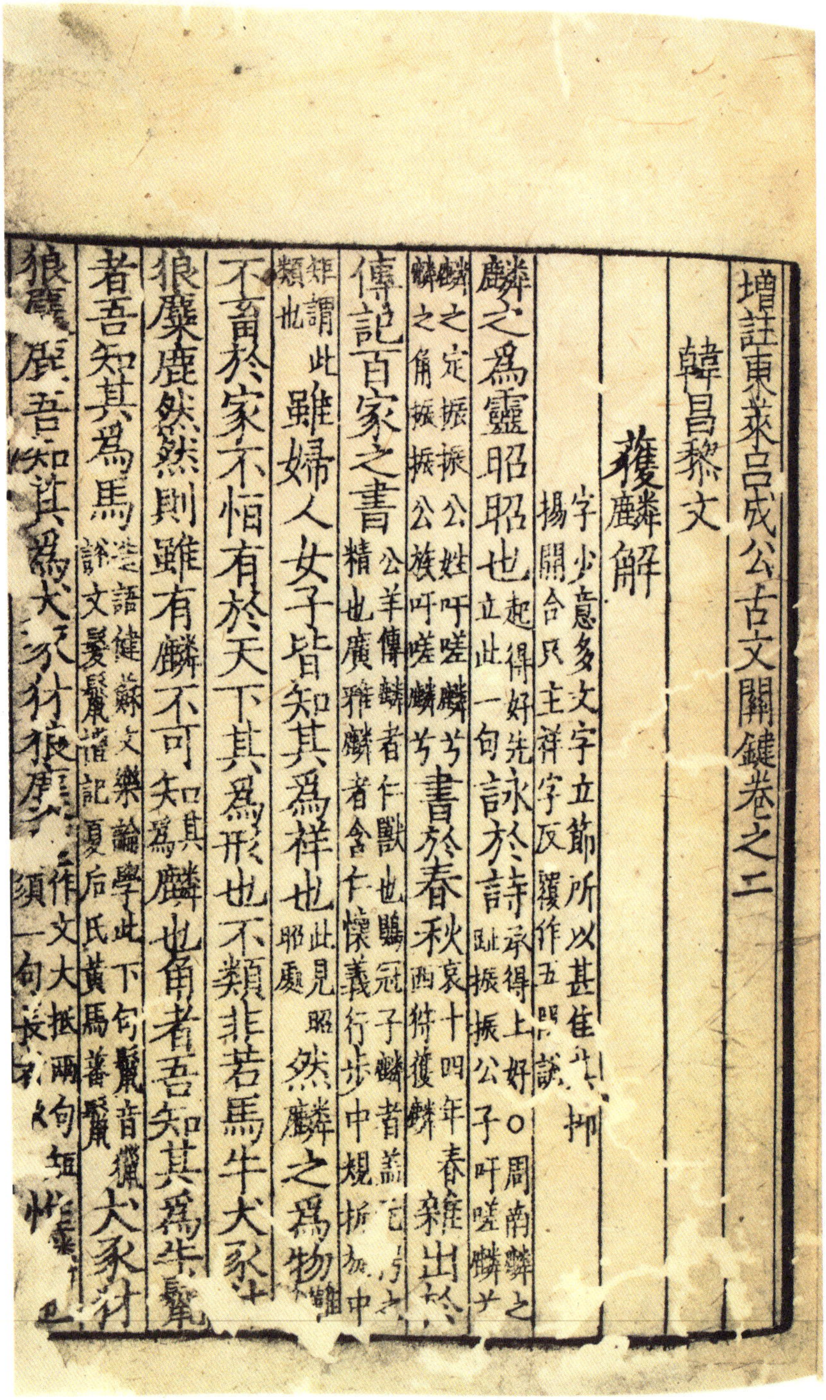

01209 增註東萊呂成公古文關鍵二十卷 （宋）呂祖謙輯 （宋）蔡文子注 宋刻本

匡高15.5厘米，廣11.9厘米。半葉十二行，行二十三字，小字雙行同，白口，左右雙邊。國家圖書館藏。

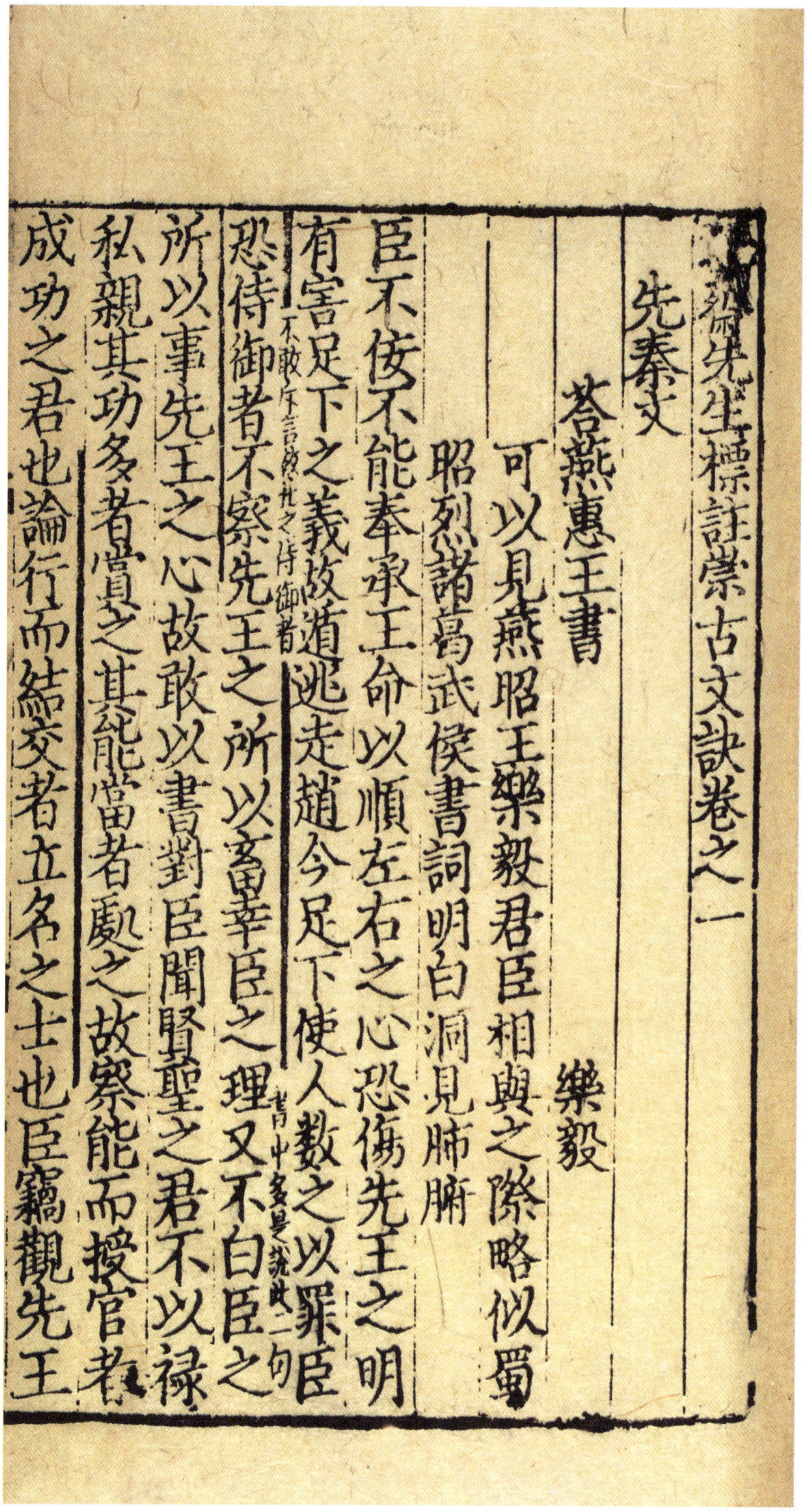

迂齋先生標註崇古文訣卷之一

先秦文

答燕惠王書　樂毅

可以見燕昭王樂毅君臣相與之際略似蜀昭烈諸葛武侯書詞明白洞見肺腑

臣不佞不能奉承王命以順左右之心恐傷先王之明有害足下之義故遁逃走趙今足下使人數之以罪臣恐侍御者（不敢斥言故指其侍御者）不察先王之所以畜幸臣之理又不白臣之所以事先王之心（書中多是說此二句）故敢以書對臣聞賢聖之君不以祿私親其功多者賞之其能當者處之故察能而授官者成功之君也論行而結交者立名之士也臣竊觀先王

01210 迂齋先生標註崇古文訣三十五卷　（宋）樓昉輯　元刻本

匡高15.4厘米，廣9.8厘米。半葉十一行，行二十一字，黑口，四周單邊。有“稽瑞樓”等印。國家圖書館藏。

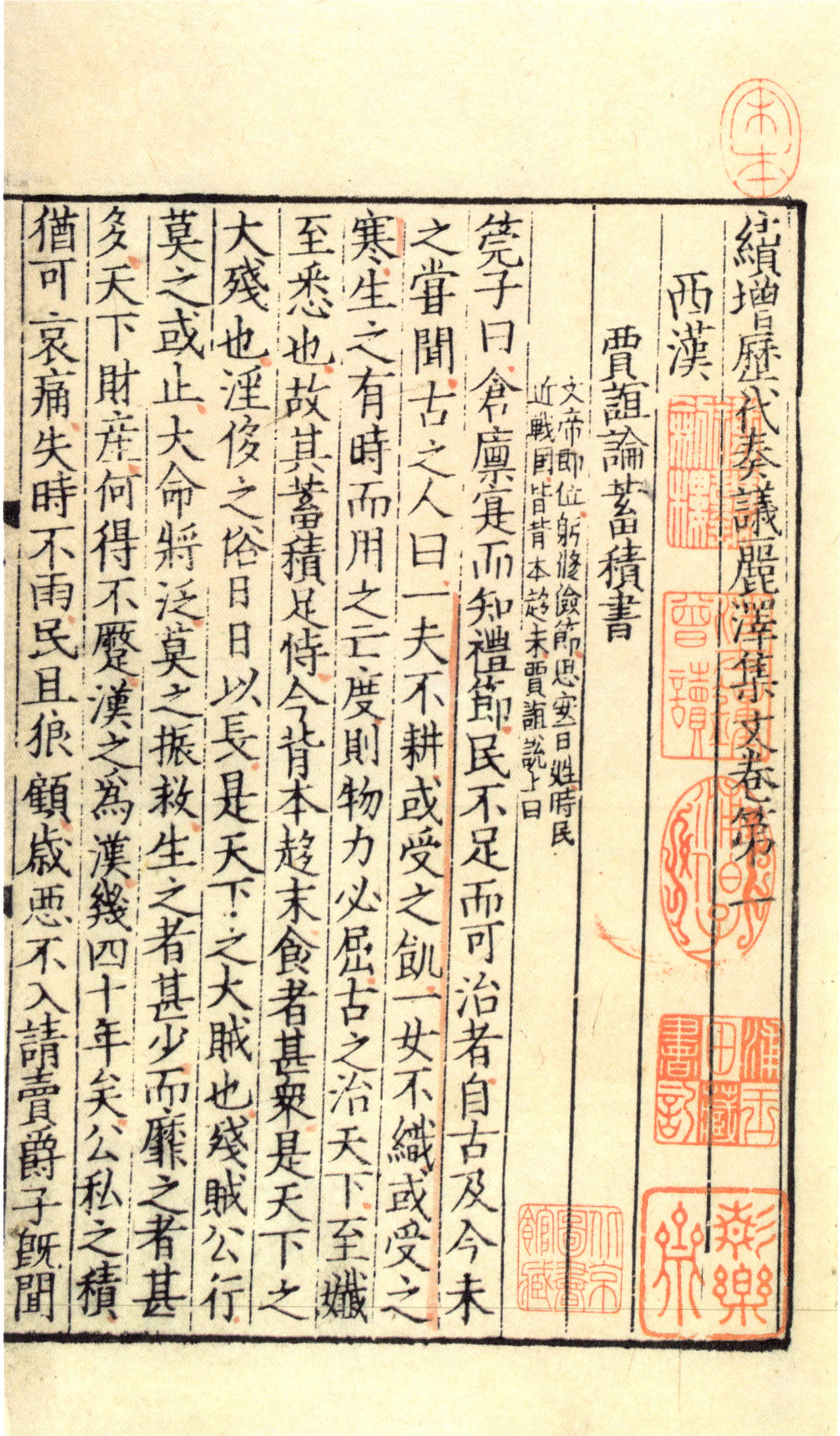
續增歷代奏議麗澤集文卷第一

西漢

賈誼論蓄積書

文帝即位躬修儉節思安百姓時民近戰國皆背本趨末賈誼說上曰

筦子曰倉廪實而知禮節民不足而可治者自古及今未之嘗聞古之人曰一夫不耕或受之飢一女不織或受之寒生之有時而用之亡度則物力必屈古之治天下至孅至悉也故其蓄積足恃今背本趨末食者甚衆是天下之大殘也淫侈之俗日日以長是天下之大賊也殘賊公行莫之或止大命將泛莫之振救生之者甚少而靡之者甚多天下財産何得不蹷漢之爲漢幾四十年矣公私之積猶可哀痛失時不雨民且狼顧歲惡不入請賣爵子既聞

01211 續增歷代奏議麗澤集文十卷附關鍵增廣麗澤集文一卷 宋刻本

匡高17厘米，廣12.3厘米。半葉十二行，行二十二字，細黑口，左右雙邊。有“毛表”、“季振宜藏書”、“汪士鐘曾讀”、“鐵琴銅劍樓”等印。國家圖書館藏。

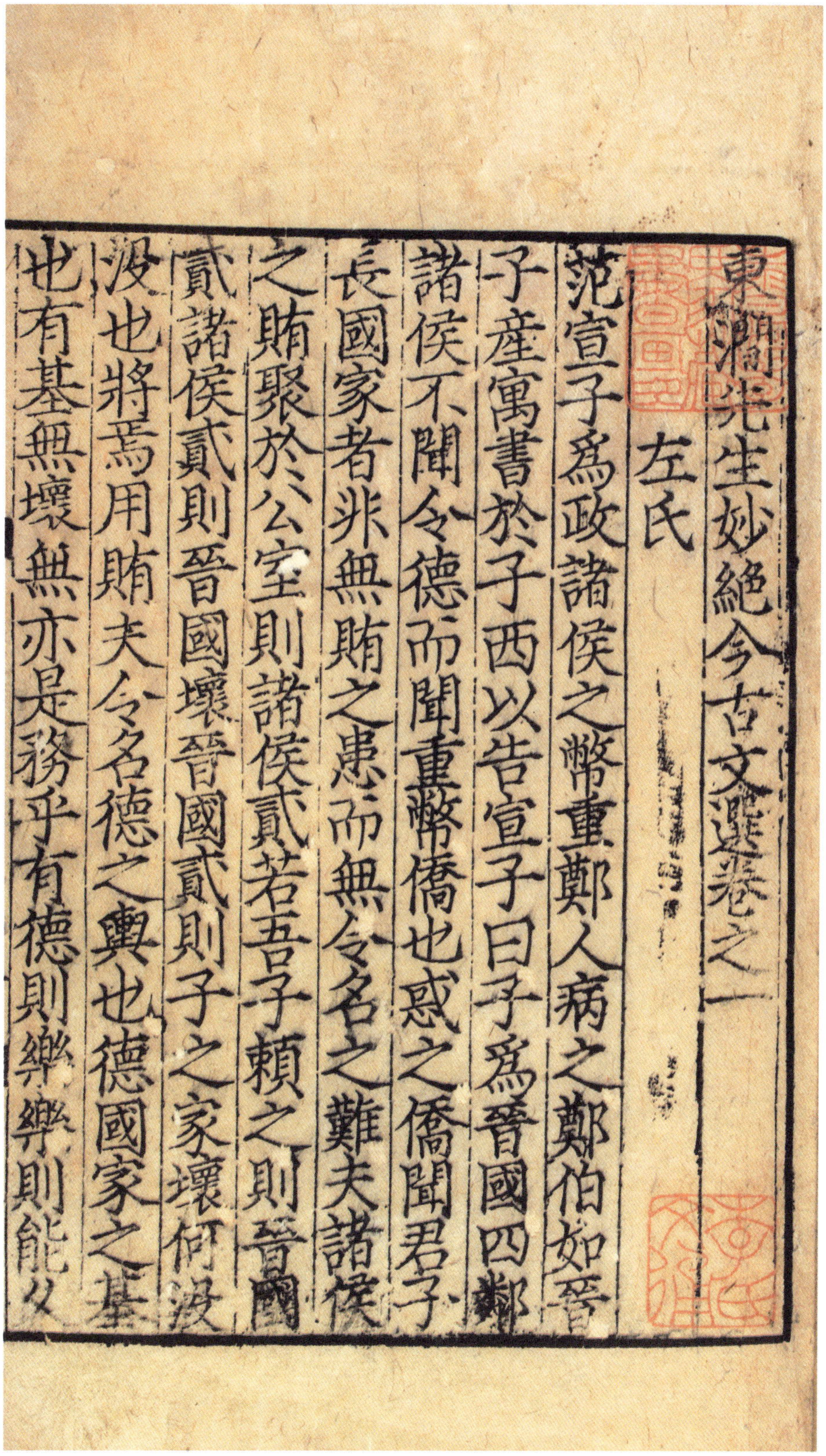

東澗先生妙絶今古文選卷之一
左氏
范宣子爲政諸侯之幣重鄭人病之鄭伯如晉子産寓書於子西以告宣子曰子爲晉國四鄰諸侯不聞令德而聞重幣僑也惑之僑聞君子長國家者非無賄之患而無令名之難夫諸侯之賄聚於公室則諸侯貳若吾子賴之則晉國貳諸侯貳則晉國壞晉國貳則子之家壞何沒沒也將焉用賄夫令名德之輿也德國家之基也有基無壞無亦是務乎有德則樂樂則能久

01212 東澗先生妙絶今古文選四卷（宋）湯漢輯　元刻本

匡高18.6厘米，廣13.6厘米。半葉十行，行十八字，細黑口，左右雙邊。有“涵芬樓”等印。國家圖書館藏。

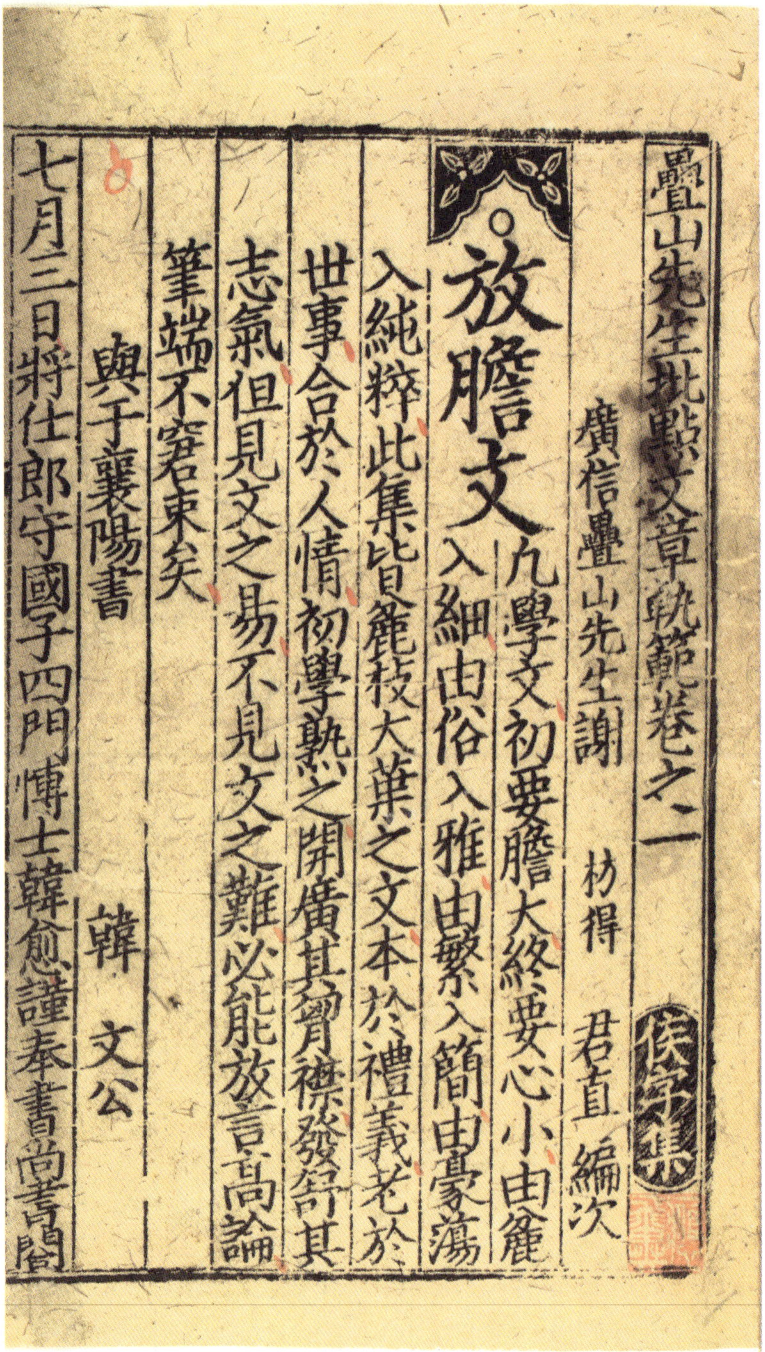

疊山先生批點文章軌範卷之一

廣信疊山先生謝　枋得　君直　編次

〇放膽文

凡學文初要膽大終要心小由麄入細由俗入雅由繁入簡由豪蕩入純粹此集皆麄枝大葉之文本於禮義老於世事合於人情初學熟之開廣其胷襟發舒其志氣但見文之易不見文之難必能放言高論筆端不窘束矣

與于襄陽書　　韓　文公

七月三日將仕郎守國子四門博士韓愈謹奉書尚書閤

01213　疊山先生批點文章軌範七卷　（宋）謝枋得輯　元刻本

匡高18.2厘米，廣11.8厘米。半葉十行，行二十二至二十四字，黑口，四周雙邊。有“錢印謙益”、“涵芬樓藏”等印。許運昌跋，錢謙益批點。國家圖書館藏。

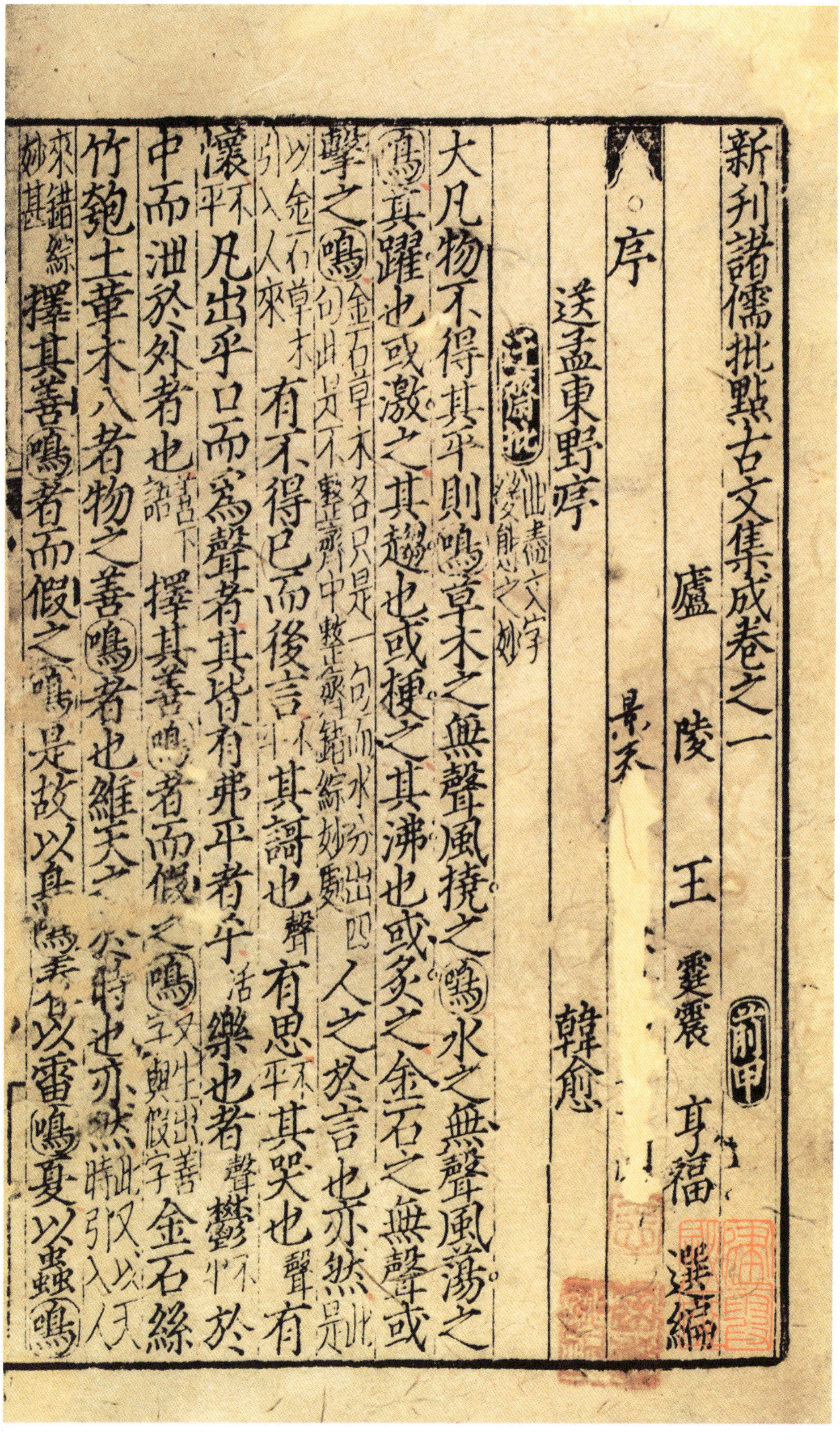
新刊諸儒批點古文集成卷之一

廬陵 王霆震 亨福 選編

序

送孟東野序 韓愈

大凡物不得其平則鳴草木之無聲風撓之鳴水之無聲風蕩之鳴其躍也或激之其趨也或梗之其沸也或炙之金石之無聲或擊之鳴人之於言也亦然有不得已而後言其謌也有思其哭也有懷凡出乎口而爲聲者其皆有弗平者乎樂也者鬱於中而泄於外者也擇其善鳴者而假之鳴金石絲竹匏土革木八者物之善鳴者也維天之於時也亦然擇其善鳴者而假之鳴是故以鳥鳴春以雷鳴夏以蟲鳴

01214 新刻諸儒批點古文集成前集七十八卷 （宋）王霆震輯　宋刻本（甲集卷六、乙集卷一、丁集卷九配清抄本）（四庫底本）

匡高17.4厘米，廣11.2厘米。半葉十三行，行二十五字，小字雙行同，細黑口，左右雙邊。有“翰林典籍廳關防”等印。沈曾植跋。國家圖書館藏，存七十六卷。

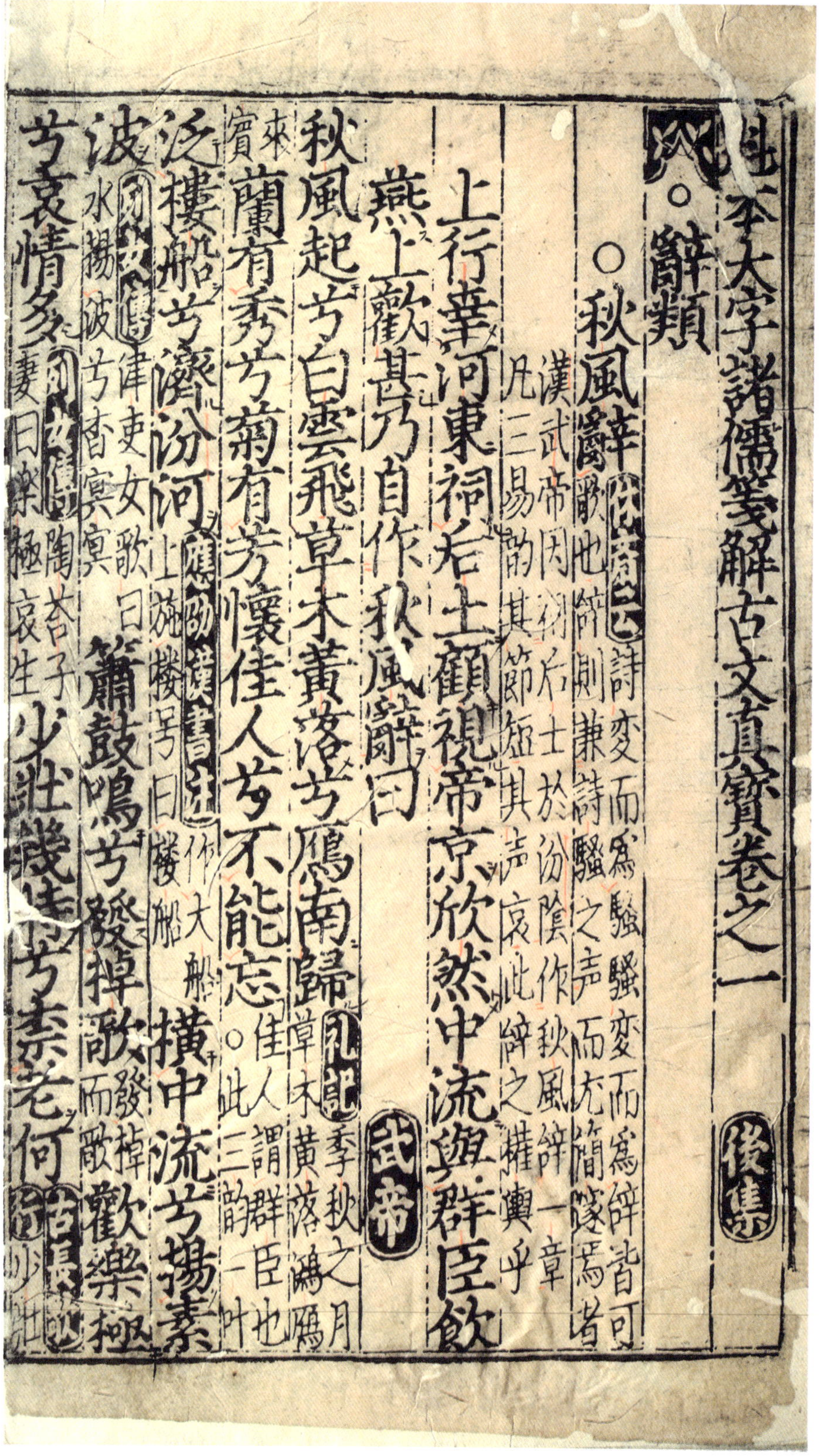
魁本大字諸儒箋解古文真寶卷之一　後集

辭類

○秋風辭（漢武帝）詩変而爲騷騷変而爲辞皆可歌也辞則兼詩騷之声而尤簡潔者漢武帝因祠后土於汾陰作秋風辞一章凡三易韵其節短其声哀此辞之權輿乎

上行幸河東祠后土顧視帝京欣然中流與群臣飲燕上歡甚乃自作秋風辭曰

秋風起兮白雲飛草木黃落兮鴈南歸（禮記）季秋之月草木黃落鴻鴈來賓蘭有秀兮菊有芳懷佳人兮不能忘○佳人謂群臣也此三韵一叶泛樓船兮濟汾河（漢書注）作大船上施樓号曰樓船横中流兮揚素波（列女傳）津吏女歌曰水揚波兮杳冥冥簫鼓鳴兮發棹歌發棹而歌歡樂極兮哀情多（列女傳）陶荅子妻曰樂極哀生少壯幾時兮奈老何（古長歌）少壯

01215　魁本大字諸儒箋解古文真寶前集十卷後集十卷　（元）黃堅輯　元刻本

匡高18.1厘米，廣11.4厘米。半葉十一行，行二十一字，小字雙行同，細黑口，四周雙邊。紹興圖書館藏，存十卷。

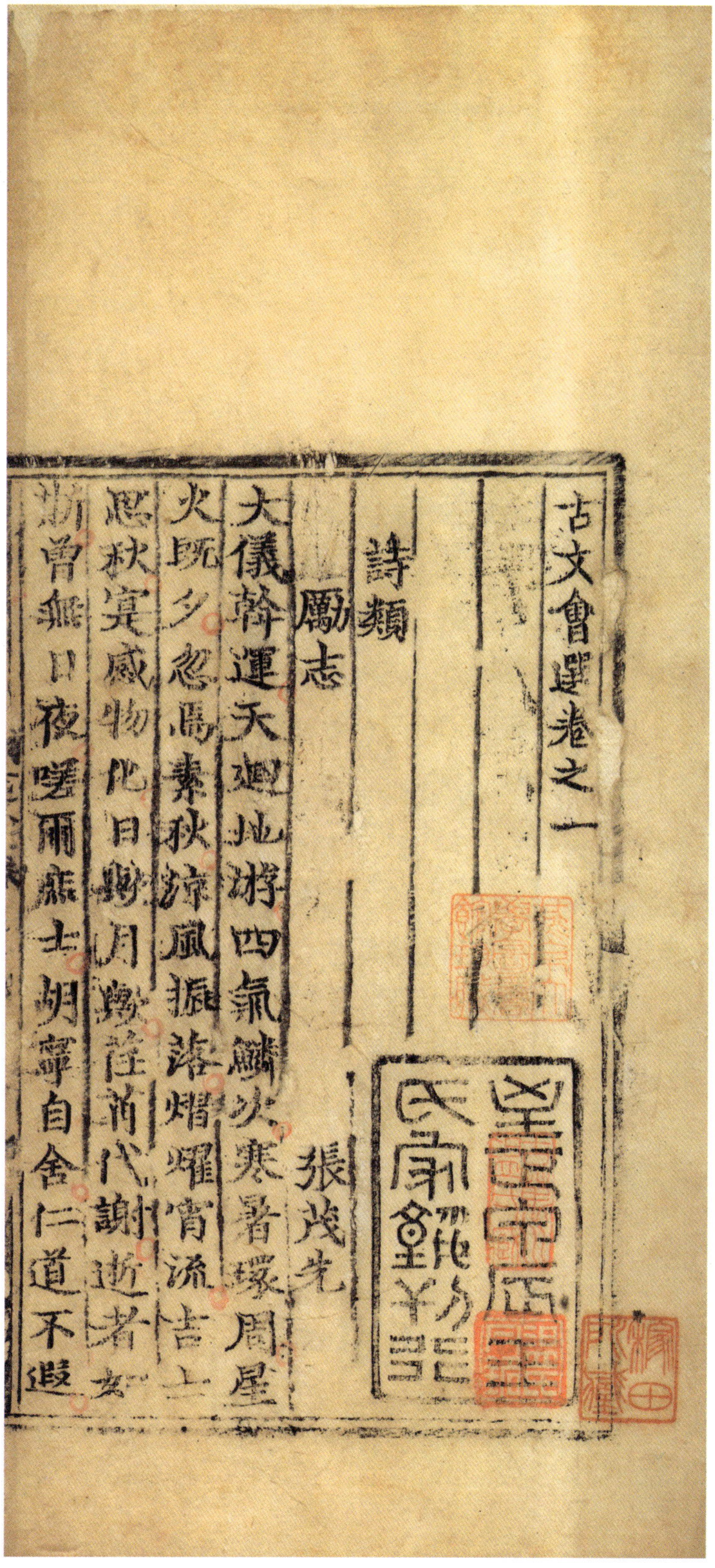
古文會選卷之一
詩類
勵志
張茂先
大儀斡運天迴地游四氣鱗次寒暑環周星
火既夕忽焉素秋涼風振落熠燿宵流吉士
思秋實感物化日與月與荏苒代謝逝者如
斯曾無日夜嗟爾庶士胡寧自舍仁道不遐

01216 古文會選十卷 （元）王子與輯編　元至正二十四年（1364）王氏家塾刻本

匡高18.6厘米，廣12厘米。半葉九行，行十七字，黑口，四周雙邊。有“至正甲辰王氏家塾刊行”牌記。北京大學圖書館藏。

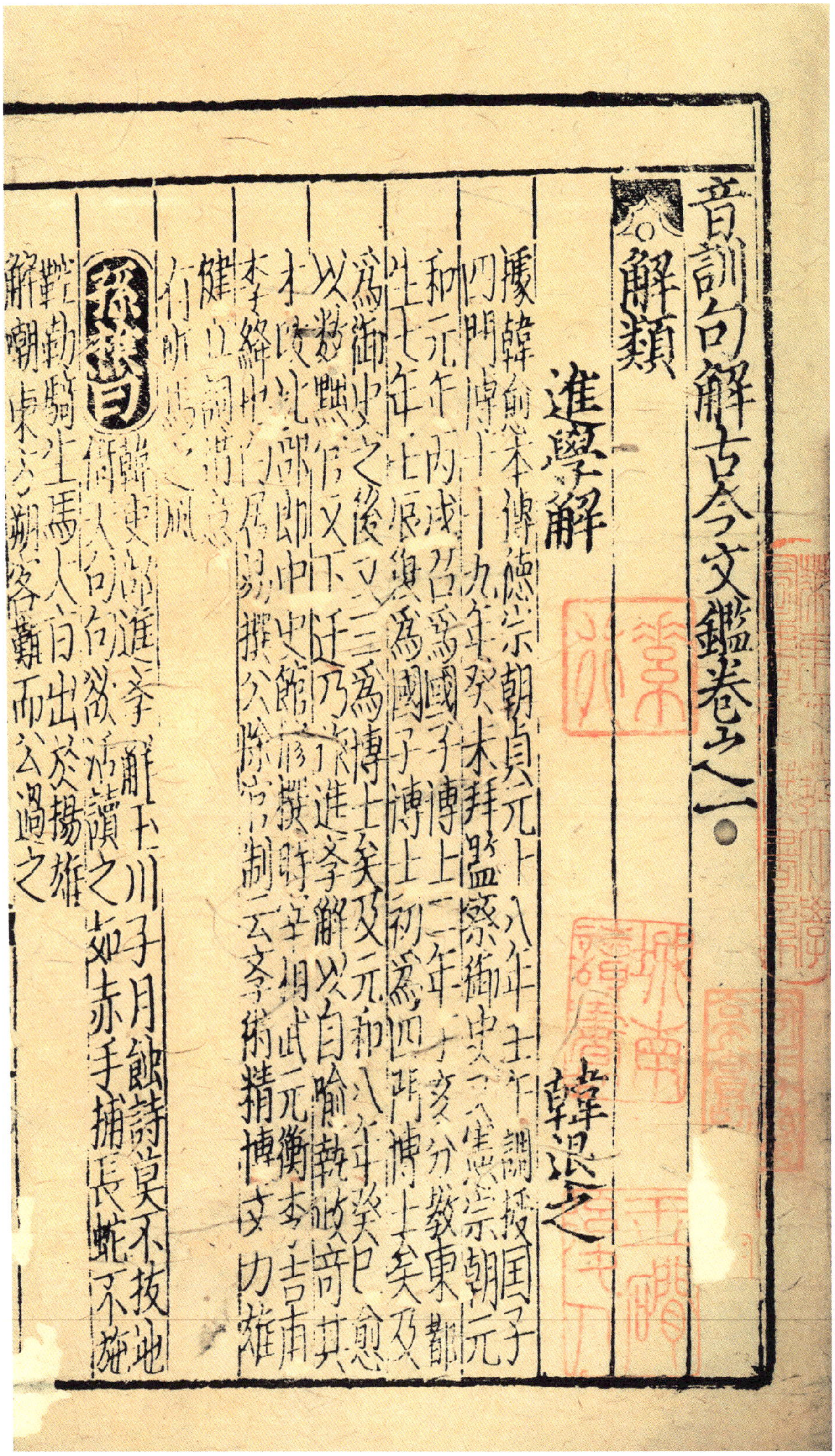
音訓句解古今文鑑卷之一
解類
進學解　韓退之

01217 音訓句解古今文鑑續集十卷　（元）張肇輯　元刻本

匡高16.5厘米，廣10.2厘米。半葉十行，行二十字，黑口，左右雙邊。有“晉齋”、“宋氏蘭揮藏書善本”等印。華東師範大學圖書館藏。

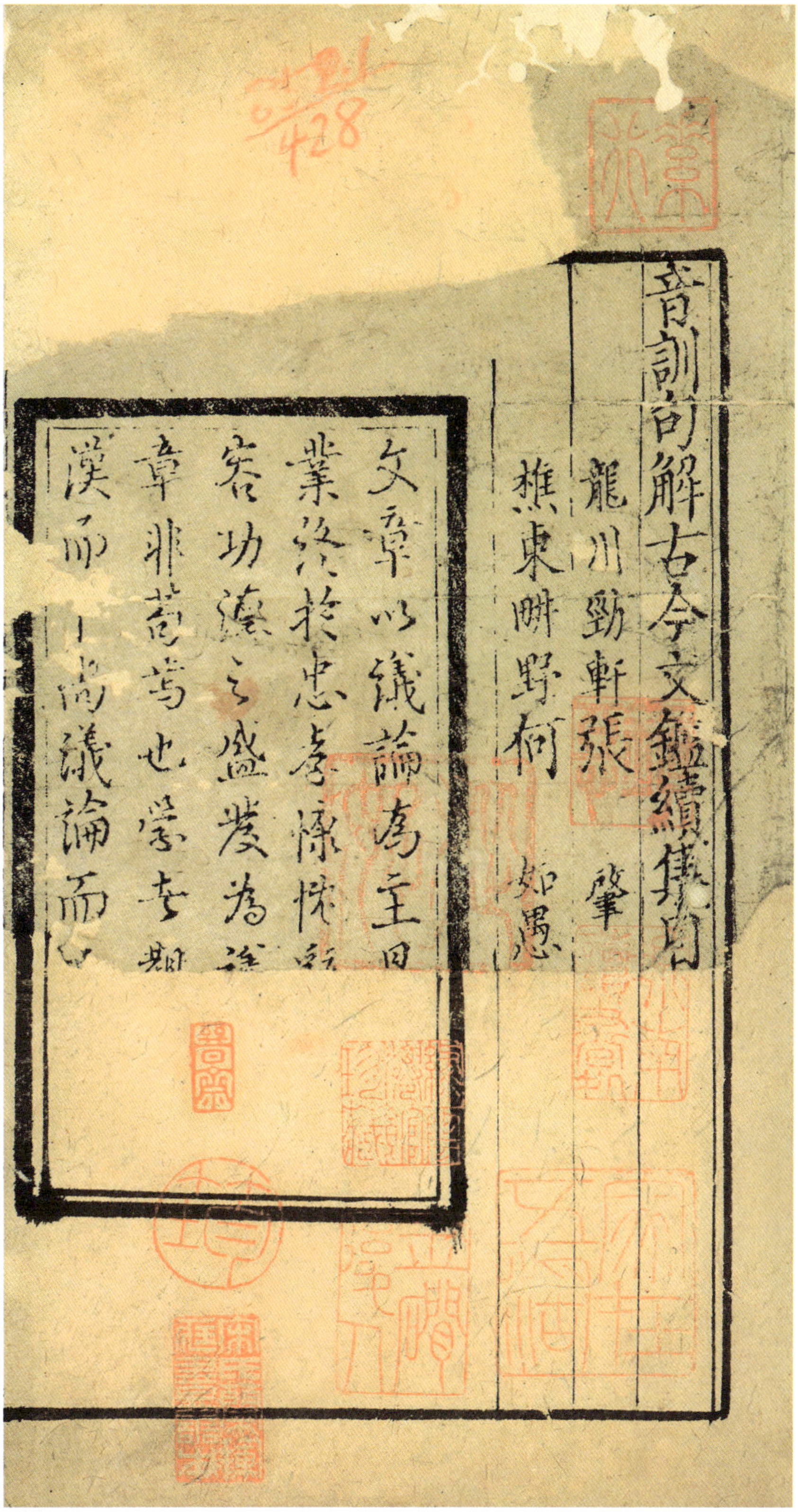

音訓句解古今文鑑續集目

龍川勁軒張　肇

樵東蝴野何　如愚

文章以議論為主自
業從於忠孝經恢弘
客功德之盛發為詩
章非苟焉也學者期
漢而上尚議論而

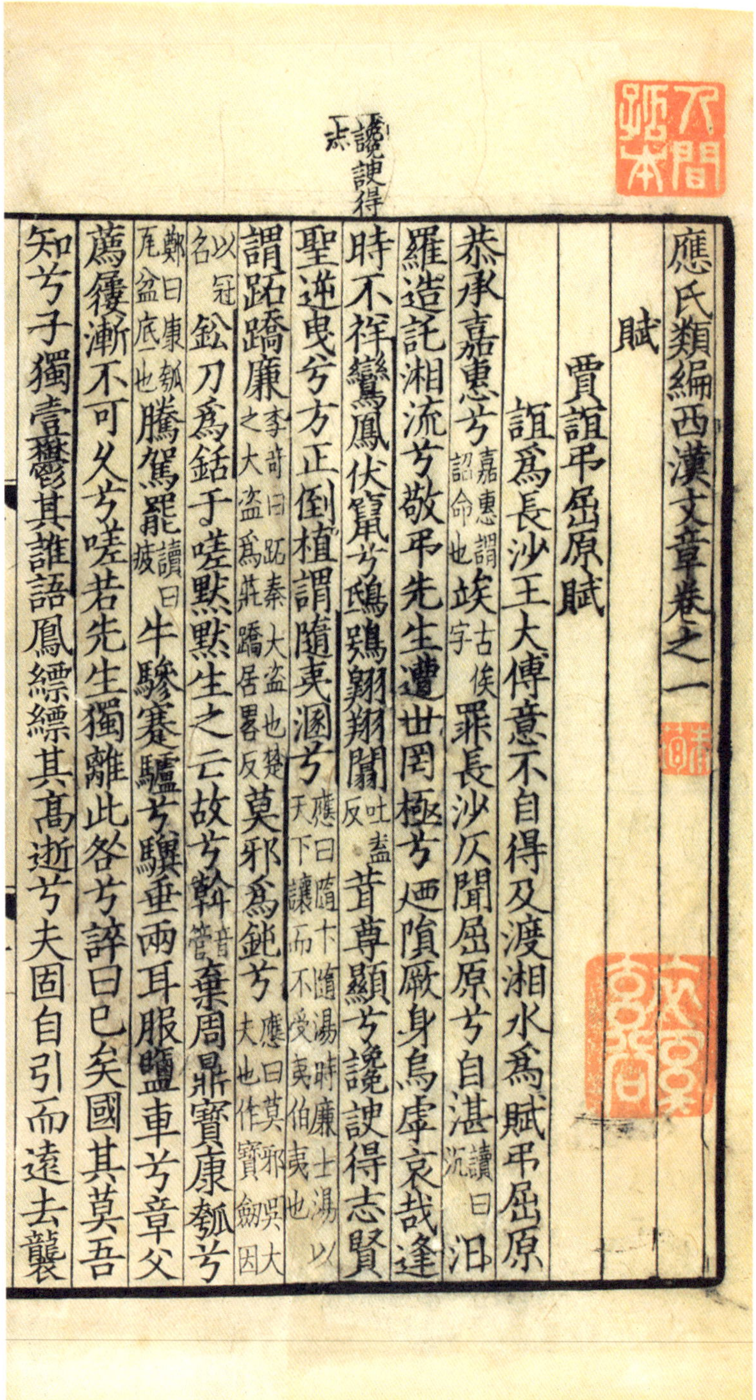
應氏類編西漢文章卷之一
賦
賈誼弔屈原賦
誼爲長沙王大傅意不自得及渡湘水爲賦弔屈原
恭承嘉惠兮(嘉惠謂詔命也)竢(古俟字)罪長沙仄聞屈原兮自湛(讀曰沉)汨
羅造託湘流兮敬弔先生遭世罔極兮迺隕厥身烏虖哀哉逢
時不祥鸞鳳伏竄兮鴟鴞翱翔闒(吐盍反)茸尊顯兮讒諛得志賢
聖逆曳兮方正倒植謂隨夷溷兮(應曰隨卞隨湯時廉士湯以天下讓而不受夷伯夷也)
謂跖蹻廉(李奇曰跖秦大盜也楚之大盜爲莊蹻居略反)莫邪爲鈍兮(應曰莫邪吳大夫也作寶劍因
以冠名)鉛刀爲銛于嗟默默生之亡故兮斡(音管)棄周鼎寶康瓠兮
(鄭曰康瓠瓦盆底也)騰駕罷(讀曰疲)牛驂蹇驢兮驥垂兩耳服鹽車兮章父
薦屨漸不可久兮嗟苦先生獨離此咎兮誶曰已矣國其莫吾
知兮子獨壹鬱其誰語鳳縹縹其高逝兮夫固自引而遠去襲

01218 應氏類編西漢文章十八卷 宋刻本

匡高18.7厘米，廣13.2厘米。半葉十三行，行二十四字，細黑口，左右雙邊。有“華亭朱氏珍藏”、“虞山錢曾遵王藏書”、“朱筠”、“朱印錫庚”、“孔繼涵印”、“後百宋一廛”等印。朱錫庚跋。國家圖書館藏。

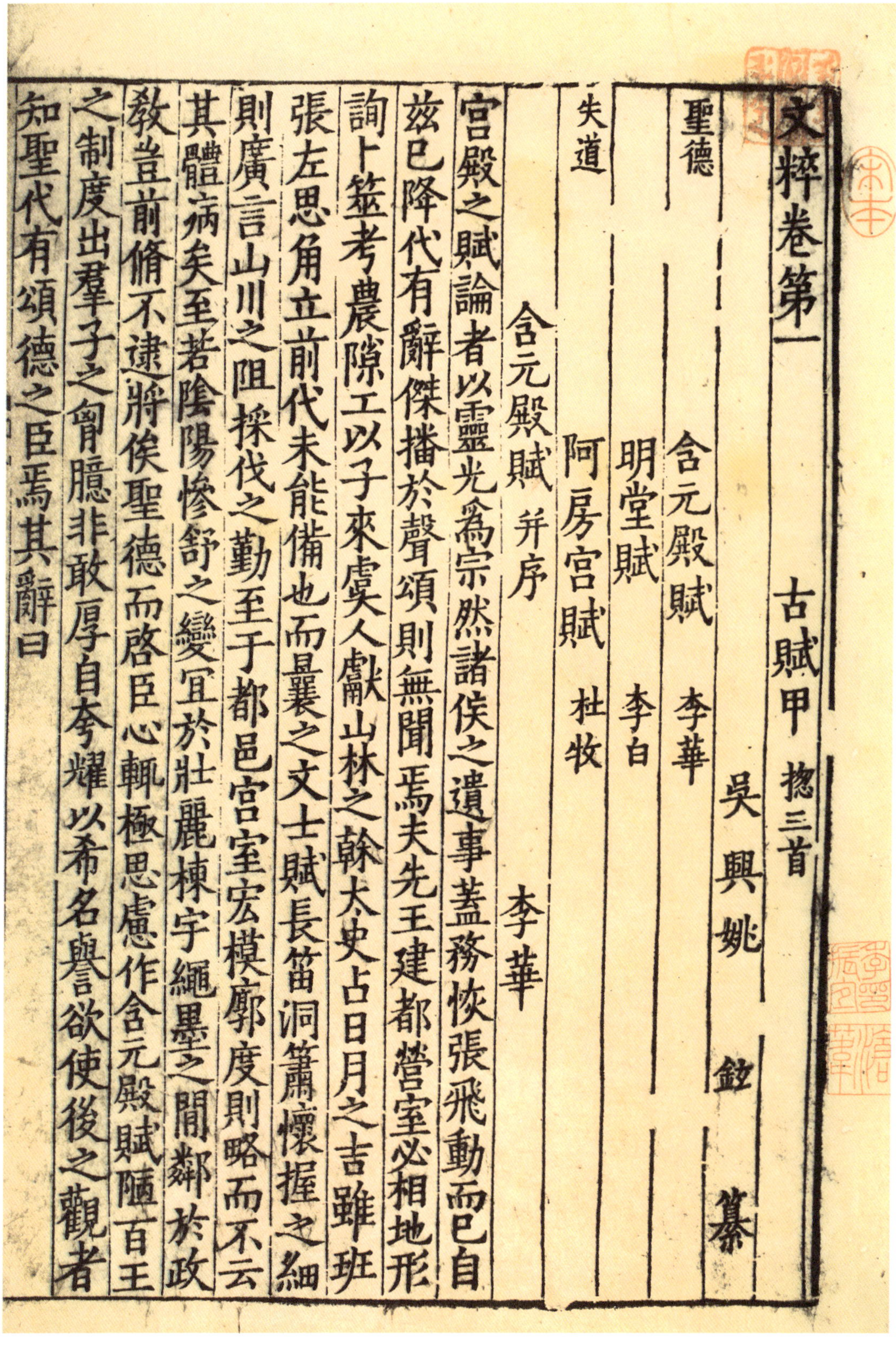
文粹卷第一
古賦甲 揔三首
吴興姚鉉纂
聖德 含元殿賦 李華
明堂賦 李白
失道 阿房宫賦 杜牧
含元殿賦 幷序 李華
宫殿之賦論者以靈光爲宗然諸侯之遺事盖務恢張飛動而已自兹巳降代有辭傑播於聲頌則無聞焉夫先王建都營室必相地形詢卜筮考農隙工以子來虞人獻山林之榦太史占日月之吉雖班張左思角立前代未能備也而曩之文士賦長笛洞簫懷握之細則廣言山川之阻採伐之勤至于都邑宫室宏模廓度則略而不云其體病矣至若陰陽慘舒之變冝於壯麗棟宇繩墨之間鄰於政教豈前脩不逮將俟聖德而啓臣心輒極思慮作含元殿賦陋百王之制度出羣子之胷臆非敢厚自夸耀以希名譽欲使後之觀者知聖代有頌德之臣焉其辭曰

01219 文粹一百卷 （宋）姚鉉輯　宋紹興九年（1139）臨安府刻本

匡高23.4厘米，廣16.5厘米。半葉十五行，行二十四至三十字，白口，左右雙邊。有“玉蘭堂”、“牧齋”、“季印振宜”、“乾學”等印。國家圖書館藏。

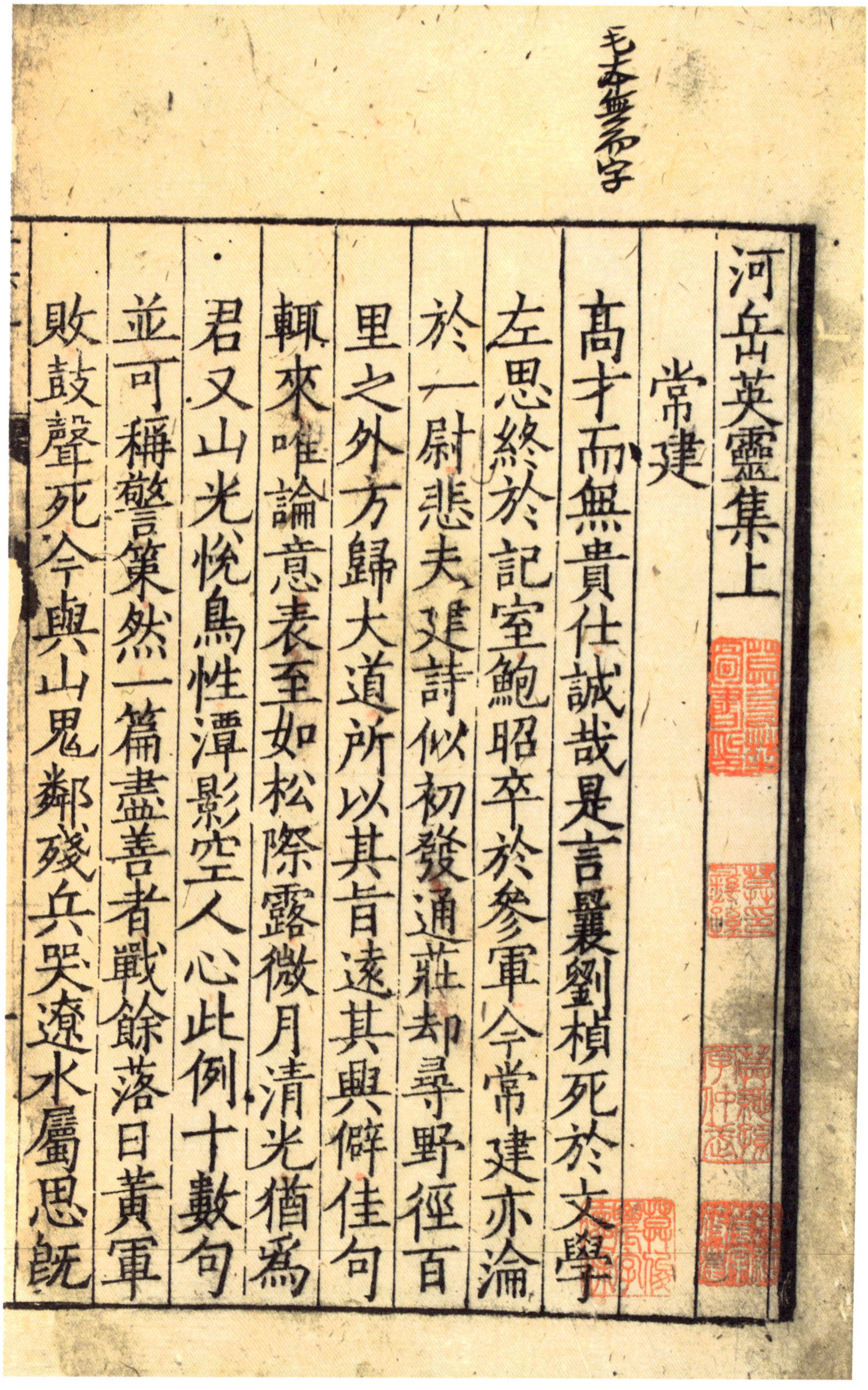

毛本無而字

河岳英靈集上

常建

高才而無貴仕誠哉是言曩劉楨死於文學
左思終於記室鮑昭卒於參軍今常建亦淪
於一尉悲夫建詩似初發通莊却尋野徑百
里之外方歸大道所以其旨遠其興僻佳句
輒來唯論意表至如松際露微月清光猶爲
君又山光悅鳥性潭影空人心此例十數句
並可稱警策然一篇盡善者戰餘落日黃軍
敗鼓聲死今與山鬼鄰殘兵哭遼水屬思旣

01220 河岳英靈集二卷 （唐）殷璠輯　宋刻本

匡高16.9厘米，廣12.8厘米。半葉十行，行十八字，白口，左右雙邊。有“莫友芝圖書印”、“慈溪李氏藏書”等印。莫友芝跋。國家圖書館藏。

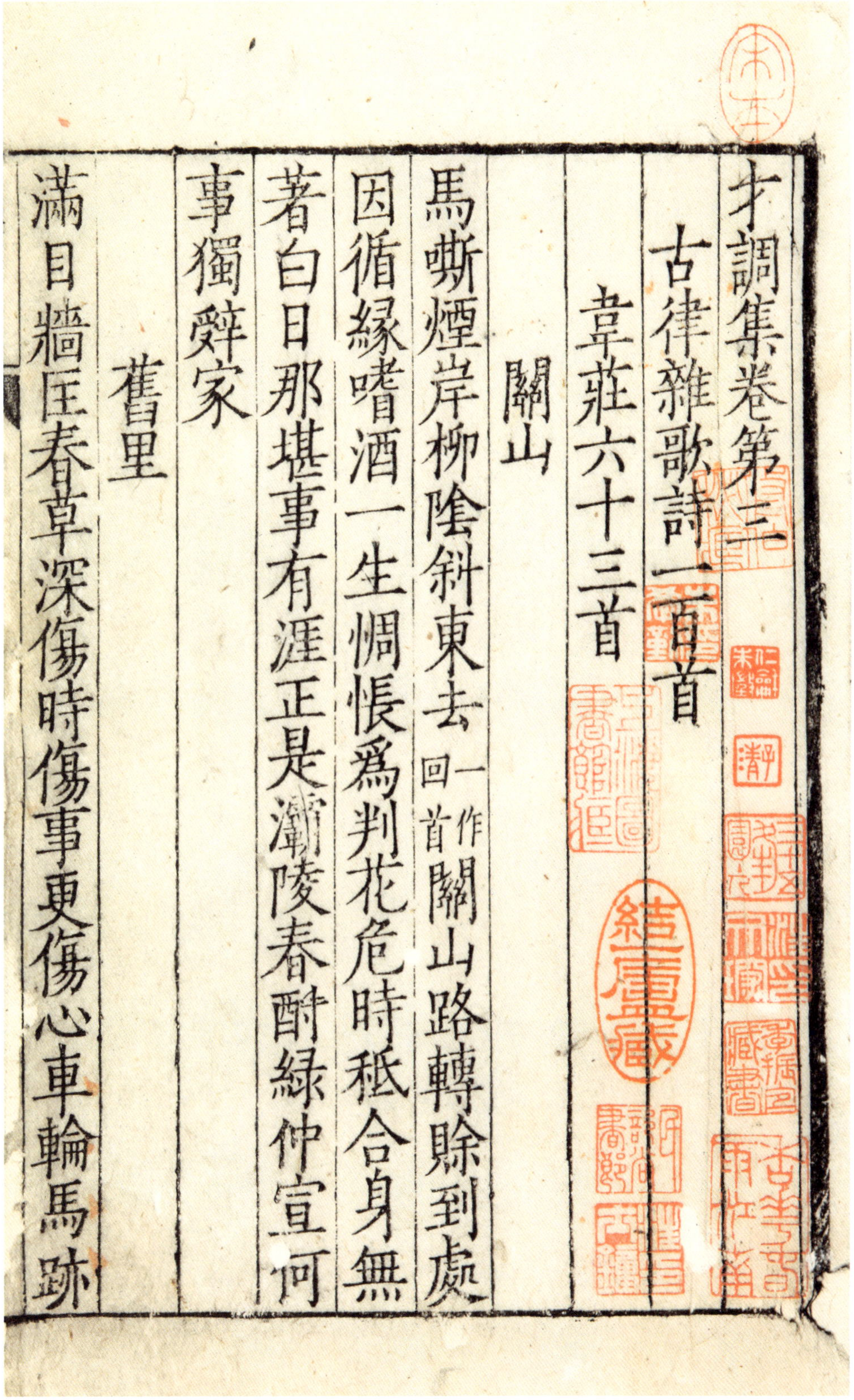

才調集卷第二
古律雜歌詩一百首
韋莊六十三首
關山
馬嘶煙岸柳陰斜東去一作回首關山路轉賒到處因循緣嗜酒一生惆悵爲判花危時秪合身無著白日那堪事有涯正是灞陵春酎綠仲宣何事獨辭家
舊里
滿目牆匡春草深傷時傷事更傷心車輪馬跡

01221 才調集十卷 （蜀）韋縠輯　宋臨安府陳宅經籍鋪刻本（卷一、六至十配清抄本）

匡高17.5厘米，廣12.7厘米。半葉十行，行十八字，白口，左右雙邊。有“季振宜藏書”、“汪印文琛”、“三十五峰園主人”、“汪印士鐘”、“朱印學勤”、“修伯秘藏”、“仁和朱澂”、“徐乃昌讀”等印。上海圖書館藏。

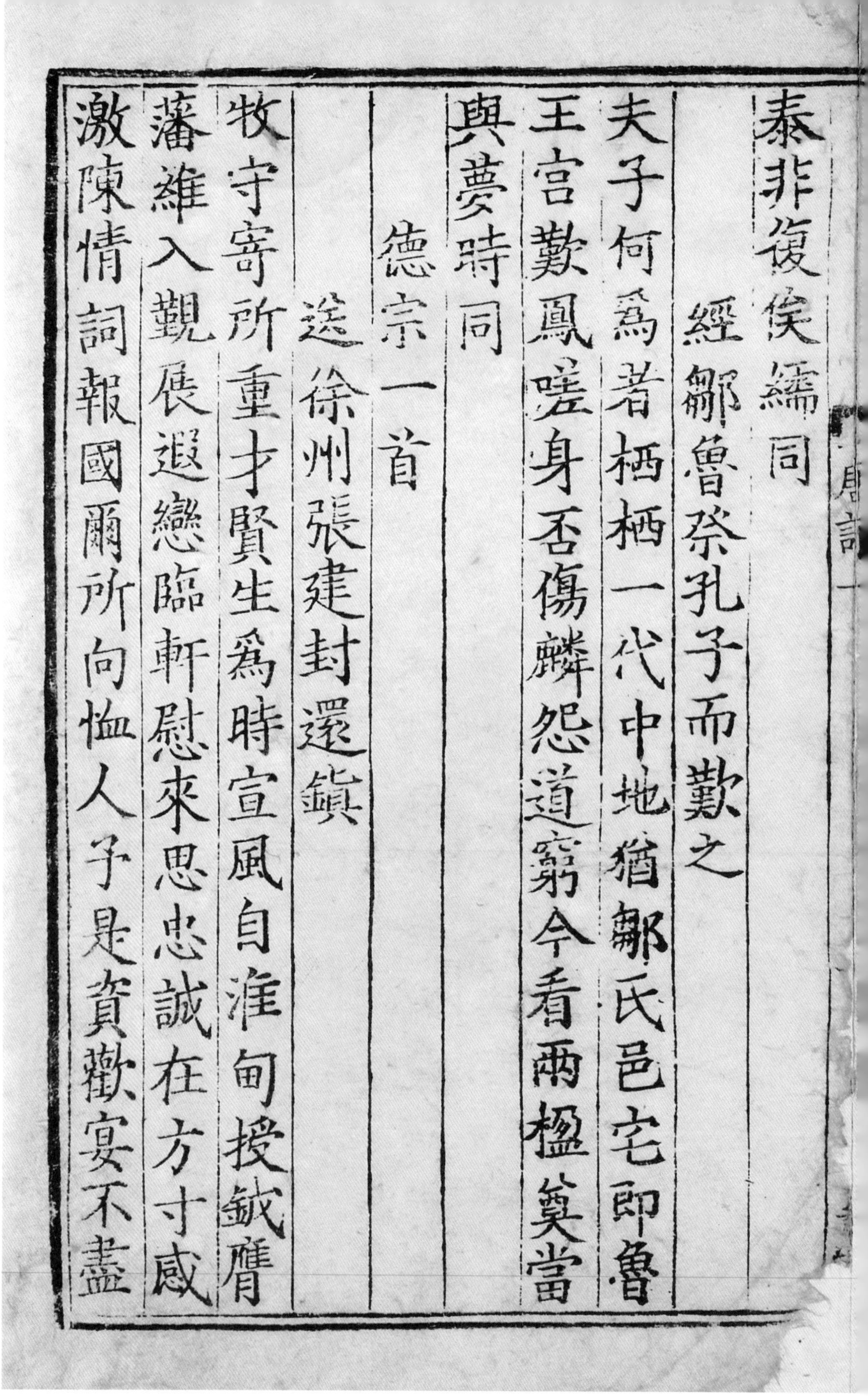
泰非復侯繻同

經鄒魯祭孔子而歎之

夫子何爲者栖栖一代中地猶鄹氏邑宅即魯

王宮歎鳳嗟身否傷麟怨道窮今看兩楹奠當

與夢時同

德宗一首

送徐州張建封還鎮

牧守寄所重才賢生爲時宣風自淮甸授鉞膺

藩維入覲展遐戀臨軒慰來思忠誠在方寸感

激陳情詞報國爾所向恤人予是貧歡宴不盡

01222 王荆公唐百家詩選二十卷 （宋）王安石輯　宋刻本

蝴蝶裝。匡高22.4厘米，廣17.1厘米。半葉十行，行十八字，白口，四周雙邊。有“黄印丕烈”、“汪印士鐘”、“潘祖蔭藏書記”等印。潘承弼跋。上海圖書館藏，存九卷。

王荆公唐百家詩選卷第一

明皇二首　德宗一首

薛稷一首　劉希夷九首

王適一首　韋述一首

盧象十首　孟浩然三十三首

明皇二首

早渡蒲關

鍾鼓嚴更曙山河野望通鳴鑾下蒲坂飛旆入秦中地險關逾壯天平鎮尚雄春來津樹合月

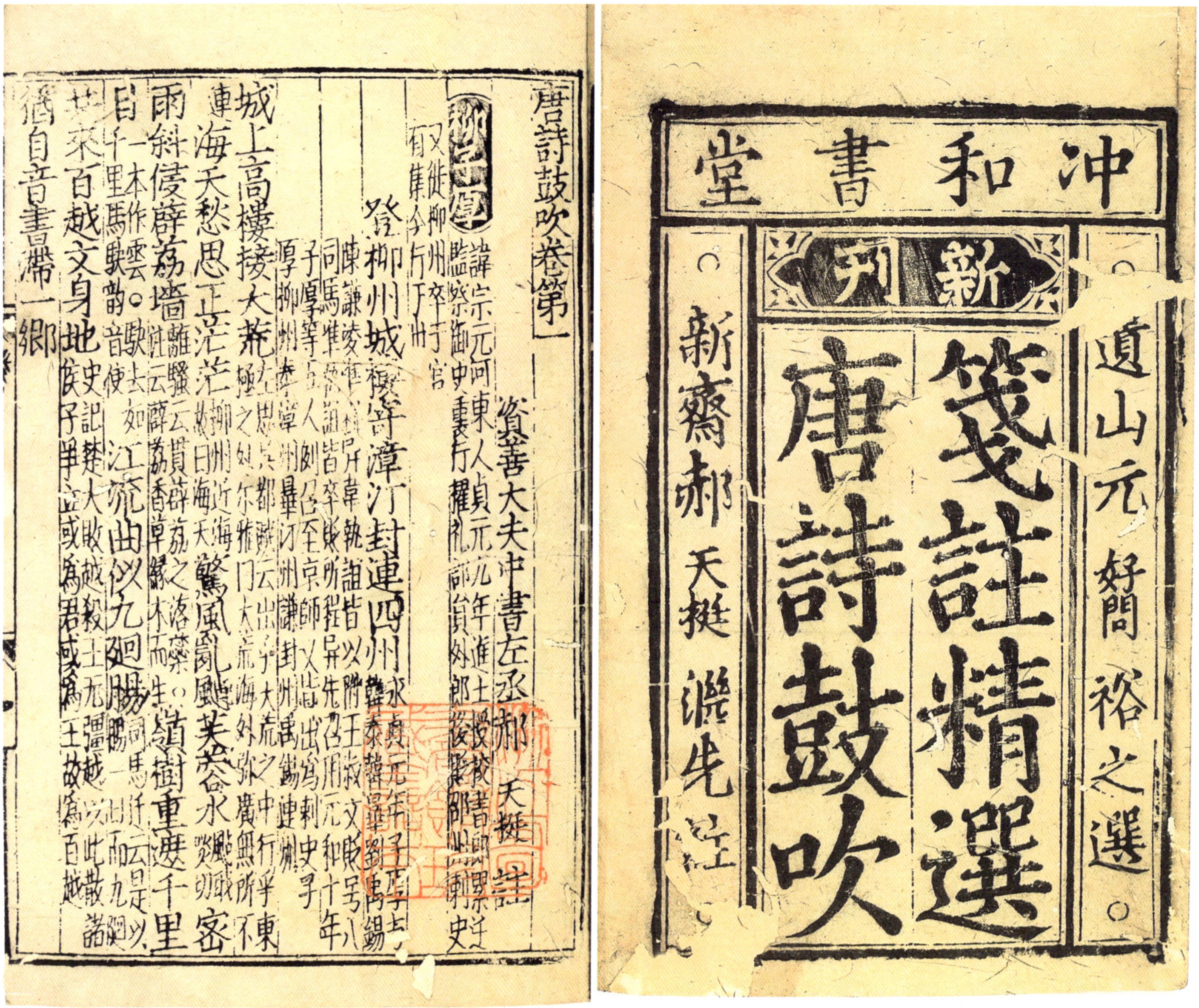

01223 唐詩鼓吹十卷 （金）元好問輯　（元）郝天挺注　元冲和書堂刻本

匡高19.1厘米，廣12.7厘米。半葉十三行，行二十二字，小字雙行同，黑口，四周雙邊。浙江圖書館藏。

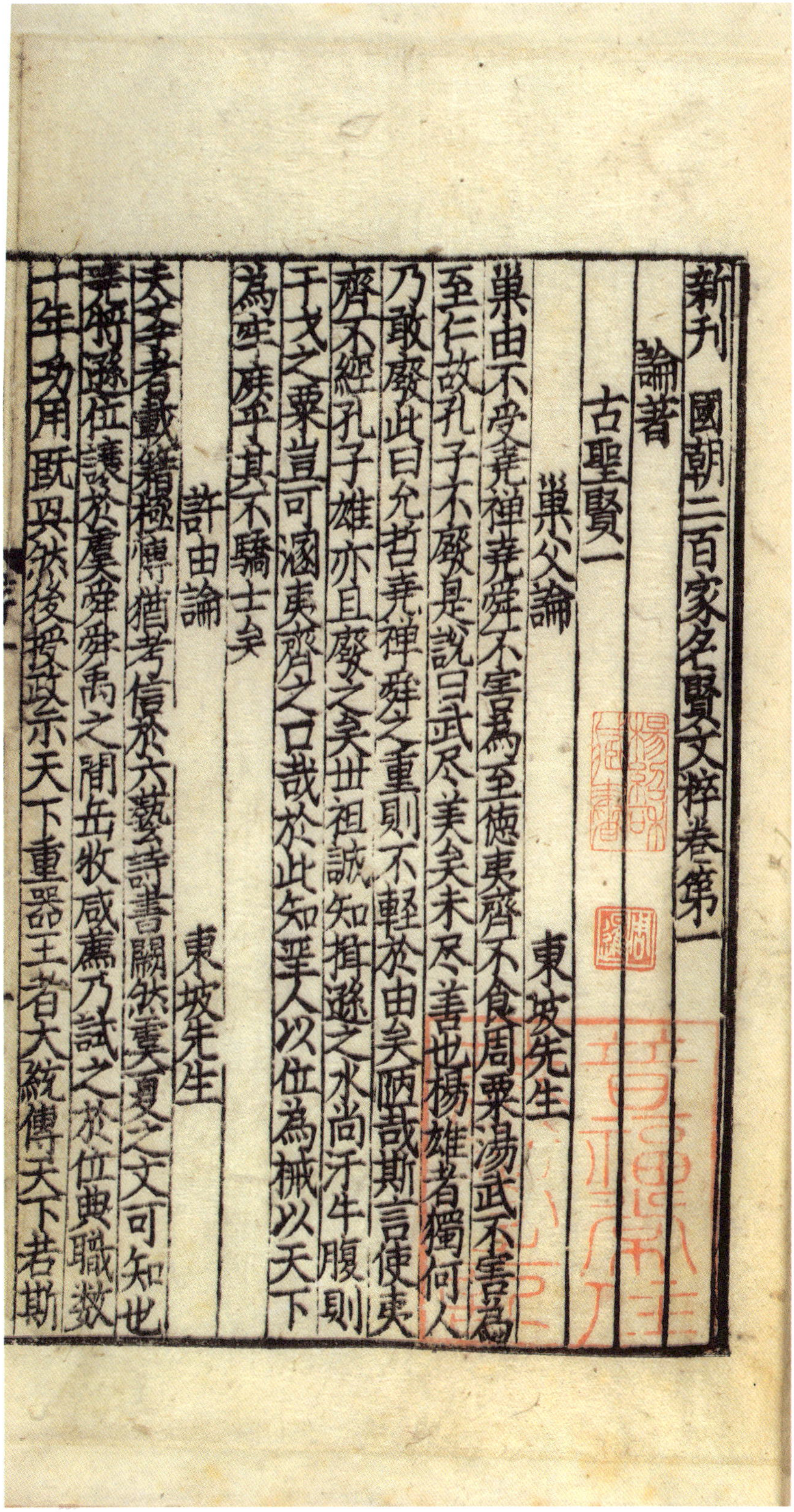
新刊國朝二百家名賢文粹卷第一
論著
古聖賢一
巢父論　東坡先生
巢由不受堯禪堯舜之不害爲至德夷齊不食周粟湯武不害爲至仁故孔子不廢是說曰武盡美矣未盡善也揚雄者獨何人乃敢廢此曰允若堯禪舜之重則不輕於由矣陋哉斯言使夷齊不經孔子雄亦且廢之矣世祖詠知揖遜之水尚汙牛腹則千乘之粟豈可溷夷齊之口哉於此知聖人以位爲械以天下爲牢庶乎其不驕士矣
許由論　東坡先生
夫學者載籍極博猶考信於六藝詩書闕然虞夏之文可知也堯將遜位讓於虞舜舜禹之間岳牧咸薦乃試之於位典職數十年功用既興然後授政示天下重器王者大統傳天下若斯

01224 新刊國朝二百家名賢文粹三百卷　宋慶元三年（1197）書隱齋刻本

匡高18.5厘米，廣12.5厘米。半葉十四行，行二十四字，白口，左右雙邊。有“貞元”、“汪士鐘曾讀”、“海源閣藏”、“周暹”等印。國家圖書館藏，存一百九十七卷。

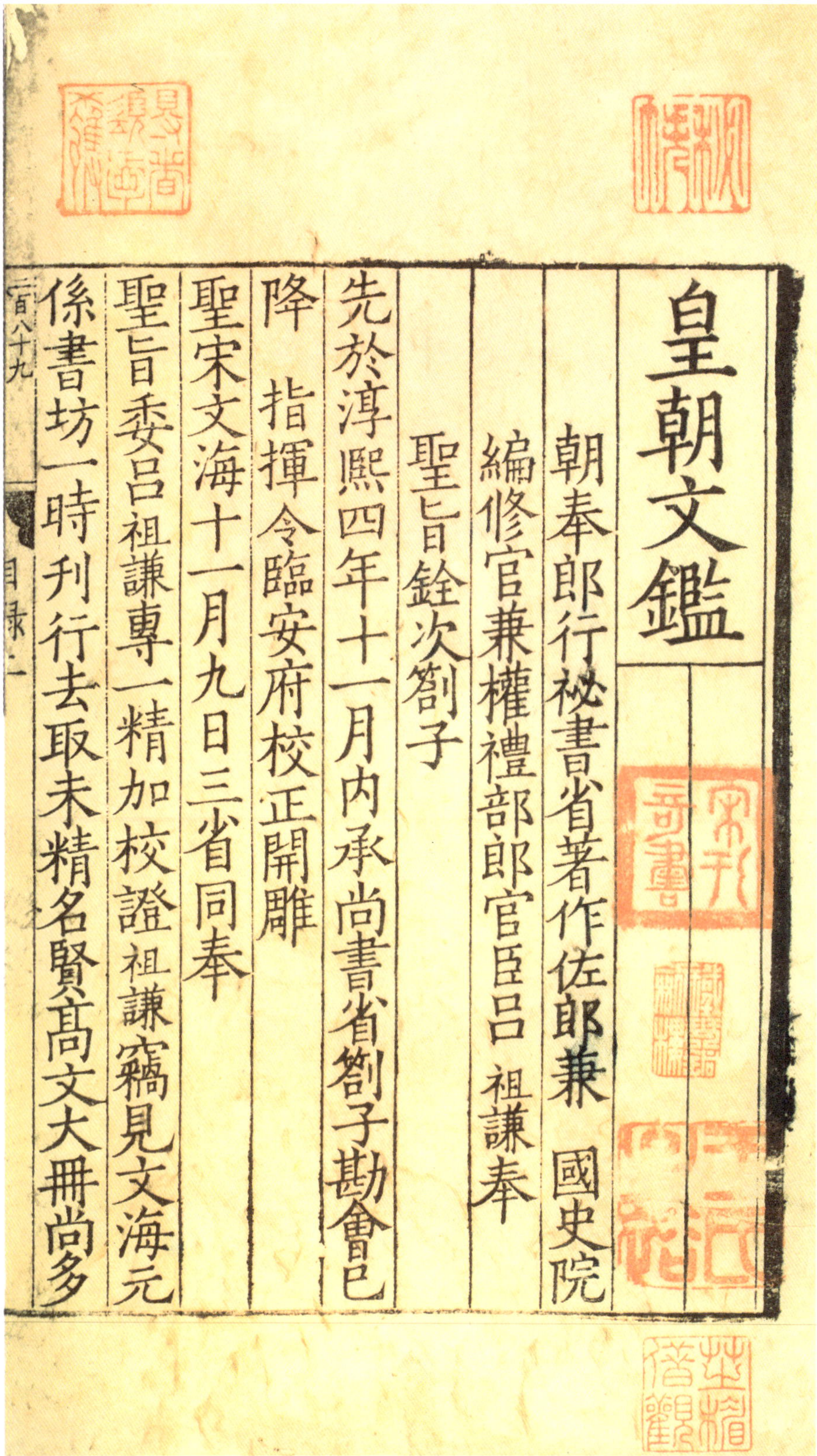

皇朝文鑑

朝奉郎行秘書省著作佐郎兼　國史院
編修官兼權禮部郎官臣呂　祖謙奉
聖旨銓次劄子
先於淳熙四年十一月内承尚書省劄子勘會已
降　指揮令臨安府校正開雕
聖宋文海十一月九日三省同奉
聖旨委呂祖謙專一精加校證祖謙竊見文海元
係書坊一時刊行去取未精名賢高文大冊尚多

01225　皇朝文鑑一百五十卷目録三卷（宋）吕祖謙輯　宋嘉泰四年（1204）新安郡齋刻本（序、目録下、卷一至三、二十八、四十八至六十八、七十五至七十七、一百五至一百三十五、一百四十二至一百五十配清張蓉鏡抄本）

匡高20.8厘米，廣15.6厘米。半葉十行，行十九字，白口，左右雙邊。有“葉盛”、“項元汴印”、“毛晉”、“錢曾”、“蓉鏡珍藏”、“鐵琴銅劍樓”等印。邵淵耀、錢天樹、方若蘅跋，孫雲鴻、程恩澤、徐康題款。國家圖書館藏。

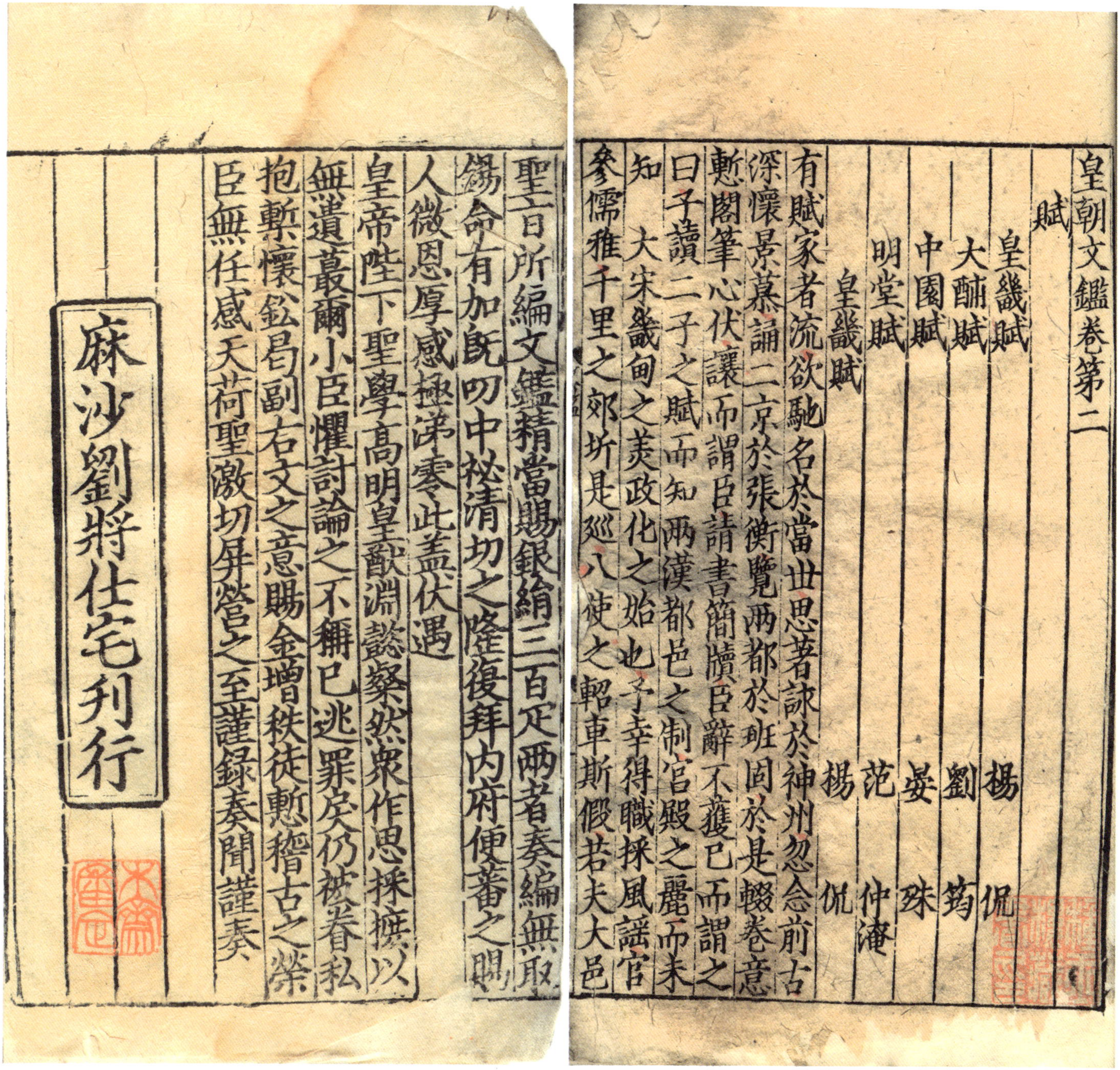
皇朝文鑑卷第二
賦
皇畿賦　楊侃
大酺賦　劉筠
中園賦　晏殊
明堂賦　范仲淹
皇畿賦　楊侃
有賦家者流欲馳名於當世思著詠於神州忽念前古深懷景慕誦二京於張衡覽兩都於班固於是韜卷意懃閣筆心伏讓而謂臣請書簡牘臣辭不獲已而謂之曰子讀二子之賦而知兩漢都邑之制宮殿之麗而未知　大宋畿甸之美政化之始也予幸得職採風謡官參儒雅千里之郊圻是巡八使之輶車斯假若夫大邑

聖旨所編文鑑精當賜銀絹三百疋兩者奏編無取錫命有加既叨中祕清切之除復拜內府便蕃之賜人微恩厚感極涕零此蓋伏遇
皇帝陛下聖學高明皇猷淵懿粲然眾作思採擷以無遺蕞爾小臣懼討論之不稱已逃罪戾仍被眷私抱槧懷鉛昌副右文之意賜金增秩徒慚稽古之榮臣無任感天荷聖激切屛營之至謹錄奏聞謹奏

麻沙劉將仕宅刊行

01226　皇朝文鑑一百五十卷目録三卷　（宋）呂祖謙輯　南宋麻沙劉將仕宅刻本（有抄配及明刻本配補）

匡高19.7厘米，廣12.9厘米。半葉十三行，行二十一字，細黑口，左右雙邊。有“木齋審定”等印。北京大學圖書館藏。

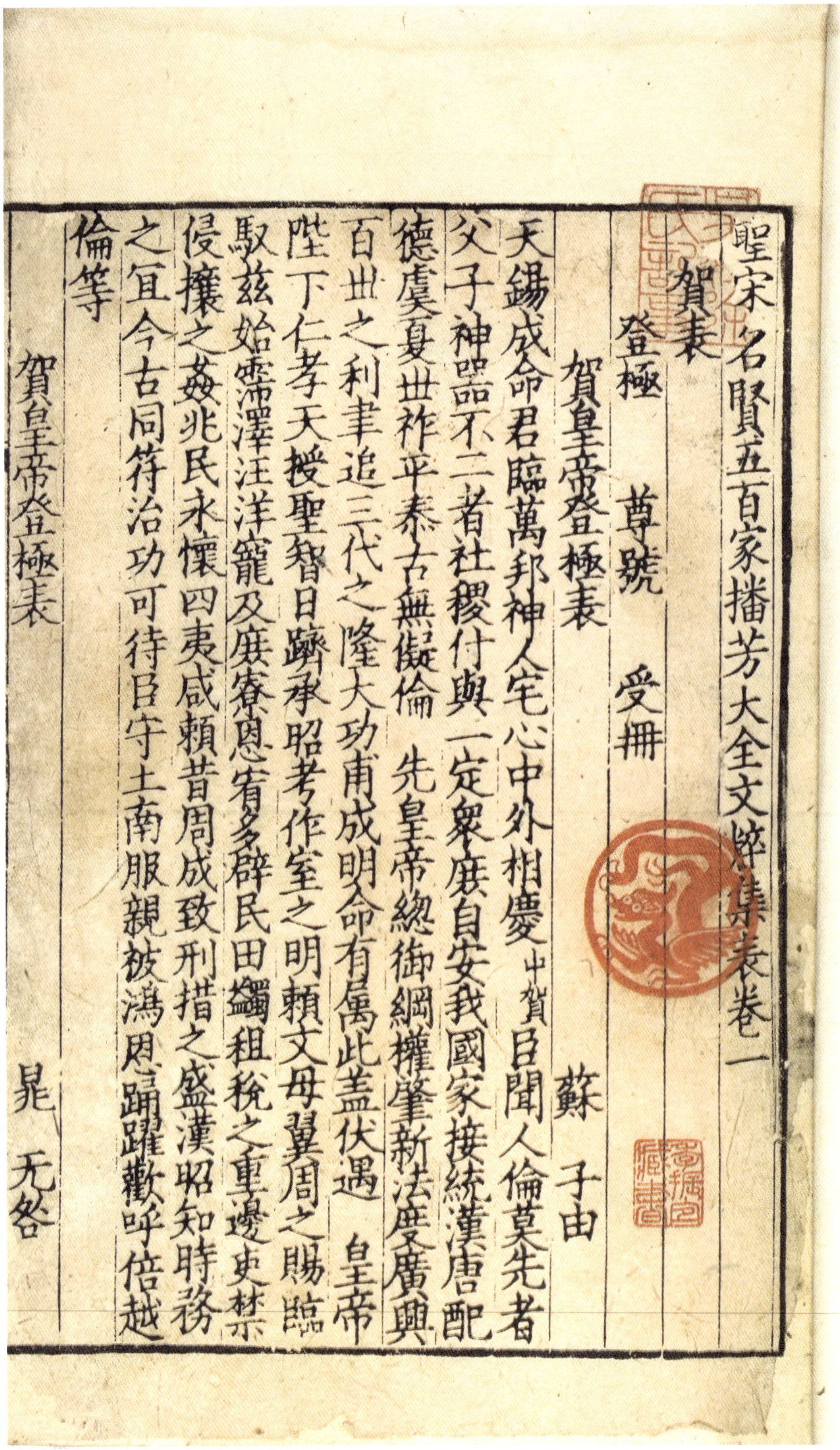

聖宋名賢五百家播芳大全文粹集表卷一

賀表

登極　尊號　受冊

賀皇帝登極表　　蘇　子由

天錫成命君臨萬邦神人宅心中外相慶中賀臣聞人倫莫先者父子神器不二者社稷付與一定衆庶自安我國家接統漢唐配德虞夏世祚平泰古無儗倫　先皇帝總御綱權肇新法度廣興百世之利聿追三代之隆大功甫成明命有屬此蓋伏遇　皇帝陛下仁孝天授聖智日躋承昭考作室之明賴文母翼周之賜臨馭茲始霈澤汪洋寵及庶寮恩宥多辟民田緩租税之重邊吏禁侵擾之姦兆民永懷四夷咸賴昔周成致刑措之盛漢昭知時務之宜今古同符治功可待臣守土南服親被鴻恩踊躍歡呼倍越倫等

賀皇帝登極表　　晁　无咎

01227　聖宋名賢五百家播芳大全文粹□□卷目録□卷　（宋）魏齊賢　葉棻輯　宋刻本

匡高18.7厘米，廣13.3厘米。半葉十四行，行二十五字，白口，左右雙邊。有“季振宜藏書”、“烏程劉桐一字秋崖秘玩”、“石川張氏崇古樓珍藏印”、“涵芬樓藏”等印。國家圖書館藏，存一百七卷。

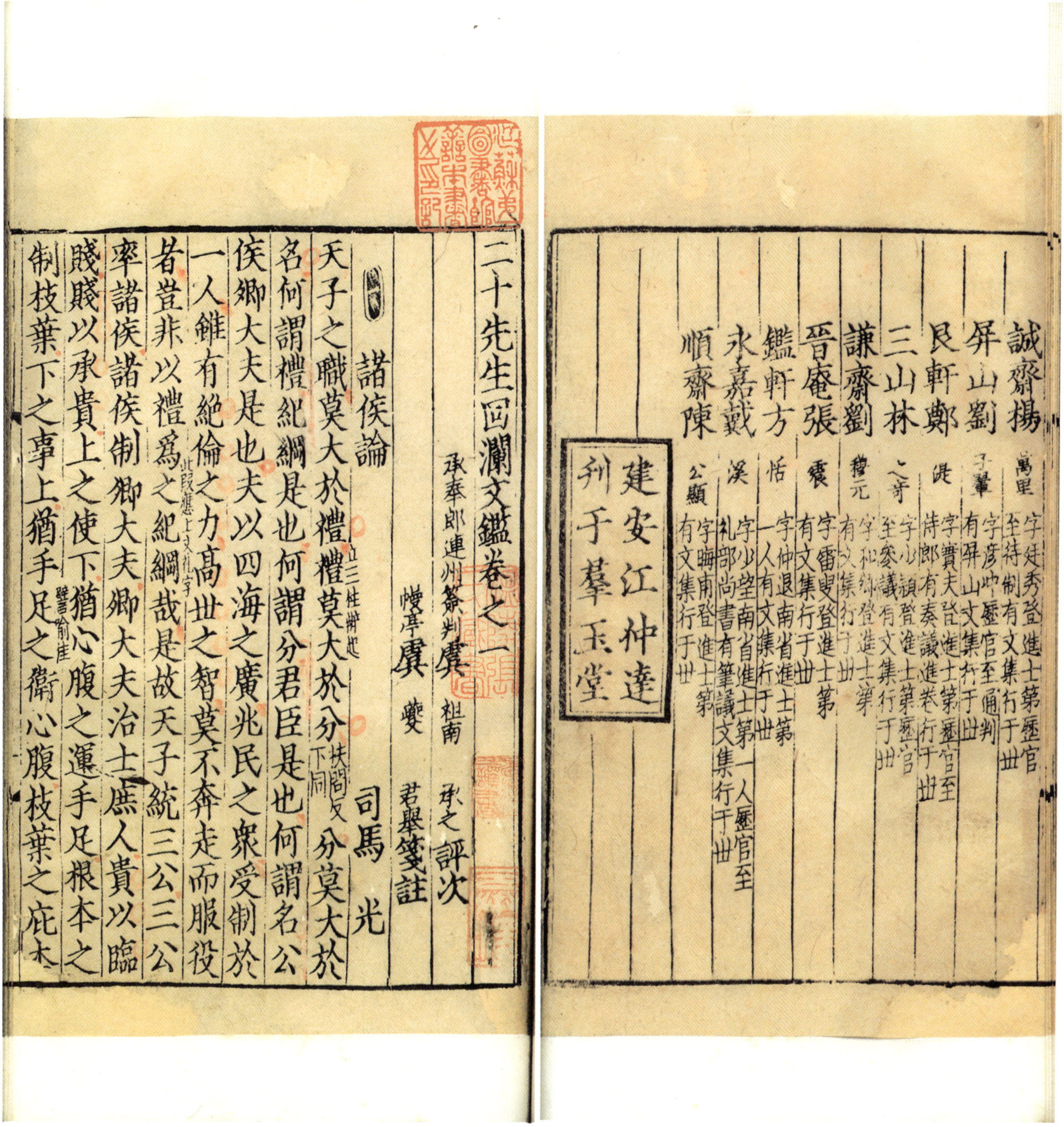

01228 二十先生回瀾文鑑二十卷後集二十卷 （宋）虞祖南輯（宋）虞夔注 宋江仲達群玉堂刻本（前集卷十三至二十、後集卷八配清抄本）

匡高19.1厘米，廣12.6厘米。半葉十二行，行十九字，小字雙行二十五字，白口，左右雙邊。有“建安江仲達刊于羣玉堂”牌記。陸心源、丁丙跋。南京圖書館藏，存二十三卷。

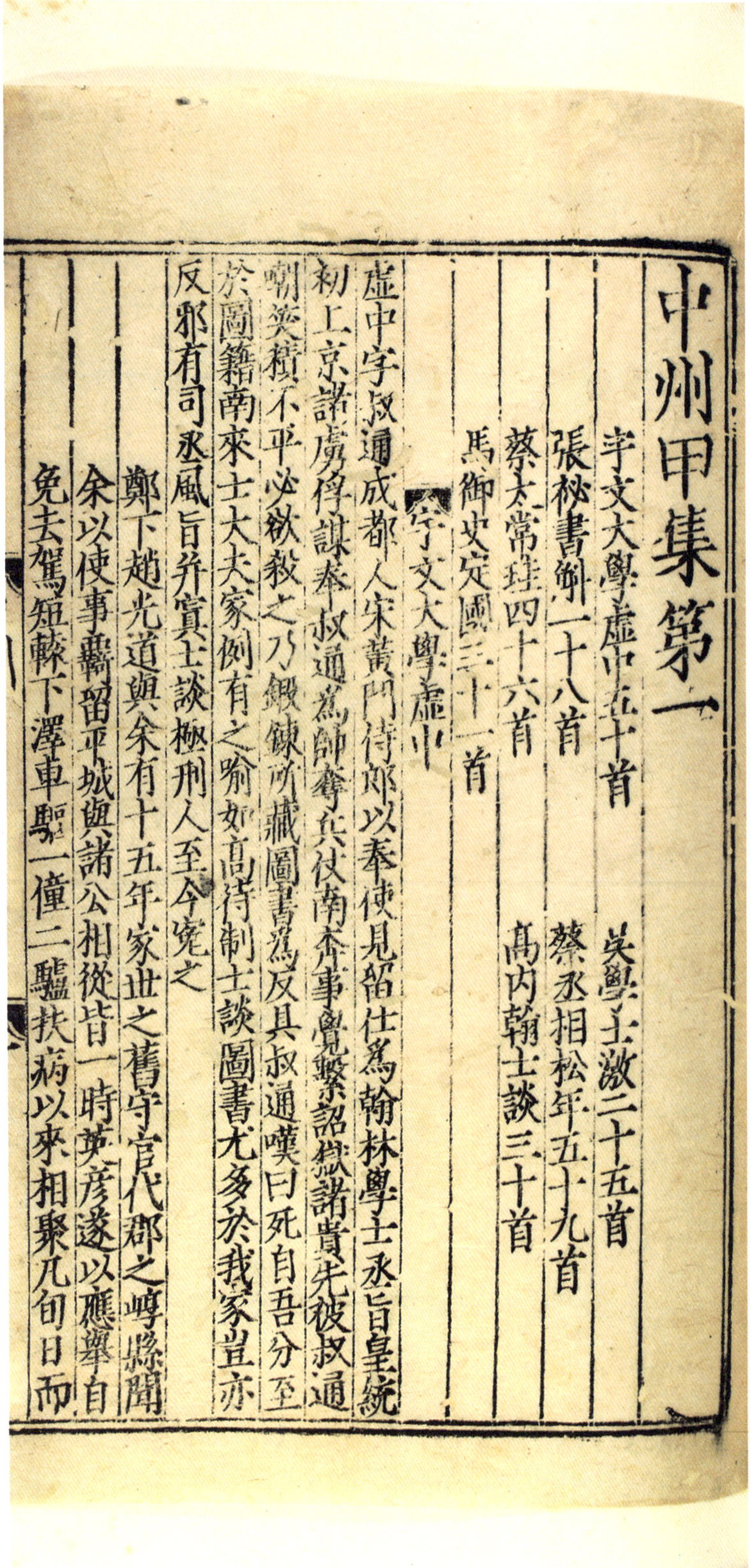

中州甲集第一

宇文大學虛中五十首　吳學士激二十五首
張秘書斛一十八首　蔡丞相松年五十九首
蔡太常珪四十六首　高内翰士談三十首
馬御史定國三十一首

宇文大學虛中

虛中字叔通成都人宋黃門侍郎以奉使見留仕爲翰林學士承旨皇統初上京諸虜俘謀奉叔通爲帥奪兵仗南奔事覺繫詔獄諸貴先被叔通嘲笑積不平必欲殺之乃鍛鍊所藏圖書爲反具叔通嘆曰死自吾分至於圖籍南來士大夫家例有之喻如高待制士談圖書尤多於我家豈亦反邪有司承風旨并實士談極刑人至今冤之

鄭下趙光道與余有十五年家世之舊守官代郡之崞縣闕余以使事羈留平城與諸公相從皆一時英彦遂以癘舉自免去駕短轅下澤車驅一僮二驢扶病以來相聚凡旬日而

01229 中州集十卷樂府一卷 （金）元好問輯　元至大三年（1310）曹氏進德齋刻遞修本（中州樂府配影元抄本）

匡高20.6厘米，廣13.3厘米。半葉十五行，行二十八字，白口，四周雙邊。有“健菴收藏圖書”、“茂苑香生蔣鳳藻秦漢十印齋秘篋圖書”等印。傅增湘跋。國家圖書館藏。

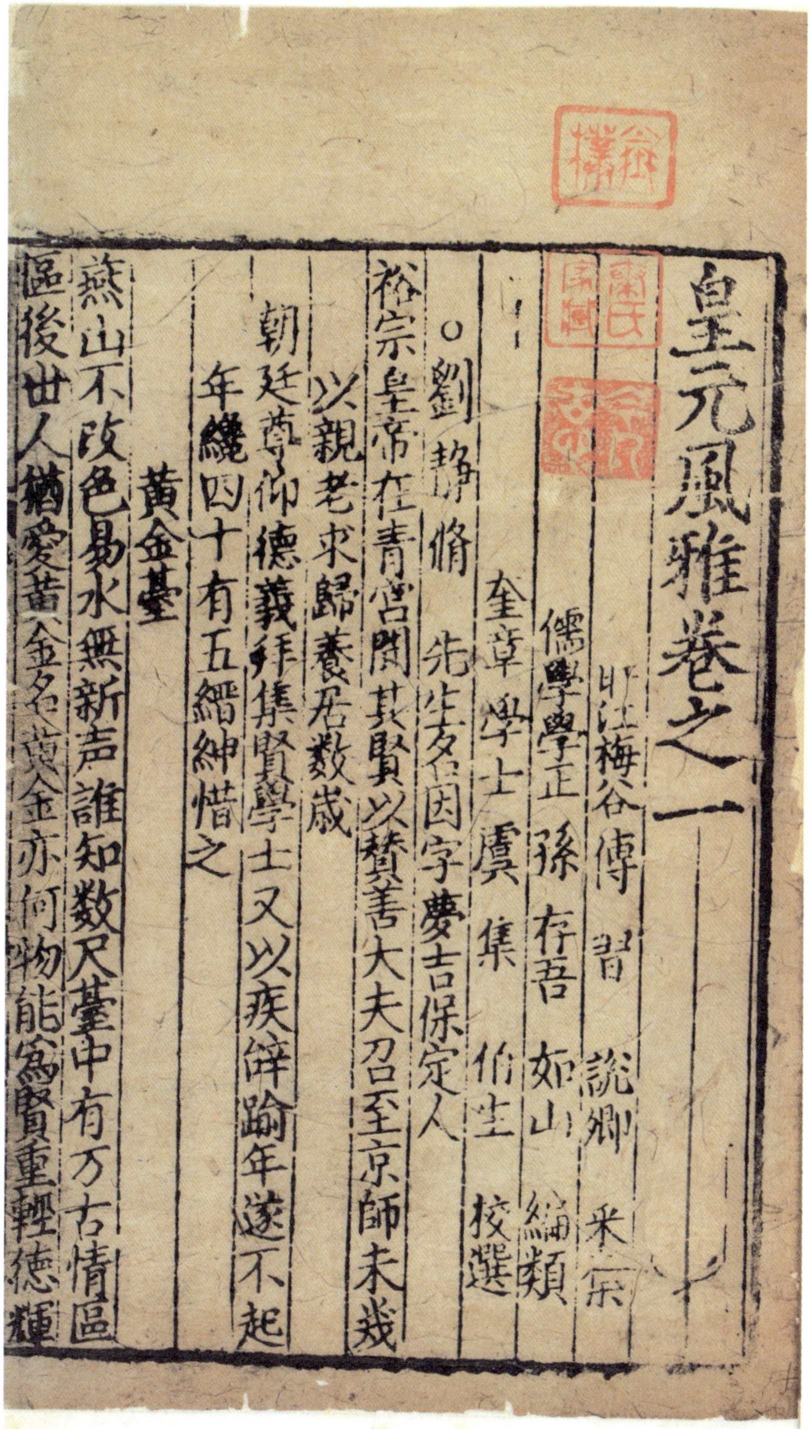

皇元風雅卷之一

盱江梅谷傅習說卿采集

儒學學正孫存吾如山編類

奎章學士虞集伯生校選

○劉靜脩

先生名因字夢吉保定人

裕宗皇帝在青宮聞其賢以贊善大夫召至京師未幾

以親老求歸養居數歲

朝廷尊仰德義拜集賢學士又以疾辭踰年遂不起

年纔四十有五縉紳惜之

黃金臺

燕山不改色易水無新声誰知數尺臺中有万古情區

區後世人猶愛黃金名黃金亦何物能為賢重輕德輝

01230 皇元風雅六卷 （元）傅習 孫存吾輯 元刻本

匡高17.2厘米，廣12.3厘米。半葉十三行，行二十一字，細黑口，左右雙邊。有“涵芬樓”、“海鹽張元濟經收”等印。國家圖書館藏。

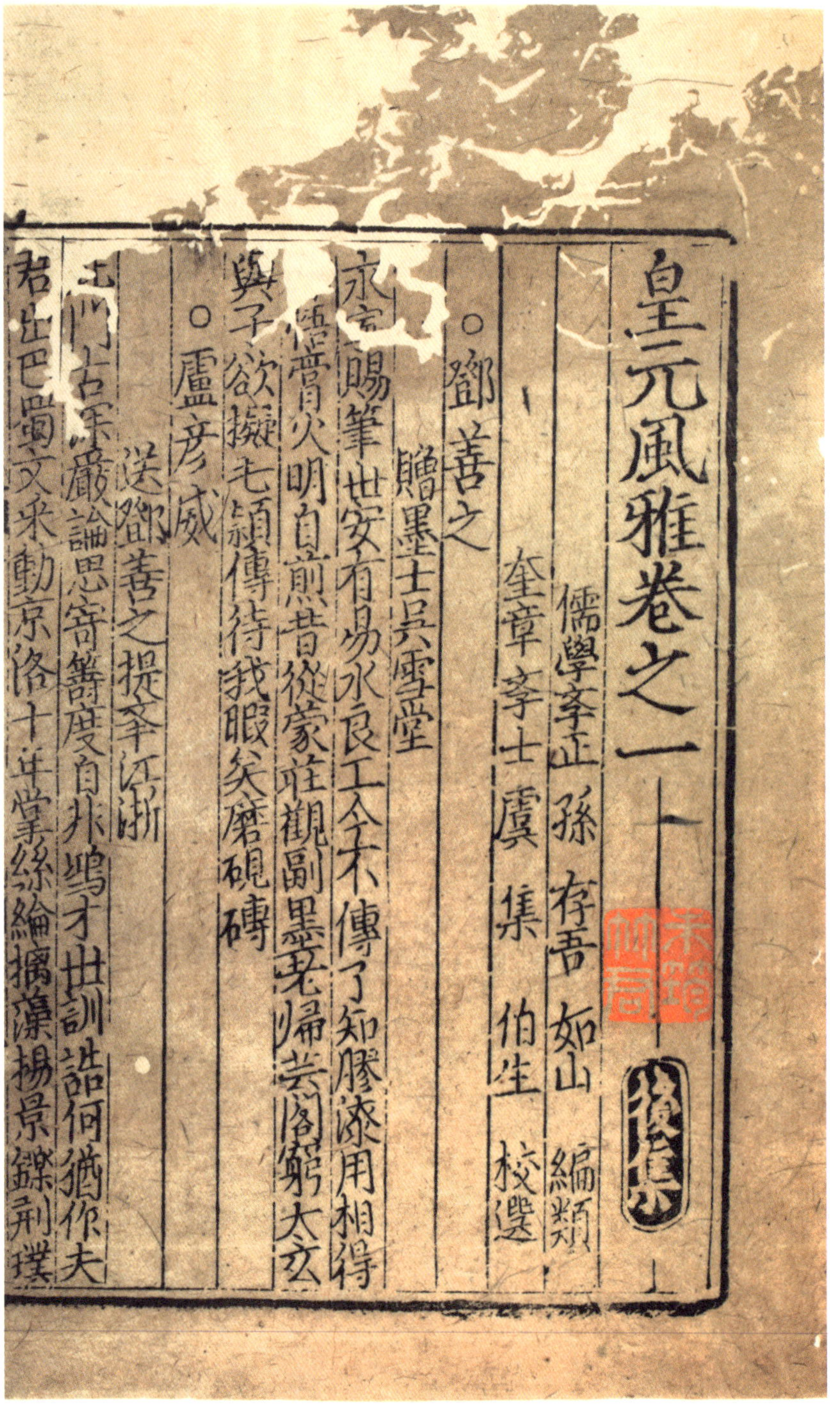

皇元風雅卷之一
儒學學正孫存吾如山編類
奎章學士虞集伯生校選
○鄧善之
贈墨士吳雲堂
永□賜筆世安有易水良工今不傳了知膠漆用相得
悟嘗火明自煎昔從蒙莊觀副墨老歸芸閣窮太玄
與子欲擬毛頴傳待我暇矣磨硯磚
○盧彥威
送鄧善之提舉江浙
□門古來嚴論思寄籌度自非鳴才出訓誥何猶作夫
君出巴蜀文采動京洛十年掌絲綸摛藻揚景鑠刑璞

01231 皇元風雅後集六卷 （元）孫存吾輯　元李氏建安書堂刻本

匡高17.4厘米，廣12.2厘米。半葉十三行，行二十一字，細黑口，四周雙邊或左右雙邊。有"李氏建安書堂"牌記。有"大興朱氏竹君藏書之印"、"涵芬樓"等印。國家圖書館藏。

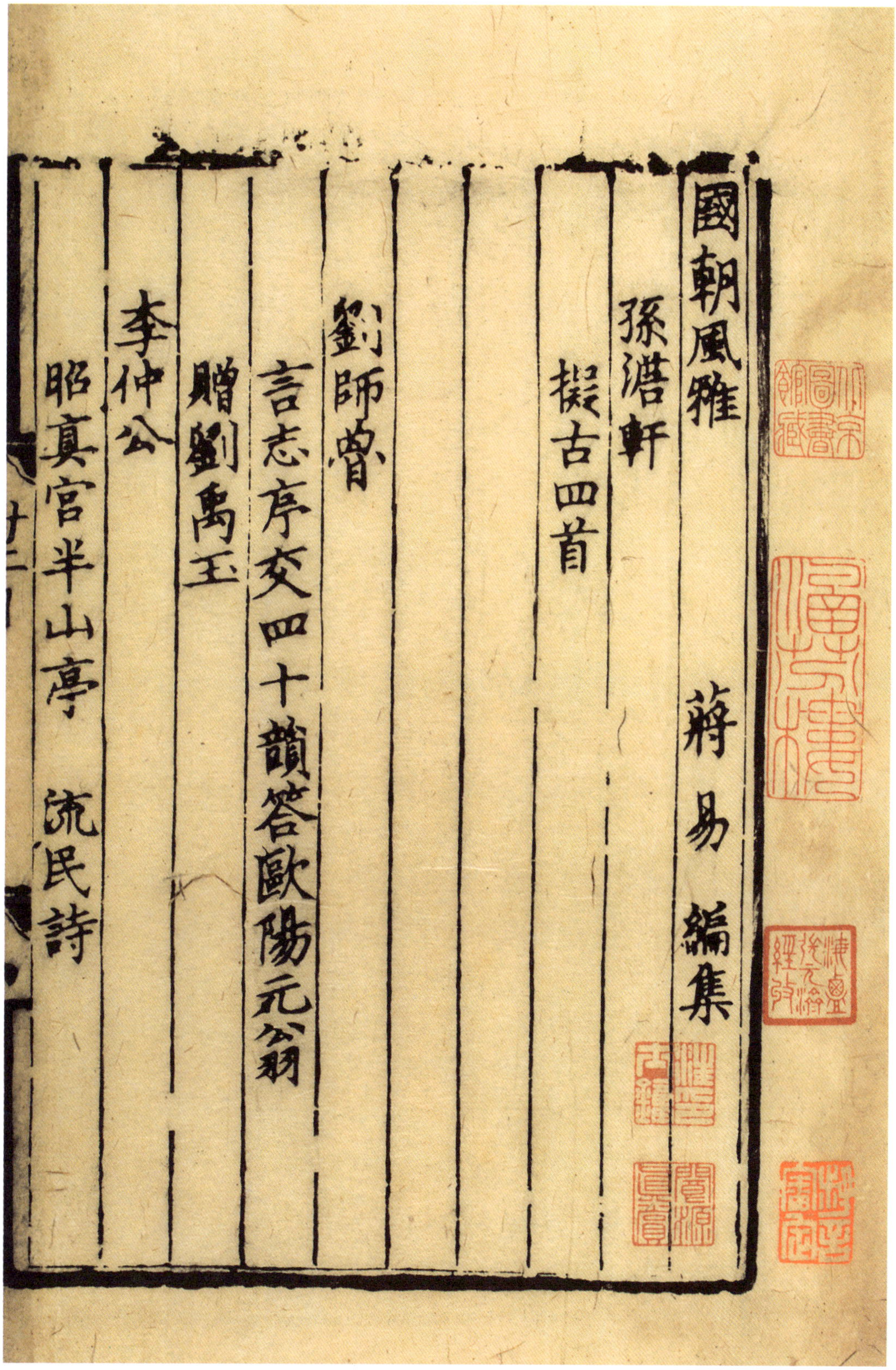

01232 國朝風雅不分卷雜編三卷 （元）蔣易輯　元刻本

匡高18.4厘米，廣12.8厘米。半葉十行，行十八字，黑口，四周雙邊。有“汪印士鐘”、“涵芬樓”等印。黄丕烈、羅振玉跋。國家圖書館藏。

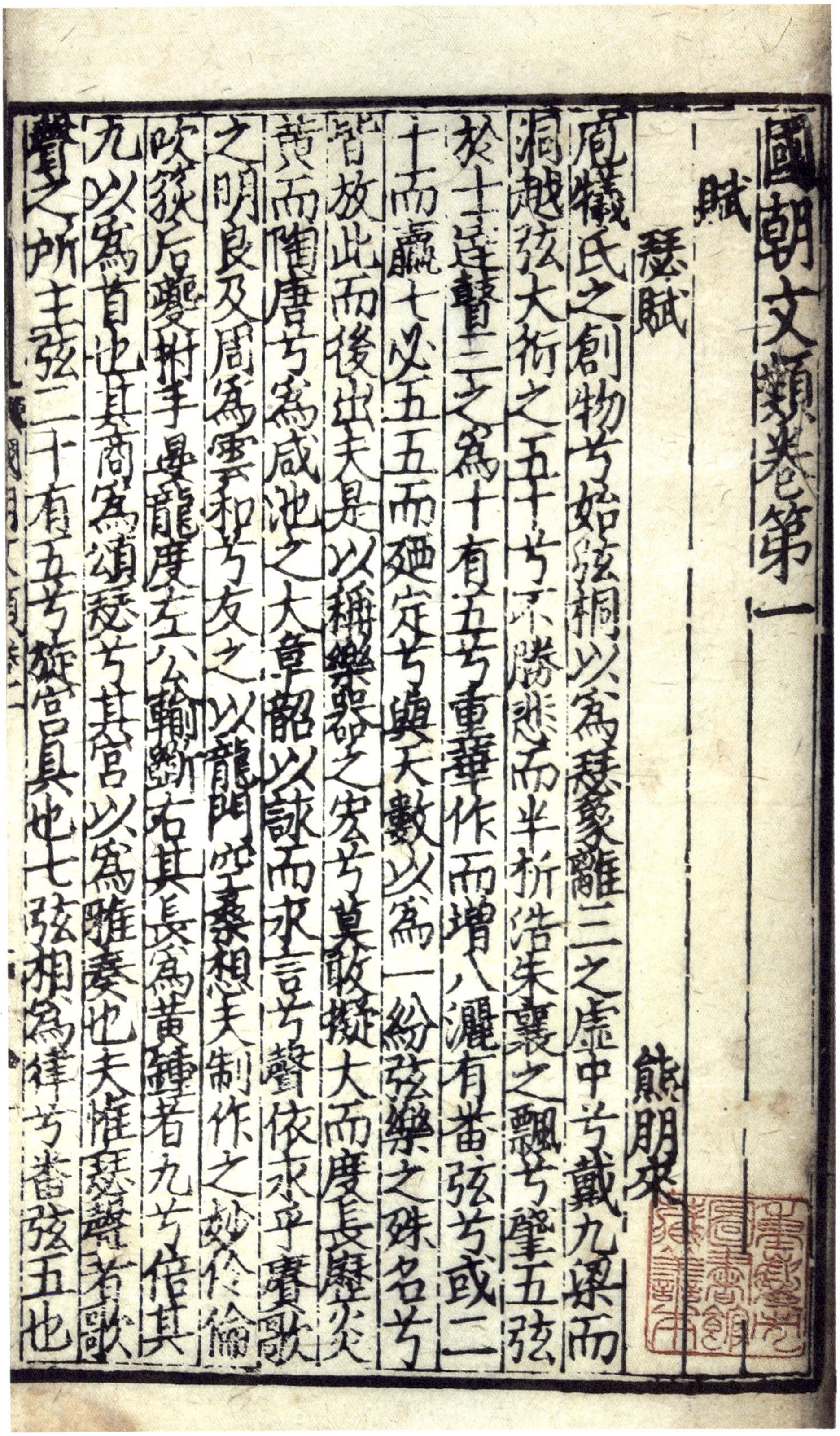
國朝文類卷第一
賦
瑟賦　熊朋來
伏羲氏之創物兮始絃桐以爲瑟象離三之虛中兮戴九梁而
洞越絃大衍之五十兮不勝悲而半析浩朱襄之飄兮肇五弦
於十徽蓍二之爲十有五兮重華作而增八灑有番弦兮或二
十而贏七必五五而𥜥定兮與天數以爲一紛弦樂之殊名兮
皆放此而後出夫是以稱樂器之宗兮莫敢擬大而度長歷炎
黃而隋唐兮爲咸池之大章韶以詠而求言兮聲依永平賡歌
之明良及周爲雲和兮友之以龍門空桑想夫制作之妙倫
吹荻后夔拊手舞龍度左八分輸徽右其長爲黃鍾者九兮倍其
九以爲首也其商爲頌瑟兮其宮以爲雅奏也夫惟瑟聲者歌
聲之所主弦二十有五兮旋宮具也七弦相爲律兮旨弦五也

01233　國朝文類七十卷　（元）蘇天爵輯　元至正刻本

匡高20.6厘米，廣12.9厘米。半葉十三行，行二十四字，黑口，四周雙邊。

重慶圖書館藏。

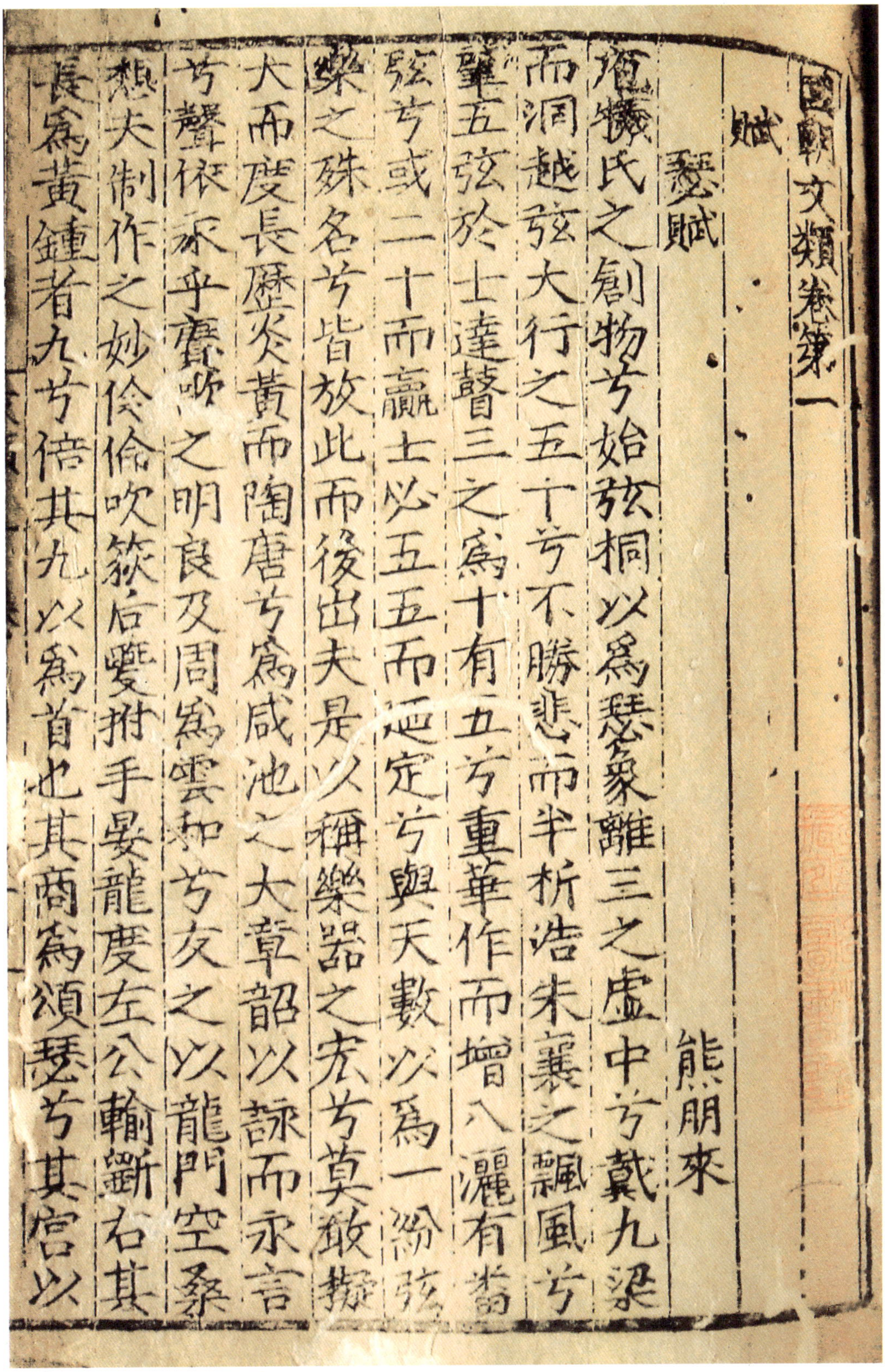
國朝文類卷第一
賦
琴賦　熊朋來
庖犧氏之創物兮始弦桐以爲琴象離三之虛中兮戴九梁
而洞越弦大行之五十兮不勝悲而半析浩朱襄之飄風兮
肇五弦於士達瞽三之爲十有五兮重華作而增八灑有蒼
弦兮或二十而贏七必五五而迺定兮與天數以爲一紛弦
樂之殊名兮皆放此而後出夫是以稱樂器之宗兮莫敢擬
大而度長歷炎黃而陶唐兮爲咸池之大章韶以詠而永言
兮聲依永乎賡歌之明良及周爲雲和兮交之以龍門空桑
想夫制作之妙伶倫吹簌启夔拊手晏龍度左公輸斵右其
長爲黃鍾者九兮倍其九以爲首也其商爲頌琴兮其宫以

01234　國朝文類七十卷目録三卷　（元）蘇天爵輯　元刻本

匡高18.7厘米，廣13厘米。半葉十二行，行二十三字，小字雙行同，黑口，左右雙邊。有“季印振宜”等印。中山大學圖書館藏。

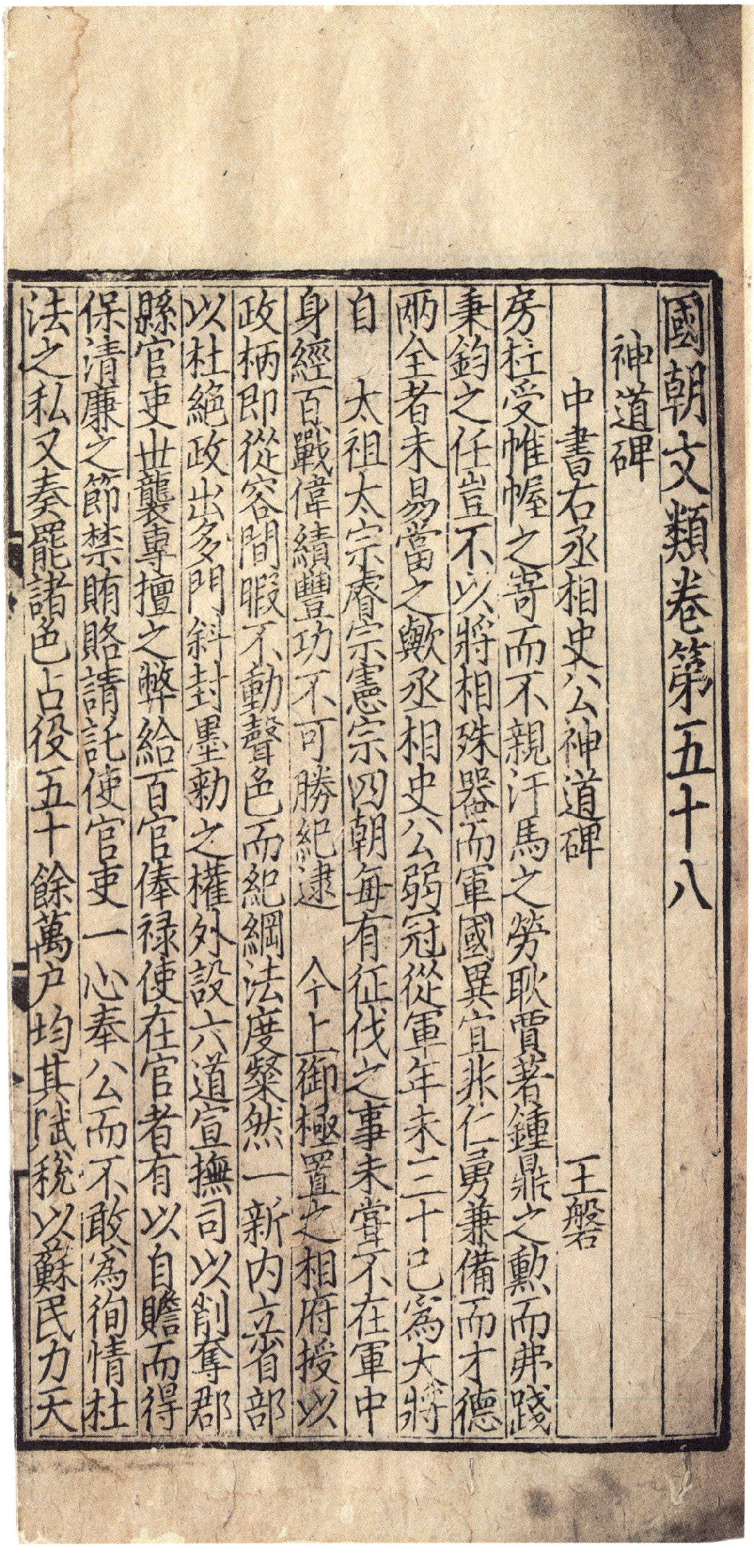

國朝文類卷第五十八
神道碑
中書右丞相史公神道碑　王磐
旁拄受帷幄之寄而不親汗馬之勞耿賈著鍾鼎之勲而弗踐
秉鈞之任豈不以將相殊器而軍國異宜非仁勇兼備而才德
兩全者未易當之歟丞相史公弱冠從軍年未三十已為大將
自　太祖太宗睿宗憲宗四朝每有征伐之事未嘗不在軍中
身經百戰偉績豐功不可勝紀逮　今上御極置之相府授以
政柄即從容閒暇不動聲色而紀綱法度粲然一新内立省部
以杜絶政出多門斜封墨勅之權外設六道宣撫司以削奪郡
縣官吏世襲專擅之弊給百官俸禄使在官者有以自贍而得
保清廉之節禁賄賂請託使官吏一心奉公而不敢為徇情枉
法之私又奏罷諸色占役五十餘萬户均其賦稅以蘇民力天

01235 國朝文類七十卷 （元）蘇天爵輯　元刻本

匡高20.4厘米，廣12.6厘米。半葉十三行，行二十四字，細黑口，四周雙邊。紹興圖書館藏，存三卷。

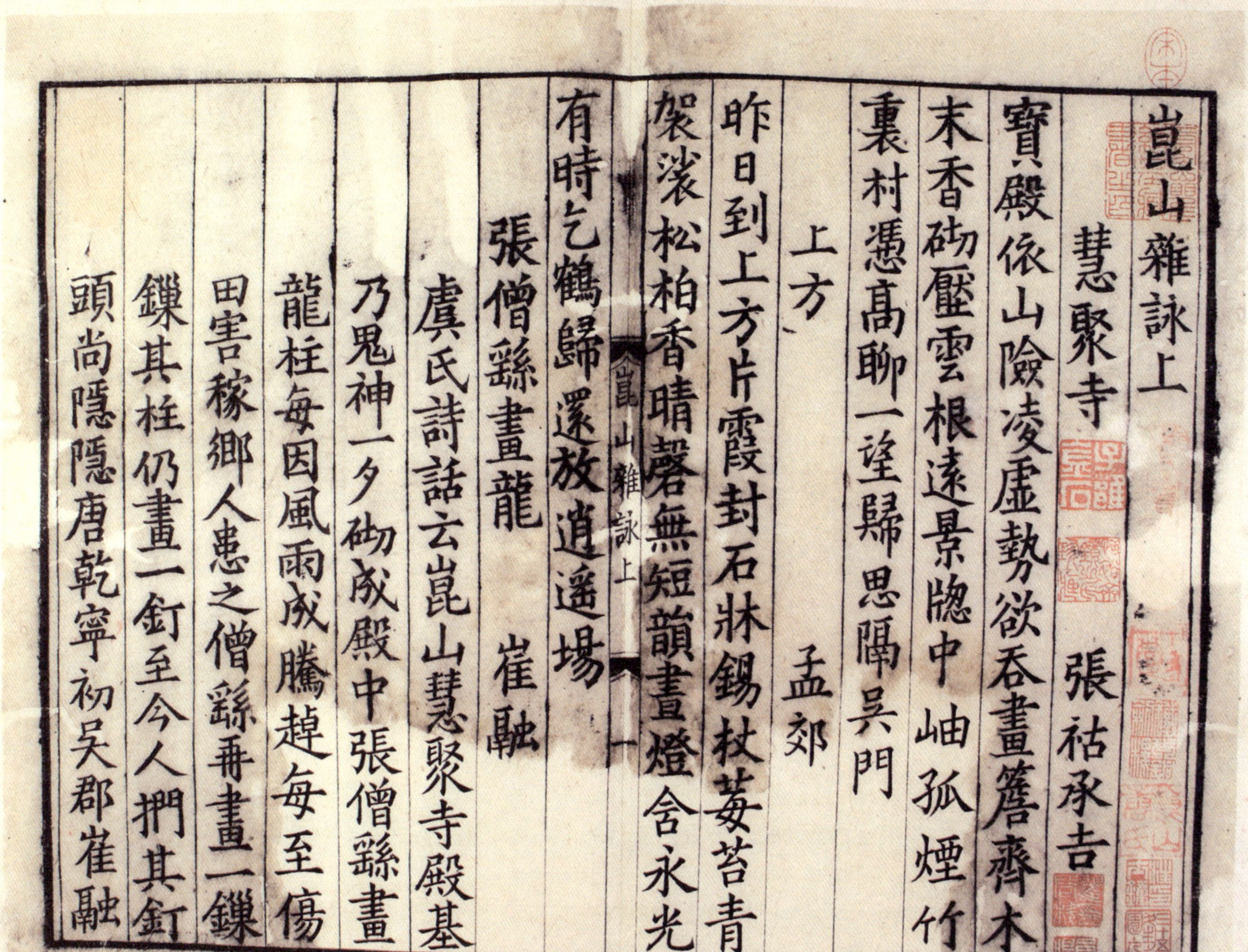

崑山雜詠上

慧聚寺　張祜承吉

寳殿依山嶮凌虚勢欲吞畫簷齊木末香砌壓雲根遠景牕中岫孤煙竹裏村憑高聊一望歸思隔吳門

上方　孟郊

昨日到上方片霞封石牀錫杖莓苔青袈裟松柏香晴磬無短韻晝燈含永光有時乞鶴歸還放逍遥場

崑山雜詠上　一

張僧繇畫龍　崔融

虞氏詩話云崑山慧聚寺殿基乃鬼神一夕砌成殿中張僧繇畫龍柱每因風雨成騰趠每至傷田害稼鄉人患之僧繇再畫一鏁鏁其柱仍畫一釘至今人捫其釘頭尚隱隱唐乾寧初吳郡崔融

01236 崑山雜詠三卷　（宋）龔昱輯　宋開禧三年（1207）徐挺之崑山縣齋刻本

蝴蝶裝。匡高24.8厘米，廣17厘米。半葉八行，行十四至十七字，白口，左右雙邊。有“崑山唐氏”、“汪印士鐘”、“鐵琴銅劍樓”等印。國家圖書館藏。

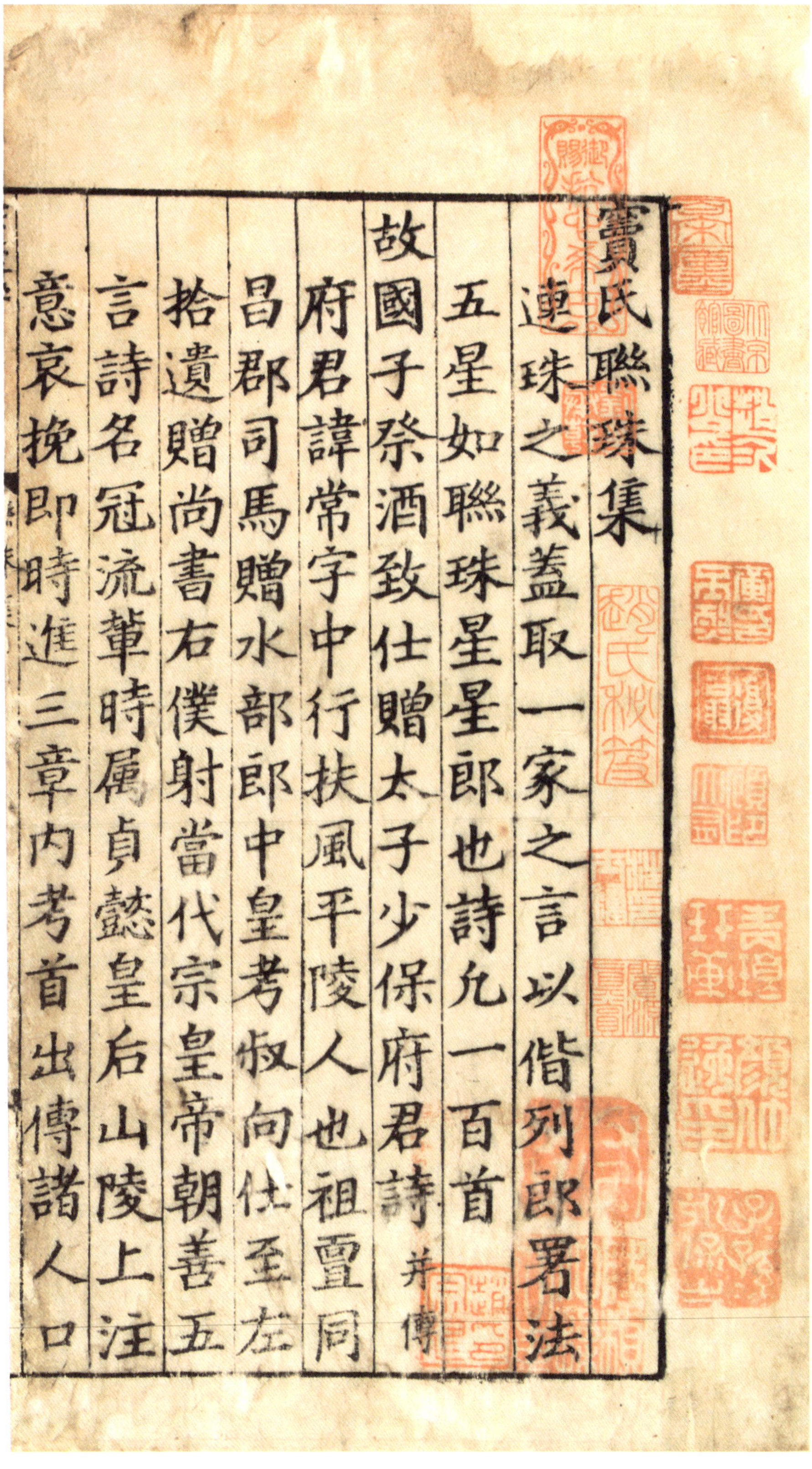

01237 竇氏聯珠集五卷 （唐）竇常等撰　宋淳熙五年（1178）王崧刻本

匡高21.1厘米，廣11.7厘米。半葉九行，行十七字，白口，四周單邊。有“顧印大有”、“遜志齋圖書”、“蕘圃卅年精力所聚”、“汪印士鐘”、“趙印宗建”、“蔣祖詒”、“劉印承幹”等印。錢謙益跋，何焯批校。國家圖書館藏。

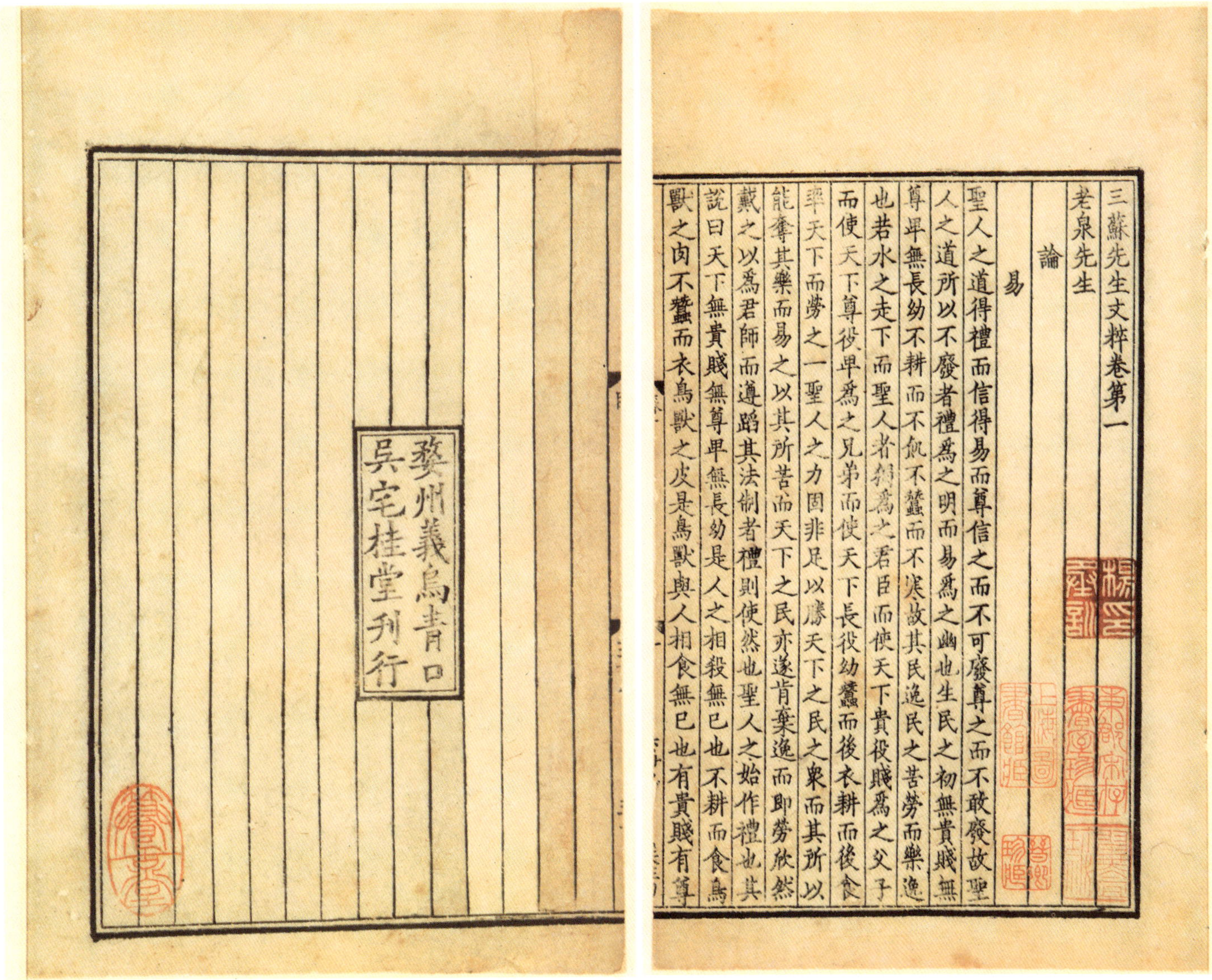

婺州義烏青口
吴宅桂堂刊行

三蘇先生文粹卷第一
老泉先生
論
易
聖人之道得禮而信得易而尊信之而不可廢尊之而不敢廢故聖人之道所以不廢者禮爲之明而易爲之幽也生民之初無貴賤無尊卑無長幼不耕而不飢不蠶而不寒故其民逸民之苦勞而樂逸也若水之走下而聖人者獨爲之君臣而使天下貴役賤爲之父子而使天下尊役卑爲之兄弟而使天下長役幼蠶而後衣耕而後食率天下而勞之一聖人之力固非足以勝天下之民之衆而其所以能奪其樂而易之以其所苦而天下之民亦遂肯棄逸而即勞欣然戴之以爲君師而遵蹈其法制者禮則使然也聖人之始作禮也其説曰天下無貴賤無尊卑無長幼是人之相殺無已也不耕而食鳥獸之肉不蠶而衣鳥獸之皮是鳥獸與人相食無已也有貴賤有尊

01238 三蘇先生文粹七十卷 （宋）蘇洵　蘇軾　蘇轍撰　宋婺州吴宅桂堂刻本

匡高16.7厘米，廣12厘米。半葉十四行，行二十六字，白口，四周雙邊。有“婺州義烏青口吴宅桂堂刊行”牌記。有“東郡宋存書室珍藏”等印。上海圖書館藏。

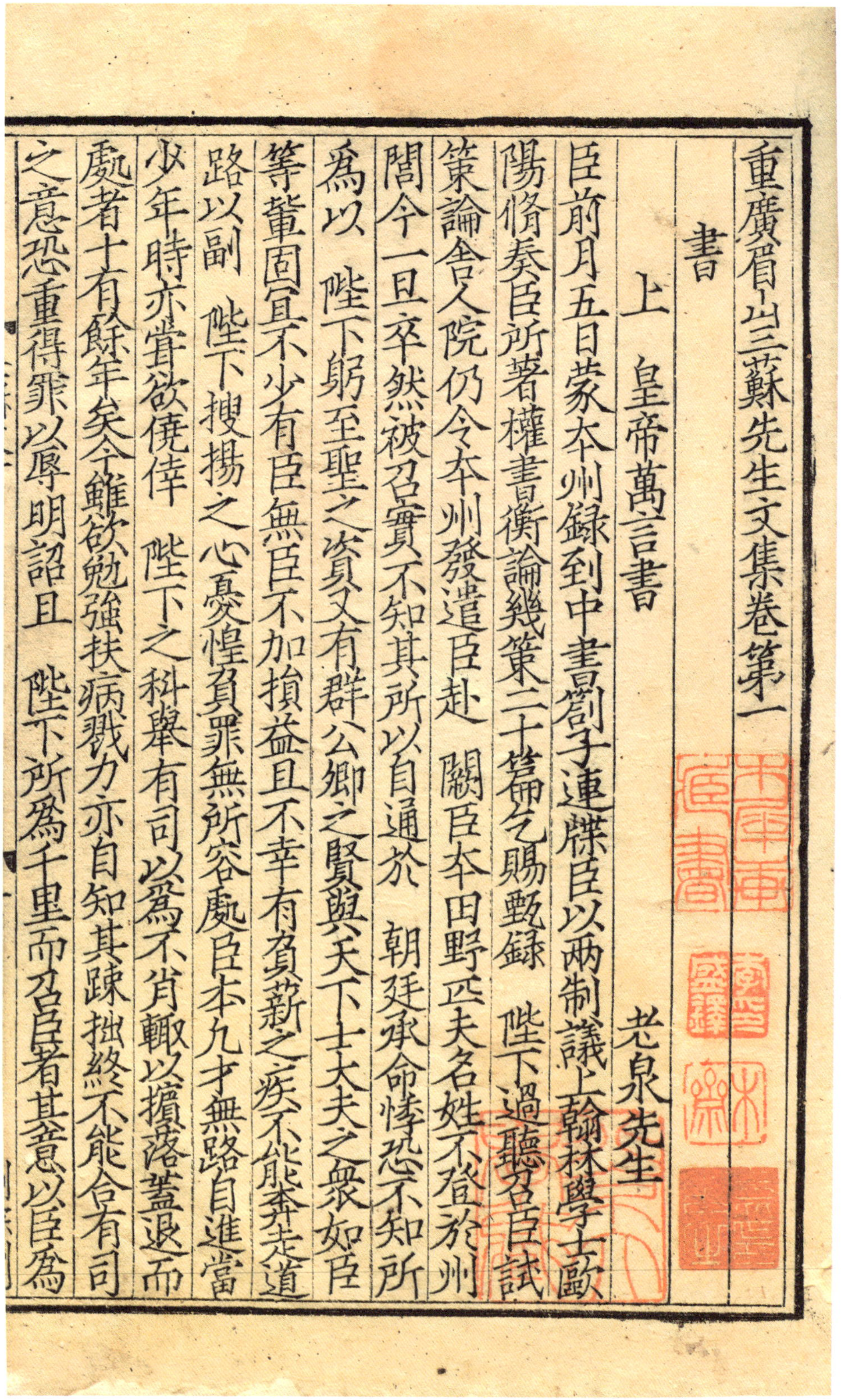

重廣眉山三蘇先生文集卷第一

書

上　皇帝萬言書　　老泉先生

臣前月五日蒙本州録到中書劄子連牒臣以兩制議上翰林學士歐陽脩奏臣所著權書衡論幾策二十篇乞賜甄録　陛下過聽召臣試策論舍人院仍令本州發遣臣赴　闕臣本田野匹夫名姓不登於州閭今一旦卒然被召實不知其所以自通於　朝廷承命悸恐不知所爲以　陛下躬至聖之資又有群公卿之賢與天下士大夫之衆如臣等輩固宜不少有臣無臣不加損益且不幸有負薪之疾不能奔走道路以副　陛下搜揚之心憂惶負罪無所容處臣本凡才無路自進當少年時亦嘗欲僥倖　陛下之科舉有司以爲不肖輙以擯落蓋退而處者十有餘年矣今雖欲勉强扶病戮力亦自知其踈拙終不能合有司之意恐重得罪以辱明詔且　陛下所爲千里而召臣者其意以臣爲

01239　重廣眉山三蘇先生文集八十卷　（宋）蘇洵　蘇軾　蘇轍撰　宋紹興三十年（1160）饒州德興縣銀山莊谿董應夢集古堂刻本

匡高18.4厘米，廣12.8厘米。半葉十三行，行二十七至二十八字，白口，四周雙邊。有“銀山莊谿董應夢集古堂校正善本”牌記。有“李印盛鐸”等印。北京大學圖書館藏，存七十卷。

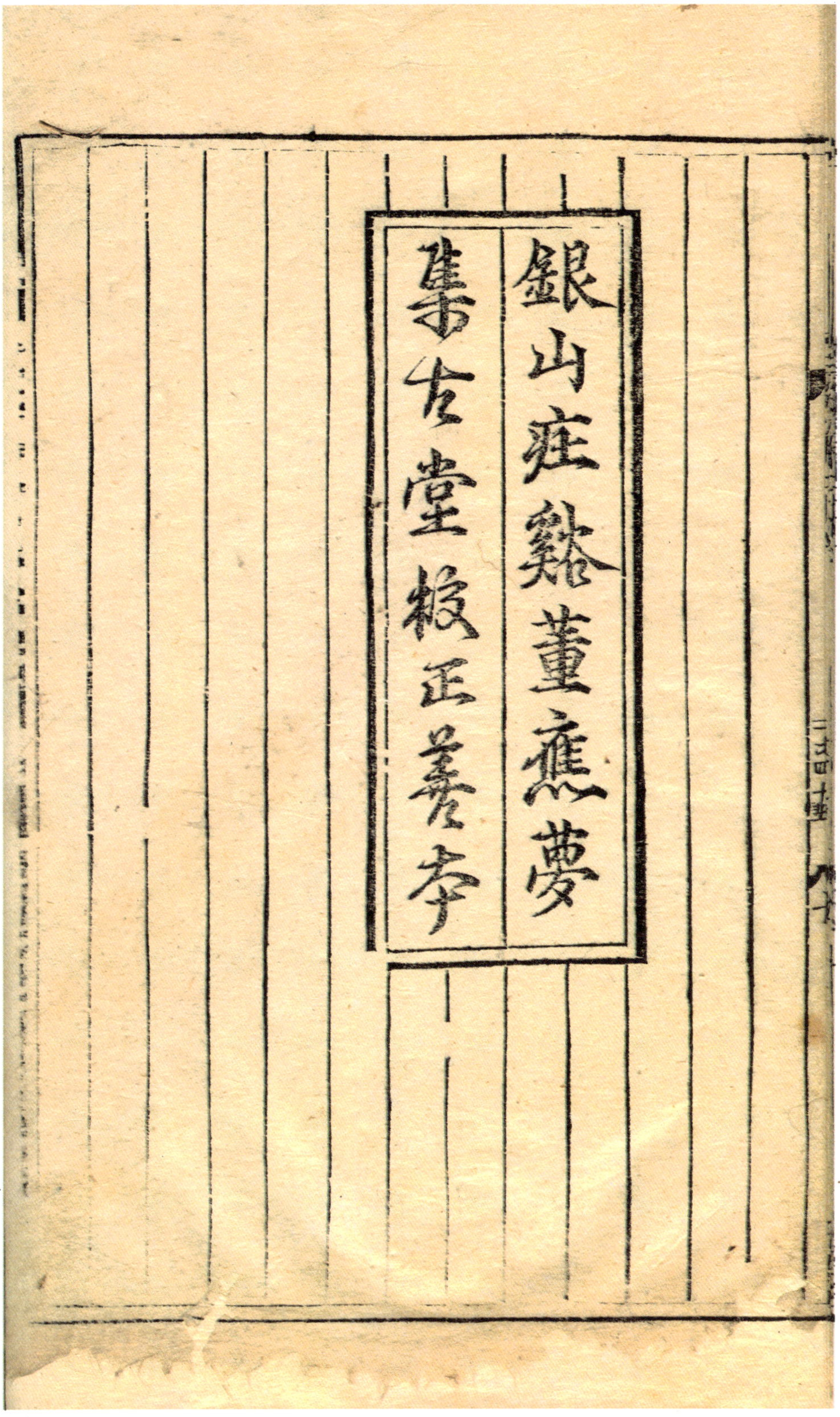

銀山莊谿董應夢
集古堂校正善本

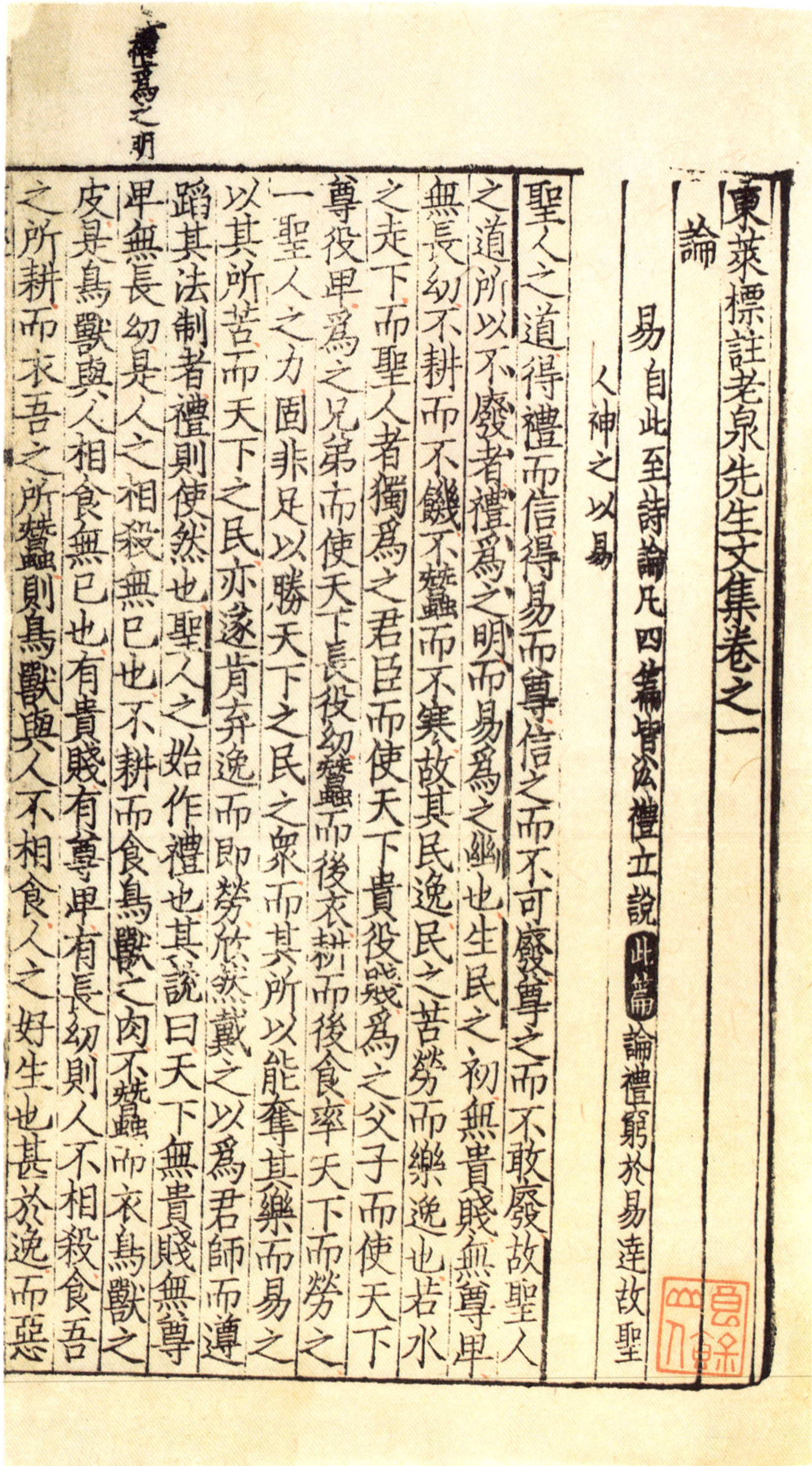

禮爲之明

東萊標註老泉先生文集卷之一

論

易自此至詩論凡四篇皆以禮立說（此篇）論禮窮於易達故聖人神之以易

聖人之道得禮而信得易而尊信之而不可廢尊之而不敢廢故聖人之道所以不廢者禮爲之明而易爲之幽也生民之初無貴賤無尊卑無長幼不耕而不饑不蠶而不寒故其民逸民之苦勞而樂逸也若水之走下而聖人者獨爲之君臣而使天下貴役賤爲之父子而使天下尊役卑爲之兄弟而使天下長役幼蠶而後衣耕而後食率天下而勞之一聖人之力固非足以勝天下之民之衆而其所以能奪其樂而易之以其所苦而天下之民亦遂肯弃逸而即勞欣然戴之以爲君師而遵蹈其法制者禮則使然也聖人之始作禮也其說曰天下無貴賤無尊卑無長幼是人之相殺無已也不耕而食鳥獸之肉不蠶而衣鳥獸之皮是鳥獸與人相食無已也有貴賤有尊卑有長幼則人不相殺食吾之所耕而衣吾之所蠶則鳥獸與人不相食人之好生也甚於逸而惡

01240 東萊標註三蘇文集五十九卷（宋）蘇洵 蘇軾 蘇轍撰 （宋）呂祖謙輯 宋刻本

匡高19.1厘米，廣12.7厘米。半葉十五行，行二十七字，白口，左右雙邊。有“謙牧堂書畫記”、“天禄琳琅”、“天禄繼鑑”等印。國家圖書館藏，存五十一卷。

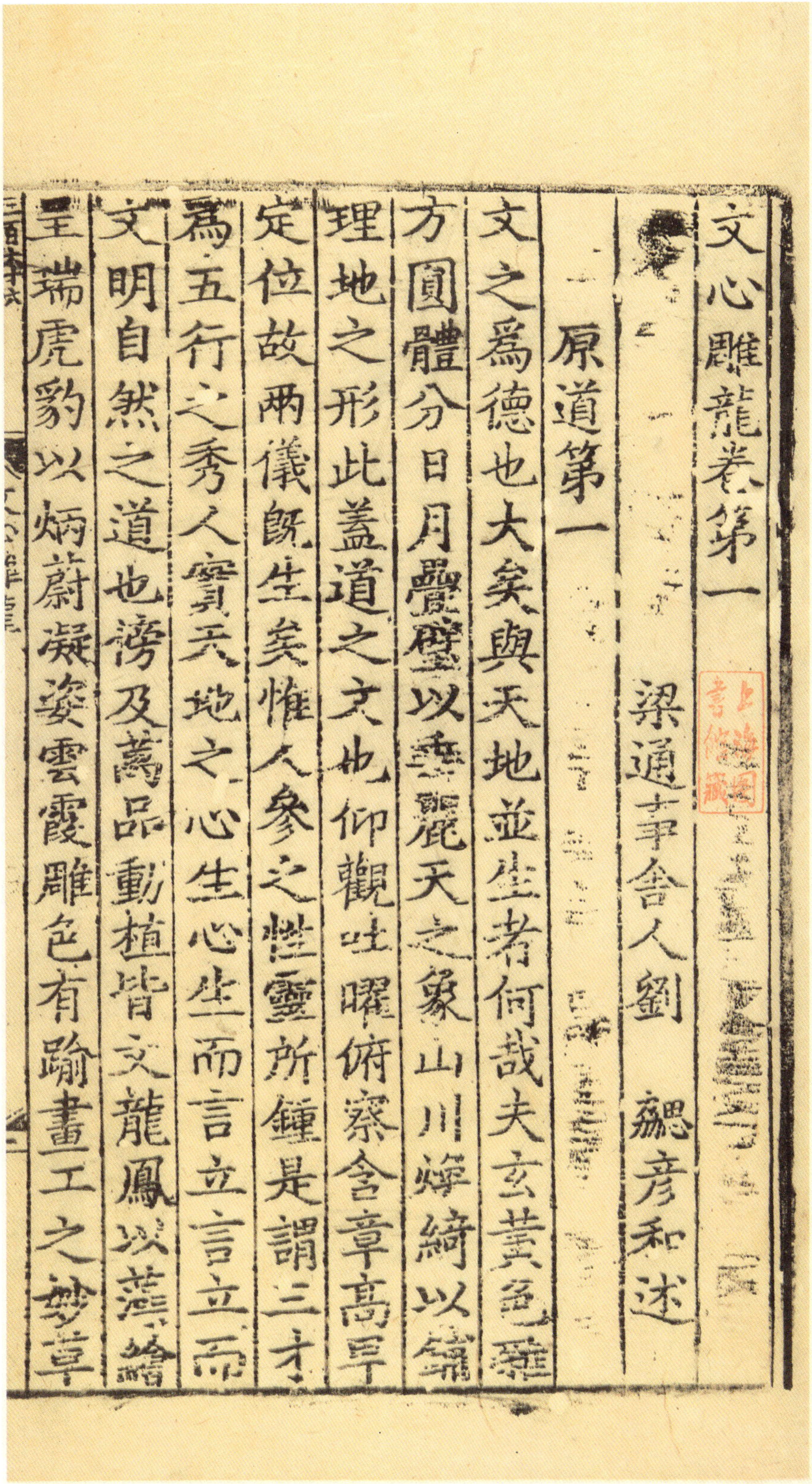

文心雕龍卷第一
梁通事舍人劉勰彥和述
原道第一
文之爲德也大矣與天地並生者何哉夫玄黃色雜方圓體分日月疊璧以垂麗天之象山川煥綺以鋪理地之形此蓋道之文也仰觀吐曜俯察含章高卑定位故兩儀既生矣惟人參之性靈所鍾是謂三才爲五行之秀人實天地之心生心生而言立言立而文明自然之道也傍及萬品動植皆文龍鳳以藻繪呈瑞虎豹以炳蔚凝姿雲霞雕色有踰畫工之妙草

01241 文心雕龍十卷 （梁）劉勰撰　元至正十五年（1355）嘉興路儒學刻明修本

匡高23厘米，廣15.6厘米。半葉十行，行二十字，細黑口，左右雙邊。有“安樂堂藏書記”、“明善堂覽書画印記”、“徐乃昌讀”等印。上海圖書館藏。

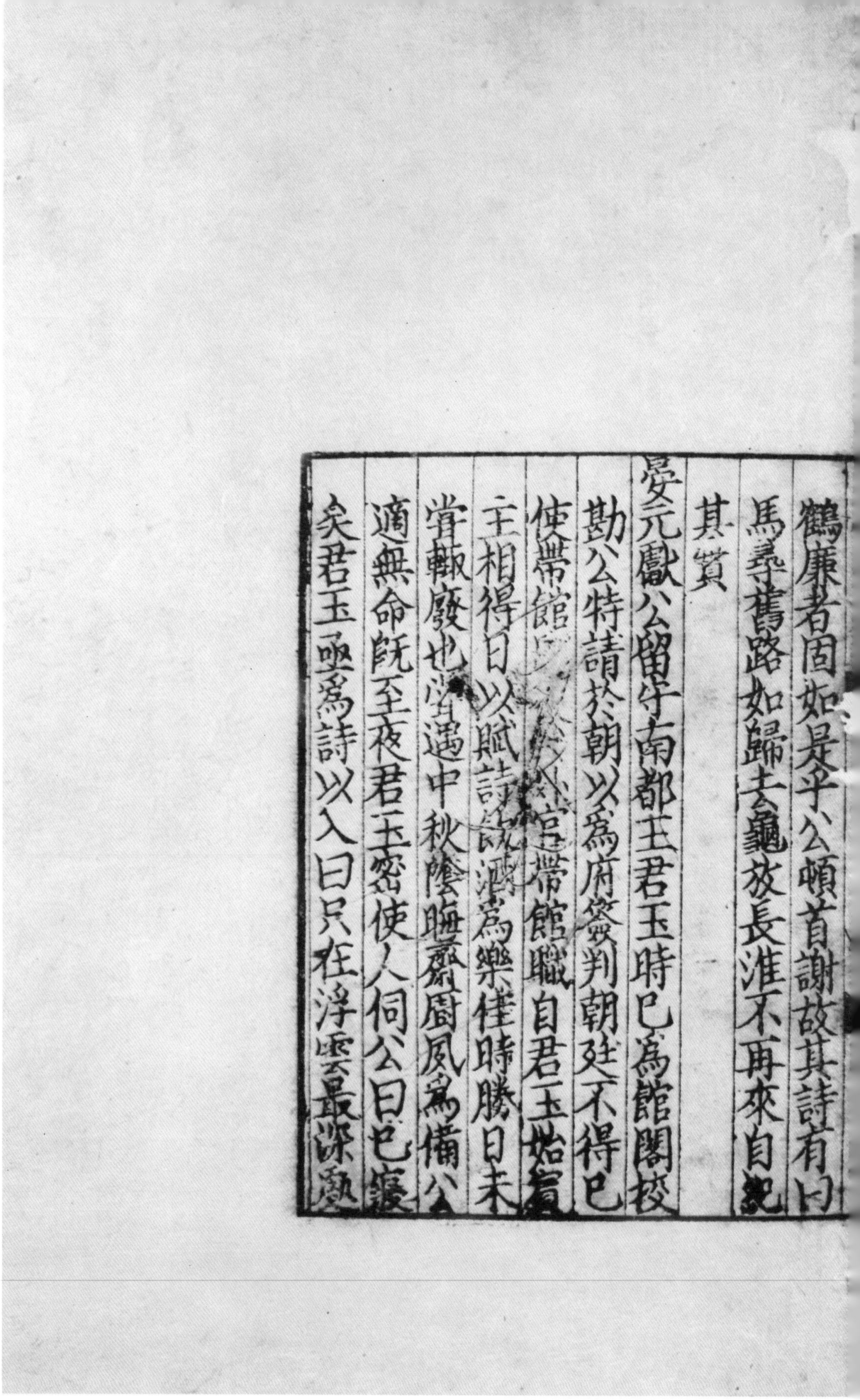

鶴廉者固如是乎公頓首謝故其詩有曰
馬尋舊路如歸去龜放長淮不再來自記
其質
晏元獻公留守南都王君玉時已爲館閣校
勘公特請於朝以爲府簽判朝廷不得已
使帶館[illegible]官帶館職自君玉始賓
主相得日以賦詩飲酒爲樂佳時勝日未
嘗輒廢也嘗遇中秋陰晦齋廚夙爲備公
適無命既至夜君玉密使人伺公曰已寢
矣君玉亟爲詩以入曰只在浮雲最深處

01242 葉先生詩話三卷 （宋）葉夢得撰　元陳仁子刻本

蝴蝶裝。匡高14.2厘米，廣10.9厘米。半葉十行，行十七字，黑口，左右雙邊。有“士礼居藏”等印。國家圖書館藏。

葉先生詩話卷上

石林葉 夢得 少蘊述

古迂陳 仁子 同備校正

趙清獻公以清德服一世平生畜雷氏琴一張鶴與白龜各一所向與之俱始除帥成都蜀風素侈公單車就道以琴鶴龜自隨蜀人安其政治聲藉甚元豐間既罷政事守越復自越再移蜀時公將老矣過泗州渡淮前已放鶴至是復以龜投淮中既入見先帝問卿前以匹馬入蜀所攜獨琴

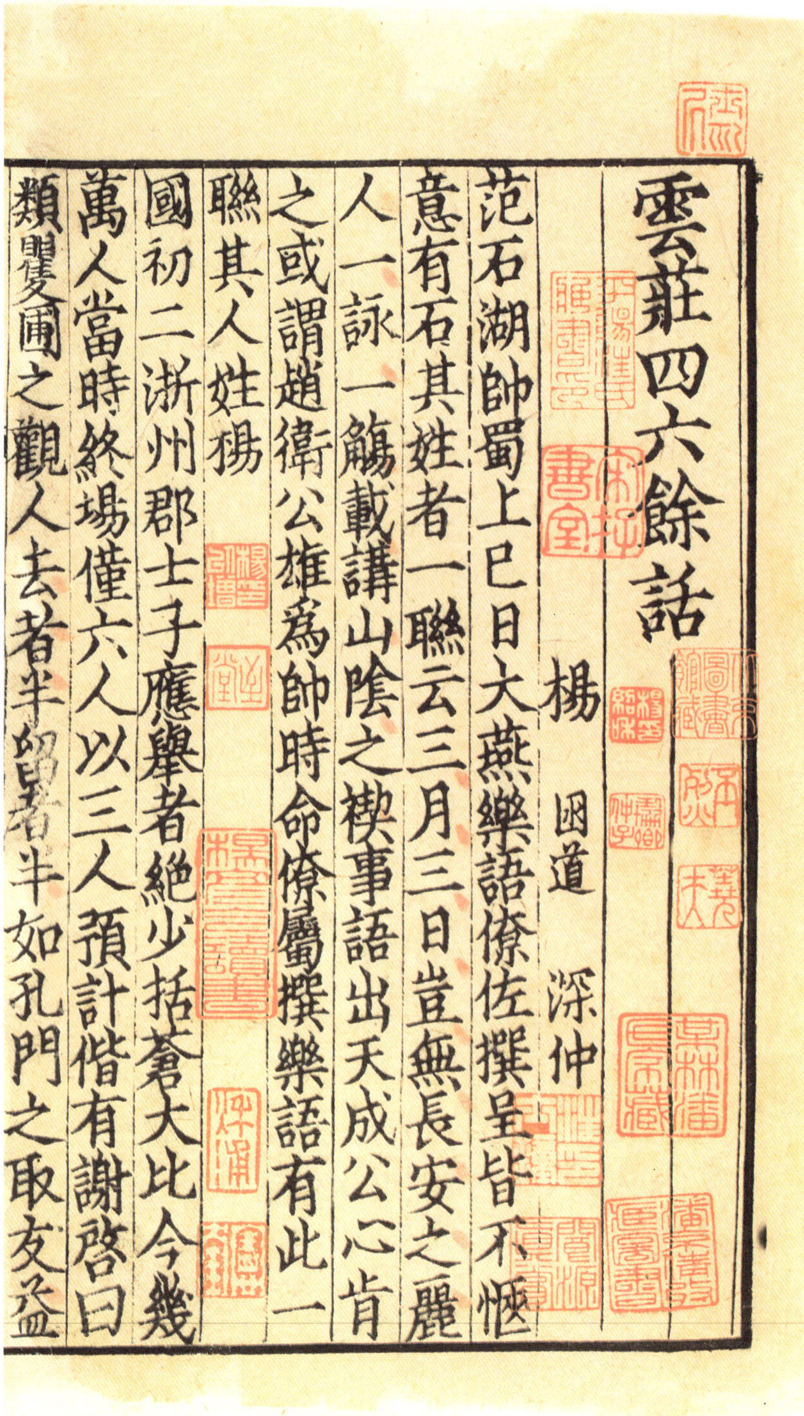

雲莊四六餘話

楊　囦道　深仲

范石湖帥蜀上巳日大燕樂語僚佐撰呈皆不愜意有石其姓者一聯云三月三日豈無長安之麗人一詠一觴載講山陰之禊事語出天成公心肯之或謂趙衛公雄爲帥時命僚屬撰樂語有此一聯其人姓揚

國初二浙州郡士子應舉者絶少括蒼大比今幾萬人當時終場僅六人以三人預計偕有謝啓曰類矍圃之觀人去者半留者半如孔門之取友益

01243　雲莊四六餘話一卷　（宋）楊囦道撰　宋刻本

匡高17.5厘米，廣11.6厘米。半葉十一行，行十九字，細黑口，左右雙邊。有“虞山潘氏寶藏”、“丕烈”、“汪印士鐘”、“楊氏海源閣鑒藏”、“東萊劉占洪字少山藏書”等印。國家圖書館藏。

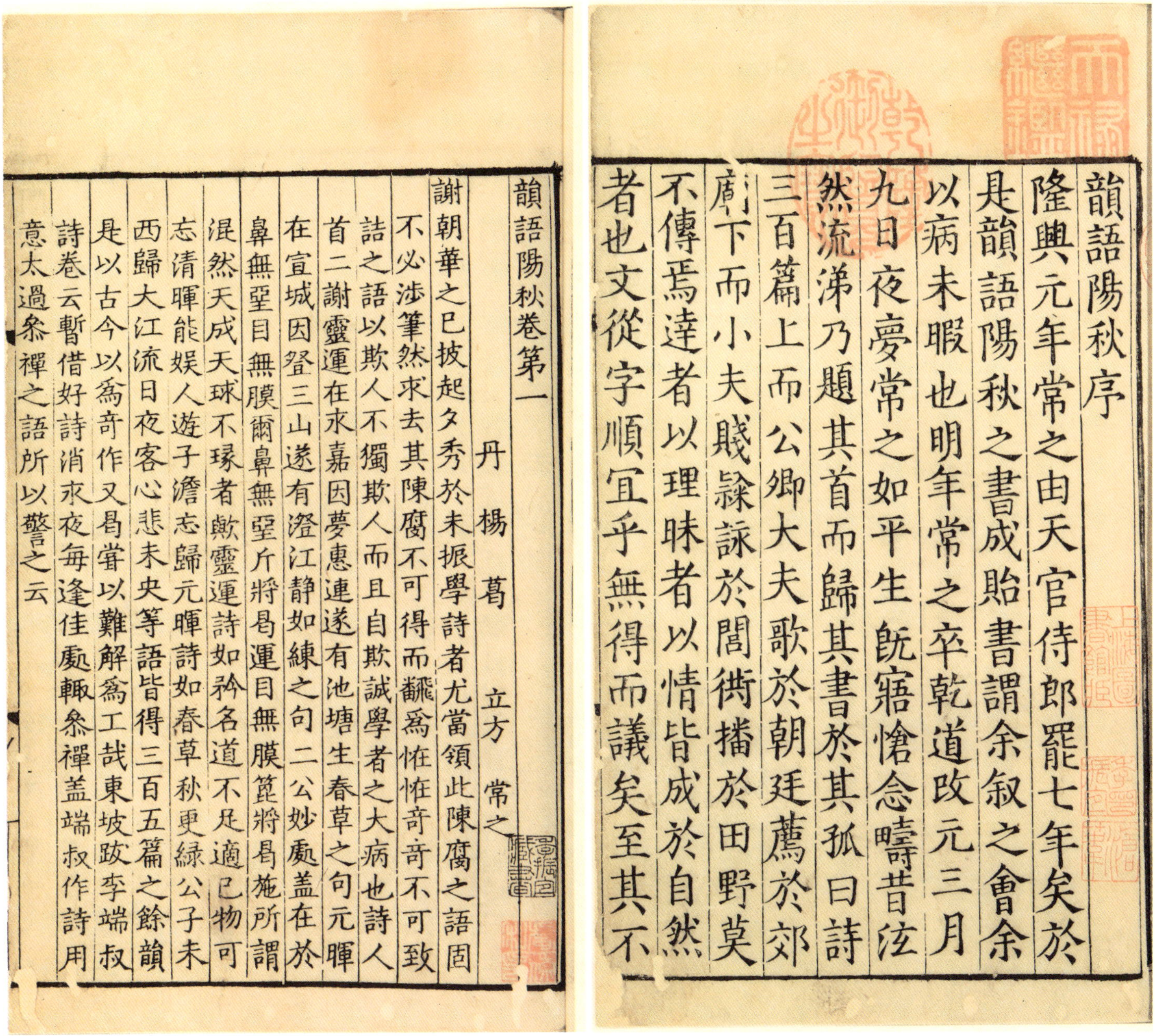
韻語陽秋序

隆興元年常之由天官侍郎罷七年矣於是韻語陽秋之書成貽書謂余叙之會余以病未暇也明年常之卒乾道改元三月九日夜夢常之如平生旣寤愴念疇昔泫然流涕乃題其首而歸其書於其孤曰詩三百篇上而公卿大夫歌於朝廷薦於郊廟下而小夫賤隸詠於閭衖播於田野莫不傳焉達者以理昧者以情皆成於自然者也文從字順宜乎無得而議矣至其不

韻語陽秋卷第一

丹楊葛立方常之

謝朝華之已披起夕秀於未振學詩者尤當領此陳腐之語固不必涉筆然求去其陳腐不可得而翻爲恠恠奇奇不可致詰之語以欺人不獨欺人而且自欺誠學者之大病也詩人首二謝靈運在永嘉因夢惠連遂有池塘生春草之句元暉在宣城因登三山遂有澄江靜如練之句二公妙處蓋在於鼻無堊目無膜爾鼻無堊斤將曷運目無膜篦將曷施所謂混然天成天球不琢者歟靈運詩如衿名道不足適己物可忘清暉能娛人遊子澹忘歸元暉詩如春草秋更綠公子未西歸大江流日夜客心悲未央等語皆得三百五篇之餘韻是以古今以爲奇作又曷嘗以難解爲工哉東坡跋李端叔詩卷云暫借好詩消永夜每逢佳處輙參禪蓋端叔作詩用意太過參禪之語所以警之云

01244 韻語陽秋二十卷 （宋）葛立方撰　宋刻本

匡高18.8厘米，廣13.2厘米。半葉十四行，行二十四字，白口或細黑口，左右雙邊。有“五福五代堂寶”、“八徵耄念之寶”、“太上皇帝之寶”、“乾隆御覽之寶”、“天禄琳琅”、“天禄繼鑑”等印。上海圖書館藏。

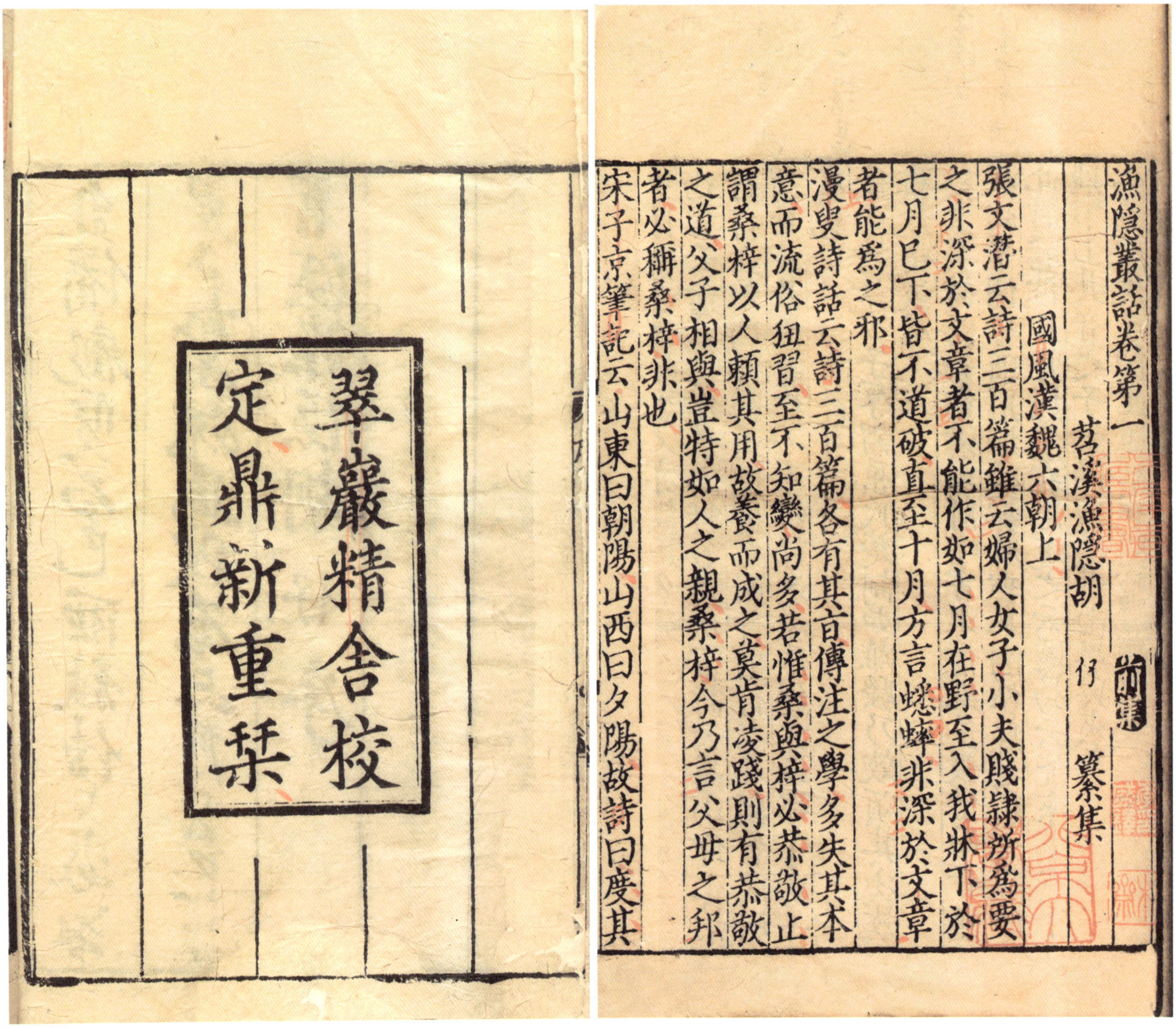
翠巖精舍校
定鼎新重栞

漁隱叢話卷第一　前集
苕溪漁隱胡　仔　纂集
國風漢魏六朝上
張文潛云詩三百篇雖云婦人女子小夫賤隷所爲要
之非深於文章者不能作如七月在野至入我牀下於
七月已下皆不道破直至十月方言蟋蟀非深於文章
者能爲之邪
漫叟詩話云詩三百篇各有其旨傳注之學多失其本
意而流俗狃習至不知變尚多若惟桑與梓必恭敬止
謂桑梓以人賴其用故養而成之莫肯凌踐則有恭敬
之道父子相與豈特如人之親桑梓今乃言父母之邦
者必稱桑梓非也
宋子京筆記云山東曰朝陽山西曰夕陽故詩曰度其

01245 漁隱叢話前集六十卷 （宋）胡仔輯　元翠巖精舍刻本

匡高18.4厘米，廣13.5厘米。半葉十三行，行二十一字，白口，左右雙邊。有“翠巖精舍校定鼎新重栞”牌记。有“李印盛鐸”等印。傅增湘跋。北京大學圖書館藏，存五十卷。

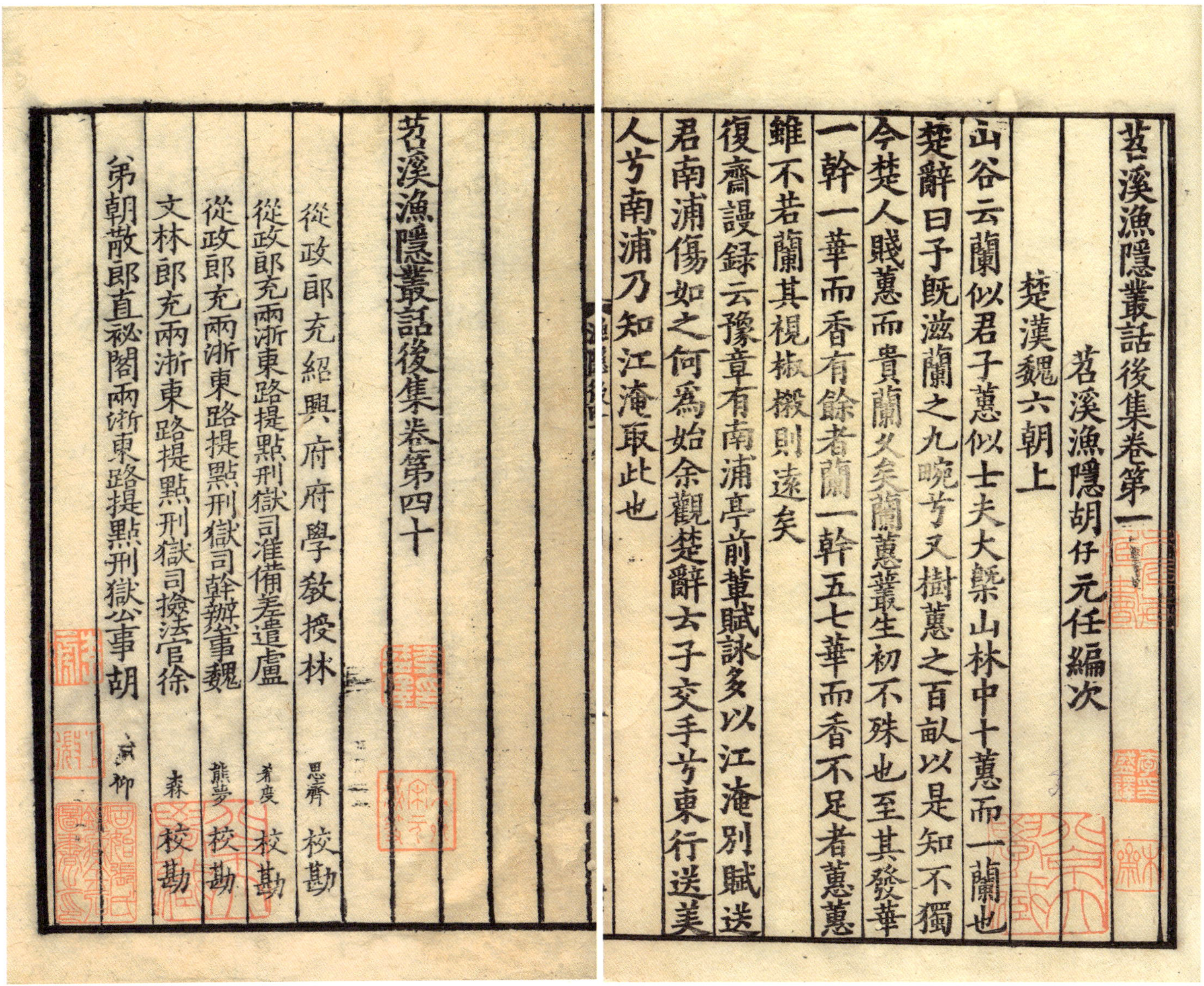

苕溪漁隱叢話後集卷第一
苕溪漁隱胡仔元任編次
楚漢魏六朝上
山谷云蘭似君子蕙似士夫大槩山林中十蕙而一蘭也
楚辭曰予既滋蘭之九畹兮又樹蕙之百畝以是知不獨
今楚人賤蕙而貴蘭久矣蘭蕙叢生初不殊也至其發華
一幹一華而香有餘者蘭一幹五七華而香不足者蕙蕙
雖不若蘭其視椒榝則遠矣
復齋謾録云豫章有南浦亭前輩賦詠多以江淹別賦送
君南浦傷如之何爲始余觀楚辭云子交手兮東行送美
人兮南浦乃知江淹取此也

苕溪漁隱叢話後集卷第四十
從政郎充紹興府府學教授林思齊校勘
從政郎充兩浙東路提點刑獄司准備差遣盧耆度校勘
從政郎充兩浙東路提點刑獄司幹辦公事魏熊夢校勘
文林郎充兩浙東路提點刑獄司檢法官徐森校勘
弟朝散郎直秘閣兩浙東路提點刑獄公事胡仰

01246 苕溪漁隱叢話後集四十卷（宋）胡仔輯　南宋淳熙二年（1175）胡仰兩浙東路提點刑獄司刻本

匡高20.5厘米，廣14.6厘米。半葉十一行，行二十二字，白口，左右雙邊。有“乾學”、“李印盛鐸”等印。傅增湘題記。北京大學圖書館藏，存三十八卷。

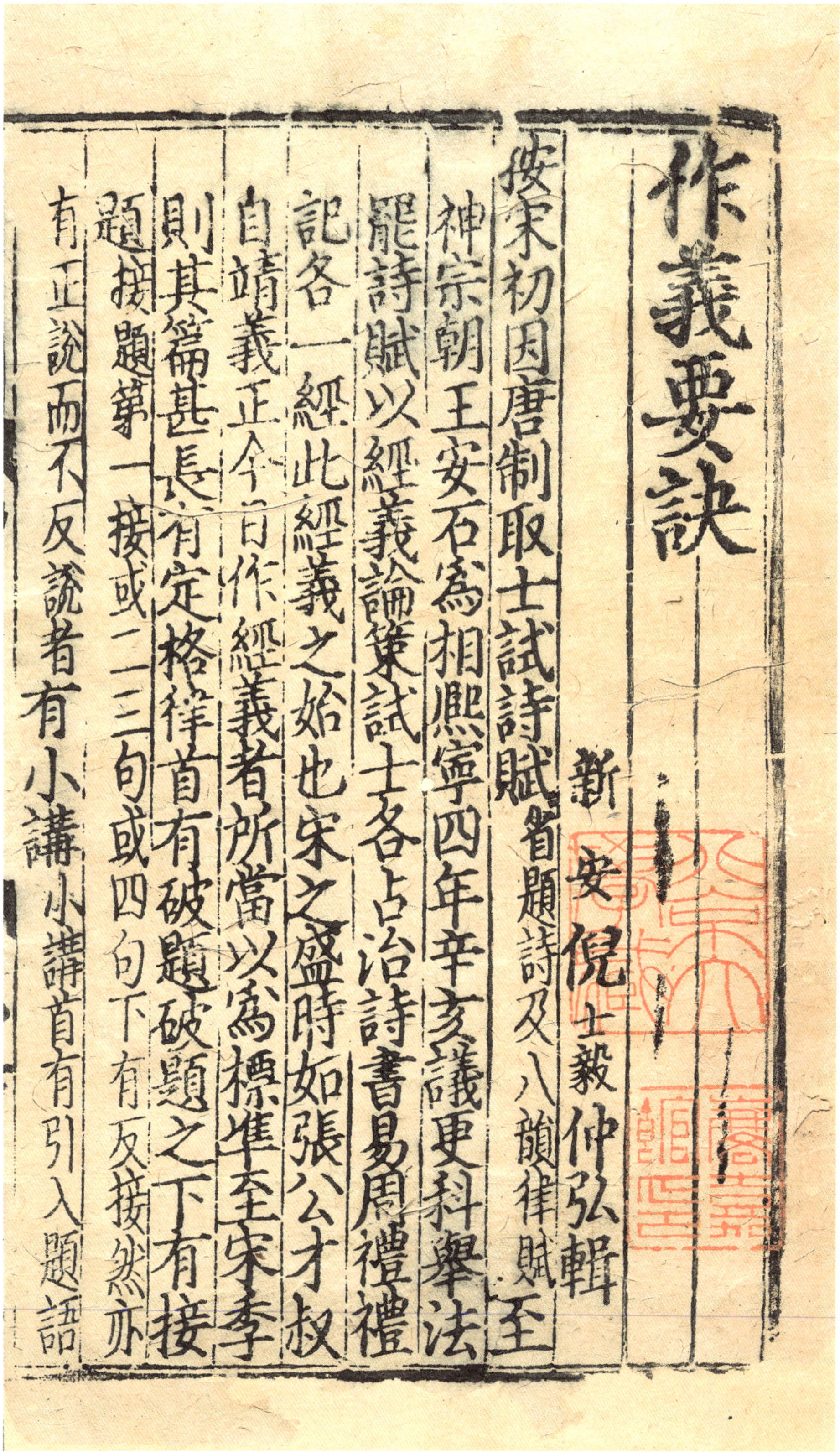
作義要訣
新安倪士毅仲弘輯
按宋初因唐制取士試詩賦省題詩及八韻律賦至
神宗朝王安石爲相熙寧四年辛亥議更科舉法
罷詩賦以經義論策試士各占治詩書易周禮禮
記各一經此經義之始也宋之盛時如張公才叔
自靖義正今日作經義者所當以爲標準至宋季
則其篇甚長有定格律首有破題破題之下有接
題接題第一接或二三句或四句下有反接然亦
有正說而不反說者有小講小講首有引入題語

01247 作義要訣一卷科場備用書義斷法六卷 （元）倪士毅撰　元刻本

匡高18.3厘米，廣11.8厘米。半葉十一行，行二十字，細黑口，四周雙邊。北京大學圖書館藏。

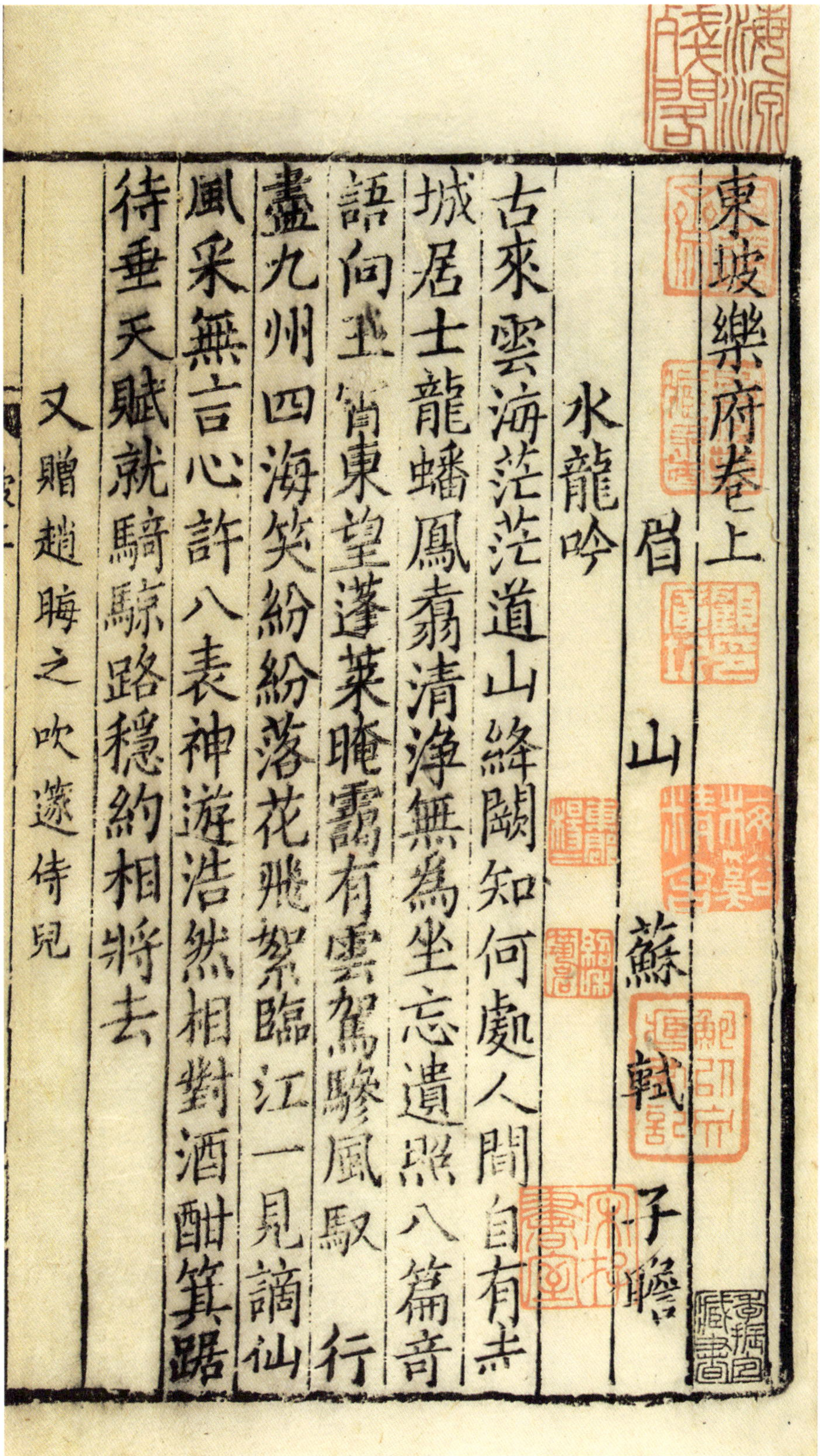

東坡樂府卷上
眉山蘇軾子瞻
水龍吟
古來雲海茫茫道山絳闕知何處人間自有赤
城居士龍蟠鳳翥清淨無為坐忘遺照八篇奇
語向玉霄東望蓬萊晻靄有雲駕驂風馭行
盡九州四海笑紛紛落花飛絮臨江一見謫仙
風采無言心許八表神遊浩然相對酒酣箕踞
待垂天賦就騎鯨路穩約相將去
又贈趙晦之吹笛侍兒

01248 東坡樂府二卷 （宋）蘇軾撰　元延祐七年（1320）葉辰南阜書堂刻本

匡高18.8厘米，廣12.4厘米。半葉十行，行十八字，白口，左右雙邊。有“辛夷館印”、“古吴王氏”、“季振宜藏書”、“乾學”、“鮑以文藏書記”、“顧印廣圻”、“曾藏汪閬源家”、“楊氏海源閣藏”、“周暹”等印。黄丕烈跋。國家圖書館藏。

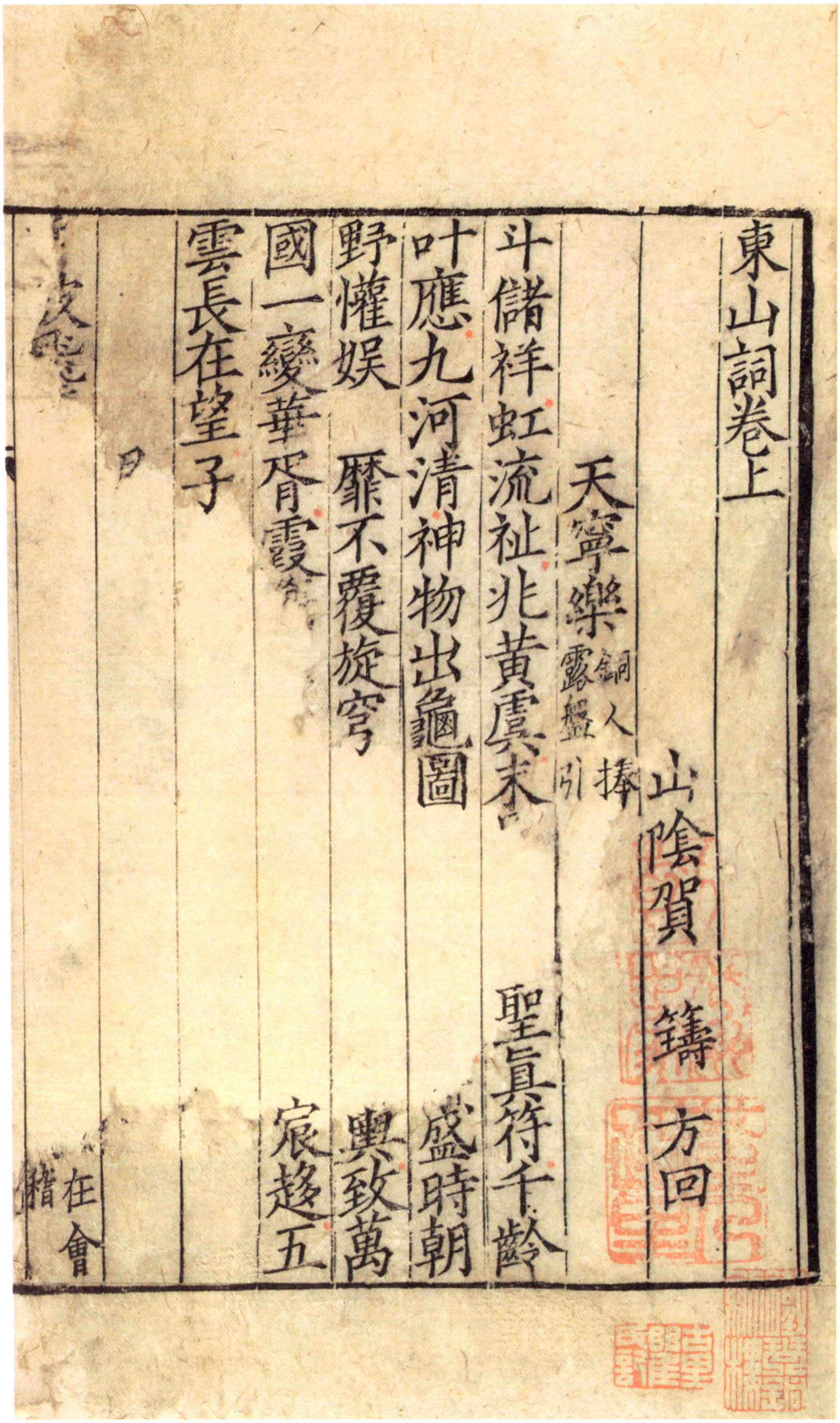
東山詞卷上
山陰賀鑄方回
天寧樂 銅人捧露盤引
斗儲祥虹流祉兆黃虞末 聖眞符千齡
叶應九河清神物出龜圖 盛時朝
野懽娛 驩不覆旋穹 輿致萬
國一變華胥霞 宸遊五
雲長在望子
在會
稽

01249 東山詞二卷 （宋）賀鑄撰　宋刻本

匡高17.3厘米，廣13.3厘米。半葉十行，行十八字，白口，左右雙邊。有“毛褒之印”、“席氏玉照”、“鐵琴銅劍樓”等印。國家圖書館藏，存一卷。

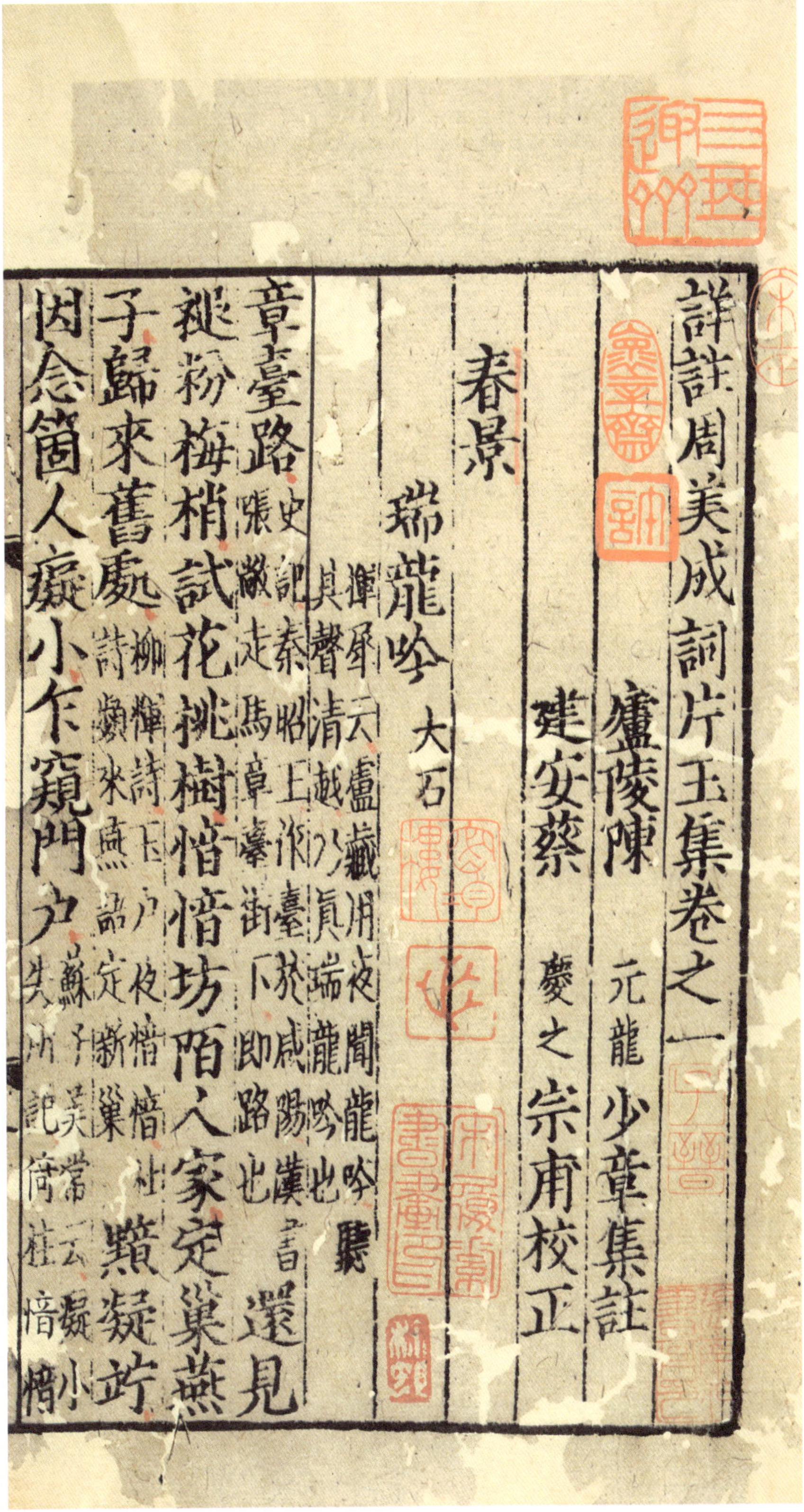
詳註周美成詞片玉集卷之一
廬陵陳　元龍　少章集註
建安蔡　慶之　宗甫校正
春景
瑞龍吟　大石　樂府云盧藏用夜聞龍吟聲具聲清越入真端龍吟也
章臺路　史記秦昭王坐章臺於咸陽漢書張敞走馬章臺街下即路也　還見
褪粉梅梢試花桃樹愔愔坊陌人家定巢燕
子歸來舊處　柳惲詩下户夜愔愔詩燕來燕語定新巢　黯凝佇
因念箇人癡小乍窺門户　蘇子美嘗一云癡小失所記倚柱愔愔

01250　詳註周美成詞片玉集十卷　（宋）周邦彦撰（宋）陳元龍注　宋刻本

匡高18厘米，廣11.8厘米。半葉十行，行十七字，小字雙行同，細黑口，左右雙邊。有“毛晉”、“雪苑宋氏蘭揮藏書記”、“張氏南陽”、“寒雲秘笈珍藏之印”、“懷辛齋”、“蔣祖詒”等印。李盛鐸跋，朱孝臧校并跋。國家圖書館藏。

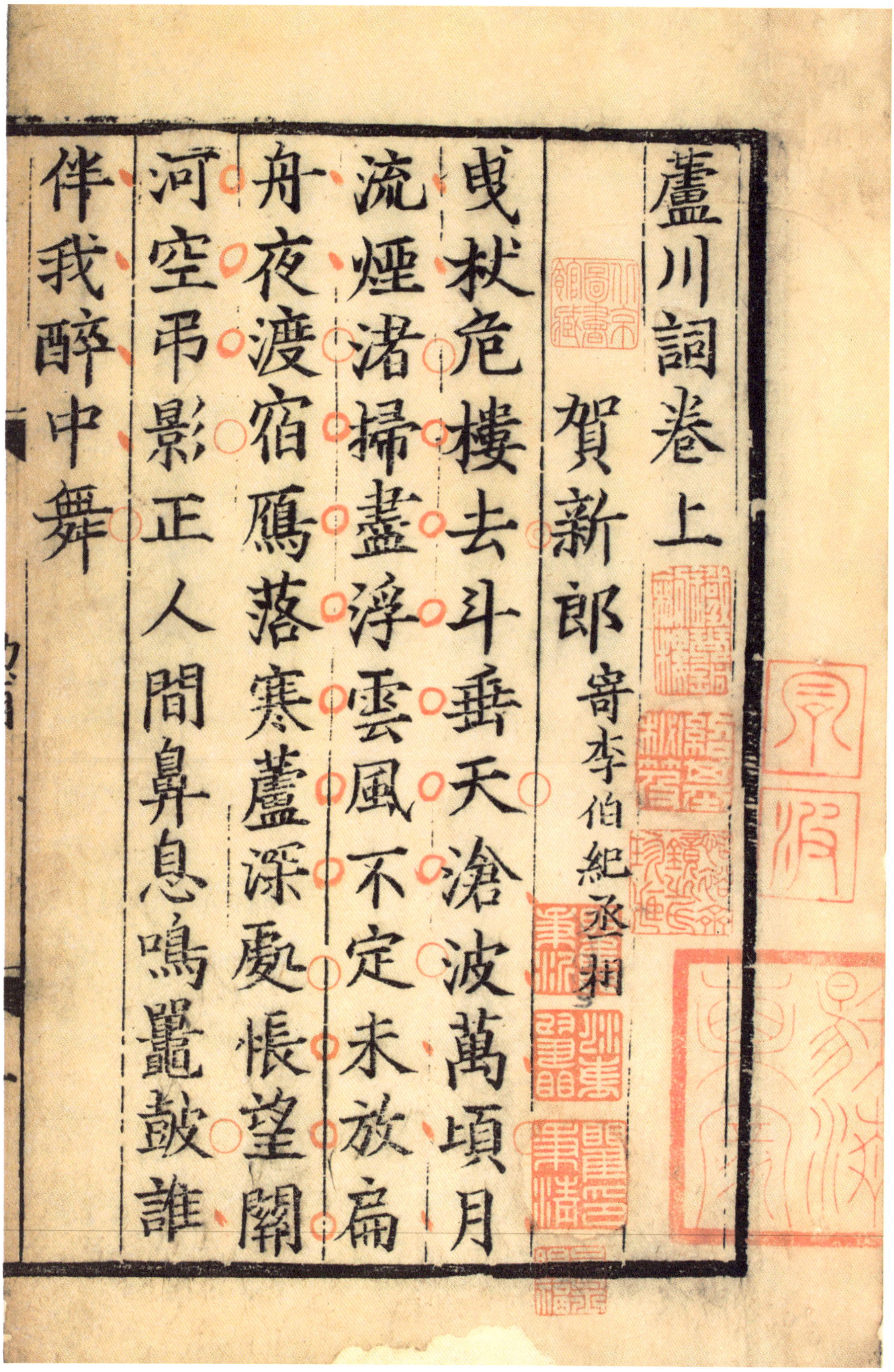

01251 蘆川詞二卷 （宋）張元幹撰 宋刻本

匡高20.2厘米，廣13.5厘米。半葉七行，行十三字，白口，左右雙邊。有"黄丕烈"、"鐵琴銅劍樓"等印。黄丕烈跋。國家圖書館藏。

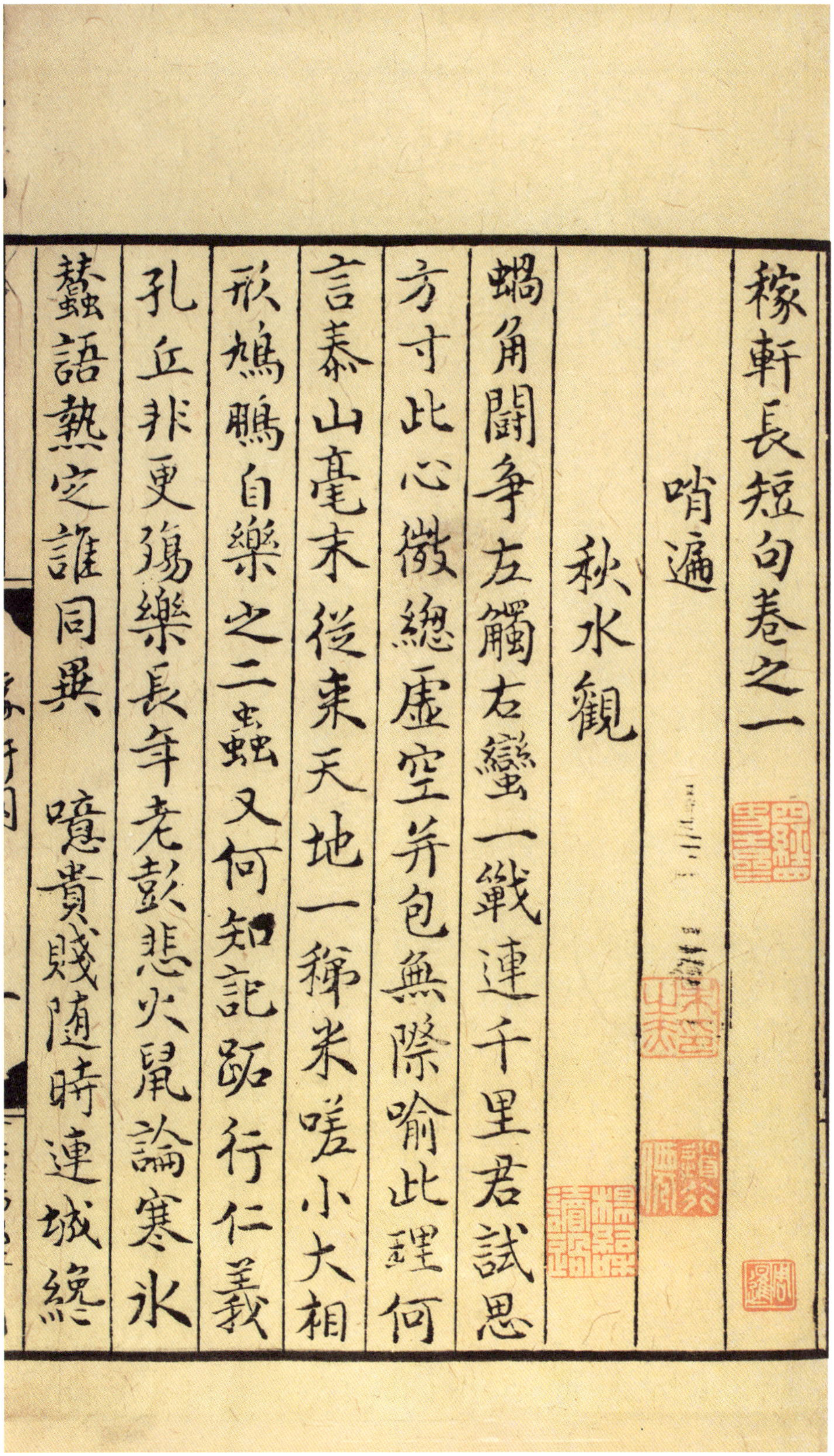

稼軒長短句卷之一
哨遍
秋水觀
蝸角鬬爭左觸右蠻一戰連千里君試思
方寸此心微總虛空并包無際喻此理何
言泰山毫末從來天地一稊米嗟小大相
形鳩鵬自樂之二蟲又何知記跖行仁義
孔丘非更殤樂長年老彭悲火鼠論寒氷
蠶語熱定誰同異　噫貴賤隨時連城纔

01252　稼軒長短句十二卷　（宋）辛棄疾撰　元大德三年（1299）廣信書院刻本

匡高23.3厘米，廣17.7厘米。半葉九行，行十六字，細黑口，左右雙邊。有“袁氏魚叔”、“朱印之赤”、“黄印丕烈”、“曾藏汪閬源家”、“以增之印”、“周暹”等印。黄丕烈、顧廣圻跋，陶梁、瞿中溶、汪鳴鑾、王鵬運、許玉瑑題款。國家圖書館藏。

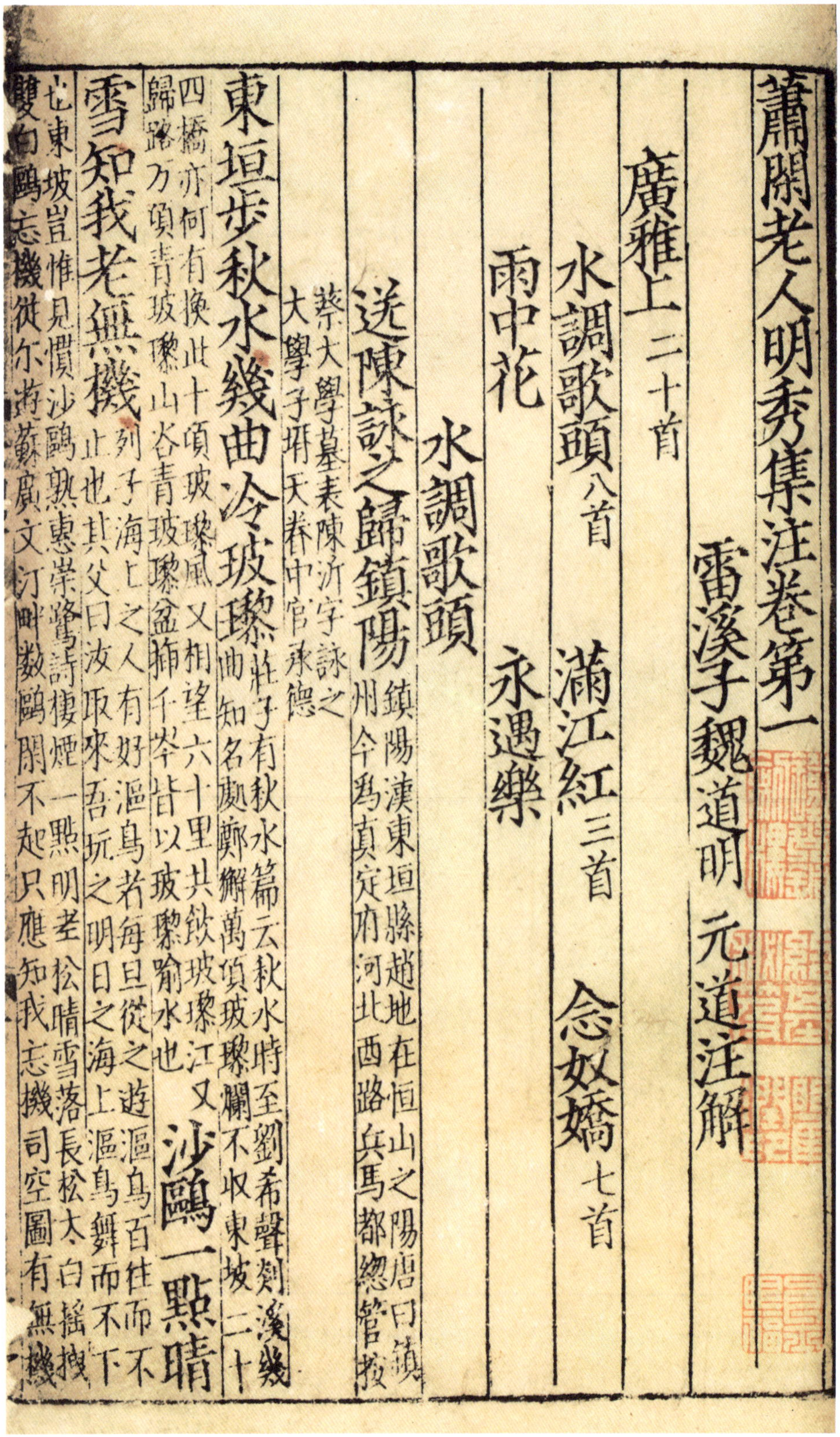
蕭閑老人明秀集注卷第一
雷溪子魏道明 元道注解
廣雅上 二十首
水調歌頭八首 滿江紅三首 念奴嬌七首
雨中花 永遇樂
水調歌頭
送陳詠之歸鎮陽 鎮陽漢東垣縣趙地在恒山之陽唐曰鎮州今為真定府河北西路兵馬都總管按
蔡大學墓表陳沂字詠之大學子琊天眷中官承德
東垣步秋水幾曲冷玻瓈 莊子有秋水篇云秋水時至劉希聲剡溪幾曲知名處鄭獬萬頃玻瓈瀾不收東坡二十四橋亦何有換此十頃玻瓈風又相望六十里共飲玻瓈江又歸路乃須青玻瓈山谷青玻瓈盆插千岑皆以玻瓈喻水也 沙鷗一點晴
雪知我老無機 列子海上之人有好漚鳥者每旦從之遊漚鳥百往而不止也其父曰汝取來吾玩之明日之海上漚鳥舞而不下也東坡豈惟見慣沙鷗熟惠崇鷺鷥詩棲煙一點明老松晴雪落長松太白搖拽雙白鷗忘機從尓游蘇虞文汀畔數鷗閑不起只應知我忘機司空圖有無機

01253 蕭閑老人明秀集注六卷 （金）蔡松年撰 （金）魏道明注 金刻本

匡高23.3厘米，廣17.7厘米。半葉十二行，行二十三字，小字雙行三十字，細黑口，左右雙邊。有“稽瑞樓”、“鐵琴銅劍樓”等印。國家圖書館藏，存三卷。

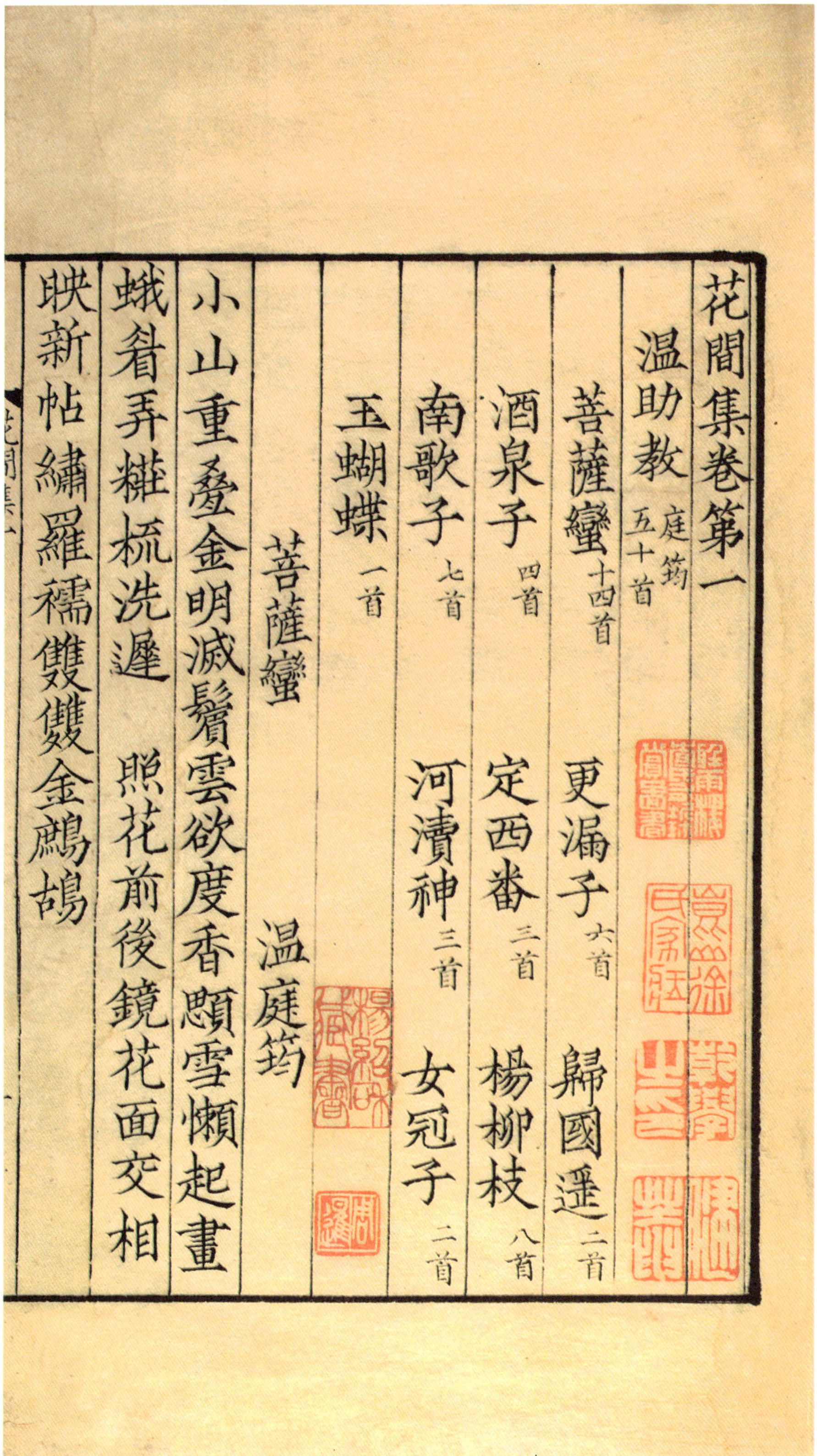
花間集卷第一

温助教 庭筠 五十首

菩薩蠻十四首　更漏子六首　歸國遥二首

酒泉子四首　定西番三首　楊柳枝八首

南歌子七首　河瀆神三首　女冠子二首

玉蝴蝶一首

菩薩蠻　温庭筠

小山重疊金明滅鬢雲欲度香顋雪懶起畫蛾眉弄粧梳洗遲　照花前後鏡花面交相映新帖繡羅襦雙雙金鷓鴣

花間集一

01254 花間集十卷　（後蜀）趙崇祚輯　宋刻遞修公文紙印本

匡高17.4厘米，廣12.8厘米。半葉十行，行十七至十八字，白口，左右雙邊。有“乾學之印”、“聽雨樓查氏有圻珍賞圖書”、“楊紹和藏書”、“周暹”等印。楊保彝題款。國家圖書館藏。

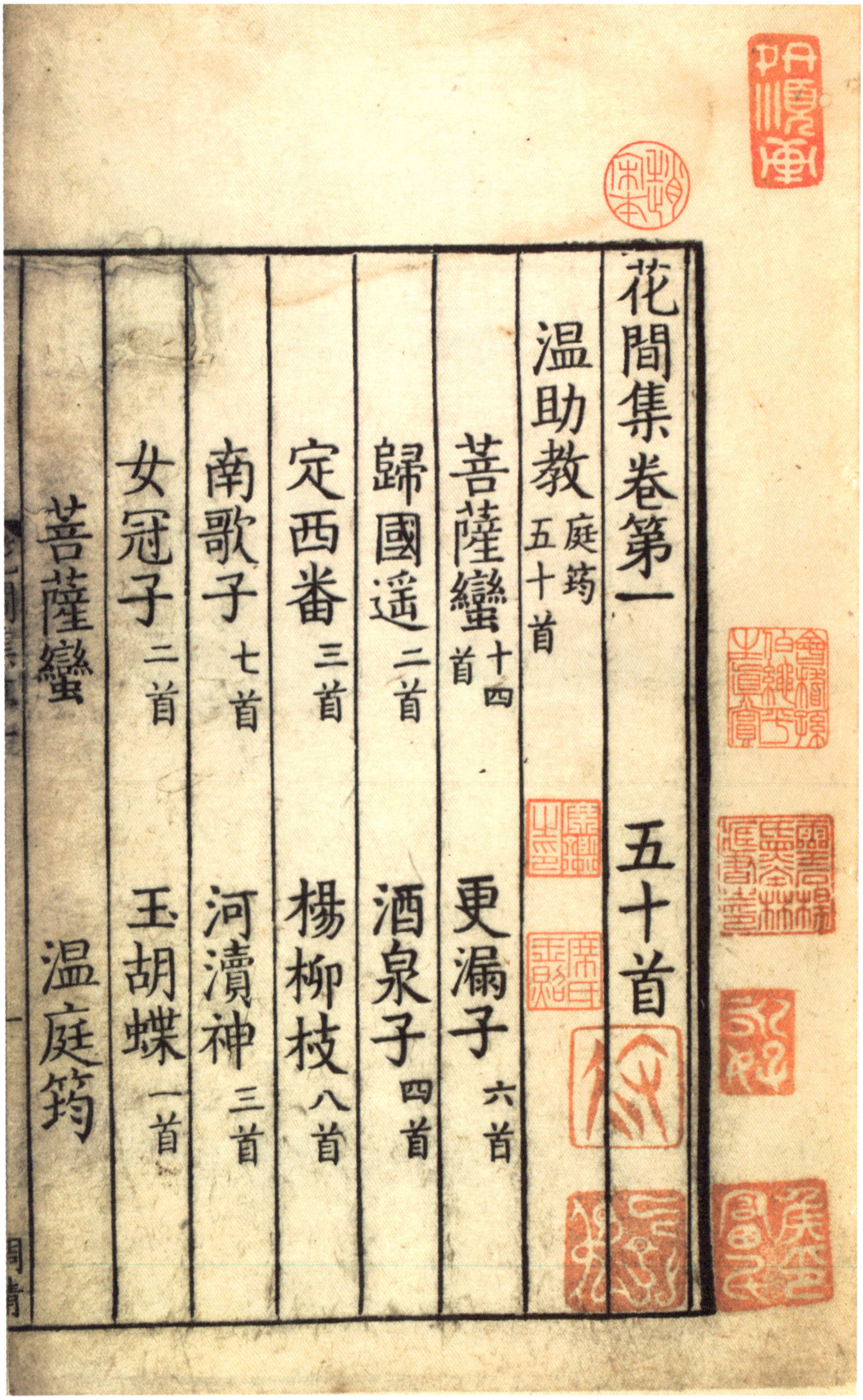

花間集卷第一　五十首
温助教庭筠　五十首
菩薩蠻十四首　更漏子六首
歸國遥二首　酒泉子四首
定西番三首　楊柳枝八首
南歌子七首　河瀆神三首
女冠子二首　玉胡蝶一首
菩薩蠻　温庭筠

01255 花間集十卷　（後蜀）趙崇祚輯　宋紹興十八年（1148）晁謙之建康郡齋刻本

匡高18.4厘米，廣12.3厘米。半葉八行，行十七字，白口，左右雙邊。有“王寵履吉”、“席鑑之印”、“靈石楊氏墨林藏書之印”、“朱印錫庚”、“結一廬藏”、“徐乃昌讀”等印。國家圖書館藏。

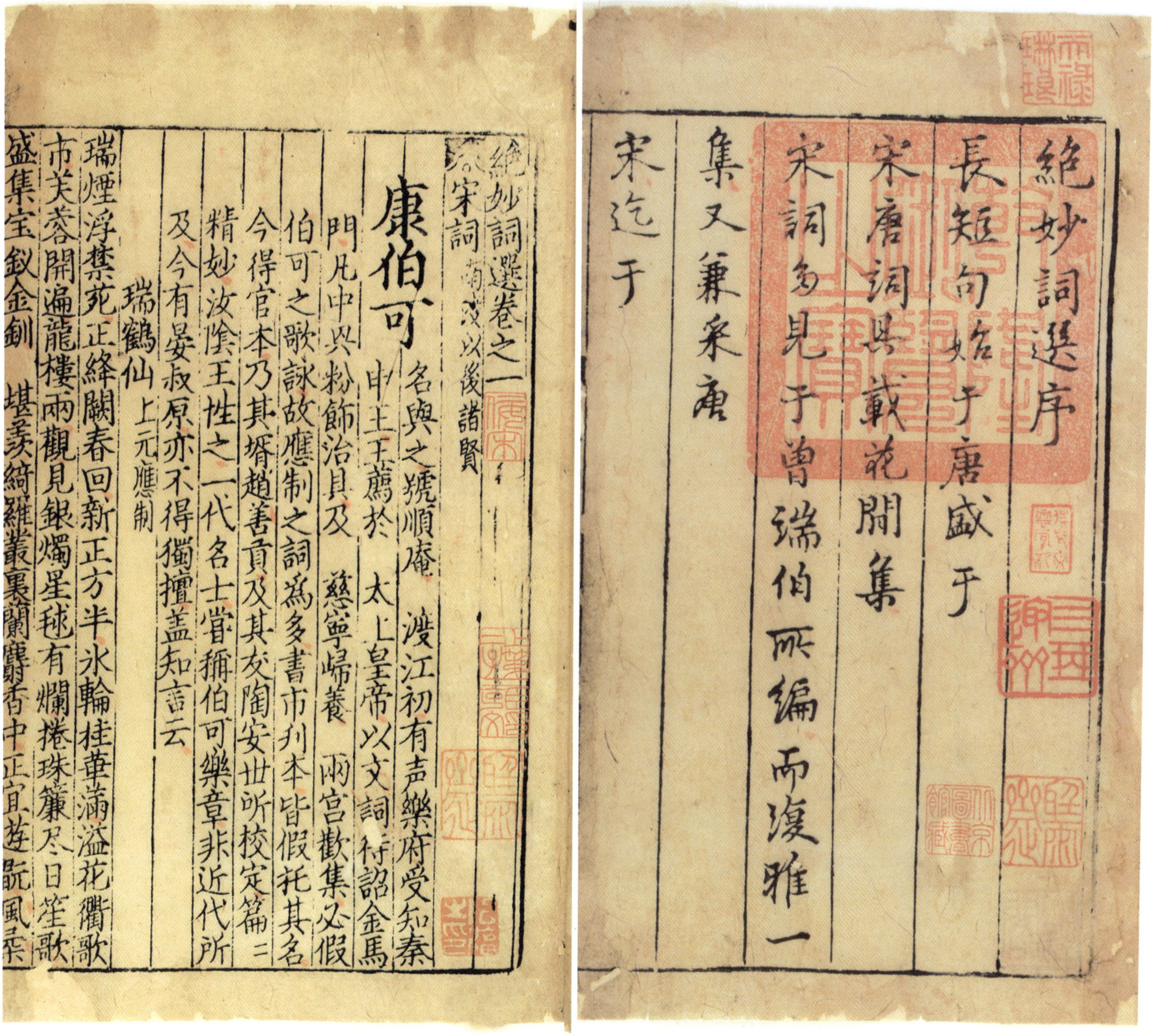

絶妙詞選序
長短句始于唐盛于
宋唐詞具載花間集
宋詞多見于曾端伯所編而復雅一
集又兼采唐
宋迄于

絶妙詞選卷之一
宋詞 南渡以後諸賢
康伯可 名與之號順庵 渡江初有聲樂府受知秦
申王王薦於 太上皇帝以文詞待詔金馬
門凡中興粉飾治具及 慈寧歸養 兩宮歡集必假
伯可之歌詠故應制之詞爲多書市刊本皆假托其名
今得官本乃其婿趙善貢及其交陶安世所校定篇二
精妙汝陰王性之一代名士嘗稱伯可樂章非近代所
及今有晏叔原亦不得獨擅蓋知音云
瑞鶴仙 上元應制
瑞煙浮禁苑正絳闕春回新正方半冰輪桂華滿溢花衢歌
市芙蓉開遍龍樓兩觀見銀燭星毬有爛捲珠簾盡日笙歌
盛集寶釵金釧 堪羨綺羅叢裏蘭麝香中正宜遊玩風柔

01256 中興以來絶妙詞選十卷 （宋）黄昇輯　宋淳祐九年（1249）劉誠甫刻本

匡高18.6厘米，廣12.3厘米。半葉十三行，行二十三字，細黑口，左右雙邊。有“陳淳”、“乾隆御覽之寶”、“天禄琳琅”、“臣印克文”、“澄中”等印。袁克文題詩題詞并跋，章保世、姚朋圖題款。國家圖書館藏。

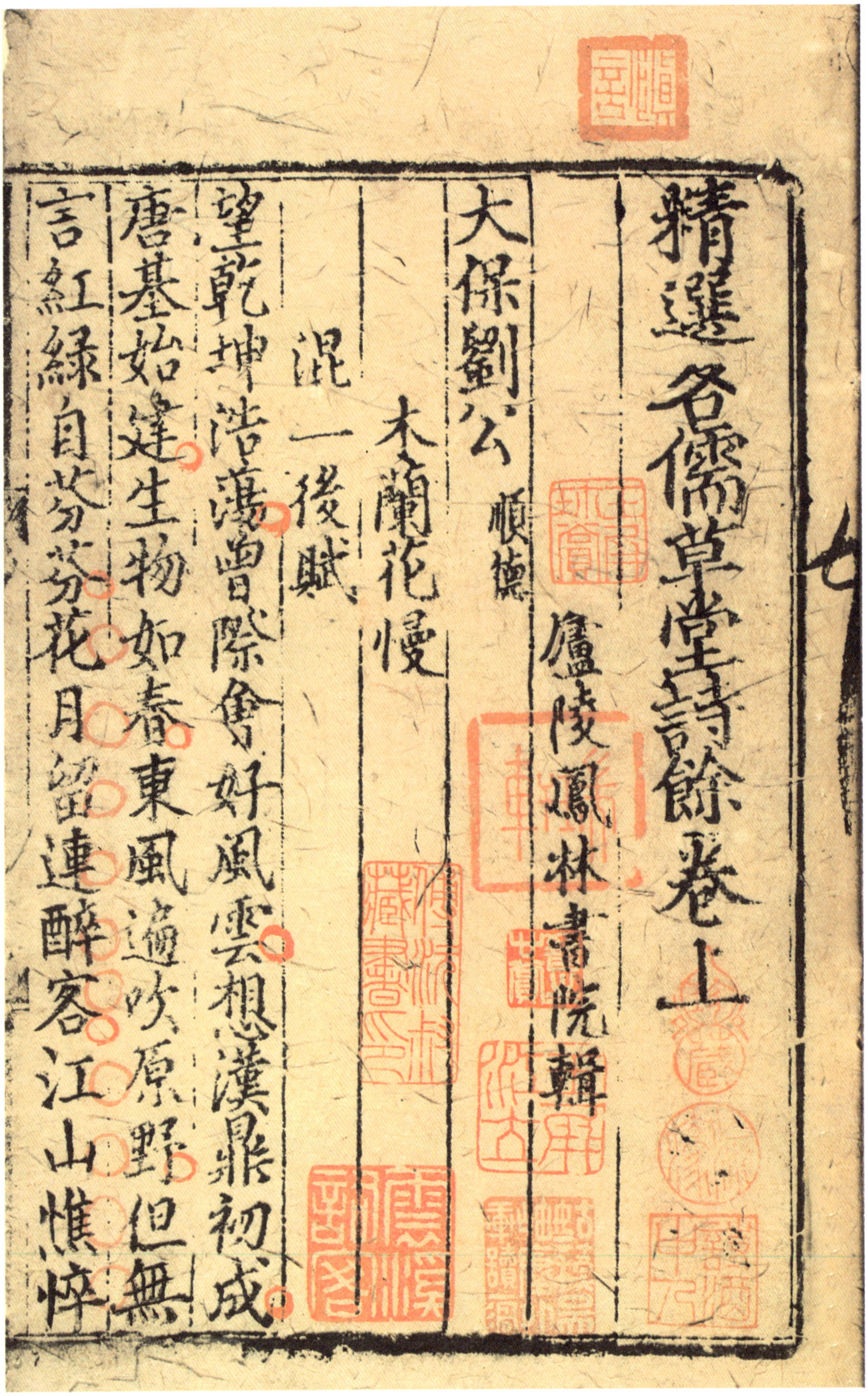

精選名儒草堂詩餘卷上
廬陵鳳林書院輯
大保劉公 順德
木蘭花慢
混一後賦
望乾坤浩蕩曾際會好風雲想漢鼎初成
唐基始建生物如春東風遍吹原野但無
言紅綠自芬芳花月留連醉客江山憔悴

01257 精選名儒草堂詩餘三卷 題鳳林書院輯 元刻本

匡高15.8厘米，廣10.9厘米。半葉九行，行十六字，黑口，四周雙邊。有“姑蘇吴岫塵外軒讀過”、“藏園秘笈”等印。國家圖書館藏。

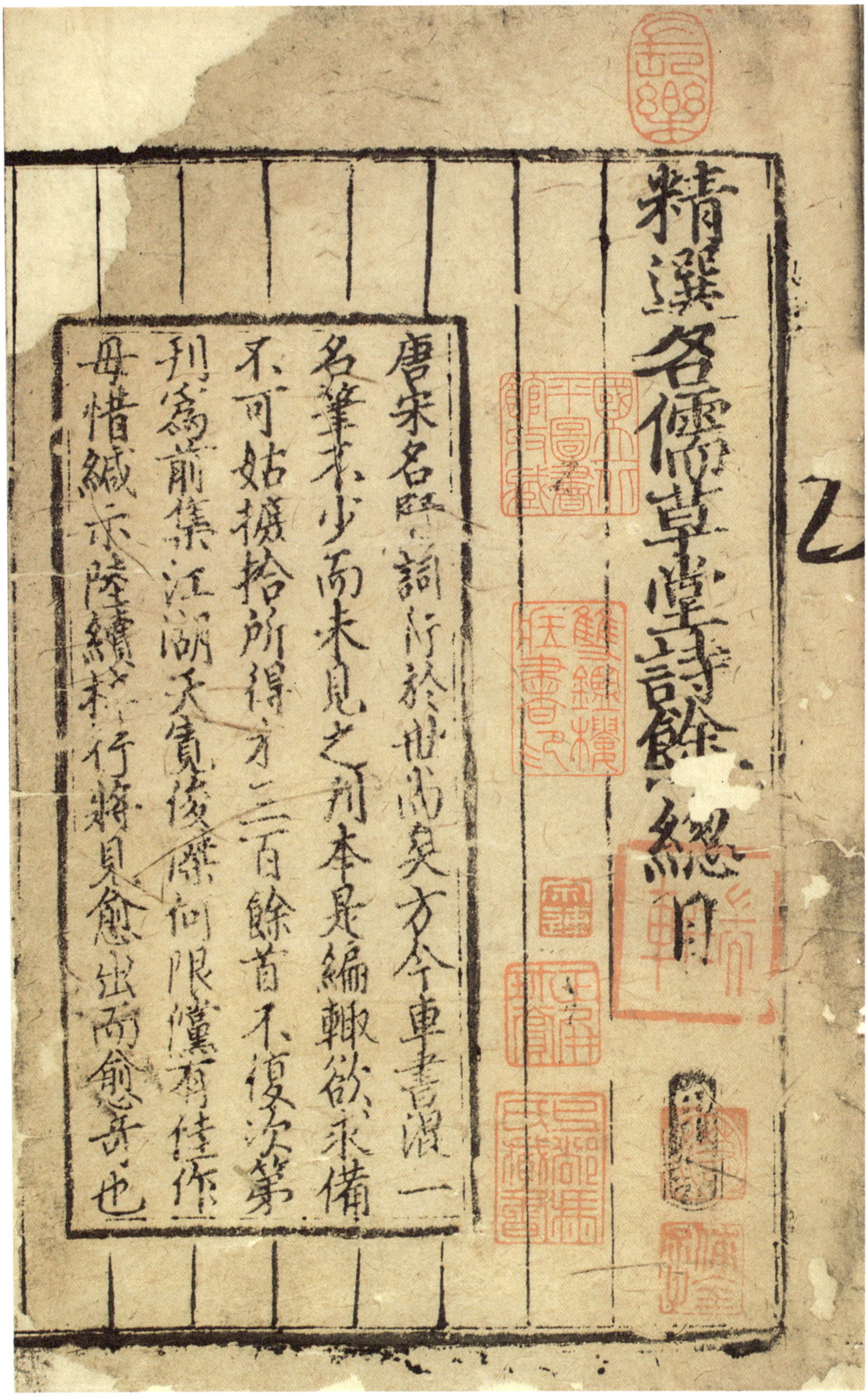

精選名儒草堂詩餘總目

唐宋名賢詞行於世尚矣方今車書混一
名筆不少而未見之刊本是編輙欲求備
不可姑摭拾所得才二百餘首不復次第
刊爲前集江湖天資後傑向限儻有佳作
毋惜緘示陸續刊行將見愈出而愈奇也

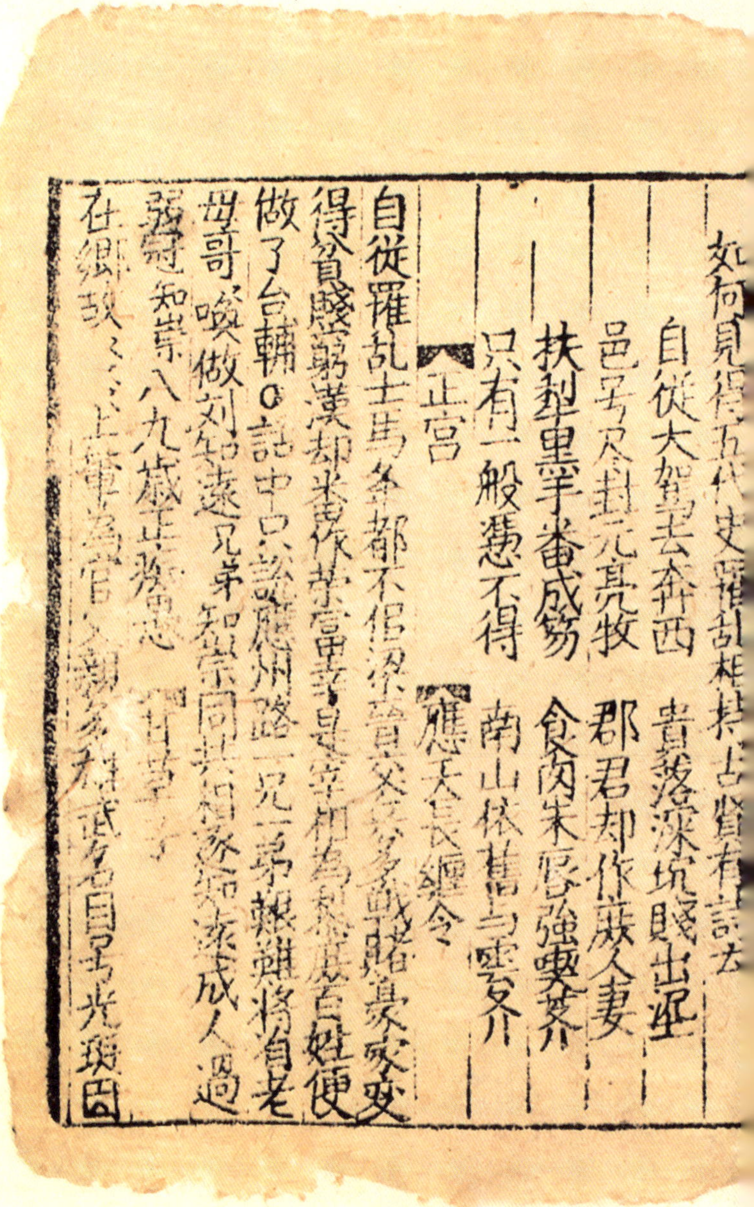

如何見得五代史羅亂相持古賢有詩去

自從大駕去奔西　貴落深坑賤出泥

邑号尽封元亮牧　郡君却作庶人妻

扶犁黒手番成笏　食肉朱唇强喫荠

只有一般憑不得　南山依舊与雲齊

【正宮】　【應天長纏令】

自從羅乱士馬奔都不侶[illegible]

得貧賤窮漢却番作[illegible]

做了台輔。詰中只説應州路一兄一弟[illegible]將自老

毋哥喚做劉知遠兄弟知崇同共相隨知遠成人過

弱冠知崇八九歲[illegible]

在鄉故〻〻上[illegible]為官[illegible]

01258　劉知遠諸宮調十二卷　金刻本

匡高10.3厘米，廣7.8厘米。半葉十二行，行二十至二十一字，白口，左右雙邊。國家圖書館藏，存五卷。

知遠走慕家莊沙佗村入舍第一

【商調】【迴戈樂】引子

悶向閑窗檢文典曾披攬把一十七代看自古及今都總有罹乱共工當日征於不周蚩尤播塵寰湯伐桀周武動兵取了紂江山併吞吴越七雄交戰那鬬鬪楚漢到底高祖洪福果天整四百年間社稷中腰有奸暴王莽昆陽一陣光武尽除剪末後三分爭戈鋌不斷暫得兩晉最傷感兩晉陳隋長是有狼煙大唐二十朝帝子僖宗斤說三朝失政後興五代郎饑饉鬧荒荒

【尾】自從一个黄巢反荒荒地五十余年

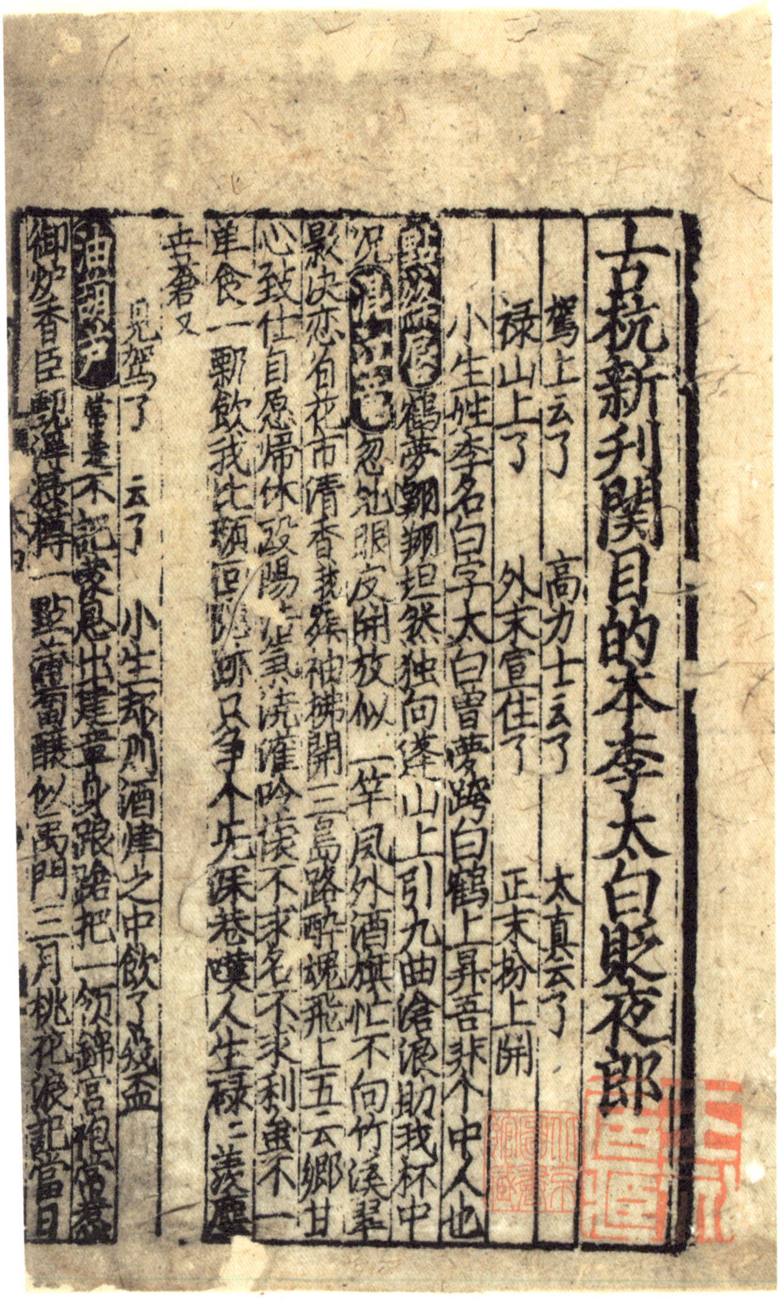

古杭新刊關目的本李太白貶夜郎

01259 古今雜劇三十卷 元刻本

匡高19.3厘米，廣13.7厘米。半葉十四行，行二十四至二十七字，黑口，左右雙邊。有“士礼居藏”等印。國家圖書館藏。

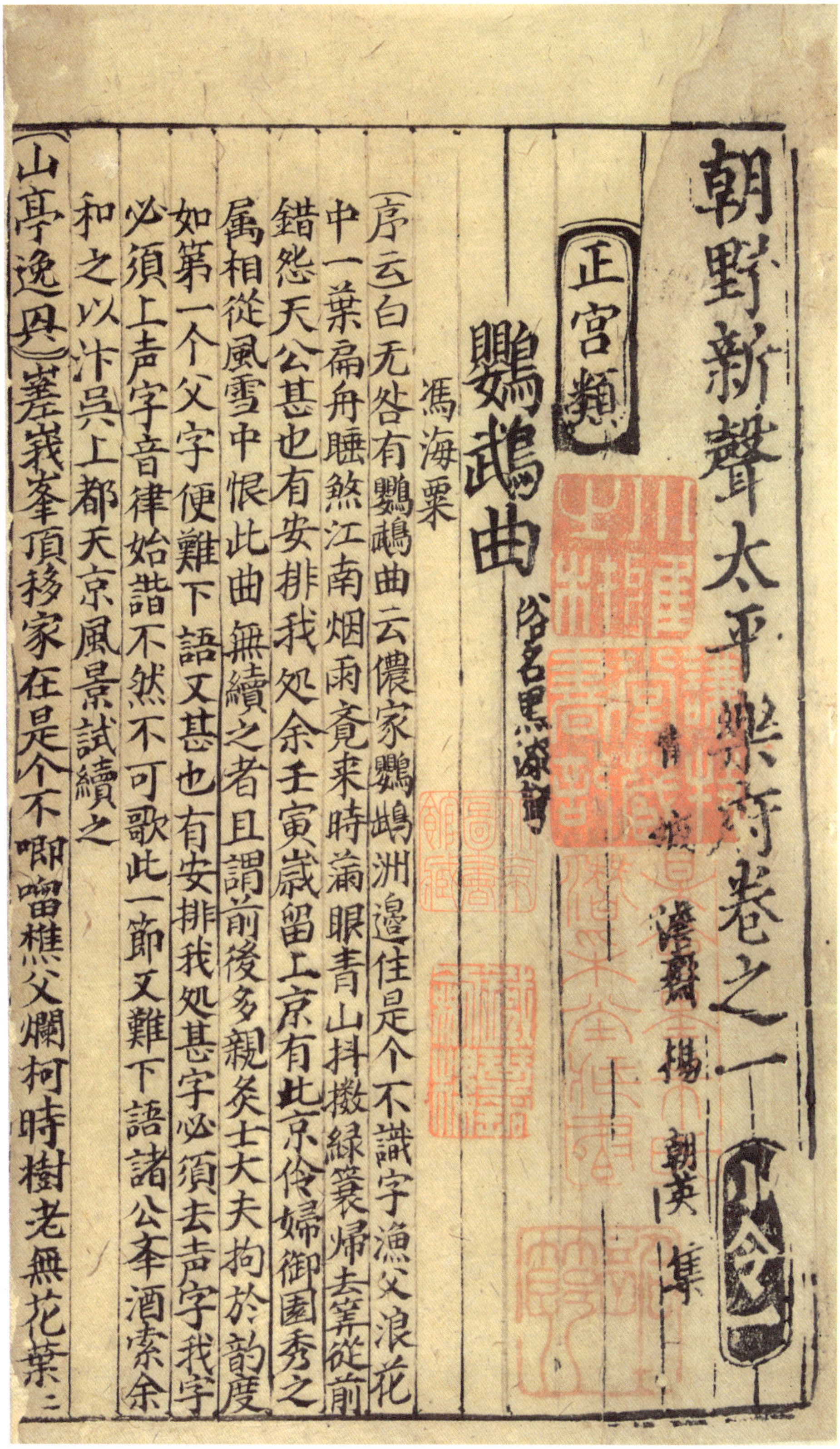
朝野新聲太平樂府卷之一
青城 澹齋 楊朝英 集
正宮類
鸚鵡曲 俗名黑漆弩
馮海粟
序云 白无咎有鸚鵡曲云儂家鸚鵡洲邊住是个不識字漁父浪花中一葉扁舟睡煞江南烟雨覺來時滿眼青山抖擻綠蓑歸去算從前錯怨天公甚也有安排我处余壬寅歲留上京有北京伶婦御園秀之屬相從風雪中恨此曲無續之者且謂前後多親炙士大夫拘於韻度如第一个父字便難下語又甚也有安排我处甚字必須去声字我字必須上声字音律始諧不然不可歌此一節又難下語諸公夲酒索余和之以汴吳上都天京風景試續之
山亭逸興 嵯峩峯頂移家在是个不唧𠺕樵父爛柯時樹老無花葉

01260 朝野新聲太平樂府九卷 （元）楊朝英輯 元刻本

匡高16.7厘米，廣10.6厘米。半葉十六行，行二十八字，黑口，左右雙邊。有“梅會里朱氏潛采堂藏書”、“謙牧堂藏書記”、“鐵琴銅劍樓”等印。國家圖書館藏，存八卷。

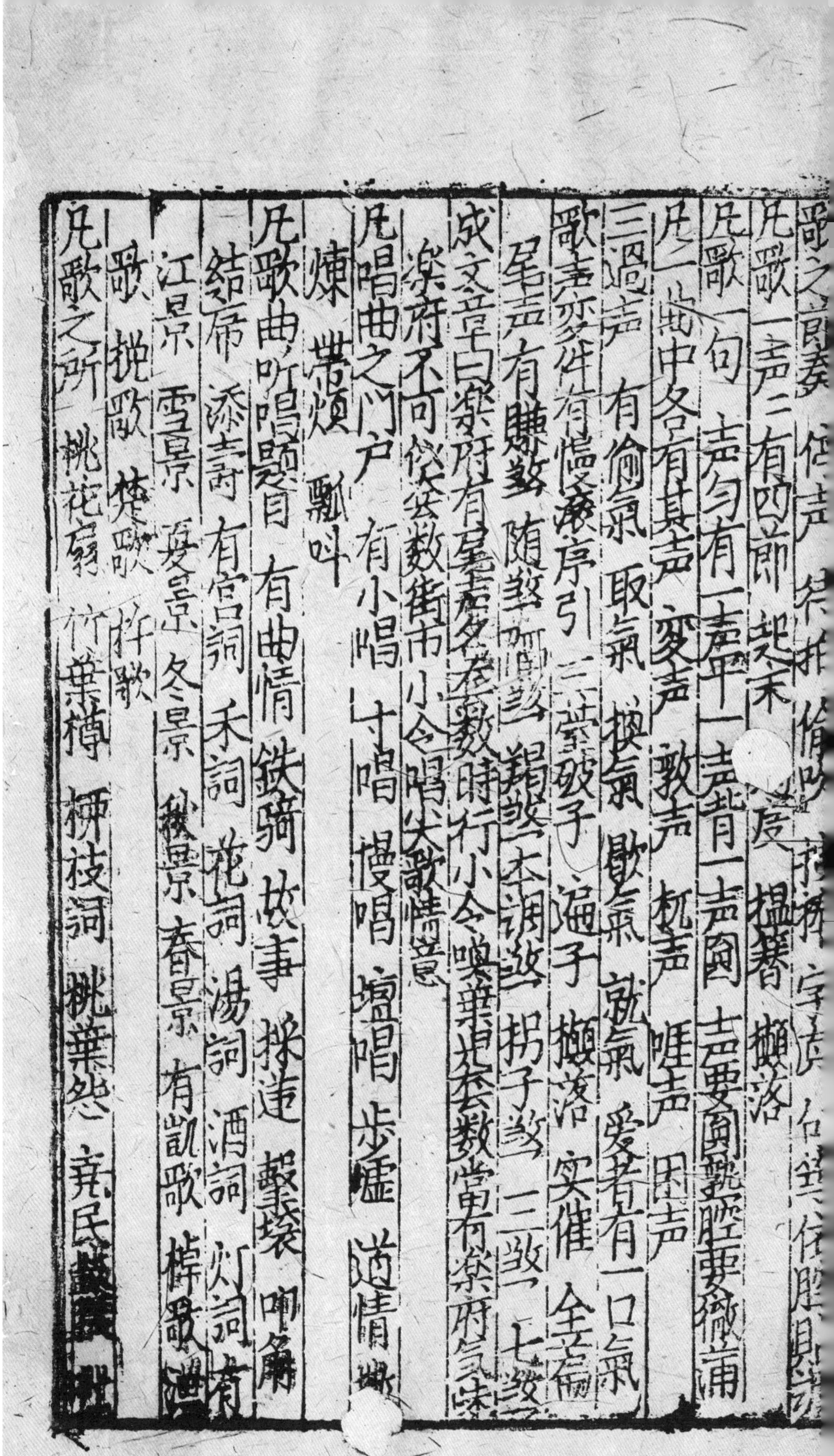
歌之節奏 停声 待拍 偷吹 拽棒 字真 句篤 依腔 貼調
凡歌一声〻有四節 起末 過度 搵簪 攧落
凡歌一句 声韵有一声平 一声背 一声圓 声要圓熟 腔要徹滿
凡一曲中各有其声 變声 敦声 杌声 啀声 困声
三過声 有偷氣 取氣 換氣 歇氣 就氣 愛者有一口氣
歌声変件 有慢滚 序引 三臺 破子 遍子 攧落 实催 全篇
尾声 有賺煞 隨煞 隔煞 羯煞 本调煞 拐子煞 三煞 七煞
成文章曰樂府 有尾声名套數 時行小令喚葉兒 套數當有樂府氣味
樂府不可似套數 街市小令 唱尖歌倩意
凡唱曲之門户 有小唱 寸唱 慢唱 壇唱 步虛 道情 撒[illegible]
煉 帶煩 瓢叫
凡歌曲所唱題目 有曲情 鐵騎 故事 採蓮 擊壤 叩角
結席 添壽 有宮詞 禾詞 花詞 湯詞 酒詞 燈詞
江景 雪景 夏景 冬景 秋景 春景 有凱歌 棹歌 漁[illegible]
歌 挽歌 楚歌 杵歌
凡歌之所 桃花扇 竹葉樽 柳枝詞 桃葉怨 堯民[illegible]

01261 樂府新編陽春白雪前集五卷後集五卷 （元）楊朝英輯　元刻本

蝴蝶裝。匡高16.8厘米，廣11.3厘米。半葉十六行，行二十六至二十七字，黑口，左右雙邊。有“黃印丕烈”等印。黃丕烈、丁丙跋，柳是校。南京圖書館藏。

樂府新編陽春白雪卷之一

青城後學澹齋楊朝英選集

唱論 燕南芝菴先生撰

切聞古之善唱者三人 韓秦娥 沈古之 石存符

帝王知音律者五人 唐玄宗 後唐莊宗 南唐李后主 宋徽宗

金章宗

三教所唱各有所尚 道家唱情 僧家唱性 儒家唱理

大忌鄭衛之淫聲續雅樂之後絲不如竹竹不如肉以其近之也又云

取來歌裏唱勝向笛中吹

近出所謂大樂 蘇小小蝶戀花 鄧千江望海潮 蘇東坡念奴嬌

辛稼軒摸魚子 晏叔原鷓鴣天 柳耆卿雨霖鈴 吳彥高春草碧 朱淑真生查子 蔡伯堅石州慢 張三影天仙子也

歌之格調 抑揚頓挫 頂疊垛換 縈紆牽結 敦拖嗚咽 推題

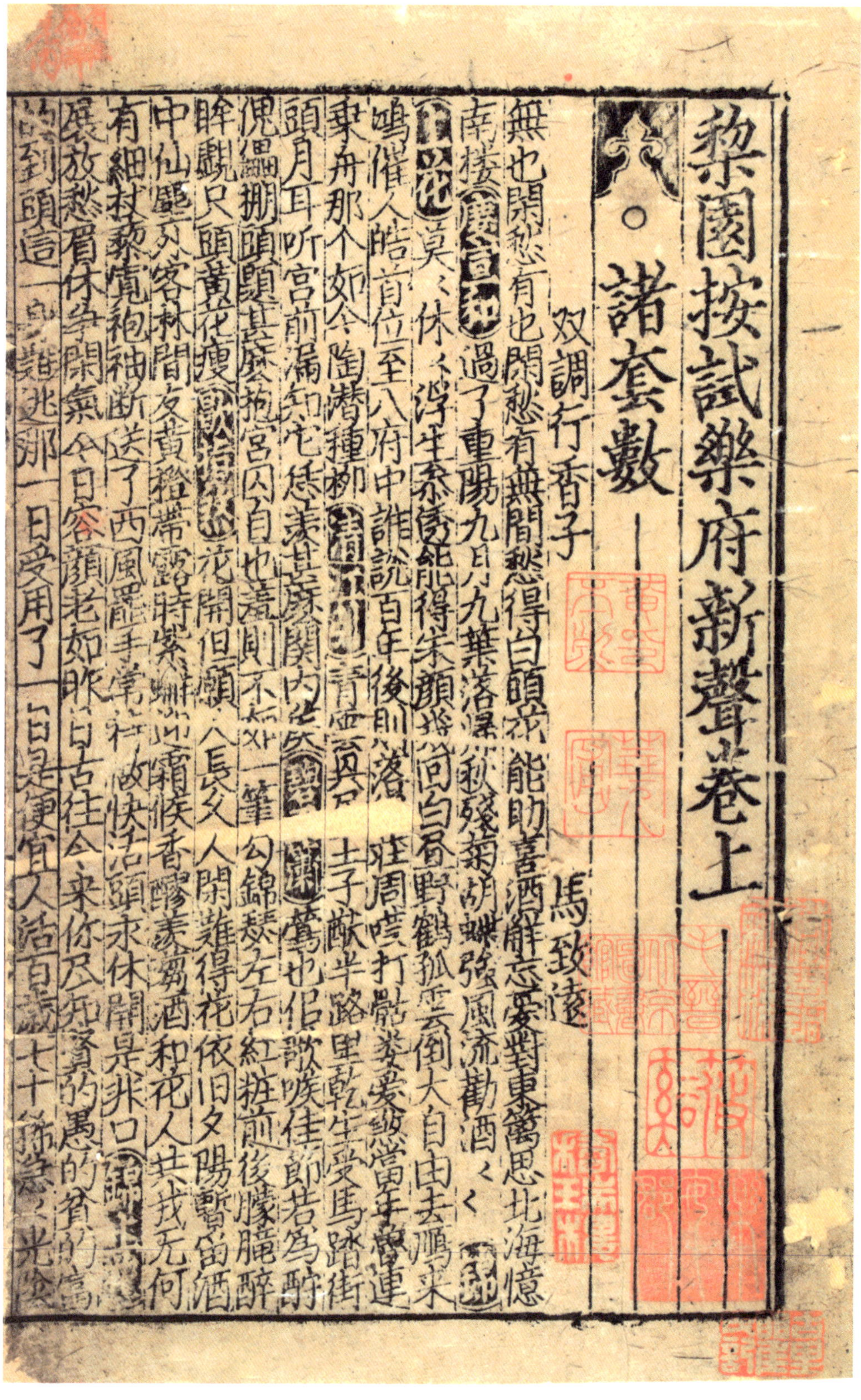

01262 梨園按試樂府新聲三卷 元刻本

匡高19.2厘米，廣12.3厘米。半葉十七行，行三十字，細黑口，左右雙邊。有“樂安郡”、“筱谿”、“毛晉”、“黄印丕烈”、“稽瑞樓”、“鐵琴銅劍樓”等印。國家圖書館藏。

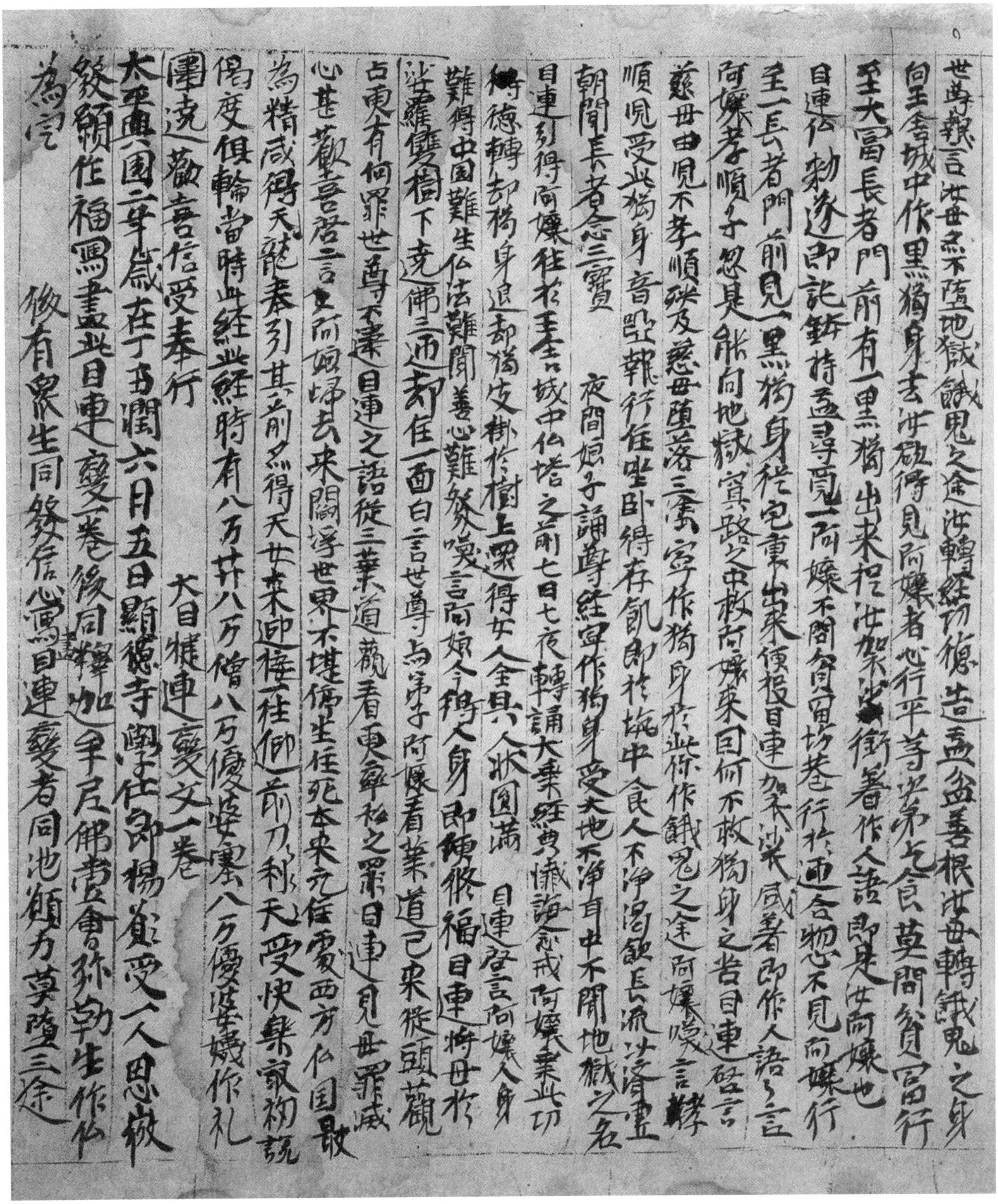
世尊報言：汝母不墮地獄餓鬼之途，汝轉經功德造盂蘭盆善根，汝母轉餓鬼之身
向王舍城中作黑狗身去。汝欲得見阿孃者，心行平等，次第乞食，莫問貧富，行
至大富長者門前，有一黑狗出來，捉汝袈裟銜著，作人語，即是汝阿孃也。
目連依教，遂即託鉢持盂，尋覓阿孃，不問貧富，坊巷行於遍合城，總不見阿孃。行
至一長者門前，見一黑狗身，從宅裏出來，便捉目連袈裟，銜著即作人語言：
阿孃孝順子，忽是能向地獄冥路之中救阿孃來，因何不救狗身之苦？目連啓言：
慈母由兒不孝順，殃及慈母墮落三塗，寧作狗身於此，作餓鬼之途。阿孃嘆言：
順兒受此狗身，音啞難行，住坐臥得存，飢即於坑中食人不淨，渴飲長流以濟虛。
朝聞長者念三寶，夜聞娘子誦尊經，寧作狗身受大地不淨，耳中不聞地獄之名。
目連引得阿孃往於王舍城中佛塔之前，七日七夜轉誦大乘經典，懺悔念戒。阿孃承此功
德，轉却狗身，退却狗皮，掛於樹上，還得女人全身，具足圓滿。目連啓言：阿孃人身
難得，中國難生，佛法難聞，善心難發。嘆言阿娘今得人身，即便修福。目連將母於
娑羅雙樹下，遶佛三匝，却住一面，白言：世尊與弟子阿孃看業道，已來從頭觀
占，更有何罪？世尊不違目連之語，從三業道觀看，更無私之罪。目連見母罪滅，
心甚歡喜，啓言：慈母歸去來，閻浮世界不堪停，生住死本來無住處，西方佛國最
為精。感得天龍來引，其前忽得天女來迎接，一往仰前忉利天受快樂。最初說
偈度俱輪，當時說此經時，有八万菩薩、八万僧、八万優婆塞、八万優婆夷，作禮
圍遶，歡喜信受奉行。大目犍連變文一卷
太平興國二年歲在丁丑閏六月五日，顯德寺學仕郎楊願受一人思微，
發願作福，寫盡此目連變一卷。後同釋迦牟尼佛壹會彌勒生作佛
為定。後有衆生同發信心寫目連變者，同池願力莫墮三途。

01263 大目犍連變文 宋太平興國二年（977）寫本

卷軸裝。高31.5厘米，長407厘米。首殘尾全。有尾題。國家圖書館藏。

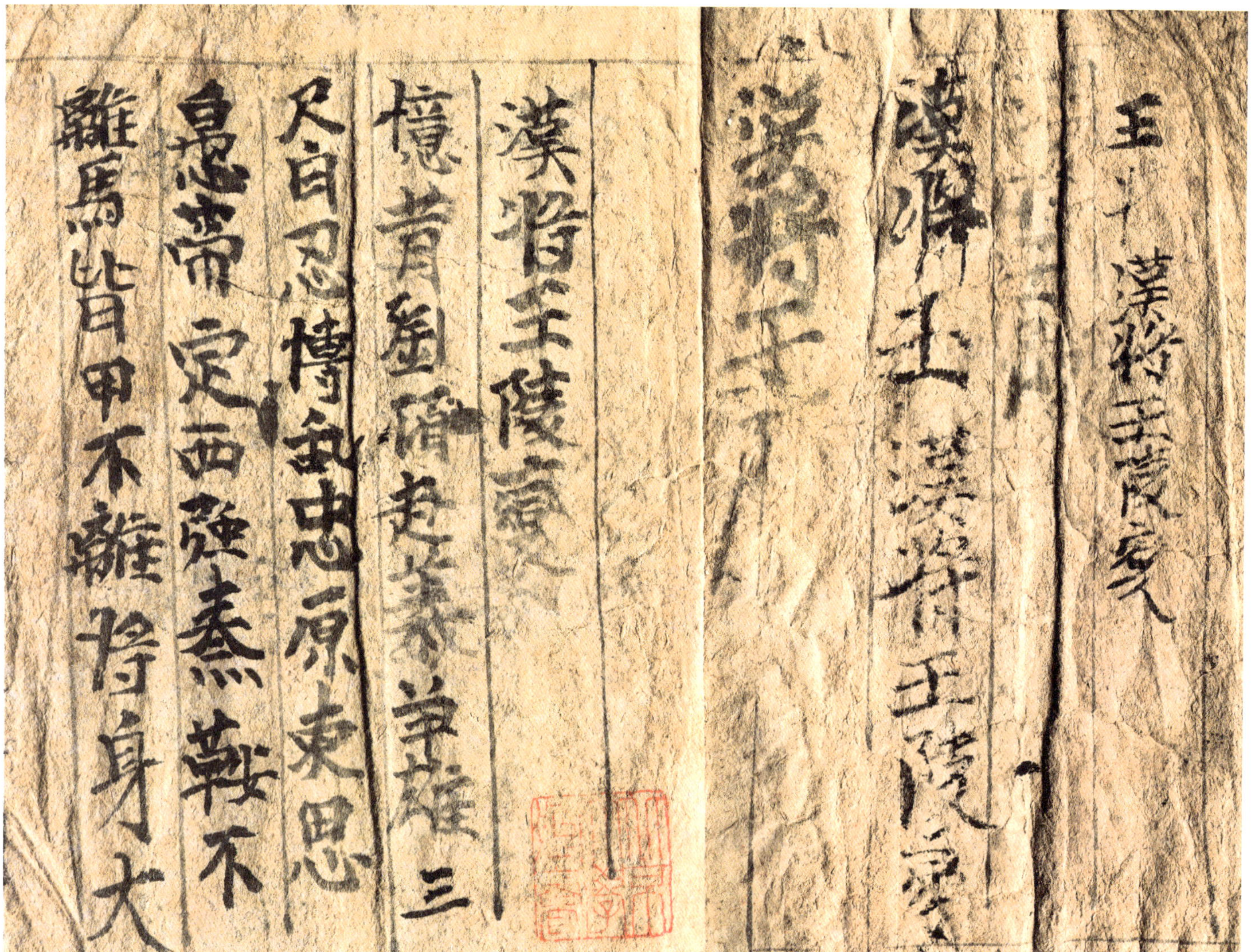
漢將王陵變
憶昔劉項起義爭雄　三
尺白刃博亂中原東思
禹帝定西強秦鞍不
離馬背甲不離將身大

01264　漢將王陵變　宋太平興國三年（978）寫本

粘葉裝。匡高大約13.3厘米，廣10.5厘米。半葉五至七行，行八至十四字。周紹良識語。北京大學圖書館藏。

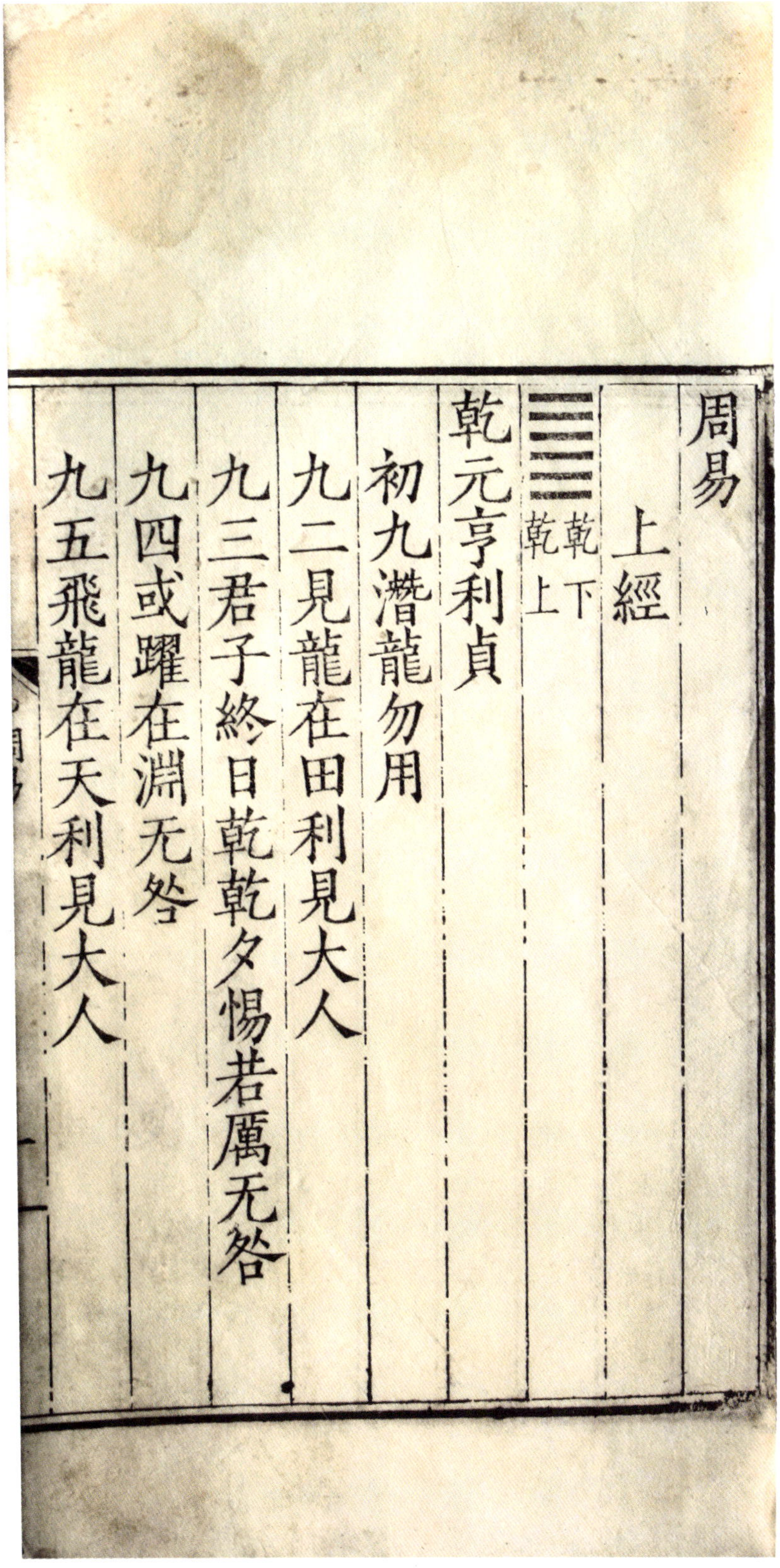

周易

上經

乾下乾上

乾元亨利貞

初九潛龍勿用

九二見龍在田利見大人

九三君子終日乾乾夕惕若厲无咎

九四或躍在淵无咎

九五飛龍在天利見大人

01265 五經正文七卷 明嘉靖三十一年（1552）翁溥刻本

匡高20.1厘米，廣14.3厘米。半葉九行，行十七字，白口，四周雙邊。江蘇省南通市圖書館藏。

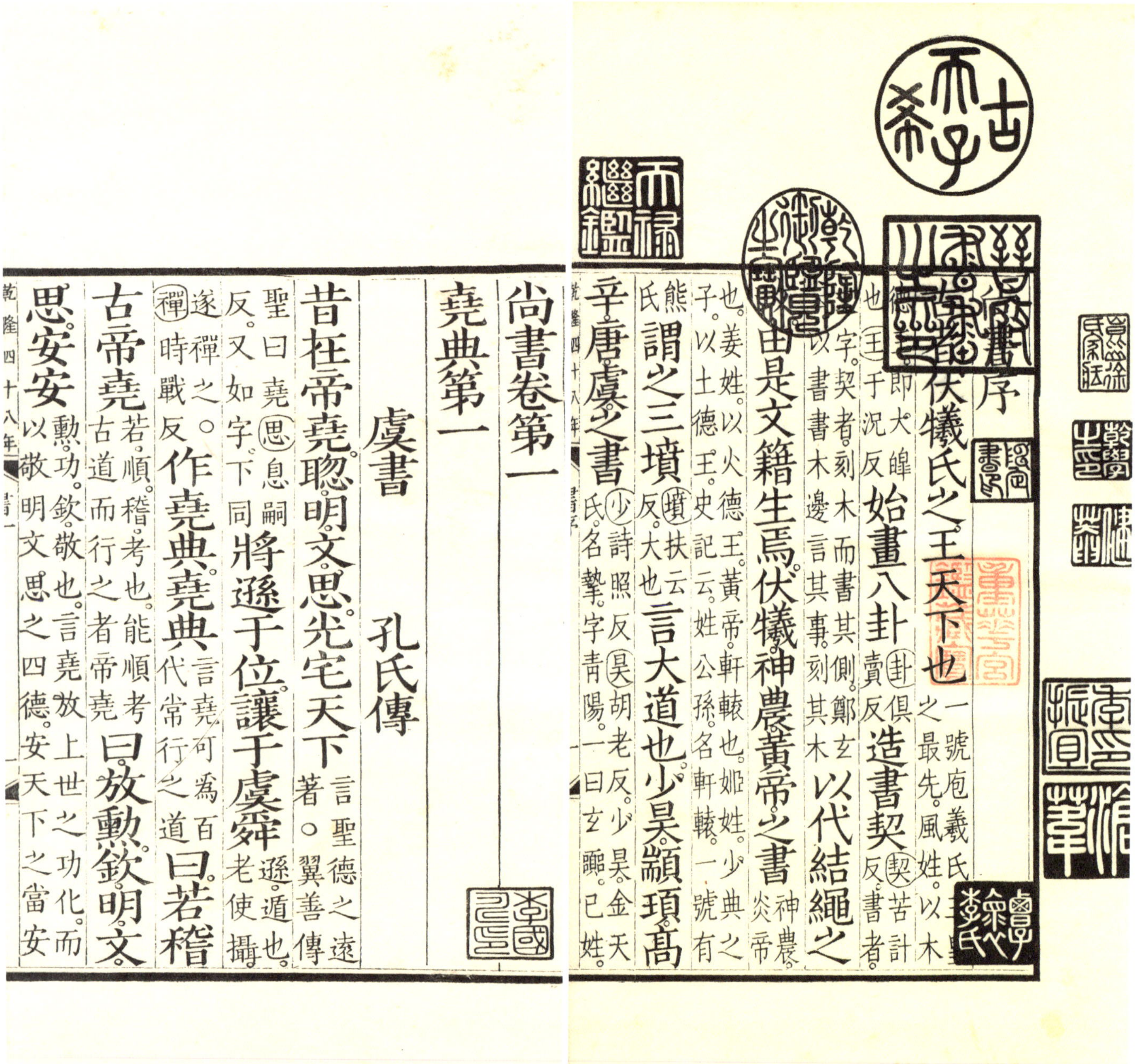
尚書序

伏犧氏之王天下也（一號庖羲氏……之最先。風姓。以木德王。即太皞也。王于況反）始畫八卦（卦俱賣反）造書契（契苦計反。書者……字。契者刻木而書其側。鄭玄……以書書木邊言其事。刻其木）以代結繩之……由是文籍生焉。伏犧神農黃帝之書（神農炎帝也。姜姓。以火德王。黃帝軒轅也。姬姓。少典之子。以土德王。史記云。姓公孫。名軒轅。一號有熊氏）謂之三墳（墳扶云反。大也）言大道也。少昊顓頊高辛唐虞之書（少詩照反。昊胡老反。少昊金天氏。名摯。字青陽。一曰玄囂。已姓。）

乾隆四十八年 書序

尚書卷第一

堯典第一

虞書 孔氏傳

昔在帝堯。聰明文思。光宅天下（言聖德之遠著。○翼善傳聖曰堯。思息嗣反。又如字。下同）將遜于位。讓于虞舜（遜。遁也。老使攝。遂禪之。○禪時戰反）作堯典。堯典（言堯可為百代常行之道）曰若稽古帝堯（若。順。稽。考也。能順考古道而行之者帝堯）曰放勳。欽明文思安安（勳。功。欽。敬也。言堯放上世之功化。而以敬明文思之四德。安天下之當安）

乾隆四十八年 書一

01266 御定仿宋相臺岳氏本五經九十六卷附考證 （元）岳浚編 清乾隆四十八年（1783）武英殿刻本

匡高21厘米，廣13.6厘米。半葉八行，行十七字，小字雙行同，白口，四周雙邊。有“季印振宜”、“健菴”、“古稀天子”、“天禄繼鑑”、“乾隆御覽之寶”等印。故宮博物院藏。

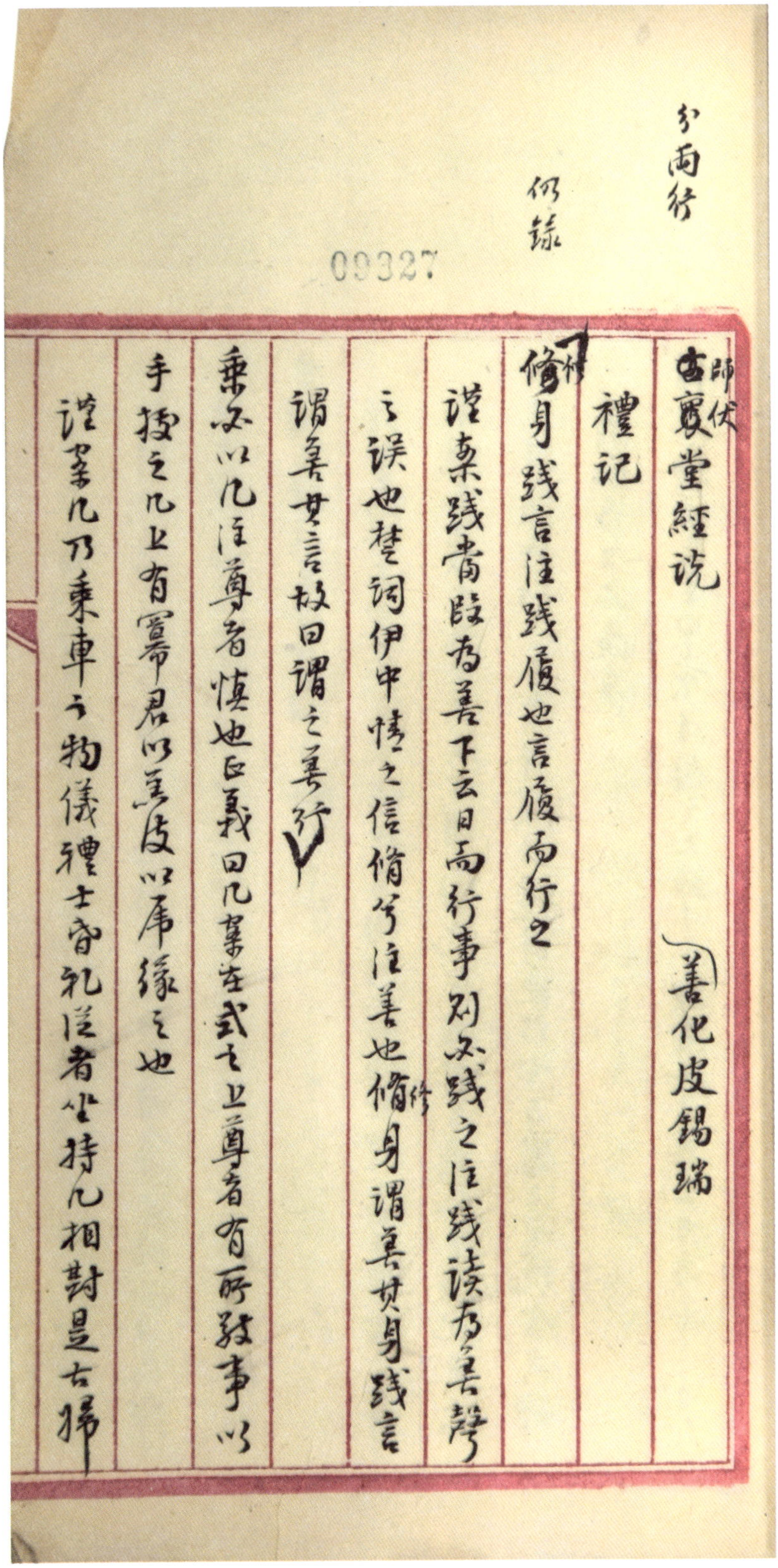

01267 師伏堂經説不分卷 （清）皮錫瑞撰 稿本

匡高18.4厘米，廣12厘米。半葉九行，行字不等，白口，四周雙邊。湖南師範大學圖書館藏。

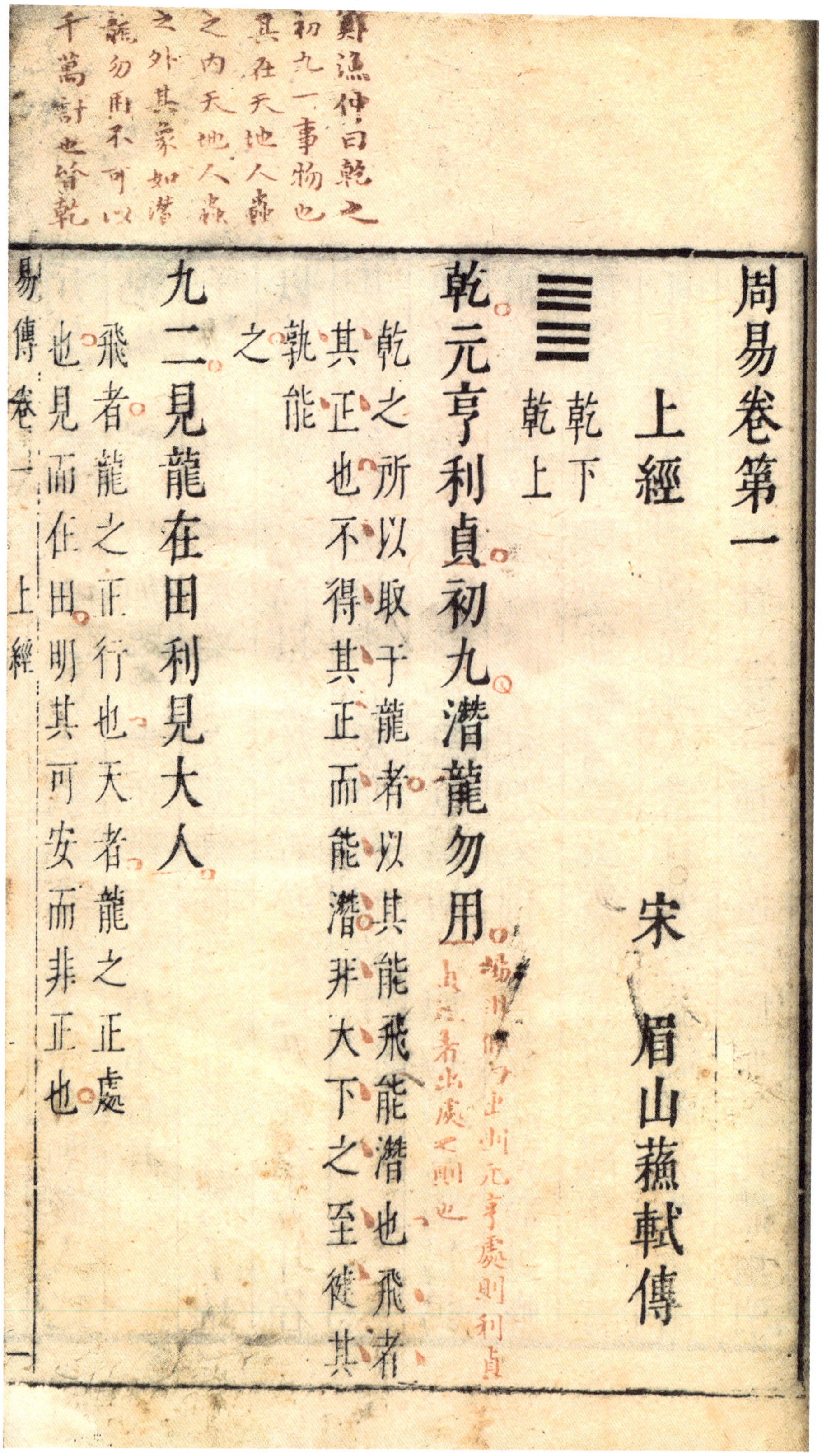

周易卷第一

上經　　宋　眉山蘇軾傳

乾下乾上

乾元亨利貞初九潛龍勿用

乾之所以取于龍者以其能飛能潛也飛者其正也不得其正而能潛非天下之至健其孰能之

九二見龍在田利見大人

飛者龍之正行也天者龍之正處也見而在田明其可安而非正也

易傳卷一　上經　一

01268、01269 易傳八卷 （宋）蘇軾撰 **王輔嗣論易一卷** （魏）王弼撰　明吳興閔齊伋刻朱墨套印本

匡高20.3厘米，廣14.6厘米。半葉八行，行十八字，小字雙行同，白口，四周單邊。無錫市圖書館藏；溫州市圖書館藏，有"豔雪樓"等印。

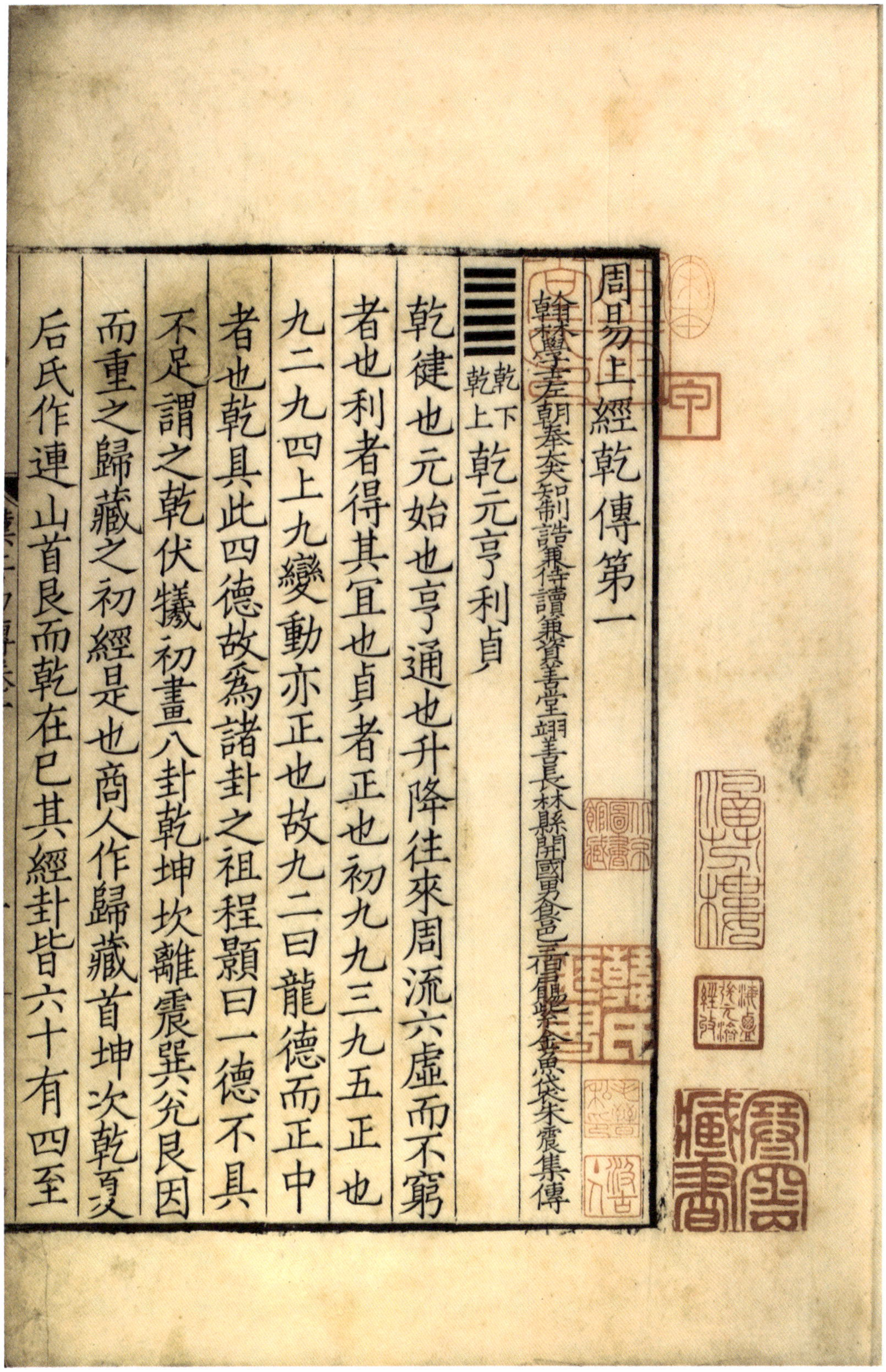

周易上經乾傳第一

翰林學士朝奉大夫知制誥兼侍讀兼資善堂翊善長林縣開國男食邑三百戶賜紫金魚袋朱震集傳

乾下乾上 乾元亨利貞

乾健也元始也亨通也升降往來周流六虛而不窮者也利者得其宜也貞者正也初九九三九五正也九二九四上九變動亦正也故九二曰龍德而正中者也乾具此四德故爲諸卦之祖程頤曰一德不具不足謂之乾伏犧初畫八卦乾坤坎離震巽兌艮因而重之歸藏之初經是也商人作歸藏首坤次乾夏后氏作連山首艮而乾在巳其經卦皆六十有四至

01270 漢上易傳十一卷 （宋）朱震撰 **漢上先生履歷一卷** 清初毛氏汲古閣影宋抄本

匡高21.8厘米，廣14.7厘米。半葉十行，行二十一字，白口，左右雙邊。有“毛晉私印”、“寒雲藏書”、“涵芬樓”、“海鹽張元濟經收”等印。國家圖書館藏。

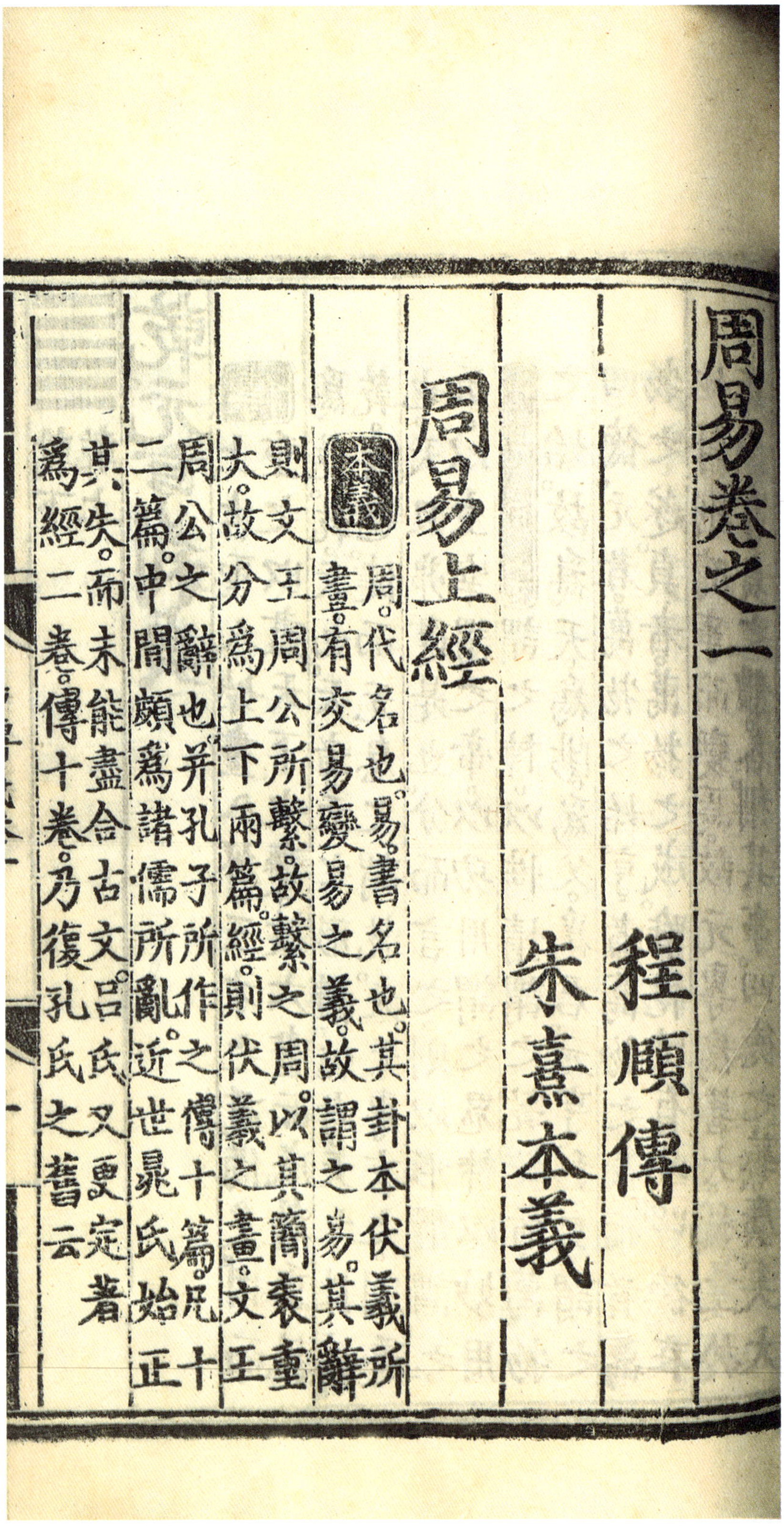

周易卷之一

程頤傳

朱熹本義

周易上經

本義 周代名也易書名也其卦本伏羲所畫有交易變易之義故謂之易其辭則文王周公所繫故繫之周以其簡袠重大故分爲上下兩篇經則伏羲之畫文王周公之辭也并孔子所傳十篇凡十二篇中間頗爲諸儒所亂近世晁氏始正其失而未能盡合古文呂氏又更定著爲經二卷傳十卷乃復孔氏之舊云

01271、01272、01273 周易傳義十卷 （宋）程頤　朱熹撰　**上下篇義一卷** （宋）程頤撰　**易圖集録一卷易五贊一卷筮儀一卷** （宋）朱熹撰　**易説綱領一卷** （宋）程頤　朱熹撰　明正統十二年（1447）司禮監刻本

匡高23厘米，廣16.6厘米。半葉八行，行十四字，小字雙行十八字，粗黑口，四周雙邊。重慶圖書館、安徽省圖書館、湖南圖書館藏。

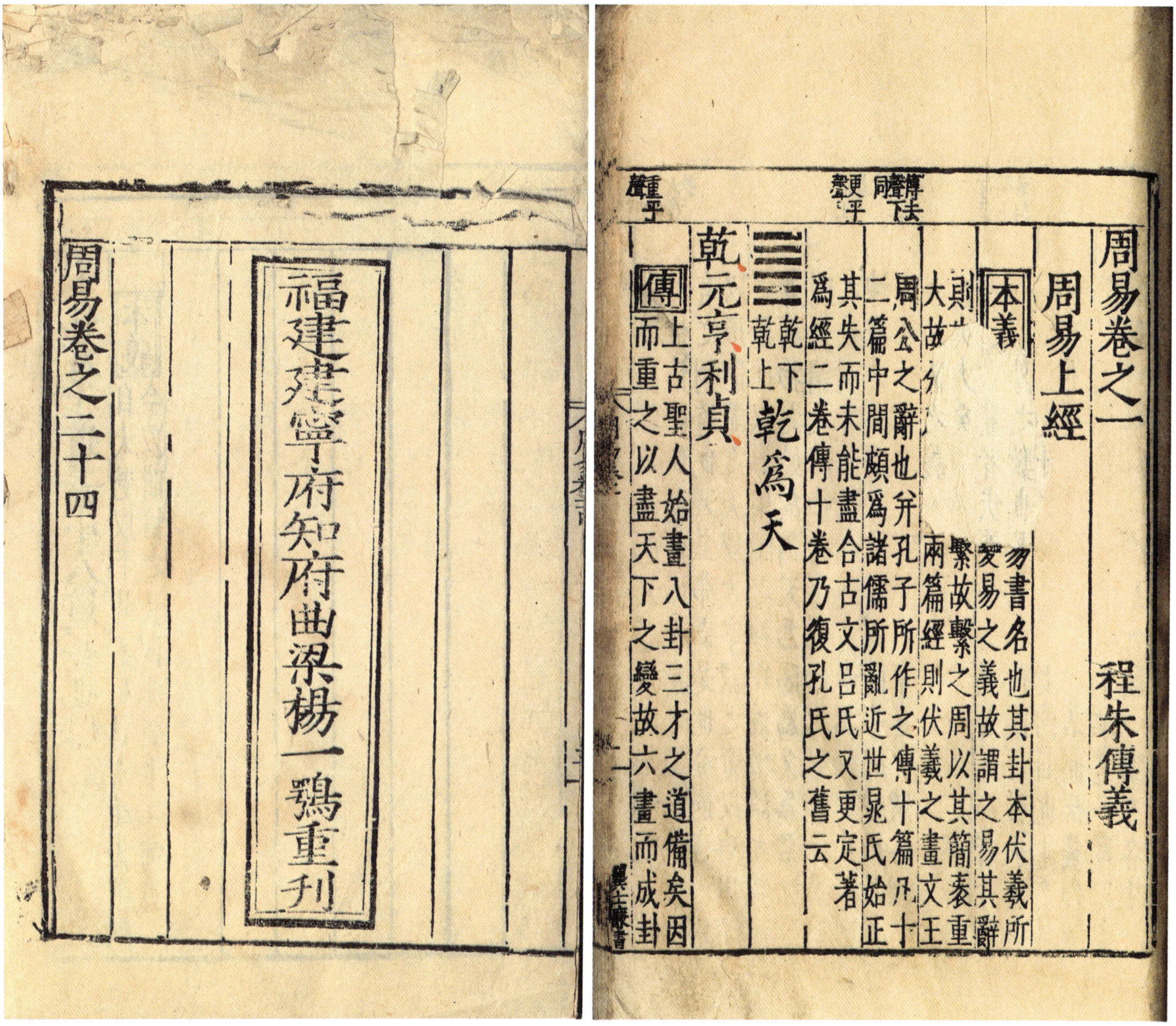

周易卷之二十四

福建建寧府知府曲梁楊一鶚重刊

周易卷之一　　程朱傳義

周易上經

【本義】[illegible]易書名也其卦本伏羲所[illegible]交易之義故謂之易其辭則[illegible]繫故繫之周以其簡袠重大故[illegible]兩篇經則伏羲之畫文王周公之辭也并孔子所作之傳十篇凡十二篇中間頗爲諸儒所亂近世晁氏始正其失而未能盡合古文呂氏又更定著爲經二卷傳十卷乃復孔氏之舊云

☰ 乾下乾上 乾爲天

乾元亨利貞

【傳】上古聖人始畫八卦三才之道備矣因而重之以盡天下之變故六畫而成卦

01274 周易程朱傳義二十四卷 （宋）程頤　朱熹撰　**上下篇義一卷** （宋）程頤撰　**朱子圖説一卷周易五贊一卷筮儀一卷** （宋）朱熹撰　明嘉靖福建建寧府知府曲梁楊一鶚刻本

匡高19.8厘米，廣14.1厘米。半葉九行，行十七字，小字雙行同，白口，左右雙邊。有“福建建寧府知府曲梁楊一鶚重刊”牌記。安徽省圖書館藏。

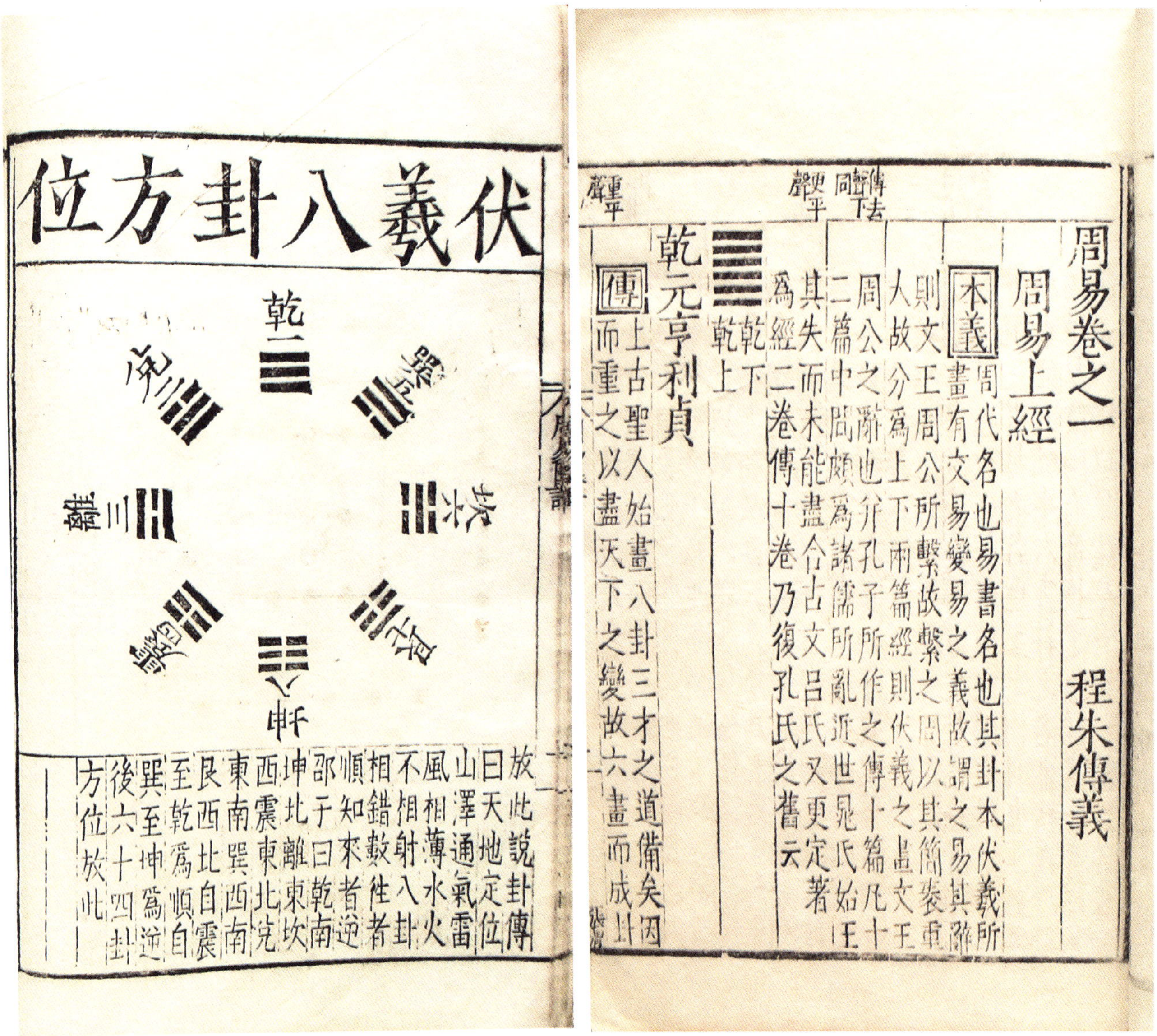

伏羲八卦方位

放此說卦傳曰天地定位山澤通氣雷風相薄水火不相射八卦相錯數往者順知來者逆邵子曰乾南坤北離東坎西震東北兌東南巽西南艮西北自震至乾爲順自巽至坤爲逆後六十四卦方位放此

周易卷之一　程朱傳義

周易上經

本義 周代名也易書名也其卦本伏羲所畫有交易變易之義故謂之易其辭則文王周公所繫故繫之周以其簡袠重大故分爲上下兩篇經則伏羲之畫文王周公之辭也并孔子所作之傳十篇凡十二篇中間頗爲諸儒所亂近世晁氏始正其失而未能盡合古文呂氏又更定著爲經二卷傳十卷乃復孔氏之舊云

傳去聲下同　辭平聲　更平聲

乾下乾上

乾元亨利貞

重平聲

傳 上古聖人始畫八卦三才之道備矣因而重之以盡天下之變故六畫而成卦

01275 周易程朱傳義二十四卷 （宋）程頤 朱熹撰　明嘉靖刻本

匡高19.7厘米，廣13.7厘米。半葉九行，行十七字，小字雙行同，白口，左右雙邊。湖南省社會科學院圖書館藏。

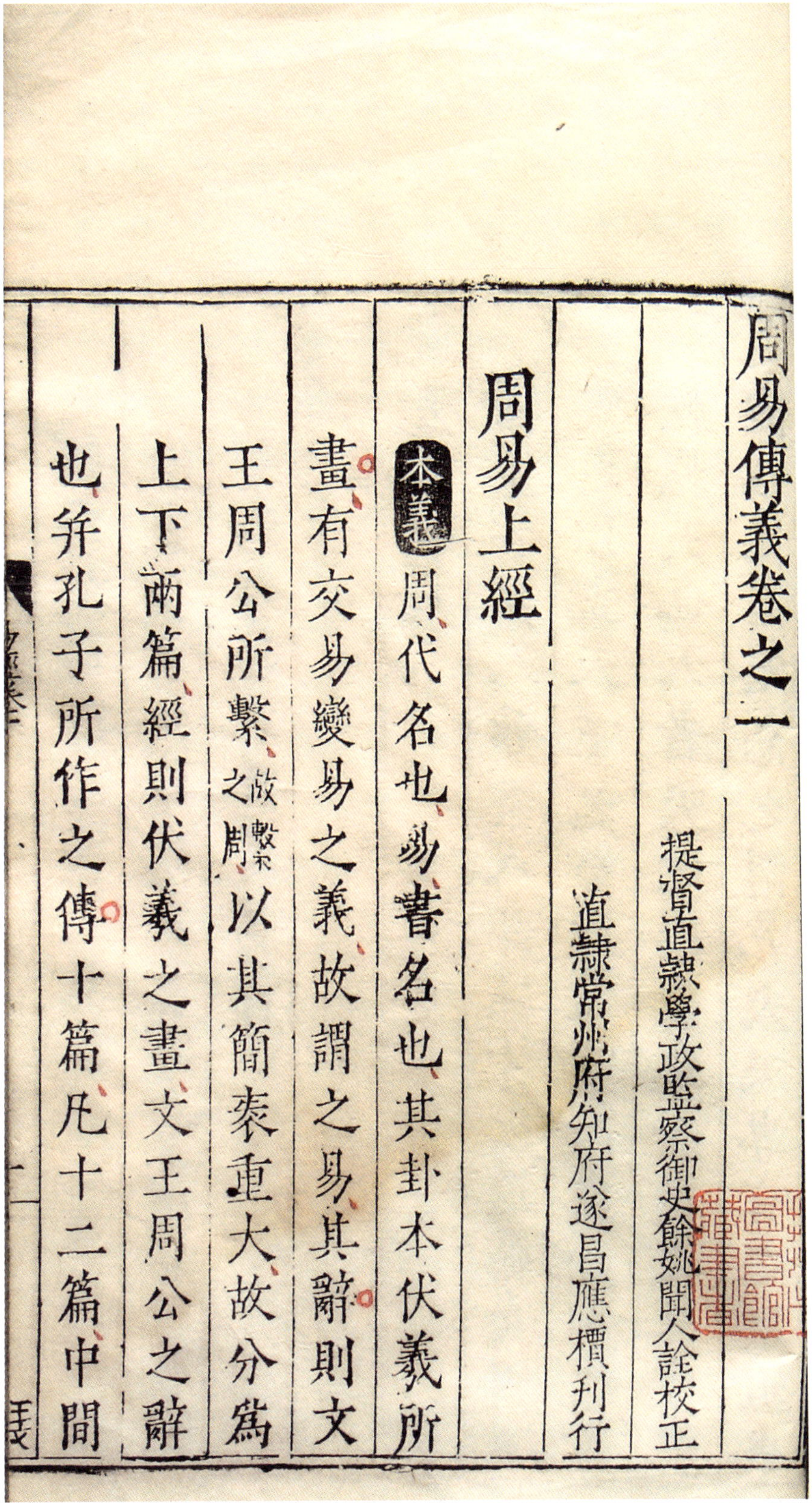

周易傳義卷之一

提督直隷學政監察御史餘姚聞人詮校正

直隷常州府知府遂昌應櫃刊行

周易上經

本義 周代名也易書名也其卦本伏羲所畫有交易變易之義故謂之易其辭則文王周公所繫故繫之周以其簡袠重大故分爲上下兩篇經則伏羲之畫文王周公之辭也并孔子所作之傳十篇凡十二篇中間

01276 周易傳義十六卷 （宋）程頤　朱熹撰　**上下篇義一卷** （宋）程頤撰　**朱子圖説一卷卦變圖一卷易五贊一卷筮儀一卷** （宋）朱熹撰　明嘉靖常州府應檟刻本

匡高21.3厘米，廣15.5厘米。半葉九行，行十八字，小字雙行字不等，白口，四周雙邊。揚州市圖書館藏，存十六卷。

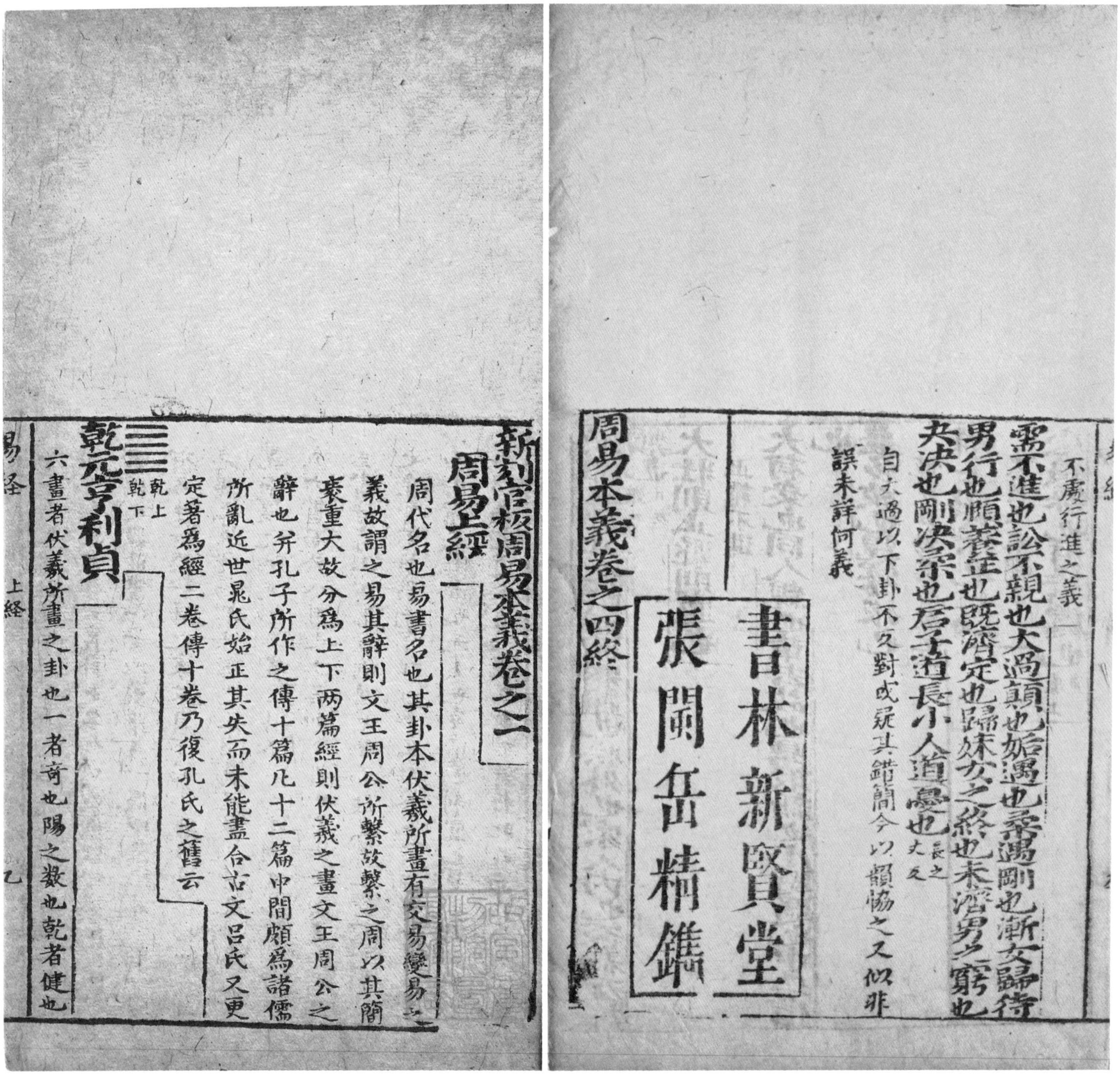

新刻官板周易本義卷之一

周易上經

周代名也易書名也其卦本伏羲所畫有交易變易之義故謂之易其辭則文王周公所繫故繫之周以其簡袠重大故分爲上下兩篇經則伏羲之畫文王周公之辭也并孔子所作之傳十篇凡十二篇中間頗爲諸儒所亂近世晁氏始正其失而未能盡合古文呂氏又更定著爲經二卷傳十卷乃復孔氏之舊云

☰☰ 乾下乾上

乾元亨利貞

六畫者伏羲所畫之卦也一者奇也陽之數也乾者健也

易経 上経

不處行進之義

需不進也訟不親也大過顛也姤遇也柔遇剛也漸女歸待男行也頤養正也既濟定也歸妹女之終也未濟男之窮也夬決也剛決柔也君子道長小人道憂也

自大過以下卦不反對或疑其錯簡今以韻協之又似非誤未詳何義

周易本義卷之四終

書林新賢堂
張閩岳精鐫

01277 新刻官板周易本義四卷 （宋）朱熹撰　明書林新賢堂張閩岳刻本

匡高14.5厘米，廣13.2厘米。無界行，行字不等，白口，四周單邊。有“書林新賢堂張閩岳精鐫”牌記。故宮博物院藏。

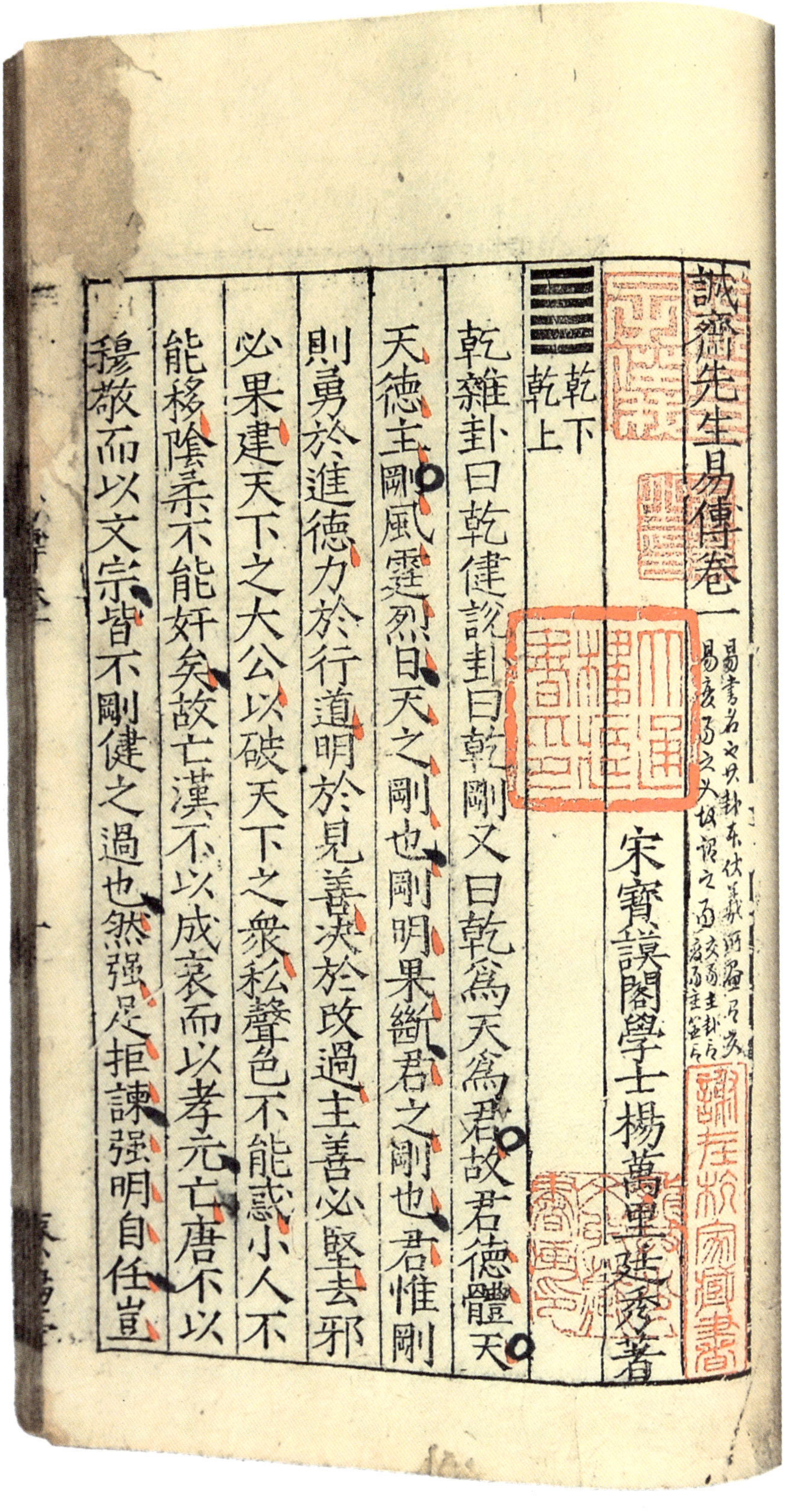

誠齋先生易傳卷一

宋寶謨閣學士楊萬里廷秀著

䷀ 乾下乾上

乾雜卦曰乾健説卦曰乾剛又曰乾爲天爲君故君德體天

天德主剛風霆烈日天之剛也剛明果斷君之剛也君惟剛

則勇於進德力於行道明於見善決於改過主善必堅去邪

必果建天下之大公以破天下之衆私聲色不能惑小人不

能移陰柔不能奸矣故亡漢不以成哀而以孝元亡唐不以

穆敬而以文宗皆不剛健之過也然强足拒諫强明自任豈

01278 誠齋先生易傳二十卷 （宋）楊萬里撰　明嘉靖二十一年（1542）尹耕療鶴亭刻本

匡高19厘米，廣12.5厘米。半葉九行，行二十四字，白口，四周單邊。有“謝在杭家藏書”、“張嚴之印”、“龔少文收藏書画印”、“大通樓藏書印”等印。福建省圖書館藏。

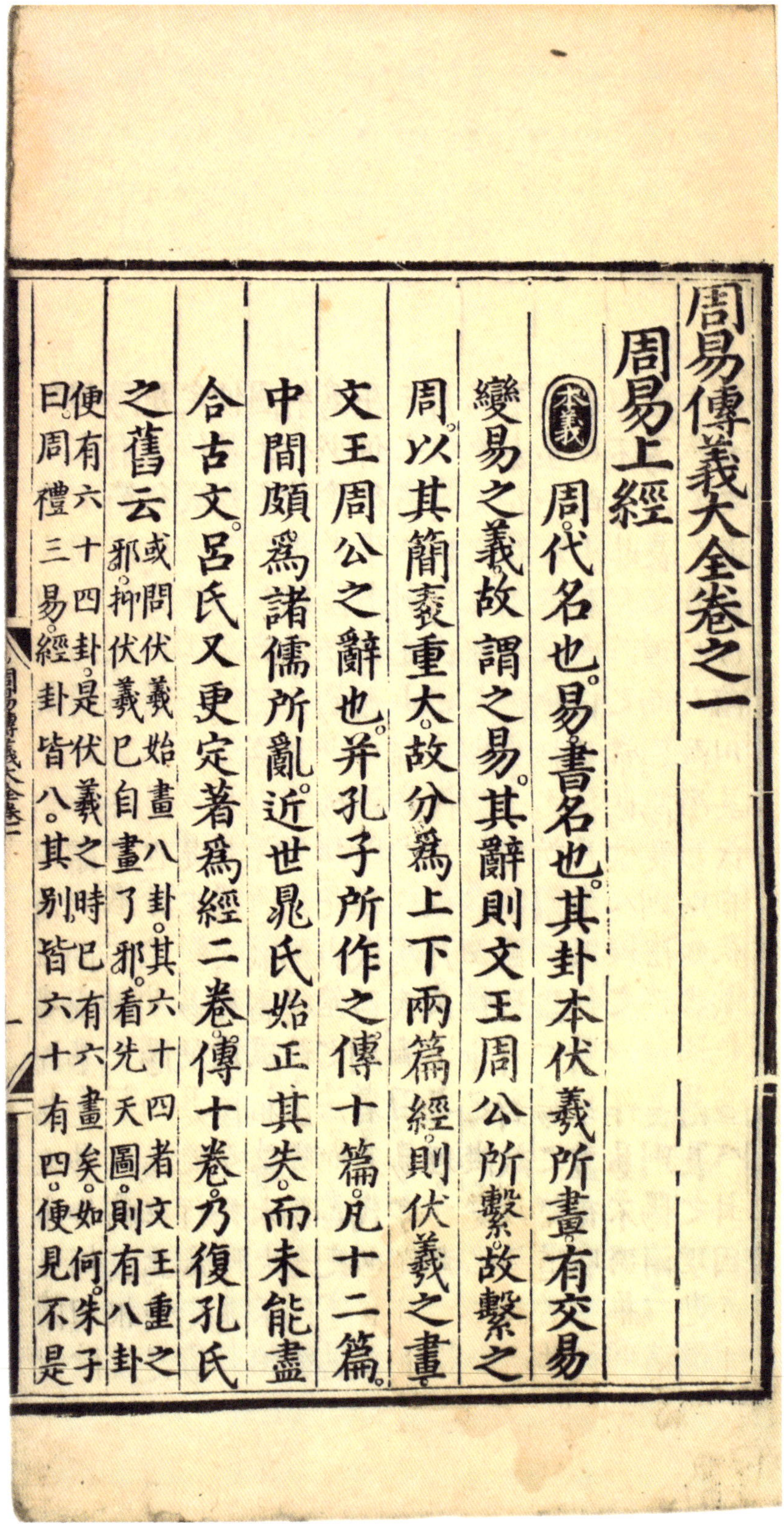
周易傳義大全卷之一

周易上經

本義 周代名也易書名也其卦本伏羲所畫有交易變易之義故謂之易其辭則文王周公所繫故繫之周以其簡袠重大故分爲上下兩篇經則伏羲之畫文王周公之辭也并孔子所作之傳十篇凡十二篇中間頗爲諸儒所亂近世晁氏始正其失而未能盡合古文呂氏又更定著爲經二卷傳十卷乃復孔氏之舊云 或問伏羲始畫八卦其六十四者文王重之耶抑伏羲已自畫了耶看先天圖則有八卦便有六十四卦是伏羲之時已有六畫矣如何朱子曰周禮三易經卦皆八其別皆六十有四便見不是

01279、01280、01281、01282 周易傳義大全二十四卷綱領一卷朱子圖説一卷 （明）胡廣等輯　明永樂十三年（1415）内府刻本

匡高26.7厘米，廣18厘米。半葉十行，行二十二字，小字雙行同，黑口，四周雙邊。河南省圖書館藏；湖南圖書館藏；青島市圖書館藏，有“欽文之璽”等印；河南省武陟縣圖書館藏。

周易朱子圖說

河圖

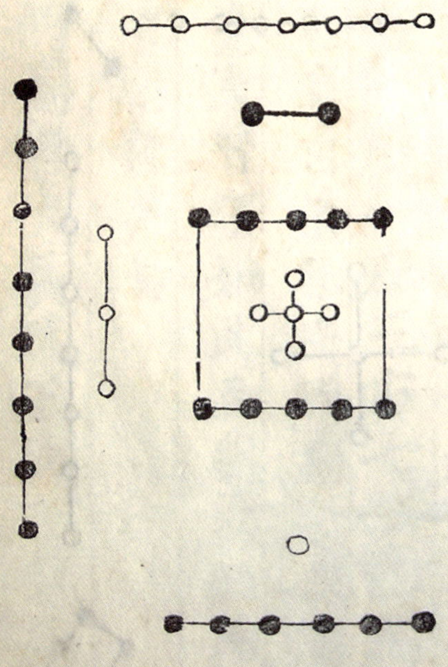

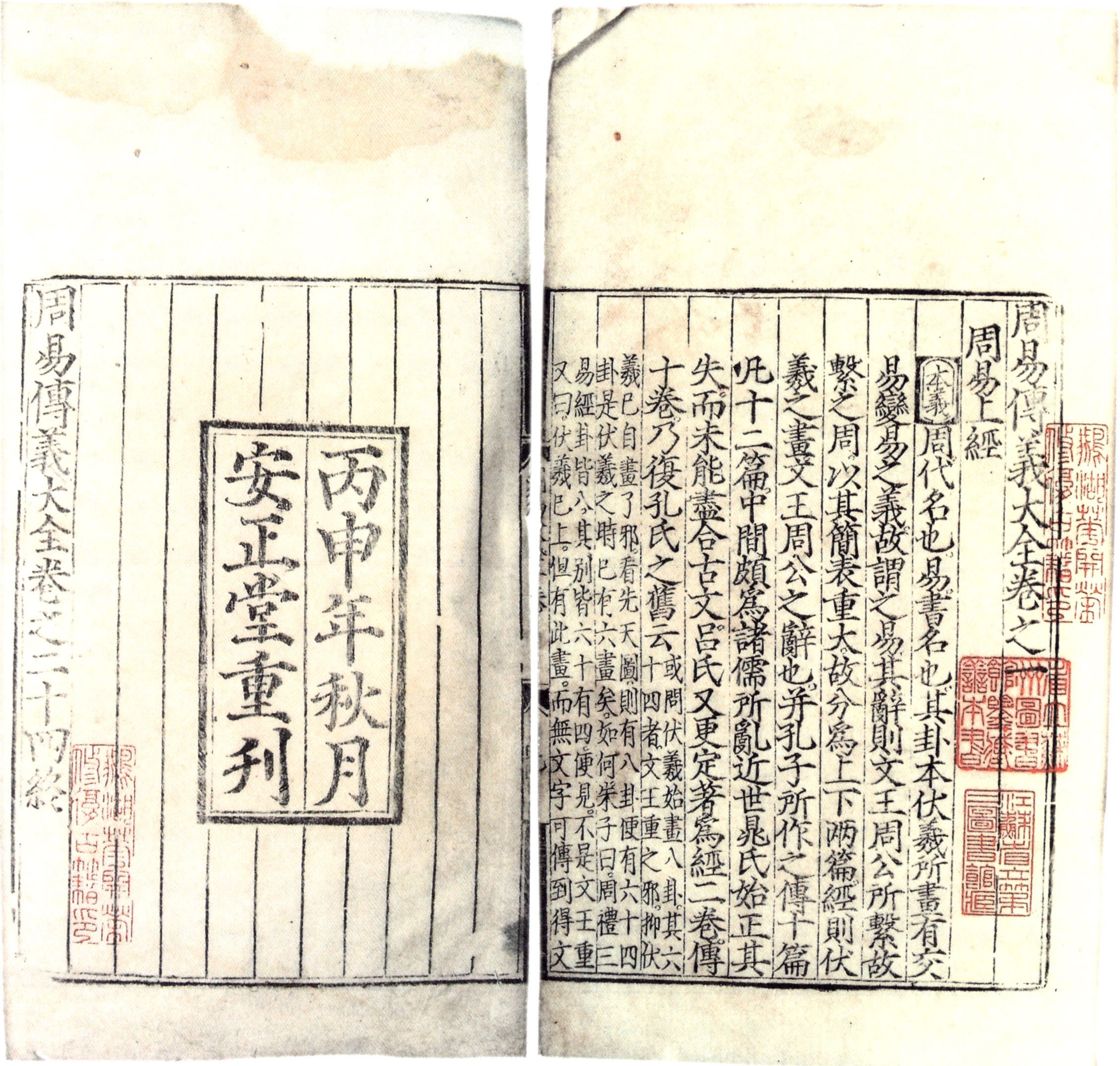

01283 周易傳義大全二十四卷 （明）胡廣等輯　明嘉靖十五年（1536）劉氏安正堂刻本

匡高16.5厘米，廣12.4厘米。半葉十一行，行十九至二十一字，小字雙行同，粗黑口，四周雙邊。有“丙申年秋月安正堂重刊”牌記。蘇州圖書館藏。

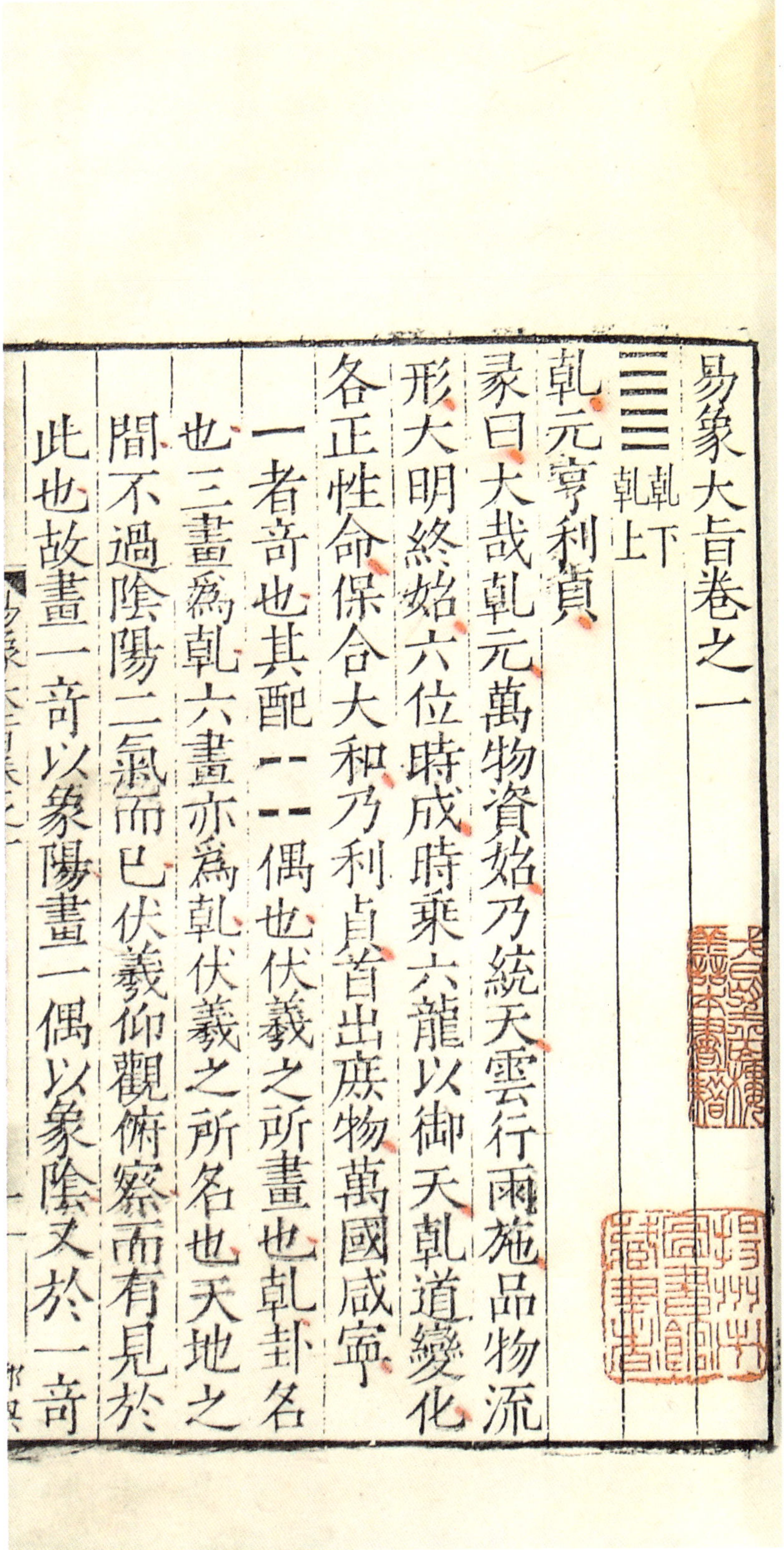

易象大旨卷之一

☰☰ 乾下乾上

乾元亨利貞

彖曰大哉乾元萬物資始乃統天雲行雨施品物流形大明終始六位時成時乘六龍以御天乾道變化各正性命保合大和乃利貞首出庶物萬國咸寧

一者奇也其配⚋偶也伏羲之所畫也乾卦名也三畫爲乾六畫亦爲乾伏羲之所名也天地之間不過陰陽二氣而已伏羲仰觀俯察而有見於此也故畫一奇以象陽畫一偶以象陰又於一奇

01284 易象大旨八卷象原一卷 （明）薛甲撰　明嘉靖四十年（1561）刻本

匡高17.5厘米，廣12.4厘米。半葉十行，行二十字，白口，四周單邊。有“戈氏望岳樓善本書籍”等印。揚州市圖書館藏。

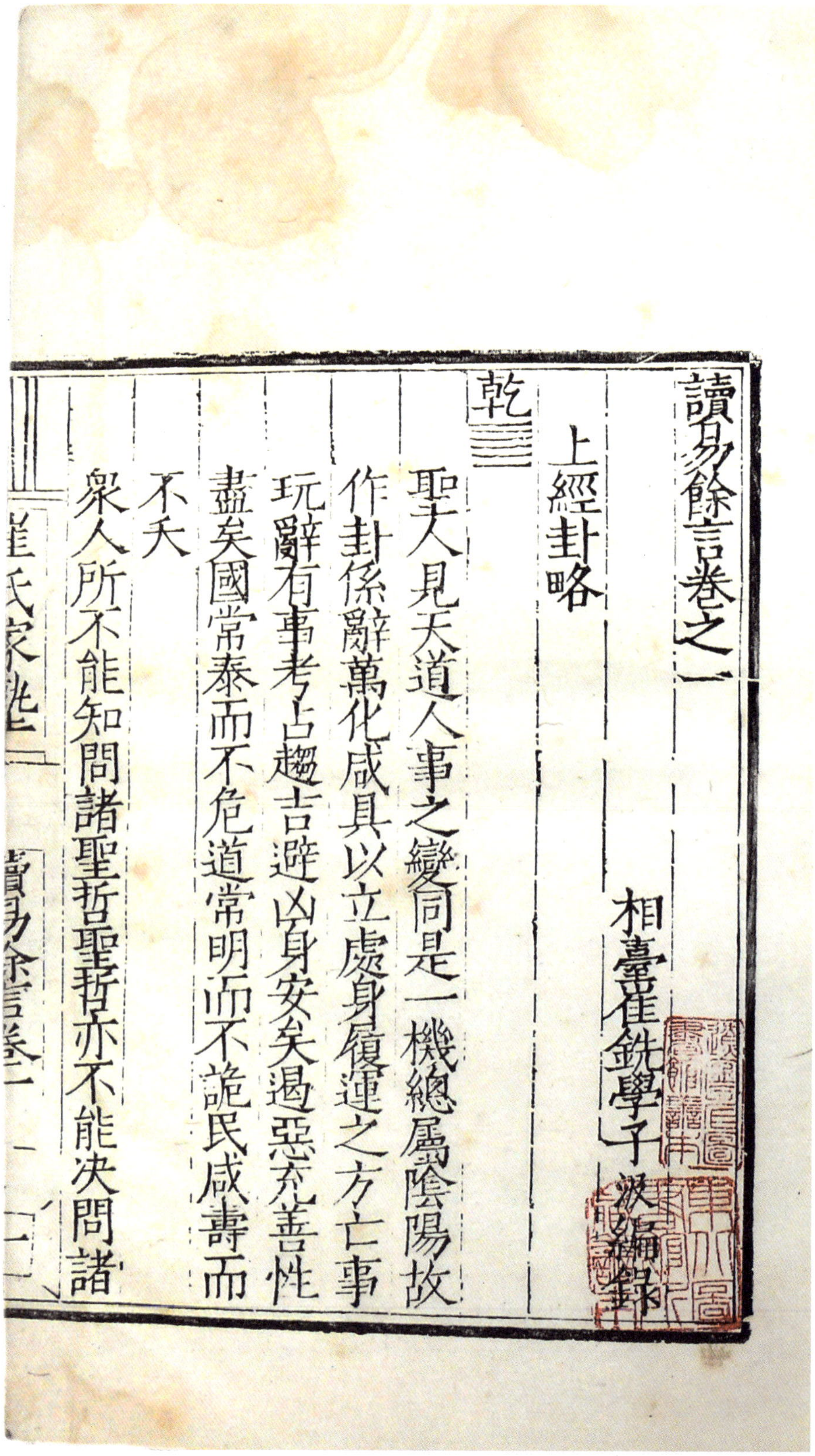
讀易餘言卷之一

相臺崔銑學子汲編錄

上經卦略

乾☰

聖人見天道人事之變同是一機總屬陰陽故作卦係辭萬化咸具以立處身履運之方亡事玩辭有事考占趨吉避凶身安矣遏惡充善性盡矣國常泰而不危道常明而不詭民咸壽而不夭

衆人所不能知問諸聖哲聖哲亦不能決問諸

崔氏家塾

讀易餘言卷一

01285 讀易餘言五卷　（明）崔銑撰　明嘉靖十五年（1536）崔氏家塾刻本

匡高17.8厘米，廣14厘米。半葉十行，行二十字，細黑口，四周雙邊。有“别下齋藏書”等印。遼寧省圖書館藏。

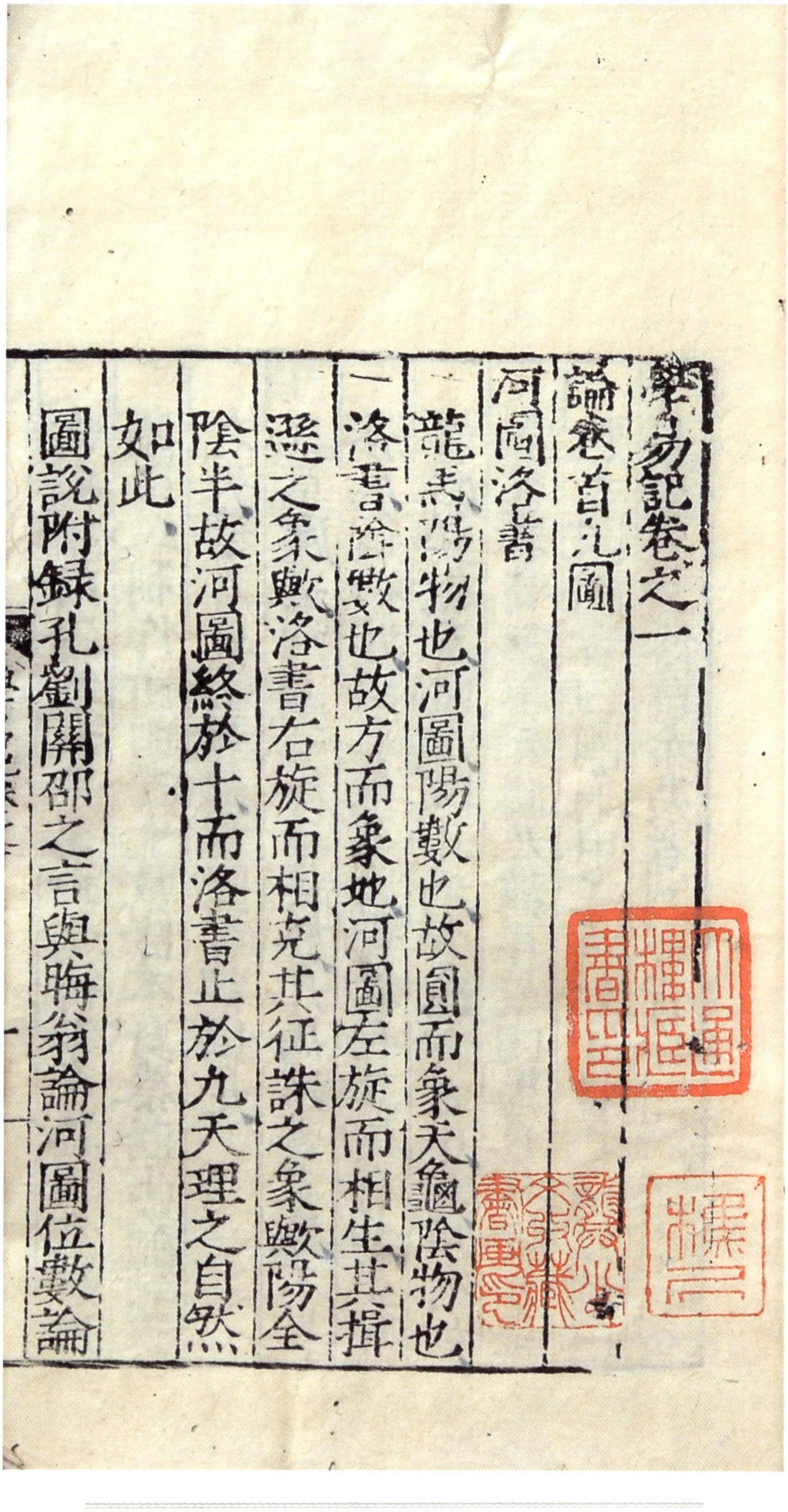

學易記卷之一
論卷首九圖
河圖洛書
龍馬陽物也河圖陽數也故圓而象天龜陰物也
洛書陰數也故方而象地河圖左旋而相生其揖
遜之象歟洛書右旋而相克其征誅之象歟陽全
陰半故河圖終於十而洛書止於九天理之自然
如此
圖說附録孔劉關邵之言與晦翁論河圖位數論

01286 學易記五卷 （明）金賁亨撰 明嘉靖刻本

匡高18.7厘米，廣14.3厘米。半葉九行，行二十字，白口，四周單邊。有“龔少文收藏書画印”、“大通樓藏書印”等印。福建省圖書館藏。

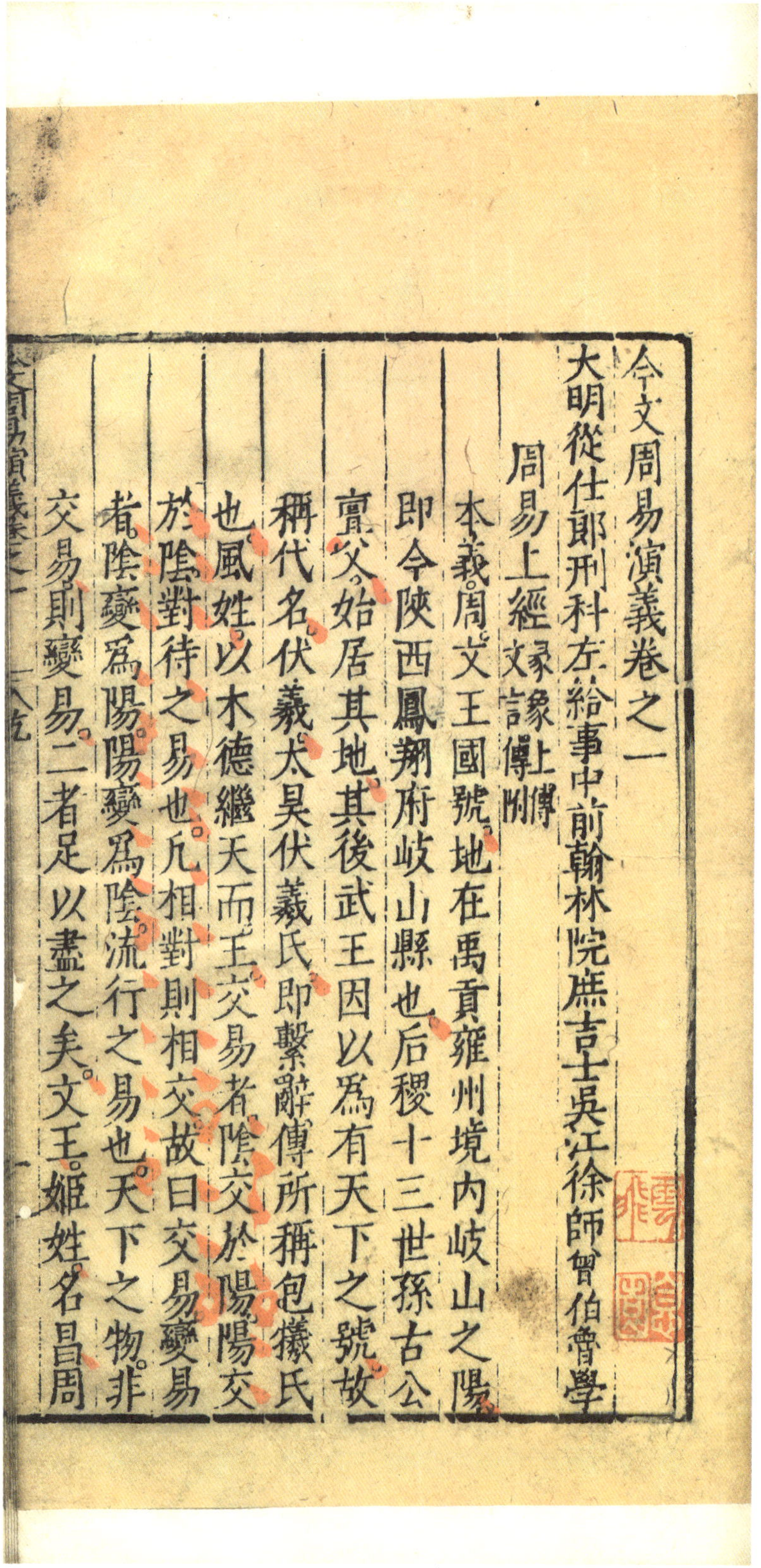
今文周易演義卷之一
大明從仕郎刑科左給事中前翰林院庶吉士吳江徐師曾伯魯學
周易上經彖象上傳文言傳附
本義周文王國號地在禹貢雍州境内岐山之陽
即今陝西鳳翔府岐山縣也后稷十三世孫古公
亶父始居其地其後武王因以為有天下之號故
稱代名伏羲太昊伏羲氏即繫辭傳所稱包犧氏
也風姓以木德繼天而王交易者陰交於陽陽交
於陰對待之易也凡相對則相交故曰交易變易
者陰變爲陽陽變爲陰流行之易也天下之物非
交易則變易二者足以盡之矣文王姬姓名昌周

01287 今文周易演義十二卷首一卷 （明）徐師曾撰 明隆慶二年（1568）董漢策刻本

匡高18.9厘米，廣12.1厘米。半葉十一行，行二十二字，白口，左右雙邊。有“息園”、“雲飛”等印。無錫市圖書館藏。

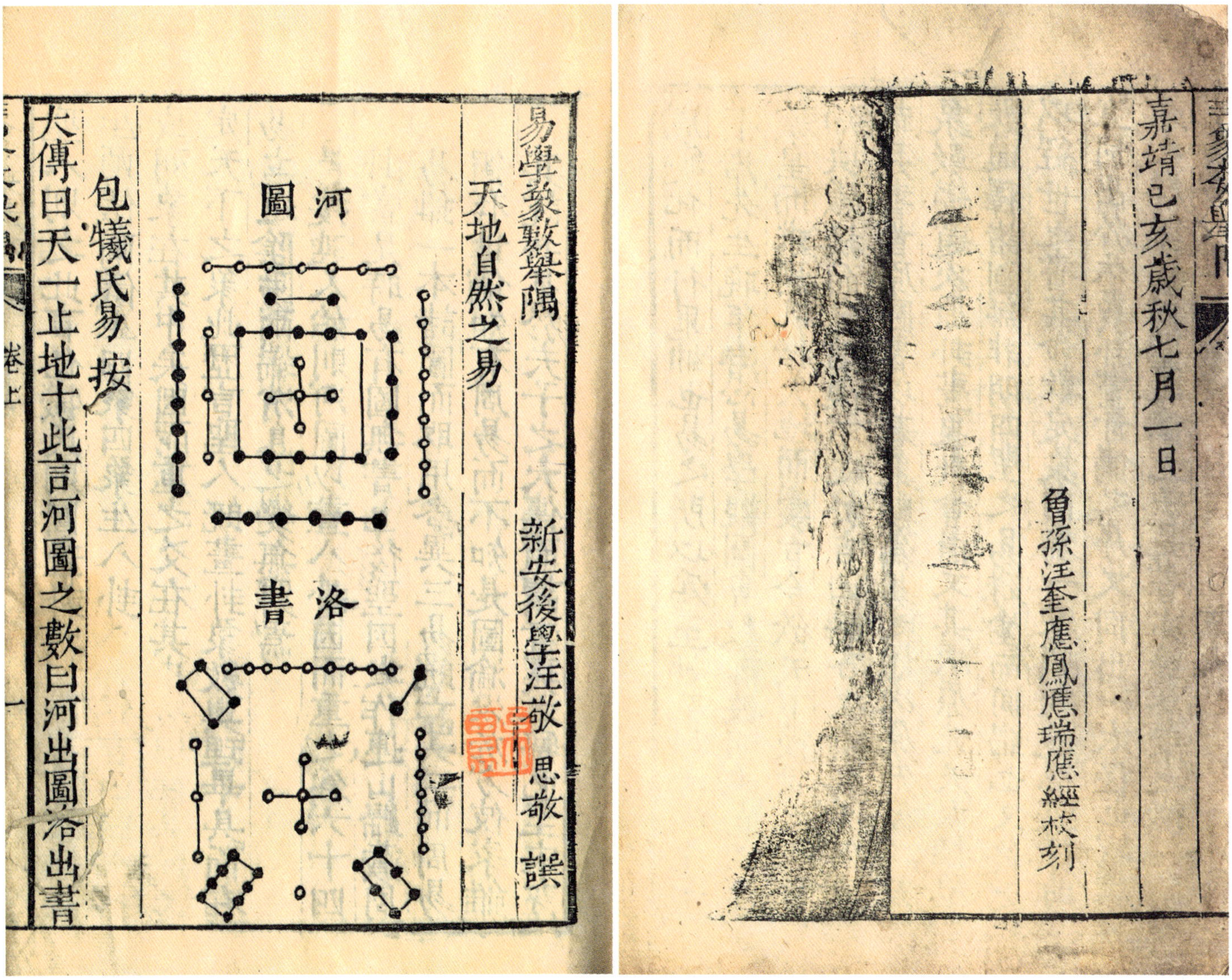

01288 易學象數舉隅二卷　（明）汪敬撰　明嘉靖十八年（1539）汪氏刻本

匡高19.5厘米，廣13.8厘米。半葉十行，行二十一字，白口，四周單邊。安徽省圖書館藏。

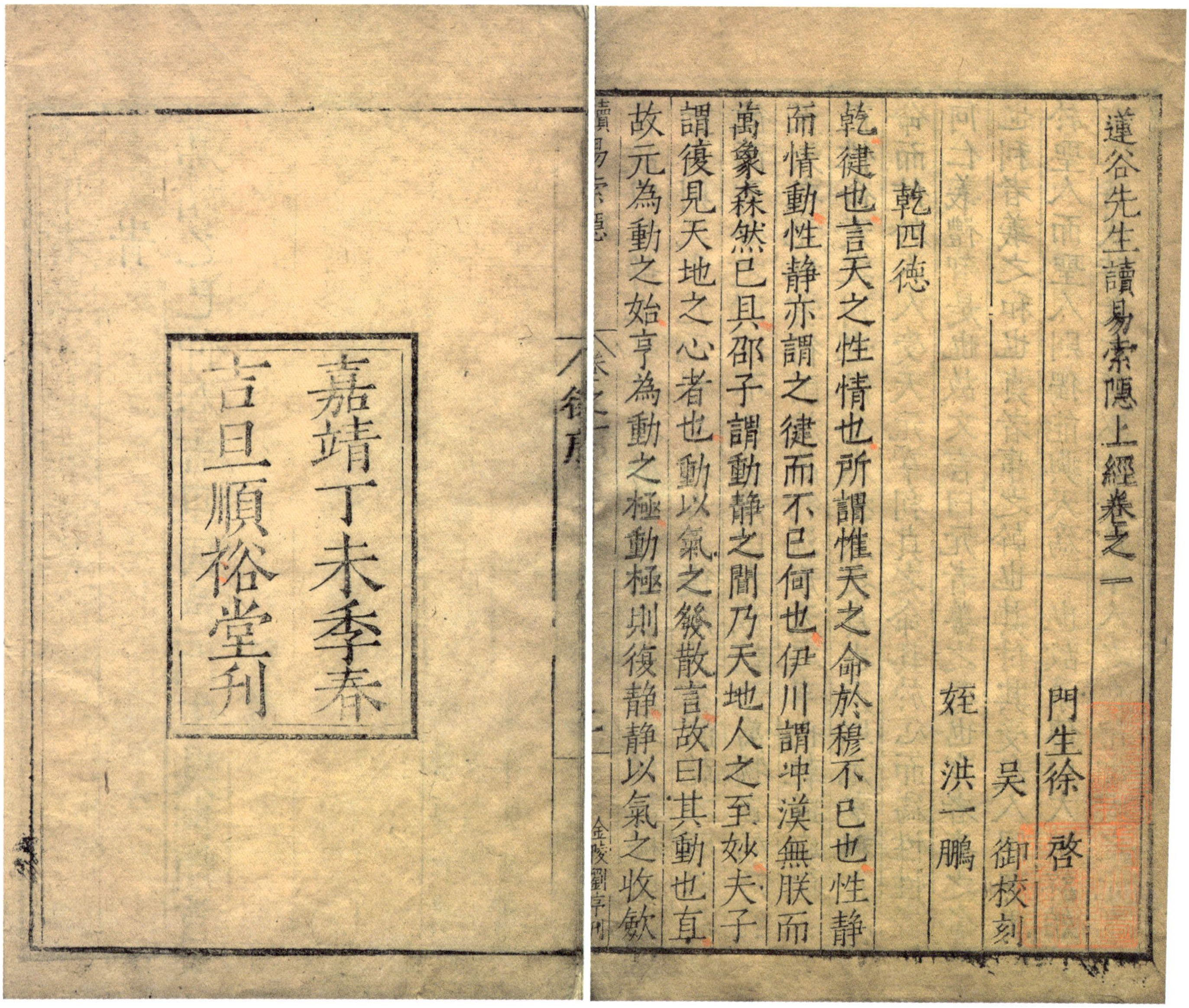

01289 蓮谷先生讀易索隱六卷 （明）洪鼐撰 明嘉靖二十六年（1547）順裕堂刻本

匡高19.2厘米，廣12.9厘米。半葉十行，行二十二字，白口，左右雙邊。有“嘉靖丁未季春吉旦順裕堂刊”牌記。有“丁芑詒印”、“心翼”、“静勝”等印。遼寧省圖書館藏。

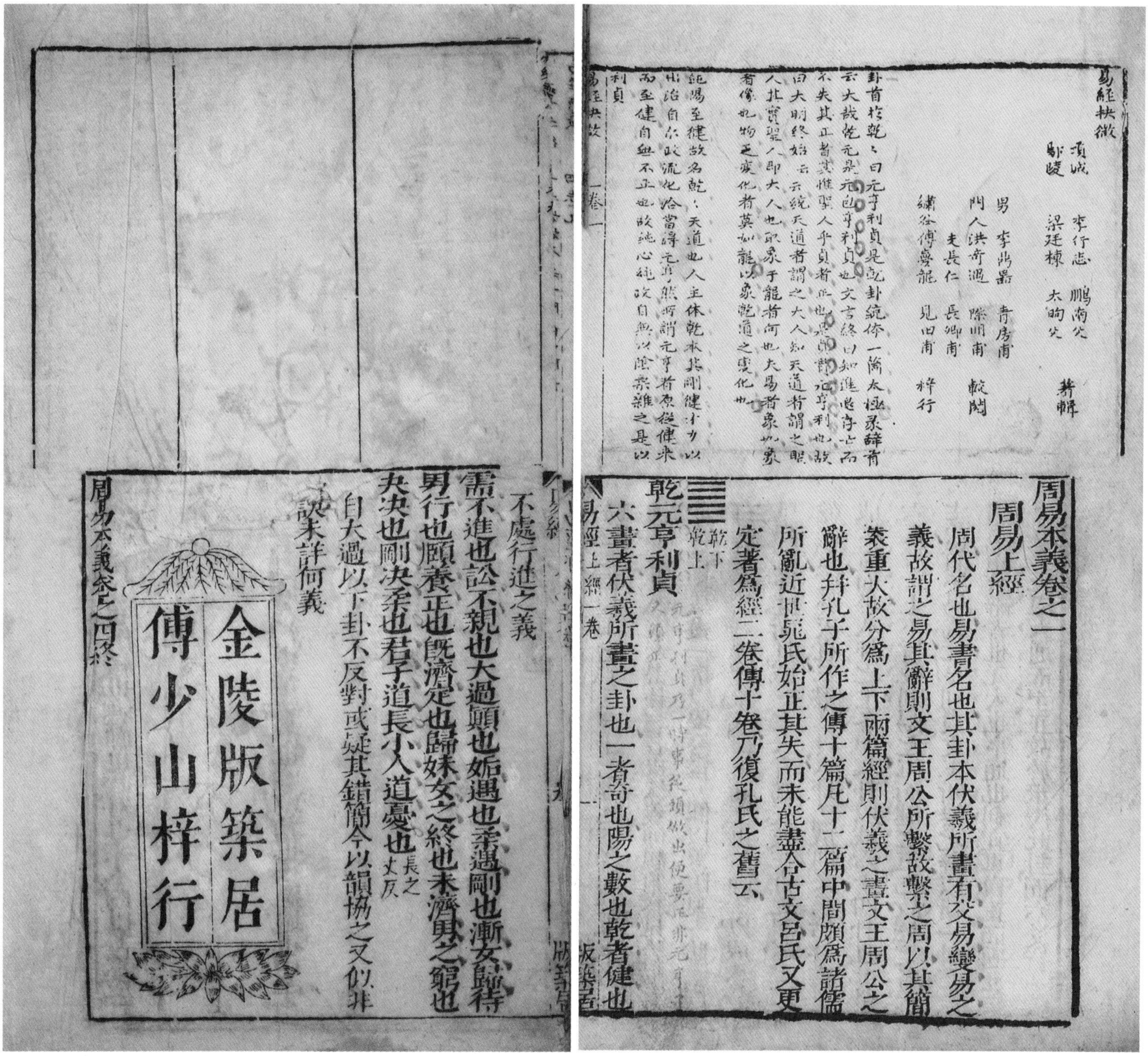

01290 易經抉微四卷圖一卷 （明）梁廷棟　李行志撰　明版築居刻三色套印本

匡高23.7厘米，廣14.8厘米。半葉上下兩欄，上欄二十行，行二十二字，下欄十一行，行二十三字，白口，四周單邊。有“金陵版築居傅少山梓行”牌記。河南省圖書館藏。

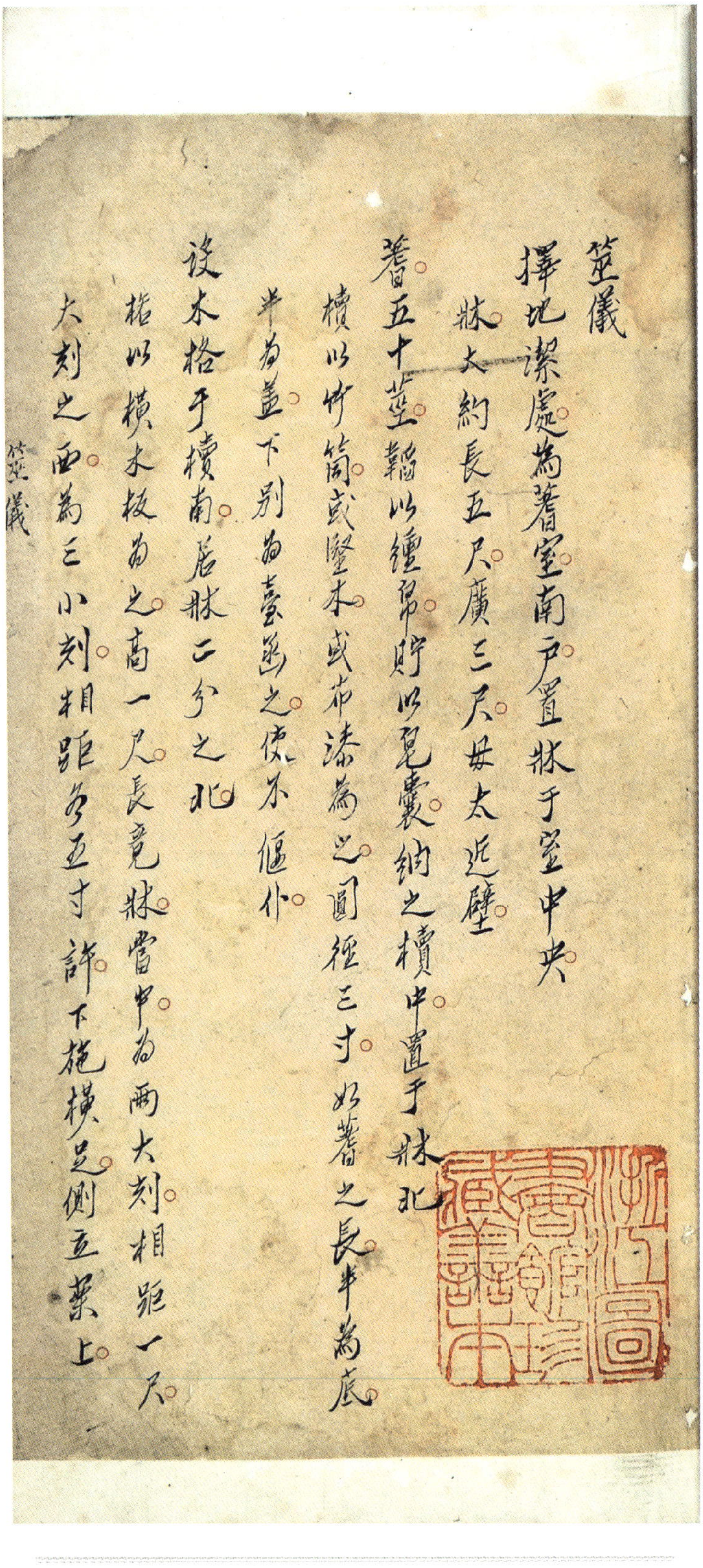
筮儀

擇地潔處爲蓍室南戶置牀于室中央

牀大約長五尺廣三尺毋太近壁

蓍五十莖韜以纁帛貯以皂囊納之櫝中置于牀北

櫝以竹筒或堅木或布漆爲之圓徑三寸如蓍之長半爲底

半爲蓋下別爲臺函之使不偃仆

設木格于櫝南居牀二分之北

格以橫木板爲之高一尺長竟牀當中爲兩大刻相距一尺

大刻之西爲三小刻相距各五寸許下施橫足側立案上

筮儀

01291 筮儀象解不分卷 （清）陳洪綬撰　稿本

陳紳等跋。浙江圖書館藏。

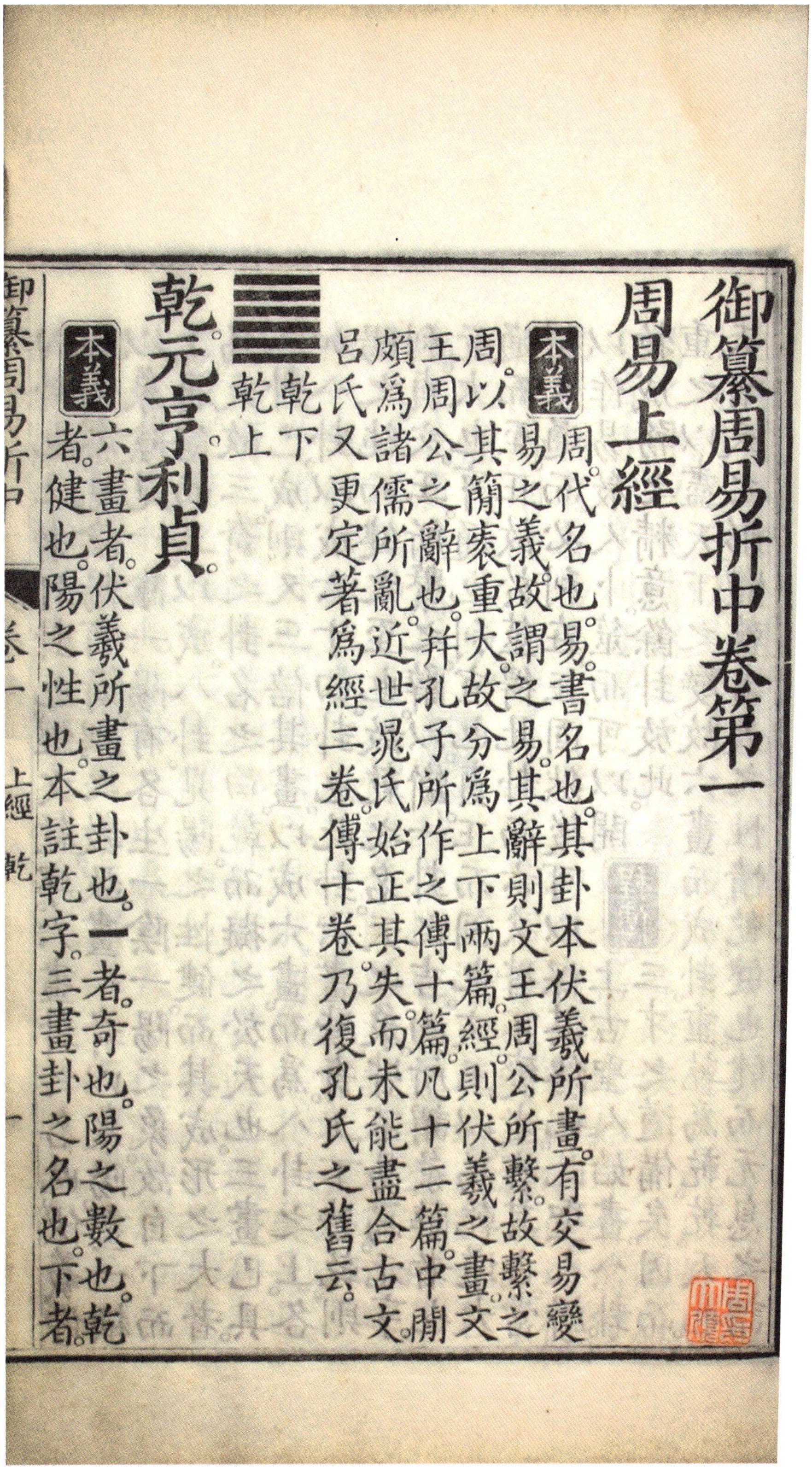
御纂周易折中卷第一

周易上經

本義 周代名也。易書名也。其卦本伏羲所畫。有交易變易之義。故謂之易。其辭則文王周公所繫。故繫之周。以其簡袠重大。故分爲上下兩篇。經則伏羲之畫。文王周公之辭也。并孔子所作之傳十篇。凡十二篇。中閒頗爲諸儒所亂。近世晁氏始正其失。而未能盡合古文。呂氏又更定著爲經二卷。傳十卷。乃復孔氏之舊云。

䷀ 乾下乾上

乾。元亨。利貞。

本義 六畫者。伏羲所畫之卦也。⚊者。奇也。陽之數也。乾者。健也。陽之性也。本註乾字。三畫卦之名也。下者。

御纂周易折中 卷一 上經 乾 一

01292、01293、01294 御纂周易折中二十二卷 （清）李光地等撰　清康熙五十四年（1715）内府刻本

匡高22.3厘米，廣16.3厘米。半葉八行，行十八字，小字雙行二十二字，白口，四周雙邊。山東師範大學圖書館藏，有首一卷；甘肅省定西市安定區圖書館藏；鄭州市圖書館藏。

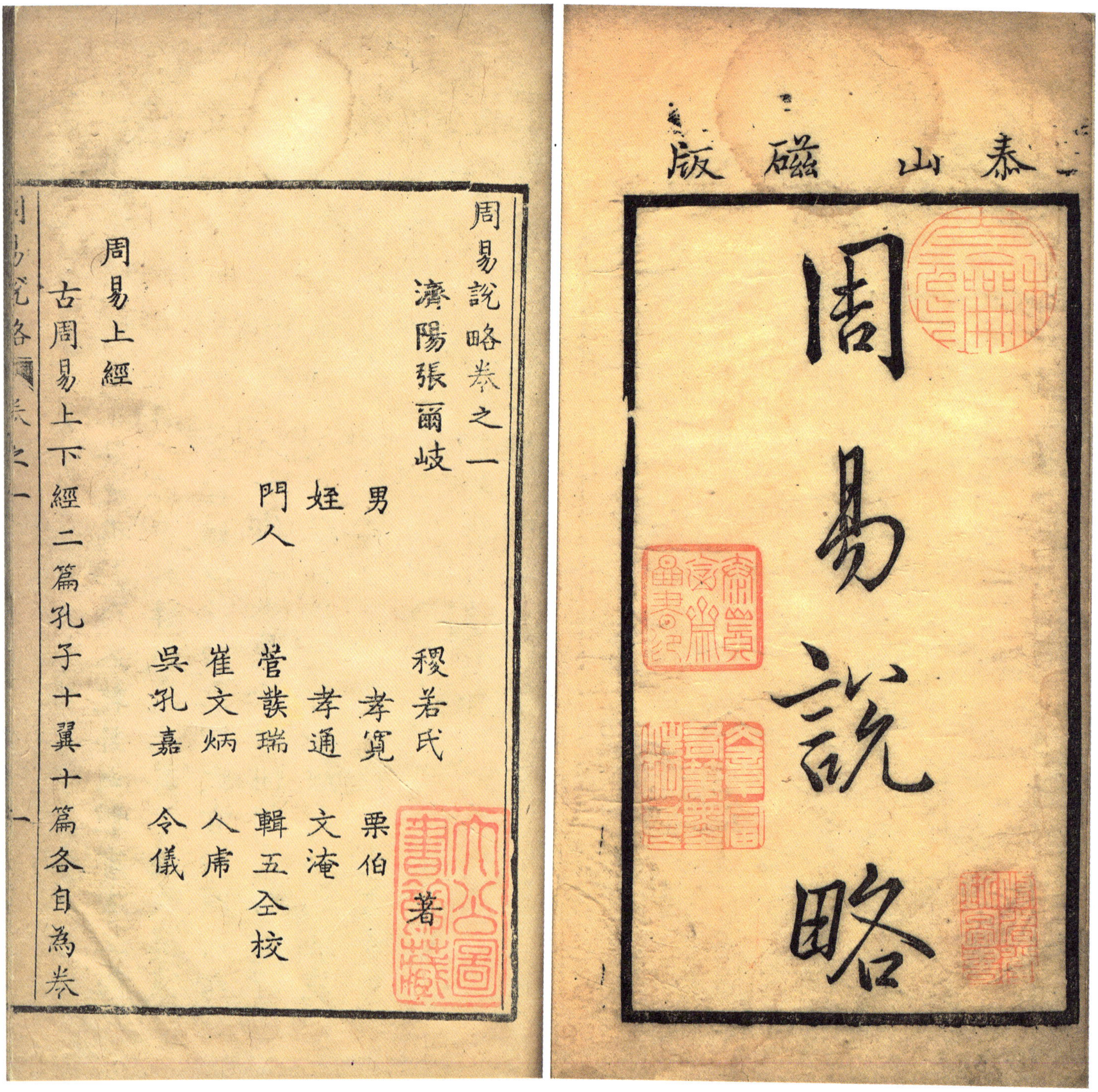

01295、01296、01297 周易説略八卷 （清）張爾岐撰 清康熙五十八年（1719）刻泰山徐志定真合齋磁版印本

匡高19.2厘米，廣11.9厘米。半葉九行，行二十字，白口，左右雙邊。國家圖書館藏，有“慎初堂”等印，董康跋；四川省圖書館藏，有“文淵閣大學士章”等印；無錫市圖書館藏。

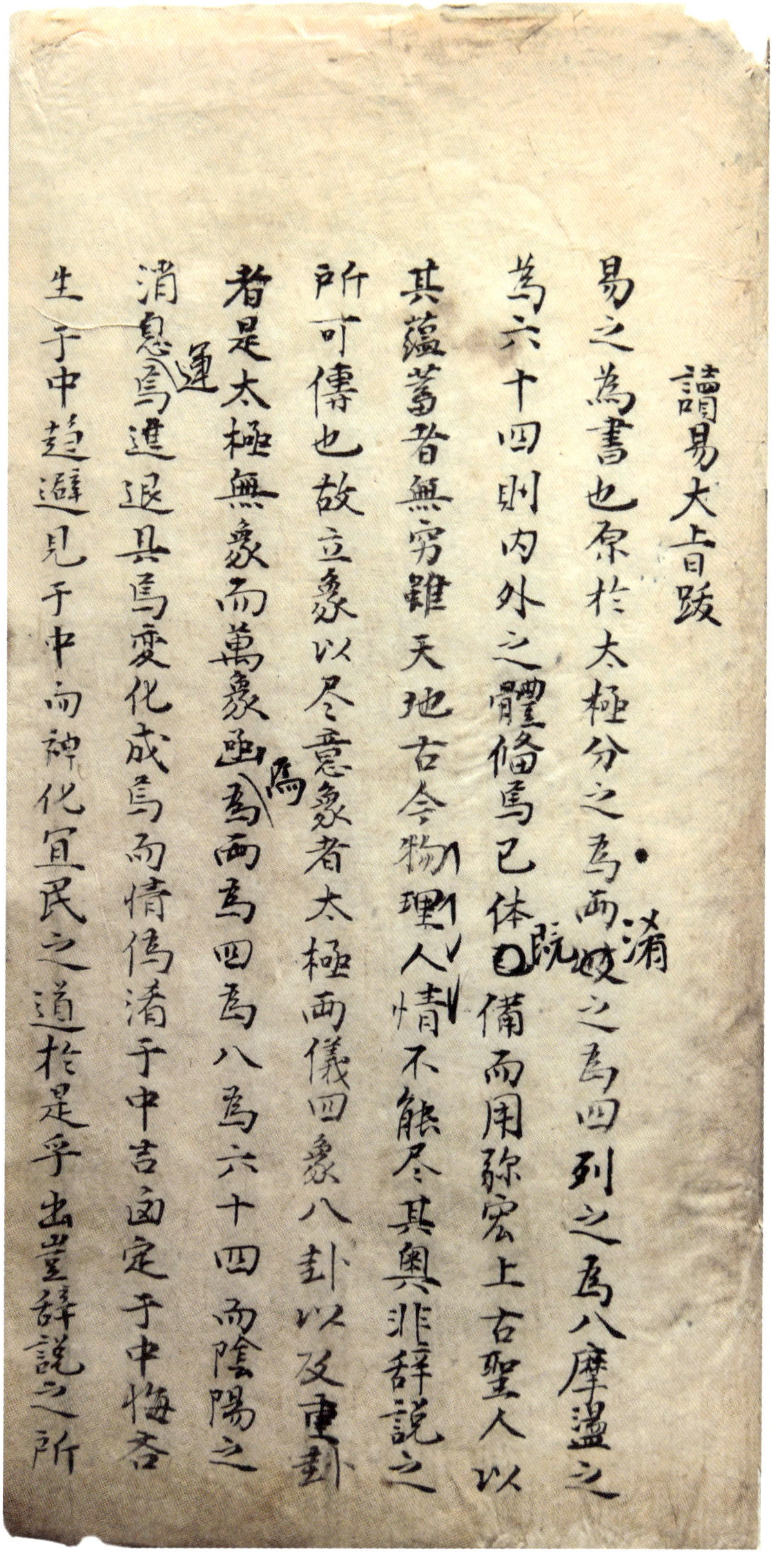

讀易大旨跋

易之為書也原於太極分之為兩析之為四列之為八摩盪之為六十四則內外之體備焉已体既備而用彌宏上古聖人以其蘊蓄者無窮雖天地古今物理人情不能盡其奧非辭說之所可傳也故立象以盡意象者太極兩儀四象八卦以及重卦者是太極無象而萬象函焉為兩為四為八為六十四而陰陽之消息運焉進退具焉變化成焉而情偽淆于中吉凶定于中悔吝生于中趨避見于中而神化宜民之道於是乎出豈辭說之所

01298 讀易大旨五卷後傳一卷 （清）孫奇逢撰 稿本

半葉八至九行，行二十至二十三字。李對跋。新鄉市圖書館藏。

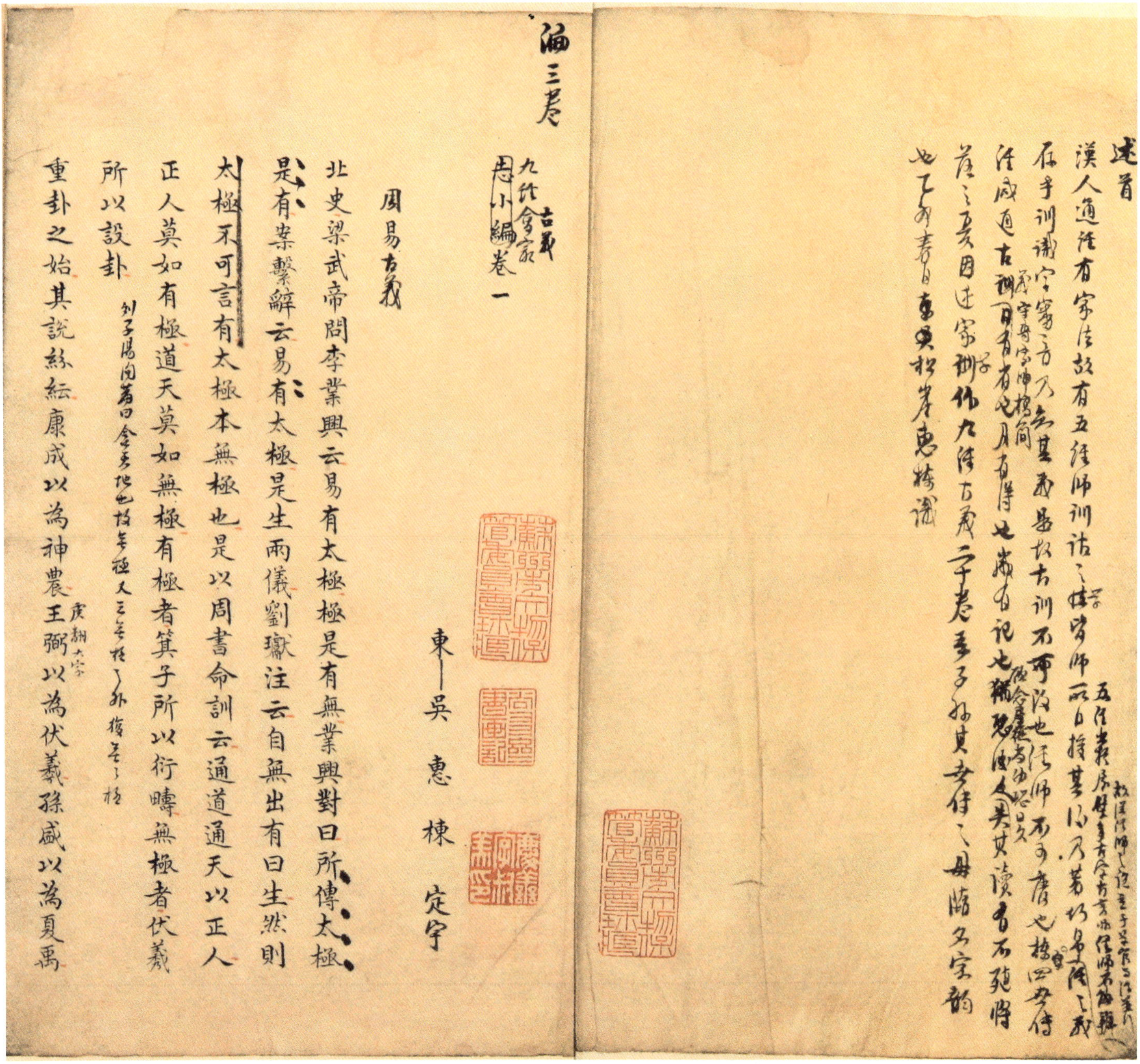
周易古義
東吳惠棟定宇
北史梁武帝問李業興云易有太極極是有無業興對曰所傳太極
是有案繫辭云易有太極是生兩儀劉瓛注云自無出有曰生然則
太極不可言有太極本無極也是以周書命訓云通道通天以正人
正人莫如有極道天莫如無極有極者箕子所以衍疇無極者伏羲
所以設卦
重卦之始其說紛紜康成以為神農王弼以為伏羲孫盛以為夏禹

01299 周易古義不分卷 （清）惠棟撰　稿本

半葉九行，行二十六字。惠棟朱墨批校。蘇州博物館藏。

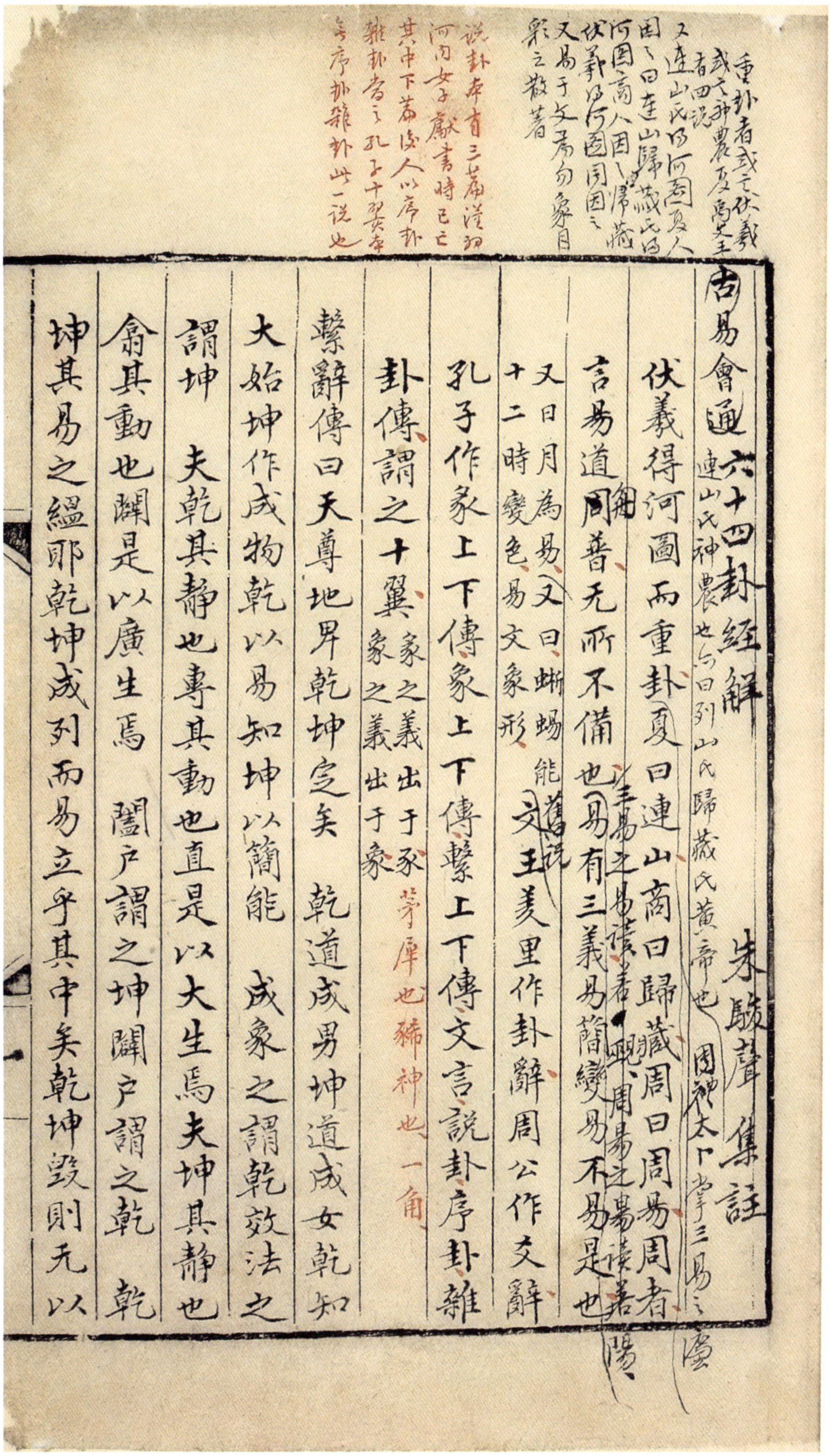

古易會通六十四卦經解　朱駿聲集註

伏羲得河圖而重卦夏曰連山商曰歸藏周曰周易周者言易道周普无所不備也易有三義易簡變易不易是也文王羑里作卦辭周公作爻辭孔子作彖上下傳象上下傳繫上下傳文言說卦序卦雜卦傳謂之十翼

繫辭傳曰天尊地卑乾坤定矣　乾道成男坤道成女乾知大始坤作成物乾以易知坤以簡能　成象之謂乾效法之謂坤　夫乾其靜也專其動也直是以大生焉夫坤其靜也翕其動也闢是以廣生焉　闔戶謂之坤闢戶謂之乾　乾坤其易之縕耶乾坤成列而易立乎其中矣乾坤毀則无以

01300 六十四卦經解八卷　（清）朱駿聲撰　稿本

包背裝。匡高19.2厘米，廣14.3厘米。半葉十一行，行二十四字，小字雙行字不等，白口，左右雙邊。朱師轍跋。浙江圖書館藏。

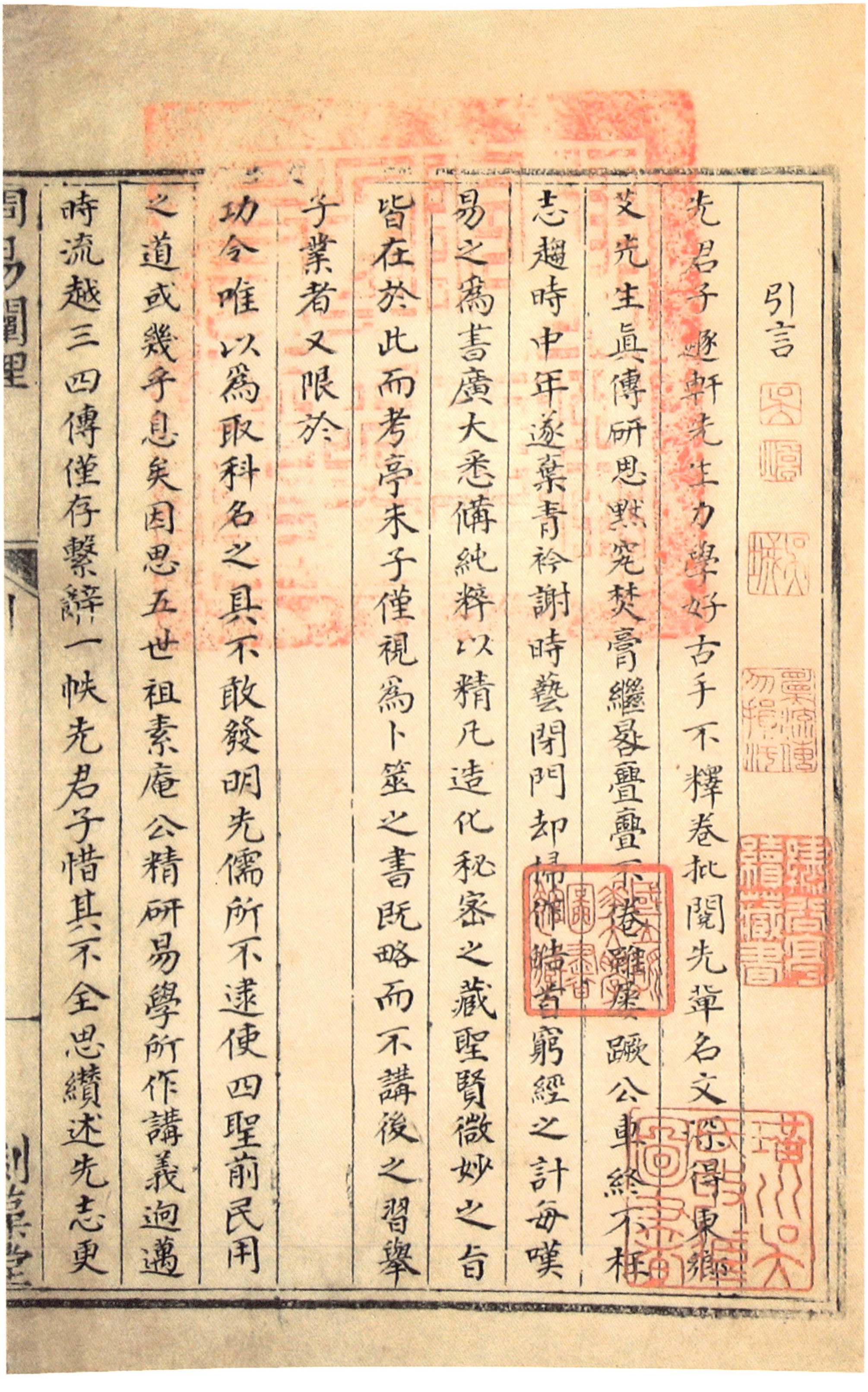
引言
先君子遯軒先生力學好古手不釋卷批閱先輩名文深得東鄉艾先生眞傳研思默究焚膏繼晷亹亹不倦雖屢蹶公車終不枉志趨時中年遂棄青衿謝時藝閉門却埽作皓首窮經之計每嘆易之爲書廣大悉備純粹以精凡造化秘密之藏聖賢微妙之旨皆在於此而考亭朱子僅視爲卜筮之書既略而不講後之習舉子業者又限於
功令唯以爲取科名之具不敢發明先儒所不逮使四聖前民用之道或幾乎息矣因思五世祖素庵公精研易學所作講義迥邁時流越三四傳僅存繫辭一帙先君子惜其不全思纘述先志更
周易闡理

01301 周易闡理四卷 （清）戴虞皋撰 清康熙刻藻堂抄本

匡高21.5厘米，廣15厘米。半葉十行，行二十五字，小字雙行同，白口，四周雙邊。有“乾隆三十八年十一月浙江巡撫三寶送到吳玉墀家藏周易闡理壹部計書叁本”木記。有“璜川吳氏收藏圖書”、“翰林院印”、“彝尊私印”等印。桂芬跋。清華大學圖書館藏。

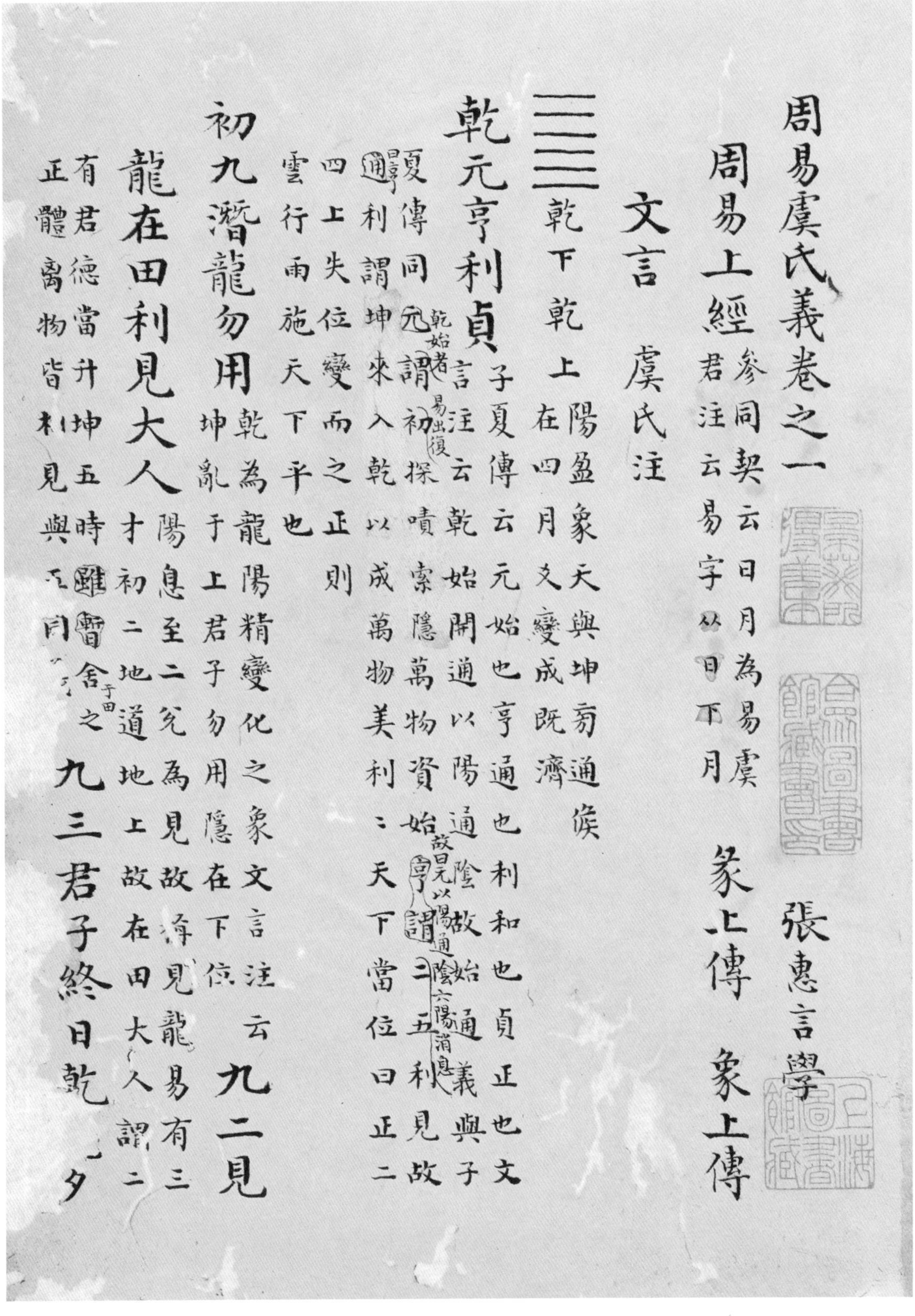
周易虞氏義卷之一
張惠言學
周易上經 參同契云日月為易虞君注云易字从日下月 彖上傳 象上傳
文言 虞氏注
☰ 乾下乾上 陽盈象天與坤旁通侯在四月文變成既濟
乾元亨利貞 子夏傳云元始也亨通也利和也貞正也文言注云乾始開通以陽通陰故始通義與子夏傳同元乾始者謂易出復初探嘖索隱萬物資始故曰元以陽通陰亨謂二五六陽消息利見故曰亨通利謂坤來入乾以成萬物美利利天下當位曰正二四上失位變而之正則雲行雨施天下平也
初九潛龍勿用 乾為龍陽精變化之象文言注云坤亂于上君子勿用隱在下位
九二見龍在田利見大人 陽息至二允為見故稱見龍易有三才初二地道地上故在田大人謂二有君德當升坤五時離潛舍于田之正體离物皆相見與[illegible]
九三君子終日乾乾夕

01302 周易虞氏義九卷 （清）張惠言撰 稿本

上海圖書館藏。

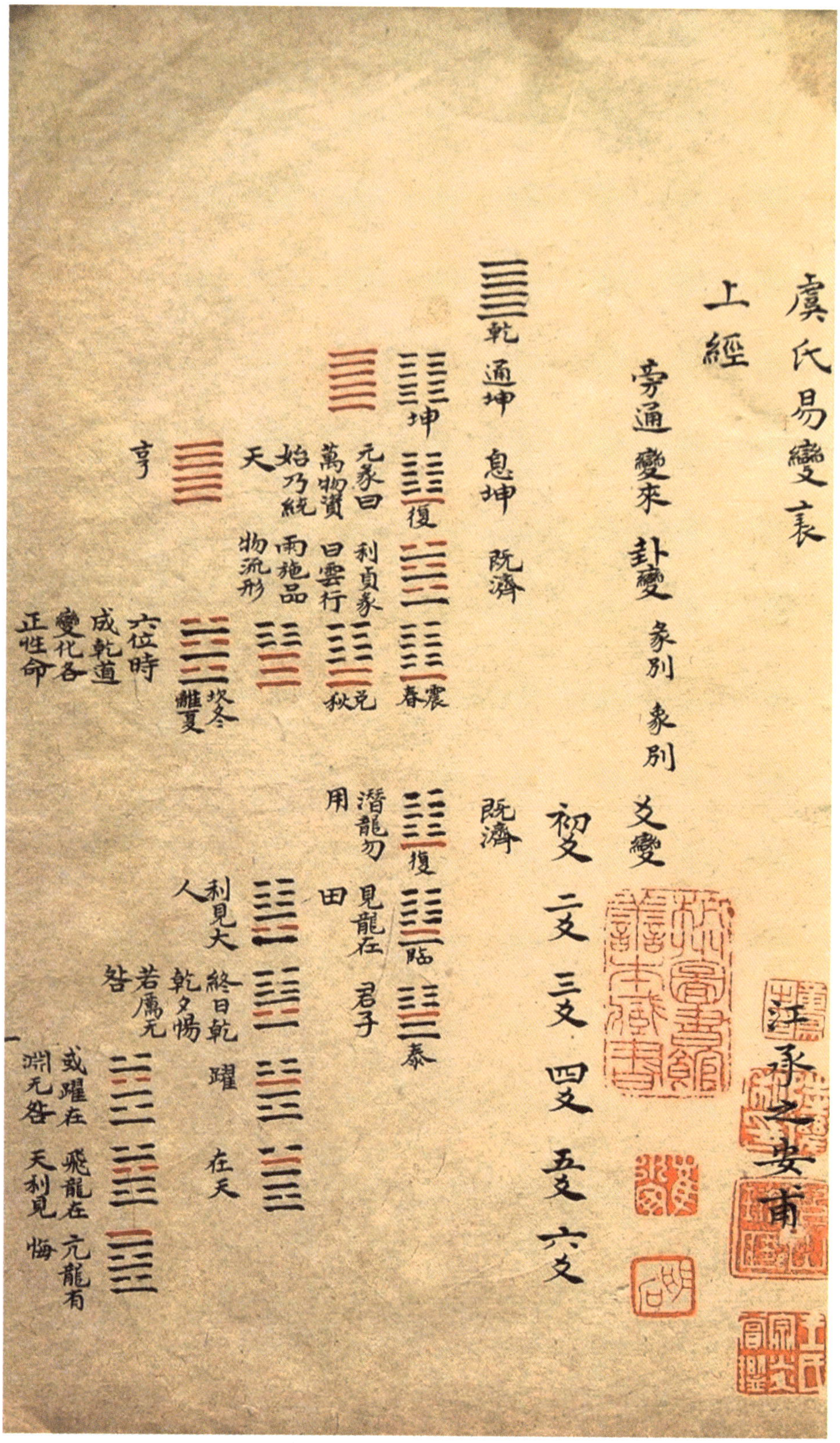

01303 虞氏易變表二卷 （清）江承之撰 （清）張惠言校補 稿本

有“王氏宗炎賞鑑”、“章易之印”、“陸璣私印”、“次山珍藏”等印。

杭州圖書館藏。

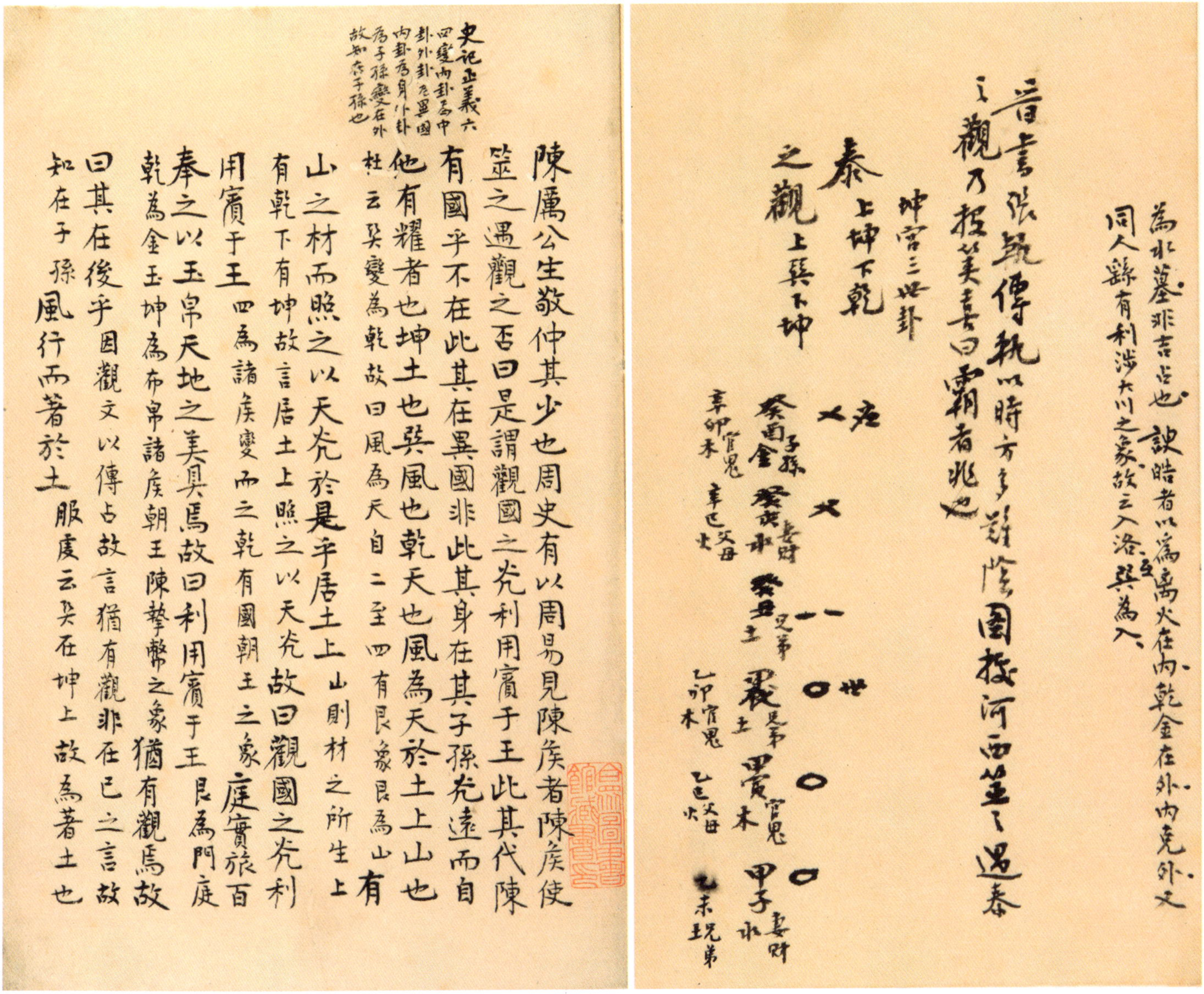

01304 演易一卷 （清）錢大昕撰　稿本

王國維跋。上海圖書館藏。

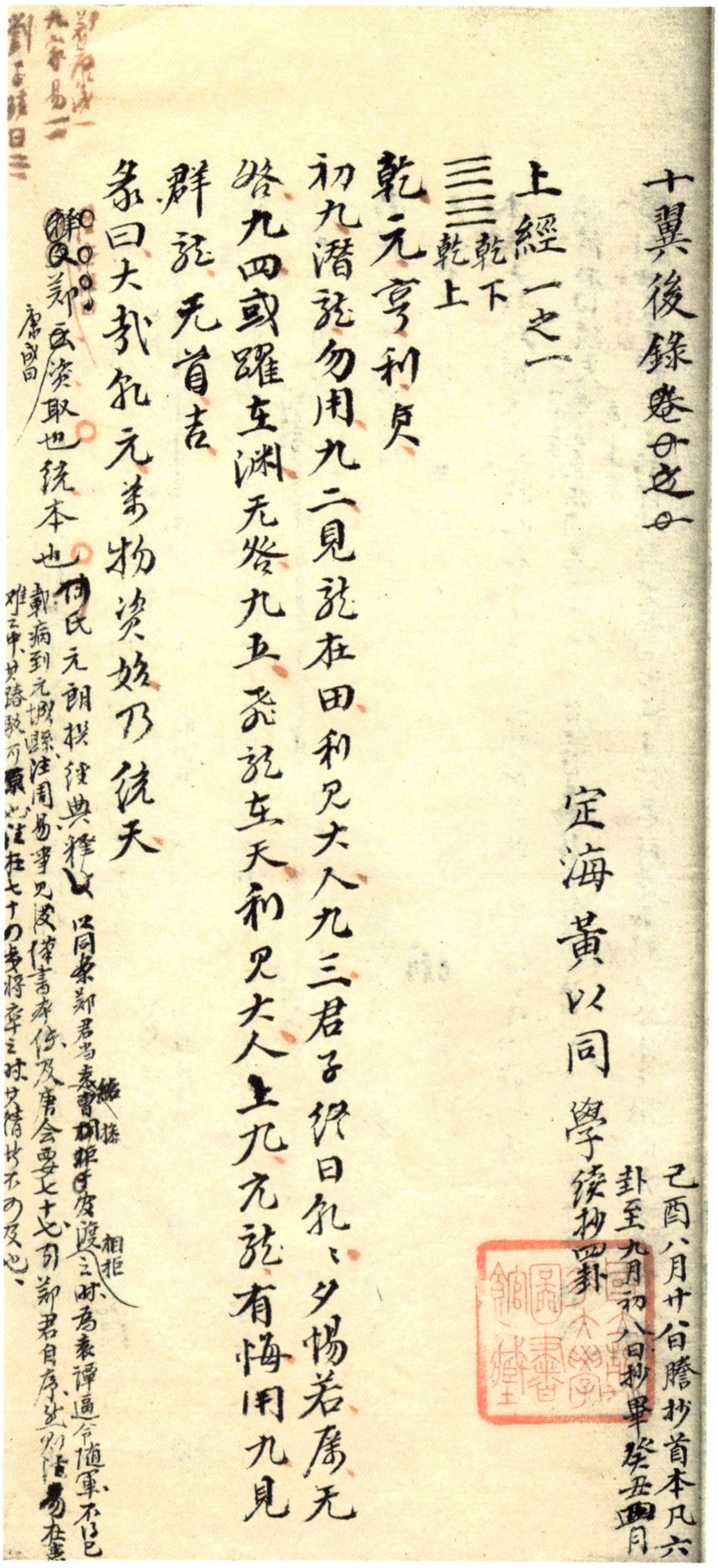
十翼後錄卷廿之廿

定海黃以周學

上經 一之一

乾下 乾上

乾元亨利貞

初九潛龍勿用九二見龍在田利見大人九三君子終日乾乾夕惕若厲无

咎九四或躍在淵无咎九五飛龍在天利見大人上九亢龍有悔用九見

群龍无首吉

彖曰大哉乾元萬物資始乃統天

01305 十翼後録七卷 （清）黄以周撰 稿本

有“晚儆居”、“求是室藏書”、“黄氏三印”、“懲忿室記”、“薇香”、“豊華堂書庫寶藏印”、“愽”等印。清華大學圖書館藏。

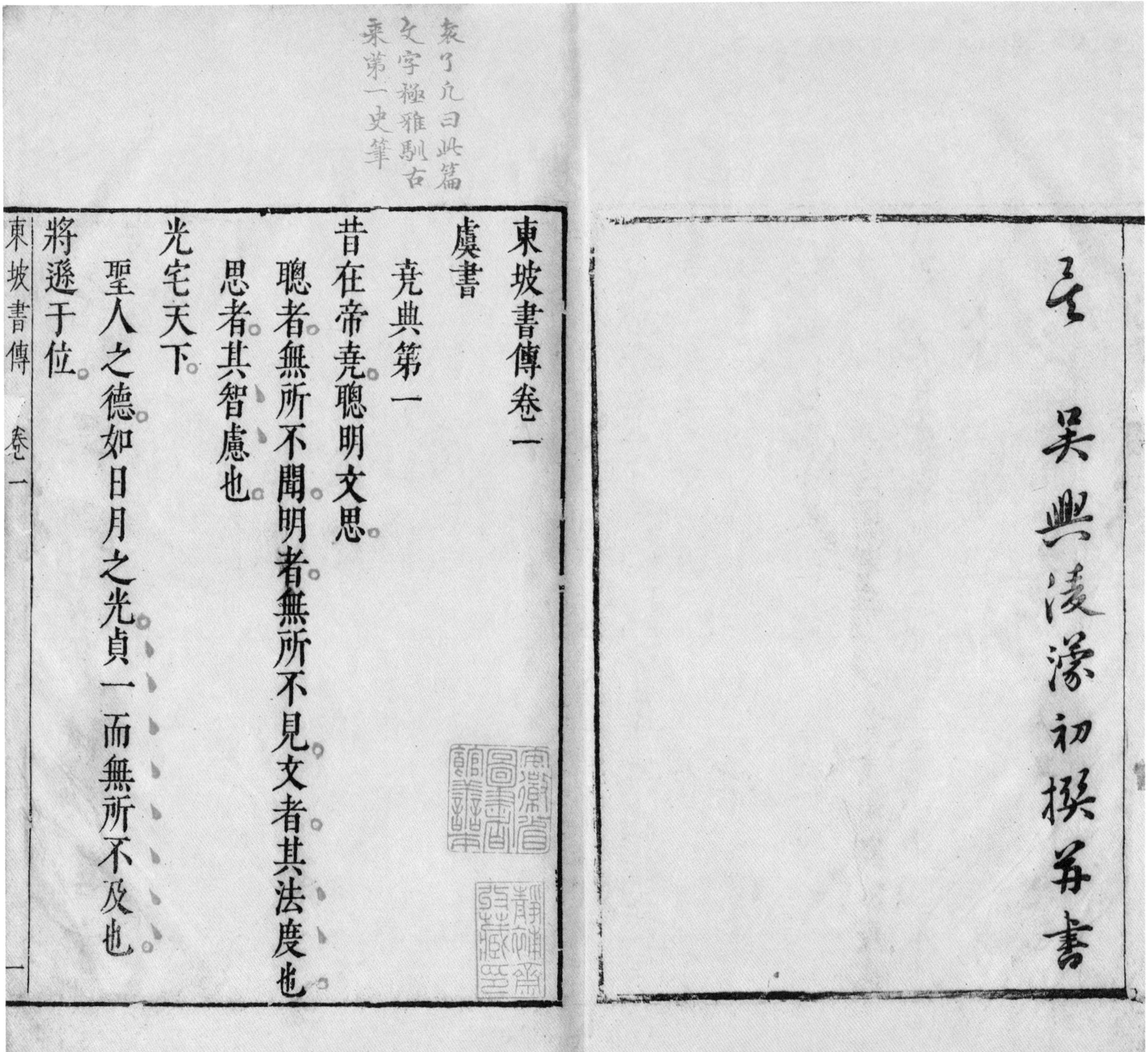

01306 東坡書傳二十卷 （宋）蘇軾撰　（明）楊慎等注　明吴興凌濛初刻朱墨套印本

匡高20.5厘米，廣14.7厘米。半葉九行，行十九字，白口，四周單邊。有“静補齋收藏印”等印。安徽省圖書館藏。

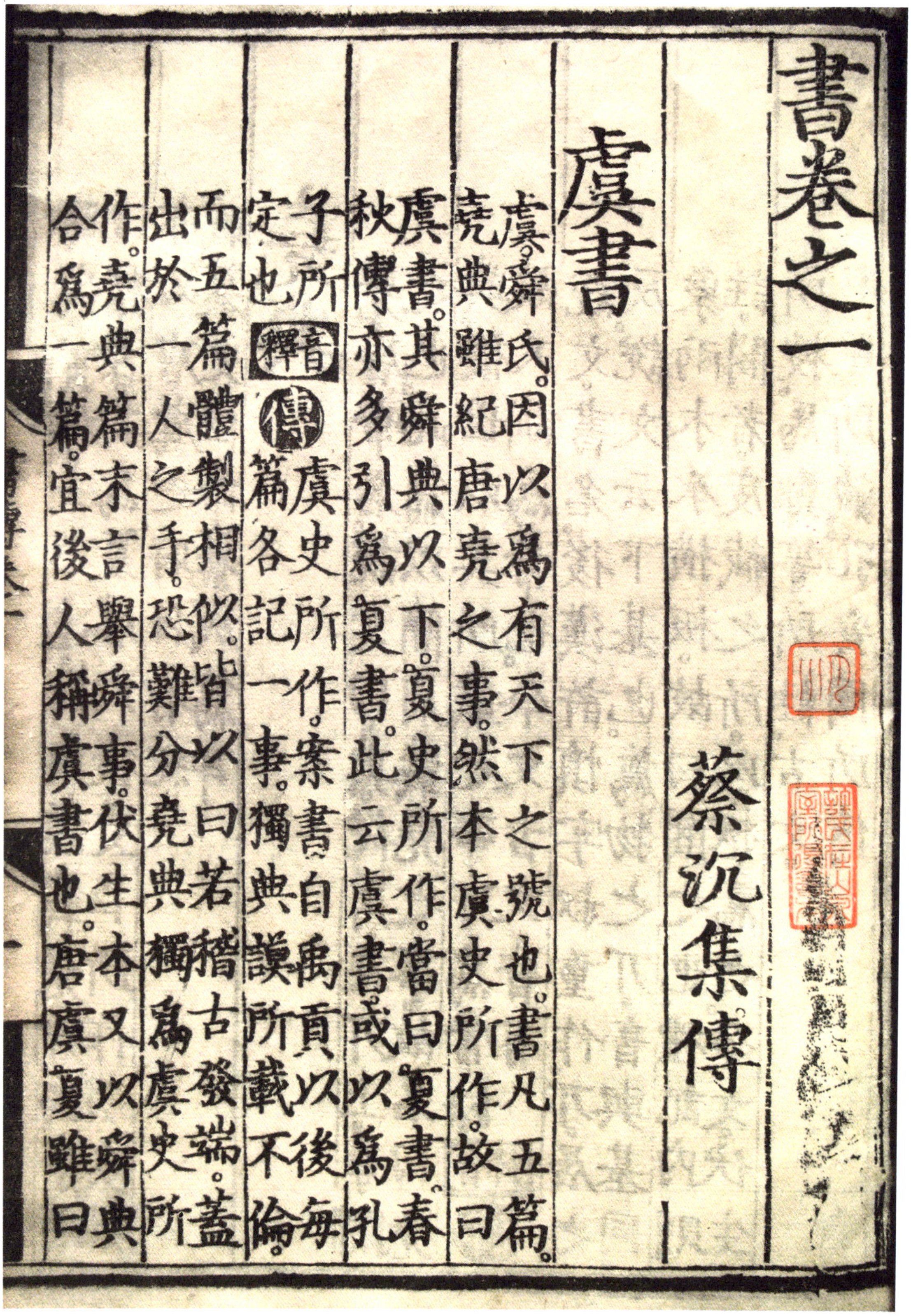

書卷之一

虞書

蔡沈集傳

虞舜氏。因以爲有天下之號也。書凡五篇。堯典雖紀唐堯之事。然本虞史所作。故曰虞書。其舜典以下。夏史所作。當曰夏書。春秋傳亦多引爲夏書。此云虞書。或以爲孔子所定也。

音釋

傳 虞史所作。案書自禹貢以後每篇各記一事。獨典謨所載不倫而五篇體製相似。皆以曰若稽古發端。蓋出於一人之手。恐難分堯典獨爲虞史所作。堯典篇末言舉舜事。伏生本又以舜典合爲一篇。宜後人稱虞書也。唐虞夏雖曰

01307 書集傳六卷序一卷圖一卷 （宋）蔡沈撰　（元）鄒季友音釋　明正統十二年（1447）内府刻本

匡高23厘米，廣16厘米。半葉八行，行十四字，小字雙行十八字，粗黑口，四周雙邊。湖南圖書館藏。

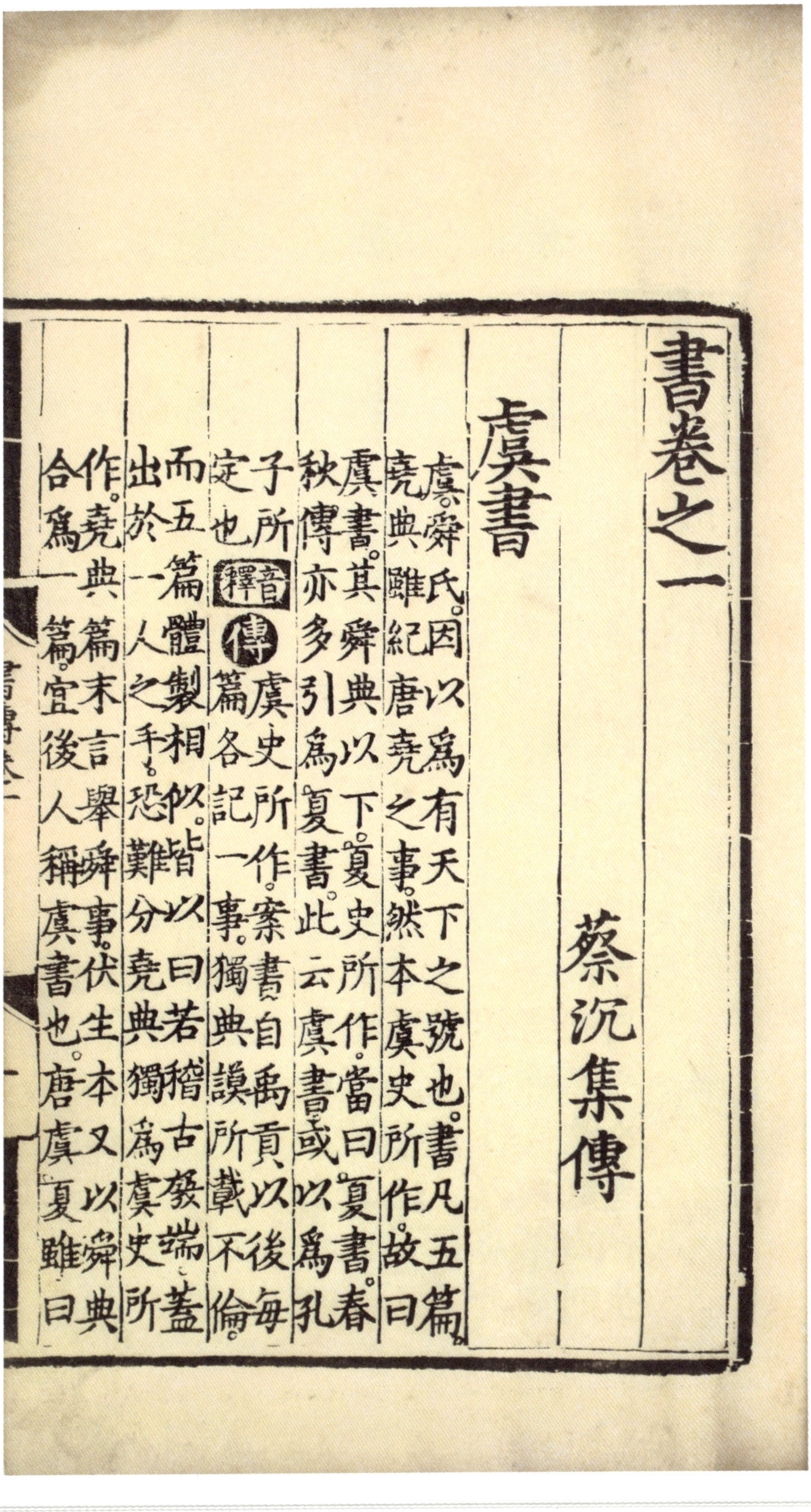

書卷之一

蔡沈集傳

虞書

虞舜氏。因以爲有天下之號也。書凡五篇。堯典雖紀唐堯之事。然本虞史所作。故曰虞書。其舜典以下夏史所作。當曰夏書。春秋傳亦多引爲夏書。此云虞書。或以爲孔子所定也。音釋 傳 虞史所作案書自禹貢以後每篇各記一事。獨典謨所載不倫而五篇體製相似。皆以曰若稽古發端。蓋出於一人之手。恐難分堯典獨爲虞史所作。堯典篇末言舉舜事。伏生本又以舜典合爲一篇。宜後人稱虞書也。唐虞夏雖曰

01308、01309、01310 書集傳六卷序一卷圖一卷 （宋）蔡沈撰 （元）鄒季友音釋 **朱子説書綱領一卷** （宋）朱熹撰 明正統十二年（1447）内府刻本

匡高23厘米，廣16厘米。半葉八行，行十四字，小字雙行十八字，粗黑口，四周雙邊。安徽省博物館藏；河南省圖書館藏，存七卷；鄭州市圖書館藏。

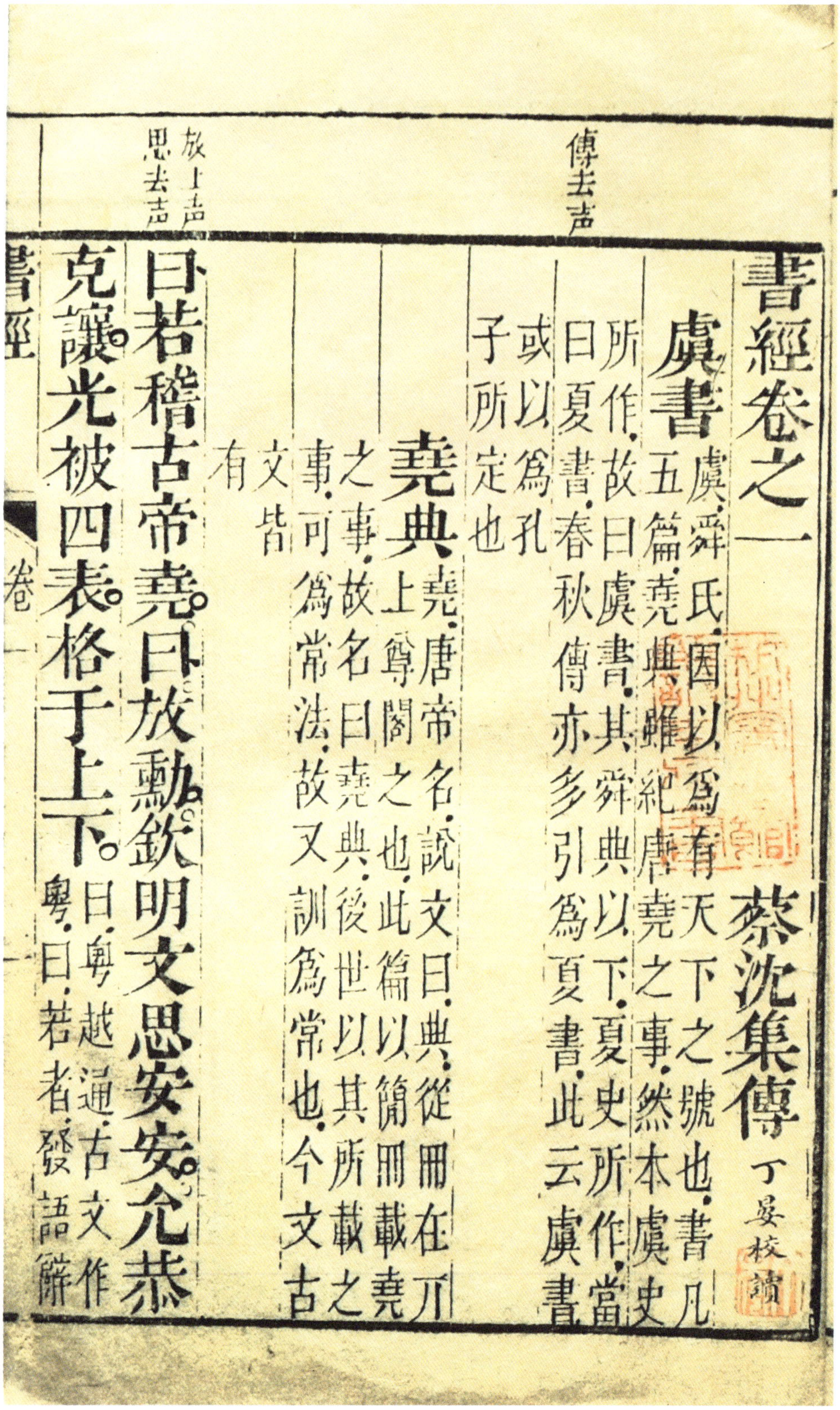
書經卷之一　　蔡沈集傳　丁晏校讀

虞書虞舜氏因以爲有天下之號也書凡五篇堯典雖紀唐堯之事然本虞史所作故曰虞書其舜典以下夏史所作當曰夏書春秋傳亦多引爲夏書此云虞書或以爲孔子所定也

堯典堯唐帝名說文曰典從冊在丌上尊閣之也此篇以簡冊載堯之事故名曰堯典後世以其所載之事可爲常法故又訓爲常也今文古文皆有

曰若稽古帝堯曰放勳欽明文思安安允恭克讓光被四表格于上下曰粵越通古文作粵曰若者發語辭

書經　卷一

01311 書經集傳六卷　（宋）蔡沈撰　清金閶步月樓刻本

匡高20.3厘米，廣14.3厘米。半葉九行，行十七字，白口，左右雙邊。丁晏批校并跋。杭州圖書館藏。

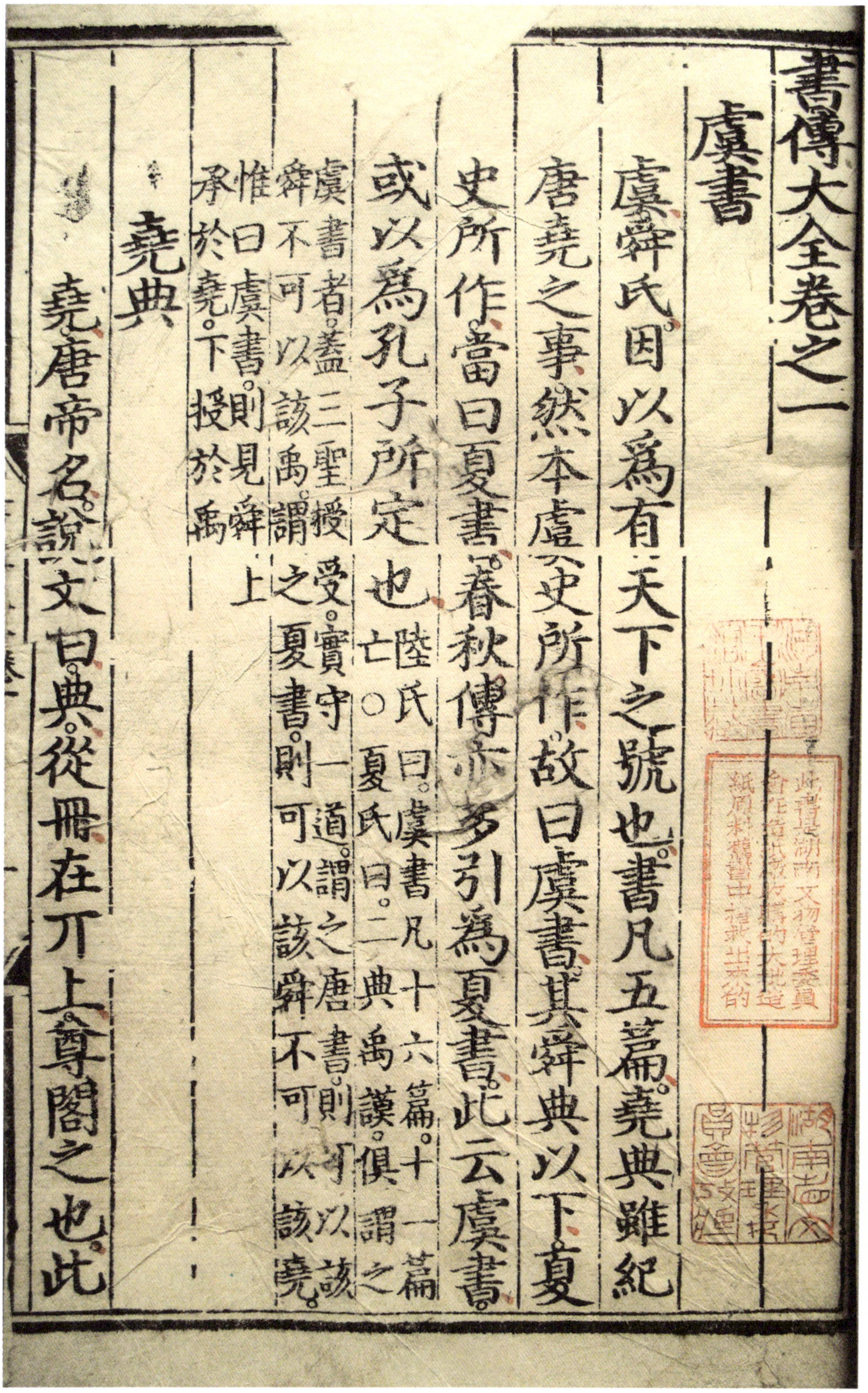
書傳大全卷之一
虞書
虞舜氏因以爲有天下之號也書凡五篇堯典雖紀唐堯之事然本虞史所作故曰虞書其舜典以下夏史所作當曰夏書春秋傳亦多引爲夏書此云虞書或以爲孔子所定也陸氏曰虞書凡十六篇十一篇亡○夏氏曰二典禹謨俱謂之虞書者蓋三聖授受實守一道謂之唐書則可以該舜不可以該禹謂之夏書則可以該舜不可以該堯惟曰虞書則見舜上承於堯下授於禹
堯典
堯唐帝名說文曰典從册在丌上尊閣之也此

01312 書傳大全十卷綱領一卷圖一卷　（明）胡廣輯　明刻本

匡高27厘米，廣18厘米。半葉十行，行二十二字，小字雙行同，黑口，四周雙邊。湖南圖書館藏。

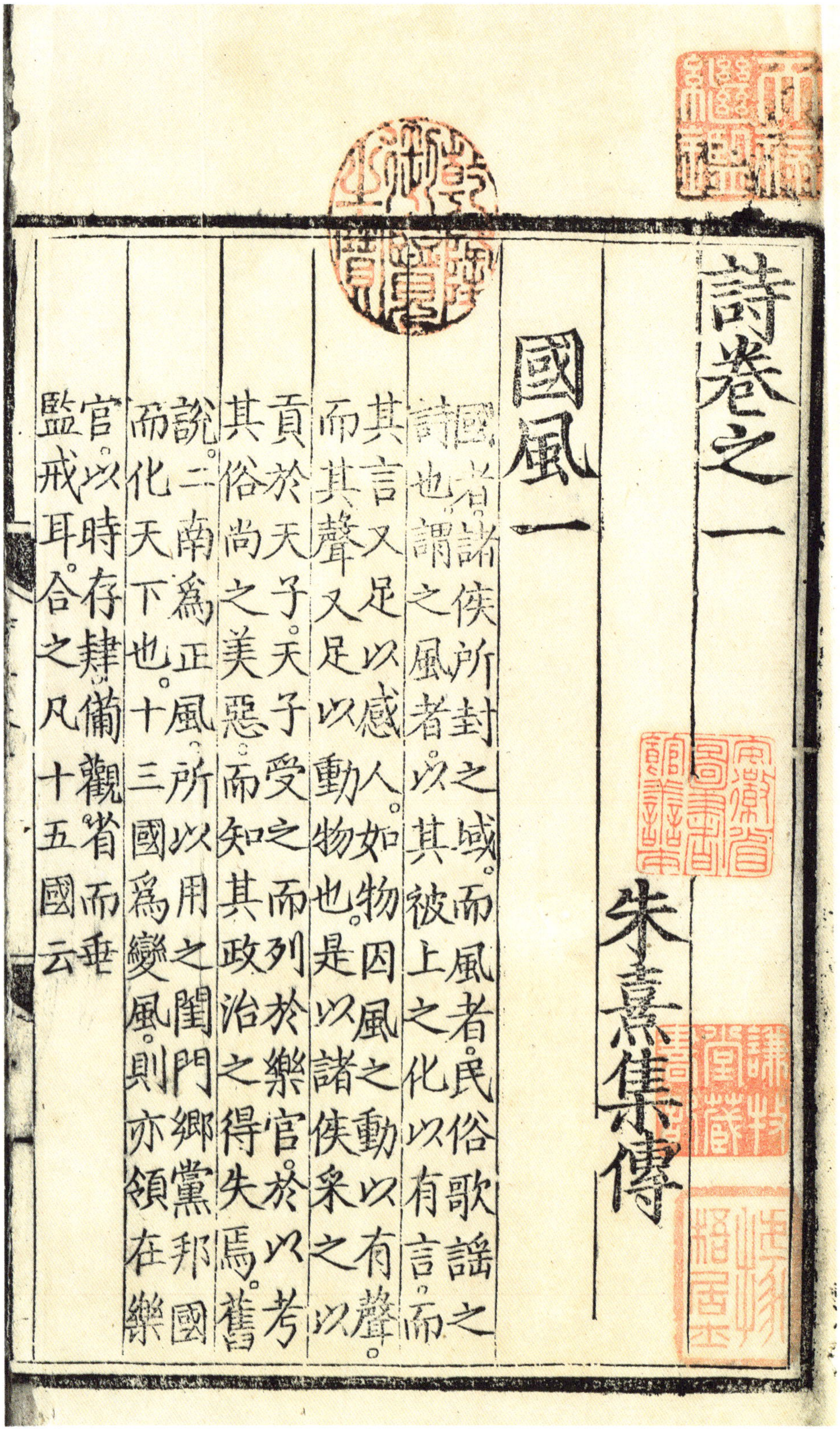

詩卷之一　　朱熹集傳

國風一

國者諸侯所封之域而風者民俗歌謠之詩也謂之風者以其被上之化以有言而其言又足以感人如物因風之動以有聲而其聲又足以動物也是以諸侯采之以貢於天子天子受之而列於樂官於以考其俗尚之美惡而知其政治之得失焉舊說二南爲正風所以用之閨門鄉黨邦國而化天下也十三國爲變風則亦領在樂官以時存肄備觀省而垂監戒耳合之凡十五國云

01313 詩集傳二十卷詩序辨說一卷詩傳綱領一卷詩圖一卷　（宋）朱熹撰　明正統十二年（1447）司禮監刻本

匡高22.8厘米，廣16.2厘米。半葉八行，行十四字，小字雙行十八字，粗黑口，四周雙邊。有“謙牧堂藏書記”、“天禄繼鑑”、“乾隆御覽之寶”等印。安徽省圖書館藏。

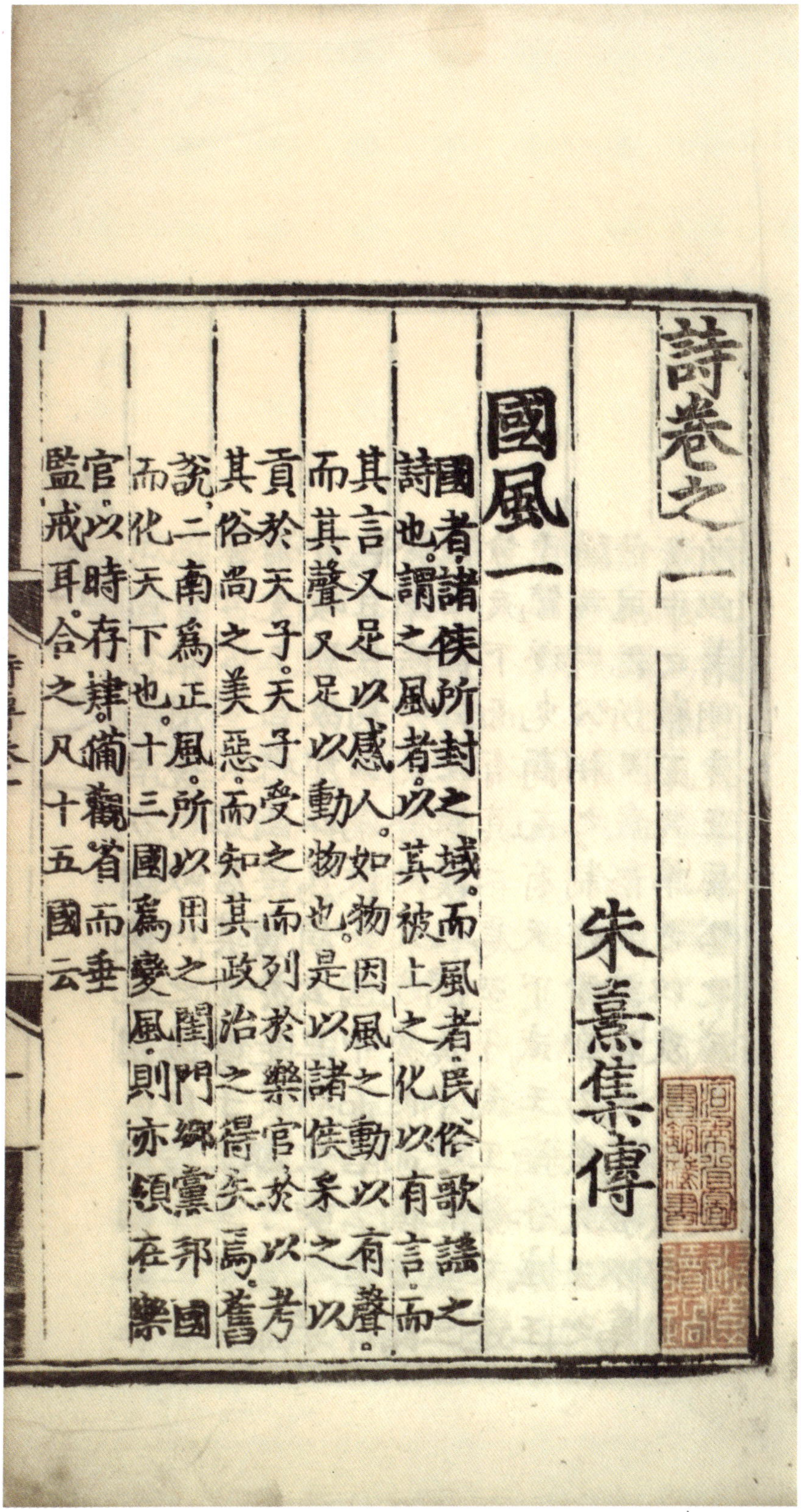

詩卷之一

朱熹集傳

國風一

國者諸侯所封之域而風者民俗歌謠之詩也謂之風者以其被上之化以有言而其言又足以感人如物因風之動以有聲而其聲又足以動物也是以諸侯采之以貢於天子天子受之而列於樂官於以考其俗尚之美惡而知其政治之得失焉舊說二南爲正風所以用之閨門鄉黨邦國而化天下也十三國爲變風則亦領在樂官以時存肄備觀省而垂監戒耳合之凡十五國云

01314、01315、01316　詩集傳二十卷詩序辨説一卷詩傳綱領一卷詩圖一卷　（宋）朱熹撰　明翻刻正統十二年（1447）司禮監本

匡高23厘米，廣16.7厘米。半葉八行，行十四字，小字雙行十八字，黑口，四周雙邊。河南省圖書館藏；新鄉市圖書館藏；湖南圖書館藏，無詩序辨説一卷詩傳綱領一卷詩圖一卷。

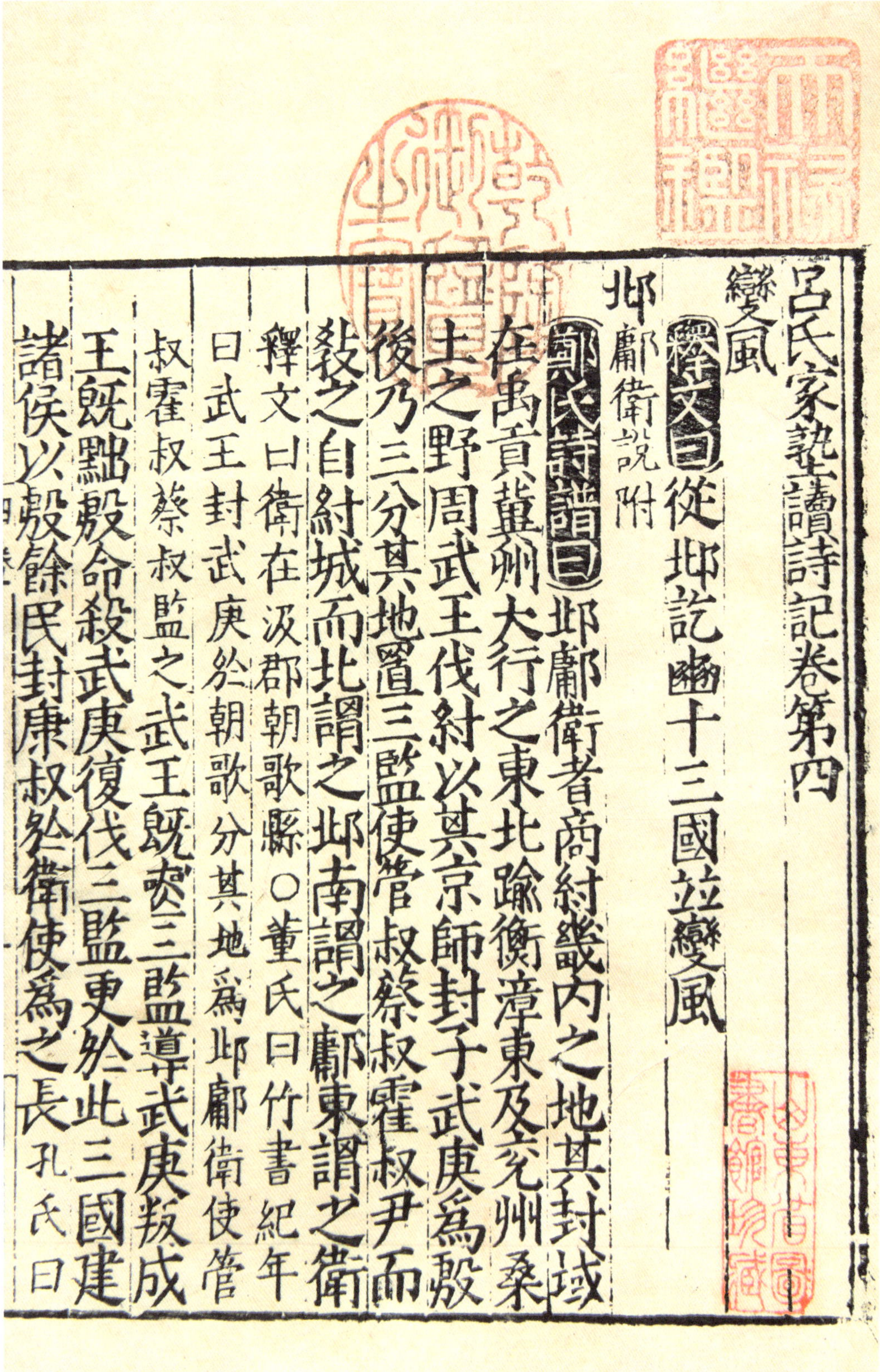

呂氏家塾讀詩記卷第四

變風

釋文曰從邶訖豳十三國並變風

邶鄘衛說附

鄭氏詩譜曰邶鄘衛者商紂畿內之地其封域在禹貢冀州大行之東北踰衡漳東及兖州桑土之野周武王伐紂以其京師封紂子武庚爲殷後乃三分其地置三監使管叔蔡叔霍叔尹而教之自紂城而北謂之邶南謂之鄘東謂之衛 釋文曰衛在汲郡朝歌縣○董氏曰竹書紀年曰武王封武庚於朝歌分其地爲邶鄘衛使管叔霍叔蔡叔監之武王既喪三監導武庚叛成王既黜殷命殺武庚復伐三監更於此三國建諸侯以殷餘民封康叔於衛使爲之長 孔氏曰

01317 呂氏家塾讀詩記三十二卷 （宋）呂祖謙撰 明嘉靖十年（1531）傅鳳翱刻本

匡高14.6厘米，廣12.2厘米。半葉十四行，行十九字，小字雙行同，細黑口，左右雙邊。有“五福五代堂寶”、“八徵耄念之寶”、“太上皇帝之寶”、“乾隆御覽之寶”、“天禄繼鑑”、“天禄琳琅”等印。山東省圖書館藏，存十九卷。

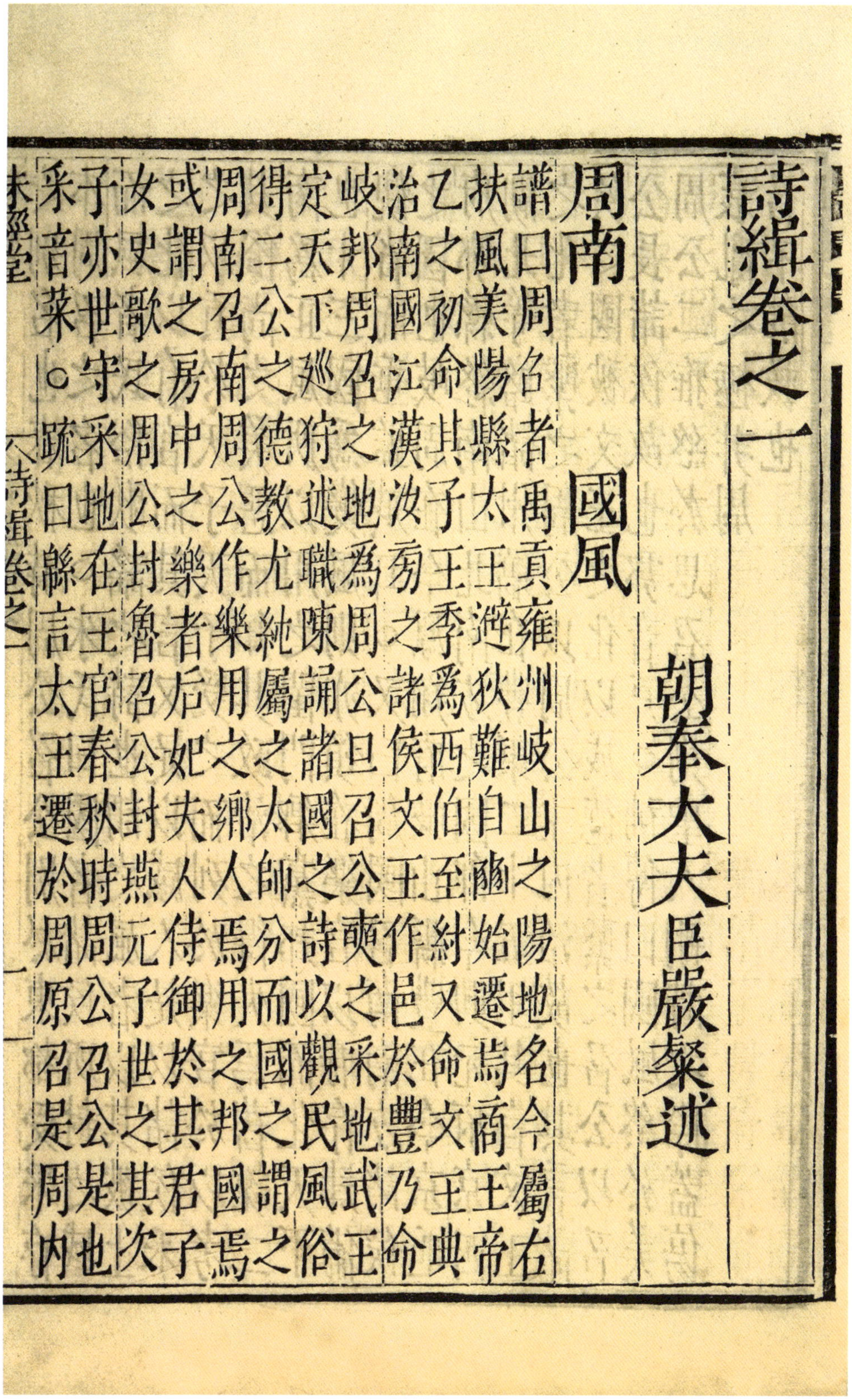

詩緝卷之一

朝奉大夫臣嚴粲述

周南　國風

譜曰周名者禹貢雍州岐山之陽地名今屬右扶風美陽縣太王避狄難自豳始遷焉商王帝乙之初命其子王季爲西伯至紂又命文王典治南國江漢汝旁之諸侯文王作邑於豐乃命岐邦周召之地爲周公旦召公奭之采地武王定天下廵狩述職陳誦諸國之詩以觀民風俗得二公之德教尤純屬之太師分而國之謂之周南召南周公作樂用之鄉人焉用之邦國焉或謂之房中之樂者后妃夫人侍御於其君子女史歌之周公封魯召公封燕元子世之其次子亦世守采地在王官春秋時周公召公是也釆音菜○疏曰縣言太王遷於周原召是周内

味經堂　詩緝卷之一　一

01318、01319、01320　詩緝三十六卷　（宋）嚴粲撰　明嘉靖趙府味經堂刻本

匡高19.5厘米，廣14厘米。半葉九行，行十八字，小字雙行同，白口，四周雙邊。湖南圖書館藏，有“青宮太保”、“箴言書院”等印；河南大學圖書館藏；山東師範大學圖書館藏。

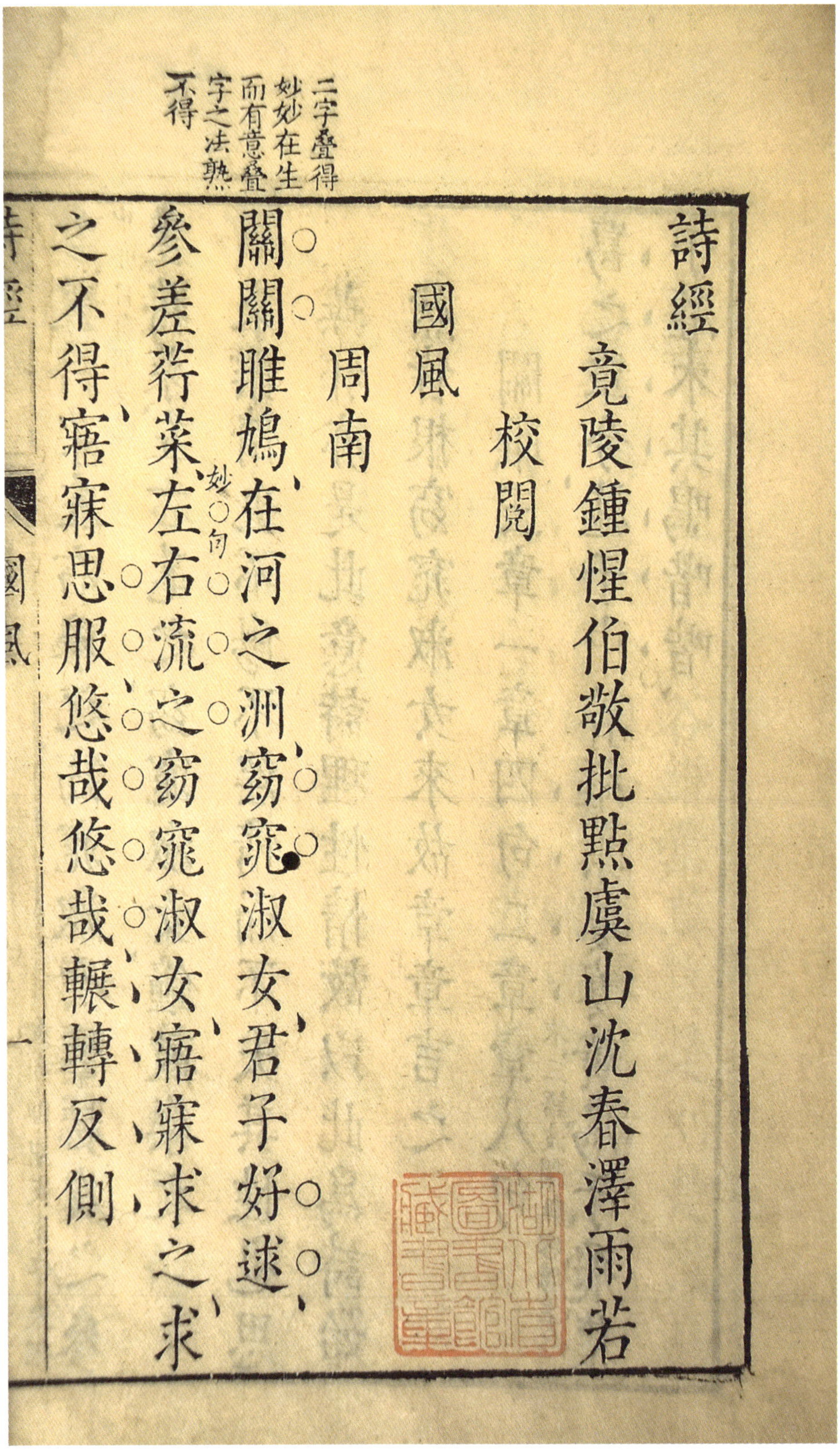
二字疊得妙妙在生而有意疊字之法熟不得

詩經
竟陵鍾惺伯敬批點虞山沈春澤雨若
校閲
國風
周南
關關雎鳩在河之洲窈窕淑女君子好逑
參差荇菜左右流之窈窕淑女寤寐求之求
之不得寤寐思服悠哉悠哉輾轉反側

妙句

詩經 國風 一

01321 詩經四卷 （明）鍾惺批點 （明）沈春澤校閲 明泰昌元年（1620）刻本

匡高19.3厘米，廣12.4厘米。半葉八行，行十七字，白口，四周單邊。湖北省圖書館藏。

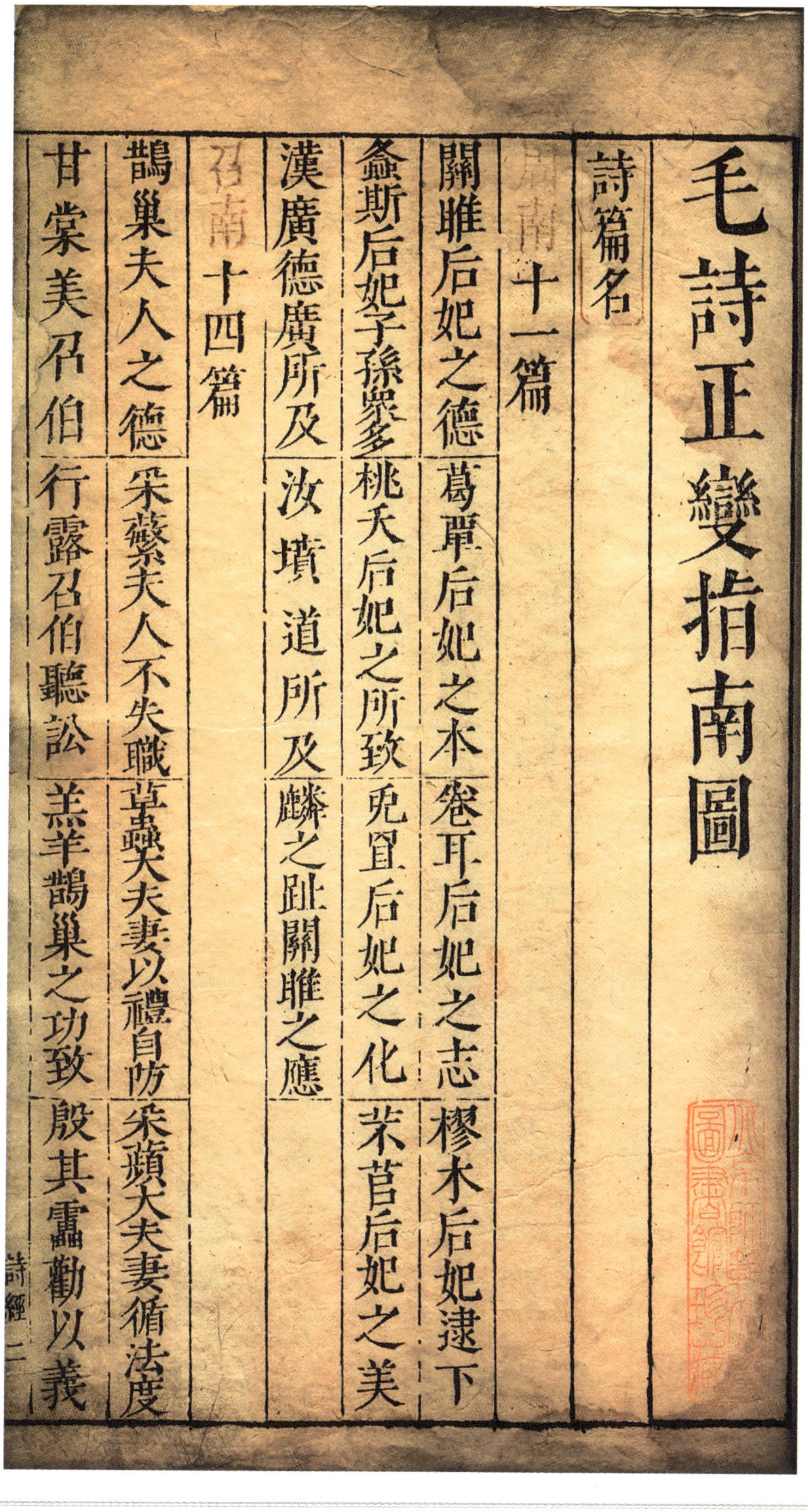

毛詩正變指南圖

詩篇名

周南 十一篇

關雎后妃之德 葛覃后妃之本 卷耳后妃之志 樛木后妃逮下

螽斯后妃子孫衆多 桃夭后妃之所致 兎罝后妃之化 芣苢后妃之美

漢廣德廣所及 汝墳道所及 麟之趾關雎之應

召南 十四篇

鵲巢夫人之德 采蘩夫人不失職 草蟲大夫妻以禮自防 采蘋大夫妻循法度

甘棠美召伯 行露召伯聽訟 羔羊鵲巢之功致 殷其靁勸以義

詩經 二

01322 毛詩正變指南圖一卷詩經金丹彙考一卷詩經難字一卷 題（明）顧起元撰 明版築居刻朱墨套印本

匡高23.4厘米，廣14.2厘米。半葉十行，行字不等，白口，四周單邊。内封鐫："顧太史鄰初先生纂著詩經金丹版築居藏版"。北京師範大學圖書館藏。

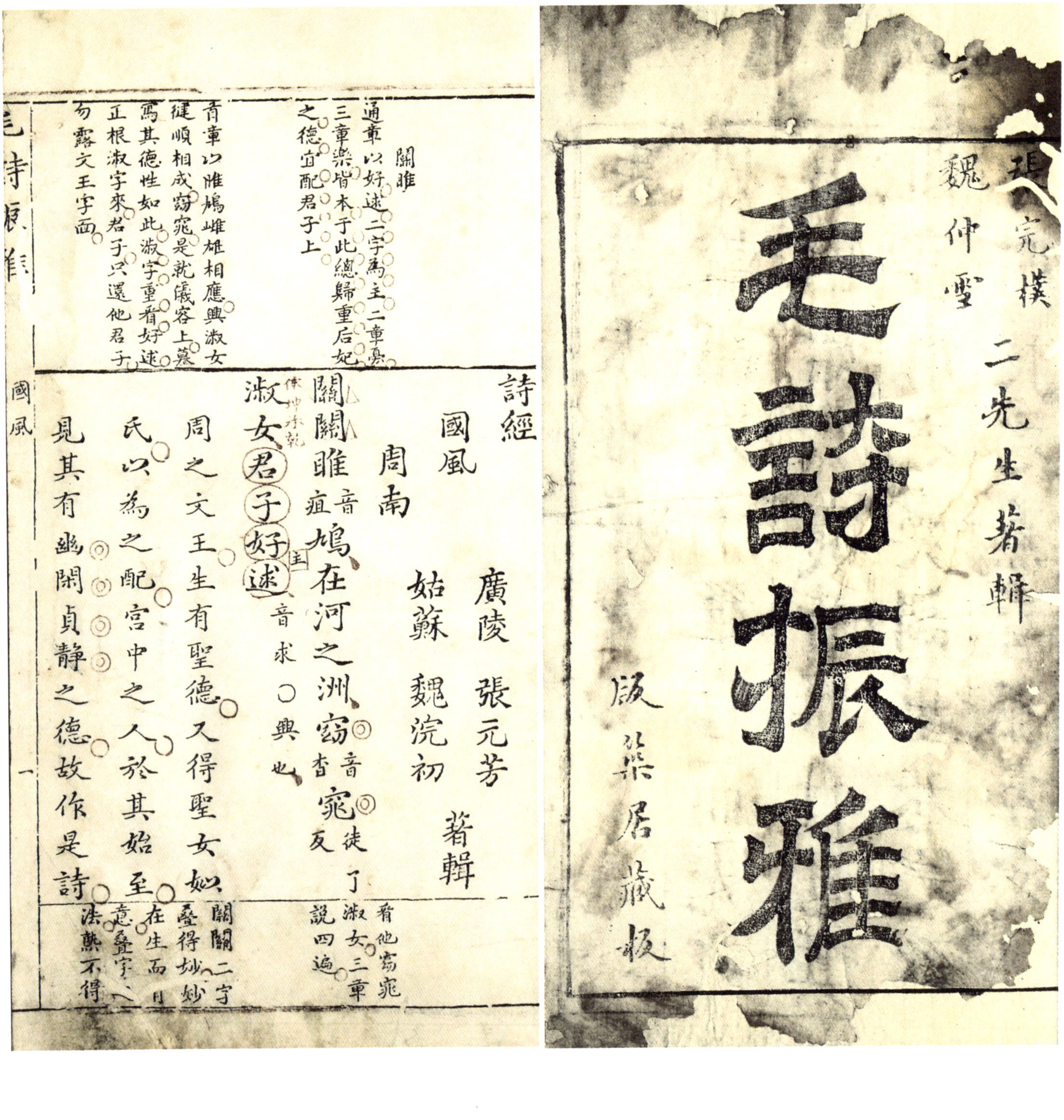

01323、01324 毛詩振雅六卷 （明）張元芳 魏浣初撰 明天啟版築居刻朱墨套印本

匡高22.4厘米，廣14.1厘米。半葉上中下三欄，行字不等，白口，四周單邊。揚州市圖書館、河南省圖書館藏。

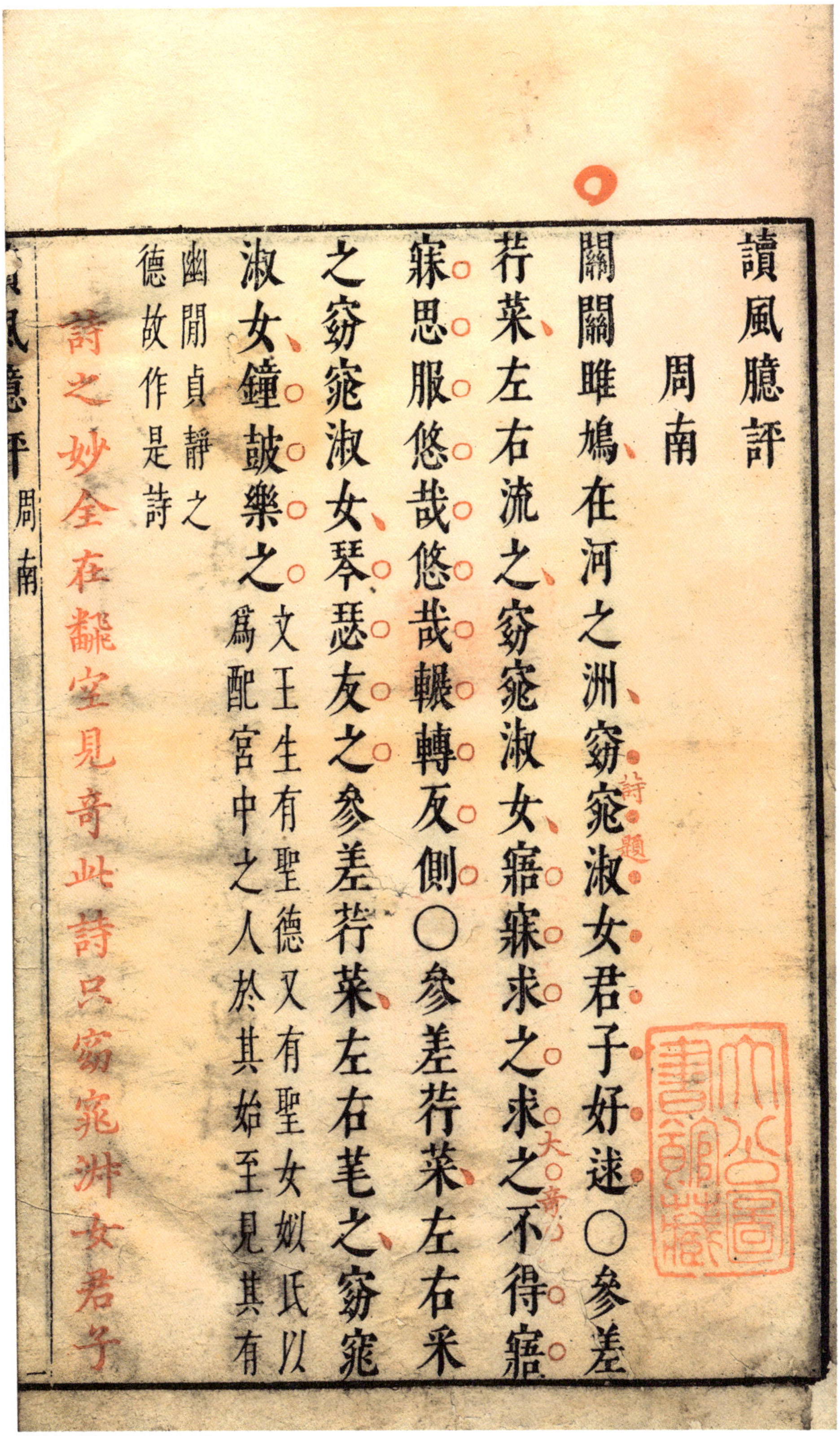
讀風臆評
周南
關關雎鳩在河之洲窈窕淑女君子好逑○參差荇菜左右流之窈窕淑女寤寐求之求之不得寤寐思服悠哉悠哉輾轉反側○參差荇菜左右采之窈窕淑女琴瑟友之參差荇菜左右芼之窈窕淑女鐘鼓樂之文王生有聖德又有聖女姒氏以爲配宮中之人於其始至見其有幽閒貞靜之德故作是詩
詩之妙全在翻空見奇此詩只窈窕淑女君子

01325、01326　讀風臆評一卷　（明）戴君恩撰　明萬曆四十八年（1620）吴興閔齊伋刻朱墨套印本

匡高21.2厘米，廣15.1厘米。半葉九行，行十九字，小字雙行同，白口，四周單邊。無錫市圖書館藏；安徽省博物館藏，有“汪印揚芬”等印。

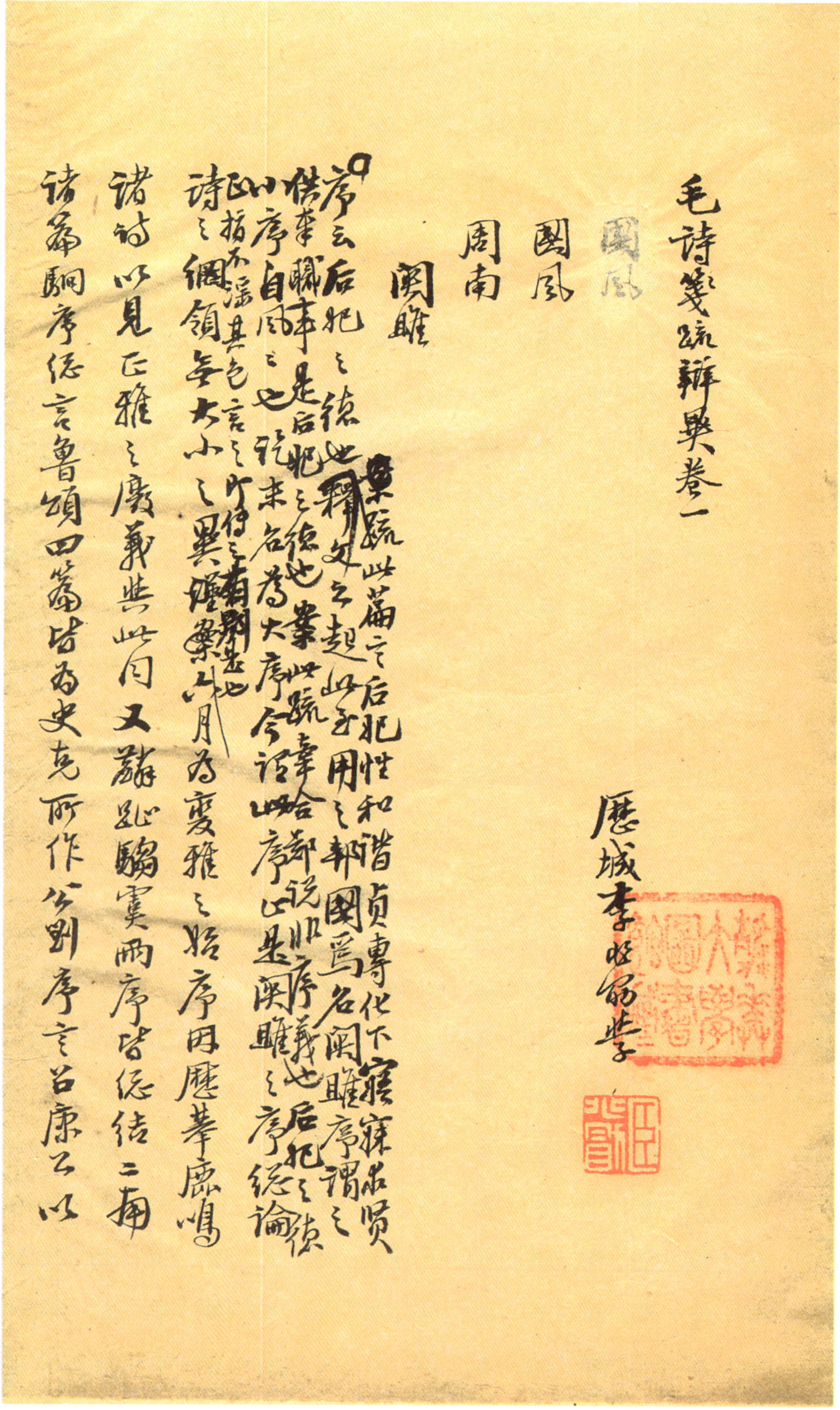
毛詩箋疏辯異卷一
國風
周南
關雎
歷城李兆勛學

01327 毛詩箋疏辯異三十卷毛詩辯異鄭譜不分卷毛詩目録表不分卷 （清）李兆勛撰　稿本

半葉十至十二行，行字不等。有“濟南經生”、“李兆勛印”等印。李兆勛、孫海波跋。清華大學圖書館藏。

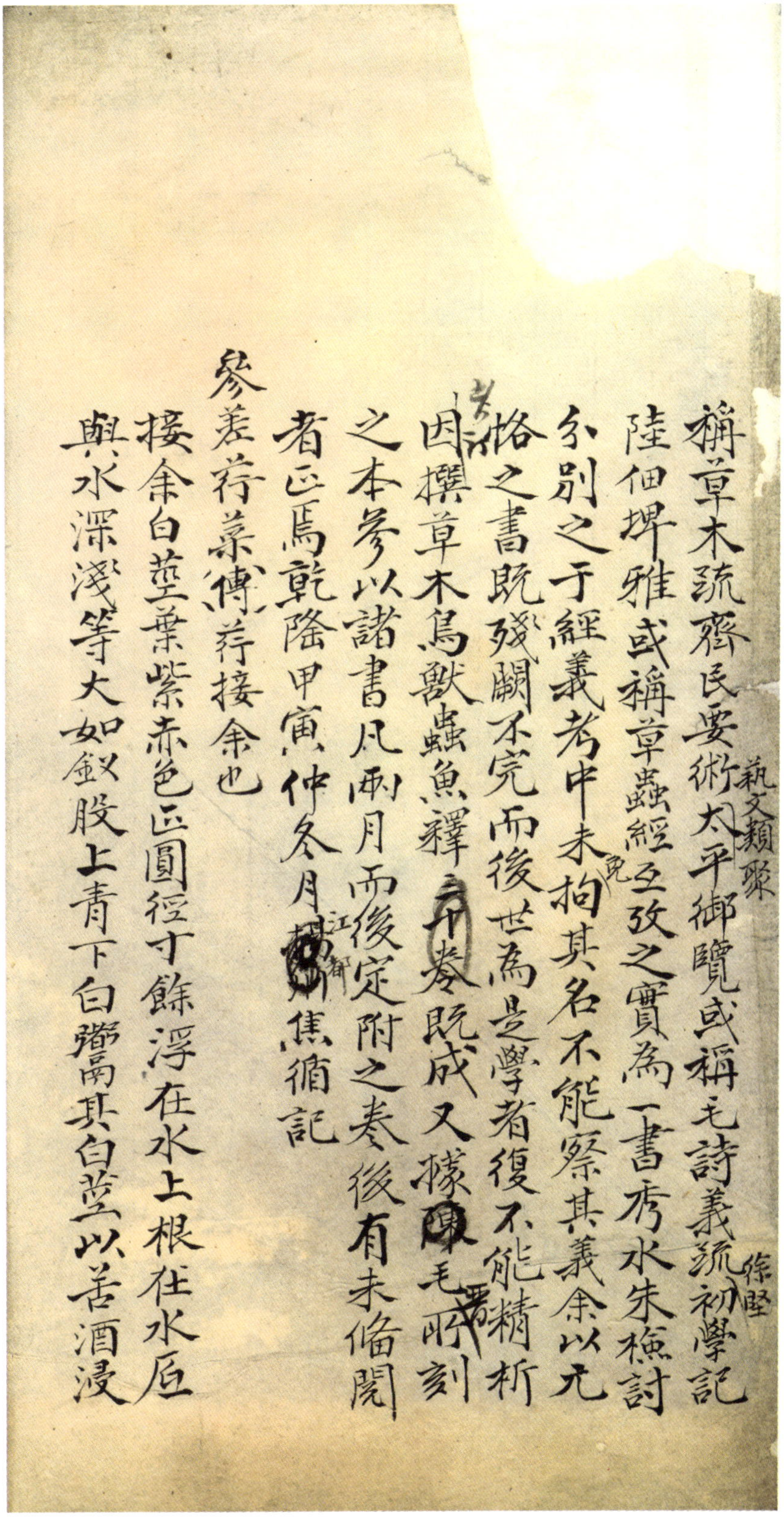
稱草木疏齊民要術太平御覽或稱毛詩義疏初學記藝文類聚徐堅
陸佃埤雅或稱草蟲經互致之實為一書秀水朱檢討
分別之于經義考中未拘其名不能察其義余以元
恪之書既殘闕不完而後世為是學者復不能精析
因撰草木鳥獸蟲魚釋三卷既成又據陳氏毛氏所刻
之本參以諸書凡兩月而後定附之卷後有未備闕
者正焉乾隆甲寅仲冬月江都焦循記
參差荇菜傳荇接余也
接余白莖葉紫赤色正圓徑寸餘浮在水上根在水底
與水深淺等大如釵股上青下白鬵以苦酒浸

01328 陸璣疏考證二卷 （清）焦循撰　稿本

毛裝。半葉十行，行二十二字，小字雙行字不等。南京圖書館藏。

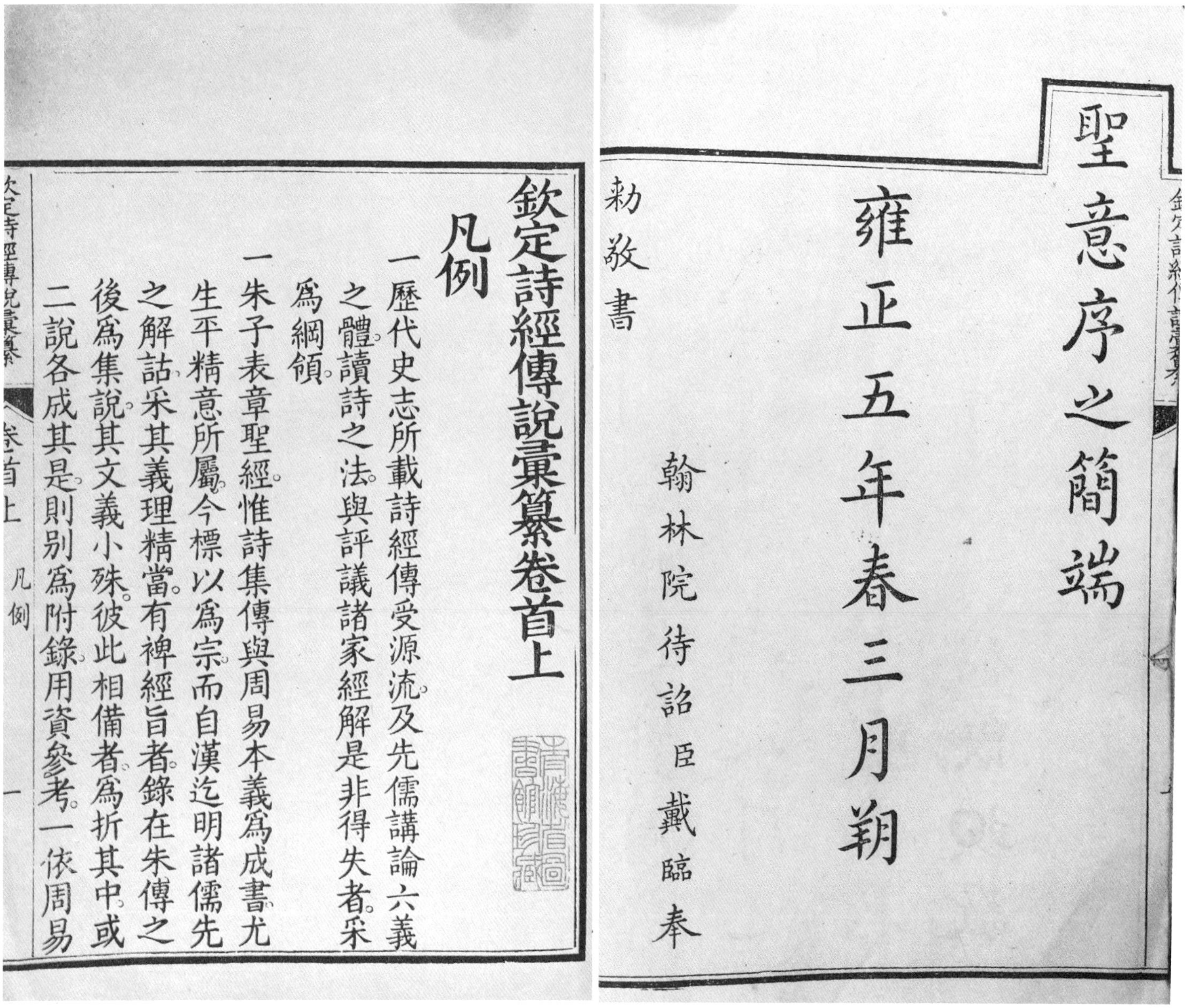
聖意序之簡端
雍正五年春三月朔
翰林院待詔臣戴臨奉
勅敬書

欽定詩經傳說彙纂卷首上
凡例
一歷代史志所載詩經傳受源流及先儒講論六義之體讀詩之法與評議諸家經解是非得失者采爲綱領
一朱子表章聖經惟詩集傳與周易本義爲成書尤生平精意所屬今標以爲宗而自漢迄明諸儒先之解詁采其義理精當有裨經旨者錄在朱傳之後爲集說其文義小殊彼此相備者爲折其中或二說各成其是則别爲附錄用資參考一依周易

欽定詩經傳說彙纂 卷首上 凡例 一

01329 欽定詩經傳說彙纂二十一卷詩序二卷首二卷 （清）王鴻緒等撰 清雍正五年（1727）内府刻本

匡高21.5厘米，廣16厘米。半葉八行，行十八字，小字雙行二十二字，白口，四周雙邊。有“國子監印”等印。青海省圖書館藏。

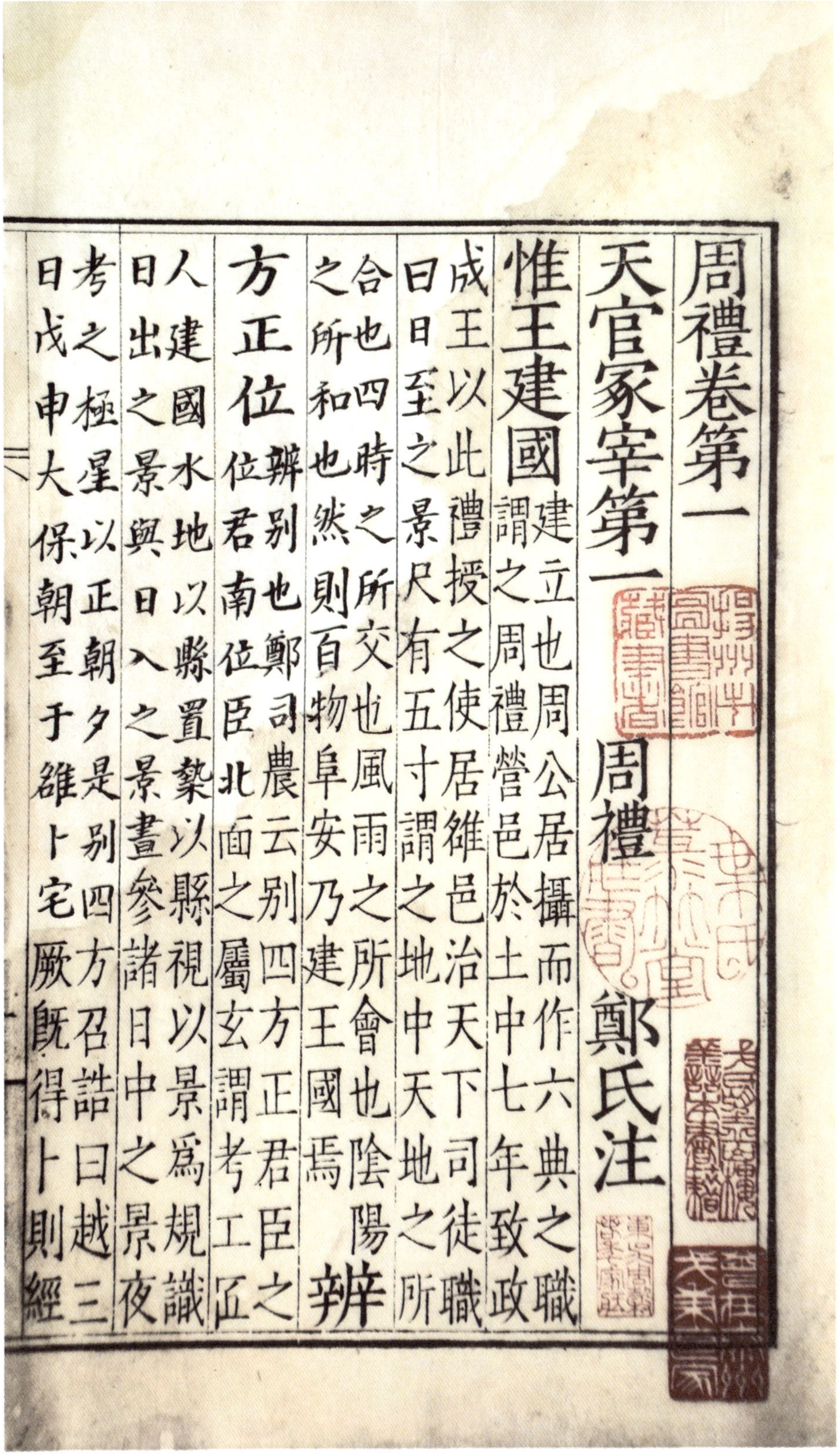
周禮卷第一
天官冢宰第一　周禮　鄭氏注
惟王建國建立也周公居攝而作六典之職謂之周禮營邑於土中七年致政成王以此禮授之使居雒邑治天下司徒職曰日至之景尺有五寸謂之地中天地之所合也四時之所交也風雨之所會也陰陽之所和也然則百物阜安乃建王國焉辨方正位辨別也鄭司農云別四方正君臣之位君南位臣北面之屬玄謂考工匠人建國水地以縣置槷以縣視以景爲規識日出之景與日入之景晝參諸日中之景夜考之極星以正朝夕是別四方召誥曰越三日戊申大保朝至于雒卜宅厥既得卜則經

01330 周禮十二卷 （漢）鄭玄注　明嘉靖徐刻三禮本

匡高19.9厘米，廣14.1厘米。半葉八行，行十七字，小字雙行同，白口，四周雙邊。有“葉氏菉竹堂藏書”等印。揚州市圖書館藏。

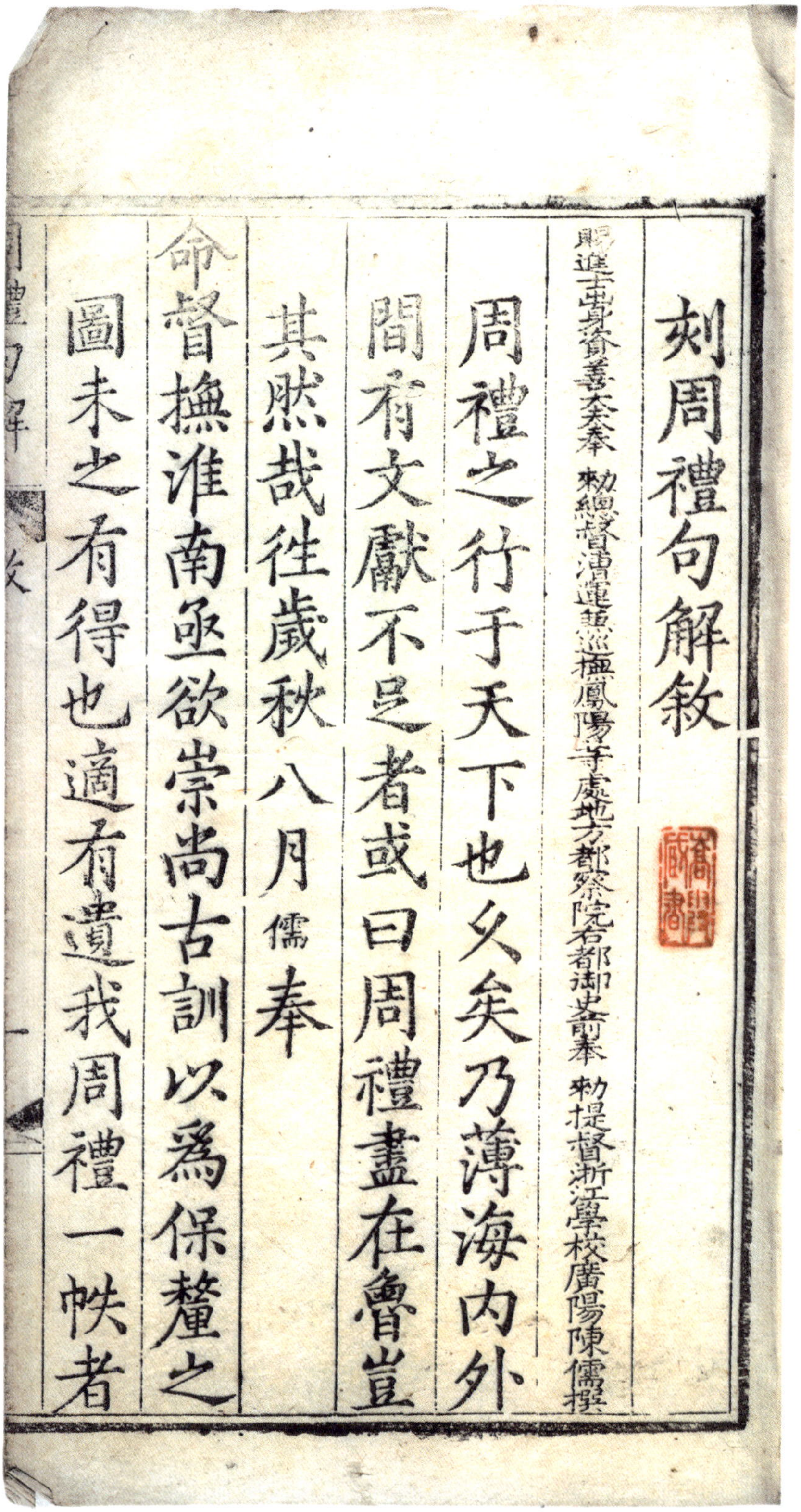

刻周禮句解敘

賜進士出身資善大夫奉 勑總督漕運兼巡撫鳳陽等處地方都察院右都御史前奉 勑提督浙江學校廣陽陳儒撰

周禮之行于天下也久矣乃薄海内外問有文獻不足者或曰周禮盡在魯豈其然哉往歲秋八月儒奉

命督撫淮南亟欲崇尚古訓以爲保釐之圖未之有得也適有遺我周禮一帙者

周禮句解 敘 一

01331 周禮句解十二卷 （宋）朱申撰 明嘉靖三十五年（1556）蔡揚金刻本

匡高22厘米，廣14厘米。半葉八行，行十七字，小字雙行同，白口，四周雙邊。蘇州市吴中區圖書館藏。

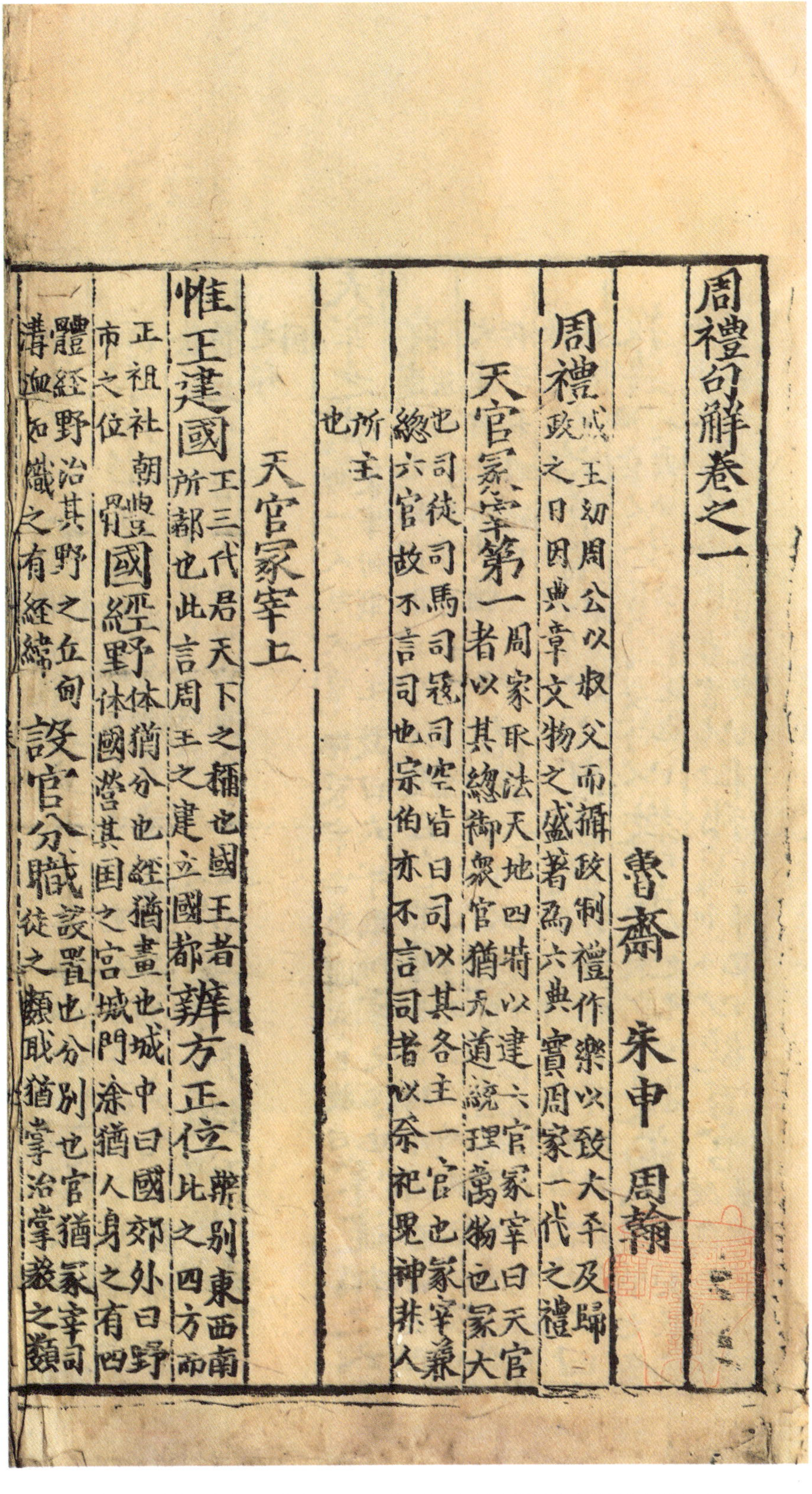
周禮句解卷之一
魯齋　朱申　周翰
周禮成王幼周公以叔父而攝政制禮作樂以致大平及歸政之日因典章文物之盛著為六典實周家一代之禮
天官冢宰第一周家取法天地四時以建六官冢宰曰天官者以其總御衆官猶天道總理萬物也冢大也司徒司馬司寇司空皆曰司以其各主一官也冢宰兼總六官故不言司也宗伯亦不言司者以祭祀鬼神非人所主也
天官冢宰上
惟王建國王三代君天下之稱也國王者所都也此言周王之建立國都辨方正位辨別東西南北之四方而正祖社朝市之位體國經野體猶分也經猶畫也城中曰國郊外曰野体國營其國之宮城門涂猶人身之有四體經野治其野之丘甸溝洫而職之有經緯設官分職設置也分別也官猶冢宰司徒之類職猶掌治掌教之類

01332 周禮句解十二卷　（宋）朱申撰　明刻本

毛裝。匡高18.7厘米，廣12.8厘米。半葉十行，行二十五字，白口，四周單邊。安徽省圖書館藏。

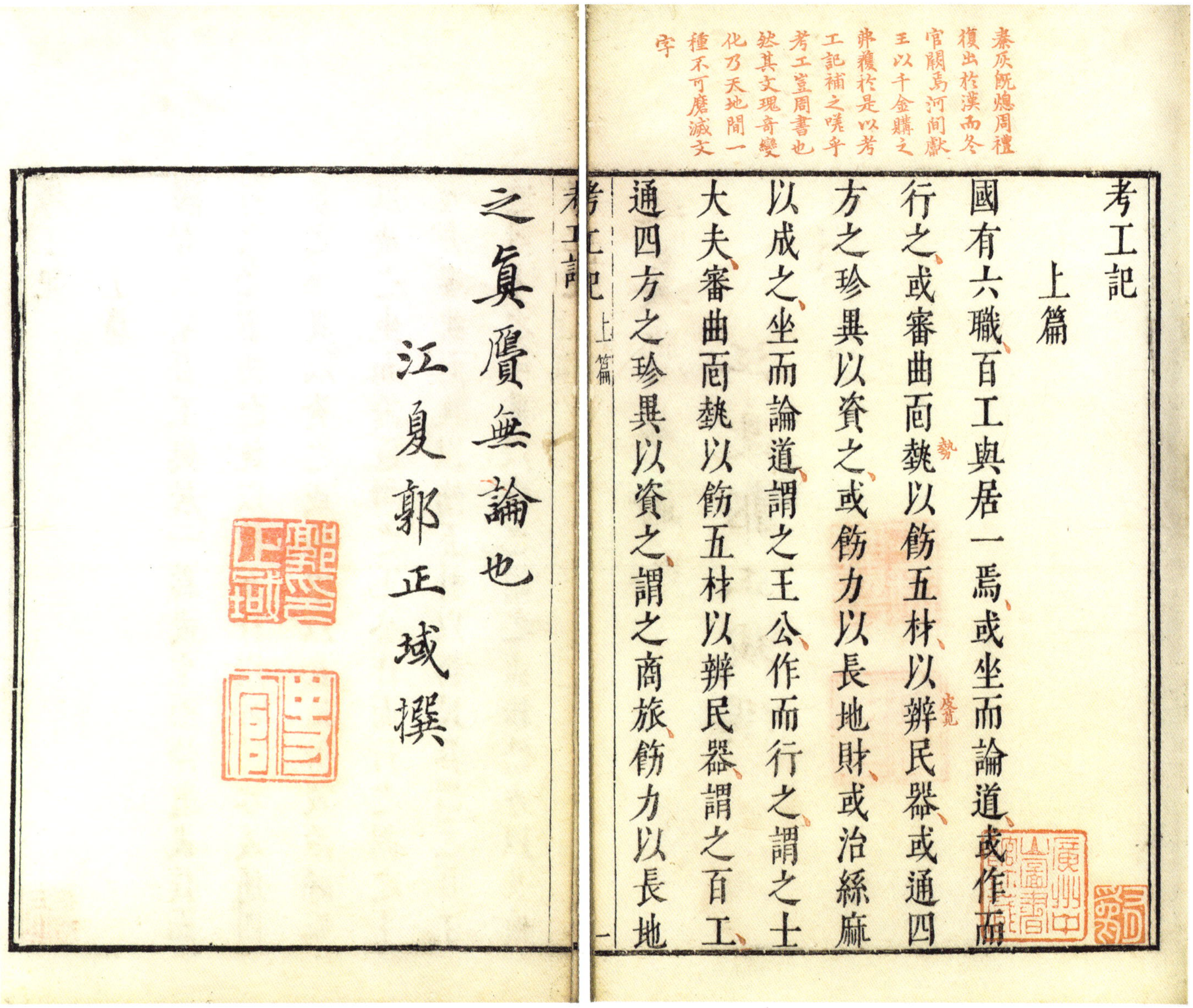
秦灰既熄周禮復出於漢而冬官闕焉河間獻王以千金購之弗獲於是以考工記補之嗟乎考工豈周書也然其文瑰奇變化乃天地間一種不可磨滅文字

考工記

上篇

國有六職百工與居一焉或坐而論道或作而行之或審曲面埶以飭五材以辨民器或通四方之珍異以資之或飭力以長地財或治絲麻以成之坐而論道謂之王公作而行之謂之士大夫審曲面埶以飭五材以辨民器謂之百工通四方之珍異以資之謂之商旅飭力以長地

考工記 上篇 一

之眞贋無論也

江夏郭正域撰

01333、01334、01335、01336、01337 考工記二卷 （明）郭正域批點　明萬曆四十四年（1616）吴興閔齊伋刻套印本

匡高20.5厘米，廣15.2厘米。半葉八行，行十八字，小字雙行同，白口，左右雙邊。金陵圖書館藏；安徽省圖書館藏，有“李健生”、“章伯鈞鑑藏印”等印；甘肅省圖書館藏；山東師範大學圖書館藏；廣東省立中山圖書館藏。

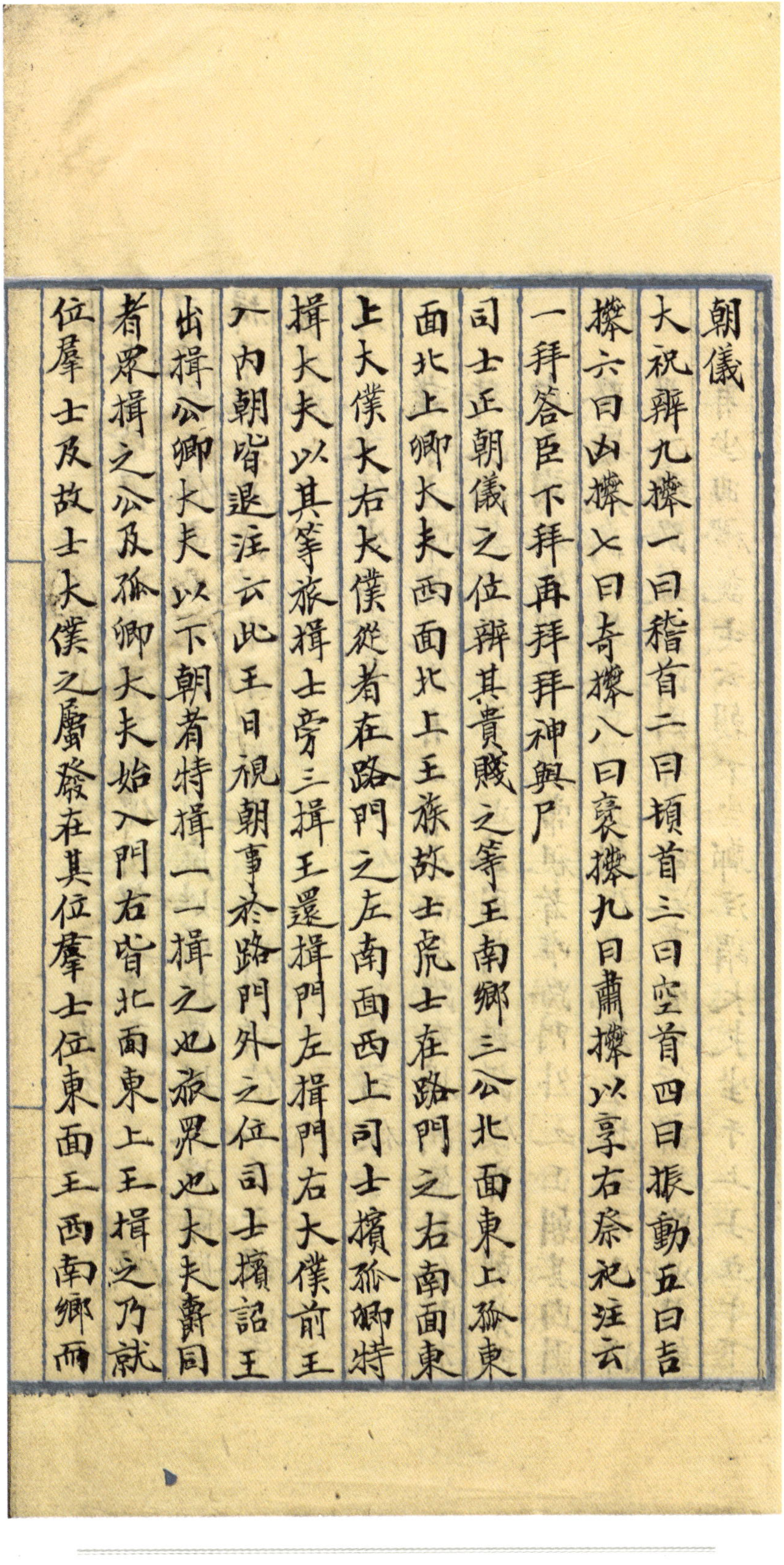

朝儀

大祝辨九㩪一曰稽首二曰頓首三曰空首四曰振動五曰吉㩪六曰凶㩪七曰奇㩪八曰褒㩪九曰肅㩪以享右祭祀注云一拜答臣下拜再拜拜神與尸

司士正朝儀之位辨其貴賤之等王南鄉三公北面東上孤東面北上卿大夫西面北上王族故士虎士在路門之右南面東上大僕大右大僕從者在路門之左南面西上司士擯孤卿特揖大夫以其等旅揖士旁三揖王還揖門左揖門右大僕前王入內朝皆退注云此王日視朝事於路門外之位司士擯詔王出揖公卿大夫以下朝者特揖一一揖之也旅衆也大夫爵同者衆揖之公及孤卿大夫始入門右皆北面東上王揖之乃就位羣士及故士大僕之屬發在其位羣士位東面王西南鄉而

01338 周禮政要二卷 （清）孫詒讓撰 稿本

匡高16.9厘米，廣11.8厘米。半葉十二行，行二十四字，藍格，白口，左右雙邊。南京圖書館藏。

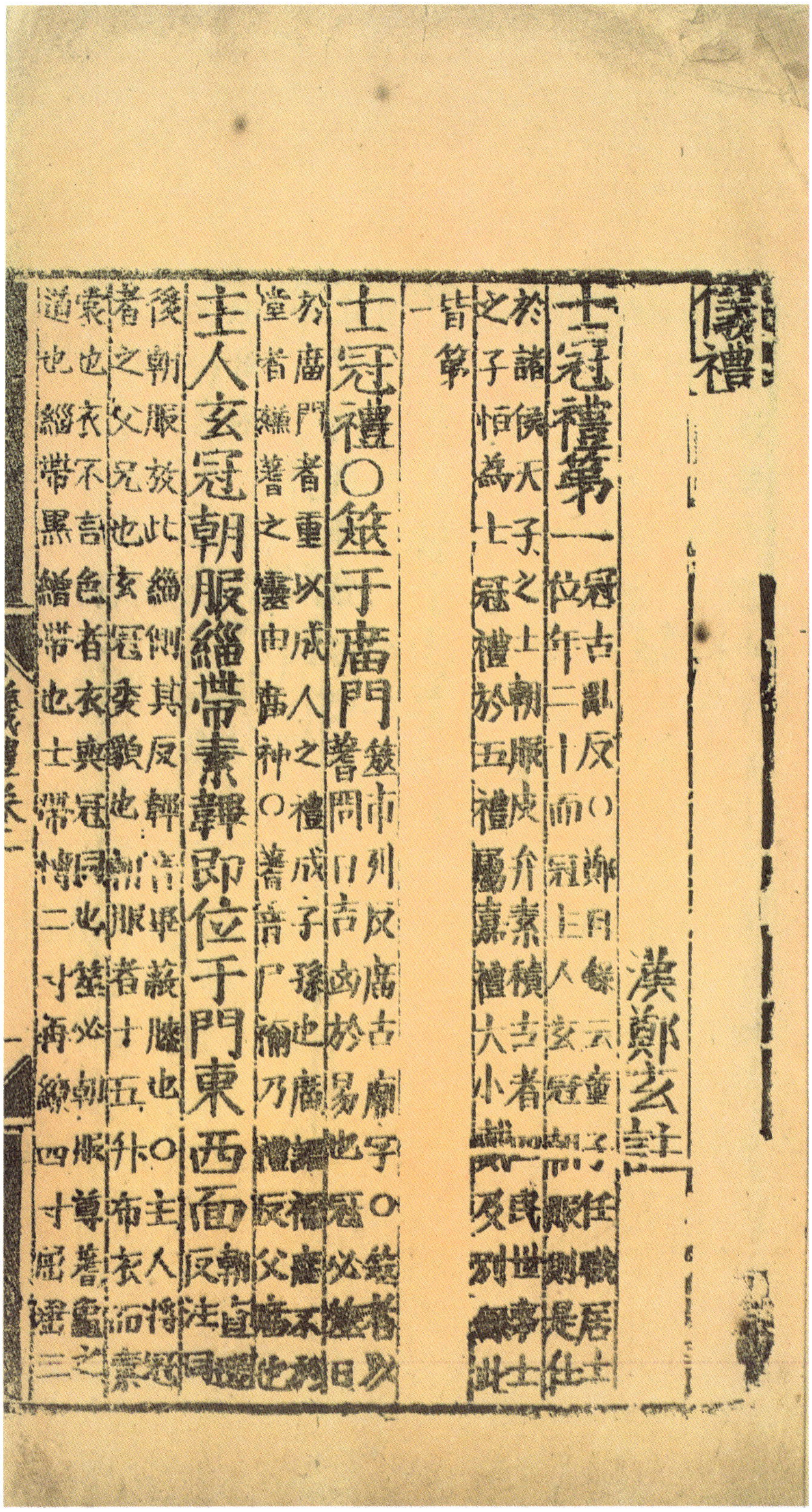

儀禮

漢鄭玄註

士冠禮第一 冠古亂反○鄭目錄云童子任職居士位年二十而冠主人玄冠朝服則是仕於諸侯天子之士朝服皮弁素積古者四民世事士之子恒爲士冠禮於五禮屬嘉禮大小戴及別錄此皆第一

士冠禮○筮于廟門 筮市列反廟古廟字○筮者以蓍問日吉凶於易也冠必筮日於廟門者重以成人之禮成子孫也廟謂禰廟不於堂者嫌蓍之靈由廟神○蓍音尸禰乃禮反父廟也

主人玄冠朝服緇帶素韠即位于門東西面 朝直遙反注同後朝服放此緇側其反韠音畢韍也○主人將冠者之父兄也玄冠委貌也朝服者十五升布衣而素裳也衣不言色者衣與冠同也筮必朝服尊蓍龜之道也緇帶黑繒帶也士帶博二寸再繚四寸屈垂三

01339 儀禮十七卷　（漢）鄭玄注　明正德十六年（1521）陳鳳梧刻本

匡高24厘米，廣14.2厘米。半葉十行，行二十字，小字雙行同，黑口，四周單邊。河南省圖書館藏。

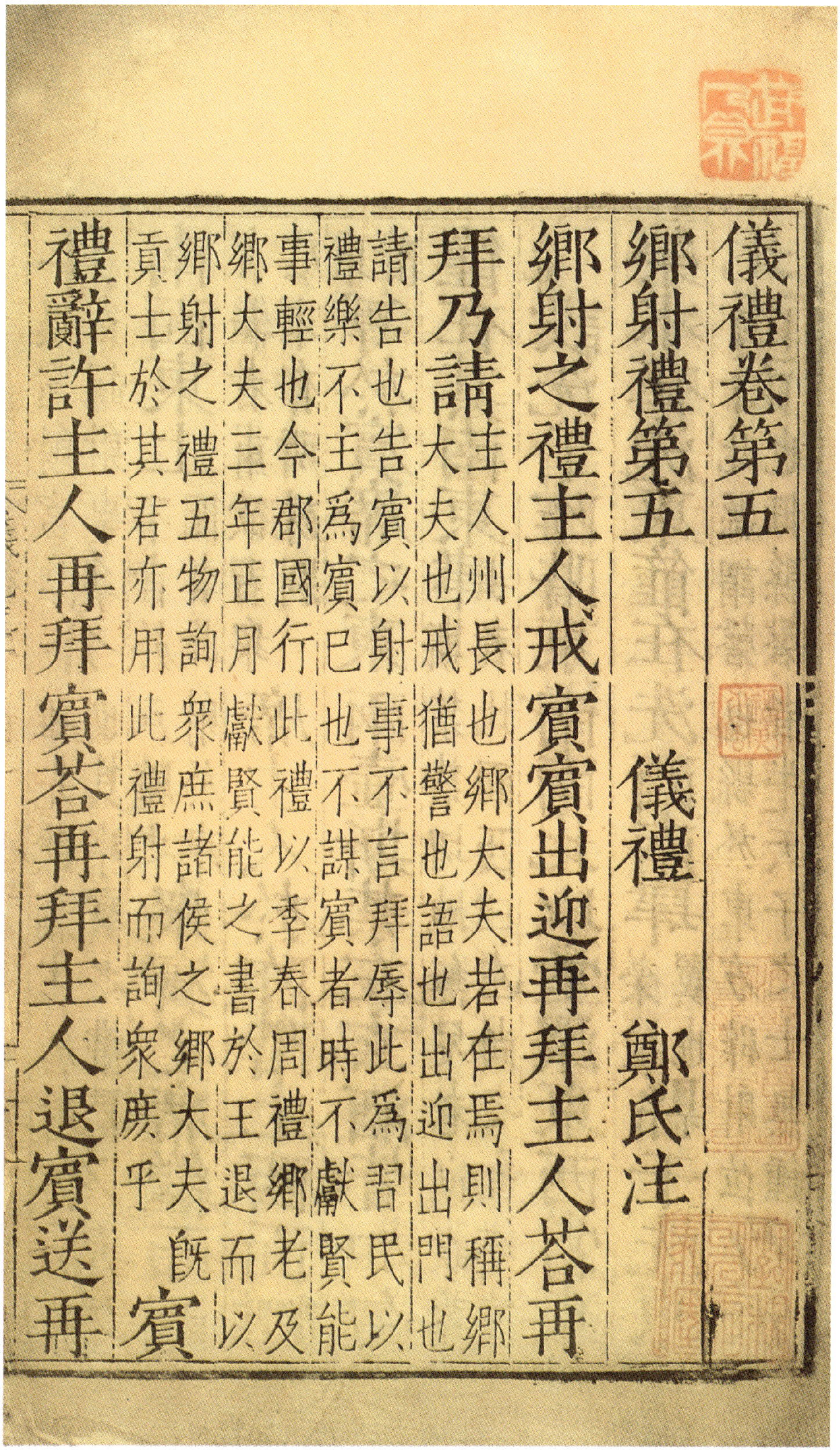
儀禮卷第五

鄉射禮第五　儀禮　鄭氏注

鄉射之禮主人戒賓賓出迎再拜主人荅再拜乃請主人州長也鄉大夫若在焉則稱鄉大夫也戒猶警也語也出迎出門也請告也告賓以射事不言拜辱此爲習民以禮樂不主爲賓已也不謀賓者時不獻賢能事輕也今郡國行此禮以季春周禮鄉老及鄉大夫三年正月獻賢能之書於王退而以鄉射之禮五物詢衆庶諸侯之鄉大夫既貢士於其君亦用此禮射而詢衆庶乎賓禮辭許主人再拜賓荅再拜主人退賓送再

01340 儀禮十七卷 （漢）鄭玄注　明嘉靖徐氏刻三禮本（卷一至四抄配）

匡高19.7厘米，廣14厘米。半葉八行，行十七字，小字雙行同，白口，四周雙邊。河南省圖書館藏。

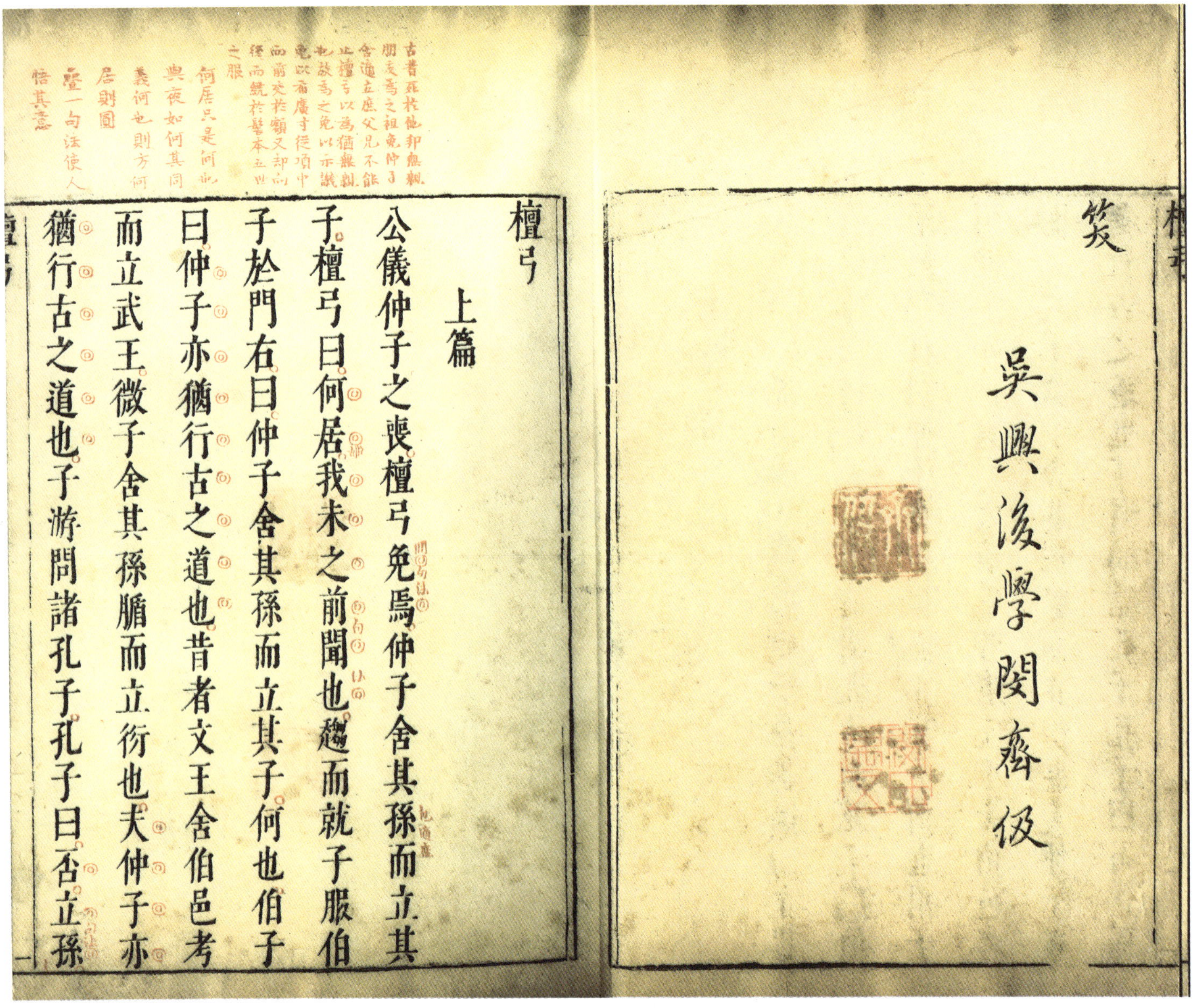

01341、01342、01343、01344、01345 檀弓二卷 （宋）謝枋得批點 明萬曆四十四年（1616）吴興閔齊伋刻朱墨套印本

匡高20.4厘米，廣15.3厘米。半葉八行，行十八字，白口，左右雙邊。安徽省圖書館藏，有“章伯鈞鑑藏印”等印；金陵圖書館藏；山東省圖書館藏，有“楊氏海原閣藏”等印；山東師範大學圖書館藏；廣東省立中山圖書館藏。

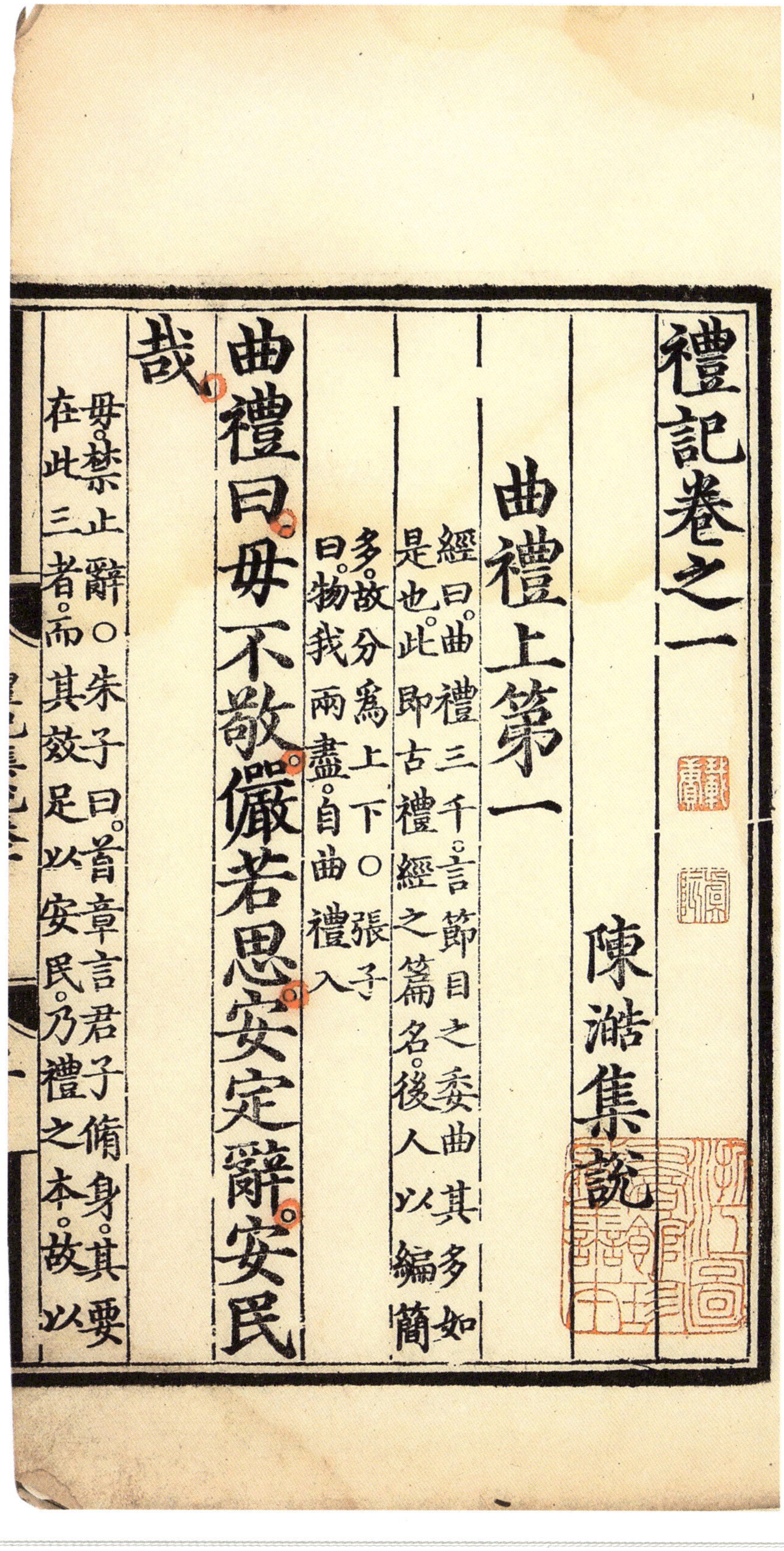
禮記卷之一　　陳澔集說

曲禮上第一

經曰曲禮三千言節目之委曲其多如是也此即古禮經之篇名後人以編簡多故分爲上下○張子曰物我兩盡自曲禮入

曲禮曰毋不敬儼若思安定辭安民哉

毋禁止辭○朱子曰首章言君子脩身其要在此三者而其效足以安民乃禮之本故以

01346、01347、01348 禮記集說十六卷　（元）陳澔撰　明正統十二年（1447）司禮監刻本

匡高23厘米，廣16厘米。半葉八行，行十四字，小字雙行十八字，黑口，四周雙邊。湖南圖書館、浙江圖書館、新鄉市圖書館藏。

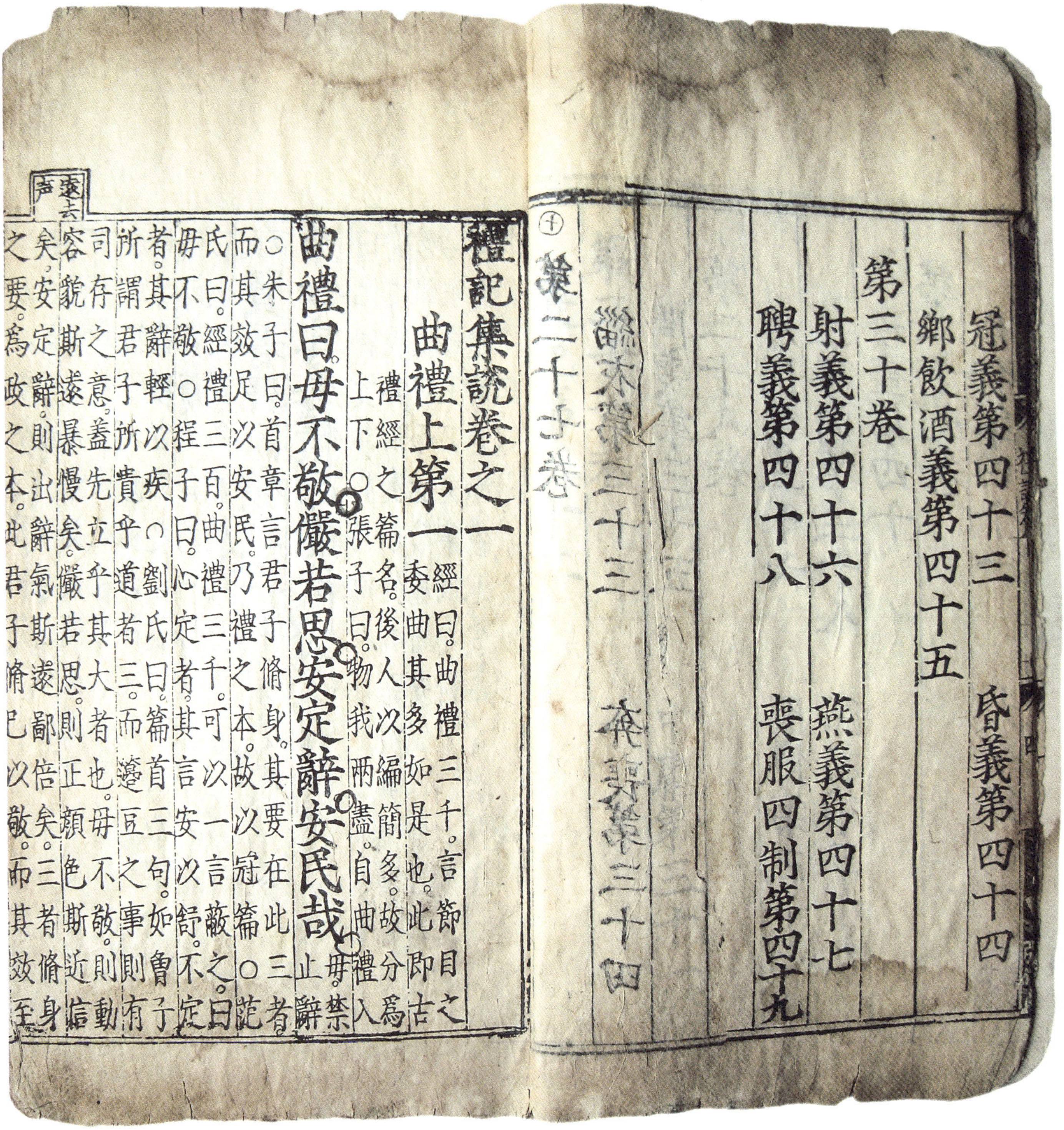

冠義第四十三　昏義第四十四
鄉飲酒義第四十五
第三十卷
射義第四十六　燕義第四十七
聘義第四十八　喪服四制第四十九

禮記集說卷之一
曲禮上第一
經曰曲禮三千言節目之委曲其多如是也此即古禮經之篇名後人以編簡多故分爲上下○張子曰物我兩盡自曲禮入
曲禮曰毋不敬儼若思安定辭安民哉
毋禁止辭
○朱子曰首章言君子脩身其要在此三者而其效足以安民乃禮之本故以冠篇○范氏曰經禮三百曲禮三千可以一言蔽之曰毋不敬○程子曰心定者其言安以舒不定者其辭輕以疾○劉氏曰篇首三句如曾子所謂君子所貴乎道者三而籩豆之事則有司存之意蓋先立乎其大者也毋不敬則動容貌斯遠暴慢矣儼若思則正顏色斯近信矣安定辭則出辭氣斯遠鄙倍矣三者脩身之要爲政之本此君子脩己以敬而其效至

01349 禮記集說三十卷　（元）陳澔撰　明嘉靖十一年（1532）建寧府刻本

匡高21.7厘米，廣13.6厘米。半葉九行，行十七字，小字雙行同，黑口，四周雙邊。開封市圖書館藏。

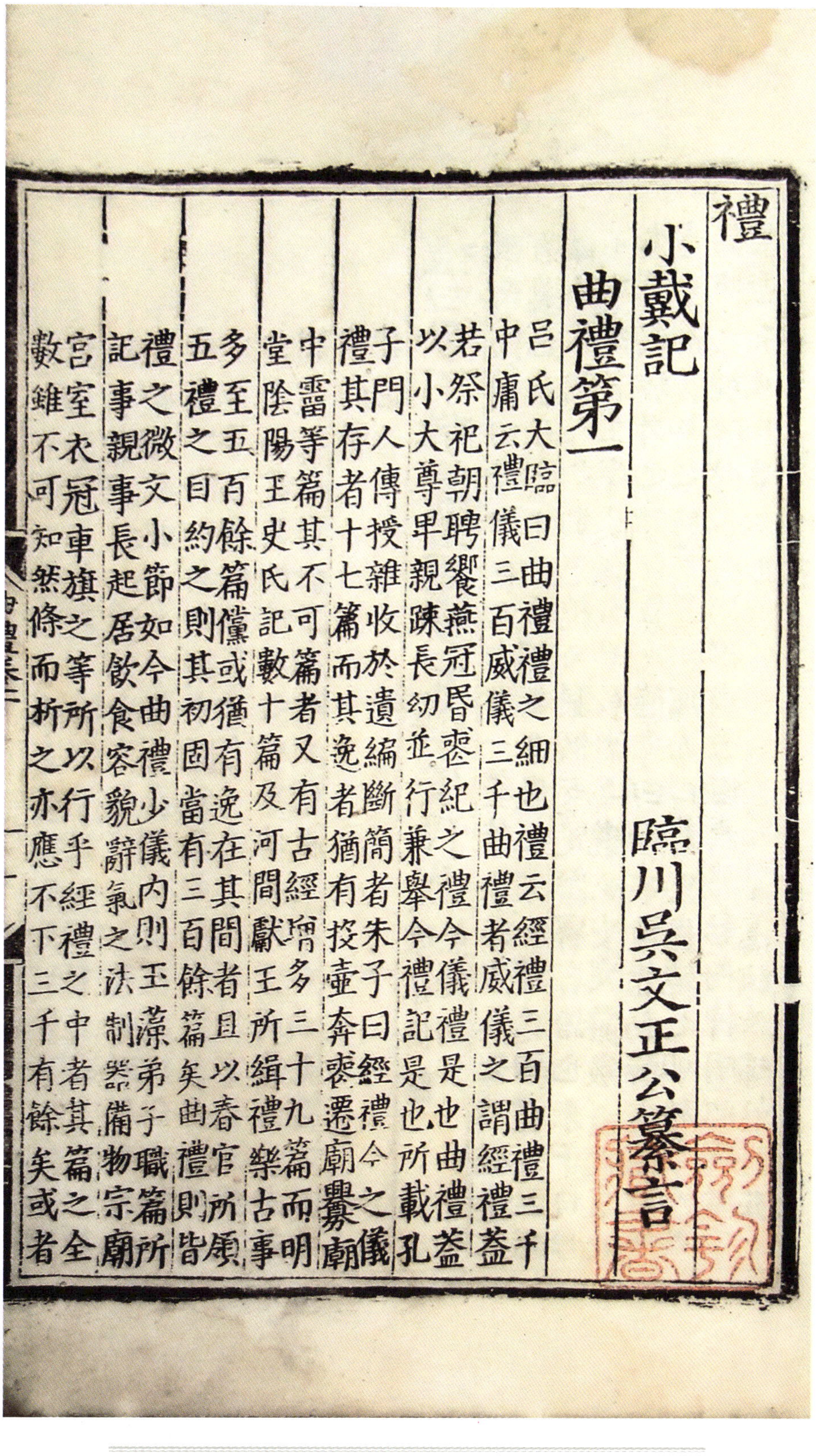
禮

小戴記　　臨川吳文正公纂言

曲禮第一

呂氏大臨曰曲禮禮之細也禮云經禮三百曲禮三千中庸云禮儀三百威儀三千曲禮者威儀之謂經禮蓋若祭祀朝聘饗燕冠昏喪紀之禮今儀禮是也曲禮蓋以小大尊卑親疎長幼並行兼舉今禮記是也所載孔子門人傳授雜收於遺編斷簡者朱子曰經禮今之儀禮其存者十七篇而其逸者猶有投壺奔喪遷廟釁廟中霤等篇其不可篇者又有古經增多三十九篇而明堂陰陽王史氏記數十篇及河間獻王所輯禮樂古事多至五百餘篇儻或猶有逸在其間者且以春官所領五禮之目約之則其初固當有三百餘篇矣曲禮則皆禮之微文小節如今曲禮少儀內則玉藻弟子職篇所記事親事長起居飲食容貌辭氣之法制器備物宗廟宮室衣冠車旗之等所以行乎經禮之中者其篇之全數雖不可知然條而析之亦應不下三千有餘矣或者

01350　禮記纂言三十六卷　（元）吳澄撰　明嘉靖黄氏刻本

匡高22.5厘米，廣15厘米。半葉十行，行二十四字，粗黑口，四周雙邊。青海大學醫學院圖書館藏。

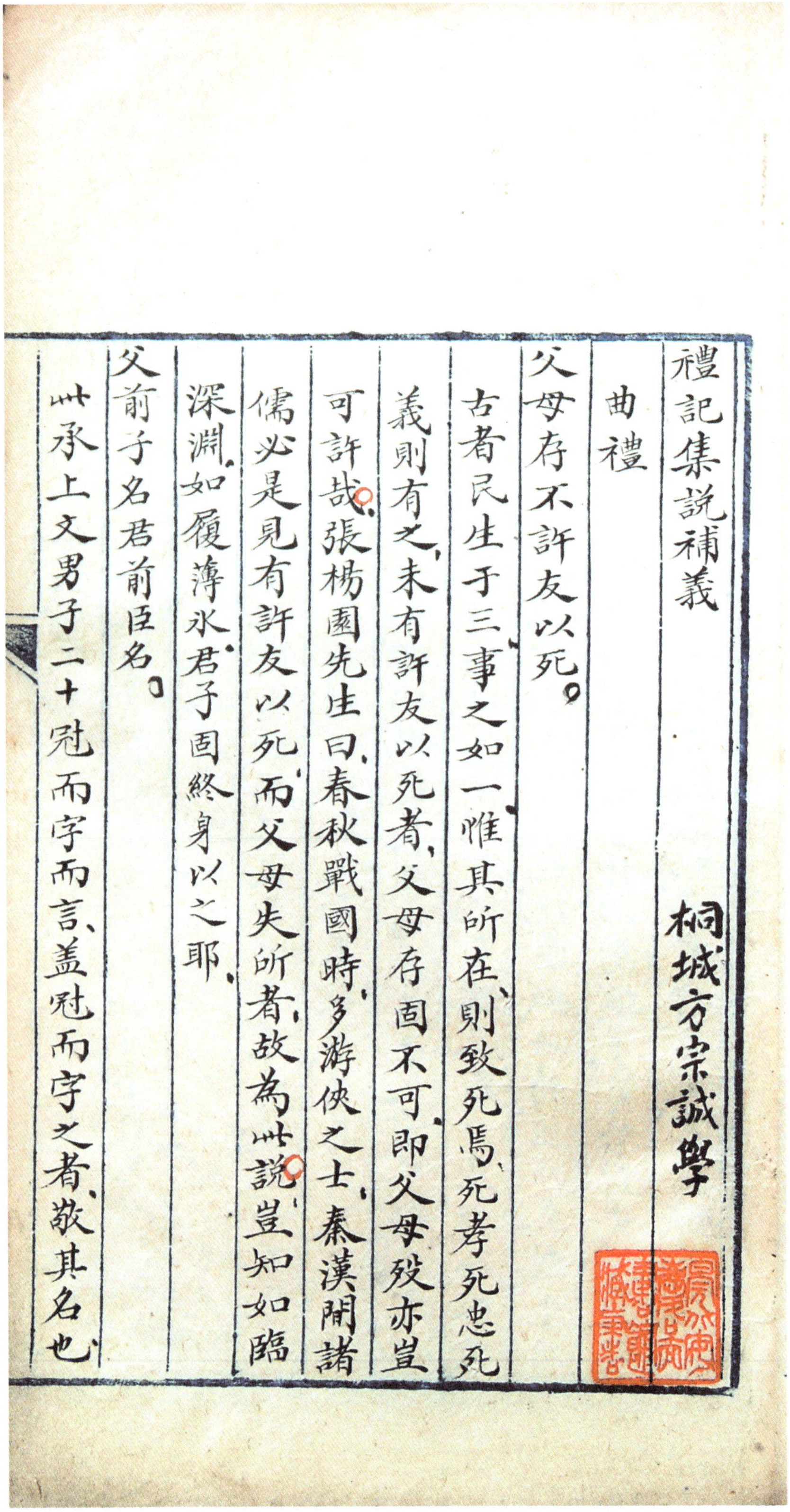

禮記集說補義　　桐城方宗誠學

曲禮

父母存不許友以死。

古者民生于三事之如一，惟其所在，則致死焉，死孝死忠死義，則有之，未有許友以死者，父母存固不可，即父母歿亦豈可許哉。張楊園先生曰，春秋戰國時，多游俠之士，秦漢閒諸儒必是見有許友以死而父母失所者，故為此說，豈知如臨深淵，如履薄氷，君子固終身以之耶。

父前子名，君前臣名。

此承上文男子二十冠而字而言，蓋冠而字之者，敬其名也，

01351 禮記集說補義一卷　（清）方宗誠撰　稿本

匡高17.7厘米，廣12.5厘米。半葉十行，行二十四字，藍格，白口，左右雙邊。安慶市圖書館藏。

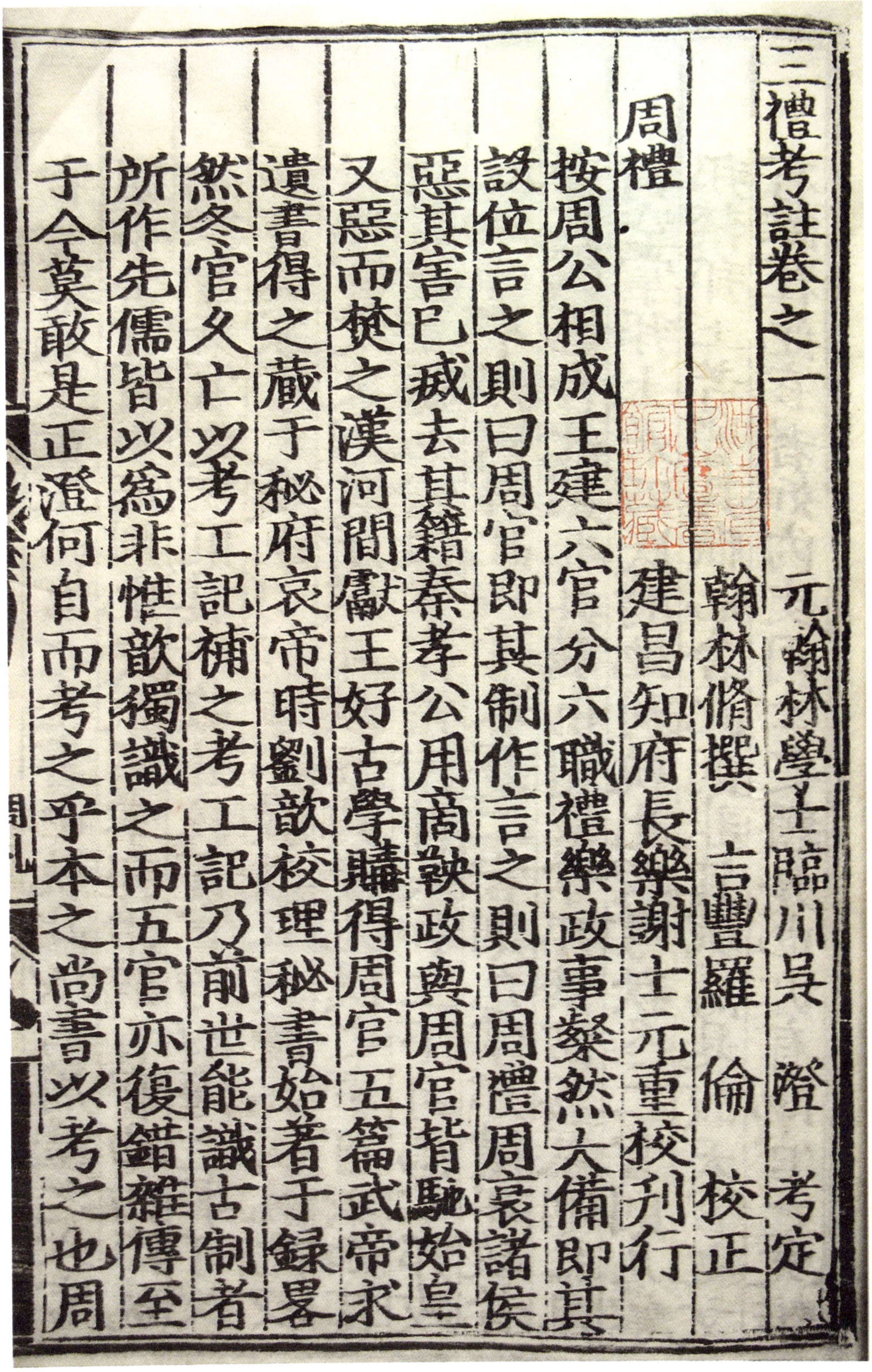
三禮考註卷之一
元翰林學士臨川吳　澄　考定
翰林脩撰　吉豐羅　倫　校正
建昌知府長樂謝士元重校刊行
周禮
按周公相成王建六官分六職禮樂政事粲然大備即其設位言之則曰周官即其制作言之則曰周禮周衰諸侯惡其害己滅去其籍秦孝公用商鞅政與周官背馳始皇又惡而焚之漢河間獻王好古學購得周官五篇武帝求遺書得之藏于秘府哀帝時劉歆校理秘書始著于録畧然冬官久亡以考工記補之考工記乃前世能識古制者所作先儒皆以爲非惟歆獨識之而五官亦復錯雜傳至于今莫敢是正澄何自而考之乎本之尚書以考之也周

01352、01353　三禮考註六十四卷　（元）吳澄撰　明成化九年（1473）謝士元校刻本

匡高21厘米，廣13厘米。半葉十一行，行二十四字，黑口，四周雙邊。湖南圖書館、遼寧省圖書館藏。

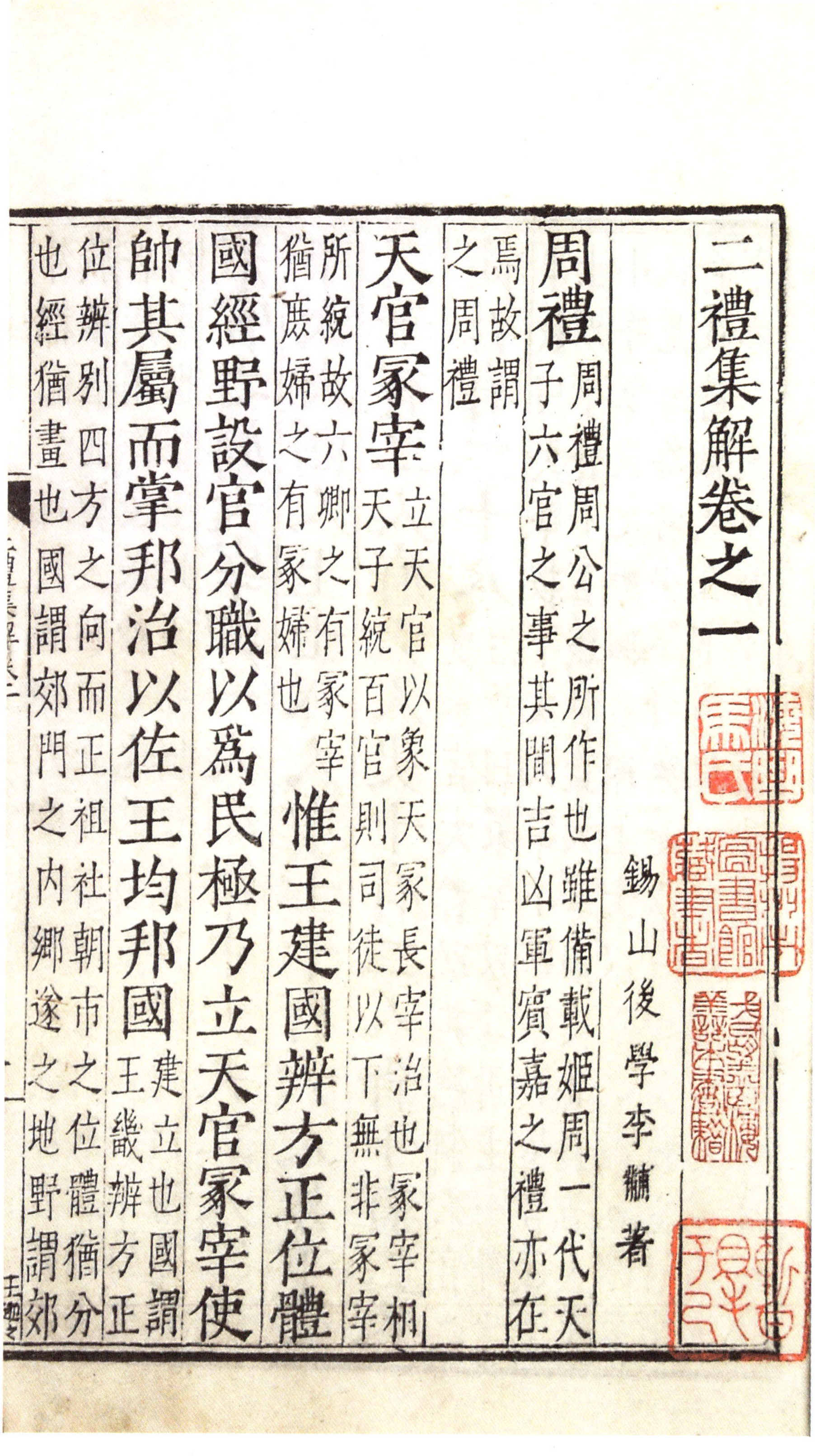

二禮集解卷之一

錫山後學李黼著

周禮 周禮周公之所作也雖備載姬周一代天子六官之事其間吉凶軍賓嘉之禮亦在焉故謂之周禮

天官冢宰 立天官以象天冢長宰治也冢宰相天子統百官則司徒以下無非冢宰所統故六卿之有冢宰猶庶婦之有冢婦也 惟王建國辨方正位體國經野設官分職以爲民極乃立天官冢宰使帥其屬而掌邦治以佐王均邦國 建立也國謂王畿辨方正位辨別四方之向而正祖社朝市之位體猶分也經猶畫也國謂郊門之内鄉遂之地野謂郊

01354 二禮集解十二卷　（明）李黼撰　明嘉靖十六年（1537）常州府刻本

匡高21.5厘米，廣15.4厘米。半葉九行，行十八字，小字雙行同，白口，四周雙邊。丁福保跋。無錫市圖書館藏。

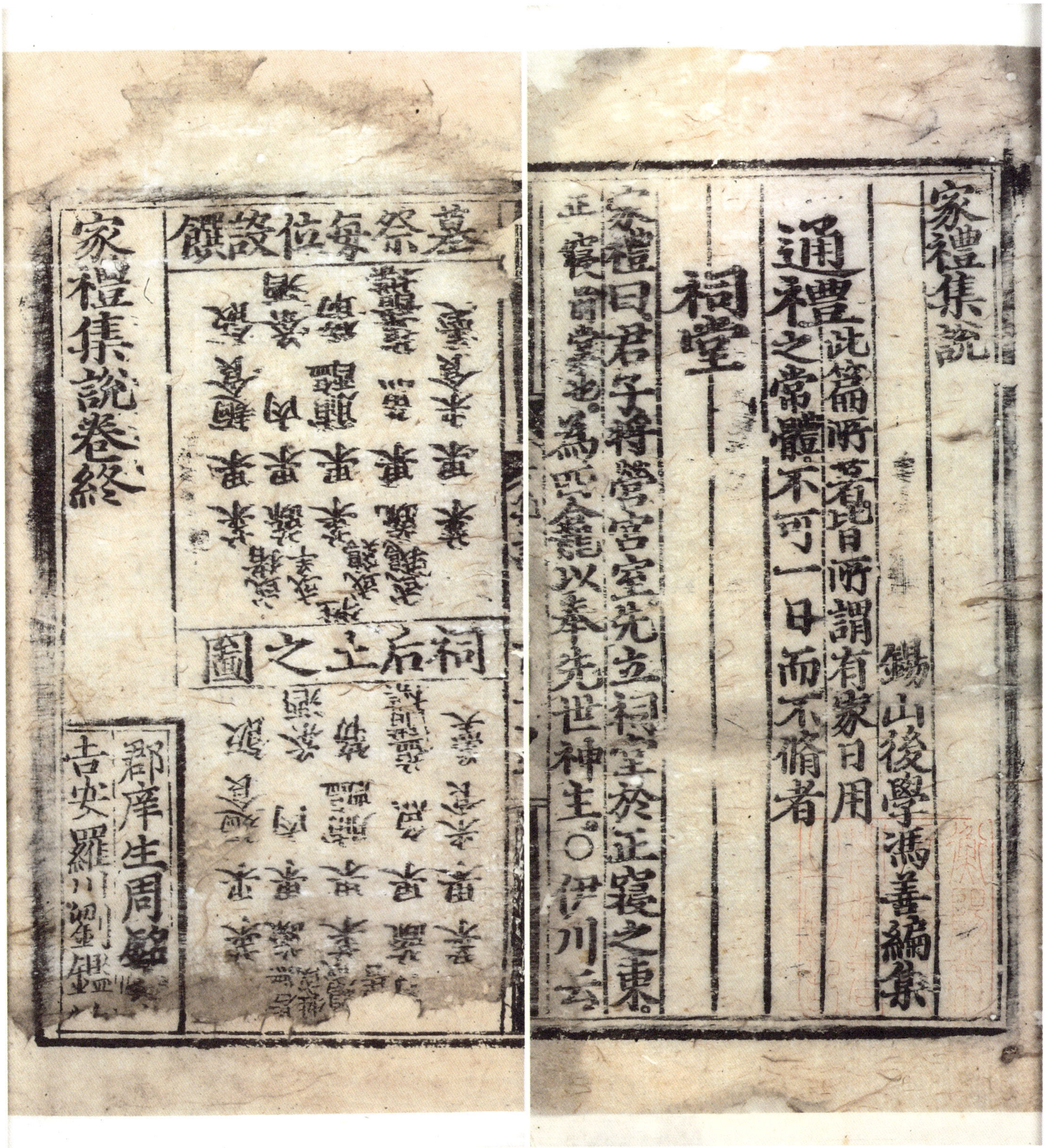

家禮集説

錫山後學馮善編集

通禮此篇所著皆所謂有家日用之常體不可一日而不脩者

祠堂

家禮曰君子將營宮室先立祠堂於正寢之東

正寢謂前堂也為四龕以奉先世神主○伊川云

墓祭每位設饌

祠后土之圖

家禮集説卷終

郡庠生周

吉安羅

01355 家禮集説不分卷　（明）馮善撰　明宣德刻本

匡高22.5厘米，廣13厘米。半葉八行，行十八字，黑口，四周雙邊。瀋陽故宮博物院藏。

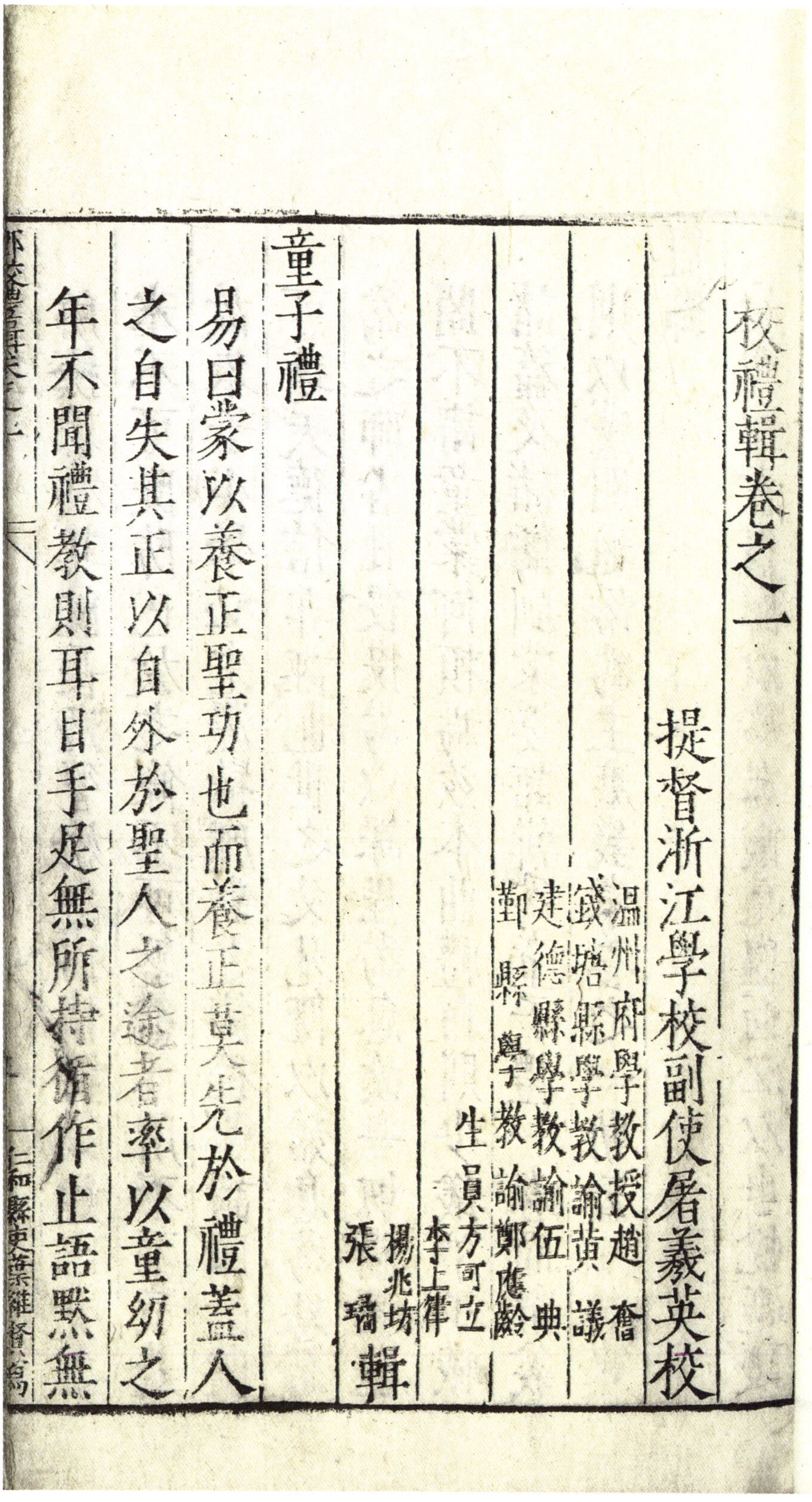

01356 鄉校禮輯十一卷 （明）方可立等輯 （明）屠羲英校 明隆慶刻本

匡高20.8厘米，廣14.2厘米。半葉十行，行二十字，小字雙行同，白口，四周單邊。安徽省圖書館藏，存九卷。

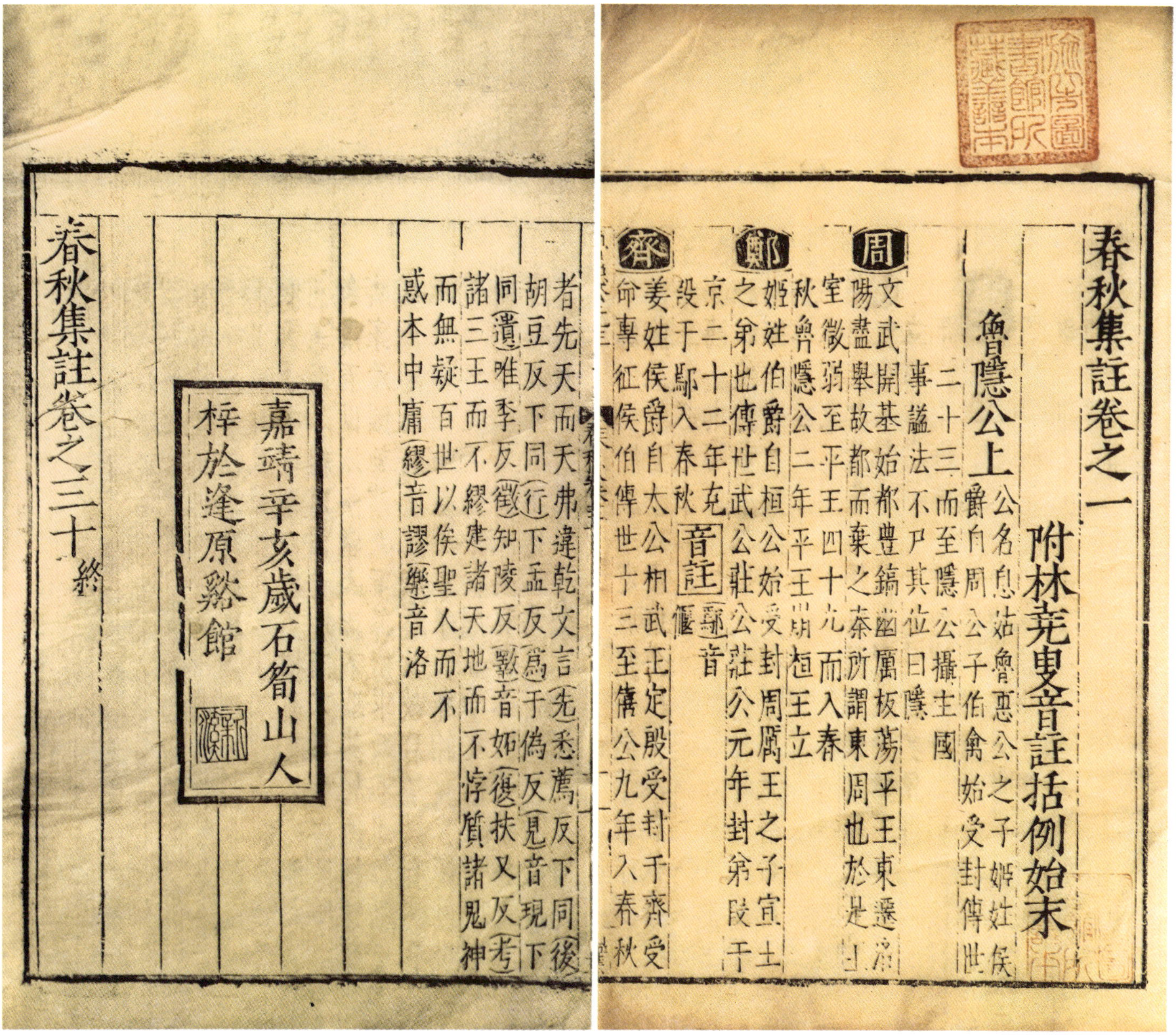

01357 春秋集註三十卷首一卷 （宋）胡安國撰 （宋）林堯叟音注 明嘉靖三十年（1551）逢原谿館刻本

匡高20.3厘米，廣14.3厘米。半葉九行，行十八字，小字雙行同，白口，左右雙邊。有“嘉靖辛亥歲石筍山人梓於逢原谿館”牌記。大連圖書館藏，存三十卷。

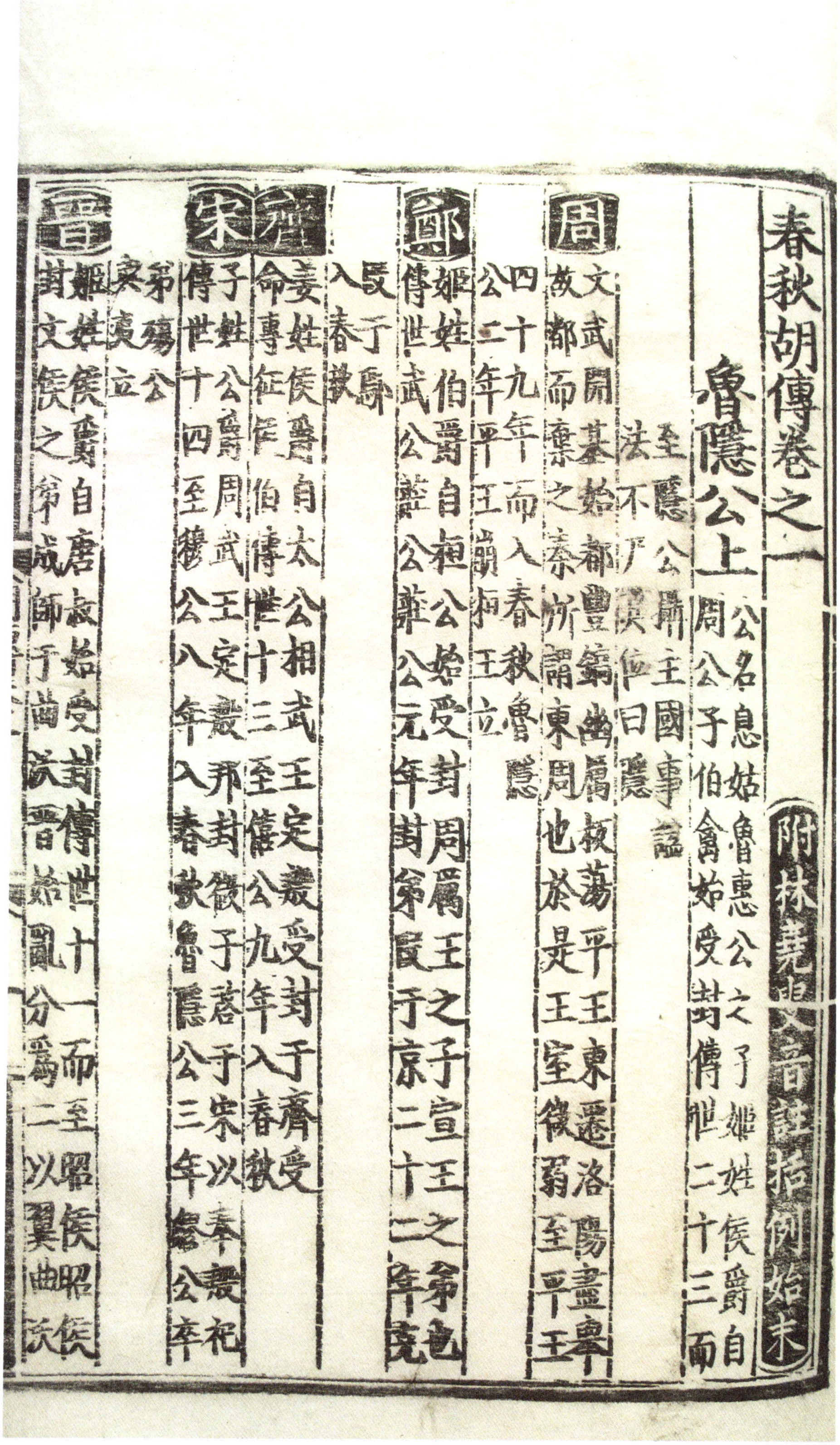
春秋胡傳卷之一 附林堯叟音註括例始末
魯隱公上 公名息姑魯惠公之子姬姓侯爵自周公子伯禽始受封傳世二十三而至隱公攝主國事諡法不尸其位曰隱
周 文武開基始都豐鎬幽厲板蕩平王東遷洛陽盡舉故都而棄之秦所謂東周也於是王室微弱至平王四十九年而入春秋魯隱公二年平王崩桓王立
鄭 姬姓伯爵自桓公始受封周厲王之子宣王之弟邑傳世武公莊公厲公昭公元年封弟段于京二十二年克段于鄢入春秋
齊 姜姓侯爵自太公相武王定鼎受封于齊受命專征伐傳世十三至僖公九年入春秋
宋 子姓公爵周武王定鼎封微子啓于宋以奉殷祀傳世十四至穆公八年入春秋魯隱公三年穆公卒弟殤公與夷立
晉 姬姓侯爵自唐叔始受封傳世十一而至昭侯昭侯封文侯之弟成師于曲沃晉始亂分爲二以翼曲沃

01358、01359 春秋胡傳三十卷 （宋）胡安國撰 （宋）林堯叟音注 明成化十五年（1479）徽州府張英退思堂刻本

匡高18厘米，廣12.5厘米。半葉十一行，行二十一字，小字雙行同，粗黑口，四周雙邊。有“成化己亥冬十一月吉旦刊於徽州府退思堂”牌記。湖南圖書館、安徽省博物館藏。

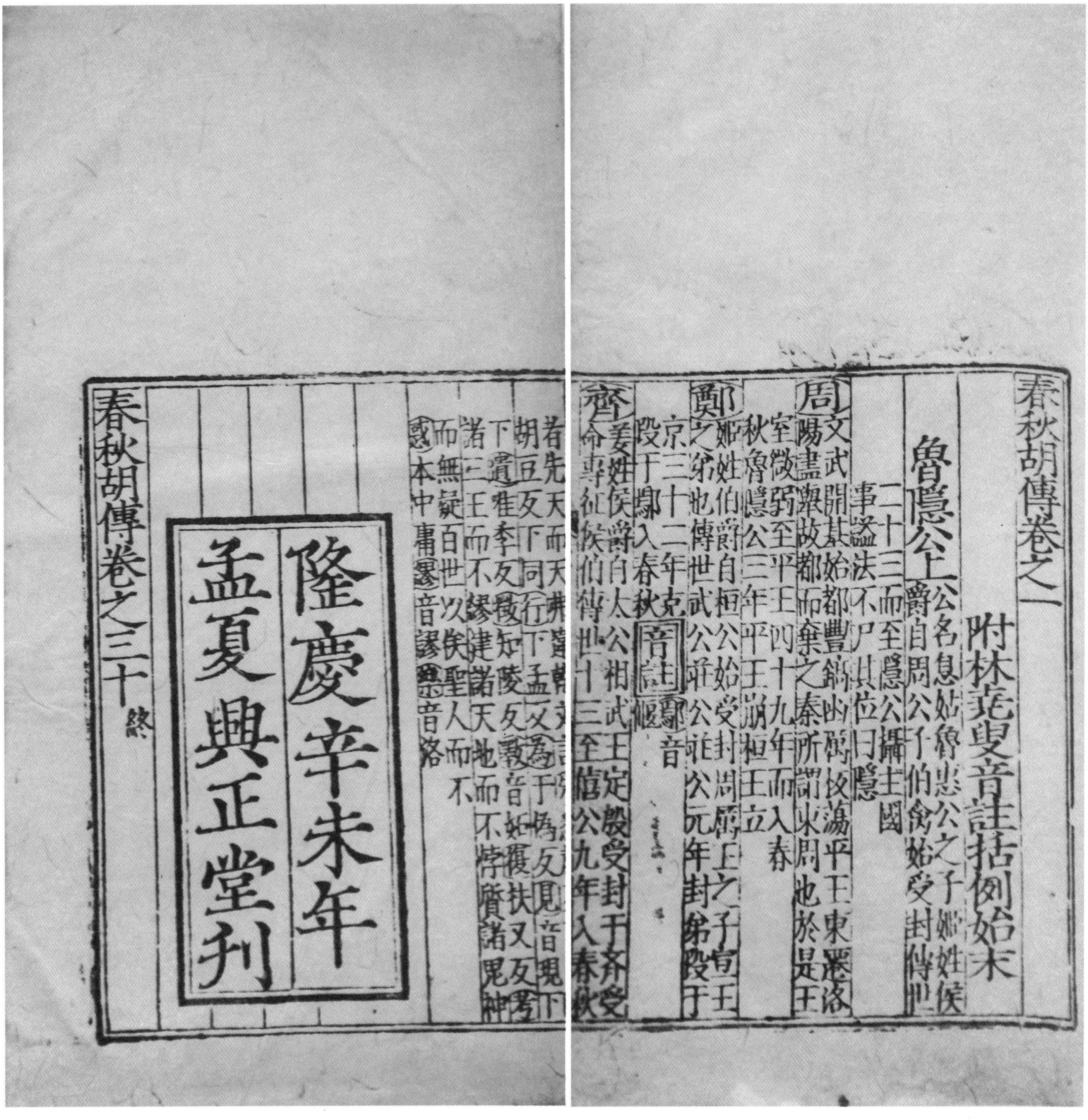

01360 春秋胡傳三十卷 （宋）胡安國撰　明隆慶五年（1571）興正堂刻本

匡高13.4厘米，廣10.4厘米。半葉九行，行十八字，小字雙行同，白口，四周雙邊。有“隆慶辛未年孟夏興正堂刊”牌記。鄭州市圖書館藏。

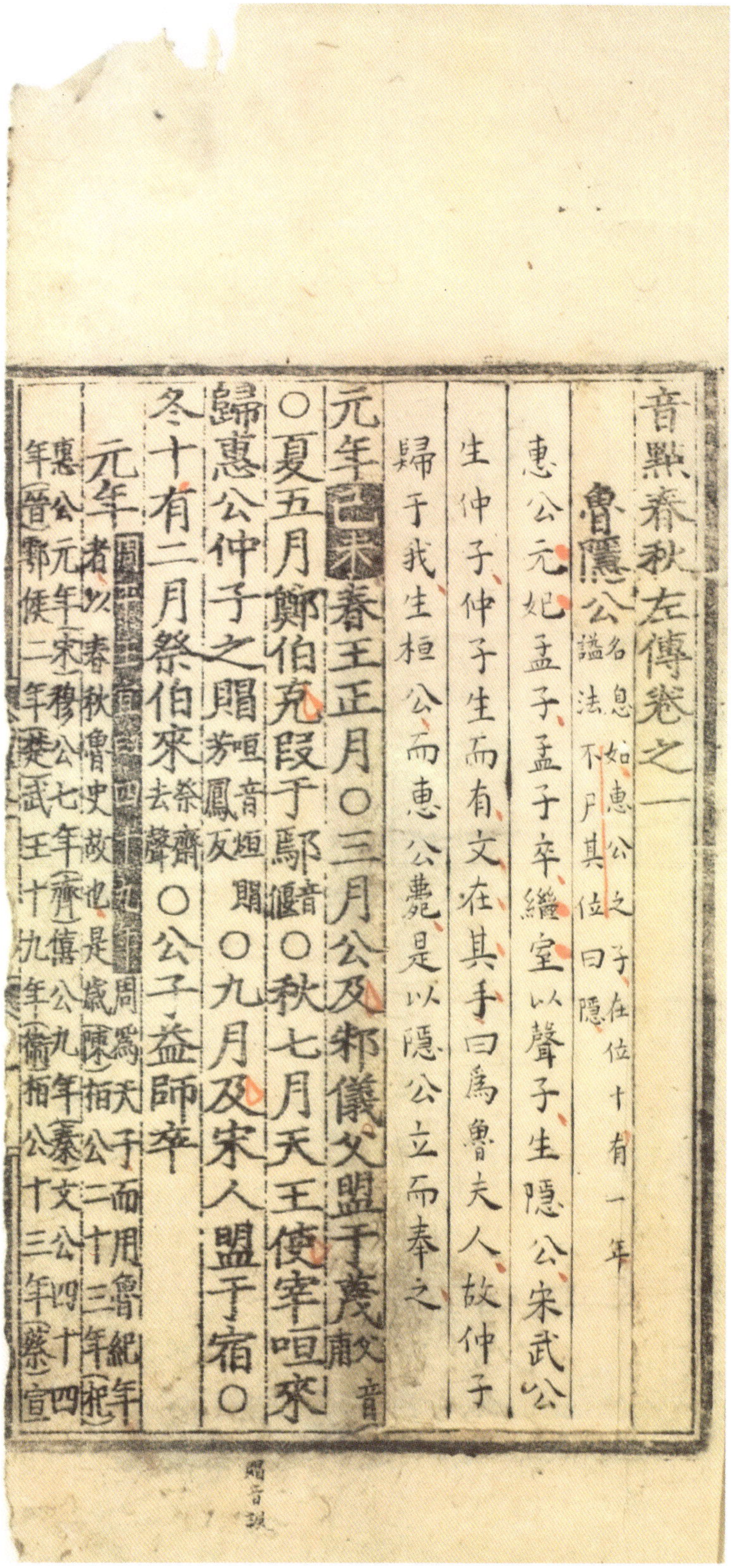

音點春秋左傳卷之一

魯隱公 名息姑惠公之子在位十有一年 謚法不尸其位曰隱

惠公元妃孟子孟子卒繼室以聲子生隱公宋武公生仲子仲子生而有文在其手曰爲魯夫人故仲子歸于我生桓公而惠公薨是以隱公立而奉之

元年己未春王正月○三月公及邾儀父盟于蔑 父音甫 ○夏五月鄭伯克段于鄢 鄢音偃 ○秋七月天王使宰咺來歸惠公仲子之賵 咺音烜 賵芳鳳反 ○九月及宋人盟于宿○冬十有二月祭伯來 祭音齋去聲 ○公子益師卒

元年 周平王四十九年 周爲天子而用魯紀年者以春秋魯史故也是歲陳桓公二十三年杞惠公元年宋穆公七年齊僖公九年秦文公四十四年晉鄂侯二年楚武王十九年衛桓公十三年蔡宣

01361 音點春秋左傳十六卷 明弘治十五年（1502）徽州陳理刻本

匡高19.7厘米，廣13厘米。半葉十一行，行二十一字，小字雙行同，黑口，四周雙邊。安徽省博物館藏。

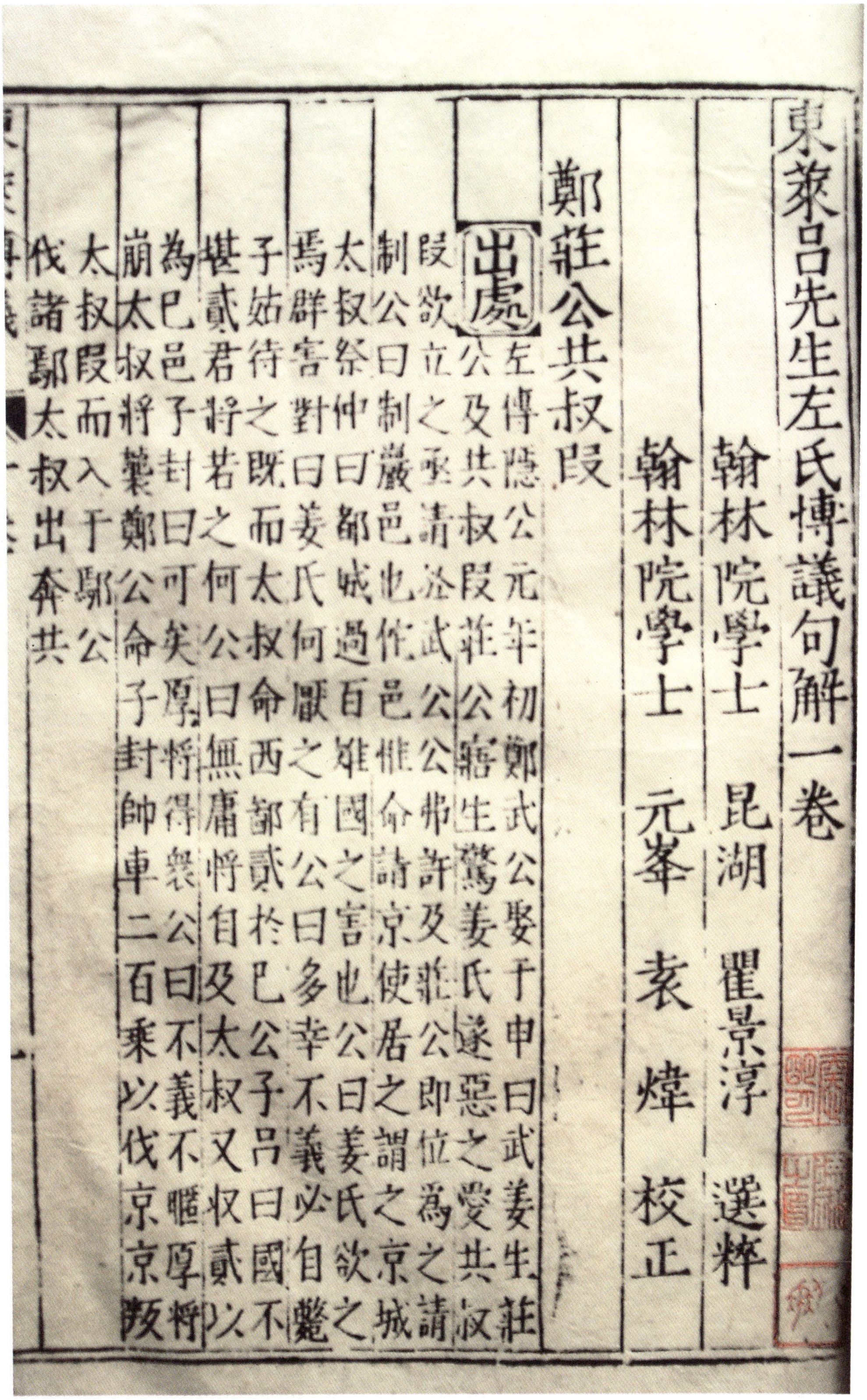
東萊呂先生左氏博議句解一卷
翰林院學士 昆湖 瞿景淳 選粹
翰林院學士 元峯 袁煒 校正
鄭莊公共叔段
出處 左傳隱公元年初鄭武公娶于申曰武姜生莊公及共叔段莊公寤生驚姜氏遂惡之愛共叔段欲立之亟請於武公公弗許及莊公即位為之請制公曰制巖邑也佗邑唯命請京使居之謂之京城太叔祭仲曰都城過百雉國之害也公曰姜氏欲之焉辟害對曰姜氏何厭之有公曰多行不義必自斃子姑待之既而太叔命西鄙北鄙貳於己公子呂曰國不堪貳君將若之何公曰無庸將自及太叔又收貳以為己邑子封曰可矣厚將得衆公曰不義不暱厚將崩太叔將襲鄭公命子封帥車二百乘以伐京京叛太叔段而入于鄢公伐諸鄢太叔出奔共

01362 東萊吕先生左氏博議句解六卷 （宋）吕祖謙撰 （明）瞿景淳選 明嘉靖刻本

匡高20厘米，廣14厘米。半葉十行，行二十二字，小字雙行同，白口，四周雙邊。有“德裕之印”等印。浙江省平湖市圖書館藏。

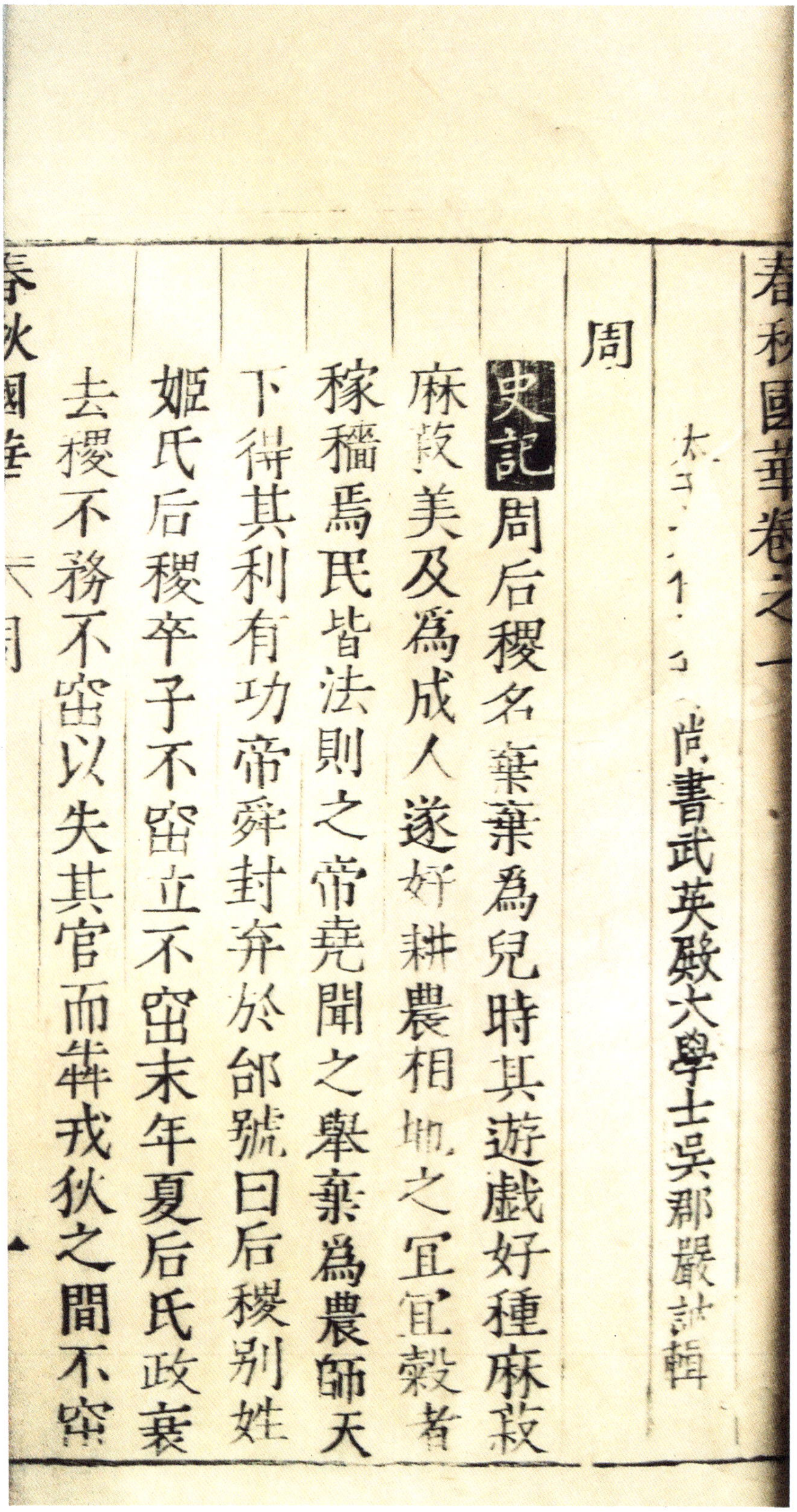

春秋國華卷之一

太子太保禮部尚書武英殿大學士吳郡嚴訥輯

周

史記 周后稷名棄棄為兒時其遊戲好種麻菽麻菽美及為成人遂好耕農相地之宜宜穀者稼穡焉民皆法則之帝堯聞之舉棄為農師天下得其利有功帝舜封弃於邰號曰后稷別姓姬氏后稷卒子不窋立不窋末年夏后氏政衰去稷不務不窋以失其官而犇戎狄之間不窋

春秋國華　卷一　周

01363 春秋國華十七卷　（明）嚴訥輯　明萬曆三年（1575）活字印本

匡高19厘米，廣12.5厘米。半葉九行，行二十字，小字雙行同，白口，四周單邊。中山大學圖書館藏。

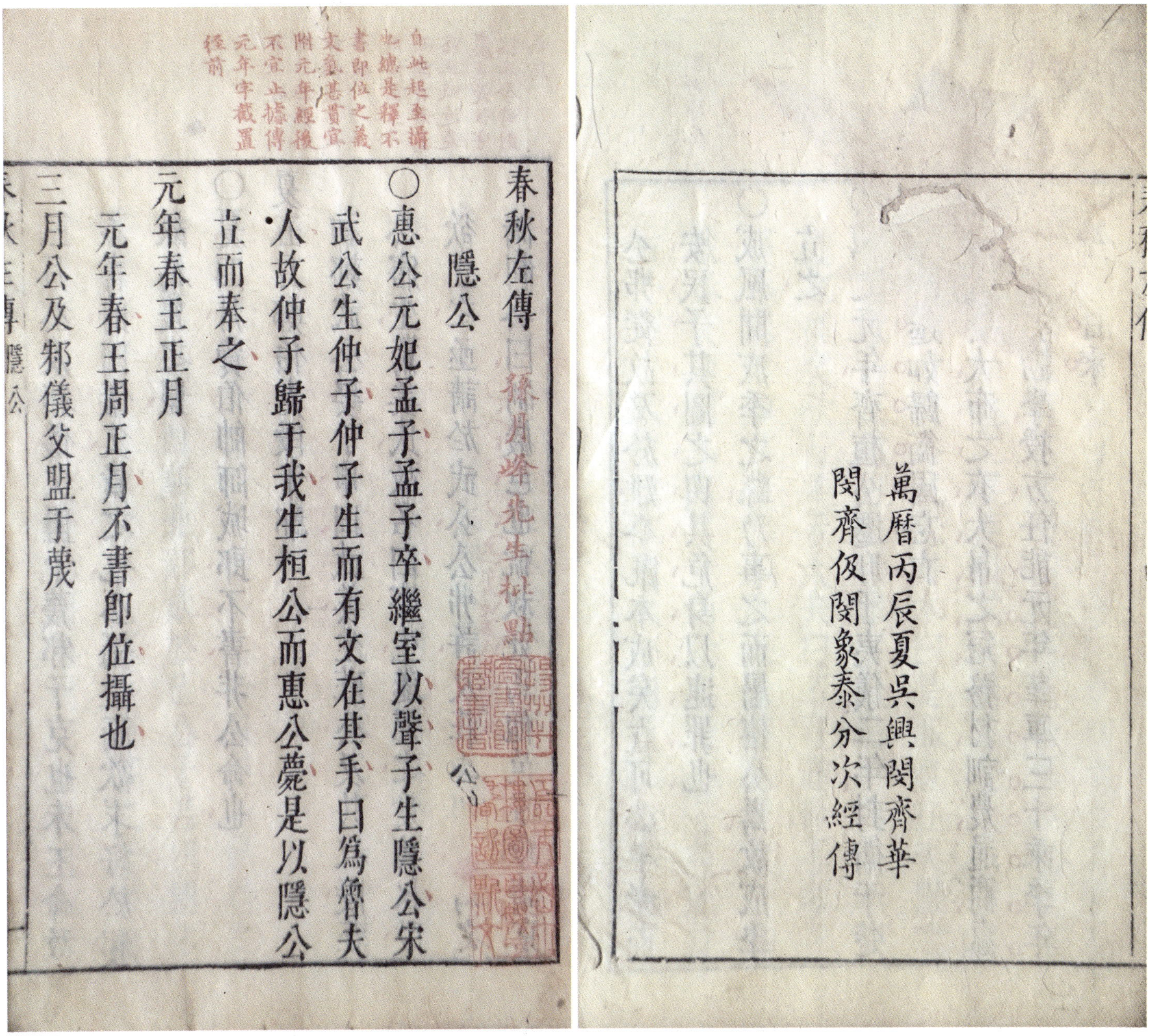

01364、01365、01366、01367、01368、01369、01370、01371、01372 春秋左傳十五卷 （明）孫鑛批點　明萬曆四十四年（1616）吴興閔齊伋刻朱墨套印本

匡高21.5厘米，廣15.1厘米。半葉九行，行十九字，白口，四周單邊。揚州市圖書館藏二部；南陽師範學院圖書館藏；青海省圖書館藏；湖南省社會科學院圖書館藏；山東省圖書館藏，有“楊氏海原閣藏”等印；山東師範大學圖書館藏；安慶市圖書館藏；安徽省博物館藏。

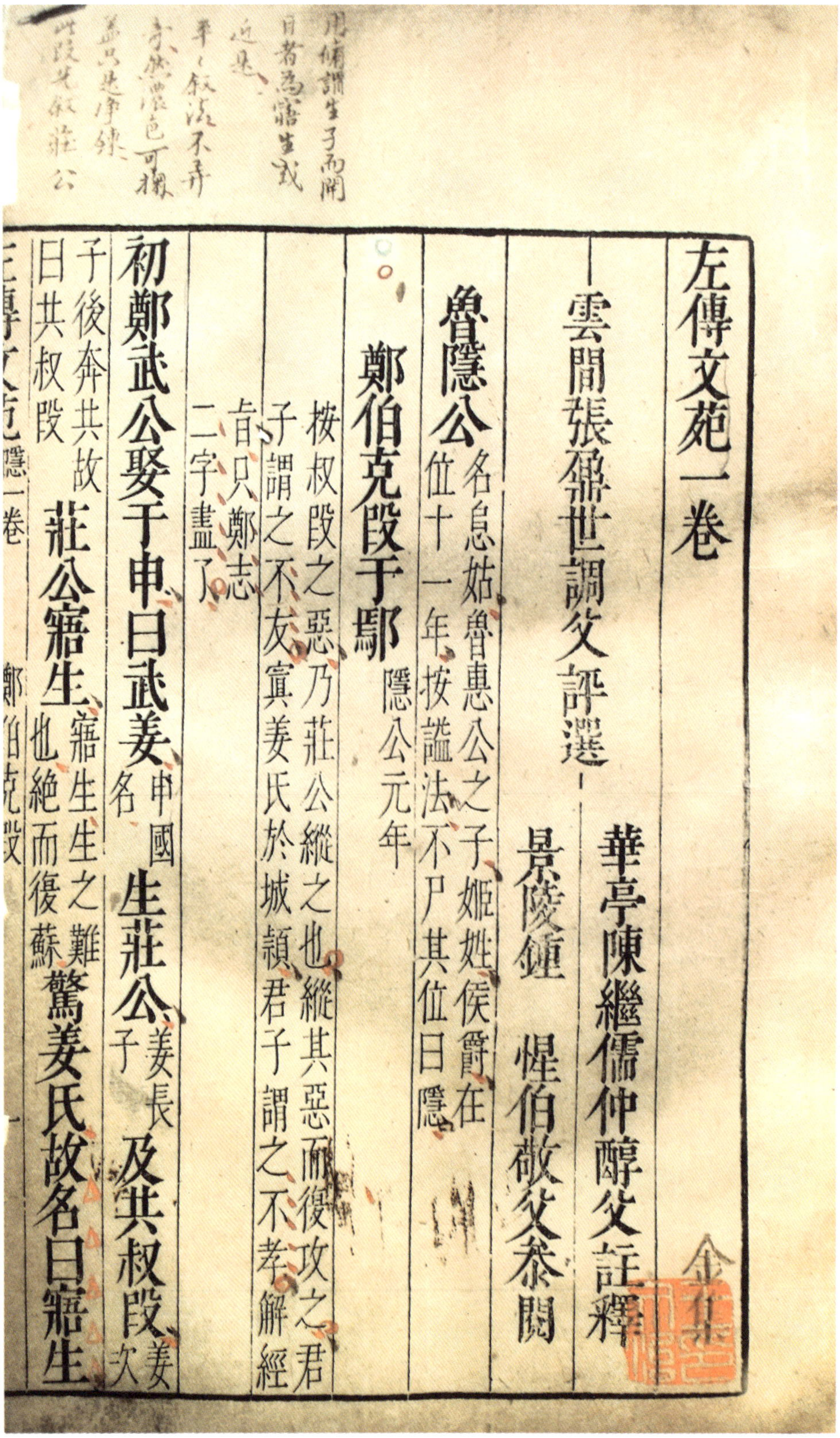

左傳文苑一卷

雲間張鼐世調父評選　華亭陳繼儒仲醇父註釋

景陵鍾惺伯敬父叅閱

魯隱公 名息姑魯惠公之子姬姓侯爵在位十一年按謚法不尸其位曰隱

鄭伯克段于鄢 隱公元年

按叔段之惡乃莊公縱之也縱其惡而復攻之君子謂之不友寘姜氏於城潁君子謂之不孝解經旨只鄭志二字盡了

初鄭武公娶于申曰武姜 申國姜姓 生莊公 姜長子 及共叔段 姜次子後奔共故曰共叔段

莊公寤生 寤生生之難也絕而復蘇 驚姜氏故名曰寤生

左傳文苑 隱一卷　鄭伯克段

01373 左傳文苑八卷　（明）張鼐評選　（明）陳繼儒注釋　明刻套印本

匡高21.2厘米，廣13.2厘米。半葉九行，行二十二字，小字雙行同，白口，四周單邊。安徽省博物館藏。

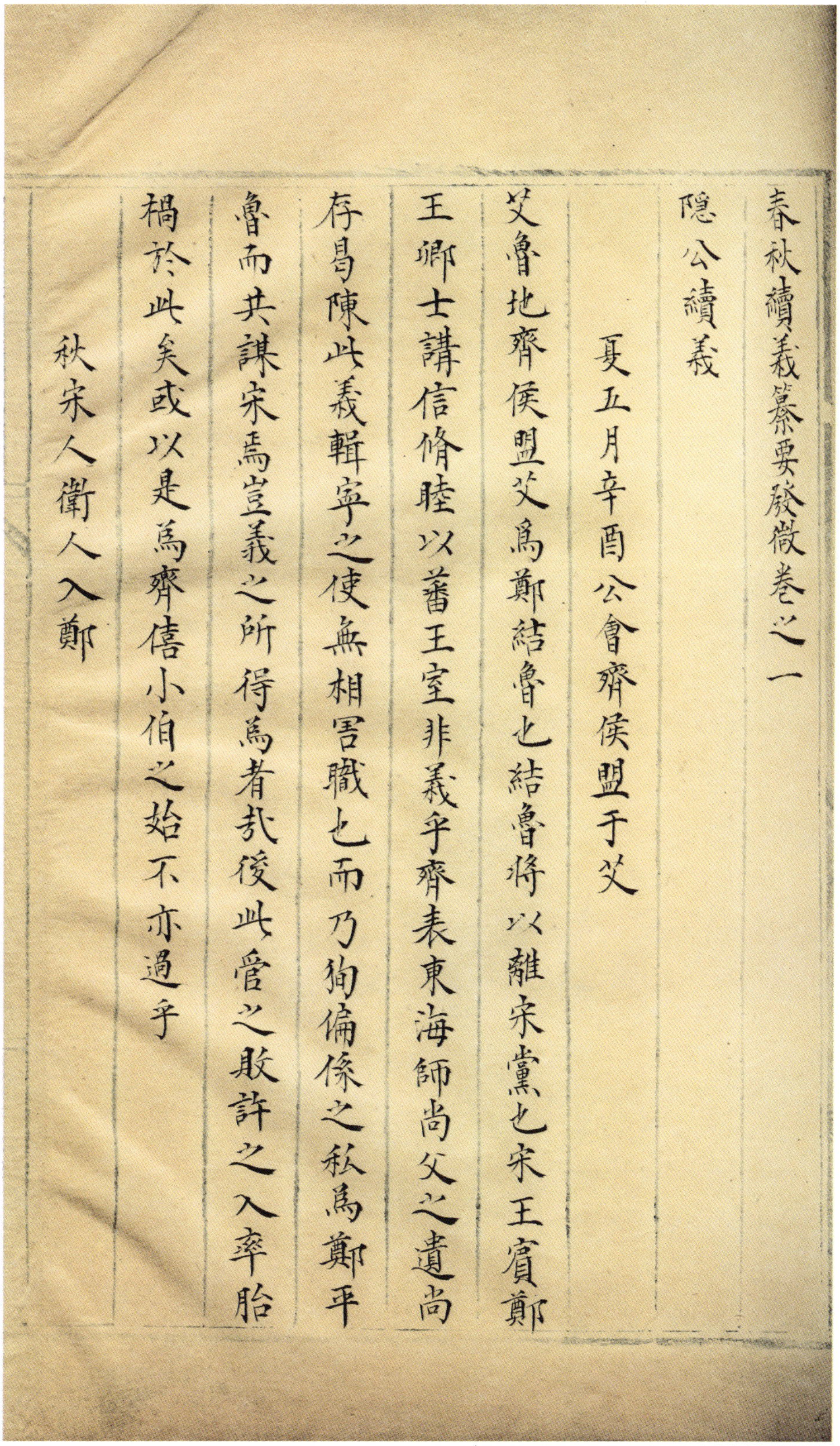

春秋續義纂要發微卷之一

隱公續義

夏五月辛酉公會齊侯盟于艾

艾魯地齊侯盟艾爲鄭結魯也結魯將以離宋黨也宋王賓鄭王卿士講信脩睦以藩王室非義乎齊表東海師尚父之遺尚存曷陳此義輯寧之使無相害職也而乃徇偏係之私爲鄭平魯而共謀宋焉豈義之所得爲者哉後此魯之敗許之入率胎禍於此矣或以是爲齊僖小伯之始不亦過乎

秋宋人衛人入鄭

01374 春秋續義纂要發微七卷 （明）鄭良弼撰　明抄本

匡高22.7厘米，廣16.7厘米。半葉九行，行二十四字，藍格，白口，四周雙邊。有“翰林院印”、“尊餘堂印”等印。清華大學圖書館藏。

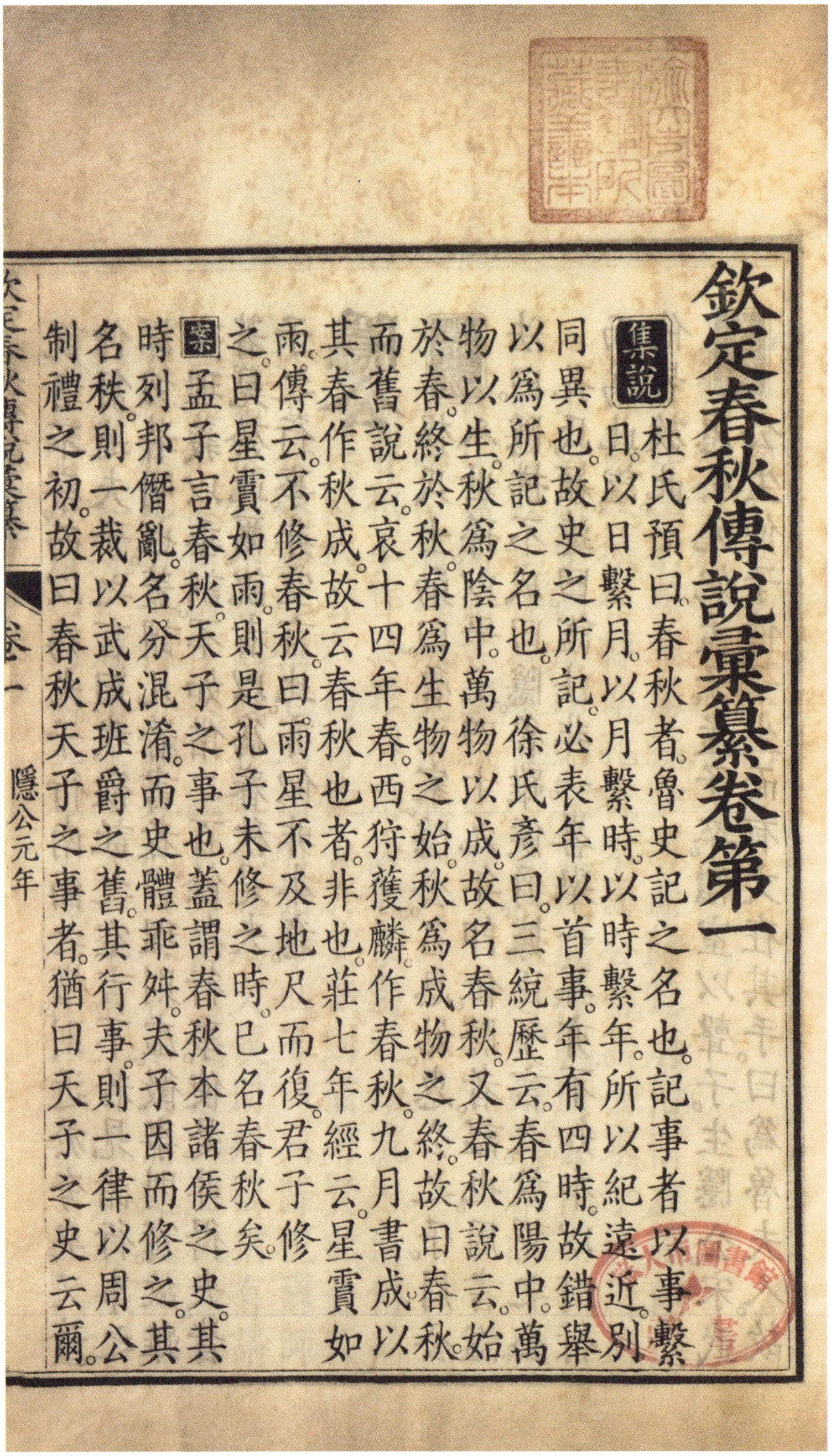

欽定春秋傳說彙纂卷第一

集說 杜氏預曰。春秋者。魯史記之名也。記事者以事繫日。以日繫月。以月繫時。以時繫年。所以紀遠近。別同異也。故史之所記。必表年以首事。年有四時。故錯舉以爲所記之名也。○徐氏彥曰。三統歷云。春爲陽中。萬物以生。秋爲陰中。萬物以成。故名春秋。○春秋說云。始於春。終於秋。春爲生物之始。秋爲成物之終。故曰春秋。而舊說云。哀十四年春。西狩獲麟。作春秋。九月書成。以其春作秋成。故云春秋也。者。非也。莊七年經云。星霣如雨。傳云。不修春秋。曰雨星不及地尺而復。君子修之。曰星霣如雨。則是孔子未修之時。已名春秋矣。

案 孟子言春秋天子之事也。蓋謂春秋本諸侯之史。其時列邦僭亂。名分混淆。而史體乖舛。夫子因而修之。其名秩。則一裁以武成班爵之舊。其行事。則一律以周公制禮之初。故曰春秋天子之事者。猶曰天子之史云爾。

欽定春秋傳說彙纂 卷一 隱公元年

01375、01376、01377 欽定春秋傳說彙纂三十八卷首二卷 （清）王掞 張廷玉等撰 清康熙六十年（1721）內府刻本

匡高22.4厘米，廣16.1厘米。半葉十六行，行二十二字，白口，四周雙邊。大連圖書館、嘉興市圖書館、湖南省社會科學院圖書館藏。

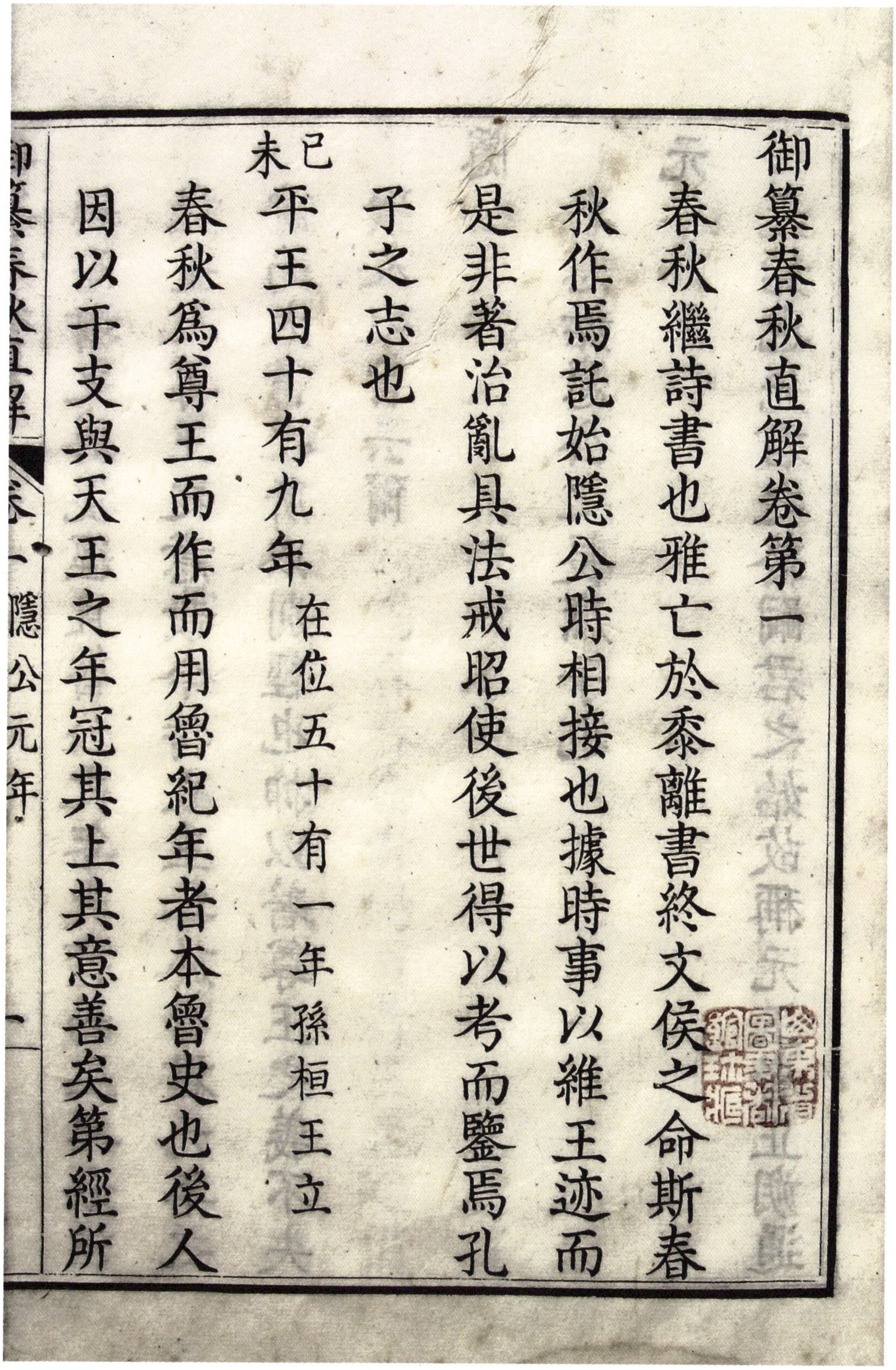

御纂春秋直解卷第一

春秋繼詩書也雅亡於黍離書終文侯之命斯春秋作焉託始隱公時相接也據時事以維王迹而是非著治亂具法戒昭使後世得以考而鑒焉孔子之志也

己未 平王四十有九年 在位五十有一年孫桓王立

春秋爲尊王而作而用魯紀年者本魯史也後人因以干支與天王之年冠其上其意善矣第經所

御纂春秋直解 卷一 隱公元年 一

01378、01379 御纂春秋直解十二卷 （清）傅恒等撰 清乾隆二十三年（1758）內府刻本

匡高21.2厘米，廣16厘米。半葉八行，行二十字，白口，四周雙邊。遼寧省博物館、山東省圖書館藏。

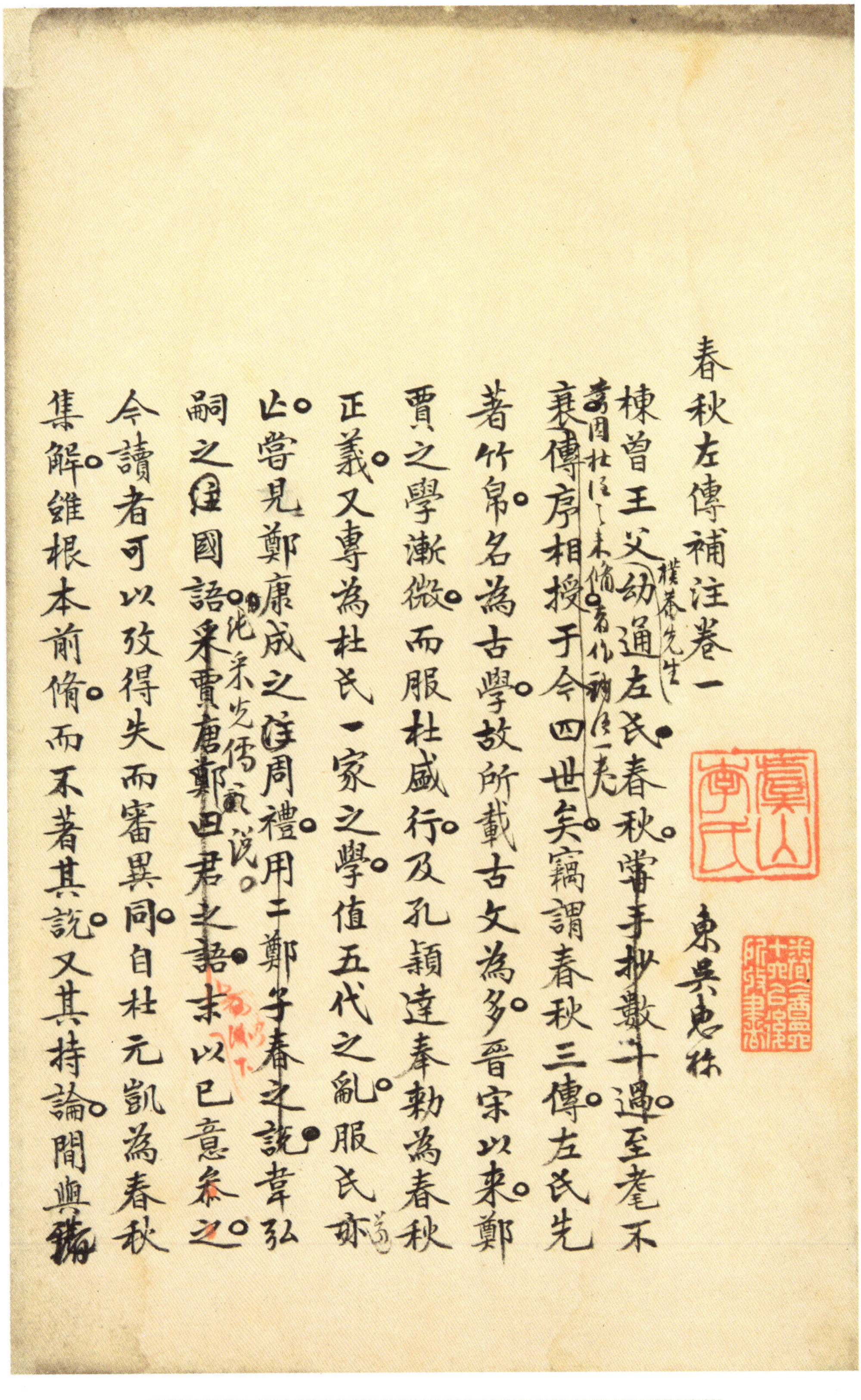
春秋左傳補注卷一　東吳惠棟
棟曾王父幼通左氏春秋。嘗手抄數十過。至耄不衰。傳序相授。于今四世矣。竊謂春秋三傳左氏先著竹帛。名為古學。故所載古文為多。晉宋以來。鄭賈之學漸微。而服杜盛行。及孔穎達奉勅為春秋正義。又專為杜氏一家之學。值五代之亂。服氏亦亡。嘗見鄭康成之注周禮。用二鄭子春之説。韋弘嗣之注國語。采賈唐鄭四君之語。末以己意參之。今讀者可以攷得失而審異同。自杜元凱為春秋集解。雖根本前脩。而不著其説。又其持論間與諸

01380 春秋左傳補注四卷　（清）惠棟撰　稿本

有“卷盦六十六以後所收書”、“虞山李氏”等印。丁祖蔭跋。上海圖書館藏。

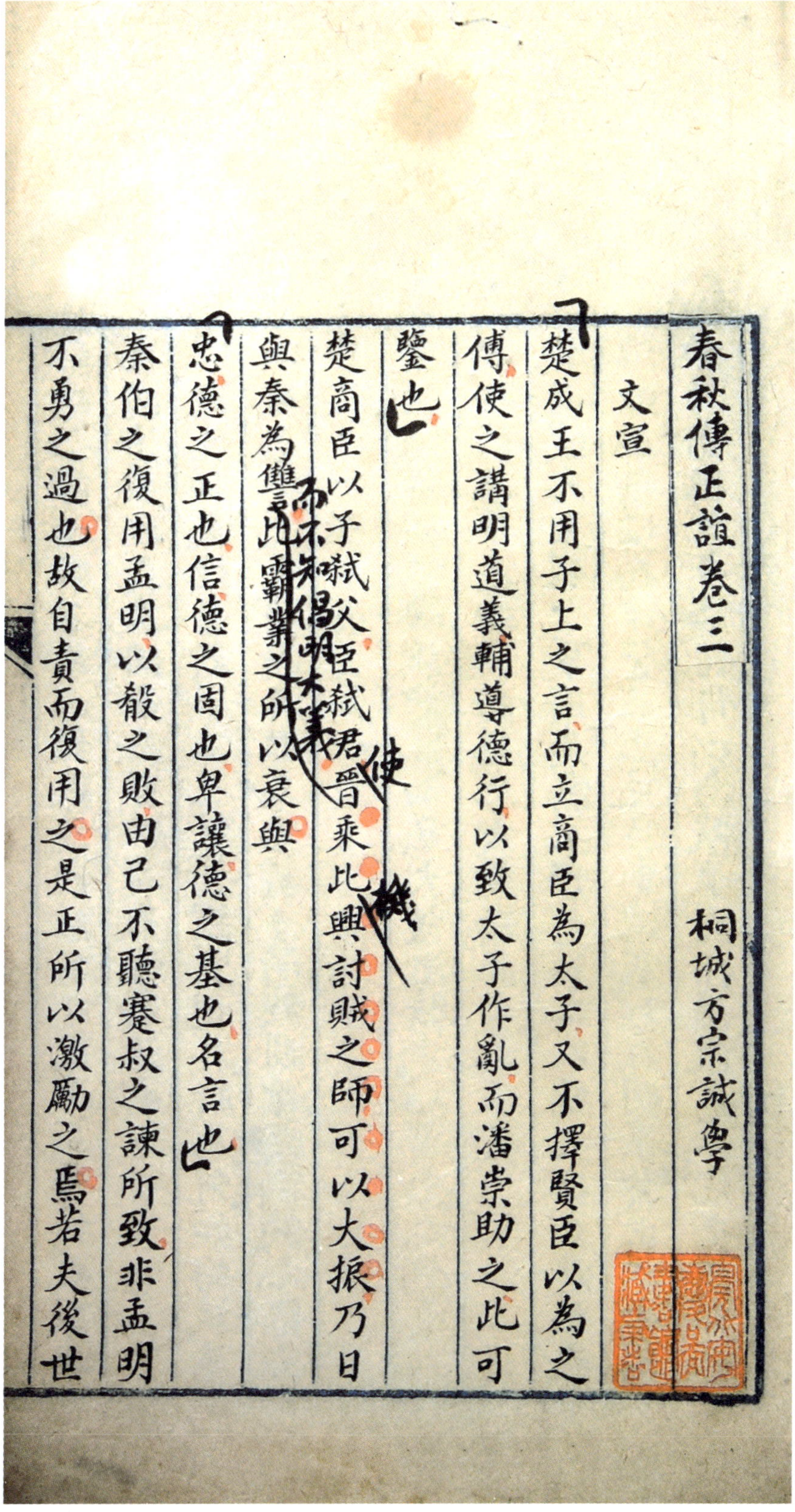

春秋傳正誼卷三　　桐城方宗誠學

文宣

楚成王不用子上之言而立商臣為太子又不擇賢臣以為之傅使之講明道義輔導德行以致太子作亂而潘崇助之此可鑒也

楚商臣以子弑父臣弑君晉乘此興討賊之師可以大振乃日與秦為讎此霸業之所以衰與

忠德之正也信德之固也卑讓德之基也名言也

秦伯之復用孟明以殽之敗由己不聽蹇叔之諫所致非孟明不勇之過也故自責而復用之是正所以激勵之焉若夫後世

01381 春秋傳正誼四卷 （清）方宗誠撰　稿本

匡高17.7厘米，廣12.5厘米。半葉十行，行二十四字，藍格，白口，左右雙邊。安慶市圖書館藏，存二卷。

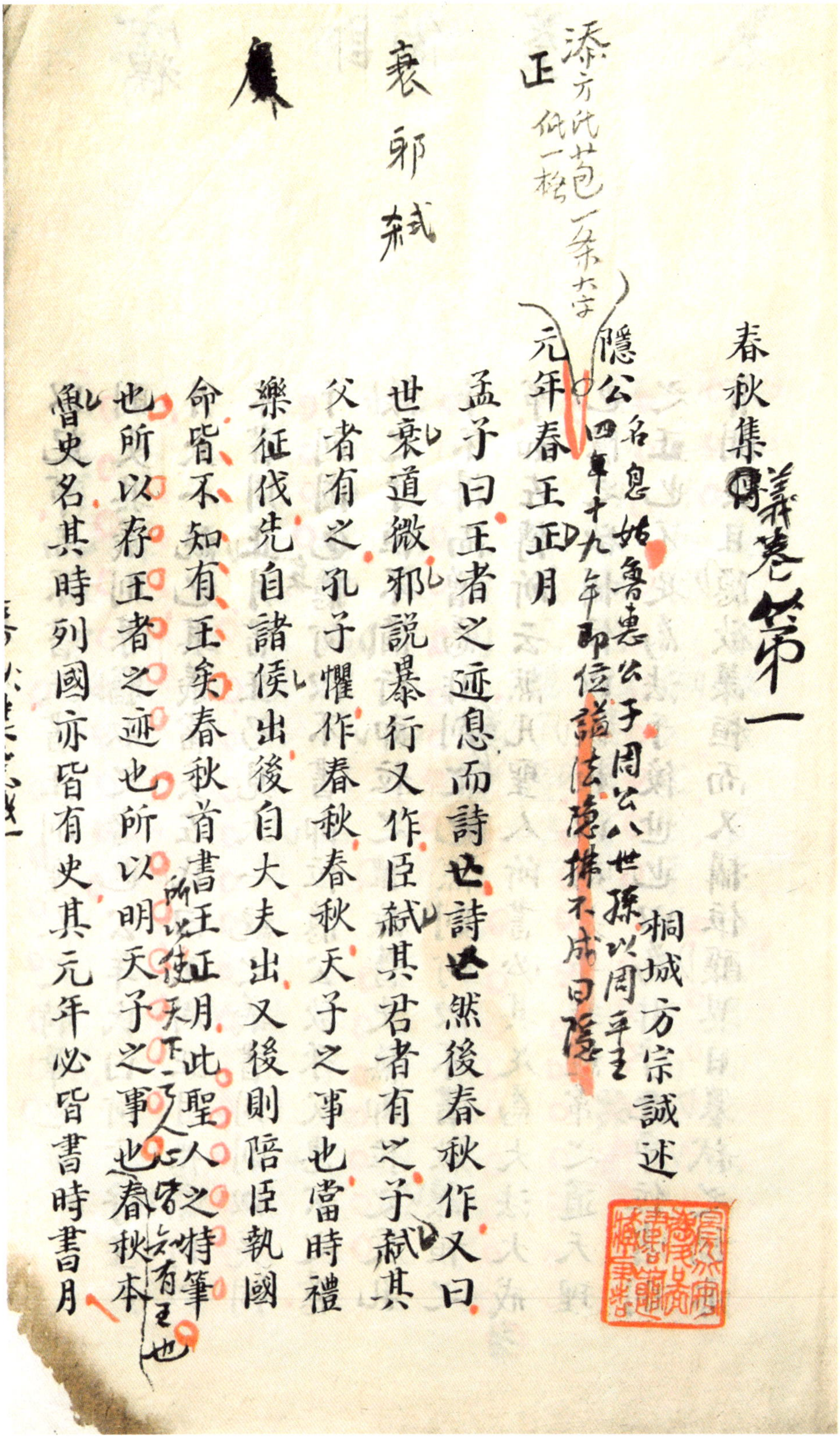
春秋集義卷第一
桐城方宗誠述
隱公名息姑魯惠公子周公八世孫以周平王四十九年即位諡法隱拂不成曰隱
元年春王正月
孟子曰王者之迹息而詩亡詩亡然後春秋作又曰世衰道微邪說暴行又作臣弒其君者有之子弒其父者有之孔子懼作春秋春秋天子之事也當時禮樂征伐先自諸侯出後自大夫出又後則陪臣執國命皆不知有王矣春秋首書王正月此聖人之特筆也所以存王者之迹也所以明天子之事也春秋本魯史名其時列國亦皆有史其元年必皆書時書月

01382 春秋集義十二卷 （清）方宗誠撰 稿本

安慶市圖書館藏，存八卷。

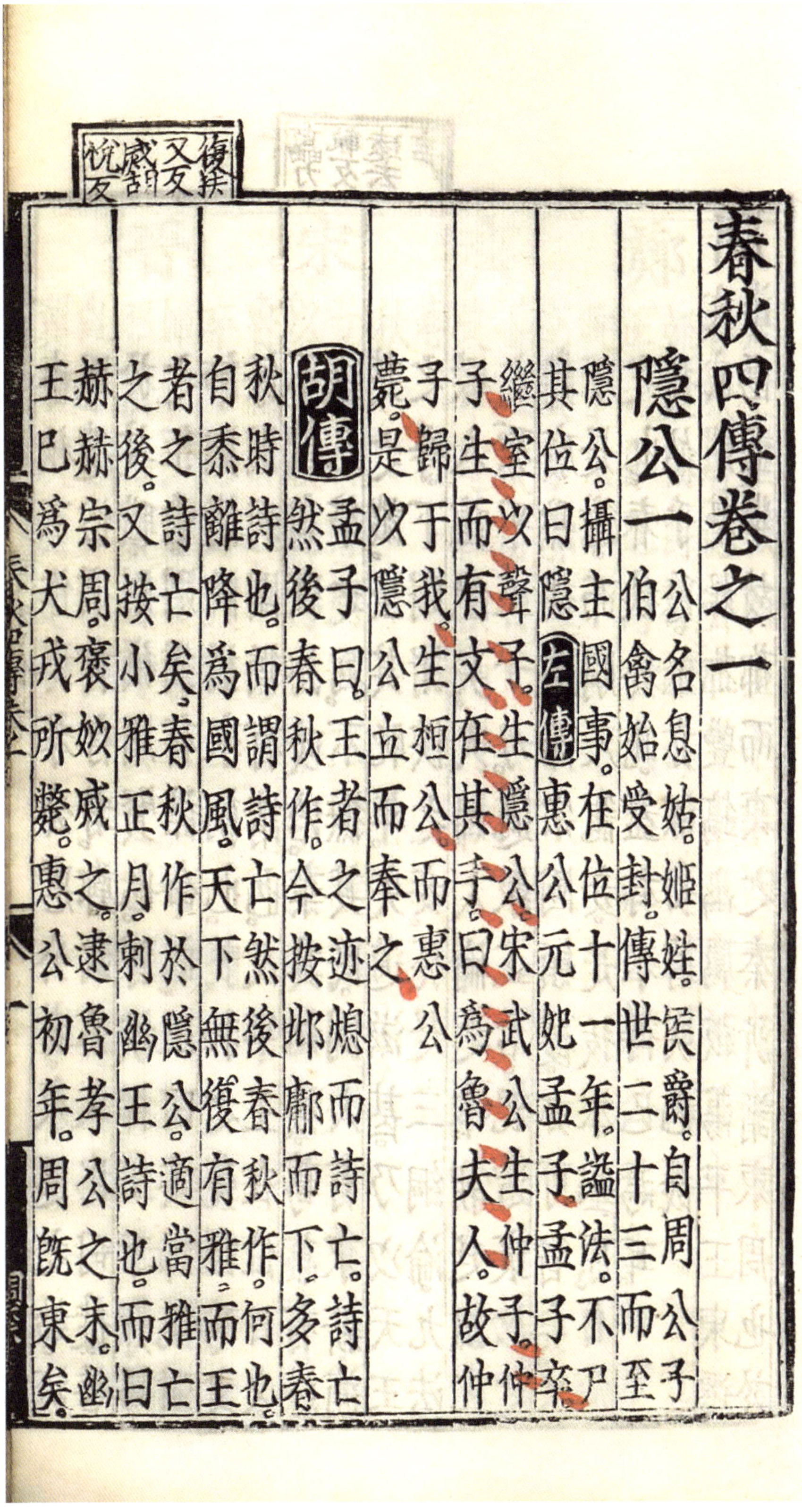
春秋四傳卷之一
隱公一 公名息姑。姬姓。侯爵。自周公子伯禽始受封。傳世二十三而至
隱公。攝主國事。在位十一年。謚法。不尸
其位曰隱 左傳 惠公元妃孟子。孟子卒。
繼室以聲子。生隱公。宋武公生仲子。仲
子生而有文在其手。曰爲魯夫人。故仲
子歸于我。生桓公而惠公
薨。是以隱公立而奉之
胡傳 孟子曰。王者之迹熄而詩亡。詩亡然後春秋作。今按邶鄘而下。多春
秋時詩也。而謂詩亡。然後春秋作。何也
自黍離降爲國風。天下無復有雅。而王
者之詩亡矣。春秋作於隱公。適當雅亡
之後。又按小雅正月。刺幽王詩也。而曰
赫赫宗周。褒姒滅之。逮魯孝公之末。幽
王已爲犬戎所斃。惠公初年。周既東矣。

01383、01384 春秋四傳三十八卷 明嘉靖十一年（1532）建寧府刻本

匡高21.2厘米，廣13.8厘米。半葉九行，行十七字，小字雙行同，粗黑口，四周雙邊。內蒙古自治區圖書館藏，卷三十四抄補，卷三十五至三十八配另一版本；湖南省社會科學院圖書館藏。

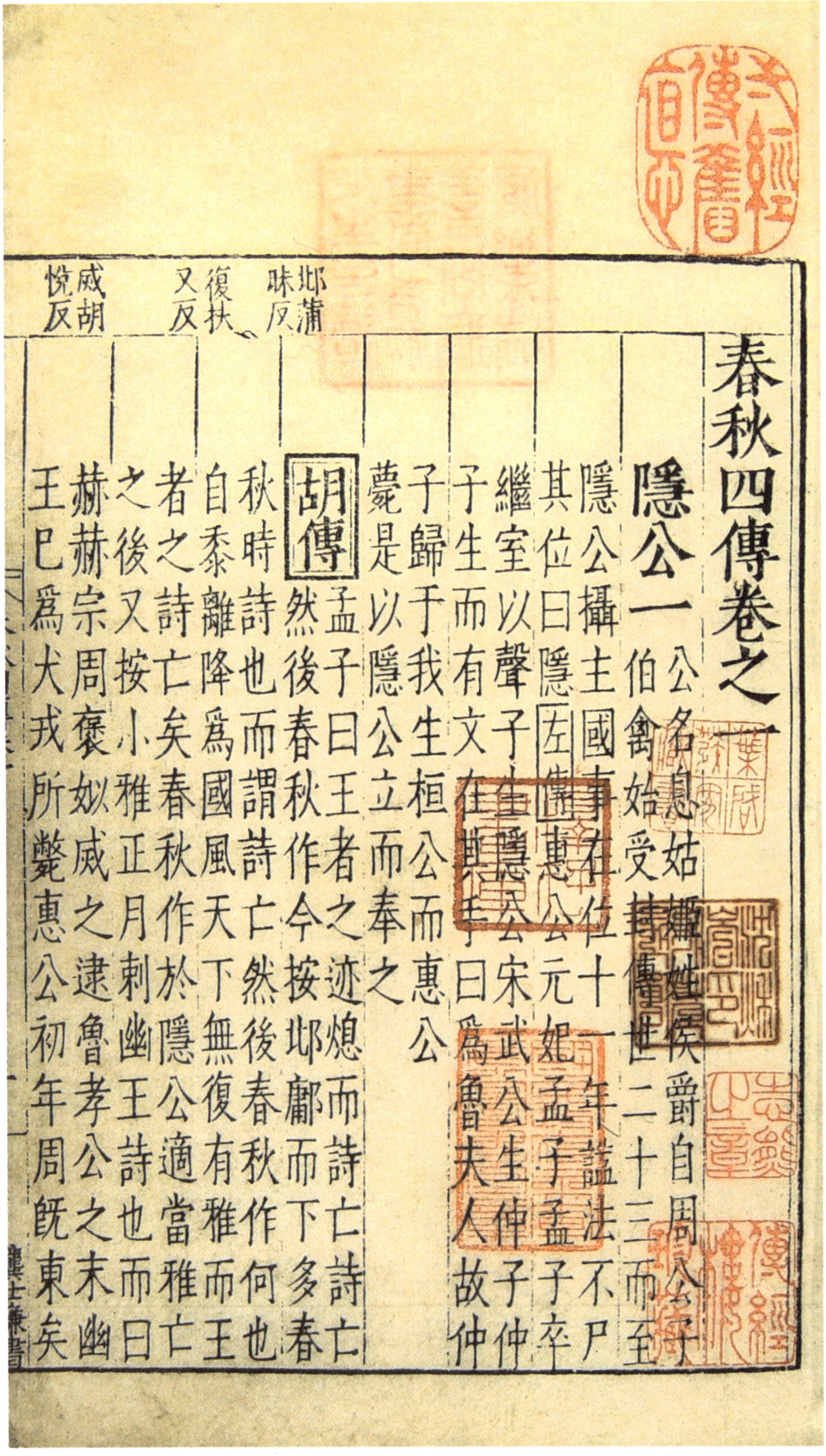

春秋四傳卷之一

隱公一 公名息姑姬姓侯爵自周公子伯禽始受封傳世二十三而至

隱公攝主國事在位十一年謚法不尸其位曰隱左傳惠公元妃孟子孟子卒繼室以聲子生隱公宋武公生仲子仲子生而有文在其手曰爲魯夫人故仲子歸于我生桓公而惠公薨是以隱公立而奉之

胡傳 孟子曰王者之迹熄而詩亡詩亡然後春秋作今按邶鄘而下多春秋時詩也而謂詩亡然後春秋作何也自黍離降爲國風天下無復有雅而王者之詩亡矣春秋作於隱公適當雅亡之後又按小雅正月刺幽王詩也而曰赫赫宗周褒姒烕之逮魯孝公之末幽王已爲犬戎所斃惠公初年周既東矣

邶蒲昧反 復扶又反 烕胡悅反

01385、01386、01387 春秋四傳三十八卷綱領一卷提要一卷列國東坡圖説一卷春秋二十國年表一卷諸國興廢説一卷 明嘉靖吉澄刻本

匡高20厘米，廣14.3厘米。半葉九行，行十七字，小字雙行同，白口，左右雙邊。有“巡按福建監察御史吉澄校刊”牌記。南京市博物館藏；西北師範大學圖書館藏，爲明嘉靖吉澄刻樊獻科重修本，無綱領一卷提要一卷列國東坡圖説一卷春秋二十國年表一卷諸國興廢説一卷；揚州市圖書館藏，爲明嘉靖吉澄刻樊獻科楊一鶚遞修本，存三十八卷。

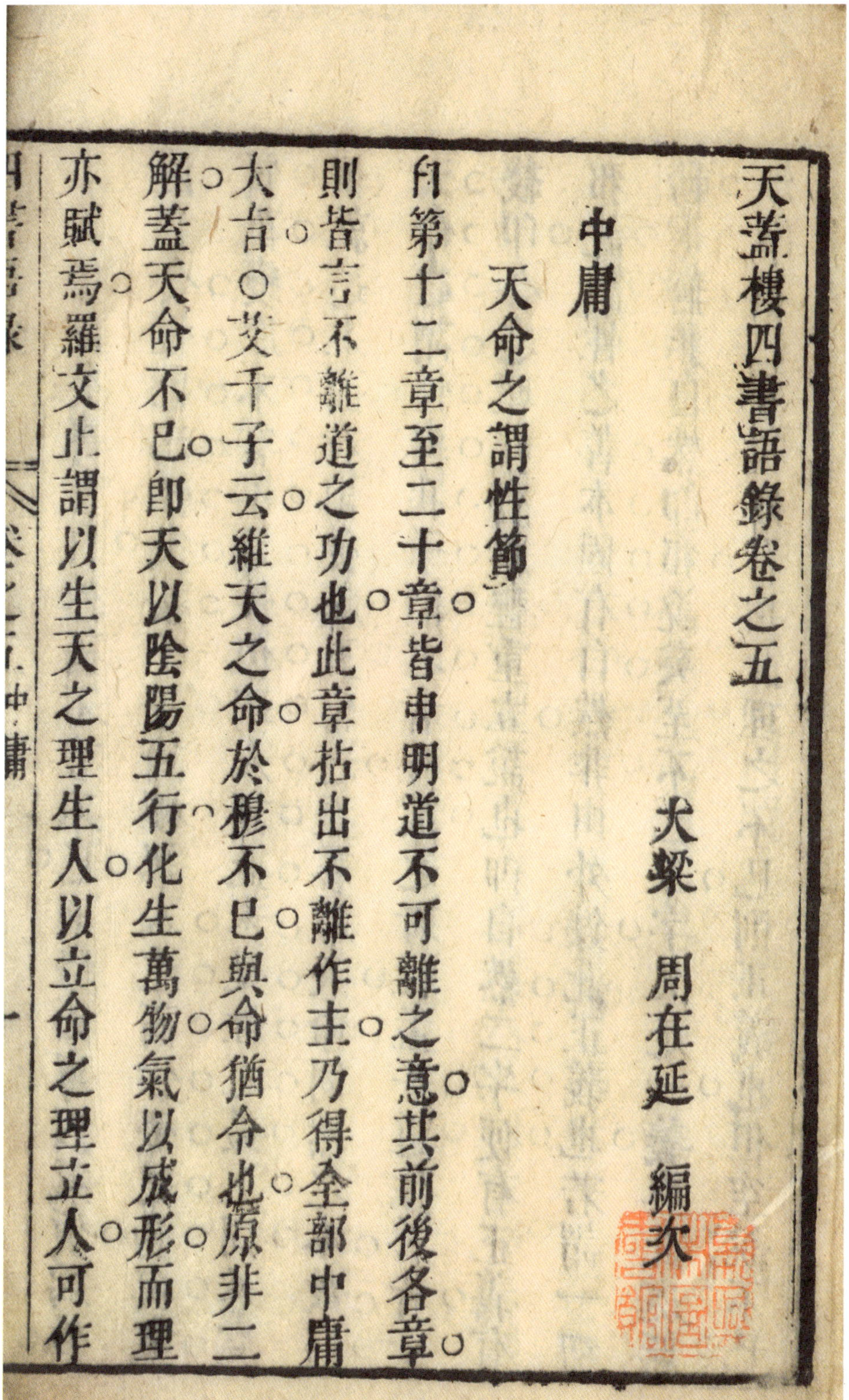
天蓋樓四書語錄卷之五
中庸　　大梁　周在延　編次
天命之謂性節
自第十二章至二十章皆申明道不可離之意其前後各章
則皆言不離道之功也此章拈出不離作主乃得全部中庸
大旨○艾千子云維天之命於穆不已與命猶令也原非二
解蓋天命不已即天以陰陽五行化生萬物氣以成形而理
亦賦焉羅文止謂以生天之理生人以立命之理立人可作
四書語錄　卷之五　中庸　一

01388 天蓋樓四書語録四十六卷　（清）周在延編　（清）吕留良評選　清康熙二十三年（1684）天蓋樓刻本

匡高19.3厘米，廣13.3厘米。半葉九行，行二十三字，白口，左右雙邊。嘉興市圖書館藏，存二十五卷。

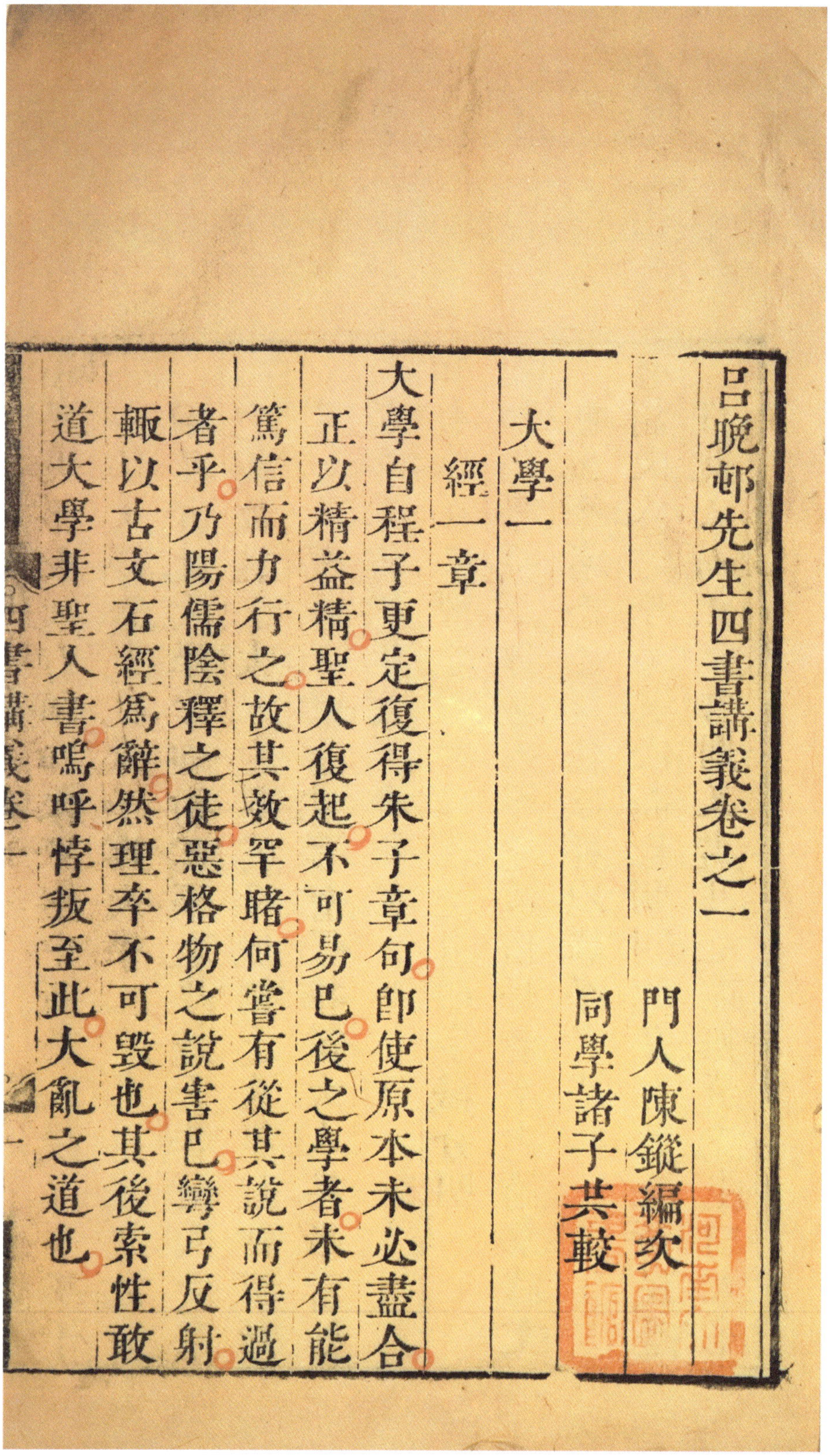
呂晚邨先生四書講義卷之一
門人陳鏦編次
同學諸子共較
大學一
經一章
大學自程子更定復得朱子章句卽使原本未必盡合正以精益精聖人復起不可易已後之學者未有能篤信而力行之故其敎罕睹何嘗有從其說而得過者乎乃陽儒陰釋之徒惡格物之說害已變弓反射輙以古文石經爲辭然理卒不可毀也其後索性敢道大學非聖人書嗚呼悖叛至此大亂之道也

01389 呂晚邨先生四書講義四十三卷　（清）呂留良撰　（清）陳鏦編　清康熙天蓋樓刻本

匡高17.2厘米，廣12.9厘米。半葉十一行，行二十一字，小字雙行三十四字，黑口，左右雙邊。河南大學圖書館藏。

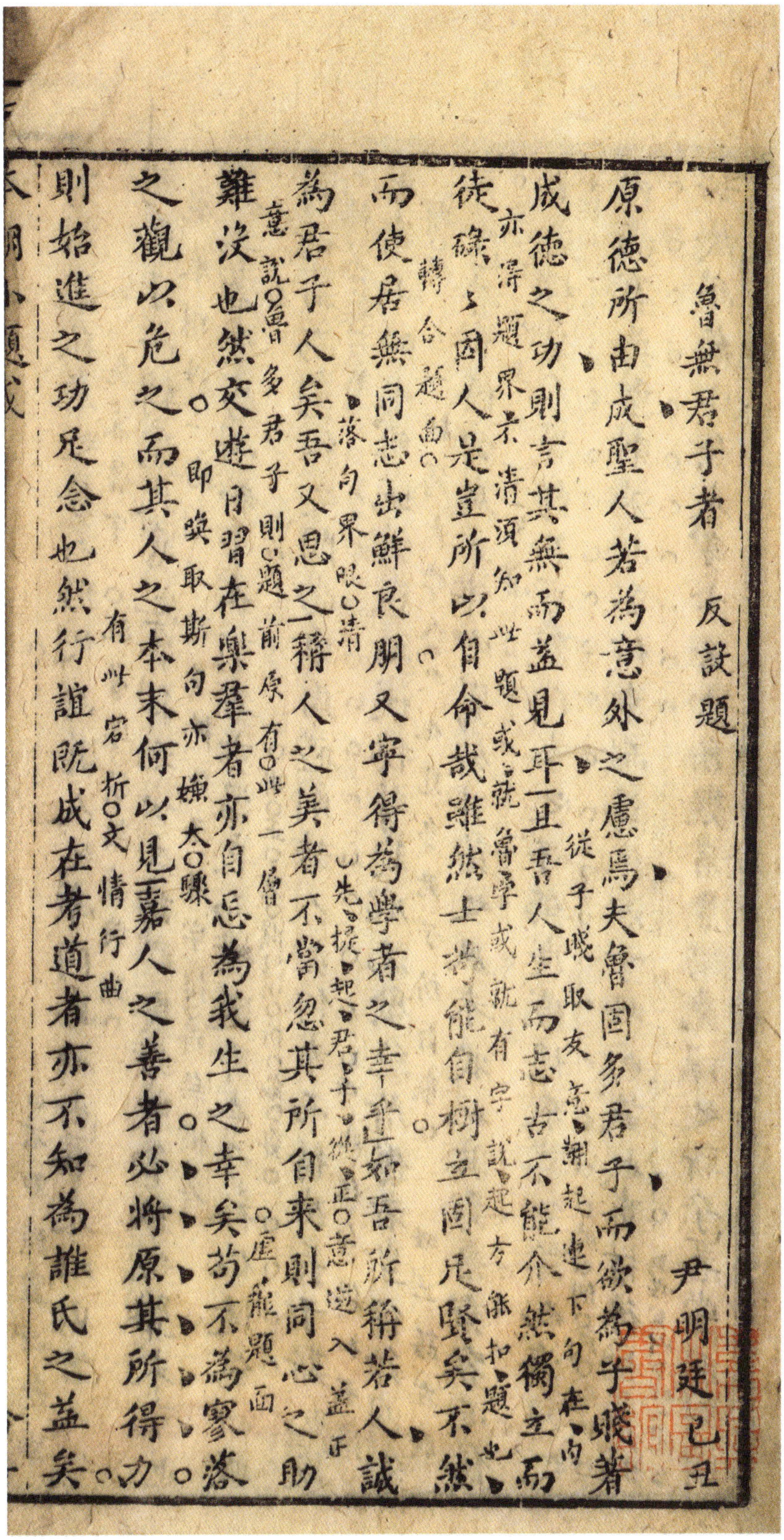
魯無君子者　反設題　尹明廷 己丑

原德所由成聖人若爲意外之慮焉夫魯固多君子而欲爲子賤著成德之功則言其無而益見耳且吾人生而志古不能介然獨立而徒碌碌因人是豈所以自命哉雖然士非能自樹立固足賢矣不然而使居無同志出鮮良朋又寧得爲學者之幸耶知吾所稱若人誠爲君子人矣吾又思之稱人之美者不當忽其所自來則同心之助難沒也然交遊日習在樂羣者亦自忌爲我生之幸矣苟不爲寥落之觀以危之而其人之本末何以見嘉人之善者必將原其所得力則始進之功足念也然行誼既成在者道者亦不知爲誰氏之益矣

01390 晚村天蓋樓偶評六卷　（清）呂留良撰　清康熙十二年（1673）刻本

匡高20.6厘米，廣11.9厘米。半葉九行，行二十六字，白口，左右雙邊。嘉興市圖書館藏。

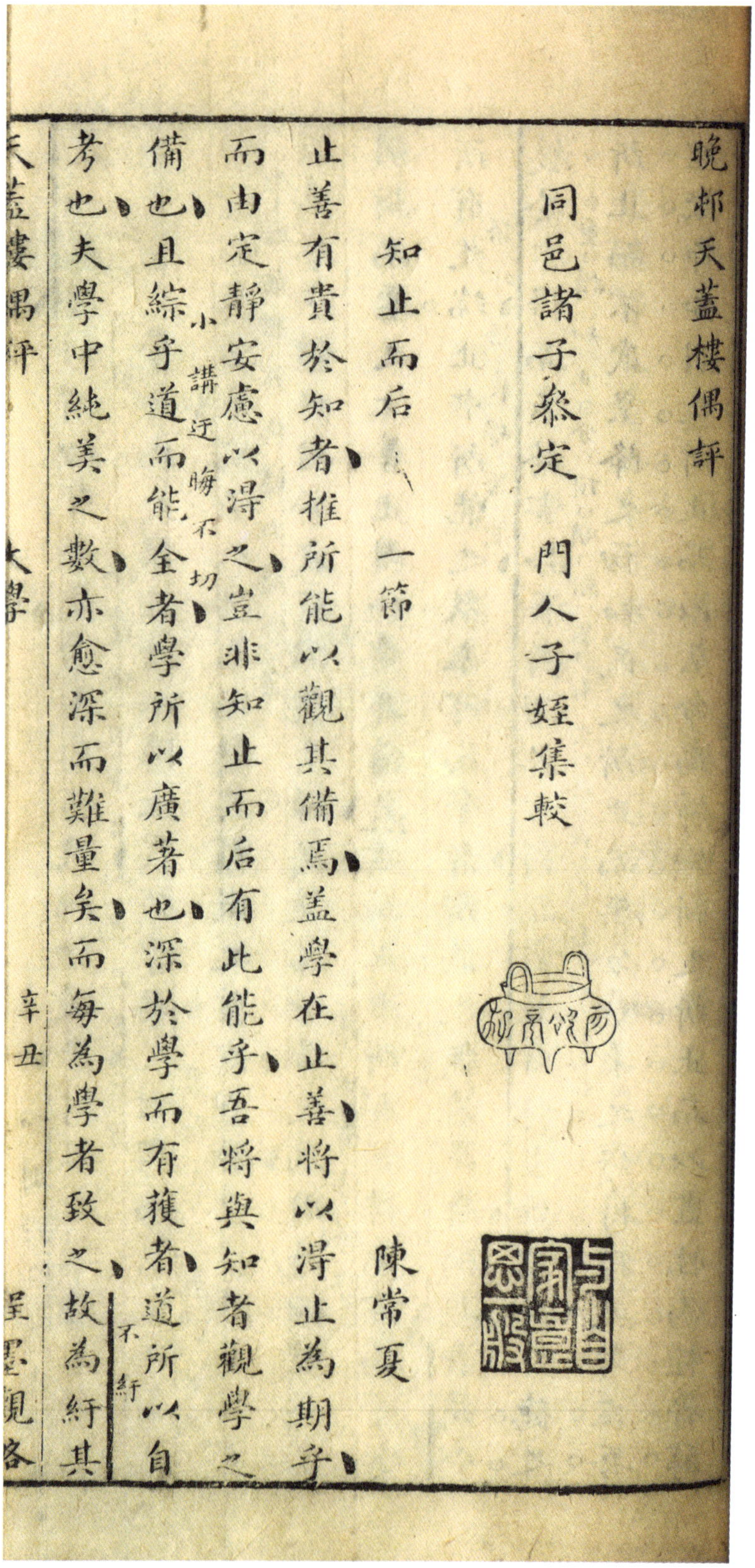
晚邨天蓋樓偶評
同邑諸子叅定　門人子姪集較
知止而后　一節　陳常夏
止善有貴於知者推所能以觀其備焉蓋學在止善將以得止為期乎
而由定靜安慮以得之豈非知止而后有此能乎吾將與知者觀學之
備也且綜乎道而能全者學所以廣著也深於學而有獲者道所以自
小講迂晦不切　不紆
考也夫學中純美之數亦愈深而難量矣而每為學者致之故為紆其
天蓋樓偶評　大學　辛丑

01391 晚邨天蓋樓偶評六卷 （清）呂留良撰 清康熙十七年（1678）刻本

匡高20.4厘米，廣12.2厘米。半葉九行，行二十七字，白口，左右雙邊。有“旌德湯國調變公繕寫督鐫”刻書題記。嘉興市圖書館藏。

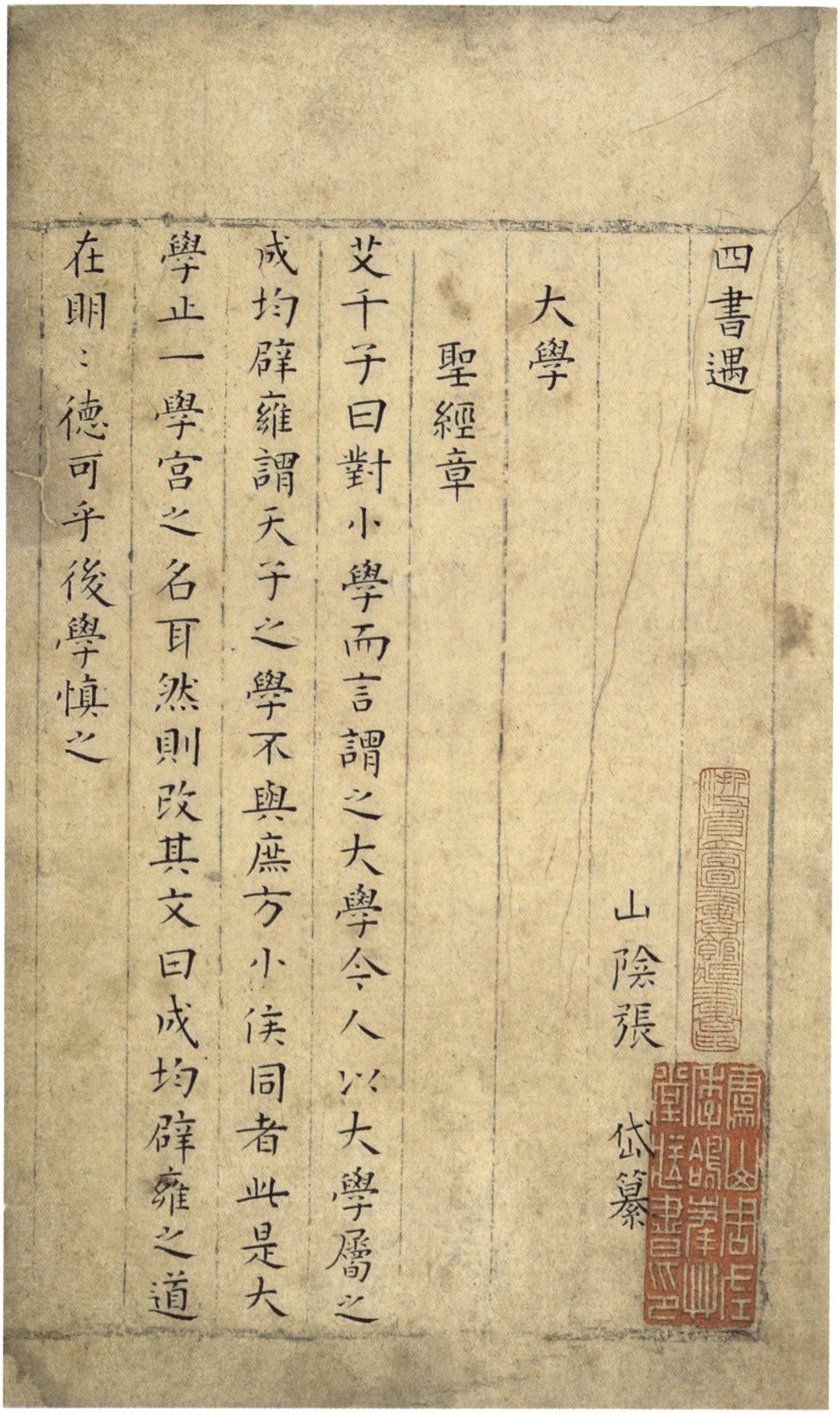
四書遇

大學

聖經章

艾千子曰對小學而言謂之大學今人以大學屬之成均辟雍謂天子之學不與庶方小侯同者此是大學止一學宮之名耳然則改其文曰成均辟雍之道在明：德可乎後學慎之

山陰張岱纂

01392 四書遇不分卷 （清）張岱撰　稿本

匡高19.1厘米，廣13.6厘米。半葉八行，行二十字，藍格，白口，四周單邊。謄清稿本,有張岱書眉批。有“虞山周左季鴿峰草堂藏書印”等印。馬浮跋。浙江圖書館藏。

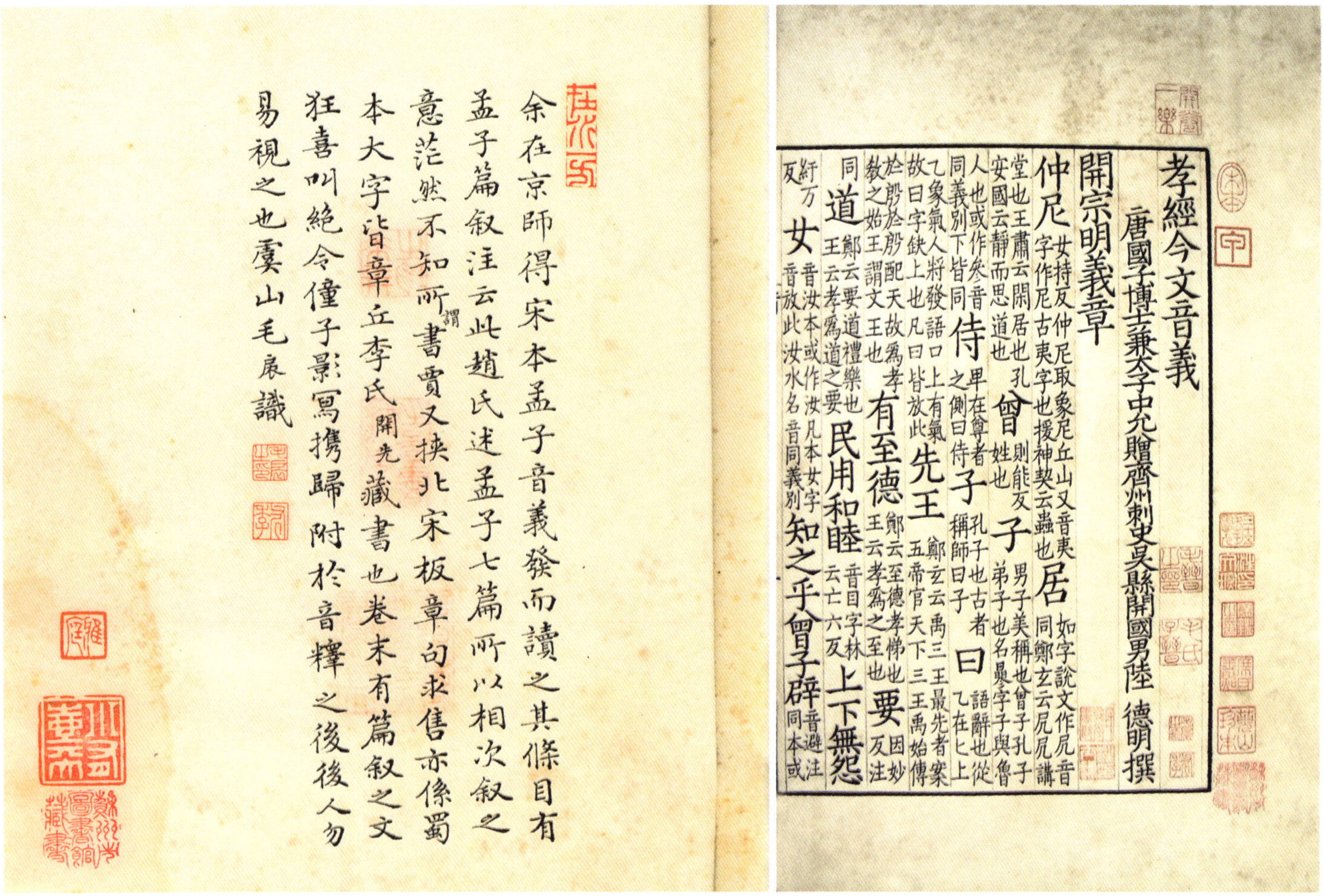

余在京師得宋本孟子音義發而讀之其條目有孟子篇叙注云此趙氏述孟子七篇所以相次叙之意茫然不知所謂書賈又挾北宋板章句求售亦係蜀本大字皆章丘李氏開先藏書也卷末有篇叙之文狂喜叫絶令僮子影寫携歸附於音釋之後後人勿易視之也虞山毛扆識

孝經今文音義

唐國子博士兼太子中允贈齊州刺史吳縣開國男陸德明撰

開宗明義章

仲尼女持反仲尼取象尼丘山又音夷字作尼古夷字也援神契云蟲也居如字説文作凥音同鄭玄云凥凥講堂也王肅云閑居也孔安國云靜而思道也曾則能反子男子美稱也曾子孔子弟子也名參字子與魯人也或作參音同義別下皆同侍卑在尊者之側曰侍子孔子也古者稱師曰子曰語辭也從乙在口上乙象氣人將發語口上有氣故曰字缺上也凡曰皆放此先王鄭玄云禹三王最先者案五帝官天下三王禹始傳於殷於殷配天故爲孝教之始王謂文王也有至德鄭云至德孝悌也王云孝爲之至也要因妙反注同道鄭云要道禮樂也王云孝爲道之要民用和睦音目字林云亡六反上下無怨紆万反女音汝本或作汝凡本女字音汝放此汝水名音同義別知之乎曾子辟音避注同本或

01393 孝經今文音義一卷論語音義一卷孟子音義二卷 （唐）陸德明撰　明汲古閣影宋抄本

匡高24.2厘米，廣16.7厘米。半葉十行，行十八字，小字雙行二十五字，白口，左右雙邊。有“席氏玉照”、“毛晉之印”、“汪印文琛”等印。毛扆跋。蘇州圖書館藏。

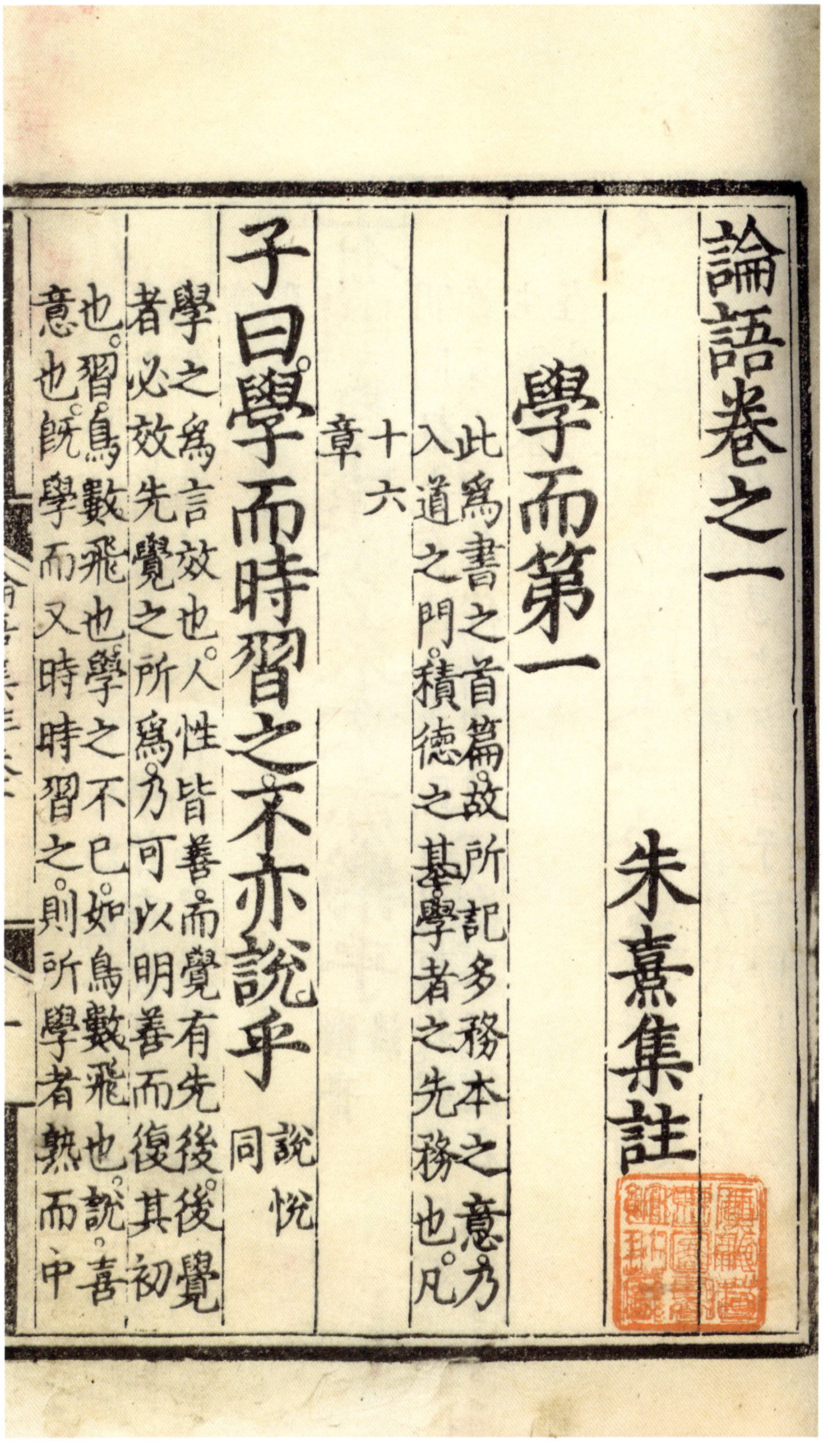

論語卷之一　朱熹集註

學而第一

此爲書之首篇故所記多務本之意乃入道之門積德之基學者之先務也凡十六章

子曰學而時習之不亦說乎 說悅同

學之爲言效也人性皆善而覺有先後後覺者必效先覺之所爲乃可以明善而復其初也習鳥數飛也學之不已如鳥數飛也說喜意也既學而又時時習之則所學者熟而中

01394 論語集註十卷序說一卷 （宋）朱熹撰　明正統十二年（1447）司禮監刻本

匡高23厘米，廣16.4厘米。半葉八行，行十四字，小字雙行十八字，黑口，四周雙邊。有“八徵耄念之寶”、“鄒氏竹塢草廬讀畫藏書印”、“曾在鄒澄江處”等印。廣東省立中山圖書館藏，存七卷。

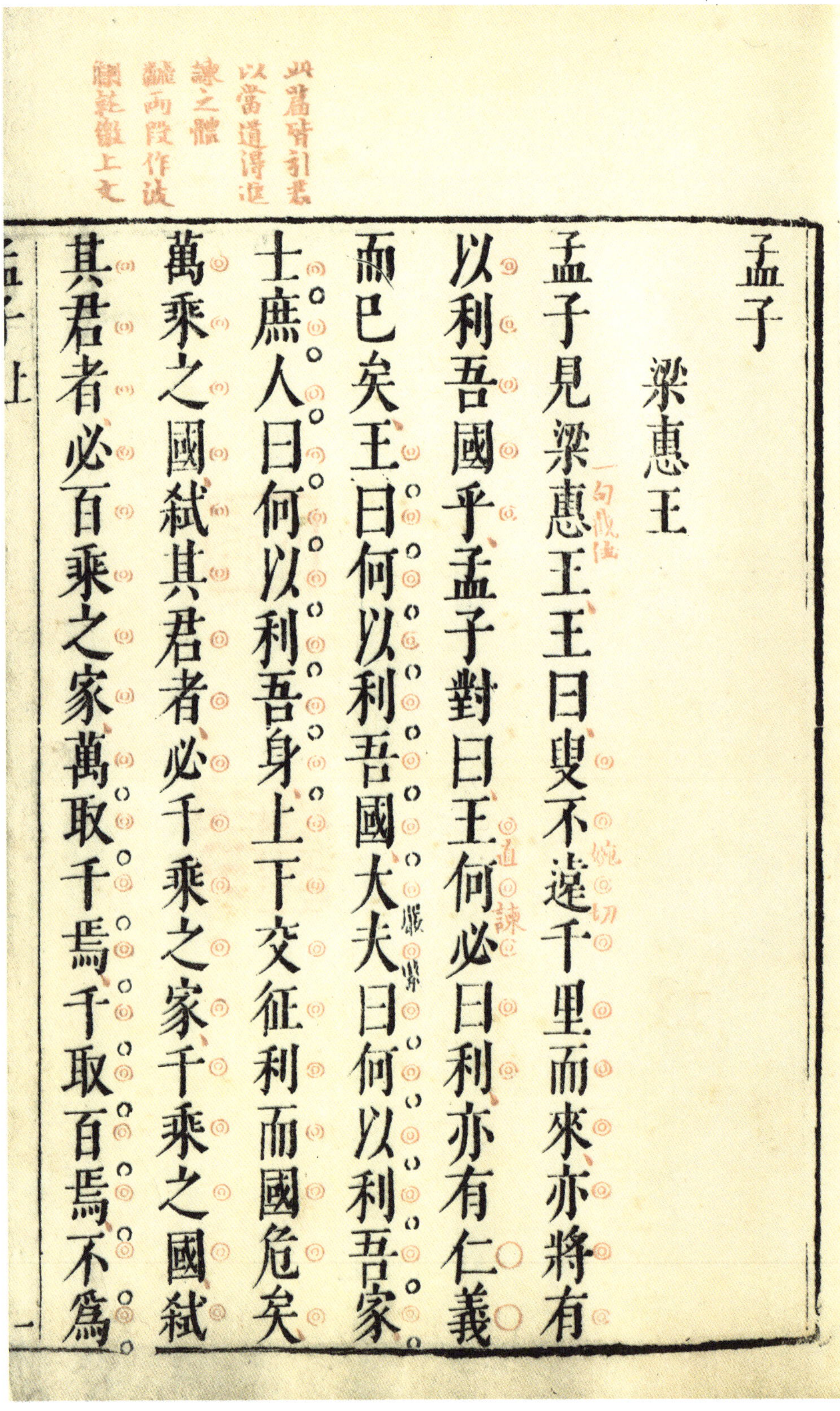

01395 孟子二卷 （宋）蘇洵批點 明萬曆吴興閔齊伋刻三色套印本

匡高20.8厘米，廣15.3厘米。半葉八行，行十八字，白口，左右雙邊。有“章伯鈞鑑藏印”等印。安徽省圖書館藏。

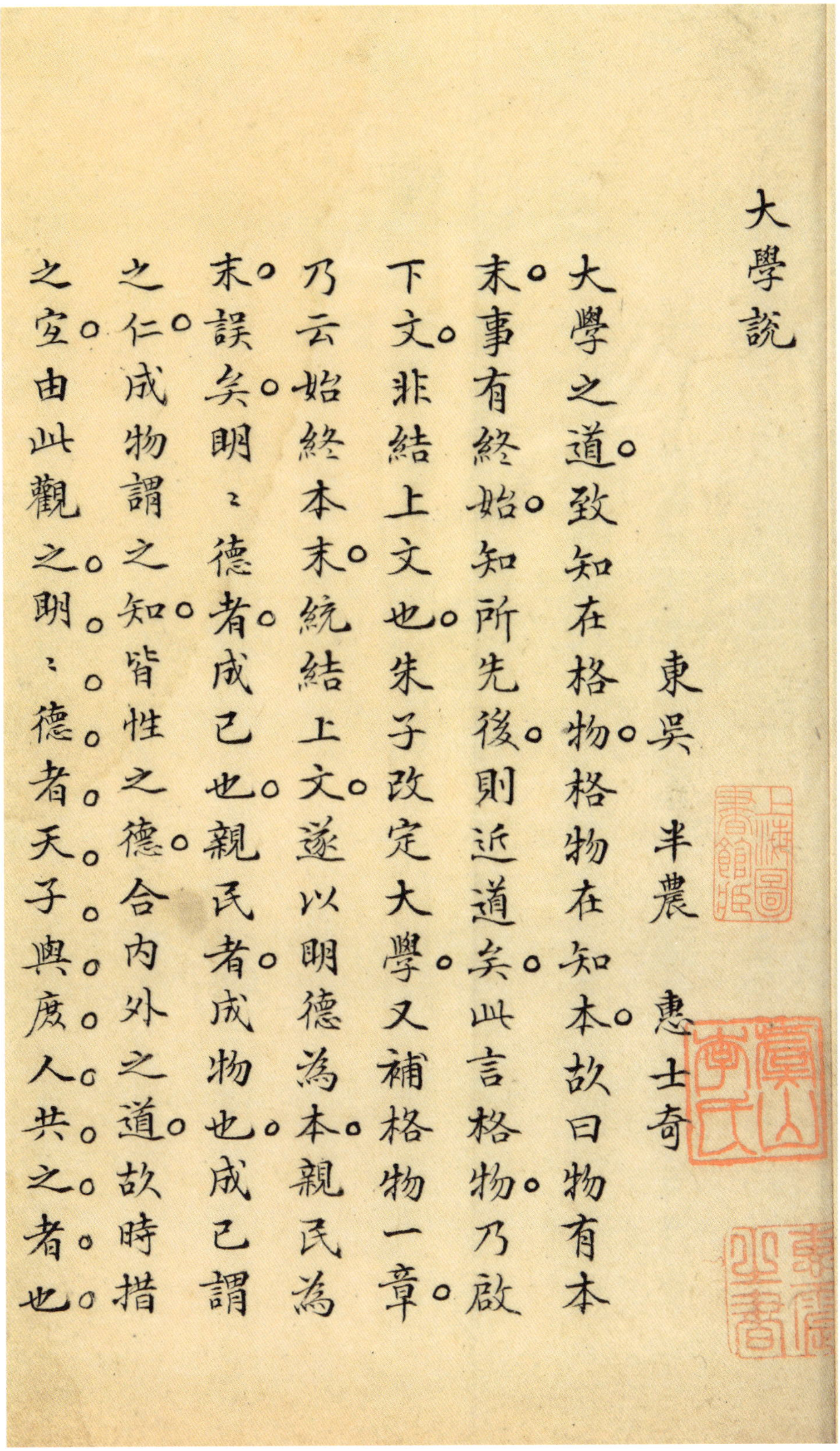

大學說

東吳　半農　惠士奇

大學之道。致知在格物。格物在知本。故曰物有本末。事有終始。知所先後。則近道矣。此言格物。乃啟下文。非結上文也。朱子改定大學。又補格物一章。乃云始終本末。統結上文。遂以明德為本。親民為末。誤矣。明〻德者。成己也。親民者。成物也。成己謂之仁。成物謂之知。皆性之德。合內外之道。故時措之宜。由此觀之。明〻德者。天子與庶人共之者也。

01396 大學說一卷 （清）惠士奇撰　稿本

半葉九行，行二十字。作者手書原稿，有“惠震之書”、“虞山李氏”等印。段玉裁跋。上海圖書館藏。

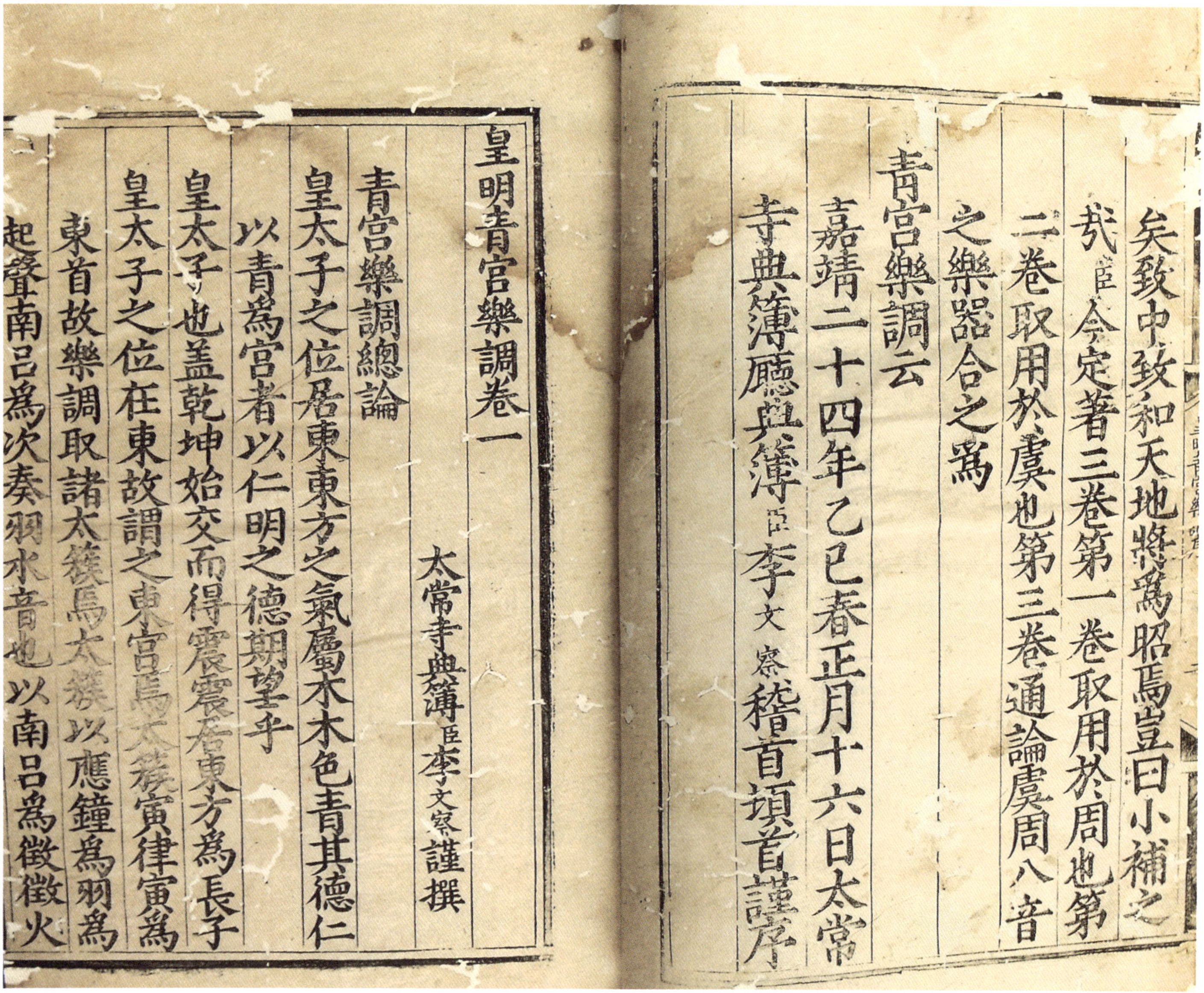
矣致中致和天地將爲昭焉豈曰小補之
哉臣今定著三卷第一卷取用於周也第
二卷取用於虞也第三卷通論虞周八音
之樂器合之爲
青宮樂調云
嘉靖二十四年乙巳春正月十六日太常
寺典簿廳典簿臣李文察稽首頓首謹序

皇明青宮樂調卷一
太常寺典簿臣李文察謹撰
青宮樂調總論
皇太子之位居東東方之氣屬木木色青其德仁
以青爲宮者以仁明之德朔望乎
皇太子也蓋乾坤始交而得震震居東方爲長子
皇太子之位在東故謂之東宮焉太簇寅律寅爲
東首故樂調取諸太簇焉太簇以應鐘爲羽爲
起聲南呂爲次奏羽水音也以南呂爲徵徵火

01397 李氏樂書六種二十卷 （明）李文察撰 明嘉靖刻本

匡高26.5厘米，廣17.8厘米。半葉九行，行二十字，黑口，四周雙邊。福建省圖書館藏。

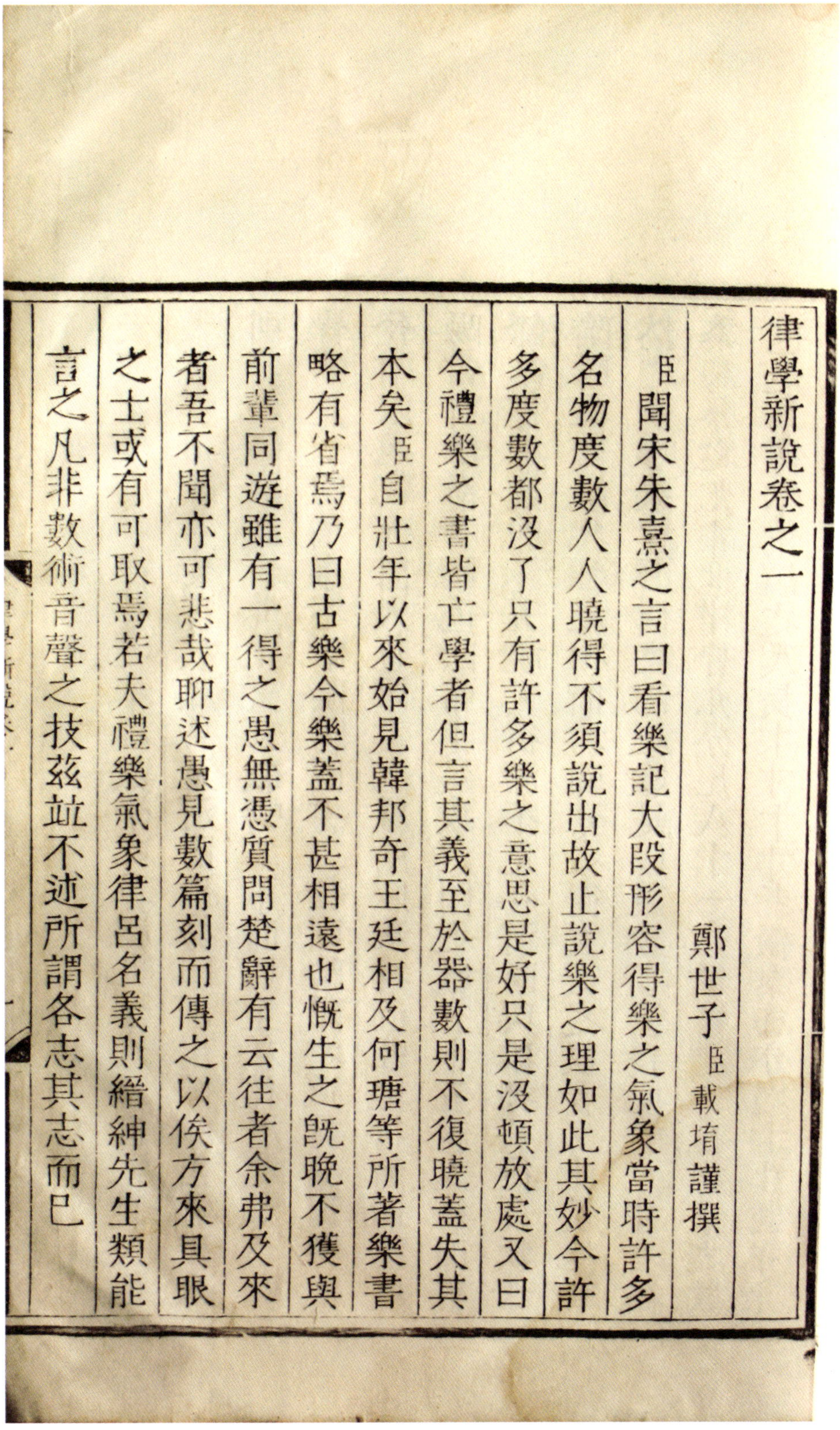
律學新說卷之一

鄭世子臣載堉謹撰

臣聞宋朱熹之言曰看樂記大段形容得樂之氣象當時許多名物度數人人曉得不須說出故止說樂之理如此其妙今許多度數都沒了只有許多樂之意思是好只是沒頓放處又曰今禮樂之書皆亡學者但言其義至於器數則不復曉蓋失其本矣臣自壯年以來始見韓邦奇王廷相及何瑭等所著樂書略有省焉乃曰古樂今樂蓋不甚相遠也慨生之既晚不獲與前輩同遊雖有一得之愚無憑質問楚辭有云往者余弗及來者吾不聞亦可悲哉聊述愚見數篇刻而傳之以俟方來具眼之士或有可取焉若夫禮樂氣象律呂名義則縉紳先生類能言之凡非數術音聲之技茲竝不述所謂各志其志而已

01398 樂律全書四十八卷 （明）朱載堉撰 明萬曆鄭藩刻增修本

匡高25厘米，廣19.4厘米。半葉十二行，行二十五字，黑口，四周雙邊。江蘇省南通市圖書館藏。

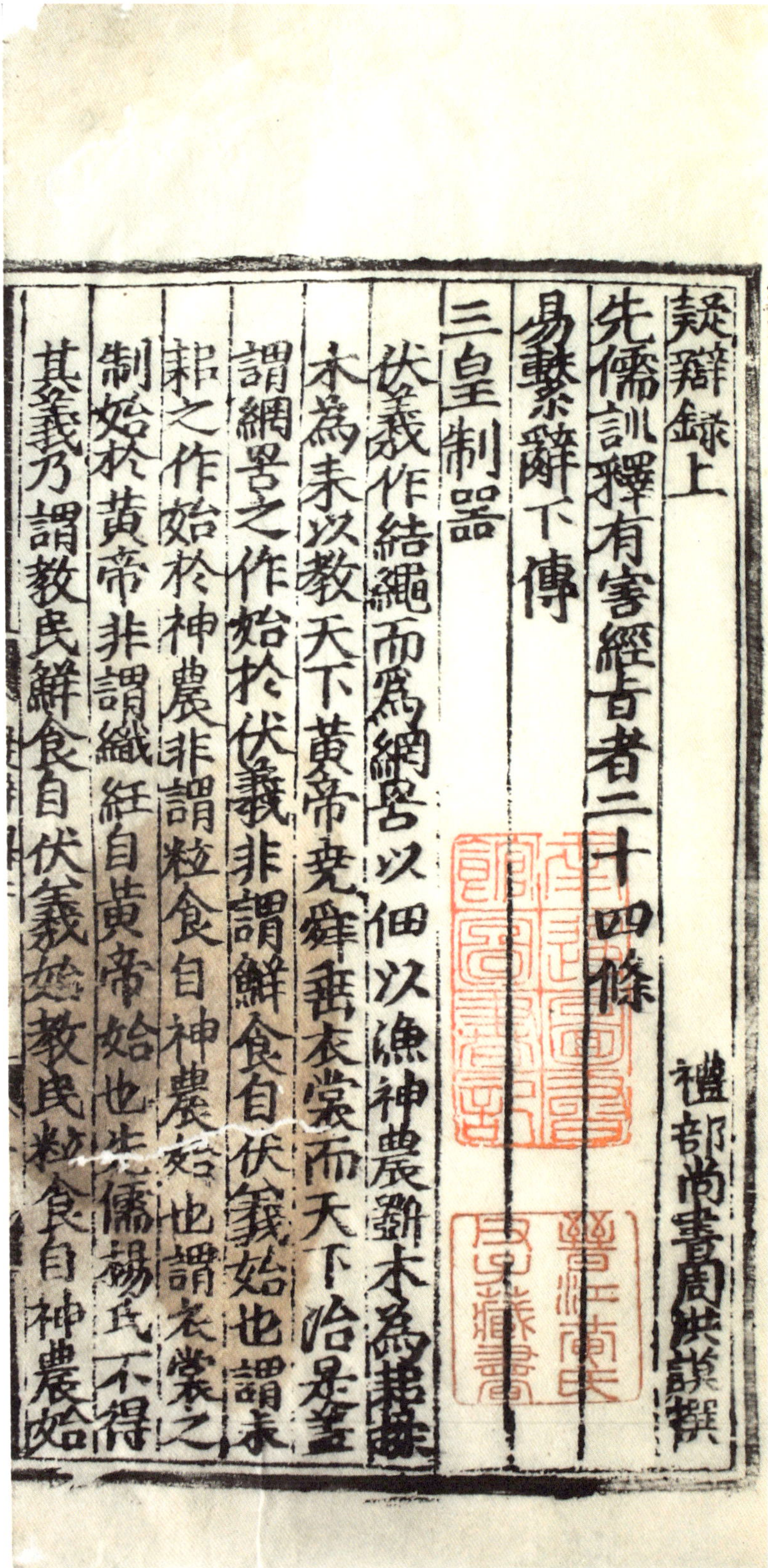

疑辯録上　禮部尚書周洪謨撰
先儒訓釋有害經旨者二十四條
易繫辭下傳
三皇制器
伏羲作結繩而爲網罟以佃以漁神農斲木爲耜揉
木爲耒以教天下黄帝堯舜垂衣裳而天下治是皆
謂網罟之作始於伏羲非謂鮮食自伏羲始也謂耒
耜之作始於神農非謂粒食自神農始也謂衣裳之
制始於黄帝非謂織紝自黄帝始也先儒楊氏不得
其義乃謂教民鮮食自伏羲始教民粒食自神農始

01399 疑辯録三卷　（明）周洪謨撰　明嘉靖十三年（1534）刻本

匡高20.5厘米，廣12.2厘米。半葉十行，行二十一字，黑口，四周雙邊。有“晉江黄氏父子藏書”等印。江蘇省南通市圖書館藏。

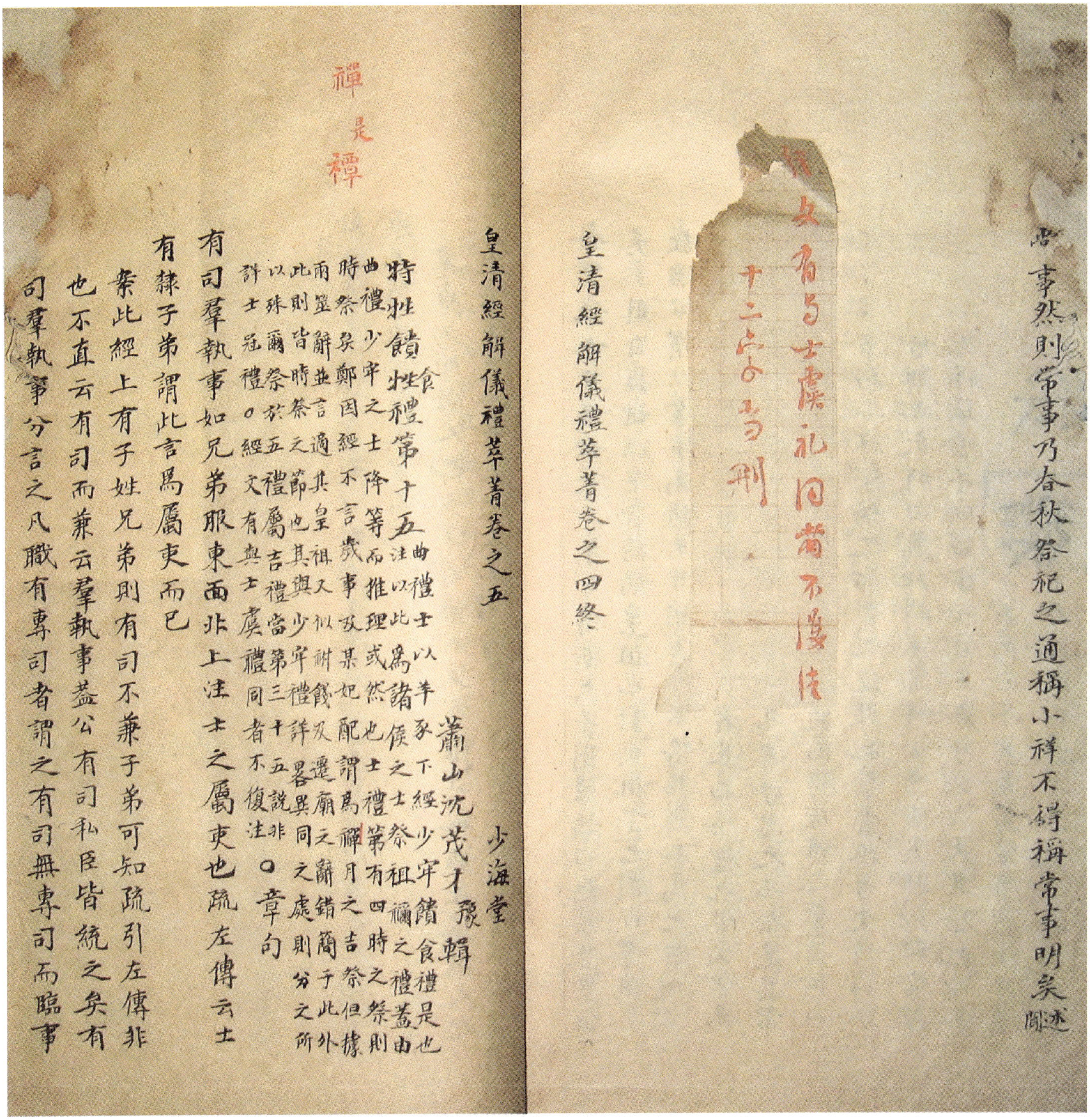

01400 **皇清經解輯説不分卷** （清）沈豫撰　稿本

半葉十一行，行字不等。清華大學圖書館藏。

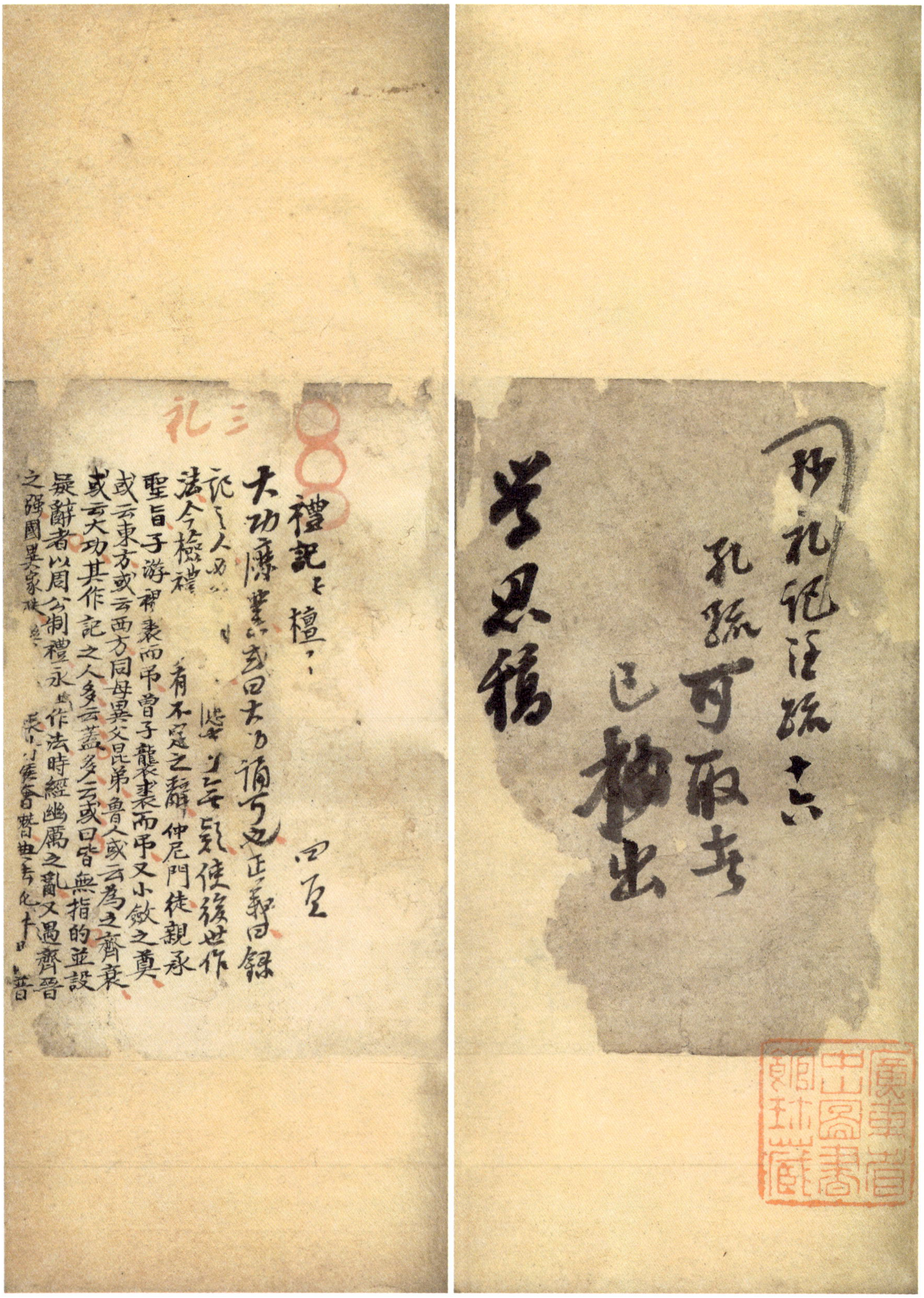

01401 學思稿不分卷 （清）陳澧撰 稿本

陳澧朱筆批校題款。廣東省立中山圖書館藏。

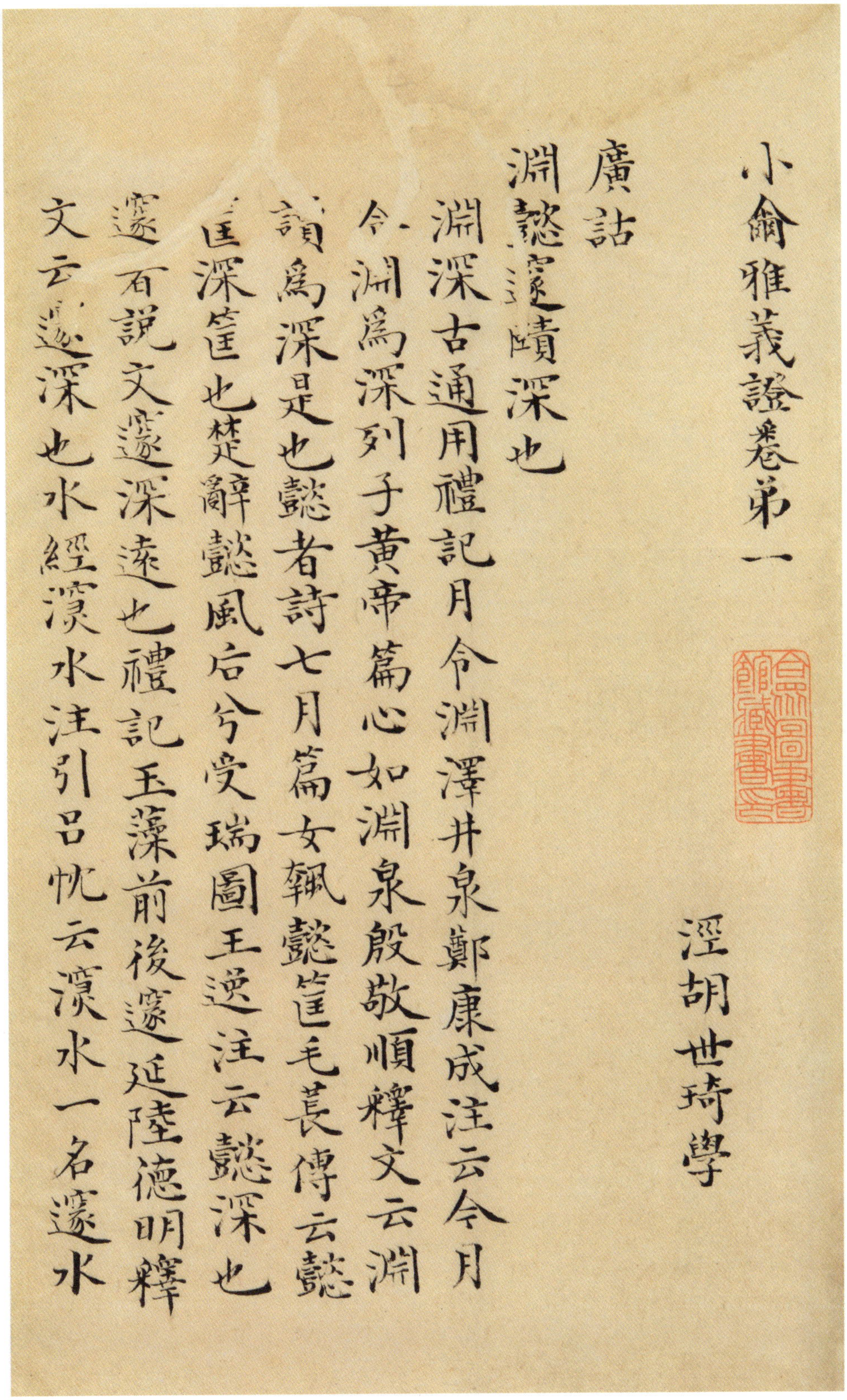

小爾雅義證卷弟一

涇胡世琦學

廣詁

淵懿邃賾深也

淵深古通用禮記月令淵澤井泉鄭康成注云令月令淵爲深列子黃帝篇心如淵泉殷敬順釋文云淵讀爲深是也懿者詩七月篇女執懿筐毛萇傳云懿筐深筐也楚辭懿風后兮受瑞圖王逸注云懿深也邃有說文邃深遠也禮記玉藻前後邃延陸德明釋文云邃深也水經濮水注引呂忱云濮水一名邃水

01402 小爾雅義證十三卷 （清）胡世琦撰 稿本

半葉十行，行二十一字。胡樸安跋，段玉裁校正。上海圖書館藏。

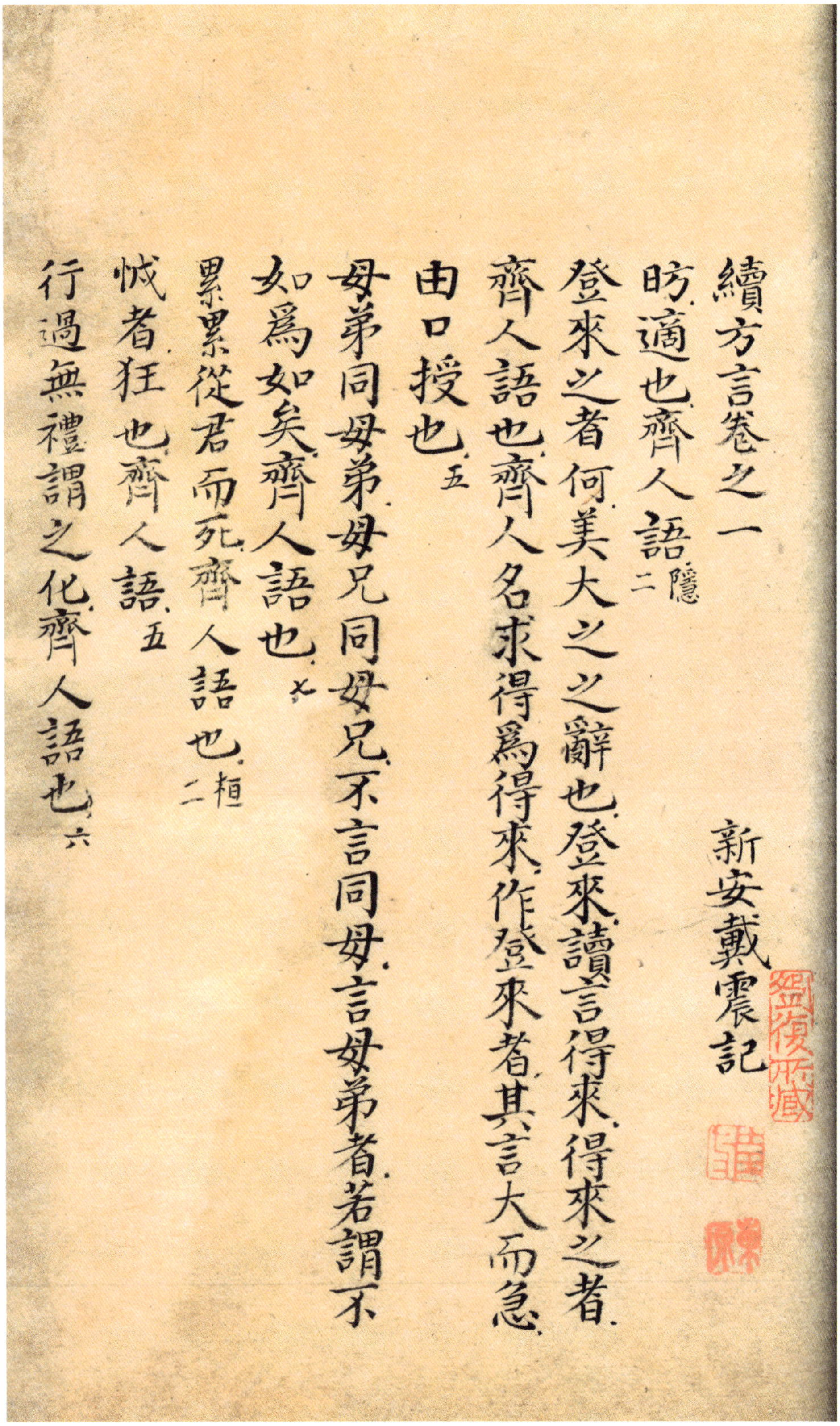
續方言卷之一　　新安戴震記
昉適也齊人語 隱二
登來之者何美大之之辭也登來讀言得來得來之者
齊人語也齊人名求得爲得來作登來者其言大而急
由口授也 五
母弟同母弟母兄同母兄不言同母言母弟者若謂不
如爲如矣齊人語也 七
累累從君而死齊人語也 桓二
怴者狂也齊人語 五
行過無禮謂之化齊人語也 六

01403 續方言二卷　（清）戴震撰　稿本

匡高16.5厘米，廣12.4厘米。半葉十行，行二十一字。羅常培序。有“東原”、“江陰劉氏”、“含暉堂”、“劉復所藏”、“錢玄同”、“章炳麟”、“石谷”、“胡適之印”等印。清華大學圖書館藏。

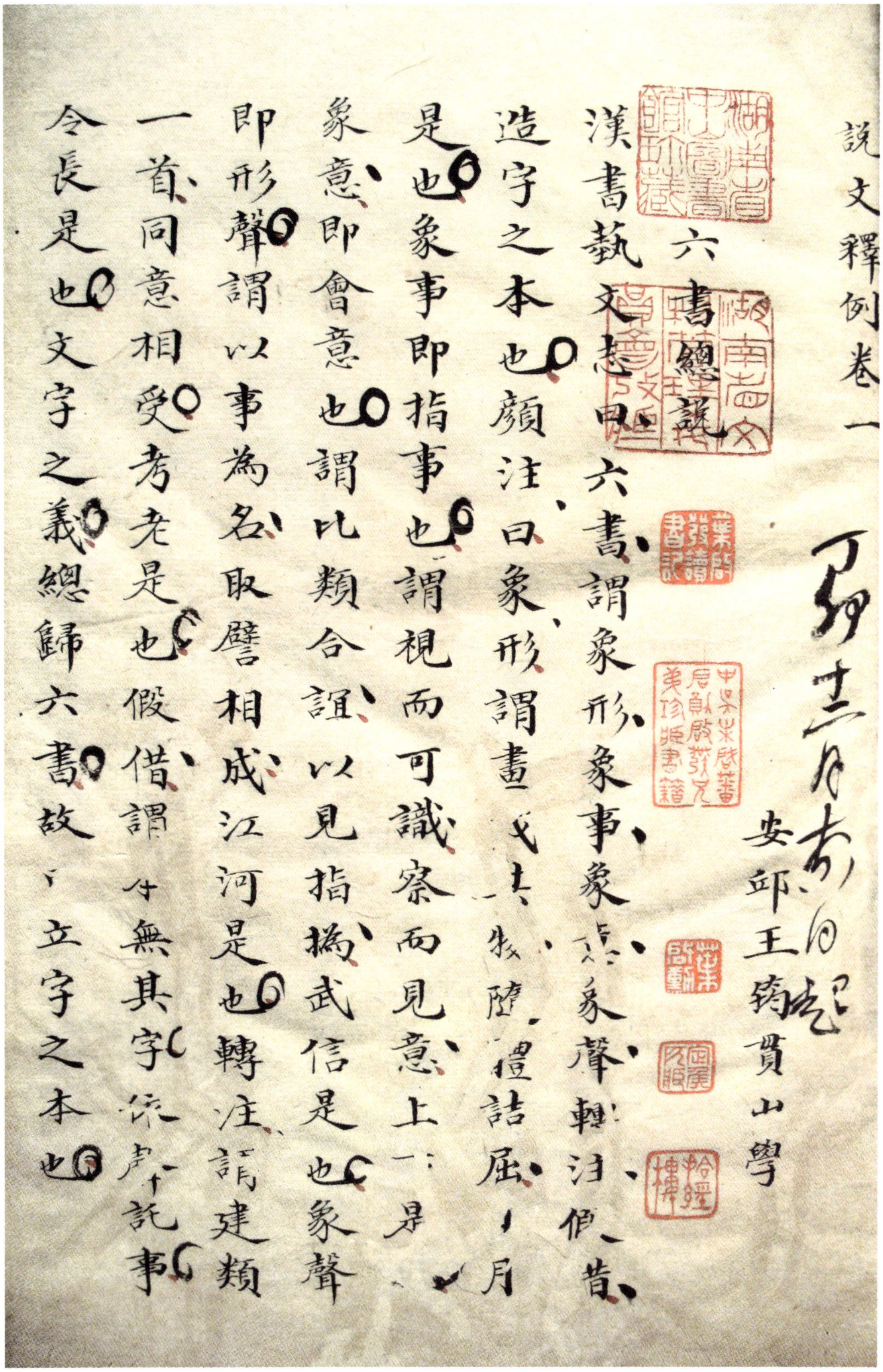
說文釋例卷一
安邱王筠貫山學
六書總說
漢書藝文志曰六書謂象形象事象意象聲轉注假借
造字之本也顏注曰象形謂畫成其物隨體詰屈日月
是也象事即指事也謂視而可識察而見意上下是也
象意即會意也謂比類合誼以見指撝武信是也象聲
即形聲謂以事為名取譬相成江河是也轉注謂建類
一首同意相受考老是也假借謂本無其字依聲託事
令長是也文字之義總歸六書故立字之本也

01404 說文釋例八卷　（清）王筠撰　稿本

半葉十行，行二十一字。有“媚古堂”、“葉啟發審定批校善本”等印。何紹基、張穆批校，葉啟勳跋。湖南圖書館藏。

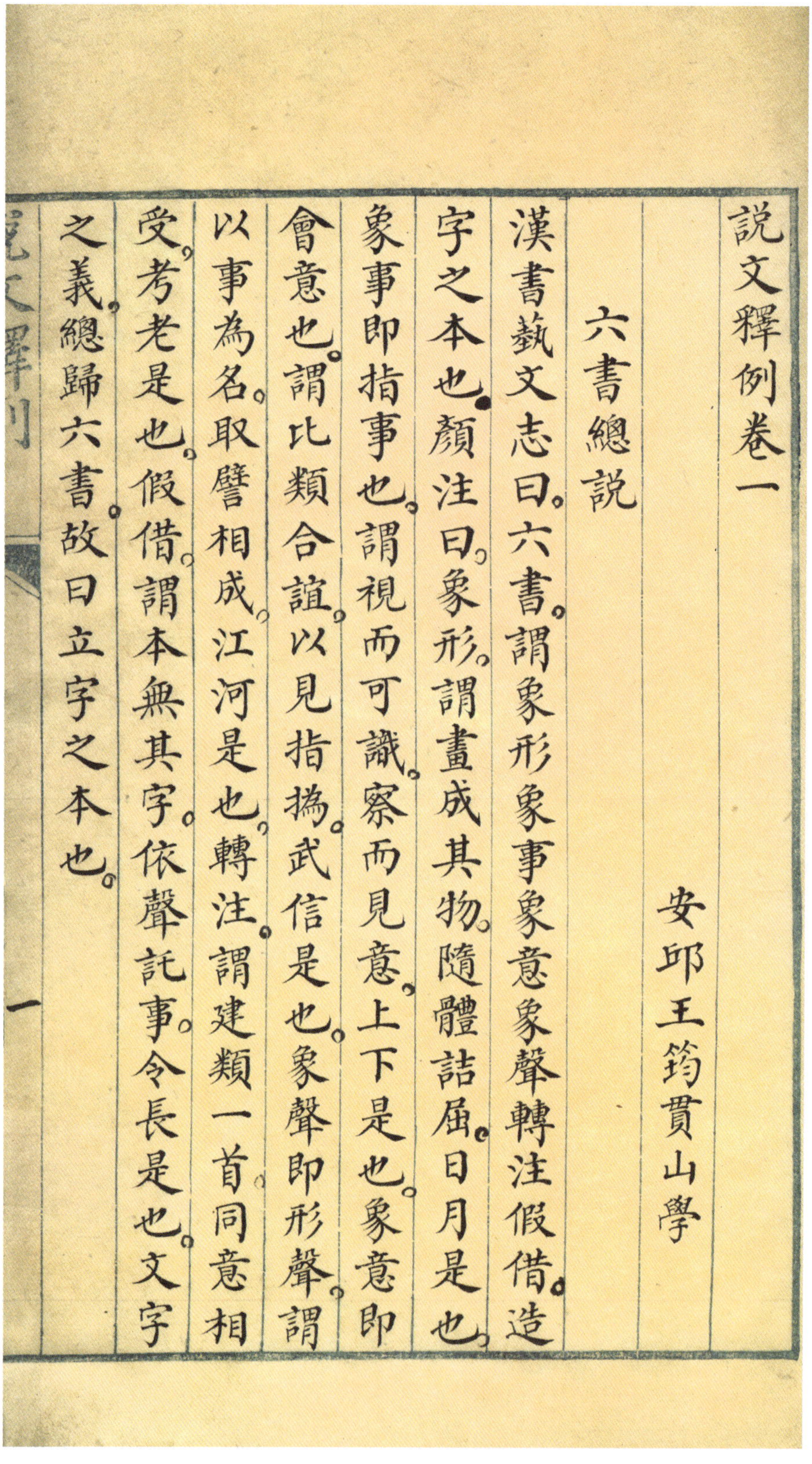
說文釋例卷一

安邱王筠貫山學

六書總說

漢書藝文志曰。六書。謂象形象事象意象聲轉注假借。造字之本也。顏注曰。象形。謂畫成其物。隨體詰屈。日月是也。象事即指事也。謂視而可識。察而見意。上下是也。象意即會意也。謂比類合誼。以見指撝。武信是也。象聲即形聲。謂以事為名。取譬相成。江河是也。轉注。謂建類一首。同意相受。考老是也。假借。謂本無其字。依聲託事。令長是也。文字之義。總歸六書。故曰立字之本也。

說文釋例　一

01405 說文釋例二十卷 （清）王筠撰　稿本

匡高21.4厘米，廣14.8厘米。半葉十行，行二十二字，小字雙行同，藍格，白口，四周單邊。南京圖書館藏。

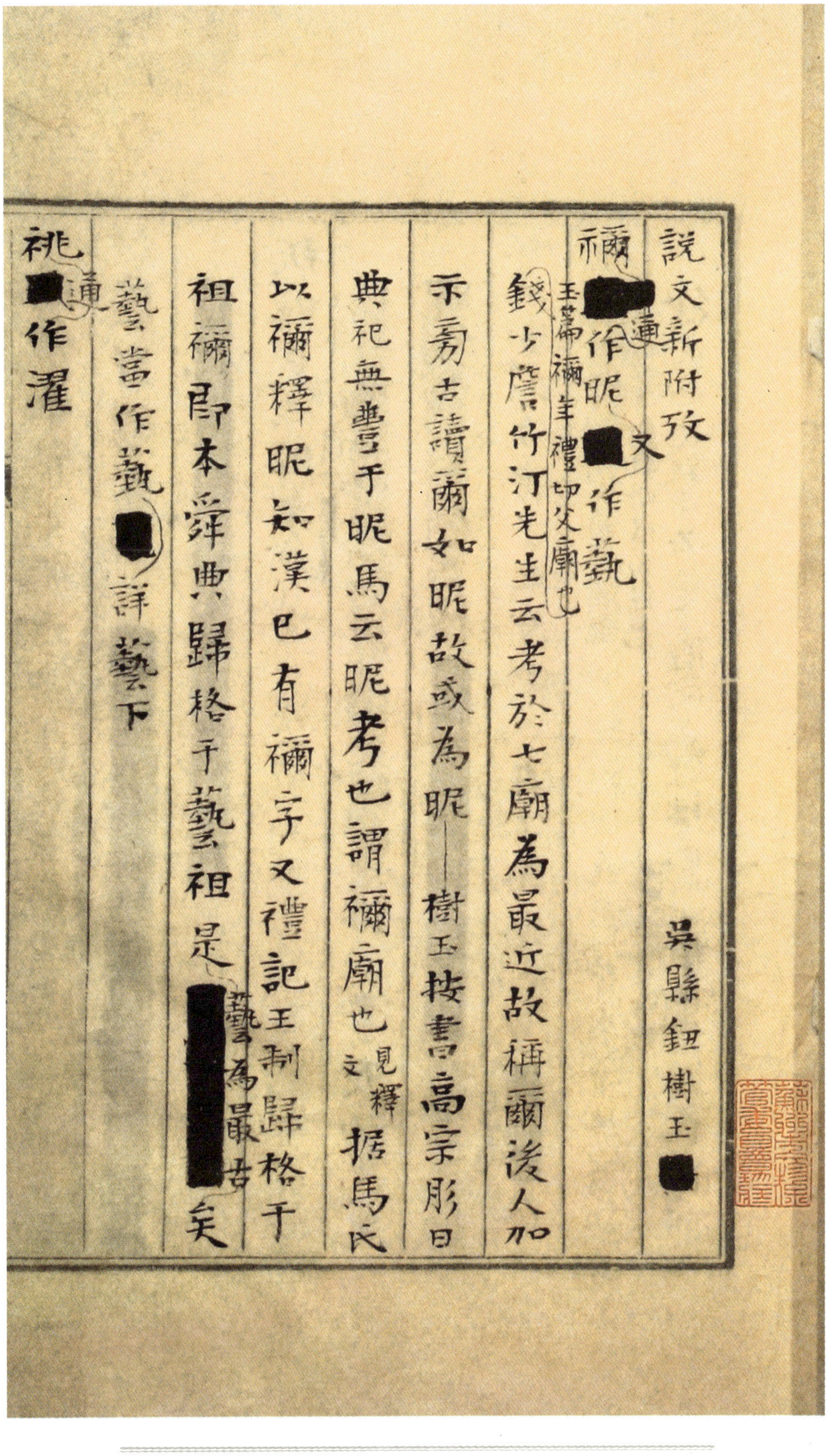
說文新附攷　吳縣鈕樹玉■
禰■通作昵■文作藝
錢少詹竹汀先生云考於七廟為最近故稱禰後人加（玉篇禰年禮切父廟也）
示旁古讀禰如昵故或為昵——樹玉按書高宗肜日
典祀無豐于昵馬云昵考也謂禰廟也見釋文据馬氏
以禰釋昵知漢已有禰字又禮記王制歸格于
祖禰即本舜典歸格于藝祖是■藝為最古矣
藝當作藝■詳藝下
祧■通作濯

01406 說文新附攷不分卷　（清）鈕樹玉撰　稿本

匡高19.8厘米，廣14.4厘米。半葉九行，行字不等，白口，四周雙邊。鈕樹玉批校題識。蘇州博物館藏。

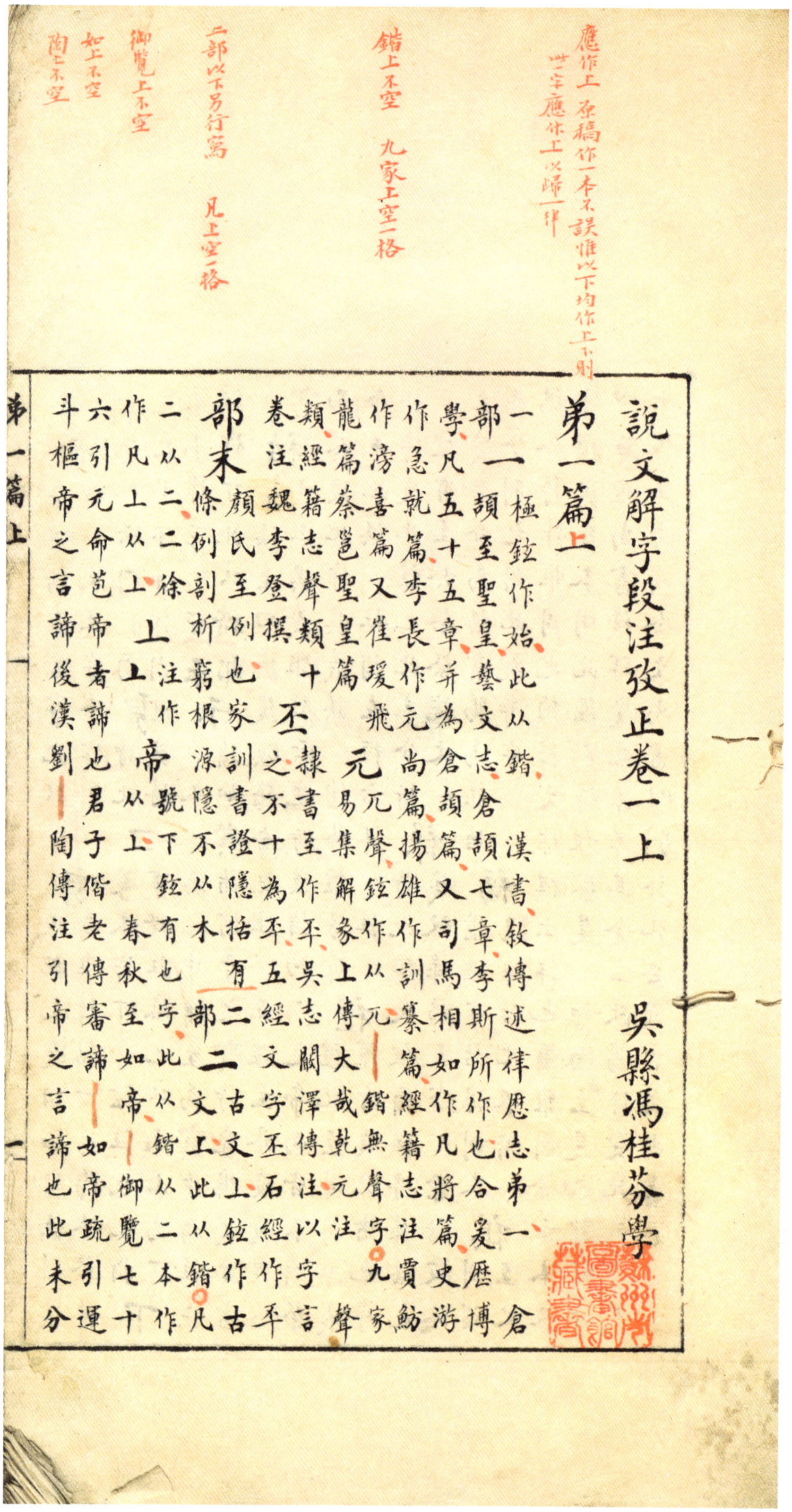

應作上 原稿作一本不誤惟以下均作上下則
世字應作上以歸一律
錯上不空　九家上空一格
二部以下另行寫　凡上空一格
御覽上不空
如上不空
陶上不空

說文解字段注攷正卷一上　吴縣馮桂芬學
第一篇上
一 極鉉作始此从錯 漢書敘傳述律歷志第一倉
部一頡至聖皇藝文志倉頡七章李斯所作也合爰歷博
學凡五十五章并為倉頡篇又司馬相如作凡將篇史游
作急就篇李長作元尚篇揚雄作訓纂篇經籍志注賈魴
作滂喜篇又崔瑗飛 兀聲鉉作从兀錯無聲字九家
龍篇蔡邕聖皇篇 元 易集解象上傳大哉乾元注 聲
類經籍志聲類十 丕 隸書至作丕吳志闞澤傳注以字言
卷注魏李登撰 丕之不十為丕五經文字丕石經作丕
部末 顏氏至例也家訓書證隱括 有二古文上鉉作古
條例剖析窮根源隱不从从木 部二 文上此从錯凡
二从二二徐 上 注作 號下鉉有也字此从錯从二本作
作凡上从上 上 帝 从上 春秋至如帝 御覽七十
六引元命苞帝者諦也 君子偕老傳審諦 如帝疏引運
斗樞帝之言諦後漢劉 陶傳注引帝之言諦也此未分
第一篇上　一

01407 說文解字段注攷正十五卷　（清）馮桂芬撰　稿本

毛裝。匡高19.1厘米，廣13.9厘米。半葉九行，行字不等，白口，四周單邊。管禮耕批校。蘇州圖書館藏。

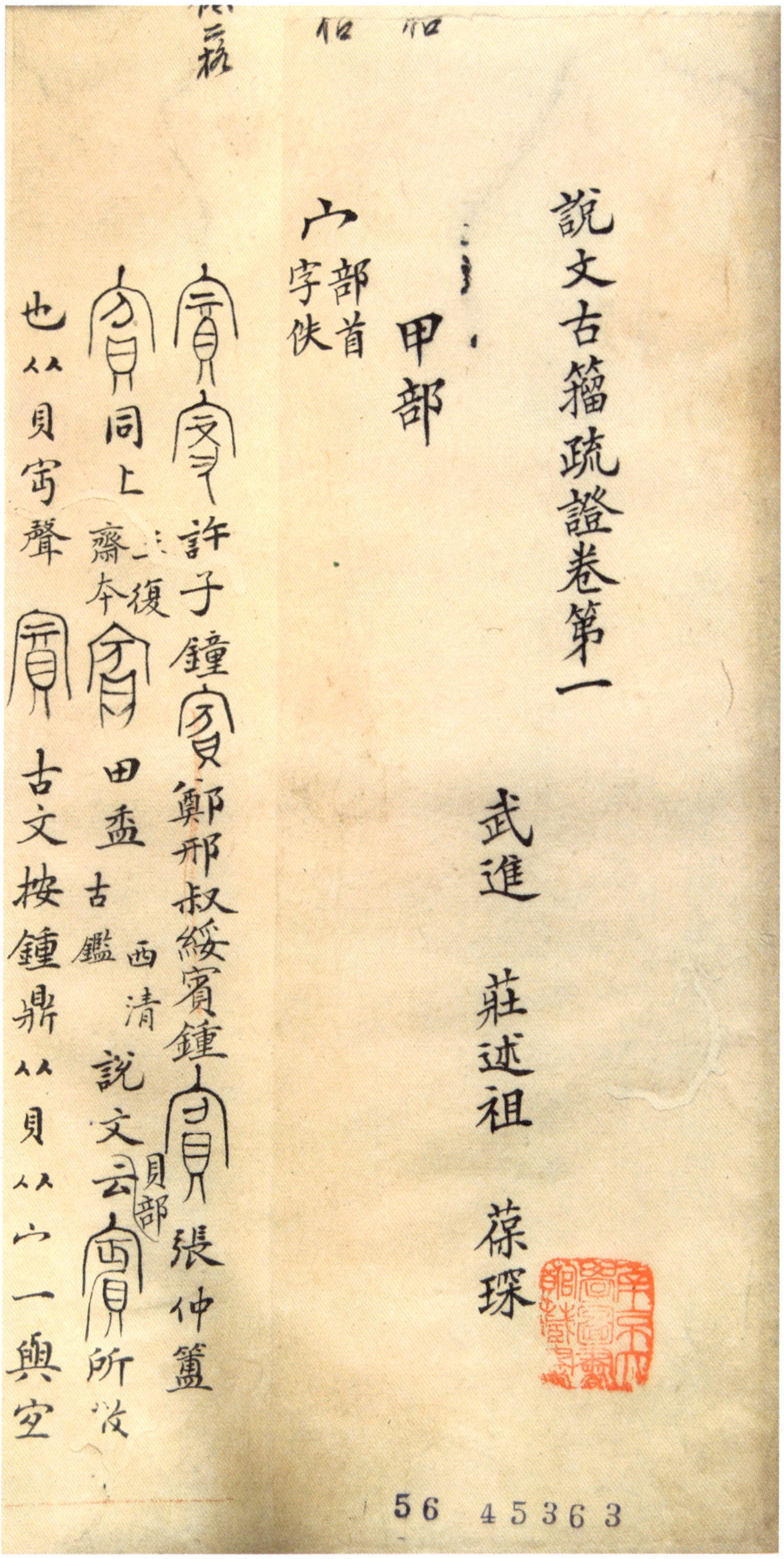

說文古籒疏證卷第一

武進莊述祖葆琛

甲部

56 45363

01408 說文古籒疏證六卷 （清）莊述祖撰 稿本

半葉七行，行二十字。徐元圃題識。南京大學圖書館藏。

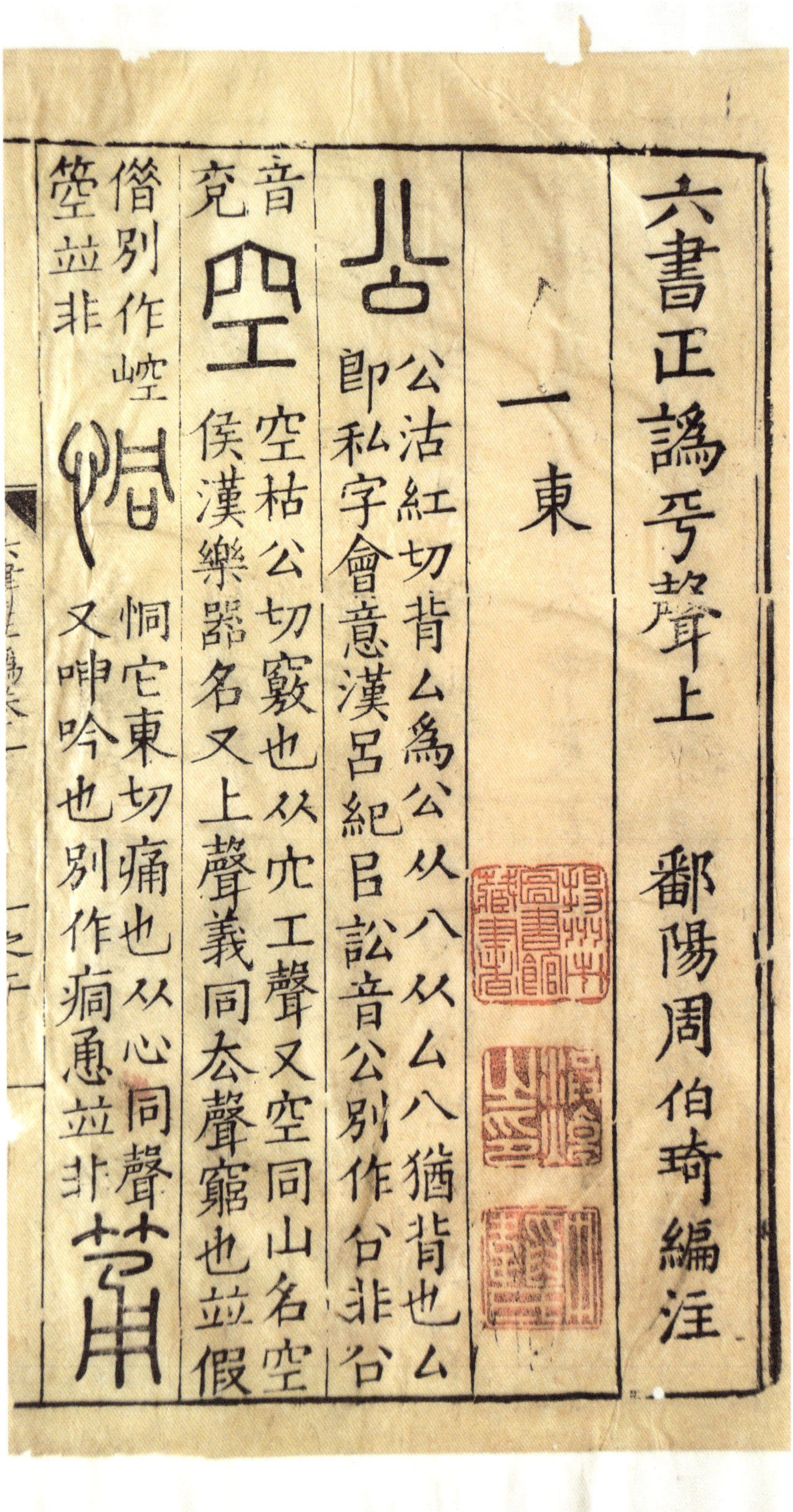

01409 六書正譌五卷 （元）周伯琦撰　明嘉靖元年（1522）于鏊刻本

匡高24厘米，廣15.2厘米。半葉五行，行字不等，小字雙行二十字，白口，左右雙邊。揚州市圖書館藏。

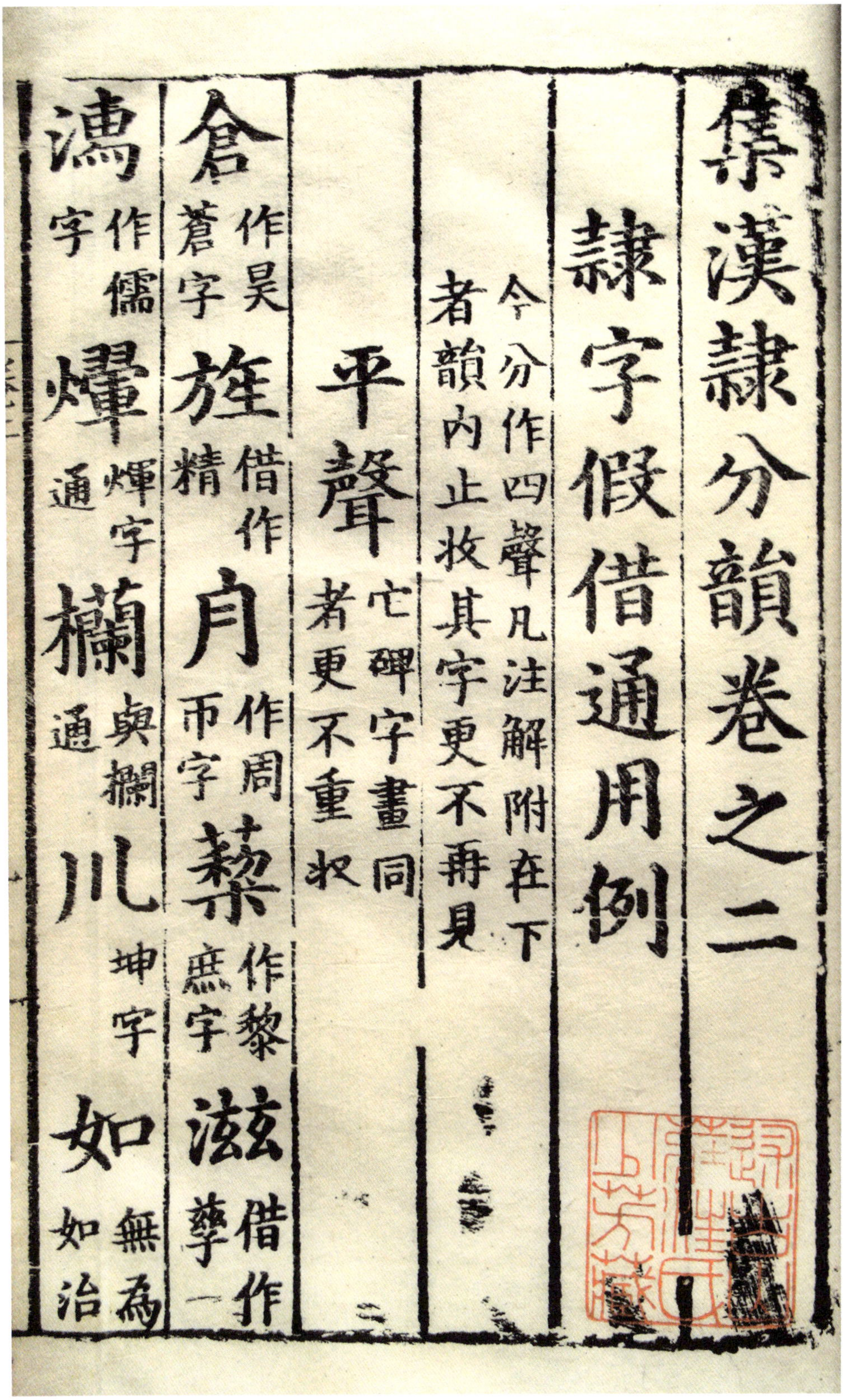
[illegible]漢隸分韻卷之二
隸字假借通用例
今分作四聲凡注解附在下者韻內止收其字更不再見
平聲
它碑字畫同者更不重收
倉作昊蒼字 旌借作精 月作周币字 藜作黎庶字 滋借作孳一
濡作儒字 燀煇字通 欗與欄通 川坤字 如無爲如治

01410 漢隸分韻七卷 明正德十一年（1516）刻本

匡高21厘米，廣13.5厘米。半葉六至八行，行字不等，白口，四周單邊。有“述古山莊汪氏少芳藏”等印。湖南圖書館藏。

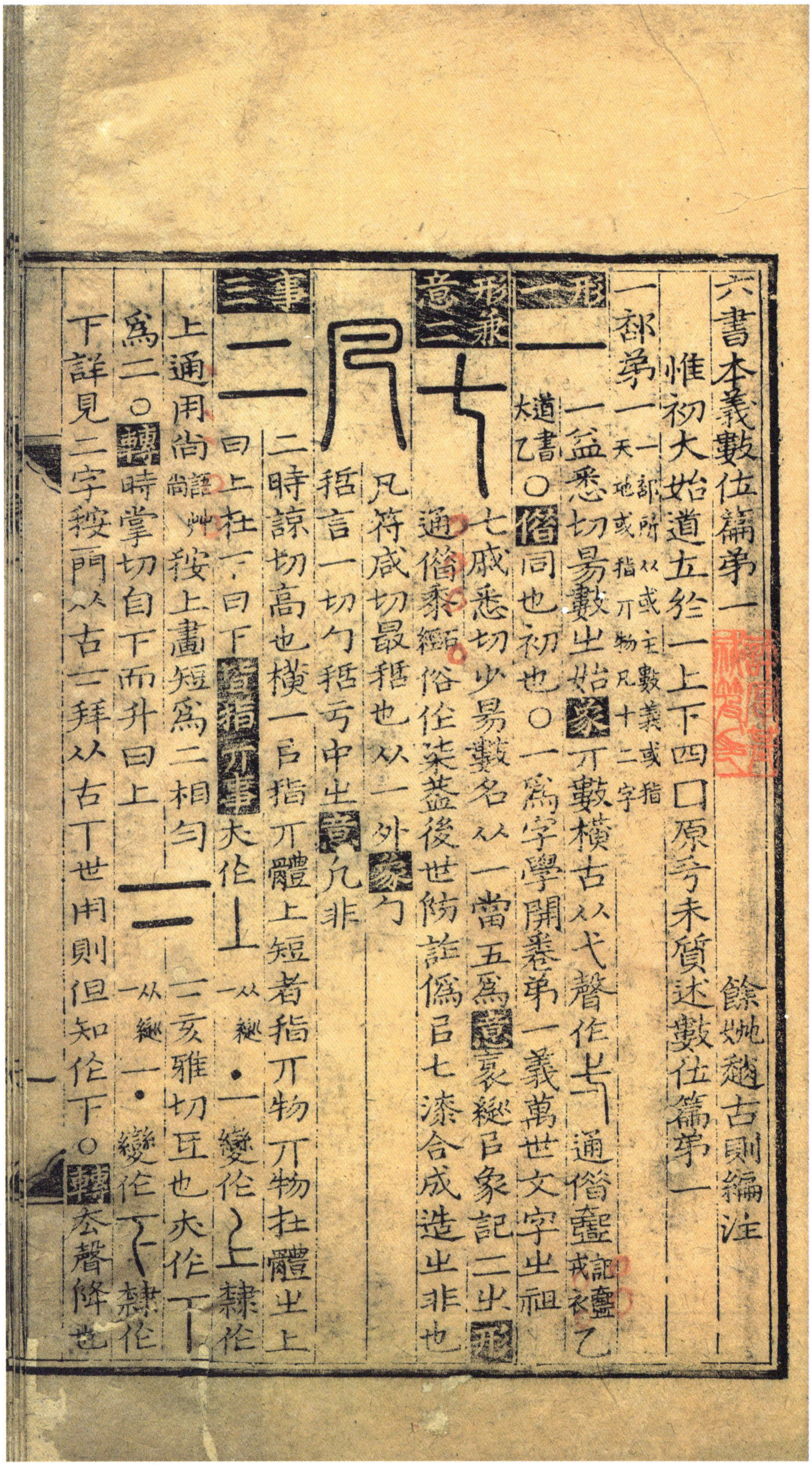
六書本義數位篇第一
惟初大始道立於一上下四囗原亏禾質述數位篇第一　餘姚趙古則編注

01411、01412　六書本義十二卷圖一卷　（明）趙撝謙撰　明正德十四年（1519）刻本

匡高21.7厘米，廣14.9厘米。半葉十四行，行二十八字，白口，四周雙邊。無錫市圖書館藏，有“許厚基秘笈印”等印；福建省圖書館藏。

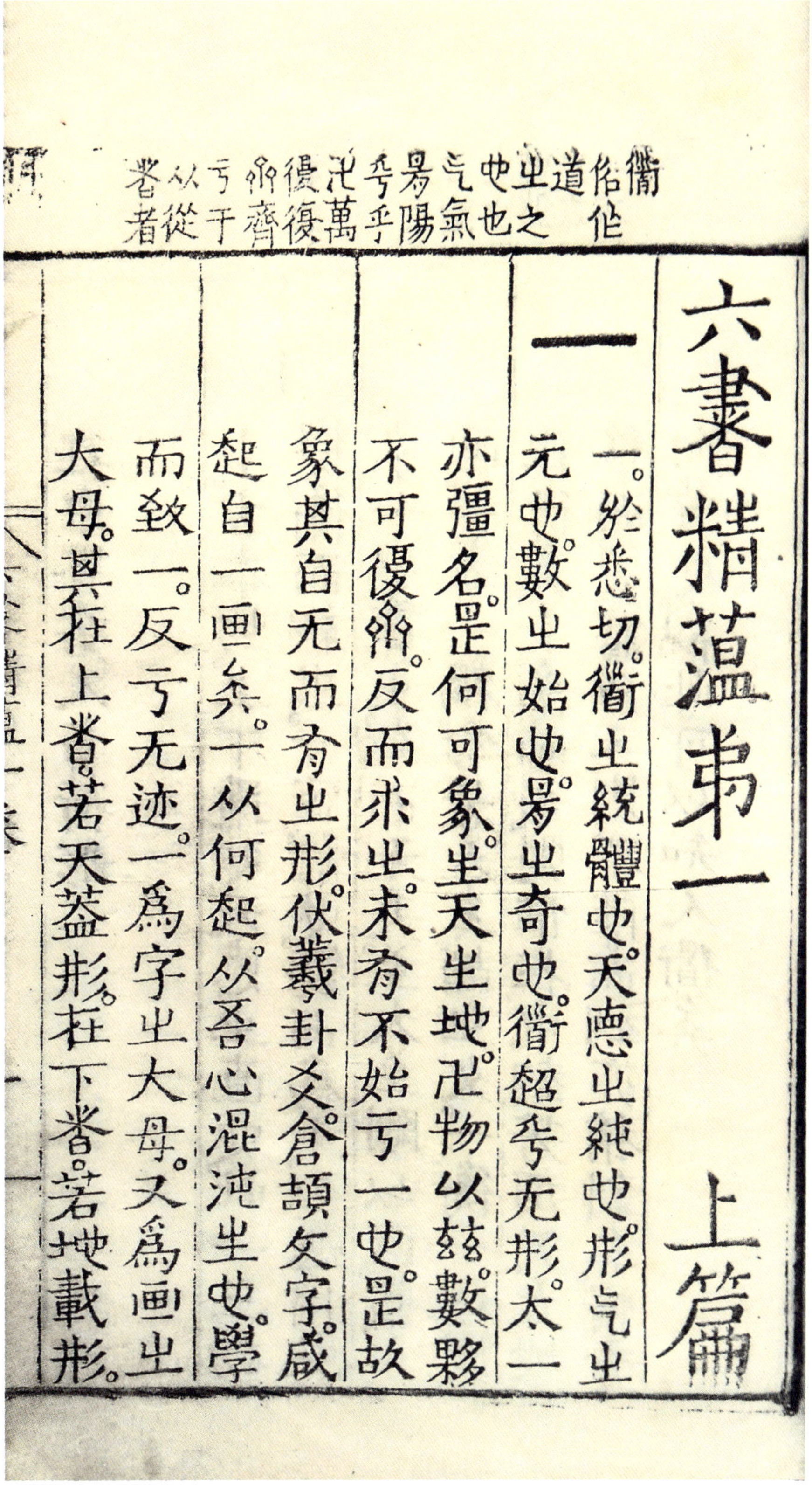
六書精薀弟一　上篇

一。於悉切。衜之統體也。天悳之純也。形气之元也。數之始也。易之奇也。衜超乎无形。太一亦彊名。是何可象。生天生地。祀物以茲。數夥不可復紀。反而求之。未有不始于一也。是故象其自无而有之形。伏羲卦爻。倉頡文字。咸起自一画矣。一从何起。从吾心混沌之也。學而致一。反于无迹。一爲字之大母。又爲画之大母。其在上者。若天蓋形。在下者。若地載形。

01413、01414、01415、01416 六書精薀六卷　（明）魏校撰　**音釋舉要一卷**　（明）徐官撰　明嘉靖十九年（1540）魏希明刻本

匡高18.6厘米，廣14.1厘米。半葉五行，行字不等，白口，左右雙邊。有"光禄勳掾從弟魏庠刻版家塾"刻書題記。中國社會科學院圖書館、福建省圖書館、河南大學圖書館、湖南省社會科學院圖書館藏。

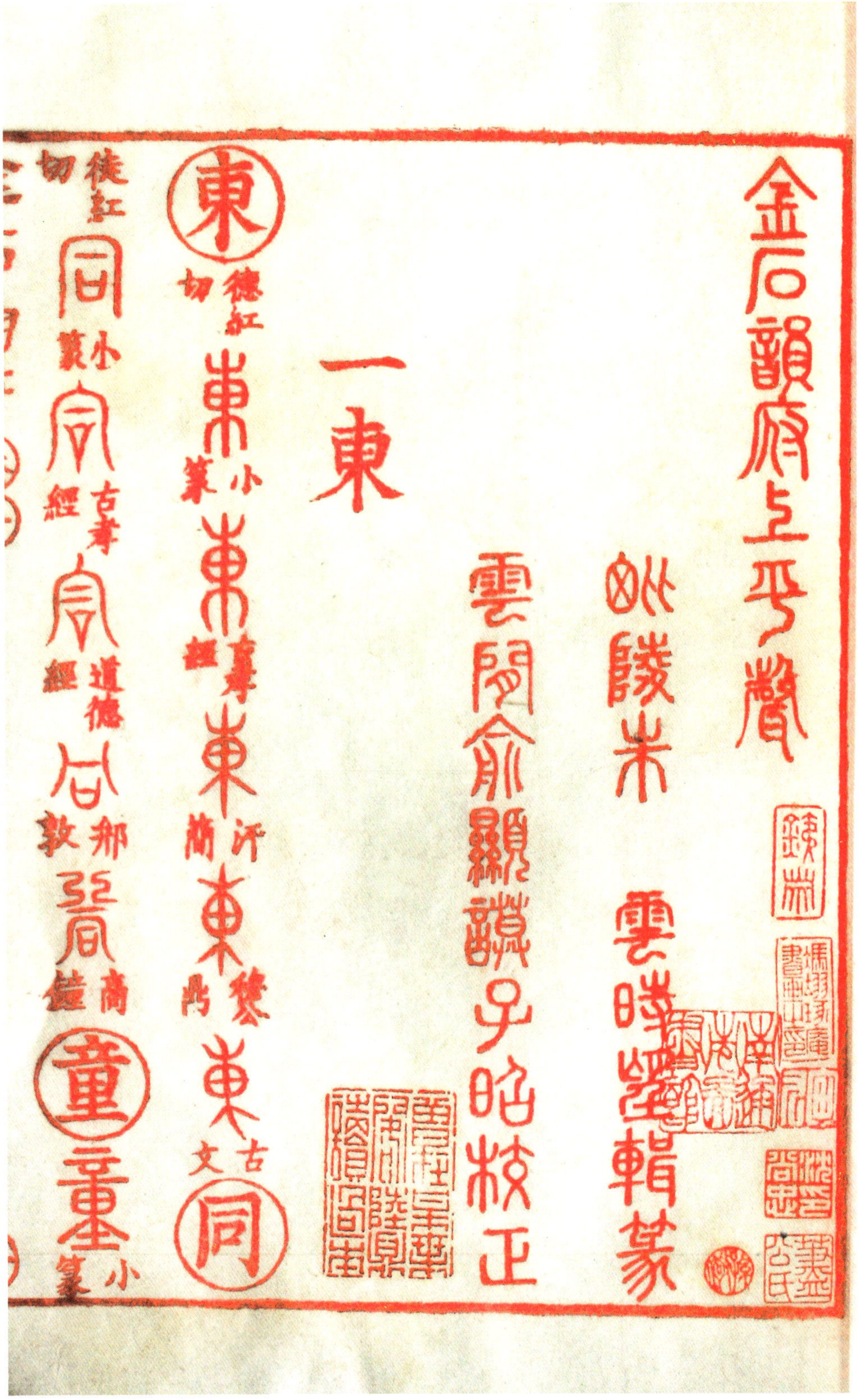

01417、01418 金石韻府五卷 （明）朱雲撰　明嘉靖十年（1531）俞顯謨刻朱印本

匡高20.6厘米，廣15.3厘米。半葉六行，行字不等，白口，四周單邊。鄭州大學圖書館藏，有“夢選廔胡氏宗楙藏”等印；江蘇省南通市圖書館藏，有“蓋公氏”、“沈印尚忠”等印。

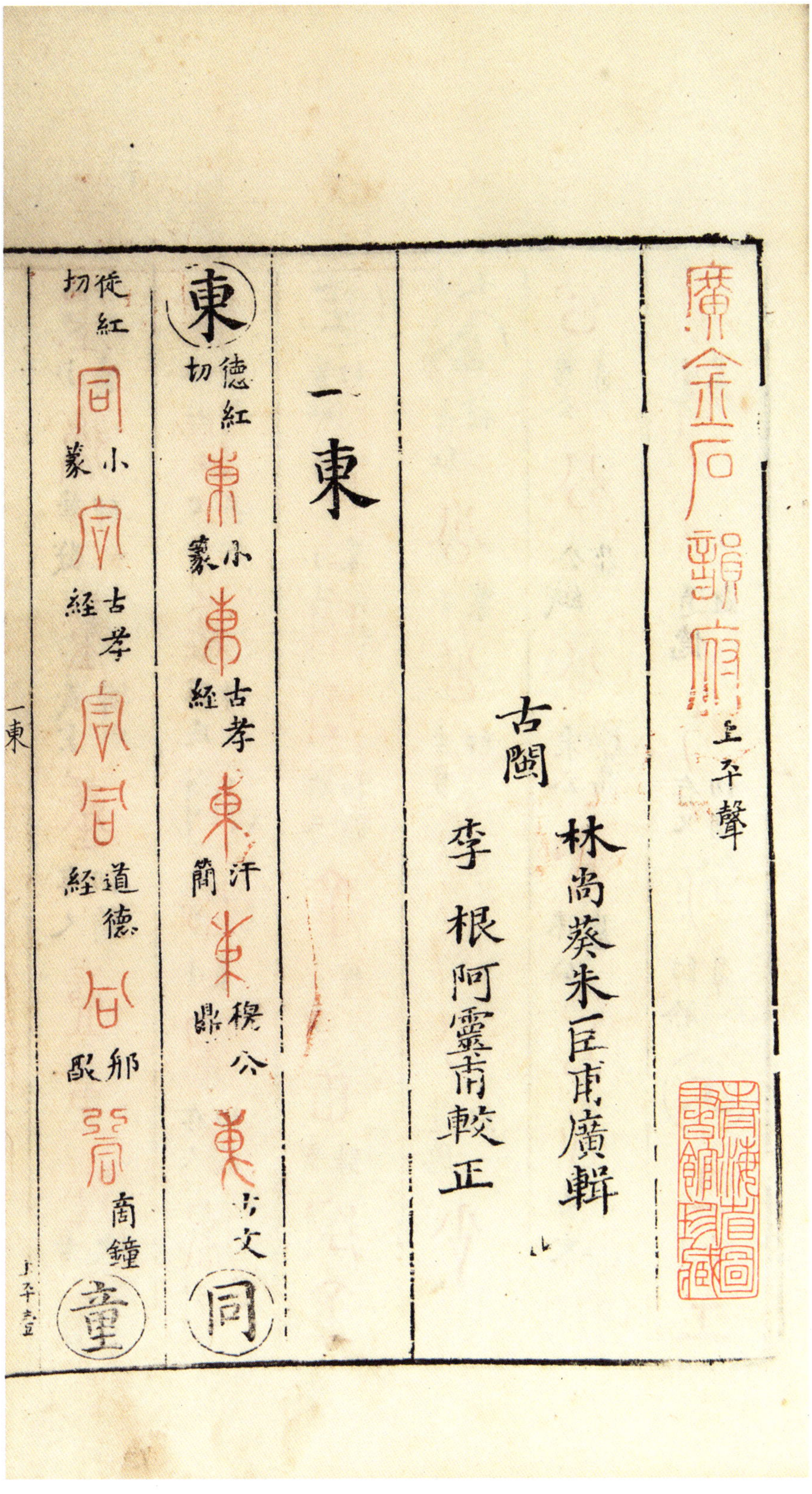

01419、01420 廣金石韻府五卷字略一卷 （清）林尚葵輯　清康熙九年（1670）周亮工賴古堂朱墨套印本

匡高21.5厘米，廣15厘米。半葉六行，行字不等，白口，四周單邊。大連圖書館、青海省圖書館藏。

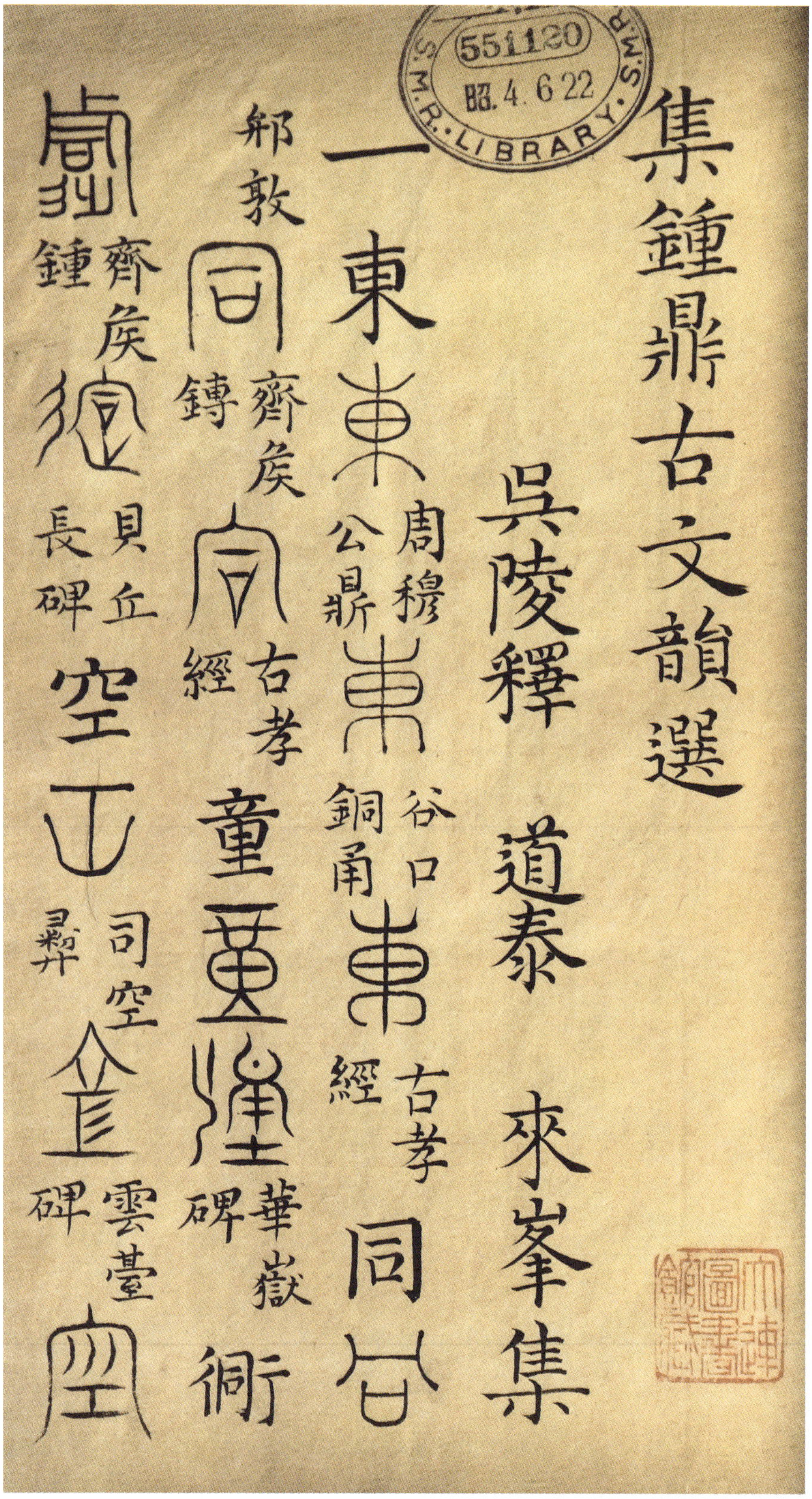

01421 集鍾鼎古文韻選五卷 （明）釋道泰撰　明抄本

有“翰林院印”等印。大連圖書館藏。

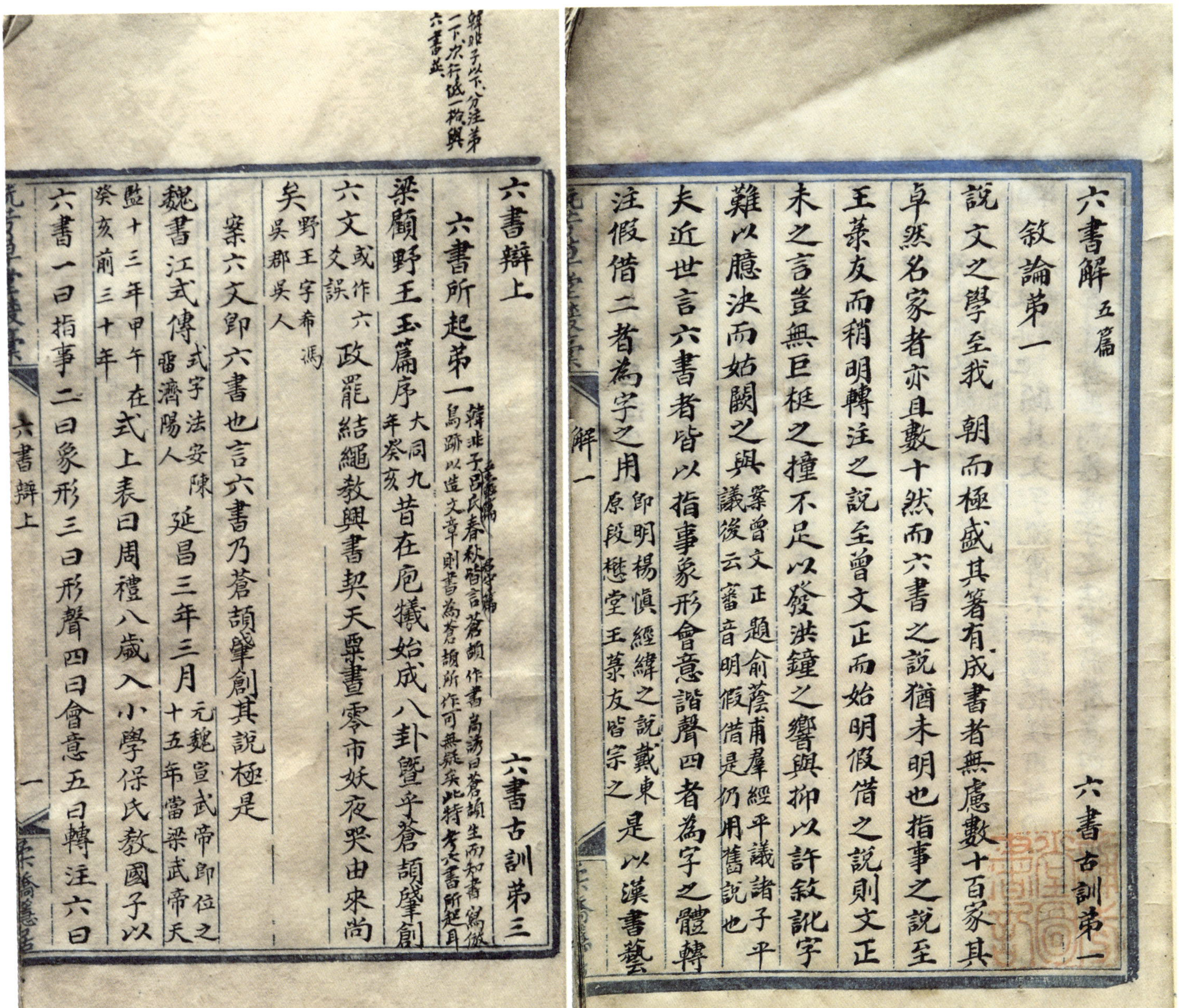

01422　六書古訓二十四卷　（清）王棻撰　稿本

半葉九行，行二十四字，藍格，白口，四周雙邊。台州市黄巖區圖書館藏。

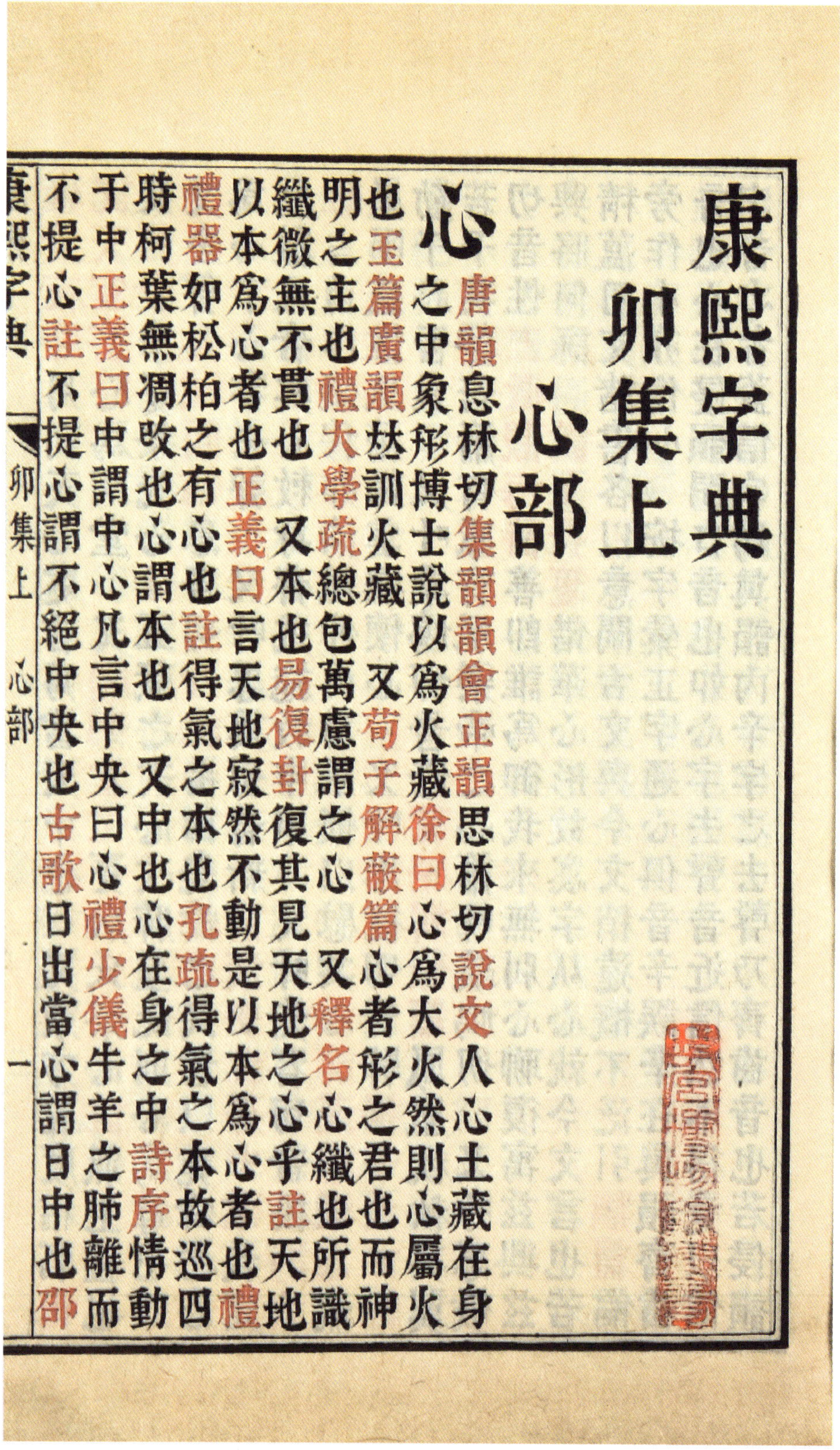
康熙字典
卯集上
心部
心唐韻息林切集韻韻會正韻思林切說文人心土藏在身之中象形博士說以爲火藏徐曰心爲大火然則心屬火也玉篇廣韻㚘訓火藏 又荀子解蔽篇心者形之君也而神明之主也禮大學疏總包萬慮謂之心 又釋名心纖也所識纖微無不貫也 又本也易復卦復其見天地之心乎註天地以本爲心者也正義曰言天地寂然不動是以本爲心者也禮禮器如松柏之有心也註得氣之本也孔疏得氣之本故巡四時柯葉無凋改也心謂本也 又中也心在身之中詩序情動于中正義曰中謂中心凡言中中央曰心禮少儀牛羊之肺離而不提心註不提心謂不絕中央也古歌日出當心謂日中也邵
康熙字典　卯集上　心部　一

01423 康熙字典十二集三十六卷總目一卷檢字一卷辨似一卷等韻一卷補遺一卷備考一卷　（清）張玉書　凌紹雯等撰　清康熙内府朱墨抄本

匡高18.2厘米，廣12.3厘米。半葉八行，行字不等，白口，四周雙邊。故宫博物院藏。

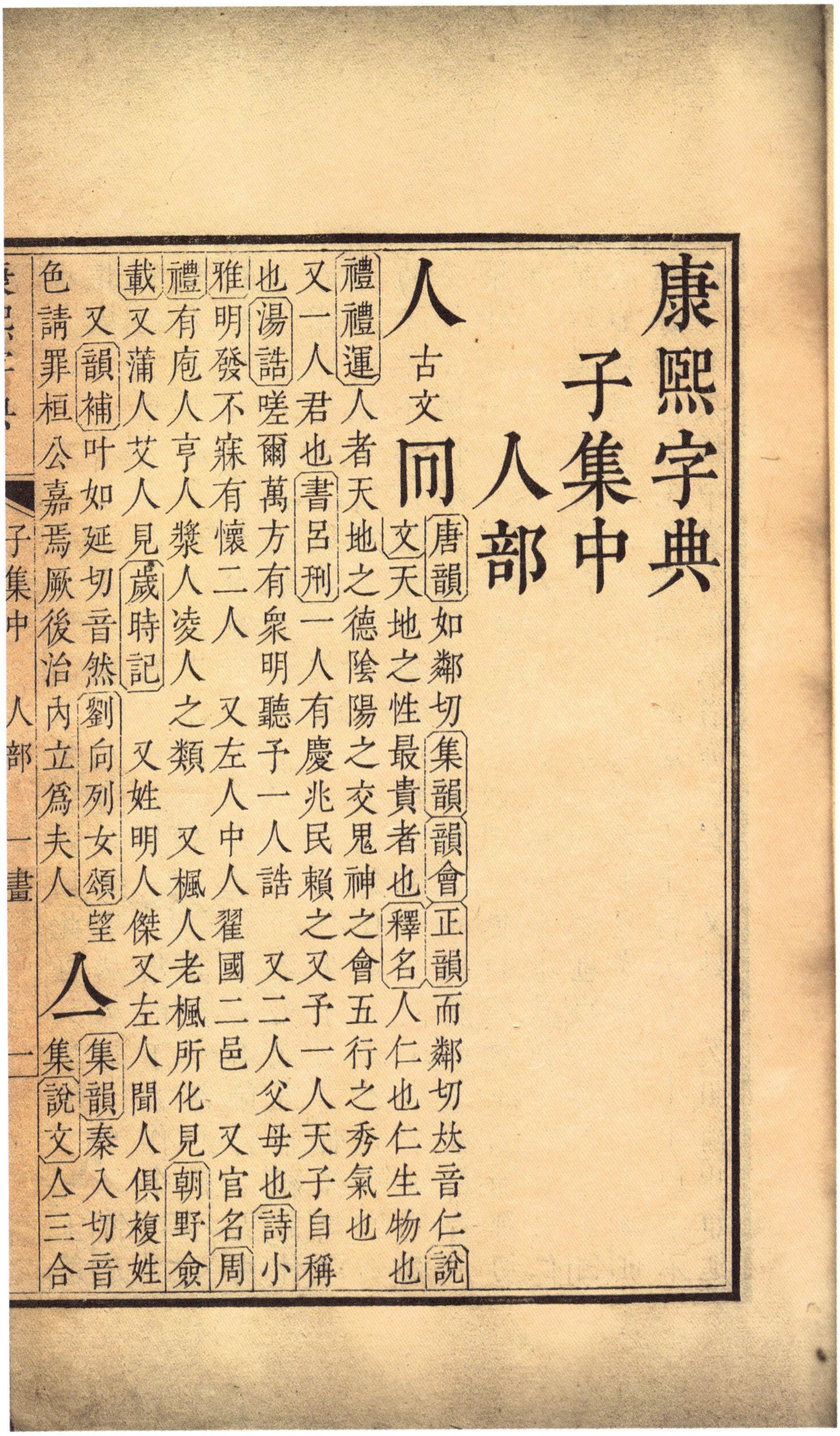

01424、01425 康熙字典十二集三十六卷總目一卷檢字一卷辨似一卷等韻一卷補遺一卷備考一卷 （清）張玉書 凌紹雯等撰 清康熙五十五年（1716）内府刻本

匡高19.4厘米，廣13.2厘米。半葉八行，行字不等，小字雙行二十四字，白口，四周雙邊。大連圖書館藏；湖南師範大學圖書館藏，有“愁齋祕笈”、“桂君藏書”等印。

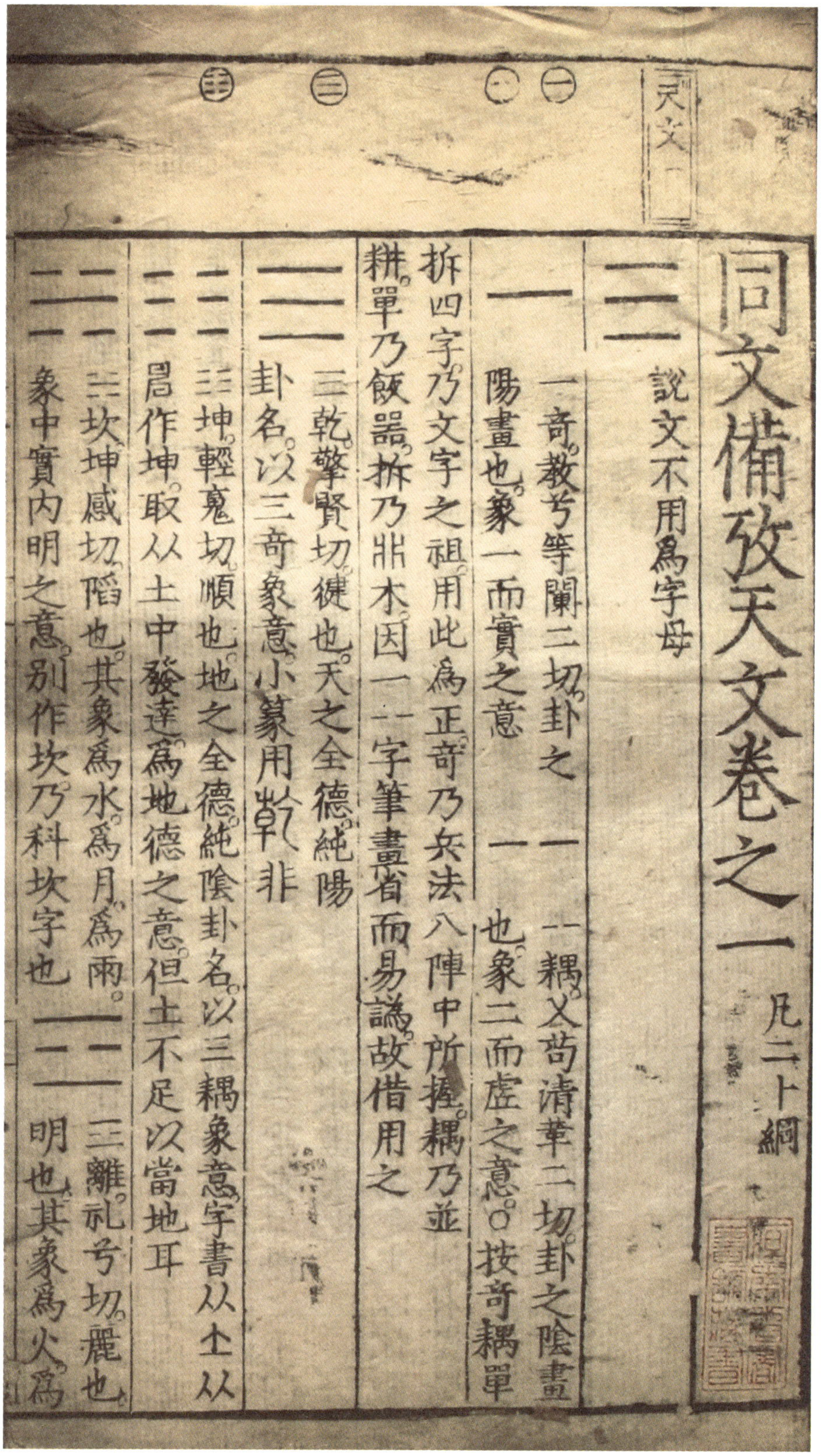
同文備攷天文卷之一　凡二十綱
☰　說文不用爲字母
⚊　一奇敎兮等闌二切卦之陽畫也象一而實之意　⚋　--耦又苟清華二切卦之陰畫也象二而虛之意○按奇耦單拆四字乃文字之祖用此爲正奇乃兵法八陣中所握耦乃並耕單乃飯器拆乃丬木因一--字筆畫省而易識故借用之
☰　☰乾犖賢切健也天之全德純陽卦名以三奇象意小篆用乾非
☷　☷坤輕寬切順也地之全德純陰卦名以三耦象意字書从土从昌作坤取从土中發達爲地德之意但土不足以當地耳
☵　☵坎坤感切陷也其象爲水爲月爲雨象中實內明之意別作坎乃科坎字也
☲　☲離礼兮切麗也明也其象爲火爲

01426　同文備攷八卷首三卷聲韻會通一卷韻要粗釋四卷　（明）王應電撰　明嘉靖刻本

匡高24厘米，廣14.5厘米。半葉七行，小字雙行二十八字，白口，四周單邊。河南省圖書館藏，存八卷。

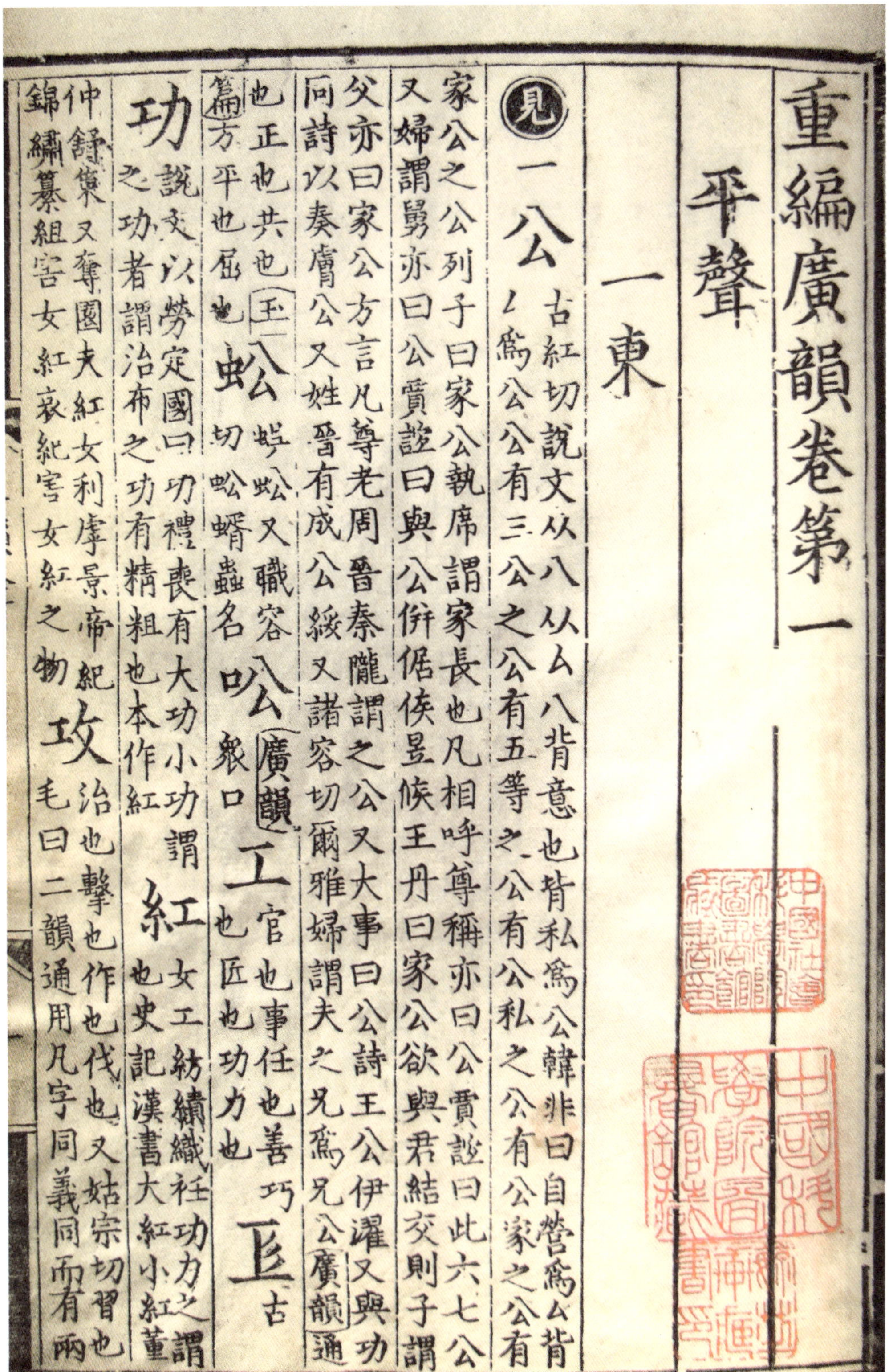

重編廣韻卷第一
平聲
一東
見 一公 古紅切說文从八从厶八背意也背私爲公韓非曰自營爲厶背厶爲公公有三公之公有五等之公有公私之公有公豕之公有家公之公列子曰家公執席謂家長也凡相呼尊稱亦曰公貫誼曰此六七公又婦謂舅亦曰公貫誼曰與公併倨侯昰帹王丹曰家公欲與君結交則子謂父亦曰家公方言凡尊老周晉秦隴謂之公又大事曰公詩王公伊濯又與功同詩以奏膚公又姓晉有成公綏又諸容切爾雅婦謂夫之兄爲兄公廣韻通也正也共也玉篇方平也晉也 蚣 蜈蚣又職容切蚣蝑蟲名 㕬 衆口廣韻 工 官也事任也善巧也匠也功力也 巨 古 功 說文以勞定國曰功禮喪有大功小功謂之功者謂治布之功有精粗也本作紅 紅 女工紡績織紝功力之謂也史記漢書大紅小紅董仲舒集又奪園夫紅女利虖景帝紀錦繡纂組害女紅家紀害女紅之物 攻 治也擊也作也伐也又姑宗切習也毛曰二韻通用凡字同義同而有兩

01427 重編廣韻五卷 （宋）陳彭年等撰 （明）朱祐檳編 明嘉靖刻本

匡高23厘米，廣15.6厘米。半葉九行，行十五字，小字雙行三十字，黑口，四周雙邊。中國社會科學院圖書館藏。

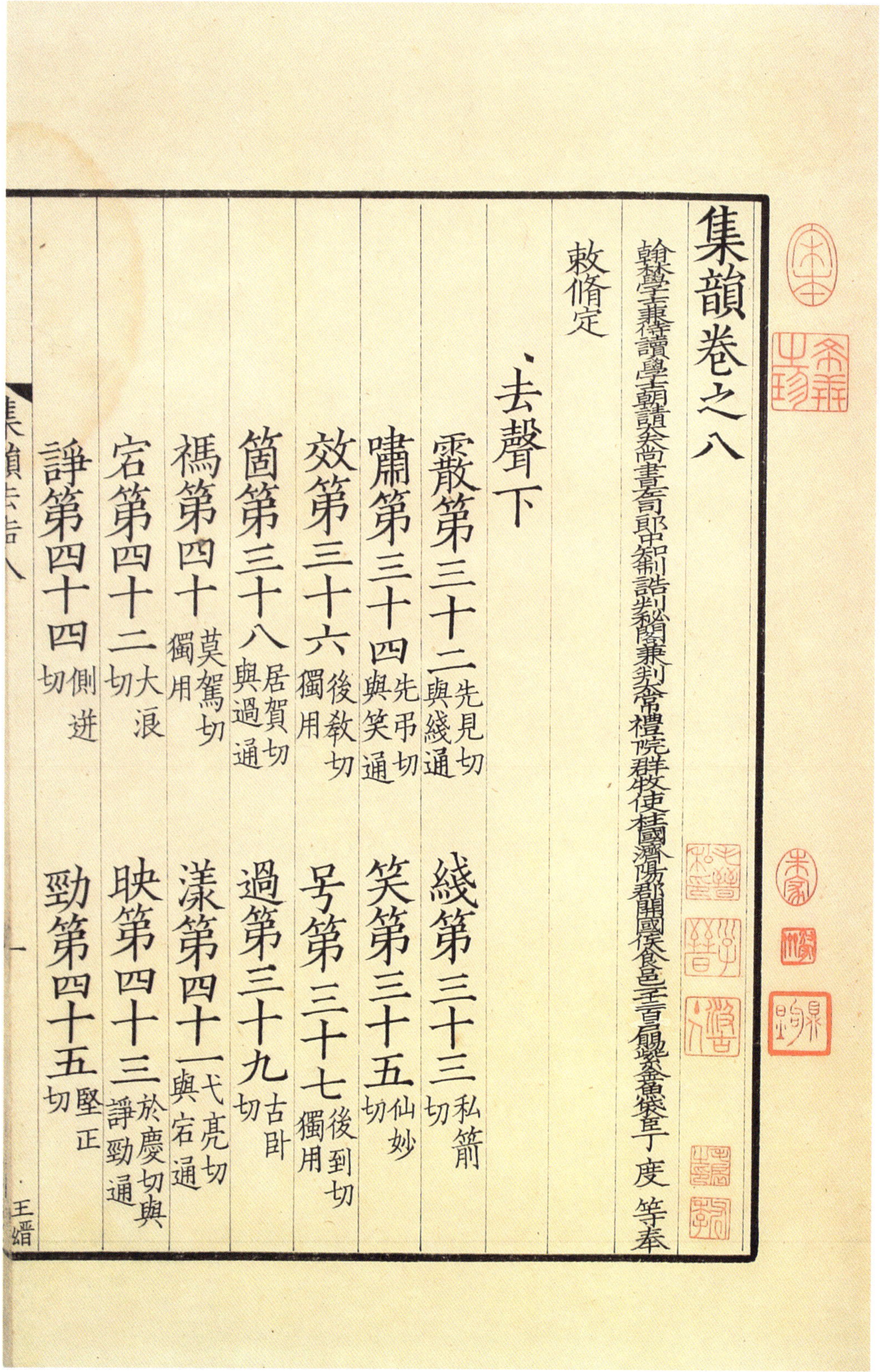
集韻卷之八
翰林學士兼侍讀學士朝請大夫尚書司封郎中知制誥判秘閣兼判太常禮院群牧使上柱國濟陽郡開國侯食邑二千二百戶賜紫金魚袋臣丁度等奉
敕脩定
去聲下
霰第三十二 先見切 與綫通　綫第三十三 私箭切
嘯第三十四 先弔切 與笑通　笑第三十五 仙妙切
效第三十六 後教切 獨用　号第三十七 後到切 獨用
箇第三十八 居賀切 與過通　過第三十九 古卧切
禡第四十 莫駕切 獨用　漾第四十一 弋亮切 與宕通
宕第四十二 大浪切　映第四十三 於慶切 與諍勁通
諍第四十四 側迸切　勁第四十五 堅正切

01428 集韻十卷 （宋）丁度等撰　明末毛氏汲古閣影宋抄本

匡高24.8厘米，廣17.8厘米。半葉十一行，行字不等，白口，左右雙邊。有“汲古主人”、“樂壽堂”等印。段玉裁跋，阮元題記。寧波市天一閣博物館藏。

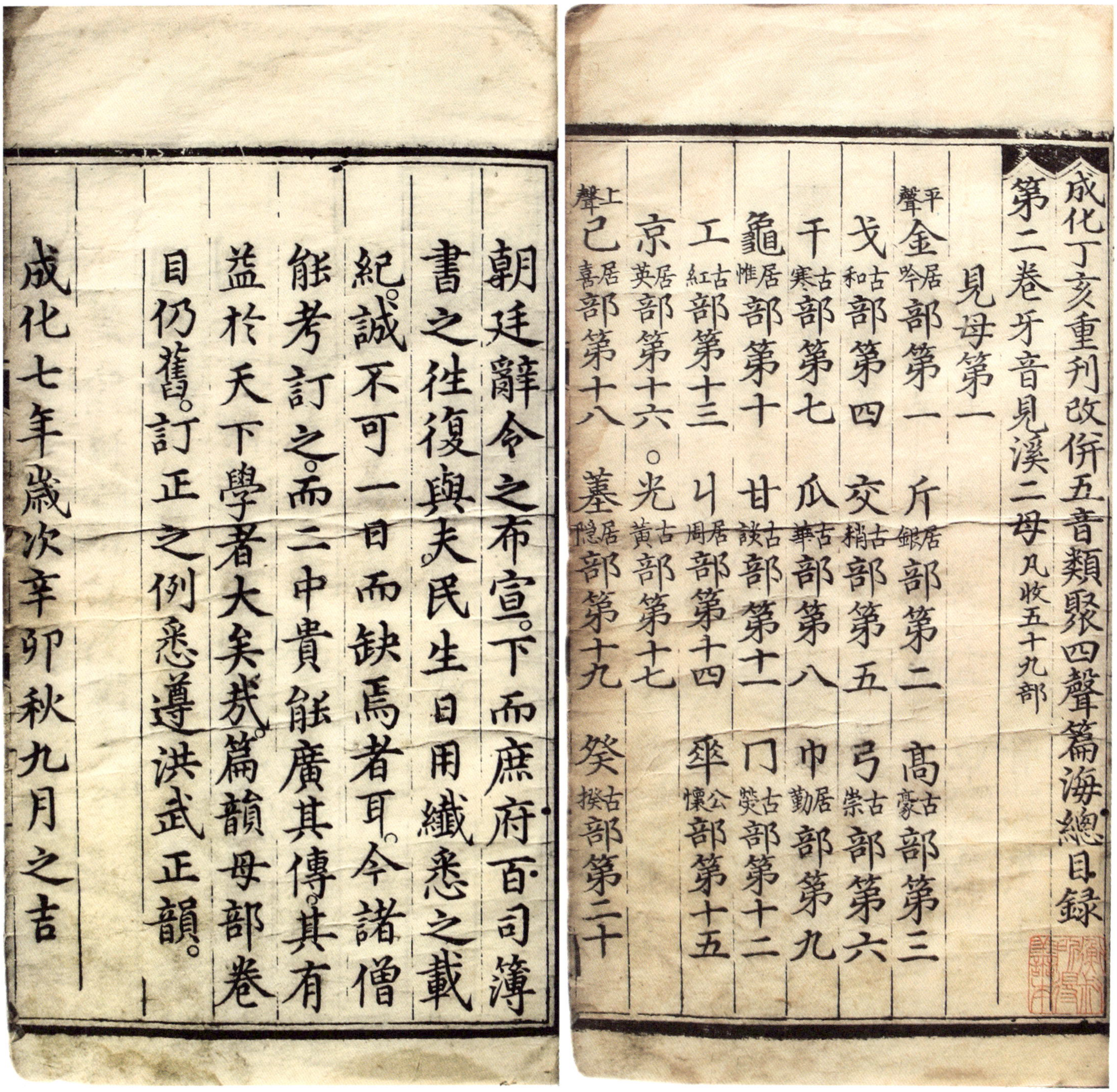
成化丁亥重刊改併五音類聚四聲篇海總目録
第二卷牙音見溪二母 凡收五十九部
見母第一
平聲 金居吟部第一 斤居銀部第二 高古豪部第三
戈古和部第四 交古稍部第五 弓古崇部第六
干古寒部第七 瓜古華部第八 巾居勤部第九
龜居帷部第十 甘古談部第十一 冂古熒部第十二
工古紅部第十三 丩居周部第十四 巠公懷部第十五
京居英部第十六。光古黄部第十七
上聲 己居喜部第十八 菫居隱部第十九 癸古揆部第二十

朝廷辭令之布宣。下而庶府百司簿書之往復與夫民生日用纖悉之載紀。誠不可一日而缺焉者耳。今諸僧能考訂之。而二中貴能廣其傳。其有益於天下學者大矣哉。篇韻母部卷目仍舊。訂正之例悉遵洪武正韻。

成化七年歲次辛卯秋九月之吉

01429、01430、01431、01432 大明成化丁亥重刊改併五音類聚四聲篇十五卷 （金）韓道昭撰 明成化七年（1471）金臺大隆福寺刻本

匡高23.8厘米，廣15厘米。半葉十行，行字不等，小字雙行三十二字，黑口，四周雙邊。南京師範大學圖書館藏；湖南圖書館藏，有“張謹夫圖書印”、“養雲山房珍藏書籍”等印；青海大學醫學院圖書館藏，爲正德十四年（1519）重修本；甘肅省張掖市甘州區圖書館藏，存十二卷。

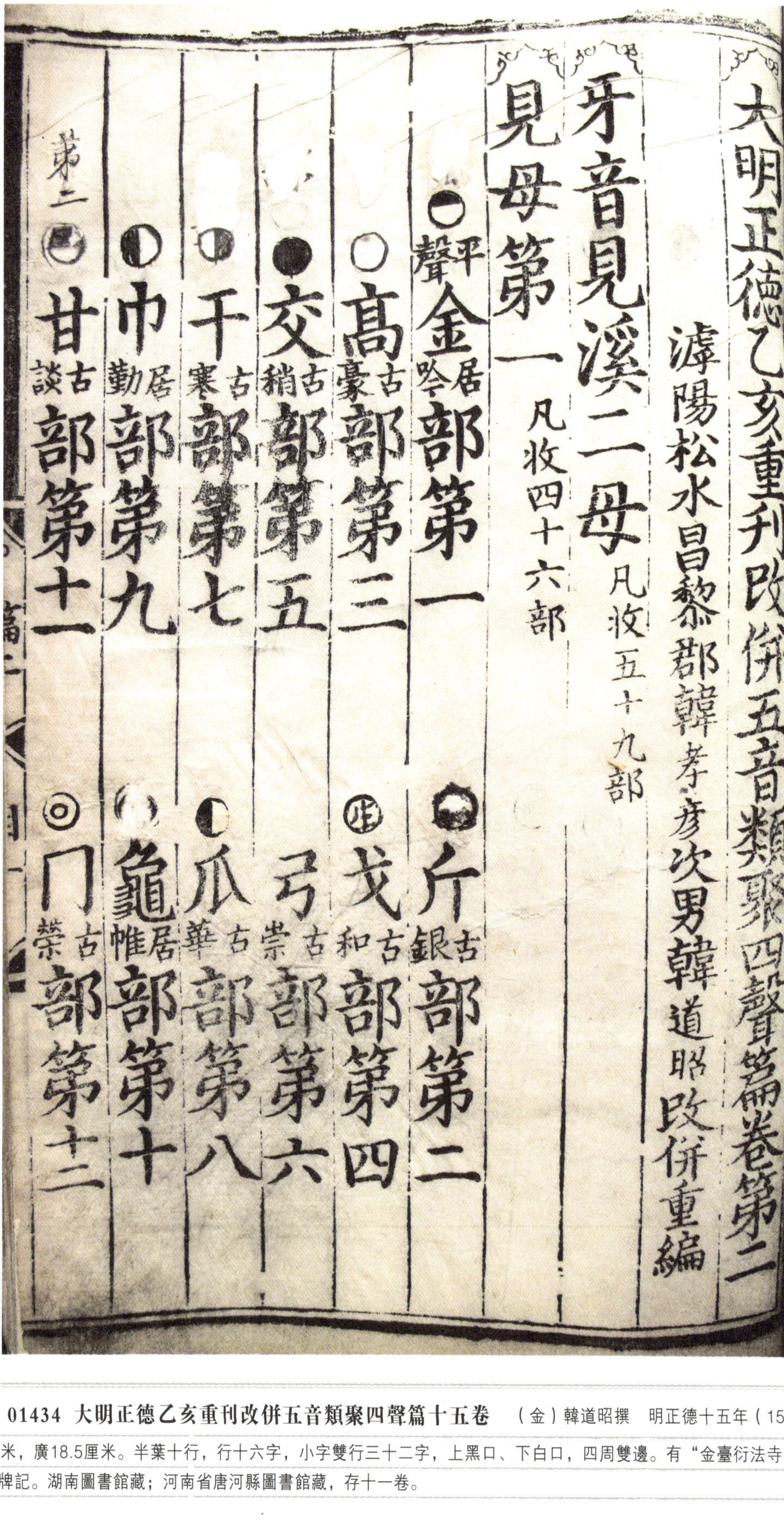
大明正德乙亥重刊改併五音類聚四聲篇卷第二
滹陽松水昌黎郡韓孝彥次男韓道昭改併重編
牙音見溪二母 凡收五十九部
見母第一 凡收四十六部
平聲 金居吟部第一　斤古銀部第二
高古豪部第三　戈古和部第四
交古稍部第五　弓古崇部第六
干古寒部第七　瓜古華部第八
巾居勤部第九　龜居帷部第十
甘古談部第十一　冂古熒部第十二

01433、01434 大明正德乙亥重刊改併五音類聚四聲篇十五卷　（金）韓道昭撰　明正德十五年（1520）刻本

匡高30厘米，廣18.5厘米。半葉十行，行十六字，小字雙行三十二字，上黑口、下白口，四周雙邊。有“金臺衍法寺沙門覺恒勸緣重刊”牌記。湖南圖書館藏；河南省唐河縣圖書館藏，存十一卷。

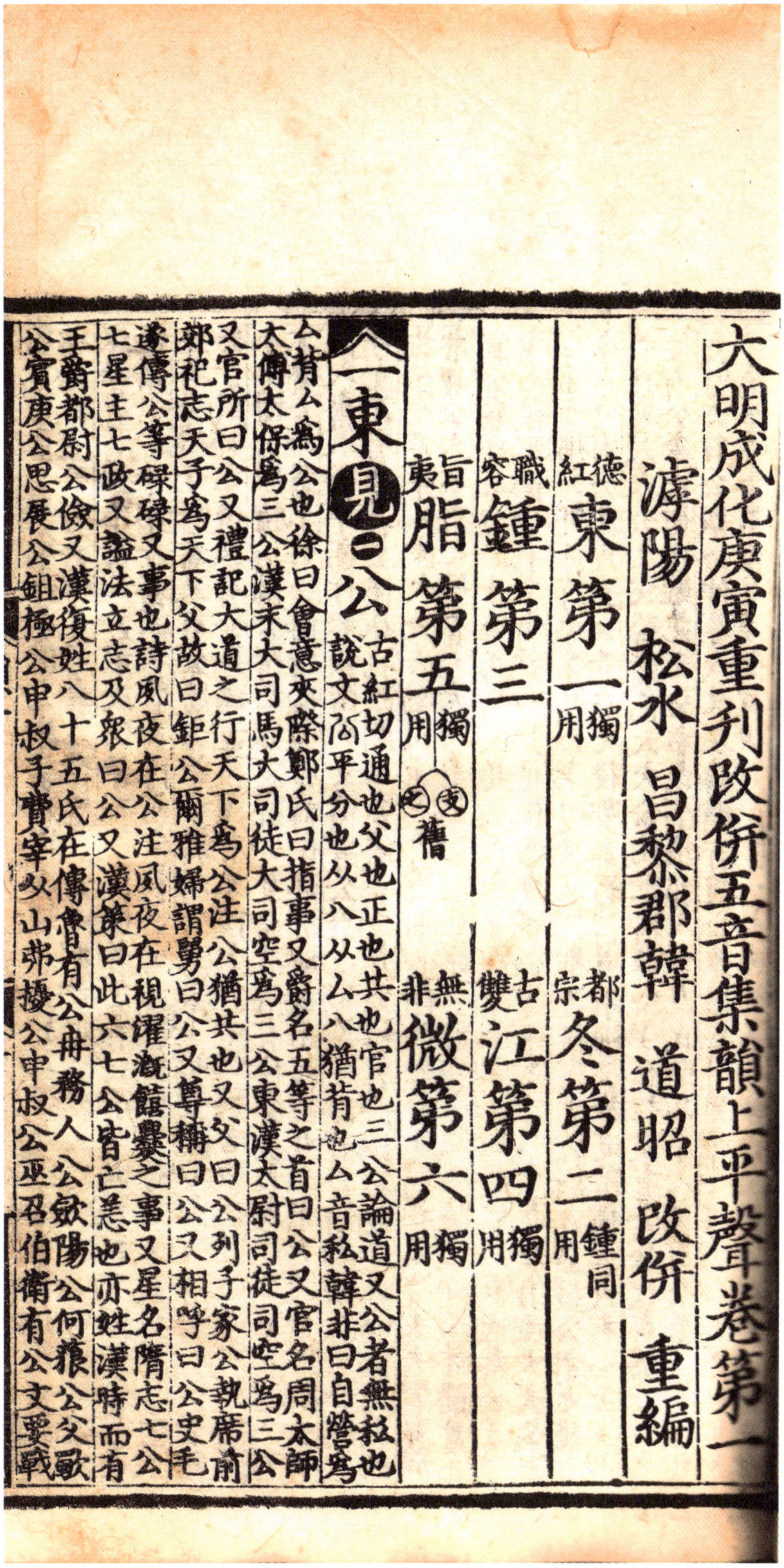
大明成化庚寅重刊改併五音集韻上平聲卷第一
滹陽 松水 昌黎郡韓 道昭 改併 重編
德紅 東第一 獨用　都宗 冬第二 鍾同用
職容 鍾第三　古雙 江第四 獨用
旨夷 脂第五 獨用 之支 舊　無非 微第六 獨用
一東 見一 公 古紅切通也父也正也共也官也三公論道又公者無私也說文八平分也从八从厶八猶背也厶音私韓非曰自營爲
厶背厶爲公也徐曰會意䆁際鄭氏曰指事又爵名五等之首曰公又官名周太師
太傅太保爲三公漢承大司馬大司徒大司空爲三公東漢太尉司徒司空爲三公
又官所曰公又禮記大道之行天下爲公注公猶共也又父曰公列子家公執席
郊祀志天子爲天下父故曰鉅公爾雅婦謂舅曰公又尊稱曰公又相呼曰公史毛
遂傳公等碌碌又事也詩夙夜在公注夙夜在視濯漑饎爨之事又星名隋志七公
七星主七政又謚法立志及衆曰公又漢藝曰此六七公皆已悉也亦姓漢時而有
王爵都尉公儉又漢復姓八十五氏在傳晉有公冊務人公歛陽公何猴公父歜
公賓庚公思展公鉏極公申叔子貫宰父山弗擾公申叔公巫召伯衛有公文要戰

01435、01436 大明成化庚寅重刊改併五音集韻十五卷　（金）韓道昭撰　明成化六至七年（1470–1471）刻本

匡高23.1厘米，廣15.6厘米。半葉十行，小字雙行三十二字，黑口，四周雙邊。大連圖書館、安徽師範大學圖書館藏。

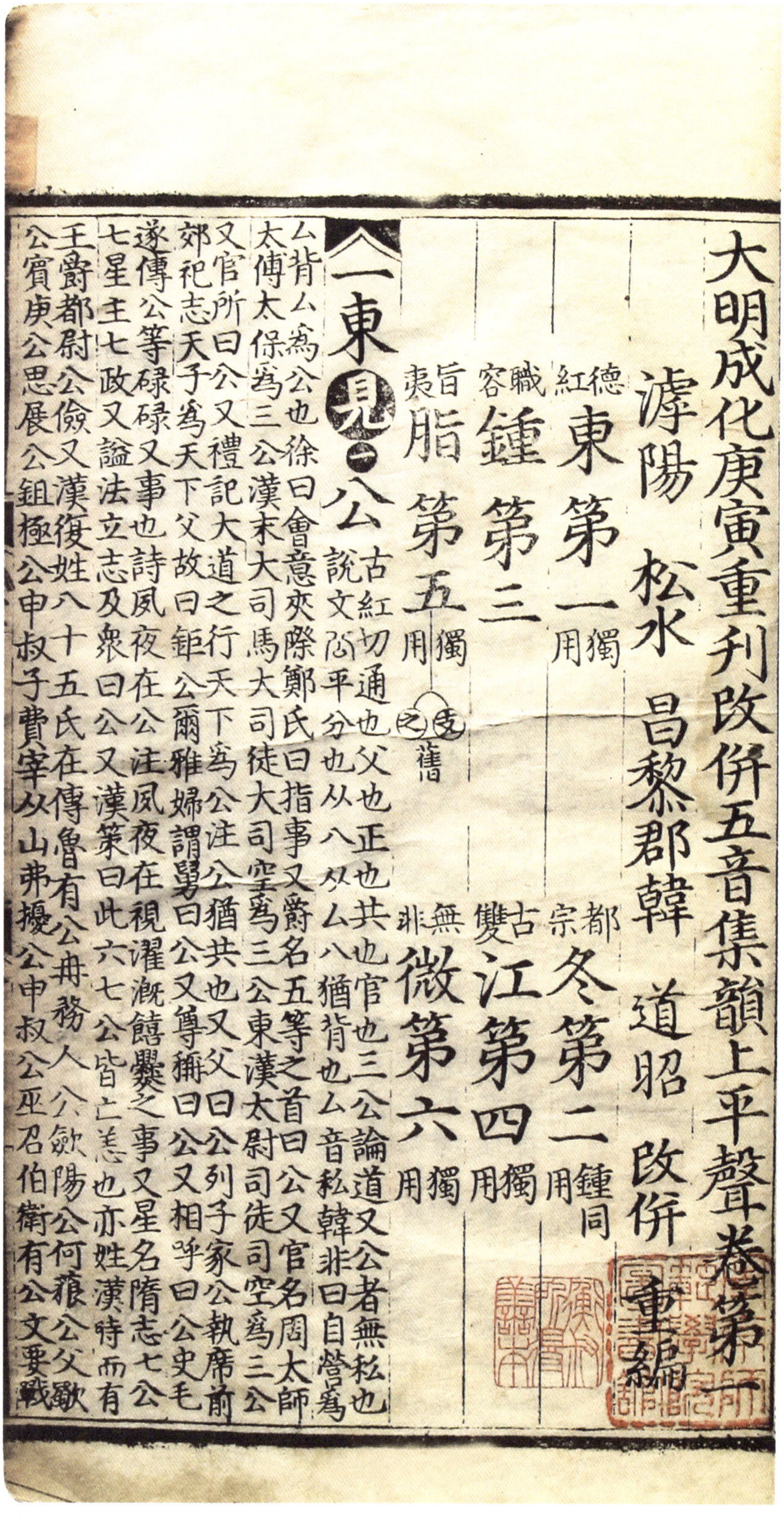
大明成化庚寅重刊改併五音集韻上平聲卷第一
滹陽 松水 昌黎郡韓 道昭 改併 重編
德紅 東第一 獨用 都宗 冬第二 鍾同用
職容 鍾第三 古雙 江第四 獨用
旨夷 脂第五 獨用 之支舊 無非 微第六 獨用
一東 見一 公 古紅切通也父也正也共也官也三公論道又公者無私也說文𠆢平分也从八从厶八猶背也厶音私韓非曰自營爲
厶背厶爲公也徐曰會意爽際鄭氏曰指事又爵名五等之首曰公又官名周太師太傅太保爲三公漢末大司馬大司徒大司空爲三公東漢太尉司徒司空爲三公
又官所曰公又禮記大道之行天下爲公注公猶共也又父曰公列子家公執席前郊祀志天子爲天下父故曰鉅公爾雅婦謂舅曰公又尊稱曰公又相𠰥曰公史毛
遂傳公等碌碌又事也詩夙夜在公注夙夜在視濯溉饎爨之事又星名隋志七公七星主七政又謚法立志及衆曰公又漢策曰此六七公皆亡恙也亦姓漢特而有
王爵都尉公儉又漢復姓八十五氏在傳魯有公冉務人公歛陽公何藐公父歜公賓庚公思展公鉏極公申叔子費宰从山弗擾公申叔公巫召伯衛有公文要戚

01437 大明成化庚寅重刊改併五音集韻十五卷 （金）韓道昭撰 明成化六至七年（1470–1471）金臺大隆福寺刻本

匡高23.5厘米，廣15.3厘米。半葉十行，行十八字，小字雙行三十二字，黑口，四周雙邊。有“衡叔所得善本”等印。南京師範大學圖書館藏。

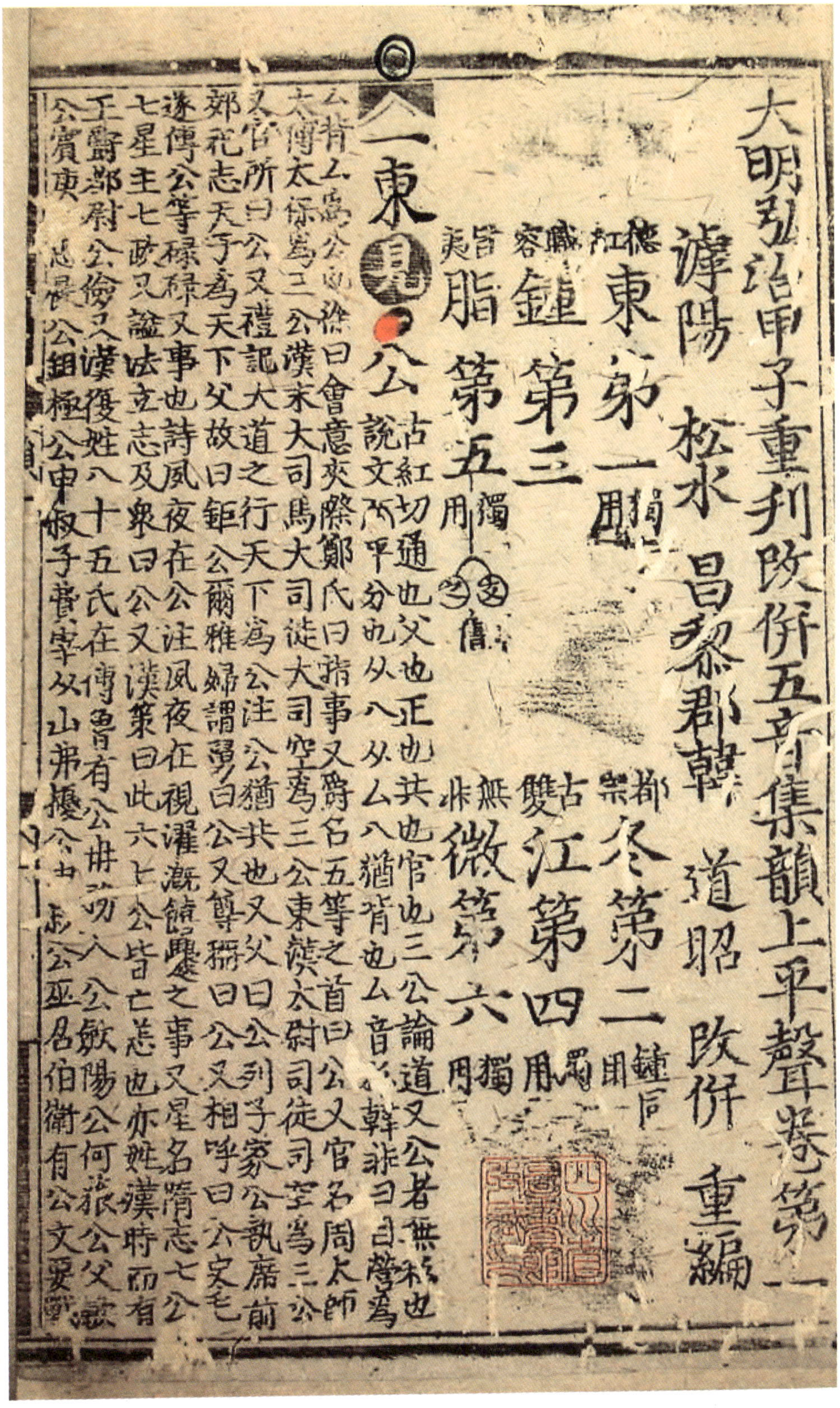
大明弘治甲子重刊改併五音集韻上平聲卷第一
滹陽 松水 昌黎郡韓 道昭 改併 重編
東第一 獨用
冬第二 鍾同用
鍾第三
江第四 獨用
脂第五 之同用
微第六 獨用

01438 大明弘治甲子重刊改併五音集韻十五卷 （金）韓道昭撰　明弘治十七至十八年（1504－1505）刻本

匡高23.9厘米，廣15.5厘米。半葉十行，行字不等，黑口，四周雙邊。四川省圖書館藏。

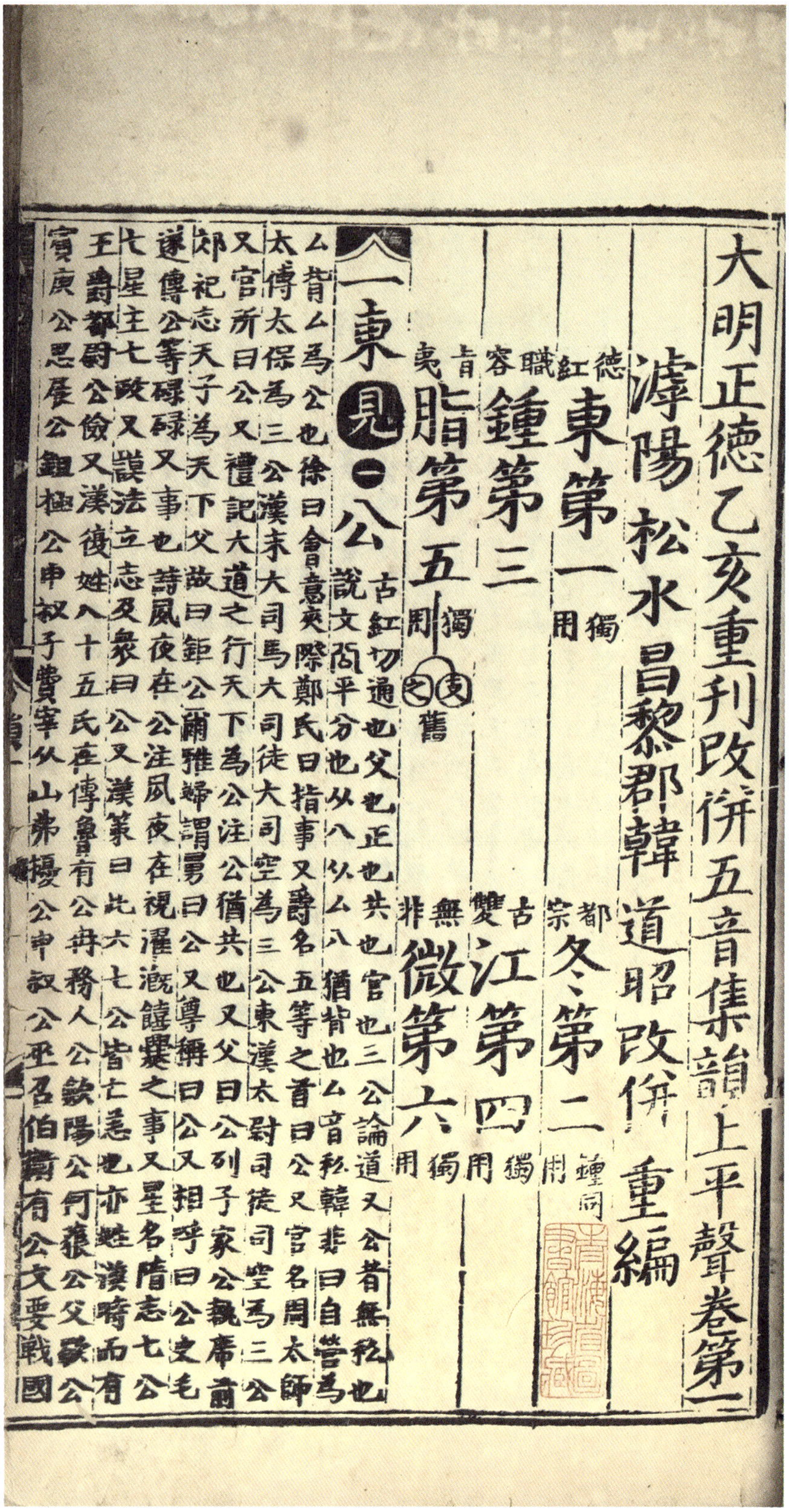
大明正德乙亥重刊改併五音集韻上平聲卷第一
滹陽松水昌黎郡韓道昭改併重編
德紅 東第一 獨用　都宗 冬第二 鍾同
職容 鍾第三　古雙 江第四 獨用
旨夷 脂第五 獨用 支之舊　無非 微第六 獨用
一東 見 一 公 古紅切通也父也正也共也官也三公論道又公者無私也說文㕣平分也从八从厶八猶背也厶音私韓非曰自營為
厶背厶為公也徐曰會意夾際鄭氏曰指事又爵名五等之首曰公又官名周太師
太傅太保為三公漢末大司馬大司徒大司空為三公東漢太尉司徒司空為三公
又官所曰公又禮記大道之行天下為公注公猶共也又父曰公列子家公執席
郊祀志天子為天下父故曰鉅公爾雅婦謂舅曰公又尊稱曰公又相呼曰公史記毛
遂傳公等碌碌又事也詩夙夜在公注夙夜在視濯溉饎爨之事又星名晉志七公
七星主七政又謚法立志及衆曰公又漢第五[illegible]曰此六七公皆亡恙也亦姓漢晴而有
王壽都尉公儉又漢復姓八十五氏左傳魯有公冉務人公歛陽公何藐公父歜公
賓庚公思展公鉏極公申叔子費宰公山弗擾公申叔公巫召伯[illegible]有公文要戰國

01439、01440、01441 大明正德乙亥重刊改併五音集韻十五卷　（金）韓道昭撰　明正德十一年（1516）刻本

匡高29.2厘米，廣19.4厘米。半葉十行，行十八字，小字雙行三十二字，上黑口、下白口，四周雙邊。有“內府重刊本”牌記。

青海大學醫學院圖書館、青海省圖書館、河南省唐河縣圖書館藏。

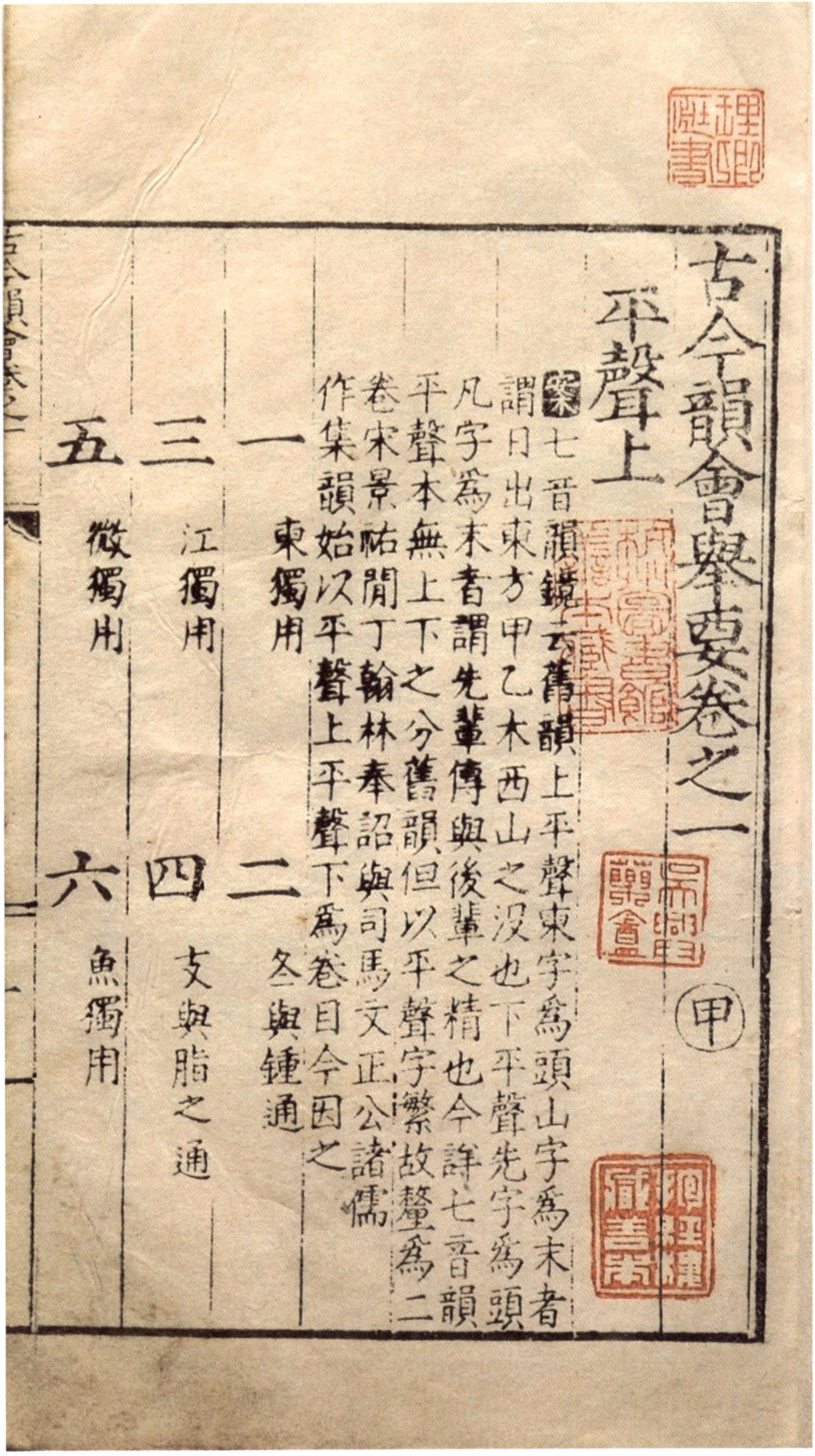

古今韻會舉要卷之一 (甲)

平聲上

案七音韻鏡云舊韻上平聲東字爲頭山字爲末者謂日出東方甲乙木西山之沒也下平聲先字爲頭凡字爲末者謂先輩傳與後輩之精也今詳七音韻平聲本無上下之分舊韻但以平聲字繁故釐爲二卷宋景祐間丁翰林奉詔與司馬文正公諸儒作集韻始以平聲上平聲下爲卷目今因之

一　東獨用　　二　冬與鍾通

三　江獨用　　四　支與脂之通

五　微獨用　　六　魚獨用

01442 古今韻會舉要三十卷禮部韻略七音三十六母通考一卷　（元）熊忠撰　明嘉靖十五年（1536）秦鉞、李舜臣刻十七年（1538）劉儲秀重修本

匡高20.7厘米，廣15厘米。半葉八行，行十一字，小字雙行二十三字，白口，左右雙邊。有“浙東沈德壽家藏之印”、“抱經樓藏善本”、“吳興藥龕”、“理卿藏書”等印。杭州圖書館藏。

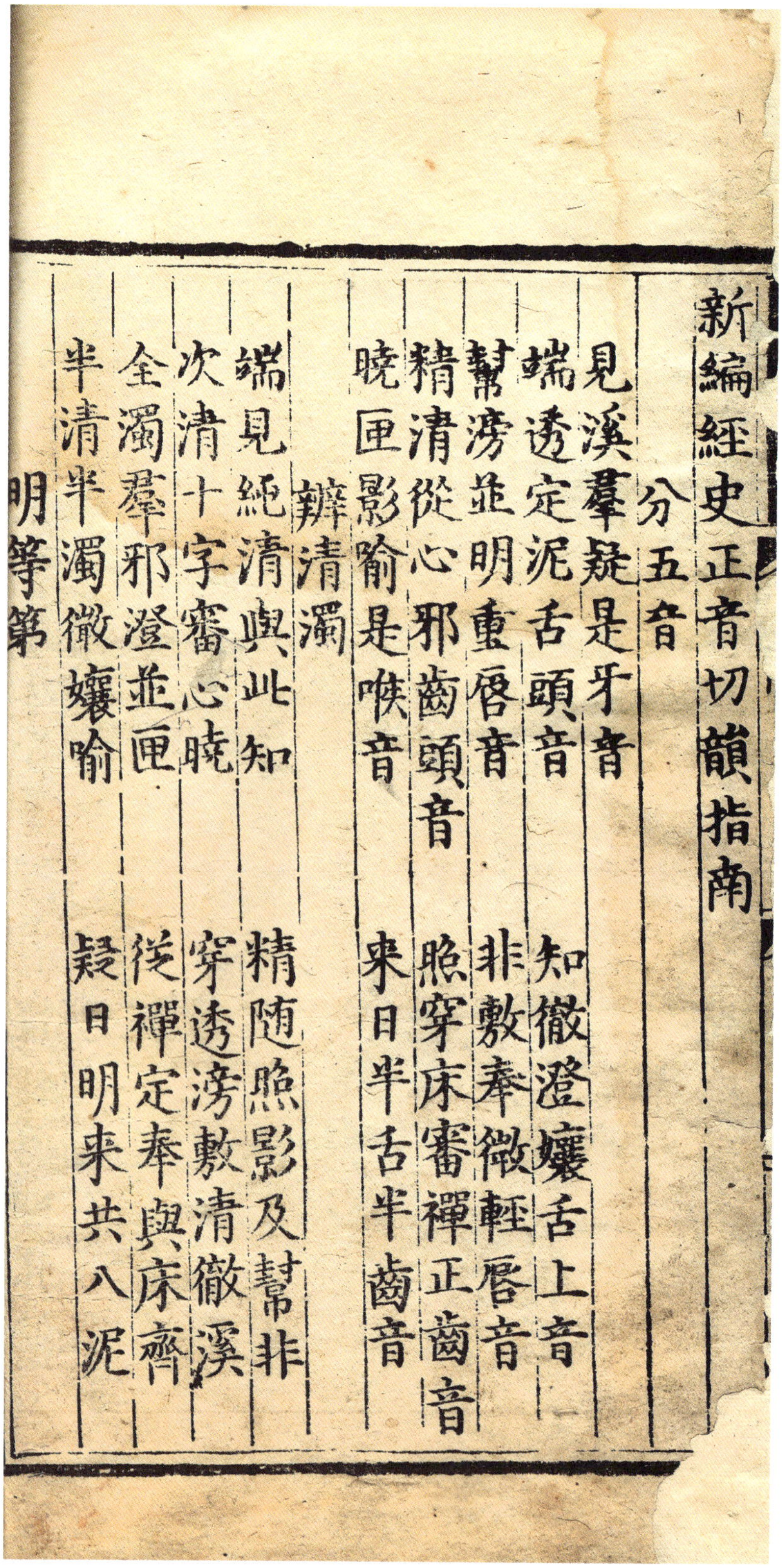

新編經史正音切韻指南

分五音

見溪羣疑是牙音
端透定泥舌頭音　知徹澄孃舌上音
幫滂並明重脣音　非敷奉微輕脣音
精清從心邪齒頭音　照穿床審禪正齒音
曉匣影喻是喉音　來日半舌半齒音

辨清濁

端見純清與此知　精隨照影及幫非
次清十字審心曉　穿透滂敷清徹溪
全濁羣邪澄並匣　從禪定奉與床齊
半清半濁微孃喻　疑日明來共八泥

明等第

01443 新編經史正音切韻指南一卷　（元）劉鑑撰　明弘治九年（1496）釋思宜刻本

匡高22.5厘米，廣15厘米。半葉十三行，行十八字，黑口，四周雙邊。大連圖書館藏。

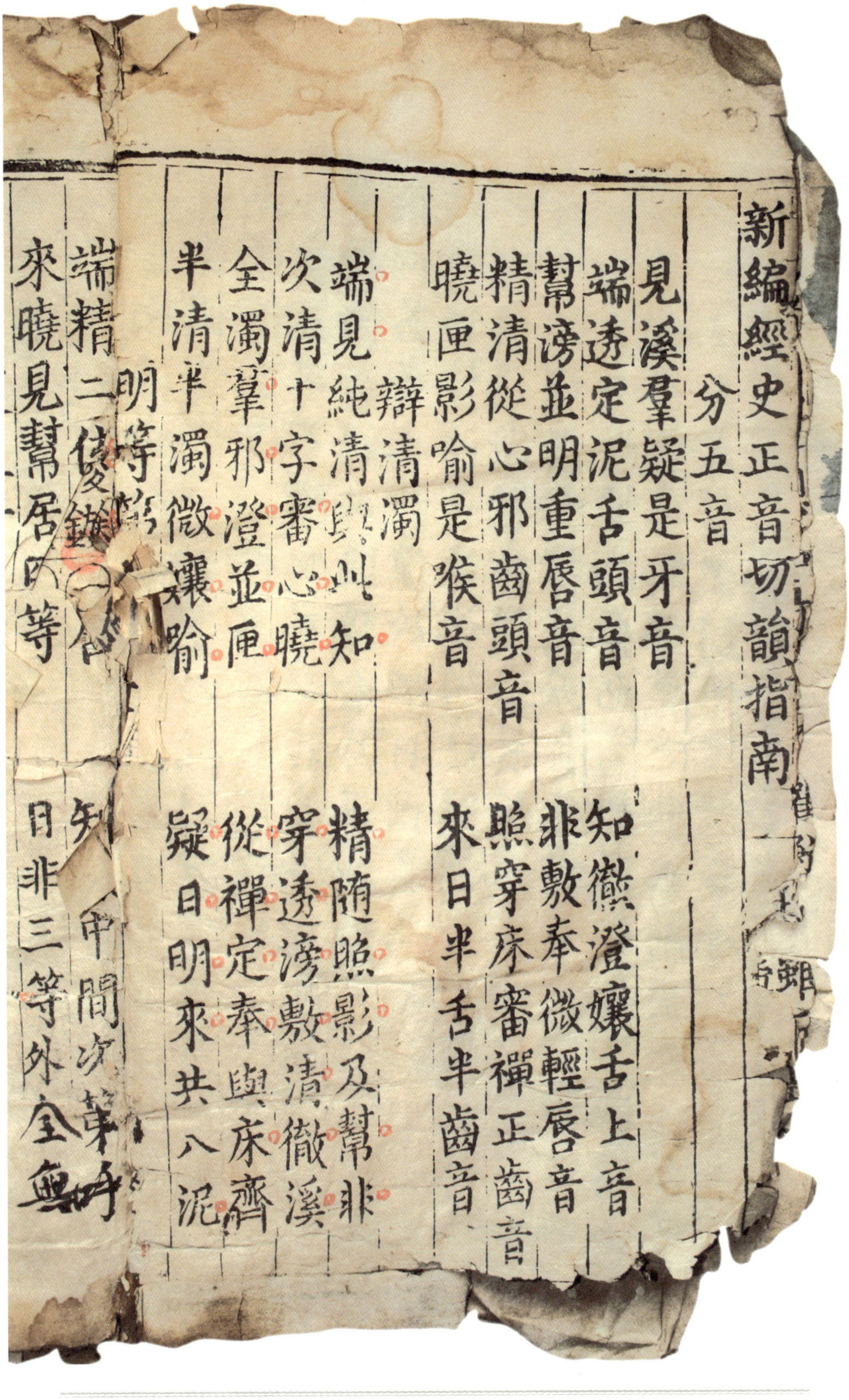

新編經史正音切韻指南
分五音
見溪羣疑是牙音
端透定泥舌頭音
知徹澄孃舌上音
幫滂並明重唇音
非敷奉微輕唇音
精清從心邪齒頭音
照穿牀審禪正齒音
曉匣影喻是喉音
來日半舌半齒音
辯清濁
端見純清與此知
精隨照影及幫非
次清十字審心曉
穿透滂敷清徹溪
全濁羣邪澄並匣
從禪定奉與牀齊
半清半濁微孃喻
疑日明來共八泥
明等第
端精二[illegible]
知[illegible]中間次第[illegible]
來曉見幫居四等
日非三等外全無

01444 新編經史正音切韻指南一卷　（元）劉鑑撰　明正德十一年（1516）刻本

匡高29.7厘米，廣18.7厘米。半葉十三行，行十八字，黑口，四周雙邊。有“大明正德十一年五月端陽日金臺衍法寺後□□恒壽梓重刊”刻書題記。河南省唐河縣圖書館藏。

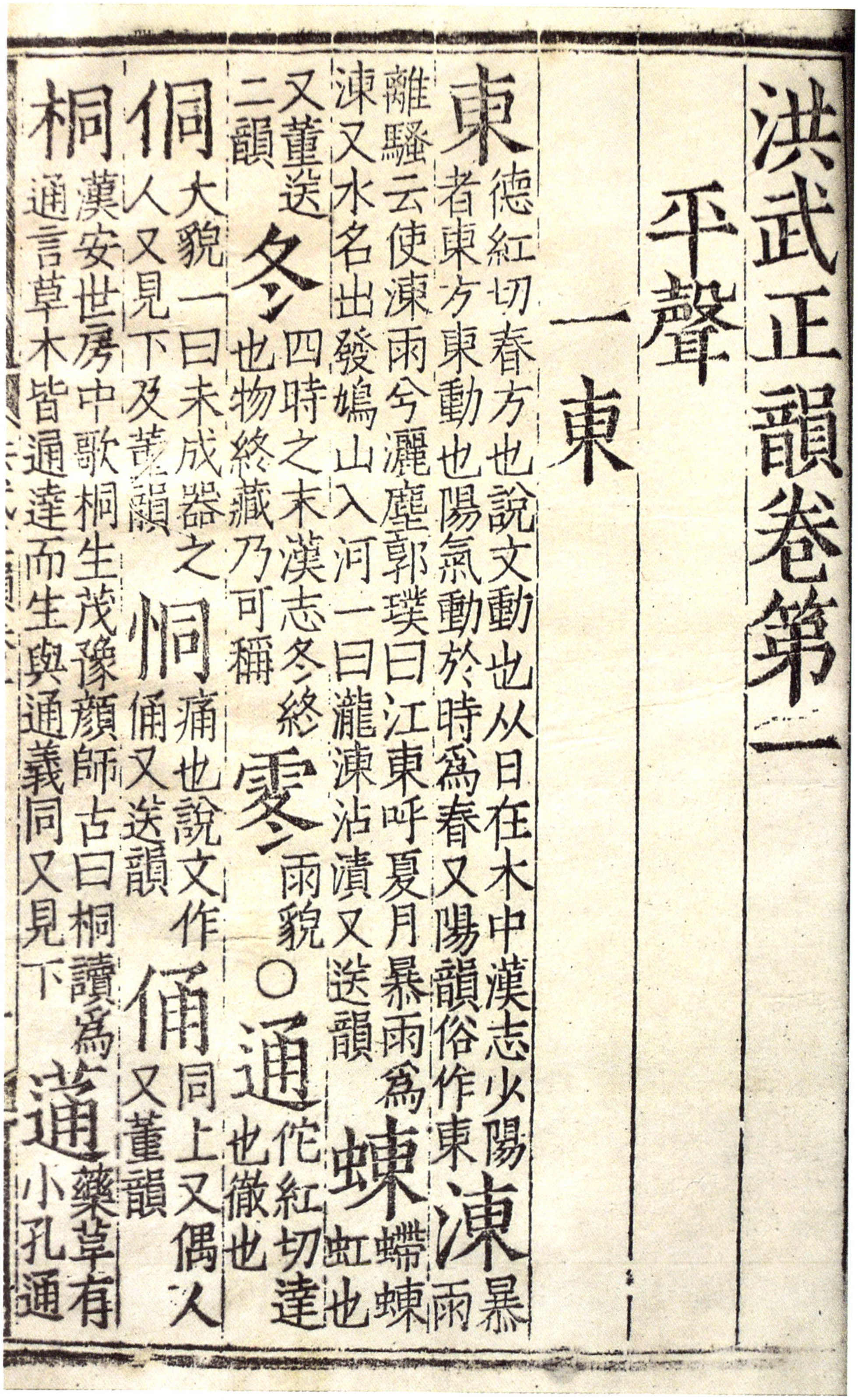

洪武正韻卷第一

平聲

一東

東 德紅切春方也說文動也从日在木中漢志少陽者東方東動也陽氣動於時爲春又陽韻俗作東 凍 暴雨離騷云使凍雨兮灑塵郭璞曰江東呼夏月暴雨爲凍又水名出發鳩山入河一曰瀧凍沾漬又送韻 蝀 螮蝀虹也又董送二韻 冬 四時之末漢志冬終也物終藏乃可稱 零 雨貌 ○通 佗紅切達也徹也 侗 大貌一曰未成器之人又見下及董韻 恫 痛也說文作恫又送韻 俑 同上又偶人又董韻 桐 漢安世房中歌桐生茂豫顏師古曰桐讀爲通言草木皆通達而生與通義同又見下 蓪 藥草有小孔通

01445 洪武正韻十六卷 （明）樂韶鳳 宋濂等撰 明初刻本

匡高22.5厘米，廣14.6厘米。半葉八行，行字不等，小字雙行二十四字，粗黑口，四周雙邊。有"明善堂藏書記"等印。安徽師範大學圖書館藏。

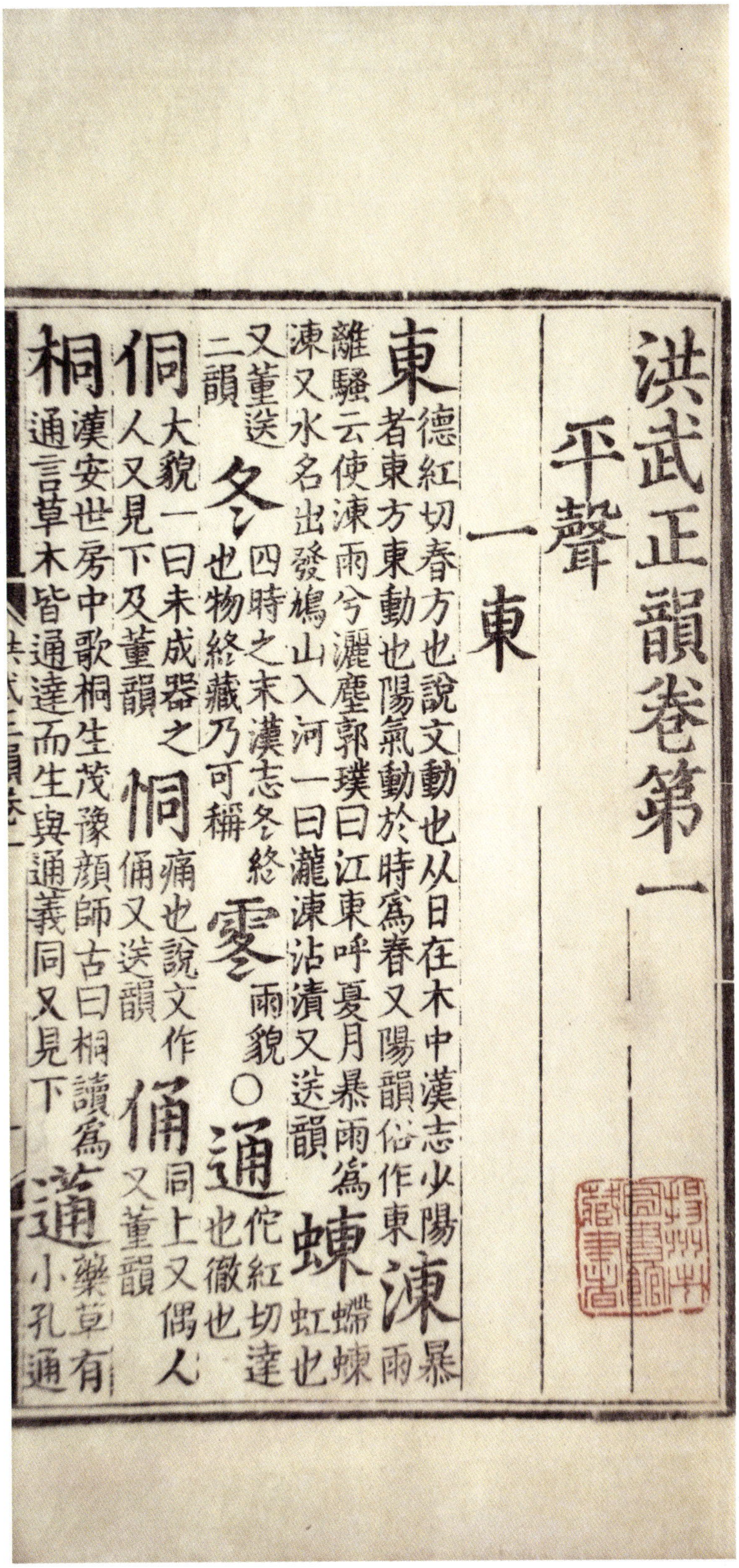
洪武正韻卷第一

平聲

一東

東德紅切春方也說文動也从日在木中漢志少陽者東方東動也陽氣動於時爲春又陽韻俗作東 凍暴雨離騷云使凍雨兮灑塵郭璞曰江東呼夏月暴雨爲凍又水名出發鳩山入河一曰瀧凍沾漬又送韻 蝀螮蝀虹也又董送二韻 冬四時之末漢志冬終也物終藏乃可稱 零雨貌 ○通佗紅切達也徹也 侗大貌一曰未成器之人又見下及董韻 恫痛也說文作侗又送韻 俑同上又偶人又董韻 桐漢安世房中歌桐生茂豫顏師古曰桐讀爲通言草木皆通達而生與通義同又見下 蓪藥草有小孔通

01446、01447 洪武正韻十六卷 （明）樂韶鳳 宋濂等撰 明刻本

匡高22.2厘米，廣14.9厘米。半葉八行，行字不等，小字雙行二十四字，粗黑口，四周雙邊。揚州市圖書館、青海師範大學圖書館藏。

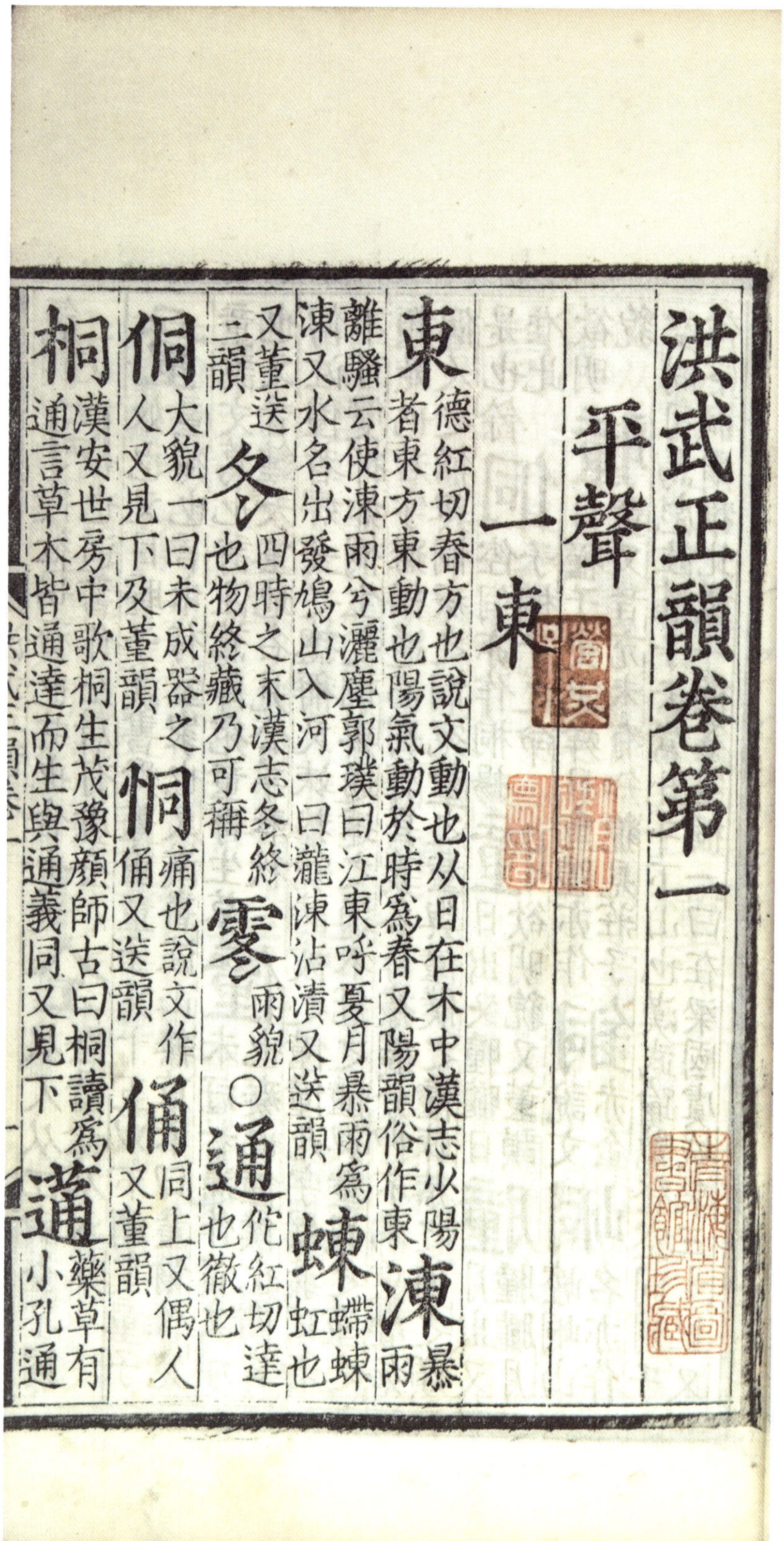

洪武正韻卷第一

平聲

一東

東 德紅切春方也說文動也从日在木中漢志少陽者東方東動也陽氣動於時爲春又陽韻俗作東 涷 暴雨

離騷云使涷雨兮灑塵郭璞曰江東呼夏月暴雨爲涷又水名出發鳩山入河一曰瀧涷沾漬又送韻 蝀 螮蝀虹也

又董送二韻 冬 四時之末漢志冬終也物終藏乃可稱 零 雨貌 ○通 佗紅切達也徹也

侗 大貌一曰未成器之人又見下及董韻 恫 痛也說文作侗又送韻 俑 同上又偶人又董韻

桐 漢安世房中歌桐生茂豫顏師古曰桐讀爲通言草木皆通達而生與通義同又見下 蓪 藥草有小孔通

01448 洪武正韻十六卷 （明）樂韶鳳 宋濂等撰 明正德十年（1515）張淮刻本

匡高21.9厘米，廣14.8厘米。半葉八行，行字不等，小字雙行二十四字，粗黑口，四周雙邊。有“正德歲次乙亥仲夏月巡按河南監察御史張淮命工翻刊”刻書題記。青海省圖書館藏。

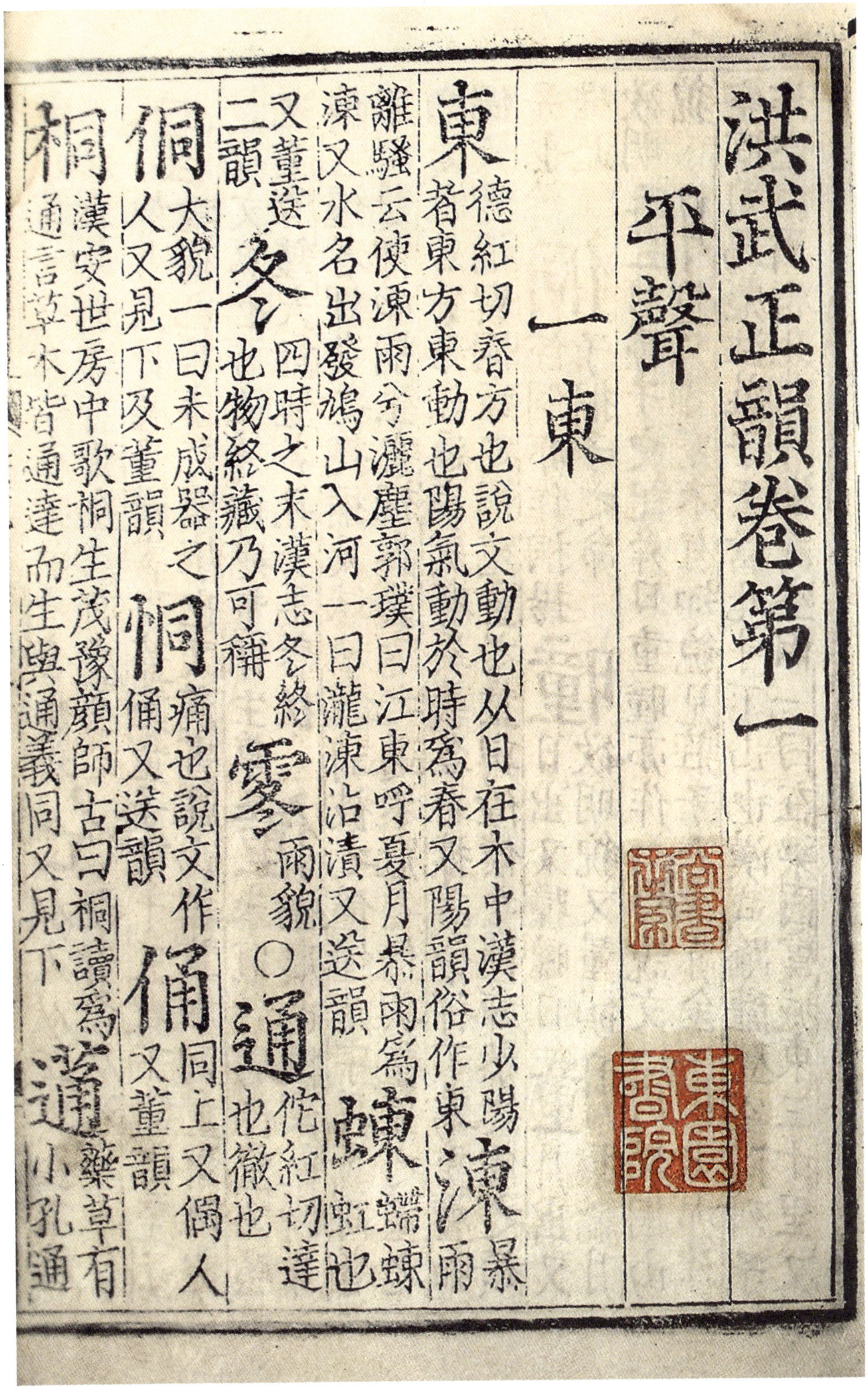

洪武正韻卷第一

平聲

一東

東 德紅切春方也說文動也从日在木中漢志少陽者東方東動也陽氣動於時爲春又陽韻俗作東 涷 暴雨離騷云使涷雨兮灑塵郭璞曰江東呼夏月暴雨爲涷又水名出發鳩山入河一曰瀧涷沾漬又送韻 蝀 螮蝀虹也又董送二韻 冬 四時之末漢志冬終也物終藏乃可稱 ⿱雨冬 雨貌 ○ 通 他紅切達也徹也 侗 大貌一曰未成器之人又見下及董韻 恫 痛也說文作俑又送韻 俑 同上又偶人又董韻 桐 漢安世房中歌桐生茂豫顏師古曰桐讀爲通言草木皆通達而生與通義同又見下 蓪 藥草有小孔通

01449、01450、01451 洪武正韻十六卷 （明）樂韶鳳 宋濂等撰 明嘉靖二十七年（1548）衡藩刻藍印本

匡高21.7厘米，廣14.5厘米。半葉八行，行十二字，小字雙行二十四字，黑口，四周雙邊。安徽省博物館藏，有“東園書院”、“尚書世家”等印；溫州市圖書館藏；青海省圖書館藏，存十卷。

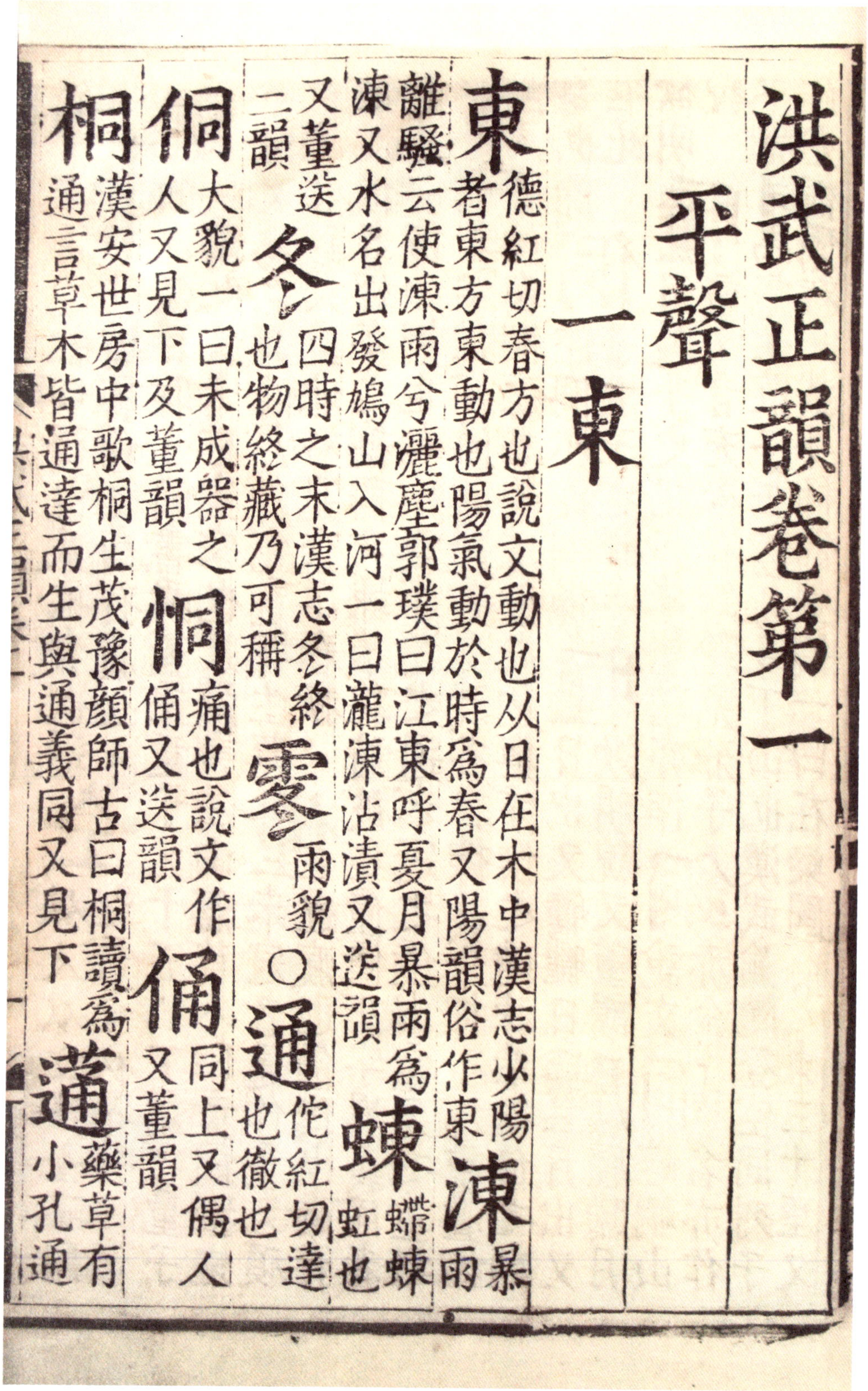

洪武正韻卷第一

平聲

一東

東 德紅切春方也說文動也从日在木中漢志少陽者東方東動也陽氣動於時爲春又陽韻俗作東 凍 暴雨離騷云使凍雨兮灑塵郭璞曰江東呼夏月暴雨爲凍又水名出發鳩山入河一曰瀧凍沾漬又送韻 蝀 蝃蝀虹也又董送二韻 冬 四時之末漢志冬終也物終藏乃可稱 零 雨貌 ○通 佗紅切達也徹也 侗 大貌一曰未成器之人又見下及董韻 恫 痛也說文作俑又送韻 俑 同上又偶人又董韻 桐 漢安世房中歌桐生茂豫顏師古曰桐讀爲通言草木皆通達而生與通義同又見下 蓪 藥草有小孔通

01452、01453 洪武正韻十六卷 （明）樂韶鳳 宋濂等撰 明隆慶元年（1567）衡藩刻本

匡高22厘米，廣14.5厘米。半葉八行，行十二字，小字雙行二十四字，黑口，四周雙邊。湖南圖書館藏，有"柳林馮氏藏書印"等印；河南省圖書館藏。

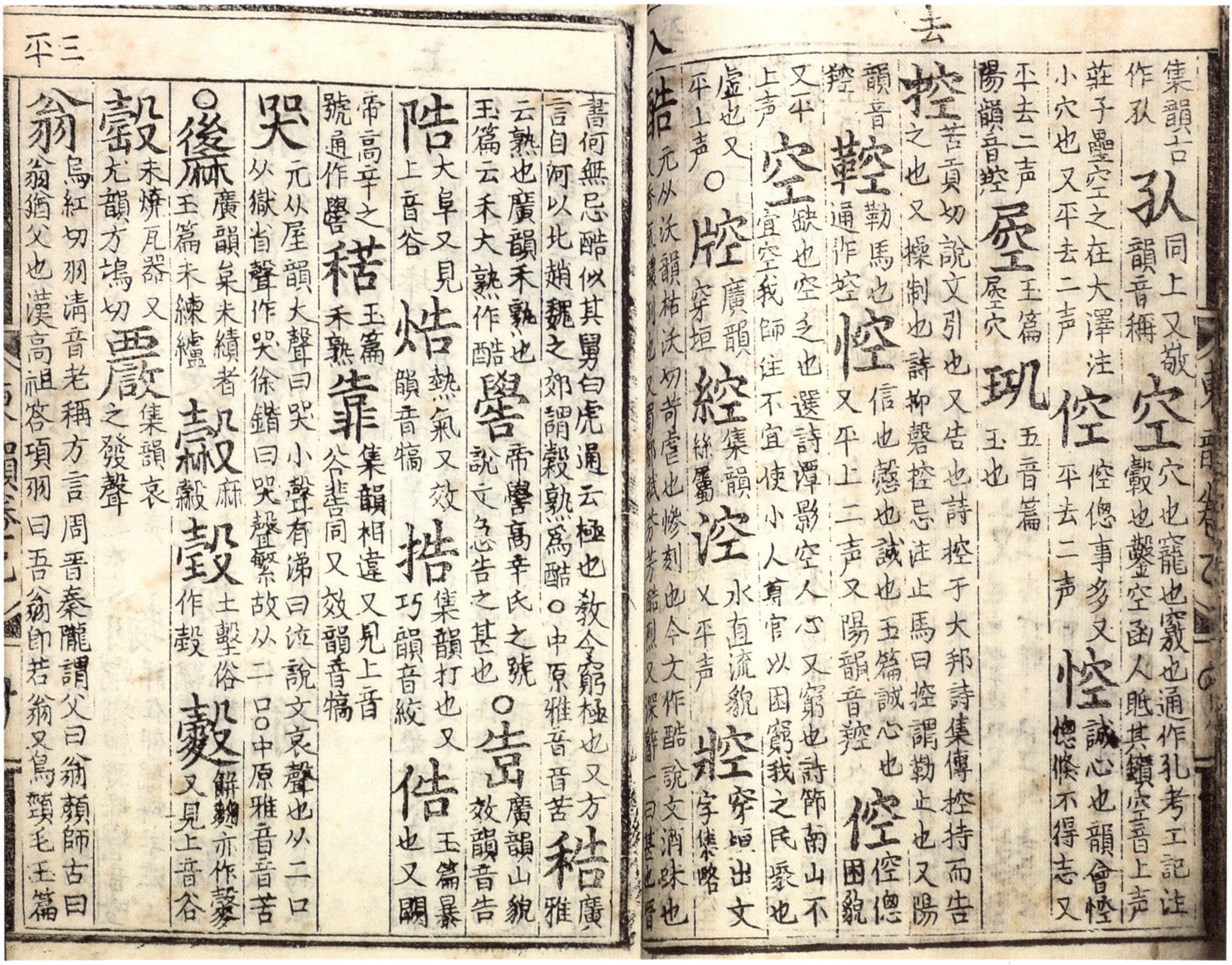

01454 新編并音連聲韻學集成十三卷 （明）章黼撰　明成化十七年（1481）刻嘉靖二十四年（1545）張重補刻萬曆九年（1581）高薦重修本

匡高22厘米，廣14厘米。半葉八行，行字不等，粗黑口，四周雙邊。南陽市圖書館藏，存十卷。

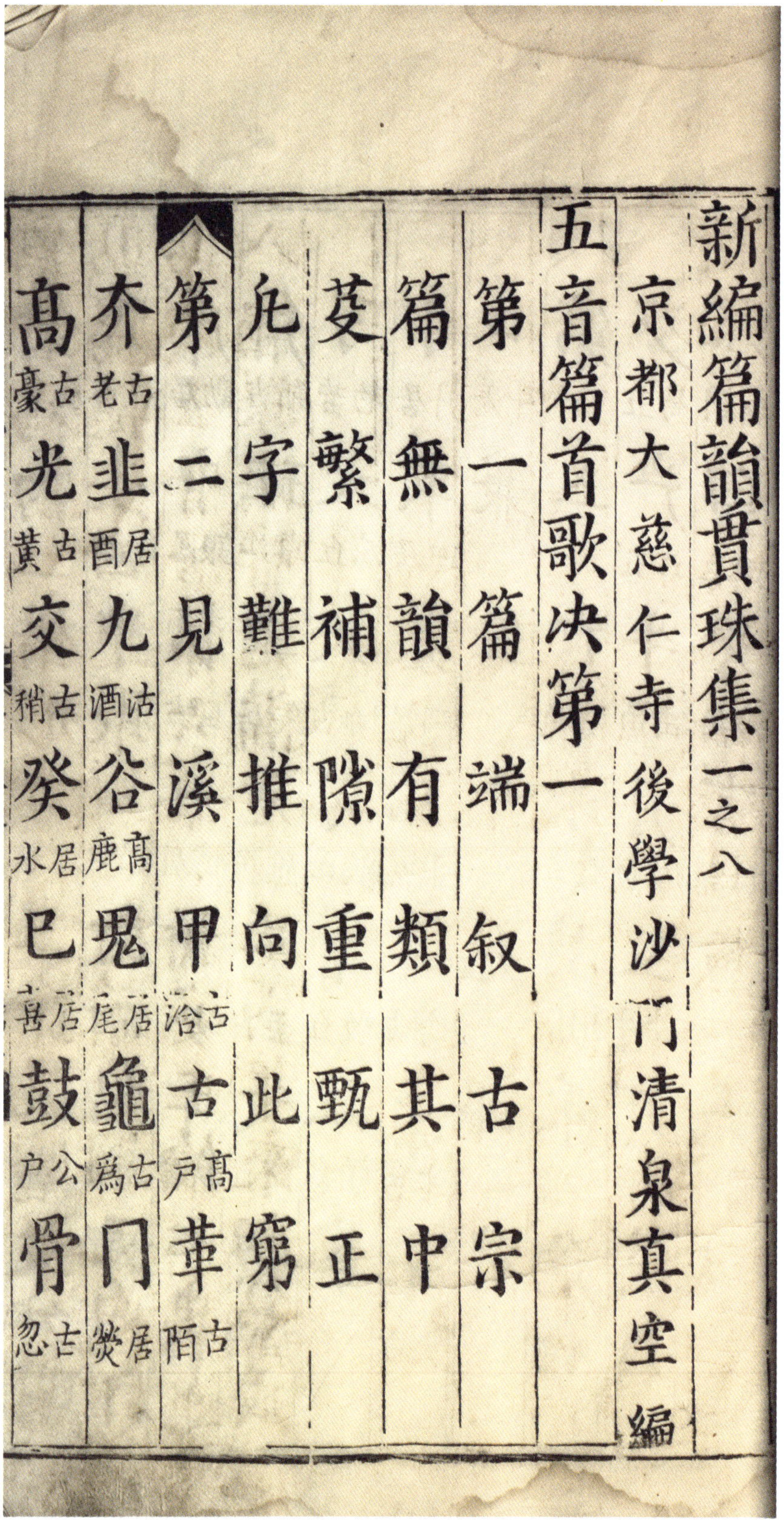

新編篇韻貫珠集一之八
京都大慈仁寺後學沙門清泉真空　編
五音篇首歌决第一
第一篇叙古宗
篇無韻有類其中
茇繁補隙重甄正
危字難推向此窮
第二見溪甲古洽古古高戶華古陌
乔古老韭居酉九沽酒谷高鹿鬼居尾龜古爲门居熒
髙古豪光古黄交古稍癸居水巳居喜鼓公戶骨古忽

01455 新編篇韻貫珠集八卷　（明）釋真空撰　明弘治六年（1493）刻本

匡高28厘米，廣18.5厘米。半葉十行，行十六字，小字雙行同，白口，四周雙邊。大連圖書館藏。

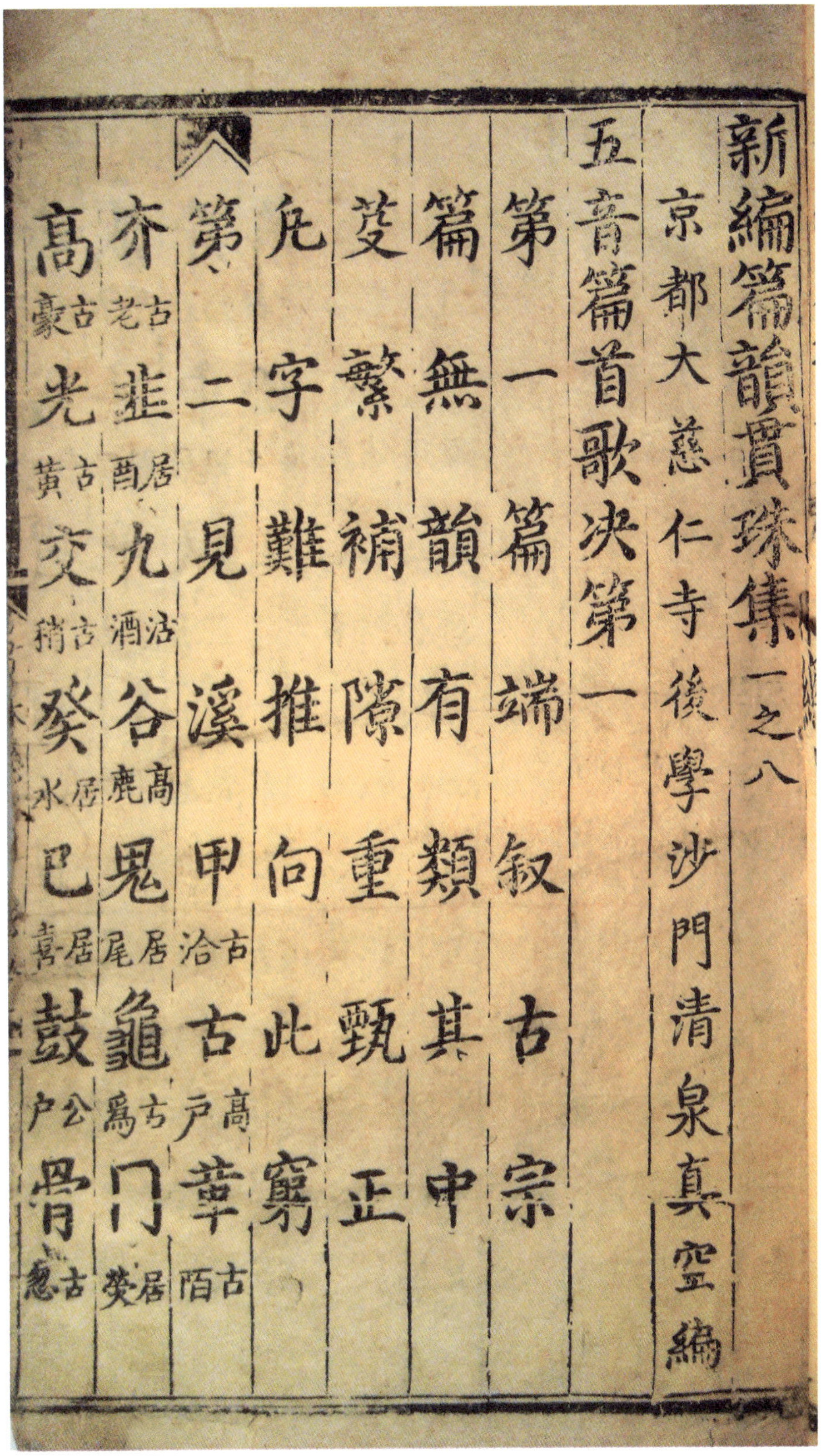

新編篇韻貫珠集一之八
京都大慈仁寺後學沙門清泉真空編
五音篇首歌決第一
第一篇端叙古宗
篇無韻有類其中
芟繁補隙重甄正
凢字難推向此窮
第二見溪甲古洽古高戶葦古陌
夰古老韭居酉九洁酒谷高鹿鬼居尾龜古爲门居癸
高古豪光古黃交古稍癸居水巳居喜鼓公戶骨古忽

01456 新編篇韻貫珠集八卷附直指玉鑰匙門法一卷 （明）釋真空撰　明正德十一年（1516）金臺衍法寺釋覺恒募刻本

匡高30.3厘米，廣18.8厘米。半葉十行，行十五字，黑口，四周雙邊。河南省唐河縣圖書館藏。

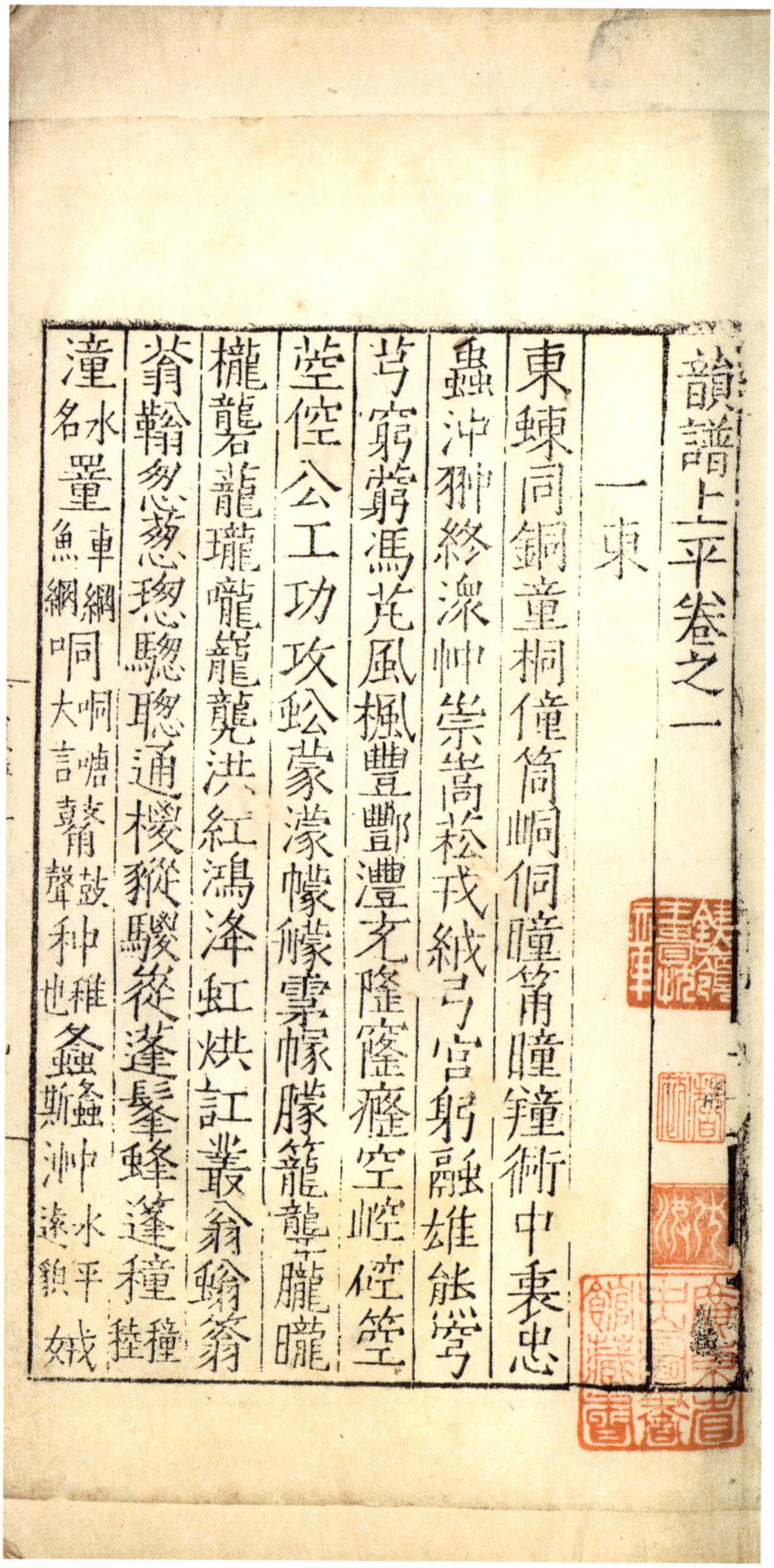

01457 韻譜二卷 （明）朱睦㮮撰 明嘉靖二十四年（1545）白滄刻本

匡高18.2厘米，廣13.5厘米。半葉九行，行十八字，小字雙行字不等，白口，四周單邊。廣東省立中山圖書館藏。

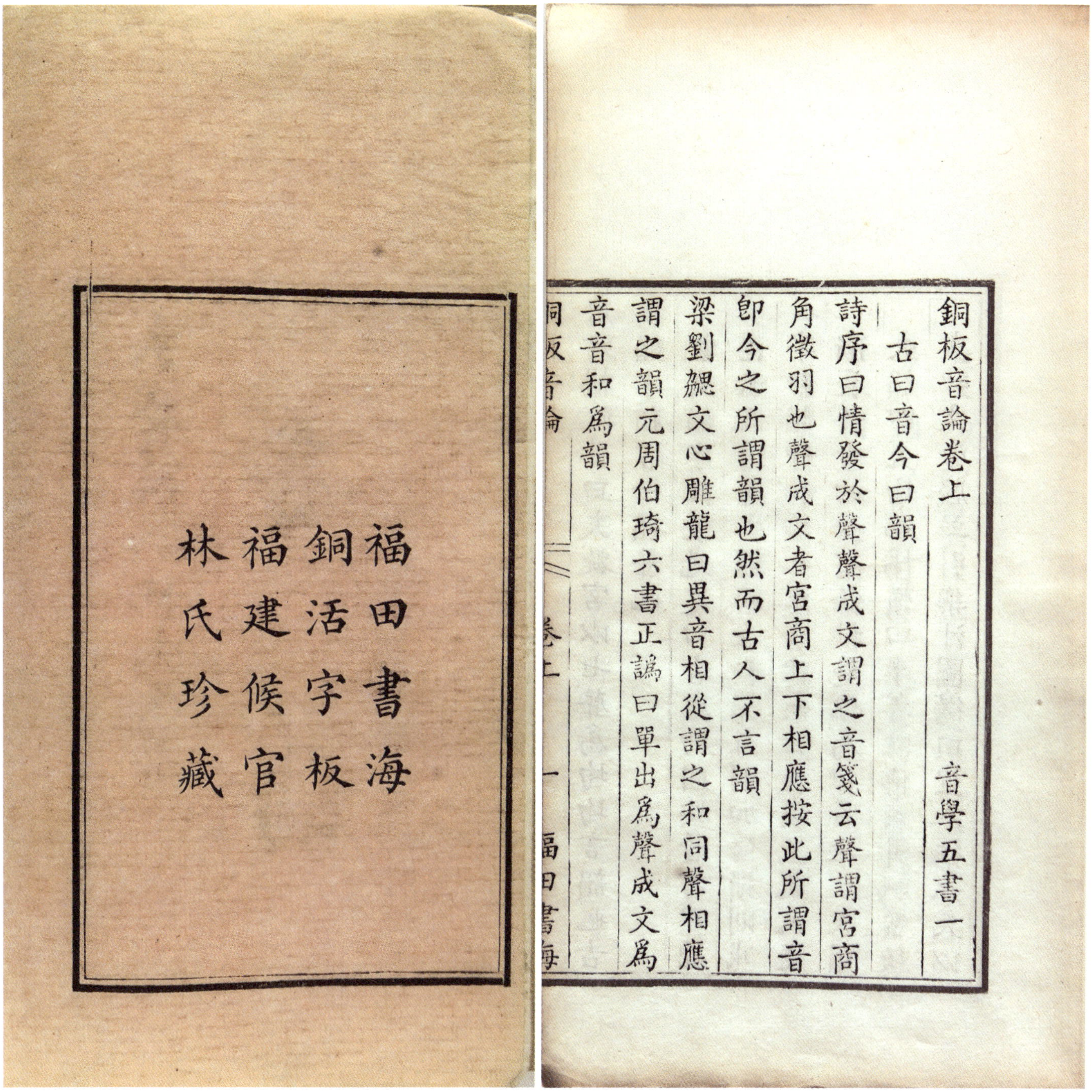

01458 音學五書十三卷　（清）顧炎武撰　清福建候官林春祺福田書海銅活字印本

匡高17厘米，廣11厘米。半葉八行，行十九字，白口，四周雙邊。有“福田書海銅活字板福建候官林氏珍藏”牌記。金陵圖書館藏。

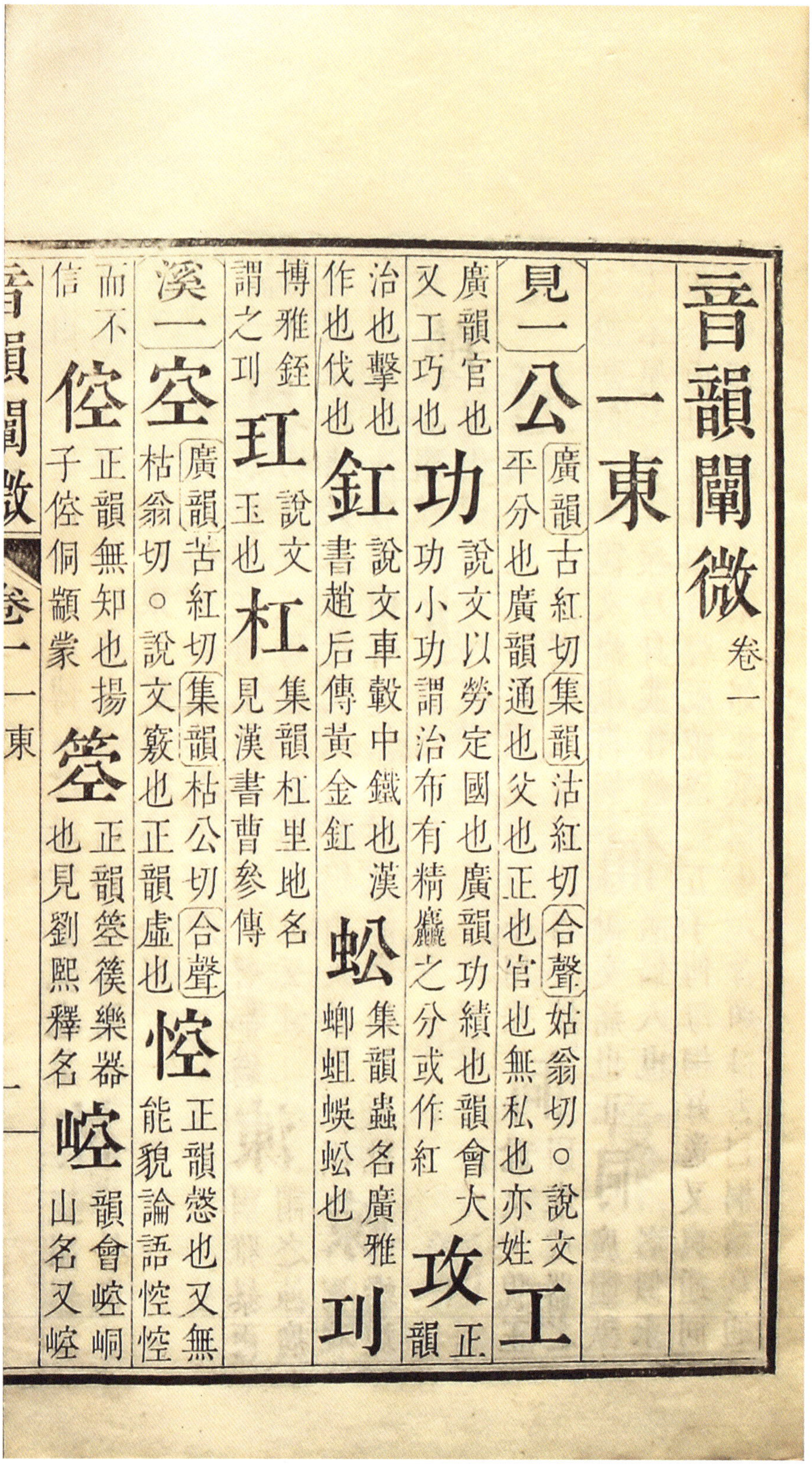
音韻闡微　卷一
一東
見一公　廣韻古紅切集韻沽紅切合聲姑翁切。說文平分也廣韻通也父也正也官也無私也亦姓　工　廣韻官也又工巧也　功　說文以勞定國也廣韻功績也韻會大功小功謂治布有精麤之分或作紅　攻　正韻治也擊也作也伐也　釭　說文車轂中鐵也漢書趙后傳黃金釭　蚣　集韻蟲名廣雅蝍蛆蜈蚣也　[工刂]　博雅鋌謂之[工刂]　玒　說文玉也　杠　集韻杠里地名見漢書曹參傳
溪一空　廣韻苦紅切集韻枯公切合聲枯翁切。說文竅也正韻虛也　悾　正韻慤也又無能貌論語悾悾而不信　倥　正韻無知也揚子倥侗顓蒙　箜　正韻箜篌樂器也見劉熙釋名　崆　韻會崆峒山名又崆
音韻闡微　卷一　一東　一

01459　音韻闡微十八卷　（清）李光地等撰　清雍正六年（1728）內府刻本

匡高21厘米，廣14.8厘米。半葉八行，行字不等，小字雙行二十四字，白口，四周雙邊。河南省圖書館藏。

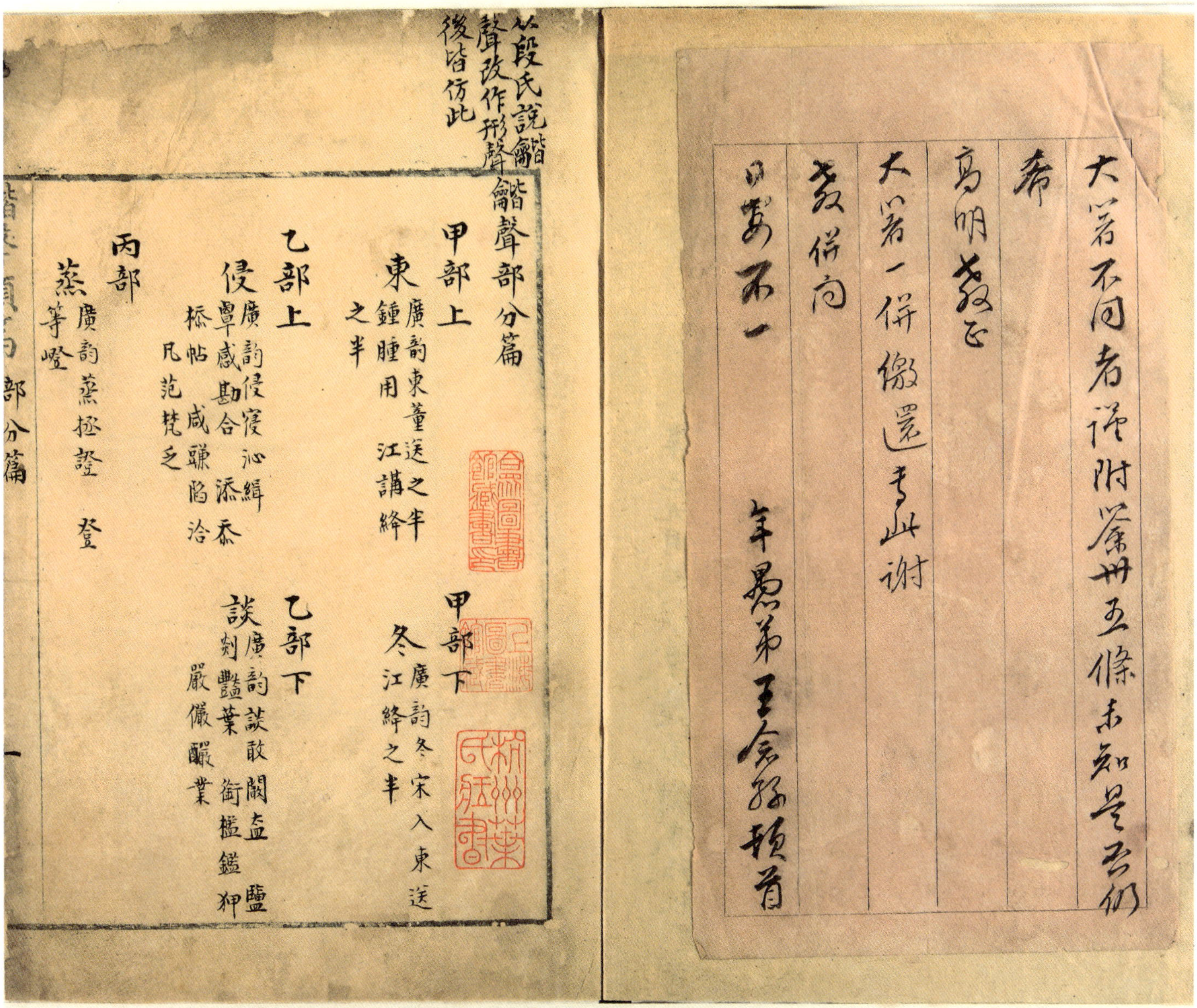

01460 諧聲類篇四卷 （清）丁履恒撰　稿本

匡高18.3厘米，廣12.8厘米。半葉九行，行二十字，白口，四周單邊。有“杭州葉氏藏書”等印。王念孫、劉逢禄簽校，王氏書劄。上海圖書館藏。

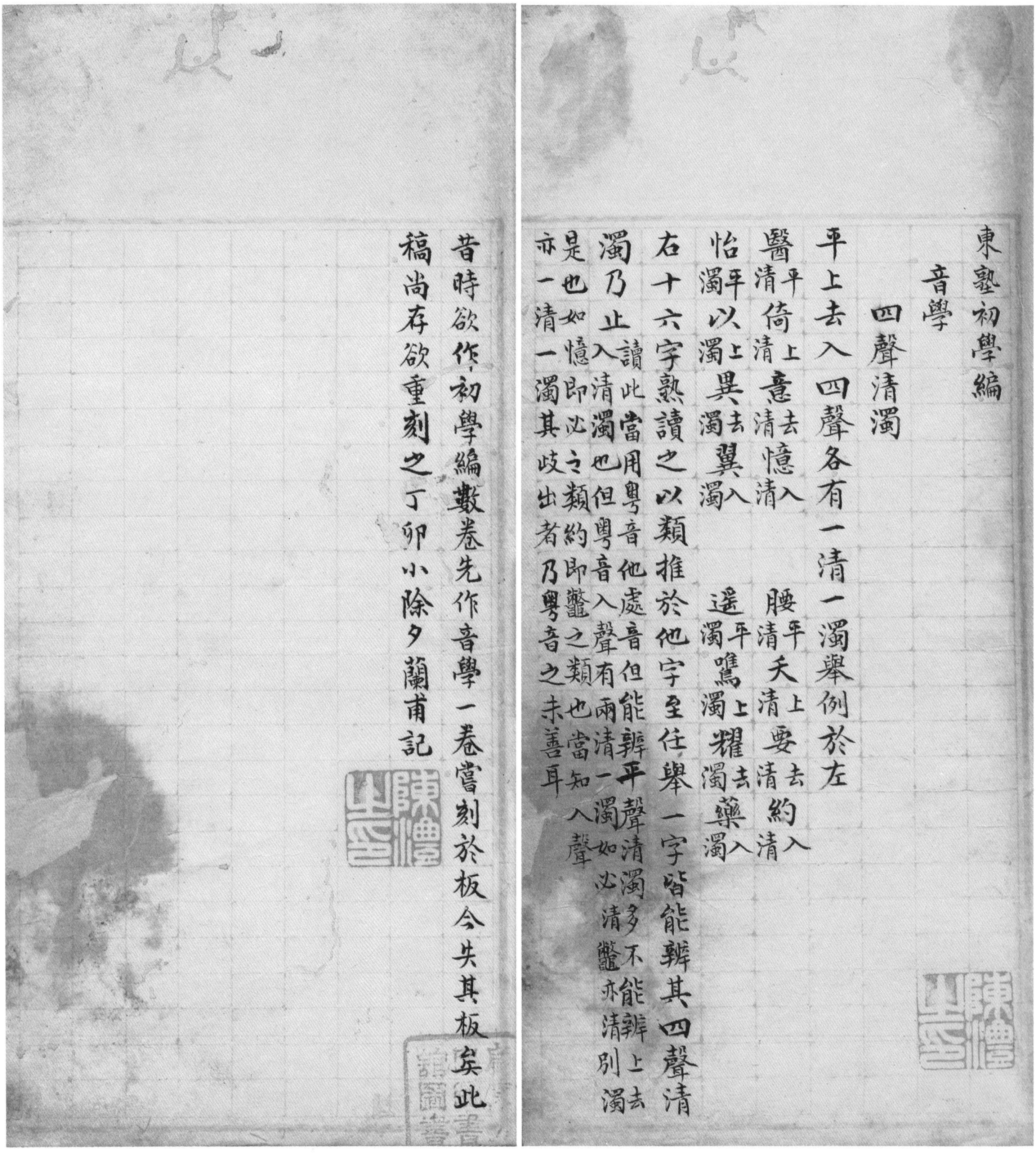
東塾初學編

音學

四聲清濁

平上去入四聲各有一清一濁舉例於左

醫清平 倚清上 意清去 憶清入 腰清平 夭清上 要清去 約清入

怡濁平 以濁上 異濁去 翼濁入 遥濁平 鷂濁上 耀濁去 藥濁入

右十六字熟讀之以類推於他字至任舉一字皆能辨其四聲清濁乃止讀此當用粵音他處音但能辨平聲清濁多不能辨上去入清濁也但粵音入聲有兩清一濁如必清鼈亦清別濁是也如憶即必之類約即鼈之類也當知入聲亦一清一濁其歧出者乃粵音之未善耳

昔時欲作初學編數卷先作音學一卷嘗刻於板今失其板幸此稿尚存欲重刻之丁卯小除夕蘭甫記

01461 東塾初學編一卷　（清）陳澧撰　稿本

匡高18.7厘米，廣10.5厘米。半葉九行，行二十五字，小字雙行同，白口，四周雙邊。廣東省立中山圖書館藏。

中华古籍保护

第一批國家珍貴古籍名録圖録

第六册

中國國家圖書館
中國國家古籍保護中心 編

國家圖書館出版社

第六册目録

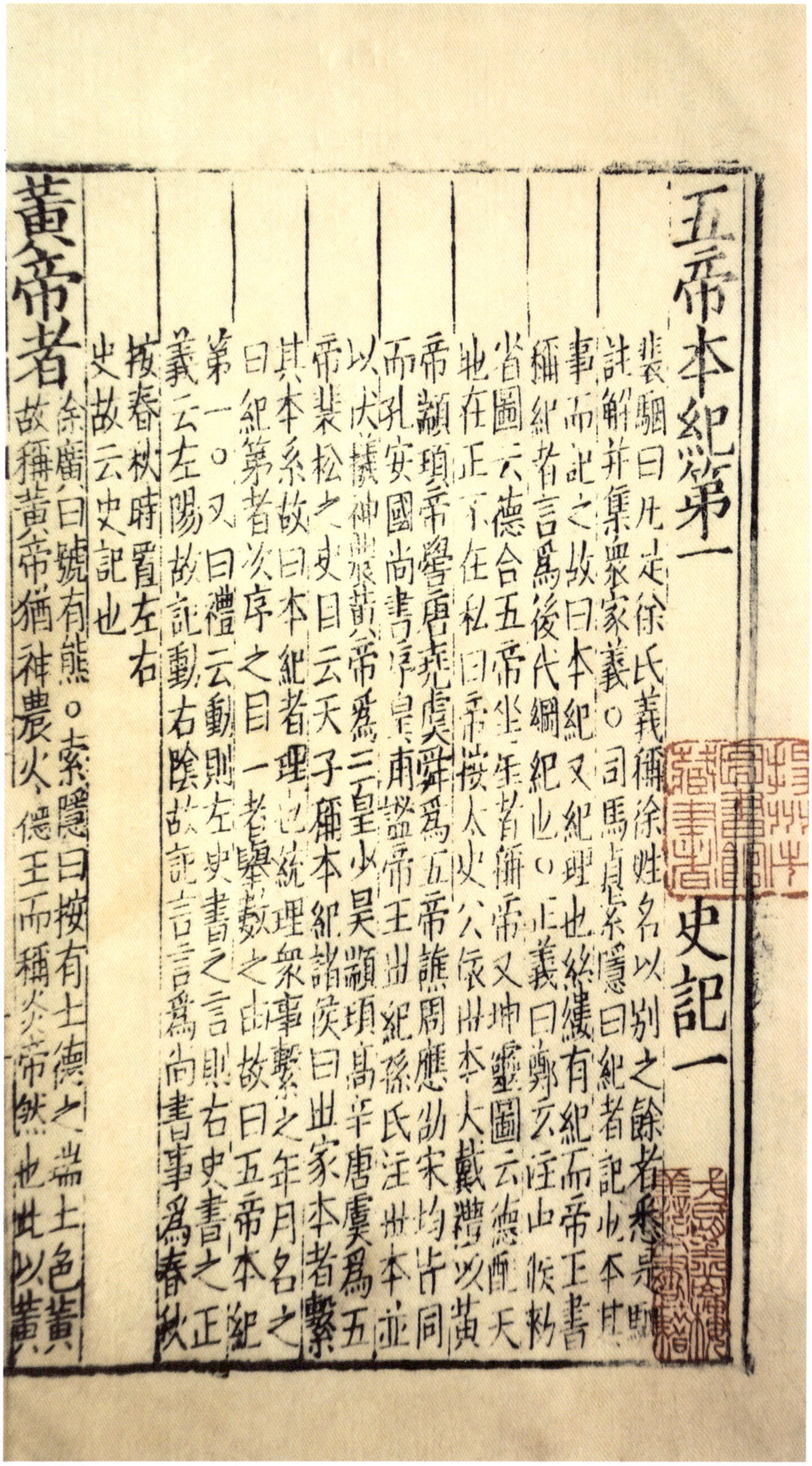

五帝本紀第一　史記一

裴駰曰凡是徐氏義稱徐姓名以別之餘者悉是駰註解并集衆家義○司馬貞索隱曰紀者記也本其事而記之故曰本紀又紀理也絲縷有紀而帝王書稱紀者言爲後代綱紀也○正義曰鄭玄注中候敕省圖云德合五帝坐星者稱帝又坤靈圖云德配天地在正不在私曰帝按太史公依世本大戴禮以黄帝顓頊帝嚳唐堯虞舜爲五帝譙周應劭宋均皆同而孔安國尚書序皇甫謐帝王世紀孫氏注世本並以伏犧神農黄帝爲三皇少昊顓頊高辛唐虞爲五帝裴松之史目云天子稱本紀諸侯曰世家本者繫其本系故曰本紀者理也統理衆事繫之年月名之曰紀第者次序之目一者舉數之由故曰五帝本紀第一○又曰禮云動則左史書之言則右史書之正義云左陽故記動右陰故記言言爲尚書事爲春秋按春秋時置左右史故云史記也

黄帝者徐廣曰號有熊○索隱曰按有土德之瑞土色黄故稱黄帝猶神農火德王而稱炎帝然也此以黄

01462、01463　史記一百三十卷　（漢）司馬遷撰　（南朝宋）裴駰集解　（唐）司馬貞索隱　（唐）張守節正義　明嘉靖四至六年（1525-1527）王延喆刻本

匡高20厘米，廣13.1厘米。半葉十行，行十八字，小字雙行二十四字，白口，左右雙邊。有“震澤王氏刻於恩褒四世之堂”、“震澤王氏刻梓”牌記。揚州市圖書館藏，有戈秉直跋；四川省圖書館藏，有“世留堂藏書印”、“張成孝印”等印。

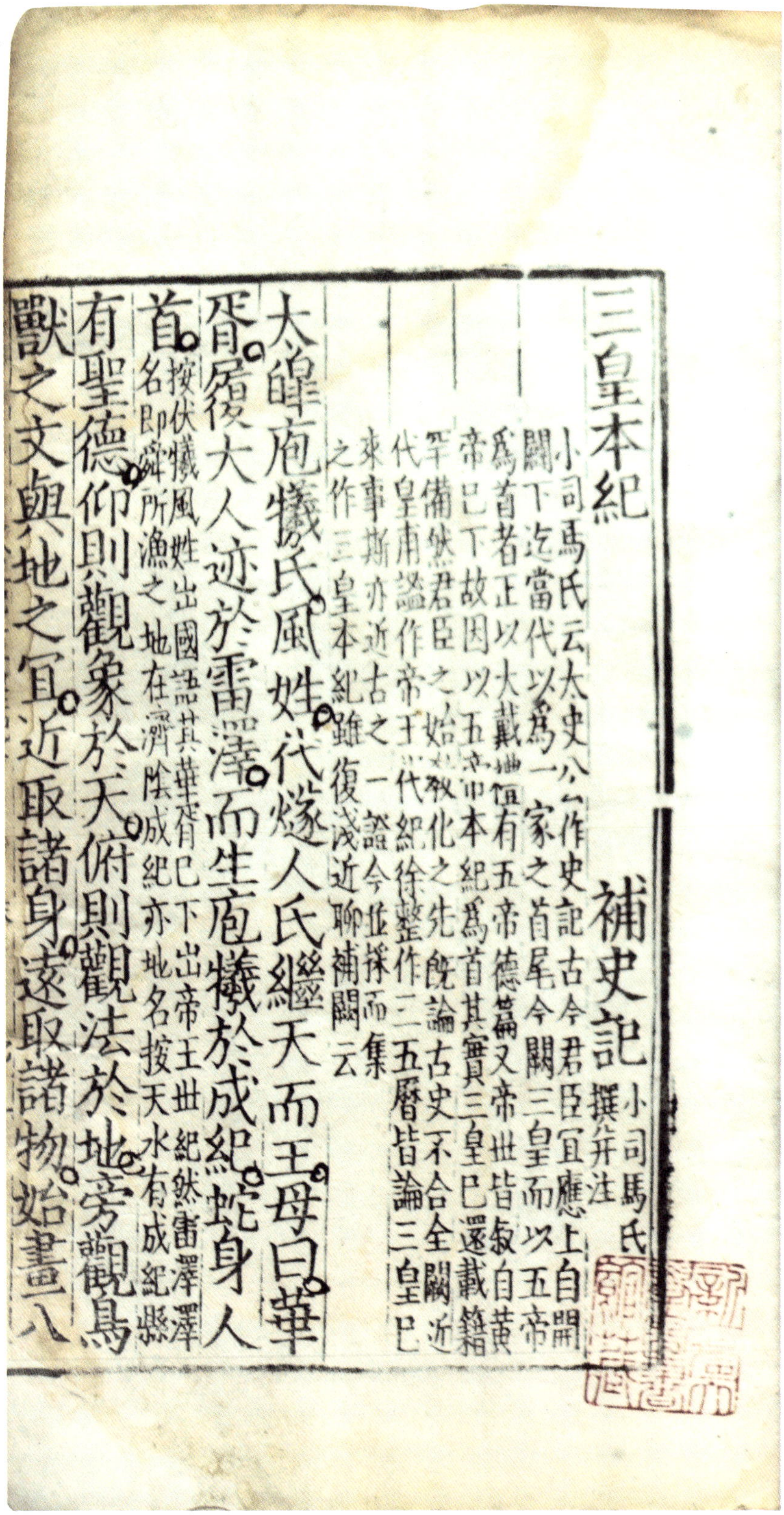

三皇本紀　補史記　小司馬氏撰并注

小司馬氏云太史公作史記古今君臣宜應上自開
闢下迄當代以爲一家之首尾今闕三皇而以五帝
爲首者正以大戴禮有五帝德篇又帝世皆叙自黄
帝已下故因以五帝本紀爲首其實三皇已還載籍
罕備然君臣之始教化之先既論古史不合全闕近
代皇甫謐作帝王代紀徐整作三五曆皆論三皇已
來事斯亦近古之一證今並採而集
之作三皇本紀雖復淺近聊補闕云

太皞庖犧氏風姓代燧人氏繼天而王母曰華
胥履大人迹於雷澤而生庖犧於成紀蛇身人
首按伏犧風姓出國語其華胥已下出帝王世紀然雷澤澤名即舜所漁之地在濟陰成紀亦地名按天水有成紀縣
有聖德仰則觀象於天俯則觀法於地旁觀鳥
獸之文與地之宜近取諸身遠取諸物始畫八

01464　史記一百三十卷　（漢）司馬遷撰　（南朝宋）裴駰集解　（唐）司馬貞索隱　（唐）張守節正義　明嘉靖十三年（1534）秦藩朱惟焯刻二十九年（1550）重修本

匡高19.7厘米，廣12.8厘米。半葉十行，行十八字，小字雙行二十四字，白口，左右雙邊。新疆大學圖書館藏。

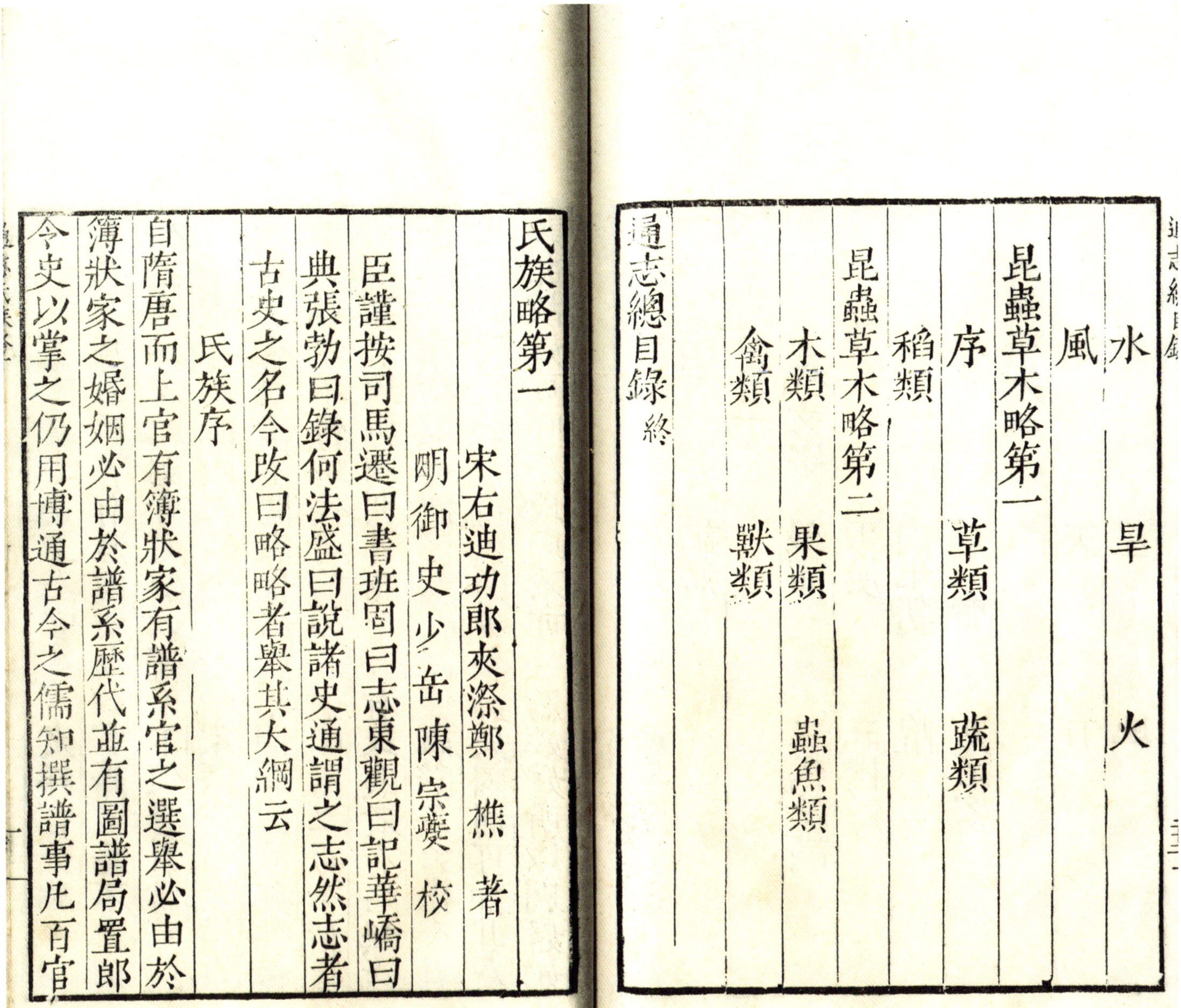
水　旱　火
風
昆蟲草木略第一
序　草類　蔬類
稻類
昆蟲草木略第二
木類　果類　蟲魚類
禽類　獸類
通志總目錄終

氏族略第一
宋右迪功郎夾漈鄭　樵　著
明御史少岳陳宗夔　校
臣謹按司馬遷曰書班固曰志東觀曰記華嶠曰
典張勃曰錄何法盛曰説諸史通謂之志然志者
古史之名今改曰略略者舉其大綱云
氏族序
自隋唐而上官有簿狀家有譜系官之選舉必由於
簿狀家之婚姻必由於譜系歷代並有圖譜局置郎
令史以掌之仍用博通古今之儒知撰譜事凡百官

01465、01466 通志略五十二卷　（宋）鄭樵撰　明嘉靖二十九年（1550）陳宗夔刻本

匡高19.7厘米，廣13.7厘米。半葉十行，行二十字，小字雙行同，白口，四周單邊。安徽省圖書館、揚州市寶應縣圖書館藏。

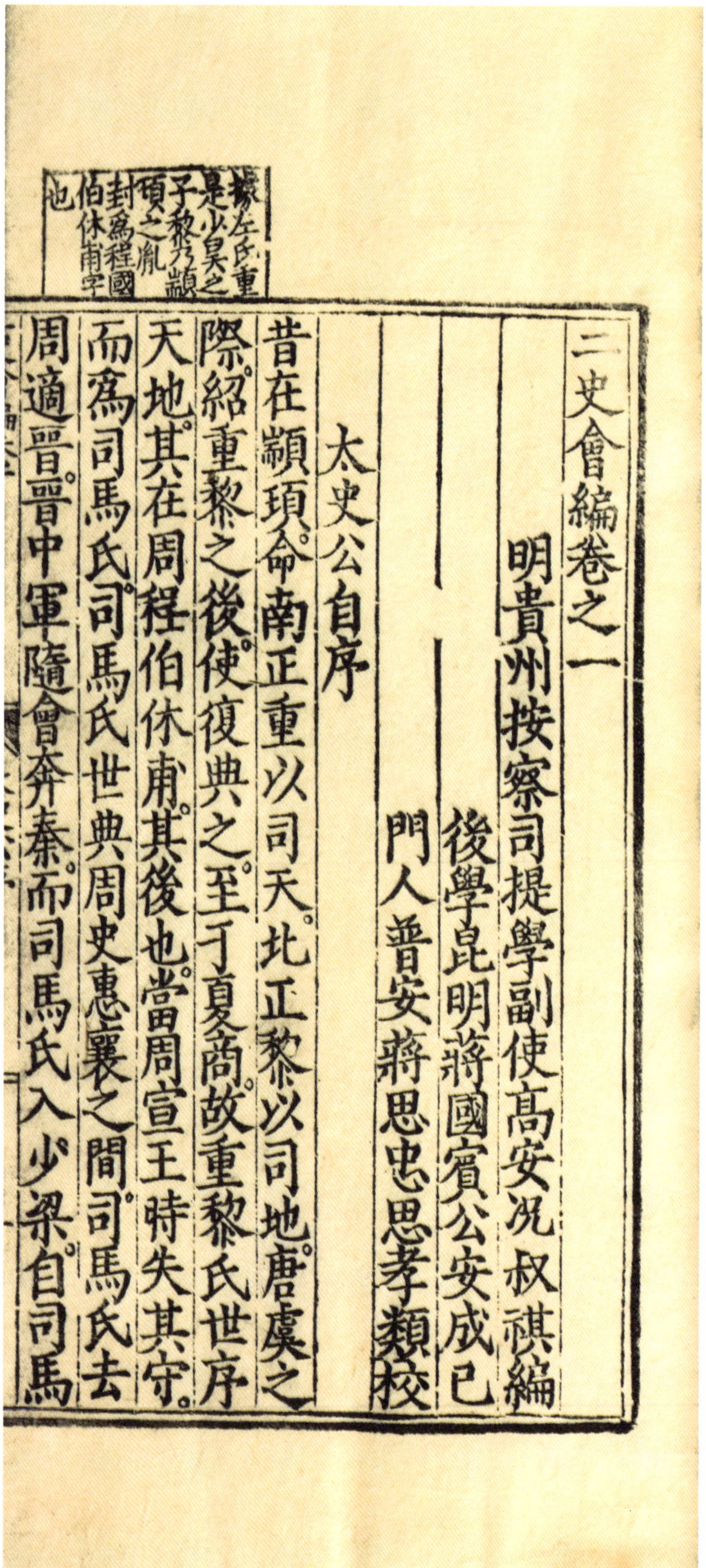

據左氏重是少昊之子黎乃顓頊之胤封爲程國伯休甫字也

二史會編卷之一
明貴州按察司提學副使高安況叔祺編
後學昆明蔣國賓公安成巳
門人普安蔣思忠思孝類校
太史公自序
昔在顓頊命南正重以司天北正黎以司地唐虞之
際紹重黎之後使復典之至于夏商故重黎氏世序
天地其在周程伯休甫其後也當周宣王時失其守
而爲司馬氏司馬氏世典周史惠襄之間司馬氏去
周適晉晉中軍隨會奔秦而司馬氏入少梁自司馬

01467、01468 二史會編十六卷 （明）况叔祺輯 明嘉靖四十年（1561）刻本

匡高18.8厘米，廣13.1厘米。半葉十行，行二十字，小字雙行同，白口，四周雙邊。無錫市圖書館藏，有“顧臯”、“庭學”等印；大連圖書館藏。

覩其能奮靈德，合風雲，超忽荒而躆顥蒼也。躆以足據持也。顥，天之氣；蒼，天之色。故夫泥蟠而天飛者，應龍之神也；先賤而後貴者，龢隨之珍也；皆闇而久章者，君子之真也。皆有時而闇也。若迺牙曠清耳於管絃，離婁眇目於豪分；逢蒙絶技於弧矢，班輸搉巧於斧斤；良樂軼能於相馭，烏獲抗力於千鈞；龢鵲發精於鍼石；研桑心計於無垠。僕亦不任廁技於彼列，故密爾自娛於斯文。牙，伯牙；曠，師曠；逢蒙、班輸見孟子；良，王良；樂，伯樂，古之善馭者；烏獲，壯士也；龢，秦醫和；鵲即扁鵲；言古之善計者，桑弘羊也。

欽差巡撫雲南等處地方都察院右僉都御史蔣 會同
巡按雲南監察御史孫 案
行雲南布政司遴委雲南府尋甸等府儒學
教授陳天秩訓導許伯督同生員楊藻校刊
嘉靖四十年五月 日謹識

二史會編卷之十六

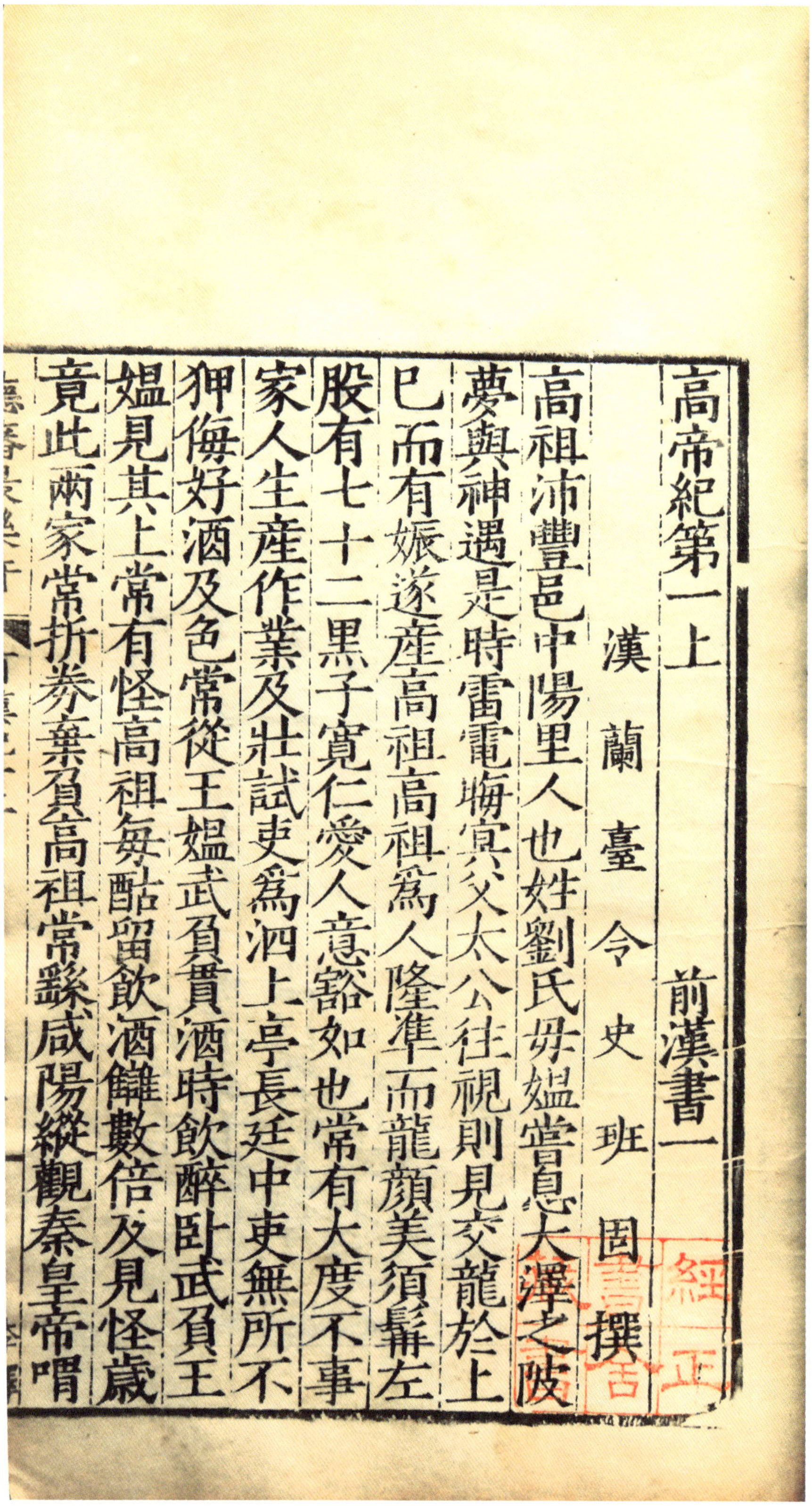

高帝紀第一上　　前漢書一
漢　蘭　臺　令　史　班　固　撰
高祖沛豐邑中陽里人也姓劉氏母媪嘗息大澤之陂
夢與神遇是時雷電晦冥父太公往視則見交龍於上
已而有娠遂産高祖高祖爲人隆準而龍顔美須髯左
股有七十二黑子寬仁愛人意豁如也常有大度不事
家人生産作業及壯試吏爲泗上亭長廷中吏無所不
狎侮好酒及色常從王媪武負貰酒時飲醉卧武負王
媪見其上常有怪高祖每酤留飲酒讎數倍及見怪歲
竟此兩家常折券棄責高祖常繇咸陽縱觀秦皇帝喟

01469 前漢書一百卷　（漢）班固撰　明德藩最樂軒刻本

匡高20厘米，廣13.8厘米。半葉十行，行二十一字，白口，左右雙邊。有"經正書舍藏書"等印。新鄉市圖書館藏。

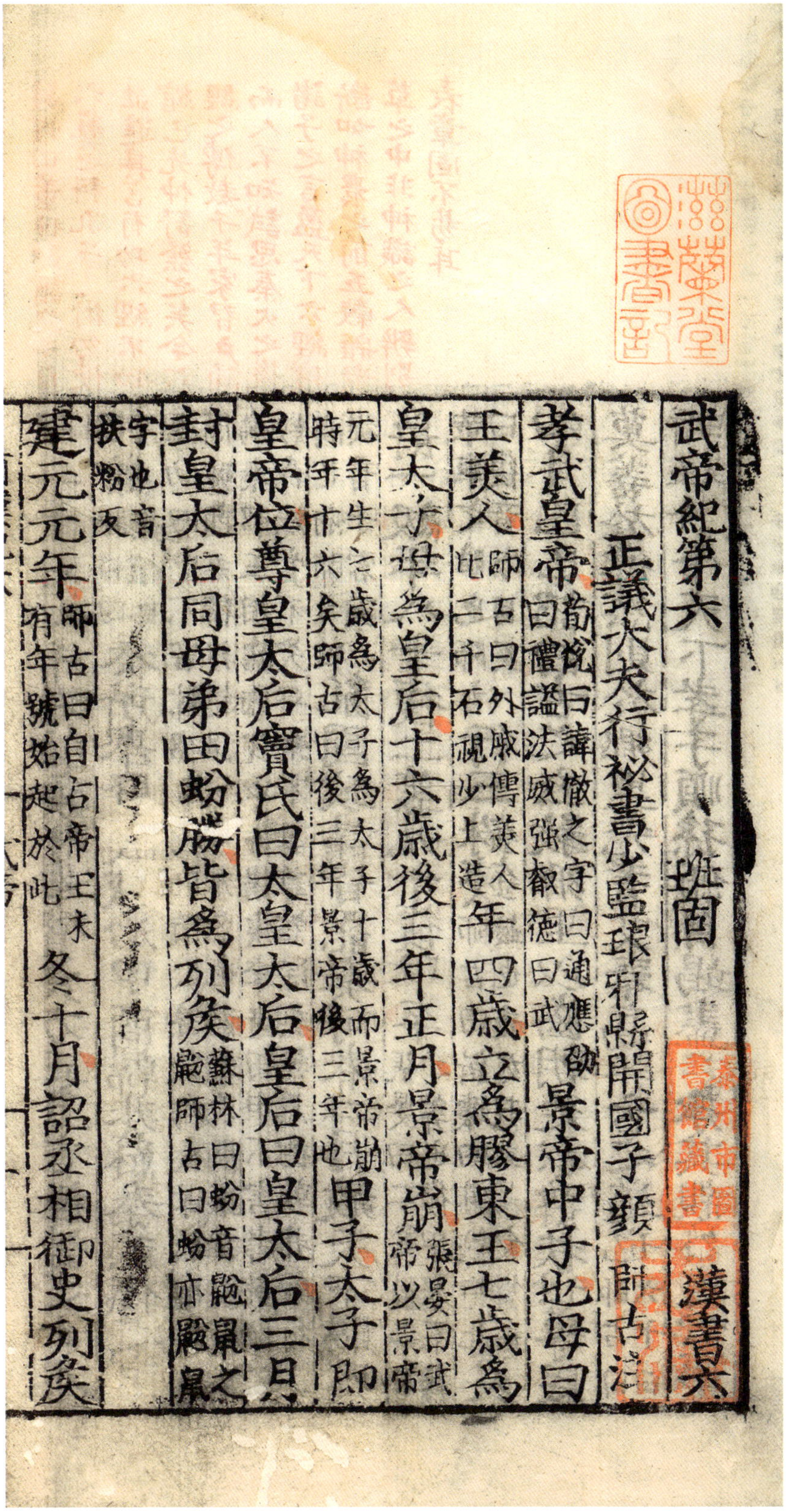
武帝紀第六　班固　漢書六
正議大夫行祕書少監琅邪縣開國子顏師古注
孝武皇帝荀悅曰諱徹之字曰通應劭曰禮謚法威強叡德曰武景帝中子也母曰
王美人師古曰外戚傳美人比二千石視少上造年四歲立為膠東王七歲為
皇太子母為皇后十六歲後三年正月景帝崩張晏曰武帝以景帝元年生七歲為太子為太子十歲而景帝崩時年十六矣師古曰後三年景帝後三年也甲子太子即
皇帝位尊皇太后竇氏曰太皇太后皇后曰皇太后三月
封皇太后同母弟田蚡勝皆為列侯蘇林曰蚡音鼢鼠之鼢師古曰蚡亦鼢鼠
字也音扶粉反
建元元年師古曰自古帝王未有年號始起於此冬十月詔丞相御史列侯

01470 漢書一百卷　（漢）班固撰　（唐）顏師古注　明刻嘉靖十六年（1537）廣東崇正書院重修本（卷一至五配清抄本）

匡高19.4厘米，廣14厘米。半葉十行，行二十二字，小字雙行同，白口，四周單邊。有"滋蘭堂圖書記"等印。泰州市圖書館藏。

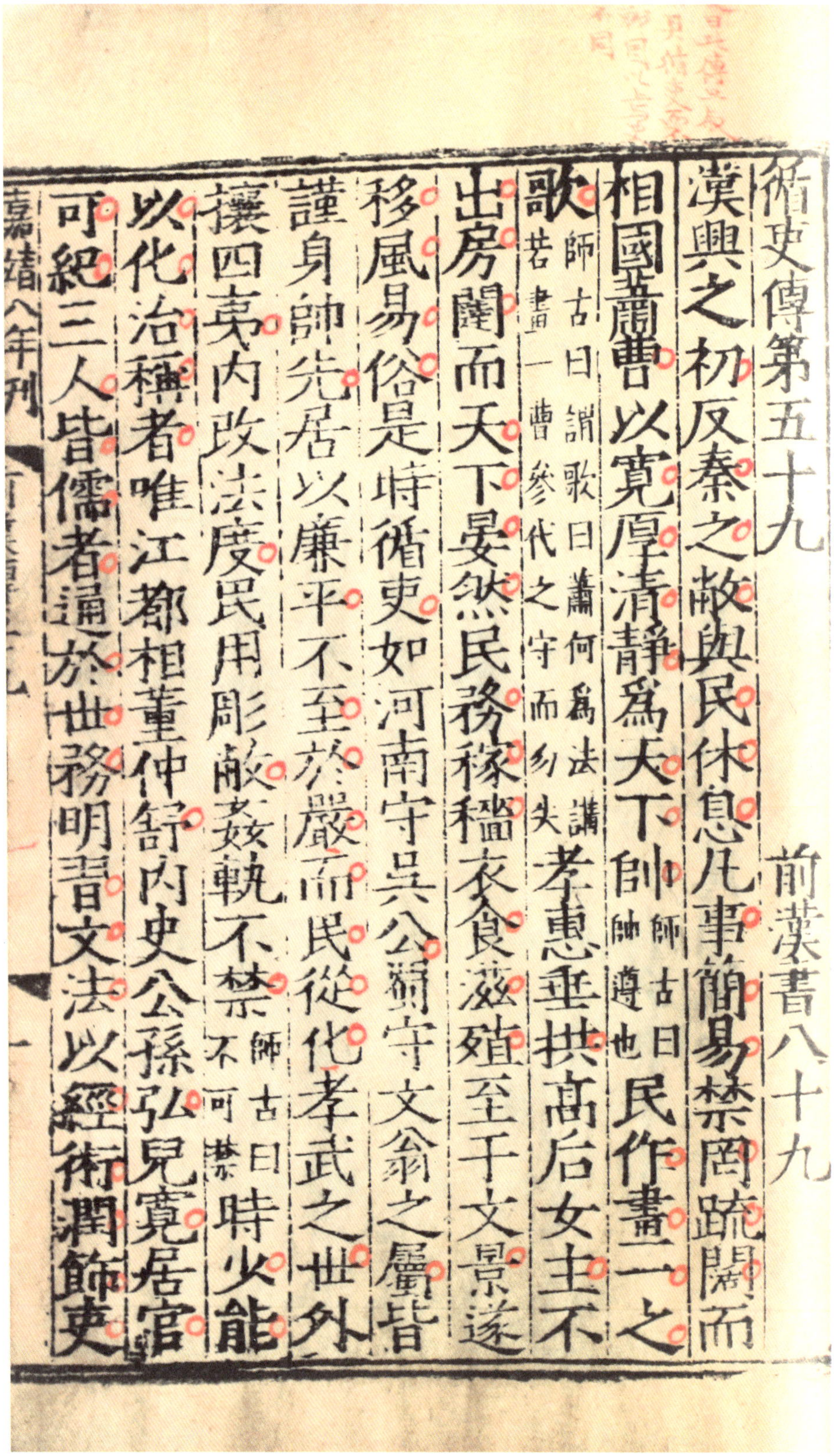

循吏傳第五十九　　前漢書八十九

漢興之初反秦之敝與民休息凡事簡易禁罔疏闊而相國蕭曹以寬厚清靜爲天下帥（師古曰帥遵也）民作畫一之歌（師古曰謂歌曰蕭何爲法講若畫一曹參代之守而勿失）孝惠垂拱高后女主不出房闥而天下晏然民務稼穡衣食滋殖至于文景遂移風易俗是時循吏如河南守吳公蜀守文翁之屬皆謹身帥先居以廉平不至於嚴而民從化孝武之世外攘四夷內改法度民用彫敝姦軌不禁（師古曰不可禁）時少能以化治稱者唯江都相董仲舒內史公孫弘兒寬居官可紀三人皆儒者通於世務明習文法以經術潤飾吏

嘉靖八年刊　前漢書八十九

01471 前漢書一百卷　（漢）班固撰　（唐）顏師古注　明刻明清遞修本

匡高22厘米，廣15.5厘米。半葉十行，行二十一字，小字雙行同，白口，四周雙邊。朱端題款。桐城市圖書館藏，存八十三卷。

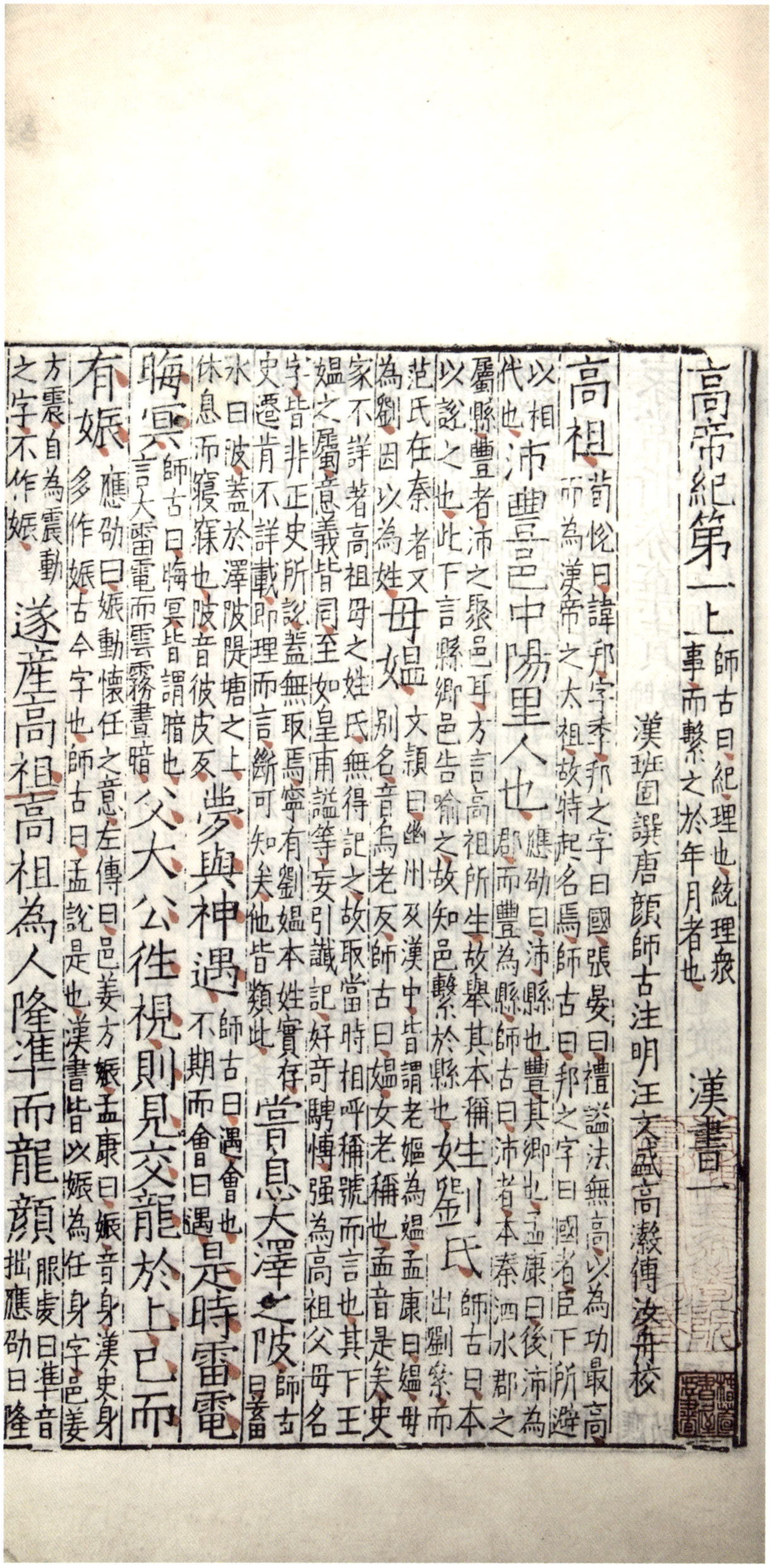
高帝紀第一上 師古曰紀理也統理衆事而繫之於年月者也 漢書一
漢班固撰唐顏師古注明汪文盛高瀫傅汝舟校
高祖 荀悅曰諱邦字季邦之字曰國張晏曰禮謚法無高以為功最高而為漢帝之太祖故特起名焉師古曰邦之字曰國者臣下所避
以相代也 沛豐邑中陽里人也 應劭曰沛縣也豐其鄉也孟康曰後沛為郡而豐為縣師古曰沛者本秦泗水郡之
屬縣豐者沛之聚邑耳方言高祖所生故舉其本稱以說之也此下言縣鄉邑告喻之故知邑繫於縣也 姓劉氏 師古曰本出劉累而
范氏在秦者又為劉因以為姓 母媼 文穎曰幽州及漢中皆謂老嫗為媼孟康曰媼母別名音烏老反師古曰媼女老稱也孟音是矣史
家不詳著高祖母之姓氏無得記之故取當時相呼稱號而言也其下王媼之屬意義皆同至如皇甫謐等妄引讖記好奇騁博強為高祖父母名
字皆非正史所說蓋無取焉寧有劉媼本姓實存史遷肯不詳載即理而言斷可知矣他皆類此 嘗息大澤之陂 師古曰蓄
水曰陂蓋於澤陂隄塘之上休息而寢寐也陂音彼皮反 夢與神遇 師古曰遇會也不期而會曰遇 是時雷電
晦冥 師古曰晦冥皆謂暗也言大雷電而雲霧晝暗 父太公往視則見交龍於上已而
有娠 應劭曰娠動懷任之意左傳曰邑姜方娠孟康曰娠音身漢史身多作娠古今字也師古曰孟說是也漢書皆以娠為任身字邑姜
方震自為震動之字不作娠 遂產高祖高祖為人隆準而龍顏 服虔曰準音拙應劭曰隆

01472 漢書一百卷 （漢）班固撰 （唐）顏師古注 明嘉靖汪文盛等刻本

匡高19厘米，廣13.5厘米。半葉十二行，行二十二字，小字雙行二十八字，白口，左右雙邊。有“師氏守玉守章昆仲印”等印。青海民族學院圖書館藏。

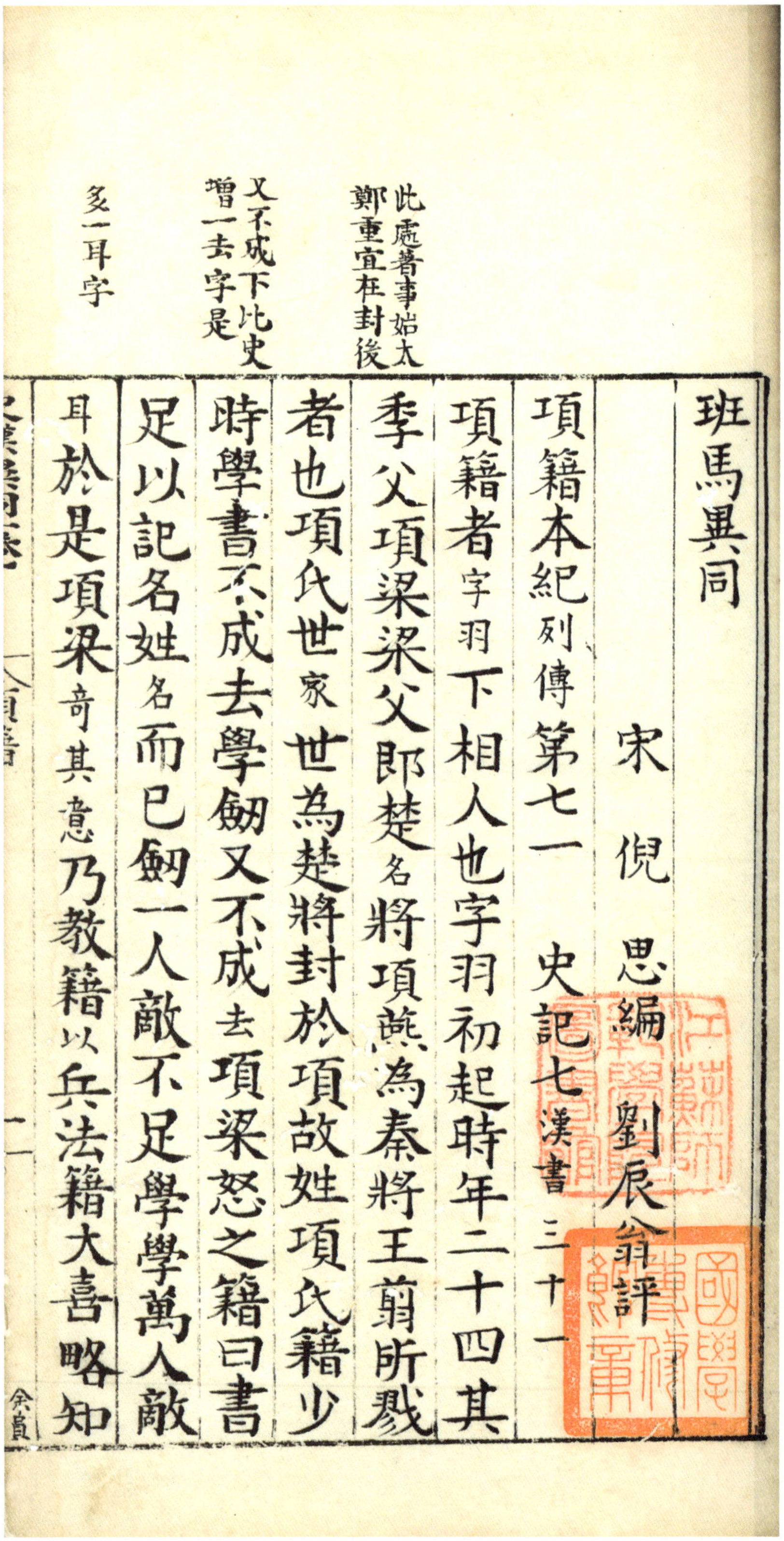

01473 班馬異同三十五卷 （宋）倪思撰 （宋）劉辰翁評 明嘉靖十六年（1537）李元陽刻本

匡高17.2厘米，廣12.7厘米。半葉九行，行十九字，白口，左右雙邊。蘇州大學圖書館藏。

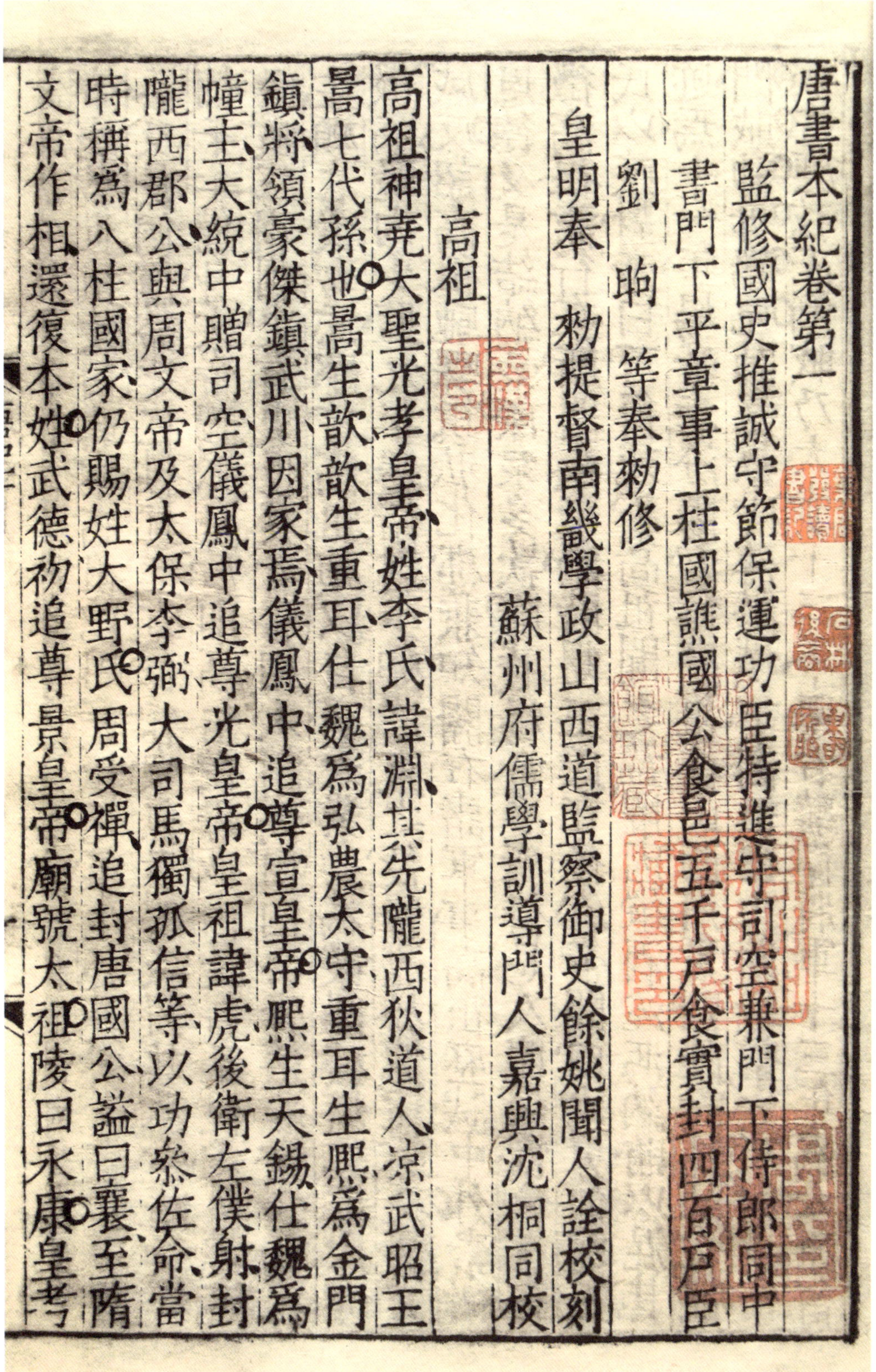

唐書本紀卷第一

監修國史推誠守節保運功臣特進守司空兼門下侍郎同中
書門下平章事上柱國譙國公食邑五千戶食實封四百戶臣
劉昫　等奉勑修
皇明奉　勑提督南畿學政山西道監察御史餘姚聞人詮校刻
蘇州府儒學訓導門人嘉興沈桐同校

高祖

高祖神堯大聖光孝皇帝姓李氏諱淵其先隴西狄道人涼武昭王暠七代孫也暠生歆歆生重耳仕魏爲弘農太守重耳生熙爲金門鎮將領豪傑鎮武川因家焉儀鳳中追尊宣皇帝熙生天錫仕魏爲幢主大統中贈司空儀鳳中追尊光皇帝皇祖諱虎後衛左僕射封隴西郡公與周文帝及太保李弼大司馬獨孤信等以功參佐命當時稱爲八柱國家仍賜姓大野氏周受禪追封唐國公謚曰襄至隋文帝作相還復本姓武德初追尊景皇帝廟號太祖陵曰永康皇考

01474、01475 唐書二百卷　（後晉）劉昫等撰　明嘉靖十八年（1539）聞人詮刻本

匡高21.5厘米，廣15厘米。半葉十四行，行二十六字，白口，左右雙邊。杭州圖書館藏，有“秀水莊氏蘭味軒收藏印”等印；湖南圖書館藏，有“子貞”、“周心如紛欣閣藏書印”等印。

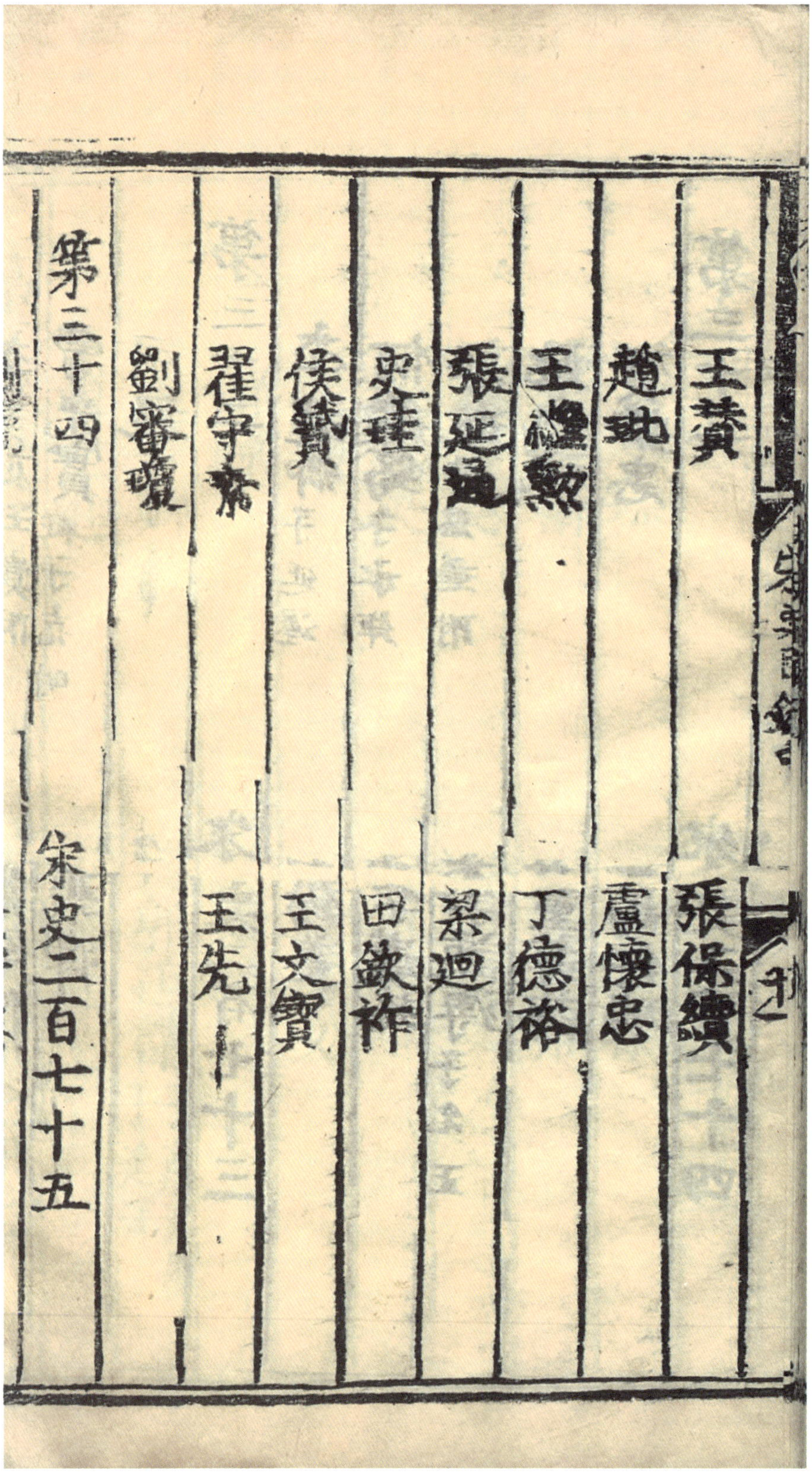

王贊　張保續
趙玭　盧懷忠
王繼勳　丁德裕
張延通　梁迥
史珪　田欽祚
侯贇　王文寶
翟守素　王先
劉審瓊
第三十四　宋史二百七十五

01476 宋史四百九十六卷目録三卷　（元）脱脱等撰　明成化七至十六年（1471–1480）朱英刻明清南京國子監遞修本

匡高21.8厘米，廣15.4厘米。半葉十行，行二十字，白口，四周雙邊。内蒙古自治區圖書館藏。

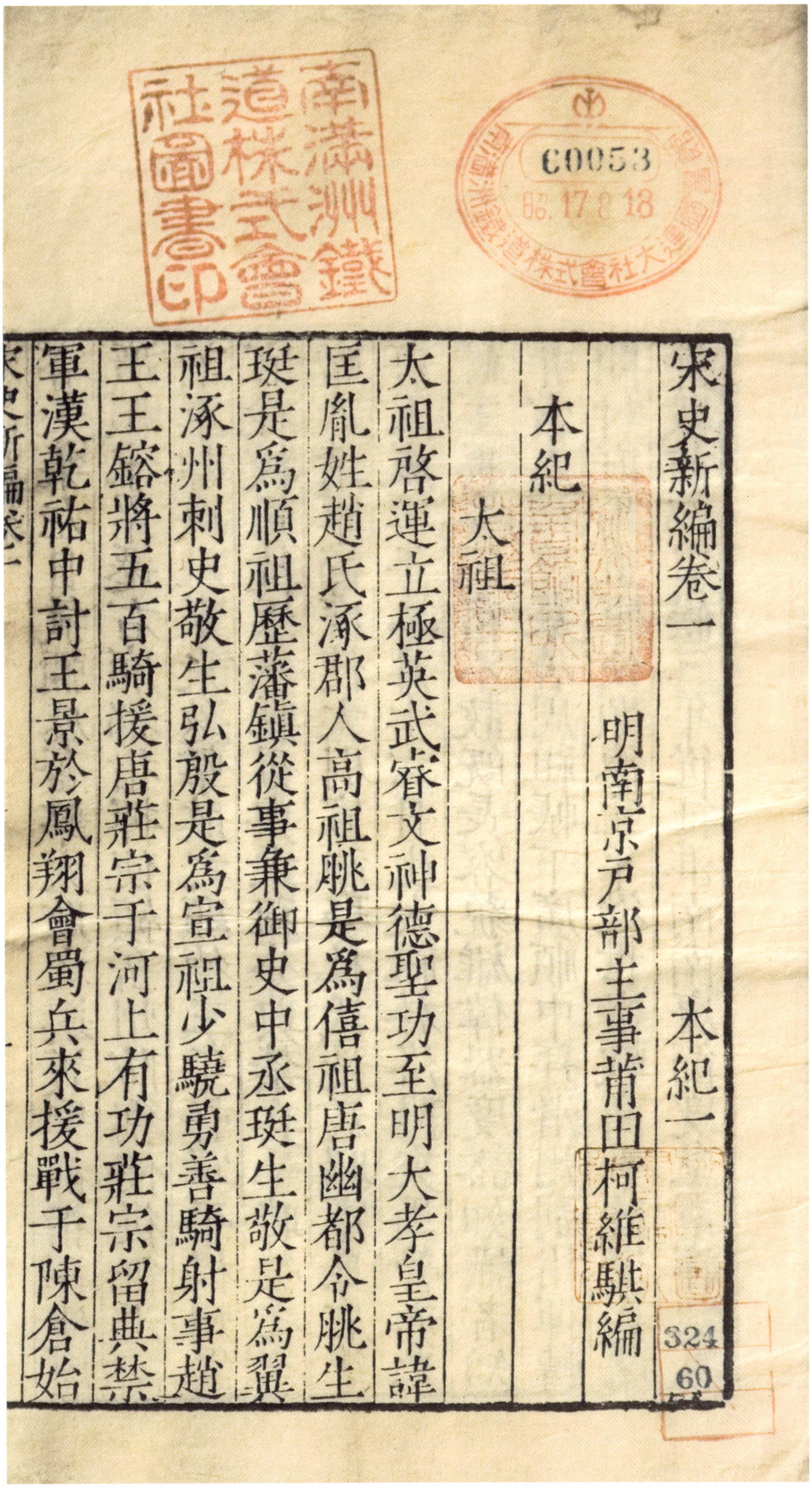

01477、01478 宋史新編二百卷　（明）柯維騏撰　明嘉靖刻本

匡高18厘米，廣13.5厘米。半葉十行，行二十一字，小字雙行同，白口，四周單邊。揚州市圖書館、大連圖書館藏。

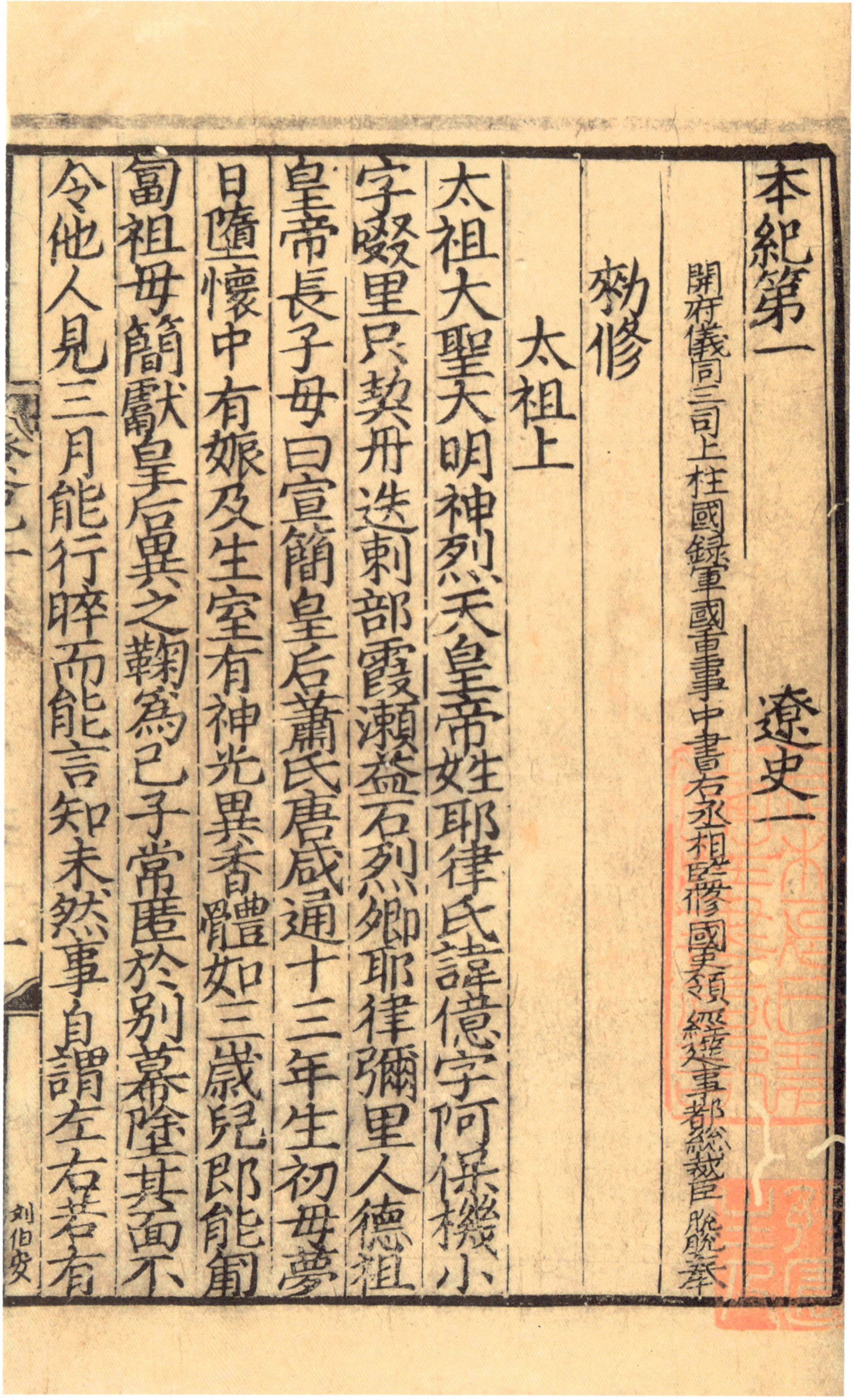
本紀第一　遼史一
開府儀同三司上柱國錄軍國重事中書右丞相監修國史領經筵事都總裁臣脫脫奉
勑修
太祖上
太祖大聖大明神烈天皇帝姓耶律氏諱億字阿保機小
字啜里只契丹迭剌部霞瀨益石烈鄉耶律彌里人德祖
皇帝長子母曰宣簡皇后蕭氏唐咸通十三年生初母夢
日墮懷中有娠及生室有神光異香體如三歲兒即能匍
匐祖母簡獻皇后異之鞠爲己子常匿於別幕塗其面不
令他人見三月能行晬而能言知未然事自謂左右若有
刘伯安

01479 遼史一百十六卷　（元）脱脱等撰　明初刻本

匡高20.9厘米，廣14.7厘米。半葉十行，行二十二字，黑口，左右雙邊。有“武林高氏瑞南藏書畫記”、“豫園主人”等印。上海圖書館藏。

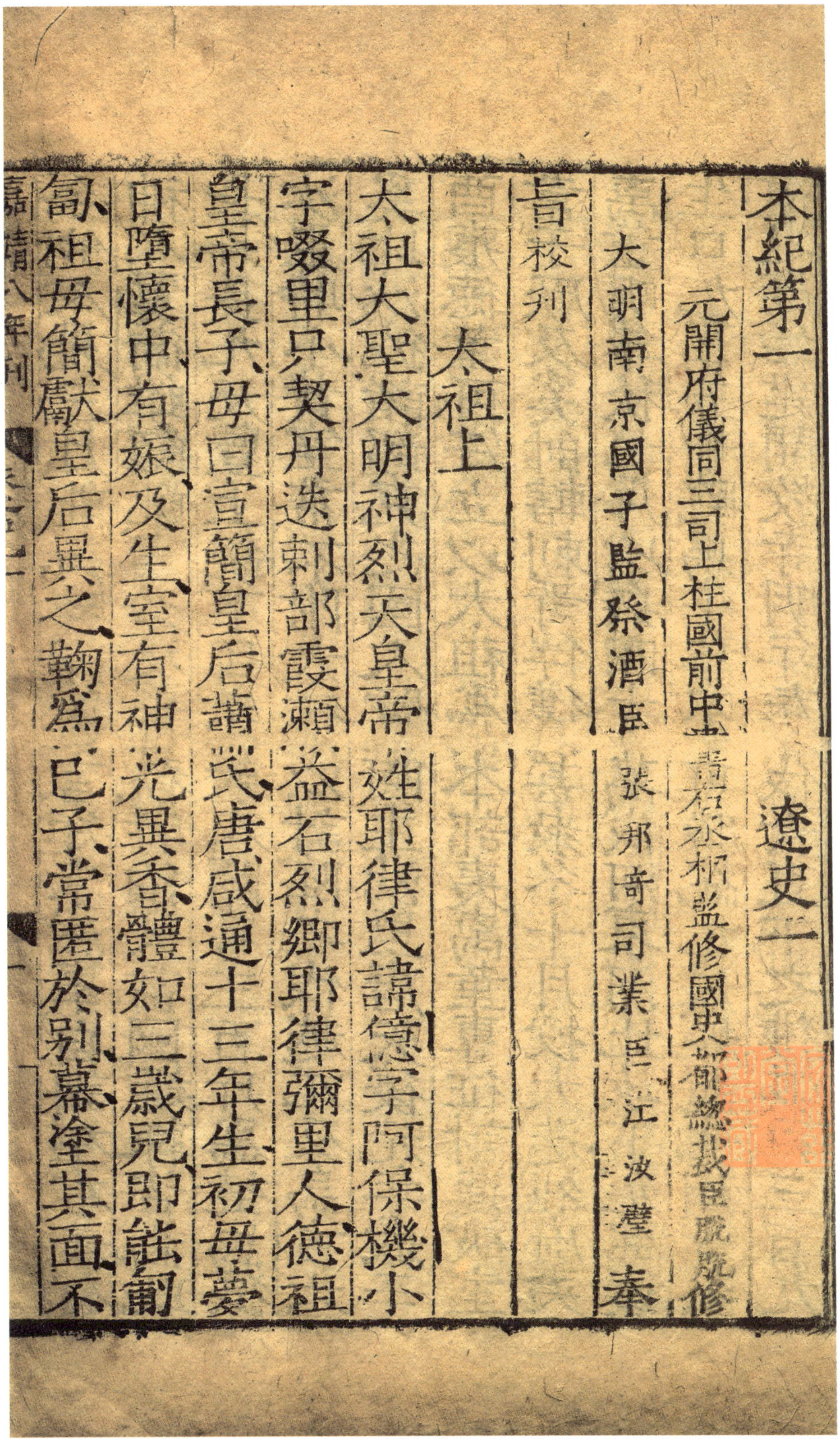

本紀第一　遼史一

元開府儀同三司上柱國前中書右丞相監修國史都總裁臣脫脫修

大明南京國子監祭酒臣張邦奇司業臣江汝璧奉

旨校刊

太祖上

太祖大聖大明神烈天皇帝姓耶律氏諱億字阿保機小

字啜里只契丹迭剌部霞瀨益石烈鄉耶律彌里人德祖

皇帝長子母曰宣簡皇后蕭氏唐咸通十三年生初母夢

日墮懷中有娠及生室有神光異香體如三歲兒即能匍

匐祖母簡獻皇后異之鞠爲己子常匿於别幕塗其面不

嘉靖八年刊

01480、01481 遼史一百十六卷　（元）脱脱等撰　明初刻嘉靖南京國子監遞修本

匡高21.8厘米，廣16厘米。半葉十行，行二十二字，細黑口，左右雙邊。内蒙古自治區圖書館藏，有“蘭爾佳”、“寶彝居”等印；西北師範大學圖書館藏。

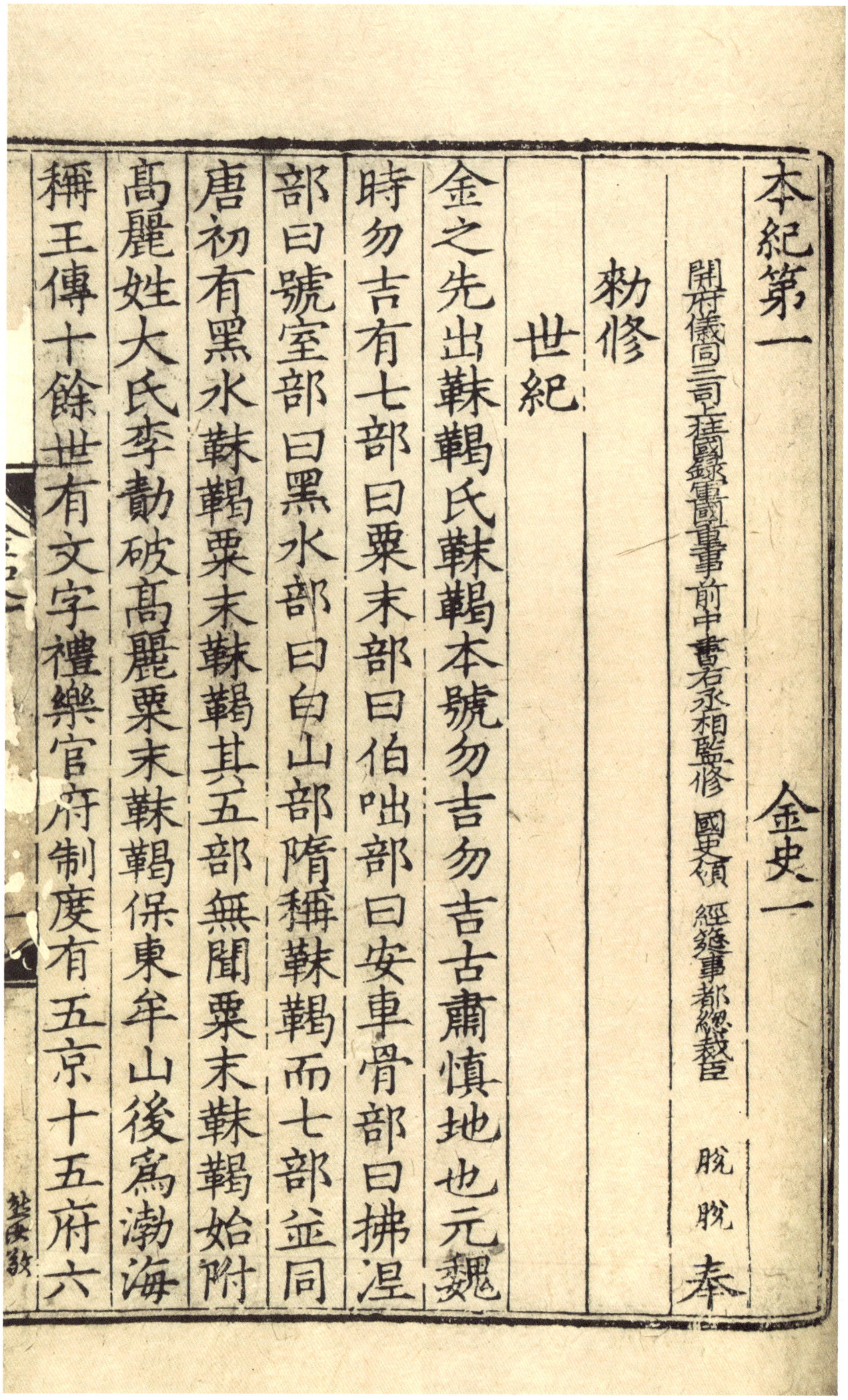

本紀第一　金史一
開府儀同三司上柱國錄軍國重事前中書右丞相監修國史領經筵事都總裁臣脫脫奉
勅修
世紀
金之先出靺鞨氏靺鞨本號勿吉勿吉古肅慎地也元魏
時勿吉有七部曰粟末部曰伯咄部曰安車骨部曰拂涅
部曰號室部曰黑水部曰白山部隋稱靺鞨而七部並同
唐初有黑水靺鞨粟末靺鞨其五部無聞粟末靺鞨始附
高麗姓大氏李勣破高麗粟末靺鞨保東牟山後爲渤海
稱王傳十餘世有文字禮樂官府制度有五京十五府六

01482 金史一百三十五卷　（元）脱脱等撰　明初刻本

匡高22.1厘米，廣15.9厘米。半葉十行，行二十二字，白口，四周雙邊。國家圖書館藏。

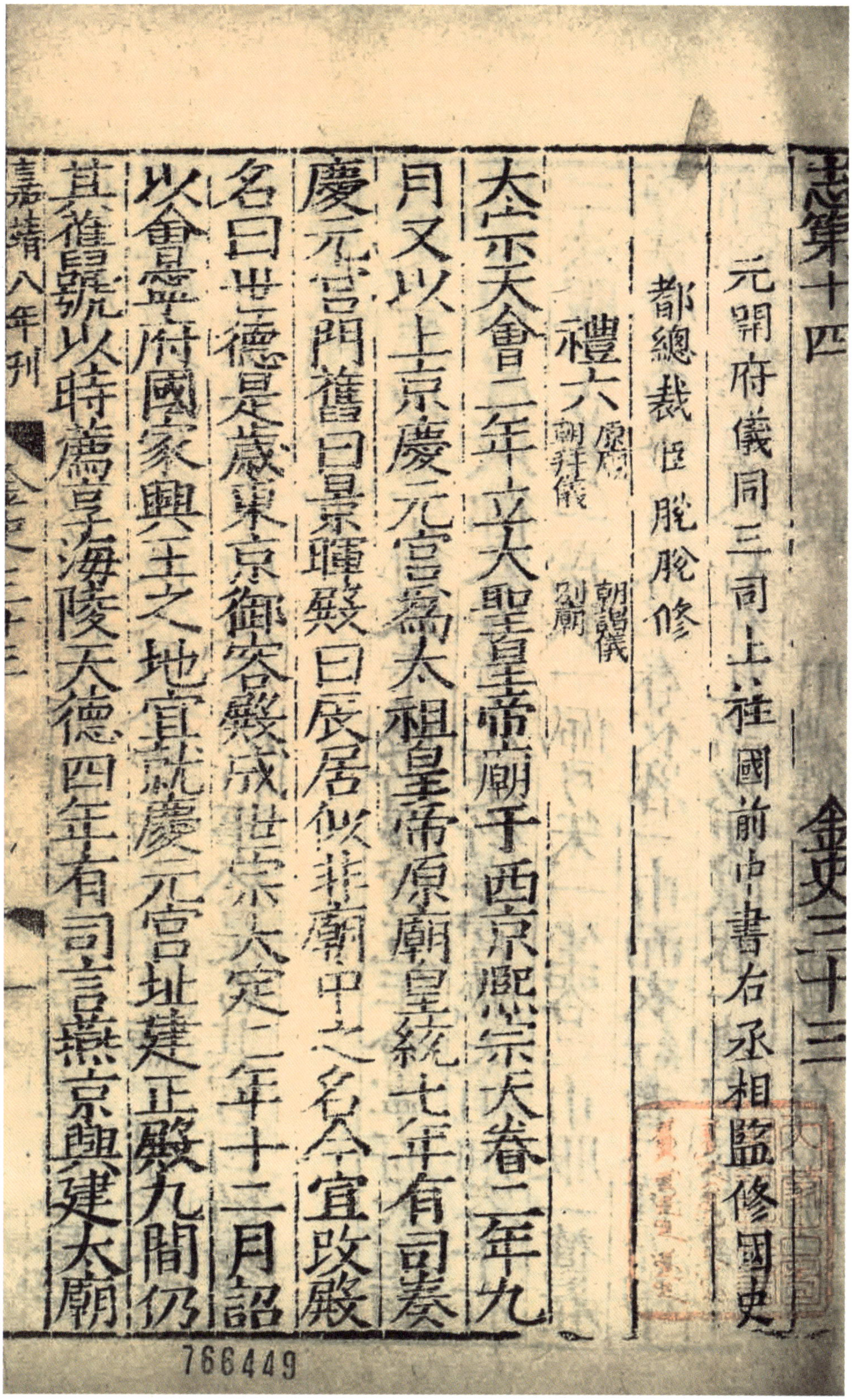

志第十四　金史三十三

元開府儀同三司上柱國前中書右丞相監修國史

都總裁臣脱脱修

禮六 原廟 朝拜儀 朝謁儀 別廟

太宗天會二年立大聖皇帝廟于西京熙宗天眷二年九月又以上京慶元宮爲太祖皇帝原廟皇統七年有司奏慶元宮門舊日景暉殿日辰居似非廟中之名今宜改殿名曰世德是歳東京御容殿成世宗大定二年十二月詔以會寧府國家興王之地宜就慶元宮址建正殿九間仍其舊號以時薦享海陵天德四年有司言燕京興建太廟

嘉靖八年刊　金史三十三

766449

01483 金史一百三十五卷　（元）脱脱等撰　明初刻明清南京國子監遞修本

匡高21.2厘米，廣16厘米。半葉十行，行二十二字，小字雙行字不等，白口，左右雙邊。内蒙古自治區圖書館藏，存一百三卷。

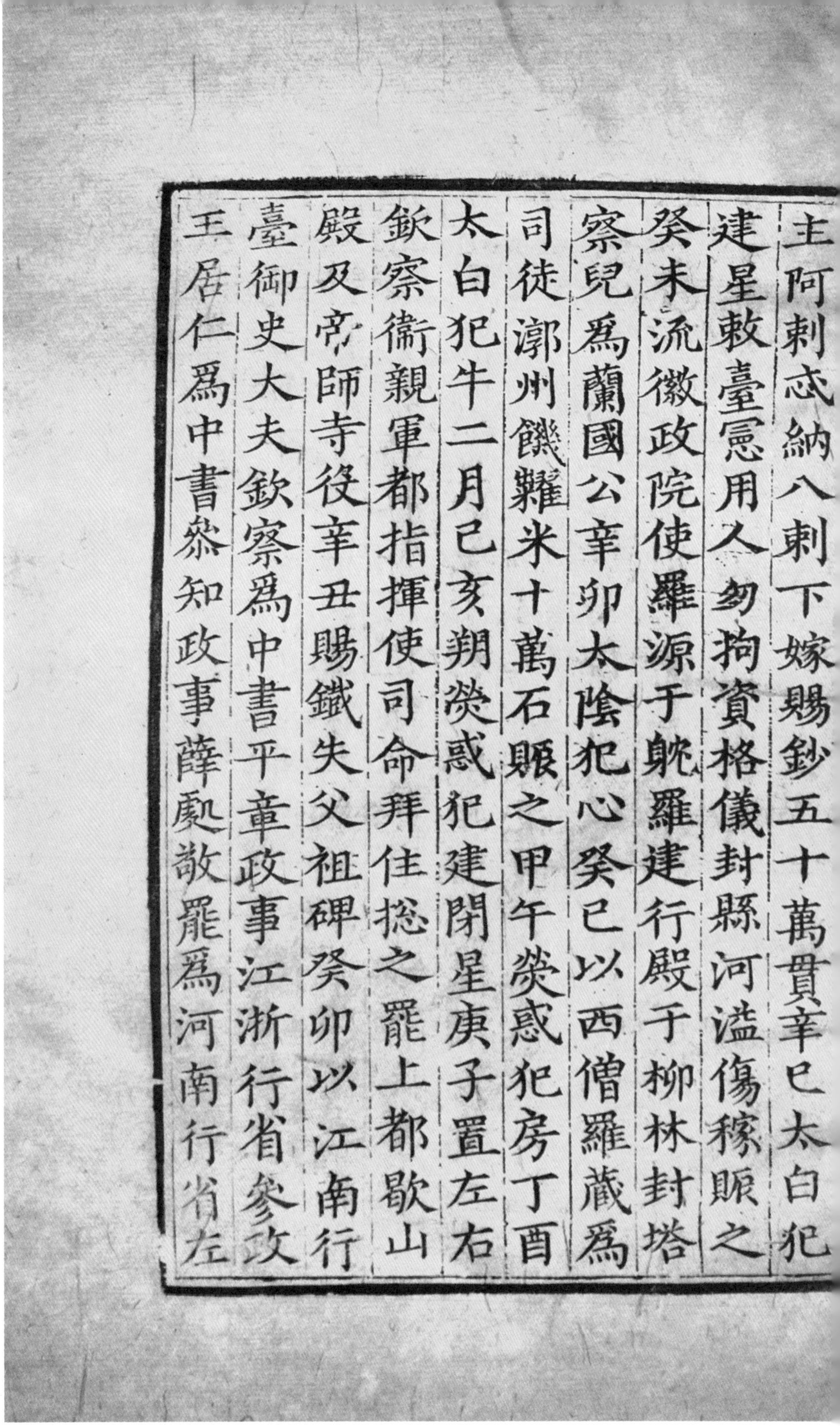
主阿剌忒納八剌下嫁賜鈔五十萬貫辛巳太白犯
建星敕臺憲用人勿拘資格儀封縣河溢傷稼賑之
癸未流徽政院使羅源于耽羅建行殿于柳林封塔
察兒爲蘭國公辛卯太陰犯心癸巳以西僧羅藏爲
司徒潮州饑糶米十萬石賑之甲午熒惑犯房丁酉
太白犯牛二月己亥朔熒惑犯建閉星庚子置左右
欽察衛親軍都指揮使司命拜住摠之罷上都歇山
殿及帝師寺役辛丑賜鐵失父祖碑癸卯以江南行
臺御史大夫欽察爲中書平章政事江浙行省參政
王居仁爲中書叅知政事薛處敬罷爲河南行省左

01484 元史二百十卷 （明）宋濂等撰 明洪武三年（1370）内府刻本

匡高26.5厘米，廣17.3厘米。半葉十行，行二十字，黑口，四周雙邊。國家圖書館藏，存九十九卷。

翰林學士亞中大夫知制誥兼修國史臣宋濂　翰林待制承直郎同知制誥兼國史院編修官臣王褘等奉

勑修

英宗二

二年春正月己巳朔安南占城各遣使来貢方物壬申保定雄州饑賑之庚午廣太廟甲戌禁漢人執兵器出獵及習武藝丁丑太陰犯昴親祀太廟始陳鹵簿賜導駕耆老幣帛戊寅敕有司存卹孔氏子孫貧乏者己卯山東保定河南汴梁歸德襄陽汝寧等處饑發米三十九萬五千石賑之庚辰太白犯建星公

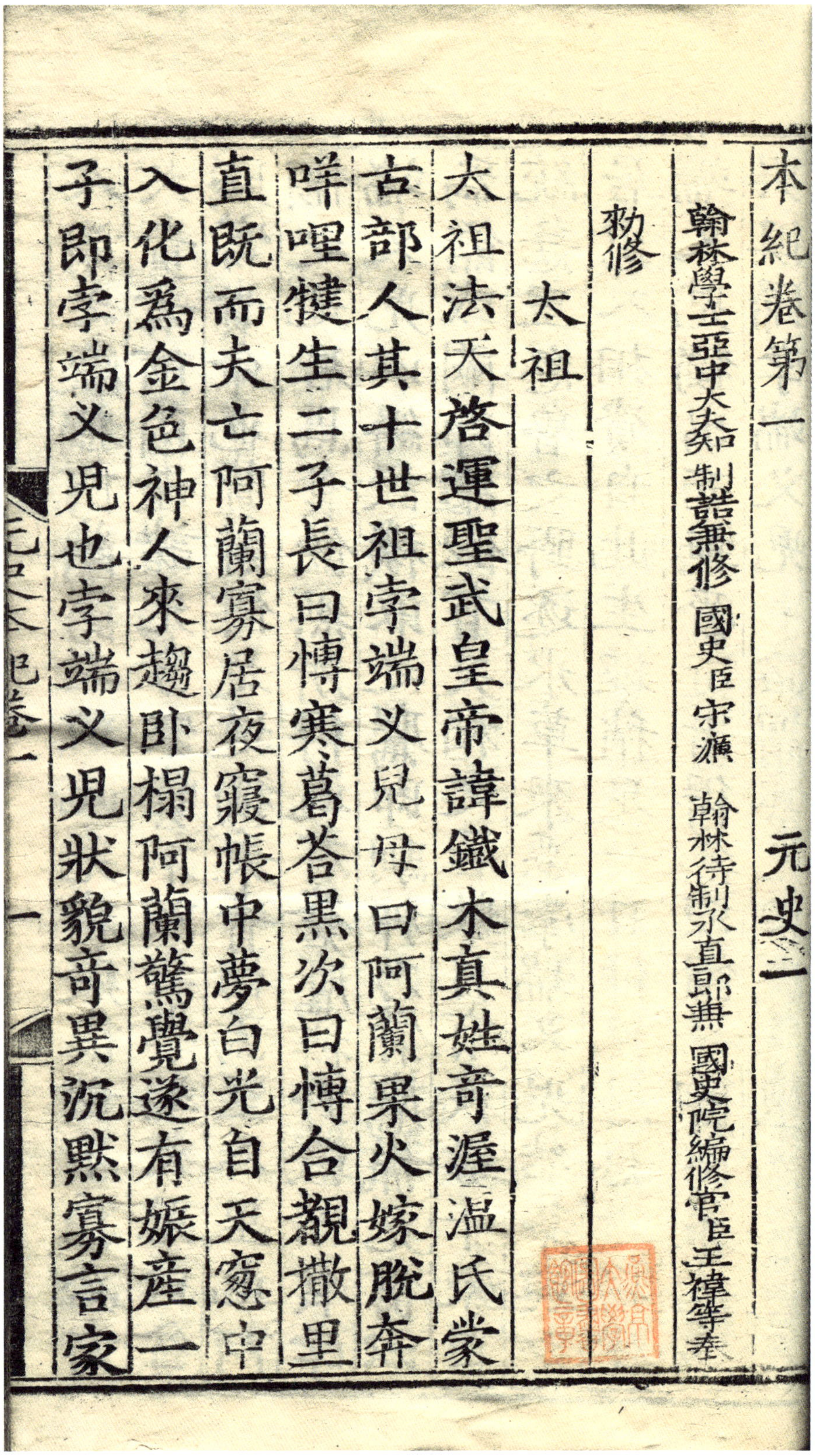
本紀卷第一　元史一

翰林學士亞中大夫知制誥兼修國史臣宋濂　翰林待制承直郎兼國史院編修官臣王禕等奉

勑修

太祖

太祖法天啓運聖武皇帝諱鐵木真姓奇渥温氏蒙古部人其十世祖孛端叉兒母曰阿蘭果火嫁脫奔咩哩犍生二子長曰博寒葛荅黒次曰博合覩撒里直既而夫亡阿蘭寡居夜寢帳中夢白光自天窻中入化爲金色神人來趨臥榻阿蘭驚覺遂有娠產一子即孛端叉兒也孛端叉兒狀貌奇異沉默寡言家

元史本紀卷一　一

01485、01486、01487 元史二百十卷 （明）宋濂等撰 明洪武三年（1370）内府刻嘉靖南京國子監遞修本

匡高25厘米，廣16.1厘米。半葉十行，行二十字，黑口，四周雙邊。北京大學圖書館藏；上海圖書館藏，有"荊谿書院"、"仁龢朱澄"、"徐乃昌讀"等印；泰州市圖書館藏，存十四卷。

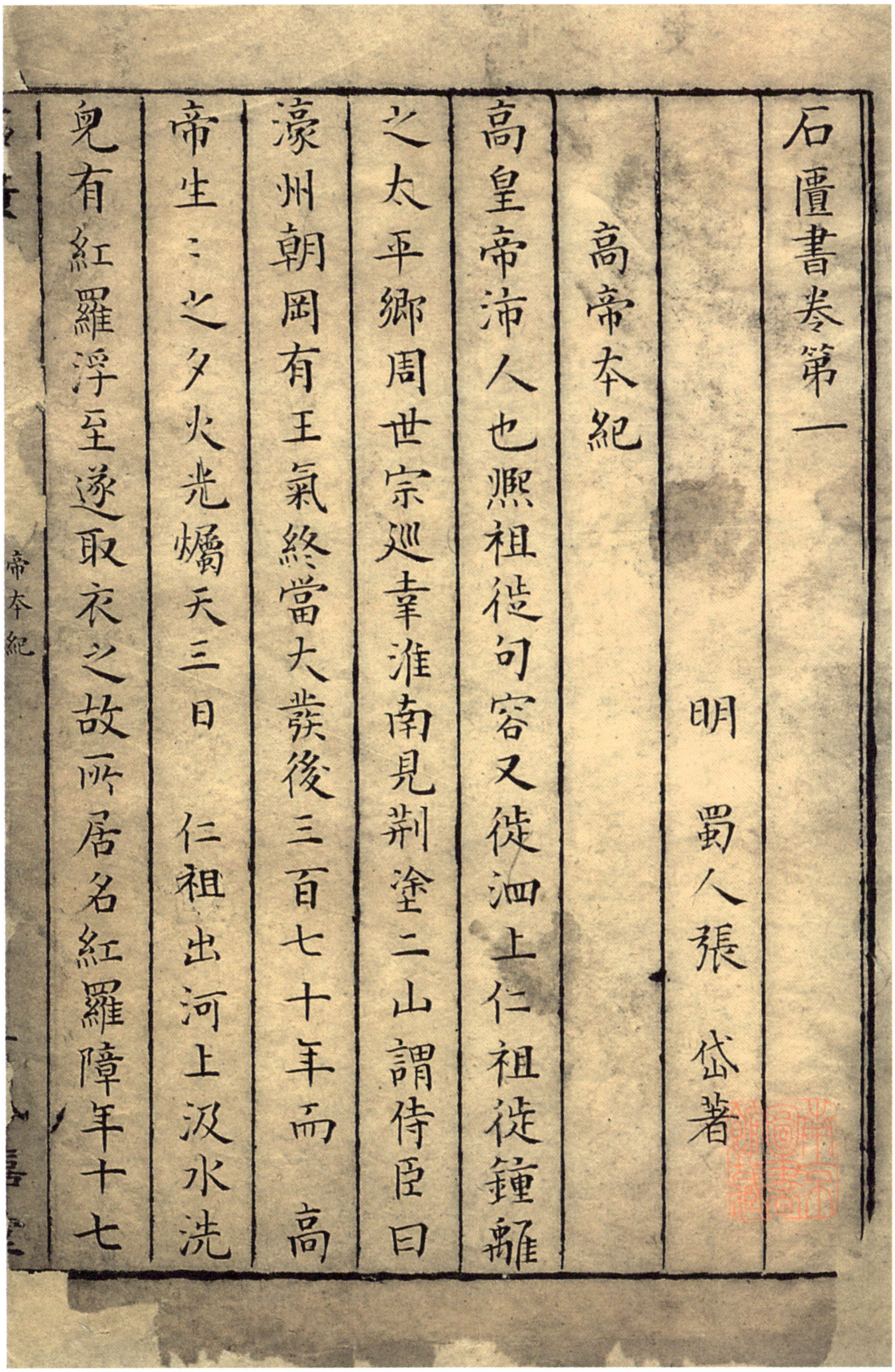
石匱書卷第一

明　蜀人張岱著

高帝本紀

高皇帝沛人也熙祖徙句容又徙泗上仁祖徙鍾離之太平鄉周世宗巡幸淮南見荊塗二山謂侍臣曰濠州朝岡有王氣終當大發後三百七十年而高帝生生之夕火光燭天三日　仁祖出河上汲水洗兒有紅羅浮至遂取衣之故所居名紅羅障年十七

帝本紀

01488 石匱書□□卷　（清）張岱撰　稿本

匡高20厘米，廣14.5厘米。半葉八行，行二十字，白口，左右雙邊。南京圖書館藏，存二百八卷。

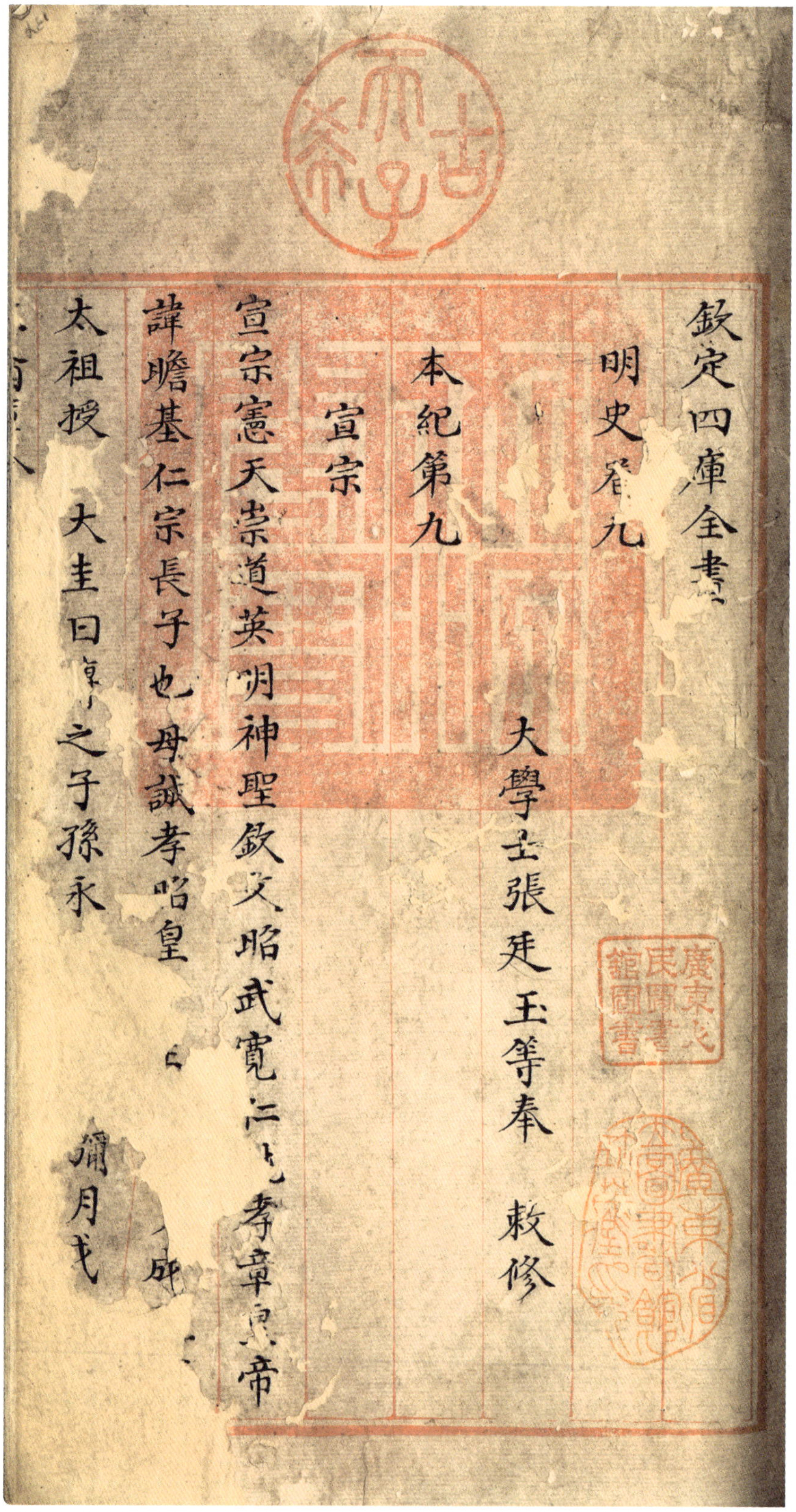
欽定四庫全書
明史卷九
本紀第九　　大學士張廷玉等奉　敕修
宣宗
宣宗憲天崇道英明神聖欽文昭武寬仁純孝章皇帝
諱瞻基仁宗長子也母誠孝昭皇后
太祖授　大圭曰傳之子孫永

01489 明史三百三十六卷　（明）張廷玉等撰　清乾隆内府寫文源閣四庫全書本

匡高22厘米，廣15.2厘米。半葉八行，行二十一字，白口，四周雙邊。有“文源閣寶”、“古稀天子”等印。廣東省立中山圖書館藏，存五卷。

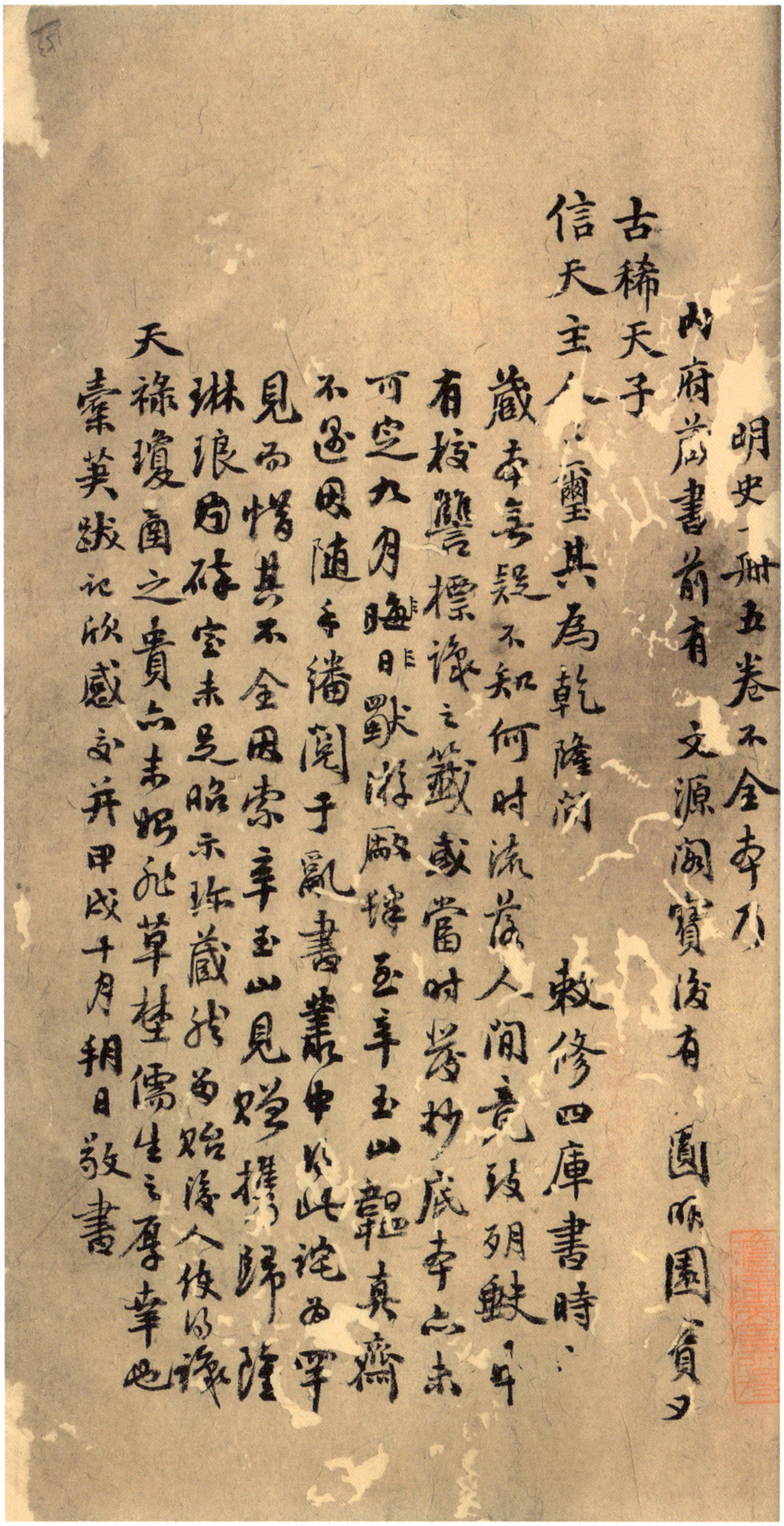

明史一册五卷不全本乃
内府藏書前有 文源閣寶後有 圓明園寶
古稀天子
信天主人之璽其爲乾隆間 敕修四庫書時之
藏本無疑不知何時流落人間竟致殘缺中
有校讐標識之籤或當時館抄底本亦未
可定九月晦日獸游廠肆至辛玉山韞真齋
不過因隨手繙閱于亂書叢中得此詫爲罕
見而惜其不全因索辛玉山見贈携歸雖
琳琅閣府寶未足昭示珍藏我當始終人收以識
天祿瓊函之貴亦未始非草埜儒生之厚幸也
橐英跋記欣感交并甲戌十月朔日敬書

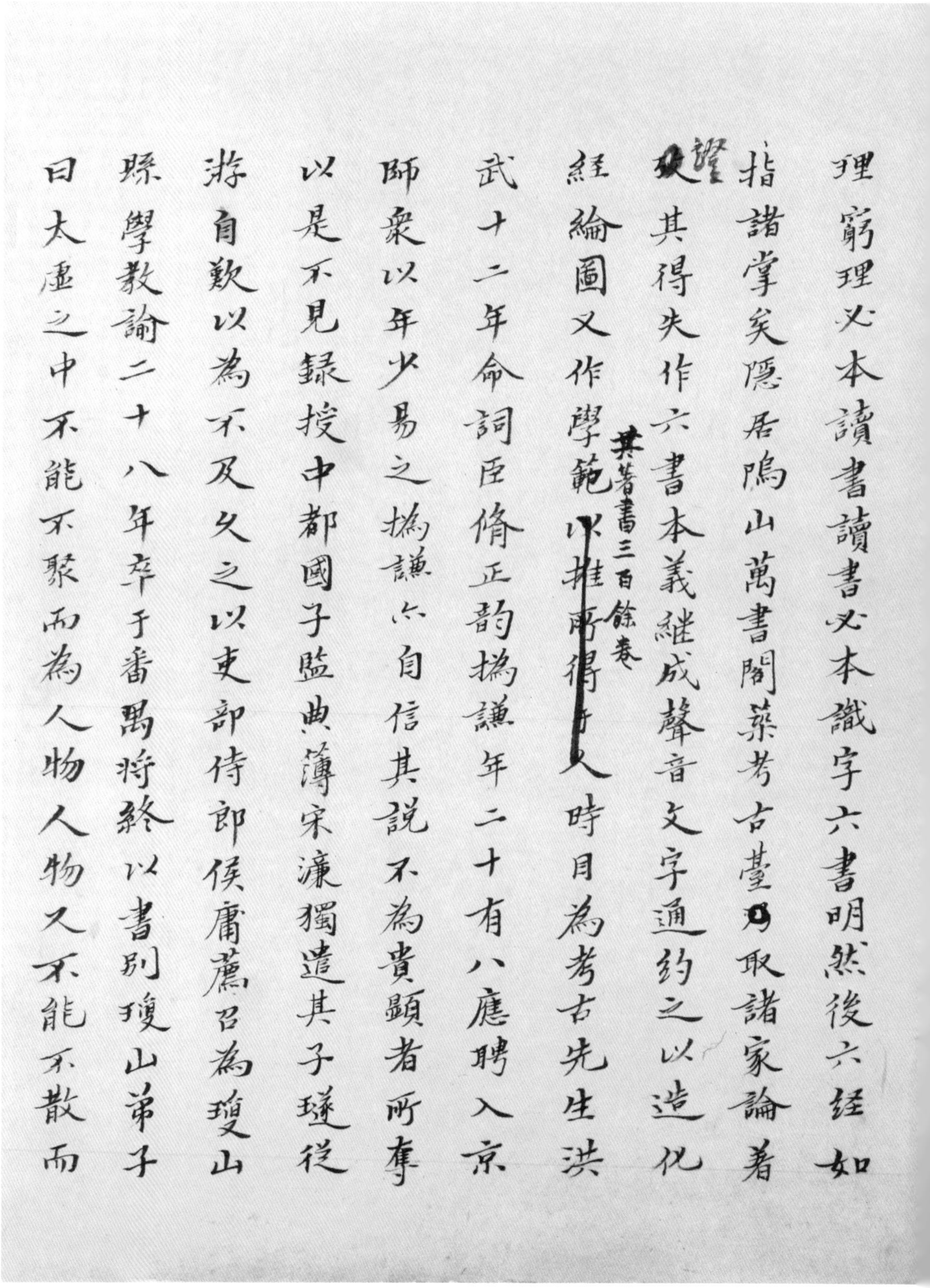
理窮理必本讀書讀書必本識字六書明然後六經如指諸掌矣隱居鴝山萬書閣蒐考古臺乃取諸家論著攷證其得失作六書本義繼成聲音文字通約之以造化經綸圖又作學範以推所得於人時目為考古先生洪武十二年命詞臣脩正韻撝謙年二十有八應聘入京師衆以年少易之撝謙亦自信其說不為貴顯者所奪以是不見録授中都國子監典簿宋濂獨遣其子璲從游自歎以為不及久之以吏部侍郎侯庸薦召為瓊山縣學教諭二十八年卒于番禺將終以書別瓊山弟子曰太虛之中不能不聚而為人物人物又不能不散而

其著書三百餘卷

01490 史館傳稿三十篇　（清）朱彝尊撰　稿本

經折裝。馮登府跋。上海圖書館藏。

9 趙撝謙

入明史有坿改從李良等附傳仍之

趙撝謙名古則（史名謙）餘姚人宋秦悼惠王之裔幼孤貧寄食山寺与學佛者同學長游四方（人有一善一能輒往訪隆寒盛暑恒徒步走百餘里）樂取友与朱右謝肅徐一夔華定文字交天台鄭四表善易則從之受易定海樂良鄭真明春秋山陰趙俶長於説詩迮雨善樂府廣陵張昱工歌詩無為吳志淳華亭朱芾工草書篆隸撝謙悉與為友博究六經百氏之學尤精六書其言曰水火之生人不可一日無之而不汲汲者以其隨取隨足故衆人昧焉惟聖人於易坎離始終明之字書之為用亦若水火人頓不察爾又曰士人為學必先窮

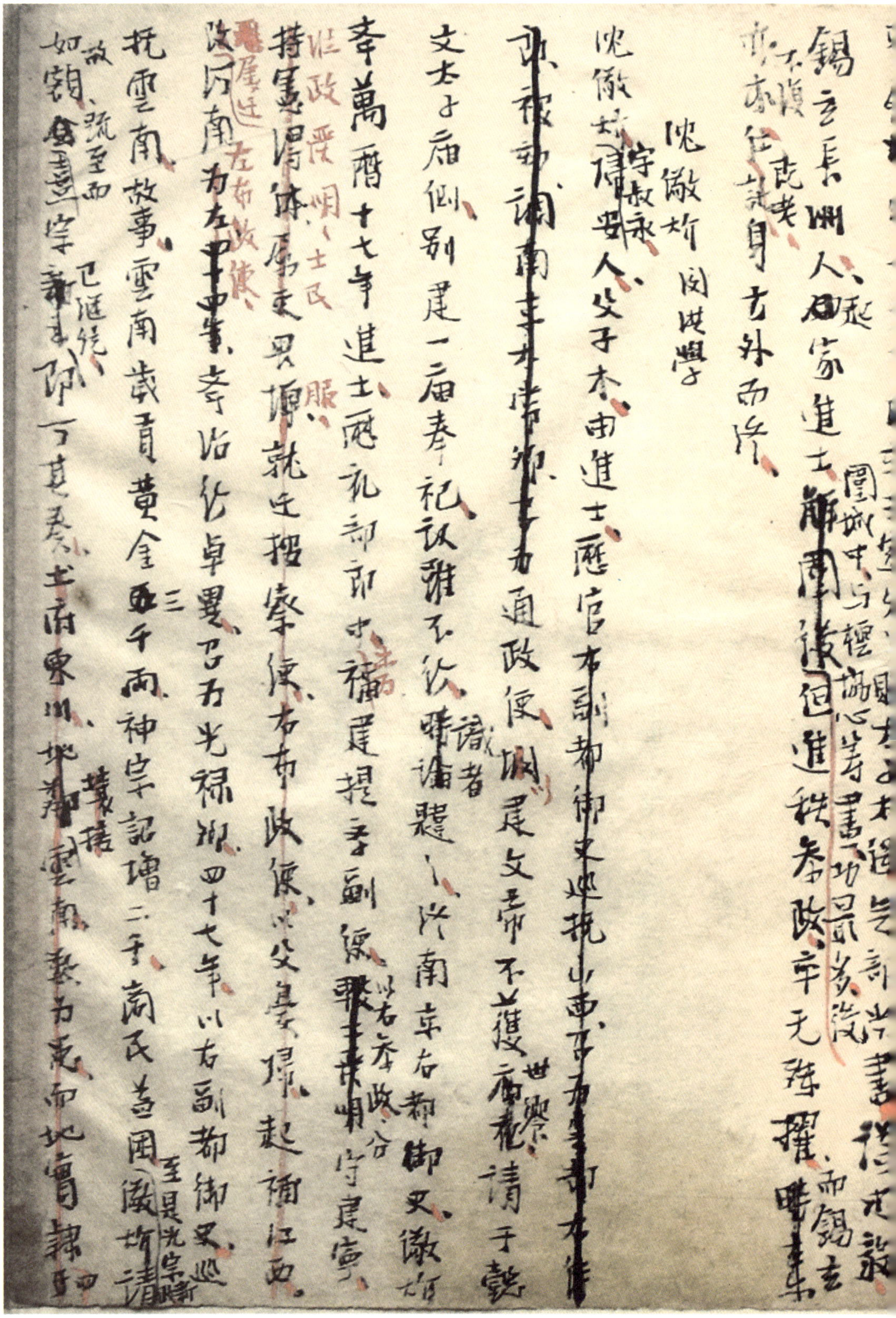

01491 明史稿不分卷 （清）萬斯同等撰 稿本

有“劉積學”、“周維屏印”等印。寧波市天一閣博物館藏，存人物卷。

三善至貴陽，圍已十月矣。当事者而發難兵去，不在小。崇明發取成都，作家

印言欲取貴陽作家，因諸鳥蒙烏撒，西取雲南，復東下，分道偏沅荊襄。

向非撫力抗其衝，東南全省行可勝言。臣故謂撫之守貴陽，直可去張巡

之守睢陽。然睢陽終陷于賊，而撫臣全城以報天子，雖謂功過古人可

也。至撫臣亦安，自貴陽解圍後，不二三載，驟擢樞貳，督師三邊，

近且以媚璫逆奄，務功建祠，而其臺臣劾罪，而總則投閒林壑，尊斷長

安天下豈有叔寺蓋落之男子而肯與指謗焉？且既不録撫功，

亦已甚矣，奈何更執不安之說，書其撫之罪，甚矣全黨之說，發

自臺臣蒋允儀。当年既自承風，今日何執其實事，而陛下重貴

而黨審為報，同鄉大有撫撫被謗，爭者議論寬慎之，允而為迎撫御史趙

洪範文章雪其枉。帝以諮閣臣周延儒，言允儀臣里人，豈不以其言為

是？羽謹言劾臣，不若以為非，言乃盡釋總事，出去白，復叙功，進秩一級

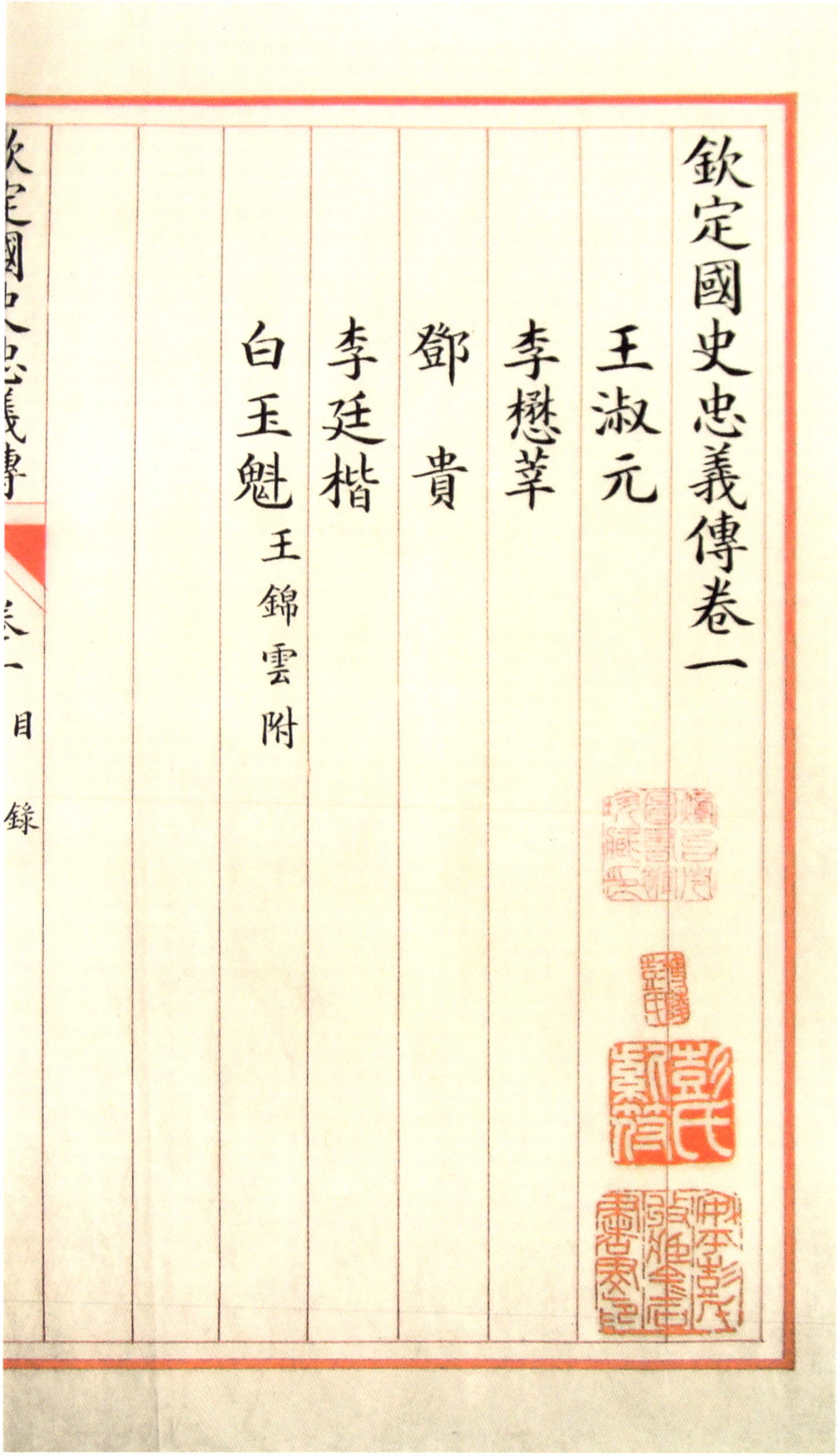
欽定國史忠義傳卷一
王淑元
李懋莘
鄧貴
李廷楷
白玉魁 王錦雲附
欽定國史忠義傳 卷一 目録

01492 欽定國史忠義傳四十八卷 清國史館寫本

匡高28.5厘米，廣17.8厘米。半葉八行，行十九字，白口，四周雙邊。有“彭氏紫符”等印。煙臺圖書館藏。

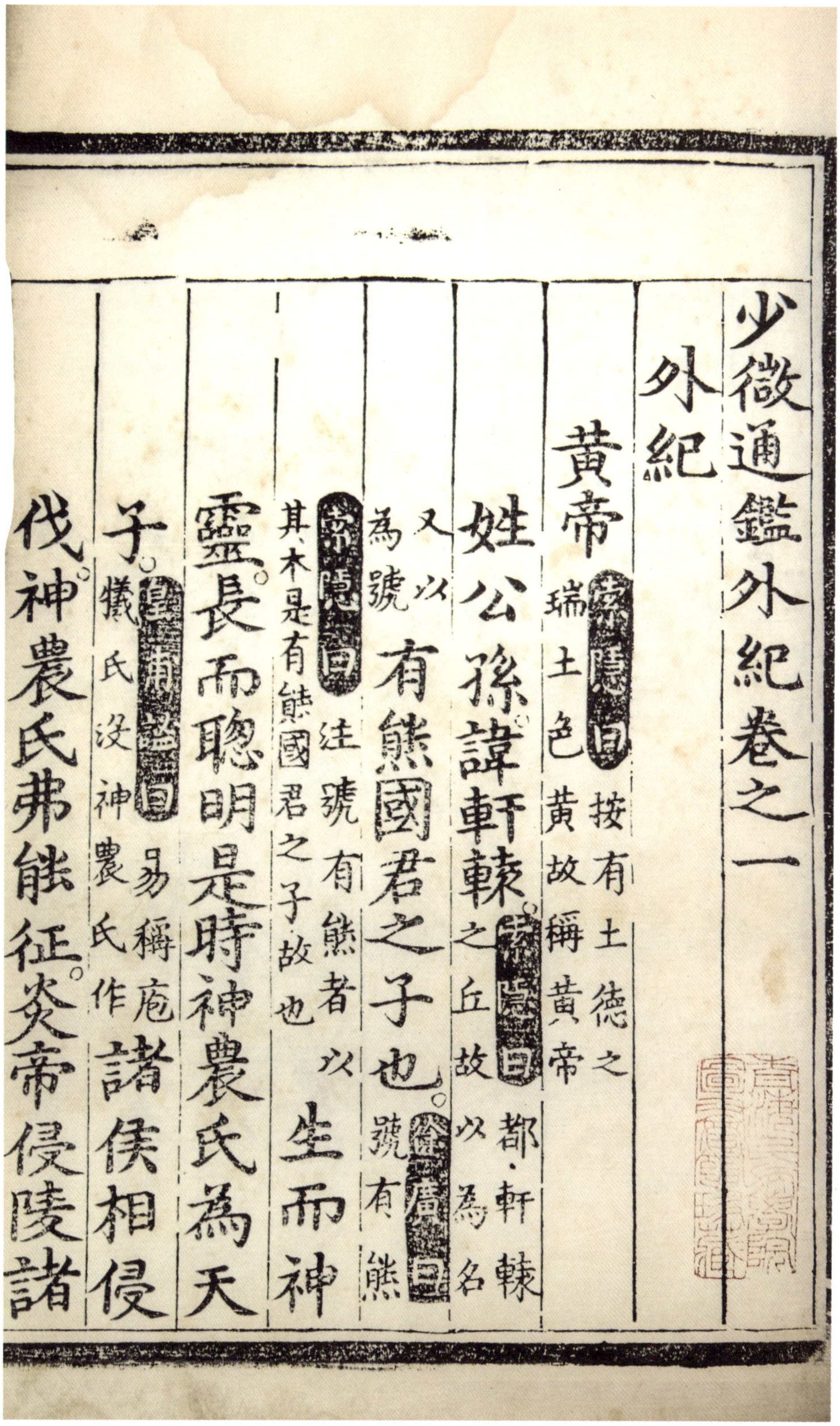
少微通鑑外紀卷之一
外紀
黄帝索隱曰按有土德之瑞土色黄故稱黄帝
姓公孫諱軒轅索隱曰都軒轅之丘故以爲名
又以爲號有熊國君之子也徐廣曰號有熊
索隱曰注號有熊者以其本是有熊國君之子故也生而神
靈長而聰明是時神農氏爲天
子皇甫謐曰易稱庖犧氏沒神農氏作諸侯相侵
伐神農氏弗能征炎帝侵陵諸

01493 少微通鑑節要五十六卷外紀四卷　（宋）江贄撰　明弘治二年（1489）司禮監刻本

匡高22.5厘米，廣16厘米。半葉九行，行十五字，黑口，四周雙邊。有“彭氏家藏書之印”、“甘肅省議會副議長敬觀”等印。青海民族學院圖書館藏，存五十七卷。

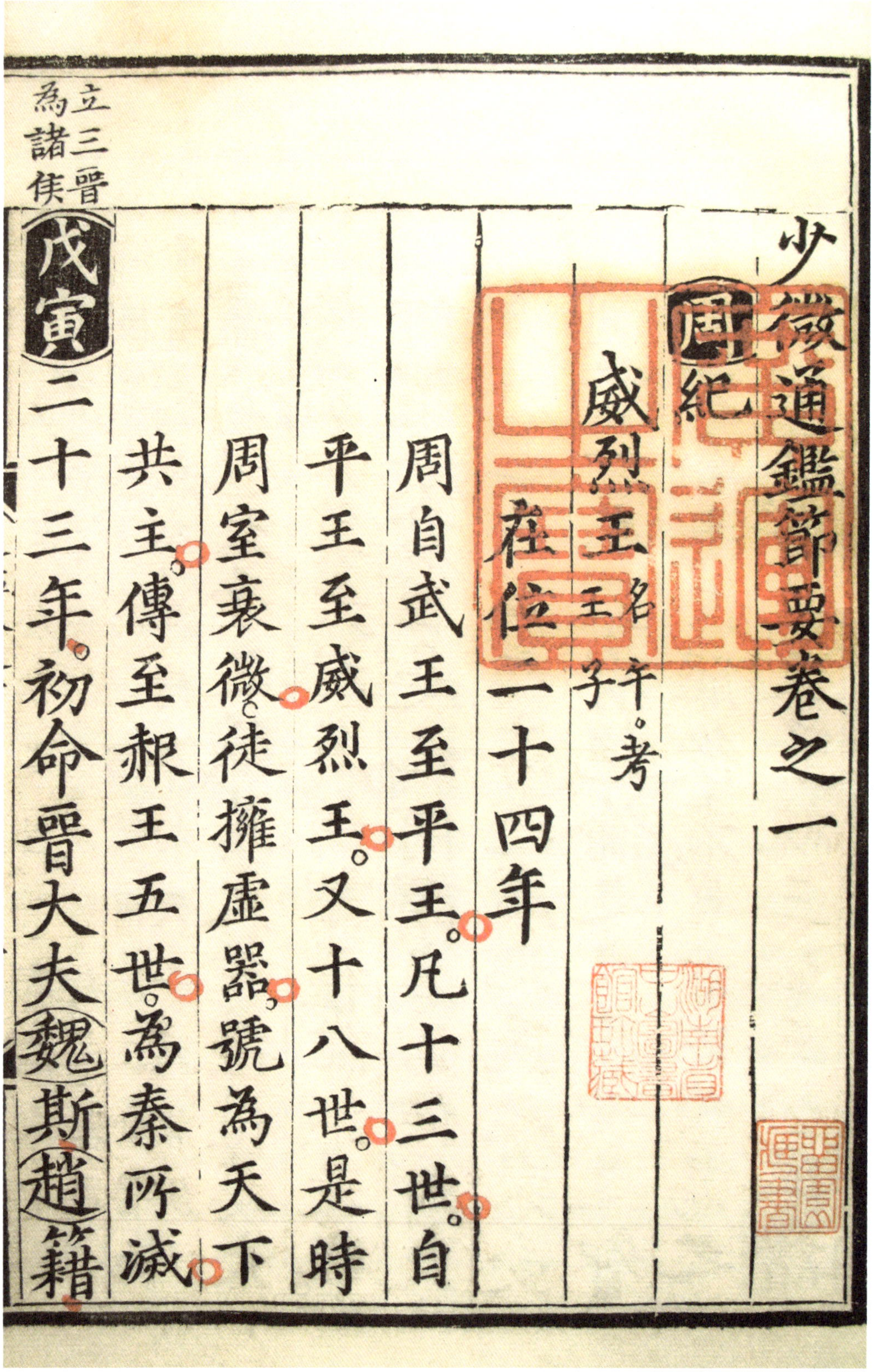
少微通鑑節要卷之一
周紀
威烈王名午。考王子
在位二十四年
周自武王至平王。凡十三世。自平王至威烈王。又十八世。是時周室衰微。徒擁虛器。號為天下共主。傳至赧王五世。為秦所滅。
戊寅 二十三年。初命晉大夫魏斯趙籍
立三晉為諸侯

01494 少微通鑑節要五十卷 （宋）江贄撰　明正德九年（1514）司禮監刻本

匡高22.4厘米，廣15.5厘米。半葉九行，行十五字，小字雙行同，黑口，四周雙邊。有“古山堂圖書印”、“留園藏書”等印。湖南圖書館藏。

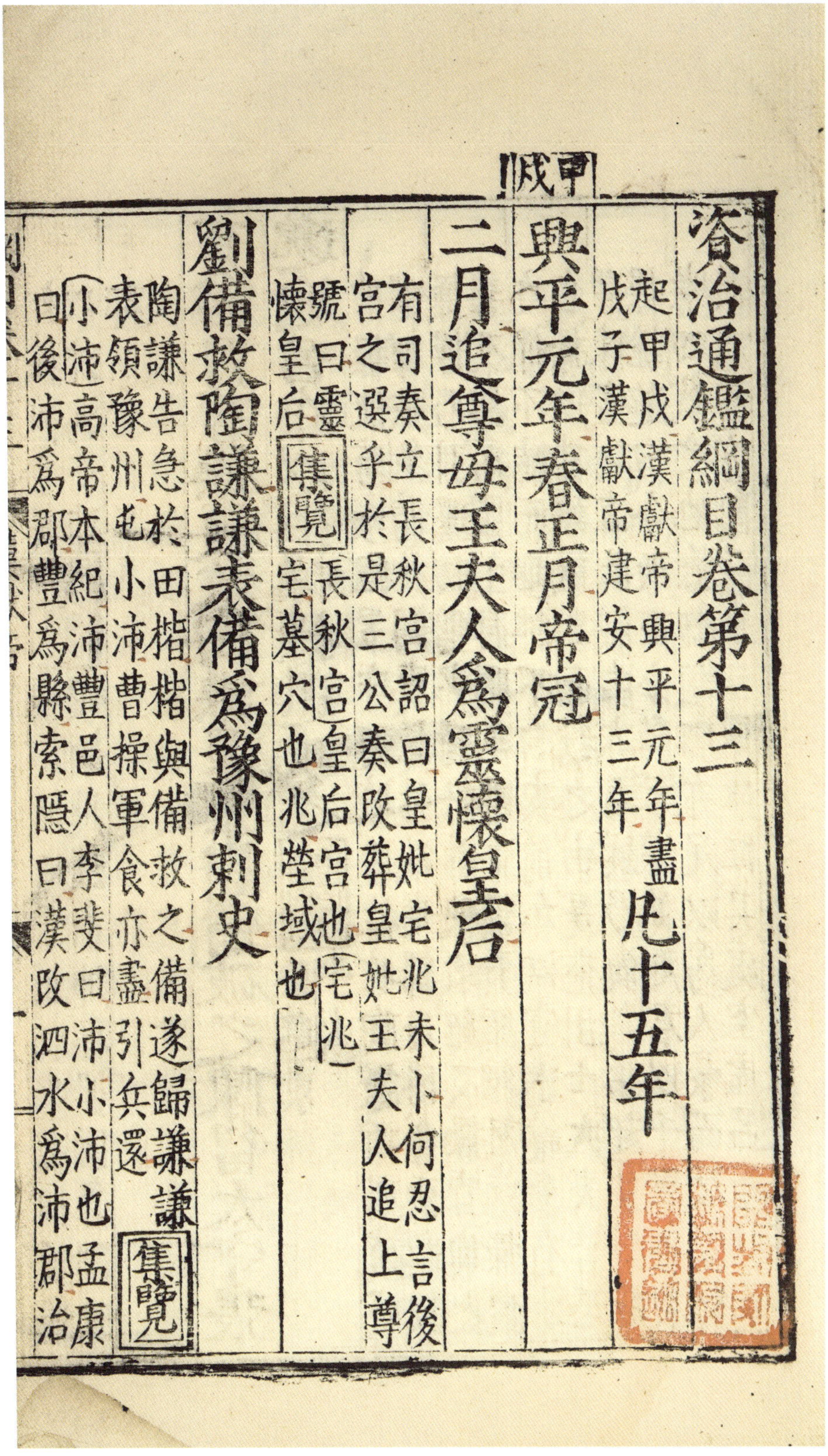

資治通鑑綱目卷第十三

起甲戌漢獻帝興平元年盡戊子漢獻帝建安十三年凡十五年

甲戌　興平元年春正月帝冠

二月追尊母王夫人爲靈懷皇后

有司奏立長秋宮詔曰皇妣宅兆未卜何忍言後宮之選乎於是三公奏改葬皇妣王夫人追上尊號曰靈懷皇后〔集覽〕長秋宮皇后宮也〔宅兆〕宅墓穴也兆塋域也

劉備救陶謙謙表備爲豫州刺史

陶謙告急於田楷楷與備救之備遂歸謙謙表領豫州屯小沛曹操軍食亦盡引兵還〔集覽〕〔小沛〕高帝本紀沛豐邑人李斐曰沛小沛也孟康曰後沛爲郡豐爲縣索隱曰漢改泗水爲沛郡治

01495、01496 資治通鑑綱目五十九卷　（宋）朱熹撰　明嘉靖刻本

匡高21厘米，廣14.3厘米。半葉九行，行二十字，小字雙行同，白口，四周雙邊。江蘇省啟東市圖書館藏，有“玉瑛堂”等印，存十一卷；河南大學圖書館藏，存三十七卷。

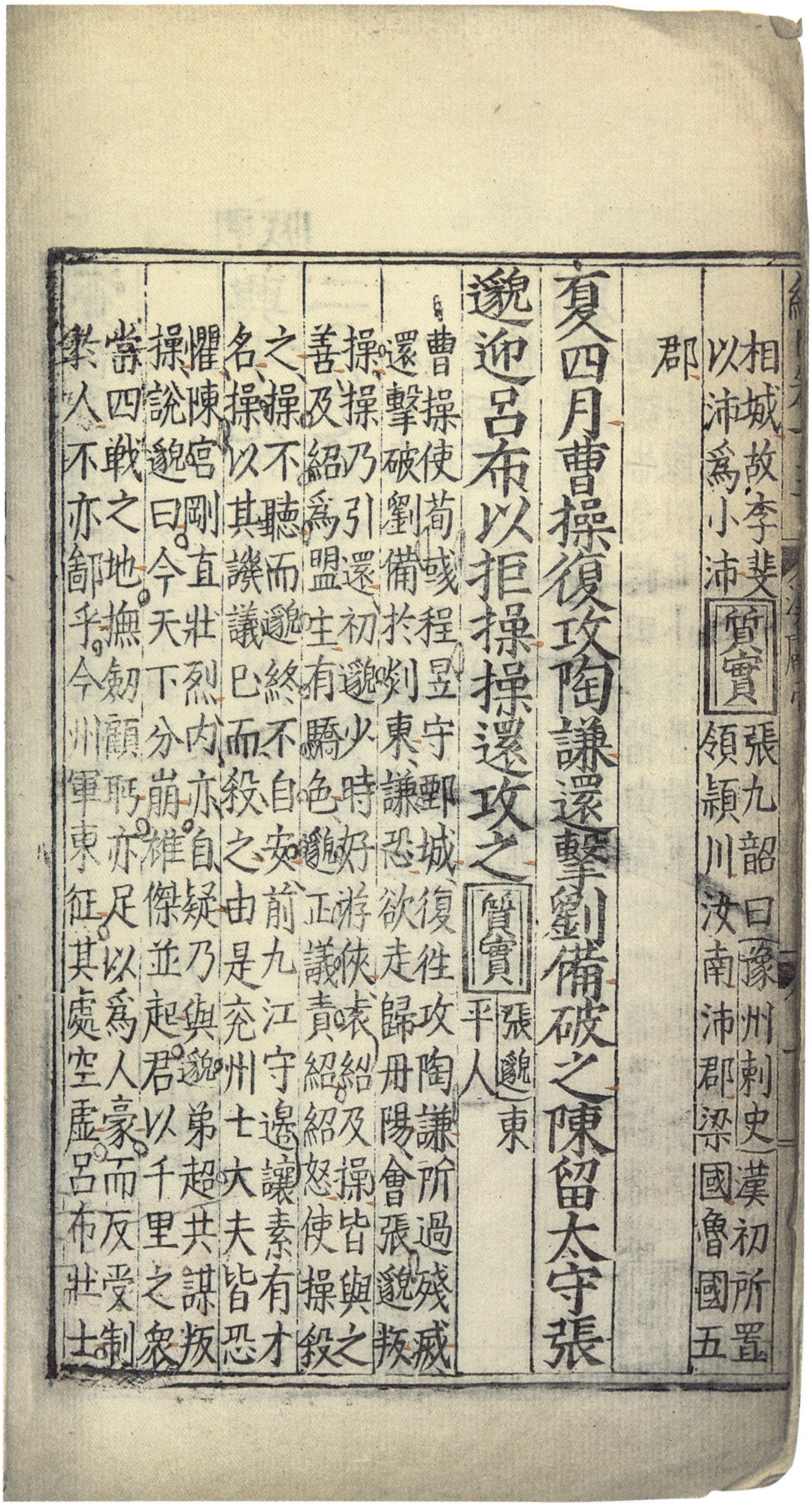
相城故李斐以沛爲小沛〔質實〕張九韶曰豫州刺史漢初所置領潁川汝南沛郡梁國魯國五郡

夏四月曹操復攻陶謙還擊劉備破之陳留太守張邈迎呂布以拒操操還攻之〔質實〕張邈東平人曹操使荀彧程昱守鄄城復往攻陶謙所過殘滅還擊破劉備於郯東謙恐欲走歸丹陽會張邈叛操操乃引還初邈少時好游俠袁紹及操皆與之善及紹爲盟主有驕色邈正議責紹紹怒使操殺之操不聽而邈終不自安前九江守邊讓素有才名操以其譏議已而殺之由是兖州士大夫皆恐懼陳宮剛直壯烈內亦自疑乃與邈弟超共謀叛操說邈曰今天下分崩雄傑並起君以千里之衆當四戰之地撫劒顧眄亦足以爲人豪而反受制於人不亦鄙乎今州軍東征其處空虛呂布壯士

01495、01496 資治通鑑綱目五十九卷 （宋）朱熹撰　明嘉靖刻本

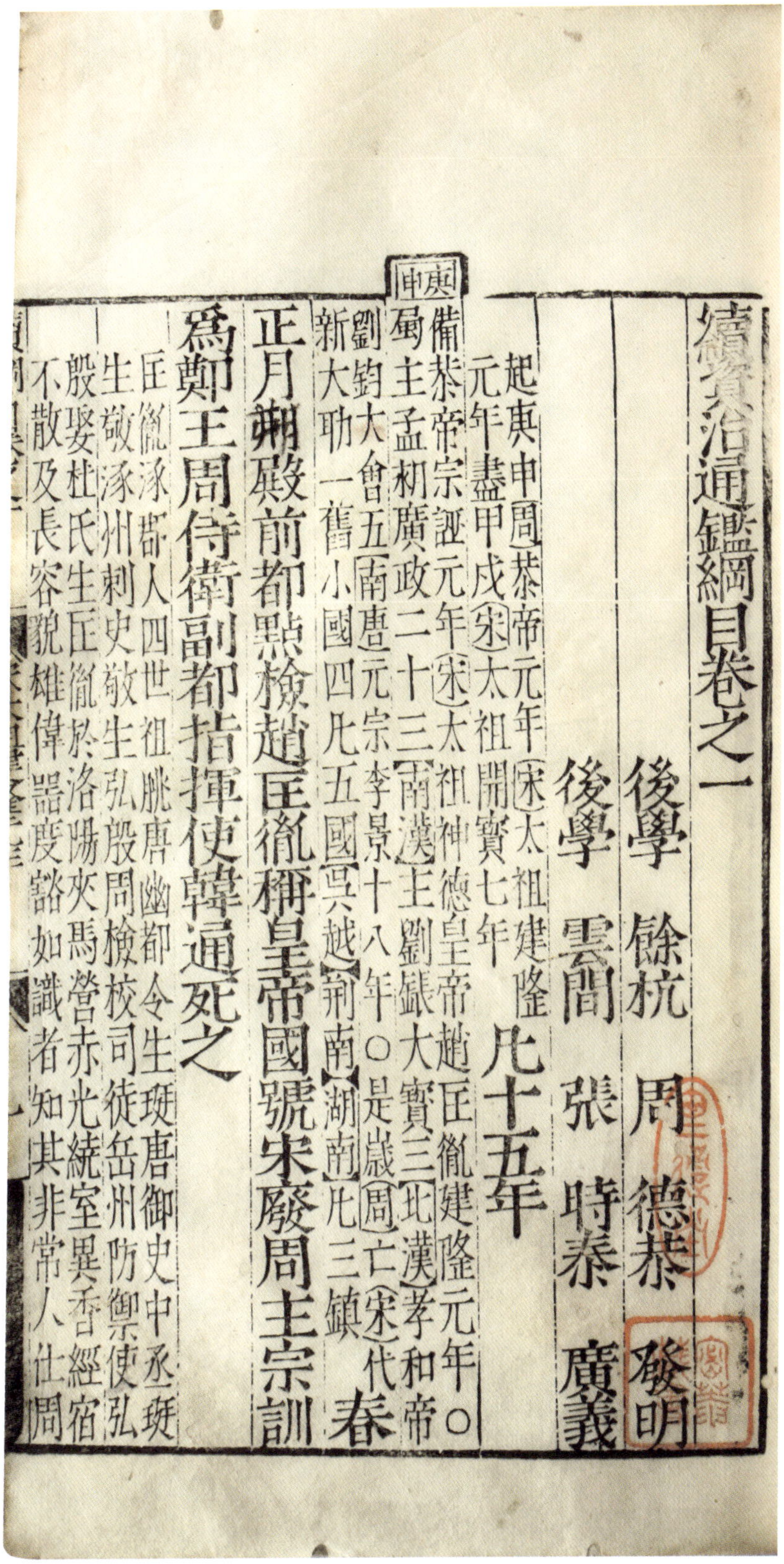

01497 通鑑綱目全書一百八卷 明嘉靖三十九年（1560）書林楊氏歸仁齋刻本

匡高19.7厘米，廣13厘米。半葉十行，行二十二字，小字雙行同，黑口，四周單邊。江蘇省南通市圖書館藏，存四十九卷。

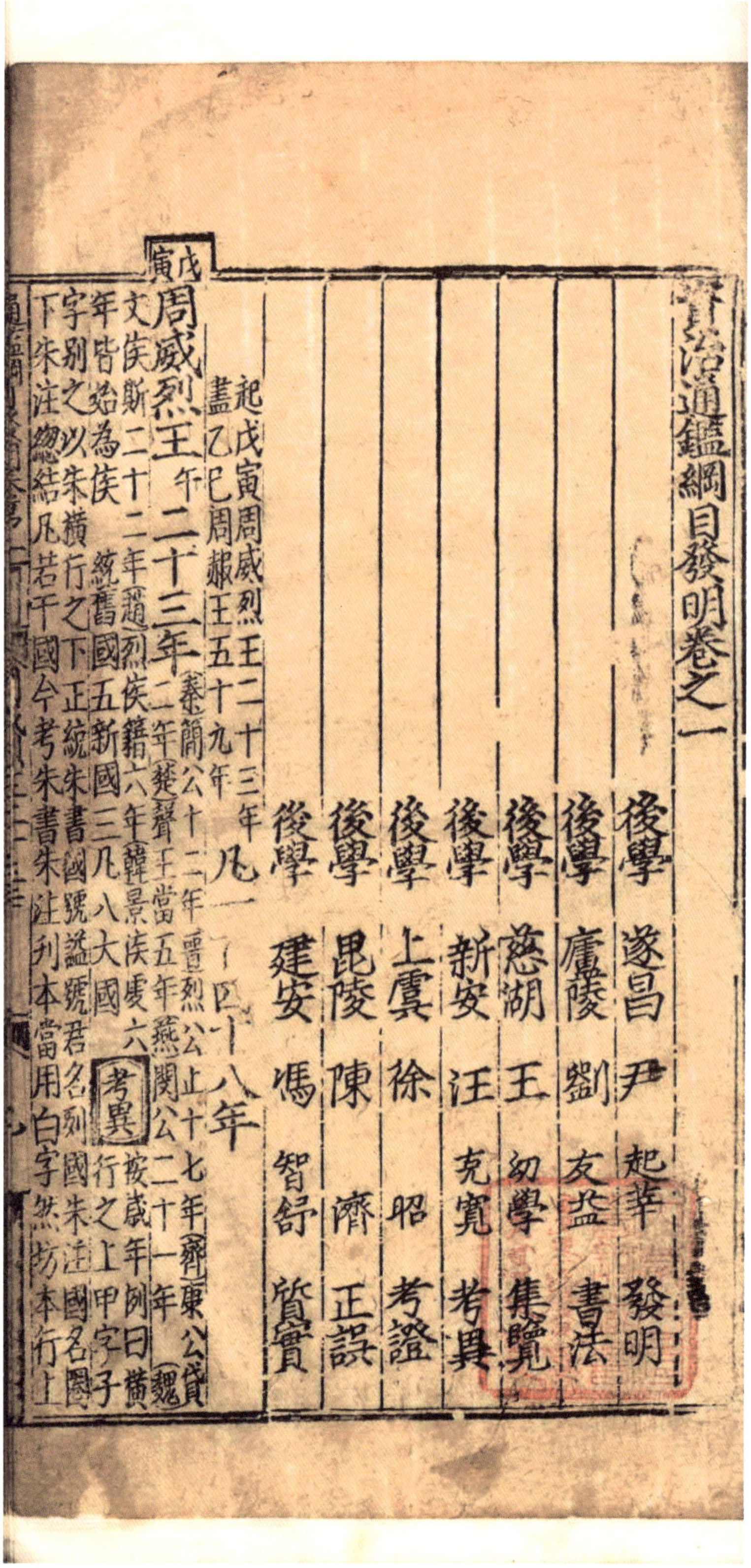
資治通鑑綱目發明卷之一
後學 遂昌 尹 起莘 發明
後學 廬陵 劉 友益 書法
後學 慈湖 王 幼學 集覽
後學 新安 汪 克寬 考異
後學 上虞 徐 昭 考證
後學 毘陵 陳 濟 正誤
後學 建安 馮 智舒 質實
起戊寅周威烈王二十三年盡乙巳周赧王五十九年凡一[illegible]十八年
戊寅 周威烈王 二十三年

01498 資治通鑑綱目發明五十九卷 （宋）尹起莘撰 （元）劉友益書法 （元）汪克寬考異 （元）徐昭文考證 （明）陳濟正誤 （明）馮智舒質實 明弘治十四年（1501）日新堂刻本

半葉十二行，行二十六字，小字雙行同，白口，四周雙邊。有“皇明弘治辛酉歲書林日新堂刊行”牌記。內蒙古自治區圖書館藏。

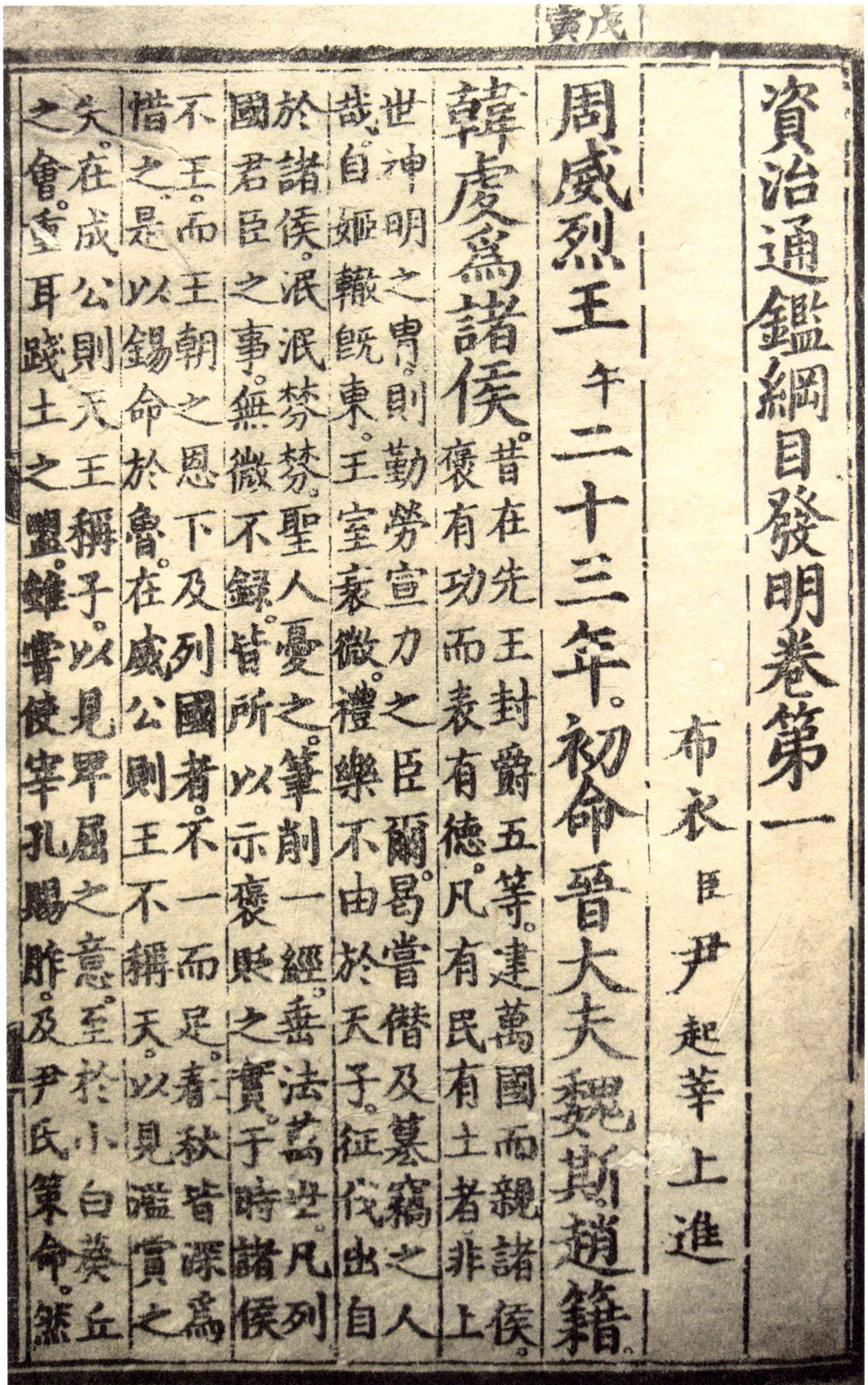
資治通鑑綱目發明卷第一
布衣臣尹起莘上進
周威烈王午二十三年。初命晉大夫魏斯趙籍
韓虔爲諸侯。昔在先王封爵五等。建萬國而親諸侯。褒有功而表有德。凡有民有土者非上世神明之胄。則勤勞宣力之臣爾。曷嘗僭及墓竊之人哉。自姬轍既東。王室衰微。禮樂不由於天子。征伐出自於諸侯。泯泯棼棼。聖人憂之。筆削一經。垂法萬世。凡列國君臣之事。無微不錄。皆所以示褒貶之實。于時諸侯不王。而王朝之恩下及列國者。不一而足。春秋皆深爲惜之。是以錫命於魯。在威公則王不稱天。以見譏貶之矣。在成公則天王稱子。以見畀屬之意。至於小白葵丘之會。重耳踐土之盟。雖嘗使宰孔賜胙。及尹氏策命。然

01499 資治通鑑綱目發明五十九卷 （宋）尹起莘撰 明刻本

匡高27.5厘米，廣18.3厘米。半葉八行，行十八字，小字雙行二十一字，黑口，四周雙邊。開封市圖書館藏。

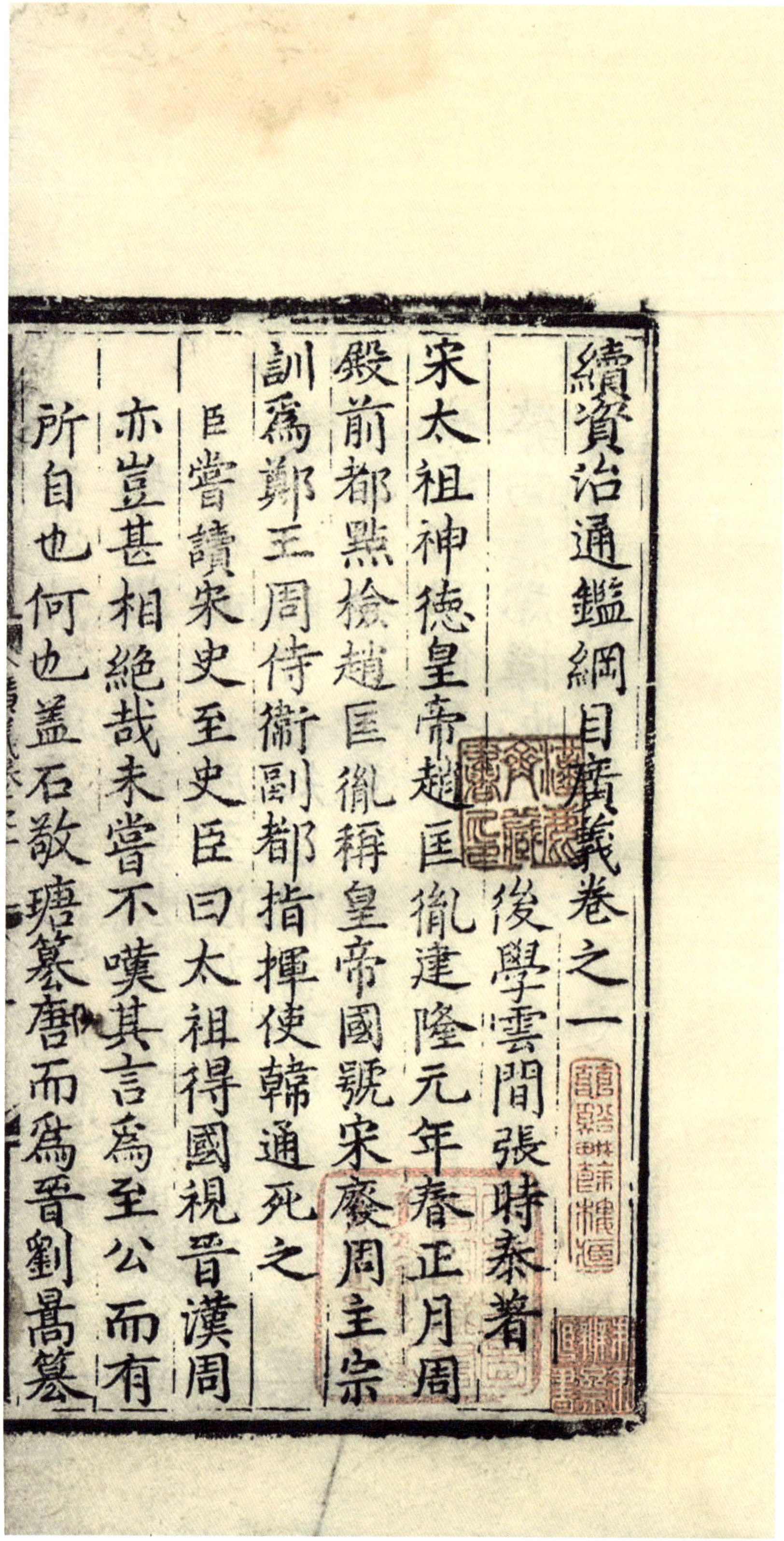

續資治通鑑綱目廣義卷之一
後學雲間張時泰著
宋太祖神德皇帝趙匡胤建隆元年春正月周
殿前都點檢趙匡胤稱皇帝國號宋廢周主宗
訓爲鄭王周侍衛副都指揮使韓通死之
臣嘗讀宋史至史臣曰太祖得國視晉漢周
亦豈甚相絕哉未嘗不嘆其言爲至公而有
所自也何也蓋石敬瑭篡唐而爲晉劉暠篡

01500 續資治通鑑綱目廣義一百三十卷　（明）張時泰撰　明弘治三年（1490）刻本

匡高18.7厘米，廣11.2厘米。半葉八行，行十八字，黑口，四周雙邊。内蒙古自治區圖書館藏。

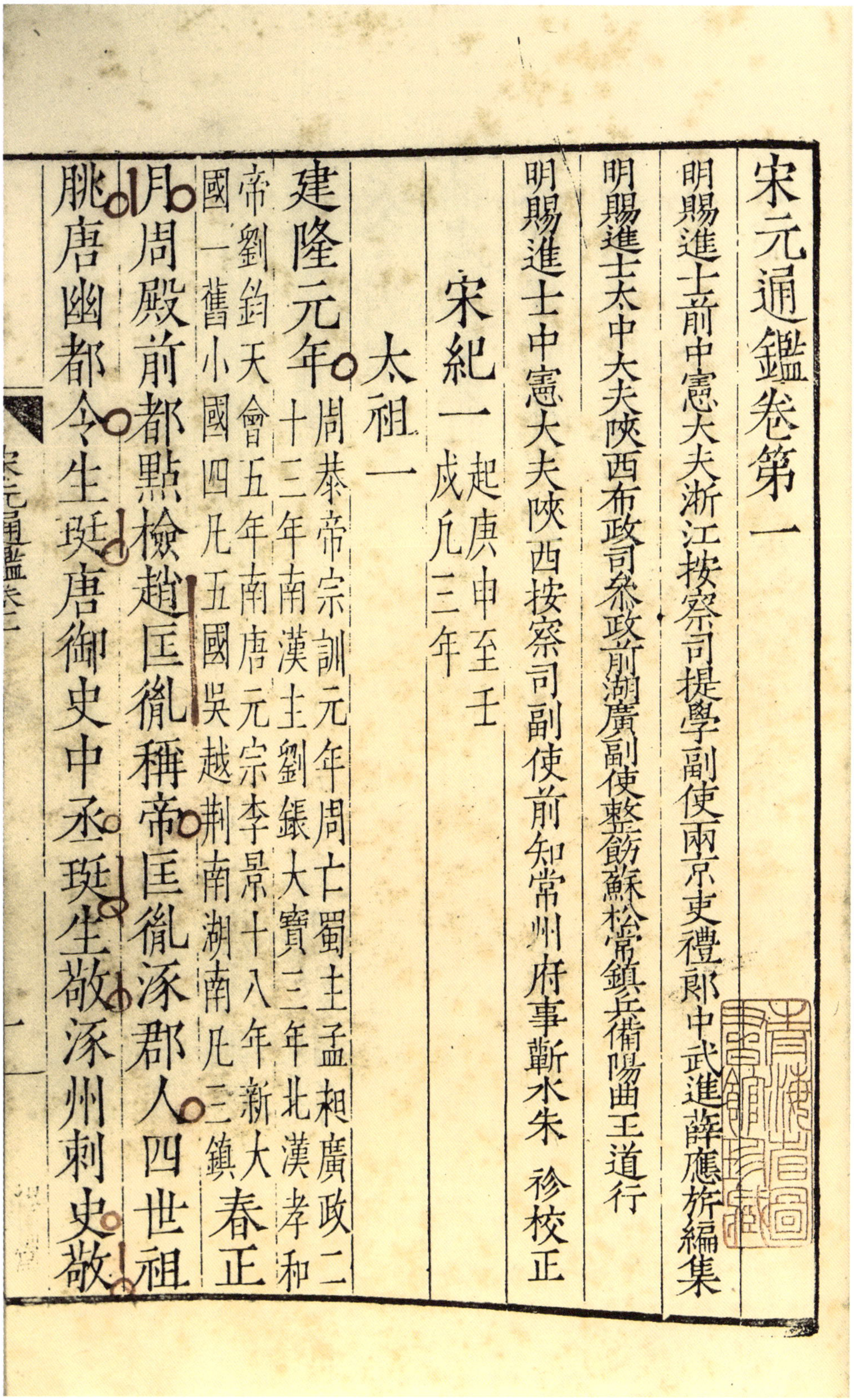

01501 宋元通鑑一百五十七卷 （明）薛應旂撰　明嘉靖四十五年（1566）自刻本

匡高20.1厘米，廣14.5厘米。半葉十行，行二十字，小字雙行同，白口，四周單邊。青海省圖書館藏。

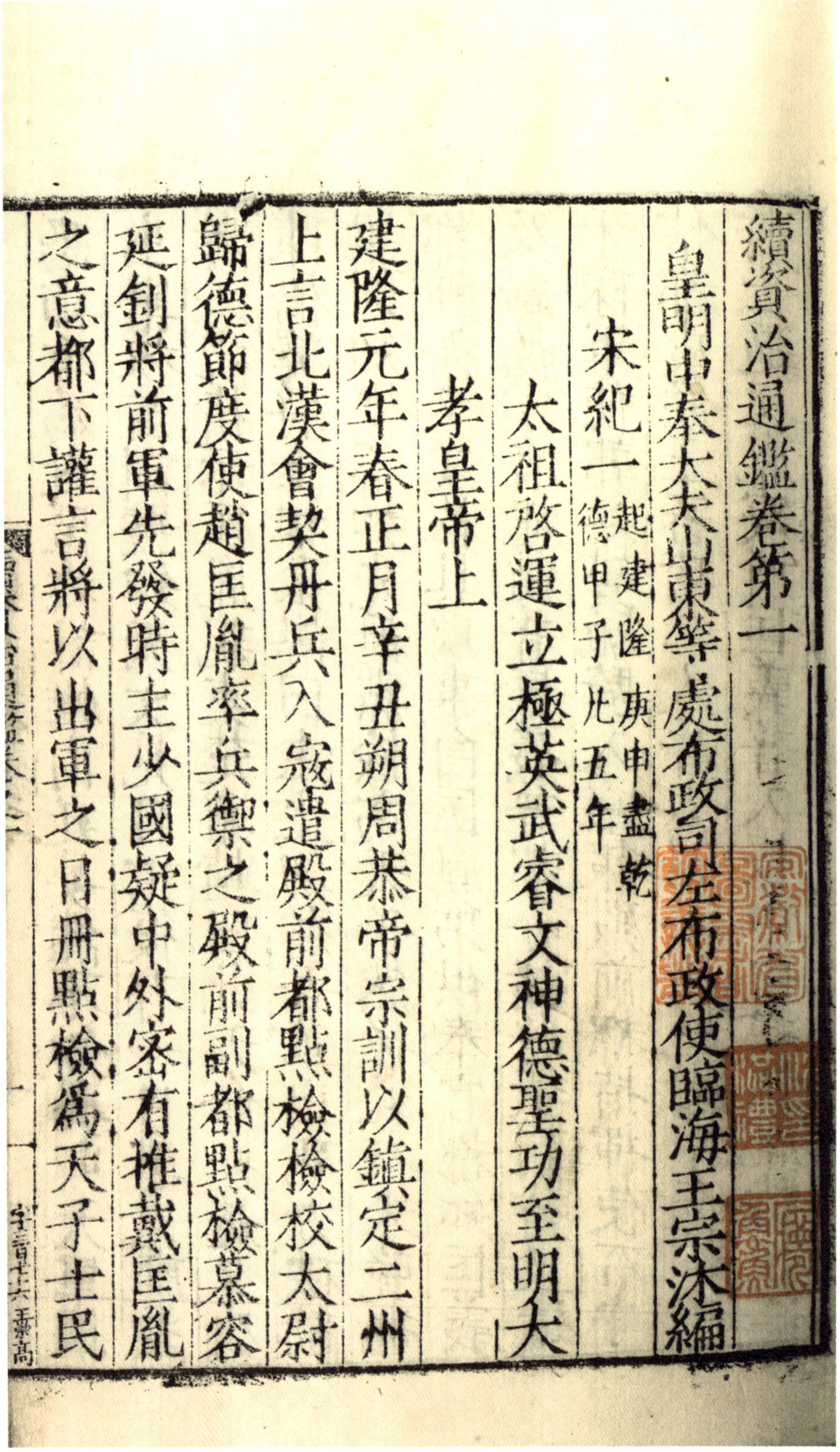
續資治通鑑卷第一
皇明中奉大夫山東等處布政司左布政使臨海王宗沐編
宋紀一 起建隆庚申盡乾德甲子凡五年
太祖啓運立極英武睿文神德聖功至明大
孝皇帝上
建隆元年春正月辛丑朔周恭帝宗訓以鎮定二州
上言北漢會契丹兵入寇遣殿前都點檢檢校太尉
歸德節度使趙匡胤率兵禦之殿前副都點檢慕容
延釗將前軍先發時主少國疑中外密有推戴匡胤
之意都下讙言將以出軍之日冊點檢爲天子士民

01502、01503 續資治通鑑六十四卷 （明）王宗沐撰 明隆慶五年（1571）刻本

匡高20.4厘米，廣14.7厘米。半葉十行，行二十字，小字雙行同，白口，左右雙邊。安徽省圖書館藏，有“沈印洪禮”等印；揚州市圖書館藏，有“金粟齋”等印。

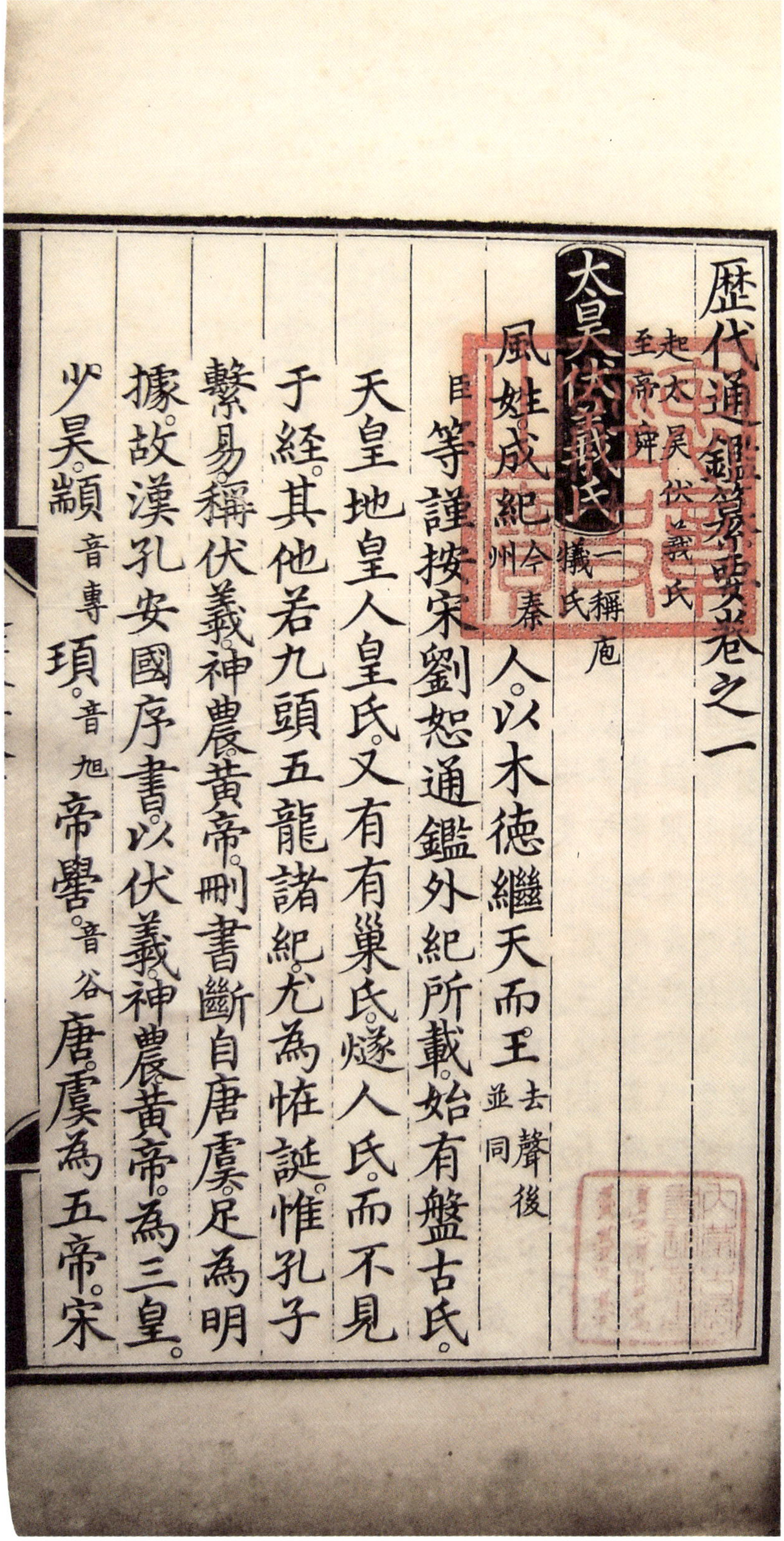
歷代通鑑纂要卷之一
起太昊伏羲氏至帝舜
太昊伏羲氏 一稱庖犧氏
風姓成紀今秦州人以木德繼天而王去聲後並同
臣等謹按宋劉恕通鑑外紀所載始有盤古氏
天皇地皇人皇氏又有有巢氏燧人氏而不見
于經其他若九頭五龍諸紀尤為恠誕惟孔子
繫易稱伏羲神農黃帝刪書斷自唐虞足為明
據故漢孔安國序書以伏羲神農黃帝為三皇
少昊顓音專頊音旭帝嚳音谷唐虞為五帝宋

01504 歷代通鑑纂要九十二卷 （明）李東陽等撰 明正德二年（1507）內府刻本

匡高24.9厘米，廣16.9厘米。半葉十行，行二十字，小字雙行同，粗黑口，四周雙邊。內蒙古自治區圖書館藏，存七卷。

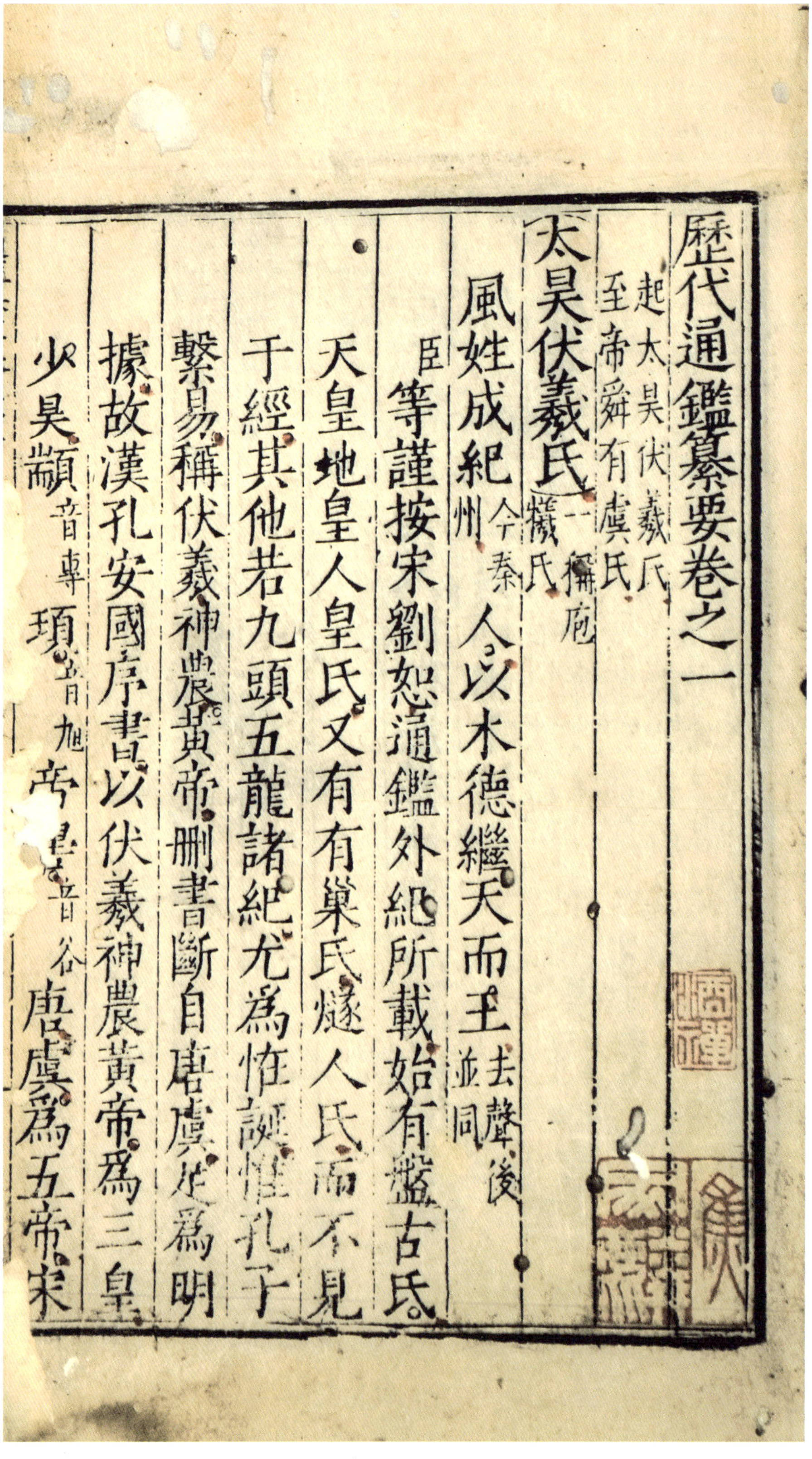

01505、01506 歷代通鑑纂要九十二卷 （明）李東陽等撰 明正德十四年（1519）慎獨齋刻本

匡高19厘米，廣13厘米。半葉十行，行二十字，白口，四周雙邊。有“正德乙卯夏慎獨齋新刊”牌記。甘肅省通渭縣圖書館藏，存三十四卷；杭州圖書館藏。

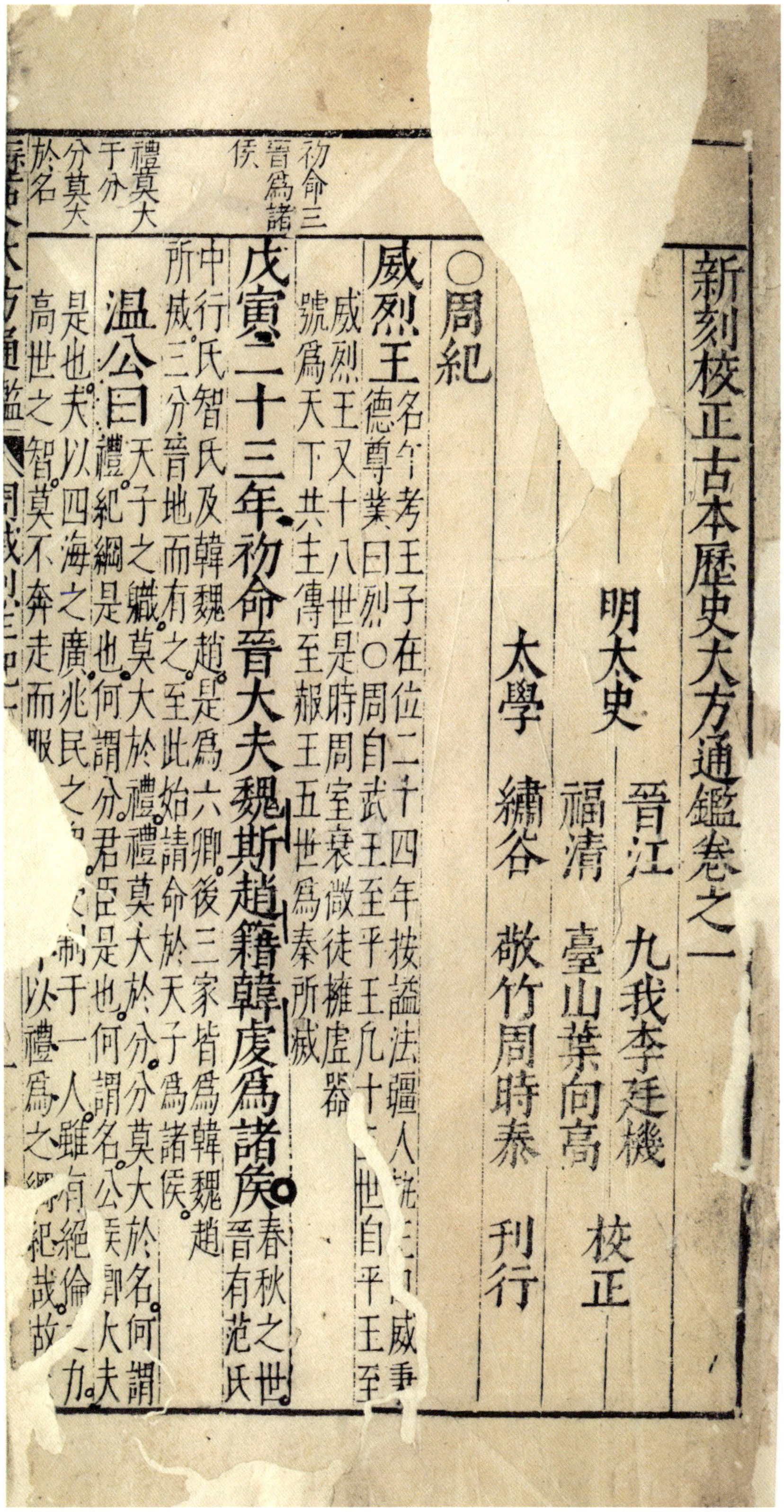

新刻校正古本歷史大方通鑑卷之一
明太史　晉江　九我李廷機　校正
福清　臺山葉向高
太學　繡谷　敬竹周時泰　刊行
○周紀
威烈王 名午考王子在位二十四年按謚法彊[illegible]威爭 德尊業曰烈○周自武王至平王凡十[illegible]世自平王至威烈王又十八世是時周室衰微徒擁虛器號爲天下共主傳至赧王五世爲秦所滅
初命三晉爲諸侯
戊寅二十三年初命晉大夫魏斯趙籍韓虔爲諸侯 ○春秋之世晉有范氏中行氏智氏及韓魏趙是爲六卿後三家皆爲韓魏趙所滅三分晉地而有之至此始請命於天子爲諸侯
禮莫大于分
分莫大於名
溫公曰 天子之職莫大於禮禮莫大於分分莫大於名何謂禮紀綱是也何謂分君臣是也何謂名公侯卿大夫是也夫以四海之廣兆民之[illegible]制于一人雖有絕倫之力高世之智莫不奔走而服[illegible]以禮爲之綱紀哉故

01507 新刻校正古本歷史大方通鑑四十一卷首一卷　（明）李廷機　葉向高輯　明嘉靖周時泰刻本

匡高23.4厘米，廣14.1厘米。半葉十一行，行二十四字，小字雙行同，白口，四周單邊。紹興圖書館藏，存三十六卷。

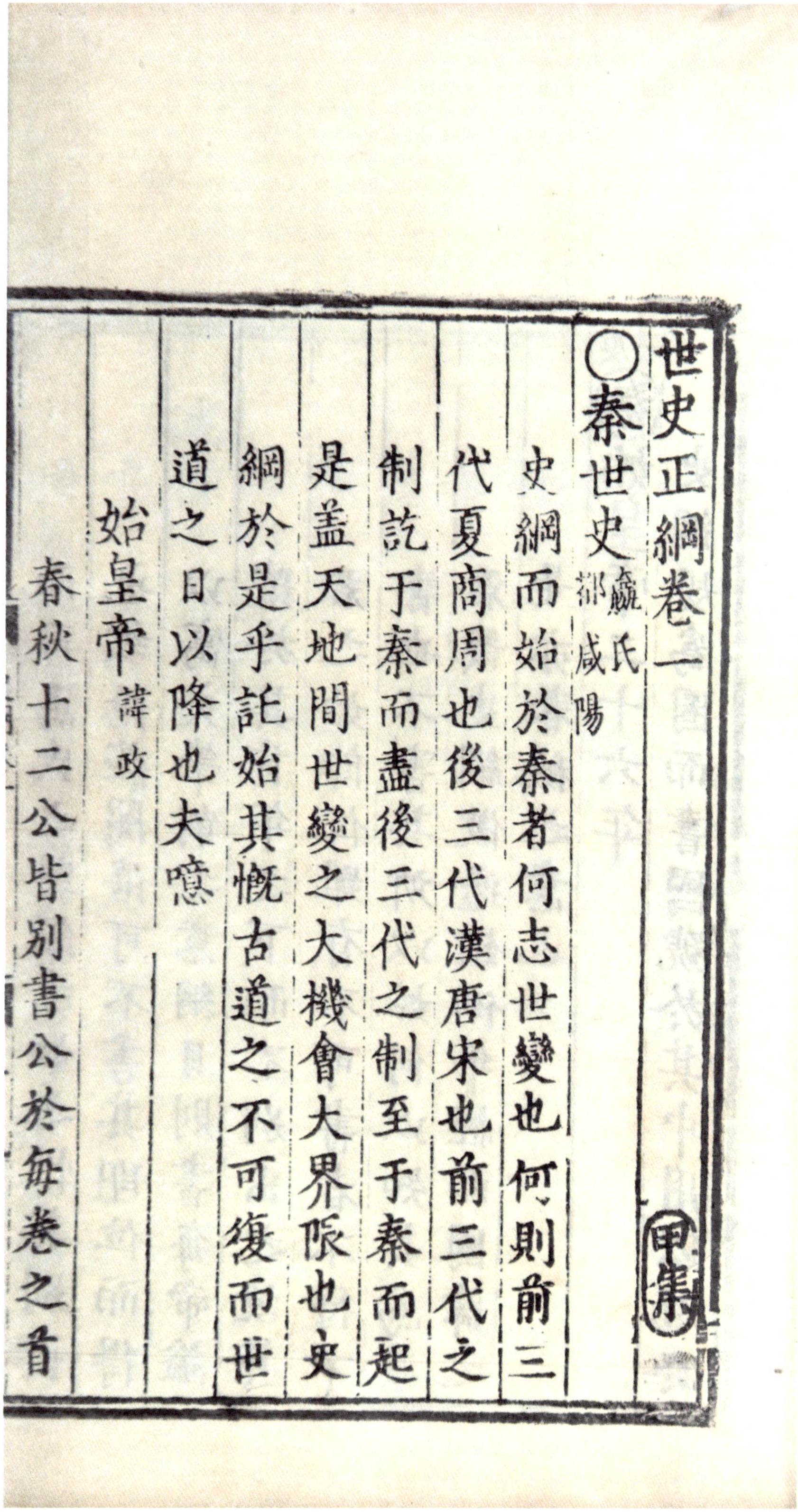

世史正綱卷一

○秦世史 嬴氏 都咸陽

史綱而始於秦者何志世變也何則前三代夏商周也後三代漢唐宋也前三代之制訖于秦而盡後三代之制至于秦而起是蓋天地間世變之大機會大界限也史綱於是乎託始其慨古道之不可復而世道之日以降也夫噫

始皇帝 諱政

春秋十二公皆别書公於每卷之首

01508 世史正綱三十二卷 （明）丘濬撰 明弘治三年（1490）刻本

匡高19厘米，廣13厘米。半葉十行，行十八字，黑口，四周雙邊。有“璜川吴氏收藏圖書”等印。湖南師範大學圖書館藏。

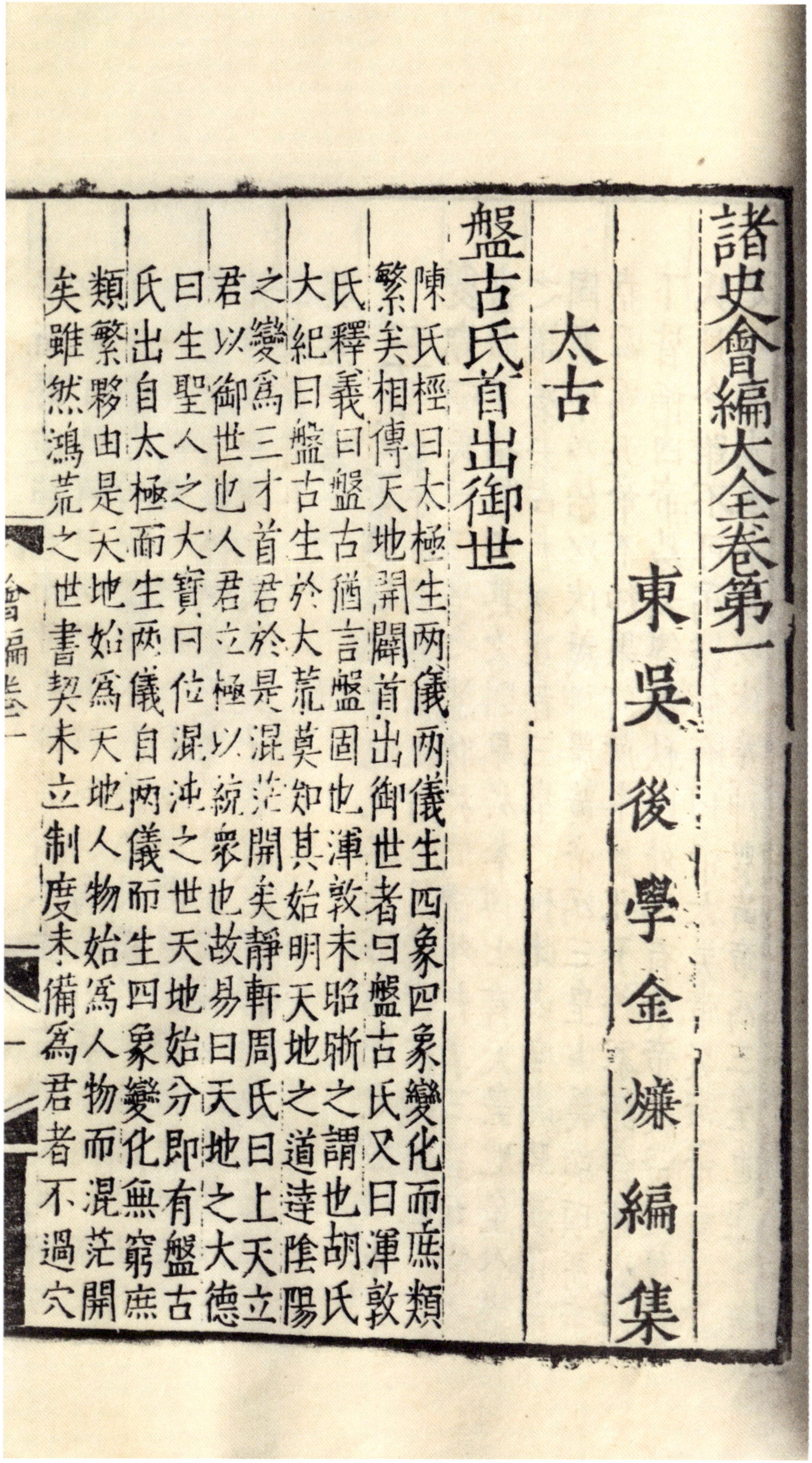

諸史會編大全卷第一
東吳後學金燫編集
太古
盤古氏首出御世
陳氏桱曰太極生两儀两儀生四象四象變化而庶類繁矣相傳天地開闢首出御世者曰盤古氏又曰渾敦氏釋義曰盤古猶言盤固也渾敦未昭晰之謂也胡氏大紀曰盤古生於大荒莫知其始明天地之道達陰陽之變爲三才首君於是混茫開矣靜軒周氏曰上天立君以御世也人君立極以統衆也故易曰天地之大德曰生聖人之大寶曰位混沌之世天地始分即有盤古氏出自太極而生两儀自两儀而生四象變化無窮庶類繁夥由是天地始爲天地人物始爲人物而混茫開矣雖然鴻荒之世書契未立制度未備爲君者不過穴

會編卷一

01509 、01510 諸史會編大全一百十二卷 （明）金燫撰 明嘉靖四年（1525）金壇縣刻本

匡高22厘米，廣16厘米。半葉九行，行二十二字，小字雙行同，上白口下黑口，四周單邊。大連圖書館藏，存一百十卷；無錫市圖書館藏，爲公文紙印本。

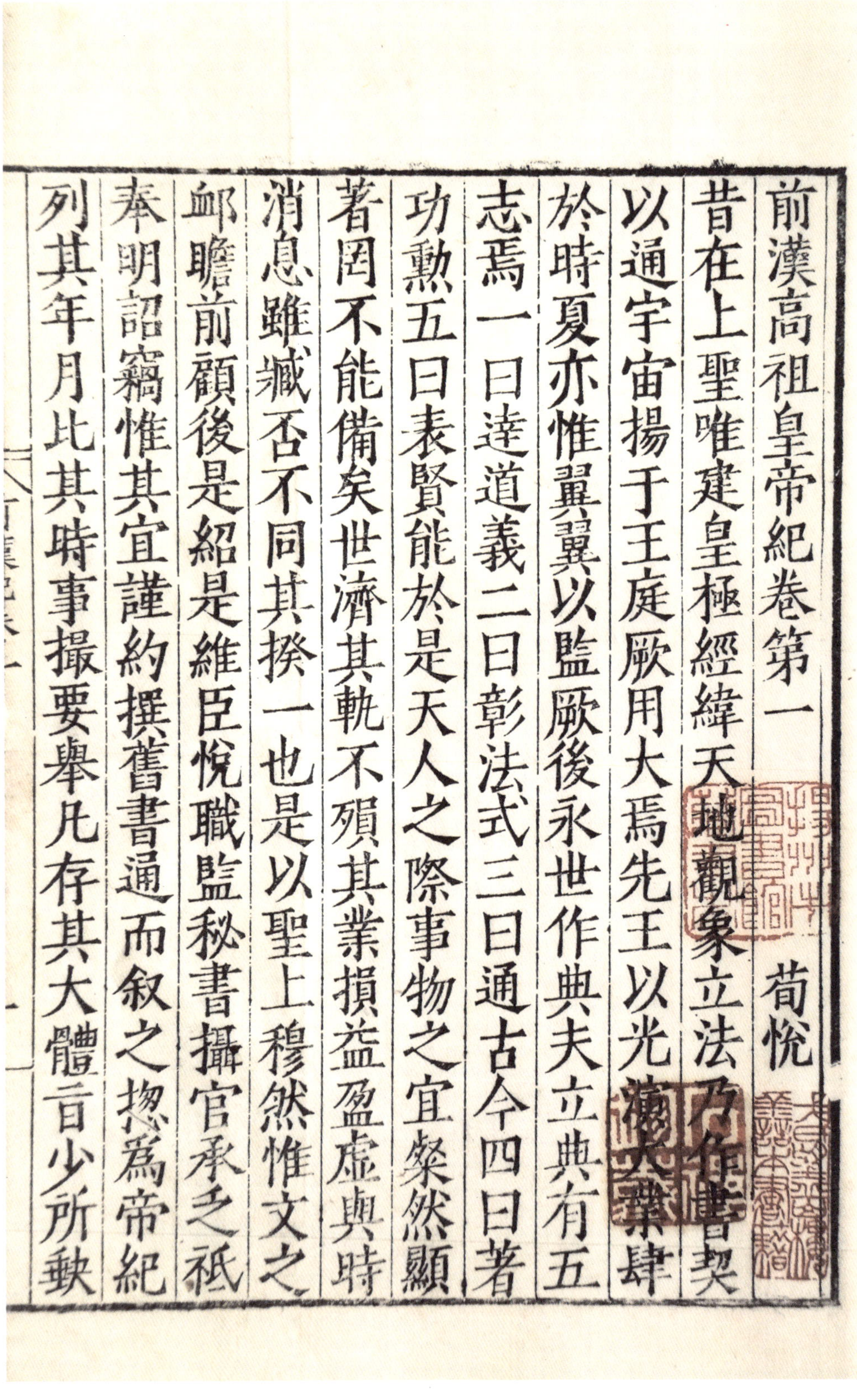
前漢高祖皇帝紀卷第一　荀悅
昔在上聖唯建皇極經緯天地觀象立法乃作書契
以通宇宙揚于王庭厥用大焉先王以光演大業肆
於時夏亦惟翼翼以監厥後永世作典夫立典有五
志焉一曰達道義二曰彰法式三曰通古今四曰著
功勳五曰表賢能於是天人之際事物之宜粲然顯
著罔不能備矣世濟其軌不殞其業損益盈虛與時
消息雖臧否不同其揆一也是以聖上穆然惟文之
卹瞻前顧後是紹是維臣悅職監秘書攝官承乏祗
奉明詔竊惟其宜謹約撰舊書通而叙之揔爲帝紀
列其年月比其時事撮要舉凡存其大體旨少所缺

01511 兩漢紀六十卷　（宋）王銍編　明嘉靖二十七年（1548）黄姬水刻本

匡高19.1厘米，廣14.7厘米。半葉十一行，行二十字，小字雙行二十一字，白口，左右雙邊。揚州市圖書館藏。

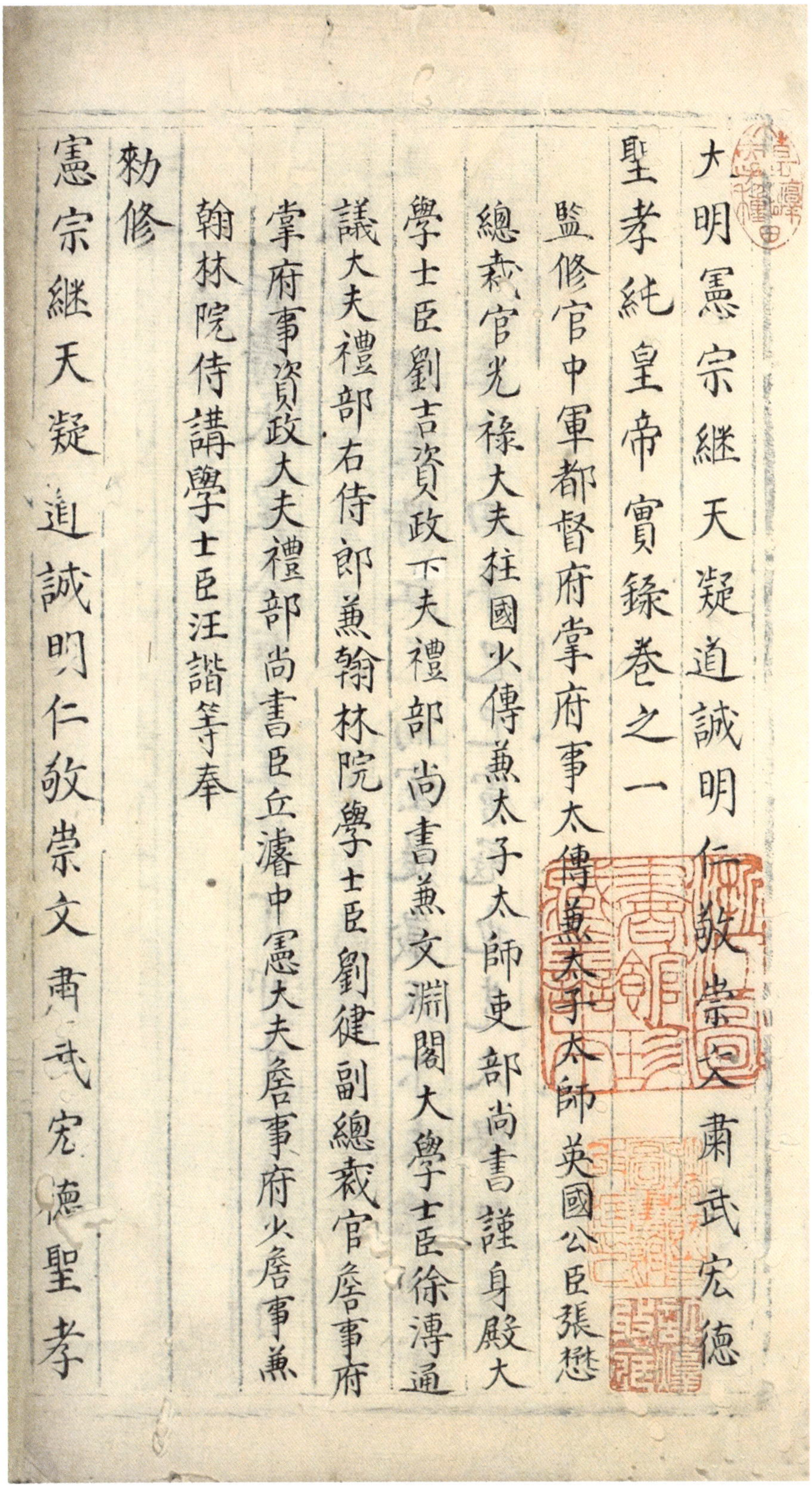

大明憲宗繼天凝道誠明仁敬崇文肅武宏德
聖孝純皇帝實録卷之一
監修官中軍都督府掌府事太傅兼太子太師英國公臣張懋
總裁官光禄大夫柱國少傅兼太子太師吏部尚書謹身殿大
學士臣劉吉資政大夫禮部尚書兼文淵閣大學士臣徐溥通
議大夫禮部右侍郎兼翰林院學士臣劉健副總裁官詹事府
掌府事資政大夫禮部尚書臣丘濬中憲大夫詹事府少詹事兼
翰林院侍講學士臣汪諧等奉
勅修
憲宗繼天凝道誠明仁敬崇文肅武宏德聖孝

01512 大明憲宗純皇帝實録二百九十三卷　（明）劉吉等纂修　明抄本

匡高23厘米，廣14厘米。半葉十行，行十八字，白口，四周雙邊。浙江圖書館藏，存二百六十六卷。

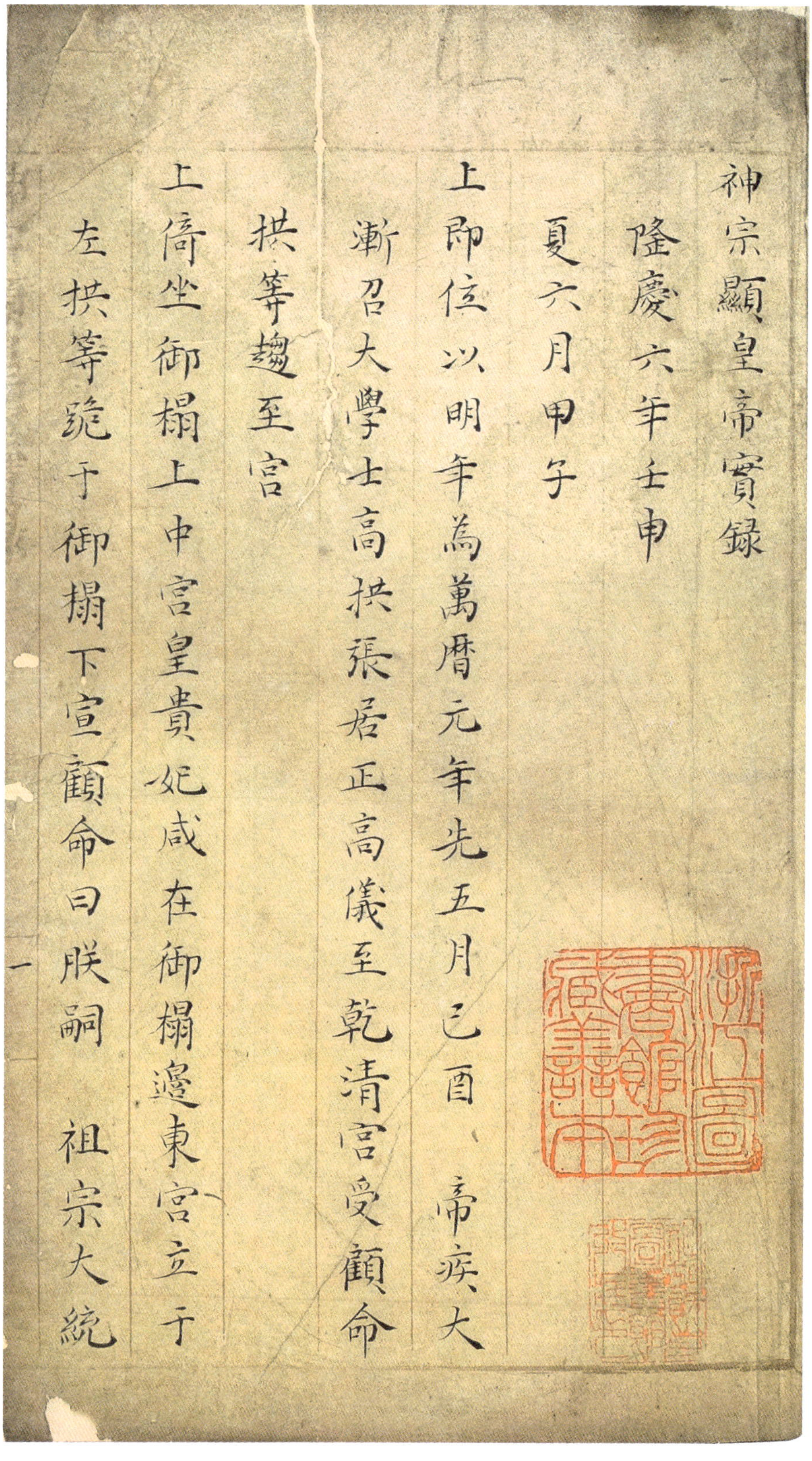

神宗顯皇帝實録
隆慶六年壬申
夏六月甲子
上即位以明年為萬曆元年先五月己酉　帝疾大
漸召大學士高拱張居正高儀至乾清宮受顧命
拱等趨至宮
上倚坐御榻上中宮皇貴妃咸在御榻邊東宮立于
左拱等跪于御榻下宣顧命曰朕嗣　祖宗大統

01513 大明神宗顯皇帝實録不分卷　（明）顧秉謙等纂修　明抄本

匡高22.4厘米，廣15.1厘米。半葉八行，行二十字，白口，四周單邊。浙江圖書館藏。

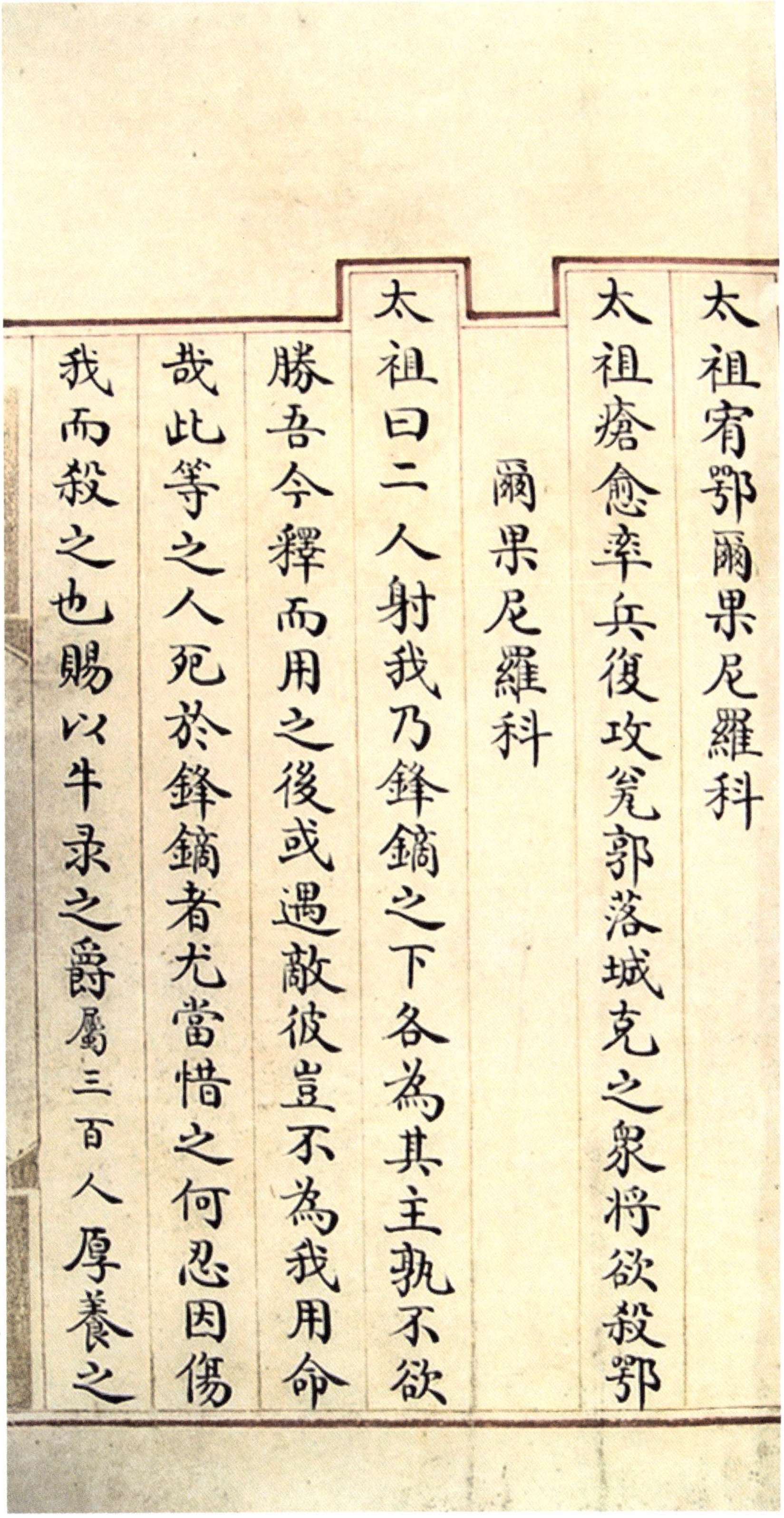
太祖宥鄂爾果尼羅科
太祖瘡愈率兵復攻兀郭落城克之衆將欲殺鄂
爾果尼羅科
太祖曰二人射我乃鋒鏑之下各為其主孰不欲
勝吾今釋而用之後或遇敵彼豈不為我用命
哉此等之人死於鋒鏑者尤當惜之何忍因傷
我而殺之也賜以牛录之爵屬三百人厚養之

01514 清太祖實録不分卷 清內府抄本

匡高23厘米，廣16.5厘米。半葉七行，行十八至十九字，紅口，四周雙邊。南京市博物館藏。

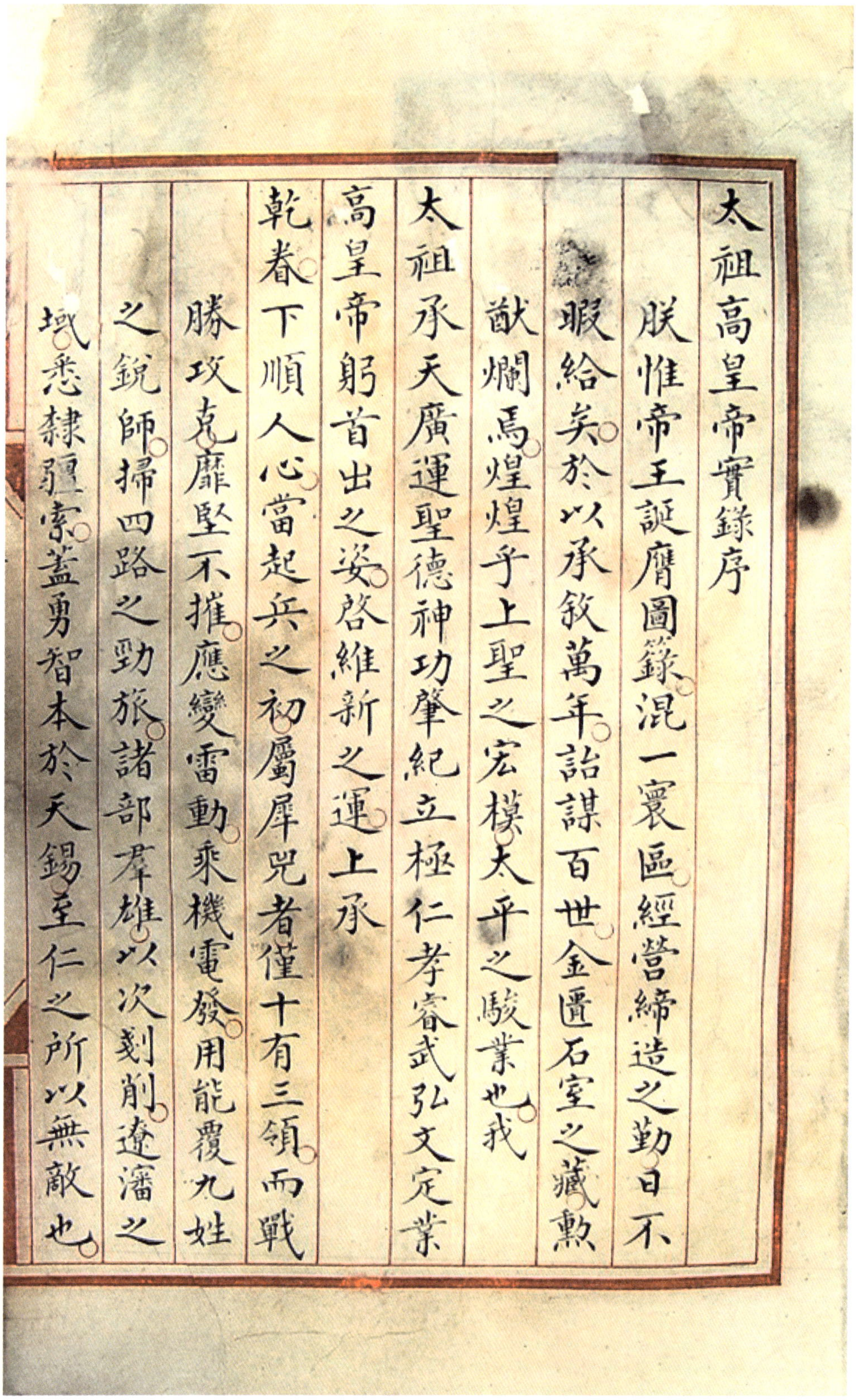
太祖高皇帝實錄序
朕惟帝王誕膺圖籙混一寰區經營締造之勤日不
暇給矣於以承敘萬年詒謀百世金匱石室之藏勲
猷爛焉煌煌乎上聖之宏模太平之駿業也我
太祖承天廣運聖德神功肇紀立極仁孝睿武弘文定業
高皇帝躬首出之姿啓維新之運上承
乾眷下順人心當起兵之初屬犀兕者僅十有三領而戰
勝攻克靡堅不摧應變雷動乘機電發用能覆九姓
之銳師掃四路之勁旅諸部羣雄以次剗削遼瀋之
域悉隸疆索蓋勇智本於天錫至仁之所以無敵也

01515 大清太祖高皇帝實録十卷 （清）勒德洪 明珠等纂修 清内府抄本

匡高24.5厘米，廣17.3厘米。半葉十行，行二十二字，紅格，紅口，四周雙邊。南京市博物館藏。

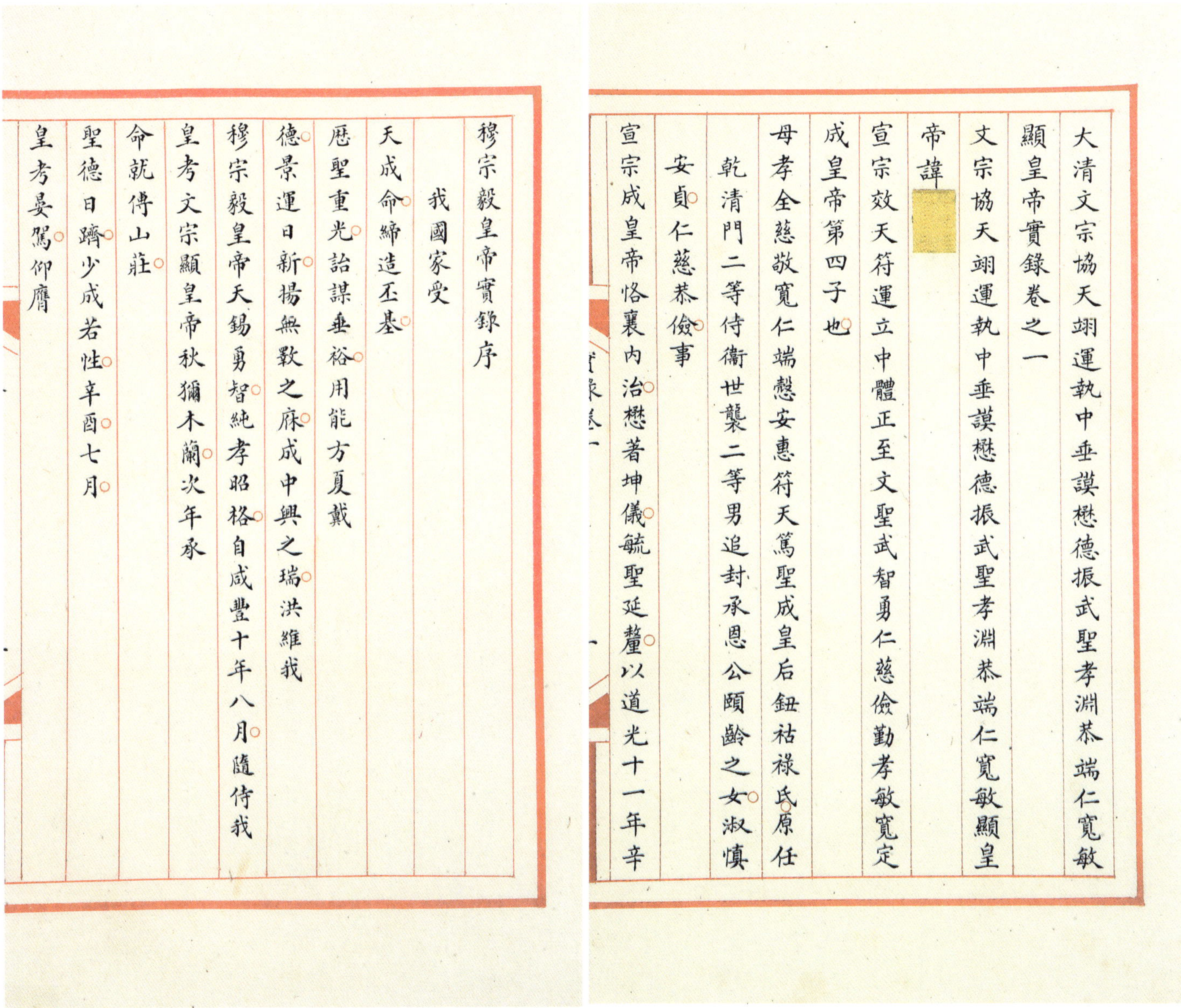

大清文宗協天翊運執中垂謨懋德振武聖孝淵恭端仁寬敏
顯皇帝實録卷之一
文宗協天翊運執中垂謨懋德振武聖孝淵恭端仁寬敏顯皇
帝諱
宣宗效天符運立中體正至文聖武智勇仁慈儉勤孝敏寬定
成皇帝第四子也
母孝全慈敬寬仁端慤安惠符天篤聖成皇后鈕祜祿氏原任
乾清門二等侍衛世襲二等男追封承恩公頤齡之女淑慎
安貞仁慈恭儉事
宣宗成皇帝恪襄内治懋著坤儀毓聖延釐以道光十一年辛

穆宗毅皇帝實録序
我國家受
天成命締造丕基
歷聖重光詒謀垂裕用能方夏戴
德景運日新揚無斁之庥成中興之瑞洪維我
穆宗毅皇帝天錫勇智純孝昭格自咸豐十年八月隨侍我
皇考文宗顯皇帝秋獮木蘭次年承
命就侍山莊
聖德日躋少成若性辛酉七月
皇考晏駕仰膺

01516 大清歷朝實録 清乾隆至光緒間内府抄本

簡稱《清實録》。故宫博物院藏。

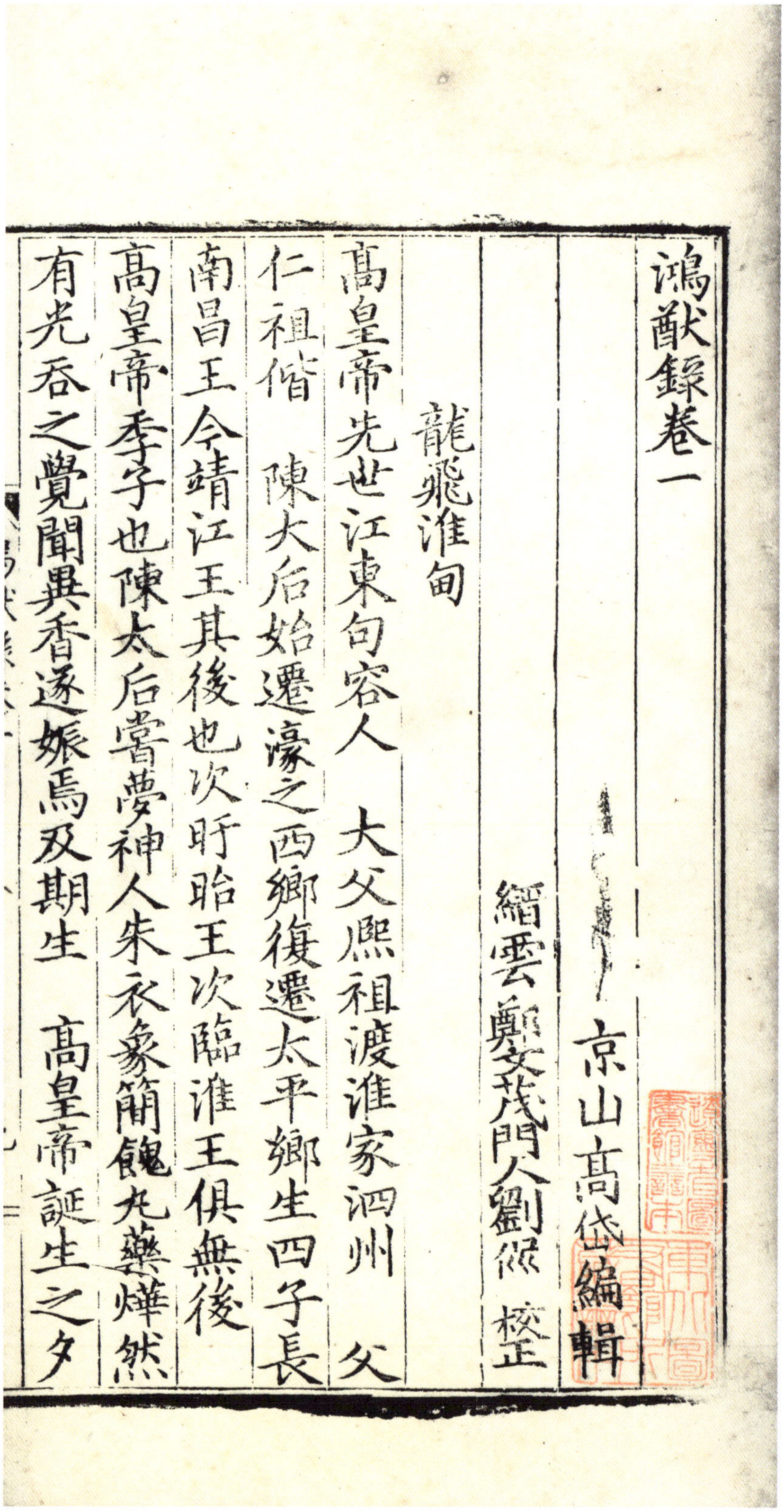

鴻猷録卷一

京山高岱編輯

縉雲鄭文茂門人劉侃 校正

龍飛淮甸

高皇帝先世江東句容人 大父熈祖渡淮家泗州 父

仁祖偕 陳太后始遷濠之西鄉復遷太平鄉生四子長

南昌王今靖江王其後也次盱眙王次臨淮王俱無後

高皇帝季子也陳太后嘗夢神人朱衣象簡餽丸藥燁然

有光吞之覺聞異香遂娠焉及期生 高皇帝誕生之夕

01517、01518 鴻猷録十六卷 （明）高岱撰 明嘉靖四十四年（1565）高思誠刻本

匡高22.3厘米，廣14.4厘米。半葉九行，行二十二字，白口，四周雙邊。有“嘉靖乙丑年四月吉旦男思誠梓行”牌記。遼寧省圖書館藏，有“明善堂覽書畫印記”等印；大連圖書館藏。

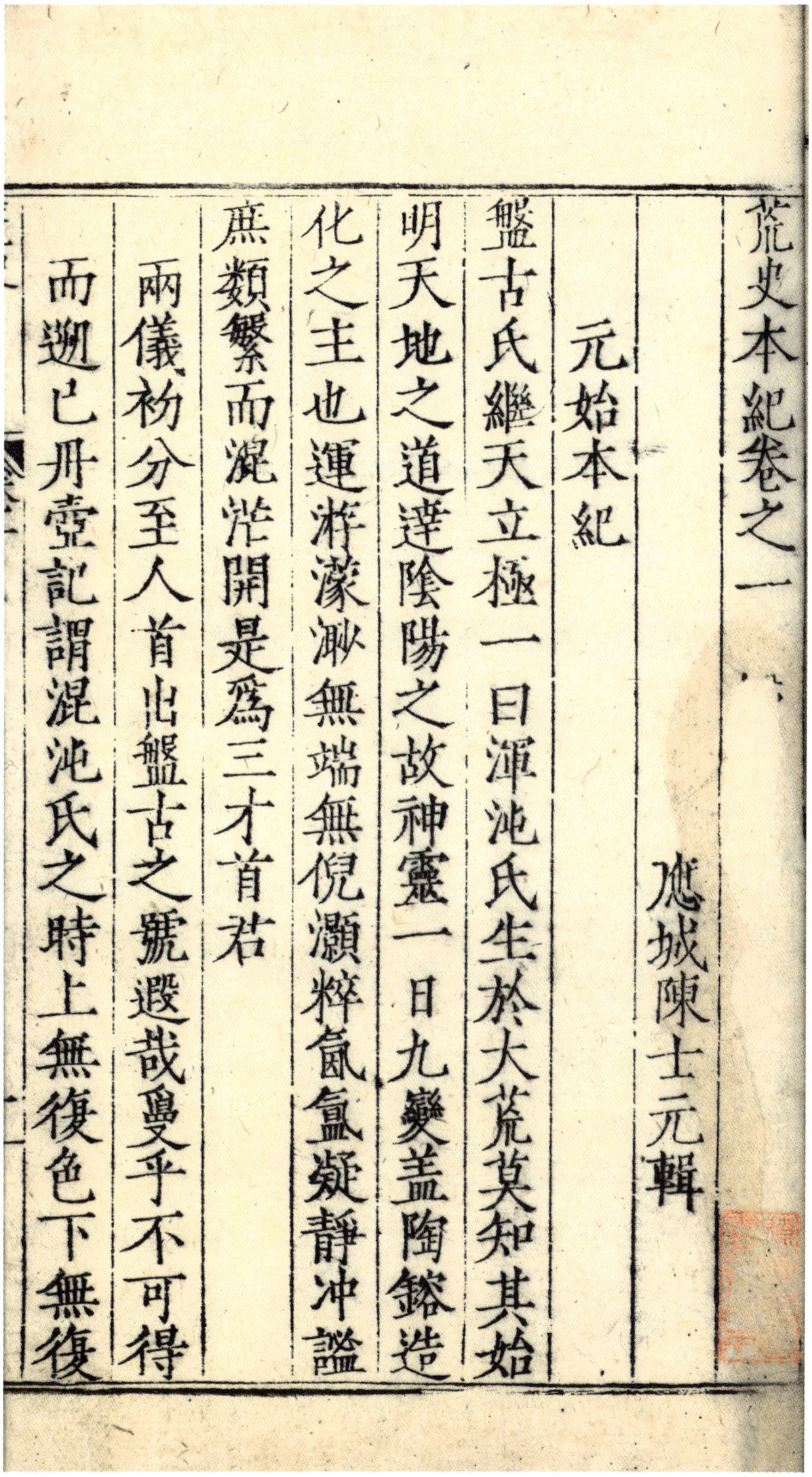
荒史本紀卷之一
應城陳士元輯
元始本紀
盤古氏繼天立極一曰渾沌氏生於大荒莫知其始
明天地之道達陰陽之故神靈一日九變蓋陶鎔造
化之主也運㳷濛澒無端無倪灝粹氤氳凝靜冲謐
庶類繁而混茫開是爲三才首君
兩儀初分至人首出盤古之號邈哉敻乎不可得
而遡已冊壺記謂混沌氏之時上無復色下無復

01519 荒史六卷　（明）陳士元輯　明萬曆二年（1574）德安府刻本

匡高23厘米，廣15厘米。半葉九行，行二十字，小字雙行同，白口，四周雙邊。有"西堂藏書畫記"、"天籟閣印"等印。遼寧省圖書館藏。

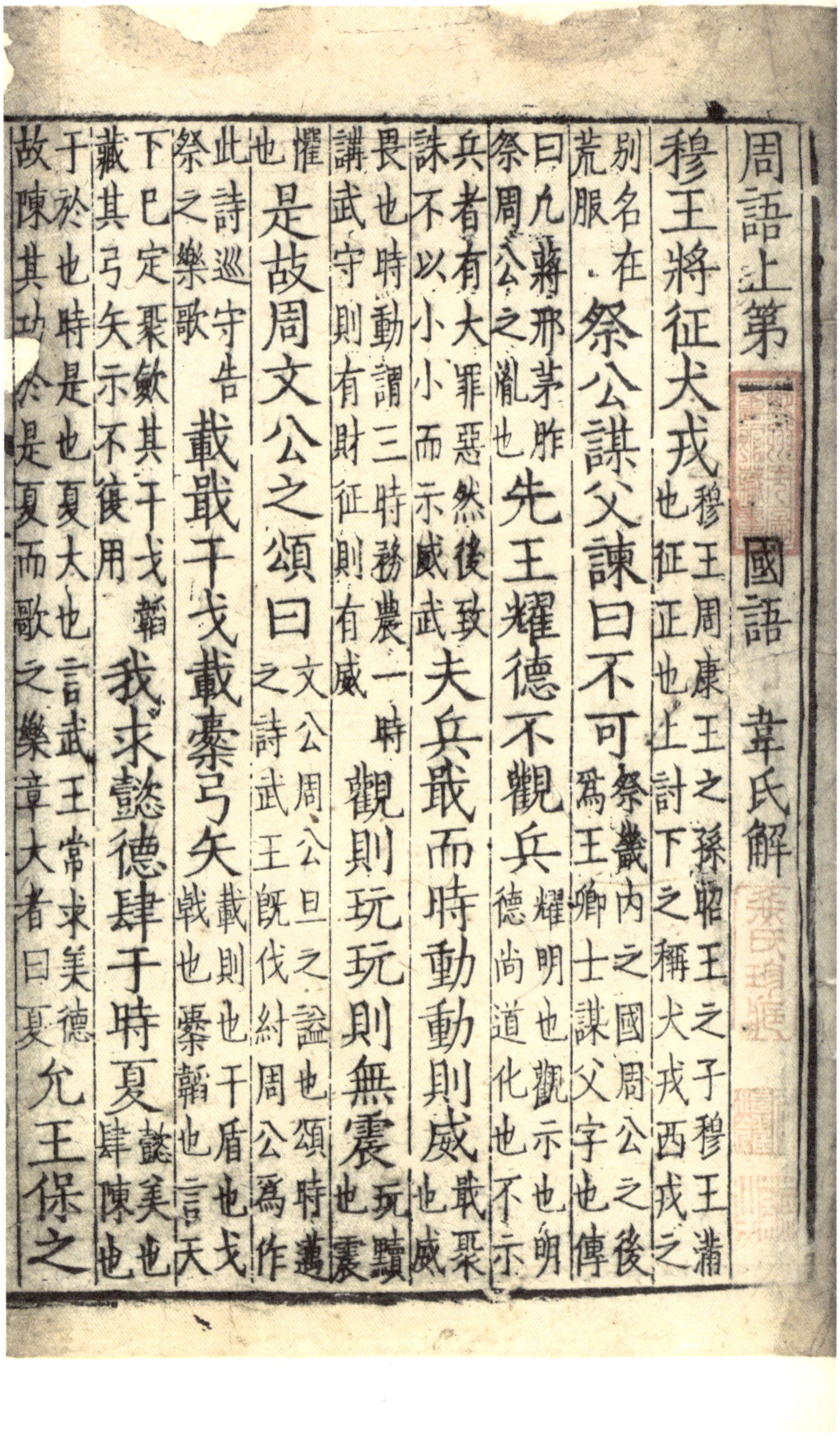
周語上第一　國語　韋氏解

穆王將征犬戎穆王周康王之孫昭王之子穆王滿也征正也上討下之稱犬戎西戎之別名在荒服祭公謀父諫曰不可祭畿內之國周公之後為王卿士謀父字也傳曰凡蔣邢茅胙祭周公之胤也先王耀德不觀兵耀明也觀示也明德尚道化也不示兵者有大罪惡然後致誅不以小小而示威武夫兵戢而時動動則威戢聚也威畏也時動謂三時務農一時講武守則有財征則有威觀則玩玩則無震玩黷也震懼也是故周文公之頌曰文公周公旦之謚也頌時邁之詩武王既伐紂周公為作此詩巡守告祭之樂歌載戢干戈載櫜弓矢載則也干盾也戈戟也櫜韜也言天下已定聚斂其干戈韜藏其弓矢示不復用我求懿德肆于時夏懿美也肆陳也于於也時是也夏大也言武王常求美德故陳其功於是夏而歌之樂章大者曰夏允王保之

01520、01521 國語二十一卷　（三國吴）韋昭注　明嘉靖七年（1528）金李澤遠堂刻本

匡高22厘米，廣15厘米。半葉十行，行二十字，小字雙行同，白口，左右雙邊。鄭州市圖書館藏，有“黄淳耀印”、“蘊生”等印；開封市博物館藏。

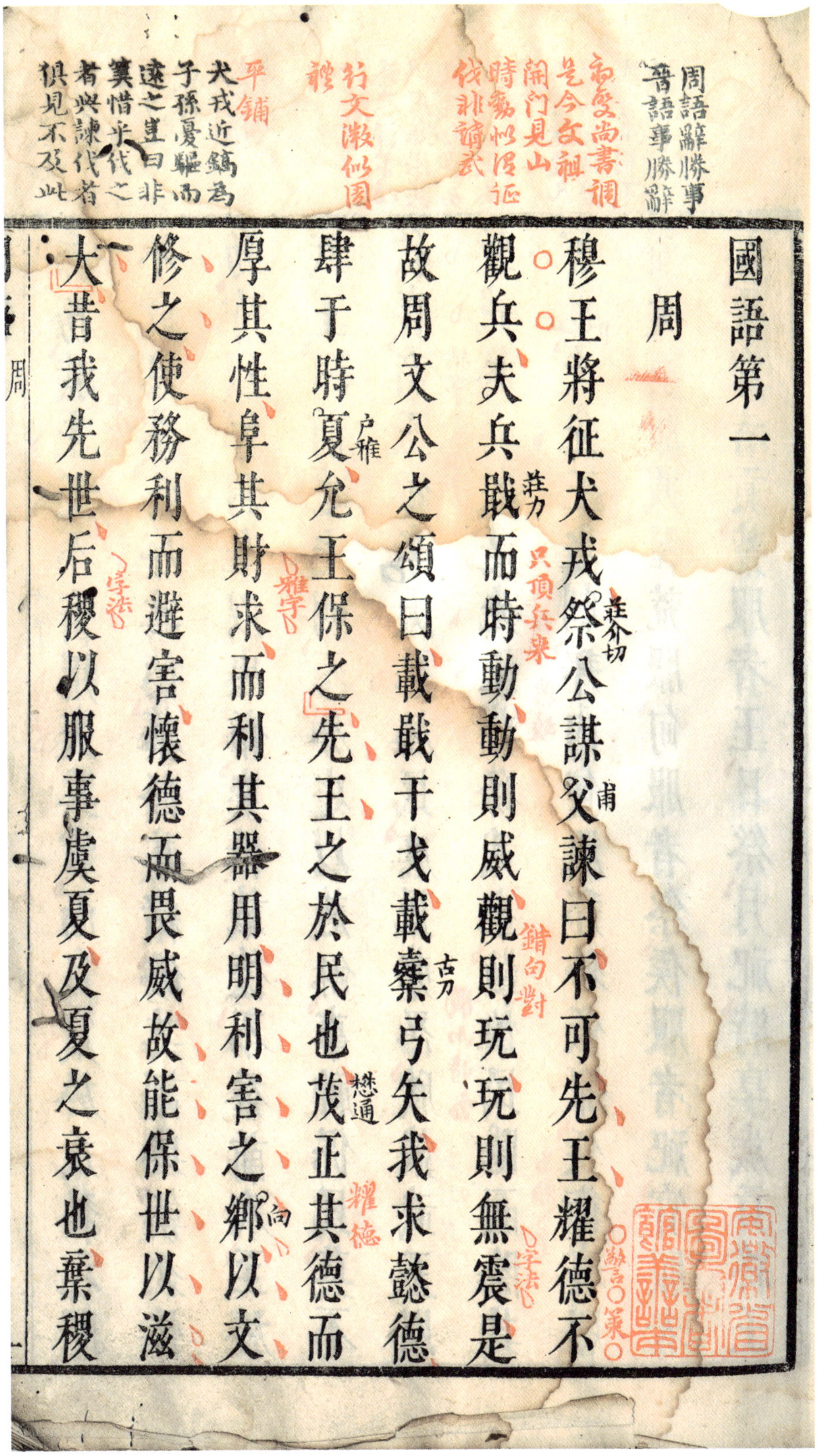
國語第一
周
穆王將征犬戎祭公謀父諫曰不可先王耀德不
觀兵夫兵戢而時動動則威觀則玩玩則無震是
故周文公之頌曰載戢干戈載櫜弓矢我求懿德
肆于時夏允王保之先王之於民也茂正其德而
厚其性阜其財求而利其器用明利害之鄉以文
修之使務利而避害懷德而畏威故能保世以滋
大昔我先世后稷以服事虞夏及夏之衰也棄稷

01522 國語九卷 （明）閔齊伋裁注 明萬曆四十七年（1619）閔齊伋刻三色套印本

匡高21.3厘米，廣15.2厘米。半葉九行，行十九字，小字雙行同，白口，四周單邊。安徽省圖書館藏。

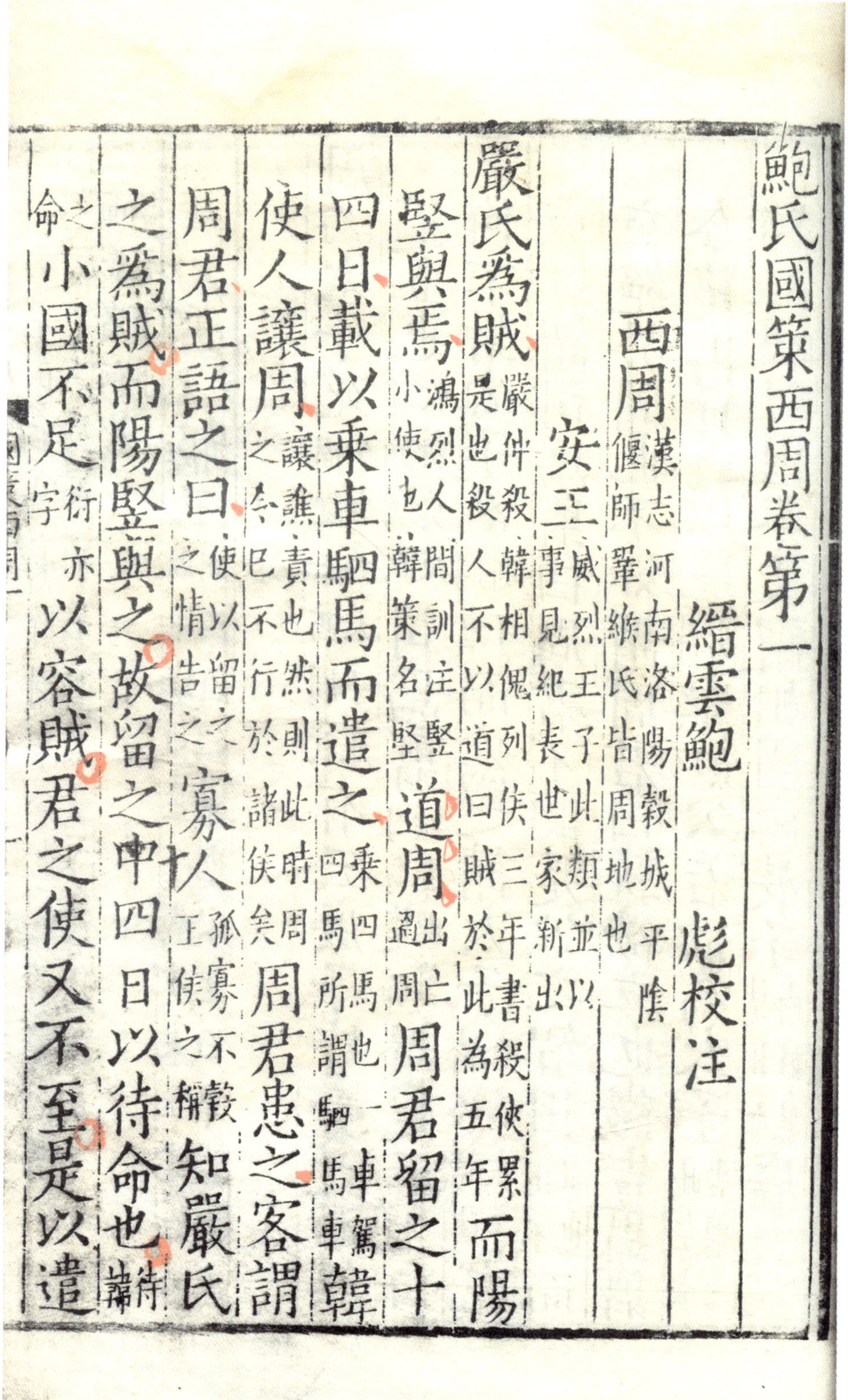

鮑氏國策西周卷第一

縉雲鮑彪校注

西周 漢志河南洛陽穀城平陰偃師鞏緱氏皆周地也

安王 三 威烈王子此類並以事見紀表世家新出

嚴氏爲賊 嚴仲殺韓相傀列侯三年書殺俠累是也殺人不以道曰賊於此爲五年 而陽豎與焉 鴻烈人間訓注豎小使也韓策名豎 道周 出亡過周 周君留之十四日載以乘車駟馬而遣之 乘四馬也一車駕四馬所謂駟馬車 韓使人讓周 讓譙責也然則此時周之令已不行於諸侯矣 周君患之客謂周君正語之曰 使以留之之情告之 寡人 孤寡不穀王侯之稱 知嚴氏之爲賊而陽豎與之故留之中四日以待命也 補待之命 小國不足 衍字亦 以容賊君之使又不至是以遣

01523 鮑氏國策十卷 （宋）鮑彪校注 明嘉靖七年（1528）龔雷刻本

匡高21.3厘米，廣15.2厘米。半葉十一行，行二十字，小字雙行同，白口，左右雙邊。有"嘉靖戊子後學吴門龔雷校刊"牌記。西北師範大學圖書館藏。

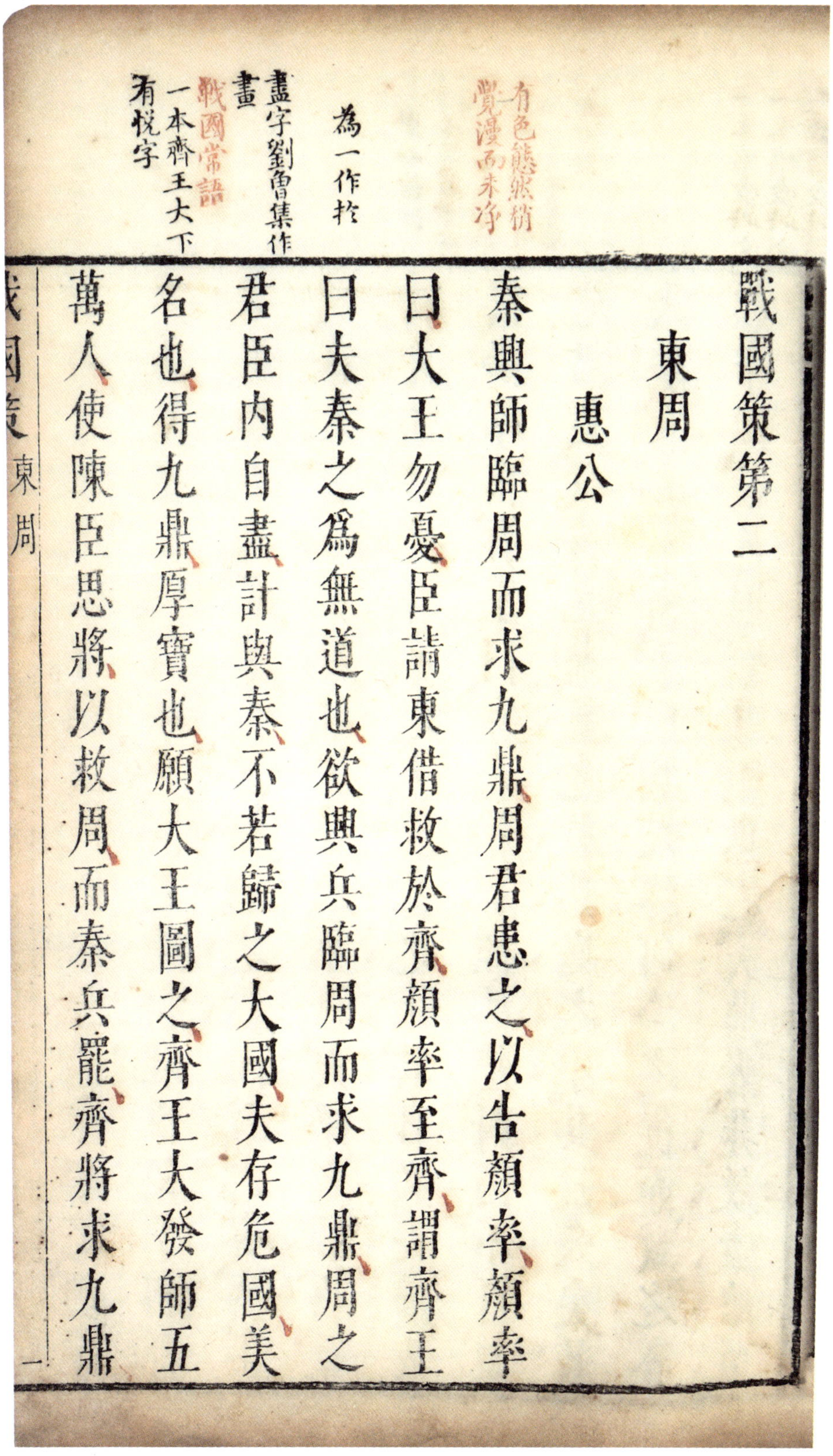
戰國策第二
東周
惠公
秦興師臨周而求九鼎周君患之以告顏率顏率
曰大王勿憂臣請東借救於齊顏率至齊謂齊王
曰夫秦之爲無道也欲興兵臨周而求九鼎周之
君臣內自盡計與秦不若歸之大國夫存危國美
名也得九鼎厚寶也願大王圖之齊王大發師五
萬人使陳臣思將以救周而秦兵罷齊將求九鼎
戰國策　東周　一
爲一作於
盡字劉曾集作畫
戰國常語
一本齊王大下有悅字

01524、01525 戰國策十二卷　（明）閔齊伋裁注　明萬曆四十八年（1620）閔齊伋刻三色套印本

匡高21厘米，廣14.5厘米。半葉九行，行十九字，小字雙行同，白口，四周單邊。故宮博物院、山東師範大學圖書館藏。

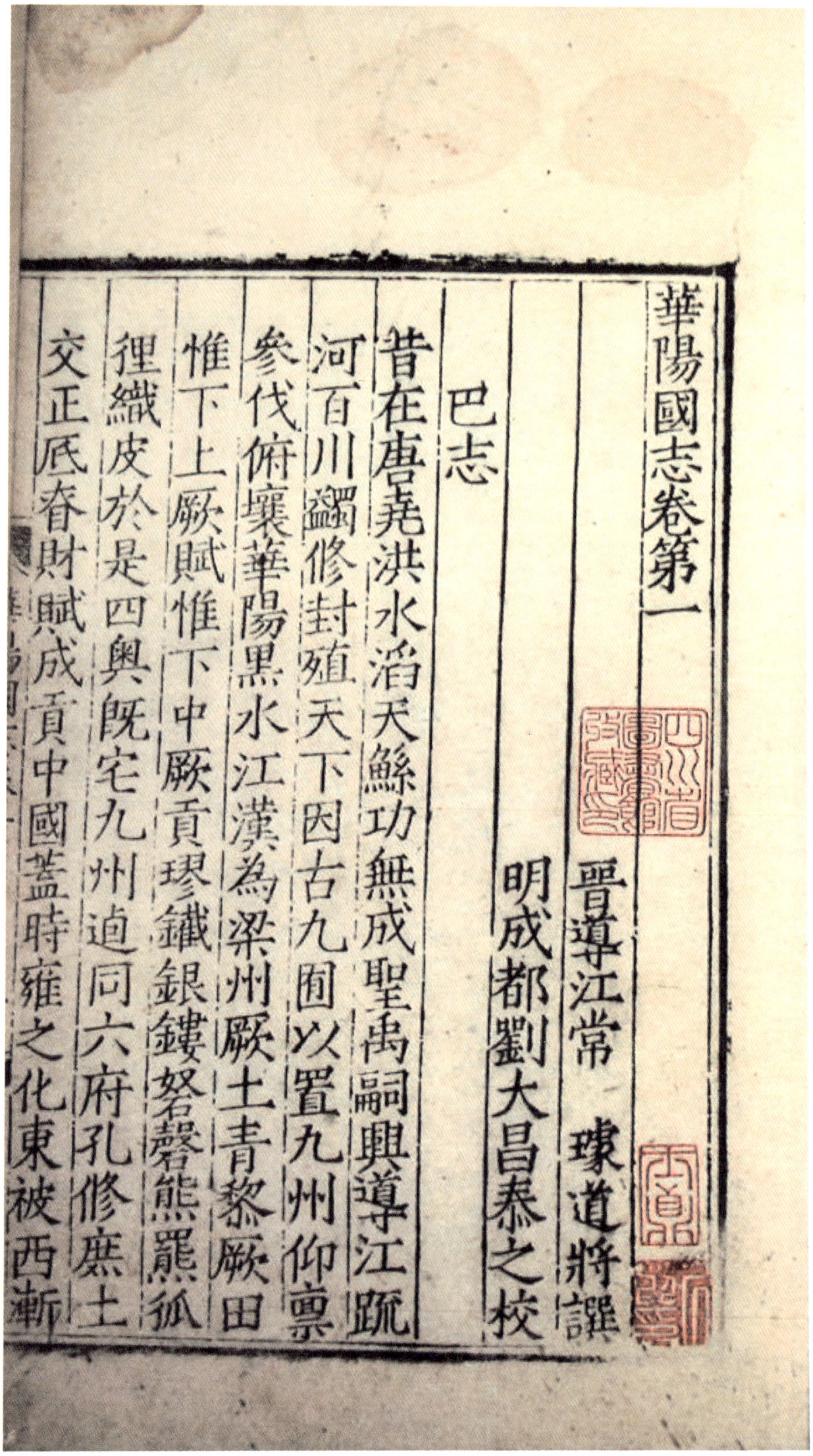

華陽國志卷第一

晉導江常　璩道將譔

明成都劉大昌泰之校

巴志

昔在唐堯洪水滔天鯀功無成聖禹嗣興導江疏河百川蠲修封殖天下因古九囿以置九州仰稟參伐俯壤華陽黑水江漢為梁州厥土青黎厥田惟下上厥賦惟下中厥貢璆鐵銀鏤砮磬熊羆狐狸織皮於是四奧既宅九州攸同六府孔修庶土交正厎愼財賦成貢中國蓋時雍之化東被西漸

01526 華陽國志十二卷　（晉）常璩撰　明嘉靖四十三年（1564）楊經刻本

匡高19厘米，廣13.6厘米。半葉十行，行二十字，小字雙行同，黑口或白口，四周雙邊。四川省圖書館藏。

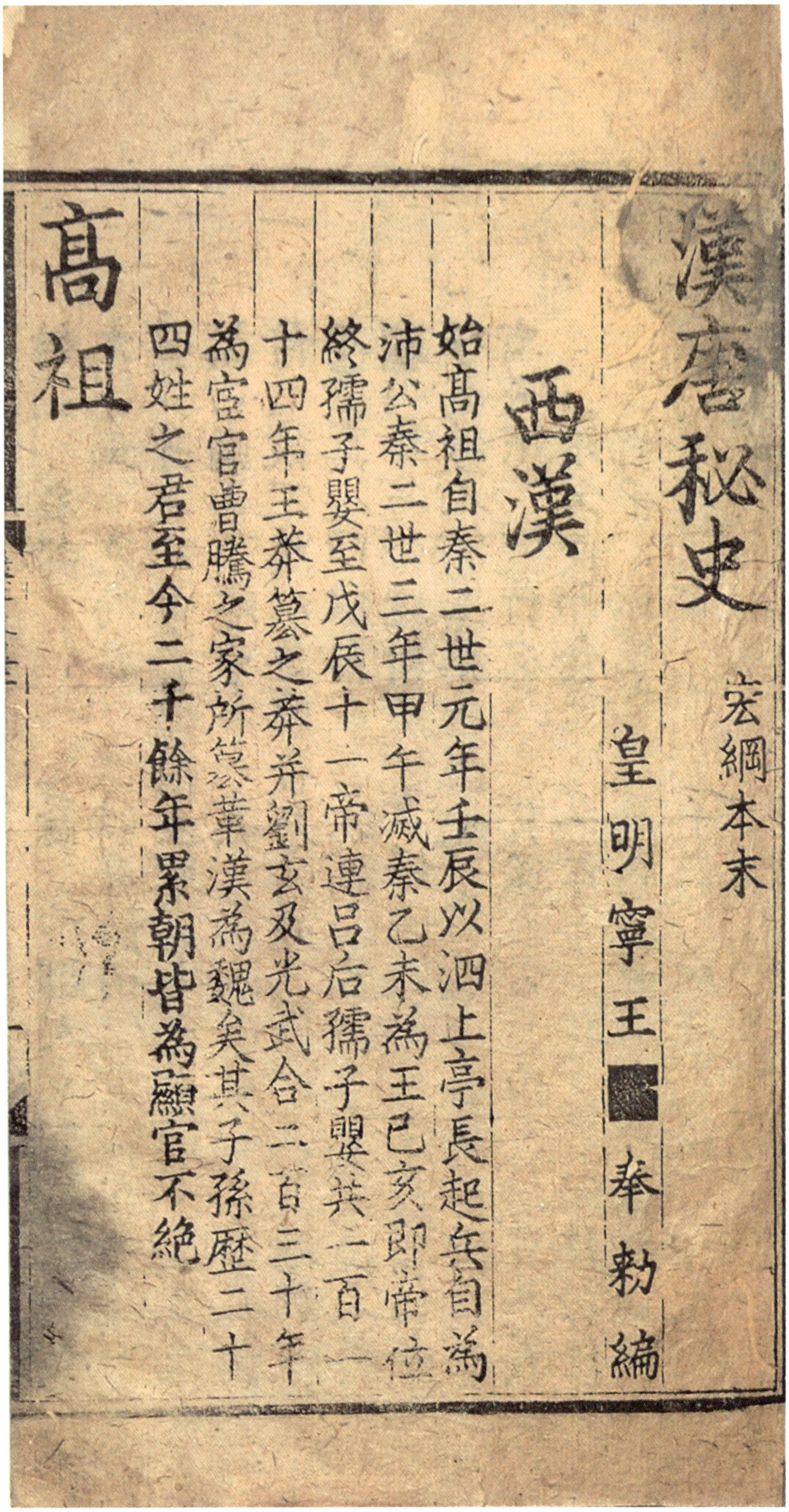
漢唐秘史　宏綱本末

皇明寧王■奉勅編

西漢

始高祖自秦二世元年壬辰以泗上亭長起兵自爲沛公秦二世三年甲午滅秦乙未爲王己亥即帝位終孺子嬰至戊辰十一帝連呂后孺子嬰共二百一十四年王莽簒之莽并劉玄及光武合二百三十年爲宦官曹騰之家所篡華漢爲魏矣其子孫歷二十四姓之君至今二千餘年累朝皆爲顯官不絶

高祖

01527 漢唐秘史二卷　（明）朱權撰　明建文四年（1402）寧藩刻本

匡高25.3厘米，廣16.6厘米。半葉十三行，行二十二字，黑口，四周雙邊。杭州圖書館藏。

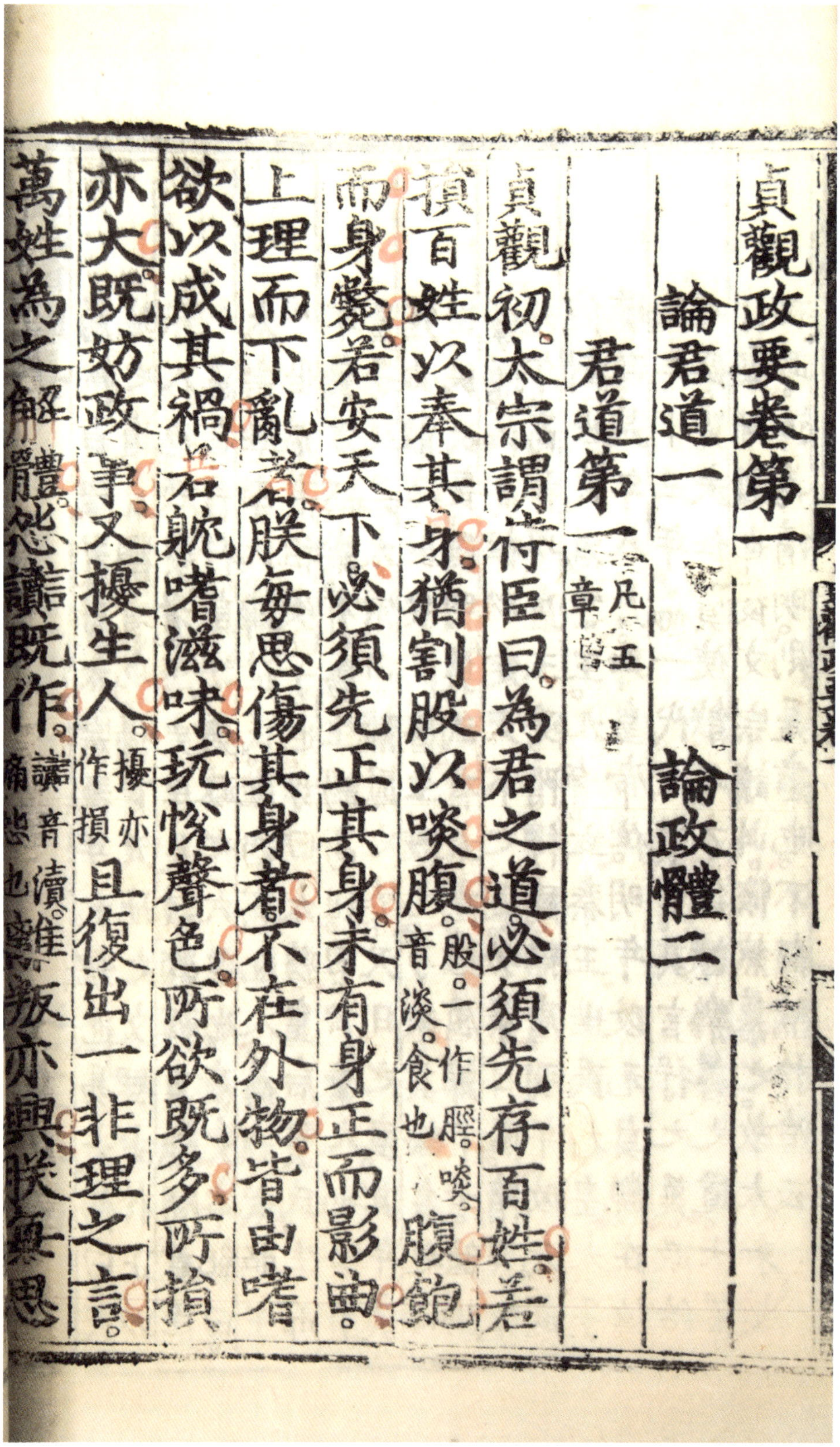

貞觀政要卷第一
論君道一　論政體二
君道第一 凡五章
貞觀初太宗謂侍臣曰為君之道必須先存百姓若損百姓以奉其身猶割股以啖腹 股一作脛 啖音淡食也 腹飽而身斃若安天下必須先正其身未有身正而影曲上理而下亂者朕每思傷其身者不在外物皆由嗜欲以成其禍若躭嗜滋味玩悅聲色所欲既多所損亦大既妨政事又擾生人 擾亦作損 且復出一非理之言萬姓為之解體怨讟既作 讟音瀆痛怨也 離叛亦興朕無思

01528 貞觀政要十卷　（唐）吳兢撰　明成化元年（1465）刻本

匡高26厘米，廣18.5厘米。半葉十行，行二十字，黑口，四周雙邊。有“黄紹齋家珍藏”、“五福堂收藏明版善本書”等印。青海民族學院圖書館藏。

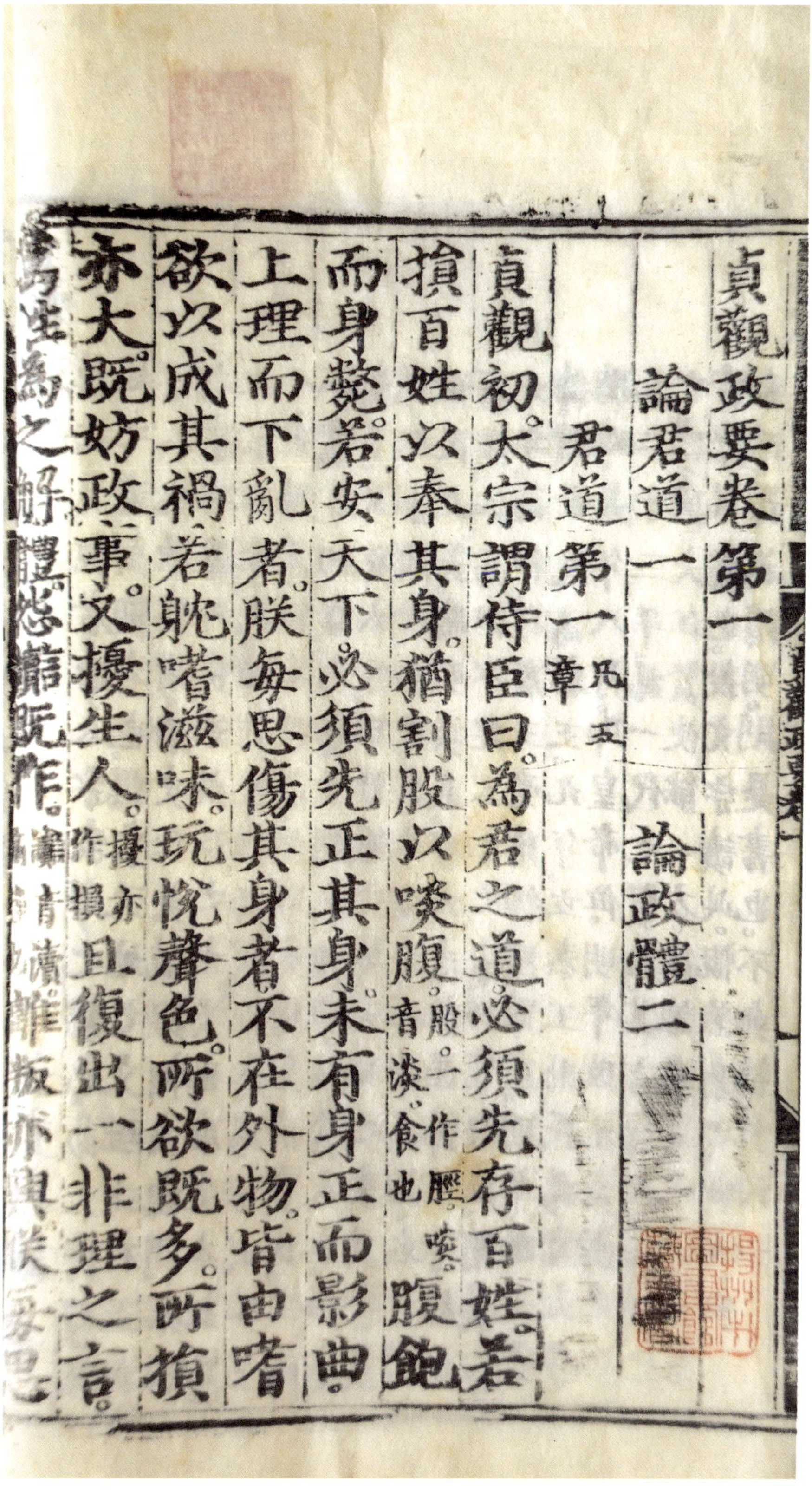
貞觀政要卷第一
論君道一　論政體二
君道第一 凡五章
貞觀初太宗謂侍臣曰為君之道必須先存百姓若損百姓以奉其身猶割股以啖腹腹飽而身斃若安天下必須先正其身未有身正而影曲上理而下亂者朕每思傷其身者不在外物皆由嗜欲以成其禍若躭嗜滋味玩悅聲色所欲既多所損亦大既妨政事又擾生人且復出一非理之言萬姓為之解體怨讟既作離叛亦興

01529 貞觀政要十卷　（唐）吴兢撰　明成化十二年（1476）内府刻本

匡高26.3厘米，廣18.7厘米。半葉十行，行二十字，小字雙行同，黑口，四周雙邊。有“成化丙申崇府重刊”牌記。揚州市圖書館藏。

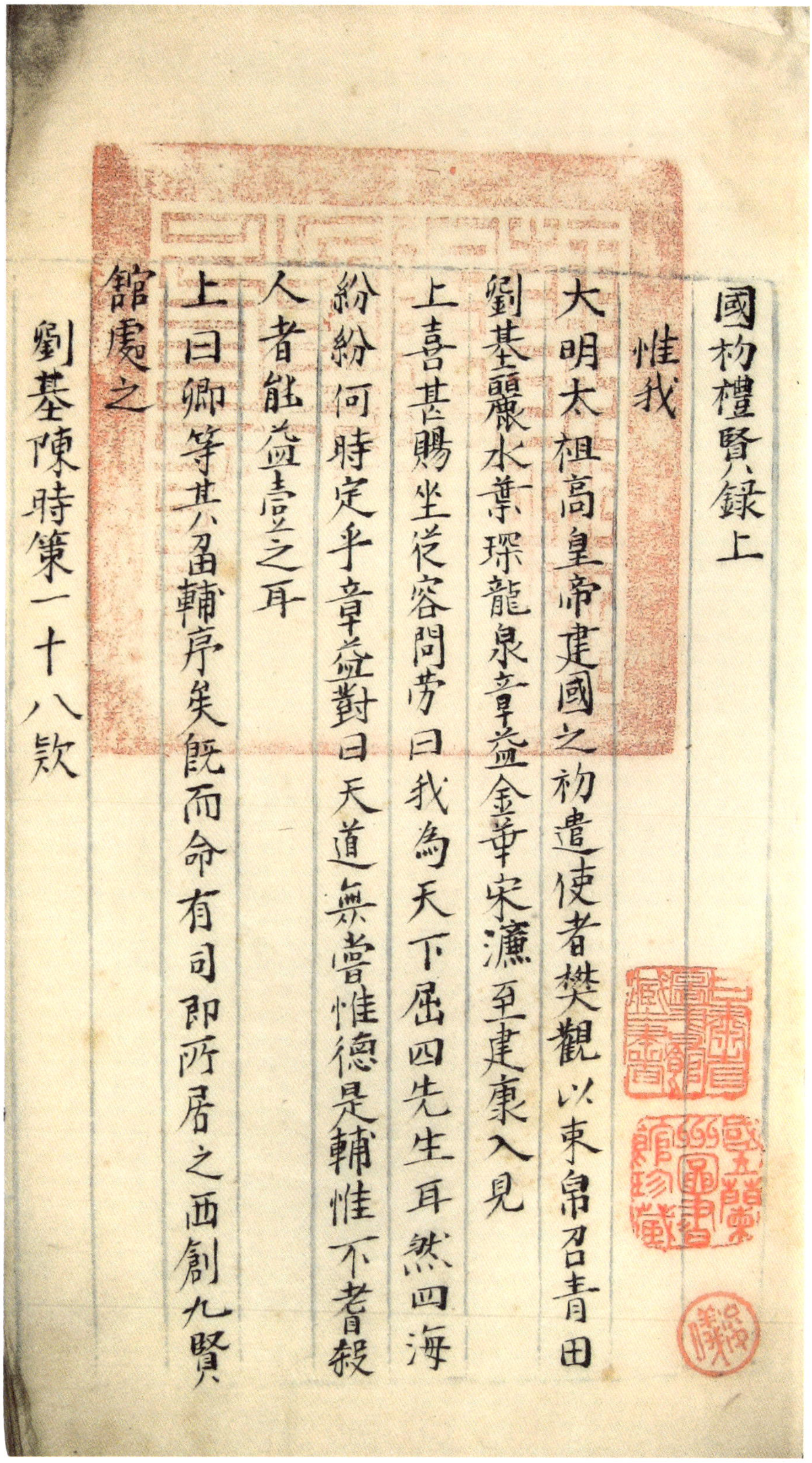
國初禮賢録上
惟我
大明太祖高皇帝建國之初遣使者樊觀以束帛召青田
劉基麗水葉琛龍泉章溢金華宋濂至建康入見
上喜甚賜坐從容問勞曰我為天下屈四先生耳然四海
紛紛何時定乎章溢對曰天道無常惟德是輔惟不嗜殺
人者能溢壹之耳
上曰卿等其畱輔予矣既而命有司即所居之西創礼賢
館處之
劉基陳時策一十八款

01530 國初禮賢録一卷 （明）劉基撰 明抄本

匡高19.3厘米，廣13.8厘米。半葉十行，行二十二字，白口，四周單邊。有“翰林院印”等印。甘肅省圖書館藏。

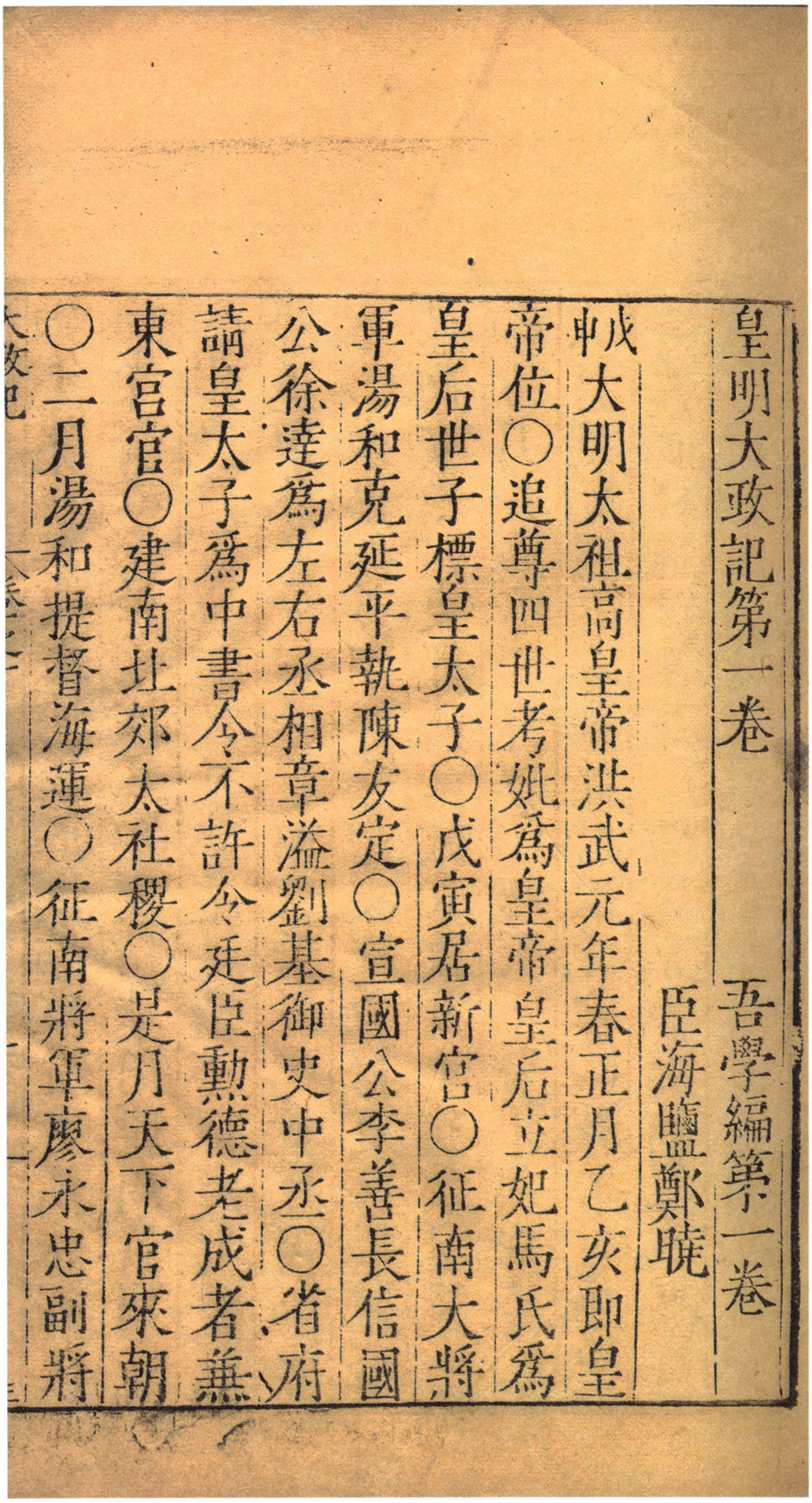
皇明大政記第一卷　吾學編第一卷
臣海鹽鄭曉
戊申大明太祖高皇帝洪武元年春正月乙亥即皇
帝位○追尊四世考妣爲皇帝皇后立妃馬氏爲
皇后世子標皇太子○戊寅居新宫○征南大將
軍湯和克延平執陳友定○宣國公李善長信國
公徐達爲左右丞相章溢劉基御史中丞○省府
請皇太子爲中書令不許令廷臣勳德老成者兼
東宫官○建南北郊太社稷○是月天下官來朝
○二月湯和提督海運○征南將軍廖永忠副將

01531、01532 吾學編六十九卷　（明）鄭曉撰　明隆慶元年（1567）鄭履淳刻本

匡高18.6厘米，廣14厘米。半葉十行，行十九字，細黑口，左右雙邊。甘肅省甘谷縣圖書館、無錫市圖書館藏。

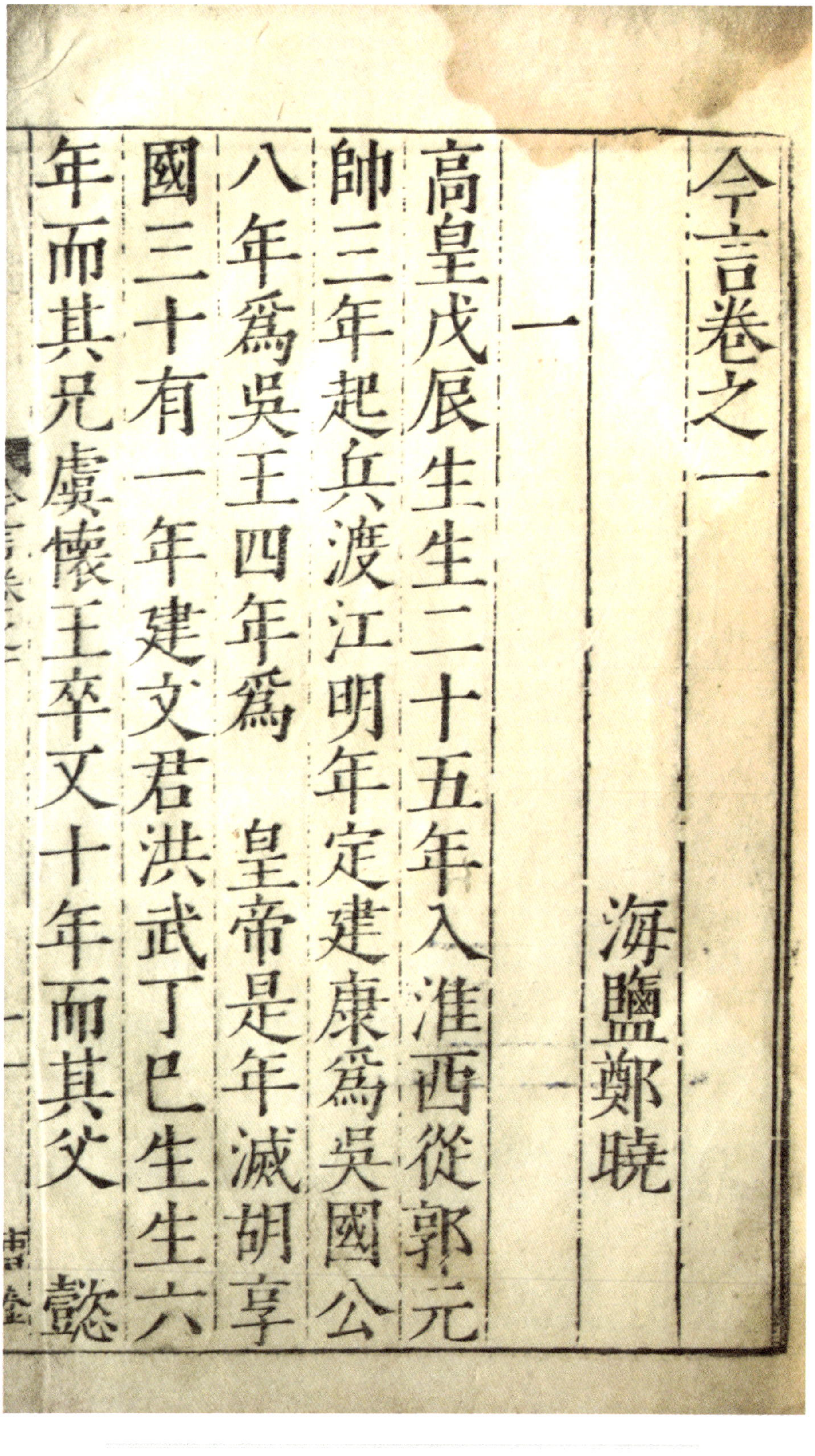

今言卷之一

海鹽鄭曉

一

高皇戊辰生二十五年入淮西從郭元帥三年起兵渡江明年定建康爲吳國公八年爲吳王四年爲　皇帝是年滅胡享國三十有一年建文君洪武丁巳生生六年而其兄虞懷王卒又十年而其父懿

01533　今言四卷　（明）鄭曉撰　明嘉靖四十五年（1566）項篤壽刻本

匡高20.6厘米，廣13.2厘米。半葉八行，行十六字，白口，左右雙邊。江蘇省南通市圖書館藏。

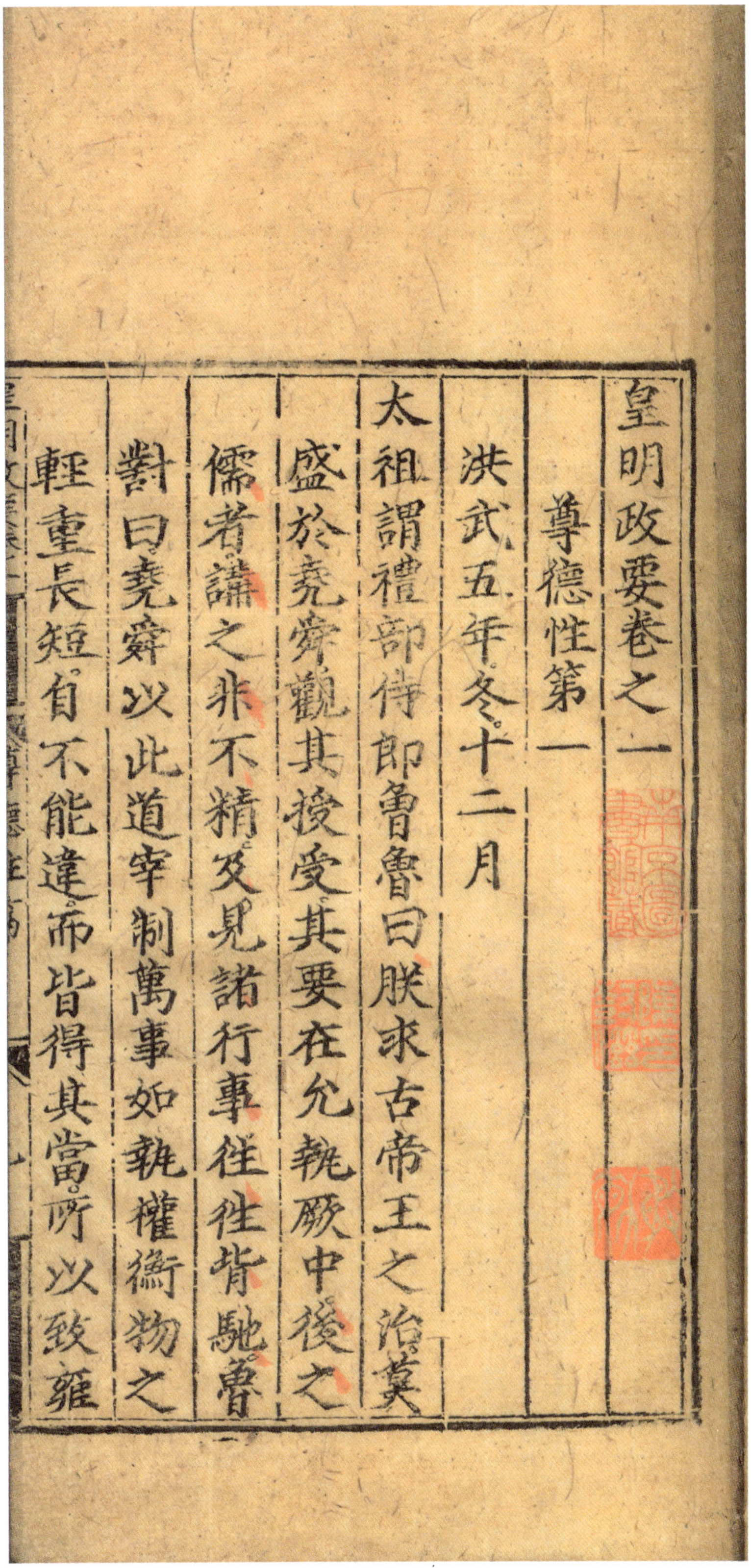

01534 皇明政要二十卷 （明）婁性撰　明正德二年（1507）慎獨齋刻本

匡高16.7厘米，廣11.2厘米。半葉八行，行十八字，黑口，四周雙邊。有“皇明正德丁卯慎獨齋刊”牌記。有“陳印封滋”等印。南京圖書館藏。

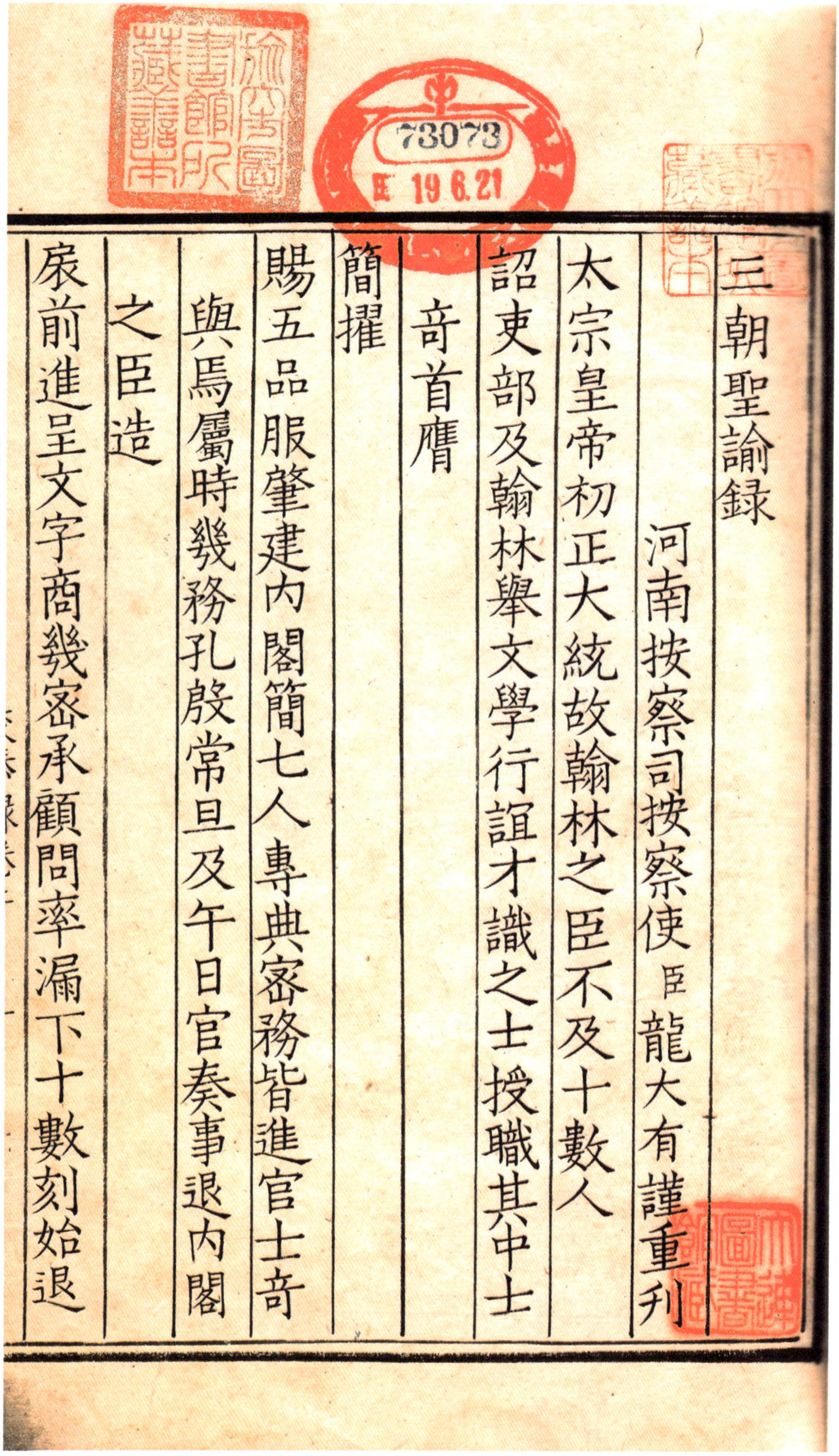

三朝聖諭録　河南按察司按察使臣龍大有謹重刊
太宗皇帝初正大統故翰林之臣不及十數人
詔吏部及翰林舉文學行誼才識之士授職其中士
奇首膺
簡擢
賜五品服肇建内閣簡七人專典密務皆進官士奇
與馬屬時幾務孔殷常旦及午日官奏事退内閣
之臣造
扆前進呈文字商幾密承顧問率漏下十數刻始退

01535 交泰録五卷　（明）龍大有編　明嘉靖十九年（1540）自刻本（卷一抄配）

匡高20.8厘米，廣14.7厘米。半葉十行，行二十字，白口，左右雙邊或四周雙邊。大連圖書館藏。

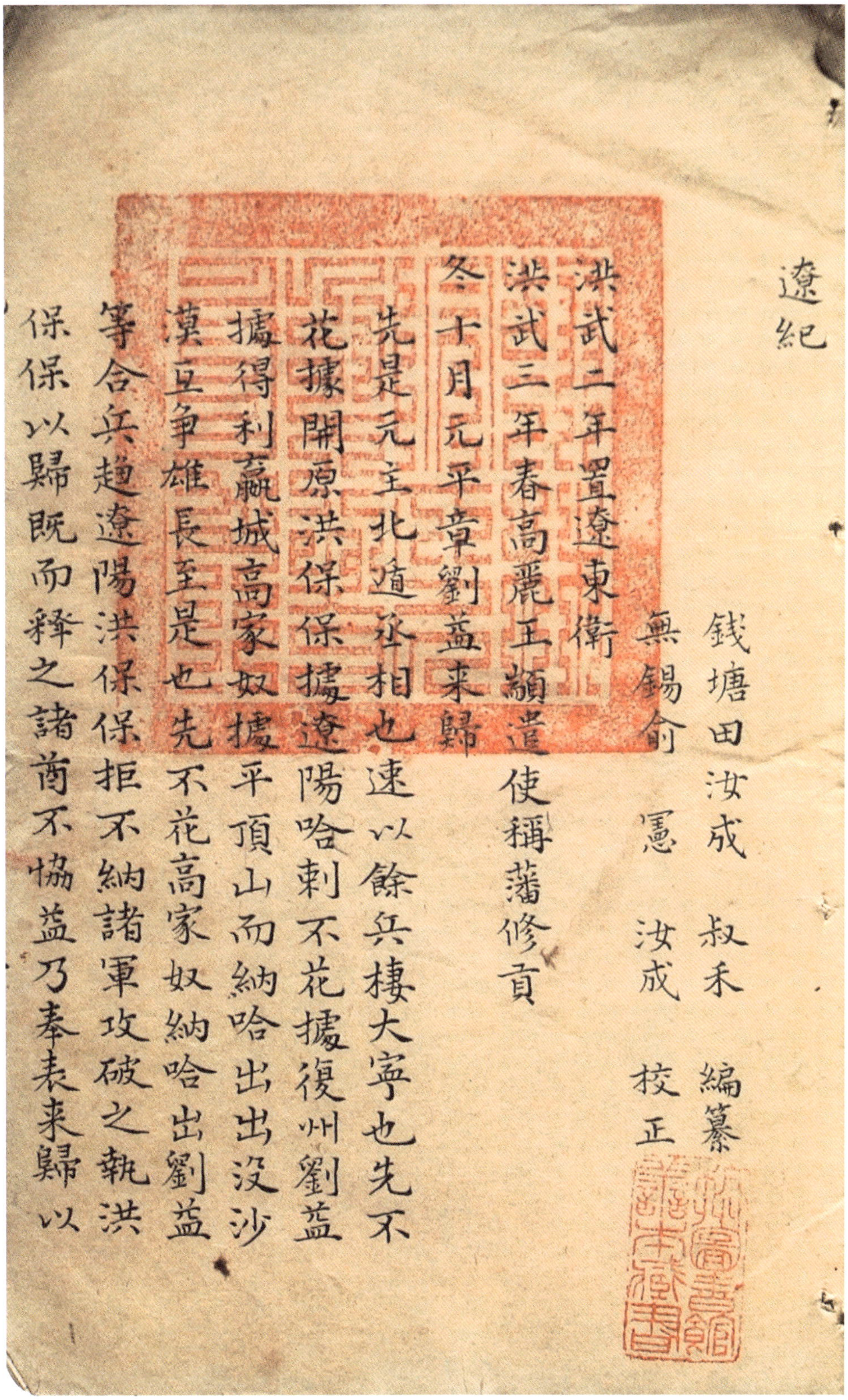

01536 遼紀一卷　（明）田汝成撰　清初抄本

有“翰林院印”等印。杭州圖書館藏。

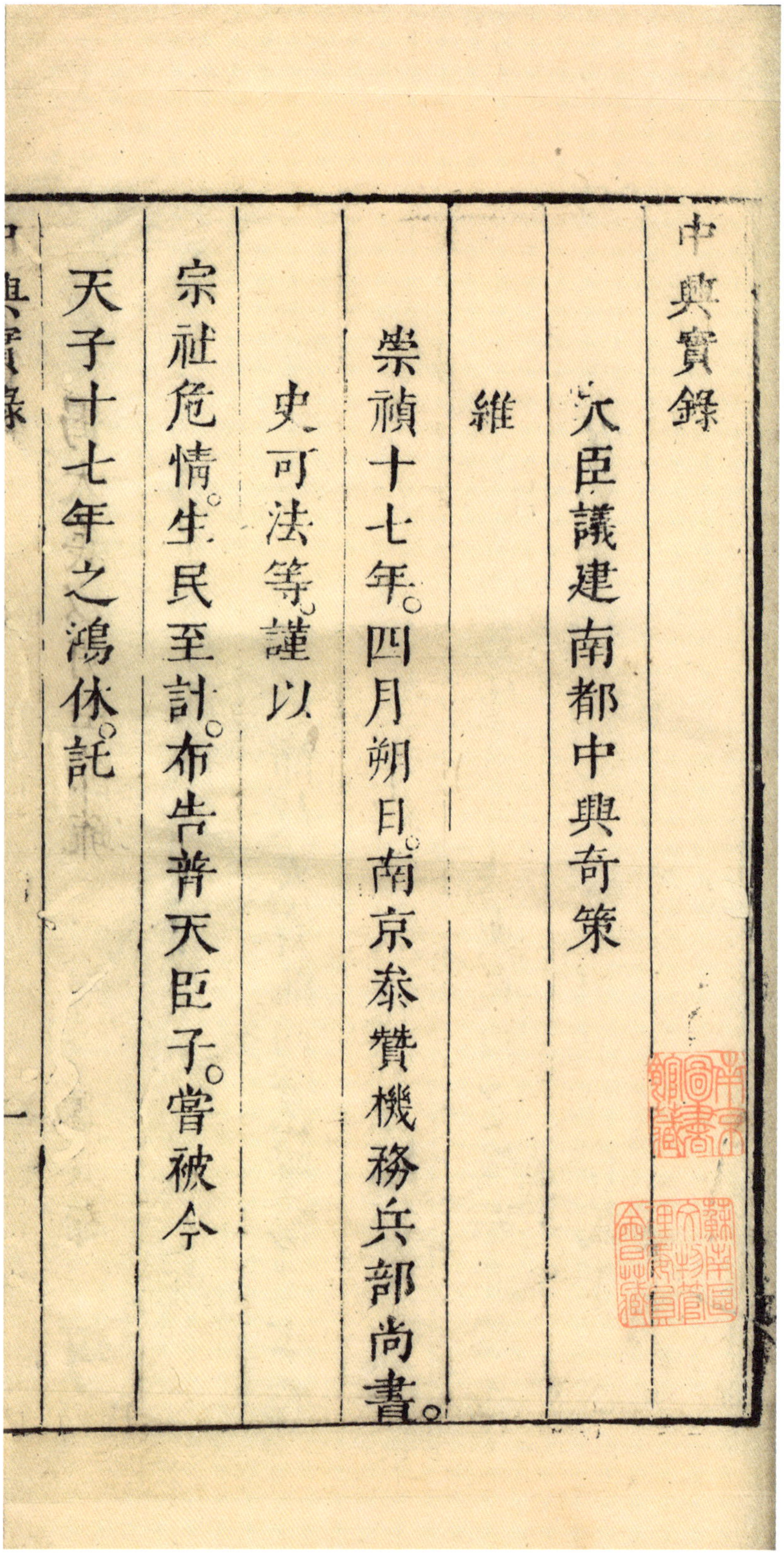
中興實錄

大臣議建南都中興奇策

維

崇禎十七年。四月朔日。南京叅贊機務兵部尚書。

史可法等。謹以

宗社危情生。民至討。布告普天臣子。嘗被令

天子十七年之鴻休。託

中興實錄　一

01537 中興實録不分卷　（明）馮夢龍撰　明弘光刻本

匡高21.8厘米，廣14.1厘米。半葉七行，行二十一字，白口，左右雙邊。南京圖書館藏。

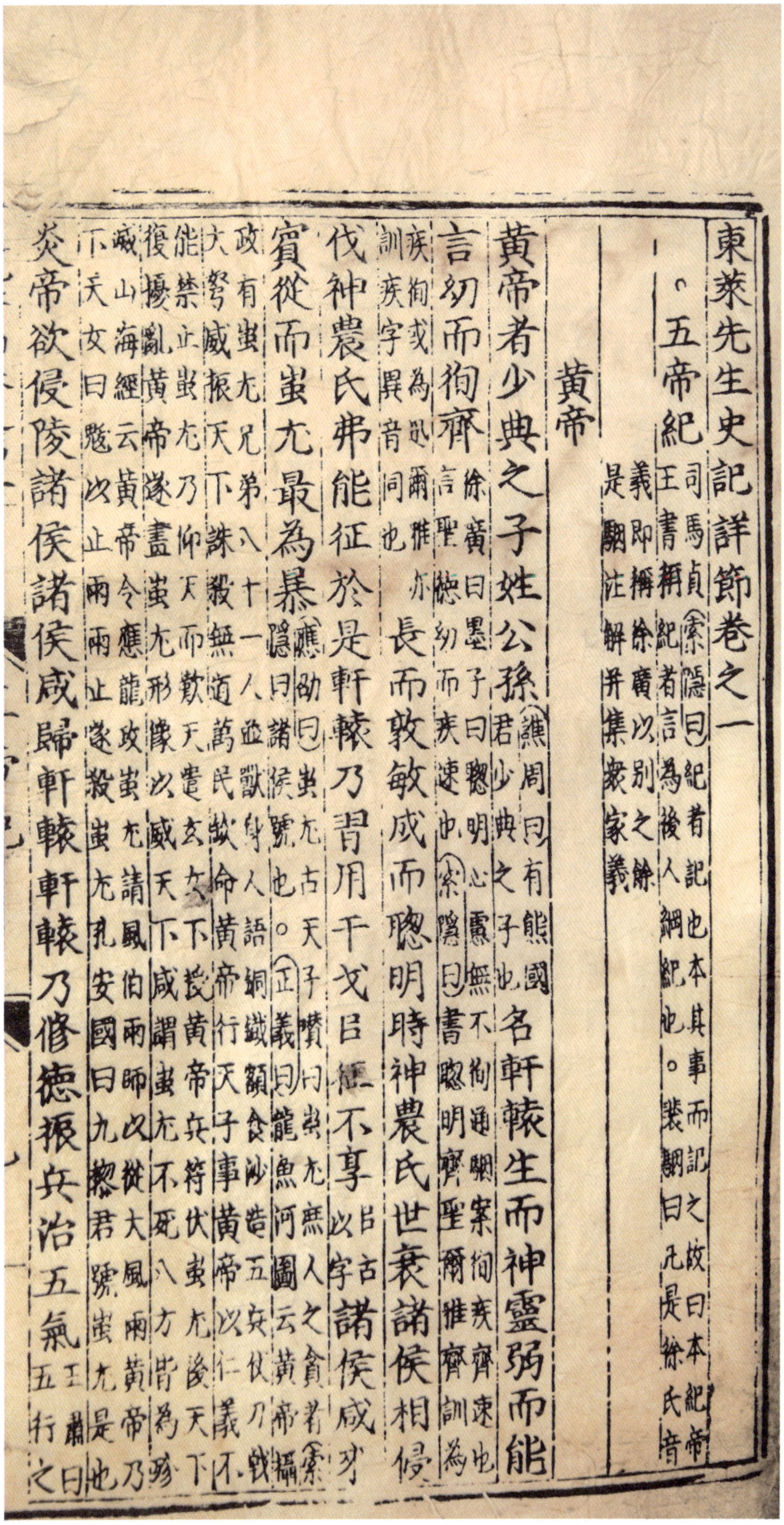
東萊先生史記詳節卷之一

一。五帝紀 司馬貞索隱曰紀者記也本其事而記之故曰本紀帝王書稱紀者言為後人綱紀也。裴駰曰凡是徐氏音義即稱徐廣以別之餘是駰注解并集衆家義

黃帝

黃帝者少典之子姓公孫譙周曰有熊國君少典之子也名軒轅生而神靈弱而能言幼而徇齊徐廣曰墨子曰聰明心慮無不徇通駰案徇疾齊速也言聖德幼而疾速也索隱曰書聰明齊聖爾雅齊訓為疾徇或為𢓜爾雅亦訓疾字異音同也長而敦敏成而聰明時神農氏世衰諸侯相侵伐神農氏弗能征於是軒轅乃習用干戈以征不享古以字諸侯咸来賓從而蚩尤最為暴應劭曰蚩尤古天子瓚曰蚩尤庶人之貪者索隱曰諸侯號也。正義曰龍魚河圖云黃帝攝政有蚩尤兄弟八十一人並獸身人語銅頭鐵額食沙造五兵仗刀戟大弩威振天下誅殺無道萬民欽命黃帝行天子事黃帝以仁義不能禁止蚩尤乃仰天而歎天遣玄女下授黃帝兵符伏蚩尤後天下復擾亂黃帝遂畫蚩尤形像以威天下咸謂蚩尤不死八方皆為殄藏山海經云黃帝令應龍攻蚩尤蚩尤請風伯雨師以從大風雨黃帝乃下天女曰魃以止雨雨止遂殺蚩尤孔安國曰九黎君號蚩尤是也炎帝欲侵陵諸侯諸侯咸歸軒轅軒轅乃修德振兵治五氣王肅曰五行之

01538 十七史詳節二百七十四卷 （明）呂祖謙輯　明正德十三年（1518）劉弘毅慎獨齋刻本

匡高19厘米，廣11.8厘米。半葉十三行，行二十六字，小字雙行同，白口，四周雙邊。有“建陽慎獨齋刊”、“建陽慎獨齋新刊”、“皇明正德丙子慎獨齋刊”等牌記。有“大雅山房”等印。青海民族學院圖書館藏，存二百六十八卷。

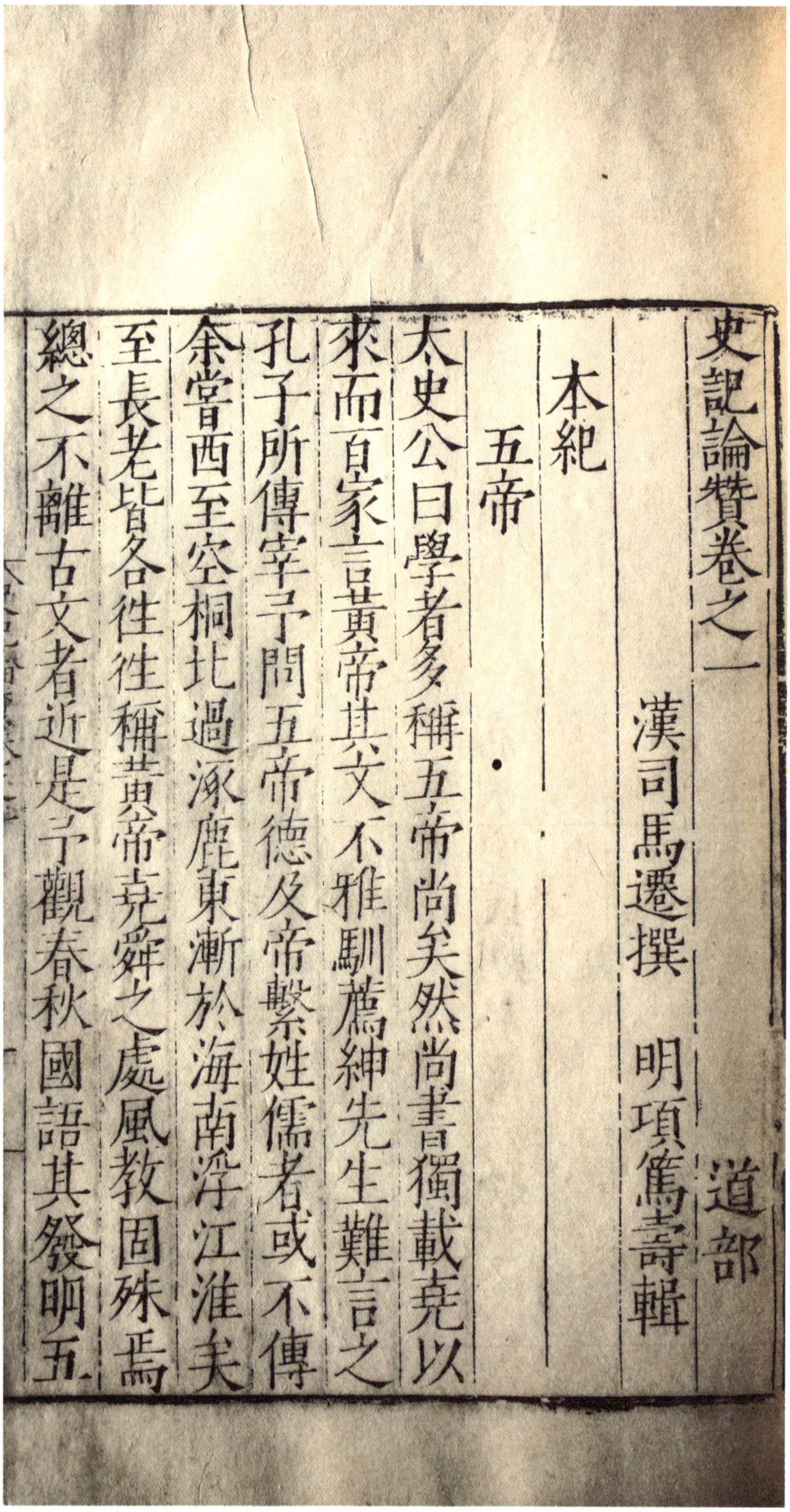

史記論贊卷之一

漢司馬遷撰　明項篤壽輯

道部

本紀

五帝

太史公曰學者多稱五帝尚矣然尚書獨載堯以來而百家言黃帝其文不雅馴薦紳先生難言之孔子所傳宰予問五帝德及帝繫姓儒者或不傳余嘗西至空桐北過涿鹿東漸於海南浮江淮矣至長老皆各往往稱黃帝堯舜之處風教固殊焉總之不離古文者近是予觀春秋國語其發明五

01539、01540 全史論贊八十一卷　（明）項篤壽輯　明嘉靖四十五年（1566）項氏萬卷堂刻本

匡高19.3厘米，廣14厘米。半葉十行，行十九字，白口，左右雙邊。有“嘉禾項氏刻於萬卷堂”牌記。江蘇省南通市圖書館、山東省圖書館藏。

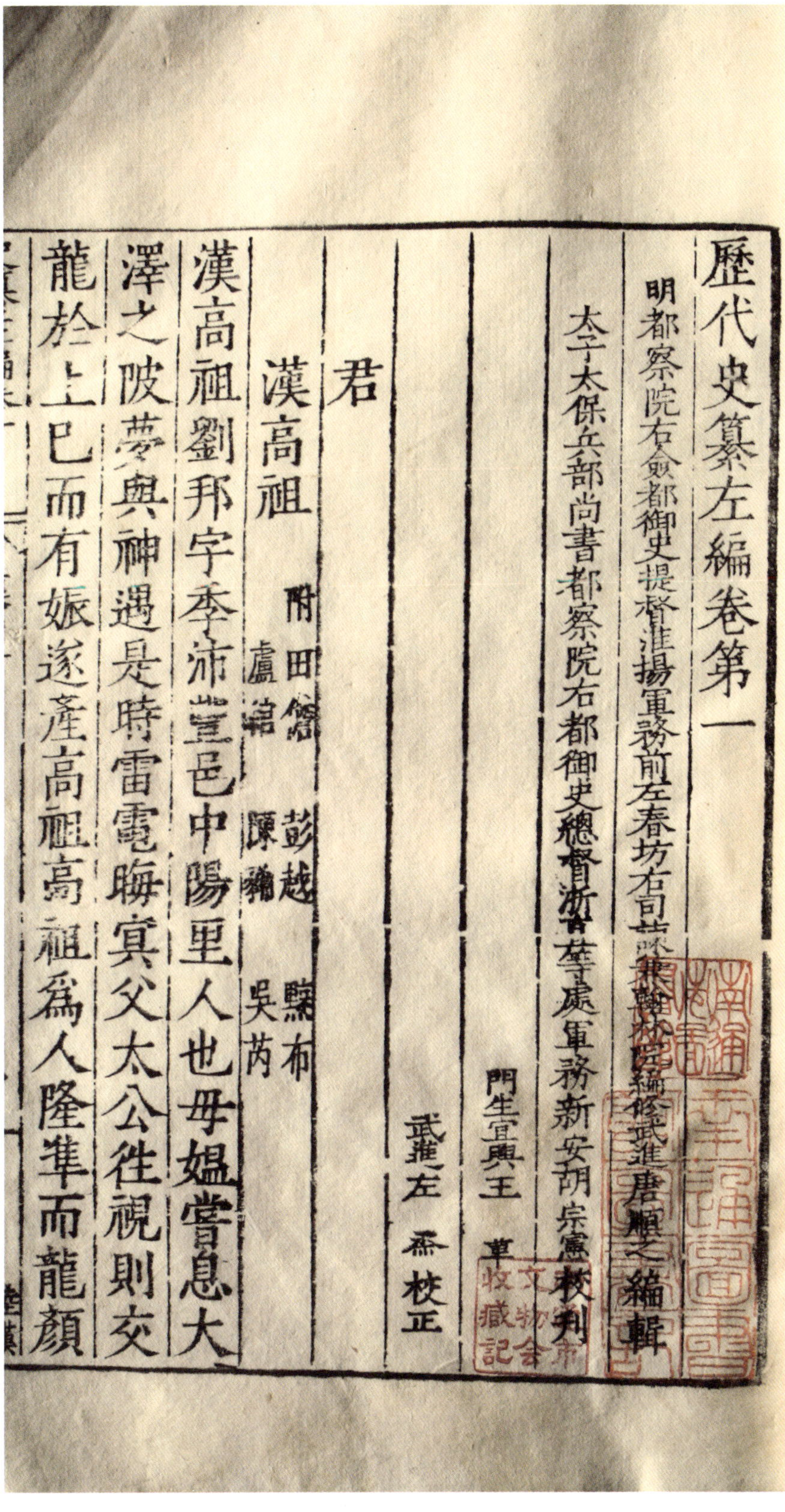

01541 歷代史纂左編一百四十二卷 （明）唐順之輯 明嘉靖四十年（1561）胡宗憲刻本

匡高20.5厘米，廣13.2厘米。半葉十行，行二十字，白口，四周單邊。江蘇省南通市圖書館藏。

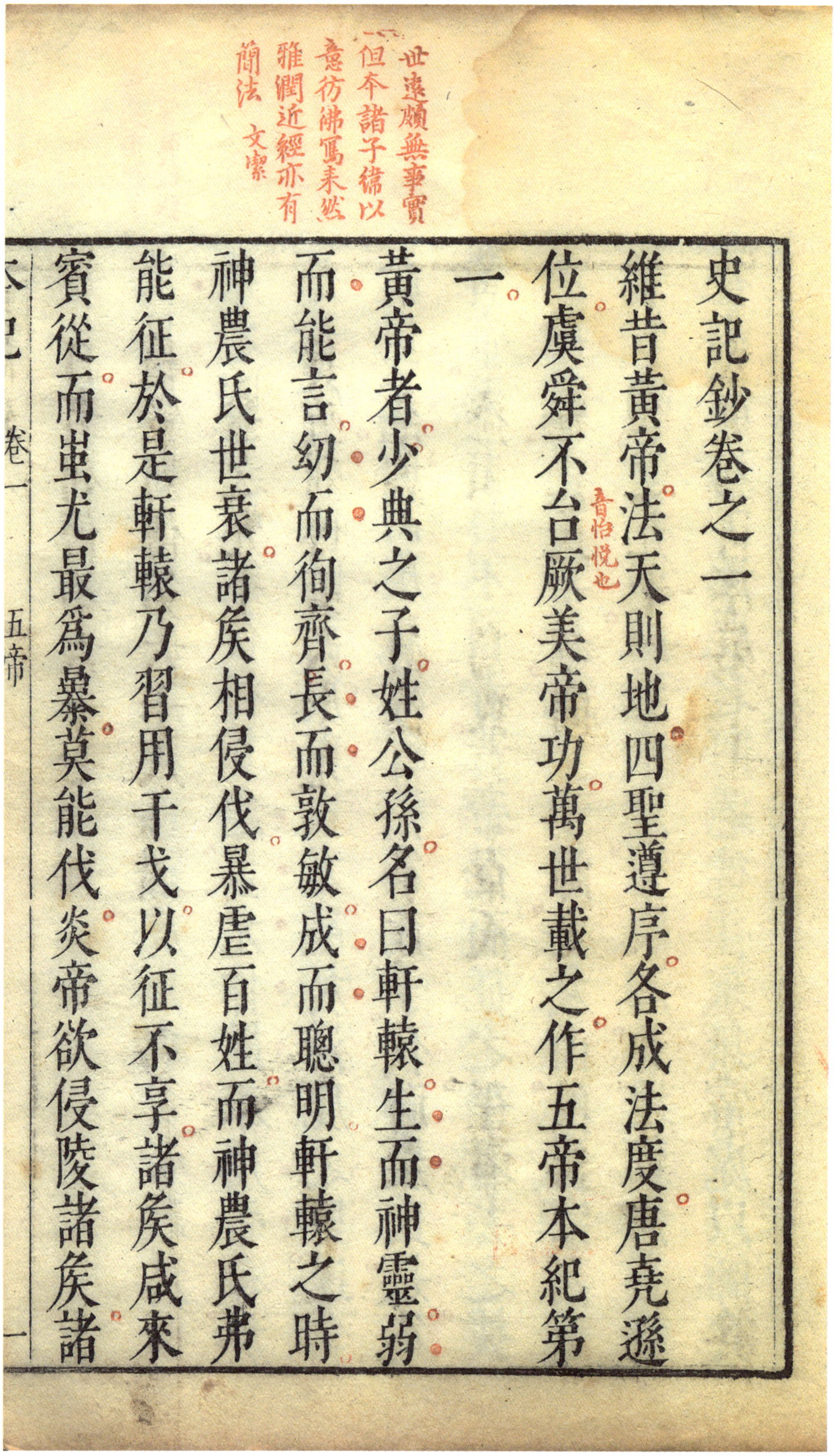
世遠頗無事實但本諸子緒以意彷彿寫來然雅潤近經亦有簡法　文潔

史記鈔卷之一
維昔黃帝法天則地四聖遵序各成法度唐堯遜
位虞舜不台（音怡悅也）厥美帝功萬世載之作五帝本紀第
一
黃帝者少典之子姓公孫名曰軒轅生而神靈弱
而能言幼而徇齊長而敦敏成而聰明軒轅之時
神農氏世衰諸侯相侵伐暴虐百姓而神農氏弗
能征於是軒轅乃習用干戈以征不享諸侯咸來
賓從而蚩尤最爲暴莫能伐炎帝欲侵陵諸侯諸

本紀　卷一　五帝　一

01542 史記鈔九十一卷　（明）茅坤輯　閔振業集評　明泰昌元年（1620）閔氏刻朱墨套印本

匡高21.1厘米，廣15厘米。半葉九行，行十九字，白口，左右雙邊。無錫市圖書館藏。

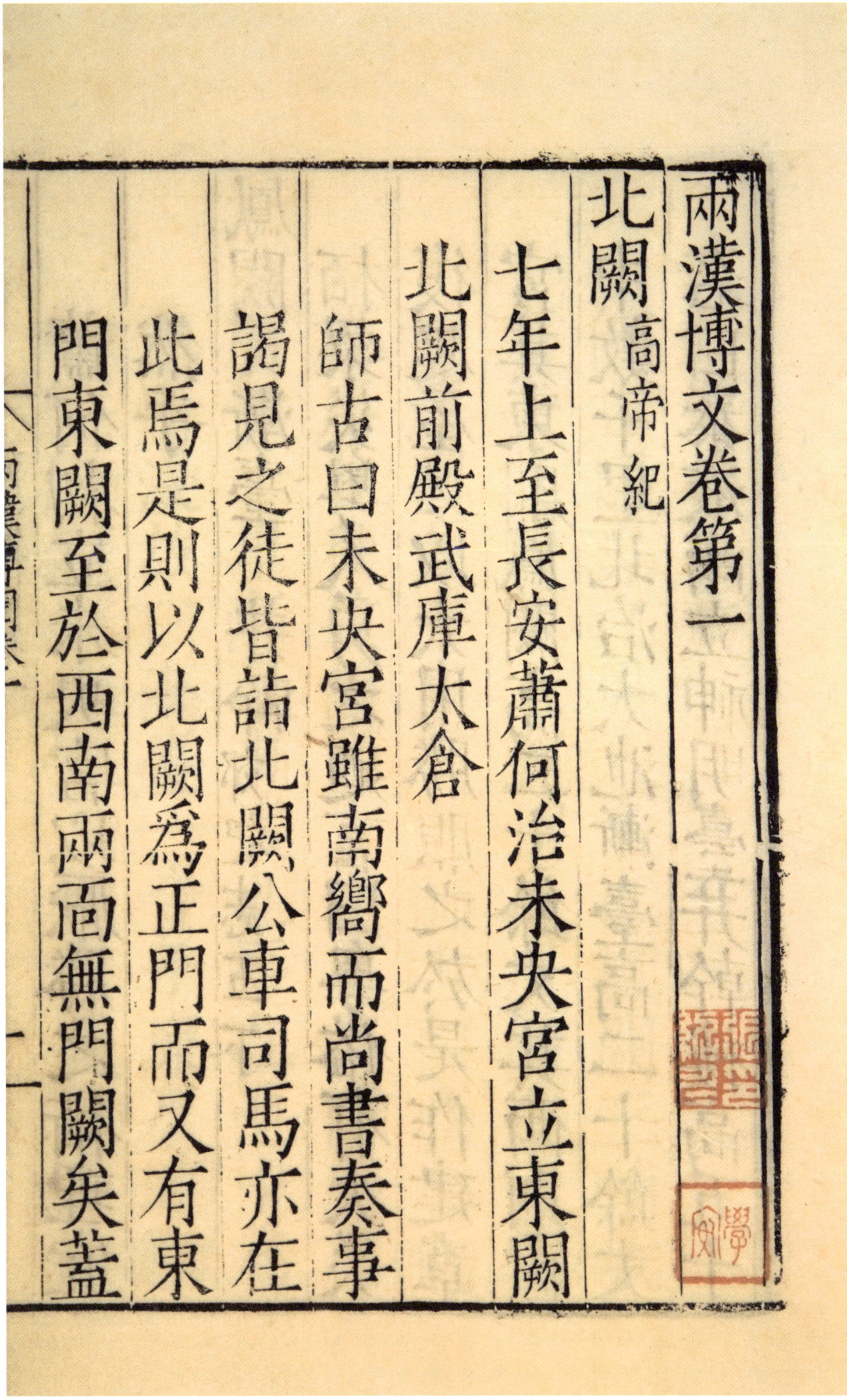

01543 兩漢博聞十二卷 （宋）楊侃輯 明嘉靖三十七年（1558）黄魯曾刻本

匡高17.3厘米，廣12.1厘米。半葉八行，行十六字，白口，左右雙邊。有“長洲張氏抱經堂藏”等印。河南大學圖書館藏。

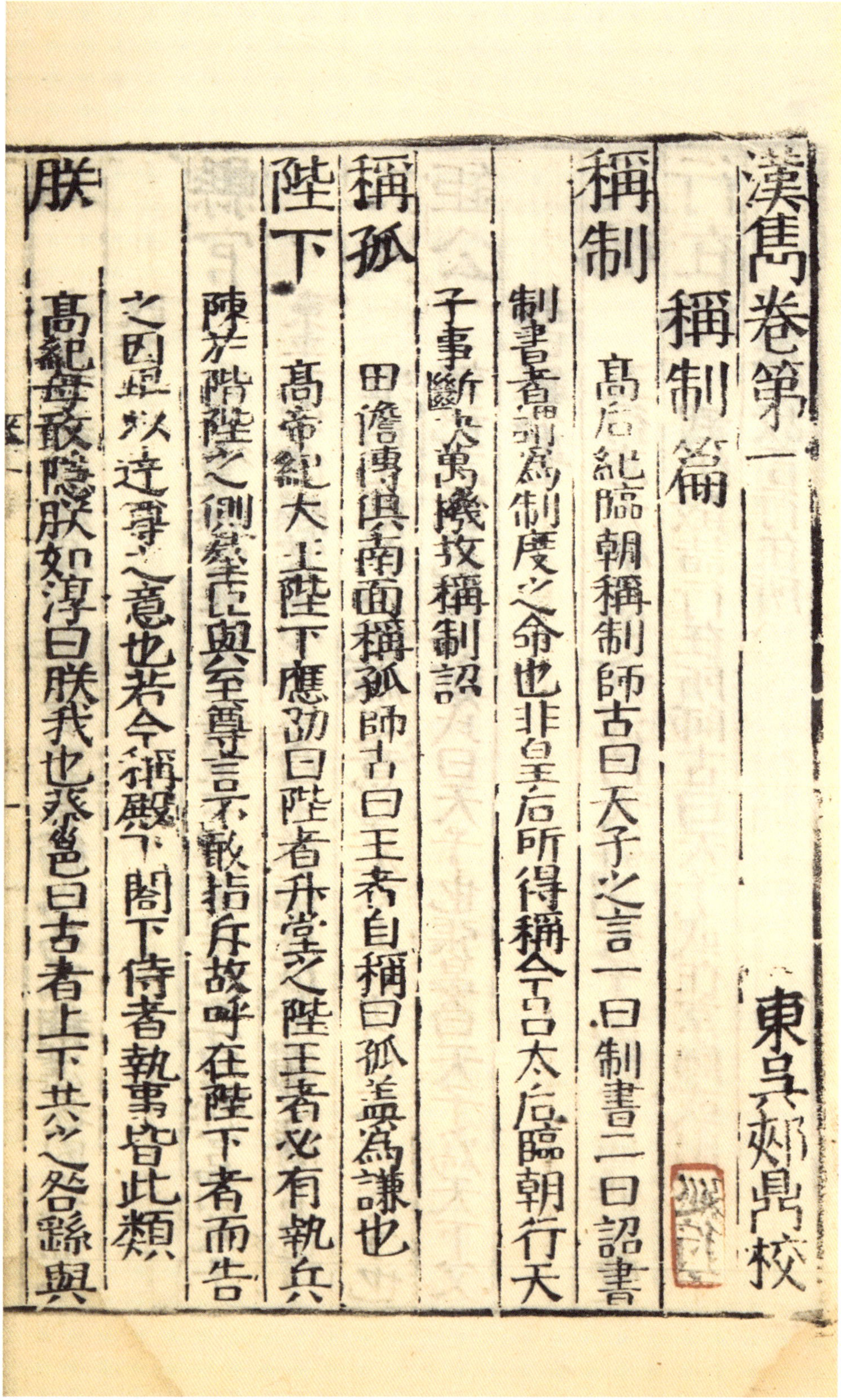
漢雋卷第一　　東吳郟鼎校
稱制稱制篇
稱制　高后紀臨朝稱制師古曰天子之言一曰制書二曰詔書
制書者謂爲制度之命也非皇后所得稱今呂太后臨朝行天
子事斷決萬機故稱制詔
稱孤　田儋傳與南面稱孤師古曰王者自稱曰孤蓋爲謙也
陛下　高帝紀大上陛下應劭曰陛者升堂之陛王者必有執兵
陳於階陛之側羣臣與至尊言不敢指斥故呼在陛下者而告
之因卑以達尊之意也若今稱殿下閤下侍者執事皆此類
朕　高紀毋敢隱朕如淳曰朕我也蔡邕曰古者上下共之咎繇與

01544 漢雋十卷　（宋）林鉞撰　明嘉靖十一年（1532）刻本

匡高19.7厘米，廣14.3厘米。半葉十行，行二十四至二十六字，白口，四周單邊。河南大學圖書館藏。

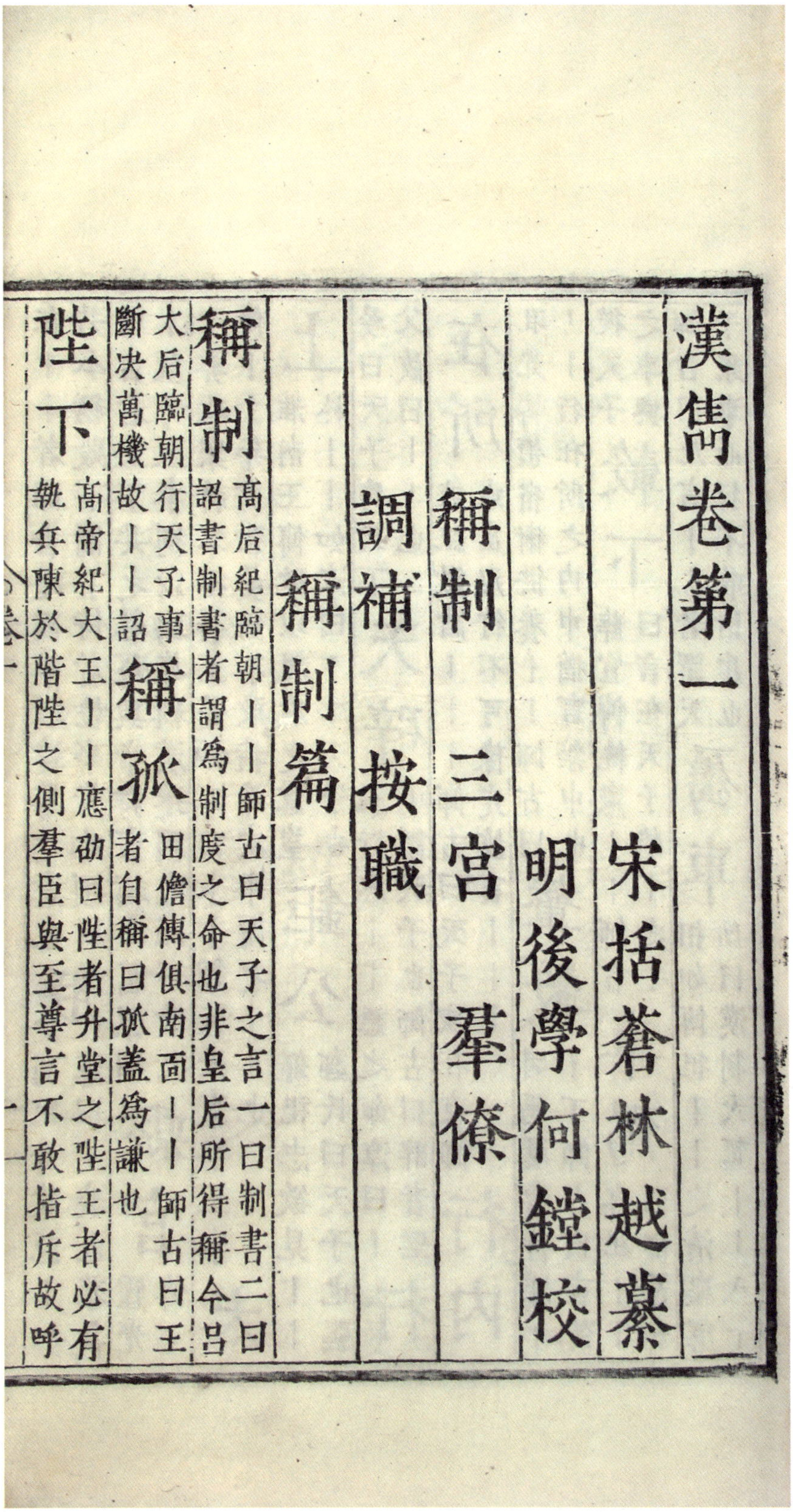
漢雋卷第一　宋括蒼林越纂
明後學何鏜校
稱制　三宮　羣僚
調補　按職
稱制篇
稱制　高后紀臨朝丨丨師古曰天子之言一曰制書二曰
詔書制書者謂爲制度之命也非皇后所得稱今呂
大后臨朝行天子事　稱孤　田儋傳俱南面丨丨師古曰王
斷決萬機故丨丨詔　者自稱曰孤蓋爲謙也
陛下　高帝紀大王丨丨應劭曰陛者升堂之陛王者必有
執兵陳於階陛之側羣臣與至尊言不敢指斥故呼

01545 漢雋十卷　（宋）林鉞撰　明嘉靖四十年（1561）何鏜刻本

匡高19.8厘米，廣14.2厘米。半葉九行，行十二字，小字雙行二十四字，白口，四周雙邊。華中師範大學圖書館藏。

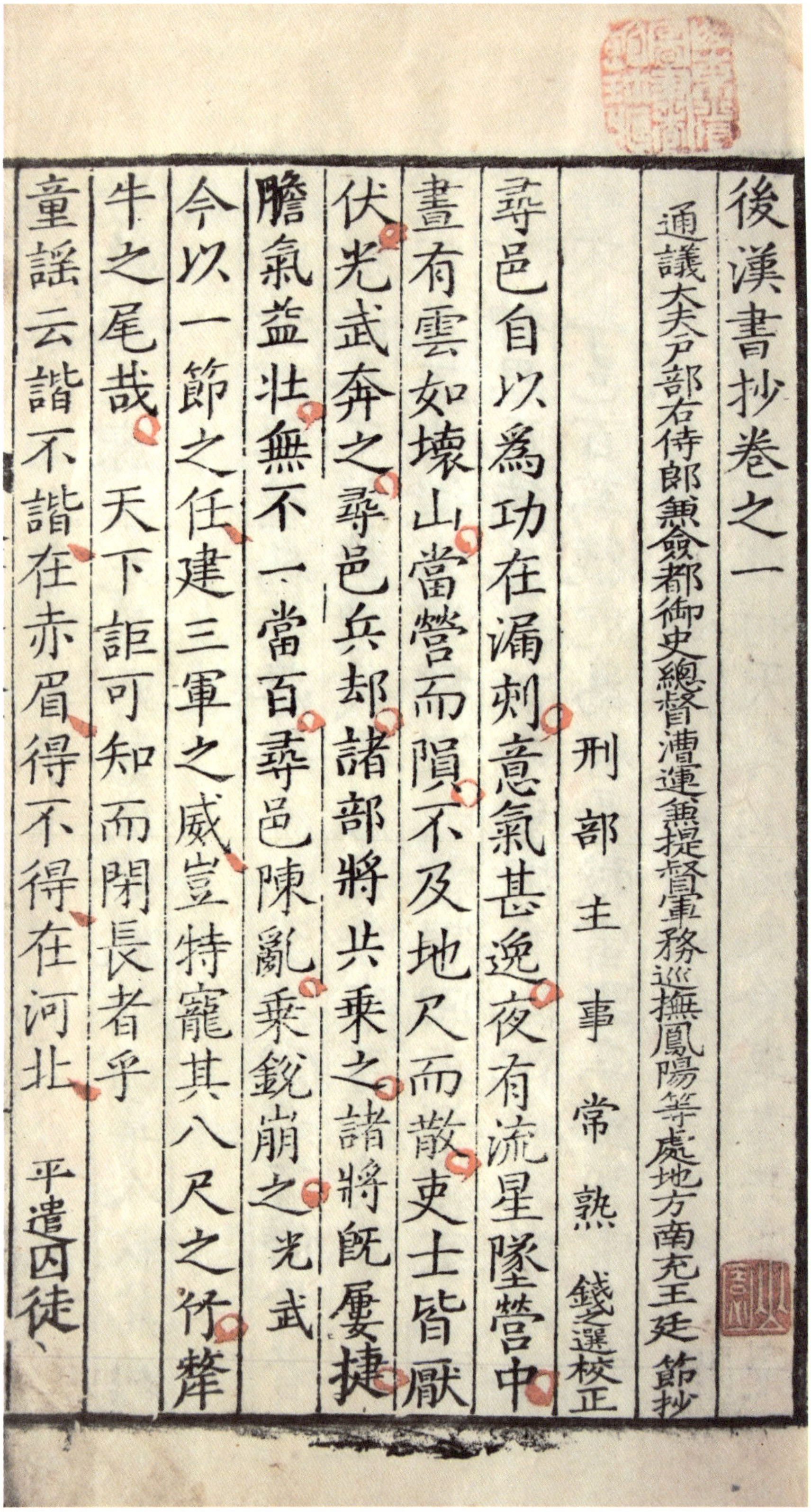

後漢書抄卷之一
通議大夫户部右侍郎兼僉都御史總督漕運兼提督軍務巡撫鳳陽等處地方南充王廷　節抄
刑部主事常熟　錢之選校正
尋邑自以爲功在漏刻意氣甚逸夜有流星墜營中
晝有雲如壞山當營而隕不及地尺而散吏士皆猒
伏光武奔之尋邑兵却諸部將共乘之諸將既屢捷
膽氣益壯無不一當百尋邑陳亂乘鋭崩之光武
令以一節之任建三軍之威豈特寵其八尺之竹犛
牛之尾哉　天下詎可知而閉長者乎
童謡云諧不諧在赤眉得不得在河北　平遣囚徒

01546、01547　前漢書抄八卷後漢書抄八卷　（明）王廷輯　明嘉靖刻本

匡高20厘米，廣14厘米。半葉十行，行二十字，白口，四周單邊。有“淮安府儒學訓導劉宗周督刊”牌記。山東省圖書館藏；青海民族學院圖書館藏，有“熙鈞藏書”等印。

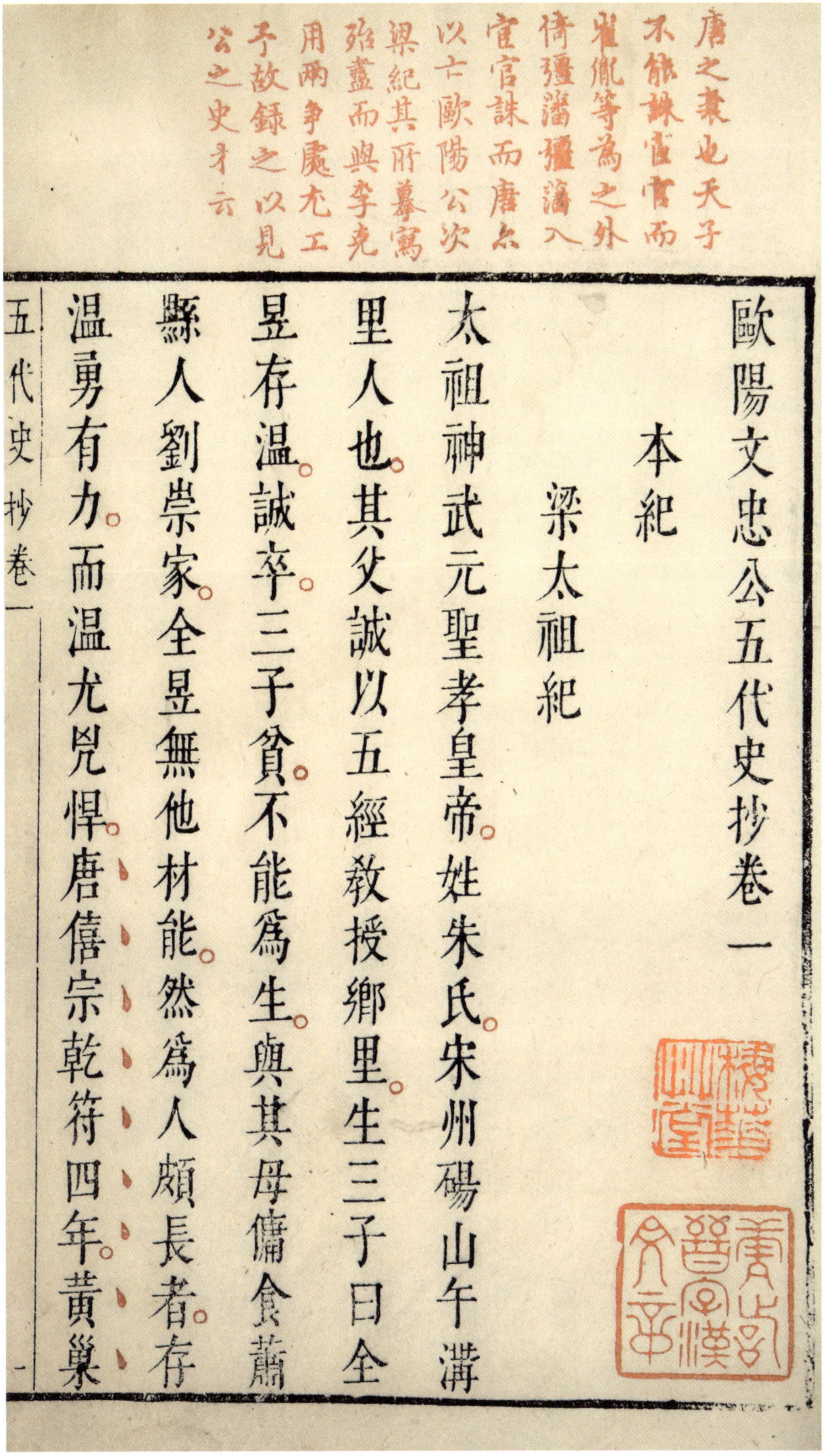
唐之衰也天子不能誅宦官而崔胤等爲之外倚彊藩彊藩入宦官誅而唐亦以亡歐陽公次梁紀其所摹寫殆盡而與李克用兩爭處尤工予故錄之以見公之史才云

歐陽文忠公五代史抄卷一

本紀

梁太祖紀

太祖神武元聖孝皇帝姓朱氏宋州碭山午溝里人也其父誠以五經教授鄉里生三子曰全昱存溫誠卒三子貧不能爲生與其母傭食蕭縣人劉崇家全昱無他材能然爲人頗長者存溫勇有力而溫尤兇悍唐僖宗乾符四年黃巢

五代史抄卷一　一

01548、01549、01550、01551、01552 歐陽文忠公五代史抄二十卷　（明）茅坤輯　明閔刻套印本

匡高20厘米，廣15厘米。半葉八行，行十八字，白口，四周單邊。青海師範大學圖書館藏；鎮江市圖書館藏；中山大學圖書館藏，有“王氏大雅堂珍藏”、“王琰和印”等印；大連圖書館藏，有“小山之印”、“陶桂賢記”、“資江陶八柳堂珍藏”等印；山東師範大學圖書館藏，有“華亭大學士家”等印。

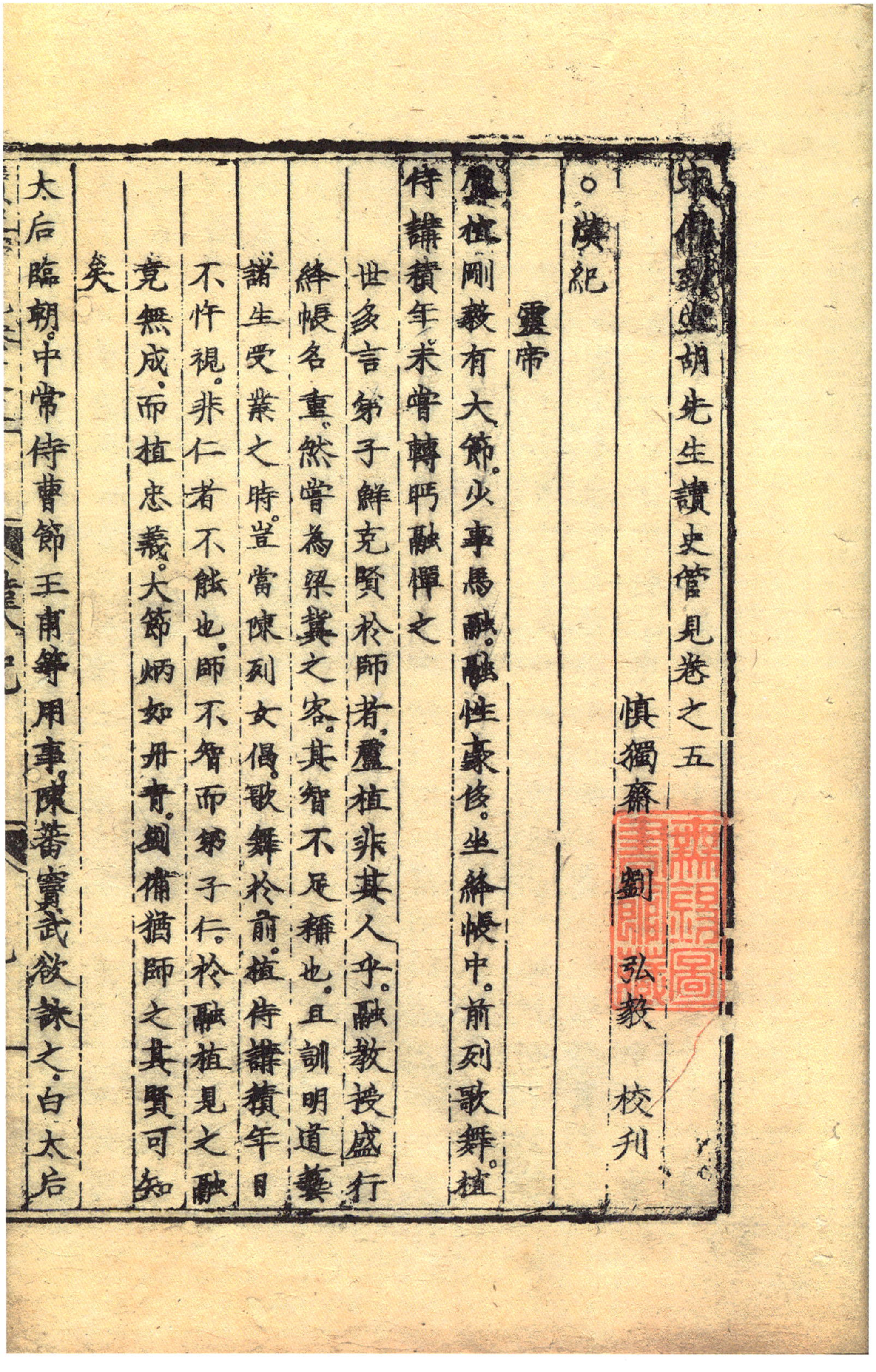

宋儒致堂胡先生讀史管見卷之五
慎獨齋　劉弘毅　校刊
○漢紀
靈帝
盧植剛毅有大節。少事馬融。融性豪侈。坐絳帳中。前列歌舞。植侍講積年。未嘗轉眄。融憚之
世多言弟子鮮克賢於師者。盧植非其人乎。融教授盛行絳帳名重。然嘗為梁冀之客。其智不足稱也。且訓明道藝諸生受業之時。豈當陳列女倡。歌舞於前。植侍講積年目不忤視。非仁者不能也。師不智而弟子仁。於融植見之。融竟無成。而植忠義。大節炳如丹青。蜀備猶師之。其賢可知矣
太后臨朝。中常侍曹節王甫等用事。陳蕃竇武欲誅之。白太后

01553 宋儒致堂胡先生讀史管見三十卷　（宋）胡寅撰　明正德七年（1512）劉弘毅慎獨齋刻本

匡高16.3厘米，廣11厘米。半葉十三行，行二十四字，白口，四周雙邊。無錫市圖書館藏。

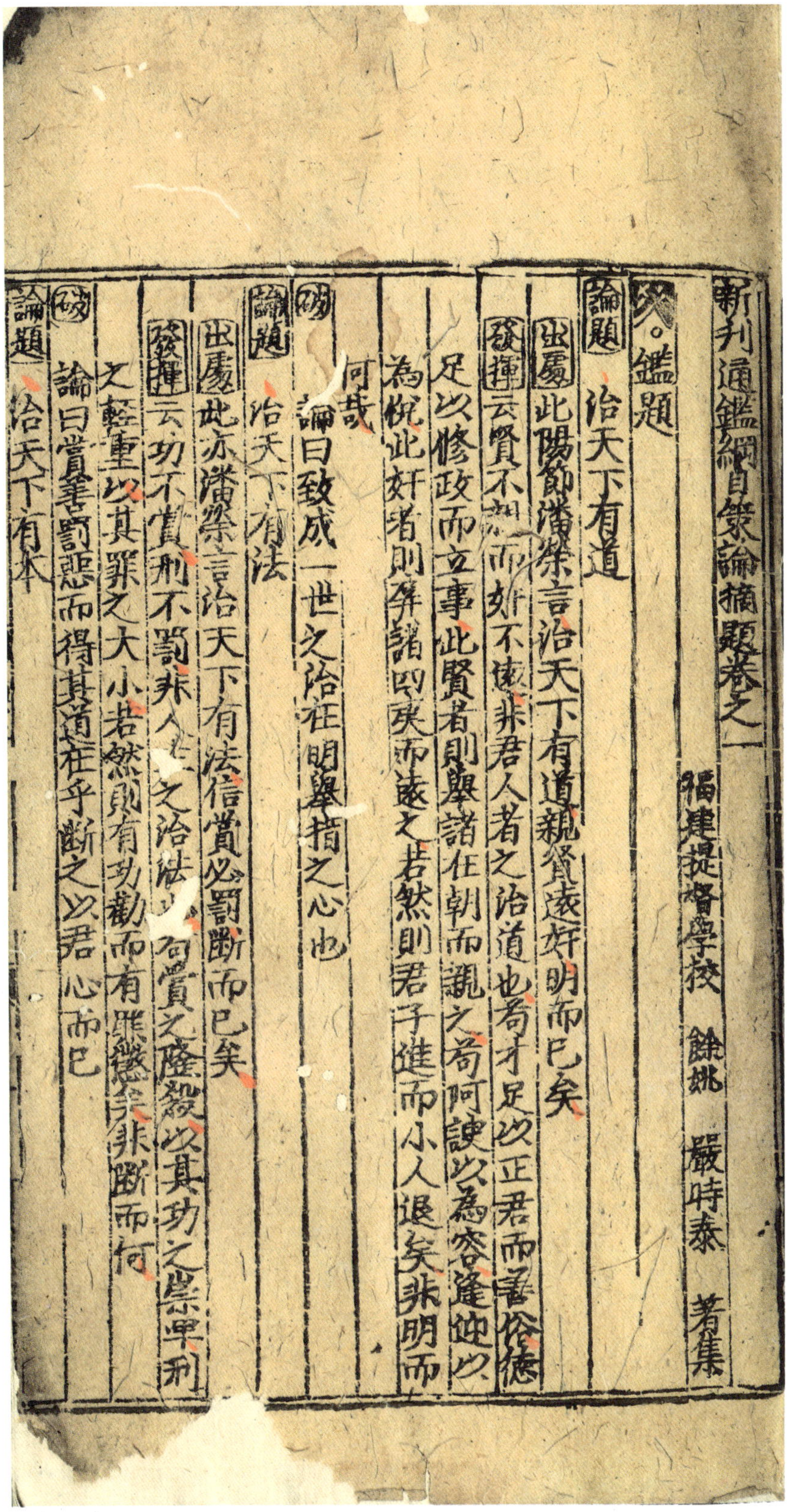
新刊通鑑綱目策論摘題卷之一
福建提督學校　餘姚　嚴時泰　著集
鑑題
論題　治天下有道
出處　此陽節潘榮言治天下有道親賢遠奸明而已矣
發揮　云賢不肖而奸不遠非君人者之治道也苟才足以正君而善俗德足以修政而立事此賢者則舉諸任朝而親之苟阿諛以為容逢迎以為悅此奸者則棄諸四夷而遠之若然則君子進而小人退矣非明而何哉
破　論曰致成一世之治在明舉措之心也
論題　治天下有法
出處　此亦潘榮言治天下有法信賞必罰斷而已矣
發揮　云功不賞刑不罰非人君之治法也苟賞之隆殺以其功之崇卑刑之輕重以其罪之大小若然則有功勸而有罪懲矣非斷而何
破　論曰賞善罰惡而得其道在乎斷之以君心而已
論題　治天下有本

01554 新刊通鑑綱目策論摘題二十卷　（明）嚴時泰輯　明嘉靖三年（1524）鄭氏宗文堂刻本

匡高18.4厘米，廣12.7厘米。半葉十六行，行二十九字，小字雙行同，黑口，四周雙邊。有“嘉靖甲申歲秋月鄭氏宗文堂新刊”牌記。安徽省圖書館藏。

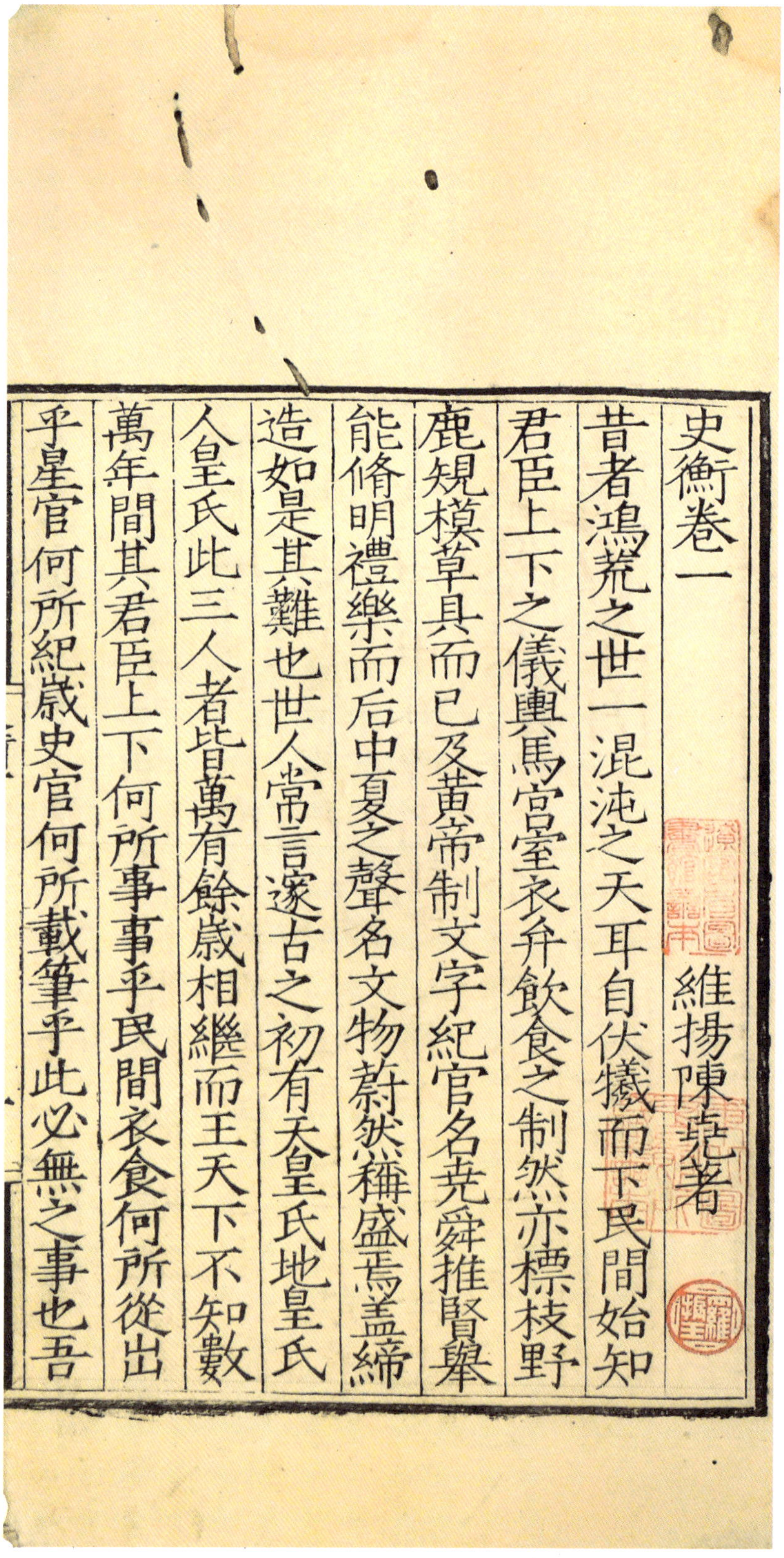
史衡卷一
維揚陳堯著
昔者鴻荒之世一混沌之天耳自伏犧而下民間始知
君臣上下之儀輿馬宮室衣弁飲食之制然亦標枝野
鹿規模草具而已及黄帝制文字紀官名堯舜推賢舉
能脩明禮樂而后中夏之聲名文物蔚然稱盛焉蓋締
造如是其難也世人常言邃古之初有天皇氏地皇氏
人皇氏此三人者皆萬有餘歲相繼而王天下不知數
萬年間其君臣上下何所事事乎民間衣食何所從出
乎皇官何所紀歲史官何所載筆乎此必無之事也吾

01555 史衡六卷　（明）陳堯撰　明嘉靖刻本

匡高20.4厘米，廣15.2厘米。半葉九行，行二十一字，黑口，四周雙邊。有“羅振玉”等印。遼寧省圖書館藏。

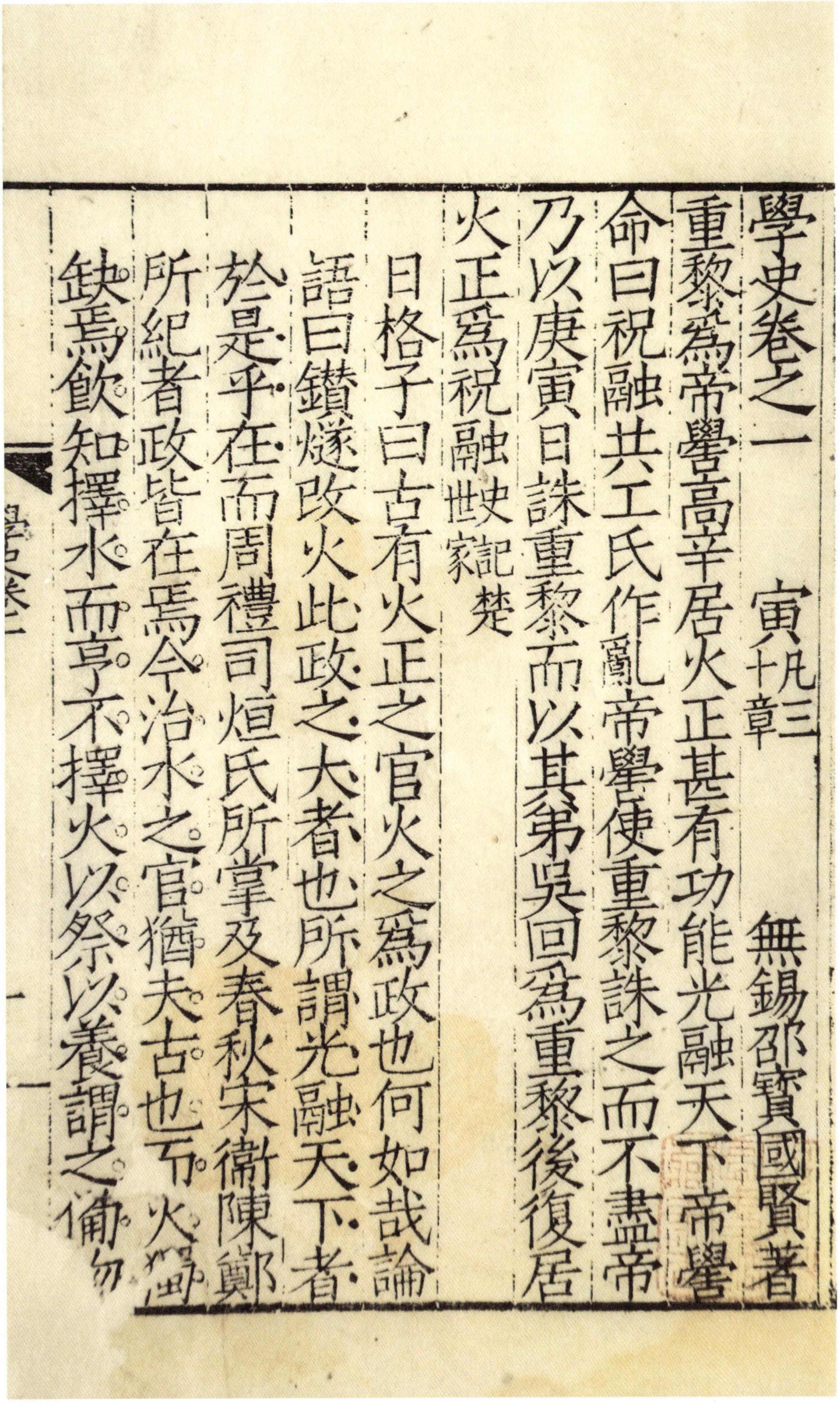
學史卷之一　寅凡三十章　　無錫邵寶國賢著
重黎爲帝嚳高辛居火正甚有功能光融天下帝嚳
命曰祝融共工氏作亂帝嚳使重黎誅之而不盡帝
乃以庚寅日誅重黎而以其弟吳回爲重黎後復居
火正爲祝融史記楚世家
日格子曰古有火正之官火之爲政也何如哉論
語曰鑽燧改火此政之大者也所謂光融天下者
於是乎在而周禮司烜氏所掌及春秋宋衛陳鄭
所紀者政皆在焉今治水之官猶夫古也而火獨
缺焉飲知擇水而亨不擇火以祭以養謂之備物

01556 學史十三卷　（明）邵寶撰　明嘉靖七年（1528）陳察刻本

匡高18.4厘米，廣14厘米。半葉十行，行二十字，白口，左右雙邊。七至十三卷爲藍印本。揚州市圖書館藏。

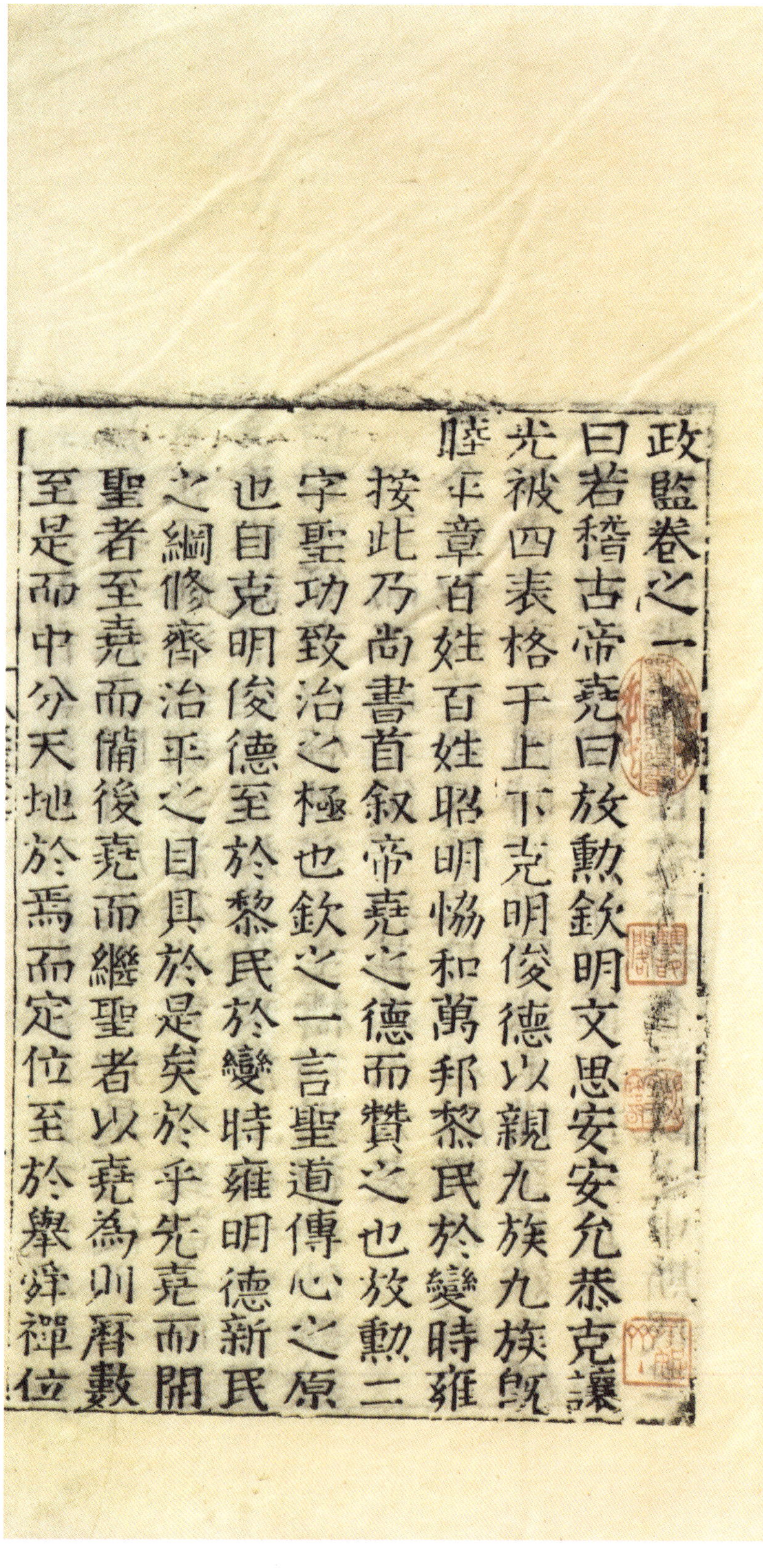

01557 政監三十二卷 （明）夏寅撰 明正德十六年（1521）刻本

匡高17.1厘米，廣13厘米。半葉十行，行十九字，白口，四周單邊。有“雙閣”、“劉陽所得善本”等印。大連圖書館藏。

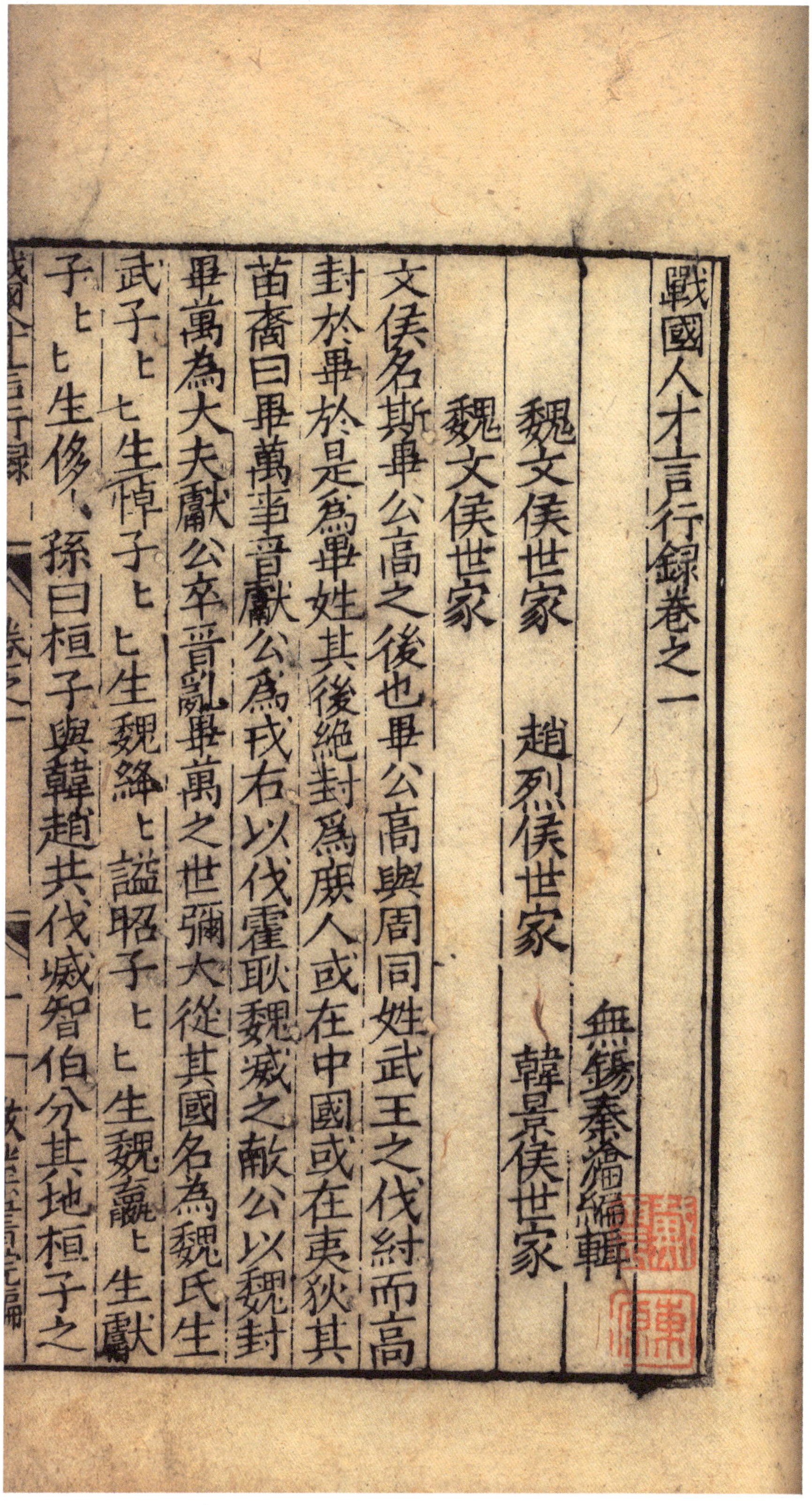

戰國人才言行録卷之一

無錫秦瀹編輯

魏文侯世家　趙烈侯世家　韓景侯世家

魏文侯世家

文侯名斯畢公高之後也畢公高與周同姓武王之伐紂而高封於畢於是爲畢姓其後絶封爲庶人或在中國或在夷狄其苗裔曰畢萬事晉獻公爲戎右以伐霍耿魏滅之獻公以魏封畢萬爲大夫獻公卒晉亂畢萬之世彌大從其國名爲魏氏生武子〻〻生悼子〻〻生魏絳〻〻謚昭子〻〻生魏嬴〻〻生獻子〻〻生侈〻孫曰桓子與韓趙共伐滅智伯分其地桓子之

戰國人才言行録　卷之一　一　敬業書院

01558 戰國人才言行録十卷　（明）秦瀹輯　明嘉靖三十二年（1553）敬業書院刻本

匡高18厘米，廣11.7厘米。半葉十行，行二十四字，白口，左右雙邊。有“戴震”、“東原”等印。無錫市圖書館藏。

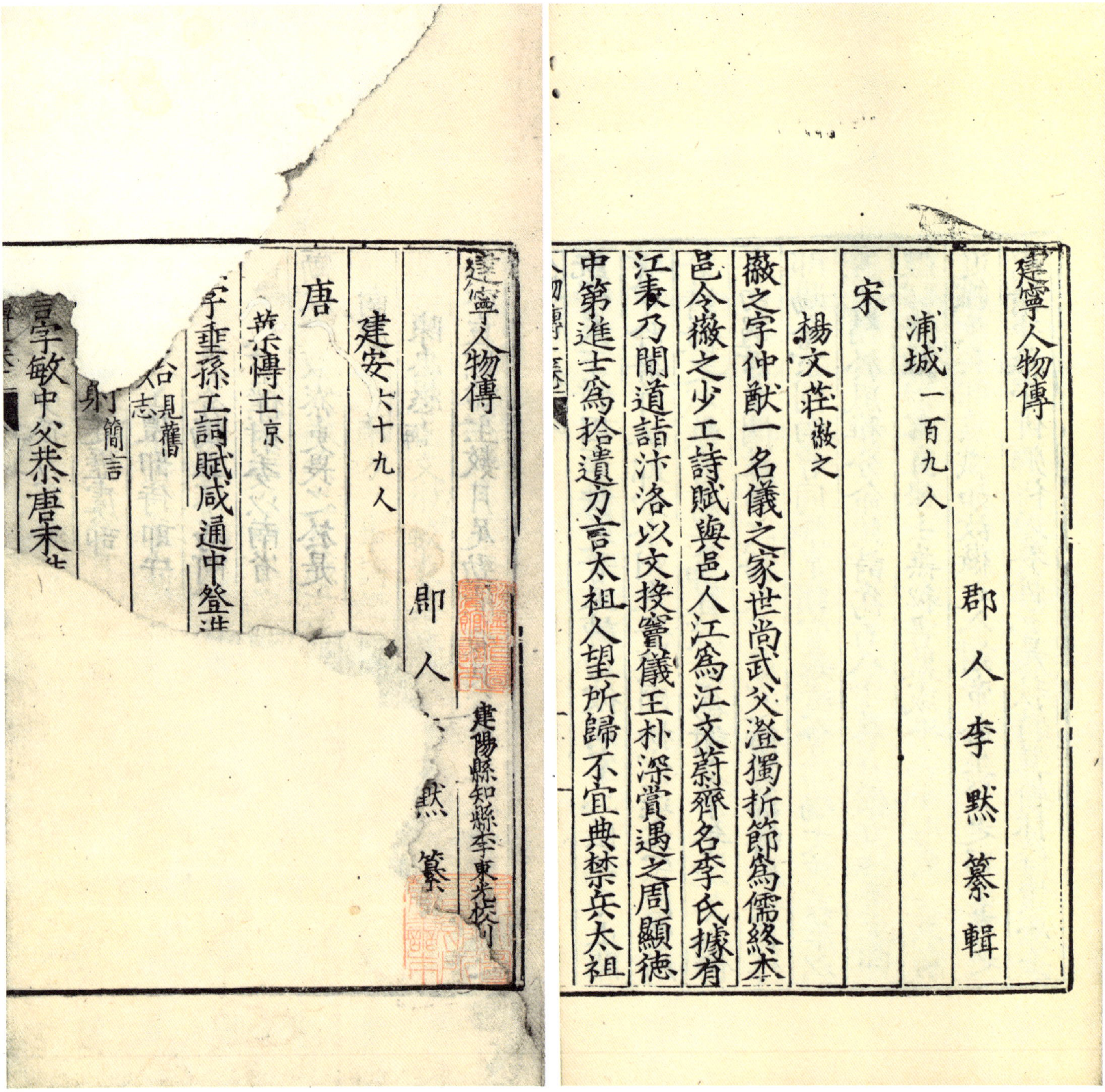
建寧人物傳
建安七十九人
郡人李默纂
建陽縣知縣李東光校刊
唐
葉京傳士京
字垂孫工詞賦咸通中登進
見舊志
簡言
言字敏中父恭唐末

建寧人物傳
浦城一百九人
郡人李默纂輯
宋
楊文莊徽之
徽之字仲猷一名儀之家世尚武父澄獨折節爲儒終本
邑令徽之少工詩賦與邑人江爲江文蔚齊名李氏據有
江表乃間道詣汴洛以文投竇儀王朴深賞遇之周顯德
中第進士爲拾遺乃言太祖人望所歸不宜典禁兵太祖

01559 建寧人物傳四卷　（明）李默撰　明嘉靖十七年（1538）李東光刻本

匡高18.5厘米，廣12.8厘米。半葉九行，行二十二字，小字雙行字不等，白口，四周雙邊。有“建陽縣知縣李東光校刊”刻書題記。遼寧省圖書館藏。

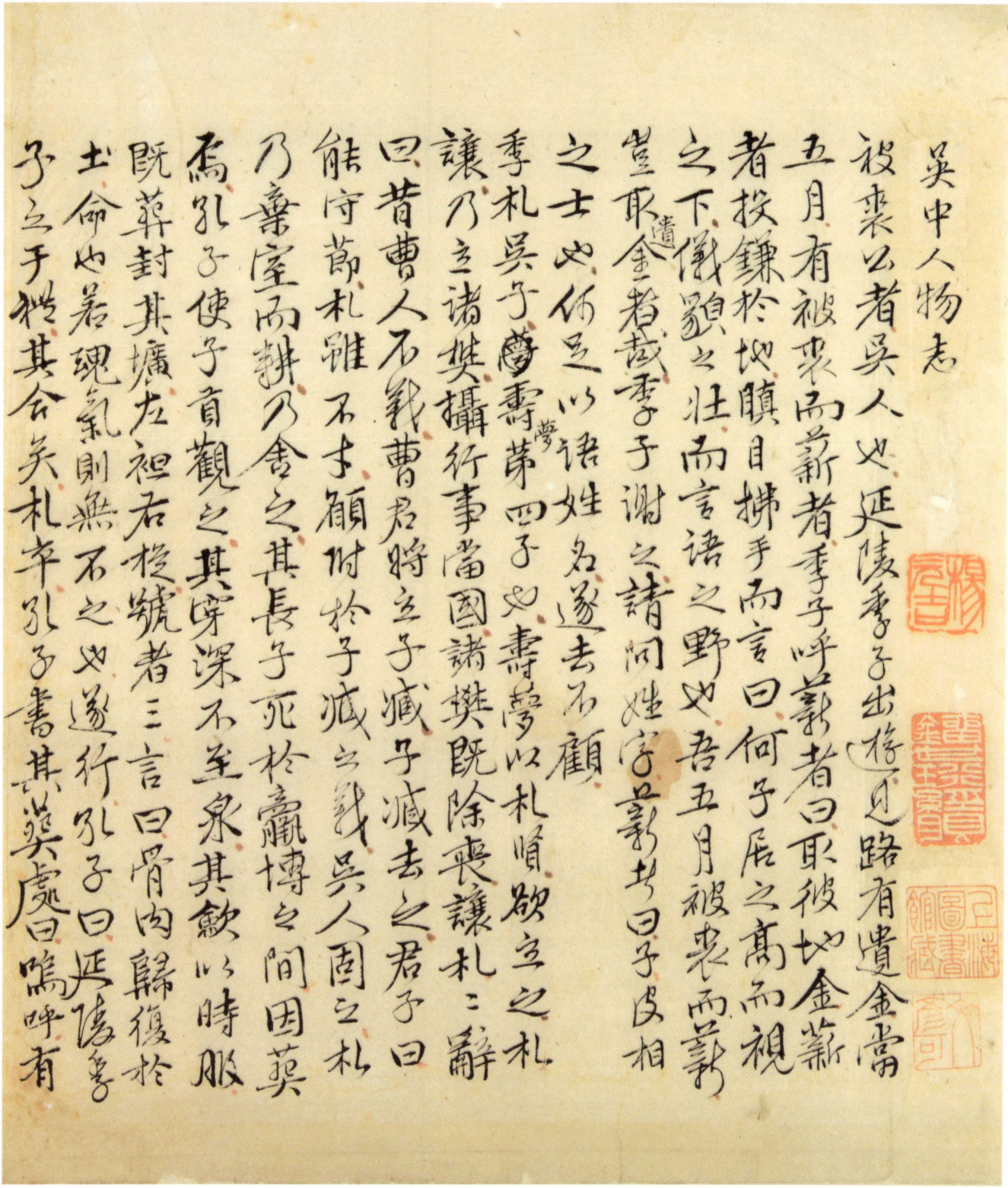
吳中人物志
被裘公者吳人也延陵季子出遊見路有遺金當五月有被裘而薪者季子呼薪者曰取彼地金薪者投鎌於地瞋目拂手而言曰何子居之高而視之下儀貌之壯而言語之野也吾五月被裘而薪豈取遺金者哉季子謝之請問姓字薪者曰子皮相之士也何足以語姓名遂去不顧
季札吳子壽夢第四子也壽夢以札賢欲立之札讓乃立諸樊攝行事當國諸樊既除喪讓札札辭曰昔曹人不義曹君將立子臧子臧去之君子曰能守節札雖不才願附於子臧之義吳人固立札乃棄室而耕乃舍之其長子死於嬴博之間因葬焉孔子使子貢觀之其穿深不至泉其斂以時服既葬封其壙左袒右旋號者三言曰骨肉歸復於土命也若魂氣則無不之也遂行孔子曰延陵季子之于禮其合矣札卒孔子書其墓曰嗚呼有

01560 吳中人物志不分卷　（明）錢穀輯　稿本

有“文彥可”等印。羅振常跋。上海圖書館藏。

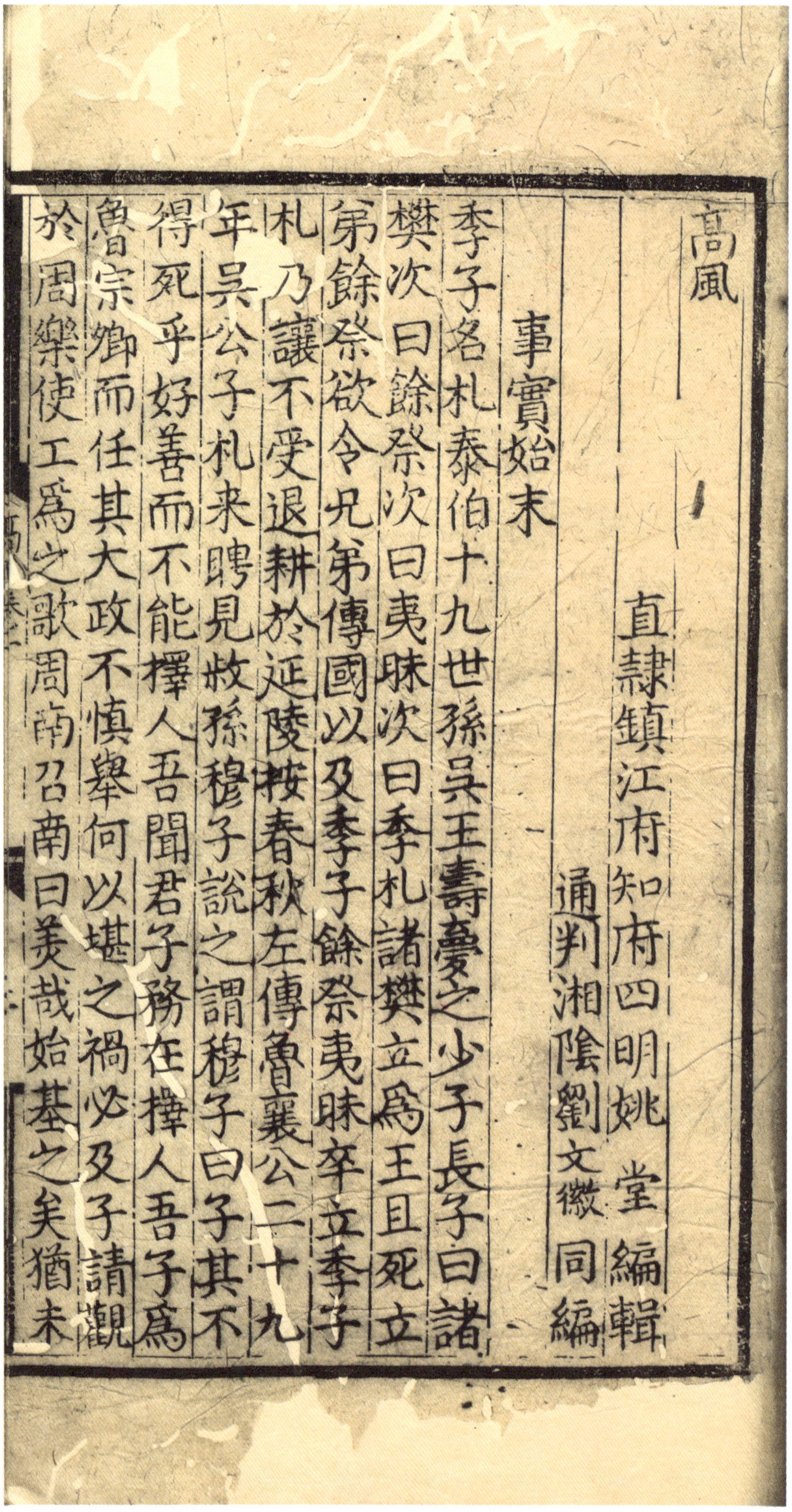

高風　一

直隸鎮江府知府四明姚堂編輯
通判湘陰劉文徽同編

事實始末

季子名札泰伯十九世孫吴王壽夢之少子長子曰諸樊次曰餘祭次曰夷眛次曰季札諸樊立爲王且死立弟餘祭欲令兄弟傳國以及季子餘祭夷眛卒立季子札乃讓不受退耕於延陵按春秋左傳魯襄公二十九年吴公子札來聘見叔孫穆子説之謂穆子曰子其不得死乎好善而不能擇人吾聞君子務在擇人吾子爲魯宗卿而任其大政不慎舉何以堪之禍必及子請觀於周樂使工爲之歌周南召南曰美哉始基之矣猶未

01561 潤州先賢録六卷　（明）姚堂　劉文徽輯　明天順七年（1463）刻本

匡高23.3厘米，廣14.6厘米。半葉十二行，行二十一字，黑口，四周雙邊。南京圖書館藏。

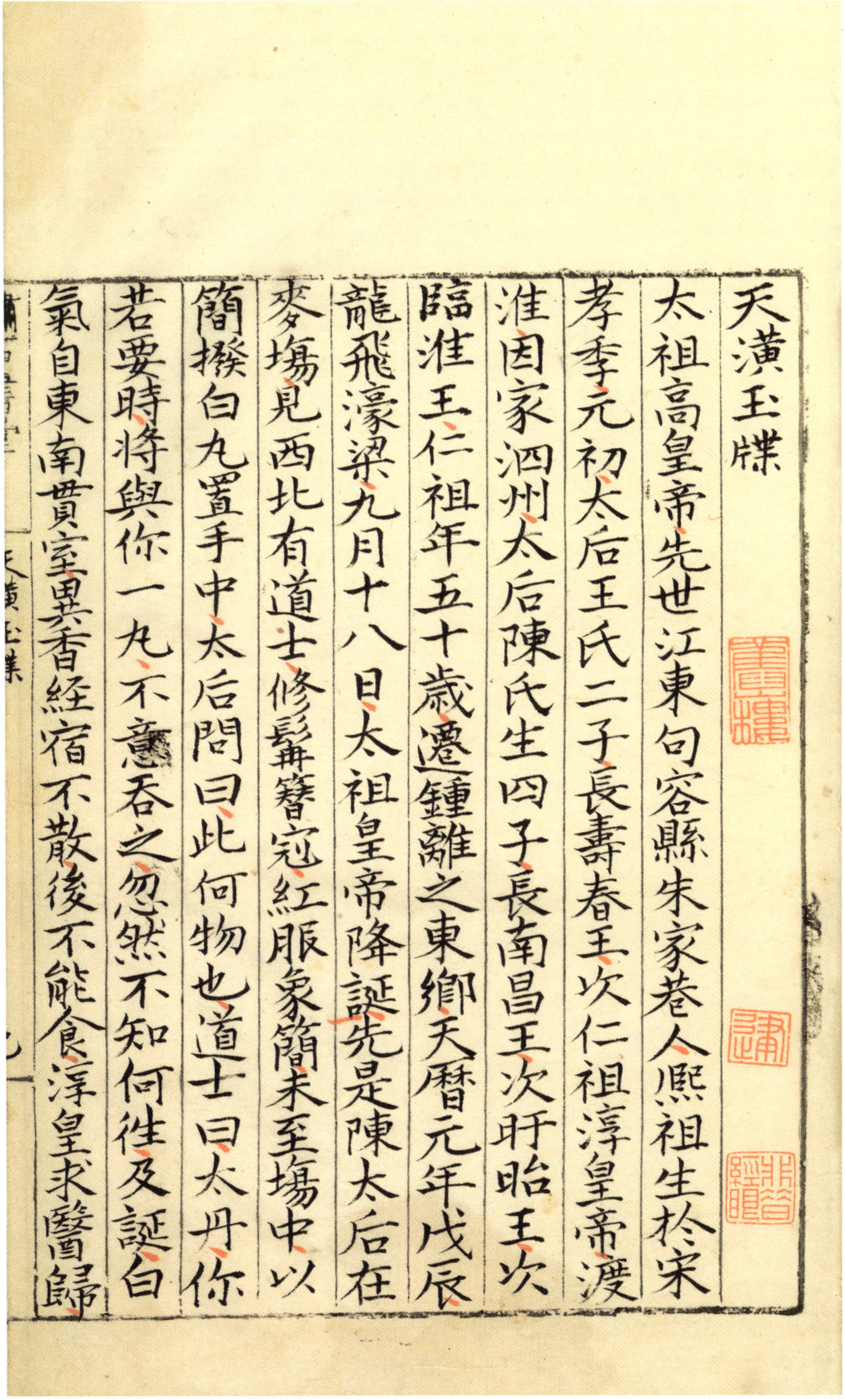

天潢玉牒
太祖高皇帝先世江東句容縣朱家巷人凞祖生於宋
孝季元初太后王氏二子長壽春王次仁祖淳皇帝渡
淮因家泗州太后陳氏生四子長南昌王次盱眙王次
臨淮王仁祖年五十歲遷鍾離之東鄉天曆元年戊辰
龍飛濠梁九月十八日太祖皇帝降誕先是陳太后在
麥塲見西北有道士修髯簪冠紅服象簡來至塲中以
簡撥白丸置手中太后問曰此何物也道士曰太丹你
若要時將與你一丸不意吞之忽然不知何往及誕白
氣自東南貫室異香經宿不散後不能食淳皇求醫歸

01562 天潢玉牒一卷 明嘉靖十八年（1539）秦汴繡石書堂抄本

匡高19.7厘米，廣15.2厘米。半葉十行，行二十一字，白口，四周單邊。有“非昔經眼”、“舊山樓”等印。錢曾、趙宗建題款，秦汴校跋。南京圖書館藏。

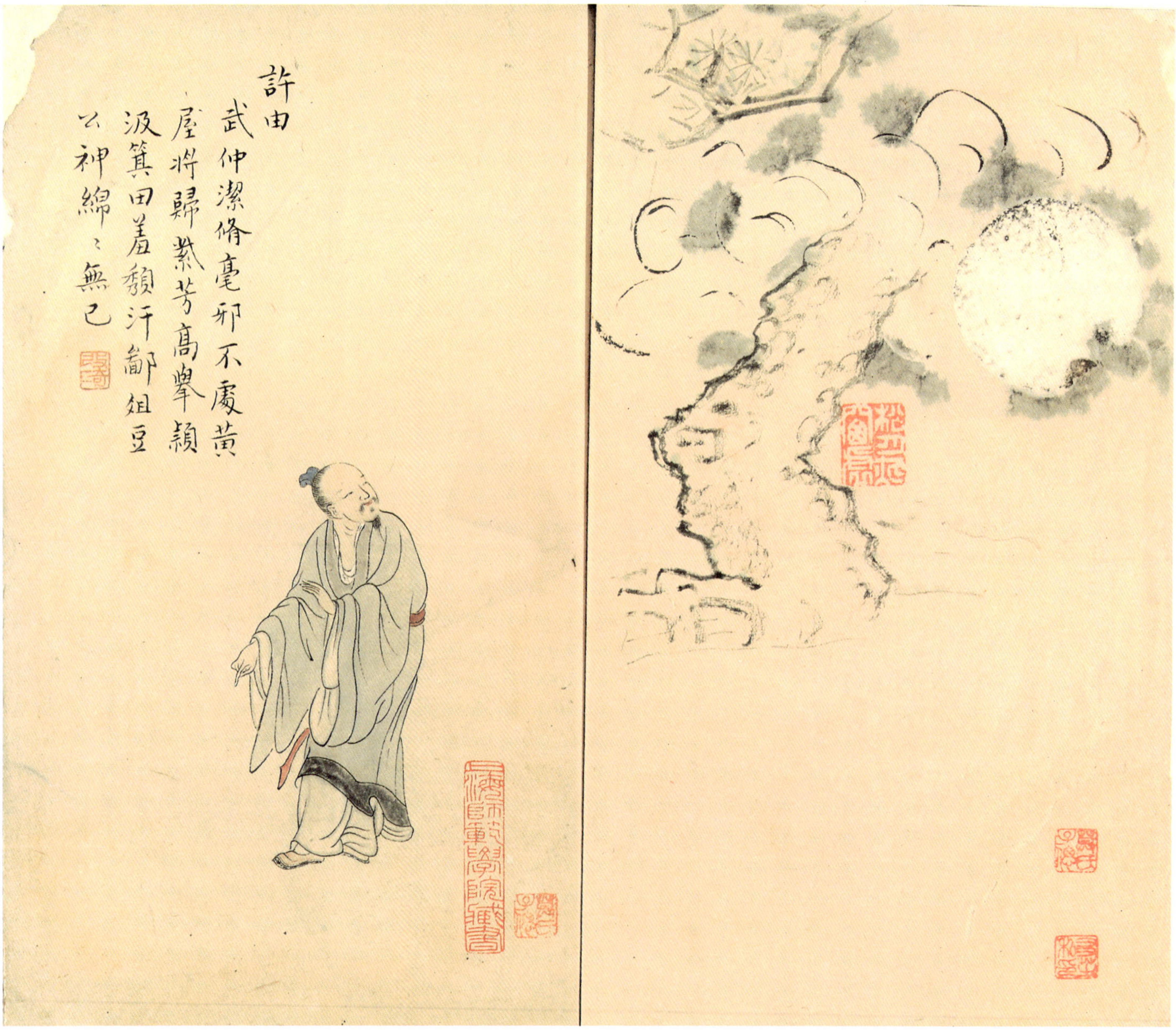

01563 先賢譜圖 （清）改琦編繪 清嘉慶十年（1805）稿本

有"莫氏子偲"、"郘亭眲叟"等印。莫友芝、祁雋藻跋。上海師範大學圖書館藏。

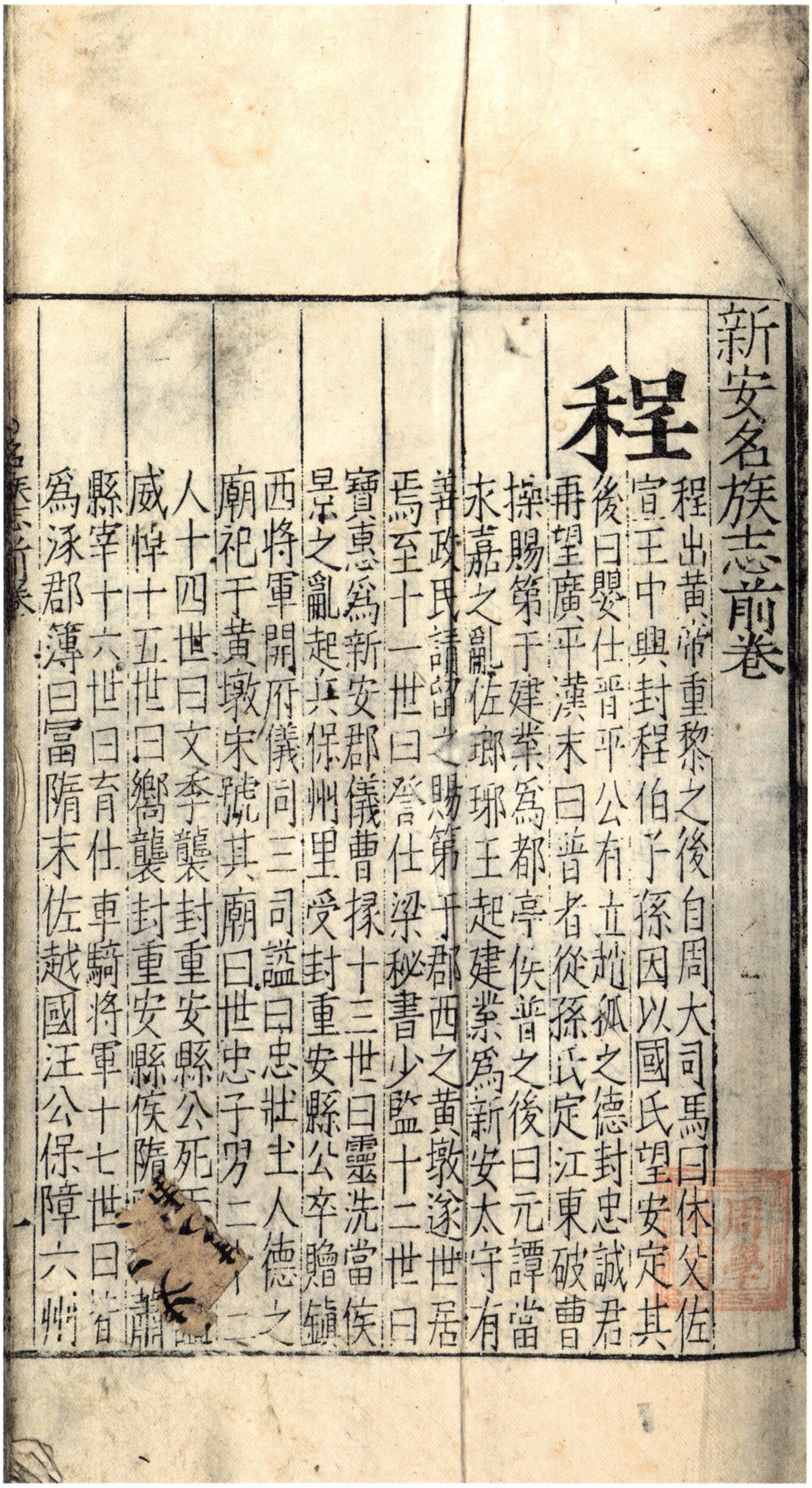

新安名族志前卷

程

程出黄帝重黎之後自周大司馬曰休父佐宣王中興封程伯子孫因以國氏望安定其後曰嬰仕晉平公有立孤之德封忠誠君其再望廣平漢末曰普者從孫氏定江東破曹操賜第于建業爲都亭侯普之後曰元譚當永嘉之亂佐瑯琊王起建業爲新安太守有善政民請留之賜第于郡西之黄墩遂世居焉至十一世曰督仕梁秘書少監十二世曰寶惠爲新安郡儀曹掾十三世曰靈洗當侯景之亂起兵保州里受封重安縣公卒贈鎮西將軍開府儀同三司謚曰忠壯土人德之廟祀于黄墩宋號其廟曰世忠子男二十二人十四世曰文季襲封重安縣公死王[illegible]威悍十五世曰嚮襲封重安縣侯隋[illegible]縣宰十六世曰育仕車騎將軍十七世曰[illegible]爲涿郡簿曰富隋末佐越國汪公保障六州

01564 新安名族志二卷　（明）汪孟洸等撰　明嘉靖刻本

匡高19.4厘米，廣14.9厘米。半葉九行，行二十字，白口，四周單邊。有“周學基書”等印。安徽省圖書館藏。

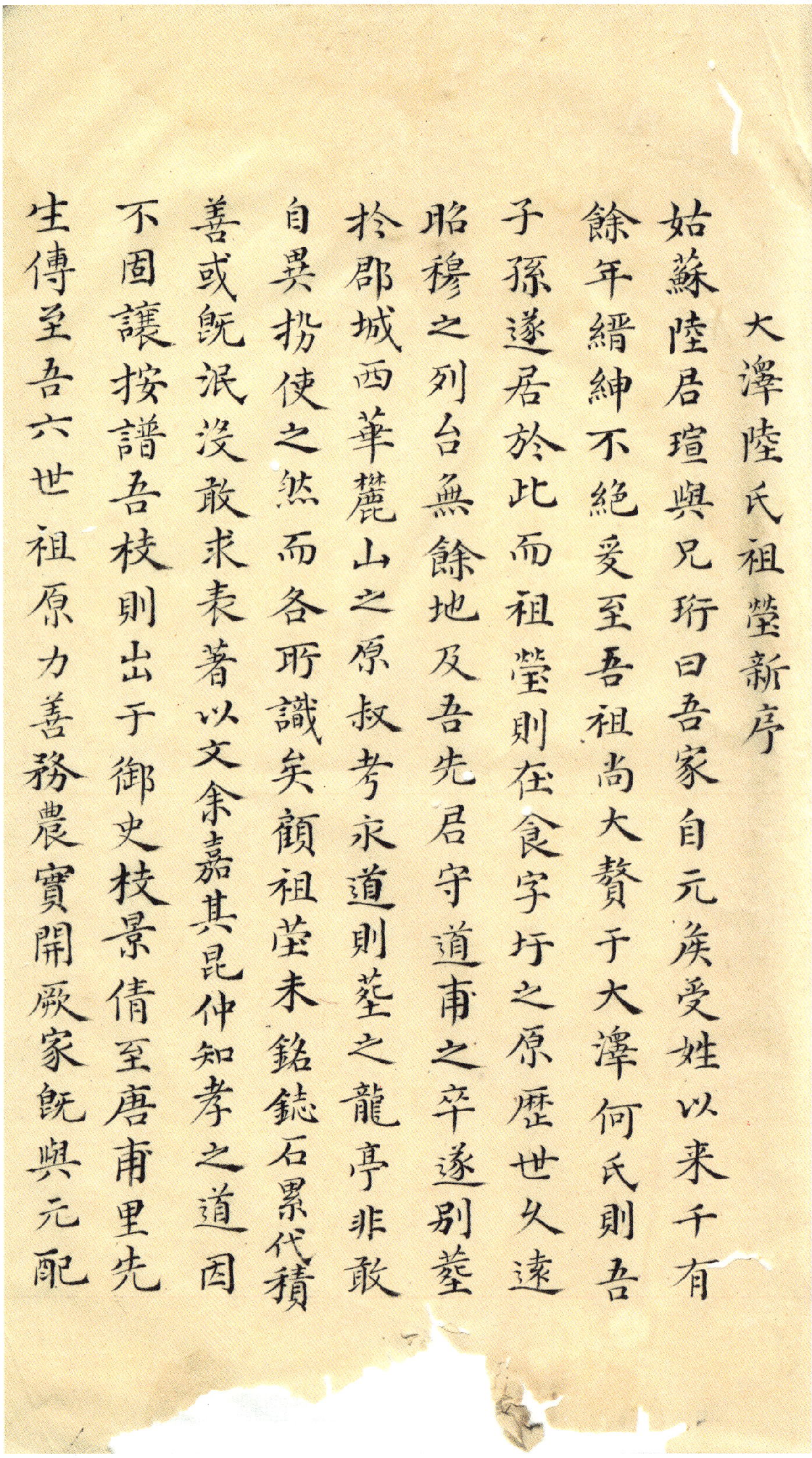
大澤陸氏祖塋新序
姑蘇陸居瑄與兄珩曰吾家自元侯受姓以來千有餘年縉紳不絶爰至吾祖尚大賚于大澤何氏則吾子孫遂居於此而祖塋則在食字圩之原歷世久遠貽穆之列台無餘地及吾先君守道甫之卒遂别塋於郡城西華麓山之原叔考永道則塋之龍亭非敢自異拐使之然而各阡識矣顧祖塋未銘誌石累代積善或既泯沒敢求表著以文余嘉其昆仲知孝之道因不固讓按譜吾枝則出于御史枝景倩至唐甫里先生傳至吾六世祖原力善務農實開厥家既與元配

01565 陸氏族譜不分卷 （明）陸珩輯　明抄本

半葉十行，行二十至二十一字。蘇州市吴中區圖書館藏。

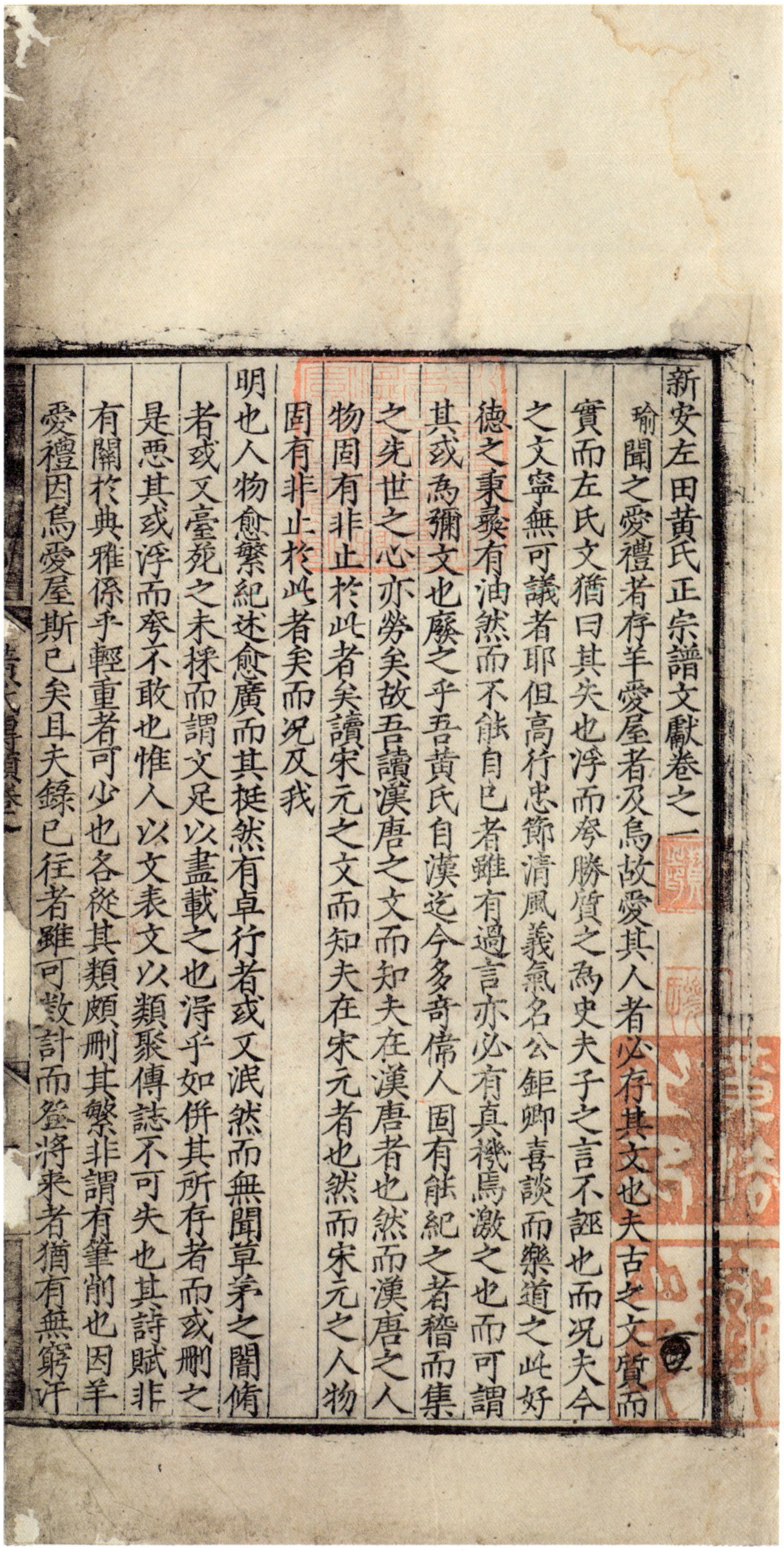

新安左田黄氏正宗譜文獻卷之一

瑜聞之愛禮者存羊愛屋者及烏故愛其人者必存其文也夫古之文質而實而左氏文猶曰其失也浮而夸勝質之為史夫子之言不誣也而况夫今之文寧無可議者耶但高行忠節清風義氣名公鉅卿喜談而樂道之此好德之秉彝有油然而不能自已者雖有過言亦必有真機焉激之也而可謂其或為彌文也廢之乎吾黄氏自漢迄今多奇偉人固有能紀之者稽而集之先世之心亦勞矣故吾讀漢唐之文而知夫在漢唐者也然而漢唐之人物固有非止於此者矣讀宋元之文而知夫在宋元者也然而宋元之人物固有非止於此者矣而况及我

明也人物愈繁紀述愈廣而其挺然有卓行者或又泯然而無聞草茅之闇脩者或又臺死之未採而謂文足以盡載之也得乎如併其所存者而或删之是悪其或浮而夸不敢也惟入以文表文以類聚傳誌不可失也其詩賦非有關於典雅係乎輕重者可少也各從其類頗删其繁非謂有筆削也因羊愛禮因烏愛屋斯已矣且夫錄已往者雖可數計而益將來者猶有無窮汙

01566 新安左田黄氏正宗譜派系二十卷文獻十九卷 （明）黄積瑜纂修　明嘉靖三十七年（1558）自刻本

匡高25.4厘米，廣16.4厘米。半葉十四行，行三十字，黑口，四周雙邊。溫州市圖書館藏。

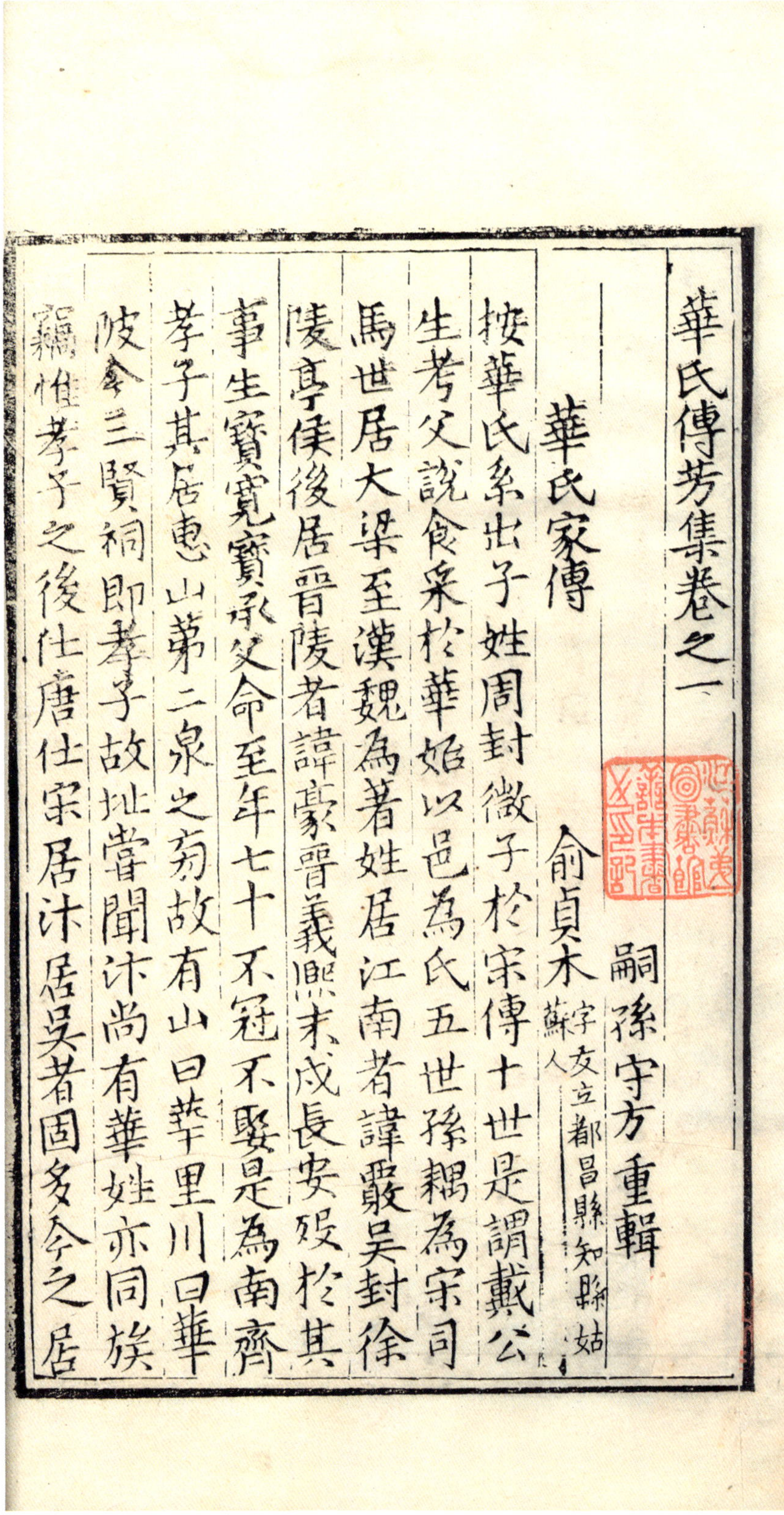

華氏傳芳集卷之一

嗣孫守方重輯

俞貞木（字友立都昌縣知縣姑蘇人）

華氏家傳

按華氏系出子姓周封微子於宋傳十世是謂戴公生考父說食采於華始以邑為氏五世孫耦為宋司馬世居大梁至漢魏為著姓居江南者諱歆吳封徐陵亭侯後居晉陵者諱豪晉義熙末戍長安歿於其事生寶寬寶承父命至年七十不冠不娶是為南齊孝子其居惠山第二泉之旁故有山曰華里川曰華陂今三賢祠即孝子故址嘗聞汴尚有華姓亦同族竊惟孝子之後仕唐仕宋居汴居吳者固多今之居

01567 華氏傳芳集十一卷　（明）華守方輯　**續集五卷**　（明）華察輯　明嘉靖十一年（1532）華從智刻隆慶六年（1572）華察續刻本

匡高22.2厘米，廣15.7厘米；續集匡高21.8厘米，廣15.3厘米。半葉十一行，行二十一字。有“嘉靖壬辰裔孫從智重刊”牌記。

南京圖書館藏。

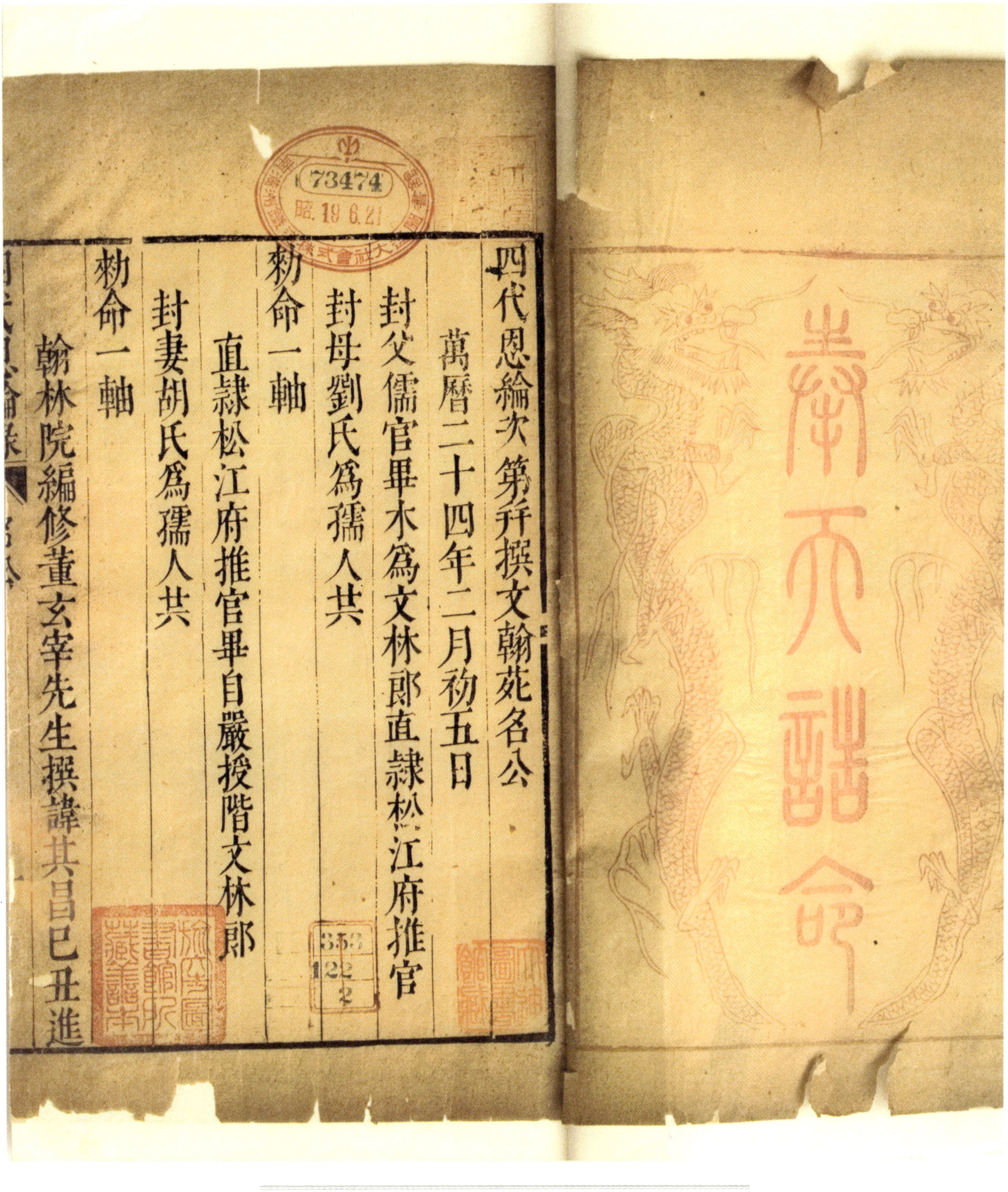

01568 恩綸不分卷　（明）畢自嚴輯　明刻藍印本

匡高22厘米，廣14.9厘米。半葉九行，行字不等，白口，四周單邊。大連圖書館藏。

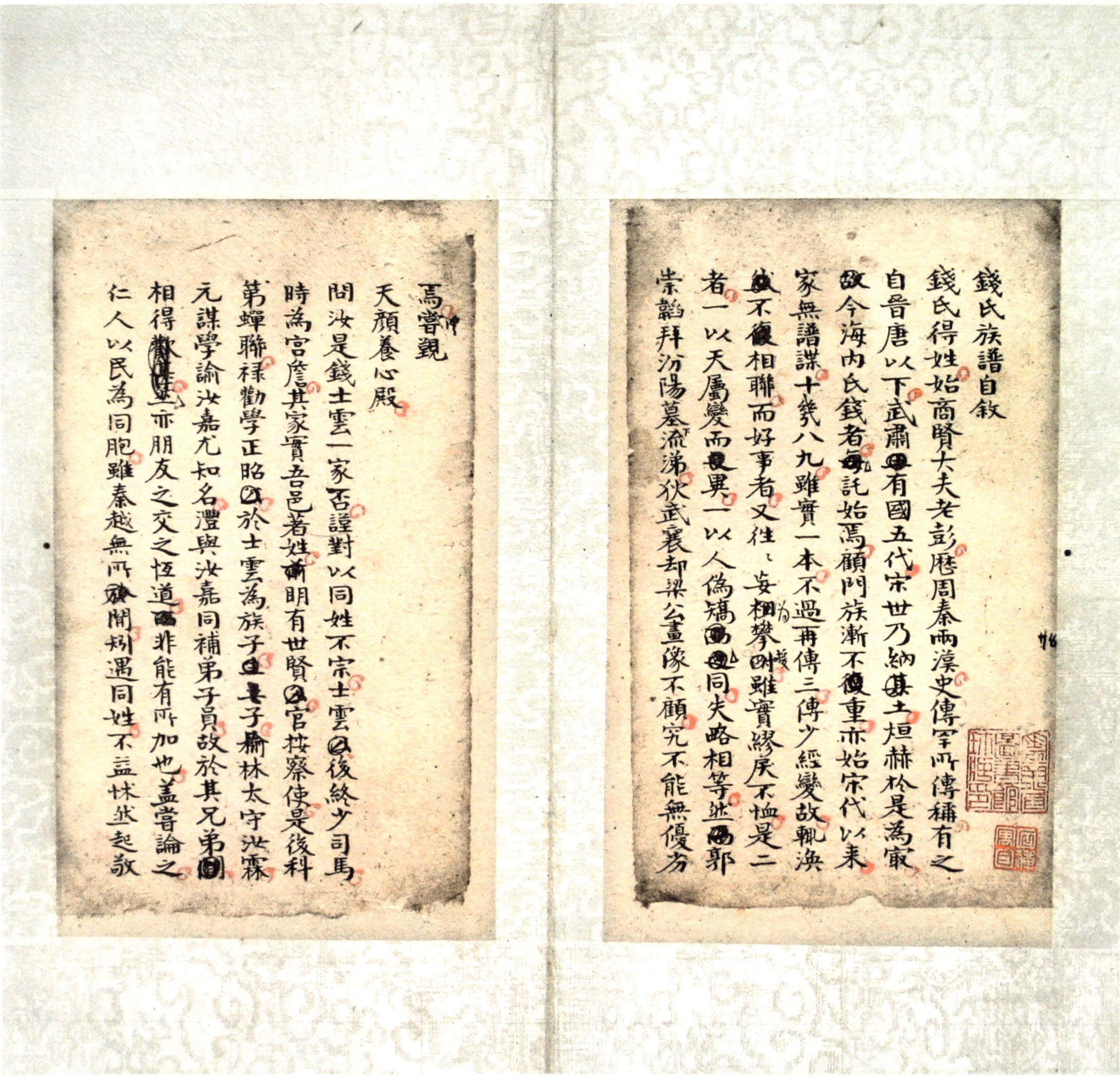

錢氏族譜自敘

錢氏得姓始商賢大夫老彭歷周秦兩漢史傳罕所傳稱有之自晉唐以下武肅王有國五代宋世乃納其土烜赫於是為最故今海内氏錢者每託始焉顧門族漸不復重亦始宋代以來家無譜諜十幾八九雖實一本不過再傳三傳少經變故輒涣然不復相聯而好事者又往往妄相攀附雖實繆戾不恤是二者一以天屬變而異一以人偽矯而同失略相等然而鄴崇韜拜汾陽墓流涕狄武襄却梁公畫像不顧究不能無優劣

焉嘗覲天顔養心殿問汝是錢士雲一家否謹對以同姓不宗士雲以後終少司馬時為宮詹其家實吾邑著姓前明有世賢以官按察使是後科第蟬聯祿勸學正昭以於士雲為族子且長子翰林太守汝霖元謀學諭汝嘉尤知名澧與汝嘉同補弟子員故於其兄弟間相得歡然亦朋友之交之恒道而非能有所加也蓋嘗論之仁人以氏為同胞雖秦越無所間矧遇同姓不益怵然起敬

01569 錢氏族譜言行紀略一卷 （清）錢澧撰　稿本

經折裝。匡高23.9厘米，廣14.5厘米。半葉八行，行二十四字。袁嘉谷跋。雲南省圖書館藏。

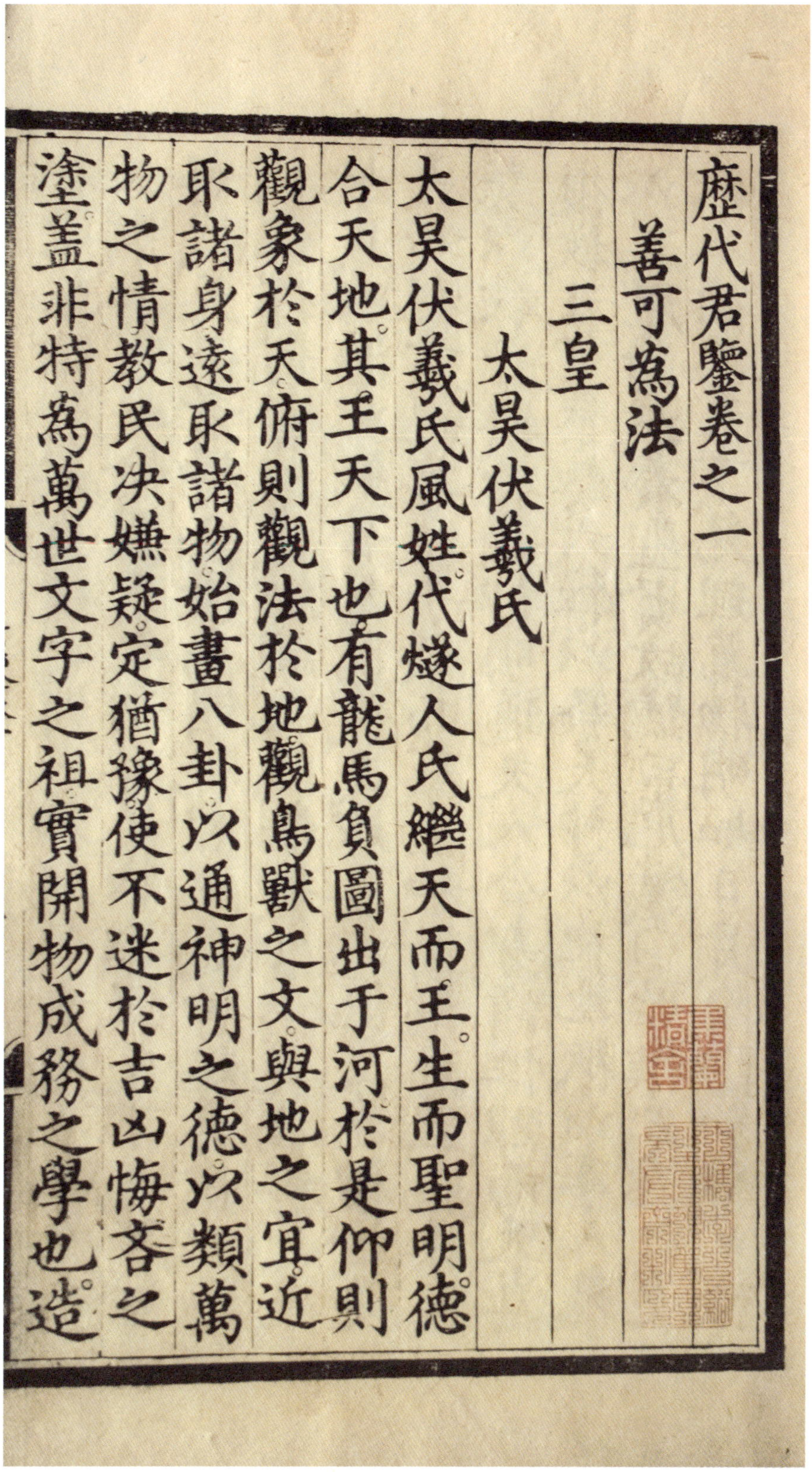

歷代君鑑卷之一
善可爲法
三皇
太昊伏羲氏
太昊伏羲氏風姓代燧人氏繼天而王生而聖明德
合天地其王天下也有龍馬負圖出于河於是仰則
觀象於天俯則觀法於地觀鳥獸之文與地之宜近
取諸身遠取諸物始畫八卦以通神明之德以類萬
物之情教民决嫌疑定猶豫使不迷於吉凶悔吝之
塗蓋非特爲萬世文字之祖實開物成務之學也造

01570、01571、01572、01573、01574 歷代君鑑五十卷 （明）代宗朱祁鈺撰　明景泰四年（1453）内府刻本

匡高31厘米，廣18厘米。半葉十行，行二十字，粗黑口，四周雙邊。鎮江市圖書館藏，有“集蘭精舍”等印；蘇州圖書館藏；清華大學圖書館藏；湖南圖書館藏；甘肅省圖書館藏。

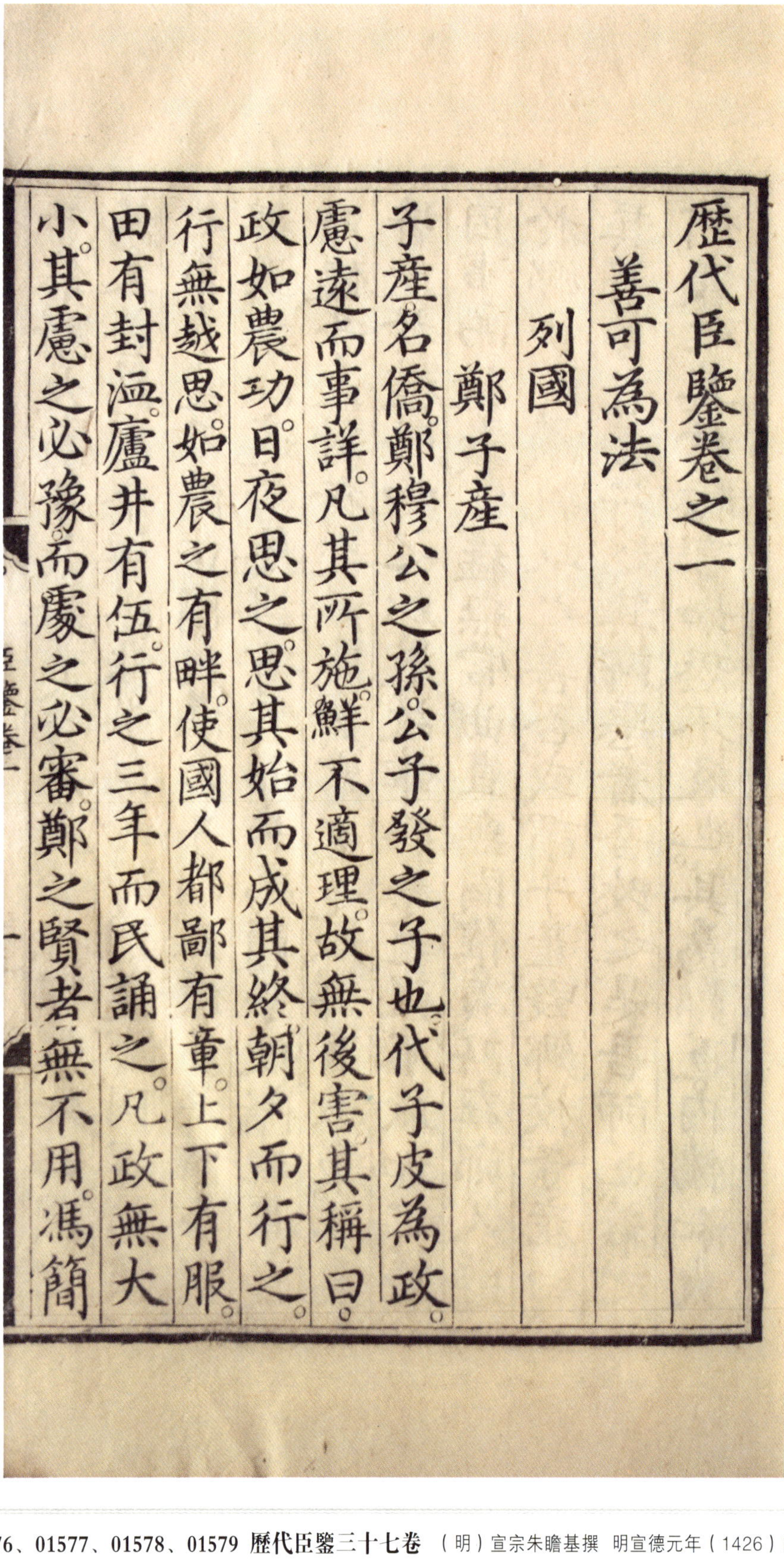
歷代臣鑒卷之一
善可為法
列國
鄭子產
子產名僑鄭穆公之孫公子發之子也代子皮為政
慮遠而事詳凡其所施鮮不適理故無後害其稱曰
政如農功日夜思之思其始而成其終朝夕而行之
行無越思如農之有畔使國人都鄙有章上下有服
田有封洫廬井有伍行之三年而民誦之凡政無大
小其慮之必豫而處之必審鄭之賢者無不用馮簡

01575、01576、01577、01578、01579 歷代臣鑒三十七卷 （明）宣宗朱瞻基撰 明宣德元年（1426）内府刻本

匡高27.3厘米，廣18.1厘米。半葉十行，行二十字，粗黑口，四周雙邊。蘇州圖書館藏；浙江圖書館藏；湖南師範大學圖書館藏；鎮江市圖書館藏，有“紹宗藏書樓章”等印；湖南圖書館藏。

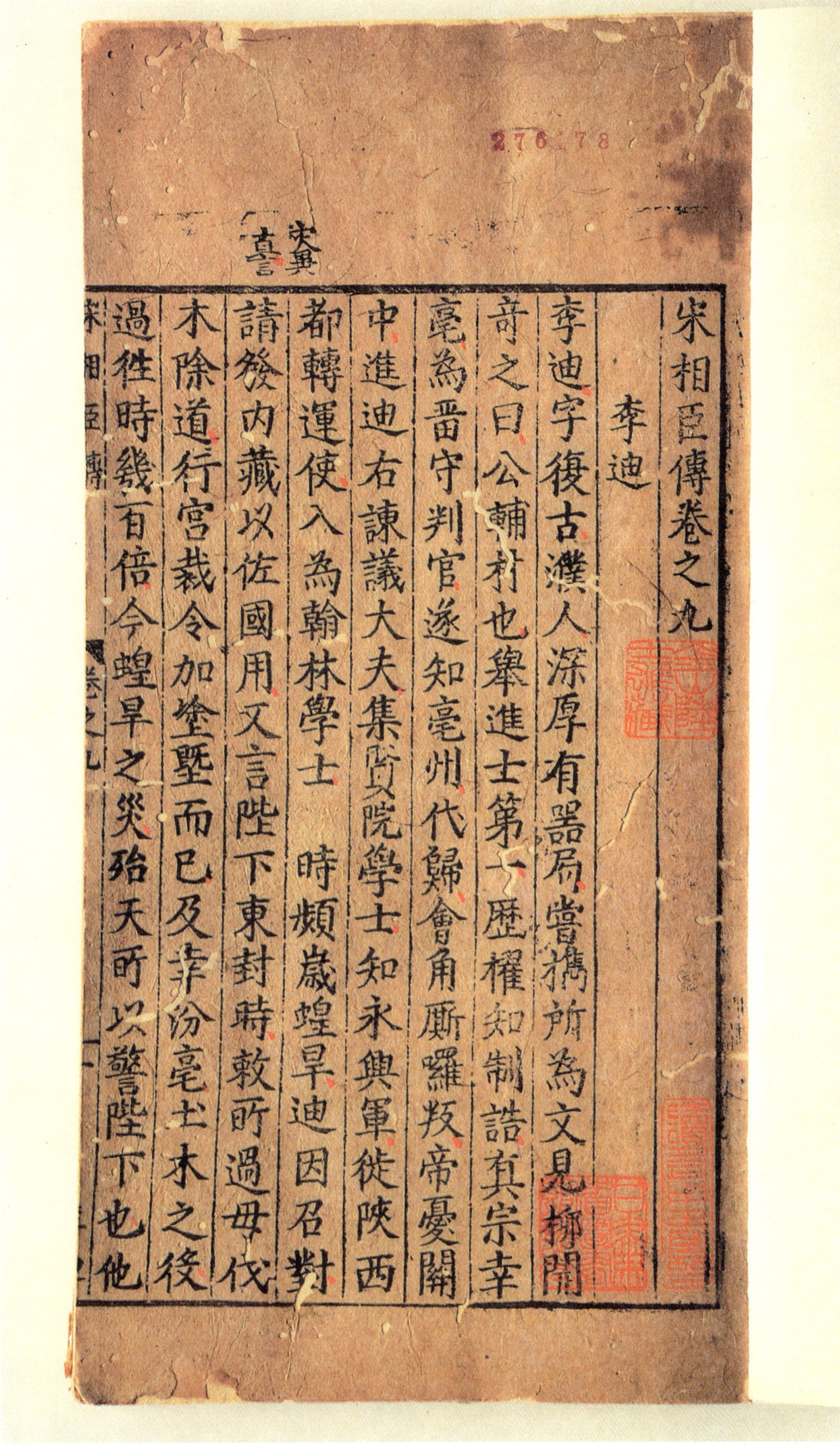
宋相臣傳卷之九
李迪
李迪字復古濮人深厚有器局嘗攜所為文見柳開
奇之曰公輔材也舉進士第一歷權知制誥真宗幸
亳為晉守判官遂知亳州代歸會角廝囉叛帝憂關
中進迪右諫議大夫集賢院學士知永興軍徙陝西
都轉運使入為翰林學士　時頻歲蝗旱迪因召對
請發內藏以佐國用又言陛下東封時敕所過毋伐
木除道行宮裁令加塗塈而已及幸汾亳土木之役
過往時幾百倍今蝗旱之災殆天所以警陛下也他

01580 宋相臣傳□□卷 明刻本

匡高22厘米，廣14.3厘米。半葉十行，行二十字，白口，四周單邊。有“金山陸士雄藏”、“讀有用書齋”等印。羅振玉題款。甘肅省圖書館藏，存八卷。

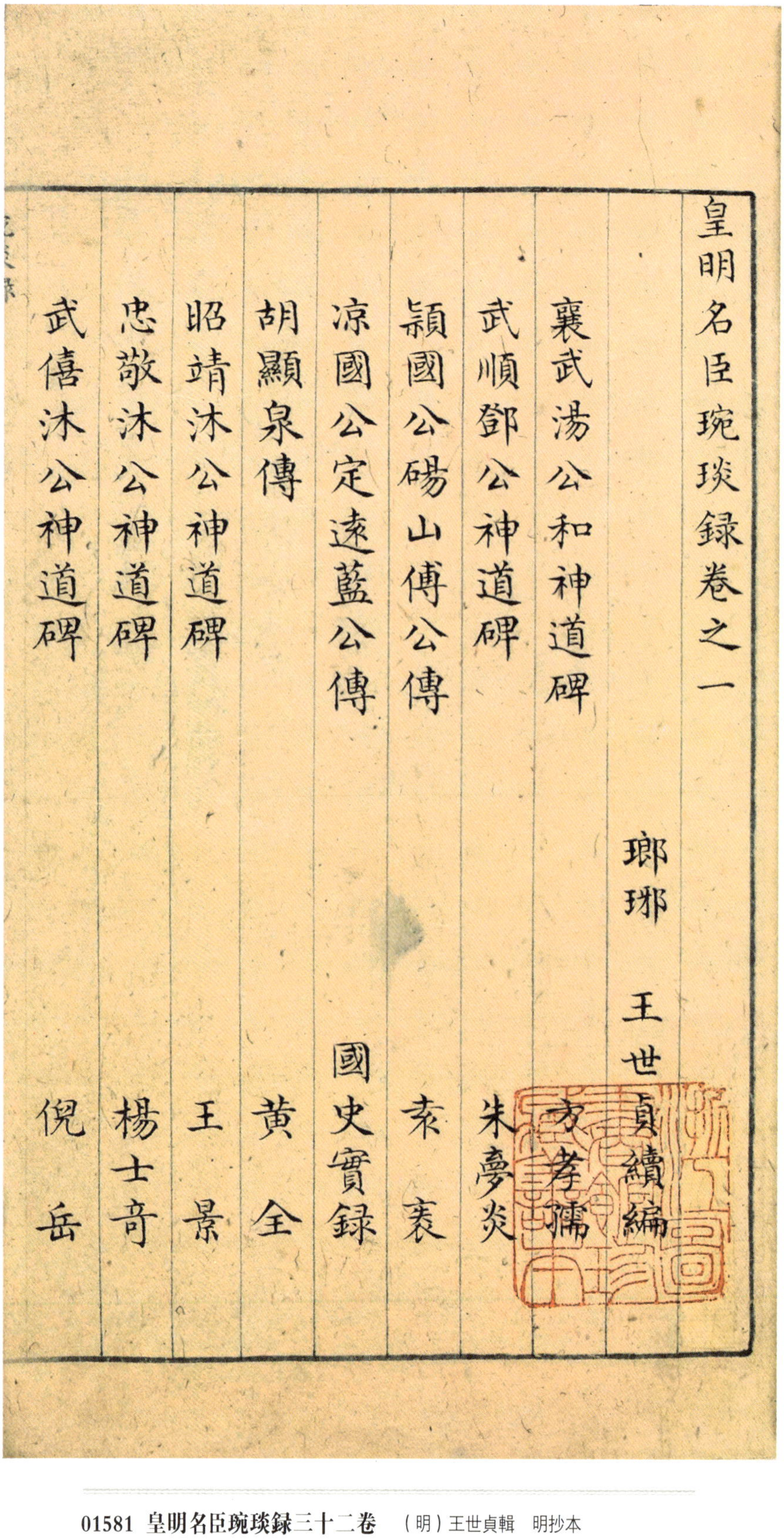
皇明名臣琬琰録卷之一

瑯琊　王世貞續編

襄武湯公和神道碑　方孝孺

武順鄧公神道碑　朱夢炎

潁國公碭山傅公傳　袁袞

涼國公定遠藍公傳　國史實録

胡顯泉傳　黃全

昭靖沐公神道碑　王景

忠敬沐公神道碑　楊士奇

武僖沐公神道碑　倪岳

01581 皇明名臣琬琰録三十二卷　（明）王世貞輯　明抄本

匡高21.1厘米，廣14.7厘米。半葉十行，行二十二字，白口，四周單邊。有“翰林院印”等印。浙江圖書館藏。

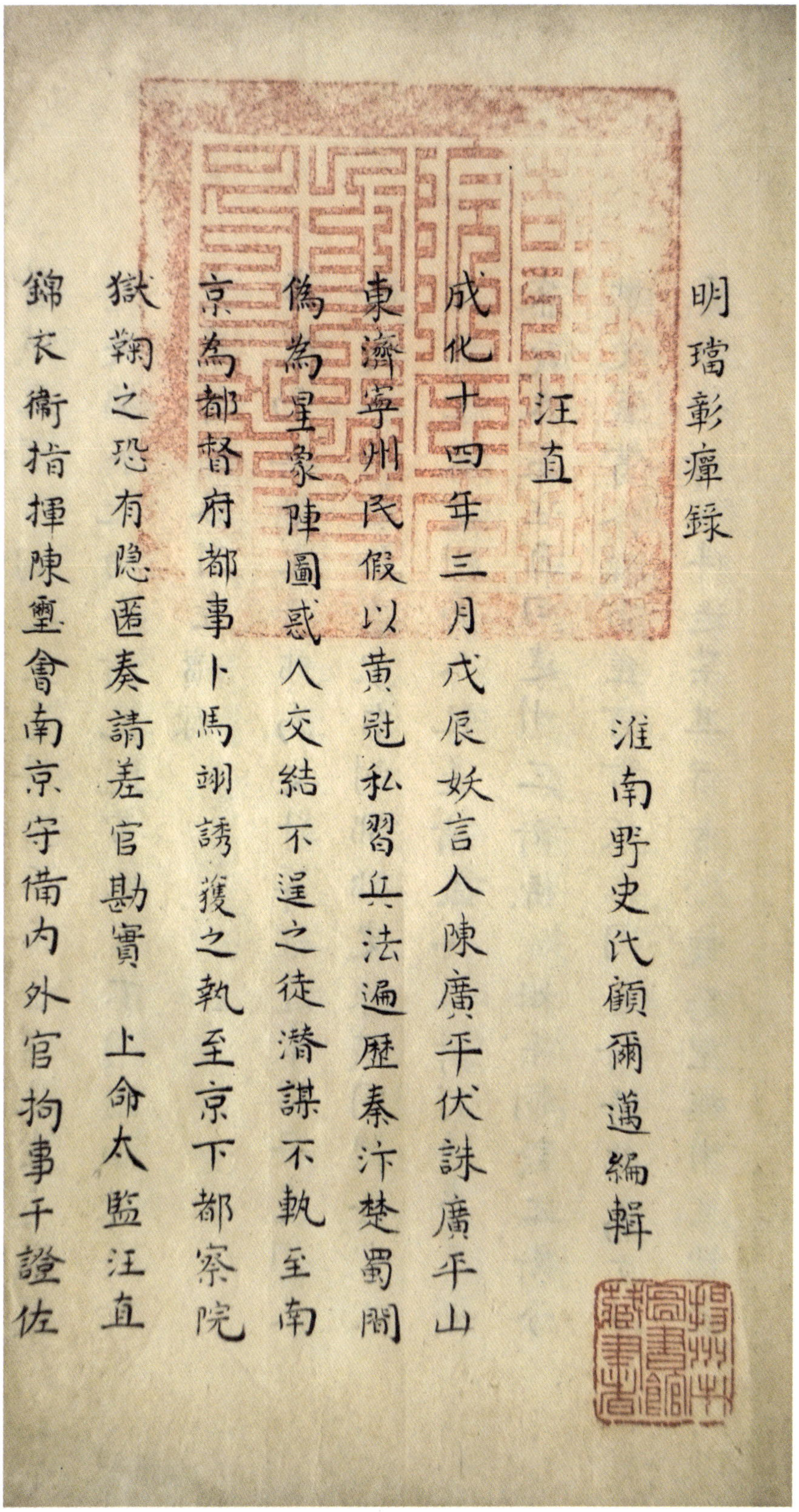
明瑺彰癉録
淮南野史氏顧爾邁編輯
汪直
成化十四年三月戊辰妖言人陳廣平伏誅廣平山
東濟寧州民假以黄冠私習兵法遍歷秦汴楚蜀閩
僞為星象陣圖惑人交結不逞之徒潛謀不軌至南
京為都督府都事卜馬翊誘獲之執至京下都察院
獄鞫之恐有隱匿奏請差官勘實 上命太監汪直
錦衣衛指揮陳璽會南京守備内外官拘事干證佐

01582 明瑺彰癉録一卷 （明）顧爾邁輯 明抄本

半葉九行，行二十字。有“翰林院印”等印。揚州市圖書館藏。

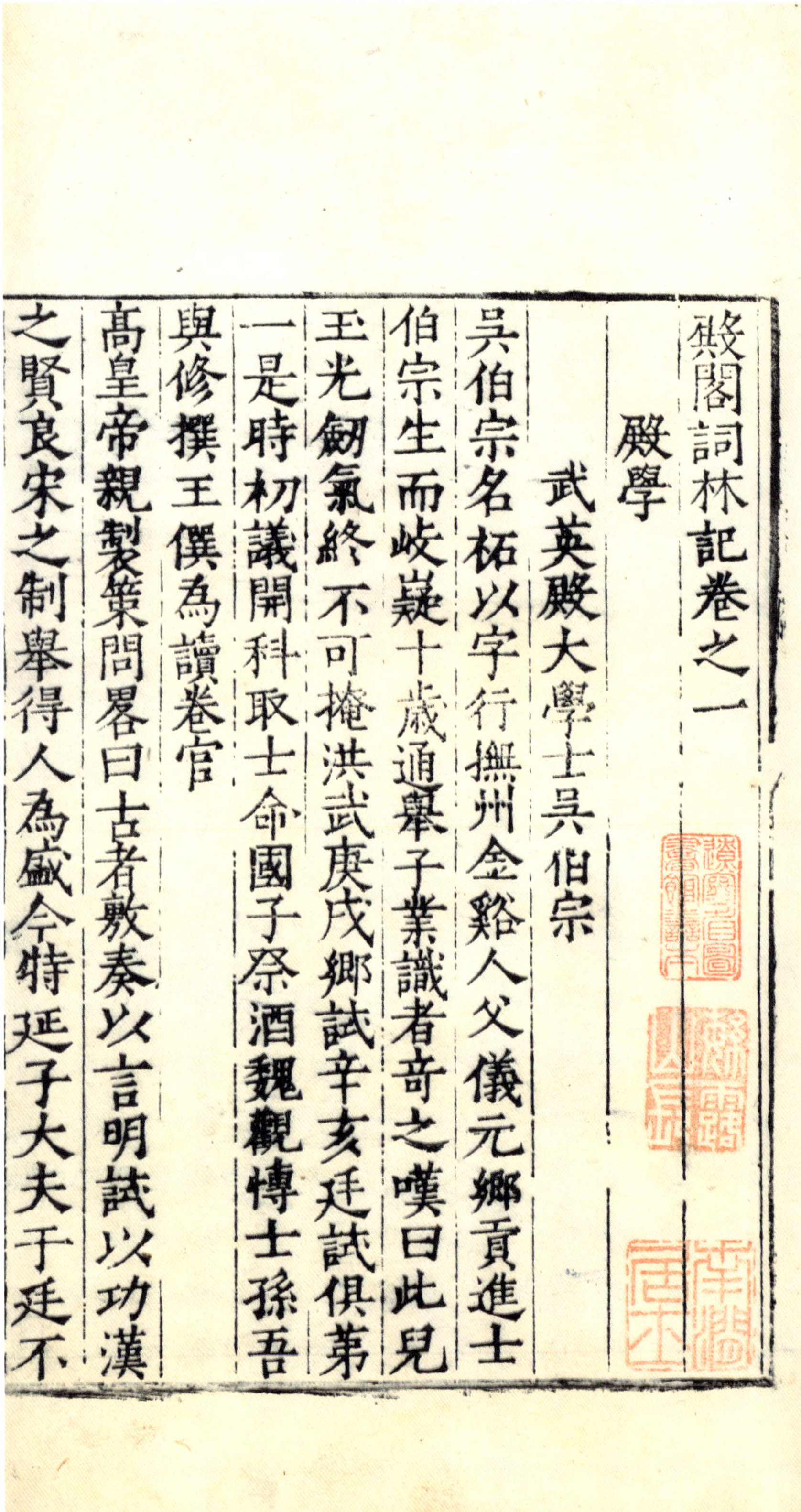
殿閣詞林記卷之一

殿學

武英殿大學士吴伯宗

吴伯宗名柘以字行撫州金谿人父儀元鄉貢進士伯宗生而岐嶷十歲通舉子業識者奇之嘆曰此兒王光劒氣終不可掩洪武庚戌鄉試辛亥廷試倶第一是時初議開科取士命國子祭酒魏觀博士孫吾與修撰王僎為讀卷官

高皇帝親製策問畧曰古者敷奏以言明試以功漢之賢良宋之制舉得人為盛今特延子大夫于廷不

01583 殿閣詞林記二十二卷 （明）廖道南撰 明嘉靖刻本

匡高20.3厘米，廣15厘米。半葉十行，行二十字，白口，左右雙邊。有“李文藻印”、“南澗居士”、“毓露山長”等印。遼寧省圖書館藏。

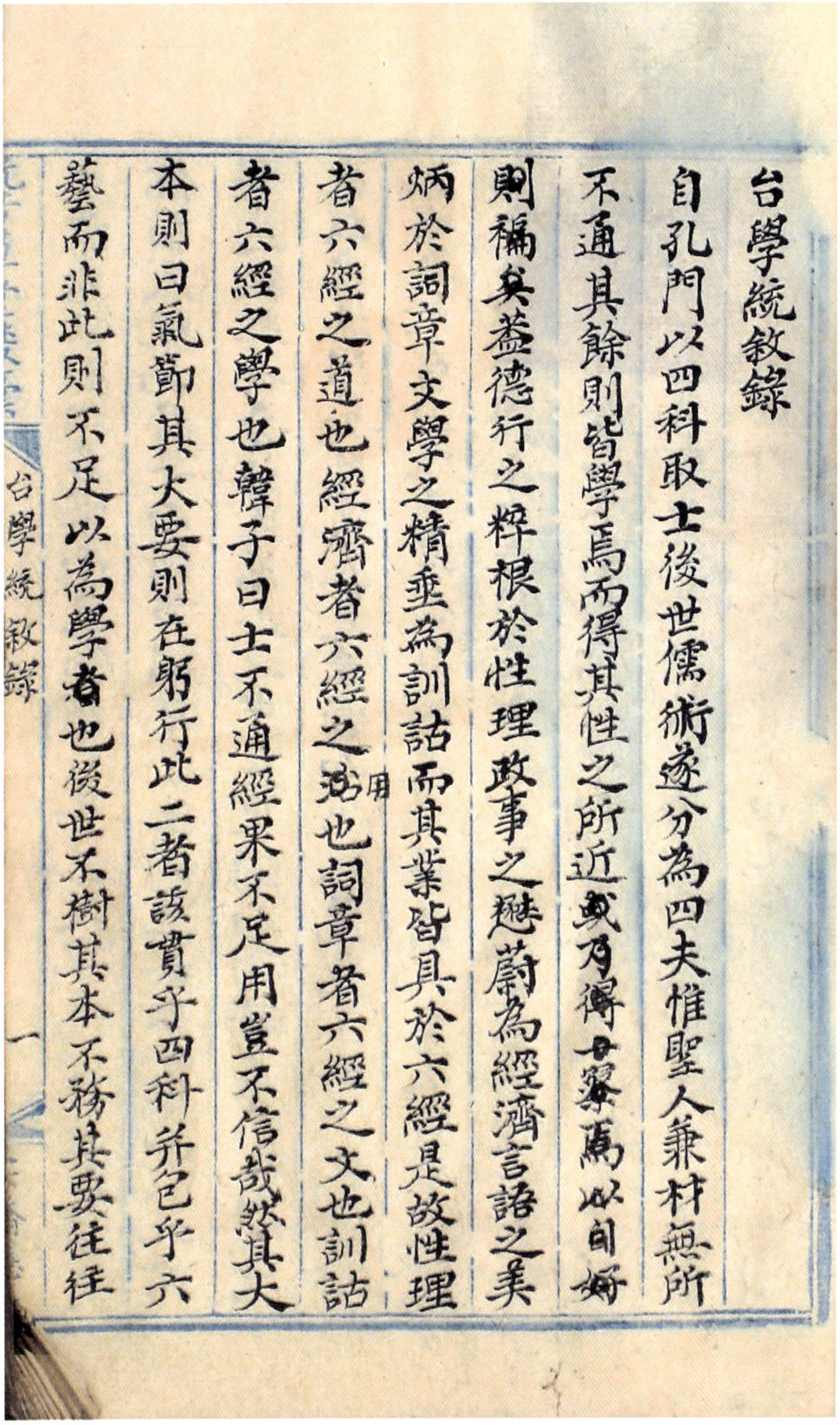
台學統敘錄

自孔門以四科取士後世儒術遂分為四夫惟聖人兼材無所不通其餘則皆學焉而得其性之所近或乃得一察焉以自好則偏矣蓋德行之粹根於性理政事之懋蔚為經濟言語之美炳於詞章文學之精垂為訓詁而其業皆具於六經是故性理者六經之道也經濟者六經之用也詞章者六經之文也訓詁者六經之學也韓子曰士不通經果不足用豈不信哉然其大本則曰氣節其大要則在躬行此二者該貫乎四科并包乎六藝而非此則不足以為學者也後世不樹其本不務其要往往

台學統敘錄　一

01584 台學統一百卷　（清）王棻編　稿本

匡高19.4厘米，廣14厘米。半葉九行，行字不等。台州市黄巖區圖書館藏。

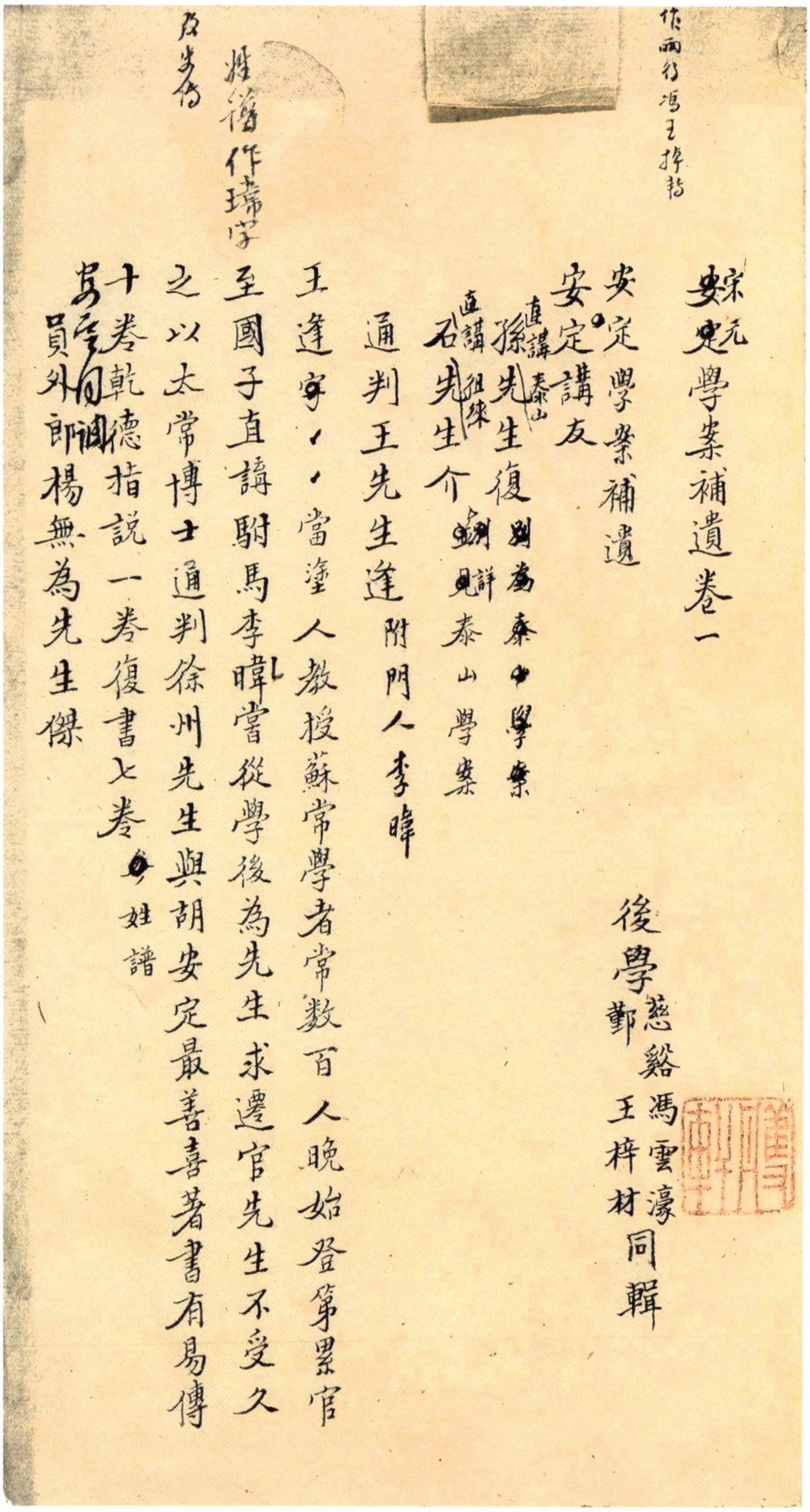

01585 宋元學案補遺一百卷　（清）馮雲濠　王梓材輯　稿本

毛裝。半葉行字不等。有“騰軒”等印。孫康侯跋。浙江圖書館藏。

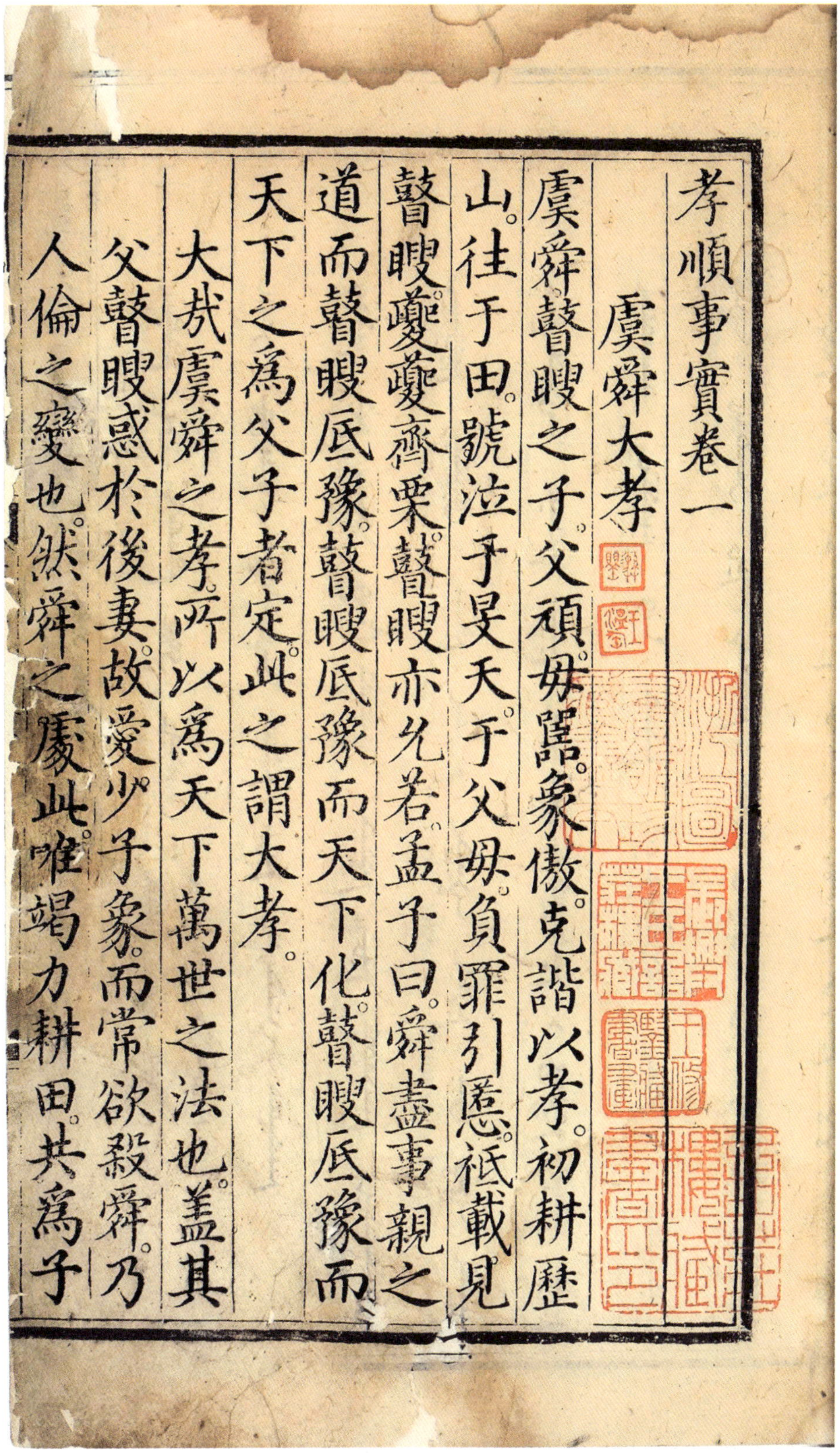

孝順事實卷一

虞舜大孝

虞舜瞽瞍之子。父頑。母嚚。象傲。克諧以孝。初耕歷山。往于田。號泣于旻天于父母。負罪引慝。祗載見瞽瞍。夔夔齋栗。瞽瞍亦允若。孟子曰。舜盡事親之道而瞽瞍厎豫。瞽瞍厎豫而天下化。瞽瞍厎豫而天下之爲父子者定。此之謂大孝。

大哉虞舜之孝。所以爲天下萬世之法也。蓋其父瞽瞍惑於後妻。故愛少子象。而常欲殺舜。乃人倫之變也。然舜之處此。唯竭力耕田。共爲子

01586、01587 孝順事實十卷 （明）成祖朱棣撰　明永樂十八年（1420）内府刻本

匡高27厘米，廣18厘米。半葉十行，行十九字，黑口，四周雙邊。浙江圖書館藏，有“詒莊樓藏書印”、“王修鑒藏書畫”等印；湖南圖書館藏。

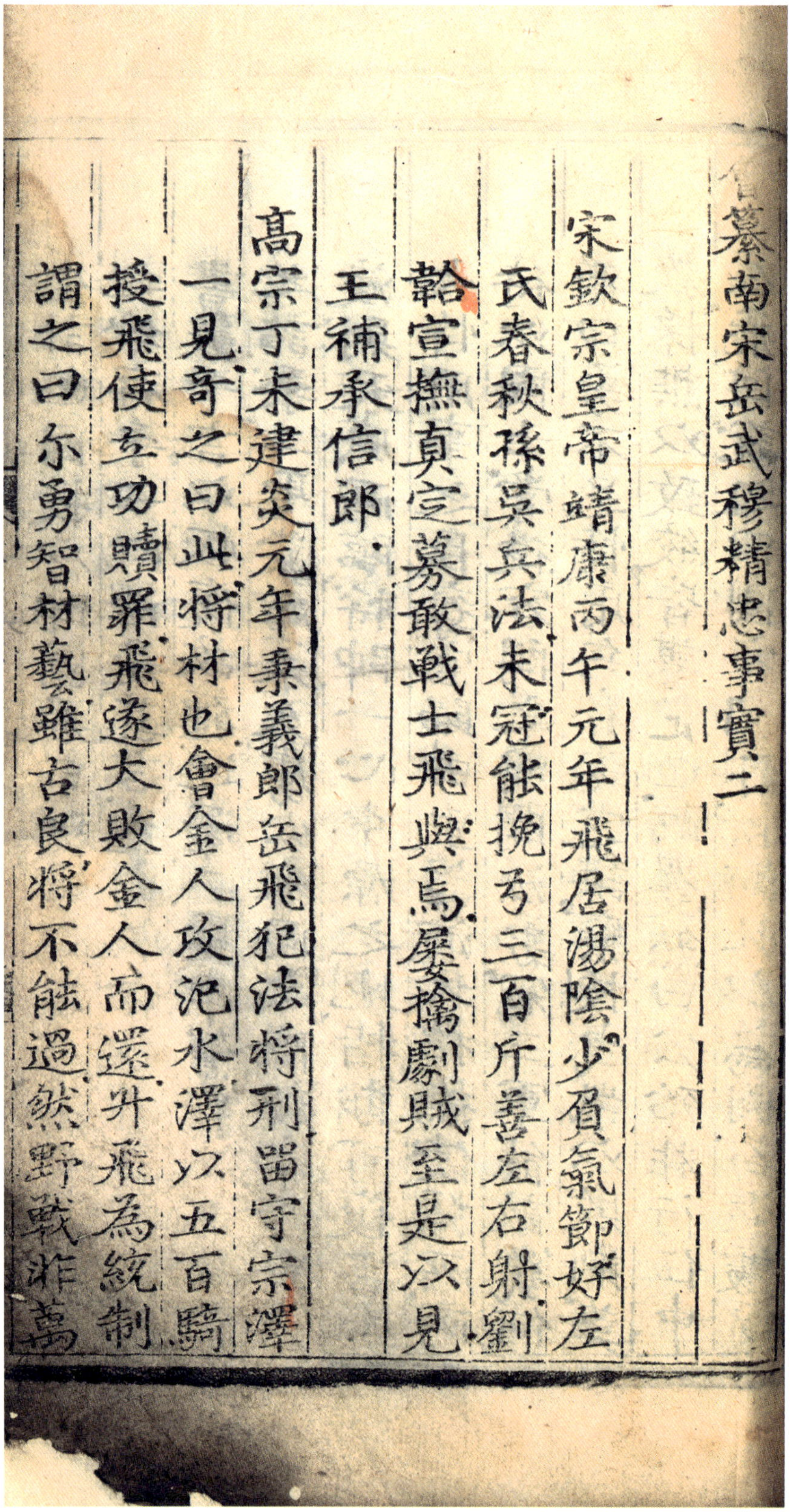

纂南宋岳武穆精忠事實二

宋欽宗皇帝靖康丙午元年飛居湯陰少負氣節好左
氏春秋孫吳兵法未冠能挽弓三百斤善左右射劉
韐宣撫真定募敢戰士飛與焉屢擒劇賊至是以見
王補承信郎
高宗丁未建炎元年秉義郎岳飛犯法將刑留守宗澤
一見奇之曰此將材也會金人攻汜水澤以五百騎
授飛使立功贖罪飛遂大敗金人而還升飛為統制
謂之曰尔勇智材藝雖古良將不能過然野戰非萬

01588 精忠録三卷圖一卷　（明）袁純輯　明景泰刻本

匡高21.8厘米，廣14.8厘米。半葉十行，行二十二字，小字雙行同，黑口，四周雙邊。安徽省圖書館藏。

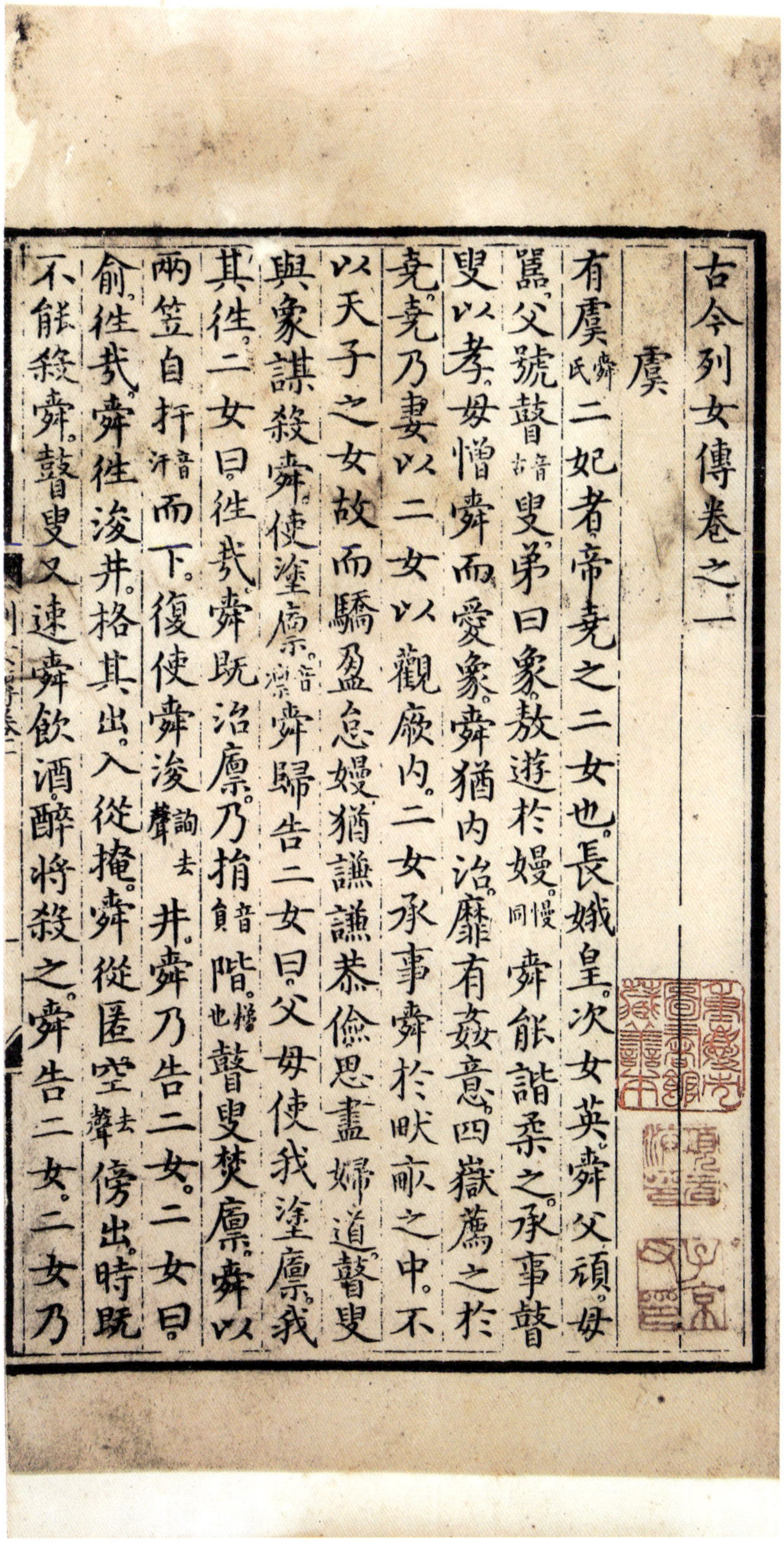

古今列女傳卷之一

虞

有虞（舜氏）二妃者帝堯之二女也。長娥皇，次女英。舜父頑，母嚚，父號瞽（音古）叟，弟曰象，敖遊於嫚。（慢同）舜能諧柔之，承事瞽叟以孝。母憎舜而愛象。舜猶內治，靡有姦意。四嶽薦之於堯，堯乃妻以二女，以觀厥內。二女承事舜於畎畝之中，不以天子之女故而驕盈怠嫚，猶謙謙恭儉，思盡婦道。瞽叟與象謀殺舜，使塗廩。（音凜）舜歸告二女曰：父母使我塗廩，我其往。二女曰：往哉。舜既治廩，乃捐（音負）階。（梯也）瞽叟焚廩，舜以兩笠自扞（音汗）而下。復使舜浚（諭去聲）井。舜乃告二女，二女曰：俞，往哉。舜往浚井，格其出入，從掩，舜從匿空（去聲）傍出。時既不能殺舜，瞽叟又速舜飲酒，醉將殺之。舜告二女，二女乃

01589 古今列女傳三卷　（明）解縉撰　明永樂元年（1403）內府刻本

匡高21.5厘米，廣14.5厘米。半葉十二行，行二十二字，黑口，四周雙邊。有“翰林院印”、“項元汴印”等印。重慶圖書館藏。

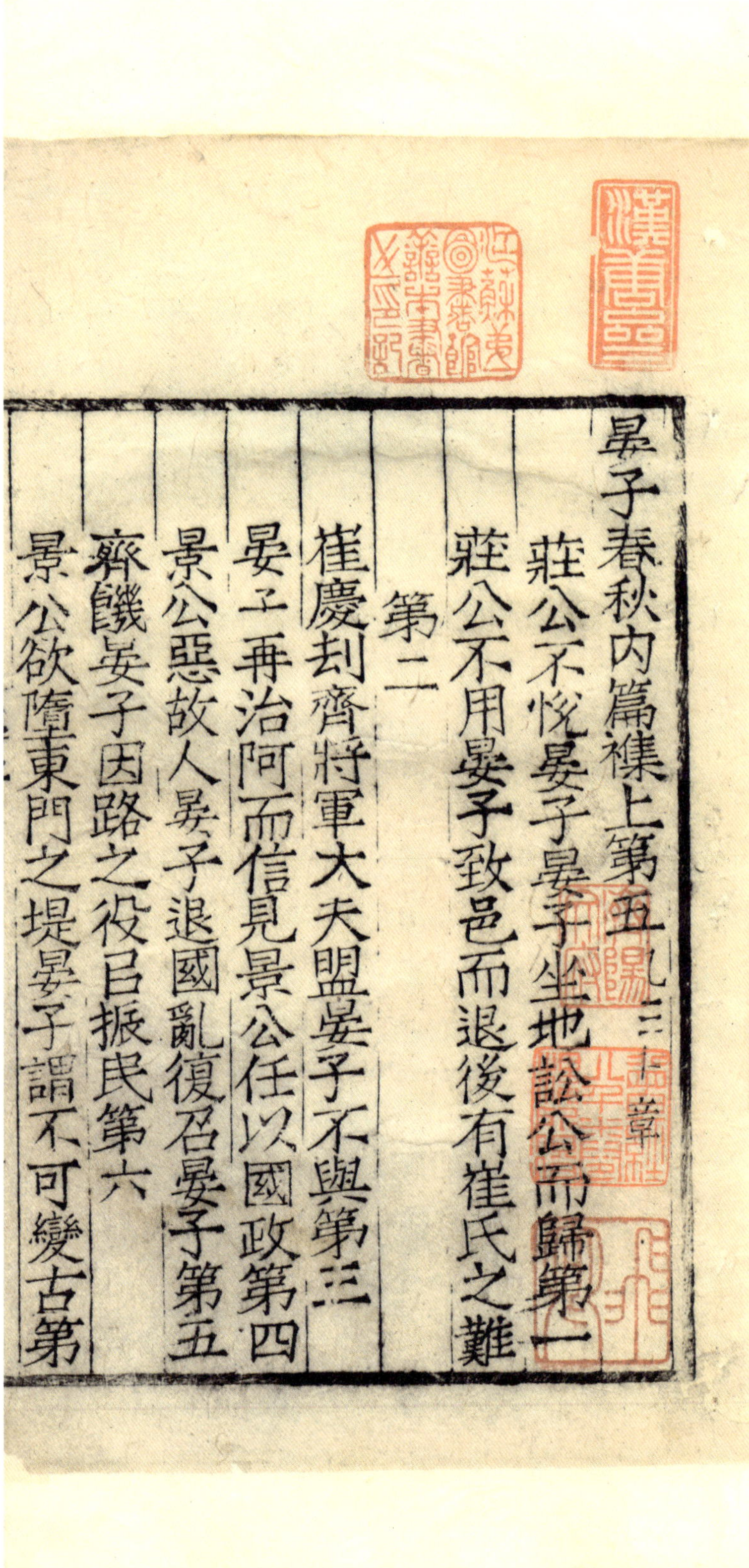

晏子春秋内篇襍上第五凡三十章
莊公不悅晏子晏子坐地訟公而歸第一
莊公不用晏子致邑而退後有崔氏之難
第二
崔慶劫齊將軍大夫盟晏子不與第三
晏子再治阿而信見景公任以國政第四
景公惡故人晏子退國亂復召晏子第五
齊饑晏子因路之役以振民第六
景公欲墮東門之堤晏子謂不可變古第

01590 晏子春秋八卷 明活字印本（目録、卷一第三至五葉、卷七第一至六葉、卷八第二十八至二十九葉、後序配清抄本）

匡高16.6厘米，廣11.7厘米。半葉九行，行十八字，白口，左右雙邊。有“丁氏八千卷樓藏書記”、“曾經八千卷樓所得”等印。丁丙跋。南京圖書館藏。

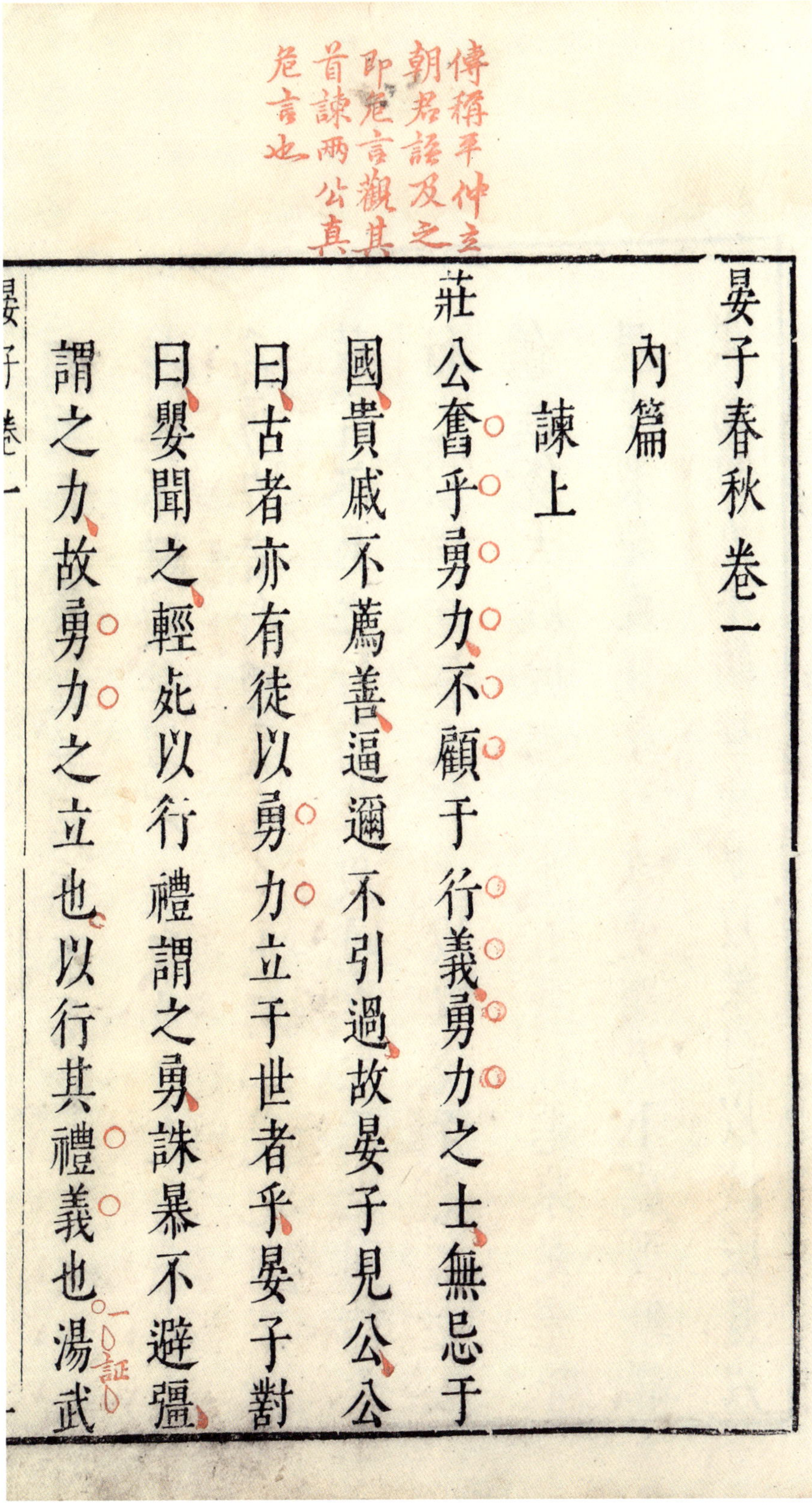
傳稱平仲立朝君語及之即危言觀其首諫兩公真危言也

晏子春秋卷一

內篇

諫上

莊公奮乎勇力不顧于行義勇力之士無忌于國貴戚不薦善逼邇不引過故晏子見公公曰古者亦有徒以勇力立于世者乎晏子對曰嬰聞之輕死以行禮謂之勇誅暴不避彊謂之力故勇力之立也以行其禮義也湯武

晏子卷一

01591、01592 晏子春秋六卷 明凌澄初刻套印本

匡高20厘米，廣14厘米。半葉八行，行十八字，白口，四周單邊。湖南圖書館、山東師範大學圖書館藏。

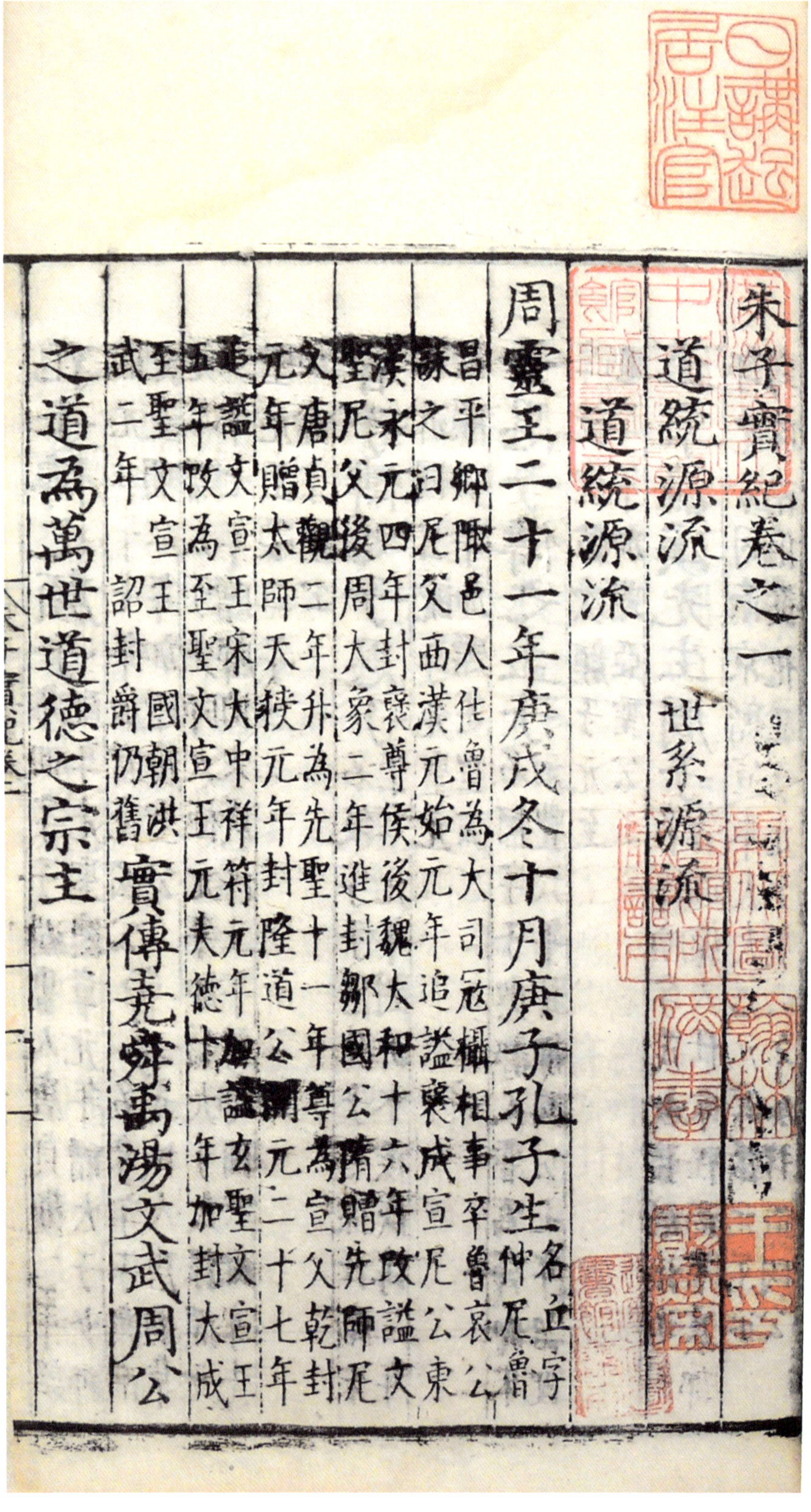
朱子實紀卷之一
道統源流　世系源流
道統源流
周靈王二十一年庚戌冬十月庚子孔子生名丘字仲尼魯昌平鄉陬邑人仕魯為大司寇攝相事卒魯哀公誄之曰尼父西漢元始元年追謚褒成宣尼公東漢永元四年封褒尊侯後魏太和十六年改謚文聖尼父後周大象二年進封鄒國公隋贈先師尼父唐貞觀二年升為先聖十一年尊為宣父乾封元年贈太師天授元年封隆道公開元二十七年追謚文宣王宋大中祥符元年加謚玄聖文宣王五年改為至聖文宣王元大德十一年加封大成至聖文宣王國朝洪武二年詔封爵仍舊實傳堯舜禹湯文武周公
之道為萬世道德之宗主

01593 朱子實紀十二卷　（明）戴銑輯　明正德八年（1513）鮑雄刻本

匡高19厘米，廣12.7厘米。半葉十行，行二十字，小字雙行同，白口，四周單邊。有“王懿榮印”等印。遼寧省圖書館藏。

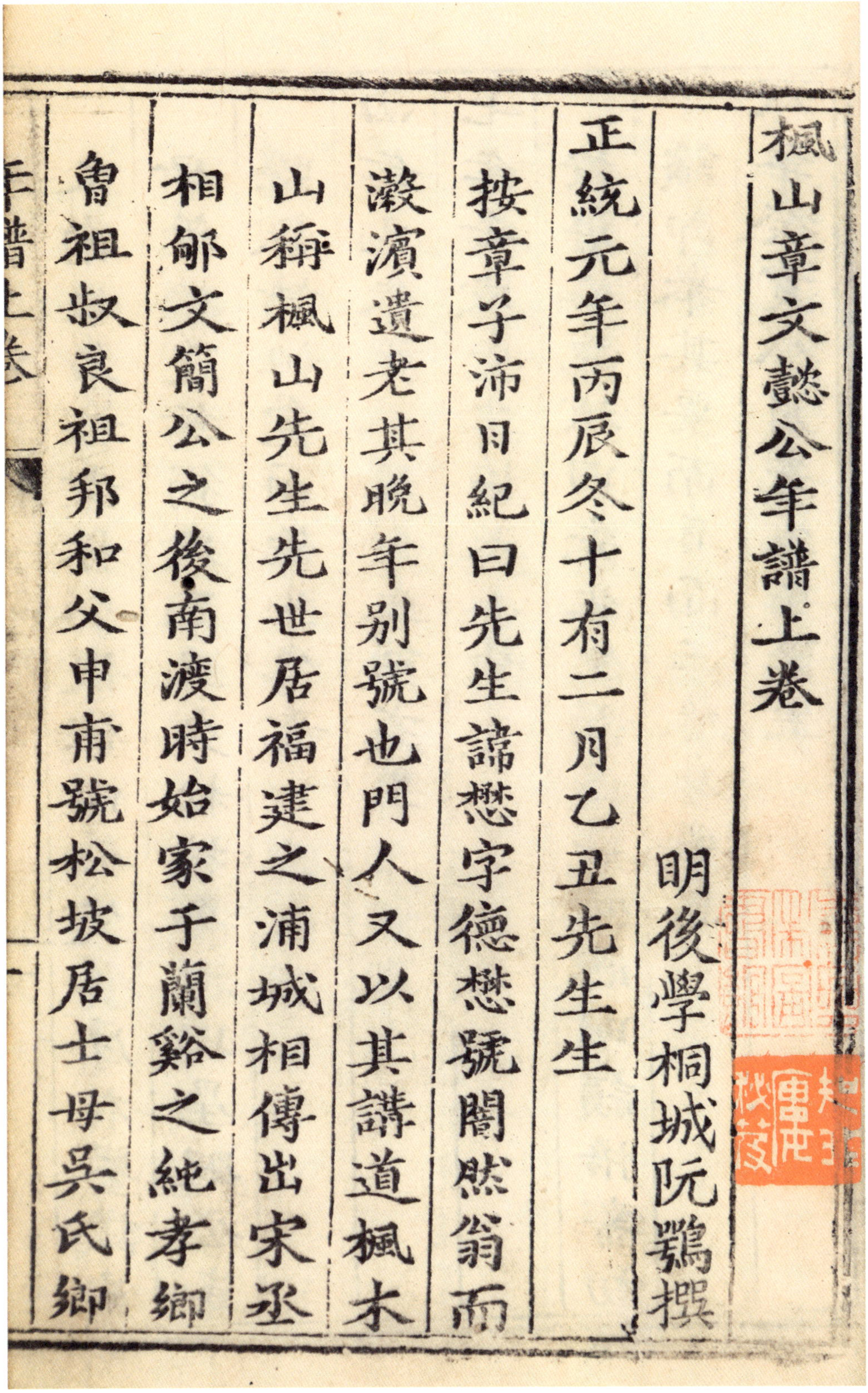
楓山章文懿公年譜上卷
明後學桐城阮鶚撰
正統元年丙辰冬十有二月乙丑先生生
按章子沛日紀曰先生諱懋字德懋號闇然翁而
瀫濱遺老其晚年别號也門人又以其講道楓木
山稱楓山先生先世居福建之浦城相傳出宋丞
相郇文簡公之後南渡時始家于蘭谿之純孝鄉
曾祖叔良祖邦和父申甫號松坡居士母吳氏鄉
年譜上卷　一

01594 楓山章文懿公年譜二卷　（明）阮鶚撰　明嘉靖三十三年（1554）唐鉞刻本

匡高19.7厘米，廣13.6厘米。半葉八行，行二十字，白口，四周雙邊。有“知非樓秘笈”等印。嘉興市圖書館藏。

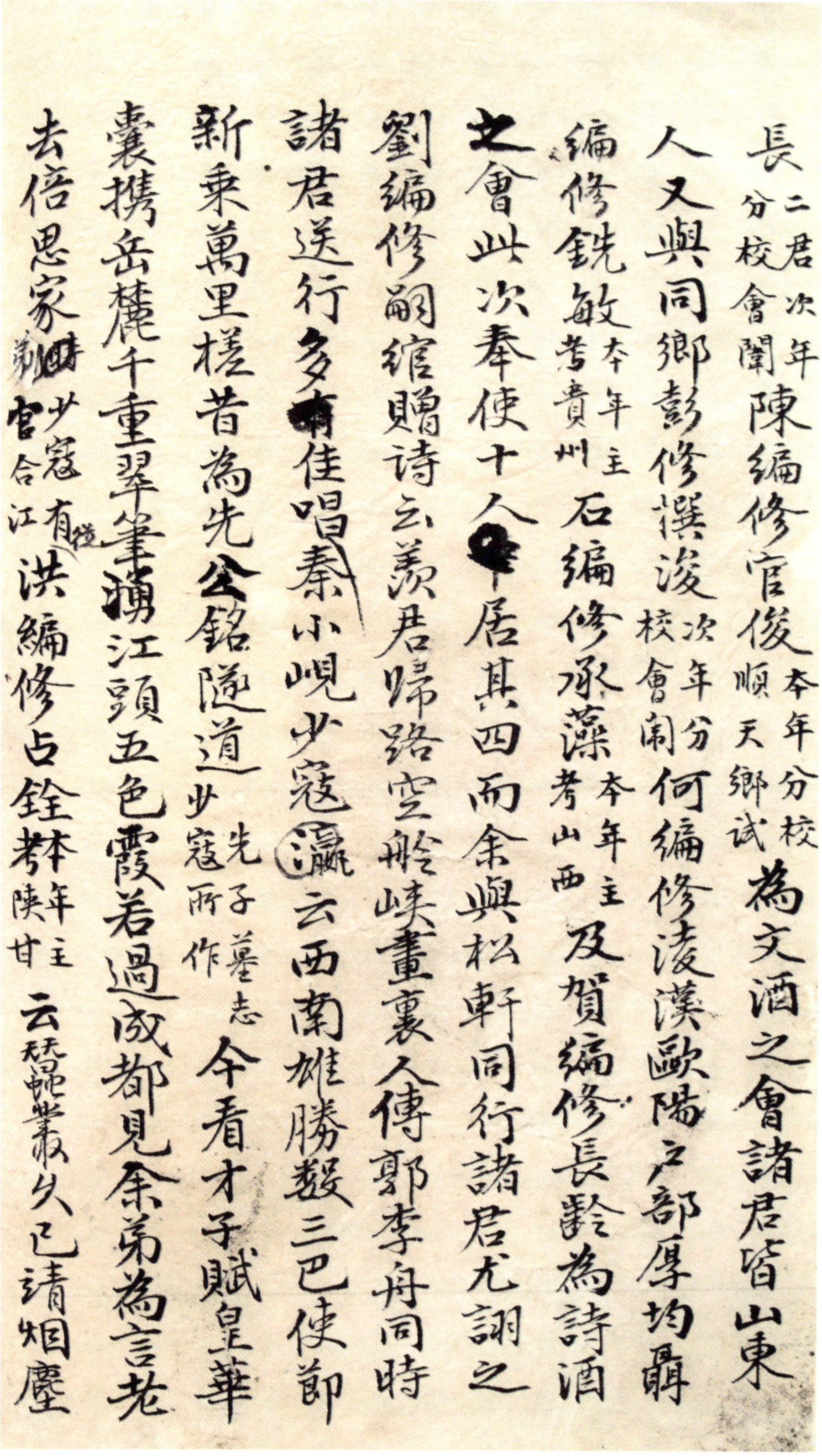
長二君次年分校會闈 陳編修官俊本年分校順天鄉試 為文酒之會諸君皆山東
人又與同鄉彭修撰浚次年分校會闈 何編修凌漢 歐陽戶部厚均 爵
編修銑敏本年主考貴州 石編修承藻本年主考山西 及賀編修長齡為詩酒
之會此次奉使十人[illegible]居其四而余與松軒同行諸君尤詡之
劉編修嗣綰贈詩云羨君歸路空舲峽畫裏人傳鄭李舟同時
諸君送行多有佳唱秦小峴少寇瀛云西南雄勝數三巴使節
新乘萬里槎昔為先公銘隧道少寇所作先子墓志 今看才子賦皇華
囊携岳麓千重翠筆滴江頭五色霞若過成都見余弟為言老
去倍思家 [illegible]少寇有[illegible]合江 洪編修占銓本年主考陝甘 云[illegible]失已請烟壓

01595 陶文毅公使蜀日記不分卷　（清）陶澍撰　稿本

毛裝。徐崇立題記。湖南圖書館藏。

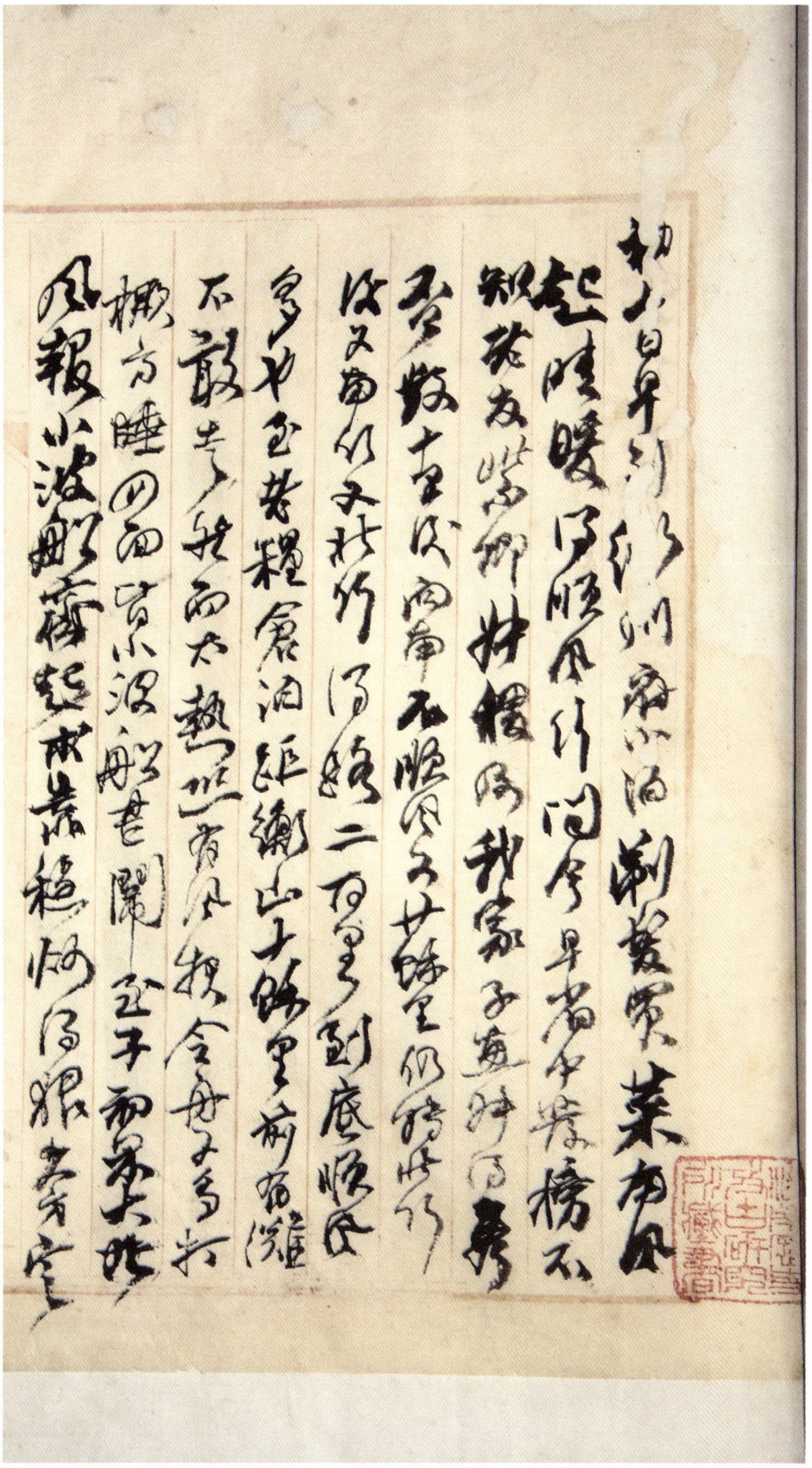

01596 何紹基日記不分卷 清道光十四年五月至十五年三月 道光十九年五月至十二月 道光二十三年閏七月至二十四年七月 咸豐元年閏八月至十二月 咸豐二年正月 咸豐二年七月至三年三月 咸豐四年正月至九月 咸豐十年二月至十一年三月附同治元年元旦部分 （清）何紹基撰 稿本
匡高19.3厘米，廣12.2厘米。半葉九行，白口，四周雙邊。湖南省社會科學院圖書館藏。

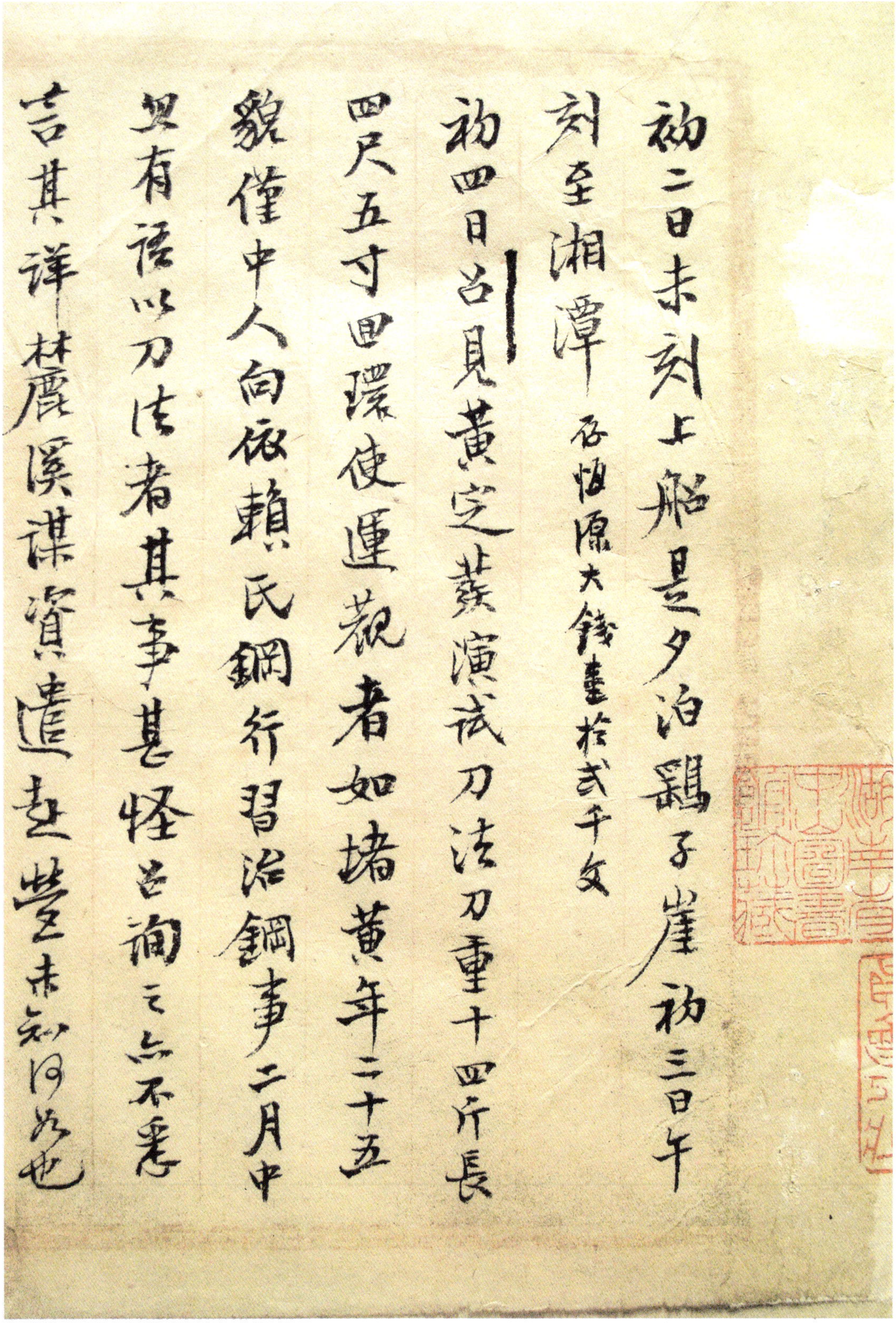

初二日未刻上船是夕泊鷄子崖初三日午刻至湘潭孫怡原大錢臺於式千文初四日出見黃定菴演試刀法刀重十四斤長四尺五寸回環使運觀者如堵黃年二十五貌僅中人向依賴氏鋼行習治鋼事二月中又有語以刀法者其事甚怪已詢之亦不悉言其詳林麐溪謀資遣赴營未知何如也

01597 養知書屋日記不分卷 清咸豐五年十二月至光緒十七年六月 （清）郭嵩燾撰 稿本

匡高20.5厘米，廣13.5厘米。湖南圖書館藏。

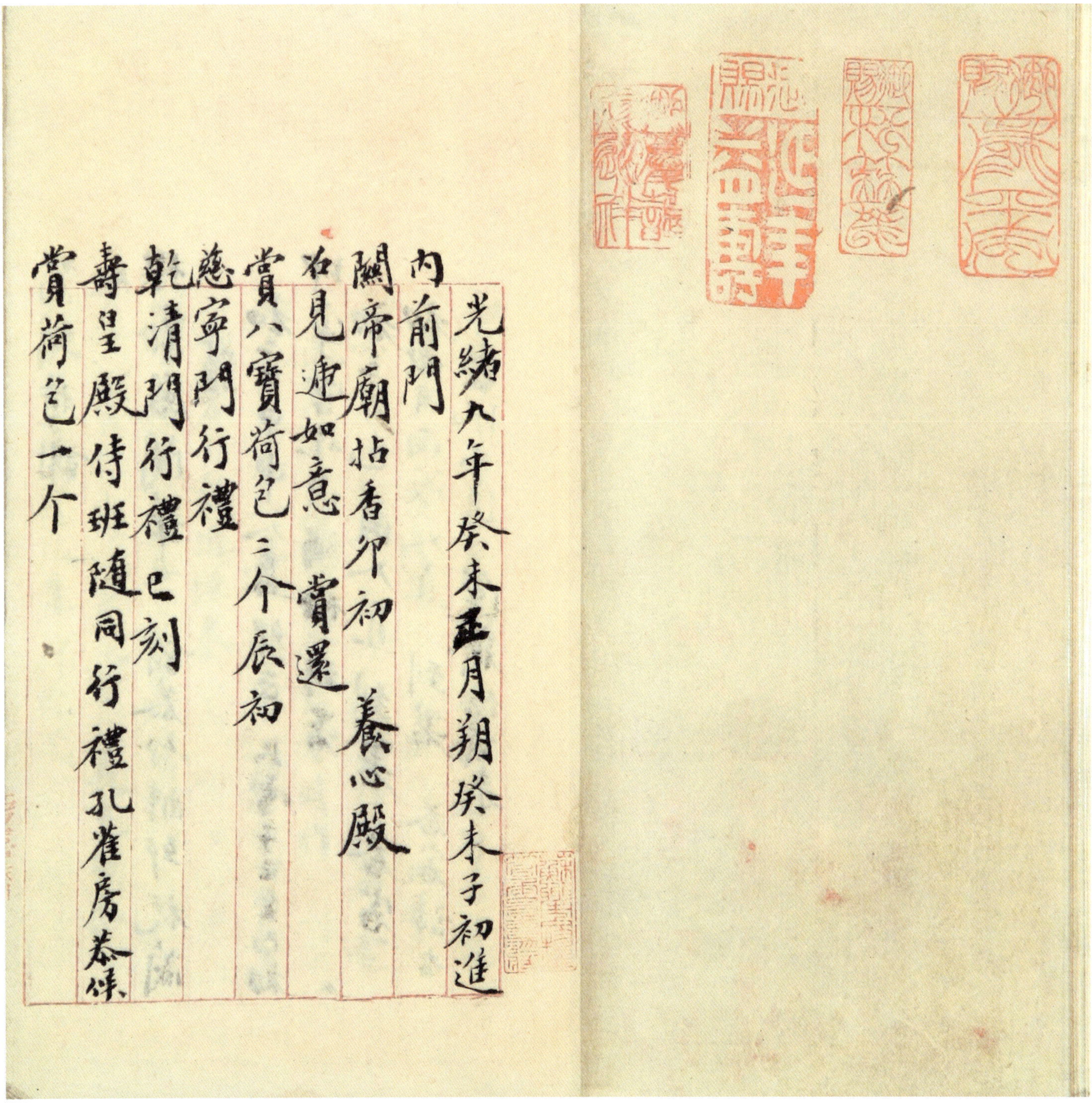

光緒九年癸未五月朔癸未子初進
內前門
關帝廟拈香卯初
右見速如意　賞還　養心殿
賞八寶荷包二个辰初
慈寧門行禮
乾清門行禮巳刻
壽皇殿侍班隨同行禮孔雀房恭候
賞荷包一个

01598 潘祖蔭日記不分卷　清同治二年　光緒七年至十三年　光緒十五年至十六年　（清）潘祖蔭撰　稿本

第一册匡高16.8厘米，廣12.8厘米；第二至十二册匡高14厘米，廣9.5厘米。第一册半葉十行，行字不等，紅格，四周雙邊；第二至十二册半葉九行，行字不等，白口，四周單邊。有“御賜延年益壽”等印。蘇州博物館藏。

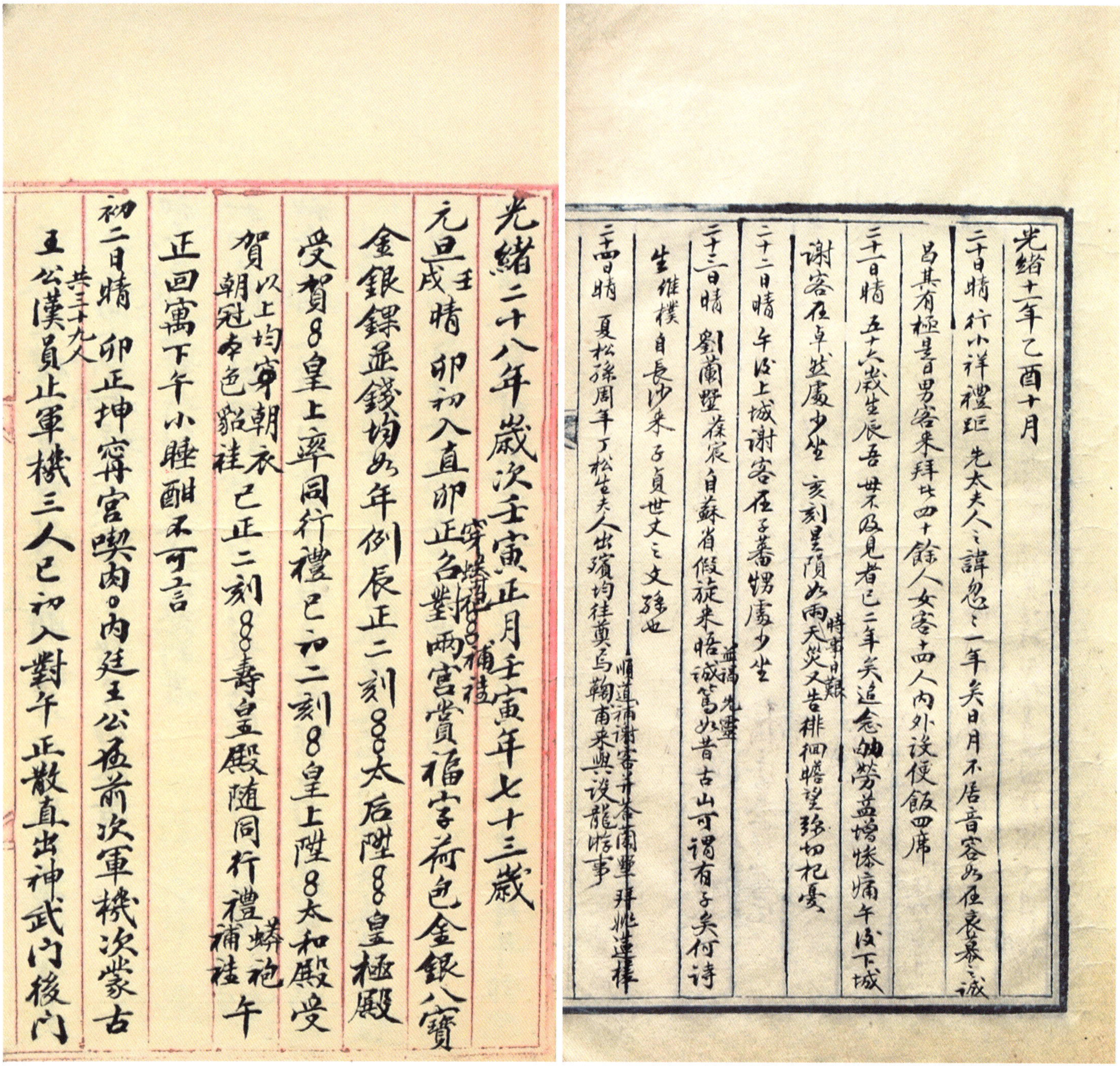

01599 王文韶日記不分卷 清同治六年至十一年 光緒元年至二十八年 （清）王文韶撰 稿本 行字不等。杭州圖書館藏。

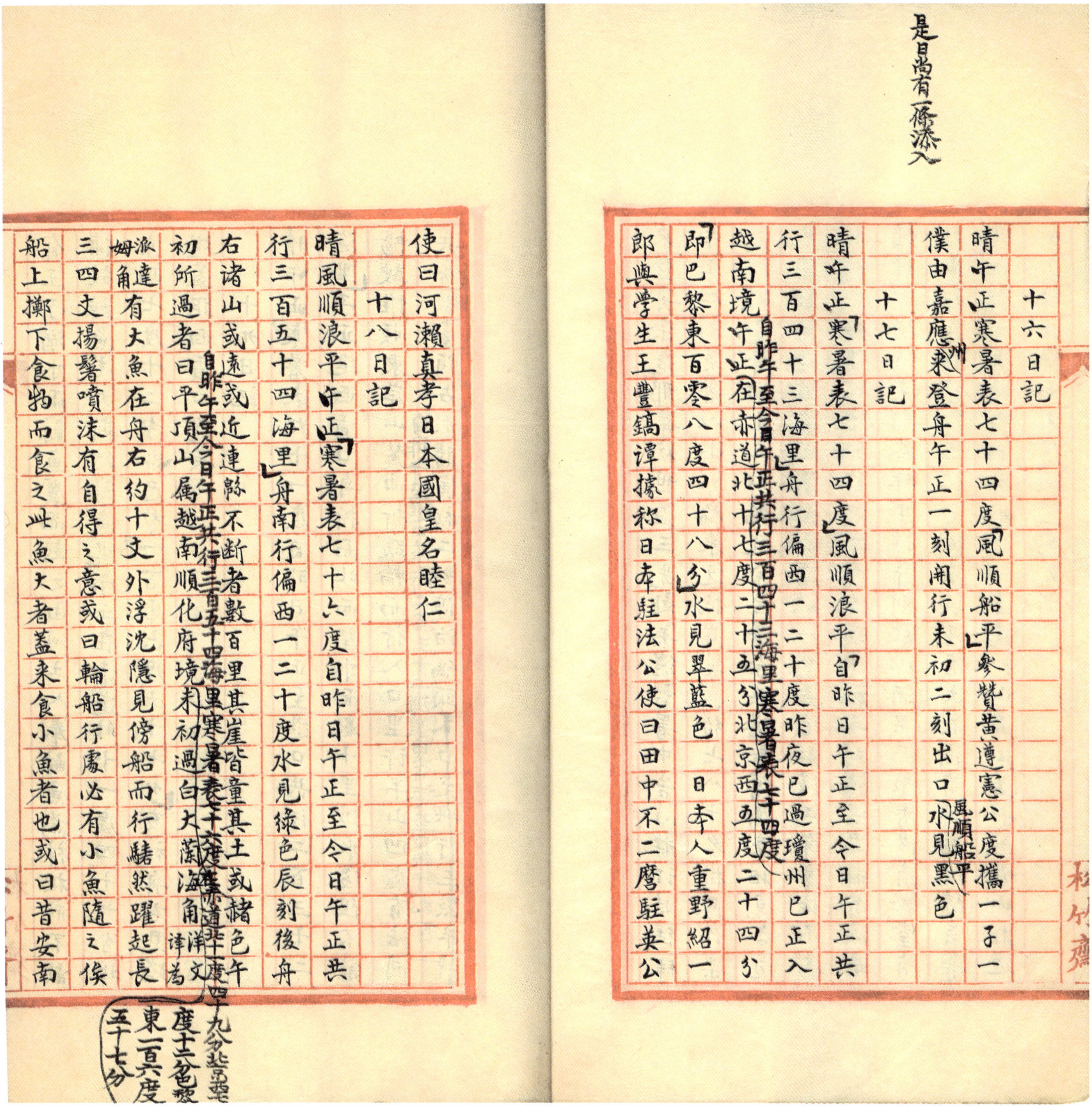

01600 出使英法義比四國日記六卷續十卷　（清）薛福成撰　稿本

匡高18.6厘米，廣11.4厘米；續匡高17.2厘米，廣12.5厘米。半葉九行，行二十五字，白口，四周雙邊。南京圖書館藏，存十一卷。

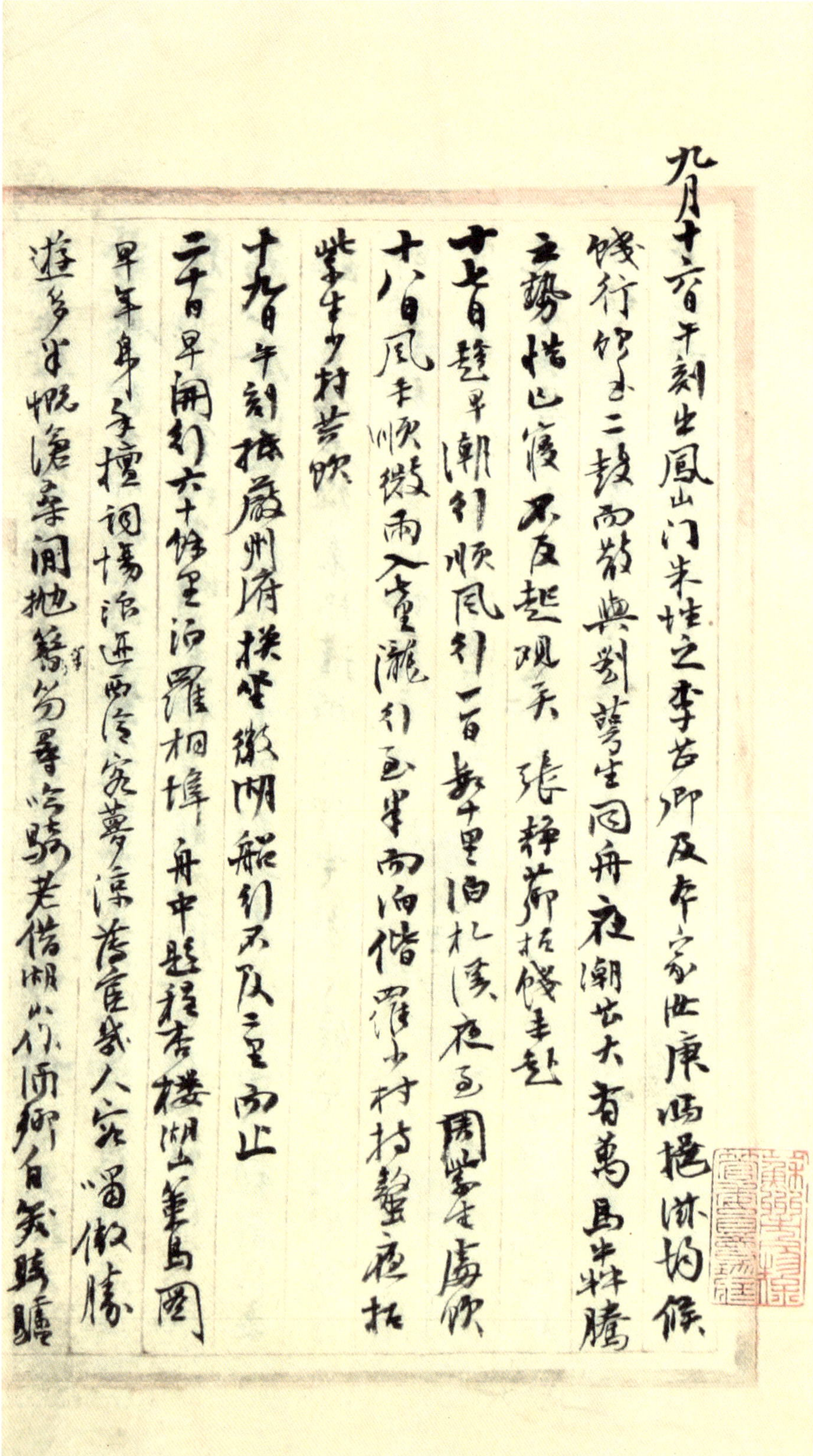

01601 洪鈞日記不分卷 清同治九年九月十六日至同治十年九月二十九日　光緒二年十一月初四至光緒四年九月二十二日　光緒七年正月初一至光緒九年正月二十九日　光緒十年七月十五日至光緒十三年九月十二日　光緒十八年四月初一至光緒十九年七月初三（清）洪鈞撰　稿本

第一册匡高18.6厘米，廣12.8厘米；第二至十二册匡高14厘米，廣9.5厘米。第一册半葉十行；第二至十二册半葉九行，行字不等，四周雙邊。蘇州博物館藏。

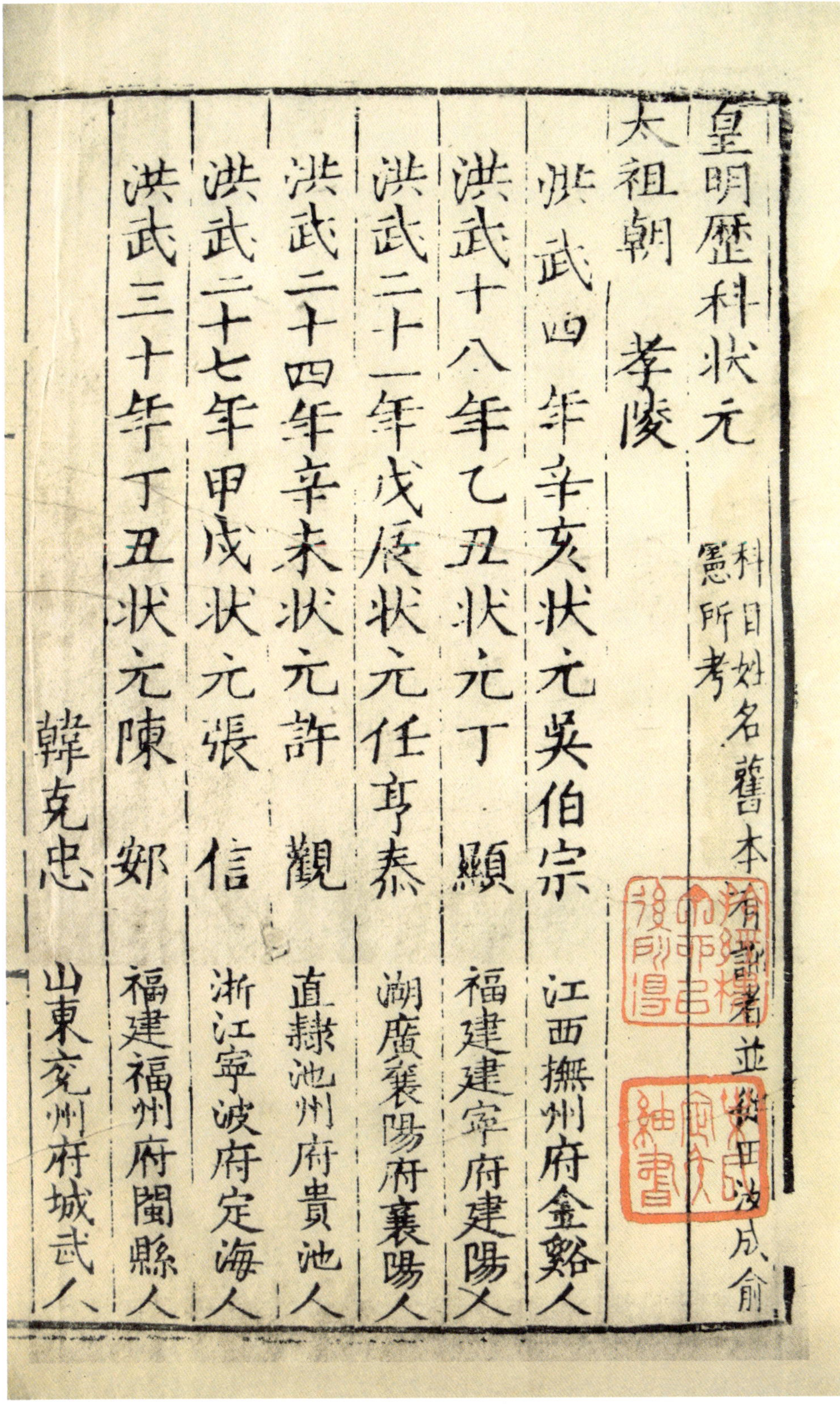

皇明歷科狀元　科目姓名舊本猶有訛者並從田汝成俞憲所考

太祖朝　孝陵

洪武四年辛亥狀元吳伯宗　江西撫州府金谿人

洪武十八年乙丑狀元丁顯　福建建寧府建陽人

洪武二十一年戊辰狀元任亨泰　湖廣襄陽府襄陽人

洪武二十四年辛未狀元許觀　直隸池州府貴池人

洪武二十七年甲戌狀元張信　浙江寧波府定海人

洪武三十年丁丑狀元陳䢿　福建福州府閩縣人

韓克忠　山東兖州府城武人

01602　皇明歷科狀元録四卷　（明）陳鎏輯　明隆慶刻本

匡高18厘米，廣11.7厘米。半葉九行，行字不等，白口，左右雙邊。有“拾經樓丁卯以後所得”等印。湖南圖書館藏。

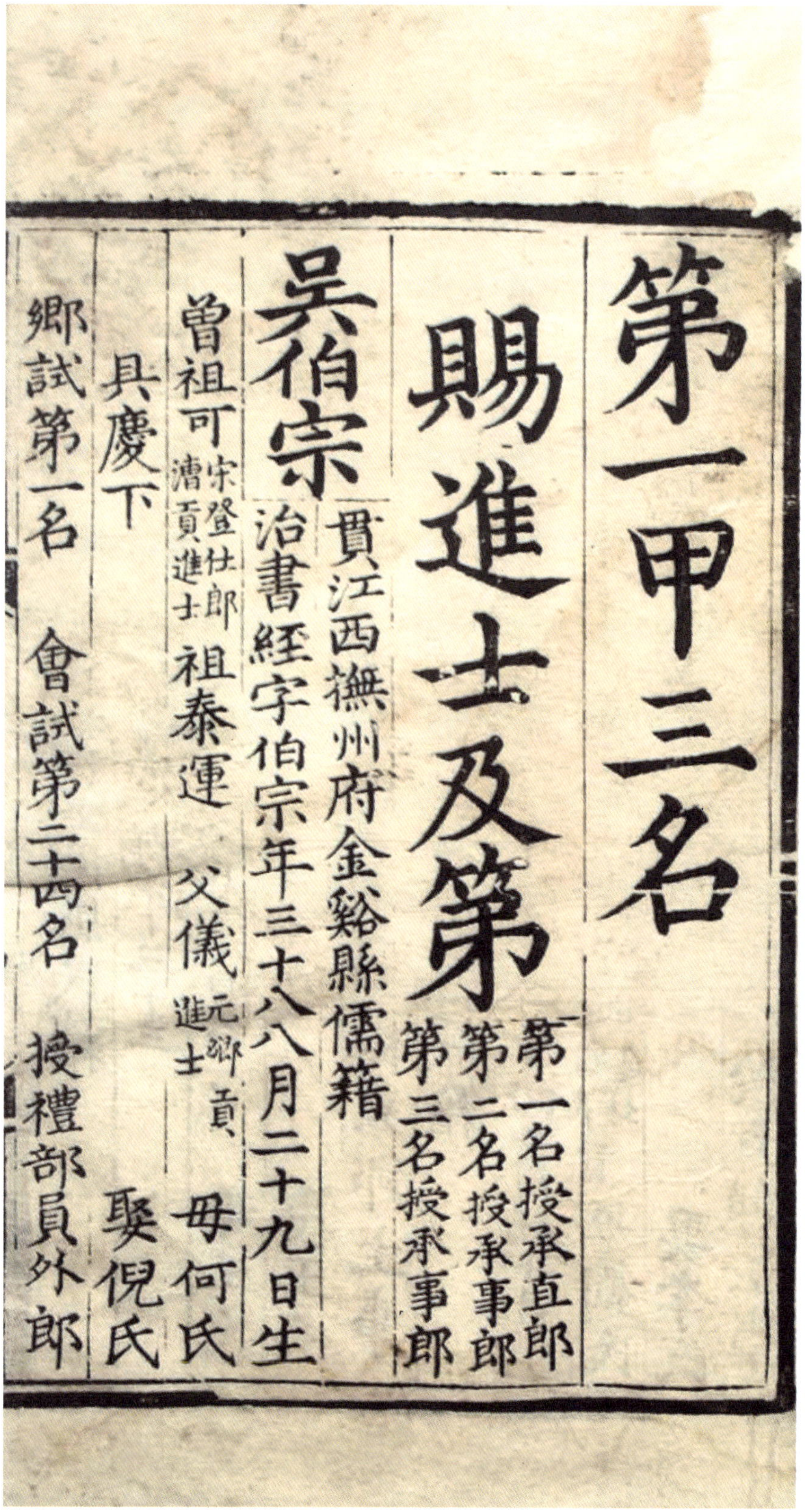

第一甲三名

賜進士及第　第一名授承直郎　第二名授承事郎　第三名授承事郎

吴伯宗　貫江西撫州府金谿縣儒籍　治書經字伯宗年三十八八月二十九日生

曾祖可濬宋登仕郎貢進士　祖泰運　父儀元鄉貢進士　母何氏

具慶下　娶倪氏

鄉試第一名　會試第二十四名　授禮部員外郎

01603　洪武四年進士登科録一卷　明洪武刻本

匡高22.1厘米，廣15.1厘米。半葉行字不等，黑口，四周雙邊。寧波市天一閣博物館藏。

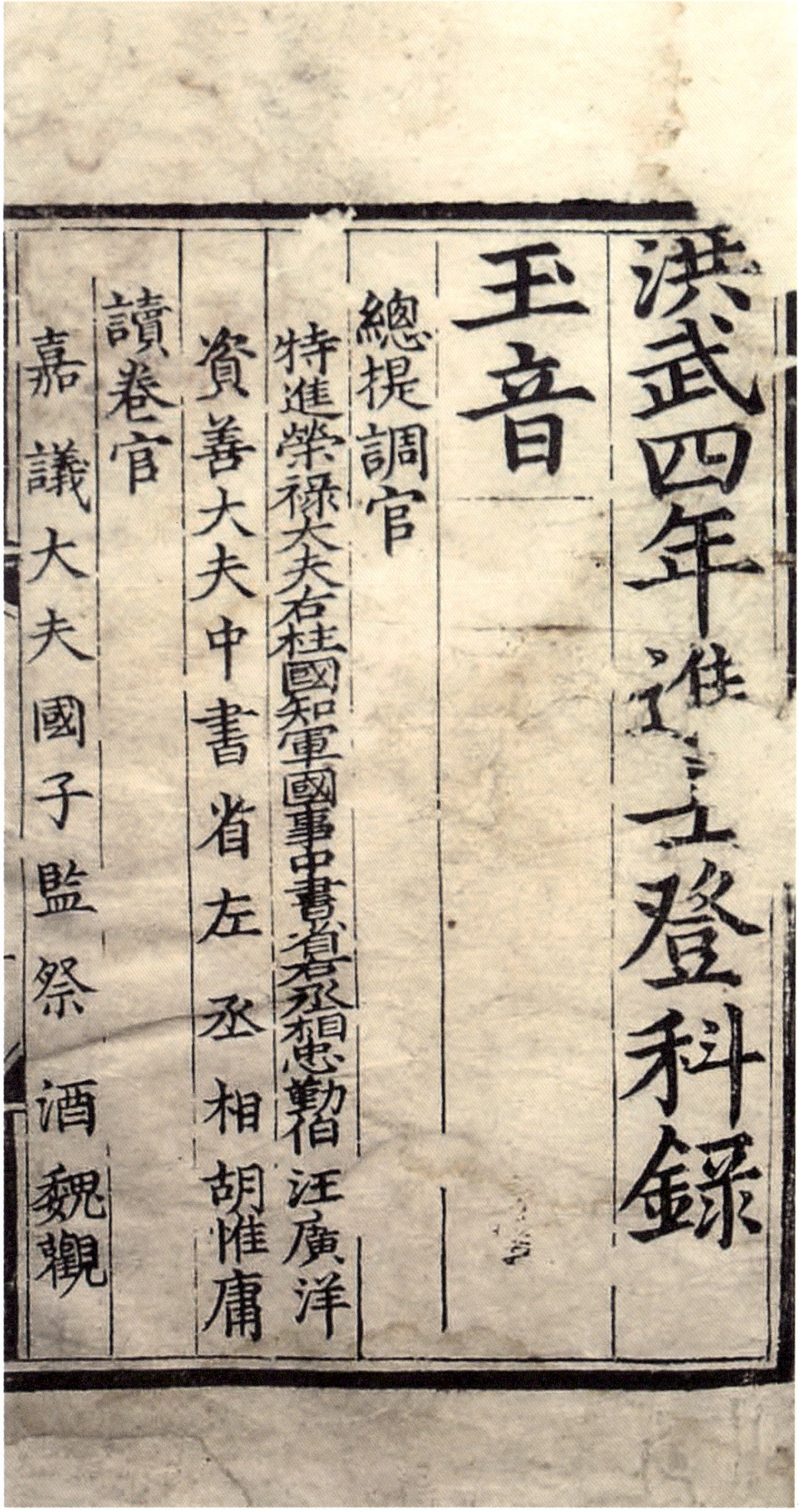

洪武四年進士登科録

玉音

總提調官

特進榮祿大夫右柱國知軍國事中書省右丞相忠勤伯汪廣洋

資善大夫中書省左丞相胡惟庸

讀卷官

嘉議大夫國子監祭酒魏觀

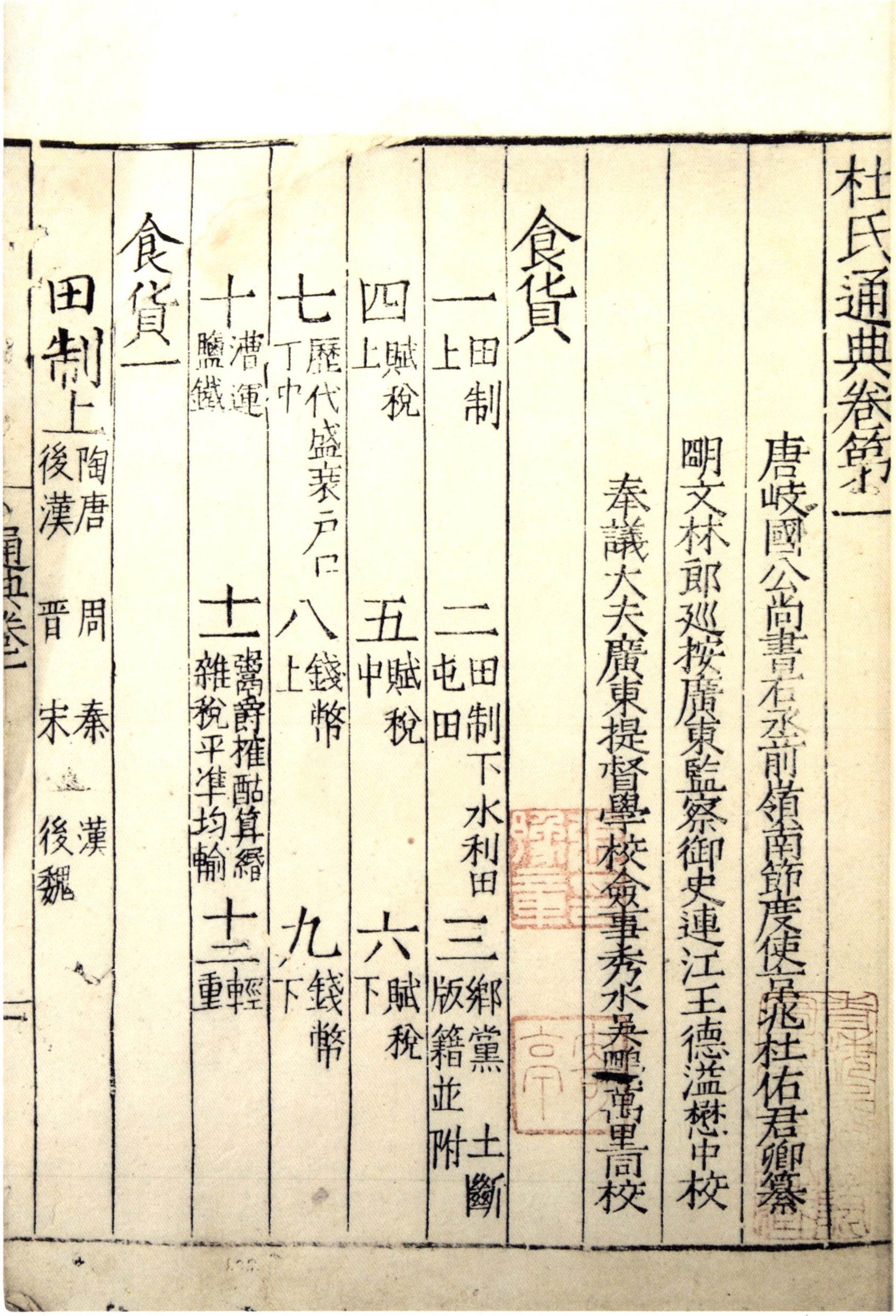
杜氏通典卷第一
唐岐國公尚書右丞前嶺南節度使京兆杜佑君卿纂
明文林郎巡按廣東監察御史連江王德溢懋中校
奉議大夫廣東提督學校僉事秀水吳鵬萬里同校
食貨
一田制上　二田制下水利田屯田　三鄉黨土斷版籍並附
四賦稅上　五賦稅中　六賦稅下
七歷代盛衰戶口丁中　八錢幣上　九錢幣下
十漕運鹽鐵　十一鬻爵榷酤算緡雜稅平準均輸　十二輕重
食貨一
田制上　陶唐　周　秦　漢　後漢　晉　宋　後魏

01604 杜氏通典二百卷　（唐）杜佑撰　明嘉靖十八年（1539）王德溢、吳鵬刻本（序、目録、卷五、十五至十六配明嘉靖李元陽刻本）

匡高18.6厘米，廣13.7厘米。半葉十一行，行字不等，白口，四周單邊。有“張豫章印”等印。青海民族學院圖書館藏。

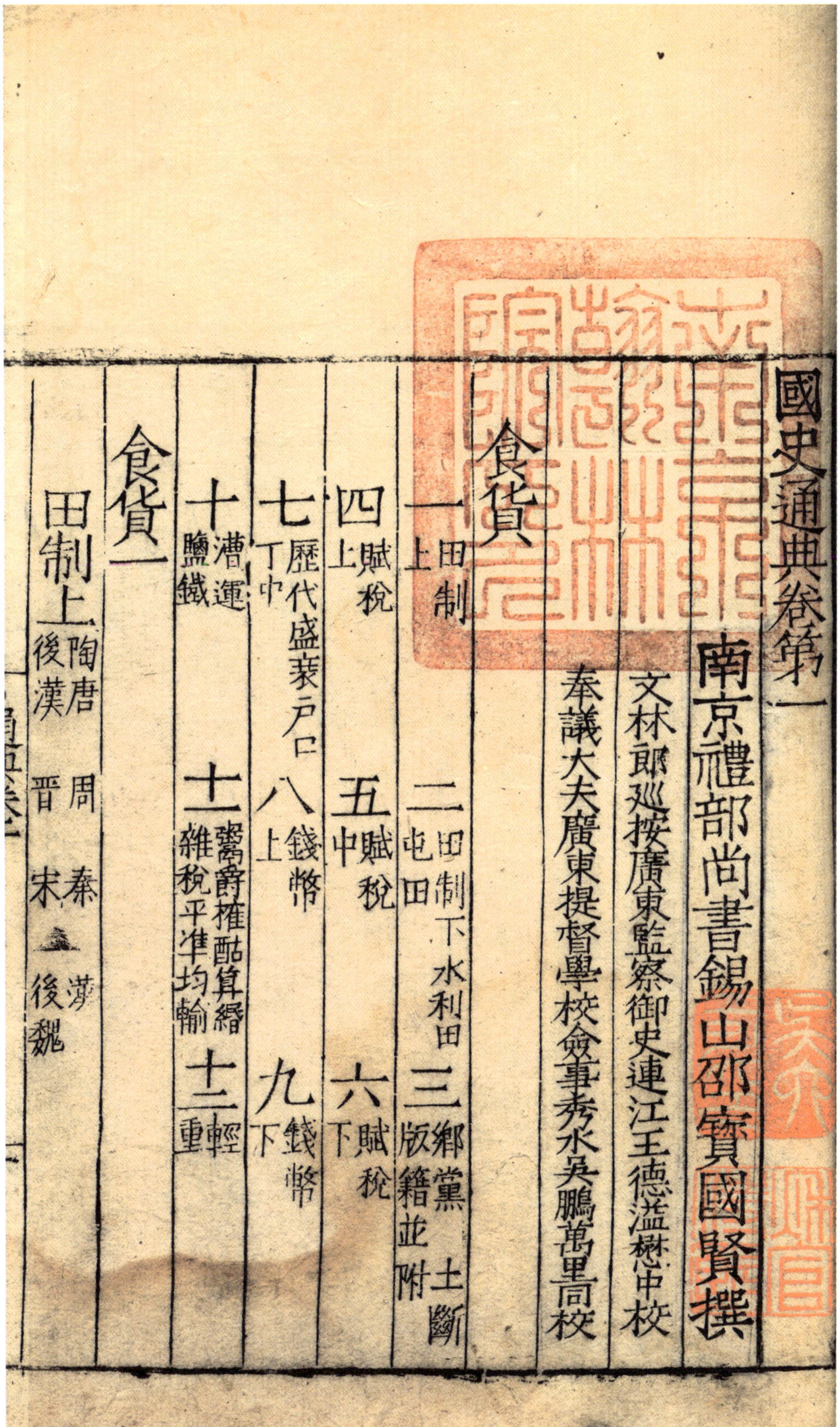
國史通典卷第一
南京禮部尚書錫山邵寶國賢撰
文林郎巡按廣東監察御史連江王德溢懋中校
奉議大夫廣東提督學校僉事秀水吳鵬萬里同校
食貨
一田制上　二田制下 水利田 屯田　三鄉黨 土斷 版籍並附
四賦稅上　五賦稅中　六賦稅下
七歷代盛衰戶口 丁中　八錢幣上　九錢幣下
十漕運 鹽鐵　十一鬻爵 榷酤 算緡 雜稅 平準 均輸　十二輕重
食貨一
田制上 陶唐 周 秦 漢 後漢 晉 宋 齊 後魏

01605 杜氏通典二百卷　（唐）杜佑撰　明嘉靖十八年（1539）王德溢、吳鵬刻本

匡高17.9厘米，廣15.4厘米。半葉十一行，行字不等，白口，四周單邊。有“南京翰林院印”、“秋官侍郎”等印。無錫市圖書館藏。

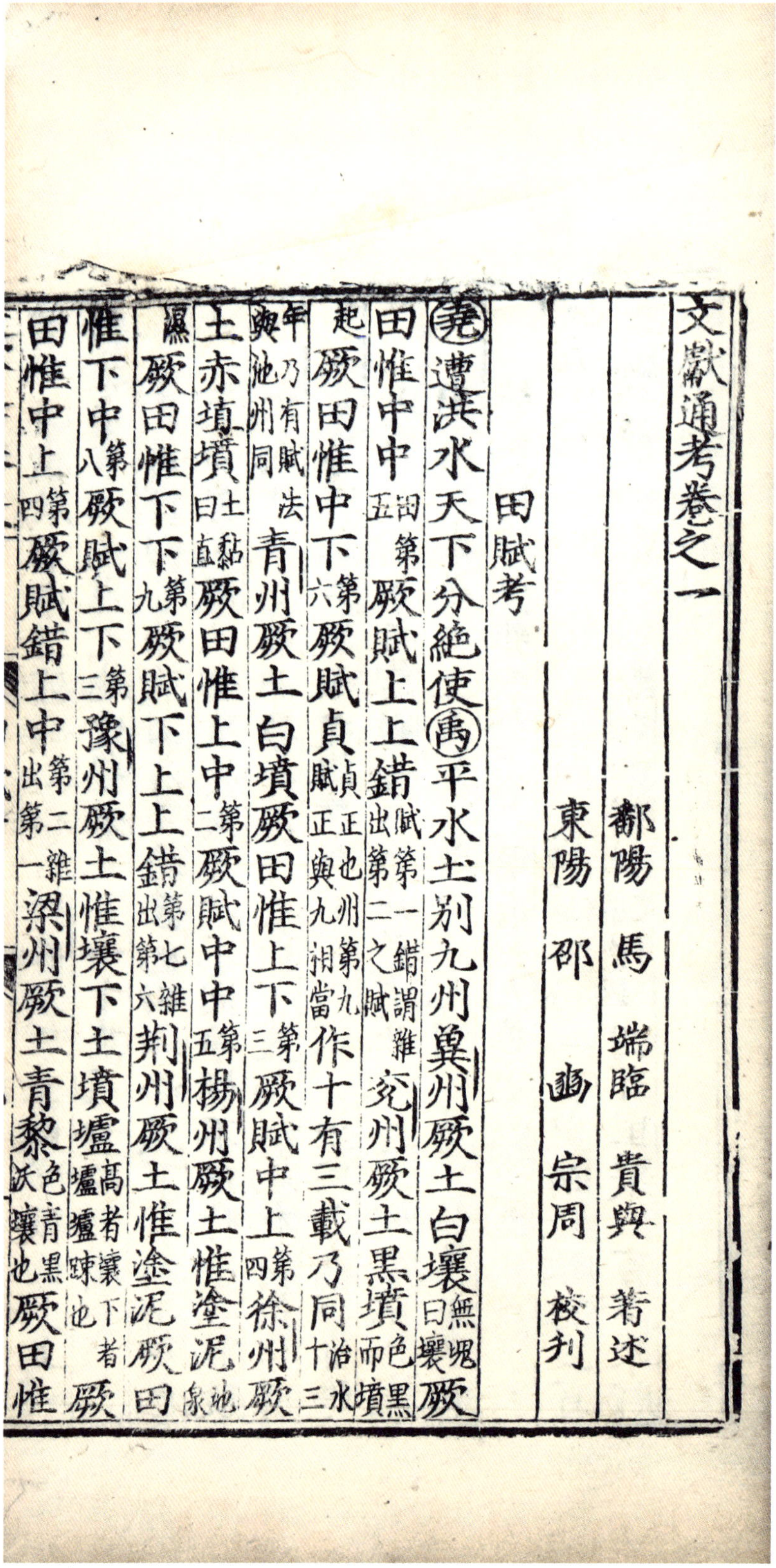

文獻通考卷之一

鄱陽 馬 端臨 貴與 著述

東陽 邵 豳 宗周 校刊

田賦考

堯遭洪水天下分絶使禹平水土別九州冀州厥土白壤（無塊曰壤）厥田惟中中（田第五）厥賦上上錯（賦第一錯謂雜出第二之賦）兗州厥土黑墳（色黑而墳起）厥田惟中下（第六）厥賦貞（貞正也州第九賦正與九州相當）作十有三載乃同（治水十三年乃有賦法與他州同）青州厥土白墳厥田惟上下（第三）厥賦中上（第四）徐州厥土赤埴墳（土黏曰埴）厥田惟上中（第二）厥賦中中（第五）揚州厥土惟塗泥（地泉濕）厥田惟下下（第九）厥賦下上上錯（第七出第六雜）荊州厥土惟塗泥厥田惟下中（第八）厥賦上下（第三）豫州厥土惟壤下土墳壚（高者壤下者壚壚疏也）厥田惟中上（第四）厥賦錯上中（第二雜出第一）梁州厥土青黎（色青黑沃壤也）厥田惟

01606、01607 文獻通考三百四十八卷 （元）馬端臨撰 明正德十一至十四年（1516–1519）劉洪慎獨齋刻十六年（1521）重修本

匡高19.5厘米，廣13厘米。半葉十二行，行二十五字，白口，四周雙邊。山東師範大學圖書館藏；大連圖書館藏，有“蔣五”等印，存三百三十八卷。

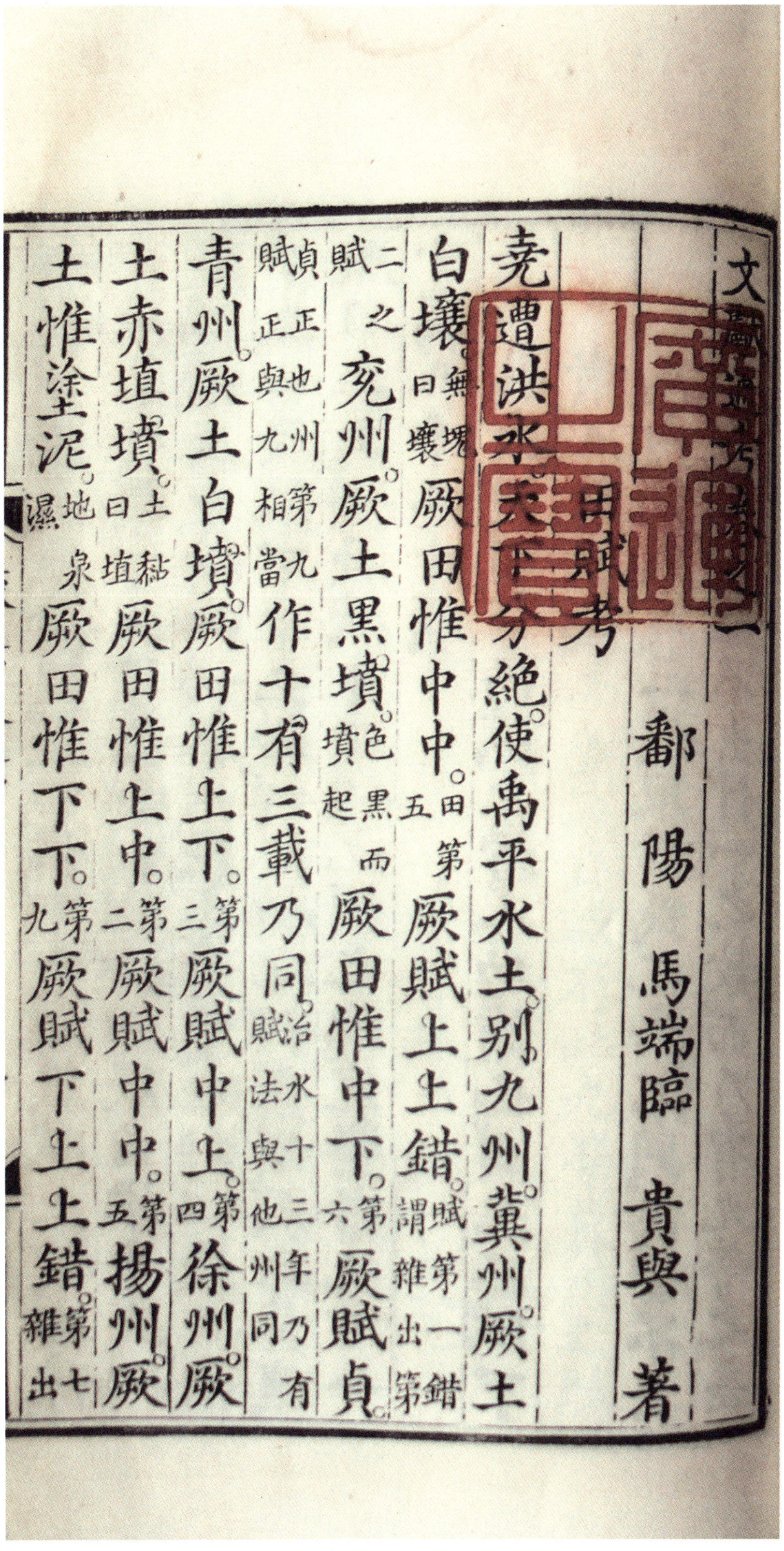

文獻通考卷之一

鄱陽　馬端臨　貴與　著

田賦考

堯遭洪水天下分絕使禹平水土別九州冀州厥土白壤(無塊曰壤)厥田惟中中(田第五)厥賦上上錯(賦第一錯謂雜出第二之賦)兗州厥土黑墳(色黑而墳起)厥田惟中下(第六)厥賦貞(貞正也州第九賦正與九州相當)作十有三載乃同(治水十三年乃有賦法與他州同)青州厥土白墳厥田惟上下(第三)厥賦中上(第四)徐州厥土赤埴墳(土黏曰埴)厥田惟上中(第二)厥賦中中(第五)揚州厥土惟塗泥(地泉濕)厥田惟下下(第九)厥賦下上上錯(第七雜出)

01608 文獻通考三百四十八卷　（元）馬端臨撰　明嘉靖三年（1524）司禮監刻本

匡高25.6厘米，廣17.7厘米。半葉十行，行二十字，黑口，四周雙邊。新疆大學圖書館藏。

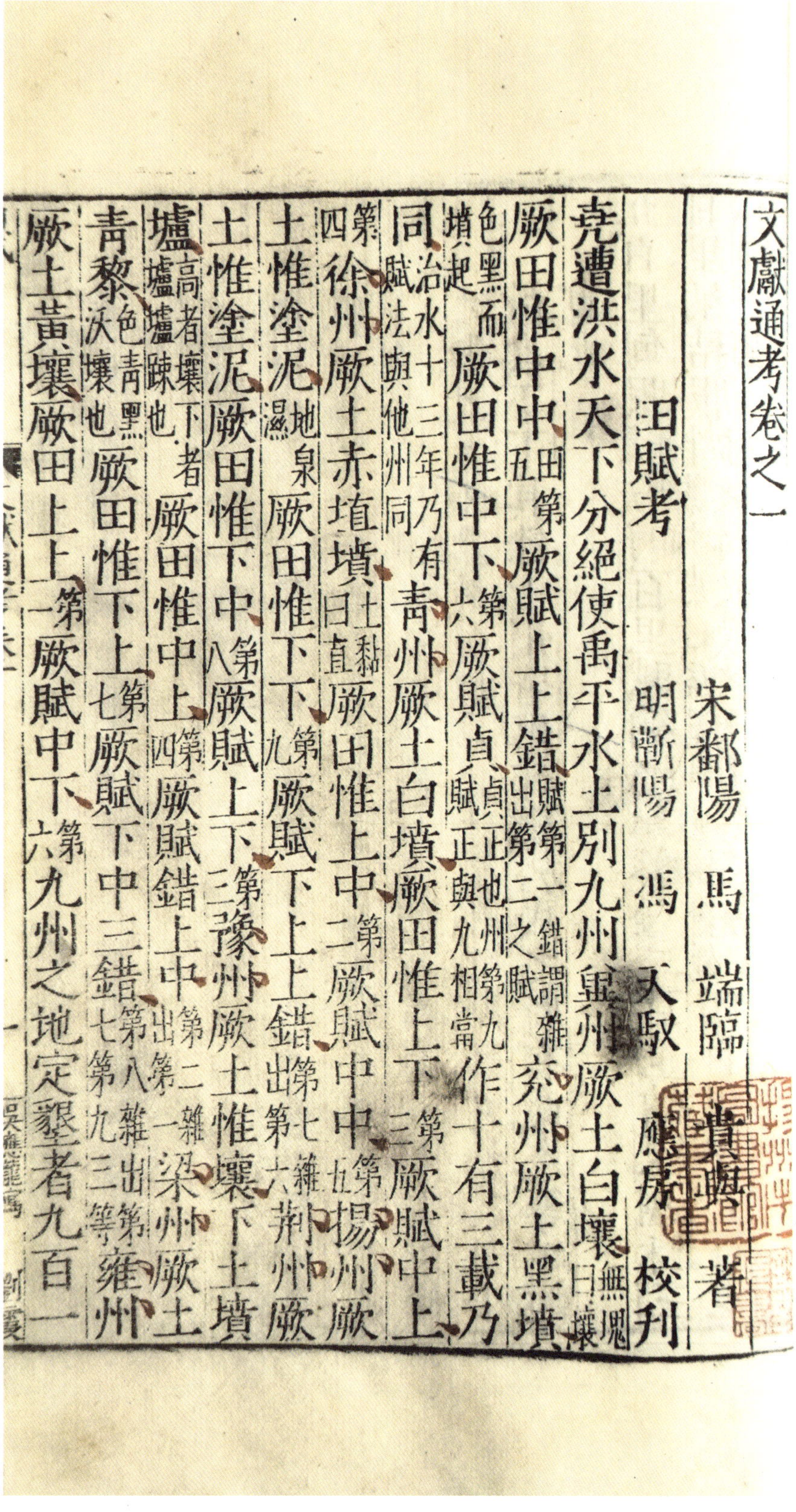
文獻通考卷之一
宋鄱陽馬端臨貴與著
明蘄陽馮天馭應房校刊
田賦考
堯遭洪水天下分絶使禹平水土別九州冀州厥土白壤無塊曰壤厥田惟中中田第五厥賦上上錯賦第一錯謂雜出第二之賦兗州厥土黑墳色黑而墳起厥田惟中下第六厥賦貞貞正也州第九賦正與九相當作十有三載乃同治水十三年乃有賦法與他州同青州厥土白墳厥田惟上下第三厥賦中上第四徐州厥土赤埴墳土黏曰埴厥田惟上中第二厥賦中中第五揚州厥土惟塗泥地泉濕厥田惟下下第九厥賦下上上錯第七雜出第六荊州厥土惟塗泥厥田惟下中第八厥賦上下第三豫州厥土惟壤下土墳壚高者壤下者壚壚疏也厥田惟中上第四厥賦錯上中第二雜出第一梁州厥土青黎色青黑沃壤也厥田惟下上第七厥賦下中三錯第八雜出第七第九三等雍州厥土黃壤厥田上上第一厥賦中下第六九州之地定墾者九百一

01609 文獻通考三百四十八卷　（元）馬端臨撰　明嘉靖馮天馭刻本（卷一百五十六至卷一百五十九配清抄本）

匡高19.6厘米，廣14.3厘米。半葉十三行，行二十四字，白口，左右雙邊。揚州市圖書館藏。

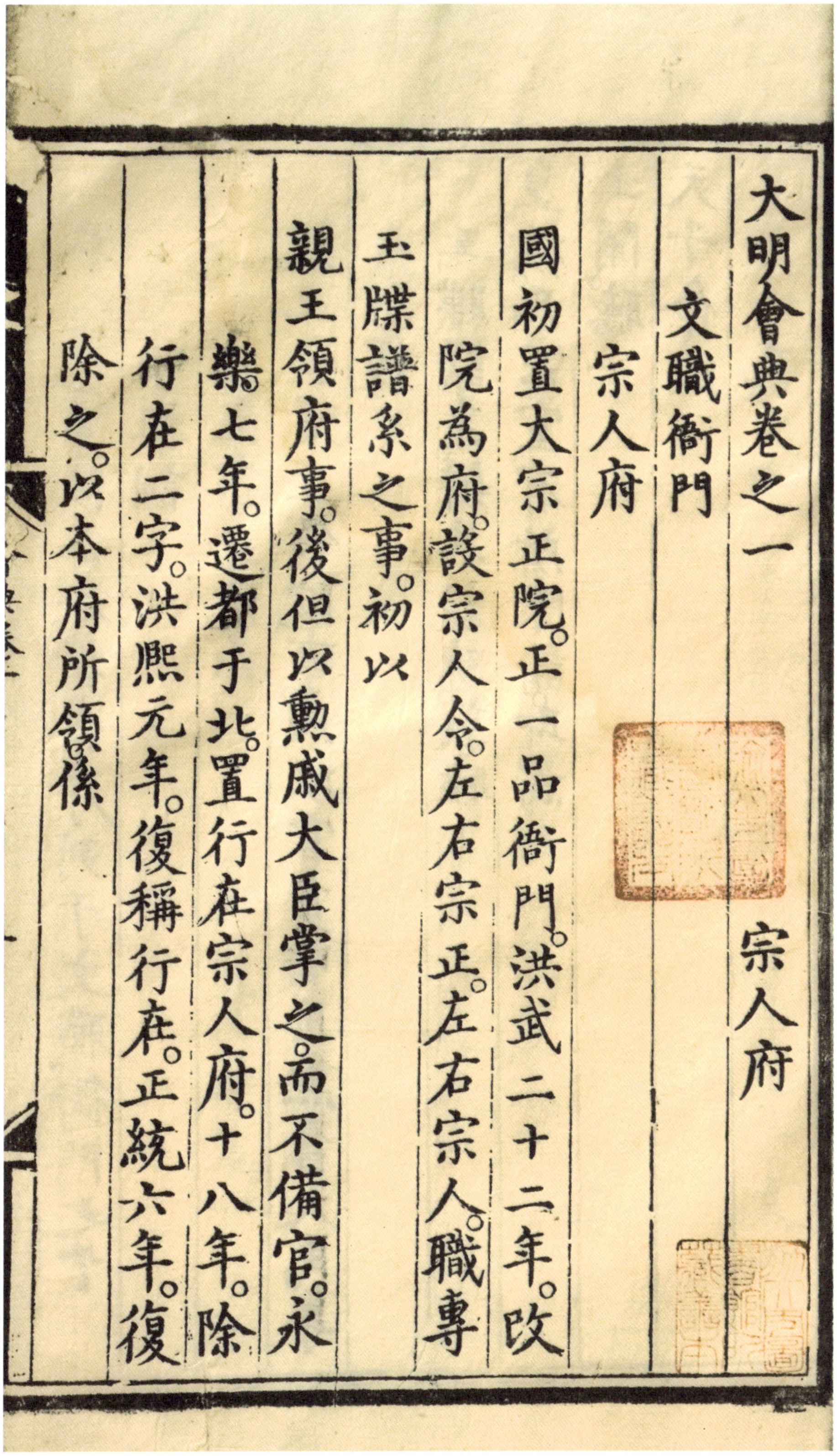

大明會典卷之一　　宗人府

文職衙門

宗人府

國初置大宗正院。正一品衙門。洪武二十二年。改院為府。設宗人令。左右宗正。左右宗人。職專玉牒譜系之事。初以

親王領府事。後但以勳戚大臣掌之。而不備官。永樂七年。遷都于北。置行在宗人府。十八年。除行在二字。洪熙元年。復稱行在。正統六年。復除之。以本府所領係

01610　大明會典一百八十卷　（明）徐溥等撰　明正德六年（1511）司禮監刻本

匡高25.8厘米，廣16.5厘米。半葉十行，行二十字，小字雙行同，黑口，四周雙邊。大連圖書館藏。

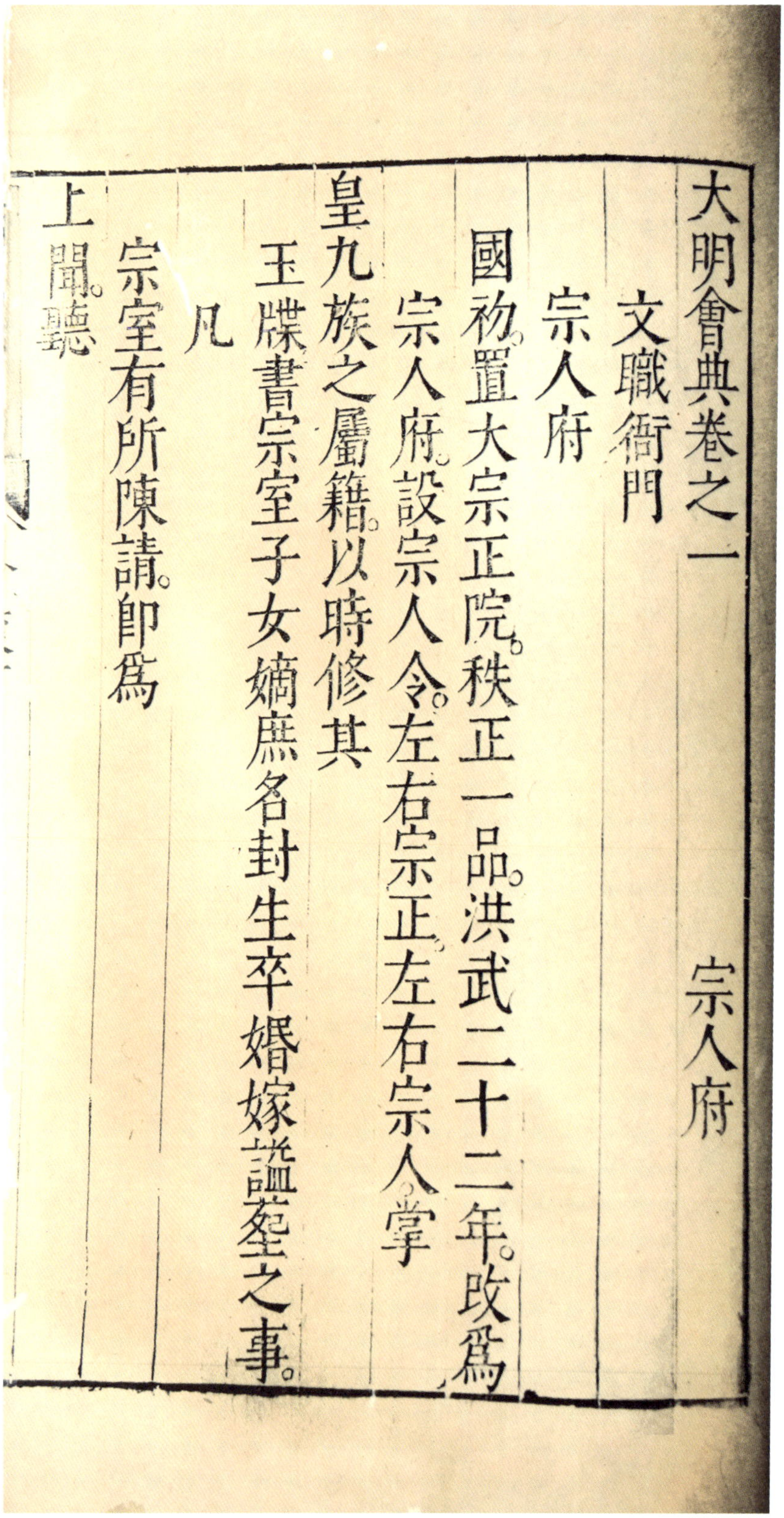

大明會典卷之一　宗人府

文職衙門

宗人府

國初。置大宗正院。秩正一品。洪武二十二年。改爲

宗人府。設宗人令。左右宗正。左右宗人。掌

皇九族之屬籍。以時修其

玉牒。書宗室子女嫡庶名封生卒婚嫁謚葬之事。

凡

宗室有所陳請。卽爲

上聞。聽

01611　大明會典二百八十卷　（明）申時行　趙用賢等纂修　明萬曆十五年（1587）内府刻本

匡高22.5厘米，廣15厘米。半葉十行，行二十字，上黑口下白口，四周單邊。有“譚賜書堂珍藏”等印。湖南師範大學圖書館藏。

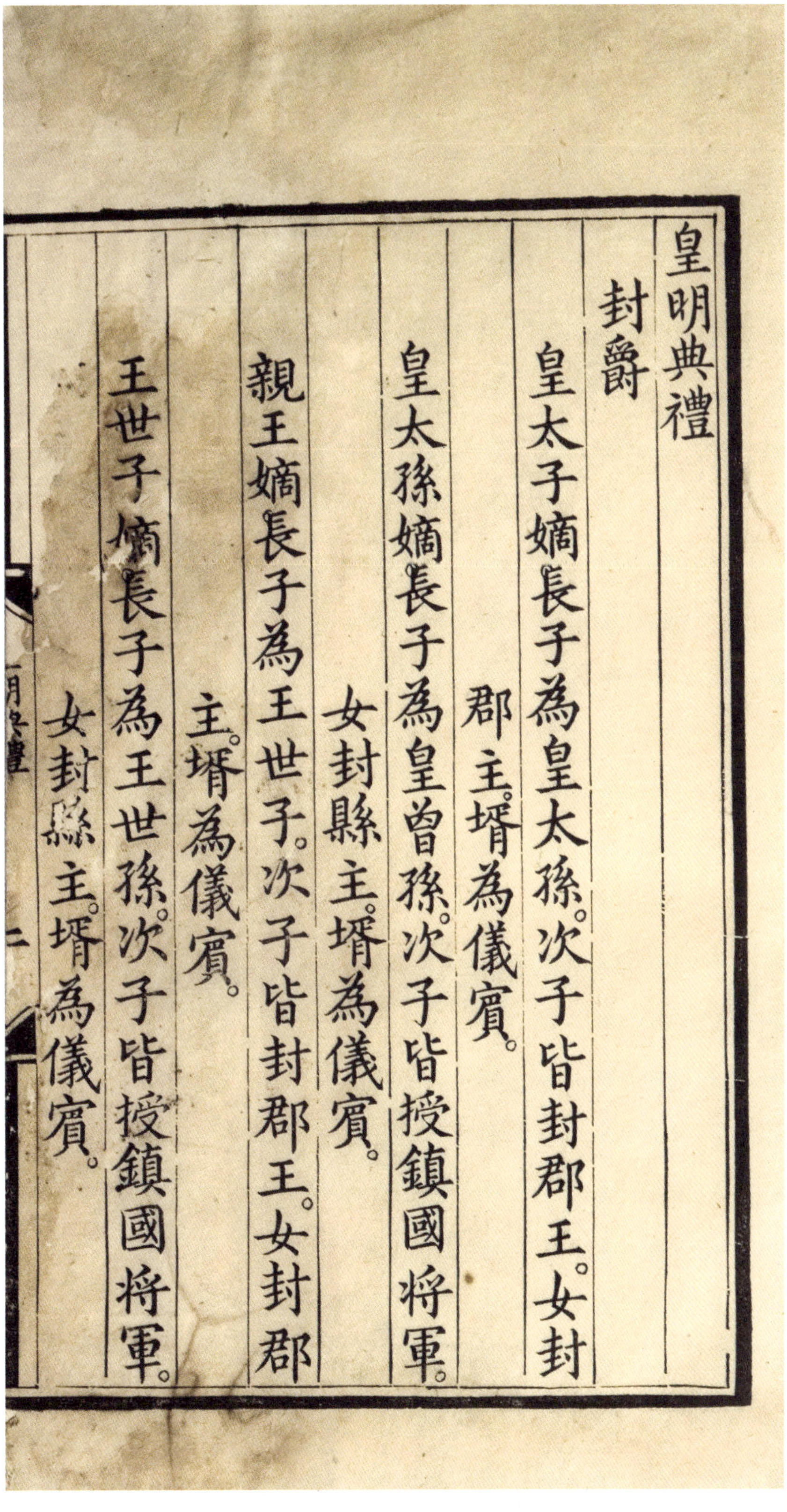
皇明典禮

封爵

皇太子嫡長子為皇太孫。次子皆封郡王。女封郡主。壻為儀賓。

皇太孫嫡長子為皇曾孫。次子皆授鎮國將軍。女封縣主。壻為儀賓。

親王嫡長子為王世子。次子皆封郡王。女封郡主。壻為儀賓。

王世子嫡長子為王世孫。次子皆授鎮國將軍。女封縣主。壻為儀賓。

01612 皇明典禮不分卷 明建文刻本

匡高26.5厘米，廣16.8厘米。半葉十行，行二十字，黑口，四周雙邊。大連圖書館藏。

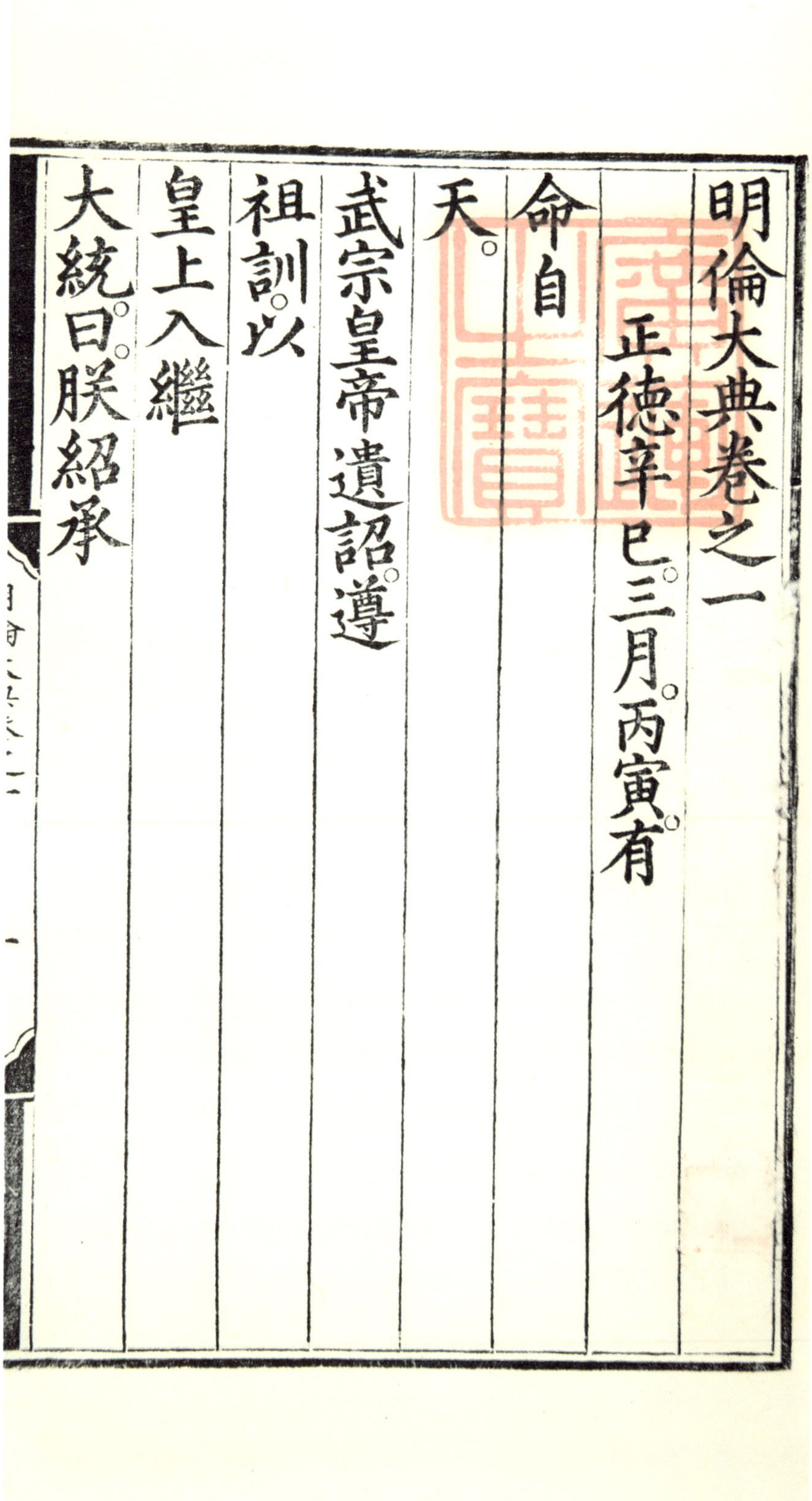

明倫大典卷之一
正德辛巳。三月。丙寅。有
命自
天。
武宗皇帝遺詔。導
祖訓。以
皇上入繼
大統。曰。朕紹承

01613 明倫大典二十四卷 （明）楊一清 熊浹等纂修 明嘉靖七年（1528）内府刻本

匡高35.6厘米，廣27厘米。半葉八行，行字不等，黑口，四周雙邊。有“欽文之璽”等印。四川師範大學圖書館藏。

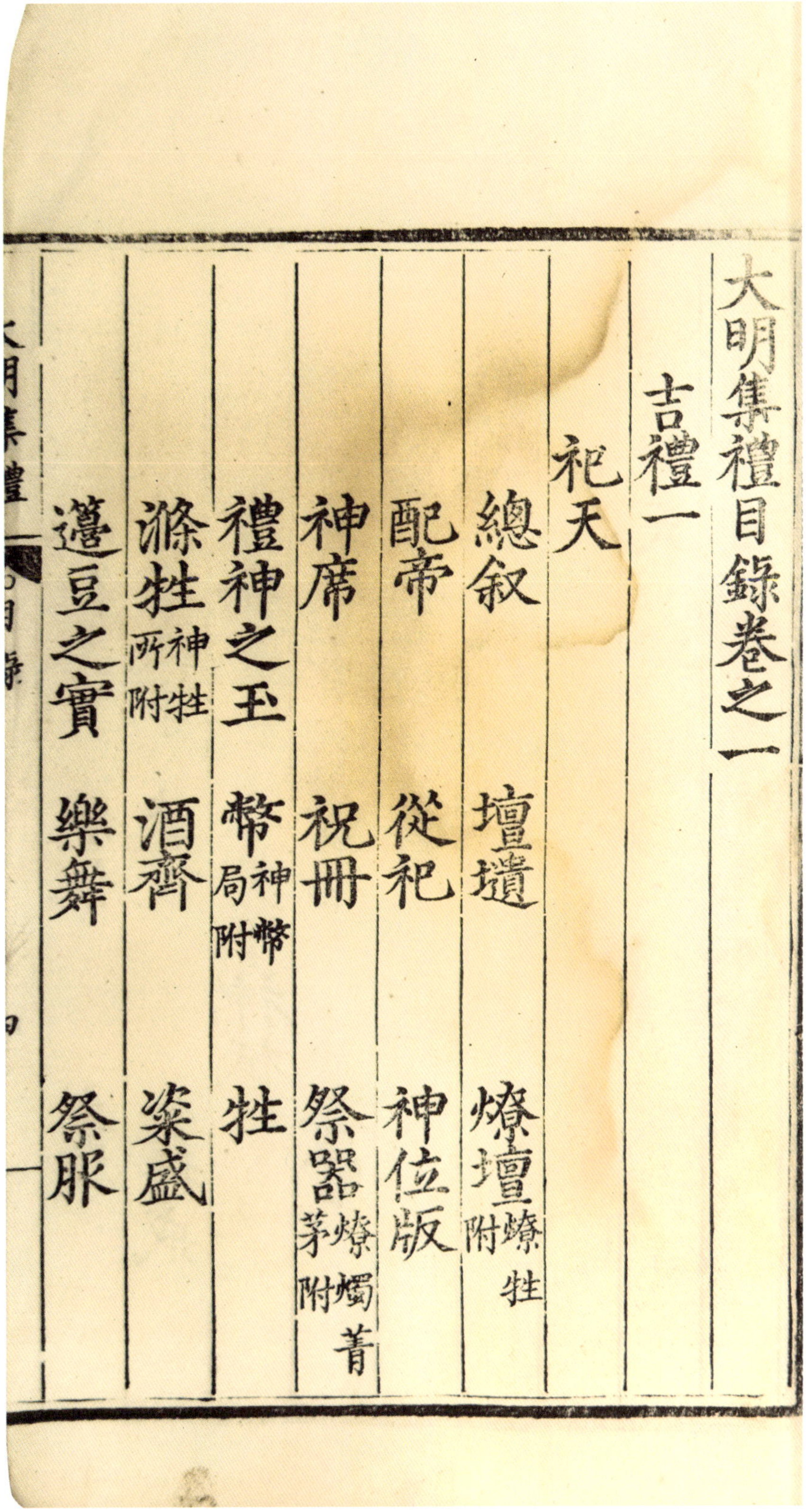

大明集禮目錄卷之一

吉禮一

祀天

總叙　壇壝　燎壇燎牲附

配帝　從祀　神位版

神席　祝冊　祭器燎燭菁茅附

禮神之玉　幣神幣局附　牲

滌牲神牲所附　酒齊　粢盛

籩豆之實　樂舞　祭服

大明集禮一　目錄

01614 大明集禮五十三卷　（明）徐一夔　梁寅等撰　明嘉靖九年（1530）内府刻本

匡高24.5厘米，廣17.3厘米。半葉九行，行十九字，白口，四周雙邊。有“茶陵譚氏賜書堂珍藏”等印。湖南師範大學圖書館藏。

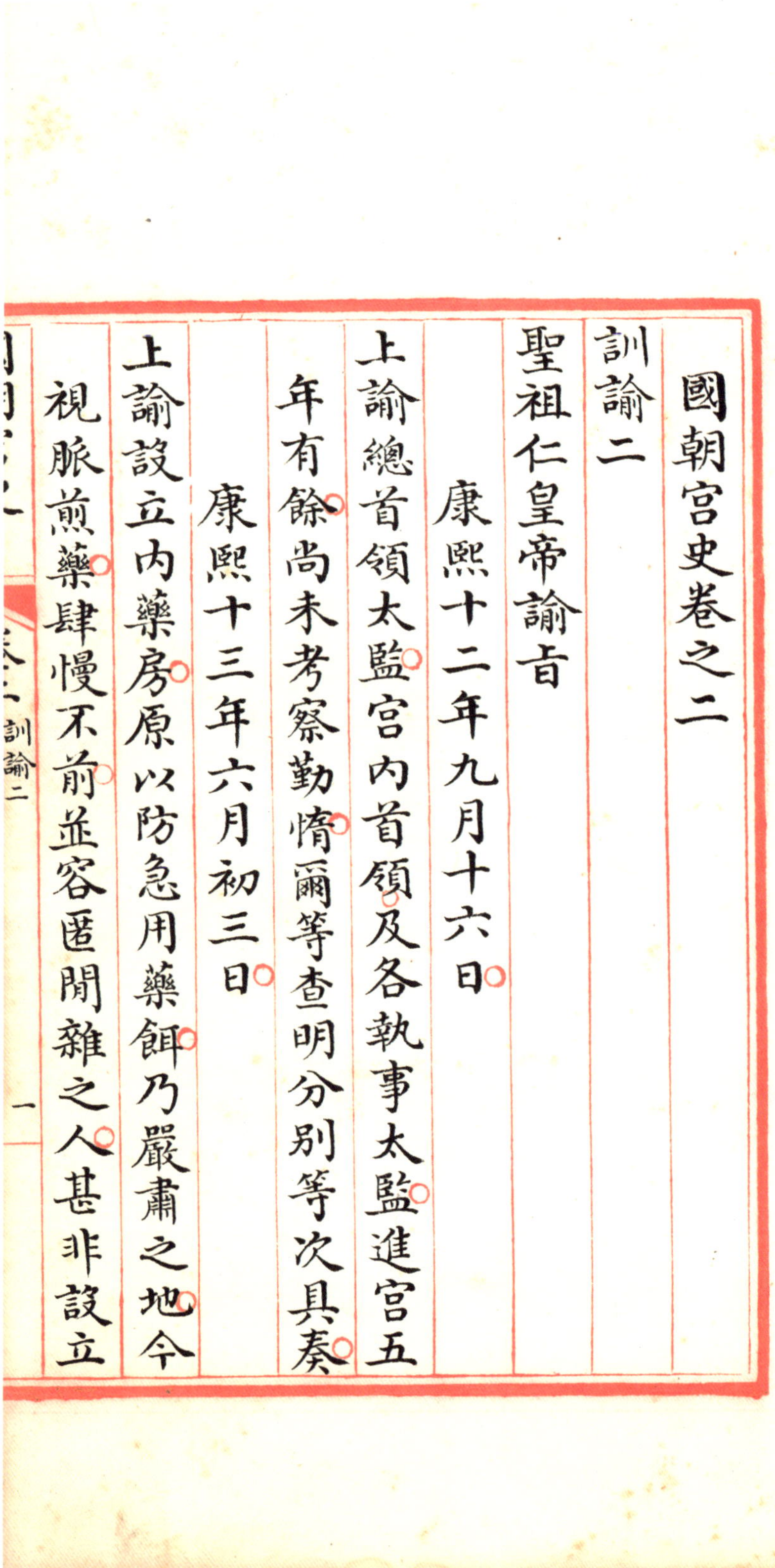
國朝宮史卷之二
訓諭二
聖祖仁皇帝諭旨
康熙十二年九月十六日
上諭總首領太監宮內首領及各執事太監進宮五
年有餘尚未考察勤惰爾等查明分別等次具奏
康熙十三年六月初三日
上諭設立內藥房原以防急用藥餌乃嚴肅之地今
視脈煎藥肆慢不前並容匿閒雜之人甚非設立

01615 國朝宮史三十六卷 （清）鄂爾泰　張廷玉等編纂　清嘉慶十一年（1806）抄呈進本

匡高19.4厘米，廣13.6厘米。半葉九行，行二十字，白口，四周雙邊。故宮博物院藏。

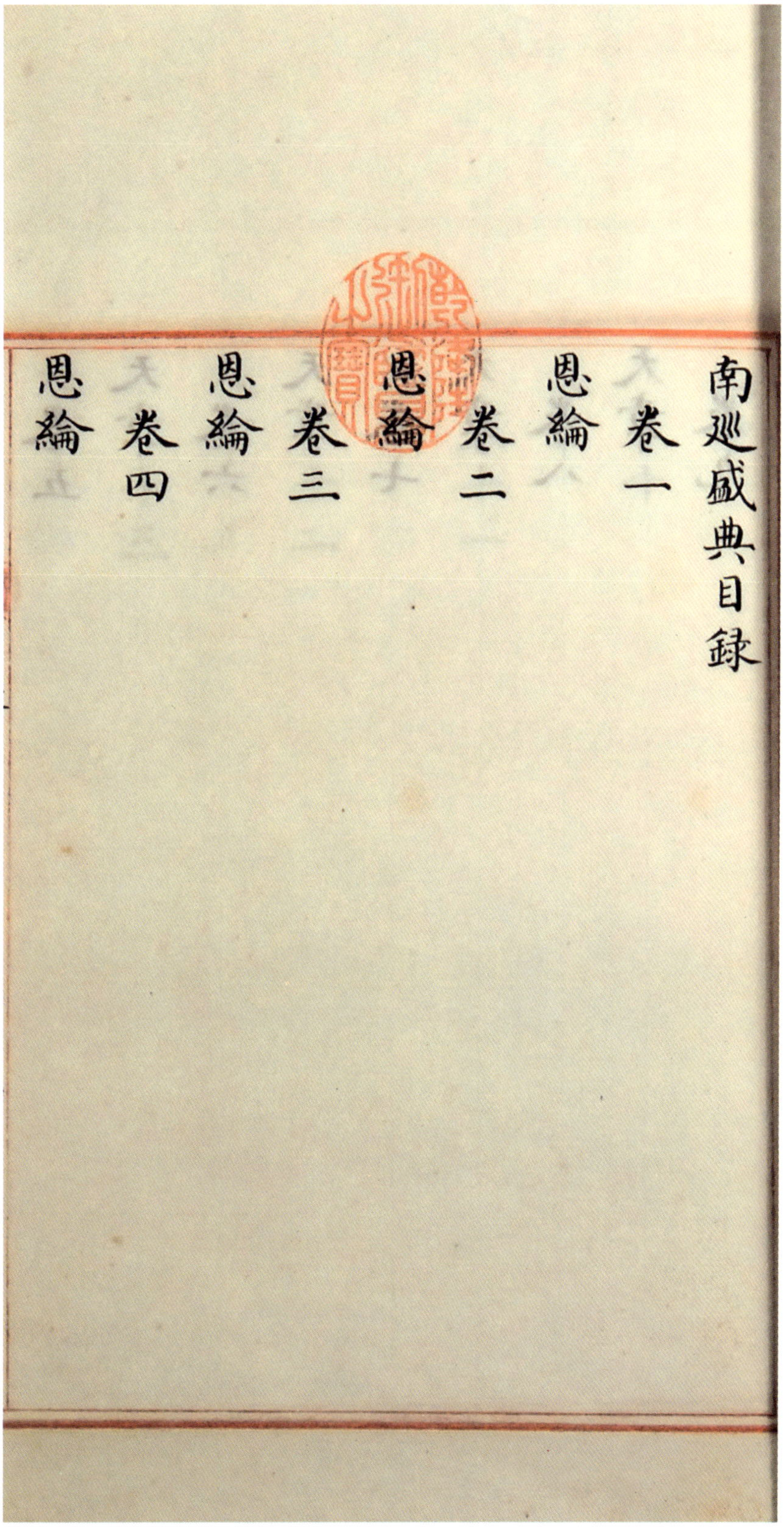

南巡盛典目録

卷一
恩綸
卷二
恩綸
卷三
恩綸
卷四
恩綸

01616 南巡盛典七十卷 （清）高晉等纂修 清乾隆三十一年（1766）内府抄本

匡高22.5厘米，廣16.7厘米。半葉九行，行十九字，白口，四周雙邊。有“乾隆御覽之寶”等印。南京博物院藏。

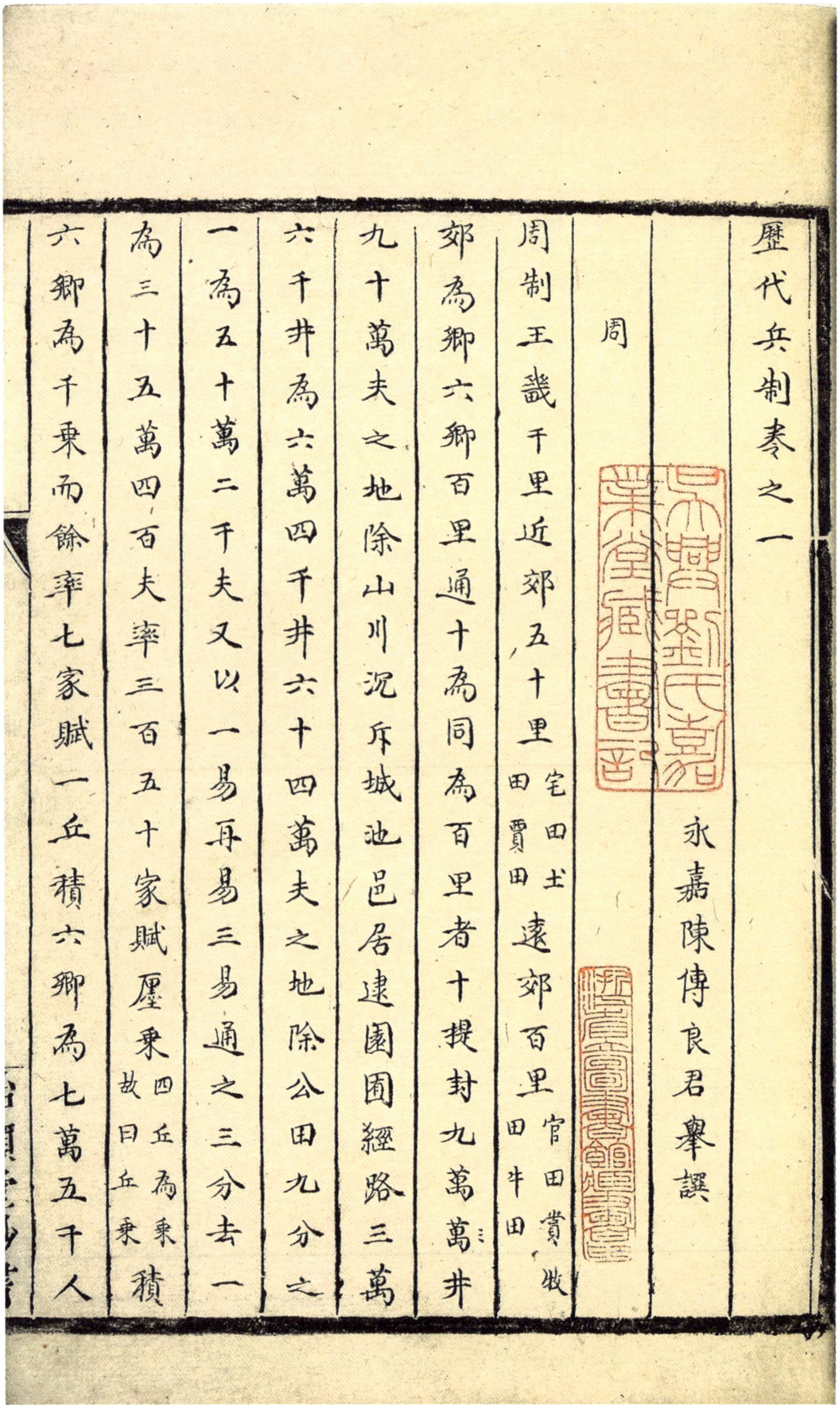

歷代兵制卷之一

永嘉陳傅良君舉譔

周

周制王畿千里近郊五十里宅田士田賈田遠郊百里官田賞牧田牛田

郊為鄉六鄉百里通十為同為百里者十提封九萬井

九十萬夫之地除山川沉斥城池邑居遠園囿經路三萬

六千井為六萬四千井六十四萬夫之地除公田九分之

一為五十萬二千夫又以一易再易三易通之三分去一

為三十五萬四百夫率三百五十家賦歷乘四丘為乘故曰丘乘積

六鄉為千乘而餘率七家賦一丘積六鄉為七萬五千人

01617 歷代兵制八卷　（宋）陳傅良撰　明張應文怡顔堂抄本

匡高18.5厘米，廣13.9厘米。半葉十行，行二十二字，小字雙行同，白口，左右雙邊。有“吴興劉氏嘉業堂藏書記”等印。浙江圖書館藏。

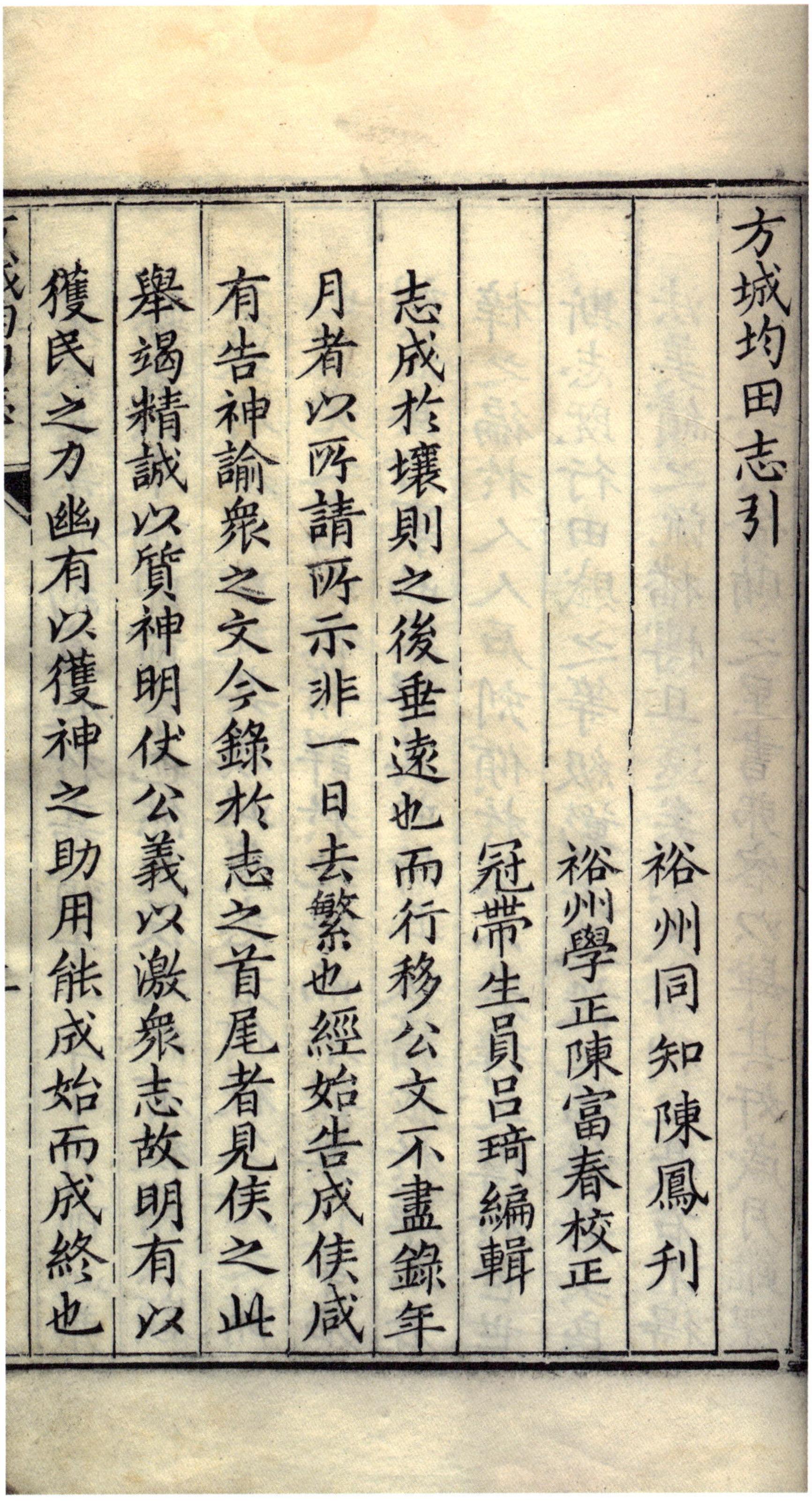

方城均田志引

裕州同知陳鳳刋

裕州學正陳富春校正

冠帶生員呂琦編輯

志成於壤則之後垂遠也而行移公文不盡錄年月者以所請所示非一日去繁也經始告成侯咸有告神諭衆之文今錄於志之首尾者見侯之此舉竭精誠以質神明伏公義以激衆志故明有以獲民之力幽有以獲神之助用能成始而成終也

01618 方城均田志一卷 （明）呂琦輯 明嘉靖十七年（1538）陳鳳刻本

匡高21.8厘米，廣15.5厘米。半葉九行，行二十字，白口，四周雙邊。無錫市圖書館藏。

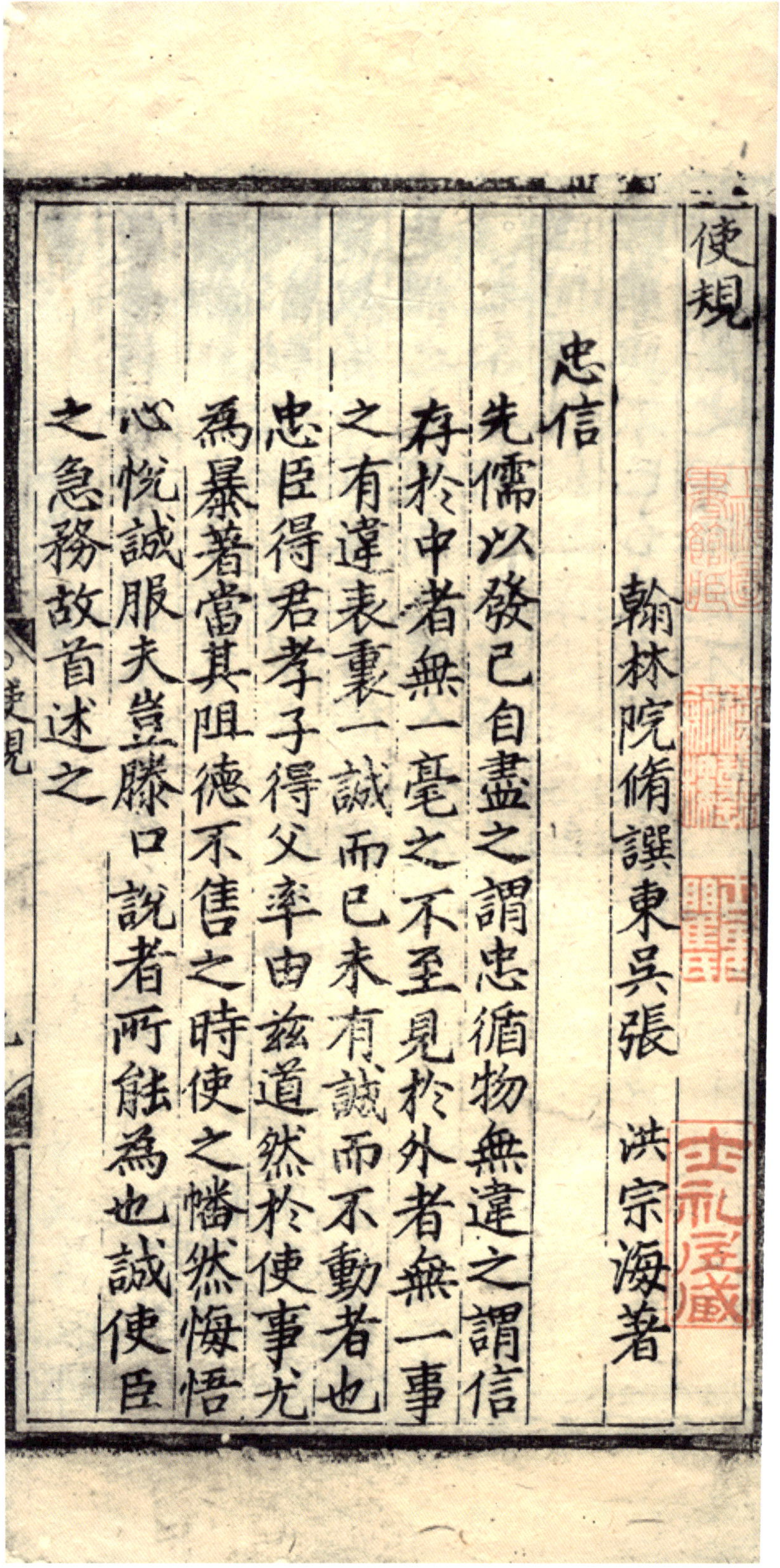

使規

翰林院脩譔東吳張　洪宗海著

忠信

先儒以發己自盡之謂忠循物無違之謂信存於中者無一毫之不至見於外者無一事之有違表裏一誠而已未有誠而不動者也忠臣得君孝子得父率由兹道然於使事尤爲暴著當其阻德不售之時使之幡然悔悟心悅誠服夫豈滕口說者所能爲也誠使臣之急務故首述之

使規

01619 使規一卷使緬附録一卷　（明）張洪撰　明成化十年（1474）湯魯寶刻本

匡高20厘米，廣12.5厘米。半葉十行，行二十字，黑口，四周雙邊。有“士礼居藏”、“鐵琴銅劍樓”等印。常熟市圖書館藏。

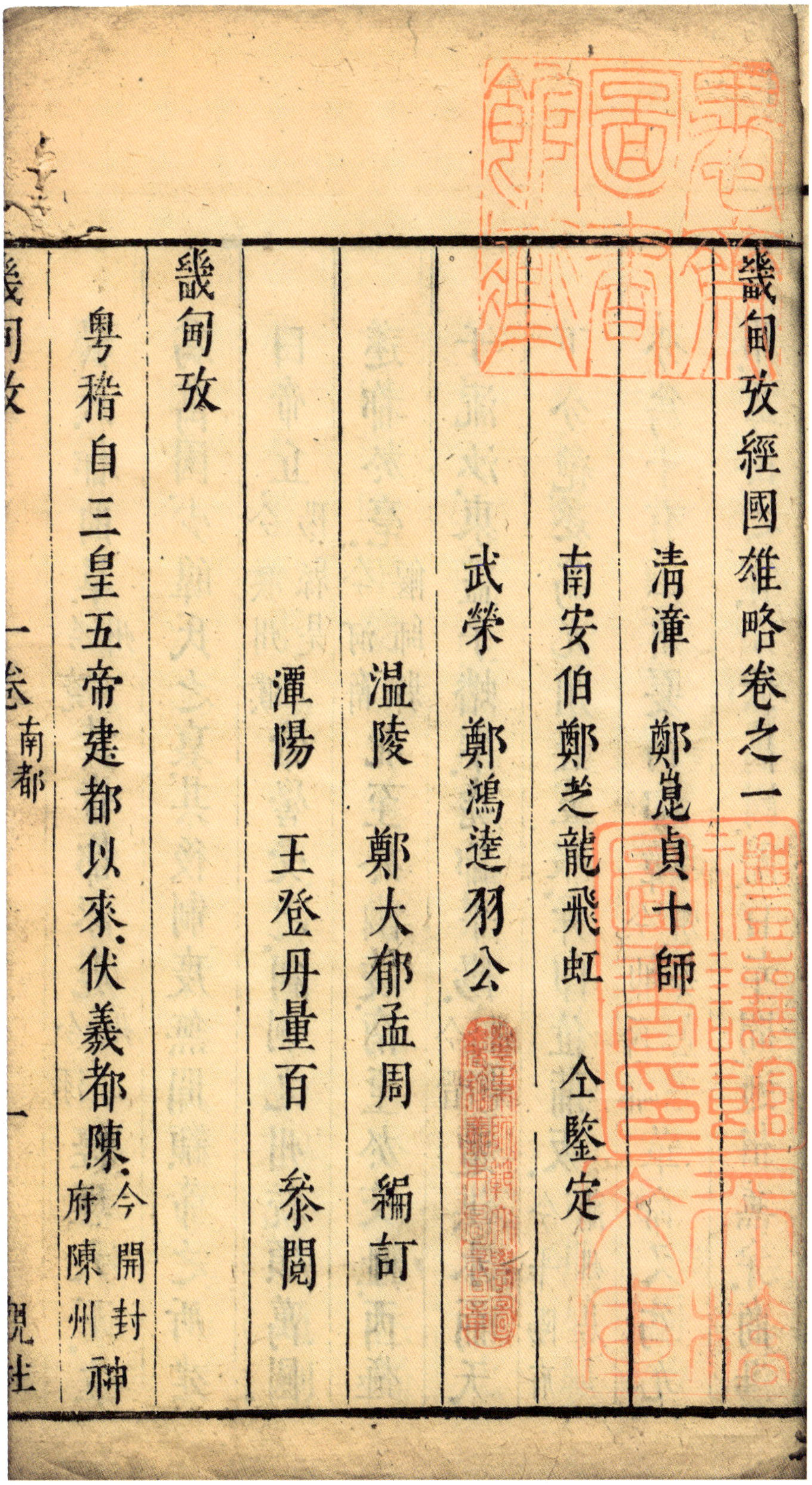

01620 經國雄略四十八卷　（明）鄭大郁撰　明弘光元年（1645）觀社刻本

匡高20.1厘米，廣14.2厘米。半葉八行，行二十字，小字雙行同，白口，四周單邊。有“三槐堂較梓”牌記。有“天橋文庫”、“禮讓館圖書印”等印。華東師範大學圖書館藏，存四十五卷。

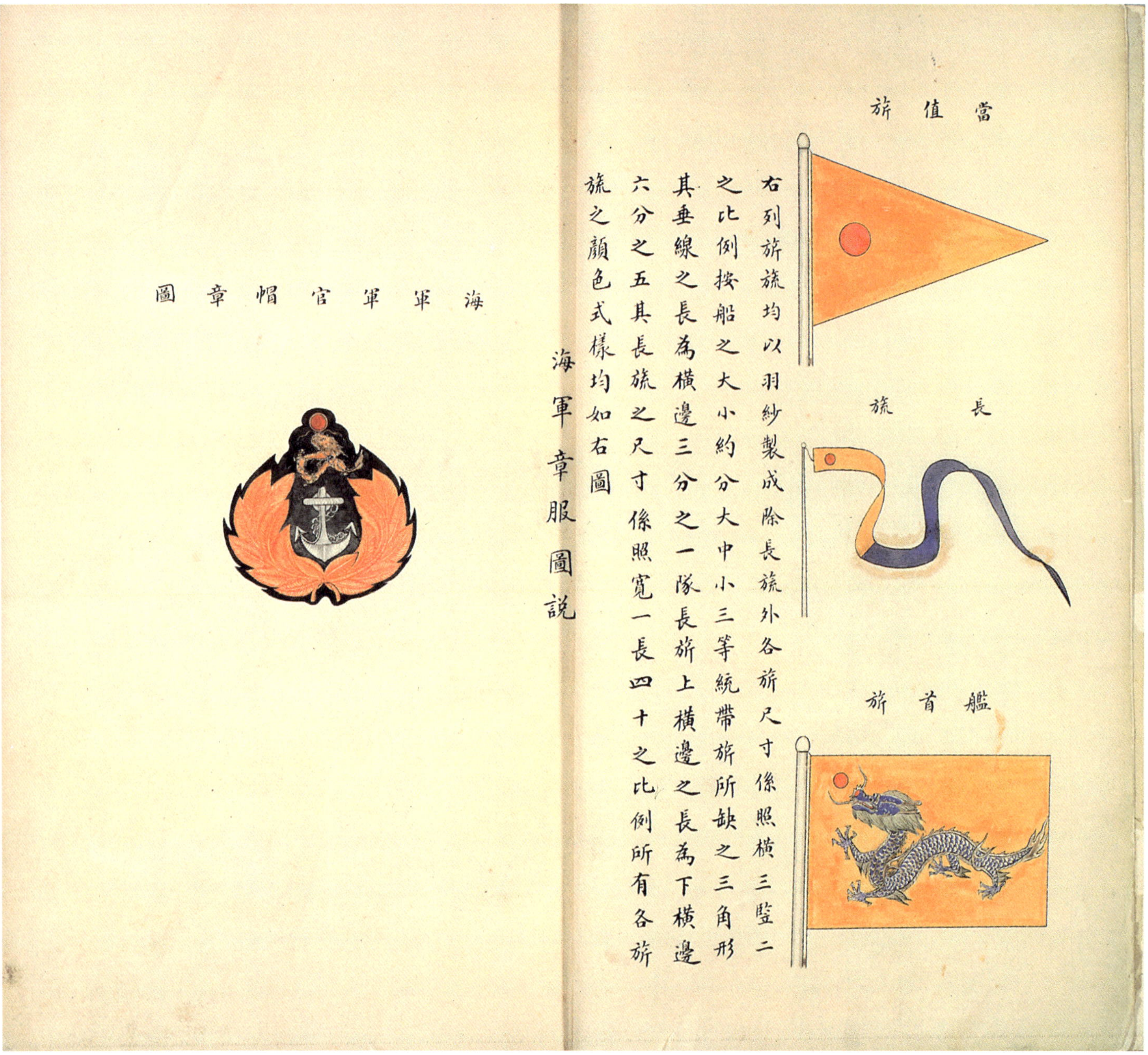
當值旂

長旒

艦首旂

右列旂旒均以羽紗製成除長旒外各旂尺寸係照橫三豎二之比例按船之大小約分大中小三等統帶旂所缺之三角形其垂線之長爲橫邊三分之一隊長旂上橫邊之長爲下橫邊六分之五其長旒之尺寸係照寬一長四十之比例所有各旂旒之顏色式樣均如右圖

海軍章服圖說

海軍軍官帽章圖

01621 海軍旗式及章服圖說不分卷 清宣統彩繪本

高34.2厘米，廣22.7厘米，無匡格。故宫博物院藏。

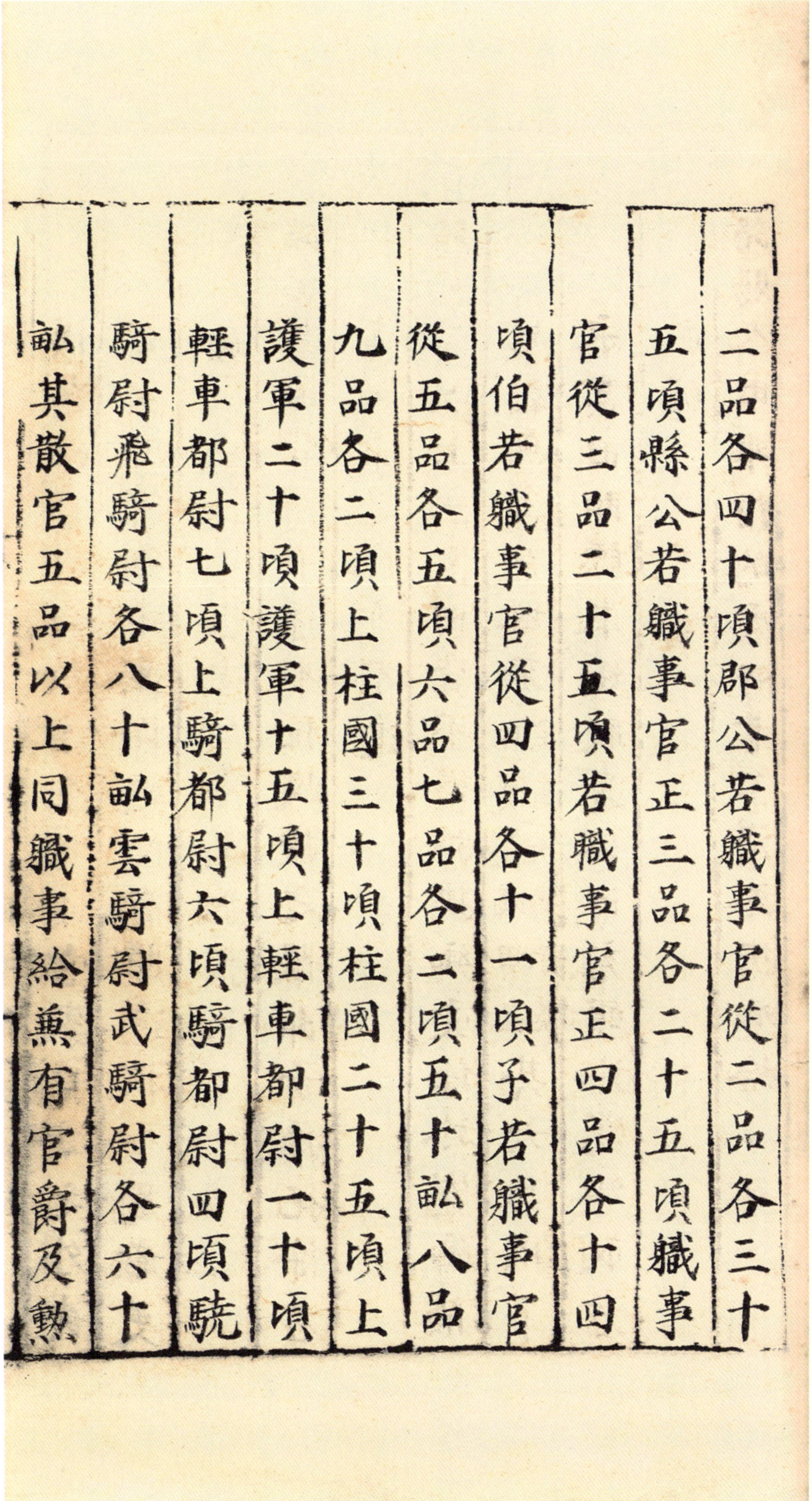

二品各四十頃郡公若職事官從二品各三十
五頃縣公若職事官正三品各二十五頃職事
官從三品二十五頃若職事官正四品各十四
頃伯若職事官從四品各十一頃子若職事官
從五品各五頃六品七品各二頃五十畝八品
九品各二頃上柱國三十頃柱國二十五頃上
護軍二十頃護軍十五頃上輕車都尉一十頃
輕車都尉七頃上騎都尉六頃騎都尉四頃驍
騎尉飛騎尉各八十畝雲騎尉武騎尉各六十
畝其散官五品以上同職事給兼有官爵及勲

01622 天聖令三十卷　（宋）呂夷簡　龐籍等修　明抄本

包背裝。匡高20.5厘米，廣14.3厘米。半葉十行，行二十字，白口，四周單邊。寧波市天一閣博物館藏，存十卷。

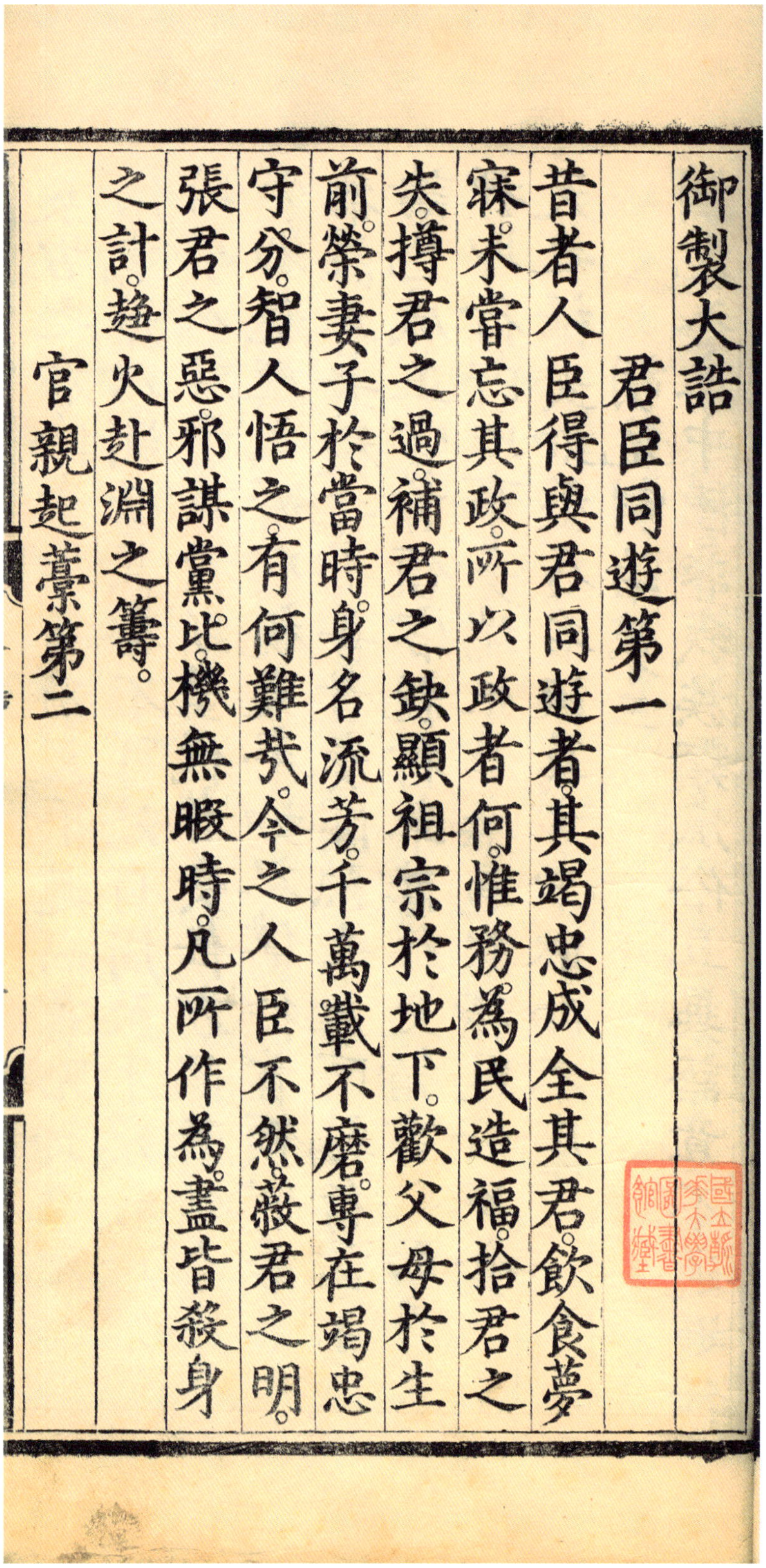

御製大誥

君臣同遊第一

昔者人臣得與君同遊者。其竭忠成全其君。飲食夢寐未嘗忘其政。所以政者何。惟務為民造福。拾君之失。搏君之過。補君之缺。顯祖宗於地下。歡父母於生前。榮妻子於當時。身名流芳。千萬載不磨。專在竭忠守分。智人悟之有何難哉。今之人臣不然。蔽君之明。張君之惡。邪謀黨比。機無暇時。凡所作為。盡皆殺身之計。趨火赴淵之籌。

官親起藁第二

01623 御製大誥一卷續編一卷三編一卷大誥武臣一卷　（明）太祖朱元璋撰　明初刻本

匡高30厘米，廣18厘米。半葉十行，行二十字，黑口，四周雙邊。清華大學圖書館藏。

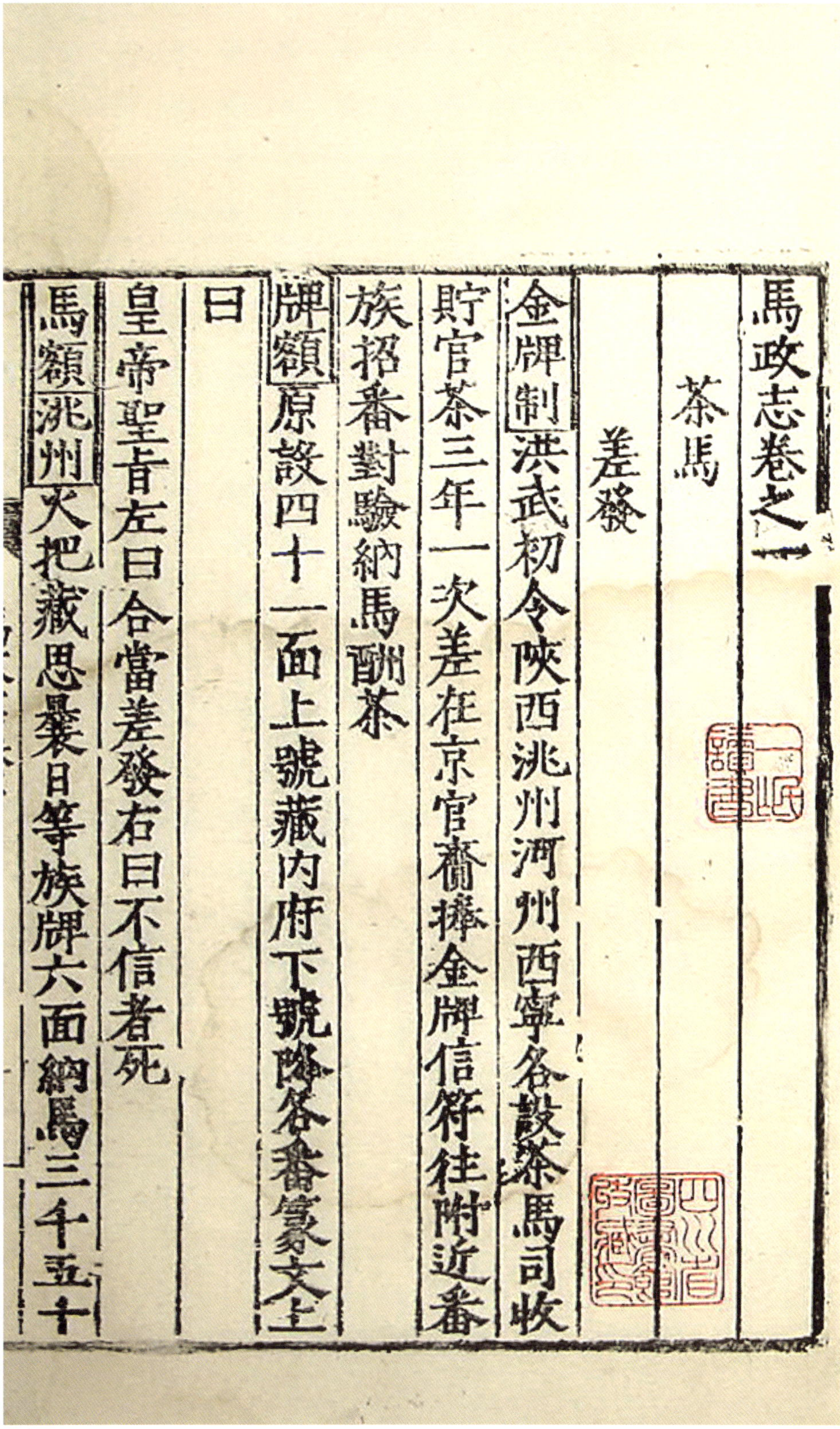
馬政志卷之一

茶馬

差發

金牌制 洪武初令陝西洮州河州西寧各設茶馬司收貯官茶三年一次差在京官齎捧金牌信符往附近番族招番對驗納馬酬茶

牌額 原設四十一面上號藏內府下號降各番篆文上曰

皇帝聖旨左曰合當差發右曰不信者死

馬額 洮州 火把藏思曩日等族牌六面納馬三千五十

01624 馬政志四卷 （明）陳講撰 明嘉靖刻本

匡高19.2厘米，廣14.4厘米。半葉十行，行二十一字，白口，四周單邊。有“一氓讀書”等印。四川省圖書館藏，存二卷。

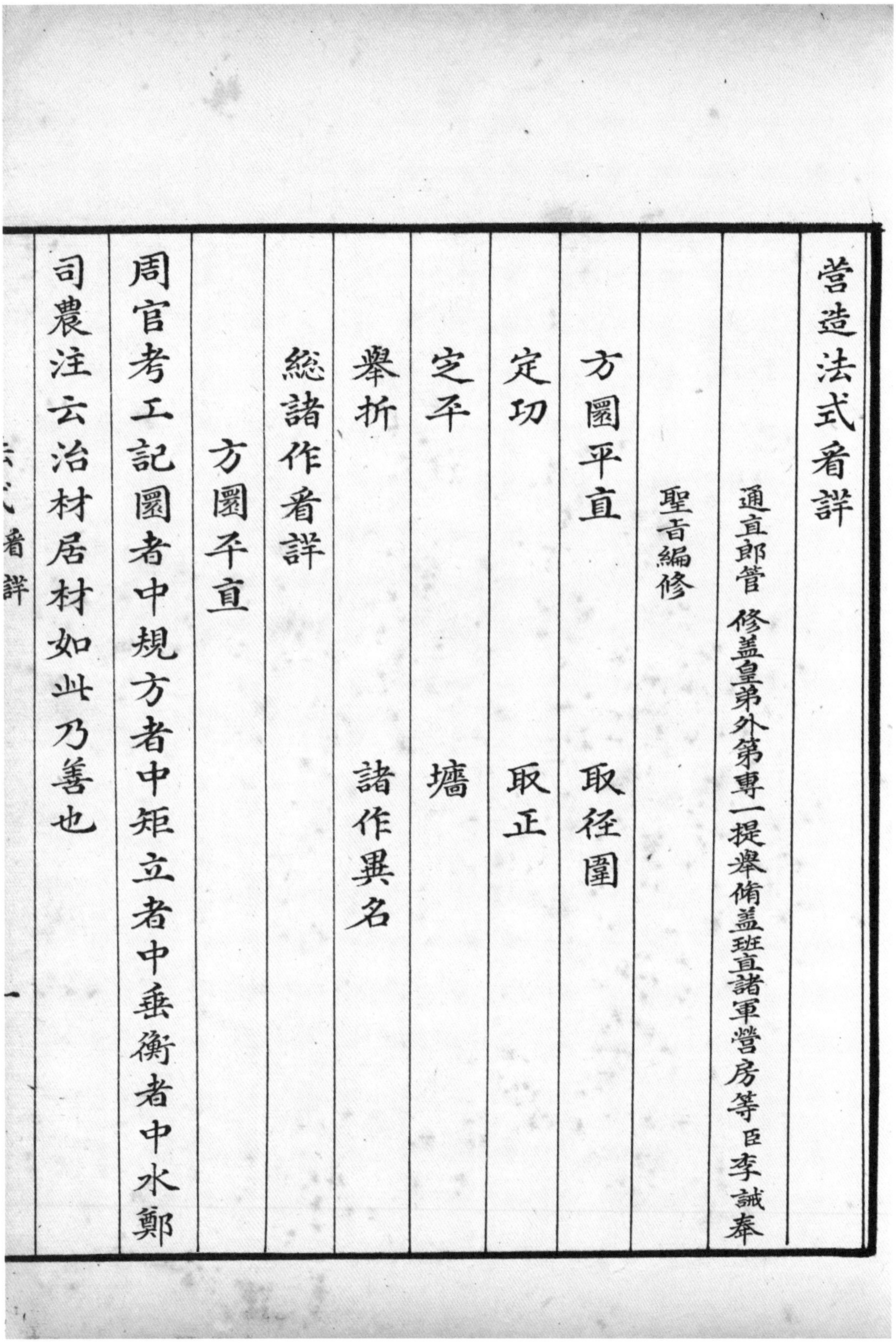

營造法式看詳

通直郎管 修葢皇弟外第專一提舉脩葢班直諸軍營房等臣李誡奉

聖旨編修

方圜平直 取径圍

定功 取正

定平 墻

舉折 諸作異名

総諸作看詳

方圜平直

周官考工記圜者中規方者中矩立者中垂衡者中水鄭司農注云治材居材如此乃善也

01625 營造法式三十四卷 （宋）李誡編修 清初影宋抄本

匡高22.5厘米，廣18.5厘米。半葉十一行，行二十二字，白口，左右雙邊。有“虞山錢曾遵王藏書”等印。故宫博物院藏。

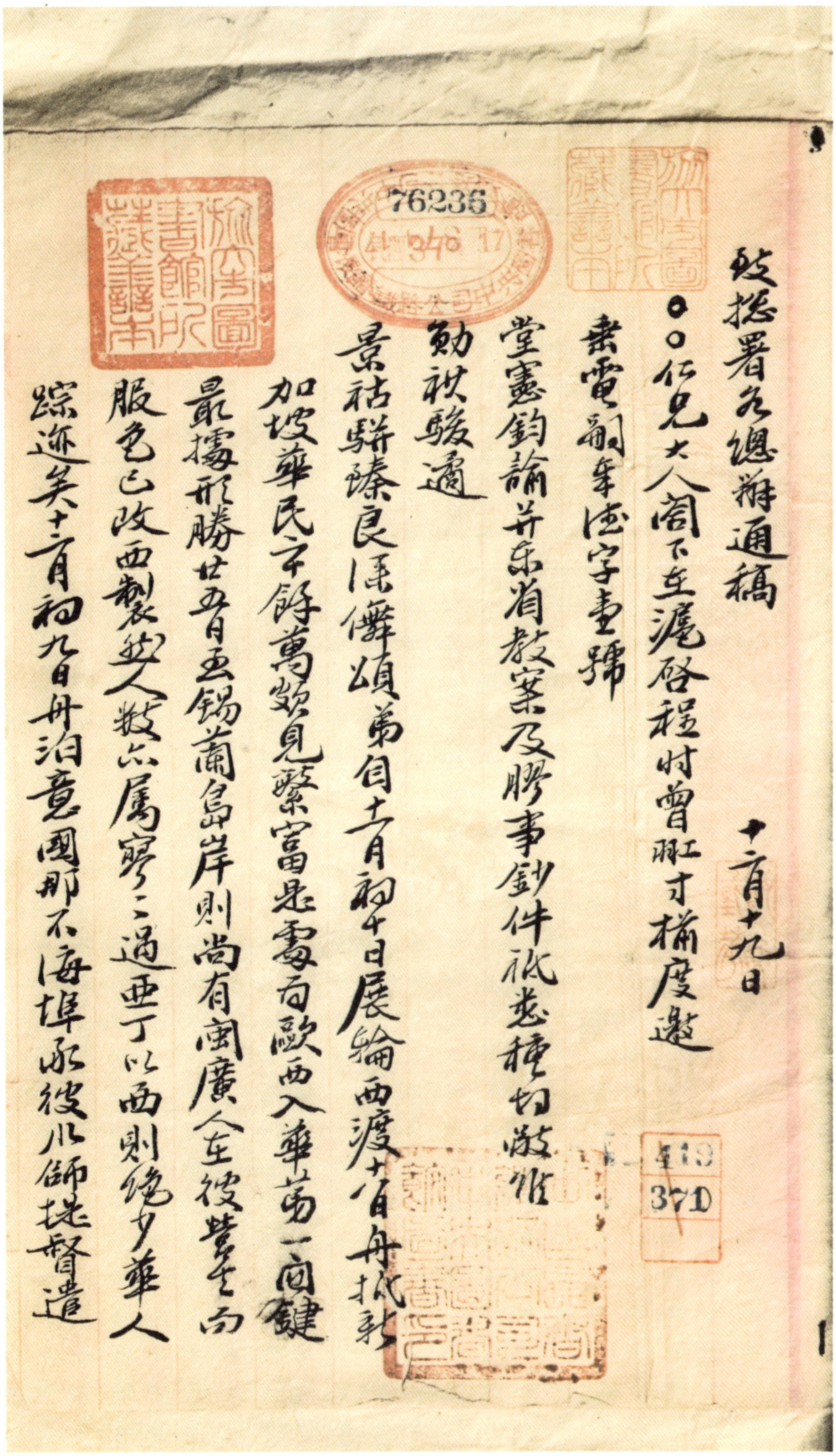

01626 奉使公函稿不分卷 （清）呂海寰撰 稿本

匡高30厘米，廣18.5厘米。半葉十行，行字不等，白口，四周單邊。有“言忠信行篤敬”等印。大連圖書館藏。

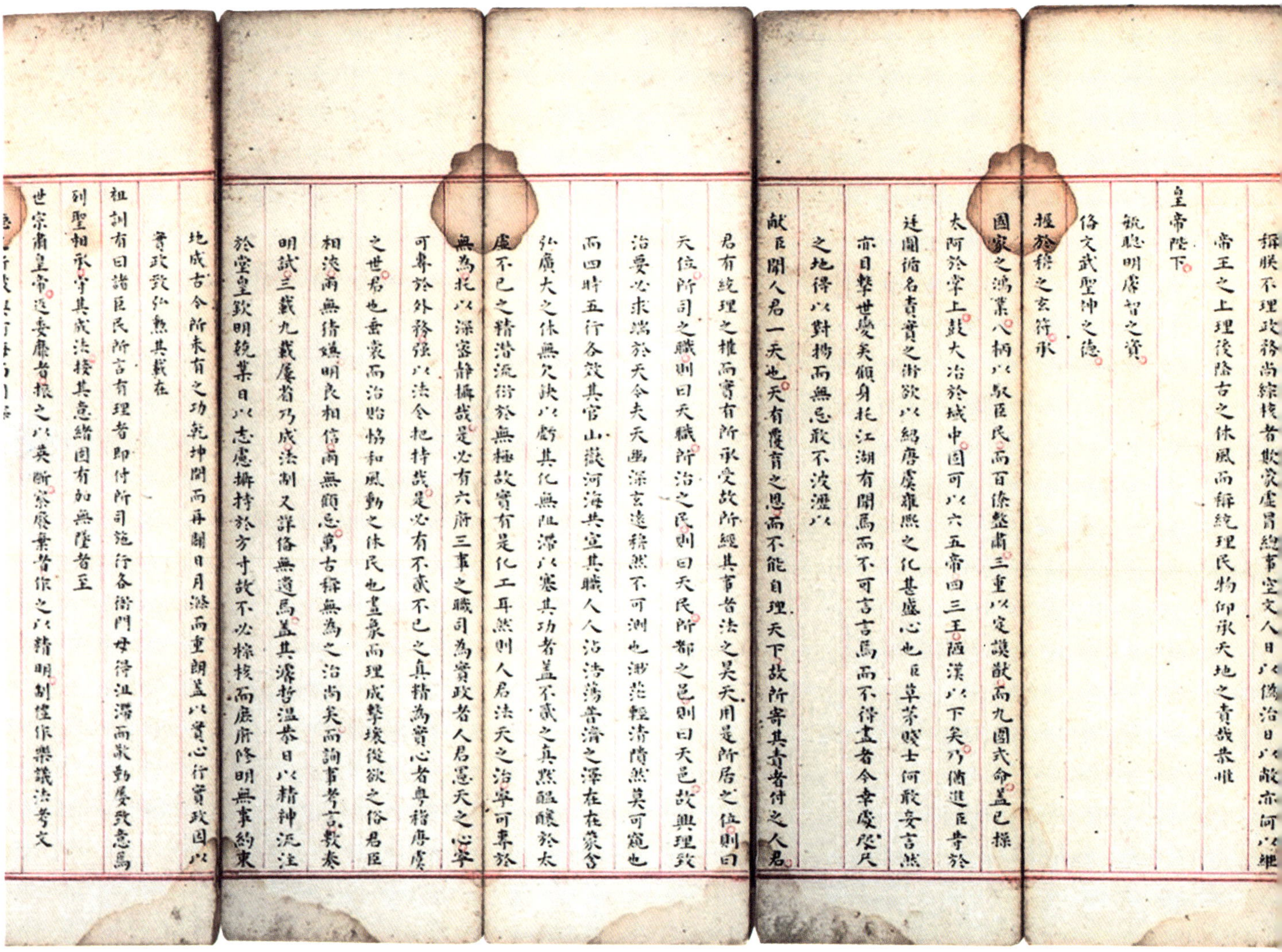

01627 趙秉忠殿試卷 （明）趙秉忠撰　明萬曆二十六年（1598）稿本

經折裝。匡高14.1厘米，廣47.6厘米。半葉六行，行三十二字。山東省青州市博物館藏。

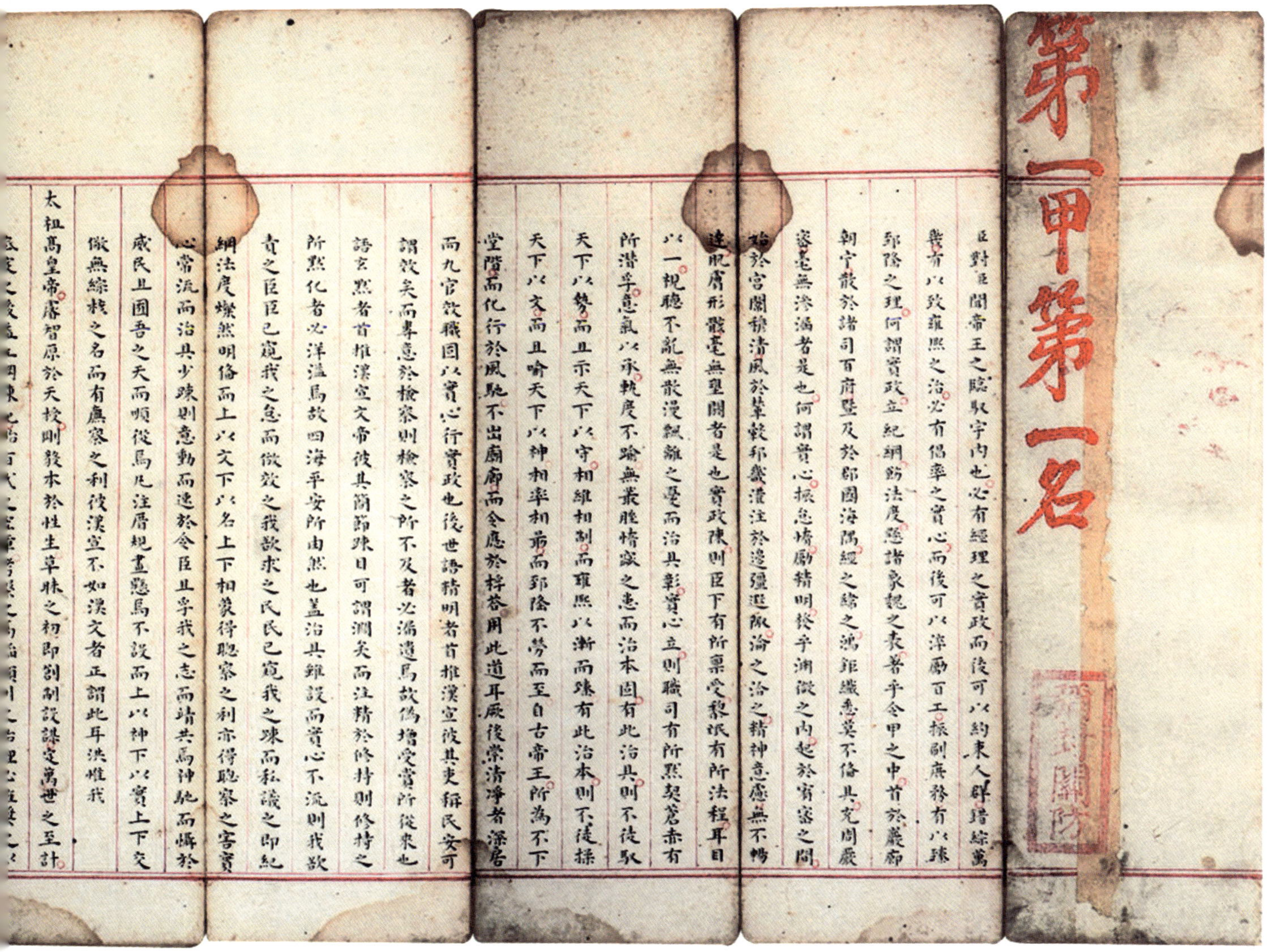

第一甲第一名

臣對臣聞帝王之臨馭宇內也必有經理之實政而後可以約束人群措綜萬
幾有以致雍熙之治必有倡率之實心而後可以淬厲百工振刷庶務有以臻
郅隆之理何謂實政立紀綱飭法度懸諸象魏之表著乎令甲之中首於嚴廊
朝宁散於諸司百府暨及於郡國海隅綱之綜之鴻鉅纖悉莫不備具究周嚴
密毫無滲漏者是也何謂實心振急墮勵精明於乎淵微之內起於宵密之間
始於宮闈發清風於輦轂郡畿潰注於邊疆遐陬渝之治之精神意慮無不暢
達肌膚形骸毫無壅閼者是也實政陳則臣下有所稟受黎庶有所法程耳目
以一視聽不亂無散漫飄離之憂而治具彰實心立則職司有所默契蒼赤有
所潛孚意氣以承軌度不踰無叢脞惰窳之患而治本固有此治具則不徒馭
天下以勢而且示天下以守相維相制而雍熙以漸而臻有此治本則不徒操
天下以文而且喻天下以神相率相帥而郅隆不勞而至自古帝王所為不下
堂階而化行於風馳不出廟廊而令應於桴答用此道耳厥後崇清淨者深居
而九官效職固以實心行實政也後世語精明者首推漢宣彼其吏稱民安可
謂效矣而專意於檢察則檢察之所不及者必滿遺焉故偽增受實所從來也
語玄默者首推漢宣文帝彼其簡節疏目可謂淵矣而注精於修持則修持之
所默化者必洋溢焉故四海平安所由然也蓋治具雖設而實心不流則我欲
責之臣臣已窺我之急而傲效之我欲求之民民已窺我之疎而私議之即紀
綱法度燦然明備而上以文下以名上下相蒙得聰察之利亦得聰察之害實
心常流而治具少疎則意動而達於令臣且孚我之志而靖共為神馳而孺於
感民且固吾之天而順從焉凡注厝規畫懸焉不設而上以神下以實上下交
徹無綜核之名而有廉察之利彼漢宣不如漢文者正謂此耳洪惟我
太祖高皇帝睿智原於天授則發本於性生草昧之初即創制設謀定萬世之至計

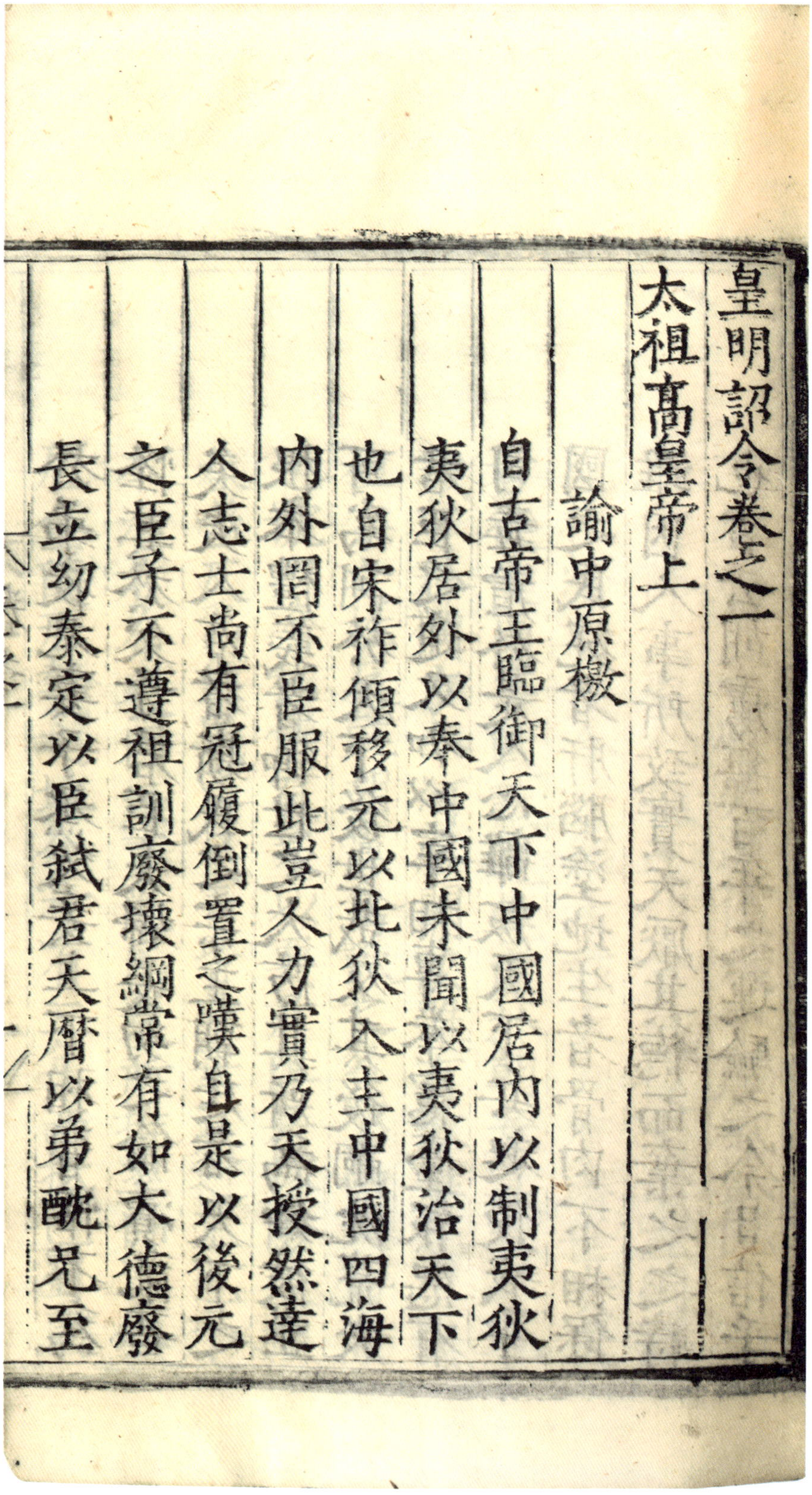

皇明詔令卷之一
太祖高皇帝上
諭中原檄
自古帝王臨御天下中國居内以制夷狄
夷狄居外以奉中國未聞以夷狄治天下
也自宋祚傾移元以北狄入主中國四海
内外罔不臣服此豈人力實乃天授然達
人志士尚有冠履倒置之嘆自是以後元
之臣子不遵祖訓廢壞綱常有如大德廢
長立幼泰定以臣弒君天曆以弟酖兄至

01628 皇明詔令二十一卷 （明）傅鳳翱輯 明嘉靖十八年（1539）自刻本

匡高21.6厘米，廣15.5厘米。半葉十行，行十八至二十二字，白口，四周雙邊。安徽省圖書館藏。

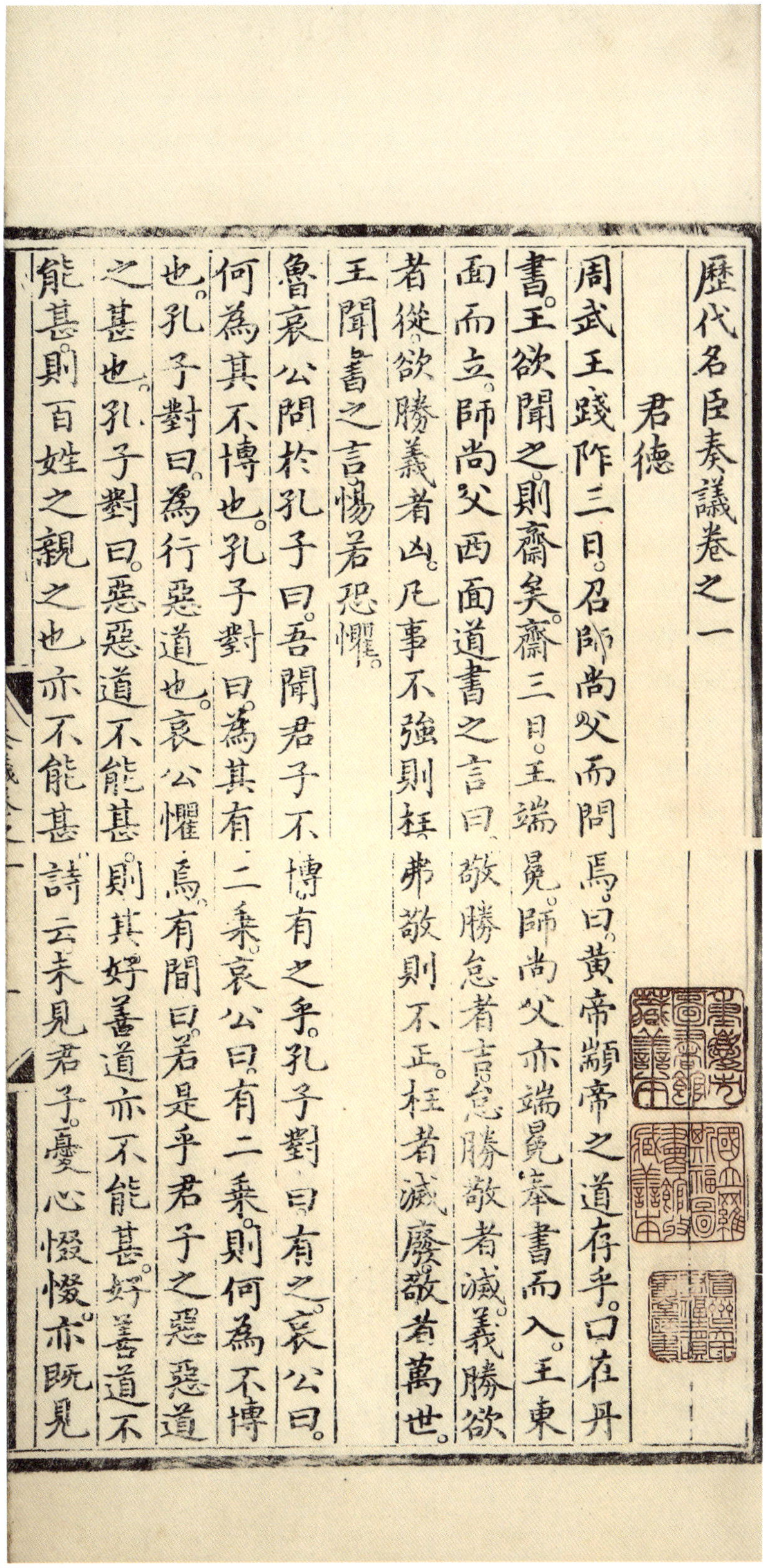
歷代名臣奏議卷之一
君德
周武王踐阼三日召師尚父而問焉曰黄帝顓帝之道存乎曰在丹書王欲聞之則齋矣齋三日王端冕師尚父亦端冕奉書而入王東面而立師尚父西面道書之言曰敬勝怠者吉怠勝敬者滅義勝欲者從欲勝義者凶凡事不強則枉弗敬則不正枉者滅廢敬者萬世王聞書之言惕若恐懼
魯哀公問於孔子曰吾聞君子不博有之乎孔子對曰有之哀公曰何為其不博也孔子對曰為其有二乘哀公曰有二乘則何為不博也孔子對曰為行惡道也哀公懼焉有間曰若是乎君子之惡惡道之甚也孔子對曰惡惡道不能甚則其好善道亦不能甚好善道不能甚則百姓之親之也亦不能甚詩云未見君子憂心惙惙亦既見

01629、01630 歷代名臣奏議三百五十卷 （明）黄淮 楊士奇等輯 明永樂内府刻本

匡高25.5厘米，廣16厘米。半葉十二行，行二十六字，黑口，四周雙邊。重慶圖書館藏，有“真州吴氏有福讀書堂藏書”等印，存三百二十七卷；杭州圖書館藏，存五十八卷。

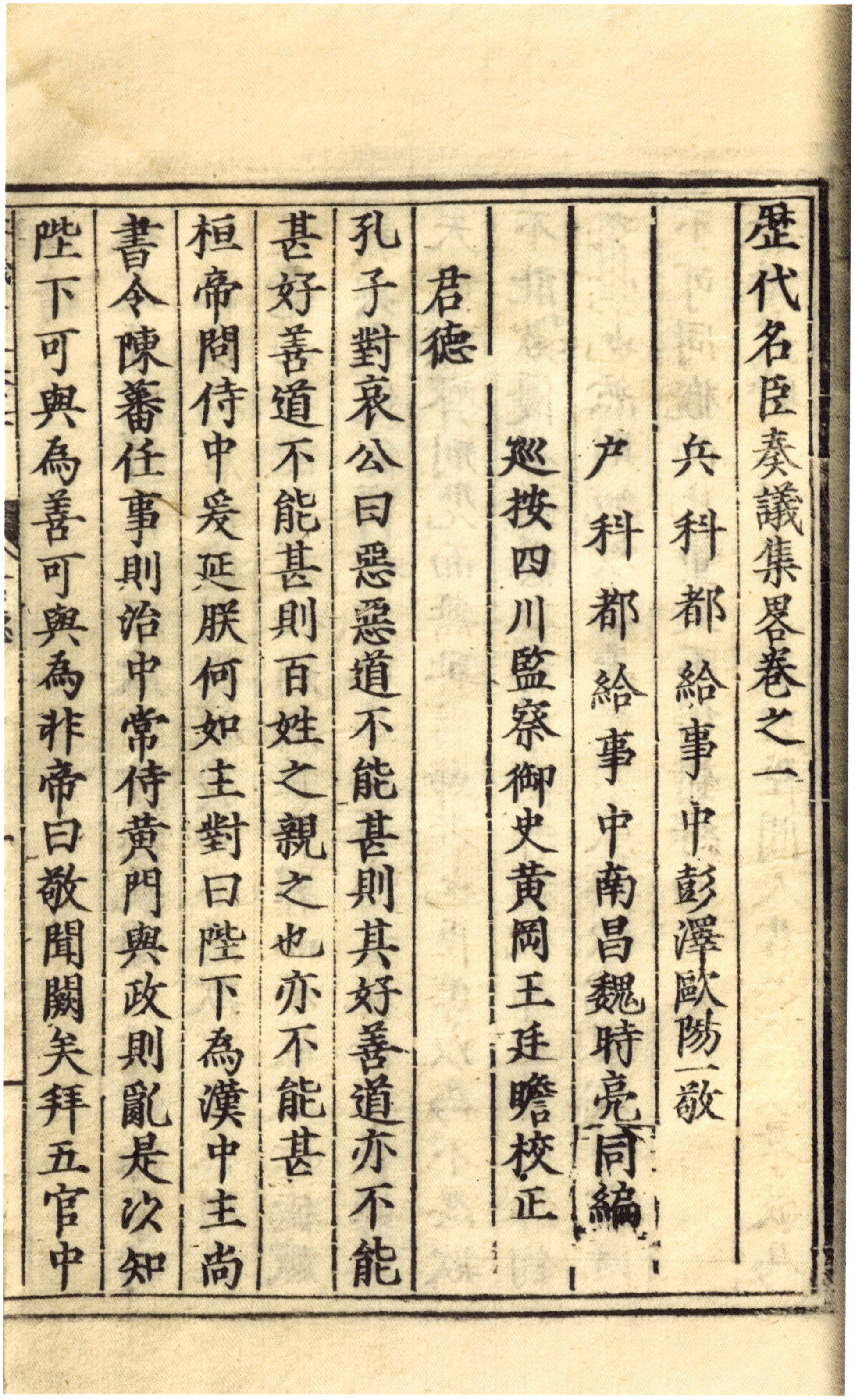

歷代名臣奏議集畧卷之一
兵科都給事中彭澤歐陽一敬
户科都給事中南昌魏時亮同編
巡按四川監察御史黄岡王廷瞻校正
君德
孔子對哀公曰惡惡道不能甚則其好善道亦不能
甚好善道不能甚則百姓之親之也亦不能甚
桓帝問侍中爰延朕何如主對曰陛下為漢中主尚
書令陳蕃任事則治中常侍黄門與政則亂是以知
陛下可與為善可與為非帝曰敬聞闕矣拜五官中

01631 歷代名臣奏議集畧四十卷 （明）歐陽一敬 魏時亮輯 明隆慶三年（1569）王廷瞻刻本

匡高20厘米，廣15.5厘米。半葉十行，行二十字，小字雙行同，白口，四周雙邊。大連圖書館藏。

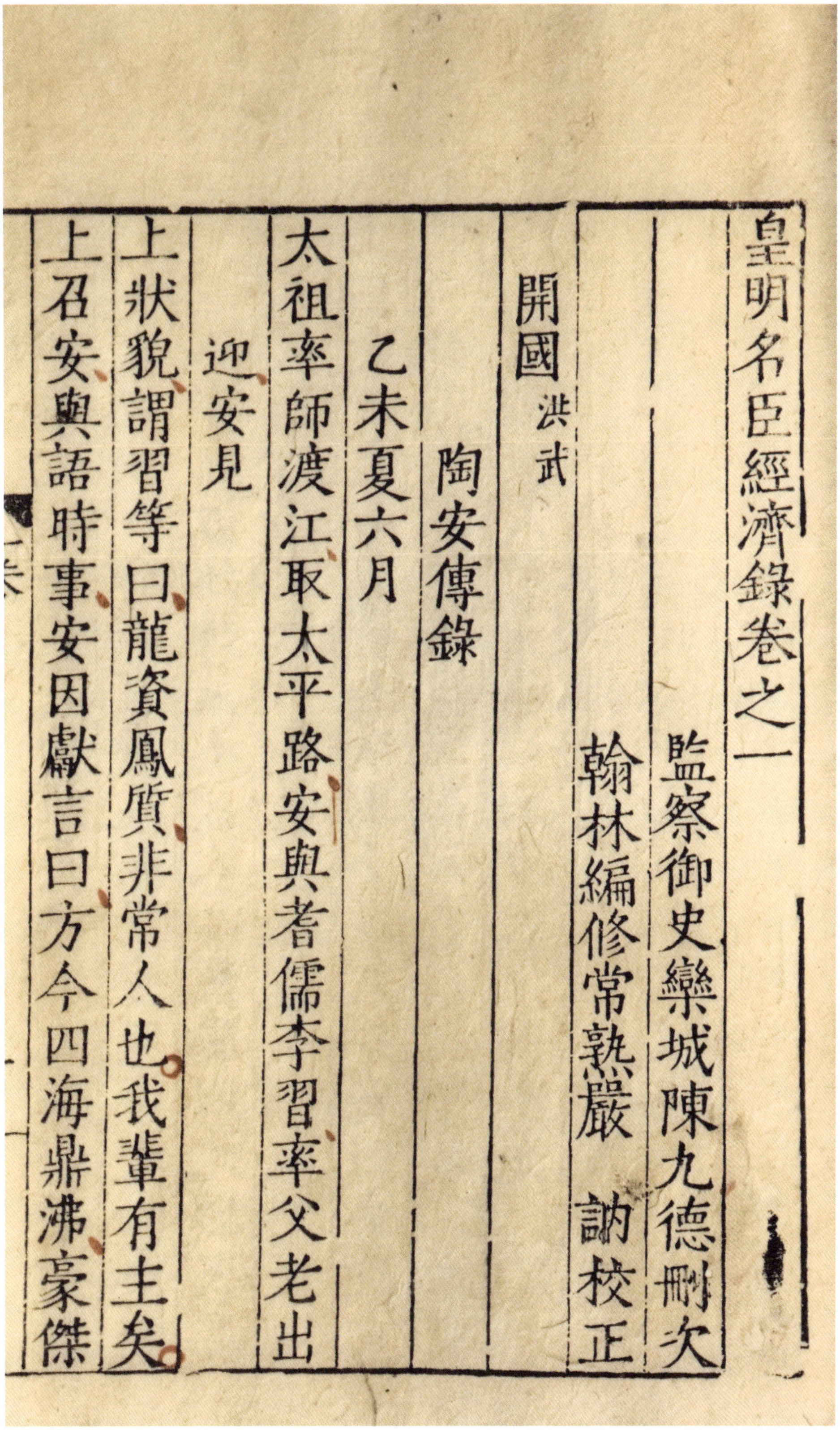

皇明名臣經濟録卷之一
監察御史欒城陳九德刪次
翰林編修常熟嚴　訥校正
開國 洪武
陶安傳録
乙未夏六月
太祖率師渡江取太平路安與耆儒李習率父老出
迎安見
上狀貌謂習等曰龍資鳳質非常人也我輩有主矣
上召安與語時事安因獻言曰方今四海鼎沸豪傑

01632、01633 皇明名臣經濟録十八卷 （明）陳九德輯 明嘉靖二十八年（1549）刻本

匡高20.4厘米，廣14厘米。半葉十行，行二十字，白口，四周單邊。青海省圖書館、大連圖書館藏。

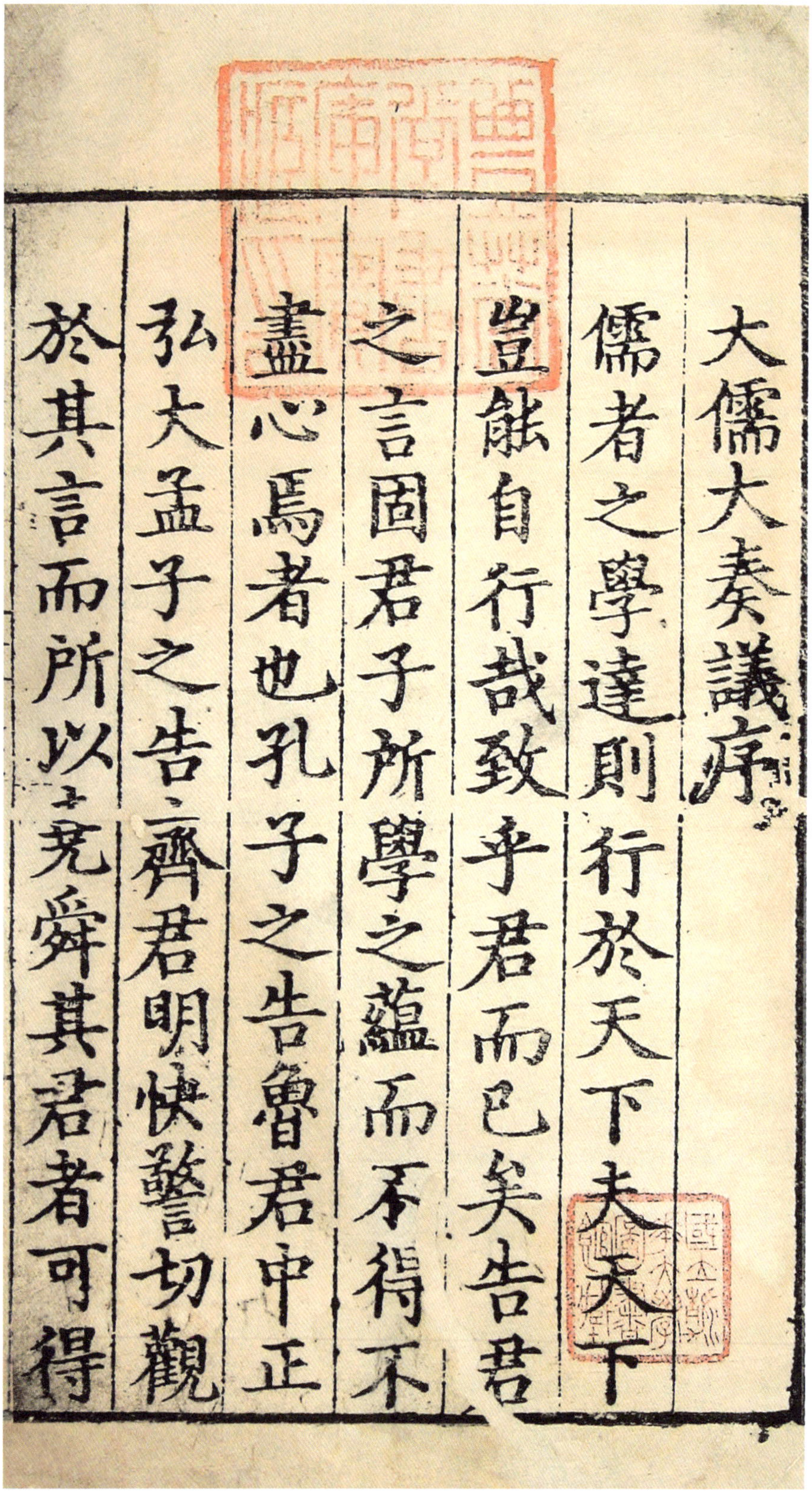
大儒大奏議序
儒者之學達則行於天下夫天下
豈能自行哉致乎君而已矣告君
之言固君子所學之蘊而不得不
盡心焉者也孔子之告魯君中正
弘大孟子之告齊君明快警切觀
於其言而所以堯舜其君者可得

01634 大儒大奏議六卷 （明）邵寶輯　明弘治十八年（1505）王德明刻本

匡高20.9厘米，廣13.4厘米。半葉十行，行二十二字，白口，四周單邊。清華大學圖書館藏。

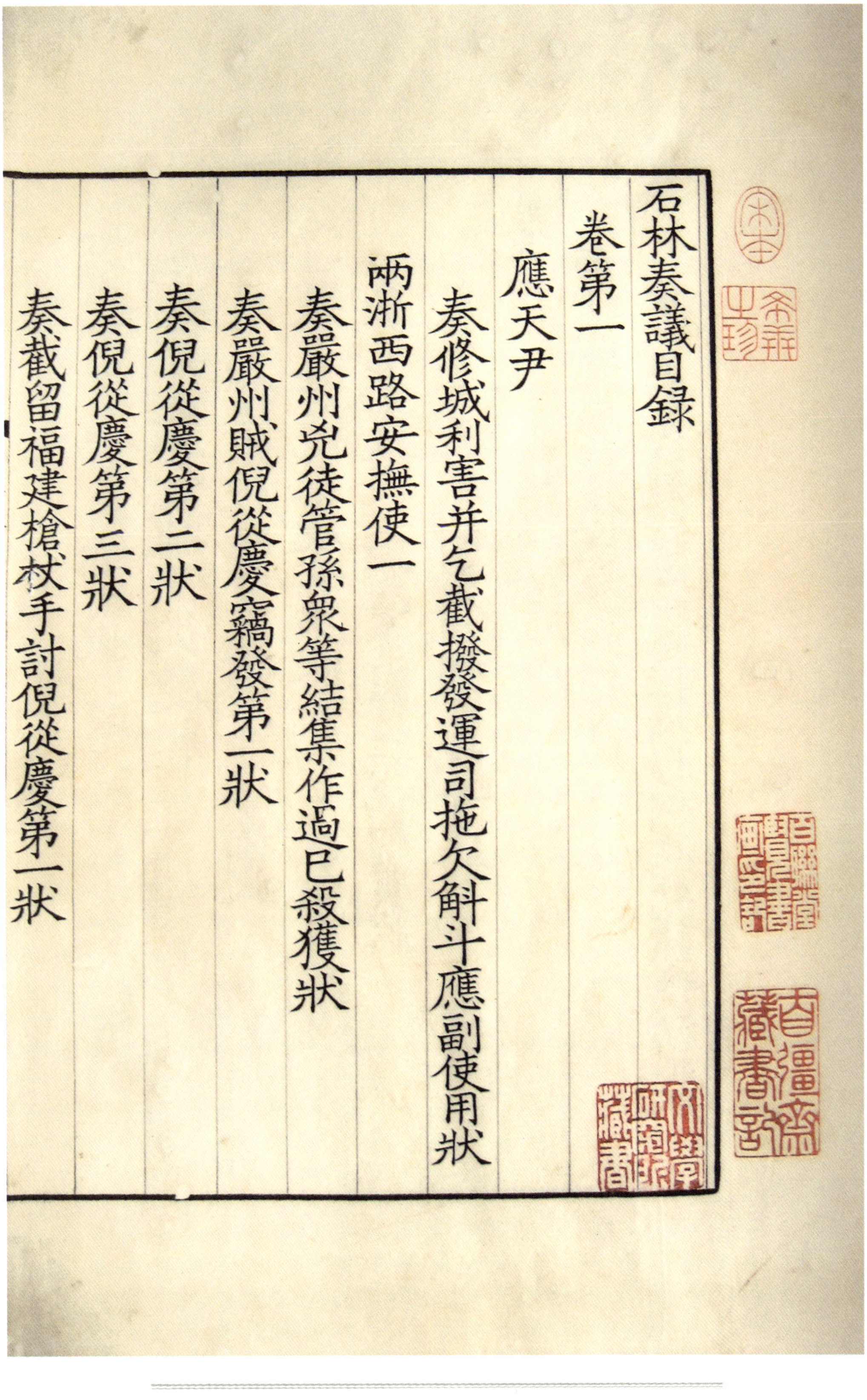
石林奏議目録
卷第一
應天尹
奏修城利害并乞截撥發運司拖欠斛斗應副使用狀
兩浙西路安撫使一
奏嚴州兇徒管孫衆等結集作過已殺獲狀
奏嚴州賊倪從慶竊發第一狀
奏倪從慶第二狀
奏倪從慶第三狀
奏截留福建槍杖手討倪從慶第一狀

01635 石林奏議十五卷 （宋）葉夢得撰 明毛氏汲古閣影宋抄本

匡高23.8厘米，廣17.4厘米。半葉十行，行二十五字，白口，左右雙邊。有“汲古閣”、“毛扆之印”、“自彊齋藏書記”、“百聯堂賢書画印記”等印。毛晉、傅增湘跋。中國社會科學院文學研究所圖書館藏。

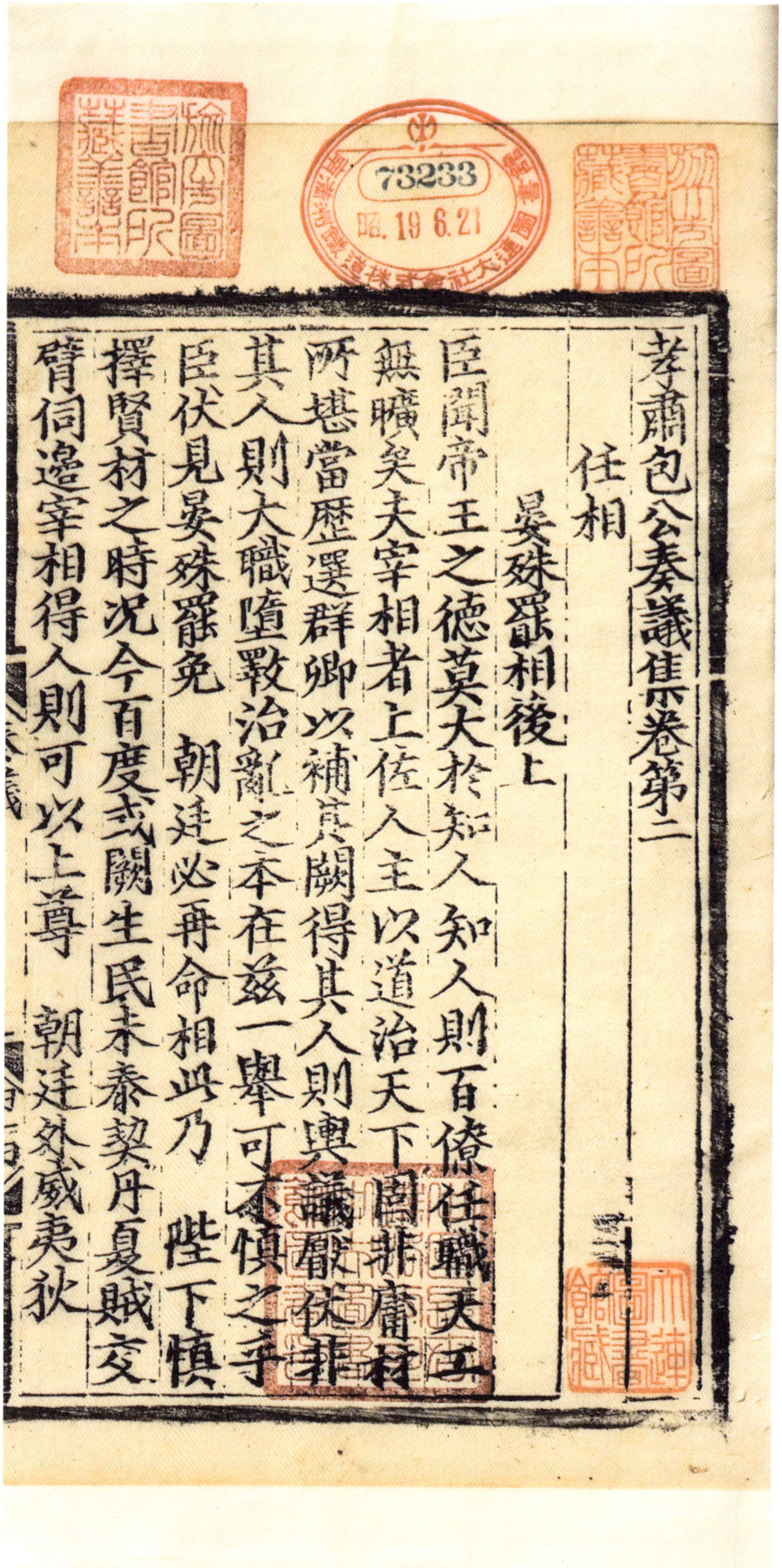

01636 孝肅包公奏議集十卷 （宋）包拯撰　明弘治五年（1492）合肥刻本

匡高19.5厘米，廣13.5厘米。半葉十行，行二十字，黑口，四周雙邊。大連圖書館藏。

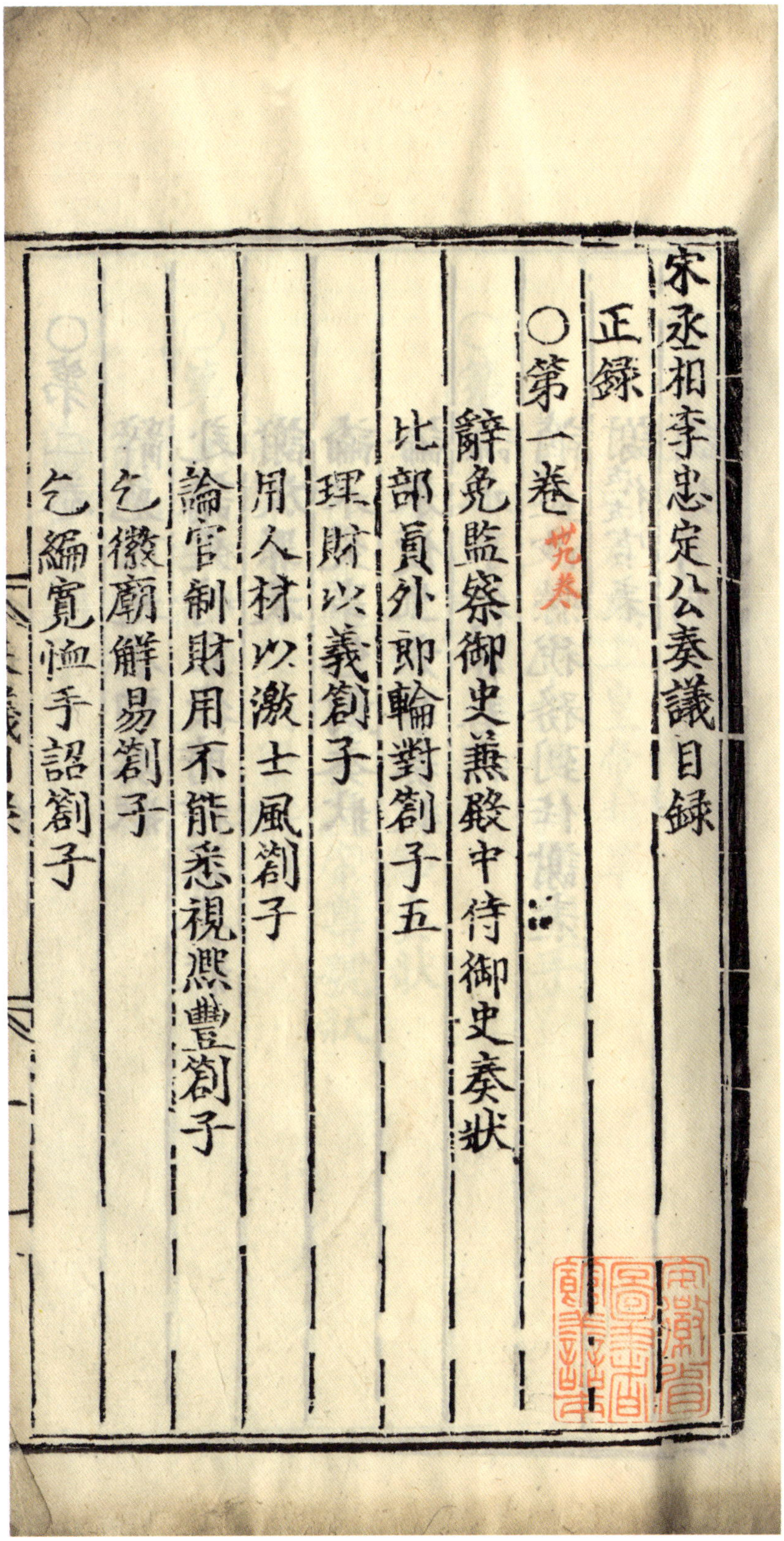

01637 宋丞相李忠定公奏議六十九卷附録九卷 （宋）李綱撰　明正德十一年（1516）胡文静、蕭泮刻本

匡高20.5厘米，廣12.9厘米。半葉十行，行二十二字，小字雙行同，細黑口，四周雙邊。安徽省圖書館藏。

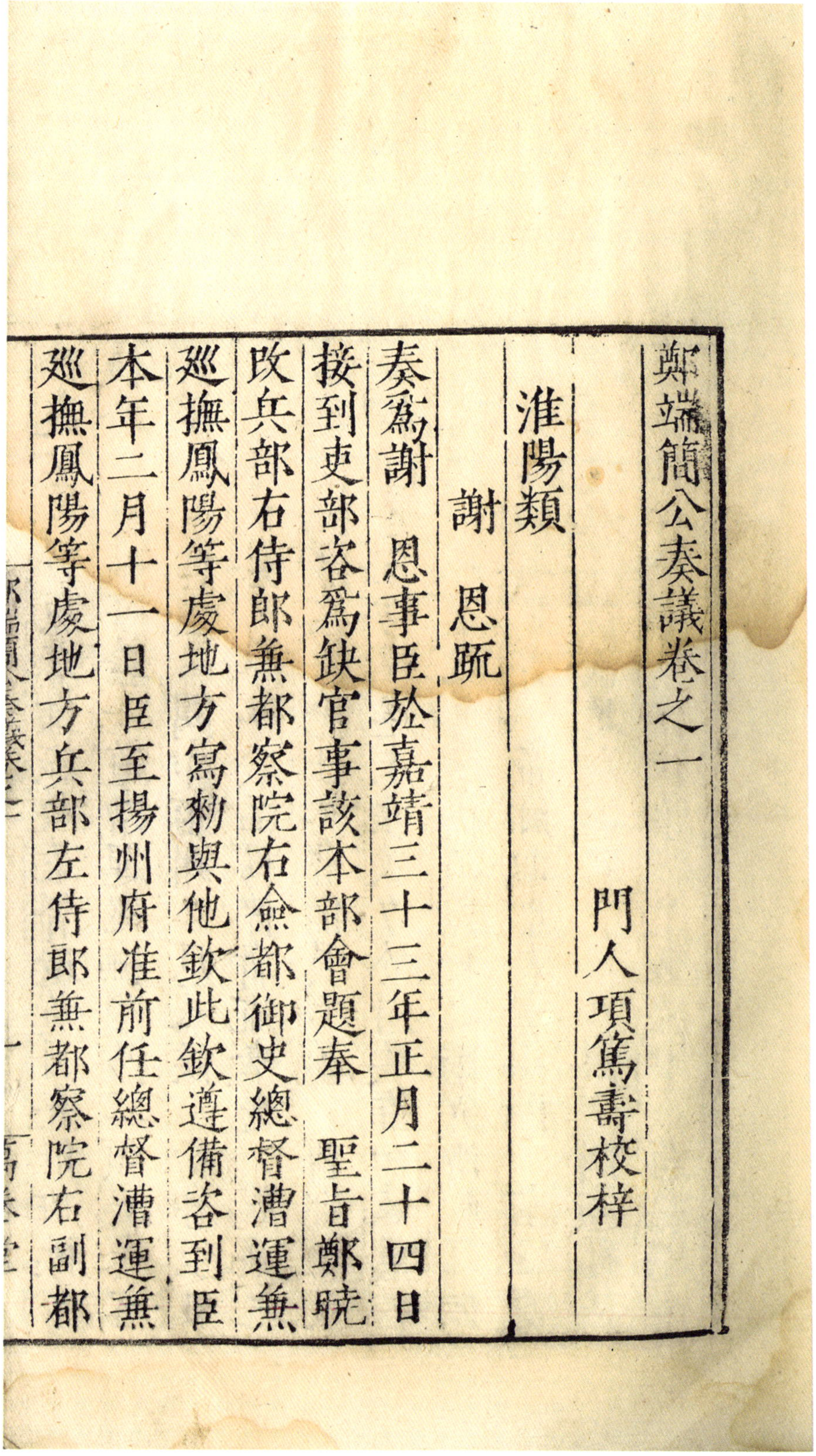

鄭端簡公奏議卷之一
門人項篤壽校梓
淮陽類
謝恩疏
奏爲謝恩事臣於嘉靖三十三年正月二十四日
接到吏部咨爲缺官事該本部會題奉聖旨鄭曉
改兵部右侍郎兼都察院右僉都御史總督漕運兼
巡撫鳳陽等處地方寫勑與他欽此欽遵備咨到臣
本年二月十一日臣至揚州府淮前任總督漕運兼
巡撫鳳陽等處地方兵部左侍郎兼都察院右副都

鄭端簡公奏議卷之一　一　萬卷堂

01638 鄭端簡公奏議十四卷　（明）鄭曉撰　明隆慶四年（1570）項氏萬卷堂刻本

匡高18.9厘米，廣13.7厘米。半葉十行，行二十字，白口，左右雙邊。有“嘉禾項氏萬卷堂刊”牌記。安徽省圖書館藏。

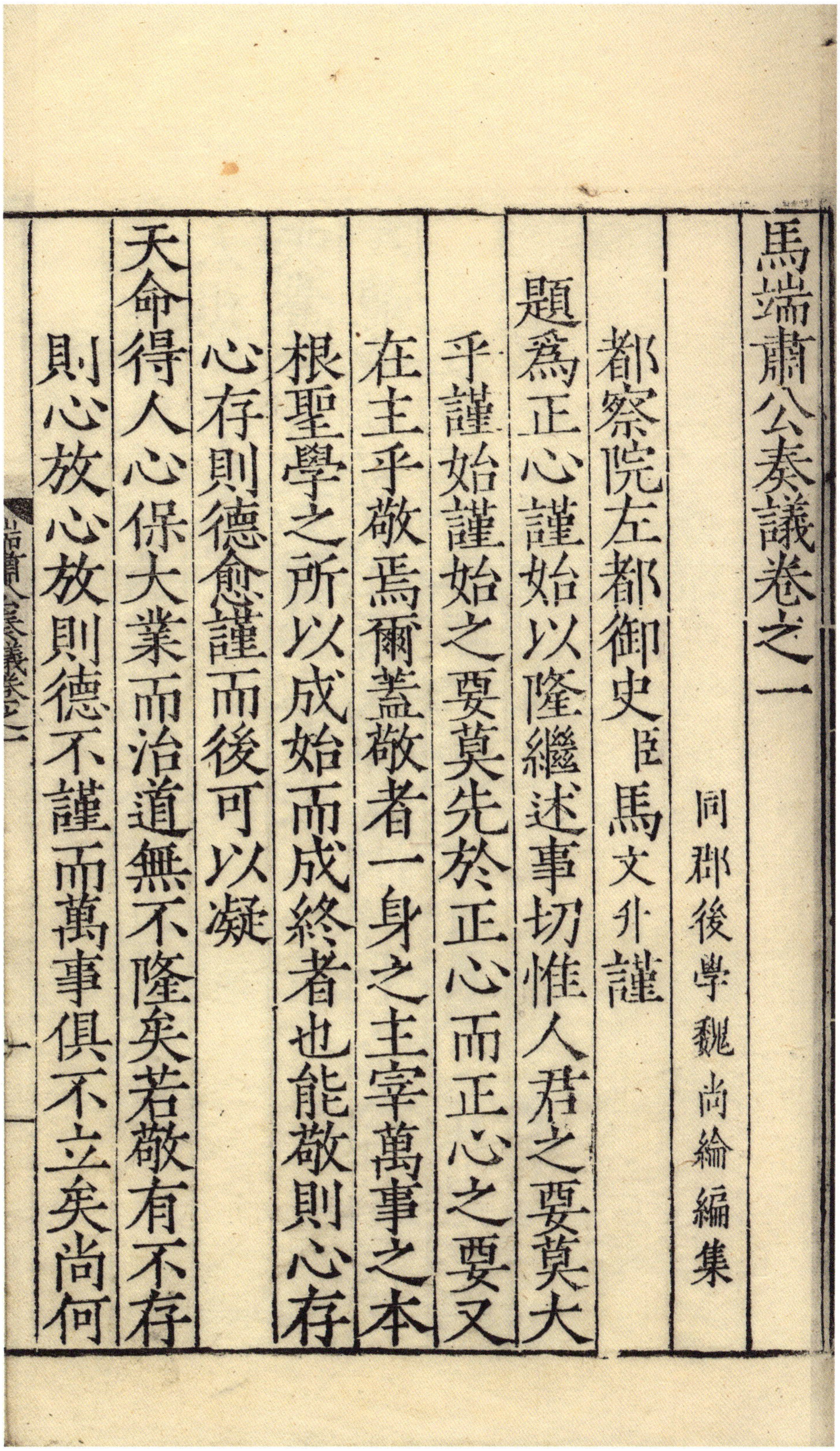
馬端肅公奏議卷之一
同郡後學魏尚綸編集
都察院左都御史臣馬文升謹
題爲正心謹始以隆繼述事切惟人君之要莫大
乎謹始謹始之要莫先於正心而正心之要又
在主乎敬焉爾蓋敬者一身之主宰萬事之本
根聖學之所以成始而成終者也能敬則心存
心存則德愈謹而後可以凝
天命得人心保大業而治道無不隆矣若敬有不存
則心放心放則德不謹而萬事俱不立矣尚何

01639 馬端肅公奏議十六卷　（明）馬文升撰　明嘉靖二十六年（1547）葛洞邗江書館刻本

匡高20.2厘米，廣15.1厘米。半葉十行，行二十字，白口，左右雙邊。無錫市圖書館藏。

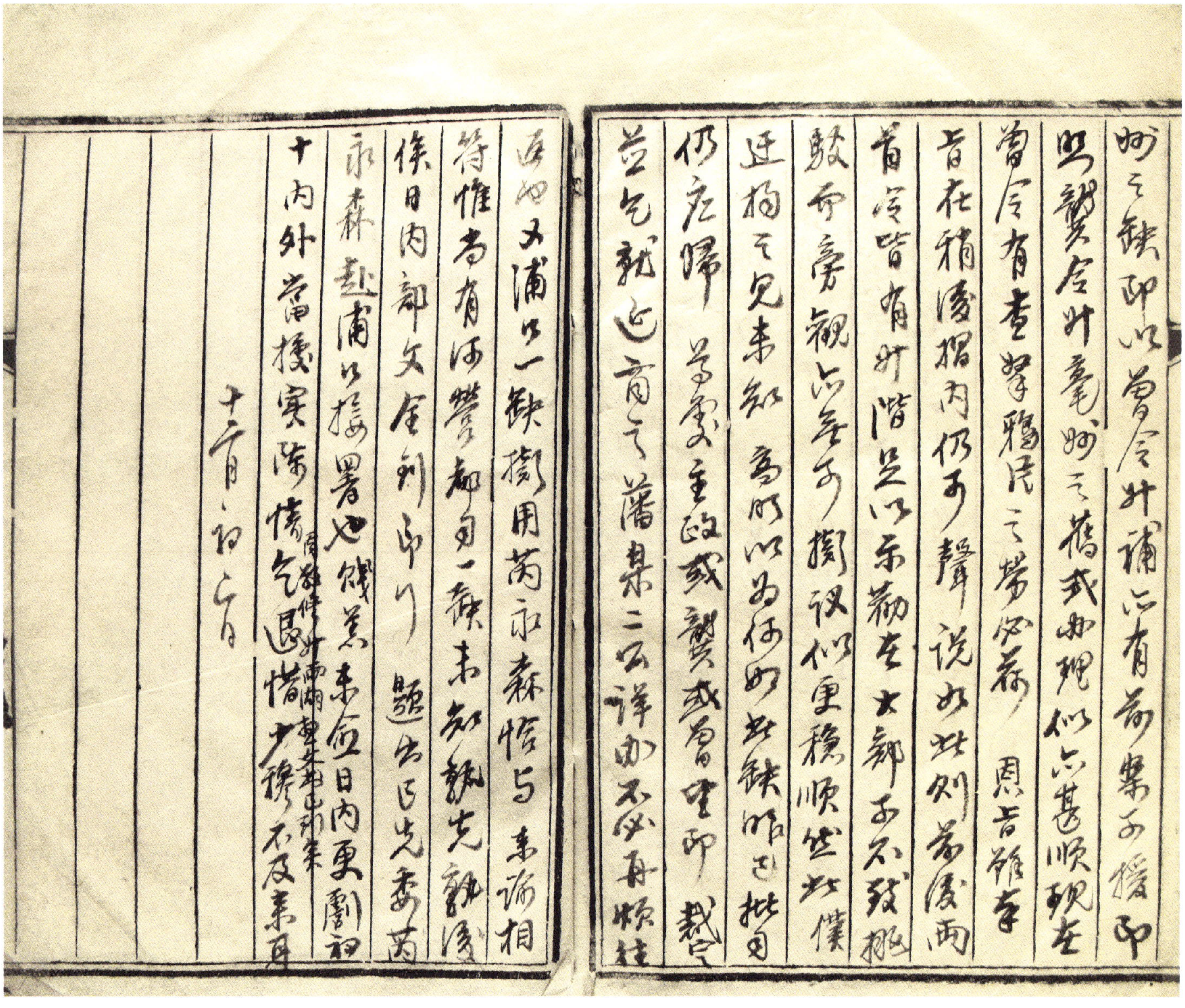

01640 陶文毅公奏議不分卷　（清）陶澍撰　稿本

湖南圖書館藏。

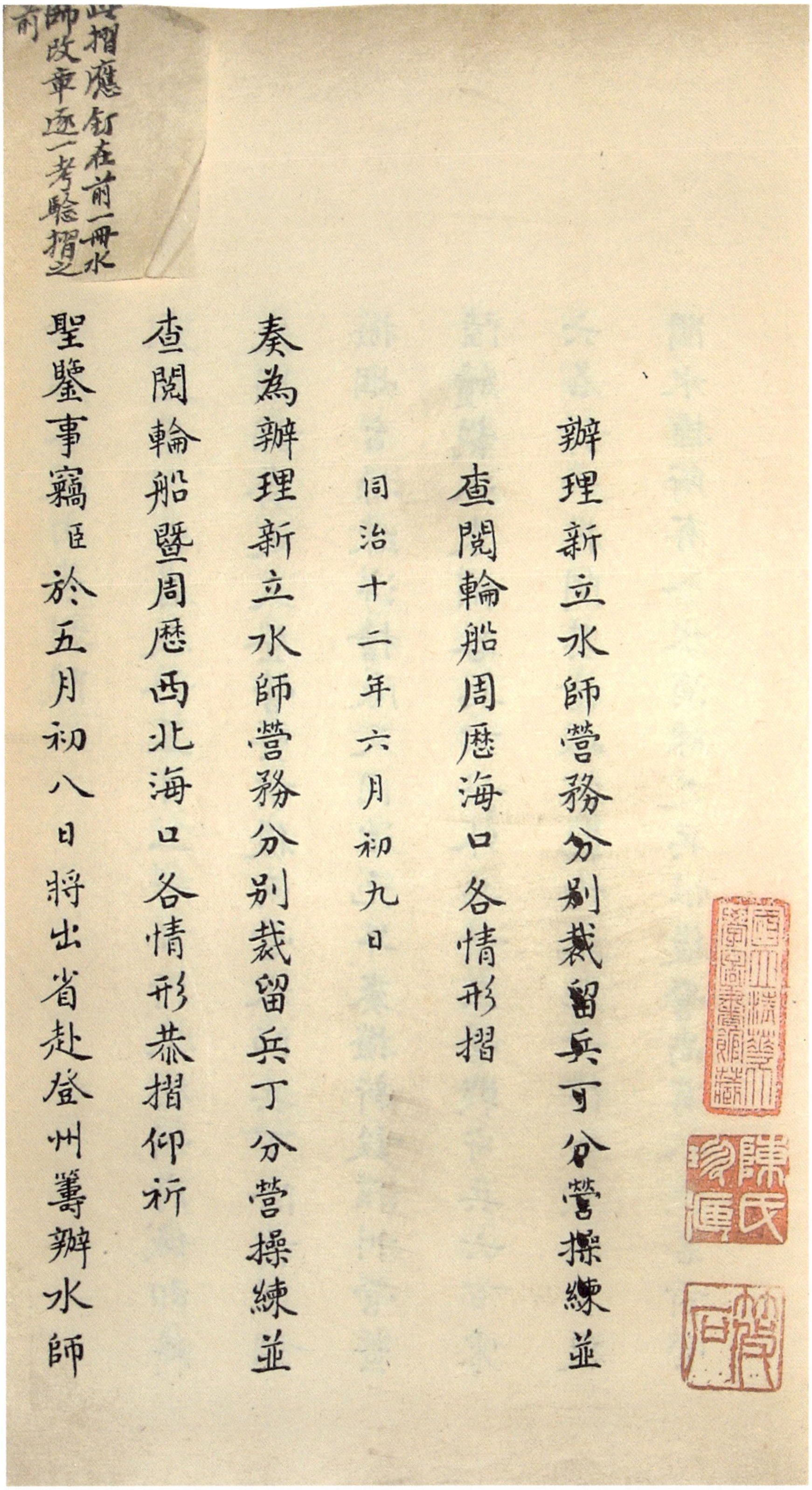

辦理新立水師營務分別裁留兵丁分營操練並
查閱輪船周歷海口各情形摺
同治十二年六月初九日
奏為辦理新立水師營務分別裁留兵丁分營操練並
查閱輪船暨周歷西北海口各情形恭摺仰祈
聖鑒事竊臣於五月初八日將出省赴登州籌辦水師

此摺應釘在前一冊水
師改章逐一考驗摺之
前

01641 平遠宮保奏議不分卷　（清）丁寶楨撰　稿本

半葉行字不等。有“陳氏珍藏”等印。清華大學圖書館藏。

01642 崔敬邕墓誌 北魏熙平二年（517）刻石 清出土初拓本

二十三開。墨本高17.6厘米，廣9厘米。楷書。費念慈、王瓘、張祖翼、端方、趙于密、羅振玉、褚德彝、蔣祖詒跋，熊希齡、程志和、楊守敬、吴湖帆觀款，吴湖帆過録康熙三十九年陳奕禧跋。上海圖書館藏。

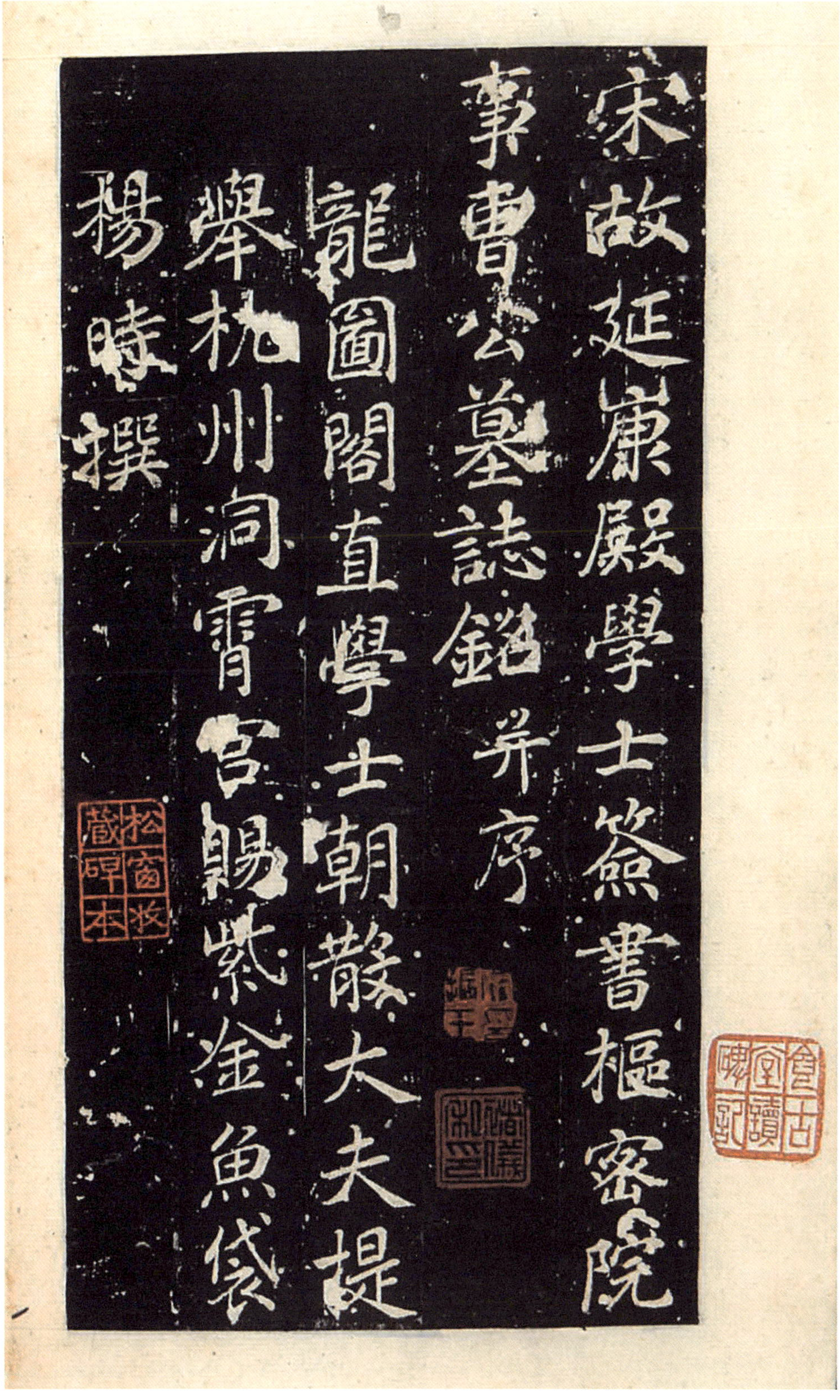

01643 曹輔墓誌　（宋）楊時撰文　陳淵書　□經篆蓋　翁文模鐫　南宋建炎二年（1128）刻石　明拓本

二十三開。墨本高20.2厘米，廣10.4厘米。行書。有“褚儀私印”、“端方私印”、“邦述”、“羅振玉印”、“趙撝叔”等印。褚德儀、道存、李葆恂、谷士、端方、鄧邦述等題記，羅振玉觀款。北京大學圖書館藏。

01644 孔宙碑 東漢延熹七年（164）刻石 明拓本

碑陽墨本高183.4厘米，廣78厘米；碑陰墨本高178.4厘米，廣78厘米。隸書。故宫博物院藏。

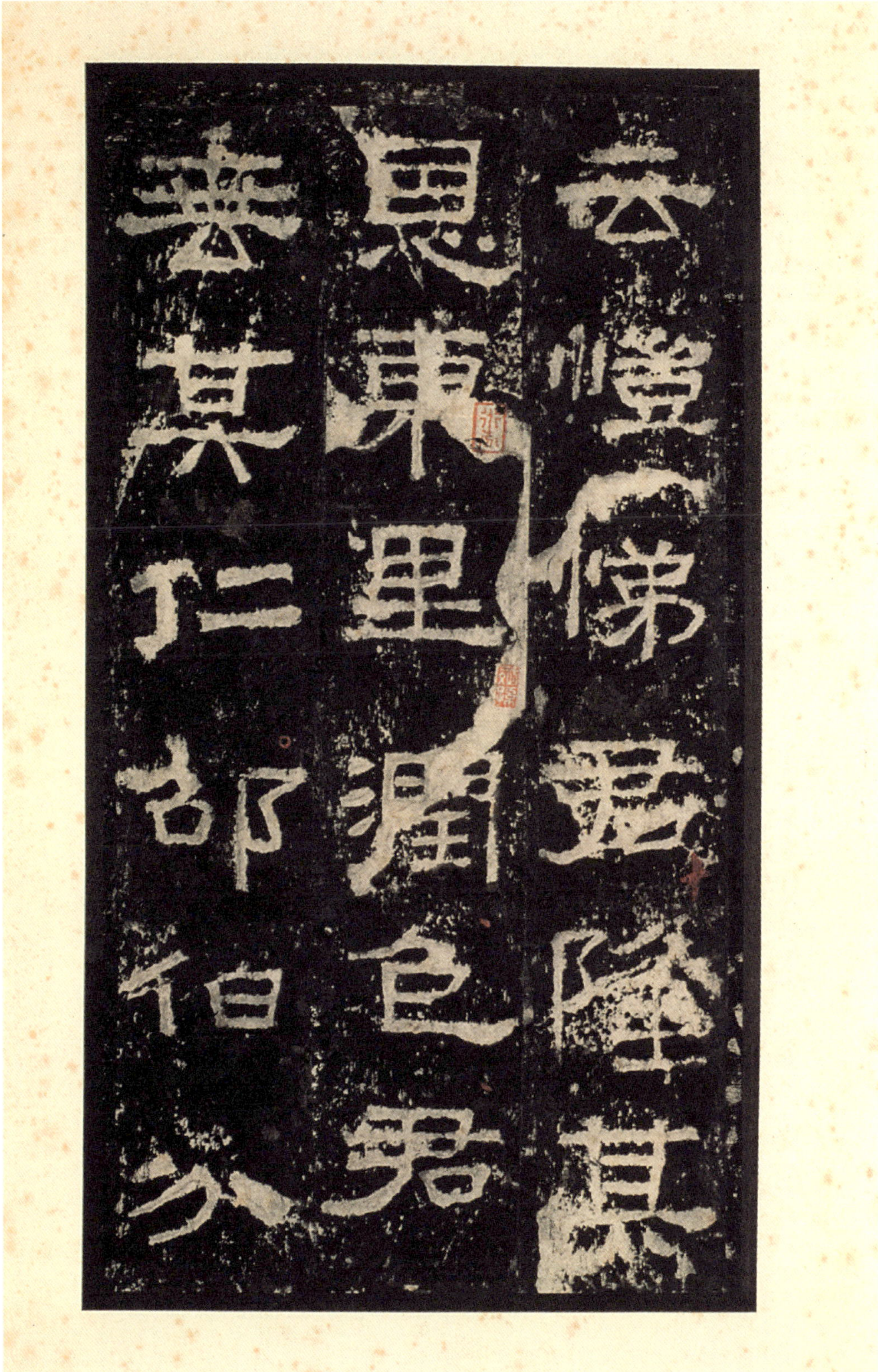

01645 張遷碑 東漢中平三年（186）刻石 明拓本

十八開半。墨本高24.7厘米，廣15厘米。隸書。此碑全稱《漢故穀城長蕩陰令張君表頌》。故宫博物院藏。

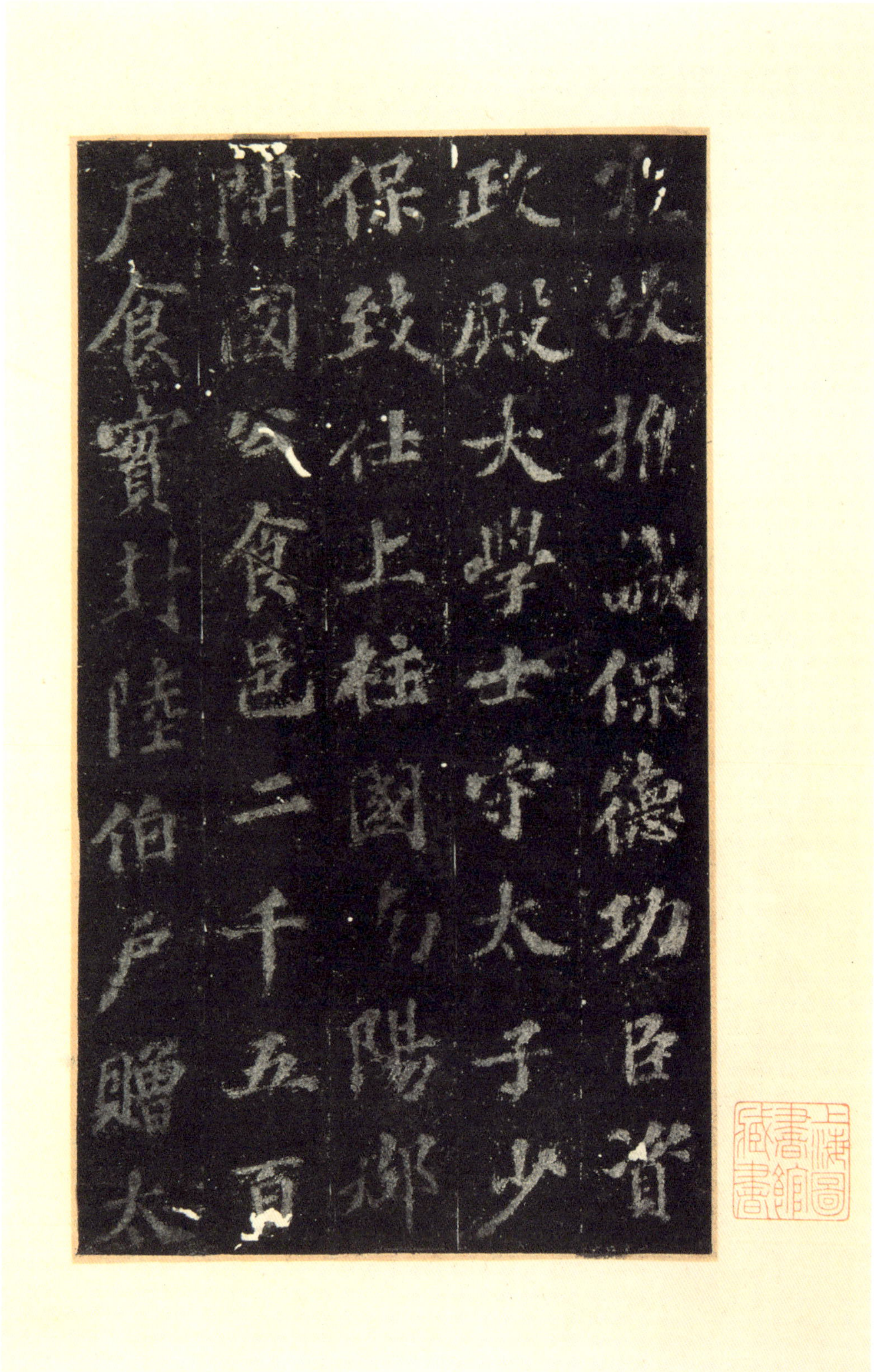
故推誠保德功臣資
政殿大學士守太子少
保致仕上柱國南陽郡
開國公食邑二千五百
戶食實封陸伯戶贈太

01646 趙清獻公碑　（宋）蘇軾撰文并書　北宋元祐四年（1089）刻石　明拓本

三十四開。墨本高24.5厘米，廣14.5厘米。楷書。沈樹鏞、費念慈題簽。趙之謙、翁同龢跋。上海圖書館藏。

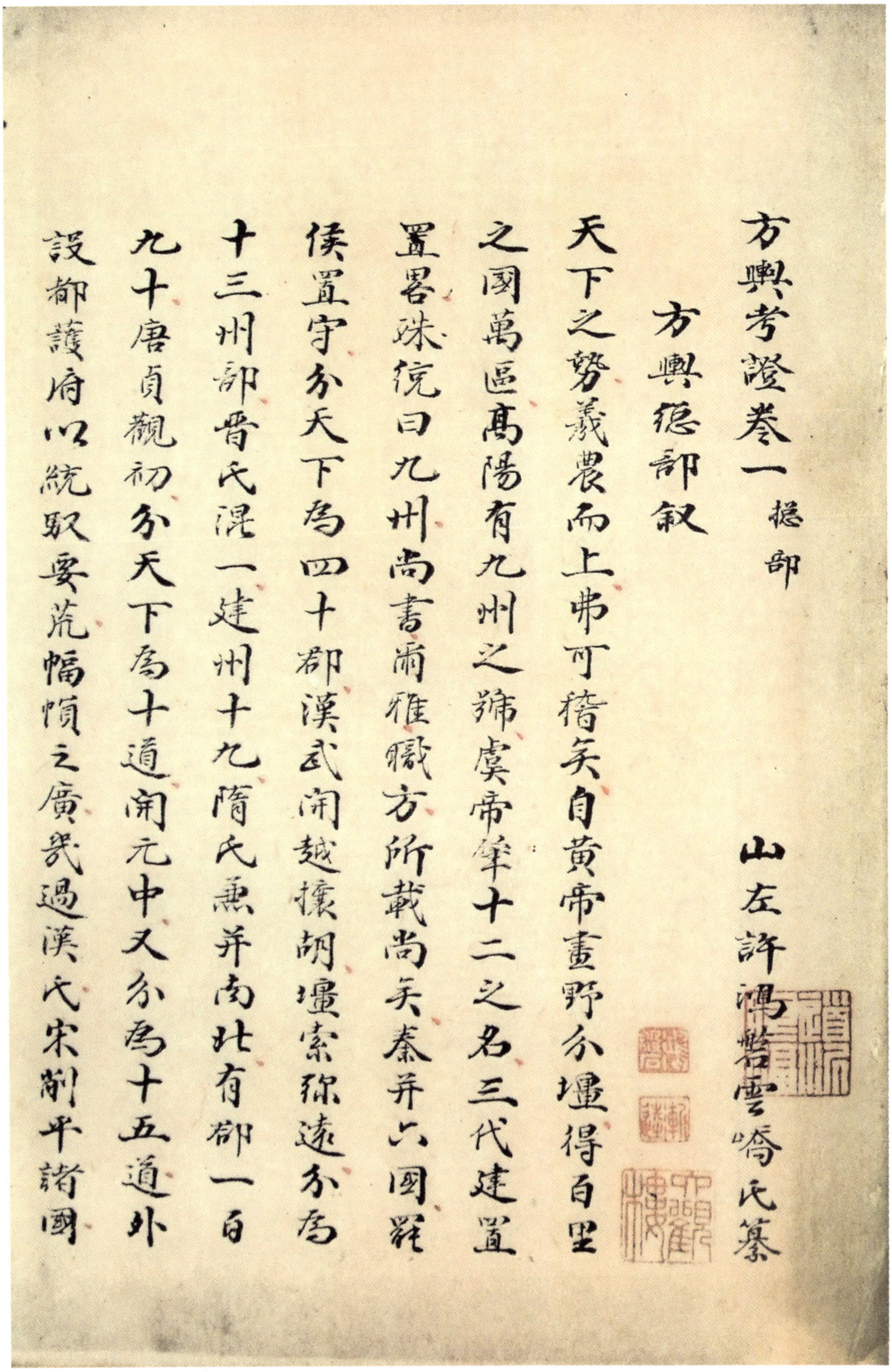
方輿考證卷一 總部

山左許鴻磐雲嶠氏纂

方輿總部敘

天下之勢羲農而上弗可稽矣自黃帝畫野分壃得百里之國萬區髙陽有九州之號虞帝肇十二之名三代建置畧殊俛曰九州尚書爾雅職方所載尚矣秦并六國罷侯置守分天下為四十郡漢武開越攘胡壃索彌遠分為十三州部晉氏混一建州十九隋氏兼并南北有郡一百九十唐貞觀初分天下為十道開元中又分為十五道外設都護府以統馭要荒幅幀之廣武過漢氏宋削平諸國

01647 方輿考證一百卷首一卷 （清）許鴻磐撰　稿本

半葉九行，行二十二字，小字雙行同。有“鴻磐”、“漸逵”等印。西南大學圖書館藏。

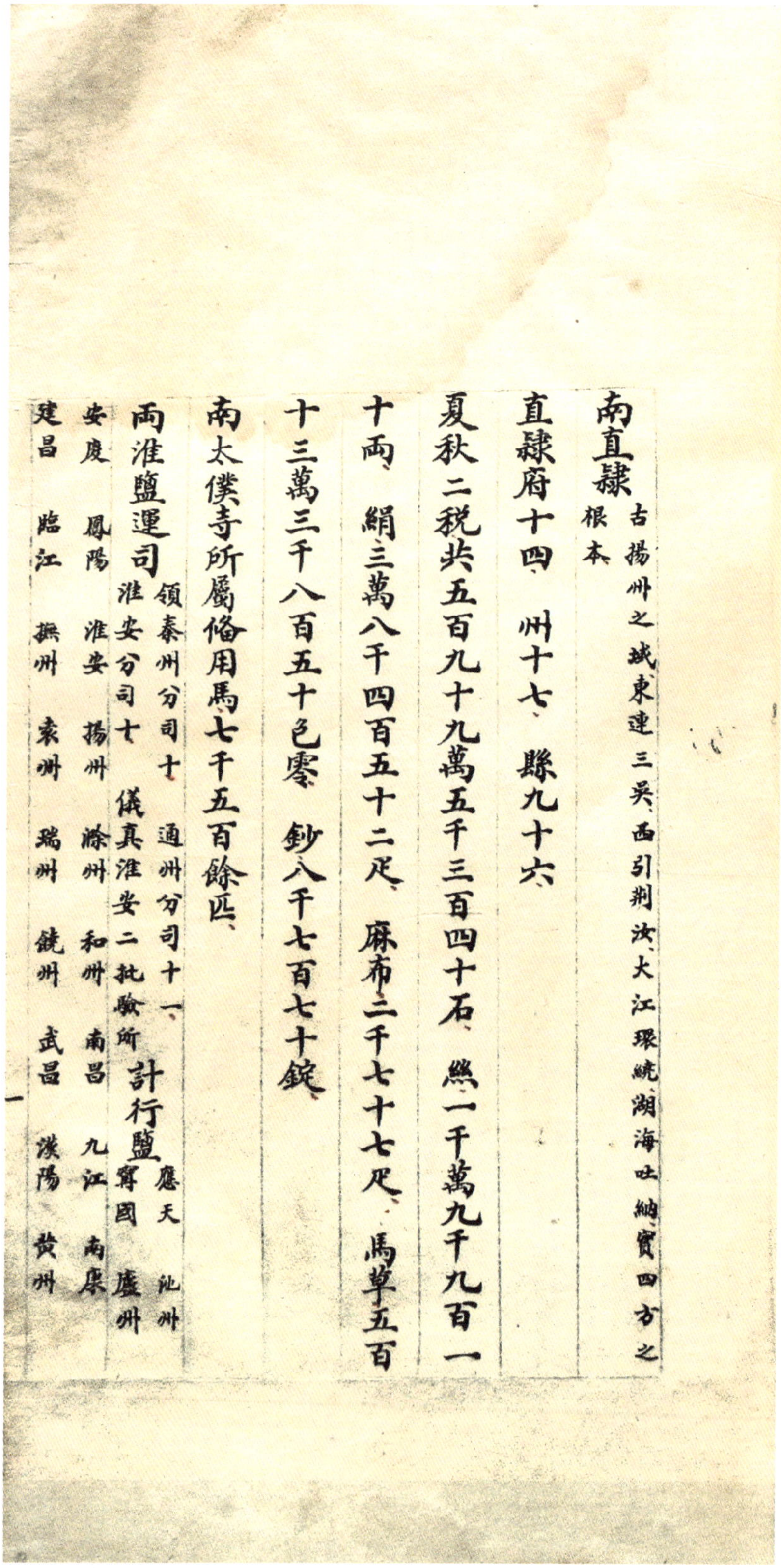

南直隸 古揚州之域東連三吳西引荊汝大江環繞湖海吐納實四方之根本
直隸府十四、州十七、縣九十六
夏秋二稅共五百九十九萬五千三百四十石、絲一千萬九千九百一
十兩、絹三萬八千四百五十二疋、麻布二千七十七疋、馬草五百
十三萬三千八百五十色零 鈔八千七百七十錠
南太僕寺所屬備用馬七千五百餘匹、
兩淮鹽運司 領泰州分司十 淮安分司十 通州分司十一 儀真淮安二批驗所 計行鹽 應天 寧國 池州 廬州
安慶 鳳陽 淮安 揚州 滁州 和州 南昌 九江 南康
建昌 臨江 撫州 袁州 瑞州 饒州 武昌 漢陽 黃州

01648 肇域志不分卷 （清）顧炎武撰 清同治初抄本

匡高21.1厘米，廣14.4厘米。半葉八行，行二十八字，小字雙行字不等，白口，四周單邊。雲南省圖書館藏。

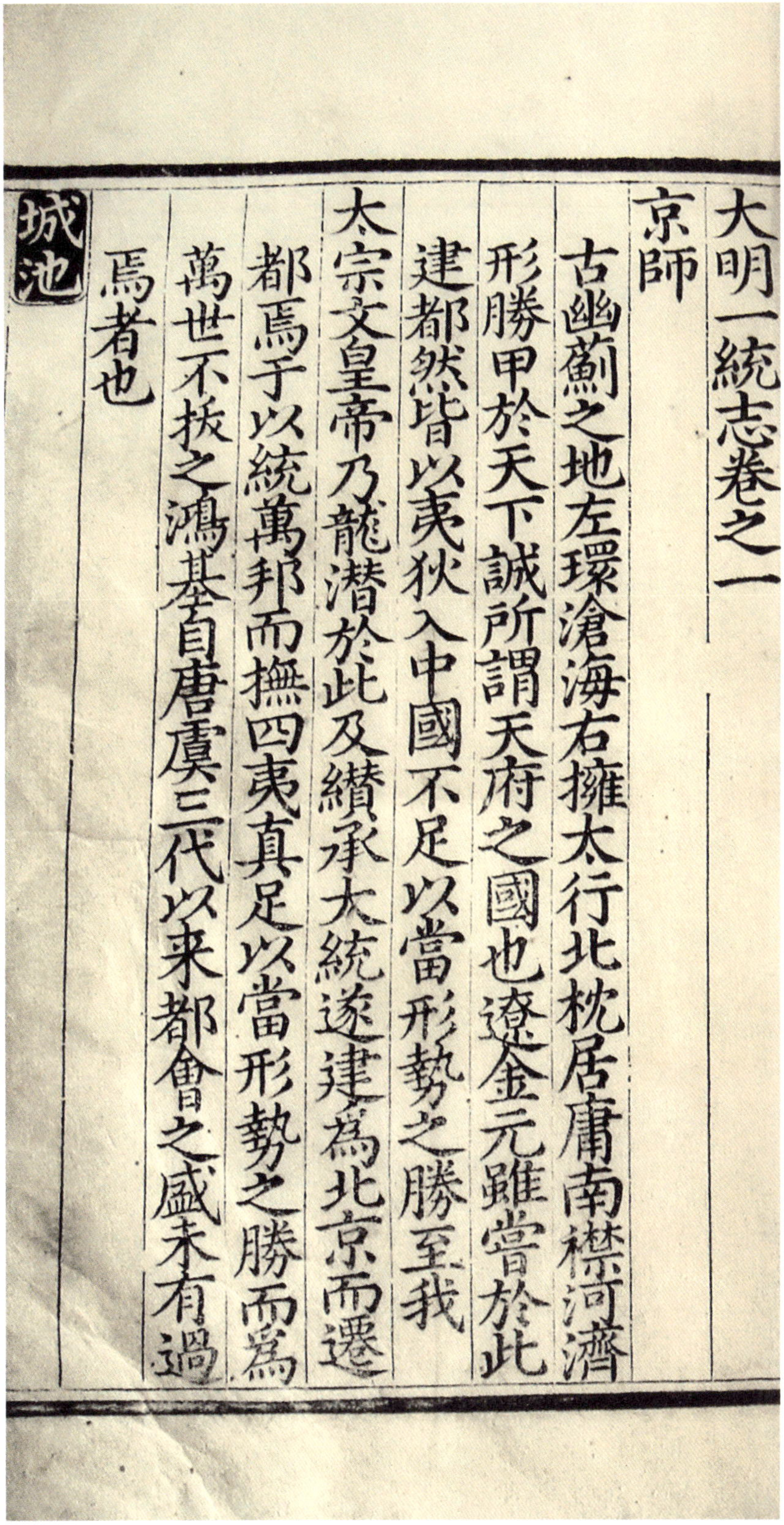

大明一統志卷之一

京師

古幽薊之地左環滄海右擁太行北枕居庸南襟河濟形勝甲於天下誠所謂天府之國也遼金元雖嘗於此建都然皆以夷狄入中國不足以當形勢之勝至我

太宗文皇帝乃龍潛於此及纘承大統遂建爲北京而遷都焉于以統萬邦而撫四夷真足以當形勢之勝而爲萬世不拔之鴻基自唐虞三代以来都會之盛未有過焉者也

城池

01649 大明一統志九十卷圖一卷 （明）李賢 萬安等纂修 明天順五年（1461）内府刻本

匡高27厘米，廣17.5厘米。半葉十行，行二十二字，小字雙行同，黑口，四周雙邊。有“少南”、“念祖堂藏書印”等印。中山大學圖書館藏。

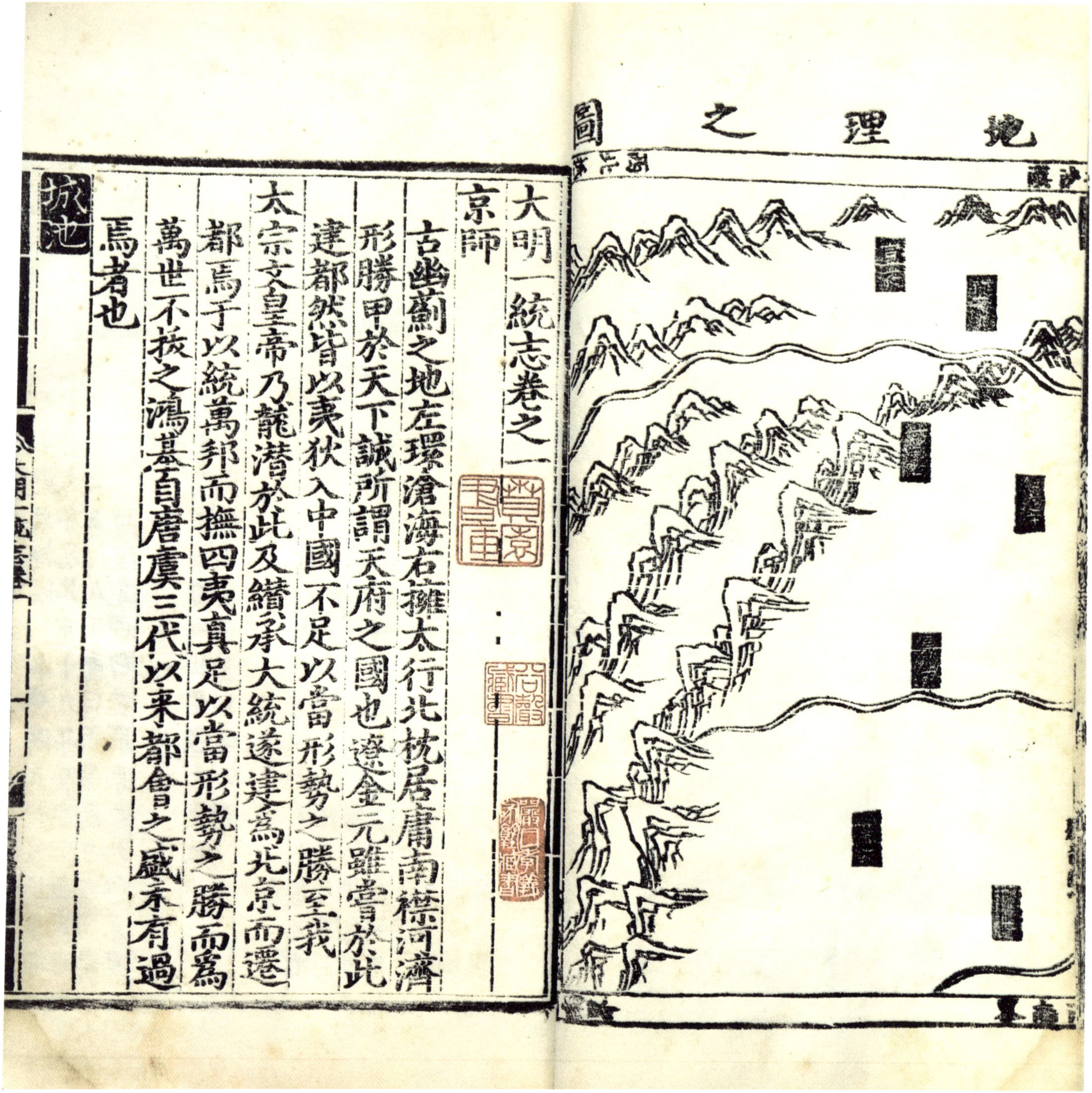

01650 大明一統志九十卷　（明）李賢　萬安等纂修　明天順五年（1461）内府刻本

匡高27厘米，廣17.5厘米。半葉十行，行二十二字，小字雙行同，黑口，四周雙邊。有“賁園書庫”、“谷聲藏書”、“嚴氏孝義家塾藏書”、“渭南嚴氏”等印。四川大學圖書館藏。

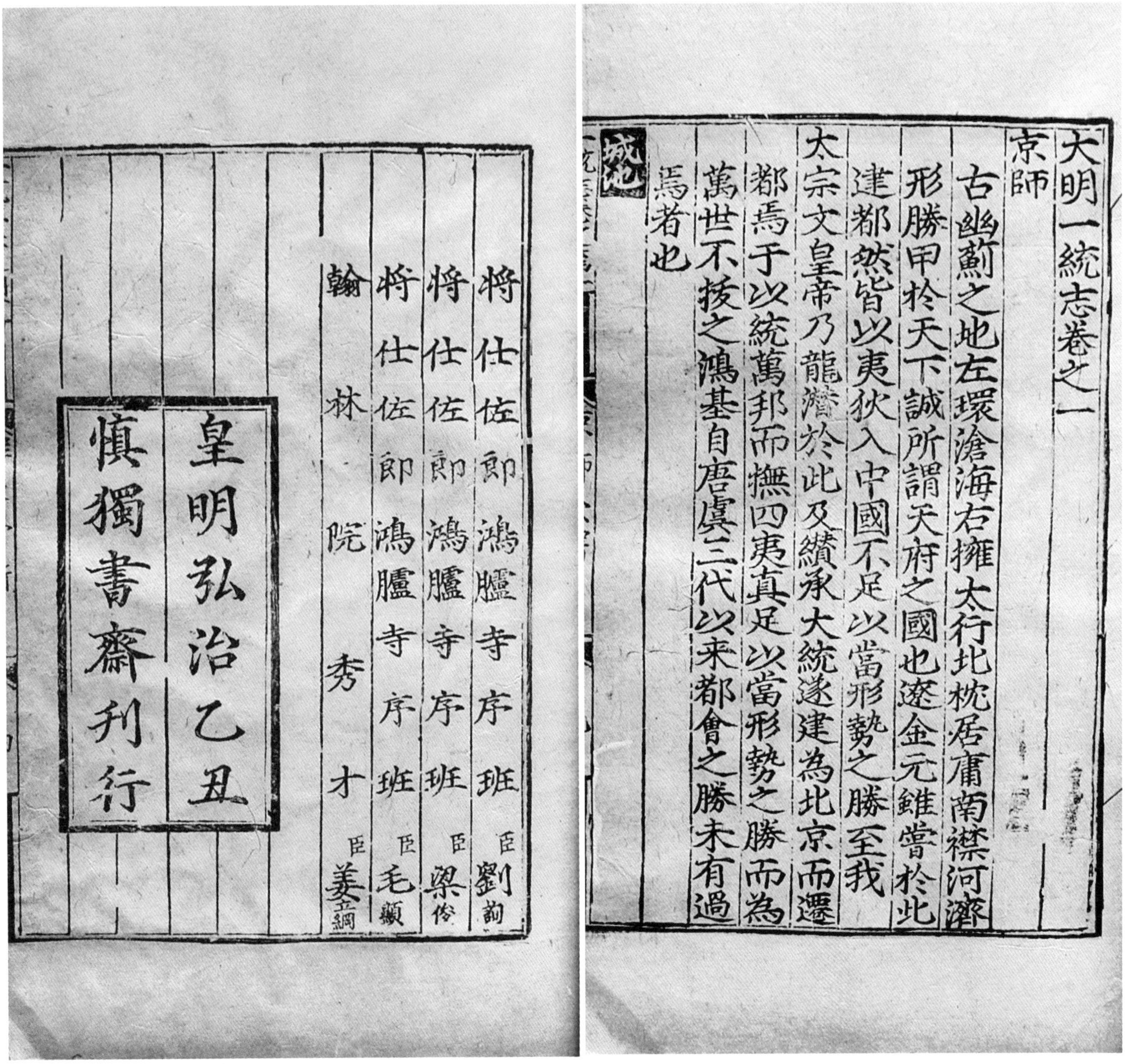

將仕佐郎鴻臚寺序班臣劉鈗
將仕佐郎鴻臚寺序班臣梁佾
將仕佐郎鴻臚寺序班臣毛顒
翰林院秀才臣姜立綱

皇明弘治乙丑
慎獨書齋刊行

大明一統志卷之一
京師
古幽薊之地左環滄海右擁太行北枕居庸南襟河濟
形勝甲於天下誠所謂天府之國也遼金元雖嘗於此
建都然皆以夷狄入中國不足以當形勢之勝至我
太宗文皇帝乃龍潛於此及纘承大統遂建為北京而遷
都焉于以統萬邦而撫四夷真足以當形勢之勝而為
萬世不拔之鴻基自唐虞三代以来都會之勝未有過
焉者也

01651 大明一統志九十卷　（明）李賢　萬安等纂修　明弘治十八年（1505）慎獨書齋刻本

匡高27厘米，廣17.5厘米。半葉十行，行二十二字，小字雙行同，黑口，四周雙邊。有“皇明弘治乙丑慎獨書齋刊行”牌記。有“晦齋”、“坡平後人”等印。杭州圖書館藏。

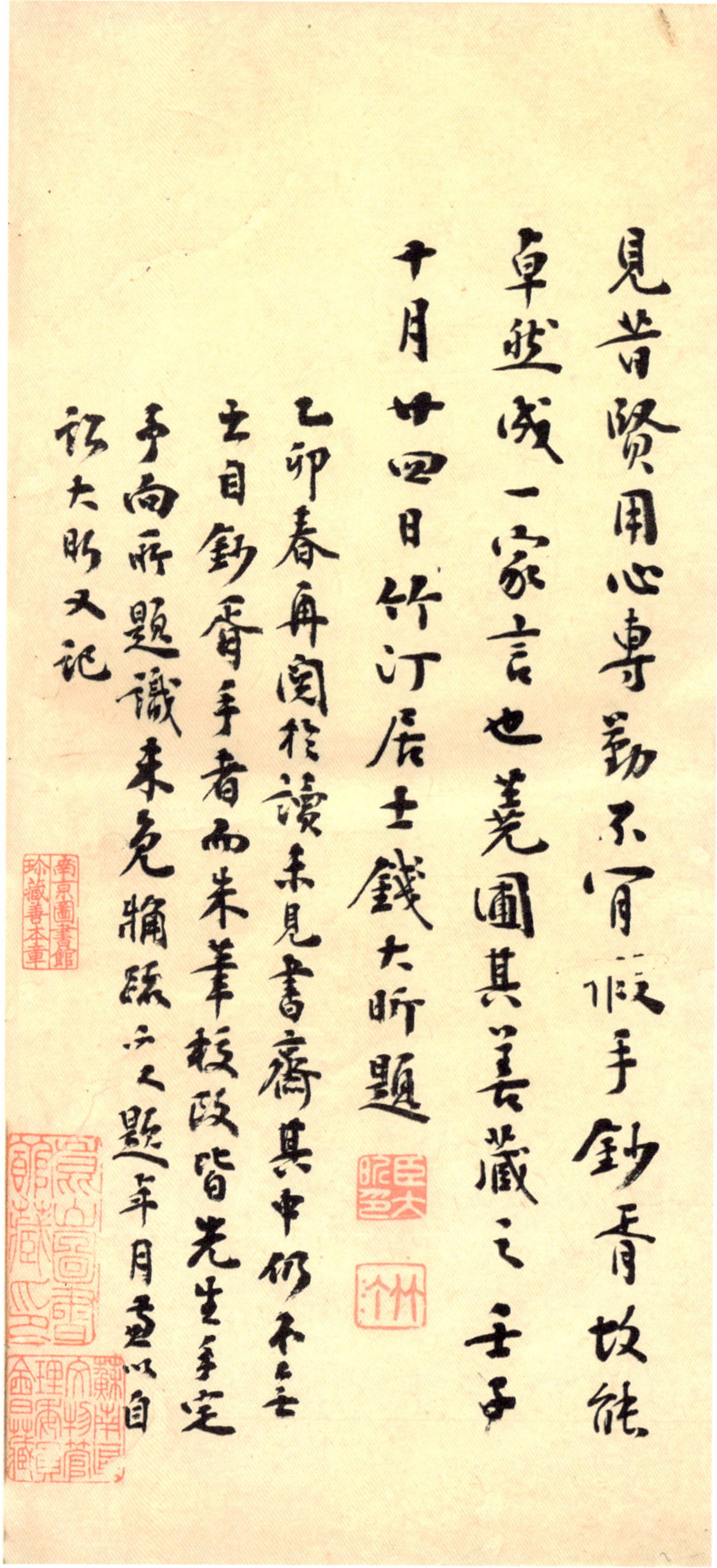
見昔賢用心專勤不肯假手鈔胥故能
卓然成一家言也堯圃其善藏之　壬子
十月廿四日竹汀居士錢大昕題
乙卯春再閱於讀未見書齋其中仍不乏
出自鈔胥手者而朱筆校改皆先生手定
予向所題識未免牖踈亦又題年月畫以自
訟大昕又記

01652 天下郡國利病書不分卷　（清）顧炎武撰　稿本

有“臣大昕印”等印。錢大昕、黄丕烈（倩沈書山書）跋。

南京圖書館藏。

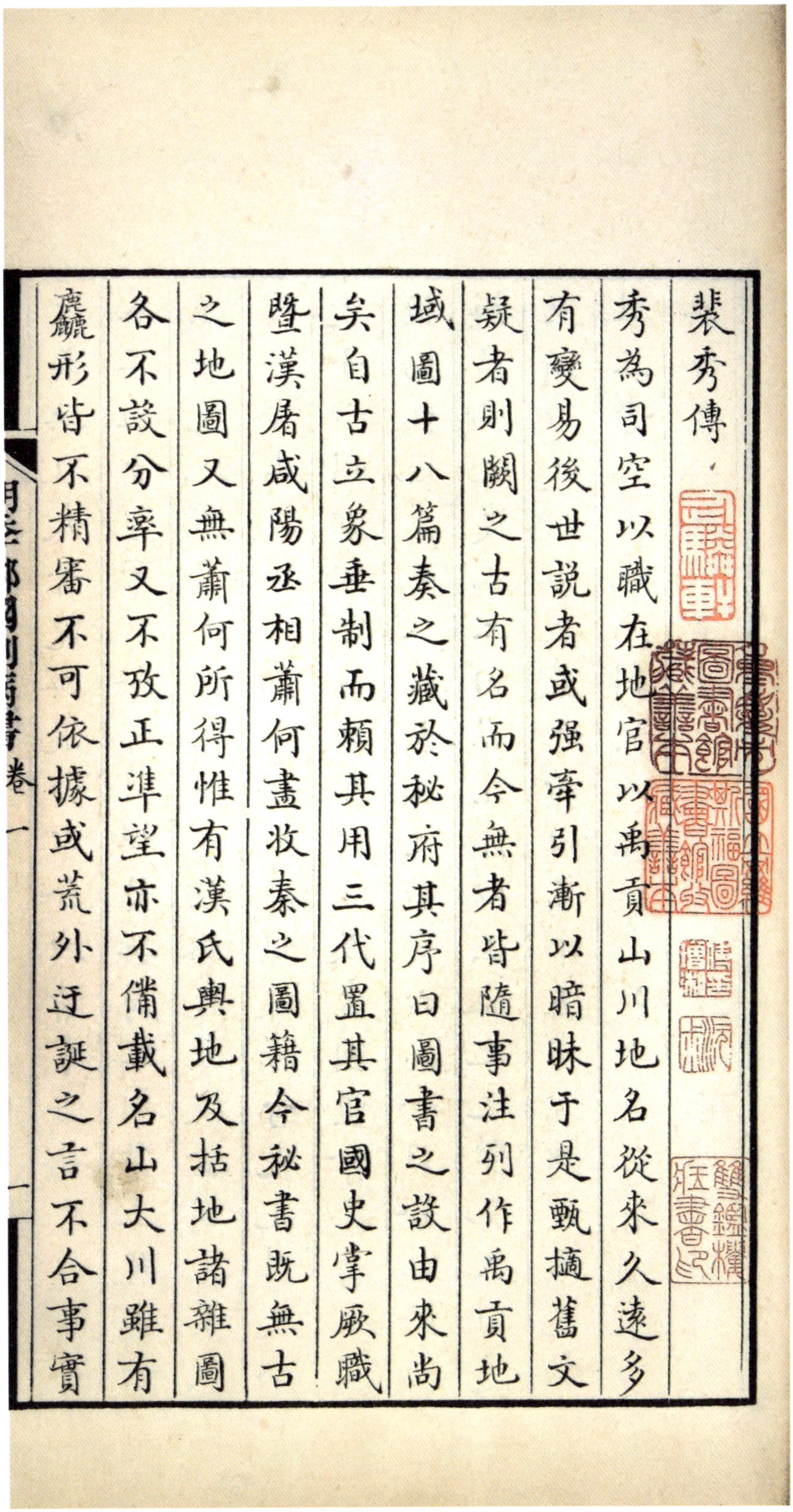

裴秀傳

秀為司空以職在地官以禹貢山川地名從來久遠多有變易後世説者或强牽引漸以暗昧于是甄擿舊文疑者則闕之古有名而今無者皆隨事注列作禹貢地域圖十八篇奏之藏於秘府其序曰圖書之設由來尚矣自古立象垂制而賴其用三代置其官國史掌厥職暨漢屠咸陽丞相蕭何盡收秦之圖籍今秘書既無古之地圖又無蕭何所得惟有漢氏輿地及括地諸雜圖各不設分率又不攷正準望亦不備載名山大川雖有麤形皆不精審不可依據或荒外迂誕之言不合事實

明季郡國利病書　卷一

01653 明季郡國利病全書一百二十卷　（清）顧炎武撰　清顧蒓等抄本

匡高27厘米，廣17.5厘米。半葉十行，行二十一字，小字雙行同，黑口，左右雙邊。有“雙鑑樓藏書印”、“傅印增湘”等印。傅增湘題識。重慶圖書館藏，存一百二卷。

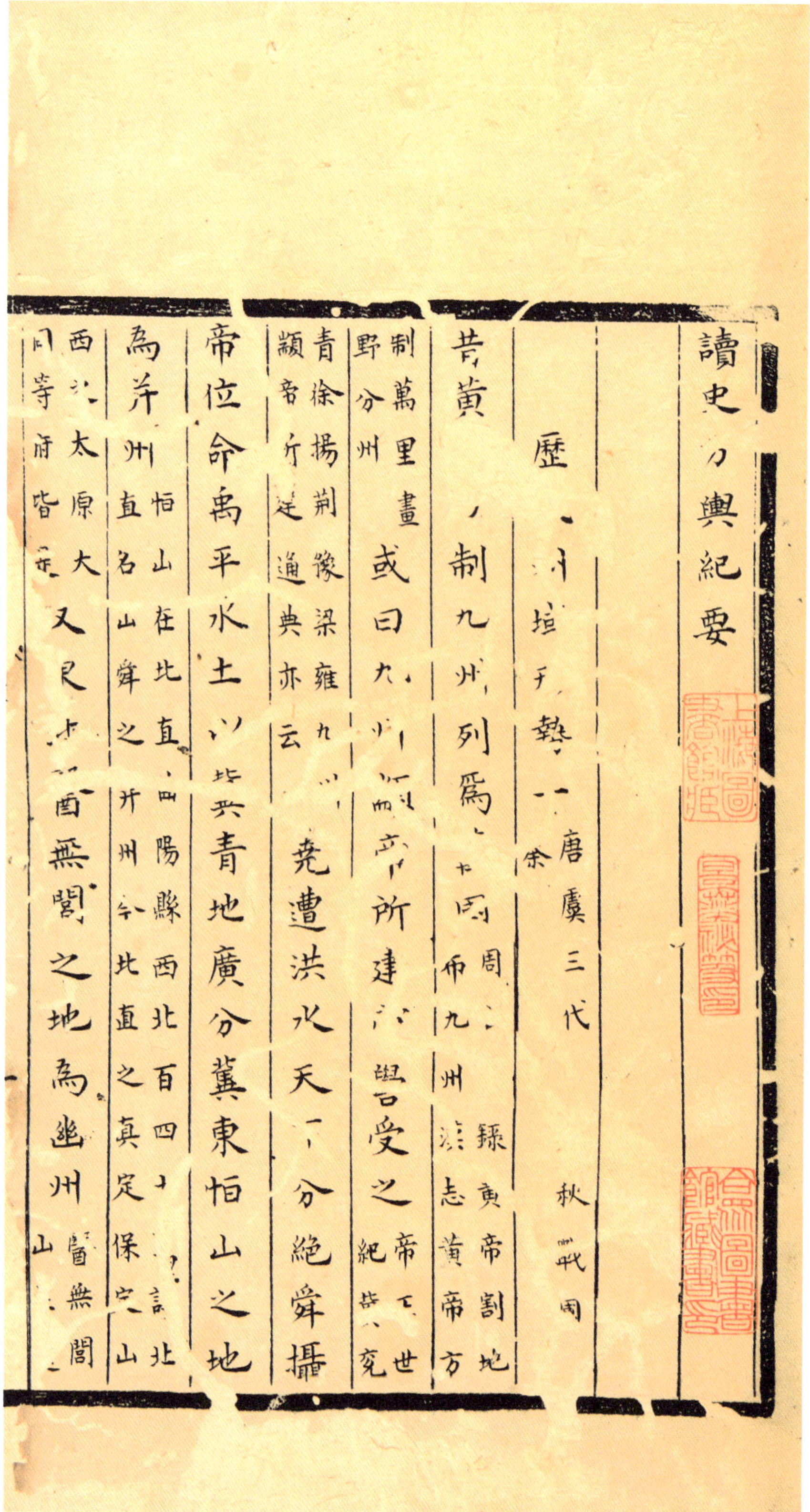

01654 讀史方輿紀要一百三十卷 （清）顧祖禹撰 稿本（卷三十三、八十九配清抄本）

匡高19.8厘米，廣13.9厘米。半葉九行，行十九字，小字雙行同，白口，左右雙邊。有“景葵秘笈印”等印。陶濬宣、葉景葵跋。上海圖書館藏。

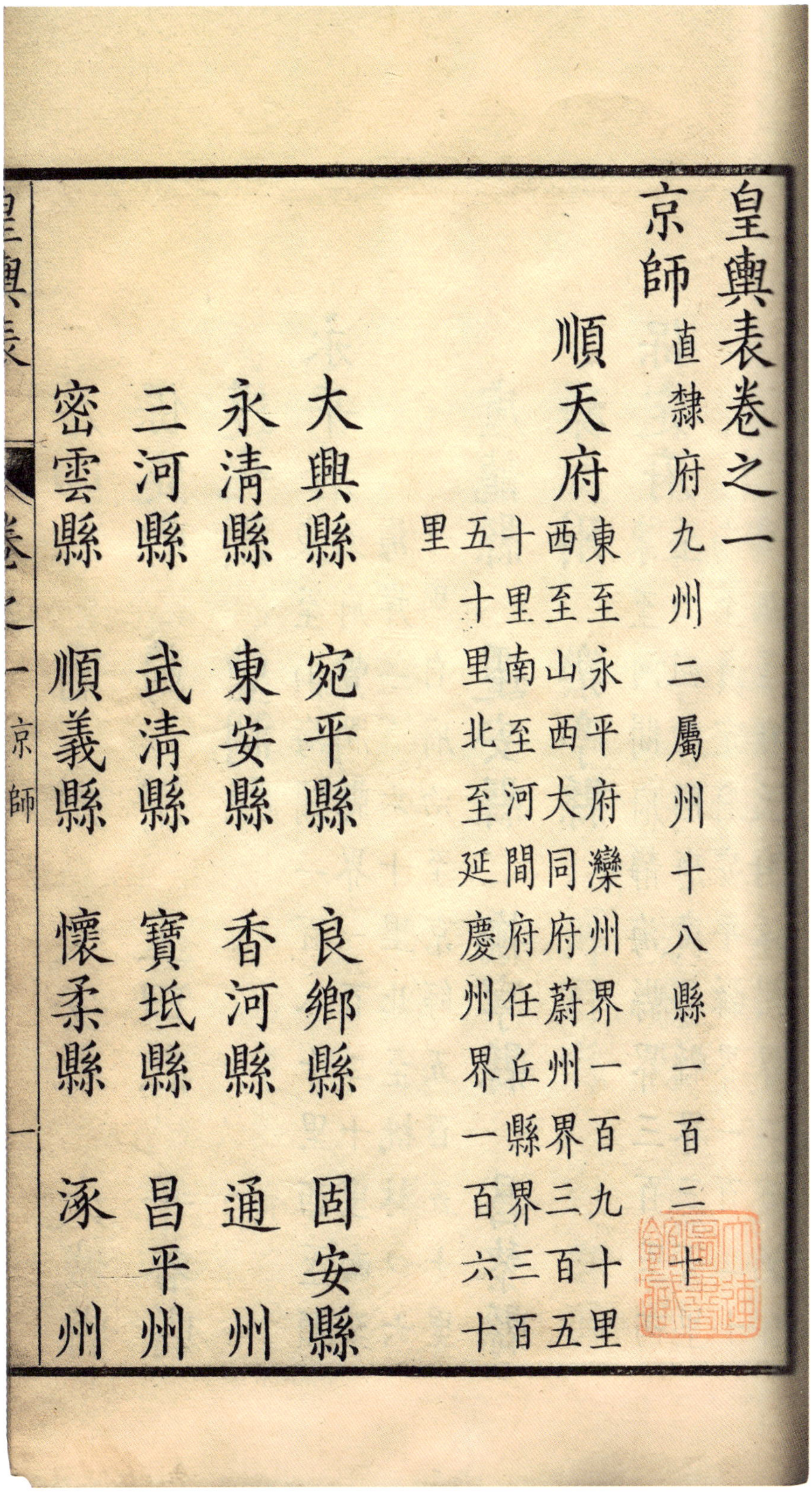

皇輿表卷之一

京師 直隸府九州二屬州十八縣一百二十

順天府 東至永平府灤州界一百九十里西至山西大同府蔚州界三百五十里南至河間府任丘縣界三百五十里北至延慶州界一百六十里

大興縣 宛平縣 良鄉縣 固安縣

永清縣 東安縣 香河縣 通州

三河縣 武清縣 寶坻縣 昌平州

密雲縣 順義縣 懷柔縣 涿州

皇輿表 卷之一 京師 一

01655 皇輿表十六卷 （清）揆叙等撰 清康熙四十三年（1704）内府刻本

匡高22.4厘米，廣15厘米。半葉九行，行十八字，小字雙行同，白口，四周單邊。大連圖書館藏。

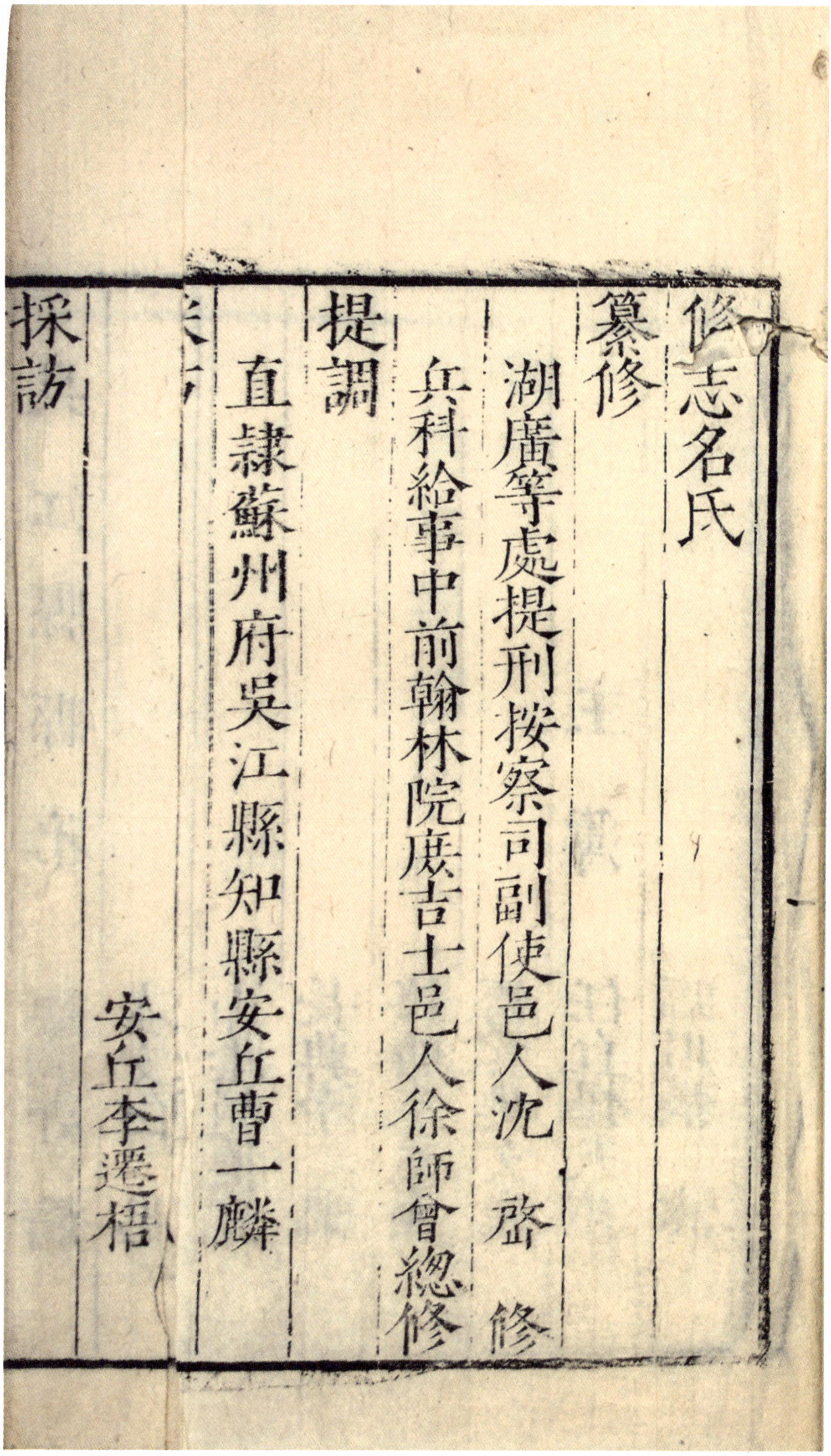
修志名氏

纂修

湖廣等處提刑按察司副使邑人沈　啓　修

兵科給事中前翰林院庶吉士邑人徐師曾總修

提調

直隸蘇州府吳江縣知縣安丘曹一麟

安丘李遷梧

採訪

01656 [嘉靖]吳江縣志二十八卷首一卷　（明）曹一麟　徐師曾纂修　明嘉靖刻本

匡高22.4厘米，廣15厘米。半葉八行，行十六字，小字雙行同，白口，左右雙邊。沈朝臣校。吳江圖書館藏。

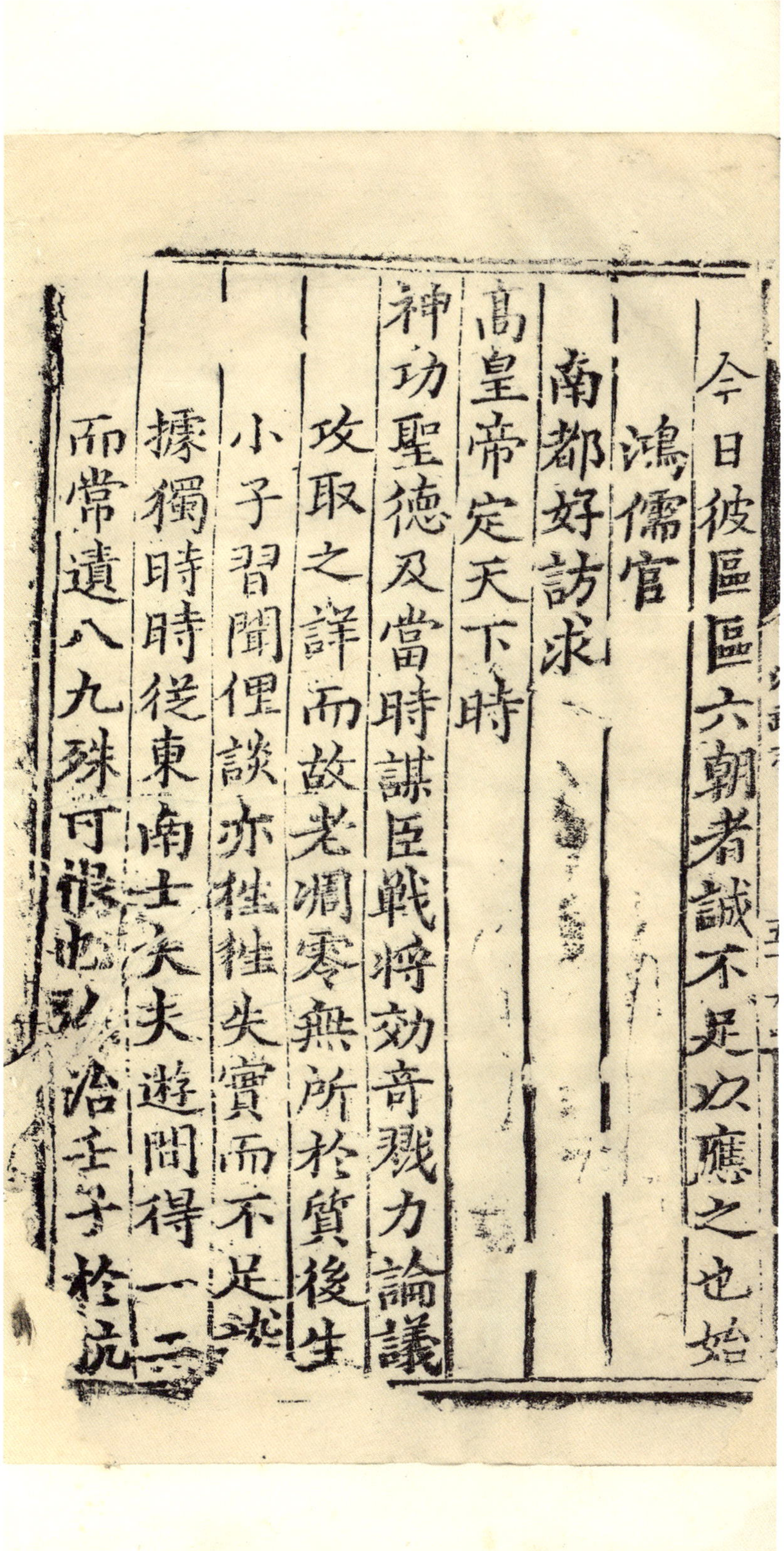
今日彼區區六朝者誠不足以應之也始
鴻儒官
南都好訪求
高皇帝定天下時
神功聖德及當時謀臣戰將効奇戮力論議
攻取之詳而故老凋零無所於質後生
小子習聞俚談亦往往失實而不足從
據獨時時從東南士大夫遊間得一二
而常遺八九殊可恨也弘治壬子於京

01657 洪武京城圖志一卷 明弘治五年（1492）朱宗刻本

匡高25.3厘米，廣16.4厘米。半葉九行，行十七字，黑口，四周雙邊。丁丙跋。南京圖書館藏。

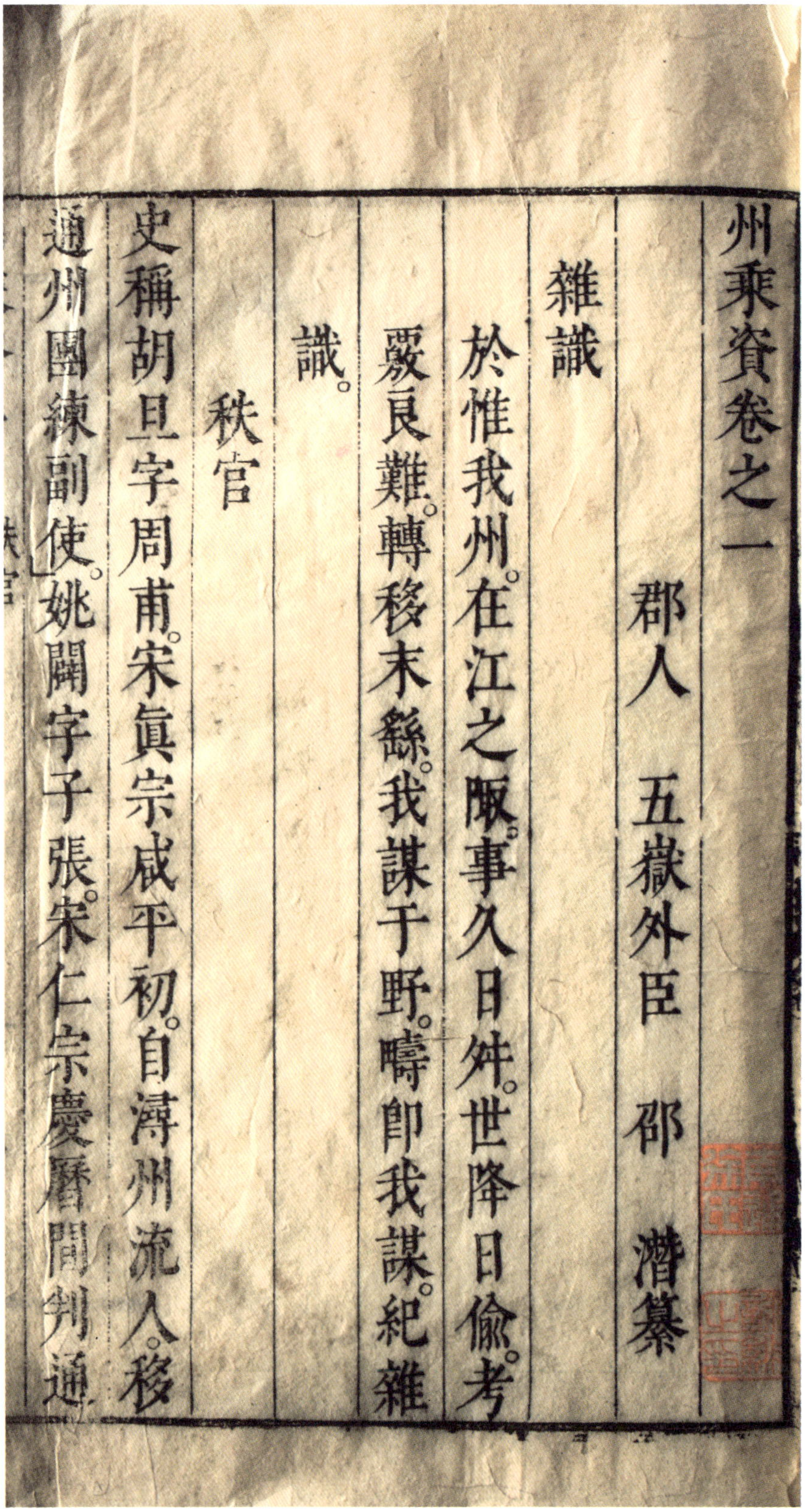

01658 州乘資四卷 （清）邵潛撰 明弘光刻本

匡高21.6厘米，廣13.6厘米。半葉九行，行十九字，白口，四周單邊。有"夏之時印"等印。江蘇省南通市圖書館藏。

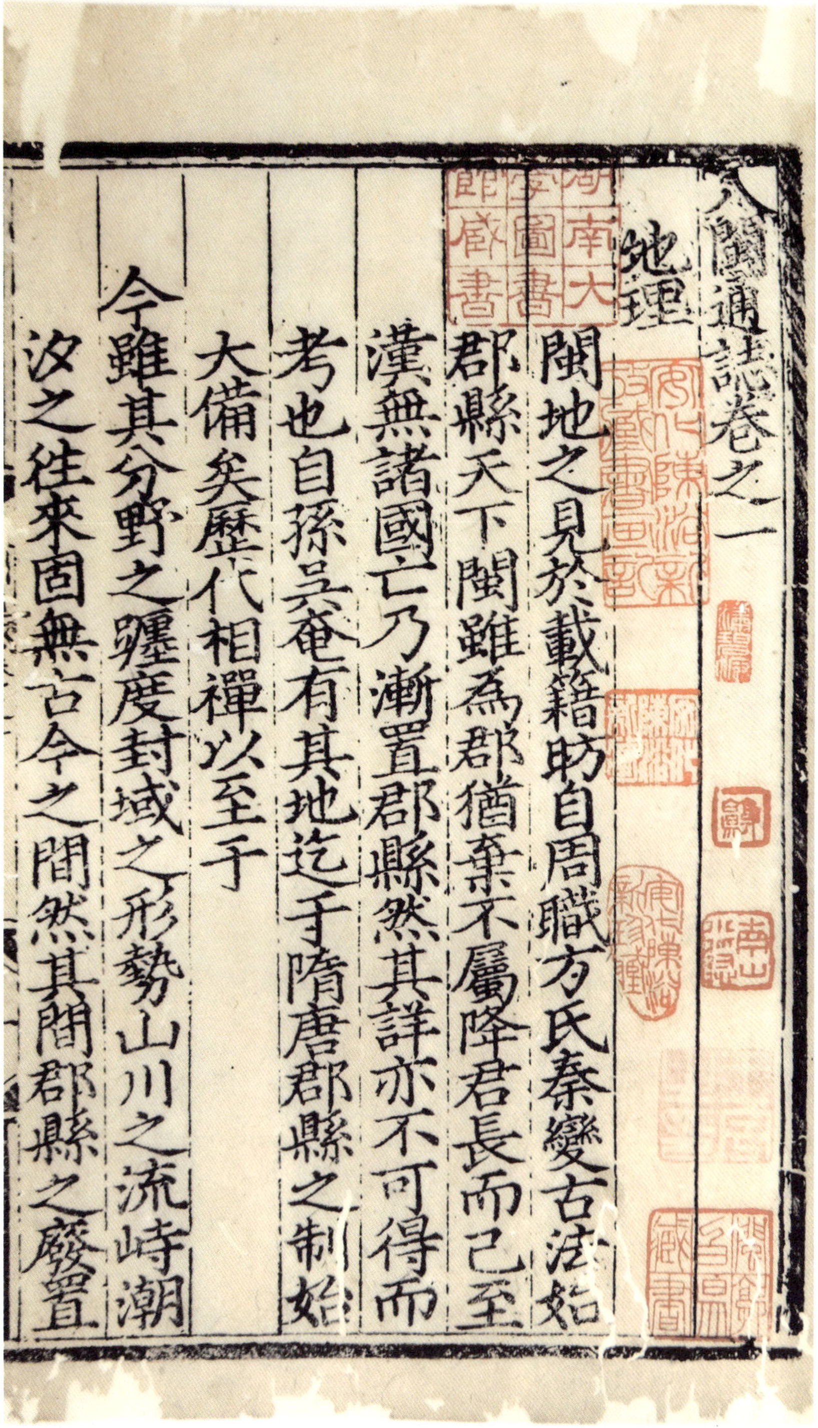

八閩通誌卷之一

地理

閩地之見於載籍昉自周職方氏秦變古法始郡縣天下閩雖爲郡猶棄不屬降君長而已至漢無諸國亡乃漸置郡縣然其詳亦不可得而考也自孫吳奄有其地迄于隋唐郡縣之制始大備矣歷代相禪以至于

今雖其分野之躔度封域之形勢山川之流峙潮汐之往來固無古今之間然其間郡縣之廢置

01659 八閩通誌八十七卷　（明）陳道　黄仲昭纂修　明弘治刻本

匡高22厘米，廣14.7厘米。半葉九行，行二十一字，黑口，四周雙邊。有“王宇之印”、“閩郭白昜藏書”、“安化陳浴新收藏書画記”等印。陳道跋，陳壽祺題識。湖南師範大學圖書館藏。

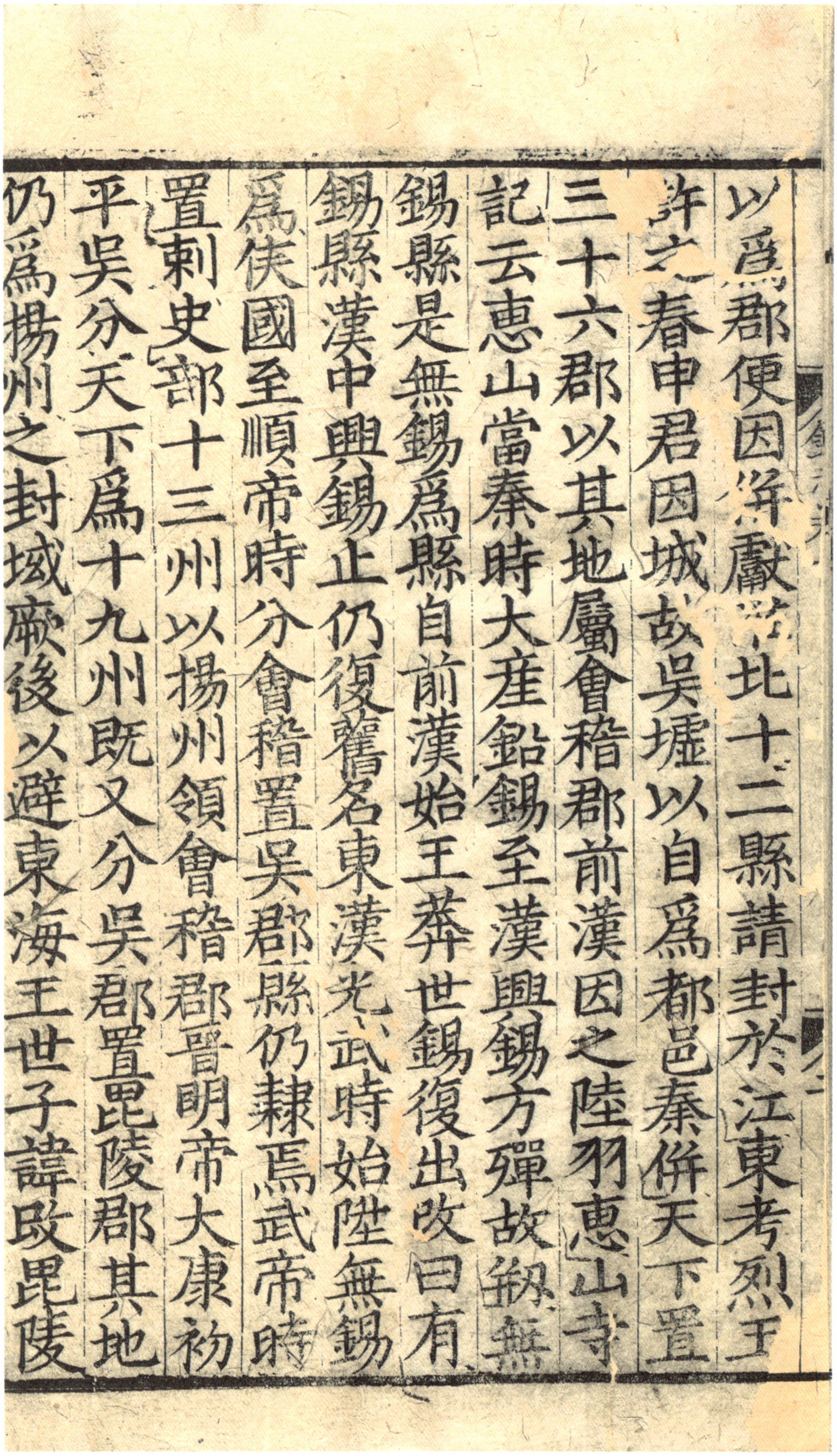
以爲郡便因併獻淮北十二縣請封於江東考烈王
許之春申君因城故吴墟以自爲都邑秦併天下置
三十六郡以其地屬會稽郡前漢因之陸羽惠山寺
記云惠山當秦時大産鉛錫至漢興錫方殫故鄕無
錫縣是無錫爲縣自前漢始王莽世錫復出改曰有
錫縣漢中興錫止仍復舊名東漢光武時始陞無錫
爲侯國至順帝時分會稽置吴郡縣仍隷焉武帝時
置刺史部十三州以揚州領會稽郡晉明帝大康初
平吴分天下爲十九州既又分吴郡置毘陵郡其地
仍爲揚州之封域厥後以避東海王世子諱改毘陵

01660 [洪武]無錫志四卷 明初刻本

匡高22.9厘米，廣16.1厘米。半葉十行，行二十字，小字雙行同，白口，左右雙邊。有“翰林院印”、“李印盛鐸”等印。北京大學圖書館藏。

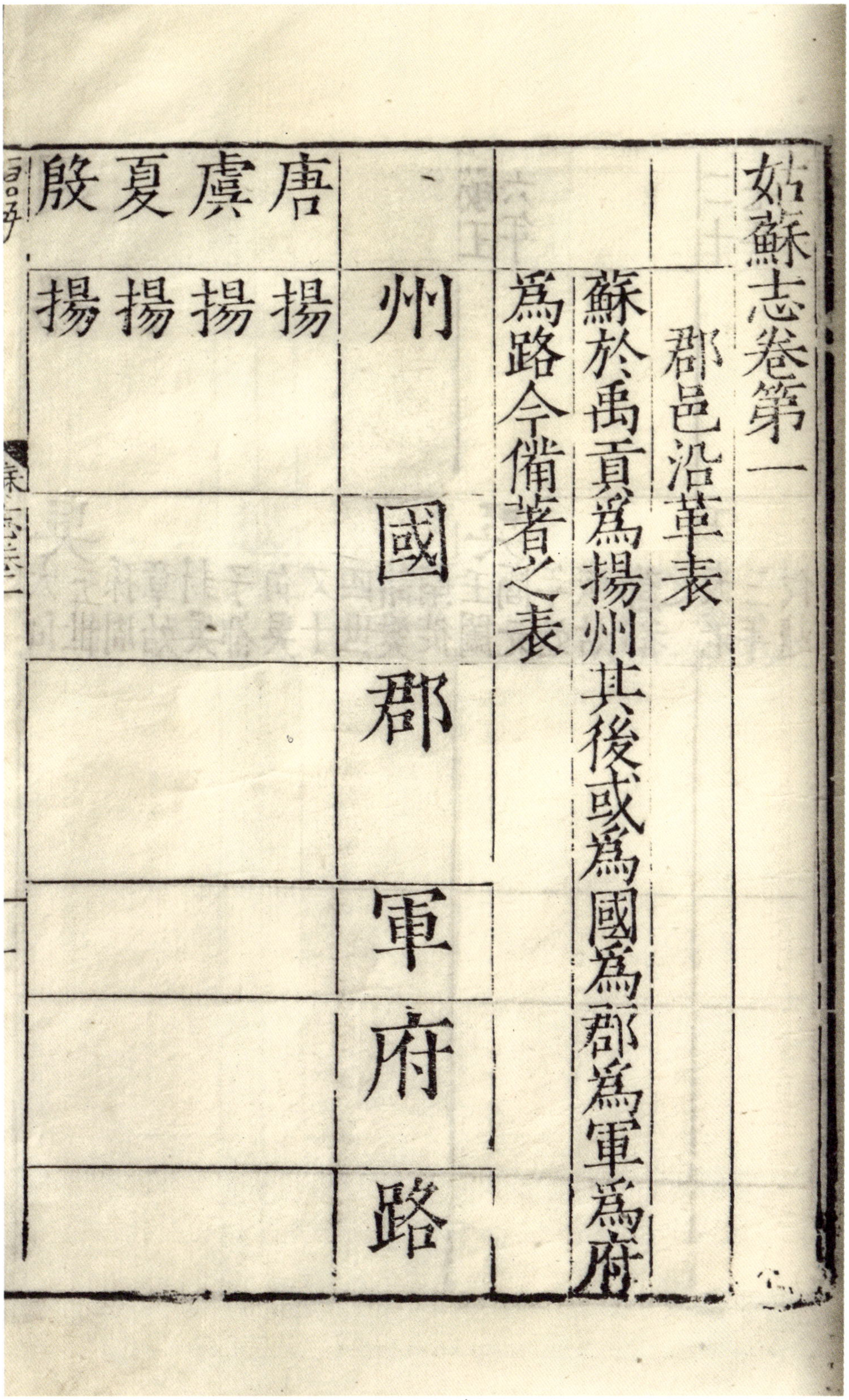
姑蘇志卷第一

郡邑沿革表

蘇於禹貢爲揚州其後或爲國爲郡爲軍爲府爲路今備著之表

	州	國	郡	軍	府	路
唐	揚					
虞	揚					
夏	揚					
殷	揚					

01661、01662 [正德]姑蘇志六十卷　（明）林世遠　王鏊等纂修　明正德元年（1506）刻本

匡高22厘米，廣17厘米。半葉行字不等，白口，左右雙邊。大連圖書館、江蘇省南通市圖書館藏。

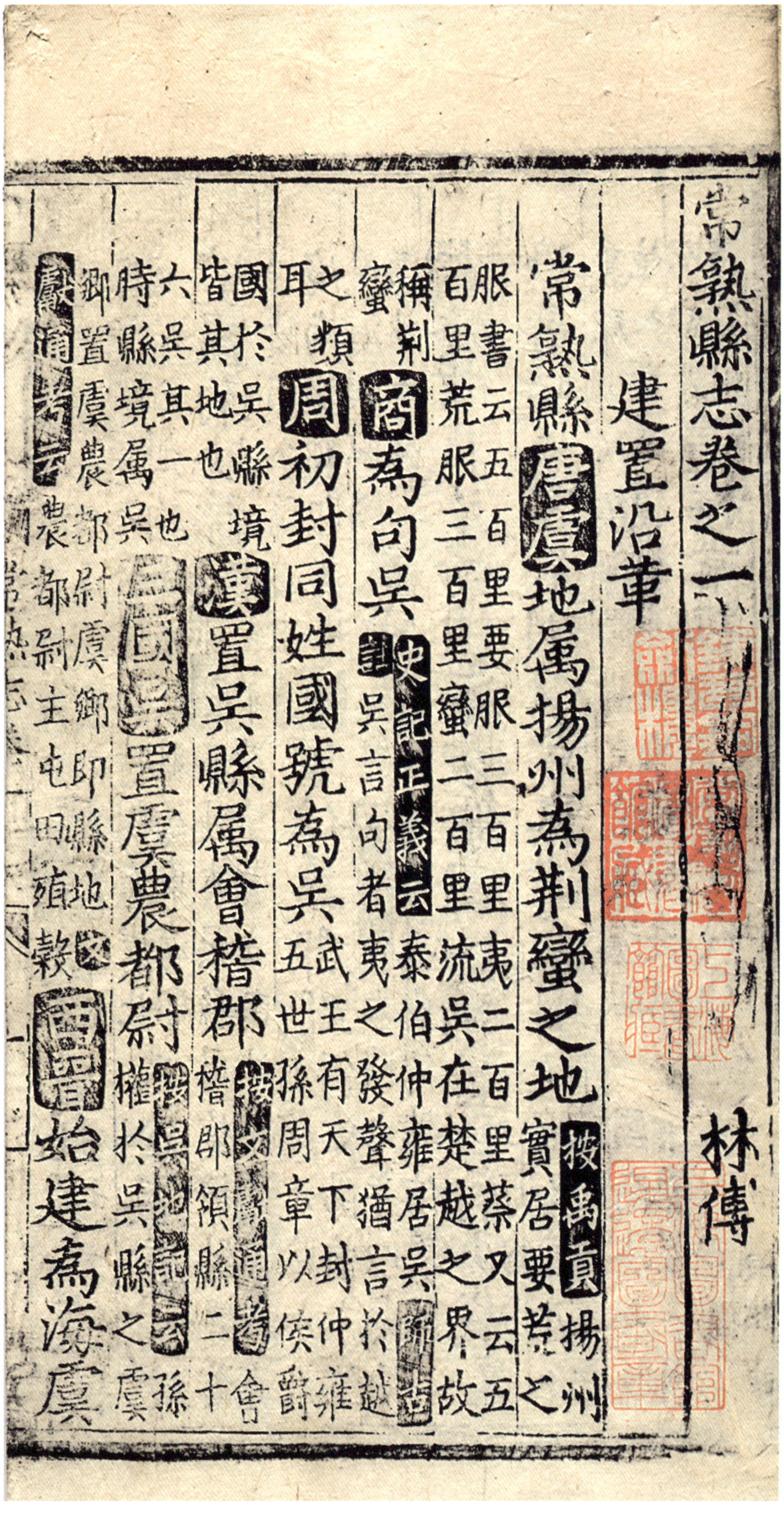

常熟縣志卷之一 林傳

建置沿革

常熟縣唐虞地屬揚州為荊蠻之地按禹貢揚州實居要荒之服書云五百里要服三百里夷二百里蔡又云五百里荒服三百里蠻二百里流吳在楚越之界故稱荊蠻商為句吳史記正義云泰伯仲雍居吳[illegible]吳言句者夷之發聲猶言於越之類耳周初封同姓國號為吳武王有天下封仲雍五世孫周章以侯爵國於吳縣境皆其地也漢置吳縣屬會稽郡按[illegible]會稽郡領縣二十六吳其一也時縣境屬吳三國吳置虞農都尉按[illegible]孫權於吳縣之虞鄉置虞農都尉虞鄉即縣地[illegible]獻帝紀云農都尉主屯田殖穀晉始建為海虞

01663 [弘治]常熟縣志四卷 （明）楊子器　桑瑜纂修　明弘治刻本

匡高25.8厘米，廣16厘米。半葉九行，行二十字，小字雙行同，白口，四周雙邊。有“鐵琴銅劍樓”等印。常熟市圖書館藏。

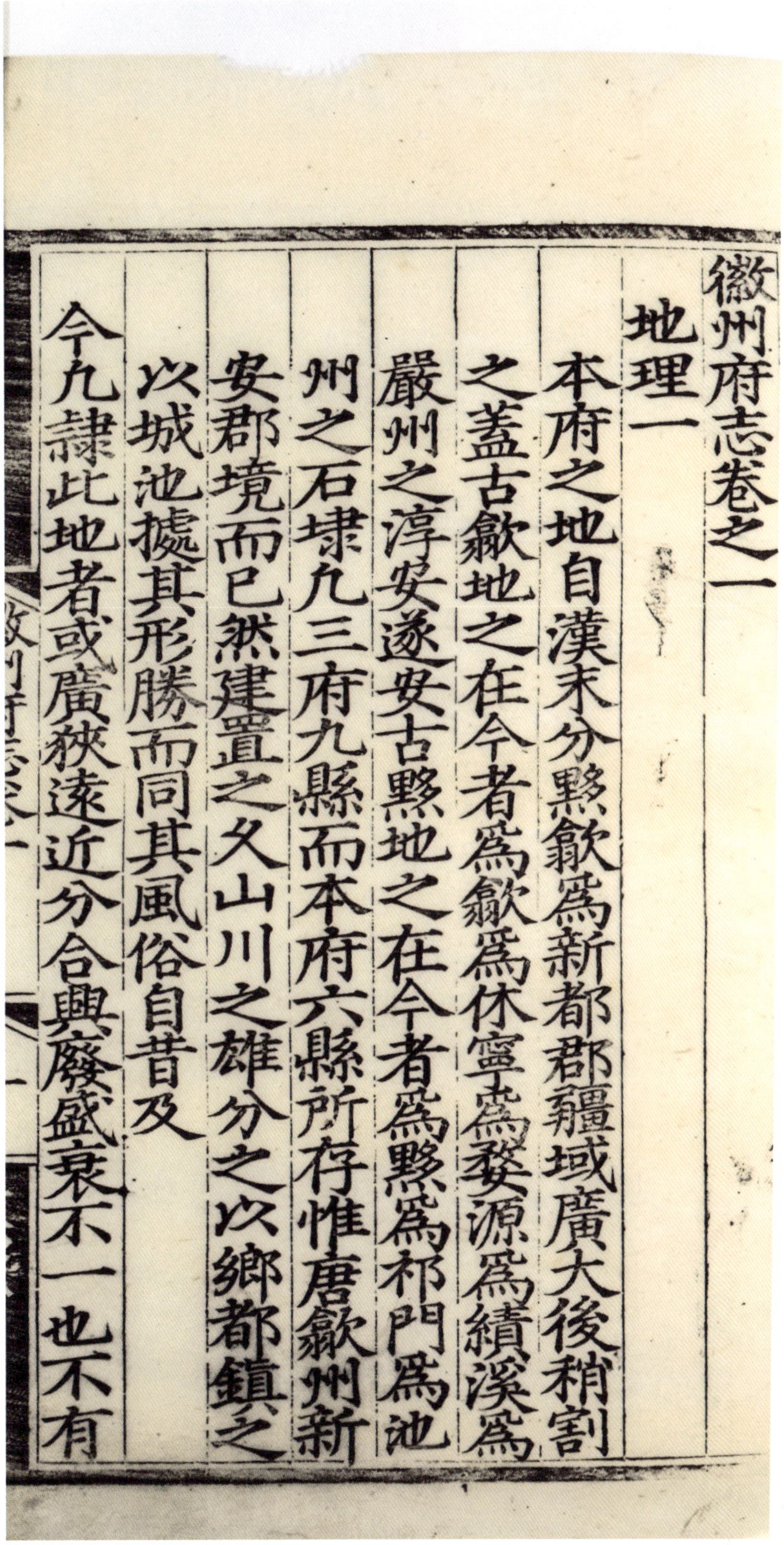

徽州府志卷之一

地理一

本府之地自漢末分黟歙爲新都郡疆域廣大後稍割之蓋古歙地之在今者爲歙爲休寧爲婺源爲績溪爲嚴州之淳安遂安古黟地之在今者爲黟爲祁門爲池州之石埭凡三府九縣而本府六縣所存惟唐歙州新安郡境而已然建置之久山川之雄分之以鄉都鎮之以城池據其形勝而同其風俗自昔及今凡隸此地者或廣狹遠近分合興廢盛衰不一也不有

01664 [弘治]徽州府志十二卷 （明）彭澤　汪舜民纂修　明弘治刻本

匡高22厘米，廣14厘米。半葉九行，行二十一字，小字雙行同，黑口，四周雙邊。安徽省博物館藏。

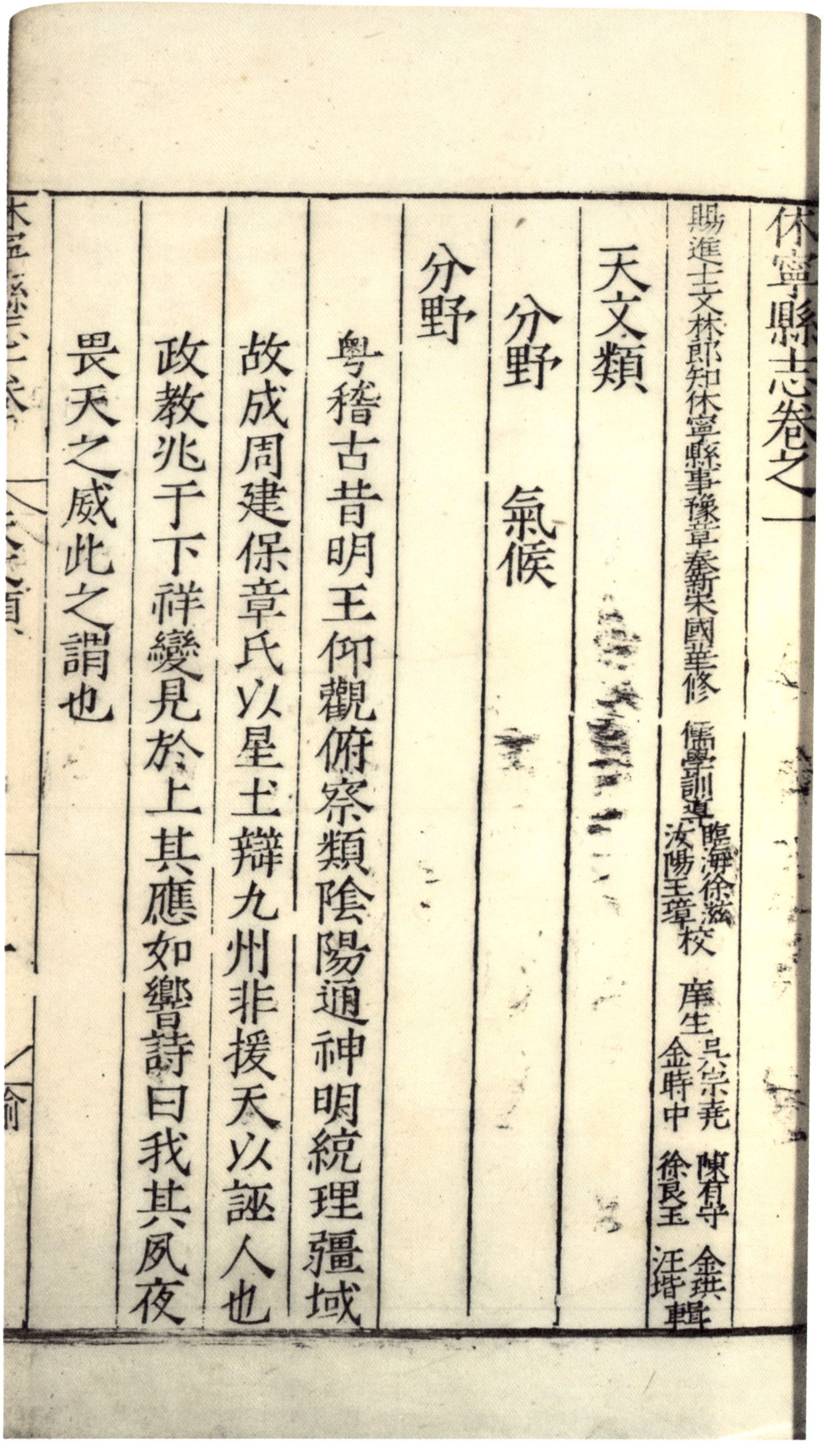
休寧縣志卷之一

賜進士文林郎知休寧縣事豫章奉新宋國華修　儒學訓導臨海徐滋　汝陽王章校　庠生吳宗堯　金時中　陳有守　徐良玉　金拱　汪堦輯

天文類

分野　氣候

分野

粤稽古昔明王仰觀俯察類陰陽通神明統理疆域故成周建保章氏以星土辯九州非援天以誣人也政教兆于下祥變見於上其應如響詩曰我其夙夜畏天之威此之謂也

01665 [嘉靖]休寧縣志八卷　（明）宋國華　吳宗堯等纂修　明嘉靖二十七年（1548）刻本

匡高20.5厘米，廣15厘米。半葉九行，行字不等，白口，四周單邊。安徽省博物館藏。

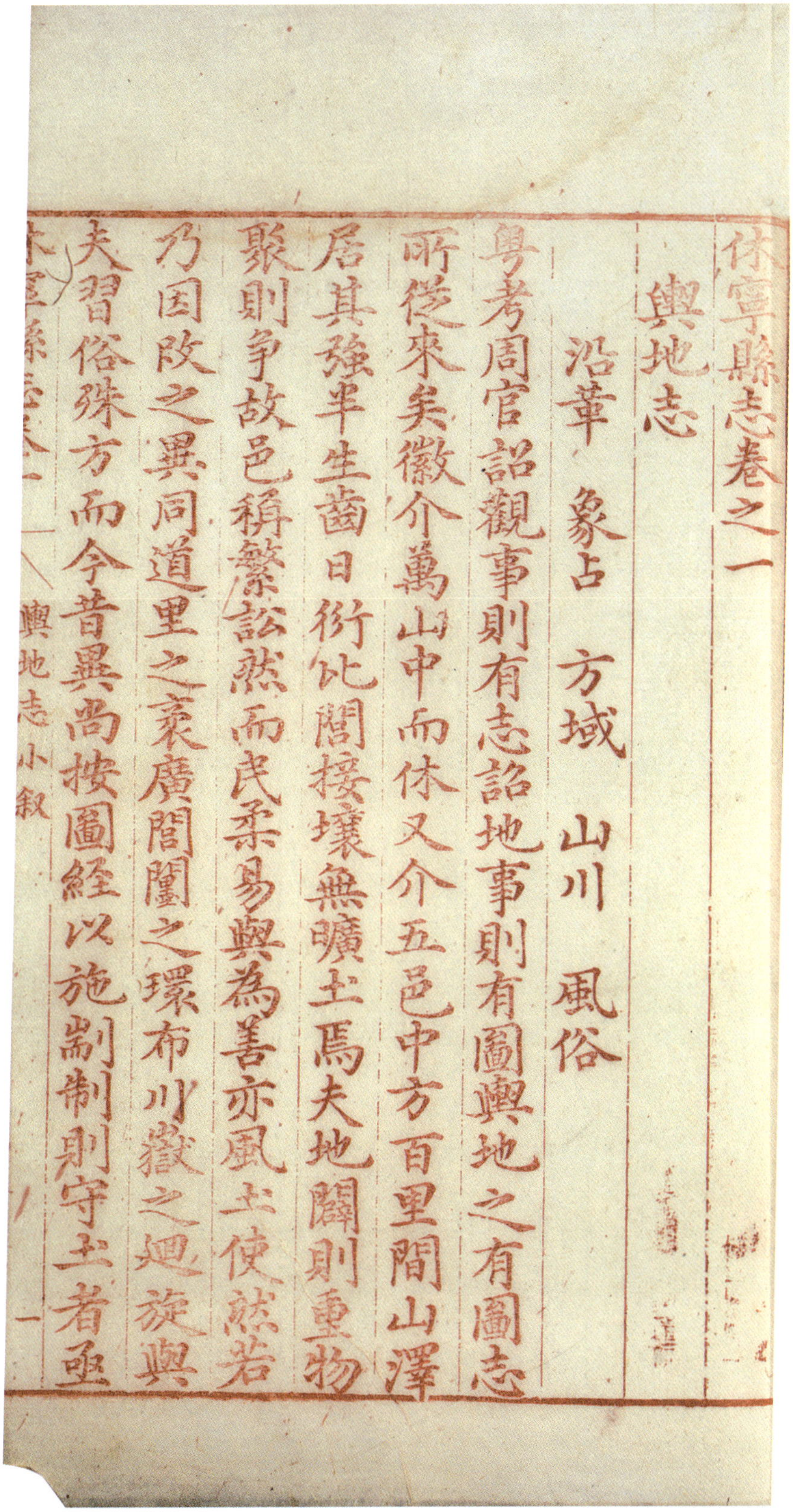

01666 [萬曆]休寧縣志八卷　（明）李喬岱纂修　明萬曆三十五年（1607）刻朱印本

匡高22.6厘米，廣14.8厘米。半葉九行，行二十二字，小字雙行同，白口，四周單邊。安徽省博物館藏。

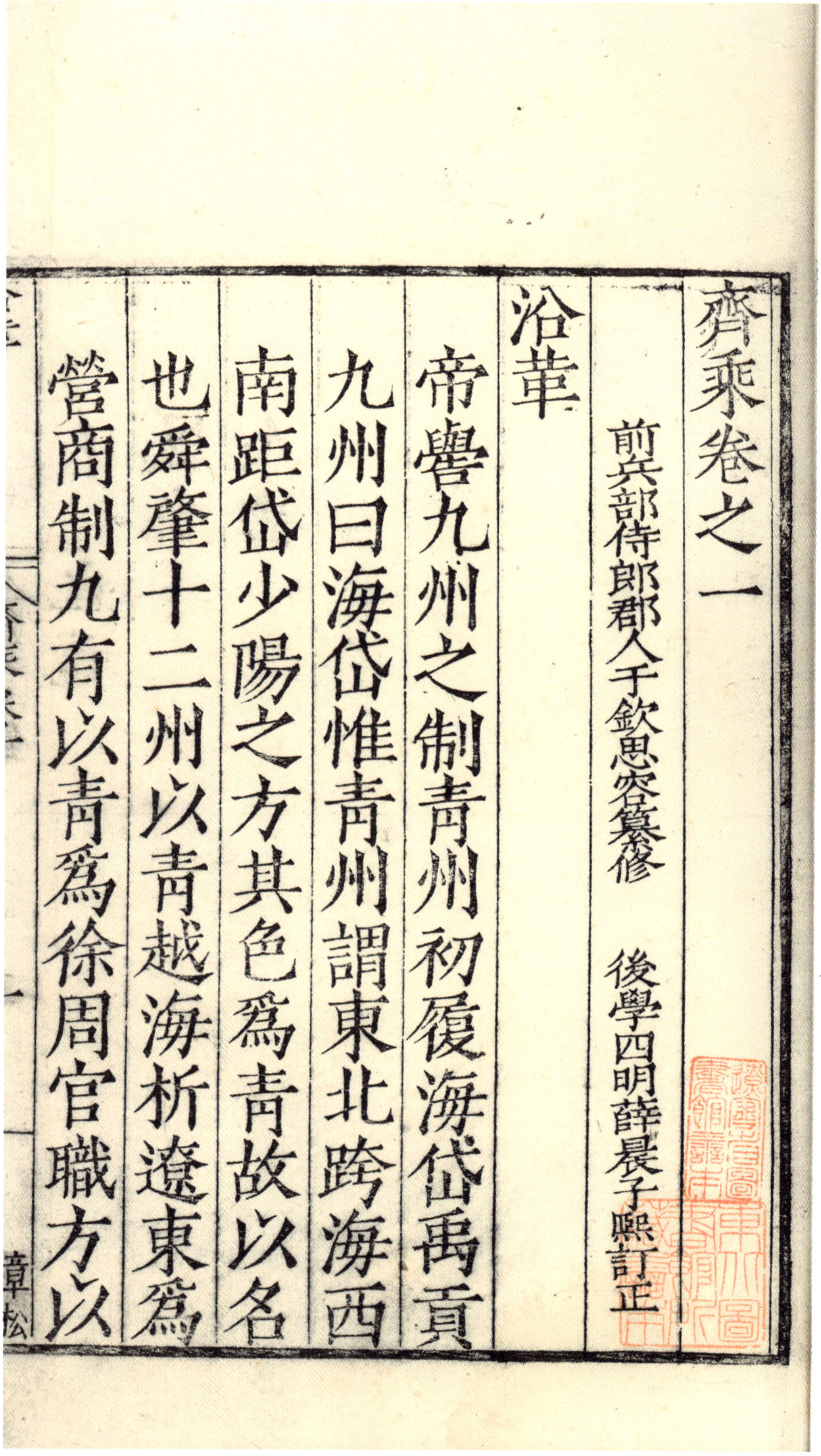

齊乘卷之一

前兵部侍郎郡人于欽思容纂修　後學四明薛晨子熙訂正

沿革

帝嚳九州之制青州初履海岱禹貢九州曰海岱惟青州謂東北跨海西南距岱少陽之方其色爲青故以名也舜肇十二州以青越海析遼東爲營商制九有以青爲徐周官職方以

01667 齊乘六卷　（元）于欽纂修　明嘉靖四十三年（1564）刻本

匡高20.5厘米，廣15.2厘米。半葉八行，行十五字，白口，左右雙邊。遼寧省圖書館藏。

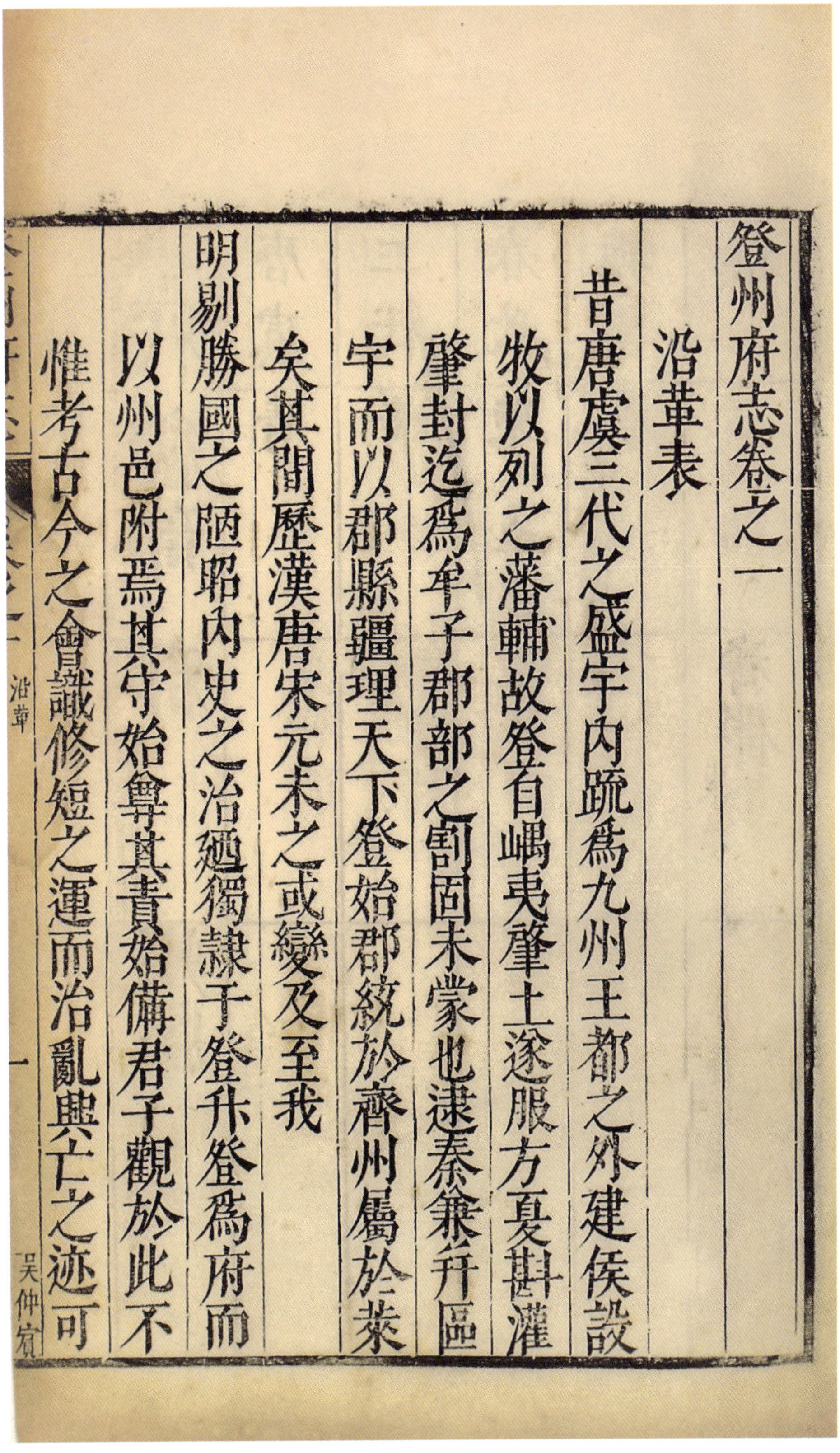
登州府志卷之一

沿革表

昔唐虞三代之盛宇内疏爲九州王都之外建侯設牧以列之藩輔故登自嵎夷肇土遂服方夏斟灌肇封迄爲牟子郡部之刱固未嘗也逮秦兼幷區宇而以郡縣疆理天下登始郡統於齊州屬於萊矣其間歷漢唐宋元未之或變及至我

明剔勝國之陋昭内史之治邇獨隸于登升登爲府而以州邑附焉其守始尊其責始備君子觀於此不惟考古今之會識修短之運而治亂興亡之迹可

沿革　一　吳仲賓

01668 [泰昌]登州府志十八卷　（明）徐應元纂修　明泰昌元年（1620）徐應元刻本

匡高23厘米，廣16.5厘米。半葉十行，行二十一字，白口，左右雙邊。河南省圖書館藏，存十六卷。

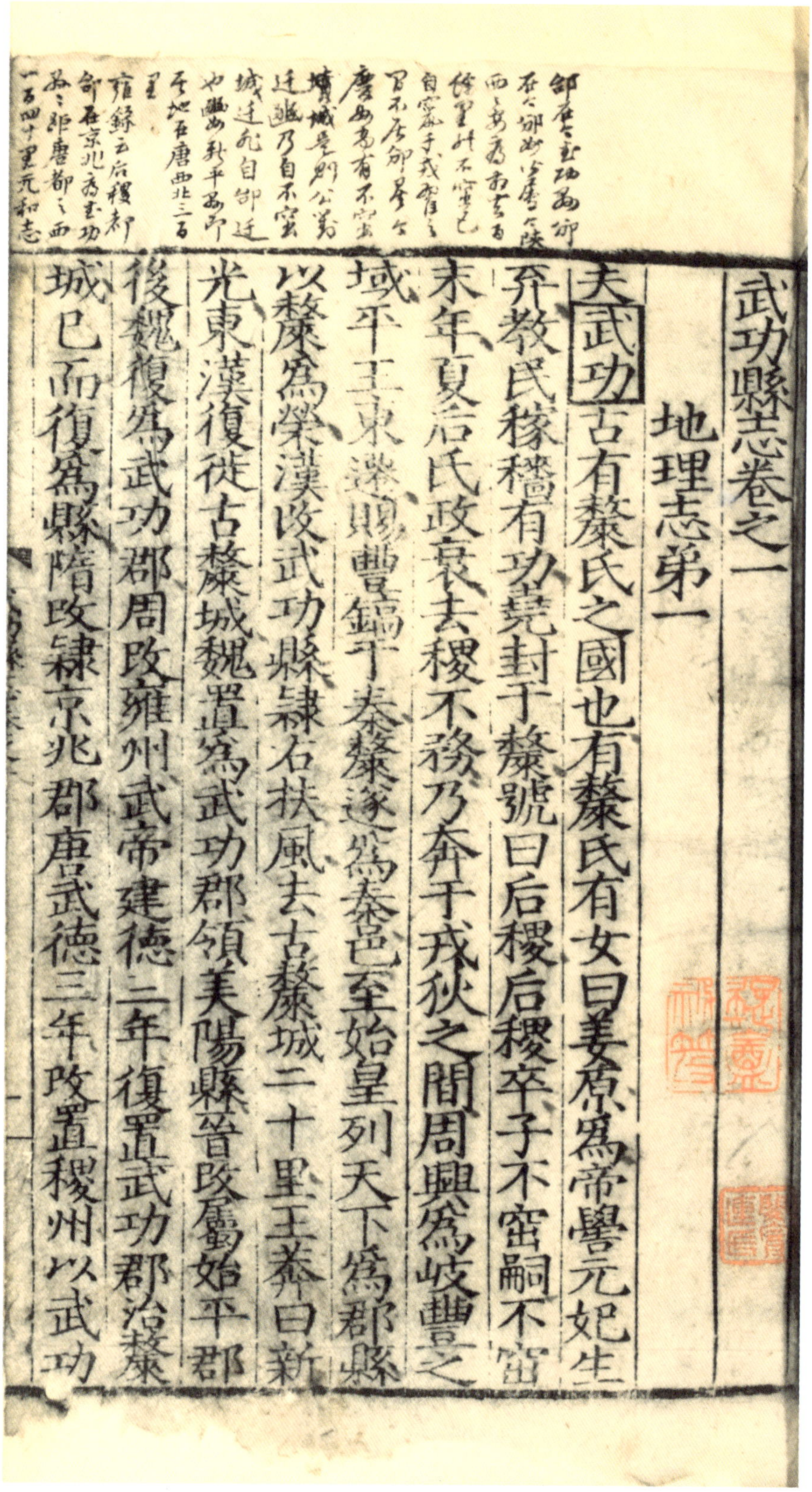

01669、01670 [正德]武功縣志三卷　（明）康海纂修　明正德十四年（1519）刻本

匡高20厘米，廣14.2厘米。半葉十行，行二十四字，小字雙行同，白口，左右雙邊。安徽省博物館藏，有“疑盦秘笈”等印，許承堯跋，閔麟嗣批語；湖州市圖書館藏。

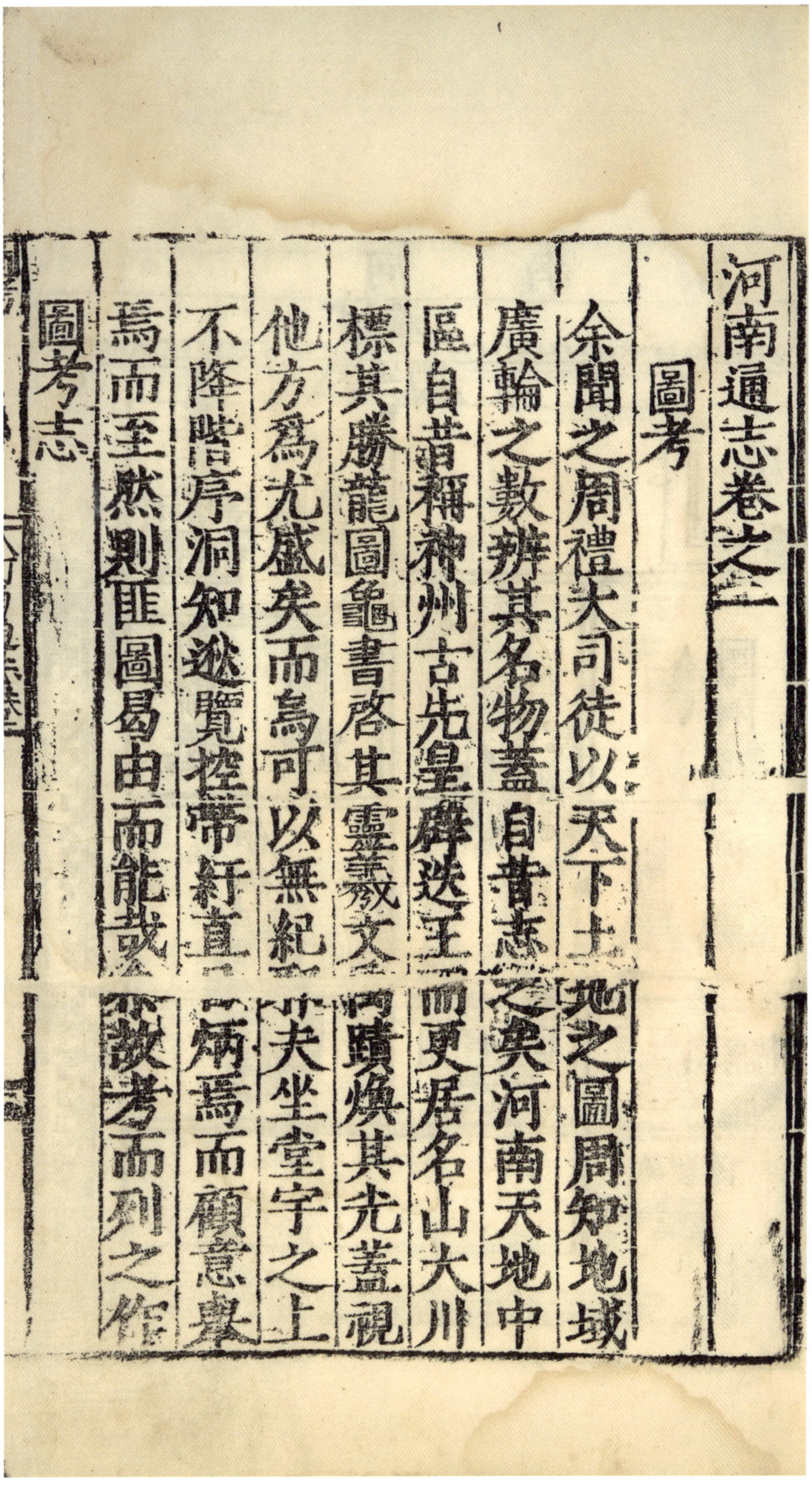

河南通志卷之二

圖考

余聞之周禮大司徒以天下土地之圖周知地域廣輪之數辨其名物蓋自昔志之矣河南天地中區自昔稱神州古先皇辟迭王而更居名山大川標其勝龍圖龜書啓其靈叢文[illegible][illegible]賾煥其光蓋視他方爲尤盛矣而烏可以無紀[illegible]夫坐堂宇之上不降階序洞知遐覽控帶紆直[illegible]柄焉而顧意象焉而至然則匪圖曷由而能或[illegible][illegible]考而列之作

圖考志

01671 [嘉靖]河南通志四十五卷 （明）鄒守愚　李濂纂修　明嘉靖三十四年（1555）刻本

匡高21.9厘米，廣15.5厘米。半葉十行，行二十字，白口，左右雙邊。有“張鳳臺印”等印。張鳳臺題識。河南大學圖書館藏。

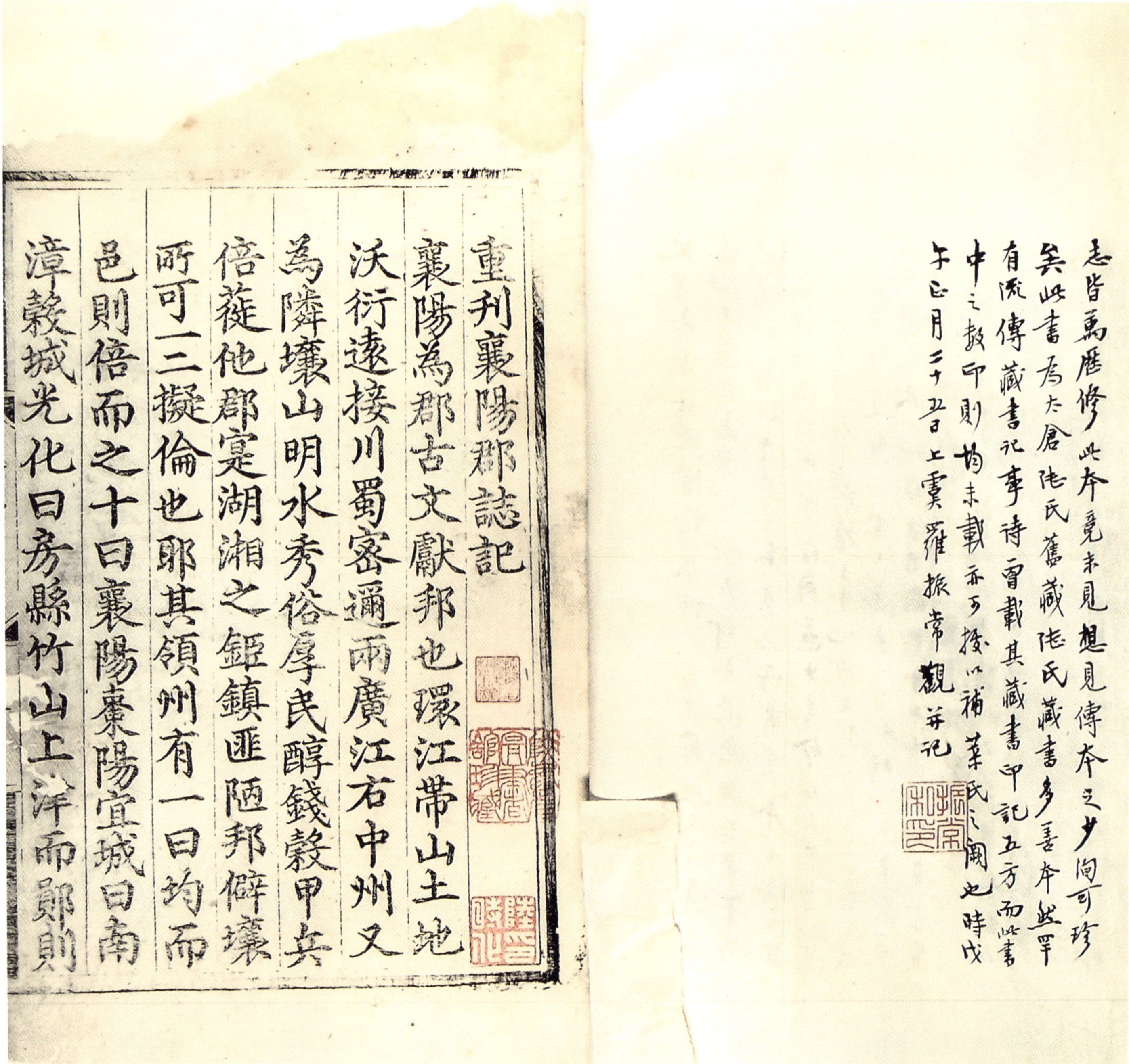

重刊襄陽郡誌記

襄陽爲郡古文獻邦也環江帶山土地沃衍遠接川蜀密邇兩廣江右中州又爲隣壤山明水秀俗厚民醇錢穀甲兵倍蓰他郡寔湖湘之鉅鎮匪陋邦僻壤所可一三擬倫也耶其領州有一曰均而邑則倍而之十曰襄陽棗陽宜城曰南漳穀城光化曰房縣竹山上津而鄖則

志皆萬歷修此本竟未見想見傳本之少尚可珍矣此書爲太倉陸氏舊藏陸氏藏書多善本然罕有流傳藏書記事詩曾載其藏書甲記五方而此書中之數印則均未載亦可援以補葉氏之闕也時戊午正月二十五日上虞羅振常觀并記

01672 [天順]重刊襄陽郡誌四卷　（明）張恒纂修　明天順李人儀刻本

匡高24.4厘米，廣16.2厘米。半葉十二行，行字不等，黑口，四周雙邊。有"羅振常私印"、"陸時化印"等印。陝西省圖書館藏。

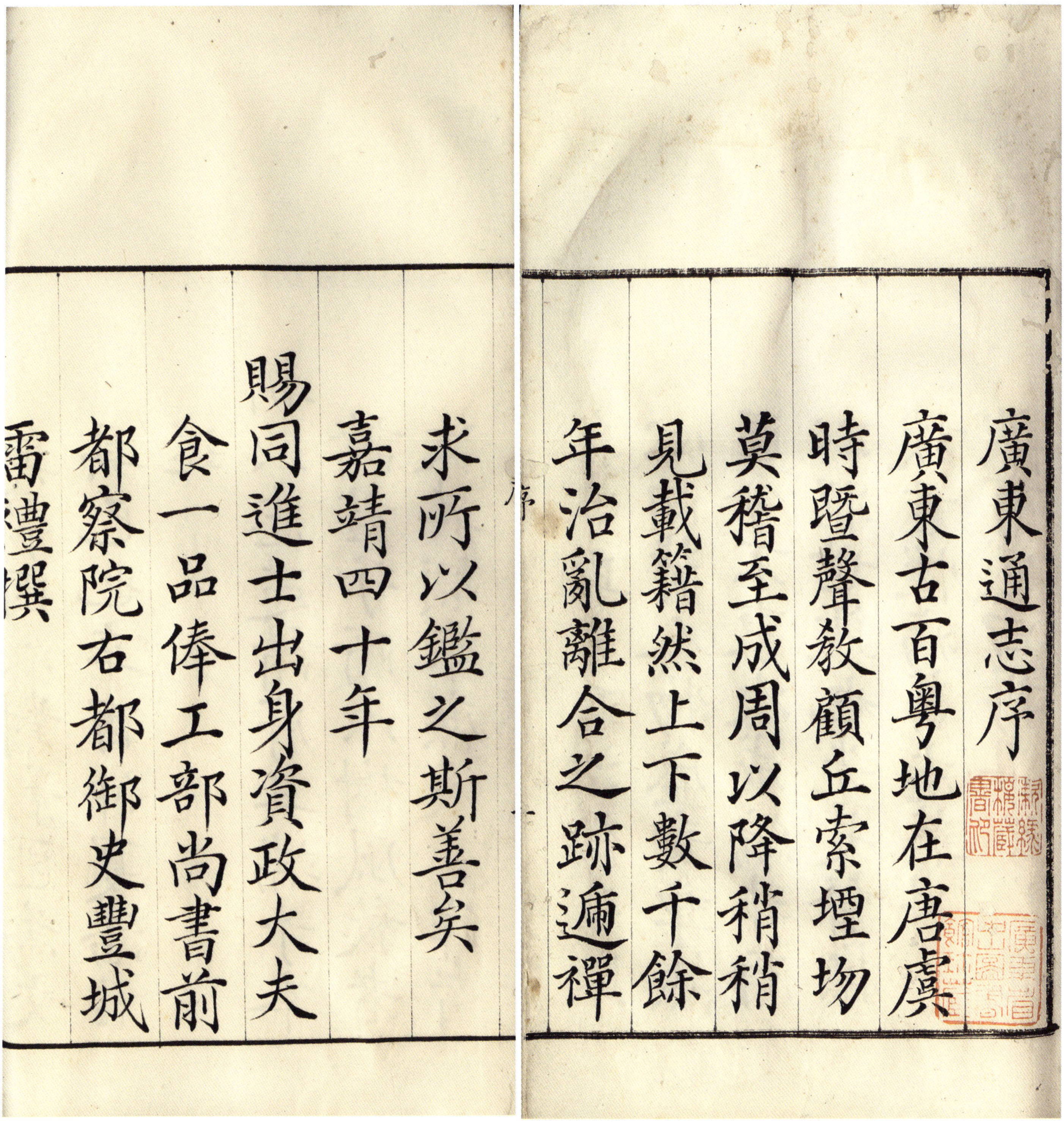
廣東通志序
廣東古百粵地在唐虞
時曁聲教顧丘索堙圽
莫稽至成周以降稍稍
見載籍然上下數千餘
年治亂離合之跡遞禪

序

求所以鑑之斯善矣
嘉靖四十年
賜同進士出身資政大夫
食一品俸工部尚書前
都察院右都御史豐城
雷禮撰

01673 [嘉靖]廣東通志七十卷 （明）黄佐纂修 明嘉靖刻本

匡高20.8厘米，廣15厘米。半葉十行，行二十一字，白口，四周單邊。廣東省立中山圖書館藏。

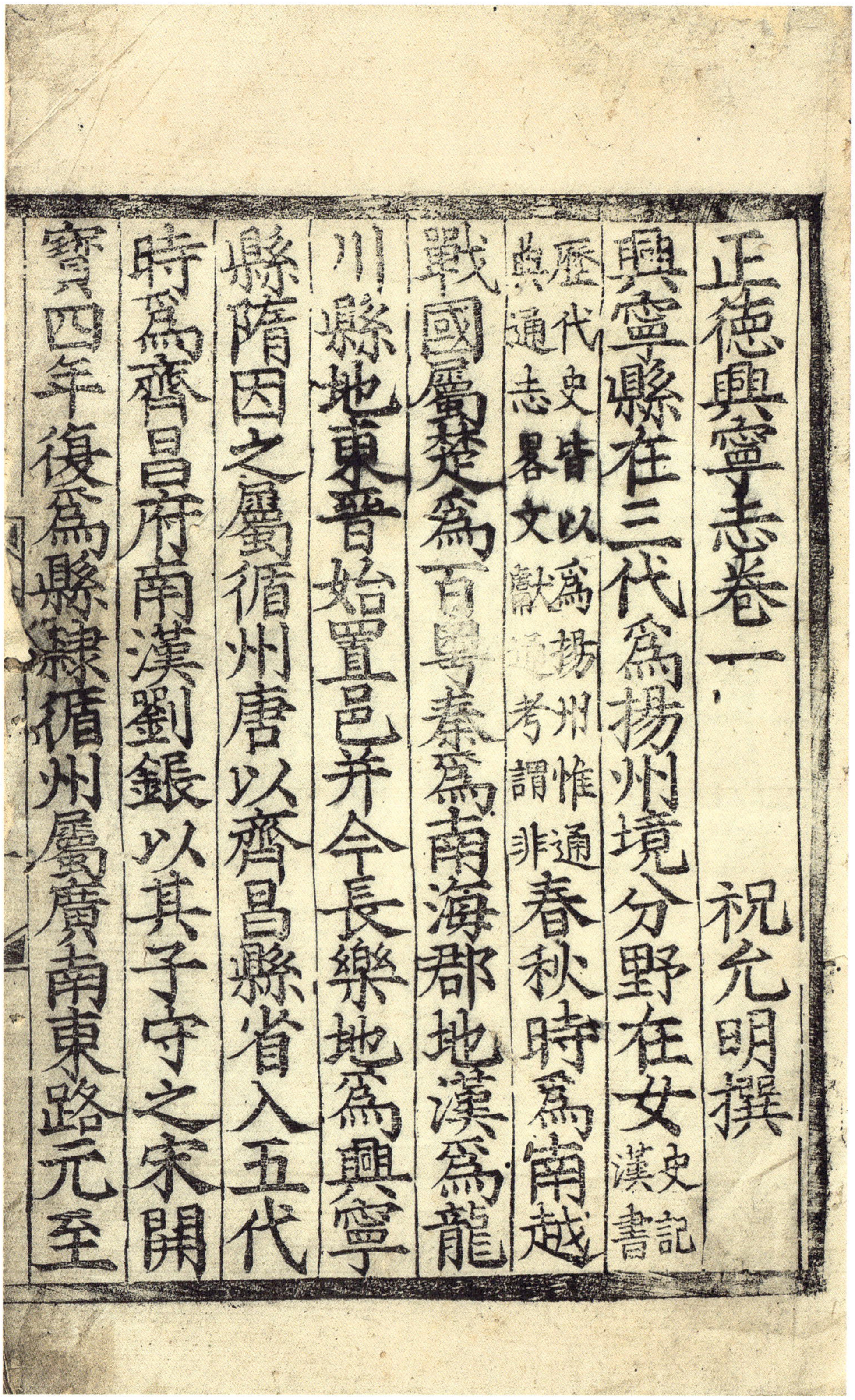
正德興寧志卷一　　　祝允明撰
興寧縣在三代爲揚州境分野在女史記漢書
歷代史皆以爲揚州惟通典通志畧文獻通考謂非春秋時爲南越
戰國屬楚爲百粵秦爲南海郡地漢爲龍
川縣地東晉始置邑并今長樂地爲興寧
縣隋因之屬循州唐以齊昌縣省入五代
時爲齊昌府南漢劉鋹以其子守之宋開
寳四年復爲縣隸循州屬廣南東路元至

01674 [正德]興寧志四卷　（明）祝允明纂修　明正德刻本

匡高20.2厘米，廣15厘米。半葉八行，行十六字，小字雙行同，白口，左右雙邊。溫州市圖書館藏，存一卷。

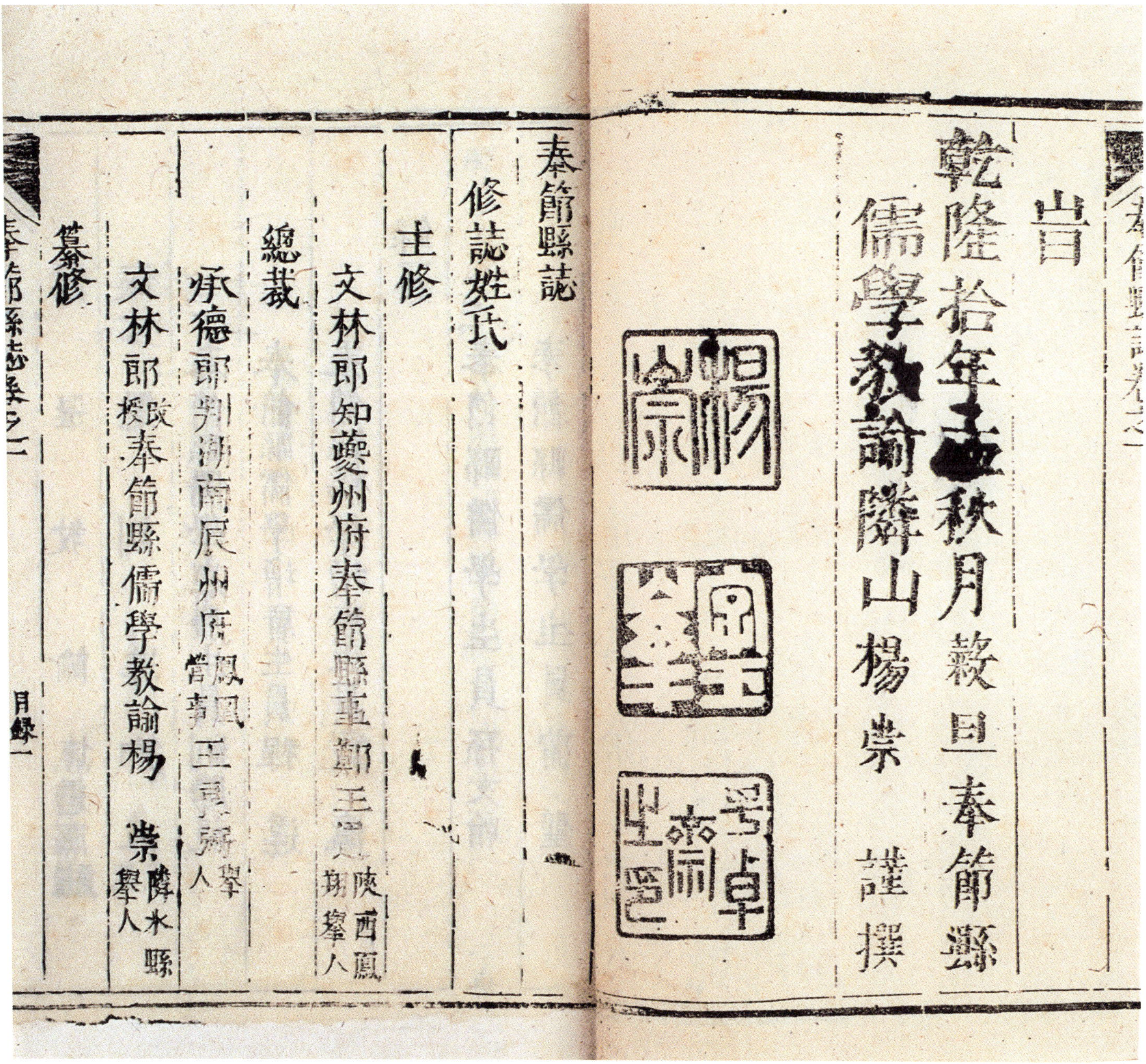

01675 [乾隆]奉節縣誌四卷　（清）鄭王選　王良弼　楊崇纂修　清乾隆十年（1745）木活字印本

匡高21.6厘米，廣15厘米。半葉八行，行二十字，上黑口下白口，四周雙邊。故宮博物院藏。

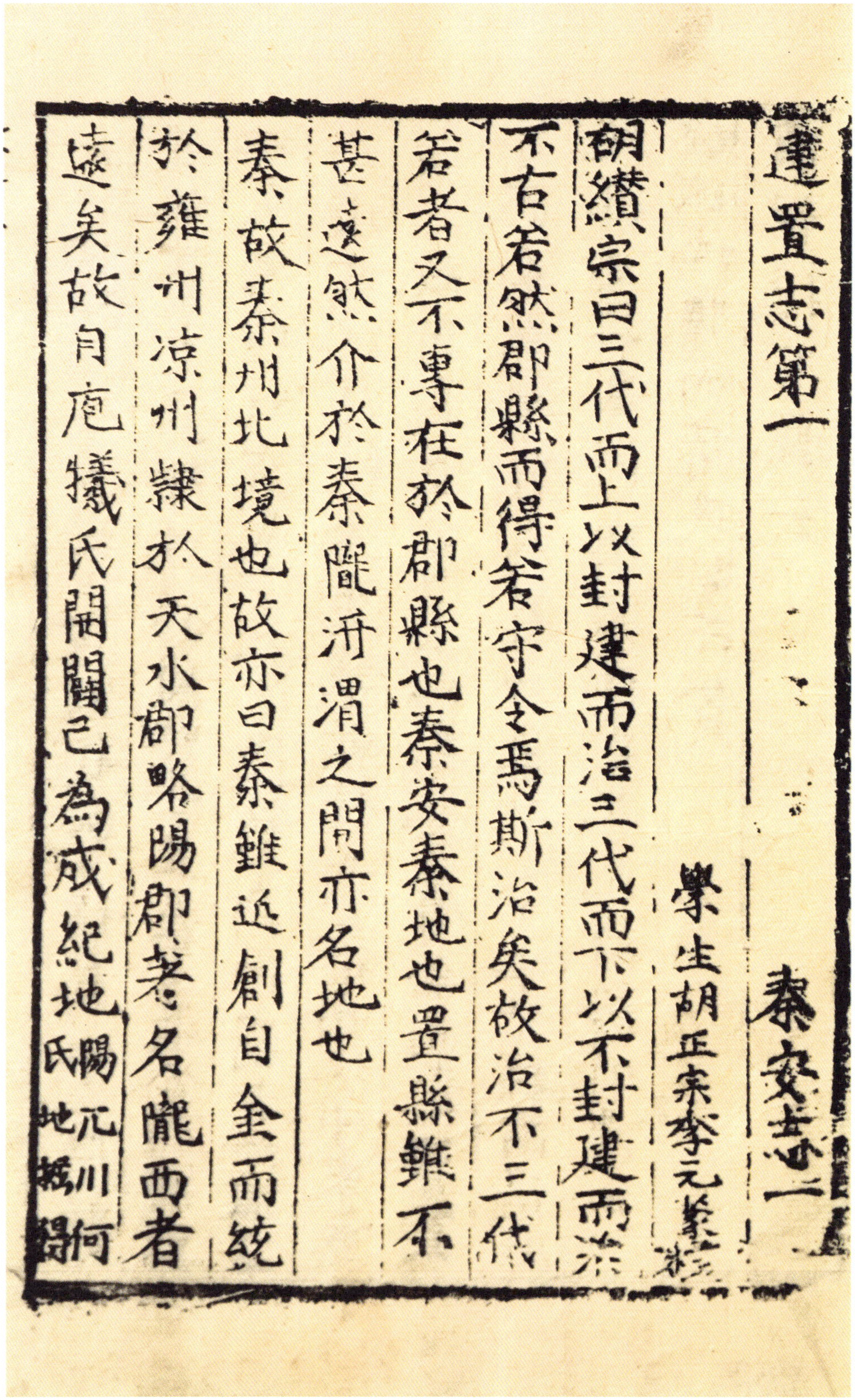
建置志第一　　秦安志二
學生胡正宗李元槩校
胡纘宗曰三代而上以封建而治三代而下以不封建而治
不古若然郡縣而得若守令焉斯治矣故治不三代
若者又不專在於郡縣也秦安秦地也置縣雖不
甚遠然介於秦隴汧渭之間亦名地也
秦故秦州北境也故亦曰秦雖迄創自金而統
於雍州涼州隸於天水郡略陽郡者名隴西者
遠矣故自庖犧氏開闢已為成紀地陽兀川何氏地據錫

01676 [嘉靖]秦安志九卷　（明）亢世英　胡纘宗纂修　明嘉靖十四年（1535）刻本（有抄配）

匡高18厘米，廣13.5厘米。半葉九行，行十八至二十三字，小字雙行同，白口，四周單邊。大連圖書館藏。

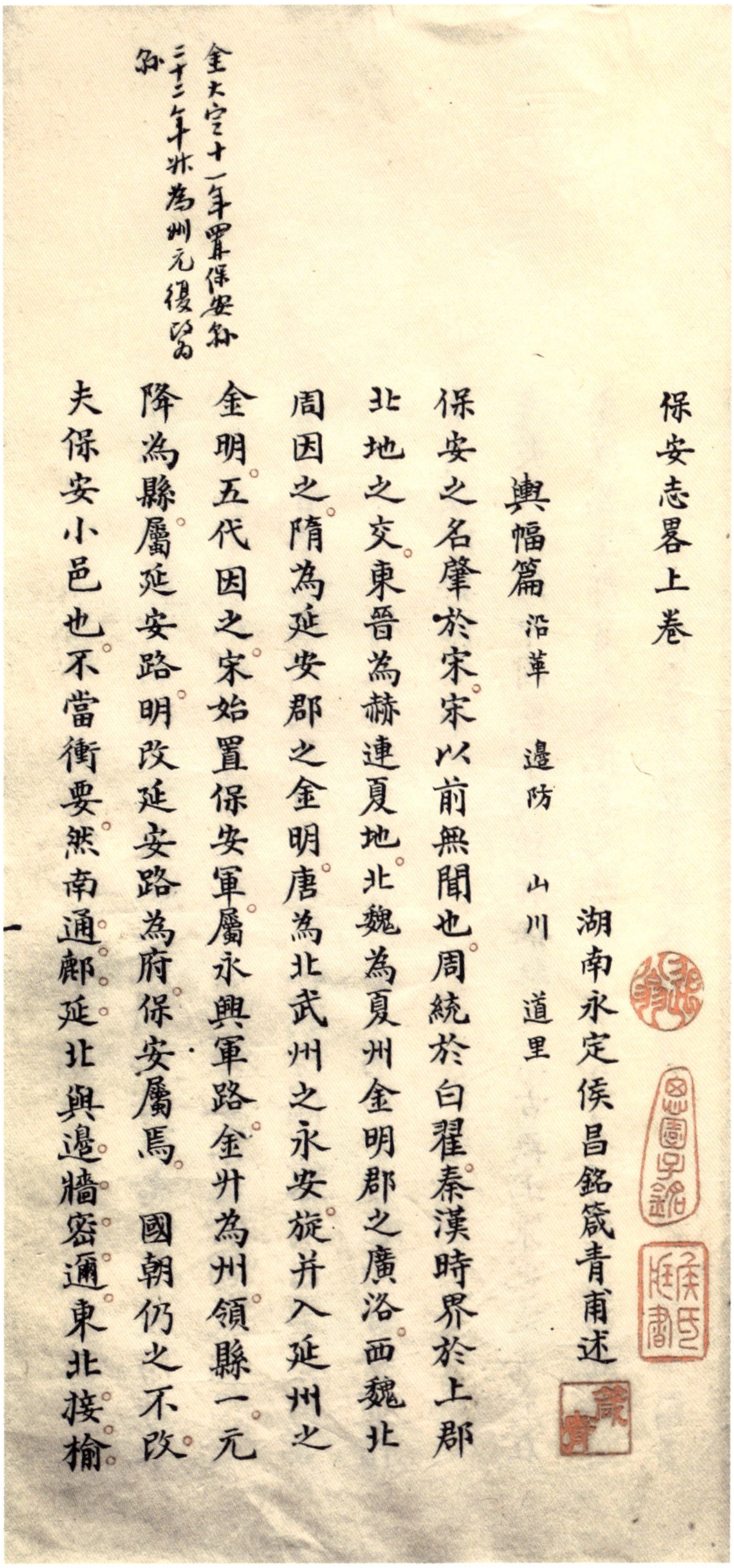

01677 保安志畧二卷 （清）侯昌銘撰　稿本

半葉九行，行二十五字，小字雙行同。有"箴青"、"侯氏藏書"等印。天水市圖書館藏。

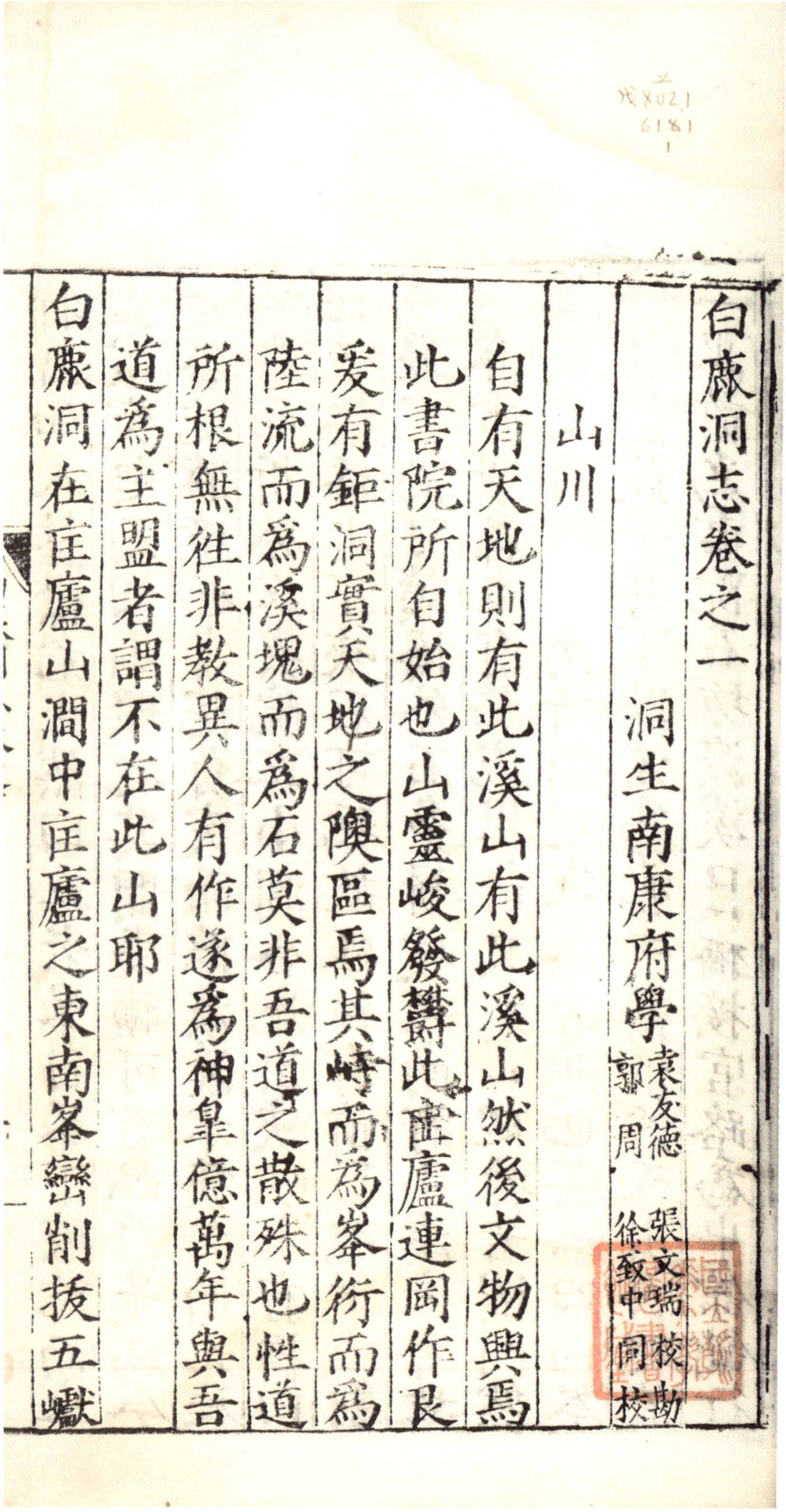

白鹿洞志卷之一

洞生南康府學　袁友德　張文端　校勘
　　　　　　　郭周　　徐致中　同校

山川

自有天地則有此溪山有此溪山然後文物興焉此書院所自始也山靈峻發鍾此匡廬連岡作艮爰有鉅洞實天地之奧區焉其峙而爲峯衍而爲陸流而爲溪塊而爲石莫非吾道之散殊也性道所根無往非教異人有作遂爲神臯億萬年與吾道爲主盟者謂不在此山耶

白鹿洞在匡廬山澗中匡廬之東南峯巒削拔五巘

01678 白鹿洞志十九卷　（明）鄭廷鵠等撰　明嘉靖刻本

匡高20.7厘米，廣14.4厘米。半葉十行，行二十字，白口，左右雙邊。有“深澤王氏洗心精舍所藏書畫”等印。清華大學圖書館藏。

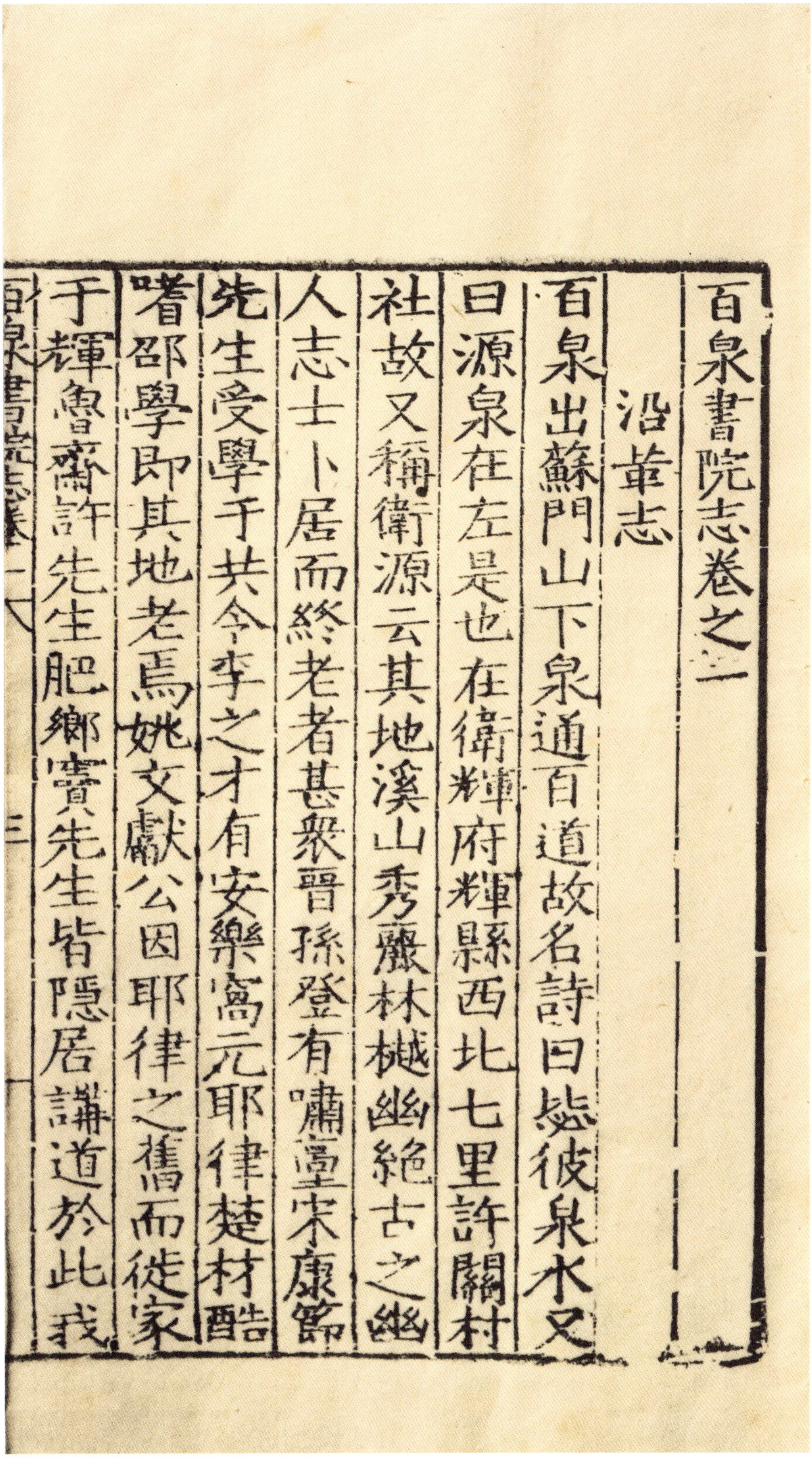
百泉書院志卷之一

沿革志

百泉出蘇門山下泉通百道故名詩曰毖彼泉水又曰源泉在左是也在衛輝府輝縣西北七里許關村社故又稱衛源云其地溪山秀麗林樾幽絕古之幽人志士卜居而終老者甚衆晉孫登有嘯臺宋康節先生受學于共令李之才有安樂窩元耶律楚材酷嗜邵學即其地老焉姚文獻公因耶律之舊而從家于輝魯齋許先生肥鄉竇先生皆隱居講道於此我

百泉書院志卷一 三

01679 百泉書院志四卷 （明）吕顒撰 明嘉靖十二年（1533）刻本

匡高20.2厘米，廣14.5厘米。半葉九行，行二十字，小字雙行同，白口，四周單邊。大連圖書館藏。

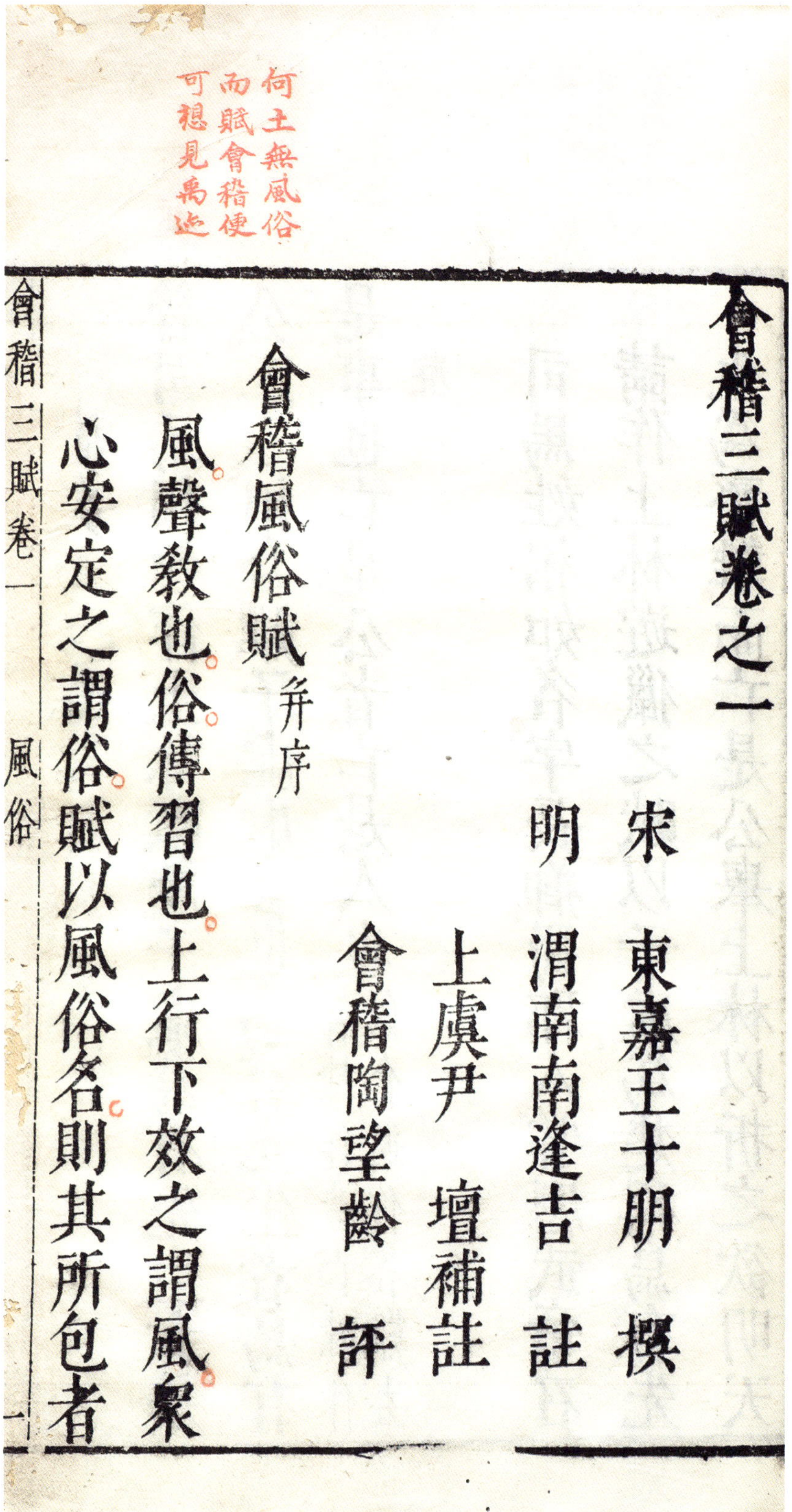
何土無風俗
而賦會稽便
可想見禹迹

會稽三賦卷之一
宋　東嘉王十朋　撰
明　渭南南逢吉　註
上虞尹　壇補註
會稽陶望齡　評
會稽風俗賦并序
風聲教也俗傳習也上行下效之謂風衆
心安定之謂俗賦以風俗名則其所包者

會稽三賦卷一　風俗　一

01680　會稽三賦四卷　（宋）王十朋撰　（明）南逢吉注　（明）尹壇補注　（明）陶望齡評　明天啟元年（1621）凌氏刻朱墨套印本

匡高20.8厘米，廣13.8厘米。半葉八行，行十八字，小字雙行同，白口，四周單邊。溫州市圖書館藏。

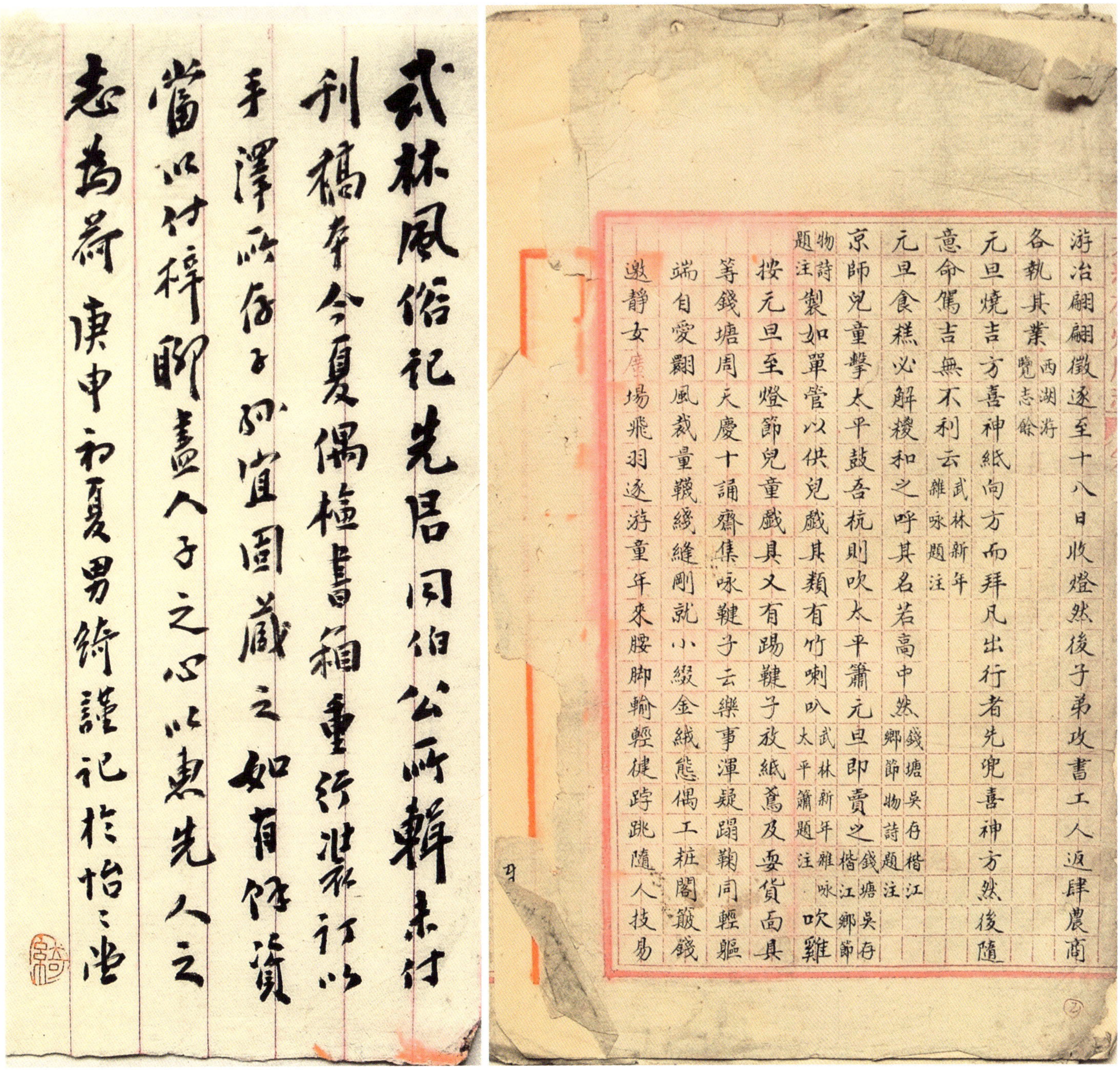

01681 武林風俗記一卷 （清）王同撰 稿本

匡高20.8厘米，廣14.7厘米。半葉十一行，行二十四字，紅格，白口，四周雙邊。散葉。有“綺”等印。王綺跋。杭州圖書館藏。

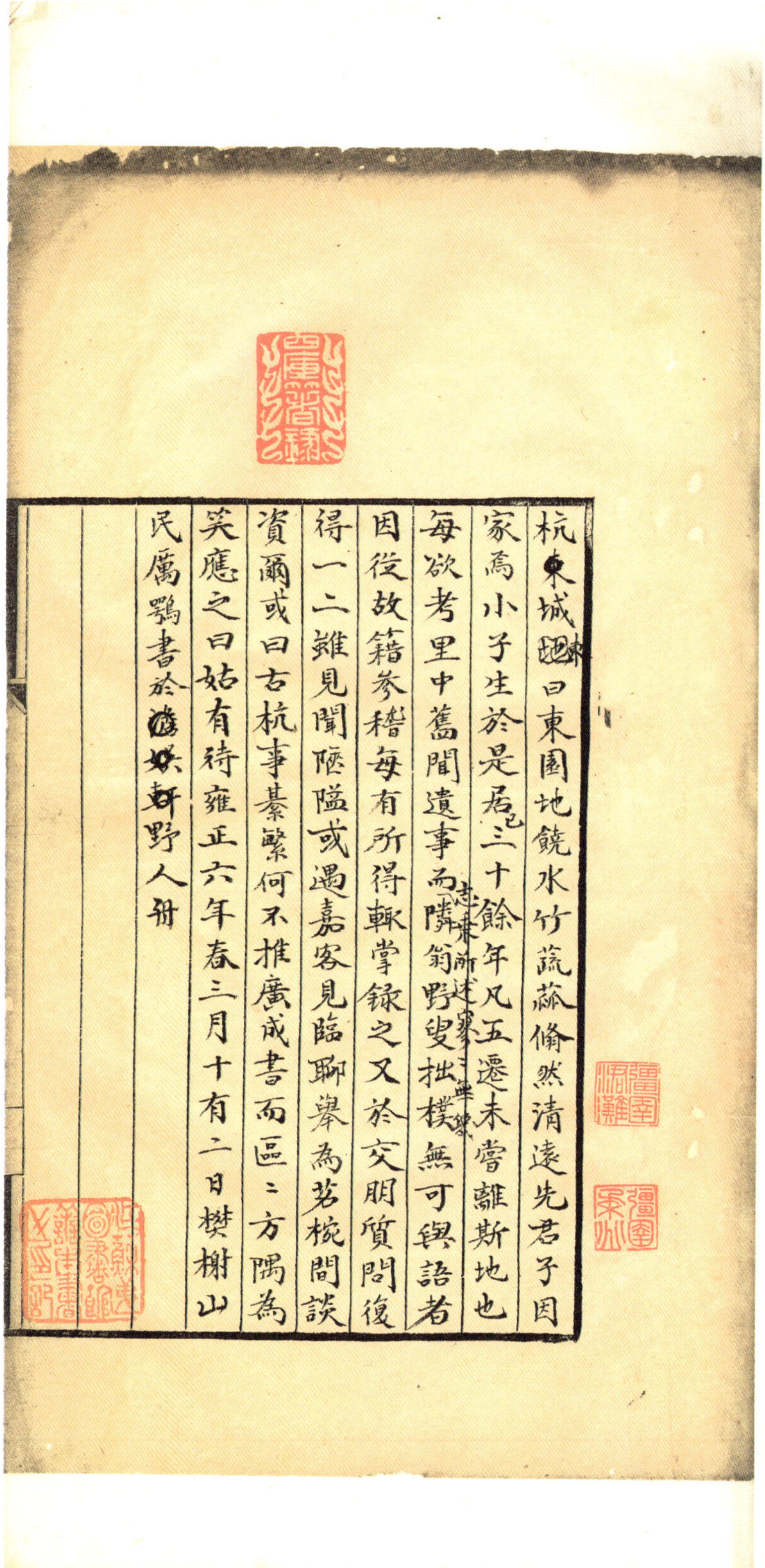
杭東城地曰東園地饒水竹蔬菰翛然清遠先君子因
家焉小子生於是居已三十餘年凡五遷未嘗離斯地也
每欲考里中舊聞遺事而隣翁野叟拙樸無可與語者
因從故籍參稽每有所得輒掌錄之又於交朋質問復
得一二雖見聞陋隘或遇嘉客見臨聊舉為茗椀閒談
資爾或曰古杭事綦繁何不推廣成書而區區方隅為
笑應之曰姑有待雍正六年春三月十有二日樊榭山
民厲鶚書於遊娛軒野人舟

01682 東城雜記二卷 （清）厲鶚撰　稿本

匡高18.2厘米，廣12.7厘米。半葉十行，行二十一字，黑口，四周單邊。丁丙跋。南京圖書館藏。

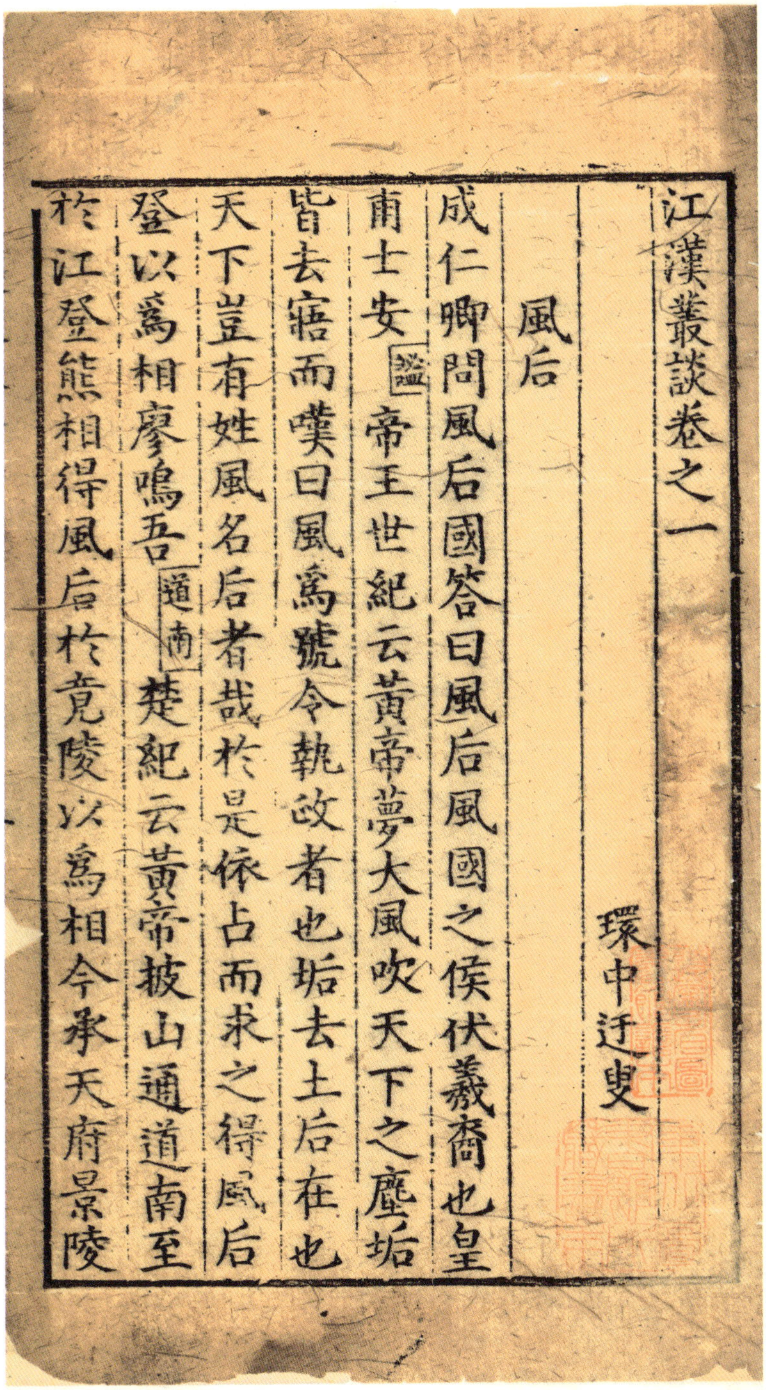

江漢叢談卷之一

環中迂叟

風后

成仁卿問風后國答曰風后風國之侯伏羲裔也皇甫士安[謐]帝王世紀云黃帝夢大風吹天下之塵垢皆去寤而嘆曰風爲號令執政者也垢去土后在也天下豈有姓風名后者哉於是依占而求之得風后登以爲相廖鳴吾[道南]楚紀云黃帝披山通道南至於江登熊相得風后於竟陵以爲相今承天府景陵

01683 江漢叢談二卷 （明）陳士元撰 明隆慶六年（1572）刻本

匡高20厘米，廣13.6厘米。半葉九行，行二十字，白口，四周單邊。遼寧省圖書館藏。

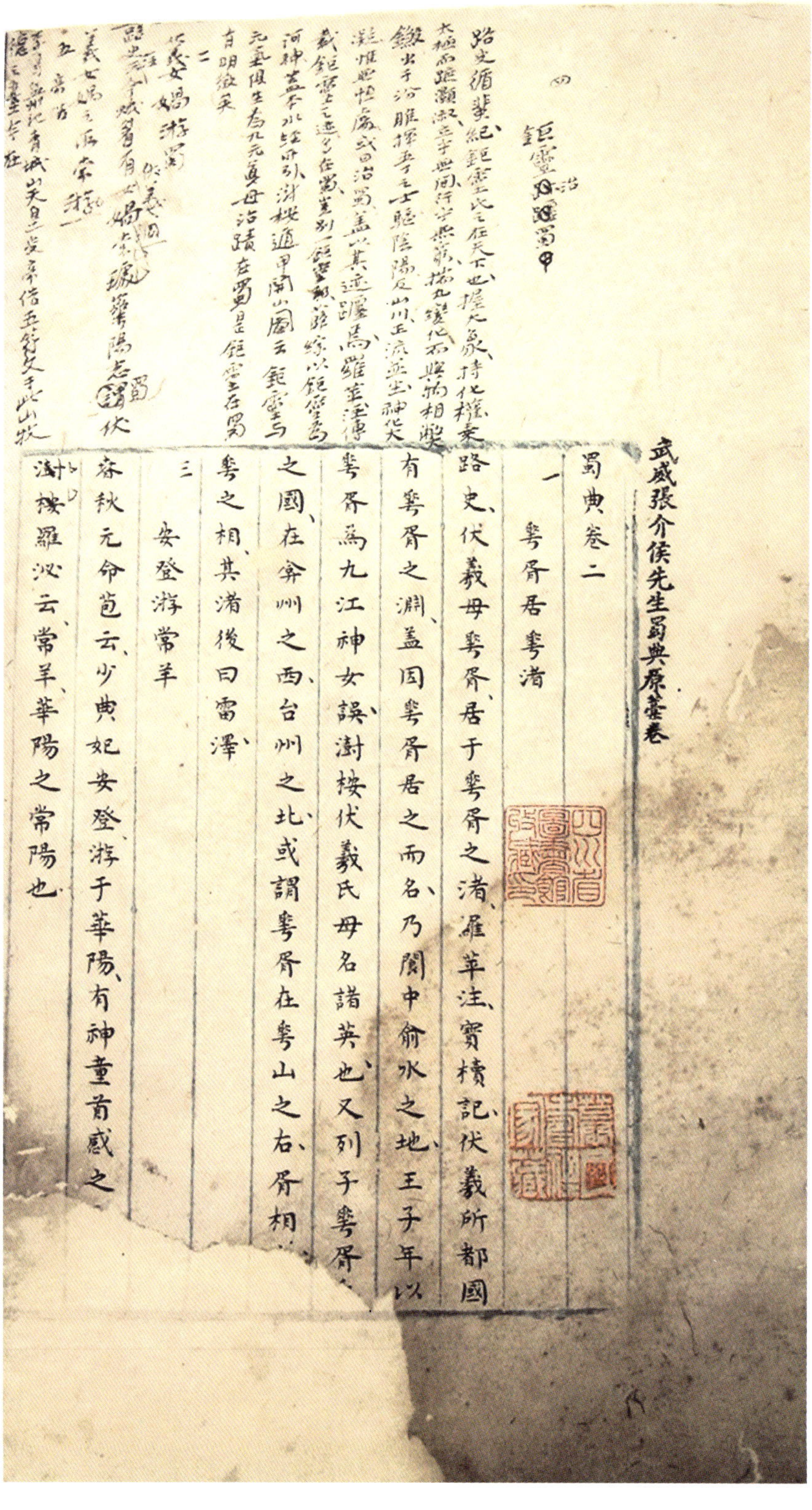

01684 蜀典八卷附張介侯先生詩抄一卷 （清）張澍撰 稿本

匡高20厘米，廣15.5厘米。半葉十行，行二十四字，白口，左右雙邊。有“慕氏壽祺家藏”等印。慕壽祺序并跋。四川省圖書館藏。

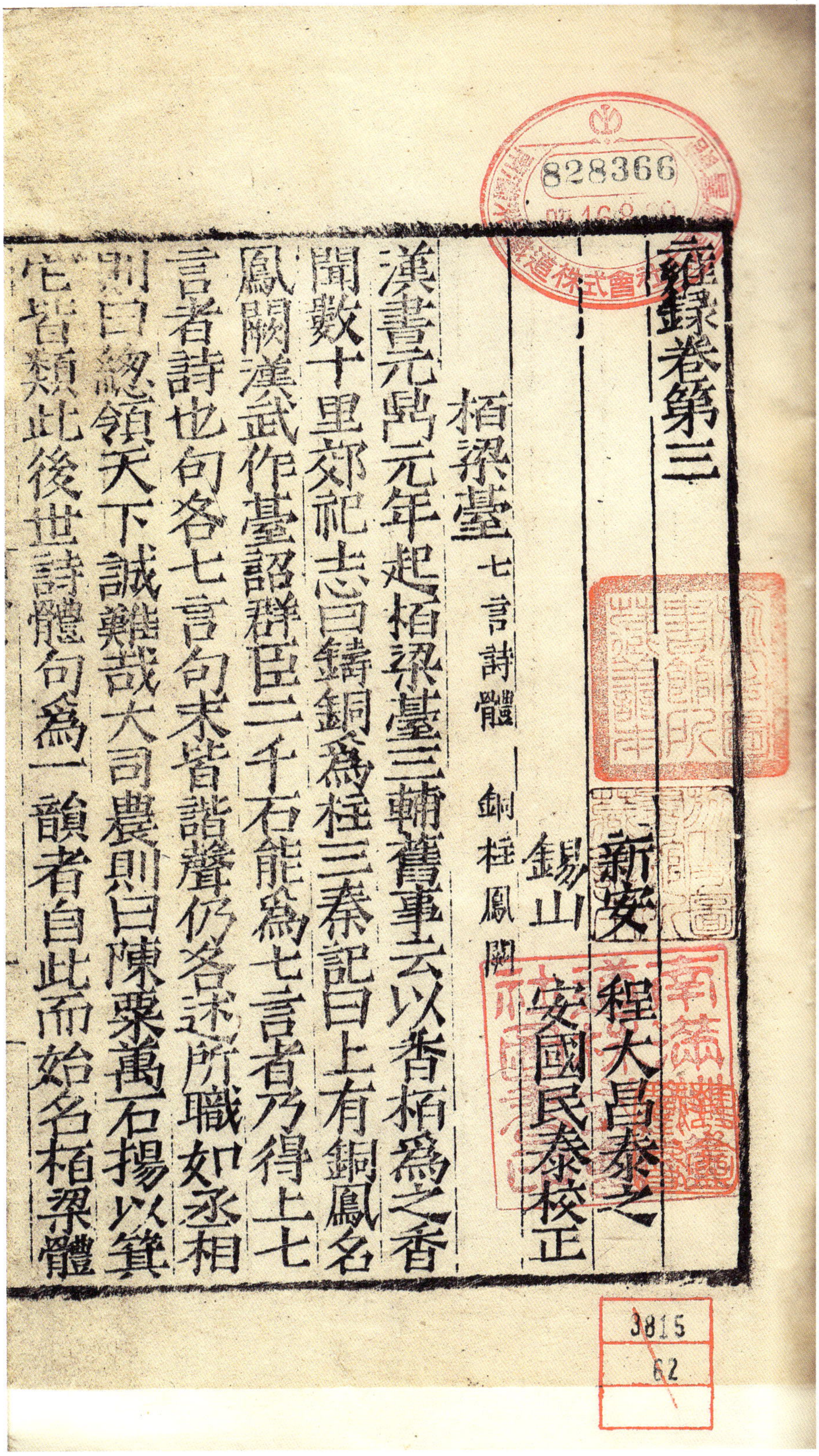
雍錄卷第三
新安　程大昌泰之
錫山　安國民泰校正
栢梁臺　七言詩體　銅柱鳳闕
漢書元鼎元年起栢梁臺三輔舊事云以香栢爲之香聞數十里郊祀志曰鑄銅爲柱三秦記曰上有銅鳳名鳳闕漢武作臺詔群臣二千石能爲七言者乃得上七言者詩也句各七言句末皆諧聲仍各述所職如丞相則曰總領天下誠難哉大司農則曰陳粟萬石揚以箕它皆類此後世詩體句爲一韻者自此而始名栢梁體

01685 雍録十卷　（宋）程大昌撰　明嘉靖十一年（1532）李經刻本

匡高19厘米，廣13.5厘米。半葉十行，行二十一字，小字雙行同，白口，四周單邊。有“吴岫”等印。吴岫跋。大連圖書館藏。

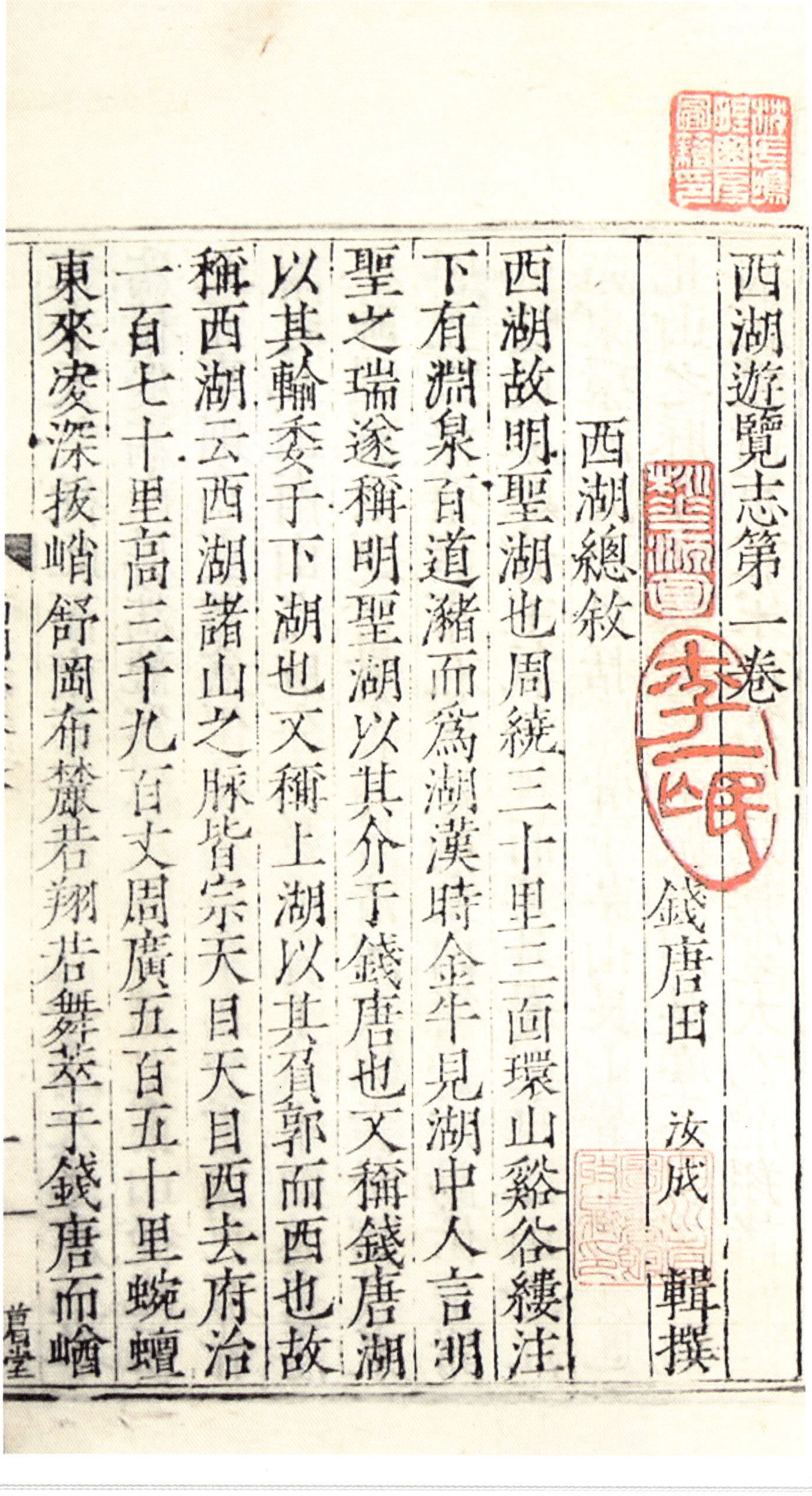

01686 西湖遊覽志二十四卷志餘二十六卷 （明）田汝成撰　明嘉靖二十六年（1547）嚴寬刻本（有補版、有抄配）

匡高19.8厘米，廣13.8厘米。半葉十行，行二十字，白口，四周雙邊。有“李一氓”等印。李一氓批并跋。四川省圖書館藏。

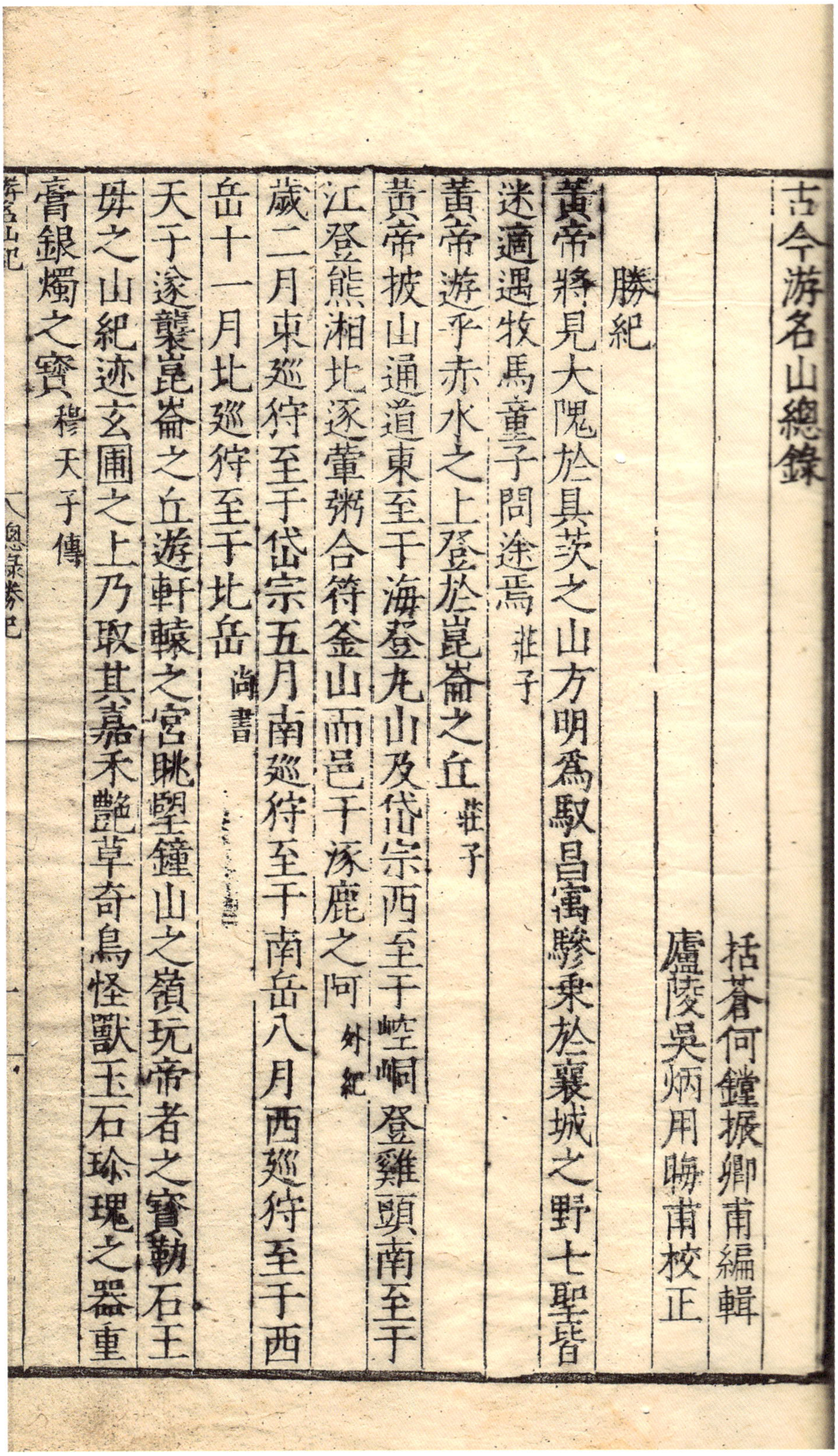
古今游名山總錄
括蒼何鏜振卿甫編輯
廬陵吳炳用晦甫校正
勝紀
黃帝將見大隗於具茨之山方明爲馭昌寓驂乘於襄城之野七聖皆迷適遇牧馬童子問塗焉 莊子
黃帝游乎赤水之上登於崑崙之丘 莊子
黃帝披山通道東至于海登丸山及岱宗西至于崆峒登雞頭南至于江登熊湘北逐葷粥合符釜山而邑于涿鹿之阿 外紀
歲二月東巡狩至于岱宗五月南巡狩至于南岳八月西巡狩至于西岳十一月北巡狩至于北岳 尚書
天子遂襲崑崙之丘遊軒轅之宫眺望鍾山之嶺玩帝者之寶勒石王母之山紀迹玄圃之上乃取其嘉禾艷草奇鳥怪獸玉石珍瑰之器重膏銀燭之寶 穆天子傳
游名山紀　總錄勝紀　一

01687 古今游名山記十七卷總録三卷　（明）何鏜輯　明嘉靖四十四年（1565）自刻本

匡高19.7厘米，廣13.7厘米。半葉十四行，行二十七字，小字雙行同，白口，左右雙邊。大連圖書館藏，存十四卷。

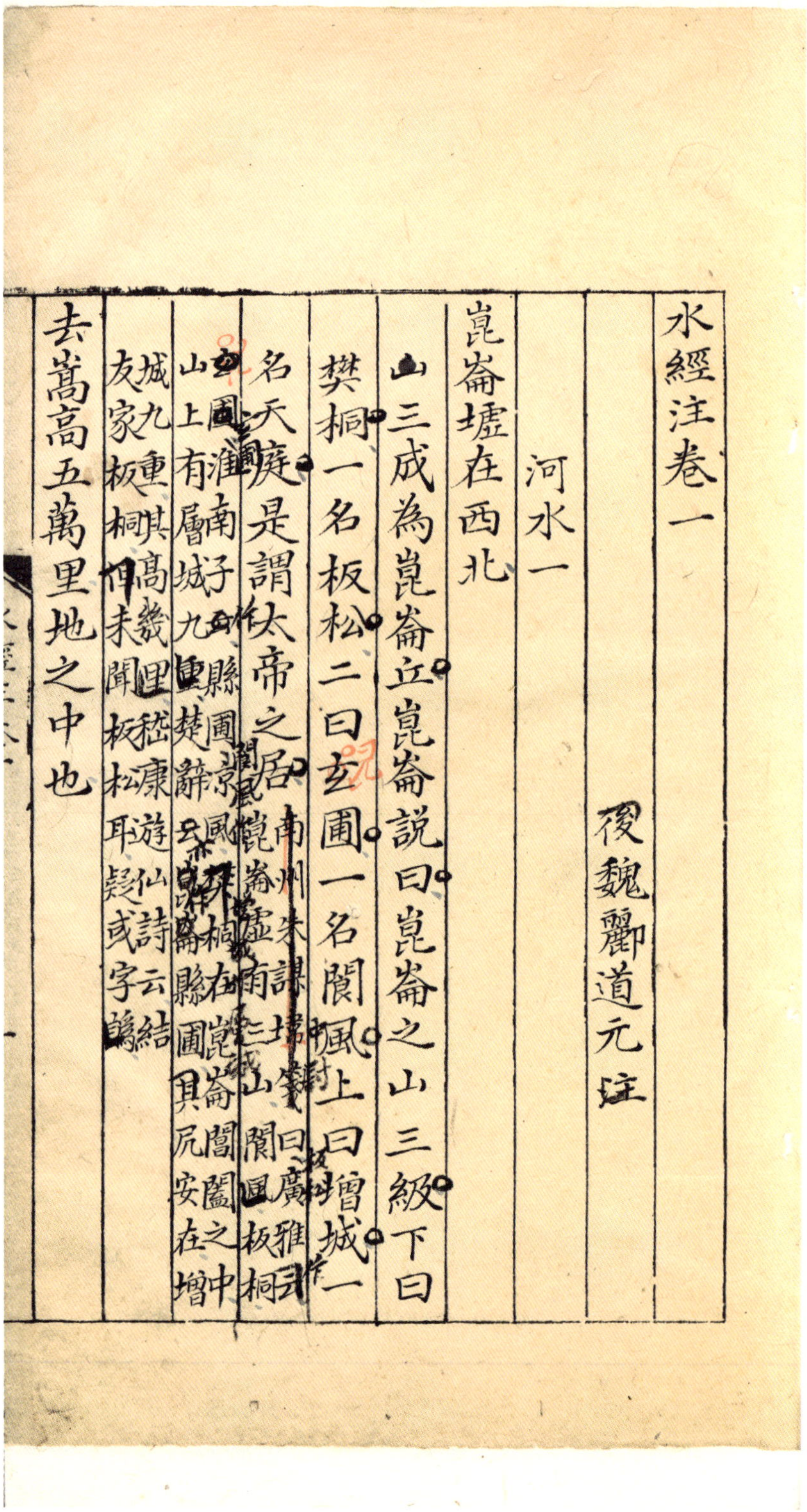
水經注卷一
後魏酈道元注
河水一
崑崙墟在西北
山三成為崑崙丘崑崙說曰崑崙之山三級下曰
樊桐一名板松二曰玄圃一名閬風上曰增城一
名天庭是謂太帝之居
玄圃淮南子云縣圃涼風樊桐在崑崙閶闔之中
山上有層城九重楚辭云崑崙縣圃其尻安在增
城九重其高幾里嵇康遊仙詩云結
友家板桐但未聞板松耳疑或字譌
去嵩高五萬里地之中也

01688 水經注四十卷　（北魏）酈道元撰　清小山堂抄本

匡高20.9厘米，廣14.5厘米。半葉十行，行二十字，白口，四周單邊。全祖望校。天津圖書館藏。

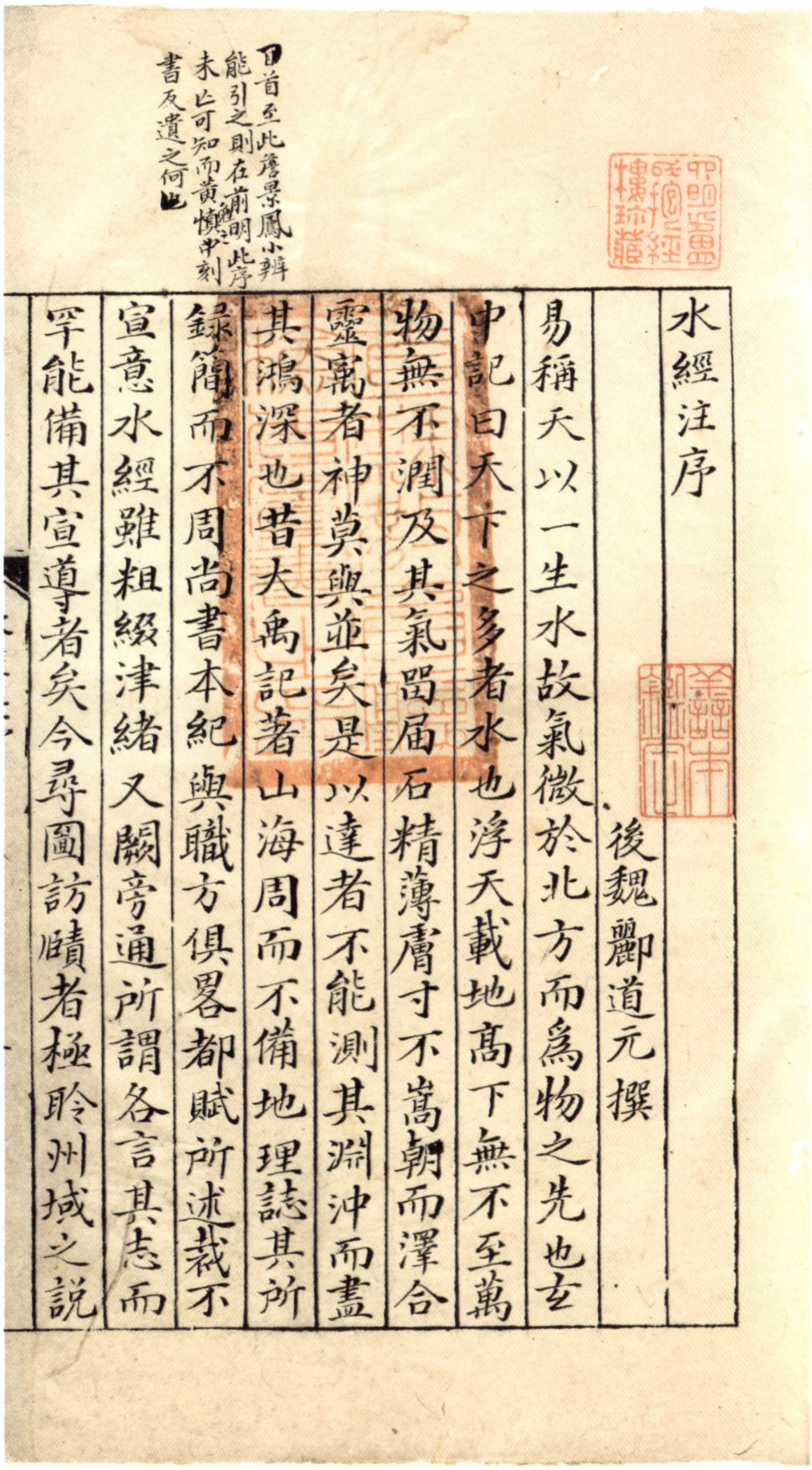

自首至此詹景鳳小辨能引之則在前明此序未亡可知而黄慎中刻書反遺之何也

水經注序

後魏酈道元撰

易稱天以一生水故氣微於北方而爲物之先也玄中記曰天下之多者水也浮天載地高下無不至萬物無不潤及其氣流届石精薄膚寸不崇朝而澤合靈寓者神莫與並矣是以達者不能測其淵沖而盡其鴻深也昔大禹記著山海周而不備地理誌其所録簡而不周尚書本紀與職方俱畧都賦所述裁不宣意水經雖粗綴津緒又闕旁通所謂各言其志而罕能備其宣導者矣今尋圖訪蹟者極聆州域之説

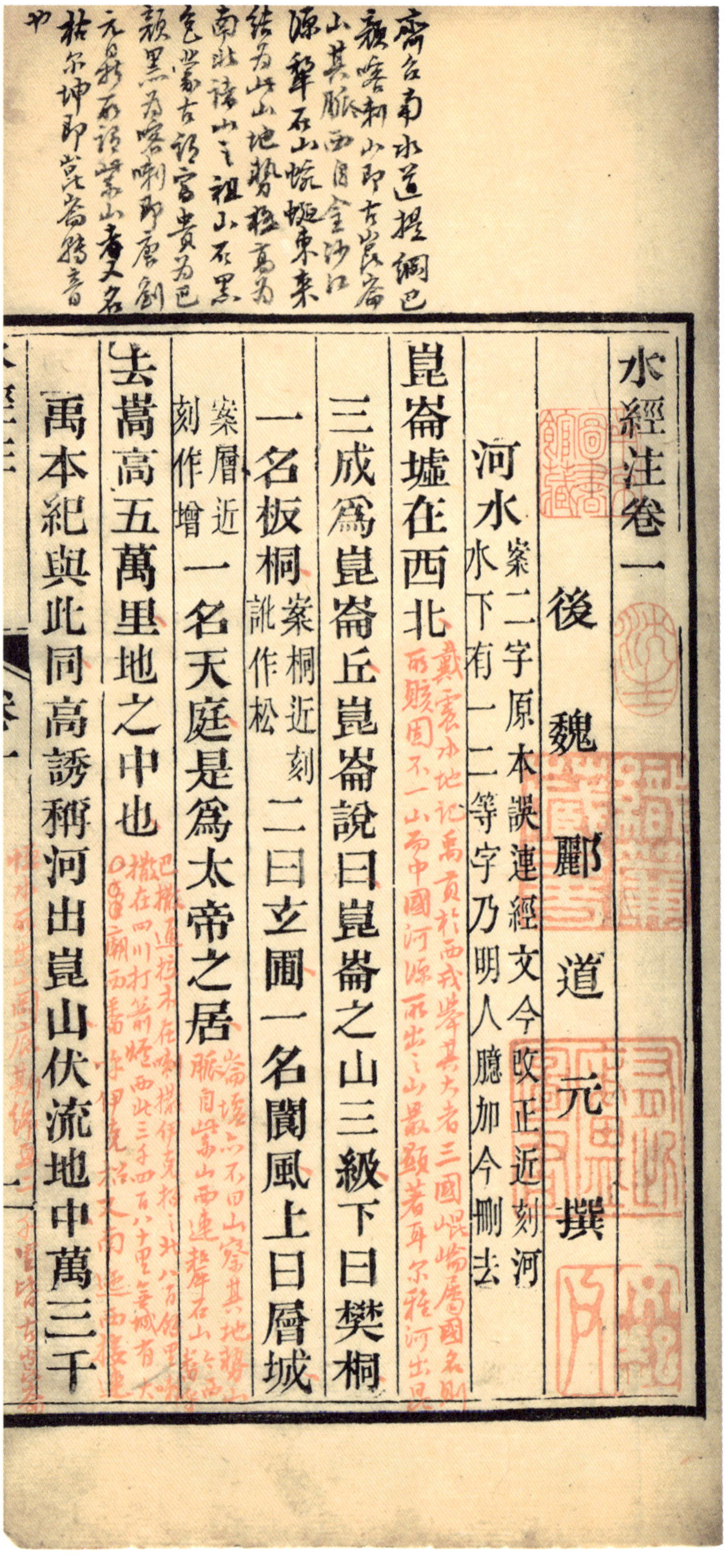

01689 水經注疏證四十卷　（清）沈欽韓撰　稿本

匡高24.4厘米，廣15.3厘米。半葉九行，行二十一字，小字雙行同，白口，四周雙邊。有"織簾藏書"等印。南京圖書館藏。

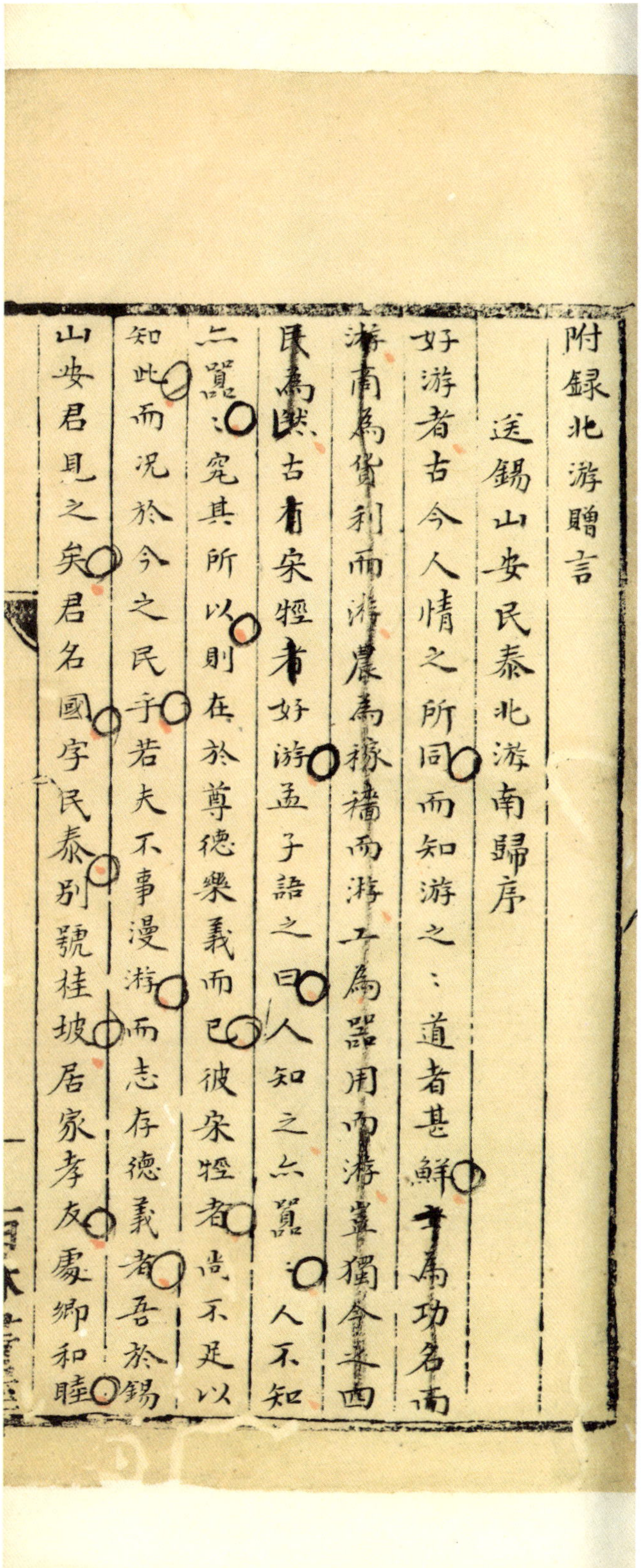

01690 北游記一卷西游記一卷東游記一卷 （明）安國撰 **附録北游贈言三卷** 明安氏西林書屋抄本

匡高19厘米，廣10.8厘米。半葉八行，行二十四字，白口，四周單邊。朱祖謀跋。南京圖書館藏。

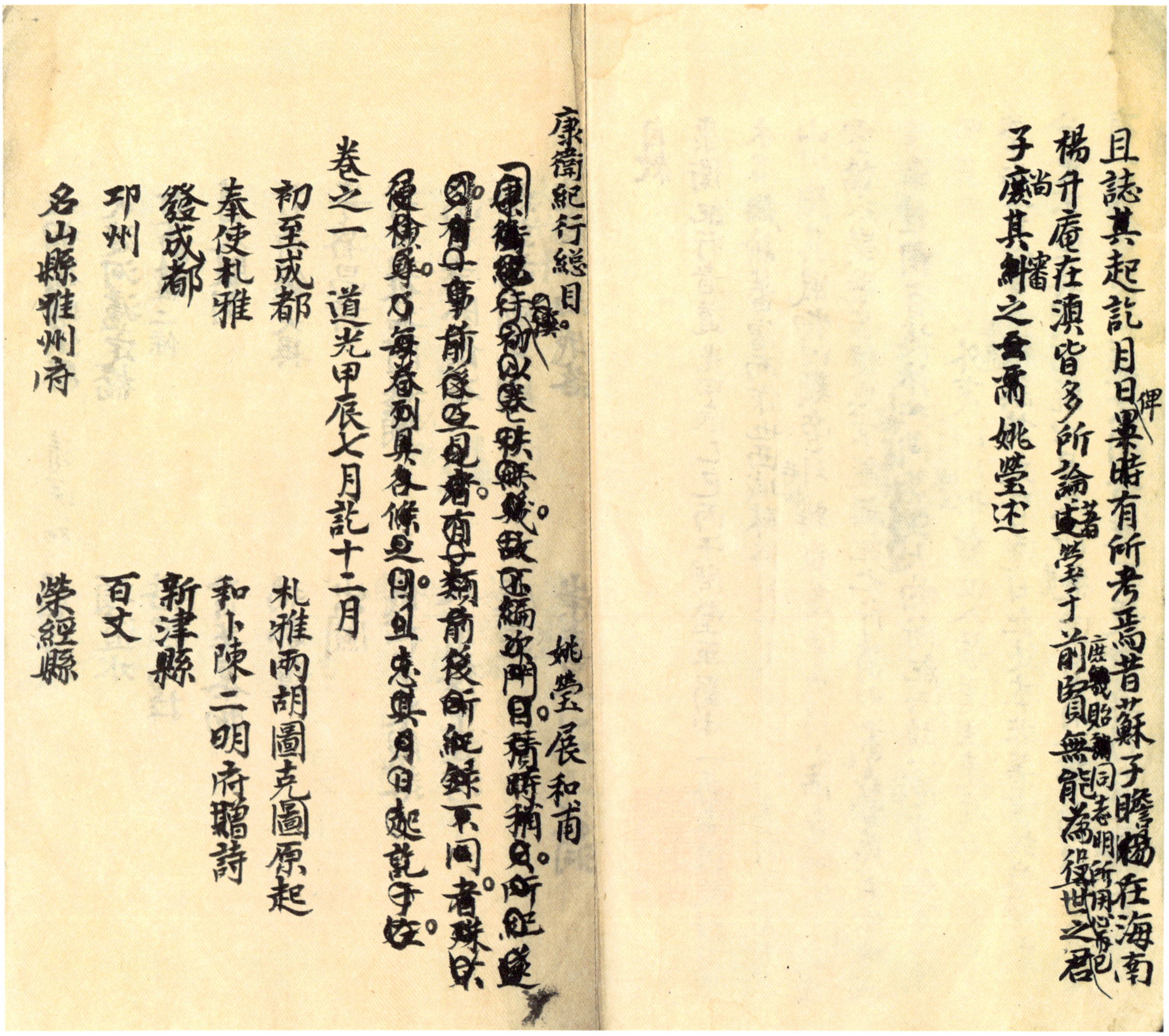

01691 康衛紀行十二卷附重訂本目録一卷 （清）姚瑩撰 稿本

毛裝。半葉十行，行字不等。安徽省圖書館藏。

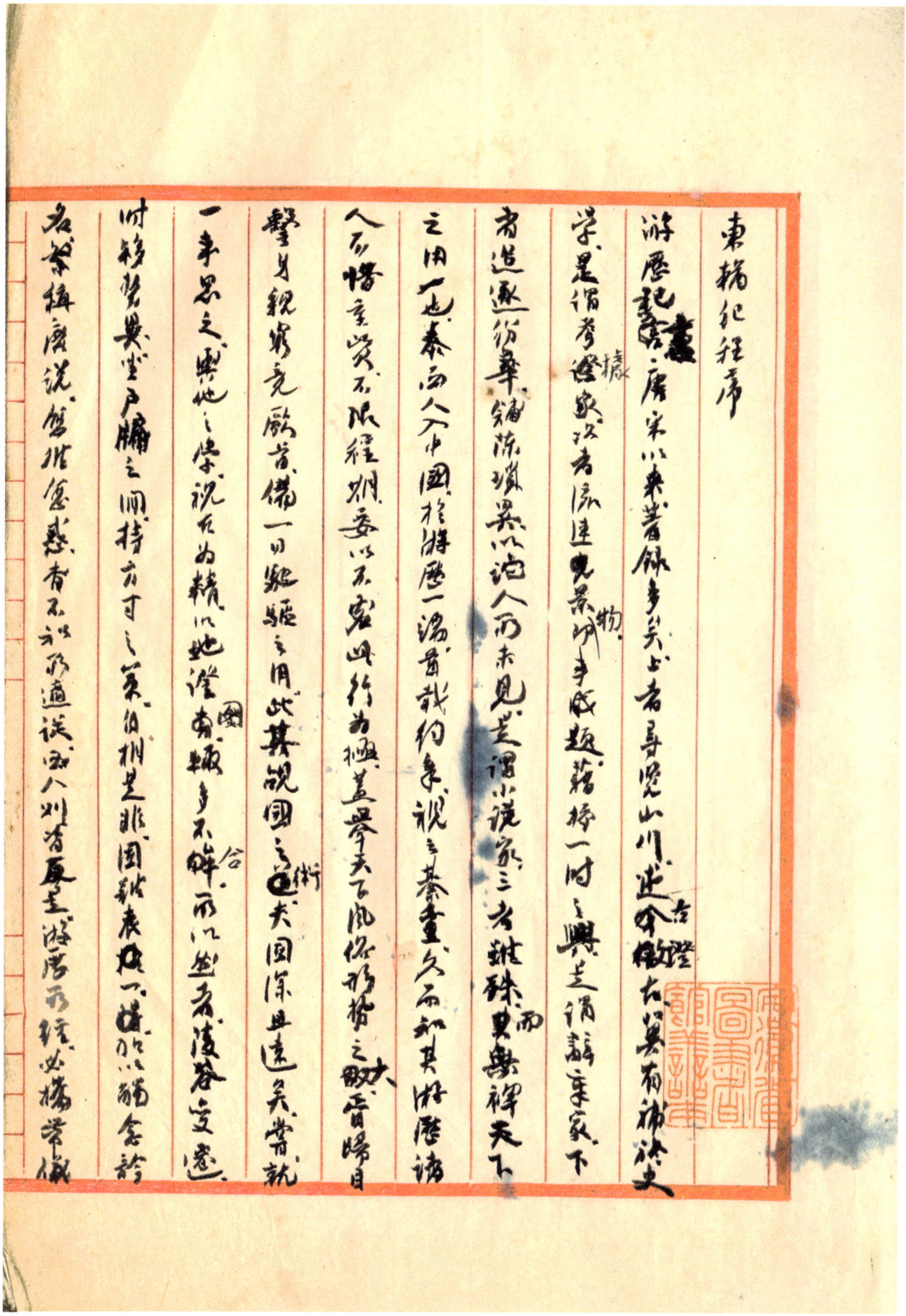

01692 東輶紀程二卷 （清）聶士成撰 （清）葉存删定 稿本

毛裝。半葉十二行，行字不等，白口，左右雙邊。安徽省圖書館藏。

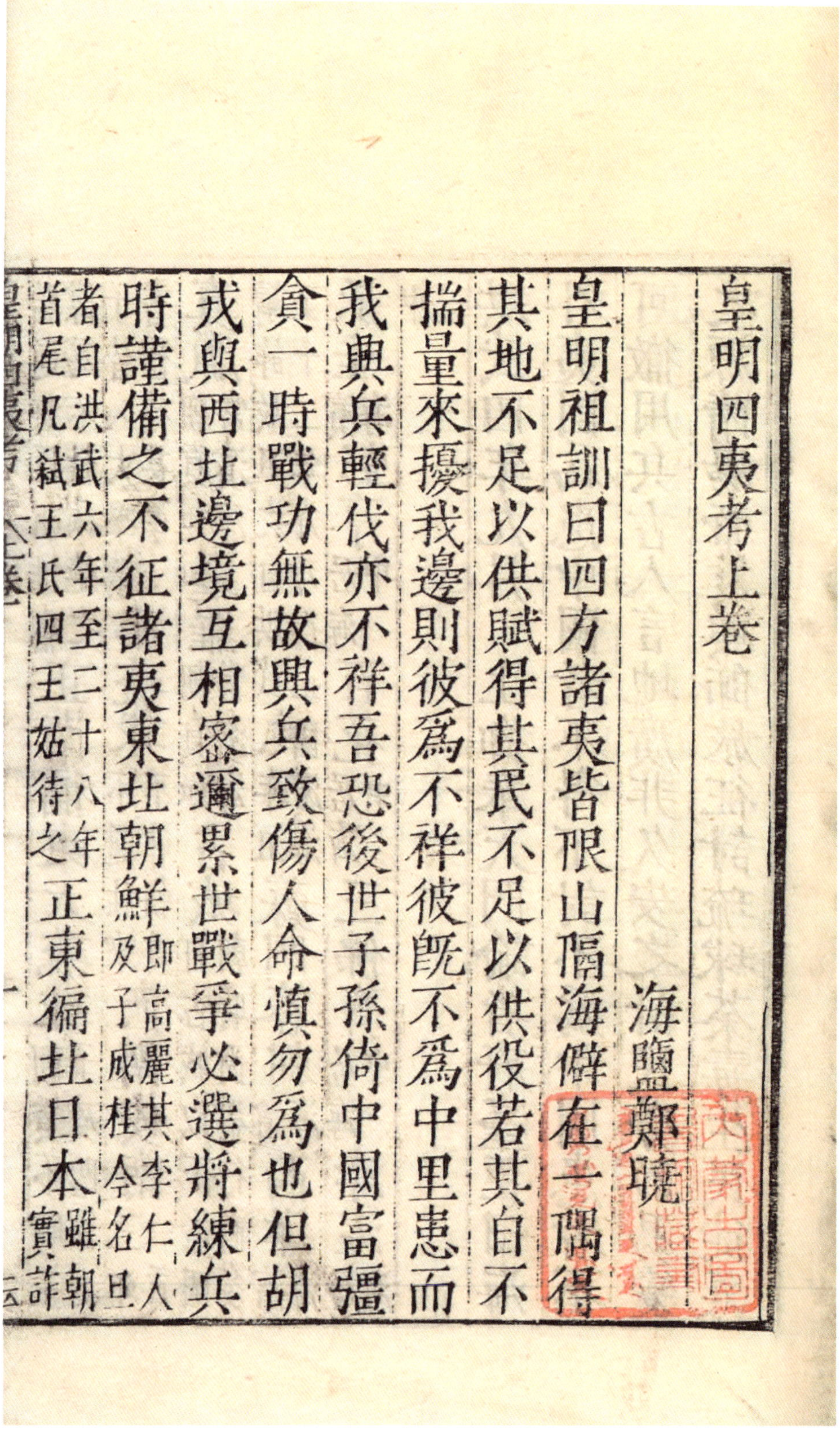
皇明四夷考上卷
海鹽鄭曉
皇明祖訓曰四方諸夷皆限山隔海僻在一隅得
其地不足以供賦得其民不足以供役若其自不
揣量來擾我邊則彼爲不祥彼既不爲中患而
我輿兵輕伐亦不祥吾恐後世子孫倚中國富彊
貪一時戰功無故興兵致傷人命慎勿爲也但胡
戎與西北邊境互相密邇累世戰爭必選將練兵
時謹備之不征諸夷東北朝鮮即高麗其李仁人及子成桂今名旦
者自洪武六年至二十八年首尾凡弑王氏四王姑待之正東偏北日本雖朝實詐

01693 皇明四夷考二卷 （明）鄭曉撰 明嘉靖四十三年（1564）刻本

匡高18.3厘米，廣13.9厘米。半葉十行，行十九字，白口，左右雙邊。内蒙古自治區圖書館藏。

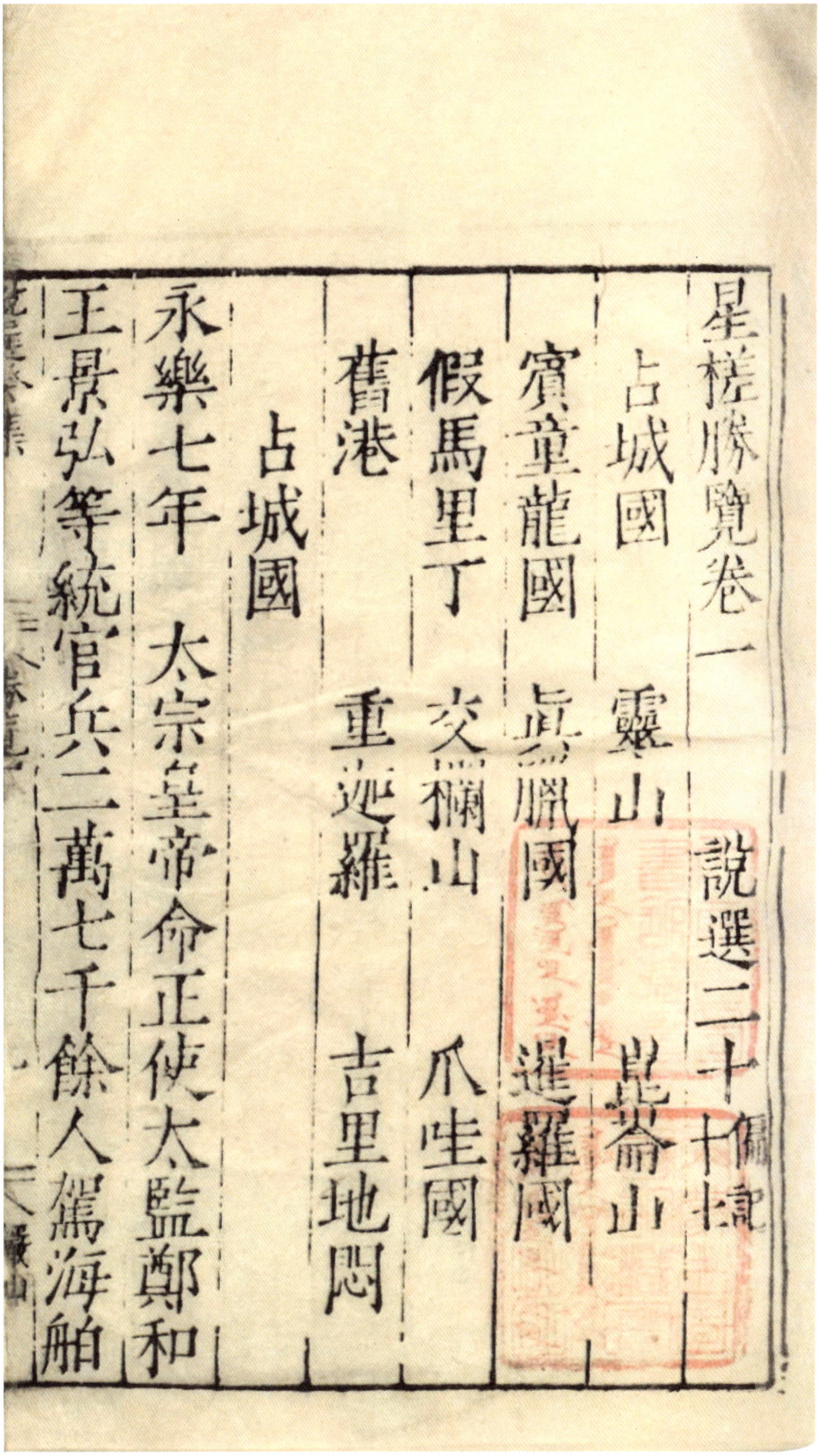
星槎勝覽卷一　　說選二十偏記十卦
占城國　　靈山　　崑崙山
賓童龍國　眞臘國　暹羅國
假馬里丁　交欄山　爪哇國
舊港　　重迦羅　吉里地悶
占城國
永樂七年　太宗皇帝命正使太監鄭和
王景弘等統官兵二萬七千餘人駕海船

01694 星槎勝覽四卷　（明）費信撰　明嘉靖二十三年（1544）儼山書院刻本

匡高16.8厘米，廣12.1厘米。半葉八行，行十六字，白口，左右雙邊。內蒙古自治區圖書館藏。

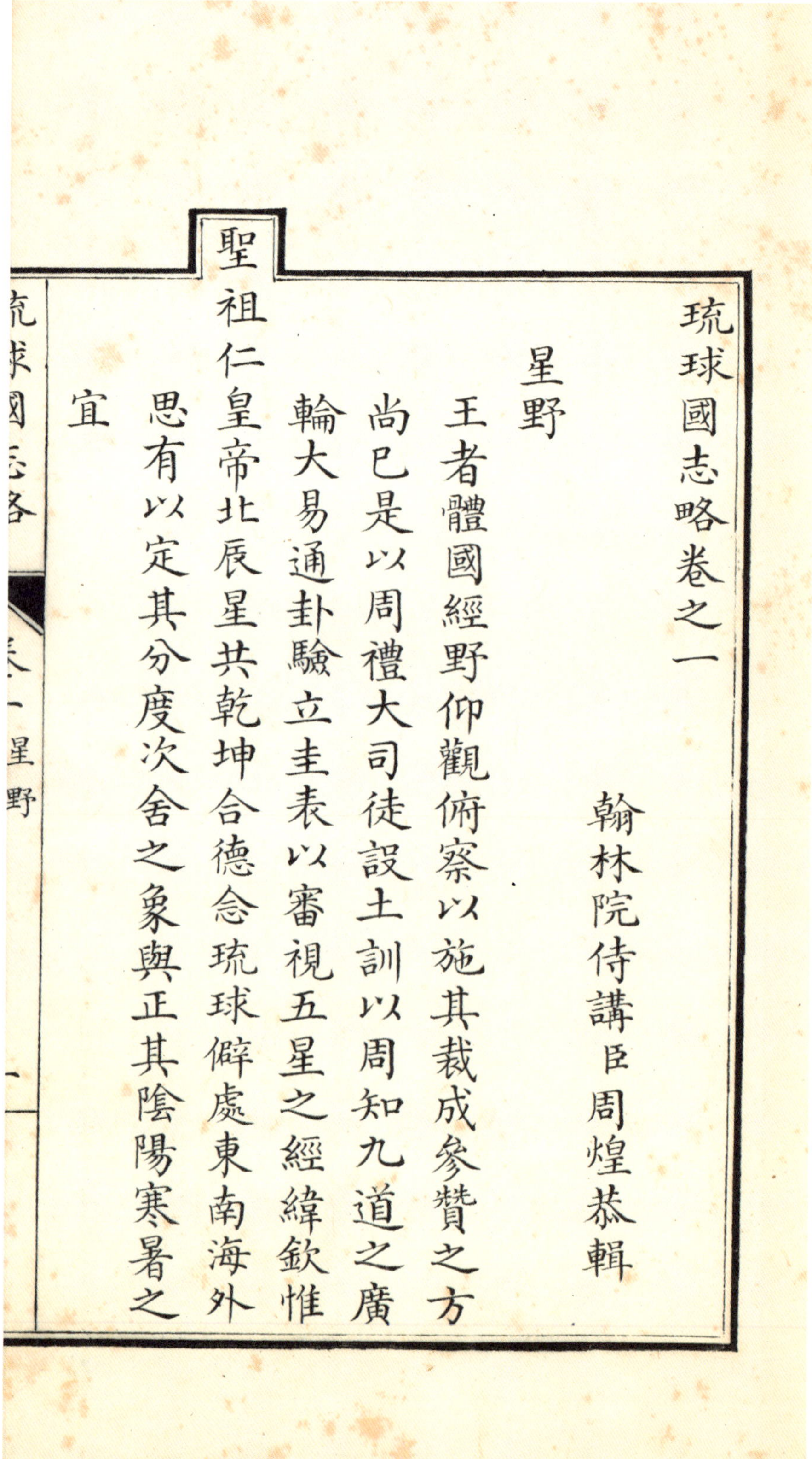
琉球國志略卷之一

翰林院侍講臣周煌恭輯

星野

王者體國經野仰觀俯察以施其裁成參贊之方尚已是以周禮大司徒設土訓以周知九道之廣輪大易通卦驗立圭表以審視五星之經緯欽惟

聖祖仁皇帝北辰星共乾坤合德念琉球僻處東南海外思有以定其分度次舍之象與正其陰陽寒暑之宜

琉球國志略　卷一　星野

01695 琉球國志略十六卷首一卷　（清）周煌輯　清乾隆抄進呈本

匡高21.8厘米，廣15.3厘米。半葉九行，行二十一至二十二字，無行格，白口，四周雙邊。故宫博物院藏。

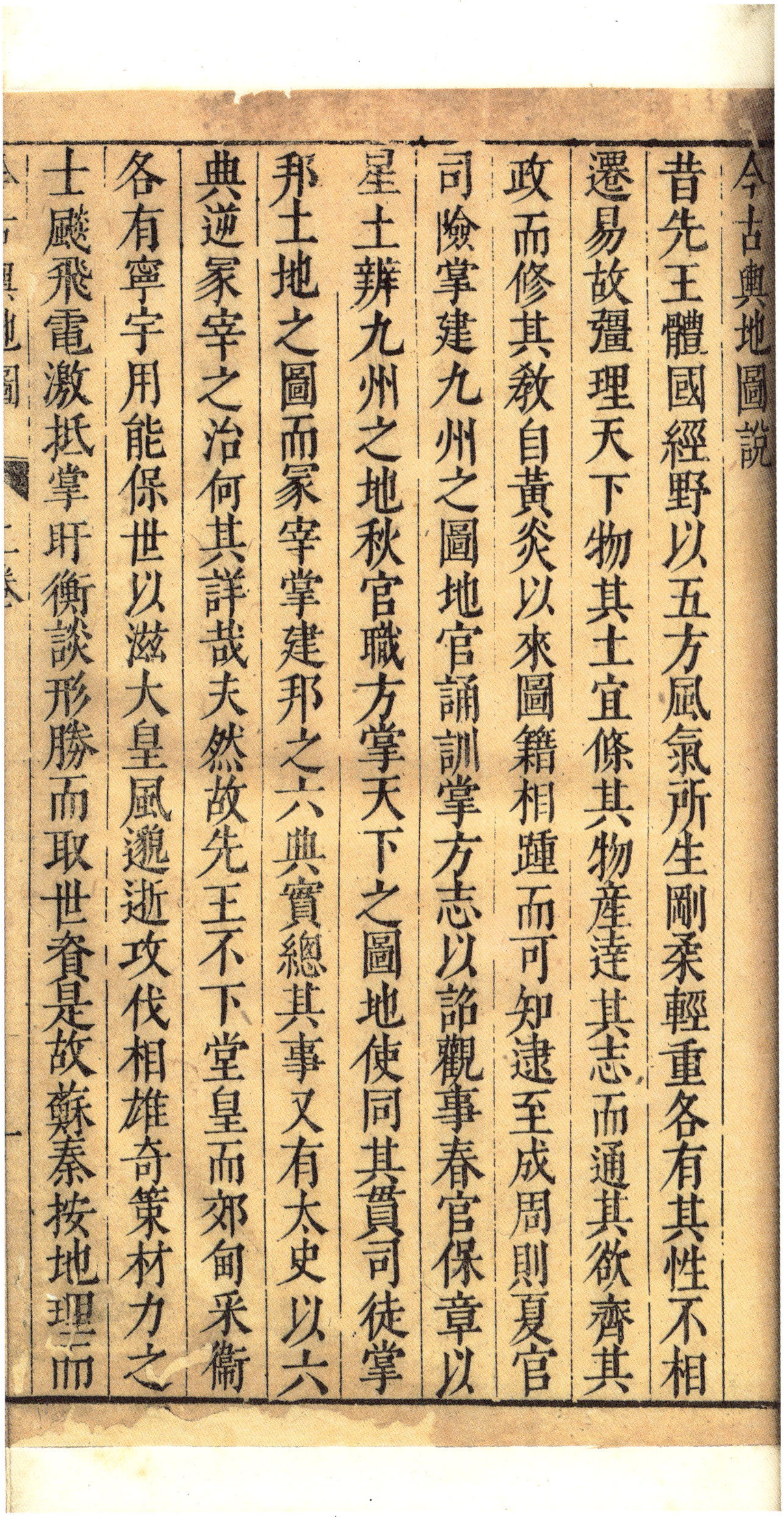
今古輿地圖說

昔先王體國經野以五方風氣所生剛柔輕重各有其性不相遷易故疆理天下物其土宜條其物産達其志而通其欲齊其政而修其教自黄炎以來圖籍相踵而可知逮至成周則夏官司險掌建九州之圖地官誦訓掌方志以詔觀事春官保章以星土辨九州之地秋官職方掌天下之圖地使同其貫司徒掌邦土地之圖而冢宰掌建邦之六典實總其事又有太史以六典逆冢宰之治何其詳哉夫然故先王不下堂皇而郊甸采衛各有寧宇用能保世以滋大皇風邈逝攻伐相雄奇策材力之士飈飛電激抵掌盱衡談形勝而取世資是故蘇秦按地理而

今古輿地圖　上卷　一

01696、01697、01698 今古輿地圖三卷　（明）吴國輔　沈定之等撰　明崇禎十六年（1643）刻朱墨套印本

匡高25厘米，廣16厘米。半葉十行，行二十四字，小字雙行同，白口，四周單邊。國家圖書館、大連圖書館、無錫市圖書館藏。

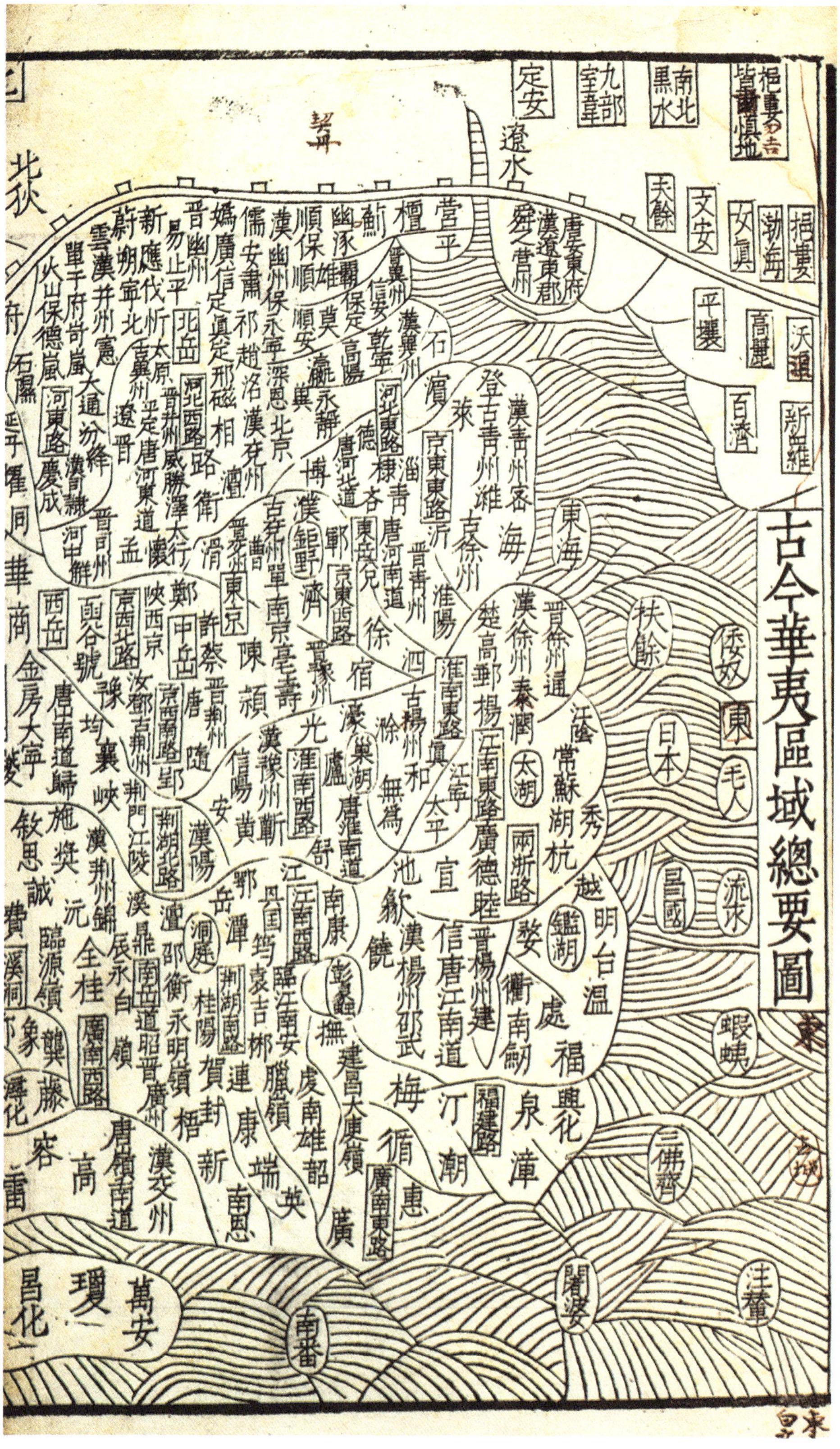

01699 歷代地理指掌圖　題（宋）蘇軾撰　明嘉靖刻本

匡高21厘米，廣15厘米。半葉十行，行二十一字，小字雙行同，白口，左右雙邊。張宗祥批校。國家圖書館藏。

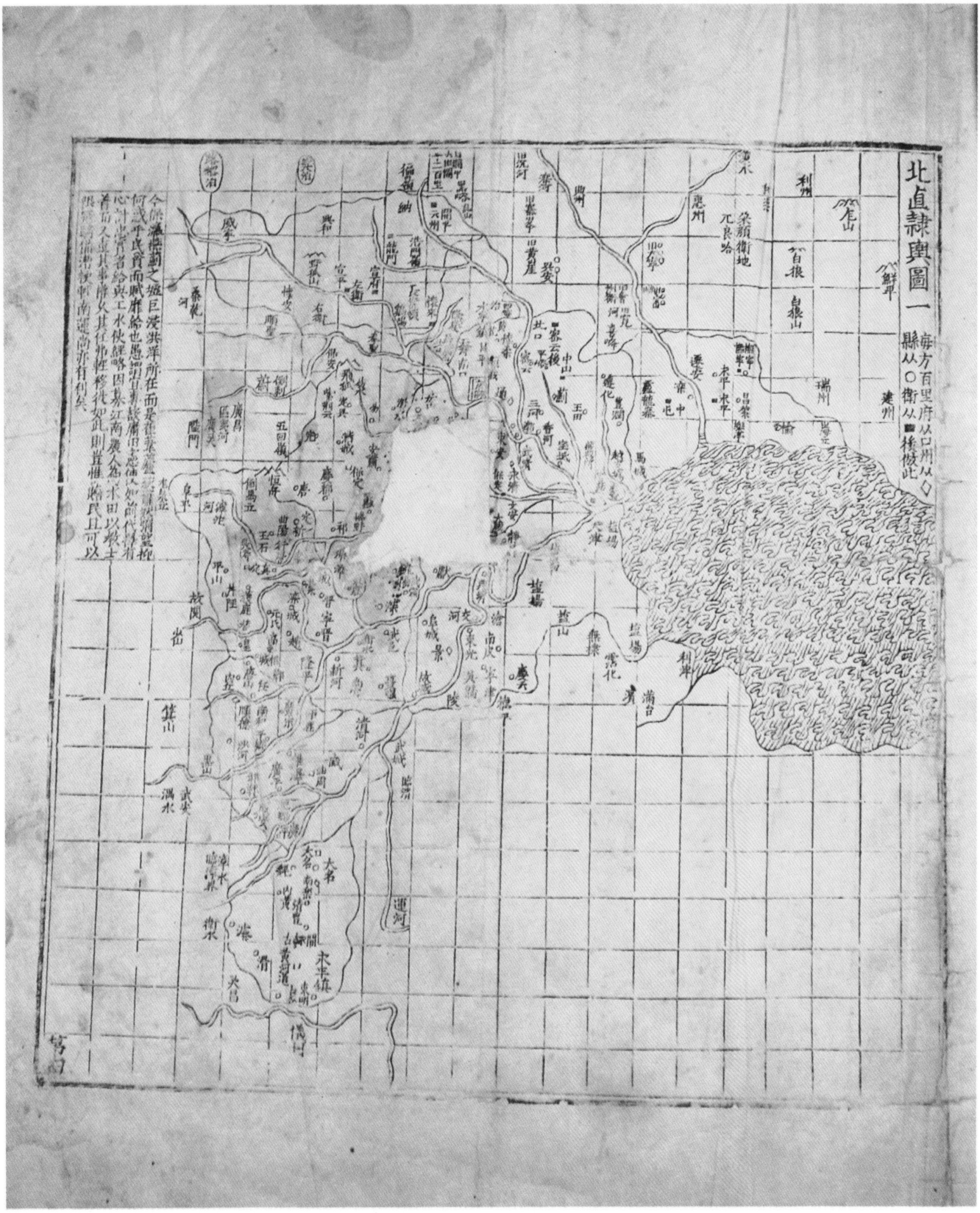

01700 廣輿圖　（元）朱思本撰　（明）羅洪先　胡松增補　明嘉靖刻本

匡高38厘米，長36.5厘米。白口，四周雙邊。河南省圖書館藏。

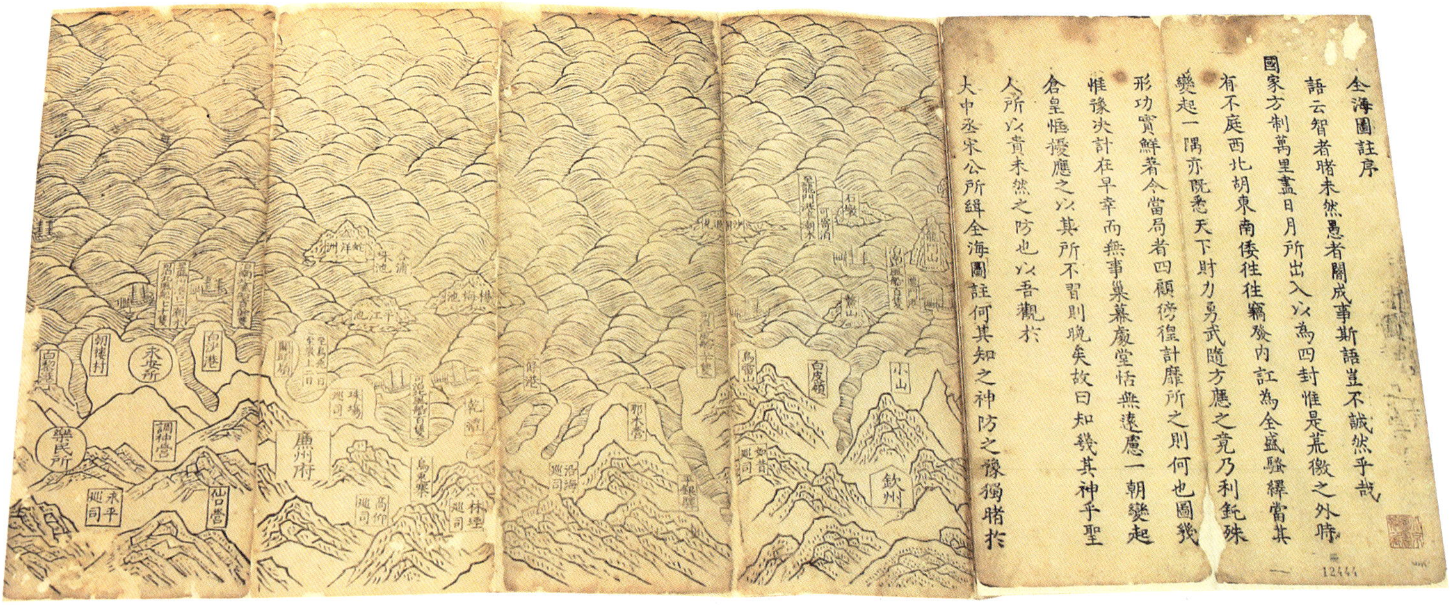

01701 全海圖註 （明）李化龍撰 明萬曆十九年（1591）刻本

圖縱31厘米，横1219厘米。國家圖書館藏。

01702 天下九邊分野人跡路程全圖 （明）曹君義編 明崇禎十七年（1644）刻本

圖縱124.6厘米，横124.6厘米。國家圖書館藏。

01703 陝西輿圖 明天啟彩繪本

圖縱256厘米，橫321厘米。國家圖書館藏。

01704 福建輿圖 清康熙彩繪進呈本

圖縱640厘米，横640厘米。絹本設色。國家圖書館藏。

01705 圓明園長春園圖 清乾隆五十一年（1786）内府銅版印本

20幅。圖縱50.7厘米，横88厘米。故宫博物院藏。

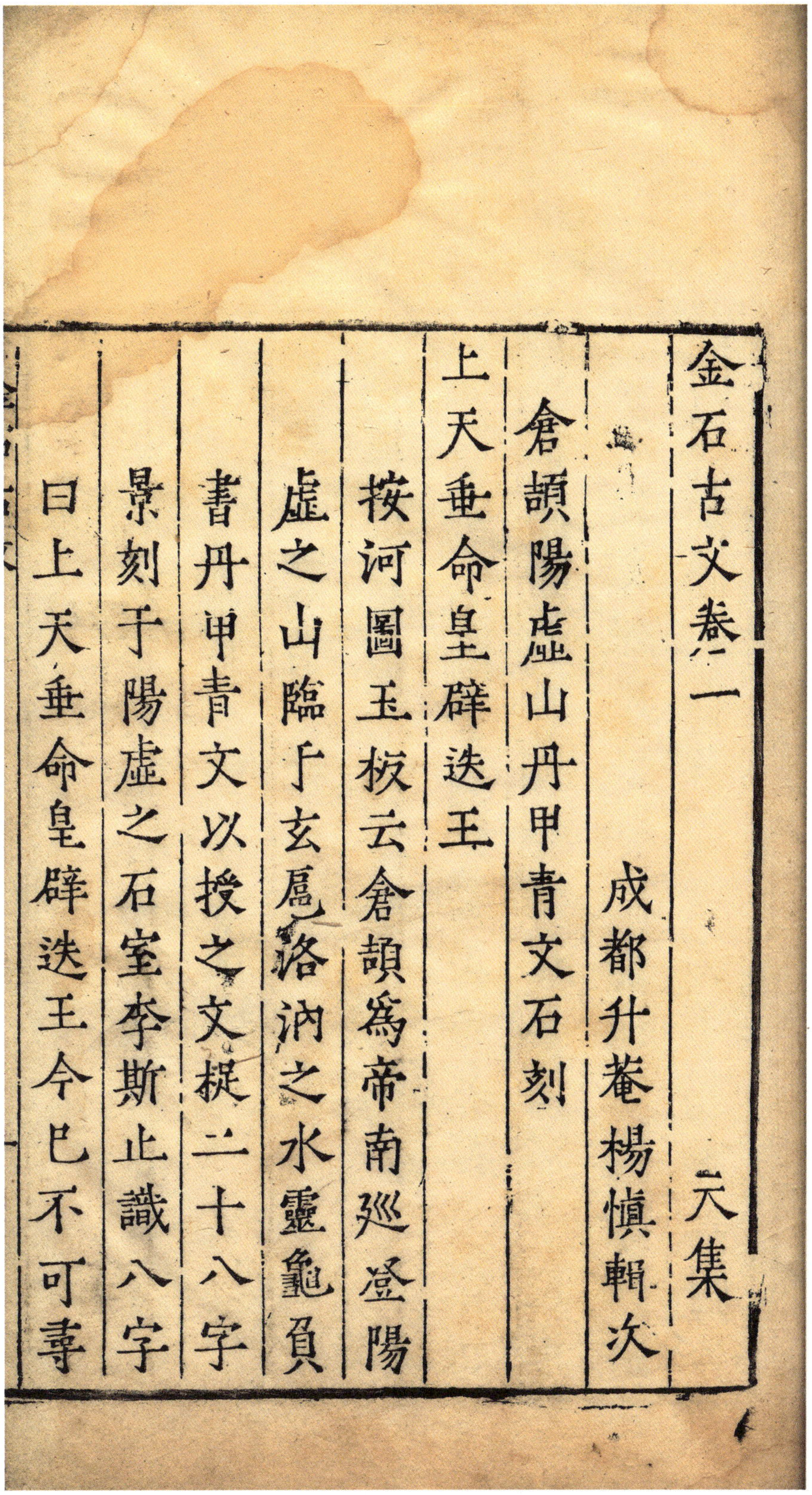
金石古文卷之一　　天集
成都升菴楊慎輯次
倉頡陽虛山丹甲青文石刻
上天垂命皇辟迭王
按河圖玉板云倉頡爲帝南巡登陽
虛之山臨于玄扈洛汭之水靈龜負
書丹甲青文以授之文捉二十八字
景刻于陽虛之石室李斯止識八字
曰上天垂命皇辟迭王今巳不可尋

01706 金石古文十四卷　（明）楊慎輯　明嘉靖三十三年（1554）孫昭、李懿刻本

匡高20.2厘米，廣14.9厘米。半葉九行，行十六字，白口，四周單邊。無錫市圖書館藏。

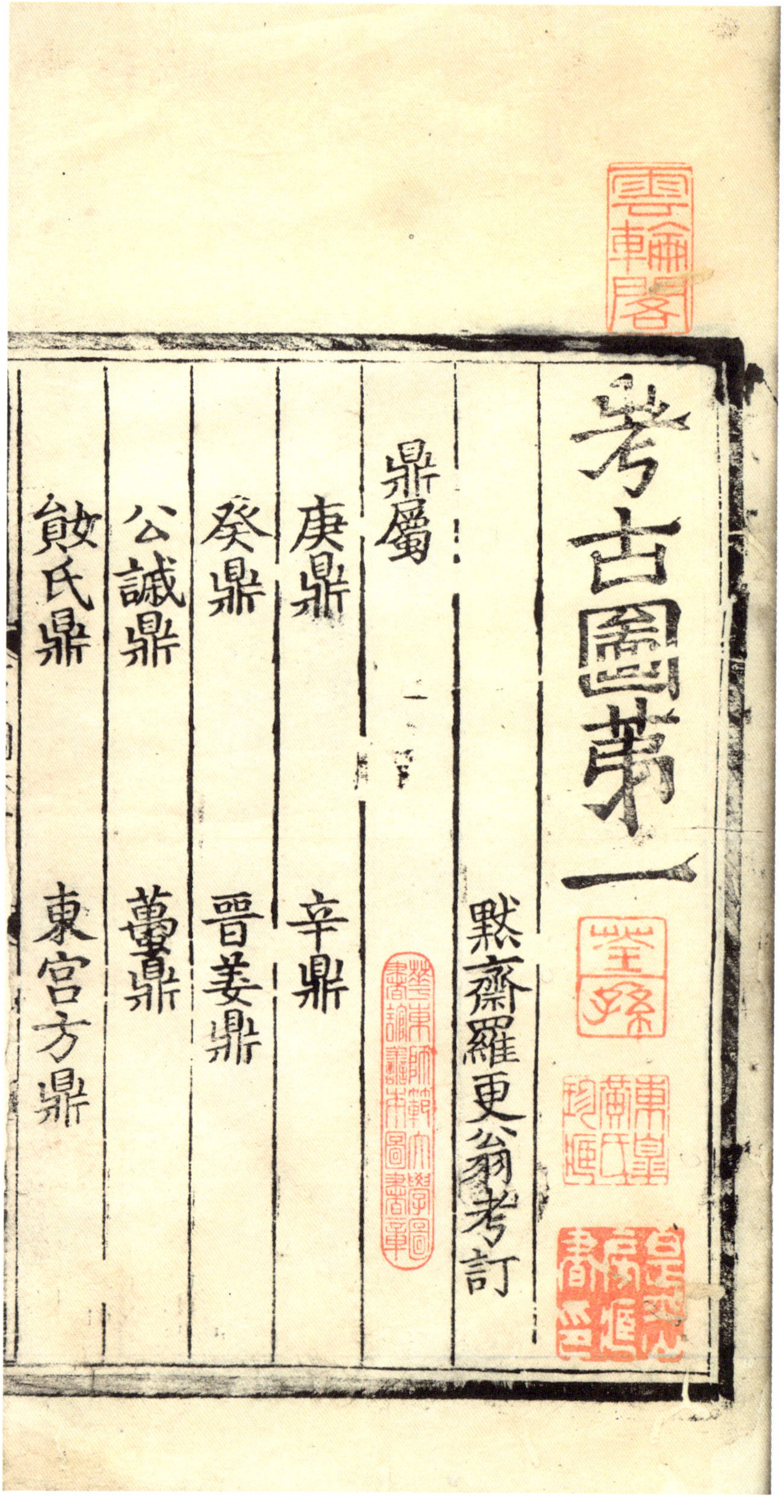

考古圖第一
黙齋羅更翁考訂
鼎屬
庚鼎　辛鼎
癸鼎　晉姜鼎
公諴鼎　蠆鼎
𣪕氏鼎　東宮方鼎

01707　考古圖十卷　（宋）吕大臨撰　（元）羅更翁考訂　明初刻本

匡高18.9厘米，廣13.6厘米。半葉八行，行字不等，粗黑口，四周雙邊。有“荃孫”、“陳立炎”等印。繆荃孫跋。華東師範大學圖書館藏。

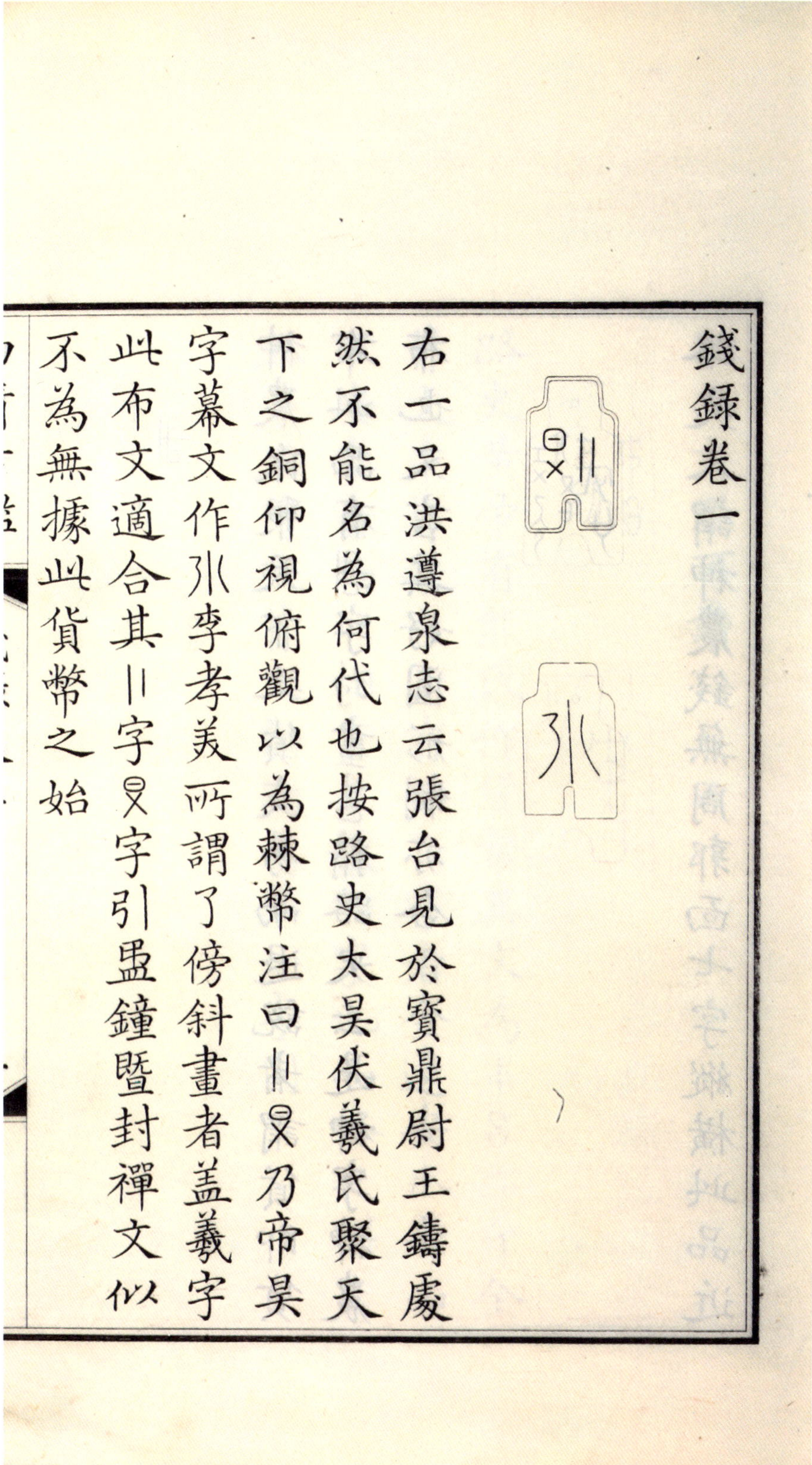

錢録卷一

右一品洪遵泉志云張台見於寳鼎尉王鑄處然不能名為何代也按路史太昊伏羲氏聚天下之銅仰視俯觀以為棘幣注曰〢旻乃帝昊字幕文作𠂹李孝美所謂了傍斜畫者蓋羲字此布文適合其〢字旻字引盄鐘曁封禪文似不為無據此貨幣之始

01708 西清古鑑四十卷附錢録十六卷 （清）梁詩正等編纂 乾隆十六年（1751）武英殿銅版印本

匡高29.5厘米，廣22.6厘米。半葉十行，行十八字，白口，四周雙邊。瀋陽故宫博物院藏。

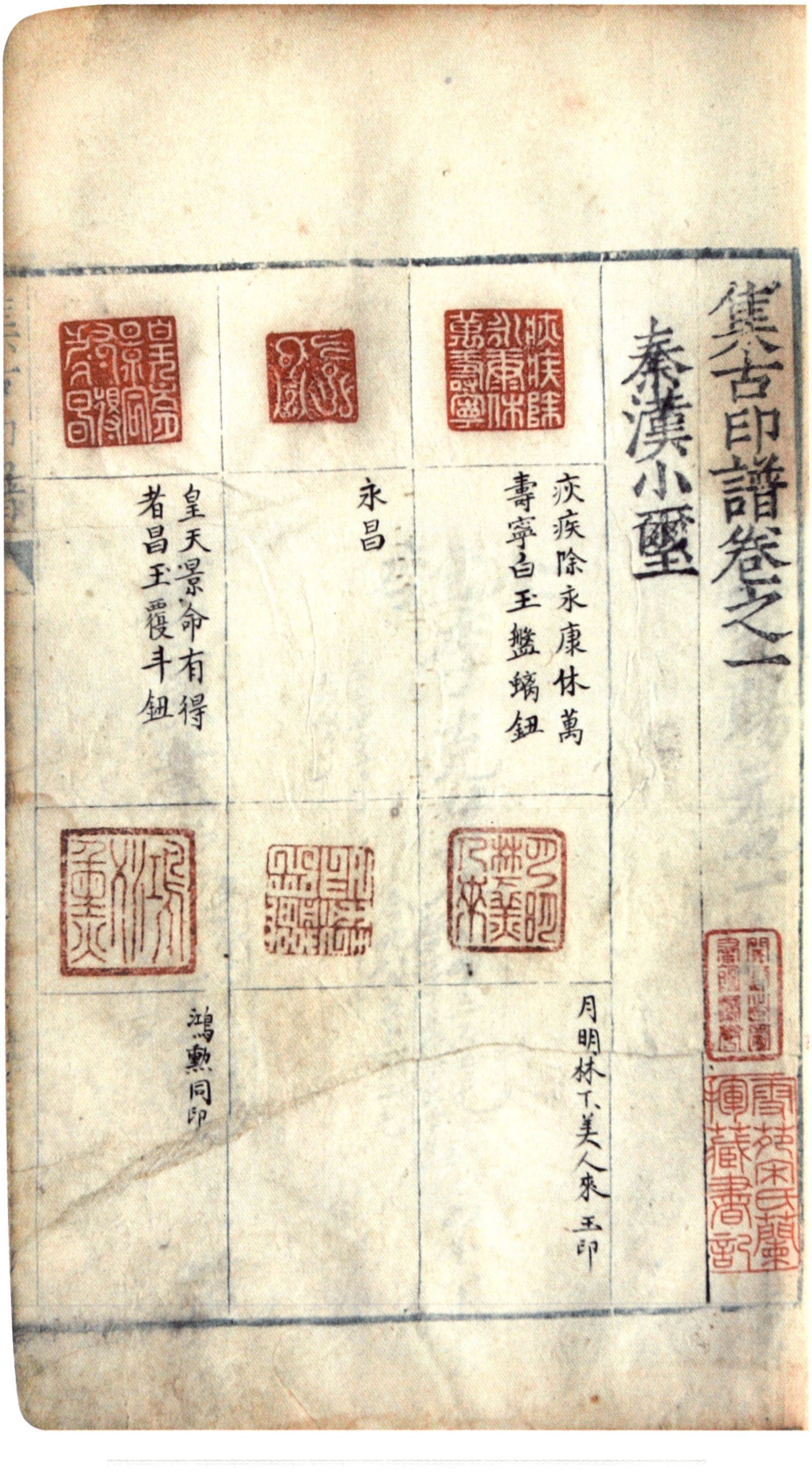

01709 集古印譜二卷 （明）顧從德輯 明隆慶鈐印本

匡高20厘米，廣15.6厘米。白口，四周單邊。有“雪苑宋氏蘭揮藏書記”等印。開封市圖書館藏。

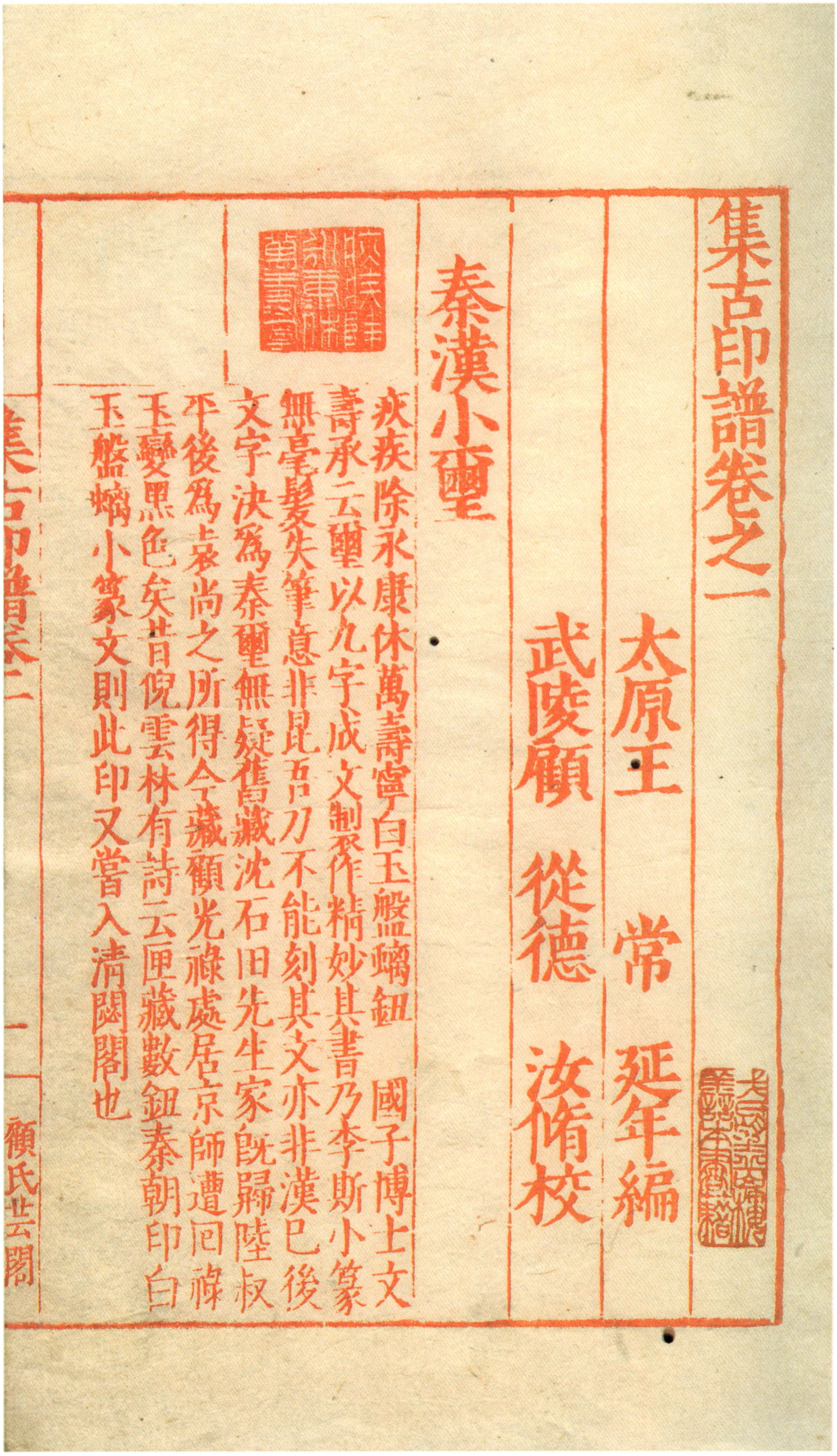

集古印譜卷之一

太原王常 延年編

武陵顧從德 汝脩校

秦漢小璽

疢疾除永康休萬壽寧白玉盤螭鈕　國子博士文壽承云璽以九字成文制作精妙其書乃李斯小篆無毫髮失筆意非昆吾刀不能刻其文亦非漢巳後文字決爲秦璽無疑舊藏沈石田先生家既歸陸叔平後爲袁尚之所得今藏顧光祿處居京師遣囘祿玉變黑色矣昔倪雲林有詩云匣藏數鈕秦朝印白玉盤螭小篆文則此印又嘗入清閟閣也

集古印譜卷之一　一　顧氏芸閣

01710、01711 集古印譜六卷　（明）王常輯　明萬曆三年（1575）顧氏芸閣刻朱印本

匡高20.5厘米，廣13.5厘米。白口，四周單邊。泰州市圖書館藏，有“戈氏望岳樓善本書籍”等印；湖南省社會科學院圖書館藏。

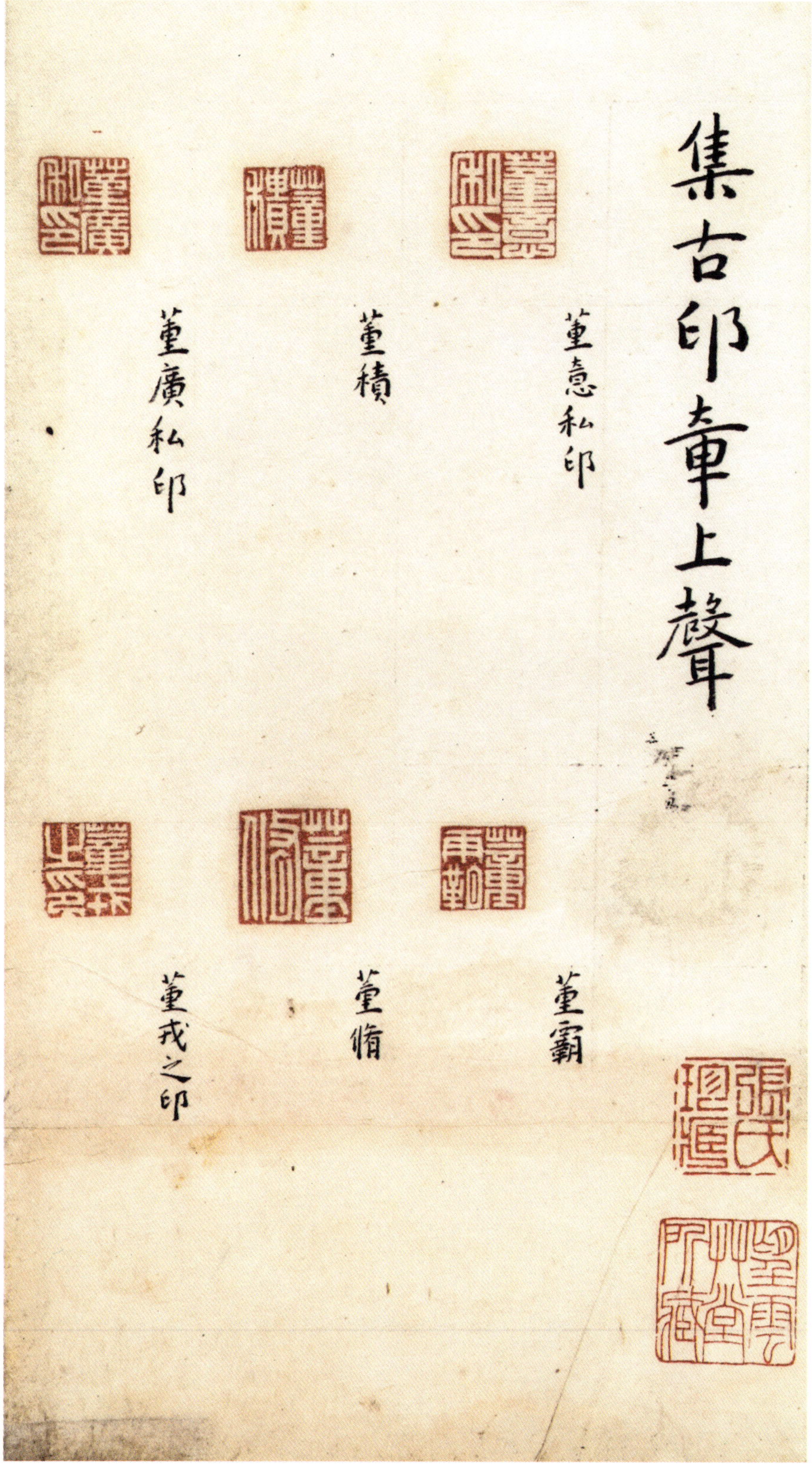

01712 楊氏集古印章四卷　（明）楊元祥輯　明萬曆十五年（1587）鈐印本

無行格。有“望雲艸堂所藏”、“張氏珍藏”等印。楊元祥題款。西泠印社社務委員會藏。

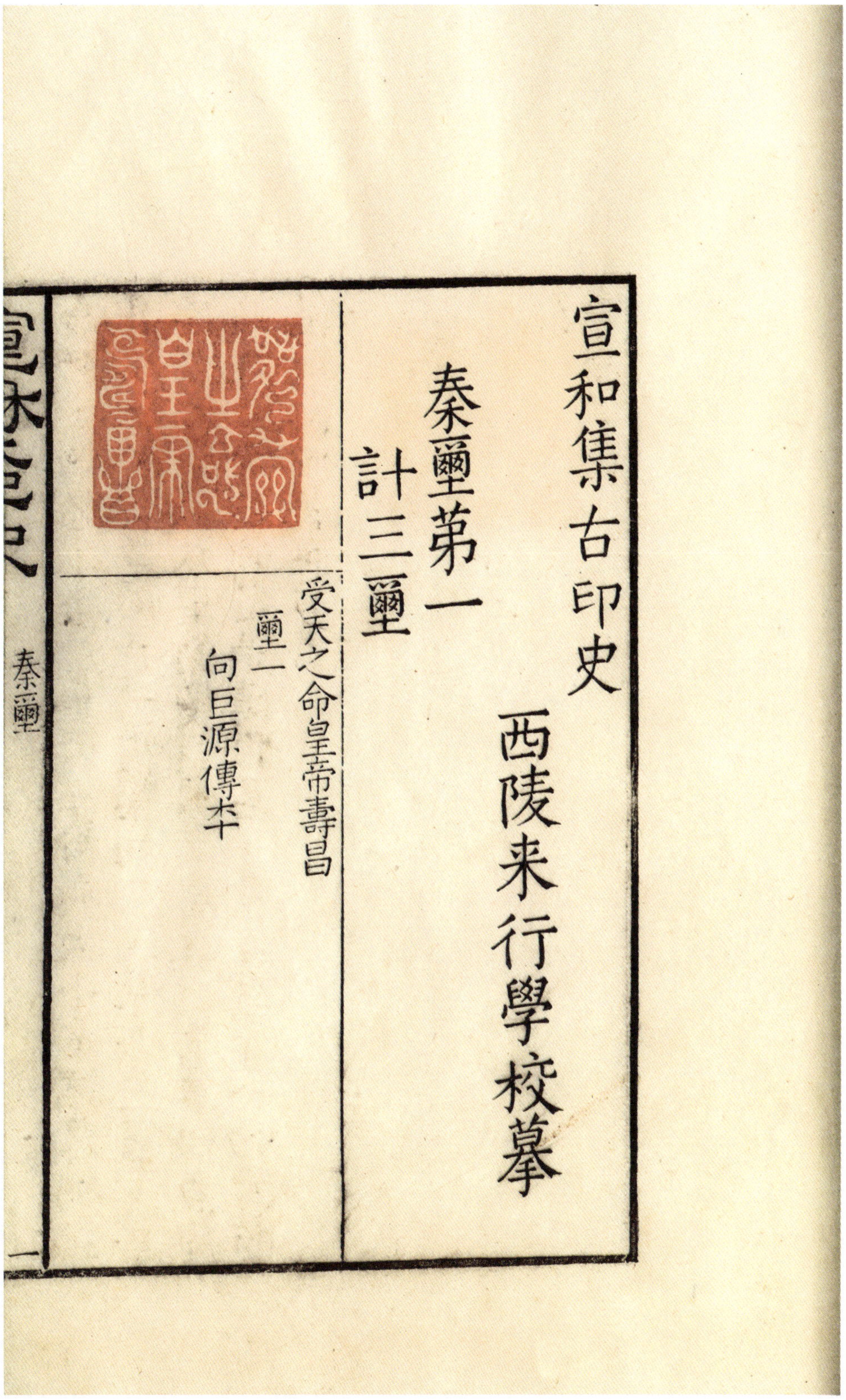

01713、01714 宣和集古印史八卷 （明）來行學輯　明萬曆二十四年（1596）來氏寶印齋刻鈐印本

匡高19.5厘米，廣12.8厘米。白口，四周單邊。安徽省圖書館藏，存六卷；湖南省社會科學學院圖書館藏。

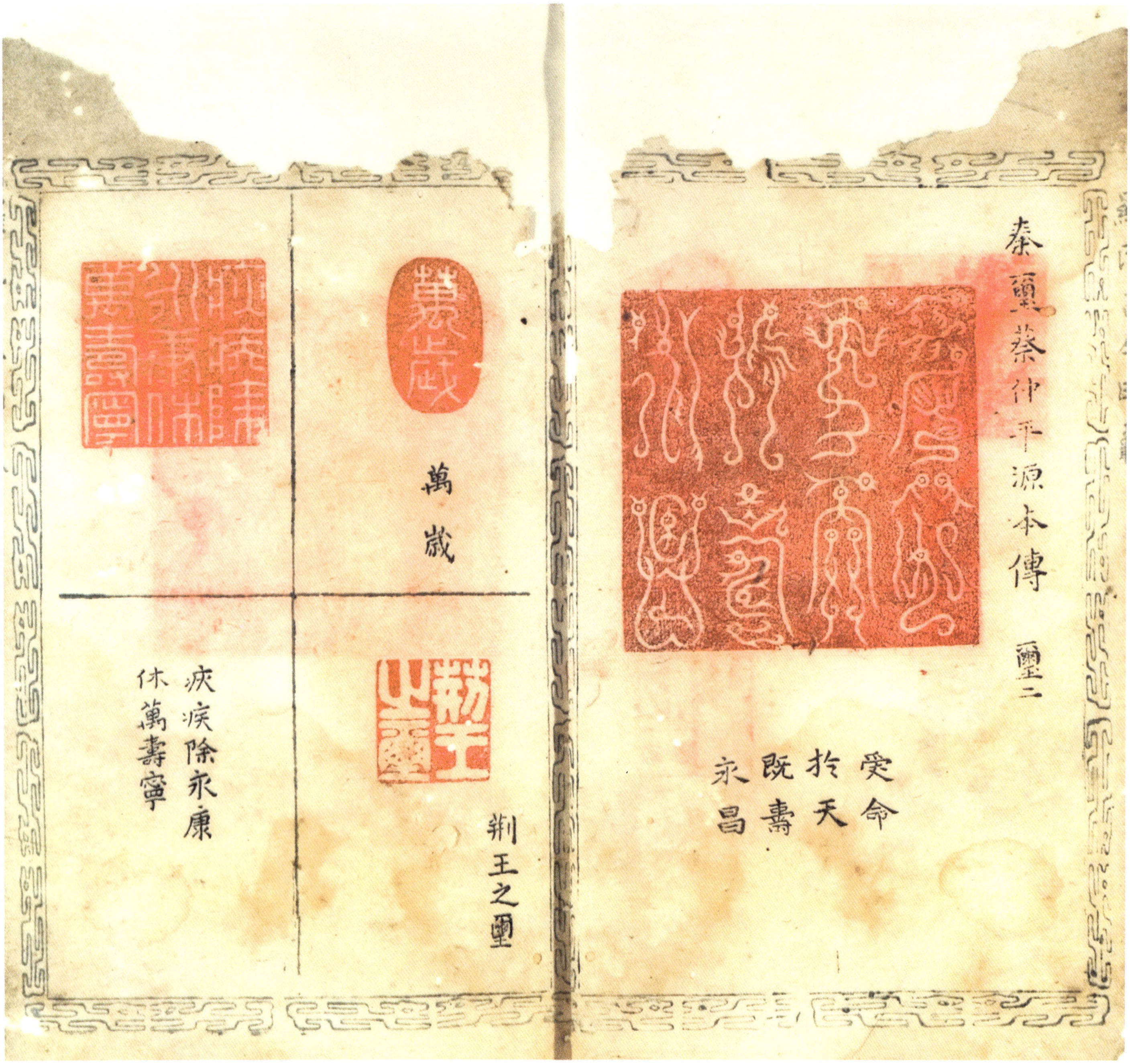

01715 羅氏古今印藪不分卷 （明）羅龍文輯　明鈐印本

匡高19.5厘米，廣13.5厘米。四周花邊。安徽省博物館藏。

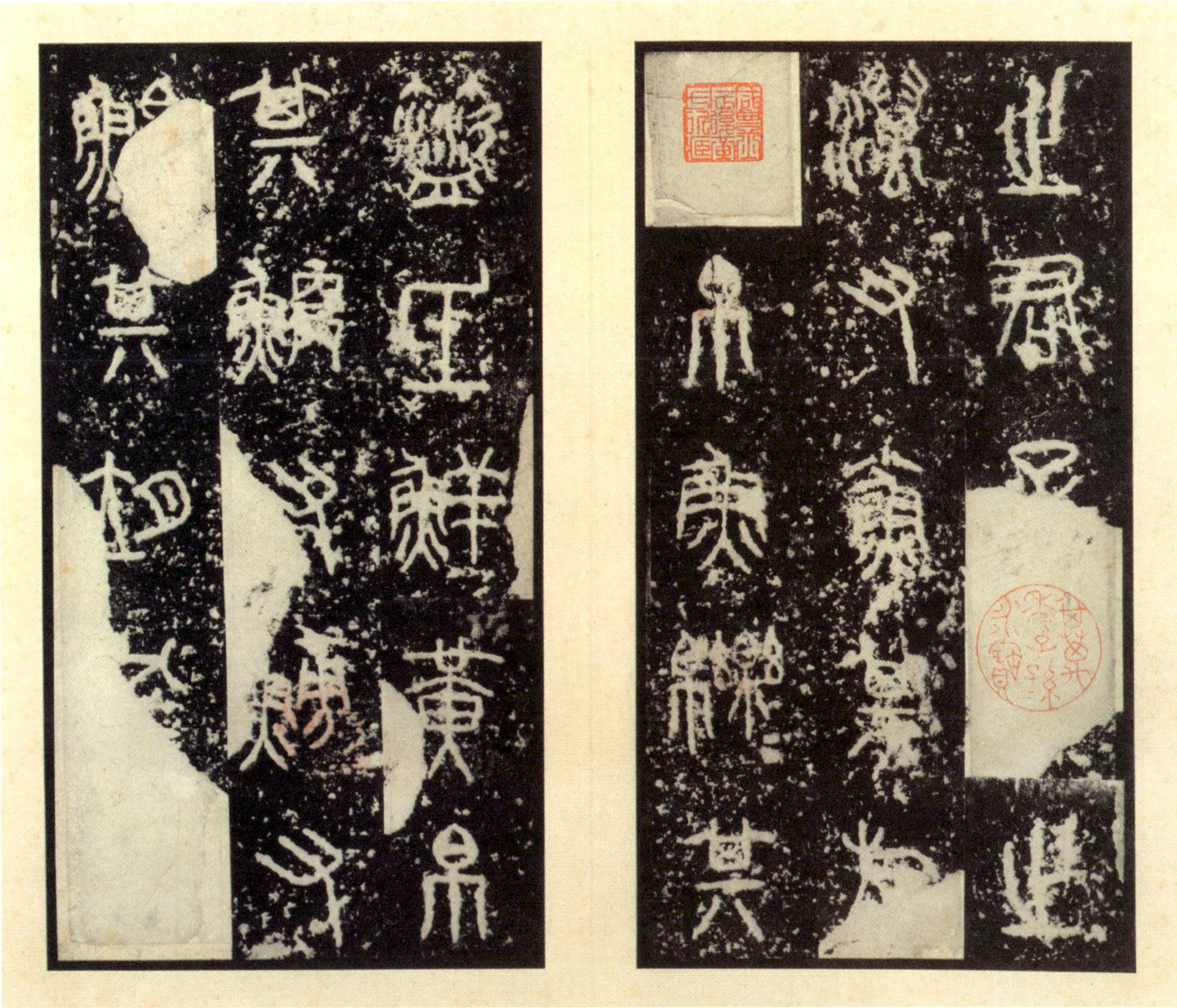

01716 石鼓文 戰國秦刻石 明拓本

割裱本。十八開半。墨本高28.4厘米，廣15.5厘米。大篆。每鼓拓本前有墨書、朱書數字。附元潘迪石鼓文音訓拓本一册（二十開），元周伯温臨石鼓文一册（十三開）。有"趙氏子昂"、"吴雲平齋曾讀過"等印。翁方綱等跋。故宫博物院藏。

01717 石鼓文 戰國秦刻石 明拓本

十三開半，其中石鼓十開，題簽二開，跋一開半。墨本高44.2厘米，廣57.8厘米。大篆。有“蔣印祖詒”等印。陶北溟題簽。趙魏、瞿中溶、達受、馬衡、陶北溟跋。故宫博物院藏。

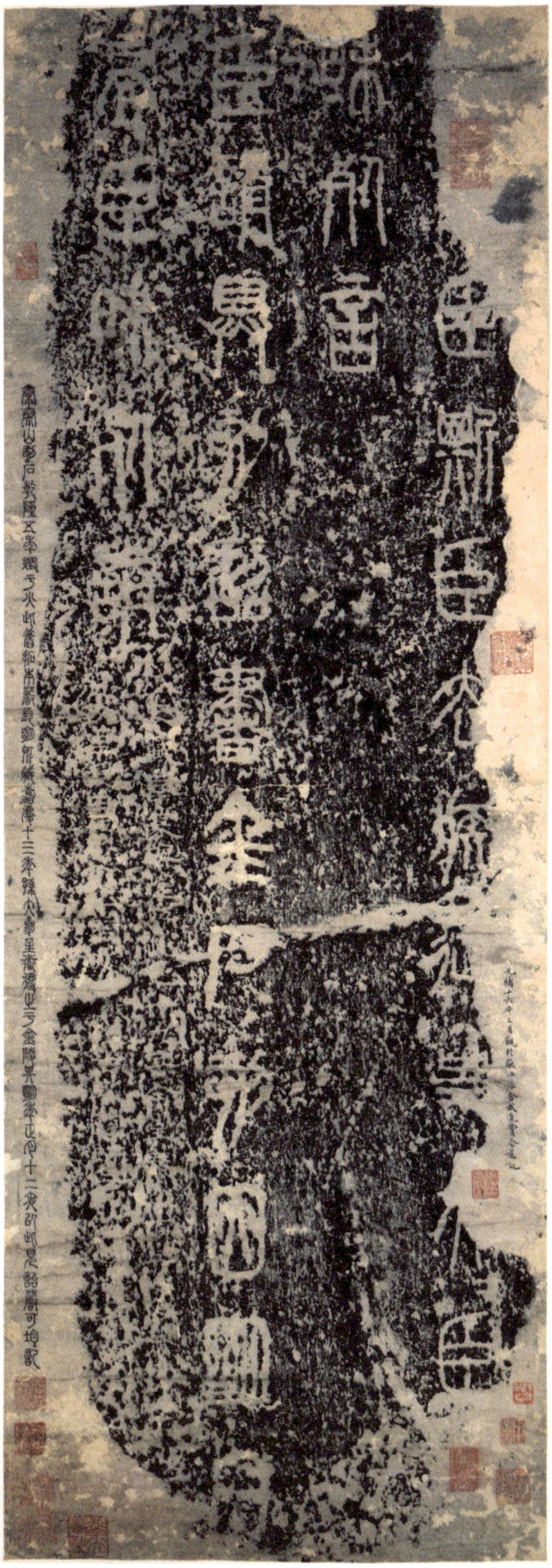

01718 泰山刻石 傳（秦）李斯書 秦始皇二十八年（前219）刻石 明拓本

一軸。墨本高111厘米，廣36厘米。四行、二十九字。有“嚴可均之印”、“臣星衍”、“莫友芝珍賞”、“烏程蔣景孫求是齋收藏書畫金石記”、“楊守敬印”等印。嚴可均題記，費念慈觀款。北京大學圖書館藏。

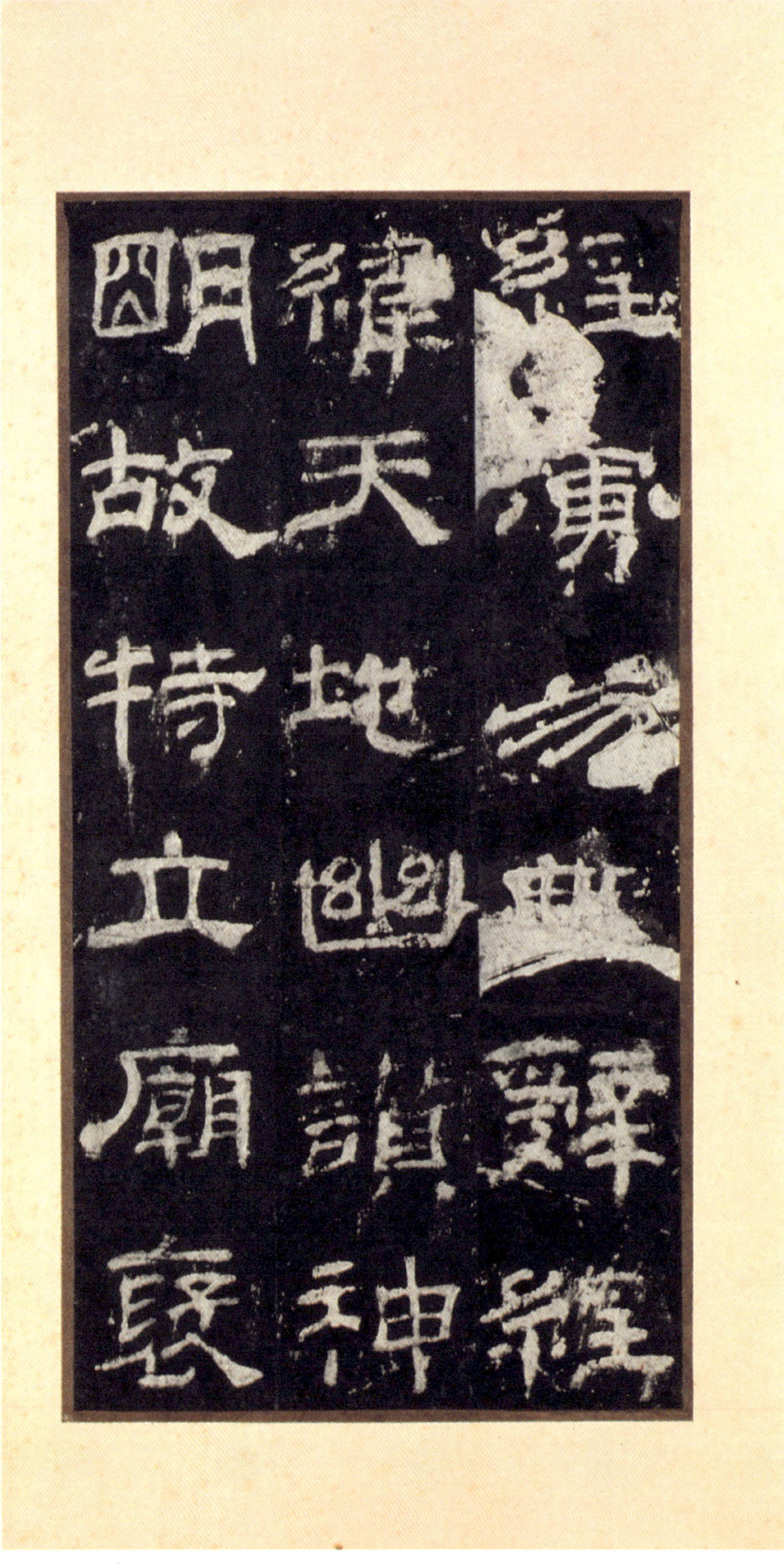

01719 乙瑛碑　東漢永興元年（153）刻石　明拓本

十八開。墨本高28.2厘米，廣14.6厘米。碑文二行"無常人掌領"之"常"字下"巾"部可見；三行"辟雍"之"辟"字左下稍損，右半"辛"旁可辨；九行"蜀郡成都"之"都"字末筆未連石花。汪大燮觀款。故宫博物院藏。

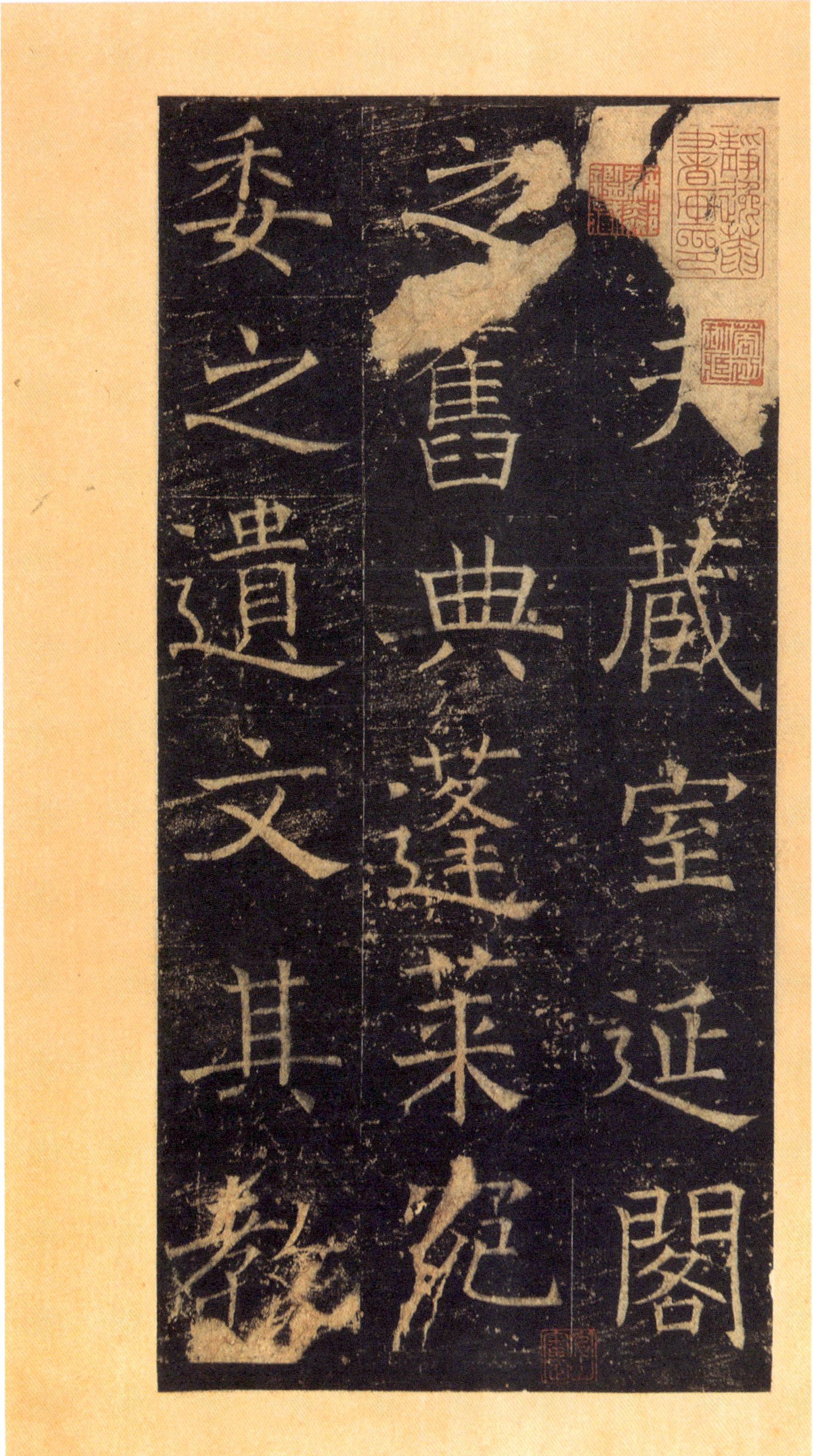
天藏室延閣
之舊典蓬萊苑
委之遺文其教

01720 伊闕佛龕碑　（唐）岑文本撰文　（唐）褚遂良書　唐貞觀十五年（641）刻石　明拓本

冊葉裝。四十三開，另跋四開半。墨本高29.5厘米，廣14.5厘米。楷書。錢大昕、費念慈題簽，何良俊、畢瀧題跋。國家圖書館藏。

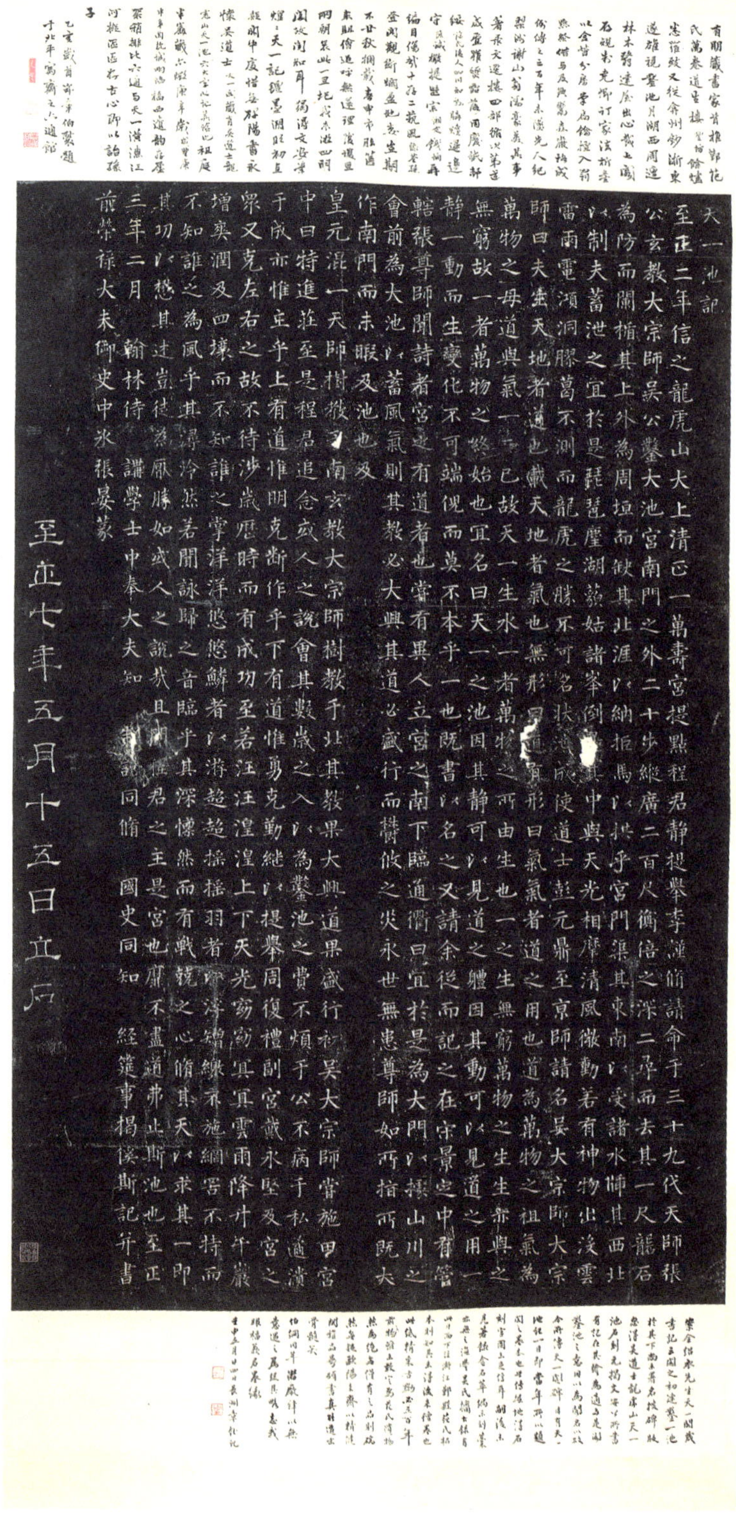

01721 天一池碑　（元）揭傒斯撰文并書　（元）張宴篆額　元至正七年（1347）刻石　明拓本

卷軸裝。墨本高133厘米，廣88厘米。楷書。邵章、章鈺題跋。國家圖書館藏。

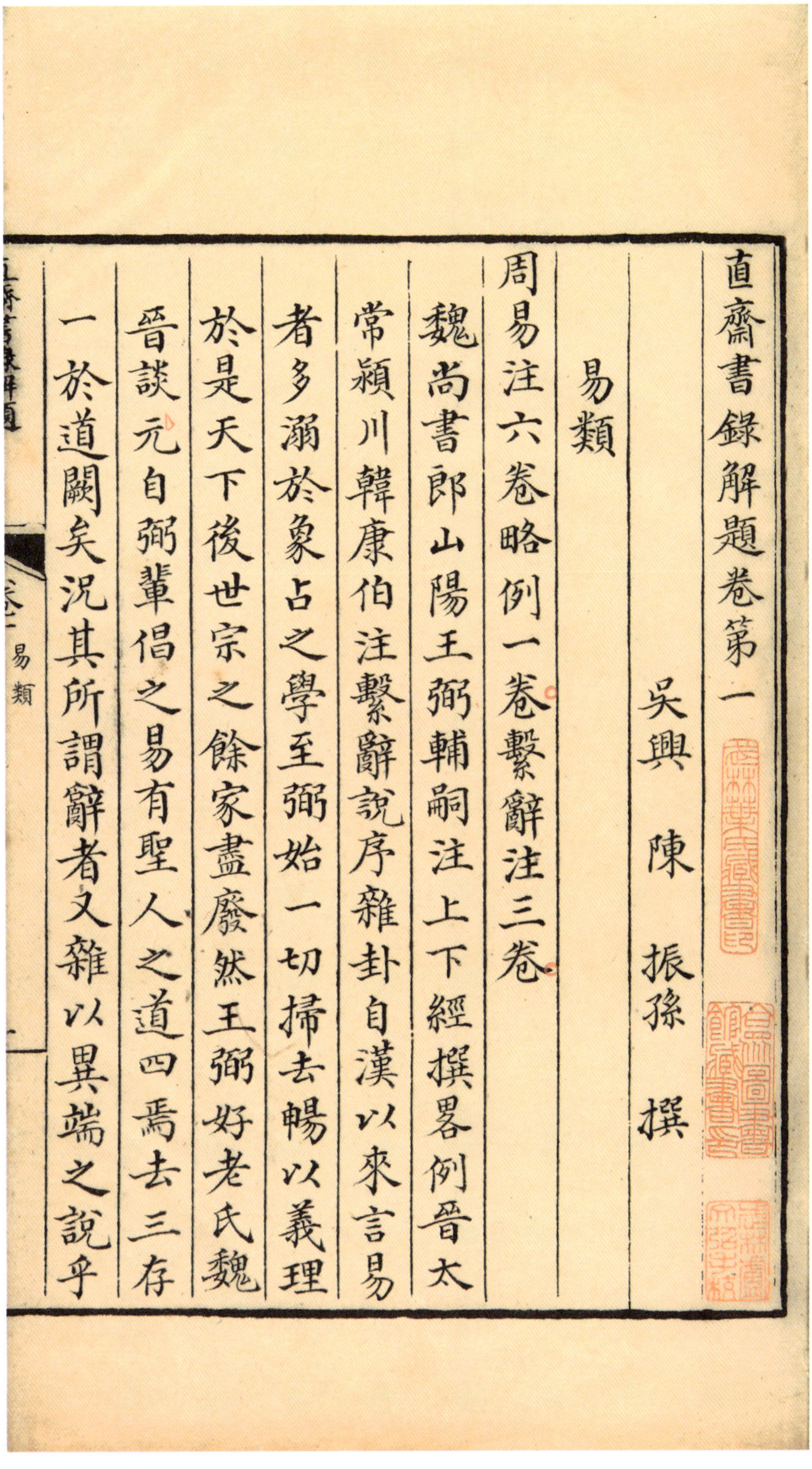

直齋書録解題卷第一

吳興 陳 振孫 撰

易類

周易注六卷略例一卷繫辭注三卷

魏尚書郎山陽王弼輔嗣注上下經撰畧例晉太常潁川韓康伯注繫辭說序雜卦自漢以來言易者多溺於象占之學至弼始一切掃去暢以義理於是天下後世宗之餘家盡廢然王弼好老氏魏晉談元自弼輩倡之易有聖人之道四焉去三存一於道闕矣況其所謂辭者又雜以異端之說乎

01722 直齋書録解題五十六卷 （宋）陳振孫撰 （清）盧文弨訂正 稿本

匡高20.8厘米，廣14.6厘米。半葉十行，行二十字，白口，左右雙邊。有“武林盧文弨寫本”、“武林盧文弨手校”等印。上海圖書館藏，存四十七卷。

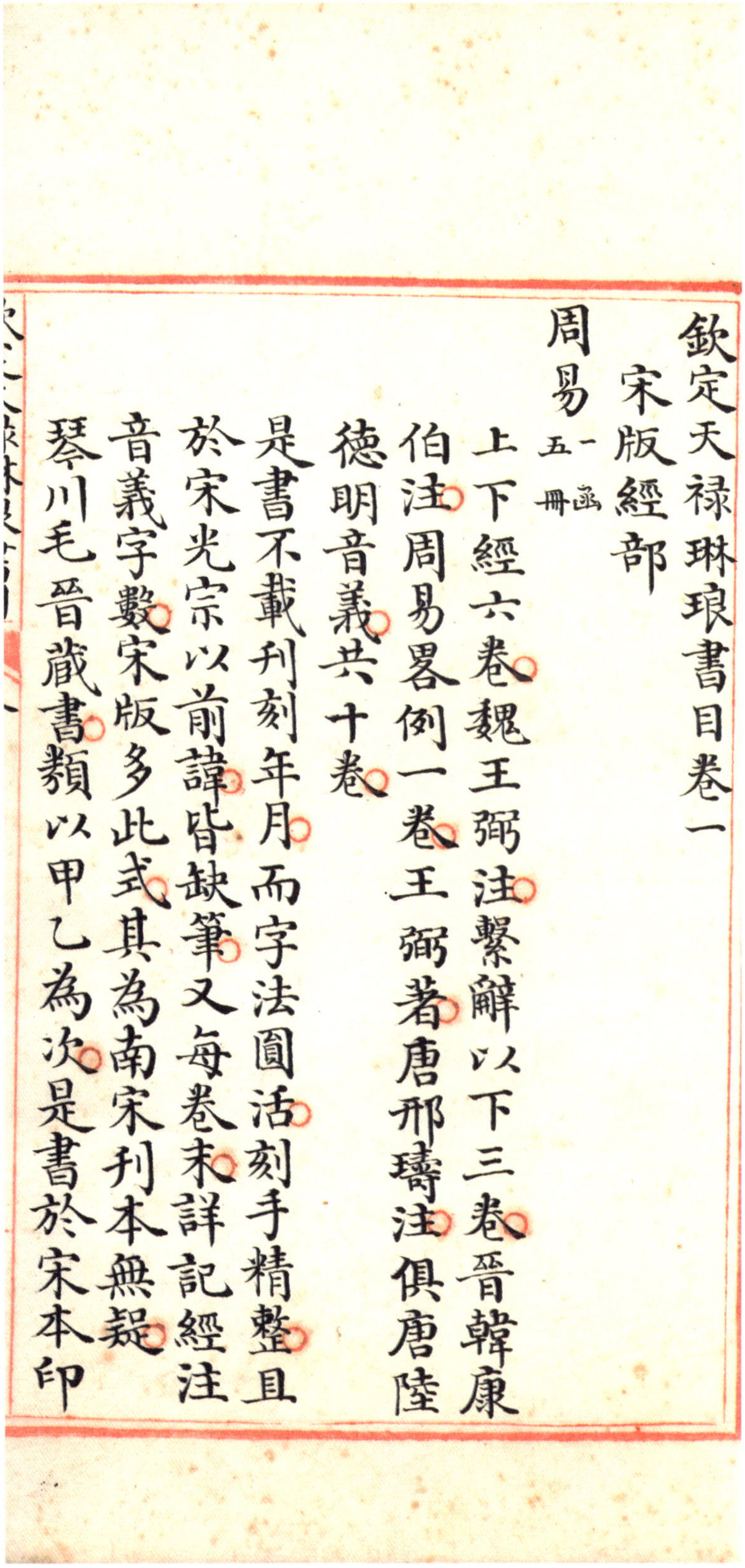
欽定天祿琳琅書目卷一
宋版經部
周易 一函五冊
上下經六卷魏王弼注繫辭以下三卷晉韓康伯注周易畧例一卷王弼著唐邢璹注俱唐陸德明音義共十卷
是書不載刋刻年月而字法圓活刻手精整且於宋光宗以前諱皆缺筆又每卷末詳記經注音義字數宋版多此式其為南宋刋本無疑琴川毛晉藏書類以甲乙為次是書於宋本印

01723 欽定天祿琳琅書目十卷 （清）于敏中等撰 **欽定天祿琳琅書目後編二十卷** （清）彭元瑞等撰 清内府抄本

匡高20.7厘米，廣13.6厘米。半葉十行，行二十字，紅格，白口，四周雙邊。故宫博物院藏。

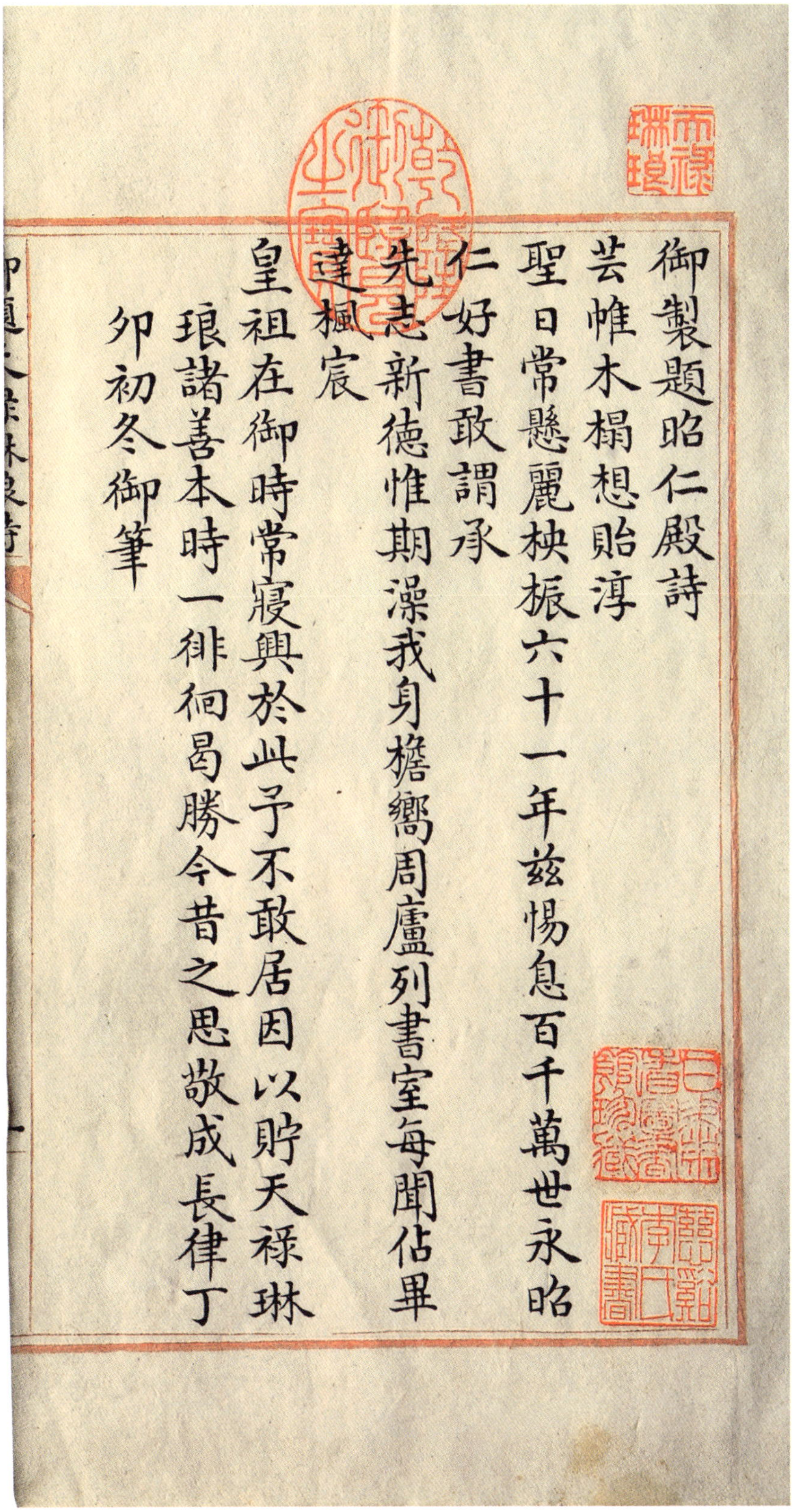

御製題昭仁殿詩
芸帷木榻想貽淳
聖日常懸麗柍振六十一年茲惕息百千萬世永昭
仁好書敢謂承
先志新德惟期澡我身檐嚮周廬列書室每聞佔畢
達楓宸
皇祖在御時常寢興於此予不敢居因以貯天祿琳
琅諸善本時一徘徊晷勝今昔之思敬成長律丁
夘初冬御筆

01724 欽定天禄琳琅書目十卷　（清）于敏中等撰　清内府抄本

匡高19.8厘米，廣12.8厘米。半葉十行，行二十字，小字雙行字不等，紅格，白口，四周雙邊。有“天禄琳琅”、“乾隆御覽之寶”、“慈溪李氏藏書”等印。甘肅省圖書館藏。

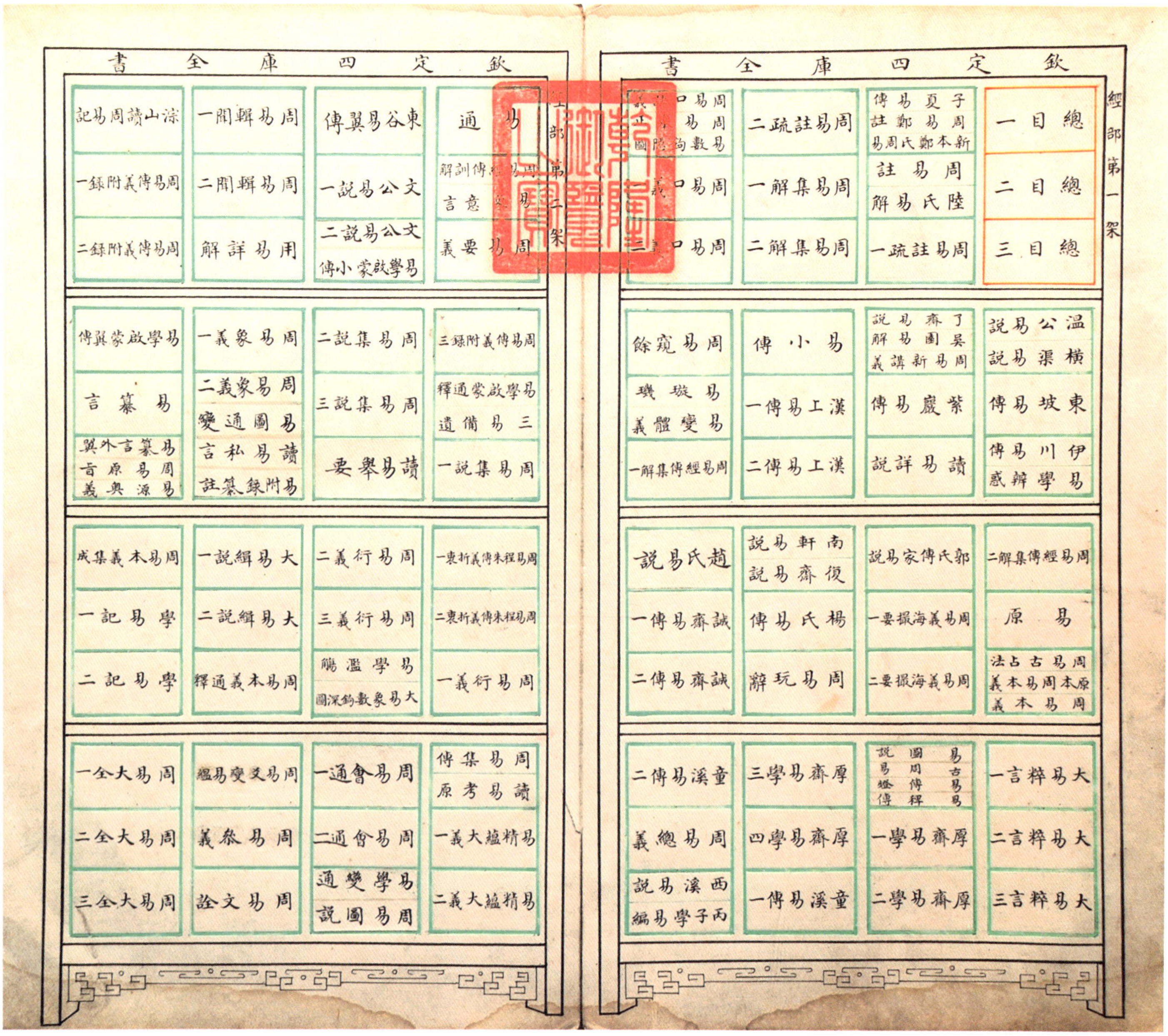

01725 欽定四庫全書分架圖不分卷 清内府抄本

經折裝。匡高40.3厘米，廣22.4厘米。有"文溯閣寶"、"乾隆御覽之寶"等印。甘肅省圖書館藏。

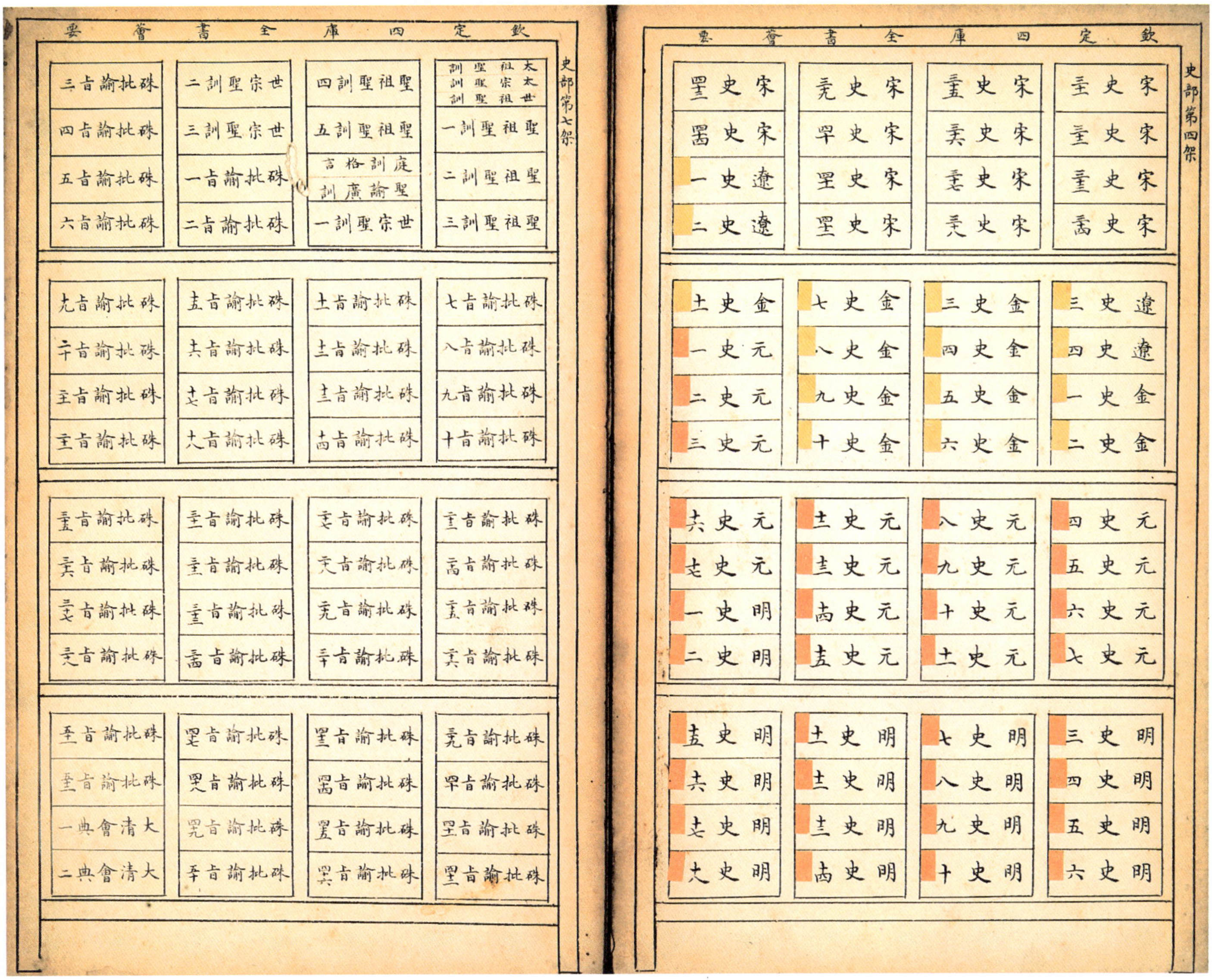

01726 欽定四庫全書薈要分架圖不分卷 清嘉慶內府抄本

匡高36.7厘米，廣22.6厘米。故宫博物院藏。

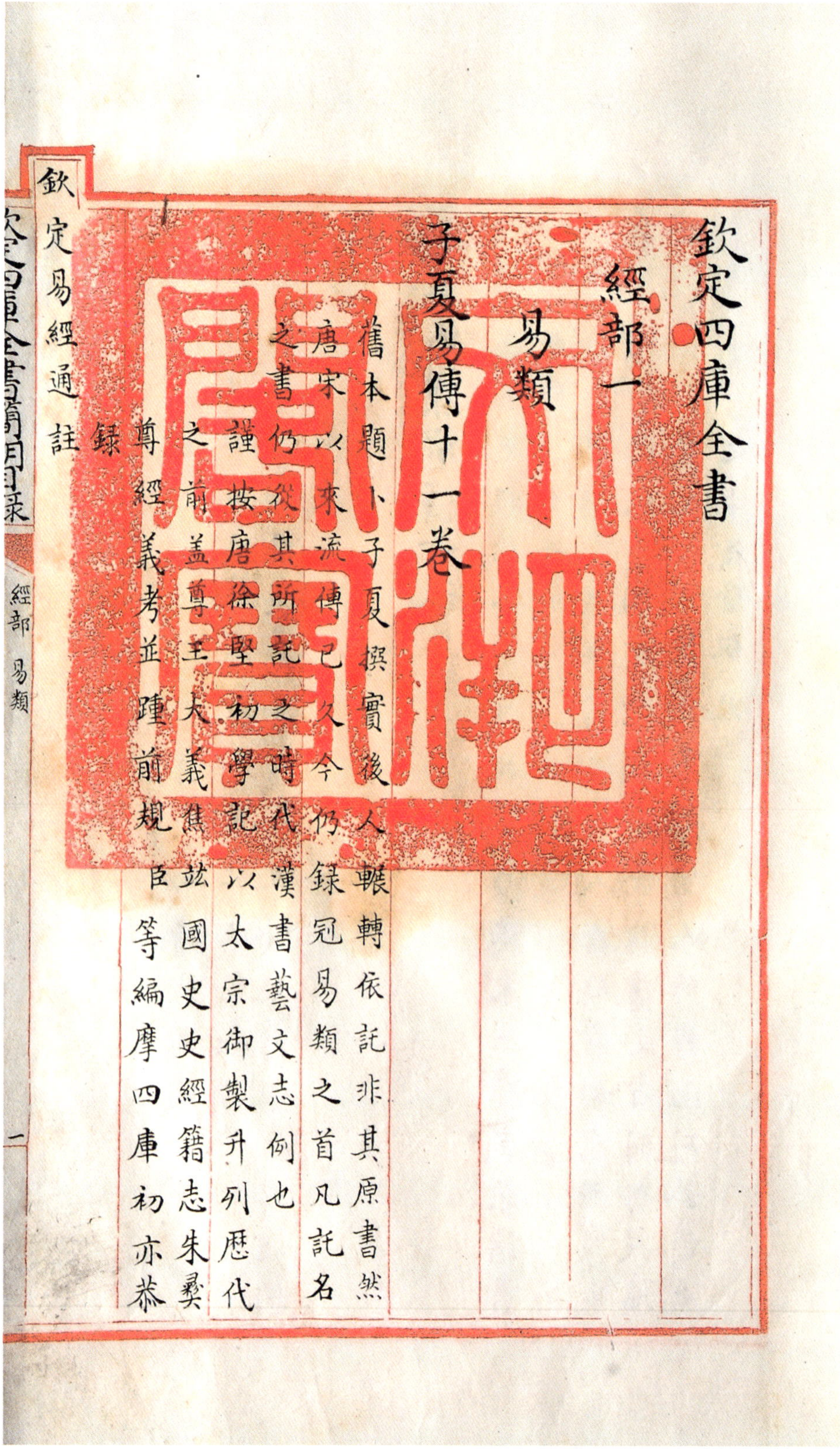
欽定四庫全書
經部一
易類
子夏易傳十一卷
舊本題卜子夏撰實後人輾轉依託非其原書然唐宋以來流傳已久今仍録冠易類之首凡託名之書仍從其所託之時代漢書藝文志例也
謹按唐徐堅初學記以太宗御製升列歷代之前蓋尊王大義基茲國史史經籍志朱彝尊經義考並踵前規臣等編摩四庫初亦恭録
欽定易經通註
欽定四庫全書簡明目録
經部 易類 一

01727 欽定四庫全書簡明目録二十卷 （清）紀昀等撰 清内府抄本

包背裝。匡高22.5厘米，廣15.2厘米。半葉八行，行二十一字，紅格，白口，四周雙邊。有“文淵閣寶”、“乾隆御覽之寶”等印。甘肅省圖書館藏。

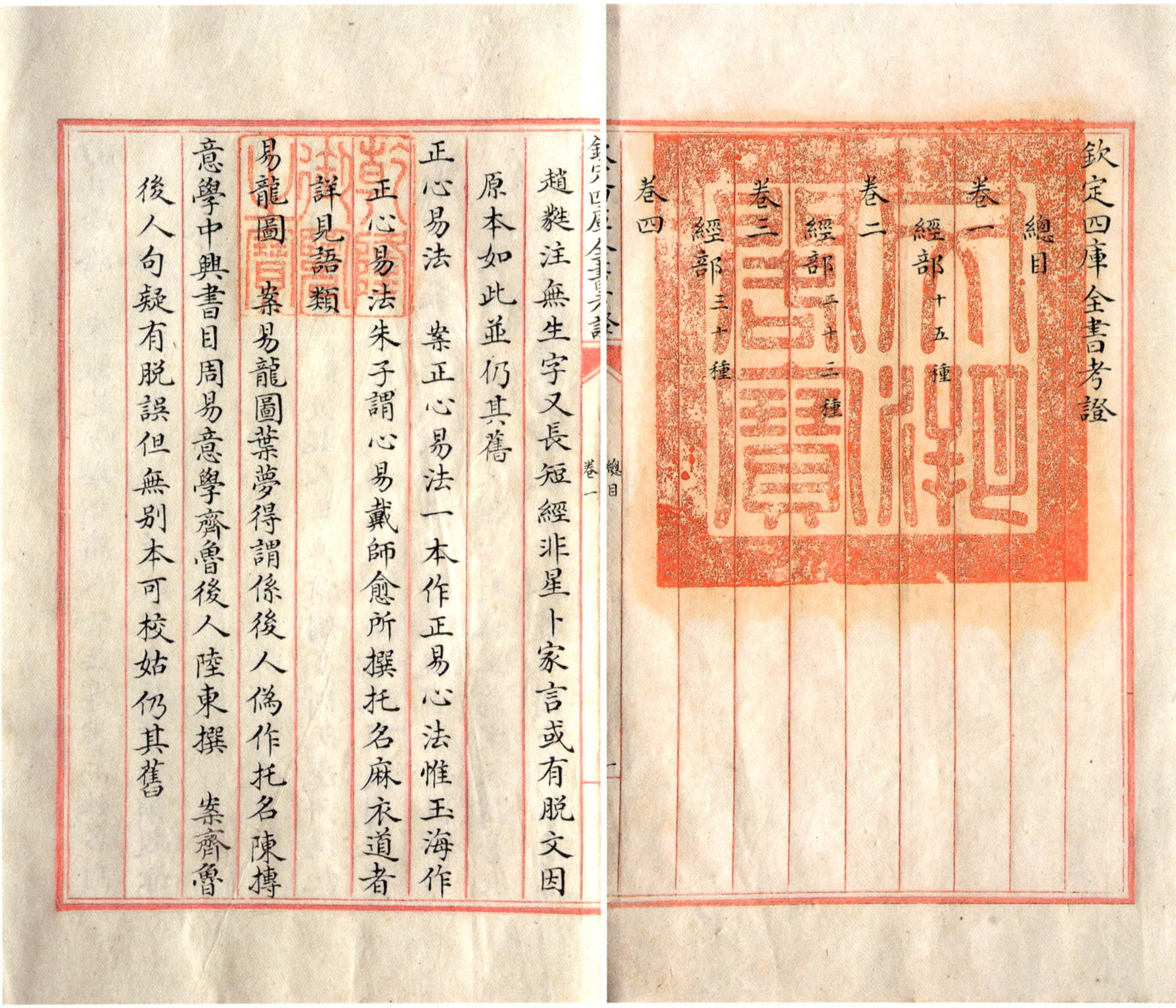
欽定四庫全書考證
總目
卷一　經部十五種
卷二　經部二十三種
卷三　經部三十種
卷四

欽定四庫全書考證　總目　卷一　一

趙蕤注無生字又長短經非星卜家言或有脫文因
原本如此並仍其舊
正心易法　案正心易法一本作正易心法惟玉海作
正心易法朱子謂心易戴師愈所撰托名麻衣道者
詳見語類
易龍圖　案易龍圖葉夢得謂係後人偽作托名陳摶
意學中興書目周易意學齊魯後人陸東撰　案齊魯
後人句疑有脫誤但無別本可校姑仍其舊

01728 欽定四庫全書考證一百卷　（清）王太岳　王燕緒等撰　清内府抄本

包背裝。匡高22厘米，廣15.6厘米。半葉九行，行二十一字，紅格，白口，四周雙邊。有“文溯閣寶”、“乾隆御覽之寶”等印。甘肅省圖書館藏。

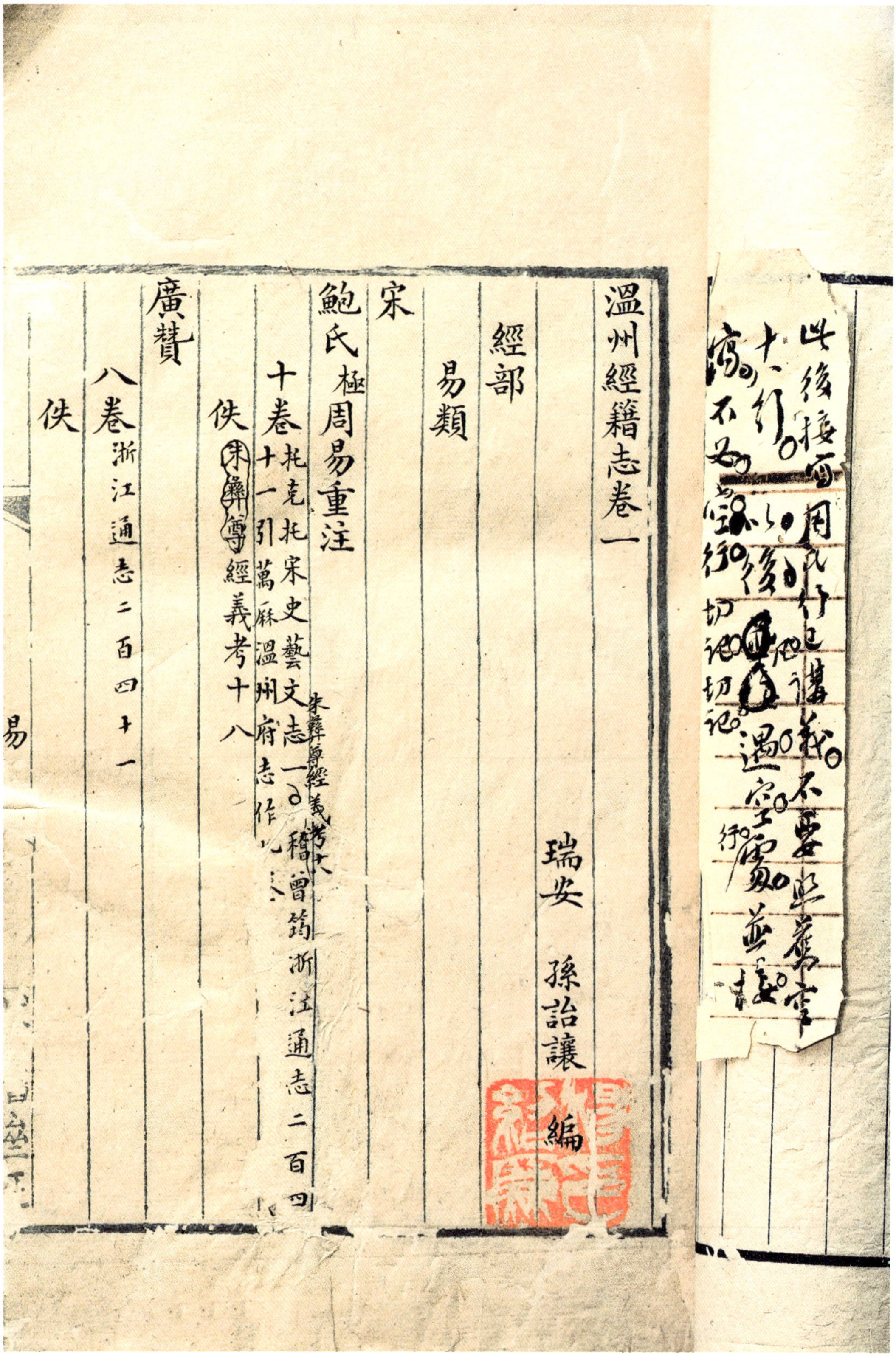

溫州經籍志卷一

瑞安 孫詒讓 編

經部

易類

宋

鮑氏極周易重注

十卷 托克托宋史藝文志一引萬麻溫州府志作

佚 朱彝尊經義考十八

廣贊

八卷 浙江通志二百四十一

佚

01729 溫州經籍志二十五卷外編一卷辨誤不分卷 （清）孫詒讓撰 初稿本

匡高18.3厘米，廣12.4厘米。半葉十一行，行二十四字，小字雙行字不等，白口，左右雙邊。孫衣言批校。溫州市圖書館藏，存十八卷。

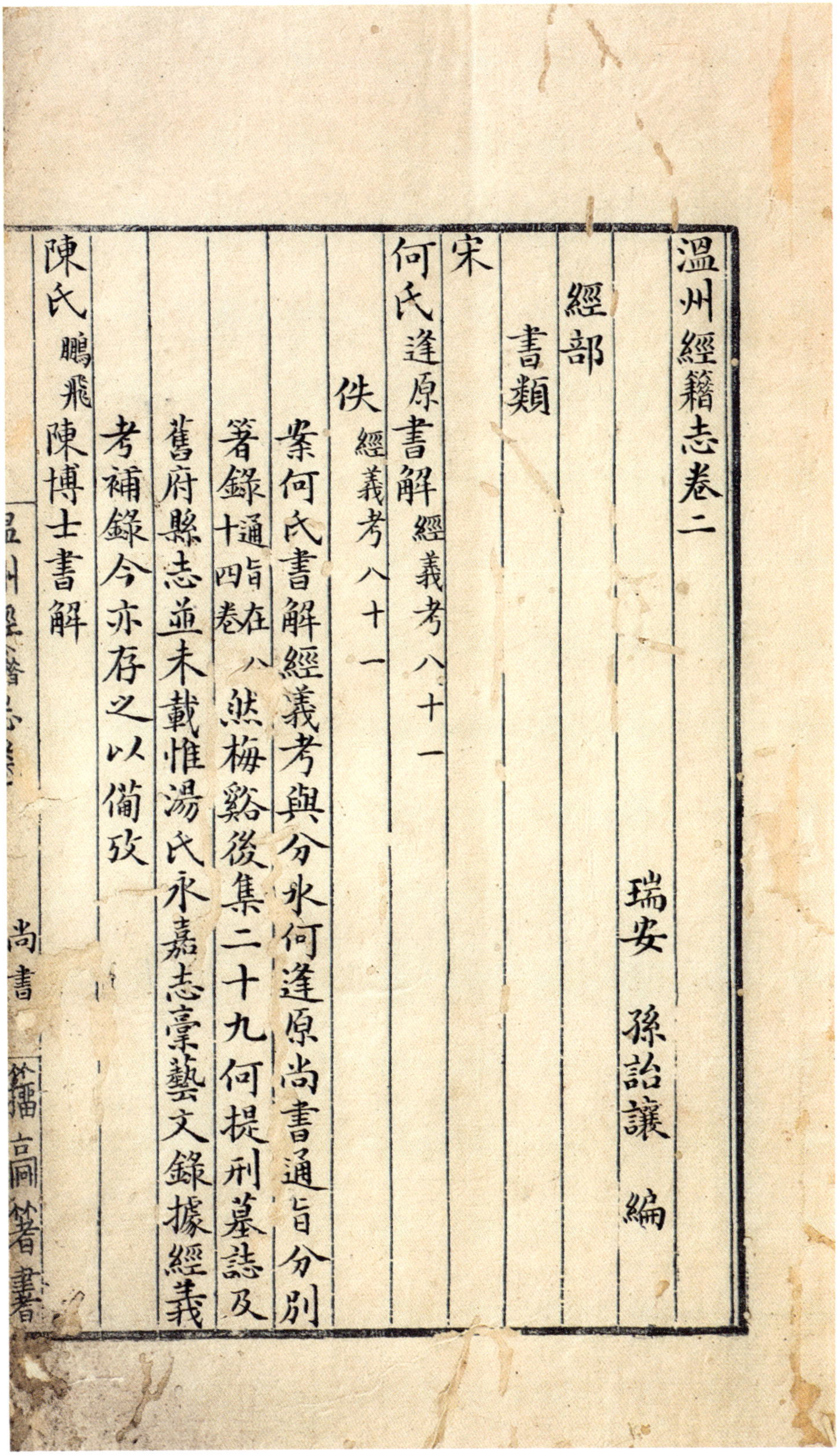
溫州經籍志卷二

瑞安 孫詒讓 編

經部

書類

宋

何氏逢原書解經義考八十一

佚 經義考八十一

案何氏書解經義考與分水何逢原尚書通旨分別箸錄通旨在十四卷八然梅谿後集二十九何提刑墓誌及舊府縣志並未載惟湯氏永嘉志稾藝文錄據經義考補錄今亦存之以備攷

陳氏鵬飛陳博士書解

尚書

01730 溫州經籍志三十三卷外編二卷辨誤一卷 （清）孫詒讓撰 定稿本

匡高17.1厘米，廣11.3厘米。半葉十二行，行二十四字，小字雙行同，白口，左右雙邊。孫詒讓朱筆修改，楊紹廉、孫延釗校。溫州市圖書館藏，存十二卷。

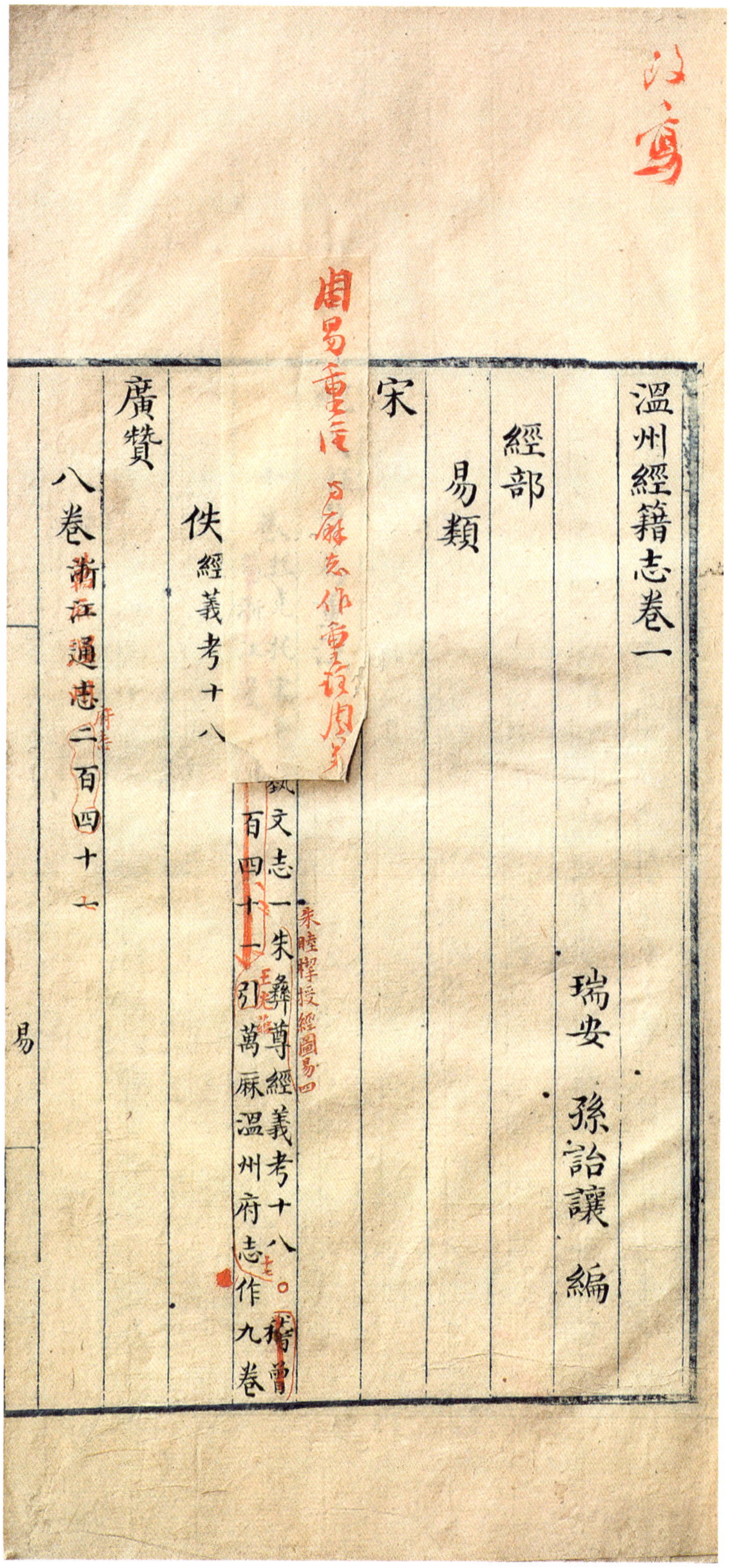

01731 溫州經籍志三十三卷附外編二卷辨誤一卷 （清）孫詒讓撰　謄清稿本（卷八楊紹廉抄配）

匡高17.1厘米，廣11.3厘米。半葉十行，行二十四字，小字雙行字不等，白口，左右雙邊。孫詒讓朱筆修改，孫衣言批校。溫州市圖書館藏，存三十二卷。

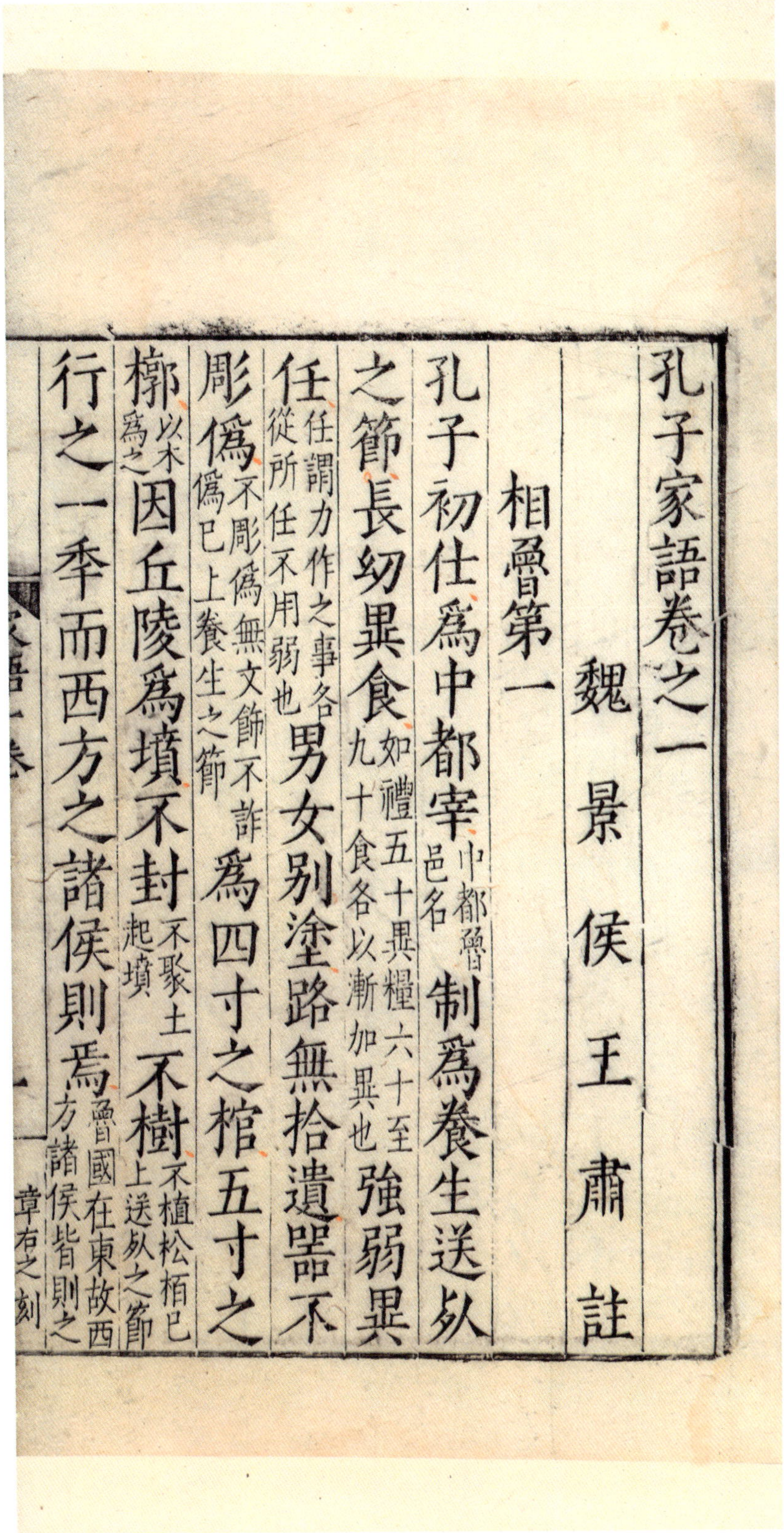
孔子家語卷之一

魏　景　侯　王　肅　註

相魯第一

孔子初仕爲中都宰（中都魯邑名）制爲養生送死之節長幼異食（如禮五十異糧六十至九十食各以漸加異也）強弱異任（任謂力作之事各從所任不用弱也）男女別塗路無拾遺器不彫僞（不彫僞無文飾不詐僞已上養生之節）爲四寸之棺五寸之槨（以木爲之）因丘陵爲墳不封（不聚土起墳）不樹（不植松栢已上送死之節）行之一季而西方之諸侯則焉（魯國在東故西方諸侯皆則之）

章布之刻

01732 孔子家語十卷　題（魏）王肅注　明隆慶六年（1572）徐祚錫刻本

匡高18.9厘米，廣13.6厘米。半葉九行，行十六字，小字雙行二十二字，白口，左右雙邊。蘇州大學圖書館藏。

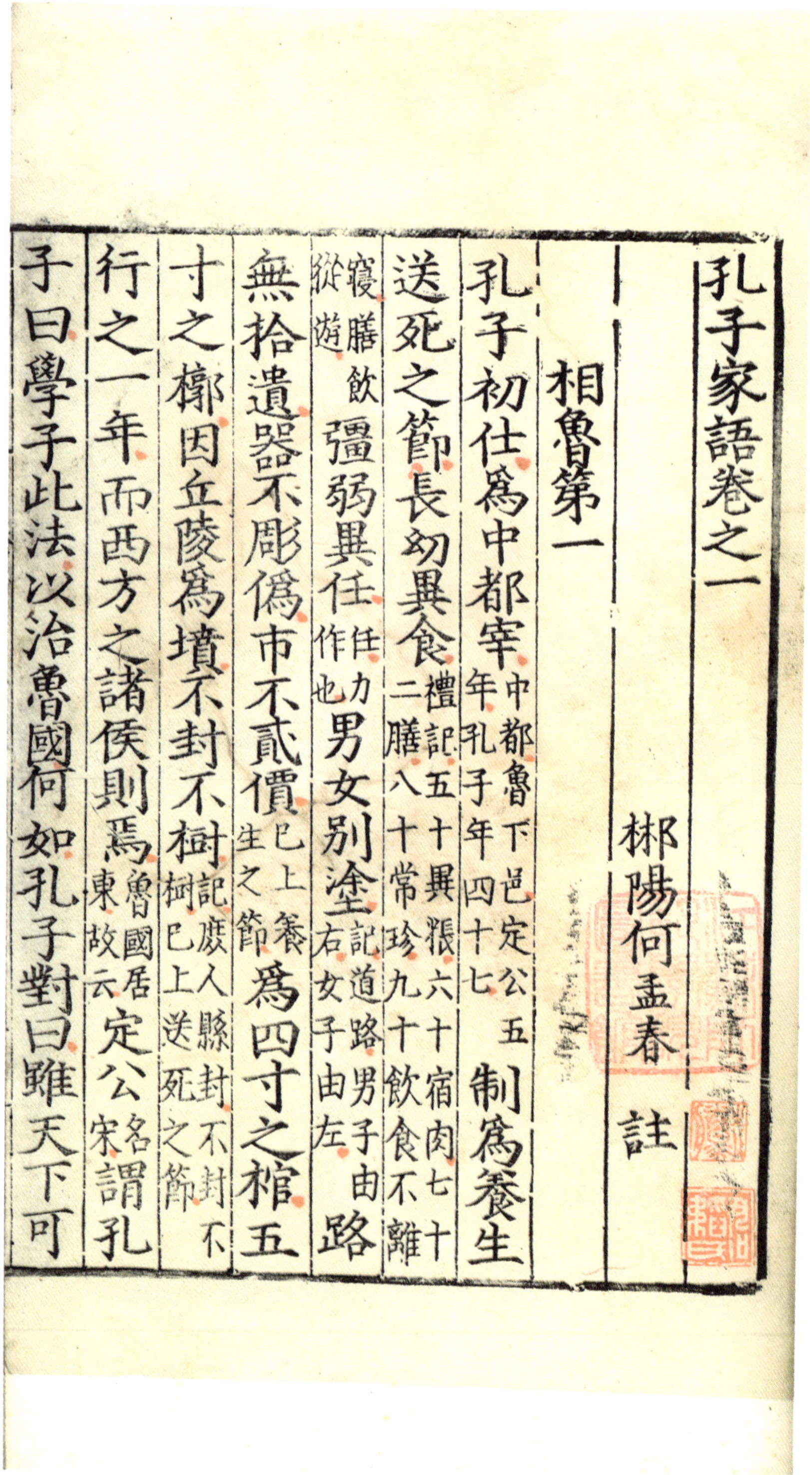

孔子家語卷之一

郴陽何孟春 註

相魯第一

孔子初仕爲中都宰中都魯下邑定公五年孔子年四十七制爲養生送死之節長幼異食禮記五十異粻六十宿肉七十二膳八十常珍九十飲食不離寢膳飲從遊彊弱異任任力作也男女別塗記道路男子由右女子由左路無拾遺器不彫僞市不貳價已上養生之節爲四寸之棺五寸之槨因丘陵爲墳不封不樹記庶人縣封不封不樹已上送死之節行之一年而西方之諸侯則焉魯國居東故云定公名宋謂孔子曰學子此法以治魯國何如孔子對曰雖天下可

01733 孔子家語八卷　（明）何孟春注　明正德十六年（1521）張公瑞刻本

匡高19.1厘米，廣14厘米。半葉十行，行二十字，小字雙行同，白口，四周單邊。蘇州大學圖書館藏。

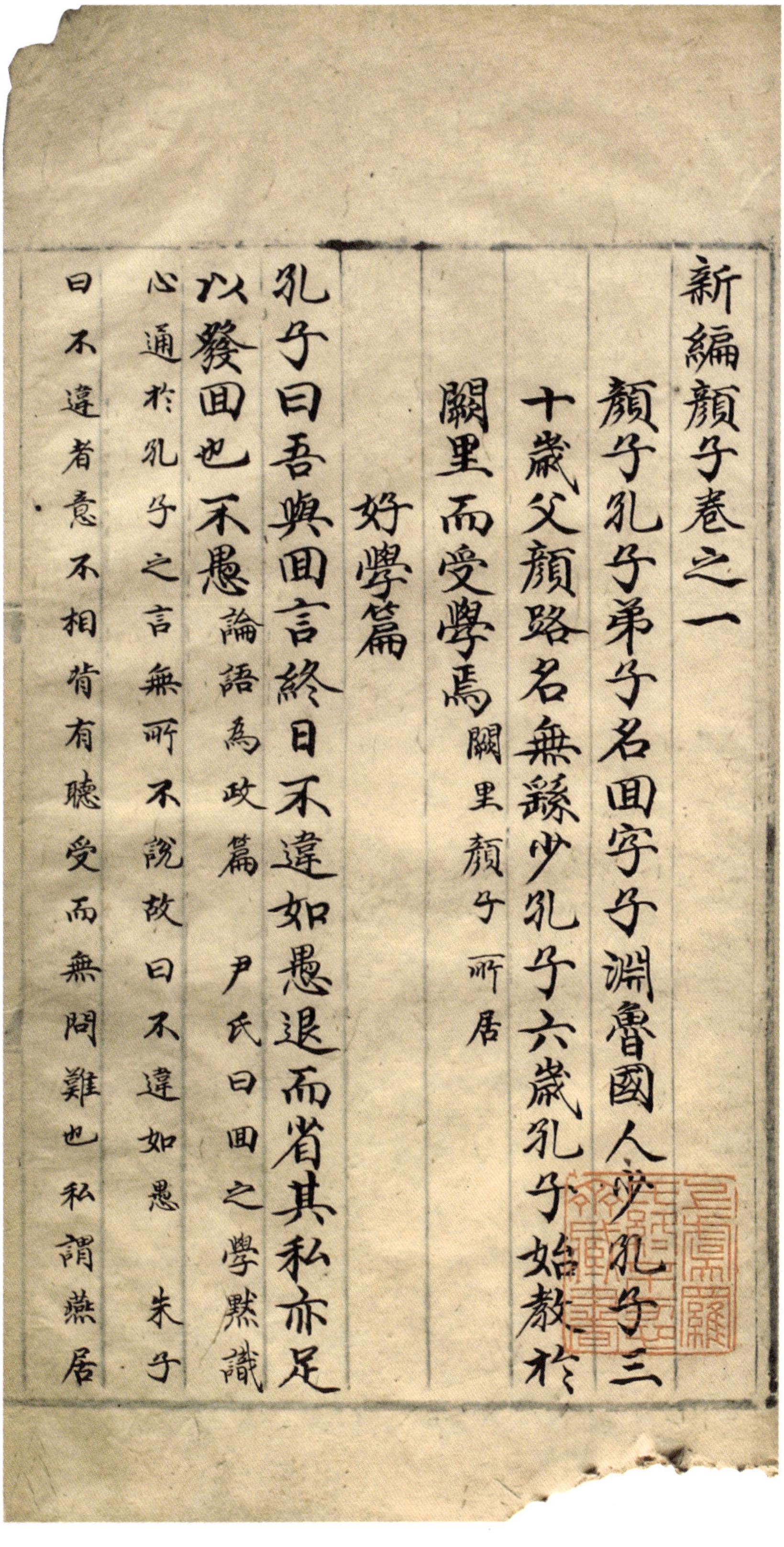

新編顔子卷之一

顔子孔子弟子名回字子淵魯國人少孔子三十歲父顔路名無繇少孔子六歲孔子始教於闕里而受學焉 闕里顔子所居

好學篇

孔子曰吾與回言終日不違如愚退而省其私亦足以發回也不愚 論語爲政篇 尹氏曰回之學默識心通於孔子之言無所不説故曰不違如愚 朱子曰不違者意不相背有聽受而無問難也私謂燕居

01734 新編顔子五卷　（元）李純仁輯　明萬曆二十五年（1597）沈一貫抄本

匡高21.8厘米，廣15.1厘米。半葉九行，行二十字，藍格，白口，左右雙邊。有“潤州蔣氏藏書”、“振常私印”、“上虞羅氏終不忍齋藏書”等印。羅振常跋。河南省圖書館藏。

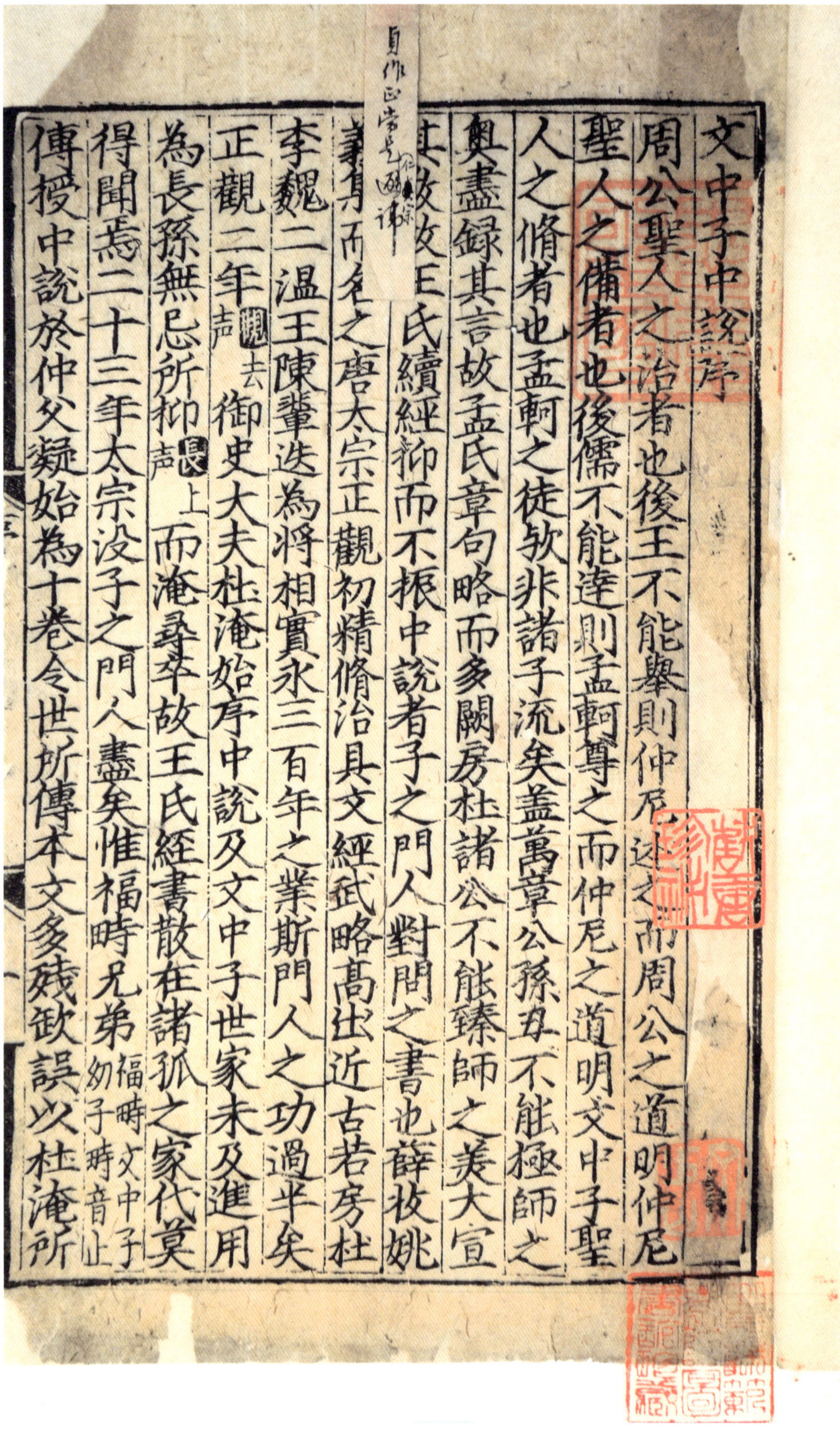

文中子中說序

周公聖人之治者也後王不能舉則仲尼述之而周公之道明仲尼聖人之備者也後儒不能達則孟軻尊之而仲尼之道明文中子聖人之脩者也孟軻之徒歟非諸子流矣蓋萬章公孫丑不能極師之奥盡録其言故孟氏章句略而多闕房杜諸公不能臻師之美大宣其教故王氏續經抑而不振中說者子之門人對問之書也薛收姚義緝而名之唐太宗正觀初精脩治具文經武略高出近古若房杜李魏二温王陳輩迭為將相實永三百年之業斯門人之功過半矣正觀二年（觀去声）御史大夫杜淹始序中說及文中子世家未及進用為長孫無忌所抑（長上声）而淹尋卒故王氏經書散在諸孤之家代莫得聞焉二十三年太宗没子之門人盡矣惟福畤兄弟（福畤文中子幼子畤音止）傳授中說於仲父凝始為十卷今世所傳本文多殘缺誤以杜淹所

01735 中說十卷　題（隋）王通撰　（宋）阮逸注　明刻本

匡高20.7厘米，廣12.9厘米。半葉十二行，行二十六字，小字雙行同，黑口，四周雙邊。有“王獻唐”、“雙行精舍善本圖書印”等印。許瀚批校，王獻唐跋。曲阜師範大學圖書館藏。

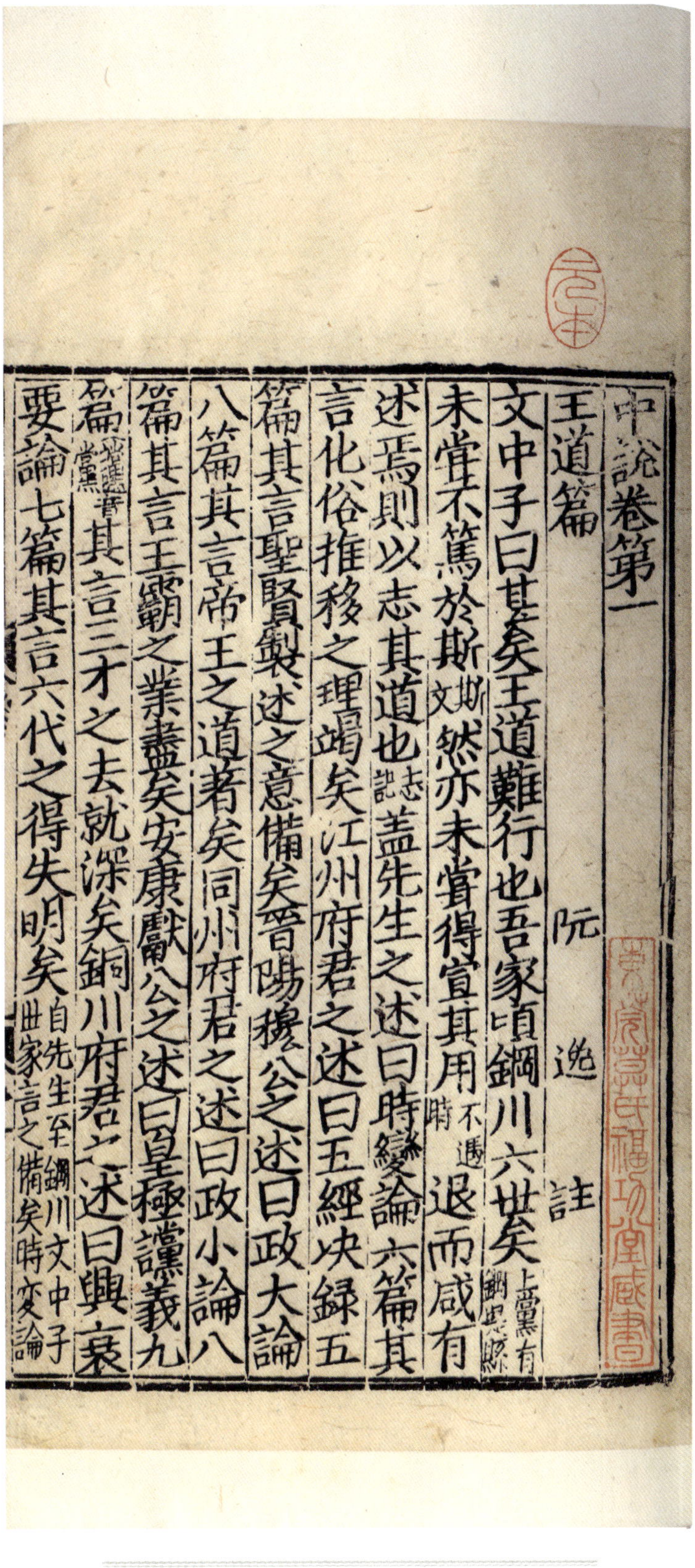

01736 中説十卷 題（隋）王通撰 （宋）阮逸注 明初刻本

匡高18.4厘米，廣12.3厘米。半葉十一行，行二十一字，小字雙行二十五字，黑口，四周雙邊。有“東莞莫氏福功堂藏書”等印。廣東省立中山圖書館藏。

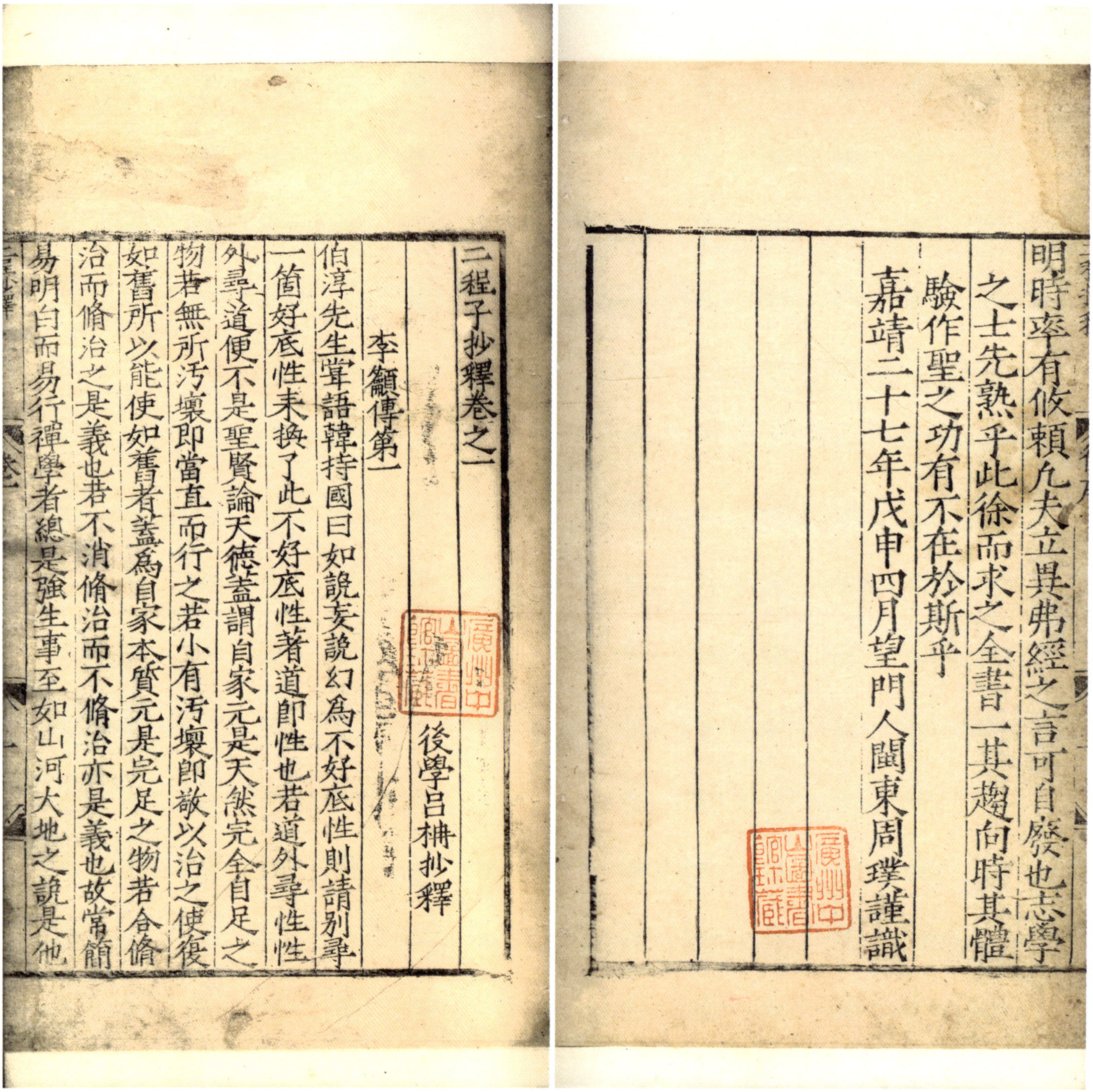
明時卒有攸賴凡夫立異弗經之言可自廢也志學
之士先熟乎此徐而求之全書一其趨向時其體
驗作聖之功有不在於斯乎
嘉靖二十七年戊申四月望門人閩東周璞謹識

二程子抄釋卷之一
李籲傳第一
後學呂柟抄釋
伯淳先生嘗語韓持國曰如說妄說幻為不好底性則請別尋
一箇好底性來換了此不好底性著道即性也若道外尋性性
外尋道便不是聖賢論天德蓋謂自家元是天然完全自足之
物若無所污壞即當直而行之若小有污壞即敬以治之使復
如舊所以能使如舊者蓋為自家本質元是完足之物若合脩
治而脩治之是義也若不消脩治而不脩治亦是義也故常簡
易明白而易行禪學者總是強生事至如山河大地之說是他

01737 二程子抄釋十卷 （明）呂柟撰 明嘉靖二十七年（1548）周璞刻藍印本

匡高20.5厘米，廣14.4厘米。半葉十行，行二十四字，白口，四周單邊。廣東省立中山圖書館藏。

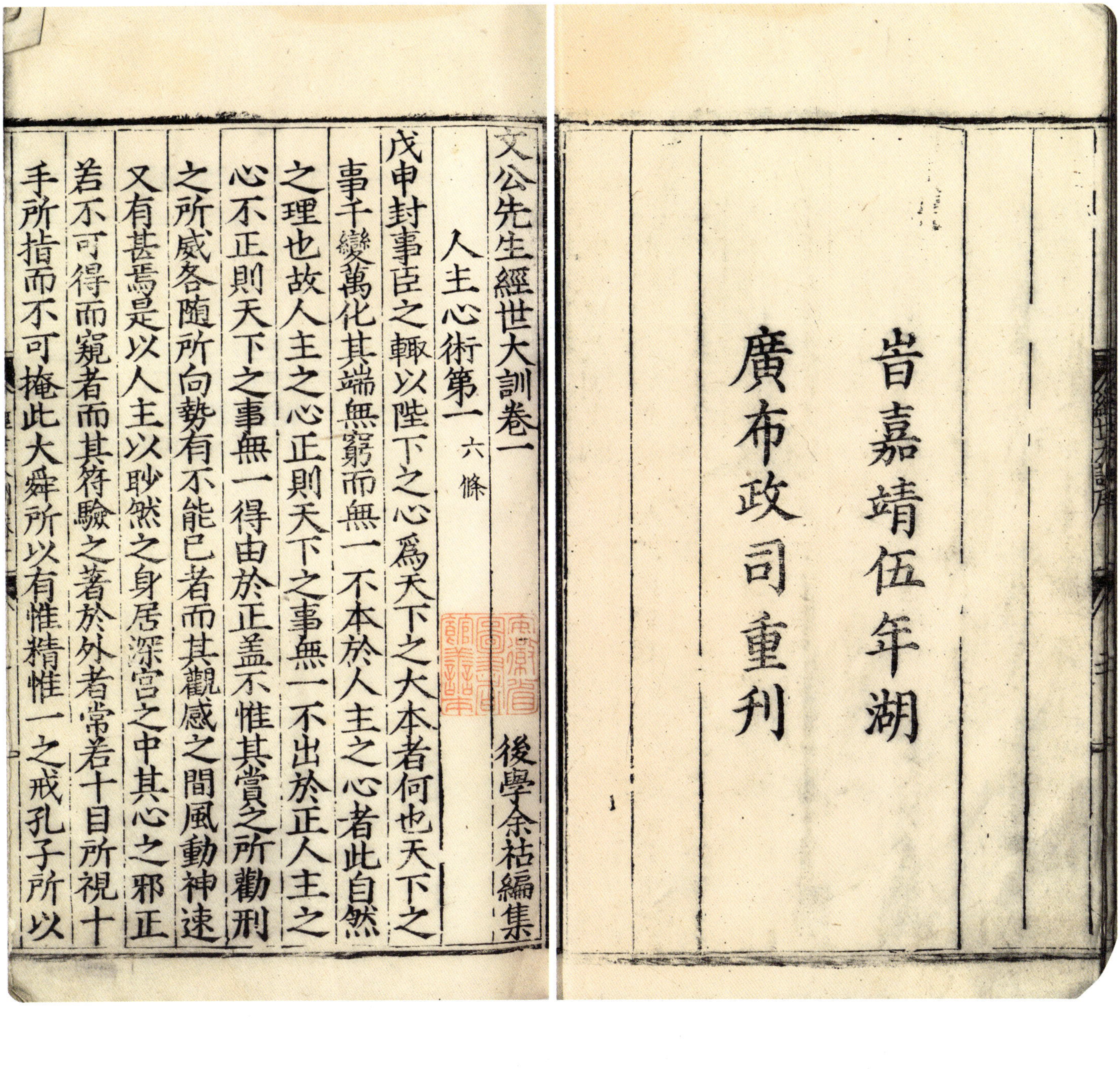
旹嘉靖伍年湖廣布政司重刊

文公先生經世大訓卷一　後學余祜編集
人主心術第一 六條
戊申封事臣之輙以陛下之心爲天下之大本者何也天下之事千變萬化其端無窮而無一不本於人主之心者此自然之理也故人主之心正則天下之事無一不出於正人主之心不正則天下之事無一得由於正盖不惟其賞之所勸刑之所威各隨所向勢有不能已者而其觀感之間風動神速又有甚焉是以人主以眇然之身居深宮之中其心之邪正若不可得而窺者而其符驗之著於外者常若十目所視十手所指而不可掩此大舜所以有惟精惟一之戒孔子所以

01738 文公先生經世大訓十六卷　（明）余祜輯　明嘉靖五年（1526）湖廣布政司刻本

匡高22.8厘米，廣15.2厘米。半葉十行，行二十四字，小字雙行同，白口，四周雙邊。有“旹嘉靖伍年湖廣布政司重刊”刻書題記。安徽省圖書館藏，存十二卷。

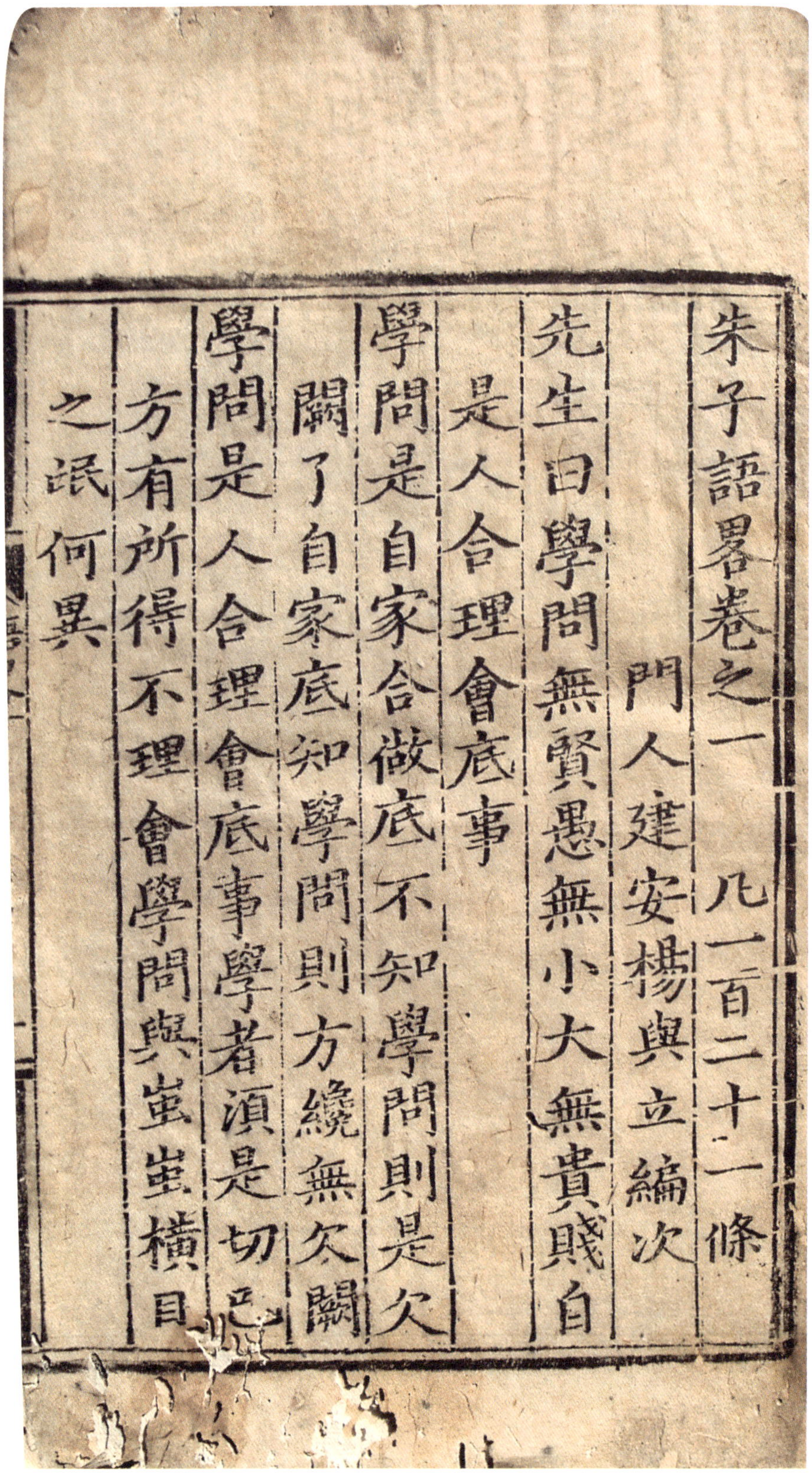

朱子語畧卷之一　凡一百二十一條

門人建安楊與立編次

先生曰學問無賢愚無小大無貴賤自是人合理會底事

學問是自家合做底不知學問則是欠闕了自家底知學問則方纔無欠闕

學問是人合理會底事學者須是切己方有所得不理會學問與蚩蚩横目之氓何異

01739 朱子語畧二十卷　（宋）楊與立輯　明弘治四年（1491）南京國子監刻本

匡高19.8厘米，廣14.3厘米。半葉九行，行十五字，黑口，四周雙邊。溫州市圖書館藏。

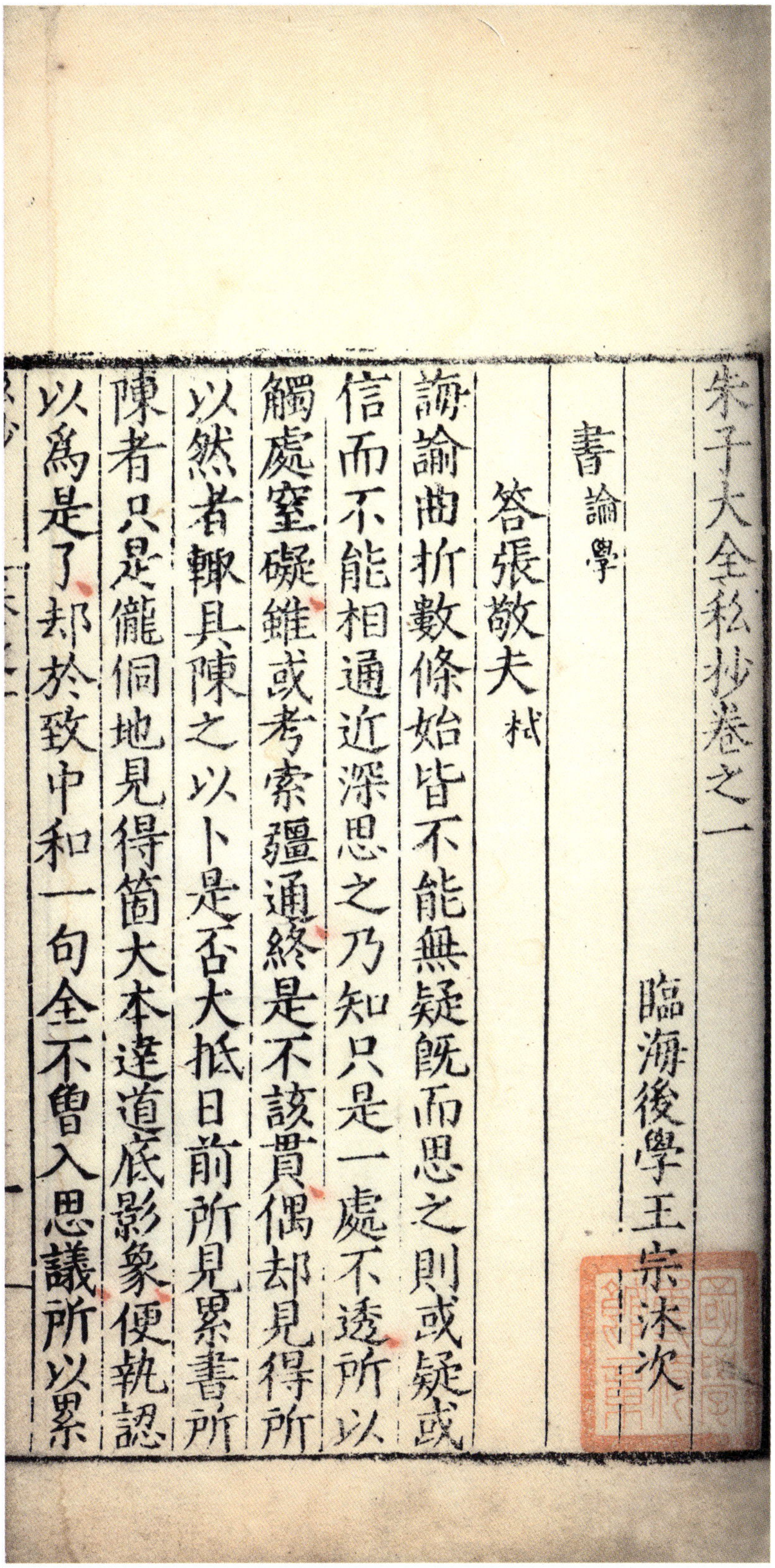

朱子大全私抄卷之一
臨海後學王宗沐次
書論學
答張敬夫 栻
誨諭曲折數條始皆不能無疑旣而思之則或疑或信而不能相通近深思之乃知只是一處不透所以觸處窒礙雖或考索彊通終是不該貫偶却見得所以然者輙具陳之以卜是否大抵日前所見累書所陳者只是儱侗地見得箇大本達道底影象便執認以爲是了却於致中和一句全不曾入思議所以累

01740、01741 朱子大全私抄十二卷 （明）王宗沐輯　明嘉靖三十二年（1553）自刻本

匡高18.8厘米，廣13.8厘米。半葉十行，行二十字，白口，四周單邊。蘇州大學圖書館藏；台州市黄巖區圖書館藏，有“北平孫氏”等印。

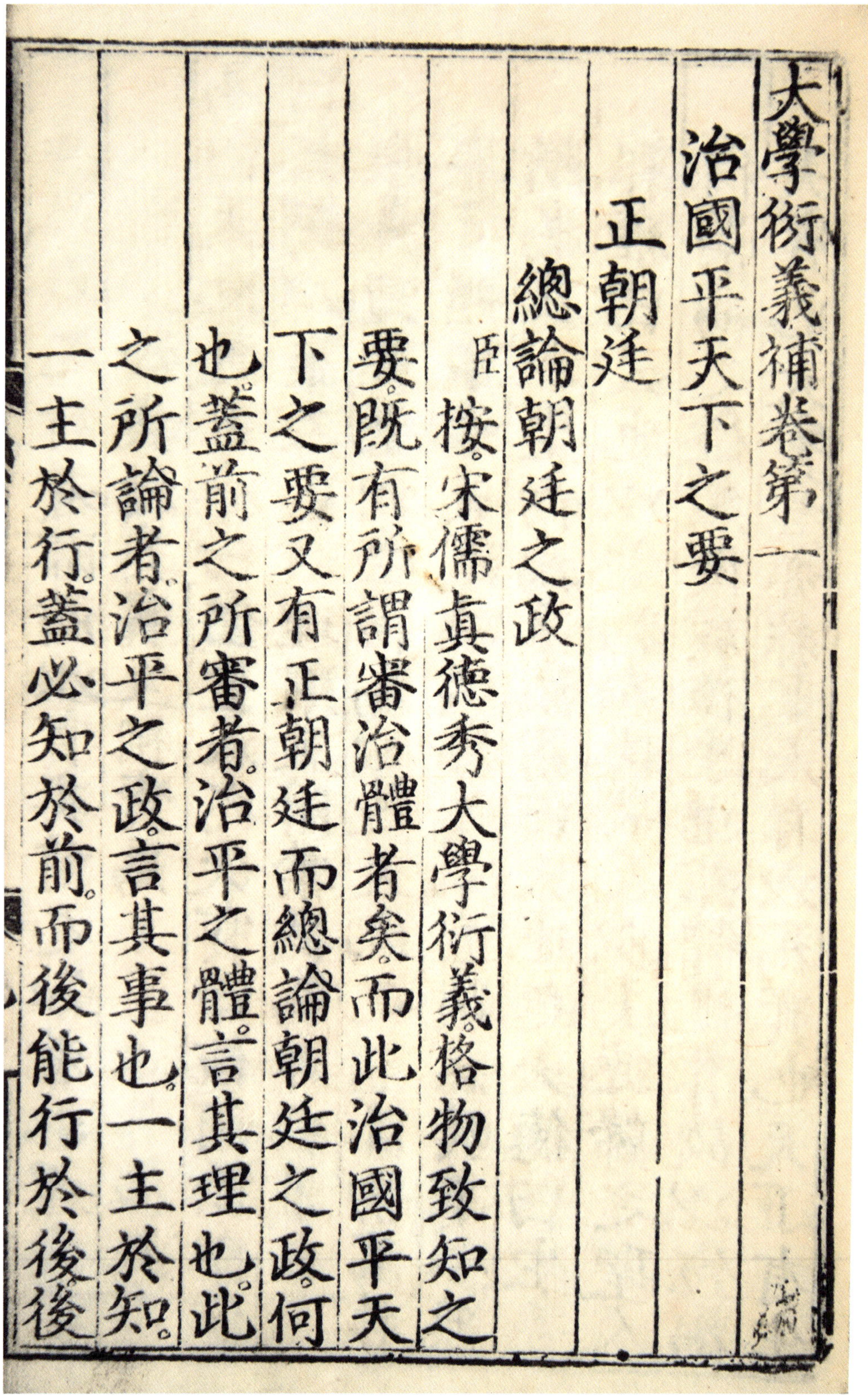

大學衍義補卷第一
治國平天下之要
正朝廷
總論朝廷之政
臣按宋儒真德秀大學衍義格物致知之要既有所謂審治體者矣而此治國平天下之要又有正朝廷而總論朝廷之政何也蓋前之所審者治平之體言其理也此之所論者治平之政言其事也一主於知一主於行蓋必知於前而後能行於後後

01742 大學衍義補一百六十卷首一卷表一卷 （明）丘濬撰　明弘治元年（1488）建寧府刻本

匡高19.6厘米，廣13.1厘米。半葉十行，行二十字，黑口，四周雙邊。有“醒虚”、“貢忱”等印。王貢忱跋。山東省圖書館藏。

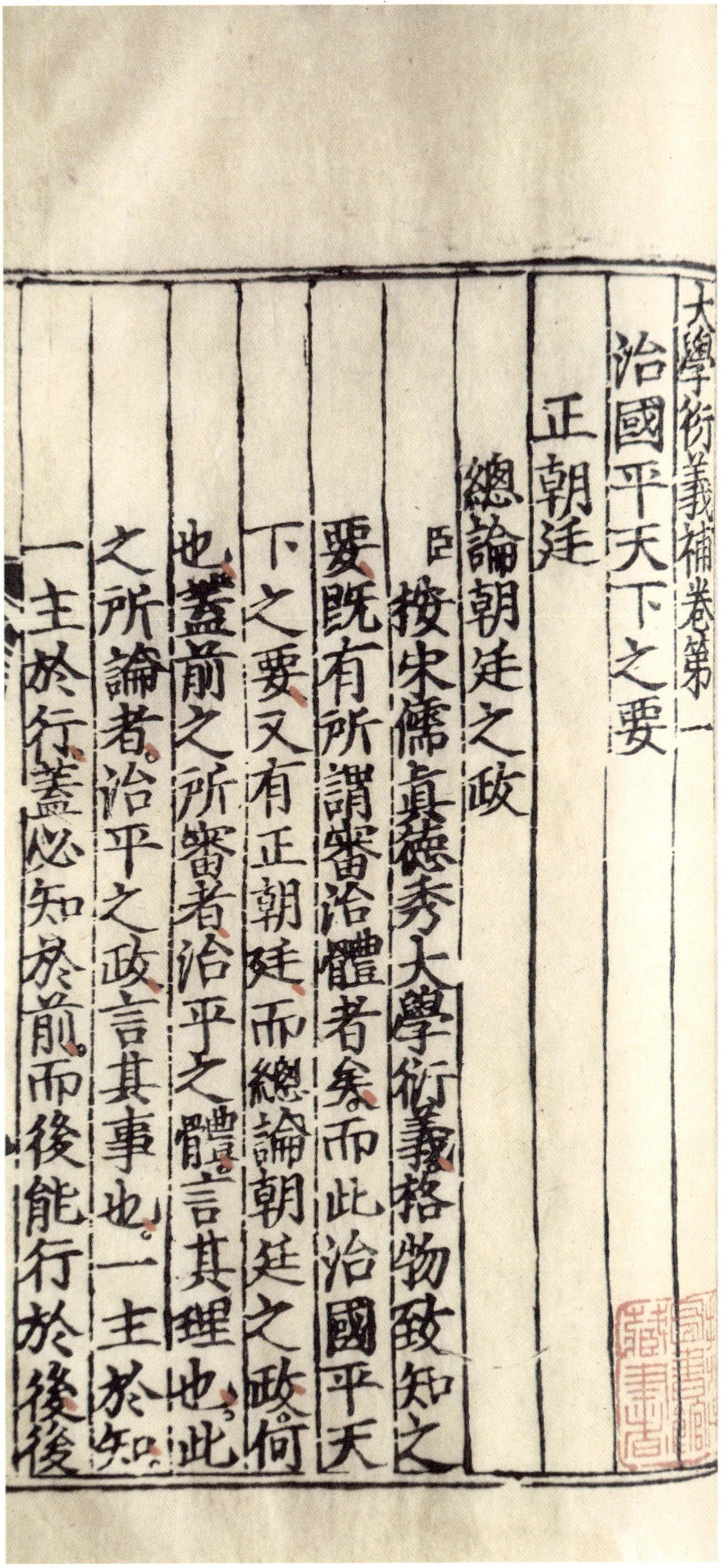
大學衍義補卷第一
治國平天下之要
正朝廷
總論朝廷之政
臣按宋儒真德秀大學衍義格物致知之
要既有所謂審治體者矣而此治國平天
下之要又有正朝廷而總論朝廷之政何
也蓋前之所審者治平之體言其理也此
之所論者治平之政言其事也一主於知
一主於行蓋必知於前而後能行於後

01743 大學衍義補一百六十卷首一卷 （明）丘濬撰　明嘉靖十二年（1533）宗文堂刻本

匡高19.8厘米，廣13.2厘米。半葉十行，行二十字，小字雙行字不等，白口，四周雙邊。有"皇明癸巳歲刊行"牌記。揚州市圖書館藏。

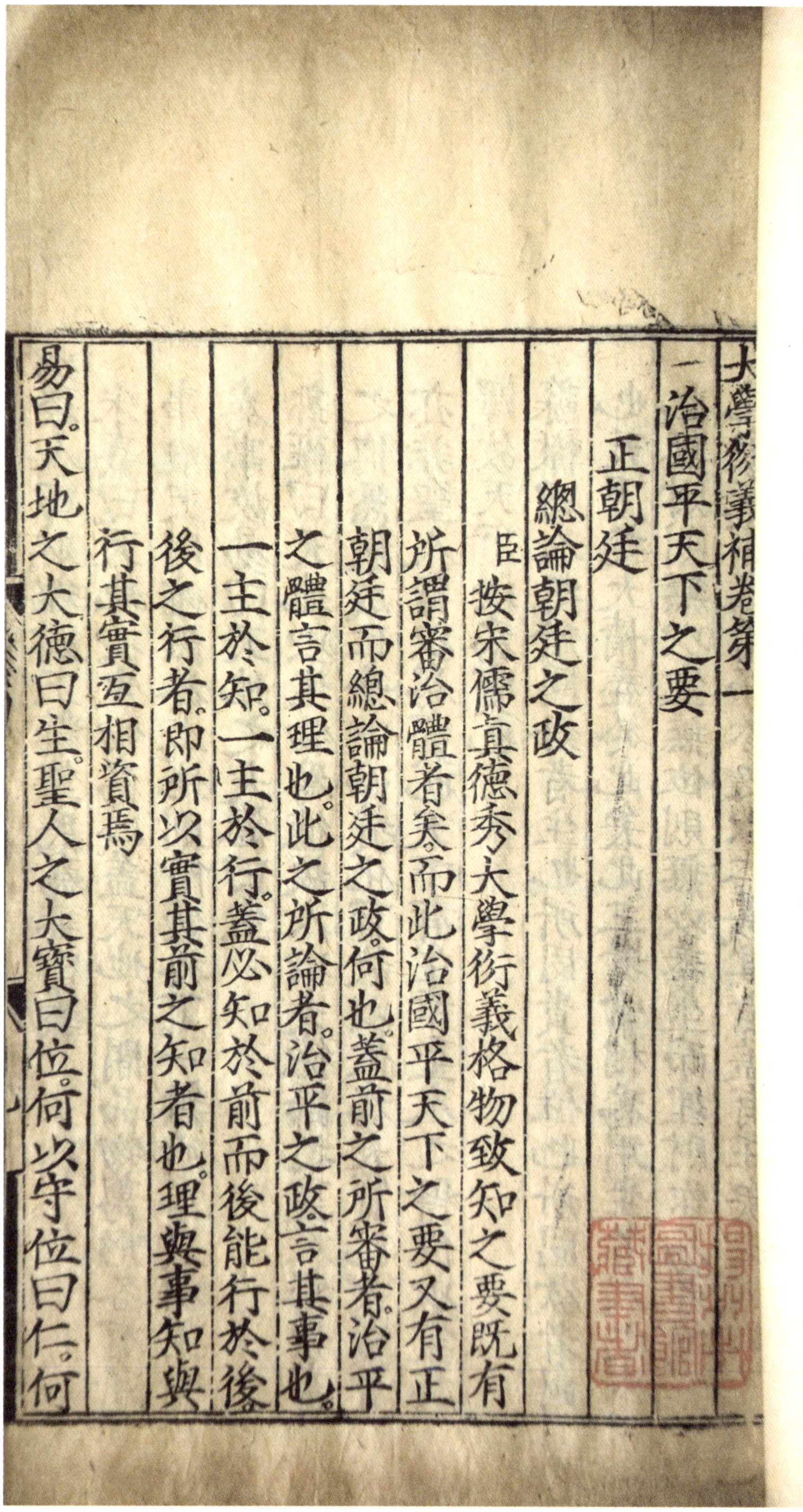

大學衍義補卷第一

一治國平天下之要

正朝廷

總論朝廷之政

臣按宋儒真德秀大學衍義格物致知之要既有所謂審治體者矣而此治國平天下之要又有正朝廷而總論朝廷之政何也蓋前之所審者治平之體言其理也此之所論者治平之政言其事也一主於知一主於行蓋必知於前而後能行於後後之行者即所以實其前之知者也理與事知與行其實亙相資焉

易曰天地之大德曰生聖人之大寶曰位何以守位曰仁何

01744 大學衍義補一百六十卷首一卷目録一卷 （明）丘濬撰 明嘉靖十三年（1534）刻本

匡高17.4厘米，廣13厘米。半葉十二行，行二十三字，小字雙行字不等，黑口，四周雙邊。有“甲午歲新刊”牌記。揚州市圖書館藏。

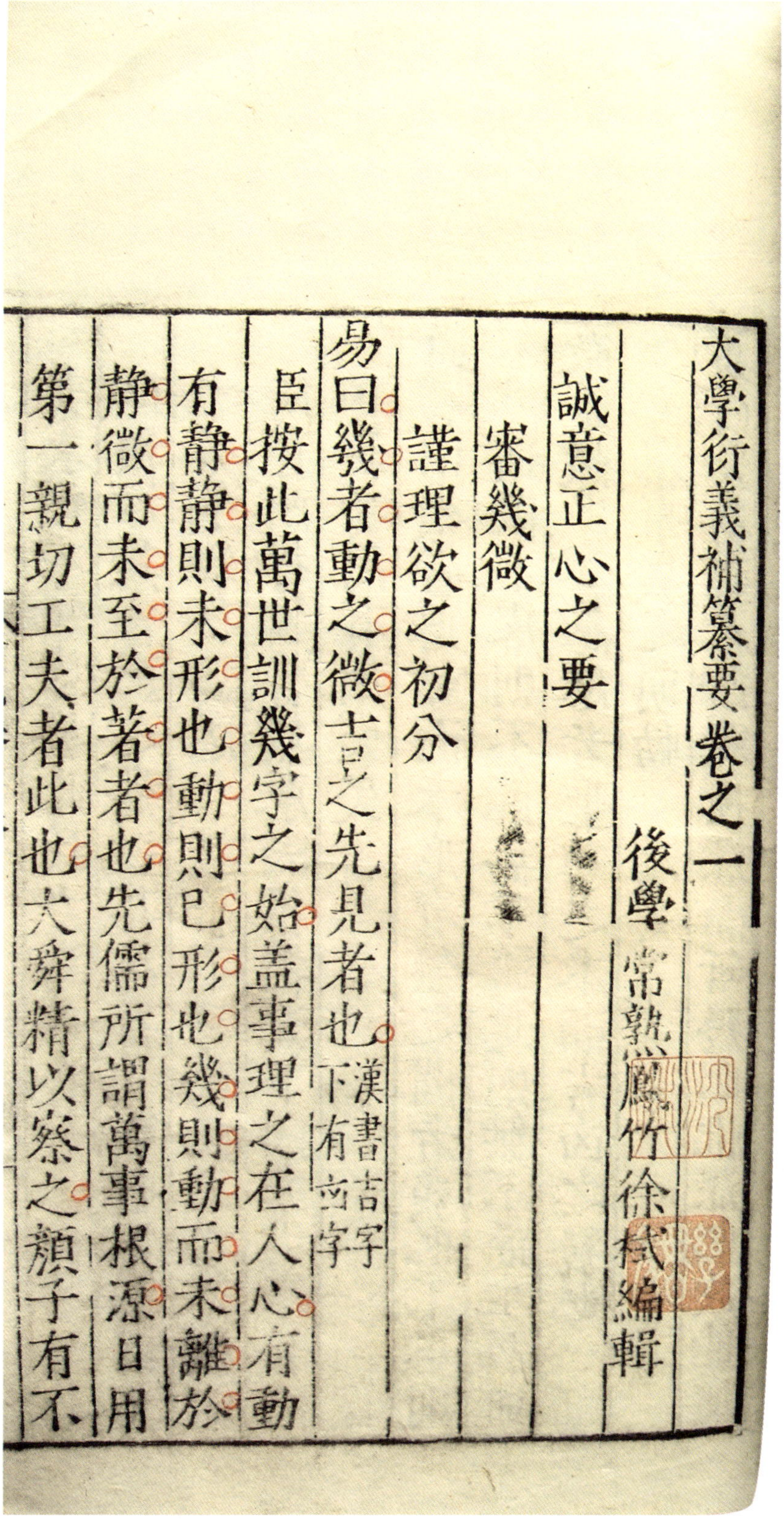

大學衍義補纂要卷之一

後學常熟鳳竹徐栻編輯

誠意正心之要

審幾微

謹理欲之初分

易曰幾者動之微吉之先見者也漢書吉字下有凶字

臣按此萬世訓幾字之始蓋事理之在人心有動有靜靜則未形也動則已形也幾則動而未離於靜微而未至於著者也先儒所謂萬事根源日用第一親切工夫者此也大舜精以察之顏子有不

01745 大學衍義補纂要六卷　（明）徐栻輯　明嘉靖三十七年（1558）刻本

匡高20.2厘米，廣14厘米。半葉十行，行二十字，小字雙行同，白口，四周單邊。有“沈林”等印。浙江省平湖市圖書館藏。

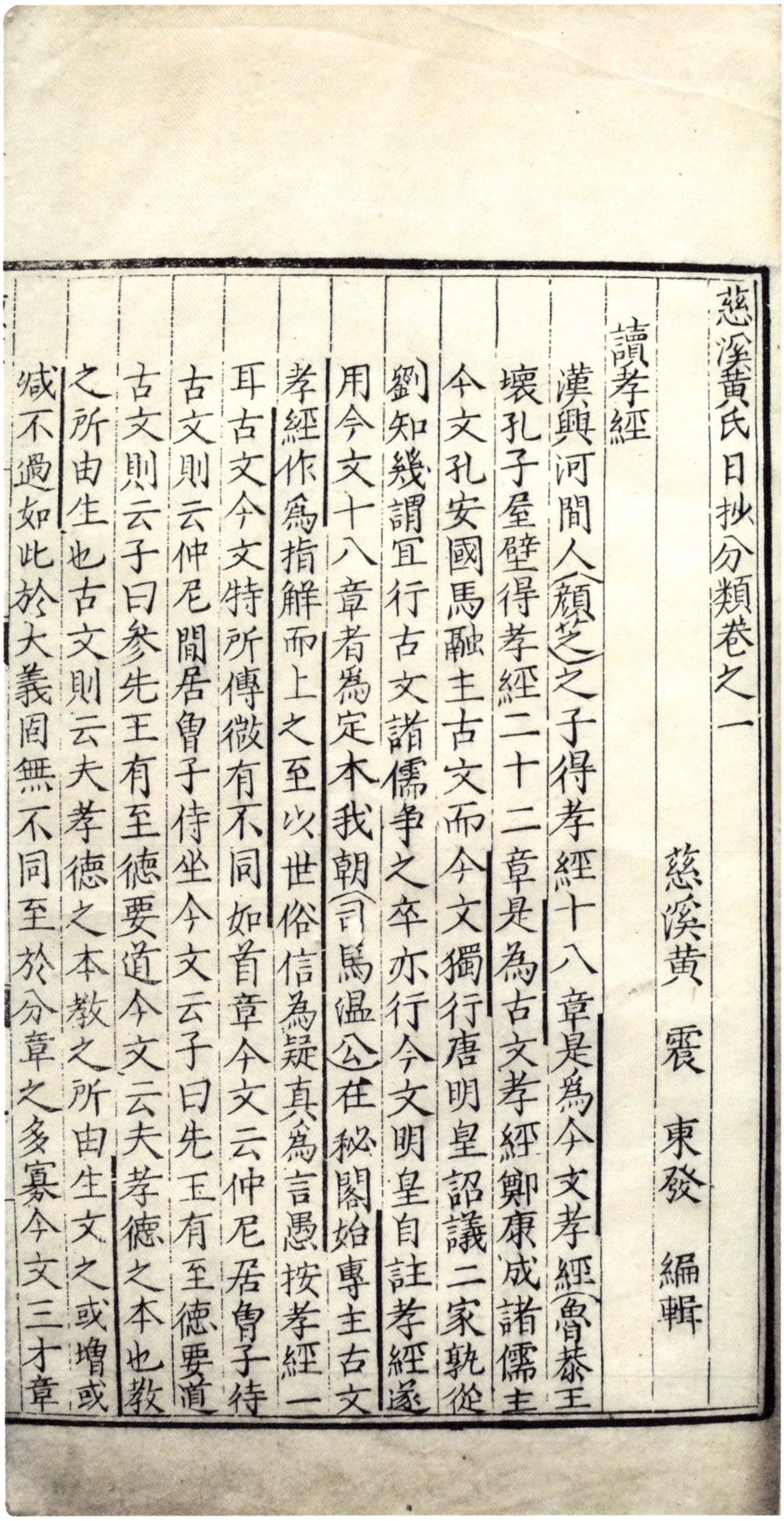
慈溪黃氏日抄分類卷之一
慈溪黃　震　東發　編輯
讀孝經
漢興河間人顏芝之子得孝經十八章是為今文孝經魯恭王
壞孔子屋壁得孝經二十二章是為古文孝經鄭康成諸儒主
今文孔安國馬融主古文而今文獨行唐明皇詔議二家孰從
劉知幾謂宜行古文諸儒爭之卒亦行今文明皇自註孝經遂
用今文十八章者為定本我朝司馬温公在秘閣始專主古文
孝經作為指解而上之至以世俗信為疑真為言愚按孝經一
耳古文今文特所傳微有不同如首章今文云仲尼居曾子侍
古文則云仲尼閒居曾子侍坐今文云子曰先王有至德要道
古文則云子曰參先王有至德要道今文云夫孝德之本也教
之所由生也古文則云夫孝德之本教之所由生文之或增或
減不過如此於大義固無不同至於分章之多寡今文三才章

01746 慈溪黃氏日抄分類九十七卷古今紀要十九卷　（宋）黃震撰　明正德十四年（1519）書林龔氏刻本

匡高19.6厘米，廣13.3厘米。半葉十四行，行二十六字，白口，四周雙邊。有“正德己卯孟秋書林龔氏重梨”牌記。安徽師範大學圖書館藏。

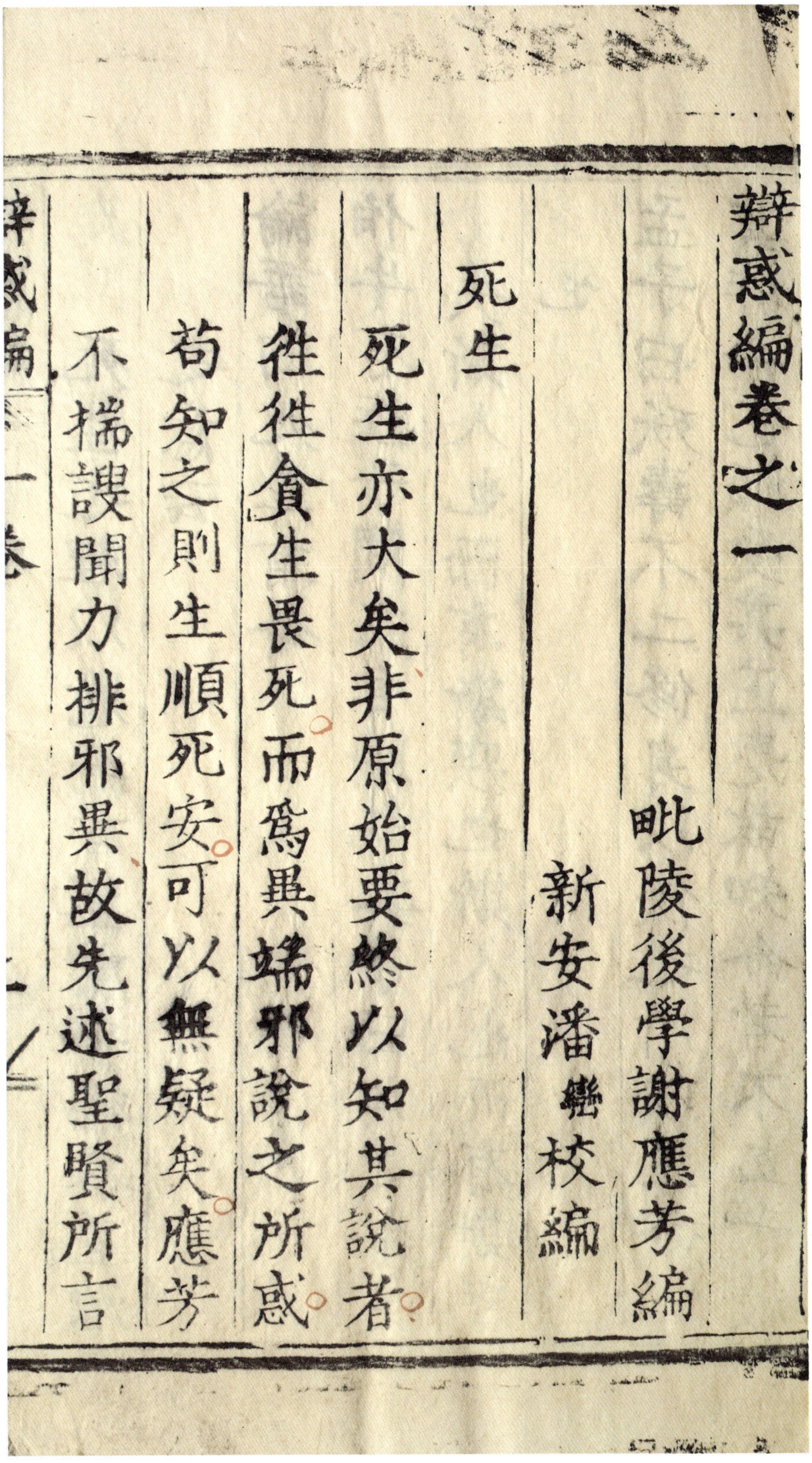

辯惑編卷之一

毗陵後學謝應芳編

新安潘繼校編

死生

死生亦大矣非原始要終以知其說者往往貪生畏死而爲異端邪說之所惑苟知之則生順死安可以無疑矣應芳不揣譾閗力排邪異故先述聖賢所言

01747 辨惑編四卷附録一卷 （元）謝應芳輯 **續編七卷附録二卷** （明）顧亮撰 明萬曆二年（1574）益藩活字印本

匡高22.3厘米，廣16.5厘米。半葉八行，行十七字，小字雙行同，白口，四周雙邊。有“紹宗藏書樓章”等印。鎮江市圖書館藏。

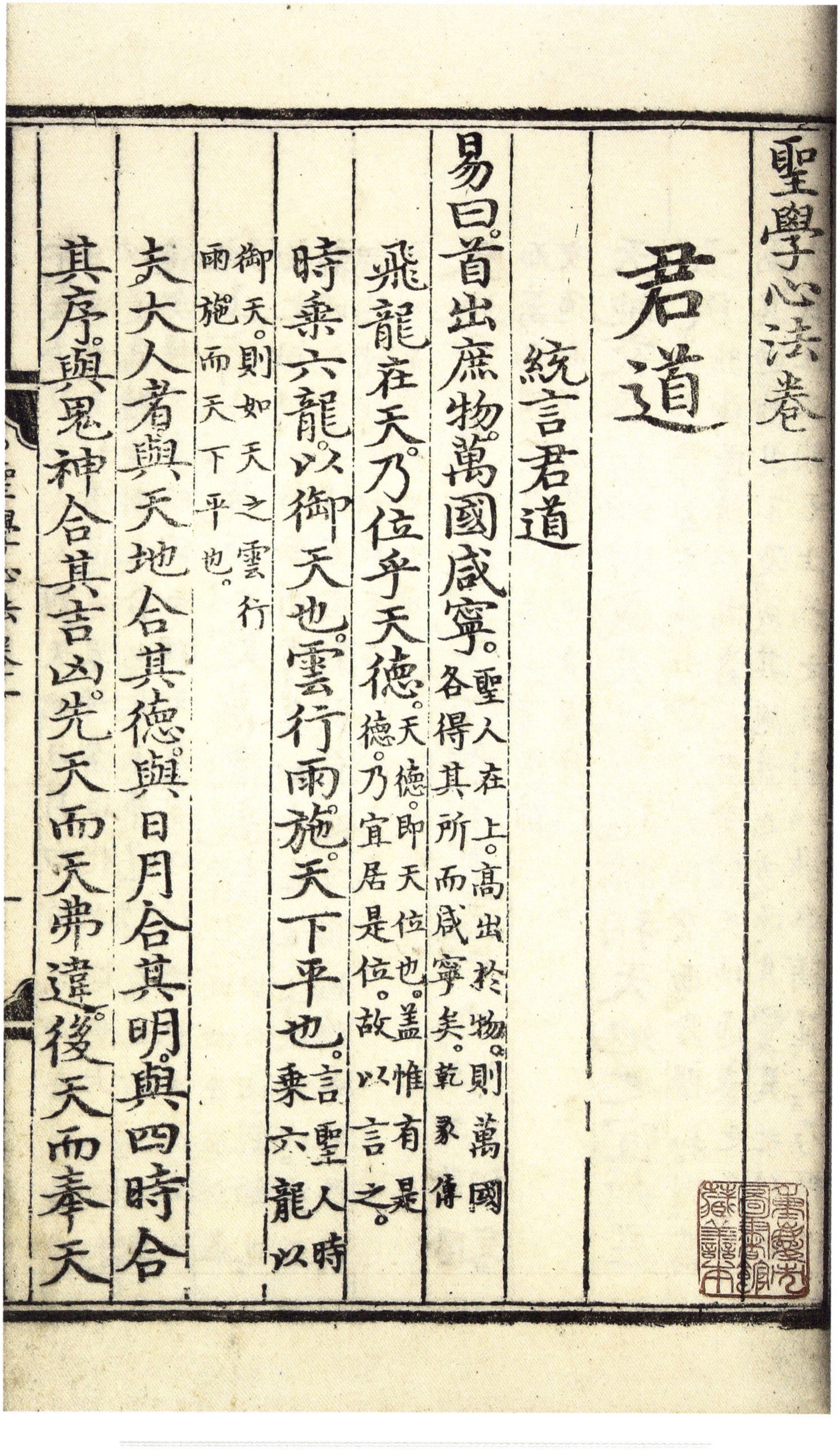

聖學心法卷一

君道

統言君道

易曰。首出庶物。萬國咸寧。聖人在上。高出於物。則萬國各得其所而咸寧矣。乾彖傳

飛龍在天。乃位乎天德。天德。即天位也。蓋惟有是德。乃宜居是位。故以言之。

時乘六龍。以御天也。雲行雨施。天下平也。言聖人時乘六龍以御天。則如天之雲行雨施而天下平也。

夫大人者與天地合其德。與日月合其明。與四時合其序。與鬼神合其吉凶。先天而天弗違。後天而奉天

01748 聖學心法四卷 （明）成祖朱棣撰　明永樂七年（1409）刻本

匡高26.5厘米，廣19厘米。半葉十行，行二十二字，小字雙行同，黑口，四周雙邊。重慶圖書館藏。

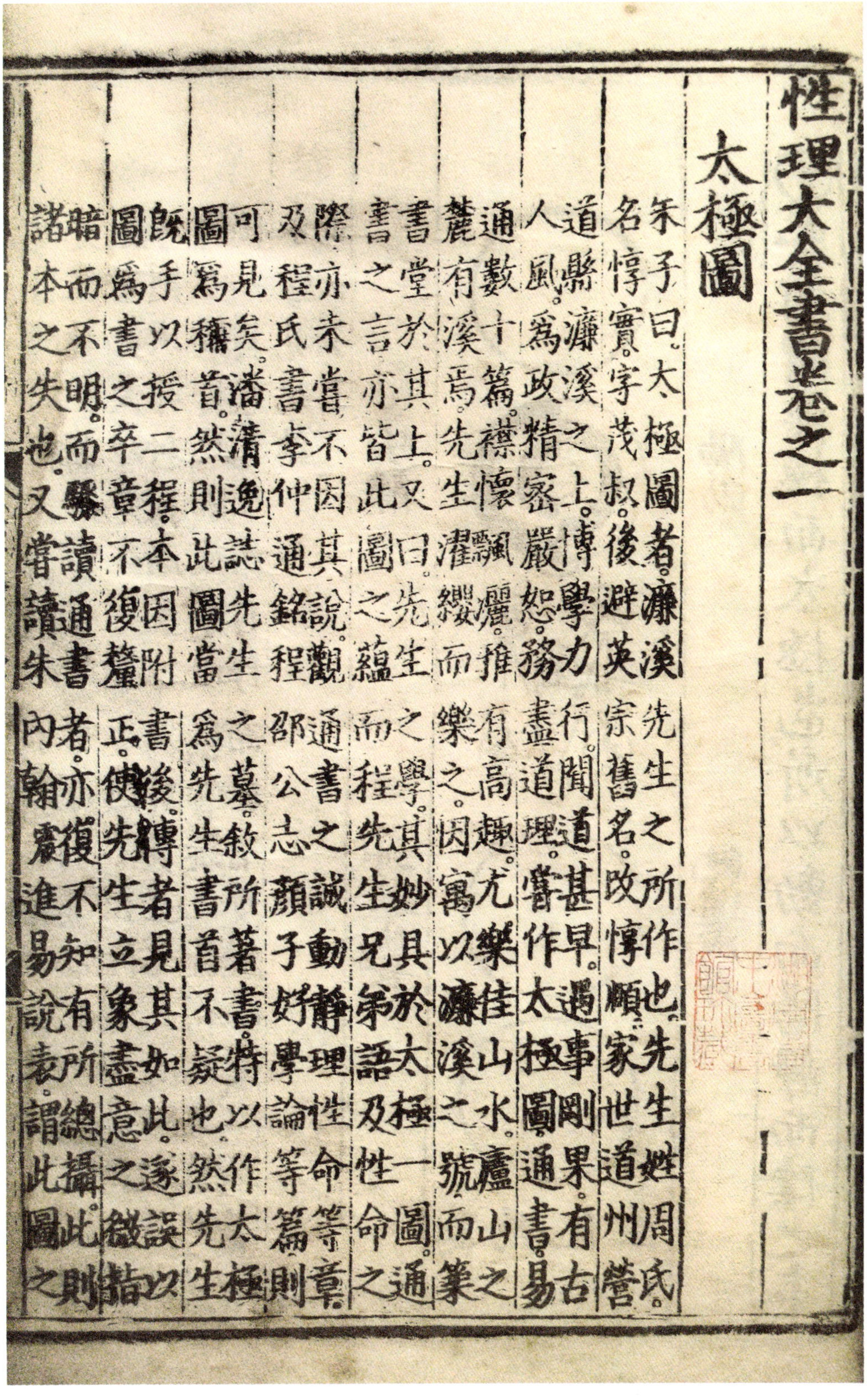

01749、01750、01751 性理大全書七十卷 （明）胡廣等撰　明永樂十三年（1415）内府刻本

匡高27厘米，廣17厘米。半葉十行，行二十二字，小字雙行同，黑口，四周雙邊。大連圖書館藏，存六十四卷；河南省圖書館藏，存六十四卷；湖南圖書館藏。

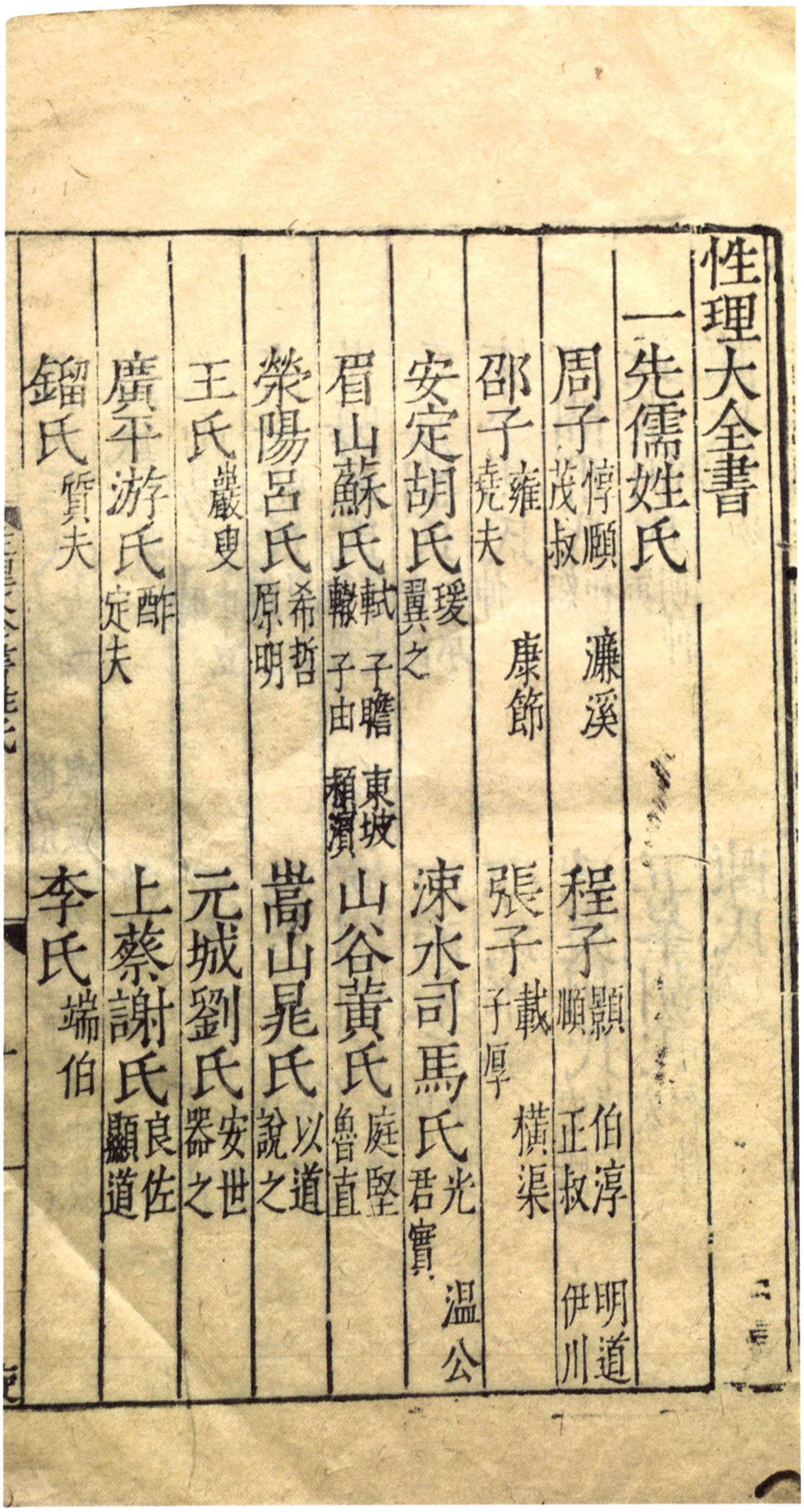

01752 性理大全書七十卷 （明）胡廣等撰　明嘉靖三十八年（1559）樊獻科刻本

匡高20.7厘米，廣14.1厘米。半葉十行，行二十字，小字雙行同，白口，左右雙邊。鄭州大學圖書館藏。

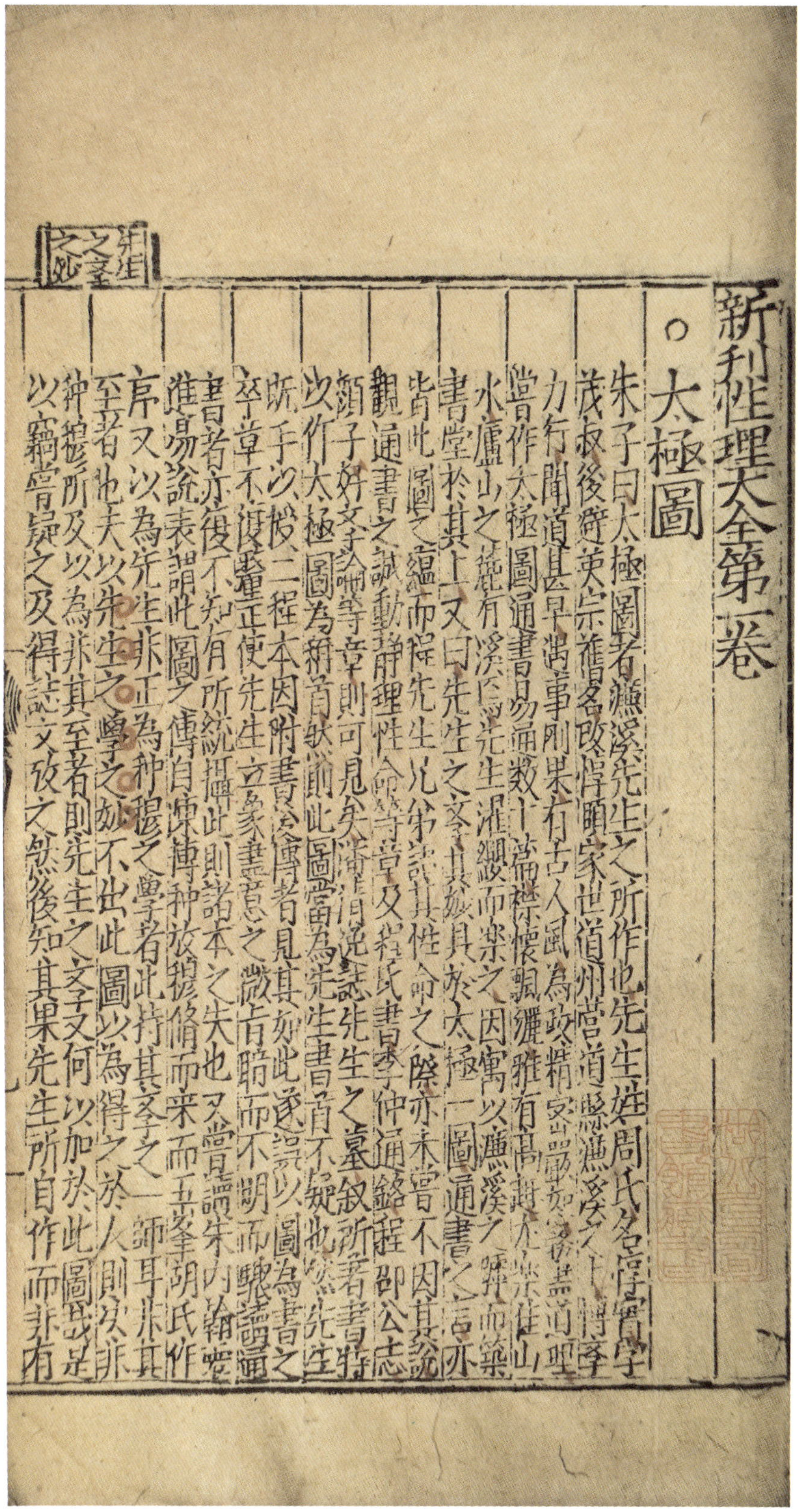

先生之學之妙

新刊性理大全第一卷

○太極圖

朱子曰太極圖者濂溪先生之所作也先生姓周氏名惇實字茂叔後避英宗舊名改惇頤家世道州營道縣濂溪之上博學力行聞道甚早遇事剛果有古人風為政精密嚴恕務盡道理嘗作太極圖通書易通數十篇襟懷飄灑雅有高趣尤樂佳山水廬山之麓有溪焉先生濯纓而樂之因寓以濂溪之號而築書堂於其上又曰先生之學其妙具於太極一圖通書之言亦皆此圖之蘊而程先生兄弟語及性命之際亦未嘗不因其說觀通書之誠動靜理性命等章及程氏書李仲通銘程邵公志顏子好學論等章則可見矣潘清逸誌先生之墓敘所著書特以作太極圖為稱首然則此圖當為先生書首不疑也然先生既手以授二程本因附書後傳者見其如此遂誤以圖為書之卒章不復釐正使先生立象盡意之微旨暗而不明而驟讀通書者亦復不知有所綱領此則諸本之失也又嘗讀朱內翰震進易說表謂此圖之傳自陳摶种放穆脩而來而五峯胡氏作序又以為先生非止為种穆之學者此特其學之一師耳非其至者也夫以先生之學之妙不出此圖以為得之於人則決非种穆所及以為非其至者則先生之學又何以加於此圖哉是以竊嘗疑之及得誌文考之然後知其果先生所自作而非有

01753 新刊性理大全七十卷　（明）胡廣等撰　明嘉靖三十一年（1552）葉氏廣勤堂刻本

匡高17.3厘米，廣12.8厘米。半葉十一行，行二十六字，小字雙行同，白口，四周雙邊。有“嘉靖壬子年葉氏廣勤堂校正重刊”、“嘉靖壬子孟秋廣勤書堂新刊”等牌記。湖北省圖書館藏。

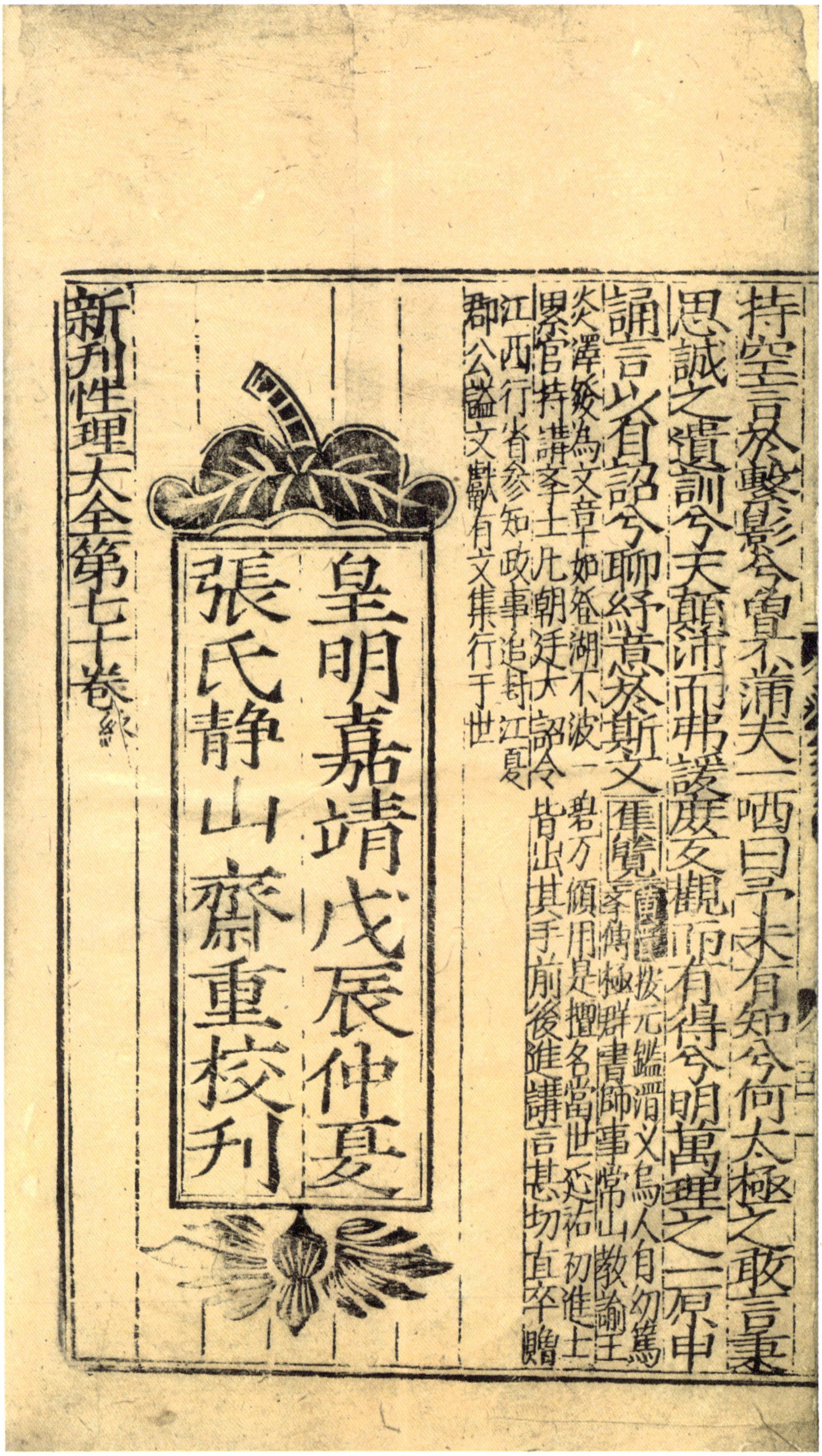
持空言兮繫影兮曾不逾夫一哂曰予夫有知兮何太極之敢言曩
思誠之遺訓兮夫顛沛而弗諼庶幾觀而有得兮明萬理之一原申
誦言以眘詔兮聊紓意於斯文［集覽］曾巨拔元鑑滑縣人自幼篤孝偶極群書師事常山教諭王君方傾用是擢名當世延祐初進士累官侍講至士凡朝廷大詔令皆出其手前後進講言甚切直卒贈江西行省參知政事追封江夏郡公謚文獻有文集行于世
炎澤發為文章千如瀚湖不波一

皇明嘉靖戊辰仲夏
張氏静山齋重校刊

新刊性理大全第七十卷終

01754 新刊性理大全七十卷首一卷 （明）胡廣等撰 明隆慶二年（1568）張氏静山齋刻本

匡高16.5厘米，廣12.5厘米。半葉十一行，行二十至二十六字，小字雙行同，白口，四周雙邊。有“皇明嘉靖戊辰仲夏張氏静山齋重校刊”牌記。安徽大學圖書館藏。

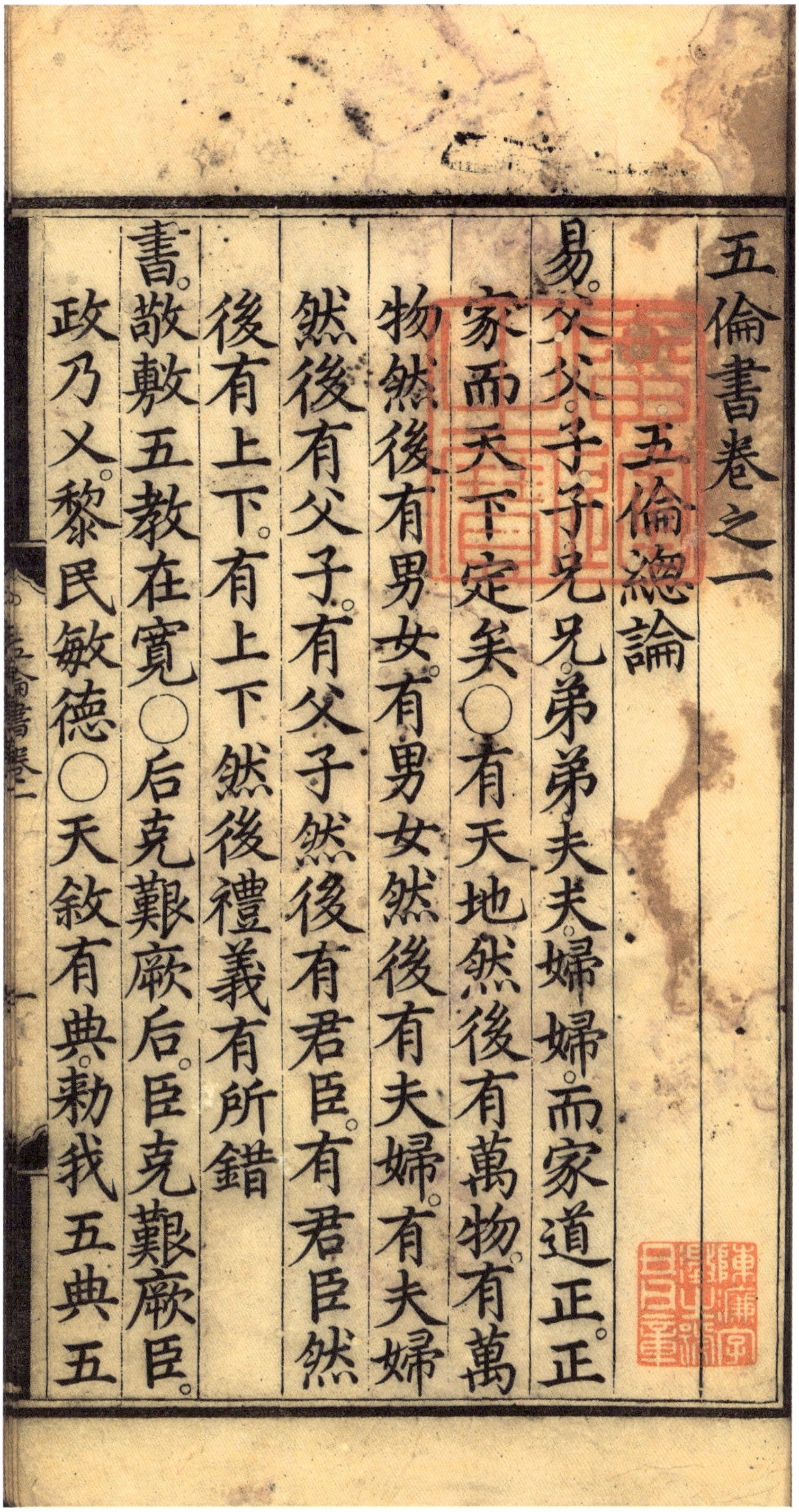

五倫書卷之一
五倫總論
易。父父子子兄兄弟弟夫夫婦婦。而家道正。正
家而天下定矣○有天地然後有萬物。有萬
物然後有男女有男女然後有夫婦。有夫婦
然後有父子。有父子然後有君臣。有君臣然
後有上下。有上下然後禮義有所錯
書。敬敷五教在寬○后克艱厥后。臣克艱厥臣。
政乃乂。黎民敏德○天敘有典勑我五典五

01755、01756 五倫書六十二卷 （明）宣宗朱瞻基撰　明正統十二年（1447）内府刻本

匡高30厘米，廣19.3厘米。半葉九行，行十八字，黑口，四周雙邊。湖南省社會科學院圖書館藏；無錫市圖書館藏，有“陳濂字潡之號丑父章”等印。

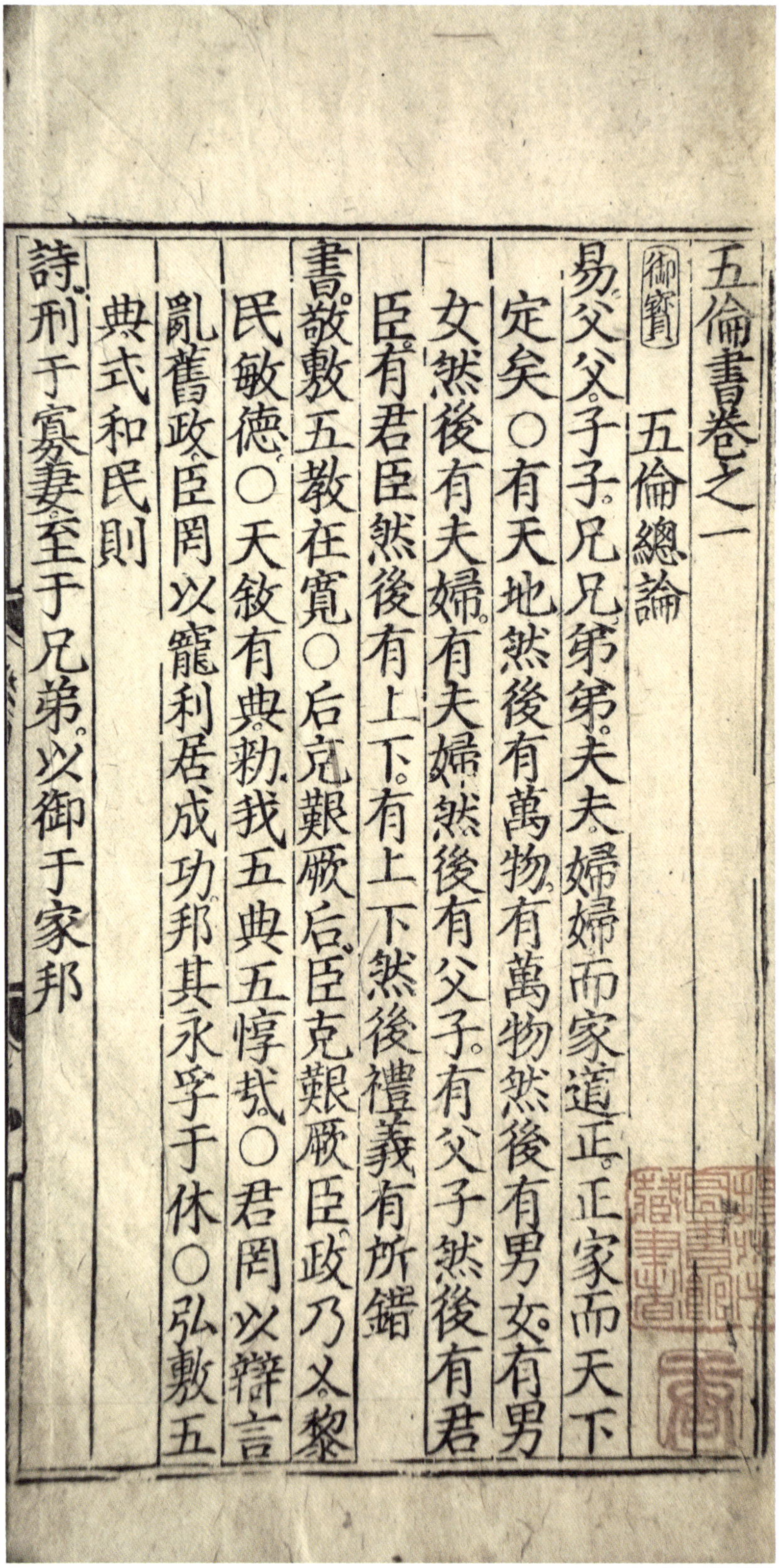
五倫書卷之一

御寶　五倫總論

易父父子子兄兄弟弟夫夫婦婦而家道正正家而天下定矣○有天地然後有萬物有萬物然後有男女有男女然後有夫婦有夫婦然後有父子有父子然後有君臣有君臣然後有上下有上下然後禮義有所錯

書敬敷五教在寬○后克艱厥后臣克艱厥臣政乃乂黎民敏德○天敘有典勑我五典五惇哉○君罔以辯言亂舊政臣罔以寵利居成功邦其永孚于休○弘敷五典式和民則

詩刑于寡妻至于兄弟以御于家邦

01757 五倫書六十二卷　（明）宣宗朱瞻基撰　明景泰五年（1454）劉氏翠巖精舍刻本

匡高20.6厘米，廣12.9厘米。半葉十一行，行二十二字，黑口，四周雙邊。有“景泰甲戌良月京兆劉氏翠巖精舍新刊”牌記。揚州市圖書館藏。

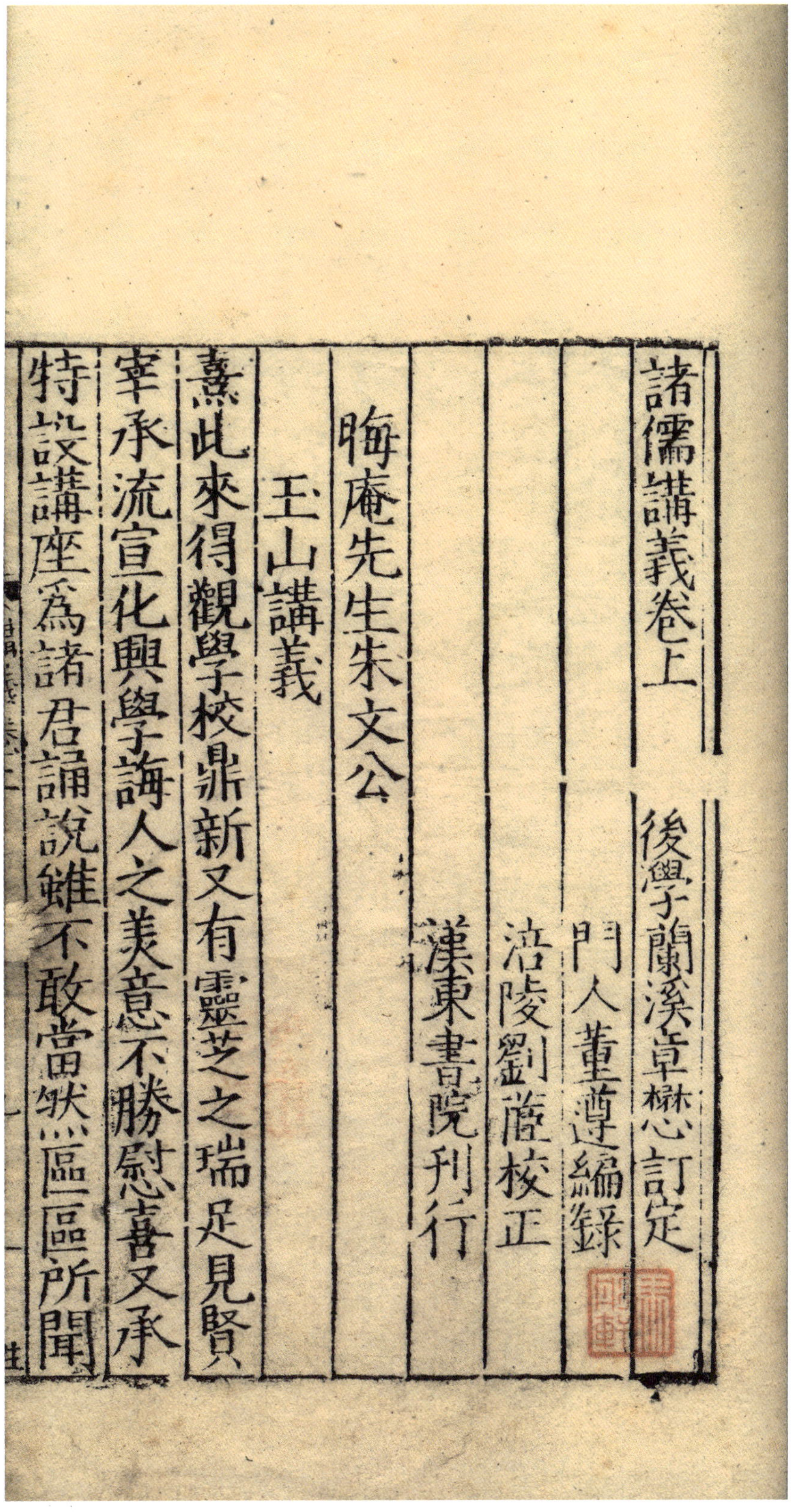
諸儒講義卷上
後學蘭溪章懋訂定
門人董遵編録
涪陵劉蔭校正
漢東書院刊行
晦庵先生朱文公
玉山講義
熹此來得觀學校鼎新又有靈芝之瑞足見賢
宰承流宣化興學誨人之美意不勝慰喜又承
特設講座爲諸君誦說雖不敢當然區區所聞

01758 諸儒講義二卷 （明）章懋　董遵輯　明嘉靖三十七年（1558）漢東書院刻本

匡高17.2厘米，廣12.1厘米。半葉九行，行十八字，白口，左右雙邊。有“馬彤軒”等印。無錫市圖書館藏。

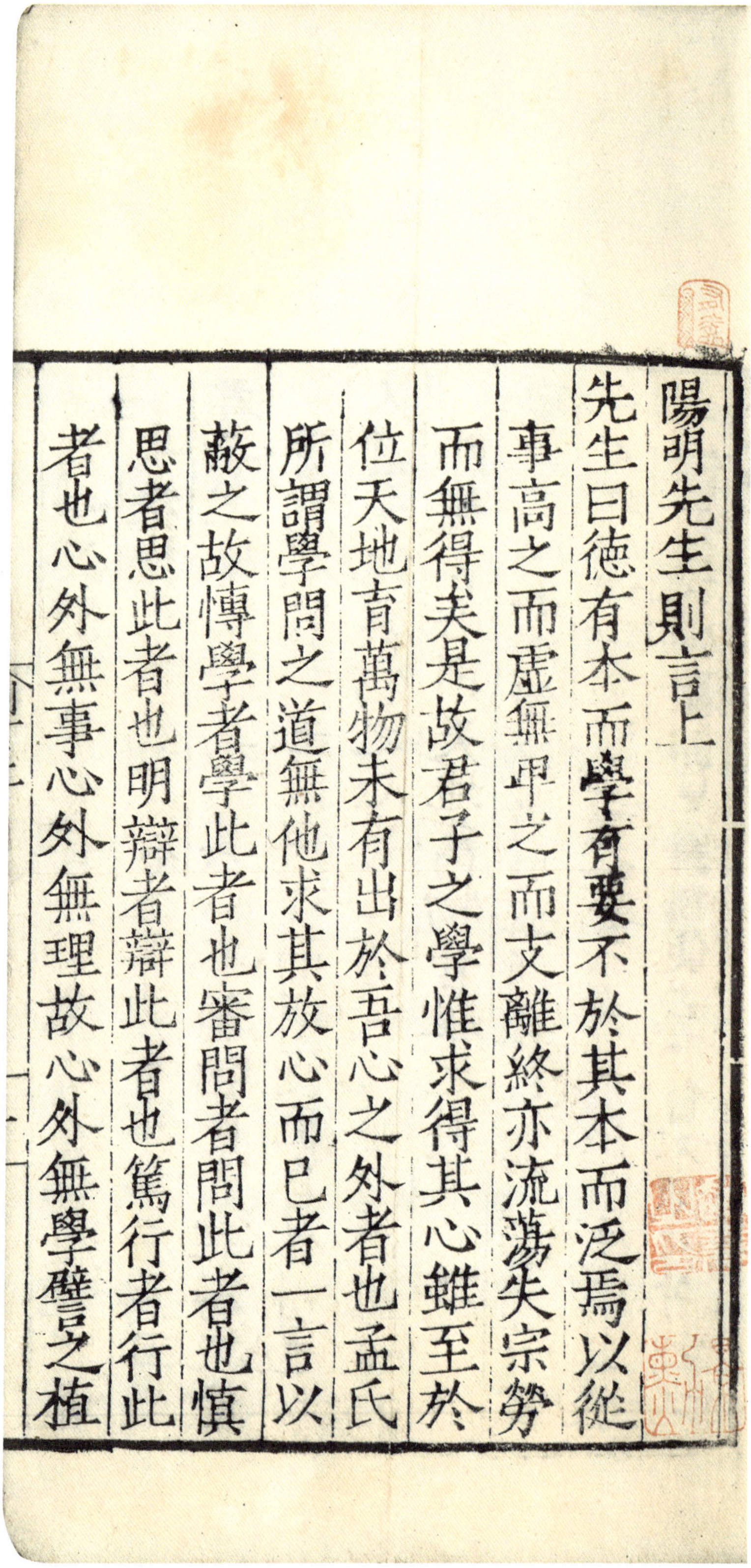
陽明先生則言上
先生曰德有本而學有要不於其本而泛焉以從
事高之而虛無卑之而支離終亦流蕩失宗勞
而無得矣是故君子之學惟求得其心雖至於
位天地育萬物未有出於吾心之外者也孟氏
所謂學問之道無他求其放心而已者一言以
蔽之故博學者學此者也審問者問此者也慎
思者思此者也明辯者辯此者也篤行者行此
者也心外無事心外無理故心外無學譬之植

01759 陽明先生則言二卷　（明）王守仁撰　明嘉靖十六年（1537）薛侃刻本

匡高19.6厘米，廣13.5厘米。半葉九行，行十九字，白口，左右雙邊。有“景勳”等印。安徽省圖書館藏。

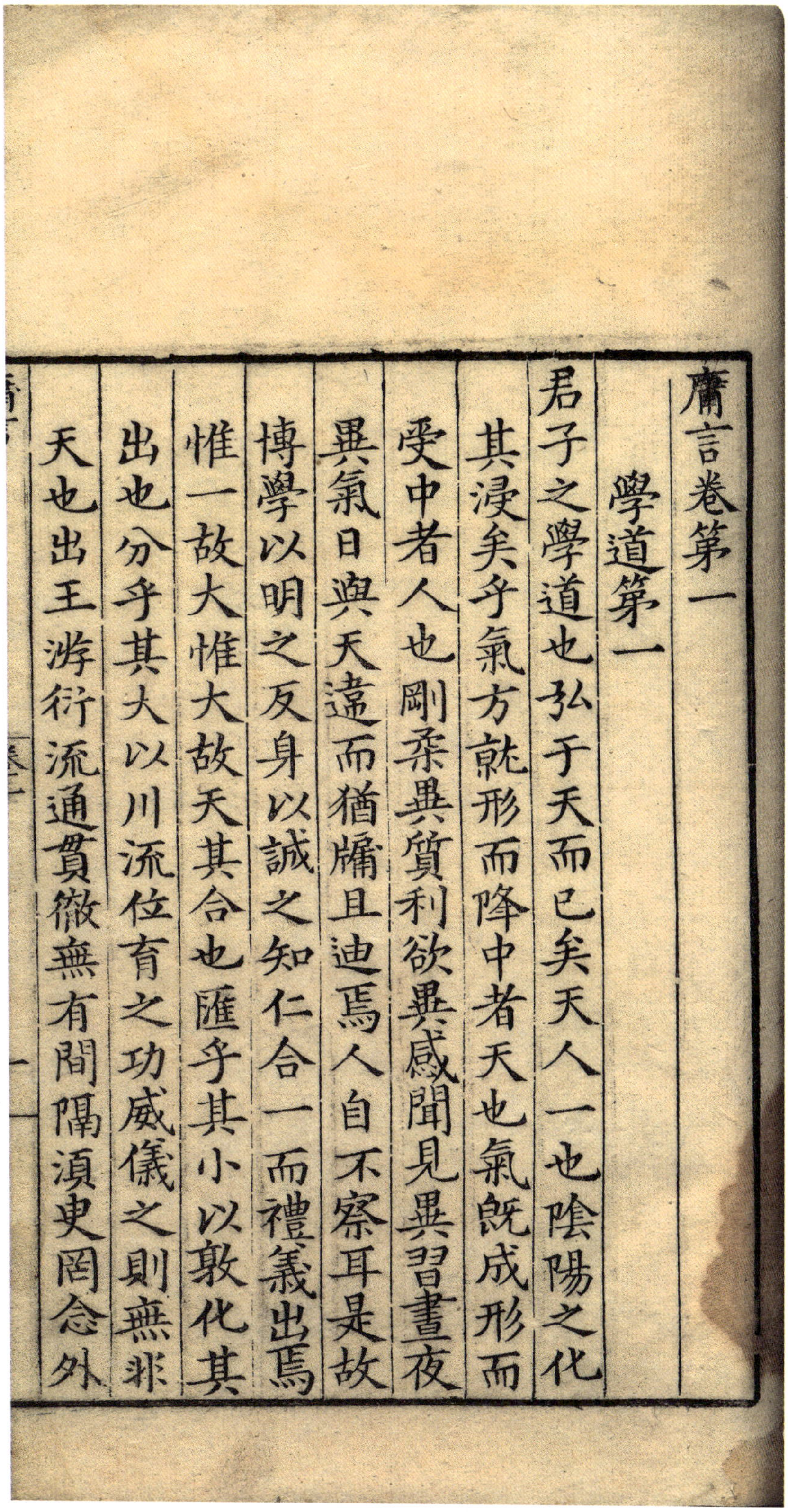

庸言卷第一

學道第一

君子之學道也弘于天而已矣天人一也陰陽之化其浸矣乎氣方就形而降中者天也氣既成形而受中者人也剛柔異質利欲異感聞見異習晝夜異氣日與天遠而猶牖且迪焉人自不察耳是故博學以明之反身以誠之知仁合一而禮義出焉惟一故大惟大故天其合也匯乎其小以敦化其出也分乎其大以川流位育之功威儀之則無非天也出王游衍流通貫徹無有間隔須臾罔念外

01760 庸言十二卷　（明）黄佐撰　明嘉靖三十一年（1552）孫學古等刻本

匡高18.8厘米，廣13.7厘米。半葉十行，行二十字，白口，四周單邊。無錫市圖書館藏。

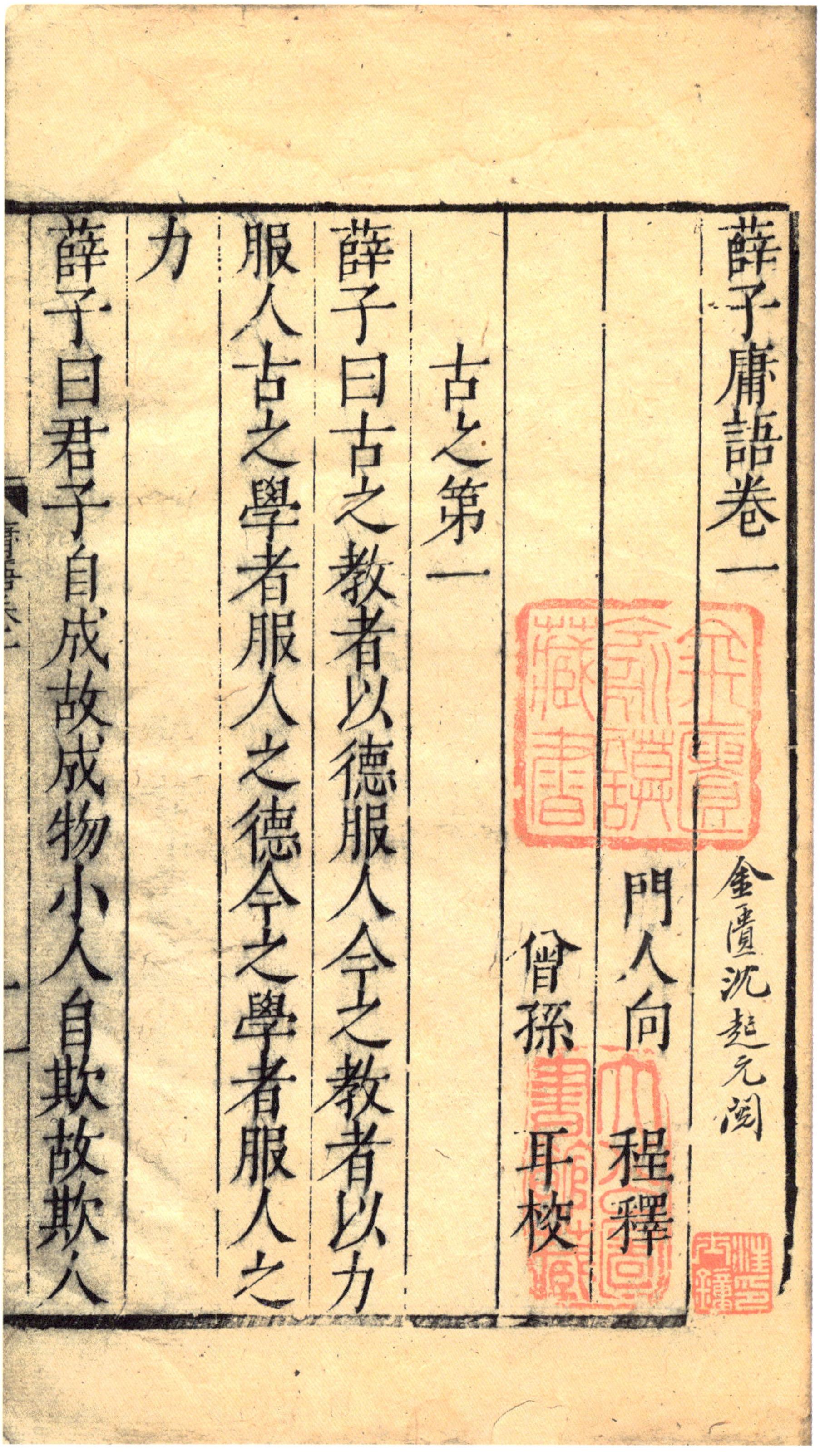

01761 薛子庸語十二卷　（明）薛應旂撰　（明）向程釋　明隆慶刻本

匡高19.4厘米，廣14.1厘米。半葉八行，行十七字，白口，四周單邊。有“汪印士鐘”、“金匱俞謨藏書”等印。無錫市圖書館藏。

第一批國家珍貴古籍名録圖録

第三册

中國國家圖書館
中國國家古籍保護中心 編

國家圖書館出版社

第三册目録

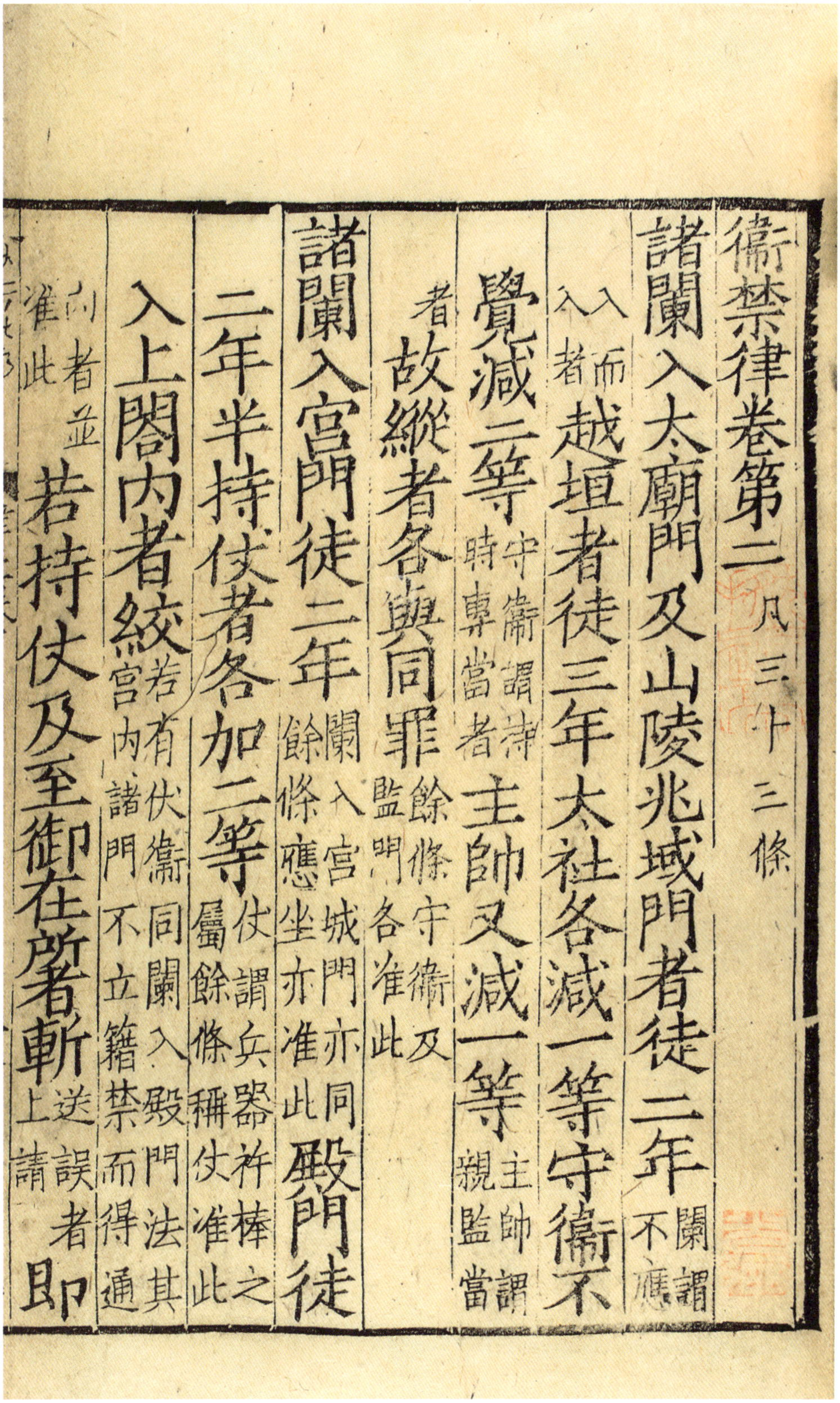

衛禁律卷第二凡三十三條
諸闌入太廟門及山陵兆域門者徒二年闌謂不應入而入者越垣者徒三年太社各減一等守衛不覺減二等守衛謂持時專當者主帥又減一等主帥謂親監當者故縱者各與同罪餘條守衛及監門各准此
諸闌入宮門徒二年闌入宮城門亦同餘條應坐亦准此殿門徒二年半持仗者各加二等仗謂兵器杵棒之屬餘條稱仗准此入上閤內者絞若有伏衛同闌入殿門法其宮內諸門不立籍禁而得通向者並准此若持仗及至御在所者斬送誤者上請即

00542 律十二卷音義一卷 （宋）孫奭撰　宋刻宋元遞修本

匡高22.3厘米，廣16.5厘米。半葉九行，行十八字，小字雙行同，白口，左右雙邊。有“袁氏與之”、“臣光熇印”等印。錢泰吉、邵懿辰跋，阮元、顧廣圻題識。國家圖書館藏。

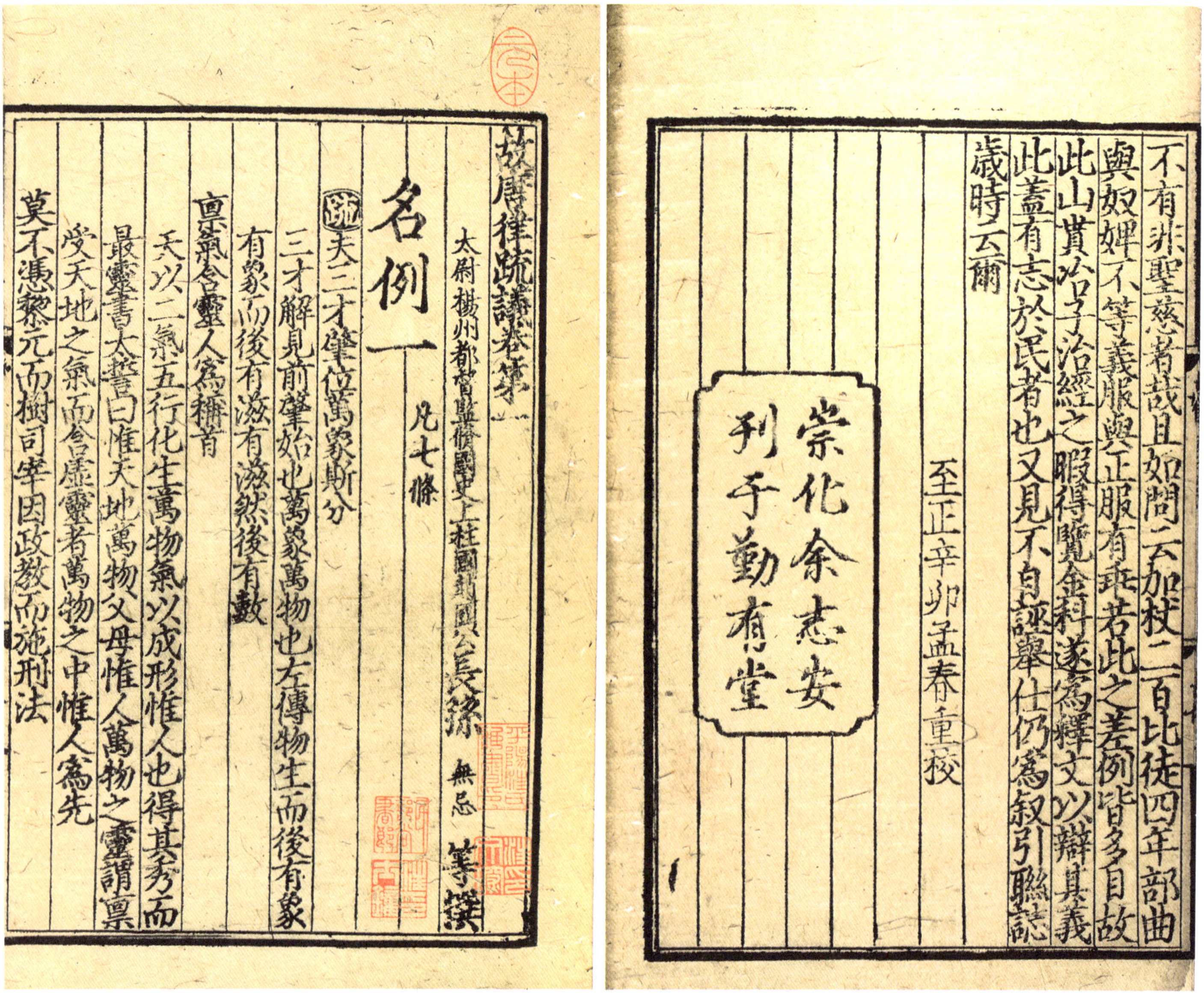

不有非聖慈愍者哉且如鬪亡云加杖二百比徒四年部曲
與奴婢不等義服與正服有乖若此之差例皆多目故
此山貫冶子治經之暇得覽金科遂爲釋文以辯其義
此蓋有志於民者也又見不自誣舉仕仍爲叙引聯誌
歳時云爾

至正辛卯孟春重校

崇化余志安
刋于勤有堂

故唐律疏議卷第一
太尉揚州都督監修國史上柱國趙國公長孫無忌等撰

名例一 凡七條

疏 夫三才肇位萬象斯分
三才解見前肇始也萬象萬物也左傳物生而後有象
有象而後有滋有滋然後有數
禀氣含靈人爲稱首
天以二氣五行化生萬物氣以成形惟人也得其秀而
最靈書太誓曰惟天地萬物父母惟人萬物之靈謂禀
受天地之氣而含虛靈者萬物之中惟人爲先
莫不憑黎元而樹司宰因政教而施刑法

00543、00544 故唐律疏議三十卷（唐）長孫無忌等撰 佚名釋文 **纂例十二卷**（元）王元亮撰 元余志安勤有堂刻本

匡高19.5厘米，廣13厘米。半葉十二行，行二十四字，黑口，四周雙邊。有“崇化余志安刊于勤有堂”牌記。國家圖書館藏，有“辛夷館印”、“季印振宜”、“汪印士鐘”、“鐵琴銅劍樓”等印；首都圖書館藏。

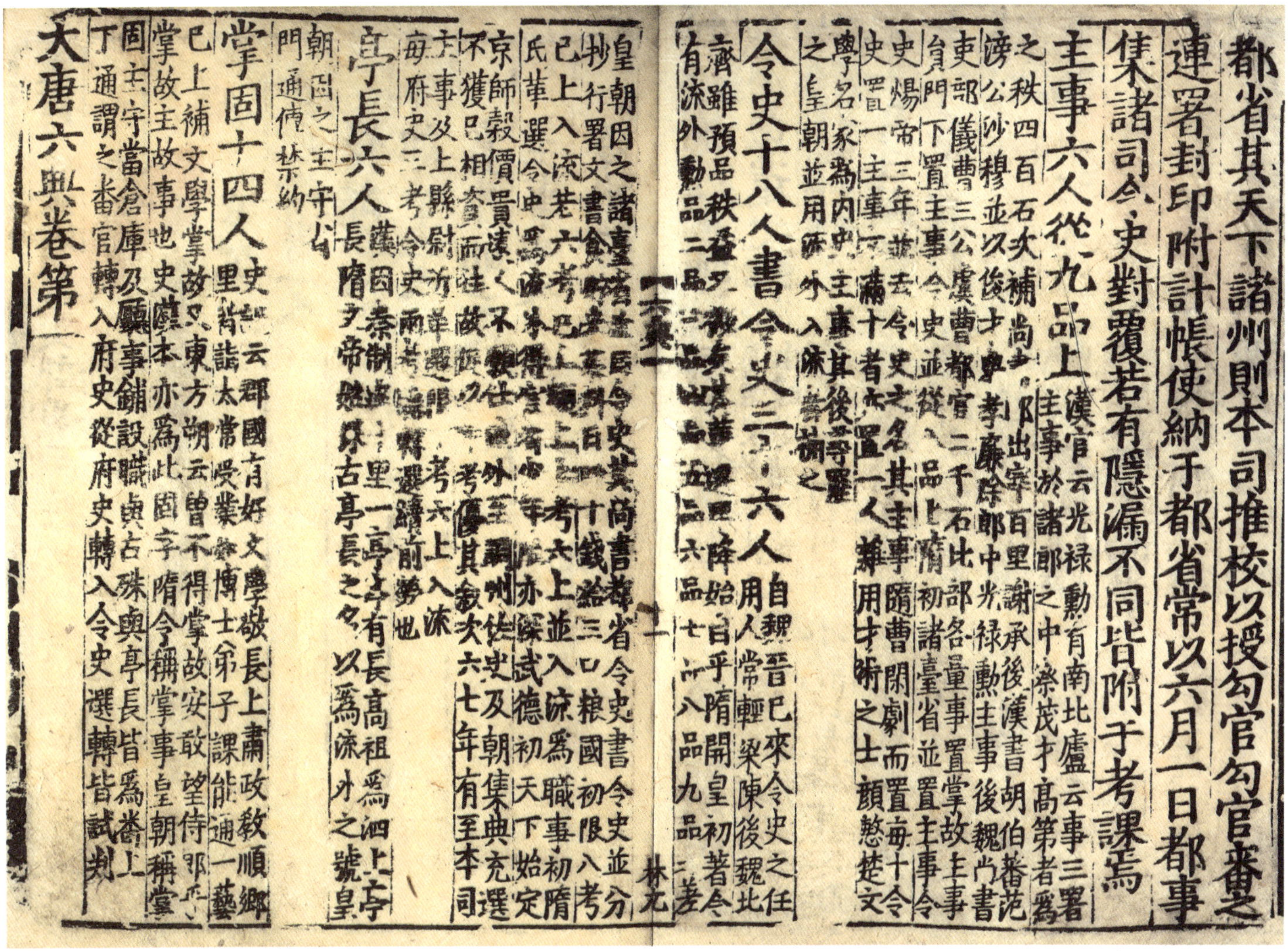

00545、00546、00547 大唐六典三十卷 （唐）玄宗李隆基撰 （唐）李林甫注 宋紹興四年（1134）溫州州學刻遞修本

蝴蝶裝。匡高20.2厘米，廣14.6厘米。半葉十行，行二十字，小字雙行二十三字，白口，左右雙邊。國家圖書館藏，有“國子監崇文閣官書”等印，王秉恩、沈曾植跋，存四卷；北京大學圖書館藏，存七卷；南京博物院藏，王秉恩、沈曾植跋，存五卷。

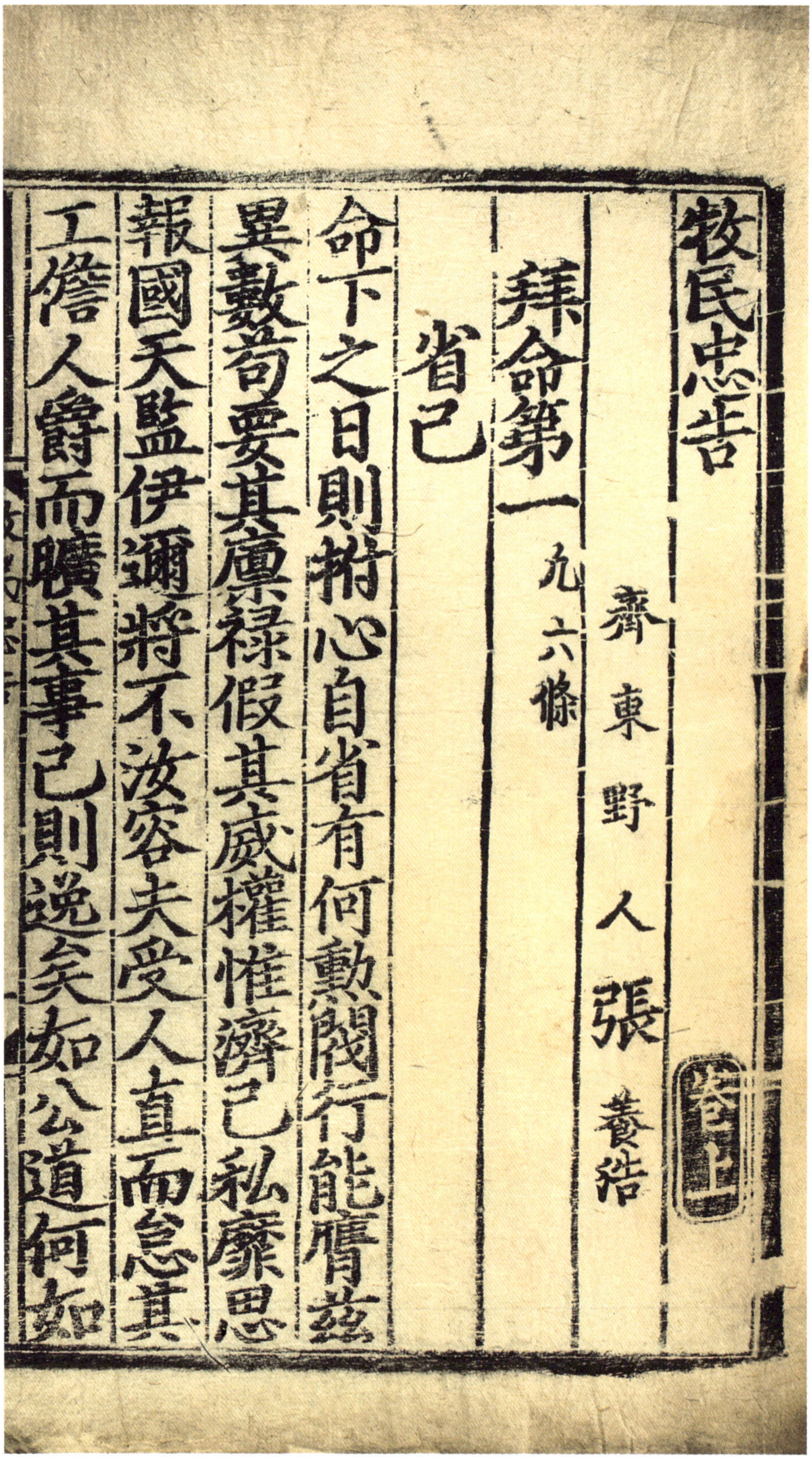
牧民忠告
齊東野人張養浩
拜命第一 凡六條
省己
命下之日則揣心自省有何勲閥行能膺玆
異數苟要其廩禄假其威權惟濟己私廉恥
報國天監伊邇將不汝容夫受人直而怠其
工償人爵而曠其事己則逸矣如公道何如
卷上

00548 牧民忠告二卷經進風憲忠告一卷廟堂忠告一卷 （元）張養浩撰 元刻本

匡高22.3厘米，廣14.6厘米。半葉八行，行十七字，黑口，四周雙邊。郭尚先跋。國家圖書館藏。

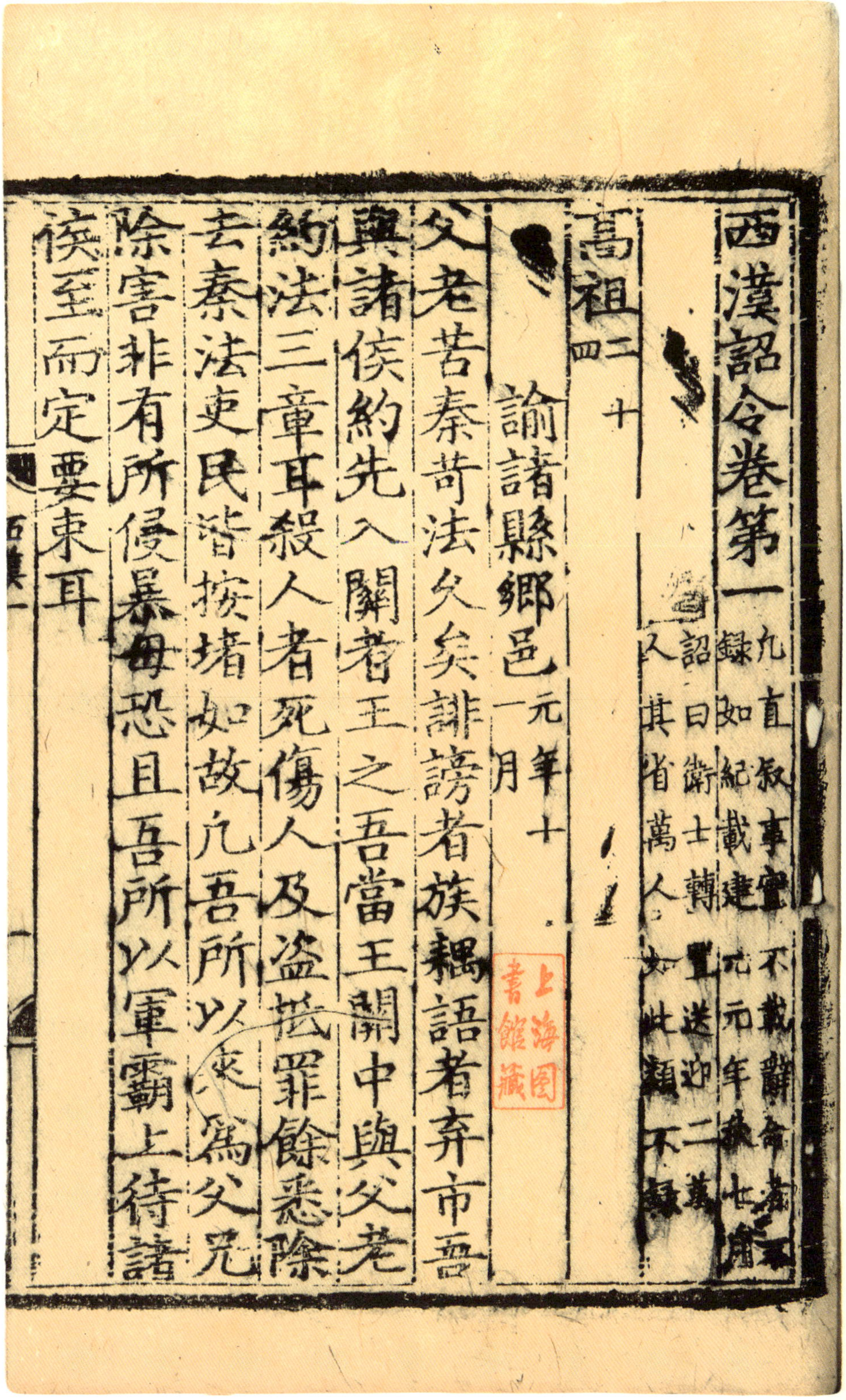

00549 兩漢詔令二十三卷 （宋）林虙　樓昉輯　元至正九年（1349）蘇天爵刻明修本（西漢卷二配清抄本）

匡高20厘米，廣14.7厘米。半葉十行，行十八字，小字雙行同，細黑口，四周雙邊。上海圖書館藏。

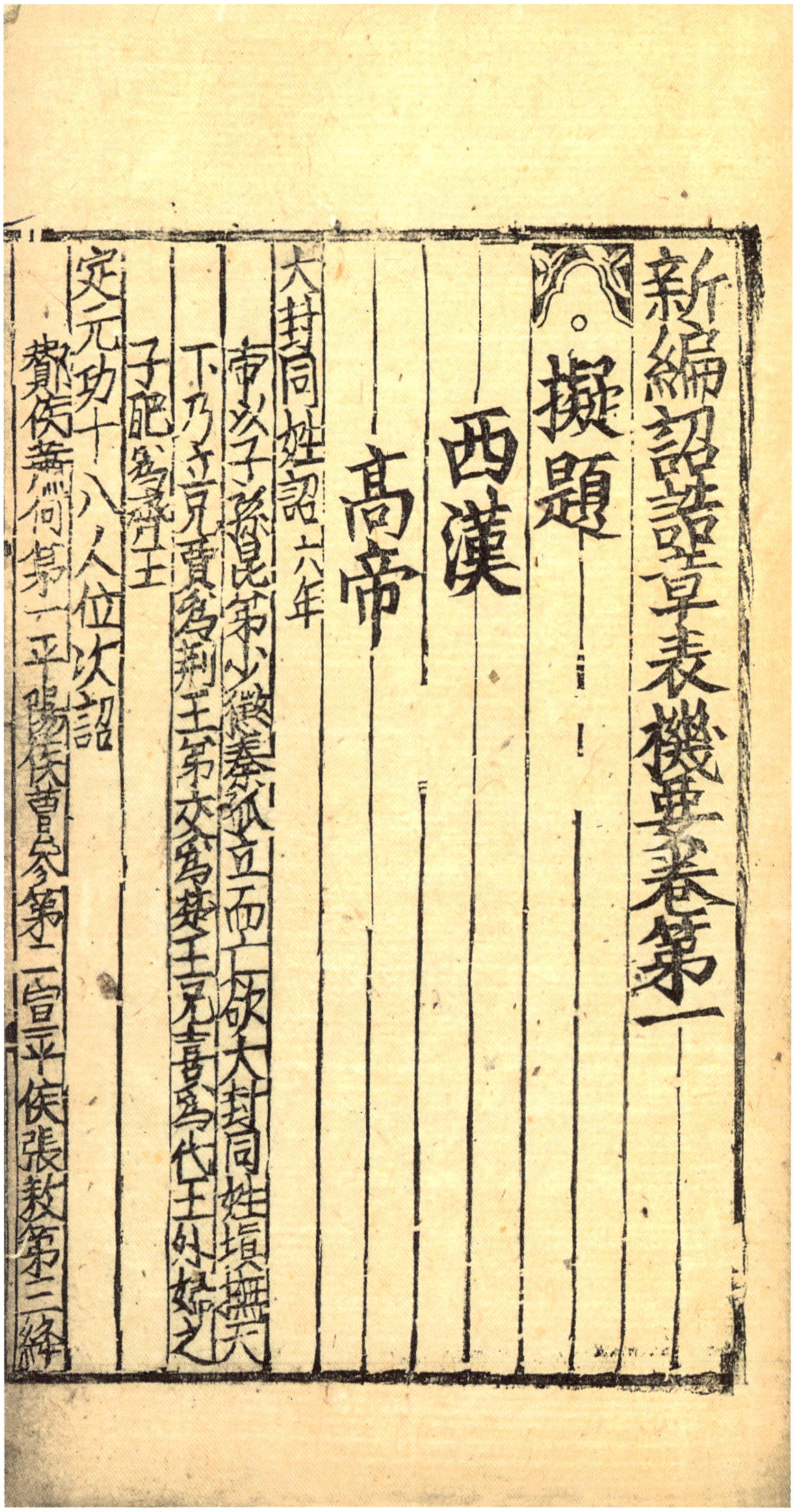

新編詔誥章表機要卷第一
擬題
西漢
高帝
大封同姓詔 六年
帝以子孫昆弟少懲秦孤立而亡欲大封同姓填撫天
下乃立兄賈為荊王弟交為楚王兄喜為代王外婦之
子肥為齊王
定元功十八人位次詔
酇侯蕭何第一平陽侯曹參第二宣平侯張敖第三絳

00550、00551新編詔誥章表機要□卷 （金）郭明如撰　金刻本

匡高16.3厘米，廣10.8厘米。半葉十四行，行二十三字，黑口，四周單邊。南京圖書館藏，存三卷；國家圖書館藏，存一卷。

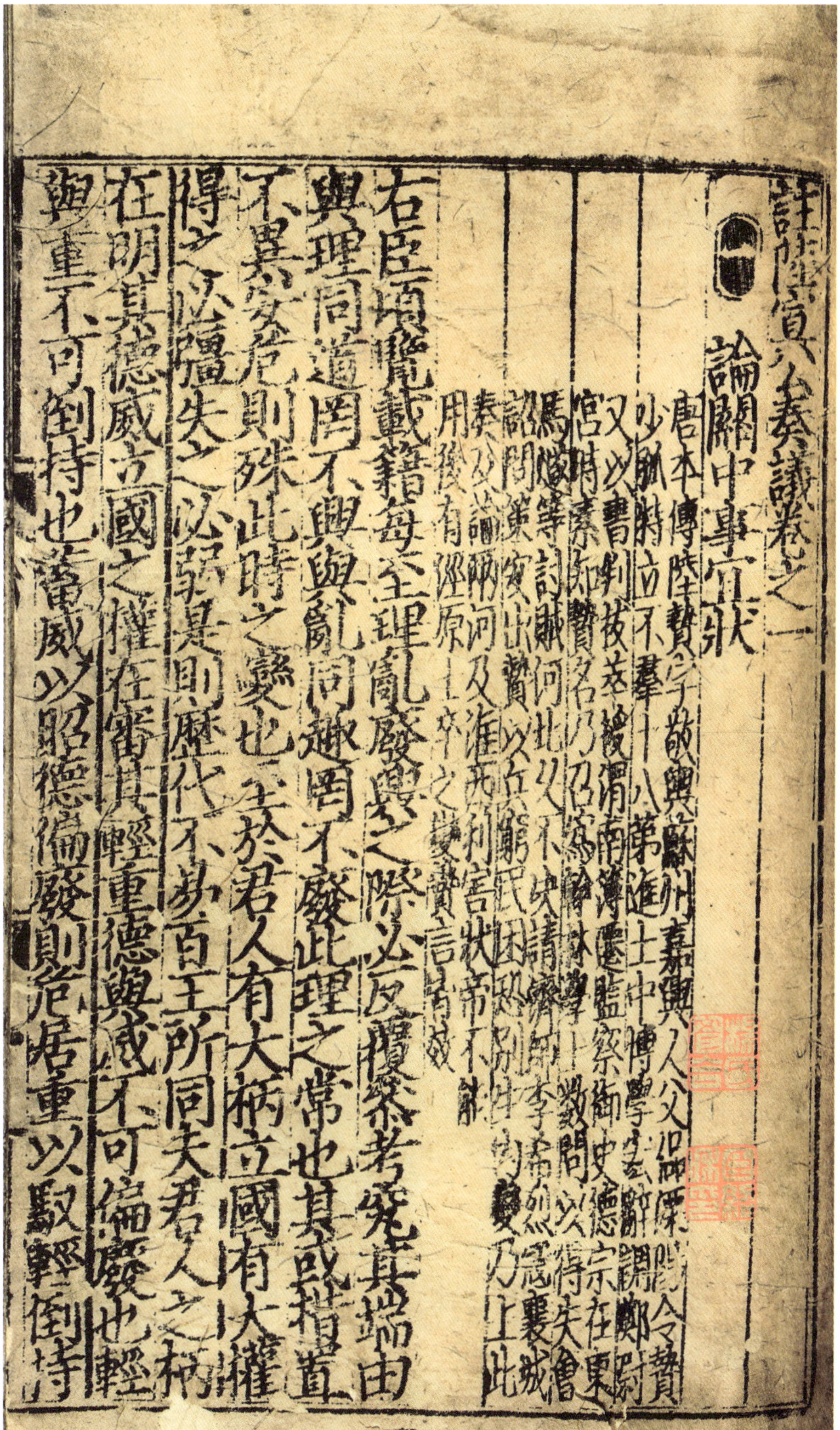

00552、00553、00554 註陸宣公奏議十五卷 （唐）陸贄撰 （宋）郎曄注 元至正十四年（1354）劉氏翠巖精舍刻本

匡高18.3厘米，廣12.4厘米。半葉十二行，行二十三字，小字雙行同，黑口，四周雙邊。有“至正甲午仲夏翠巖精舍”牌記。國家圖書館藏，有“謙牧堂藏書記”、“海源閣”、“東萊劉占洪字少山藏書之印”等印；南京圖書館；山東省圖書館藏。

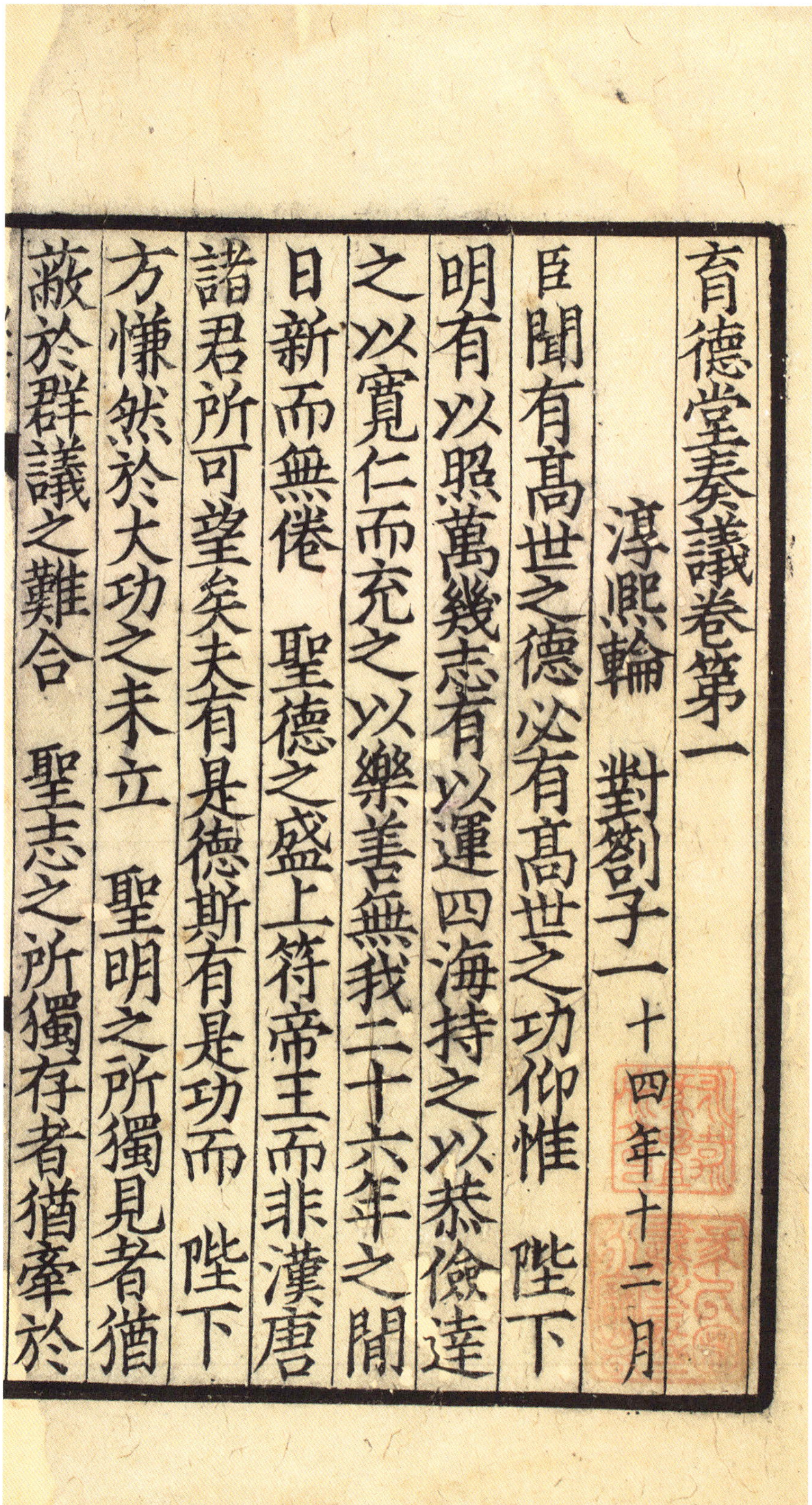
育德堂奏議卷第一
淳熙輪對劄子一十四年十二月
臣聞有高世之德必有高世之功仰惟 陛下
明有以照萬幾志有以運四海持之以恭儉達
之以寬仁而充之以樂善無我二十六年之間
日新而無倦 聖德之盛上符帝王而非漢唐
諸君所可望矣夫有是德斯有是功而 陛下
方慊然於大功之未立 聖明之所獨見者猶
蔽於群議之難合 聖志之所獨存者猶牽於

00555 育德堂奏議六卷 （宋）蔡幼學撰　宋刻本

匡高22.9厘米，廣15.6厘米。半葉九行，行十八字，白口，左右雙邊。有“永嘉蔡昭且宗父印”、“毛扆之印”等印。國家圖書館藏。

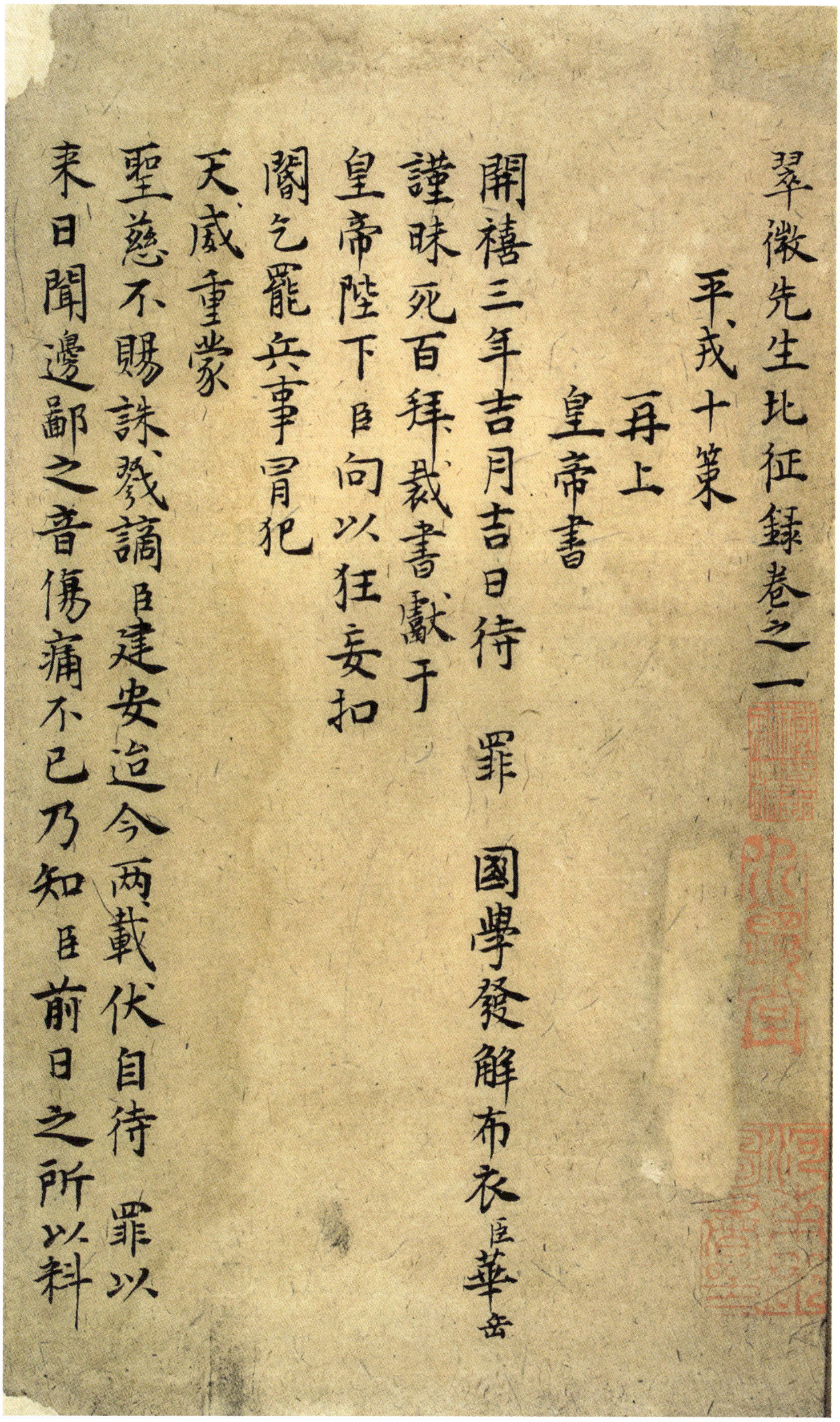
翠微先生北征録卷之一
平戎十策
再上
皇帝書
開禧三年吉月吉日待　罪　國學發解布衣臣華岳
謹昧死百拜裁書獻于
皇帝陛下臣向以狂妄扣
閽乞罷兵事冒犯
天威重蒙
聖慈不賜誅戮謫臣建安迨今兩載伏自待　罪以
來日聞邊鄙之音傷痛不已乃知臣前日之所以料

00556 翠微先生北征録十二卷 （宋）華岳撰　元抄本

半葉十一行，行二十字。有“鐵琴銅劍樓”等印。顧廣圻跋。國家圖書館藏。

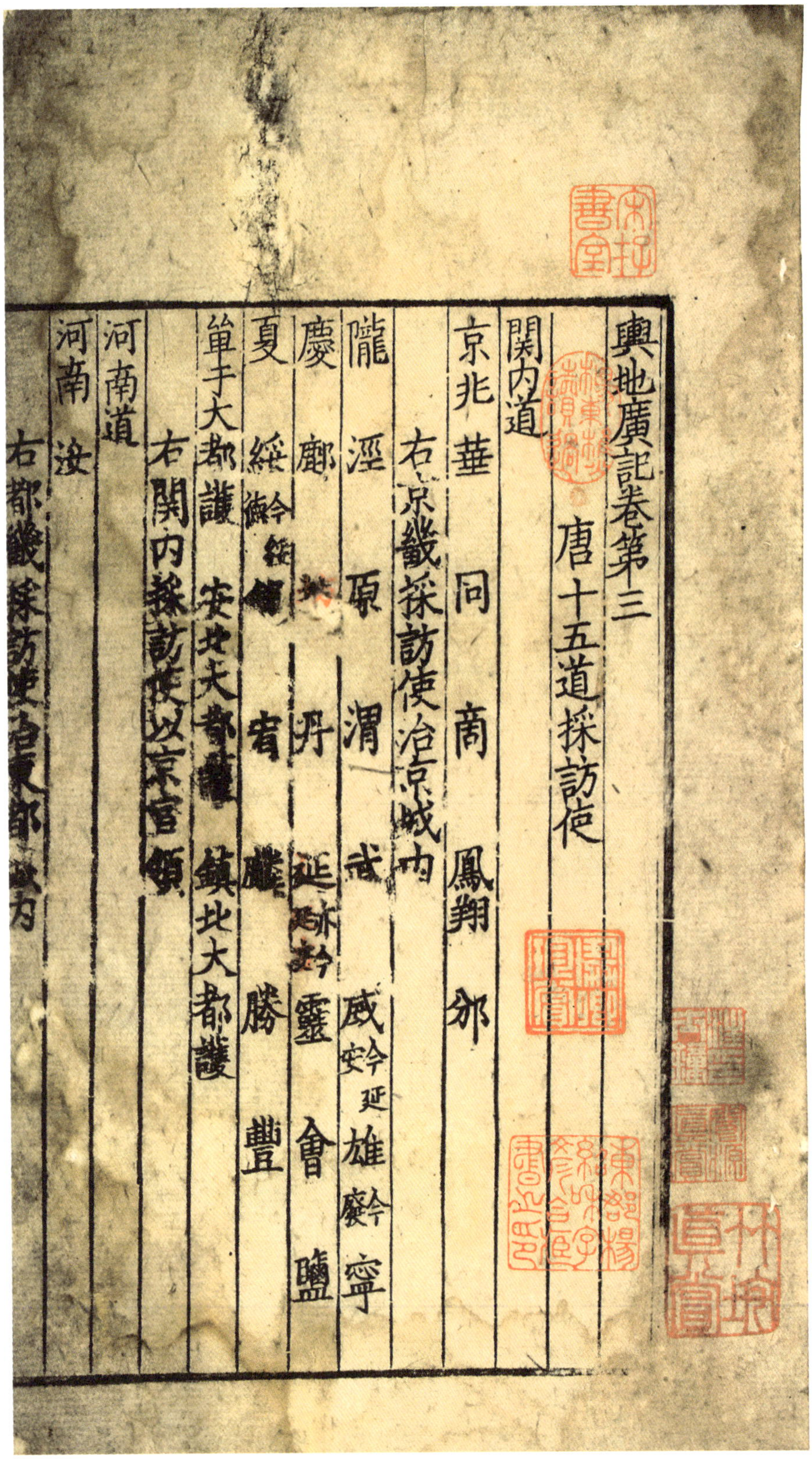
輿地廣記卷第三
唐十五道採訪使
關内道
京兆 華 同 商 鳳翔 邠
右京畿採訪使治京城内
隴 涇 原 渭 武 威 雄 寧
慶 鄜 坊 丹 延 靈 會 鹽
夏 綏 銀 宥 麟 勝 豐
單于大都護 安北大都護 鎮北大都護
右關内採訪使以京官領
河南道
河南 汝
右都畿採訪使治東都城内

00557 輿地廣記三十八卷 （宋）歐陽忞撰　宋刻遞修本（卷一至二配清抄本）

匡高19.3厘米，廣12.6厘米。半葉十三行，行二十四字，白口，左右雙邊或四周雙邊。有“士礼居藏”、“汪印士鐘”、“海源閣”等印。黃丕烈、顧廣圻跋。國家圖書館藏。

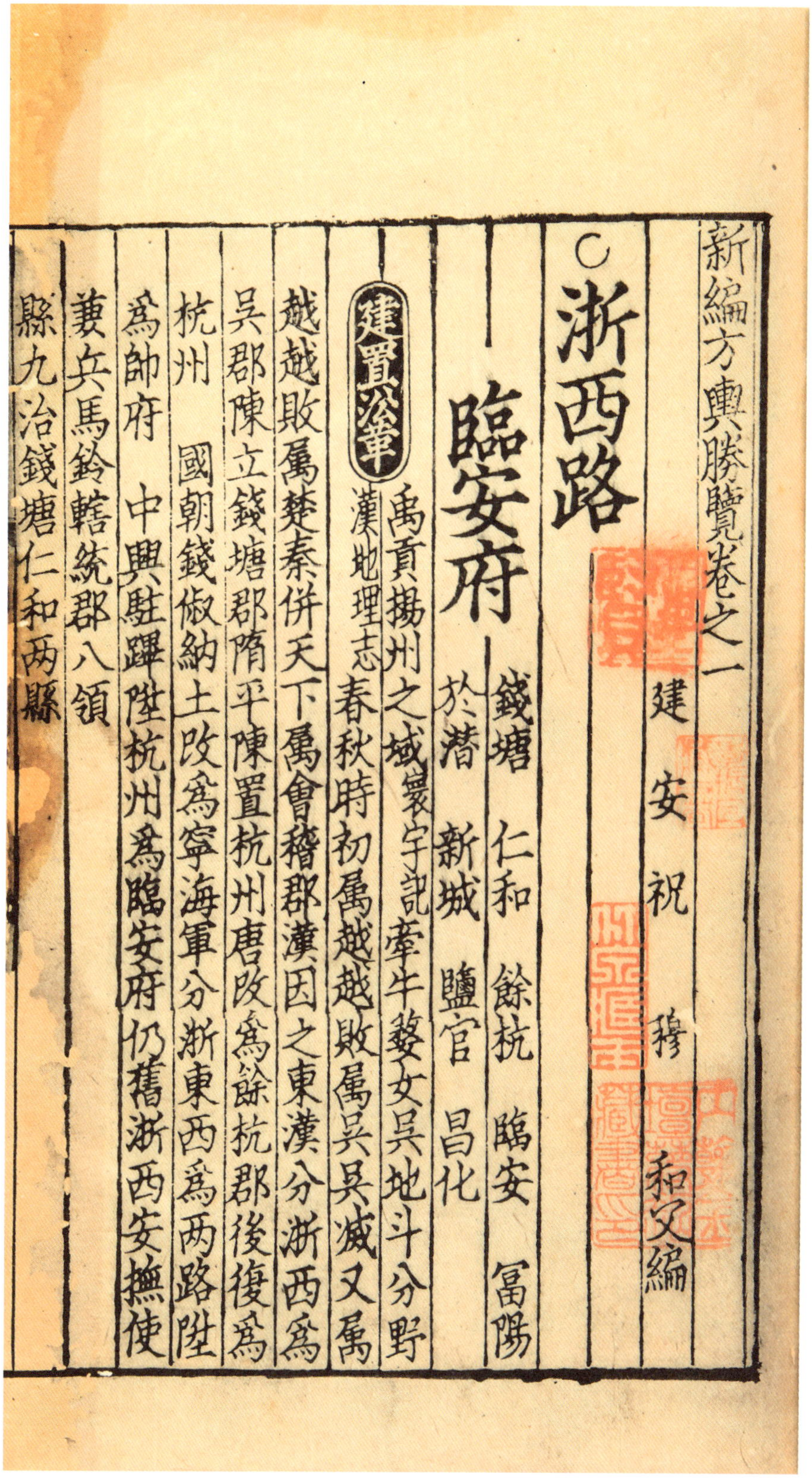

新編方輿勝覽卷之一　建安祝穆和父編

○浙西路

臨安府

錢塘　仁和　餘杭　臨安　富陽

於潛　新城　鹽官　昌化

禹貢揚州之域寰宇記牽牛婺女吳地斗分野

建置沿革　漢地理志春秋時初屬越越敗屬吳吳滅又屬越越敗屬楚秦併天下爲會稽郡漢因之東漢分浙西爲吳郡陳立錢塘郡隋平陳置杭州唐改爲餘杭郡後復爲杭州　國朝錢俶納土改爲寧海軍分浙東西爲兩路陞爲帥府　中興駐蹕陞杭州爲臨安府仍舊浙西安撫使兼兵馬鈐轄統郡八領縣九治錢塘仁和兩縣

00558 新編方輿勝覽七十卷　（宋）祝穆輯　宋咸淳三年（1267）吴堅、劉震孫刻本

匡高17.5厘米，廣11.8厘米。半葉十四行，行二十三字，細黑口，左右雙邊。有“内翰金壇蔣超藏書印”、“季振宜藏書”等印。俞誠跋。上海圖書館藏。

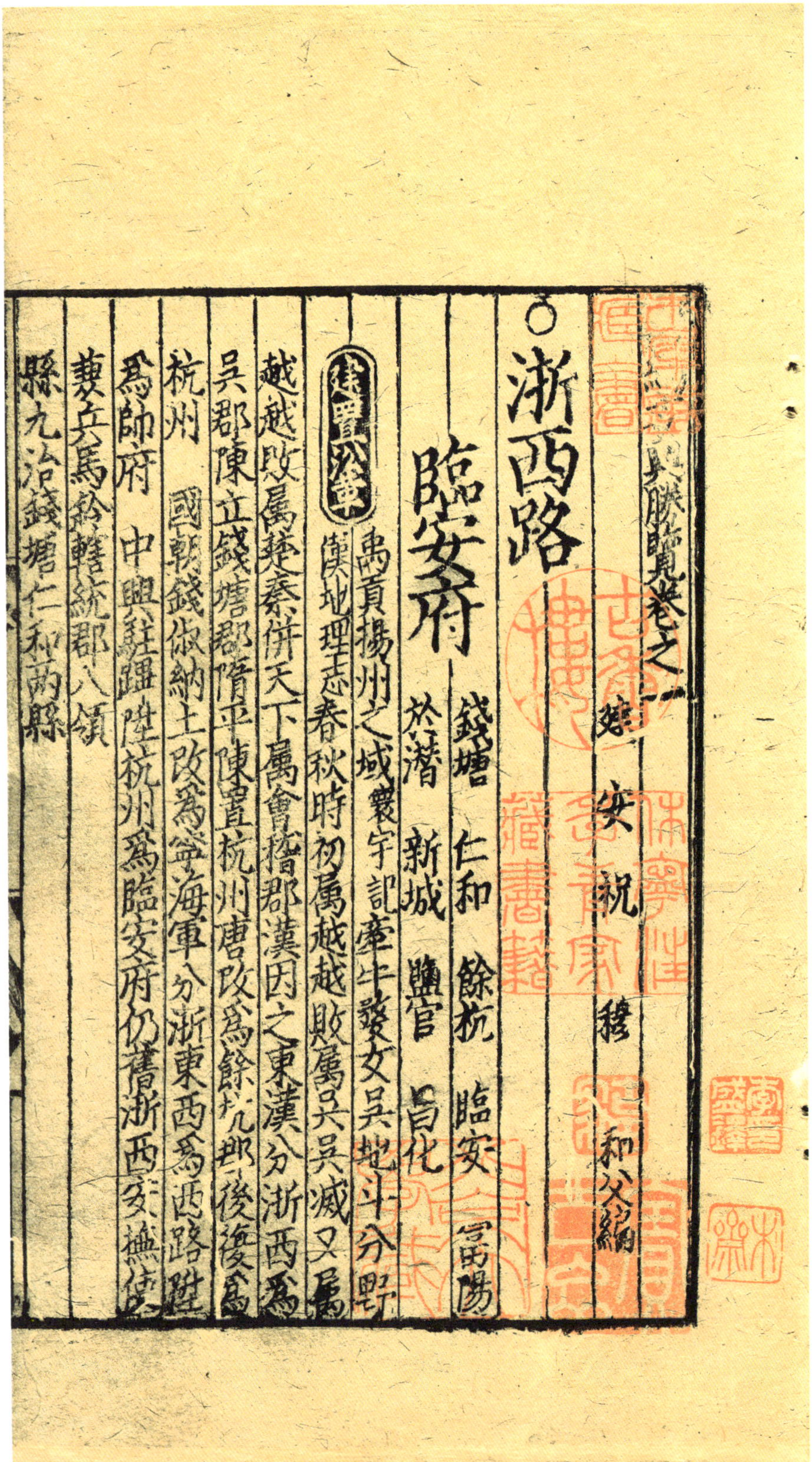
新編方輿勝覽卷之一
建安祝穆和父編
○浙西路
臨安府 錢塘 仁和 餘杭 臨安 富陽
於潛 新城 鹽官 昌化
禹貢揚州之域 寰宇記牽牛婺女吳地斗分野
建置沿革 漢地理志春秋時初屬越越敗屬吳吳滅又屬
越越敗屬楚秦并天下屬會稽郡漢因之東漢分浙西爲
吳郡陳立錢塘郡隋平陳置杭州唐改爲餘杭郡後復爲
杭州 國朝錢俶納土改爲寧海軍分浙東西爲西路置
爲帥府 中興駐蹕陞杭州爲臨安府仍舊浙西安撫使
兼兵馬鈐轄統郡八領
縣九治錢塘仁和兩縣

00559 新編方輿勝覽七十卷 （宋）祝穆輯　元刻本

匡高17.2厘米，廣11.9厘米。半葉十四行，行二十三字，細黑口，左右雙邊。有“休寧汪季青家藏書籍”、“古香樓”、“木犀軒藏書”等印。北京大學圖書館藏。

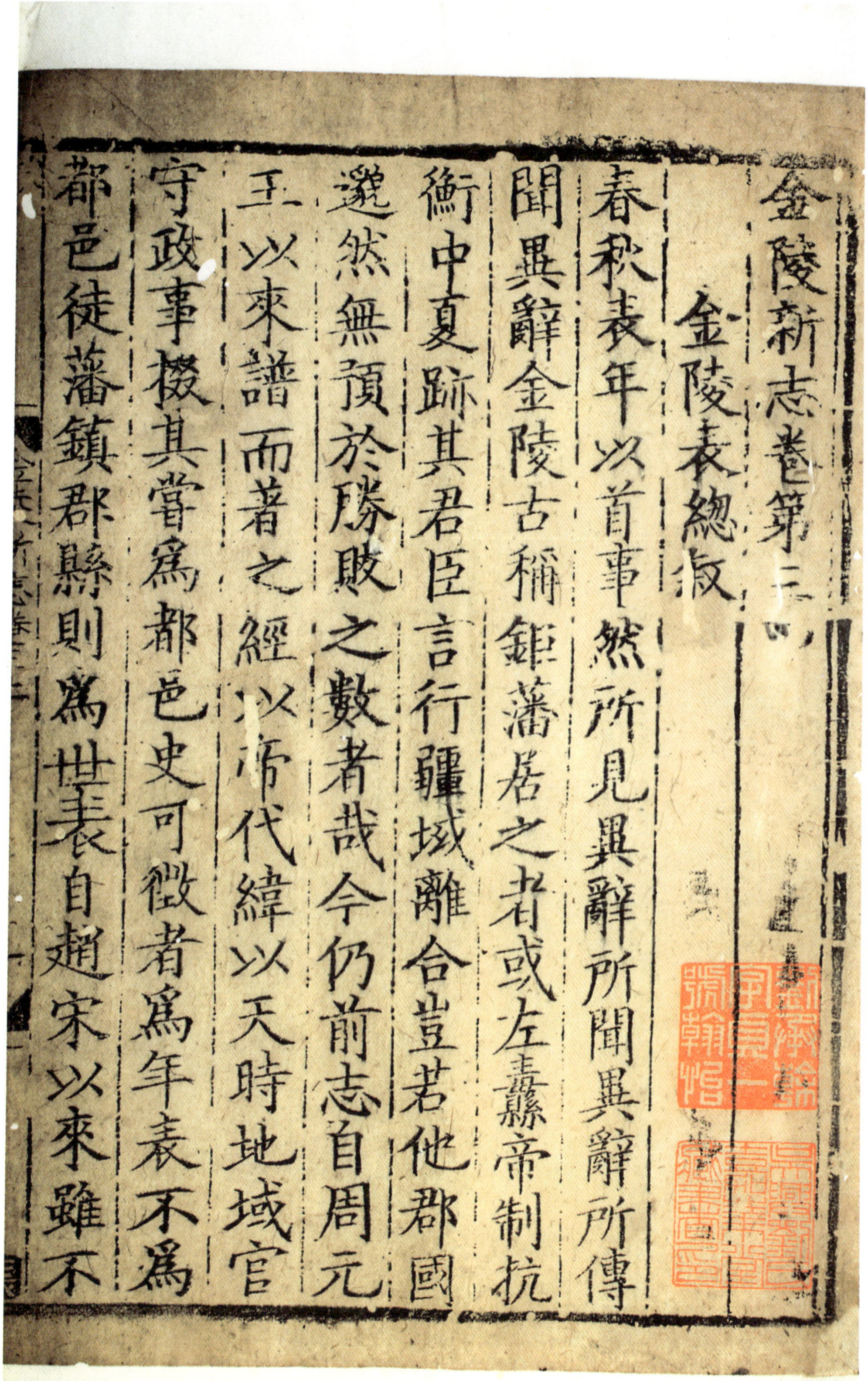

金陵新志卷第三

金陵表總叙

春秋表年以首事然所見異辭所聞異辭所傳聞異辭金陵古稱鉅藩居之者或左纛帝制抗衡中夏跡其君臣言行疆域離合豈若他郡國邈然無預於勝敗之數者哉今仍前志自周元王以來譜而著之經以帝代緯以天時地域官守政事撥其嘗爲都邑史可徵者爲年表不爲都邑徒藩鎮郡縣則爲世表自趙宋以來雖不

00560 [至正]金陵新志十五卷 （元）張鉉纂修　元至正四年（1344）集慶路儒學溧陽州學溧水州學刻本

匡高24.4厘米，廣18厘米。半葉九行，行十八字，小字雙行同，白口，左右雙邊。有“稽瑞樓”、“愛日精廬藏書”、“恬裕齋藏”、“吳興徐氏”、“吳與劉氏嘉業堂藏書印”等印。國家圖書館藏。

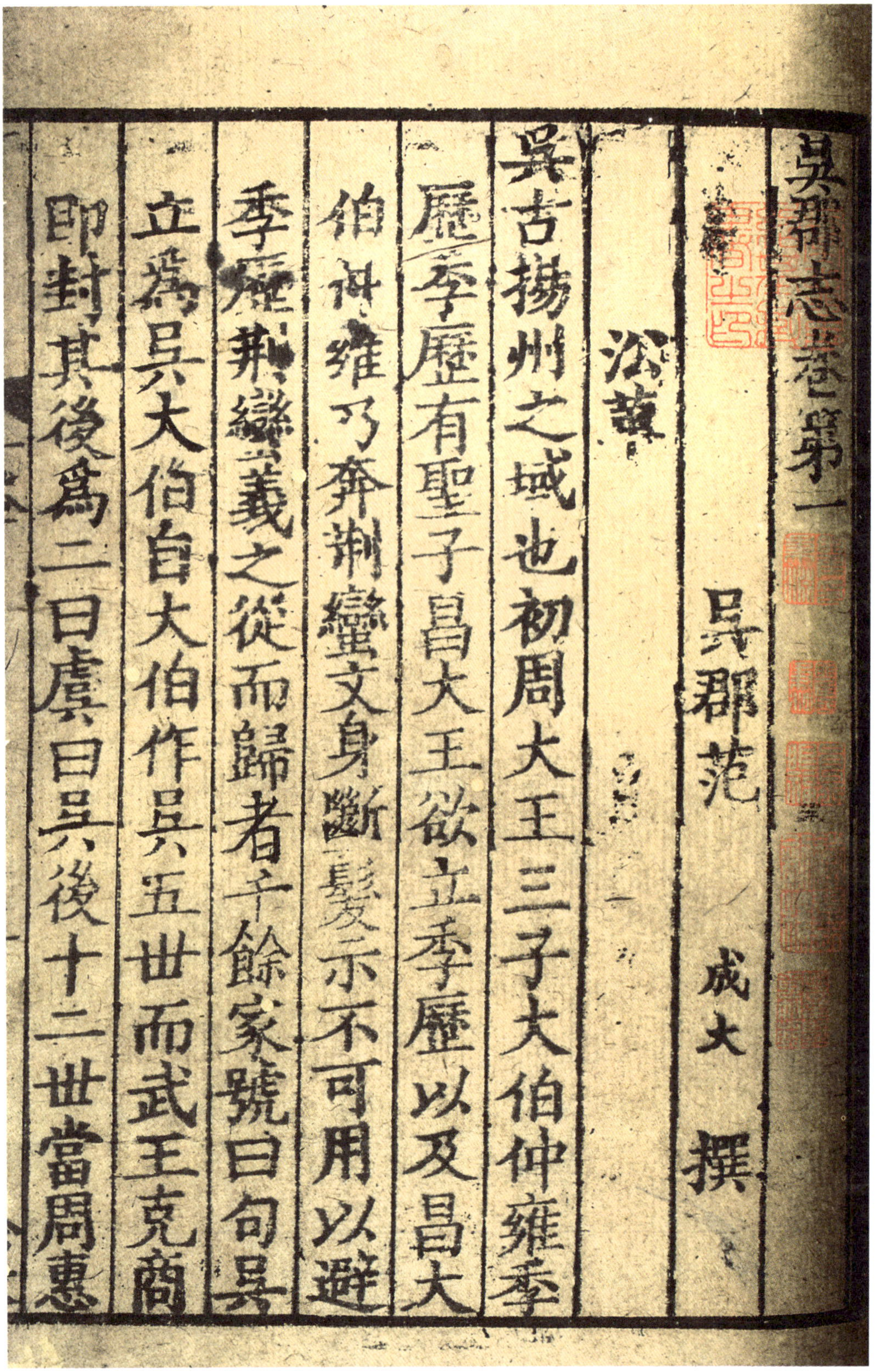

吳郡志卷第一

吳郡 范 成大 撰

沿革

吳古揚州之域也初周大王三子大伯仲雍季歷季歷有聖子昌大王欲立季歷以及昌大伯仲雍乃奔荊蠻文身斷髮示不可用以避季歷荊蠻義之從而歸者千餘家號曰句吳立爲吳大伯自大伯作吳五世而武王克商即封其後爲二曰虞曰吳後十二世當周惠

00561 [紹定]吳郡志五十卷 （宋）范成大纂修 （宋）汪泰亨等續修 宋紹定刻元修本

匡高22.9厘米，廣16.9厘米。半葉九行，行十八字，白口，左右雙邊。有“健菴”、“鐵琴銅劍樓”等印。國家圖書館藏。

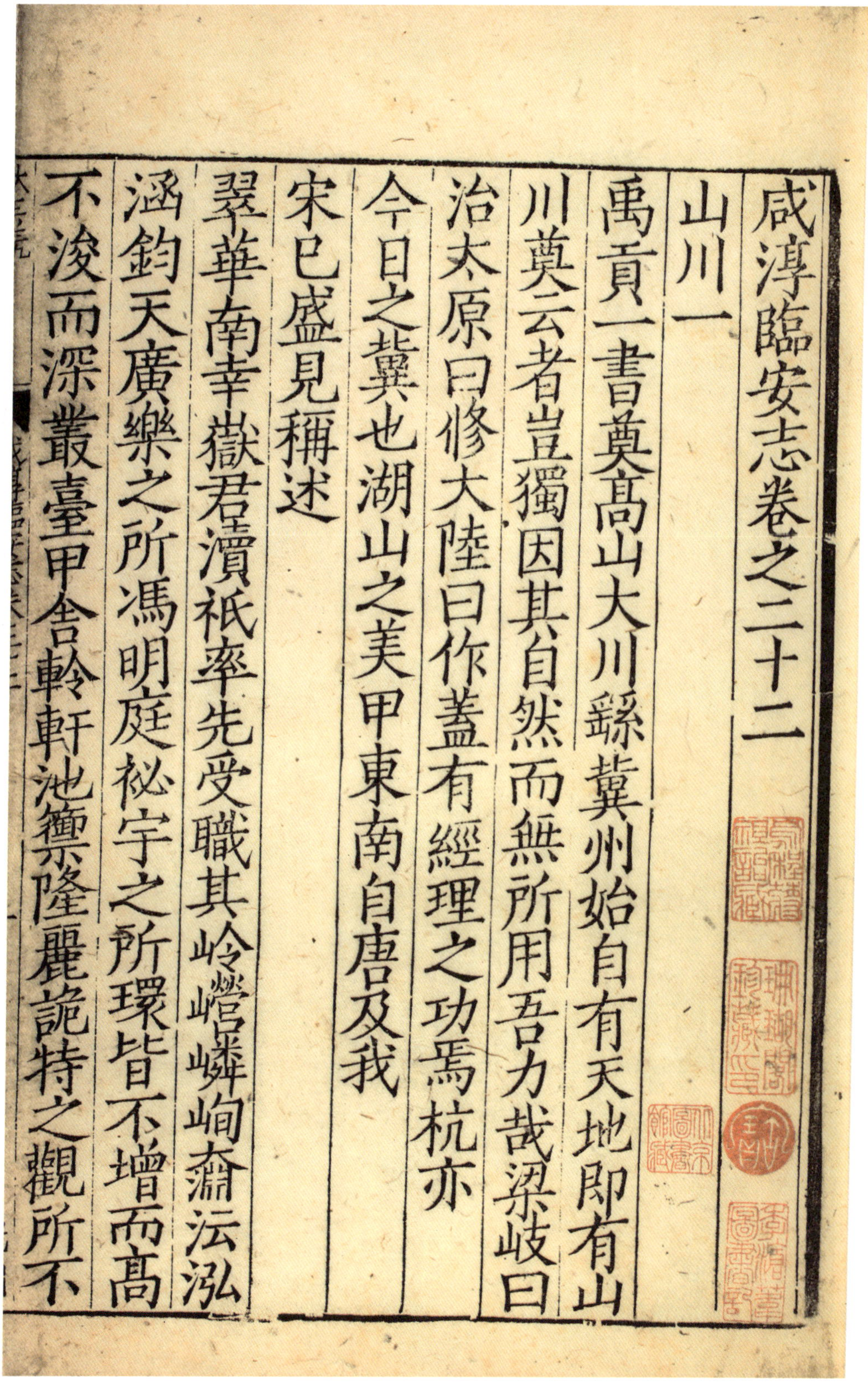

咸淳臨安志卷之三十二
山川一
禹貢一書奠高山大川繇冀州始自有天地即有山川奠云者豈獨因其自然而無所用吾力哉梁岐曰治太原曰修大陸曰作蓋有經理之功焉杭亦今日之冀也湖山之美甲東南自唐及我
宋巳盛見稱述
翠華南幸嶽君瀆祇率先受職其岭巆嶙峋奫沄泓涵鈞天廣樂之所馮明庭祕宇之所環皆不增而高不浚而深叢臺甲舍軨軒池籞隆麗詭特之觀所不

00562、00563 [咸淳]臨安志一百卷 （宋）潛説友纂修　宋咸淳刻本

匡高26.5厘米，廣19.2厘米。半葉十行，行二十字，小字雙行同，白口，左右雙邊。國家圖書館藏，有“高平家藏”、“季振宜藏書”、“雙鑑樓”等印，傅玉露、楊紹和跋，存七十八卷；南京圖書館藏，有“紅藥山房收藏私印”、“錢唐丁氏藏書”等印，周廣業校并跋、沈烺校跋并題詩、丁丙跋，存九十五卷。

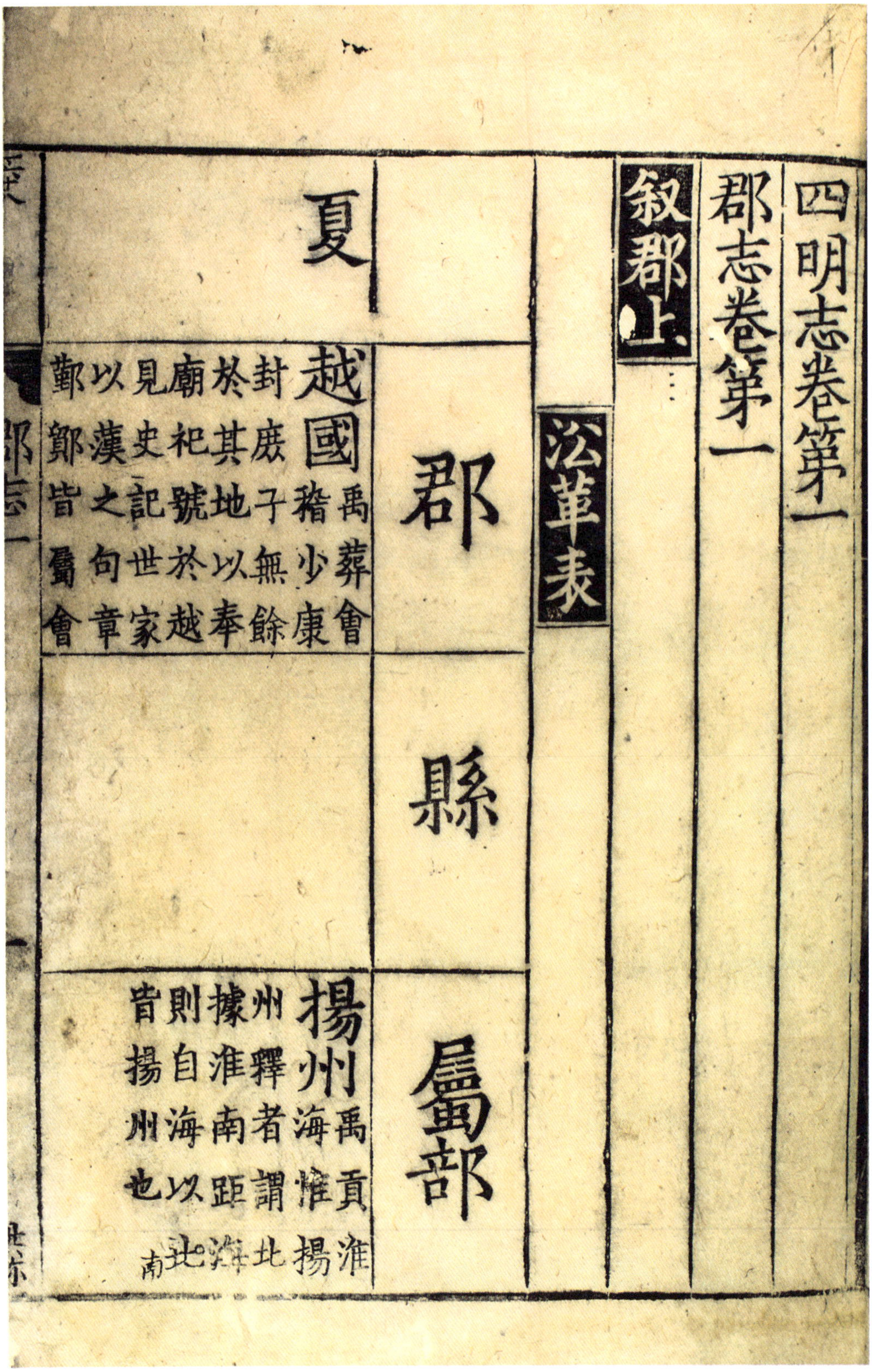
四明志卷第一
郡志卷第一
叙郡上
沿革表
夏
越國 禹葬會稽少康封庶子無餘於其地以奉廟杞號於越見史記世家以漢之句章鄞鄮皆屬會
郡
縣
屬部
揚州 禹貢淮海惟揚州釋者謂北據淮南距海則自海以北皆揚州也南

00564 [寶慶]四明志二十一卷 （宋）胡榘　羅濬纂修　宋刻本

匡高26厘米，廣20.2厘米。半葉十行，行十八字，小字雙行同，白口，左右雙邊。有“天禄琳琅”、“乾隆御覽之寶”、“杭州王氏九峰舊廬藏書之印”、“綬珊收藏善本”等印。鄧邦述跋。國家圖書館藏。

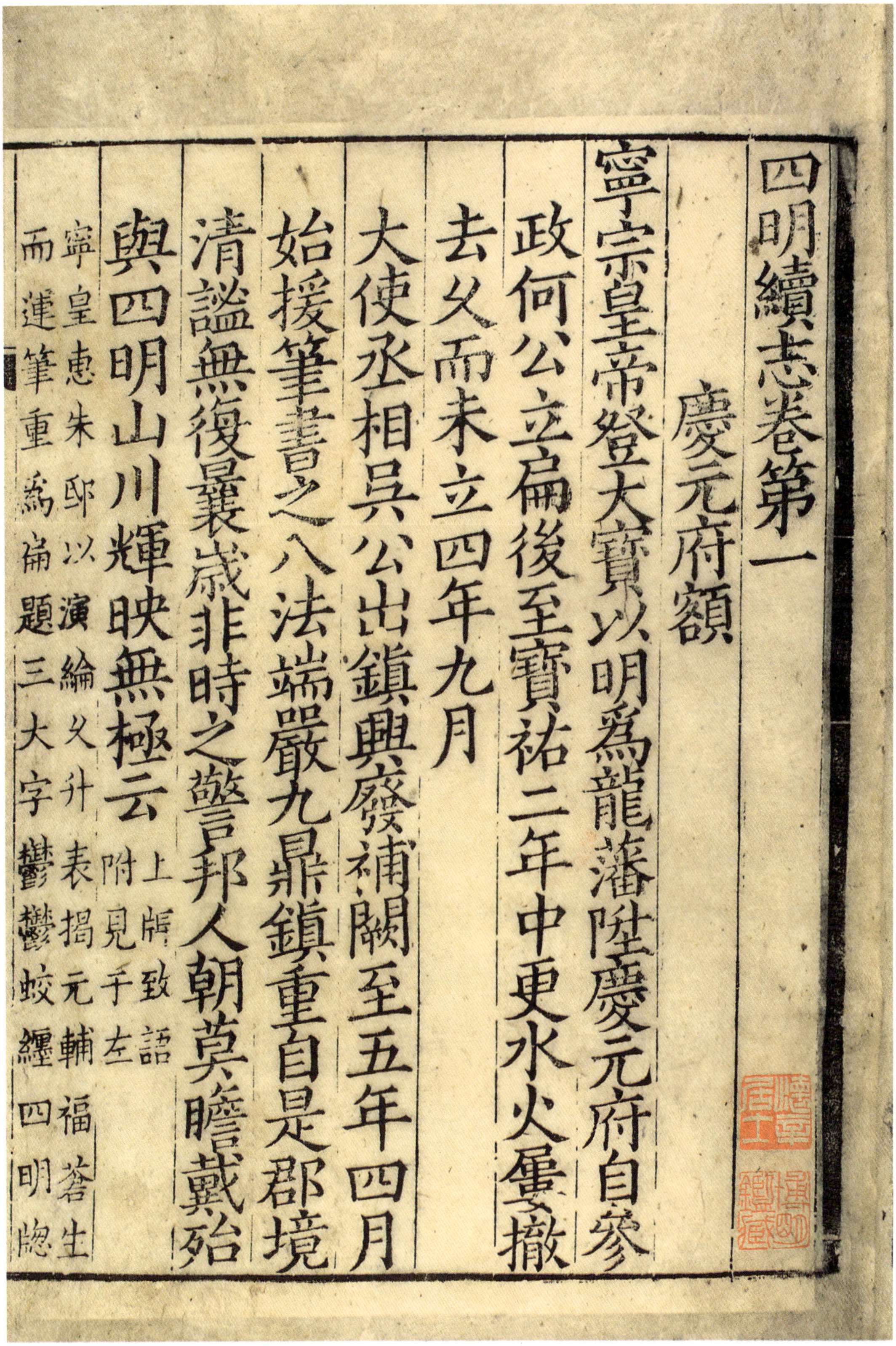

四明續志卷第一

慶元府額

寧宗皇帝登大寶以明爲龍潛陞慶元府自參政何公立扁後至寶祐二年中更水火屢撤去久而未立四年九月

大使丞相吳公出鎮興廢補闕至五年四月始援筆書之八法端嚴九鼎鎮重自是郡境清謐無復曩歲非時之警邦人朝莫瞻戴殆與四明山川輝映無極云 上牓致語附見于左

寧皇恵朱邸以演綸久升表揭元輔福蒼生而運筆重爲扁題三大字鬱鬱蛟纏四明總

00565 [開慶]四明續志十二卷 （宋）梅應發　劉錫纂修　宋開慶元年（1259）刻本

匡高25.9厘米，廣20.5厘米。半葉十行，行十八字，小字雙行同，白口，左右雙邊。有“壽松堂書畫記”、“抱經樓”、“懷辛居士”、“寒雲主人”等印。國家圖書館藏。

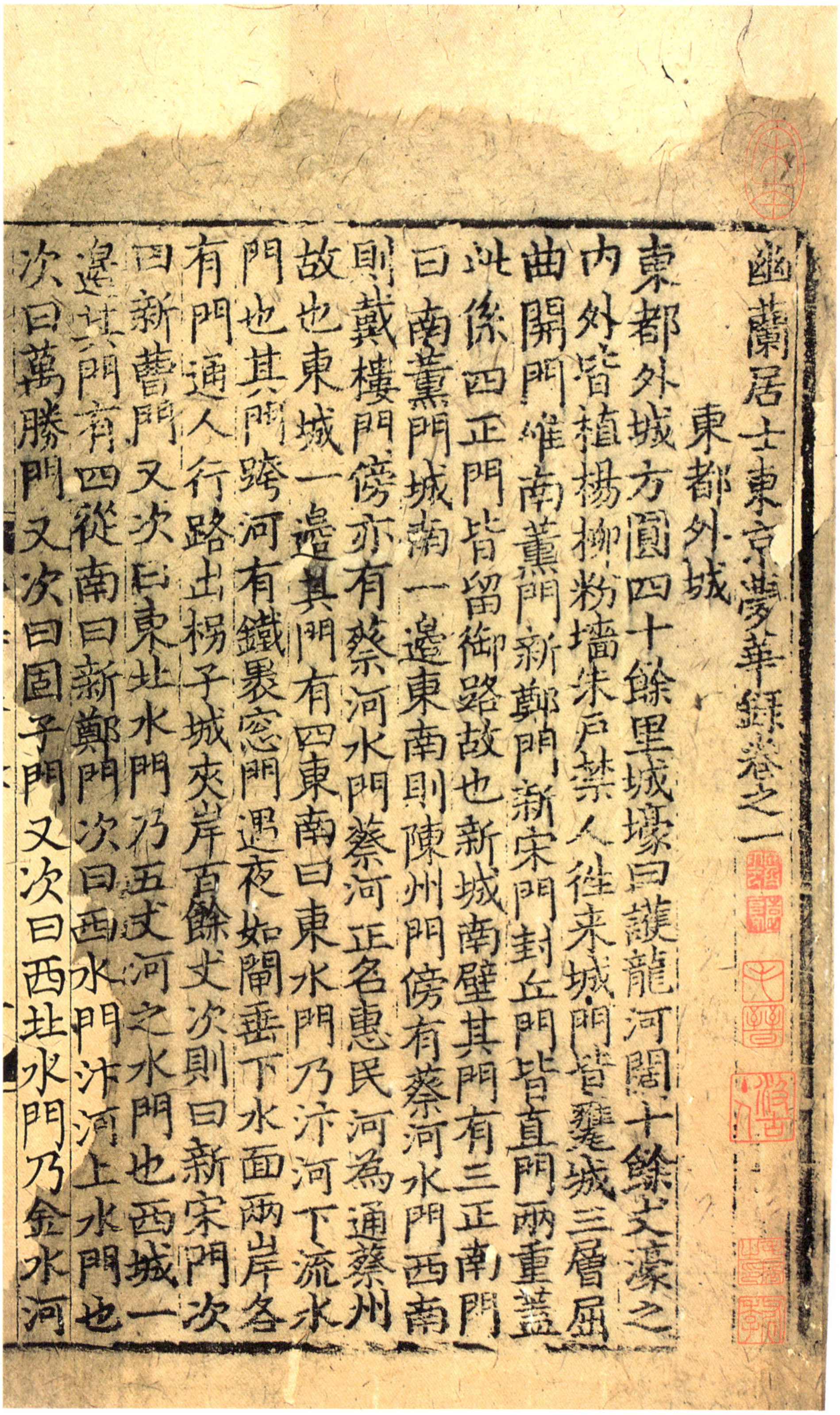

幽蘭居士東京夢華録卷之一

東都外城

東都外城方圓四十餘里城壕曰護龍河闊十餘丈壕之内外皆植楊柳粉墻朱戶禁人往來城門皆甕城三層屈曲開門唯南薰門新鄭門新宋門封丘門皆直門兩重蓋此係四正門皆留御路故也新城南壁其門有三正南門曰南薰門城南一邊東南則陳州門傍有蔡河水門西南則戴樓門傍亦有蔡河水門蔡河正名惠民河為通蔡州故也東城一邊其門有四東南曰東水門乃汴河下流水門也其門跨河有鐵裹窗門遇夜如閘垂下水面兩岸各有門通人行路出拐子城夾岸百餘丈次則曰新宋門次曰新曹門又次曰東北水門乃五丈河之水門也西城一邊其門有四從南曰新鄭門次曰西水門汴河上水門也次曰萬勝門又次曰固子門又次曰西北水門乃金水河

00566 幽蘭居士東京夢華録十卷 （宋）孟鉞撰　元刻本

匡高22厘米，廣16.3厘米。半葉十四行，行二十二至二十四字，細黑口，左右雙邊。有“毛晉之印”、“袁克文”等印。國家圖書館藏。

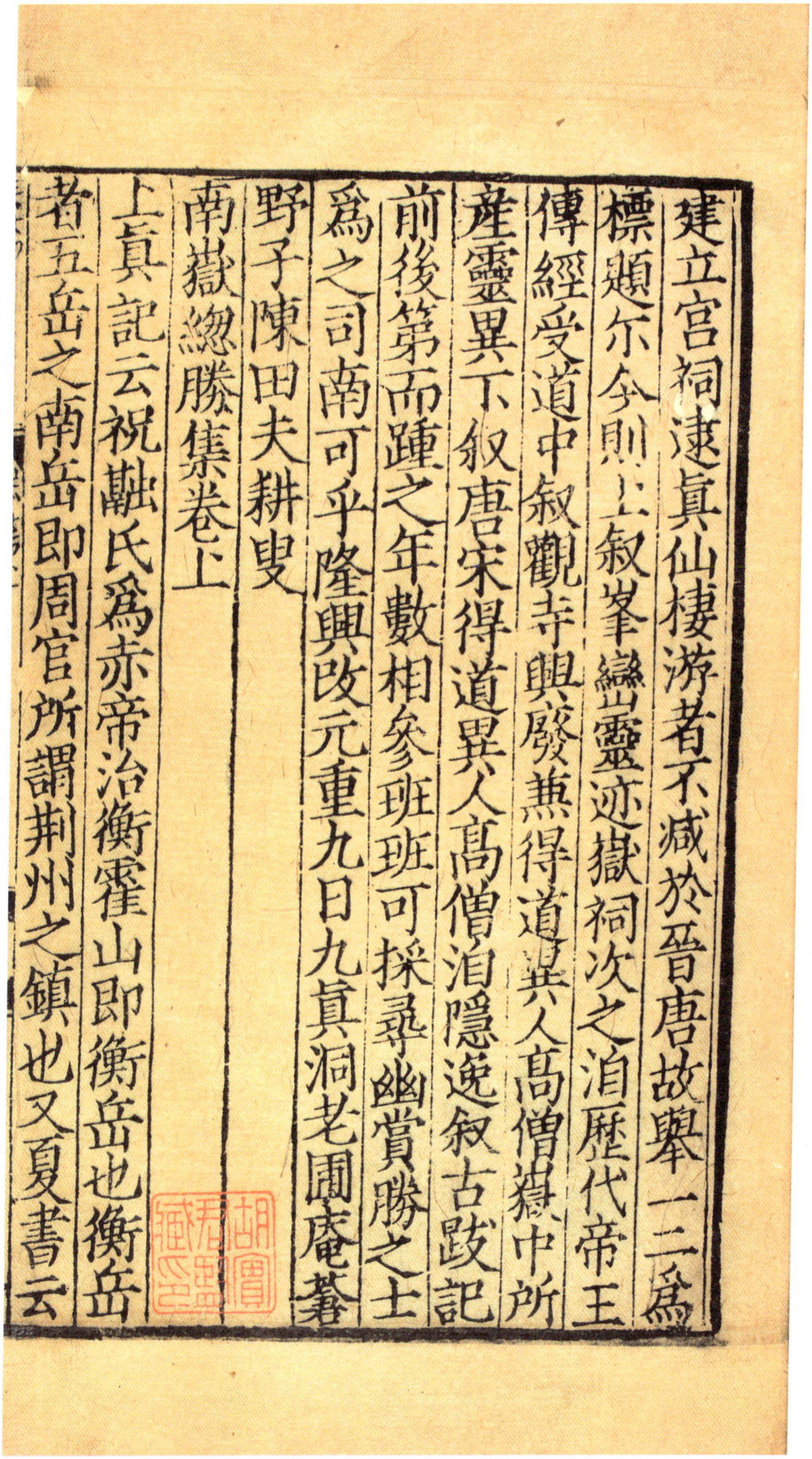

建立宮祠逮真仙棲游者不臧於晉唐故舉一二爲
標題尓今則上叙峯巒靈迹嶽祠次之洎歷代帝王
傳經受道中叙觀寺興廢兼得道異人高僧嶽中所
産靈異下叙唐宋得道異人高僧洎隱逸叙古跋記
前後第而踵之年數相參班班可採尋幽賞勝之士
爲之司南可乎隆興改元重九日九真洞老圃庵簪
野子陳田夫耕叟

南嶽總勝集卷上

上真記云祝融氏爲赤帝治衡霍山即衡岳也衡岳
者五岳之南岳即周官所謂荆州之鎮也又夏書云

00567 南嶽總勝集三卷 （宋）陳田夫撰　宋刻本

匡高19.5厘米，廣12.6厘米。半葉十行，行二十字，黑口，左右雙邊。有“王氏元伯”、“郎園”等印。國家圖書館藏。

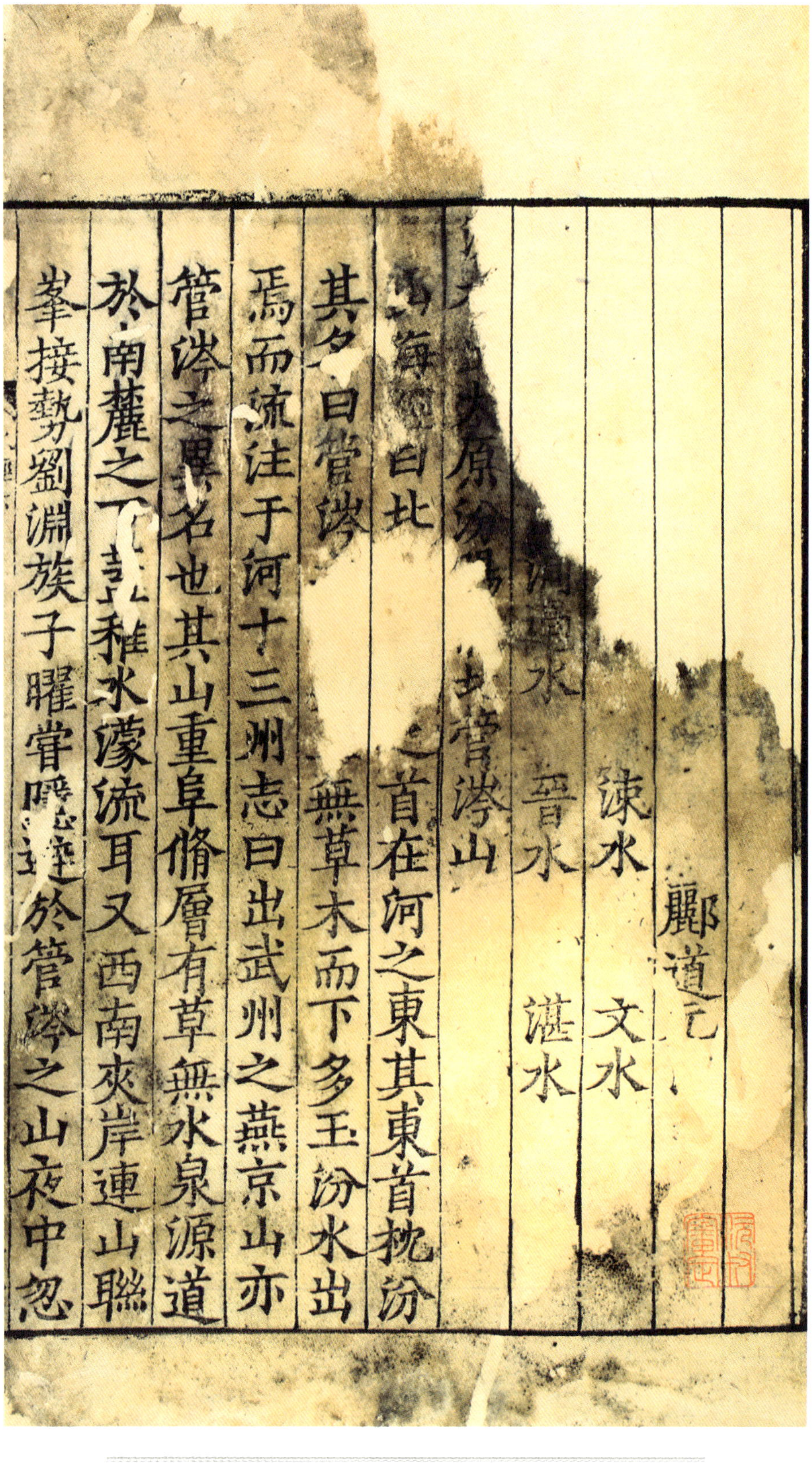
酈道元
涑水　文水
[illegible]水　晉水　湛水
汾水出太原汾陽縣北管涔山
山海經曰北[illegible]之首在河之東其東首枕汾
其名曰管涔　無草木而下多玉汾水出
焉而流注于河十三州志曰出武州之燕京山亦
管涔之異名也其山重阜脩巖有草無水泉源道
於南麓之下蓋稚水潨流耳又西南夾岸連山聯
峯接勢劉淵族子曜嘗隱避於管涔之山夜中忽

00568 水經注四十卷　（北魏）酈道元撰　宋刻本

匡高21.8厘米，廣16.6厘米。半葉十一行，行二十字，白口，左右雙邊。有“克文五福”、“朱經私印”、“藏園秘笈孤本”等印。袁克文、張宗祥跋。國家圖書館藏，存十二卷。

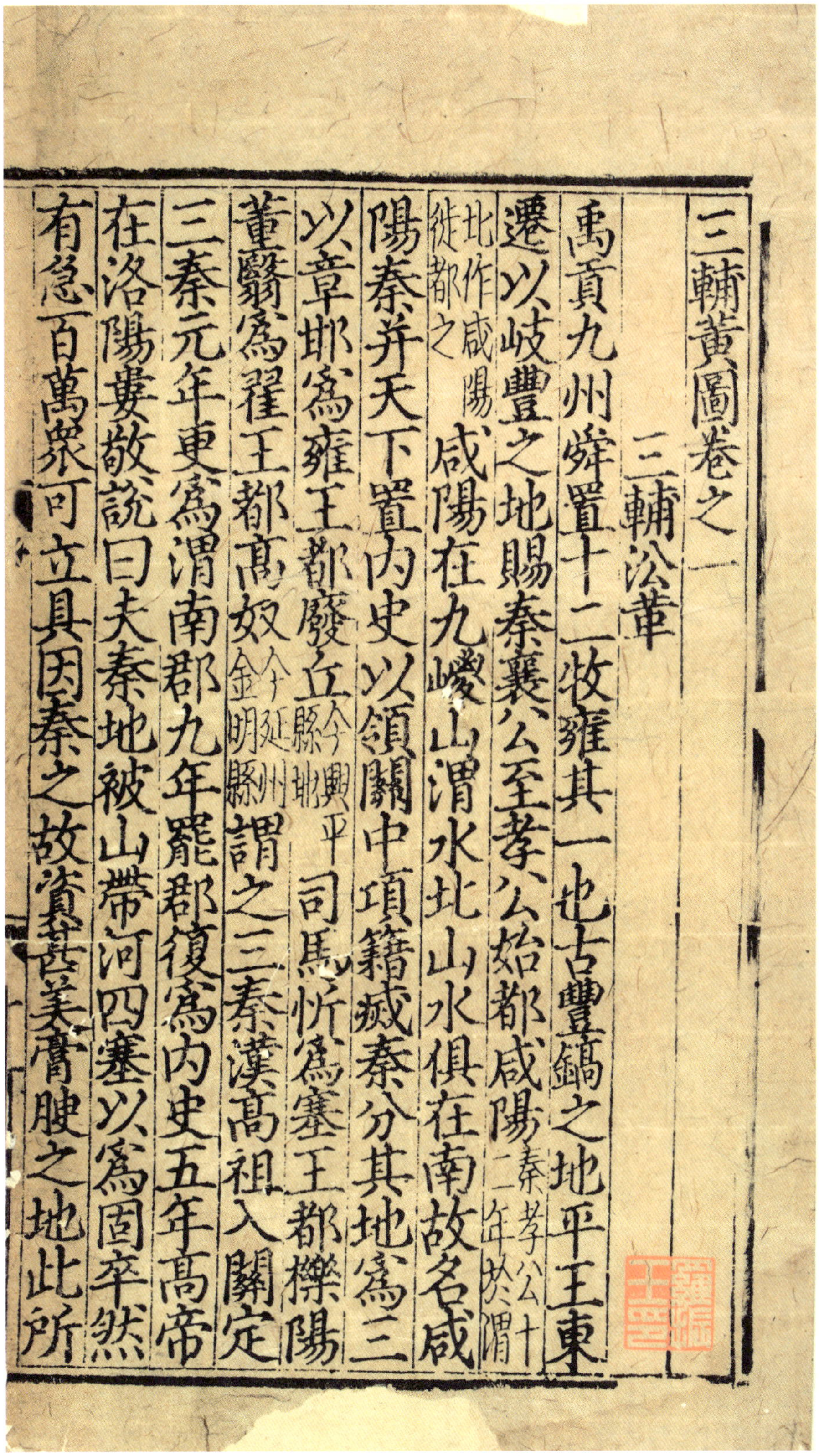
三輔黃圖卷之一
三輔沿革
禹貢九州舜置十二牧雍其一也古豐鎬之地平王東遷以岐豐之地賜秦襄公至孝公始都咸陽（秦孝公十二年於渭北作咸陽徙都之）咸陽在九嵕山渭水北山水俱在南故名咸陽秦并天下置内史以領關中項籍滅秦分其地爲三以章邯爲雍王都廢丘（今興平縣地）司馬欣爲塞王都櫟陽董翳爲翟王都高奴（今延州金明縣）謂之三秦漢高祖入關定三秦元年更爲渭南郡九年罷郡復爲内史五年高帝在洛陽婁敬說曰夫秦地被山帶河四塞以爲固卒然有急百萬衆可立具因秦之故資甚美膏腴之地此所

00569 三輔黃圖六卷 元致和元年（1328）余氏勤有堂刻本

匡高18.6厘米，廣11.9厘米。半葉十一行，行二十一字，小字雙行同，細黑口，四周雙邊。有“致和戊辰夏五余氏勤有堂刊”牌記。有“羅振玉印”、“涵芬樓”等印。國家圖書館藏。

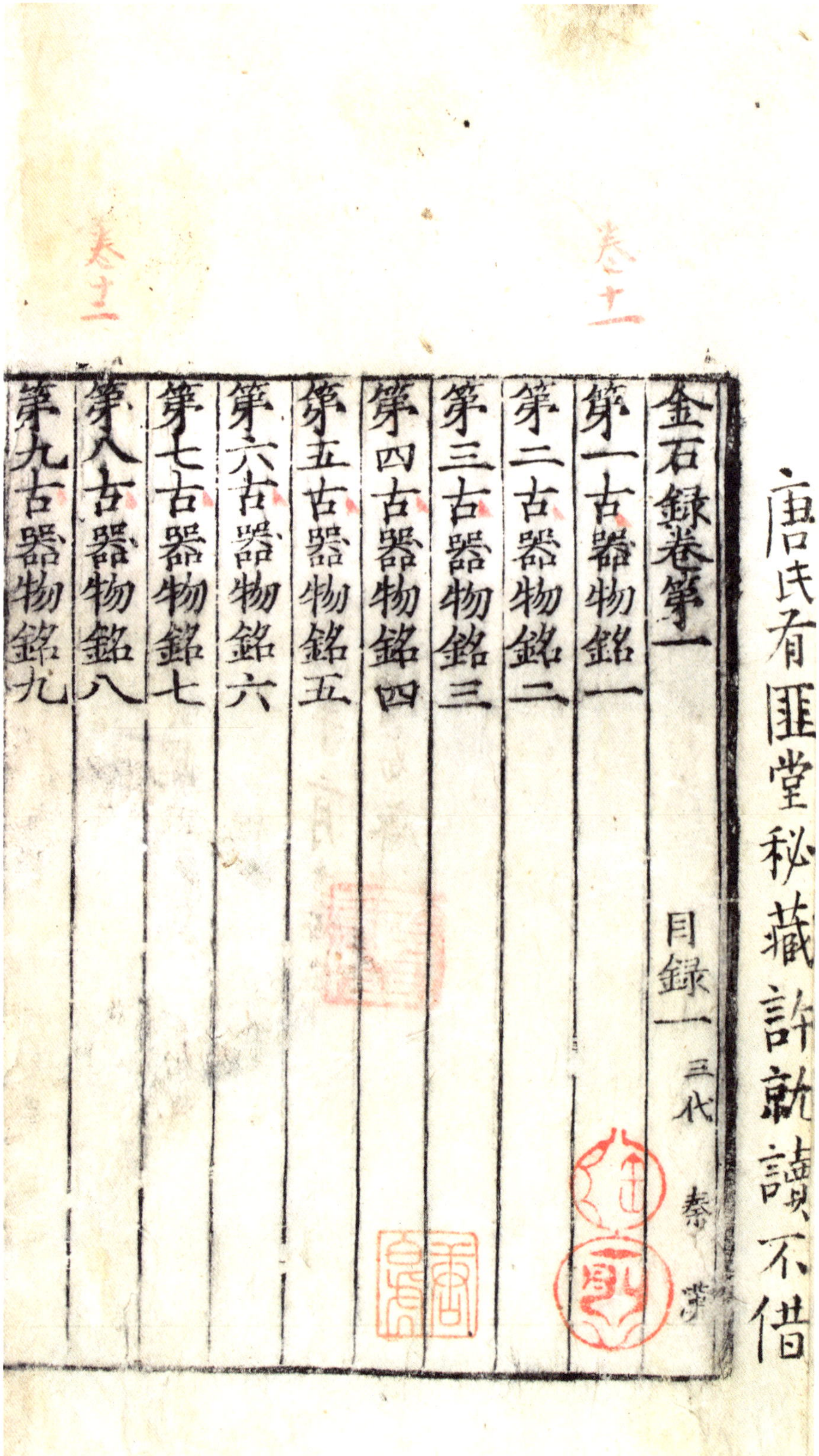

00570 金石録三十卷 （宋）趙明誠撰　宋淳熙龍舒郡齋刻本（有抄配）

匡高18.4厘米，廣14.1厘米。半葉十行，行二十一字，白口，左右雙邊。有“貞元”、“津逮樓”、“海鹽張元濟經收”等印。張元濟跋。國家圖書館藏。

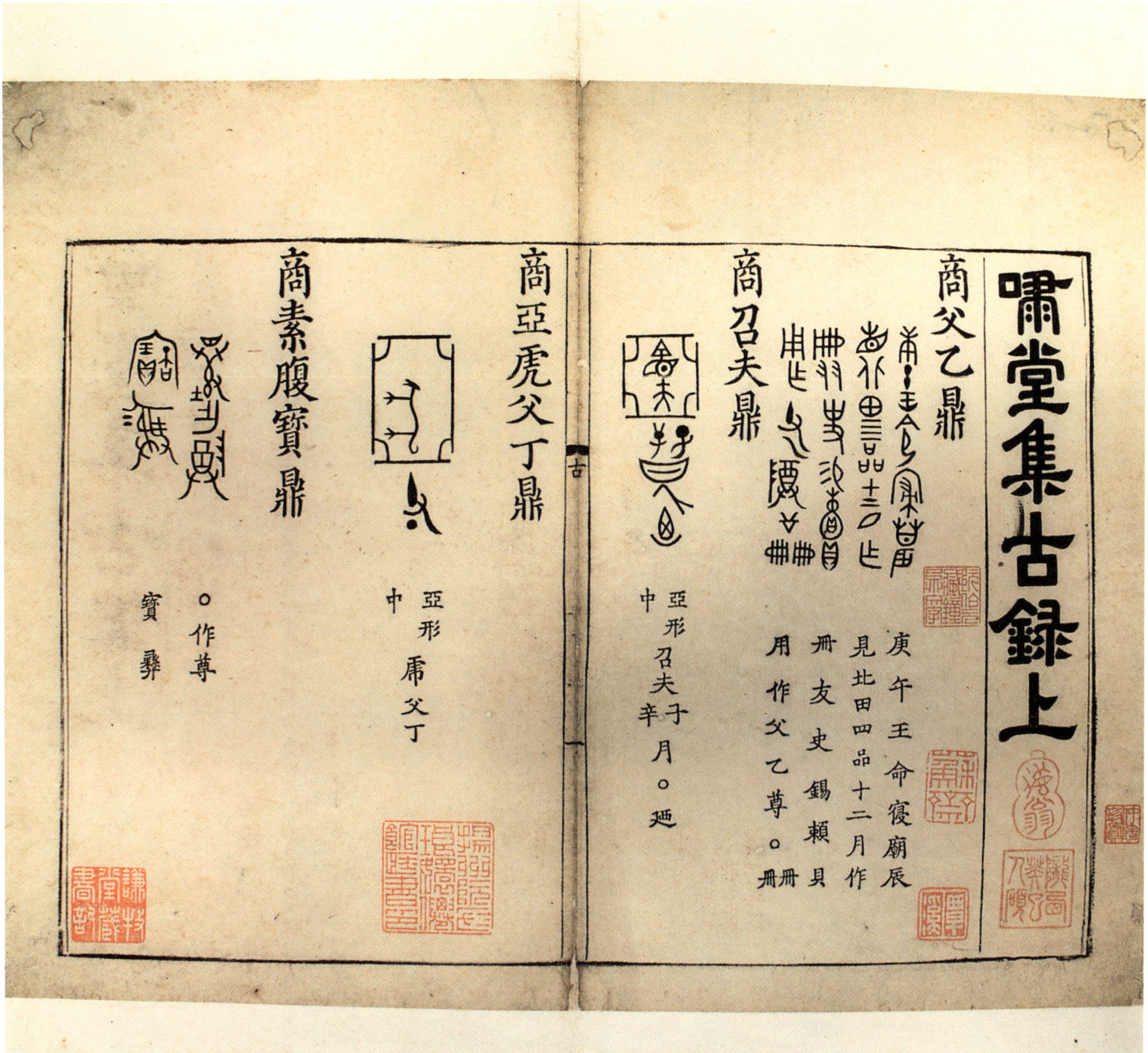

00571 嘯堂集古録二卷 （宋）王俅撰　宋刻本

匡高24.3厘米，廣18.2厘米。白口，左右雙邊。有“謙牧堂藏書記”、“翁方綱”、“阮元印”、“烏程蔣祖詒藏”等印。滕用亯、翁方綱、阮元、黄紹箕、鄭孝胥及朱文鈞等題識。國家圖書館藏。

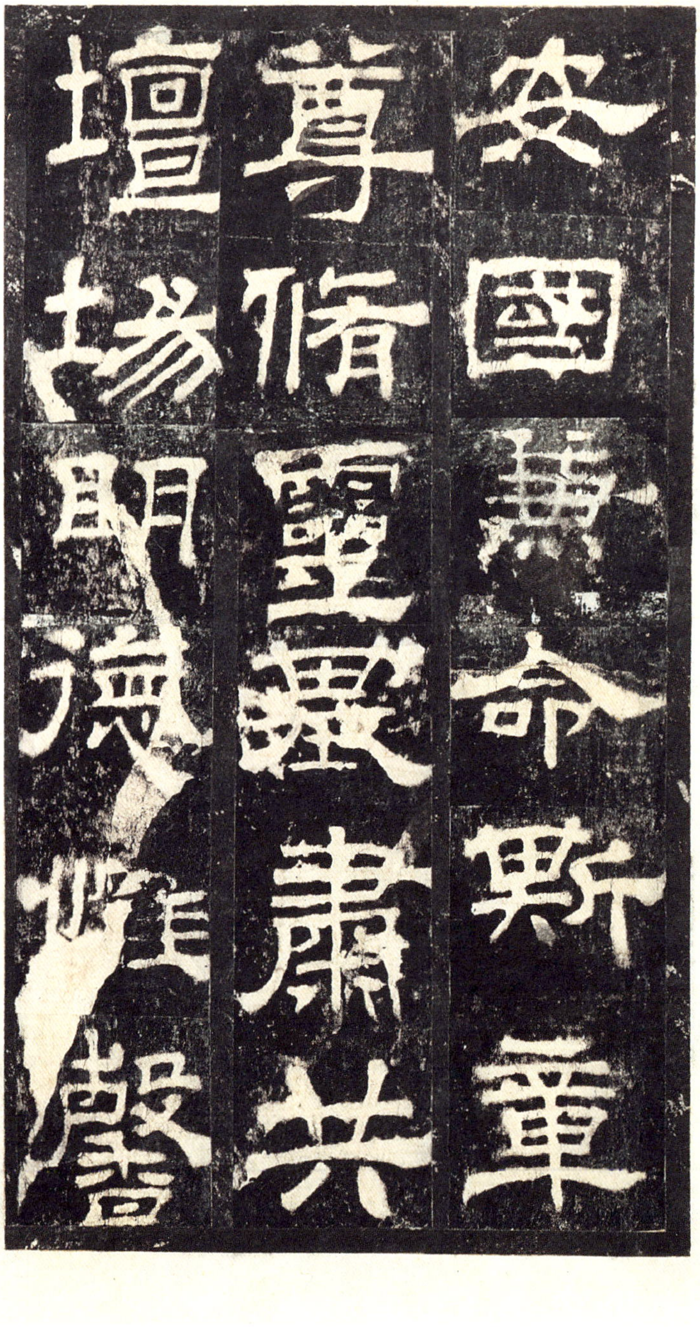

安國兼命斯章尊脩靈嶽肅共壇場明德惟馨

00572 華山廟碑 東漢延熹八年（165）刻石　宋拓本

十九開。墨本高22.3厘米，廣12.8厘米。劉墉、朱文翰題簽，郭宗昌、王宏撰、王鐸、黄鉞、朱筠、沈荃、梁章鉅、王瓘、阮元、羅振玉等跋，梁章鉅、李葆恂、余大鴻、王瓘、徐世昌等觀款。故宫博物院藏。

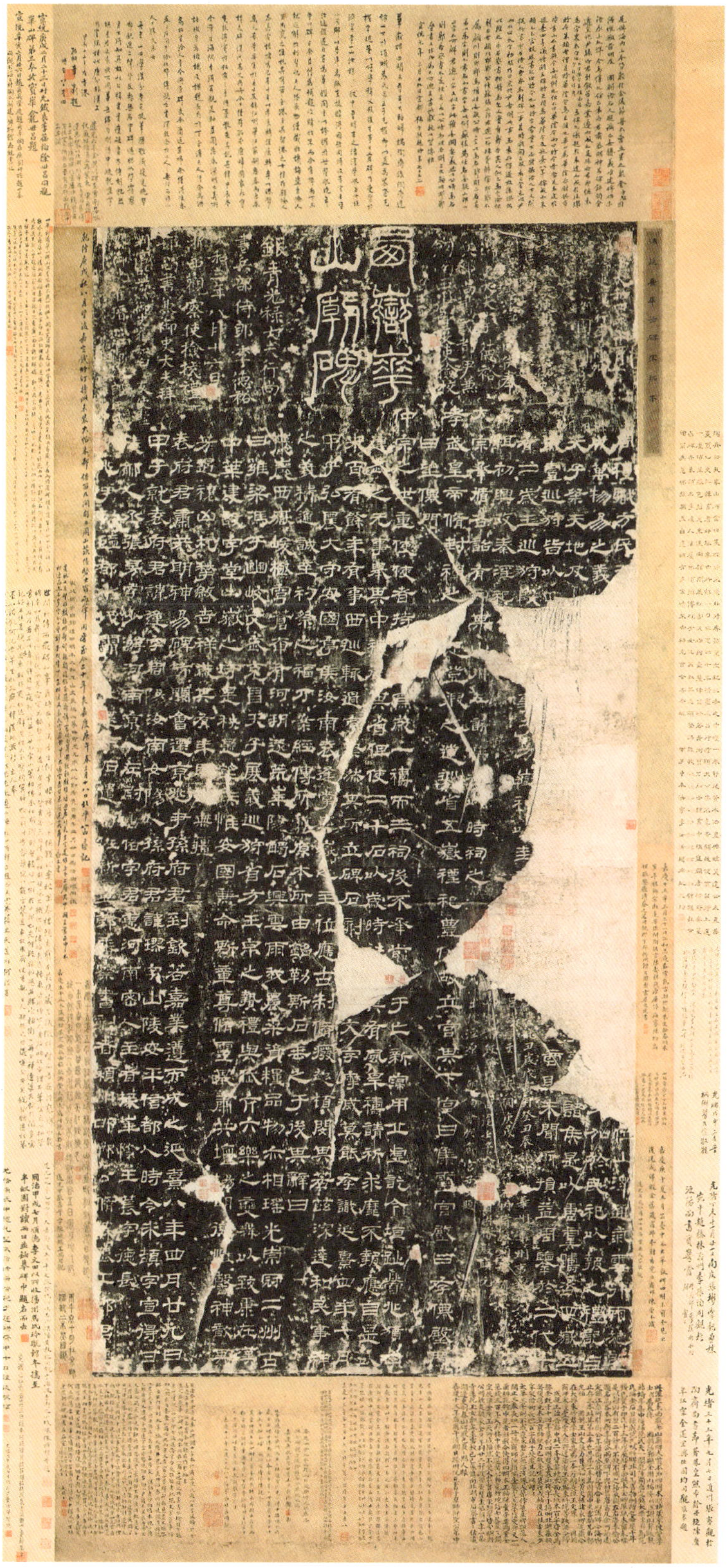

00573 華山廟碑 東漢延熹八年（165）刻石　元拓本

墨本高175厘米，廣84.8厘米。阮元、翁方綱、陳崇本、何紹基、楊守敬、李汝謙、章士釗等跋，張岳崧、張穆、葉德輝、錢泳、張謇、李葆恂、張問陶、陳寶琛等觀款。一説此本爲明拓。故宫博物院藏。

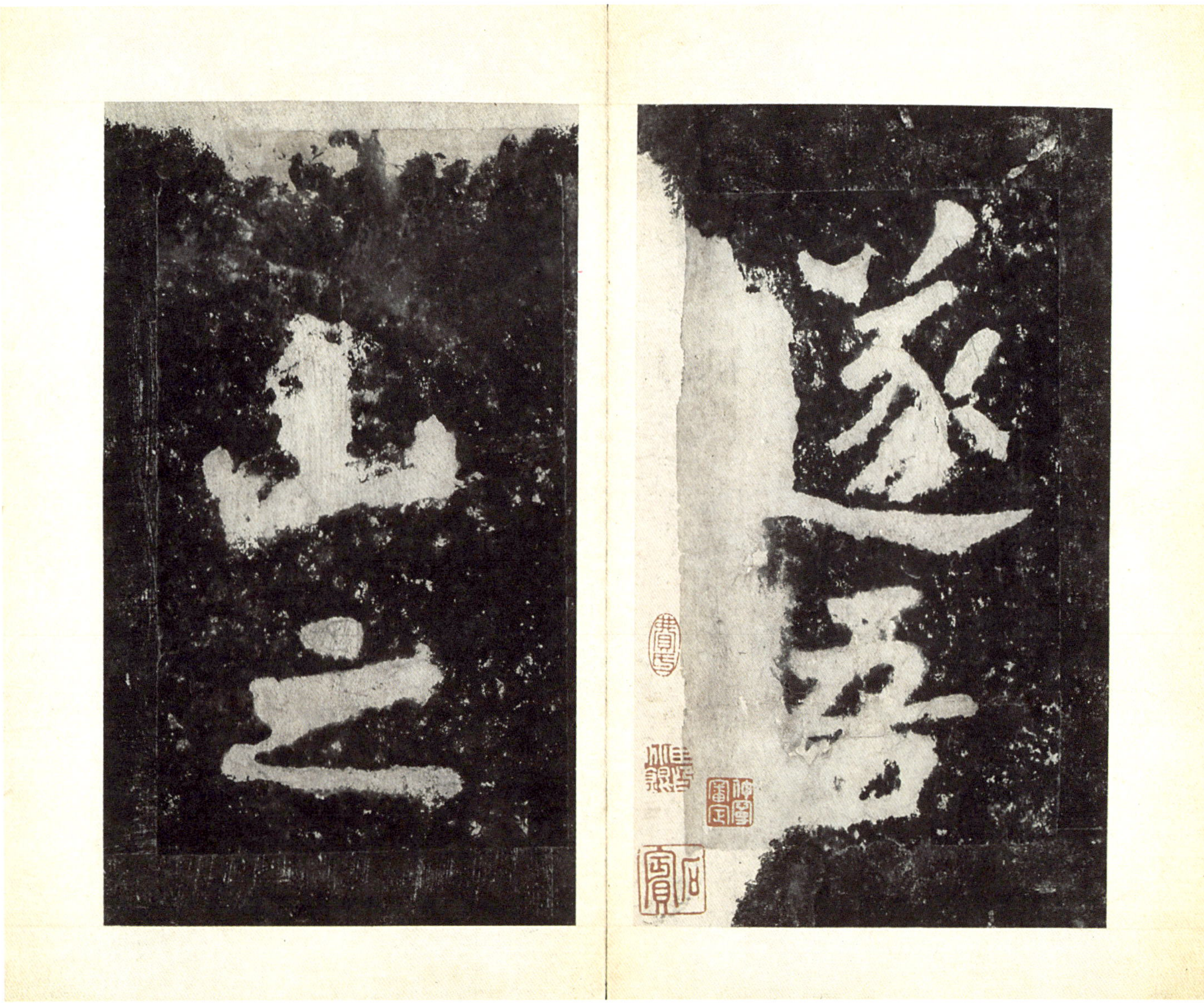

00574 瘞鶴銘 （梁）華陽真逸撰文 上皇山樵書 南朝梁刻石 宋拓本

此本爲仰面石，原六行，共三十字。後剪裱爲七開半。墨本高24.5厘米，廣14.6厘米。系落水之前仰石本。潘寧題簽，王文治、潘寧等跋。故宫博物院藏。

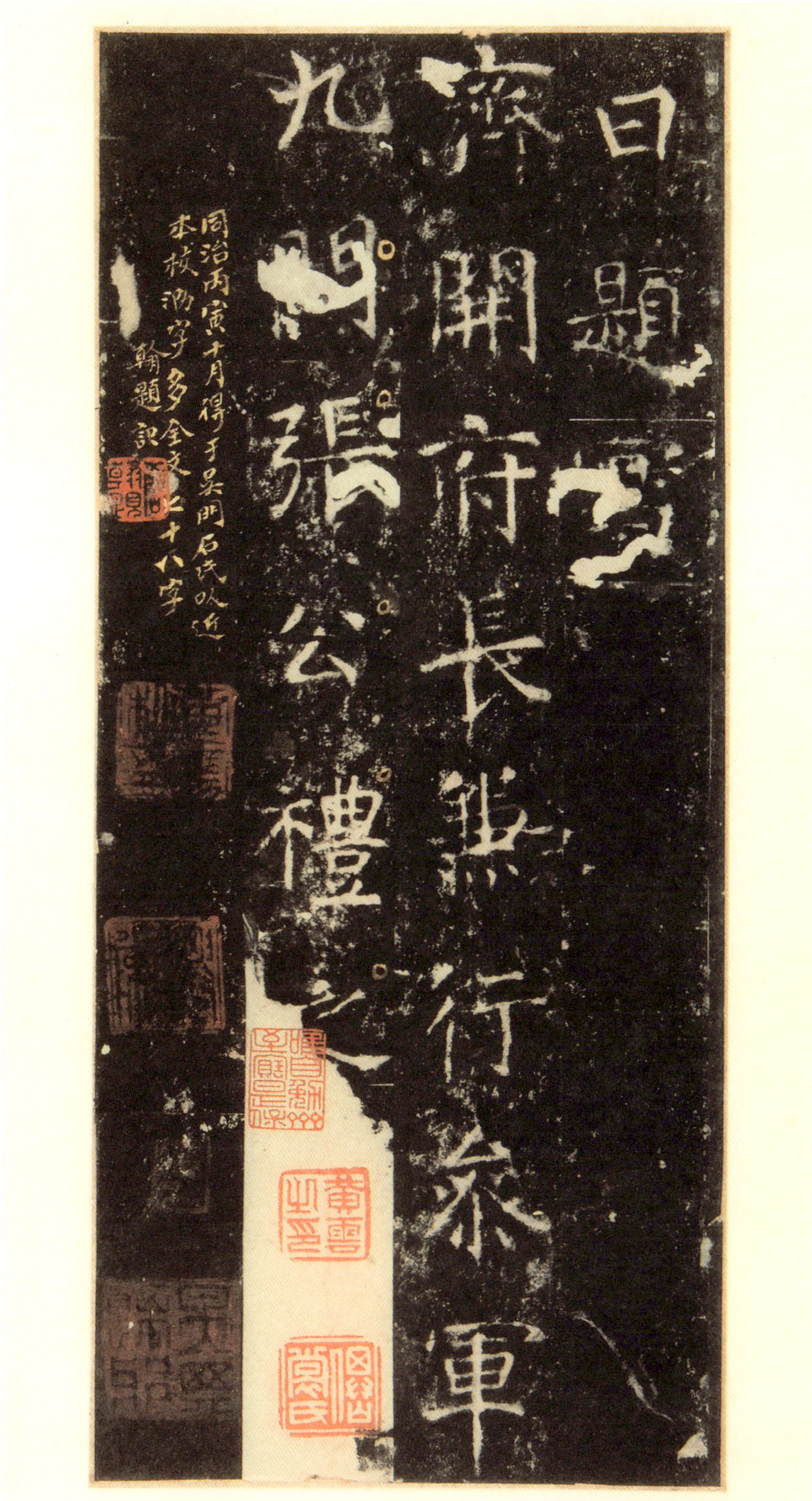

00575 龍藏寺碑　（隋）張公禮撰文　隋開皇六年（586）刻石　元拓本

二十七開，碑文二十四開。墨本高25.6厘米、廣11.2厘米。黄雲、沈樹鏞跋，唐翰題校記，莫友芝署端，費念慈題簽。上海圖書館藏。

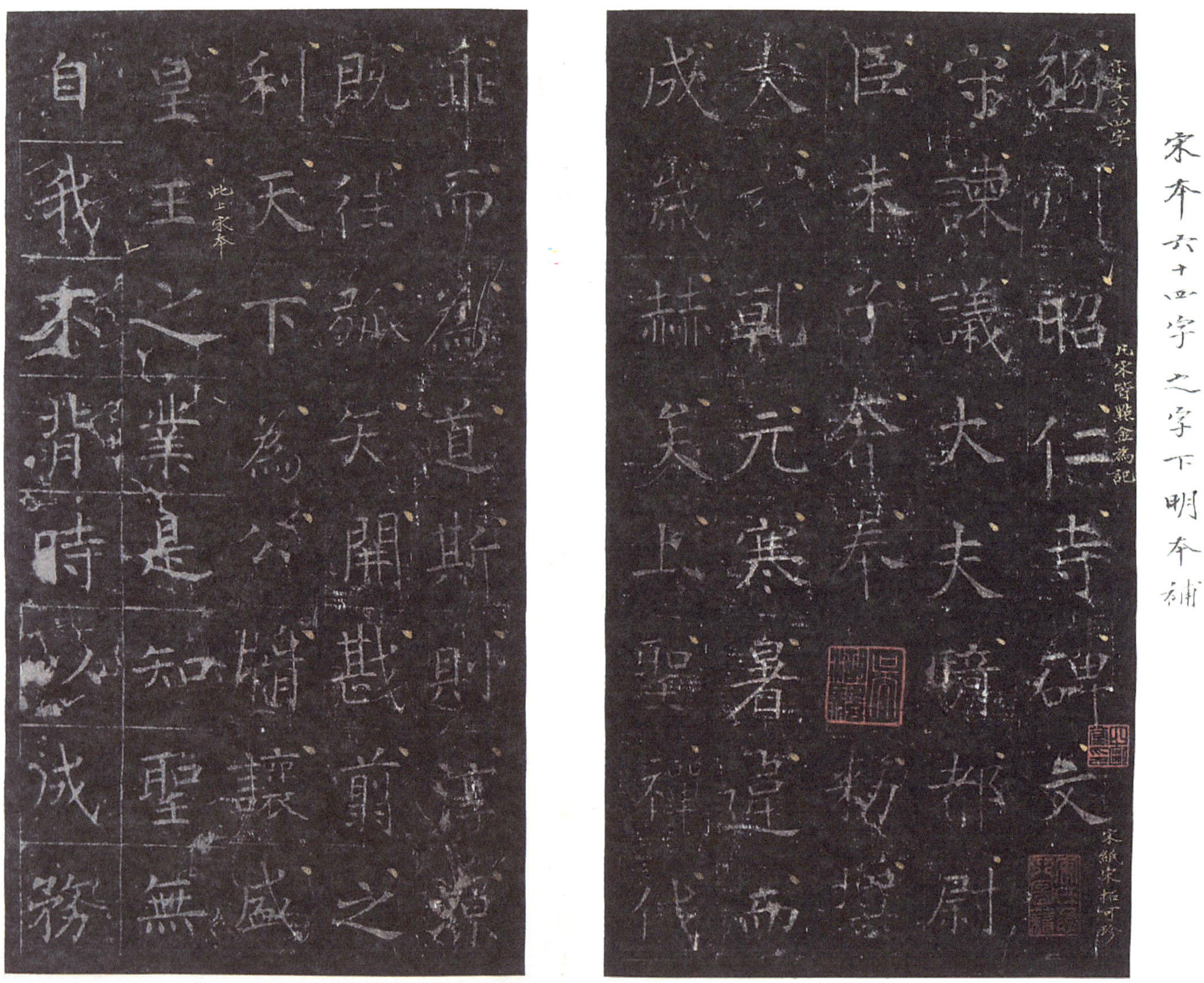

00576 昭仁寺碑 （唐）朱子奢撰文　唐貞觀四年（630）刻石　宋拓本

四十開。墨本高24.2厘米、廣13.3厘米。有“吴湖帆潘静淑所藏書畫精品”、“安紹芳印”等印。吴湖帆題識。北京大學圖書館藏。

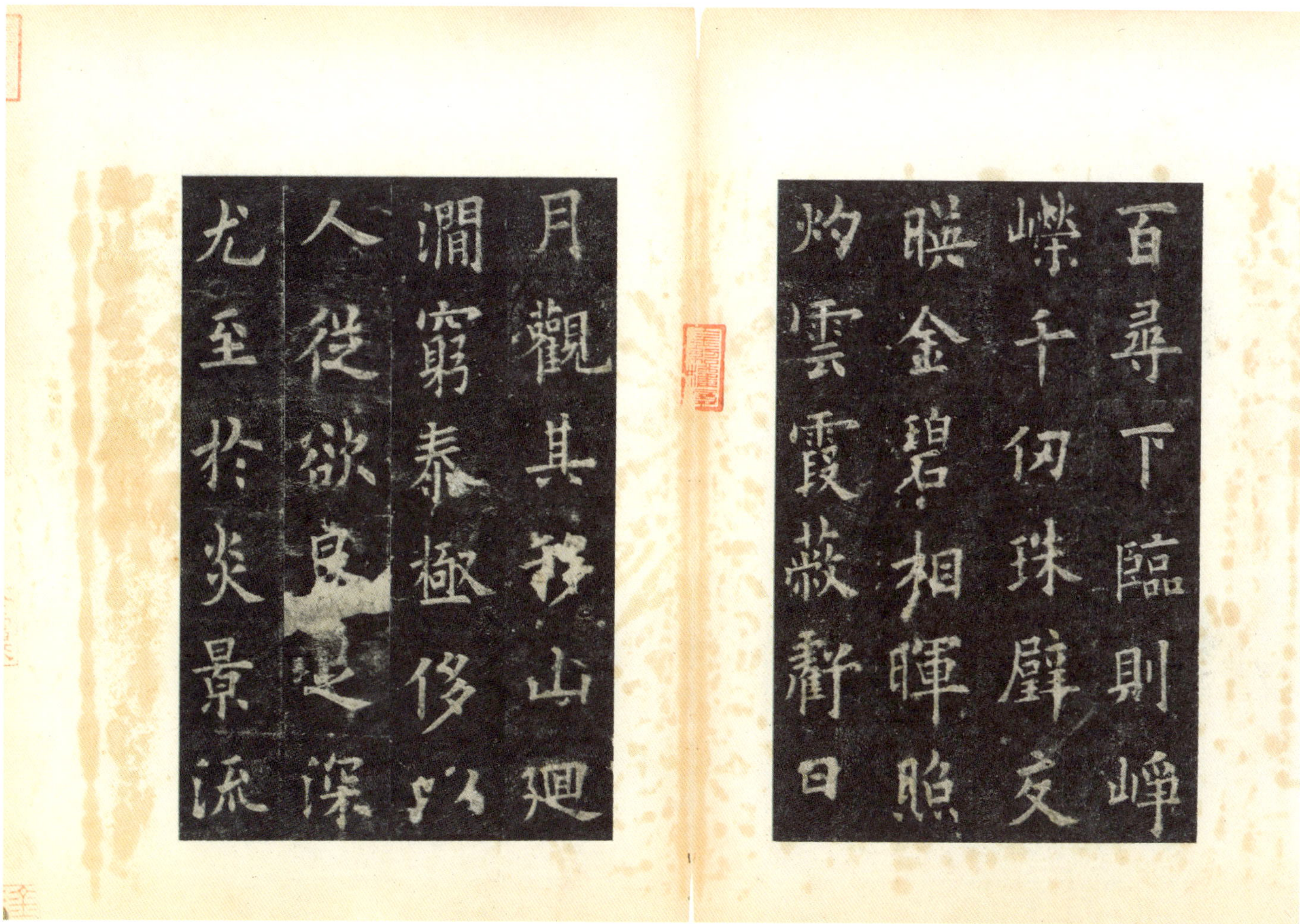
百尋下臨則崢
嶸千仞珠璧交
暎金碧相暉照
灼雲霞蔽虧日
月觀其移山廻
澗窮泰極侈以
人從欲良足深
尤至於炎景流

00577 九成宮醴泉銘 （唐）魏徵撰文 （唐）歐陽詢書 唐貞觀六年（632）刻石 宋拓本

二十五開半。其中額一開半，碑文二十四開。碑額墨本高22.8厘米、廣11.8厘米，碑文墨本高20.9厘米、廣13.9厘米。此本“雲霞蔽虧”之“霞蔽虧”三字未損，“長廊四起”之“四”字下半未泐，較其它拓本多三十餘字。有“志存高遠”等印。張效彬、張彦生跋，并張效彬致張彦生信劄一通。故宫博物院藏。

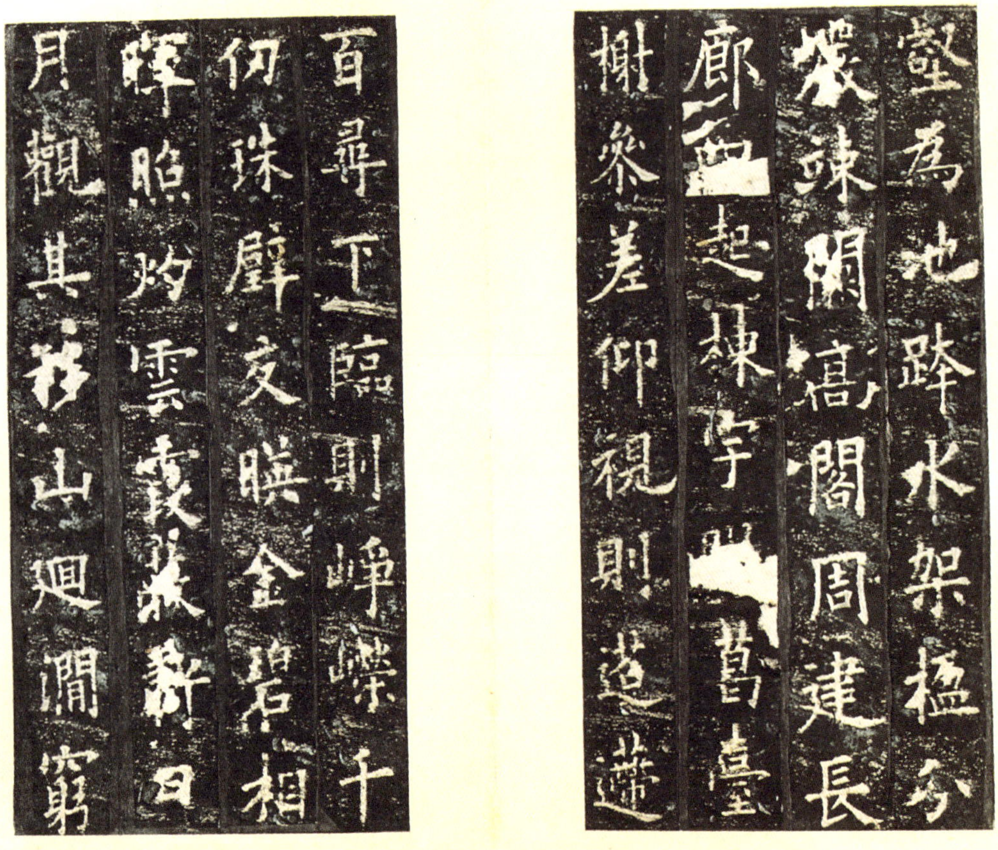
壑為池跨水架楹分
巖竦闕高閣周建長
廊四起棟宇[膠]葛臺
榭參差仰視則迢遰
百尋下臨則崢嶸千
仞珠璧交暉金碧相
暎照灼雲霞蔽虧日
月觀其移山迴澗窮

00578 九成宮醴泉銘 （唐）魏徵撰文　（唐）歐陽詢書　唐貞觀六年（632）刻石　宋拓本

庫裝本。十七開半。墨本高27厘米，廣13.7厘米。朱翼盦跋。故宮博物院藏。

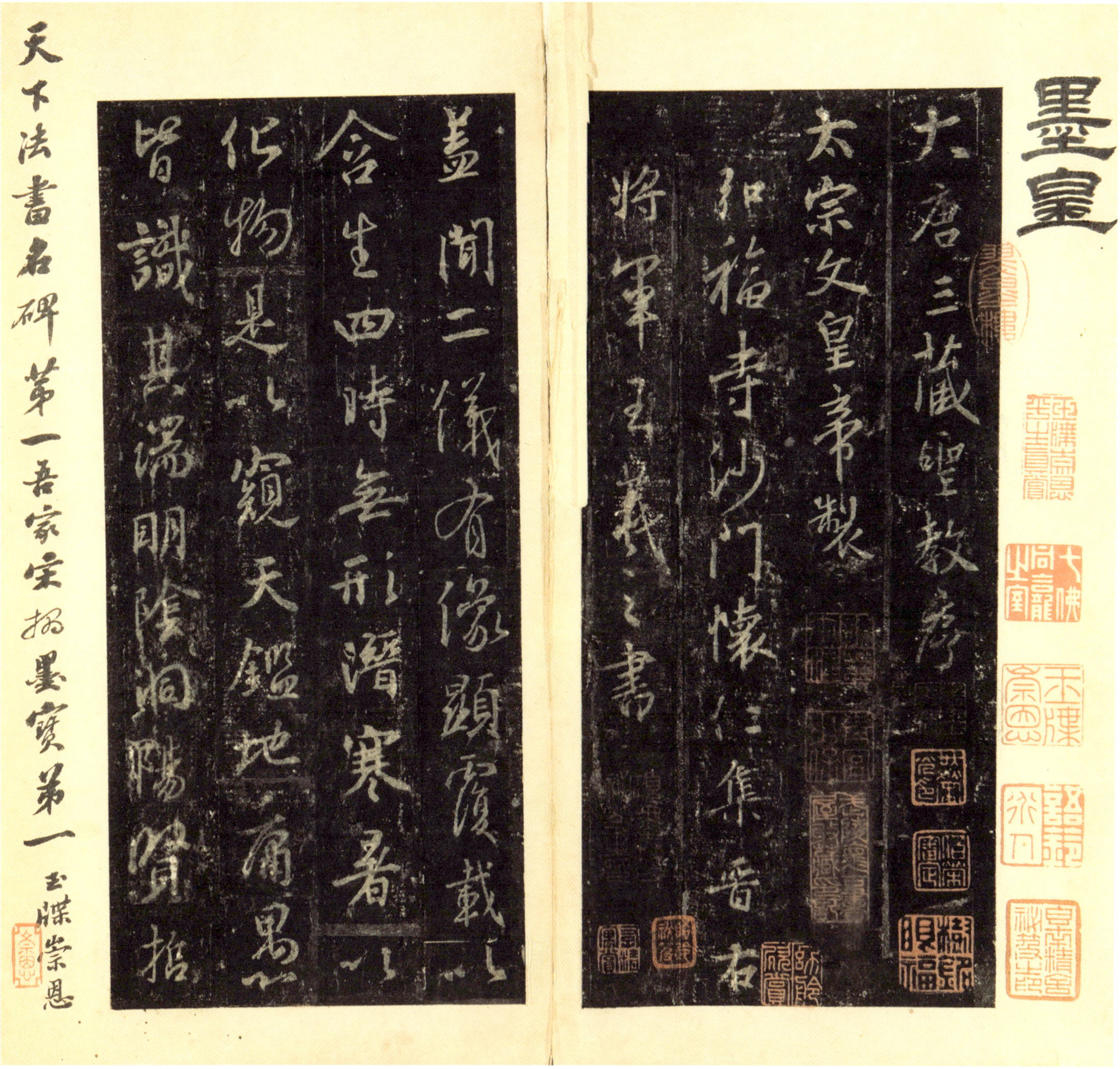

00579 懷仁集王聖教序 （唐）太宗李世民撰文序 （唐）高宗李治撰文記 （唐）釋懷仁集王羲之書 唐咸亨三年（672）刻石 宋拓本

四十六開，其中聖教序碑文二十五開，前有崇恩題詩一開，後有題跋題詩十五開，何紹基題詩二開。墨本高25.6厘米，廣12厘米。崇恩批注。帖首頁右上有崇恩墨書“墨皇”二字，故稱此帖“墨皇本聖教序”。其文中“顯揚”二字未損。天津博物館藏。

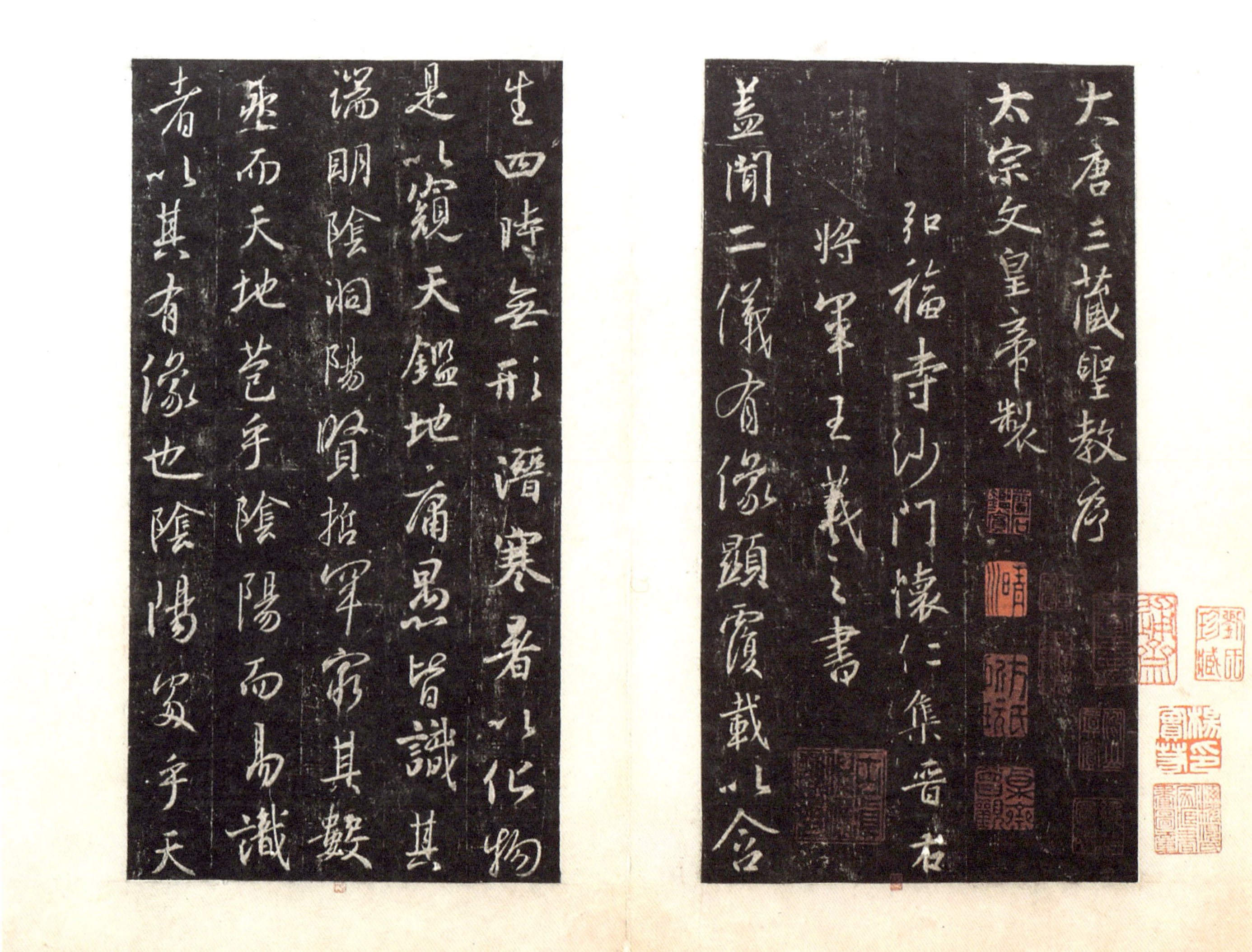
大唐三藏聖教序
太宗文皇帝製
弘福寺沙門懷仁集晉右
將軍王羲之書
蓋聞二儀有像顯覆載以含
生四時無形潛寒暑以化物
是以窺天鑑地庸愚皆識其
端明陰洞陽賢哲罕窮其數
然而天地苞乎陰陽而易識
者以其有像也陰陽處乎天

00580 懷仁集王聖教序　（唐）太宗李世民撰文序　（唐）高宗李治撰文記　（唐）釋懷仁集王羲之書　唐咸亨三年（672）刻石　宋拓本

三十六開。墨本高35.5厘米，廣23厘米。碑身未斷前拓本。董其昌題記，郭尚先跋。西安碑林博物館藏。

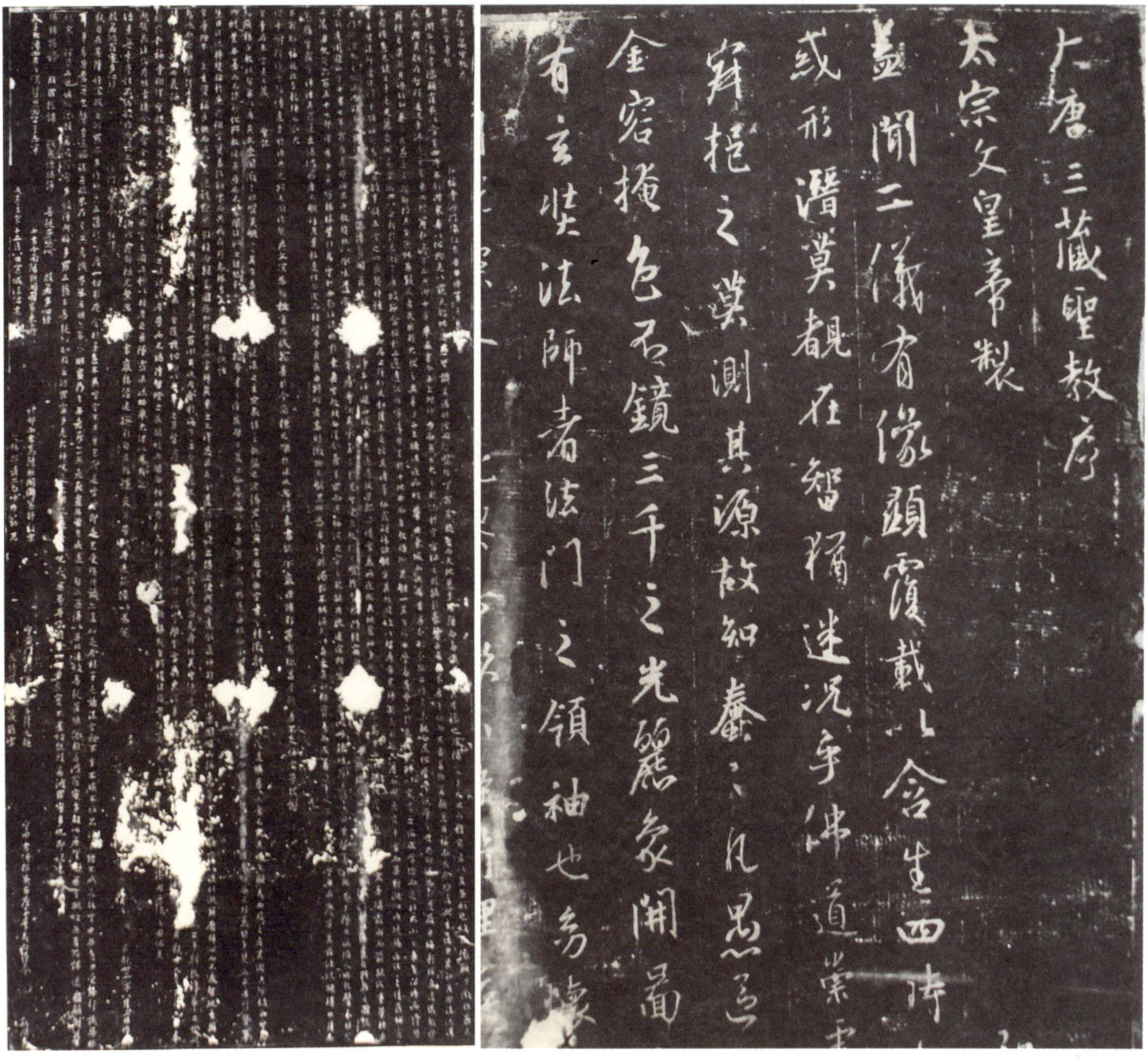

00581 懷仁集王聖教序 （唐）太宗李世民撰文序　（唐）高宗李治撰文記　（唐）釋懷仁集王羲之書　唐咸亨三年（672）刻石　南宋拓本

墨本高206厘米，廣95厘米。此拓本爲1973年整修西安碑林之石臺孝經碑時，在碑石接縫處發現。西安碑林博物館藏。

00582 郎官石柱記 （唐）陳九言撰文 （唐）張旭書 唐開元二十九年（741）刻石 宋拓本

七開。墨本高24.6厘米，廣20.1厘米。王鏊、王世貞、王世懋、仝軌、劉青藜、劉青芝、錢樾、翁方綱、何紹基等跋。上海博物館藏。

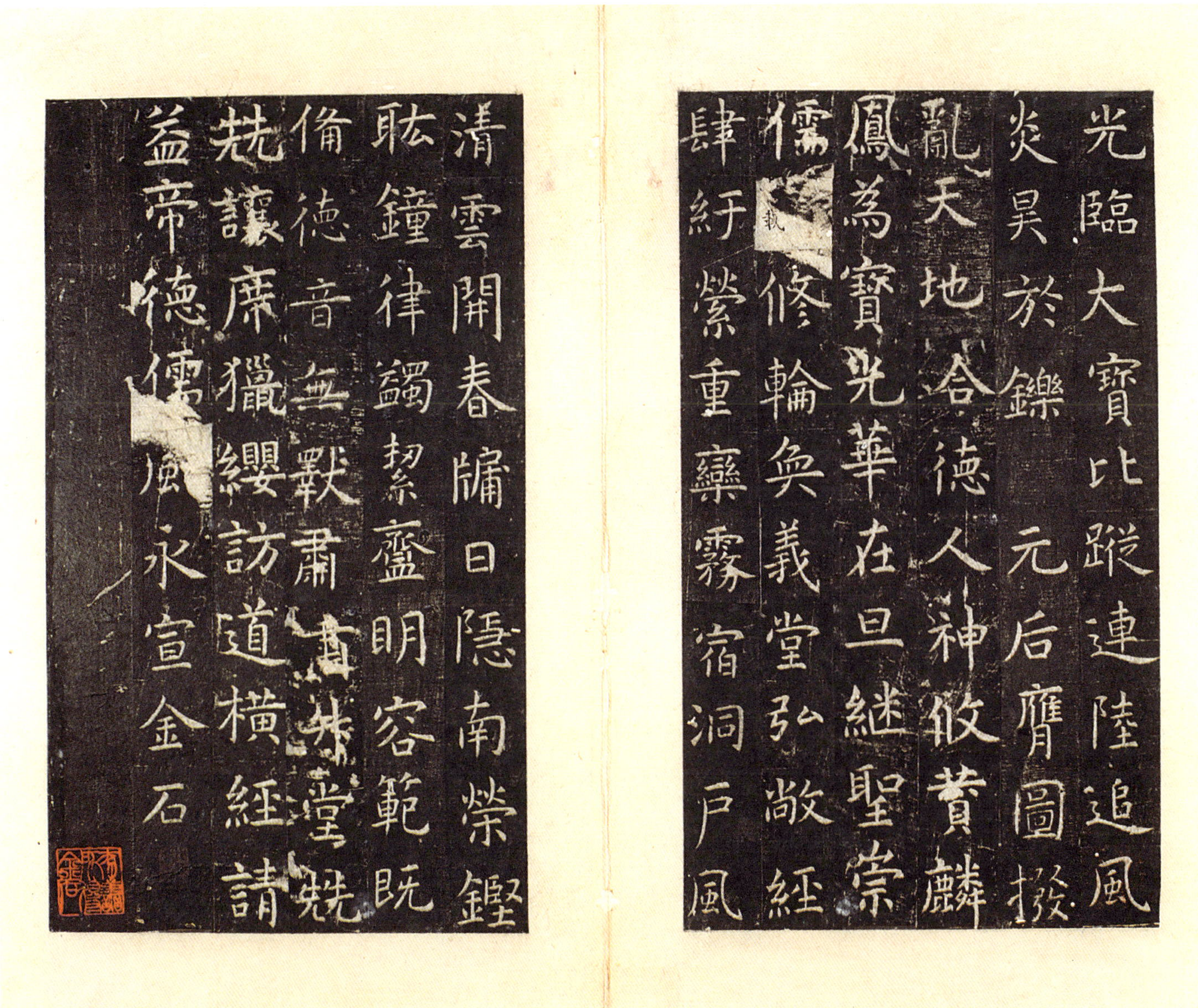

00583 孔子廟堂碑 （唐）虞世南撰文并書　（唐）睿宗李旦篆額　宋刻石　宋拓本

十七開半。墨本高28.5厘米，廣16.3厘米。楷書。“永宣金石”四字未損。覺菴題簽，包世臣、宋葆淳、趙懷玉等跋，姚鼐等觀款。有“順治三年七月初二日欽賜大學士臣宋權恭記”等印。故宮博物院藏。

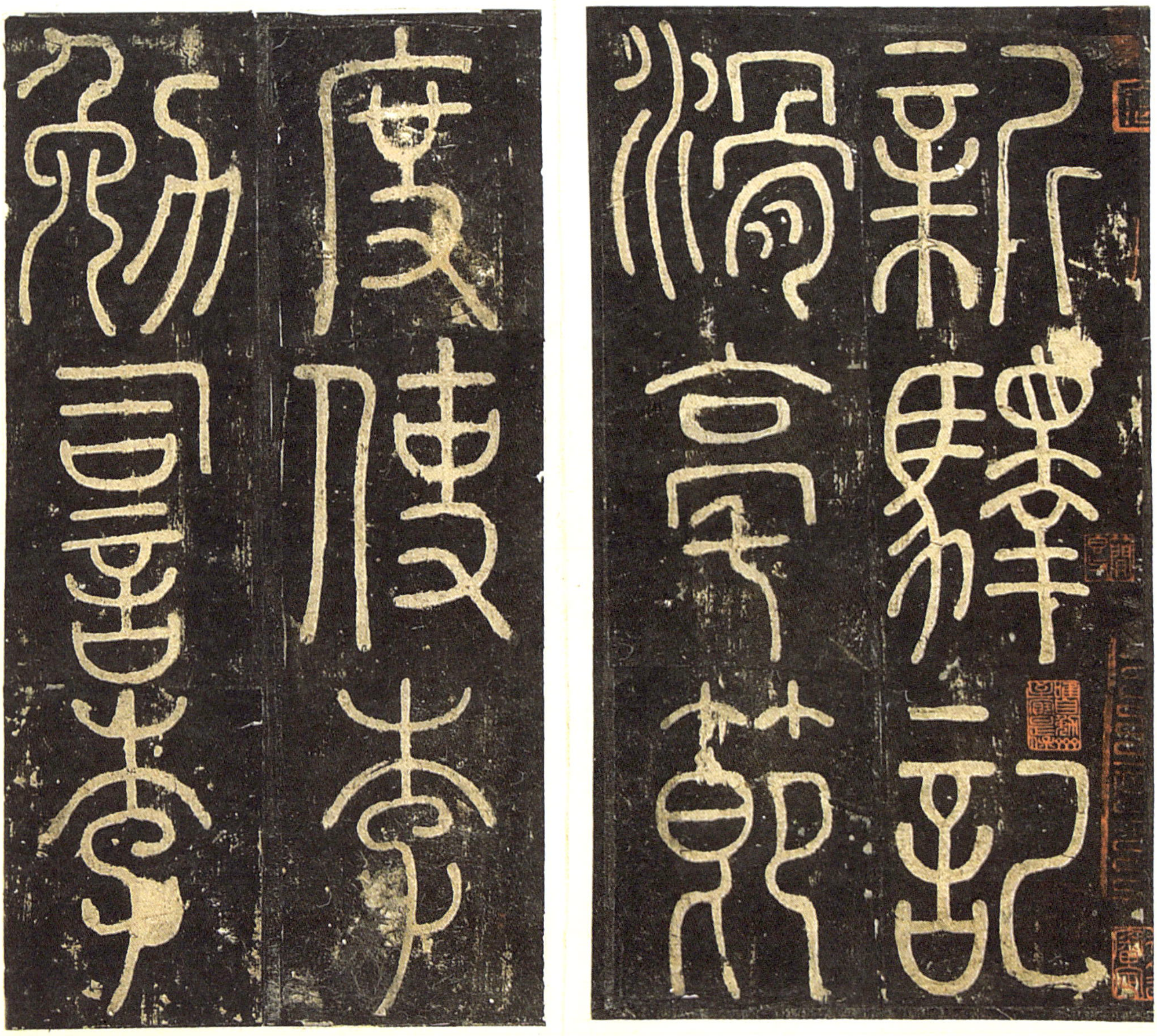

00584 滑臺新驛記 （唐）李勉撰文 （唐）李陽冰書 唐大曆九年（774）刻石 宋拓本

經折裝。篆書。唐翰題藏并補鈎缺頁。中國社會科學院考古研究所藏。

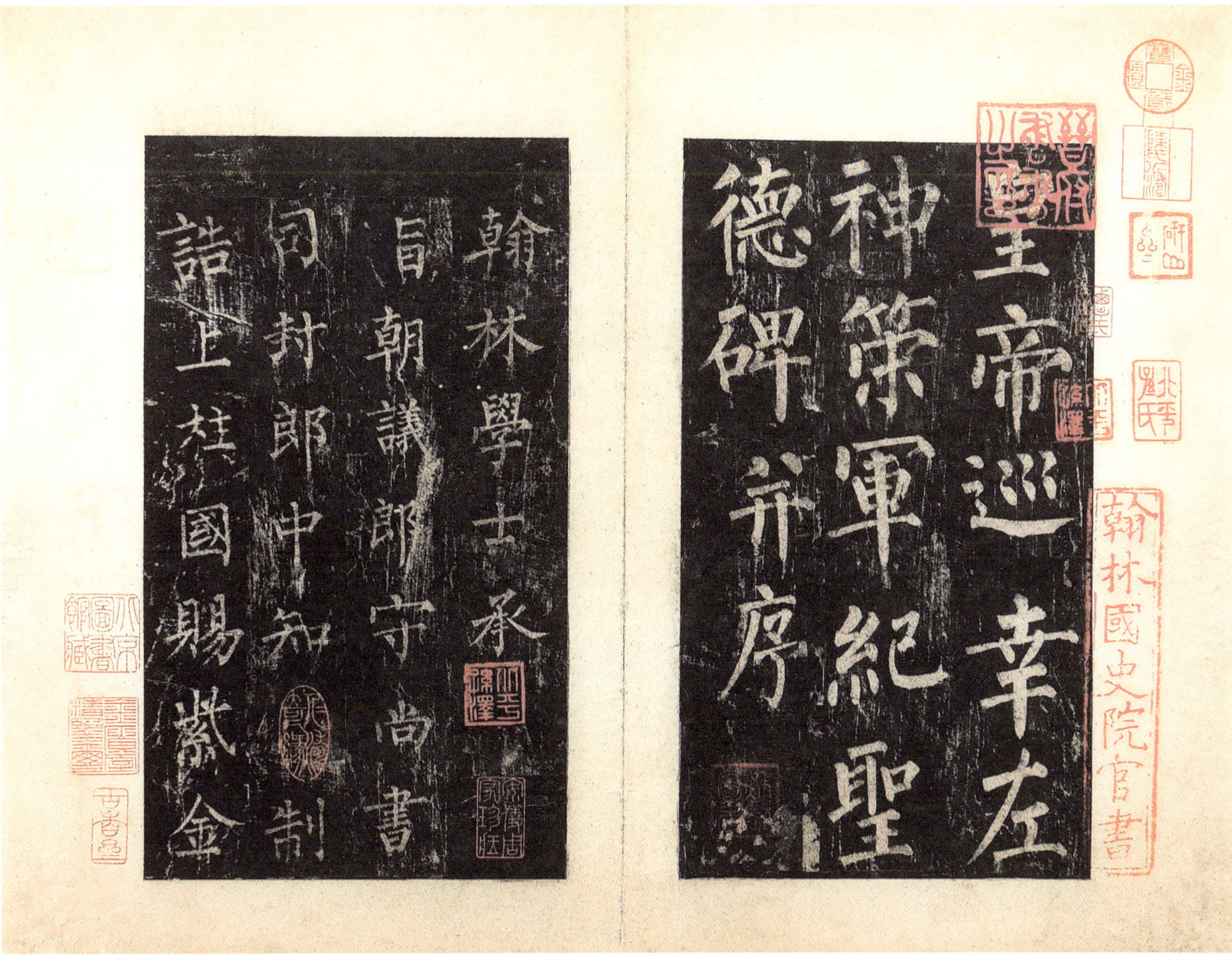

00585 神策軍碑 （唐）崔鉉撰文 （唐）柳公權書 唐會昌三年（843）刻石 宋拓本

二十八開半,其中跋一開半。墨本高26.5厘米，廣15.5厘米。孫承澤、姚元之等跋。末題“洪武六年閏十一月十八日收”。國家圖書館藏。

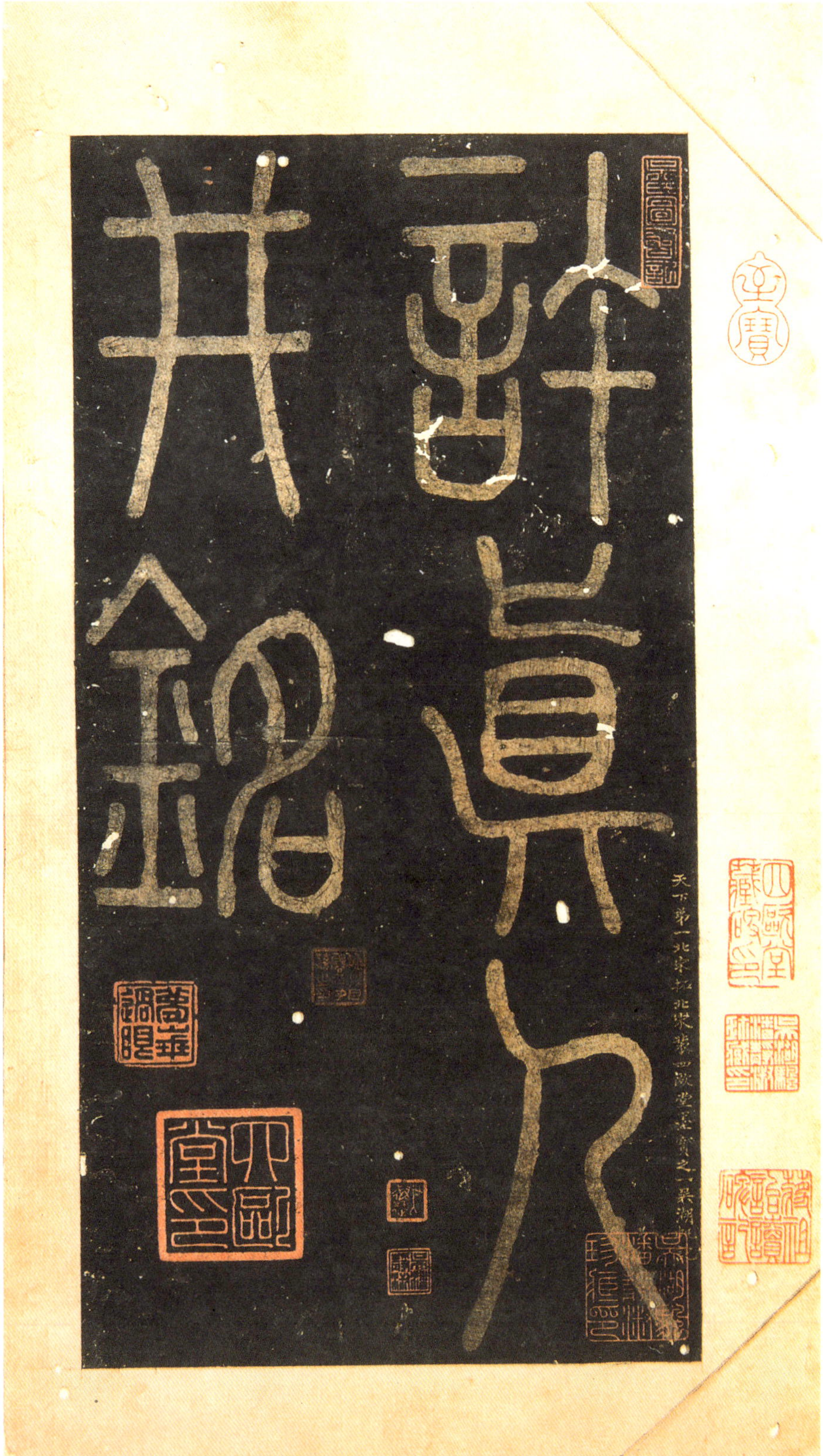

00586 許真人井銘　（五代）徐鉉撰文并書　十國南唐刻石　宋拓本

十一開，碑文六開半。墨本高32厘米，廣16.6厘米。趙之謙署端。錢坫、張廷濟、趙之謙、吳湖帆等跋，陳廣宇、錢泳、馮敏昌、潘學敏、何元錫、倪稻孫、陳豫鍾、徐楙、陳承修、褚德彝、吳梅、葉恭綽、蔣祖詒等觀款。上海圖書館藏。

00587 水頭鑊銘 （宋）黄庭堅撰文并書　（宋）邢肅刊　北宋元祐二年（1087）刻石　宋拓本

剪裱本。八開。墨本高22厘米，廣13厘米。楷書。有"項氏芝房曾藏"等印。張伯英、崇恩跋。北京大學圖書館藏。

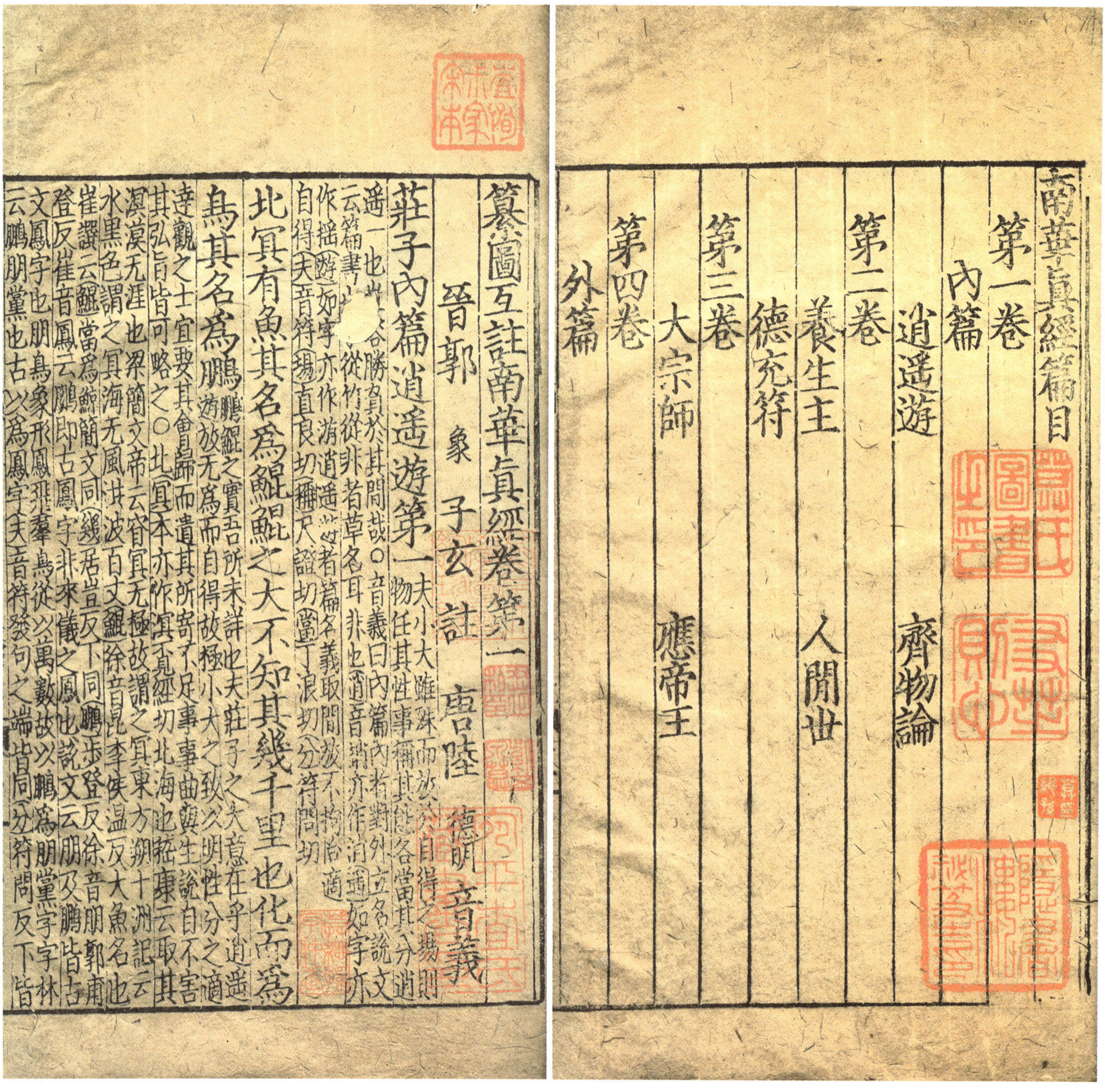

00588 纂圖互註四子四種 元覆刻宋建安書坊本

匡高18.2厘米，廣12.3厘米。半葉十一行，行二十一字，小字雙行二十五字，黑口，左右雙邊。有"宛平查氏藏書印"、"莫繩孫字仲武"等印。北京大學圖書館藏。

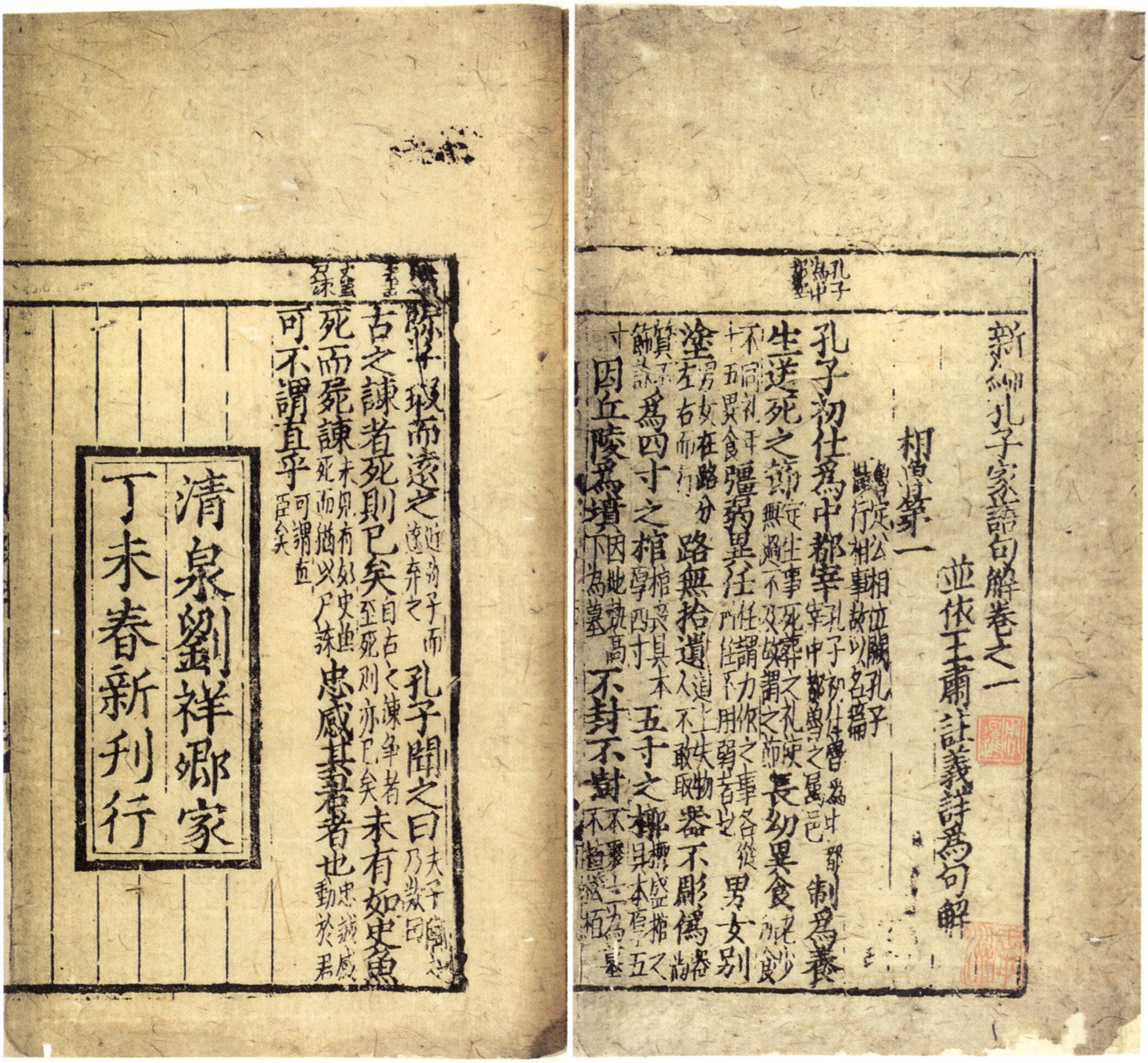

00589 新編孔子家語句解十卷 元至正二十七年（1367）劉祥卿家刻本

匡高16.2厘米，廣10.3厘米。半葉十行，行十九字，小字雙行同，細黑口，四周單邊或左右雙邊。有“清泉劉祥卿家丁未春新刊行”牌記，有“周暹”等印。國家圖書館藏。

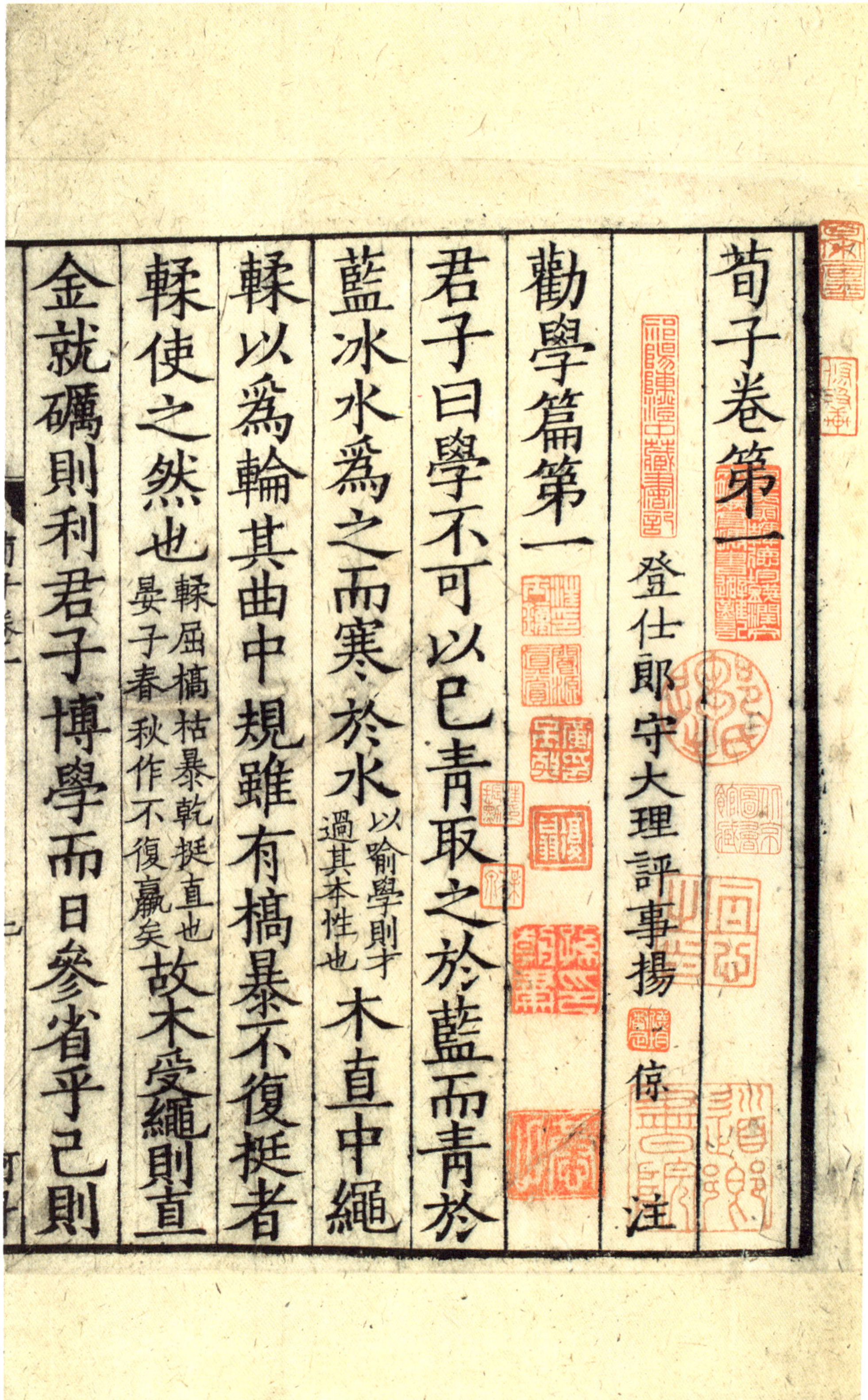

荀子卷第一
登仕郎守大理評事楊倞注
勸學篇第一
君子曰學不可以已青取之於藍而青於
藍冰水爲之而寒於水以喻學則才過其本性也木直中繩
輮以爲輪其曲中規雖有槁暴不復挺者
輮使之然也輮屈槁枯暴乾挺直也晏子春秋作不復贏矣故木受繩則直
金就礪則利君子博學而日參省乎己則

00590 荀子二十卷 （唐）楊倞注 宋刻本

匡高23厘米，廣18.9厘米。半葉八行，行十六字，小字雙行二十五至二十七字，白口，左右雙邊。有“孫印朝肅”、“黄印丕烈”、“汪印士鐘”、“汪印振勳”、“甲子丙寅韓德均錢潤文夫婦兩度携書避難記”、“祁陽陳澄中藏書記”等印。顧廣圻跋。國家圖書館藏。

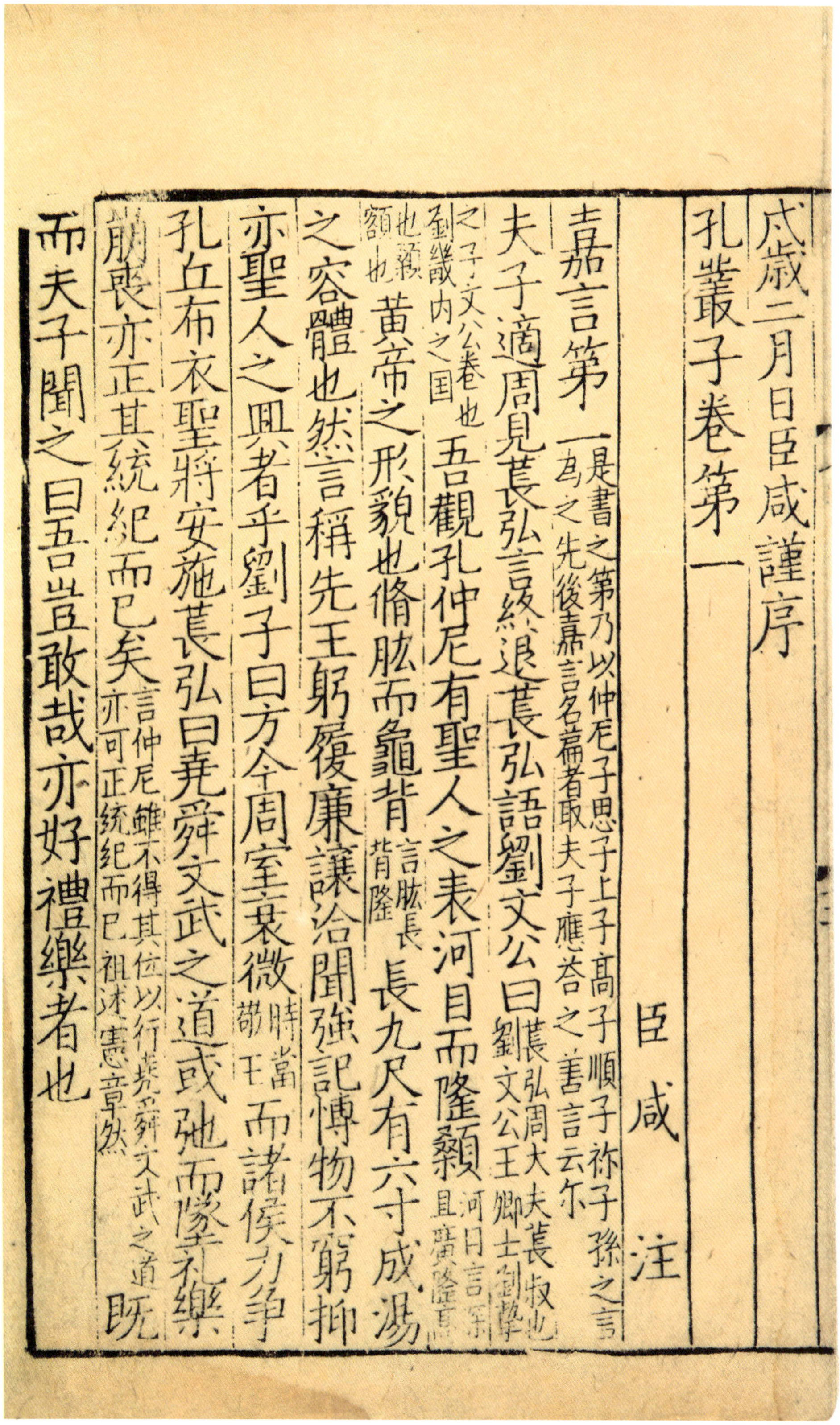
咸歲二月日臣咸謹序

孔叢子卷第一　　臣咸注

嘉言第一是書之第乃以仲尼子思子上子高子順子祢子孫之言爲之先後嘉言名篇者取夫子應荅之善言云尔

夫子適周見萇弘言終退萇弘語劉文公曰萇弘周大夫萇叔也劉文公王卿士劉摯之子文公卷也劉繳內之国吾觀孔仲尼有聖人之表河目而隆顙河目言深且黃隆高也顙額也黃帝之形貌也脩肱而龜背言肱長背隆長九尺有六寸成湯之容體也然言稱先王躬履廉讓洽聞強記博物不窮抑亦聖人之興者乎劉子曰方今周室衰微時當敬王而諸侯力爭孔丘布衣聖將安施萇弘曰堯舜文武之道或弛而墜禮樂崩喪亦正其統紀而已矣言仲尼雖不得其位以行堯舜文武之道亦可正統紀而已祖述憲章然既而夫子聞之曰吾豈敢哉亦好禮樂者也

00591 孔叢子七卷 題（漢）孔鮒撰　（宋）宋咸注　**釋文一卷**　宋刻本

匡高18.1厘米，廣12.7厘米。半葉十二行，行二十二至二十四字，小字雙行二十七至二十九字，白口，四周單邊。上海圖書館藏。

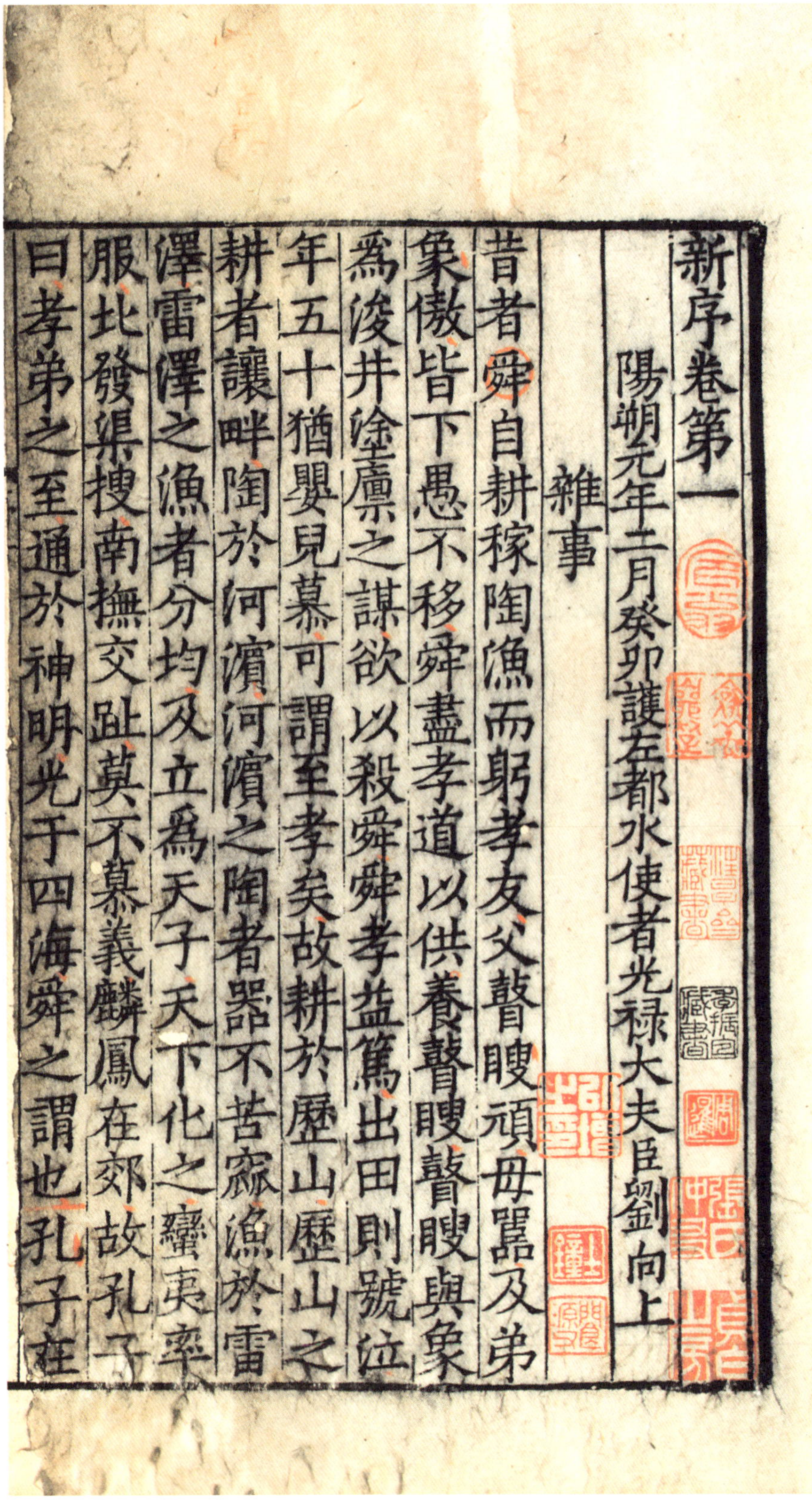
新序卷第一
陽朔元年二月癸卯護左都水使者光禄大夫臣劉向上
雜事
昔者舜自耕稼陶漁而躬孝友父瞽瞍頑母嚚及弟
象傲皆下愚不移舜盡孝道以供養瞽瞍瞽瞍與象
爲浚井塗廩之謀欲以殺舜舜孝益篤出田則號泣
年五十猶嬰兒慕可謂至孝矣故耕於歷山歷山之
耕者讓畔陶於河濵河濵之陶者器不苦窳漁於雷
澤雷澤之漁者分均及立爲天子天下化之蠻夷率
服北發渠搜南撫交趾莫不慕義麟鳳在郊故孔子
曰孝弟之至通於神明光于四海舜之謂也孔子在

00592 新序十卷 （漢）劉向撰　宋刻本

匡高22.6厘米，廣15厘米。半葉十一行，行二十字，白口，左右雙邊。有“華亭朱氏”、“錢謙益印”、“季振宜藏書”、“徐健菴”、“士礼居藏”、“士鐘”、“以增之印”、“周暹”等印。錢謙益、黄丕烈、金錫爵跋。國家圖書館藏。

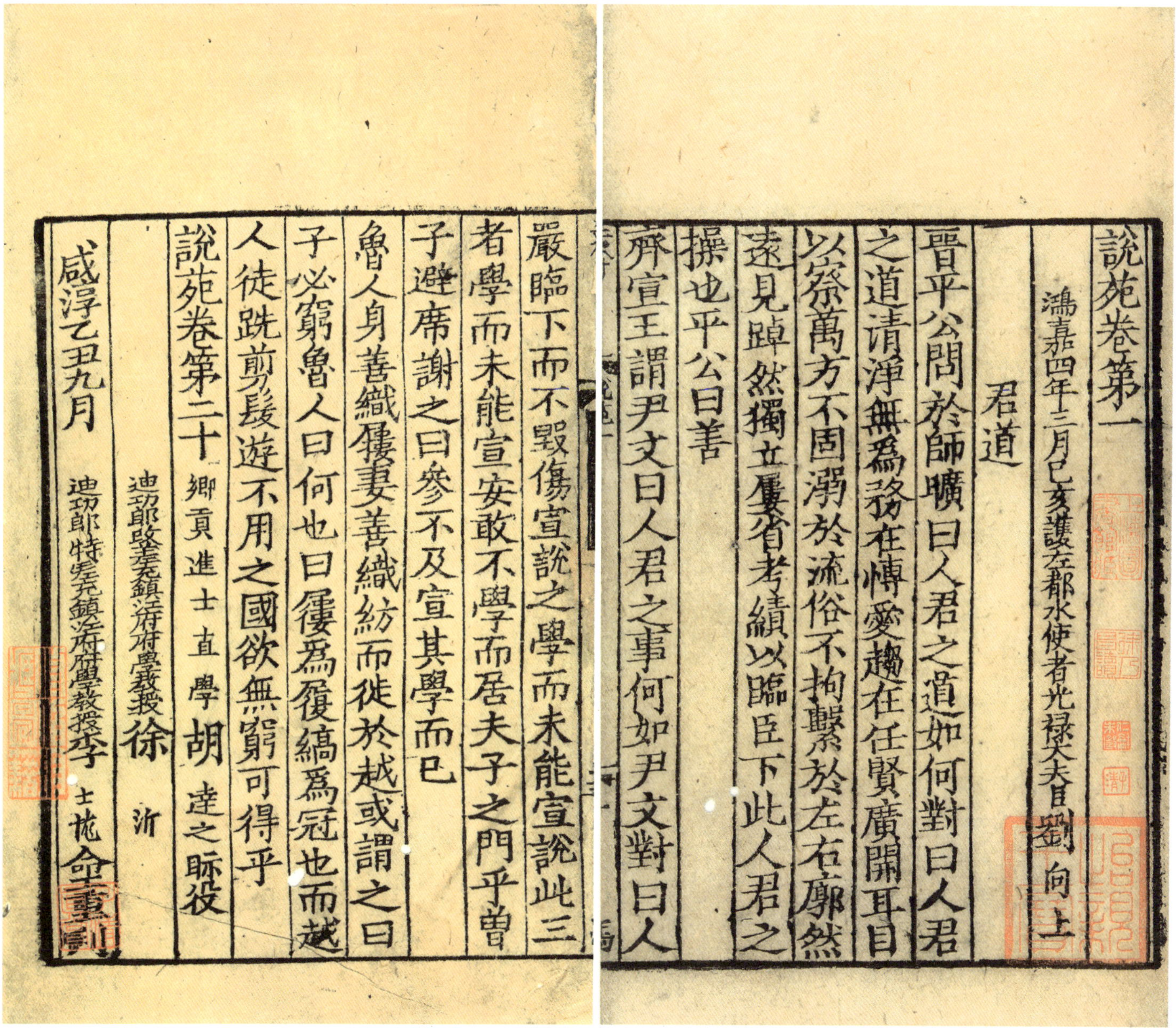

說苑卷第一
鴻嘉四年三月己亥護左都水使者光禄大夫臣劉向上
君道
晉平公問於師曠曰人君之道如何對曰人君之道清淨無為務在博愛趨在任賢廣開耳目以察萬方不固溺於流俗不拘繫於左右廓然遠見踔然獨立屢省考績以臨臣下此人君之操也平公曰善
齊宣王謂尹文曰人君之事何如尹文對曰人

嚴臨下而不毀傷宣說之學而未能宣說此三者學而未能宣安敢不學而居夫子之門乎曾子避席謝之曰參不及宣其學而已
魯人身善織屨妻善織紡而徙於越或謂之曰子必窮魯人曰何也曰屨為履之也縞為冠之也而越人徒跣剪髮遊於不用之國欲無窮可得乎
說苑卷第二十 鄉貢進士直學胡達之眡役
迪功郎差充鎮江府學教授徐 沂
咸淳乙丑九月 迪功郎特差充鎮江府學教授李士忱命工重刊

00593、00594 說苑二十卷 （漢）劉向撰　宋咸淳元年（1265）鎮江府學刻元明遞修本

匡高20厘米，廣15.5厘米。半葉九行，行十八字，白口或黑口，左右雙邊。上海圖書館藏，有“怡親王寶”、“仁龢朱澂”等印；國家圖書館藏，卷八至十三配清道光三年（1823）黃氏士禮居抄本，有“稽瑞樓”、“翁印同龢”等印，黃丕烈校并跋，顧廣圻跋。

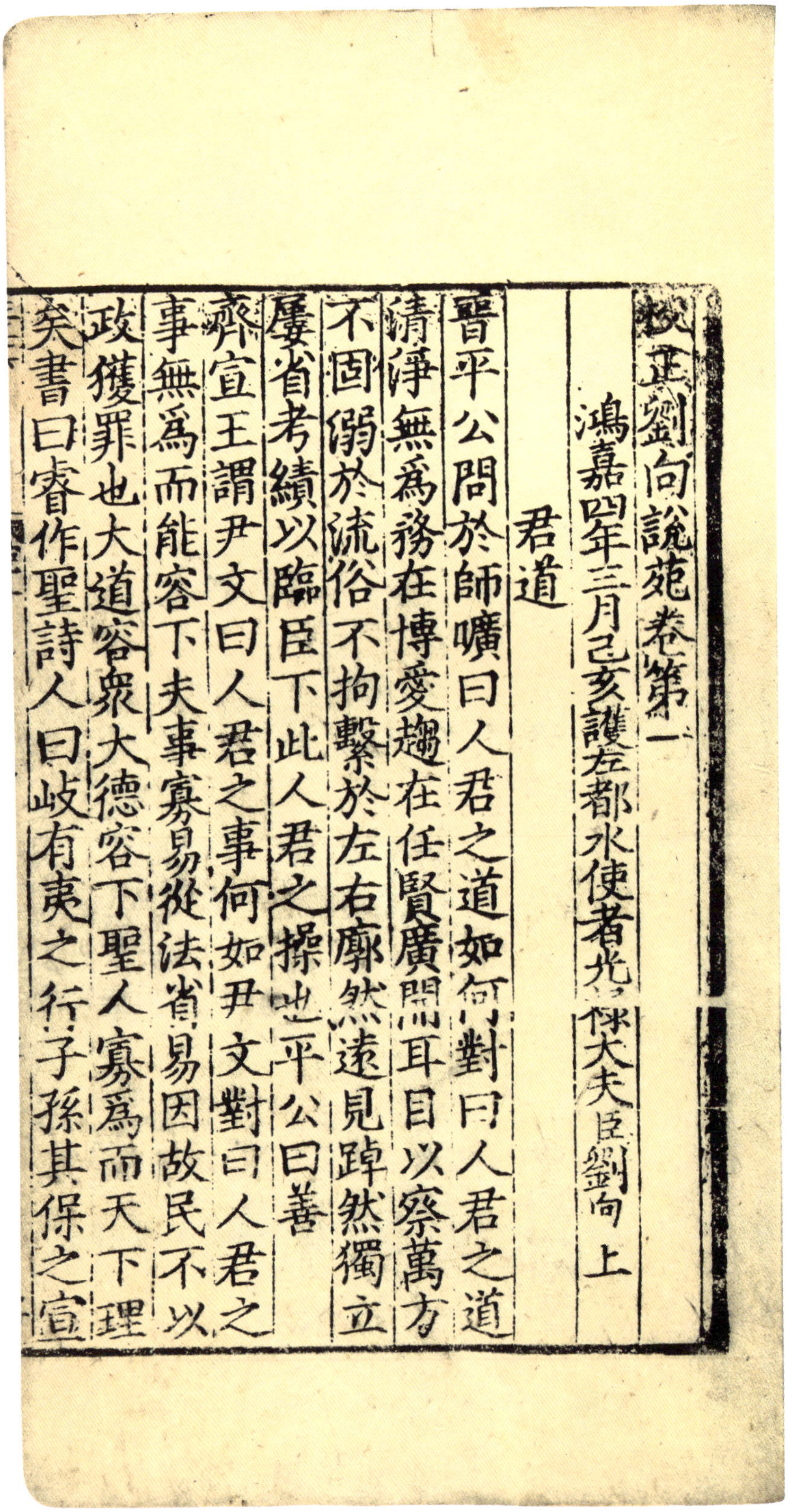
校正劉向說苑卷第一

鴻嘉四年三月己亥護左都水使者光祿大夫臣劉向上

君道

晉平公問於師曠曰人君之道如何對曰人君之道清淨無爲務在博愛趨在任賢廣開耳目以察萬方不固溺於流俗不拘繫於左右廓然遠見踔然獨立屢省考績以臨臣下此人君之操也平公曰善

齊宣王謂尹文曰人君之事何如尹文對曰人君之事無爲而能容下夫事寡易從法省易因故民不以政獲罪也大道容衆大德容下聖人寡爲而天下理矣書曰睿作聖詩人曰岐有夷之行子孫其保之宣

00595 校正劉向說苑二十卷 （漢）劉向撰　元大德七年（1303）雲謙刻本

匡高22厘米，廣15.2厘米。半葉十一行，行二十字，白口，左右雙邊。上海圖書館藏。

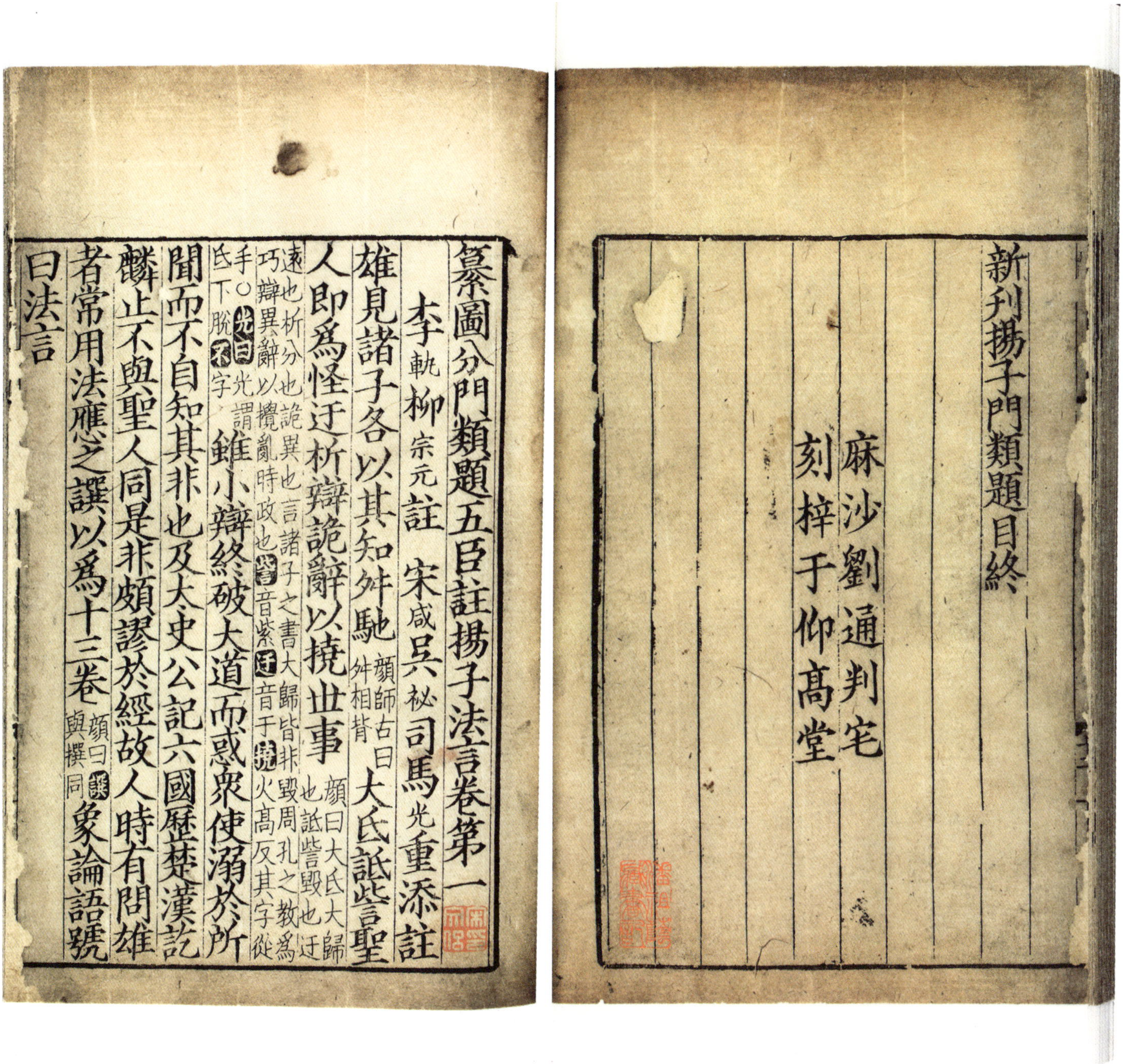
新刊揚子門類題目終

麻沙劉通判宅
刻梓于仰高堂

纂圖分門類題五臣註揚子法言卷第一

李軌 柳宗元註 宋咸 吳祕 司馬光重添註

雄見諸子各以其知舛馳顔師古曰舛相背大氐詆訾聖人即爲怪迂析辯詭辭以撓世事顔曰大氐大歸也詆訾毀也迂遠也析分也詭異也言諸子之書大歸皆非毀周孔之教爲巧辯異辭以撓亂時政也訾音紫迂音于撓火高反其字從手○光曰光謂氐下脫不字雖小辯終破大道而惑衆使溺於所聞而不自知其非也及太史公記六國歷楚漢訖麟止不與聖人同是非頗謬於經故人時有問雄者常用法應之譔以爲十三卷顔曰譔與撰同象論語號曰法言

00596 纂圖分門類題五臣註揚子法言十卷 （漢）揚雄撰 （晉）李軌 （唐）柳宗元 （宋）宋咸 吳祕 司馬光注 **新增麗澤編次揚子事實品題一卷** （宋）呂祖謙輯 **新刊揚子門類題目一卷** （宋）陳傅良輯 宋劉通判宅仰高堂刻本（有明人抄配）

匡高18.8厘米，廣13.1厘米。半葉十行，行十九字，小字雙行二十三字，細黑口，左右雙邊。有“麻沙劉通判宅刻梓于仰高堂”刻書題記。有“玉蘭堂”、“王印履吉”、“季印振宜”、“潘祖蔭藏書記”等印。國家圖書館藏。

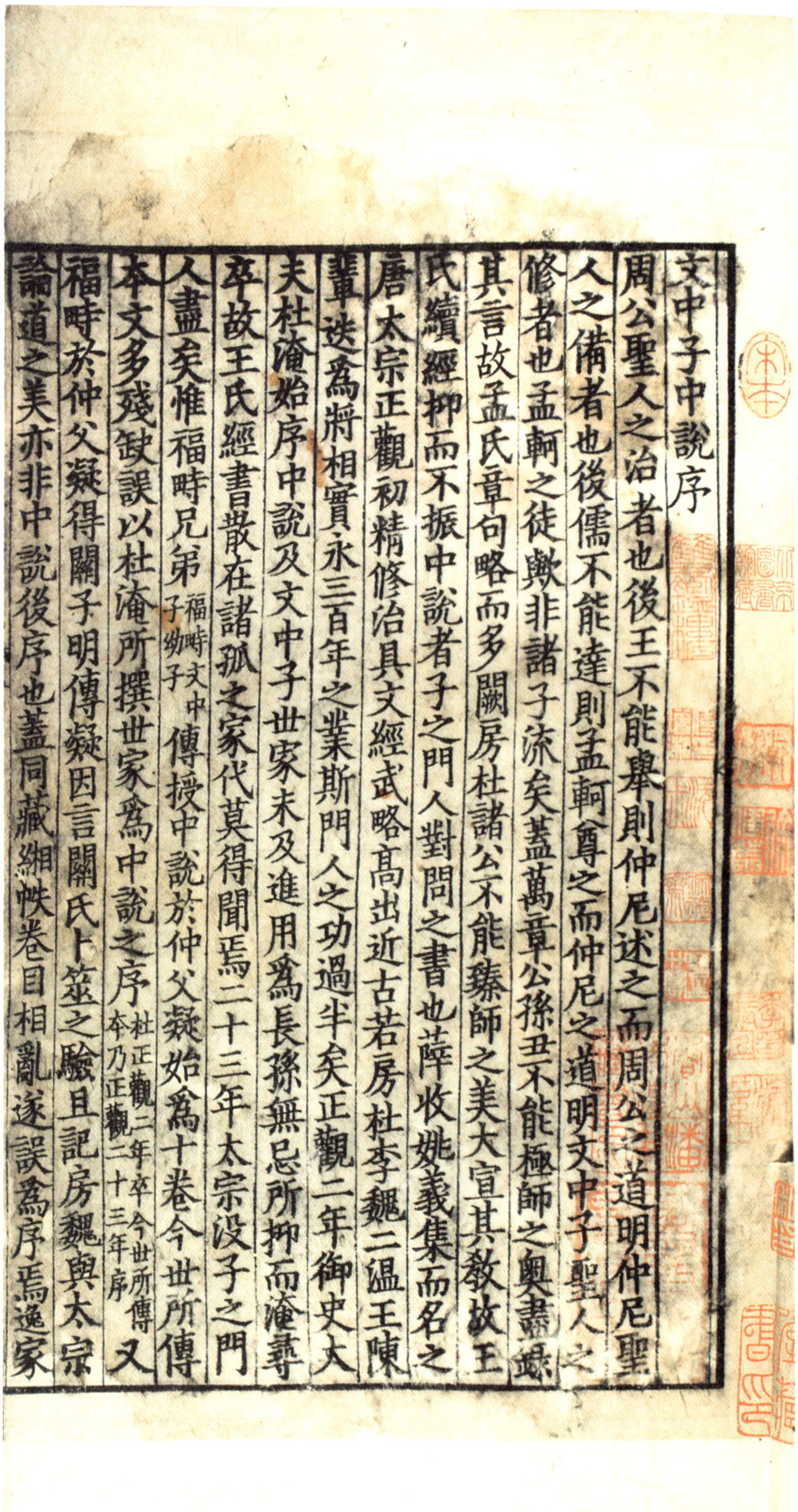

文中子中說序

周公聖人之治者也後王不能舉則仲尼述之而周公之道明仲尼聖人之備者也後儒不能達則孟軻尊之而仲尼之道明文中子聖人之修者也孟軻之徒歟非諸子流矣蓋萬章公孫丑不能極師之奧盡錄其言故孟氏章句略而多闕房杜諸公不能臻師之美大宣其教故王氏續經抑而不振中說者子之門人對問之書也薛收姚義集而名之唐太宗正觀初精修治具文經武略高出近古若房杜李魏二溫王陳輩迭爲將相實永三百年之業斯門人之功過半矣正觀二年御史大夫杜淹始序中說及文中子世家未及進用爲長孫無忌所抑而淹尋卒故王氏經書散在諸孤之家代莫得聞焉二十三年太宗沒子之門人盡矣惟福畤兄弟（福畤文中子幼子）傳授中說於仲父凝始爲十卷今世所傳本文多殘缺誤以杜淹所撰世家爲中說之序（杜淹正觀二年卒今世所傳本乃正觀二十三年序）又福畤於仲父凝得關子明傳凝因言關氏卜筮之驗且記房魏與太宗論道之美亦非中說後序也蓋同藏緗帙卷目相亂遂誤爲序焉逸家

00597 中說十卷 （宋）阮逸注　宋刻本

匡高23.2厘米，廣15.4厘米。半葉十四行，行二十六至二十八字，小字雙行字不等，白口，左右雙邊。有“錢印謙益”、“季印振宜”、“徐健菴”、“英龢私印”、“傅印增湘”等印。錢謙益、葉奕等跋。國家圖書館藏。

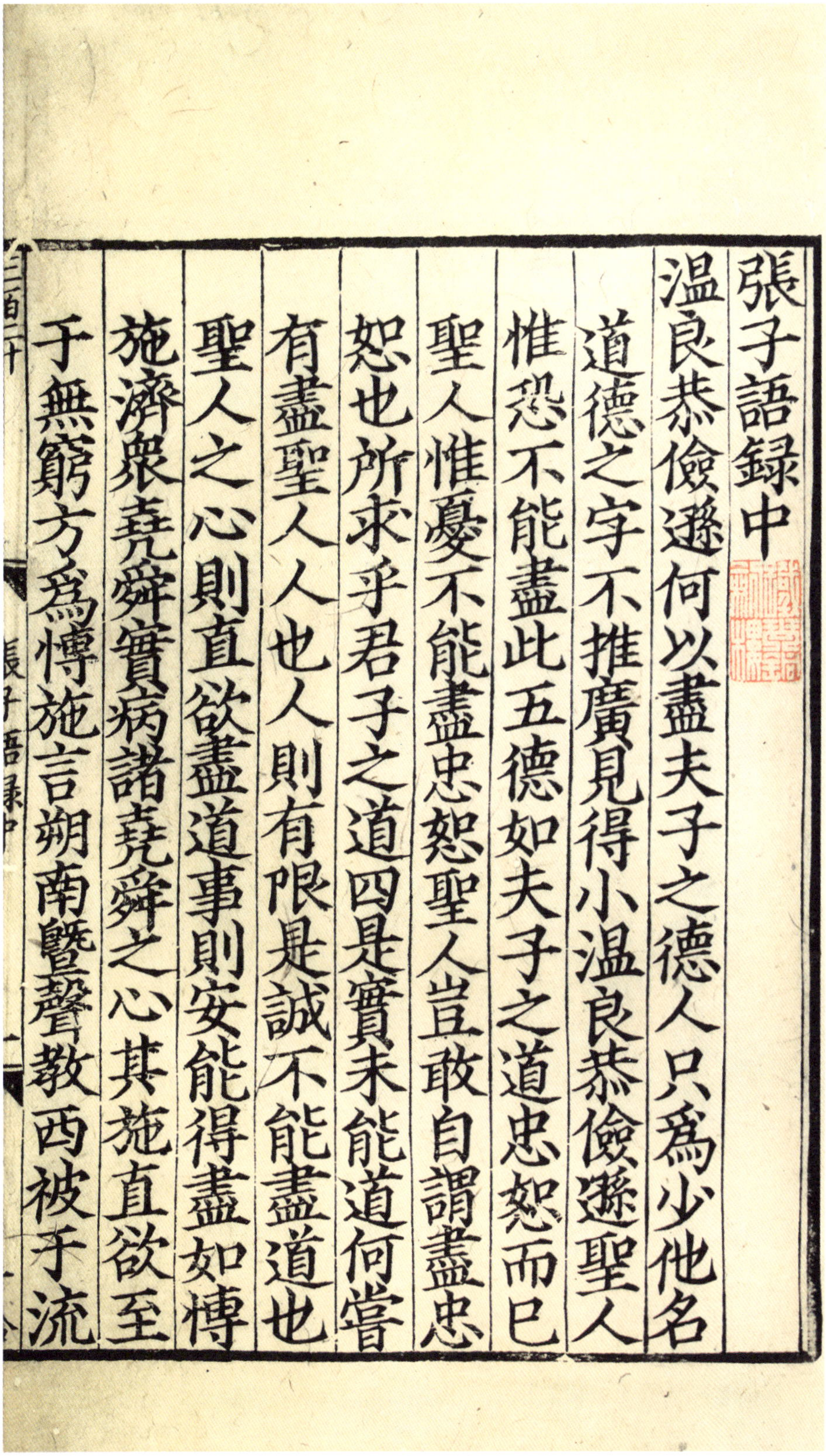
張子語録中
温良恭儉遜何以盡夫子之德人只爲少他名
道德之字不推廣見得小温良恭儉遜聖人
惟恐不能盡此五德如夫子之道忠恕而已
聖人惟憂不能盡忠恕聖人豈敢自謂盡忠
恕也所求乎君子之道四是實未能道何嘗
有盡聖人人也人則有限是誠不能盡道也
聖人之心則直欲盡道事則安能得盡如博
施濟衆堯舜實病諸堯舜之心其施直欲至
于無窮方爲博施言朔南曁聲教西被于流

00598 張子語録三卷後録二卷 宋天台吴堅福建漕治刻本（有抄配）

匡高21.3厘米，廣15.8厘米。半葉十行，行十八字，白口，左右雙邊。有“後學天台吴堅刊于福建漕治”刻書題記。有“汲古閣圖書記”、“汪士鐘讀書”、“鐵琴銅劍樓”等印。國家圖書館藏。

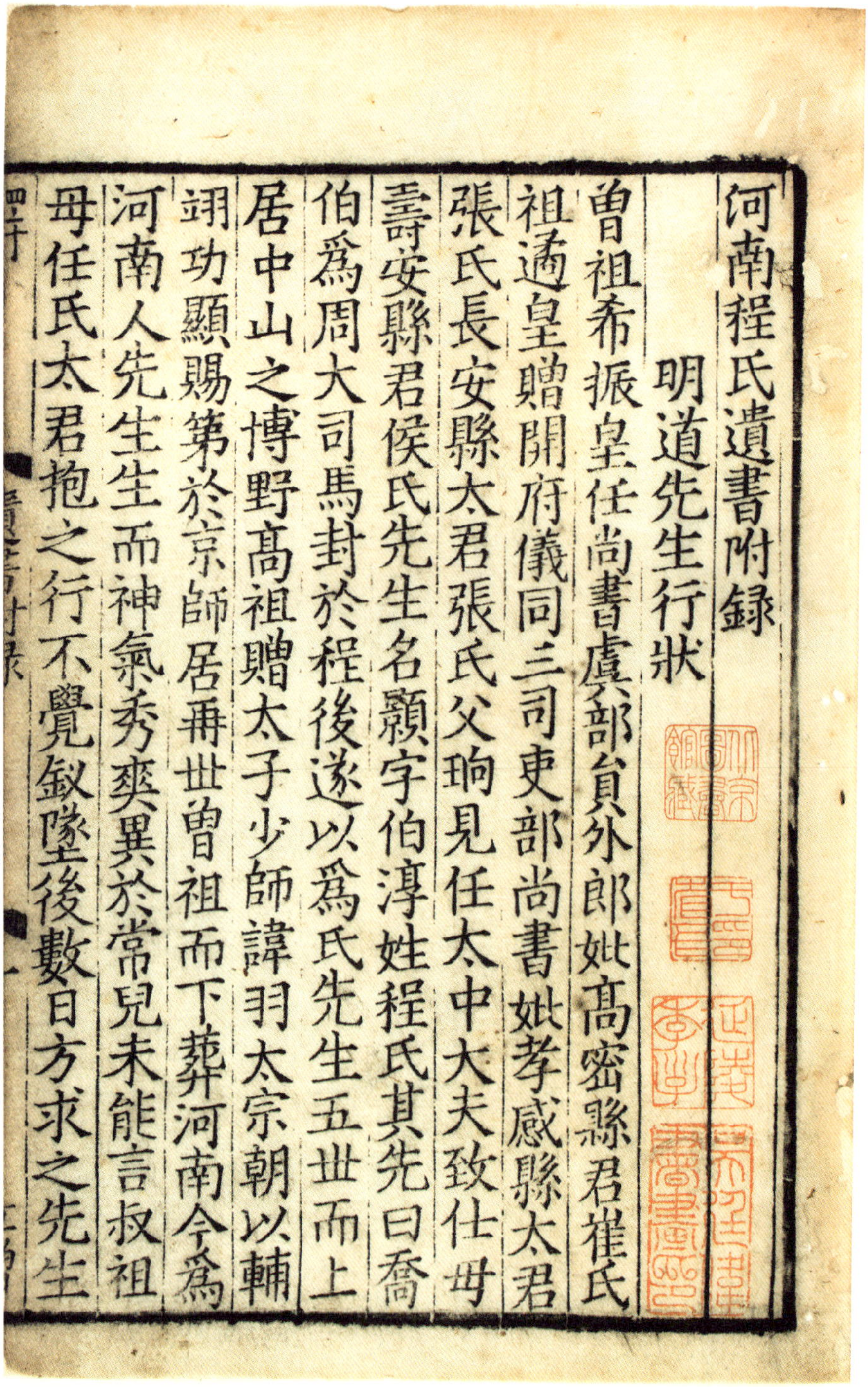

河南程氏遺書附録

明道先生行狀

曾祖希振任尚書虞部員外郎妣高密縣君崔氏祖遹皇贈開府儀同三司吏部尚書妣孝感縣太君張氏長安縣太君張氏父珦見任太中大夫致仕母壽安縣君侯氏先生名顥字伯淳姓程氏其先曰喬伯爲周大司馬封於程後遂以爲氏先生五世而上居中山之博野高祖贈太子少師諱羽太宗朝以輔翊功顯賜第於京師居再世曾祖而下葬河南今爲河南人先生生而神氣秀爽異於常兒未能言叔祖母任氏太君抱之行不覺釵墜後數日方求之先生

00599 河南程氏遺書附録一卷 宋刻本

匡高19.2厘米，廣13.5厘米。半葉十一行，行二十字，小字雙行同，白口，左右雙邊。有“延陵季子”、“于印省吾”等印。國家圖書館藏。

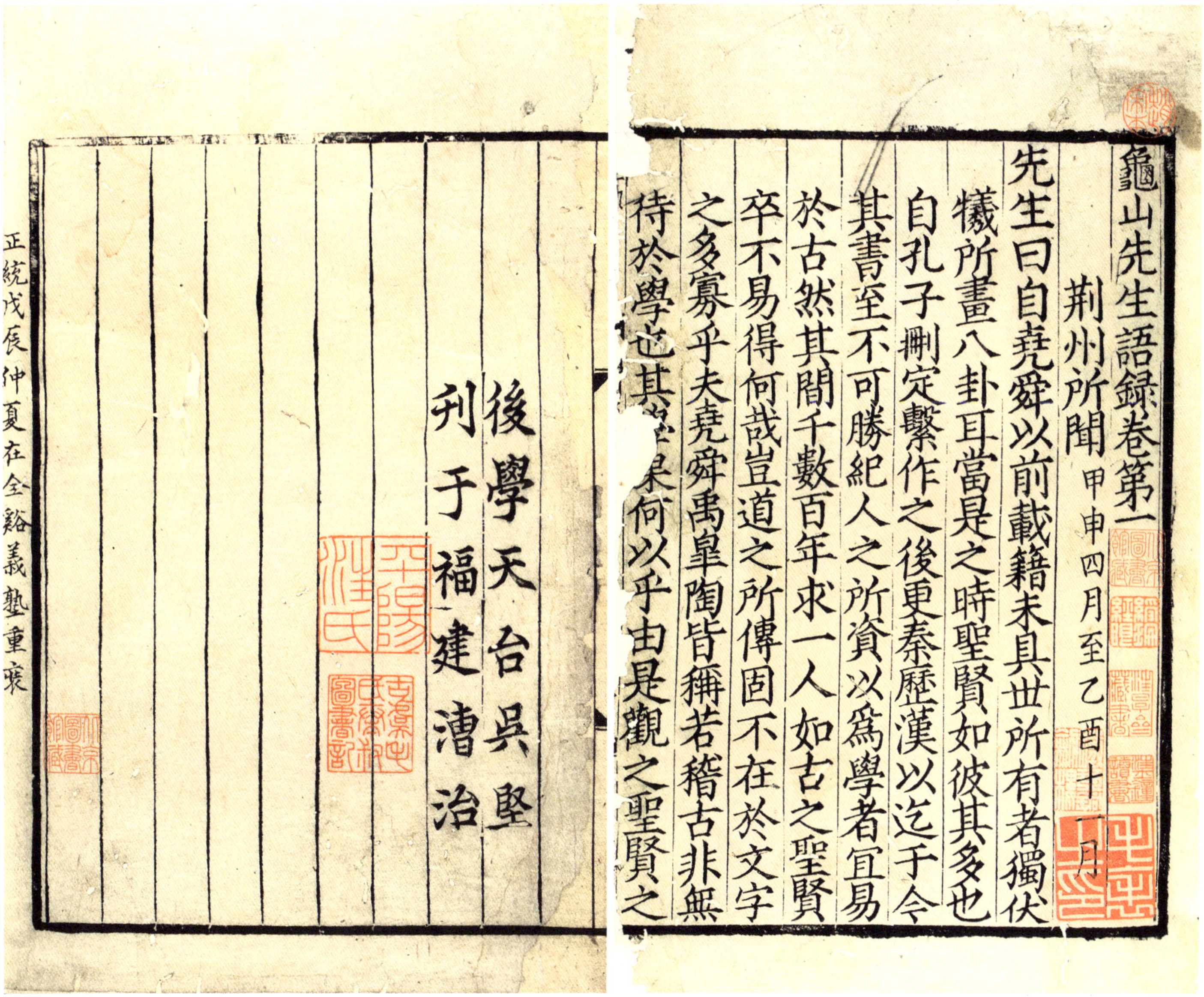

龜山先生語録卷第一
荊州所聞　甲申四月至乙酉十一月
先生曰自堯舜以前載籍未具世所有者獨伏
犧所畫八卦耳當是之時聖賢如彼其多也
自孔子刪定繫作之後更秦歷漢以迄于今
其書至不可勝紀人之所資以爲學者宜易
於古然其間千數百年求一人如古之聖賢
卒不易得何哉豈道之所傳固不在於文字
之多寡乎夫堯舜禹皐陶皆稱若稽古非無
待於學也其[illegible]果何以乎由是觀之聖賢之

後學天台吳堅
刊于福建漕治

正統戊辰仲夏在全谿義塾重褁

00600 龜山先生語録四卷後録二卷　（宋）楊時撰　宋天台吳堅福建漕治刻本

匡高21.8厘米，廣15.6厘米。半葉十行，行十八字，白口，左右雙邊。有“後學天台吳堅刊于福建漕治”刻書題記。有“毛表之印”、“汪士鐘讀書”、“鐵琴銅劍樓”等印。國家圖書館藏。

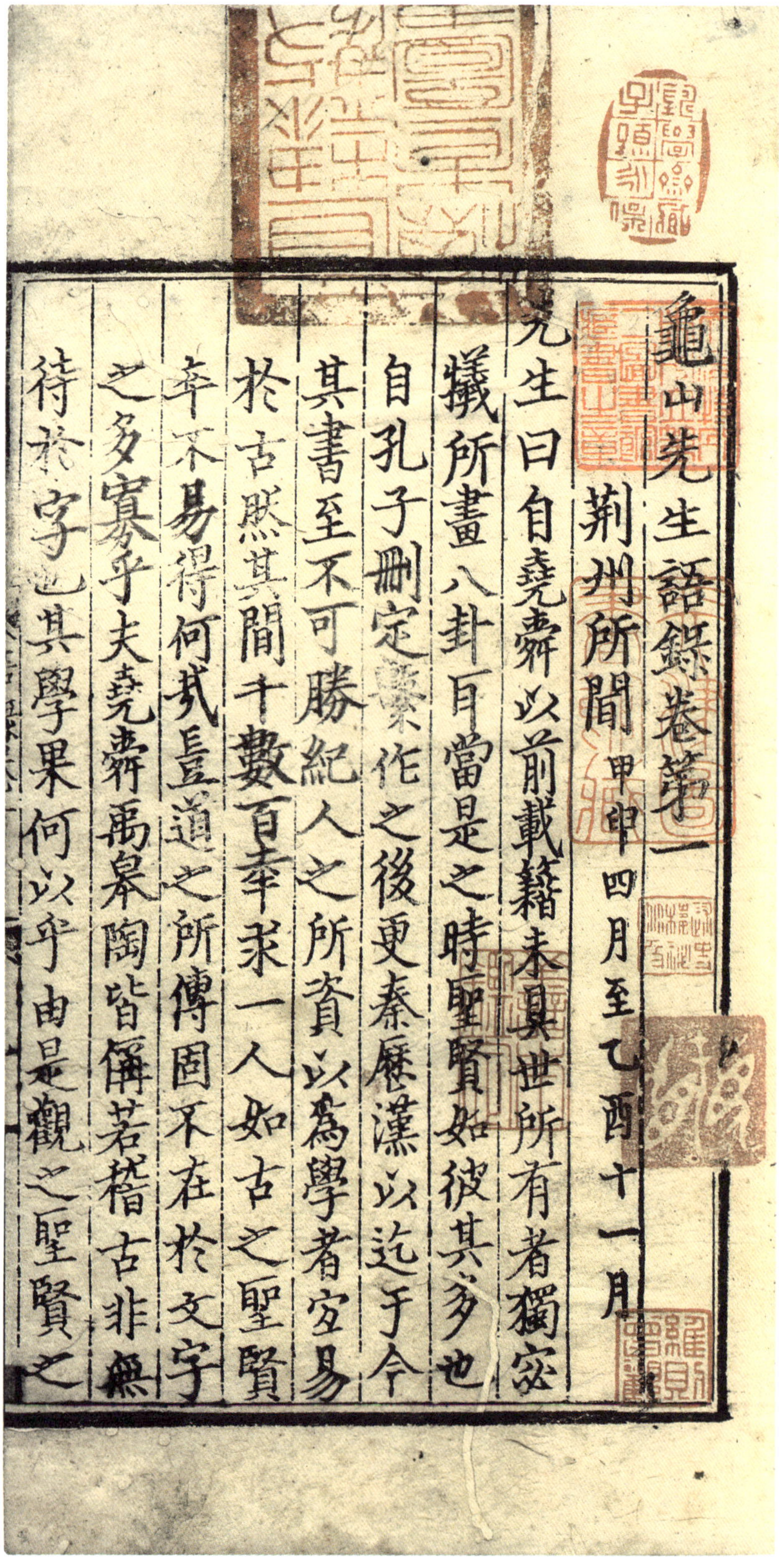
龜山先生語録卷第一
荆州所聞 甲申四月至乙酉十一月
先生曰自堯舜以前載籍未具世所有者獨宓犧所畫八卦耳當是之時聖賢如彼其多也自孔子删定繫作之後更秦歷漢以迄于今其書至不可勝紀人之所資以爲學者宜易於古然其間千數百年求一人如古之聖賢卒不易得何哉豈道之所傳固不在於文字之多寡乎夫堯舜禹皋陶皆偁若稽古非無待於字也其學果何以乎由是觀之聖賢之

00601 龜山先生語録四卷 （宋）楊時撰　元刻本

匡高19.3厘米，廣12.3厘米。半葉十行，行十八字，黑口，四周雙邊。有“述史樓秘笈”、“維則曾觀”等印。天津圖書館藏。

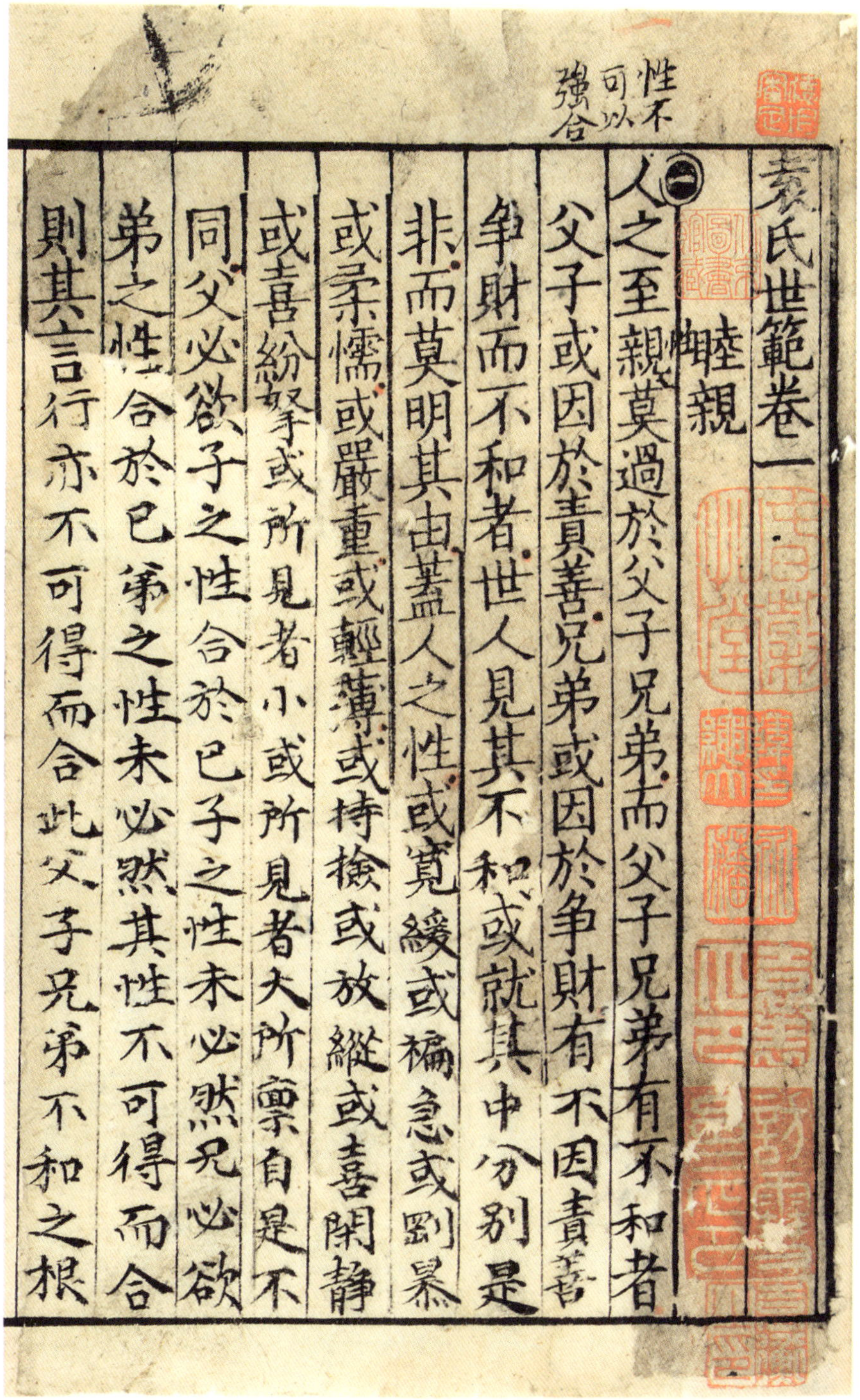

性不可以強合

袁氏世範卷一
睦親
人之至親莫過於父子兄弟而父子兄弟有不和者
父子或因於責善兄弟或因於爭財有不因責善
爭財而不和者世人見其不和或就其中分別是
非而莫明其由蓋人之性或寬緩或褊急或剛暴
或柔懦或嚴重或輕薄或持檢或放縱或喜閑靜
或喜紛拏或所見者小或所見者大所禀自是不
同父必欲子之性合於己子之性未必然兄必欲
弟之性合於己弟之性未必然其性不可得而合
則其言行亦不可得而合此父子兄弟不和之根

00602 袁氏世範三卷 （宋）袁采撰 **集事詩鑒一卷** （宋）方昕撰 宋刻本

匡高17.2厘米，廣12.6厘米。半葉十一行，行二十字，白口，左右雙邊。有“甲子丙寅韓德均錢潤文夫婦兩度攜書避難記”、“密均樓”等印。韓應陛跋并録袁表、袁褧、袁廷檮題識。國家圖書館藏。

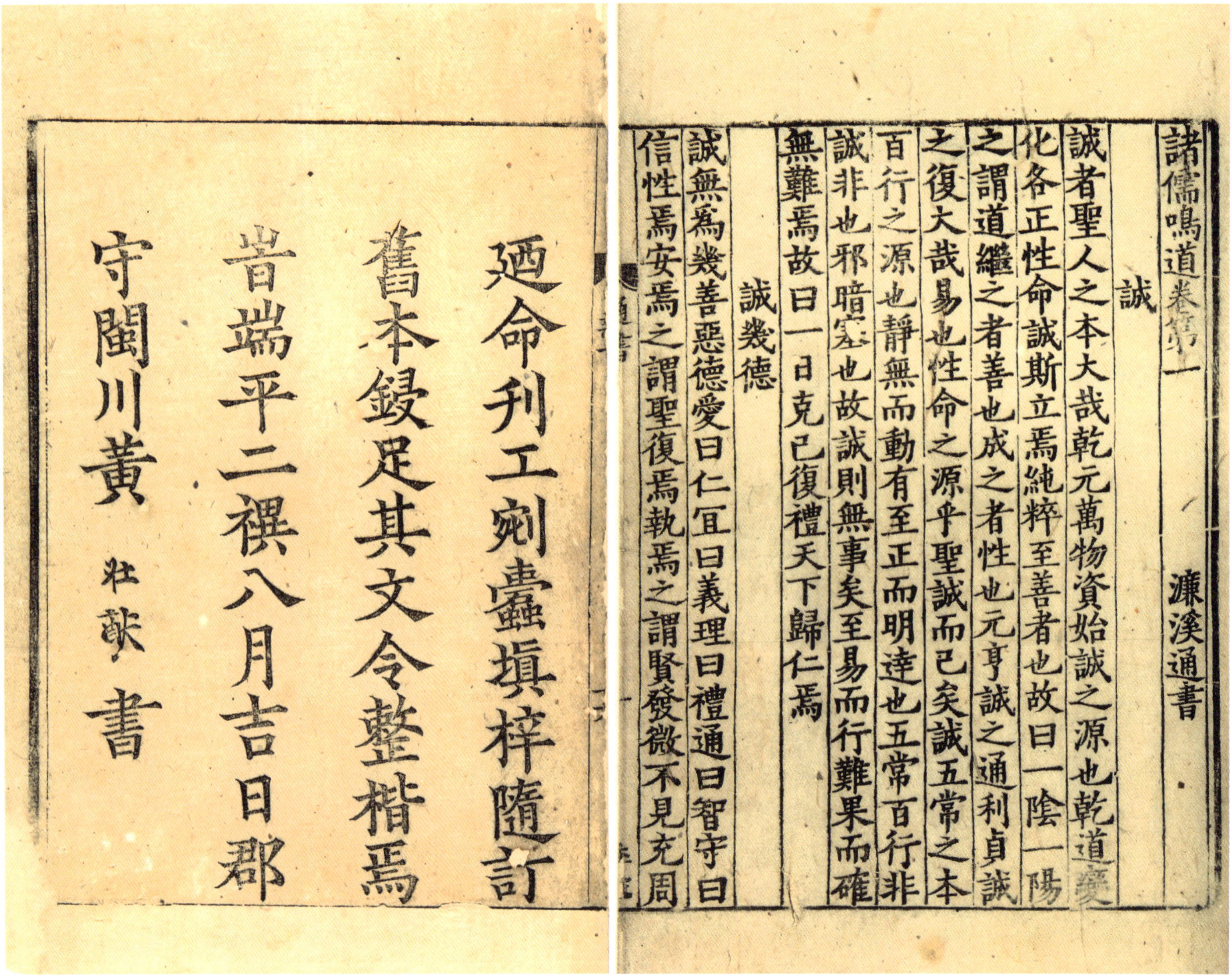
諸儒鳴道卷第一　濂溪通書

誠

誠者聖人之本大哉乾元萬物資始誠之源也乾道變化各正性命誠斯立焉純粹至善者也故曰一陰一陽之謂道繼之者善也成之者性也元亨誠之通利貞誠之復大哉易也性命之源乎聖誠而已矣誠五常之本百行之源也靜無而動有至正而明達也五常百行非誠非也邪暗塞也故誠則無事矣至易而行難果而確無難焉故曰一日克己復禮天下歸仁焉

誠幾德

誠無爲幾善惡德愛曰仁宜曰義理曰禮通曰智守曰信性焉安焉之謂聖復焉執焉之謂賢發微不見充周

廼命刊工剜蠹塡梓隨訂舊本録足其文令整楷焉旹端平二祺八月吉日郡守閩川黃壯猷書

00603 諸儒鳴道七十二卷 宋刻端平二年（1235）閩川黃壯猷重修本（目録半葉、卷二、十一至十五、二十六至三十三配清抄本）

匡高19厘米，廣14.9厘米。半葉十二行，行二十一字，白口，左右雙邊。上海圖書館藏。

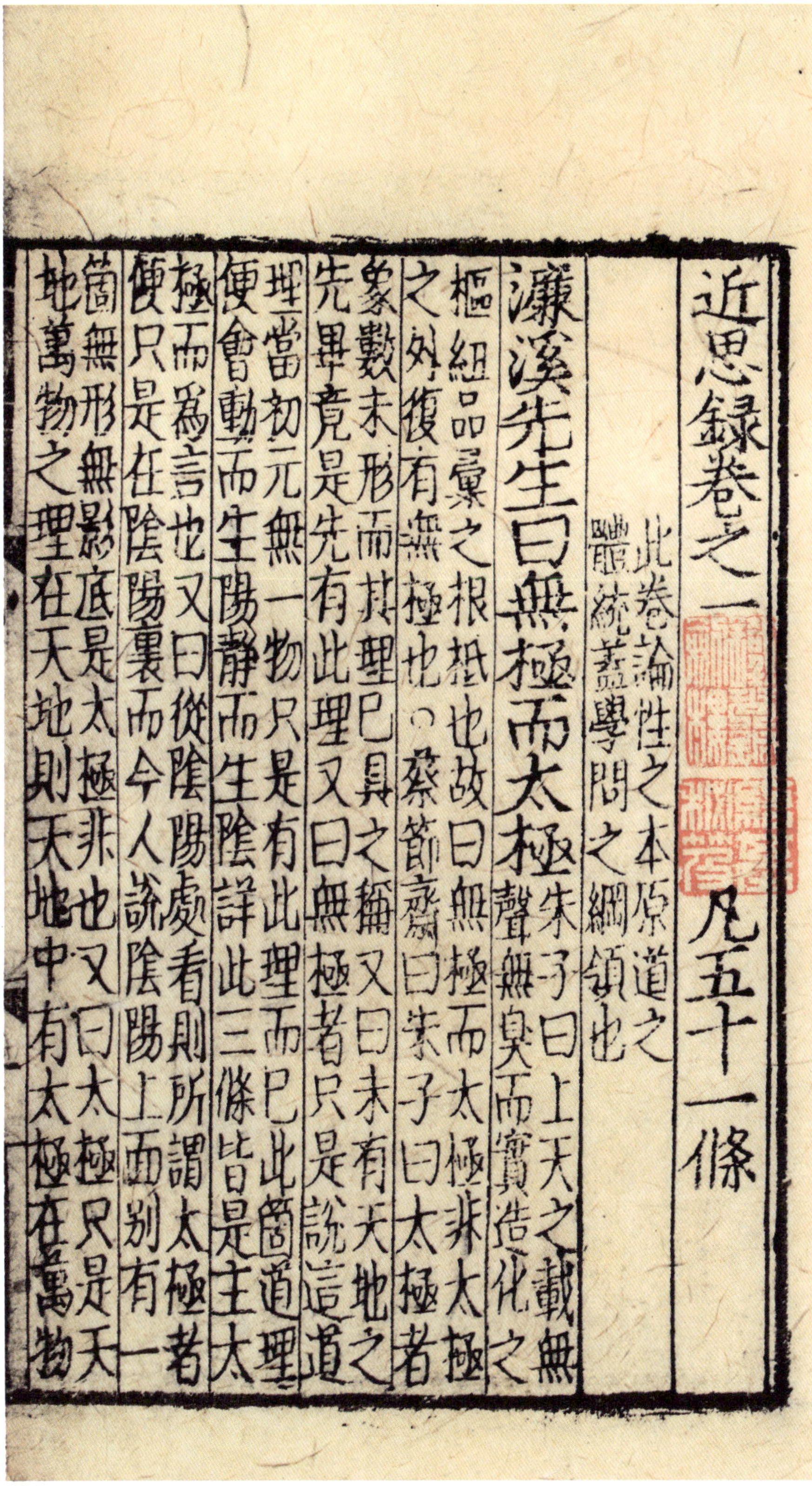
近思録卷之一　凡五十一條
此卷論性之本原道之
體統蓋學問之綱領也
濂溪先生曰無極而太極朱子曰上天之載無
聲無臭而實造化之
樞紐品彙之根柢也故曰無極而太極非太極
之外復有無極也○蔡節齋曰朱子曰太極者
象數未形而其理已具之稱又曰未有天地之
先畢竟是先有此理又曰無極者只是說這道
理當初元無一物只是有此理而已此箇道理
便會動而生陽靜而生陰詳此三條皆是主太
極而爲言也又曰從陰陽處看則所謂太極者
便只是在陰陽裏而今人說陰陽上面別有一
箇無形無影底是太極非也又曰太極只是天
地萬物之理在天地則天地中有太極在萬物

00604 近思録集解十四卷　（宋）葉采撰　元刻明修本

匡高17.5厘米，廣11.9厘米。半葉八行，行十八字，小字雙行同，黑口，左右雙邊。有“汪印士鐘”、“鐵琴銅劍樓”等印。國家圖書館藏。

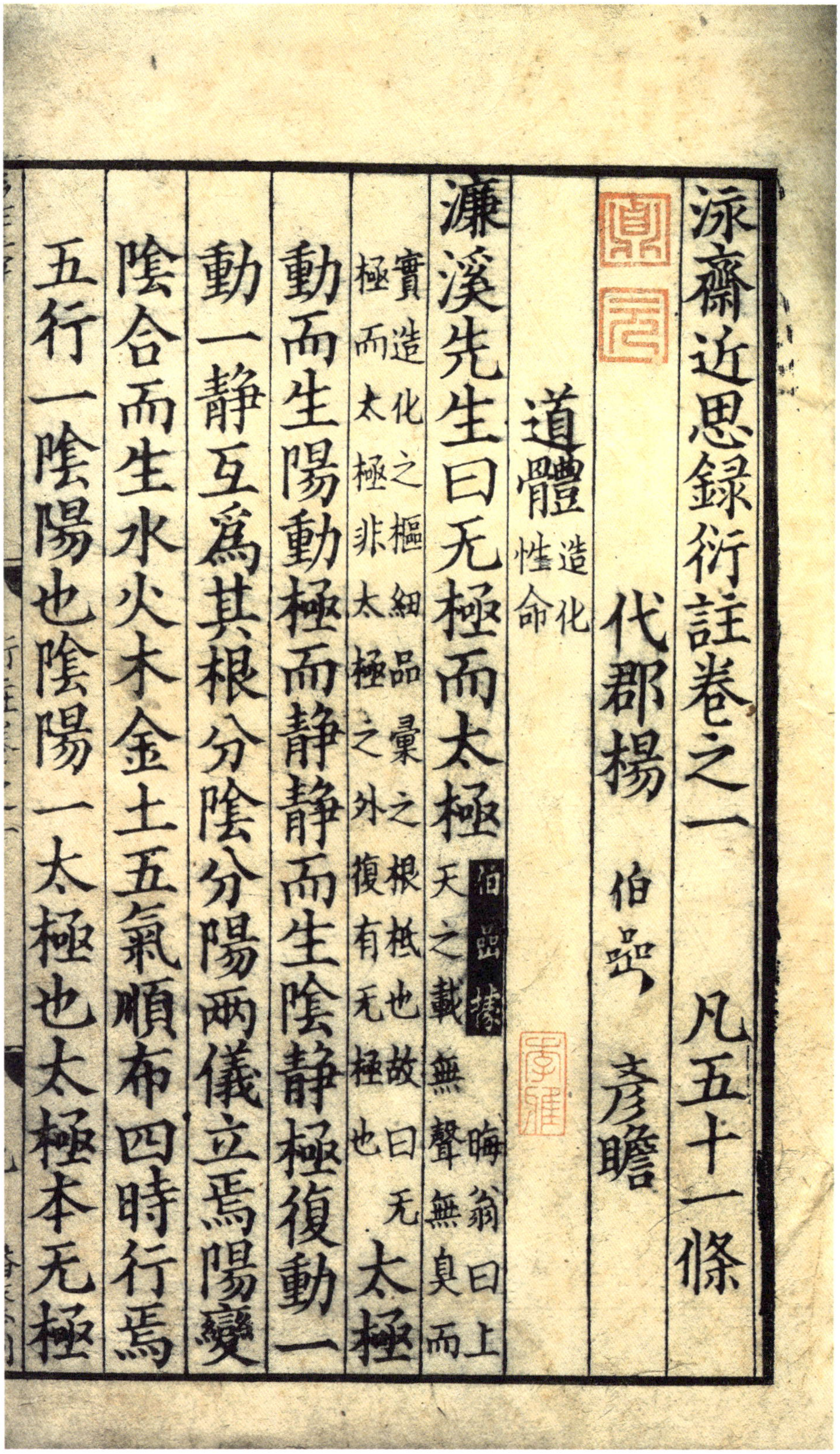

淥齋近思録衍註卷之一　凡五十一條

代郡楊　伯嵒　彥瞻

道體造化性命

濂溪先生曰无極而太極伯嵒按晦翁曰上天之載無聲無臭而實造化之樞紐品彙之根柢也故曰无極而太極非太極之外復有无極也太極動而生陽動極而靜靜而生陰靜極復動一動一靜互爲其根分陰分陽兩儀立焉陽變陰合而生水火木金土五氣順布四時行焉五行一陰陽也陰陽一太極也太極本无極

00605 淥齋近思録衍註十四卷（宋）楊伯嵒撰　宋末刻本

匡高24.2厘米，廣15.8厘米。半葉九行，行十八字，小字雙行同，白口，左右雙邊。有“貞”、“元”、“季雅”等印。北京大學圖書館藏。

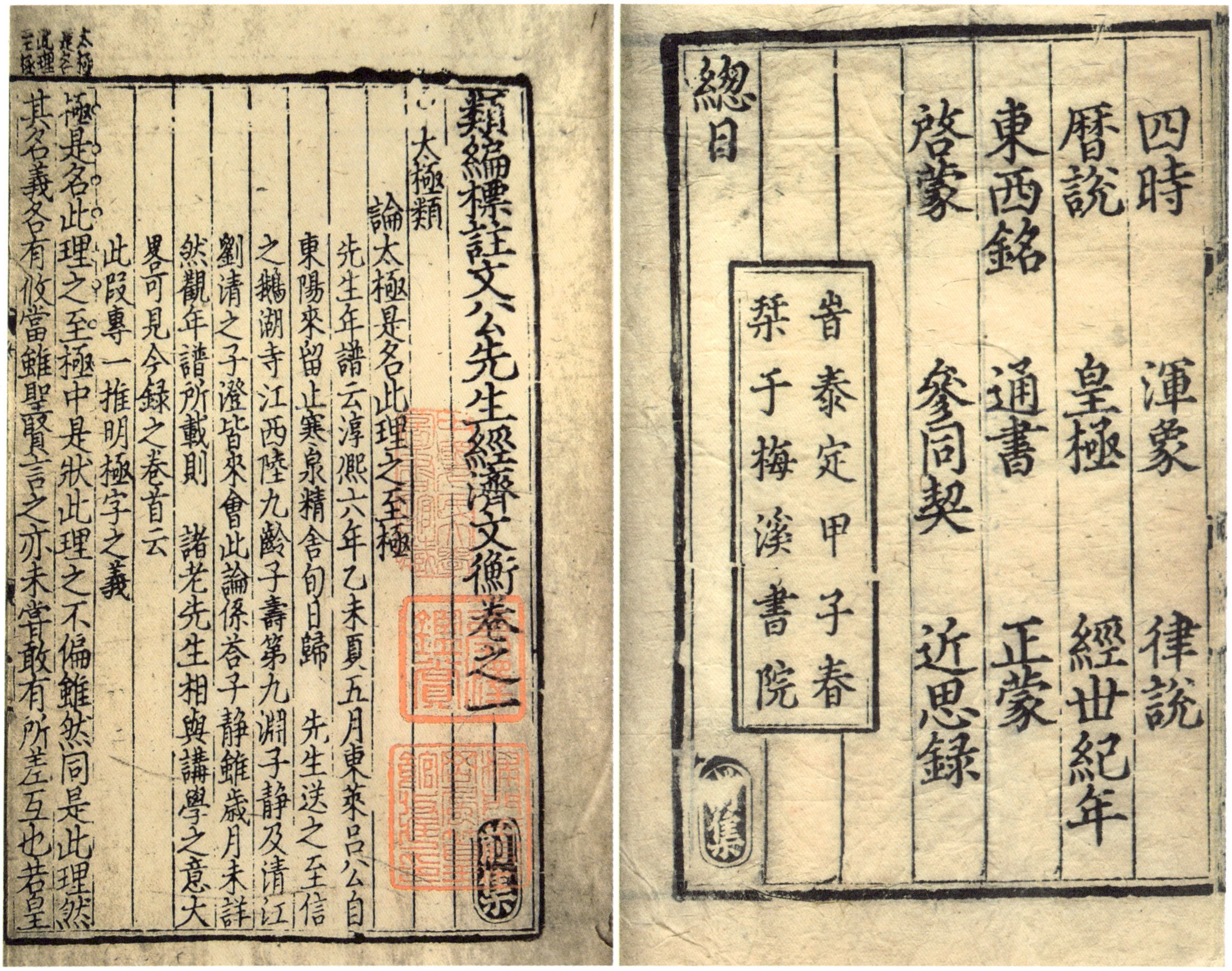
太極是名此理之至極

類編標註文公先生經濟文衡卷之一　前集

太極類

論太極是名此理之至極

先生年譜云淳熙六年乙未夏五月東萊呂公自東陽來留止寒泉精舍旬日歸　先生送之至信之鵝湖寺江西陸九齡子壽第九淵子靜及清江劉清之子澄皆來會此論係荅子靜雖歲月未詳然觀年譜所載則　諸老先生相與講學之意大畧可見今録之卷首云

此段專一推明極字之義

極是名此理之至極中是狀此理之不偏雖然同是此理然其名義各有攸當雖聖賢言之亦未嘗敢有所差互也若皇

四時　渾象　律說
曆說　皇極　經世紀年
東西銘　通書　正蒙
啓蒙　參同契　近思録

旹泰定甲子春
栞于梅溪書院

總目

00606、00607 類編標註文公先生經濟文衡前集二十五卷後集二十五卷續集二十二卷（宋）滕珙編輯　元泰定元年（1324）梅溪書院刻本

匡高16.3厘米，廣10.2厘米。半葉十三行，行二十三字，黑口，四周雙邊。有“岂泰定甲子春栞于梅溪書院”牌記。清華大學圖書館藏，有“半巢書屋”等印；中國人民大學圖書館藏，有“津門王鳳岡鳳篁館收藏印”、“夢澤鑑賞”等印，存四十七卷。

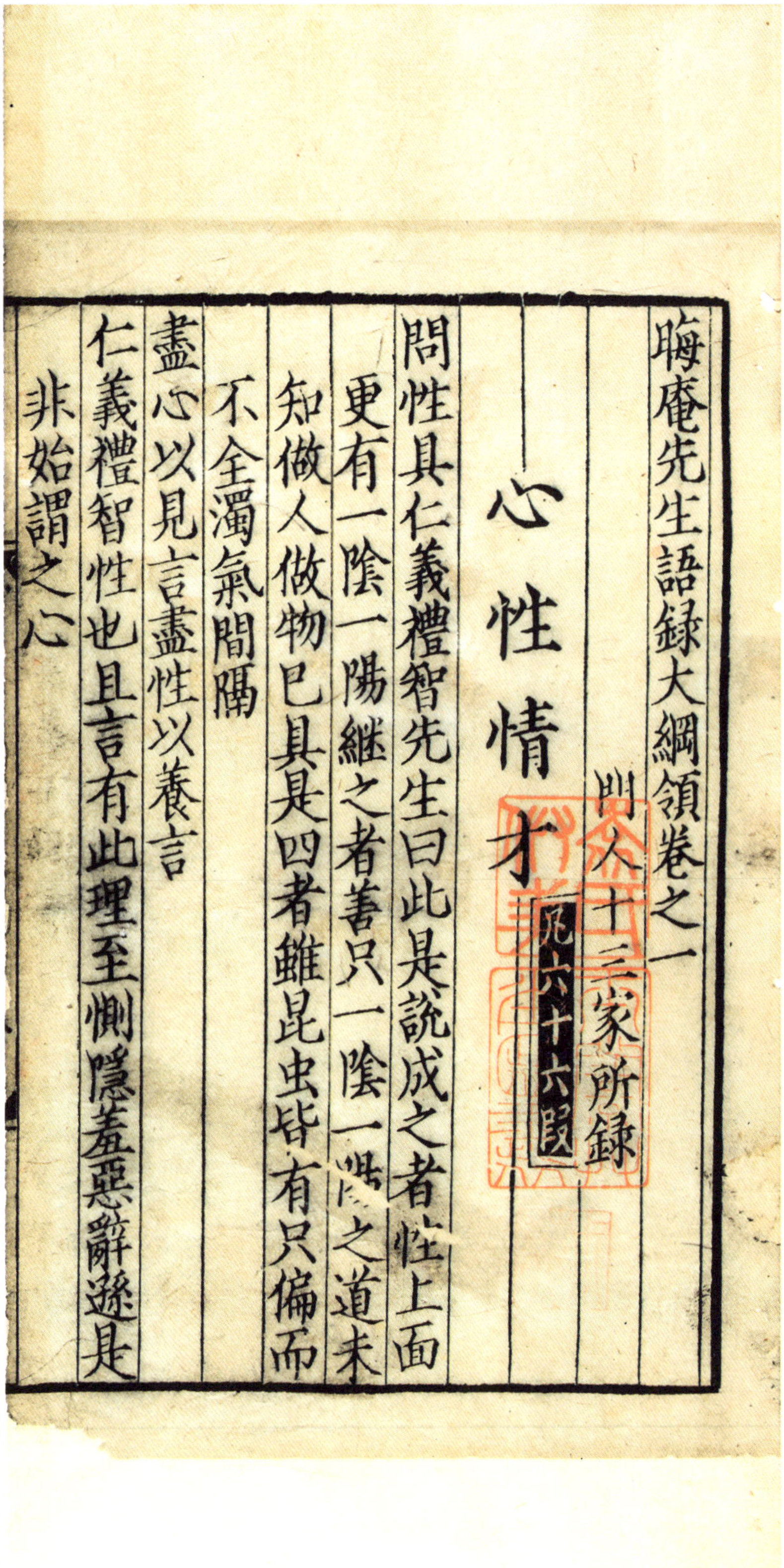

晦庵先生語録大綱領卷之一

門人十三家所録　凡六十六段

心性情才

問性具仁義禮智先生曰此是說成之者性上面更有一陰一陽繼之者善只一陰一陽之道未知做人做物已具是四者雖昆虫皆有只偏而不全濁氣間隔

盡心以見言盡性以養言

仁義禮智性也且言有此理至惻隱羞惡辭遜是非始謂之心

00608 晦庵先生語録大綱領十卷附録三卷 宋刻本（有抄配）

匡高15.8厘米，廣10.7厘米。半葉十一行，行十九字，細黑口，左右雙邊。有“赤英”、“楝亭曹氏藏書”、“涵芬樓”等印。國家圖書館藏。

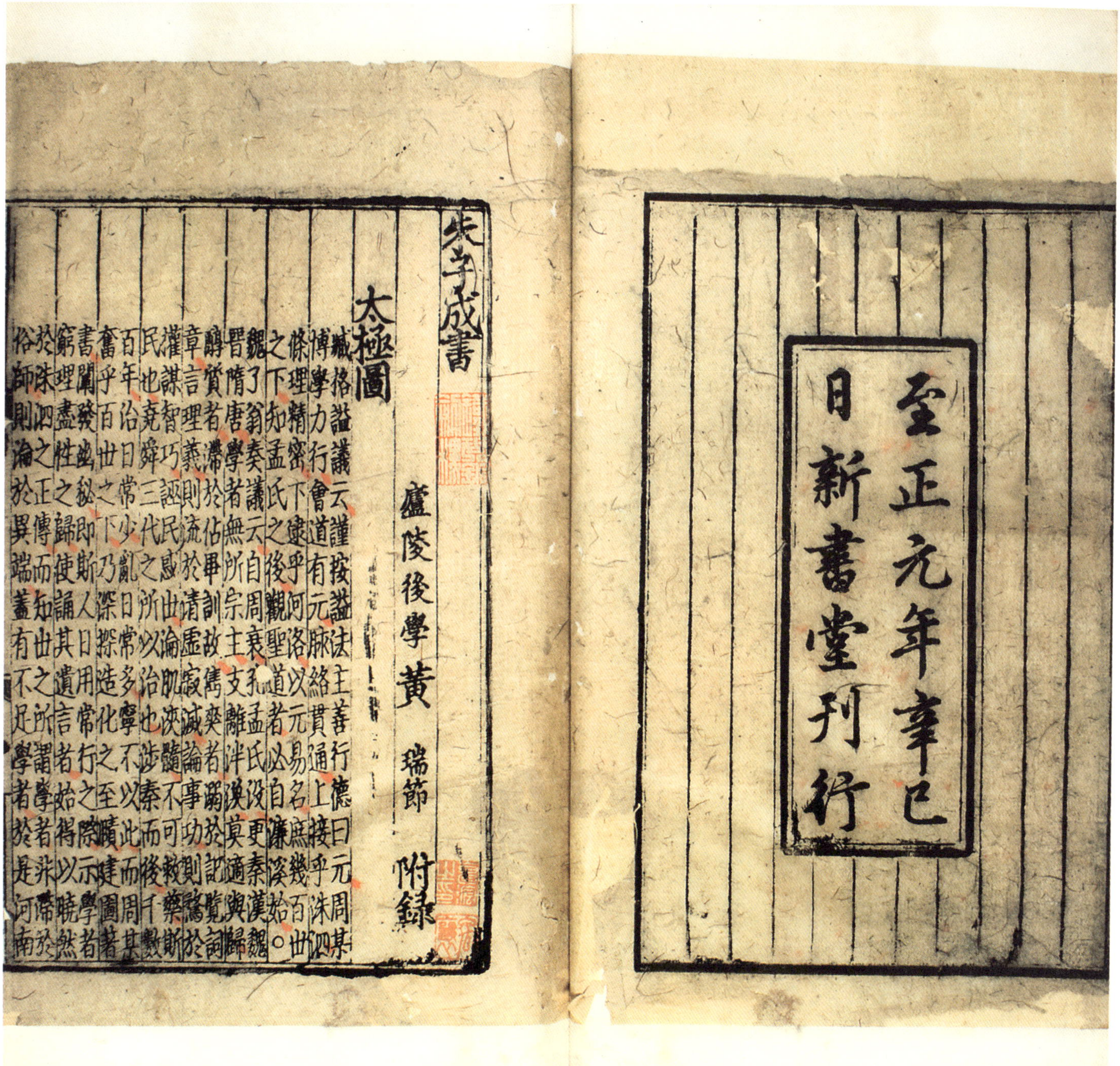

00609 朱子成書十卷 （元）黄瑞節輯　元至正元年（1341）日新書堂刻本

匡高19.1厘米，廣12.5厘米。半葉十一行，行二十字，小字雙行同，黑口，四周雙邊。有“至正元年辛巳日新書堂刊行”牌記。有“鐵琴銅劍樓”等印。國家圖書館藏。

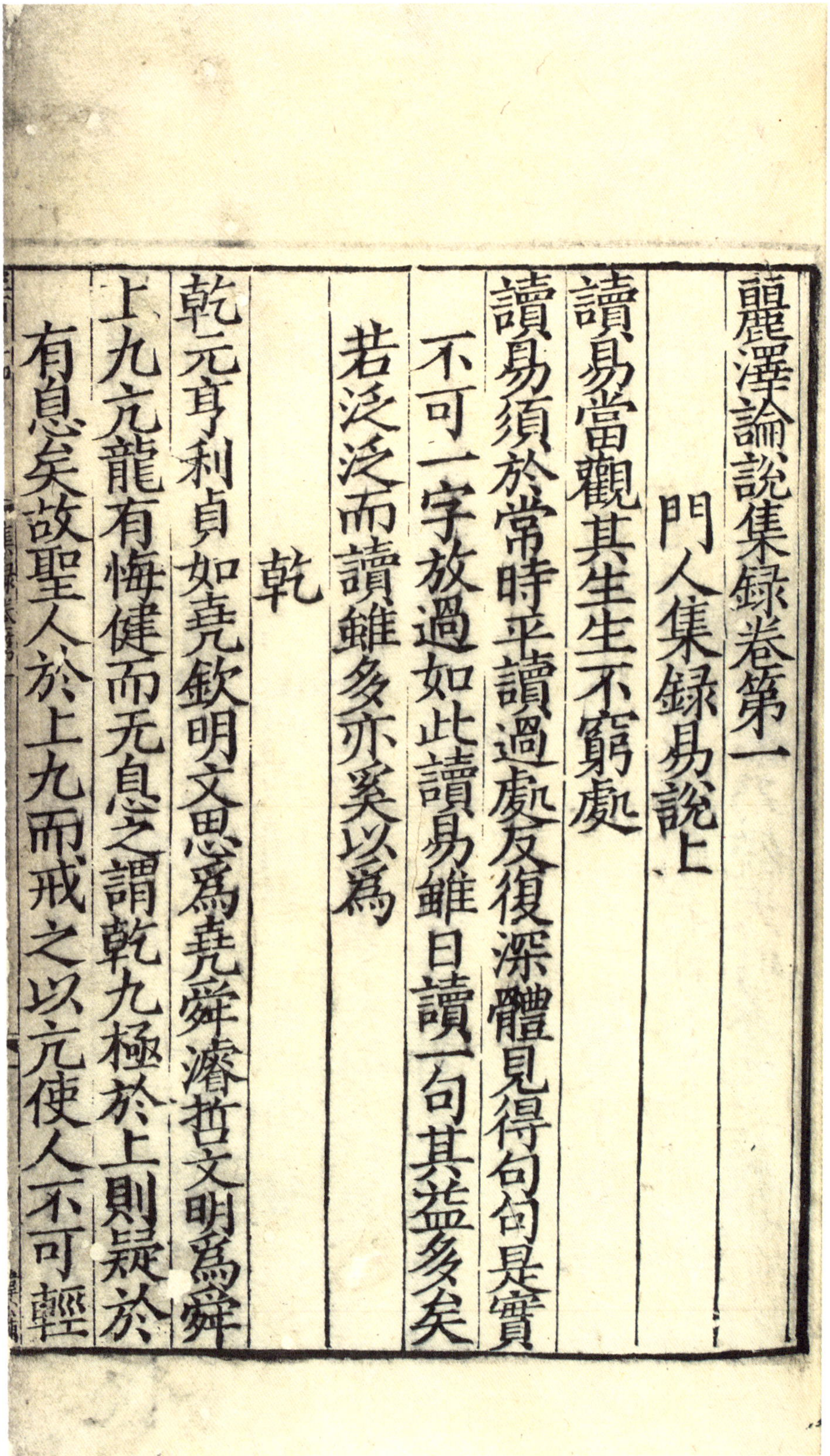

麗澤論說集録卷第一
門人集録易說上
讀易當觀其生生不窮處
讀易須於常時平讀過處反復深體見得句句是實
不可一字放過如此讀易雖日讀一句其益多矣
若泛泛而讀雖多亦奚以爲
乾
乾元亨利貞如堯欽明文思爲堯舜濬哲文明爲舜
上九亢龍有悔健而无息之謂乾九極於上則疑於
有息矣故聖人於上九而戒之以亢使人不可輕

00610、00611 麗澤論說集録十卷 （宋）呂祖儉輯　宋嘉泰四年（1204）呂喬年刻本

匡高20.7厘米，廣15.6厘米。半葉十行，行二十字，白口，左右雙邊。國家圖書館藏，有“天禄繼鑑”、“乾隆御覽之寶”、“太上皇帝之寶”、“八徵耄念之寶”、“五福五代堂寶”等印；南開大學圖書館藏，爲元明遞修本，卷末有明成化八年（1472）耿裕補版識語。

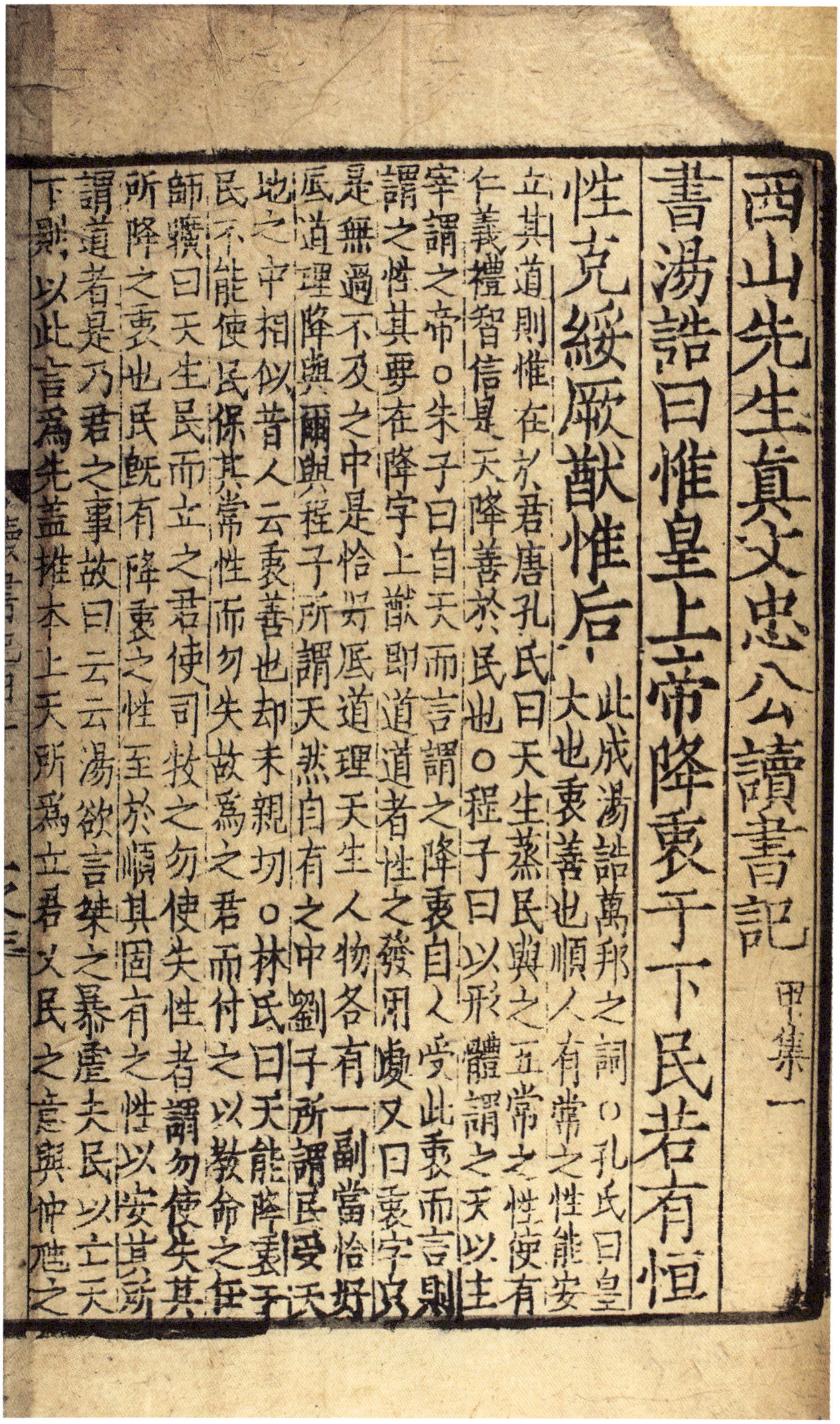

西山先生真文忠公讀書記　甲集一

書湯誥曰惟皇上帝降衷于下民若有恒性克綏厥猷惟后此成湯誥萬邦之詞○孔氏曰皇大也衷善也順人有常之性能安立其道則惟在於君唐孔氏曰天生蒸民與之五常之性使有仁義禮智信是天降善於民也○程子曰以形體謂之天以主宰謂之帝○朱子曰自天而言謂之降衷自人受此衷而言則謂之性其要在降字上歛即道道者性之發用處又曰衷字只是無過不及之中是恰好底道理天生人物各有一副當恰好底道理降與爾與程子所謂天然自有之中劉子所謂民受天地之中相似昔人云衷善也却未親切○林氏曰天能降衷于民不能使民保其常性而勿失故爲之君而付之以教命之任師曠曰天生民而立之君使司牧之勿使失性者謂勿使失其所降之衷也民既有降衷之性至於順其固有之性以安其所謂道者是乃君之事故曰云云湯欲言桀之暴虐夫民以亡天下則以此言爲先蓋推本上天所爲立君乂民之意與仲虺之

00612、00613　西山先生真文忠公讀書記甲集三十七卷乙集下二十二卷丁集二卷（宋）

真德秀撰　宋開慶元年（1259）福州官刻元修本

匡高22.1厘米，廣15.9厘米。半葉九行，行十六字，小字雙行二十四字，白口，左右雙邊。國家圖書館藏，有抄配；吉林省圖書館藏，爲元明遞修本，有“璜川吴氏收藏圖書”等印。

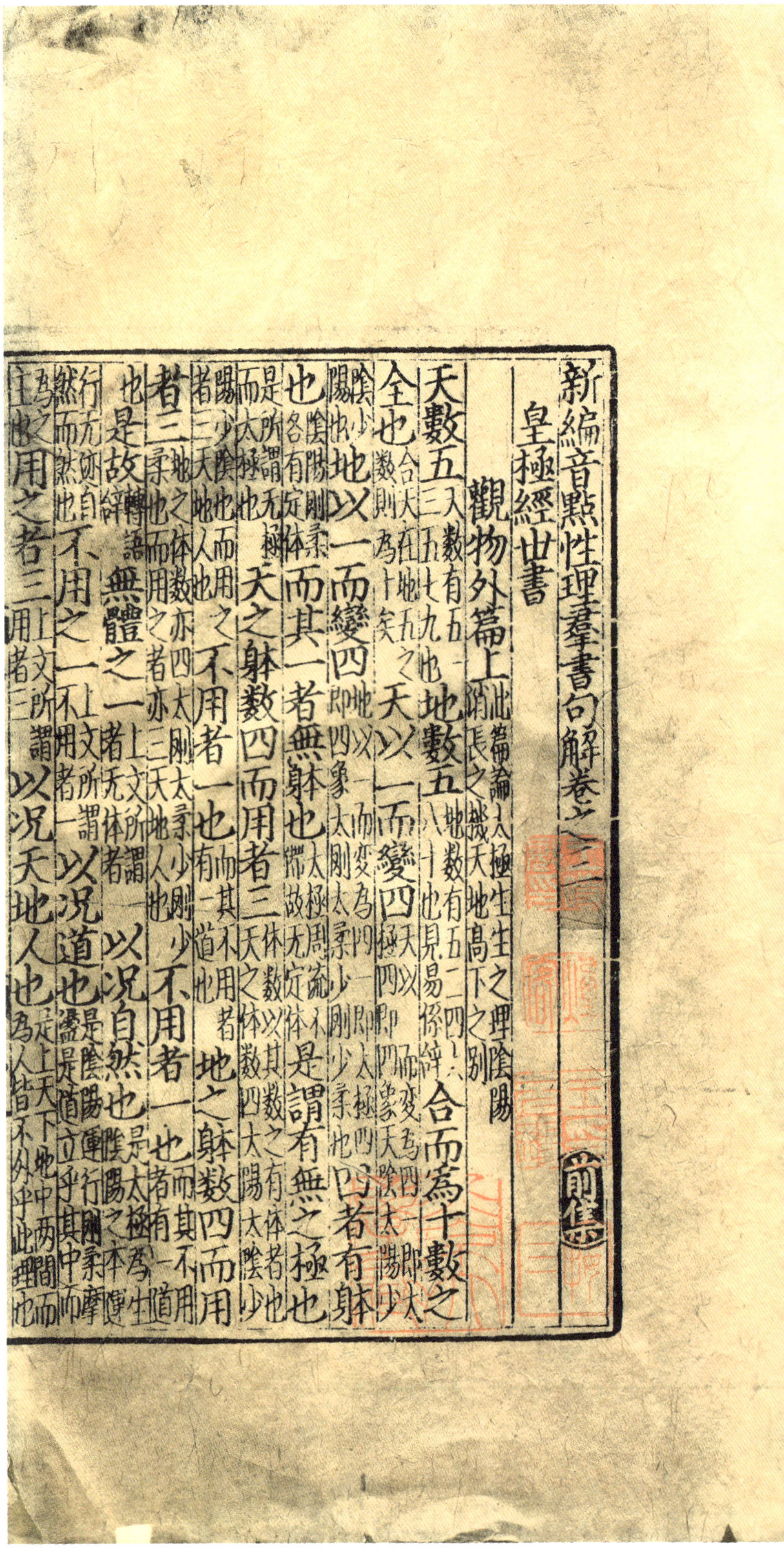
新編音點性理羣書句解卷之三 前集
皇極經世書
觀物外篇上此篇論太極生生之理陰陽消長之機天地高下之别
天數五天數有五一三五七九也地數五地數有五二四六八十也見易係辭合而爲十數之
全也合天地五之數則爲十矣天以一而變四天以一而變爲四一即太極四即四象太陰太陽少
陰少陽也地以一而變四地以一而變爲四一即太極四即四象太剛太柔少剛少柔也四者有躰
也陰陽剛柔各有定体而其一者無躰也太極周流不滯故无定体是謂有無之極也
是所謂无極而太極也天之躰數四而用者三体數以其數之有体者也天之体數四太陽太陰少
陽少陰也而用之者三天地人也不用者一也而其不用者有一道也地之躰數四而用
者三地之体數亦四太剛太柔少剛少柔也而用之者亦三天地人也不用者一也而其不用者有一道
也是故轉語辞無體之一上文所謂无体者以況自然也是太極爲生陰陽之本原
行无迹自然而然也不用之一上文所謂不用者一以況道也是陰陽運行剛柔摩盪是道立乎其中而
爲之主也用之者三上文所謂用者三以況天地人也是上天下地中兩間而爲人皆不外乎此理也

00614 新編音點性理羣書句解前集二十三卷 （宋）熊節輯　（宋）熊剛大集解　**後集二十三卷**　（宋）朱熹　呂祖謙撰　（宋）熊剛大集解　元刻本

匡高19.4厘米，廣12.2厘米。半葉十三行，行二十四字，小字雙行同，細黑口，四周雙邊。有“王印元錫”、“王時敏印”等印。北京大學圖書館藏，存十八卷。

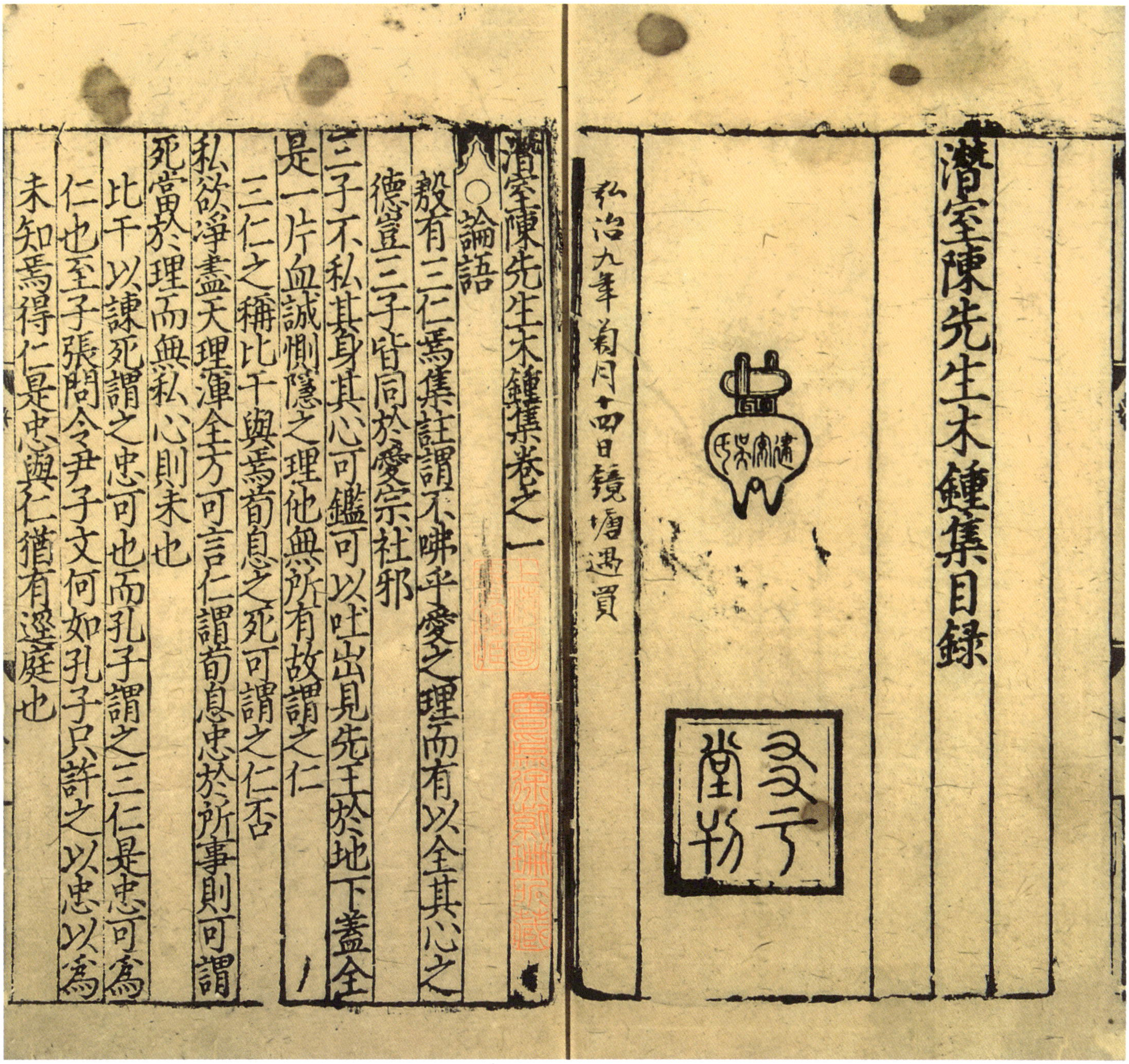

00615 潛室陳先生木鍾集十一卷 （宋）陳埴撰 元建安吴氏友于堂刻本（有抄配）

匡高18.2厘米，廣11.8厘米。半葉十二行，行二十二字，黑口，左右雙邊。有“建安吴氏”鼎式牌記、“友于堂刊”方形牌記。有“曾爲徐紫珊所藏”等印。上海圖書館藏，存十卷。

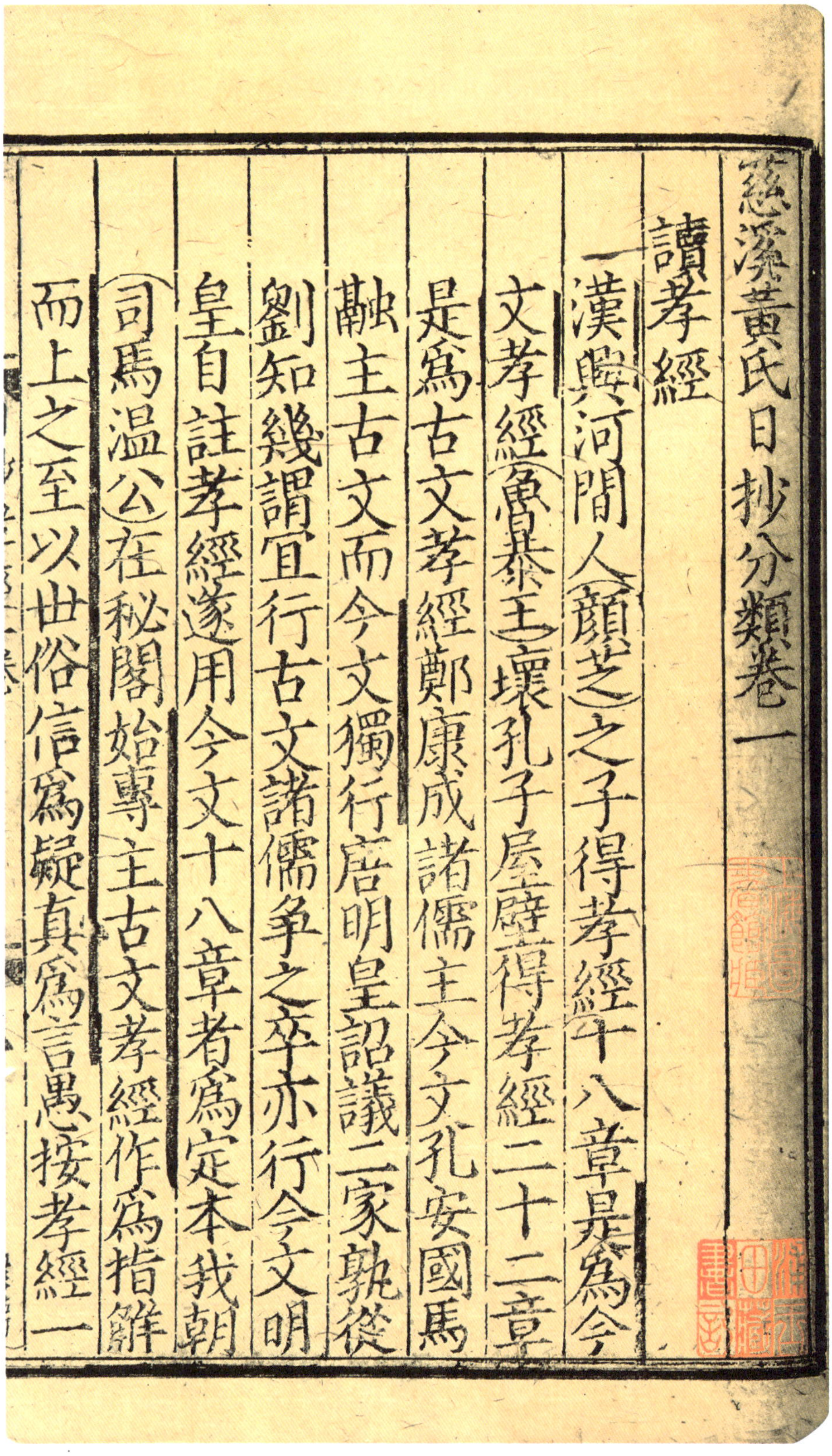

慈溪黄氏日抄分類卷一

讀孝經

一漢興河間人顔芝之子得孝經十八章是爲今文孝經魯恭王壞孔子屋壁得孝經二十二章是爲古文孝經鄭康成諸儒主今文孔安國馬融主古文而今文獨行唐明皇詔議二家孰從劉知幾謂宜行古文諸儒爭之卒亦行今文明皇自註孝經遂用今文十八章者爲定本我朝司馬温公在秘閣始專主古文孝經作爲指解而上之至以世俗信爲疑真爲言愚按孝經一

00616 慈溪黄氏日抄分類九十七卷 （宋）黄震撰　元後至元三年（1337）刻本（卷九十三至九十七配明刻本）

匡高19.9厘米，廣13.3厘米。半葉十行，行二十字，小字雙行同，白口，四周雙邊。有“浦玉田藏書記”等印。上海圖書館藏。

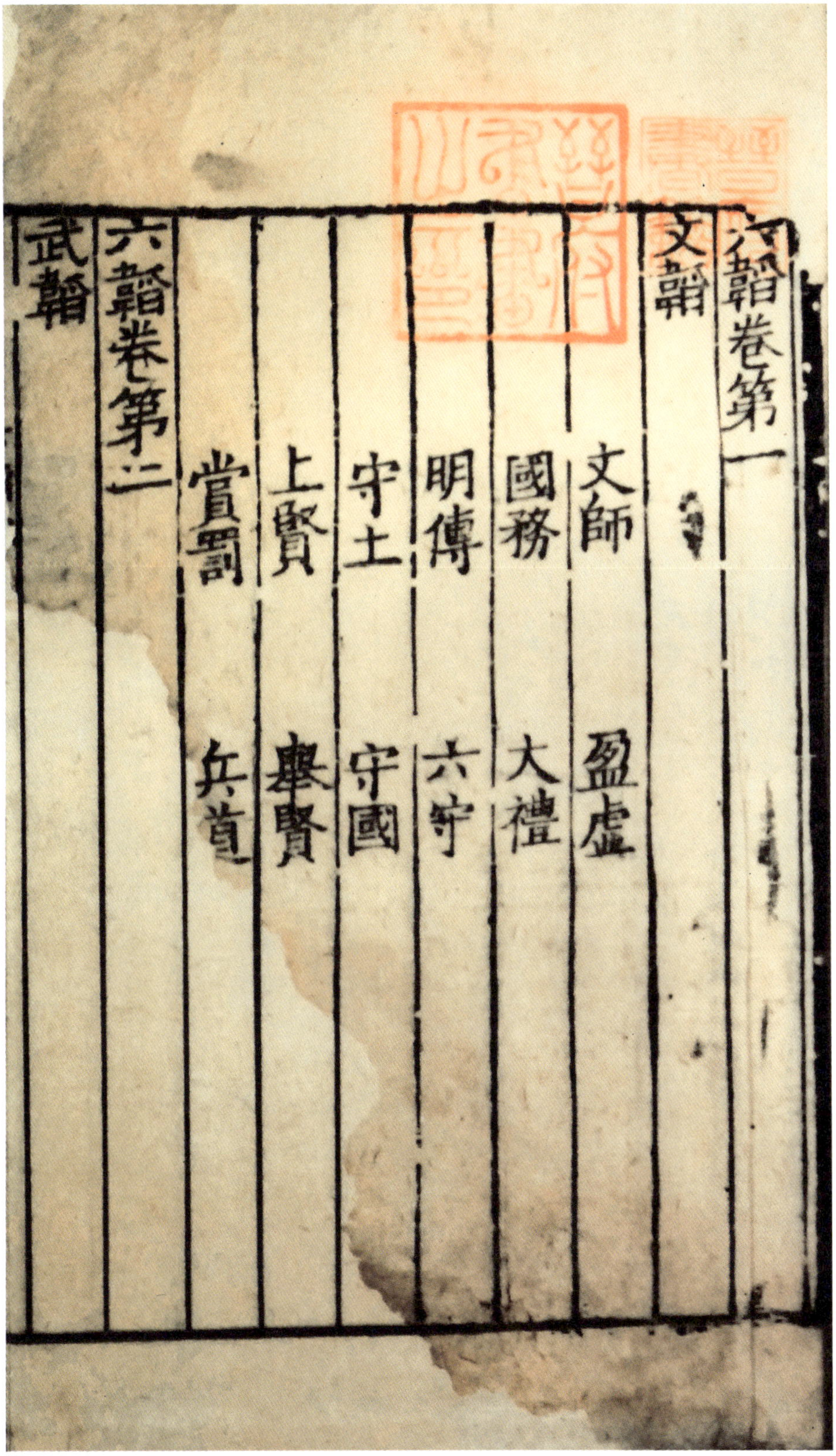

00617 武經七書二十五卷 宋刻宋元明遞修本

包背裝。匡高21.3厘米，廣15.3厘米。半葉十行，行二十一字，白口，左右雙邊。有“晉府書畫之印”等印。南京博物院藏，存十二卷。

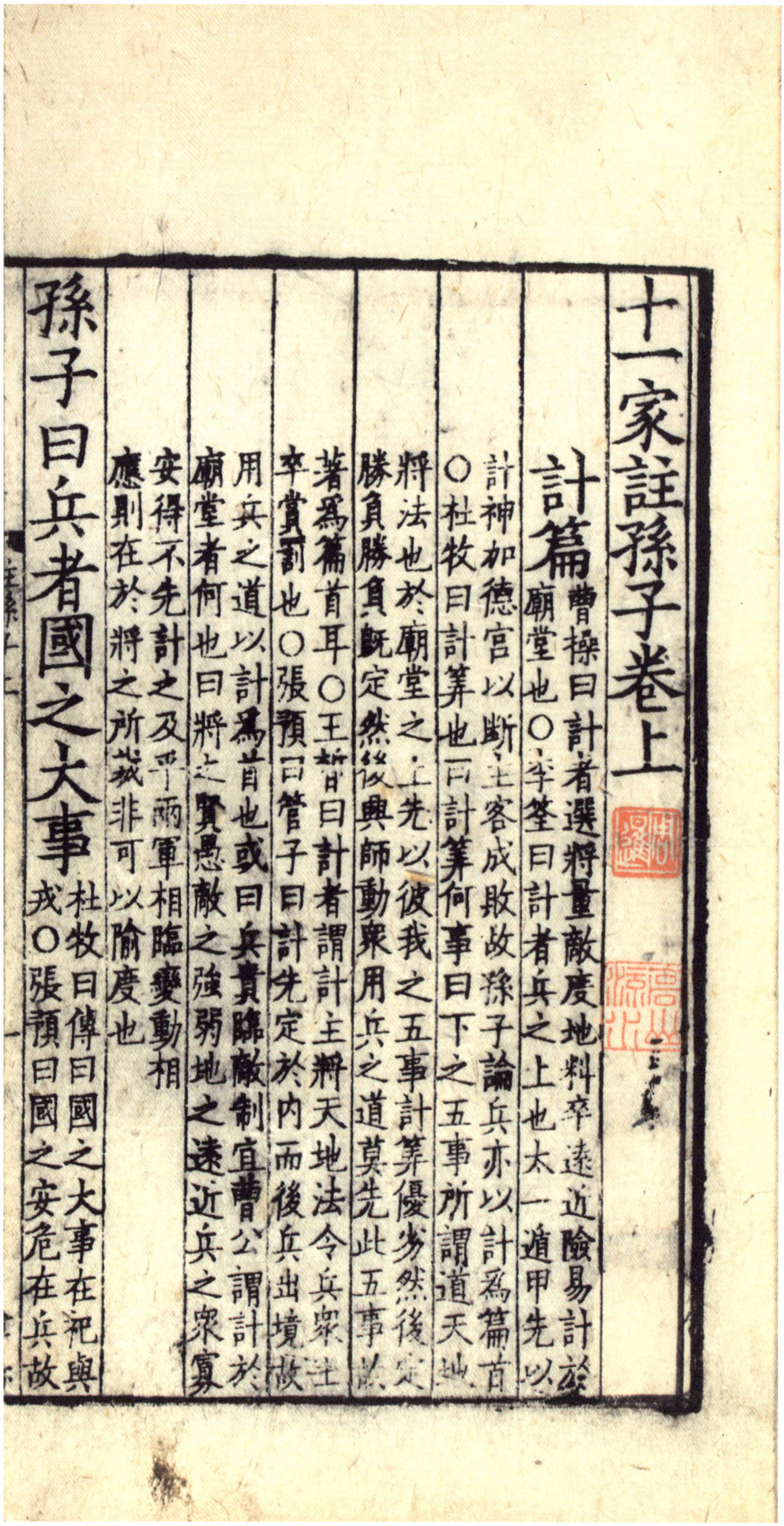
十一家註孫子卷上
計篇曹操曰計者選將量敵度地料卒遠近險易計於廟堂也○李筌曰計者兵之上也太一遁甲先以計神加德宫以斷主客成敗故孫子論兵亦以計爲篇首○杜牧曰計筭也曰計筭何事曰下之五事所謂道天地將法也於廟堂之上先以彼我之五事計筭優劣然後定勝負勝負既定然後興師動衆用兵之道莫先此五事故著爲篇首耳○王晳曰計者謂計主將天地法令兵衆士卒賞罰也○張預曰管子曰計先定於内而後兵出境故用兵之道以計爲首也或曰兵貴臨敵制宜曹公謂計於廟堂者何也曰將之賢愚敵之強弱地之遠近兵之衆寡安得不先計之及乎兩軍相臨變動相應則在於將之所裁非可以預度也
孫子曰兵者國之大事杜牧曰傳曰國之大事在祀與戎○張預曰國之安危在兵故

00618 十一家註孫子三卷 （漢）曹操　（唐）杜牧等撰　**十家註孫子遺説一卷**　（宋）鄭友賢撰　宋刻本

匡高17.6厘米，廣11.2厘米。半葉八行，行十七字，小字雙行二十六字，白口，左右雙邊。有“周暹”等印。國家圖書館藏。

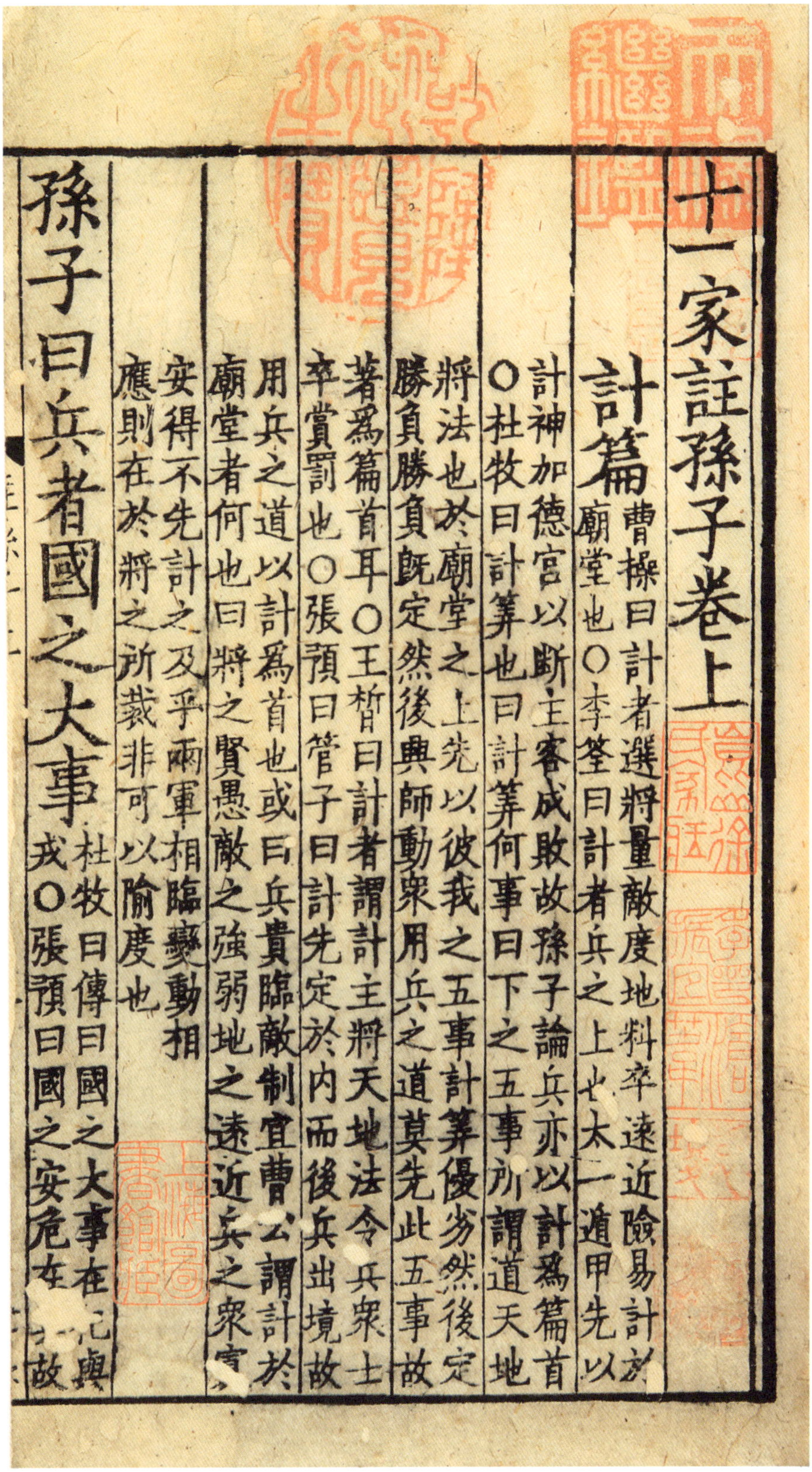

00619 十一家註孫子三卷 （漢）曹操 （唐）杜牧等撰 **十家註孫子遺説一卷** （宋）鄭友賢撰 宋刻本

匡高17.8厘米，廣10.5厘米。半葉八行，行十七字，小字雙行二十六字，白口，左右雙邊。有“季印振宜”、“崑山徐氏家藏”、“天禄琳琅”、“乾隆御覽之寶”、“太上皇帝之寶”、“八徵耄念之寶”、“五福五代堂寶”等印。上海圖書館藏。

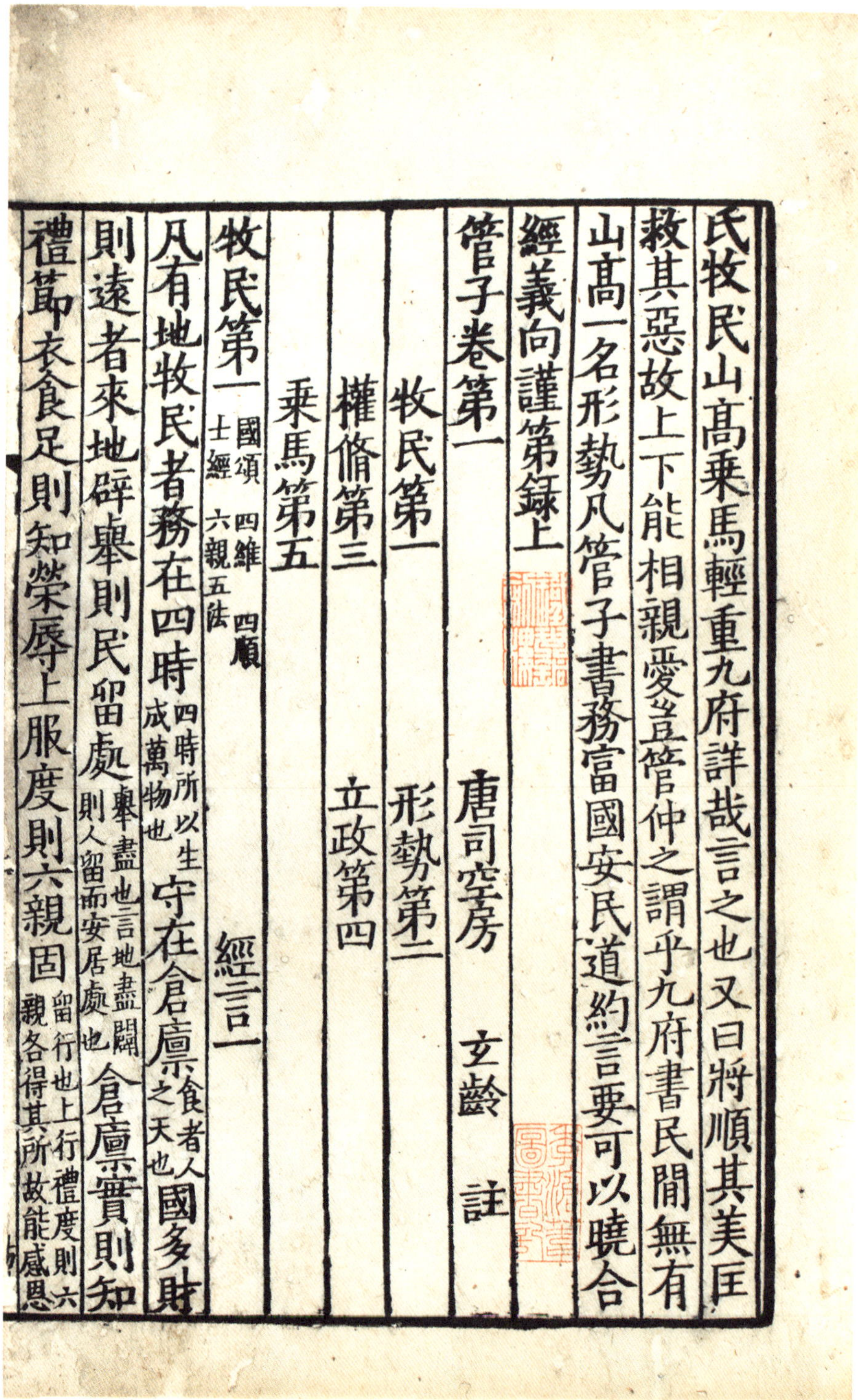
氏牧民山高乘馬輕重九府詳哉言之也又曰將順其美匡
救其惡故上下能相親愛豈管仲之謂乎九府書民間無有
山高一名形勢凡管子書務富國安民道約言要可以曉合
經義向謹第錄上

管子卷第一　唐司空房　玄齡　註

牧民第一　形勢第二
權脩第三　立政第四
乘馬第五

牧民第一　國頌　四維　四順　士經　六親五法　經言一

凡有地牧民者務在四時四時所以生成萬物也守在倉廩食者人之天也國多財
則遠者來地辟舉則民留處舉盡也言地盡闢則人留而安居處也倉廩實則知
禮節衣食足則知榮辱上服度則六親固留行也上行禮度則六親各得其所故能感恩

00620 管子二十四卷 （唐）房玄齡注　宋刻本

匡高22.4厘米，廣15.5厘米。半葉十二行，行二十二至二十五字，小字雙行二十九字，白口，左右雙邊。有“玉蘭堂”、“季滄葦圖書記”、“乾學”、“黄印丕烈”、“汪印士鐘”、“鐵琴銅劍樓”、“郇齋”等印。黄丕烈、戴望跋。國家圖書館藏。

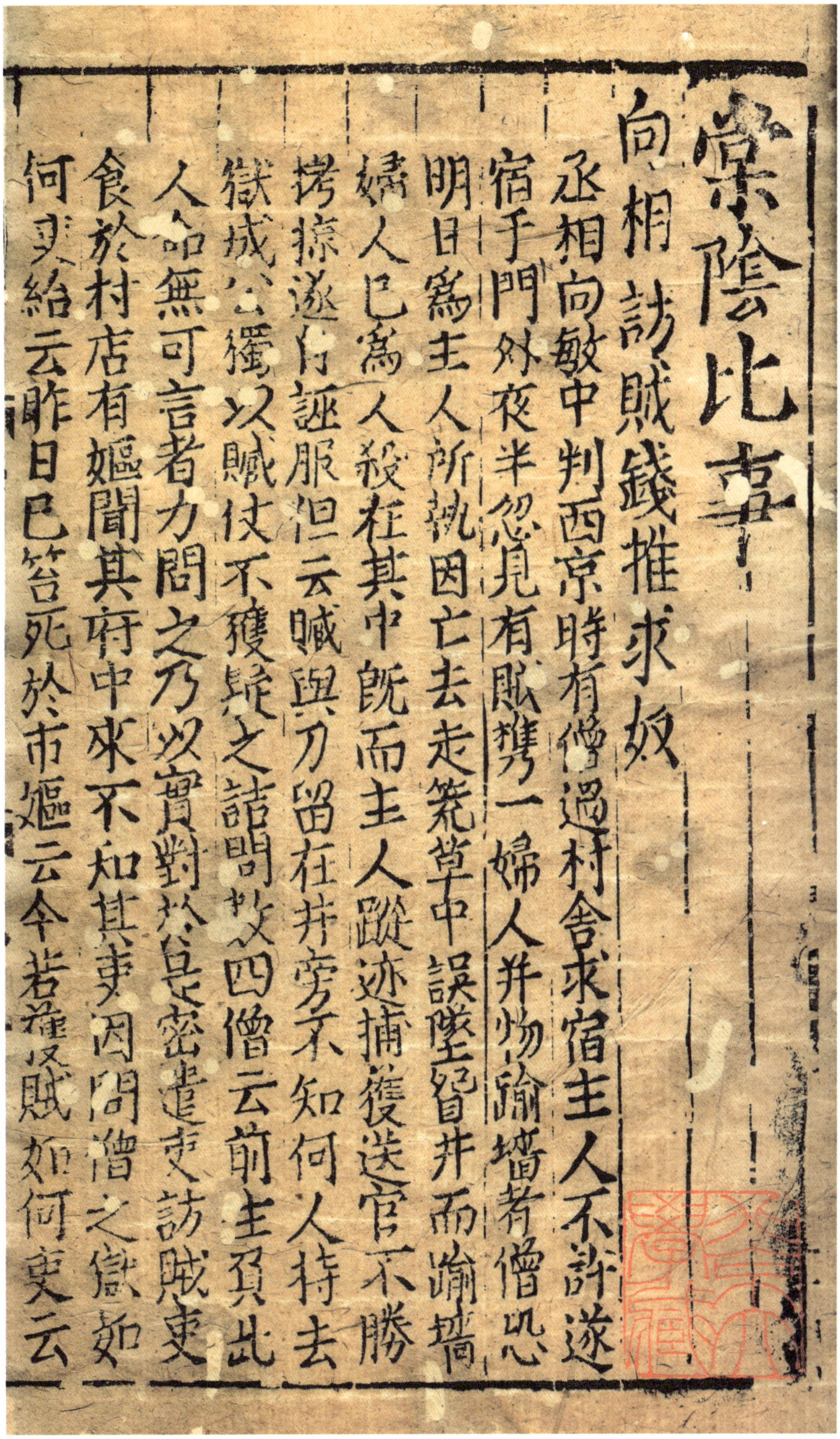
棠陰比事
向相訪賊錢推求奴
丞相向敏中判西京時有僧過村舍求宿主人不許遂
宿于門外夜半忽見有賊携一婦人并物踰墻者僧恐
明日爲主人所執因亡去走荒草中誤墜眢井而踰墻
婦人已爲人殺在其中旣而主人蹤迹捕獲送官不勝
拷掠遂自誣服但云贓與刀留在井旁不知何人持去
獄成公獨以贓仗不獲疑之詰問数四僧云前主負此
人命無可言者力問之乃以實對於是密遣吏訪賊吏
食於村店有嫗聞其府中來不知其吏因問僧之獄如
何吏紿云昨日已笞死於市嫗云今若獲賊如何吏云

00621 棠陰比事一卷 （宋）桂萬榮撰　元刻本

匡高22厘米，廣13.8厘米。半葉十二行，行二十二字，小字雙行同，粗黑口，四周單邊。有“安樂堂藏書記”、“明善堂覽書画印記”等印。北京大學圖書館藏。

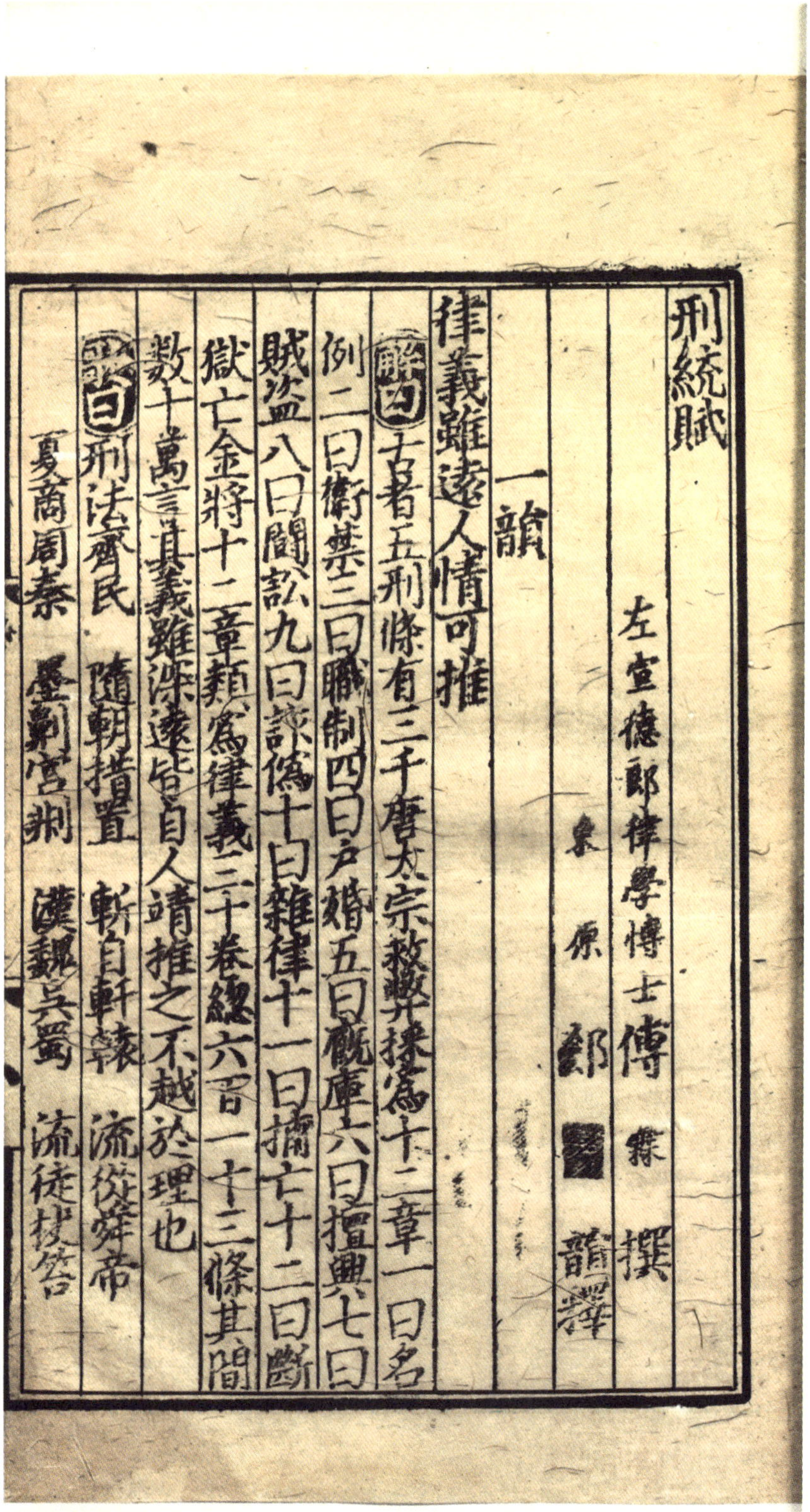

刑統賦

左宣德郎律學博士傅霖撰

東原郄□韻釋

一韻

律義雖遠人情可推

解曰古者五刑條有三千唐太宗敕撰為十二章一曰名例二曰衛禁三曰職制四曰户婚五曰廐庫六曰擅興七曰賊盗八曰闘訟九曰詐偽十曰雜律十一曰捕亡十二曰斷獄亡金将十二章類為律義三十卷總六百一十三條其間數十萬言其義雖深遠皆自人情推之不越於理也

歌曰刑法齊民　隨朝措置　軒自軒轅　流從舜帝

夏商周秦　墨劓宫剕　漢魏吴蜀　流徒杖笞

00622 刑統賦一卷 （宋）傅霖撰　（元）郄□韻釋　元刻本

匡高19.5厘米，廣13.2厘米。半葉十二行，行二十四字，黑口，四周雙邊。有“建安余氏勤有堂刊”牌記。有“周印良金”等印。首都圖書館藏。

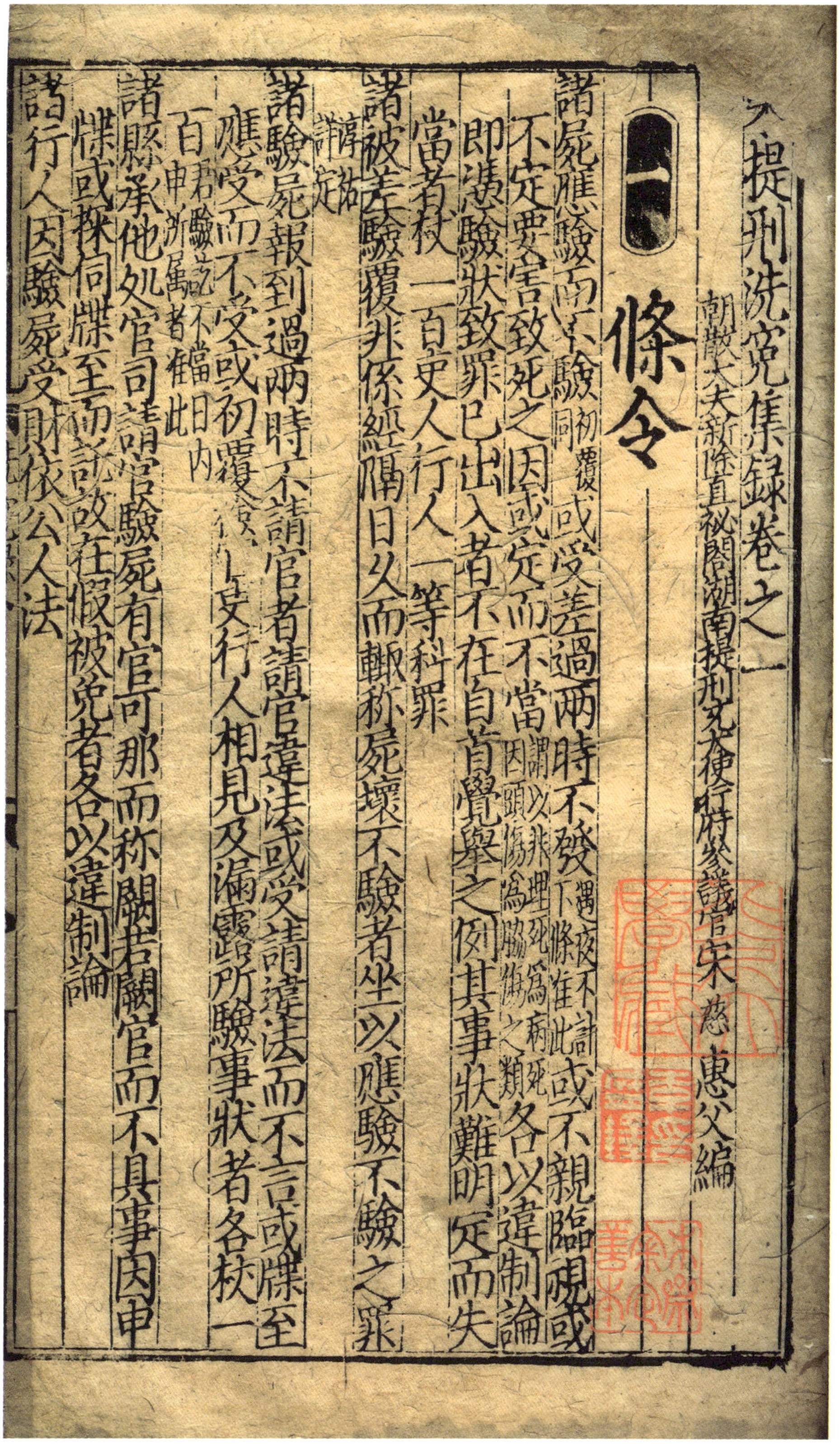

宋提刑洗冤集録卷之一
朝散大夫新除直秘閣湖南提刑充大使行府參議官宋慈惠父編
一 條令
諸屍應驗而不驗初覆同或受差過兩時不發遇夜不計下條准此或不親臨視或不定要害致死之因或定而不當謂以非理死爲病死因頭傷爲脇傷之類各以違制論即憑驗狀致罪已出入者不在自首覺舉之例其事狀難明定而失當者杖一百吏人行人一等科罪
諸被差驗覆非系經隔日久而輒称屍壞不驗者坐以應驗不驗之罪
諸驗屍報到過兩時不請官者請官違法或受請違法而不言或牒至應受而不受或初覆檢官吏行人相見及漏露所驗事狀者各杖一百若驗訖不當日內申所屬者准此
淳祐詳定
諸縣承他処官司請官驗屍有官可那而称闕若闕官而不具事因申牒或探伺牒至而託故在假被免者各以違制論
諸行人因驗屍受財依公人法

00623 宋提刑洗冤集録五卷 （宋）宋慈撰　元刻本

匡高21.9厘米，廣13.7厘米。半葉十六行，行二十七字，小字雙行同，粗黑口，四周雙邊。有“李印盛鐸”等印。北京大學圖書館藏。

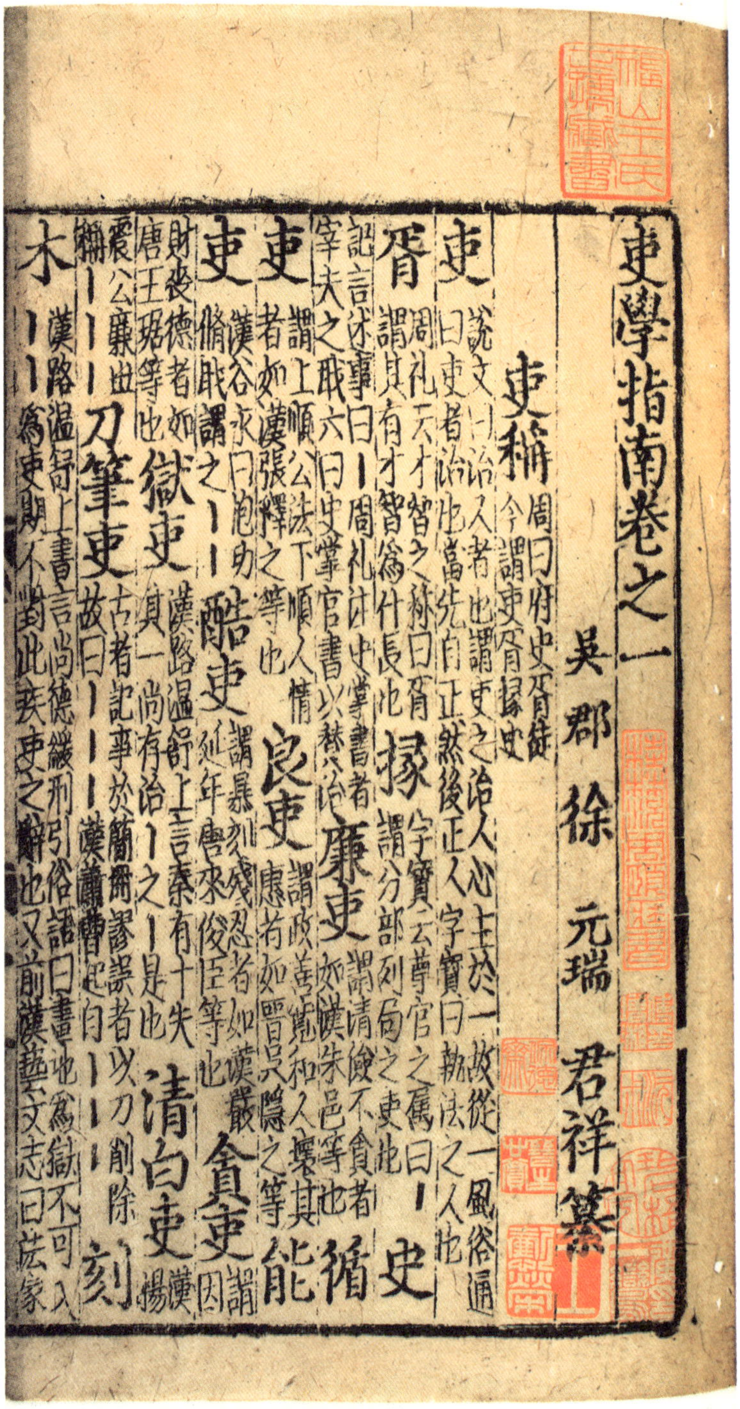
吏學指南卷之一
吳郡 徐 元瑞 君祥纂
吏稱 周曰府史胥徒 今謂吏胥掾史
吏 說文曰治人者也謂吏之治人心主於一故從一風俗通曰吏者治也當先自正然後正人字寶曰執法之人也
胥 周礼云才智之稱曰胥 謂其有才智爲什長也 掾 字寶云尊官之屬曰掾 謂分部列局之吏也 史
記言述事曰史周礼註史掌書者 宰夫之職六曰史掌官書以贊治 廉吏 謂清儉不貪者 如漢朱邑等也 循
吏 謂上順公法下順人情 者如漢張釋之等也 良吏 謂政善寬和人懷其 惠者如晉吳隱之等 能
吏 漢谷永曰抱功 脩職謂之能吏 酷吏 謂暴烈殘忍者如漢嚴 延年周來俊臣等也 貪吏 謂因
財役德者如 唐王琚等也 獄吏 漢路溫舒上言秦有十失 其一尚存治獄之吏是也 清白吏 漢楊
震公廉出 稱清白吏 刀筆吏 古者記事於簡冊謬誤者以刀削除 故曰刀筆吏 漢蕭曹起自刀筆吏 刻
木 漢路溫舒上書言尚德緩刑引俗語曰畫地爲獄不可入 刻木爲吏期不對此疾吏之辭也又前漢藝文志曰法家

00624 吏學指南八卷 （元）徐元瑞撰　元刻本

匡高20.6厘米，廣12.8厘米。半葉十一行，行十六字，小字雙行二十四字，黑口，四周單邊。有“黄印一鸞”、“王懿榮”、“况印周頤”、“傅印增湘”等印。國家圖書館藏。

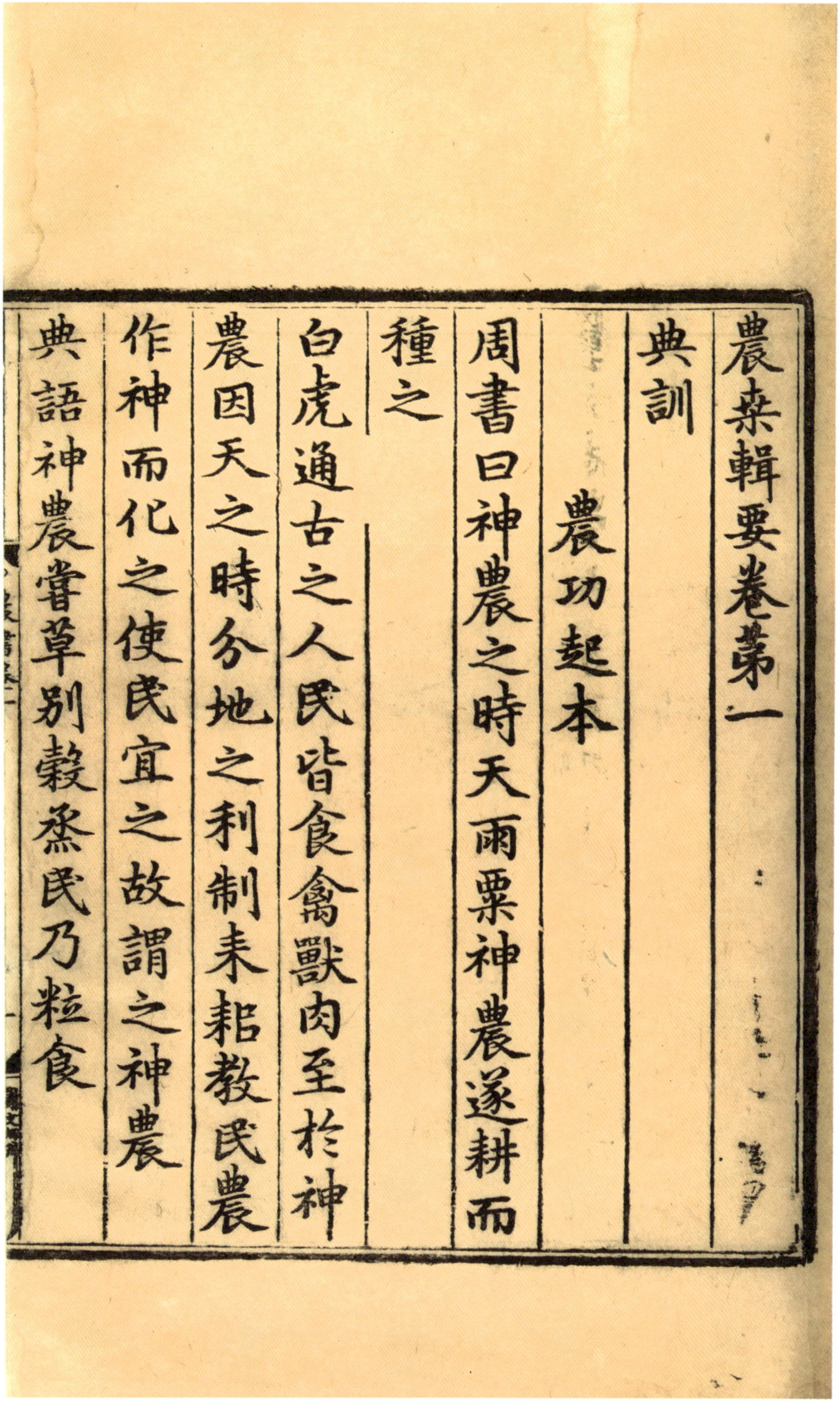
農桑輯要卷第一
典訓
農功起本
周書曰神農之時天雨粟神農遂耕而
種之
白虎通古之人民皆食禽獸肉至於神
農因天之時分地之利制耒耜教民農
作神而化之使民宜之故謂之神農
典語神農嘗草別穀烝民乃粒食

00625 農桑輯要七卷 （元）大司農司撰　元後至元五年（1339）杭州路刻明修本（明補版若干葉）

匡高25.8厘米，廣22.2厘米。半葉九行，行十五字，黑口，四周雙邊。有“安樂堂藏書記”、“明善堂珍藏書畫印記”等印。上海圖書館藏。

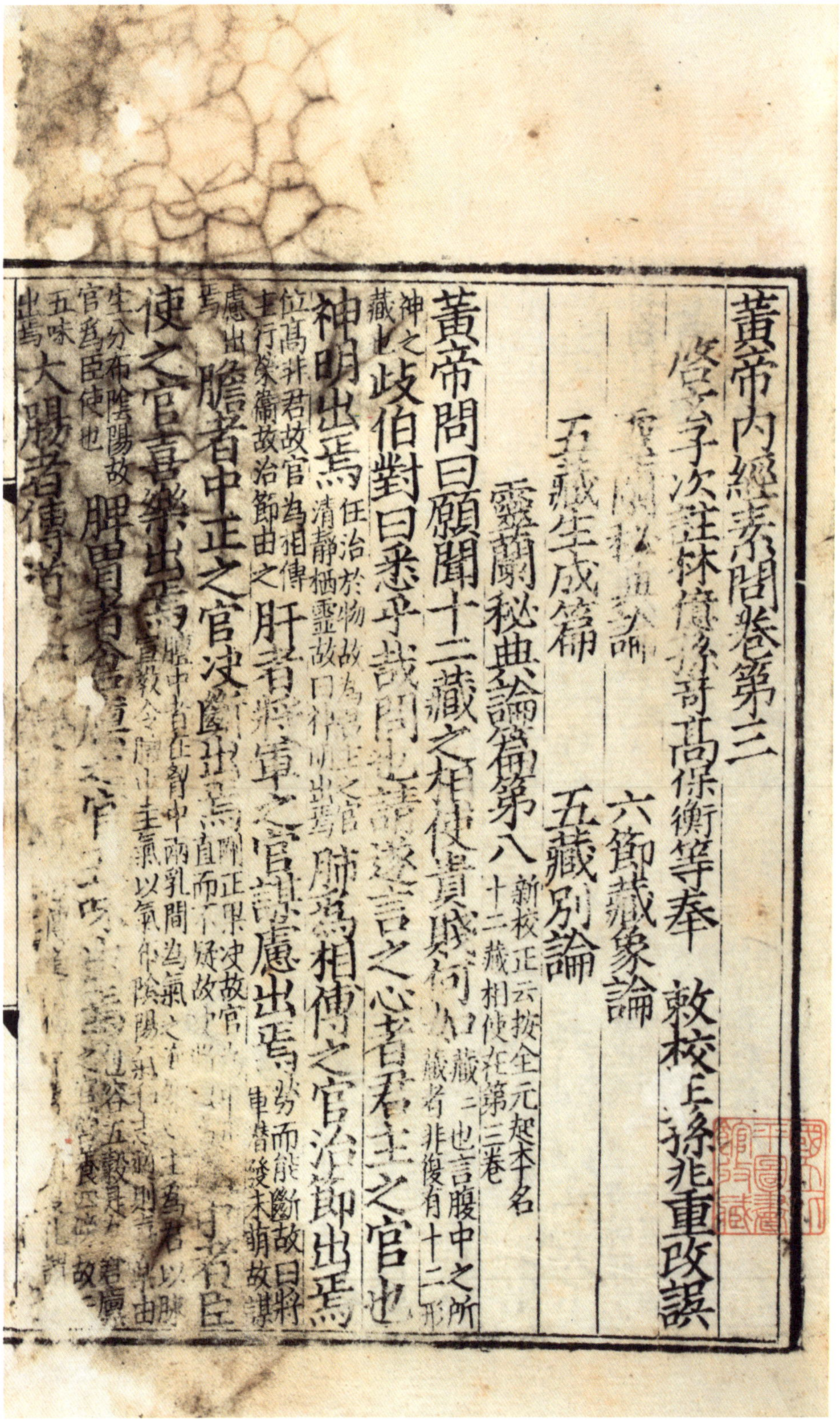
黃帝內經素問卷第三
啓玄子次註林億孫奇高保衡等奉敕校正孫兆重改誤
靈蘭秘典論　六節藏象論
五藏生成篇　五藏別論
靈蘭秘典論篇第八　新校正云按全元起本名十二藏相使在第三卷
黃帝問曰願聞十二藏之相使貴賤何如　藏二也言腹中之所藏者非復有十二形
神之藏也　岐伯對曰悉乎哉問也請遂言之心者君主之官也
神明出焉　任治於物故為君主之官清靜栖靈故曰神明出焉　肺者相傅之官治節出焉
位高非君故官為相傅主行榮衛故治節由之　肝者將軍之官謀慮出焉　勇而能斷故曰將軍潛發未萌故謀慮出焉
膽者中正之官決斷出焉　剛正果決故官為中正直而不疑故決斷出焉
使之官喜樂出焉
生分布陰陽故官為臣使也　脾胃者倉廩之官
五味出焉　大腸者傳道之官

00626 黃帝內經素問二十四卷（唐）王冰注　（宋）林億等校正　（宋）孫兆改誤　**亡篇一卷**　金刻本

包背裝。匡高17.8厘米，廣13.6厘米。半葉十三行，行二十二字不等，小字雙行三十字，白口，四周雙邊。國家圖書館藏，存十三卷。

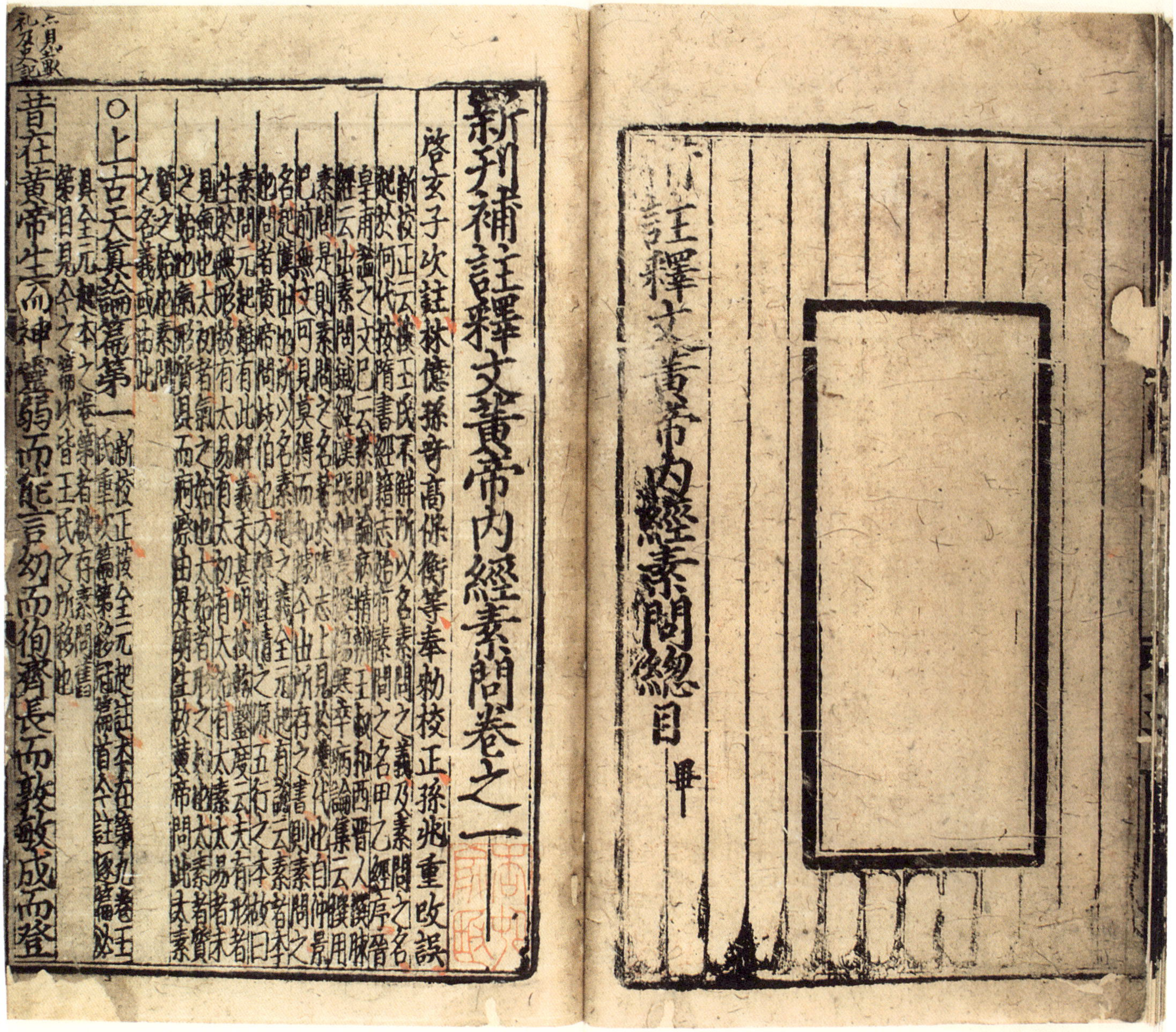

00627 新刊補註釋文黄帝内經素問十二卷 （唐）王冰注 （宋）林億等校正 （宋）孫兆改誤 元後至元五年（1339）胡氏古林書堂刻本

匡高20.4厘米，廣12.4厘米。半葉十三行，行二十三字，小字雙行同，黑口，四周雙邊。有“至元己卯菖節古林書堂新刊”牌記。有“葉樹廉印”、“鐵琴銅劍樓”等印。國家圖書館藏。

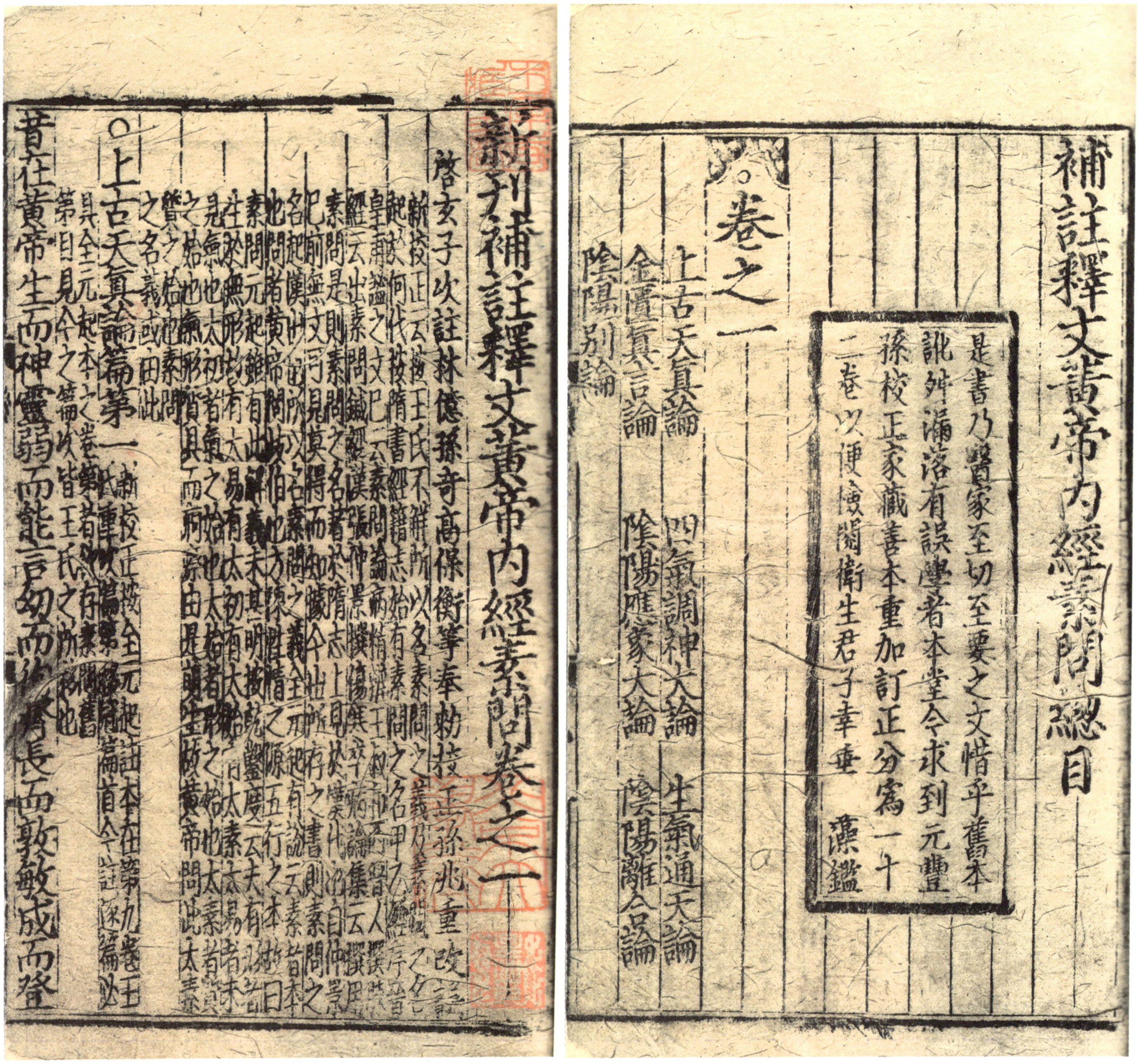

00628 新刊補註釋文黄帝内經素問十二卷 （唐）王冰注　（宋）林億等校正　（宋）孫兆改誤　**素問入式運氣論奥三卷**　（宋）劉溫舒撰　**黄帝内經素問遺篇一卷**　元後至元五年（1339）胡氏古林書堂刻本（卷八第二十六葉抄配）

匡高20.5厘米，廣12.5厘米。半葉十三行，行二十三字，小字雙行同，黑口，四周雙邊。北京大學圖書館藏。

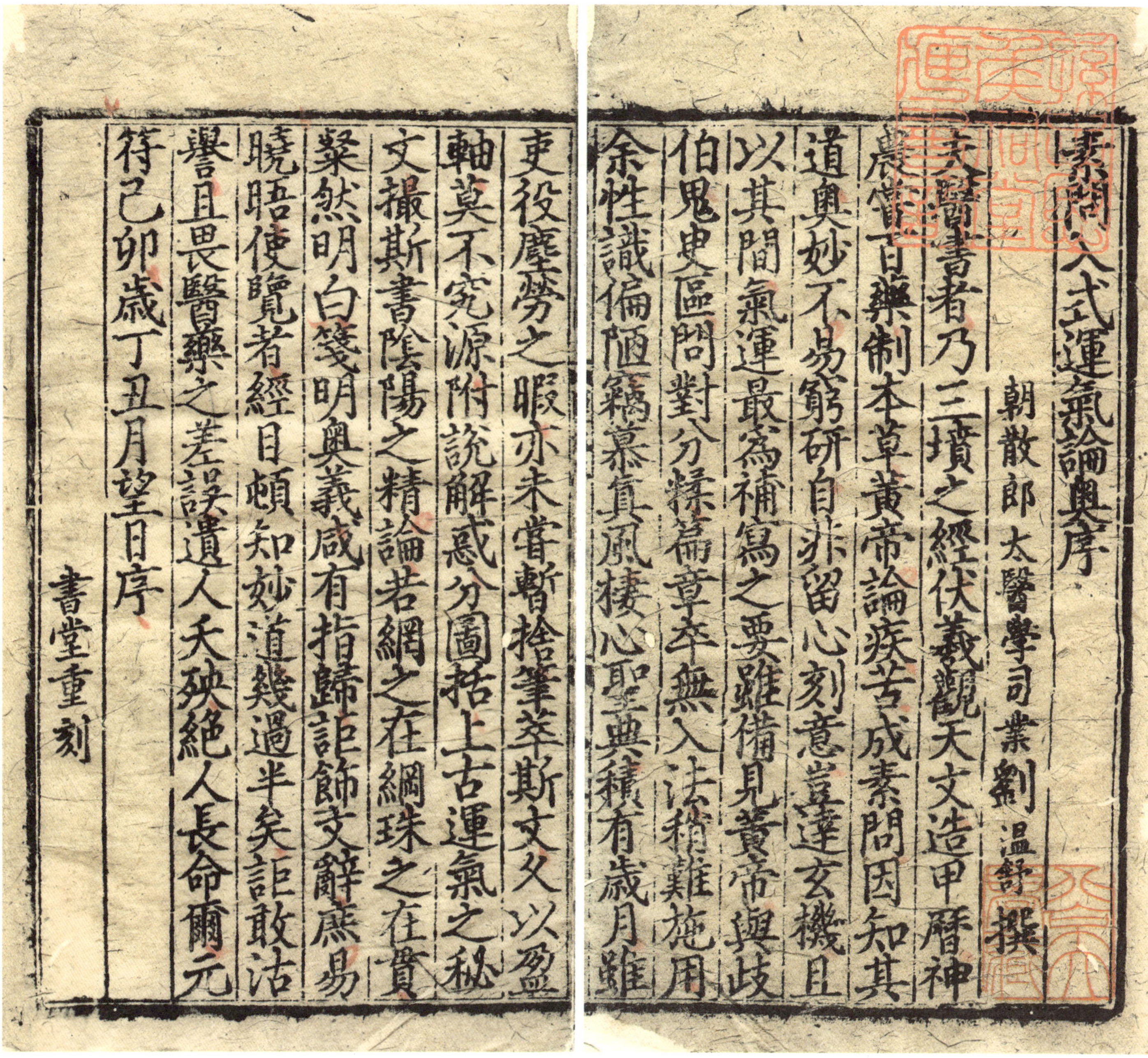

素問入式運氣論奧序

朝散郎太醫學司業劉温舒撰

夫醫書者乃三墳之經伏羲觀天文造甲曆神農嘗百藥制本草黃帝論疾苦成素問因知其道奧妙不易窮研自非留心刻意豈達玄機且以其間氣運最為補寫之要雖備見黃帝與岐伯鬼臾區問對分類篇章卒無入法稍難施用余性識偏陋竊慕眞風棲心聖典積有歲月雖吏役塵勞之暇亦未嘗暫捨筆卒斯文久以盈軸莫不究源附說解惑分圖括上古運氣之秘文撮斯書陰陽之精論若網之在綱珠之在貫粲然明白箋明奧義咸有指歸詎飾文辭庶易曉晤使覽者經目頓知妙道幾過半矣詎敢沽譽且畏醫藥之差誤遺人夭殃絶人長命爾元符己卯歲丁丑月望日序

書堂重刻

00629、00630、00631 新刊素問入式運氣論奧三卷 （宋）劉温舒撰 **黃帝内經素問遺篇一卷** 元後至元五年（1339）胡氏古林書堂刻本

匡高20.1厘米，廣12.4厘米。半葉十三行，行二十三字，黑口，四周雙邊。國家圖書館藏；北京大學圖書館藏，有“孫忠愍侯祠堂藏書記”等印；廣東省立中山圖書館藏，有“葉樹廉印”、“東莞莫氏五十萬卷樓”等印。

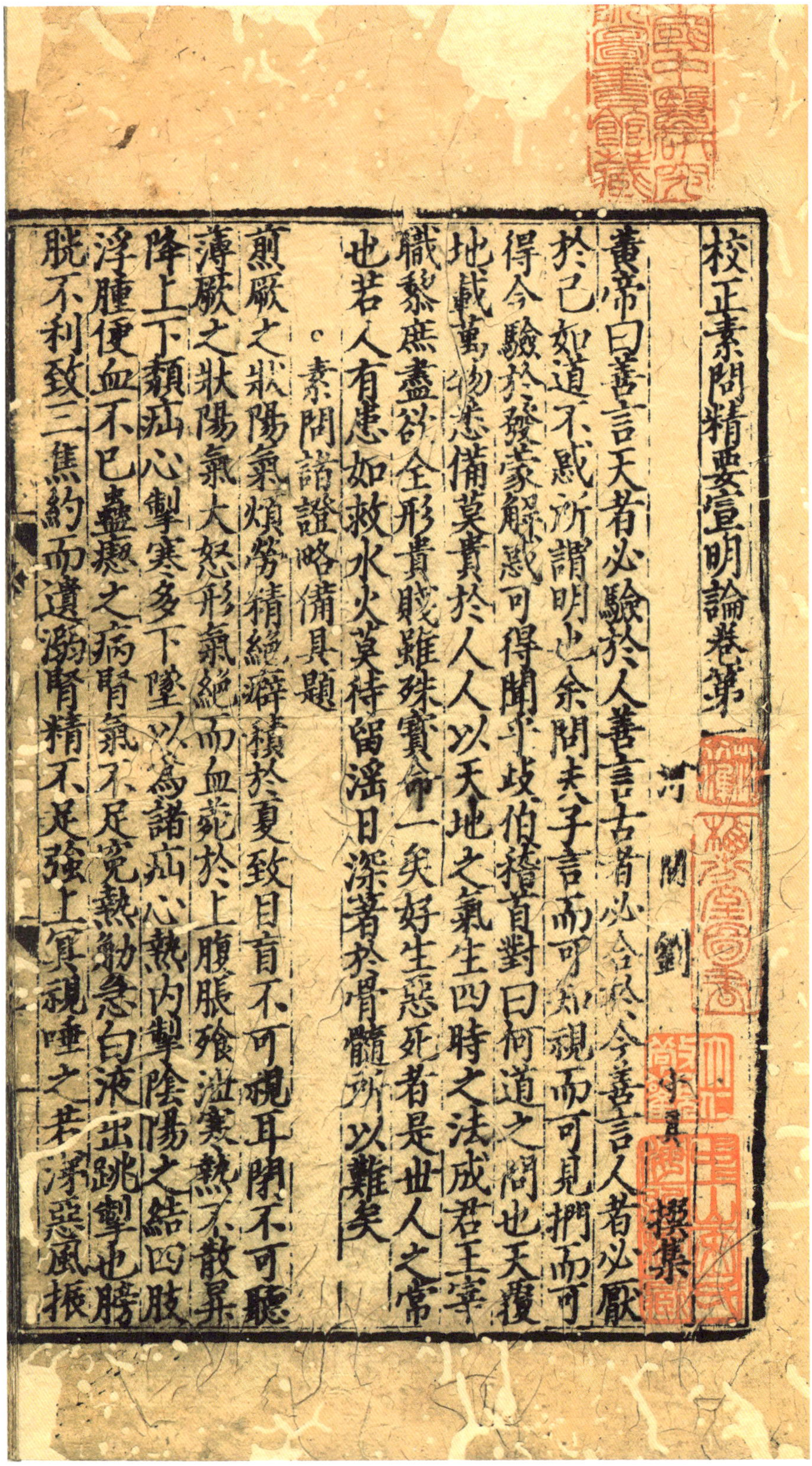
校正素問精要宣明論卷第一　河間劉守眞　撰集
黃帝曰善言天者必驗於人善言古者必合於今善言人者必厭於己如道不惑所謂明也余問夫子言而可知視而可見捫而可得令驗於發蒙解惑可得聞乎岐伯稽首對曰何道之問也天覆地載萬物悉備莫貴於人人以天地之氣生四時之法成君王宰職黎庶盡欲全形貴賤雖殊寶命一矣好生惡死者是世人之常也若人有患如救水火莫待留滛日深著於骨髓所以難矣
素問諸證略備具題
煎厥之狀陽氣煩勞精絕辟積於夏致目盲不可視耳閉不可聽薄厥之狀陽氣大怒形氣絕而血菀於上腹脹飧泄寒熱不散昇降上下頽疝心掣寒多下墜以為諸疝心熱內掣陰陽之結四肢浮腫便血不已蠱瘛之病腎氣不足寃熱動急白液出跳掣也膀胱不利致三焦約而遺溺腎精不足強上冥視唾之若涕惡風振

00632 校正素問精要宣明論方七卷　（金）劉完素撰　元刻本

匡高20.2厘米，廣13.6厘米。半葉十四行，行二十五字，小字雙行同，黑口，四周雙邊。有“中山宋氏海眗樓藏”等印。中國中醫科學院圖書館藏。

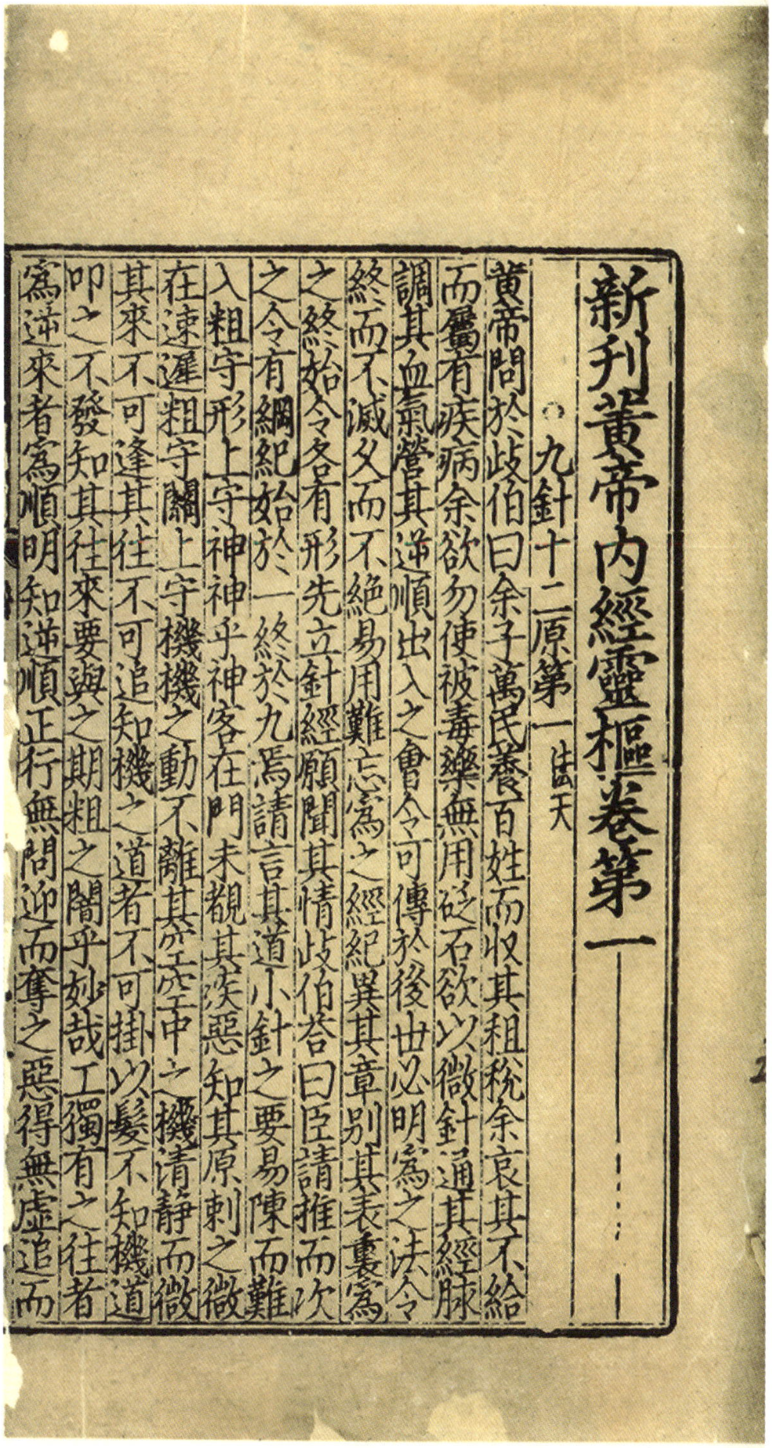

新刊黃帝內經靈樞卷第一

○九針十二原第一 法天

黃帝問於岐伯曰余子萬民養百姓而收其租稅余哀其不給而屬有疾病余欲勿使被毒藥無用砭石欲以微針通其經脉調其血氣營其逆順出入之會令可傳於後世必明爲之法令終而不滅久而不絕易用難忘爲之經紀異其章別其表裏爲之終始令各有形先立針經願聞其情岐伯荅曰臣請推而次之令有綱紀始於一終於九焉請言其道小針之要易陳而難入粗守形上守神神乎神客在門未覩其疾惡知其原刺之微在速遲粗守關上守機機之動不離其空空中之機清靜而微其來不可逢其往不可追知機之道者不可掛以髮不知機道叩之不發知其往來要與之期粗之闇乎妙哉工獨有之往者爲逆來者爲順明知逆順正行無問逆而奪之惡得無虛追而

00633、00634 新刊黃帝內經靈樞十二卷 元後至元五年（1339）胡氏古林書堂刻本

匡高19.7厘米，廣12.5厘米。半葉十四行，行二十四字，黑口，四周雙邊。國家圖書館藏，爲後至元六年（1340）印本，有“至元己卯古林胡氏新刊”、“至元庚辰菖節古林書堂印行”等牌記；中國科學院上海生命科學信息中心藏，有“淮南蔣氏宗誼”、“相臺霜月”等印。

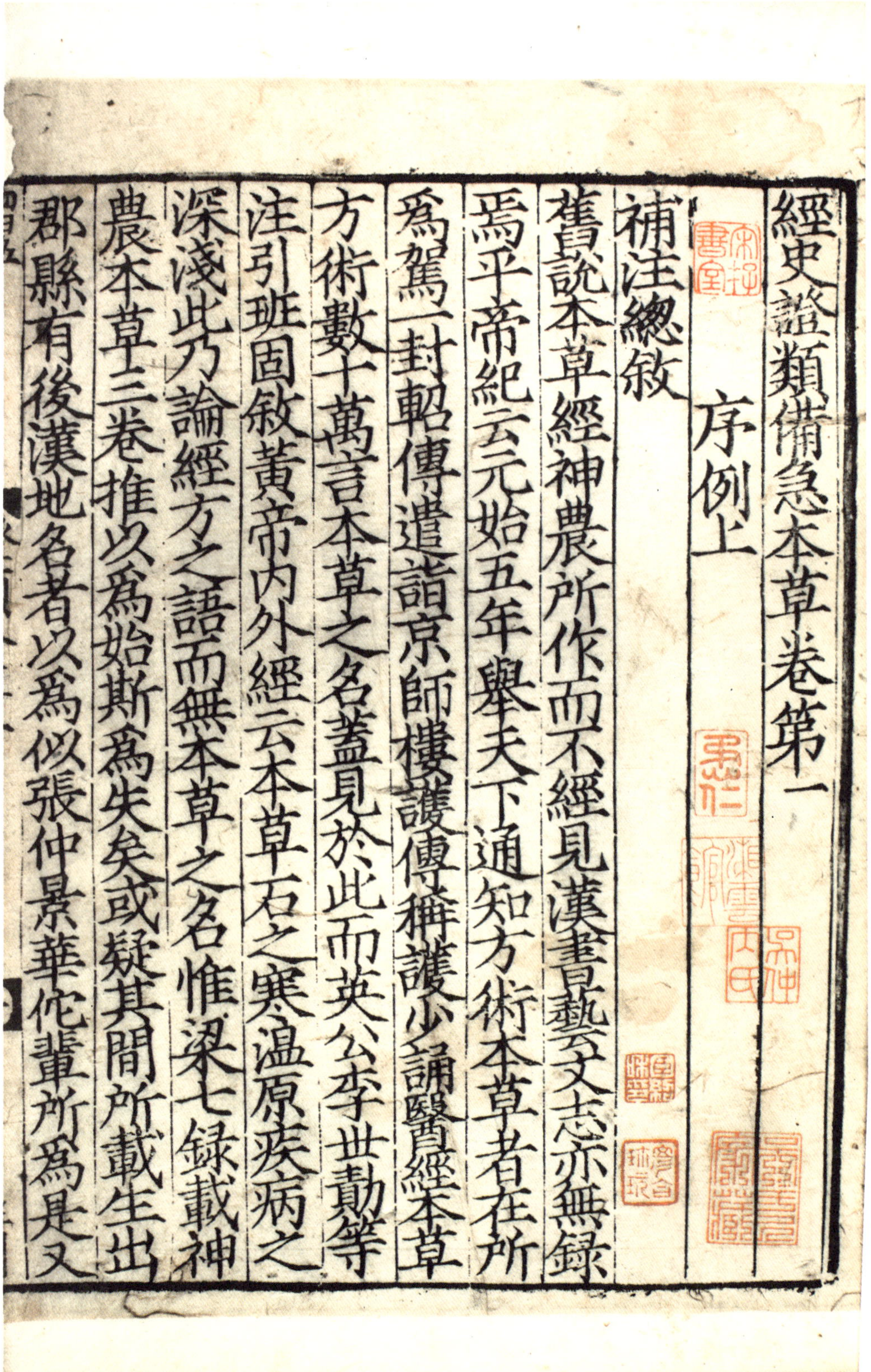

經史證類備急本草卷第一
序例上
補注總敘
舊說本草經神農所作而不經見漢書藝文志亦無錄焉平帝紀云元始五年舉天下通知方術本草者在所爲駕一封軺傳遣詣京師樓護傳稱護少誦醫經本草方術數十萬言本草之名蓋見於此而英公李世勣等注引班固敘黃帝內外經云本草石之寒溫原疾病之深淺此乃論經方之語而無本草之名惟梁七錄載神農本草三卷推以爲始斯爲失矣或疑其間所載生出郡縣有後漢地名者以爲似張仲景華佗輩所爲是又

00635 經史證類備急本草三十一卷 （宋）唐慎微撰　（宋）寇宗奭衍義　宋嘉定四年（1211）劉甲刻本

匡高24.7厘米，廣19.2厘米。半葉十一行，行二十一字，白口，左右雙邊。有“吴印元恭”、“臣紹和印”等印。國家圖書館藏。

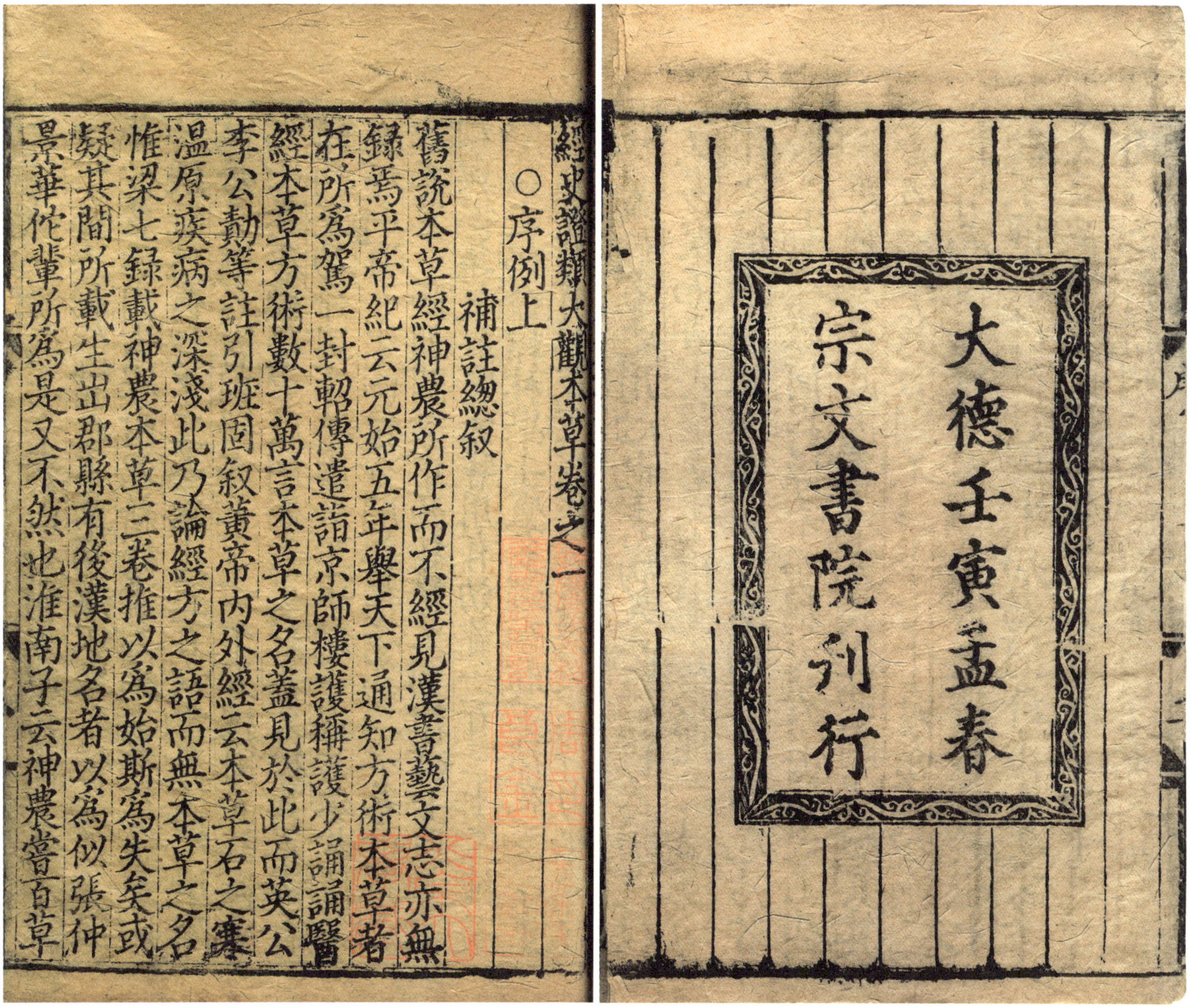
大德壬寅孟春
宗文書院刊行

經史證類大觀本草卷之一
○序例上
補註總叙
舊說本草經神農所作而不經見漢書藝文志亦無
録焉平帝紀云元始五年舉天下通知方術本草者
在所爲駕一封軺傳遣詣京師樓護稱護少誦醫
經本草方術數十萬言本草之名蓋見於此而英公
李公勣等註引班固叙黄帝内外經云本草石之寒
温原疾病之深淺此乃論經方之語而無本草之名
惟梁七録載神農本草三卷推以爲始斯爲失矣或
疑其間所載生出郡縣有後漢地名者以爲似張仲
景華佗輩所爲是又不然也淮南子云神農嘗百草

00636、00637、00638、00639 經史證類大觀本草三十一卷 （宋）唐慎微撰　元大德六年（1302）宗文書院刻本

匡高20.8厘米，廣14.5厘米。半葉十二行，行二十字，小字雙行二十四字，黑口，四周雙邊或左右雙邊。有“大德壬寅孟春宗文書院刊行”牌記。國家圖書館藏，有“安樂堂藏書記”、“楊紹和藏書”等印；北京大學圖書館藏，有“周印良金”等印；上海圖書館藏，卷八至十二、十四配清宣統二年（1910）柯逢時刻本，有“景葵秘笈印”等印；溫州市圖書館藏，序、牌記補配。

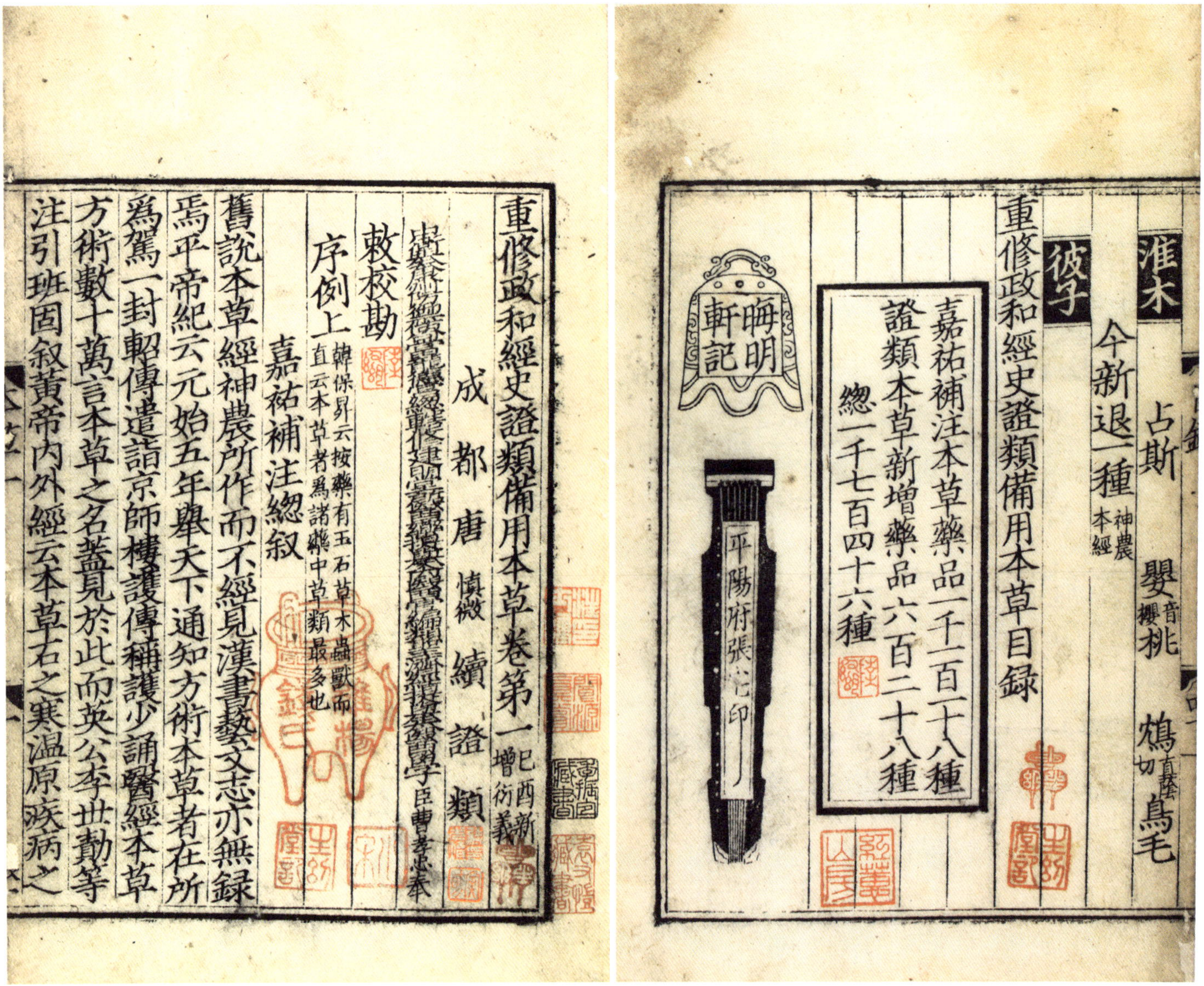

00640 重修政和經史證類備用本草三十卷 （宋）唐慎微撰　（宋）寇宗奭衍義　蒙古定宗四年（1249）平陽張存惠晦明軒刻本

匡高17.2厘米，廣13.2厘米。半葉十一行，行二十一至二十二字，白口，四周雙邊。有晦明軒碑形牌記、“晦明軒記”鐘形牌記、“平陽府張宅印”琴形牌記。有“泰和甲子下己酉歲小寒初日辛卯刊畢”刻書題記。有“華亭朱氏珍藏”、“項氏萬卷堂圖籍印”、“錢印謙益”、“東吳毛晉”、“季振宜藏書”、“蘇州袁氏五硯樓藏金石圖書”、“汪印士鐘”、“蔣印光焴”等印。錢謙益跋。國家圖書館藏。

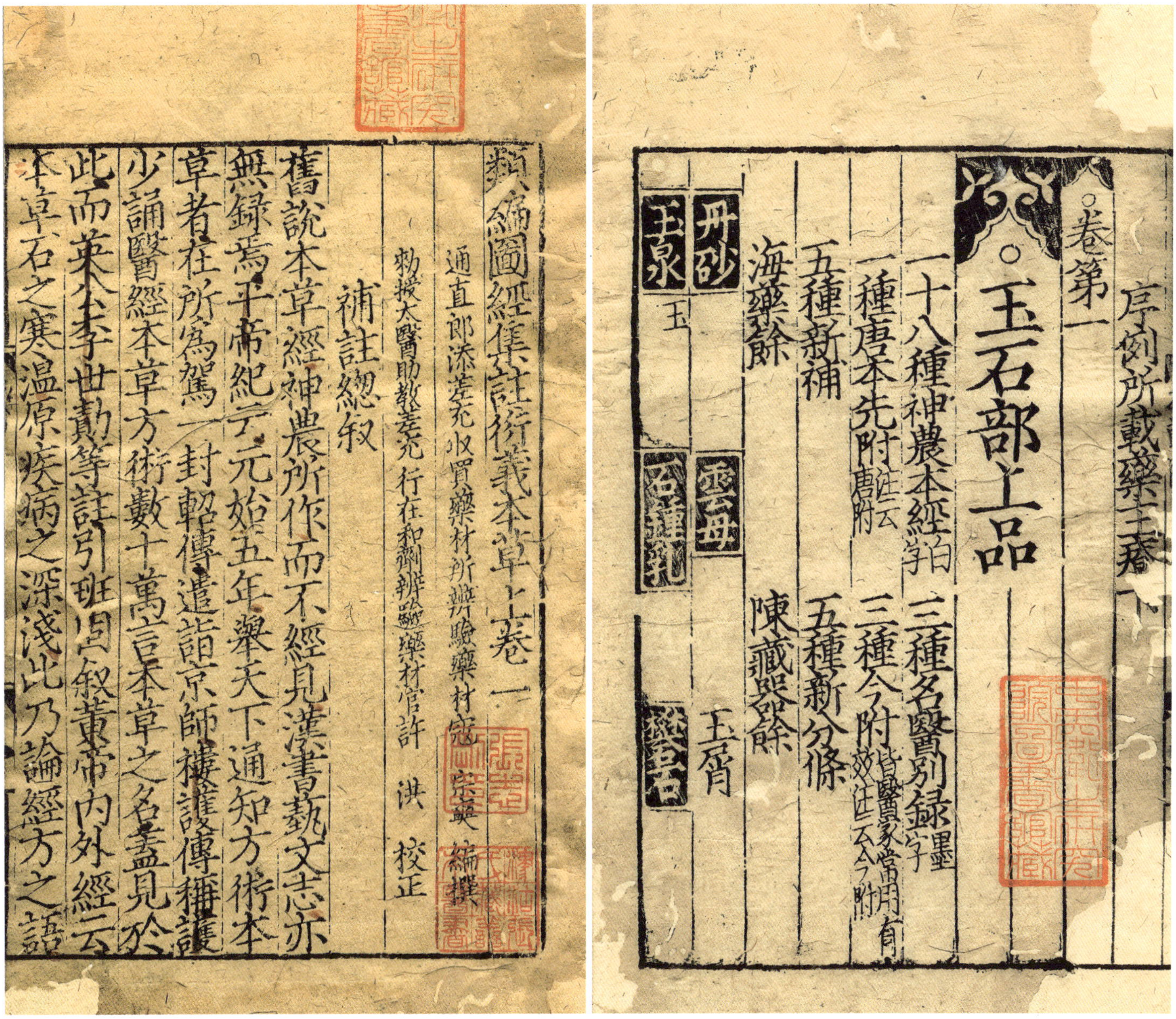
類編圖經集註衍義本草卷一
通直郎添差充收買藥材所辨驗藥材寇宗奭 編撰
勑授太醫助教差充行在和劑局辨驗藥材官許 洪 校正

補註總叙
舊說本草經神農所作而不經見漢書藝文志亦無録焉平帝紀云元始五年舉天下通知方術本草者在所為駕一封軺傳遣詣京師樓護傳稱護少誦醫經本草方術數十萬言本草之名蓋見於此而英公李世勣等註引班固叙黄帝内外經云本草石之寒温原疾病之深淺此乃論經方之語

序例所載藥[illegible]卷下
○卷第一
○玉石部上品
一十八種神農本經白字 三種名醫別録墨字
一種唐本先附注云唐附 三種今附皆醫家常用有效注云今附
五種新補 五種新分條
海藥餘 陳藏器餘
丹砂 雲母 玉屑
玉泉 玉 石鍾乳 礬石

00641 類編圖經集註衍義本草四十二卷序例五卷 （宋）唐慎微撰 （宋）寇宗奭衍義 （元）釋慧昌校正 元刻本

匡高19.9厘米，廣12.8厘米。半葉十行，行十九字，小字雙行同，黑口，四周單邊或左右雙邊。有“江戶醫學藏書之記”、“楊印守敬”、“津沽張氏藏善本醫書”、“張志剛印”等印。中國中醫科學院圖書館藏，存三卷。

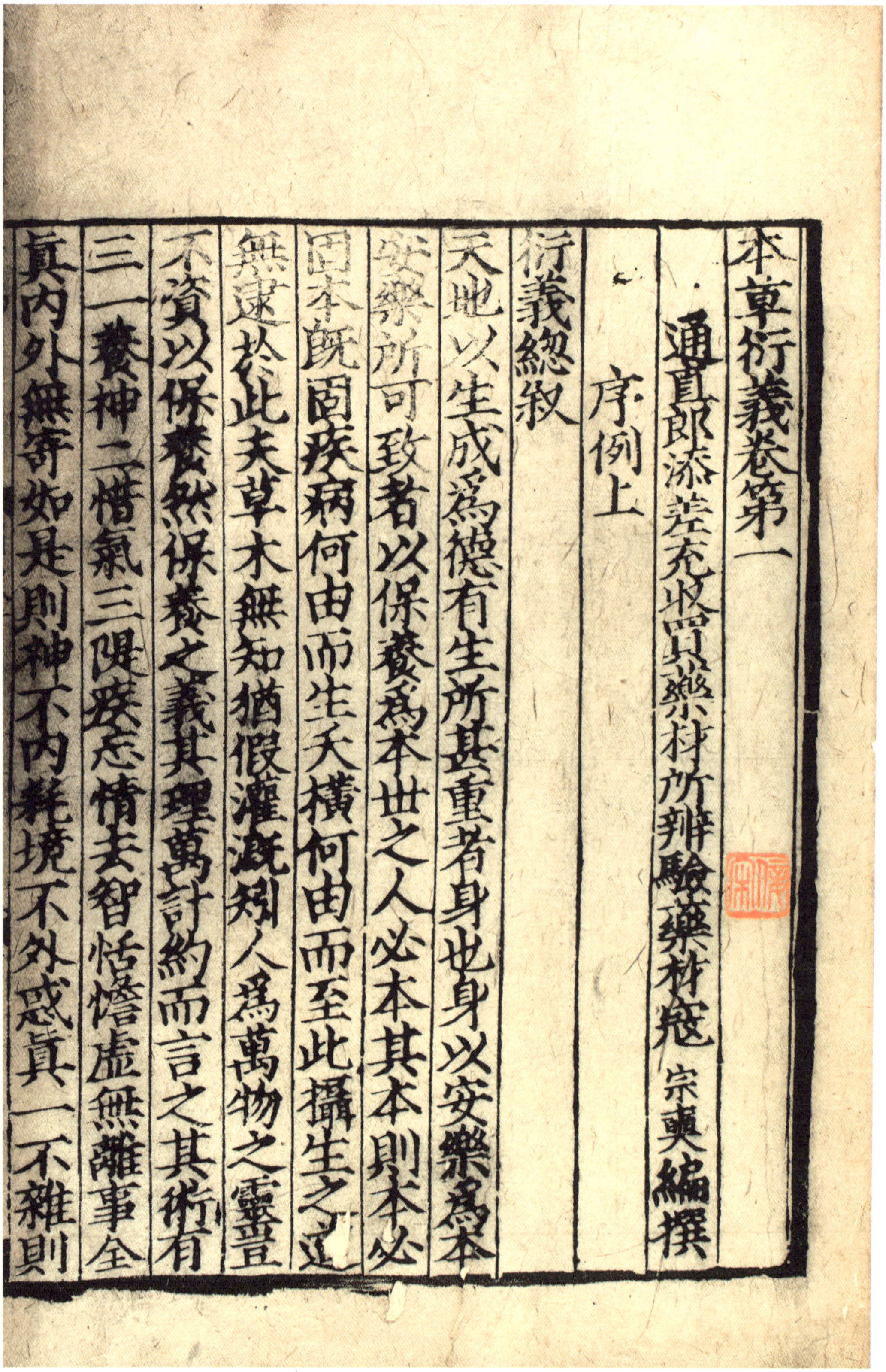

本草衍義卷第一
通直郎添差充收買藥材所辨驗藥材寇　宗奭編撰
序例上
衍義總敘
天地以生成爲德有生所甚重者身也身以安樂爲本
安樂所可致者以保養爲本世之人必本其本則本必
固本既固疾病何由而生夭橫何由而至此攝生之道
無逮於此夫草木無知猶假灌溉矧人爲萬物之靈豈
不資以保養然保養之義其理萬計約而言之其術有
三一養神二惜氣三隄疾忘情去智恬惔虛無離事全
真內外無寄如是則神不內耗境不外惑真一不雜則

00642 本草衍義二十卷（宋）寇宗奭撰　宋淳熙十二年（1185）江西轉運司刻慶元元年（1195）重修本

匡高23.2厘米，廣18.4厘米。半葉十一行，行二十一字，白口，左右雙邊。有“懷辛居士”、“寒雲秘笈珍藏之印”等印。國家圖書館藏。

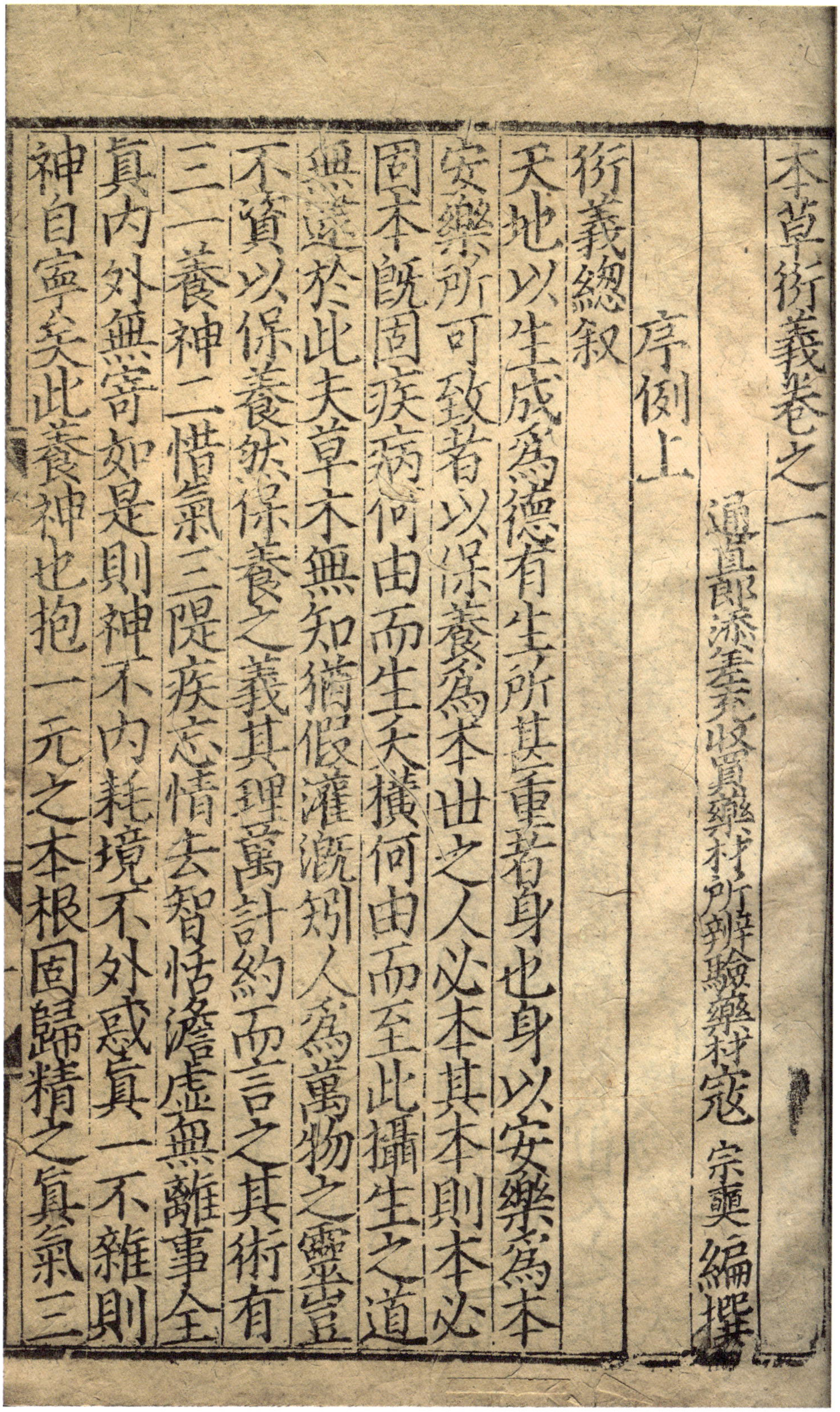
本草衍義卷之一
通直郎添差充收買藥材所辨驗藥材寇 宗奭 編撰
序例上
衍義總叙
天地以生成爲德有生所甚重者身也身以安樂爲本安樂所可致者以保養爲本世之人必本其本則本必固本既固疾病何由而生夭横何由而至此攝生之道無逮於此夫草木無知猶假灌溉矧人爲萬物之靈豈不資以保養然保養之義其理萬計約而言之其術有三一養神二惜氣三隄疾忘情去智恬澹虚無離事全眞内外無寄如是則神不内耗境不外惑眞一不雜則神自寧矣此養神也抱一元之本根固歸精之眞氣三

00643 本草衍義二十卷 （宋）寇宗奭撰 元刻本

匡高21厘米，廣14.7厘米。半葉十二行，行二十一字，黑口，四周雙邊。北京大學圖書館藏。

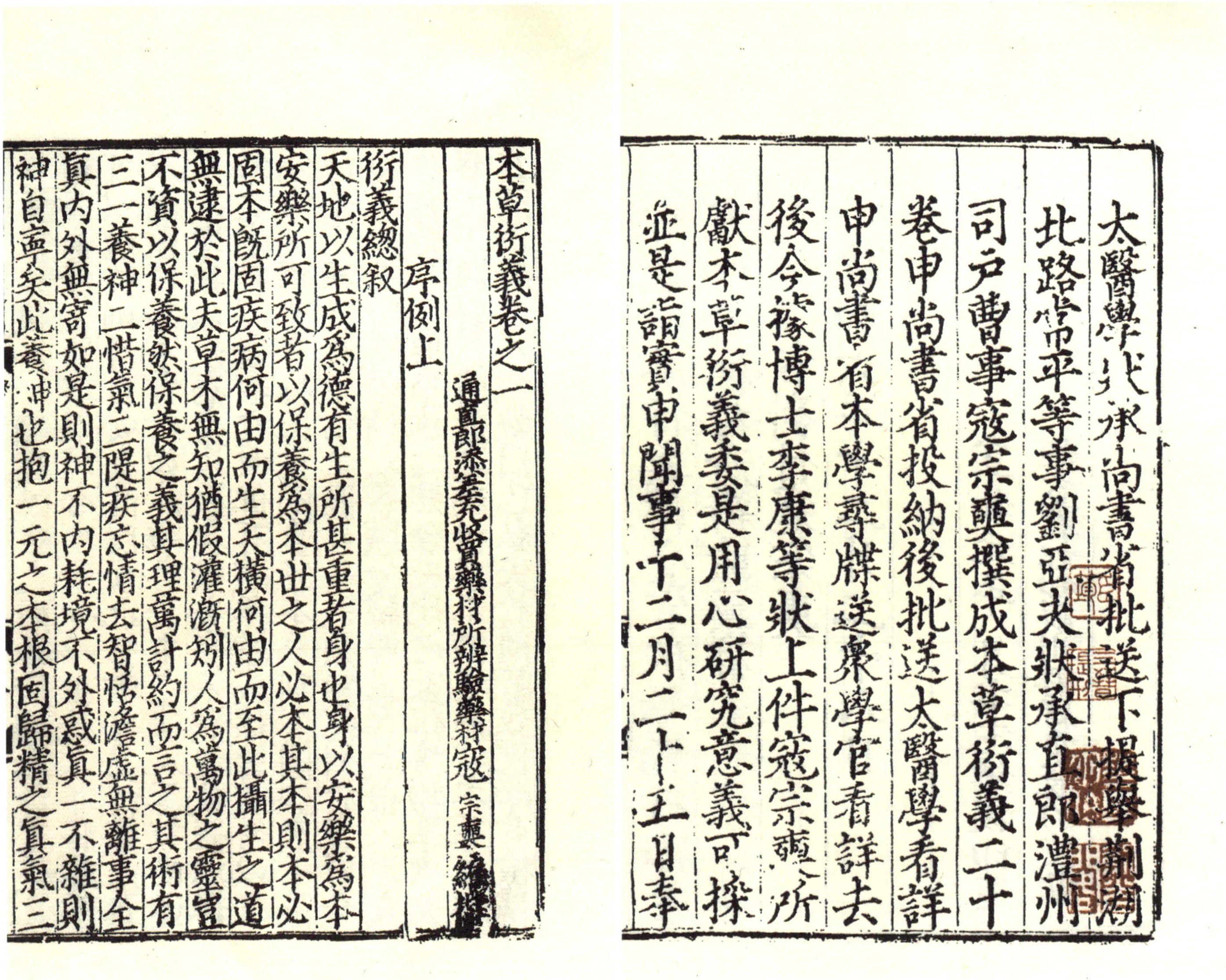
太醫學牒承尚書省批送下提舉荆湖北路常平等事劉亞夫狀承直郎澧州司戶曹事寇宗奭撰成本草衍義二十卷申尚書省投納後批送太醫學看詳申尚書省本學尋牒送衆學官看詳去後今據博士李康等狀上件寇宗奭所獻本草衍義委是用心研究意義可採並是詣實申聞事十二月二十五日奉

本草衍義卷之一
通直郎添差充收買藥材所辨驗藥材寇宗奭編撰
序例上
衍義總叙
天地以生成爲德有生所甚重者身也身以安樂爲本安樂所可致者以保養爲本世之人必本其本則本必固本既固疾病何由而生夭横何由而至此攝生之道無逮於此夫草木無知猶假灌溉矧人爲萬物之靈豈不資以保養然保養之義其理萬計約而言之其術有三一養神二惜氣三隄疾忘情去智恬惔虚無離事全眞内外無寄如是則神不内耗境不外惑眞一不雜則神自寧矣此養神也抱一元之本根固歸精之眞氣三

00644 本草衍義二十卷 （宋）寇宗奭撰　元刻本

匡高21.9厘米，廣14.6厘米。半葉十二行，行二十一字，黑口，四周雙邊。中國中醫科學院圖書館藏。

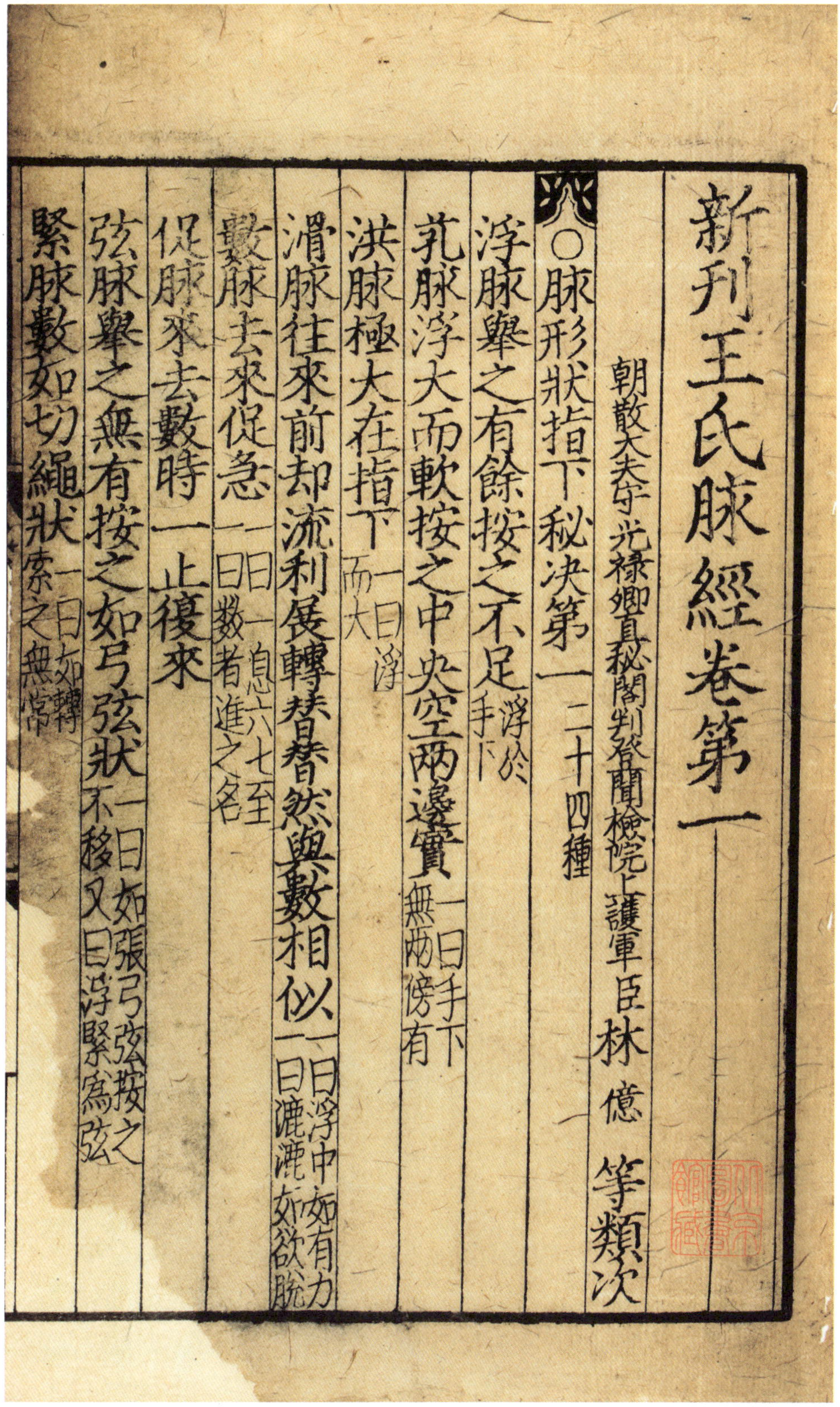

新刊王氏脉經卷第一
朝散大夫守光祿卿直秘閣判登聞檢院上護軍臣林億等類次
脉形狀指下秘決第一 二十四種
浮脉舉之有餘按之不足 浮於手下
芤脉浮大而軟按之中央空兩邊實 一曰手下無兩傍有
洪脉極大在指下 一曰浮而大
滑脉往來前却流利展轉替替然與數相似 一曰浮中如有力 一曰漉漉如欲脫
數脉去來促急 一曰一息六七至 一曰數者進之名
促脉來去數時一止復來
弦脉舉之無有按之如弓弦狀 一曰如張弓弦按之不移 又曰浮緊為弦
緊脉數如切繩狀 一曰如轉索之無常

00645 新刊王氏脉經十卷 （晉）王叔和撰 （宋）林億等校定 元天曆三年（1330）廣勤書堂刻本

匡高19.2厘米，廣13.5厘米。半葉十二行，行二十四字，小字雙行同，細黑口，左右雙邊。有廣勤書堂牌記。有“黄印丕烈”、“涵芬樓”等印。國家圖書館藏。

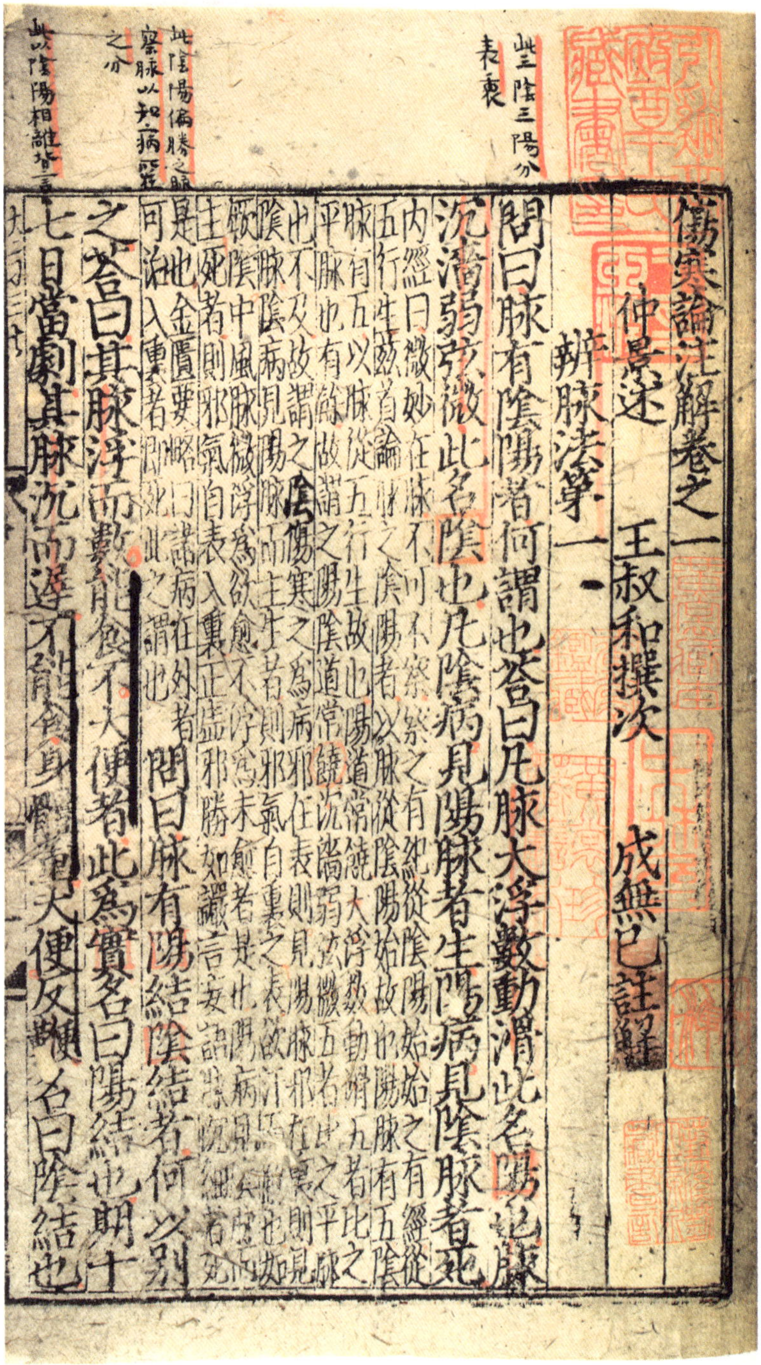

傷寒論注解卷之一

仲景述　王叔和撰次　成無己註解

辨脉法第一

問曰脉有陰陽者何謂也答曰凡脉大浮數動滑此名陽也脉沉濇弱弦微此名陰也凡陰病見陽脉者生陽病見陰脉者死

內經曰微妙在脉不可不察察之有紀從陰陽始始之有經從五行生茲首論脉之陰陽者以脉從陰陽始故也陽脉有五陰脉有五以脉從五行生故也陽道常饒大浮數動滑五者比之平脉也有餘故謂之陽陰道常乏沉濇弱弦微五者比之平脉也不及故謂之陰傷寒之爲病邪在表則見陽脉邪在裏則見陰脉陰病見陽脉而主生者則邪氣自裏之表欲汗而解也如厥陰中風脉微浮爲欲愈不浮爲未愈者是也陽病見陰脉而主死者則邪氣自表入裏正虛邪勝如譫言妄語脉沉細者死是也金匱要略曰諸病在外者可治入裏者即死此之謂也

問曰脉有陽結陰結者何以別之答曰其脉浮而數能食不大便者此爲實名曰陽結也期十七日當劇其脉沉而遲不能食身體重大便反鞕名曰陰結也

00646 傷寒論注解十卷圖解一卷　（金）成無己撰　元至正二十五年（1365）西園余氏刻本

匡高19.2厘米，廣13.1厘米。半葉十二行，行二十四字，小字雙行同，黑口，四周雙邊。有“至正乙巳季夏西園余氏重刊”牌記。有“平陽汪氏藏書印”、“黄裳珍藏善本”、“王印玉潤”等印。朱顔校。國家圖書館藏。

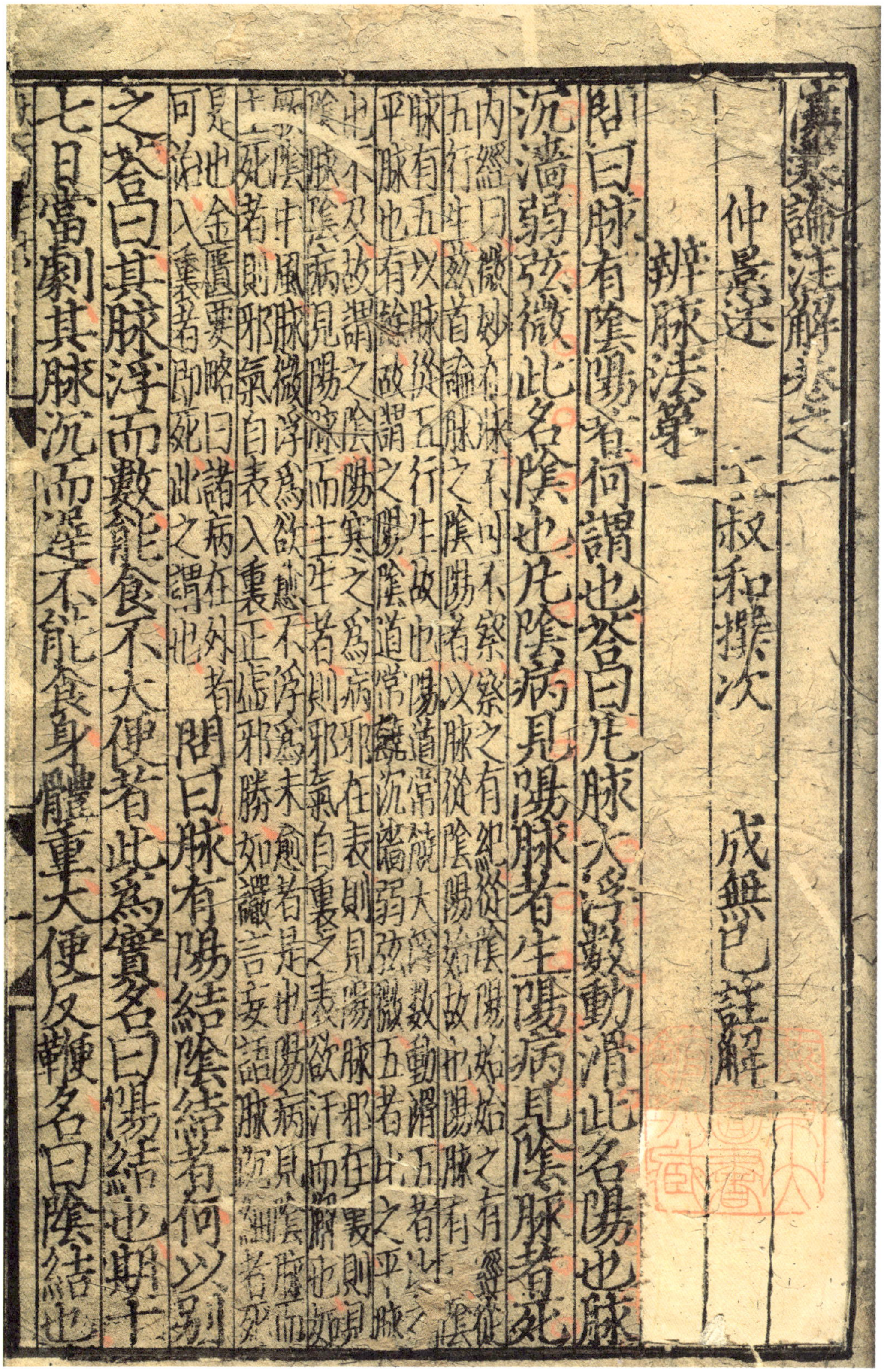

00647 傷寒論注解十卷圖解一卷 （金）成無己撰　元至正二十五年（1365）西園余氏刻本

匡高19.2厘米，廣13.1厘米。半葉十二行，行二十四字，小字雙行同，黑口，四周雙邊。李盛鐸跋。北京大學圖書館藏。

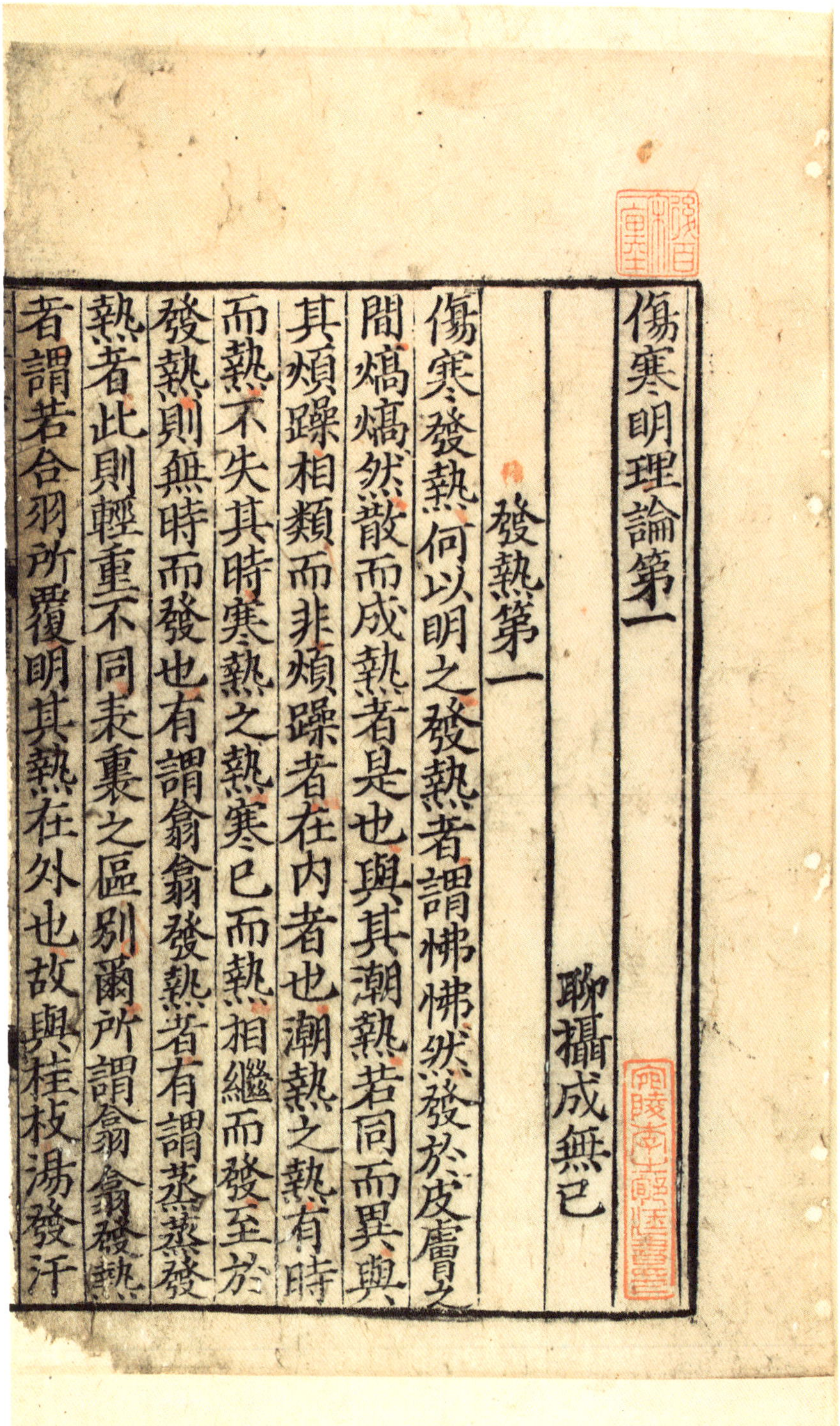
傷寒明理論第一
聊攝成無已
發熱第一
傷寒發熱何以明之發熱者謂怫怫然發於皮膚之
間熇熇然散而成熱者是也與其潮熱若同而異與
其煩躁相類而非煩躁者在内者也潮熱之熱有時
而熱不失其時寒熱之熱寒已而熱相繼而發至於
發熱則無時而發也有謂翕翕發熱者有謂蒸蒸發
熱者此則輕重不同表裏之區别爾所謂翕翕發熱
者謂若合羽所覆明其熱在外也故與桂枝湯發汗

00648 傷寒明理論三卷方論一卷（金）成無已撰　宋刻本（明理論卷三、方論抄配）

匡高19.2厘米，廣13.2厘米。半葉十行，行二十字，白口，左右雙邊。有“景定辛酉建安慶有書堂新刊”牌記。有“安樂堂藏書記”、“怡府世寶”、“後百宋一廛”等印。袁克文跋。國家圖書館藏。

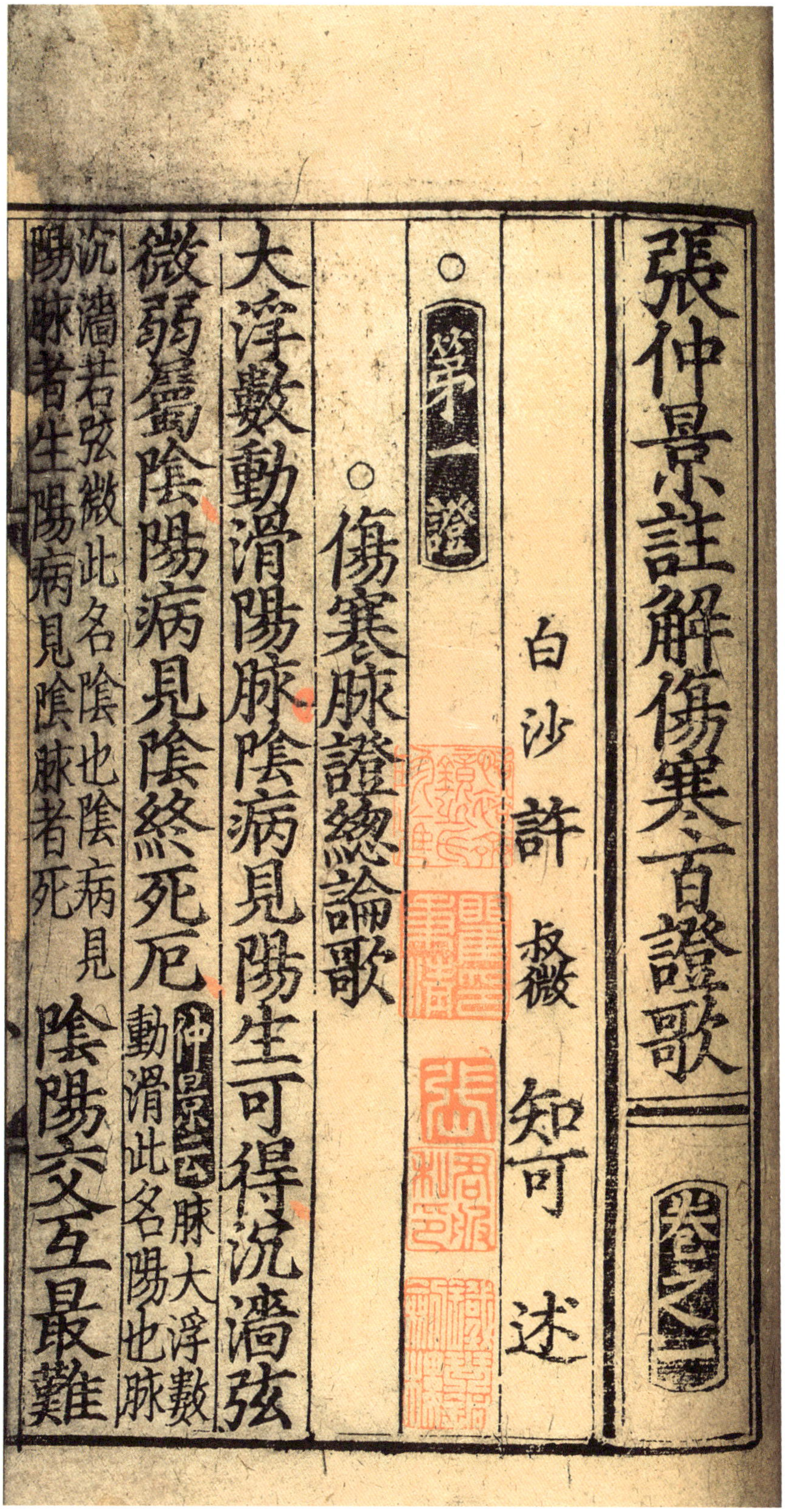

00649 張仲景註解傷寒百證歌五卷 （宋）許叔微撰　元刻本

匡高18.7厘米，廣11.9厘米。半葉八行，行十七字，小字雙行二十字，黑口，左右雙邊或四周雙邊。有“鐵琴銅劍樓”等印。國家圖書館藏。

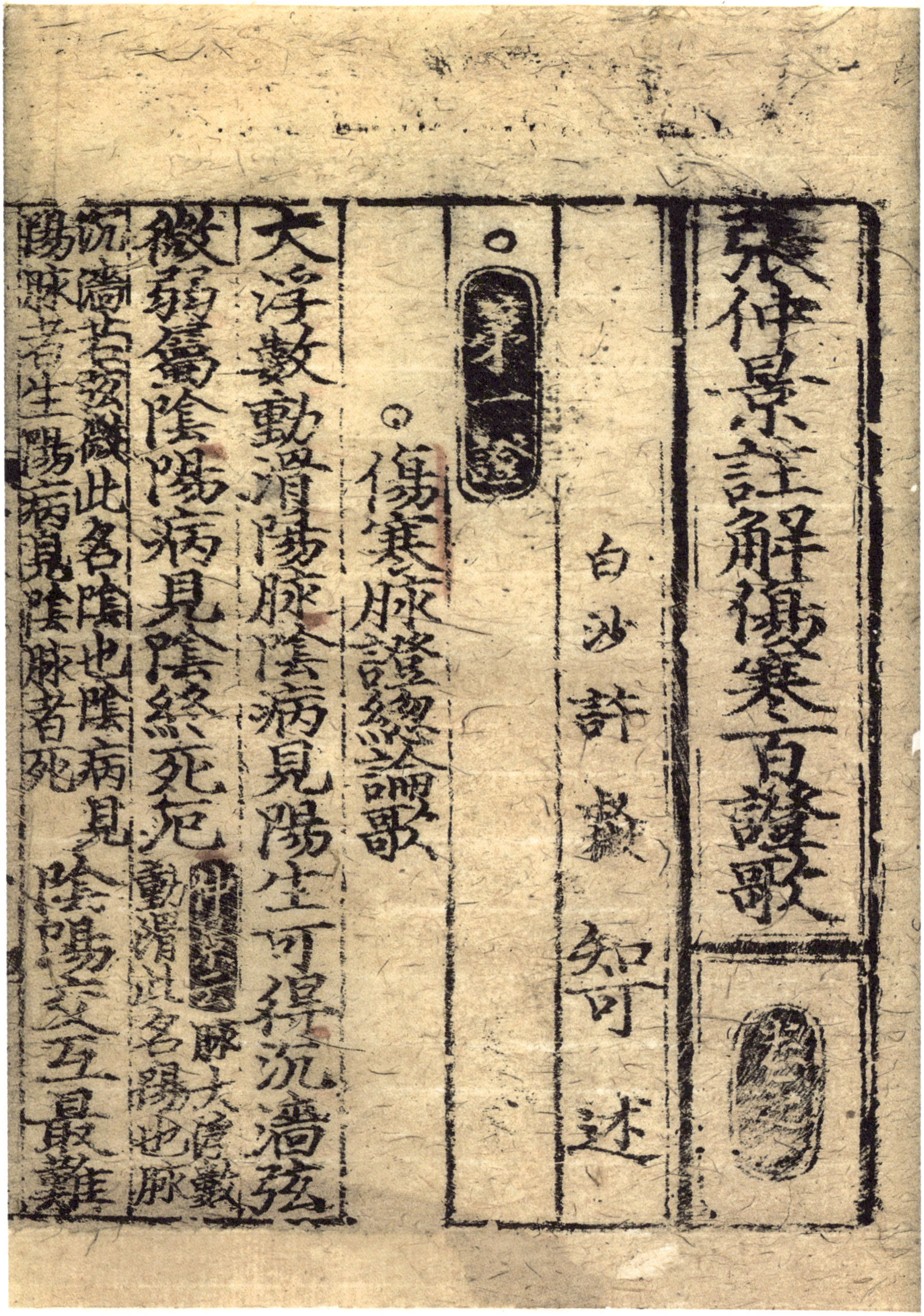

張仲景註解傷寒百證歌

白沙許叔微知可述

○第一證

○傷寒脉證總論歌

大浮數動滑陽脉陰病見陽生可得沉濇弦

微弱屬陰陽病見陰終死厄仲景云脉大浮數動滑此名陽也脉

沉濇弱弦微此名陰也陰病見陽脉者生陽病見陰脉者死

陰陽交互最難

00650 張仲景註解傷寒百證歌五卷新編張仲景註解發微論二卷 （宋）許叔微撰　元刻本

匡高18.9厘米，廣12.3厘米。半葉八行，行十七字，小字雙行二十字，黑口，左右雙邊。南京圖書館藏。

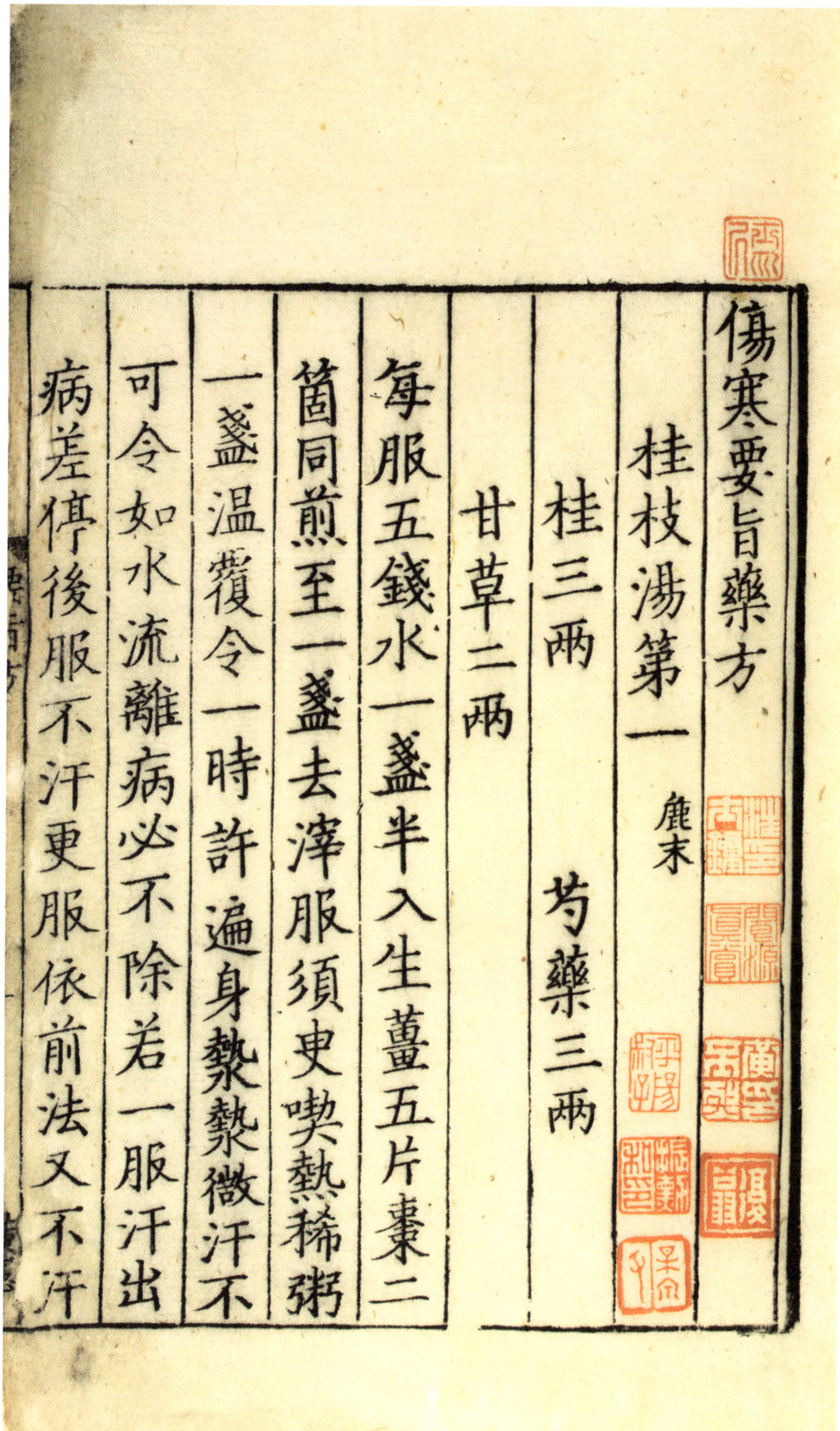
傷寒要旨藥方
桂枝湯第一 鹿末
桂三兩 芍藥三兩
甘草二兩
每服五錢水一盞半入生薑五片棗二
箇同煎至一盞去滓服須臾喫熱稀粥
一盞温覆令一時許遍身漐漐微汗不
可令如水流離病必不除若一服汗出
病差停後服不汗更服依前法又不汗

00651 傷寒要旨一卷藥方一卷 （宋）李檉撰 宋乾道七年（1171）姑孰郡齋刻本

匡高17.8厘米，廣14厘米。半葉九行，行十六字，白口，左右雙邊。有“右傷寒要旨一卷藥方一卷乾道辛卯歲刻於姑孰郡齋”刻書題記。有“黄印丕烈”、“汪印士鐘”、“振勳私印”等印。楊象濟題款，黄丕烈跋。國家圖書館藏。

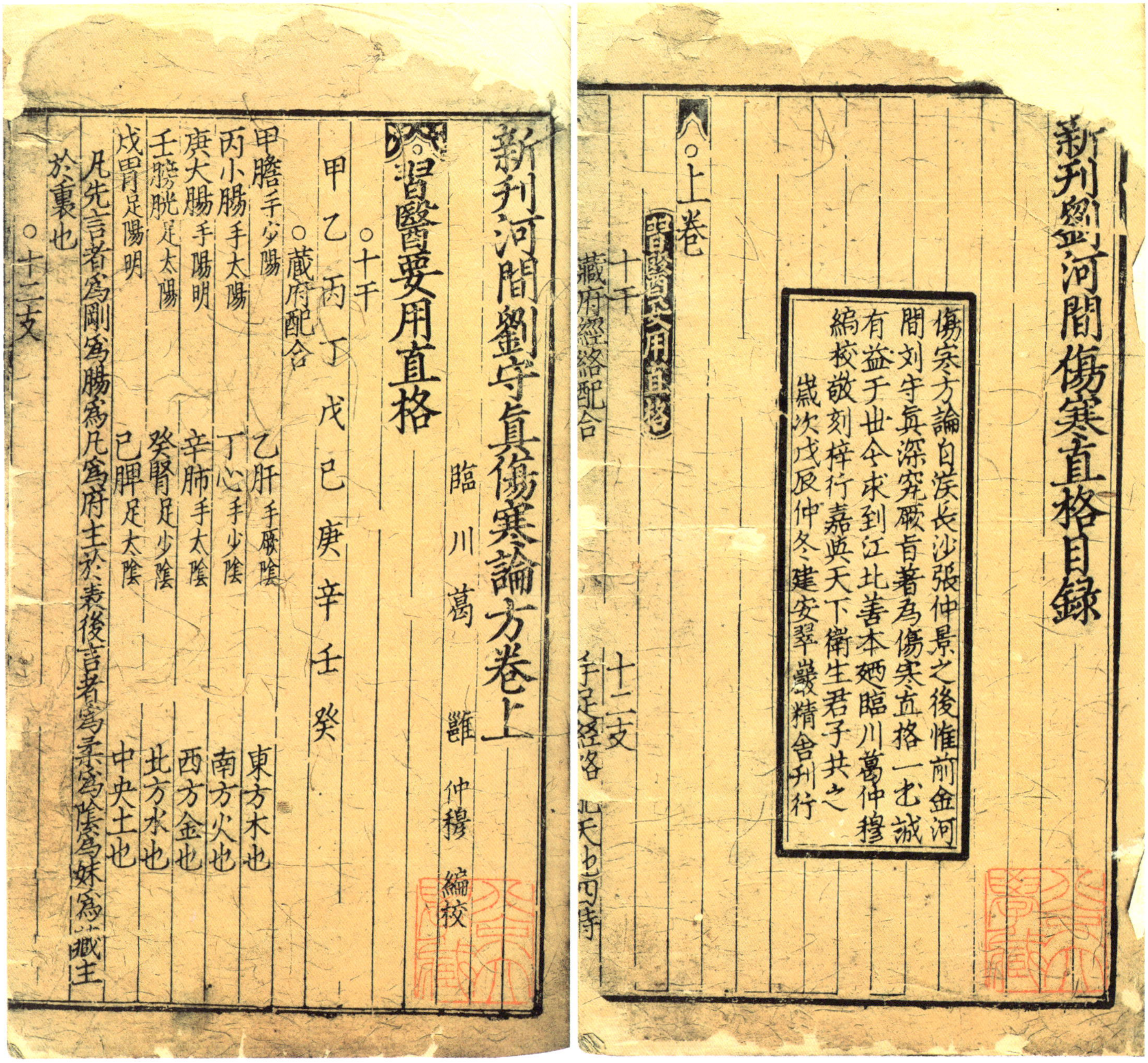

00652 新刊河間劉守真傷寒直格三卷 （金）劉完素撰　（元）葛雍編校　元天曆元年（1328）建安翠巖精舍刻本

匡高21.7厘米，廣13.6厘米。半葉十六行，行二十八字，白口，四周雙邊。有翠巖精舍牌記。北京大學圖書館藏。

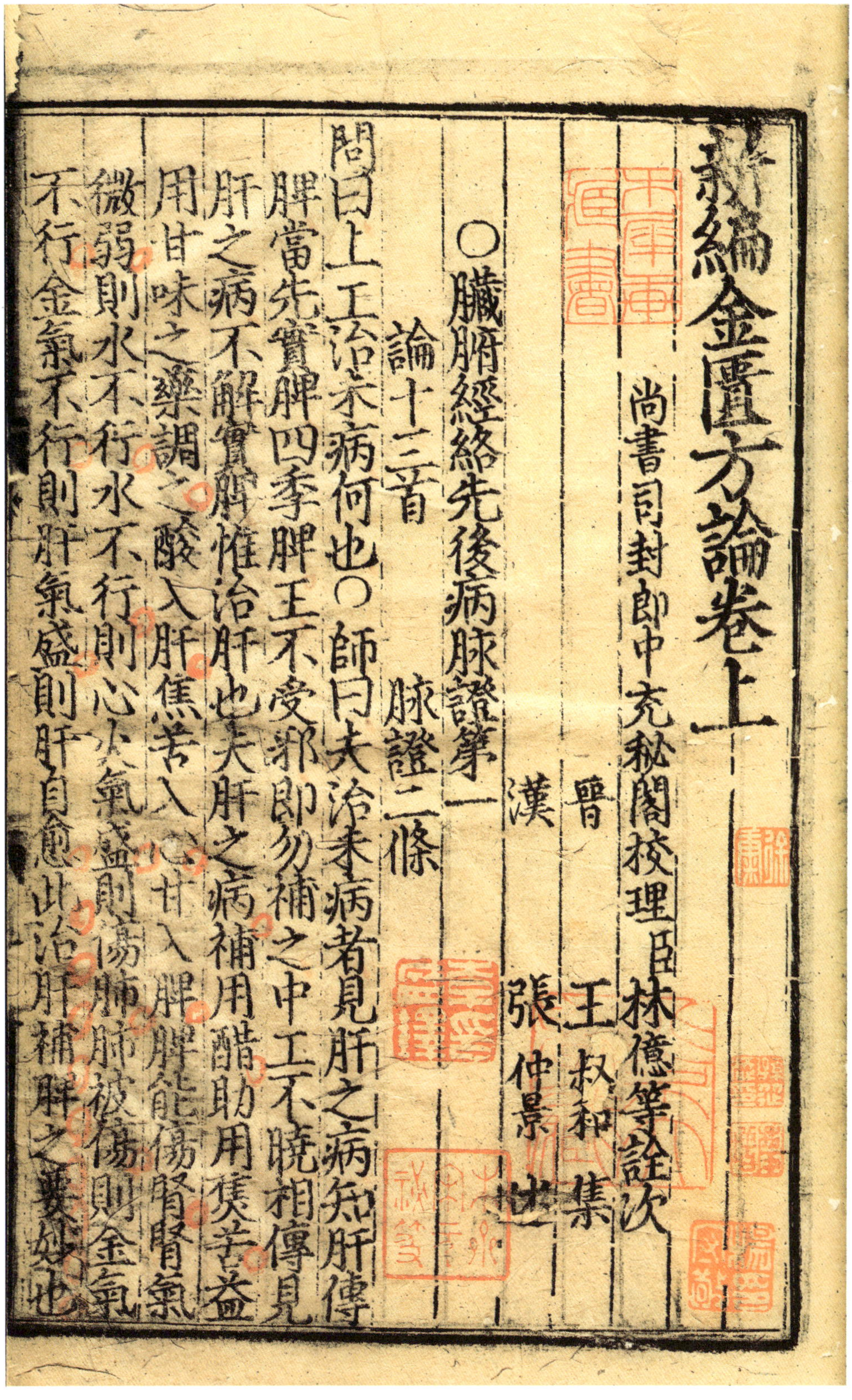
新編金匱方論卷上
尚書司封郎中充秘閣校理臣林億等詮次
晉　王叔和　集
漢　張仲景　述

○臟腑經絡先後病脉證第一
論十三首　脉證二條
問曰上工治未病何也○師曰夫治未病者見肝之病知肝傳
脾當先實脾四季脾王不受邪即勿補之中工不曉相傳見
肝之病不解實脾惟治肝也夫肝之病補用酸助用焦苦益
用甘味之藥調之酸入肝焦苦入心甘入脾脾能傷腎腎氣
微弱則水不行水不行則心火氣盛則傷肺肺被傷則金氣
不行金氣不行則肝氣盛則肝自愈此治肝補脾之要妙也

00653 新編金匱方論三卷　（漢）張機撰　（晉）王叔和輯　（宋）林億詮次　元至元刻本

匡高20厘米，廣12.9厘米。半葉十三行，行二十四字，小字雙行同，黑口，四周雙邊。有“楊印守敬”、“木齋宋元秘笈”、“李印盛鐸”、“木犀軒藏書”等印。楊守敬跋。北京大學圖書館藏。

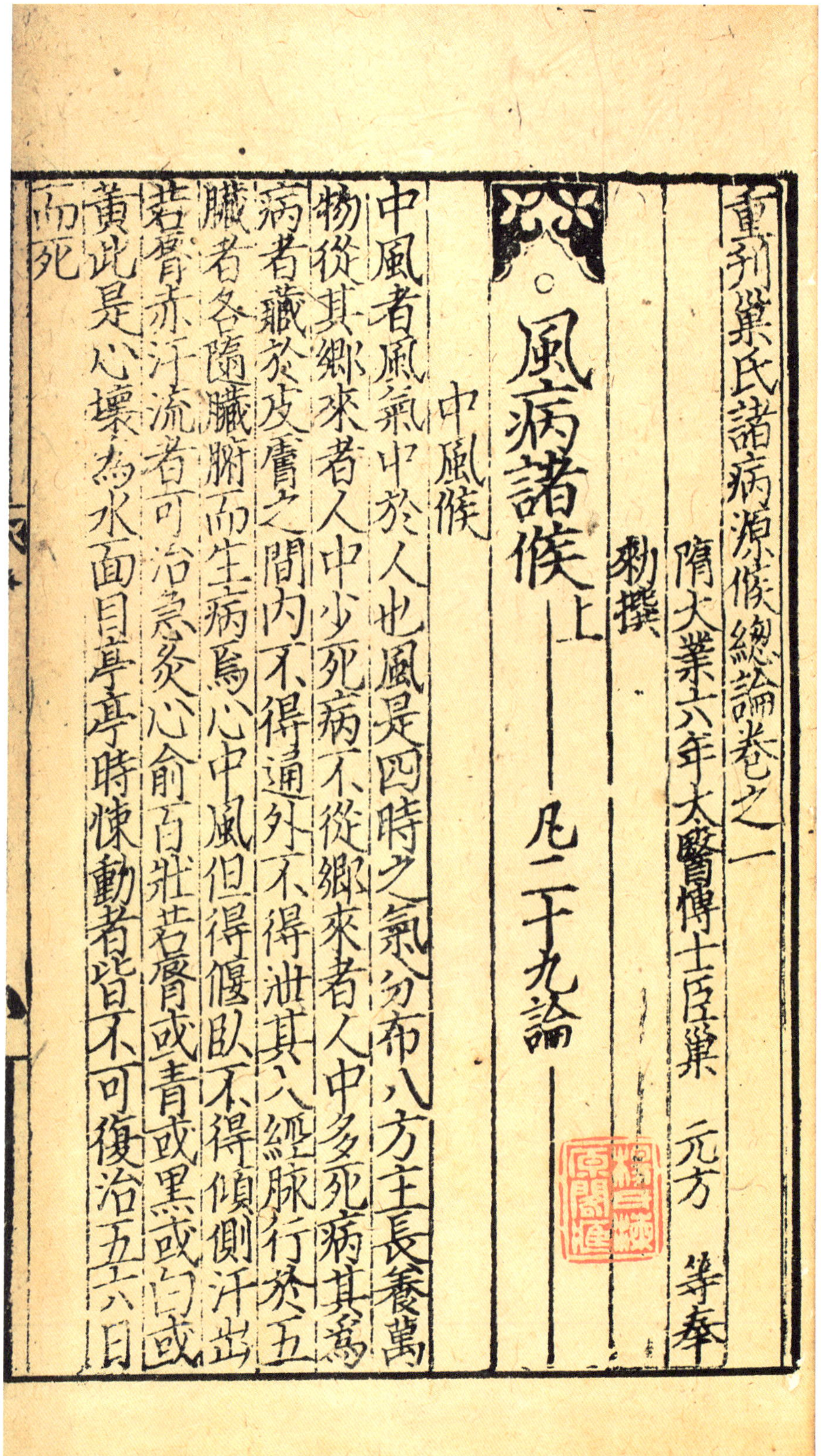

重刊巢氏諸病源候總論卷之一

隋大業六年太醫博士臣巢　元方　等奉

勑撰

風病諸候上　凡二十九論

中風候

中風者風氣中於人也風是四時之氣分布八方主長養萬物從其鄉來者人中少死病不從鄉來者人中多死病其為病者藏於皮膚之間内不得通外不得泄其入經脉行於五臟者各隨臟腑而生病焉心中風但得偃臥不得傾側汗出若脣赤汗流者可治急灸心俞百壯若脣或青或黑或白或黄此是心壞為水面目亭亭時悚動者皆不可復治五六日而死

00654、00655　重刊巢氏諸病源候總論五十卷　（隋）巢元方撰　元刻本

匡高18.3厘米，廣12.3厘米。半葉十三行，行二十三字，黑口，左右雙邊。國家圖書館藏，有抄配，有“安樂堂藏書記”、“怡府世寶”、“明善堂覽書画印記”、“臣紹和印”等印；北京大學圖書館藏，卷六至十一配清抄本。

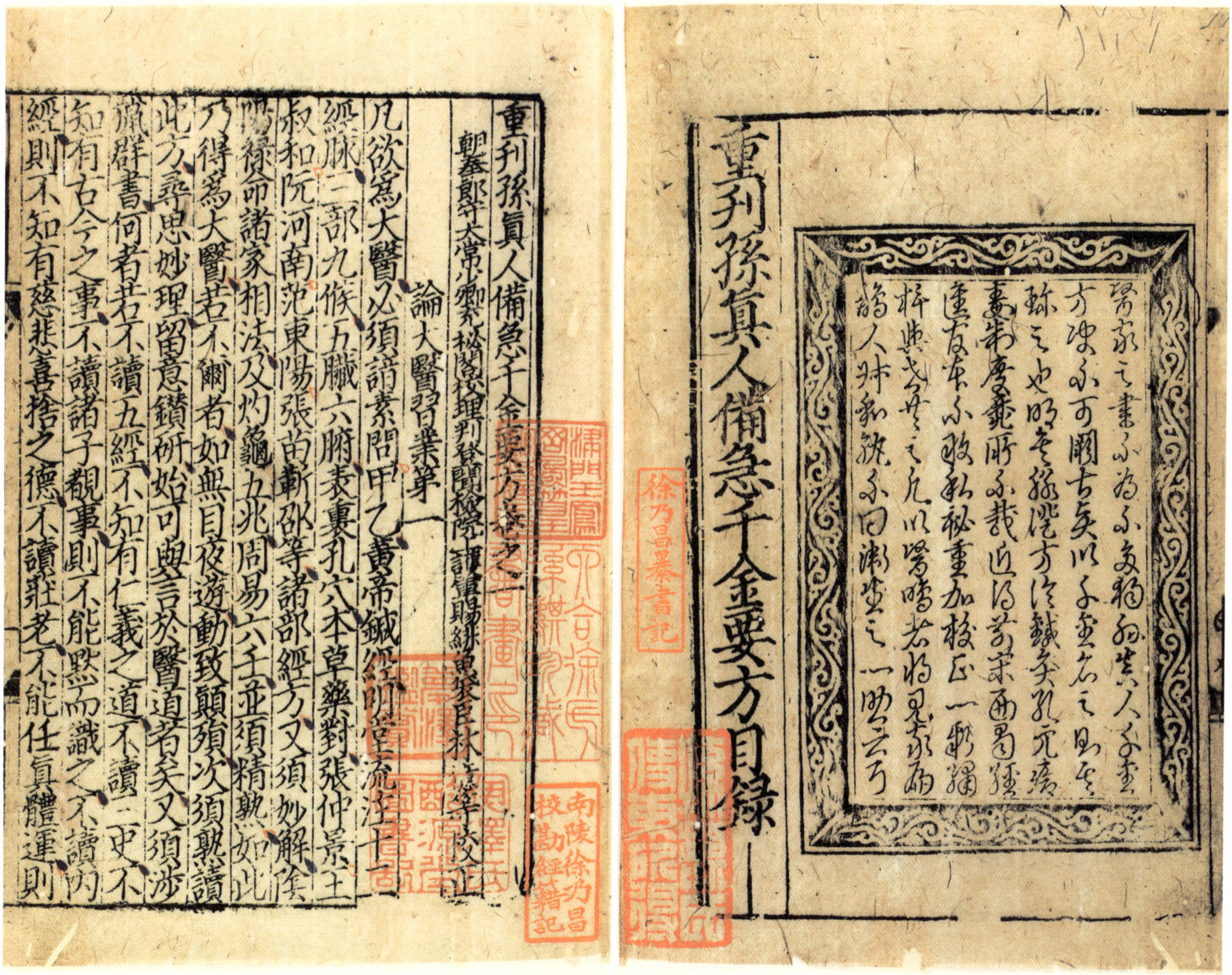
重刊孫真人備急千金要方卷之一
朝奉郎守太常少卿充秘閣校理判登聞檢院上護軍賜緋魚袋臣林億等校正
論大醫習業第一
凡欲爲大醫必須諳素問甲乙黄帝鍼經明堂流注十二
經脉三部九候五臟六腑表裏孔穴本草藥對張仲景王
叔和阮河南范東陽張苗靳邵等諸部經方又須妙解陰
陽禄命諸家相法及灼龜五兆周易六壬並須精熟如此
乃得爲大醫若不爾者如無目夜遊動致顛殞次須熟讀
此方尋思妙理留意鑽研始可與言於醫道者矣又須涉
獵群書何者若不讀五經不知有仁義之道不讀三史不
知有古今之事不讀諸子覩事則不能默而識之不讀内
經則不知有慈悲喜捨之德不讀莊老不能任真體運則

重刊孫真人備急千金要方目録

00656、00657、00658、00659、00660 重刊孫真人備急千金要方三十卷 （唐）孫思邈撰 （宋）林億等校正 元刻本

匡高18.5厘米，廣12.5厘米。半葉十二行，行二十二字，黑口，左右雙邊。國家圖書館藏，各卷間有殘破，日人抄配，有“南陵徐乃昌校勘經籍記”、“津門王鳳岡鳳篁館收藏印”等印，伊澤信恬跋；國家圖書館又一部有“鐵琴銅劍樓”等印；北京大學圖書館藏，卷一抄配，有“弘前醫官澀江氏藏書記”、“森氏開萬册府之記”等印，森立之跋；北京大學圖書館又一部卷二第十八葉抄配，有“平江貝墉”等印；上海圖書館藏，有“汪印士鐘”等印。

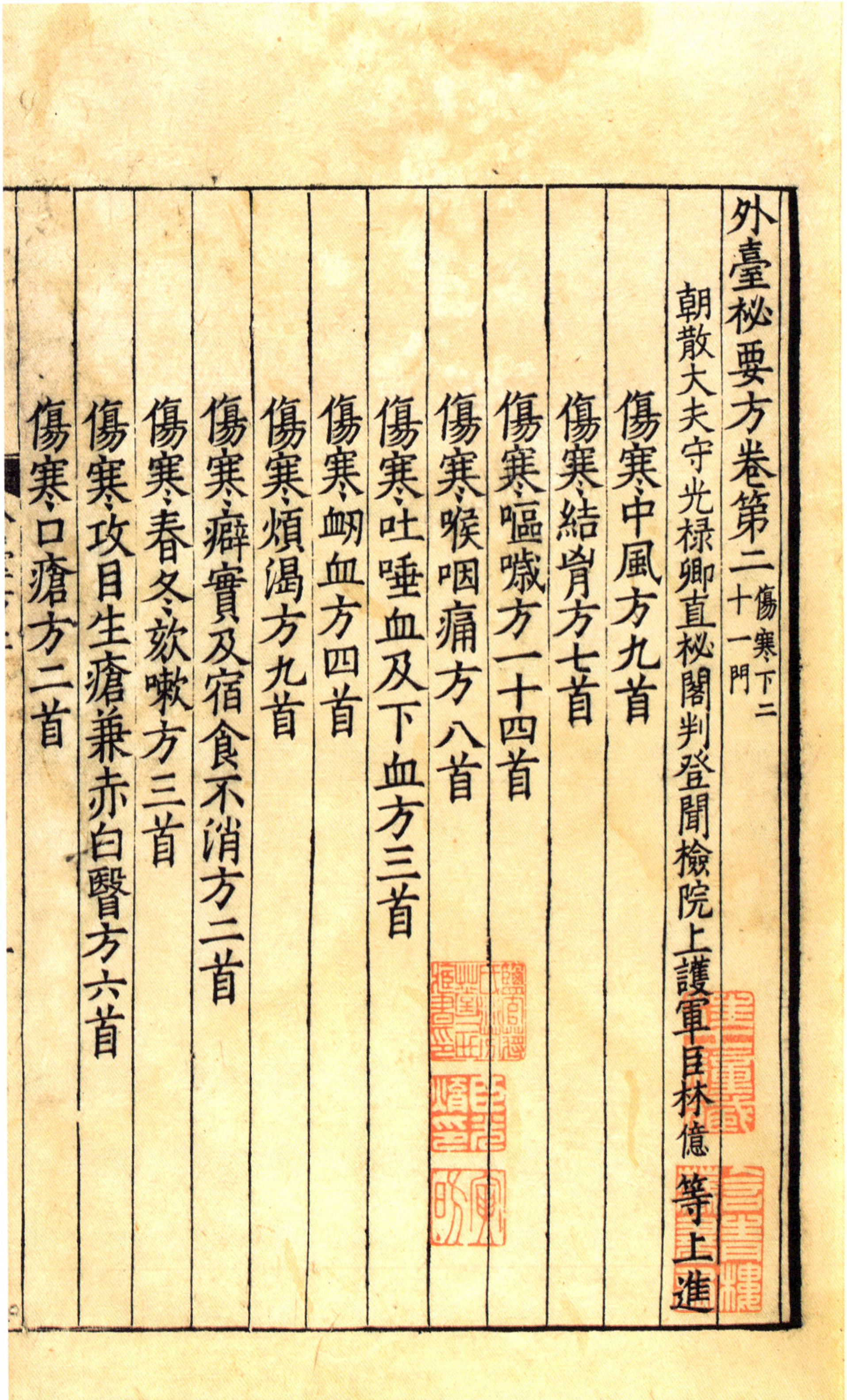
外臺秘要方卷第二 傷寒下二十一門
朝散大夫守光禄卿直秘閣判登聞檢院上護軍臣林億等上進
傷寒中風方九首
傷寒結胷方七首
傷寒嘔噦方一十四首
傷寒喉咽痛方八首
傷寒吐唾血及下血方三首
傷寒衄血方四首
傷寒煩渴方九首
傷寒癖實及宿食不消方二首
傷寒春冬欬嗽方三首
傷寒攻目生瘡兼赤白瞖方六首
傷寒口瘡方二首

00661 外臺祕要方四十卷 （唐）王燾撰　宋紹興兩浙東路茶鹽司刻本（卷一、七至二十、二十四至二十五、二十七至三十二、三十四至四十配明抄本，二十六至二十七配清抄本）

匡高20.1厘米，廣14.4厘米。半葉十三行，行二十四至二十五字，白口，左右雙邊。有"華亭朱氏珍藏"、"汪士鐘藏"、"臣光熷印"等印。國家圖書館藏，存三十六卷。

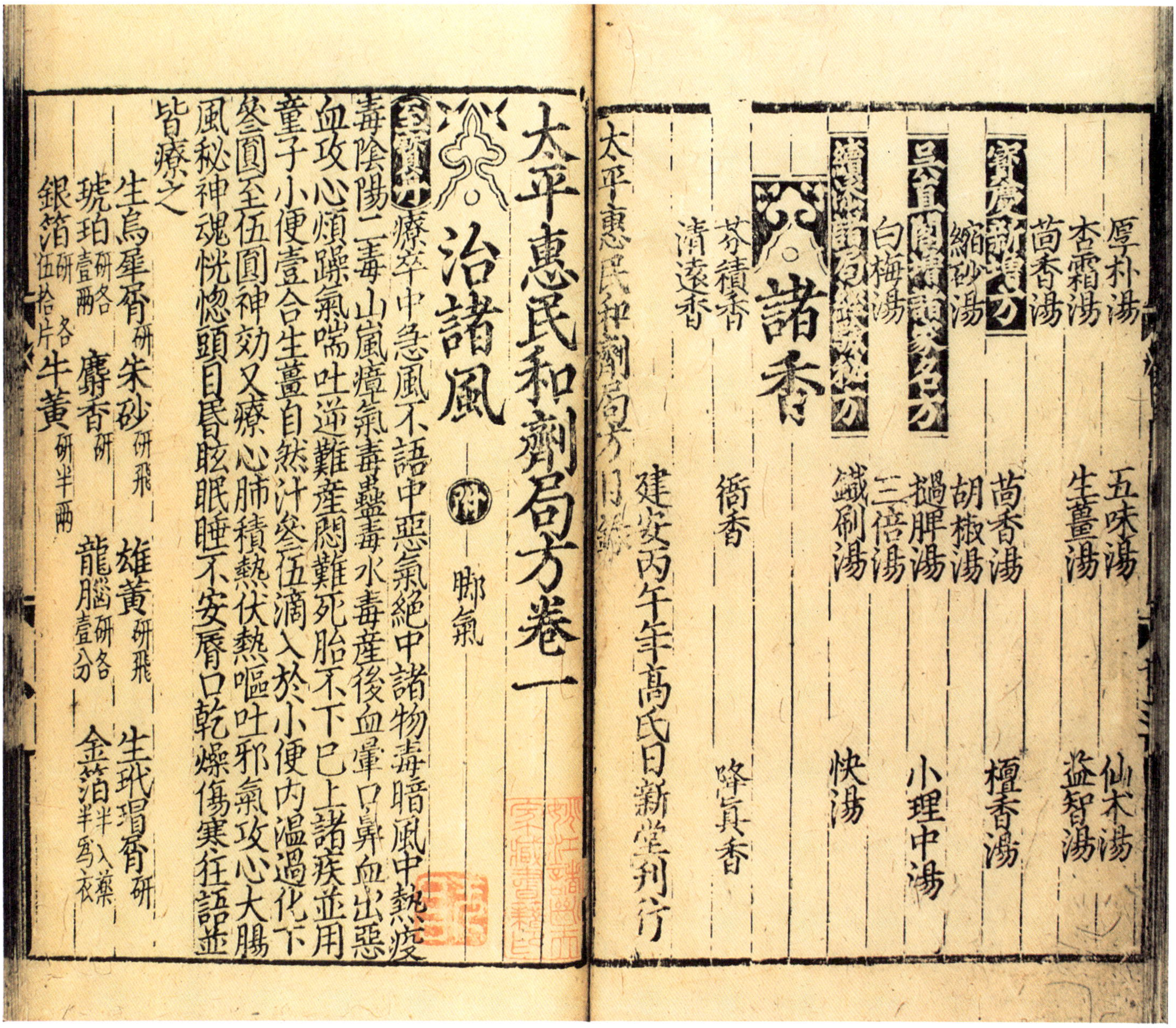

厚朴湯 五味湯 仙朮湯
杏霜湯 生薑湯 益智湯
茴香湯 茴香湯 檀香湯
寳慶新增方
縮砂湯 胡椒湯
吳直閣增諸家名方 揭脾湯 小理中湯
白梅湯 三倍湯
續添諸局經驗秘方 鐵刷湯 快湯
諸香
芬積香 衙香 降眞香
清遠香
建安丙午年高氏日新堂刊行
太平惠民和劑局方目録

太平惠民和劑局方卷一
治諸風 附 脚氣
至寳丹 療卒中急風不語中惡氣絶中諸物毒暗風中熱疫毒陰陽二毒山嵐瘴氣毒蠱毒水毒產後血暈口鼻血出惡血攻心煩躁氣喘吐逆難產悶難死胎不下已上諸疾並用童子小便壹合生薑自然汁參伍滴入於小便内温過化下參圓至伍圓神効又療心肺積熱伏熱嘔吐邪氣攻心大腸風秘神魂恍惚頭目昏眩眠睡不安脣口乾燥傷寒狂語並皆療之
生烏犀屑研 朱砂研飛 雄黃研飛 生玳瑁屑研 琥珀研 麝香研 各壹兩 龍腦研 各壹分 金箔半入藥半爲衣 銀箔研 各伍拾片 牛黃研半兩

00662 太平惠民和劑局方十卷 （宋）陳師文等撰 **指南總論三卷** （宋）許洪撰 **增廣和劑局方圖經本草藥性總論一卷** 元至正二十六年（1366）高氏日新堂刻本

匡高20厘米，廣13.3厘米。半葉十四行，行二十三至二十四字，黑口，四周單邊或左右雙邊。有“建安丙午年高氏日新堂刊行”刻書題記。有“鹽官蔣氏衍芬草堂三世藏書印”等印。國家圖書館藏。

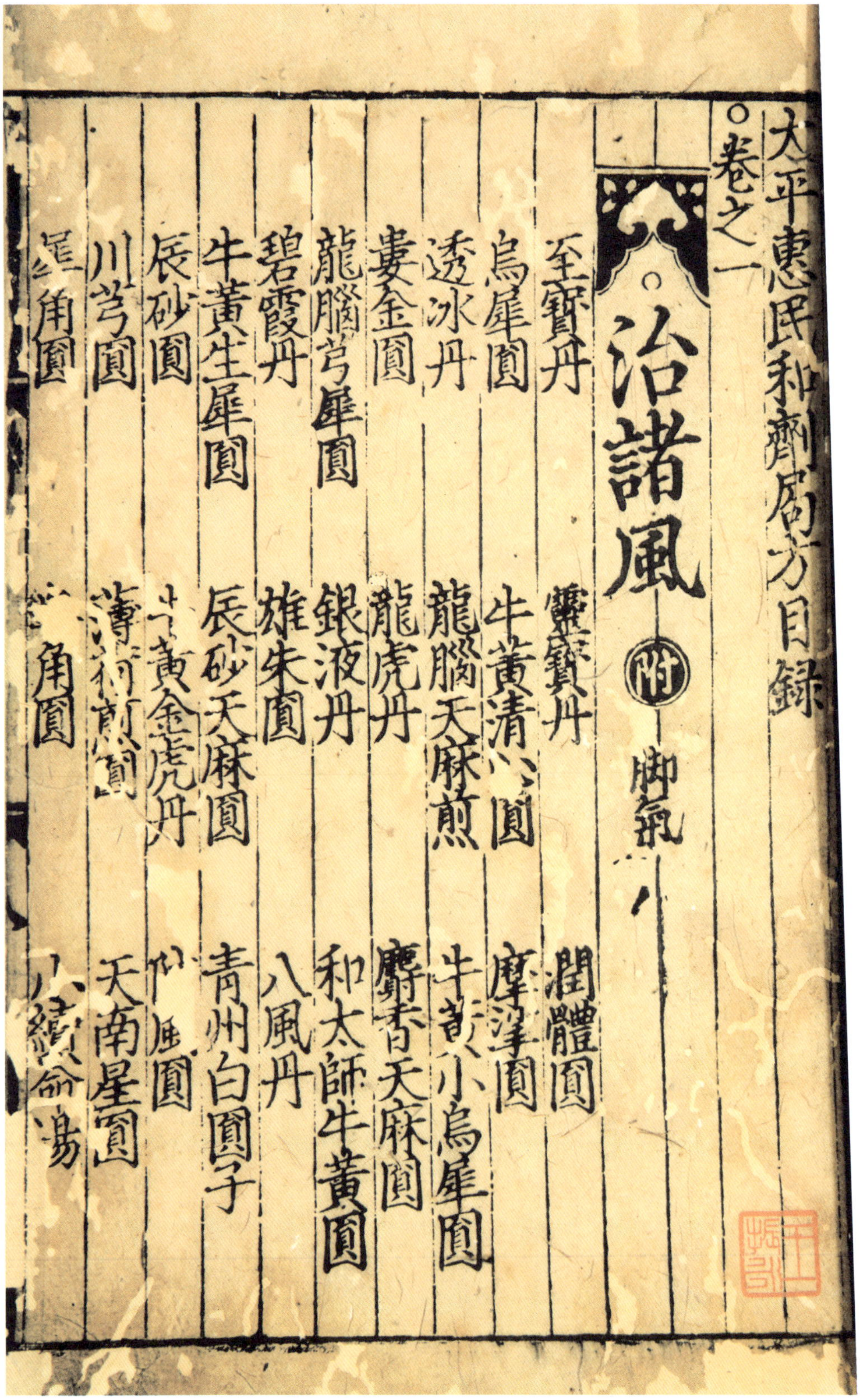

00663 太平惠民和劑局方十卷 （宋）陳師文等撰　元陳氏留畊書堂刻本

匡高19.5厘米，廣14厘米。半葉十四行，行二十三字，粗黑口，左右雙邊。天津市醫學科學技術信息研究所藏。

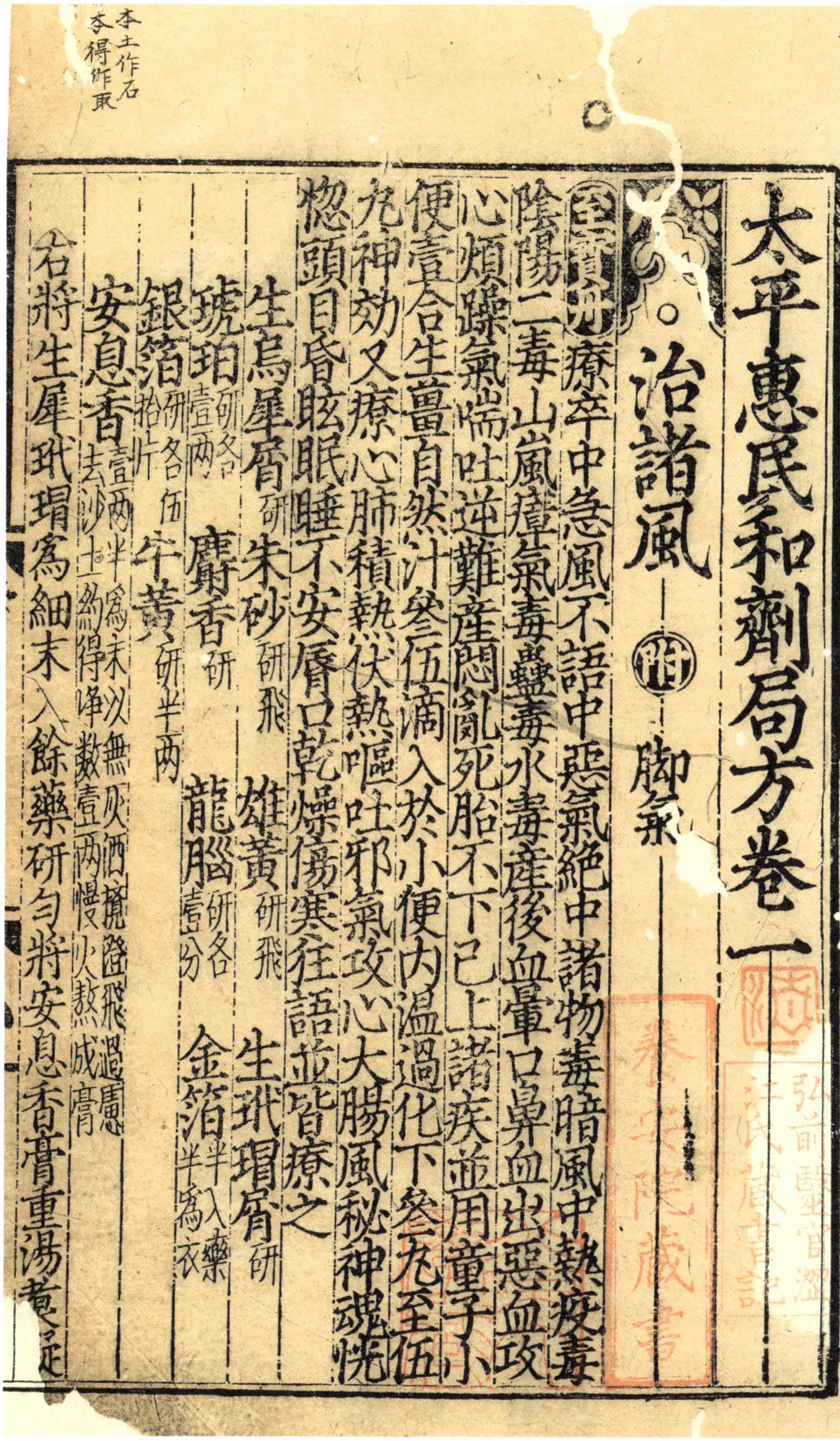
本土作石
本得作取
太平惠民和劑局方卷一
治諸風 附 脚氣
至寶丹 療卒中急風不語中惡氣絕中諸物毒暗風中熱疫毒
陰陽二毒山嵐瘴氣毒蠱毒水毒産後血暈口鼻血出惡血攻
心煩躁氣喘吐逆難産悶亂死胎不下已上諸疾並用童子小
便壹合生薑自然汁叁伍滴入於小便内温過化下叁丸至伍
丸神效又療心肺積熱伏熱嘔吐邪氣攻心大腸風秘神魂恍
惚頭目昏眩睡眠不安唇口乾燥傷寒狂語並皆療之
生烏犀屑研 朱砂研飛 雄黄研飛 生玳瑁屑研
琥珀研各壹兩 麝香研 龍腦研各壹分 金箔半入藥半為衣
銀箔研各伍拾片 牛黄研半兩
安息香壹兩半為末以無灰酒攪澄飛過濾去沙土約得淨數壹兩慢火熬成膏
右將生犀玳瑁為細末入餘藥研勻將安息香膏重湯煮凝

00664 太平惠民和劑局方十卷 （宋）陳師文等撰 **指南總論三卷** （宋）許洪撰 **圖經本草藥性總論一卷** 元刻本（卷首序、進表、凡例抄配）

匡高20.1厘米，廣13.9厘米。半葉十五行，行二十四字，粗黑口，四周雙邊。有“弘前醫官澀江氏藏書記”、“養安院藏書”等印。北京大學圖書館藏。

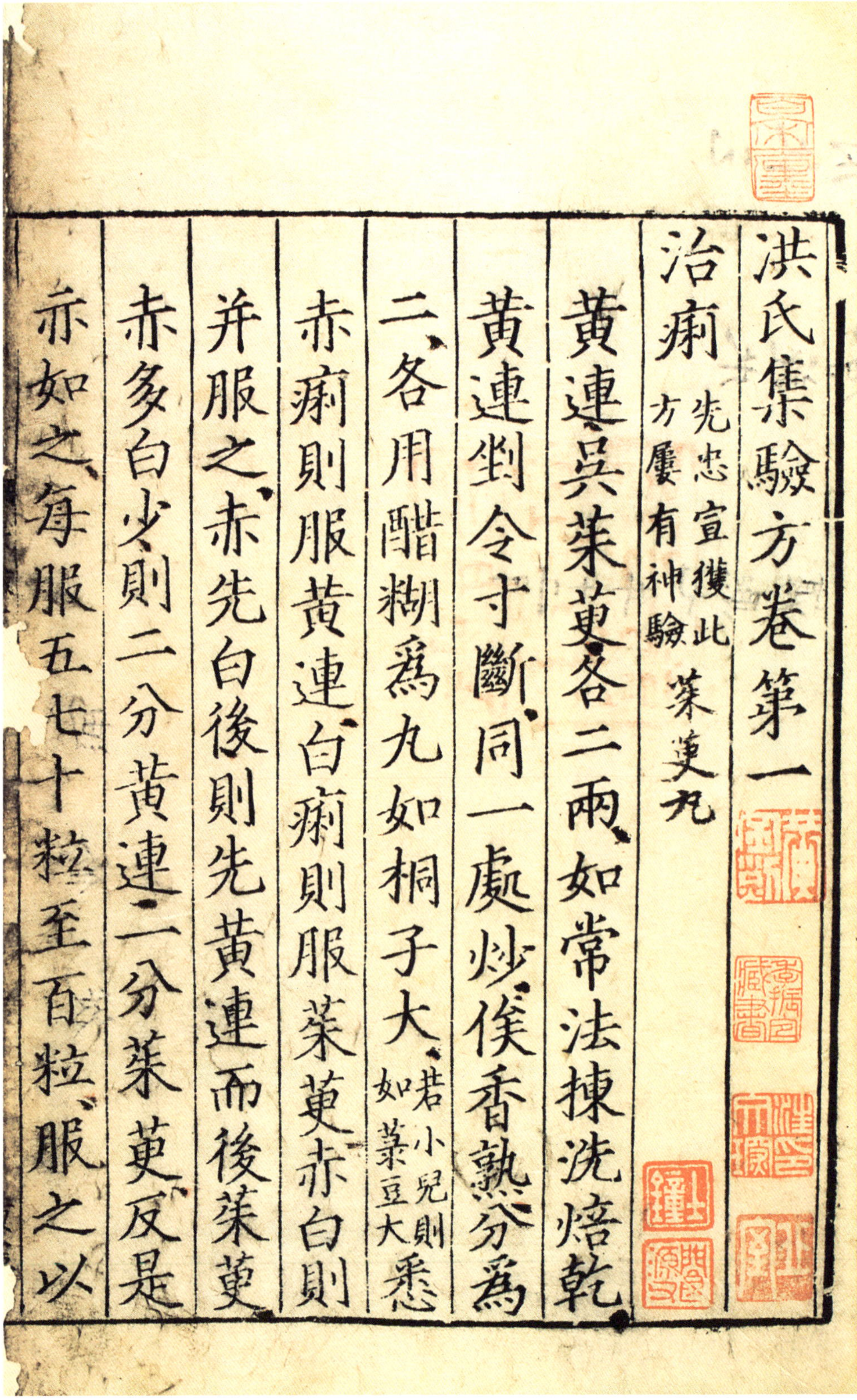
洪氏集驗方卷第一
治痢先忠宣獲此方屢有神驗茱萸丸
黄連吳茱萸各二兩，如常法揀洗焙乾。
黄連剉令寸斷，同一處炒，俟香熟，分爲
二，各用醋糊爲丸，如桐子大。若小兒則如菉豆大。悉
赤痢則服黄連，白痢則服茱萸，赤白則
并服之。赤先白後則先黄連而後茱萸，
赤多白少則二分黄連一分茱萸，反是
赤如之。每服五七十粒至百粒，服之以

00665 洪氏集驗方五卷 （宋）洪遵輯　宋乾道六年（1170）姑孰郡齋刻公文紙印本

匡高18.3厘米，廣14.2厘米。半葉九行，行十六字，白口，左右雙邊。有"季振宜藏書"、"百宋一廛"、"士鐘"等印。黄丕烈、顧廣圻跋。國家圖書館藏。

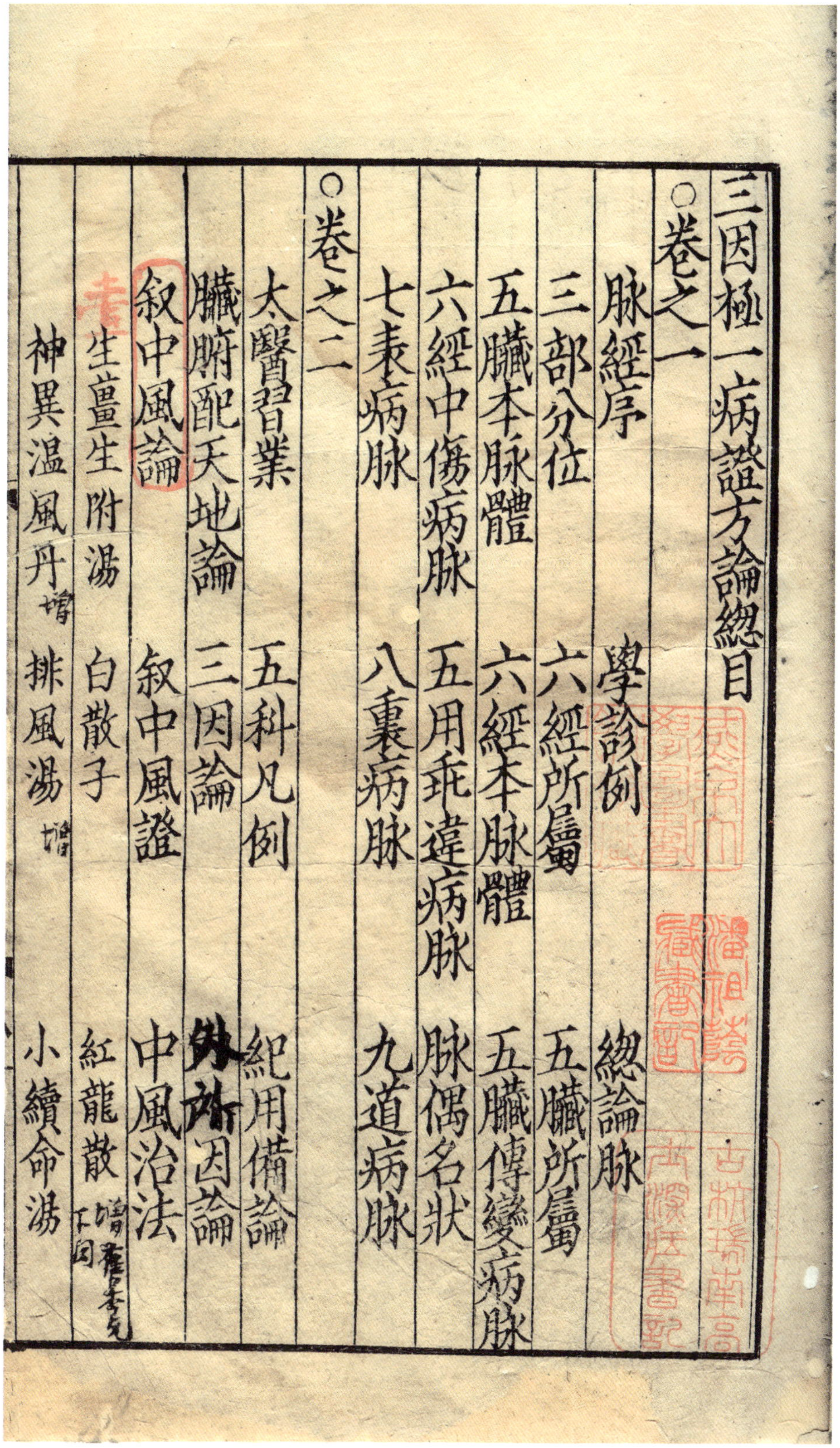
三因極一病證方論總目
○卷之一
脉經序　學診例　總論脉
三部分位　六經所屬　五臟所屬
五臟本脉體　六經本脉體　五臟傳變病脉
六經中傷病脉　五用乖違病脉　脉偶名狀
七表病脉　八裏病脉　九道病脉
○卷之二
太醫習業　五科凡例　紀用備論
臟腑配天地論　三因論　外所因論
叙中風論　叙中風證　中風治法
生薑生附湯　白散子　紅龍散
神異温風丹　排風湯　小續命湯

00666 三因極一病證方論十八卷 （宋）陳言撰 宋刻本（缺葉配元麻沙刻本）

匡高17.4厘米，廣11.5厘米。半葉十三行，行二十三字，小字雙行字不等，細黑口，左右雙邊。有“汪印士鐘”、“潘祖蔭藏書記”等印。北京大學圖書館藏。

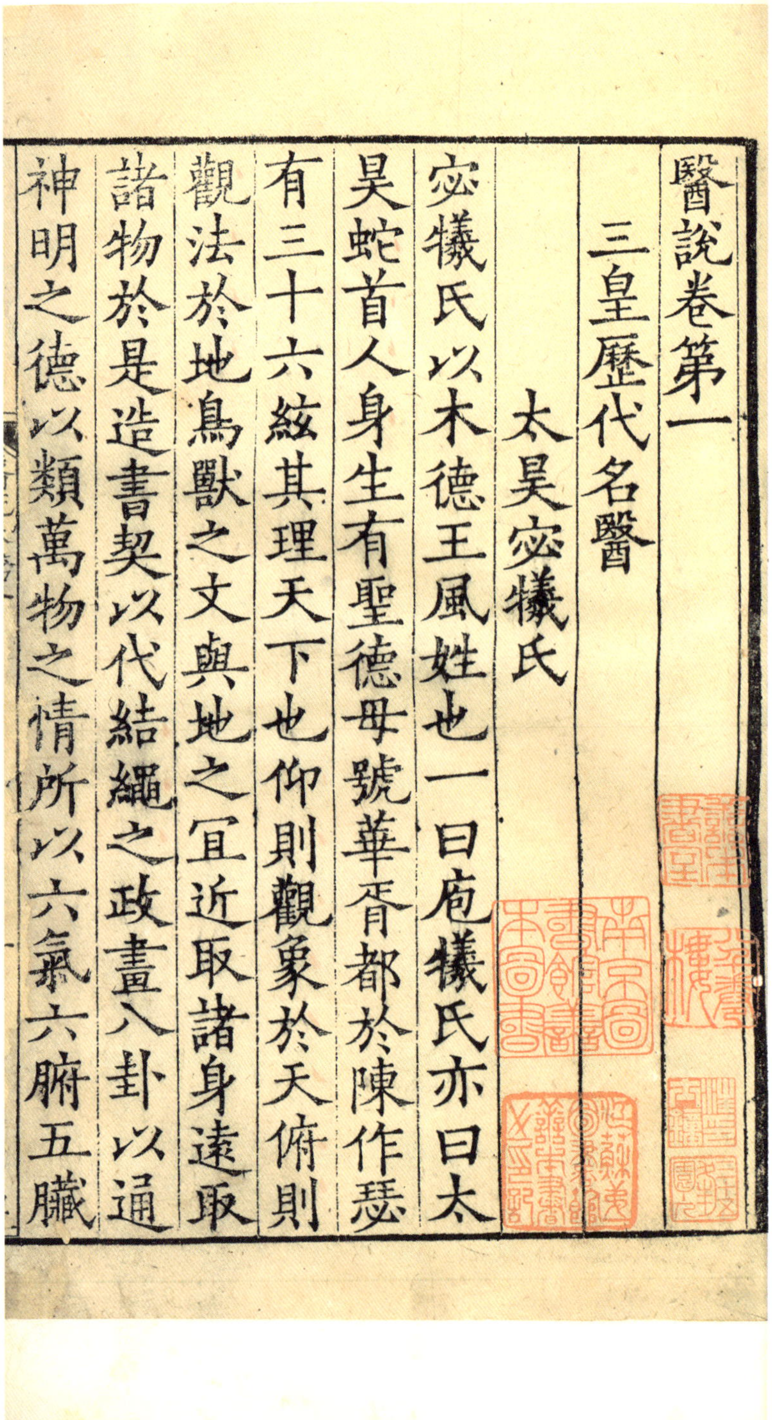

醫説卷第一
三皇歷代名醫
太昊宓犧氏
宓犧氏以木德王風姓也一曰庖犧氏亦曰太
昊蛇首人身生有聖德毋號華胥都於陳作瑟
有三十六絃其理天下也仰則觀象於天俯則
觀法於地鳥獸之文與地之宜近取諸身遠取
諸物於是造書契以代結繩之政畫八卦以通
神明之德以類萬物之情所以六氣六腑五臟

00667 醫説十卷 （宋）張杲撰　宋刻本

匡高21.2厘米，廣15.3厘米。半葉九行，行十八字，小字雙行同，白口，左右雙邊。有“癸酉夏五陶風樓印”牌記。有“三十五峯園主人”、“汪印士鐘”、“八千卷樓”等印。黄丕烈、丁丙、柳詒徵跋。南京圖書館藏。

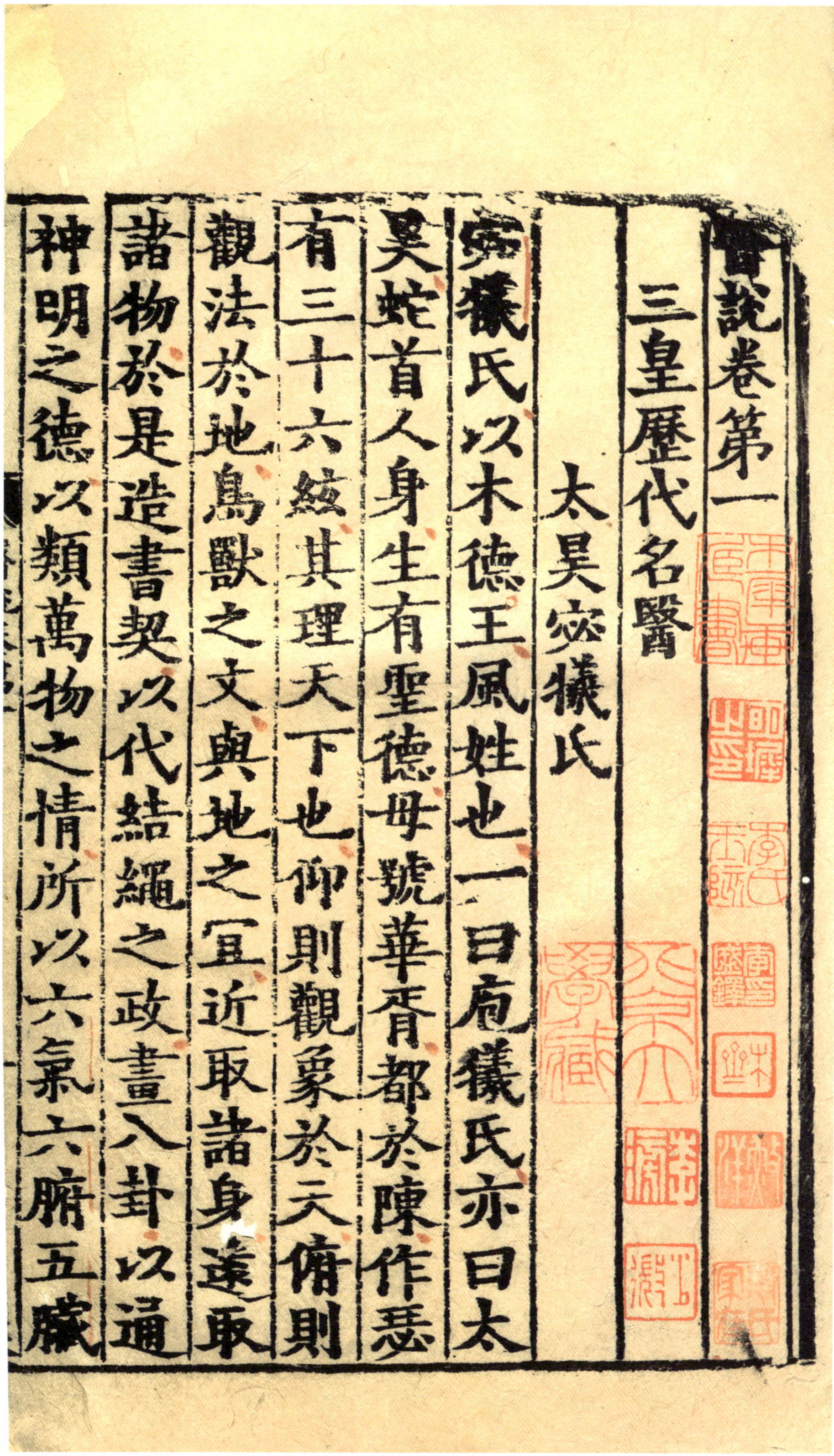

醫說卷第一

三皇歷代名醫

太昊宓犧氏

宓犧氏以木德王風姓也一曰庖犧氏亦曰太昊蛇首人身生有聖德母號華胥都於陳作瑟有三十六絃其理天下也仰則觀象於天俯則觀法於地鳥獸之文與地之宜近取諸身遠取諸物於是造書契以代結繩之政畫八卦以通神明之德以類萬物之情所以六氣六腑五臟

00668 醫說十卷 （宋）張杲撰　宋刻本（序第一至二葉、卷七第一至四十六葉抄配）

匡高21.6厘米，廣15.3厘米。半葉九行，行十八字，小字雙行同，白口，左右雙邊。有“木齋”、“李印盛鐸”、“木犀軒藏書”等印。北京大學圖書館藏。

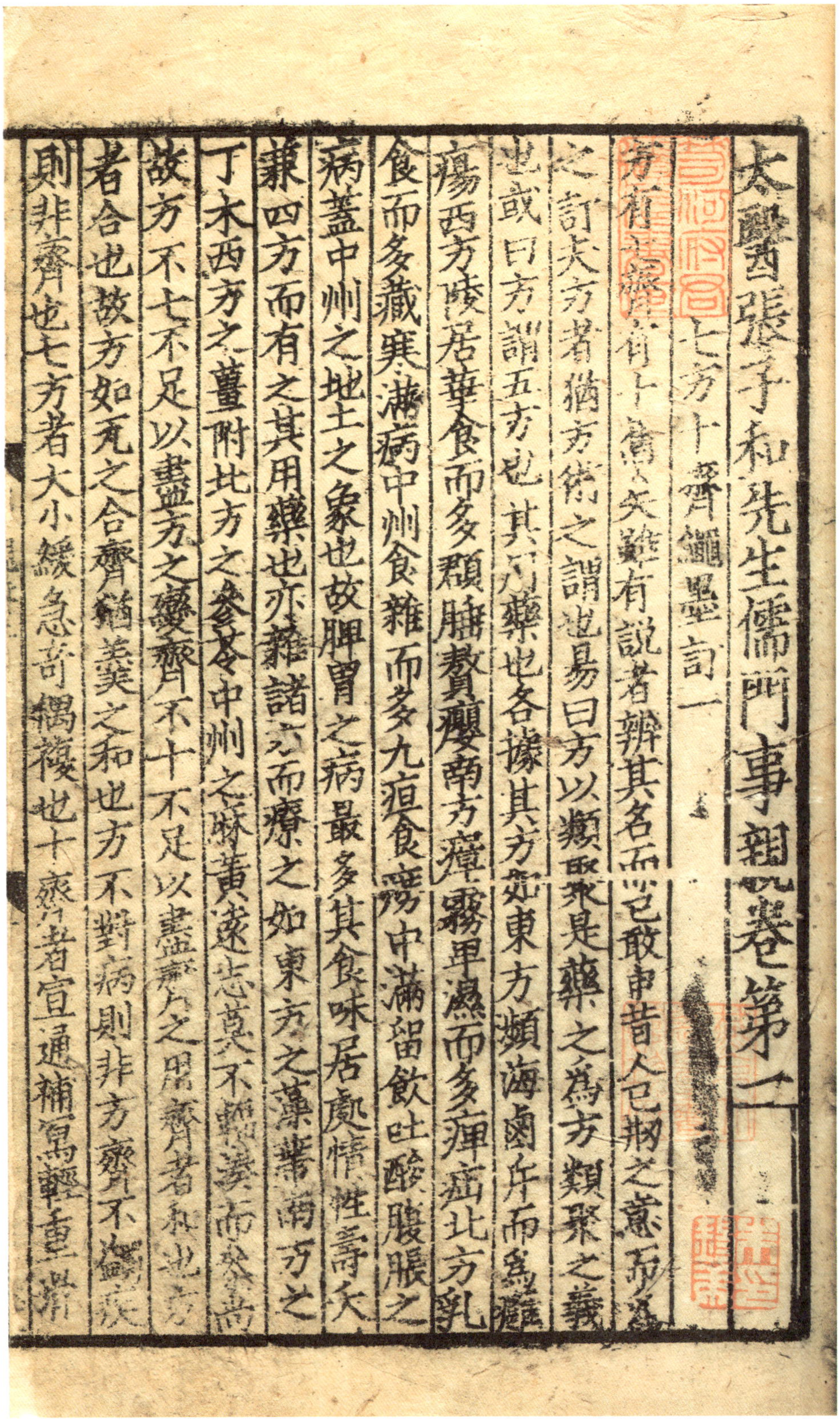
太醫張子和先生儒門事親卷第二
七方十劑繩墨訂一
方有七劑有十舊矣雖有說者辨其名而[illegible]已敢申昔人已殁之意而為
之訂夫方者猶方術之謂也易曰方以類聚是藥之為方類聚之義
也或曰方謂五方也其用藥也各據其方如東方瀕海鹵斥而為癰
瘍西方陵居華食而多頳腑贅癭南方瘴霧卑濕而多痺疝北方乳
食而多藏寒滿病中州食雜而多九疸食痨中滿留飲吐酸腹脹之
病蓋中州之地土之象也故脾胃之病最多其食味居處情性壽夭
兼四方而有之其用藥也亦雜諸方而療之如東方之藻帶南方之
丁木西方之薑附北方之參苓中州之黃遠志菟絲而發尚
故方不七不足以盡方之變劑不十不足以盡劑之用劑者和也方
者合也故方如瓦之合劑猶羹之和也方不對病則非方劑不對病
則非劑也七方者大小緩急奇偶複也十劑者宣通補瀉輕重澁滑

00669 太醫張子和先生儒門事親三卷直言治病百法二卷十形三療三卷 （金）張從正撰 蒙古中統三年（1262）刻本

匡高21.1厘米，廣14.2厘米。半葉十三行，行二十六字，白口，左右雙邊。有“朱印錫庚”、“笥河府君遺藏書畫”等印。北京大學圖書館藏。

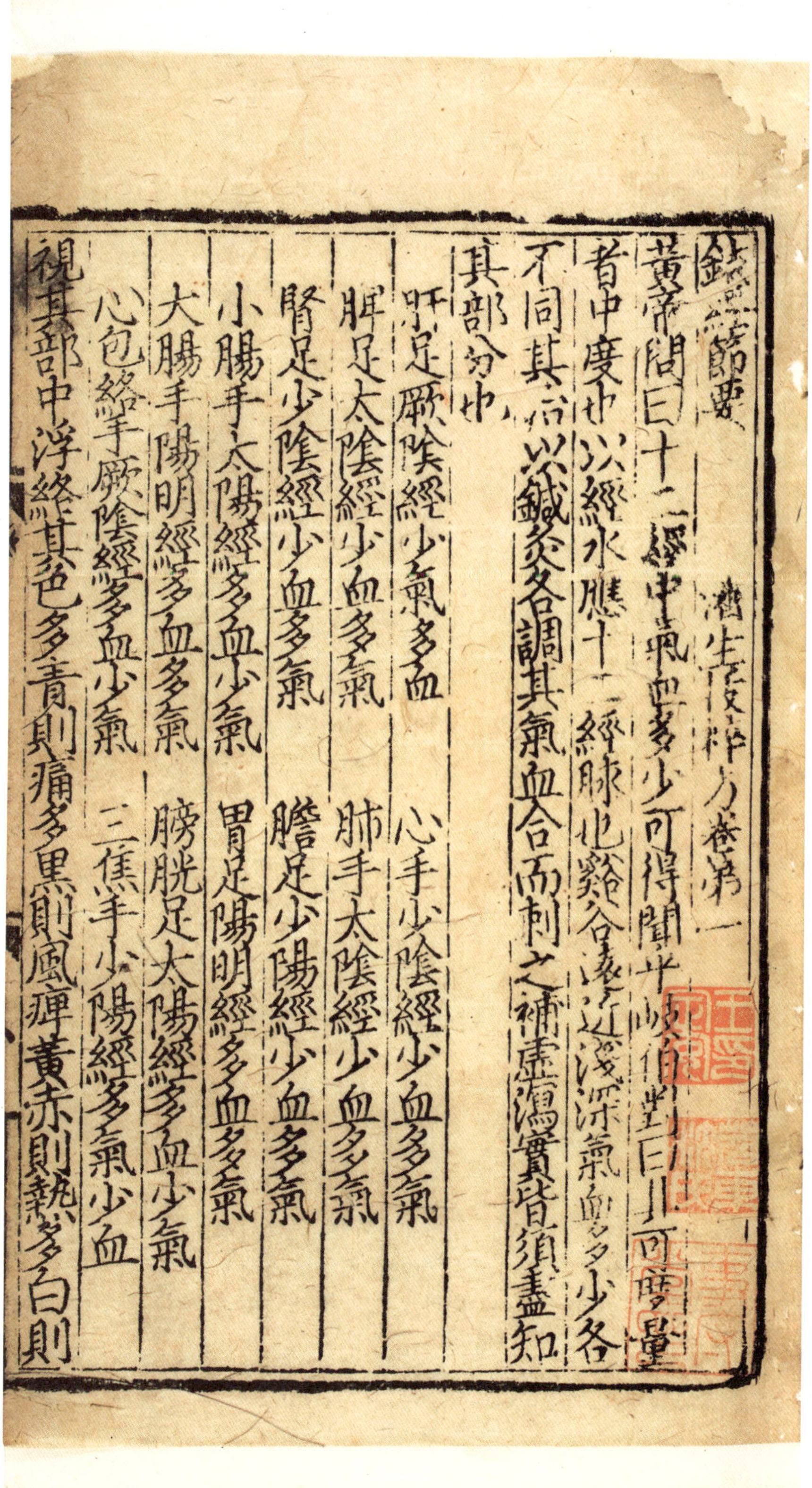

鍼經節要 濟生拔粹方卷第一

黃帝問曰十二經中氣血多少可得聞乎岐伯對曰此可度量者中度也以經水應十二經脉也谿谷遠近淺深氣血多少各不同其治以鍼灸各調其氣血合而刺之補虛瀉實皆須盡知其部分也

肝足厥陰經少氣多血　心手少陰經少血多氣
脾足太陰經少血多氣　肺手太陰經少血多氣
腎足少陰經少血多氣　膽足少陽經少血多氣
小腸手太陽經多血少氣　胃足陽明經多血多氣
大腸手陽明經多血多氣　膀胱足太陽經多血少氣
心包絡手厥陰經多血少氣　三焦手少陽經多氣少血

視其部中浮絡其色多青則痛多黑則風痺黃赤則熱多白則

00670、00671、00672 濟生拔粹方十九種 （元）杜思敬編　元延祐刻本

匡高19.6厘米，廣13.1厘米。半葉十二行，行二十四字，黑口，四周雙邊。國家圖書館藏，有“王印定安”等印，存十五種；北京大學圖書館藏，有“五萬卷藏書樓”、“木齋秘玩”等印，存十八種；湖南圖書館藏，有“安樂堂藏書記”、“怡府世寶”等印，存十五種。

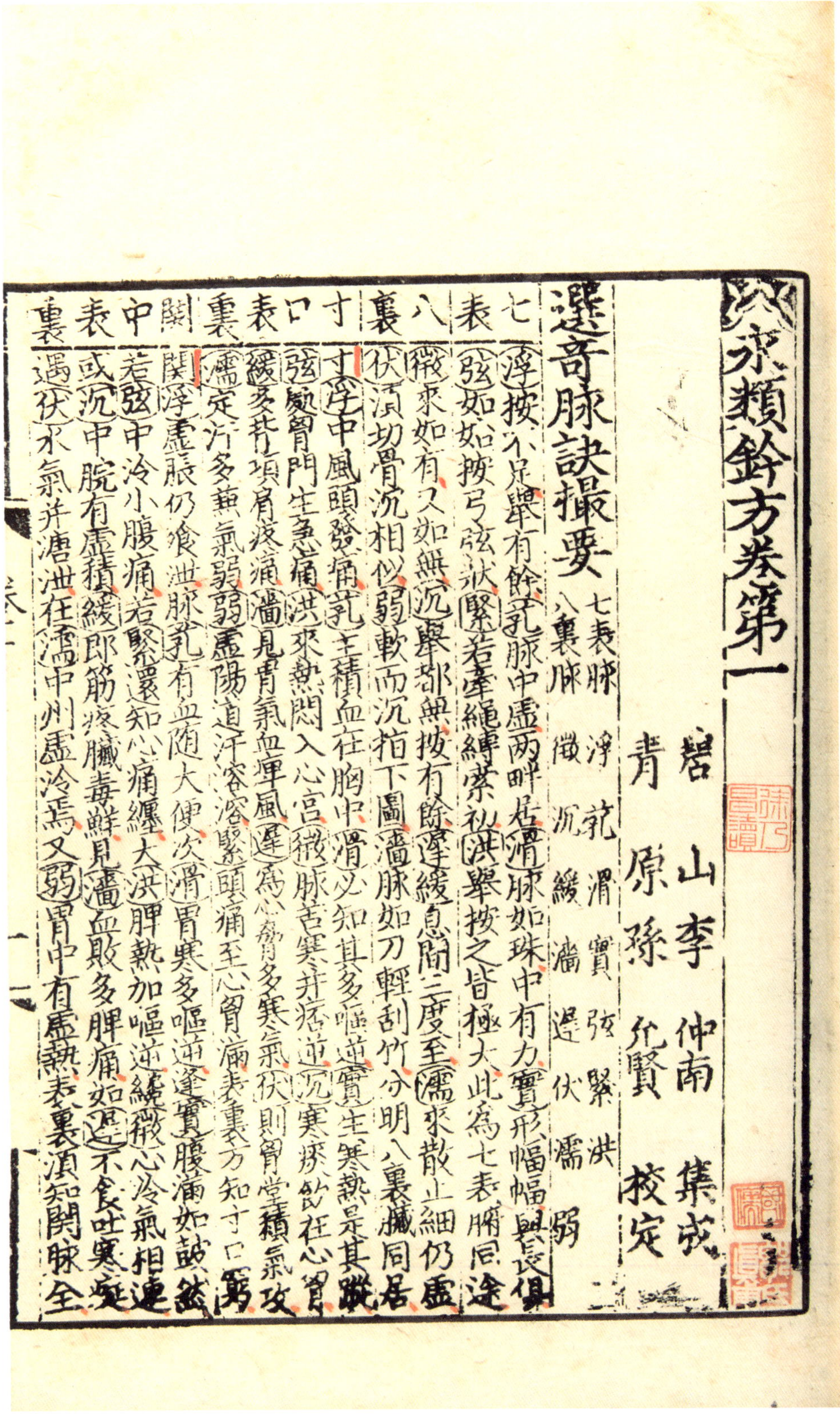
永類鈐方卷第一
碧山李仲南集成
青原孫允賢校定
選奇脉訣撮要　七表脉　浮　芤　滑　實　弦　緊　洪　八裏脉　微　沉　緩　濇　遲　伏　濡　弱
七表　浮按不足舉有餘　芤脉中虛兩畔居　滑脉如珠中有力　實形幅幅與長俱
弦如始按弓弦狀　緊若牽繩轉索初　洪舉按之皆極大　此為七表腑同途
八裏　微來如有又如無　沉舉都無按有餘　遲緩息間三度至　濡來散止細仍虛
伏須切骨沉相似　弱軟而沉指下圖　濇脉如刀輕刮竹　分明八裏臟同居
寸口表裏　寸浮中風頭發痛　芤主積血在胸中　滑必知其多嘔逆　實主寒熱是其蹤
弦脇胸門生急痛　洪來熱悶入心宮　微脉苦寒并痞逆　沉寒痰飲在心胸
緩多背項肩疼痛　濇見胃氣血痺風　遲為心痛多寒氣　伏則胸堂積氣攻
濡定汗多兼氣弱　弱虛陽道汗溶溶　緊頭痛至心胸痛　表裏方知寸口窮
關中表裏　關浮虛脹仍飡泄　脉芤有血隨大便　次滑胃寒多嘔逆　逢實腹滿如鼓然
若弦中冷小腹痛　若緊還知心痛纏　大洪脾熱加嘔逆　纔微心冷氣相連
或沉中脘有虛積　緩即筋疼臟毒鮮　見濇血敗多脾痛　如遲不食吐寒涎
遇伏水氣并溏泄　在濡中州虛冷焉　又弱胃中有虛熱　表裏須知關脉全

00673、00674、00675 永類鈐方二十二卷首一卷　（元）李仲南撰　（元）孫允賢校定　元至順二年（1331）刻本

匡高20.4厘米，廣15.3厘米。半葉九行，行字不等，黑口，左右雙邊。上海圖書館藏，有"東吴毛表圖書"、"安樂堂藏書記"、"明善堂珍藏書畫印記"、"徐乃昌讀"等印；南京圖書館藏；北京大學圖書館藏，卷七至九以明書林鄭筆山刻本配補，有"海寧陳鱣觀"、"木犀軒藏書"等印。

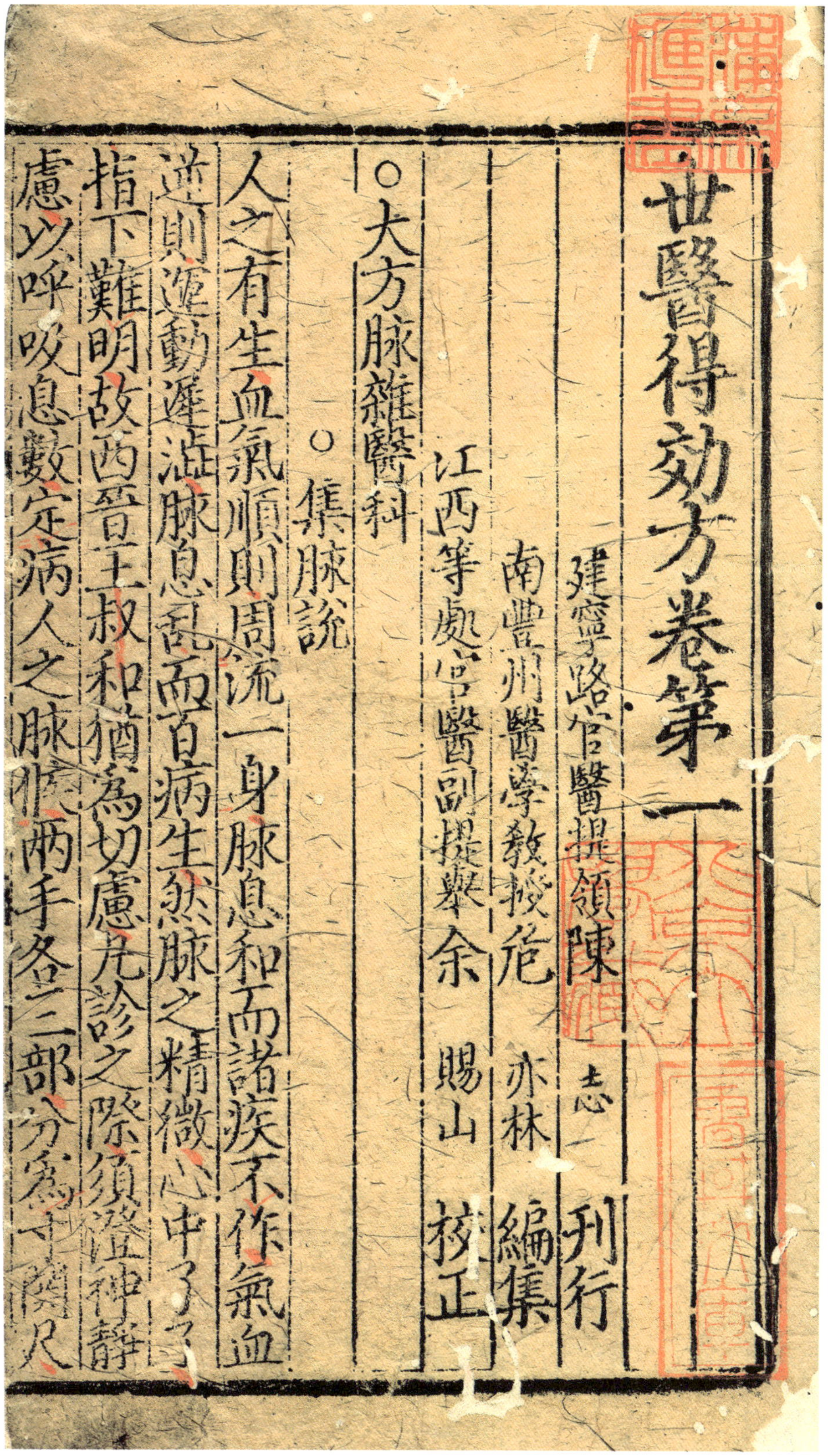
世醫得效方卷第一

建寧路官醫提領陳　志　刊行

南豐州醫學教授危　亦林　編集

江西等處官醫副提舉余　賜山　校正

○大方脉雜醫科

○集脉說

人之有生血氣順則周流一身脉息和而諸疾不作氣血逆則運動遲澁脉息亂而百病生然脉之精微心中了了指下難明故西晉王叔和猶爲切慮凡診之際須澄神靜慮以呼吸息數定病人之脉脉[illegible]兩手各三部分爲寸關尺

00676 世醫得效方十九卷（元）危亦林撰 **孫真人養生書一卷**（唐）孫思邈撰 元至正建寧路官醫提領陳志刻本（卷首補配）

匡高18.3厘米，廣11.6厘米。半葉十一行，行二十二字，黑口，四周雙邊。有“蒲亭藏書”、“雷軒文庫”等印。北京大學圖書館藏。

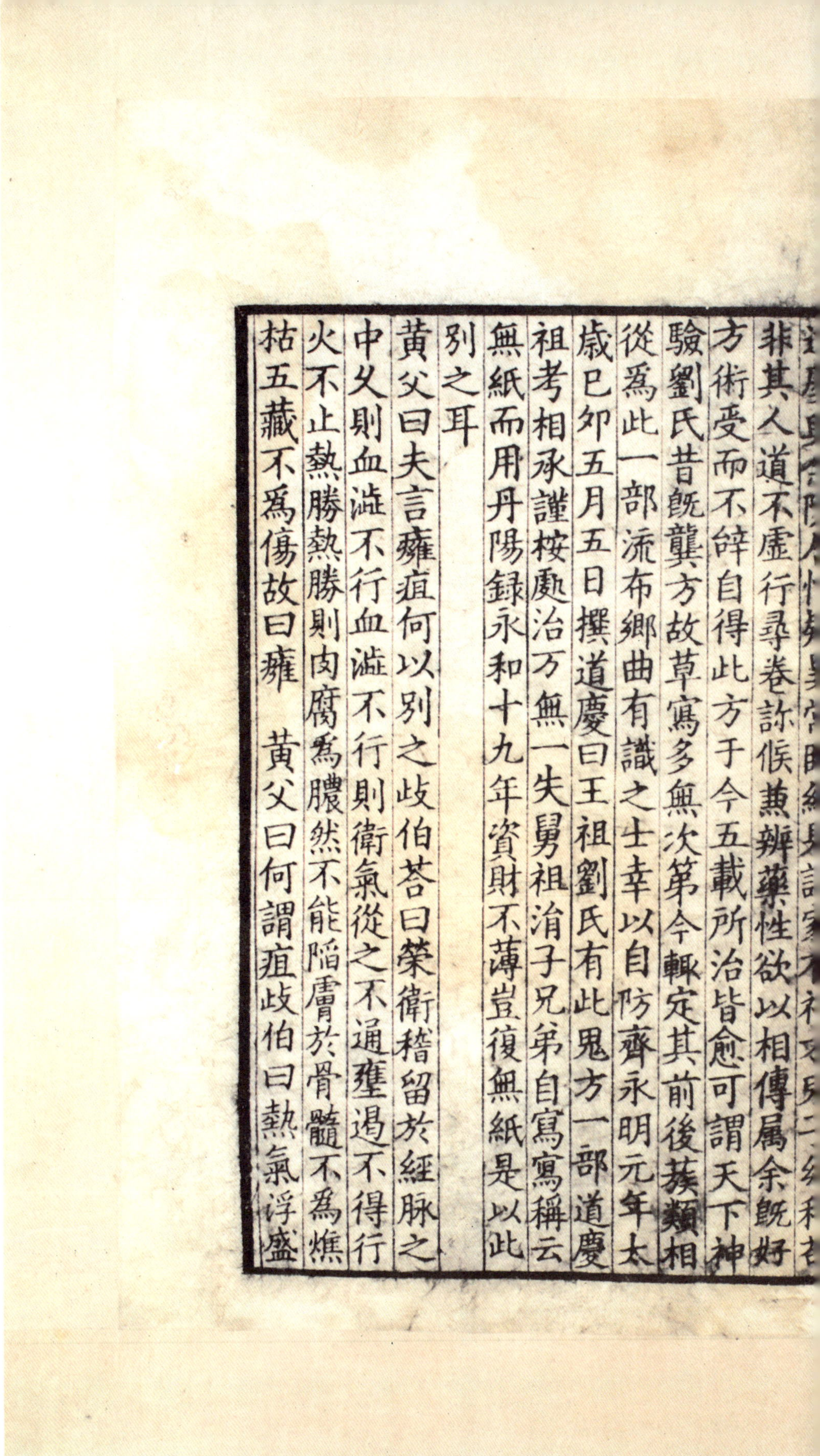

非其人道不虛行尋卷許候兼辨藥性欲以相傳屬余既好
方術受而不辭自得此方于今五載所治皆愈可謂天下神
驗劉氏昔既龔方故草寫多無次第今輒定其前後蕃類相
從爲此一部流布鄉曲有識之士幸以自防齊永明元年太
歲巳夘五月五日撰道慶曰王祖劉氏有此鬼方一部道慶
祖考相承謹按處治万無一失舅祖涓子兄弟自寫寫稱云
無紙而用丹陽録永和十九年資財不薄豈復無紙是以此
别之耳
黄父曰夫言癰疽何以别之岐伯荅曰榮衛稽留於經脉之
中久則血澁不行血澁不行則衛氣從之不通壅遏不得行
火不止熱勝熱勝則肉腐爲膿然不能陷膚於骨髓不爲燋
枯五藏不爲傷故曰癰　黄父曰何謂疽岐伯曰熱氣浮盛

00677 劉涓子鬼遺方五卷（南朝齊）龔慶宣撰　宋刻本

蝴蝶裝。匡高19.3厘米，廣12.3厘米。半葉十三行，行二十三字，白口，左右雙邊。有“汪印士鐘”、“瞿氏秘笈”、“鐵琴銅劍樓”等印。國家圖書館藏。

劉涓子鬼遺方卷第一 并序

龔慶宣撰

昔劉涓子晉末於丹陽郊外照射忽見一物高二丈許射而中之如雷電声若風雨其夜不敢前追詰旦率門徒子弟數人尋蹤至山下見一小兒提罐問何往爲我主被劉涓子所射取水洗瘡而問小兒曰主人是誰人云黄父鬼仍將小兒相隨還來至門聞擣藥之聲比及遥見三人一人開書一人擣藥一人卧尒乃齊唱叫突三人並走遺一卷癰疽方并藥一臼時從宋武北征有被瘡者以藥塗之即愈論者〻聖人所作天必助之以此天授武王也於是用方爲治千無一失姊適余從祖叔涓子寄姊書具叙此事并方一卷方是丹陽白薄紙本寫今手跡尚存從家世能爲治方我而不專〻孫

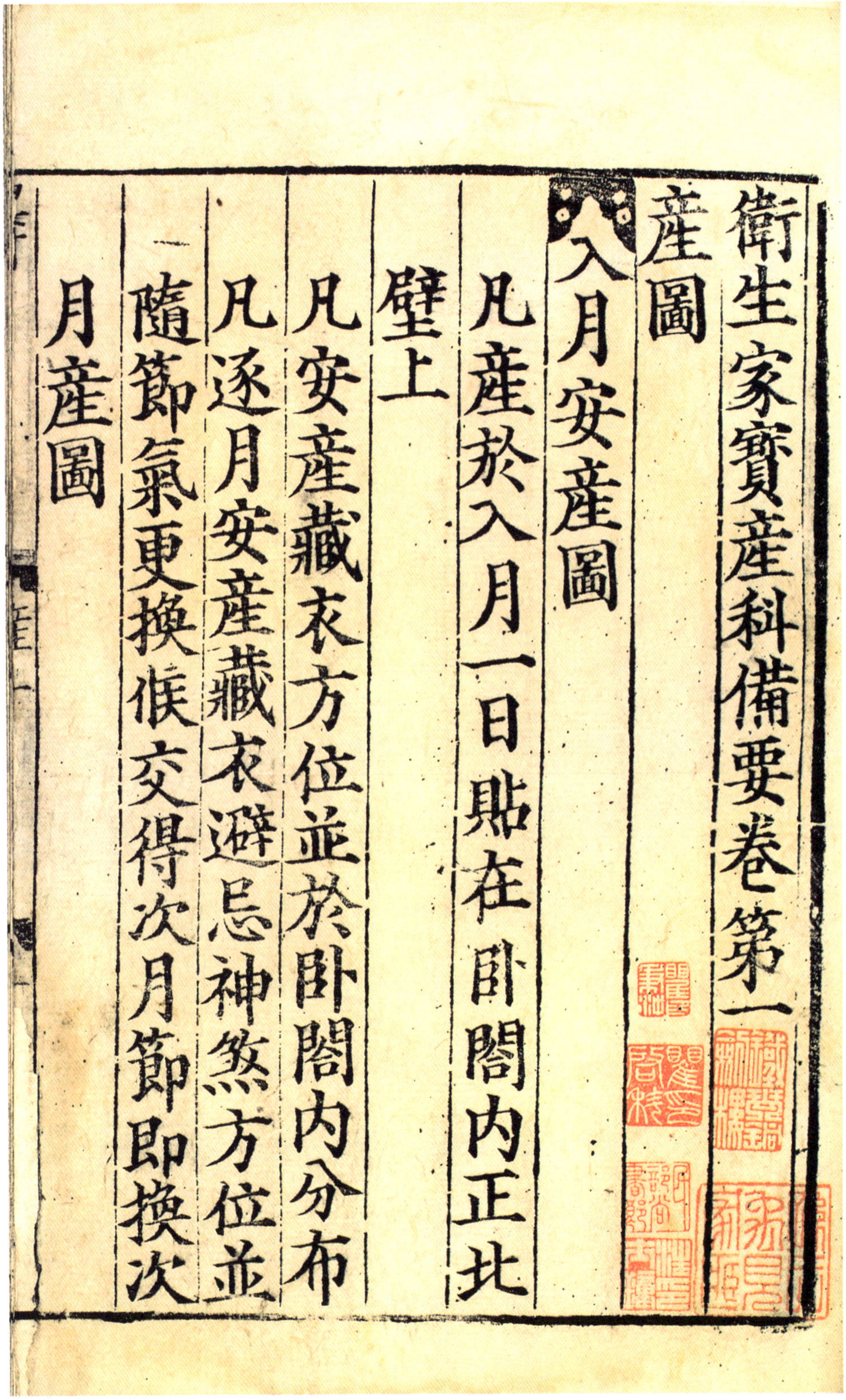

衛生家寶產科備要卷第一

產圖

入月安產圖

凡產於入月一日貼在卧閤内正北壁上

凡安產藏衣方位並於卧閤内分布

凡逐月安產藏衣避忌神煞方位並一隨節氣更换候交得次月節即换次月產圖

00678 衛生家寶産科備要八卷 （宋）朱端章輯　宋淳熙十一年（1184）南康郡齋刻本

匡高21.5厘米，廣15.5厘米。半葉九行，行十五字，白口，左右雙邊。有“汪印士鐘”、“鐵琴銅劍樓”等印。瞿中溶、黄丕烈跋，錢大昕題款。國家圖書館藏。

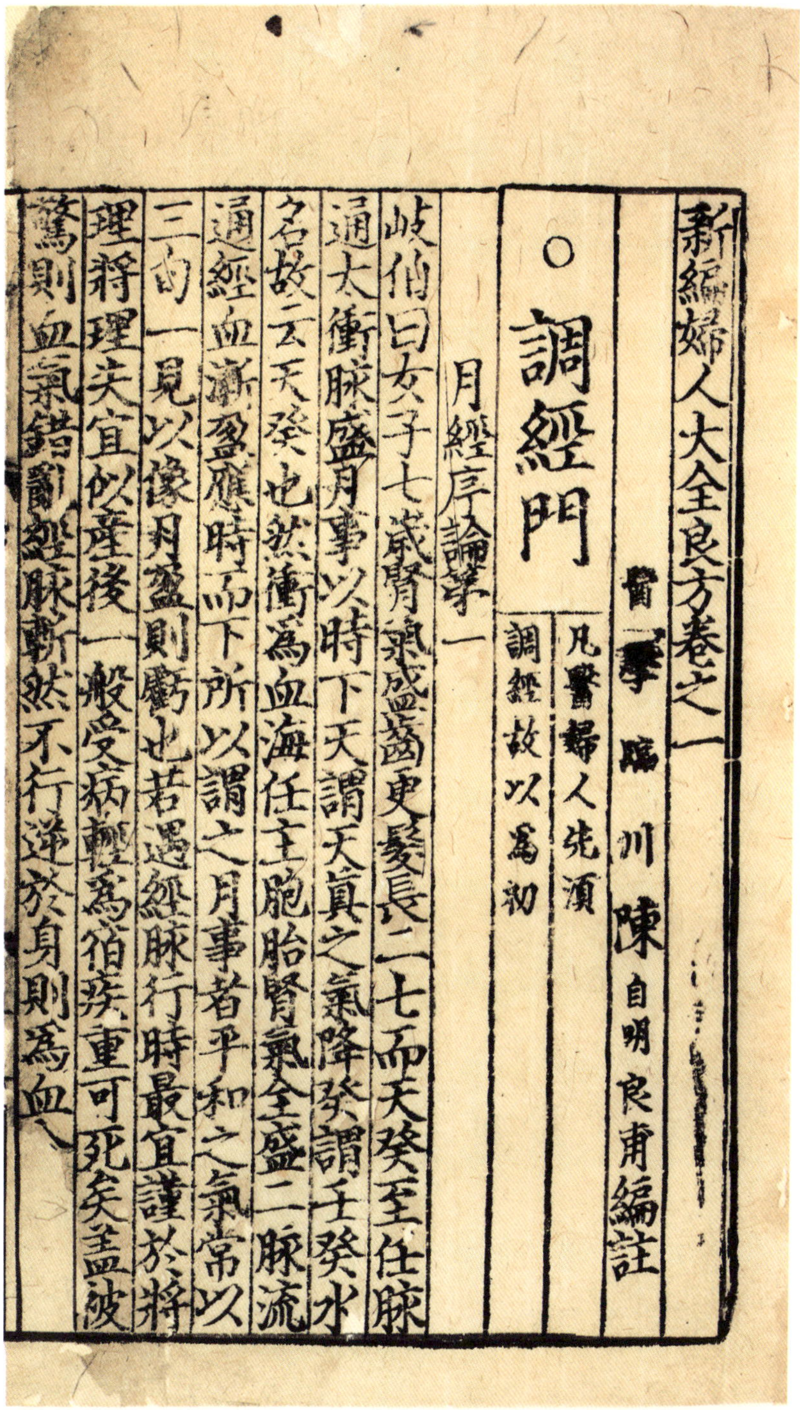
新編婦人大全良方卷之一
臨川陳自明良甫編註
凡醫婦人先須
調經故以爲初
○調經門
月經序論第一
岐伯曰女子七歲腎氣盛齒更髮長二七而天癸至任脉
通太衝脉盛月事以時下天謂天眞之氣降癸謂壬癸水
名故云天癸也然衝爲血海任主胞胎腎氣全盛二脉流
通經血漸盈應時而下所以謂之月事者平和之氣常以
三旬一見以像月盈則虧也若遇經脉行時最宜謹於將
理將理失宜似産後一般受病輕爲宿疾重可死矣盖被
驚則血氣錯亂經脉斷然不行逆於身則爲血

00679 新編婦人大全良方二十四卷辨識修製藥物法度一卷 （宋）陳自明撰　元勤有書堂刻本

匡高19.6厘米，廣12.9厘米。半葉十二行，行二十二字，黑口，左右雙邊。有“鹽官蔣氏衍芬草堂三世藏書印”等印。國家圖書館藏。

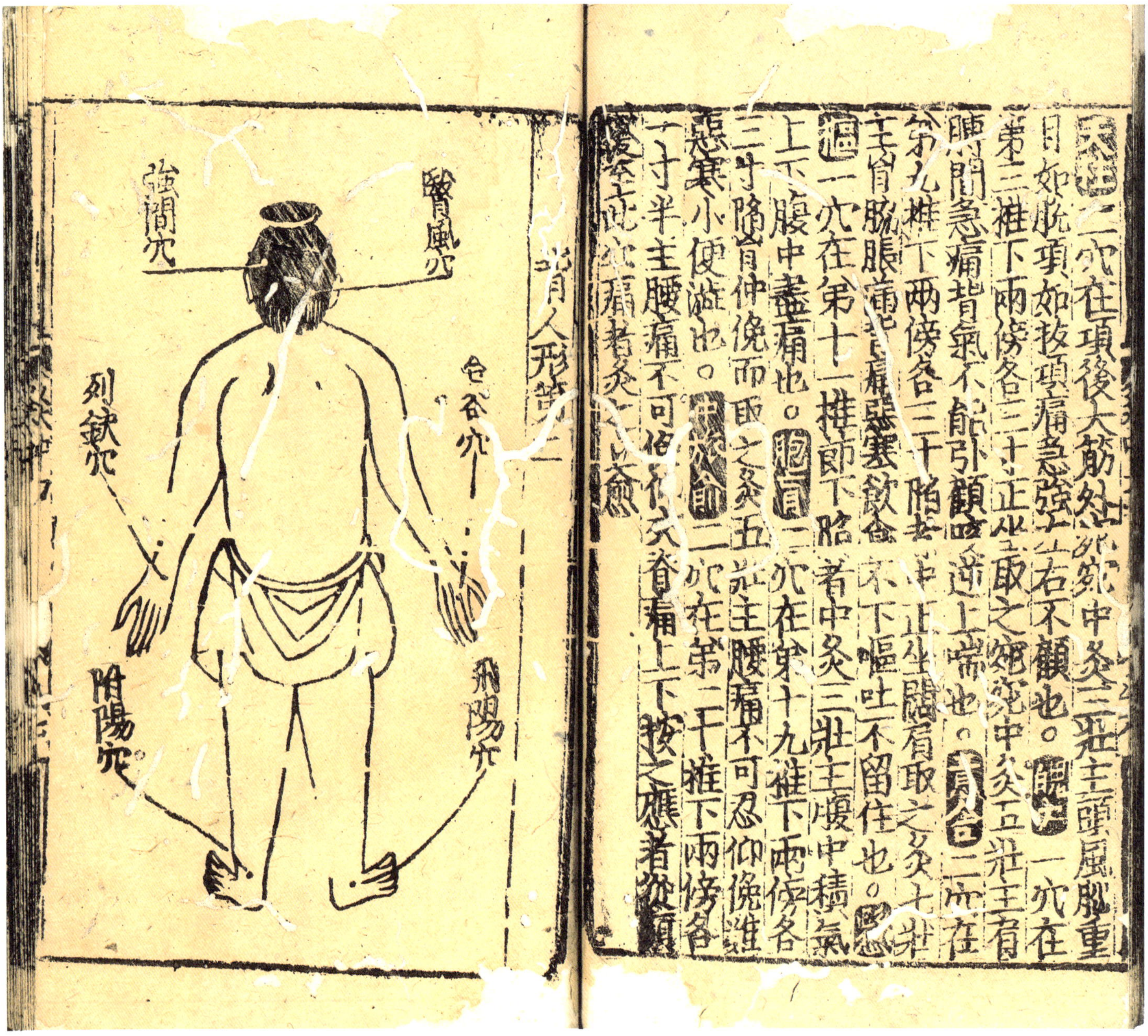

00680 針灸四書九卷 （元）竇桂芳編　元至大四年（1311）燕山竇氏活濟堂刻本

匡高17.4厘米，廣11.2厘米。半葉十至十二行，行字不等，黑口，左右雙邊。有明人題記。寧波市天一閣博物館藏。

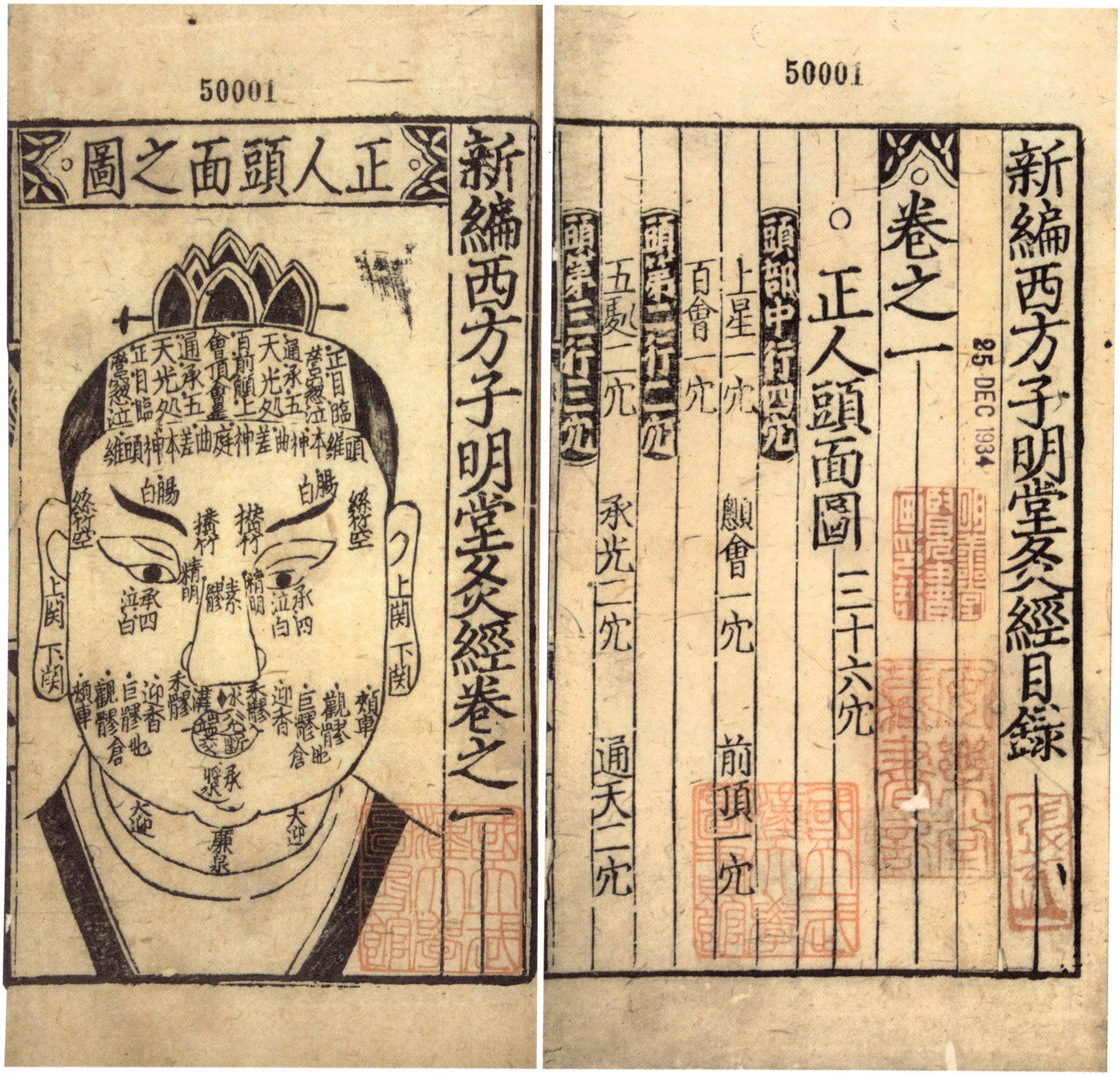

00681 新編西方子明堂灸經八卷 元明間刻本

匡高17.7厘米，廣11.1厘米。半葉十三行，行二十一字，黑口，左右雙邊。有“安樂堂藏書記”、“明善堂覽書画印記”等印。武漢大學圖書館藏。

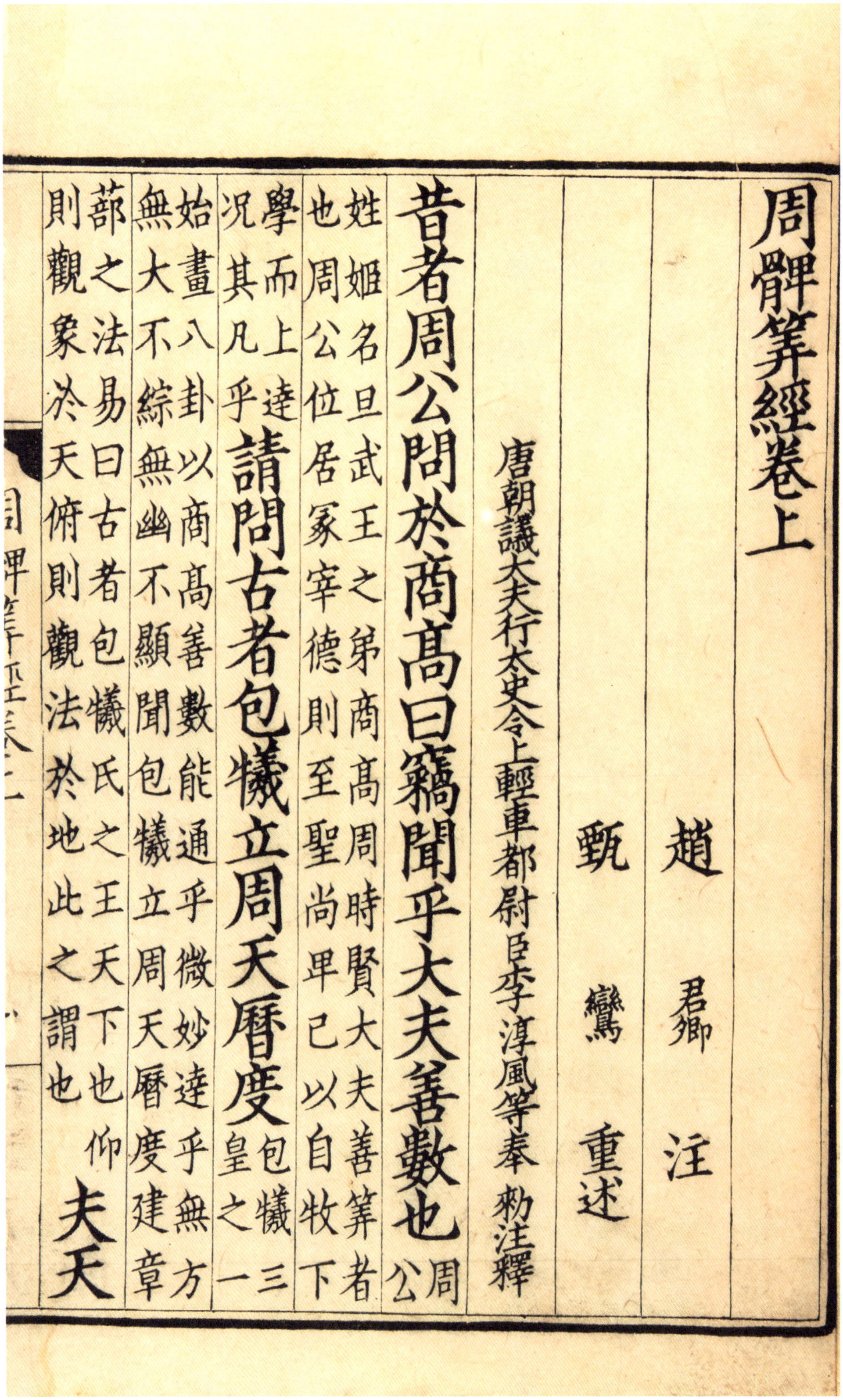
周髀筭經卷上

趙　君卿　注

甄　鸞　重述

唐朝議大夫行太史令上輕車都尉臣李淳風等奉　勑注釋

昔者周公問於商高曰竊聞乎大夫善數也周公姓姬名旦武王之弟商高周時賢大夫善筭者也周公位居冢宰德則至聖尚卑已以自牧下學而上達況其凡乎請問古者包犧立周天曆度包犧三皇之一始畫八卦以商高善數能通乎微妙達乎無方無大不綜無幽不顯聞包犧立周天曆度建章蔀之法易曰古者包犧氏之王天下也仰則觀象於天俯則觀法於地此之謂也夫天

00682 周髀筭經二卷　（漢）趙君卿注　（北周）甄鸞注　（唐）李淳風等注釋　**音義一卷**　（宋）李籍撰　宋嘉定六年（1213）鮑澣之汀州刻本

匡高21.2厘米，廣15.6厘米。半葉九行，行十八字，小字雙行同，細黑口，左右雙邊或四周雙邊。有“徐乾學印”等印。上海圖書館藏。

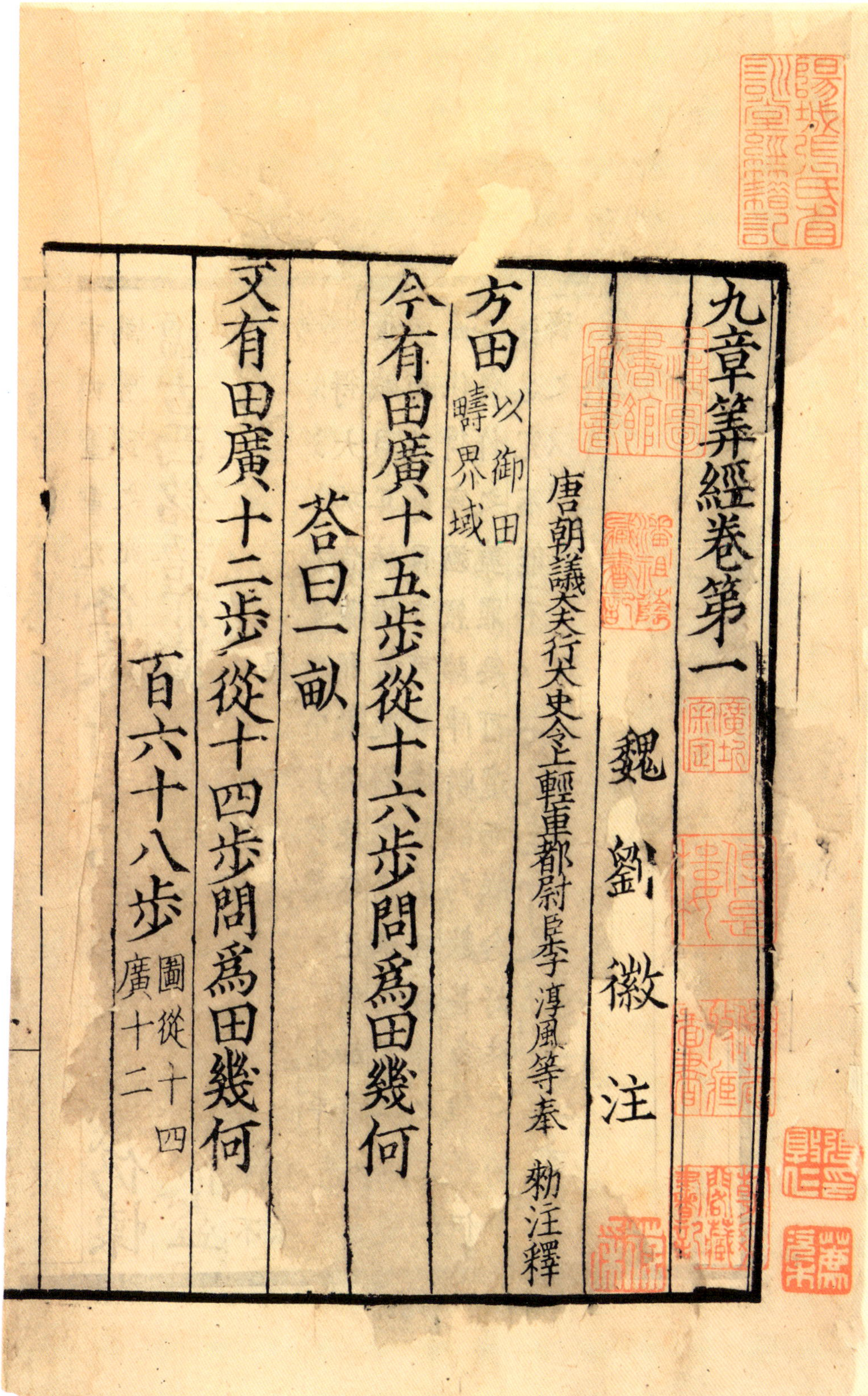
九章筭經卷第一　魏　劉徽注
唐朝議大夫行太史令上輕車都尉臣李淳風等奉　勑注釋
方田以御田疇界域
今有田廣十五步從十六步問爲田幾何
荅曰一畝
又有田廣十二步從十四步問爲田幾何
百六十八步圖從十四廣十二

00683 九章筭經九卷　（晉）劉徽注　（唐）李淳風等注釋　宋嘉定六年（1213）鮑澣之汀州刻本

匡高20厘米，廣15厘米。半葉九行，行十八字，小字雙行同，細黑口，左右雙邊。有“傳是樓”、“陽城張氏省訓堂經籍記”、“張印敦仁”、“潘祖蔭藏書記”等印。上海圖書館藏，存五卷。

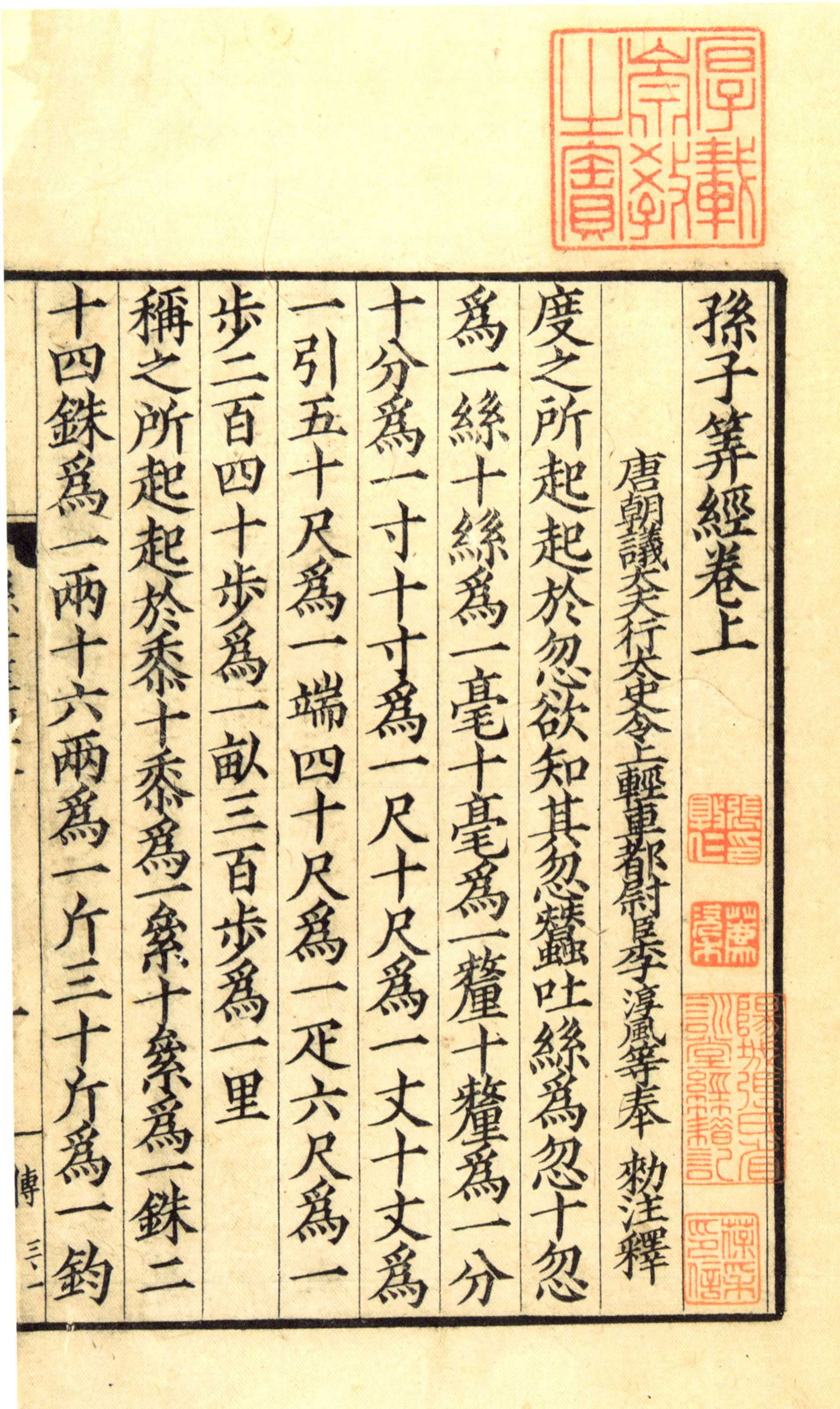

孫子筭經卷上
唐朝議大夫行太史令上輕車都尉臣李淳風等奉 勑注釋
度之所起起於忽欲知其忽蠶吐絲爲忽十忽
爲一絲十絲爲一毫十毫爲一氂十氂爲一分
十分爲一寸十寸爲一尺十尺爲一丈十丈爲
一引五十尺爲一端四十尺爲一疋六尺爲一
步二百四十步爲一畝三百步爲一里
稱之所起起於黍十黍爲一絫十絫爲一銖二
十四銖爲一兩十六兩爲一斤三十斤爲一鈞

00684 孫子筭經三卷 （唐）李淳風等注釋　宋嘉定六年（1213）鮑澣之汀州刻本

匡高20.6厘米，廣15.6厘米。半葉九行，行十八字，小字雙行同，細黑口，左右雙邊。有“陽城張氏省訓堂經籍記”、“張印敦仁”等印。上海圖書館藏。

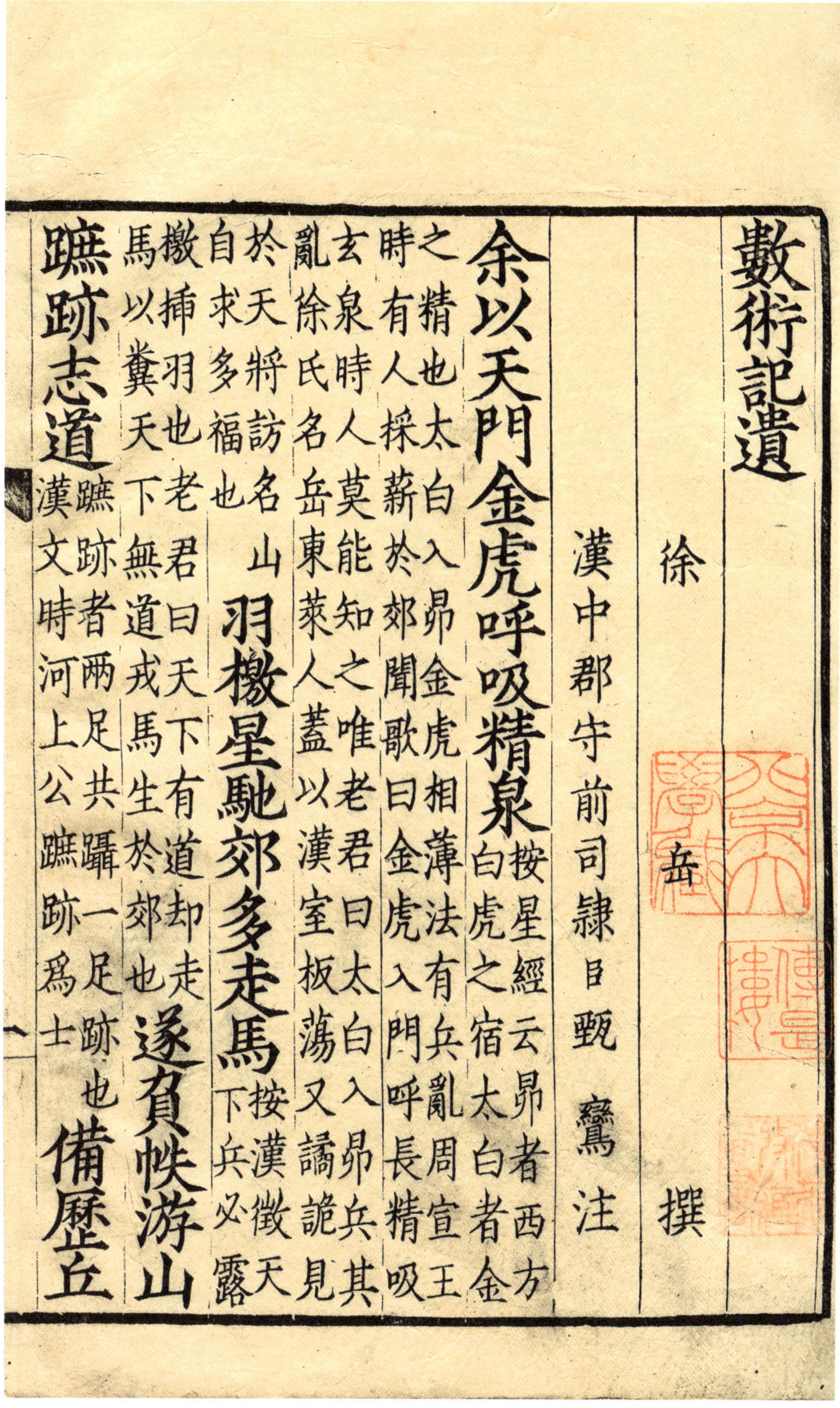

00685 數術記遺一卷 （漢）徐岳撰　（北周）甄鸞注　宋嘉定六年（1213）鮑澣之汀州刻本

匡高20.4厘米，廣15.5厘米。半葉九行，行十八字，小字雙行同，細黑口，左右雙邊。有“傳是樓”等印。北京大學圖書館藏。

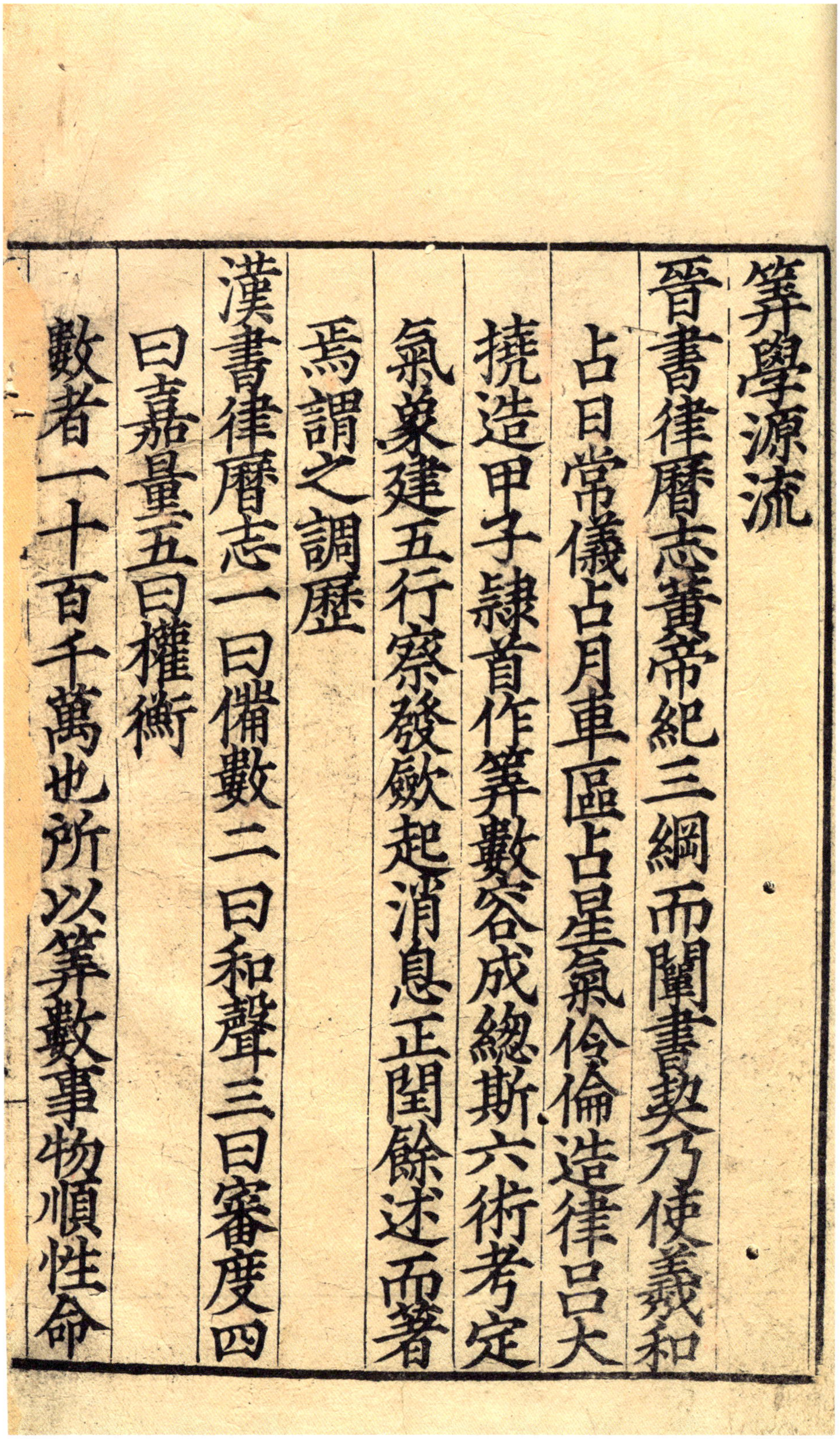
筭學源流
晉書律曆志黄帝紀三綱而闡書契乃使羲和
占日常儀占月車區占星氣伶倫造律吕大
撓造甲子隸首作筭數容成總斯六術考定
氣象建五行察發斂起消息正閏餘述而著
焉謂之調歷
漢書律曆志一曰備數二曰和聲三曰審度四
曰嘉量五曰權衡
數者一十百千萬也所以筭數事物順性命

00686 筭學源流一卷 宋嘉定六年（1213）鮑澣之汀州刻本

匡高20厘米，廣15.2厘米。半葉九行，行十八字，細黑口，左右雙邊。北京大學圖書館藏。

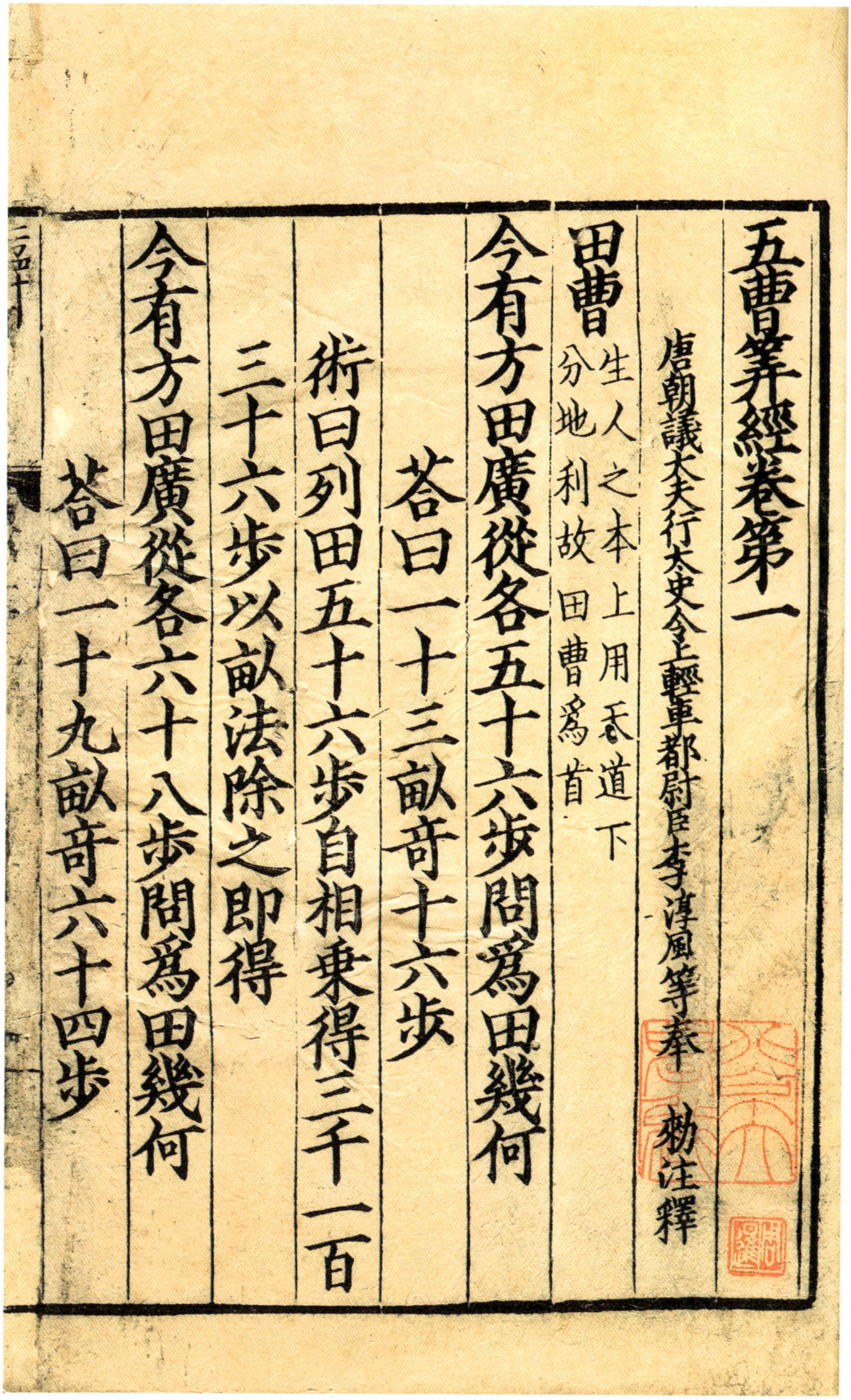
五曹筭經卷第一
唐朝議大夫行太史令上輕車都尉臣李淳風等奉　勑注釋
田曹生人之本上用天道下分地利故田曹爲首
今有方田廣從各五十六步問爲田幾何
答曰一十三畝奇十六步
術曰列田五十六步自相乘得三千一百
三十六步以畝法除之即得
今有方田廣從各六十八步問爲田幾何
答曰一十九畝奇六十四步

00687 五曹筭經五卷　（唐）李淳風等注釋　宋嘉定六年（1213）鮑澣之汀州刻本

匡高20.3厘米，廣15.5厘米。半葉九行，行十八字，小字雙行同，細黑口，左右雙邊。有“周暹”等印。北京大學圖書館藏。

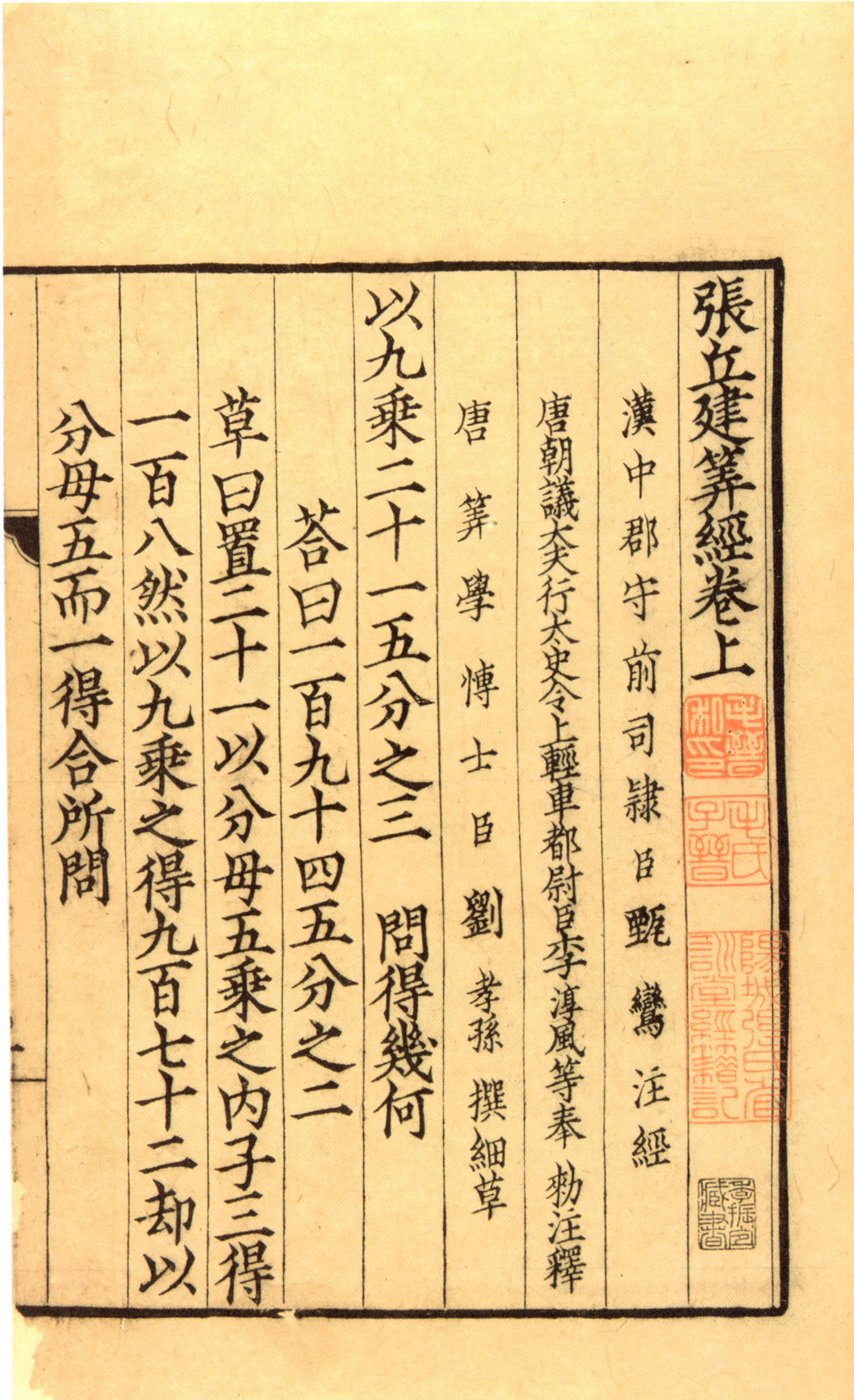
張丘建筭經卷上
漢中郡守前司隷臣甄鸞注經
唐朝議大夫行太史令上輕車都尉臣李淳風等奉勑注釋
唐筭學博士臣劉孝孫撰細草
以九乘二十一五分之三問得幾何
答曰一百九十四五分之二
草曰置二十一以分母五乘之内子三得
一百八然以九乘之得九百七十二却以
分母五而一得合所問

00688 張丘建筭經三卷 （北周）甄鸞注　（唐）李淳風等注釋　（唐）劉孝孫細草　宋嘉定六年（1213）鮑澣之汀州刻本

匡高20.6厘米，廣15.6厘米。半葉九行，行十八字，小字雙行同，細黑口，左右雙邊。有“毛氏子晉”、“毛晉私印”、“季振宜藏書”、“乾學”、“陽城張氏省訓堂經籍記”、“張印敦仁”、“潘祖蔭藏書記”等印。顧廣圻跋。上海圖書館藏。

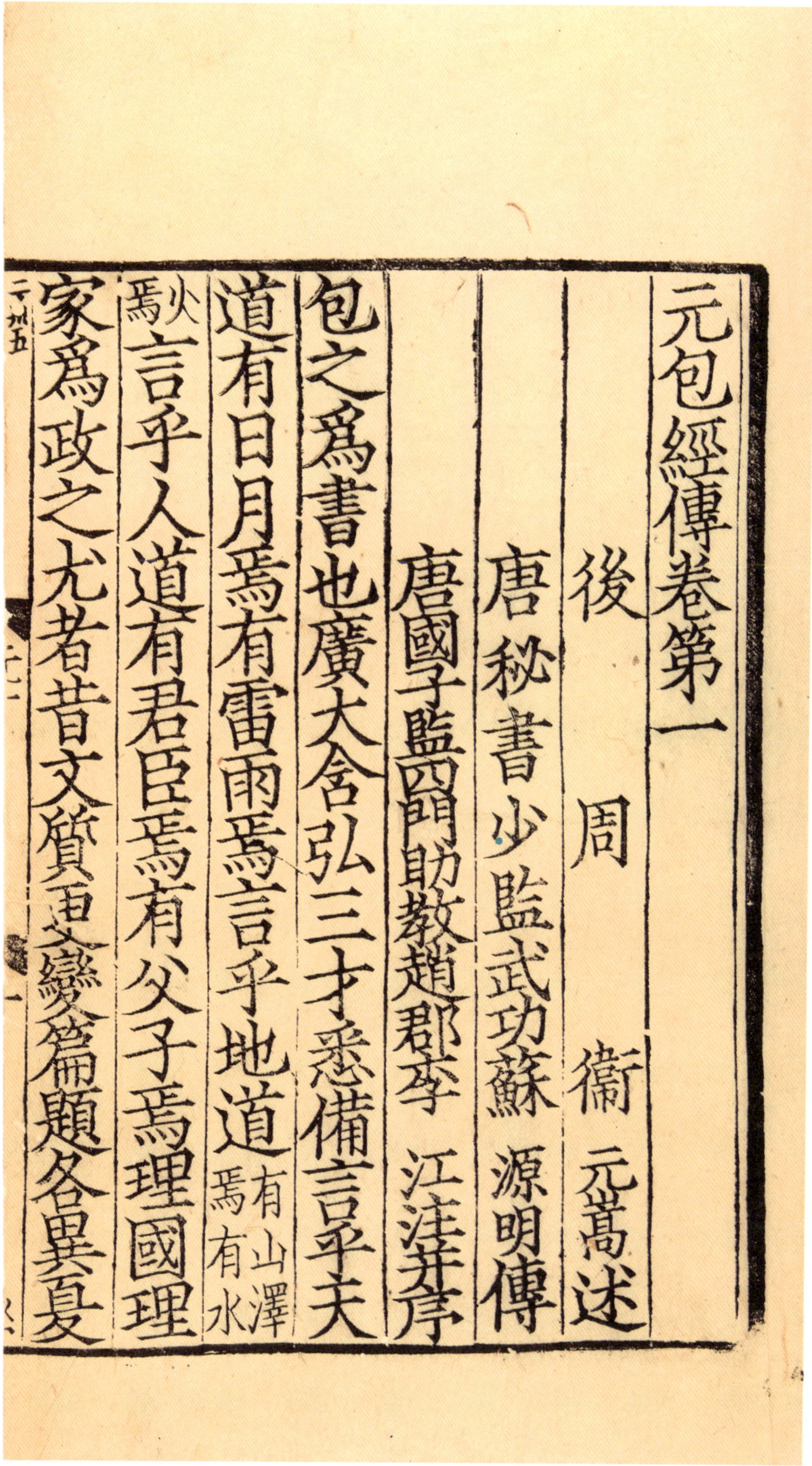
元包經傳卷第一
後　周　衛　元嵩述
唐秘書少監武功蘇　源明傳
唐國子監四門助教趙郡李　江注
包之爲書也廣大含弘三才悉備言乎天
道有日月焉有雷雨焉言乎地道有山澤焉有水
火焉言乎人道有君臣焉有父子焉理國理
家爲政之尤者昔文質互變篇題各異夏

00689 元包經傳五卷（北周）衛元嵩撰　（唐）蘇源明傳　（唐）李江注　**元包數總義二卷**（宋）張行成撰　宋紹興三十一年（1161）張洸刻本

匡高25.3厘米，廣18.2厘米。半葉八行，行十六字，白口，左右雙邊。有“崑山徐氏乾學健菴藏書”等印。陳乃乾跋。上海圖書館藏。

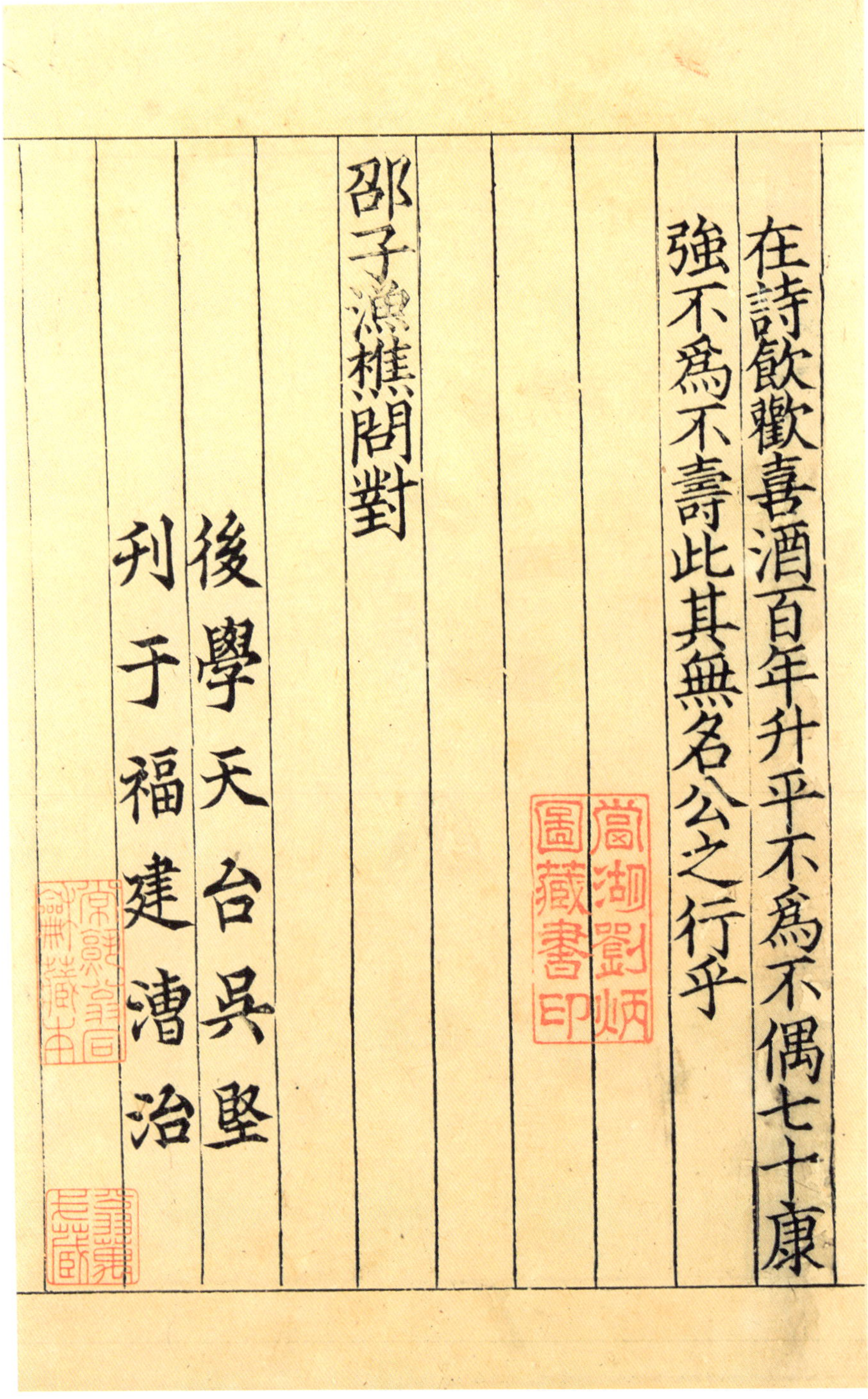
在詩飲歡喜酒百年升平不爲不偶七十康
強不爲不壽此其無名公之行乎

邵子漁樵問對

後學天台吳堅
刊于福建漕治

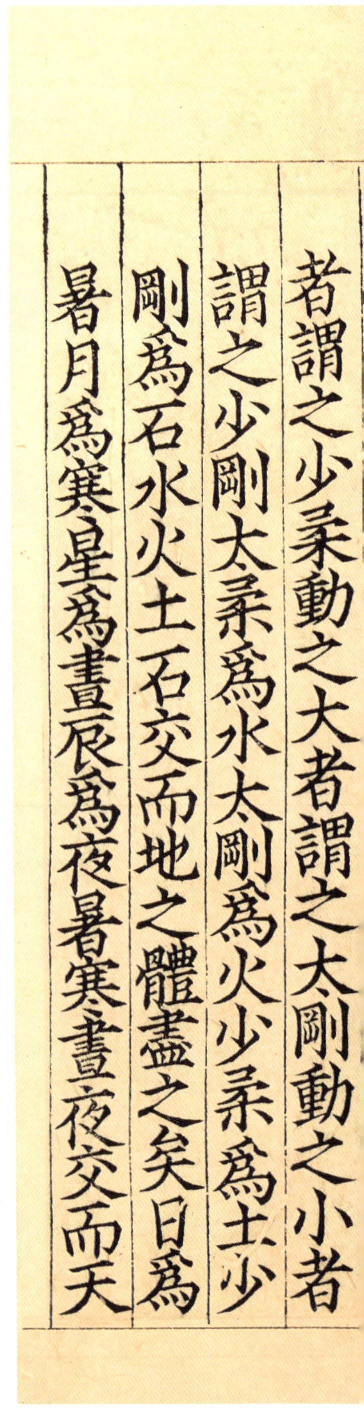
者謂之少柔動之大者謂之太剛動之小者
謂之少剛太柔爲水太剛爲火少柔爲土少
剛爲石水火土石交而地之體盡之矣日爲
暑月爲寒星爲晝辰爲夜暑寒晝夜交而天

00690 邵子觀物内篇二卷外篇二卷後録二卷漁樵問對一卷 （宋）邵雍撰　宋天台吳堅福建漕治刻本

匡高21.4厘米，廣15.5厘米。半葉十行，行十八字。有“後學天台吳堅刊于福建漕治”刻書題記。有“怡府世寶”、“常熟翁同龢藏本”等印。上海圖書館藏。

邵子觀物內篇上

皇極經世之十一
觀物篇之五十一

物之大者無若天地然而亦有所盡也天之大陰陽盡之矣地之大剛柔盡之矣陰陽盡而四時成焉剛柔盡而四維成焉夫四時四維者天地至大之謂也凡言大者無得而過之也亦未始以大爲自得故能成其大豈不謂至偉至偉者歟天生于動者也地生于靜者也一動一靜交而天地之道盡之矣動之始則陽生焉動之極則陰生焉一陰一陽交而

天之用盡之矣靜之始則柔生焉靜之極則剛生焉一柔一剛交而地之用盡之矣動之大者謂之太陽動之小者謂之少陽靜之大者謂之太陰靜之小者謂之少陰太陽爲日太陰爲月少陽爲星少陰爲辰日月星辰交而

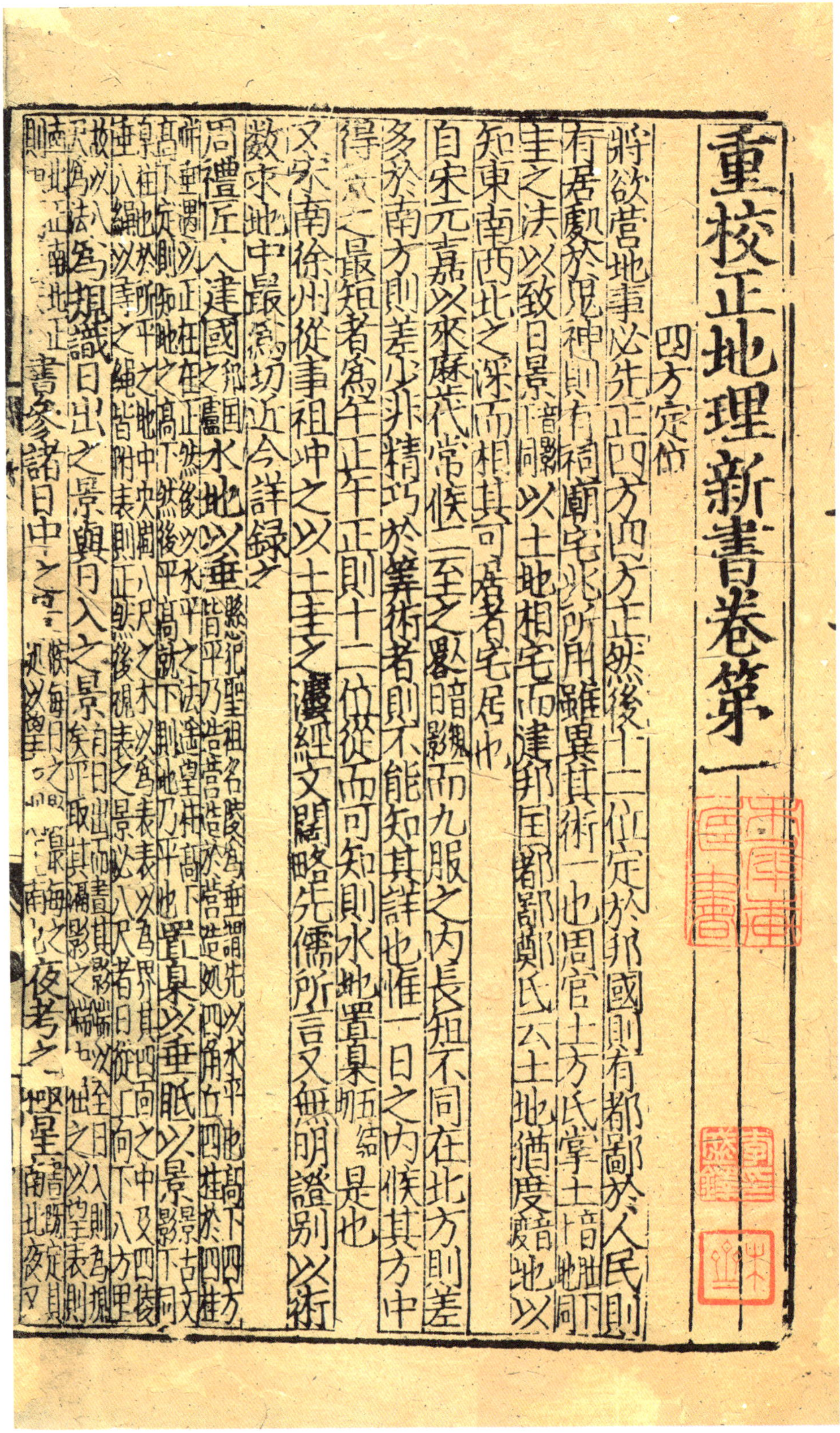

重校正地理新書卷第一

四方定位

將欲營地事必先正四方四方正然後十二位定於邦國則有都鄙於人民則有居處於鬼神則有祠廟宅兆所用雖異其術一也周官土方氏掌土圭之法以致日景以土地相宅而建邦國都鄙鄭氏云土地猶度地以知東南西北之深而相其可居者宅居也自宋元嘉以來歷代常候二至之晷而九服之内長短不同在北方則差多於南方則差少非精巧於筭術者則不能知其詳也惟一日之内候其方中得景之最短者為午正午正則十二位從而可知則水地置臬是也又宋南徐州從事祖冲之以土圭之灋經文闊略先儒所言又無明證別以術數求地中最為切近今詳録之

周禮匠人建國之灋水地以垂……

00691 重校正地理新書十五卷 金刻本

匡高19.5厘米，廣13厘米。半葉十七行，行三十字，小字雙行同，黑口，四周雙邊。有"李印盛鐸"等印。北京大學圖書館藏。

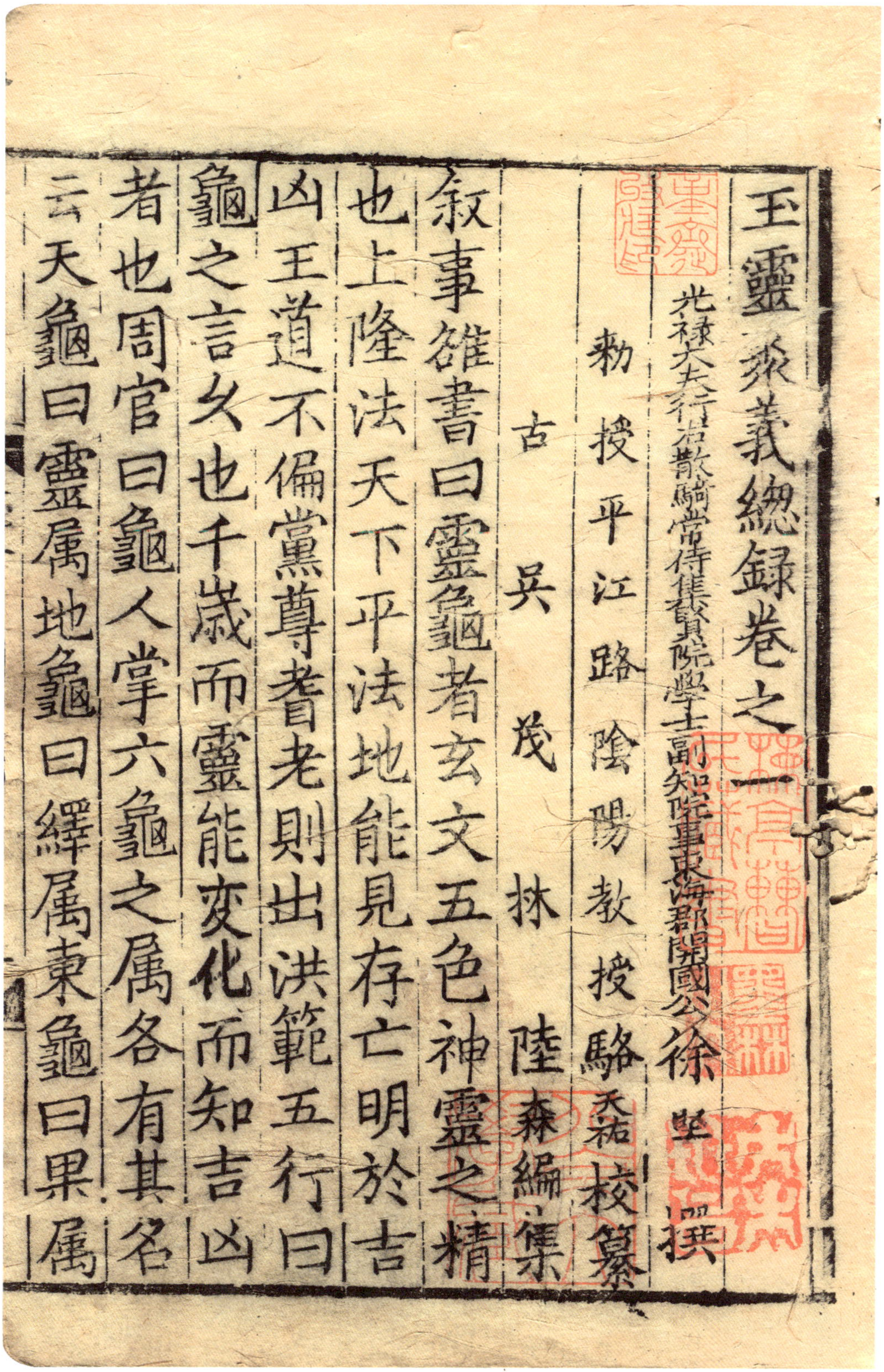
玉靈聚義總録卷之一
光禄大夫行右散騎常侍集賢院學士副知院事東海郡開國公徐堅撰
勑授平江路陰陽教授駱天祐校纂
古吴茂林陸森編集
叙事雒書曰靈龜者玄文五色神靈之精也上隆法天下平法地能見存亡明於吉凶王道不偏黨尊耆老則出洪範五行曰龜之言久也千歲而靈能變化而知吉凶者也周官曰龜人掌六龜之屬各有其名云天龜曰靈屬地龜曰繹屬東龜曰果屬

00692 玉靈聚義五卷 （元）陸森編　元天曆二年（1329）平江路儒學刻本

匡高17.8厘米，廣13.3厘米。半葉十行，行十六字，白口，左右雙邊。有“楝亭曹氏藏書”、“堇齋收藏印”等印。北京大學圖書館藏。

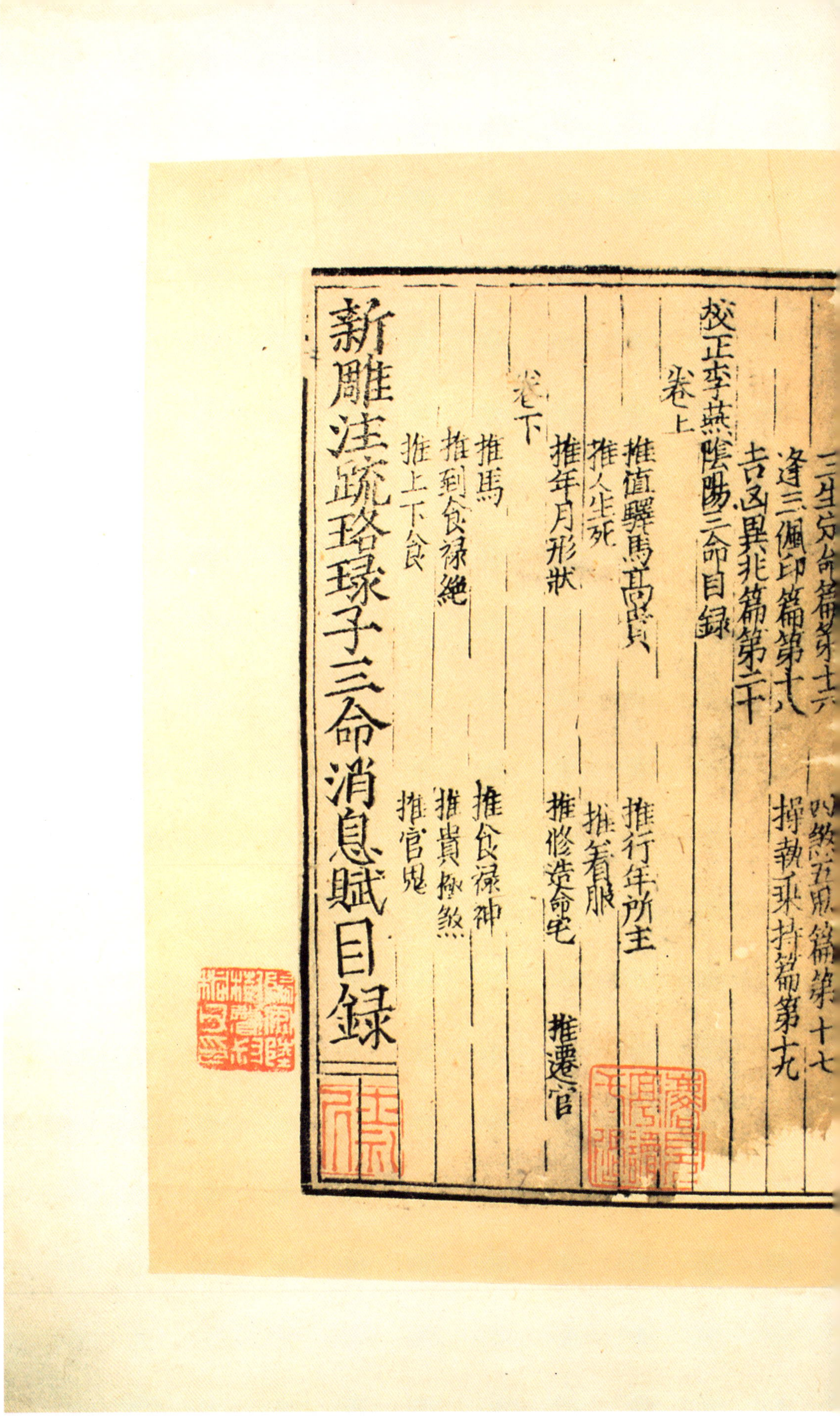
三生定命篇第十六 四煞五服篇第十七
逢三個印篇第十八 掙執秉持篇第十九
吉凶異兆篇第二十

校正李燕陰陽三命目錄

卷上

推值驛馬高貴 推行年所主

推人生死 推看眼

推年月形狀 推修造命宅

推遷官

卷下

推馬 推食祿神

推到食祿絕 推貴極煞

推上下食 推官鬼

新雕注疏珞琭子三命消息賦目錄

00693 新雕注疏珞琭子三命消息賦三卷 （宋）李仝注 （宋）東方明疏 **新雕李燕陰陽三命二卷** 金刻本

經折裝。匡高19.7厘米，廣14.3厘米。半葉十二行，行二十字，小字雙行二十九至三十字，左右雙邊。有“士礼居”、“歸安陸樹聲叔桐父印”等印。唐寅題款，黃丕烈跋。國家圖書館藏。

新雕注疏珞琭子三命消息賦目錄

第上卷

第中卷

第下卷

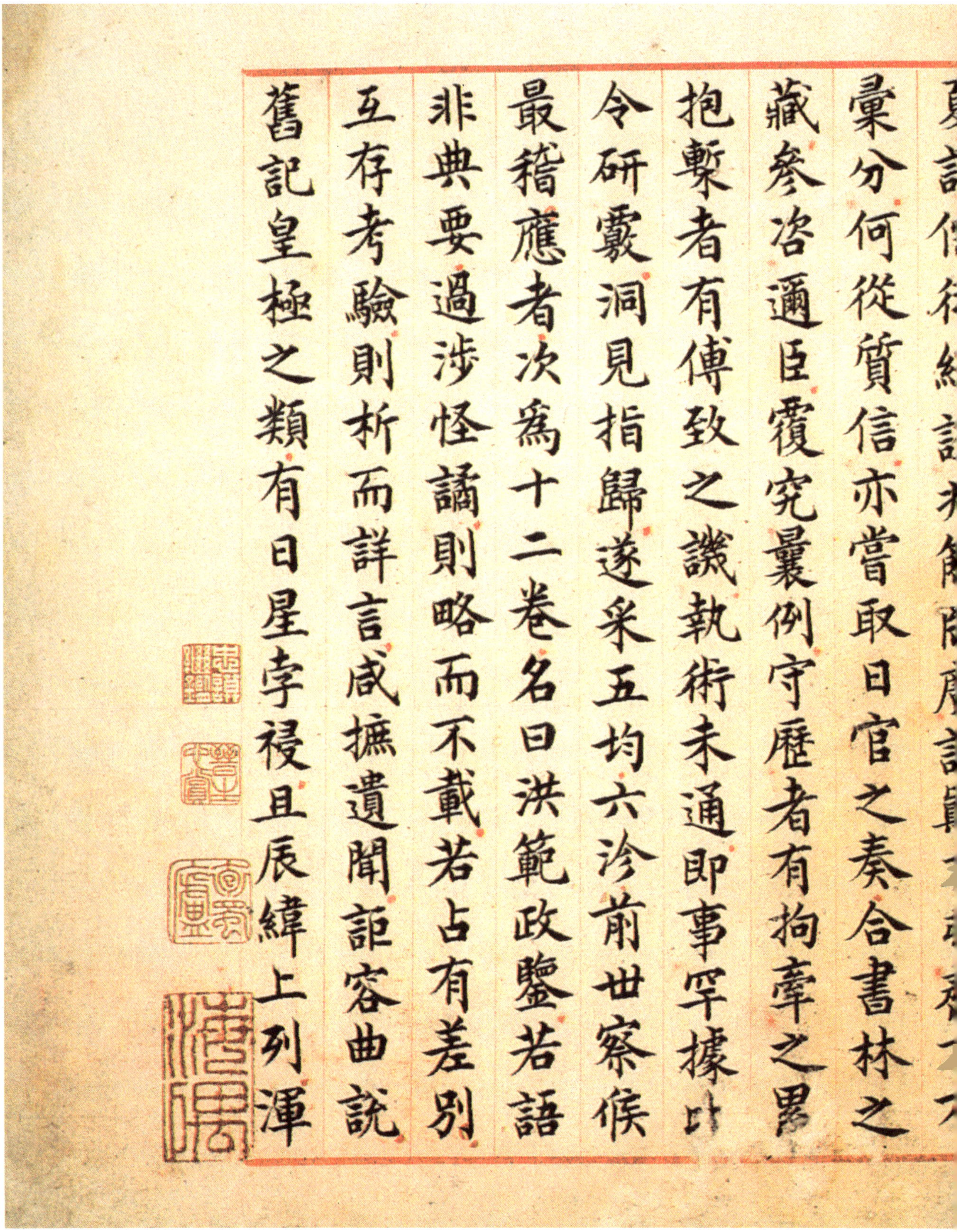

彙分何從質信亦嘗取日官之奏合書林之
藏參咨邇臣覆究釁例守歷者有拘牽之畧
抱槧者有傳致之譏執術未通即事罕據以
令研覈洞見指歸遂采五均六沴前世察候
最稽應者次為十二卷名曰洪範政鑒若語
非典要過涉怪譎則略而不載若占有差別
互存考驗則析而詳言咸摭遺聞詎容曲說
舊記皇極之類有日星孛祲且辰緯上列渾

00694 洪範政鑒十二卷　（宋）仁宗趙禎撰　宋淳熙十三年（1186）内府寫本

蝴蝶裝。匡高24.7厘米，廣18.4厘米。半葉九行，行十七至十八字，小字雙行同。有“御府圖書”、“藏園秘籍孤本”、“沅叔審定”、“周暹”等印。邵章、傅增湘跋。國家圖書館藏。

洪範政鑒序

昔者雒書既陳伯禹所以明天道箕疇載演周武所以酌神猷蓋推本以辨機祥觀變而謹命令是爲大法式叙彝倫朕纘紹

慶靈述遵

謨訓每置圖而審正必稽古以求端閒或休嘉之來懼省不類眚異之見儆畏厥繇宸宮餘閑汜覽史籍洪範之説緬然可尋而伏鄭所編靡聞全録歆向作傳散布羣篇後則京

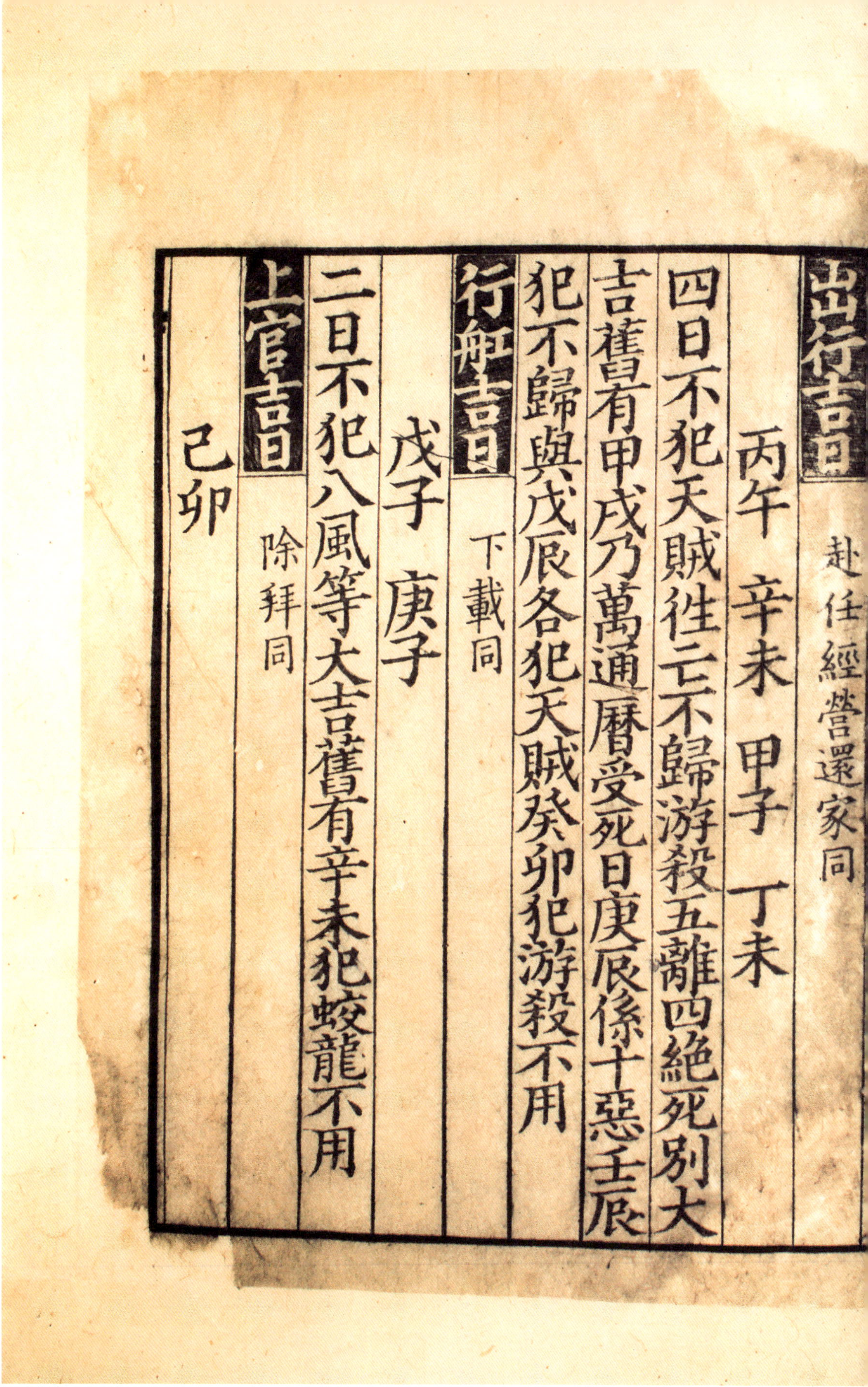

出行吉日 赴任經營還家同

丙午　辛未　甲子　丁未

四日不犯天賊往亡不歸游殺五離四絶死别大吉舊有甲戌乃萬通曆受死日庚辰係十惡壬辰犯不歸與戊辰各犯天賊癸卯犯游殺不用

行船吉日 下載同

戊子　庚子

二日不犯八風等大吉舊有辛未犯蛟龍不用

上官吉日 除拜同

己卯

00695 三曆撮要一卷 宋刻本

蝴蝶裝。匡高21.6厘米，廣16.3厘米。半葉十行，行十九字，白口，左右雙邊。有“復翁”、“黄印丕烈”、“閬源真賞”、“汪印士鐘”、“鐵琴銅劍樓”等印。錢大昕、孫星衍跋，瞿中溶題款。國家圖書館藏。

三曆撮要

正月

天德丁　月德丙

月合辛　月空壬

嫁娶吉

丁卯　辛卯

二日不犯歸忌等殺吉然犯天寡用者裁之

求婚吉

己丑　辛未　丁丑　丙辰　己未

送禮吉

丁卯　辛未　乙卯　辛卯

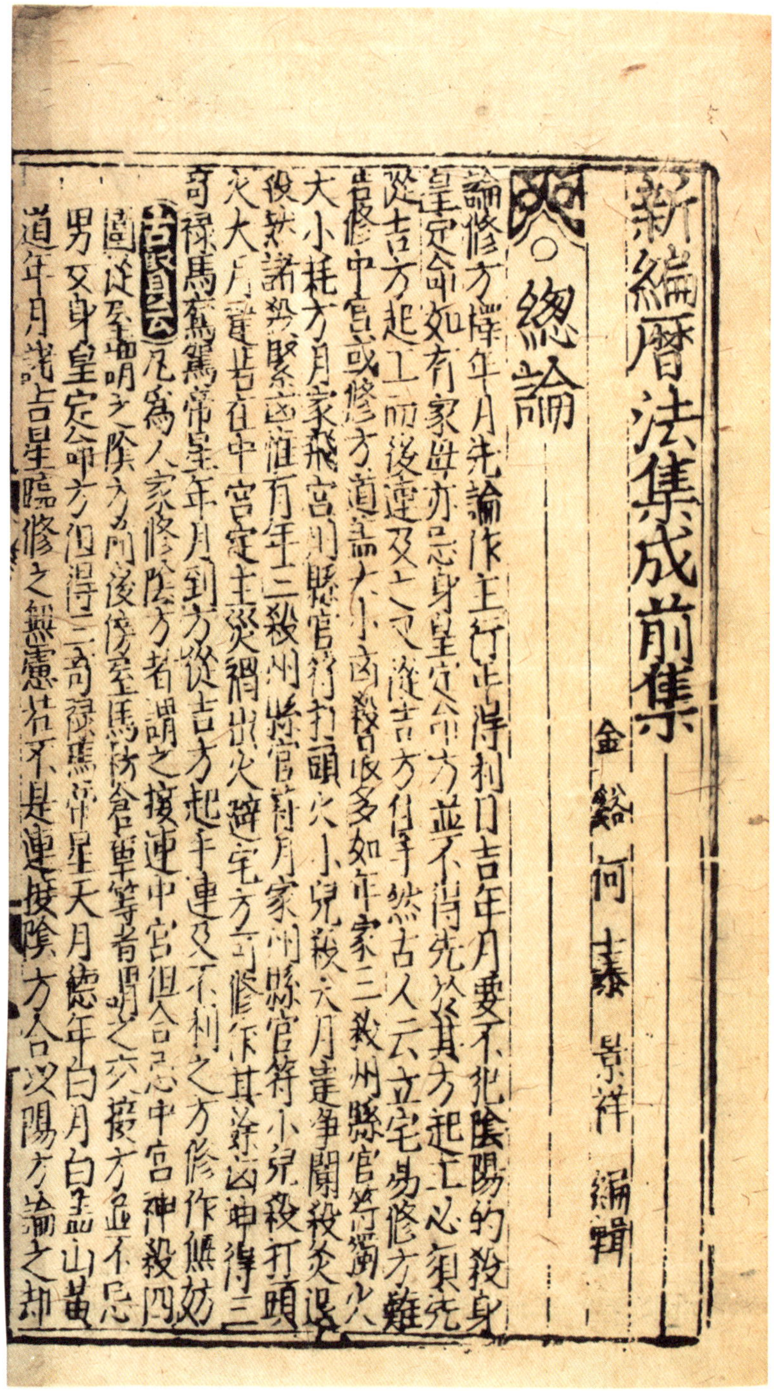

新編暦法集成前集

金谿 何士泰 景祥 編輯

總論

論修方擇年月先論作主行年得利日吉年月要不犯陰陽的殺身皇定命如有家母亦忌身皇定命方並不得先於其方起工必須先從吉方起工而後連至之[illegible]從吉方修年然古人云立宅易修方難若修中宮或修方道論大小凶殺占[illegible]多如年家三殺州縣官符獨火大小耗方月家飛宮州縣官符打頭火小兒殺六月建爭鬪殺炙退殺然諸殺緊凶准有年三殺州縣官符月家州縣官符小兒殺打頭火大月建占在中宮定主災禍此火避宅方可修作其餘凶神得三奇祿馬[illegible]帝星年月到方從吉方起手連及不利之方修作無妨

古歌曰云 凡為人家修陰方者謂之接連中宮但合忌中宮神殺四圍從至明之陰方而後修至馬防倉卑等者明之六接方並不忌男女身皇定命方但得三奇祿馬帝星天月德年白月白吉山黃道年月茂吉星臨修之無慮若不是連接陰方合以陽方論之却

00696 新編曆法集成前集一卷後集一卷續集一卷別集一卷 （元）何士泰撰 元刻本

匡高20.8厘米，廣12.7厘米。半葉十七行，行二十六字，黑口，四周雙邊或左右雙邊。國家圖書館藏。

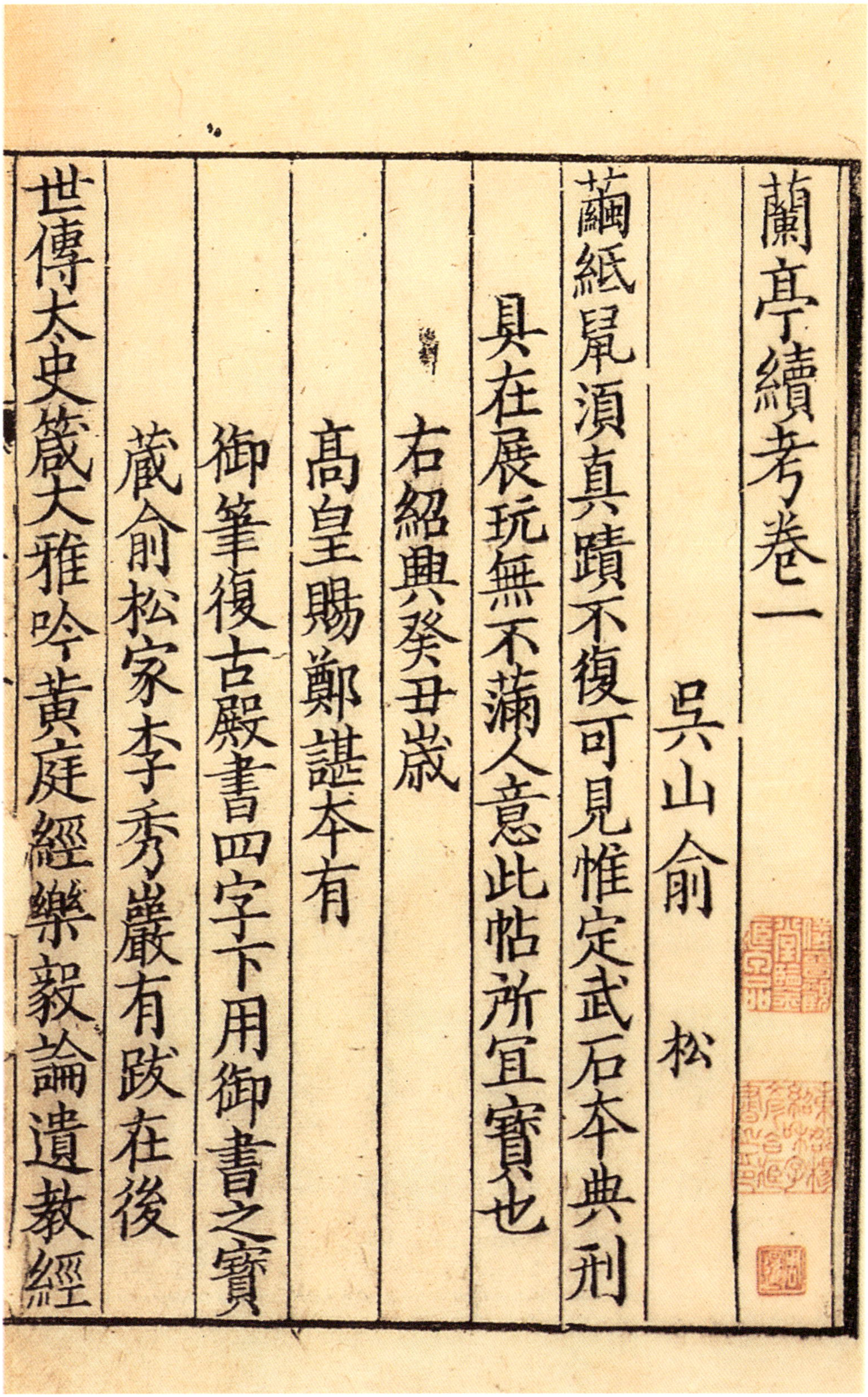

蘭亭續考卷一

吳山俞　松

繭紙鼠須真蹟不復可見惟定武石本典刑
具在展玩無不滿人意此帖所宜寶也
右紹興癸丑歲
高皇賜鄭諶本有
御筆復古殿書四字下用御書之寶
藏俞松家李秀巖有跋在後
世傳太史箴大雅吟黃庭經樂毅論遺教經

00697 蘭亭續考二卷 （宋）俞松輯 宋淳祐刻本（卷一數葉及卷二配勞健抄本）

匡高25.2厘米，廣19.2厘米。半葉九行，行十七至二十字，白口，左右雙邊。有“安樂堂藏書記”、“東郡楊紹和字彦合藏書之印”、“周暹”等印。勞健跋。國家圖書館藏。

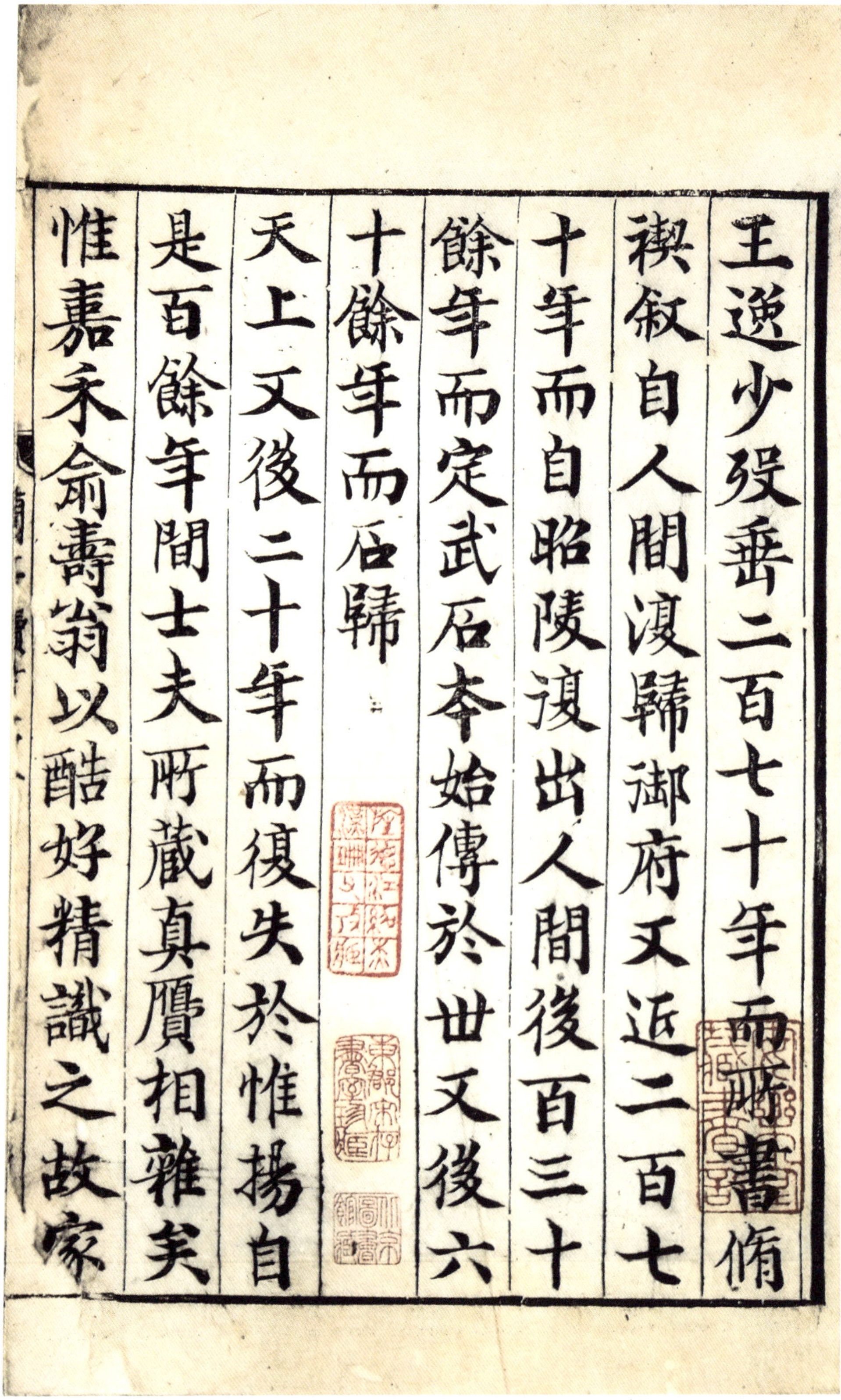

王逸少殁垂二百七十年而所書脩
禊叙自人間復歸御府又返二百七
十年而自昭陵復出人間後百三十
餘年而定武石本始傳於世又後六
十餘年而石歸
天上又後二十年而復失於惟揚自
是百餘年間士夫所藏真贋相雜矣
惟嘉禾俞壽翁以酷好精識之故家

00697 蘭亭續考二卷 （宋）俞松輯 宋淳祐刻本（卷一數葉及卷二配勞健抄本）

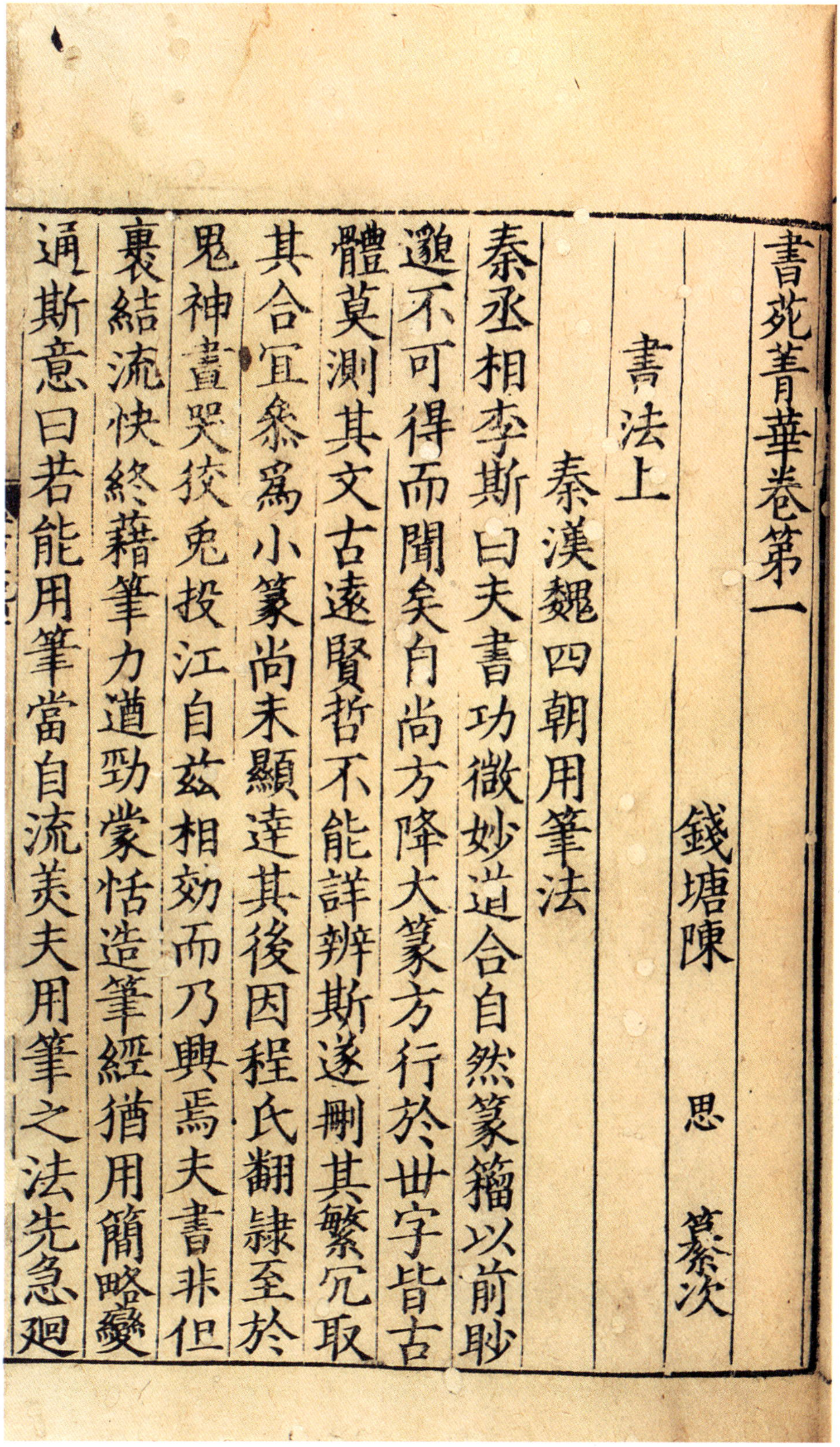
書苑菁華卷第一
錢塘陳　思　纂次
書法上
秦漢魏四朝用筆法
秦丞相李斯曰夫書功微妙道合自然篆籀以前眇
邈不可得而聞矣自尚方降大篆方行於世字皆古
體莫測其文古遠賢哲不能詳辨斯遂刪其繁冗取
其合宜參爲小篆尚未顯達其後因程氏翻隸至於
鬼神晝哭狡兎投江自茲相効而乃興焉夫書非但
裹結流快終藉筆力遒勁蒙恬造筆經猶用簡略變
通斯意曰若能用筆當自流美夫用筆之法先急迴

00698 書苑菁華二十卷 （宋）陳思輯　宋刻本（卷二第六葉以下抄配）

匡高19.8厘米，廣14.4厘米。半葉十一行，行二十字，白口，左右雙邊。有“天祿繼鑑”、“乾隆御覽之寶”、“太上皇帝之寶”、“八徵耄念之寶”、“五福五代堂寶”等印。國家圖書館藏。

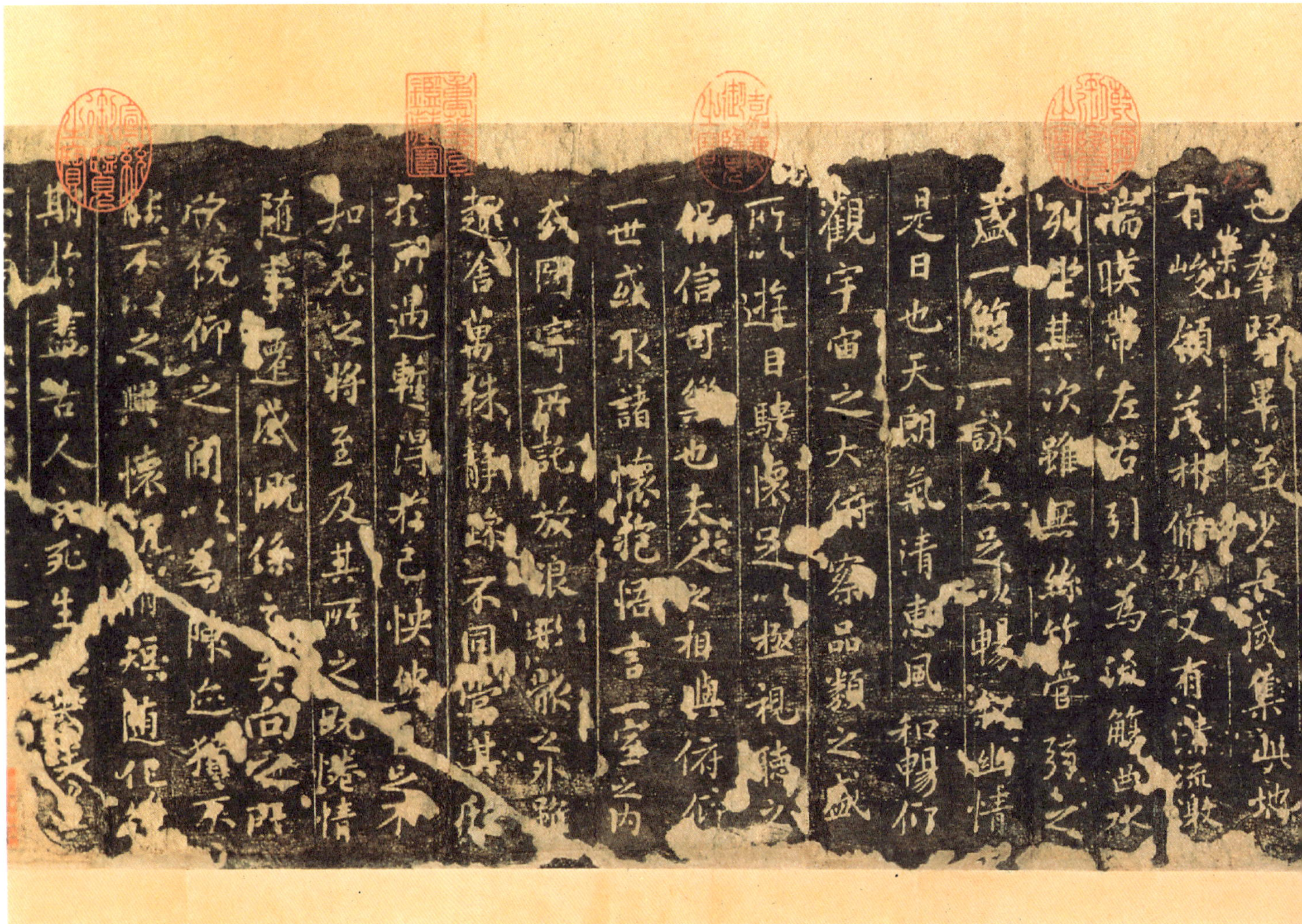

也羣賢畢至少長咸集此地
有崇山峻領茂林脩竹又有清流激
湍暎帶左右引以為流觴曲水
列坐其次雖無絲竹管弦之
盛一觴一詠亦足以暢敘幽情
是日也天朗氣清惠風和暢仰
觀宇宙之大俯察品類之盛
所以遊目騁懷足以極視聽之
娛信可樂也夫人之相與俯仰
一世或取諸懷抱悟言一室之內
或因寄所託放浪形骸之外雖
趣舍萬殊靜躁不同當其欣
於所遇暫得於己快然自足不
知老之將至及其所之既惓情
隨事遷感慨係之矣向之所
欣俛仰之間以為陳迹猶不
能不以之興懷況脩短隨化終
期於盡古人云死生亦大矣

00699 蘭亭序 （晉）王羲之撰文并書　隋開皇刻石　宋拓開皇本

墨本高25.9厘米，廣74.4厘米。有“卞永譽印”、“晉府書畫之印”、“乾隆御覽之寶”、“嘉慶御覽之寶”、“安氏儀周書畫之章”等印。趙孟頫等跋。故宮博物院藏。

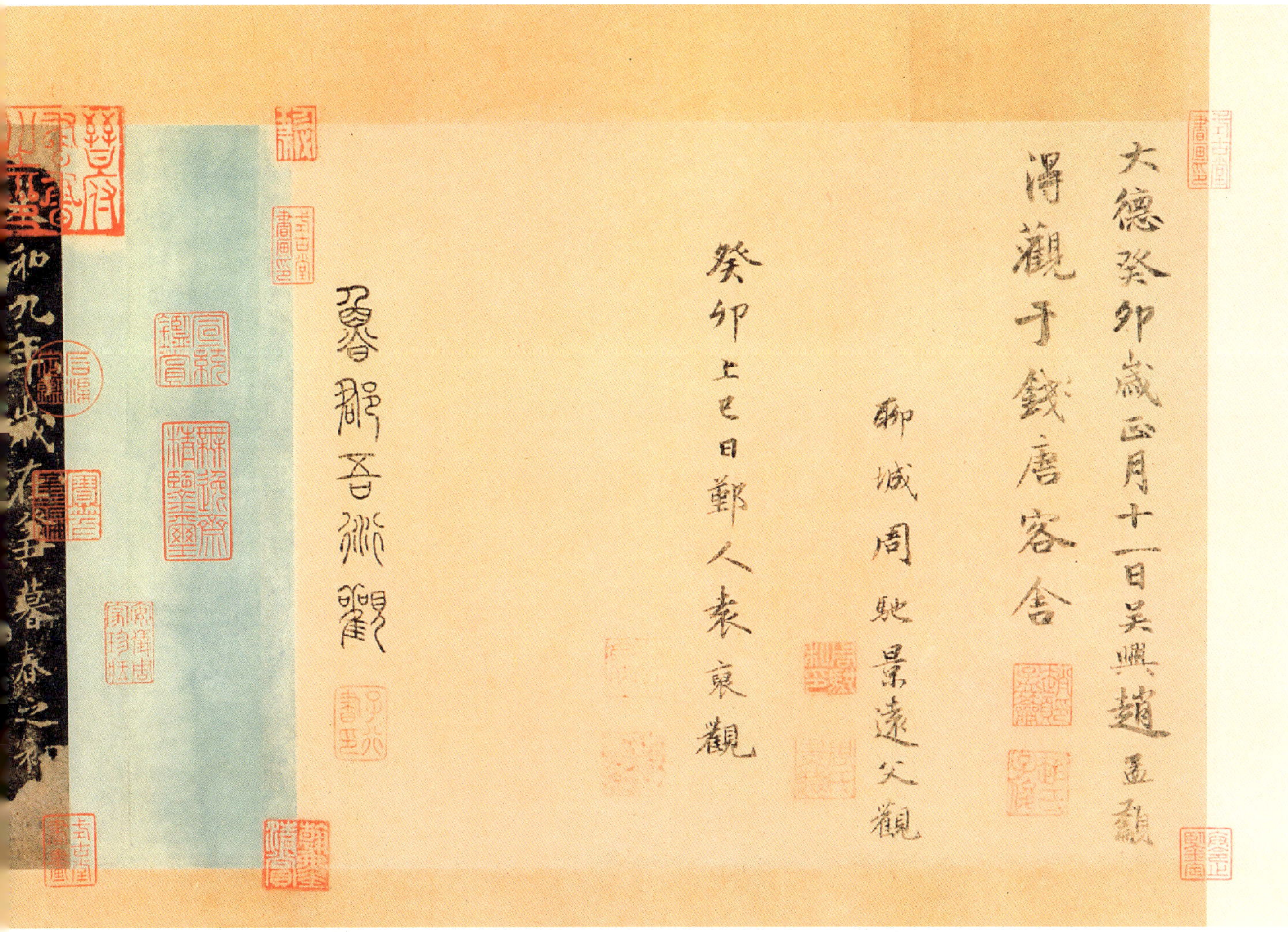
大德癸卯歲正月十一日吳興趙孟頫
得觀于錢唐客舍
聊城周馳景遠父觀
癸卯上巳日鄞人袁桷觀
晉郡吾衍觀
和九年歲在癸丑暮春之初

十一月 日金紫光祿大夫檢校刑部尚書上
柱國魯郡開國公顏真卿謹奉寓書于
右僕射定襄郡王郭公閣下蓋太上
有立德其次有立功是之謂不朽抑又

00700 爭座位帖 （唐）顏真卿撰文并書　唐廣德二年（764）書寫　宋拓本

八開。墨本高31.2厘米，廣15.3厘米。又名《與郭英義書》。行書。有“翁同龢印”等印。何紹基跋。上海圖書館藏。

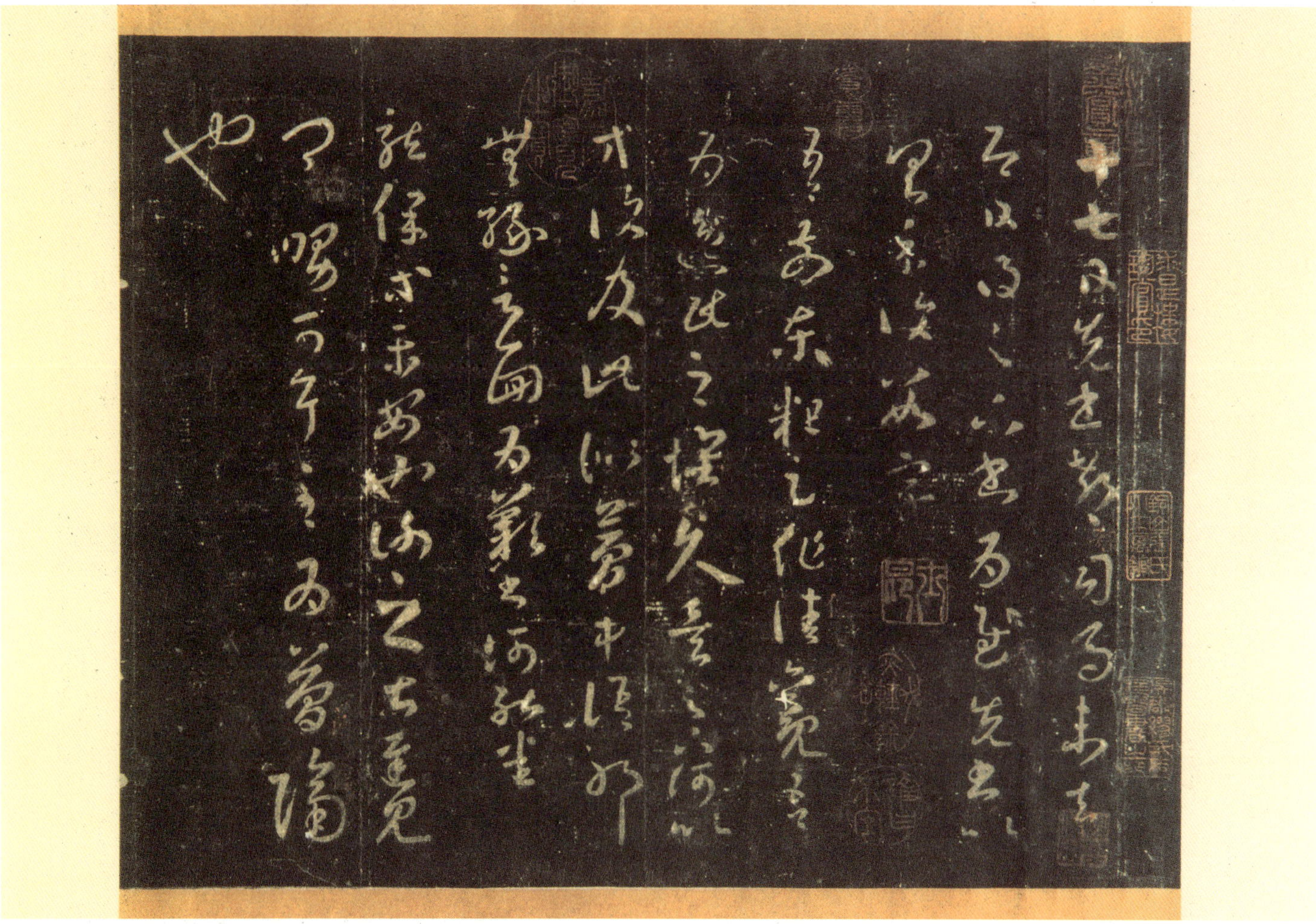

00701 十七帖　（晋）王羲之書　唐大曆元年（766）刻石　宋拓本

卷軸裝。墨本高25.5厘米，廣422厘米。有“嘉慶御覽之寶”等印。張正蒙跋。上海圖書館藏。

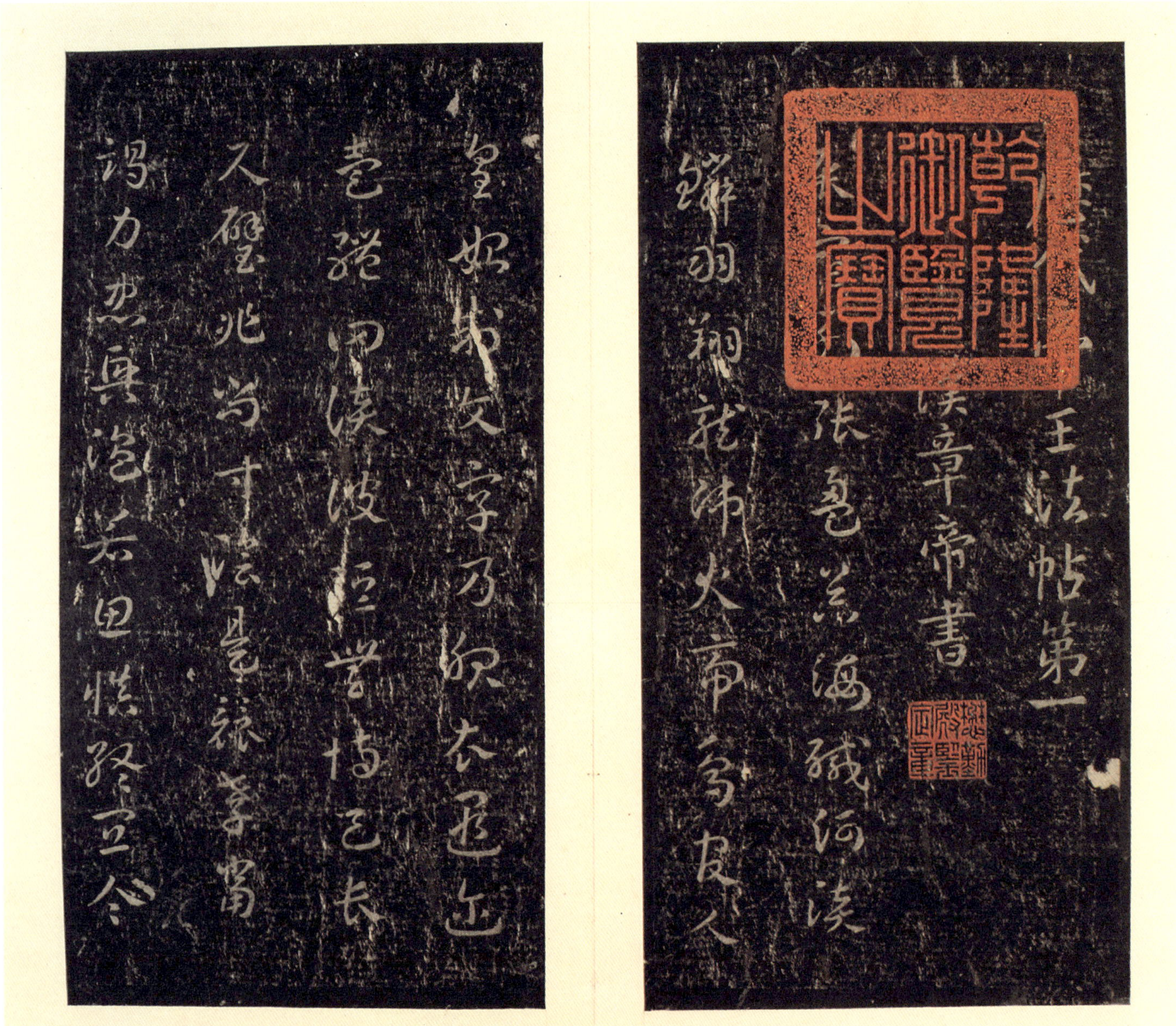

00702 淳化閣帖十卷 （宋）王著摹　北宋淳化三年（992）刻版　宋拓本

二百九十三開半。墨本高25.1厘米，廣13.1厘米。有“乾隆御覽之寶”、“懋勤殿鑒定章”、“翁同龢印”等印。故宫博物院藏。

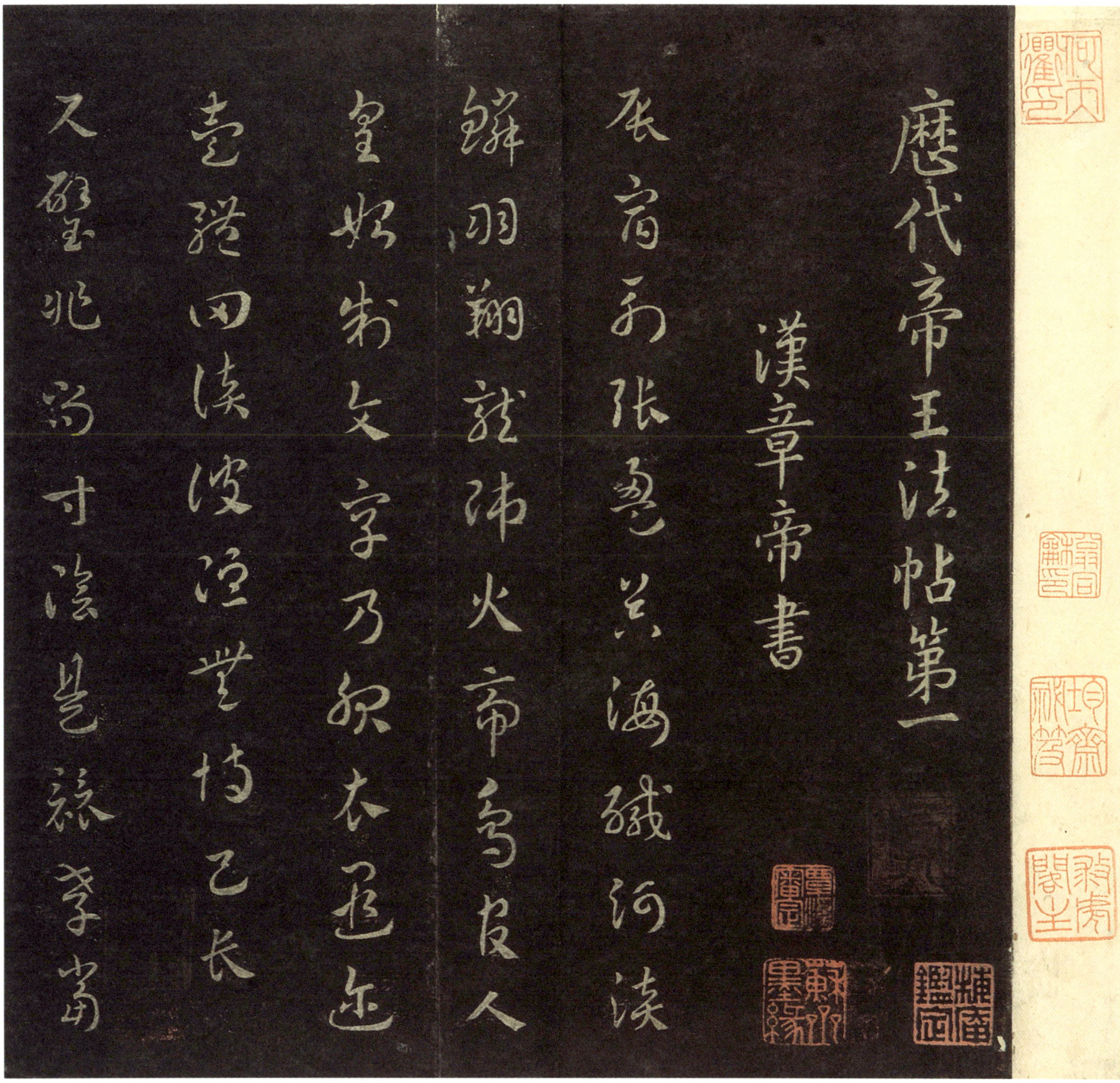

00703 淳化閣帖十卷 （宋）王著摹　北宋淳化三年（992）刻版　宋拓本

墨本高14.2厘米，廣26.6厘米。潘祖純、鐵保、翁方綱、吴大澂、許福昺跋。上海博物館藏。

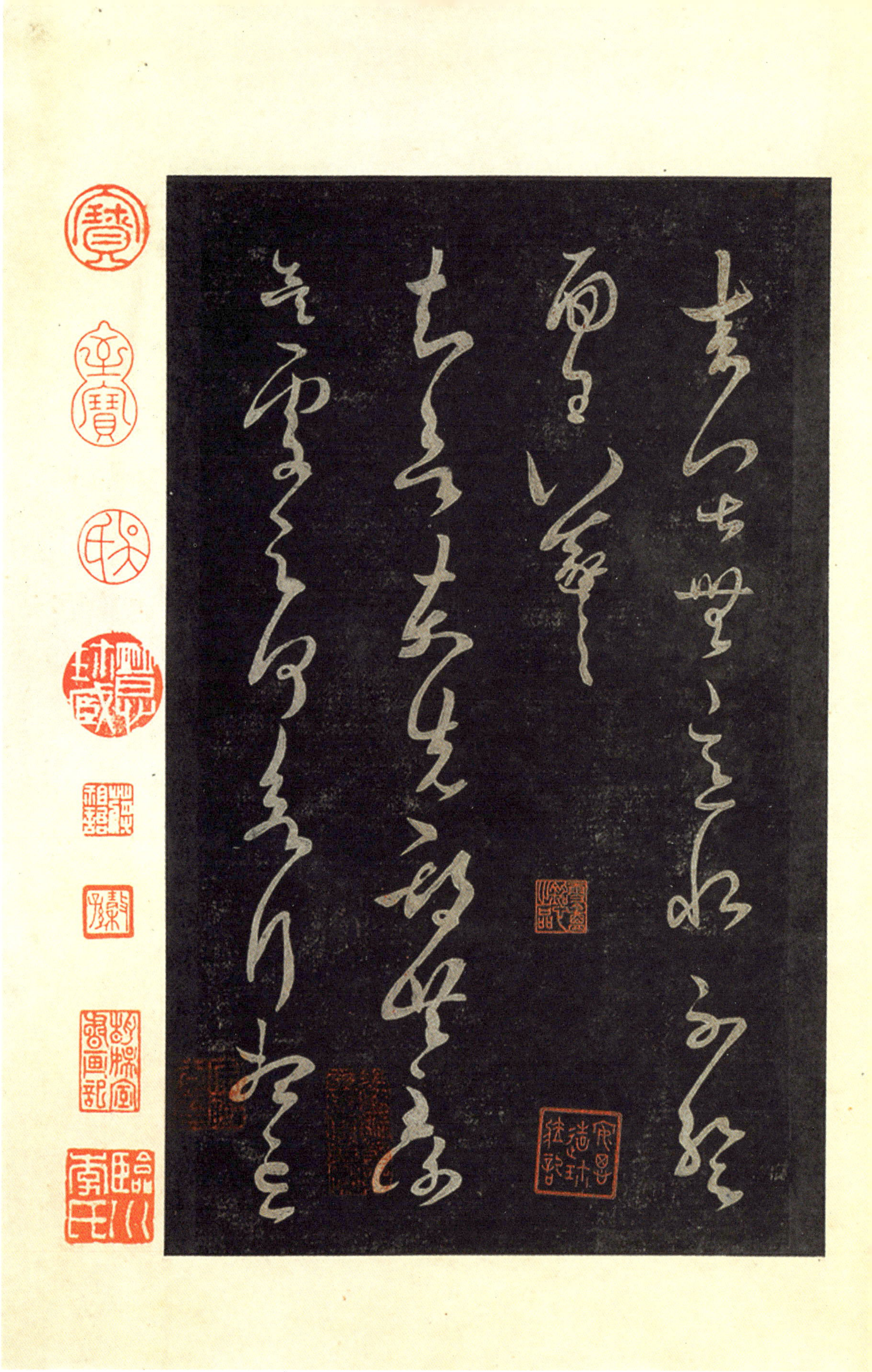

00704 淳化閣帖十卷 （宋）王著摹　北宋淳化三年（992）刻版　宋拓本

第四卷墨本高26厘米，廣43.2厘米；第六卷墨本高33.2厘米，廣25.8厘米；第七至八卷墨本高32厘米，廣25.4厘米；卷六至八爲淡墨蟬翼拓。有“孫印承澤”、“思學齋”等印。崇恩題簽，董其昌借觀小劄，翁方綱、朱昌頤、崇恩跋。上海博物館藏，存四卷。

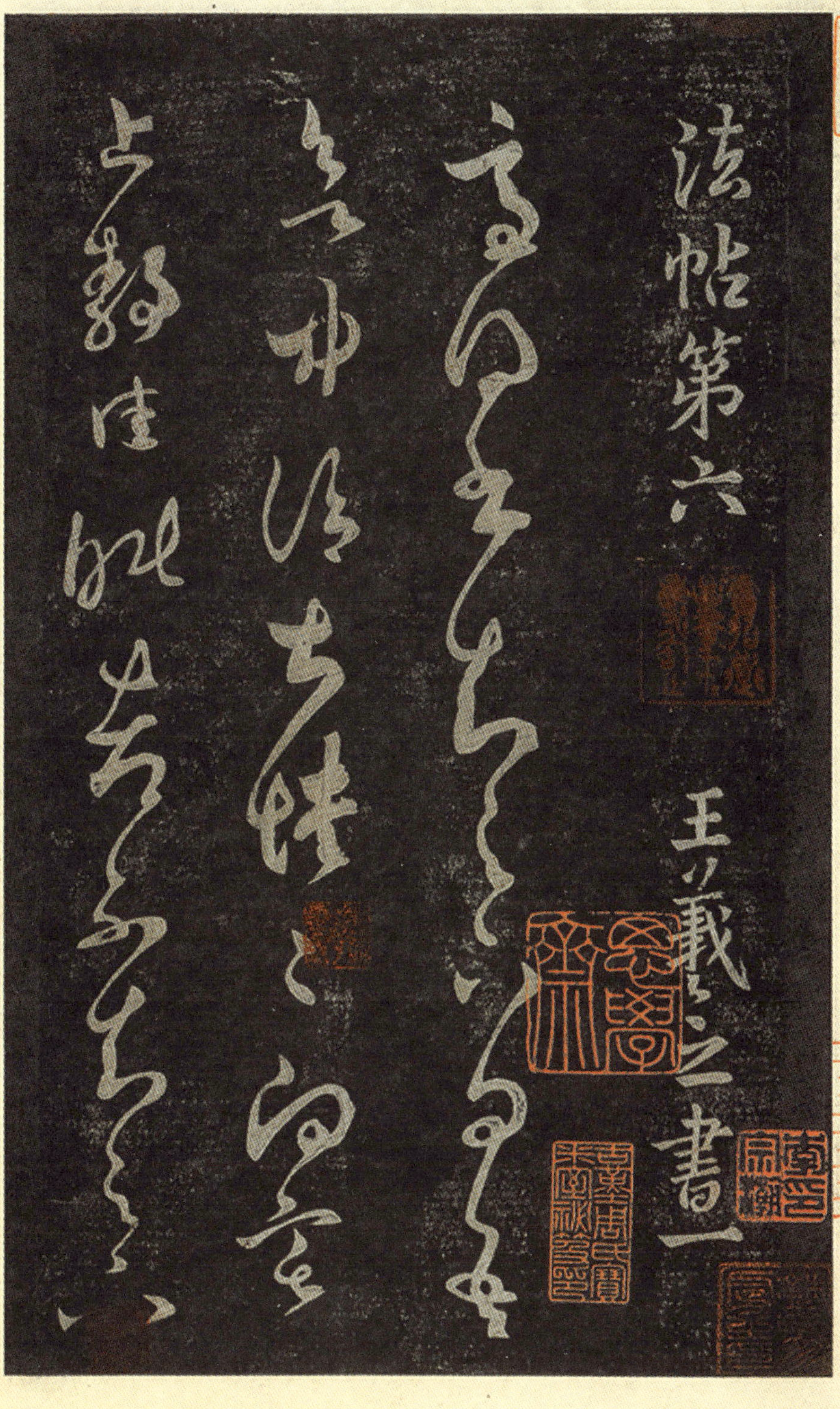
法帖第六
王羲之書一

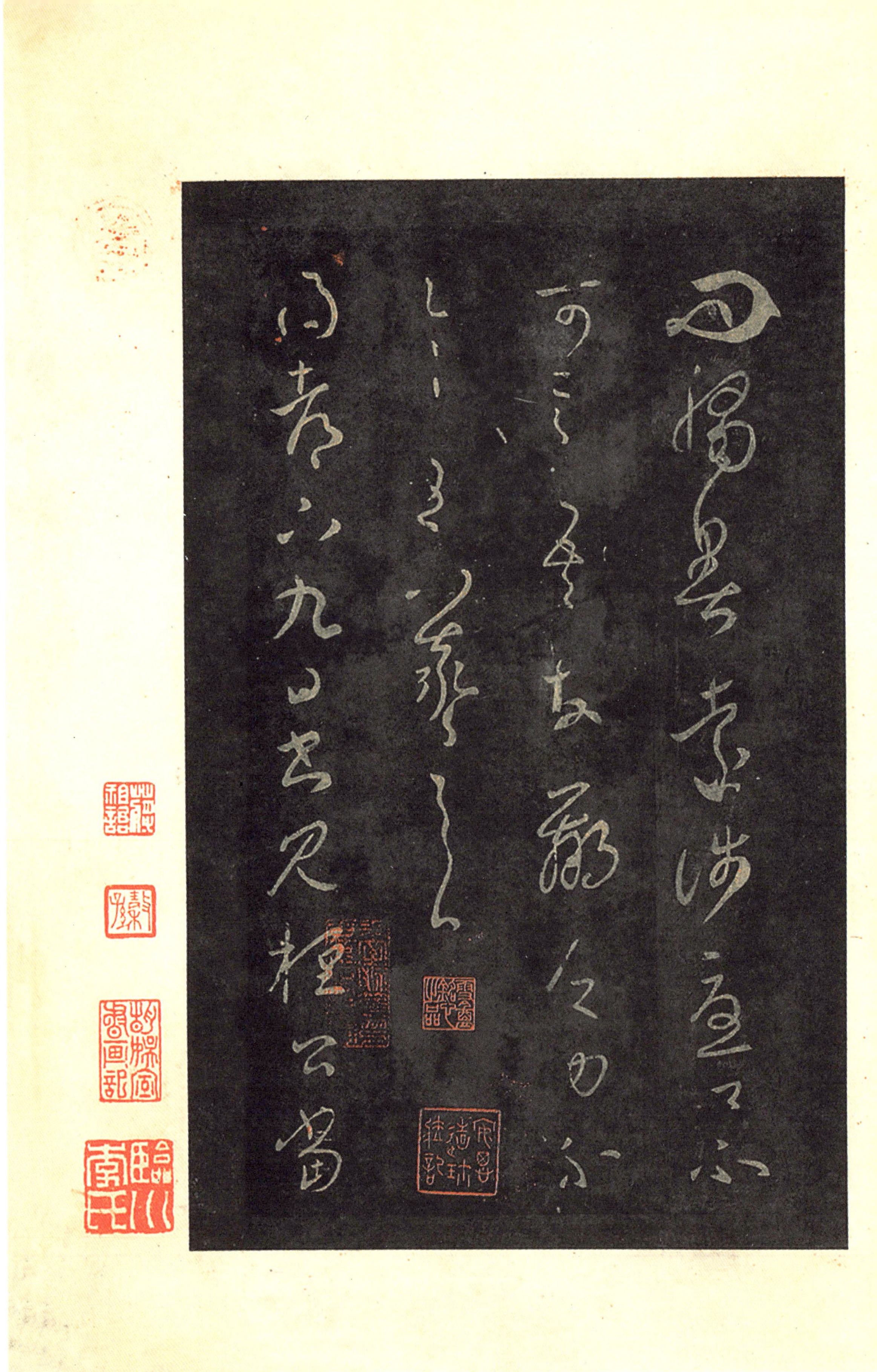

00704 淳化阁帖十卷 （宋）王著摹　北宋淳化三年（992）刻版　宋拓本

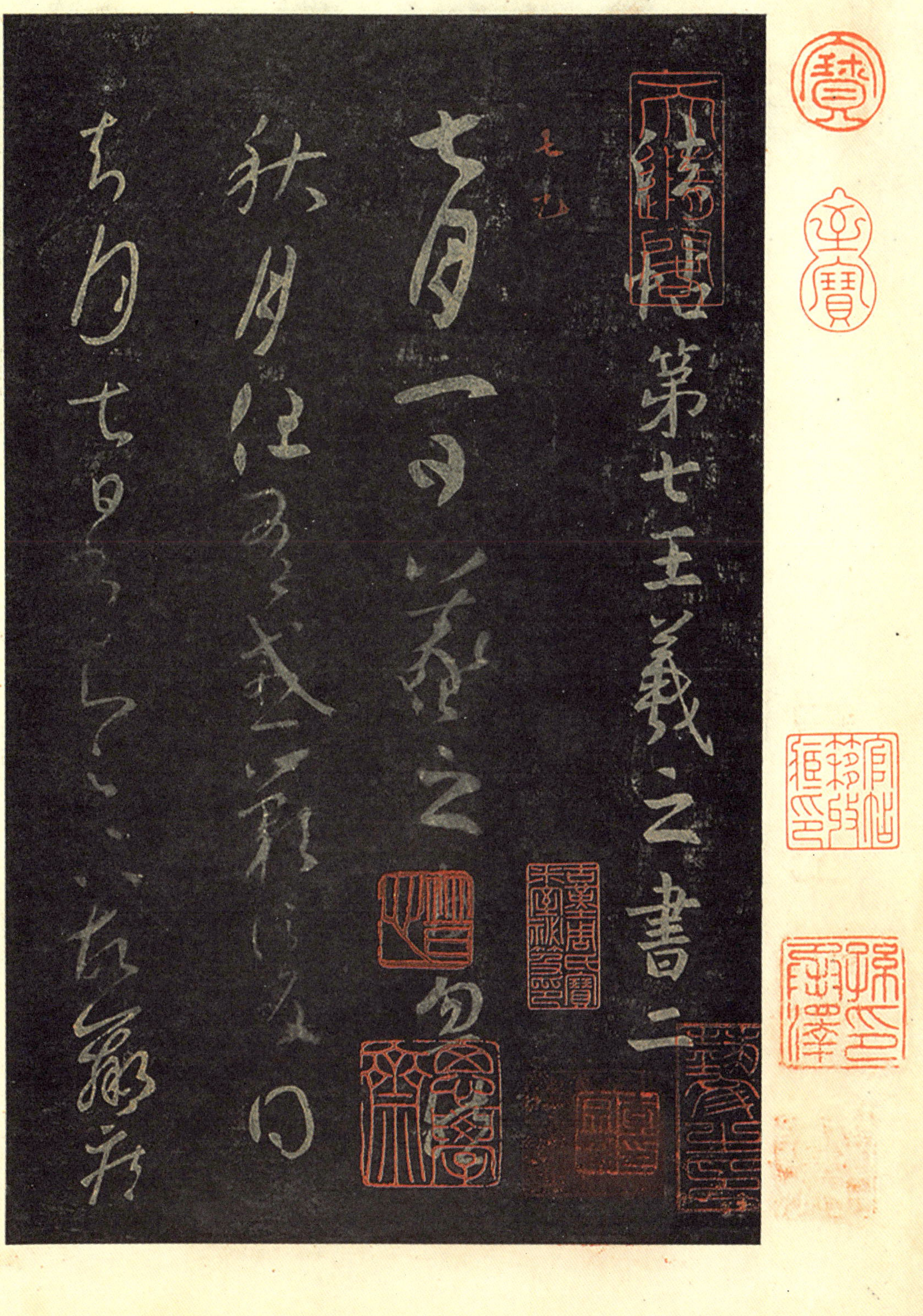
第七王羲之書二

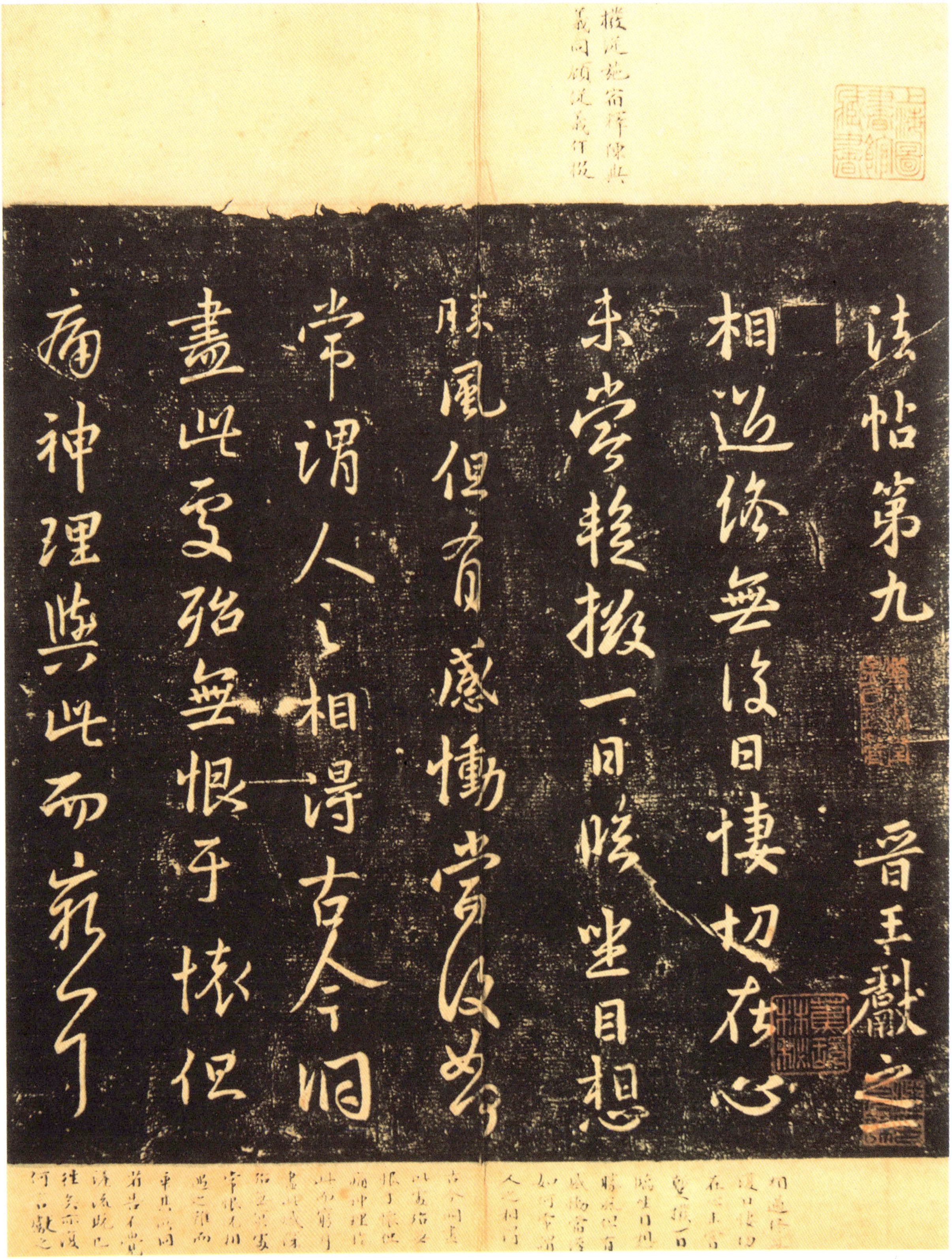

00705 淳化閣帖十卷 （宋）王著摹　北宋淳化三年（992）刻版　宋拓本

三十一開。墨本高25.7厘米，廣26.5厘米。有“潘允諒印”等印。上海圖書館藏，存一卷。

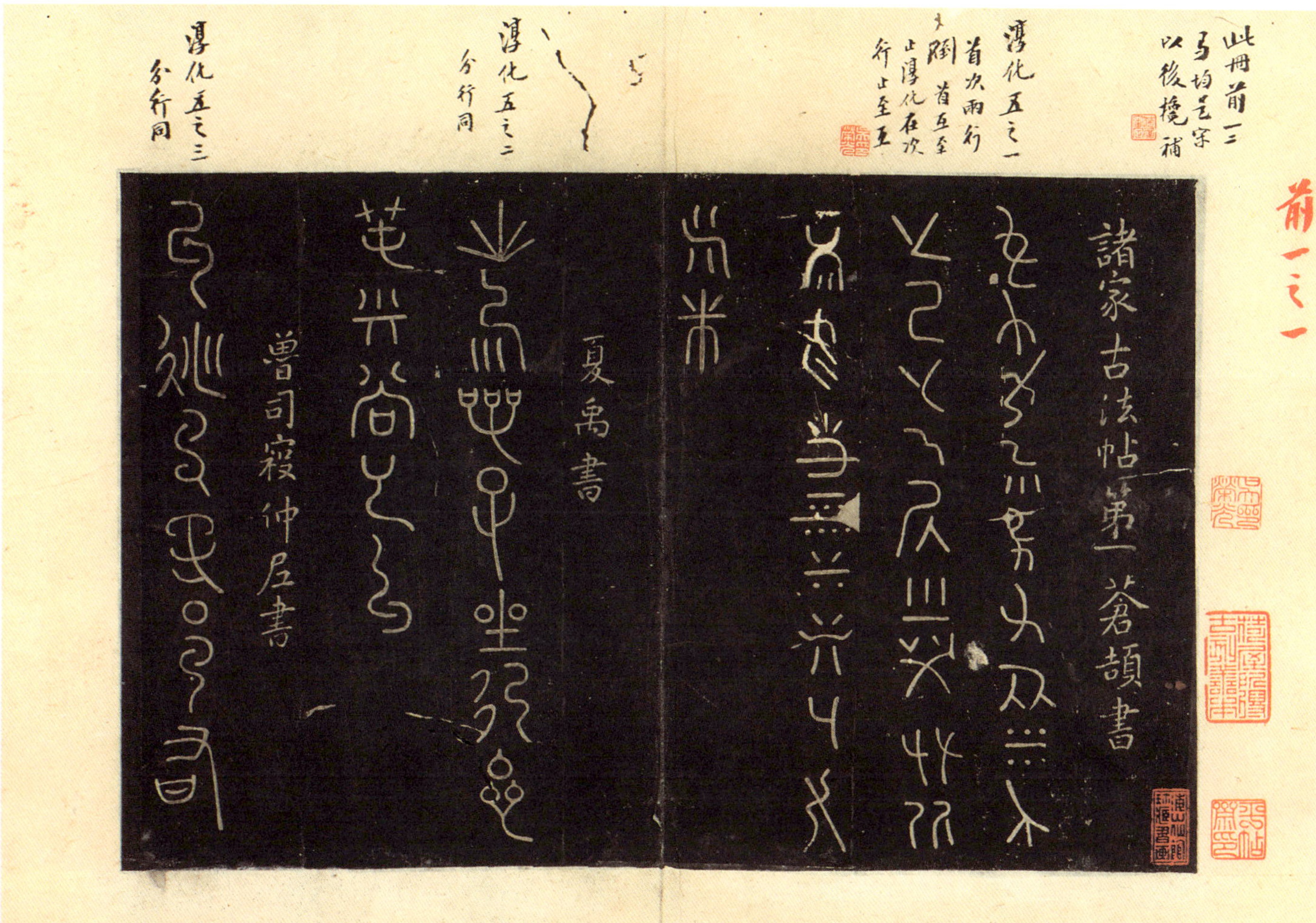

00706 絳帖二十卷 （宋）潘師旦摹　北宋皇祐至嘉祐刻石　宋拓本

一百九十七開半。墨本高24.9厘米，廣19.8厘米。有“一軒”、“三域王圖書”、“北平孫氏硯山齋圖書”、“荷屋所得古刻善本”、“海山仙館珍藏書画”、“古安定梁氏書畫印”等印。翁方綱、吳榮光、羅天池、何紹基等跋。故宮博物院藏。

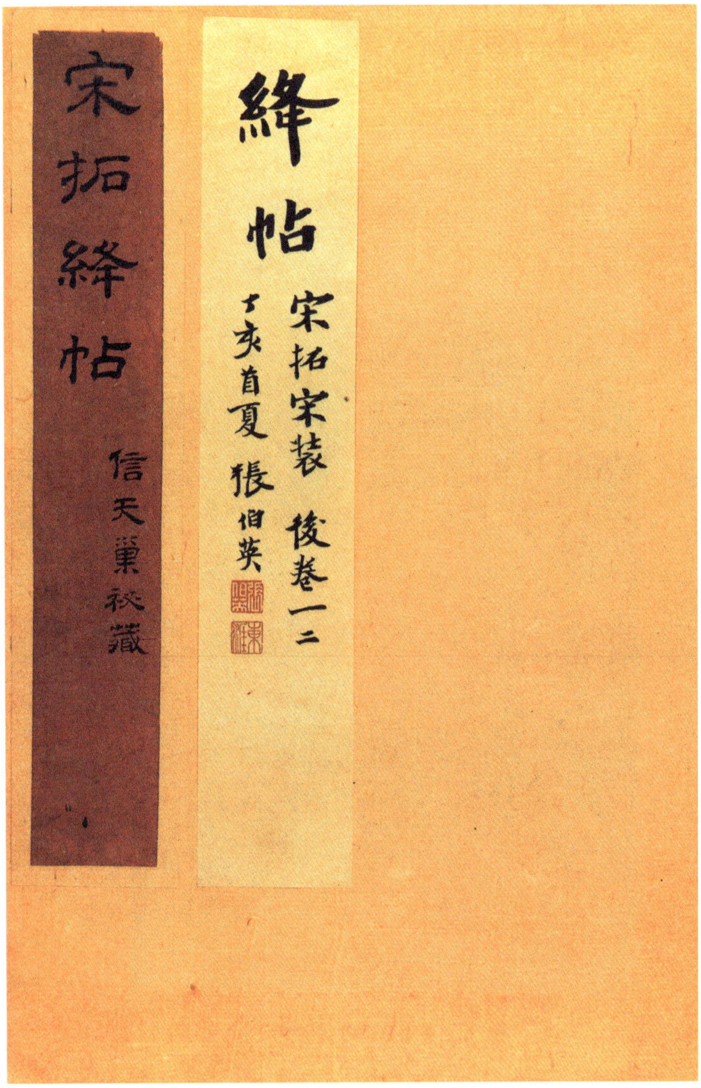

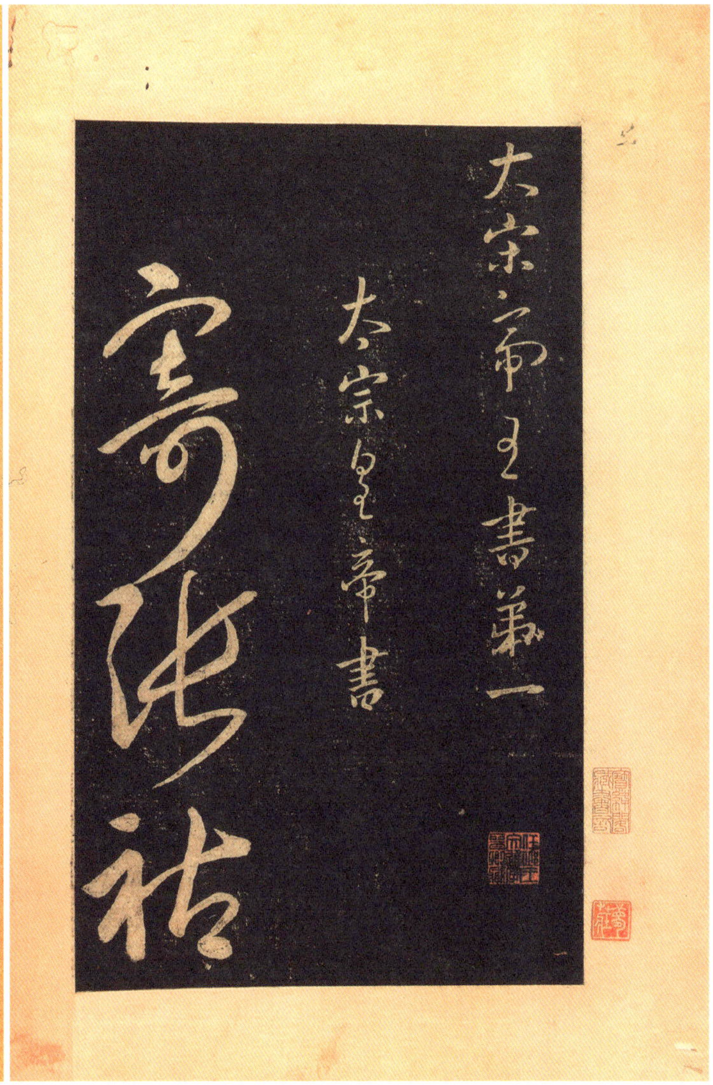

00707 絳帖二十卷 （宋）潘師旦摹　北宋皇祐至嘉祐刻石　宋拓本

五十二開。墨本高28厘米，廣16.8厘米。有“高澹人”、“寶絳閣藏書記”、“任邱王文進字晉卿藏”、“張伯英”等印。高士奇、張伯英題簽，高士奇跋，梁同書觀款。國家圖書館藏，存四卷。

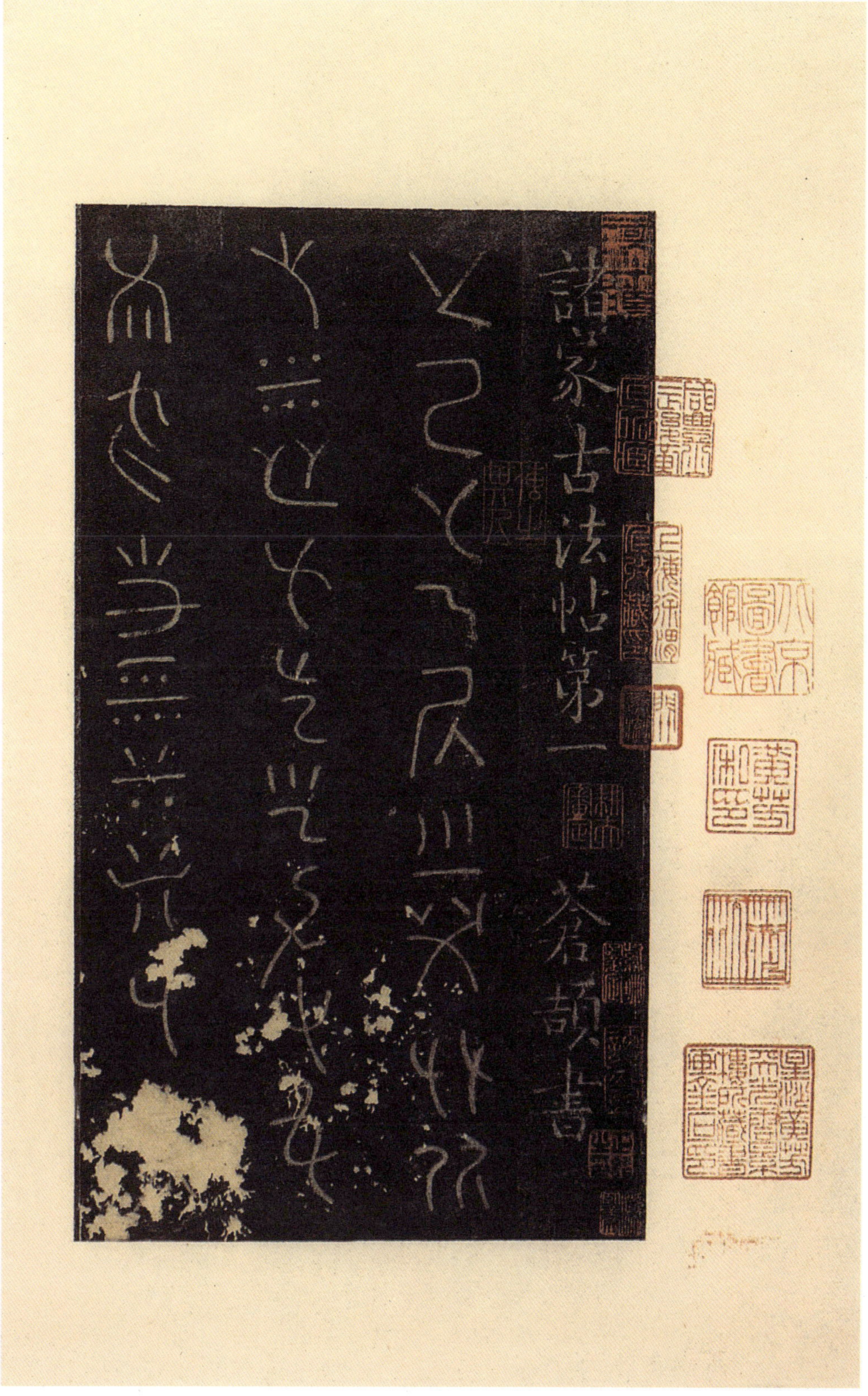

00708 絳帖二十卷 （宋）潘師旦摹　北宋皇祐至嘉祐刻石　宋拓本

二十八開，另跋三開半。墨本高24.7厘米，廣14厘米。有“吳門繆氏珍賞”、“咸豐丙辰後黄氏所藏”、“粵人譚敬印”等印。徐渭仁、釋然、潘仕成、褚德彝等跋，李筠庵題記。國家圖書館藏，存二卷。

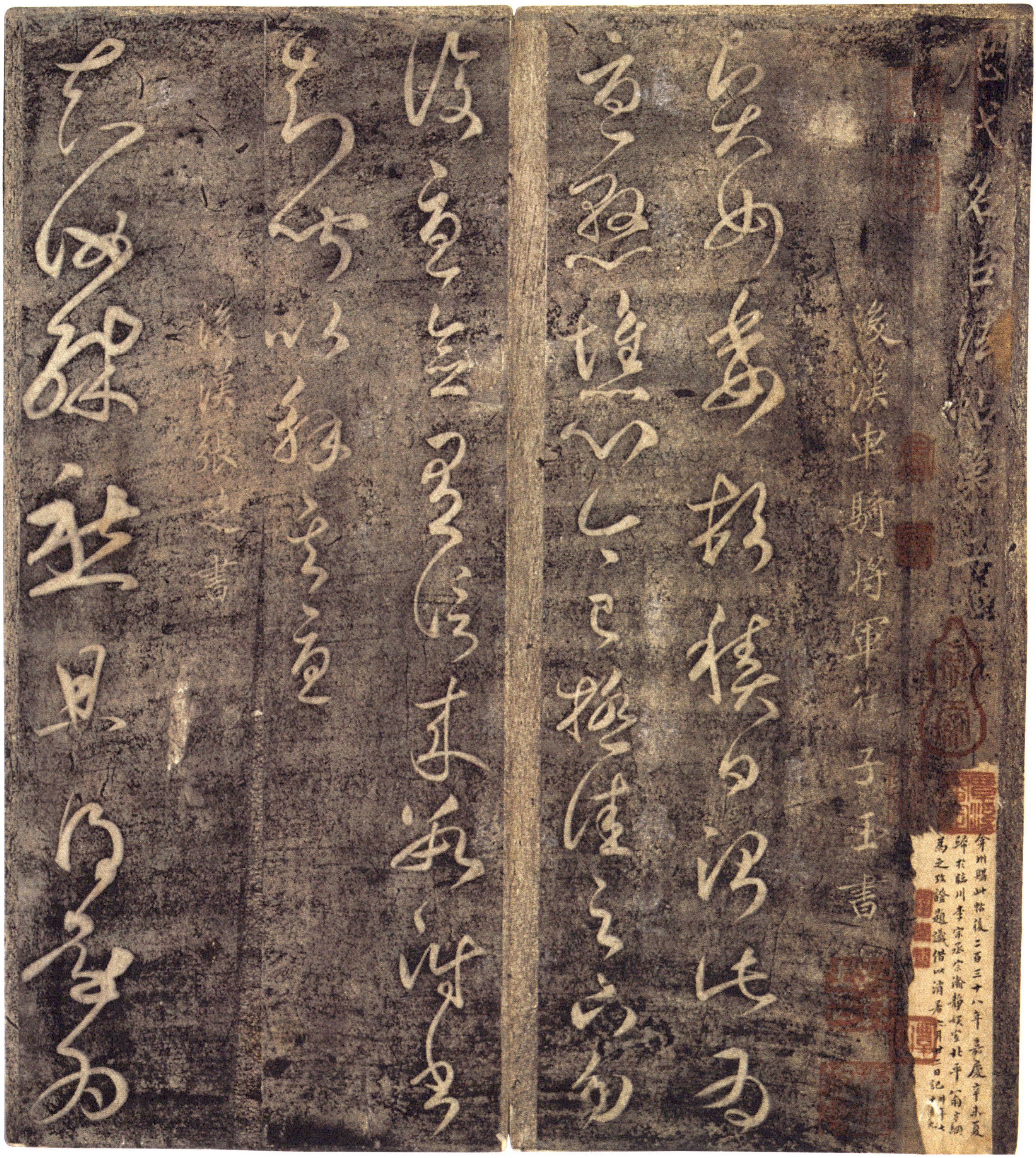

00709 大觀帖十卷 （宋）蔡京等輯　北宋大觀三年（1109）刻石　宋拓本

五十五開半。墨本高30.8厘米，廣14厘米。翁方綱跋。故宫博物院藏，存三卷。

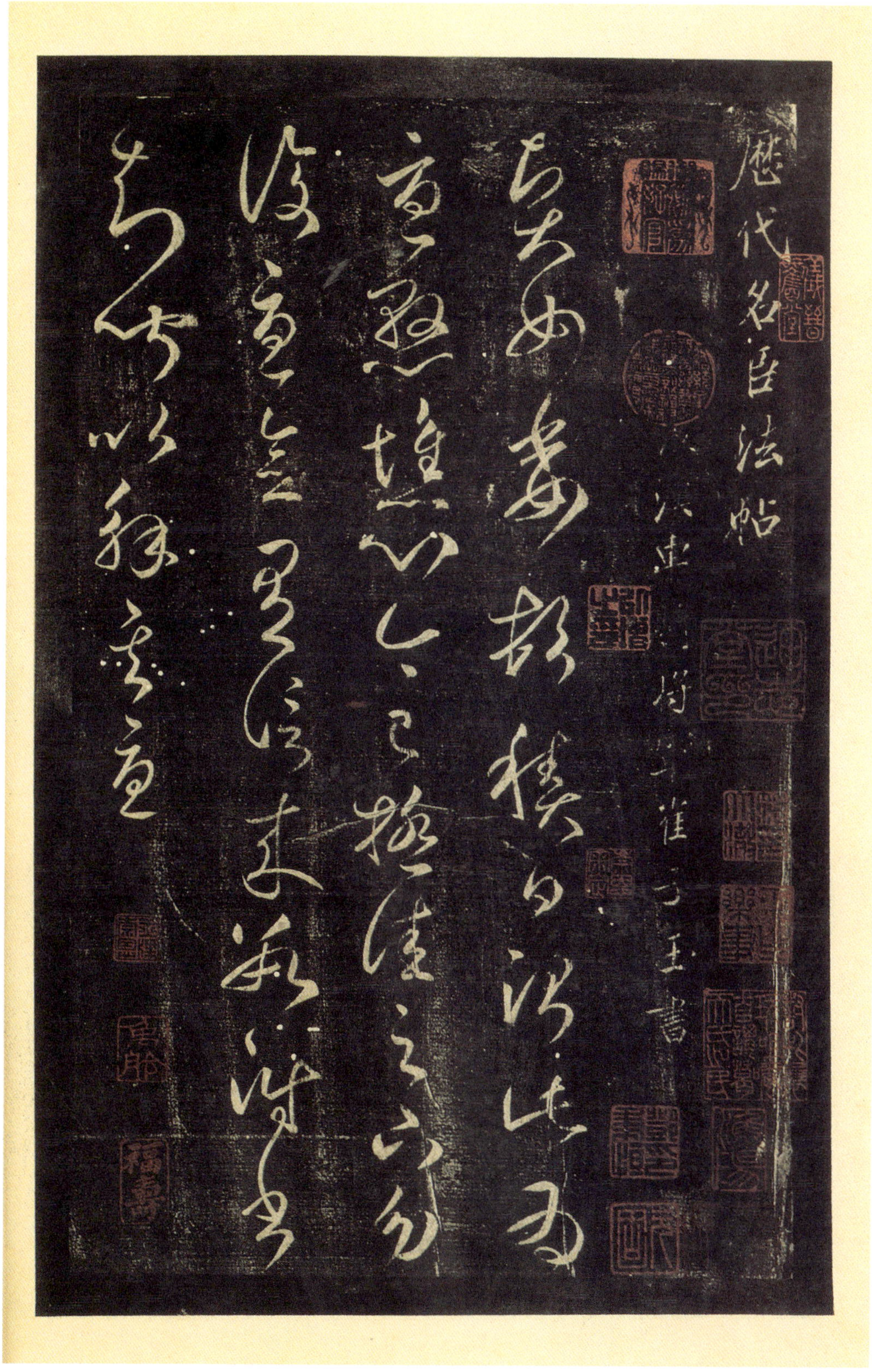

00710 大觀帖十卷 （宋）蔡京等輯　北宋大觀三年（1109）刻石　宋拓本

五十九開半。墨本高32.4厘米，廣20.7厘米。有“迪志堂印”、“范印大澈”、“鄧印秉恒”、“以增之印”等印。祁寯藻、崇恩、王拯、楊紹和、孫毓汶跋。故宫博物院藏，存五卷。

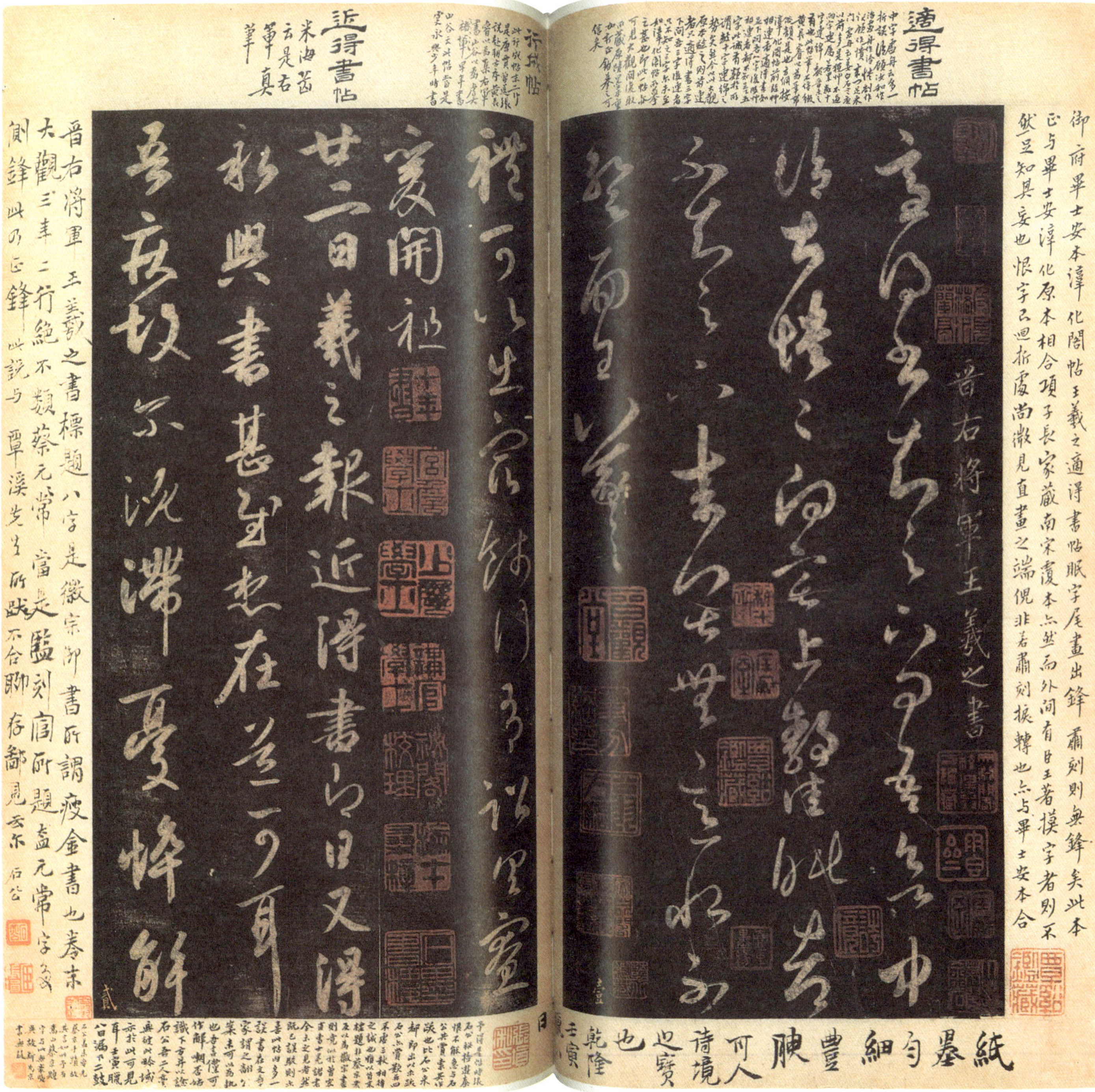

00711 大觀帖十卷 （宋）蔡京等輯 北宋大觀三年（1109）刻石 宋拓本

十一開。墨本高30.5厘米，廣16厘米。張謇、翁方綱題簽，王穉登、王世貞、王萱、周天球、董其昌、翁方綱、鄭際唐、石樹田、朱益藩、張謇、楊壽樞等跋，董其昌信劄兩通，壽陽祁氏劄記。南京大學圖書館藏，存一卷。

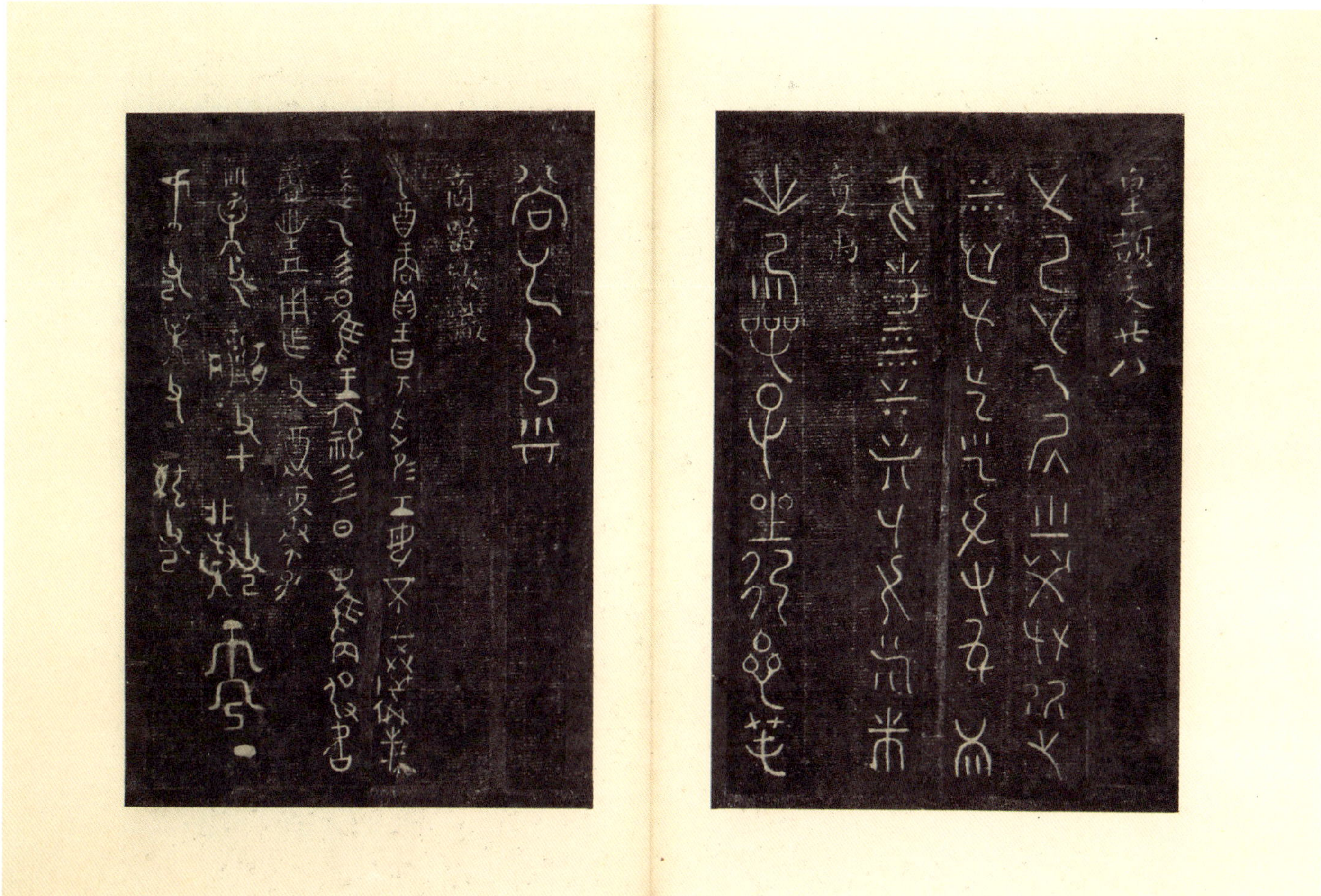

00712 汝帖十二卷 （宋）王寀輯　北宋大觀三年（1109）刻石　宋拓本

七十二開。墨本高28.1厘米，廣19.4厘米。有“寶薰室藏”、“覃溪鑒藏”、“小蓬萊閣金石”、“周鑾”等印。翁大年、桂馥、張伯英、容庚、程晉芳跋。故宮博物院藏。

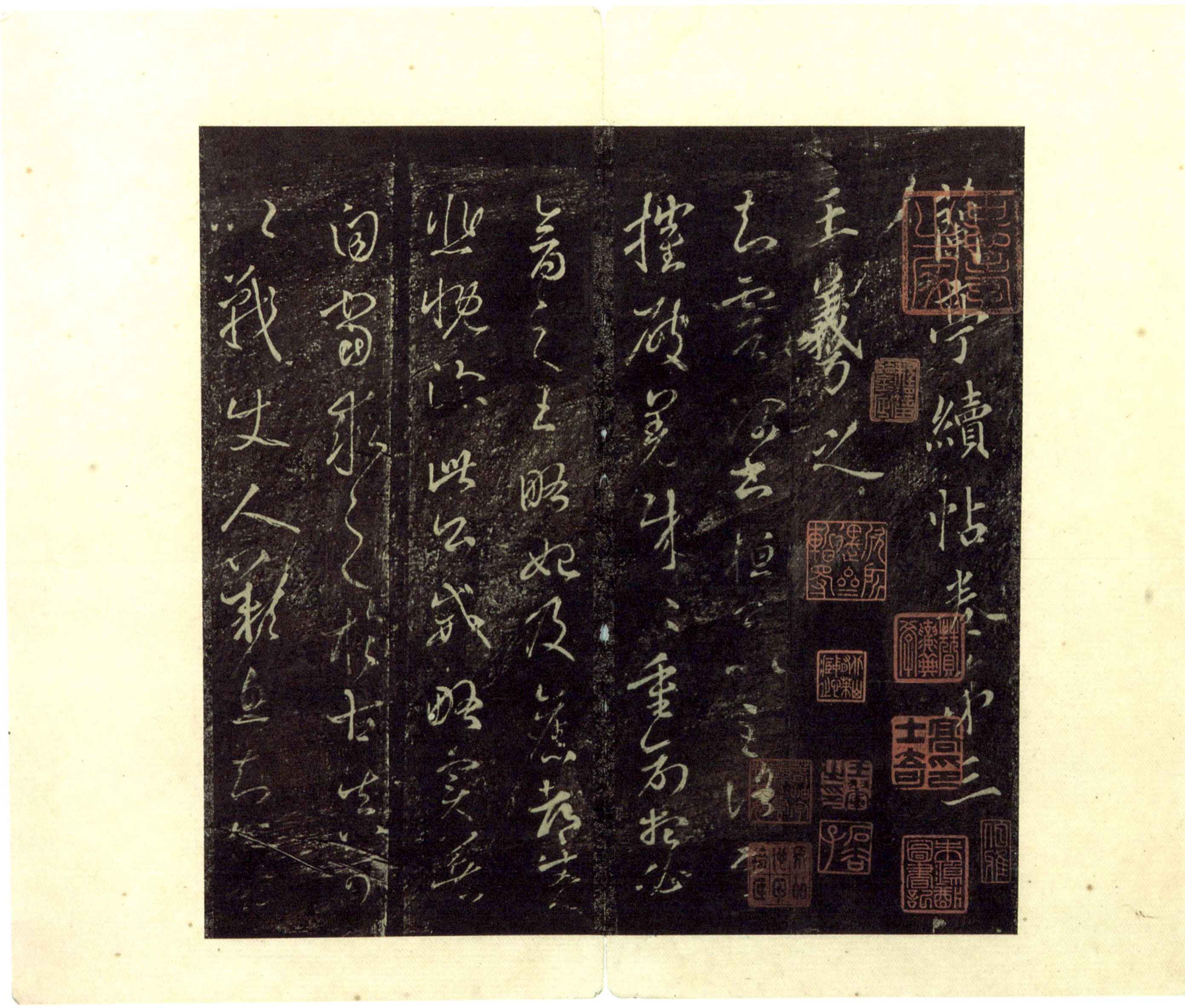

00713 蘭亭續帖上下册 北宋政和初年刻石 宋拓本

墨本高24.6厘米，廣20.1厘米；或墨本高16.8厘米，廣25.1厘米。有“伯雅”、“高印士奇”等印。董其昌、王世貞、王文治跋。上海博物館藏。

00714 慈恩寺雁塔唐賢題名帖 北宋宣和二年（1120）刻石　宋拓本

卷軸裝。翁方綱跋。中國社會科學院考古研究所藏，存一卷。

00715 鼎帖（宋）張斛輯　南宋紹興十一年（1141）刻版　宋拓本

經折裝。三十四開。墨本高26.8厘米，廣15.3厘米。文從簡過録孫楨仲跋，江藩、翁方綱、崇恩、費兆鋥跋，錢泳觀款，秦恩復題識。上海圖書館藏，存卷不詳。

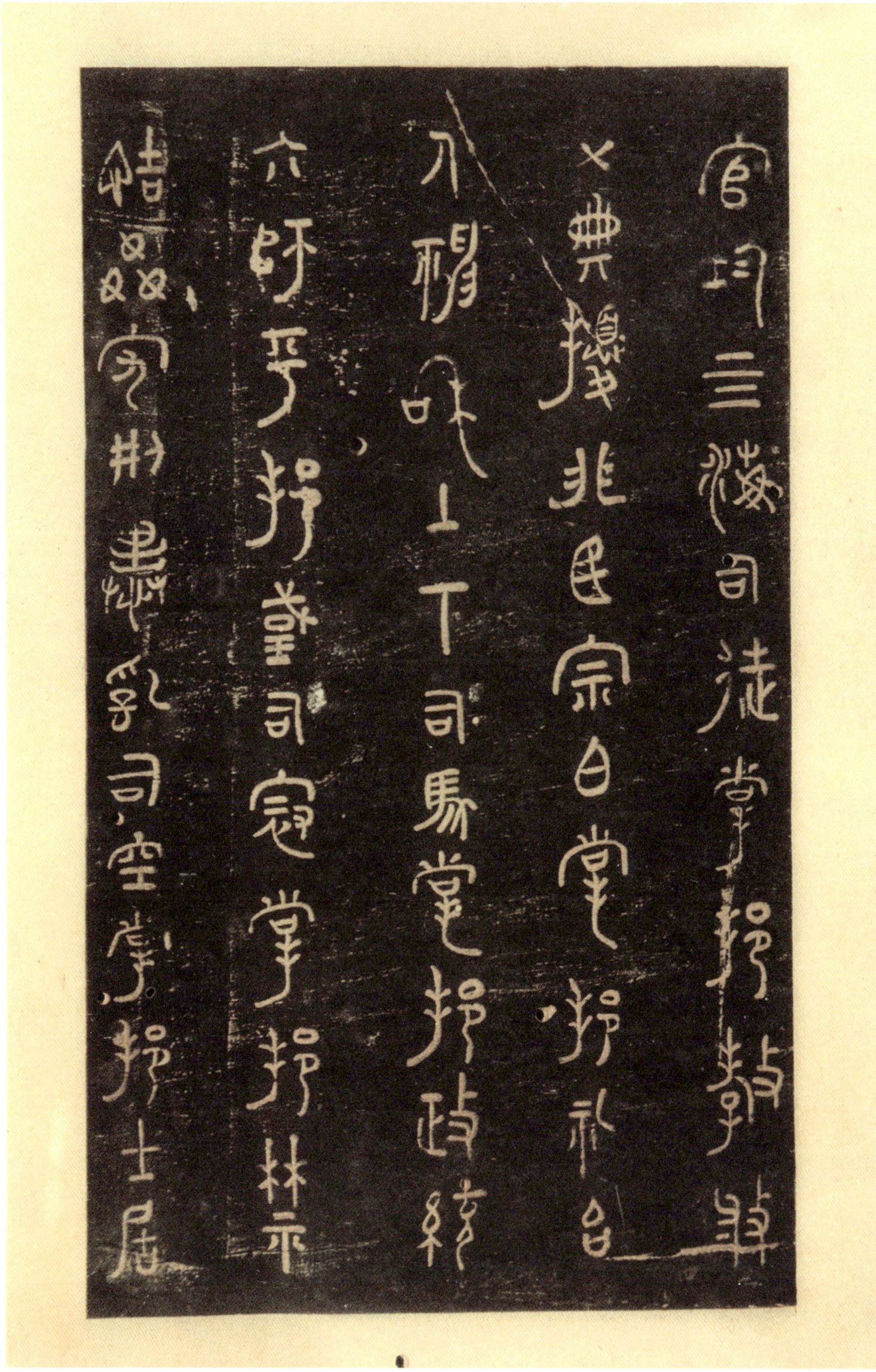

00716 紹興米帖 （宋）米芾書 （宋）趙構輯 南宋紹興十一年（1141）刻石 南宋拓本

二十九開。墨本高25.7厘米，廣14.9厘米。馮銓題記，張廷濟題端，程文榮跋，另附程文榮致張廷濟手劄兩通。上海圖書館藏，存一卷。

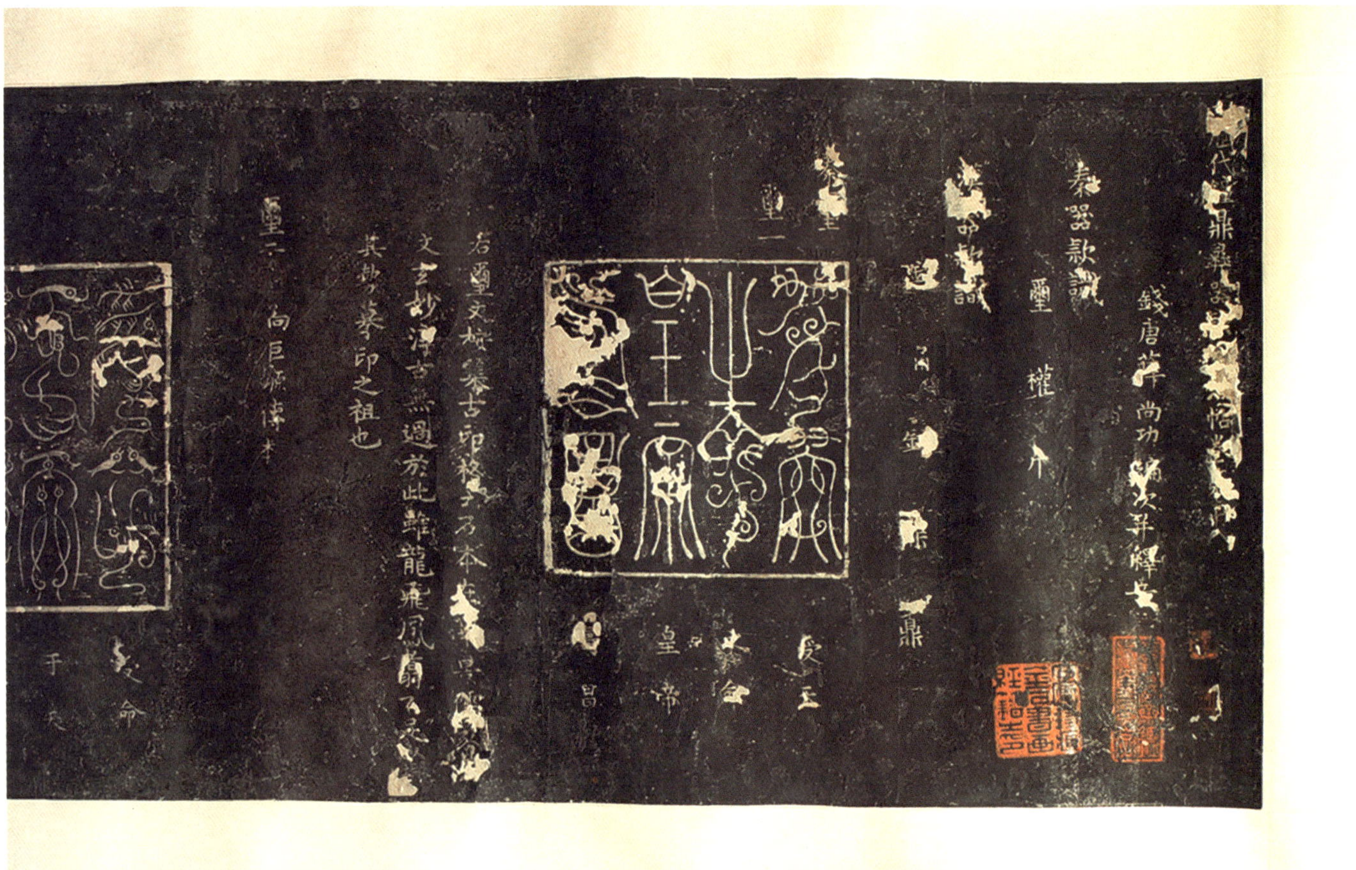

00717 歷代鐘鼎款識法帖 （宋）薛尚功輯 南宋紹興十四年（1144）刻石 宋拓本

卷軸裝。有“晉府圖書”、“敬德堂圖書”等印。葉志詵、郭尚先、朱爲弼跋。中國社會科學院考古研究所藏，存一卷。

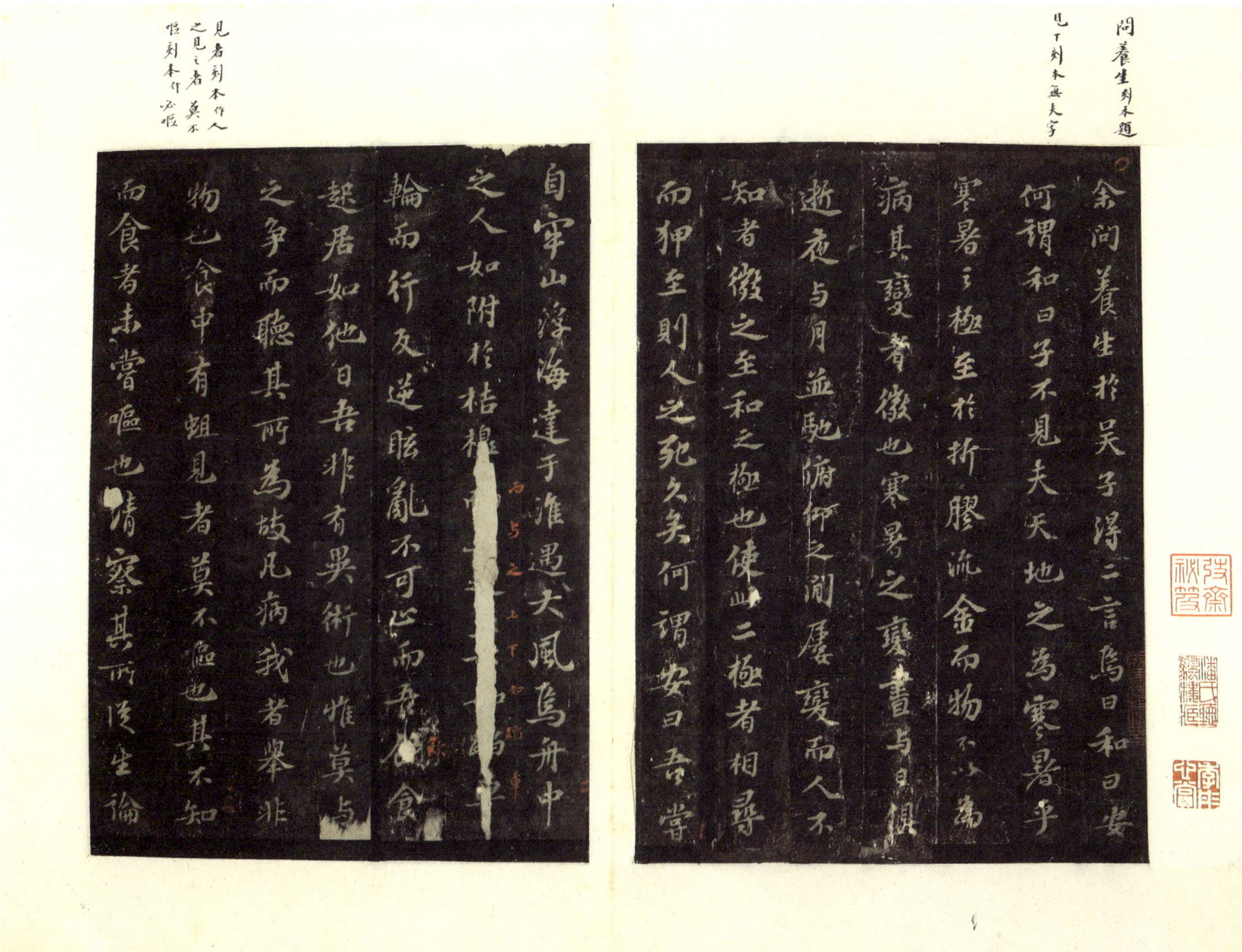

00718 西樓蘇帖 （宋）蘇軾書　（宋）汪應辰輯刻　南宋乾道四年（1168）刻石　宋拓本

册葉裝。墨本高30厘米，廣22厘米。有“弢齋秘笈”等印。天津博物館藏。

00719 松桂堂法帖 （南宋）米巨容刻　南宋淳熙刻石　宋拓本

三十二開。墨本高37.8厘米，廣16.8厘米。宇野雪村、王鐸題簽，永理觀款，翁同龢跋。故宫博物院藏，存卷不詳。

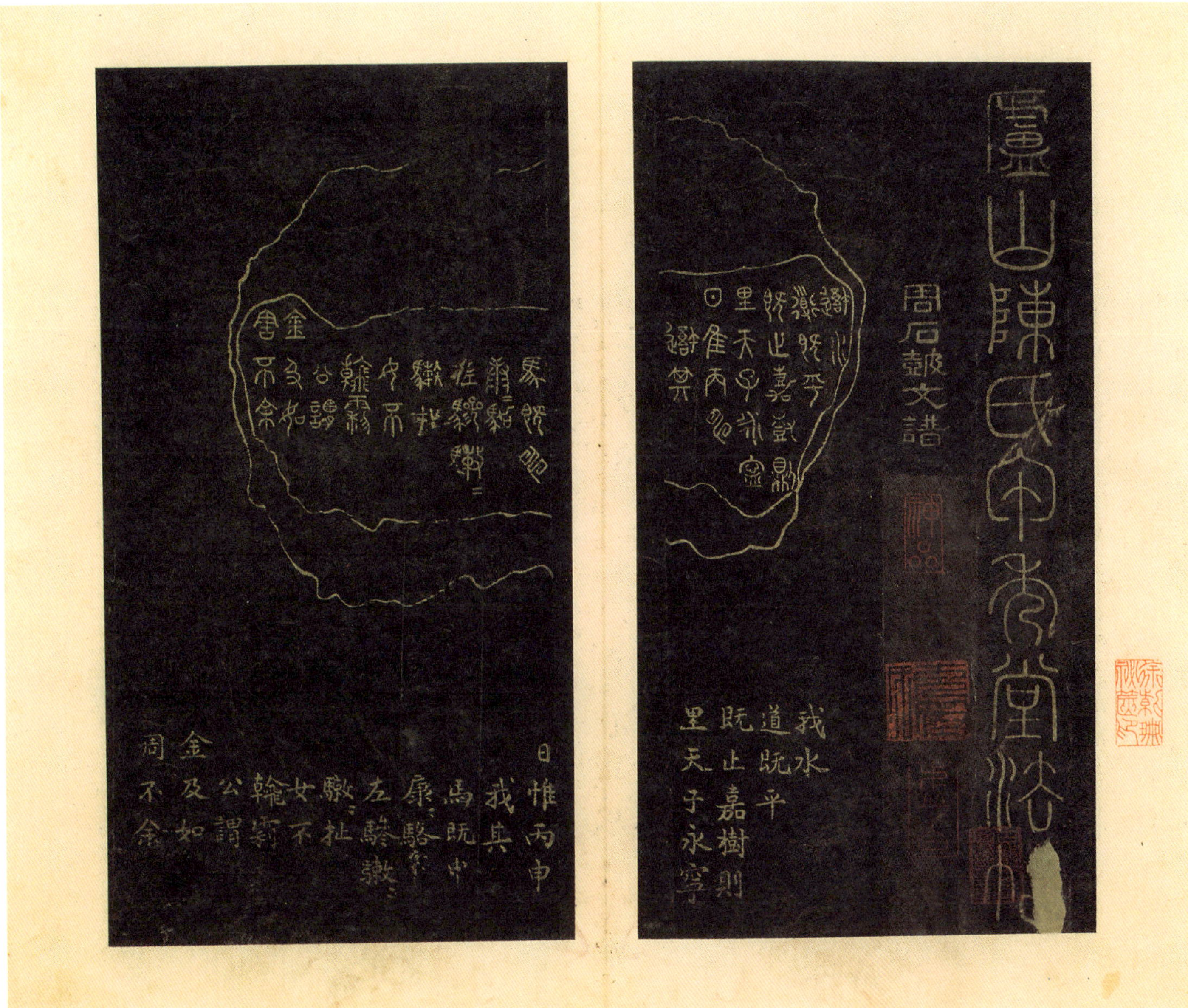

00720 甲秀堂帖 （宋）廬山陳氏輯　（宋）李氏刻　南宋淳熙刻石　宋拓本

十九開。墨本高29厘米，廣15.5厘米。有“古龍王旹翰墨之章”、“古歙鮑氏建輿父之珍藏書畫印”、“蕭功畝印”、“鮑目鍠印”等印。董其昌、羅振玉跋。故宫博物院藏。

00721 忠義堂帖 （唐）顏真卿撰文并書　南宋嘉定八年（1215）刻石　宋拓本

墨本高35.3厘米，廣16.4厘米。有"棠村審定"、"梁清標印"、"晦岷孫樸"、"姚伯安之印"、"王從簡印"、"何紹基印"、"安儀周家珍藏"、"姚魚私印"、"吴彬之印"、"北平孫澤"等印。浙江省博物館藏，存卷不詳。

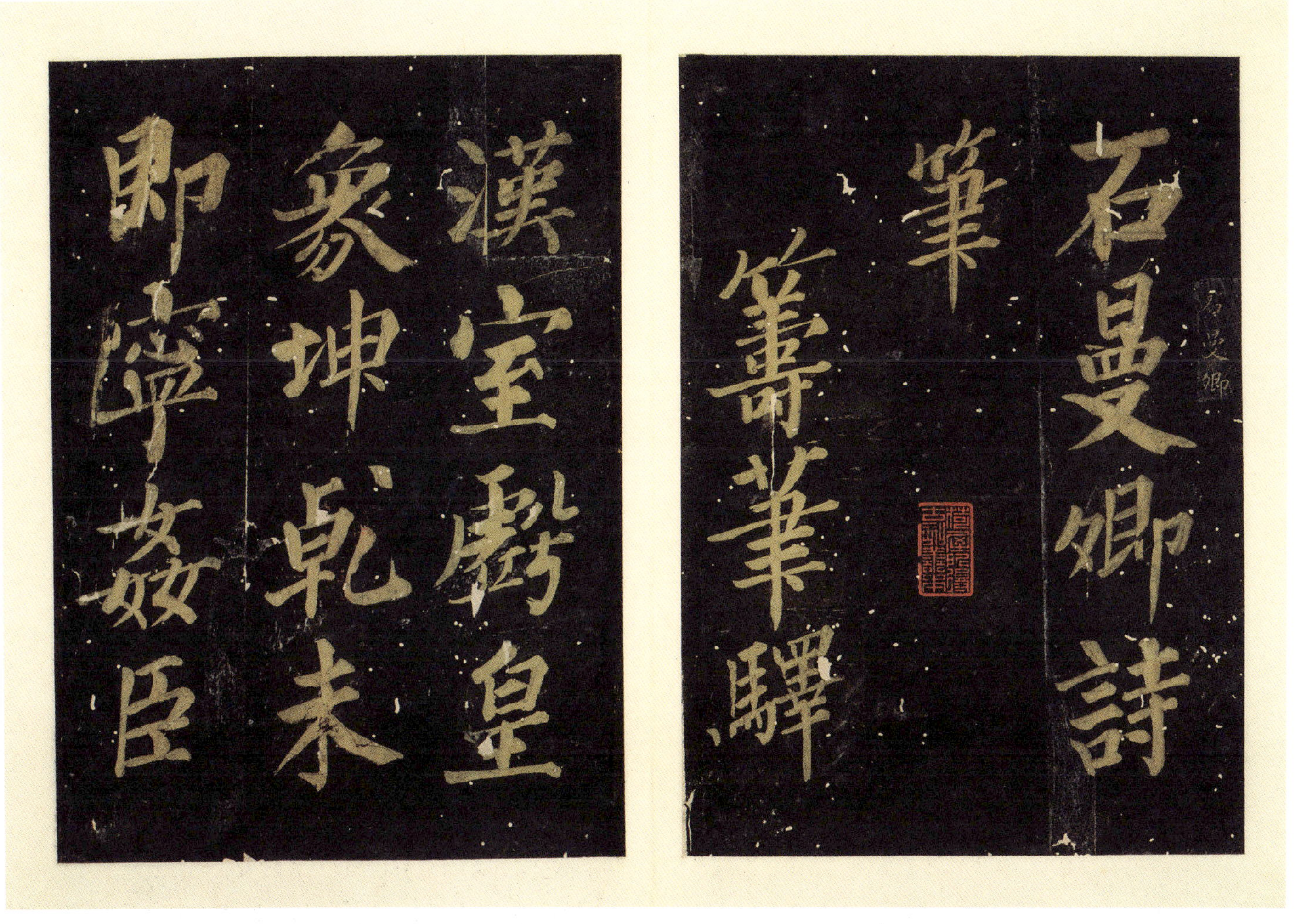

00722 群玉堂帖 （宋）向若水摹 （宋）韓侂胄刻 南宋嘉定刻石 宋拓本

三十一開。墨本高27厘米，廣16厘米。此本存小字章草、曹娥碑、朱元璋書、蔡襄書、石曼卿書等。後附吴榮光勾填懷素草書千字文。有"益王圖書"、"覃溪"、"南海吴榮光珍藏書畫"等印。翁方綱題簽，翁方綱、吴榮光、王存善等跋。陳其錕觀款。故宫博物院藏，存卷不詳。

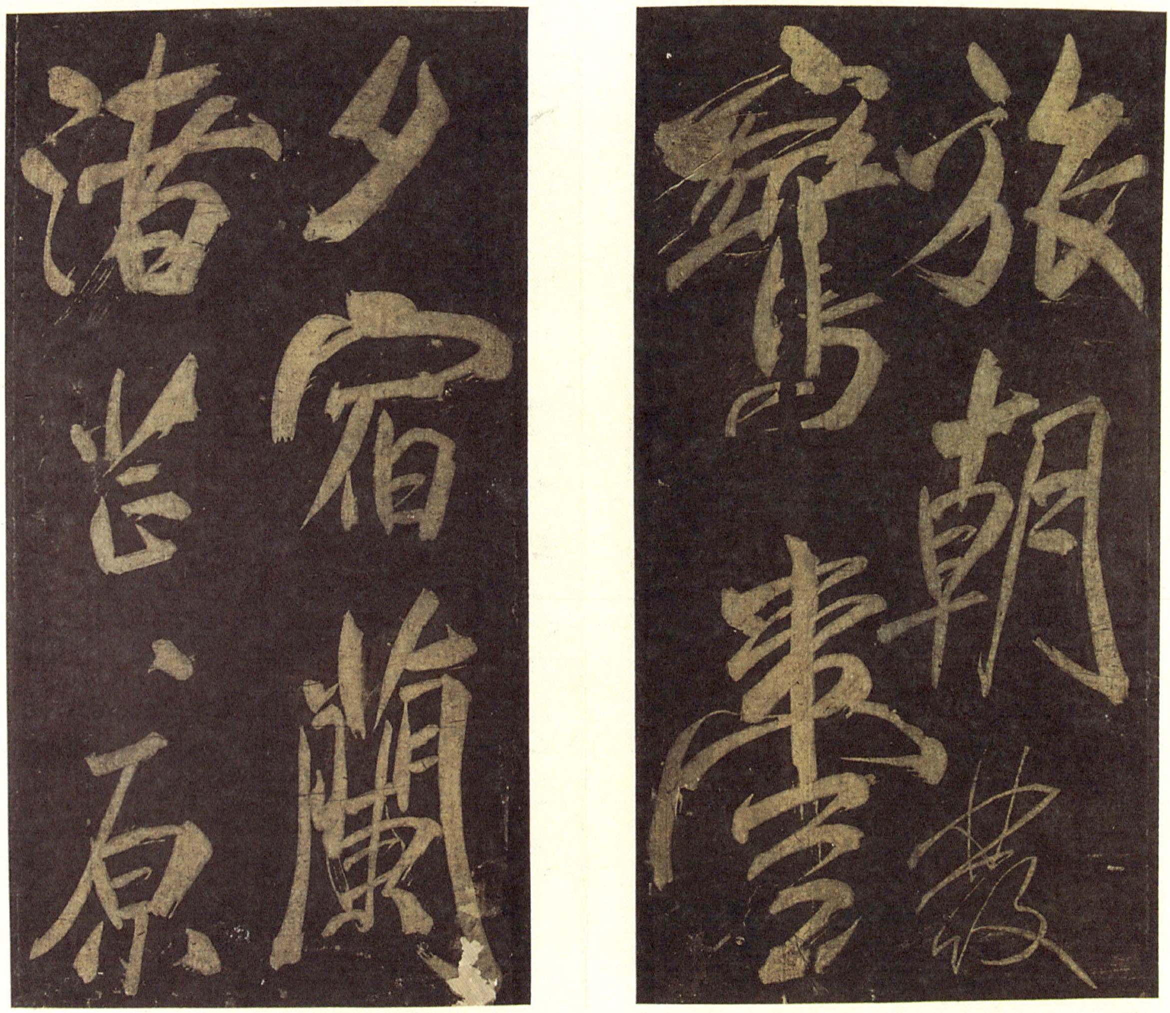

00723 英光堂帖 （宋）米芾書　（宋）岳珂刻　南宋嘉定刻石　宋拓本

六十一開。第一册墨本高33.8厘米，廣18.2厘米；第二册墨本高31厘米，廣17.5厘米；第三册墨本高28.5厘米，廣15厘米；第四册墨本高27.2厘米，廣14.6厘米。第四册後附《孫氏知止閣米帖》（清初拓本）八帖及王鐸刻跋。有"覃溪審定"、"吴伯榮氏秘笈之印"、"北平孫氏"、"翁方綱印"、"南海吴榮光書畫之印"、"荷屋鑑賞"等印。翁方綱、友仁、吴榮光、孫退翁、張建屏等跋。故宫博物院藏，存卷不詳。

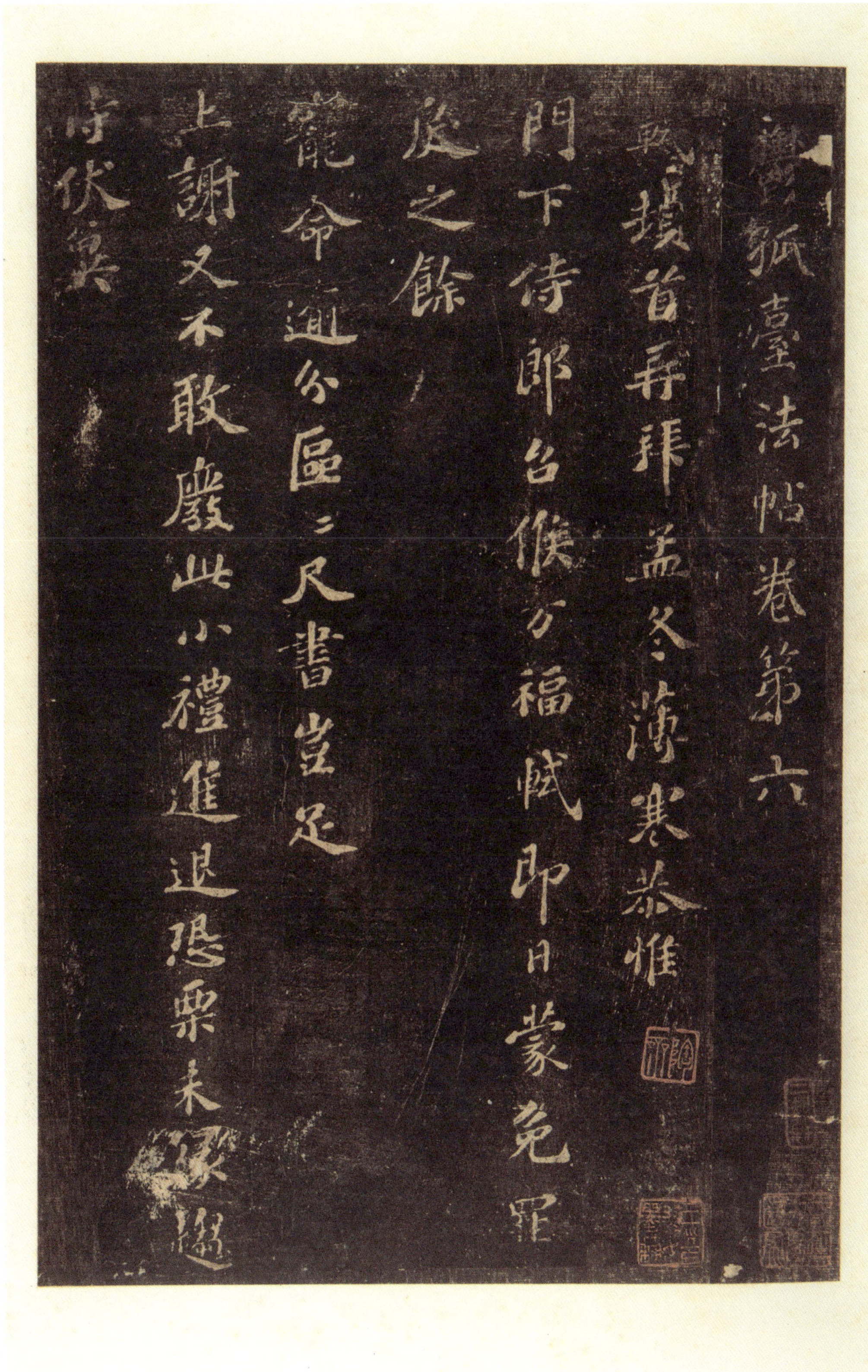

00724 鬱孤臺法帖 （宋）聶子述輯　南宋紹定元年（1228）刻石　宋拓本

八十五開。墨本高39.3厘米，廣22.5厘米。龔心釗、李放題簽，徐百詩篆端。龔心釗釋文并跋又過録相關文獻數則。有“二知軒”等印。上海圖書館藏，存二卷。

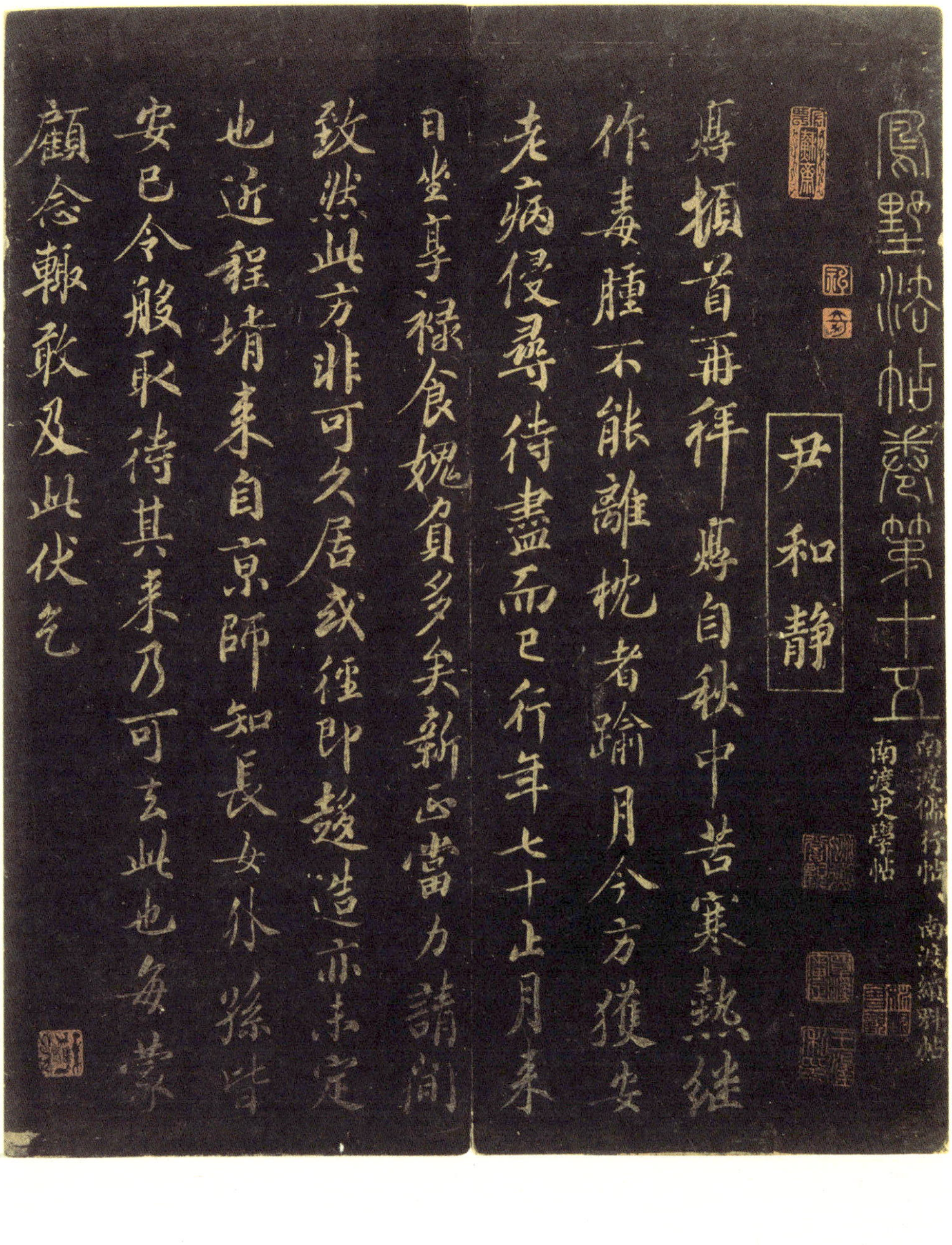

00725 鳳墅帖 （宋）曾宏父輯　（宋）張節摹勒　歐陽信明　歐陽庚等刻　南宋淳祐刻石　宋拓本

經折裝。墨本高38厘米，廣16厘米。翁方綱、吴榮光、英和、姚元之、姚晏、程思澤、歐陽亭民、楊守敬等跋。上海圖書館藏，存十二卷。

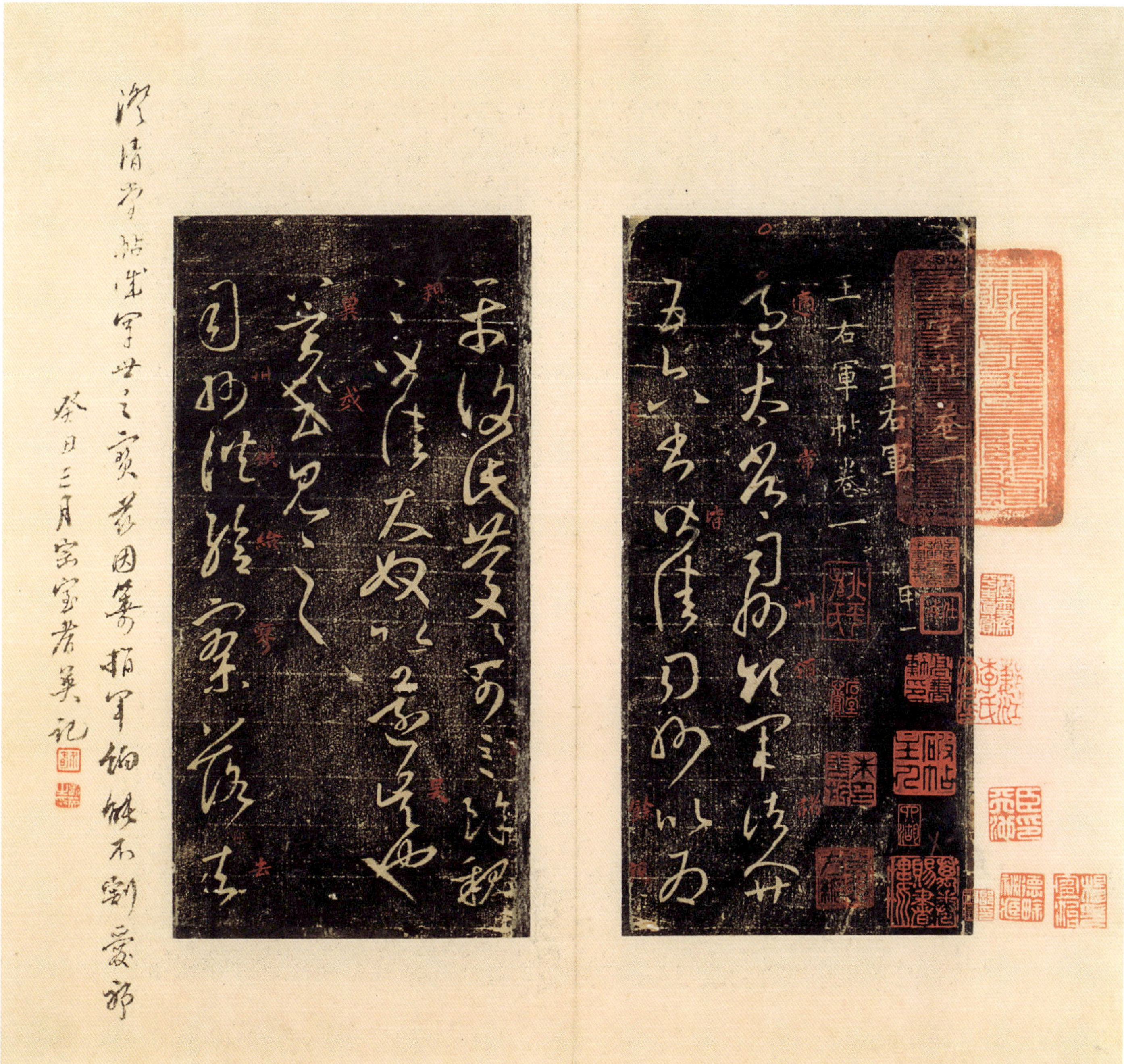

00726 澄清堂帖 （宋）施宿摹勒　南宋淳祐刻石　宋拓本

四十一開。墨本高26.5厘米，廣13.4厘米。有“海父”、“孫承澤印”、“翁方綱”、“邵福瀛印”、“高綬成印”等印。後附邵福瀛帖開詳記，蘇鄰校勘記六開。耆英、吳雲、潘仕成、孫承澤、邵松年等跋。故宫博物院藏，存三卷。

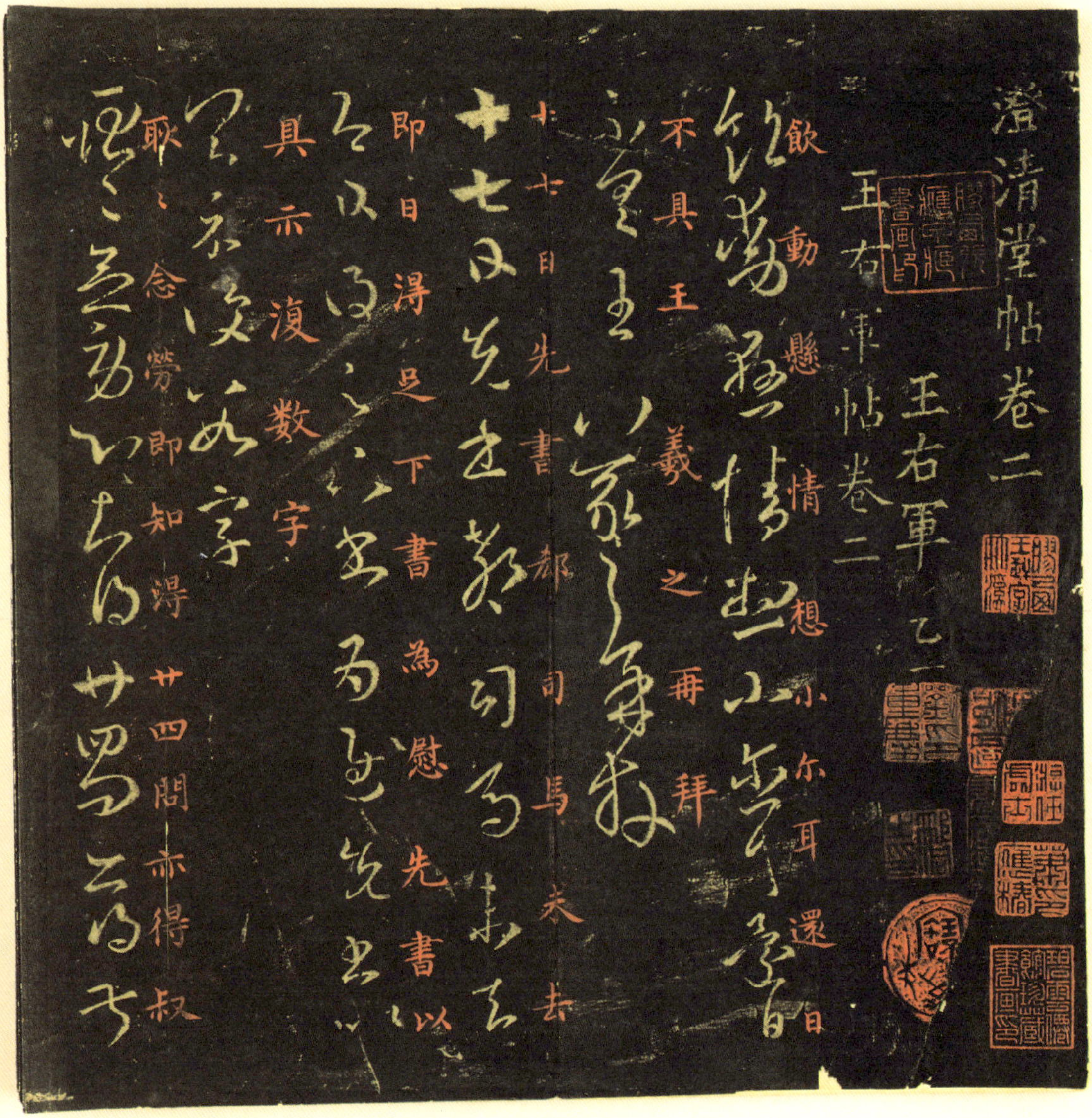

00727 澄清堂帖 （宋）施宿摹勒　南宋淳祐刻石　宋拓本

三十一開半。墨本高26厘米，廣13厘米。有“邢侗之印”、“劉重慶印”、“米萬鐘印”、“膠西張應甲藏書畫印”、“楊壽之印”、“蕭應春印”等印。龔心釗、張啟園觀款，詹景鳳、溫煥等跋。故宮博物院藏，存二卷。

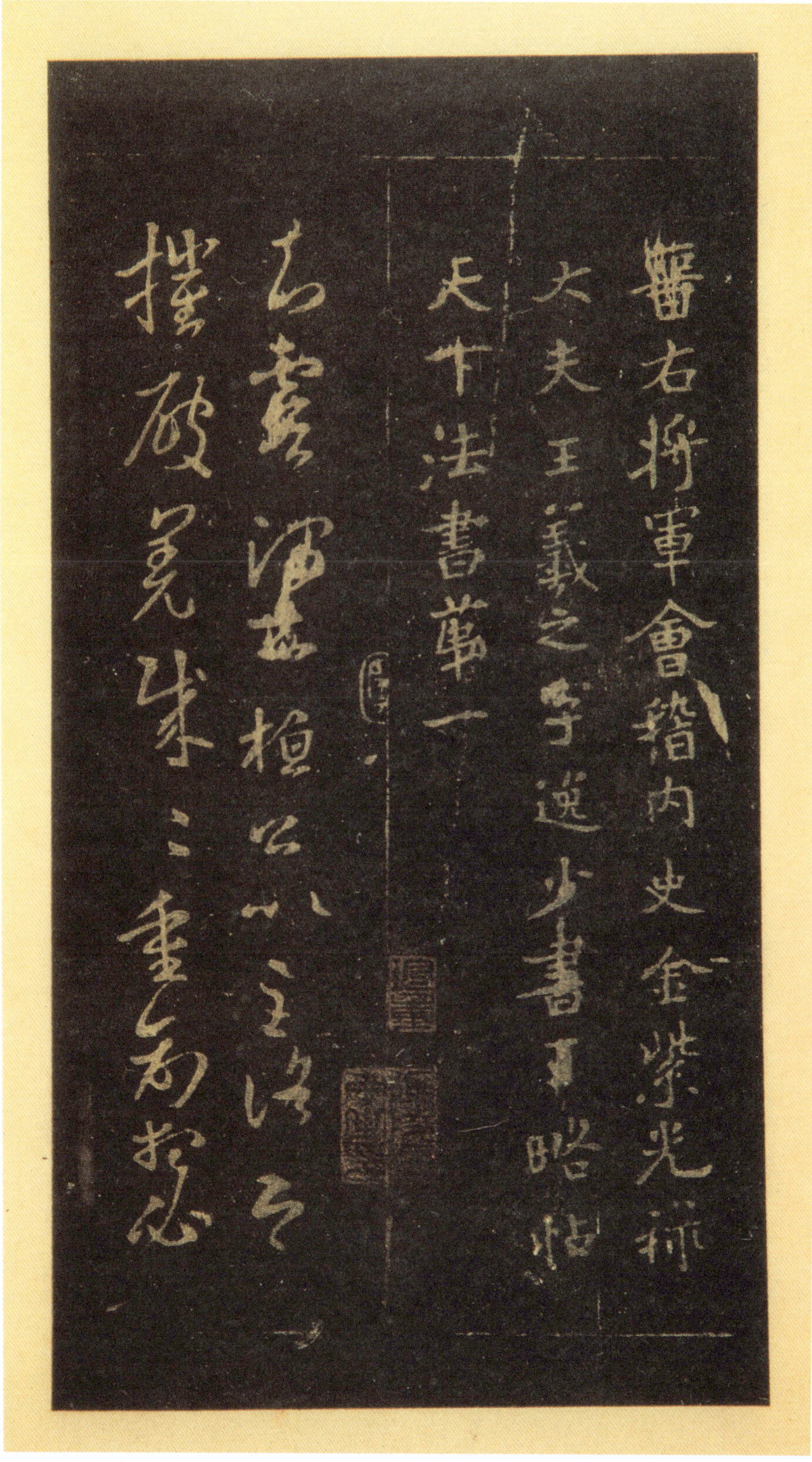

00728 寶晉齋法帖十卷 （宋）曹之格輯　南宋咸淳五年（1269）刻石　宋拓本

一百八十二開。墨本高29.6厘米，廣16.2厘米。有“畊野曹之格新民印章”等印。馮夢禎、吳時宰、許志古、王澍、穆揭阿等題記及觀款。上海圖書館藏。

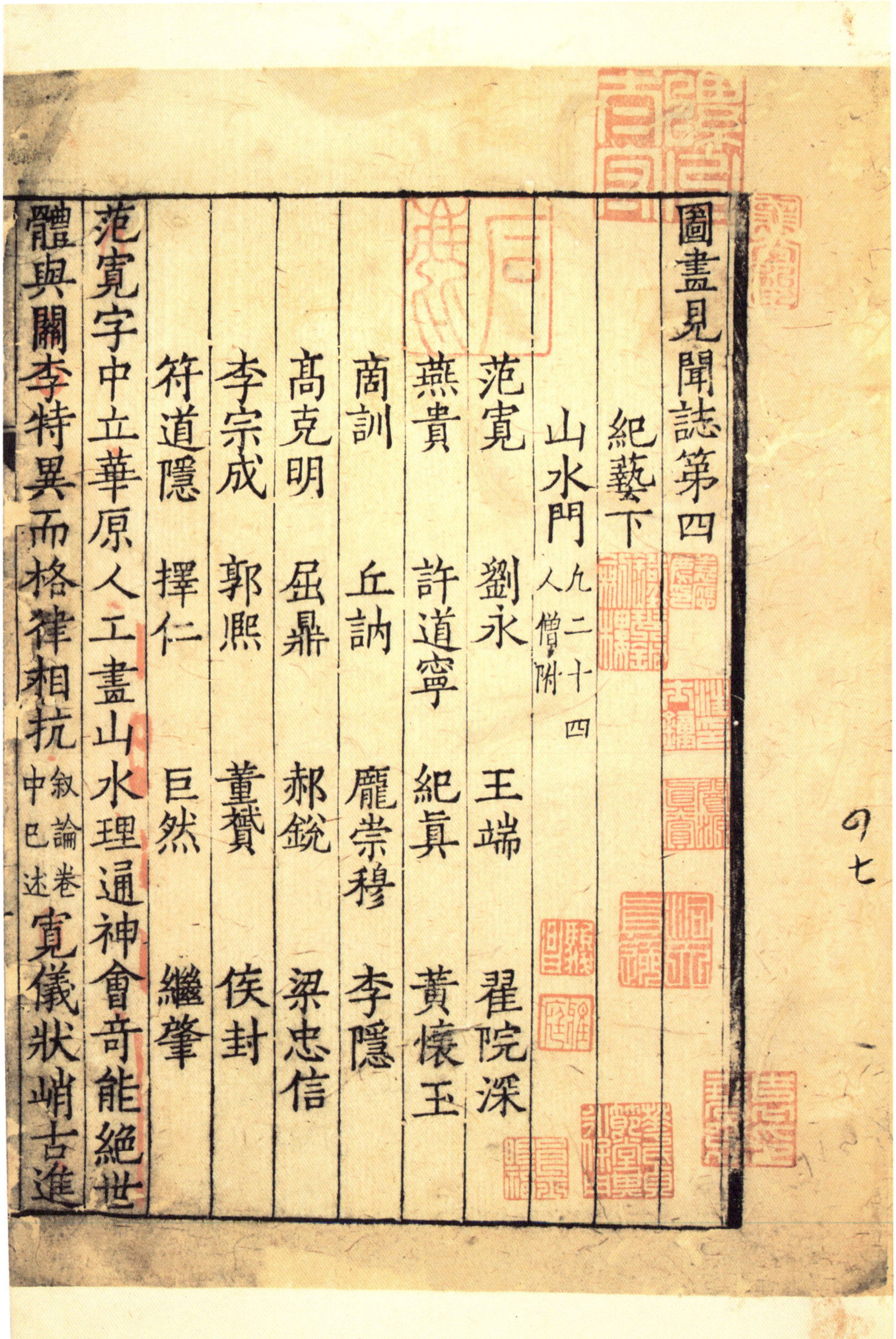

圖畫見聞誌第四

紀藝下

山水門凡二十四人僧附

范寬　劉永　王端　翟院深

燕貴　許道寧　紀眞　黃懷玉

商訓　丘訥　龐崇穆　李隱

高克明　屈鼎　郝銳　梁忠信

李宗成　郭熙　董贇　侯封

符道隱　擇仁　巨然　繼肇

范寬字中立華原人工畫山水理通神會奇能絕世體與關李特異而格律相抗叙論卷中已述寬儀狀峭古進

00729 圖畫見聞誌六卷 （宋）郭若虛撰　宋刻本（卷一至三配元抄本）

匡高19.9厘米，廣14.6厘米。半葉十一行，行二十字，小字雙行同，白口，左右雙邊。有“黃印丕烈”、“汪印士鐘”、“鐵琴銅劍樓”等印。黃丕烈跋。國家圖書館藏。

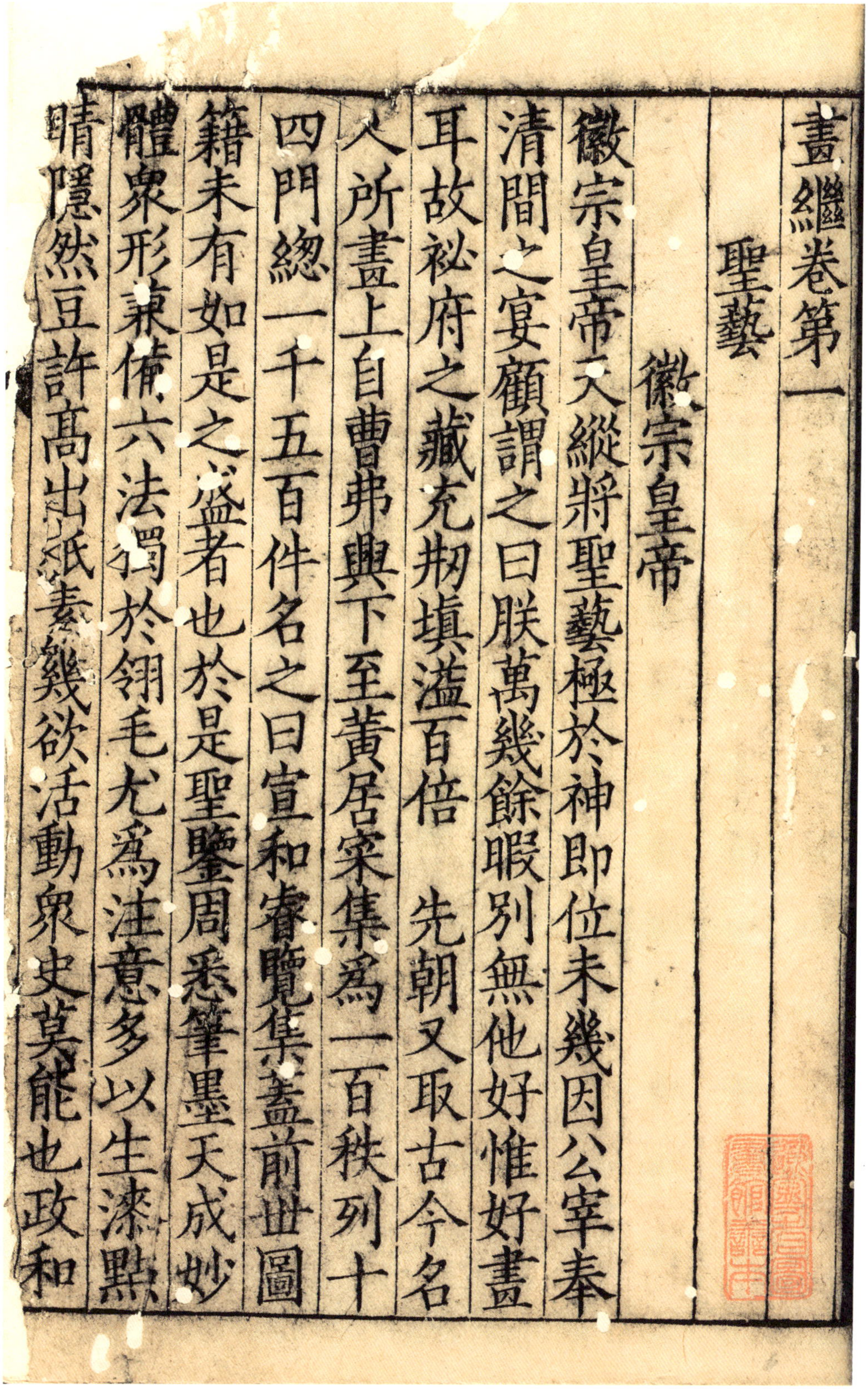
畫繼卷第一
聖藝
徽宗皇帝
徽宗皇帝天縱將聖藝極於神即位未幾因公宰奉
清閒之宴顧謂之曰朕萬幾餘暇別無他好惟好畫
耳故秘府之藏充牣塡溢百倍　先朝又取古今名
人所畫上自曹弗興下至黃居寀集爲一百秩列十
四門總一千五百件名之曰宣和睿覽集蓋前世圖
籍未有如是之盛者也於是聖鑒周悉筆墨天成妙
體衆形兼備六法獨於翎毛尤爲注意多以生漆點
睛隱然豆許高出紙素幾欲活動衆史莫能也政和

00730　畫繼十卷　（宋）鄧椿撰　**五代名畫補遺一卷**　（宋）劉道醇撰　宋臨安府陳道人書籍鋪刻本

匡高19.7厘米，廣14.6厘米。半葉十一行，行二十字，白口，左右雙邊。有“臨安府陳道人書籍鋪刊行”刻書題記。有“謙牧堂藏書記”、“天禄繼鑑”等印。遼寧省圖書館藏。

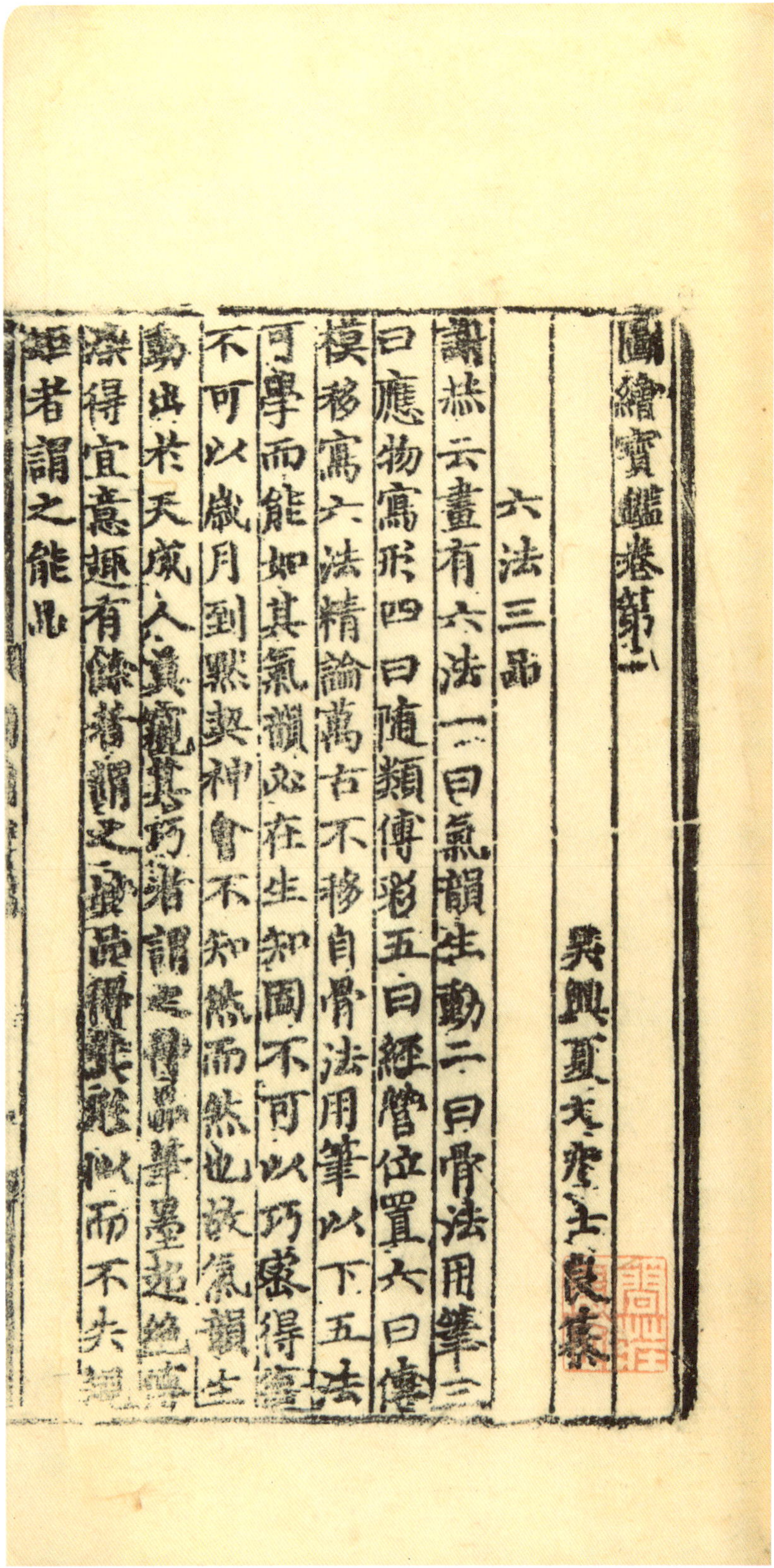

00731 圖繪寶鑑五卷補遺一卷 （元）夏文彥撰　元至正二十六年（1366）刻明修本

匡高17.7厘米，廣11.4厘米。半葉十一行，行二十字，黑口，左右雙邊。吳騫、陳鱣、黃丕烈跋。上海圖書館藏。

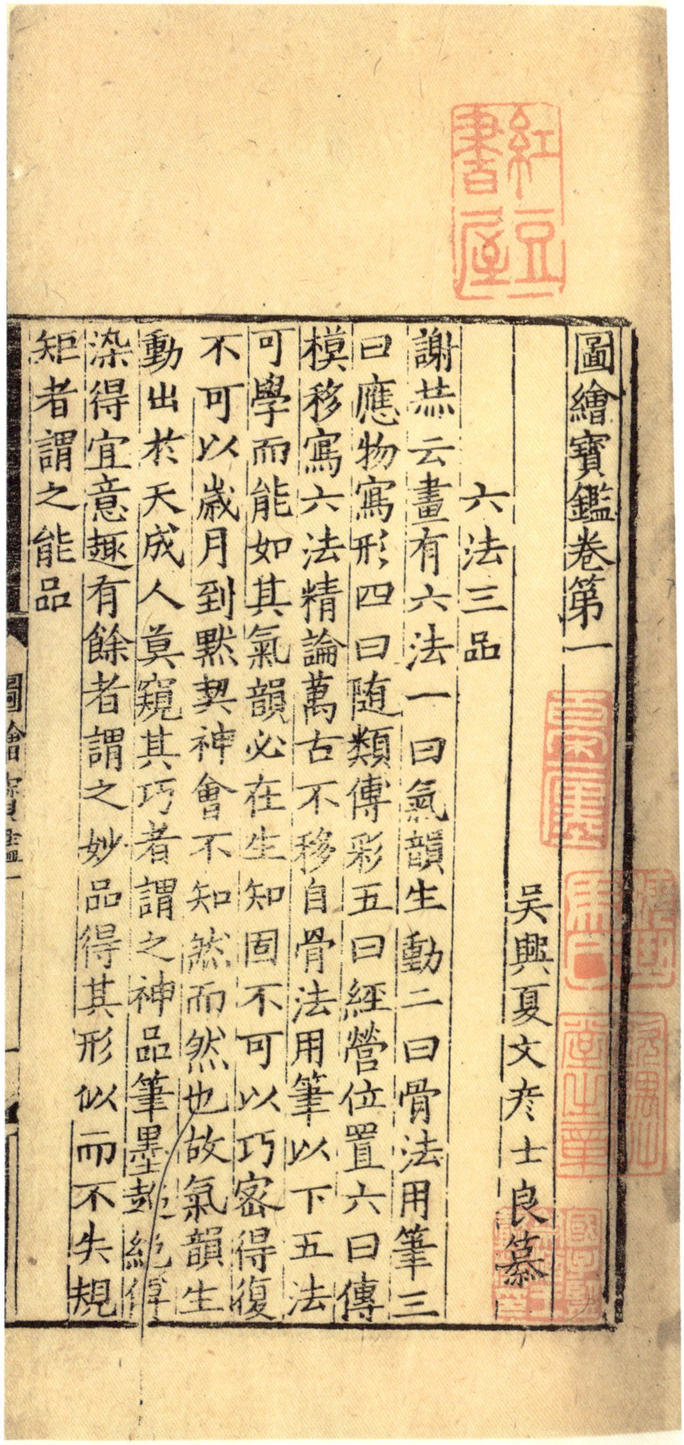
圖繪寶鑑卷第一
吴興夏文彥士良纂
六法三品
謝赫云畫有六法一曰氣韻生動二曰骨法用筆三曰應物寫形四曰隨類傳彩五曰經營位置六曰傳模移寫六法精論萬古不移自骨法用筆以下五法可學而能如其氣韻必在生知固不可以巧密得復不可以歲月到默契神會不知然而然也故氣韻生動出於天成人莫窺其巧者謂之神品筆墨超絶傅染得宜意趣有餘者謂之妙品得其形似而不失規矩者謂之能品

00732 圖繪寶鑑五卷補遺一卷 （元）夏文彥撰　元至正二十六年（1366）刻本

匡高18厘米，廣11厘米。半葉十一行，行二十字，黑口，左右雙邊。有“紅豆書屋”、“百宋一廛”、“國子監祭酒王懿榮印”等印。王獻唐批校。山東省博物館藏。

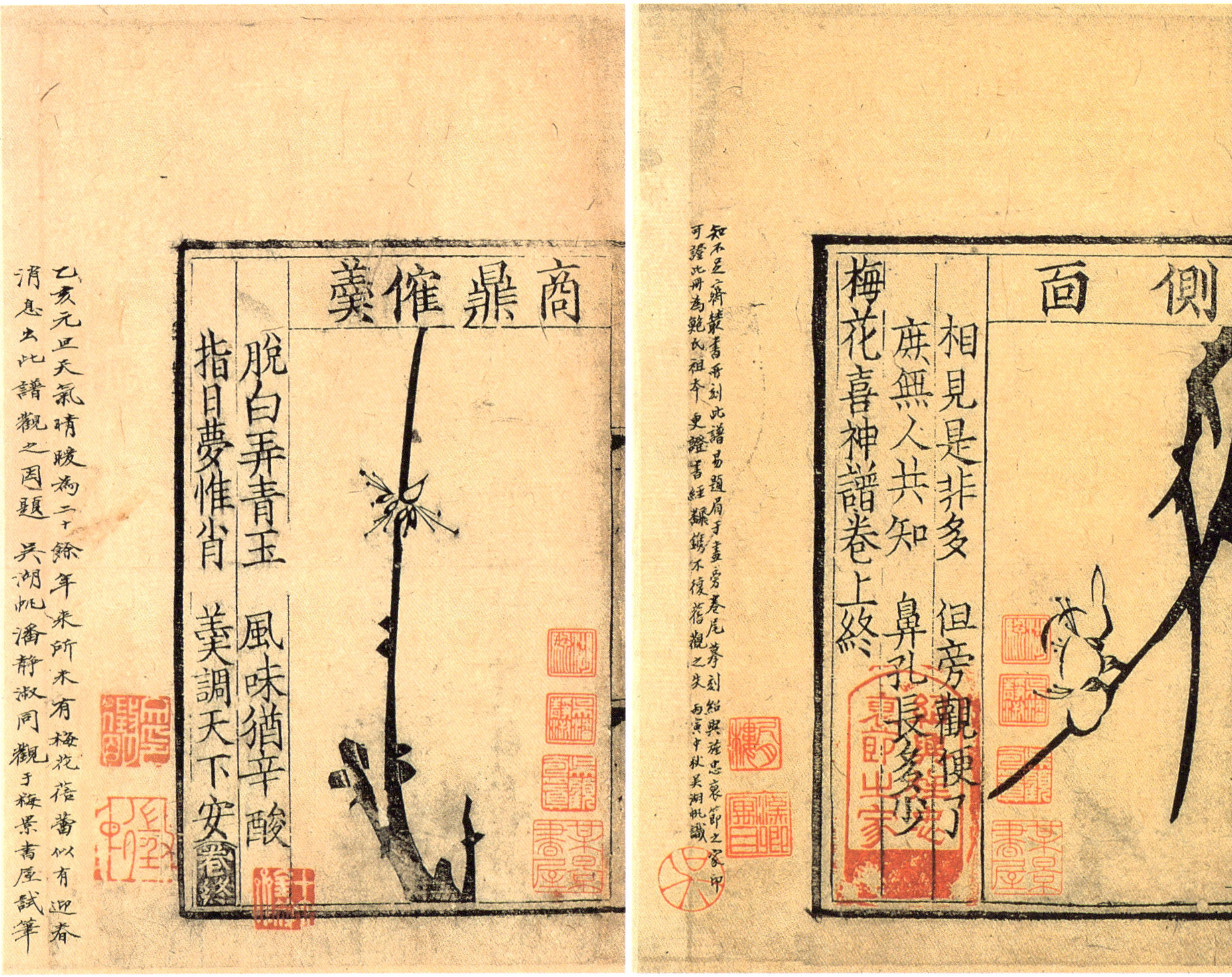

00733 梅花喜神譜二卷 （宋）宋伯仁輯　宋景定二年（1261）金華雙桂堂刻本

匡高15厘米，廣10.4厘米。白口，四周雙邊。有"汪士鐘藏"、"羅振玉印"、"吳湖颿"等印。黄丕烈跋并題詩，錢大昕、孫星衍跋。上海博物館藏。

余有梅癖辟圃以栽築亭以對
刋清臞集以咏每於梅猶有
未能盡花之趣爲慊得非
廣平公以鐵石心腸賦未盡
梅花事而拳拳屬意於雲
仍者乎余於花放之時滿肝
清霜滿肩寒月不厭細徘徊
於竹籬茅屋邊嗅蕊吹英接
香嚼粉諦玩梅花之低昂俯
仰分合卷舒其態度冷冷然

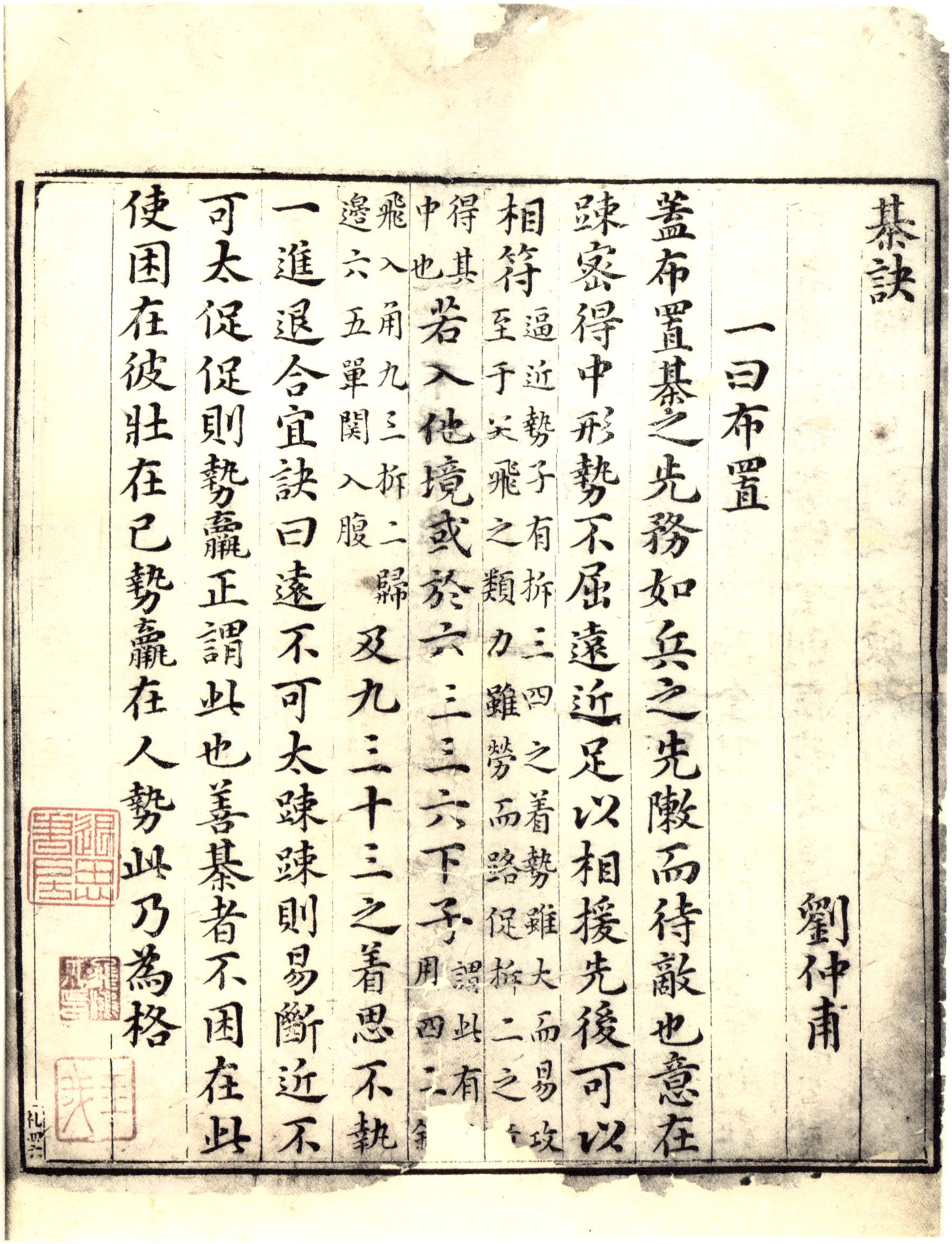

棊訣

劉仲甫

一曰布置

蓋布置棊之先務如兵之先陳而待敵也意在疎密得中形勢不屈遠近足以相援先後可以相符逼近勢子有拆三四之着勢雖大而易攻至于尖飛之類力雖勞而路促拆二之[illegible]得其中也若入他境或於六三三六下子謂此有[illegible]用四二[illegible]飛入角九三拆二歸邊六五單關入腹及九三十三之着思不執一進退合宜訣曰遠不可太疎疎則易斷近不可太促促則勢羸正謂此也善棊者不困在此使困在彼壯在己勢羸在人勢此乃為格

00734 棋經十三篇 （宋）張擬撰　元刻本

匡高25厘米，廣24.2厘米。半葉十二行，行十八字，小字雙行同，白口，四周雙邊。有“退思書房”等印。中國文化遺産研究院藏。

棋經十三篇

論局篇第一 棊方正之名局猶曹局也此篇推本棊局之數以與天合故首以論局名篇

夫萬物之數從一而起局之路三百六十有一

一者生數之主據其極而運四方也 一者數之始萬物之數皆起於一故棊有三百六十之數皆主於一極言棊以一居中猶皇建其有極也四方四隅也棊之據其極而運四隅猶人君建其極而治四方

三百六十以象周天之數分而為四以象四時隅各九十路以象其日外周七十二路以象其候 四時春夏秋冬也周天之度三百六十有五棊之路三百六十而不及五者大數合也棊之有四隅猶天之有四時時有九十日而隅有九十路候謂七十二候也

枯棊三百六十白黑相半以灋

陰陽 枯棊韋洪嗣博奕論有枯棊三百之語其

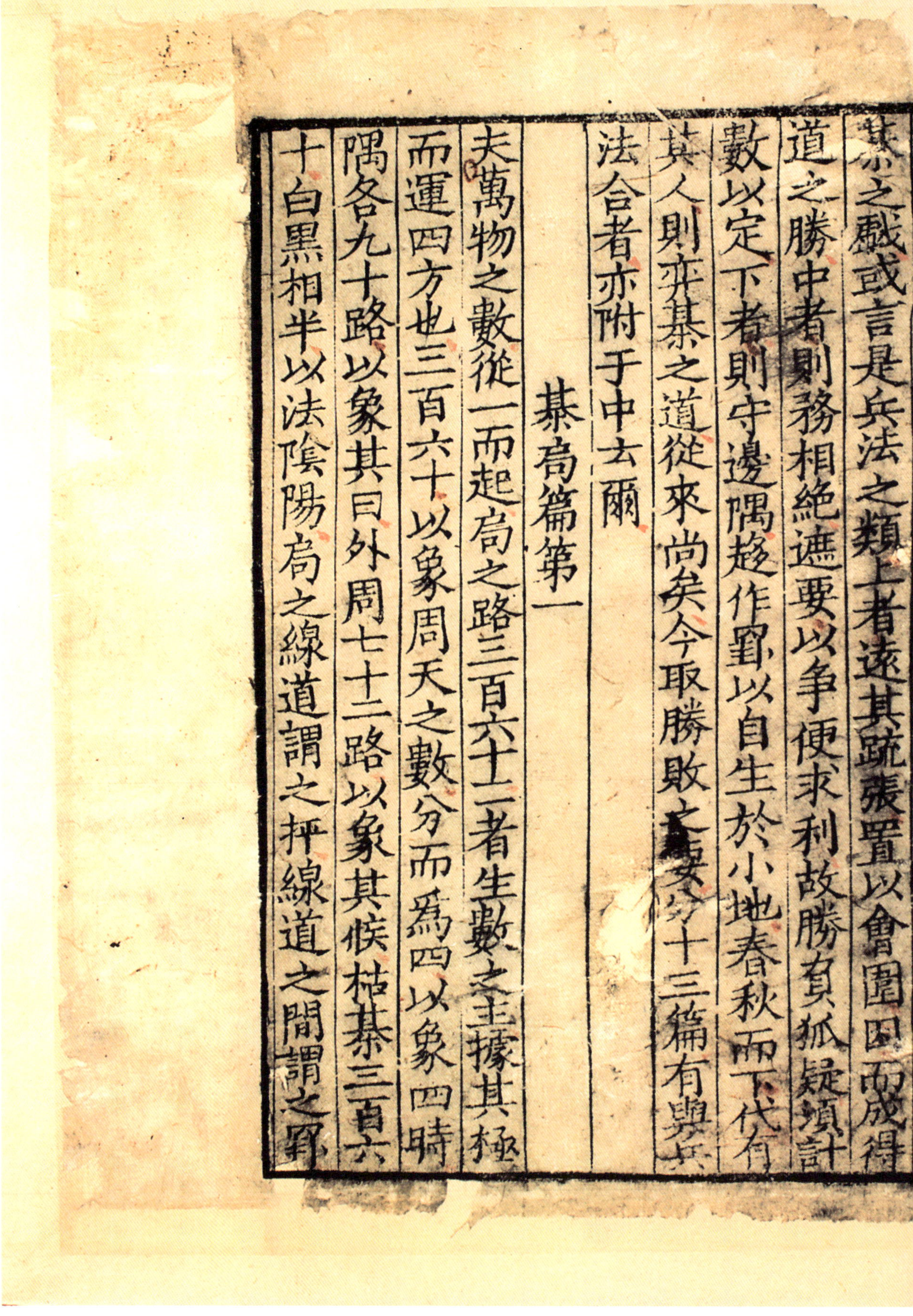

棊之戲或言是兵法之類上者遠其疏張置以會圍因而成得
道之勝中者則務相絕遮要以爭便求利故勝負狐疑須計
數以定下者則守邊隅趍作罫以自生於小地春秋而下代有
其人則弈棊之道從來尚矣今取勝敗之要分十三篇有與兵
法合者亦附于中去爾

棊局篇第一

夫萬物之數從一而起局之路三百六十一一者生數之主據其極
而運四方也三百六十以象周天之數分而爲四以象四時
隅各九十路以象其日外周七十二路以象其候枯棊三百六
十白黑相半以法陰陽局之線道謂之枰線道之間謂之罫

00735 忘憂清樂集一卷 （宋）李逸民撰　宋刻本

蝴蝶裝。匡高20.8厘米，廣13.8厘米。半葉十行，行二十四字，白口，左右雙邊。有“士礼居”、“士鐘”、“汪印振勳”、“鐵琴銅劍樓”等印。黃丕烈跋，丁秉衡校。國家圖書館藏。

棊經十三篇

皇祐中張學士撰

傳曰飽食終日無所用心不有博奕者乎言單所論曰並有圍

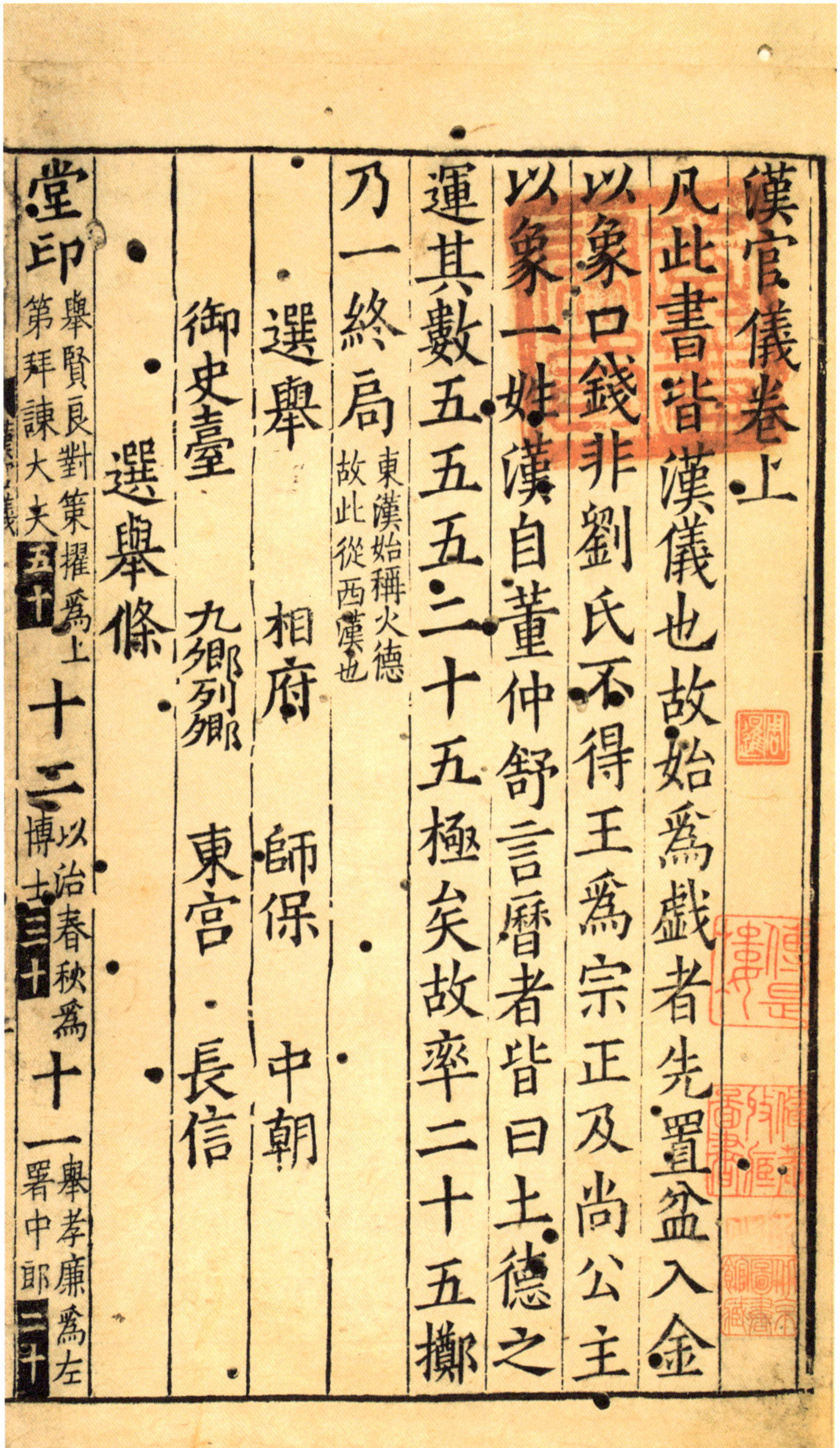
漢官儀卷上
凡此書皆漢儀也故始爲戲者先置盆入金
以象口錢非劉氏不得王爲宗正及尚公主
以象一姓漢自董仲舒言曆者皆曰土德之
運其數五五五三十五極矣故率二十五撇
乃一終局東漢始稱火德故此從西漢也
選舉　相府　師保　中朝
御史臺　九卿列卿　東宮　長信
選舉條
堂印　舉賢良對策擢爲上第拜諫大夫　五十　十二　以治春秋爲博士　三十　十一　舉孝廉爲左署中郎　二十

00736 漢官儀三卷（宋）劉攽撰　宋紹興九年（1139）臨安府刻本

匡高24.3厘米，廣16.4厘米。半葉十行，行十七字，小字雙行二十五至二十七字，白口，左右雙邊。有“紹興九年三月臨安府雕印”牌記。有“傳是樓”、“太上皇帝之寶”、“八徵耄念之寶”、“五福五代堂古稀天子寶”、“天禄琳琅”、“周暹”等印。國家圖書館藏。

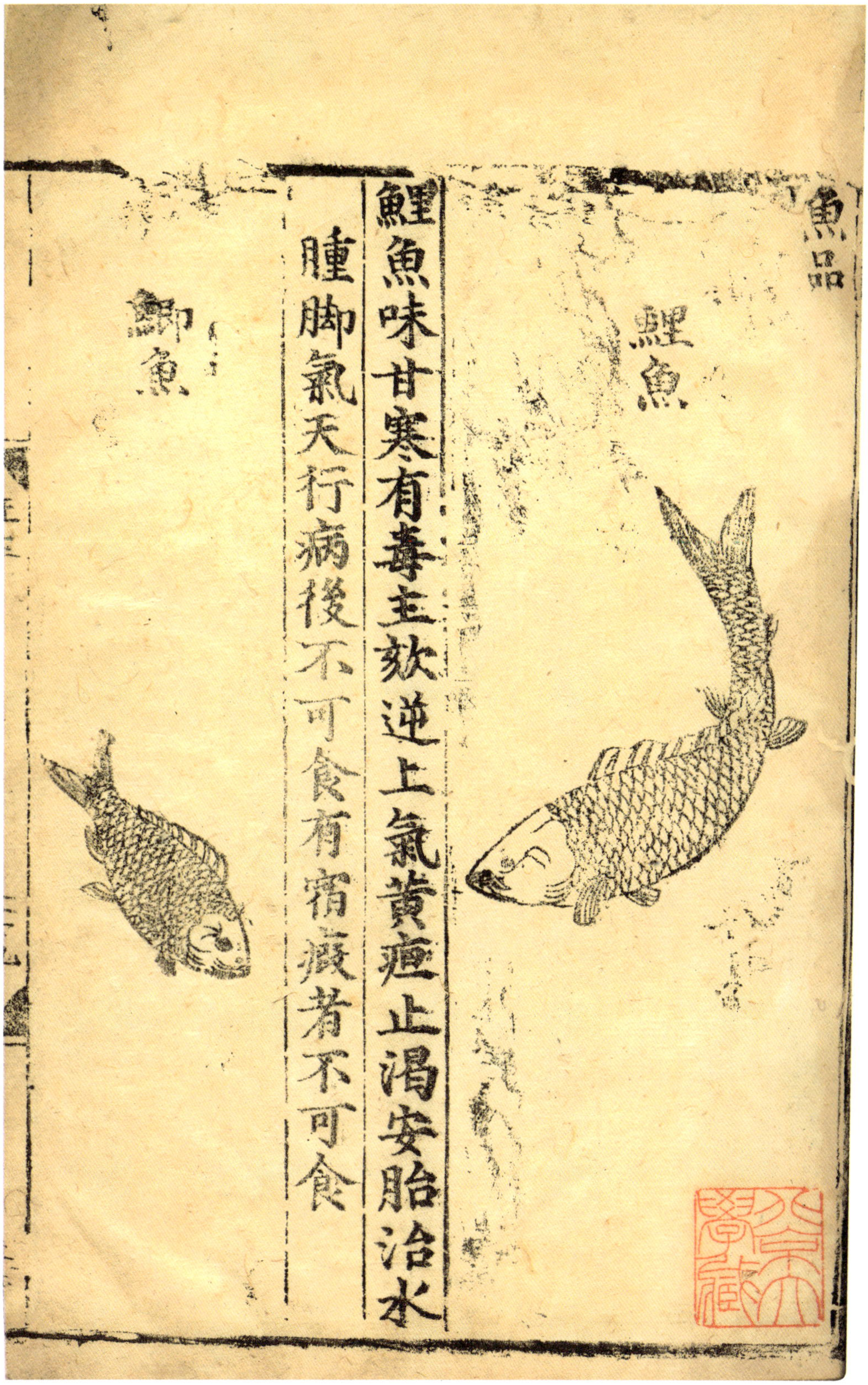
魚品

鯉魚

鯉魚味甘寒有毒主欬逆上氣黃疸止渴安胎治水
腫脚氣天行病後不可食有宿癥者不可食

鯽魚

00737 飲膳正要三卷 （元）忽思慧撰　元刻本

匡高25厘米，廣19厘米。半葉十行，行二十字，白口，左右雙邊。北京大學圖書館藏，存一卷。

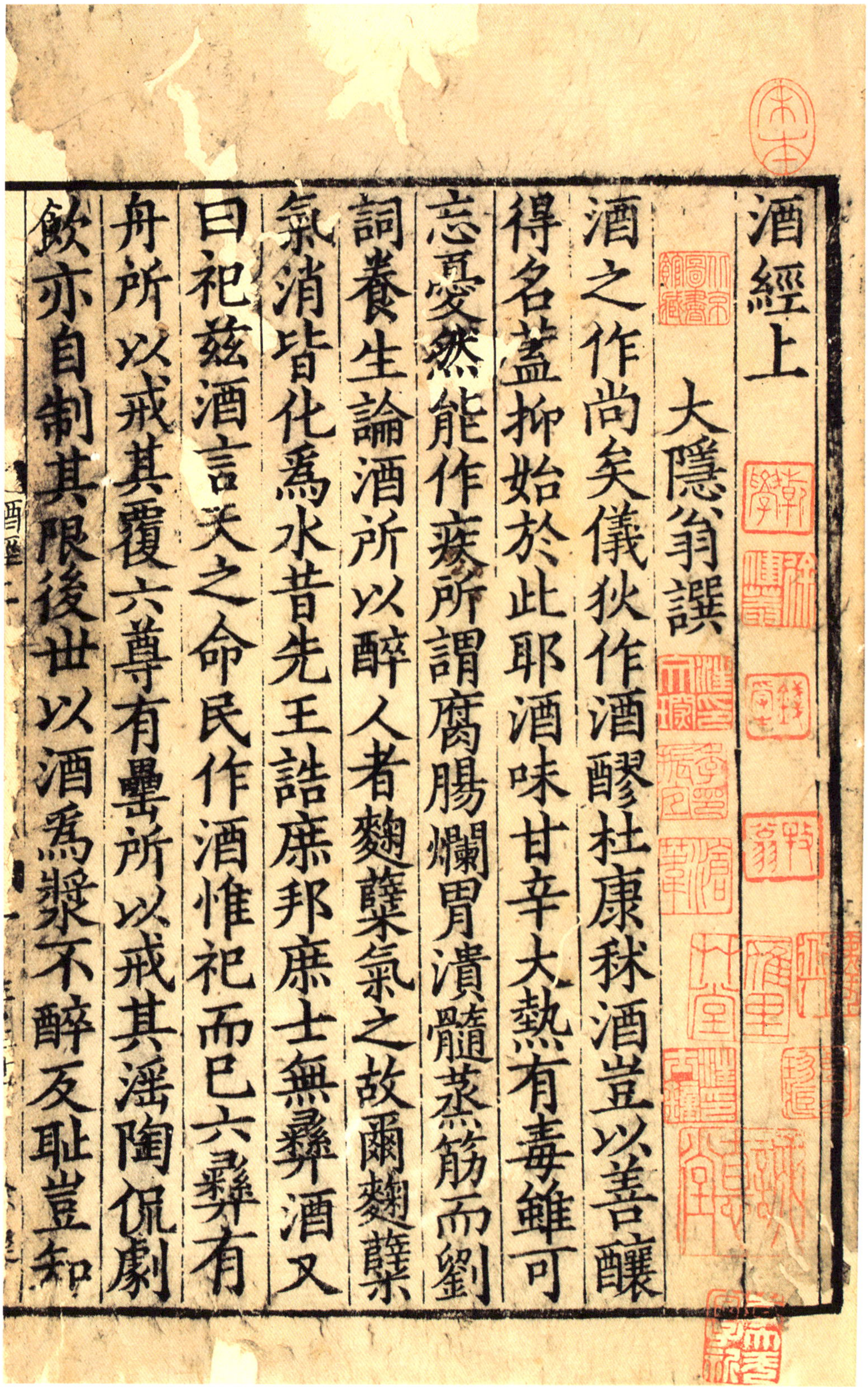

酒經上

大隱翁譔

酒之作尚矣儀狄作酒醪杜康秫酒豈以善釀得名蓋抑始於此耶酒味甘辛大熱有毒雖可忘憂然能作疾所謂腐腸爛胃潰髓蒸筋而劉詞養生論酒所以醉人者麴蘖氣之故爾麴蘖氣消皆化爲水昔先王誥庶邦庶士無彝酒又曰祀茲酒言天之命民作酒惟祀而已六彝有舟所以戒其覆六尊有罍所以戒其淫陶侃劇飲亦自制其限後世以酒爲漿不醉反耻豈知

00738 酒經三卷 （宋）朱翼中撰　宋刻本

匡高20.5厘米，廣15.5厘米。半葉十行，行十八字，白口，左右雙邊。有“錢印謙益”、“季印振宜”、“乾學”、“汪印士鐘”、“鐵琴銅劍樓”等印。錢謙益跋。國家圖書館藏。

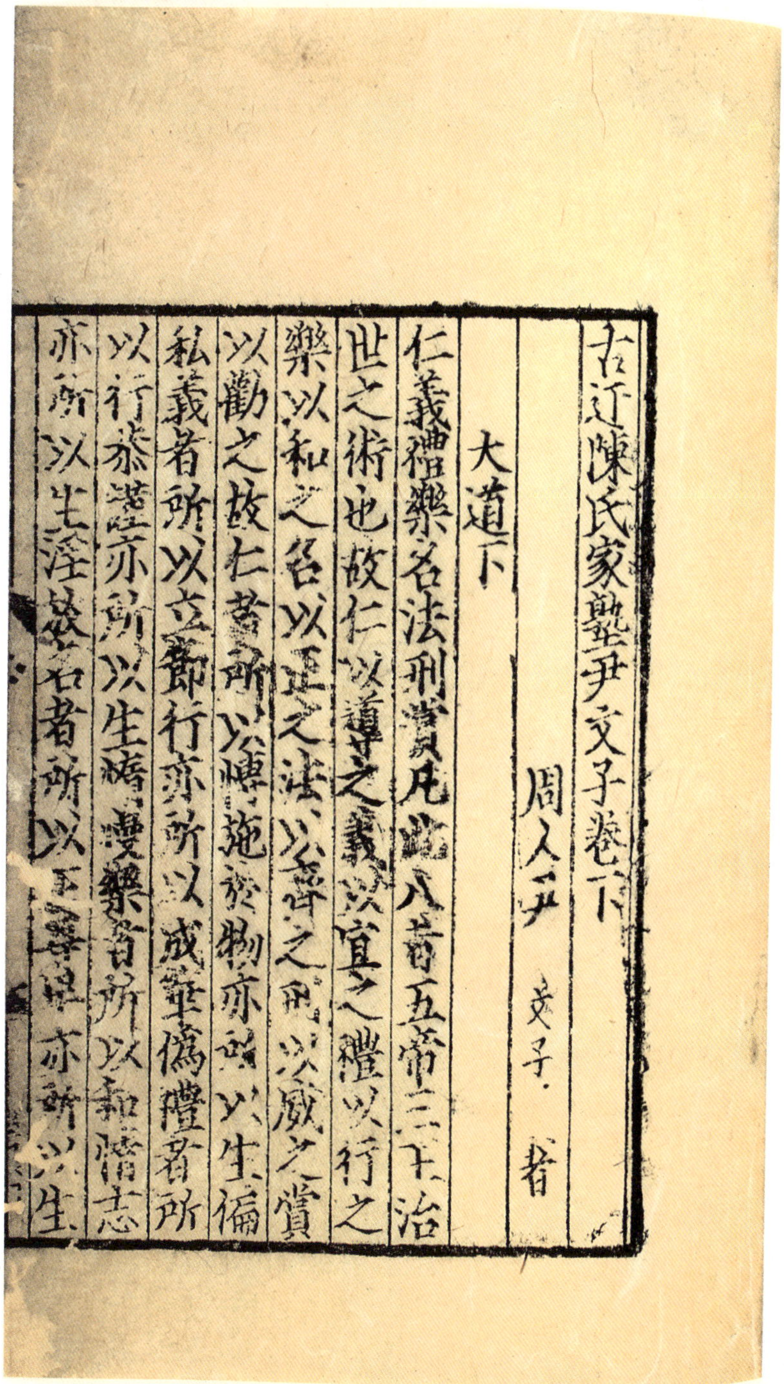
古迂陳氏家塾尹文子卷下
周人尹　文子　著
大道下
仁義禮樂名法刑賞凡此八者五帝三王治
世之術也故仁以導之義以宜之禮以行之
樂以和之名以正之法以齊之刑以威之賞
以勸之故仁者所以博施於物亦所以生偏
私義者所以立節行亦所以成華偽禮者所
以行恭謹亦所以生惰慢樂者所以和情志
亦所以生淫放名者所以正尊卑亦所以生

00739 古迂陳氏家塾尹文子二卷　元陳仁子刻本

匡高15厘米，廣10.7厘米。半葉十行，行十七字，細黑口，左右雙邊。有"汪印士鐘"等印。國家圖書館藏。

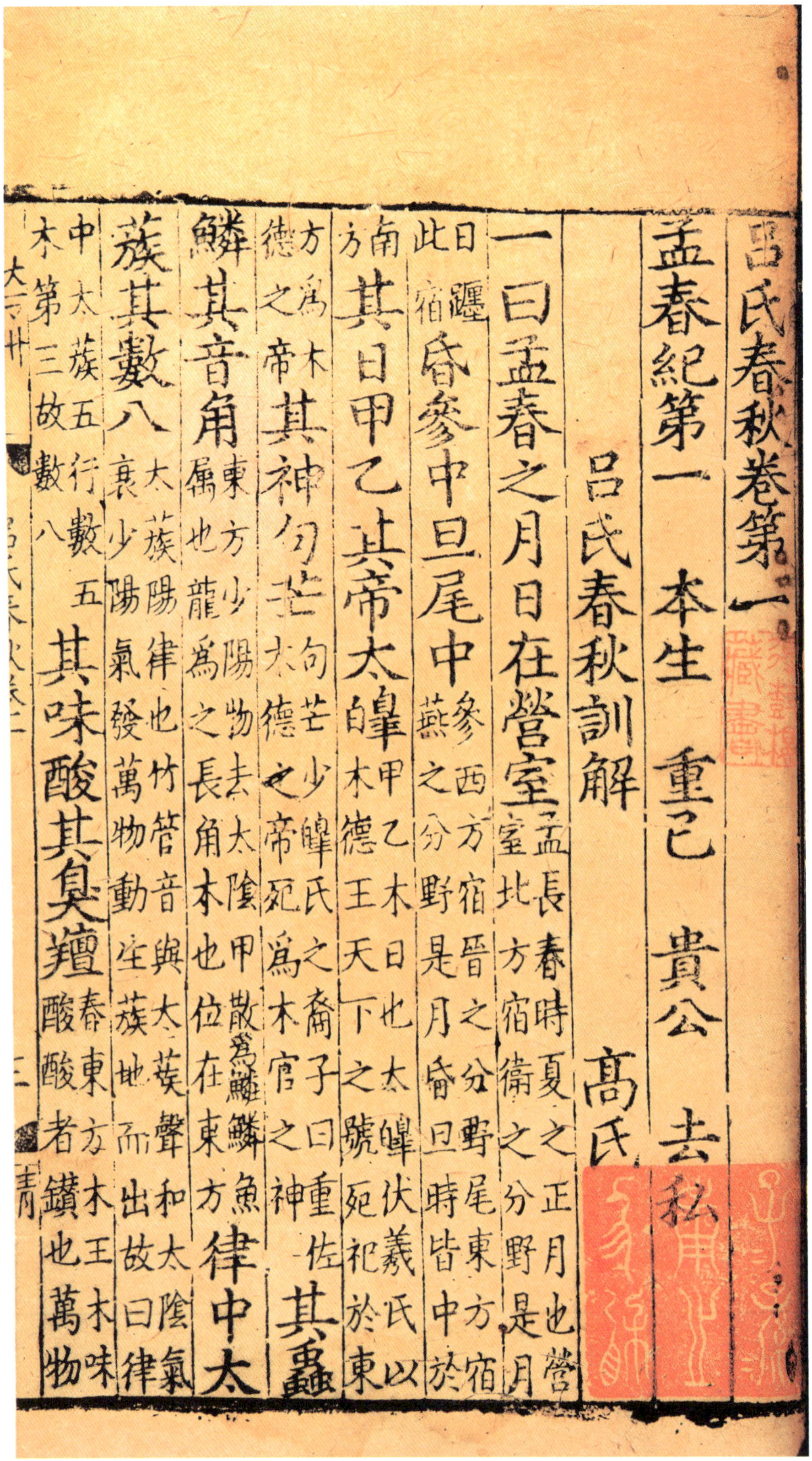
呂氏春秋卷第一
孟春紀第一　本生　重己　貴公　去私
呂氏春秋訓解　高氏
一曰孟春之月日在營室孟長春時夏之正月也營室北方宿衛之分野是月日躔此宿昏參中旦尾中參西方宿晉之分野尾東方宿燕之分野是月昏旦時皆中於南方其日甲乙其帝太皞甲乙木日也太皞伏羲氏以木德王天下之號死祀於東方爲木德之帝其神句芒句芒少皞氏之裔子曰重佐木德之帝死爲木官之神其蟲鱗其音角東方少陽物去太陰甲散爲鱗鱗魚屬也龍爲之長角木也位在東方律中太蔟其數八太蔟陽律也竹管音與太蔟聲和太陰氣衰少陽氣發萬物動生蔟地而出故曰律中太蔟五行數五木第三故數八其味酸其臭羶春東方木王木味酸酸者鑽也萬物

00740、00741、00742、00743　呂氏春秋二十六卷（漢）高誘注　元至正嘉興路儒學刻本

匡高22.8厘米，廣15.7厘米。半葉十行，行二十字，小字雙行同，細黑口，左右雙邊。北京大學圖書館藏，有"安樂堂藏書記"等印；山東省博物館藏，有補配；上海圖書館藏，有"得樹樓藏書"等印，吳騫跋；重慶圖書館藏，爲明修本，有"嘉業堂藏善本"等印。

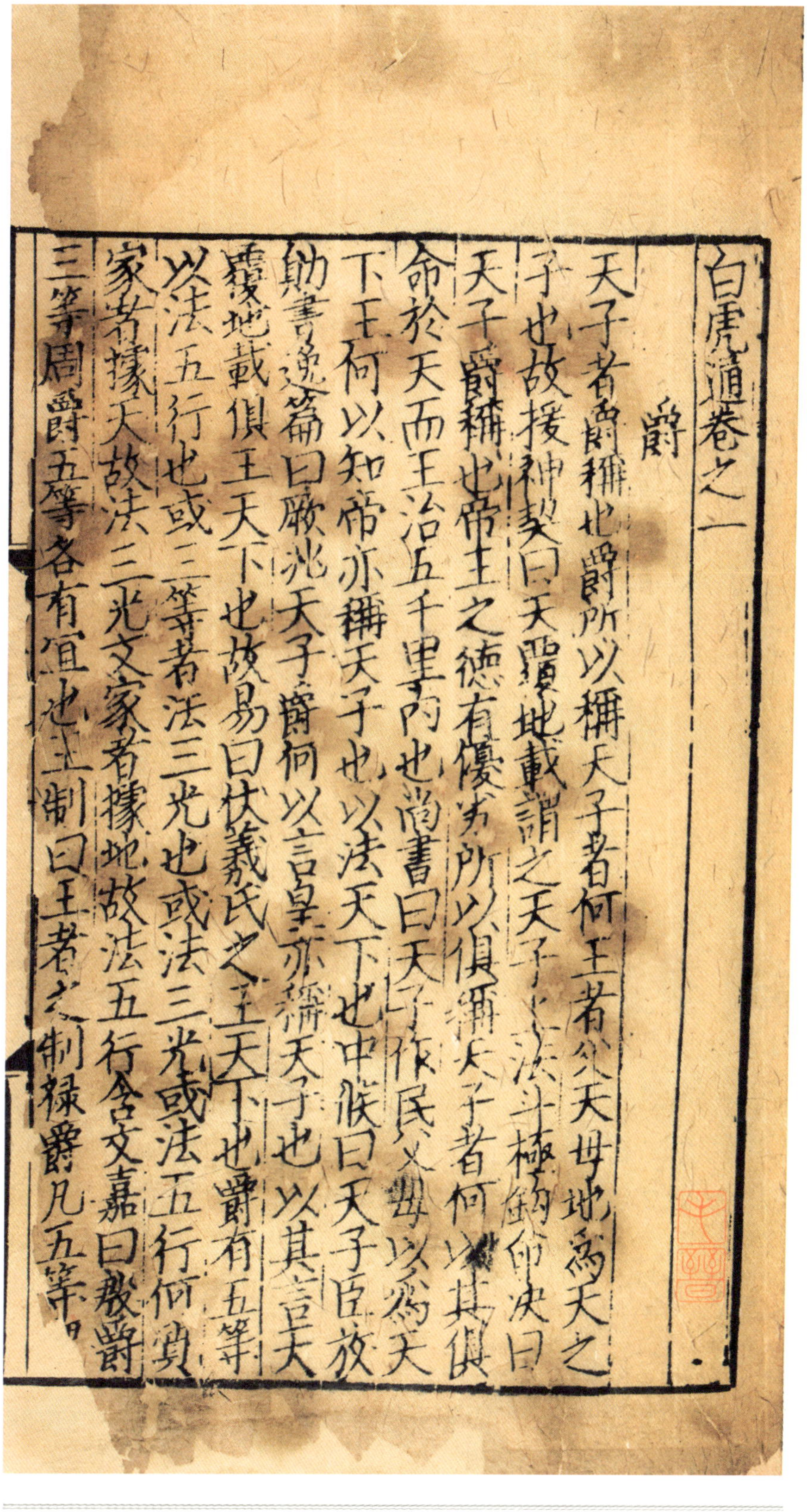
白虎通卷之一
爵
天子者爵稱也爵所以稱天子者何王者父天母地爲天之
子也故援神契曰天覆地載謂之天子上法斗極鉤命決曰
天子爵稱也帝王之德有優劣所以俱稱天子者何以其俱
命於天而王治五千里內也尚書曰天子作民父母以爲天
下王何以知帝亦稱天子也以法天下也中候曰天子臣放
勛書逸篇曰厥兆天子爵何以言皇亦稱天子也以其言天
覆地載俱王天下也故易曰伏羲氏之王天下也爵有五等
以法五行也或三等者法三光也或法三光或法五行何質
家者據天故法三光文家者據地故法五行含文嘉曰殷爵
三等周爵五等各有宜也王制曰王者之制祿爵凡五等

00744、00745 白虎通二卷 （漢）班固撰　元刻本

匡高17.8厘米，廣11.4厘米。半葉十二行，行二十三字，黑口，左右雙邊。上海圖書館藏，有“秀水朱氏潛采堂圖書”、“拜經樓”、“嘉興新豐鄉人唐翰題收藏印”、“潘祖蔭藏書記”等印；國家圖書館藏，有“毛”、“晉”、“丕烈”、“汪印士鐘”、“鐵琴銅劍樓”等印，黃丕烈跋。

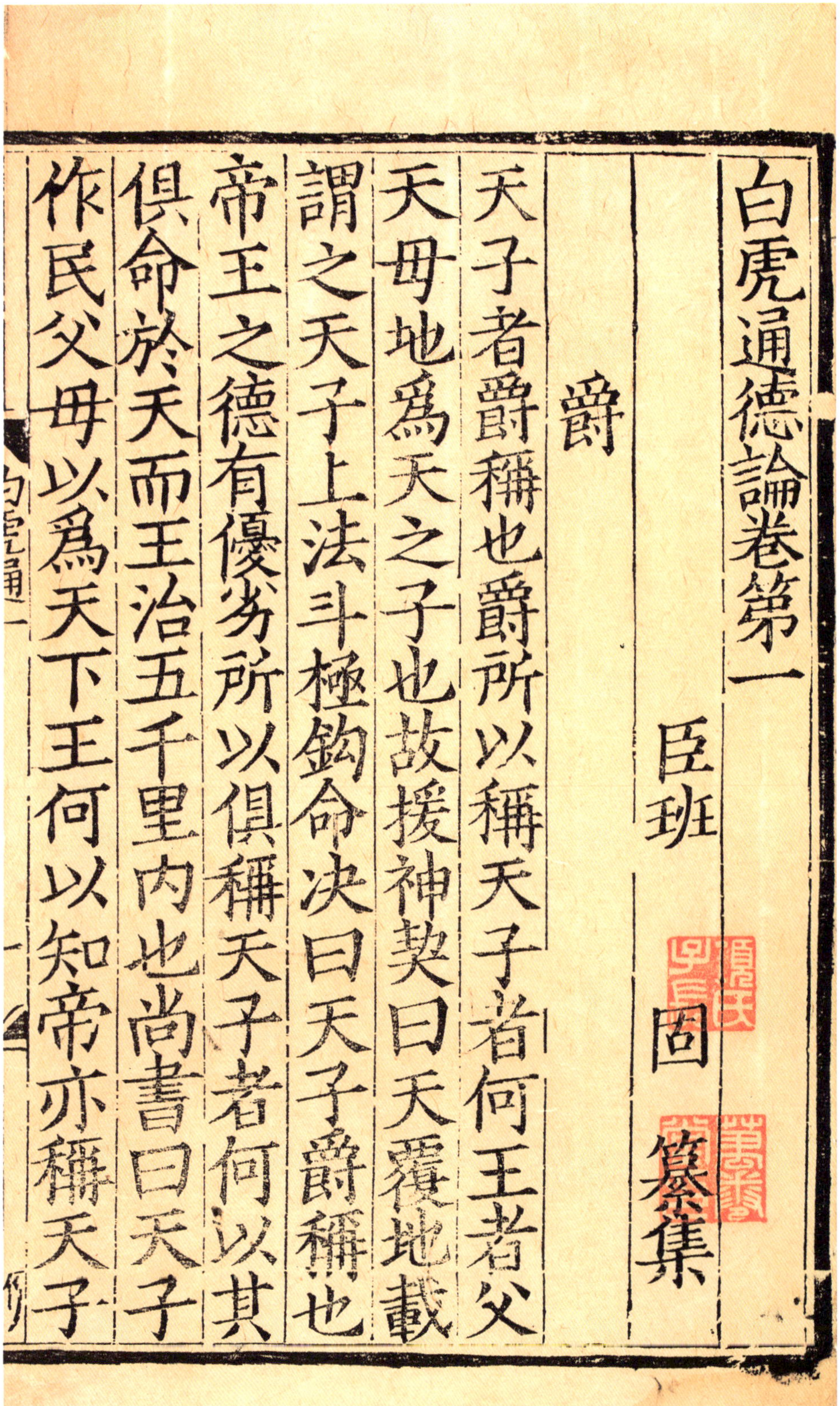

00746、00747 白虎通德論十卷 （漢）班固撰　元大德九年（1305）無錫州學刻本

匡高23厘米，廣15.2厘米。半葉九行，行十七字，細黑口，四周雙邊。國家圖書館藏，爲明修本，有“項氏子長”、“鐵琴銅劍樓”等印；上海圖書館藏。

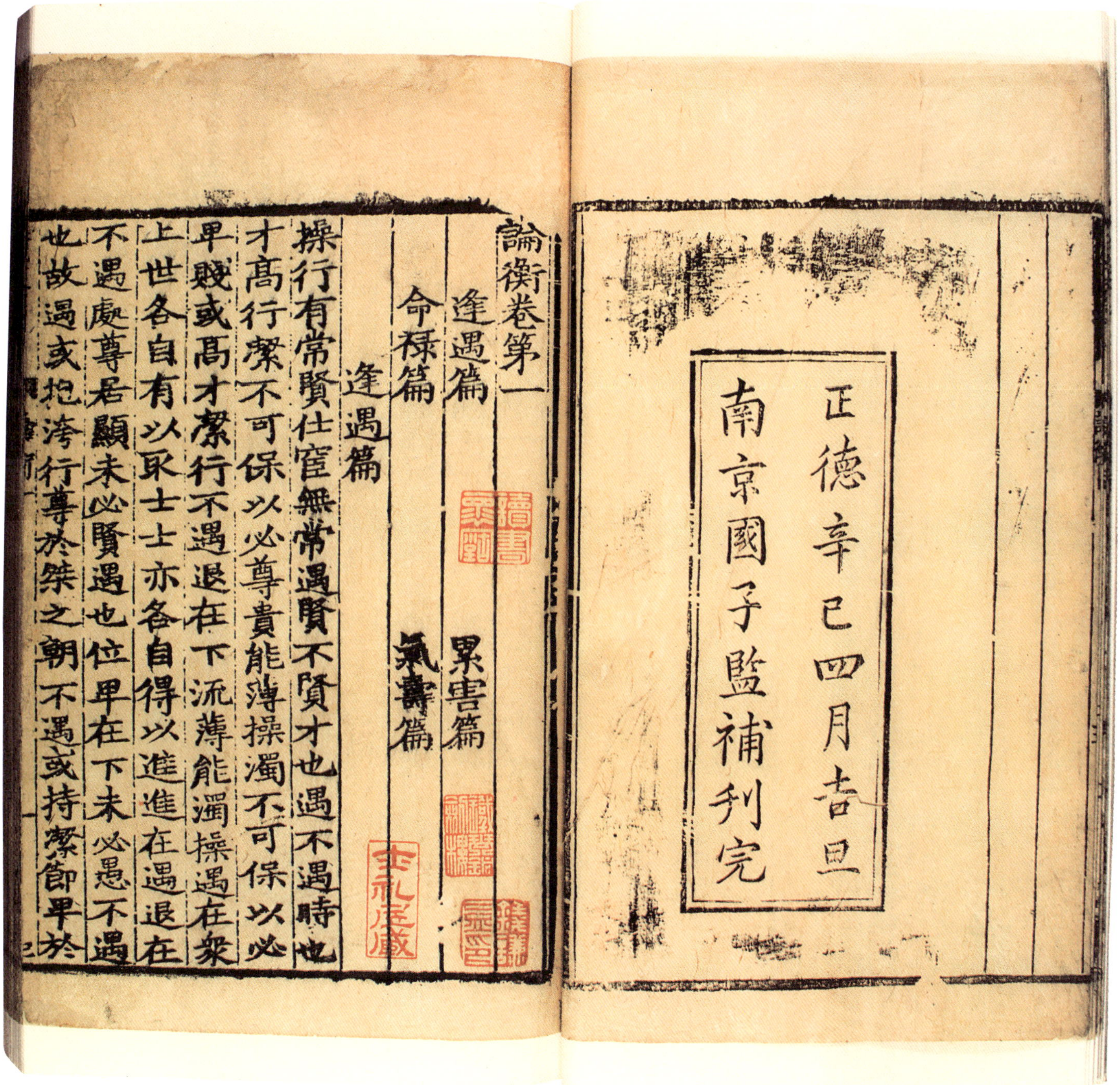

正德辛巳四月吉旦
南京國子監補刊完

論衡卷第一
逢遇篇　累害篇
命祿篇　氣壽篇
逢遇篇
操行有常賢仕宦無常遇賢不賢才也遇不遇時也
才高行潔不可保以必尊貴能薄操濁不可保以必
卑賤或高才潔行不遇退在下流薄能濁操遇在衆
上世各自有以取士士亦各自得以進進在遇退在
不遇處尊居顯未必賢遇也位卑在下未必愚不遇
也故遇或抱洿行尊於桀之朝不遇或持潔節卑於

00748 論衡三十卷　（漢）王充撰　宋乾道三年（1167）紹興府刻宋元明遞修本

匡高21.5厘米，廣14.9厘米。半葉十行，行二十字，白口，四周雙邊或左右雙邊。有“錢謙益印”、“汲古閣”、“士礼居藏”、“鐵琴銅劍樓”等印。錢謙益批點，黄丕烈跋，葉昌熾題款。國家圖書館藏。

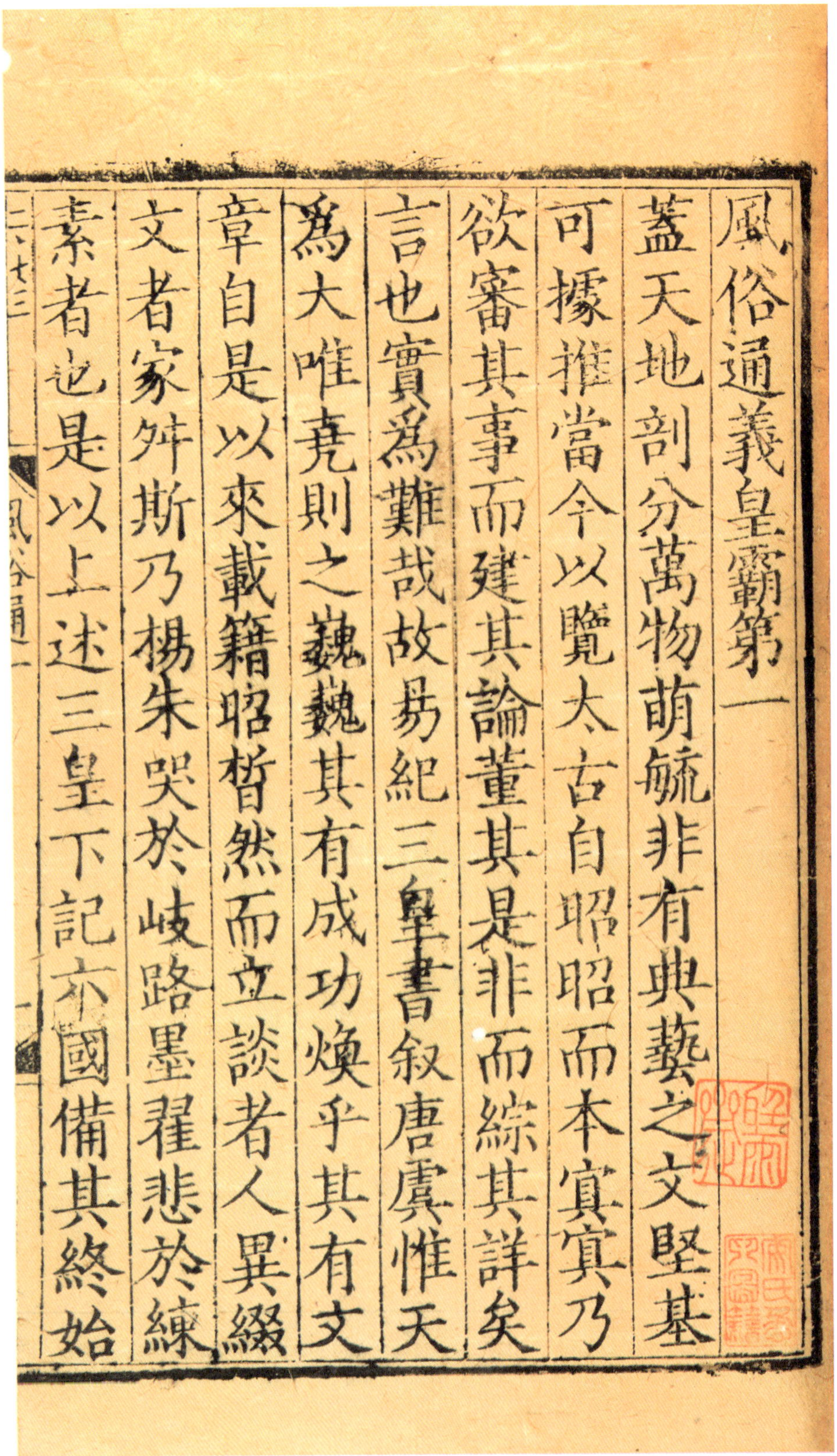
風俗通義皇霸第一
蓋天地剖分萬物萌毓非有典藝之文堅基
可據推當今以覽太古自昭昭而本冥冥乃
欲審其事而建其論董其是非而綜其詳矣
言也實爲難哉故易紀三皇書叙唐虞惟天
爲大唯堯則之巍巍其有成功煥乎其有文
章自是以來載籍昭晳然而立談者人異綴
文者家舛斯乃楊朱哭於岐路墨翟悲於練
素者也是以上述三皇下記六國備其終始

00749、00750 風俗通義十卷 （漢）應劭撰　元大德九年（1305）無錫州學刻本

匡高23厘米，廣16厘米。半葉九行，行十七字，細黑口，四周雙邊。上海圖書館藏，爲明修本，有“仁龢朱澂”、“徐乃昌讀”等印；北京大學圖書館藏，爲公文紙印本，有“晉府書畫之印”、“李印盛鐸”等印，存七卷。

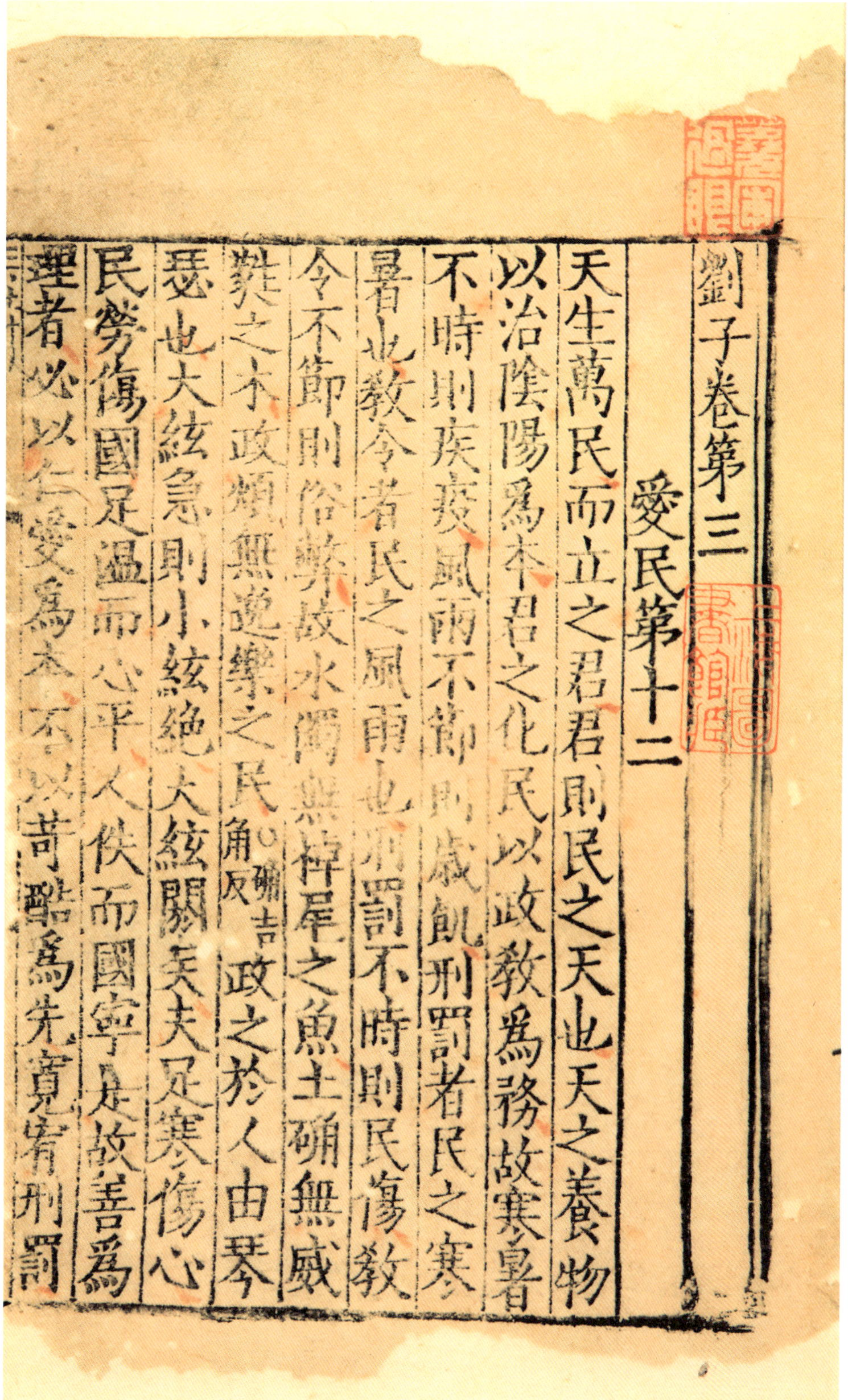

劉子卷第三
愛民第十二
天生萬民而立之君君則民之天也天之養物
以治陰陽爲本君之化民以政教爲務故寒暑
不時則疾疫風雨不節則歲饑刑罰者民之寒
暑也教令者民之風雨也刑罰不時則民傷教
令不節則俗弊故水濁無掉尾之魚土确無威
蕤之木政煩無逸樂之民确吉角反政之於人由琴
瑟也大絃急則小絃絕大絃闕矣夫足寒傷心
民勞傷國足溫而心平人佚而國寧是故善爲
理者必以仁愛爲本不以苛酷爲先寬宥刑罰

00751 劉子十卷 （北齊）劉晝撰 （唐）袁孝政注 宋刻本（卷一至二配明刻本）

匡高14.8厘米，廣10.8厘米。半葉十一行，行十八字，白口，左右雙邊。有“揚州季氏”、“孫忠愍侯祠堂藏書記”、“蕘圃過眼”、“臨海洪頤煊過眼”、“仁和朱澂長壽印信”等印。孫星衍、黄丕烈跋。上海圖書館藏。

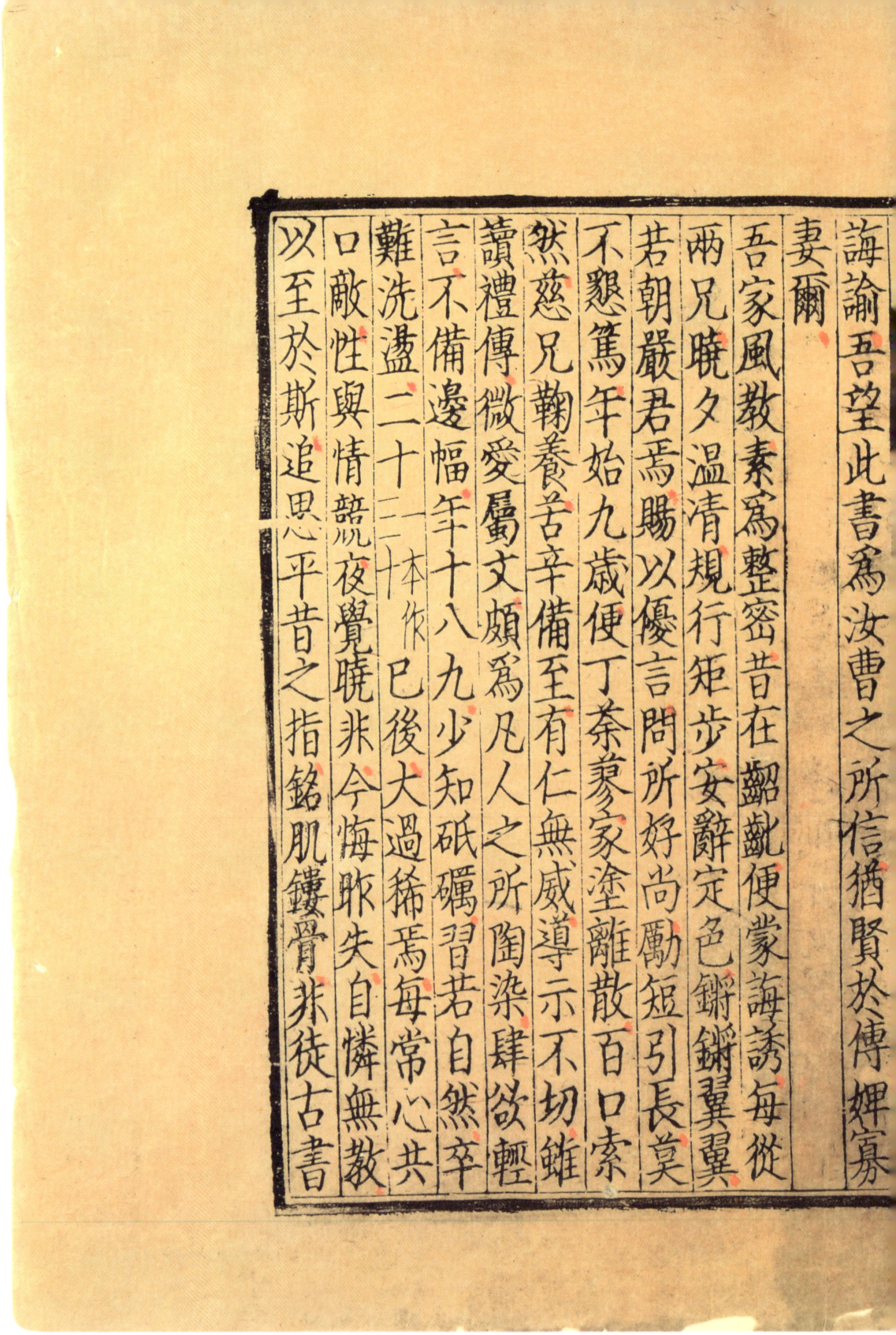

誨諭吾望此書爲汝曹之所信猶賢於傅婢寡妻爾

吾家風教素爲整密昔在齠齔便蒙誨誘每從兩兄曉夕溫凊規行矩步安辭定色鏘鏘翼翼若朝嚴君焉賜以優言問所好尚勵短引長莫不懇篤年始九歲便丁荼蓼家塗離散百口索然慈兄鞠養苦辛備至有仁無威導示不切雖讀禮傳微愛屬文頗爲凡人之所陶染肆欲輕言不備邊幅年十八九少知砥礪習若自然卒難洗盪二十（一本作二十）已後大過稀焉每常心共口敵性與情競夜覺曉非今悔昨失自憐無教以至於斯追思平昔之指銘肌鏤骨非徒古書

00752 顔氏家訓七卷 （北齊）顔之推撰 **附攷證一卷** （宋）沈揆撰 元刻本

蝴蝶裝。匡高19.3厘米，廣12.6厘米。半葉十二行，行十八字，白口，四周雙邊。有“廉臺田家印”琴式牌記。有“孫氏伯淵”、“臣文琛印”、“厚齋”、“汪士鐘讀書”、“潘祖蔭藏書記”等印。何焯、錢大昕、孫星衍、黃丕烈跋。上海圖書館藏。

顏氏家訓卷第一

北齊黄門侍郎顏之推撰

序致 教子 兄弟

後娶 治家

序致第一

夫聖賢之書教人誠孝愼言檢迹立身揚名亦已備矣魏晉已來所著諸子理重事複遞相模斆猶屋下架屋牀上施牀耳吾今（今一本無今字）所以復爲此者非敢軌物範世也業以整齊門内提撕子孫夫同言而信信其所親同命而行行其所服禁童子之暴謔則師友之誡不如傅婢之指揮止凡人之鬬鬩則堯舜之道不如寡妻之

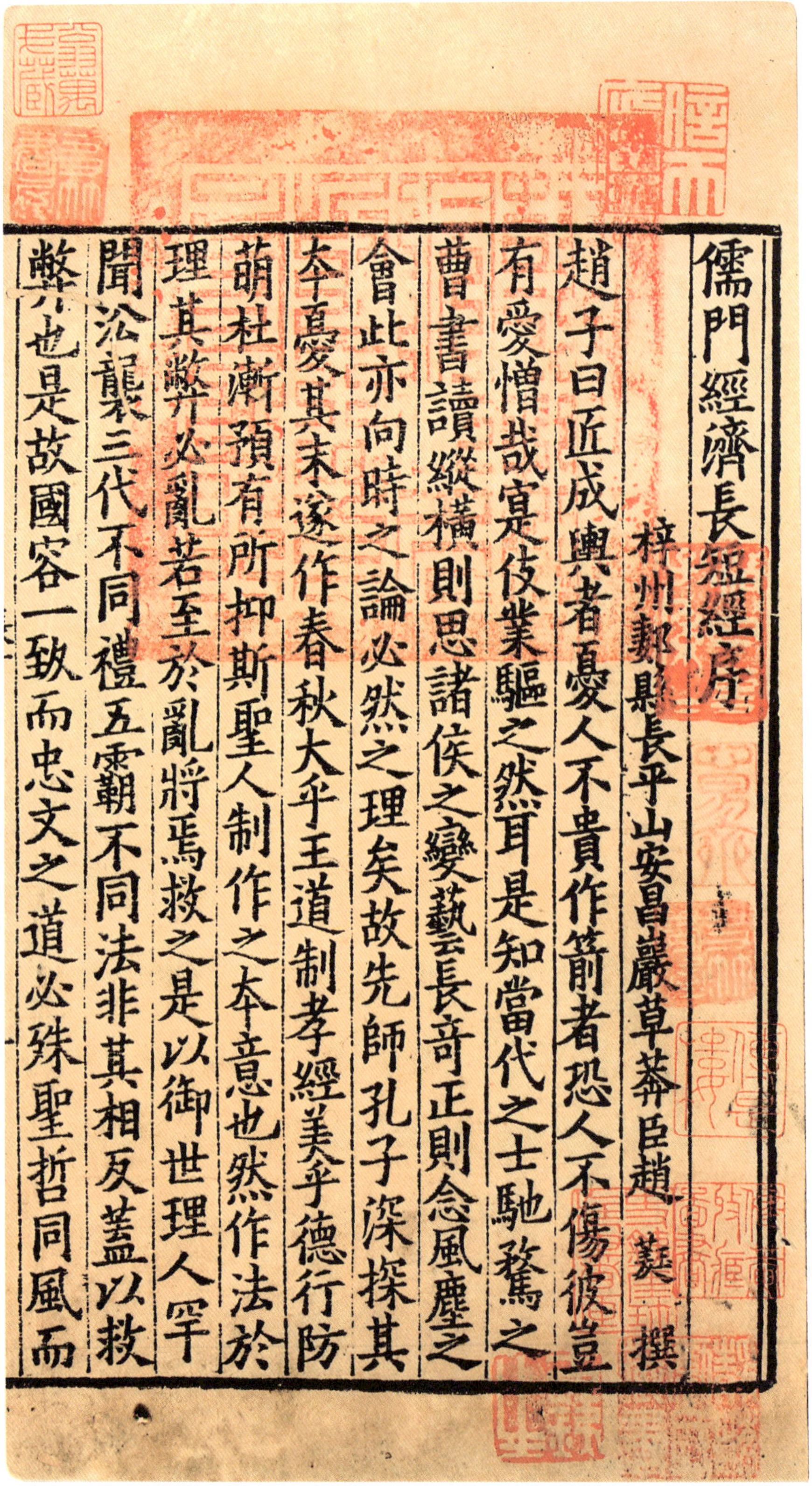

00753 長短經九卷 （唐）趙蕤撰　宋刻本

匡高22厘米，廣15.2厘米。半葉十一行，行十八至二十一字，小字雙行二十七至三十三字，白口，左右雙邊。有“傳是樓”等印。沈新民跋，清高宗題詩。上海圖書館藏。

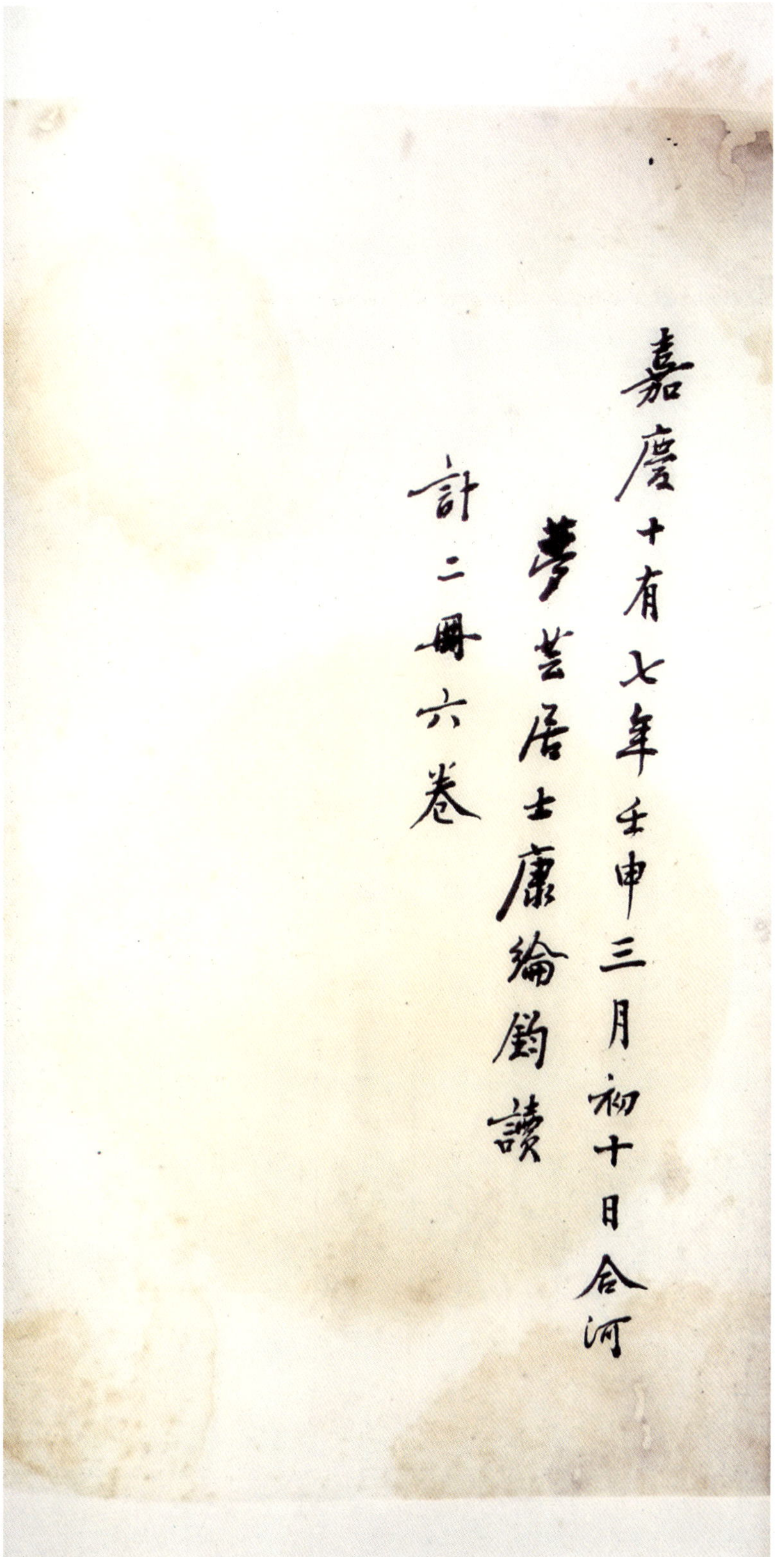
嘉慶十有七年壬申三月初十日合河
夢芸居士康綸鈞讀
計二冊六卷

00754 化書六卷 （五代）譚峭撰　宋刻本

匡高19.9厘米，廣14.9厘米。半葉八行，行十六字，白口，左右雙邊。有“涵芬樓”等印。康綸鈞題款。國家圖書館藏。

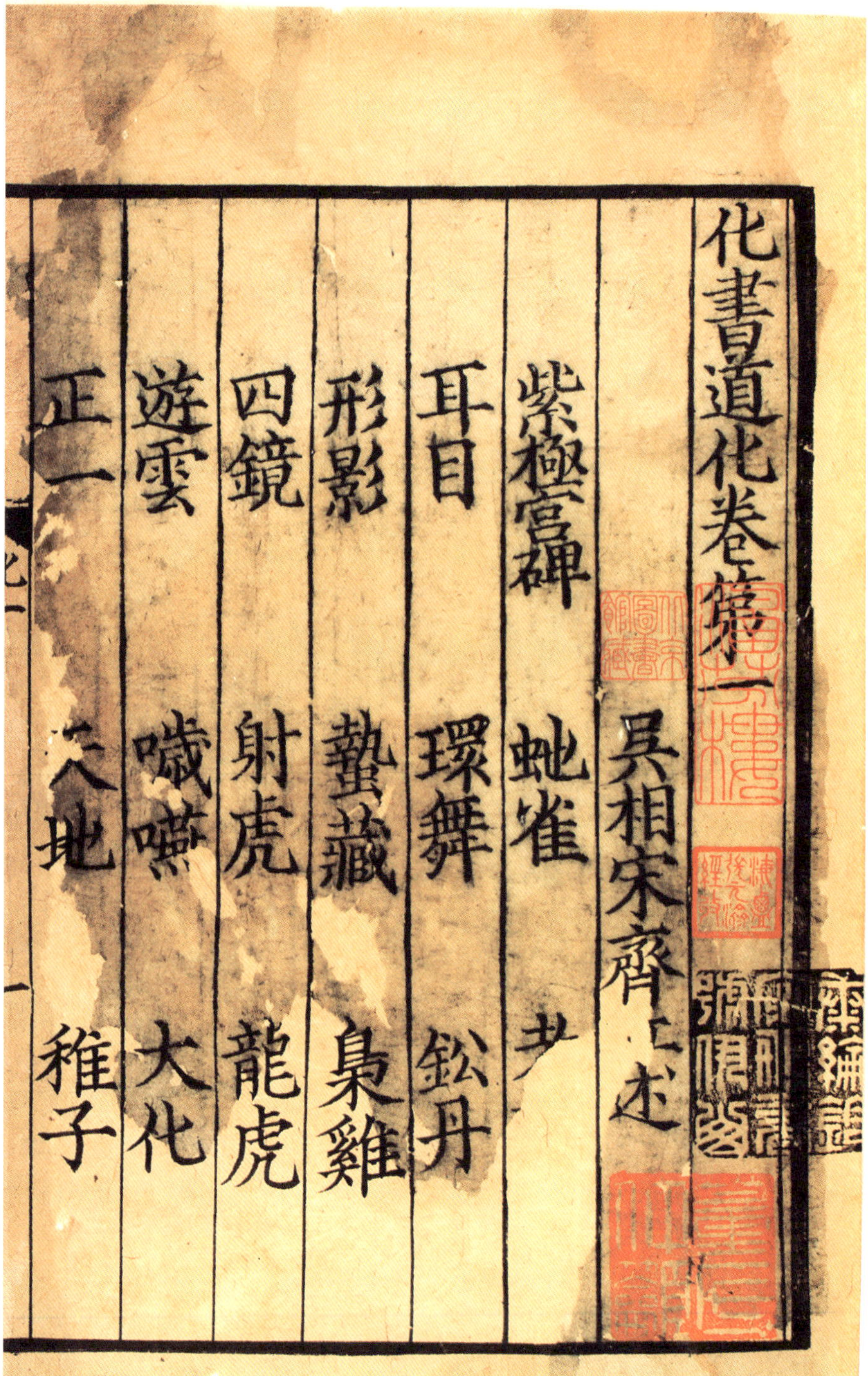

化書道化卷第一
吳相宋齊丘述
紫極宮碑　蚍雀
耳目　環舞　鈆丹
形影　蟄藏　梟雞
四鏡　射虎　龍虎
遊雲　噦嘸　大化
正一　天地　稚子

00754 化書六卷　（五代）譚峭撰　宋刻本

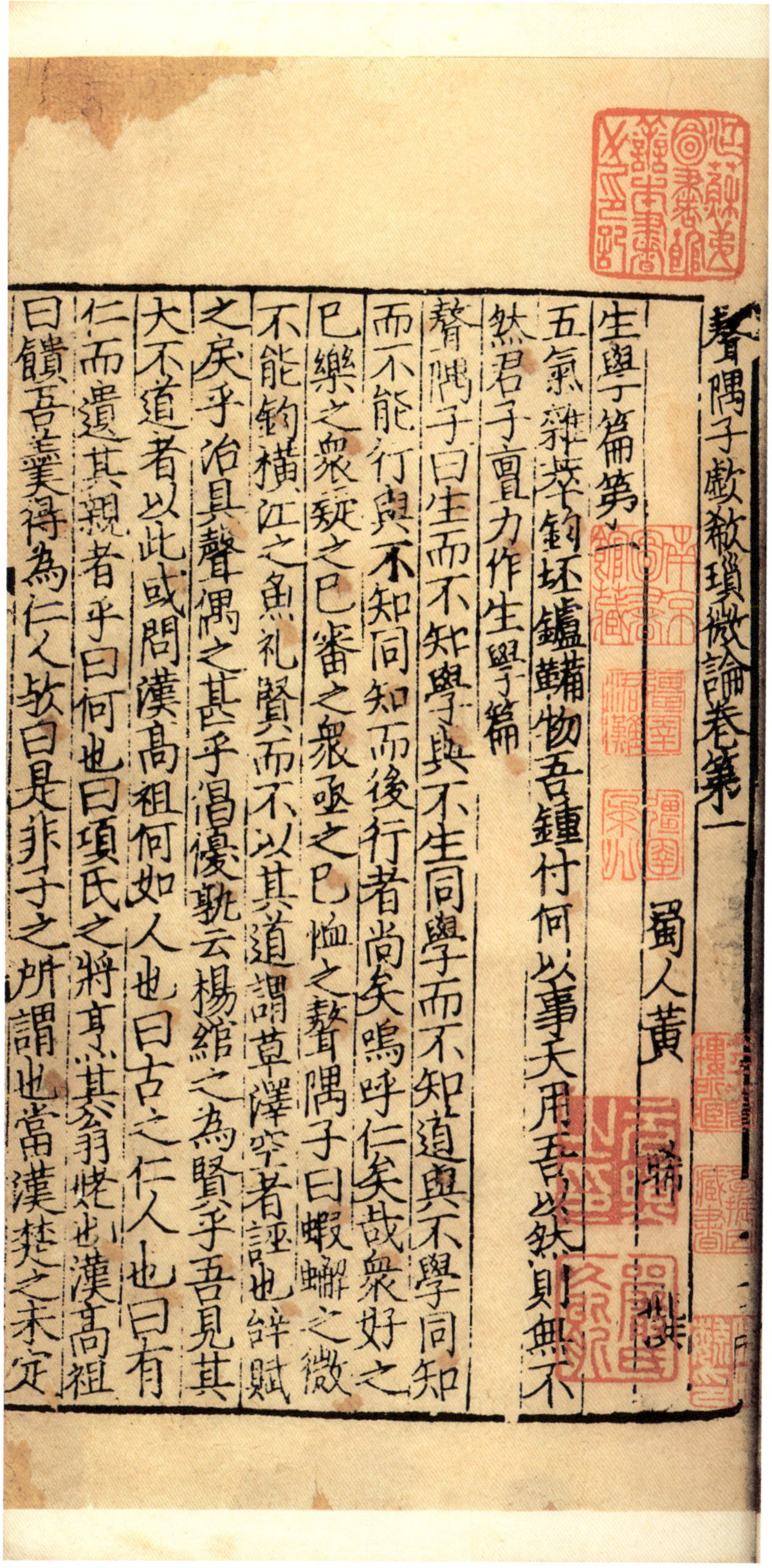
聱隅子歔欷瑣微論卷第一　　蜀人黃晞撰

生學篇第一

五氣雜揉鈞坯鑪鞴物吾鍾付何以事天用吾以然則無不
然君子亶力作生學篇

聱隅子曰生而不知學與不生同學而不知道與不學同知
而不能行與不知同知而後行者尚矣嗚呼仁矣哉衆好之
已樂之衆疑之已審之衆亟之已恤之聱隅子曰蝦蟆之微
不能鈞橫江之魚禮賢具而不以其道謂草澤空者誣也辟賦
之戾乎治具聱偶之甚乎渴優孰云楊綰之為賢乎吾見其
大不道者以此或問漢高祖何如人也曰古之仁人也曰有
仁而遺其親者乎曰何也曰項氏之將亨其翁[illegible]也漢高祖
曰饋吾羹得為仁人歟曰是非子之所謂也當漢楚之未定

00755 聱隅子歔欷瑣微論二卷　（宋）黄晞撰　宋刻本

匡高17.9厘米，廣12.2厘米。半葉十三行，行二十三字，白口，四周單邊。有“季振宜藏書”、“嚴氏久能”、“元照之印”、“八千卷樓所藏”等印。嚴元照、丁丙跋。南京圖書館藏。

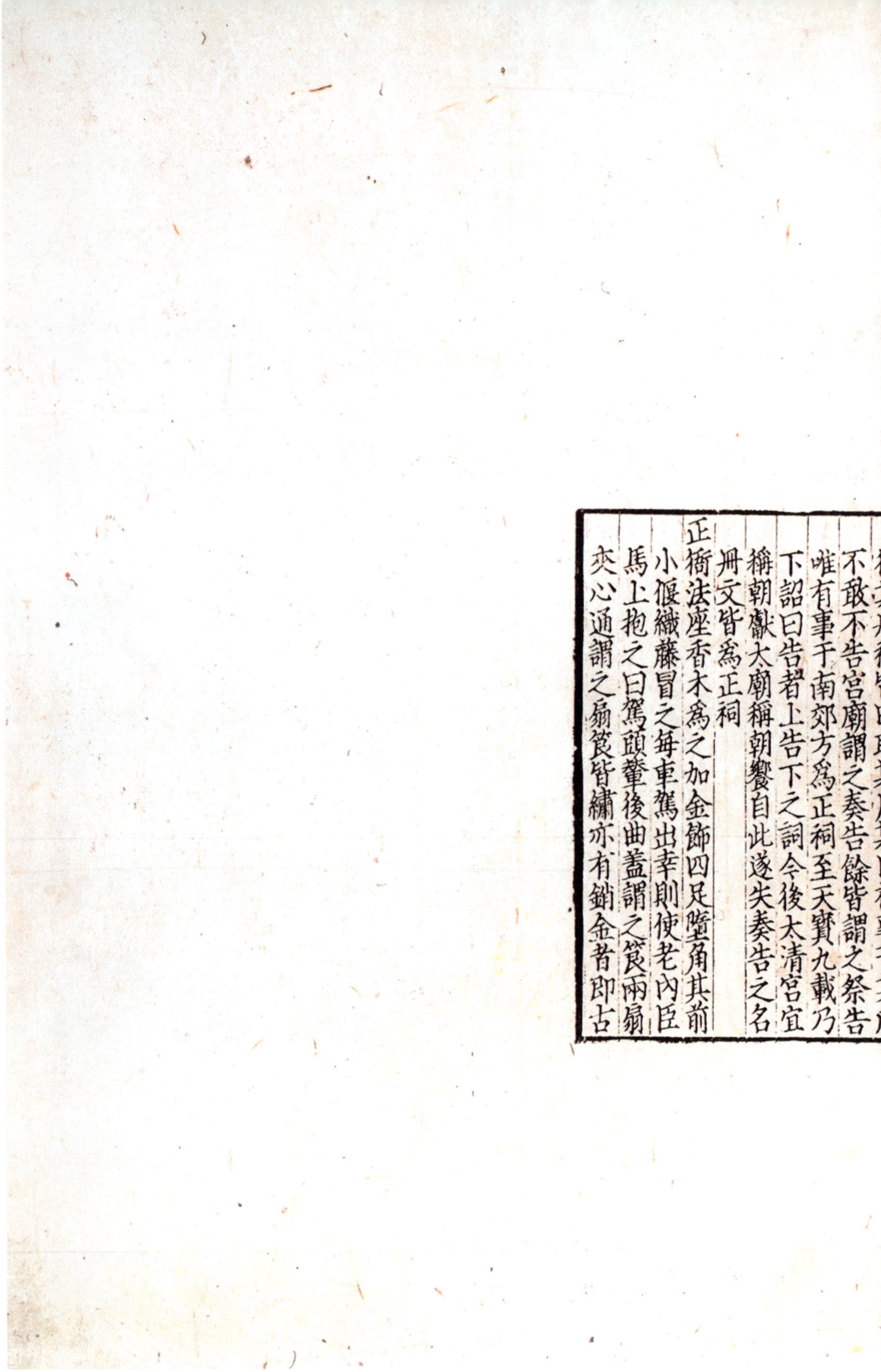

不敢不告宮廟謂之奏告餘皆謂之祭告
唯有事于南郊方爲正祠至天寶九載乃
下詔曰告者上告下之詞今後太清宮宜
稱朝獻太廟稱朝饗自此遂失奏告之名
冊文皆爲正祠
正綺法座香木爲之加金飾四足墮角其前
小偃織藤冒之每車駕出幸則使老內臣
馬上抱之曰駕頭輦後曲蓋謂之筤兩扇
夾心通謂之扇筤皆繡亦有銷金者即古

00756 古迂陳氏家藏夢溪筆談二十六卷 （宋）沈括撰 元大德九年（1305）陳仁子東山書院刻本

蝴蝶裝。匡高15.5厘米，廣10.1厘米。半葉十行，行十七字，小字雙行同，細黑口，左右雙邊。有“茶陵東山書院刊行”牌記。有“東宮書府”、“文淵閣印”、“汪印士鐘”、“甲子丙寅韓德均錢潤文夫婦兩度攜書避難記”等印。國家圖書館藏。

古迂陳氏家藏夢溪筆談卷一

沈括存中 述

故事一

上親郊郊廟冊文皆曰恭薦歲事先景靈宮謂之朝獻次太廟謂之朝饗末乃有事于南郊予集郊式時曾預討論常疑其次序若先為尊則郊不應在廟後若後為尊則景靈宮不應在太廟之先求其所從來蓋有所因按唐故事凡有事于上帝則百神

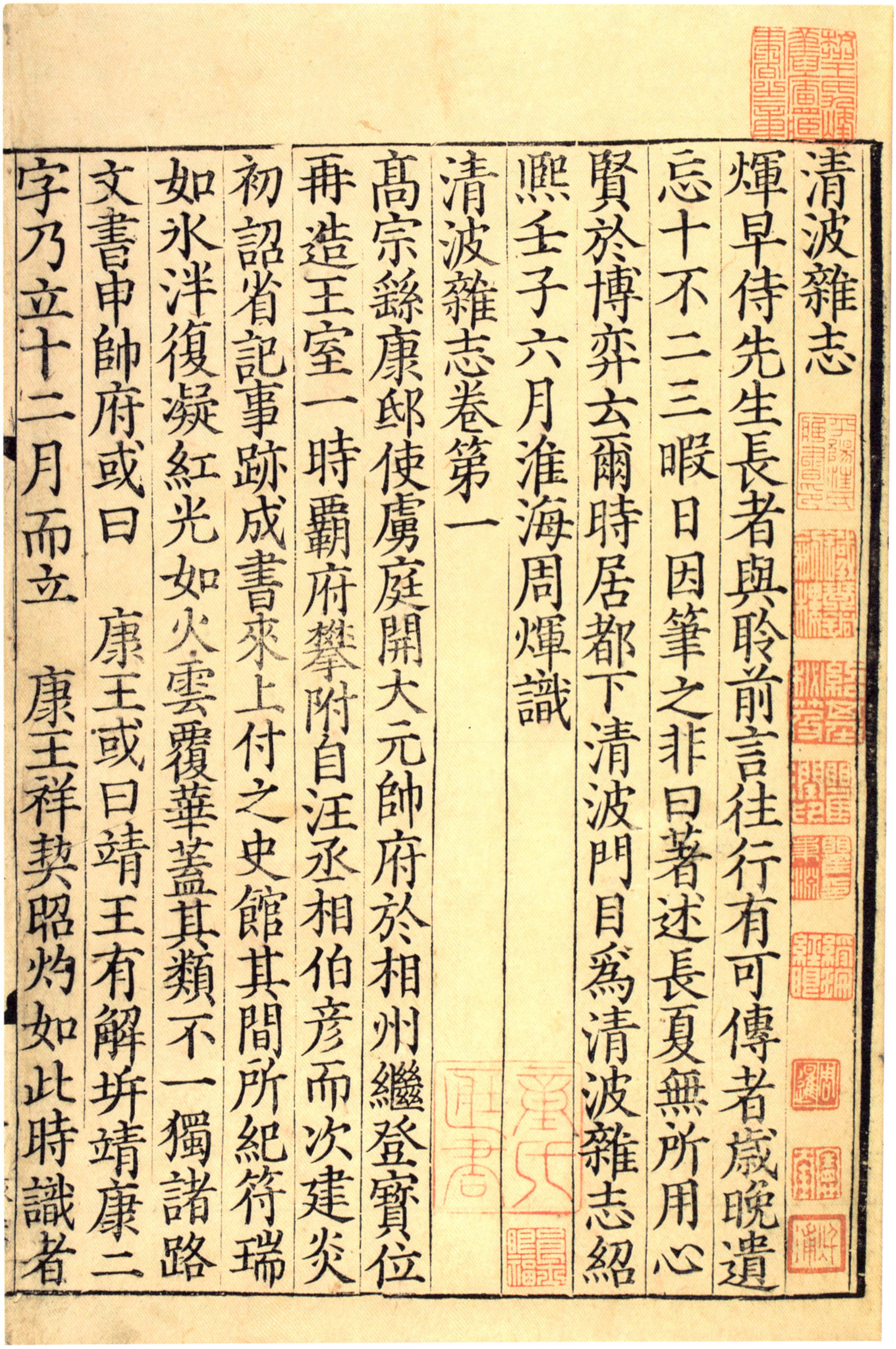

清波雜志

煇早侍先生長者與聆前言往行有可傳者歲晚遺忘十不二三暇日因筆之非曰著述長夏無所用心賢於博弈云爾時居都下清波門目爲清波雜志紹熙壬子六月淮海周煇識

清波雜志卷第一

高宗繇康邸使虜庭開大元帥府於相州繼登寶位再造王室一時覇府攀附自汪丞相伯彦而次建炎初詔省記事跡成書來上付之史館其間所紀符瑞如氷泮復凝紅光如火雲覆華蓋其類不一獨諸路文書申帥府或曰　康王或曰靖王有解坼靖康二字乃立十二月而立　康王祥契昭灼如此時識者

00757 清波雜志十二卷　（宋）周煇撰　宋刻本

匡高24.3厘米，廣18.8厘米。半葉十二行，行二十字，白口，左右雙邊。有“健菴”、“汪印士鐘”、“鐵琴銅劍樓”、“綬珊收藏善本”、“杭州王氏九峰舊廬藏書之章”、“周暹”等印。國家圖書館藏。

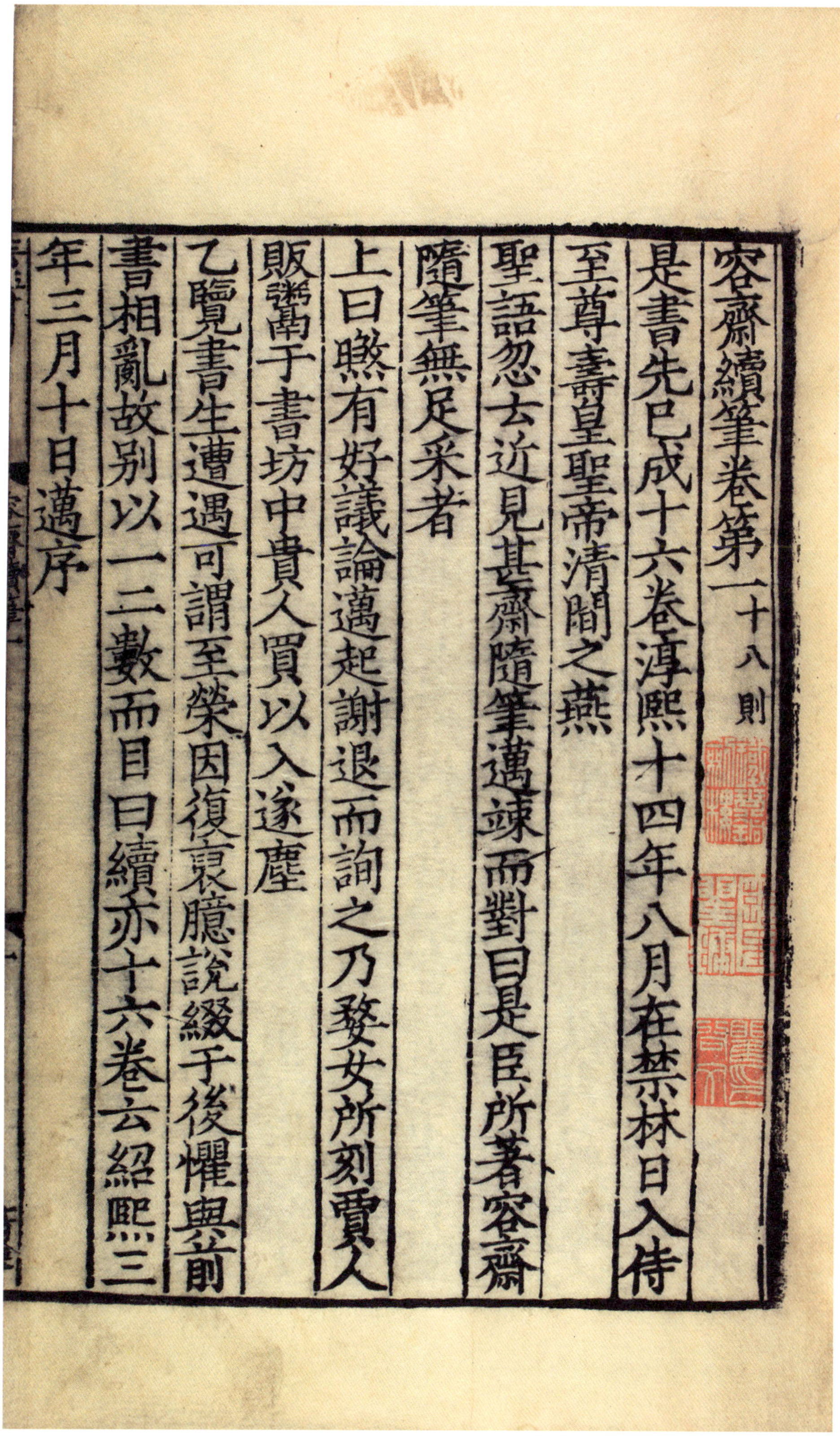

容齋續筆卷第一　十八則
是書先已成十六卷淳熙十四年八月在禁林日入侍
至尊壽皇聖帝清閒之燕
聖語忽云近見甚齋隨筆邁竦而對曰是臣所著容齋
隨筆無足采者
上曰煞有好議論邁起謝退而詢之乃婺女所刻賈人
販鬻于書坊中貴人買以入遂塵
乙覽書生遭遇可謂至榮因復裒臆說綴于後懼與前
書相亂故别以一二數而目曰續亦十六卷云紹熙三
年三月十日邁序

00758 容齋續筆十六卷　（宋）洪邁撰　宋嘉定五年（1212）章貢郡齋刻本

匡高23厘米，廣17.3厘米。半葉十行，行二十一字，白口，左右雙邊。有“汪厚齋藏書”、“汪印士鐘”、“鐵琴銅劍樓”、“綬珊經眼”等印。國家圖書館藏。

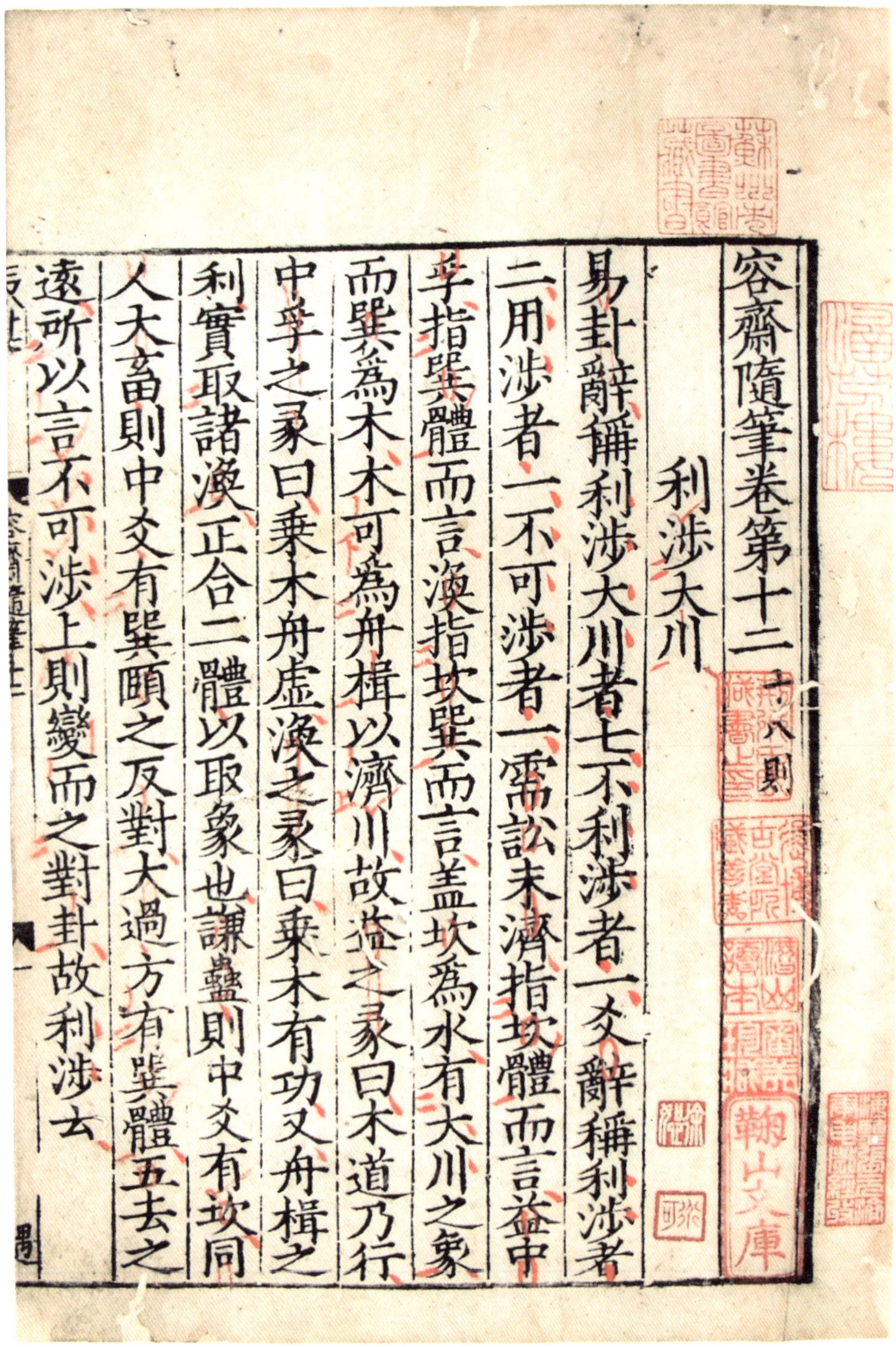

容齋隨筆卷第十二 十八則

利涉大川

易卦辭稱利涉大川者七不利涉者一爻辭稱利涉者二用涉者一不可涉者一需訟未濟指坎體而言益中孚指巽體而言渙指坎巽而言蓋坎爲水有大川之象而巽爲木木可爲舟楫以濟川故益之彖曰木道乃行中孚之彖曰乘木舟虛渙之彖曰乘木有功又舟楫之利實取諸渙正合二體以取象也謙蠱則中爻有坎同人大畜則中爻有巽頤之反對大過方有巽體五去之遠所以言不可涉上則變而之對卦故利涉去

00759 容齋隨筆十六卷續筆十六卷 （宋）洪邁撰　宋嘉定五年（1212）章貢郡齋刻本

匡高22.4厘米，廣16.9厘米。半葉十行，行二十一字，白口，左右雙邊。有“伏侯得之日本”、“涵芬樓”等印。繆荃孫跋。蘇州圖書館藏。

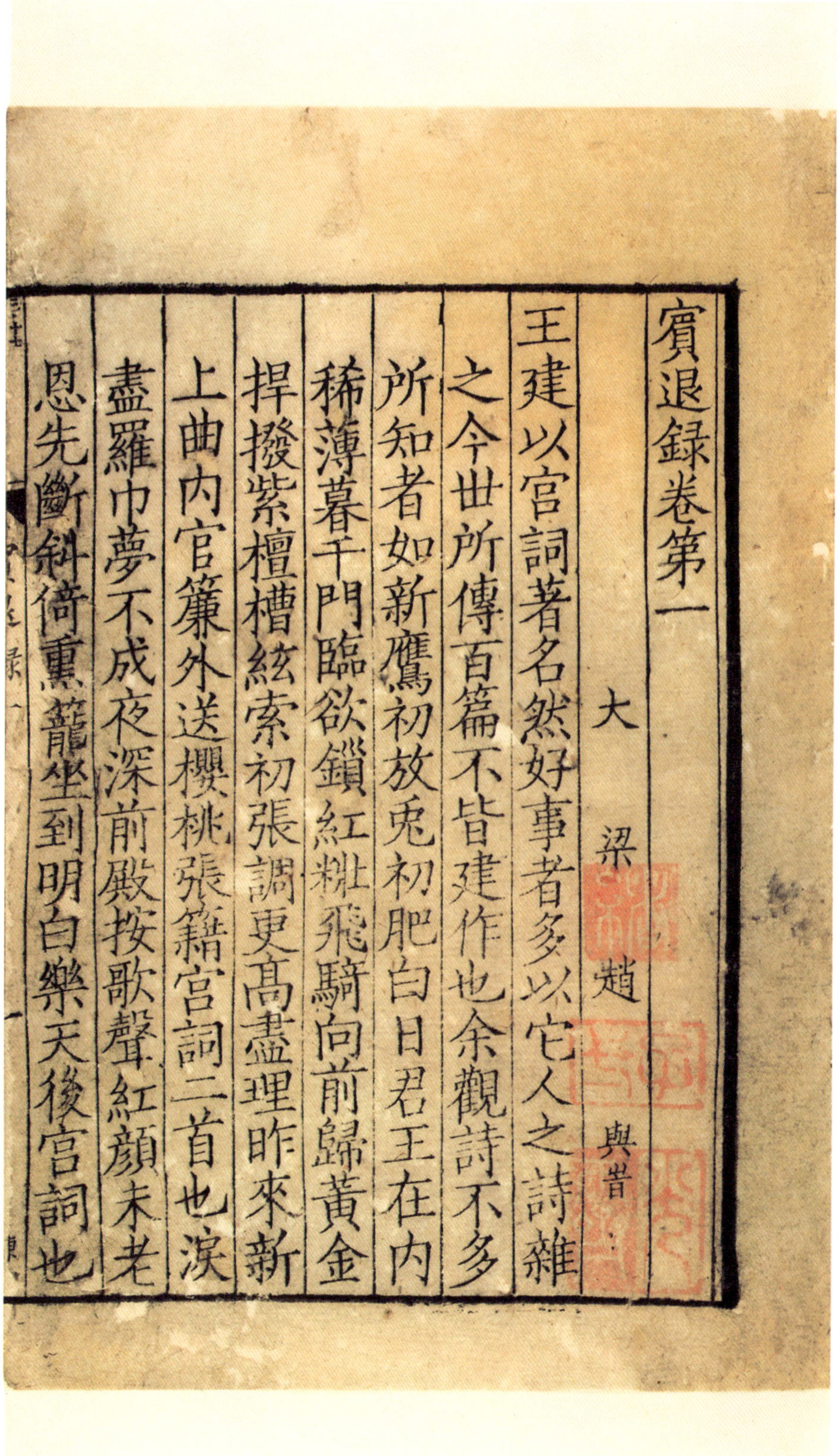
賓退録卷第一
大梁趙與旹
王建以宮詞著名然好事者多以它人之詩雜
之今世所傳百篇不皆建作也余觀詩不多
所知者如新鷹初放兎初肥白日君王在内
稀薄暮千門臨欲鎖紅粧飛騎向前歸黃金
捍撥紫檀槽絃索初張調更高盡理昨來新
上曲内官簾外送櫻桃張籍宮詞二首也淚
盡羅巾夢不成夜深前殿按歌聲紅顏未老
恩先斷斜倚熏籠坐到明白樂天後宮詞也

00760 賓退録十卷 （宋）趙與旹撰　宋臨安睦親坊陳宅經籍鋪刻本

匡高17.5厘米，廣12.9厘米。半葉十行，行十八字，白口，左右雙邊。有“光霽家藏”、“張氏子昭”、“志雅齋”、“楊烈”、“德海樓藏書印”、“楚蒲圻賀志先家書畫”、“涵芬樓藏”等印。張雯題款。國家圖書館藏。

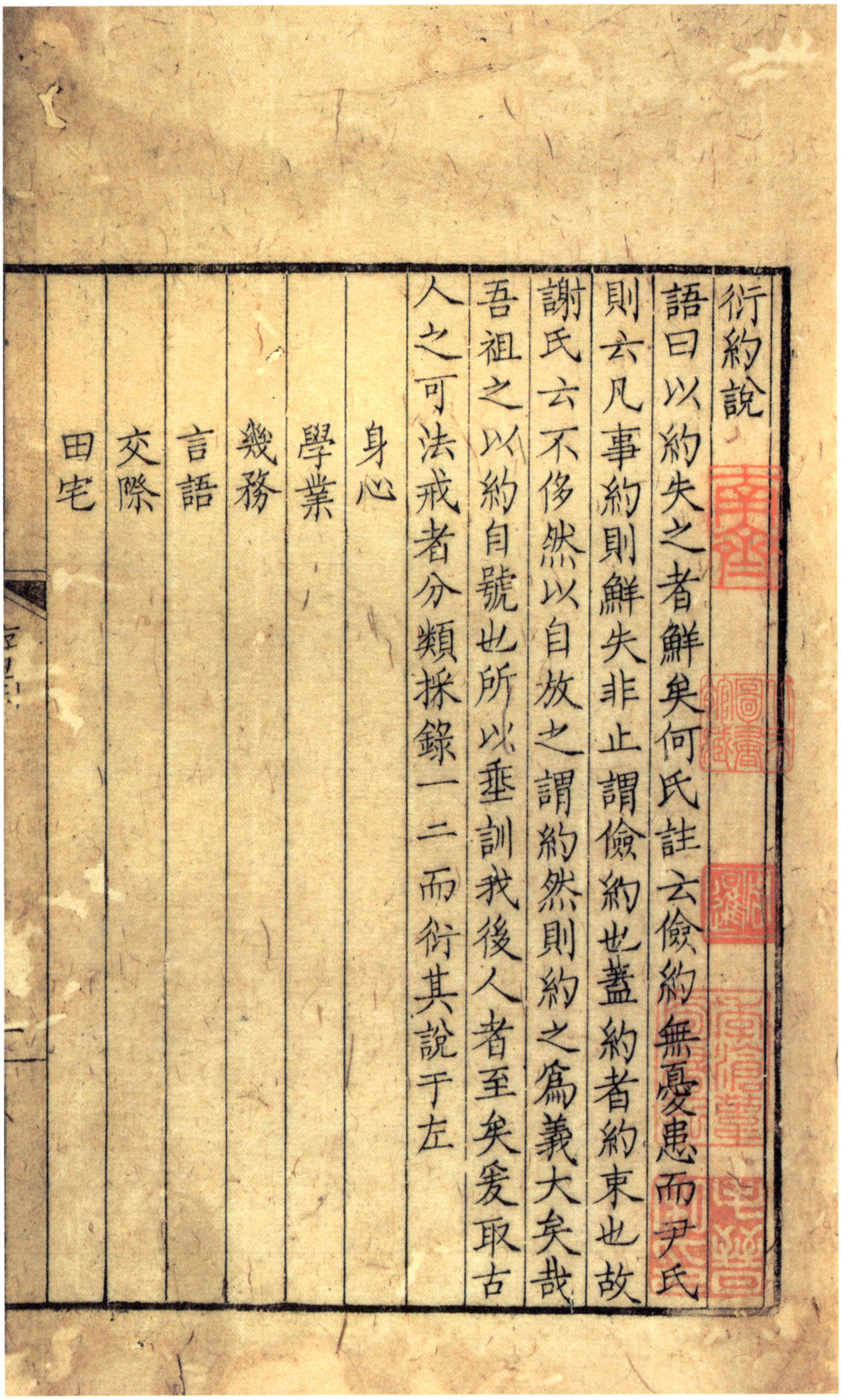

衍約說

語曰以約失之者鮮矣何氏註云儉約無憂患而尹氏

則云凡事約則鮮失非止謂儉約也蓋約者約束也故

謝氏云不侈然以自放之謂約然則約之爲義大矣哉

吾祖之以約自號也所以垂訓我後人者至矣爰取古

人之可法戒者分類採録一二而衍其說于左

身心

學業

幾務

言語

交際

田宅

00761 衍約說十三卷 宋刻本

匡高14.3厘米，廣10.9厘米。半葉十二行，行二十一字，細黑口，左右雙邊。有“毛晉私印”、“季滄葦圖書記”、“南齋”、“周暹”等印。伊秉綬、宋葆淳、阮元跋，謝蘭生、許乃濟、王玉璋等題款。國家圖書館藏。

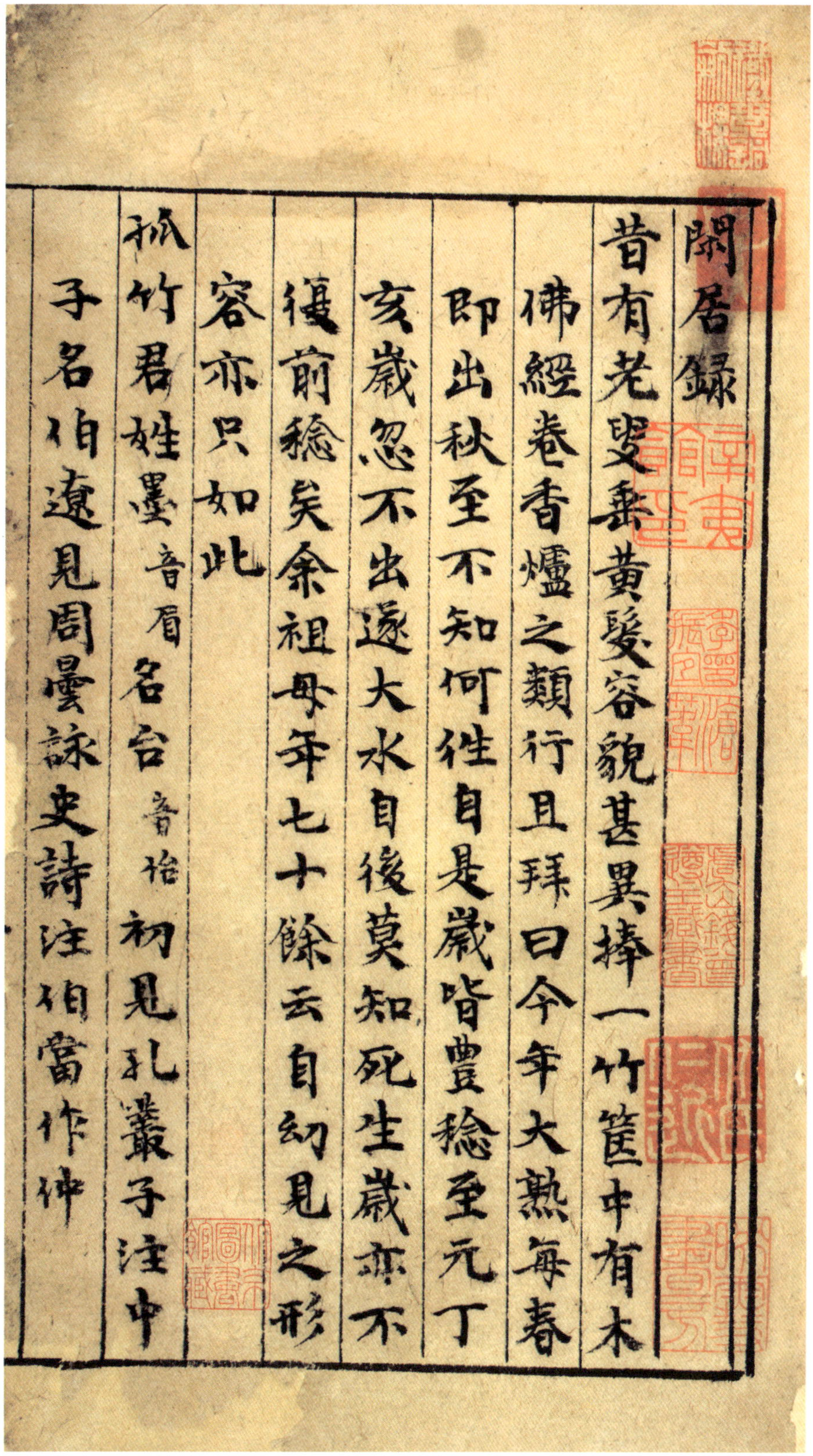
閑居録
昔有老叟垂黄髪容貌甚異捧一竹筐中有木
佛經卷香爐之類行且拜曰今年大熟每春
即出秋至不知何往自是歲皆豐稔至元丁
亥歲忽不出遂大水自後莫知死生歲亦不
復前稔矣余祖母年七十餘云自幼見之形
容亦只如此
孤竹君姓墨音眉名台音怡初見孔叢子注中
子名伯遼見周曇詠史詩注伯當作仲

00762 閑居録一卷 （元）吾衍撰　元至正十八年（1358）孫道明抄本

匡高20.5厘米，廣13.8厘米。半葉九行，行十八字，白口，左右雙邊。有“映雪書房”、“辛夷館印”、“虞山錢曾遵王藏書”、“季印振宜”、“鐵琴銅劍樓”、“稽瑞樓”等印。國家圖書館藏。

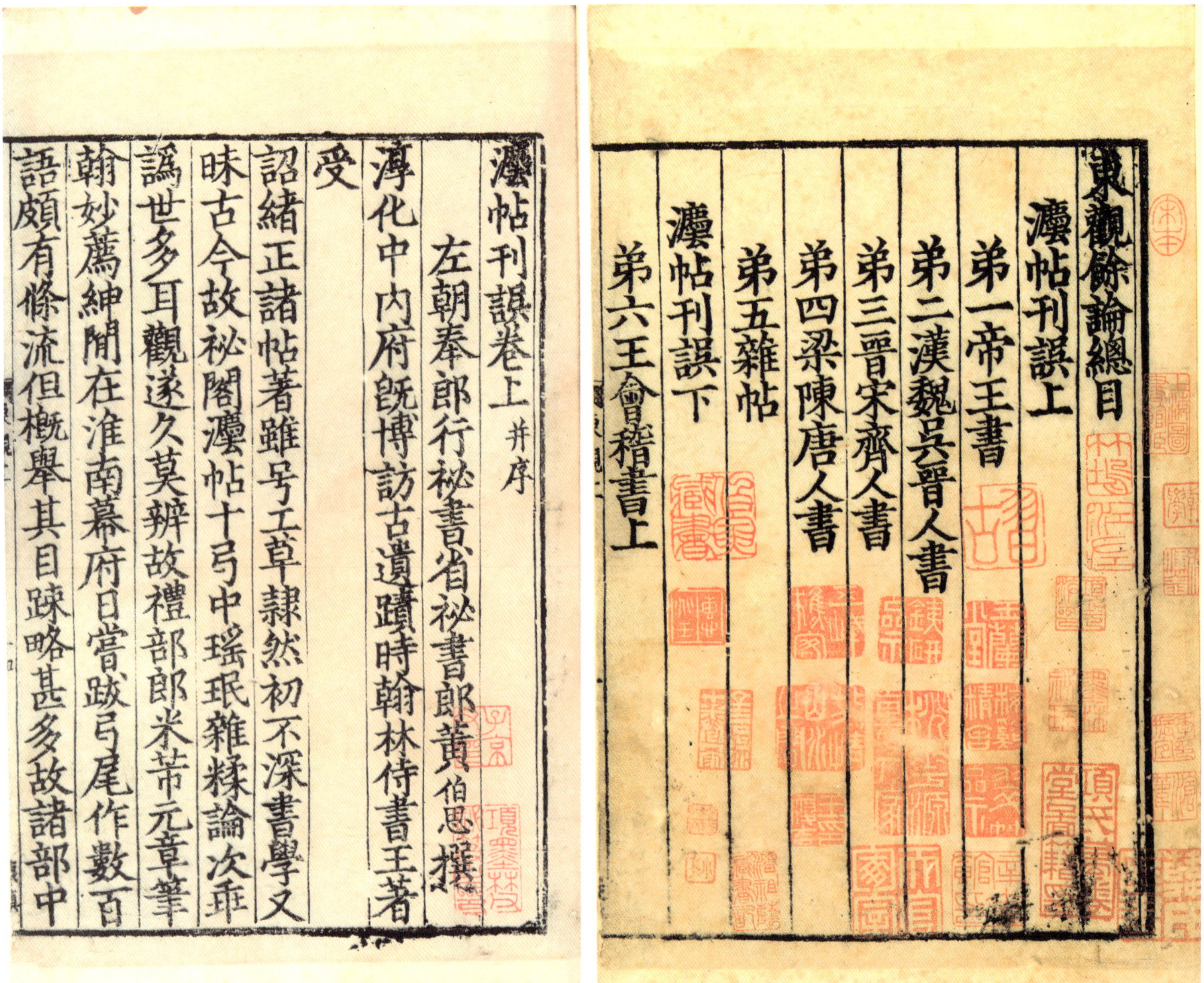

00763 東觀餘論二卷 （宋）黄伯思撰　宋嘉定三年（1210）溫陵莊夏刻本

匡高23.1厘米，廣16.1厘米。半葉九行，行十八字，白口，左右雙邊。有“辛夷館印”、“王印履吉”、“項氏萬卷堂圖籍印”、“季印振宜”、“乾學”、“金石録十卷人家”、“潘祖蔭藏書記”等印。豐坊題記，項元汴跋，惠兆壬題識。上海圖書館藏。

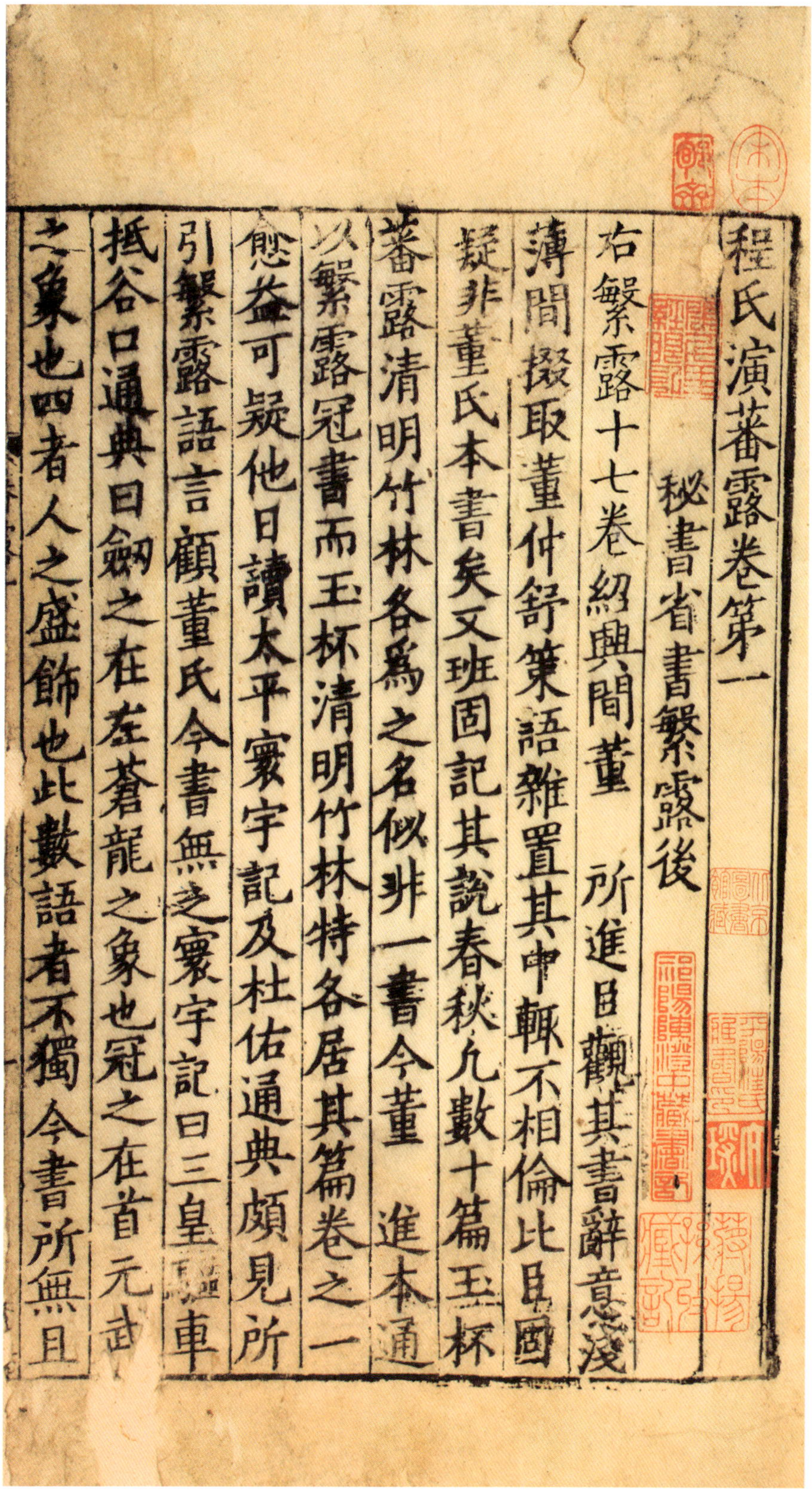
程氏演蕃露卷第一
秘書省書繁露後
右繁露十七卷紹興間董　所進臣觀其書辭意淺
薄間掇取董仲舒策語雜置其中輒不相倫比臣固
疑非董氏本書矣又班固記其說春秋凡數十篇玉杯
蕃露清明竹林各爲之名似非一書今董　進本通
以繁露冠書而玉杯清明竹林特各居其篇卷之一
愈益可疑他日讀太平寰宇記及杜佑通典頗見所
引繁露語言顧董氏今書無之寰宇記曰三皇驅車
抵谷口通典曰劒之在左蒼龍之象也冠之在首元武
之象也四者人之盛飾也此數語者不獨今書所無且

00764　程氏演蕃露十六卷　（宋）程大昌撰　宋刻本

匡高23厘米，廣16.2厘米。半葉十一行，行二十字，白口，左右雙邊。有“蔣揚孫收藏記”、“汪印士鐘”、“祁陽陳澄中藏書記”等印。國家圖書館藏，存十卷。

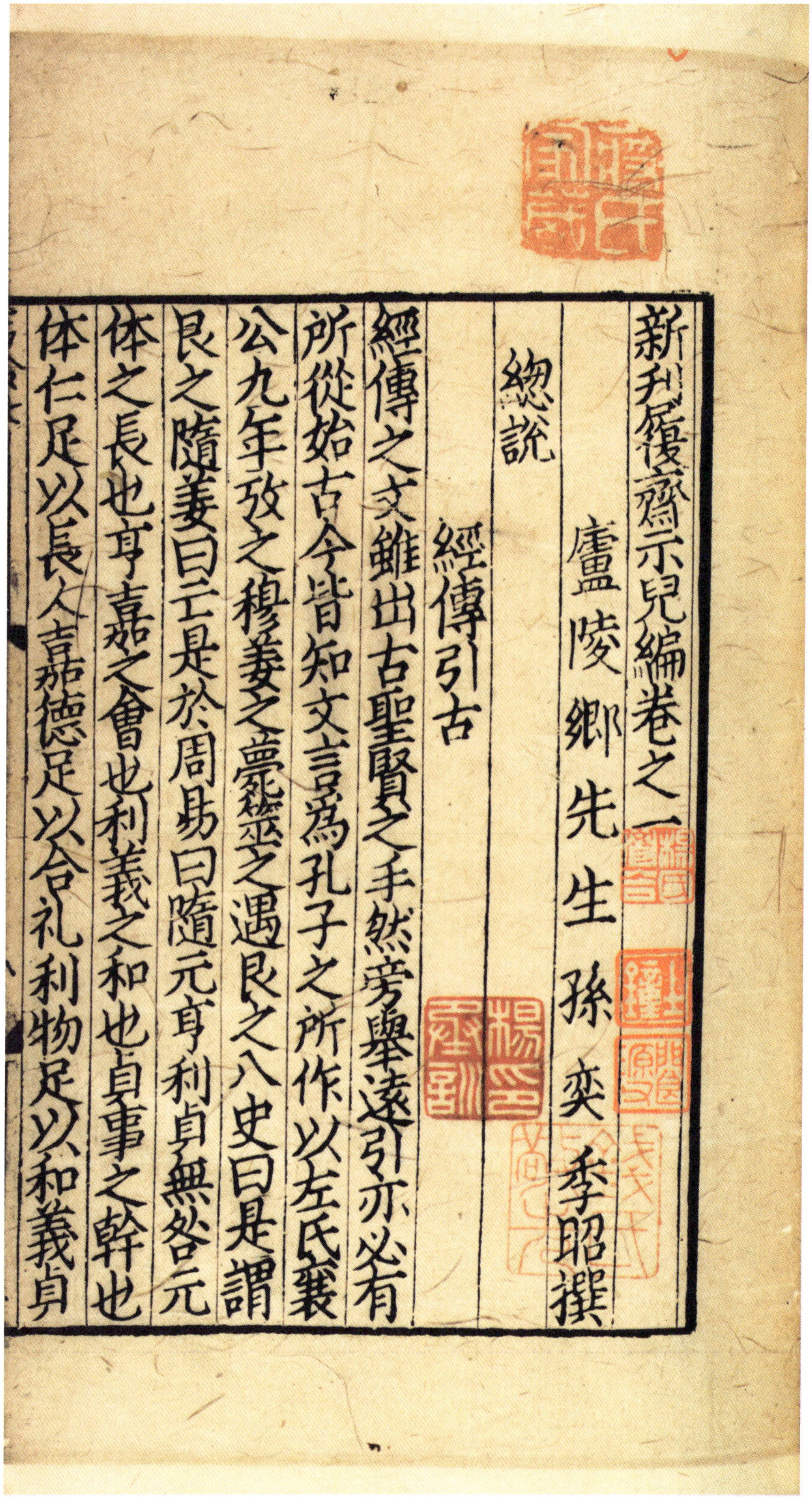
新刊履齋示兒編卷之一
盧陵鄉先生孫奕季昭撰
總說
經傳引古
經傳之文雖出古聖賢之手然旁舉遠引亦必有
所從始古今皆知文言爲孔子之所作以左氏襄
公九年攷之穆姜之筮遇艮之八史曰是謂
艮之隨姜曰亡是於周易曰隨元亨利貞無咎元
体之長也亨嘉之會也利義之和也貞事之幹也
体仁足以長人亨嘉德足以合礼利物足以和義貞

00765 新刊履齋示兒編二十三卷 （宋）孫奕撰　元劉氏學禮堂刻本（有抄配）

匡高15.2厘米，廣10.5厘米。半葉十行，行十九字，細黑口，左右雙邊。有“劉氏學禮堂刊”牌記。有“曹溶私印”、“檇李蔣石林藏書画印記”、“士鐘”、“楊紹和鑒定”、“祁陽陳澄中藏書記”等印。國家圖書館藏。

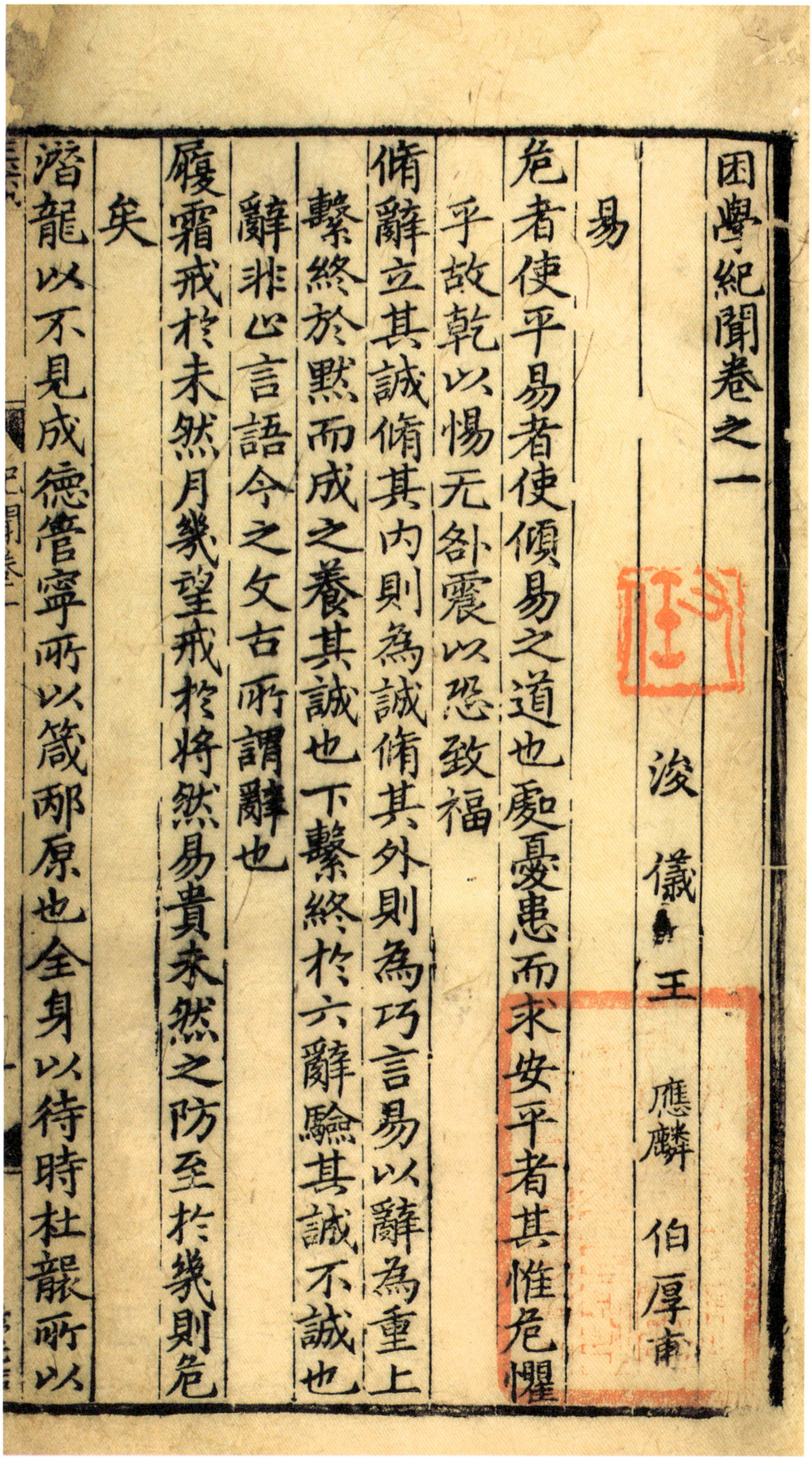
困學紀聞卷之一
浚儀王應麟伯厚甫
易
危者使平易者使傾易之道也處憂患而求安平者其惟危懼
乎故乾以惕无咎震以恐致福
脩辭立其誠脩其内則為誠脩其外則為巧言易以辭為重上
繫終於黙而成之養其誠也下繫終於六辭驗其誠不誠也
辭非心言語令之文古所謂辭也
履霜戒於未然月幾望戒於將然易貴未然之防至於幾則危
矣
潛龍以不見成德管寧所以箴邴原也全身以待時杜襲所以

00766 困學紀聞二十卷 （宋）王應麟撰　元泰定二年（1325）慶元路儒學刻本

匡高28.3厘米，廣17.7厘米。半葉十一行，行二十四字，白口，左右雙邊。有“右任”等印。國家圖書館藏。

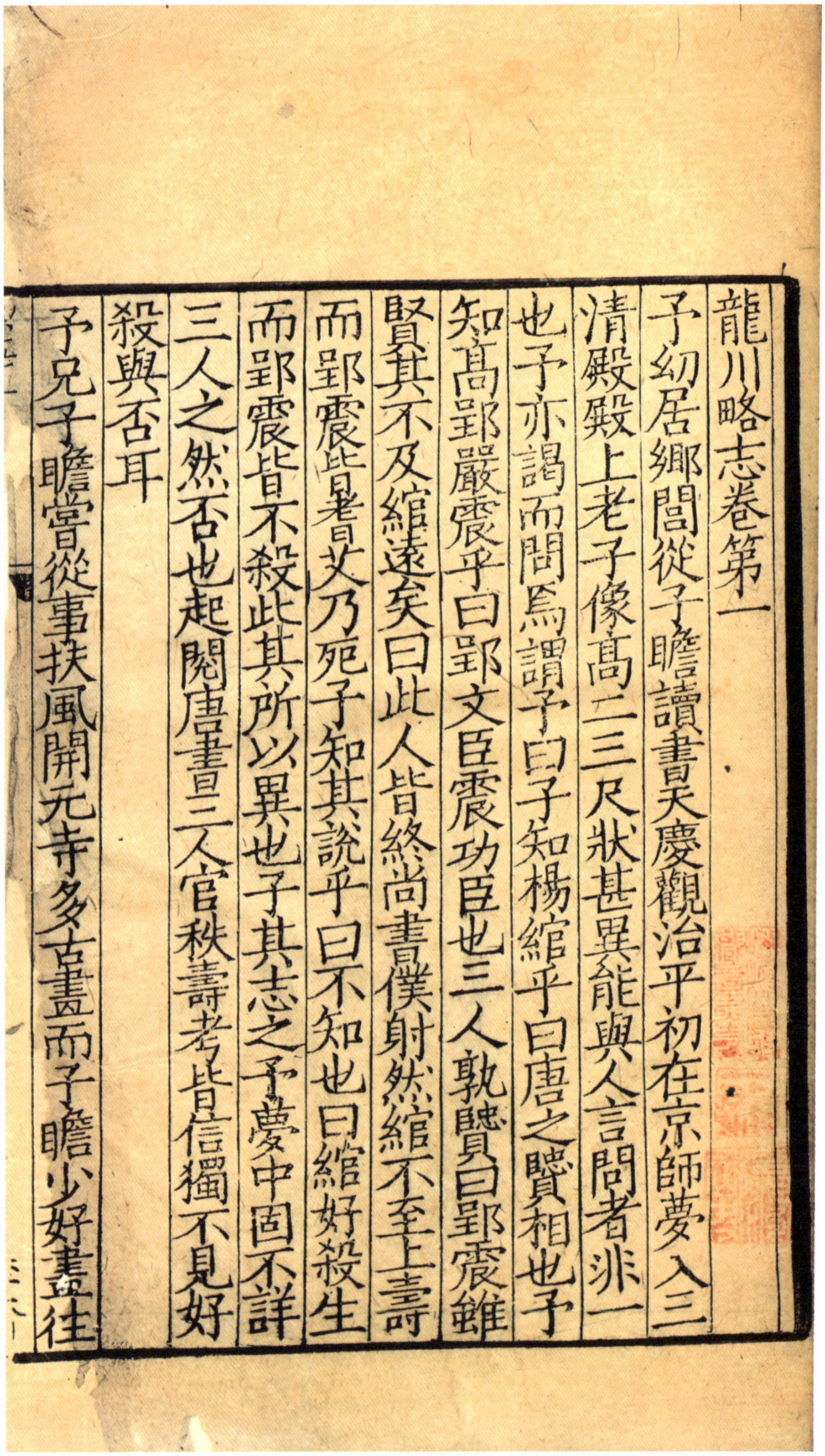
龍川略志卷第一
予幼居鄉閭從子瞻讀書天慶觀治平初在京師夢入三
清殿殿上老子像高二三尺狀甚異能與人言問者非一
也予亦謁而問焉謂予曰子知楊綰乎曰唐之賢相也予
知高郢嚴震乎曰郢文臣震功臣也三人孰賢曰郢震雖
賢其不及綰遠矣曰此人皆終尚書僕射然綰不至上壽
而郢震皆耆艾乃死子知其說乎曰不知也曰綰好殺生
而郢震皆不殺此其所以異也子其志之予夢中固不詳
三人之然否也起閱唐書三人官秩壽考皆信獨不見好
殺與否耳
予兄子瞻嘗從事扶風開元寺多古畫而子瞻少好畫往

00767 龍川略志六卷龍川別志四卷 （宋）蘇轍撰　宋刻本（卷二第四葉抄配）

匡高19.8厘米，廣15.4厘米。半葉十一行，行二十二字，小字雙行同，白口，左右雙邊。曹元忠跋。南京圖書館藏。

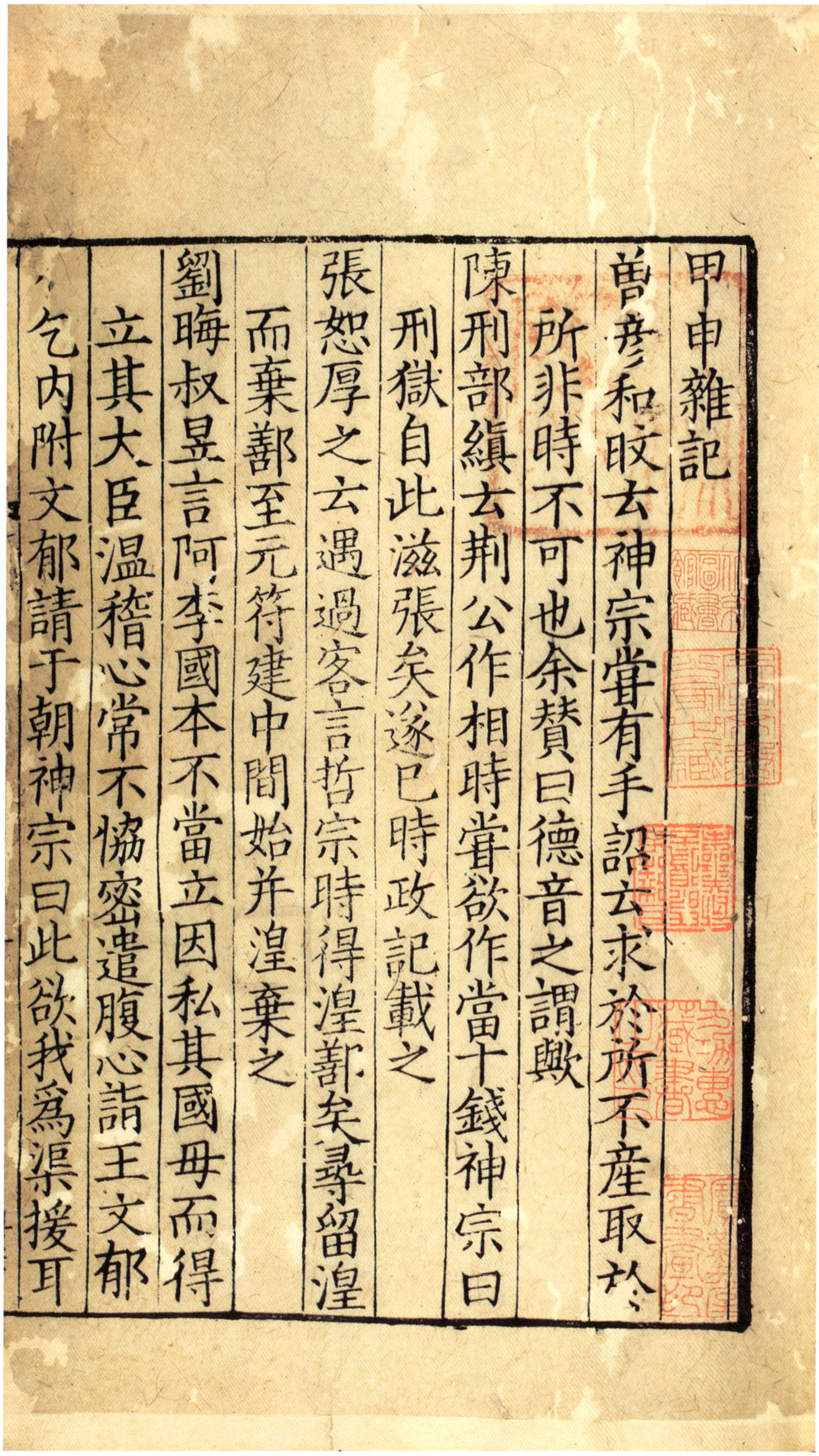

甲申雜記

曾彥和旼云神宗嘗有手詔云求於所不產取於
所非時不可也余贊曰德音之謂歟

陳刑部緽云荆公作相時嘗欲作當十錢神宗曰
刑獄自此滋張矣遂已時政記載之

張恕厚之云遇過客言哲宗時得湟鄯矣尋留湟
而棄鄯至元符建中間始并湟棄之

劉晦叔昱言阿李國本不當立因私其國母而得
立其大臣溫稽心常不協密遣腹心詣王文郁
乞內附文郁請于朝神宗曰此欲我爲渠援耳

00768 甲申雜記一卷聞見近録一卷 （宋）王鞏撰　宋刻本

匡高21.4厘米，廣15.2厘米。半葉十行，行十九字，白口，左右雙邊。有“文淵閣印”、“寶勤堂書畫印”、“方功惠藏書之印”等印。盛昱、樊增祥跋。國家圖書館藏。

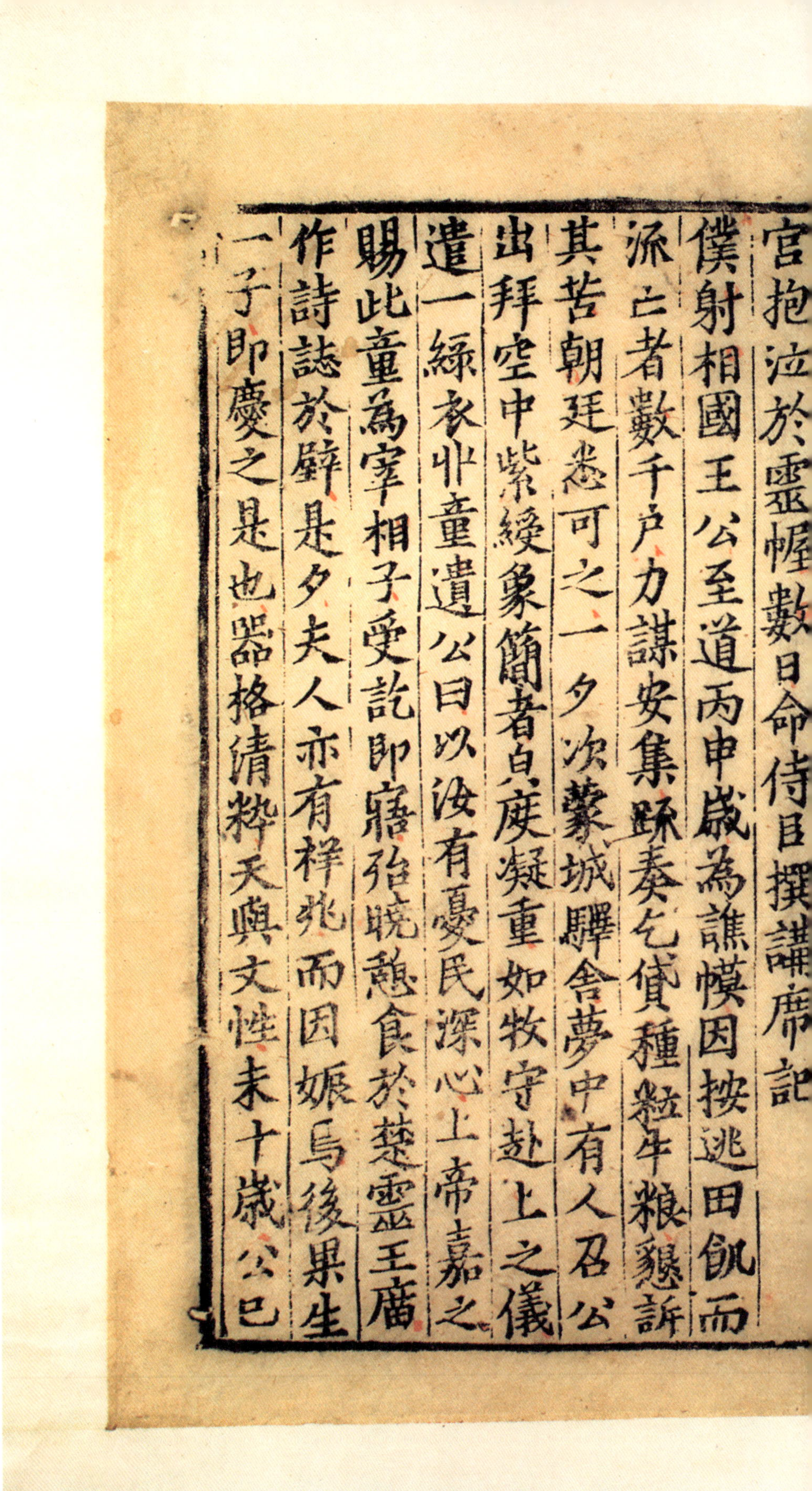

宫抱泣於靈幄數日命侍臣撰講席記
僕射相國王公至道丙申歲為譙模因按逃田飢而
流亡者數千户力謀安集踈奏乞貸種粒牛粮懇許
其苦朝廷悉可之一夕次蒙城驛舍夢中有人召公
出拜空中紫綬象簡者白庭凝重如牧守赴上之儀
遣一緑衣小童遺公曰以汝有憂民深心上帝嘉之
賜此童為宰相子受訖即寤殆曉憩食於楚靈王廟
作詩誌於壁是夕夫人亦有祥兆而因娠與後果生
一子即慶之是也器格清粹天與文性未十歲公已

00769 重雕改正湘山野録三卷續湘山野録一卷 （宋）釋文瑩撰　宋刻本（卷下、續録配元抄本）

蝴蝶裝。匡高18.3厘米，廣10.4厘米。半葉九行，行二十字，白口，左右雙邊。有“席鑒之印”、“黄印丕烈”、“汪印士鐘”等印。黄丕烈、喬松年、繆荃孫跋。國家圖書館藏。

重雕改正湘山野錄中

真宗居藩邸升諸宮命侍講邢昺説尚書凡八席詩礼論語孝經皆數四既即位咸平辛丑至天禧辛酉廿一年之間雖車輅巡封遍舉曠世闊典其間講席歳未嘗輟至末年詔直閣馮公元講周易止終六十四卦未及繫辭以元使虜遂止及元歸清躬漸不豫後仁宗即位半年侍臣以崇政殿閣所講遺編進呈方冊之上手澤疑籤及細筆所記異義歷歷盡在兩

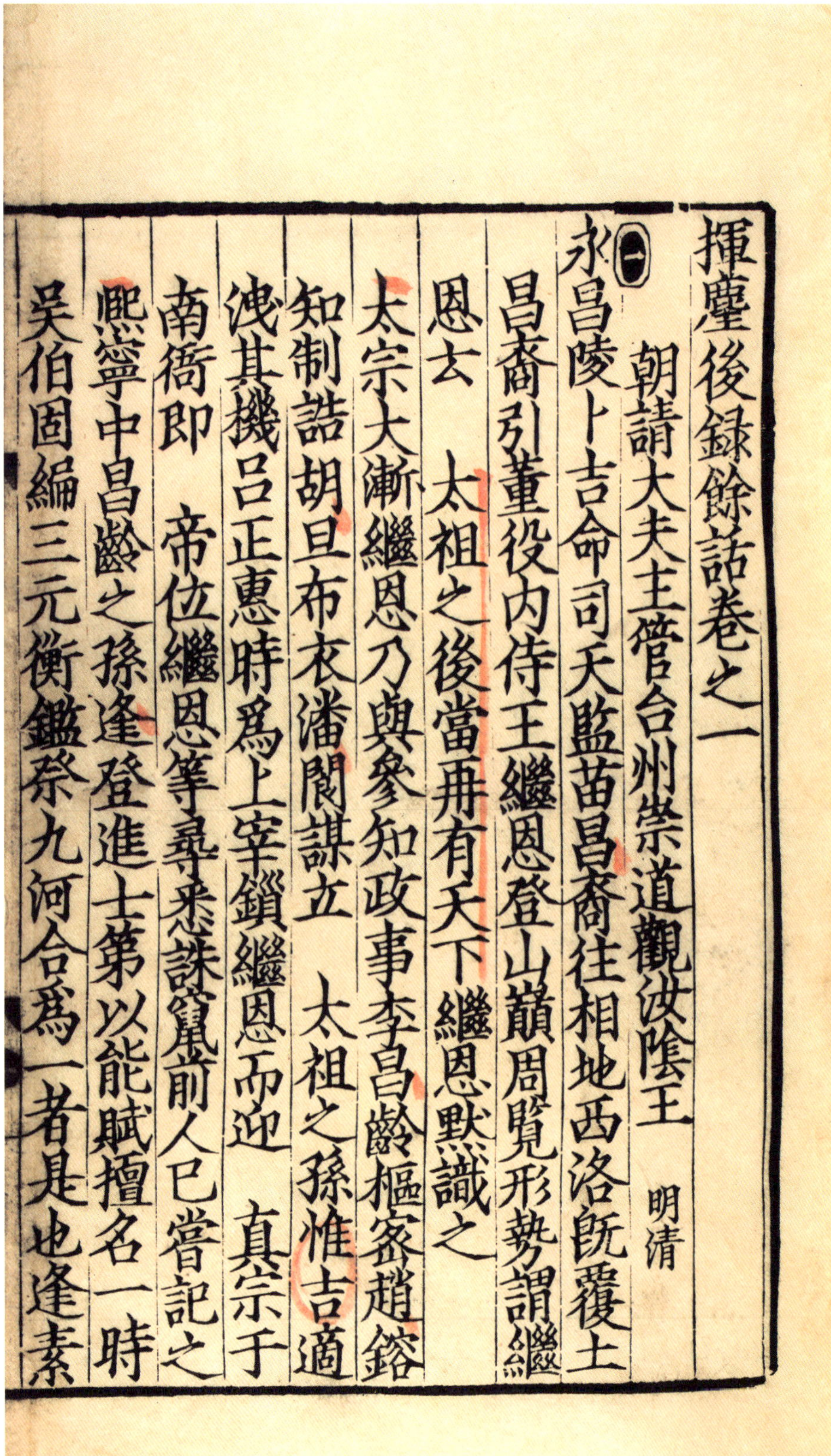
揮麈後録餘話卷之一
朝請大夫主管台州崇道觀汝陰王明清
（一）永昌陵卜吉命司天監苗昌裔往相地西洛既覆土
昌裔引董役内侍王繼恩登山巔周覽形勢謂繼
恩云 太祖之後當再有天下繼恩默識之
太宗大漸繼恩乃與參知政事李昌齡樞密趙鎔
知制誥胡旦布衣潘閬謀立 太祖之孫惟吉適
洩其機呂正惠時爲上宰鎖繼恩而迎 真宗于
南衙即 帝位繼恩等尋悉誅竄前人已嘗記之
熈寧中昌齡之孫逢登進士第以能賦擅名一時
吴伯固編三元衡鑑祭九河合爲一者是也逢素

00770 揮麈前録四卷後録十一卷第三録三卷餘話二卷 （宋）王明清撰　宋龍山書堂刻本

匡高20厘米，廣13.5厘米。半葉十一行，行二十字，細黑口，左右雙邊。有龍山書堂牌記。有“竹塢”、“季印振宜”、“乾學”、“汪印士鐘”、“郇齋”等印。國家圖書館藏。

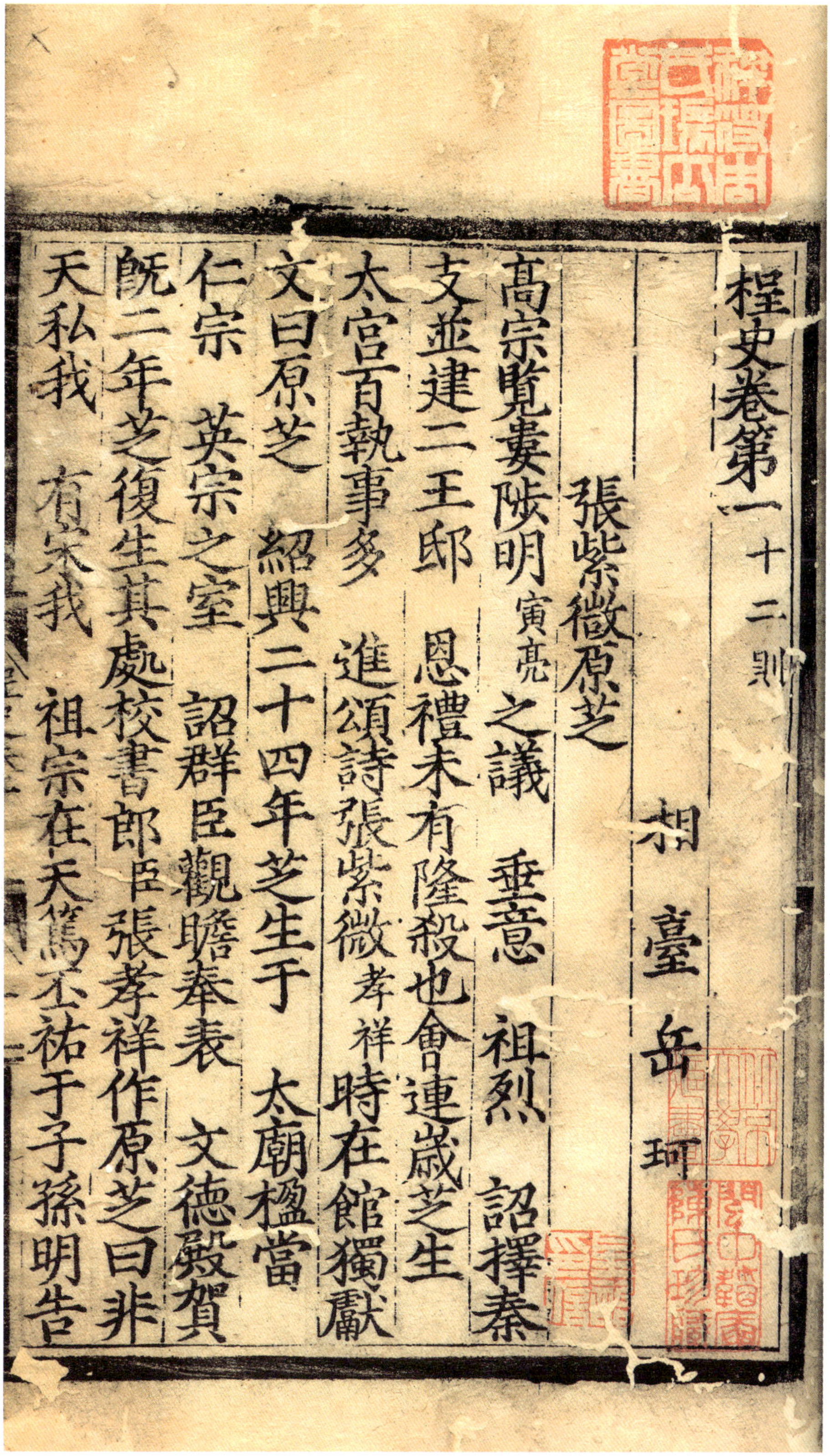

程史卷第一 十二則

相臺岳珂

張紫微原芝

高宗覽婁陟明寅亮之議 垂意 祖烈 詔擇秦
支並建二王邸 恩禮未有隆殺也會連歲芝生
太宫百執事多 進頌詩張紫微孝祥時在館獨獻
文曰原芝 紹興二十四年芝生于 太廟楹當
仁宗 英宗之室 詔群臣觀瞻奉表 文德殿賀
旣二年芝復生其處校書郎臣張孝祥作原芝曰非
天私我 有宋我 祖宗在天篤丕祐于子孫明告

00771 程史十五卷 （宋）岳珂撰　宋刻元明遞修公文紙印本

匡高20.8厘米，廣15厘米。半葉十行，行二十字，黑口，四周雙邊。有"星詒印信"等印。北京大學圖書館藏。

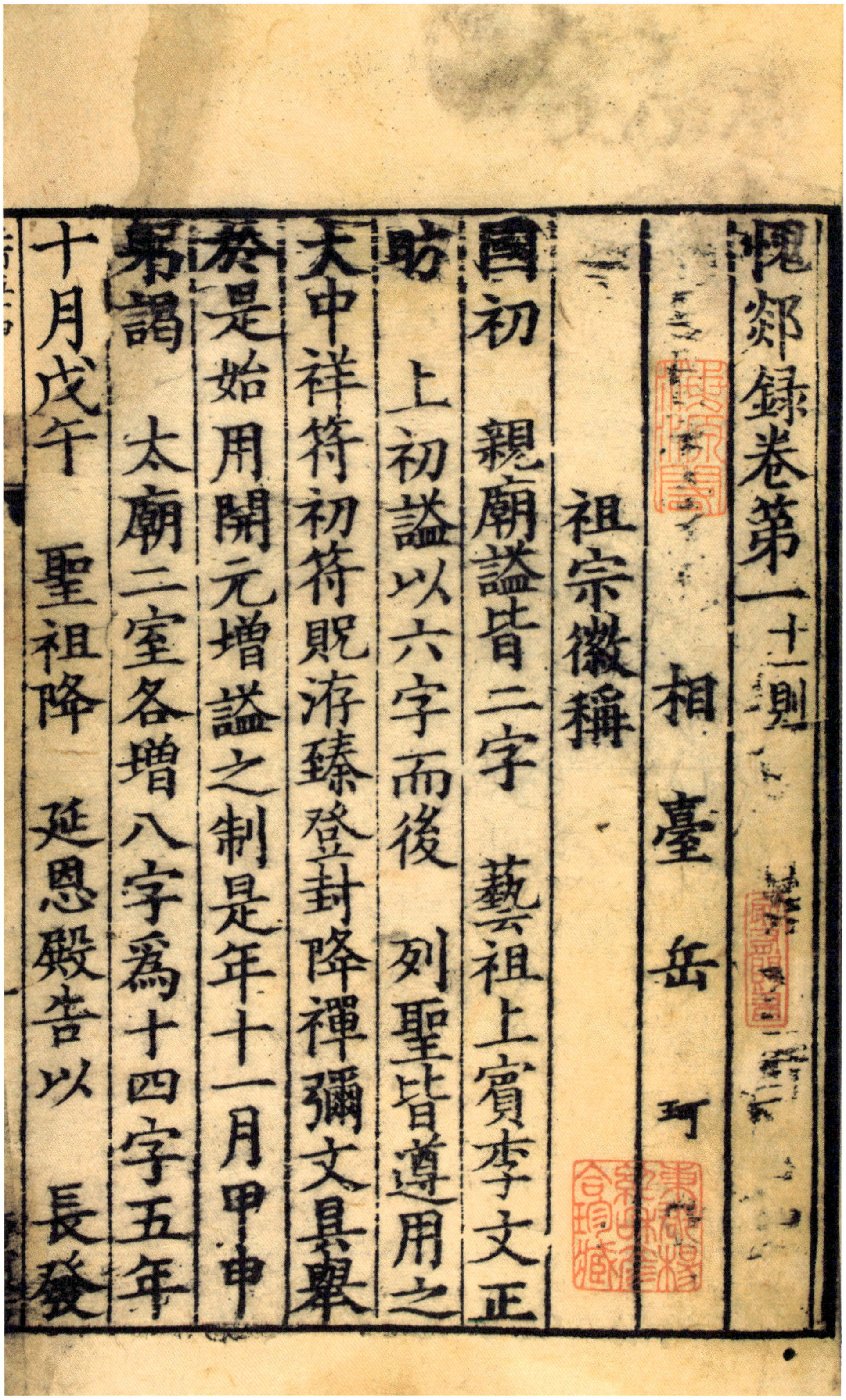
愧郯録卷第一 十二則
相臺岳珂
祖宗徽稱
國初親廟謚皆二字 藝祖上賓李文正
昉上初謚以六字而後 列聖皆遵用之
大中祥符初符貺洊臻登封降禪彌文具舉
於是始用開元增謚之制是年十一月甲申
[illegible]詔 太廟二室各增八字爲十四字五年
十月戊午 聖祖降 延恩殿告以 長發

00772 愧郯録十五卷 （宋）岳珂撰　宋刻本

匡高20.7厘米，廣15.8厘米。半葉九行，行十七字，白口，左右雙邊。有“韓印泰華”、“海源閣”、“東萊劉占洪字少山藏書之印”等印。國家圖書館藏。

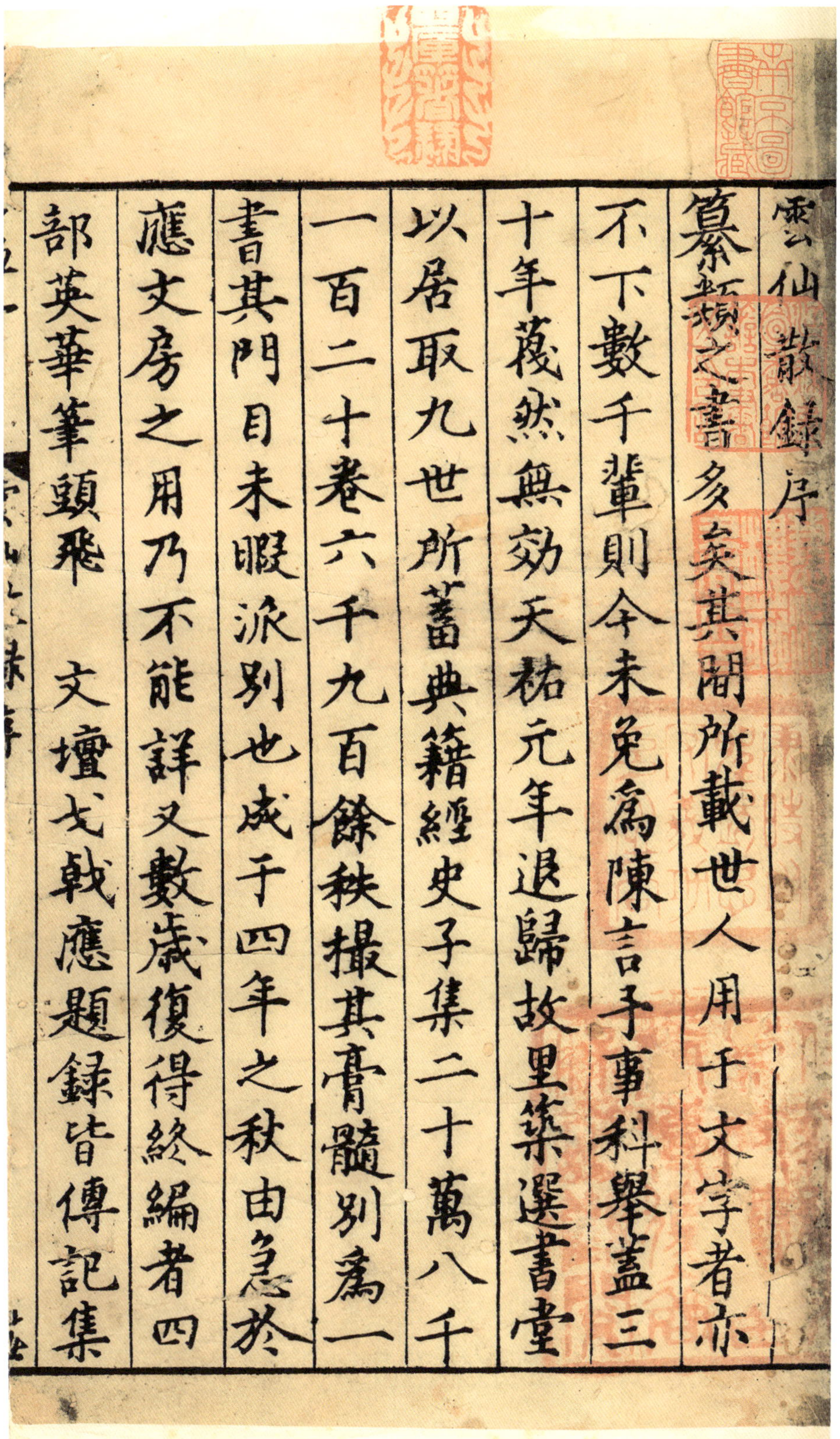

雲仙散録序
纂類之書多矣其間所載世人用于文字者亦
不下數千輩則今未免爲陳言于事科舉蓋三
十年蕿然無効天祐元年退歸故里築選書堂
以居取九世所蓄典籍經史子集二十萬八千
一百二十卷六千九百餘秩撮其膏髓别爲一
書其門目未暇派别也成于四年之秋由急於
應文房之用乃不能詳又數歲復得終編者四
部英華筆頭飛　文壇戈戟應題録皆傳記集

00773 雲仙散録一卷 題（唐）馮贄撰　宋開禧刻公文紙印本

匡高29厘米，廣14.5厘米。半葉九行，行十八字，白口，左右雙邊。有“慧海樓藏書印”等印。徐渭仁、丁丙跋。南京圖書館藏。

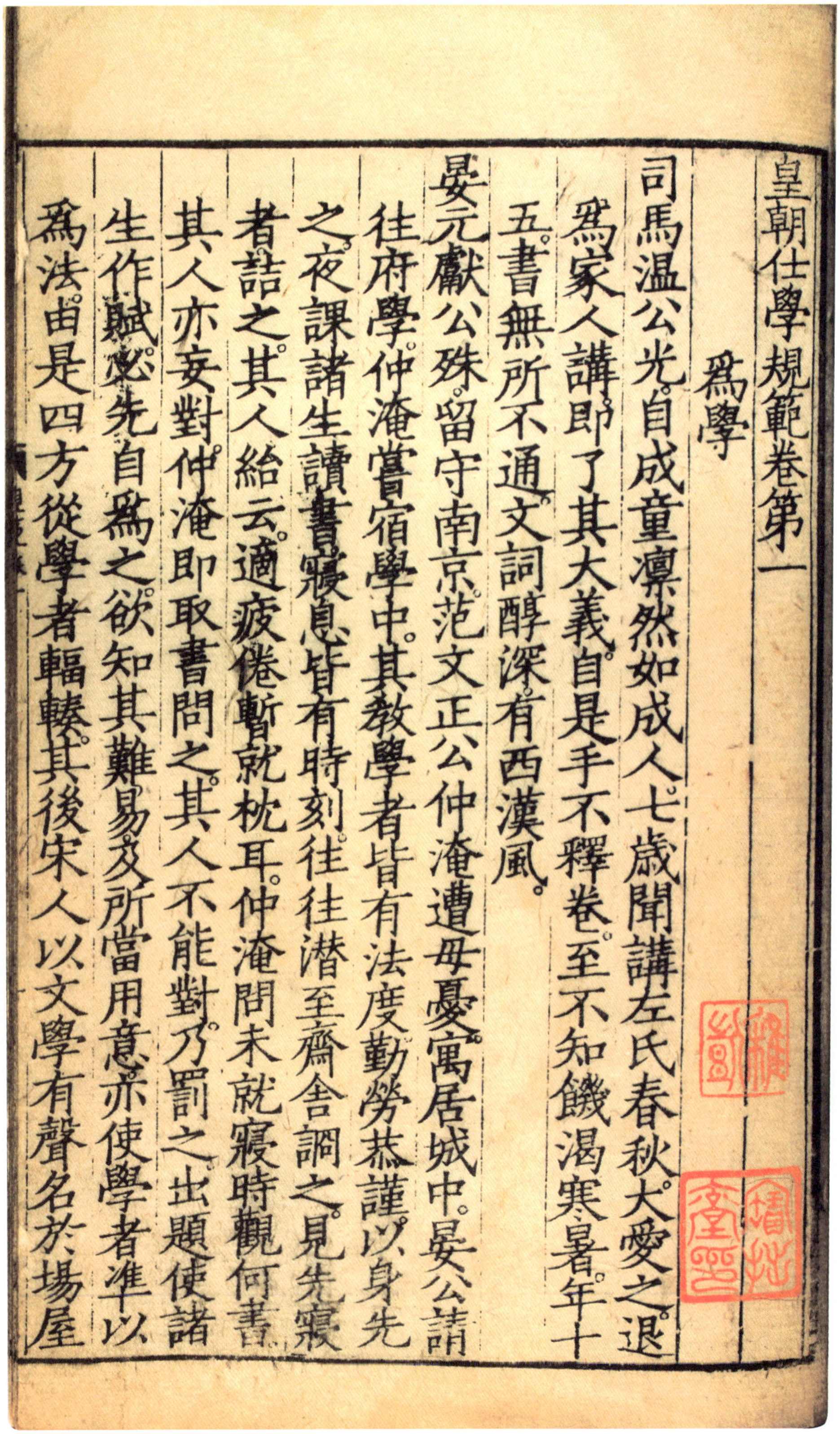
皇朝仕學規範卷第一

爲學

司馬温公光自成童凛然如成人七歲聞講左氏春秋大愛之退爲家人講即了其大義自是手不釋卷至不知饑渴寒暑年十五書無所不通文詞醇深有西漢風

晏元獻公殊留守南京范文正公仲淹遭母憂寓居城中晏公請往府學仲淹嘗宿學中其教學者皆有法度勤勞恭謹以身先之夜課諸生讀書寢息皆有時刻往往潛至齋舍詗之見先寢者詰之其人給云適疲倦暫就枕耳仲淹問未就寢時觀何書其人亦妄對仲淹即取書問之其人不能對乃罰之出題使諸生作賦必先自爲之欲知其難易及所當用意亦使學者準以爲法由是四方從學者輻輳其後宋人以文學有聲名於場屋

00774 皇朝仕學規範四十卷 （宋）張鎡輯　宋刻本

匡高22厘米，廣15厘米。半葉十二行，行二十五字，白口，左右雙邊。有“古燕查氏家藏”、“涵芬樓”等印。國家圖書館藏。

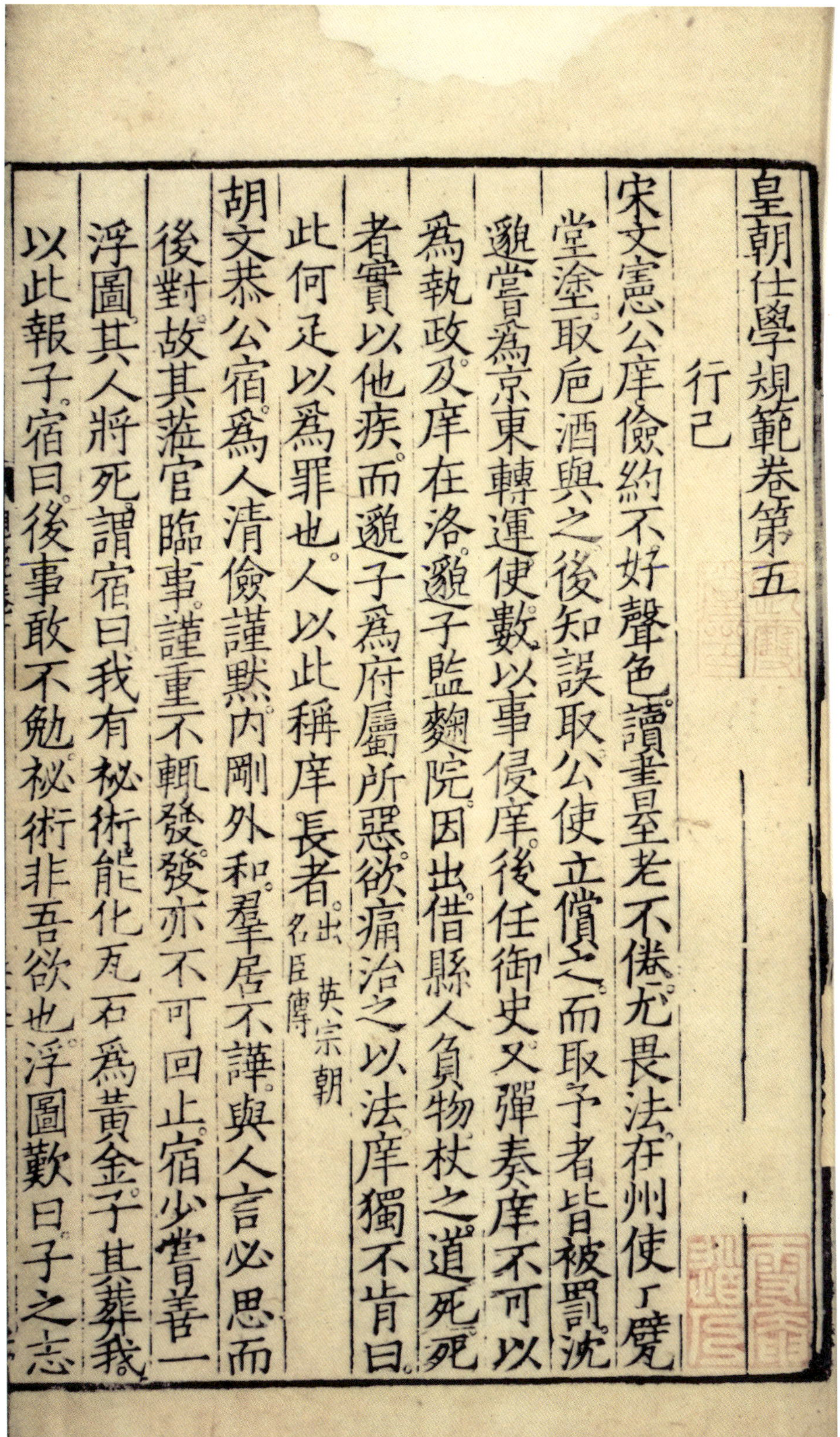

皇朝仕學規範卷第五

行己

宋文憲公庠儉約不好聲色讀書至老不倦尤畏法在州使丫鬟堂塗取卮酒與之後知誤取公使立償之而取予者皆被罰沈邈嘗爲京東轉運使數以事侵庠後任御史又彈奏庠不可以爲執政及庠在洛邈子爲監麴院因出借縣人負物杖之道死死者實以他疾而邈子爲府屬所惡欲痛治之以法庠獨不肯曰此何足以爲罪也人以此稱庠長者出英宗朝名臣傳

胡文恭公宿爲人清儉謹默内剛外和羣居不譁與人言必思而後對故其蒞官臨事謹重不輙發發亦不可回止宿少嘗善一浮圖其人將死謂宿曰我有秘術能化瓦石爲黄金子其葬我以此報子宿曰後事敢不勉秘術非吾欲也浮圖歎曰子之志

00775 皇朝仕學規範四十卷 （宋）張鎡輯　宋刻本

匡高26.5厘米，廣17.1厘米。半葉十二行，行二十五字，白口，左右雙邊。曲阜文物管理委員會藏，存二十九卷。

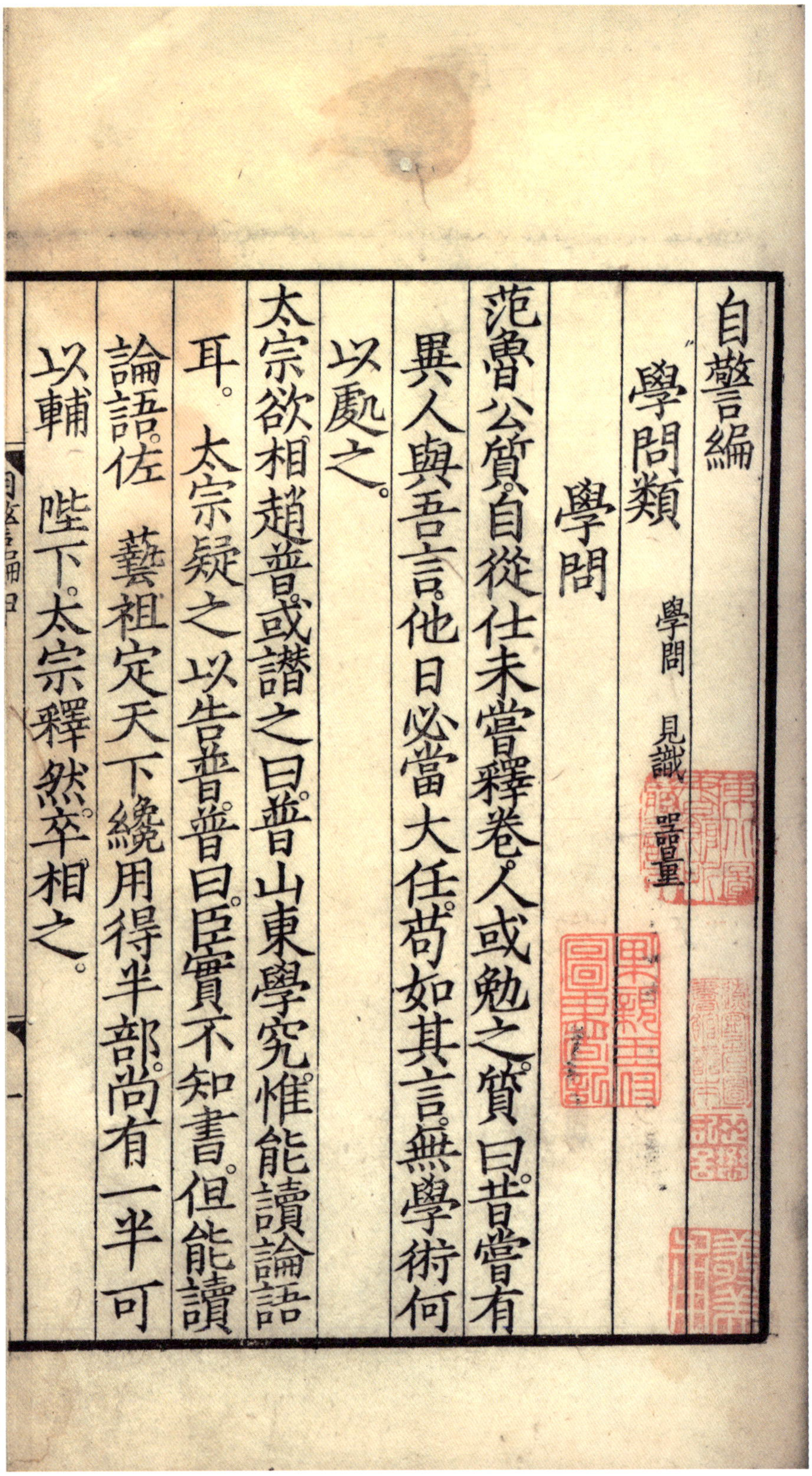
自警編
學問類　學問　見識
學問
范魯公質自從仕未嘗釋卷。人或勉之，質曰：昔嘗有
異人與吾言，他日必當大任。苟如其言，無學術何
以勵之。
太宗欲相趙普，或譖之曰：普山東學究，惟能讀論語
耳。太宗疑之，以告普。普曰：臣實不知書，但能讀
論語，佐　藝祖定天下，纔用得半部，尚有一半，可
以輔　陛下。太宗釋然，卒相之。

00776　自警編不分卷　（宋）趙善璙輯　宋刻本

匡高20.1厘米，廣17.6厘米。半葉十行，行二十字，小字雙行同，白口，左右雙邊。有"敬美甫"、"果親王府圖書記"等印。翁方綱題記。遼寧省圖書館藏。

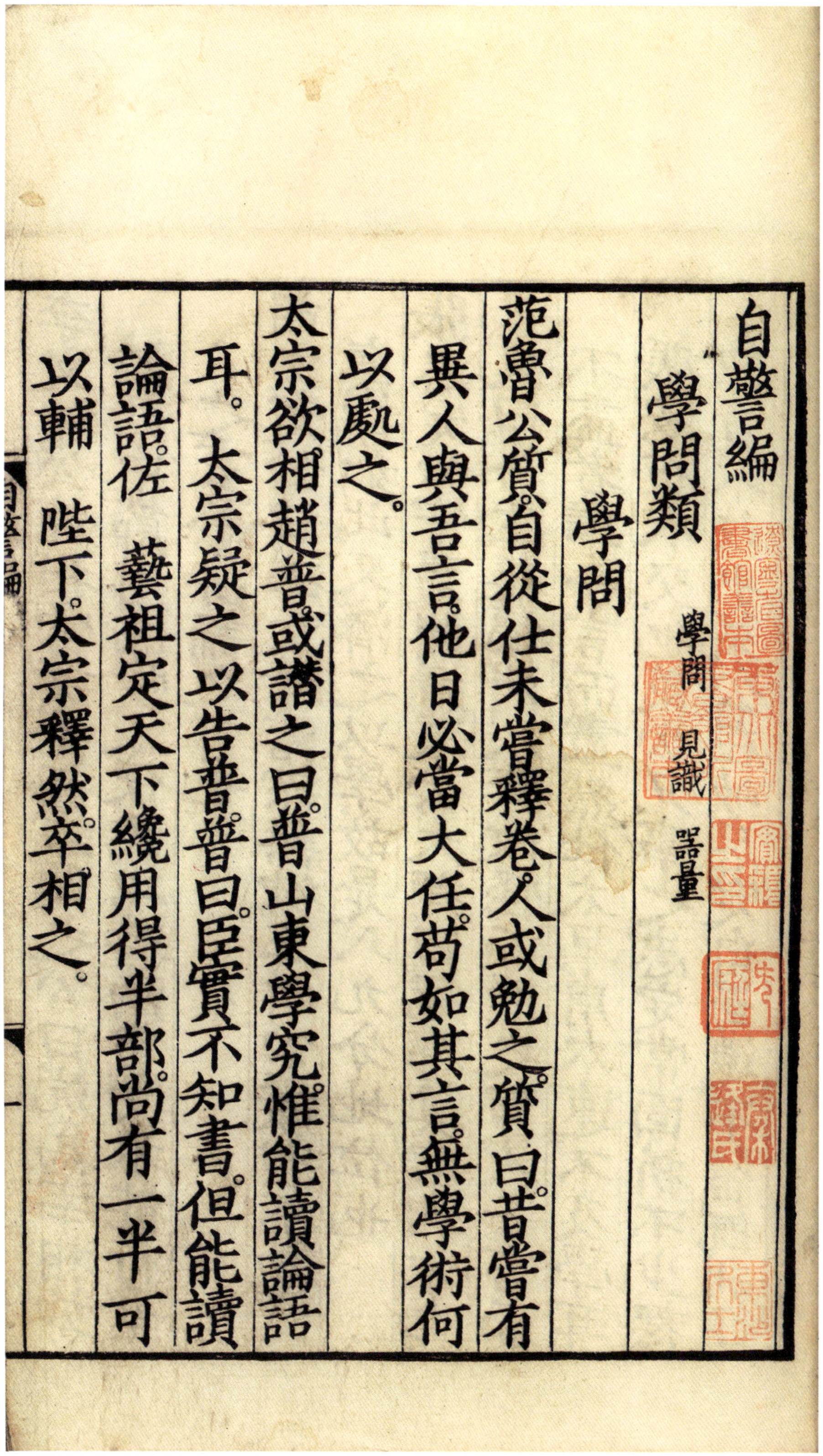
自警編

學問類

學問

學問 見識 器量

范魯公質。自從仕未嘗釋卷。人或勉之。質曰。昔嘗有異人與吾言。他日必當大任。苟如其言。無學術何以處之。

太宗欲相趙普。或譖之曰。普山東學究。惟能讀論語耳。太宗疑之。以告普。普曰。臣實不知書。但能讀論語。佐 藝祖定天下。纔用得半部。尚有一半可以輔 陛下。太宗釋然。卒相之。

00777 自警編不分卷 （宋）趙善璙輯 宋刻本

匡高21.7厘米，廣16.6厘米。半葉十行，行二十字，白口，左右雙邊。有“真賞齋印”、“東沙居士”、“實穎之印”等印。宋實穎跋。遼寧省圖書館藏。

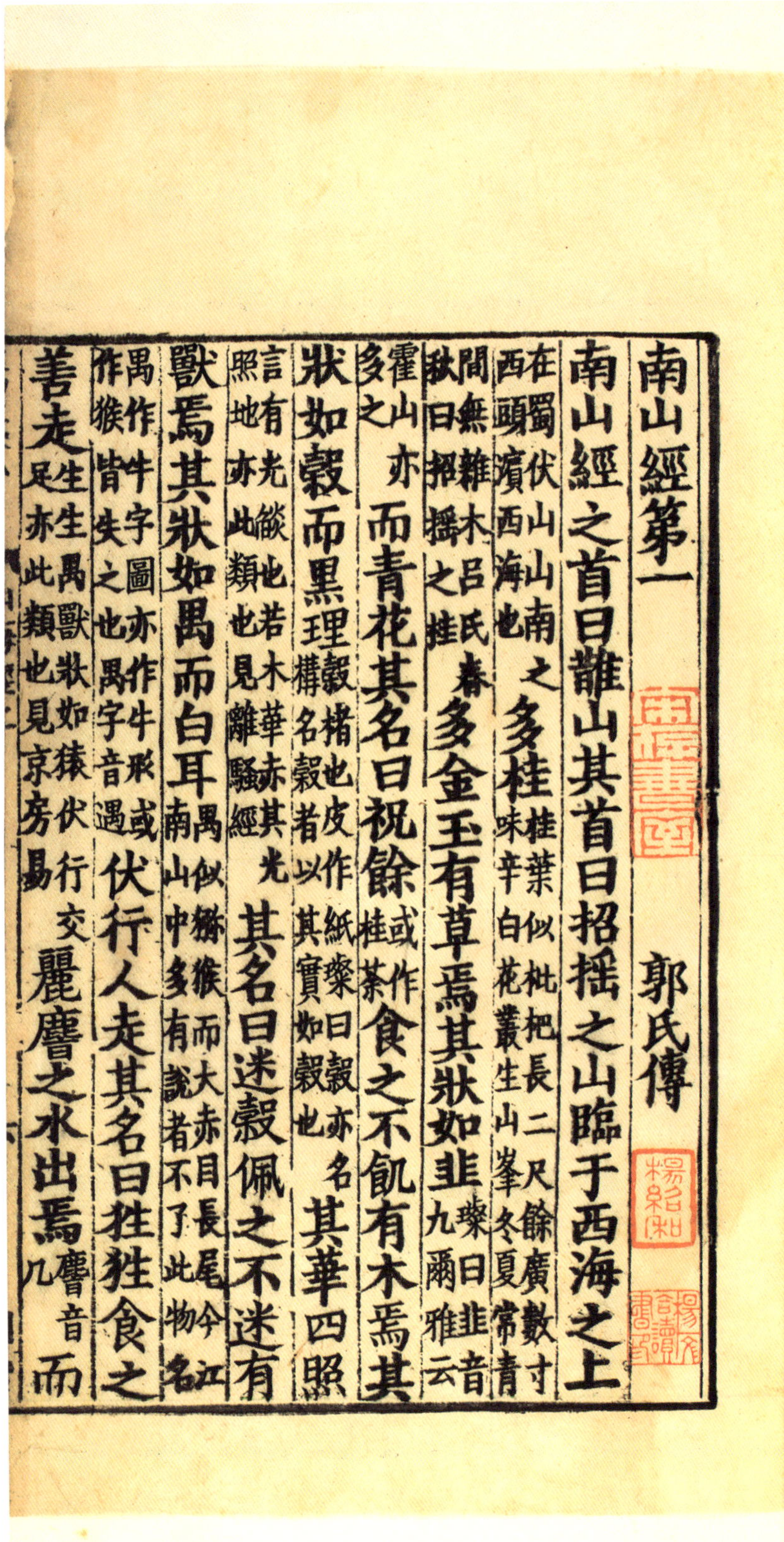
南山經第一　郭氏傳
南山經之首曰䧿山其首曰招搖之山臨于西海之上
在蜀伏山山南之西頭濵西海也多桂桂葉似枇杷長二尺餘廣數寸味辛白花叢生山峯冬夏常青
間無雜木呂氏春秋曰招搖之桂多金玉有草焉其狀如韭璨曰韭音九爾雅云
霍山亦多之而青花其名曰祝餘或作桂荼食之不飢有木焉其
狀如穀而黑理穀楮也皮作紙璨曰穀亦名構名穀者以其實如穀也其華四照
言有光燄也若木華赤其光照地亦此類也見離騷經其名曰迷穀佩之不迷有
獸焉其狀如禺而白耳禺似獼猴而大赤目長尾今江南山中多有說者不了此物名
禺作牛字圖亦作牛形或作猴皆失之也禺字音遇伏行人走其名曰狌狌食之
善走生生禺獸狀如猿伏行交足亦此類也見京房易麗麐之水出焉麐音几而

00778 山海經十八卷　（晉）郭璞注　宋淳熙七年（1180）池陽郡齋刻本

匡高21.2厘米，廣14.3厘米。半葉十行，行二十一字，小字雙行同，白口，左右雙邊。有“汪士鐘曾讀”、“以增私印”、“楊紹和”、“周暹”等印。國家圖書館藏。

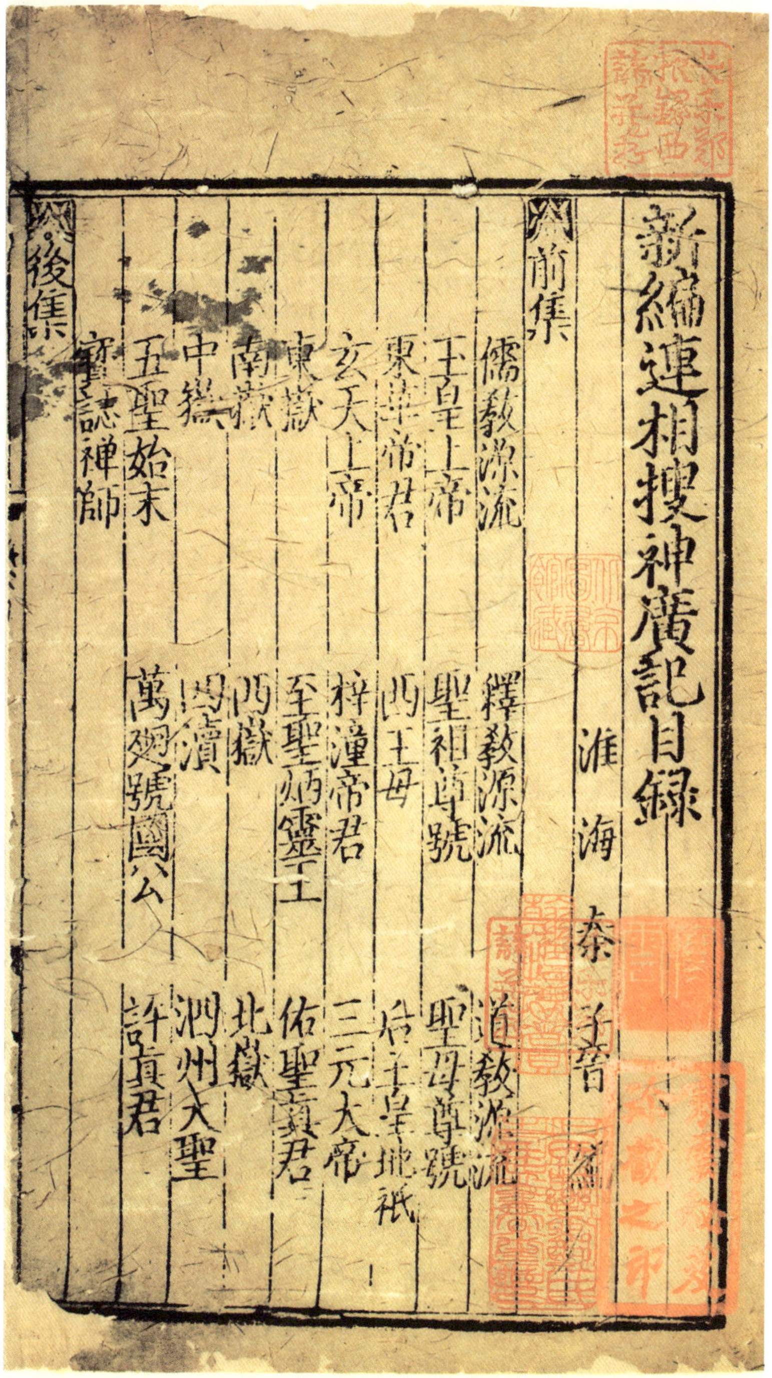

00779 新編連相搜神廣記前集一卷後集一卷 （元）秦子晉撰　元刻本

匡高19厘米，廣12.2厘米。半葉十四行，行二十四字，黑口，四周雙邊。有“寒雲秘笈珍藏之印”、“長樂鄭氏藏書之印”等印。國家圖書館藏。

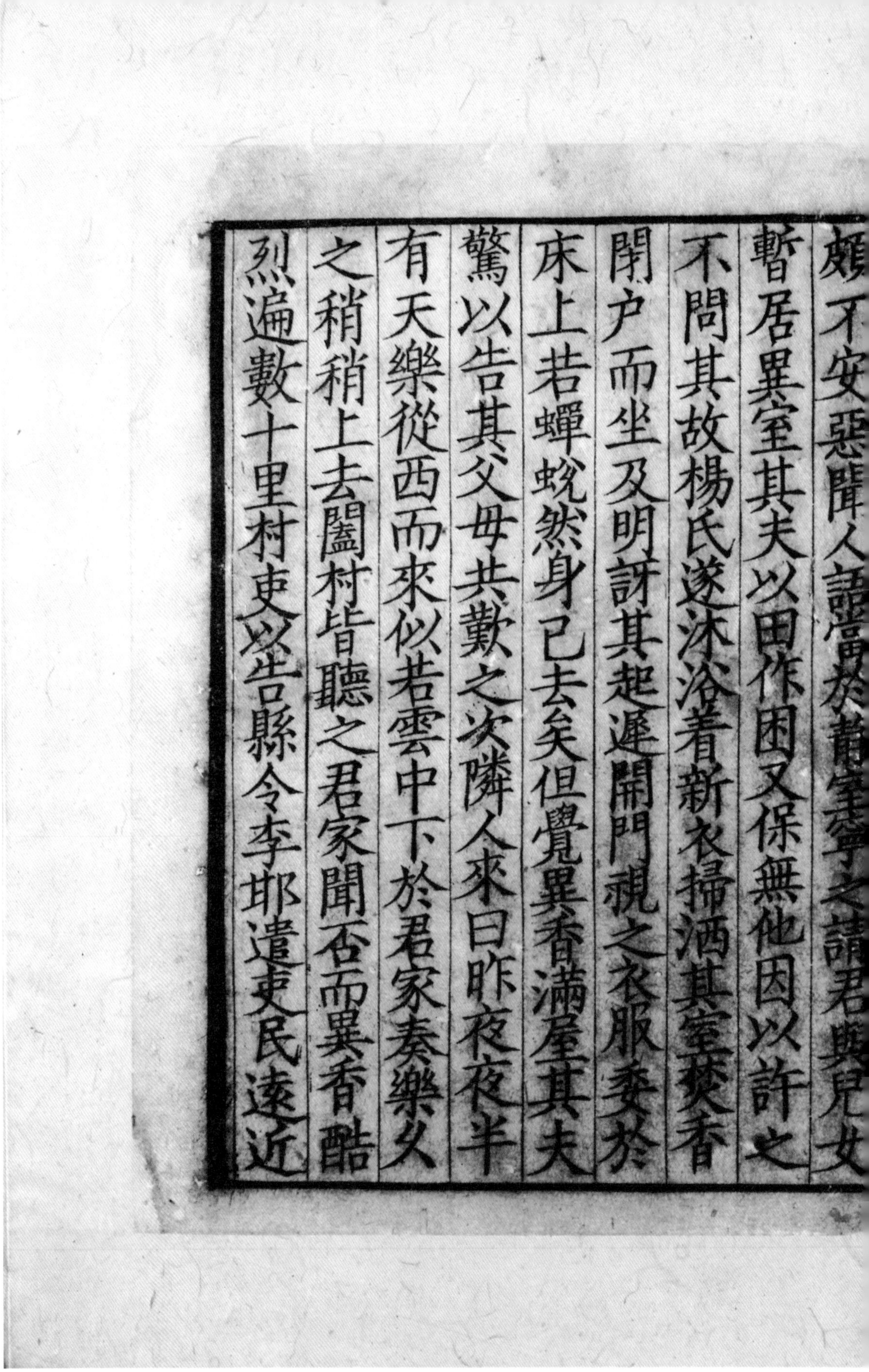
頰不安惡聞人語嘗於前室焚香請君與兒女
暫居異室其夫以田作困又保無他因以許之
不問其故楊氏遂沐浴着新衣掃洒其室焚香
閉户而坐及明訝其起遲開門視之衣服委於
床上若蟬蛻然身已去矣但覺異香滿屋其夫
驚以告其父母共歎之次隣人來曰昨夜夜半
有天樂從西而來似若雲中下於君家奏樂久
之稍稍上去闔村皆聽之君家聞否而異香酷
烈遍數十里村吏以告縣令李邯遣吏民遠近

00780 續幽怪録四卷 （唐）李復言撰　宋臨安府太廟前尹家書籍鋪刻本

蝴蝶裝。匡高18.7厘米，廣13.5厘米。半葉九行，行十八字，白口，左右雙邊。有“顧印元慶”、“士禮居藏”、“汪士鐘字春霆号眼園書画印”、“鐵琴銅劍樓”等印。黄丕烈跋。國家圖書館藏。

續幽怪録卷第一

李復言 編

楊恭政

楊恭政虢州閿鄉縣長壽鄉天仙村田家女也年十八適同村王清其夫貧力田楊氏奉箕帚供農婦之職甚謹夫族目之曰勤力新婦性沉静不好戲笑有暇必洒掃静室閉門閑居雖隣婦狎之終不相往來生三男一女年二十四歲元和十二年五月十二日夜告其夫曰妾神識

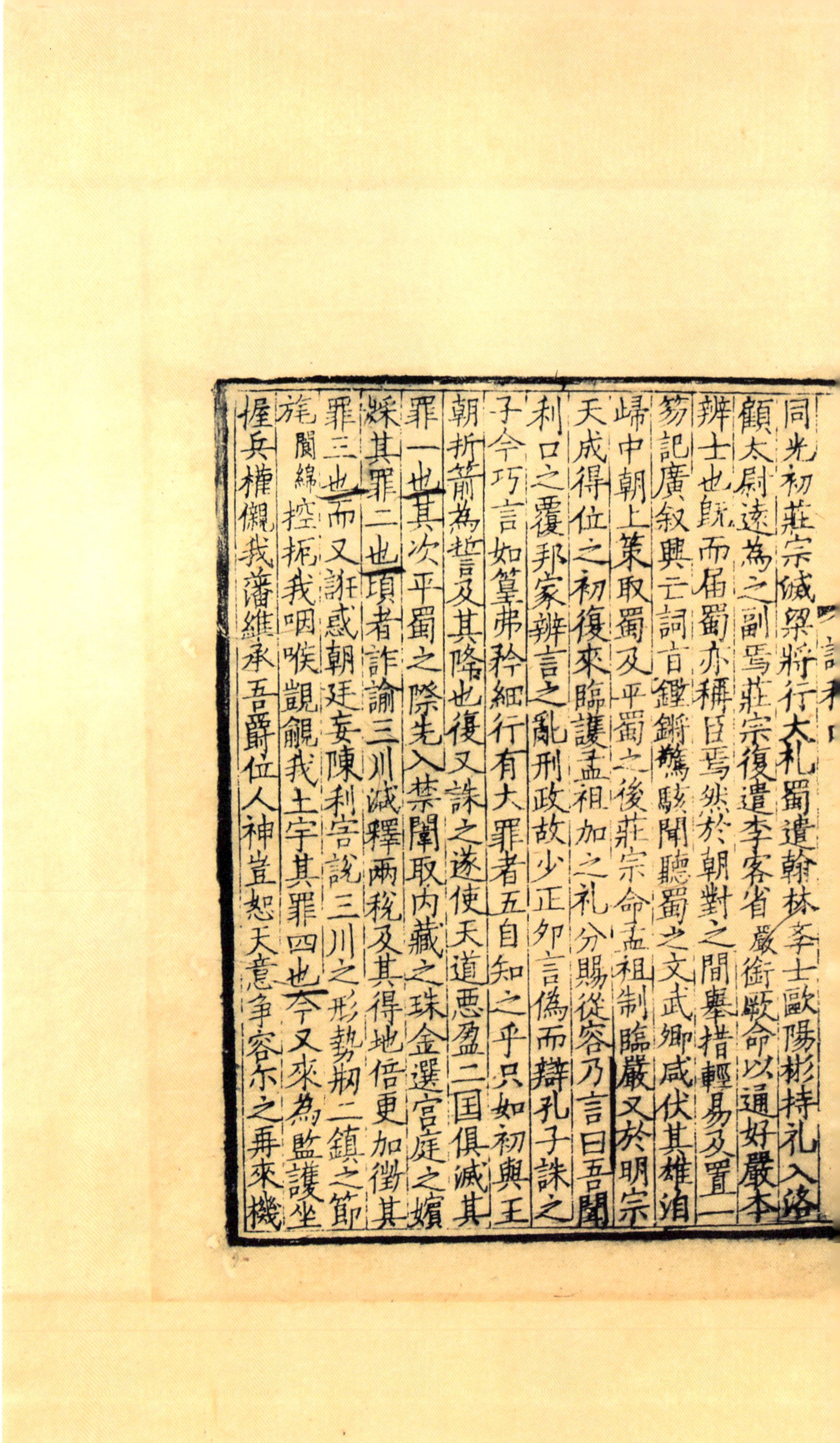

00781 重彫足本鑑誡録十卷 （五代後蜀）何光遠撰 宋刻本

蝴蝶裝。匡高13.8厘米，廣10.5厘米。半葉十五行，行二十四字，白口，四周雙邊。有"項子京家珍藏"、"竹垞老人"、"百宋一廛"、"汪印士鐘"等印。趙懷玉校，朱彝尊、查嗣瑮、汪士鋐、趙懷玉、顧廣圻、黃丕烈跋，王士禛、曹寅、徐嘉炎題記，翁同龢題詩。上海圖書館藏。

重彫足本鑑誡録卷第一

瑞應識

孟蜀高祖頊者未臨西川守北京蜀人競以擊拂之門妙絕之戲呼頭入爲孟入或云此毬子從太原將來又有工人孟德預起宮闈上凌霄漢雖般輸之妙無以加焉雖德與得之字體不同音亦爲祥矣又王蜀後主元舅徐太師延瓊於錦水應聖橋西創置大第狀若宮室橫亘數坊是時内外皇親宣下悉令暖宅後主亦親幸宴樂移時忽於徐公堂中命筆大書孟字徐雖不測其義尋以御扎謝恩至咸康後主降唐孟祖自北京除蜀莊宗憂大軍之後制御宗事多立宣鑄印離京奔騎赴鎮既而旌幢届蜀以統軍與聖太子未歸旋令將校改換宮闈孟祖乃權於徐公之第安下覩紅綃所籠姓字怪問前蜀臣寮對曰此王後主御扎高祖歎曰疎狂天子亦預知與吾交代乎是知之者

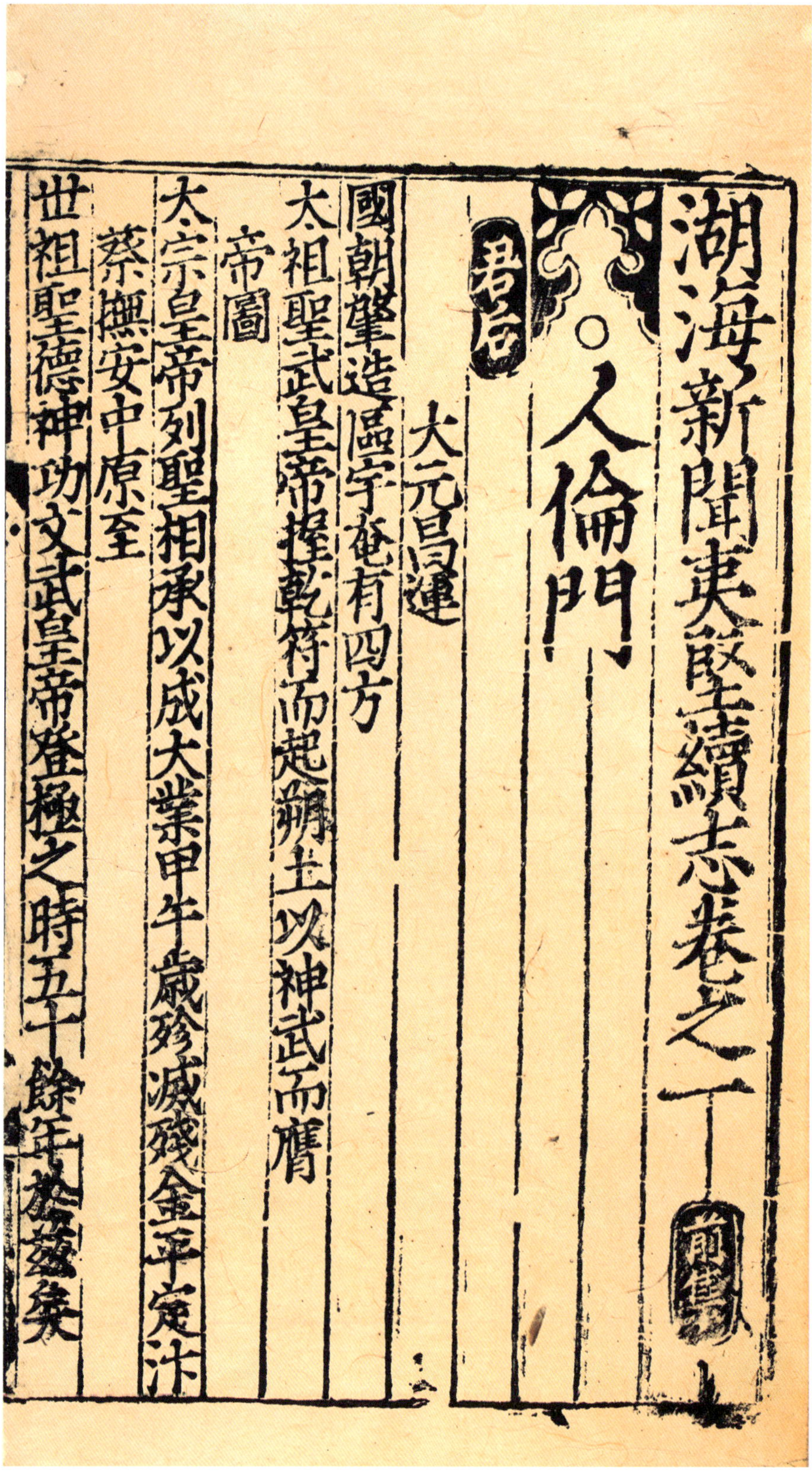
湖海新聞夷堅續志卷之一 前集
君臣
人倫門
大元昌運
國朝肇造區宇奄有四方
太祖聖武皇帝握乾符而起朔土以神武而膺
帝圖
太宗皇帝列聖相承以成大業甲午歲殄滅殘金平定汴
蔡撫安中原至
世祖聖德神功文武皇帝登極之時五十餘年於茲矣

00782 湖海新聞夷堅續志前集十二卷 元碧山精舍刻本

包背裝。匡高17.4厘米，廣11.5厘米。半葉十二行，行二十二字，黑口，四周雙邊。有“碧山精舍鼎新編刊”牌記。有“飛清閣藏書印”、“涵芬樓”等印。國家圖書館藏，存十卷。

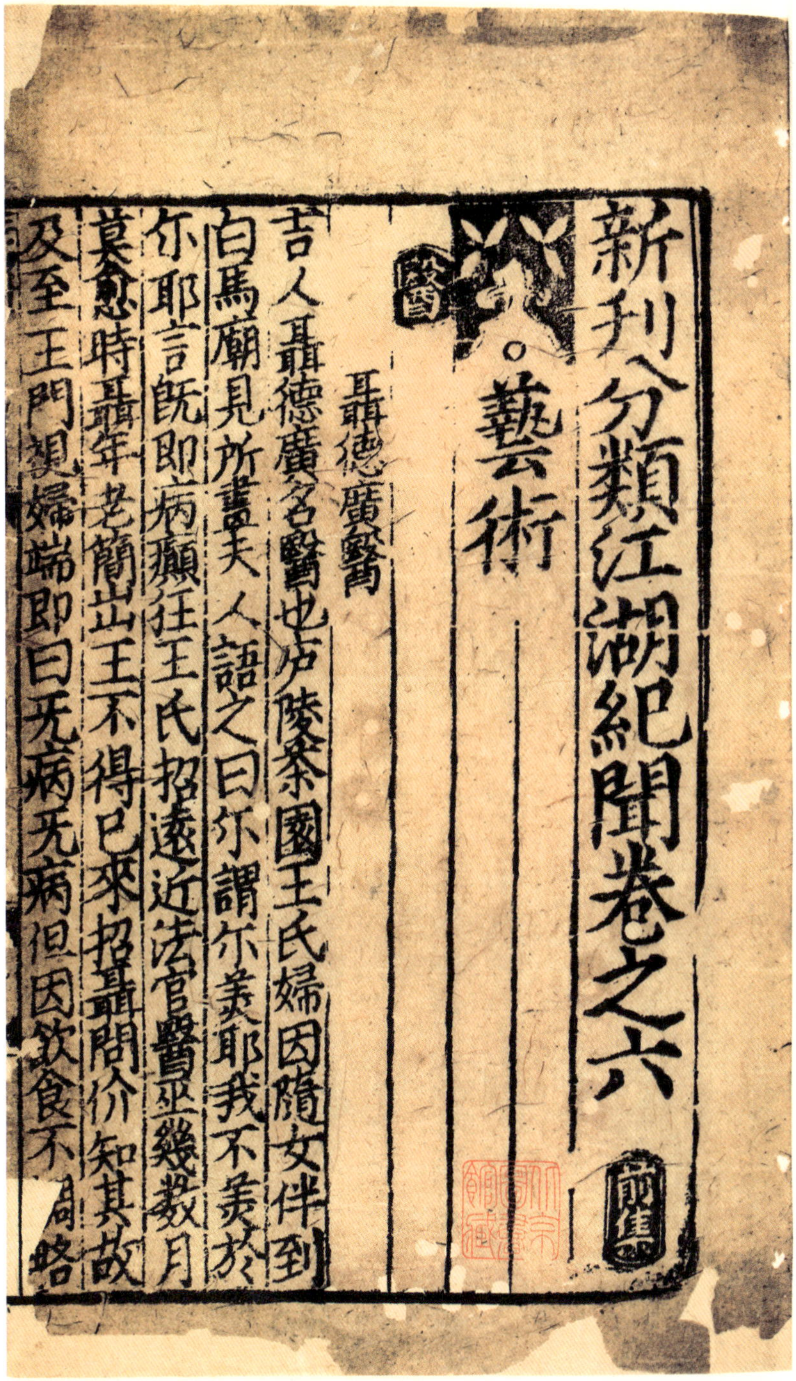

00783 新刊分類江湖紀聞前集□卷 （元）郭霄鳳撰　元刻本

匡高17.7厘米，廣11.5厘米。半葉十一行，行二十字，細黑口，左右雙邊。國家圖書館藏，存五卷。

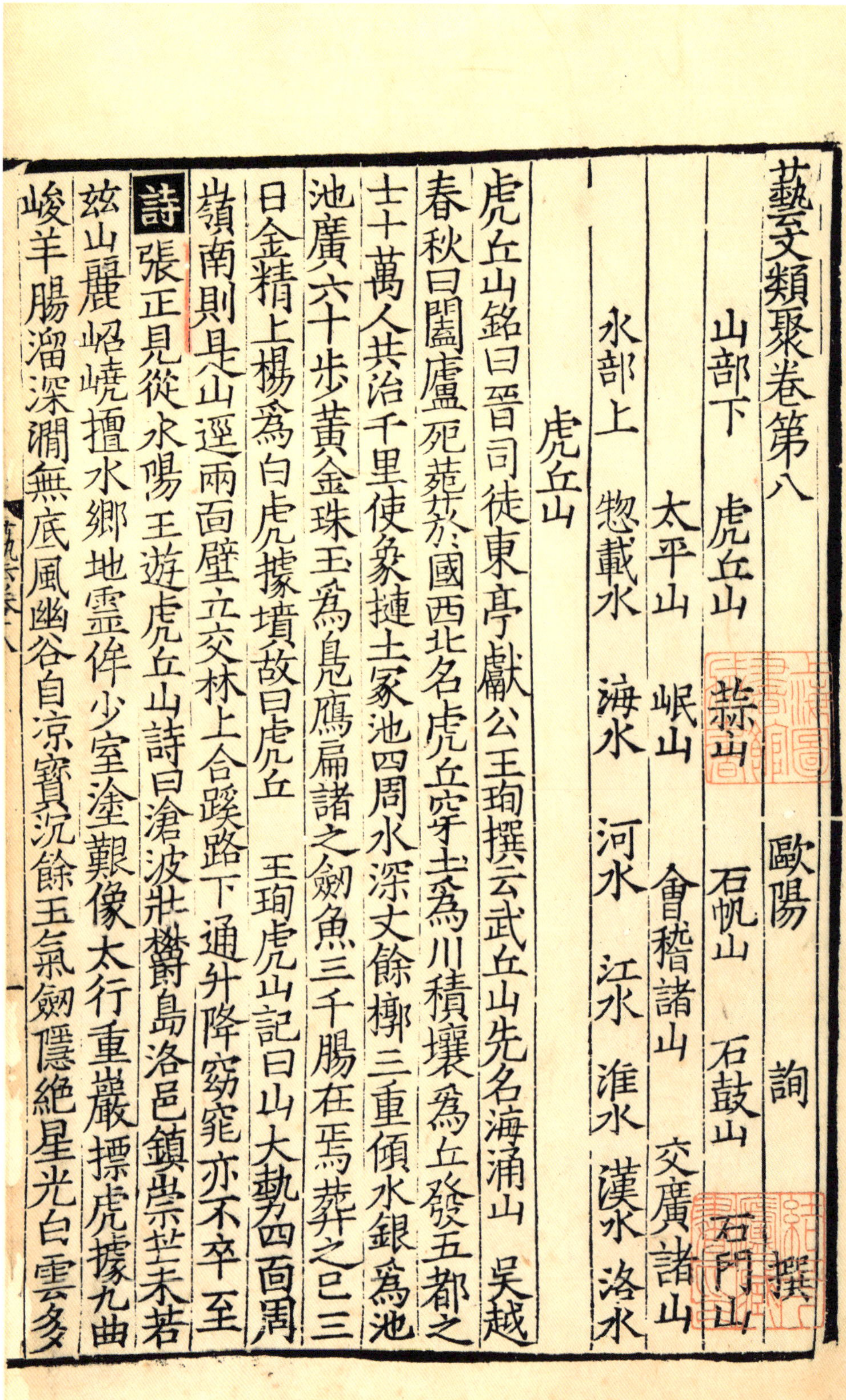
藝文類聚卷第八　歐陽　詢　撰
山部下　虎丘山　蒜山　石帆山　石鼓山　石門山
太平山　岷山　會稽諸山　交廣諸山
水部上　揔載水　海水　河水　江水　淮水　漢水　洛水
虎丘山
虎丘山銘曰晉司徒東亭獻公王珣撰云武丘山先名海涌山　吳越
春秋曰闔廬死葬於國西北名虎丘穿土為川積壤為丘發五都之
士十萬人共治千里使象摙土冢池四周水深丈餘槨三重傾水銀為池
池廣六十步黃金珠玉為鳧鴈扁諸之劔魚三千腸在焉葬之巳三
日金精上揚為白虎據墳故曰虎丘　王珣虎丘山記曰山大勢四面周
嶺南則是山逕兩面壁立交林上合蹊路下通升降窈窕亦不卒至
詩　張正見從永陽王遊虎丘山詩曰滄波壯鬱島洛邑鎮崇芒未若
兹山麗岧嶢擅水鄉地靈侔少室塗艱像太行重巖標虎據九曲
峻羊腸溜深淵無底風幽谷自涼寶沉餘玉氣劔隱絕星光白雲多

00784 藝文類聚一百卷（唐）歐陽詢輯　宋刻本（序目，卷一至四、四十九至五十三、五十四之第二至十一葉、五十五之第一葉配明嘉靖六至七年胡纘宗、陸采刻本）

匡高22.5厘米，廣16厘米。半葉十四行，行二十六至三十一字，小字雙行同，白口，左右雙邊。有“怡府世寶”、“明善堂覽書画印記”、“結一廬藏書印”、“仁龢朱澂”、“徐乃昌讀”等印。上海圖書館藏。

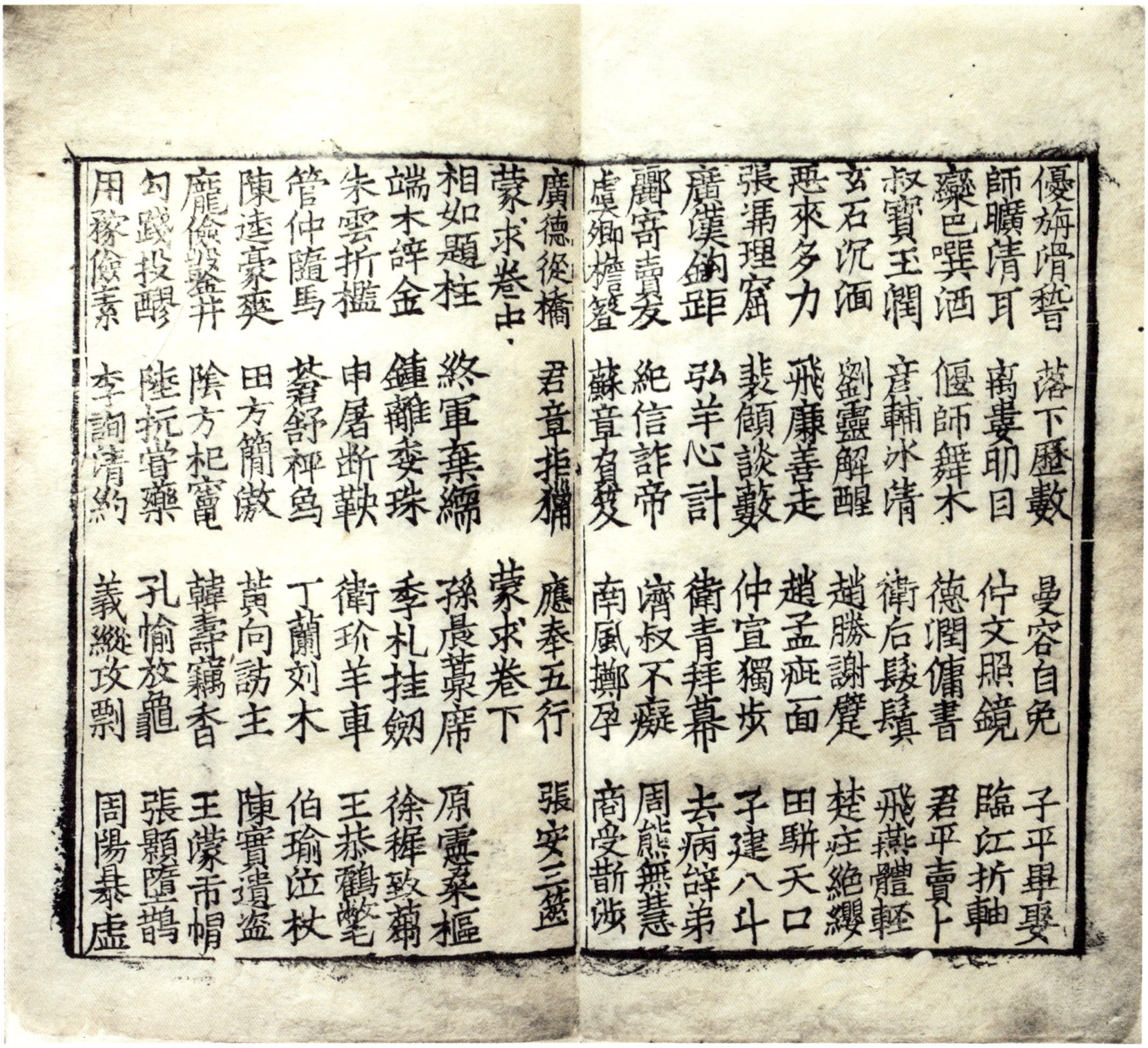

00785 蒙求三卷 （唐）李翰撰 遼刻本

蝴蝶裝。匡高20.4厘米，廣12.9厘米。半葉十行，行字不等，左右雙邊。
山西省應縣木塔文物管理所藏，存七葉。

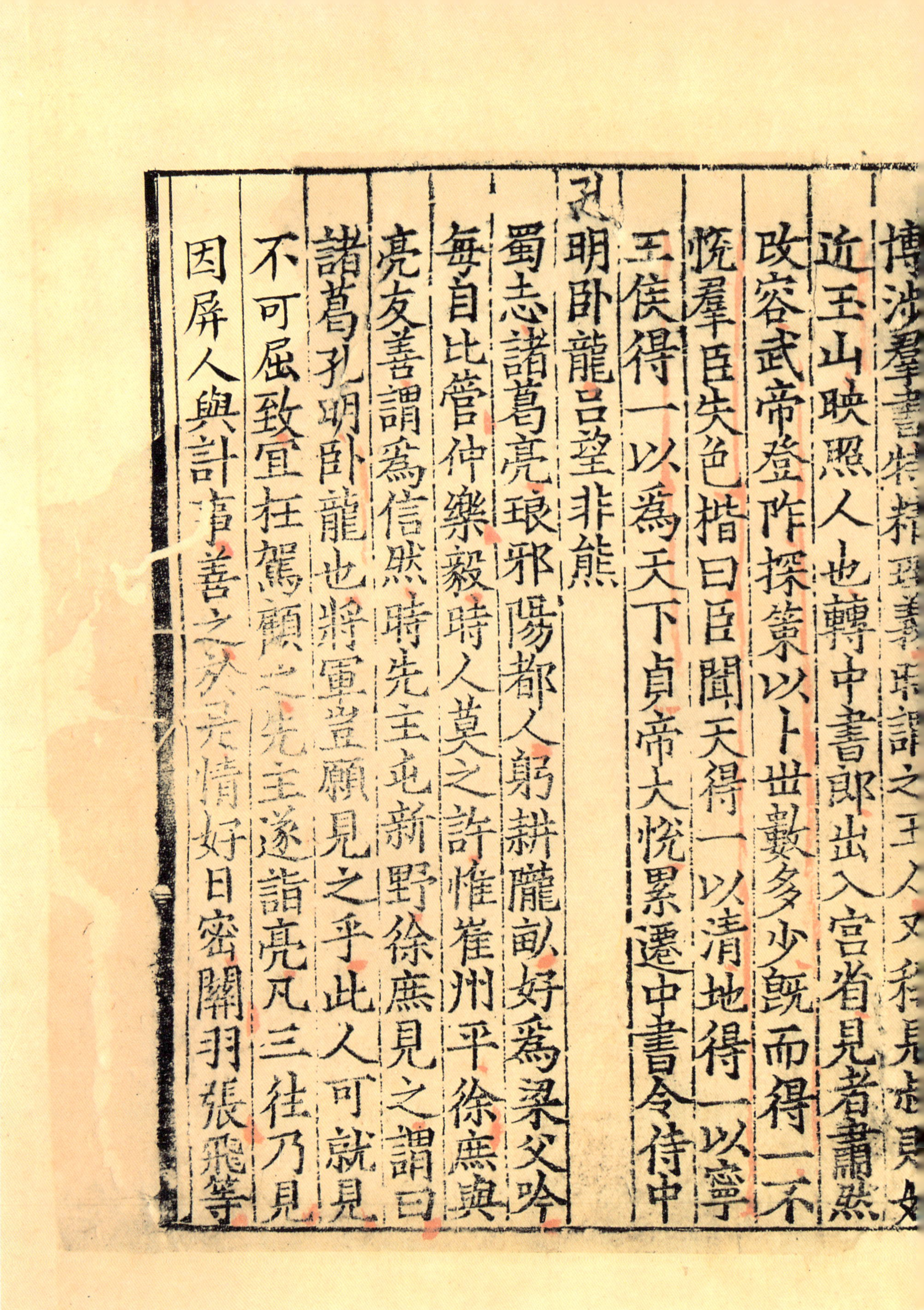
博涉羣書特精理義時謂之玉人又稱見裴叔則如
近玉山映照人也轉中書郎出入宮省見者肅然
改容武帝登阼探策以卜世數多少既而得一不
悅羣臣失色楷曰臣聞天得一以清地得一以寧
王侯得一以爲天下貞帝大悅累遷中書令侍中
孔明卧龍呂望非熊
蜀志諸葛亮琅邪陽都人躬耕隴畝好爲梁父吟
每自比管仲樂毅時人莫之許惟崔州平徐庶與
亮友善謂爲信然時先主屯新野徐庶見之謂曰
諸葛孔明卧龍也將軍豈願見之乎此人可就見
不可屈致宜枉駕顧之先主遂詣亮凡三往乃見
因屏人與計事善之於是情好日密關羽張飛等

00786 補注蒙求八卷 （唐）李翰撰　（宋）徐子光注　宋刻本（卷五、卷八缺葉配明抄本）

蝴蝶裝。匡高18厘米，廣13.5厘米。半葉十二行，行二十字，白口，左右雙邊。有“牧翁蒙叟”、“汪士鐘藏”等印。喬松年跋。上海圖書館藏。

補注蒙求卷第一

徐　子光注

王戎簡要裴楷清通

晉書王戎字濬沖琅邪臨沂人幼而穎悟神彩秀徹視日不眩裴楷見而目之曰戎眼爛爛如巖下電阮籍素與戎父渾爲友戎年十五隨渾在郎舍少籍二十歲籍與之交籍每適渾去輙過視戎良久然後出謂渾曰濬沖清賞非卿倫也共卿言不如共阿戎談歷官至司徒　裴楷字叔則河東聞喜人明悟有識量少與戎齊名鍾會薦於文帝辟相國掾及吏部郎缺帝問會會曰裴楷清通王戎簡要皆其選也於是用楷楷風神高邁容儀俊爽

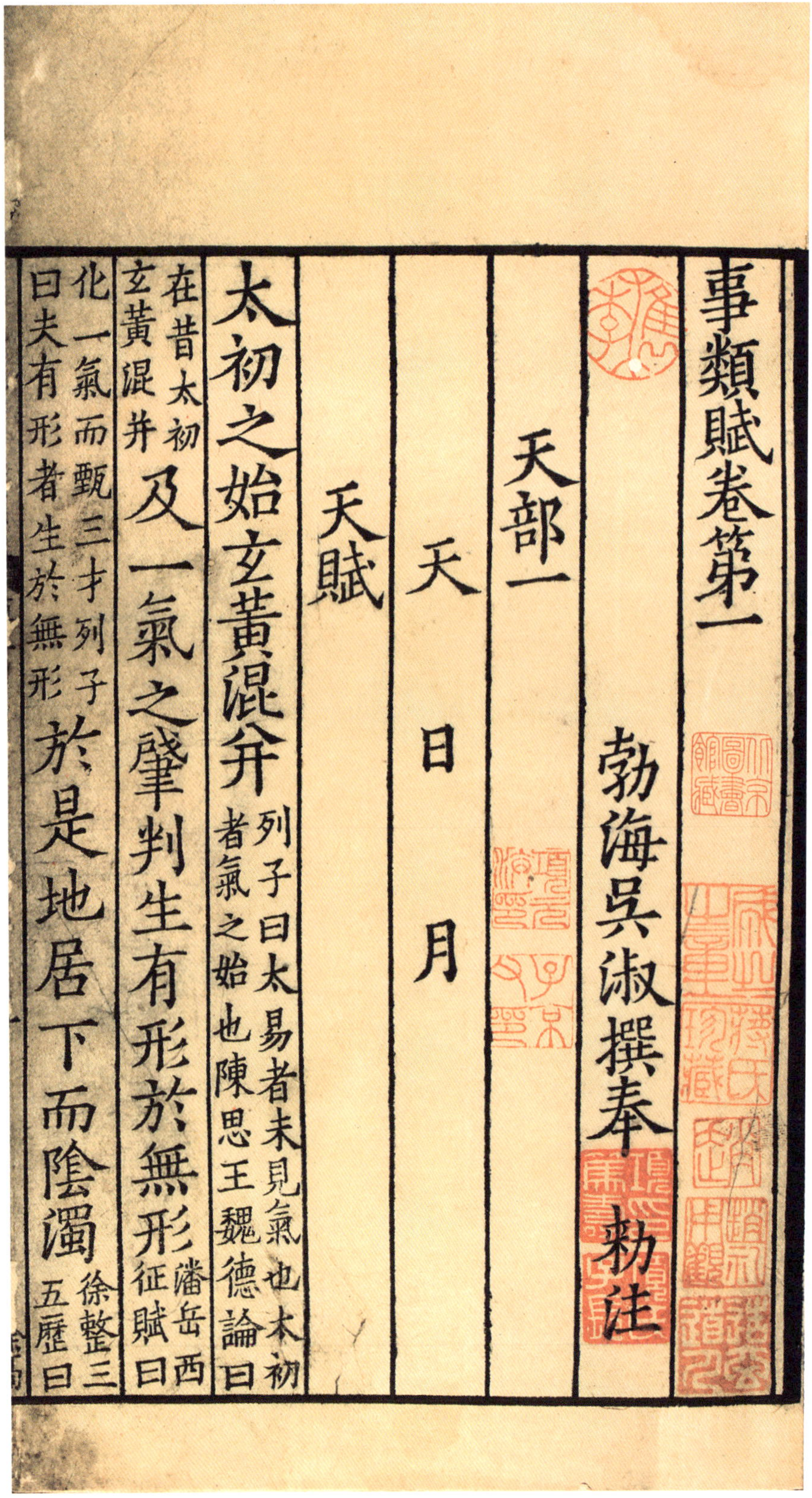
事類賦卷第一
勃海吳淑撰奉　勅注
天部一
天　日　月
天賦
太初之始玄黃混并列子曰太易者未見氣也太初者氣之始也陳思王魏德論曰在昔太初玄黃混并及一氣之肇判生有形於無形潘岳西征賦曰化一氣而甄三才列子曰夫有形者生於無形於是地居下而陰濁徐整三五歷曰

00787　事類賦三十卷　（宋）吳淑撰并注　宋紹興十六年（1146）兩浙東路茶鹽司刻本

匡高22.2厘米，廣15.5厘米。半葉八行，行十四至十七字，小字雙行二十三至二十七字，白口，左右雙邊。有“天水郡圖書印”、“項印篤壽”、“項元汴印”、“秀埜草堂顧氏藏書印”、“天祿繼鑑”等印。國家圖書館藏。

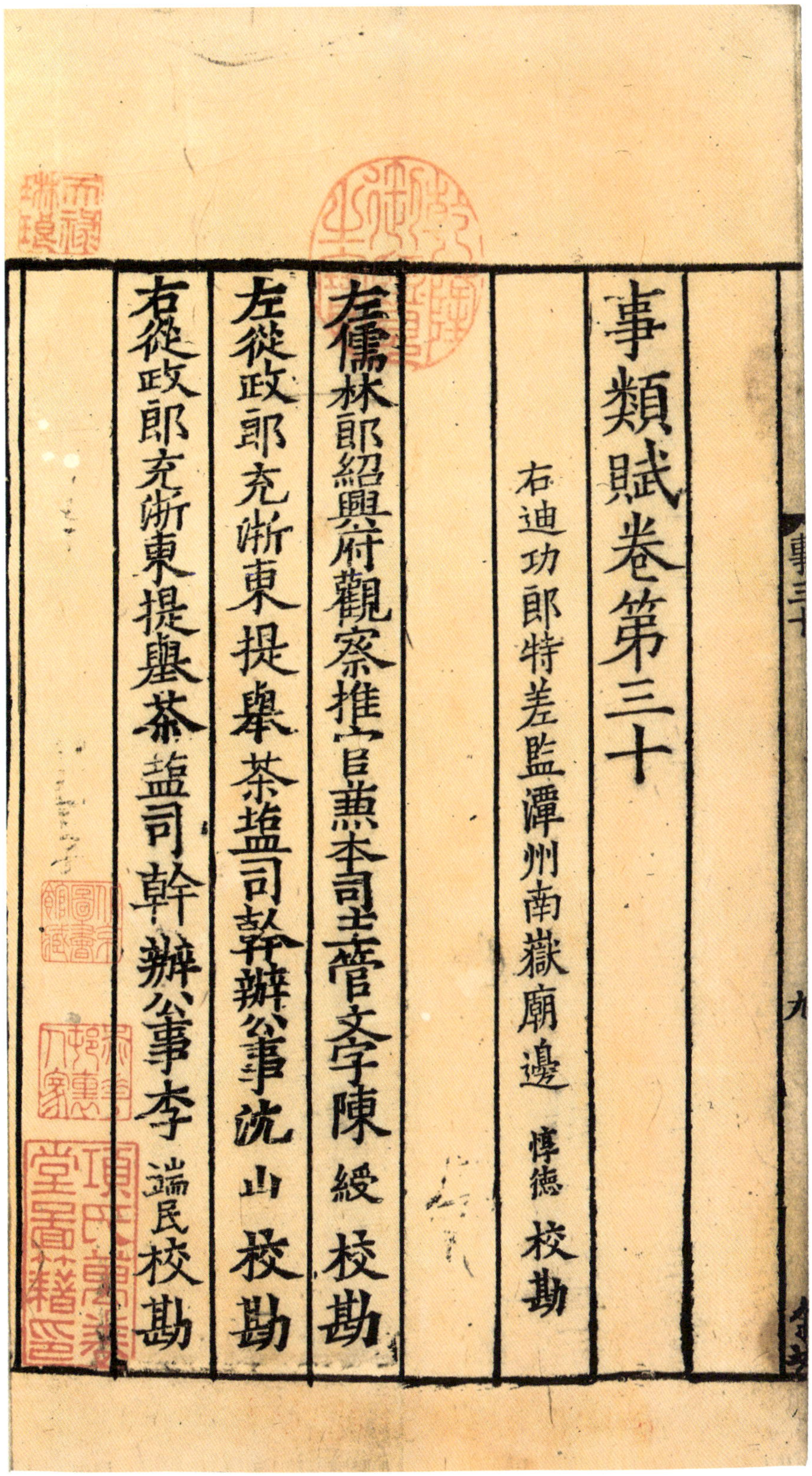

事類賦卷第三十

右迪功郎特差監潭州南嶽廟邊　惇德　校勘

左儒林郎紹興府觀察推官兼本司主管文字陳　綬　校勘

左從政郎充浙東提舉茶塩司幹辦公事沈　山　校勘

右從政郎充浙東提舉茶塩司幹辦公事李　端民　校勘

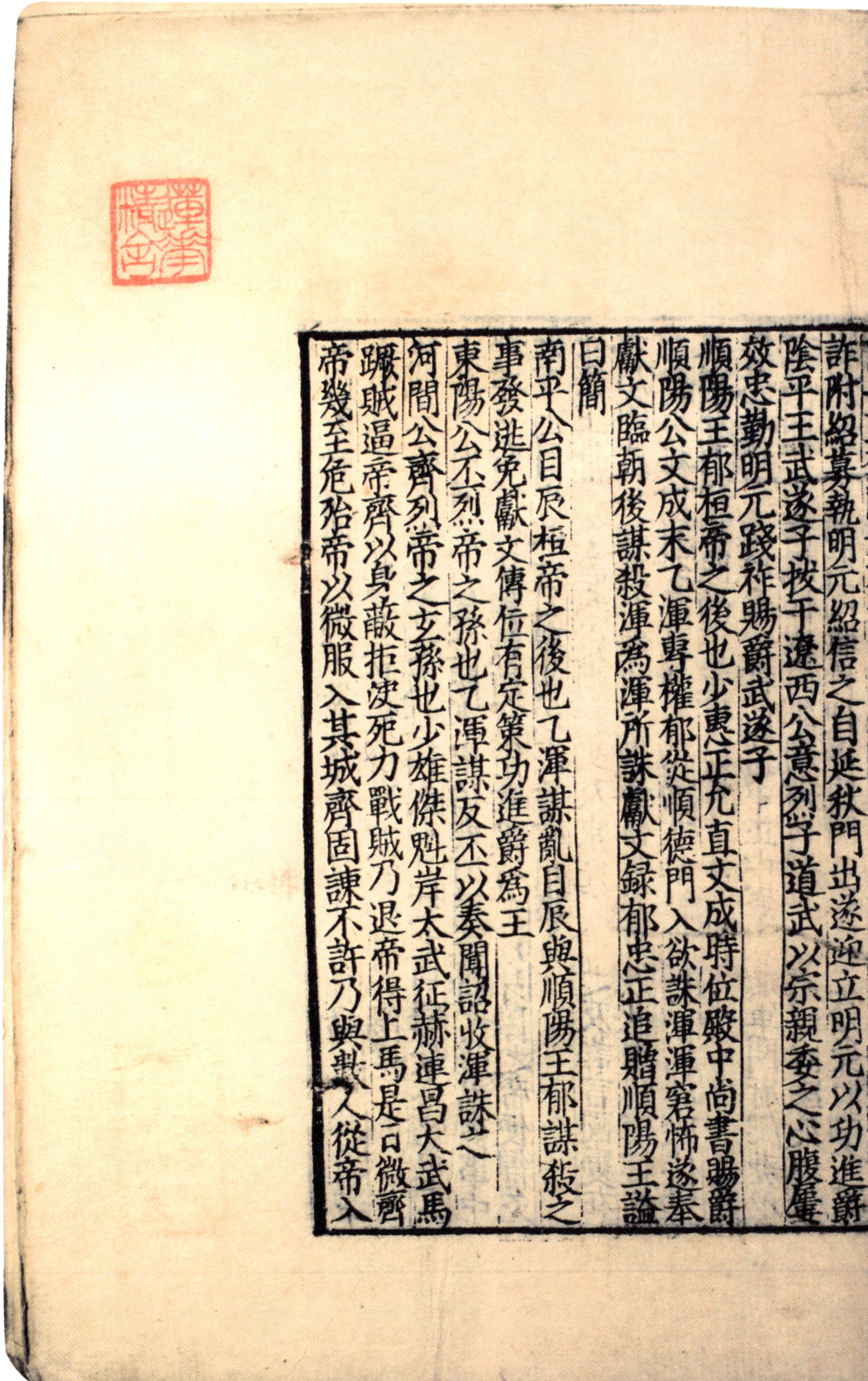

詐附紹莫執明元紹信之自延秋門出遂迎立明元以功進爵
陰平王武遂子拔于遼西公意烈子道武以宗親委之心腹屢
效忠勤明元踐祚賜爵武遂子
順陽王郁桓帝之後也少忠正亢直文成時位殿中尚書賜爵
順陽公文成末乙渾專權郁從順德門入欲誅渾渾窘怖遂奏
獻文臨朝後謀殺渾爲渾所誅獻文録郁忠正追贈順陽王謚
曰簡
南平公目辰桓帝之後也乙渾謀亂目辰與順陽王郁謀殺之
事發逃免獻文傳位有定策功進爵爲王
東陽公丕烈帝之孫也乙渾謀反丕以奏聞詔收渾誅之
河間公齊烈帝之玄孫也少雄傑魁岸太武征赫連昌大武馬
蹶賊逼帝齊以身蔽扞决死力戰賊乃退帝得上馬是日微齊
帝幾至危殆帝以微服入其城齊固諫不許乃與數人從帝入

00788 册府元龜一千卷 （宋）王欽若等輯　宋刻本

蝴蝶裝。匡高18.8厘米，廣13厘米。半葉十四行，行二十四字，白口，左右雙邊。有“晉府書畫之印”、“藏園秘笈孤本”、“完顔景賢精鑒”、“克文私印”、“周暹”等印。朱文鈞等跋，傅增湘題款。國家圖書館藏，存二十卷。

冊府元龜卷第二百八十六

宗室部二十五

忠第一

後魏高涼王孤平文皇帝之第四子也烈帝顧命迎立昭成羣臣咸以新有大故宜立長君大人梁蓋等共推孤孤不肯乃自詣鄴奉迎請身留為質石季龍義而從之昭成即王位乃分国半部以與之

上谷公紇羅神元皇帝之曾孫也初從道武自孤獨如賀蘭部與弟建勸賀蘭訥推道武為王

文安公泥國之疎族也性忠直道武厚遇之元城侯屈子磨渾少為明元所知元紹之逆也明元潛隱於外磨渾與叔孫詐云明元所在紹使帳下二人隨磨渾往規為逆磨渾既得出便縛帳下詣明元斬之帝得磨渾大喜為羽翼以勳賜爵長沙公拜

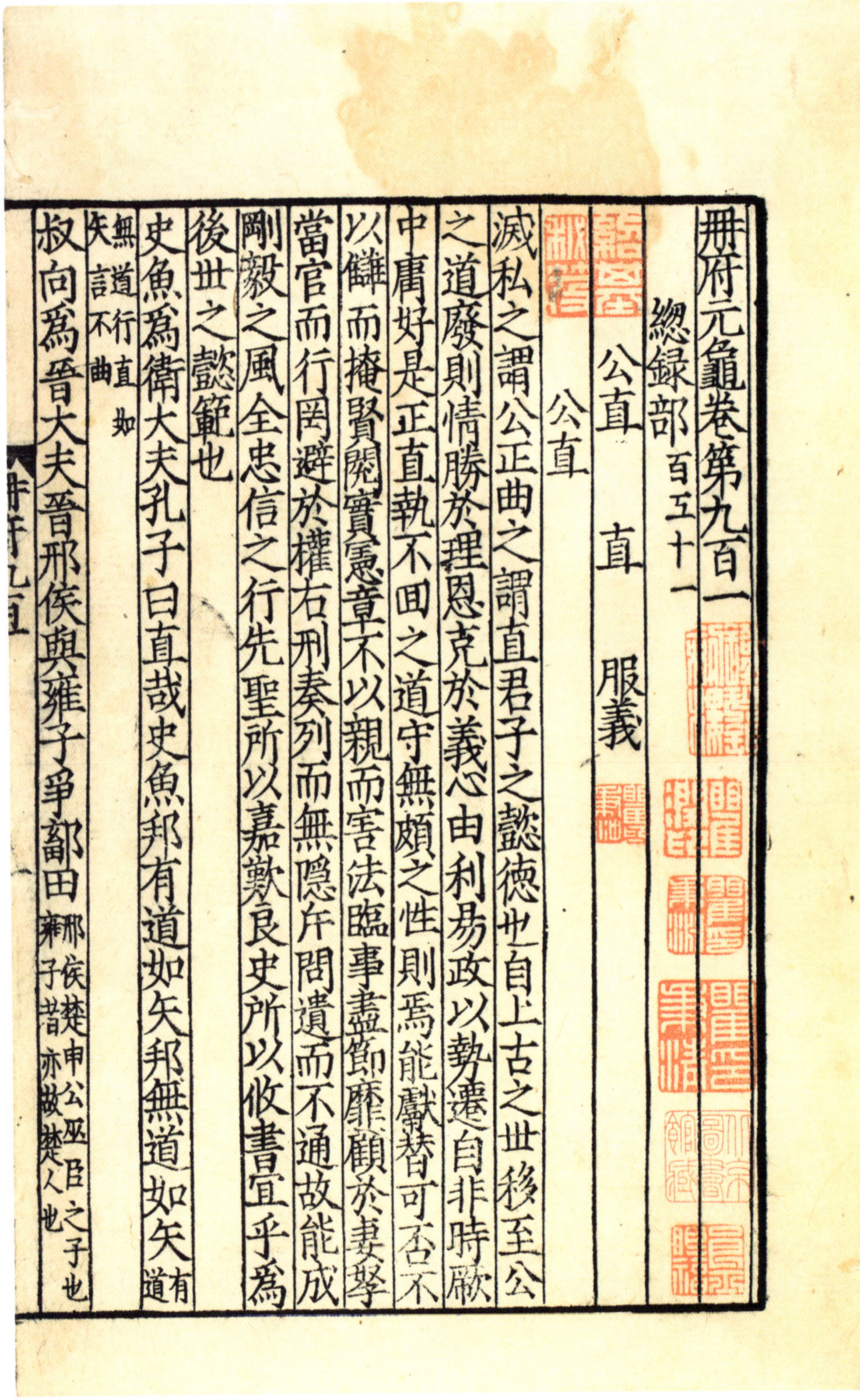
冊府元龜卷第九百一
總録部 百五十一
公直 直 服義
公直
滅私之謂公正曲之謂直君子之懿德也自上古之世移至公之道廢則情勝於理恩克於義心由利易政以勢遷自非時歟中庸好是正直執不回之道守無頗之性則焉能獻替可否不以讎而掩賢閱實憲章不以親而害法臨事盡節靡顧於妻孥當官而行罔避於權右刑奏列而無隱斥問遺而不通故能成剛毅之風全忠信之行先聖所以嘉歎良史所以攸書豈乎為後世之懿範也
史魚為衛大夫孔子曰直哉史魚邦有道如矢邦無道如矢有道無道行直如矢言不曲
叔向為晉大夫晉邢侯與雍子爭鄐田邢侯楚申公巫臣之子也雍子昔亦故楚人也

00789 冊府元龜一千卷 （宋）王欽若等輯　宋刻本

匡高19.5厘米，廣13.3厘米。半葉十四行，行二十四字，白口，左右雙邊。有“鐵琴銅劍樓”等印。國家圖書館藏，存五卷。

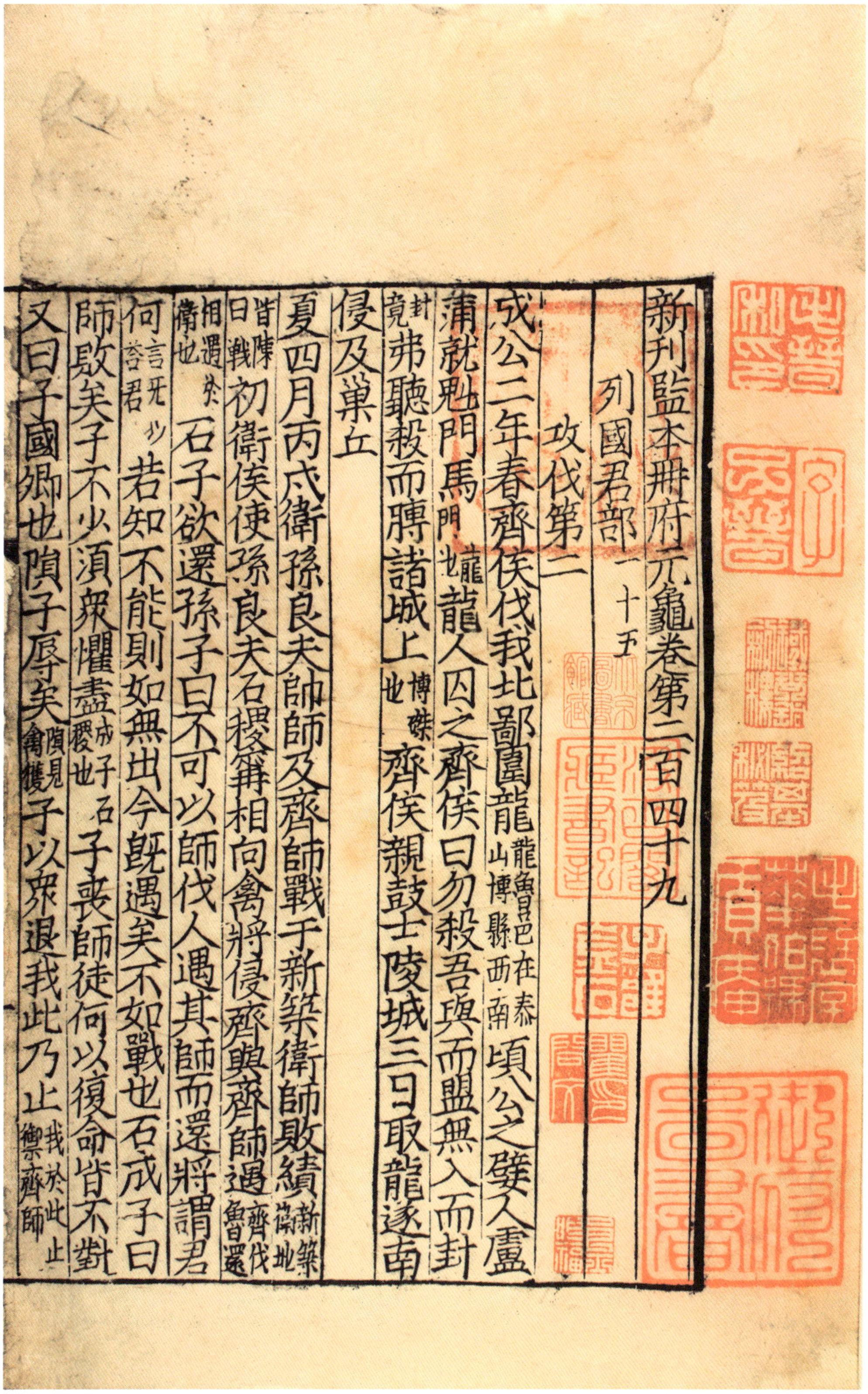

新刊監本册府元龜卷第二百四十九
列國君部一十五
攻伐第二
成公二年春齊侯伐我北鄙圍龍（龍魯邑在泰山博縣西南）頃公之嬖人盧蒲就魁門焉（門龍門也）龍人囚之齊侯曰勿殺吾與而盟無入而封（封竟）弗聽殺而膊諸城上（膊磔也）齊侯親鼓士陵城三日取龍遂南侵及巢丘
夏四月丙戌衛孫良夫帥師及齊師戰于新築衛師敗績（新築衛地皆陳曰戰）初衛侯使孫良夫石稷甯相向禽將侵齊與齊師遇（齊伐魯還相遇於衛也）石子欲還孫子曰不可以師伐人遇其師而還將謂君何（言无以荅君）若知不能則如無出今既遇矣不如戰也石成子曰師敗矣子不少須衆懼盡（成子石稷也）子喪師徒何以復命皆不對又曰子國卿也隕子辱矣（隕見禽獲）子以衆退我此乃止（我於此止禦齊師）

00790 新刊監本册府元龜一千卷 （宋）王欽若等輯　宋刻本

匡高20.7厘米，廣15厘米。半葉十三行，行二十四字，小字雙行同，白口，左右雙邊。有“文淵閣印”、“御府圖書”、“緝熙殿寶”、“毛晉私印”、“鐵琴銅劍樓”等印。國家圖書館藏，存八卷。

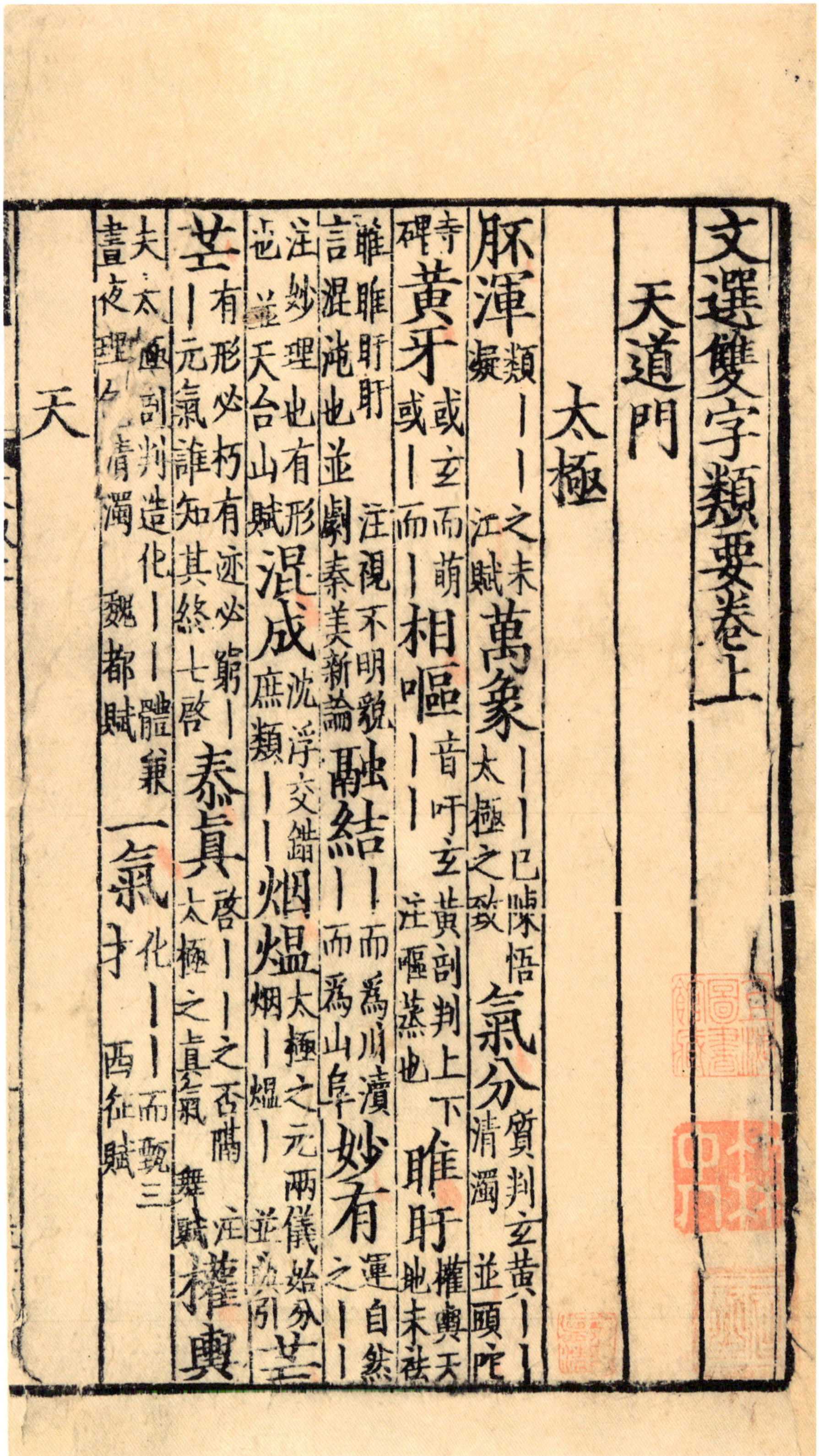
文選雙字類要卷上
天道門
太極
胚渾凝類||之未江賦萬象太極之致||已陳悟氣分清濁質判玄黃並頤陀||
寺碑黃牙或玄而萌或||而||相嘔||音吁玄黃剖判上下注嘔蒸也睢盱權輿天地未袪
睢睢盱盱注視不明貌||而為川瀆運自然
言混沌也並劇秦美新論融結||而為山阜妙有之||
注妙理也有形沈浮交錯太極之元兩儀始分
也並天台山賦混成庶類||烟熅烟||熅||並欣引芒
芒||有形必朽有迹必窮||元氣誰知其終七啓泰貞啓||||之否隅太極之貞氣注舞賦權輿
夫||太極剖判造化||||體兼||而甄三
晝夜理||清濁魏都賦一氣化||西征賦
天

00791 文選雙字類要三卷 題（宋）蘇易簡撰 宋淳熙八年（1181）池陽郡齋刻紹熙三年（1192）重修本（上卷末二葉抄配）

匡高20.9厘米，廣14.3厘米。半葉十行，行二十字，小字雙行字不等，白口，左右雙邊。有“竹林中人”等印。上海圖書館藏，存二卷。

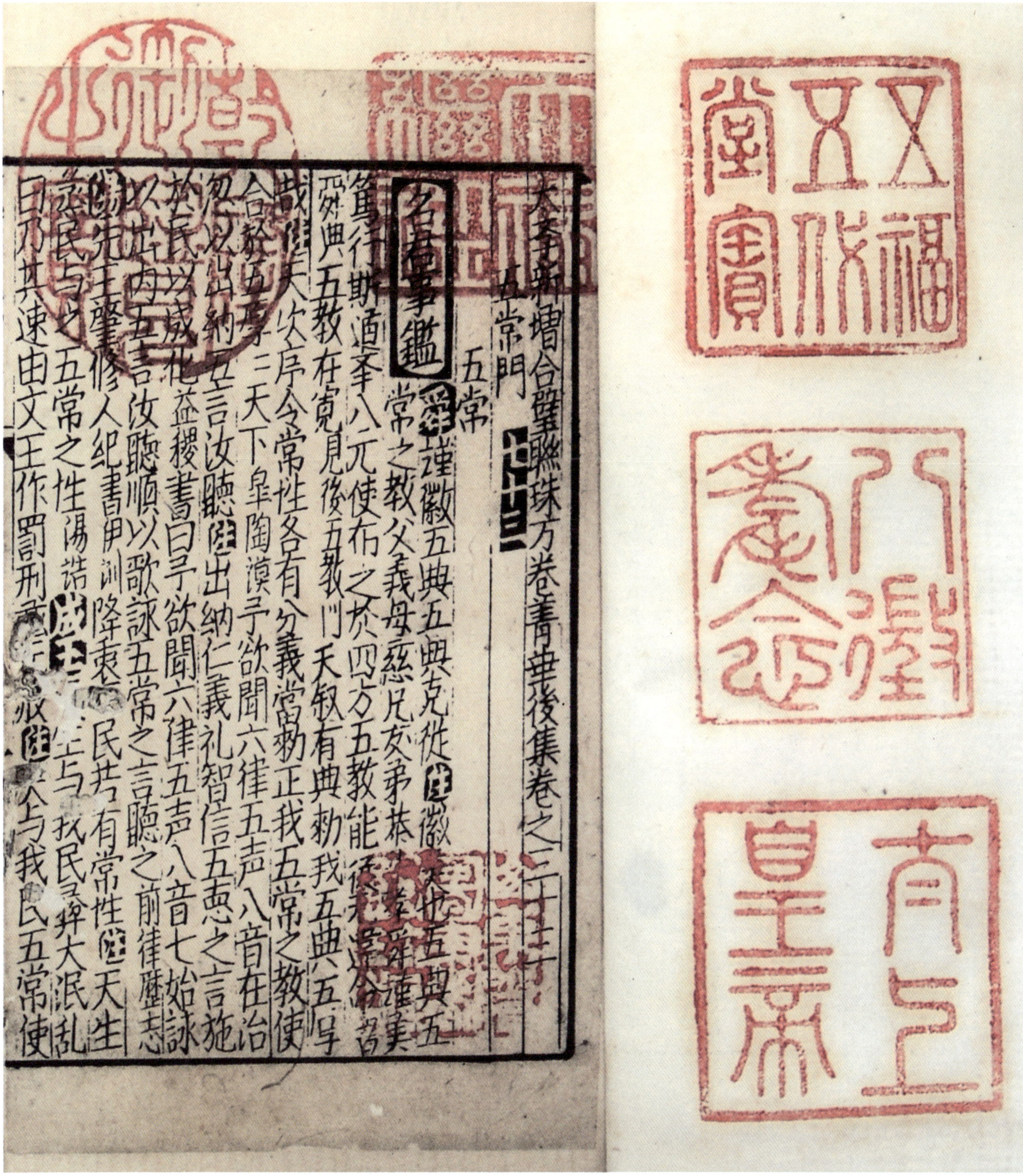

00792 太學新增合璧聯珠万卷菁華前集六十卷 （宋）李昭玘輯 **後集八十卷** （宋）李似之輯 宋刻本（目録第一葉，卷七第一、八至九葉，卷九第十三葉，卷十二至二十四抄配）

匡高10.5厘米，廣7厘米。半葉十五行，行二十至二十一字，小字雙行同，細黑口，左右雙邊。有“天録繼鑑”等印。山東省圖書館藏，存一百二十六卷。

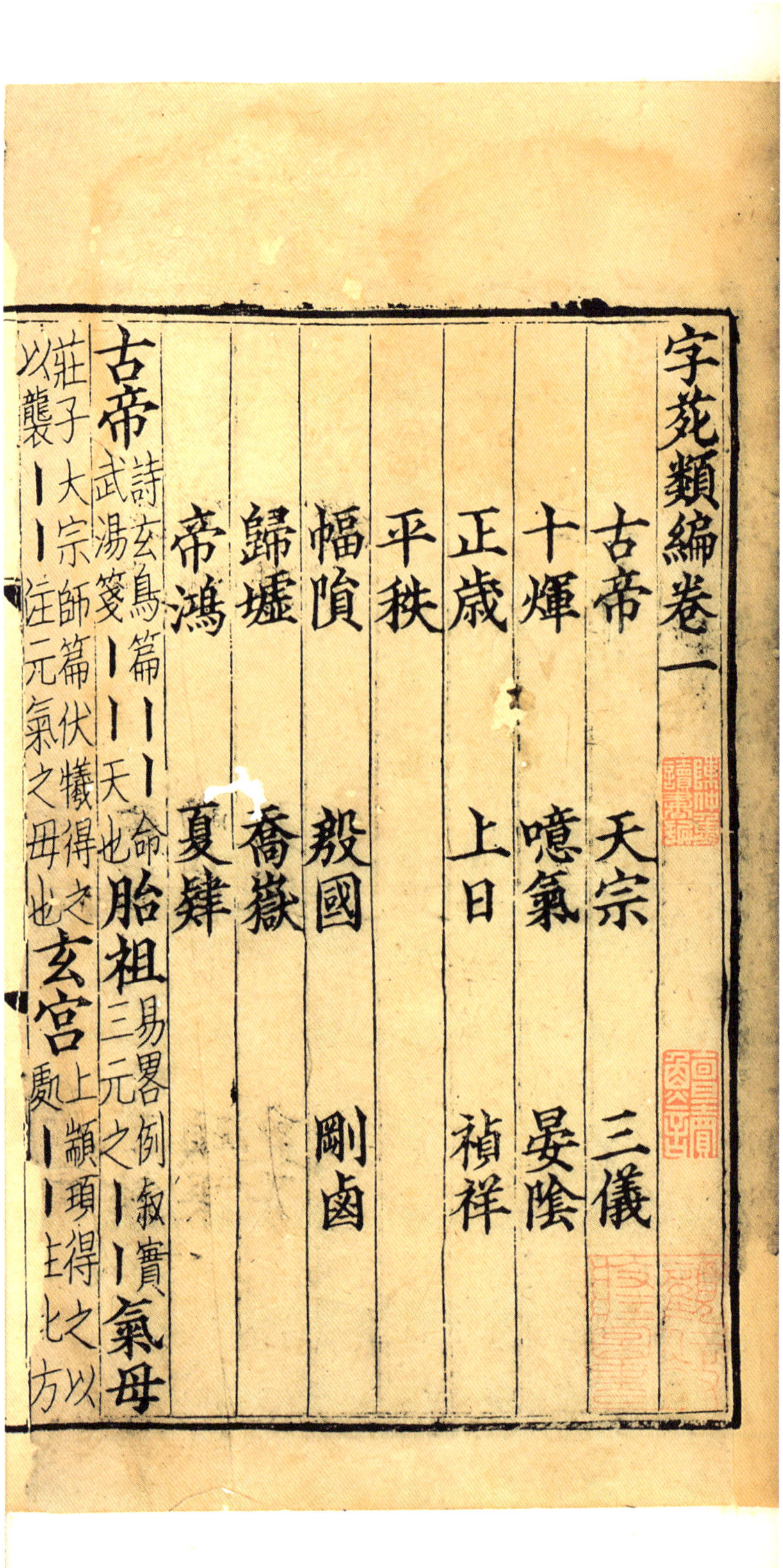
字苑類編卷一
古帝　天宗　三儀
十煇　噫氣　晏陰
正歲　上日　禎祥
平秩
幅隕　殺國　剛鹵
歸墟　喬嶽
帝鴻　夏肄
古帝 詩玄鳥篇丨丨命武湯箋丨丨天也 胎祖 易畧例敘實三元之丨丨 氣母
莊子大宗師篇伏犧得之以襲丨丨注元氣之母也 玄宮 上顓頊得之以處丨丨注北方

00793　字苑類編□卷　（宋）朱熹　李幼武輯　宋刻本

匡高19.4厘米，廣13.2厘米。半葉十行，行十八字，小字雙行同，黑口，四周雙邊。有"陳仲魚讀書記"等印。南京圖書館藏，存十卷。

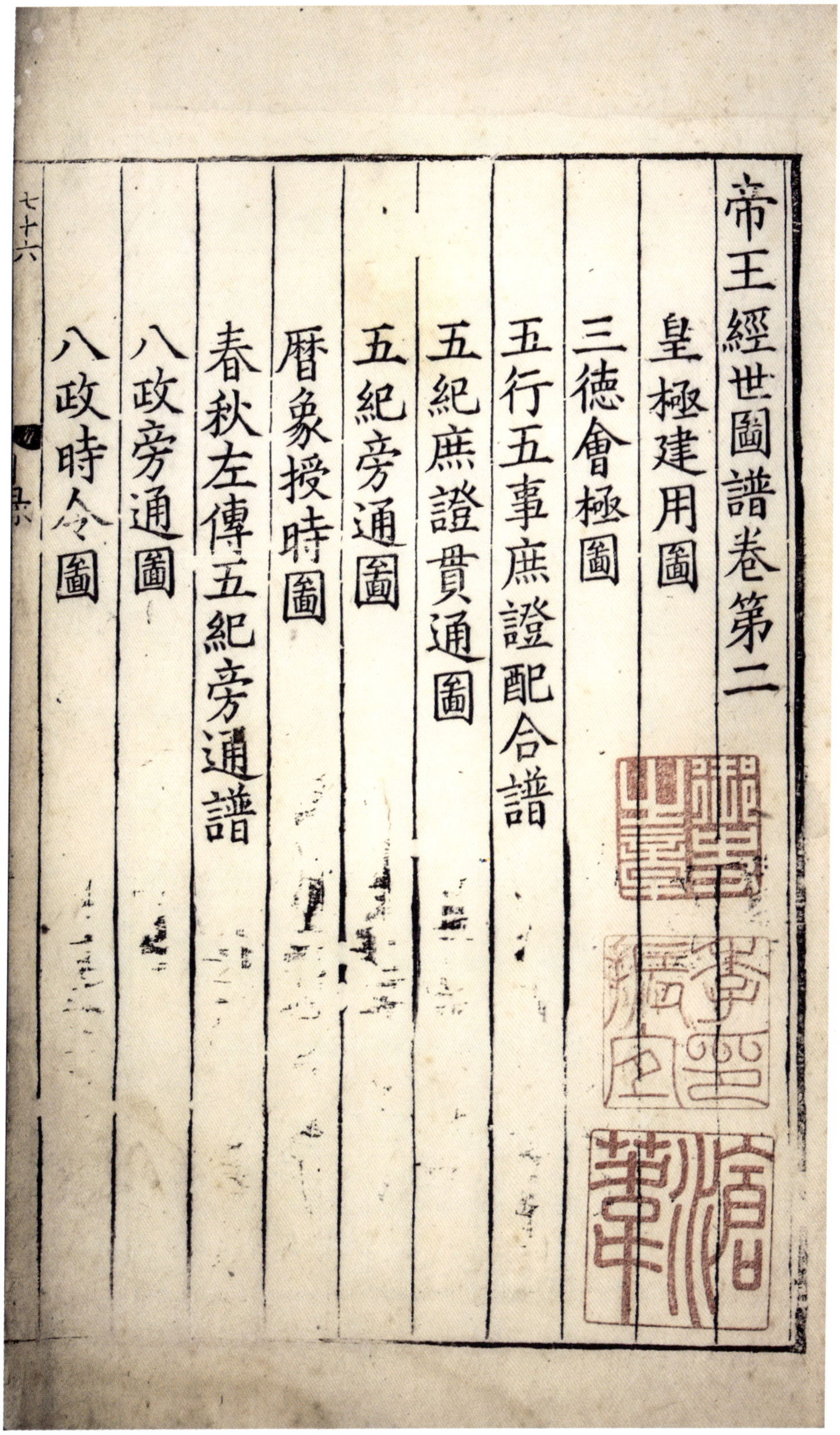
帝王經世圖譜卷第二
皇極建用圖
三德會極圖
五行五事庶證配合譜
五紀庶證貫通圖
五紀旁通圖
曆象授時圖
春秋左傳五紀旁通譜
八政旁通圖
八政時令圖
七十六

00794 帝王經世圖譜十卷（宋）唐仲友撰　宋嘉泰元年（1201）金式、趙善鐻廬陵刻本（有抄配）

匡高27.3厘米，廣19.5厘米。行字不等，黑口，左右雙邊。有“季印振宜”、“乾學之印”、“涵芬樓”等印。國家圖書館藏，存八卷。

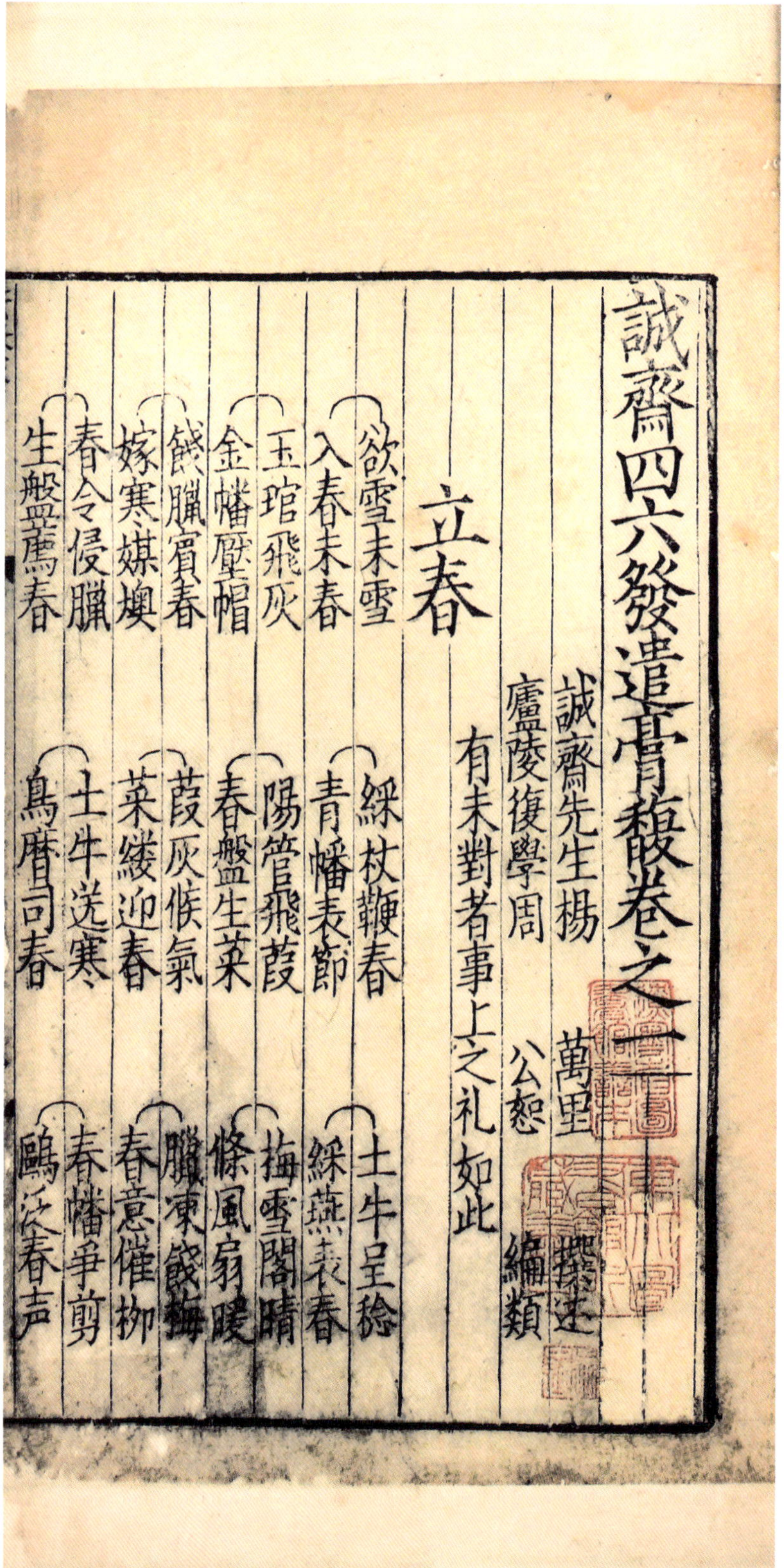

誠齋四六發遣膏馥卷之一
誠齋先生楊　萬里　撰述
廬陵後學周　公恕　編類
有未對者事上之礼如此
立春
欲雪未雪　綵杖鞭春　土牛呈稔
入春未春　青幡表節　綵燕表春
玉琯飛灰　陽管飛葭　梅雪閣晴
金幡壓帽　春盤生菜　條風翦暖
餞臘賓春　葭灰候氣　臘凍餘梅
嫁寒媒燠　菜綫迎春　春意催柳
春令侵臘　土牛送寒　春幡爭剪
生盤薦春　鳥曆司春　鷗泛春声

00795　誠齋四六發遣膏馥十卷　題（宋）楊萬里撰　（宋）周公恕輯　宋佘卓刻本

匡高20厘米，廣12.5厘米。半葉十四行，行二十三字，小字雙行字不等，細黑口，左右雙邊。有"汲古主人"、"天禄繼鑑"、"嘉慶御覽之寶"等印。遼寧省圖書館藏。

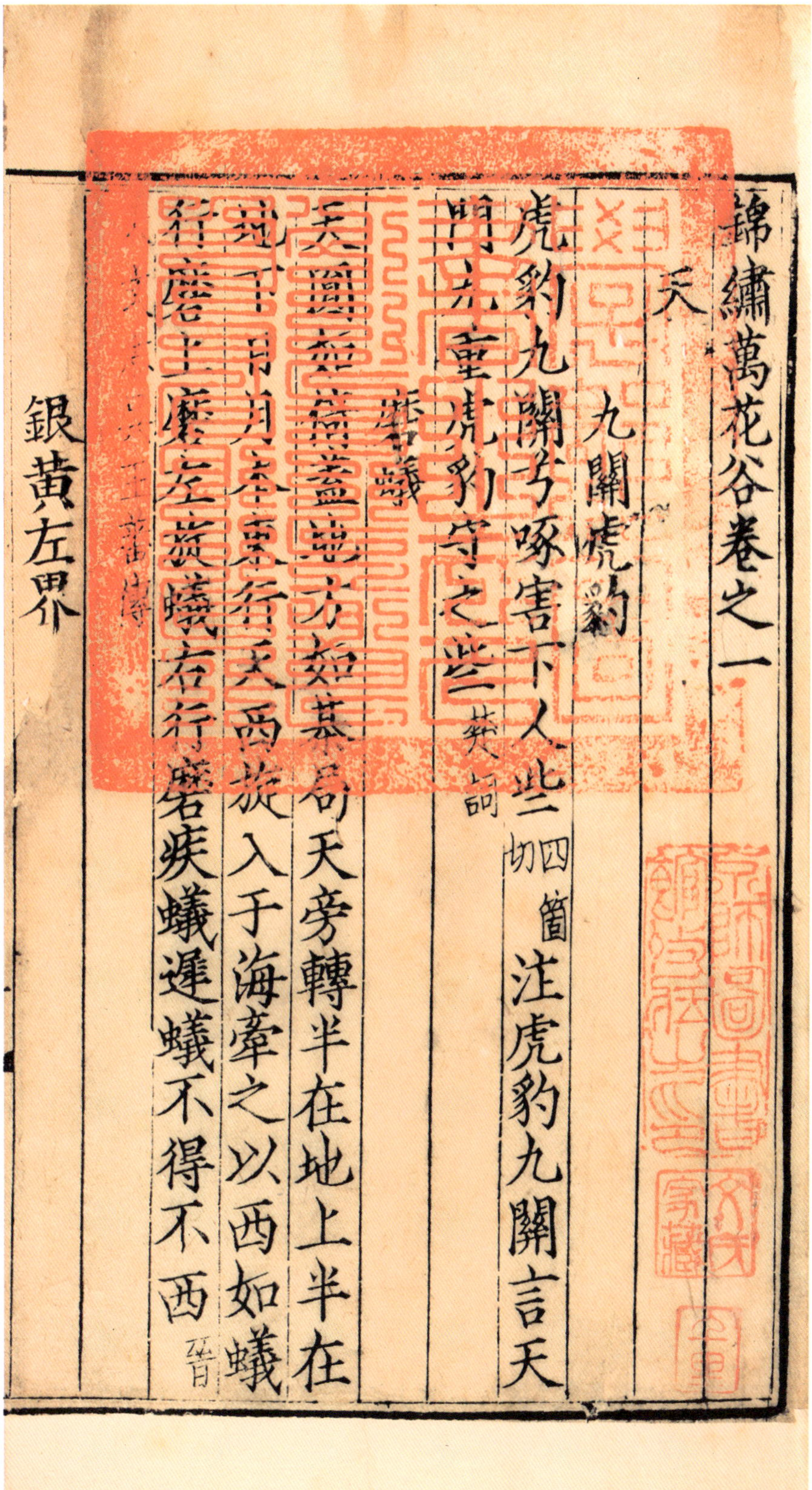

00796 錦繡萬花谷前集四十卷後集四十卷別集三十卷 （宋）佚名撰　宋刻本（有抄配）

匡高20厘米，廣13.1厘米。半葉十一行，行十九字，細黑口，四周雙邊。有“文氏家藏”、“千里”等印。國家圖書館藏，存六十九卷。

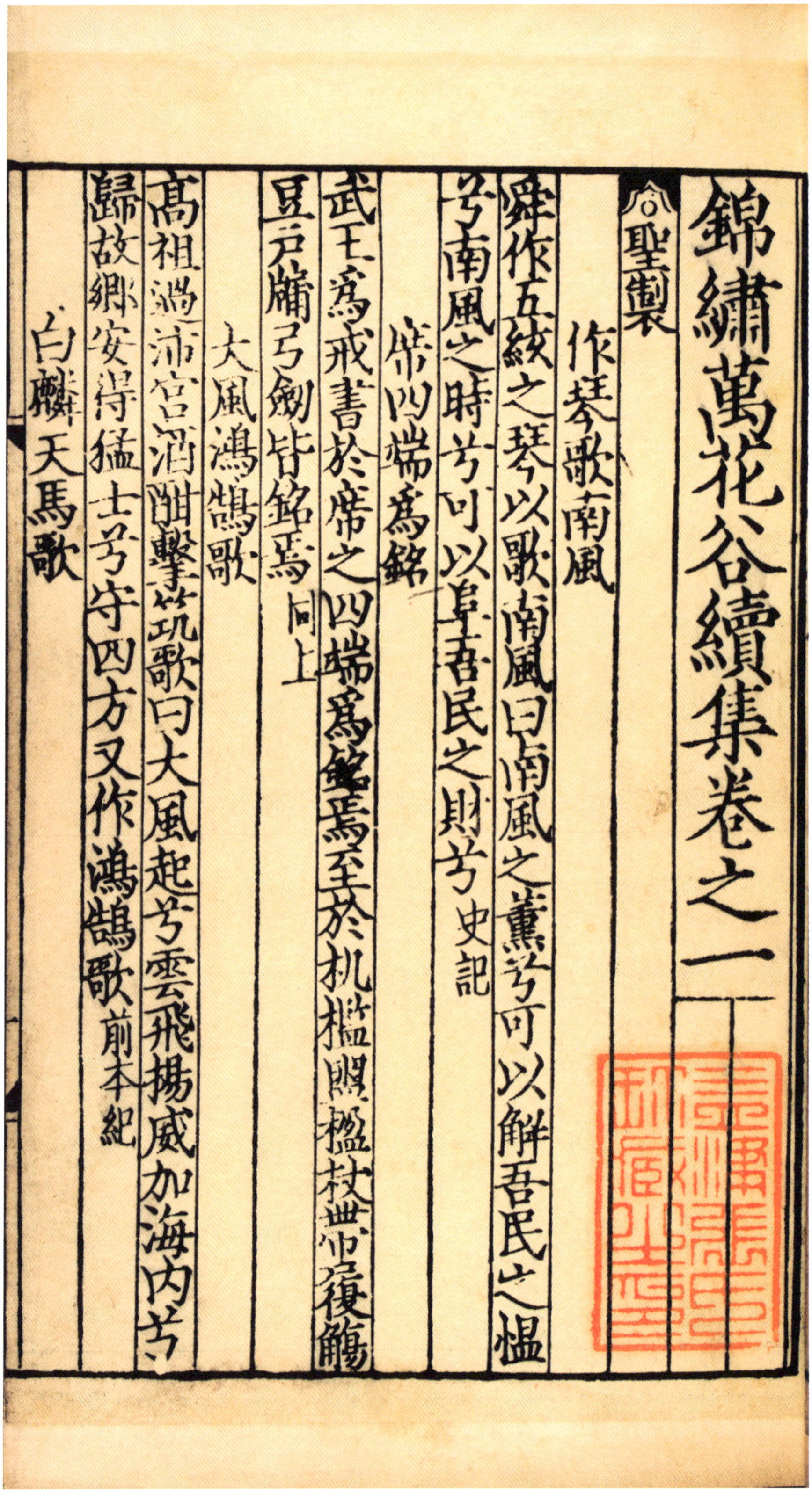

錦繡萬花谷續集卷之一

聖製

作琴歌南風

舜作五絃之琴以歌南風曰南風之薰兮可以解吾民之愠兮南風之時兮可以阜吾民之財兮 史記

帶四端爲銘

武王爲戒書於帶之四端爲銘焉至於机鑑盥槃杖帶履觴豆戶牖弓劍皆銘焉 同上

大風鴻鵠歌

高祖過沛宮酒酣擊筑歌曰大風起兮雲飛揚威加海内兮歸故鄉安得猛士兮守四方又作鴻鵠歌 前本紀

白麟天馬歌

00797 錦繡萬花谷續集四十卷 （宋）佚名撰　宋刻本

匡高19.6厘米，廣13.3厘米。半葉十三行，行二十三字，細黑口，左右雙邊。國家圖書館藏。

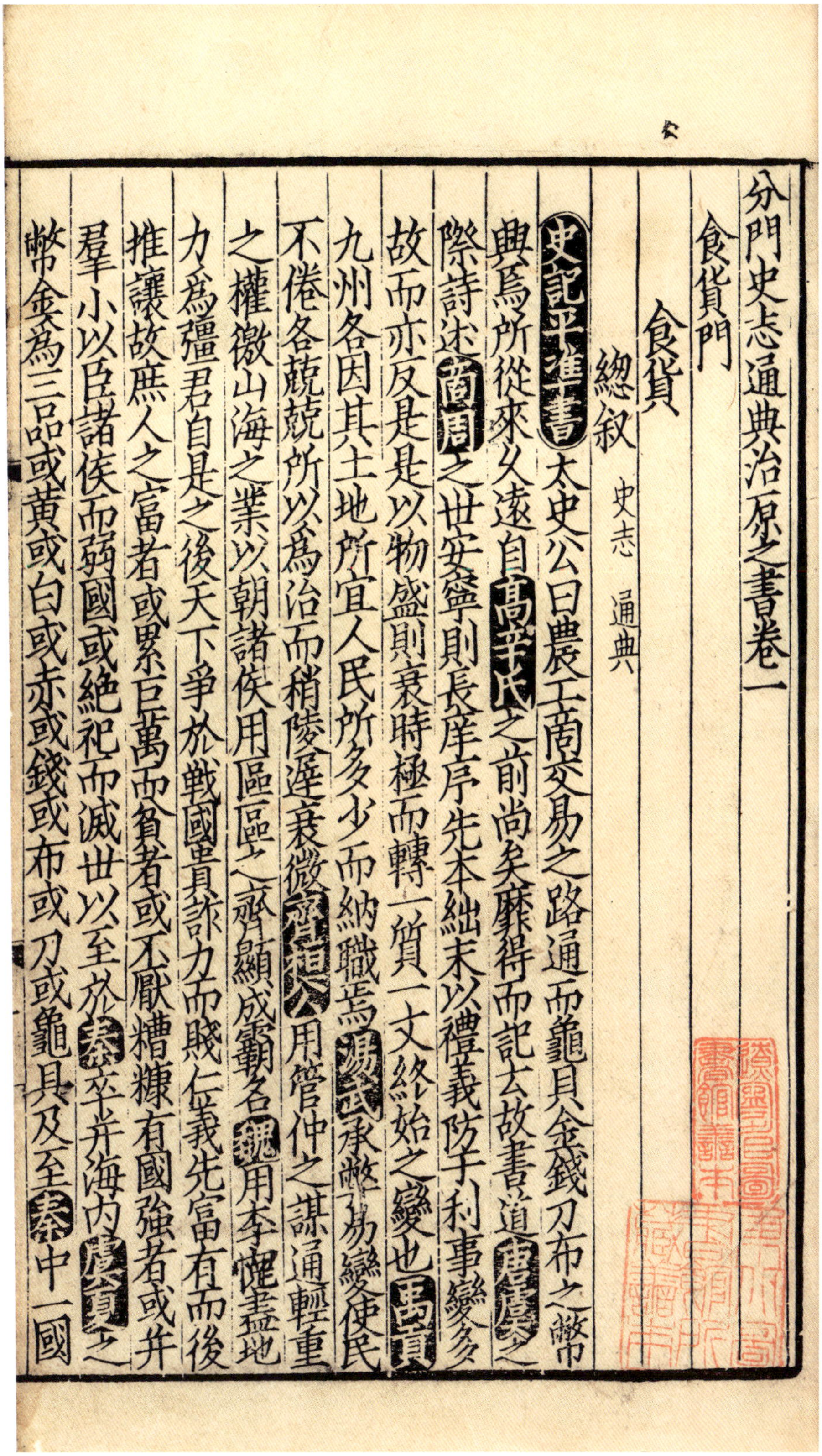

分門史志通典治原之書卷一
食貨門
食貨
總叙　史志　通典
史記平準書太史公曰農工商交易之路通而龜貝金錢刀布之幣興焉所從來久遠自高辛氏之前尚矣靡得而記云故書道唐虞之際詩述商周之世安寧則長庠序先本絀末以禮義防于利事變多故而亦反是是以物盛則衰時極而轉一質一文終始之變也禹貢九州各因其土地所宜人民所多少而納職焉湯武承敝易變使民不倦各兢兢所以爲治而稍陵遲衰微齊桓公用管仲之謀通輕重之權徼山海之業以朝諸侯用區區之齊顯成霸名魏用李克盡地力爲彊君自是之後天下爭於戰國貴詐力而賤仁義先富有而後推讓故庶人之富者或累巨萬而貧者或不厭糟糠有國彊者或并羣小以臣諸侯而弱國或絕祀而滅世以至於秦卒并海内虞夏之幣金爲三品或黃或白或赤或錢或布或刀或龜貝及至秦中一國

00798　分門史志通典治原之書十五卷目録一卷　（宋）佚名輯　宋南陽子實刻本

匡高20.2厘米，廣13.5厘米。半葉十五行，行二十六至二十七字，細黑口，左右雙邊。有“南陽子實敬刻諸梓”牌記。有“季振宜藏書”等印。遼寧省圖書館藏。

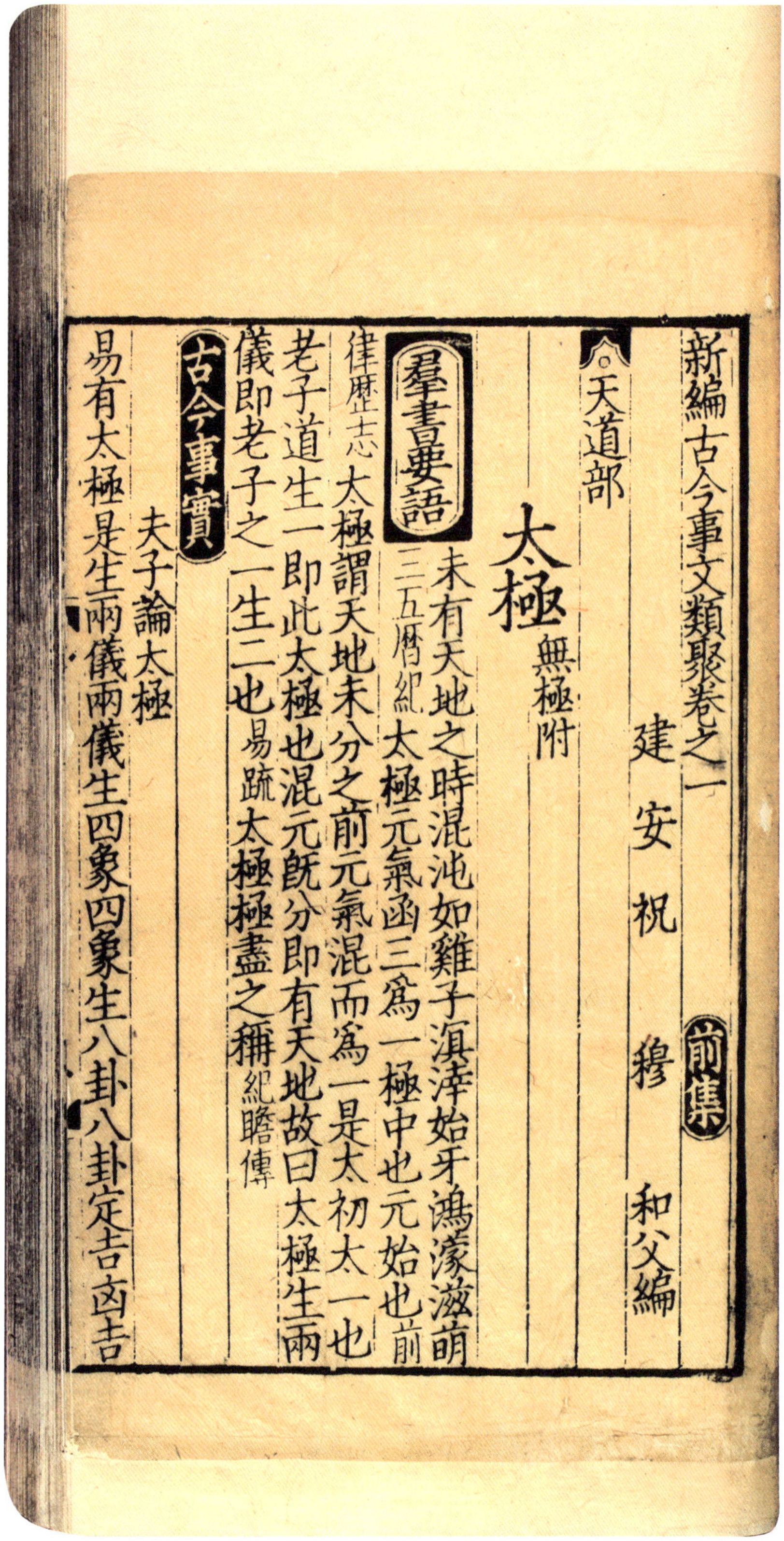
新編古今事文類聚卷之一 前集
建安祝穆和父編
天道部
太極 無極附
羣書要語
未有天地之時混沌如雞子溟涬始牙鴻濛滋萌 三五曆紀 太極元氣函三爲一極中也元始也前 律曆志 太極謂天地未分之前元氣混而爲一是太初太一也老子道生一即此太極也混元既分即有天地故曰太極生兩儀即老子之一生二也 易疏 太極極盡之稱 紀瞻傳
古今事實
夫子論太極
易有太極是生兩儀兩儀生四象四象生八卦八卦定吉凶吉

00799 新編古今事文類聚前集六十卷後集五十卷續集二十八卷别集三十二卷 （宋）祝穆輯 **新集三十六卷外集十五卷** （元）富大用輯 元刻本

匡高17.6厘米，廣12厘米。半葉十三行，行二十四字，黑口，左右雙邊。有“涵芬樓”等印。國家圖書館藏。

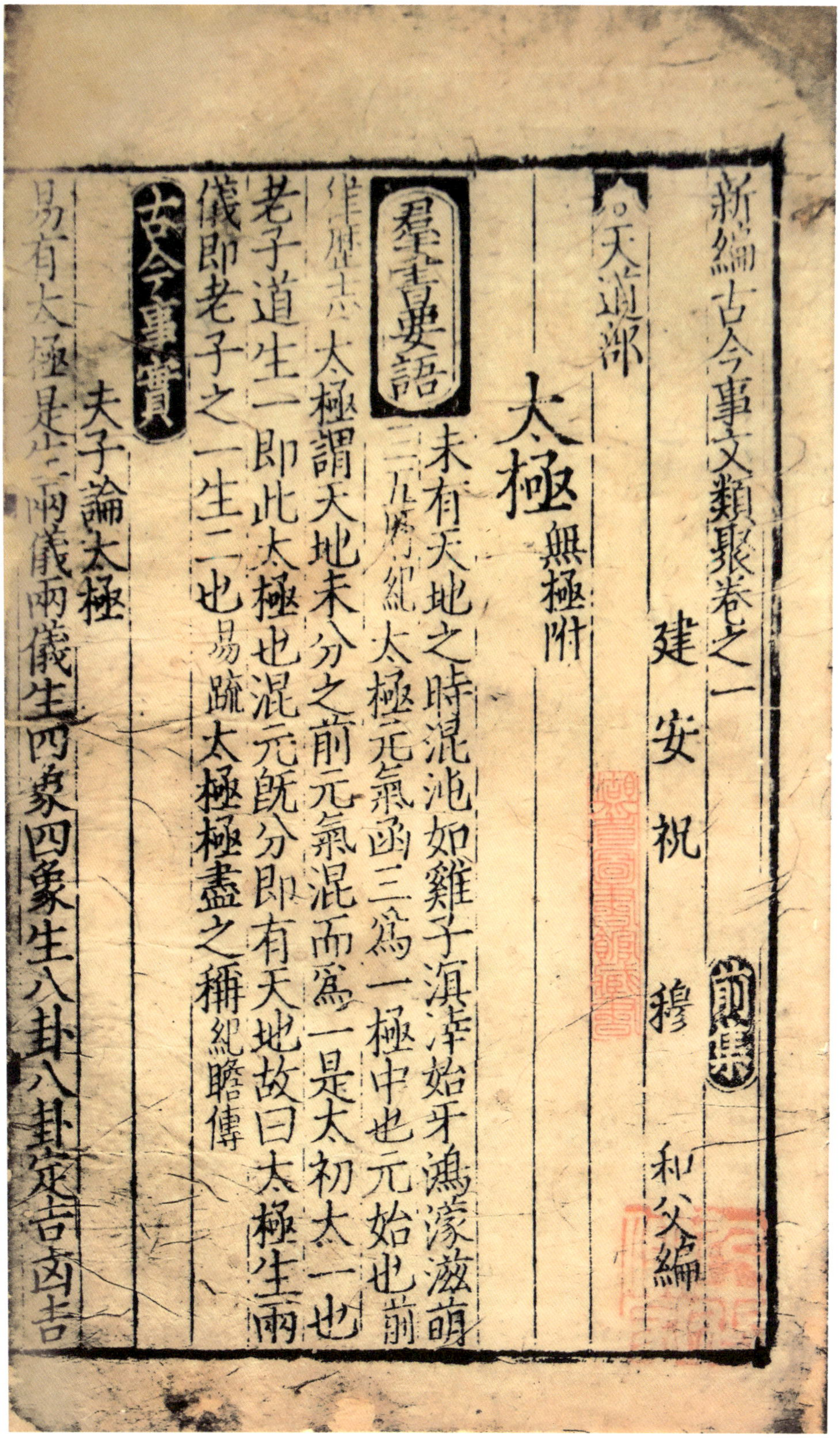
新編古今事文類聚卷之一 前集
建安祝穆和父編
天道部
太極 無極附
羣書要語
未有天地之時混沌如雞子溟涬始牙鴻濛滋萌
三五曆紀 太極元氣函三爲一極中也元始也前
律曆志 太極謂天地未分之前元氣混而爲一是太初太一也
老子道生一即此太極也混元既分即有天地故曰太極生兩
儀即老子之一生二也 易疏 太極極盡之稱 紀瞻傳
古今事實
夫子論太極
易有太極是生兩儀兩儀生四象四象生八卦八卦定吉凶吉

00800、00801、00802、00803 新編古今事文類聚前集六十卷後集五十卷别集三十二卷 （宋）祝穆輯 **新集三十六卷外集十五卷** （元）富大用輯 元泰定三年（1326）廬陵武溪書院刻本

匡高17.7厘米，廣12.2厘米。半葉十三行，行二十四字，黑口，左右雙邊。有"泰定丙寅廬陵武溪書院新刊"牌記。北京大學圖書館藏；天津圖書館藏，有"汪士鐘藏"等印，有補配，存一百六卷；浙江圖書館藏，有抄配，存二百五卷；湖北省圖書館藏，爲明修本，有"怡府世寶"、"藝風堂叢書"、"荃孫"等印。

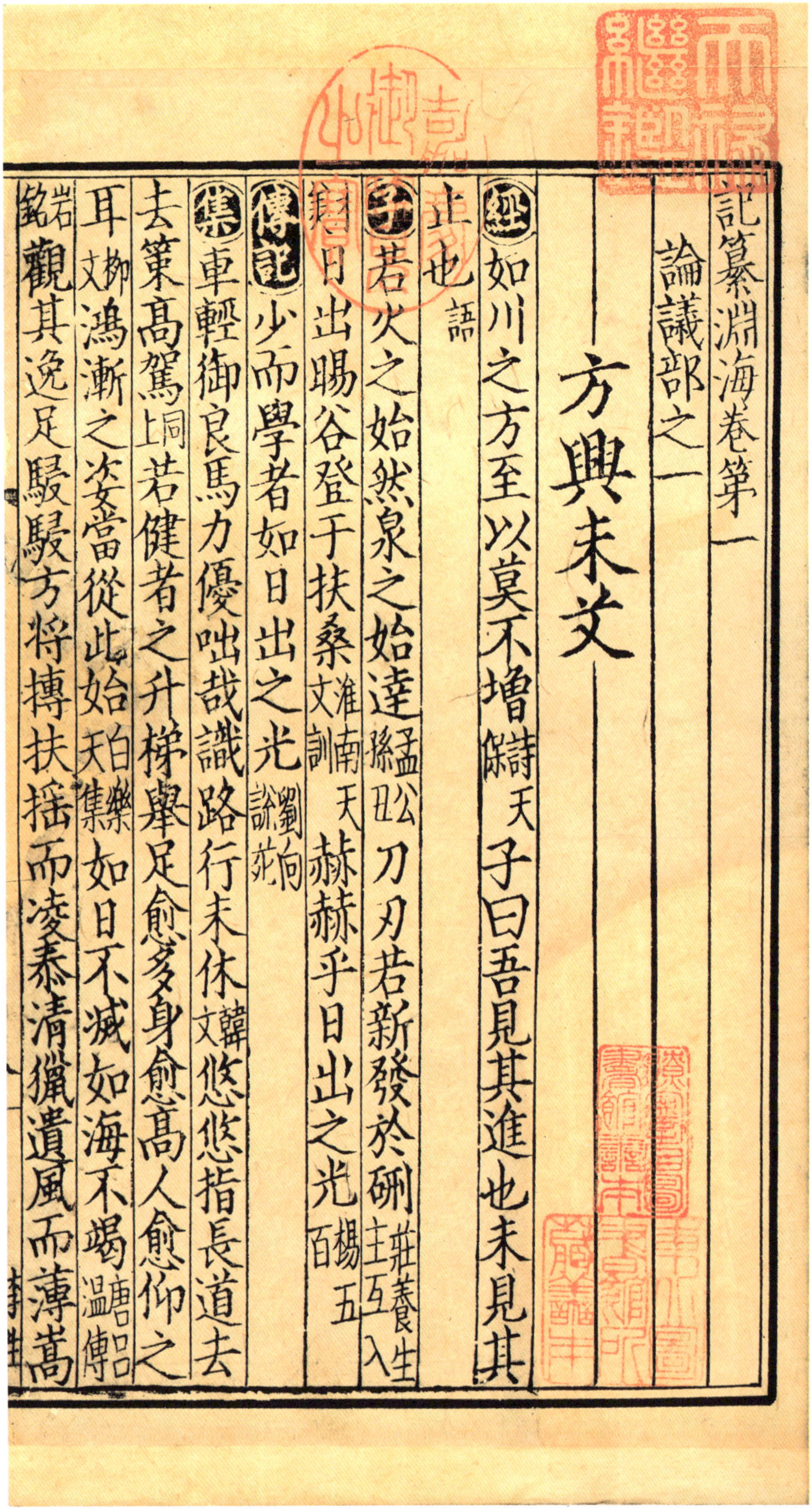

記纂淵海卷第一
論議部之一
方興未艾
經 如川之方至以莫不增(詩天保) 子曰吾見其進也未見其止也(語)
子 若火之始然泉之始達(孟子公孫丑) 刀刃若新發於硎(莊子養生主) 入射日出暘谷登于扶桑(淮南子天文訓) 赫赫乎日出之光(揚子五百)
傳記 少而學者如日出之光(劉向說苑)
集 車輕御良馬力優咄哉識路行未休(韓文) 悠悠指長道去去策高駕(同上) 若健者之升梯舉足愈多身愈高人愈仰之耳(柳文) 鴻漸之姿當從此始(白樂天集) 如日不滅如海不竭(唐呂溫傳) (岩銘) 觀其逸足駸駸方將搏扶搖而凌泰清獵遺風而薄嵩

00804、00805 記纂淵海一百九十五卷 （宋）潘自牧輯　宋刻本

匡高18.9厘米，廣12.3厘米。半葉十三行，行二十二字，細黑口，四周雙邊。國家圖書館藏，有抄配，有“汪印士鐘”、“鐵琴銅劍樓”等印；遼寧省圖書館藏，有“天禄繼鑑”、“嘉慶御覽之寶”等印，存十七卷。

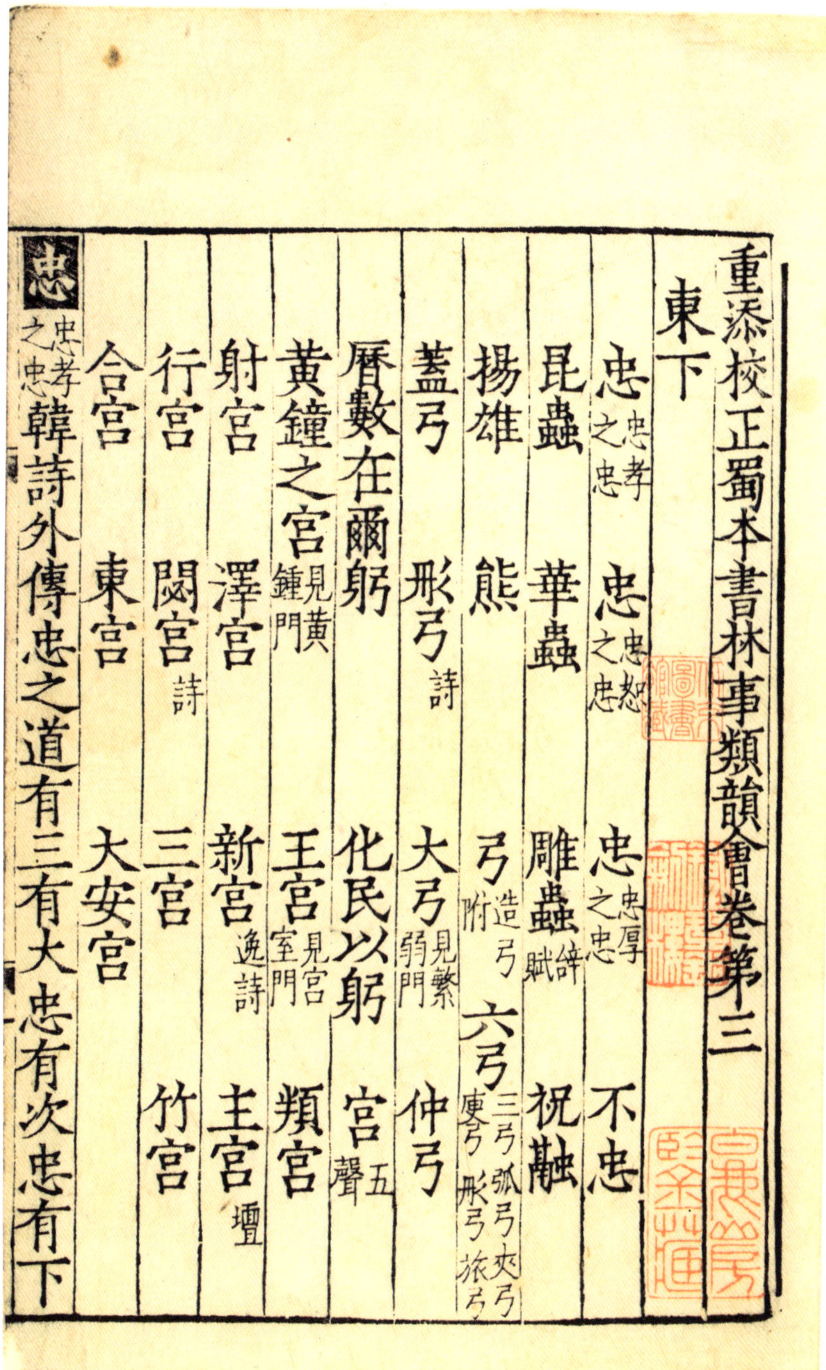
重添校正蜀本書林事類韻會卷第三
東下
忠忠孝之忠　忠忠恕之忠　忠忠厚之忠　不忠
昆蟲　華蟲　雕蟲賦辞　祝融
揚雄　熊　弓造弓附　六弓三弓弧弓夾弓庾弓彤弓旅弓
蓋弓　彤弓詩　大弓見繁弱門　仲弓
曆數在爾躬　化民以躬　宮五聲
黃鐘之宮見黃鐘門　王宮見宮室門　類宮
射宮　澤宮　新宮逸詩　主宮壇
行宮　閟宮詩　三宮　竹宮
合宮　東宮　大安宮
忠忠孝之忠韓詩外傳忠之道有三有大忠有次忠有下

00806　重添校正蜀本書林事類韻會一百卷　（宋）佚名輯　宋刻本（卷一百六十六第十葉下半葉、卷一百六十七第一至七葉、卷一百六十八第一至六葉補配）

匡高17.1厘米，廣12.5厘米。半葉十二行，行二十字，小字雙行二十五字，白口，左右雙邊。有“白鹿山房鑒藏”、“鐵琴銅劍樓”等印。嚴可均跋。國家圖書館藏，存二十七卷。

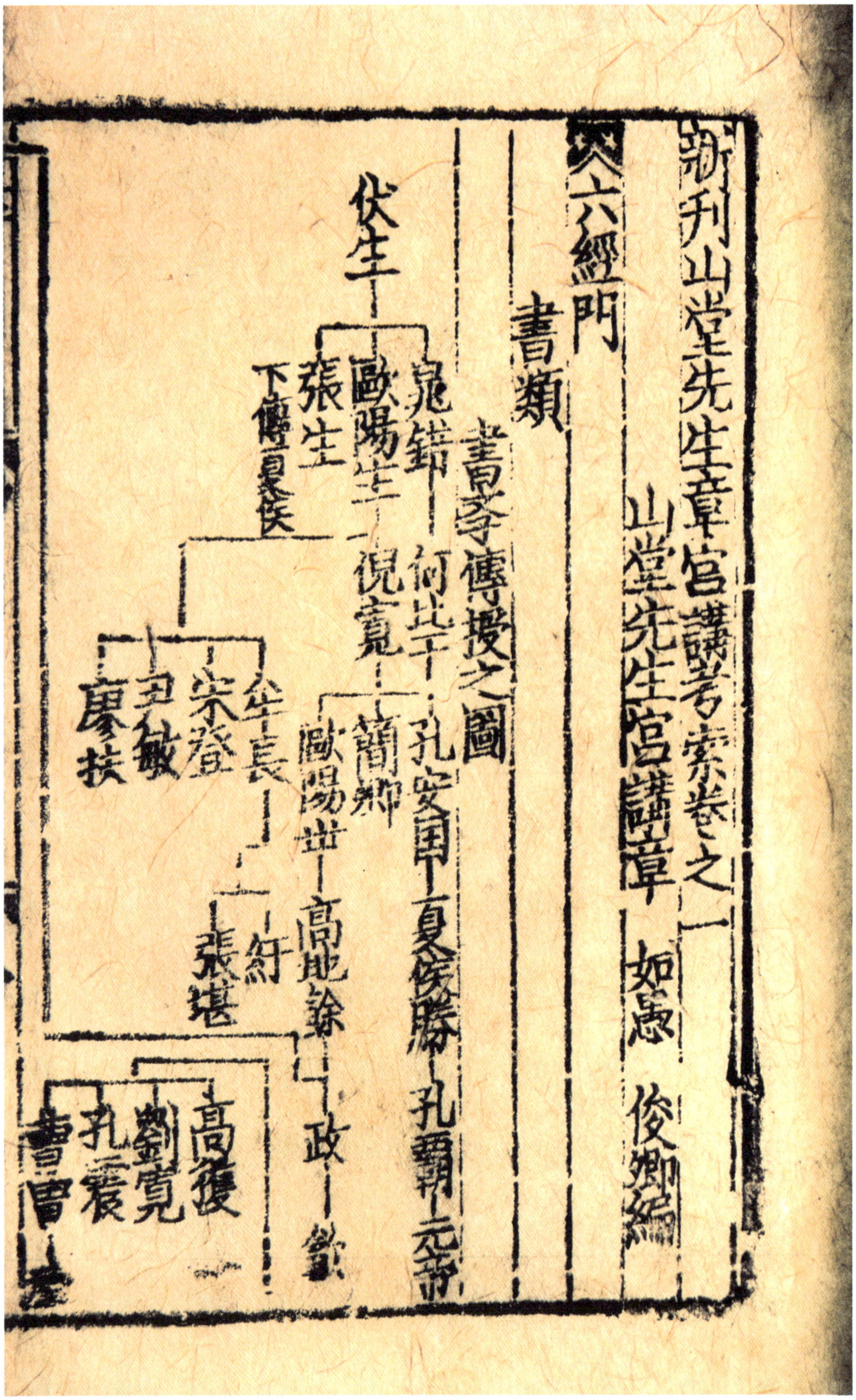

00807 新刊山堂先生章宫講考索甲集十卷 （宋）章如愚編　宋金華曹氏中隱書院刻本

包背裝。匡高10.6厘米，廣6.9厘米。半葉十三行，行二十字，白口，左右雙邊。有"金華曹氏中隱書院刊行"牌記。中國書店藏。

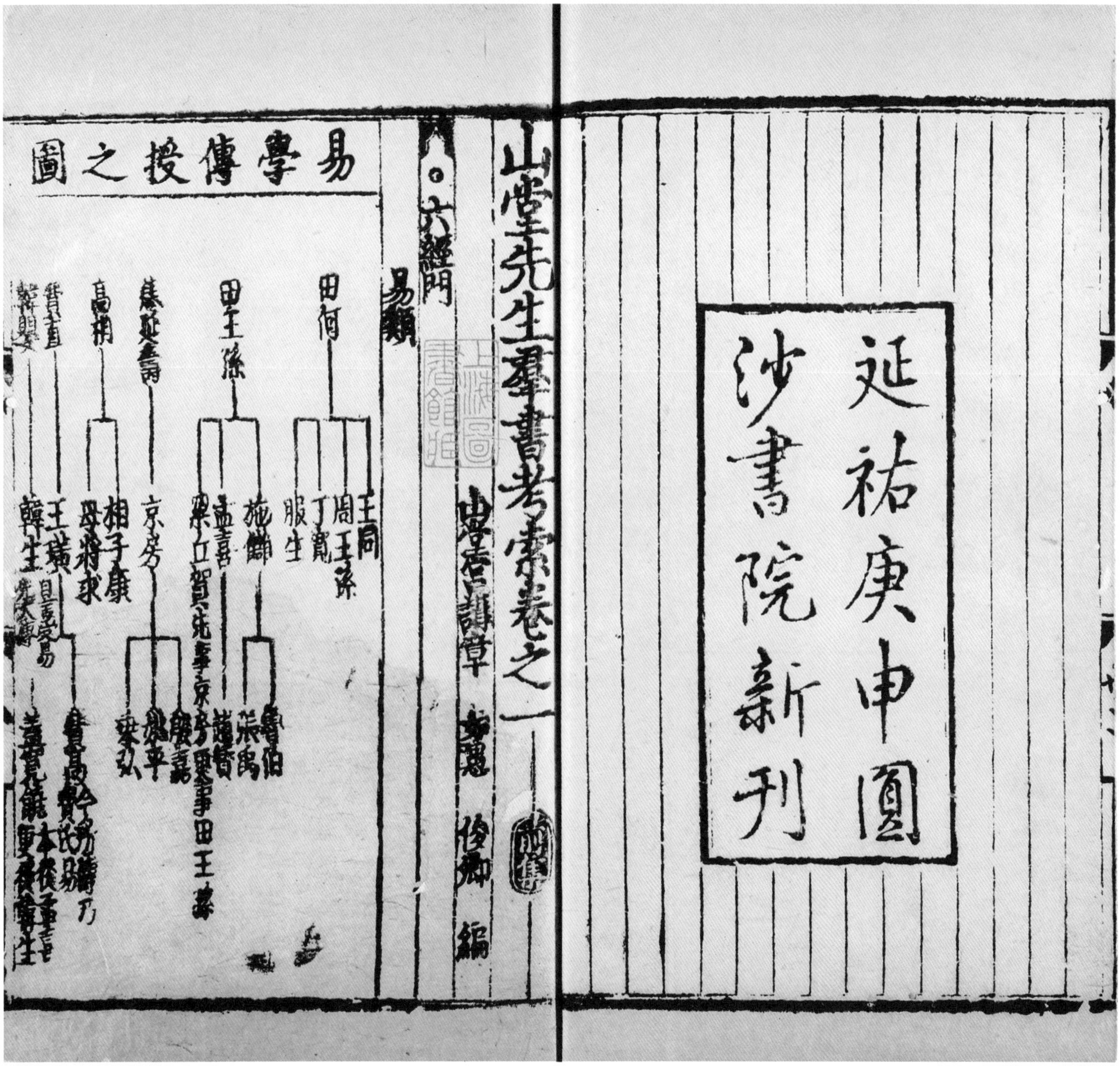

00808、00809、00810、00811 山堂先生羣書考索前集六十六卷後集六十五卷續集五十六卷別集二十五卷 （宋）章如愚輯 元延祐七年（1320）圓沙書院刻本

匡高16.3厘米，廣10.7厘米。半葉十五行，行二十四字，黑口，四周雙邊。有"延祐庚申圓沙書院新刊"牌記。北京大學圖書館藏，荆一朋跋；上海圖書館藏；天津圖書館藏，存一百三十一卷；福建省圖書館藏，存一百十六卷。

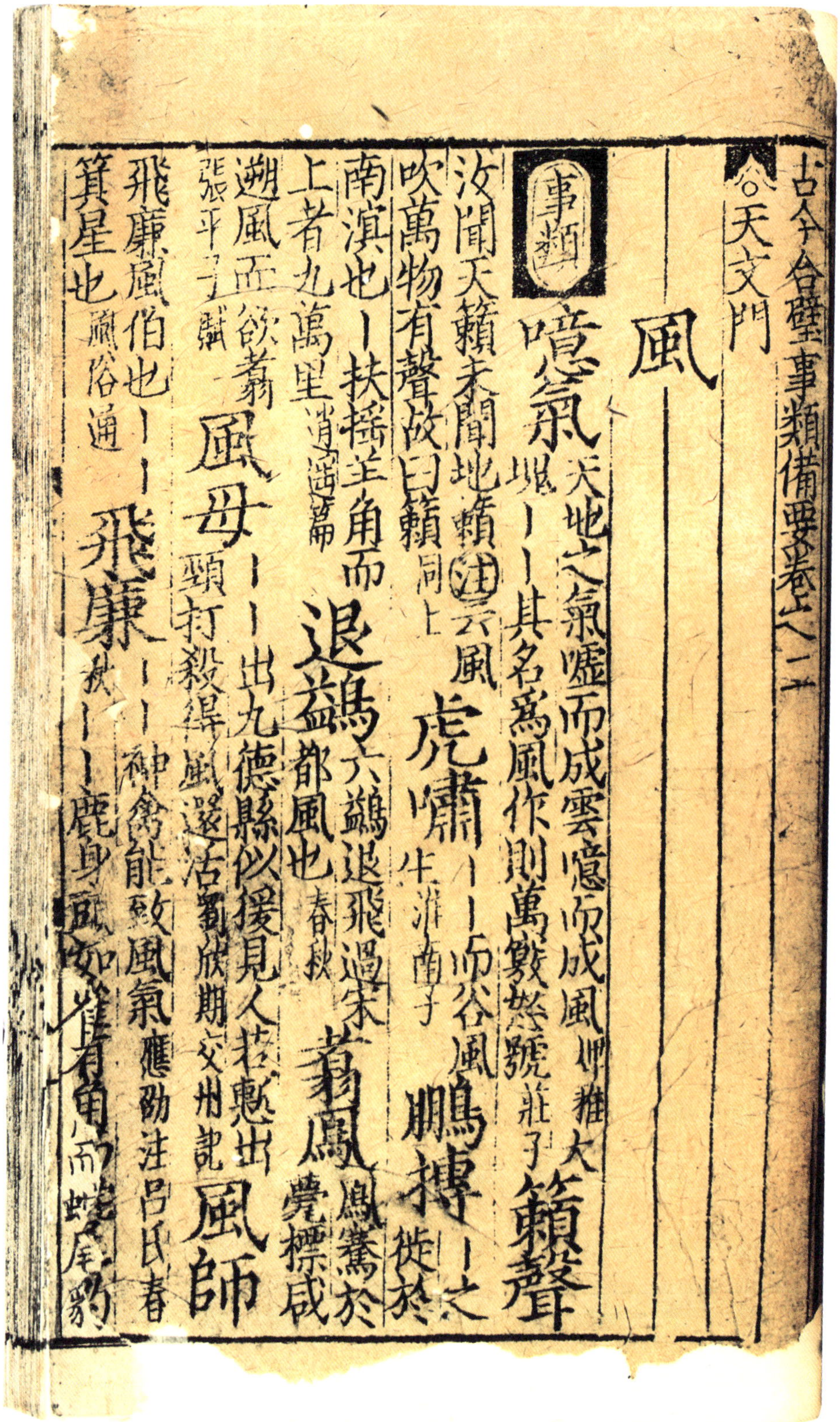
古今合璧事類備要卷上之二
天文門
風
事類 噫氣天地之氣噓而成雲噫而成風爾雅大塊丨丨其名爲風作則萬竅怒號莊子 籟聲
汝聞天籟未聞地籟注云風吹萬物有聲故曰籟同上 虎嘯丨丨而谷風淮南子 鵬搏丨丨之徙於
南溟也丨扶搖羊角而上者九萬里逍遙篇 退鷁六鷁退飛過宋都風也春秋 翥鳳鳳鶱於覺標咸
遡風而欲翥張平子賦 風母丨丨出九德縣似猨見人若慙出頸打殺得風還活劉欣期交州記 風師
飛廉風伯也丨丨箕星也風俗通 飛廉丨丨神禽能致風氣應劭注呂氏春秋丨丨鹿身頭如雀有角而蛇尾豹

00812 古今合璧事類備要前集六十九卷後集八十一卷續集五十六卷 （宋）謝維新輯 **別集九十四卷外集六十六卷** （宋）虞載輯 宋刻本（前集卷一、十七至十九、二十一、四十一至四十二、五十三至五十五，別集卷二十七至三十、四十五至四十六，外集卷四十四配明抄本）

匡高17.1厘米，廣11.5厘米。半葉十四行，行字不等，小字雙行二十三至二十四字，細黑口，左右雙邊。有“曹淇書籍子孫寶之”、“涵芬樓”等印。國家圖書館藏。

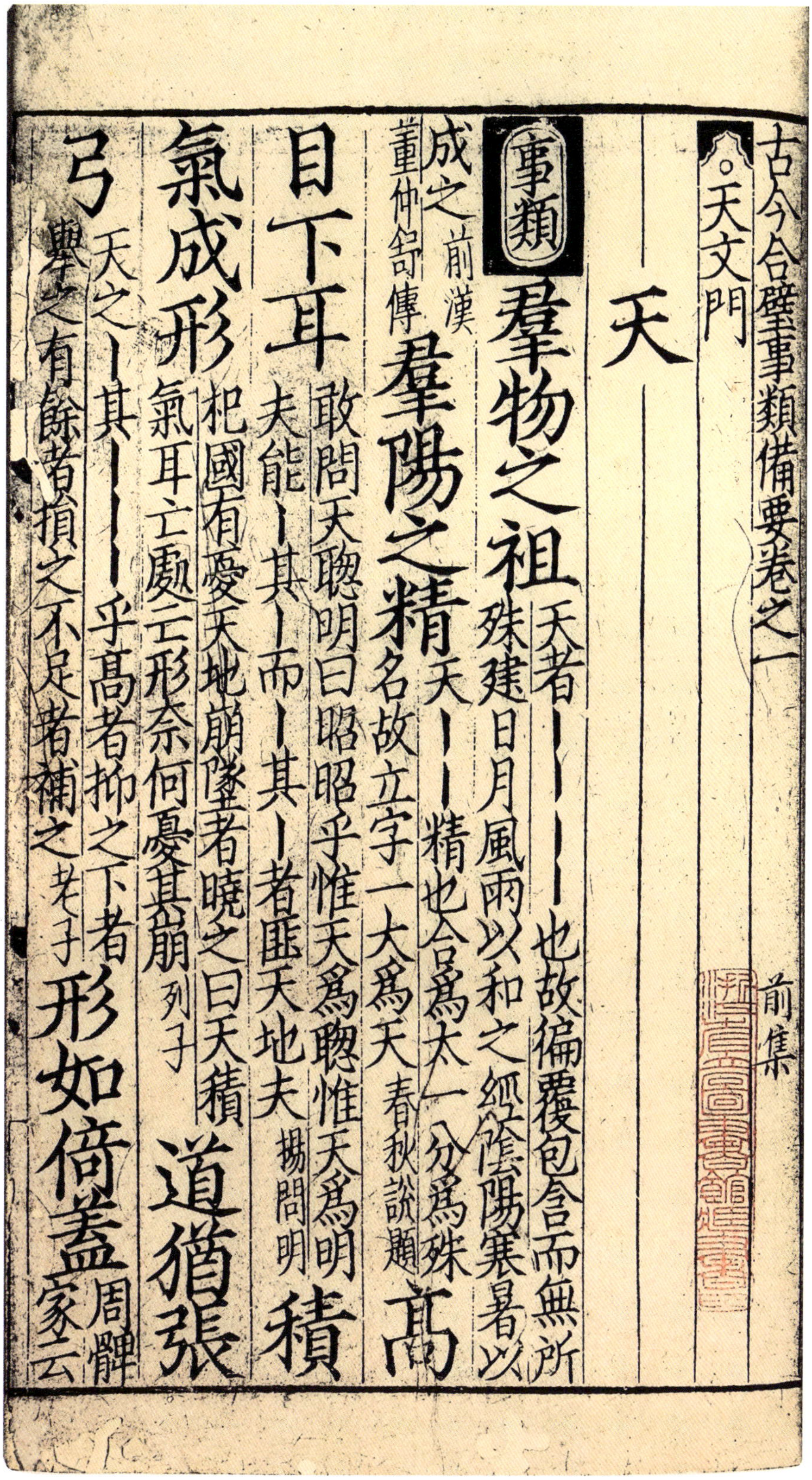

古今合璧事類備要卷之一　前集

天文門

天

事類　羣物之祖　天者｜｜｜也故徧覆包含而無所殊建日月風雨以和之經陰陽寒暑以成之　前漢董仲舒傳　羣陽之精　天｜｜｜精也合爲太一分爲殊名故立字一大爲天　春秋說題　高目下耳　敢問天聰明曰昭昭乎惟天爲聰惟天爲明夫能｜其｜而｜其｜者匪天地夫　揚問明　積氣成形　杞國有憂天地崩墜者曉之曰天積氣耳亡處亡形奈何憂其崩　列子　道猶張弓　天之｜其｜｜乎高者抑之下者舉之有餘者損之不足者補之　老子　形如倚蓋　周髀家云

00813　古今合璧事類備要前集六十九卷後集八十一卷續集五十六卷　（宋）謝維新輯　**别集九十四卷外集六十六卷**　（宋）虞載輯　宋刻本

匡高17.8厘米，廣11.2厘米。半葉十四行，行十五字，小字雙行二十四字，黑口，左右雙邊。有“汪士鐘藏”等印。佚名題識。浙江圖書館藏，存七十六卷。

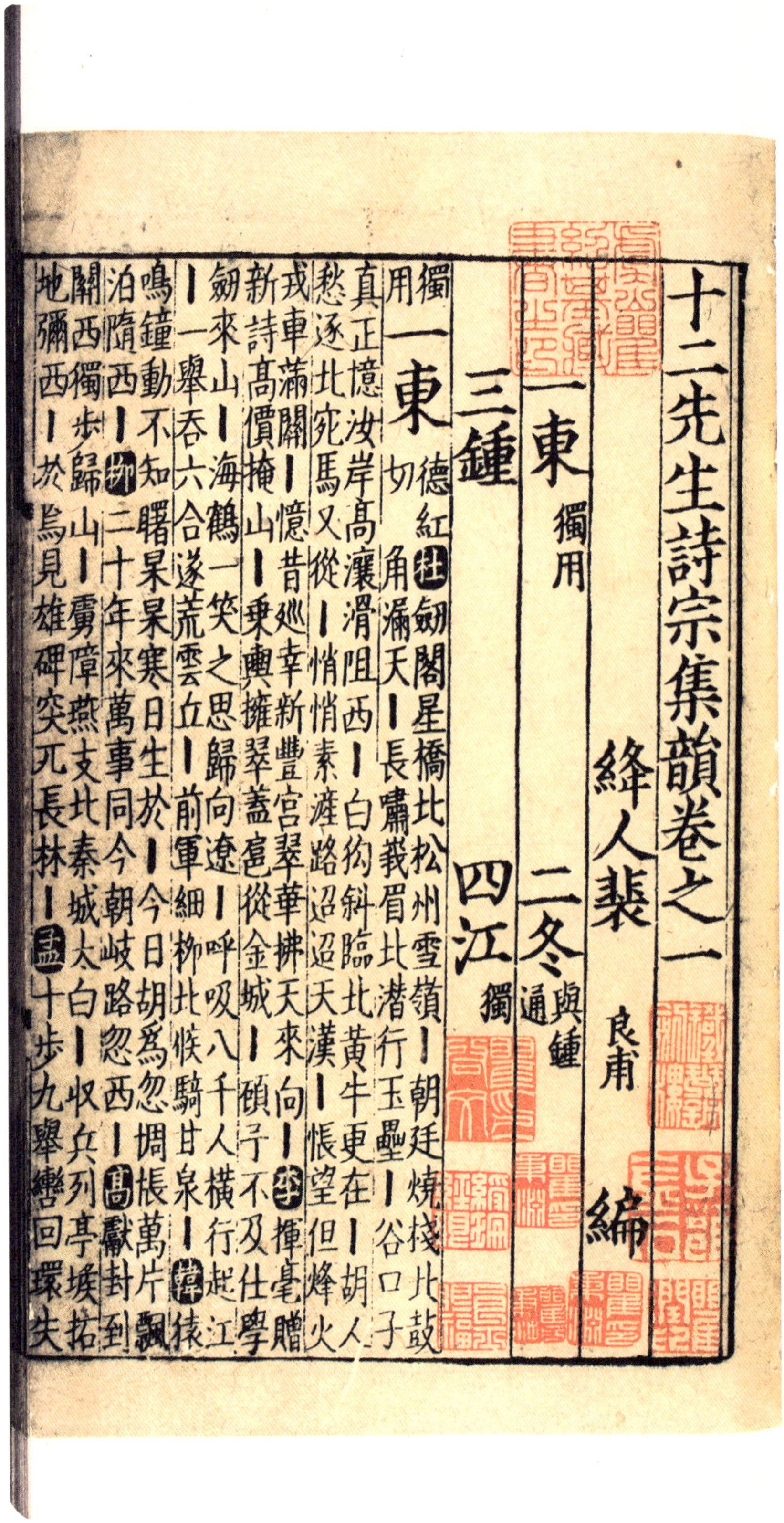

十二先生詩宗集韻卷之一
絳人裴良甫編
一東獨用　二冬與鍾通
三鍾　四江獨
一東獨用　德紅切【杜】劒閣星橋北松州雪嶺丨朝廷燒棧北鼓角漏天丨長嘯峩眉北潛行玉壘丨谷口子
真正憶汝岸高灢滑阻西丨白狗斜臨北黃牛更在丨胡人愁逐北宛馬又從丨悄悄素滻路迢迢天漢丨悵望但烽火
戎車滿關丨憶昔巡幸新豐宮翠華拂天來向丨【李】揮毫贈新詩高價掩山丨乘輿擁翠蓋扈從金城丨頤子不及仕學
劒來山丨海鶴一笑之思歸向遼丨呼吸八千人橫行起江丨一舉吞六合遂荒雲丘丨前軍細柳北候騎甘泉丨【韓】猿
鳴鐘動不知曙杲杲寒日生於丨今日胡爲忽惆悵萬片飄泊隋西丨【柳】二十年來萬事同今朝岐路忽西丨【高】獻封到
關西獨步歸山丨勇障燕支北秦城太白丨收兵列亭堠拓地彌西丨於烏見雄碑突兀長林丨【孟】十步九舉攀回環失

00814　十二先生詩宗集韻二十卷　（宋）裴良甫輯　宋刻本

匡高19.7厘米，廣13.2厘米。半葉十行，行字不等，小字雙行二十三字，黑口，左右雙邊。有"尚寶少卿袁氏忠徹印"、"鐵琴銅劍樓"等印。國家圖書館藏。

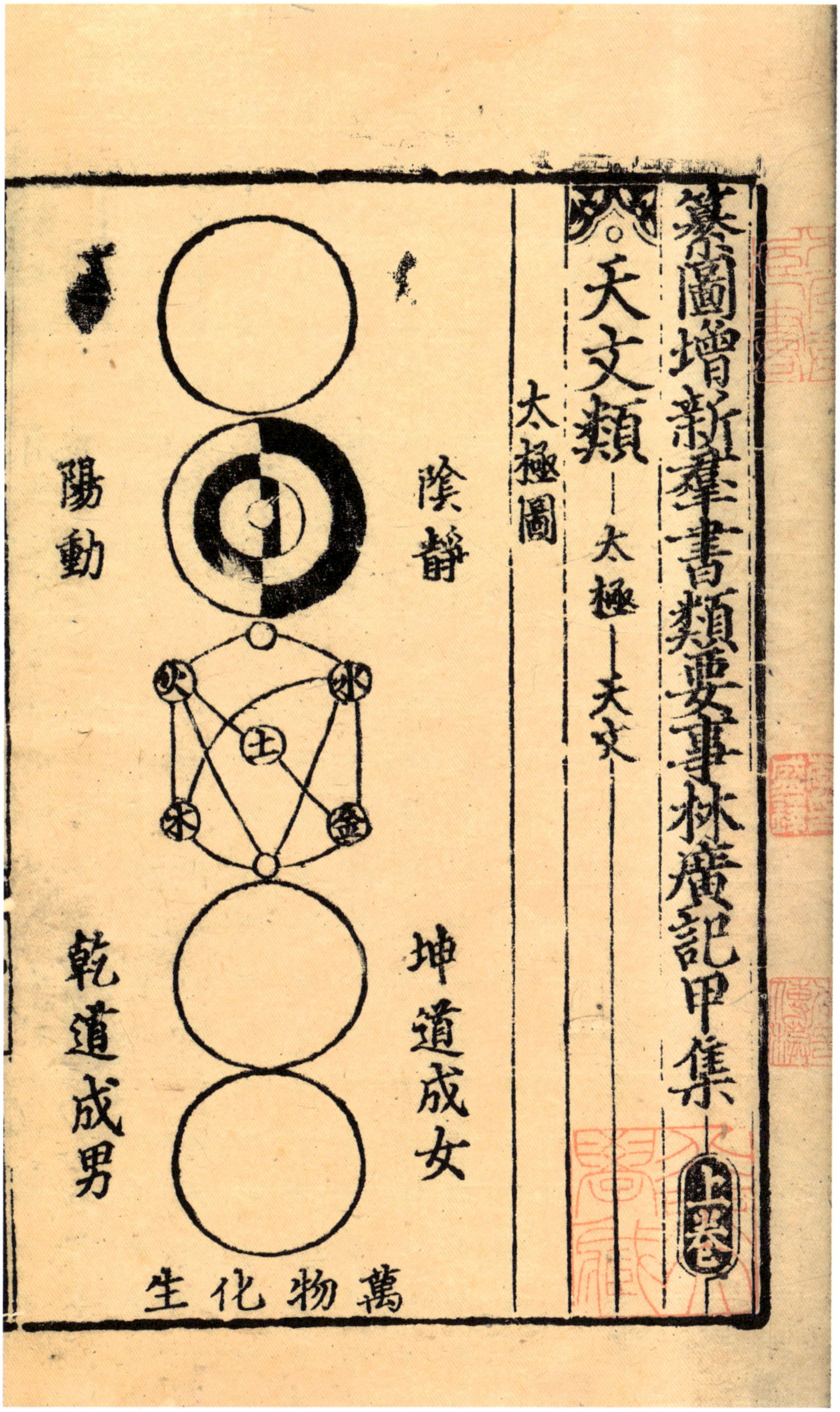

00815 纂圖增新羣書類要事林廣記十集二十卷 （宋）陳元靚輯　元後至元六年（1340）鄭氏積誠堂刻本（有抄配）

匡高18厘米，廣12.3厘米。半葉十六行，行二十五至二十七字，黑口，左右雙邊。有“至元庚辰良月鄭氏積誠堂刊”牌記。有“李印盛鐸”等印。北京大學圖書館藏。

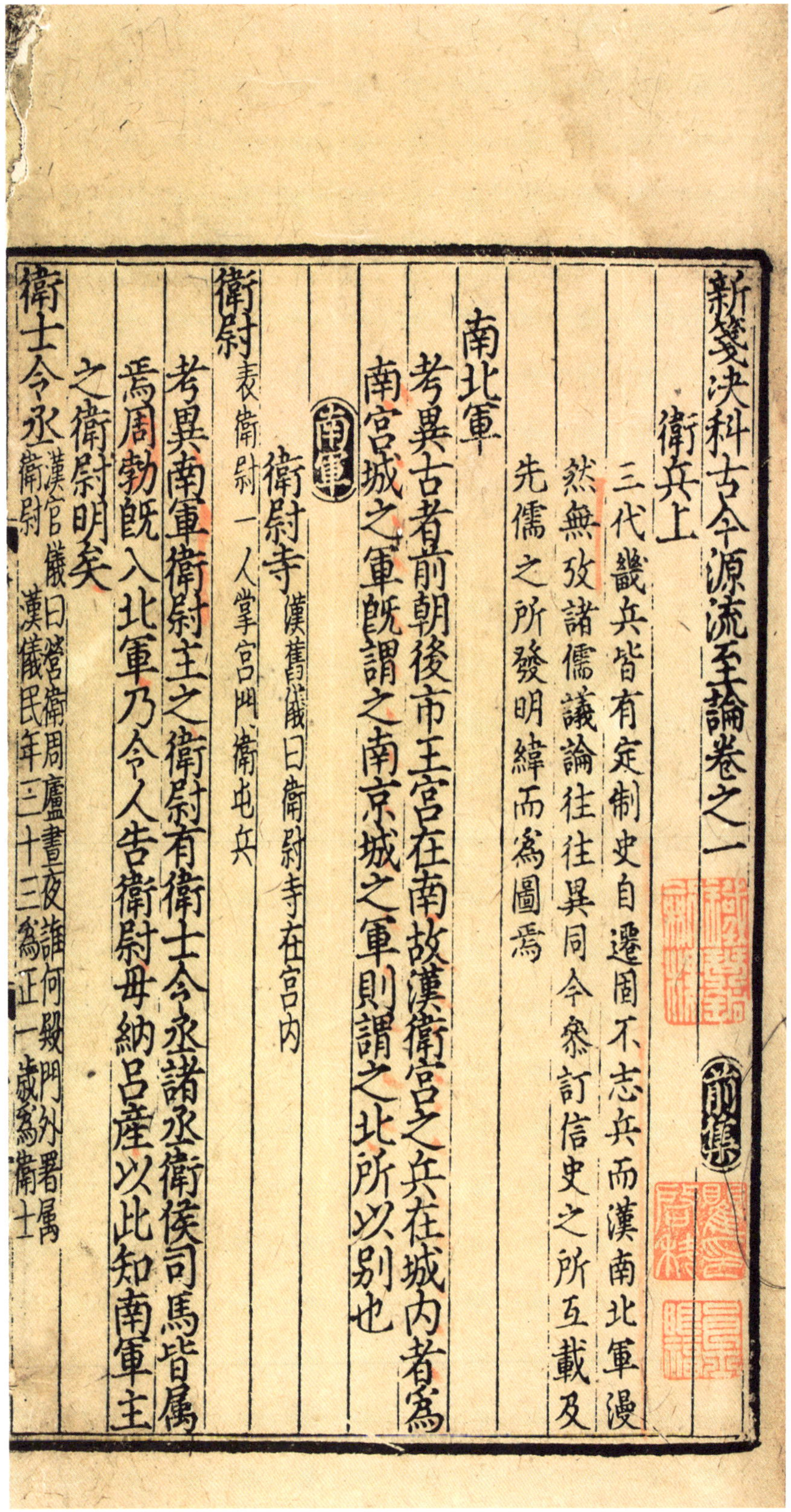

00816 新箋决科古今源流至論前集十卷後集十卷續集十卷 （宋）林駉撰 **别集十卷** （宋）黄履翁撰 元延祐四年（1317）圓沙書院刻本（有抄配）

匡高18.8厘米，廣12.1厘米。半葉十五行，行二十五字，小字雙行同，黑口，四周雙邊。有"延祐丁巳孟冬圓沙書院刊行"牌記。有"鐵琴銅劍樓"等印。國家圖書館藏。

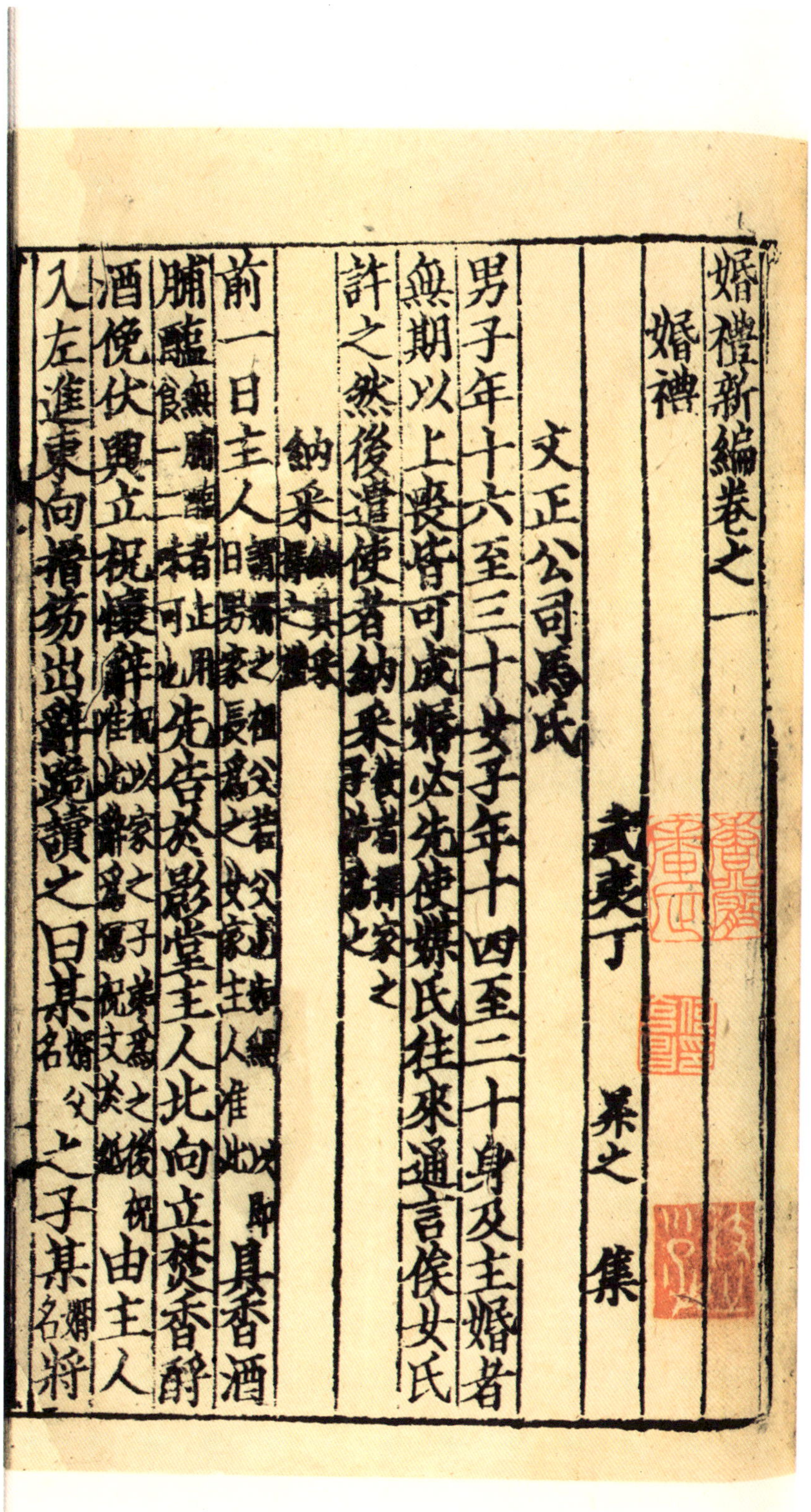

婚禮新編卷之一

婚禮

武夷丁　昇之　集

文正公司馬氏

男子年十六至三十女子年十四至二十身及主婚者

無期以上喪皆可成婚必先使媒氏往來通言俟女氏

許之然後遣使者納采

納采

前一日主人……具香酒

脯醢……先告于影堂主人北向立焚香酹

酒俛伏興立祝懐辭……由主人

入左進東向措笏出辭跪讀之曰某名……之子某名將

00817 婚禮新編二十卷 （宋）丁昇之輯　宋刻元修本（有抄配）

匡高19.8厘米，廣13.1厘米。半葉十二行，行二十一字，黑口，左右雙邊。有"香嚴審定"等印。國家圖書館藏。

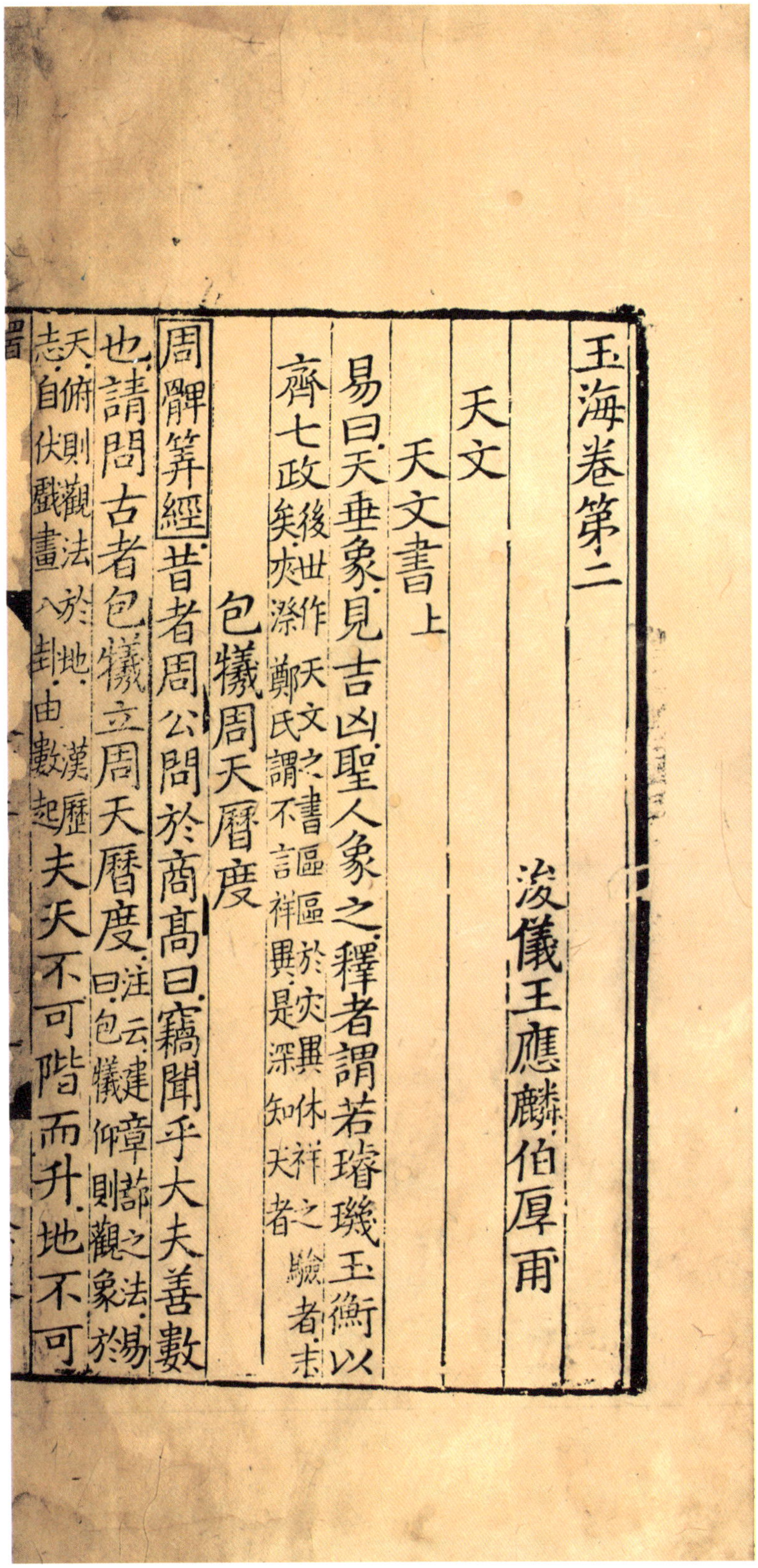

玉海卷第二

浚儀王應麟伯厚甫

天文

天文書上

易曰天垂象見吉凶聖人象之釋者謂若璿璣玉衡以齊七政後世作天文之書區區於災異休祥之驗者志矣夾漈鄭氏謂不言祥異是深知天者

包犧周天曆度

周髀筭經 昔者周公問於商高曰竊聞乎大夫善數也請問古者包犧立周天曆度注云建章蔀之法易曰包犧仰則觀象於天俯則觀法於地漢歷志自伏戲畫八卦由數起夫天不可階而升地不可

00818 玉海二百卷辭學指南四卷 （宋）王應麟撰　元後至元六年（1340）慶元路儒學刻本

匡高22.5厘米，廣13.8厘米。半葉十行，行二十字，小字雙行同，白口，左右雙邊。國家圖書館藏，存一百十卷。

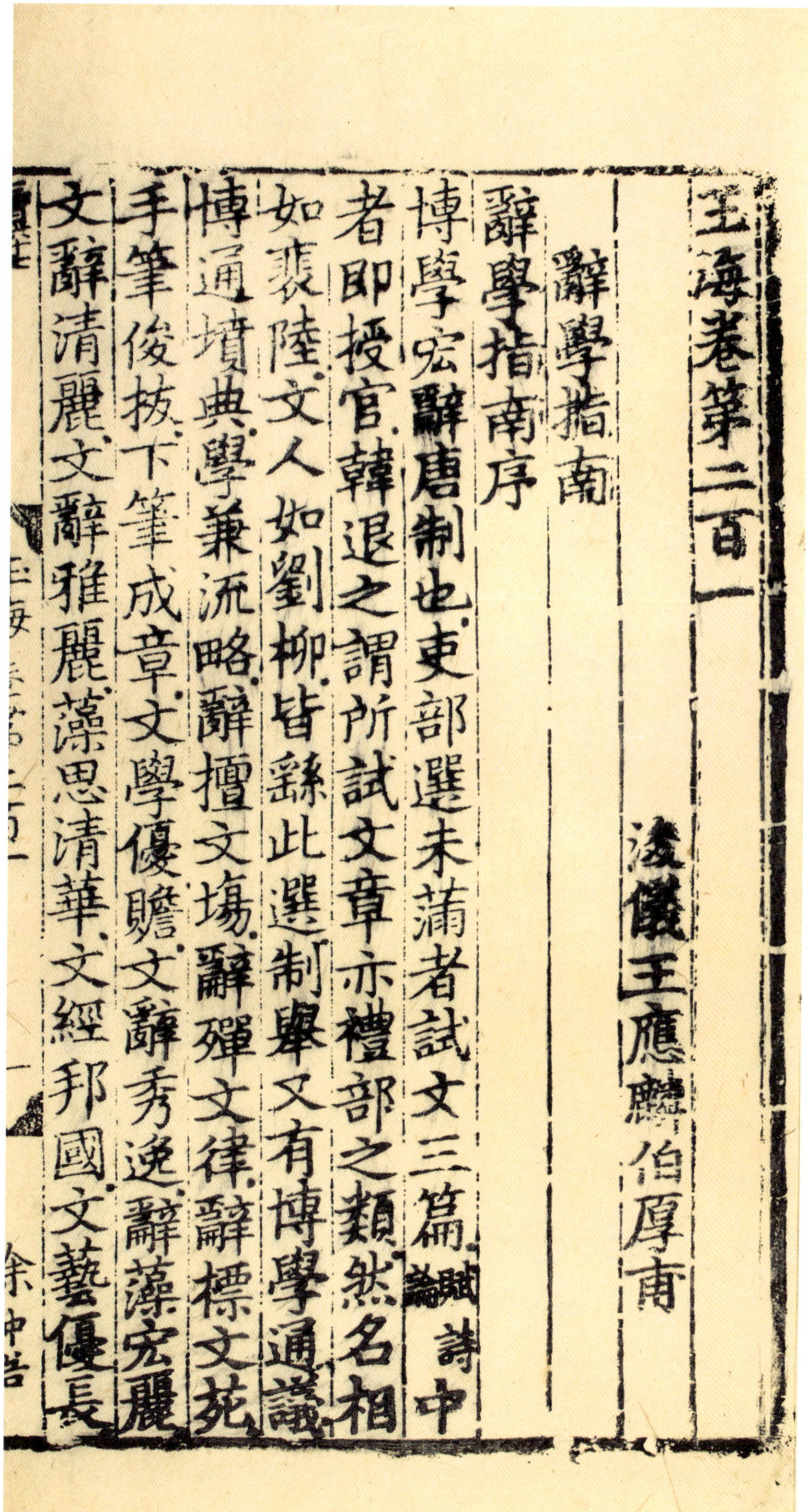

00819、00820、00821、00822 玉海二百卷辭學指南四卷詩攷一卷詩地理攷六卷漢藝文志攷證十卷通鑑地理通釋十四卷漢制攷四卷踐阼篇集解一卷周易鄭康成注一卷姓氏急就篇二卷急就篇補注四卷周書王會補注一卷小學紺珠十卷六經天文篇二卷通鑑答問五卷 （宋）王應麟撰　元後至元六年（1340）慶元路儒學刻元明遞修本

匡高21.4厘米，廣13.5厘米。半葉十行，行二十字，白口，左右雙邊。國家圖書館藏，有“鐵琴銅劍樓”等印；河北大學圖書館藏，有“徐乃昌讀”等印；東北師範大學圖書館藏，僅存玉海二百卷，有抄配；河南省圖書館藏，元至正十一年重修本，有“吉軒”、“張印葆謙”等印，存一百五十四卷。

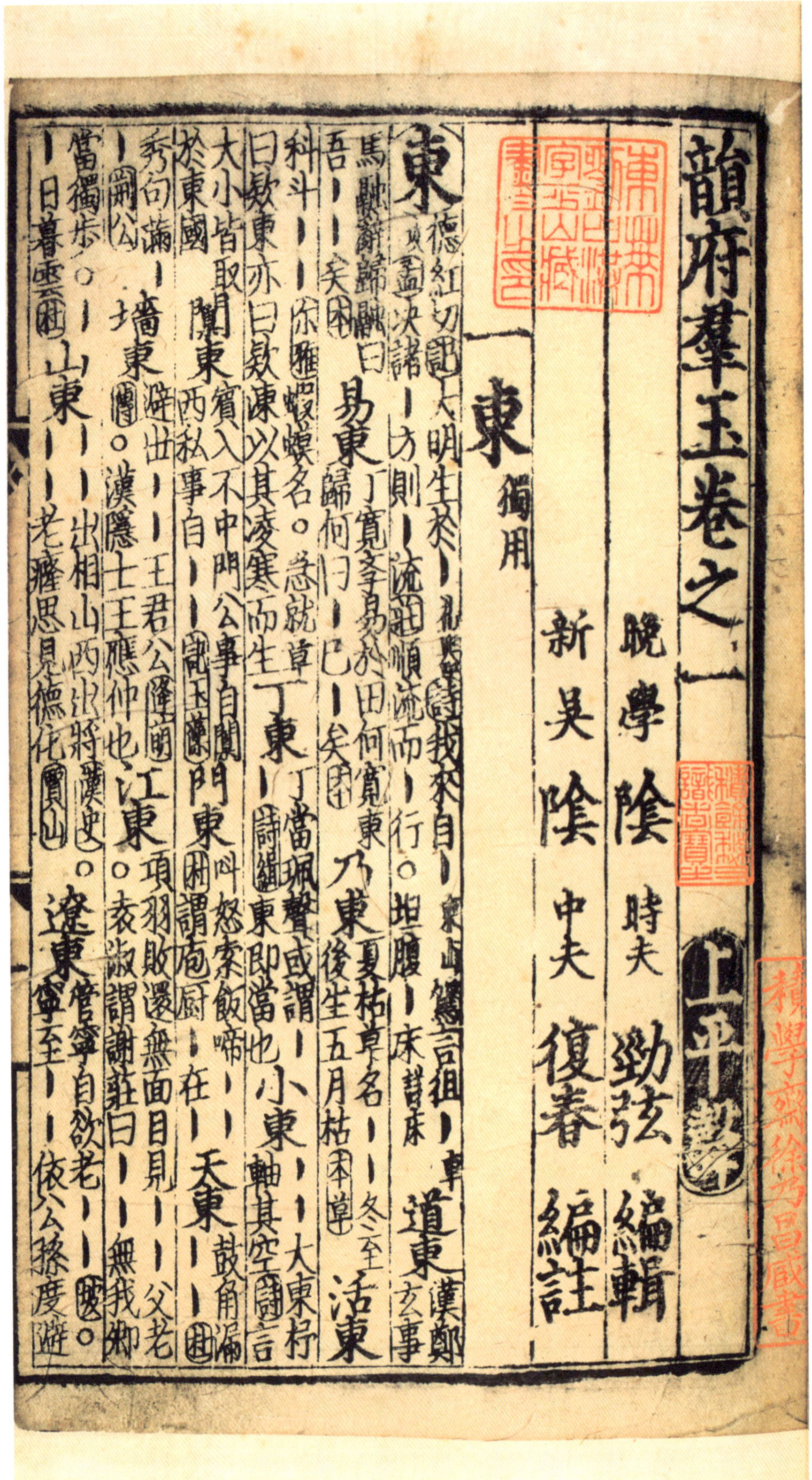

00823、00824、00825　韻府羣玉二十卷　（元）陰時夫輯　（元）陰中夫注　元元統二年（1334）梅溪書院刻本

匡高21厘米，廣13.6厘米。半葉十行，行字不等，小字雙行二十九字，黑口，四周雙邊。有“元統甲戌春梅溪書院刊”牌記。國家圖書館藏，有“積學齋徐乃昌藏書”、“東萊劉占洪字少山藏書之印”等印；重慶圖書館藏；黑龍江省圖書館藏，有“森氏開萬册府之記”等印，黎庶昌跋。

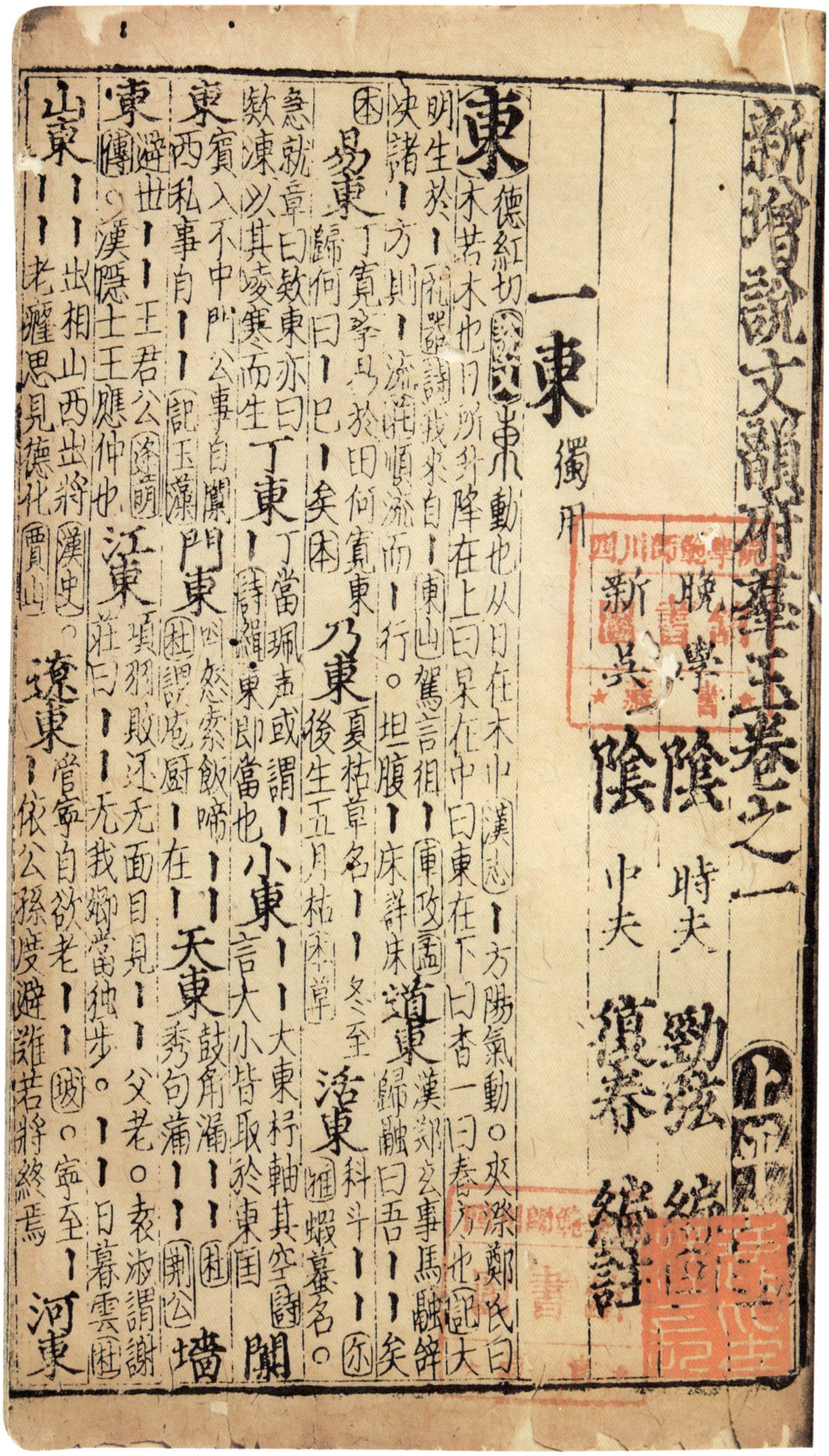
新增說文韻府羣玉卷之一
一東 獨用
晚學 陰時夫 勁弦 編輯
新吳 陰中夫 復春 編註

00826、00827 新增說文韻府羣玉二十卷 （元）陰時夫輯 （元）陰中夫注 元至正十六年（1356）劉氏日新堂刻本

匡高21厘米，廣13.6厘米。半葉十一行，行字不等，小字雙行二十九字，細黑口，四周雙邊。上海圖書館藏，卷一配明初刻本，有“翁綬祺”、“右任之友”等印；四川師範大學圖書館藏，存十二卷。

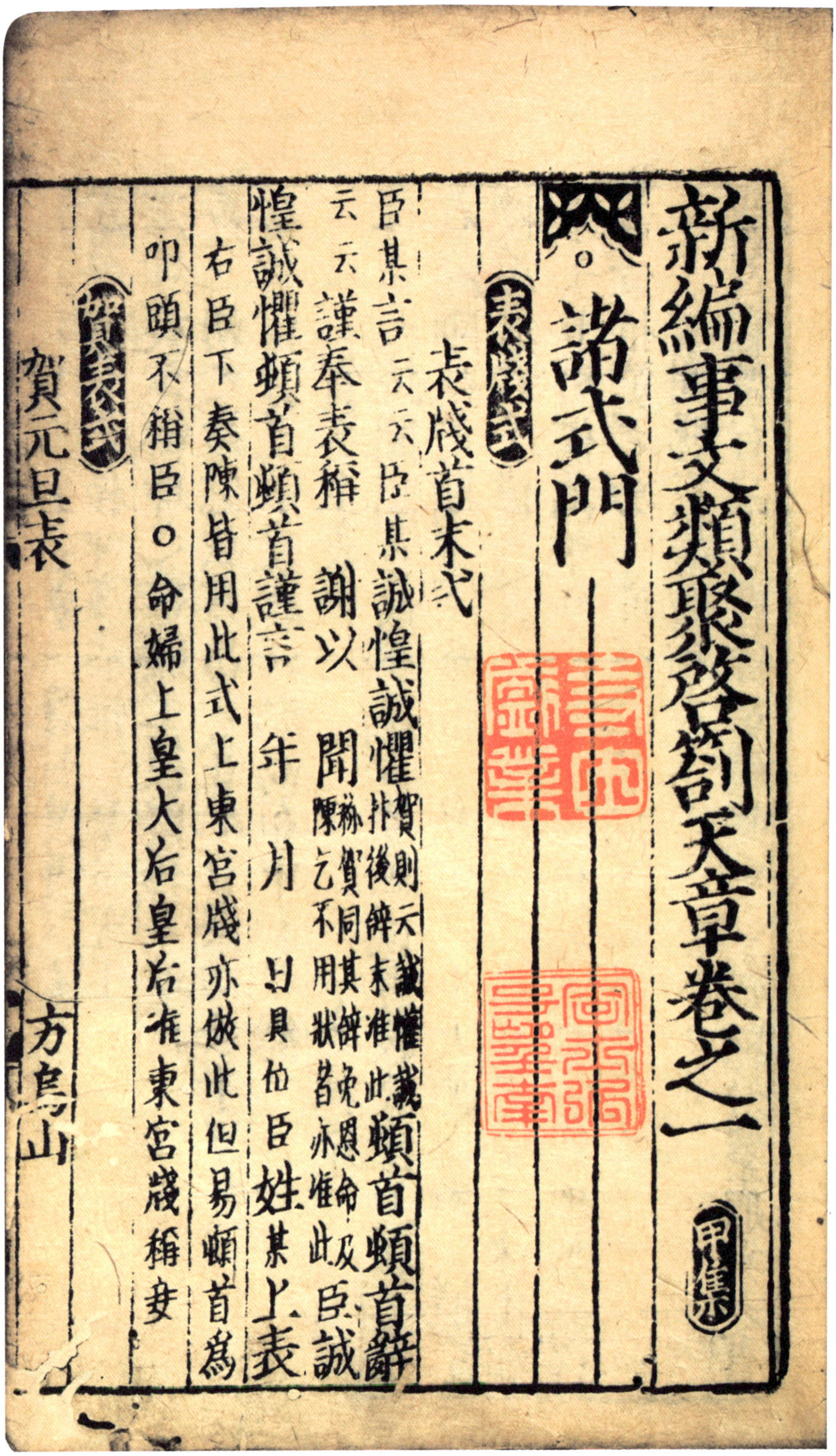
新編事文類聚啓劄天章卷之一 甲集
諸式門
表牋式
表牋首末式
臣某言云云臣某誠惶誠懼賀則云誠懽誠忭後辭末准此頓首頓首辭
云云謹奉表稱謝以聞稱賀同其辭免恩命及陳乞不用此狀者亦准此臣誠
惶誠懼頓首頓首謹言 年 月 日具位臣姓某上表
右臣下奏陳皆用此式上東宮牋亦倣此但易頓首頓首為
叩頭不稱臣○命婦上皇太后皇后進東宮牋稱妾
賀表式
賀元旦表 方烏山

00828 新編事文類聚啓劄雲錦甲集六卷乙集六卷丙集六卷丁集六卷戊集六卷己集六卷庚集六卷辛集五卷壬集九卷癸集七卷 元刻本

匡高15.6厘米，廣10.2厘米。半葉十三行，行二十二字，小字雙行同，黑口，左右雙邊。有“星吾海外訪得秘笈”、“涵芬樓”等印。國家圖書館藏。

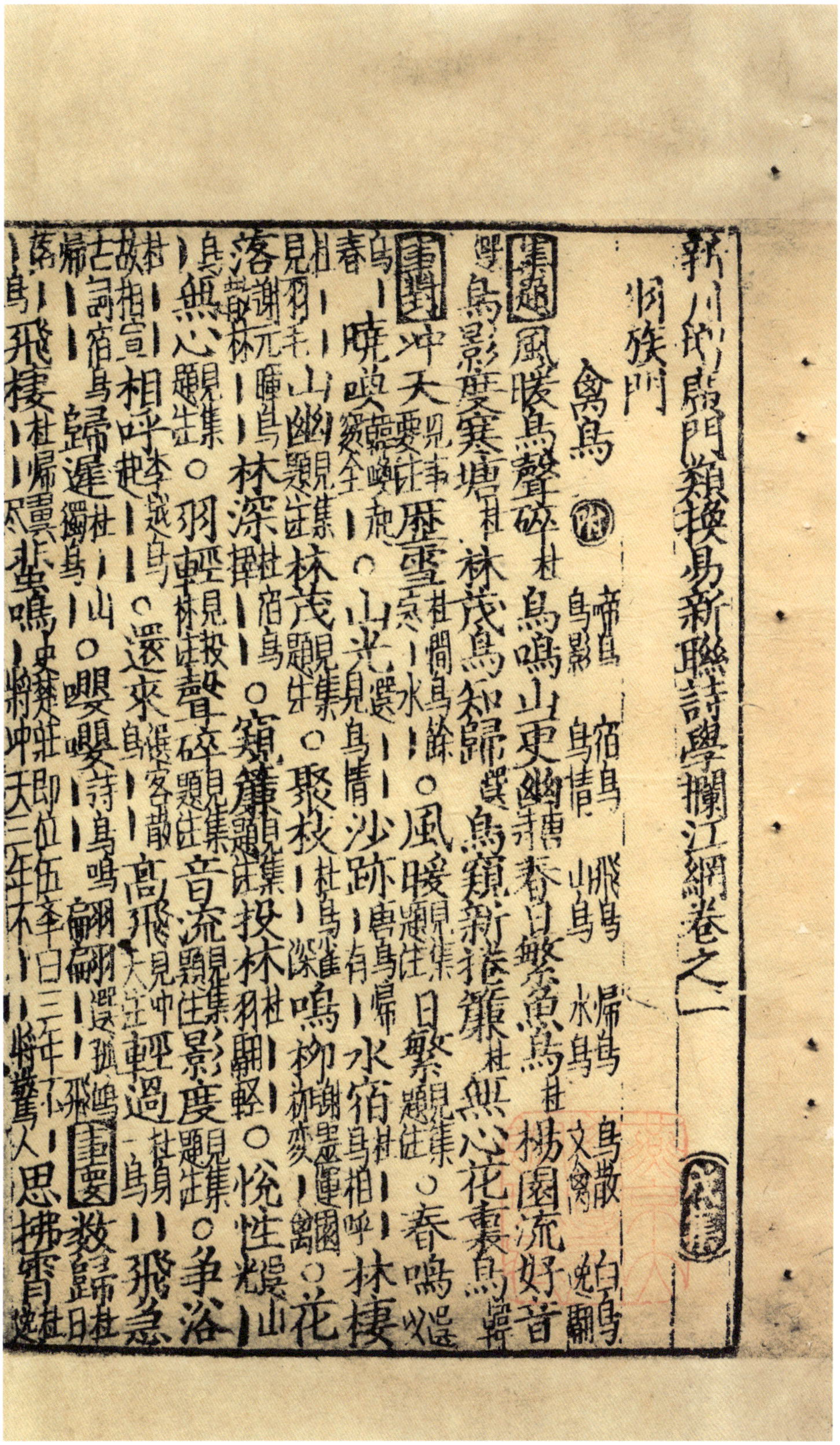

00829 重刊增廣門類換易新聯詩學攔江網七集七十卷 元刻本

匡高16.4厘米，廣11.1厘米。半葉十三行，行二十五字，小字雙行同，細黑口，左右雙邊。有“乾隆御覽之寶”、“天禄繼鑑”等印。北京大學圖書館藏。

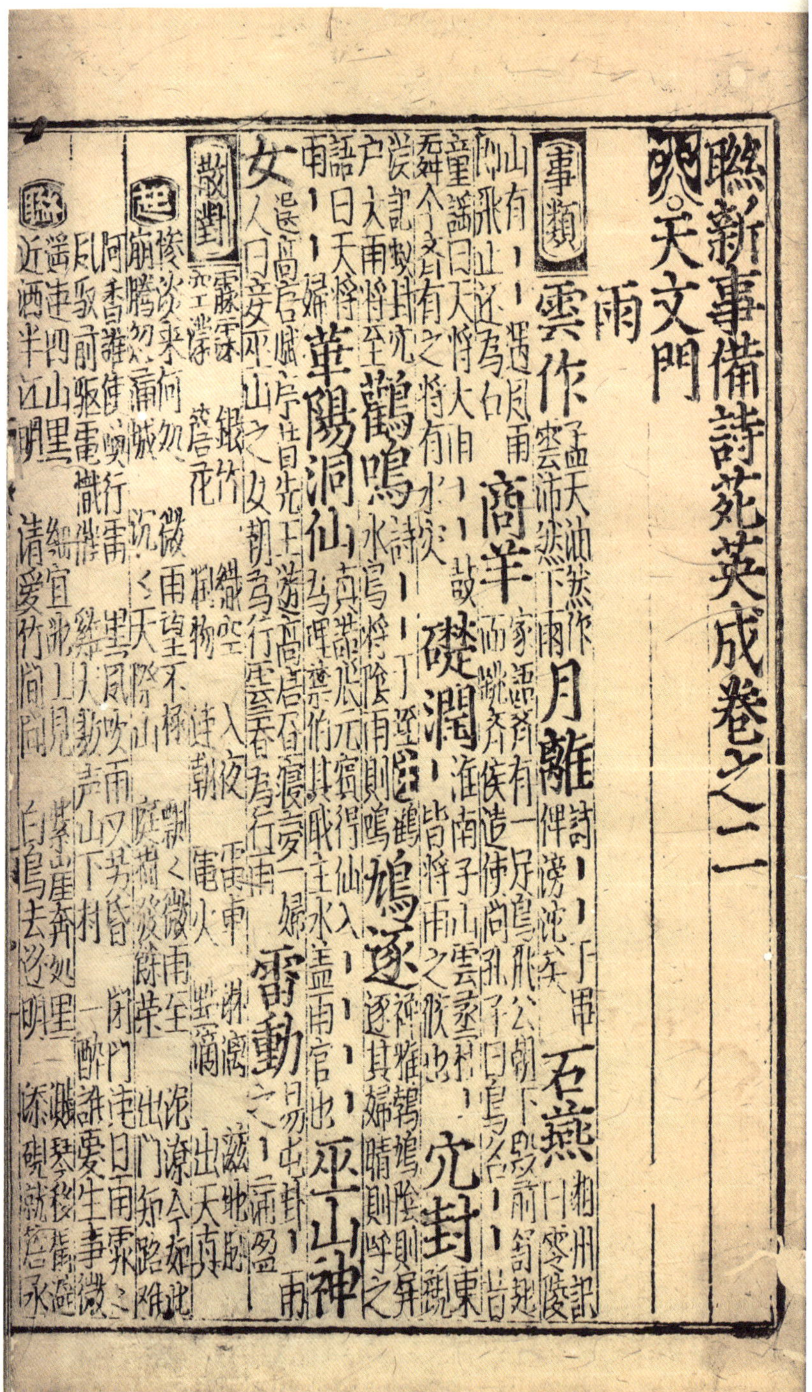

00830 聯新事備詩學大成三十卷 （元）林楨輯　元至正九年（1349）建寧路書市劉衡甫刻本

匡高19.7厘米，廣12.9厘米。半葉十三行，行字不等，小字雙行二十五字，黑口，四周雙邊。丁丙跋。南京圖書館藏。

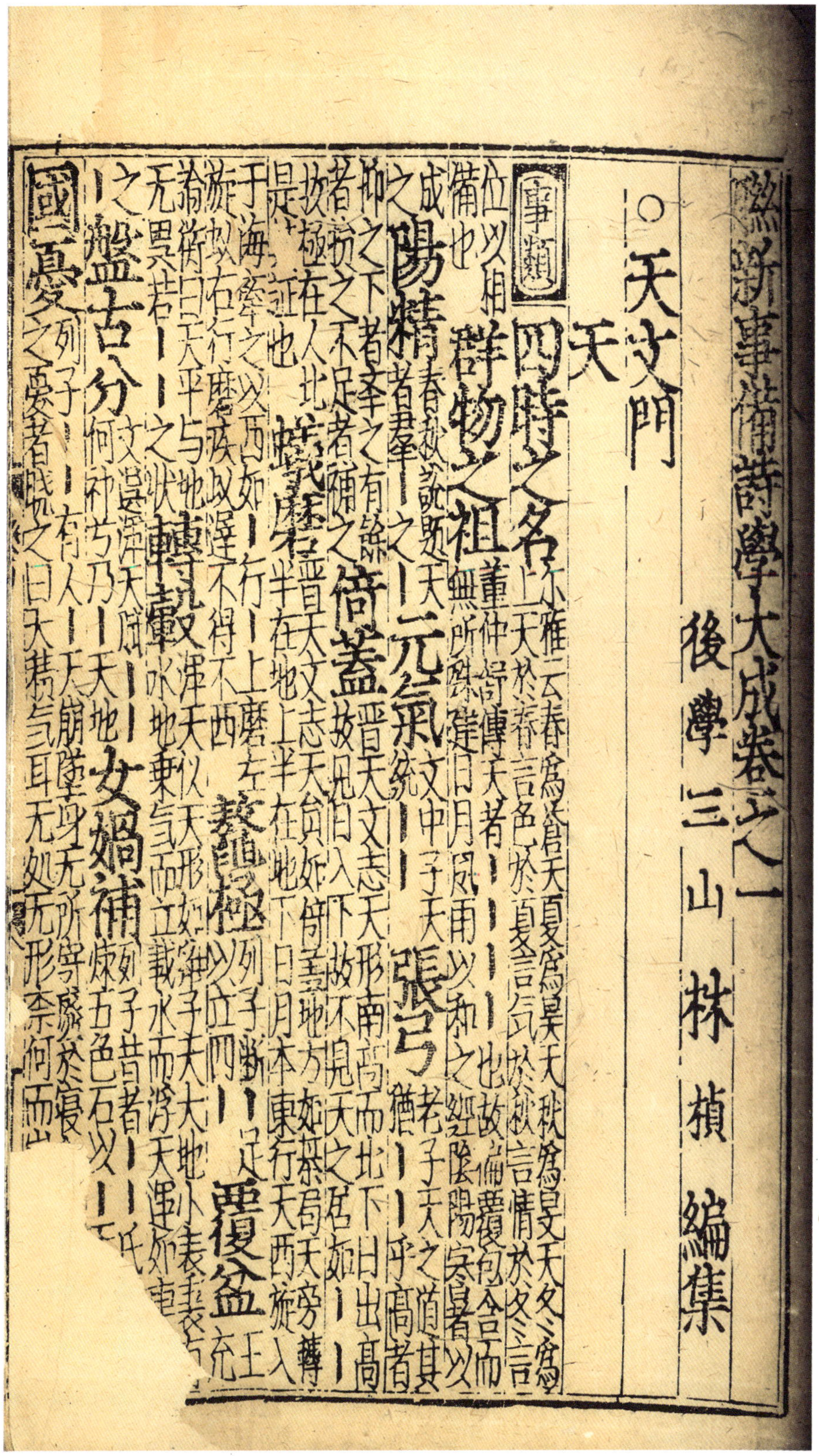

00831 聯新事備詩學大成三十卷 （元）林楨輯　元刻本

匡高19.8厘米，廣12.9厘米。半葉十三行，行字不等，小字雙行二十五字，細黑口，四周雙邊。有“明善堂覽書画印記”、“恭邸藏書”、“寒雲秘笈珍藏之印”等印。華東師範大學圖書館藏。

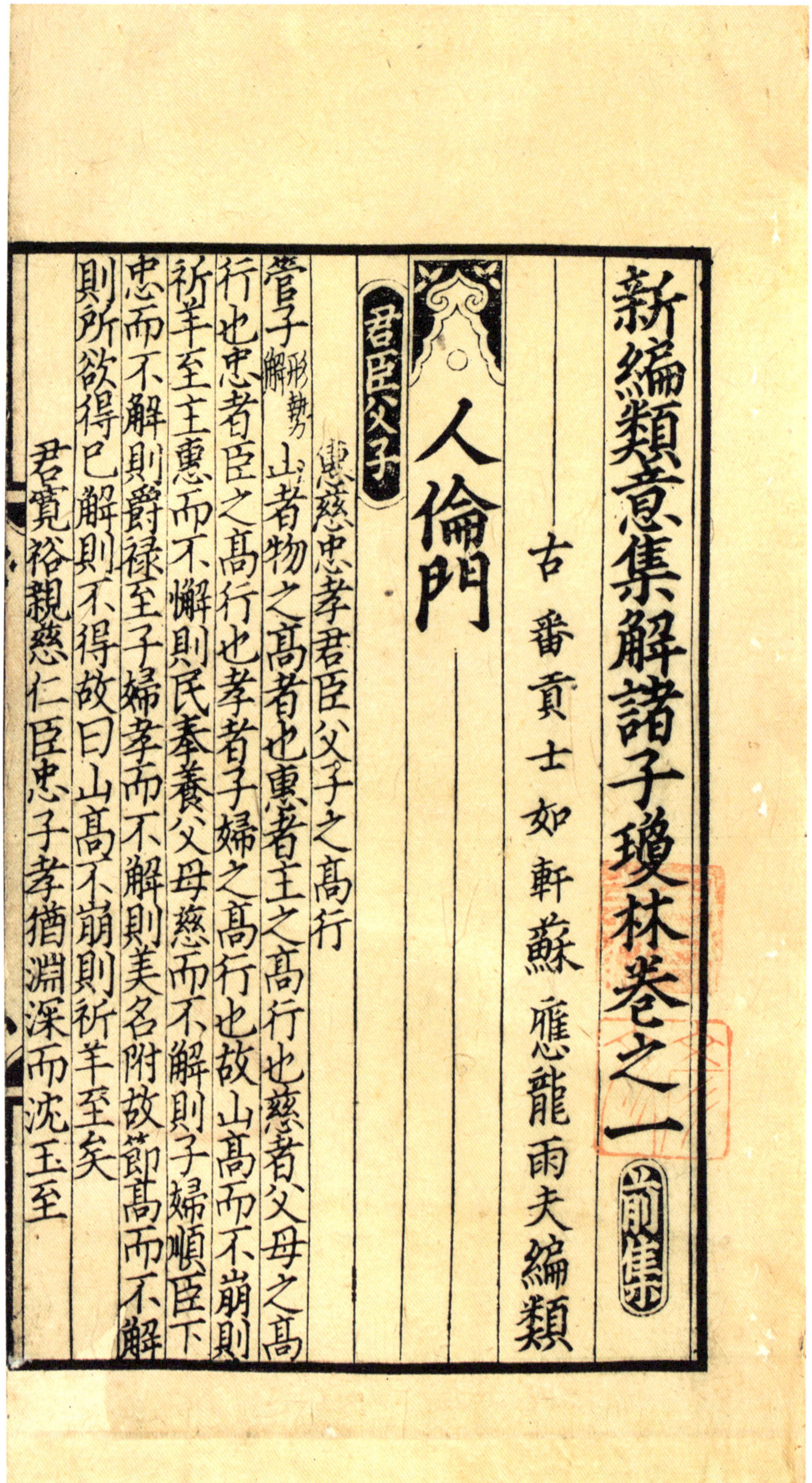

新編類意集解諸子瓊林卷之一 前集
古番貢士如軒蘇應龍雨夫編類
人倫門
君臣父子 惠慈忠孝君臣父子之高行
管子形勢解 山者物之高者也惠者主之高行也慈者父母之高
行也忠者臣之高行也孝者子婦之高行也故山高而不崩則
祈羊至主惠而不懈則民奉養父母慈而不解則子婦順臣下
忠而不解則爵祿至子婦孝而不解則美名附故節高而不解
則所欲得已解則不得故曰山高不崩則祈羊至矣
君寬裕親慈仁臣忠子孝猶淵深而沈玉至

00832 新編類意集解諸子瓊林前集二十四卷後集十六卷 （元）蘇應龍輯 元刻本

匡高17厘米，廣10.9厘米。半葉十四行，行二十四字，黑口，左右雙邊。有“涵芬樓”等印。國家圖書館藏。

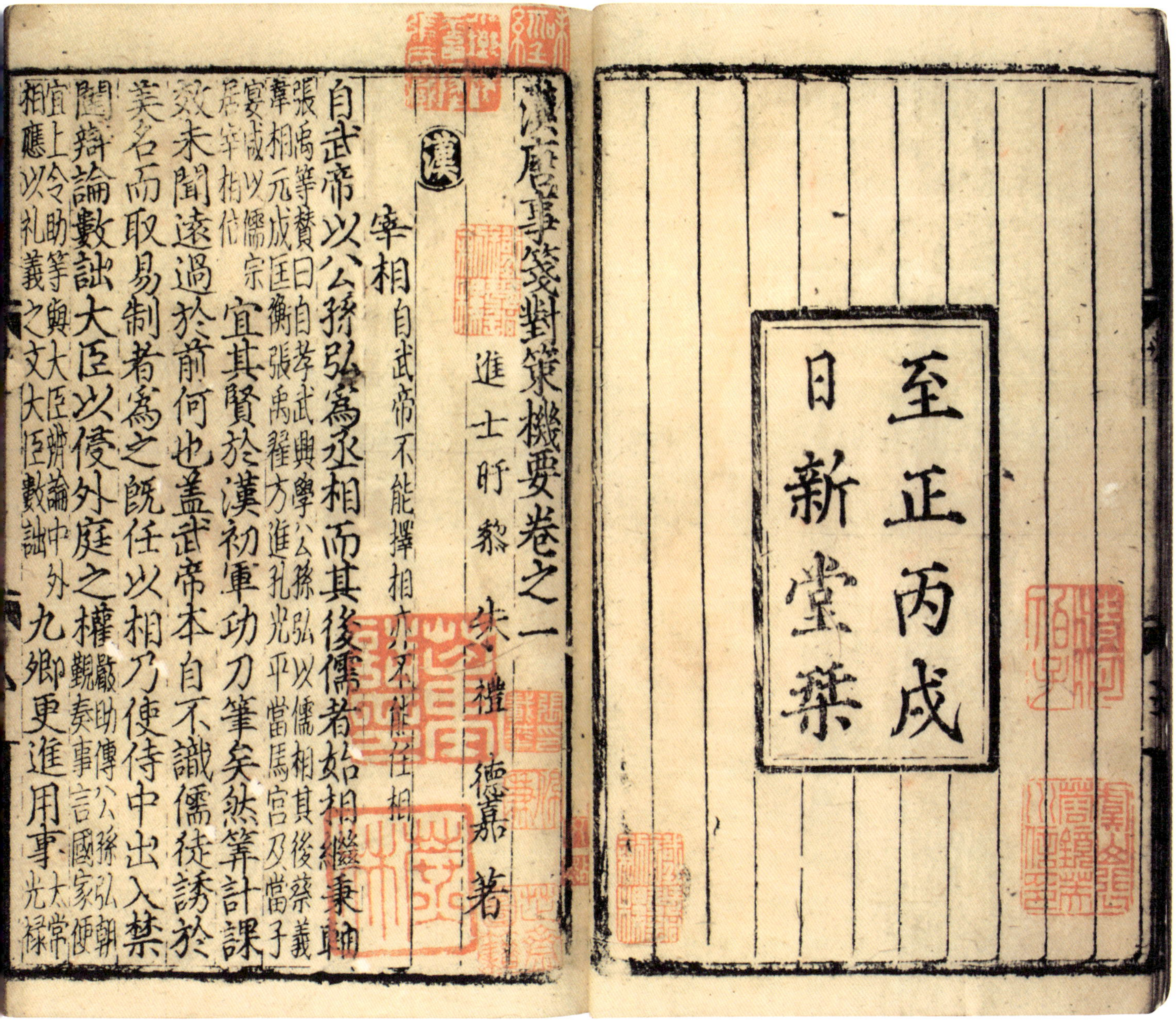

00833 漢唐事箋對策機要十二卷後集八卷 （元）朱禮撰　元至正六年（1346）日新堂刻本

匡高18.7厘米，廣11.9厘米。半葉十一行，行二十字，小字雙行同，黑口，四周雙邊。有“至正丙戌日新堂栞”牌記。有“愛日精廬藏書”、“鐵琴銅劍樓”等印。邵淵耀等跋，程恩澤題款。國家圖書館藏。

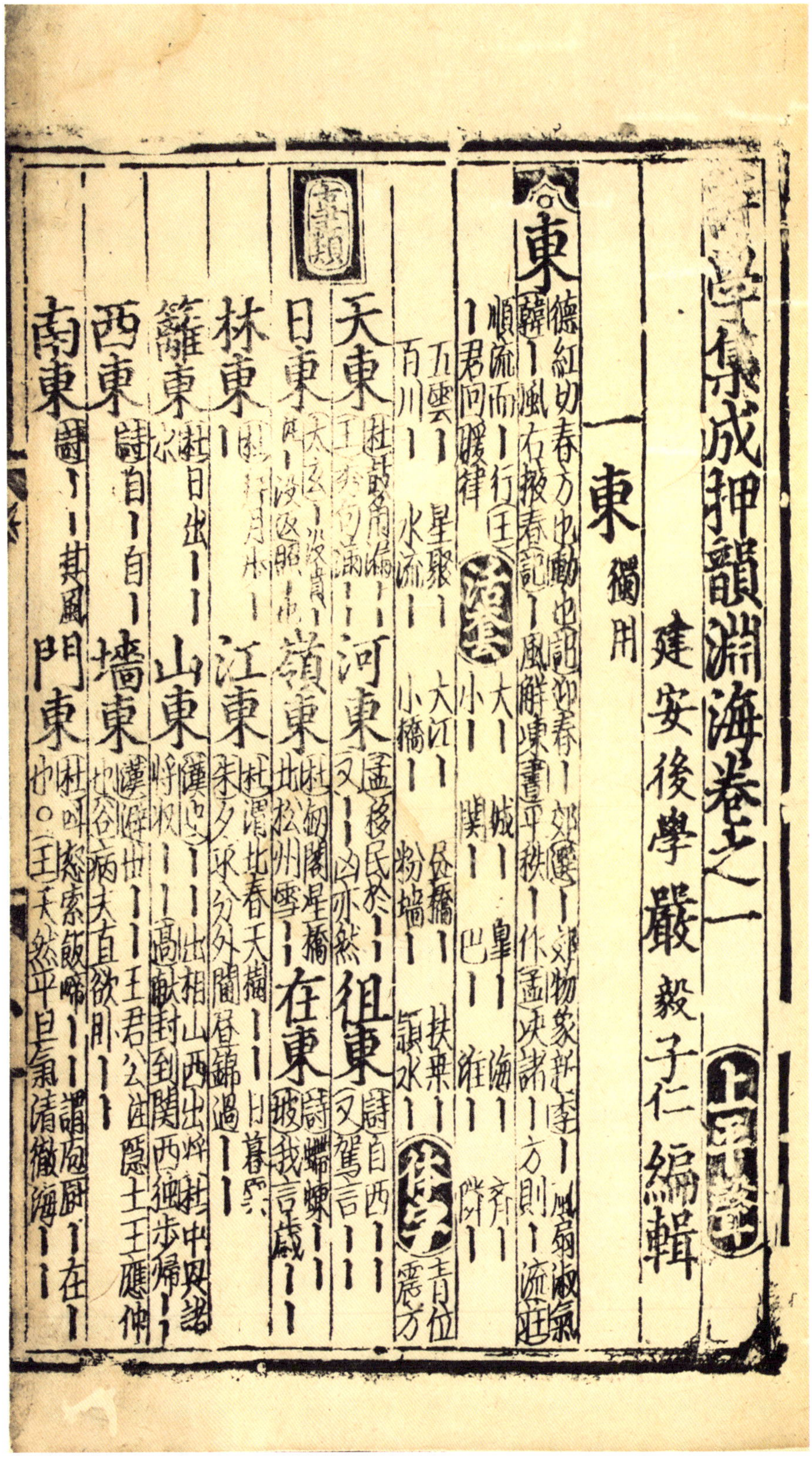
詩學集成押韻淵海卷之一
建安後學嚴毅子仁編輯
一東 獨用

00834、00835、00836 詩學集成押韻淵海二十卷 （元）嚴毅輯 元後至元六年（1340）蔡氏梅軒刻本

匡高19.5厘米，廣12.8厘米。半葉十二行，行字不等，小字雙行二十八字，黑口，四周雙邊。有“至元庚辰菊節梅軒蔡氏新刊”牌記。國家圖書館藏；北京大學圖書館藏；南京圖書館藏，丁丙跋。

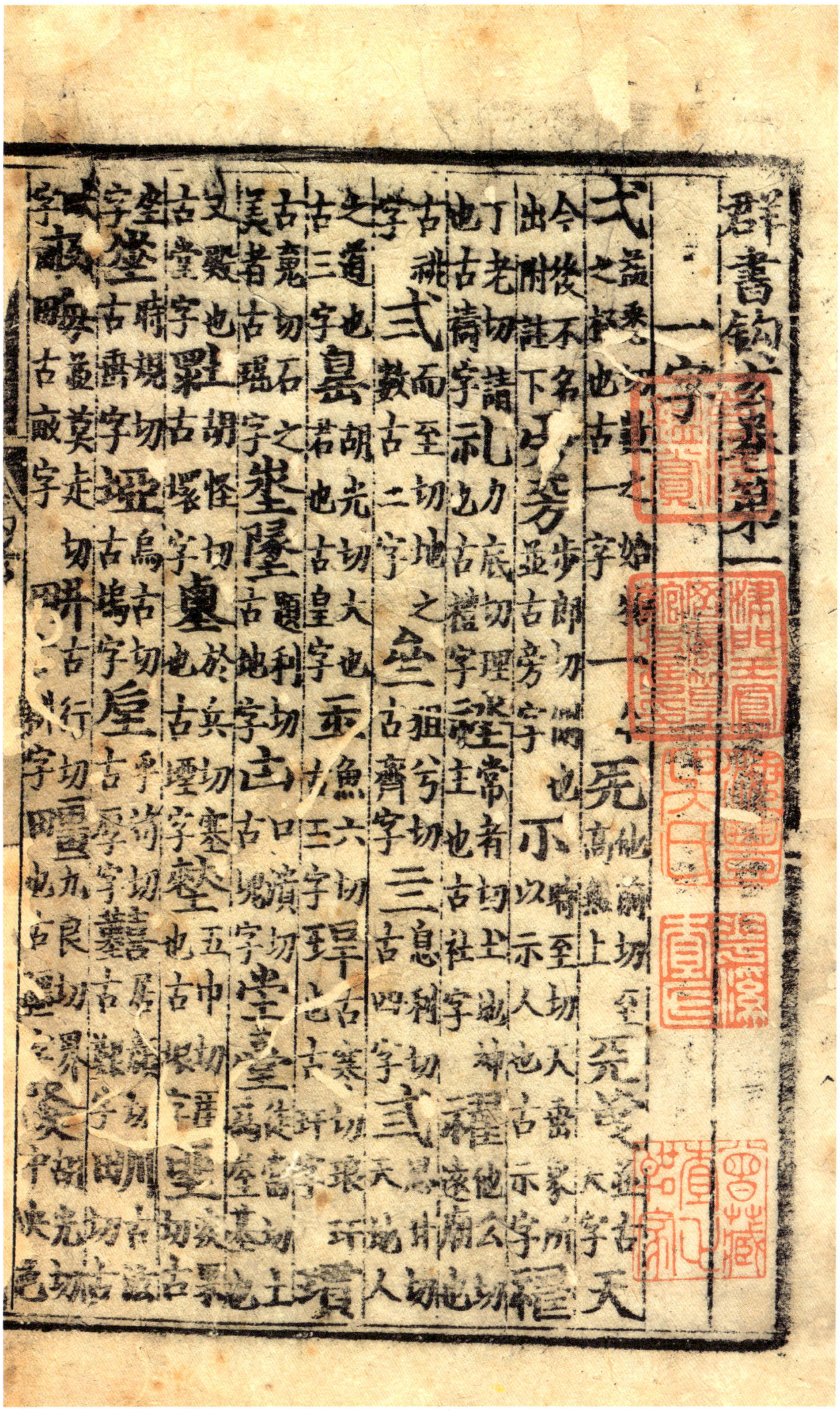

00837 群書鈎玄十二卷 （元）高恥傳輯 元至正七年（1347）刻明修本

匡高18.8厘米，廣13.4厘米。半葉十一行，行二十字，小字雙行同，粗黑口，上下雙邊。有“津門王鳳岡鳳篁館收藏印”等印。北京大學圖書館藏。

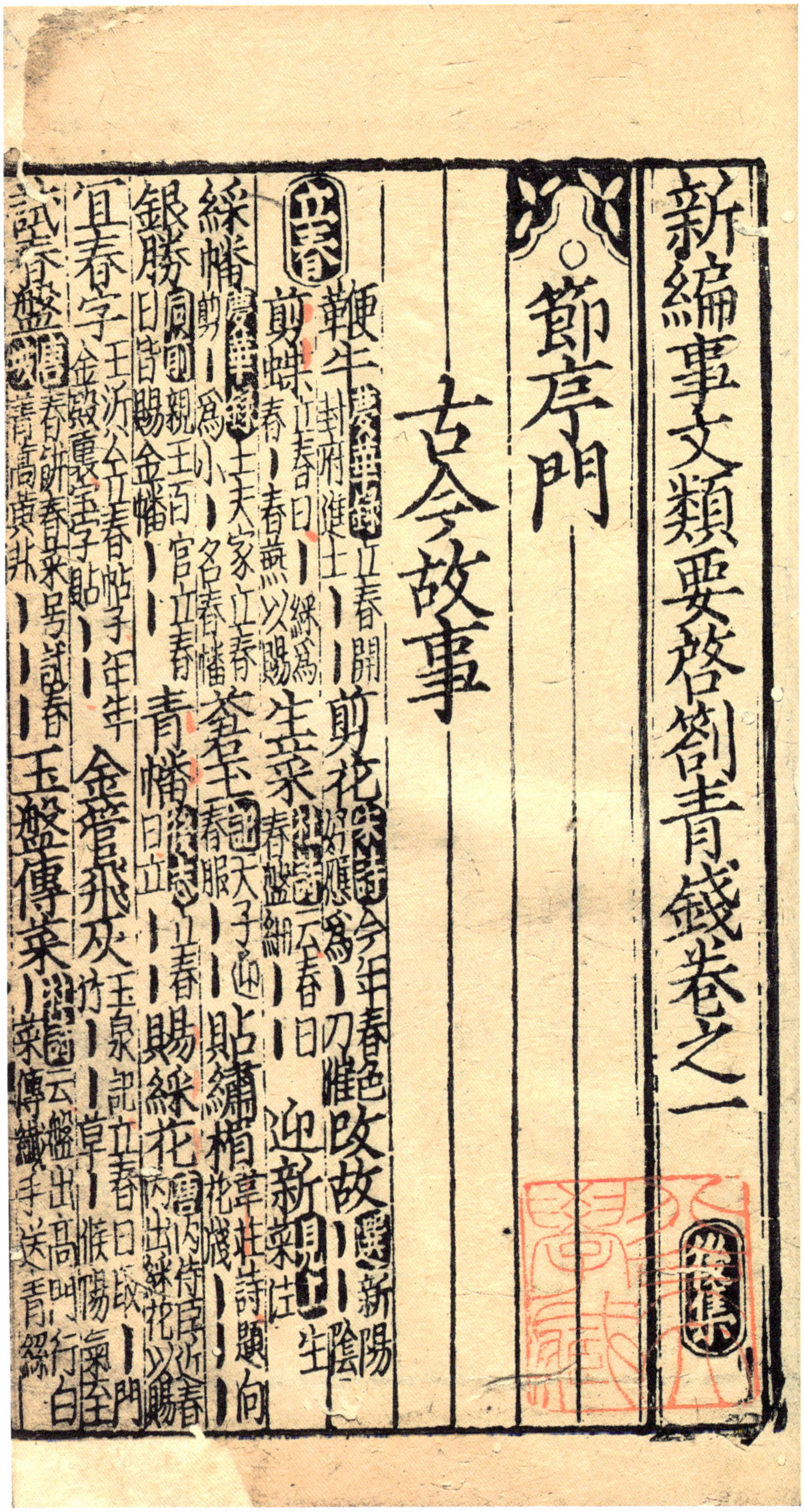
新編事文類要啓劄青錢卷之一
節序門
古今故事

00838 新編事文類要啓劄青錢後集十卷 元刻本

匡高16.3厘米，廣10.2厘米。半葉十二行，行二十五字，小字雙行同，細黑口，左右雙邊。北京大學圖書館藏。

第一批國家珍貴古籍名録圖録

第七册

中國國家圖書館
中國國家古籍保護中心 編

國家圖書館出版社

第七册目録

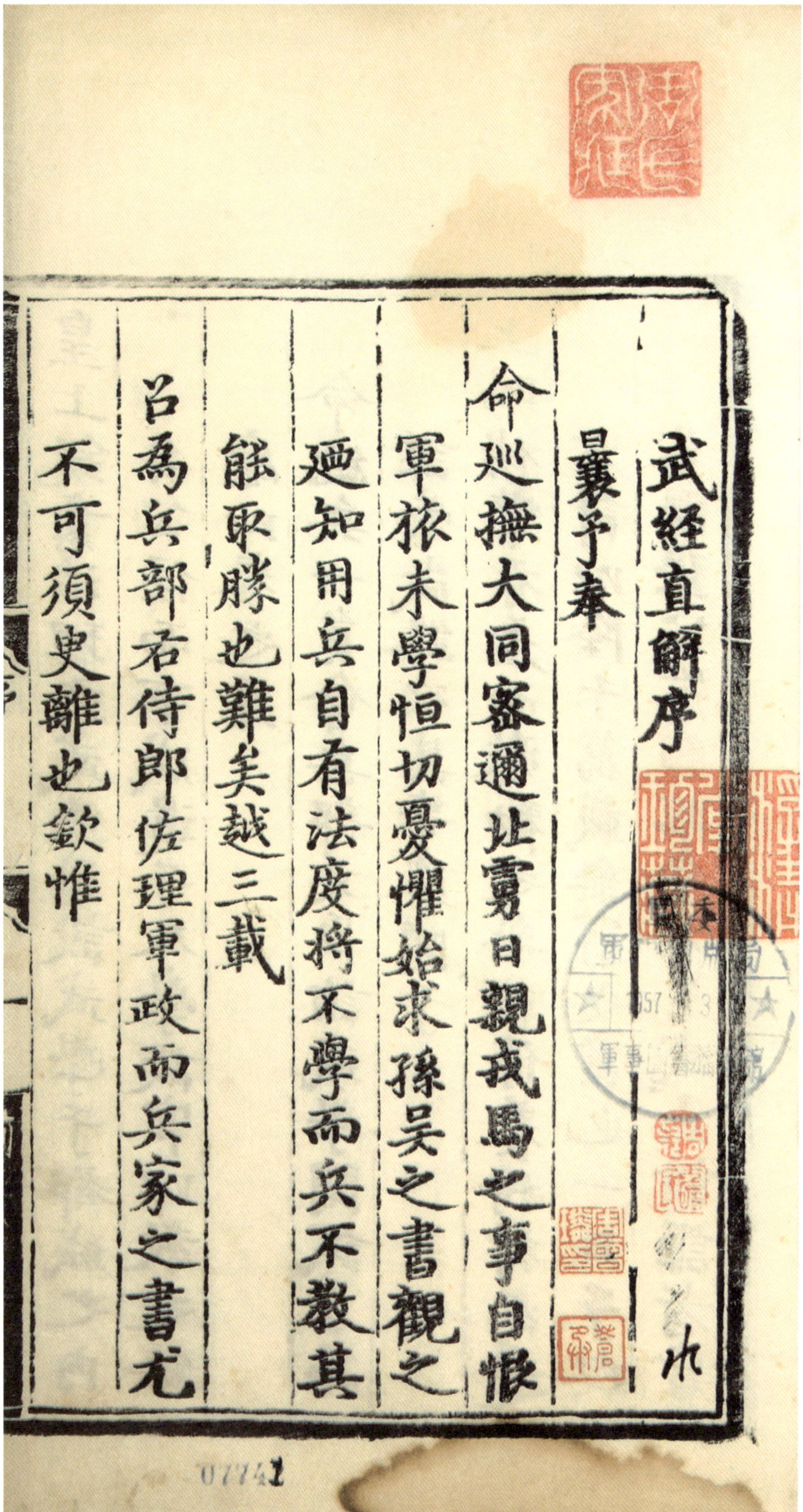
武經直解序
曩予奉
命巡撫大同密邇北虜日覲戎馬之事自恨
軍旅未學恒切憂懼始求孫吳之書觀之
廼知用兵自有法度將不學而兵不教其
能取勝也難矣越三載
召爲兵部右侍郎佐理軍政而兵家之書尤
不可須臾離也欽惟

01762 武經直解二十三卷 （明）劉寅撰　明成化二十二年（1486）刻嘉靖十六年（1537）重修本

匡高22.1厘米，廣14.8厘米。半葉十行，行二十字，粗黑口，四周雙邊。有“嘉靖十六年三月知保定府旌德汪堅重修”刻書題記。有“浮清堂珍藏”、“周曾璘印”等印。軍事科學院軍事圖書資料館藏。

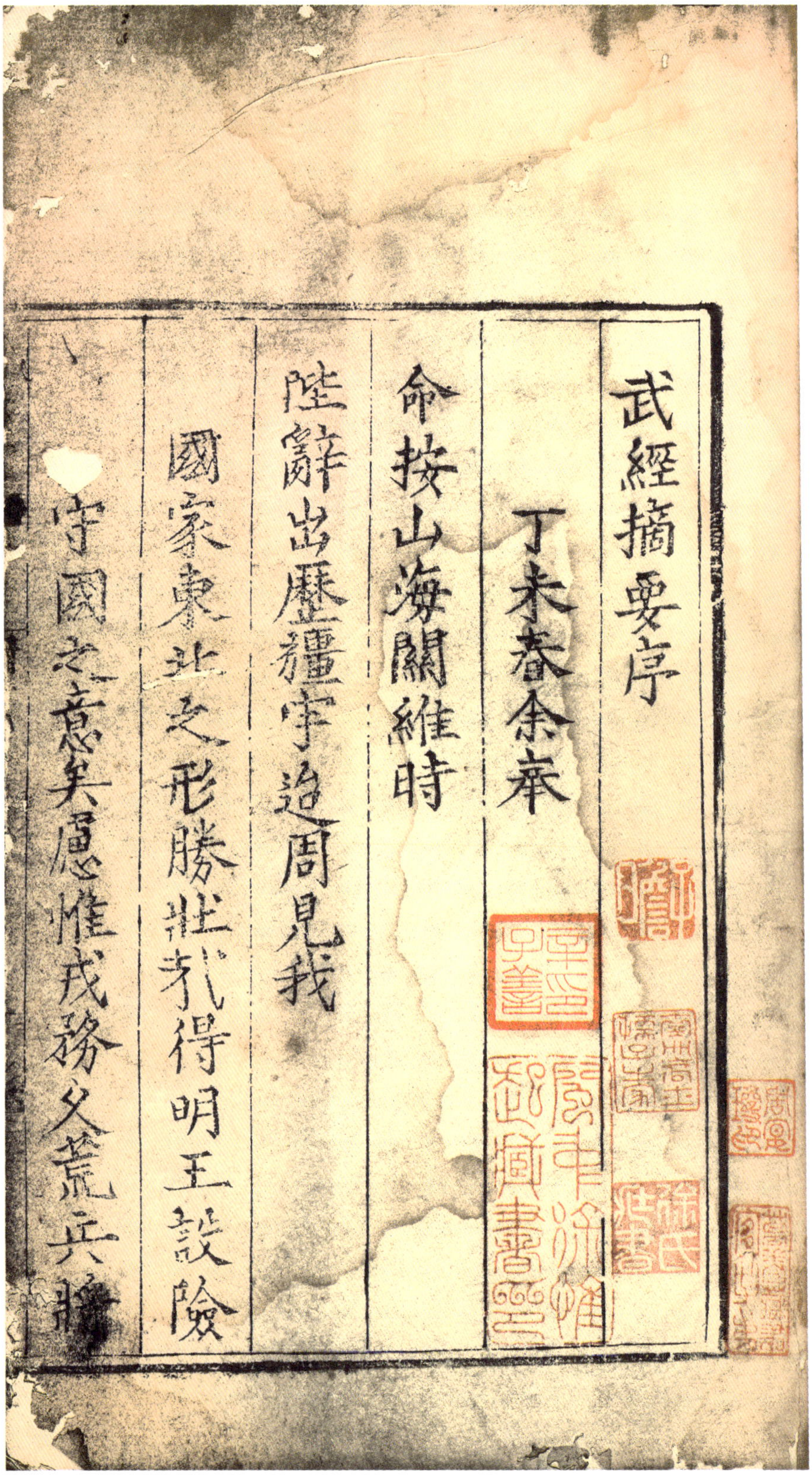

武經摘要序

丁未春余奉

命按山海關維時

陛辭出歷疆宇迨周見我

國家東北之形勝壯哉得明王設險

守國之意矣慮惟戎務久荒兵[illegible]

01763 武經摘要六卷 （明）吴相輯　明嘉靖二十七年（1548）張玭刻藍印本

匡高19.6厘米，廣13.5厘米。半葉十行，行十九字，小字雙行同，白口，四周雙邊。有“閩中徐惟起藏書印”等印。廣東省立中山圖書館藏。

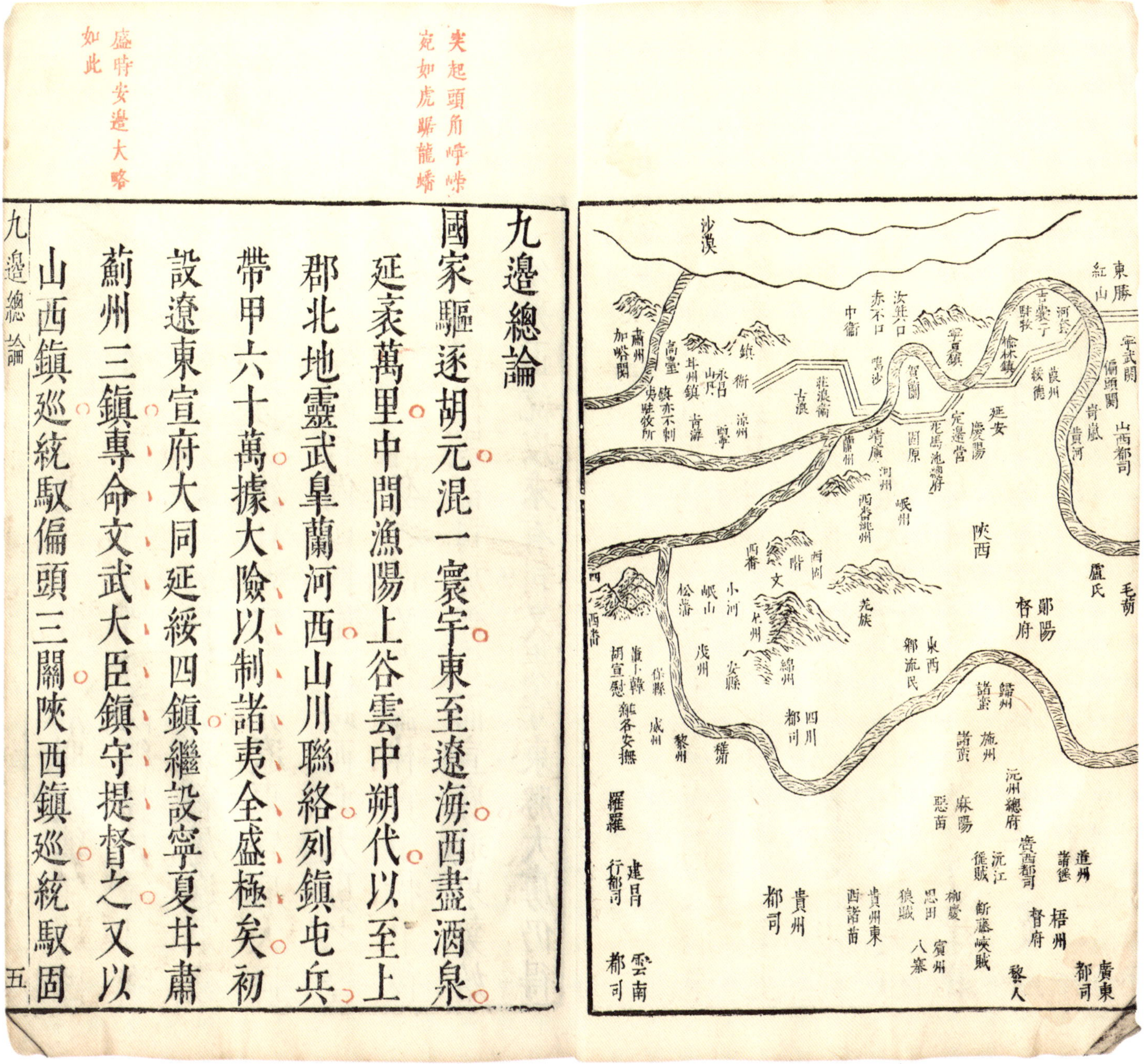

突起頭角崢嶸宛如虎踞龍蟠

盛時安邊大略如此

九邊總論

國家驅逐胡元混一寰宇東至遼海西盡酒泉延袤萬里中間漁陽上谷雲中朔代以至上郡北地靈武皐蘭河西山川聯絡列鎮屯兵帶甲六十萬據大險以制諸夷全盛極矣初設遼東宣府大同延綏四鎮繼設寧夏甘肅薊州三鎮專命文武大臣鎮守提督之又以山西鎮巡統馭偏頭三關陝西鎮巡統馭固

九邊總論　五

01764 兵垣四編四卷附四種四卷　（明）閔聲編　明天啟元年（1621）閔氏刻套印本

毛裝。匡高20.9厘米，廣14.8厘米。半葉八行，行十八字，白口，四周單邊。有“澹寧”等印。安徽省圖書館藏，存七卷。

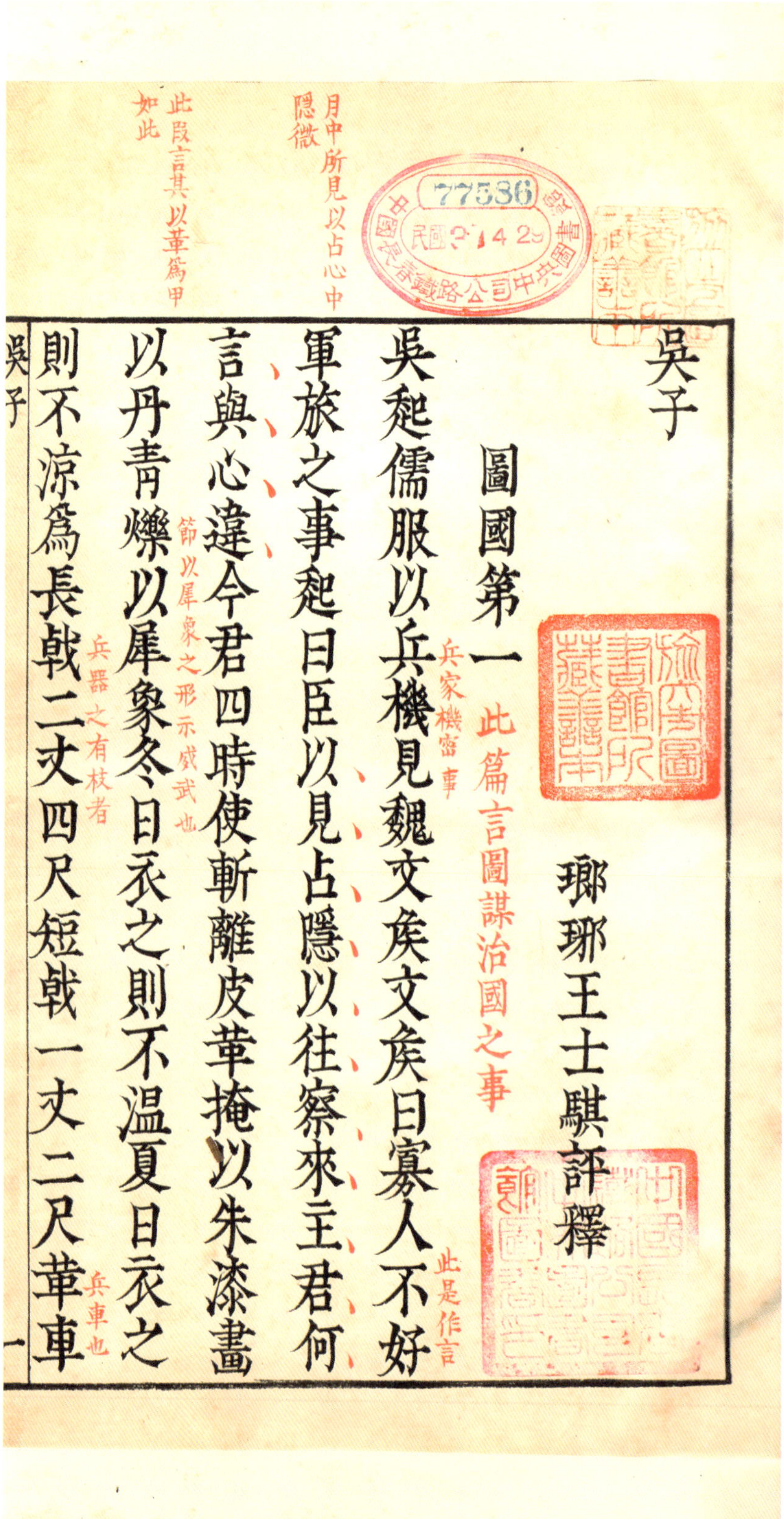
吳子

圖國第一　此篇言圖謀治國之事

瑯琊王士騏評釋

吳起儒服以兵機見魏文侯文侯曰寡人不好軍旅之事起曰臣以見占隱以往察來主君何言與心違今君四時使斬離皮革掩以朱漆畫以丹青爍以犀象冬日衣之則不溫夏日衣之則不涼爲長戟二丈四尺短戟一丈二尺革車

兵家機密事　此是作言　月中所見以占心中隱微　此段言其以革爲甲如此　節以犀象之形示威武也　兵器之有枝者　兵車也

吳子　一

01765、01766、01767　兵垣四編四卷附四種四卷　（明）閔聲編　明天啟元年（1621）閔氏刻套印本

匡高20.9厘米，廣14.8厘米。半葉八行，行十八字，白口，四周單邊。大連圖書館、河南省圖書館、軍事科學院軍事圖書資料館藏。

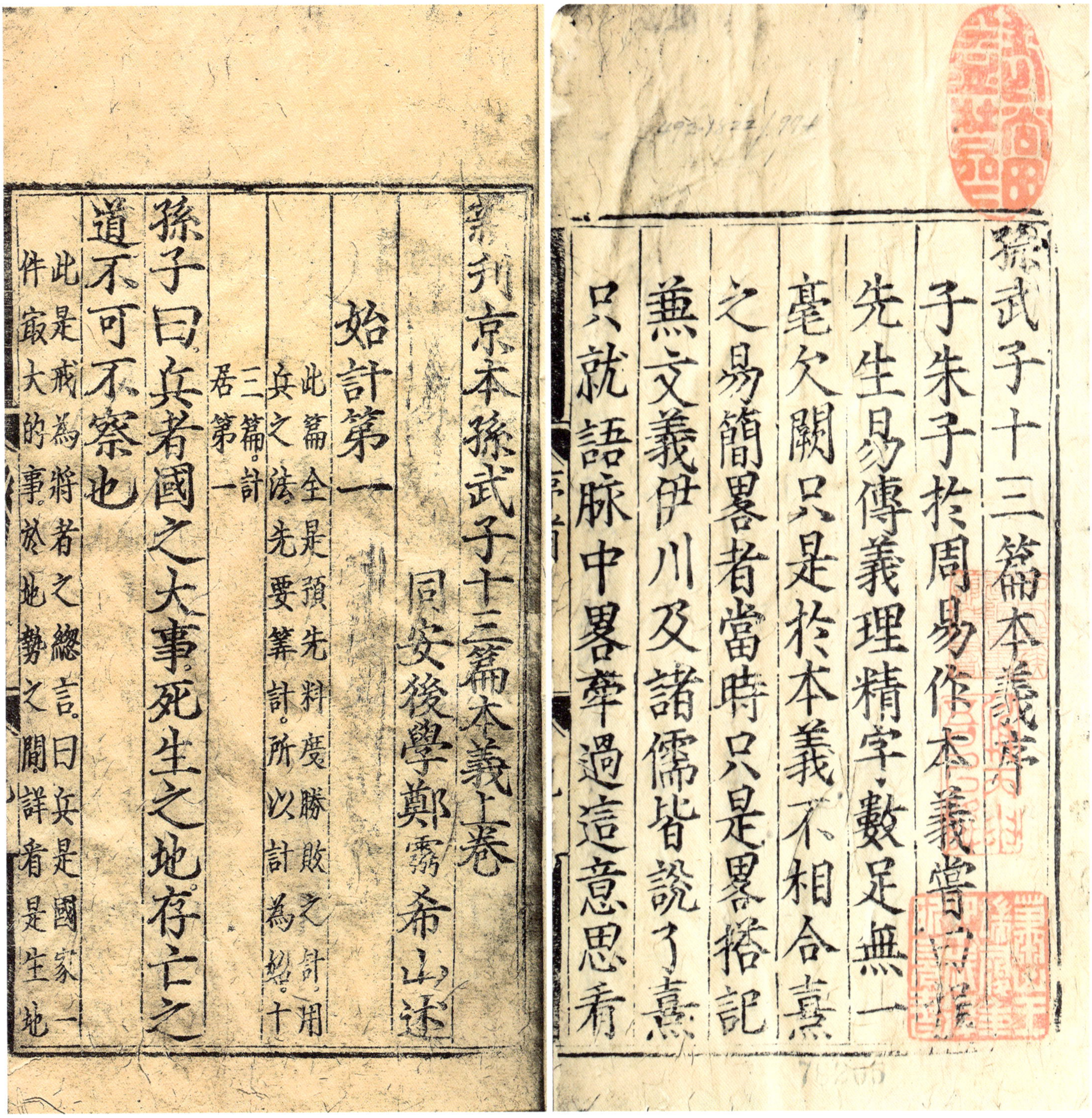
孫武子十三篇本義序
子朱子於周易作本義嘗曰矣
先生易傳義理精字數足無一
毫欠闕只是於本義不相合熹
之易簡畧者當時只是畧搭記
兼文義伊川及諸儒皆說了熹
只就語脉中畧牽過這意思看

新刊京本孫武子十三篇本義上卷
同安後學鄭靈希山述
始計第一
此篇全是預先料度勝敗之計用兵之法先要籌計所以計為總十三篇計居第一
孫子曰兵者國之大事死生之地存亡之
道不可不察也
此是戒為將者之總言曰兵是國家一件最大的事於地勢之間詳看是生地

01768 新刊京本孫武子十三篇本義三卷 （明）鄭靈撰　明成化二十年（1484）陳道刻本

匡高18.2厘米，廣11.6厘米。半葉八行，行十六字，小字雙行同，黑口，四周雙邊。有“蕭山王端履年六十歲後所見書”、“惟丙申吾以降”等印。中央民族大學圖書館藏。

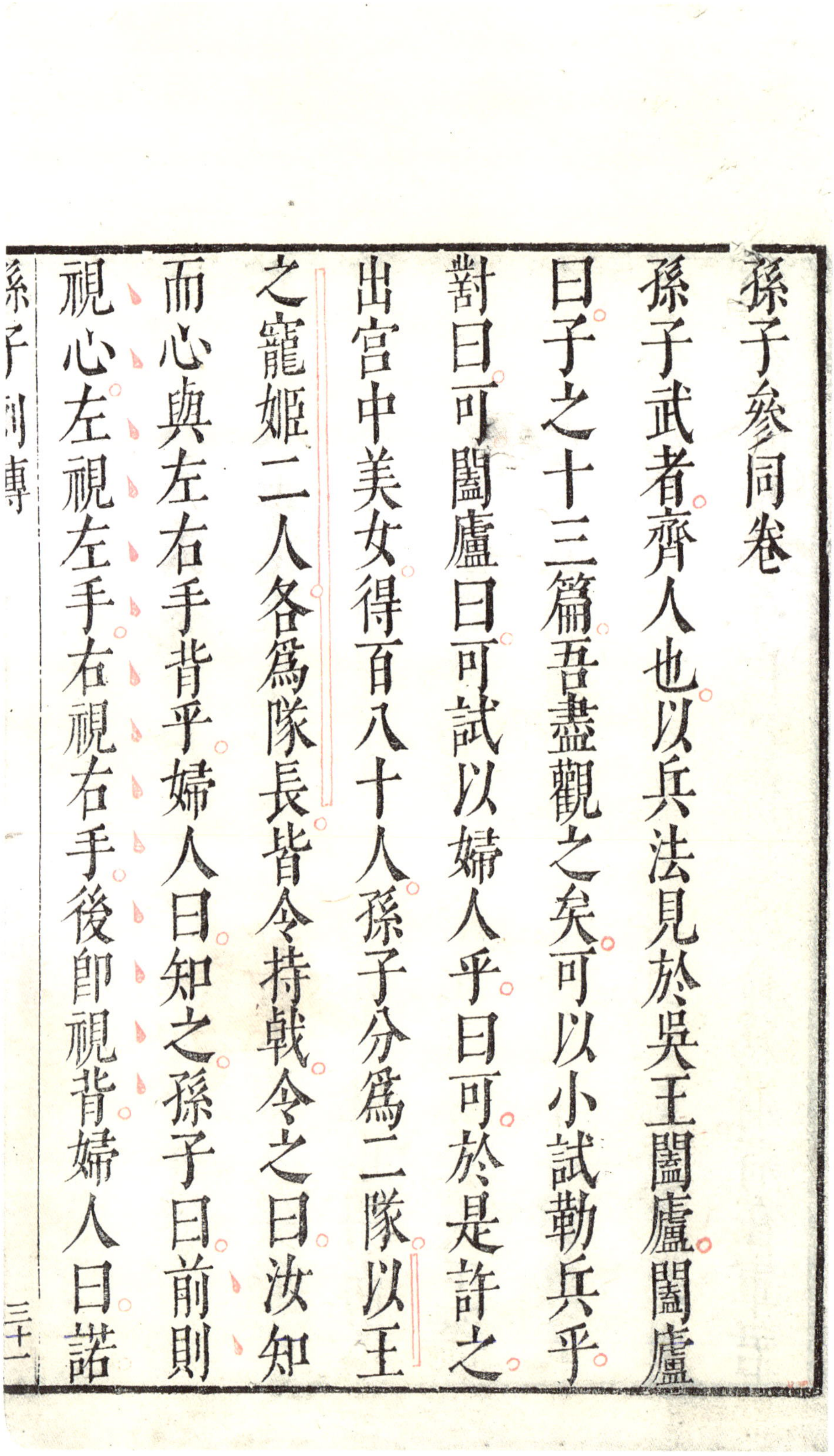

孫子參同卷

孫子武者齊人也以兵法見於吳王闔廬闔廬曰子之十三篇吾盡觀之矣可以小試勒兵乎對曰可闔廬曰可試以婦人乎曰可於是許之出宮中美女得百八十人孫子分爲二隊以王之寵姬二人各爲隊長皆令持戟令之曰汝知而心與左右手背乎婦人曰知之孫子曰前則視心左視左手右視右手後卽視背婦人曰諾

孫子列傳　三十一

01769 孫子參同五卷（明）閔于忱輯　明萬曆四十八年（1620）閔氏松筠館刻朱墨套印本

匡高20.2厘米，廣14.6厘米。半葉八行，行十八字，白口，四周單邊。有“知非樓所藏書”、“大鐵經眼”等印。嘉興市圖書館藏。

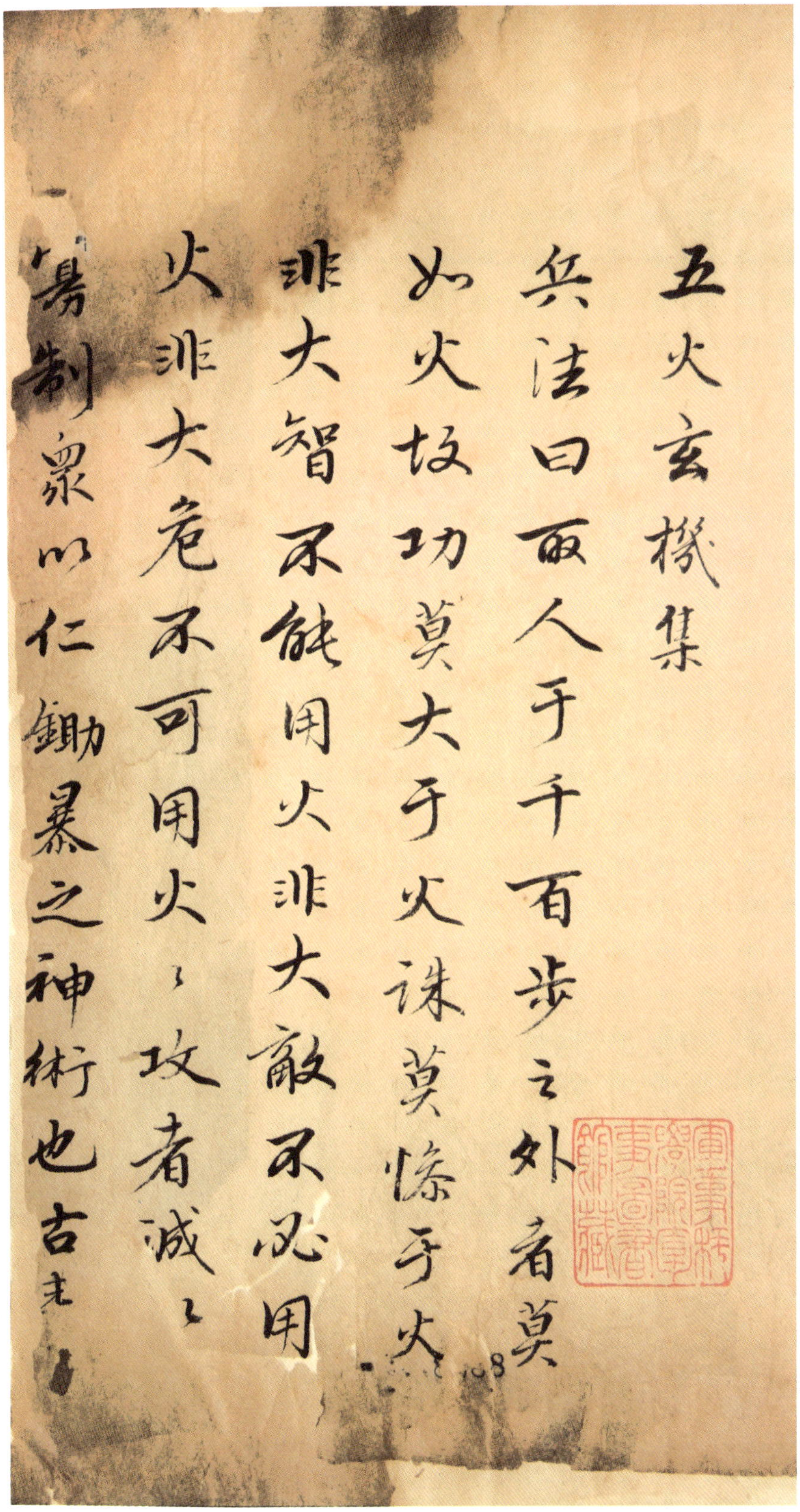

01770 五火玄機二十卷 （明）劉基撰　明洪武元年（1368）抄本

半葉十行，行字不等。軍事科學院軍事圖書資料館藏。

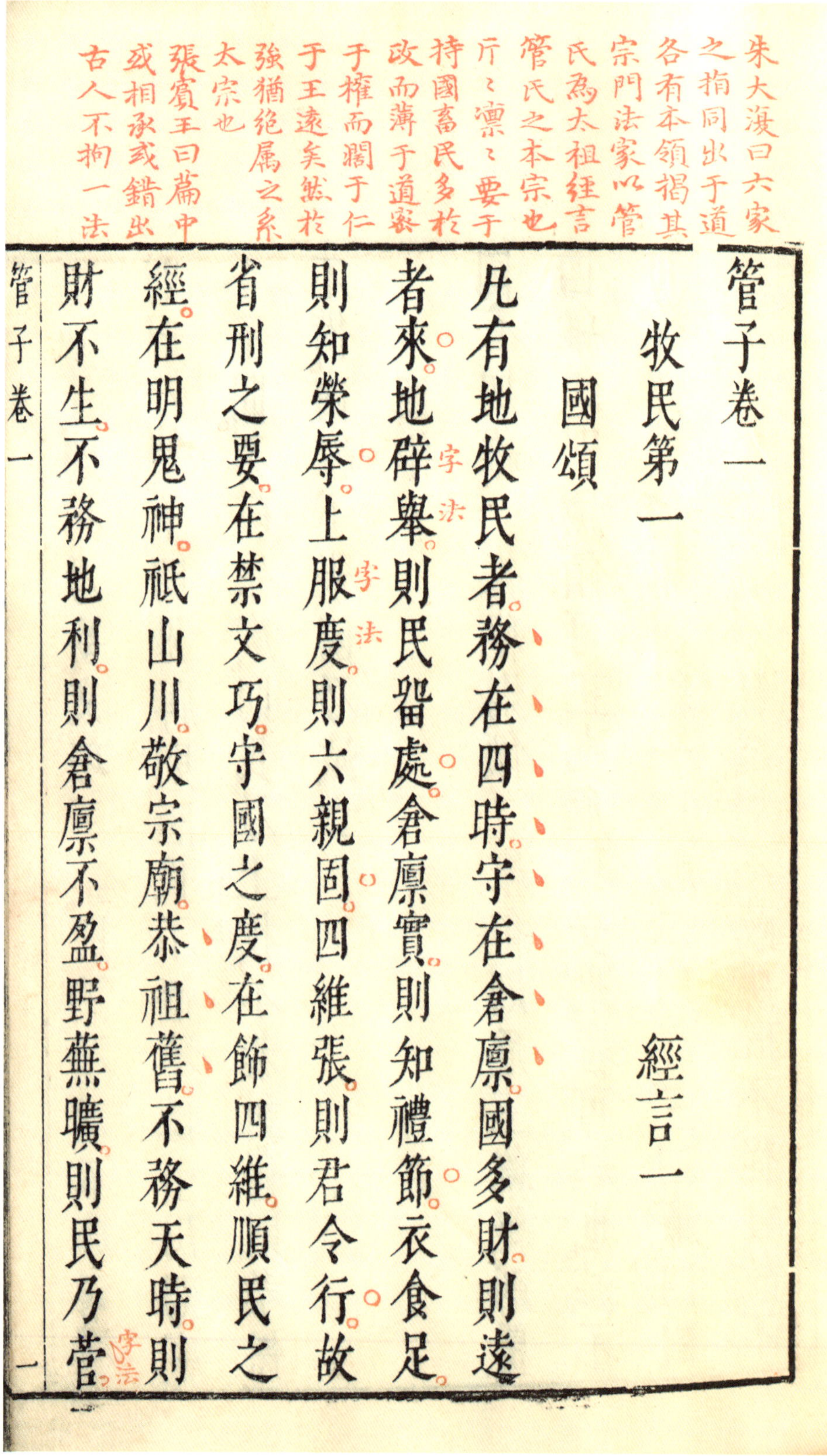

朱大淺曰六家之指同出于道各有本領揭其宗門法家以管氏為太祖經言管氏之本宗也斤斤凜凜要于持國畜民多於政而薄于道器于權而闊于仁于王遠矣然於強猶絕屬之系太宗也

張賓王曰篇中或相承或錯出古人不拘一法

管子卷一

牧民第一　經言一

國頌

凡有地牧民者務在四時守在倉廩國多財則遠者來地辟舉則民留處倉廩實則知禮節衣食足則知榮辱上服度則六親固四維張則君令行故省刑之要在禁文巧守國之度在飾四維順民之經在明鬼神祇山川敬宗廟恭祖舊不務天時則財不生不務地利則倉廩不盈野蕪曠則民乃菅

字法　字法　字法

管子卷一　一

01771、01772、01773、01774、01775 管子二十四卷 （明）趙用賢　朱長春等評　明萬曆四十八年（1620）凌汝亨刻套印本

匡高20.7厘米，廣14.6厘米。半葉九行，行十九字，白口，四周單邊。安徽省博物館藏；安徽省圖書館藏；河南大學圖書館藏；浙江省嵊州市圖書館藏，存十八卷；中山大學圖書館藏。

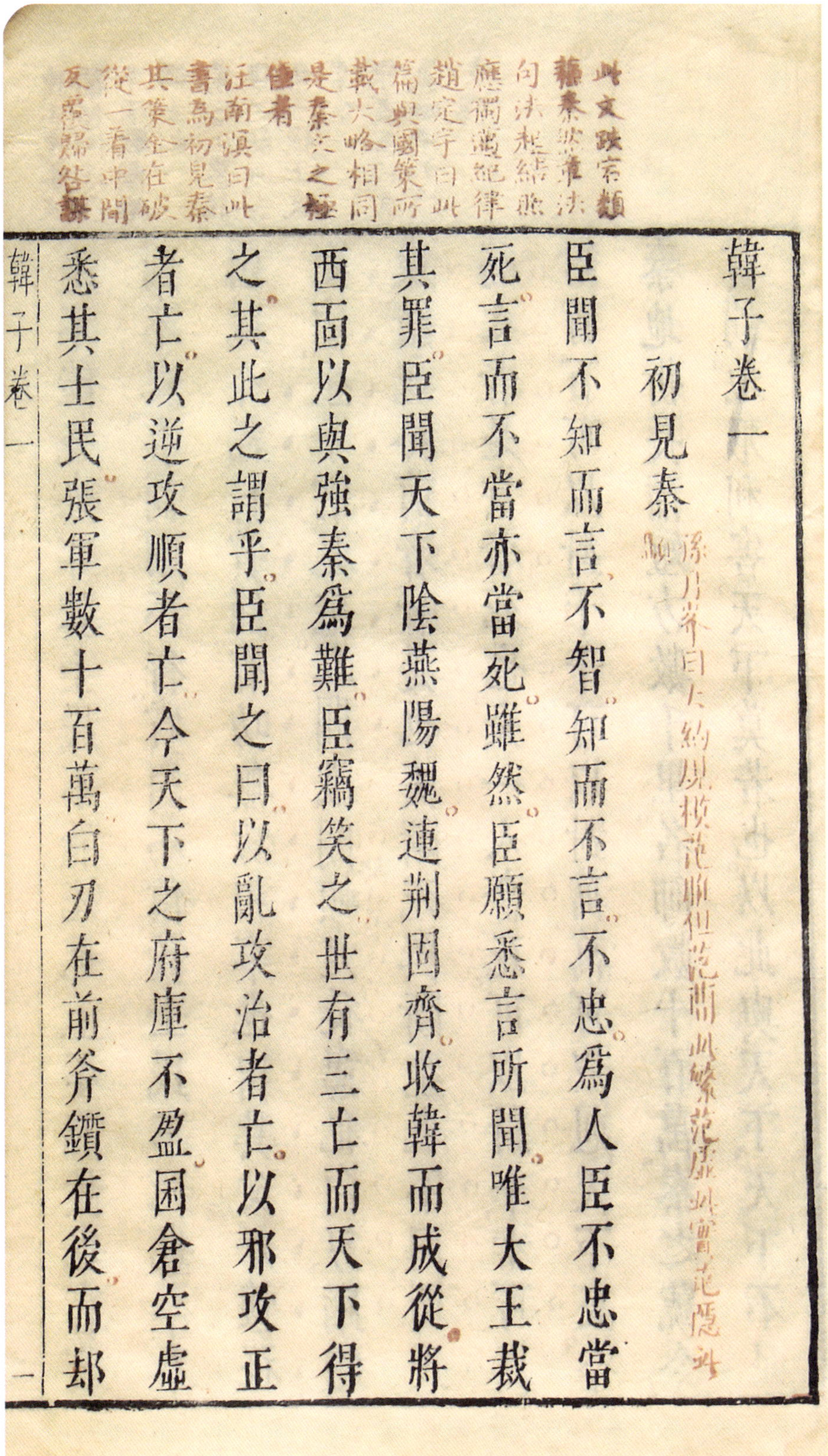

韓子卷一

初見秦

臣聞不知而言不智知而不言不忠爲人臣不忠當死言而不當亦當死雖然臣願悉言所聞唯大王裁其罪臣聞天下陰燕陽魏連荆固齊收韓而成從將西面以與強秦爲難臣竊笑之世有三亡而天下得之其此之謂乎臣聞之曰以亂攻治者亡以邪攻正者亡以逆攻順者亡今天下之府庫不盈囷倉空虛悉其士民張軍數十百萬白刃在前斧鑕在後而却

韓子卷一　一

01776、01777、01778 韓子迂評二十卷 題（明）門無子撰　明刻套印本

匡高21厘米，廣14.7厘米。半葉九行，行二十字，白口，四周單邊。河南省圖書館藏；揚州市圖書館藏，有“戈氏望岳樓善本書籍”等印；揚州市圖書館藏又一部。

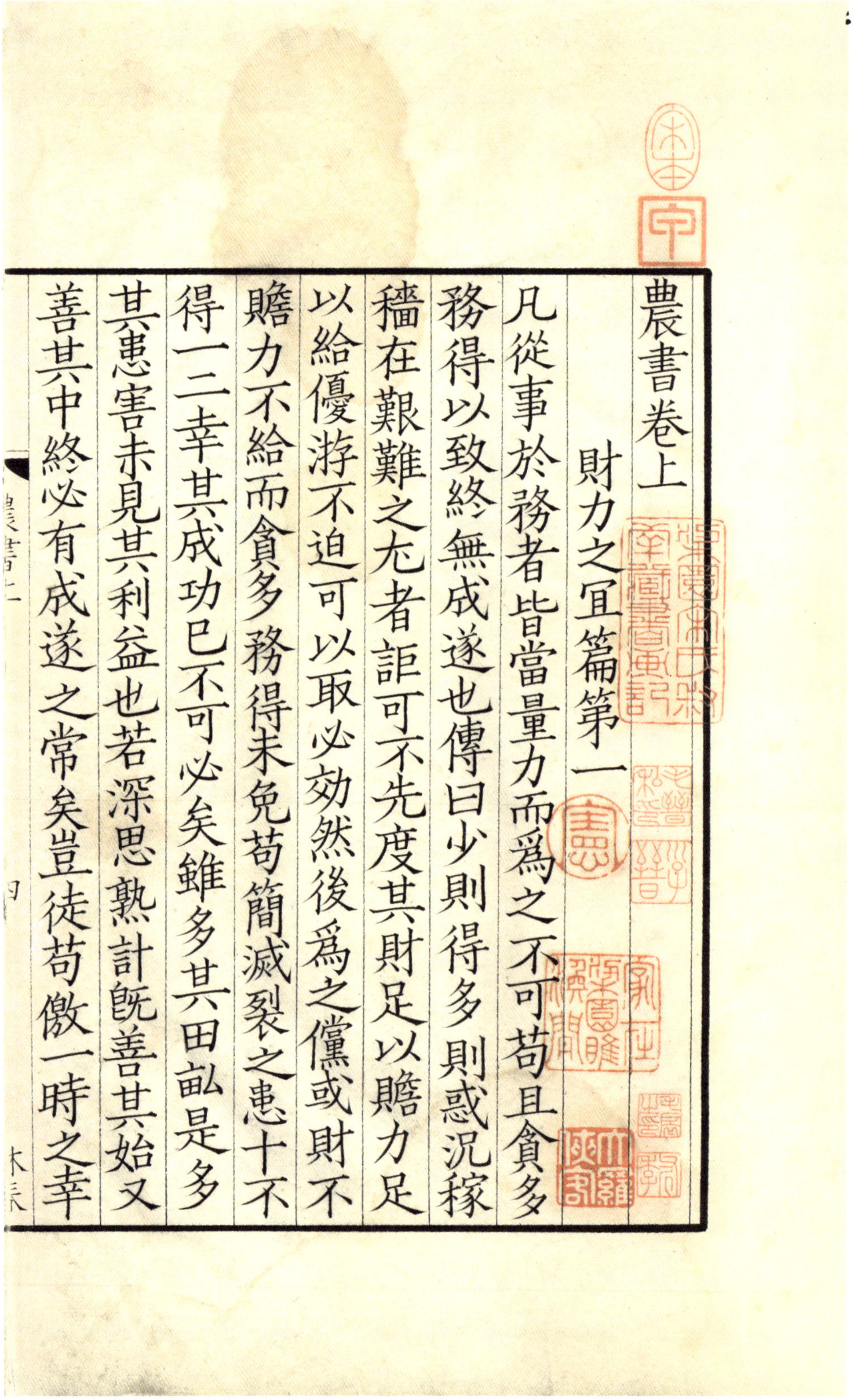
農書卷上
財力之宜篇第一
凡從事於務者皆當量力而爲之不可苟且貪多
務得以致終無成遂也傳曰少則得多則惑況稼
穡在艱難之尤者詎可不先度其財足以贍力足
以給優游不迫可以取必效然後爲之儻或財不
贍力不給而貪多務得未免苟簡滅裂之患十不
得一二幸其成功已不可必矣雖多其田畝是多
其患害未見其利益也若深思熟計旣善其始又
善其中終必有成遂之常矣豈徒苟徼一時之幸

01779 農書三卷 （宋）陳旉撰 **蠶書一卷** （宋）秦觀撰 **於潛令樓公進耕織二圖詩一卷** （宋）樓璹撰 明末毛氏汲古閣影宋抄本

匡高19.8厘米，廣15.5厘米。半葉十行，行十九字，白口，左右雙邊。有“子晉”、“毛晉私印”等印。河南省圖書館藏。

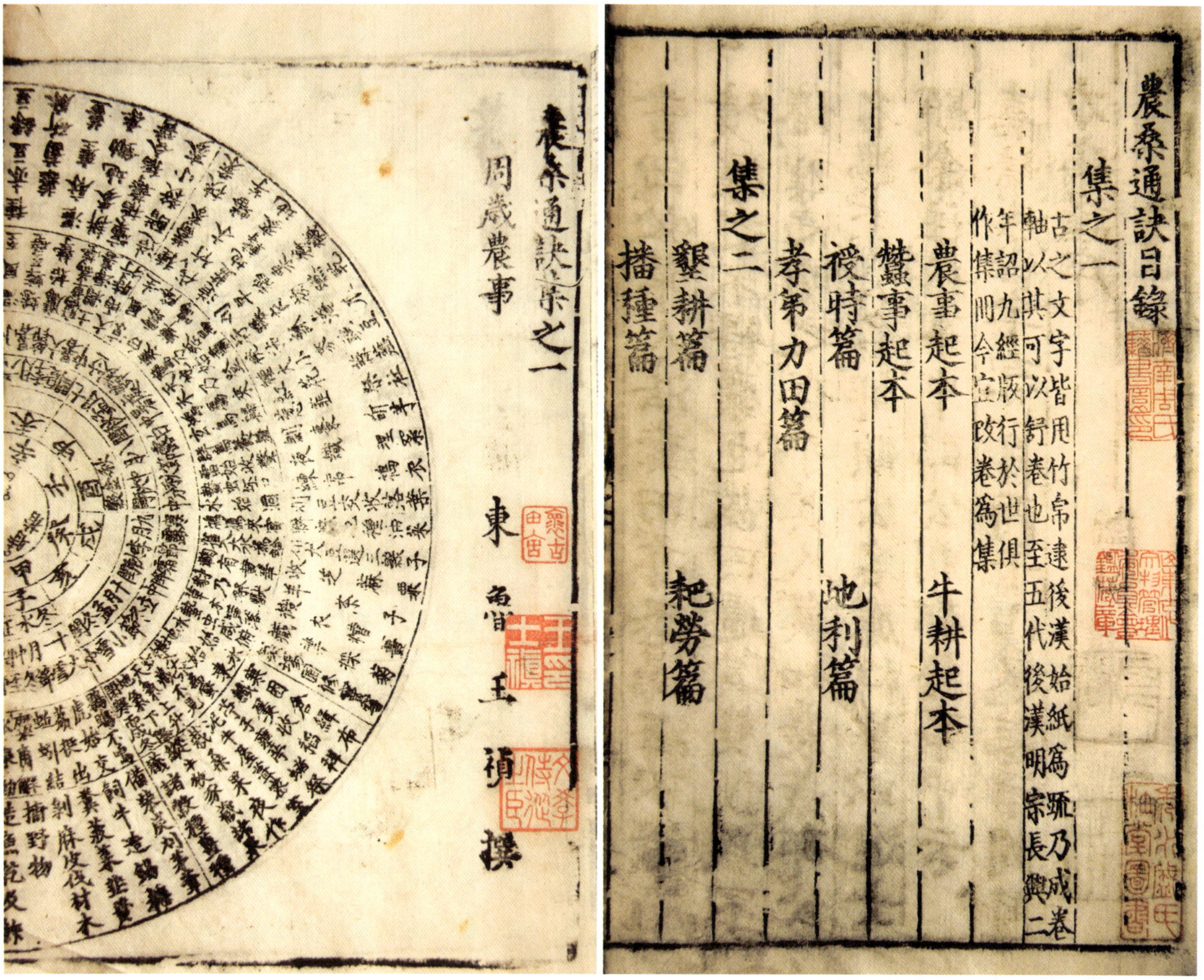
農桑通訣集之一
周歲農事
東魯王禎撰

農桑通訣目録
集之一
古之文字皆用竹帛逮後漢始紙爲疏乃成卷軸以其可以舒卷也至五代後漢明宗長興二年詔九經板行於世俱作集間今宜改卷爲集
農事起本　牛耕起本
蠶事起本
授時篇　地利篇
孝弟力田篇
集之二
墾耕篇　耙勞篇
播種篇

01780、01781 農書三十六卷（元）王禎撰　明嘉靖九年（1530）山東布政使司刻本

匡高24.3厘米，廣15.7厘米。半葉十一行，行二十二字，白口，四周單邊。南京圖書館藏，有“許焞收藏”、“八千卷樓收藏書籍”等印；山東省圖書館藏，有“王印士禎”、“秀水盛氏柚堂圖書”、“濟南周氏藉書園印”等印，存二十六卷。

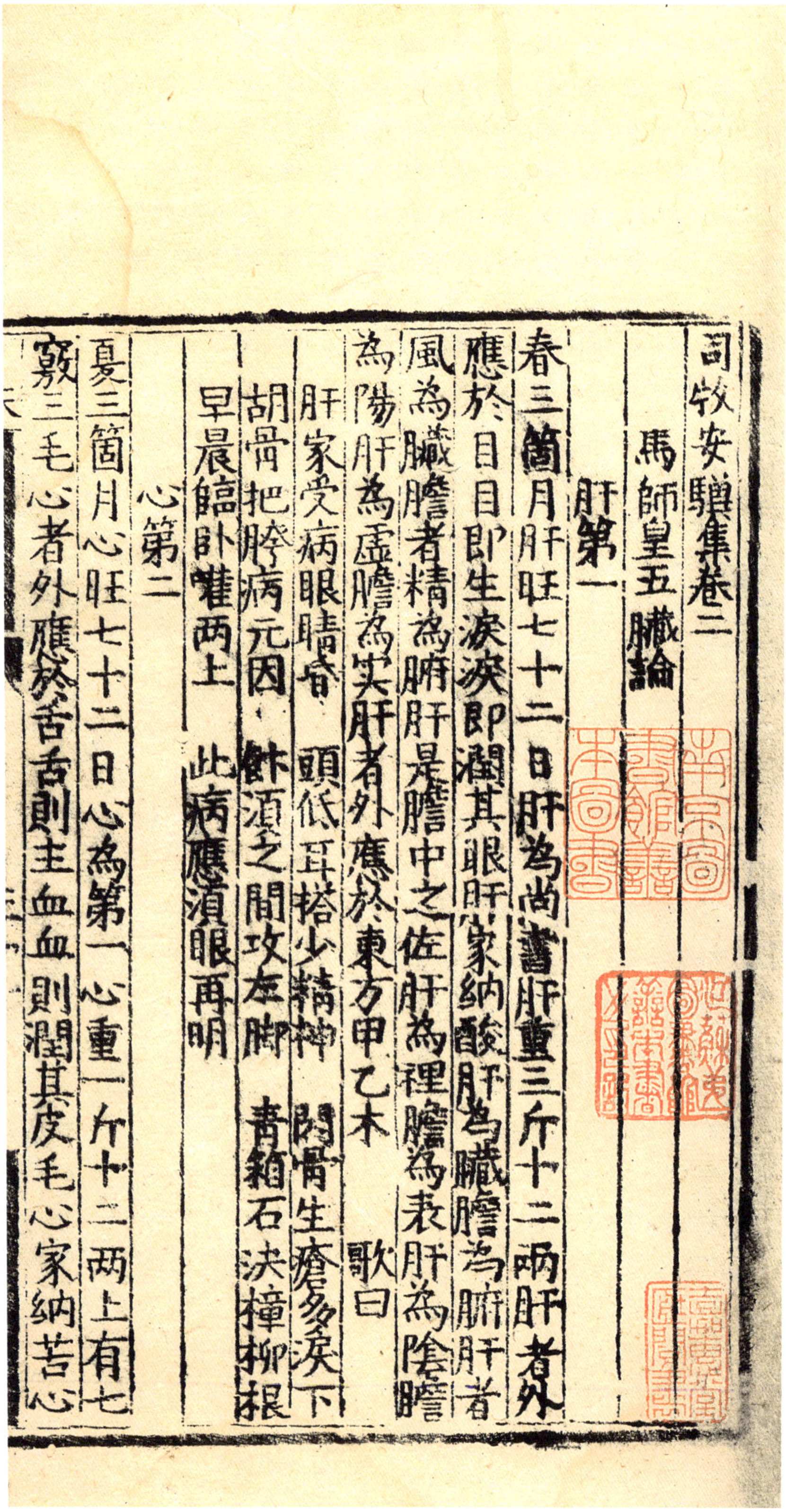
司牧安驥集卷二
馬師皇五臟論
肝第一
春三箇月肝旺七十二日肝為尚書肝重三斤十二兩肝者外
應於目目即生淚淚即潤其眼肝家納酸肝為臟膽為腑肝者
風為臟膽者精為腑肝是膽中之佐肝為裡膽為表肝為陰膽
為陽肝為虛膽為實肝者外應於東方甲乙木　歌曰
肝家受病眼睛昏　頭低耳搭少精神　悶骨生瘡多淚下
胡骨把胯病元因　飲須之間攻左脚　青箱石決撣柳根
早晨餵卧灌兩上　此病應須眼再明
心第二
夏三箇月心旺七十二日心為第一心重一斤十二兩上有七
竅三毛心者外應於舌舌則主血血則潤其皮毛心家納苦心

01782　司牧安驥集五卷　明弘治十七年（1504）楊一清刻本

匡高20.3厘米，廣14厘米。半葉十三行，行二十四字，粗黑口，四周雙邊。有“嘉惠堂藏閱書”等印。丁丙跋。南京圖書館藏。

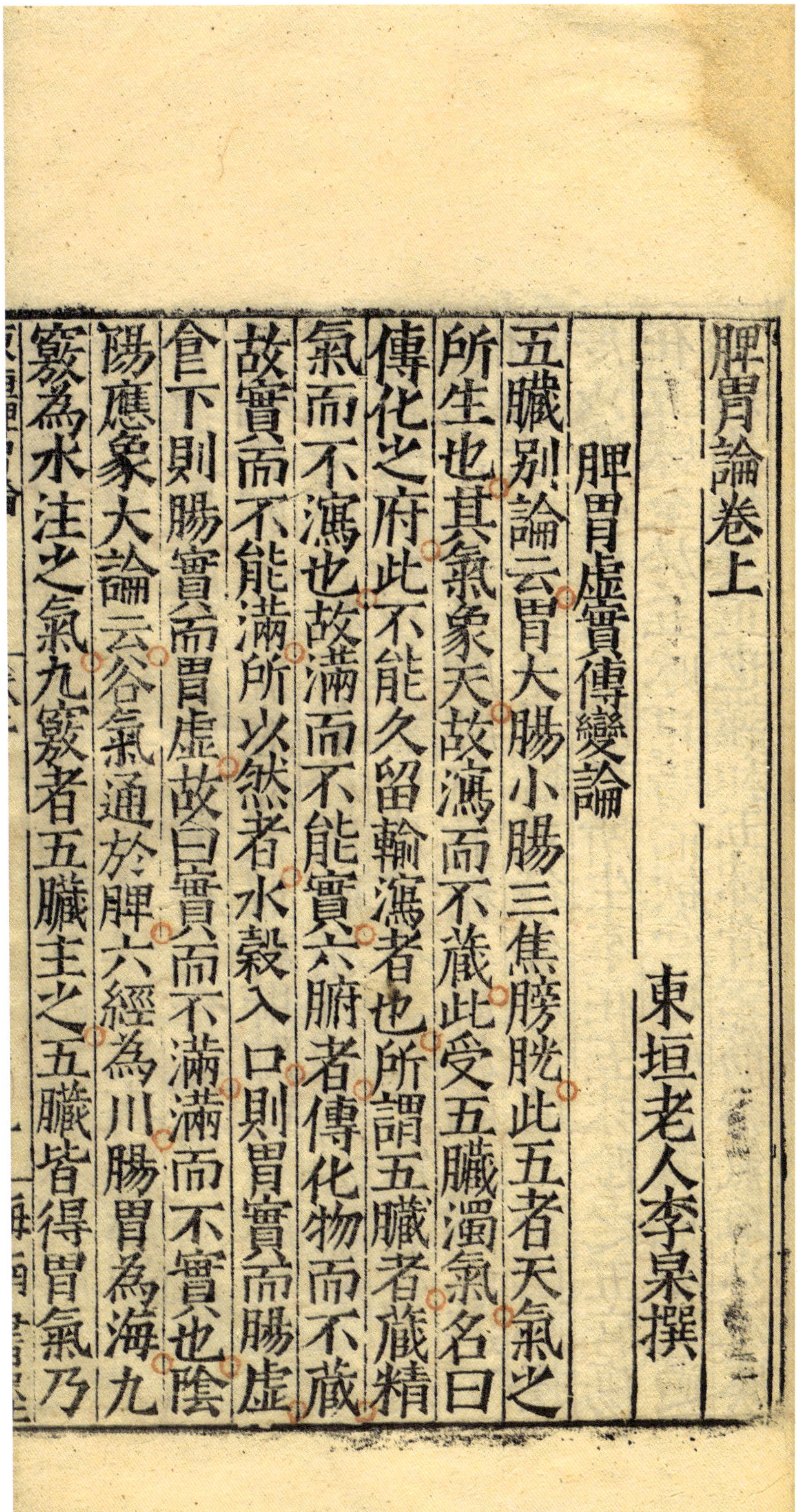
脾胃論卷上
東垣老人李杲撰
脾胃虛實傳變論
五臟別論云胃大腸小腸三焦膀胱此五者天氣之所生也其氣象天故瀉而不藏此受五臟濁氣名曰傳化之府此不能久留輸瀉者也所謂五臟者藏精氣而不瀉也故滿而不能實六腑者傳化物而不藏故實而不能滿所以然者水穀入口則胃實而腸虛食下則腸實而胃虛故曰實而不滿滿而不實也陰陽應象大論云谷氣通於脾六經為川腸胃為海九竅為水注之氣九竅者五臟主之五臟皆得胃氣乃

01783 東垣十書 明嘉靖八年（1529）遼藩朱寵瀼梅南書屋刻本（總目及脈訣一卷抄配）

匡高18.5厘米，廣13.3厘米。半葉十一行，行二十字，白口，左右雙邊。中國中醫科學院圖書館藏。

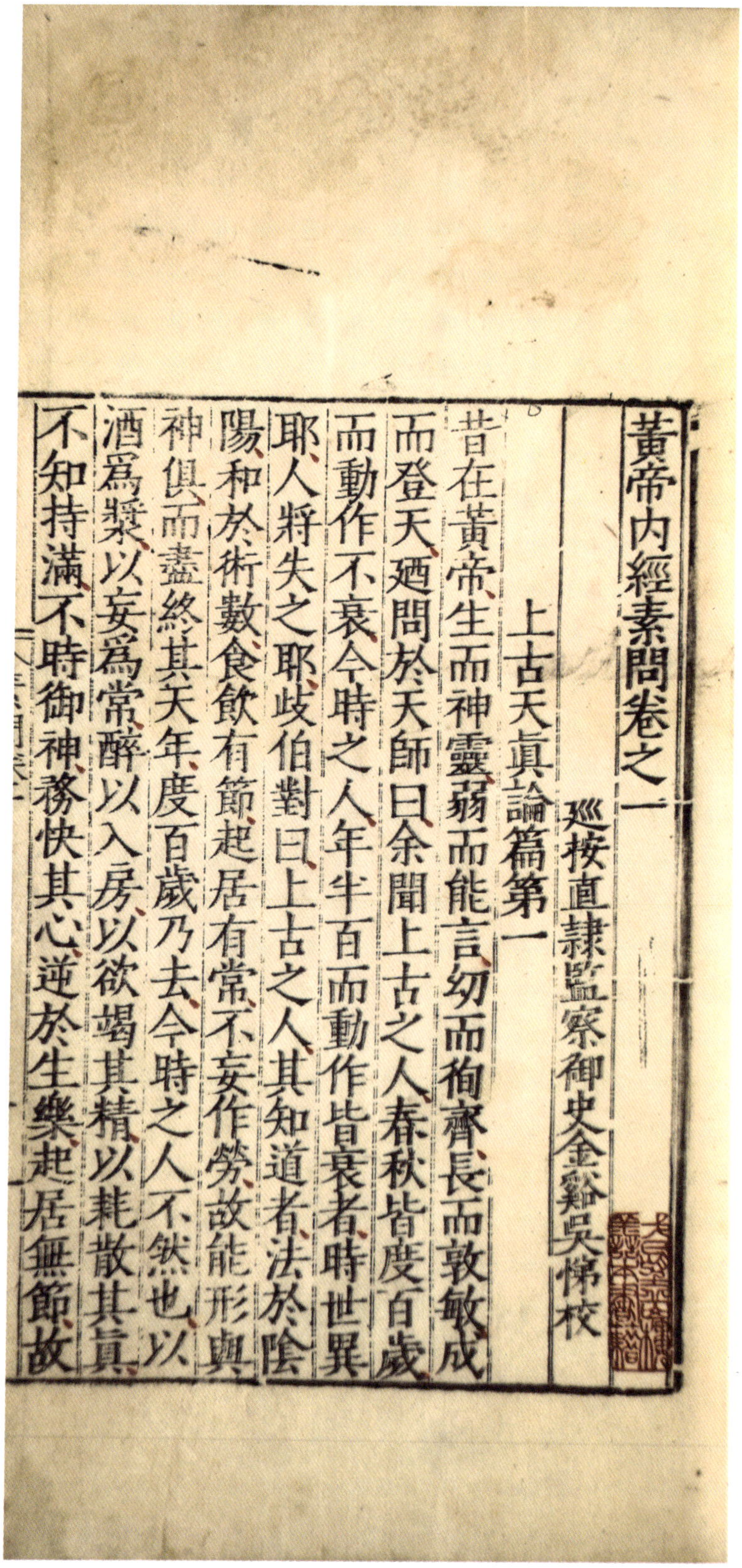

黄帝内經素問卷之一

廵按直隸監察御史金谿吴悌校

上古天真論篇第一

昔在黄帝生而神靈弱而能言幼而徇齊長而敦敏成而登天廼問於天師曰余聞上古之人春秋皆度百歲而動作不衰今時之人年半百而動作皆衰者時世異耶人將失之耶岐伯對曰上古之人其知道者法於陰陽和於術數食飲有節起居有常不妄作勞故能形與神俱而盡終其天年度百歲乃去今時之人不然也以酒爲漿以妄爲常醉以入房以欲竭其精以耗散其眞不知持滿不時御神務快其心逆於生樂起居無節故

01784 黄帝内經素問十二卷素問靈樞經十二卷 明嘉靖刻本

匡高20.2厘米，廣14.4厘米。半葉十一行，行二十一字，黑口，左右雙邊。有“戈氏望岳樓善本書籍”等印。揚州市圖書館藏。

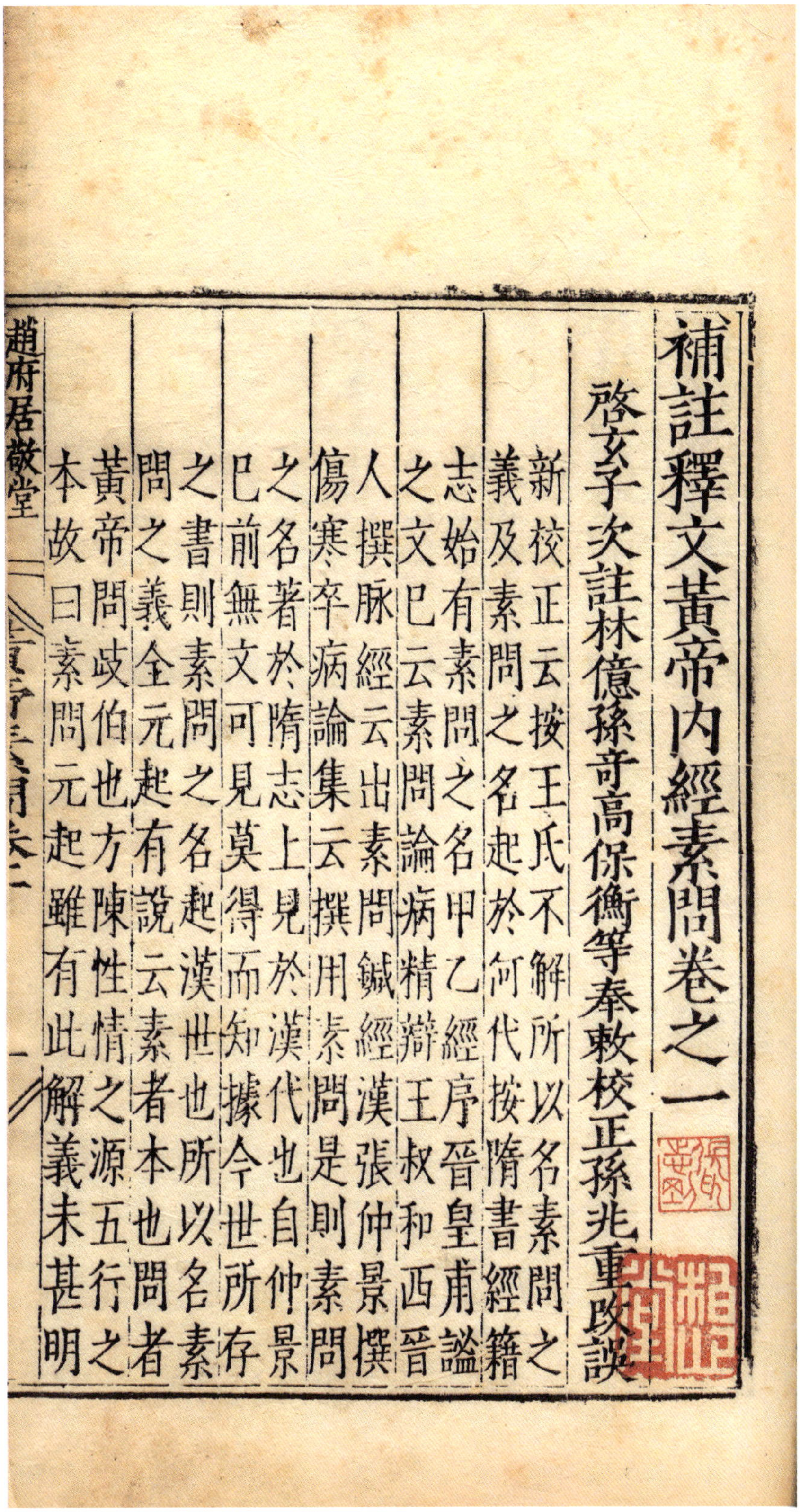
補註釋文黄帝内經素問卷之一
啓玄子次註林億孫奇高保衡等奉敕校正孫兆重改誤
新校正云按王氏不解所以名素問之義及素問之名起於何代按隋書經籍志始有素問之名甲乙經序晉皇甫謐之文已云素問論病精辯王叔和西晉人撰脉經云出素問鍼經漢張仲景撰傷寒卒病論集云撰用素問是則素問之名著於隋志上見於漢代也自仲景已前無文可見莫得而知據今世所存之書則素問之名起漢世也所以名素問之義全元起有說云素者本也問者黄帝問歧伯也方陳性情之源五行之本故曰素問元起雖有此解義未甚明
趙府居敬堂

01785、01786 補註釋文黄帝内經素問十二卷 （唐）王冰注 （宋）林億等校正 （宋）孫兆改誤 **遺篇一卷 黄帝素問靈樞經十二卷** （宋）史崧音釋 明嘉靖趙府居敬堂刻本

匡高20厘米，廣13.8厘米。半葉八行，行十七字，小字雙行同，白口，四周雙邊。北京中醫藥大學圖書館藏，有“任應秋藏書印”等印；中國中醫科學院圖書館藏，有“劉印喜海”等印。

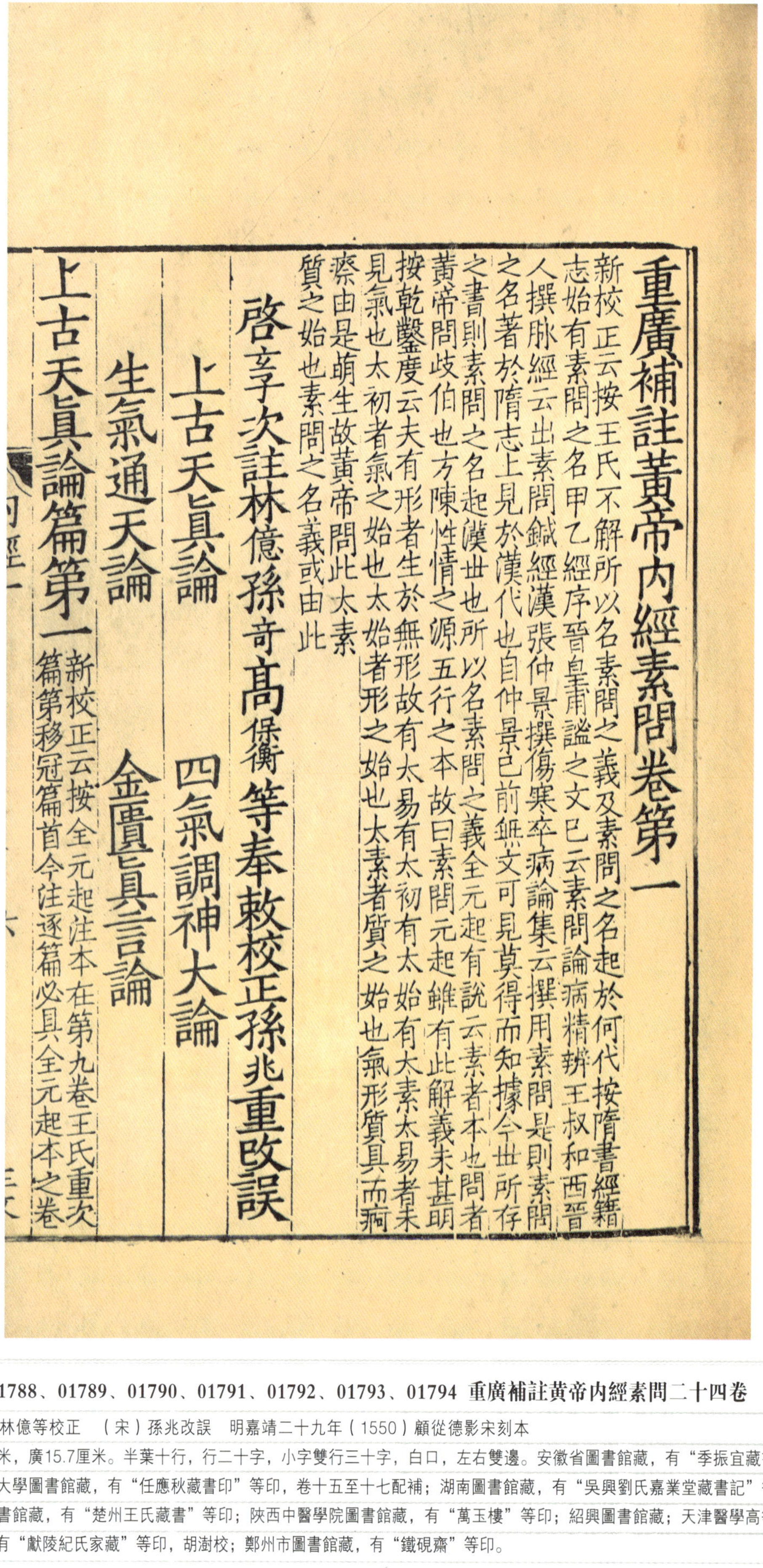

重廣補註黃帝內經素問卷第一
新校正云按王氏不解所以名素問之義及素問之名起於何代按隋書經籍志始有素問之名甲乙經序晉皇甫謐之文已云素問論病精辨王叔和西晉人撰脉經云出素問鍼經漢張仲景撰傷寒卒病論集云撰用素問是則素問之名著於隋志上見於漢代也自仲景已前無文可見莫得而知據今世所存之書則素問之名起漢世也所以名素問之義全元起有説云素者本也問者黃帝問岐伯也方陳性情之源五行之本故曰素問元起雖有此解義未甚明按乾鑿度云夫有形者生於無形故有太易有太初有太始有太素太易者未見氣也太初者氣之始也太始者形之始也太素者質之始也氣形質具而痾瘵由是萌生故黃帝問此太素質之始也素問之名義或由此
啓玄子次註林億孫奇高保衡等奉敕校正孫兆重改誤
上古天眞論　四氣調神大論
生氣通天論　金匱眞言論
上古天眞論篇第一 新校正云按全元起注本在第九卷王氏重次篇第移冠篇首今注逐篇必具全元起本之卷

01787、01788、01789、01790、01791、01792、01793、01794 重廣補註黃帝内經素問二十四卷 （唐）王冰注　（宋）林億等校正　（宋）孫兆改誤　明嘉靖二十九年（1550）顧從德影宋刻本

匡高21.7厘米，廣15.7厘米。半葉十行，行二十字，小字雙行三十字，白口，左右雙邊。安徽省圖書館藏，有"季振宜藏書"等印；北京中醫藥大學圖書館藏，有"任應秋藏書印"等印，卷十五至十七配補；湖南圖書館藏，有"吳興劉氏嘉業堂藏書記"等印；江蘇省南通市圖書館藏，有"楚州王氏藏書"等印；陝西中醫學院圖書館藏，有"萬玉樓"等印；紹興圖書館藏；天津醫學高等專科學校圖書館藏，有"獻陵紀氏家藏"等印，胡澍校；鄭州市圖書館藏，有"鐵硯齋"等印。

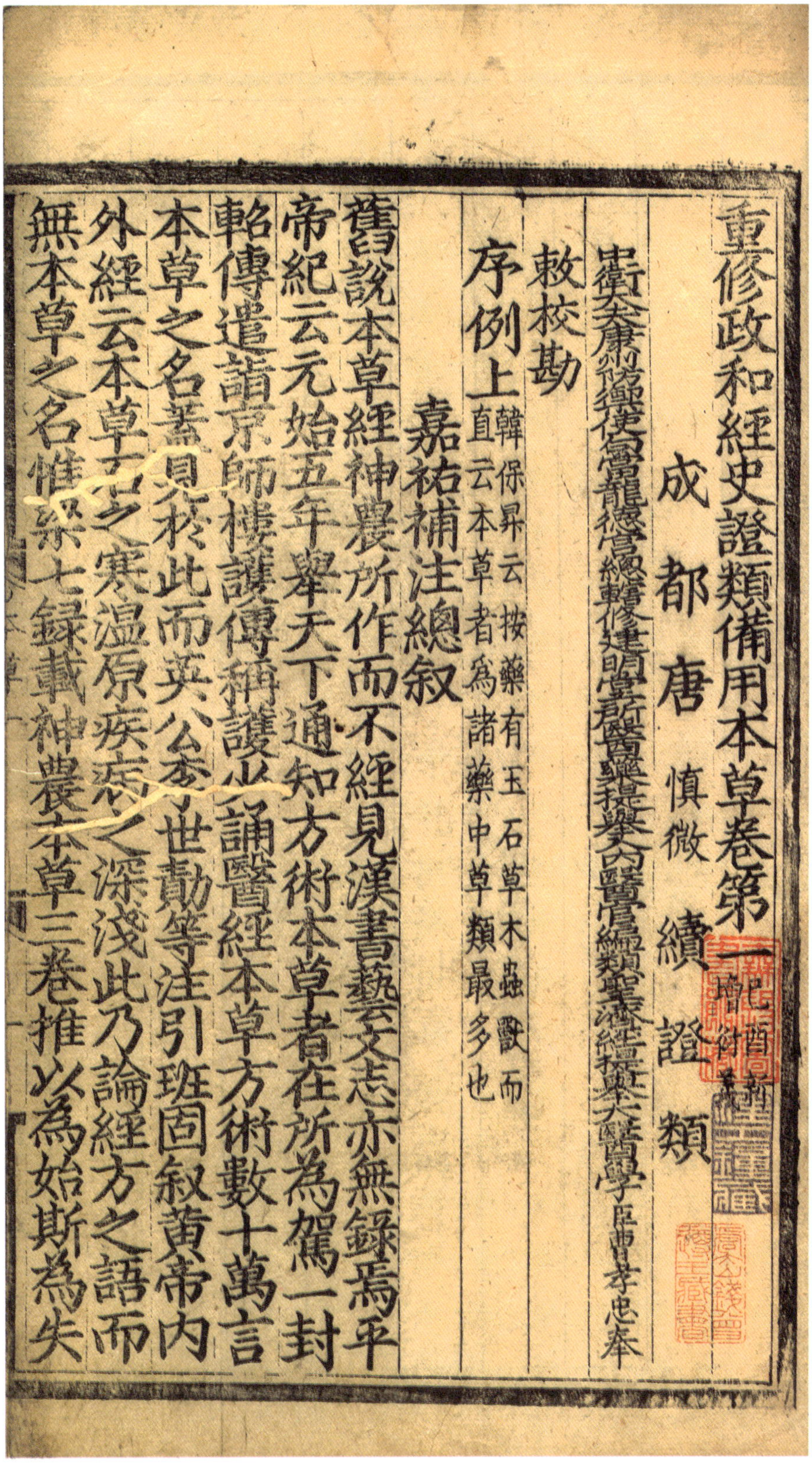

重修政和經史證類備用本草卷第一

成都唐　愼微　續證類

中衛大夫康州防禦使句當龍德宮總轄修建明堂所醫藥提舉入內醫官編類聖濟經提舉太醫學臣曹孝忠奉

敕校勘

序例上　韓保昇云按藥有玉石草木蟲獸而直云本草者爲諸藥中草類最多也

嘉祐補注總叙

舊說本草經神農所作而不經見漢書藝文志亦無錄焉平帝紀云元始五年舉天下通知方術本草者在所爲駕一封軺傳遣詣京師樓護傳稱護少誦醫經本草方術數十萬言本草之名蓋見於此而英公李世勣等注引班固敘黃帝內外經云本草石之寒溫原疾病之深淺此乃論經方之語而無本草之名惟梁七錄載神農本草三卷推以爲始斯爲失

01795 重修政和經史證類備用本草三十卷（宋）唐慎微撰　（宋）寇宗奭衍義　明成化四年（1468）原傑、雷復刻本

匡高26厘米，廣17.2厘米。半葉十二行，行二十三字，黑口，四周雙邊。有“虞山錢曾遵王藏書”、“汪士鐘藏”等印。無錫市圖書館藏，存十八卷。

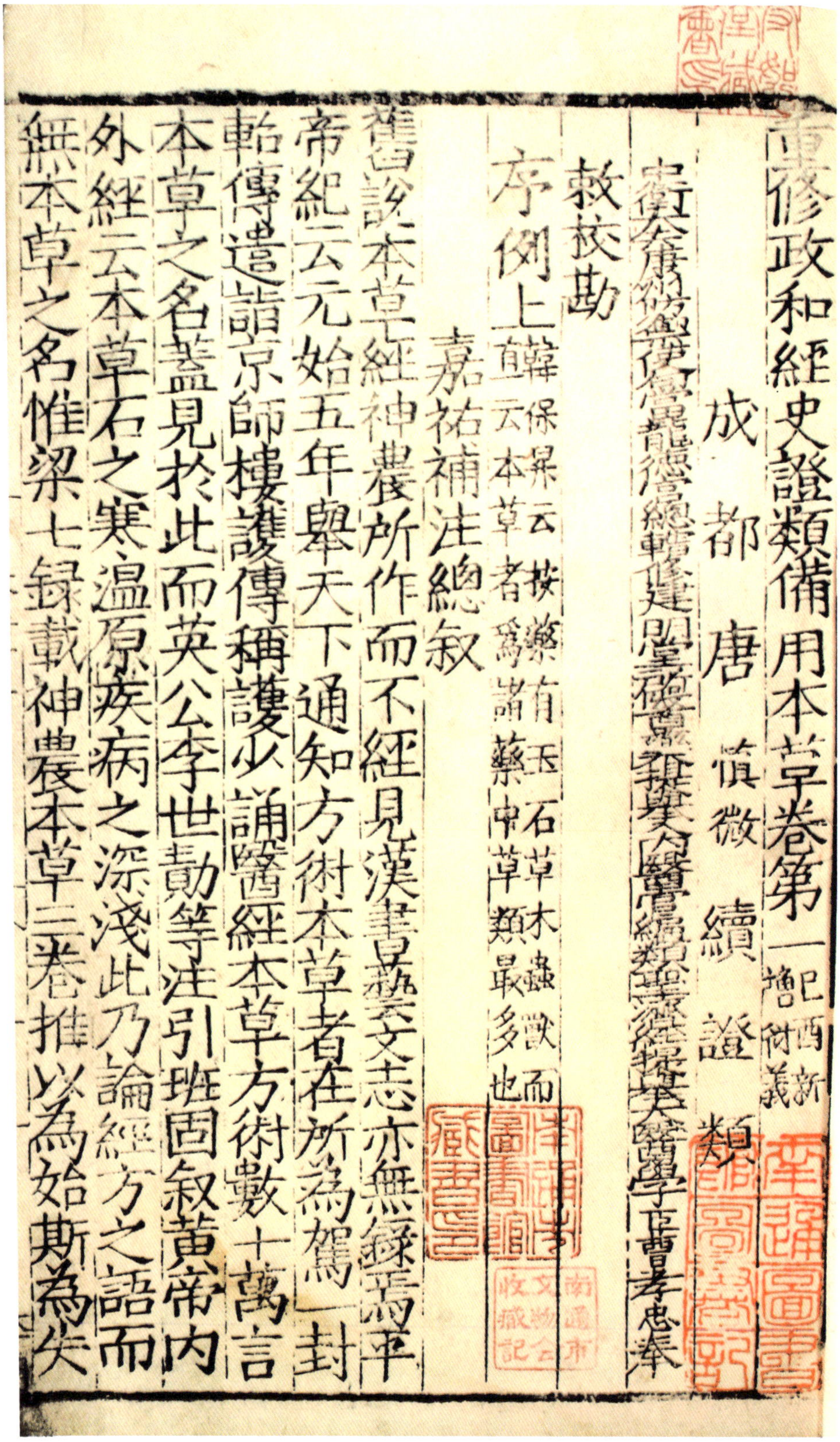

重修政和經史證類備用本草卷第一巳酉新增衍義
中衛大夫康州防禦使勾當龍德宮總轄修建明堂所醫藥提舉入內醫官編類聖濟經提舉太醫學臣曹孝忠奉
敕校勘
成都唐愼微續證類
序例上韓保昇云按藥有玉石草木蟲獸而直云本草者爲諸藥中草類最多也
嘉祐補注總敘
舊說本草經神農所作而不經見漢書藝文志亦無錄焉平
帝紀云元始五年舉天下通知方術本草者在所爲駕一封
軺傳遣詣京師樓護傳稱護少誦醫經本草方術數十萬言
本草之名蓋見於此而英公李世勣等注引班固敘黃帝內
外經云本草石之寒溫原疾病之深淺此乃論經方之語而
無本草之名惟梁七錄載神農本草三卷推以爲始斯爲失

01796 重修政和經史證類備用本草三十卷 （宋）唐慎微撰　（宋）寇宗奭衍義　明嘉靖三十一年（1552）周珫、李遷刻本

匡高25.4厘米，廣16.2厘米。半葉十二行，行二十三字，白口，四周單邊。有“積學齋徐乃昌藏書”等印。江蘇省南通市圖書館藏。

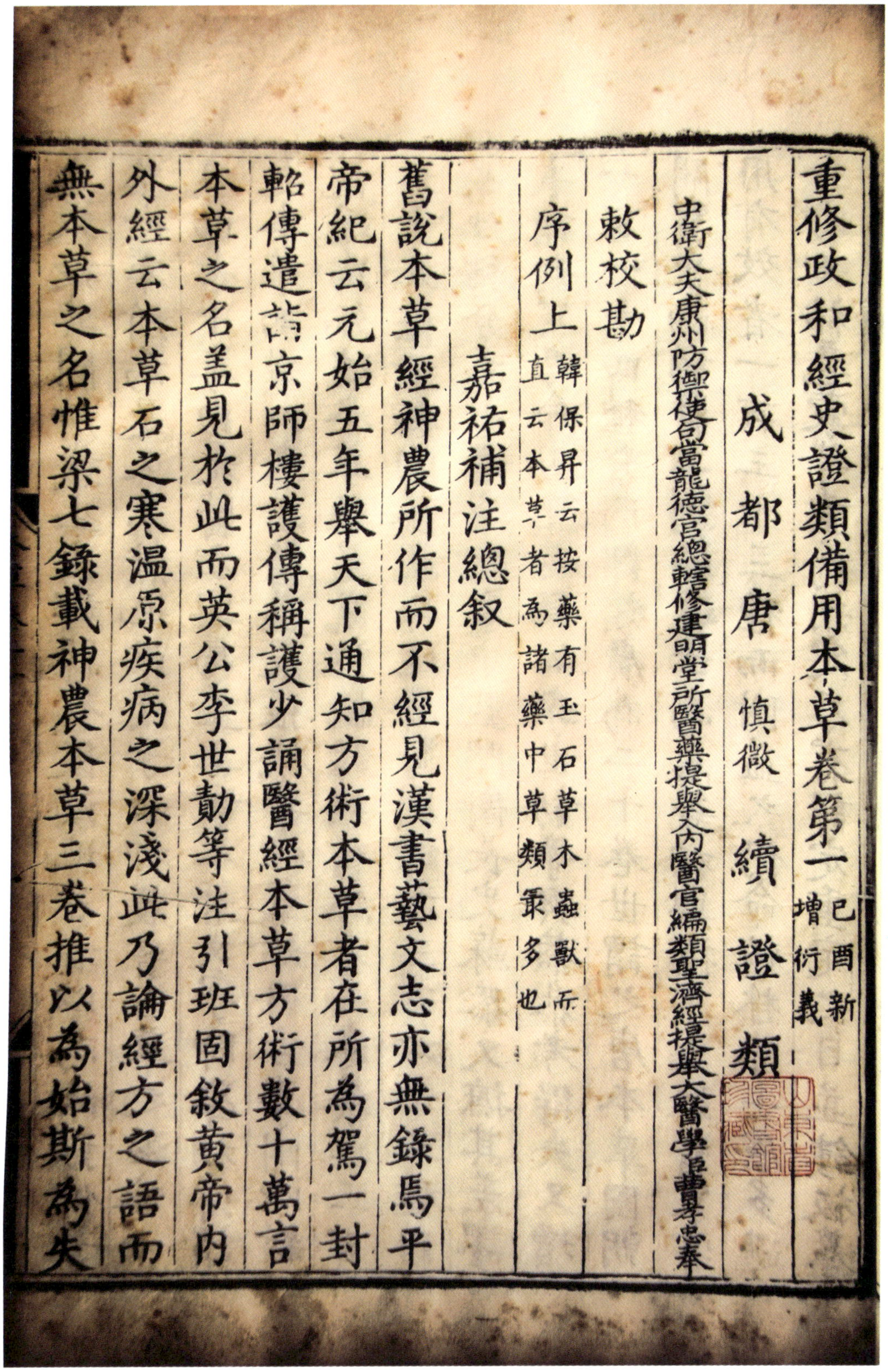
重修政和經史證類備用本草卷第一 巳酉新增衍義
成都唐慎微續證類
中衛大夫康州防禦使句當龍德宮總轄修建明堂所醫藥提舉入內醫官編類聖濟經提舉太醫學臣曹孝忠奉
敕校勘
序例上 韓保昇云按藥有玉石草木蟲獸而直云本草者為諸藥中草類最多也
嘉祐補注總叙
舊說本草經神農所作而不經見漢書藝文志亦無錄焉平
帝紀云元始五年舉天下通知方術本草者在所為駕一封
軺傳遣詣京師樓護傳稱護少誦醫經本草方術數十萬言
本草之名蓋見於此而英公李世勣等注引班固敘黃帝內
外經云本草石之寒溫原疾病之深淺此乃論經方之語而
無本草之名惟梁七錄載神農本草三卷推以為始斯為失

01797 重修政和經史證類備用本草三十卷（宋）唐慎微撰 （宋）寇宗奭衍義 明萬曆十五年（1587）內府刻本

匡高29.5厘米，廣22.8厘米。半葉十二行，行二十三字，黑口，四周雙邊。山東省圖書館藏。

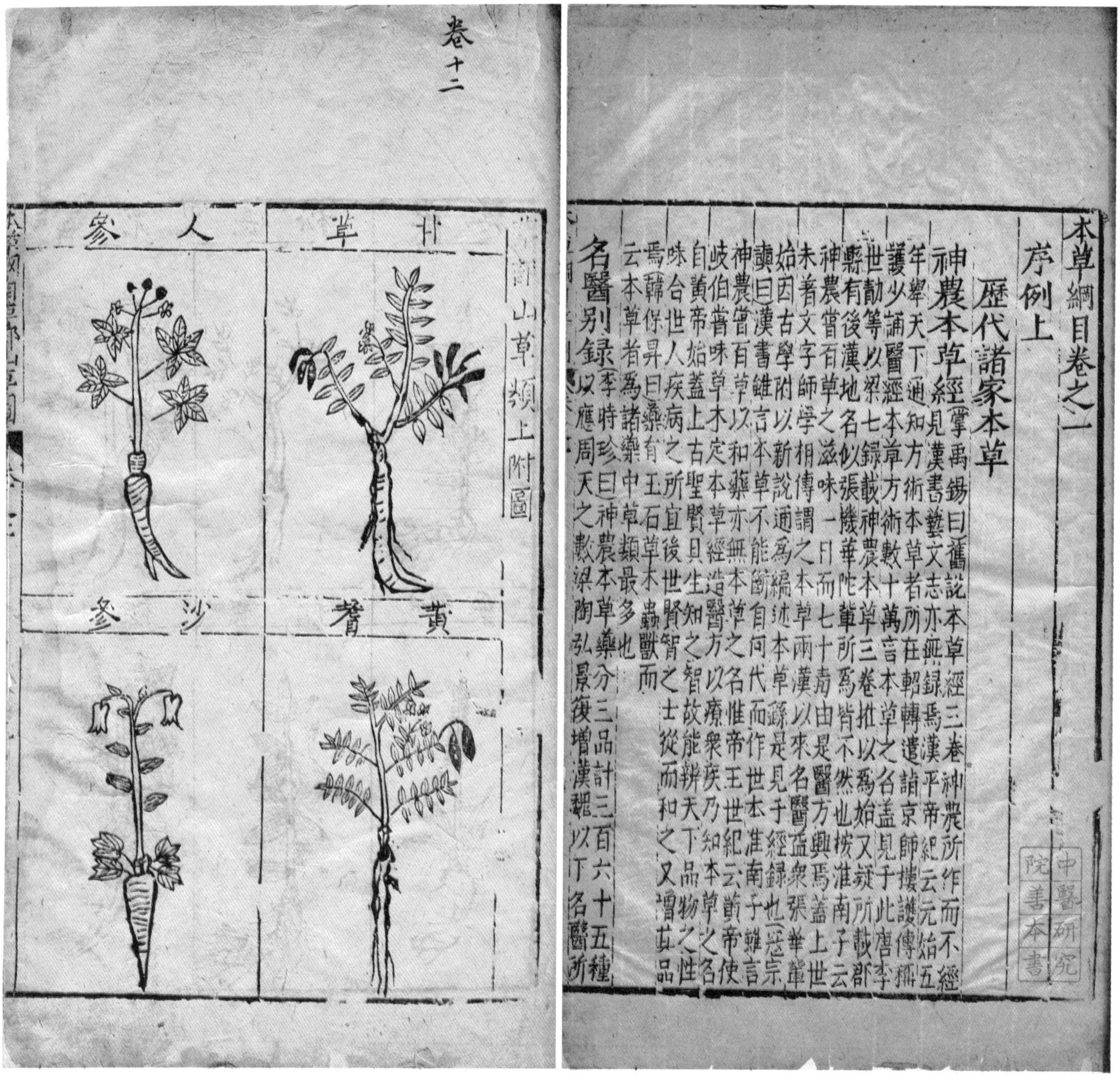
卷十二

本草綱目……山草類上附圖

甘草　人參　黄耆　沙參

本草綱目卷之一

序例上

歷代諸家本草

神農本草經（掌禹錫曰：舊說本草經三卷，神農所作而不經見，漢書藝文志亦無録焉。漢平帝紀云：元始五年，舉天下通知方術本草者，所在軺傳遣詣京師。樓護傳稱護少誦醫經、本草、方術數十萬言。本草之名蓋見于此。唐李世勣等以梁七録載神農本草三卷，推以爲始，又疑所載郡縣有後漢地名，似張機、華佗輩所爲，皆不然也。按淮南子云：神農嘗百草之滋味，一日而七十毒，由是醫方興焉。蓋上世未著文字，師學相傳，謂之本草。兩漢以來，名醫益衆，張機、華佗輩始因古學附以新說，通爲編述，本草由是見于經録也。寇宗奭曰：漢書雖言本草，不能斷自何代而作。世本、淮南子雖言神農嘗百草以和藥，亦無本草之名。惟帝王世紀云：黄帝使岐伯嘗味草木，定本草經，造醫方以療衆疾，乃知本草之名自黄帝始。蓋上古聖賢具生知之智，故能辨天下品物之性味，合世人疾病之所宜。後世賢智之士從而和之，又增其品焉。韓保昇曰：藥有玉石草木蟲獸，而云本草者，爲諸藥中草類最多也。）

名醫别録（李時珍曰：神農本草藥分三品，計三百六十五種，以應周天之數。梁陶弘景復增漢魏以下名醫所

中醫研究院善本書

01798　本草綱目五十二卷首一卷附圖二卷　（明）李時珍撰　（明）李建中　李建元校正　明萬曆二十一年（1593）金陵胡承龍刻本

匡高20.4厘米，廣14.1厘米。半葉十二行，行二十四字，小字雙行同，白口，四周單邊。中國中醫科學院圖書館藏。

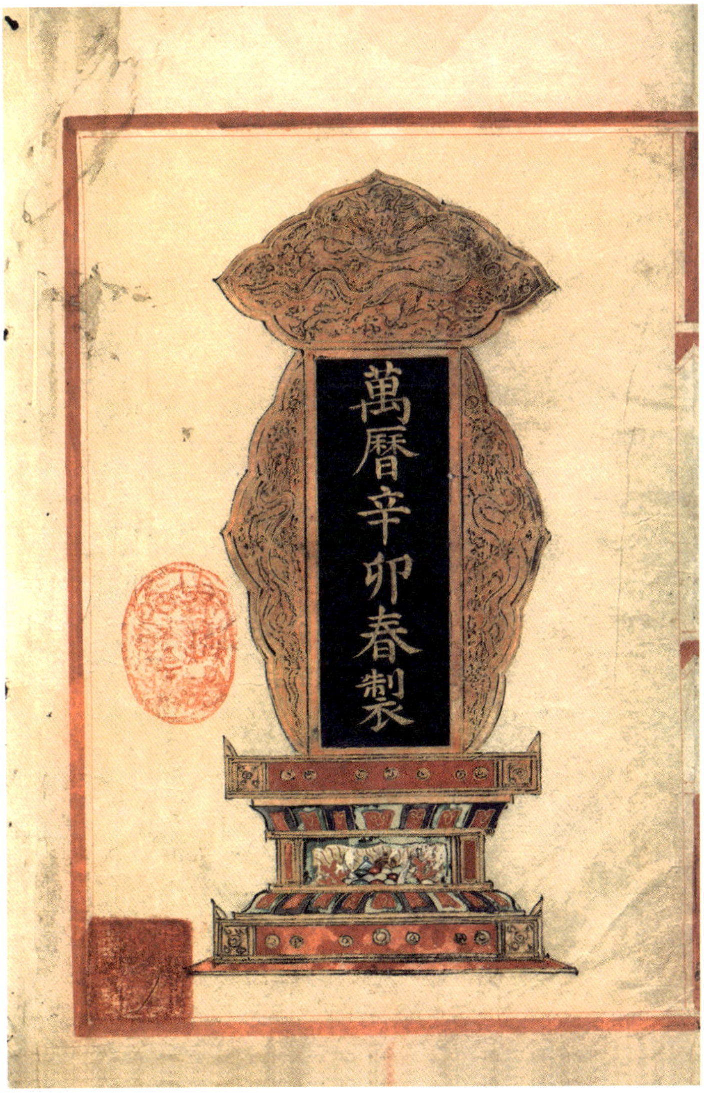

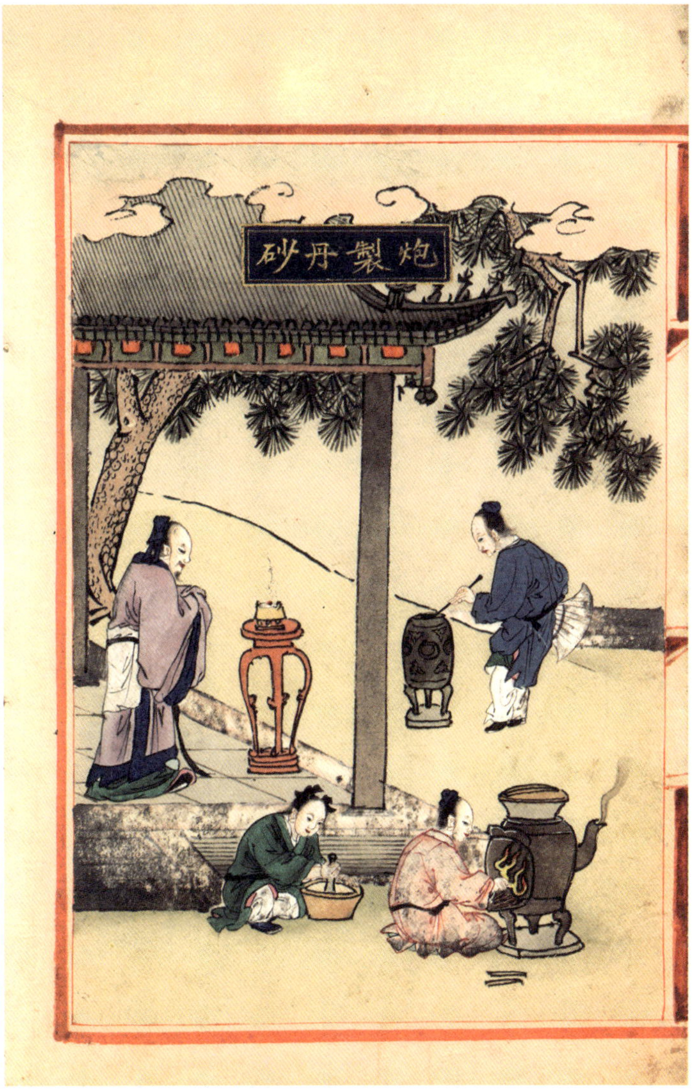

01799 補遺雷公炮製便覽十四卷 明萬曆十九年（1591）内府寫彩繪稿本

匡高24.8厘米，廣17.5厘米。半葉八行，行十六字，紅口，四周雙邊。有“萬曆辛卯春製”牌記。中國中醫科學院圖書館藏，存十三卷。

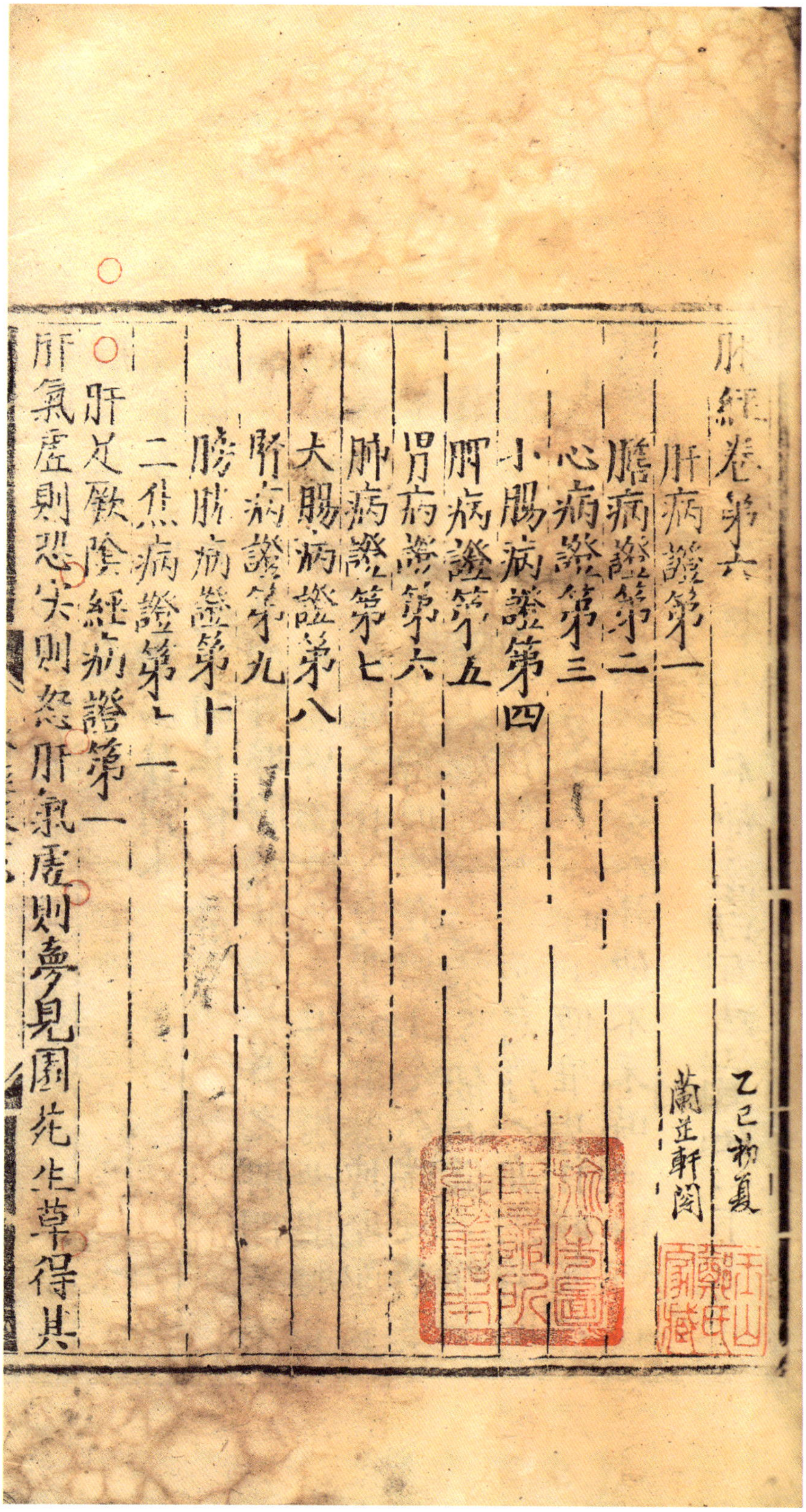

01800 脉經十卷 （晉）王叔和撰 （宋）林億等校定 明成化十年（1474）畢玉刻本

匡高18厘米，廣13厘米。半葉十四行，行二十字，黑口，四周雙邊。有"玉山鄭氏家藏"等印。大連圖書館藏。

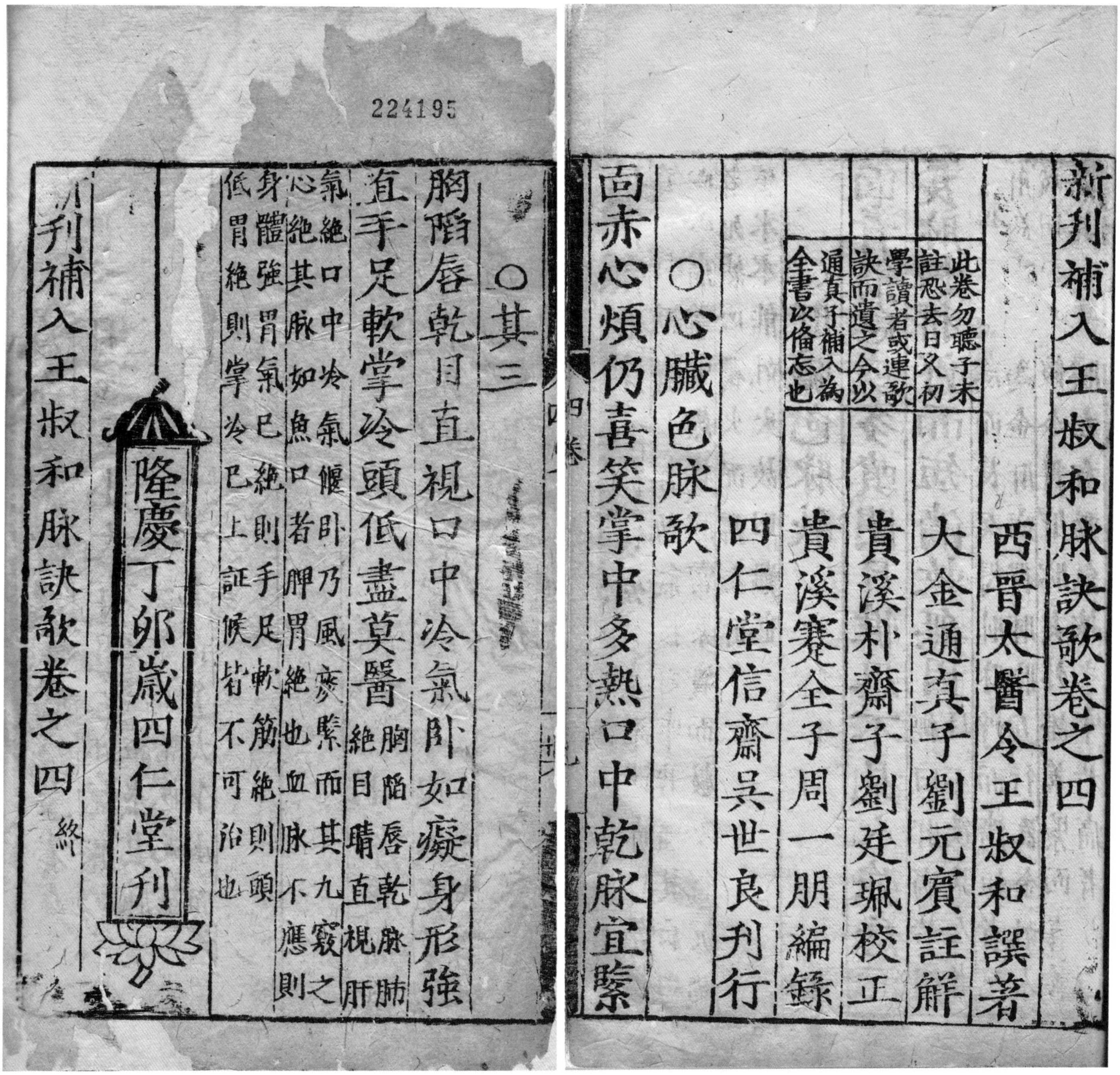
224195

新刊補入王叔和脉訣歌卷之四
西晉太醫令王叔和譔著
此卷勿聽子未註恐去日又初學讀者或連歌訣而遺之今以通真子補入為全書以備忘也
大金通真子劉元賓註解
貴溪朴齋子劉廷珮校正
貴溪蹇全子周一朋編錄
四仁堂信齋吳世良刊行
○心臟色脉歌
面赤心煩仍喜笑掌中多熱口中乾脉宜縈

○其三
胸陷唇乾目直視口中冷氣卧如癡身形強直手足軟掌冷頭低盡莫醫胸陷唇乾脉肺絕目睛直視肝氣絕口中冷氣偃卧乃風痿瘵而其九竅之心絕其脉如魚口者脾胃絕也血脉不應則身體強胃氣已絕則手足軟筋絕則頭低胃絕則掌冷已上証候皆不可治也

隆慶丁卯歲四仁堂刊

新刊補入王叔和脉訣歌卷之四　終

01801 新刊校正王叔和脉訣四卷　（晉）王叔和撰　（明）熊宗立注解　明隆慶元年（1567）四仁堂刻本

匡高19.4厘米，廣12厘米。半葉八行，行十七字，黑口，四周單邊。有“隆慶丁卯歲四仁堂刊”牌記。大連圖書館藏。

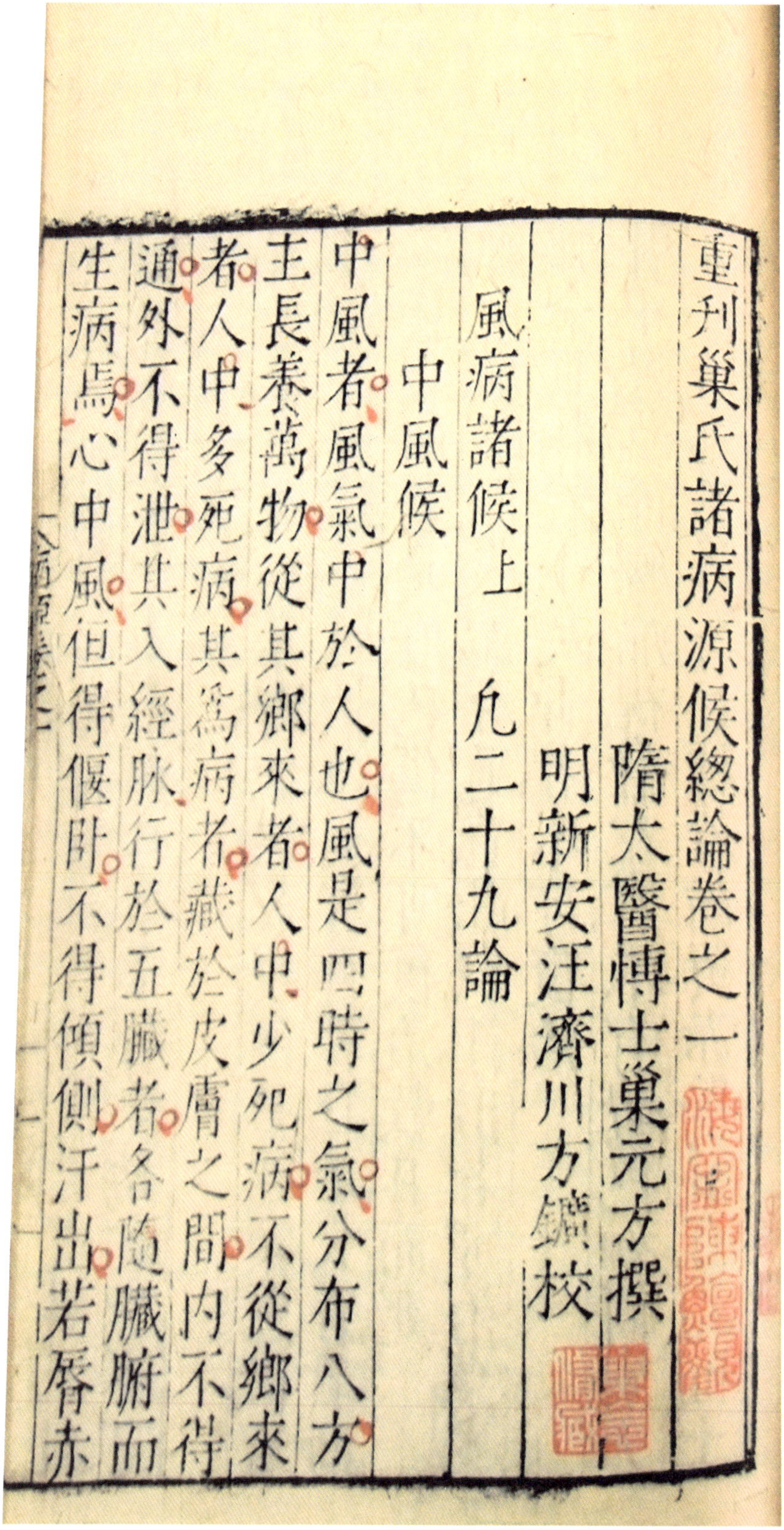
重刊巢氏諸病源候總論卷之一
隋太醫博士巢元方撰
明新安汪濟川方鑛校
風病諸候上　凡二十九論
中風候
中風者風氣中於人也風是四時之氣分布八方主長養萬物從其鄉來者人中少死病不從鄉來者人中多死病其爲病者藏於皮膚之間内不得通外不得泄其入經脉行於五臟者各隨臟腑而生病焉心中風但得偃卧不得傾側汗出若脣赤

01802 重刊巢氏諸病源候總論五十卷　（隋）巢元方撰　明嘉靖汪濟川刻本

匡高18厘米，廣12厘米。半葉十行，行十九字，白口，左右雙邊。有“海寧陳鱣觀”等印。上海中醫藥大學圖書館藏。

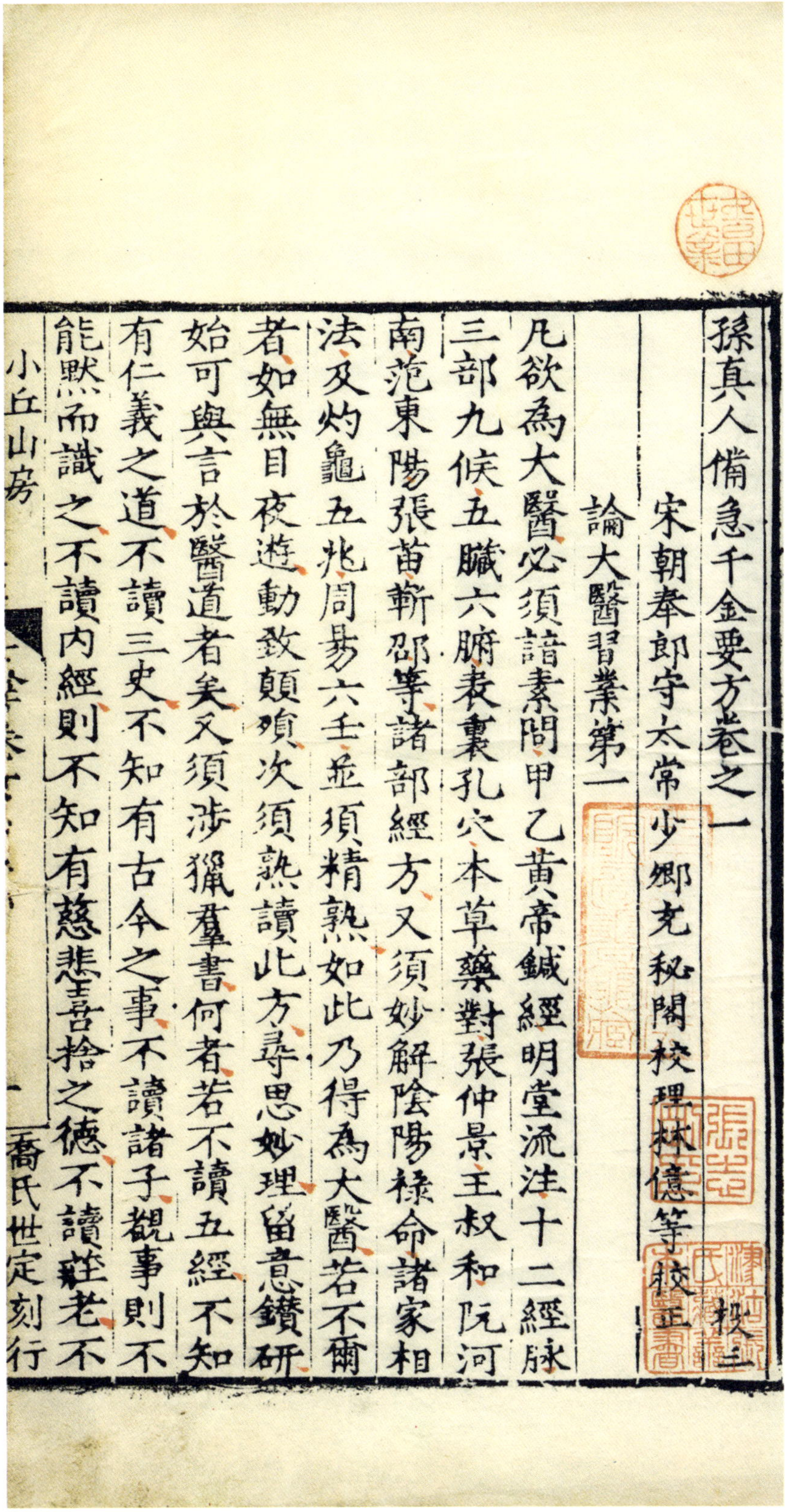
孫真人備急千金要方卷之一

宋朝奉郎守太常少卿充秘閣校理林億等校正

論大醫習業第一

凡欲為大醫必須諳素問甲乙黄帝鍼經明堂流注十二經脉三部九候五臟六腑表裏孔穴本草藥對張仲景王叔和阮河南范東陽張苗靳邵等諸部經方又須妙解陰陽禄命諸家相法及灼龜五兆周易六壬並須精熟如此乃得為大醫若不爾者如無目夜遊動致顛殞次須熟讀此方尋思妙理留意鑽研始可與言於醫道者矣又須涉獵羣書何者若不讀五經不知有仁義之道不讀三史不知有古今之事不讀諸子覩事則不能默而識之不讀内經則不知有慈悲喜捨之德不讀莊老不

小丘山房　　　喬氏世定刻行

01803、01804 孫真人備急千金要方九十三卷　（唐）孫思邈撰　明嘉靖二十二年（1543）喬世定小丘山房刻本

匡高20.3厘米，廣14.1厘米。半葉十一行，行二十四字，小字雙行同，白口，左右雙邊。安徽中醫學院圖書館藏；中國中醫科學院圖書館藏，有“津沽張氏藏善本醫書”等印。

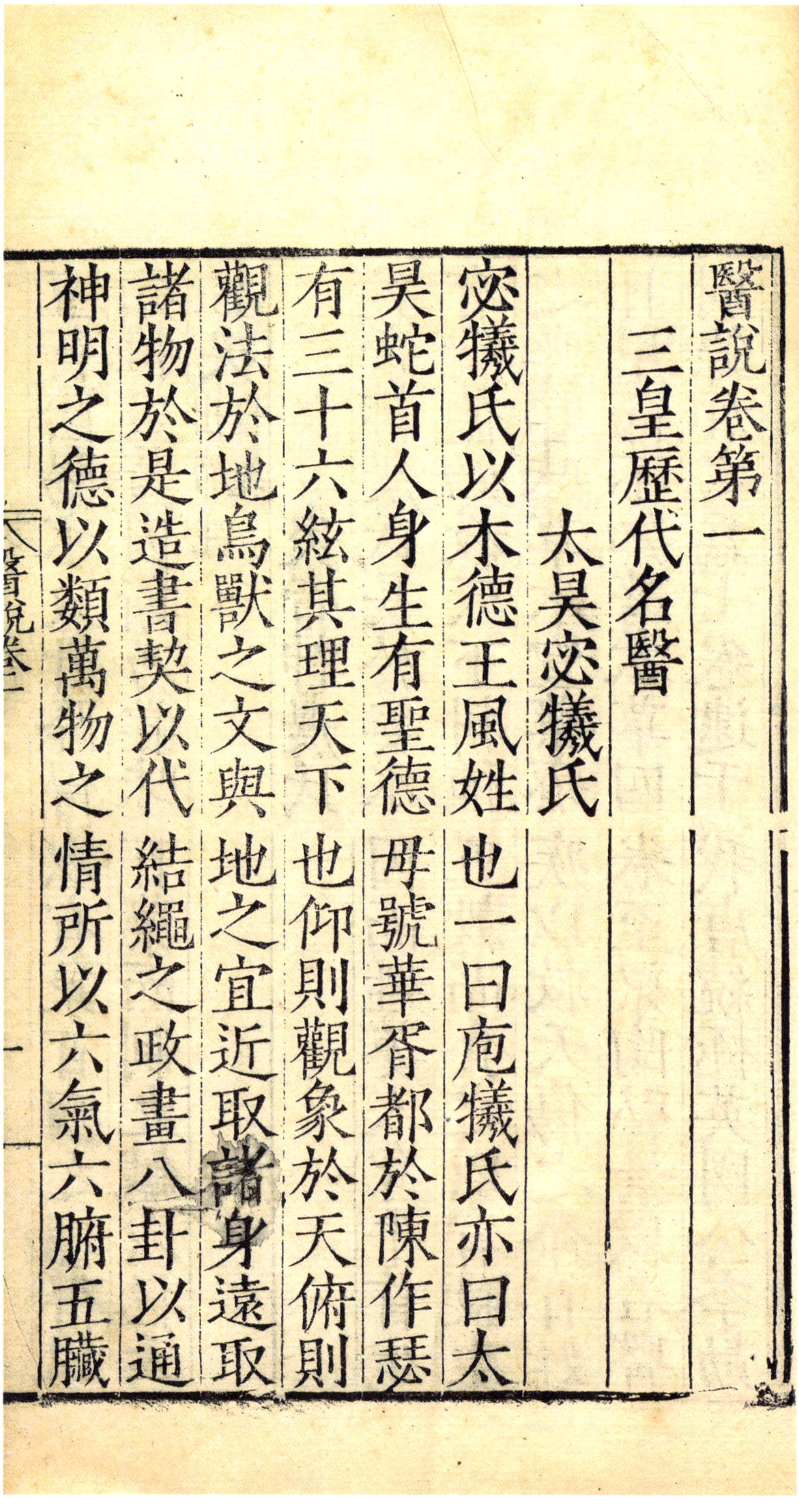

醫說卷第一
三皇歷代名醫
太昊宓犧氏
宓犧氏以木德王風姓也一曰庖犧氏亦曰太
昊蛇首人身生有聖德 母號華胥都於陳作瑟
有三十六絃其理天下也仰則觀象於天俯則
觀法於地鳥獸之文與地之宜近取諸身遠取
諸物於是造書契以代結繩之政畫八卦以通
神明之德以類萬物之情所以六氣六腑五臟

醫說卷一　一

01805、01806 醫說十卷 （宋）張杲撰　明嘉靖二十三年（1544）顧定芳刻本

匡高21.2厘米，廣14.3厘米。半葉九行，行十八字，小字雙行二十一字，白口，左右雙邊。安徽中醫學院圖書館、中國中醫科學院圖書館藏。

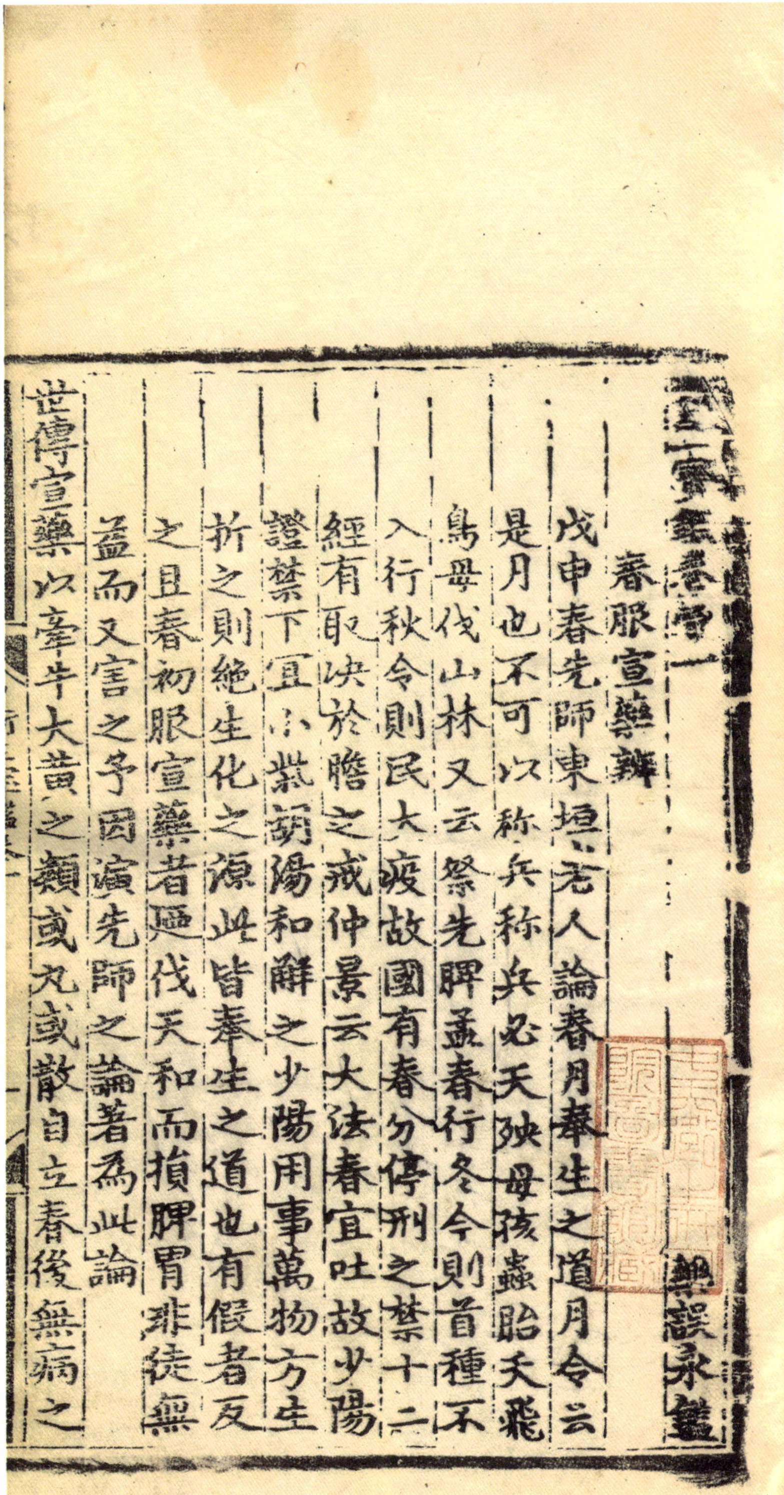
衛生寶鑑卷第一　　藥誤永鑑
春服宣藥辨
戊申春先師東垣老人論春月奉生之道月令云
是月也不可以稱兵稱兵必天殃毋殺孩蟲胎夭飛
鳥毋伐山林又云祭先脾孟春行冬令則首種不
入行秋令則民大疫故國有春分停刑之禁十二
經有取決於膽之戒仲景云大法春宜吐故少陽
證禁下宜小柴胡湯和解之少陽用事萬物方生
折之則絕生化之源此皆奉生之道也有假者反
之且春初服宣藥者乃伐天和而損脾胃非徒無
益而又害之予因演先師之論著為此論
世傳宣藥以牽牛大黃之類或丸或散自立春後無病之

01807 衛生寶鑑二十四卷 （元）羅天益撰　**補遺一卷** 明永樂十五年（1417）韓彝刻本

匡高20.9厘米，廣14.2厘米。半葉十二行，行二十二字，粗黑口，四周雙邊。有“黄岡劉氏紹炎過眼”、“黄岡劉氏校書堂藏書記”等印。中國中醫科學院圖書館藏。

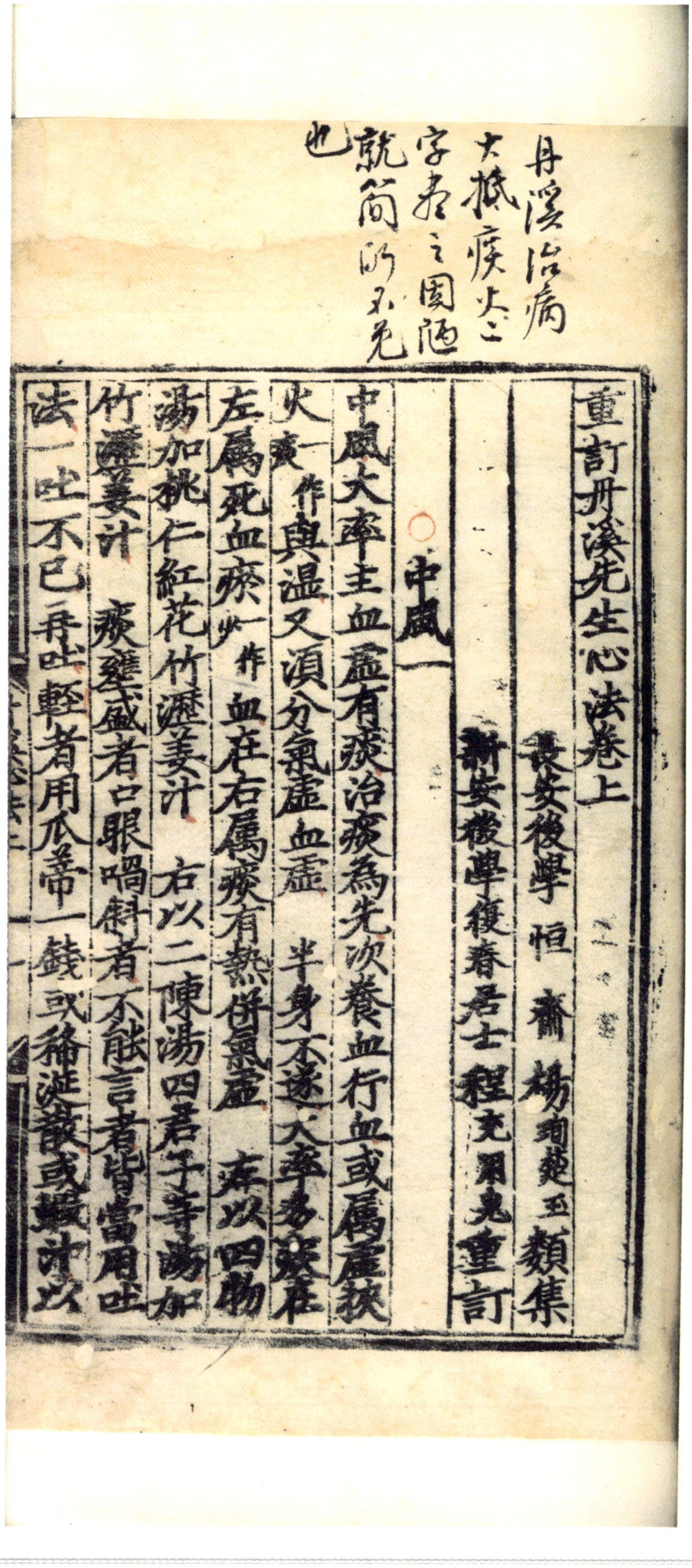

丹溪治病大抵痰火二字盡之固陋就簡所不免也

重訂丹溪先生心法卷上

長安後學 恒齋 楊珣楚玉 類集

新安後學復春居士 程充用光 重訂

中風一

中風大率主血虛有痰治痰為先次養血行血或屬虛挾火（一作與濕）又須分氣虛血虛　半身不遂大率多痰在左屬死血瘀（一作少）血在右屬痰有熱并氣虛　左以四物湯加桃仁紅花竹瀝姜汁　右以二陳湯四君子等湯加竹瀝姜汁　痰壅盛者口眼喎斜者不能言者皆當用吐法一吐不已再吐輕者用瓜蒂一錢或稀涎散或蝦汁以

01808 重訂丹溪先生心法三卷 （元）朱震亨撰　（明）程充重訂　明弘治六年（1493）程祖興等刻本

匡高18厘米，廣12.1厘米。半葉十行，行二十二字，小字雙行同，粗黑口，四周雙邊。有“安樂堂藏書記”、“明善堂覽書画印記”、“東郡楊紹和彦合珍藏”等印。中國中醫科學院圖書館藏。

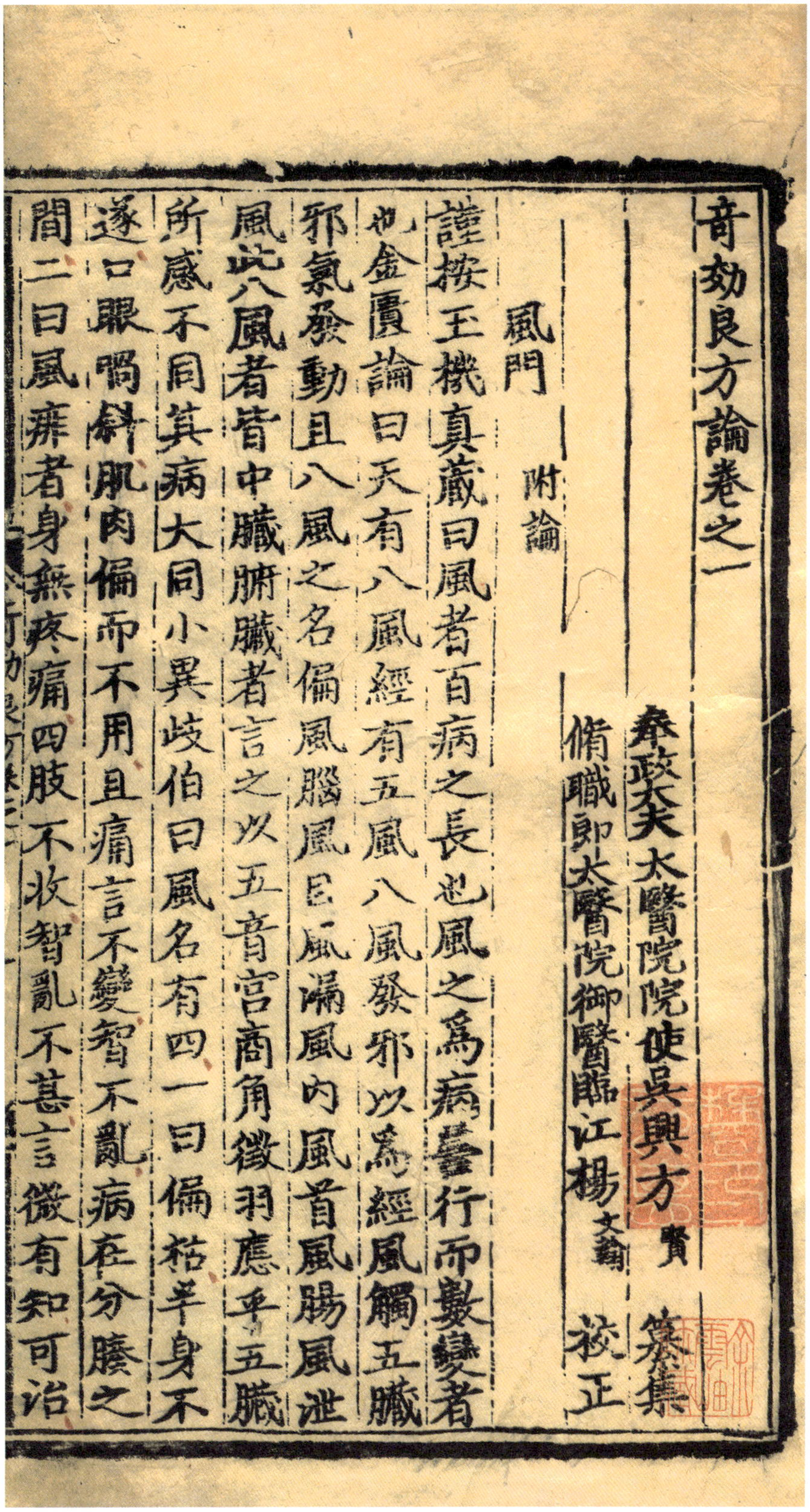

奇效良方論卷之一

奉政大夫太醫院院使吳興方　賢　纂集

脩職郎太醫院御醫臨江楊　文翰　校正

風門　附論

謹按玉機真藏曰風者百病之長也風之爲病善行而數變者也金匱論曰天有八風經有五風八風發邪以爲經風觸五臟邪氣發動且八風之名偏風腦風目風漏風内風首風腸風泄風此八風者皆中臟腑臟者言之以五音宮商角徵羽應乎五臟所感不同其病大同小異岐伯曰風名有四一曰偏枯半身不遂口眼喎斜肌肉偏而不用且痛言不變智不亂病在分腠之間二曰風痱者身無疼痛四肢不收智亂不甚言微有知可治

01809 奇效良方六十九卷 （明）方賢纂輯　明成化七年（1471）刻本

匡高22.4厘米，廣14.1厘米。半葉十一行，行二十四字，小字雙行同，粗黑口，四周雙邊。有“余雲岫珍藏”等印。中國中醫科學院圖書館藏。

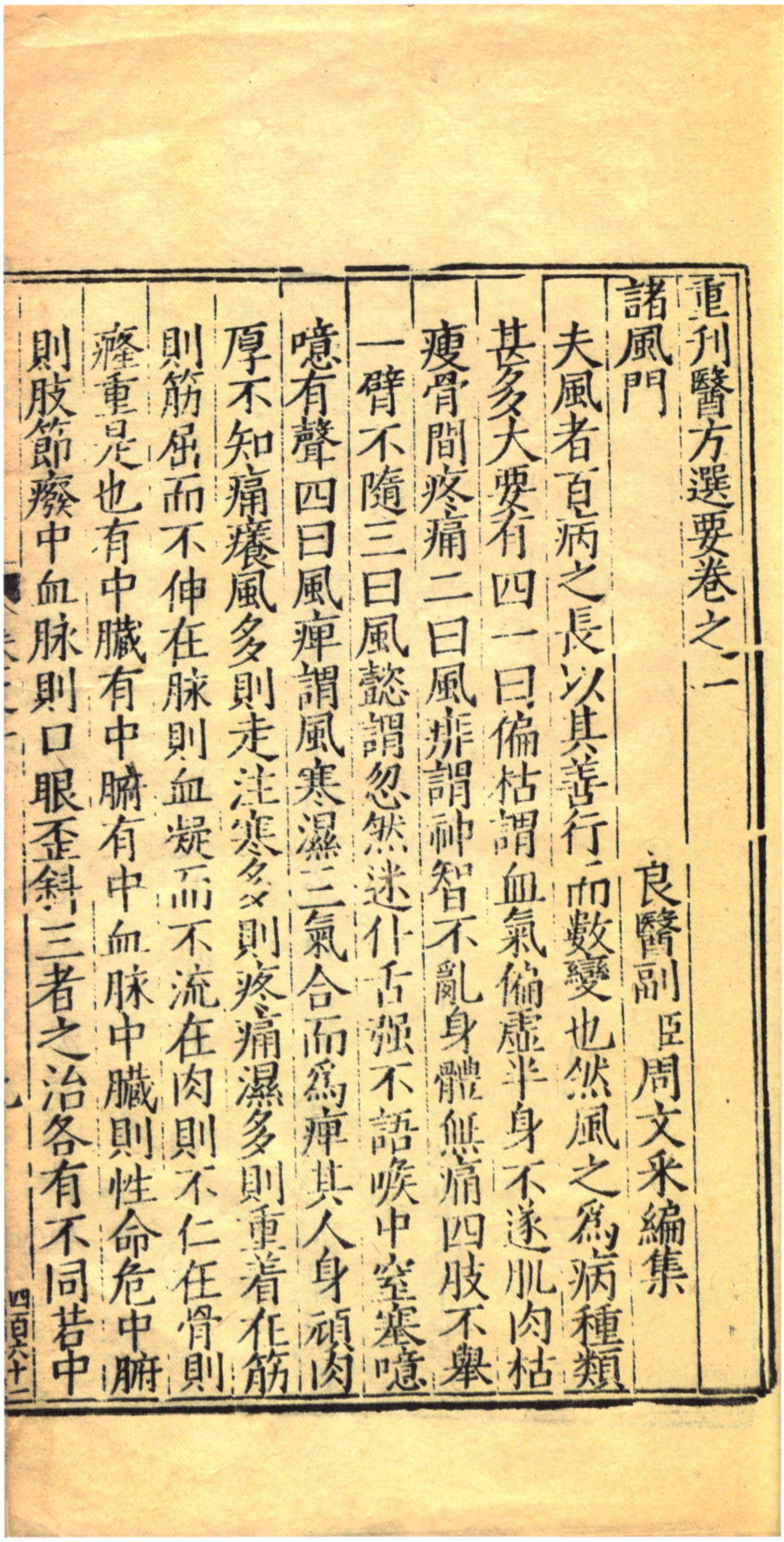

重刊醫方選要卷之一

諸風門　良醫副臣周文采編集

夫風者百病之長以其善行而數變也然風之爲病種類甚多大要有四一曰偏枯謂血氣偏虛半身不遂肌肉枯瘦骨間疼痛二曰風痱謂神智不亂身體無痛四肢不舉一臂不隨三曰風懿謂忽然迷仆舌强不語喉中窒塞噫噫有聲四曰風痺謂風寒濕三氣合而爲痺其人身頑肉厚不知痛癢風多則走注寒多則疼痛濕多則重着在筋則筋屈而不伸在脉則血凝而不流在肉則不仁在骨則癃重是也有中臟有中腑有中血脉中臟則性命危中腑則肢節癈中血脉則口眼歪斜三者之治各有不同若中

01810　重刊醫方選要十卷　（明）周文采輯　明隆慶四年（1570）金陵書坊東塘胡氏刻本

匡高20厘米，廣13.3厘米。半葉十一行，行二十三字，白口，四周雙邊。有“隆慶庚午冬吉金陵三山街書坊東塘胡氏刊”牌記。有“吉氏家藏”等印。大連圖書館藏。

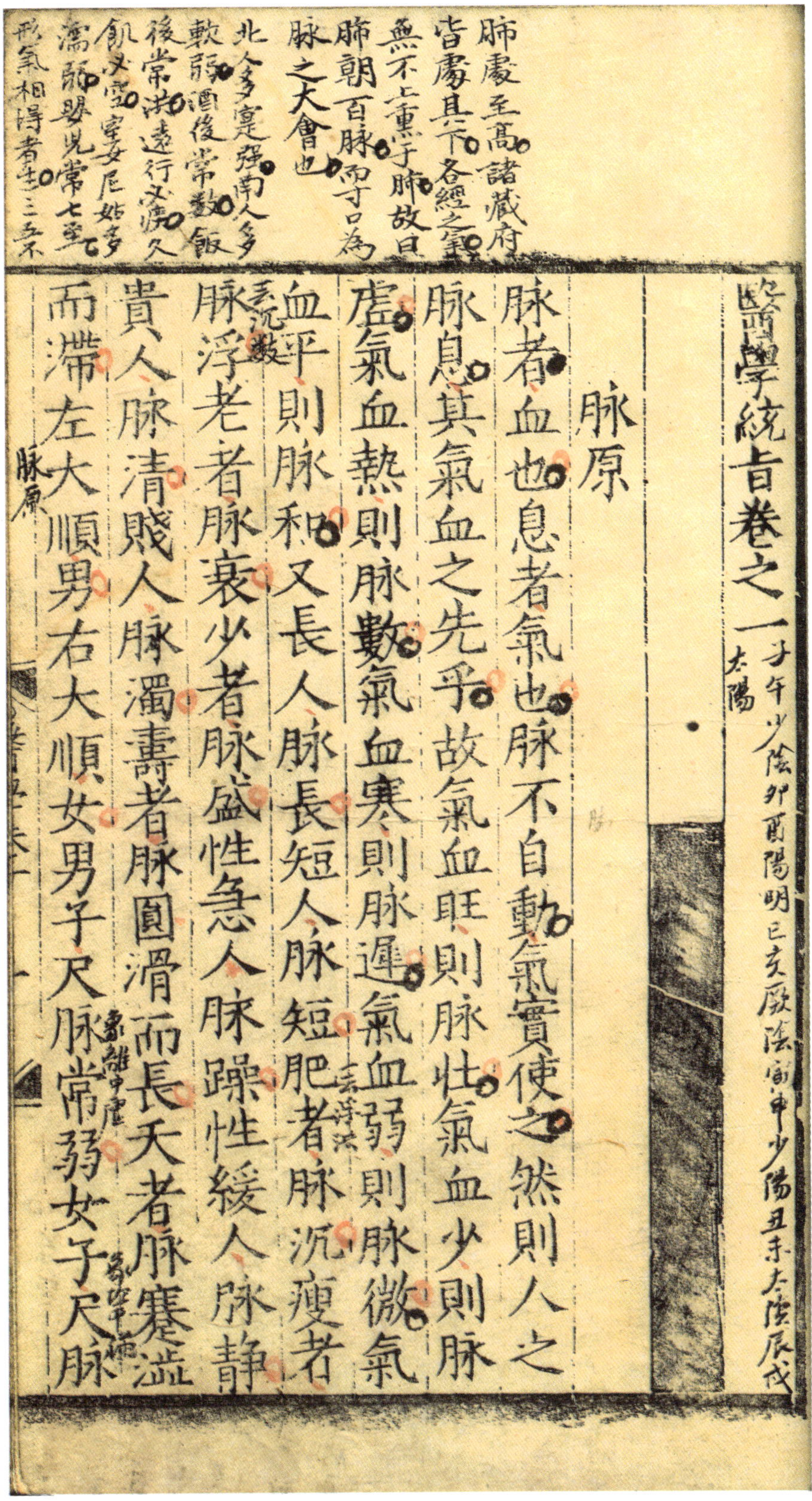

01811 醫學統旨六卷 （明）葉文齡撰　明嘉靖十四年（1535）胡體乾刻本

匡高21.8厘米，廣15.7厘米。半葉十行，行二十字，白口，四周單邊。無錫市圖書館藏。

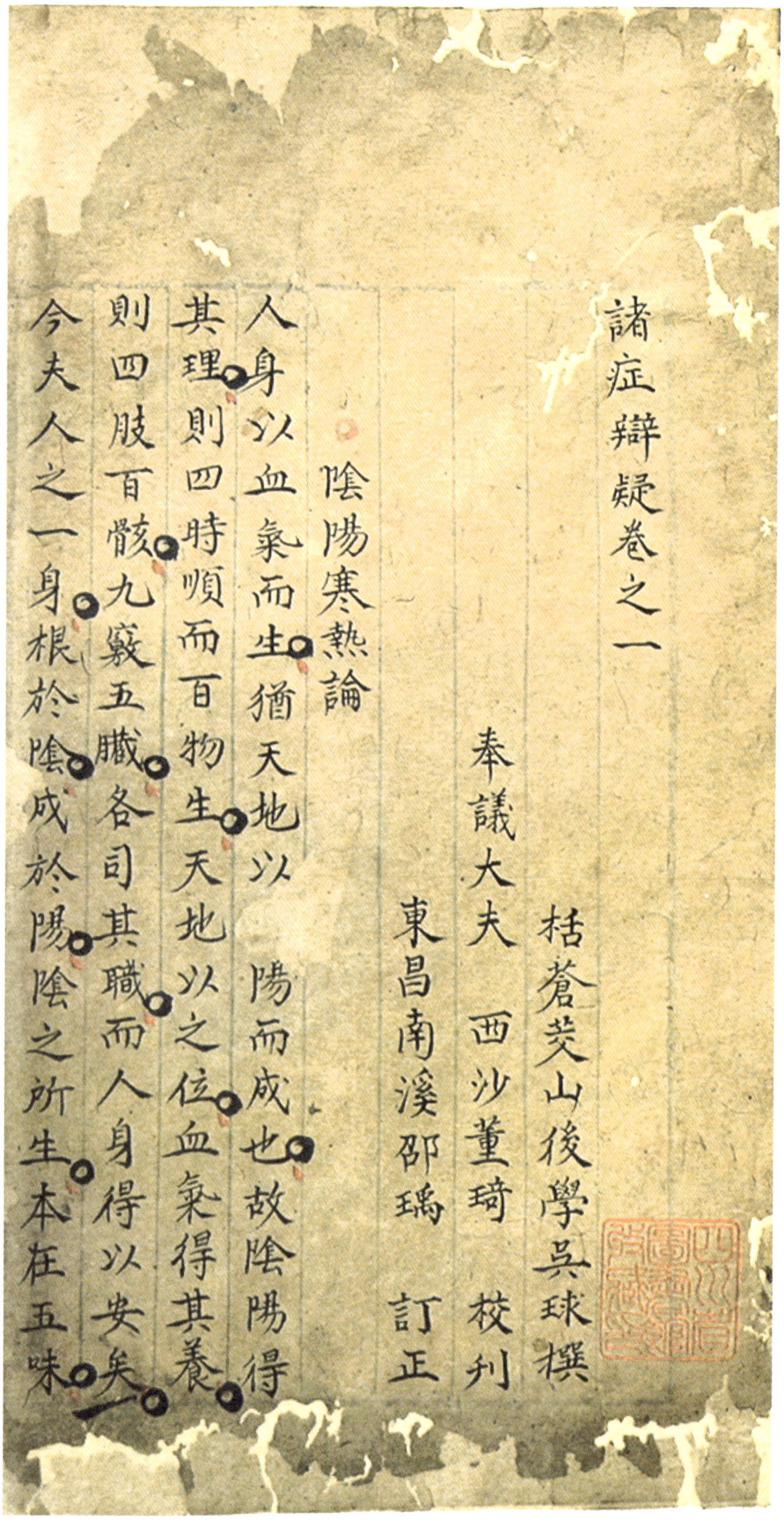
諸症辯疑卷之一
栝蒼茭山後學吳球撰
奉議大夫　西沙董琦　校刊
東昌南溪邵瑀　訂正
陰陽寒熱論
人身以血氣而生猶天地以陽而成也故陰陽得
其理則四時順而百物生天地以之位血氣得其養
則四肢百骸九竅五臟各司其職而人身得以安矣
今夫人之一身根於陰成於陽陽陰之所生本在五味

01812 諸症辨疑四卷（明）吳球撰　明抄本

匡高19厘米，廣12.7厘米。半葉九行，行二十字，藍格，四周單邊。四川省圖書館藏。

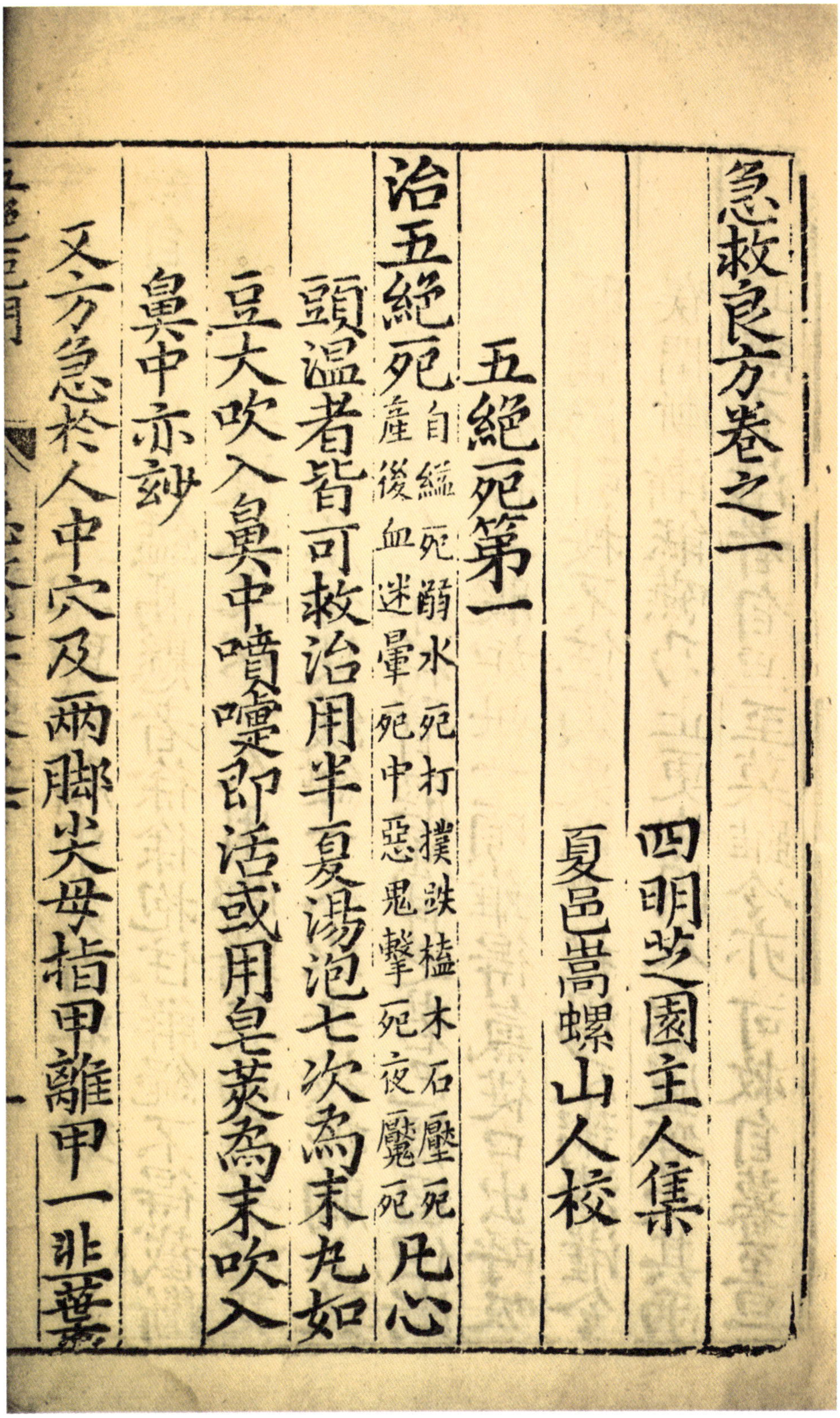
急救良方卷之一
四明芝園主人集
夏邑嵩螺山人校
五絶死第一
治五絶死自縊死溺水死打撲跌榼木石壓死産後血迷暈死中惡鬼擊死夜魘死凡心頭温者皆可救治用半夏湯泡七次為末丸如豆大吹入鼻中噴嚏即活或用皂莢為末吹入鼻中亦妙
又方急於人中穴及兩腳尖母指甲離甲一韭葉

01813 急救良方二卷 （明）張時徹輯　明萬曆三十八年（1610）張一棟刻本

匡高19.5厘米，廣14厘米。半葉九行，行二十字，白口，左右雙邊。河南中醫學院圖書館藏。

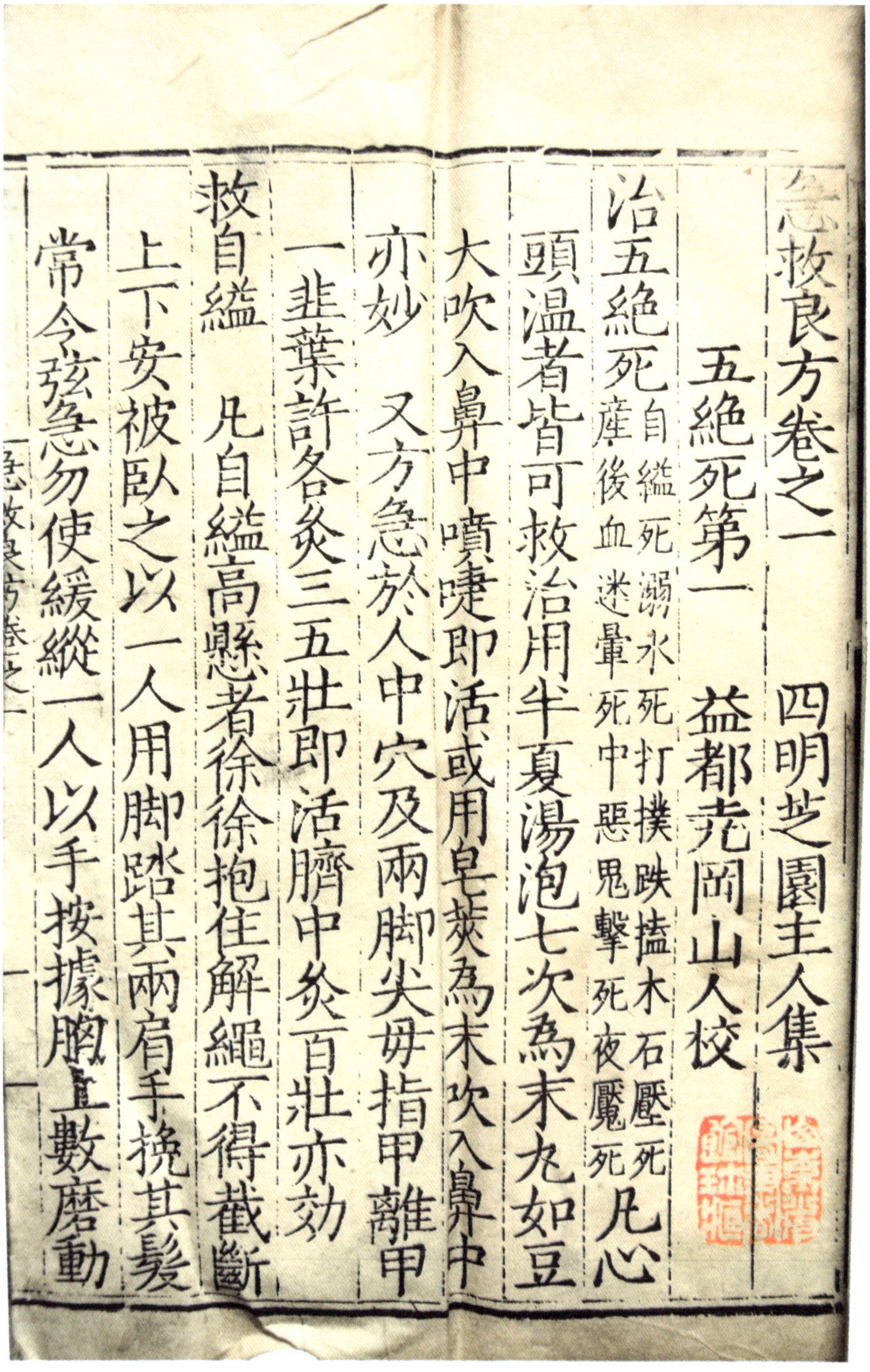
急救良方卷之一

四明芝園主人集

益都堯岡山人校

五絶死第一

治五絶死自縊死溺水死打撲跌搕木石壓死産後血迷暈死中惡鬼擊死夜魘死凡心

頭溫者皆可救治用半夏湯泡七次為末丸如豆

大吹入鼻中噴嚏即活或用皂莢為末吹入鼻中

亦妙　又方急於人中穴及兩脚尖毋指甲離甲

一韭葉許各灸三五壯即活臍中灸百壯亦効

救自縊　凡自縊高懸者徐徐抱住解繩不得截斷

上下安被臥之以一人用脚踏其兩肩手挽其髮

常令弦急勿使緩縱一人以手按據胸上數摩動

急救良方卷之一　一

01814 急救良方二卷（明）張時徹輯　明嘉靖二十九年（1550）自刻本

匡高20.5厘米，廣15.9厘米。半葉十行，行二十字，小字雙行同，白口，四周雙邊。山東省圖書館藏。

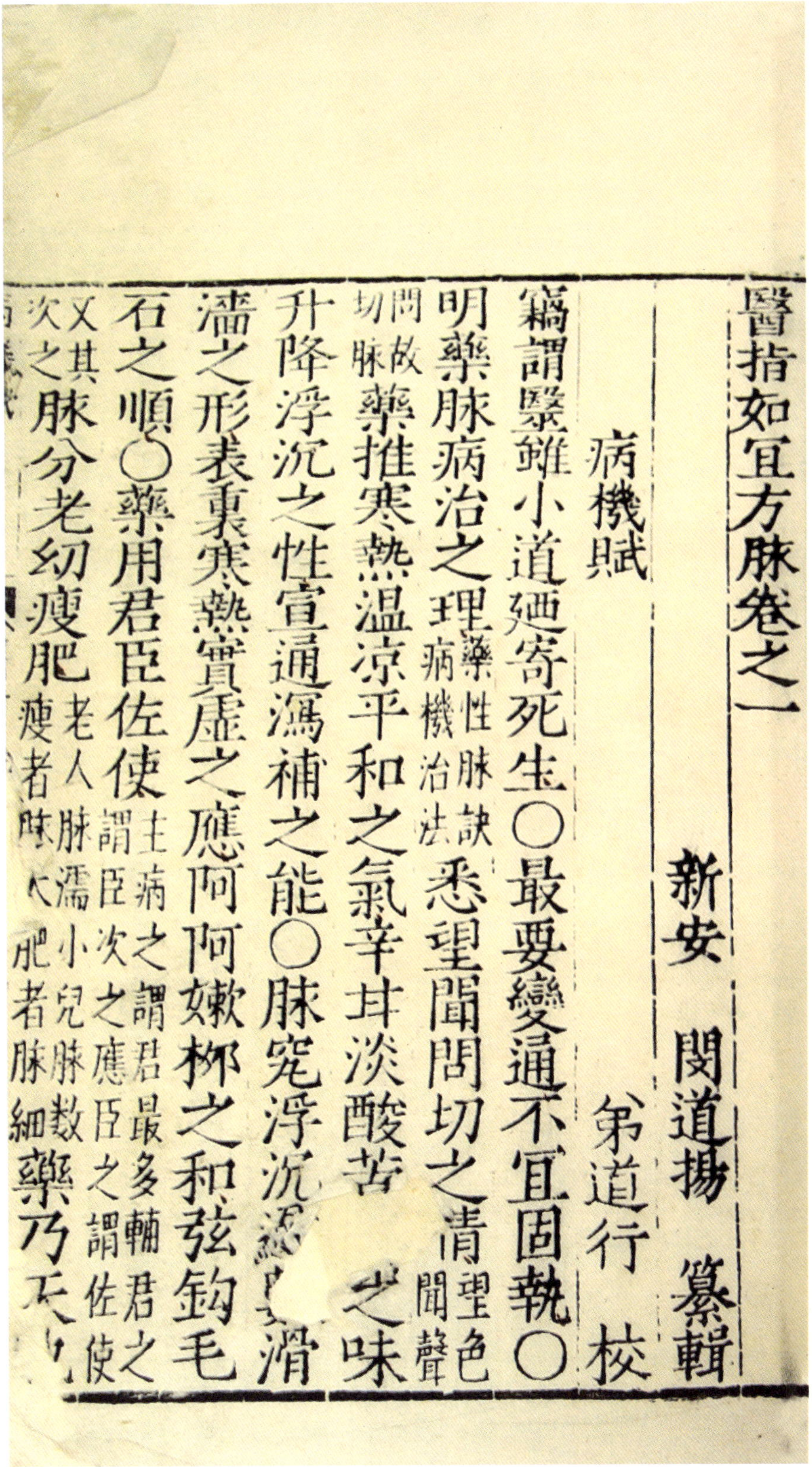

醫指如宜方脉卷之一

新安　閔道揚　纂輯

弟道行　校

病機賦

竊謂醫雖小道迺寄死生○最要變通不宜固執○明藥脉病治之理（藥性脉訣病機治法）悉望聞問切之情（望色聞聲問故切脉）藥推寒熱溫涼平和之氣辛甘淡酸苦之味升降浮沉之性宣通瀉補之能○脉究浮沉遲[illegible]滑濇之形表裏寒熱實虛之應阿阿嫩柳之和弦鈎毛石之順○藥用君臣佐使（主病之謂君最多輔君之謂臣次之應臣之謂佐使又其次之）脉分老幼瘦肥（老人脉濡小兒脉數瘦者脉大肥者脉細）藥乃[illegible]

01815　醫指如宜方脉四卷　（明）閔道揚纂輯　明隆慶四年（1570）刻本

匡高28厘米，廣19厘米。半葉十行，行二十字，小字雙行同，白口，左右雙邊。吴江圖書館藏，存二卷。

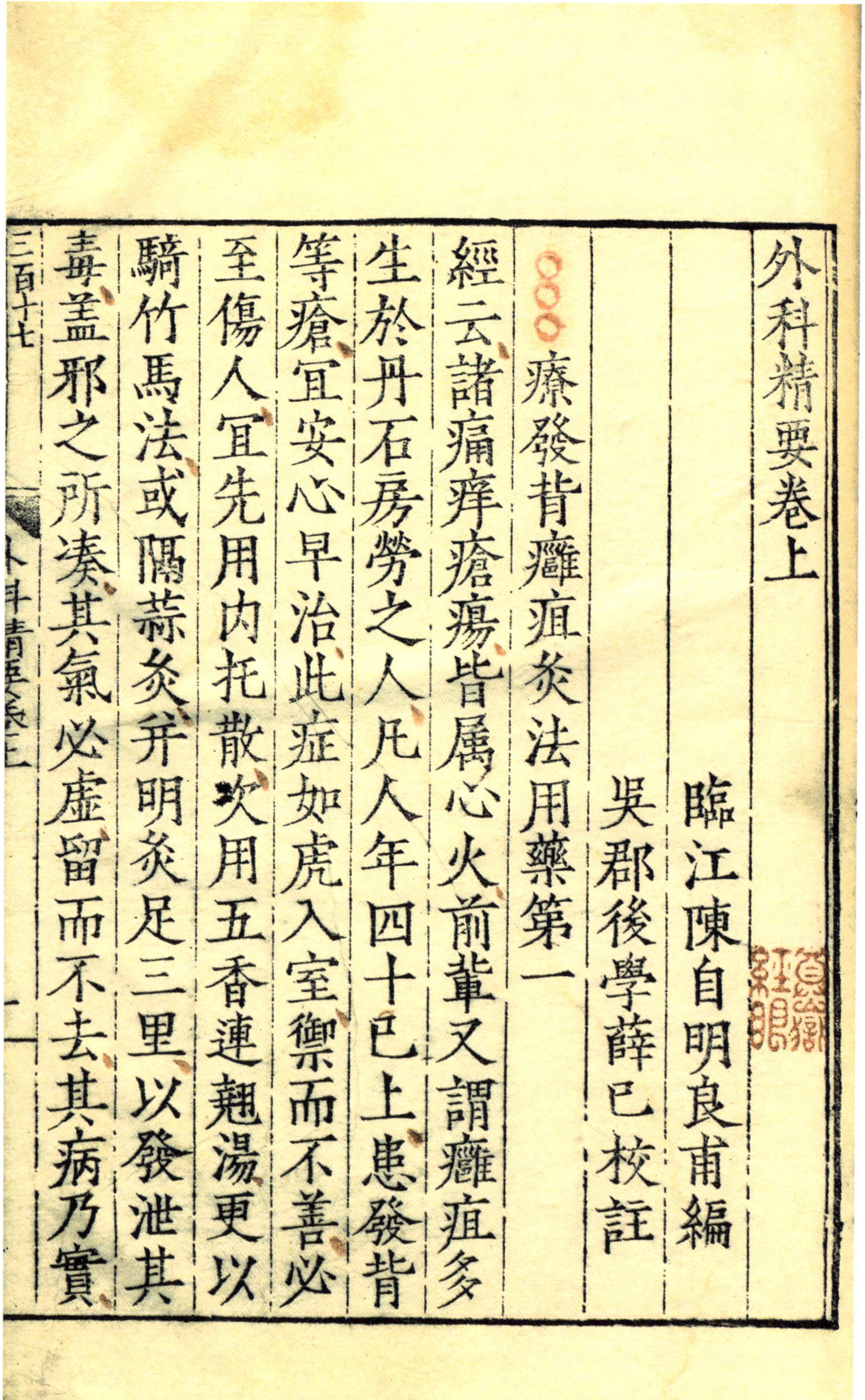

外科精要卷上
臨江陳自明良甫編
吳郡後學薛巳校註
療發背癰疽灸法用藥第一
經云諸痛痒瘡瘍皆屬心火前輩又謂癰疽多生於丹石房勞之人凡人年四十巳上患發背等瘡宜安心早治此症如虎入室禦而不善必至傷人宜先用內托散次用五香連翹湯更以騎竹馬法或隔蒜灸幷明灸足三里以發泄其毒蓋邪之所湊其氣必虛留而不去其病乃實

三百十七　外科精要卷上　一

01816 外科精要三卷（宋）陳自明撰　（明）薛己校注　明嘉靖二十七年（1548）刻本

匡高18.6厘米，廣14.5厘米。半葉十行，行十八字，小字雙行同，細黑口，左右雙邊。有“尊嶽經眼”等印。中國中醫科學院圖書館藏。

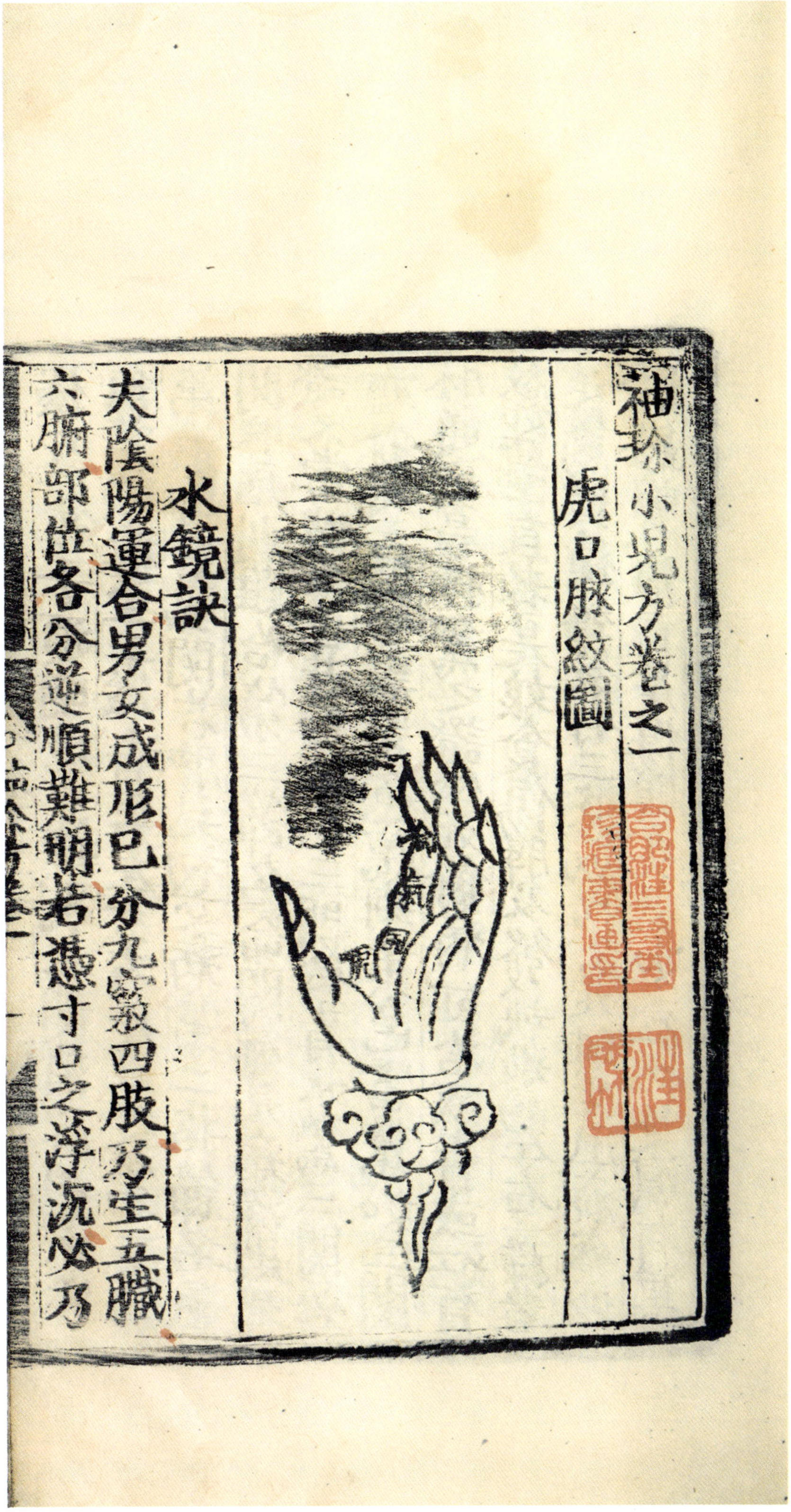

袖珍小兒方卷之一
虎口脉紋圖
水鏡訣
夫陰陽運合男女成形已分九竅四肢乃生五臟
六腑部位各分逆順難明若憑寸口之浮沉必乃

01817 袖珍小兒方十卷 （明）徐用宣撰　明嘉靖十一年（1532）陳琦刻本

匡高17.5厘米，廣12.4厘米。半葉十行，行十八至二十字，小字雙行同，粗黑口，四周雙邊。有“汪心竹”、“合肥汪三友堂珍藏書画印”等印。安徽省圖書館藏。

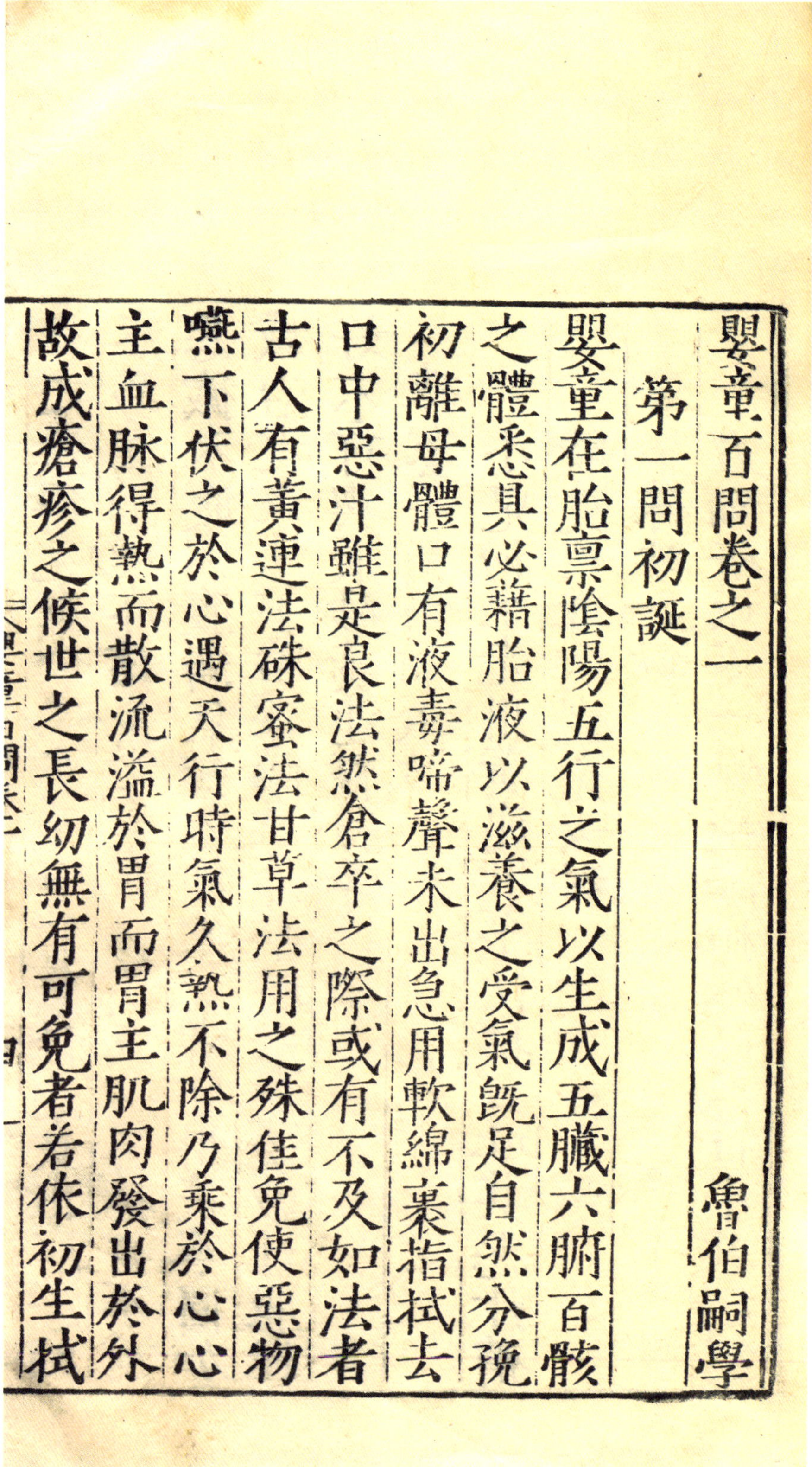
嬰童百問卷之一
魯伯嗣學
第一問初誕
嬰童在胎稟陰陽五行之氣以生成五臟六腑百骸之體悉具必藉胎液以滋養之受氣既足自然分娩初離母體口有液毒啼聲未出急用軟綿裹指拭去口中惡汁雖是良法然倉卒之際或有不及如法者古人有黃連法硃蜜法甘草法用之殊佳免使惡物嚥下伏之於心遇天行時氣久熱不除乃乘於心心主血脉得熱而散流溢於胃而胃主肌肉發出於外故成瘡疹之候世之長幼無有可免者若依初生拭

01818、01819 嬰童百問十卷 （明）魯伯嗣撰　明嘉靖二十三年（1544）陳與音刻本

匡高18.8厘米，廣13.9厘米。半葉十行，行二十字，小字雙行同，白口，左右雙邊。安徽中醫學院圖書館、中國中醫科學院圖書館藏。

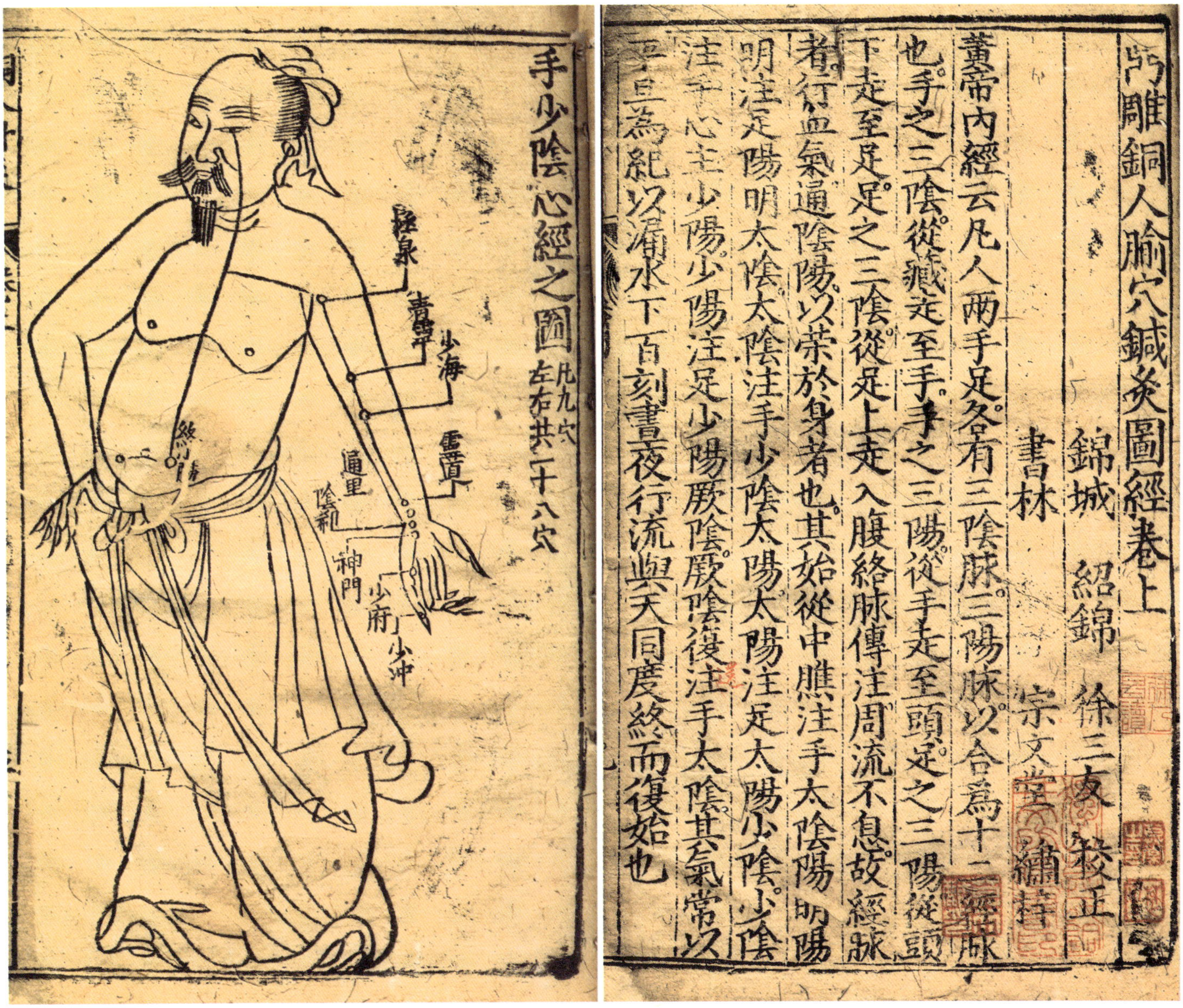

01820 鼎雕銅人腧穴鍼灸圖經三卷 （宋）王惟一輯　明書林宗文堂刻本

匡高20.2厘米，廣12.8厘米。半葉十行，行二十五字，小字雙行同，白口，上下雙邊。有“南陵徐乃昌校勘經籍記”、“莫棠之印”、“獨山莫氏銅井文房藏書印”等印。莫棠跋。中國中醫科學院圖書館藏。

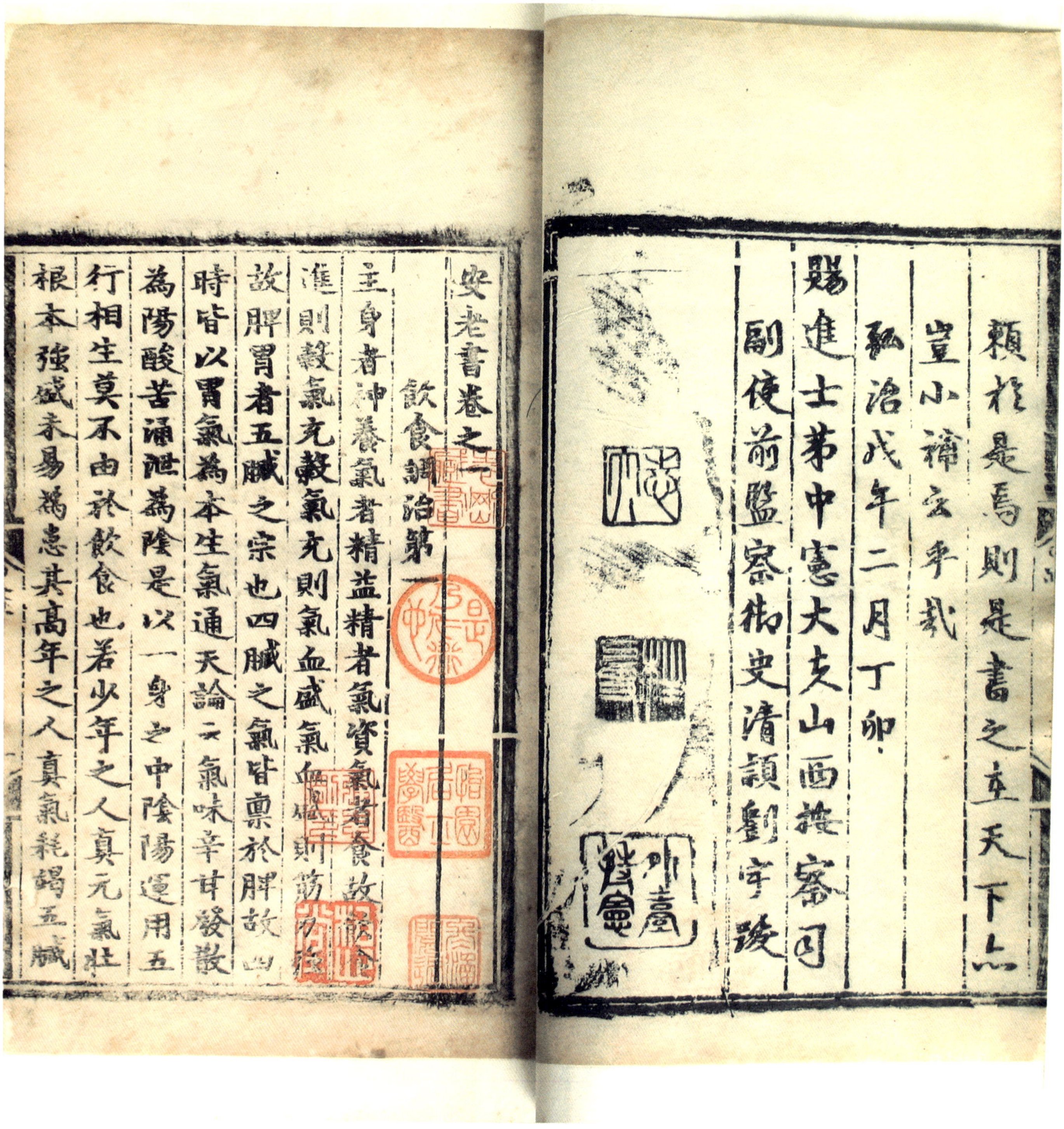
頼於是焉則是書之幸天下也
豈小補云乎哉
弘治戊午二月丁卯
賜進士第中憲大夫山西按察司
副使前監察御史清頴劉宇跋

安老書卷之一
飲食調治第一
主身者神養氣者精益精者氣資氣者食故
進則穀氣充穀氣充則氣血盛氣血盛則筋力強
故脾胃者五臟之宗也四臟之氣皆稟於脾故四
時皆以胃氣為本生氣通天論云氣味辛甘發散
為陽酸苦涌泄為陰是以一身之中陰陽運用五
行相生莫不由於飲食也若少年之人真元氣壯
根本強盛未易為患其高年之人真氣耗竭五臟

01821 安老懷幼書四卷 （明）劉宇編　明弘治十一年（1498）自刻本

匡高20.8厘米，廣14.5厘米。半葉九行，行十九字，小字雙行二十字，粗黑口，四周雙邊。有“張志剛印”等印。中國中醫科學院圖書館藏。

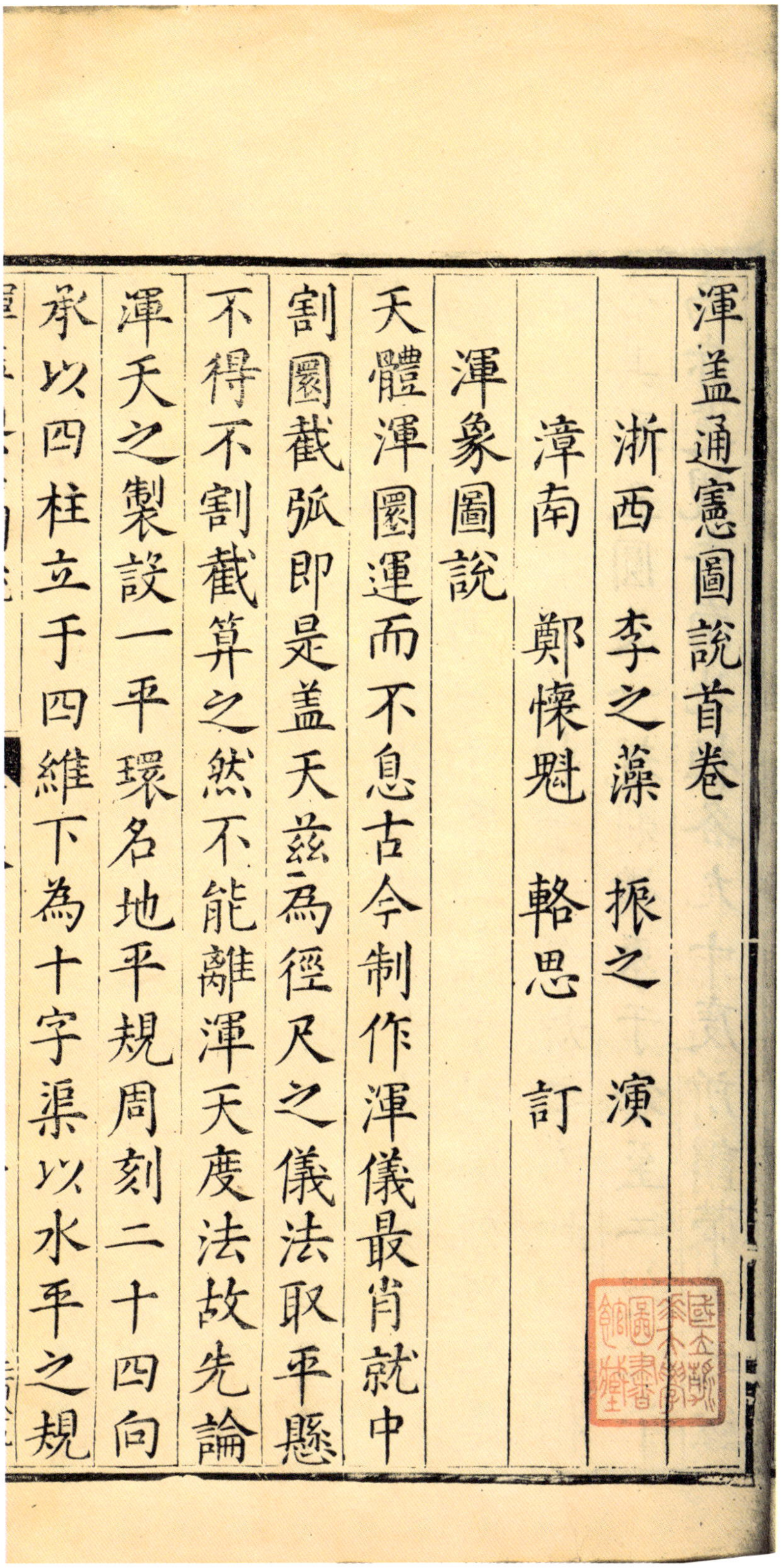
渾盖通憲圖說首卷
浙西 李之藻 振之 演
漳南 鄭懷魁 輅思 訂
渾象圖說
天體渾圜運而不息古今制作渾儀最肖就中
割圜截弧即是盖天茲爲徑尺之儀法取平懸
不得不割截算之然不能離渾天度法故先論
渾天之製設一平環名地平規周刻二十四向
承以四柱立于四維下為十字渠以水平之規

01822 渾盖通憲圖說二卷 （明）李之藻撰　明萬曆三十五年（1607）樊良樞刻本

匡高23.4厘米，廣15厘米。半葉九行，行十八字，小字雙行同，白口，四周雙邊。清華大學圖書館藏。

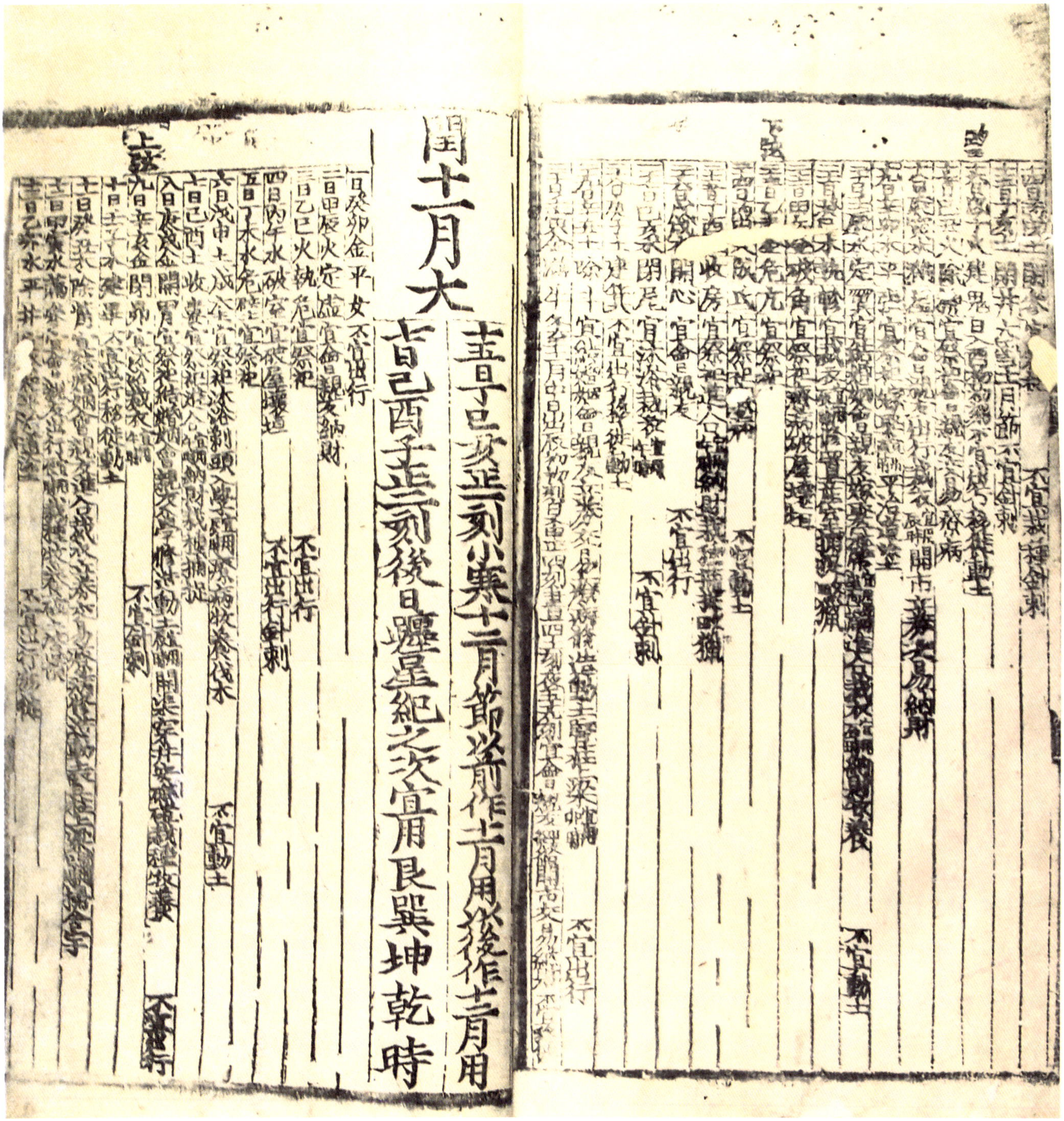

01823 大明天順四年歲次庚辰大統曆一卷 明天順刻本

匡高26.4厘米，廣14厘米。半葉八至十七行，行二十九至四十一字，黑口，左右雙邊。陝西省圖書館藏。

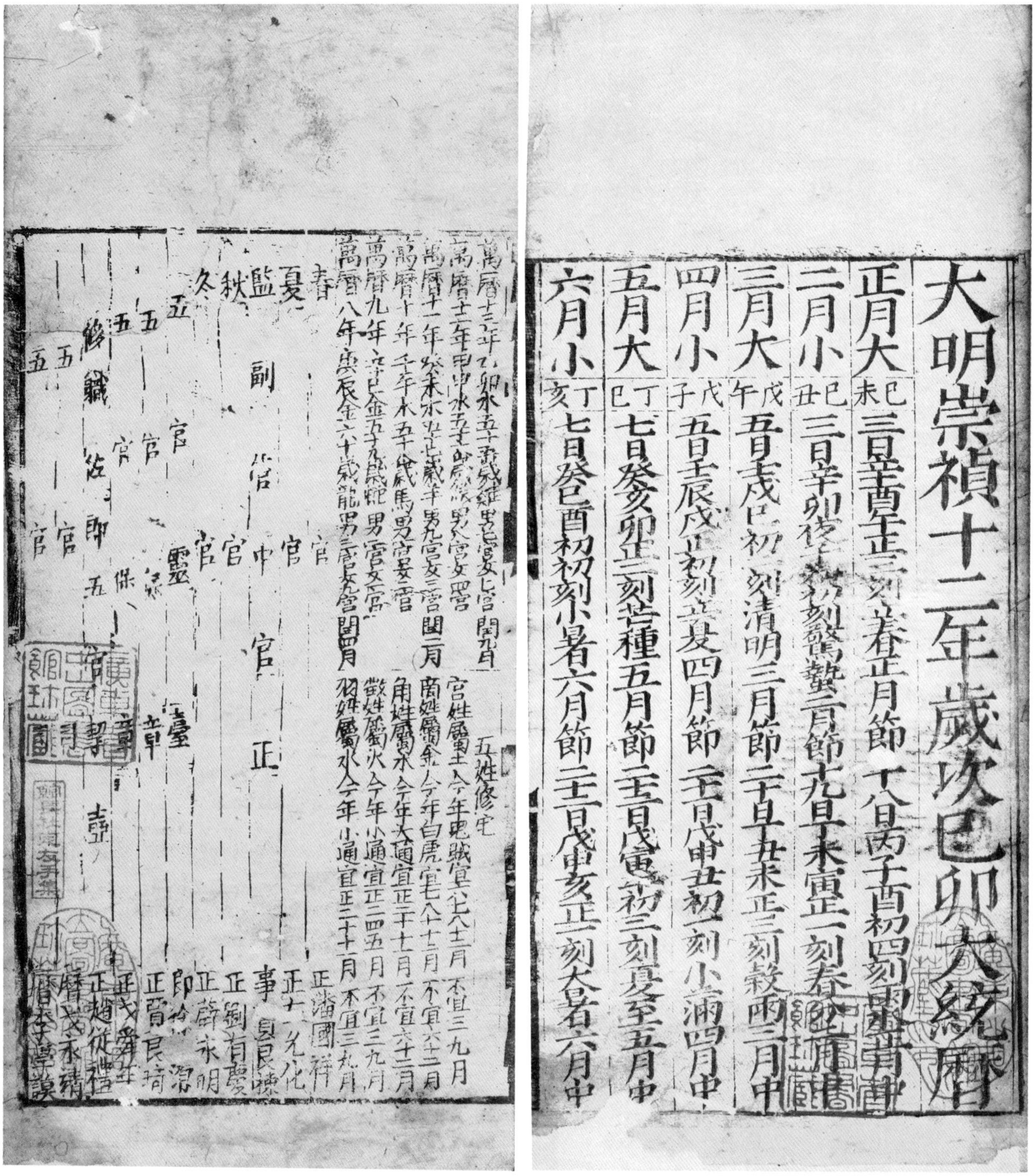
大明崇禎十二年歲次己卯大統曆
正月大 己未 三日丁酉辰正三刻立春正月節 十八日壬子酉初四刻雨水正月中
二月小 己丑 三日辛卯後子初初刻驚蟄二月節 十九日丁未寅正一刻春分二月中
三月大 戊午 五日壬戌巳初一刻清明三月節 二十日丁丑未正三刻穀雨三月中
四月小 戊子 五日壬辰戌正初刻立夏四月節 二十一日戊申丑初一刻小滿四月中
五月大 丁巳 七日癸亥卯正三刻芒種五月節 二十三日戊寅[illegible]初三刻夏至五月中
六月小 丁亥 七日癸巳酉初初刻小暑六月節 二十三日戊申亥正一刻大暑六月中

01824 大明崇禎十二年歲次己卯大統曆一卷 明崇禎十二年（1639）刻藍印本

匡高21.2厘米，廣12.5厘米。半葉七至十七行，行字不等，黑口，左右雙邊。廣東省立中山圖書館藏。

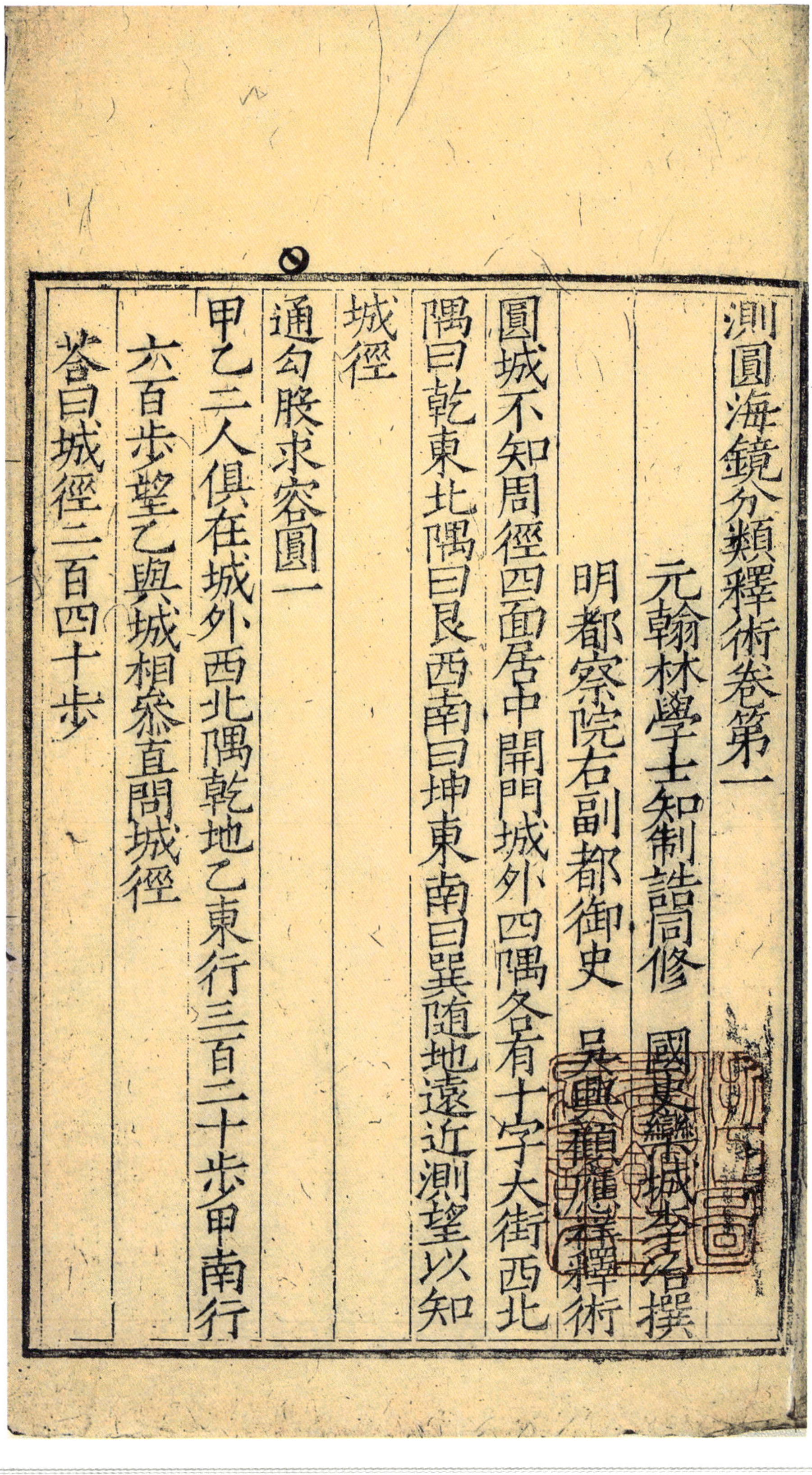

測圓海鏡分類釋術卷第一
元翰林學士知制誥同修　國史欒城李冶撰
明都察院右副都御史　吳興顧應祥釋術
圓城不知周徑四面居中開門城外四隅各有十字大街西北隅曰乾東北隅曰艮西南曰坤東南曰巽隨地遠近測望以知城徑
通勾股求容圓一
甲乙二人俱在城外西北隅乾地乙東行三百二十步甲南行六百步望乙與城相參直問城徑
荅曰城徑二百四十步

01825 測圓海鏡分類釋術十卷測圓算術四卷勾股算術二卷弧矢算術一卷方圓術一卷　（明）顧應祥撰　明嘉靖刻本

匡高20.1厘米，廣15.4厘米。半葉十行，行二十四字，白口，四周雙邊。浙江圖書館藏。

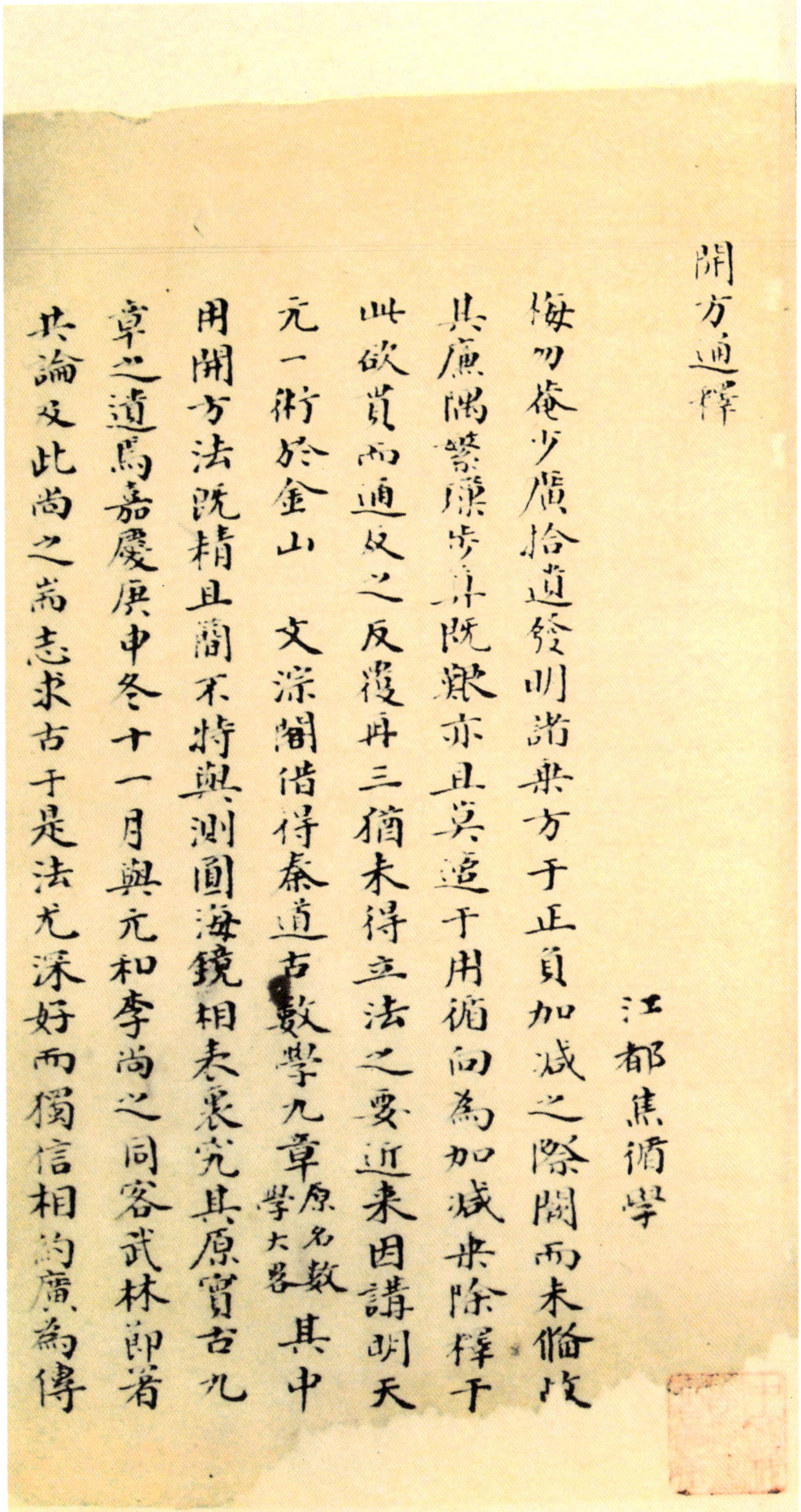

開方通釋

江都焦循學

梅勿庵少廣拾遺發明諸乘方于正負加減之際闡而未備改其廉隅繁賾步算既艱亦且莫達于用循向爲加減乘除釋于此欲貫而通之之反覆再三猶未得立法之要近來因講明天元一術於金山　文淙閣借得秦道古數學九章原名數學大略其中用開方法既精且簡不特與測圓海鏡相表裏究其原實古九章之遺焉嘉慶庚申冬十一月與元和李尚之同客武林郎著其論及此尚之爲志求古于是法尤深好而獨信相爲廣爲傳

01826 開方通釋一卷（清）焦循撰　稿本

半葉九行，行字不等，紅格。中國科學院國家科學圖書館藏。

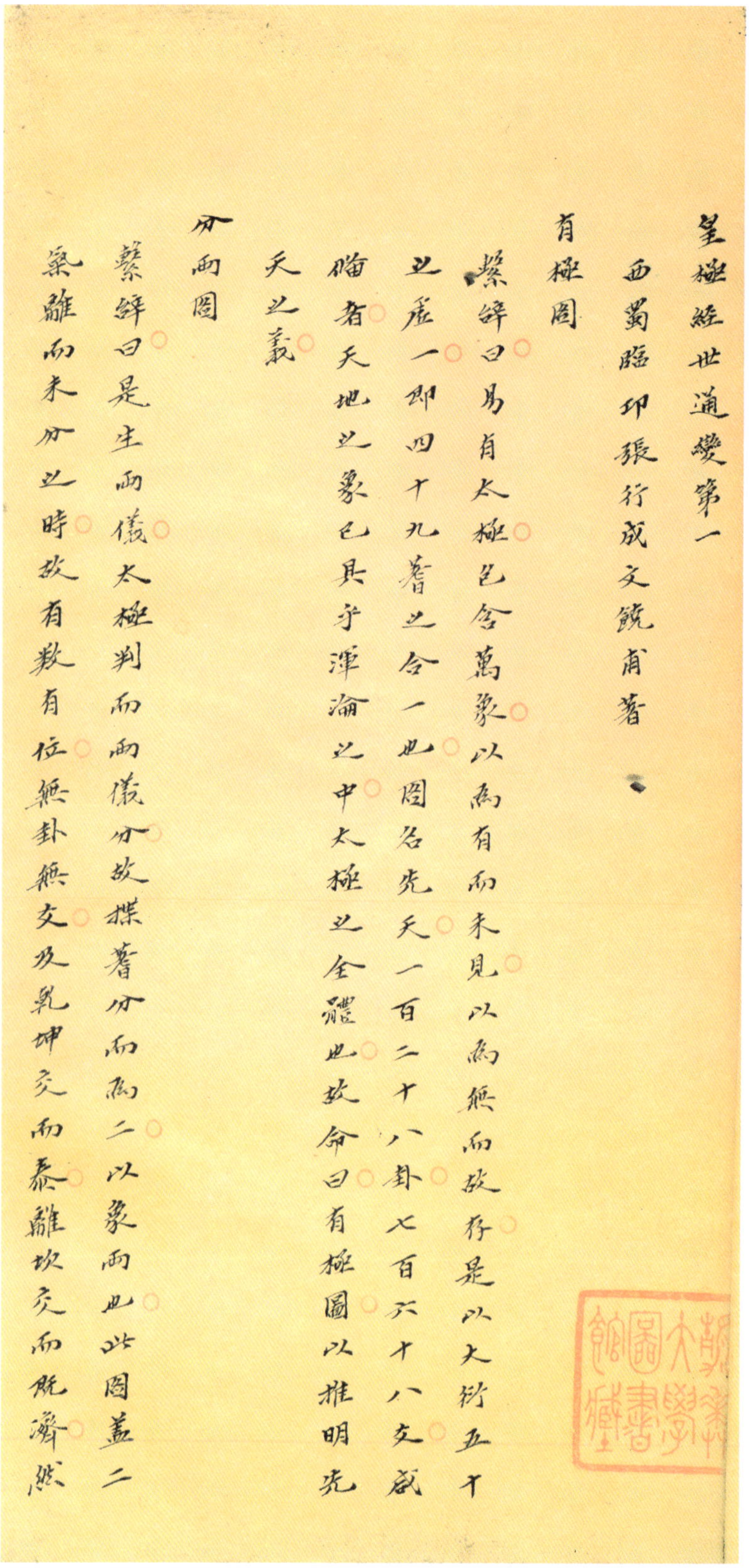
皇極經世通變第一
西蜀臨邛張行成文饒甫著
有極圖
繫辭曰易有太極已含萬象以爲有而未見以爲無而故存是以大衍五十
之虛一卽四十九蓍之合一也圖名先天一百二十八卦七百六十八爻咸
猶者天地之象已具乎渾淪之中太極之全體也故命曰有極圖以推明先
天之義
分兩圖
繫辭曰是生兩儀太極判而兩儀分故揲蓍分而爲二以象兩也此圖蓋二
氣離而未分之時故有數有位無卦無爻及乾坤交而泰離坎交而既濟然

01827 皇極經世通變四十卷（宋）張行成撰　明抄本

半葉十行，行字不等。雲崖題識。清華大學圖書館藏。

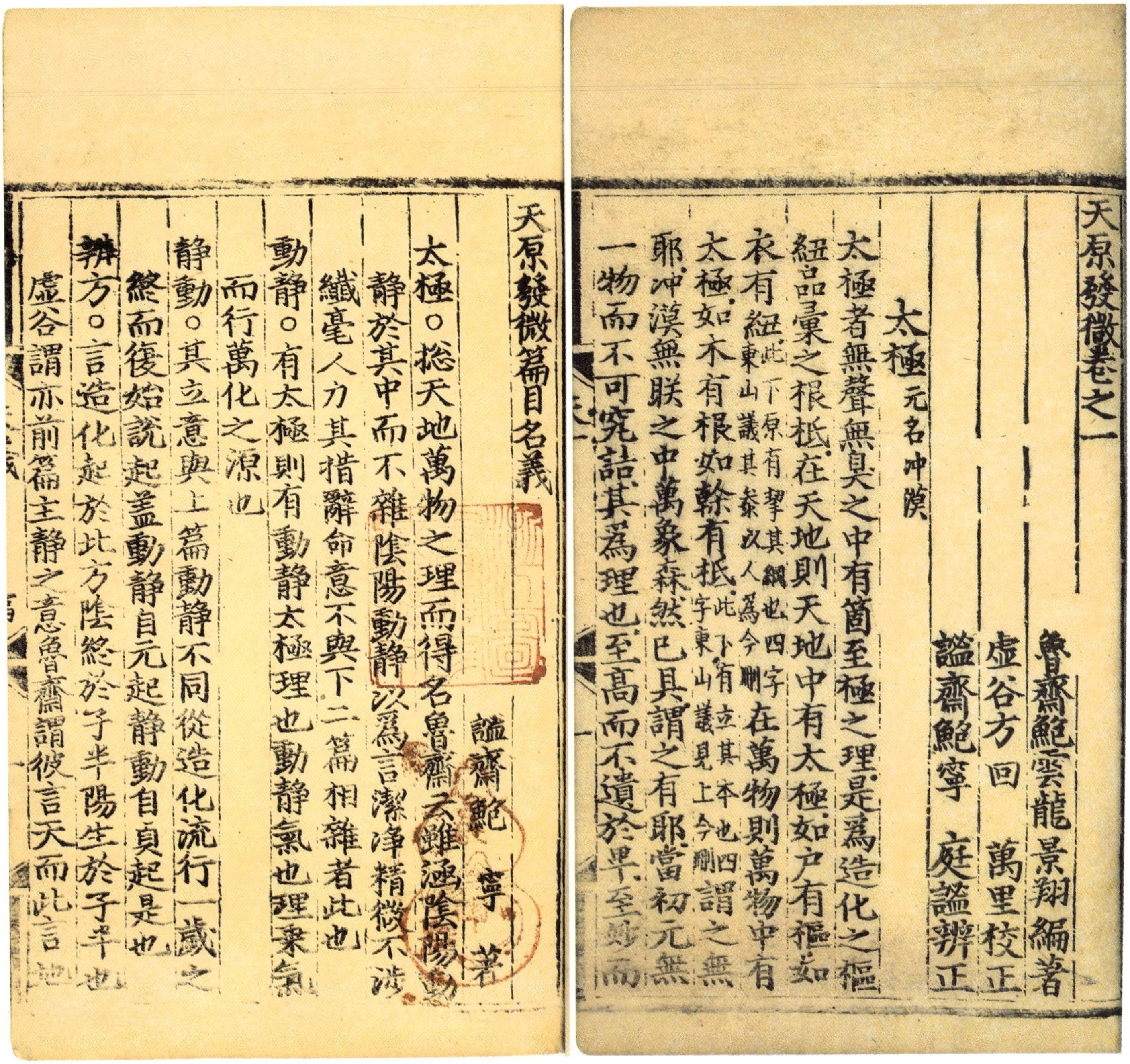
天原發微卷之一
魯齋鮑雲龍景翔編著
虛谷方回　萬里校正
謐齋鮑寧　庭謐辨正
太極　元名冲漠
太極者無聲無臭之中有箇至極之理是爲造化之樞紐品彙之根柢在天地則天地中有太極在萬物則萬物中有太極如户有樞如衣有紐（此下原有挈其綱也四字東山議其參以人爲今删）太極如木有根如榦有柢（此下有立其本也四字東山議見上今删）謂之無耶冲漠無朕之中萬象森然已具謂之有耶當初元無一物而不可究詰其爲理也至高而不遺於卑至妙而

天原發微篇目名義
謐齋鮑寧著
太極○總天地萬物之理而得名魯齋曰雖涵陰陽動靜於其中而不雜陰陽動靜以爲言潔淨精微不涉纖毫人力其措辭命意不與下二篇相雜著此也
動靜○有太極則有動靜太極理也動靜氣也理乘氣而行萬化之源也
靜動○其立意與上篇動靜不同從造化流行一歲之終而復始説起盖動靜自元起靜動自貞起是也
辨方○言造化起於北方陰終於子半陽生於子半也虛谷謂亦前篇主靜之意魯齋謂彼言天而此言地

01828、01829 天原發微五卷圖一卷篇目名義一卷（宋）鮑雲龍撰　（明）鮑寧辨正　**問答節要一卷**　（明）鮑寧輯　明天順五年（1461）鮑氏耕讀書堂刻本

匡高19.9厘米，廣13.4厘米。半葉十一行，行二十二字，小字雙行字不等，粗黑口，四周雙邊。有“天順辛巳歙西鮑氏耕讀書堂”牌記。揚州市圖書館、浙江圖書館藏。

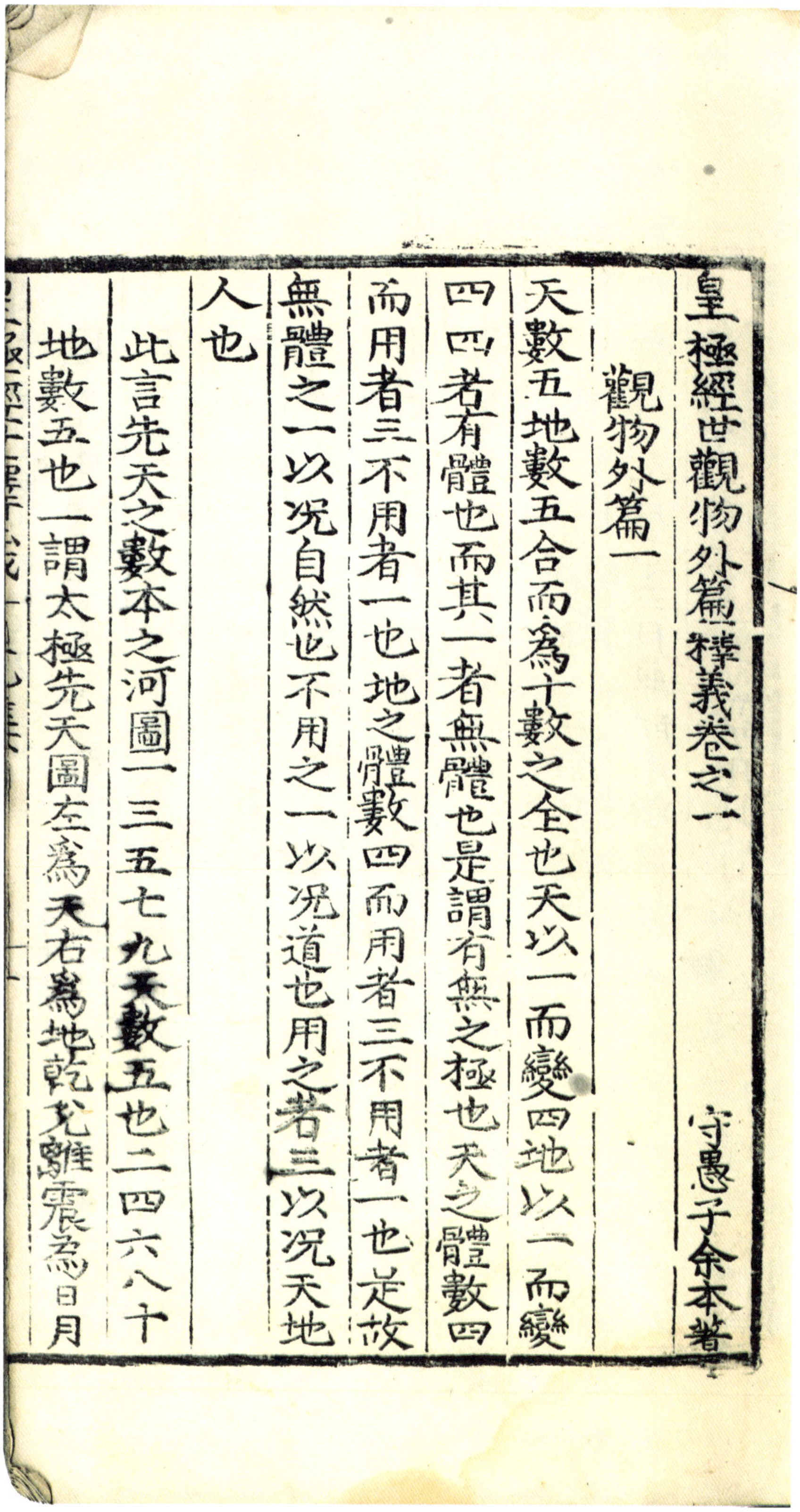
皇極經世觀物外篇釋義卷之一　　守愚子余本著

觀物外篇一

天數五地數五合而爲十數之全也天以一而變四地以一而變四四者有體也而其一者無體也是謂有無之極也天之體數四而用者三不用者一也地之體數四而用者三不用者一也是故無體之一以況自然也不用之一以況道也用之者三以況天地人也

此言先天之數本之河圖一三五七九天數五也二四六八十地數五也一謂太極先天圖左爲天右爲地乾兌離震爲日月

01830 皇極經世觀物外篇釋義四卷　（明）余本撰　明嘉靖青州府刻四十四年（1565）杜思重修本

匡高20.8厘米，廣14.6厘米。半葉九行，行二十三至二十五字，白口，四周單邊。安徽省圖書館藏。

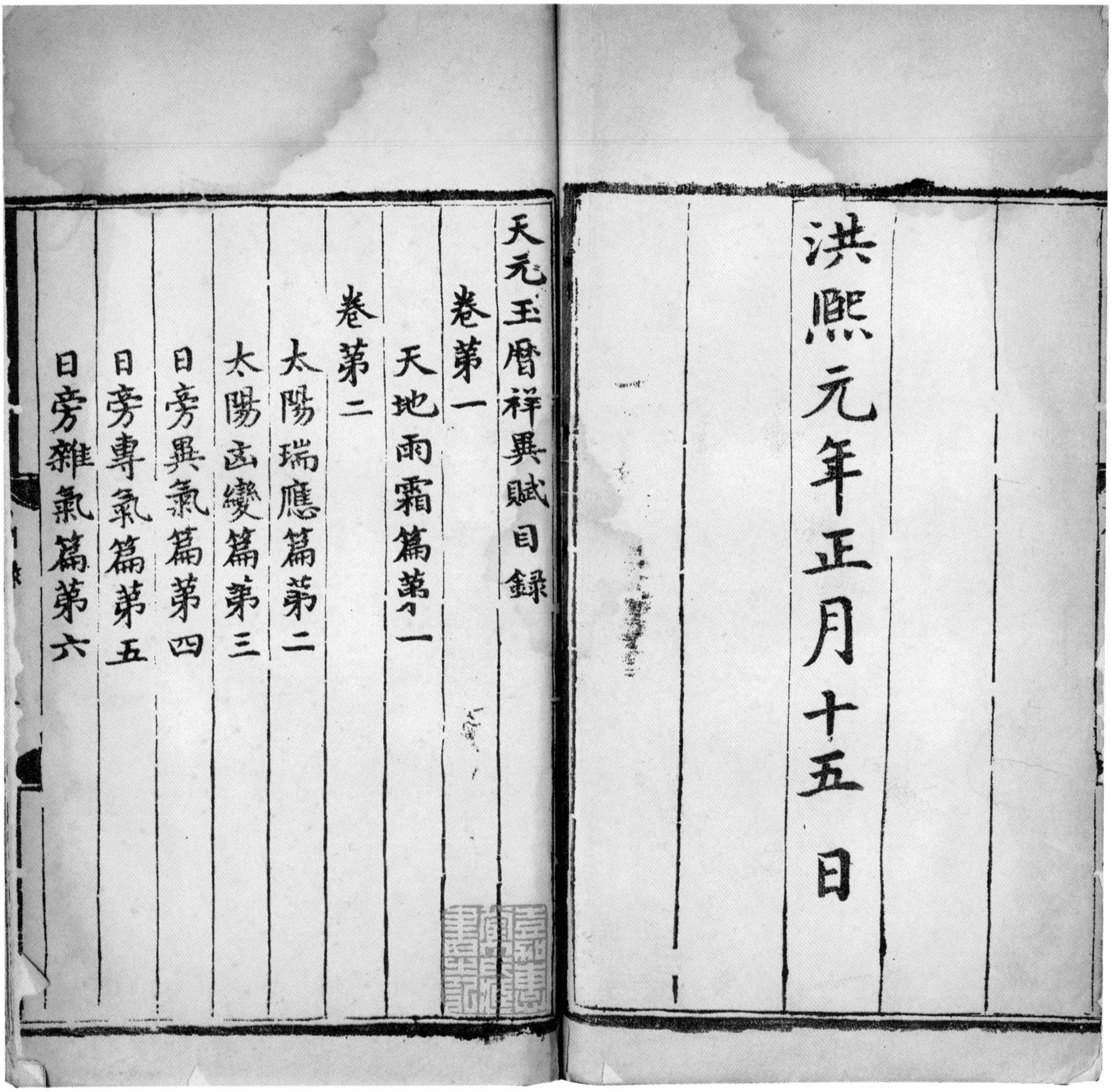
洪熙元年正月十五日

天元玉曆祥異賦目録
卷第一
天地雨霜篇第一
卷第二
太陽瑞應篇第二
太陽凶變篇第三
日旁異氣篇第四
日旁專氣篇第五
日旁雜氣篇第六

01831 天元玉曆祥異賦七卷 （明）仁宗朱高熾撰　明洪熙元年（1425）内府刻本

匡高18.7厘米，廣12.7厘米。半葉九行，行十八字，黑口，四周雙邊。丁丙跋。南京圖書館藏。

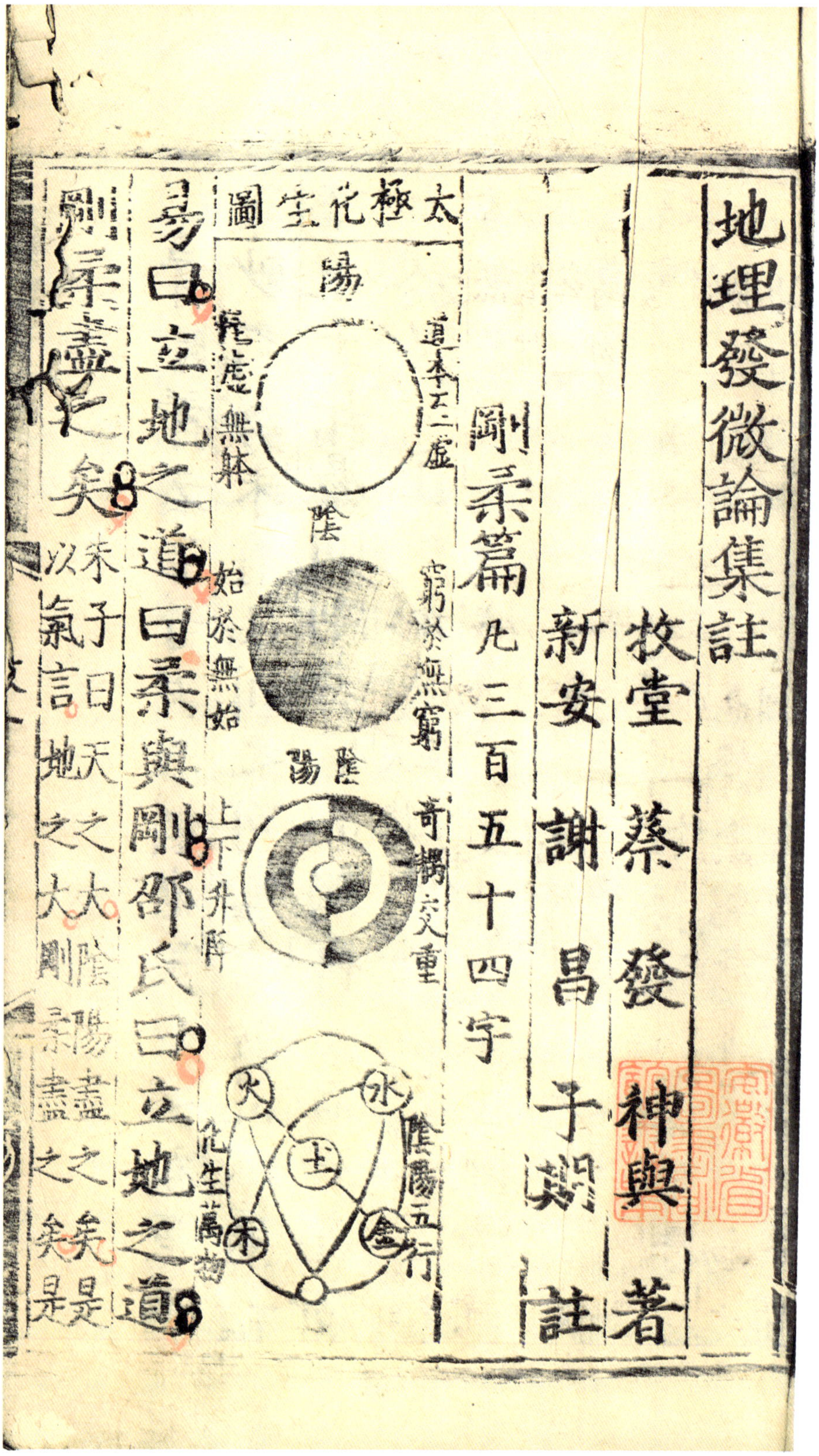

01832 地理發微論集註一卷 （宋）蔡發撰　（明）謝昌注　**附録宋山陵議狀一卷**　（宋）朱熹撰　明弘治十四年（1501）刻本

匡高21厘米，廣14.2厘米。半葉九行，行十七字，小字雙行同，粗黑口，四周雙邊。安徽省圖書館藏。

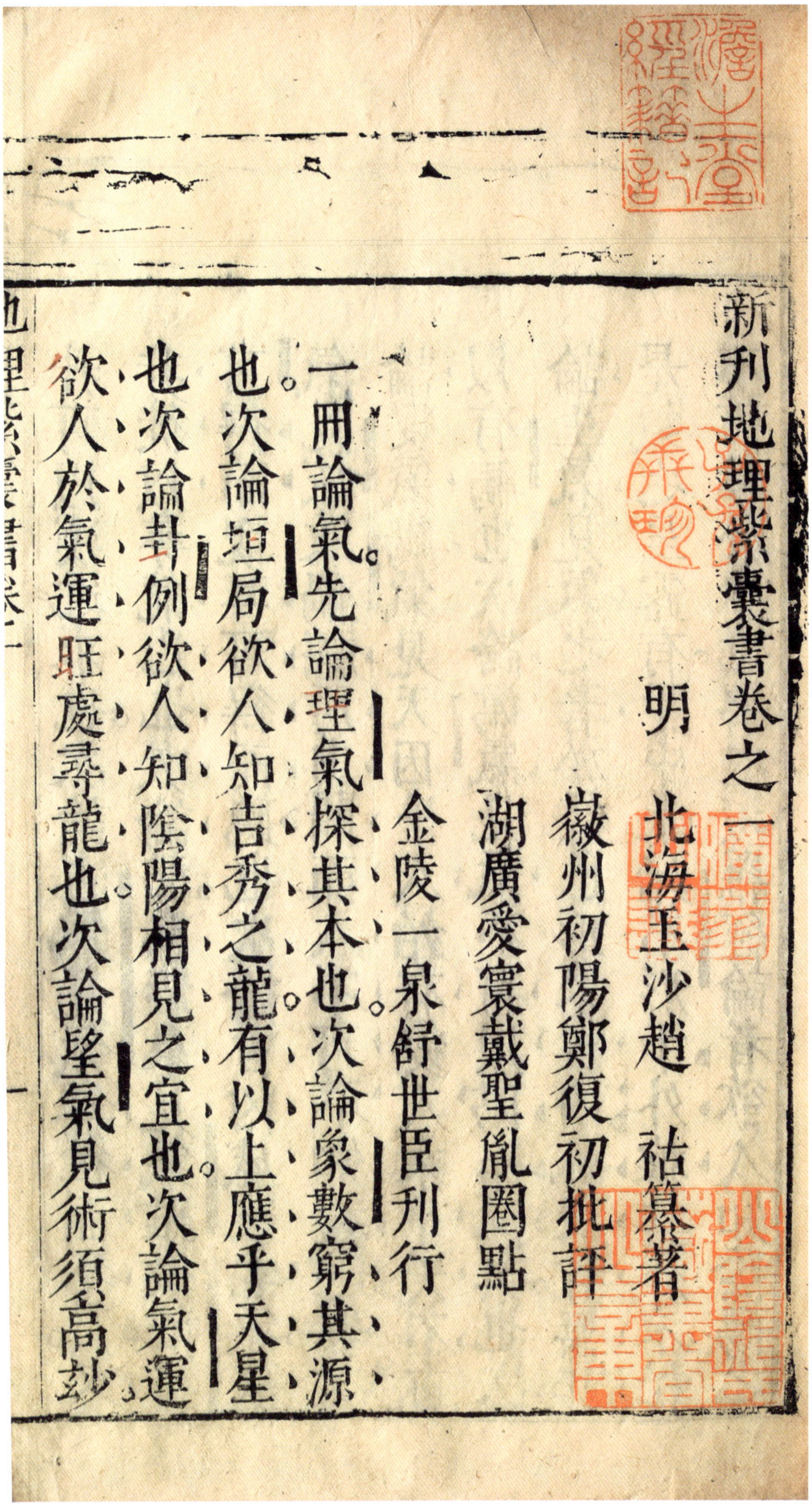
新刊地理紫囊書卷之一
明 北海玉沙趙 祐纂著
嶽州初陽鄭復初批評
湖廣愛寰戴聖胤圈點
金陵 一泉舒世臣刊行
一冊論氣先論理氣探其本也次論象數窮其源
也次論垣局欲人知吉秀之龍有以上應乎天星
也次論卦例欲人知陰陽相見之宜也次論氣運
欲人於氣運旺處尋龍也次論望氣見術須高妙
地理紫囊書卷之一　　一

01833 新刊地理紫囊書八卷 （明）趙祐撰　(明)鄭復初評　（明）戴聖胤圈點　明萬曆四十三年（1615）舒一泉刻本

匡高22.5厘米，廣14.5厘米。半葉九行，行二十字，白口，四周單邊。有“澹生堂經籍記”等印。祁承㸁校。紹興圖書館藏，存四卷。

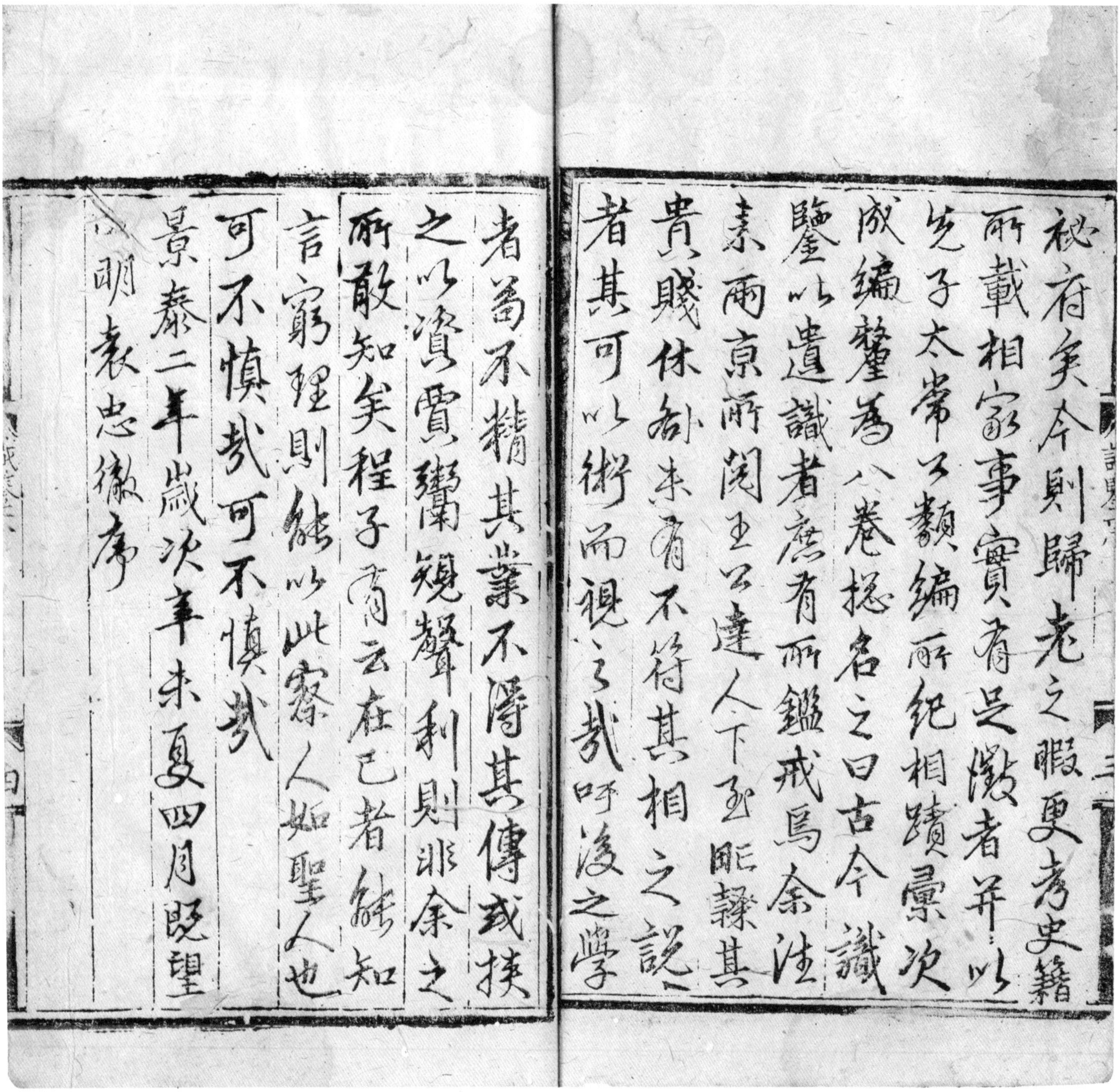

秘府矣今則歸老之暇更考史籍所載相家事實有足徵者并以先子太常公類編所紀相蹟彙次成編釐為八卷總名之曰古今識鑒以遺識者庶有所鑑戒焉余往來兩京所閱王公達人下至皂隸其貴賤休咎未有不符其相之說者其可以術而視之哉吁後之學者爲不精其業不得其傳或挾之以資賈鬻覬覦利則非余之所敢知矣程子有云在己者能知言窮理則能以此察人如聖人也可不慎哉可不慎哉

景泰二年歲次辛未夏四月既望

四明袁忠徹序

01834 古今識鑒八卷 （明）袁忠徹輯　明景泰二年（1451）刻本

匡高20.7厘米，廣14.3厘米。半葉十行，行二十二字，小字雙行同，粗黑口，四周雙邊。丁丙跋。南京圖書館藏。

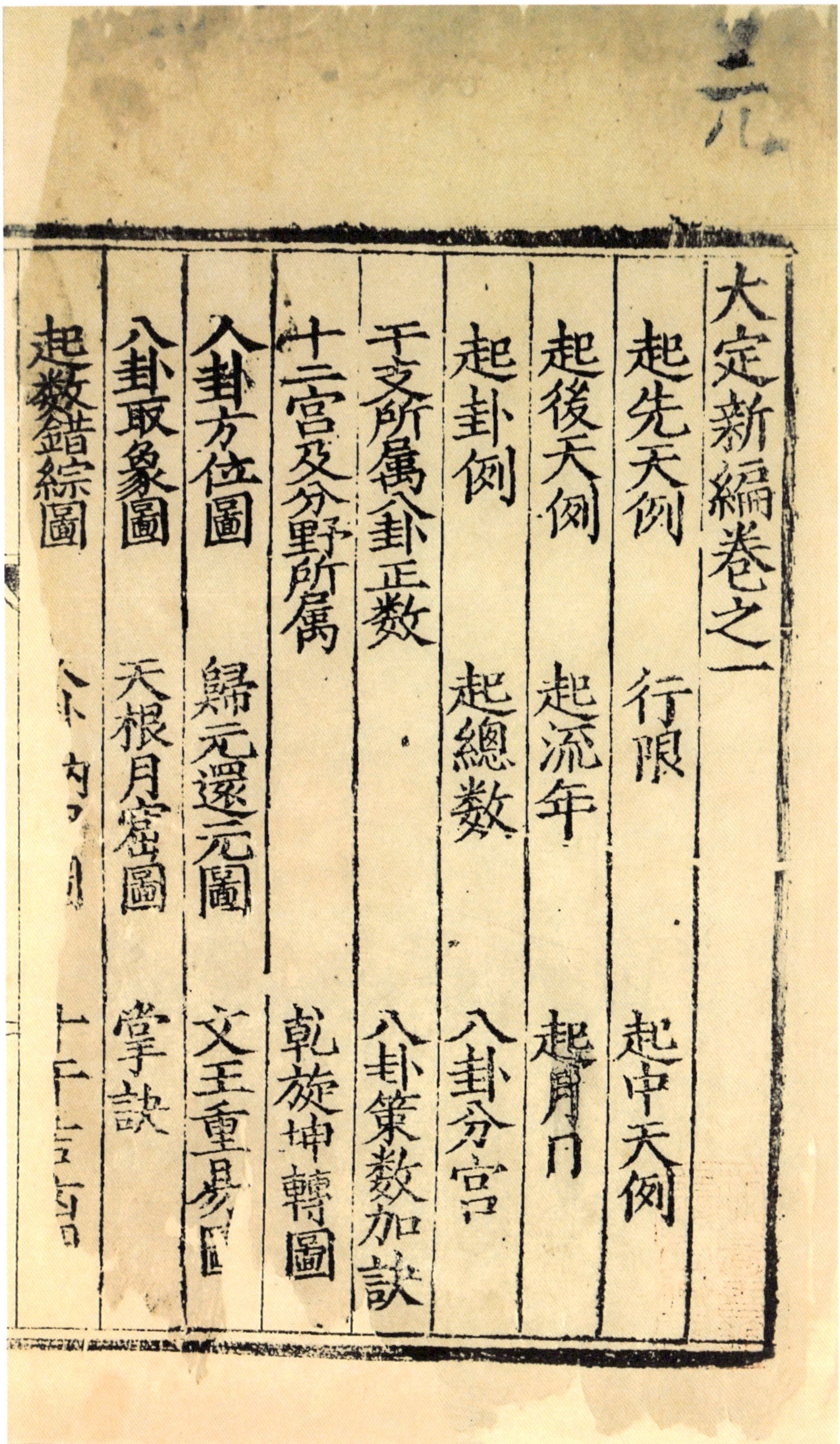

大定新編卷之一

起先天例　行限　起中天例
起後天例　起流年　起月門
起卦例　起總数　八卦分宮
干支所屬八卦正数　八卦策数加訣
十二宮及分野所屬　乾旋坤轉圖
八卦方位圖　歸元還元圖　文王重易圖
八卦取象圖　天根月窟圖　掌訣
起数錯綜圖

01835 大定新編四卷 （明）楊向春撰　明嘉靖二十五年（1546）刻本

匡高21.5厘米，廣15厘米。半葉九行，行十九至二十八字，白口，上下雙邊。有“嘉靖丙午新刊”刻書題記。杭州圖書館藏。

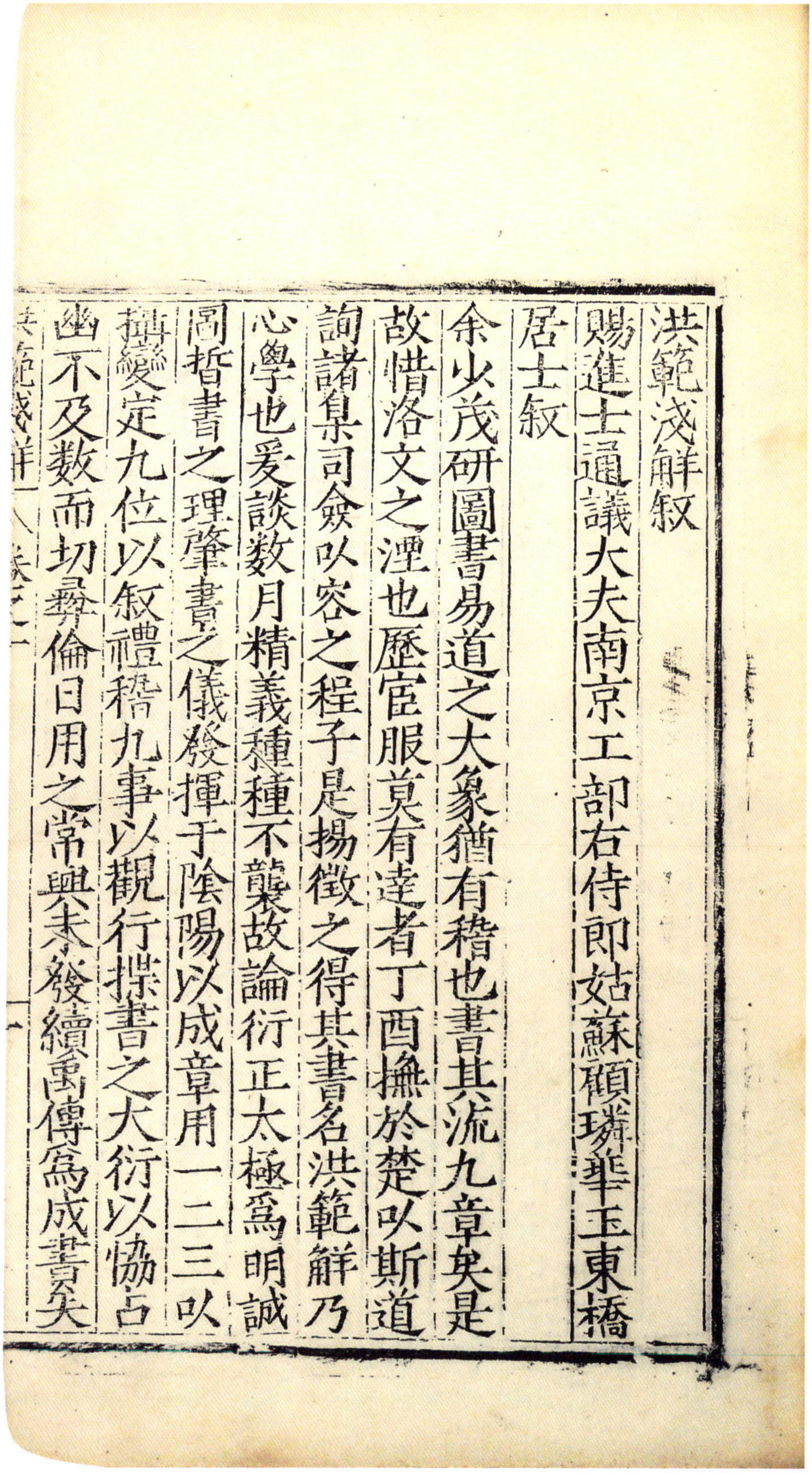
洪範淺解叙
賜進士通議大夫南京工部右侍郎姑蘇顧璘華玉東橋
居士叙
余少茂研圖書易道之大象猶有稽也書其流九章矣是
故惜洛文之湮也歷宦服莫有達者丁酉撫於楚以斯道
詢諸臬司僉以容之程子是揚徵之得其書名洪範解乃
心學也爰談數月精義種種不襲故論衍正太極爲明誠
闡哲書之理肇書之儀發揮于陰陽以成章用一二三以
擴綴定九位以叙禮稽九事以覩行揲書之大衍以協占
幽不及數而切彝倫日用之常與未發續圖傳爲成書矣
洪範淺解 叙 一

01836 洪範淺解十一卷 （明）程宗舜撰　明嘉靖三十六年（1557）楊可教等刻本

匡高19.4厘米，廣16.5厘米。半葉十行，行二十二字，小字雙行字不等，白口，四周雙邊。遼寧省圖書館藏。

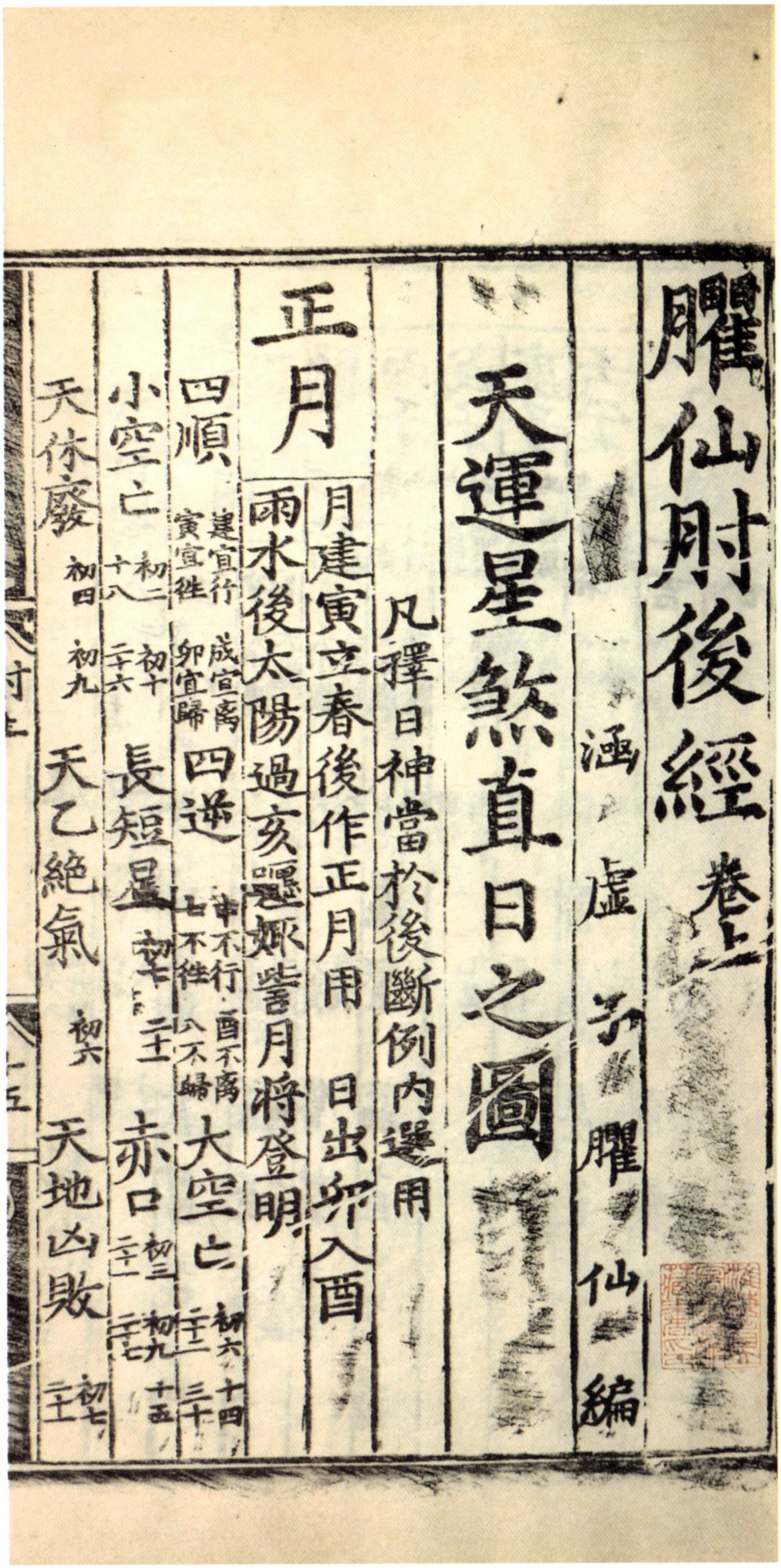

臞仙肘後經　卷上

涵虛子臞仙編

天運星煞直日之圖

凡擇日神當於後斷例內選用

正月

月建寅立春後作正月用　日出卯入酉

雨水後太陽過亥躔娵訾月將登明

四順　建宜行　寅宜往　成宜離　卯宜歸　四逆　大空亡　初六　十四　二十二　三十

小空亡　初二　十八　初十　二十六　長短星　赤口　初三　二十一　初九　二十七　十五

天休廢　初四　初九　天乙絶氣　初六　天地凶敗　初七　二十二

01837 臞仙肘後經二卷　（明）朱權撰　明嘉靖三十九年（1560）晉府寶賢堂刻本

匡高25.5厘米，廣17厘米。行字不等，黑口，四周雙邊。徐州市圖書館藏。

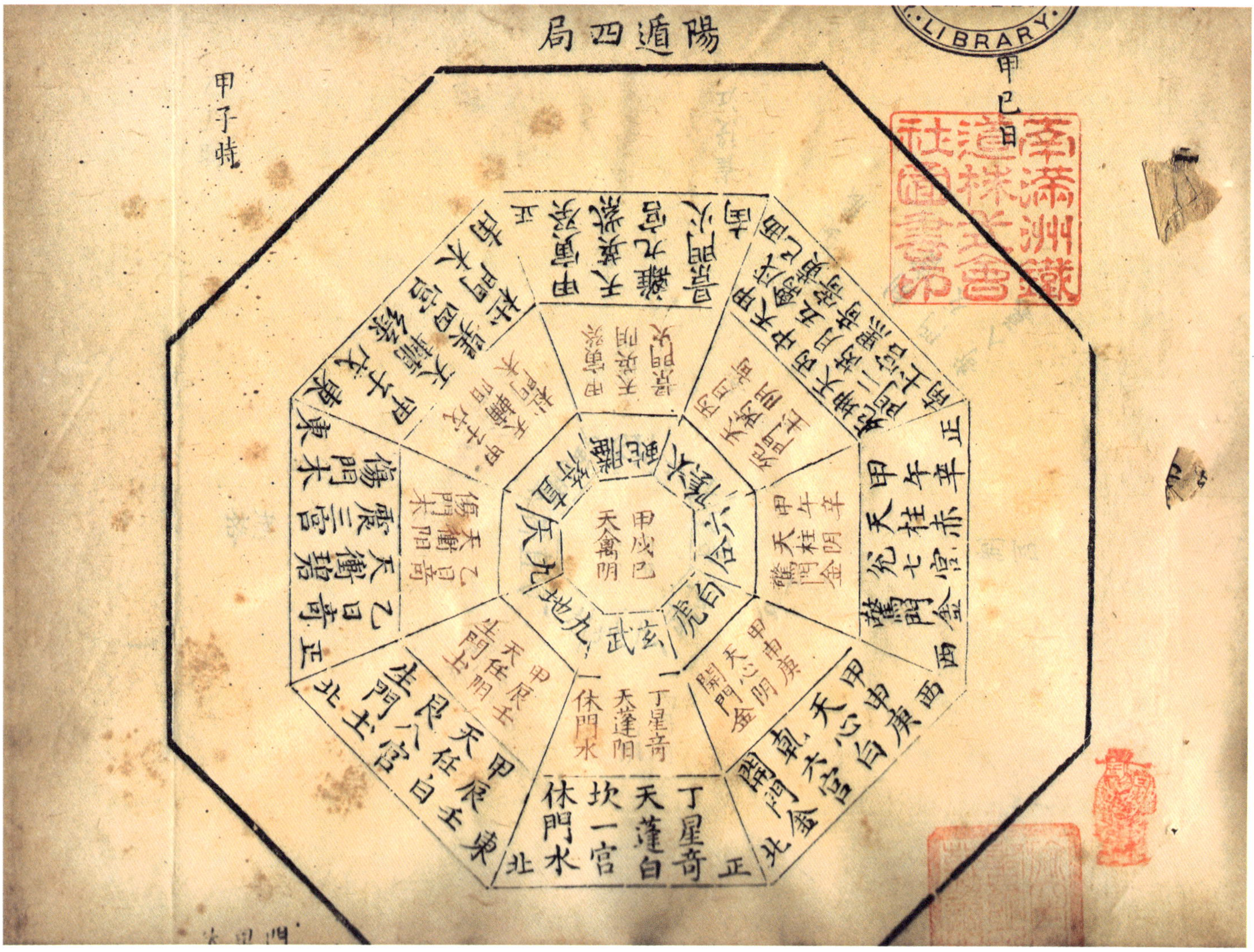

01838 奇門鴻寶不分卷 明天啟元年（1621）刻三色套印本

匡高22.7厘米，廣14.9厘米。半葉十行，行二十四字，小字雙行同，白口，四周單邊。有“延陵”等印。大連圖書館藏。

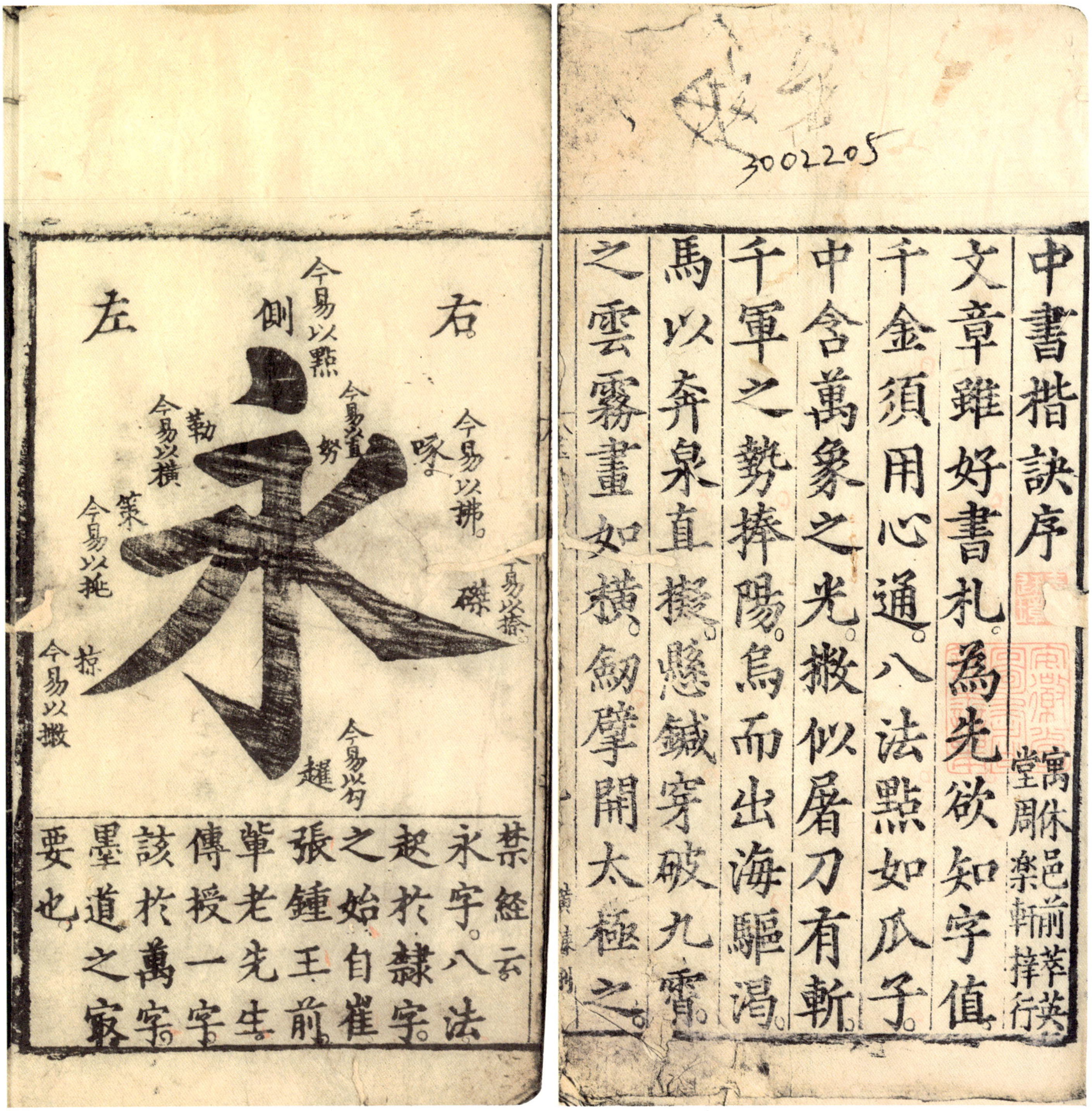
中書楷訣序
文章雖好書札爲先欲知字值千金須用心通。八法點如瓜子中含萬象之光。撇似屠刀有斬千軍之勢。捧陽鳥而出海驅渴馬以奔泉。直擬懸鍼穿破九霄之雲霧。畫如橫劍擘開太極之
寓休邑前萃英堂周樂軒梓行

禁經云永字八法起於隸字之始自崔張鍾王前輩老先生傳授一字該於萬字墨道之竅要也

01839 中書楷訣一卷 （明）姜立綱撰　明弘治十八年（1505）休邑萃英堂周樂軒刻本

匡高17.5厘米，廣11.6厘米。行字不等，白口，。四周單邊。安徽省圖書館藏。

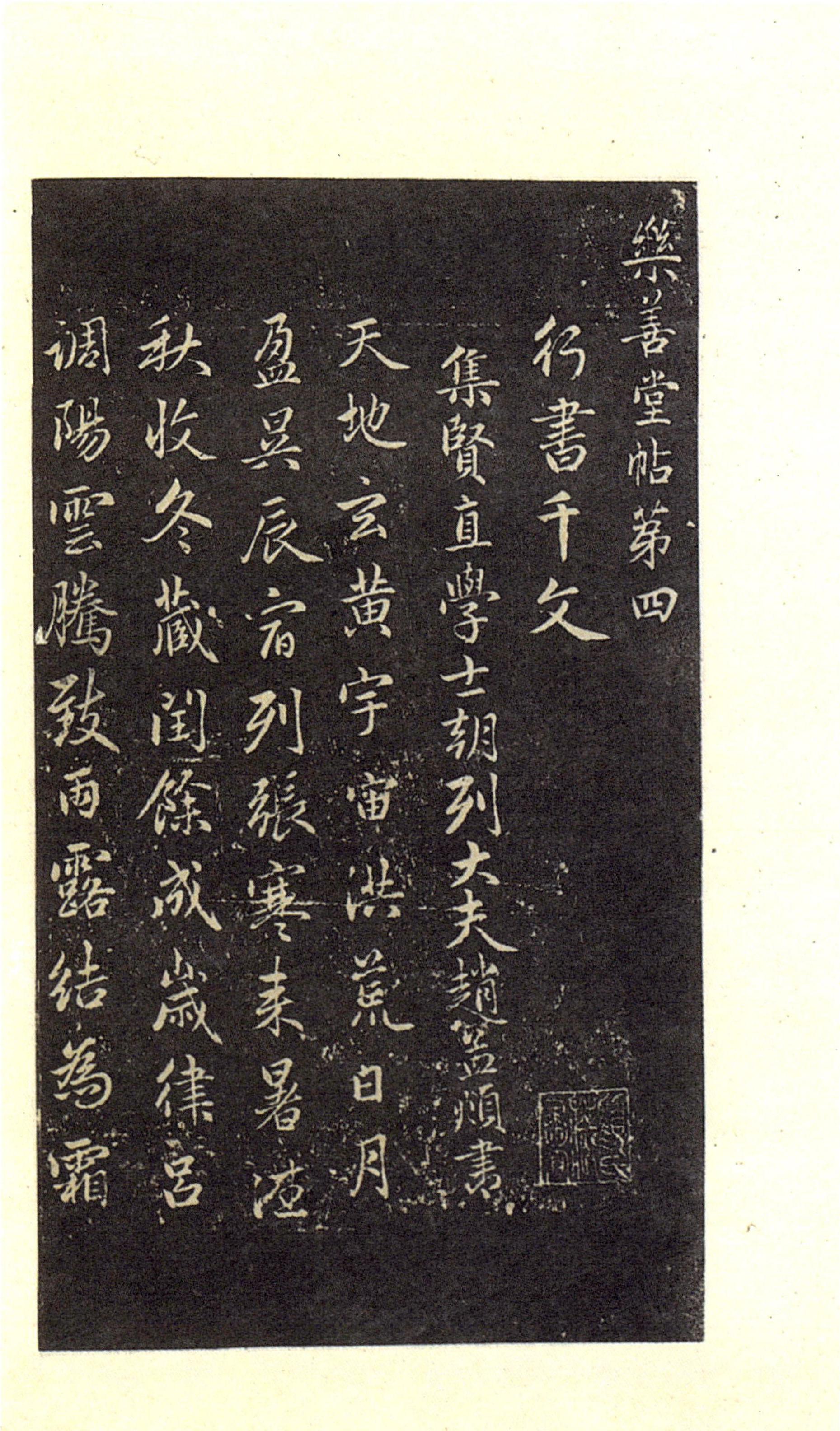

樂善堂帖第四
行書千文
集賢直學士朝列大夫趙孟頫書
天地玄黄宇宙洪荒日月
盈昃辰宿列張寒來暑往
秋收冬藏閏餘成歲律吕
調陽雲騰致雨露結為霜

01840 樂善堂法帖 （元）趙孟頫書并繪　（元）顧信摹勒　（元）吴世昌　茅紹之鐫　元延祐五年（1318）刻石　明拓本　五十二開半。墨本高30厘米，廣17厘米。有“省訓堂”等印。吴永題簽，張寰、張伯英跋。國家圖書館藏，存卷不詳。

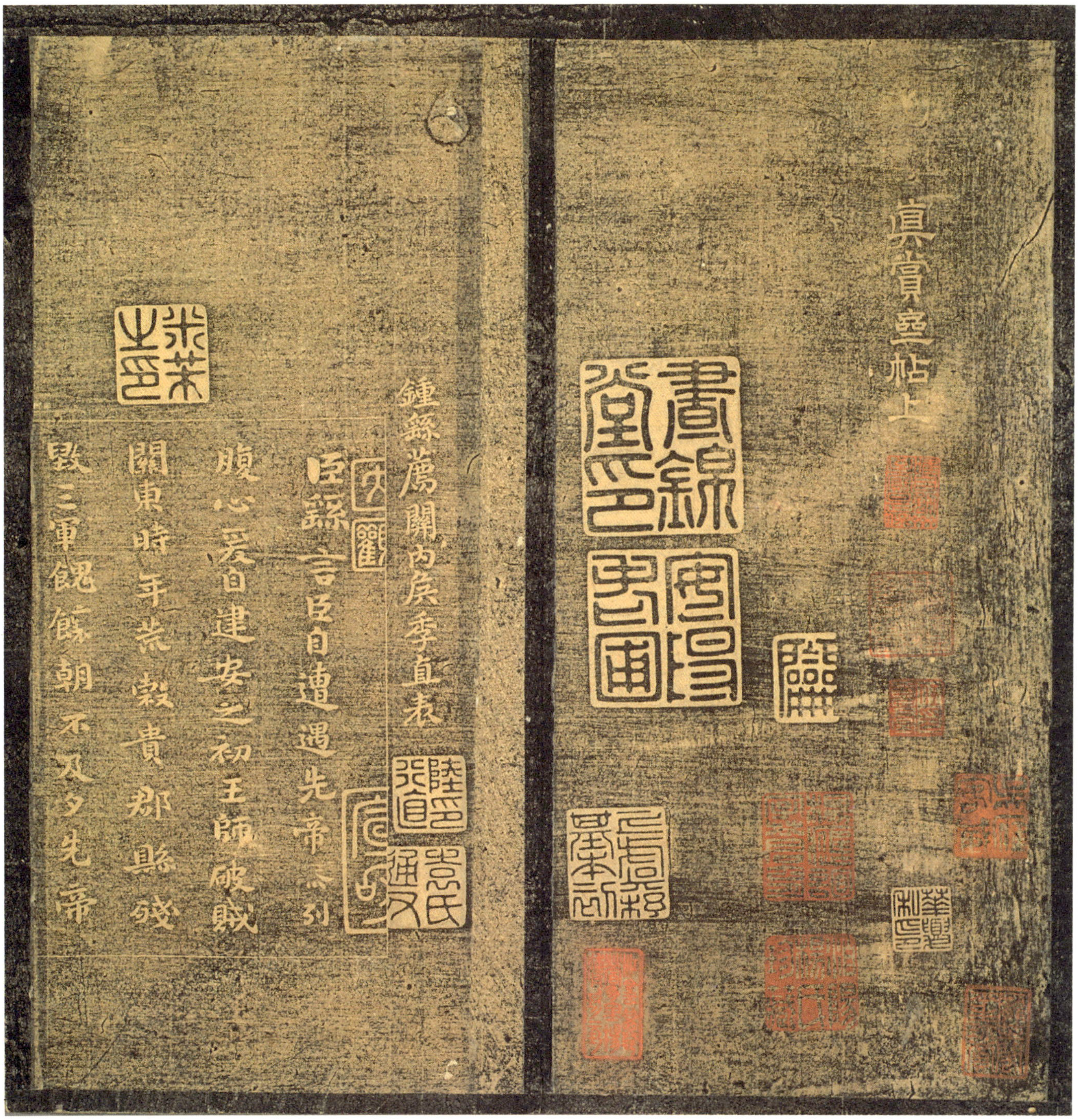

01841 真賞齋帖 （明）華夏輯　（明）章文鐫 明嘉靖元年（1522）刻石　明拓火前本

二十五開。墨本高26.4厘米，廣12.5厘米。有“康有爲印”等印。康有爲、羅振玉等題簽，鄭孝胥、陶北溟等跋。故宫博物院藏，存一卷。

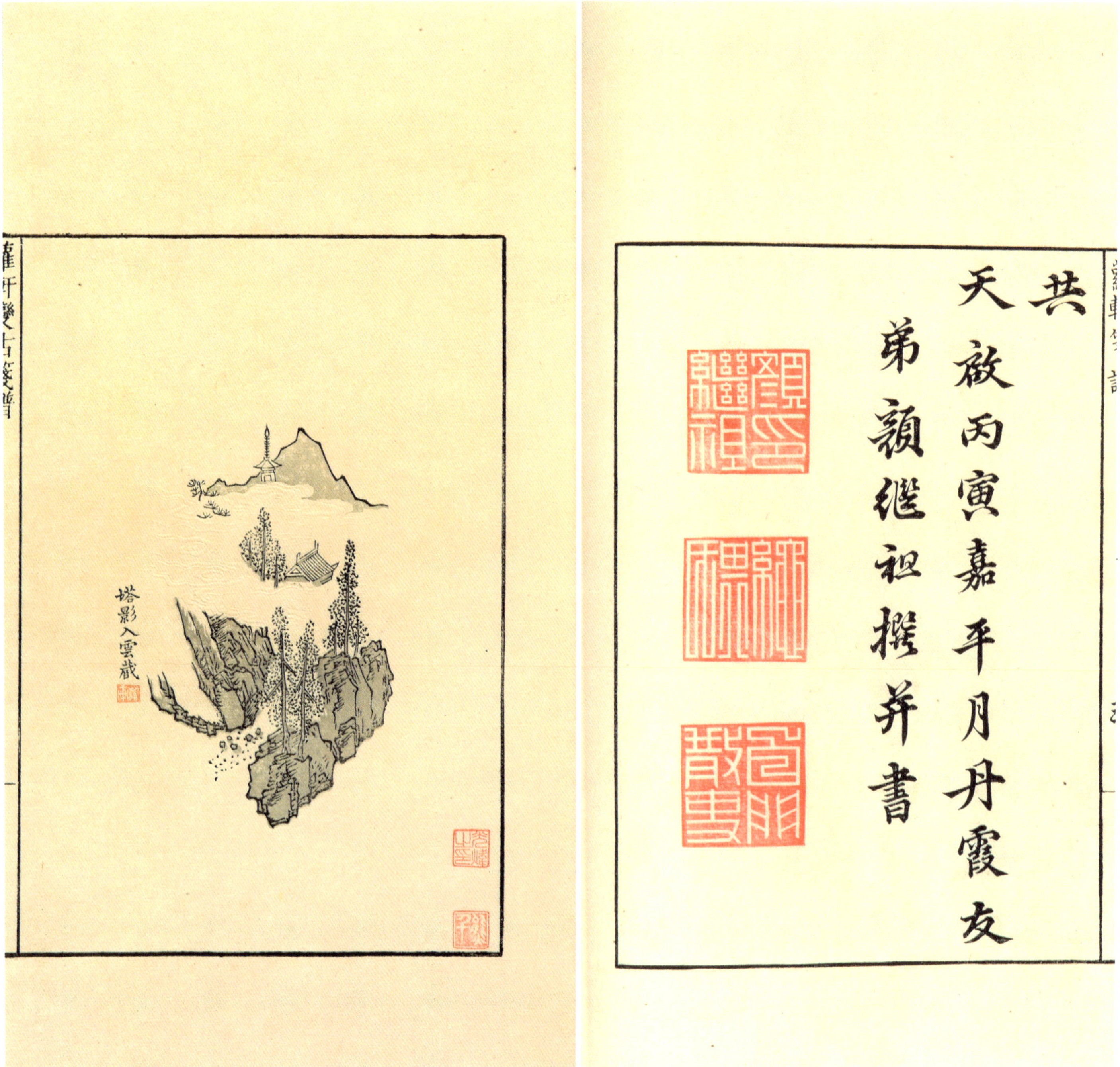

01842 蘿軒變古箋譜二卷 （明）吳發祥輯　明天啟六年（1626）刻彩色套印本

匡高21.2厘米，廣14.1厘米。白口，四周單邊。上海博物館藏。

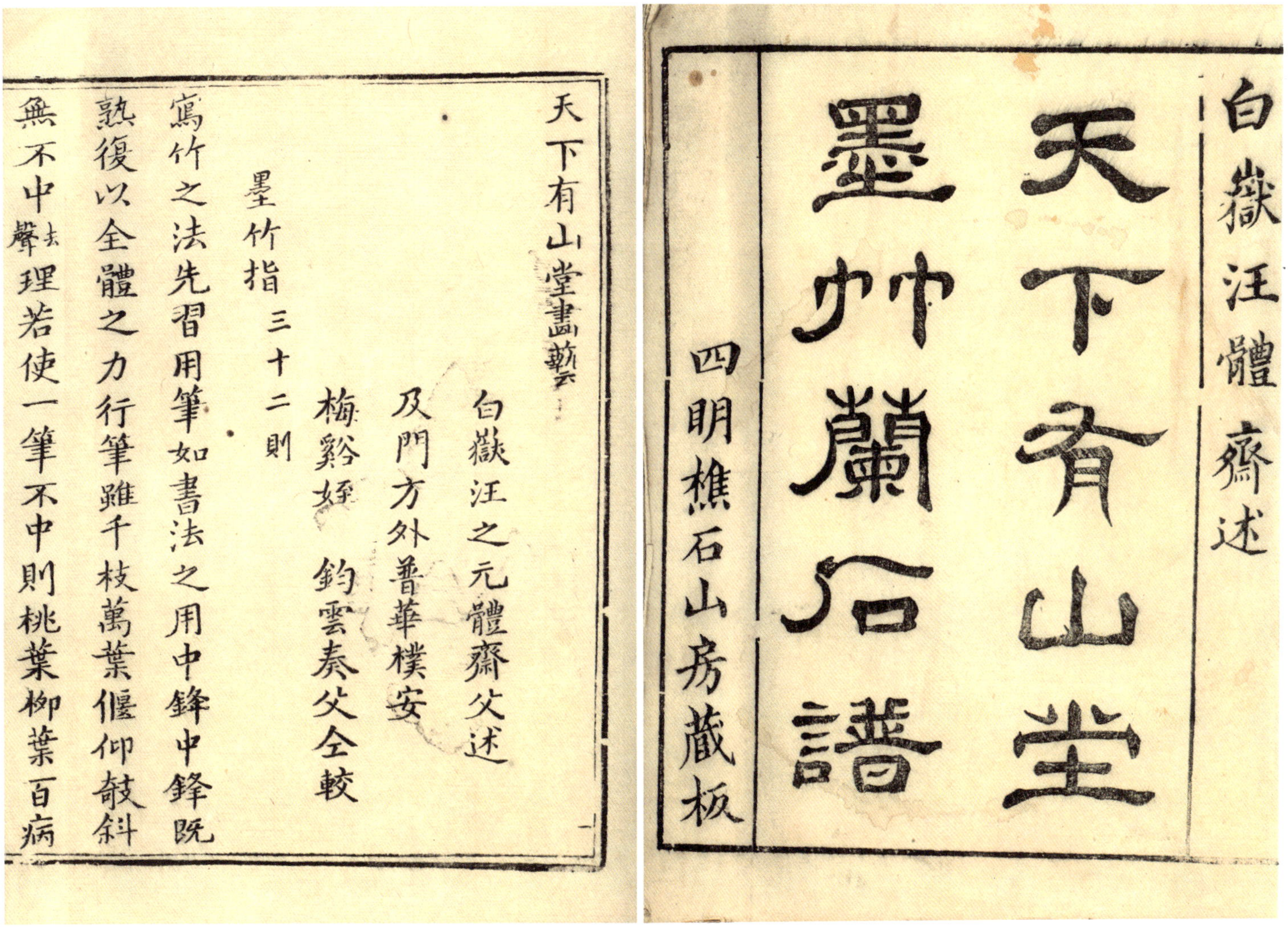
白嶽汪體齋述
天下有山堂
墨竹蘭石譜
四明樵石山房藏板

天下有山堂畫藝
白嶽汪之元體齋父述
及門方外普華樸安
梅谿姪　鈞雲奏父仝較
墨竹指　三十二則
寫竹之法先習用筆如書法之用中鋒中鋒既
熟復以全體之力行筆雖千枝萬葉偃仰敧斜
無不中聲去理若使一筆不中則桃葉柳葉百病

01843 天下有山堂畫藝二卷　（清）汪之元撰　清樵石山房刻套印本

匡高23.1厘米，廣18厘米。半葉八行，行十八字，白口，四周雙邊。南京圖書館藏。

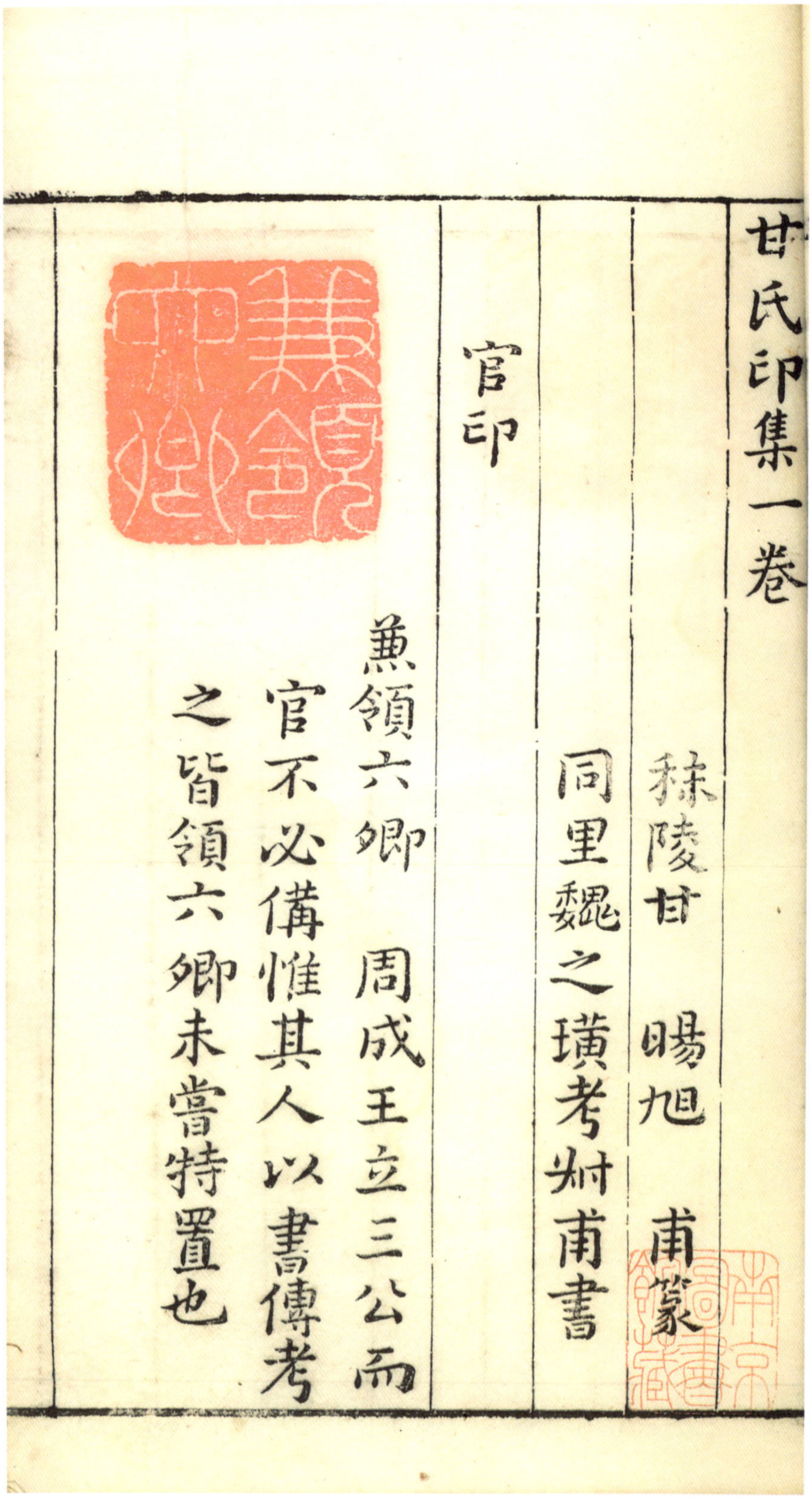

甘氏印集一卷

秣陵甘暘旭甫篆

同里魏之璜考州甫書

官印

兼領六卿　周成王立三公而官不必備惟其人以書傳考之皆領六卿未嘗特置也

01844 甘氏印集四卷（明）甘暘篆刻　明萬曆刻鈐印本

匡高20.1厘米，廣13.4厘米。半葉八行，行十八字，白口，四周單邊。南京圖書館藏。

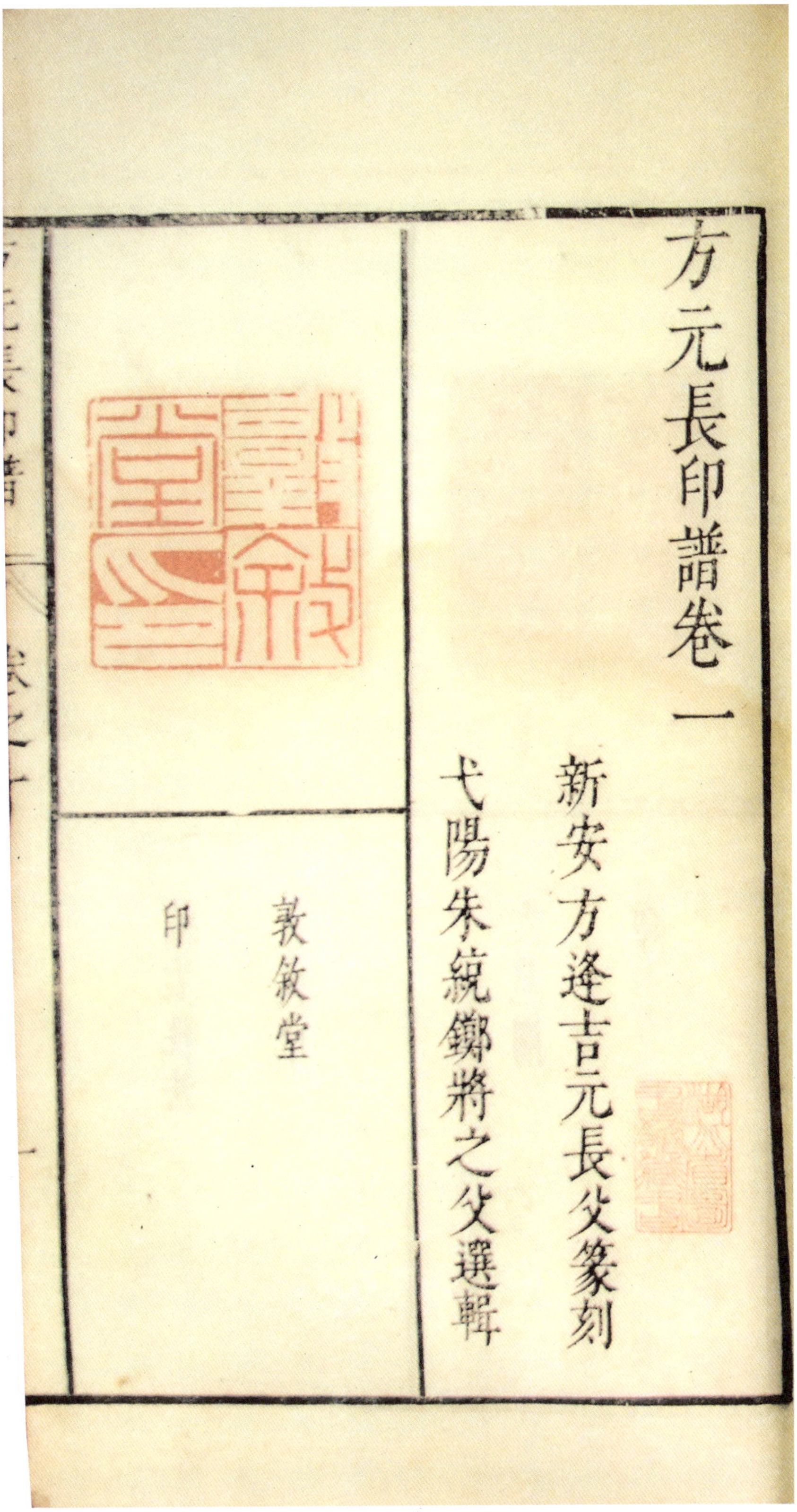

01845 方元長印譜五卷 （明）方逢吉篆刻 （明）朱統鍥輯 明萬曆四十八年（1620）鈐印本

匡高21.6厘米，廣14.3厘米。白口，四周單邊。湖北省圖書館藏。

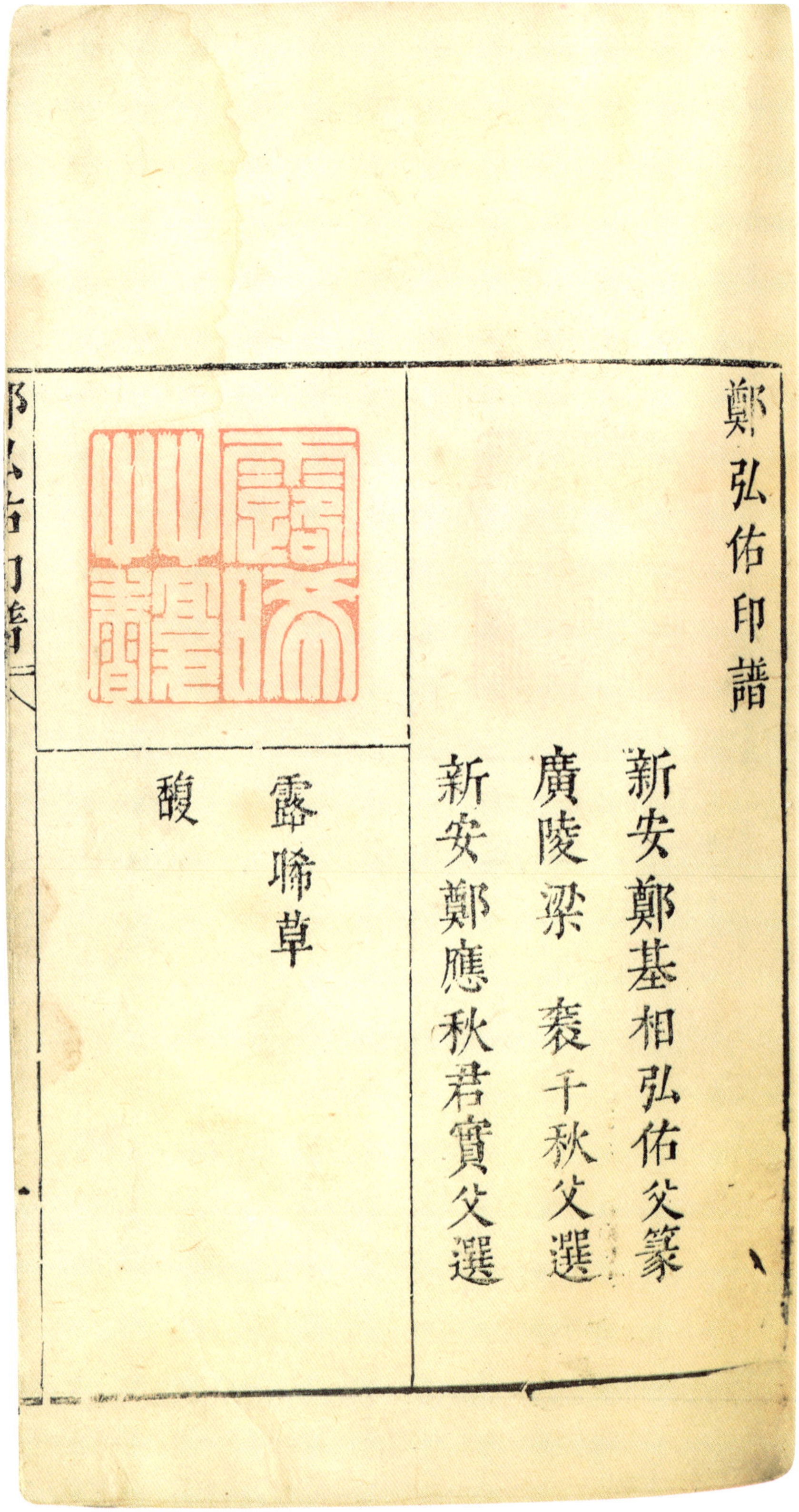
鄭弘佑印譜
新安鄭基相弘佑父篆
廣陵梁　衮千秋父選
新安鄭應秋君實父選
露晞草
馥

01846 鄭弘佑印譜一卷 （明）鄭基相篆刻　明崇禎六年（1633）刻鈐印本

匡高17.8厘米，廣13.9厘米。白口，四周單邊。安徽省圖書館藏。

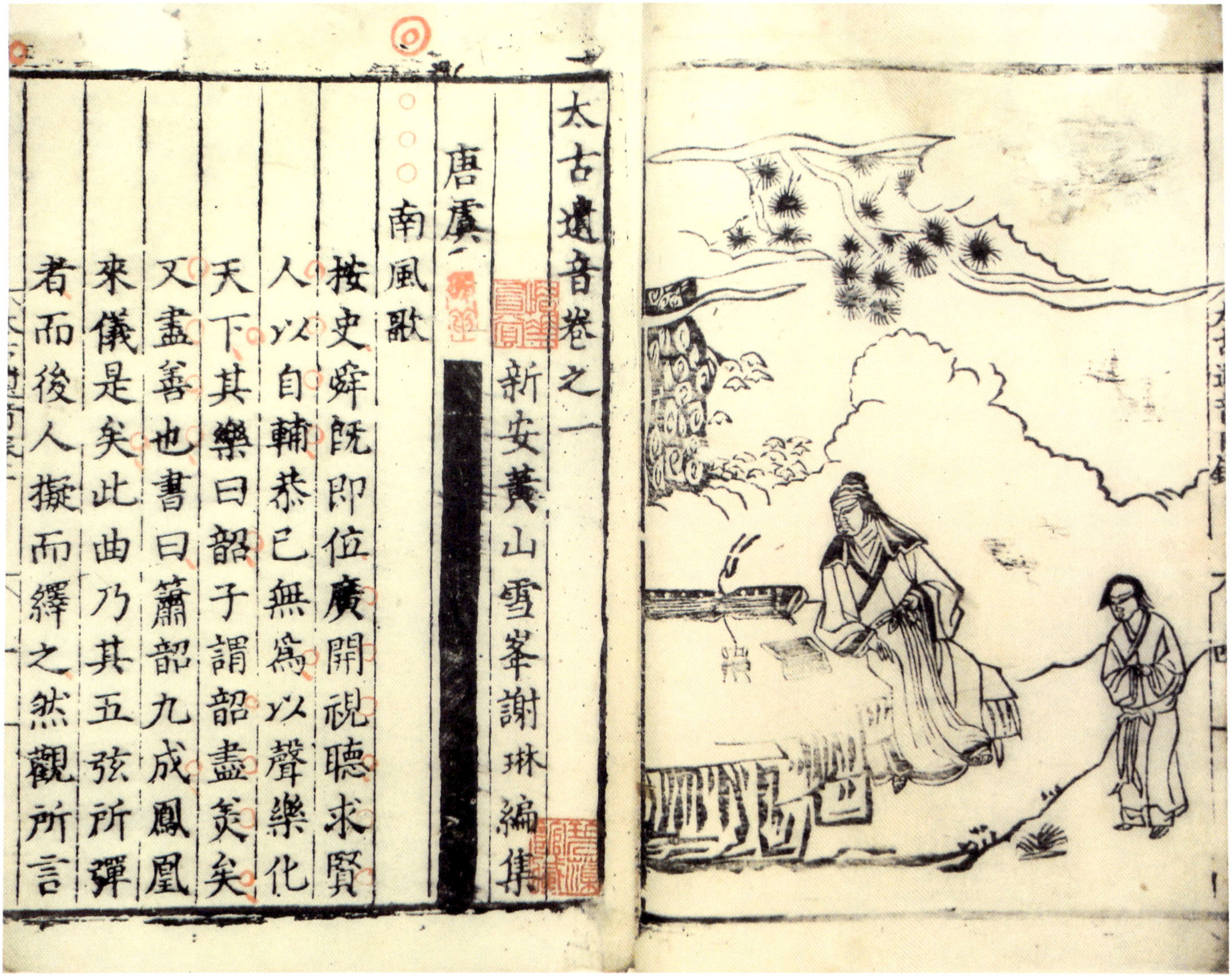

01847 太古遺音三卷 （明）謝琳輯　明正德八年（1513）刻本

匡高18.7厘米，廣13.7厘米。半葉十行，行十五字，白口，四周單邊。有“碧蕖館藏”等印。中國藝術研究院圖書館藏。

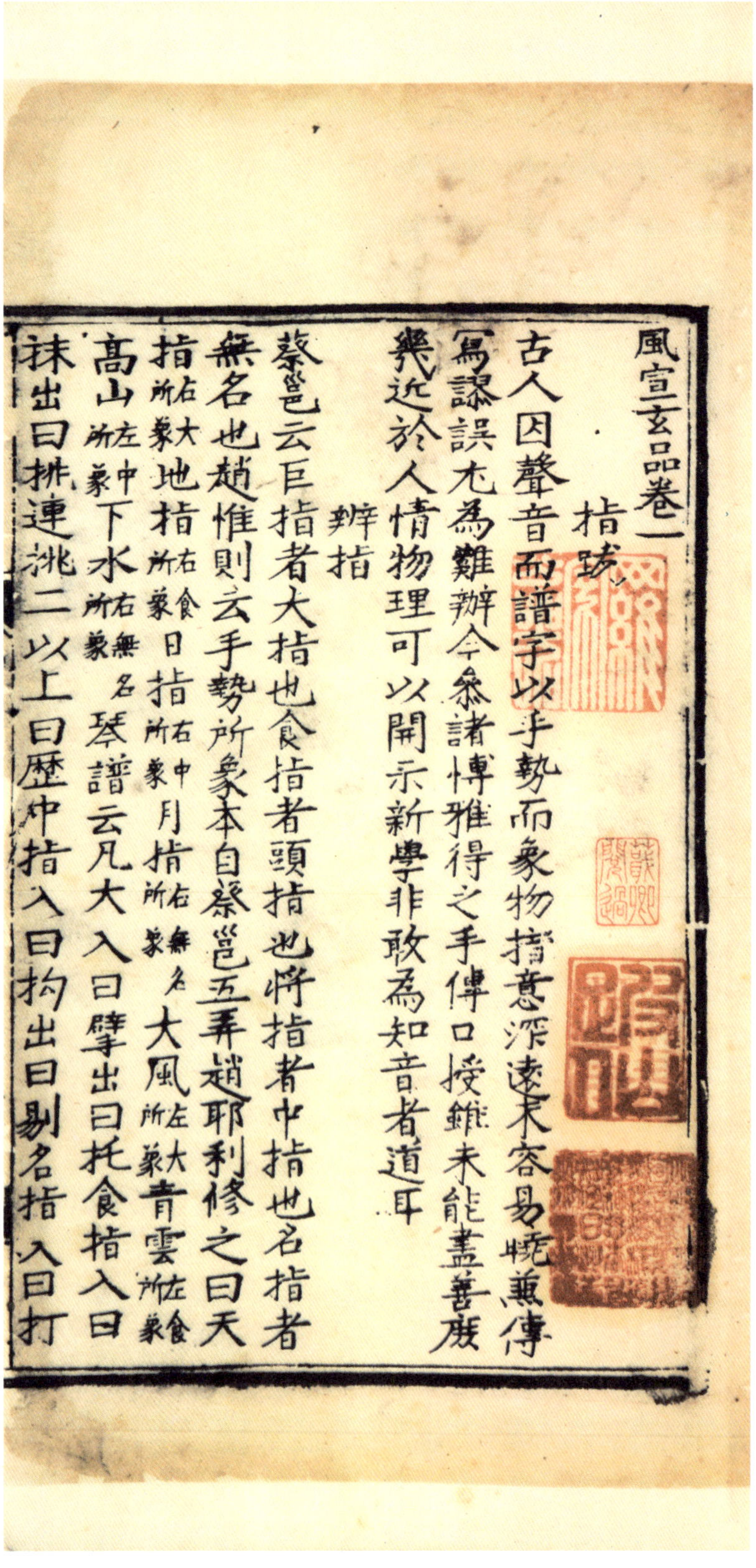
風宣玄品卷一
指法
古人因聲音而譜字以手勢而象物指意深遠未容易曉兼傳寫謬誤尤為難辨今叅諸博雅得之手傳口授雖未能盡善庶幾近於人情物理可以開示新學非敢為知音者道耳
辨指
蔡邕云巨指者大指也食指者頭指也將指者中指也名指者無名也趙惟則云手勢所象本自蔡邕五弄趙耶利修之曰天指（右大所象）地指（右食所象）日指（右中所象）月指（右無名所象）大風（左大所象）青雲（左食所象）高山（左中所象）下水（左無名所象）琴譜云凡大入曰擘出曰托食指入曰抹出曰挑連挑二以上曰歷中指入曰勾出曰剔名指入曰打

01848 風宣玄品十卷 （明）朱厚爝輯　明嘉靖十八年（1539）徽藩刻本

匡高19.7厘米，廣13.4厘米。半葉十一行，行二十四字，小字雙行同，白口，四周雙邊。有"戴卿閱過"等印。中國藝術研究院圖書館藏。

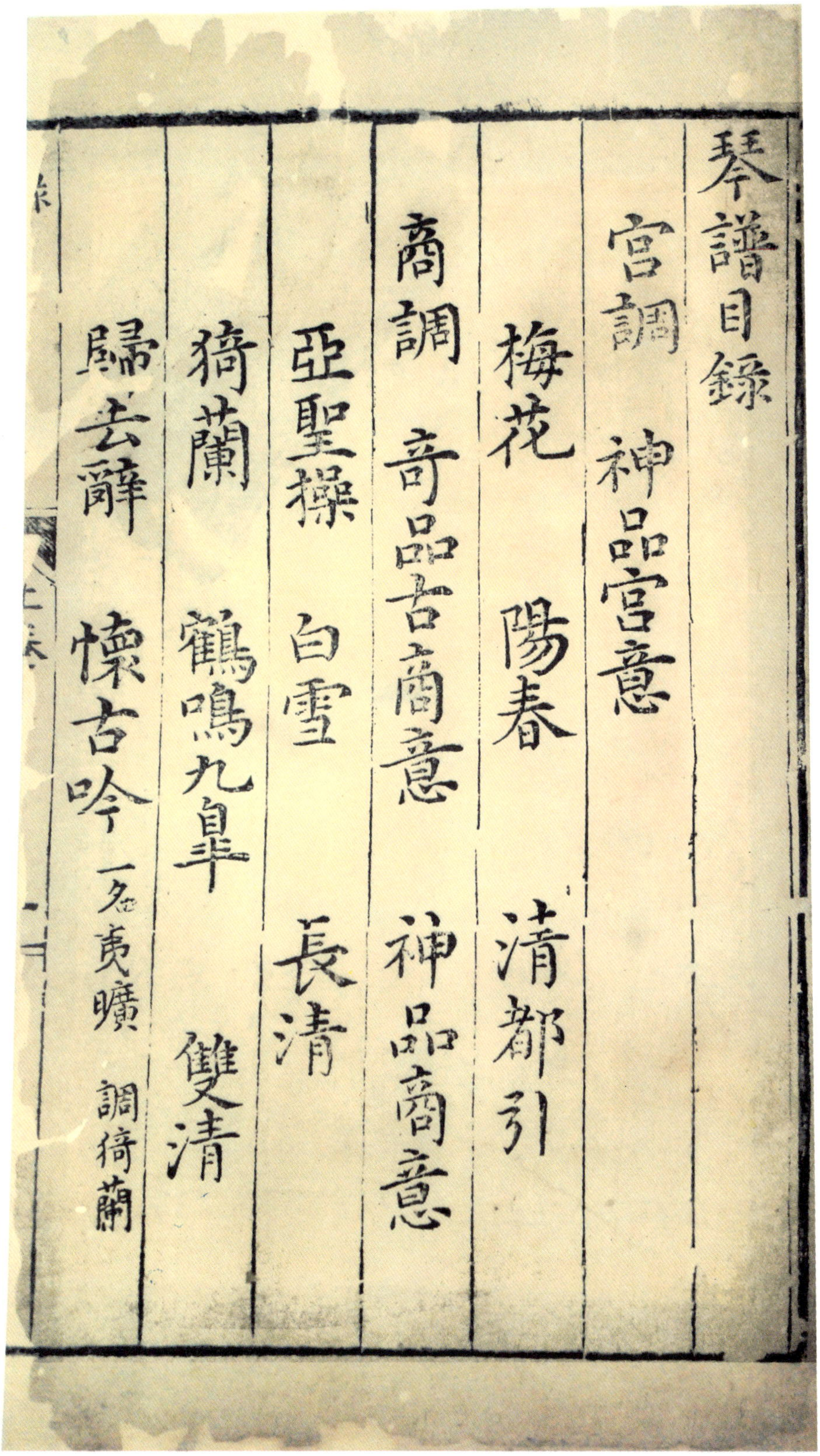

琴譜目録
宮調　神品宮意
梅花　陽春　清都引
商調　奇品吉商意　神品商意
亞聖操　白雪　長清
猗蘭　鶴鳴九臯　雙清
歸去辭　懷古吟 一名夷曠　調猗蘭

01849 梧岡琴譜十卷　（明）黄獻輯　明嘉靖二十五年（1546）刻本

匡高22.9厘米，廣14.8厘米。半葉七行，行十九字，白口，左右雙邊。有“南通馮氏景岫樓藏書”等印。中國藝術研究院圖書館藏，存二卷。

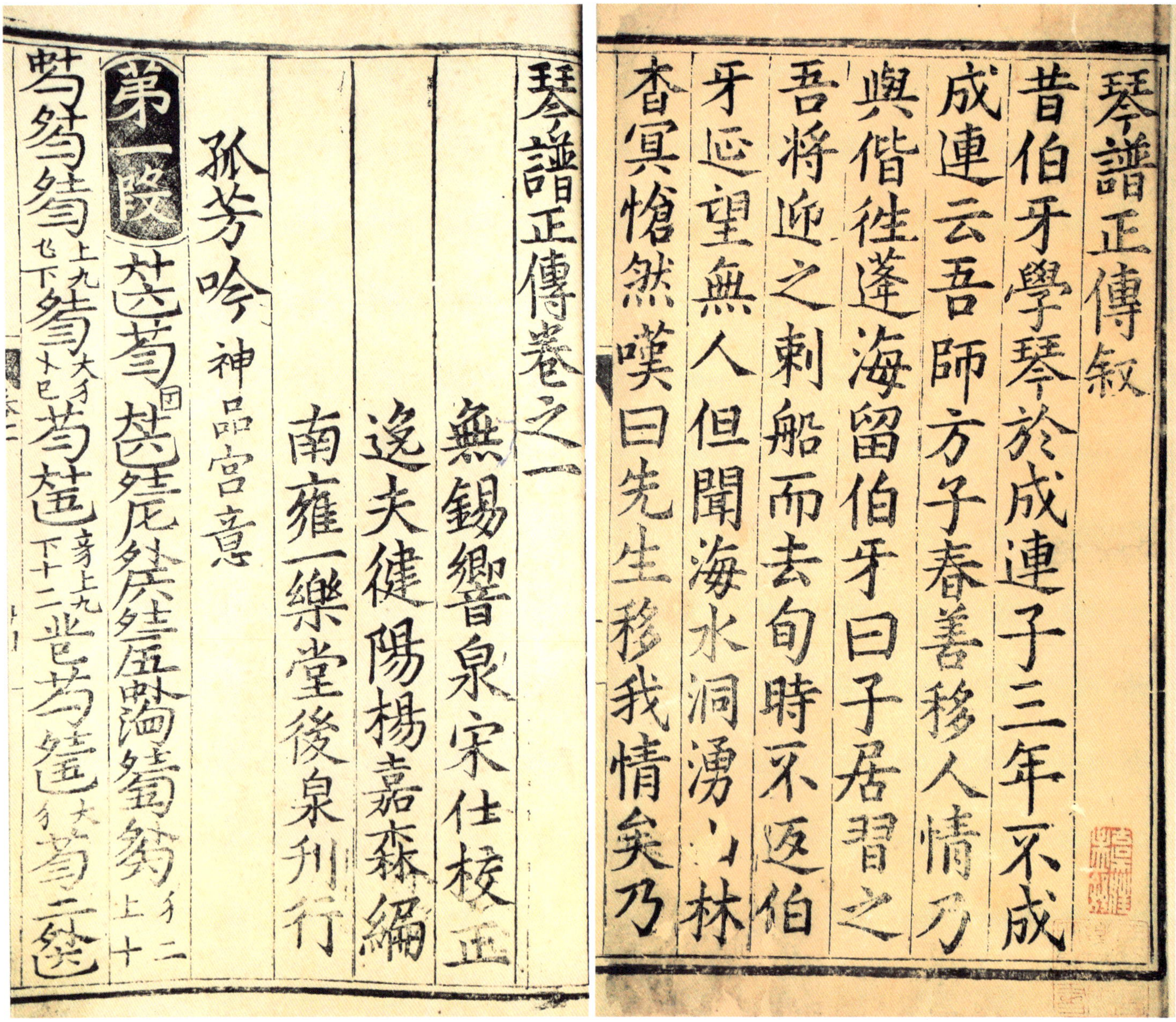

琴譜正傳敘

昔伯牙學琴於成連子三年不成成連云吾師方子春善移人情乃與偕往蓬海留伯牙曰子居習之吾將迎之刺船而去旬時不返伯牙延望無人但聞海水洞湧山林杳冥愴然嘆曰先生移我情矣乃

琴譜正傳卷之一

無錫響泉宋仕校正

逸夫健陽楊嘉森編

南雍一樂堂後泉刊行

孤芳吟 神品宮意

第一段

01850 琴譜正傳六卷 （明）楊嘉森編　明一樂堂刻本

匡高22.2厘米，廣14.1厘米。半葉七行，行十九字，白口，四周雙邊。有“古吳汪孟舒”等印。中國藝術研究院圖書館藏。

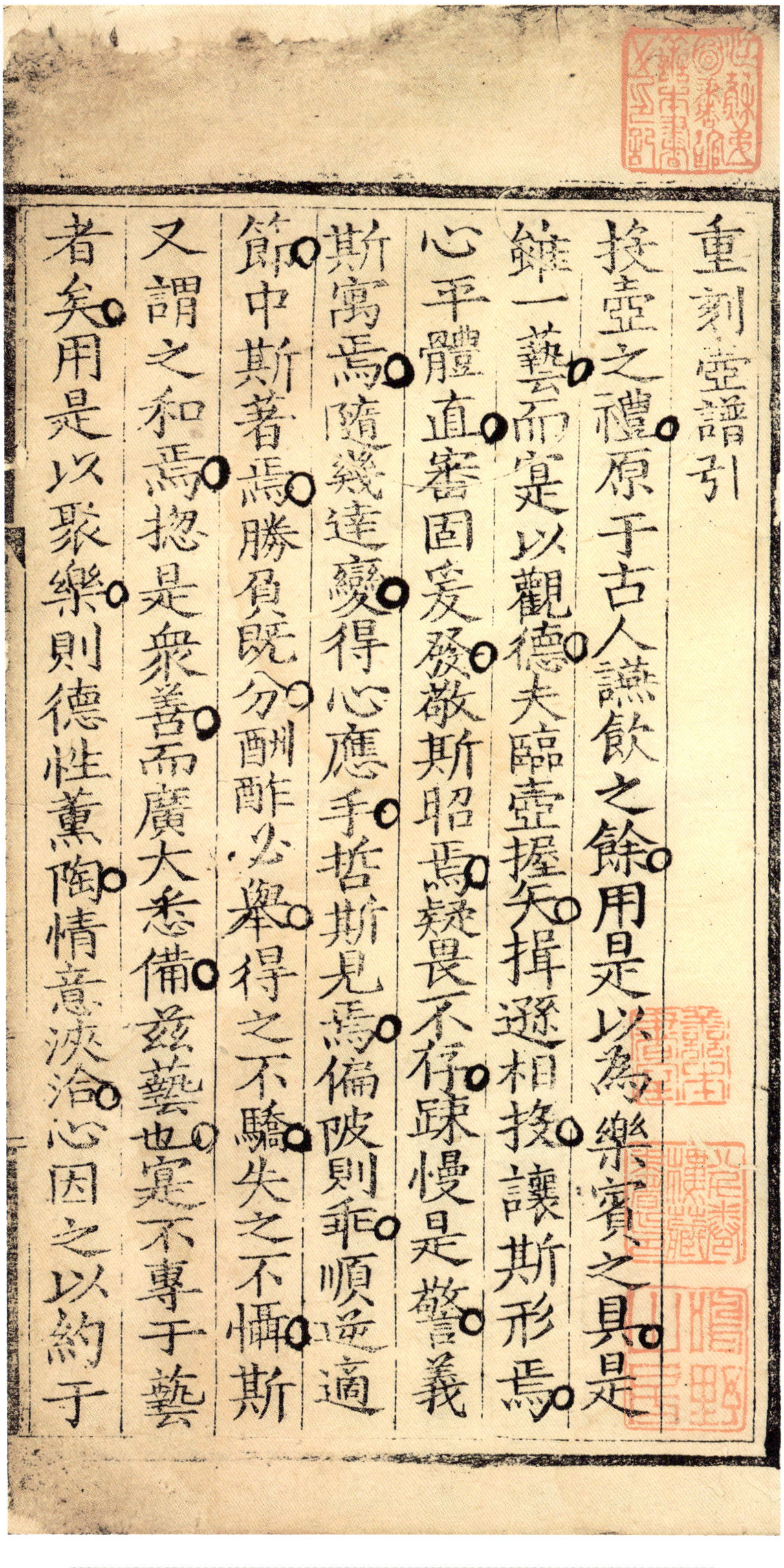
重刻壺譜引
投壺之禮原于古人讌飲之餘用是以爲樂賓之具是
雖一藝而寔以觀德夫臨壺握矢揖遜相接讓斯形焉
心平體直審固爰發敬斯昭焉疑畏不存肆慢是警義
斯寓焉隨機達變得心應手哲斯見焉偏陂則乖順逆適
節中斯著焉勝負既分酬酢必舉得之不驕失之不懾斯
又謂之和焉總是衆善而廣大悉備茲藝也寔不專于藝
者矣用是以聚樂則德性薰陶情意浹洽心因之以約于

01851 壺譜一卷 （明）王彙征撰　明嘉靖四十一年（1562）刻本

匡高23.8厘米，廣14.8厘米。半葉八行，行二十一至二十二字，黑口，四周雙邊。有“鳴野山房”、“八千卷樓藏書印”等印。南京圖書館藏。

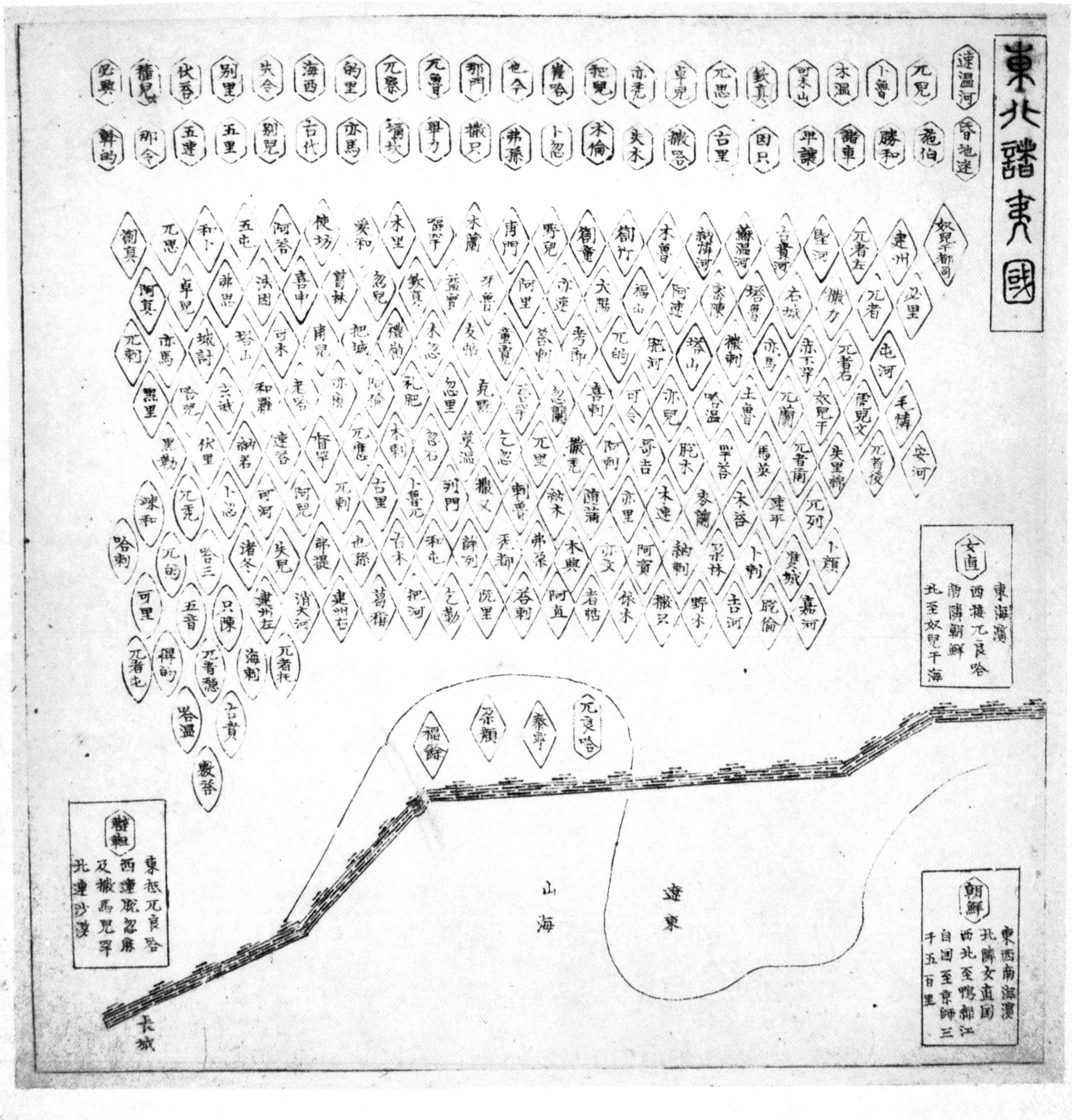

01852 南輝西獻圖二十幅 （明）文徵明繪　明彩繪本

匡高17.4厘米，廣17厘米。四周單邊。文徵明、彭年跋，劉樹題款。青海民族學院圖書館藏。

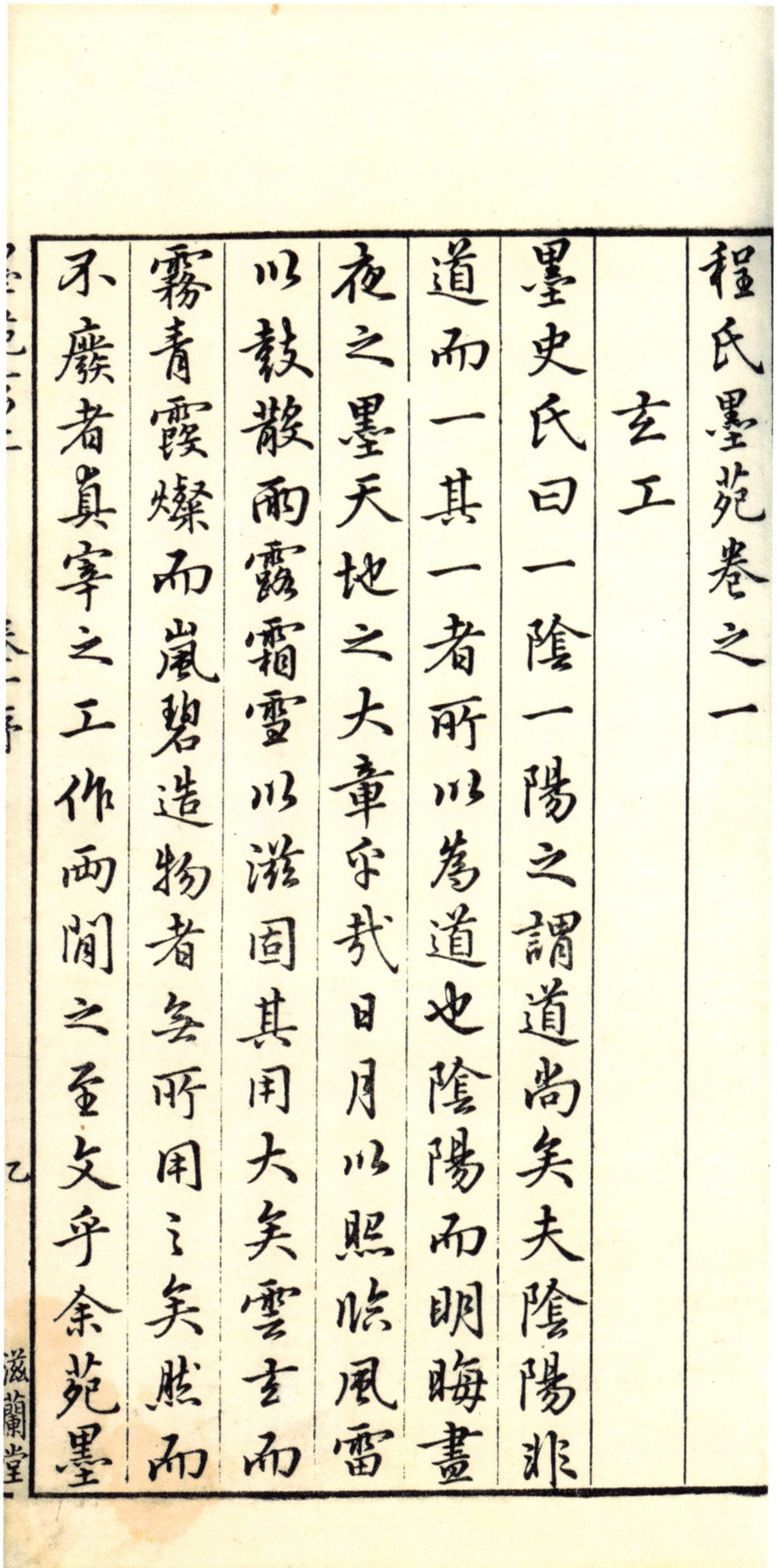

程氏墨苑卷之一

玄工

墨史氏曰一陰一陽之謂道道尚矣夫陰陽非道而一其一者所以爲道也陰陽而明晦晝夜之墨天地之大章乎哉日月以照臨風雷以鼓散雨露霜雪以滋固其用大矣雲玄而霧青霞爍而嵐碧造物者无所用之矣然而不廢者真宰之工作而間之至文乎余苑墨

乙

滋蘭堂

01853、01854 程氏墨苑十二卷 （明）程大約撰　明萬曆程氏滋蘭堂彩色套印本

匡高24.3厘米，廣15厘米。行字不等，白口，四周單邊。國家圖書館、故宫博物院藏。

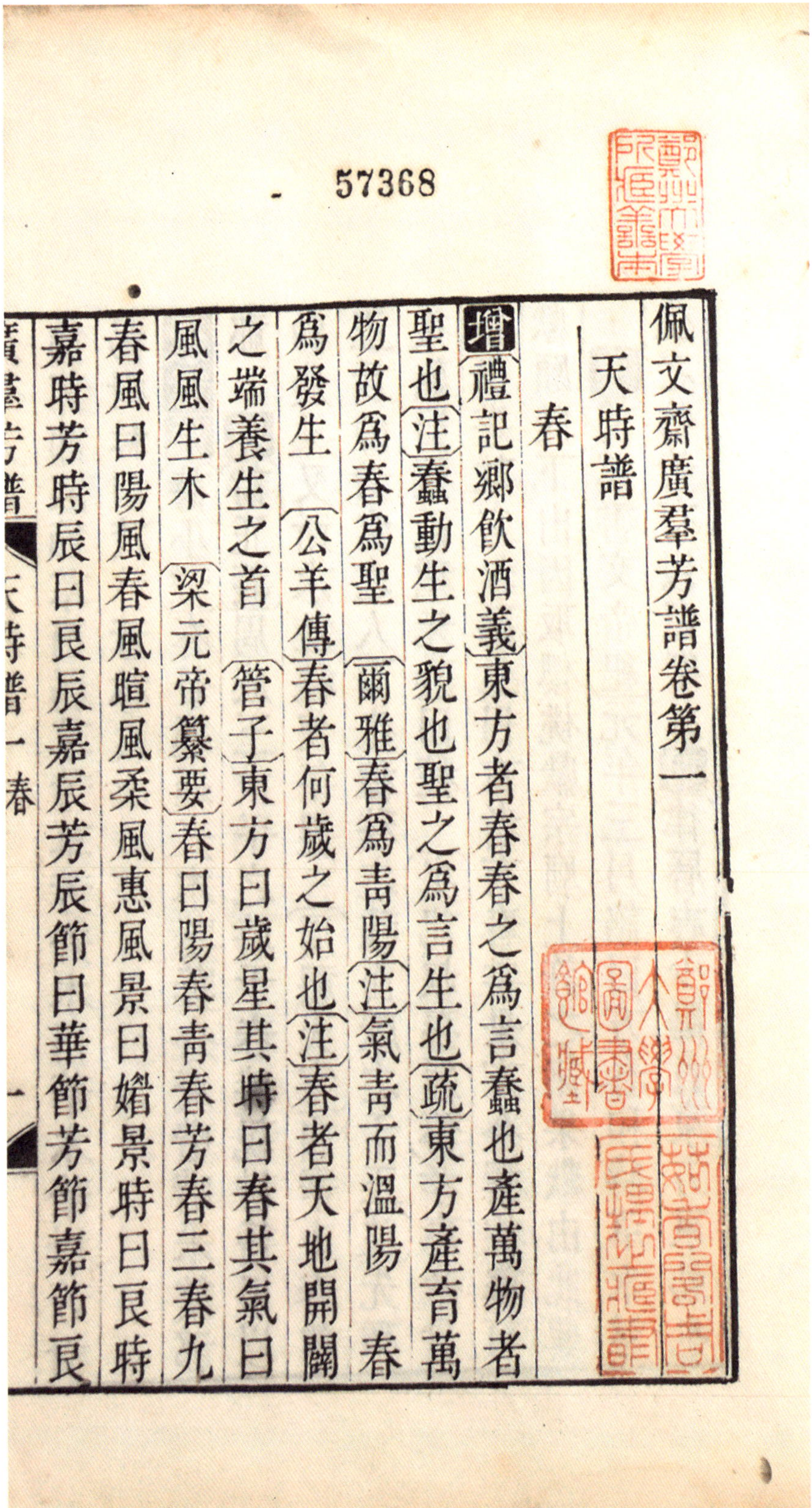

佩文齋廣羣芳譜卷第一

天時譜

春

增禮記鄉飲酒義東方者春春之爲言蠢也產萬物者聖也注蠢動生之貌也聖之爲言生也疏東方產育萬物故爲春爲聖 爾雅春爲青陽注氣青而溫陽 春爲發生 公羊傳春者何歲之始也注春者天地開闢之端養生之首 管子東方曰歲星其時曰春其氣曰風風生木 梁元帝纂要春曰陽春青春芳春三春九春風曰陽風春風暄風柔風惠風景曰媚景時曰良時嘉時芳時辰曰良辰嘉辰芳辰節曰華節芳節嘉節良

廣羣芳譜 天時譜一 春 一

01855 佩文齋廣羣芳譜一百卷 （清）汪灝撰　清康熙四十七年（1708）内府刻本

匡高17.3厘米，廣11.1厘米。半葉十一行，行二十一字，白口，左右雙邊。

鄭州大學圖書館藏。

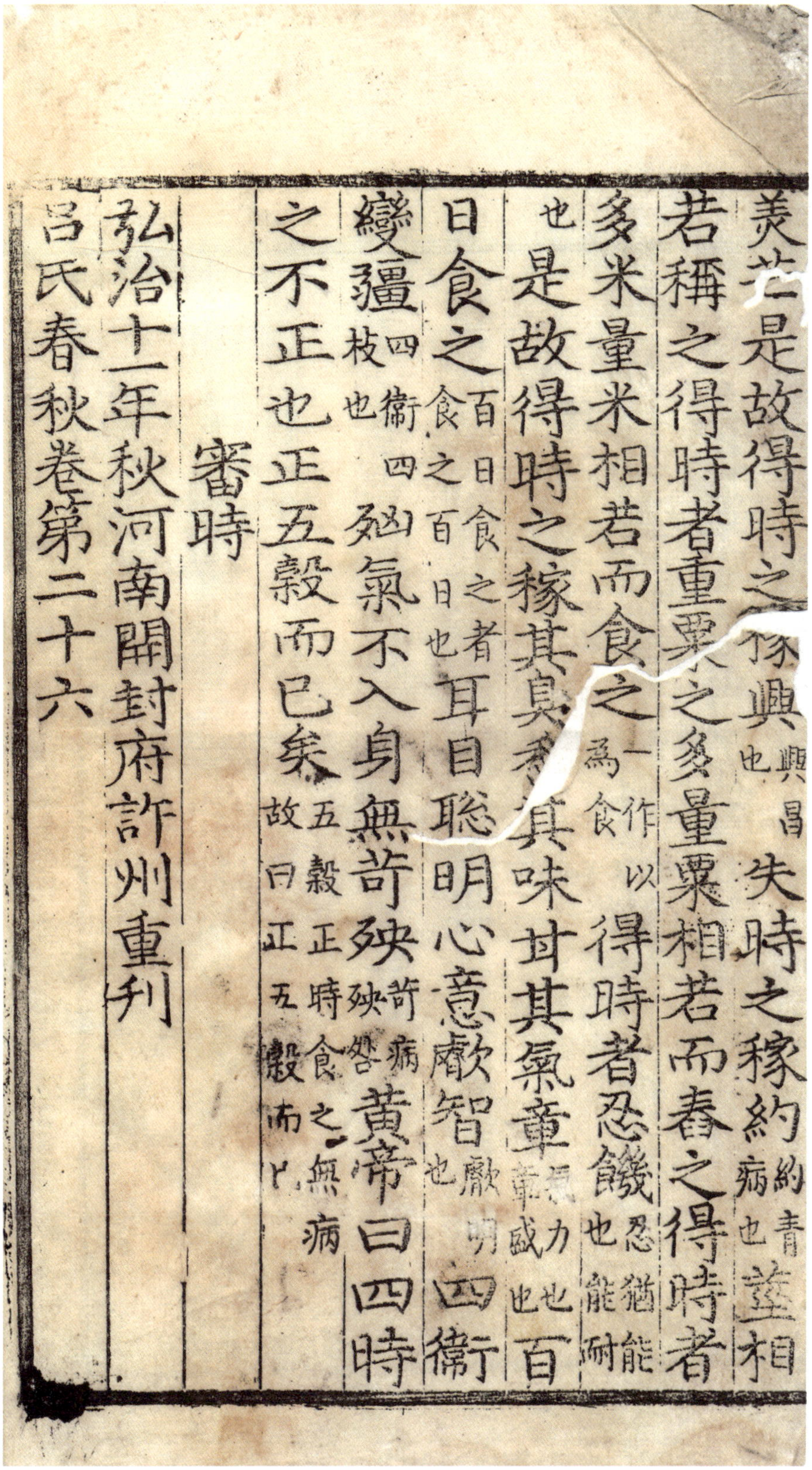

羨茈是故得時之稼興興昌也失時之稼約約病也莖相
若稱之得時者重粟之多量粟相若而舂之得時者
多米量米相若而食之一作以為食得時者忍饑忍猶能也能耐
也是故得時之稼其臭香其味甘其氣章氣力也章盛也百
日食之百日食之者食之百日也耳目聰明心意叡智叡明也四衛
變彊四衛四枝也𣧑氣不入身無苛殃苛病殃咎黃帝曰四時
之不正也正五穀而已矣五穀正時食之無病故曰正五穀而已
審時
弘治十一年秋河南開封府許州重刊
呂氏春秋卷第二十六

01856 呂氏春秋二十六卷 （漢）高誘注　明弘治十一年（1498）李瀚刻本

匡高20.2厘米，廣14厘米。半葉十行，行二十字，小字雙行同，白口，四周單邊。有“弘治十一年秋河南開封府許州重刊”刻書題記。蘇州市吳中區圖書館藏。

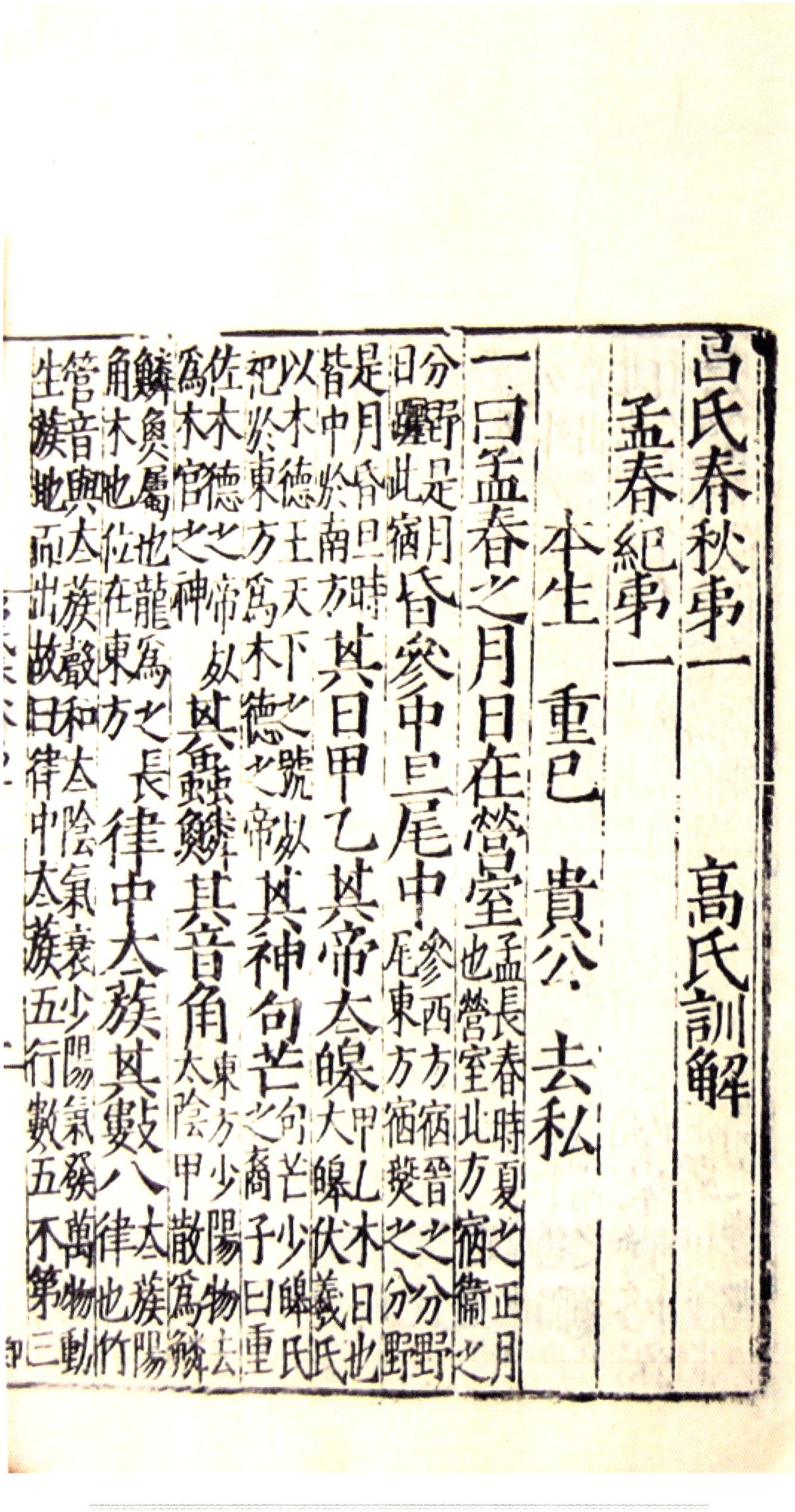

01857 吕氏春秋二十六卷 （漢）高誘注　明嘉靖七年（1528）許宗魯刻本

匡高18.2厘米，廣13.4厘米。半葉十行，行十八字，小字雙行同，白口，左右雙邊。安徽省博物館藏。

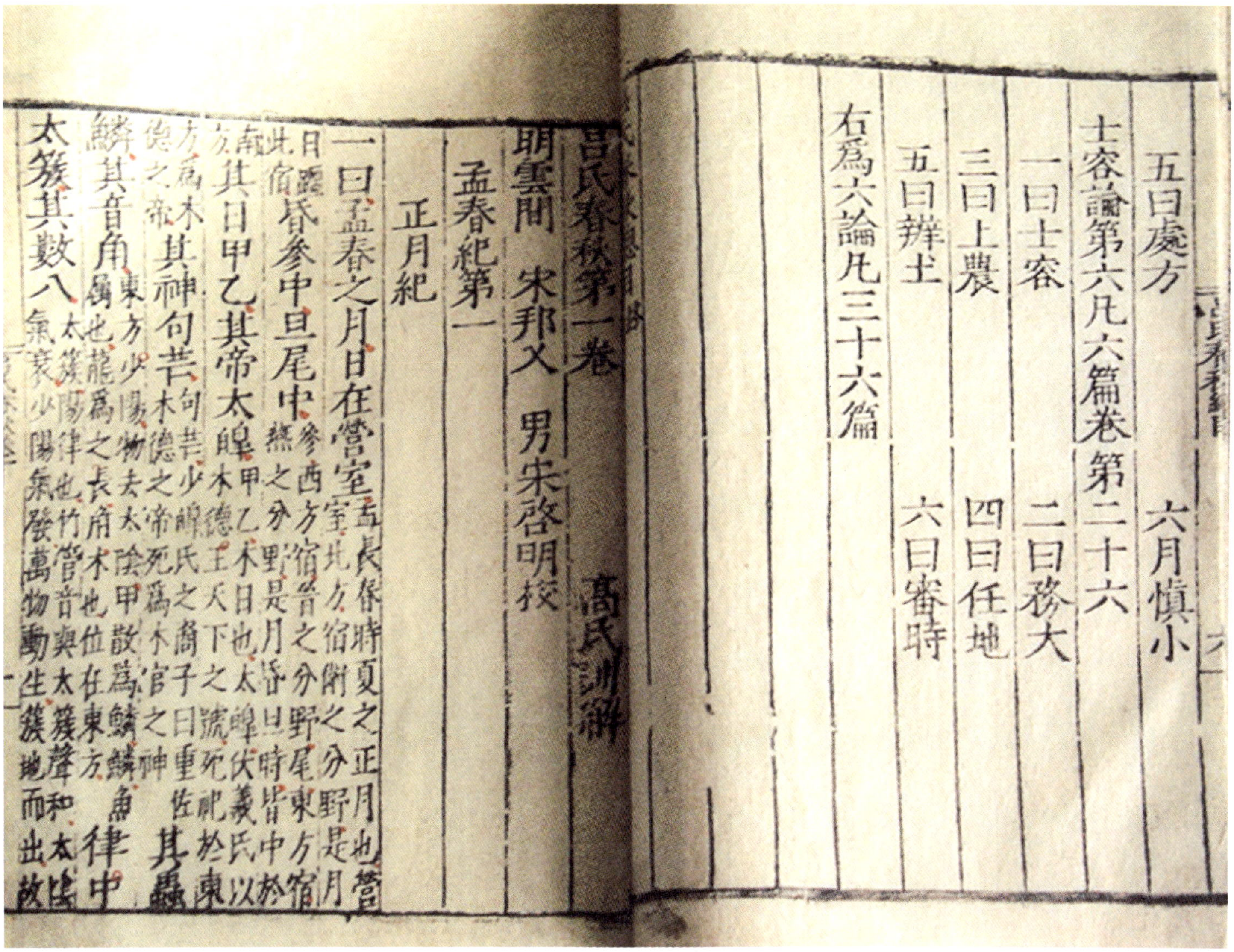

01858 吕氏春秋二十六卷 （漢）高誘注　明宋邦乂等刻本

匡高29厘米，廣19.5厘米。半葉十行，行二十字，小字雙行同，白口，左右雙邊。甘肅農業大學圖書館藏。

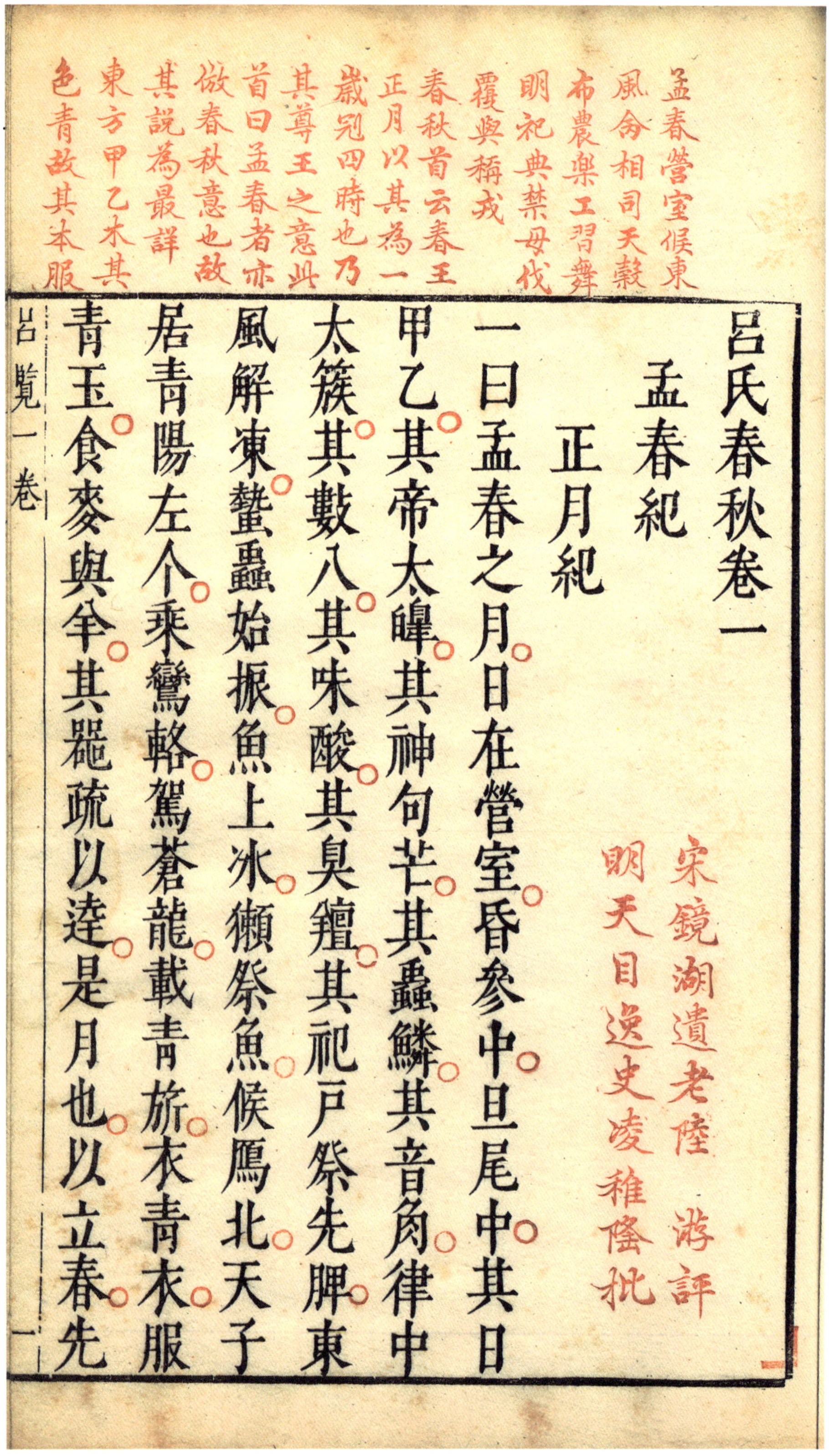
孟春營室候東風令相司天穀布農樂工習舞明祀典禁毋伐覆與稱戒
春秋首云春王正月以其為一歲冠四時也乃其尊王之意此首曰孟春者亦做春秋意也故其說為最詳
東方甲乙木其色青故其本服

呂氏春秋卷一

孟春紀

正月紀

宋鏡湖遺老陸　游評

明天目遺史凌稚隆批

一曰孟春之月日在營室昏參中旦尾中其日甲乙其帝太皞其神句芒其蟲鱗其音角律中太簇其數八其味酸其臭羶其祀戶祭先脾東風解凍蟄蟲始振魚上冰獺祭魚候鴈北天子居青陽左个乘鸞輅駕蒼龍載青旂衣青衣服青玉食麥與羊其器疏以達是月也以立春先

呂覽一卷　一

01859、01860、01861 呂氏春秋二十六卷 題（宋）陸游評　（明）凌稚隆批　明萬曆四十八年（1620）凌毓枏刻朱墨套印本

匡高19.4厘米，廣14厘米。半葉九行，行十八字，白口，四周單邊。新鄉市圖書館、無錫市圖書館、廣東省立中山圖書館藏。

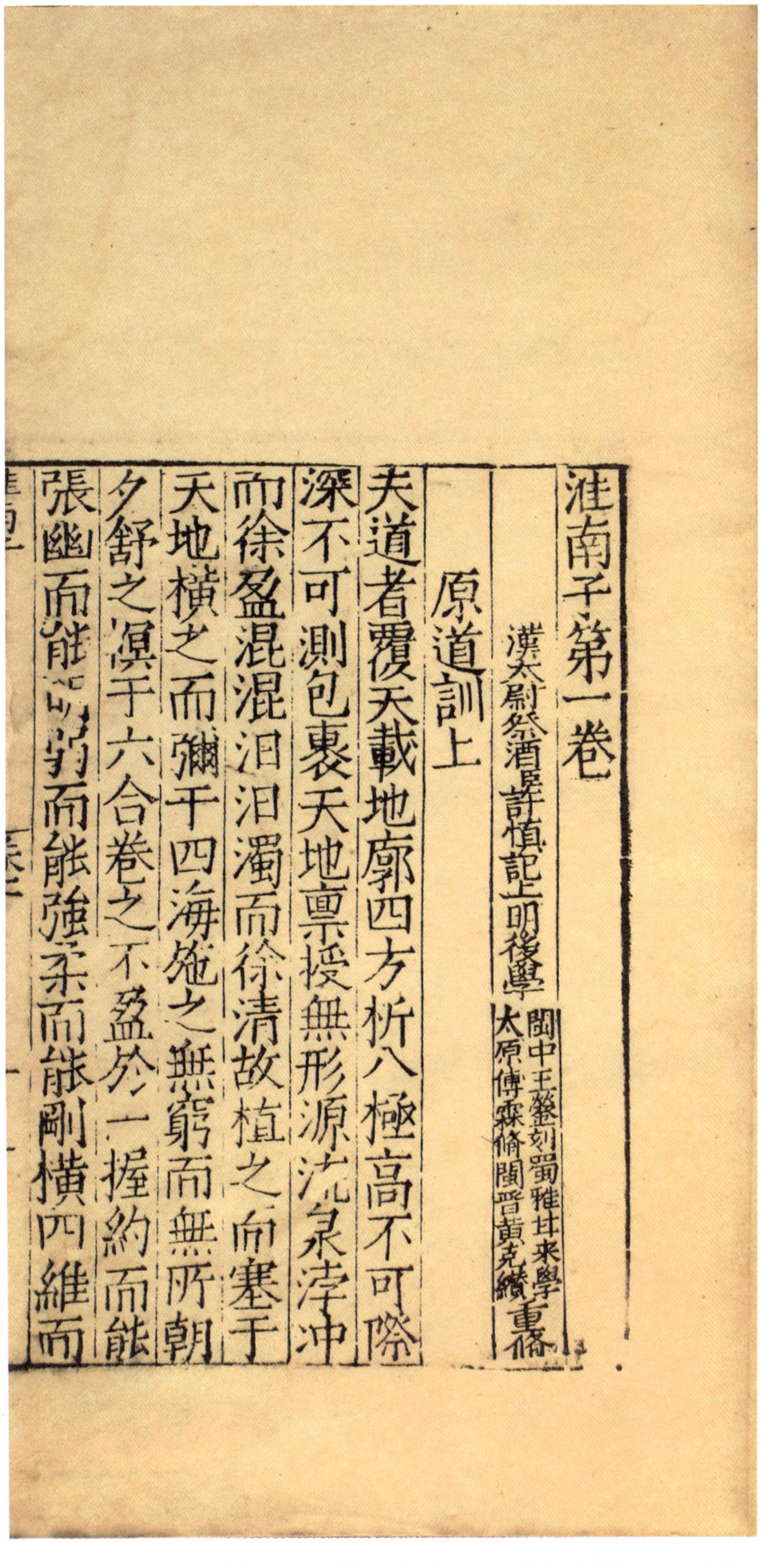
淮南子第一卷
漢太尉祭酒臣許慎記上 明後學 閩中王鎣刻蜀雅圻來學
太原傅霖脩閩晉黃克纘重脩
原道訓上
夫道者覆天載地廓四方柝八極高不可際
深不可測包裹天地稟授無形源流泉浡沖
而徐盈混混汩汩濁而徐清故植之而塞于
天地横之而彌于四海施之無窮而無所朝
夕舒之幎于六合卷之不盈於一握約而能
張幽而能明弱而能強柔而能剛横四維而

01862 淮南子二十八卷 （漢）劉安撰　明嘉靖九年（1530）王鎣刻萬曆十一年(1583)黃克纘重修本

匡高16.9厘米，廣12.1厘米。半葉九行，行十七字，白口，四周單邊。河南省圖書館藏。

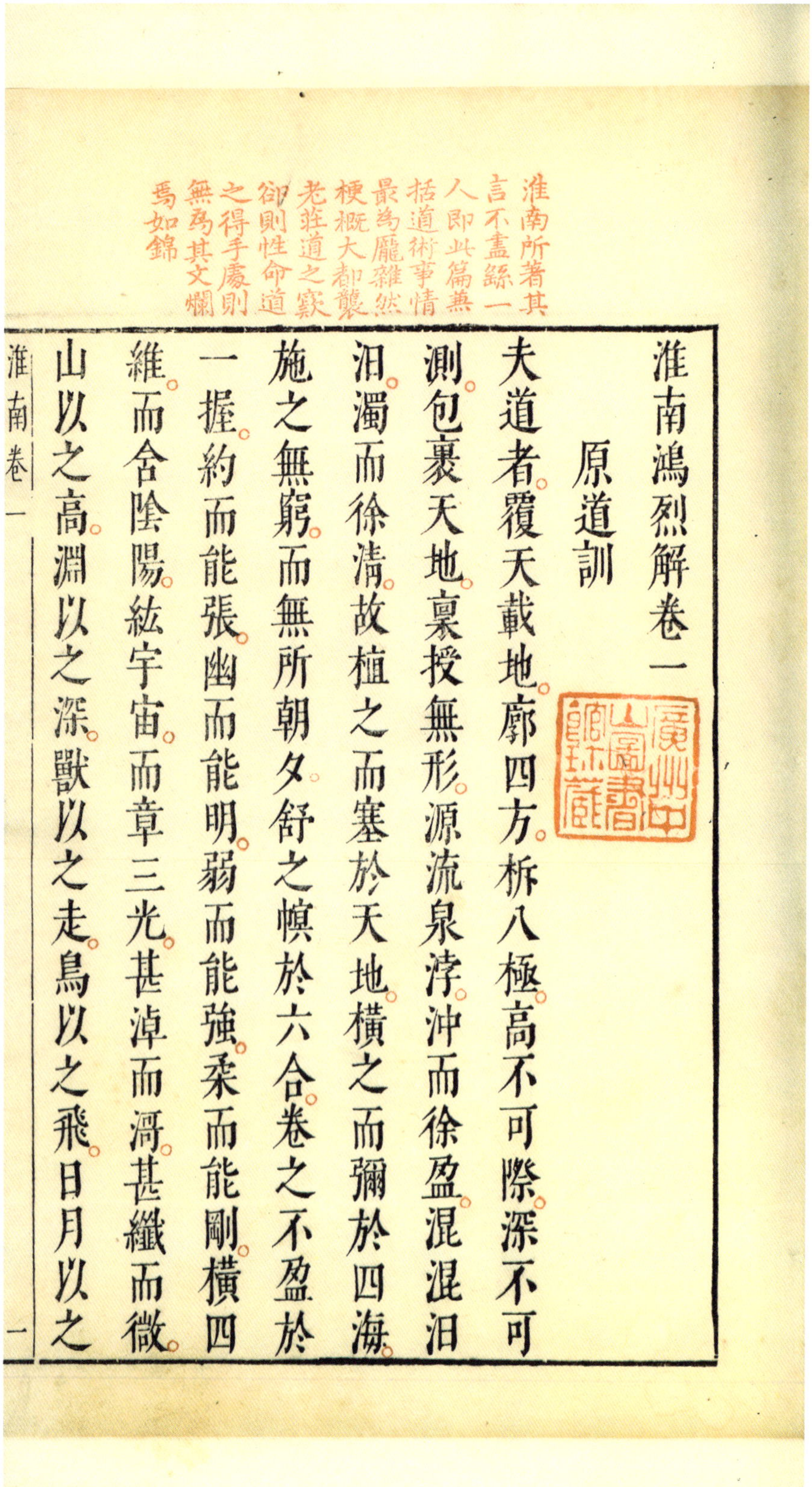
淮南所著其言不盡録一人即此篇兼括道術事情最為靡雜然梗概大都襲老莊道之竅卻則性命道之得手處則無為其文爛焉如錦

淮南鴻烈解卷一

原道訓

夫道者覆天載地廓四方柝八極高不可際深不可測包裹天地稟授無形源流泉浡沖而徐盈混混汨汨濁而徐清故植之而塞於天地橫之而彌於四海施之無窮而無所朝夕舒之幎於六合卷之不盈於一握約而能張幽而能明弱而能強柔而能剛橫四維而含陰陽紘宇宙而章三光甚淖而滒甚纖而微山以之高淵以之深獸以之走鳥以之飛日月以之

淮南卷一　一

01863、01864、01865、01866 淮南鴻烈解二十一卷 （漢）劉安撰　（明）茅坤等評　明刻朱墨套印本

匡高20.8厘米，廣14.7厘米。半葉九行，行二十字，白口，四周單邊。泰州市圖書館藏，有“曾在泰州戈秉直家”等印；無錫市圖書館藏；中山大學圖書館藏，有“積古齋”、“南陵徐氏珍藏書畫印”等印；廣東省立中山圖書館藏，有“樹滋堂圖書”等印。

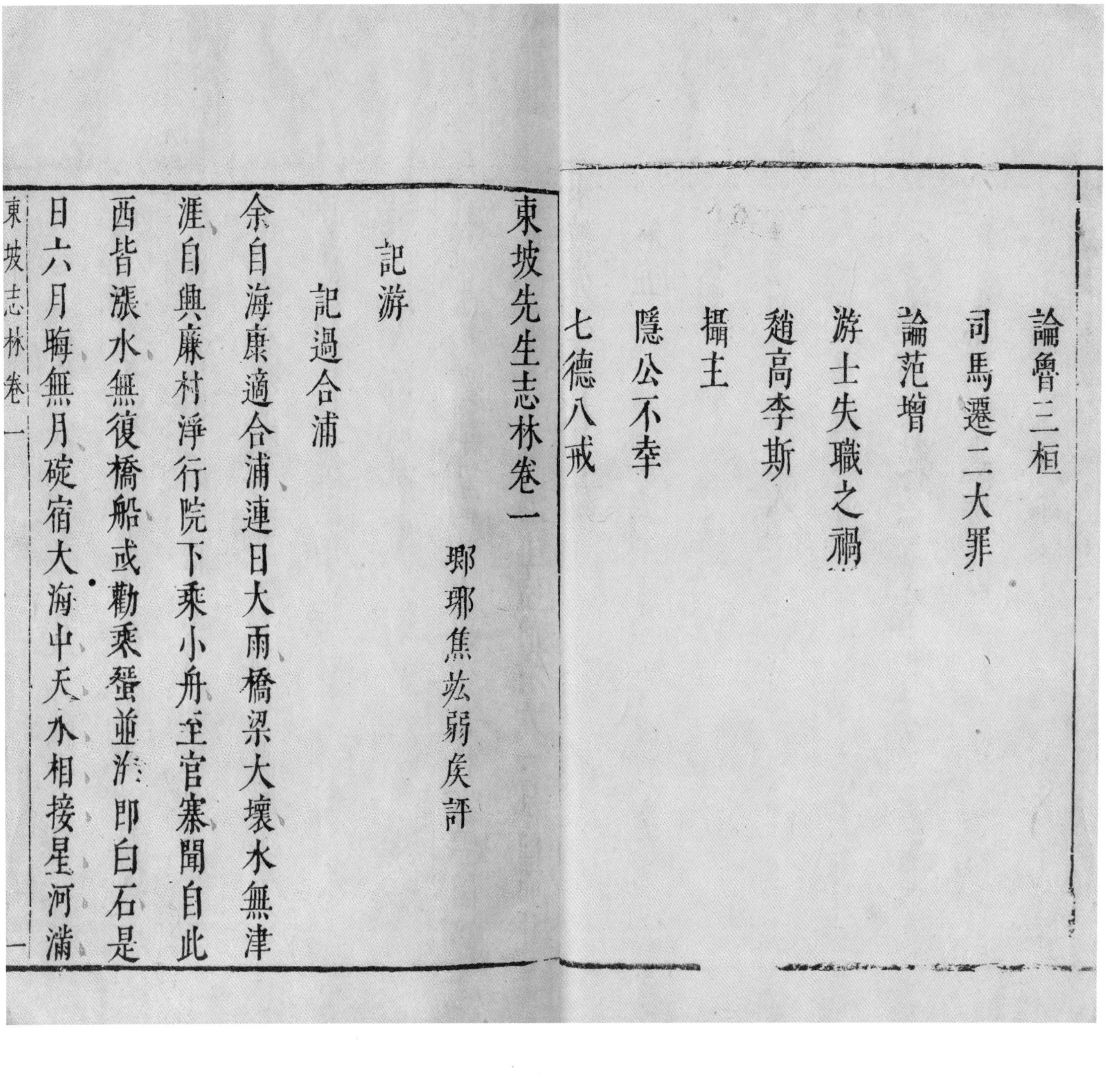

論魯三桓
司馬遷二大罪
論范增
游士失職之禍
趙高李斯
攝主
隱公不幸
七德八戒

東坡先生志林卷一
瑯琊焦竑弱侯評
記游
記過合浦
余自海康適合浦連日大雨橋梁大壞水無津涯自興廉村淨行院下乘小舟至官寨聞自此西皆漲水無復橋船或勸乘蜑並海即白石是日六月晦無月碇宿大海中天水相接星河滿

東坡志林卷一 一

01867、01868 東坡先生志林五卷 （宋）蘇軾撰　明刻朱墨套印本

匡高19.9厘米，廣14.5厘米。半葉八行，行十八字，白口，四周單邊。安徽省圖書館、山東師範大學圖書館藏。

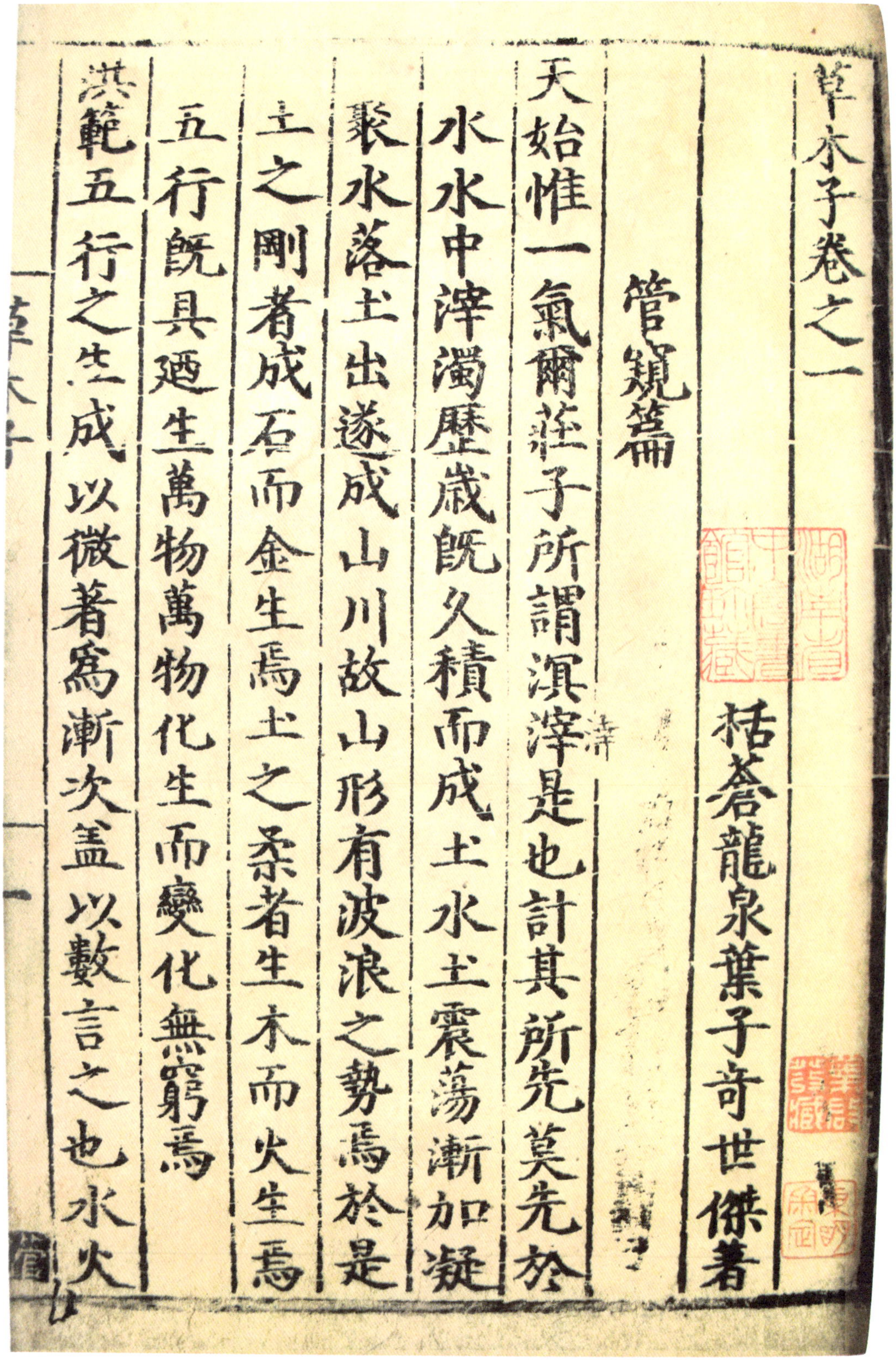

草木子卷之一

括蒼龍泉葉子奇世傑著

管窺篇

天始惟一氣爾莊子所謂溟涬是也計其所先莫先於水水中滓濁歷歲既久積而成土水土震蕩漸加凝聚水落土出遂成山川故山形有波浪之勢焉於是土之剛者成石而金生焉土之柔者生木而火生焉五行既具迺生萬物萬物化生而變化無窮焉洪範五行之生成以微著爲漸次蓋以數言之也水火

草木子　一　管

01869 草木子四卷　（明）葉子奇撰　明正德十一年（1516）刻本

匡高20.6厘米，廣14.5厘米。半葉九行，行二十一字，白口，四周單邊。有“葉啟勳”、“葉啟發藏”等印。湖南圖書館藏。

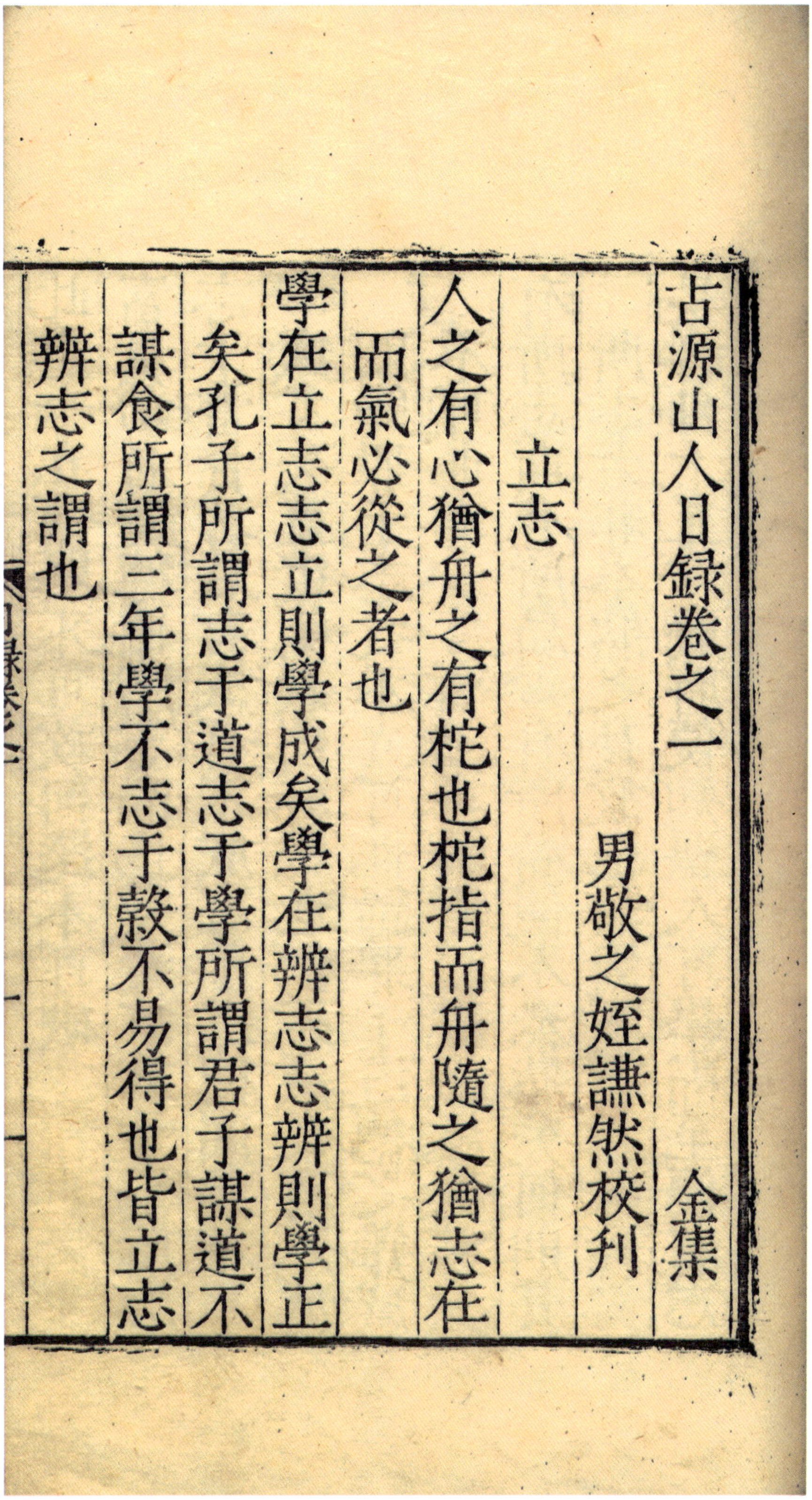

古源山人日録卷之一　金集

男敬之姪謙然校刋

立志

人之有心猶舟之有柁也柁指而舟隨之猶志在而氣必從之者也

學在立志志立則學成矣學在辨志志辨則學正矣孔子所謂志于道志于學所謂君子謀道不謀食所謂三年學不志于穀不易得也皆立志辨志之謂也

01870 古源山人日録十卷 （明）李呈祥撰　明嘉靖二十五年（1546）李敬之、李謙然刻本

匡高18.5厘米，廣13厘米。半葉九行，行十九字，白口，左右雙邊。無錫市圖書館藏。

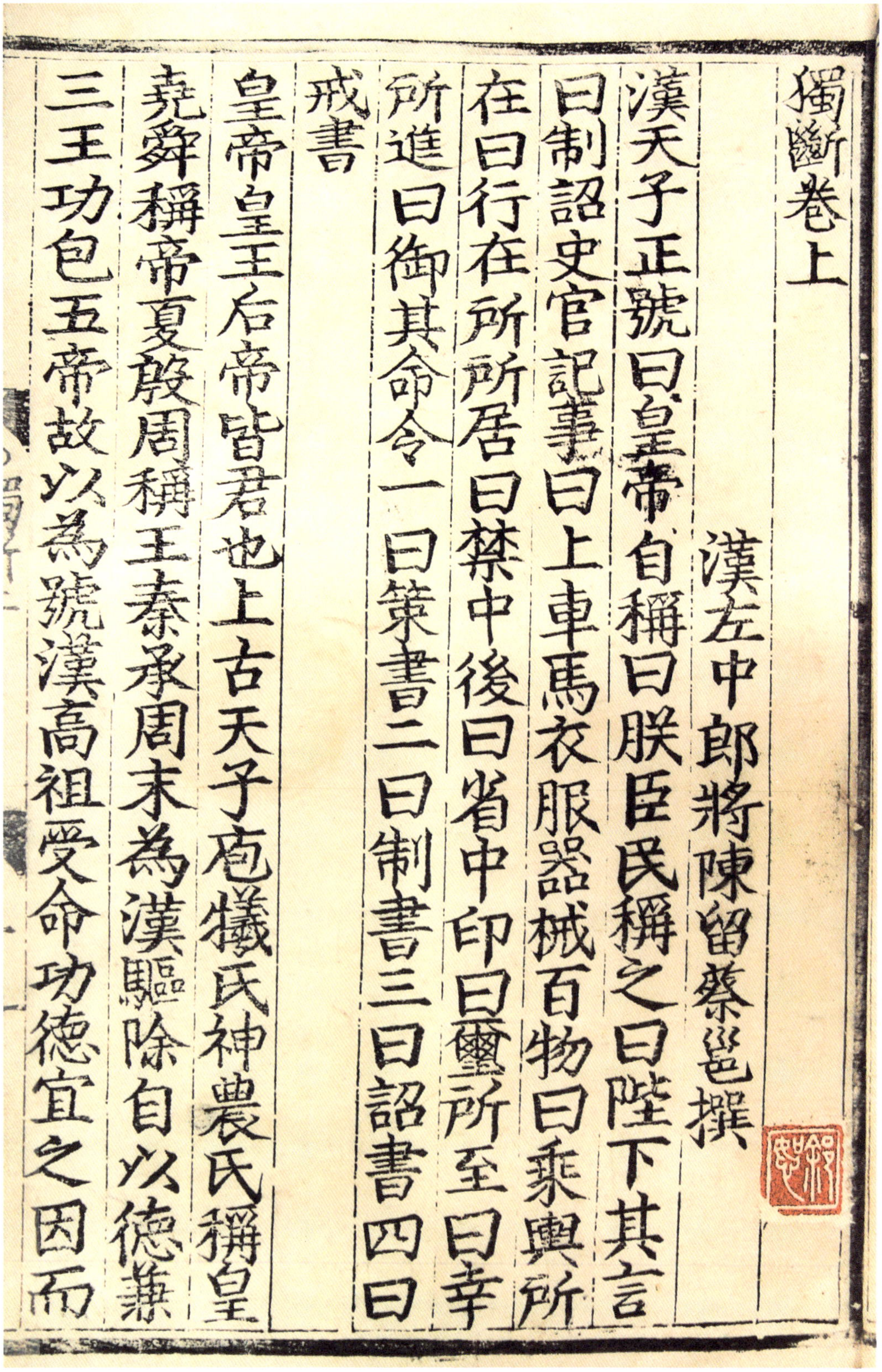
獨斷卷上
漢左中郎將陳留蔡邕撰
漢天子正號曰皇帝自稱曰朕臣民稱之曰陛下其言
曰制詔史官記事曰上車馬衣服器械百物曰乘輿所
在曰行在所所居曰禁中後曰省中印曰璽所至曰幸
所進曰御其命令一曰策書二曰制書三曰詔書四曰
戒書
皇帝皇王后帝皆君也上古天子庖犧氏神農氏稱皇
堯舜稱帝夏殷周稱王秦承周末為漢驅除自以德兼
三王功包五帝故以為號漢高祖受命功德宜之因而

01871 獨斷二卷 （漢）蔡邕撰　明弘治十六年（1503）劉遜刻本

匡高21厘米，廣14厘米。半葉十行，行二十一字，白口，四周雙邊。湖南師範大學圖書館藏。

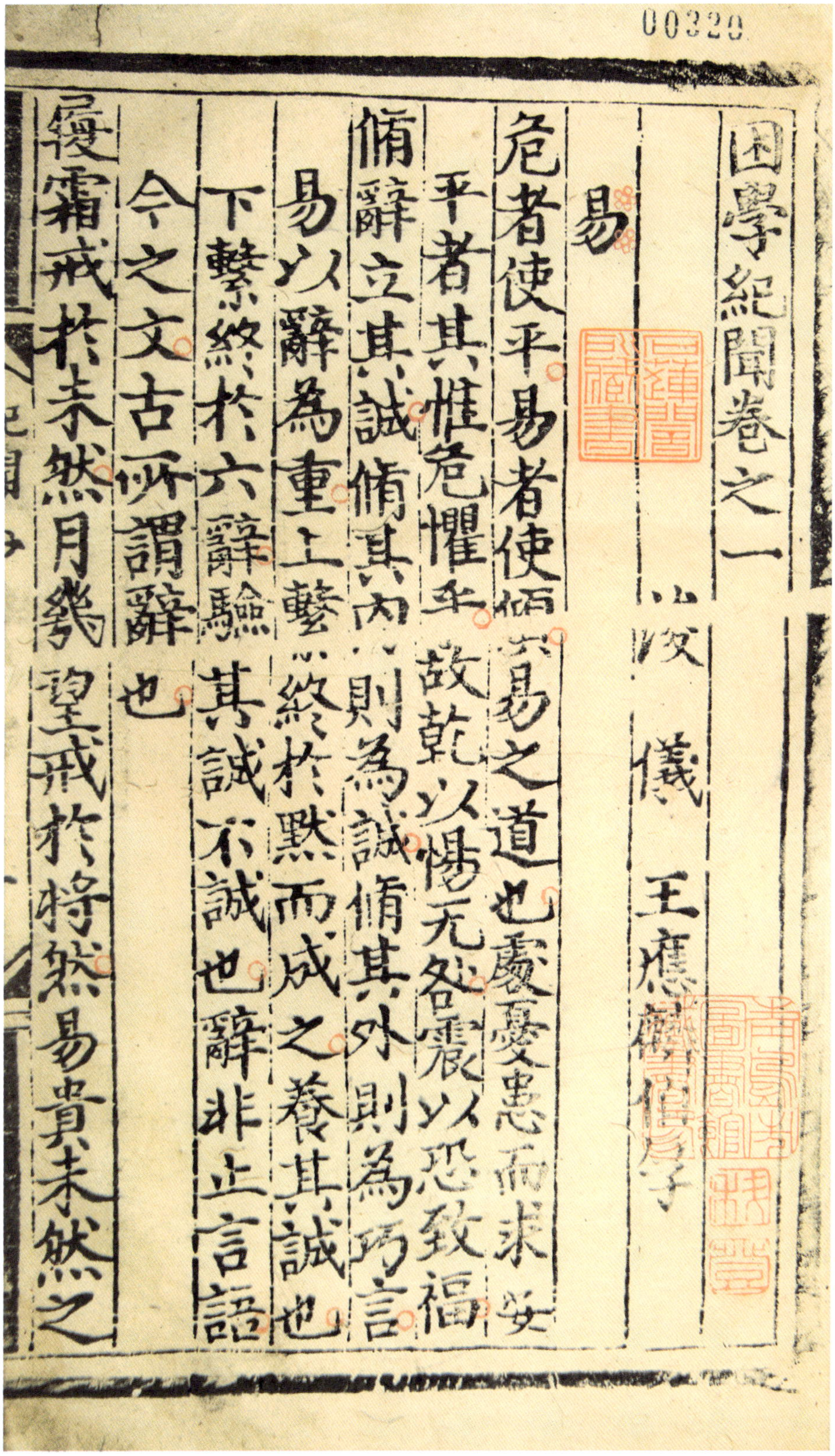

困學紀聞卷之一
浚儀　王應麟伯厚
易
危者使平易者使傾易之道也處憂患而求安平者其惟危懼乎故乾以惕无咎震以恐致福
脩辭立其誠脩其内則為誠脩其外則為巧言易以辭為重上繫終於默而成之養其誠也下繫終於六辭驗其誠不誠也辭非止言語今之文古所謂辭也
履霜戒於未然月幾望戒於將然易貴未然之

01872　困學紀聞二十卷　（宋）王應麟撰　明刻本

匡高21.2厘米，廣13.6厘米。半葉十行，行十八字，粗黑口，四周雙邊。有“石蓮閣所藏書”等印。青島市博物館藏。

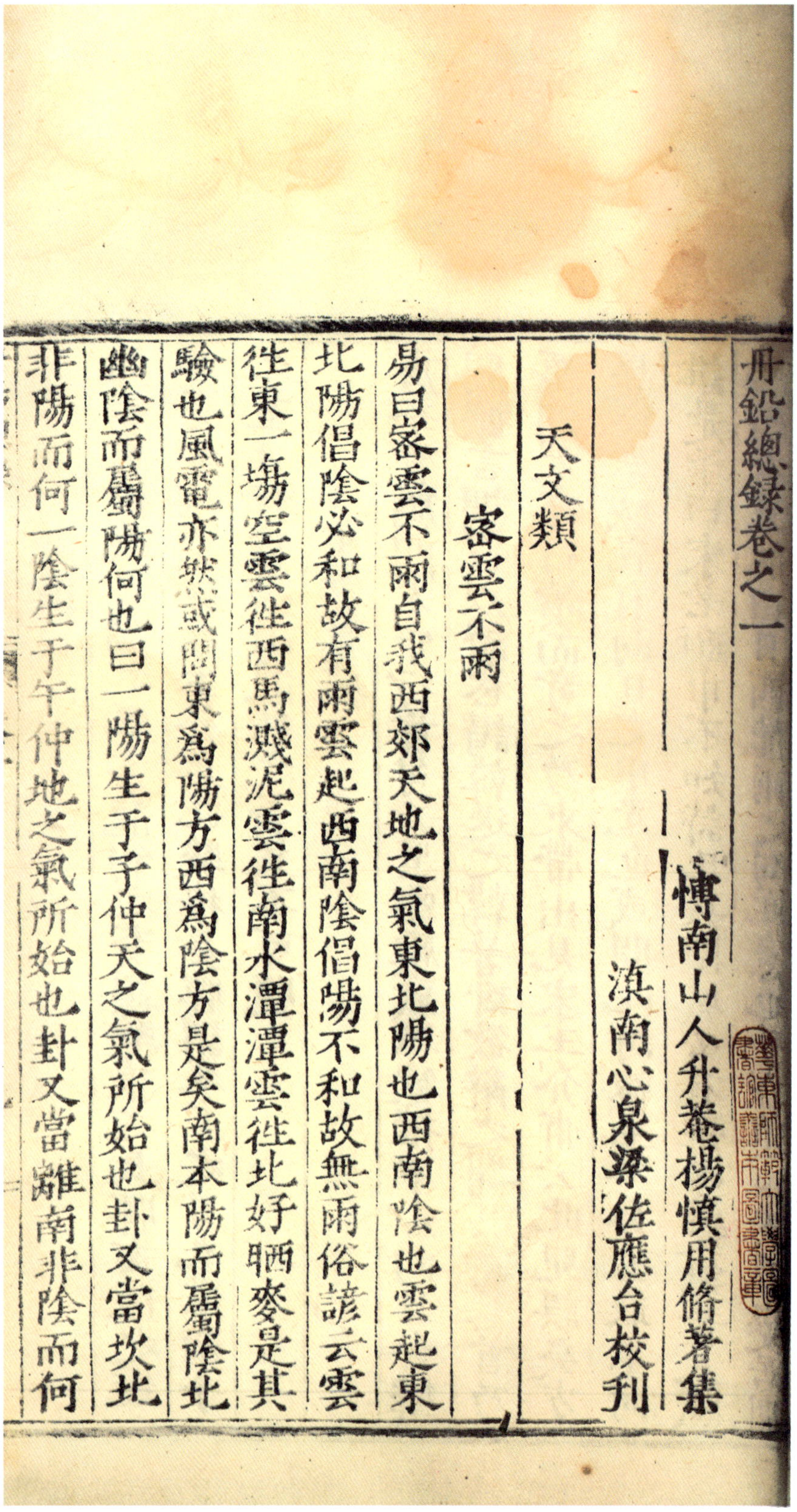
丹鉛總録卷之一
博南山人升菴楊慎用脩著集
滇南心泉梁佐應台校刊
天文類
密雲不雨
易曰密雲不雨自我西郊天地之氣東北陽也西南陰也雲起東北陽倡陰必和故有雨雲起西南陰倡陽不和故無雨俗諺云雲往東一塲空雲往西馬濺泥雲往南水潭潭雲往北好晒麥是其驗也風雹亦然或問東爲陽方西爲陰方是矣南本陽而屬陰北幽陰而屬陽何也曰一陽生于子仲天之氣所始也卦又當坎北非陽而何一陰生于午仲地之氣所始也卦又當離南非陰而何

01873 丹鉛總録二十七卷 （明）楊慎撰　明嘉靖三十三年（1554）梁佐刻藍印本

匡高21.5厘米，廣16.3厘米。半葉十一行，行二十五字，白口，四周雙邊。華東師範大學圖書館藏。

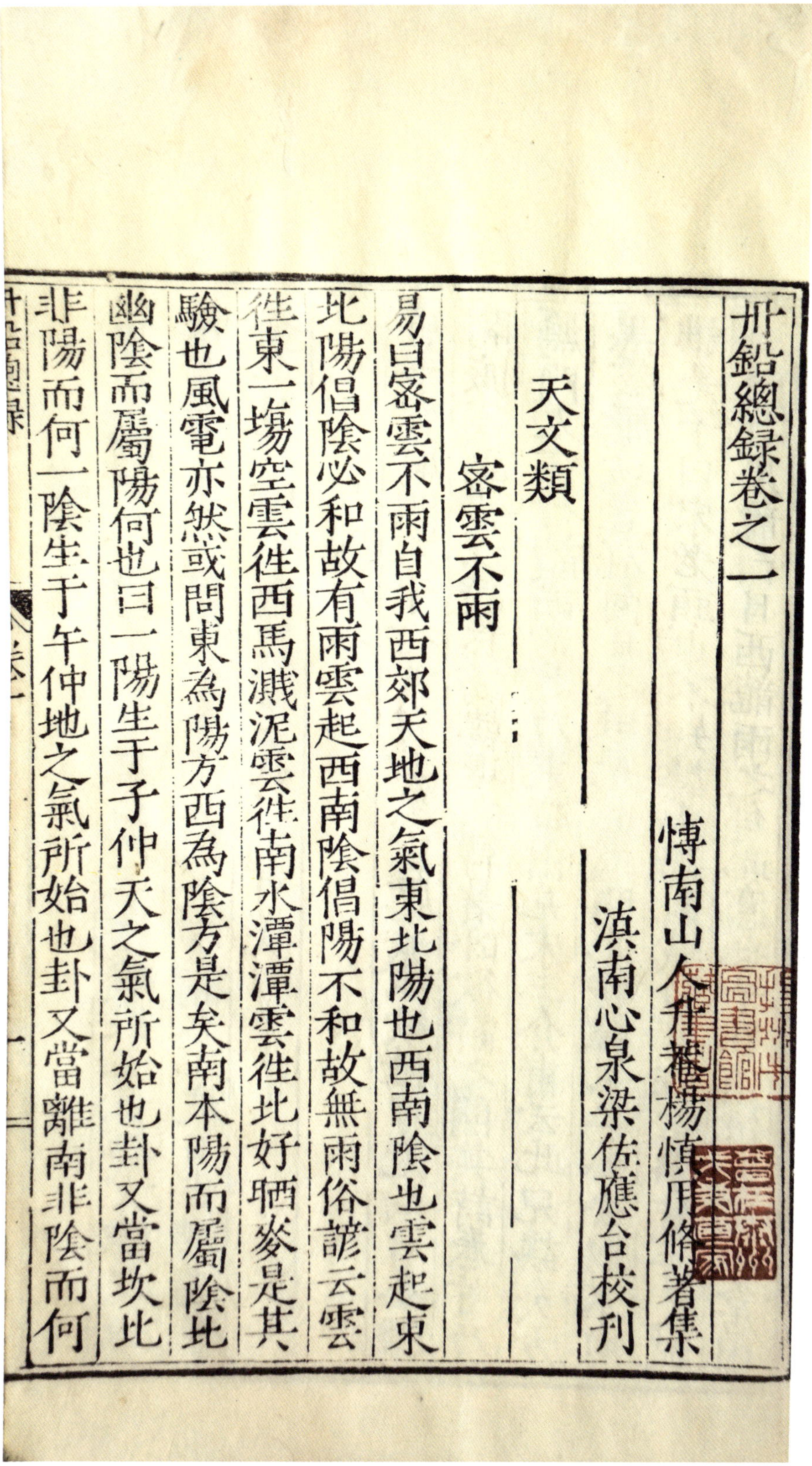

丹鉛總録卷之一

博南山人升菴楊慎用脩著集

滇南心泉梁佐應台校刊

天文類

密雲不雨

易曰密雲不雨自我西郊天地之氣東北陽也西南陰也雲起東北陽倡陰必和故有雨雲起西南陰倡陽不和故無雨俗諺云雲往東一塲空雲往西馬濺泥雲往南水潭潭雲往北好晒麥是其驗也風雹亦然或問東為陽方西為陰方是矣南本陽而屬陰北幽陰而屬陽何也曰一陽生于子仲天之氣所始也卦又當坎北非陽而何一陰生于午仲地之氣所始也卦又當離南非陰而何

丹鉛總録　卷之一　一

01874、01875 丹鉛總録二十七卷　（明）楊慎撰　明嘉靖三十三年（1554）梁佐刻本

匡高21厘米，廣16厘米。半葉十一行，行二十五字，白口，四周雙邊。南京市博物館藏，有“懷恩堂琅琊珍藏圖書”等印；揚州市圖書館藏，有“曾在泰州戈秉直家”等印。

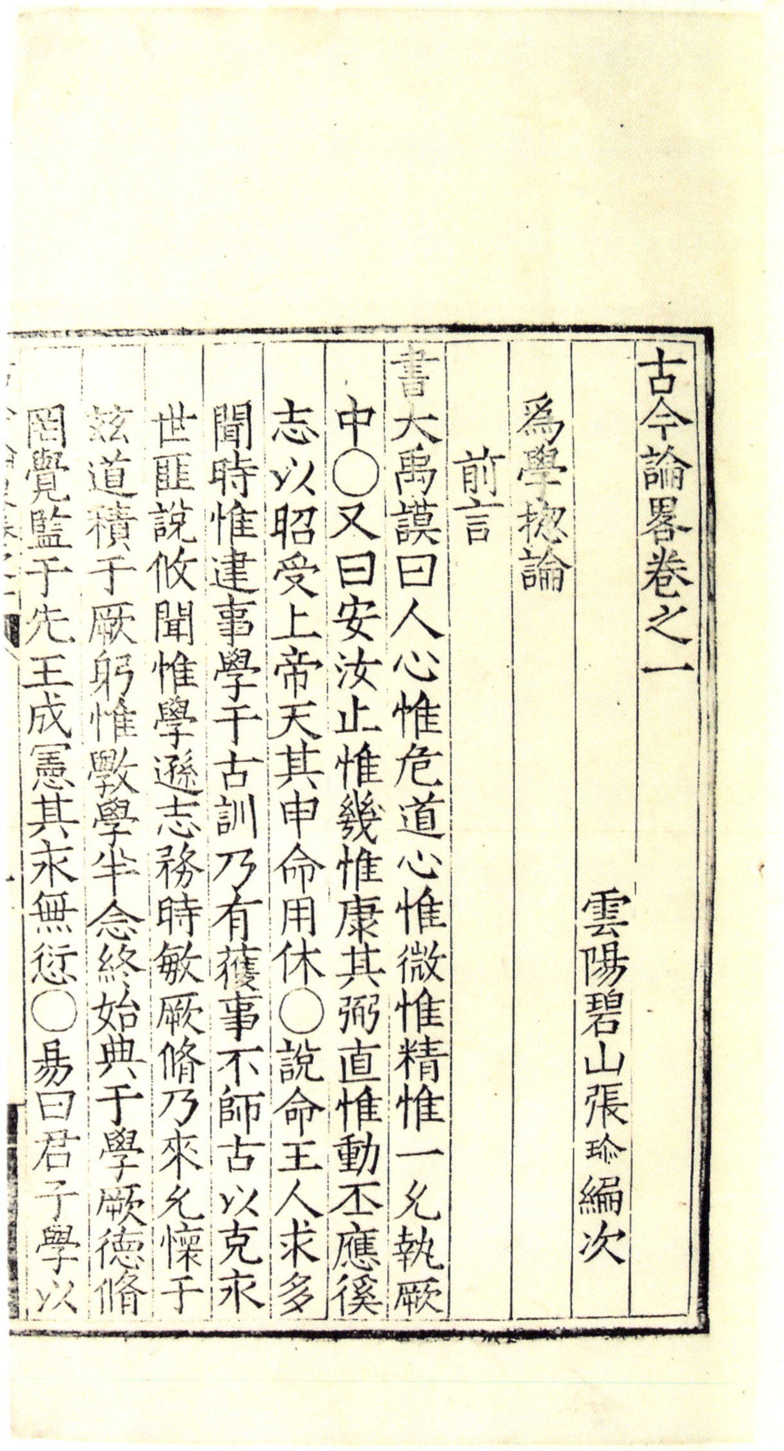

古今論畧卷之一

雲陽碧山張珍編次

為學總論

前言

書大禹謨曰人心惟危道心惟微惟精惟一允執厥
中○又曰安汝止惟幾惟康其弼直惟動丕應徯
志以昭受上帝天其申命用休○說命王人求多
聞時惟建事學于古訓乃有獲事不師古以克永
世匪說攸聞惟學遜志務時敏厥脩乃來允懷于
茲道積于厥躬惟斆學半念終始典于學厥德脩
罔覺監于先王成憲其永無愆○易曰君子學以

01876 古今論畧十卷 （明）張珍編　明嘉靖十九年（1540）楊上林刻本

匡高18.8厘米，廣13.4厘米。半葉十一行，行二十字，粗黑口，四周雙邊。蘇州圖書館藏。

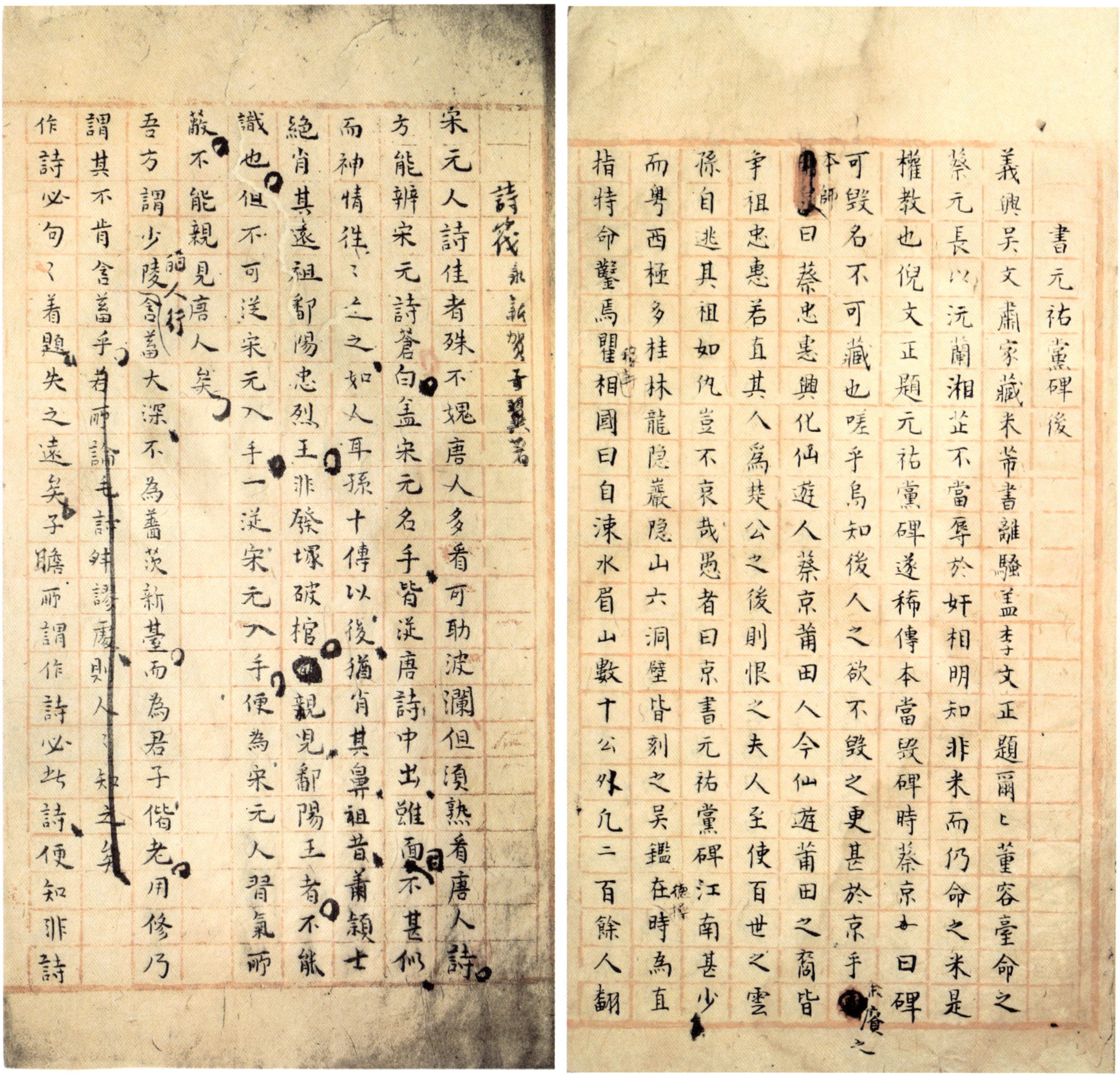
書元祐黨碑後
義興吳文肅家藏米芾書離騷蓋李文正題爾〻董容臺命之
蔡元長以沅蘭湘芷不當辱於奸相明知非米而仍命之米是
權教也倪文正題元祐黨碑遂稀傳本當毀碑時蔡京女曰碑
可毀名不可藏也嗟乎烏知後人之欲不毀之更甚於京乎
曰蔡忠惠興化仙遊人蔡京莆田人今仙遊莆田之裔皆
爭祖忠惠若直其人為楚公之後則恨之夫人至使百世之雲
孫自逃其祖如仇豈不哀哉愚者曰京書元祐黨碑江南甚少
而粵西極多桂林龍隱巖隱山六洞壁皆刻之吳鑑在時為直
指特命鑿馬瞿相國曰自涑水眉山數十公外凡二百餘人翻

詩筏　永新賀子翼著
宋元人詩佳者殊不媿唐人多看可助波瀾但須熟看唐人詩
方能辨宋元詩蒼句蓋宋元名手皆從唐詩中出雖面目不甚似
而神情往〻之之如人耳孫十傳以後猶肖其鼻祖昔蕭穎士
絕肖其遠祖鄱陽忠烈王非發塚破棺親見鄱陽王者不能
識也但不可從宋元入手一從宋元入手便為宋元人習氣所
蔽不能親見唐人矣
吾方謂少陵含蓄大深不為蓄茨新基而為君子偕老用修乃
謂其不肯含蓄乎若而論毛詩蚌諺處則人〻知之矣
作詩必句〻着題失之遠矣子瞻所謂作詩必此詩便知非詩

01877 密之先生雜誌不分卷（清）方以智撰　稿本

行字不等，紅格，左右雙邊。中國科學院國家科學圖書館藏。

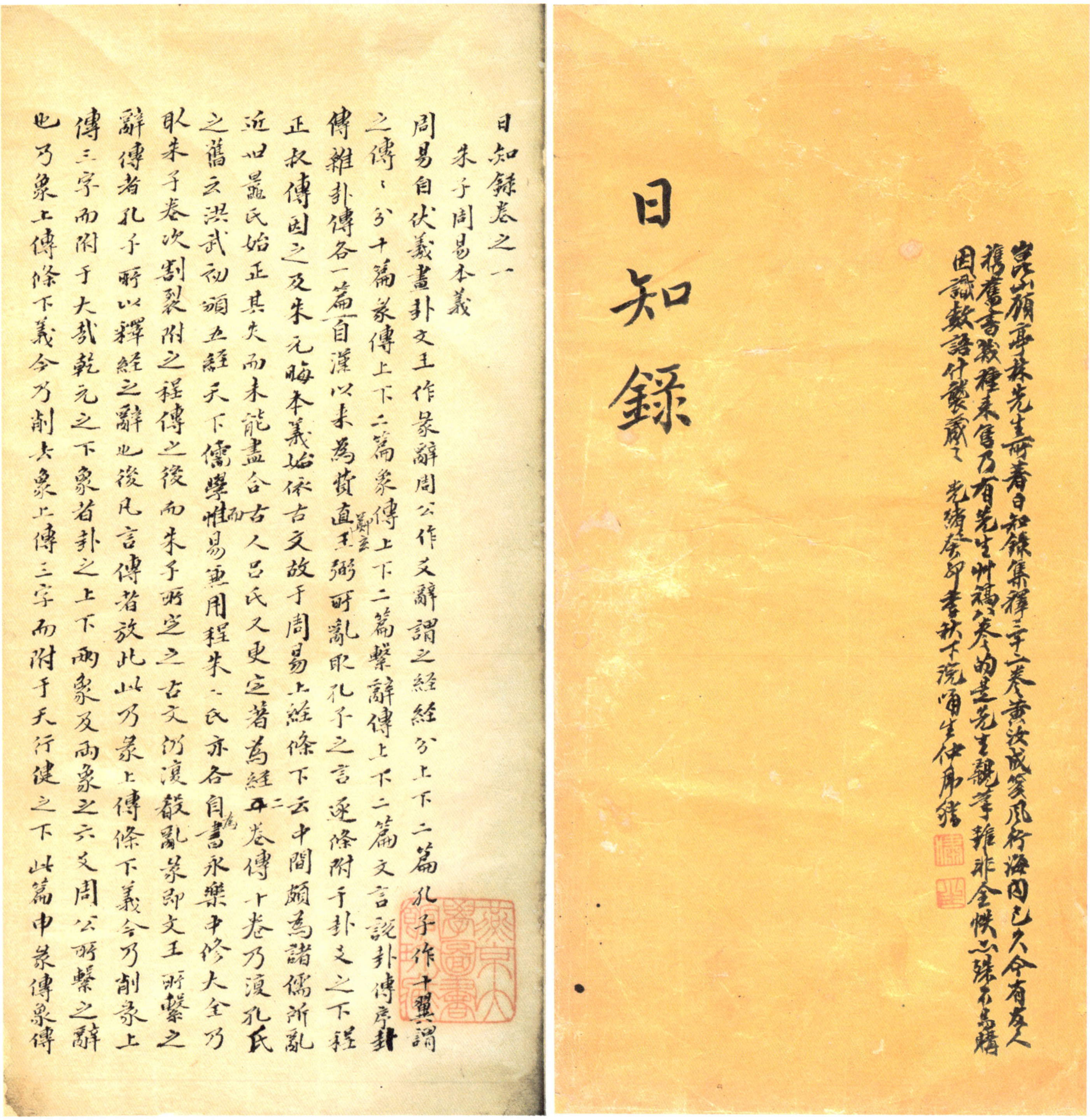

01878 日知録八卷 （清）顧炎武撰　稿本

半葉十二行，行三十二字。有“鄭印慈崧”等印。北京大學圖書館藏。

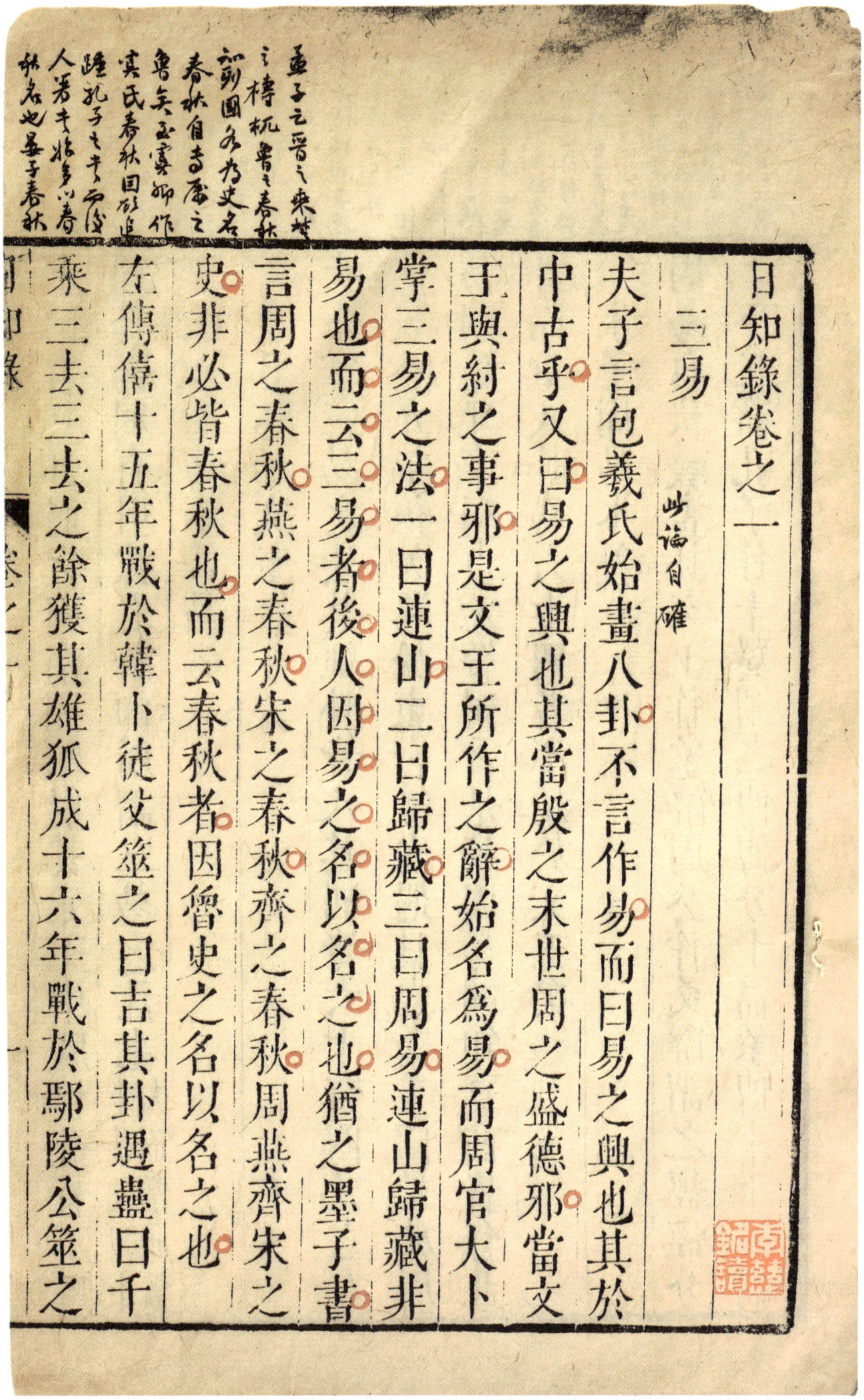

日知錄卷之一

三易

夫子言包羲氏始畫八卦不言作易而曰易之興也其於中古乎又曰易之興也其當殷之末世周之盛德邪當文王與紂之事邪是文王所作之辭始名爲易而周官大卜掌三易之法一曰連山二曰歸藏三曰周易連山歸藏非易也而云三易者後人因易之名以名之也猶之墨子書言周之春秋燕之春秋宋之春秋齊之春秋周燕齊宋之史非必皆春秋也而云春秋者因魯史之名以名之也

左傳僖十五年戰於韓卜徒父筮之曰吉其卦遇蠱曰千乘三去三去之餘獲其雄狐成十六年戰於鄢陵公筮之

01879 日知録三十二卷 （清）顧炎武撰　清康熙三十四年（1695）潘耒遂初堂刻本

匡高19.9厘米，廣15.1厘米。半葉十一行，行二十二字，白口，左右雙邊。有“越縵堂藏書印”、“李慈銘勘定圖籍之印”、“李慈銘讀”等印。李慈銘批校并跋。上虞市圖書館藏。

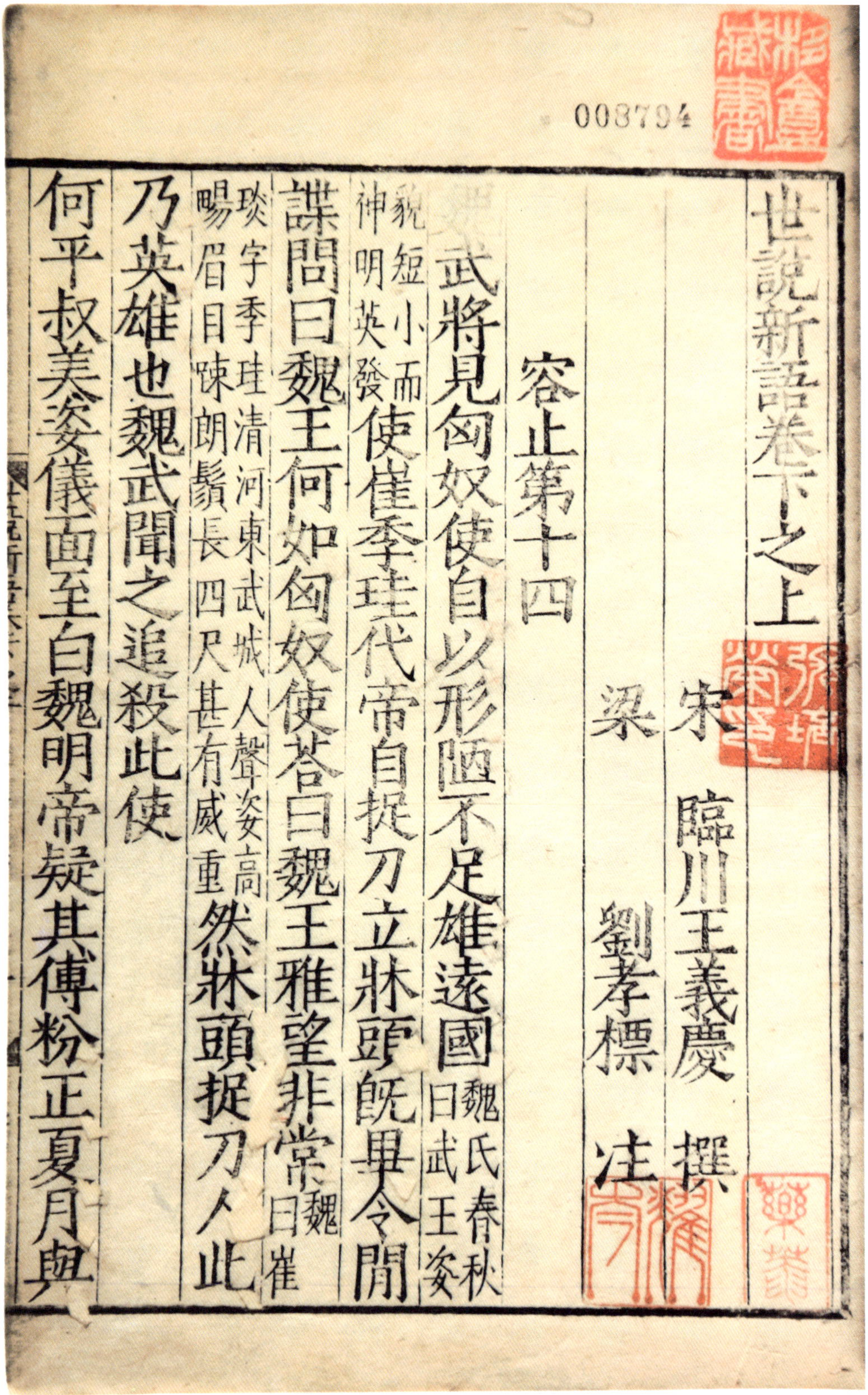

世說新語卷下之上
宋　臨川王義慶　撰
梁　劉孝標　注
容止第十四
魏武將見匈奴使自以形陋不足雄遠國魏氏春秋曰武王姿貌短小而神明英發使崔季珪代帝自捉刀立牀頭既畢令間諜問曰魏王何如匈奴使荅曰魏王雅望非常魏曰崔琰字季珪清河東武城人聲姿高暢眉目踈朗鬚長四尺甚有威重然牀頭捉刀人此乃英雄也魏武聞之追殺此使
何平叔美姿儀面至白魏明帝疑其傅粉正夏月與

01880 世説新語三卷　（南朝宋）劉義慶撰　（梁）劉孝標注　明嘉靖十四年（1535）袁褧嘉趣堂刻本（卷下之下配另一明刻本）

匡高20.6厘米，廣15.2厘米。半葉十行，行二十字，小字雙行同，白口，左右雙邊。有“張培榮印”等印。鄭州市圖書館藏。

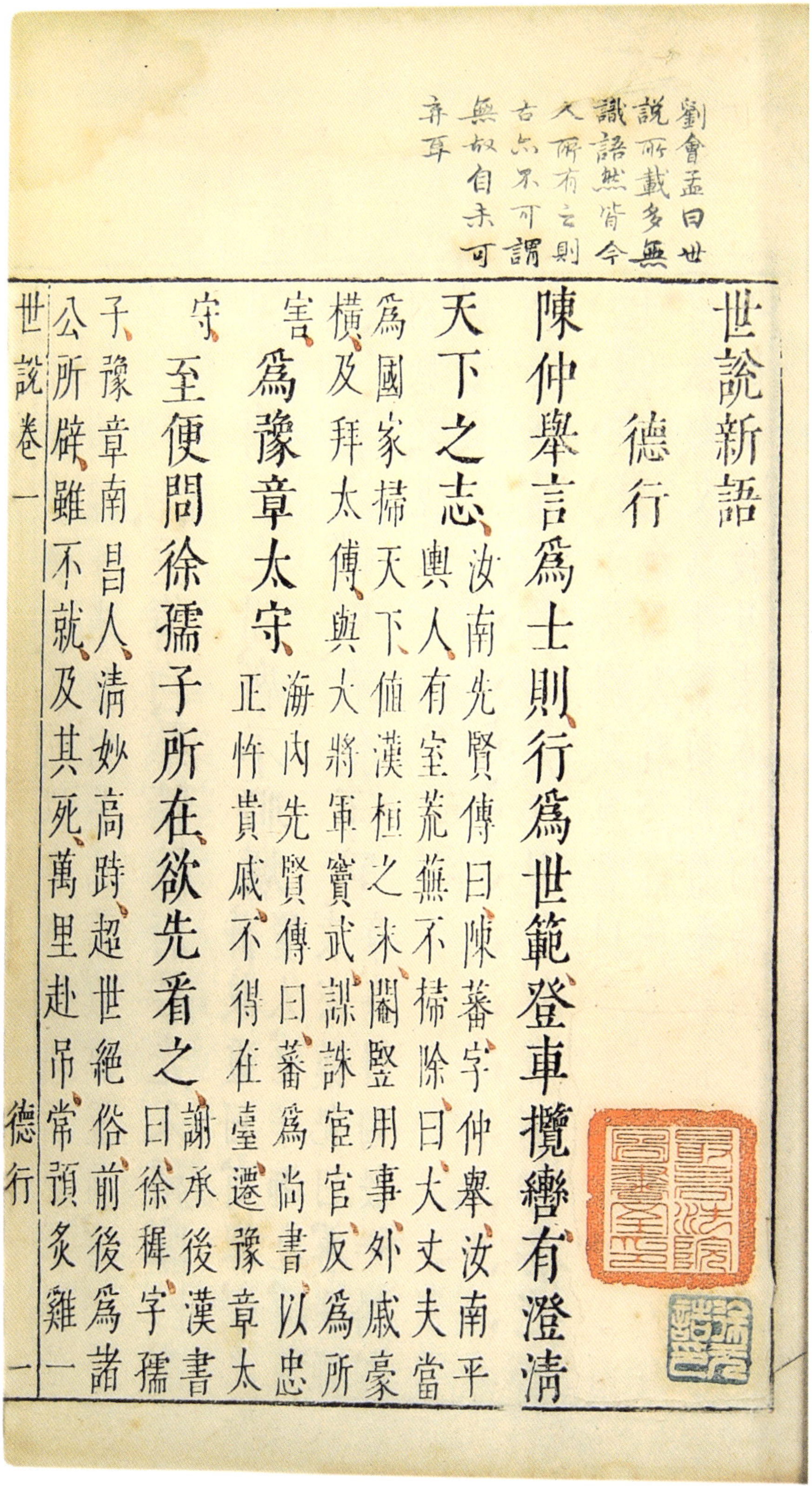
劉會孟曰世說所載多無識語然皆今人所有云則古亦不可謂無故自未可弃耳

世說新語

德行

陳仲舉言爲士則行爲世範登車攬轡有澄清天下之志 汝南先賢傳曰陳蕃字仲舉汝南平輿人有室荒蕪不掃除曰大丈夫當爲國家掃天下值漢桓之末閹豎用事外戚豪横及拜太傅與大將軍竇武謀誅宦官反爲所害 爲豫章太守 海内先賢傳曰蕃爲尚書以忠正忤貴戚不得在臺遷豫章太守 至便問徐孺子所在欲先看之 謝承後漢書曰徐穉字孺子豫章南昌人清妙高跱超世絕俗前後爲諸公所辟雖不就及其死萬里赴吊常預炙雞一

世說卷一 德行 一

01881、01882、01883、01884、01885、01886、01887、01888、01889 世説新語八卷 （南朝宋）劉義慶撰 （梁）劉孝標注 （宋）劉辰翁 劉應登 （明）王世懋評 明凌瀛初刻四色套印本

匡高21厘米，廣14.7厘米。半葉八行，行十八字，小字雙行同，白口，四周單邊。安徽省博物館藏；大連圖書館藏，有“琴德齋藏書印”等印；湖南圖書館藏；江蘇省南通市圖書館藏，有“南通孫氏”等印；南京市博物館藏，有“徐元誥印”等印；紹興圖書館藏；中山大學圖書館藏，有“番禺陳氏東塾藏書印”等印；新疆大學圖書館藏；安徽師範大學圖書館藏。

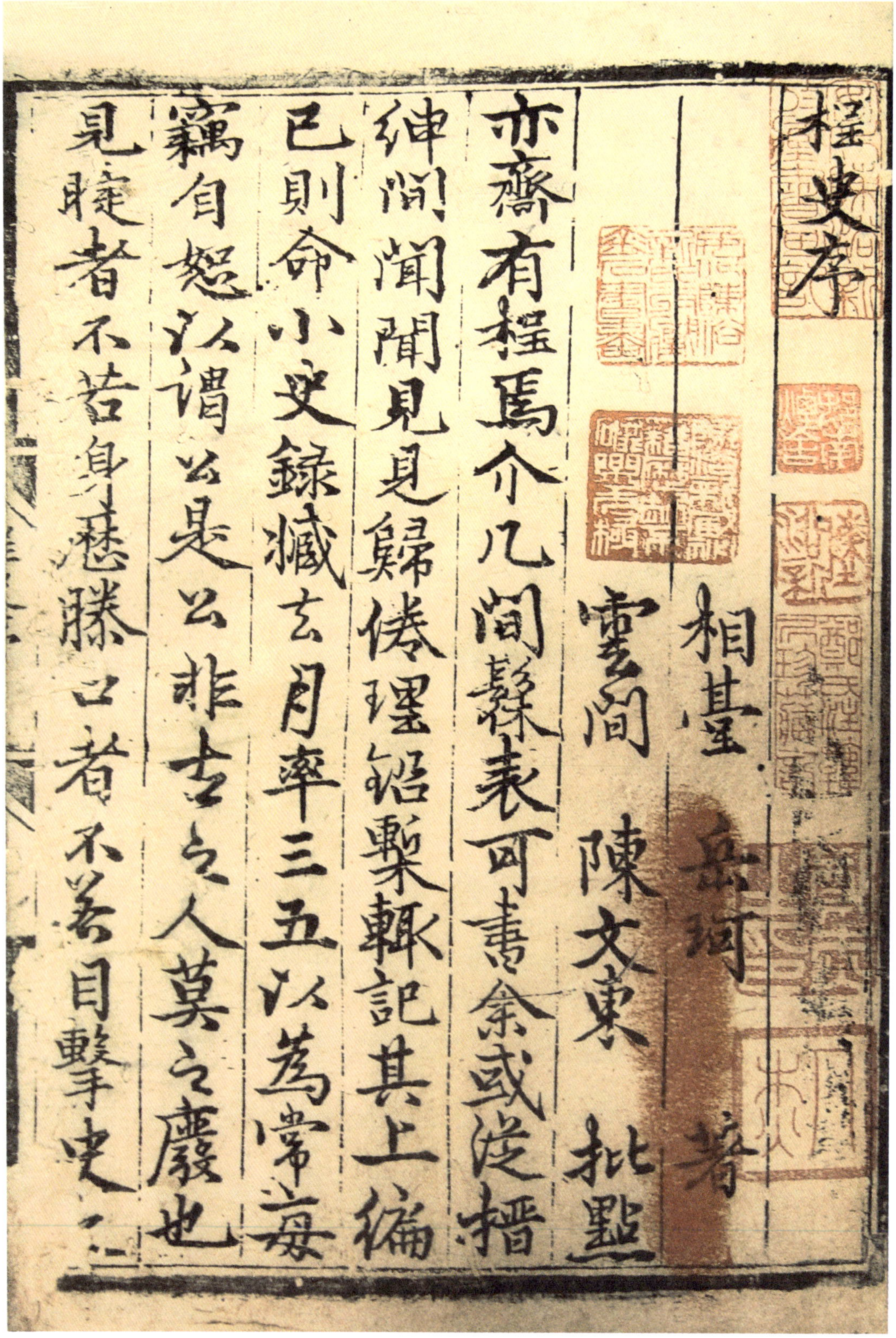
桯史序
相臺　岳珂　著
雲間　陳文東　批點
亦齋有桯焉介几間髹表可書余或從搢
紳間聞聞見見歸倦理鉛槧輒記其上編
已則命小史録藏去月率三五以爲常每
竊自恕以謂公是公非古之人莫之廢也
見疑者不若身愬勝口者不若目擊史亡

01890 桯史十五卷 （宋）岳珂撰　明成化十一年（1475）江泝刻本

匡高20.5厘米，廣14.2厘米。半葉十行，行二十字，黑口，四周雙邊。有“鄭氏注韓居珍藏記”等印。湖南師範大學圖書館藏。

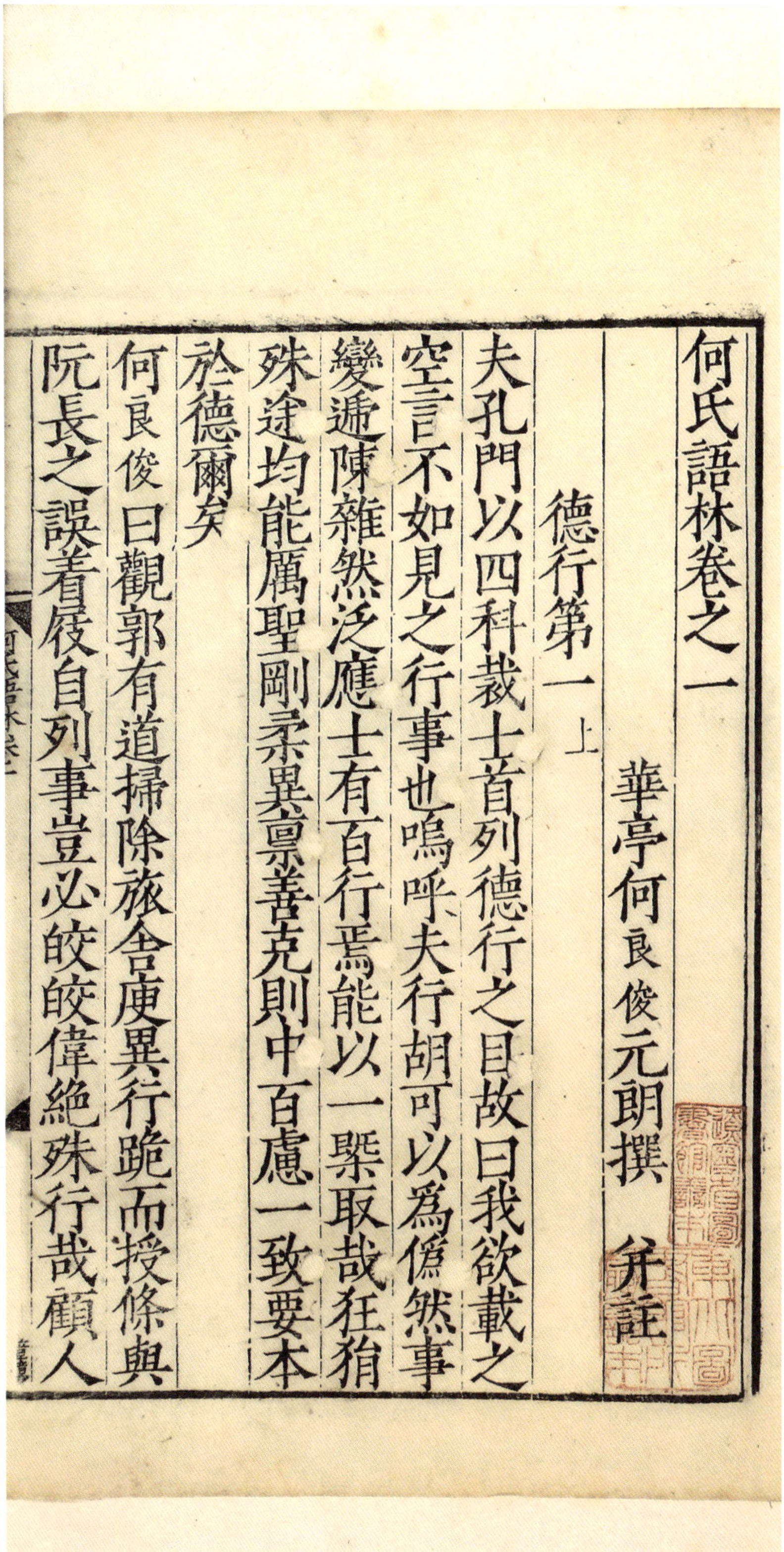

何氏語林卷之一

華亭何良俊元朗撰　幷註

德行第一上

夫孔門以四科裁士首列德行之目故曰我欲載之空言不如見之行事也嗚呼夫行胡可以爲僞然事變遞陳雜然泛應士有百行焉能以一槩取哉狂狷殊塗均能厲聖剛柔異禀善克則中百慮一致要本於德爾矣

何良俊曰觀郭有道掃除旅舍庾異行跪而授條與阮長之誤着屐自列事豈必皎皎偉絶殊行哉顧人

01891、01892、01893 何氏語林三十卷（明）何良俊撰　明嘉靖二十九年（1550）何氏清森閣刻本

匡高20.5厘米，廣15.3厘米。半葉十行，行二十字，小字雙行同，白口，左右雙邊。有“清森閣雕梓”、“嘉靖庚戌華亭拓湖何氏翻經堂雕梓”、“何氏青森閣雕梓”等牌記。遼寧省圖書館藏；青海民族學院圖書館藏，有“曾在趙元方家”等印；鄭州大學圖書館藏。

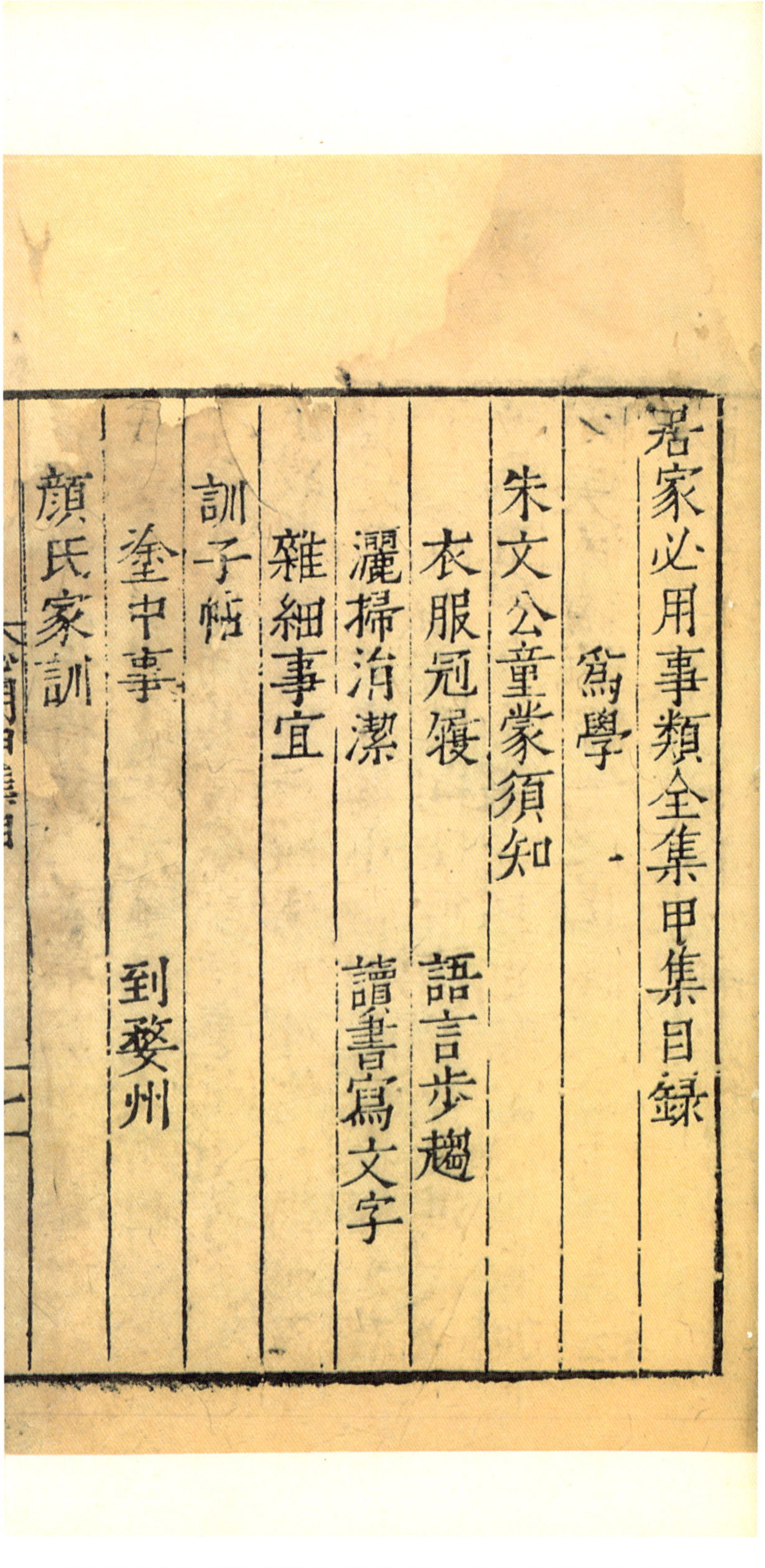

居家必用事類全集甲集目録
為學
朱文公童蒙須知
衣服冠履　語言步趨
灑掃涓潔　讀書寫文字
雜細事宜
訓子帖
塗中事　到夔州
顏氏家訓

01894 居家必用事類全集十卷 明隆慶二年（1568）飛來山人刻本

匡高14.1厘米，廣10.7厘米。半葉九行，行十六字，白口，四周單邊。南京圖書館藏。

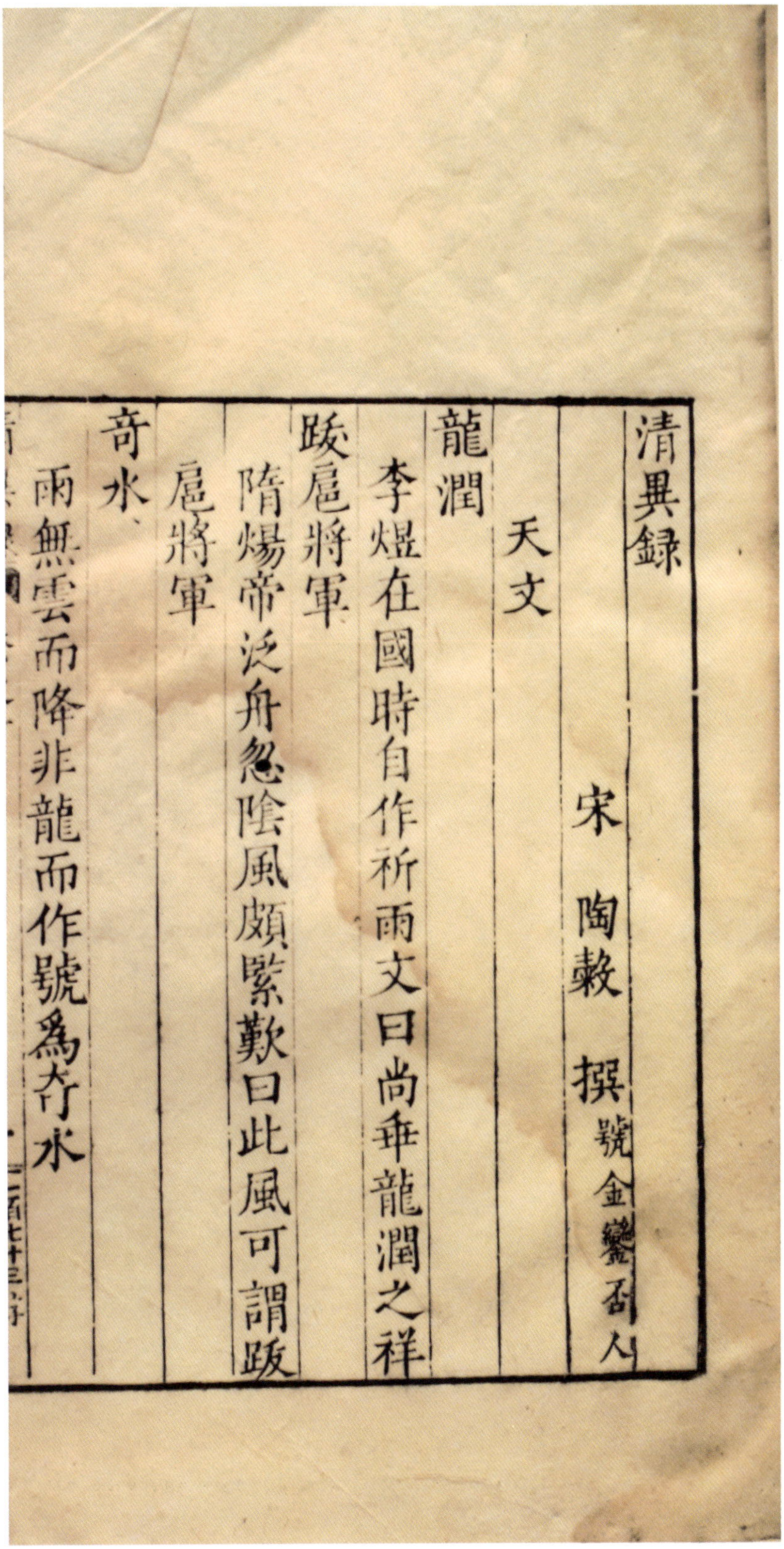

清異録

宋 陶穀 撰 號金鑾否人

天文

龍潤

李煜在國時自作祈雨文曰尚乖龍潤之祥

跋扈將軍

隋煬帝泛舟忽陰風頗緊歎曰此風可謂跋扈將軍

奇水、

雨無雲而降非龍而作號爲奇水

01895 清異録二卷 （宋）陶穀撰 明隆慶六年（1572）葉氏菉竹堂刻本

匡高17.3厘米，廣12.6厘米。半葉十行，行十八字，白口，四周單邊。有“隆慶六年壬申葉氏菉竹堂繡梓印行”刻書題記。河南省圖書館藏。

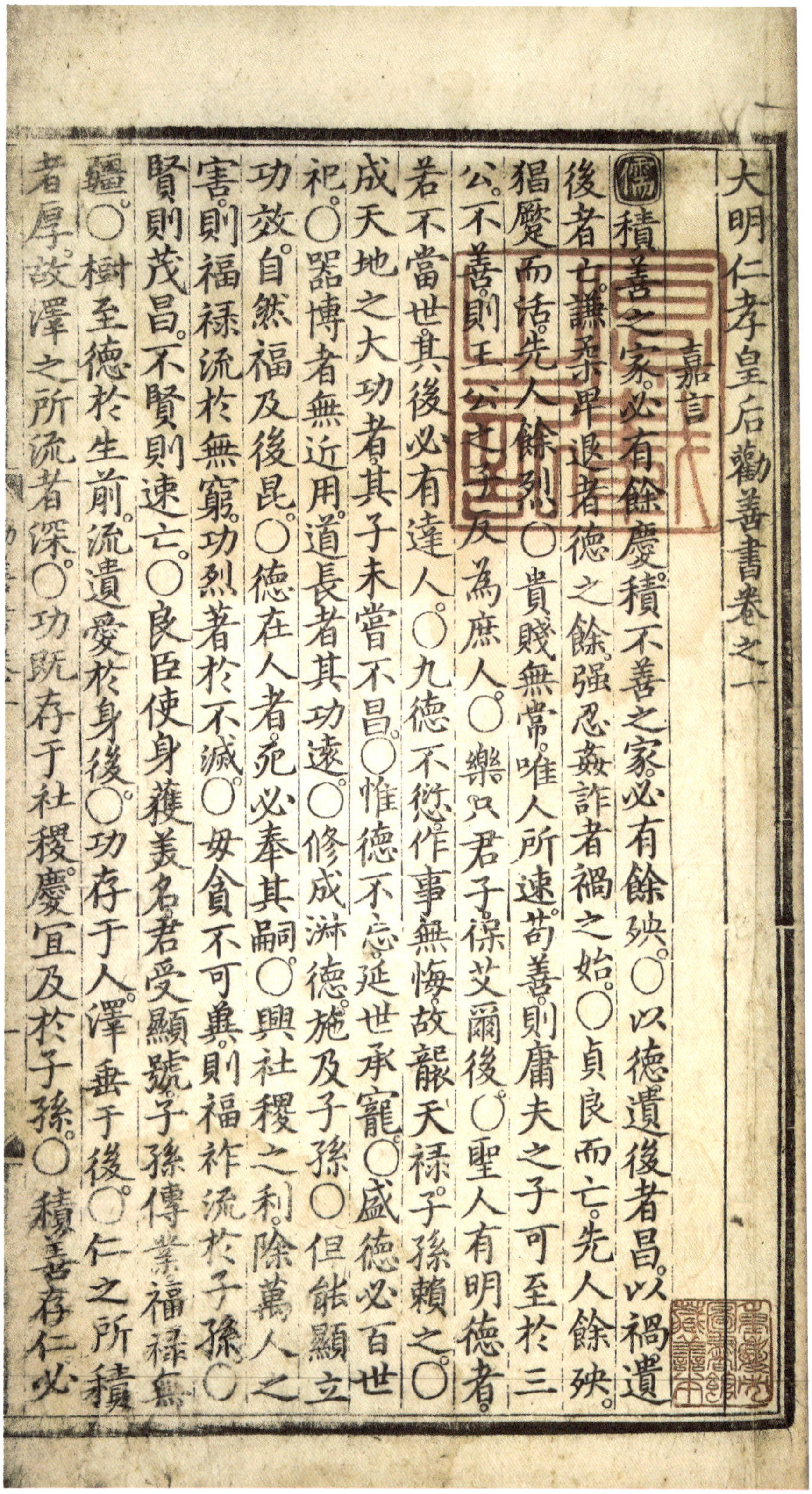
大明仁孝皇后勸善書卷之一
嘉言
儒 積善之家必有餘慶積不善之家必有餘殃○以德遺後者昌以禍遺
後者亡謙柔卑退者德之餘強忍姦詐者禍之始○貞良而亡先人餘殃
猖蹶而活先人餘烈○貴賤無常唯人所速苟善則庸夫之子可至於三
公不善則王公之子反為庶人○樂只君子保艾爾後○聖人有明德者
若不當世其後必有達人○九德不愆作事無悔故龍天祿子孫賴之○
成天地之大功者其子未嘗不昌○惟德不忘延世承寵○盛德必百世
祀○器博者無近用道長者其功遠○修成淵德施及子孫○但能顯立
功效自然福及後昆○德在人者死必奉其嗣○興社稷之利除萬人之
害則福祿流於無窮功烈著於不滅○毋貪不可冀則福祚流於子孫○
賢則茂昌不賢則速亡○良臣使身獲美名君受顯號子孫傳業福祿無
疆○樹至德於生前流遺愛於身後○功存于人澤垂于後○仁之所積
者厚故澤之所流者深○功既存于社稷慶宜及於子孫○積善存仁必

01896、01897 大明仁孝皇后勸善書二十卷 （明）仁孝皇后徐氏撰 明永樂五年（1407）内府刻本

匡高30.5厘米，廣19.3厘米。半葉十四行，行二十八字，黑口，四周雙邊。江蘇省南通市圖書館藏；重慶圖書館藏，存十二卷。

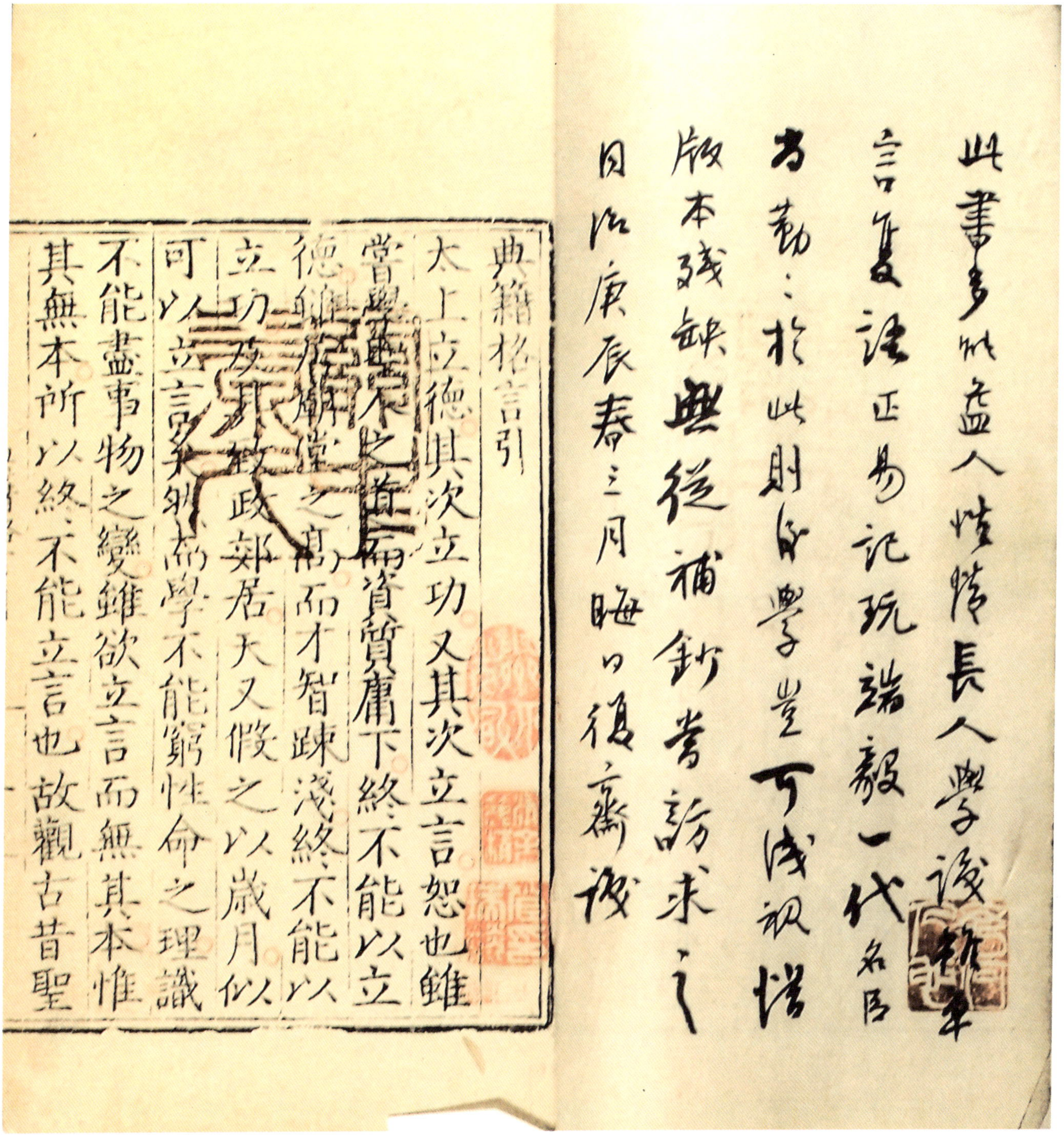

01898 典籍格言不分卷 （明）王恕輯　明弘治十八年（1505）刻本

匡高17.3厘米，廣11.6厘米。半葉十行，行十八字，白口，四周雙邊。陝西省圖書館藏。

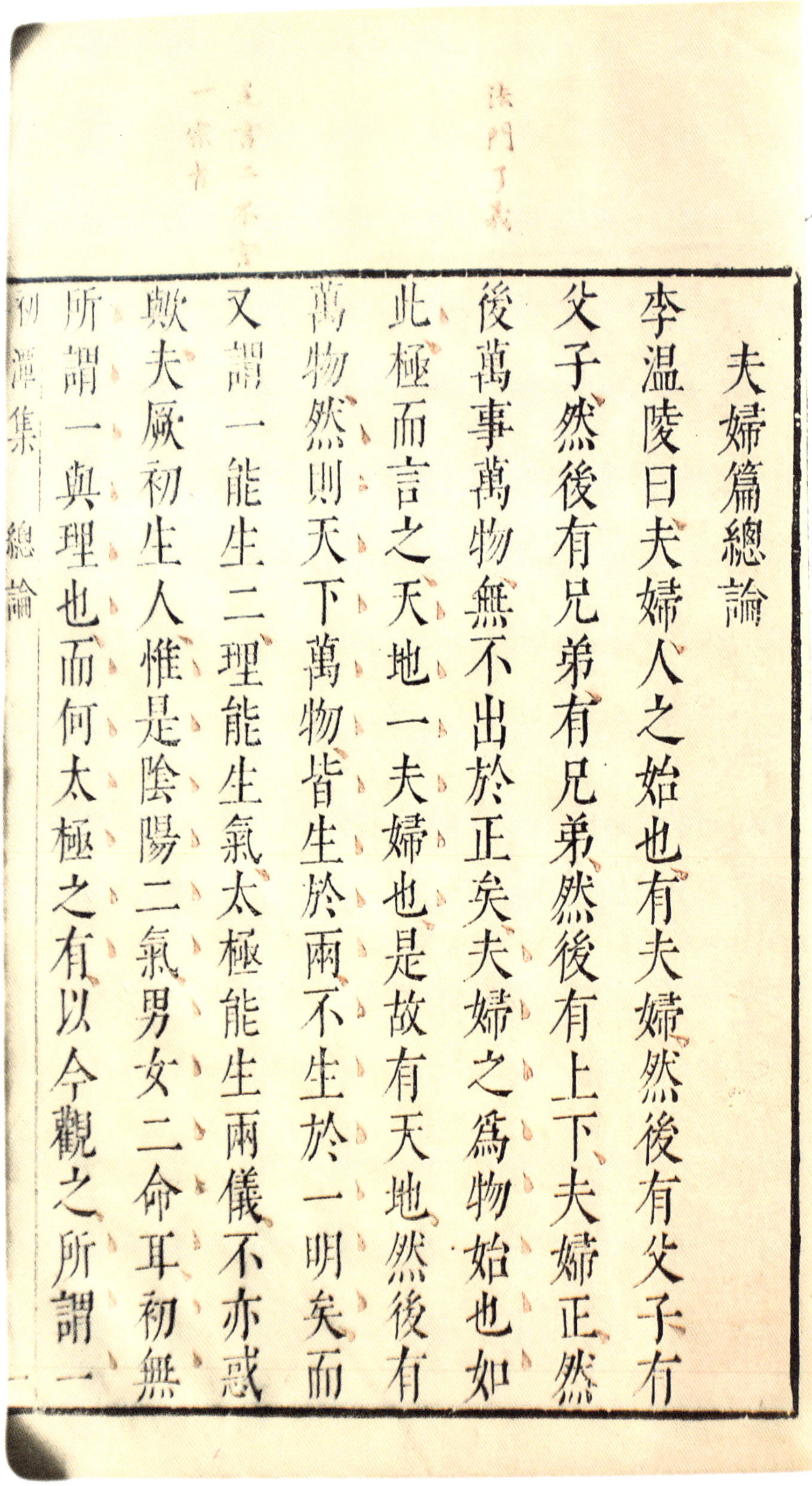
夫婦篇總論
李温陵曰夫婦人之始也有夫婦然後有父子有
父子然後有兄弟有兄弟然後有上下夫婦正然
後萬事萬物無不出於正矣夫婦之爲物始也如
此極而言之天地一夫婦也是故有天地然後有
萬物然則天下萬物皆生於兩不生於一明矣而
又謂一能生二理能生氣太極能生兩儀不亦惑
歟夫厥初生人惟是陰陽二氣男女二命耳初無
所謂一與理也而何太極之有以今觀之所謂一
初潭集 總論 一

01899 初潭集三十卷 （明）李贄撰　明閔氏刻朱墨套印本

匡高20.3厘米，廣14厘米。半葉九行，行十九字，白口，四周單邊。有“王紹績印”等印。湖南省社會科學院圖書館藏。

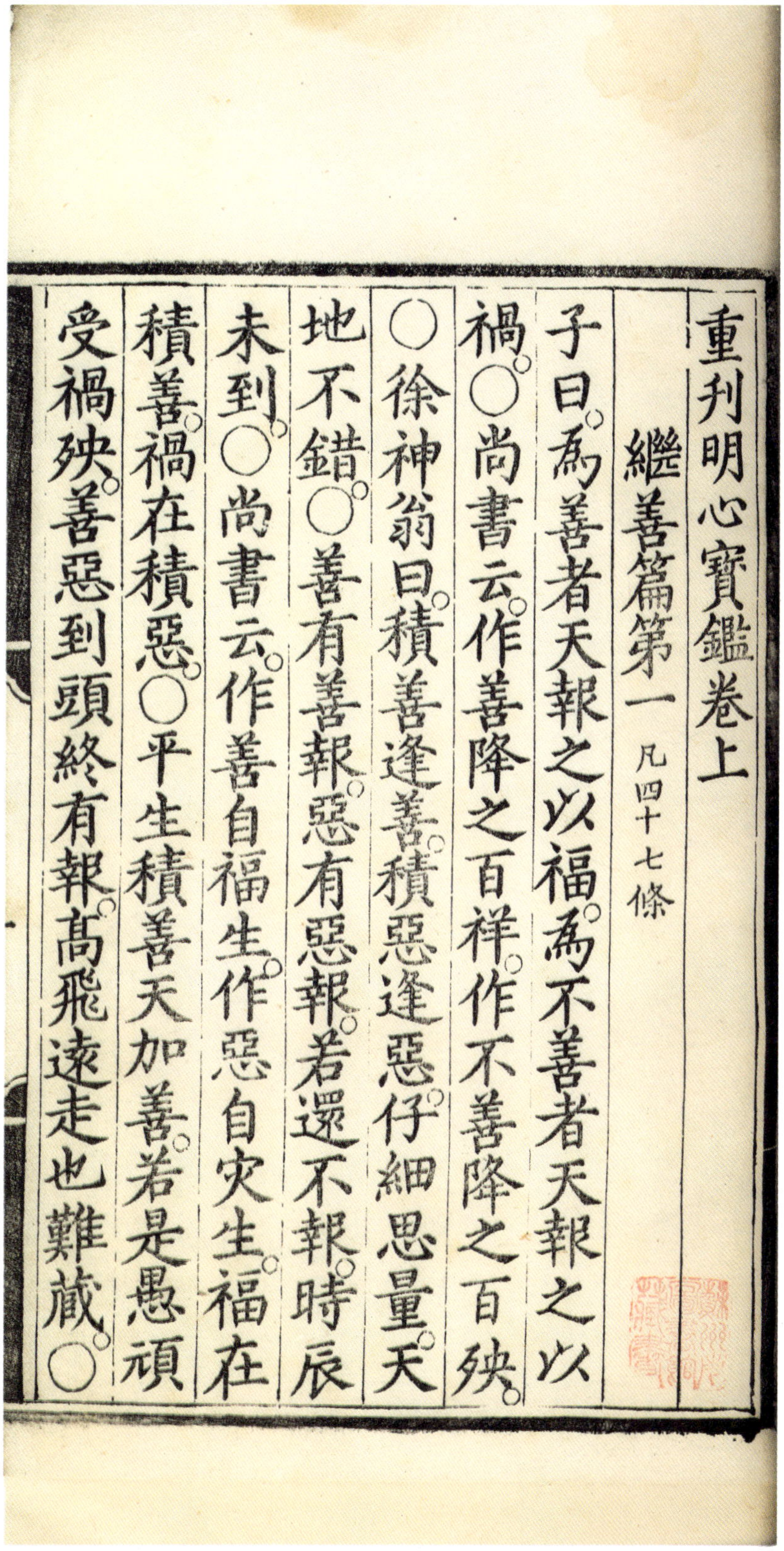
重刊明心寶鑑卷上
繼善篇第一 凡四十七條
子曰爲善者天報之以福爲不善者天報之以
禍○尚書云作善降之百祥作不善降之百殃
○徐神翁曰積善逢善積惡逢惡仔細思量天
地不錯○善有善報惡有惡報若還不報時辰
未到○尚書云作善自福生作惡自灾生福在
積善禍在積惡○平生積善天加善若是愚頑
受禍殃善惡到頭終有報高飛遠走也難藏○

01900 重刊明心寶鑑二卷 （元）范立本輯　明嘉靖三十二年（1553）曹玄刻本

匡高22厘米，廣15.5厘米。半葉九行，行十八字，黑口，四周雙邊。蘇州圖書館藏。

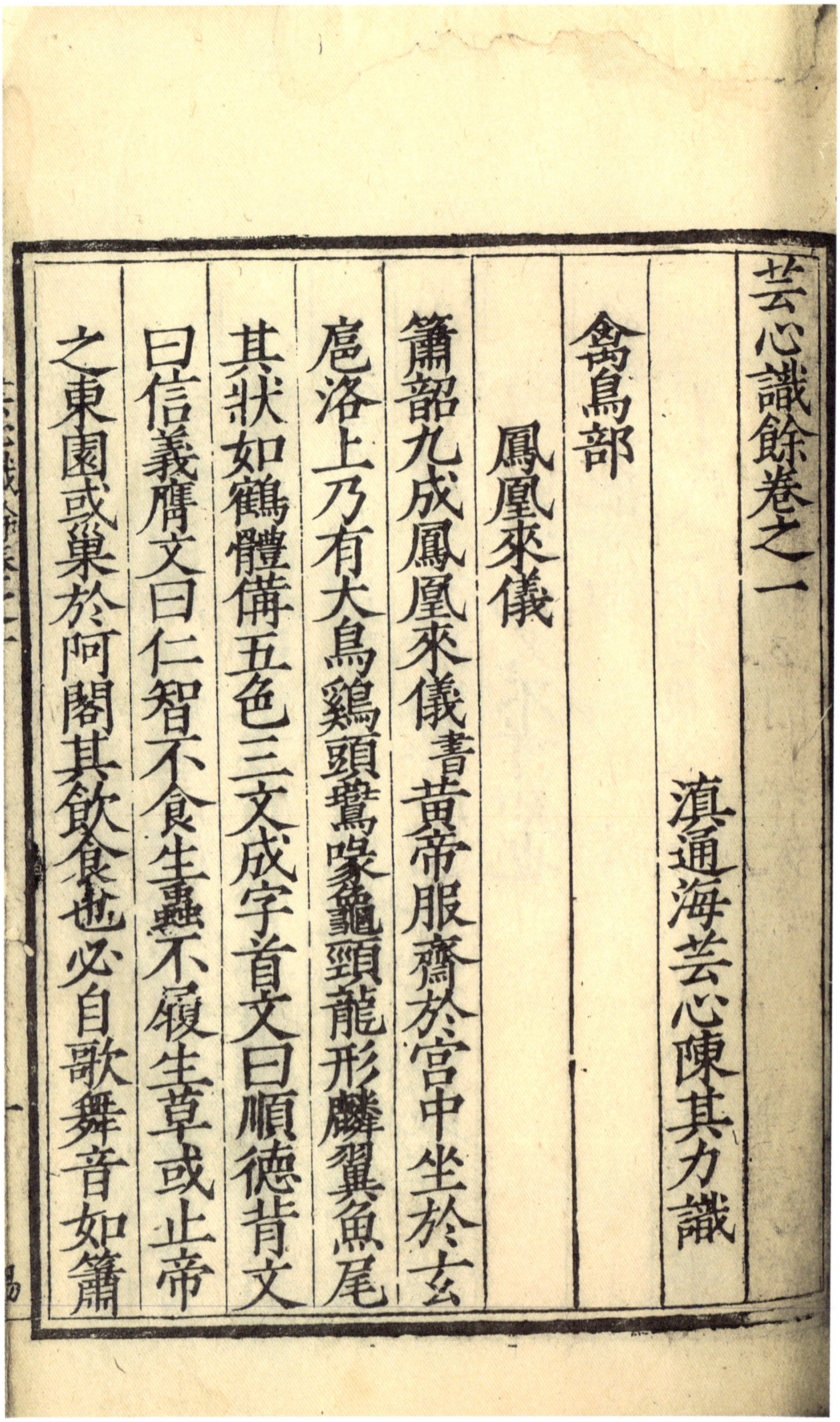
芸心識餘卷之一
滇通海芸心陳其力識
禽鳥部
鳳凰來儀
簫韶九成鳳凰來儀書黄帝服齋於宫中坐於玄
扈洛上乃有大鳥鷄頭鷰喙龜頸龍形麟翼魚尾
其狀如鶴體備五色三文成字首文曰順德背文
曰信義膺文曰仁智不食生蟲不履生草或止帝
之東園或巢於阿閣其飲食也必自歌舞音如簫

01901 芸心識餘七卷續芸心識餘一卷 （明）陳其力撰　明嘉靖刻本

匡高18.7厘米，廣14.6厘米。半葉九行，行二十字，小字雙行同，白口，四周雙邊。安徽省圖書館藏。

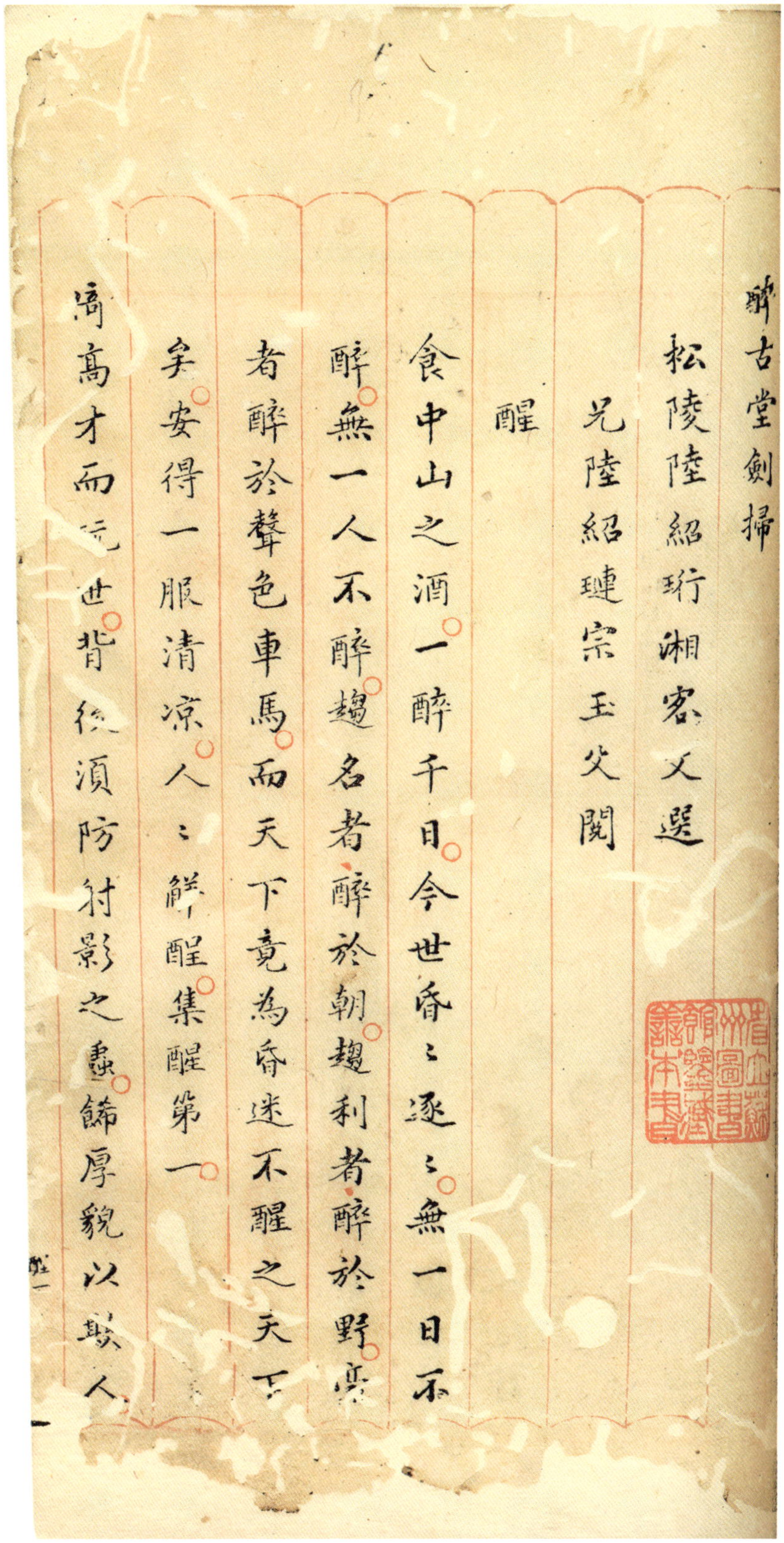
醉古堂劍掃
松陵陸紹珩湘客父選
兄陸紹璉宗玉父閲
醒
食中山之酒一醉千日今世昏昏逐逐無一日不
醉無一人不醉趨名者醉於朝趨利者醉於野豪
者醉於聲色車馬而天下竟為昏迷不醒之天下
矣安得一服清涼人人解醒集醒第一
倚高才而玩世背後須防射影之蟲飾厚貌以欺人

01902、01903 醉古堂劍掃十二卷 （明）陸紹珩輯 明天啟四年（1624）刻套印本

匡高22.5厘米，廣14厘米。半葉九行，行二十字，紅格，白口，左右雙邊。蘇州圖書館藏，有“留耕堂鮑珍藏書画印”等印；山東省圖書館藏。

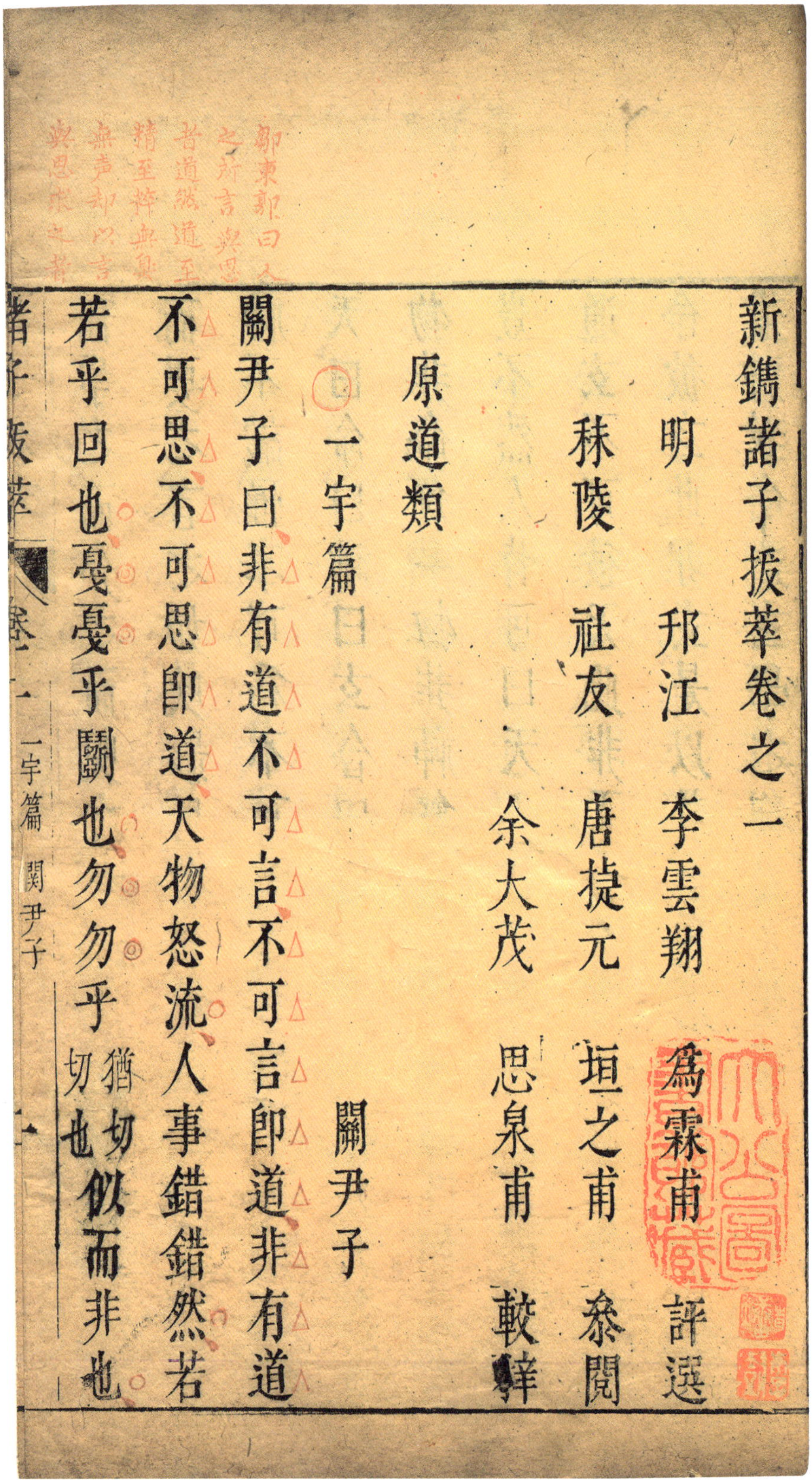
新鐫諸子拔萃卷之一
明 邗江 李雲翔 爲霖甫 評選
秣陵 社友 唐捷元 垣之甫 叅閱
余大茂 思泉甫 較梓
原道類
一宇篇 關尹子
關尹子曰非有道不可言不可言即道非有道
不可思不可思即道天物怒流人事錯錯然若
若乎回也戞戞乎鬭也勿勿乎似而非也（猶切切也）
諸子拔萃 卷一 一宇篇 關尹子

01904、01905 新鐫諸子拔萃八卷 （明）李雲翔輯　明天啓七年（1627）余大茂刻朱墨套印本

匡高20.1厘米，廣14.4厘米。半葉九行，行十八字，小字雙行同，白口，四周單邊。無錫市圖書館、山東省圖書館藏。

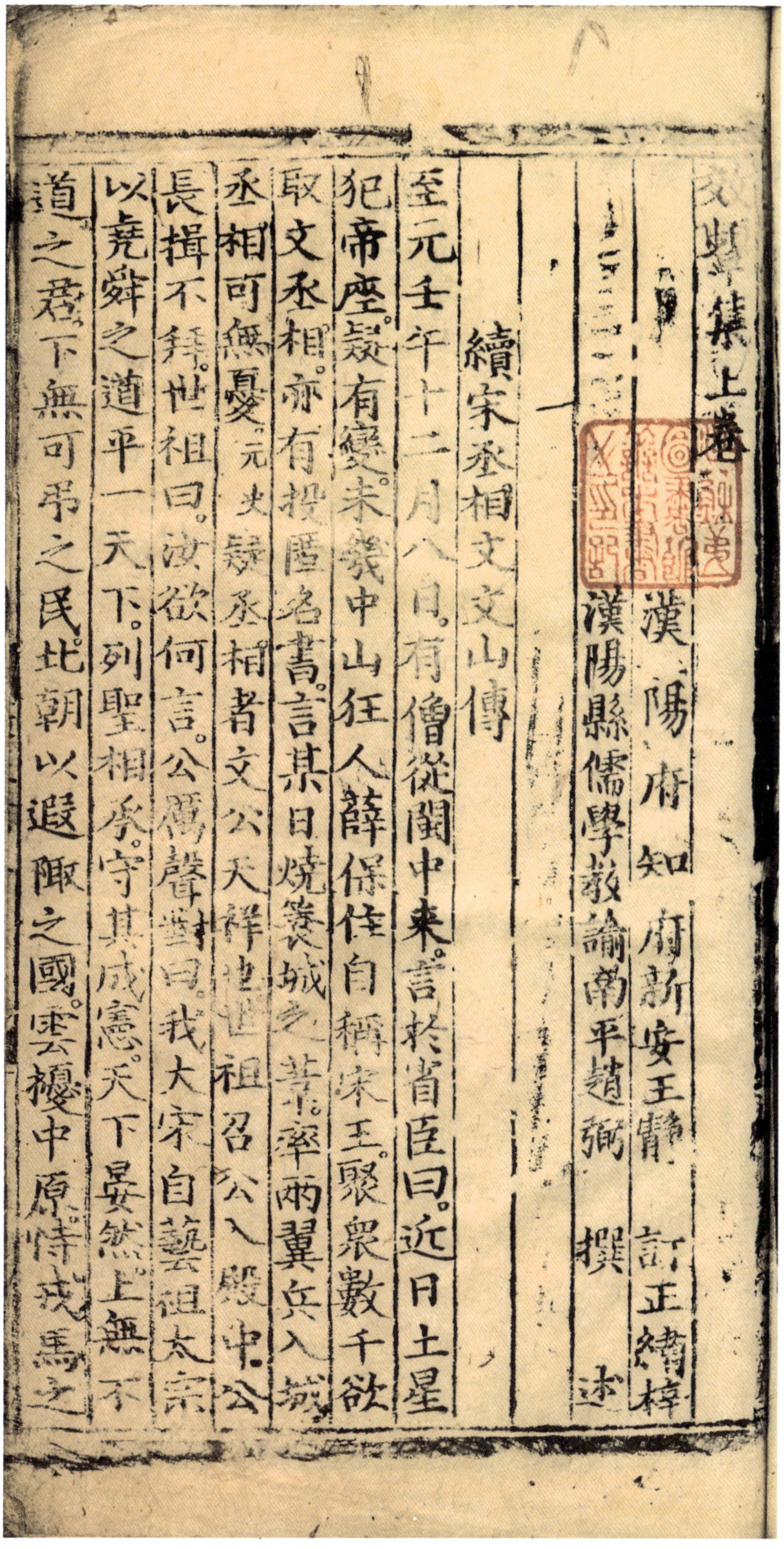

效顰集上卷
漢陽府知府新安王静 訂正繡梓
漢陽縣儒學教諭南平趙弼 撰述
續宋丞相文文山傳
至元壬午十二月八日。有僧從閩中來。言於省臣曰。近日土星犯帝座。疑有變。未幾中山狂人薛保住自稱宋王。聚衆數千欲取文丞相。亦有投匿名書。言某日燒蓑城之葦。率兩翼兵入城丞相可無憂。元史録丞相者文公天祥也。世祖召公入殿中。公長揖不拜。世祖曰。汝欲何言。公厲聲對曰。我大宋自藝祖太宗以堯舜之道平一天下。列聖相承。守其成憲。天下晏然。上無不道之君。下無可弔之民。比朝以遐陬之國。雲擾中原。恃戎馬之

01906 效顰集三卷 （明）趙弼撰　明宣德王静刻本

匡高21.2厘米，廣12.6厘米。半葉十二行，行二十四字，黑口，四周雙邊。丁丙跋。南京圖書館藏。

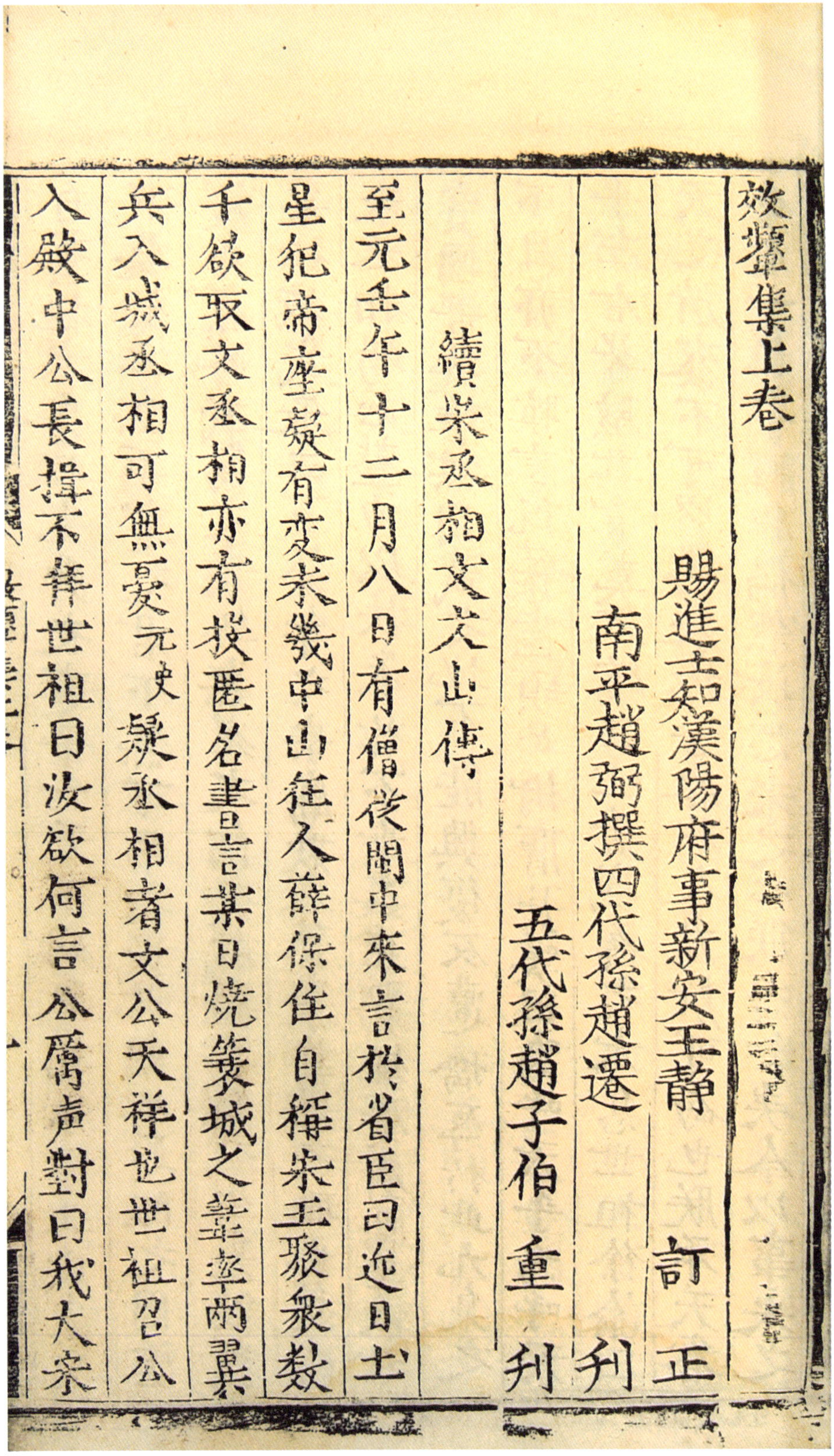
效顰集上卷
賜進士知漢陽府事新安王静 許正
南平趙弼撰四代孫趙遷 刋
五代孫趙子伯 重刋
續宋丞相文文山傳
至元壬午十二月八日有僧從閩中來言於省臣曰近日土
星犯帝座疑有变未幾中山狂人薛保住自稱宋王聚衆數
千欲取文丞相亦有投匿名書言某日燒簑城之葦率兩翼
兵入城丞相可無憂元史疑丞相者文公天祥也世祖召公
入殿中公長揖不拜世祖曰汝欲何言公厲声對曰我大宋

01907 效顰集二卷 （明）趙弼撰　明嘉靖二十七年（1548）趙子伯刻本

匡高21.9厘米，廣14.3厘米。半葉十行，行二十三字，黑口，四周雙邊。南京市博物館藏。

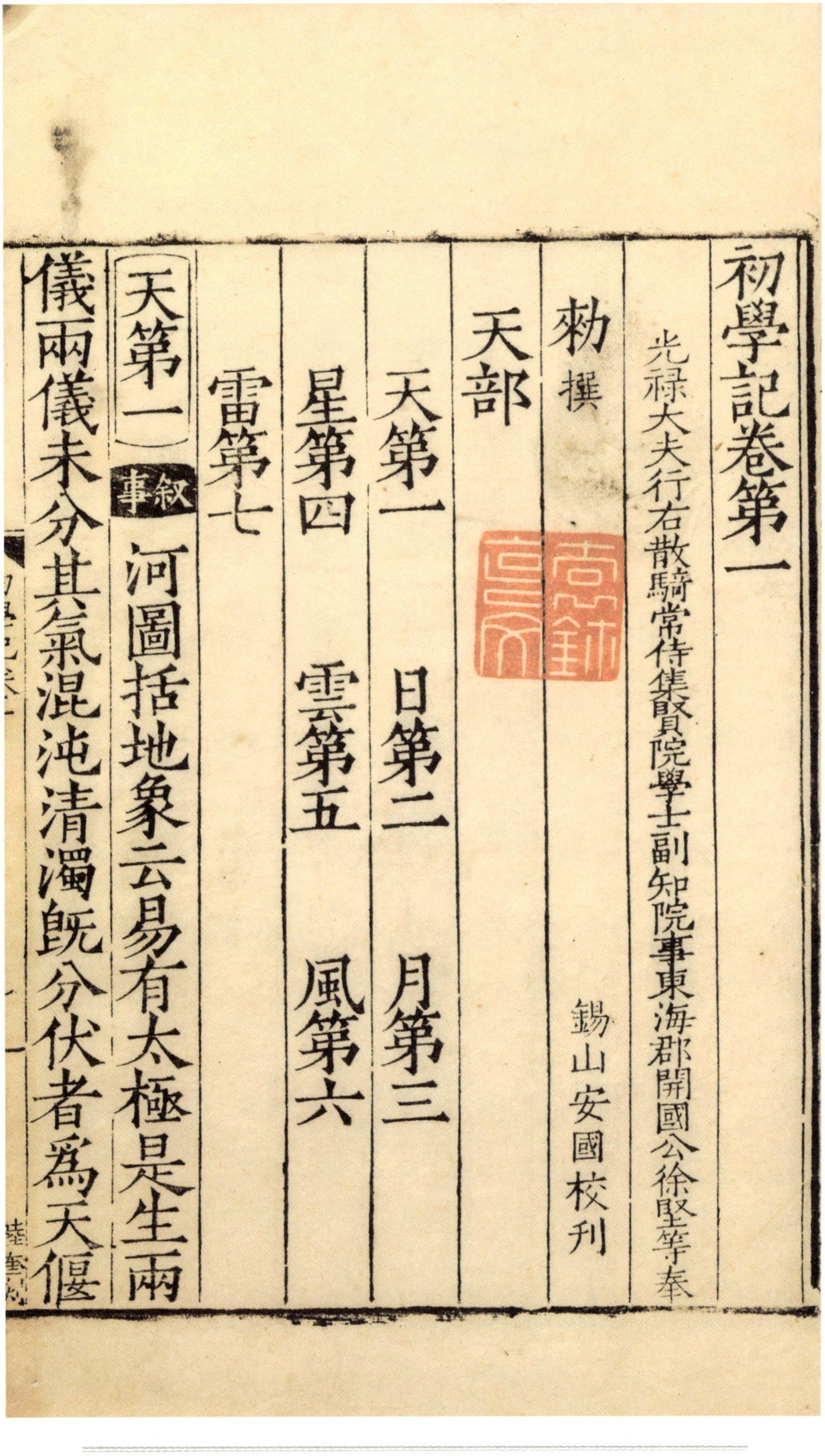

01908、01909 初學記三十卷 （唐）徐堅等輯　明嘉靖十年（1531）錫山安國桂坡館刻本

匡高21厘米，廣16厘米。半葉九行，行十八字，小字雙行二十四字，白口，左右雙邊。河南大學圖書館藏；南京師範大學圖書館藏，有“安樂堂藏書記”、“明善堂珍藏書畫印記”、“寒雲秘笈珍藏之印”等印。

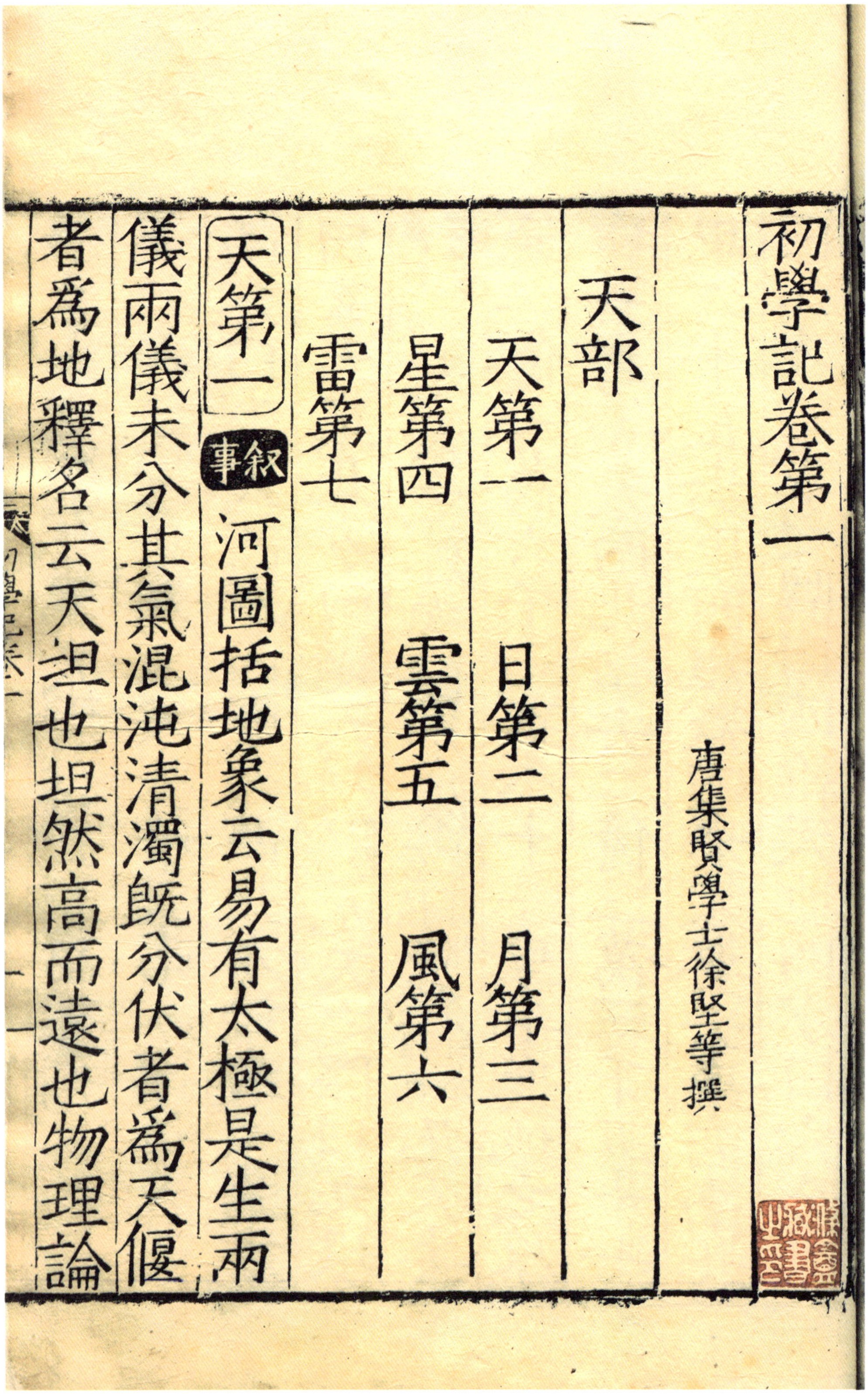

初學記卷第一
唐集賢學士徐堅等撰
天部
天第一　日第二　月第三
星第四　雲第五　風第六
雷第七
天第一　敘事　河圖括地象云易有太極是生兩
儀兩儀未分其氣混沌清濁既分伏者爲天偃
者爲地釋名云天坦也坦然高而遠也物理論

01910、01911　初學記三十卷　（唐）徐堅等輯　明嘉靖十三年（1534）晉府虚益堂刻本

匡高20.4厘米，廣16.5厘米。半葉九行，行十八字，白口，左右雙邊。西北師範大學圖書館藏，有“滌盦藏書之印”等印；揚州市圖書館藏，有“戈氏望岳樓善本書籍”等印。

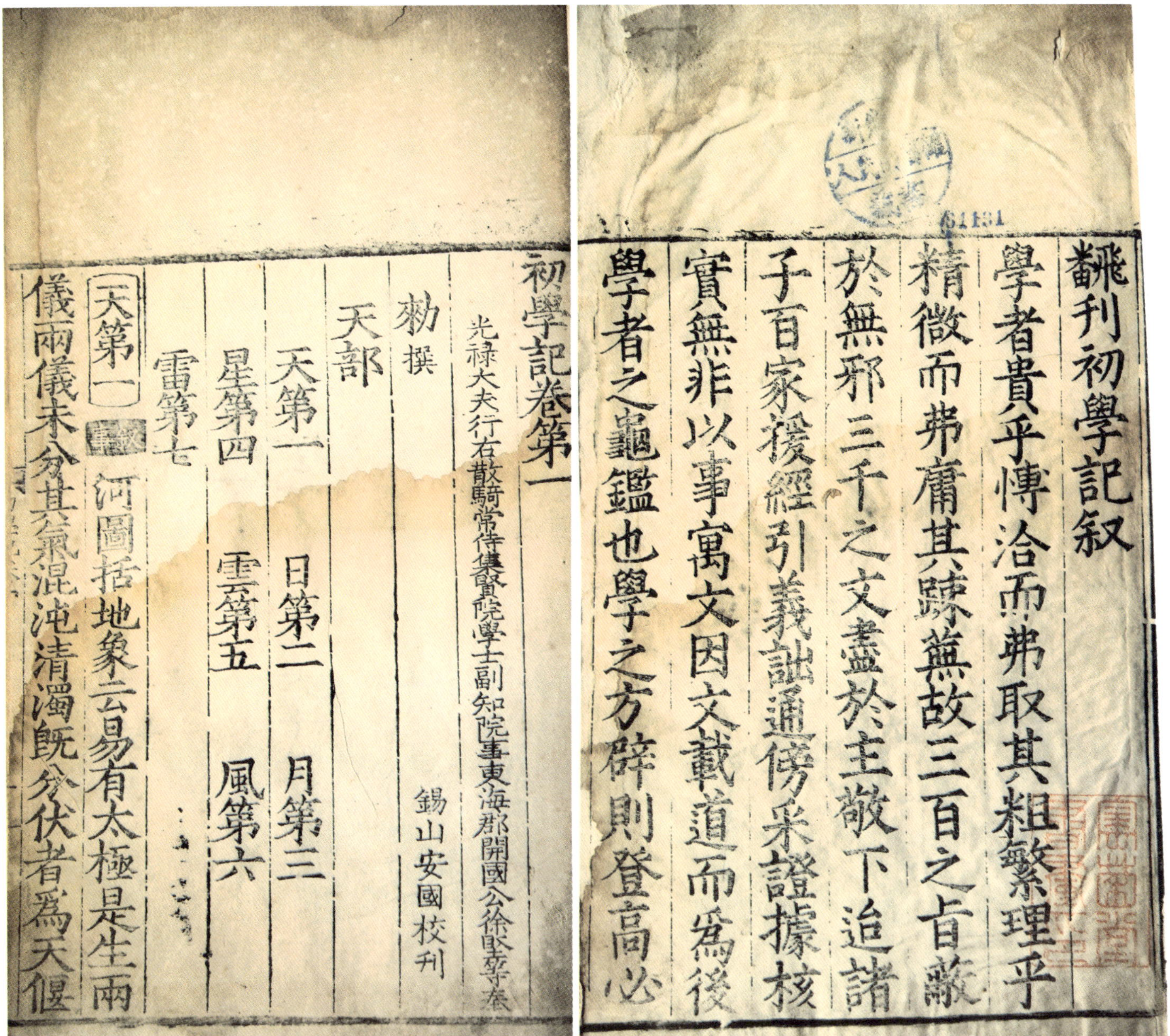

重刊初學記叙

學者貴乎傳洽而弗取其粗繁理乎
精微而弗庸其踈蕪故三百之旨蔽
於無邪三千之文盡於主敬下迨諸
子百家援經引義詘通傍采證據核
實無非以事寓文因文載道而爲後
學者之龜鑑也學之方辟則登高必

初學記卷第一

光禄大夫行右散騎常侍集賢院學士副知院事東海郡開國公徐堅等奉
勑撰　錫山安國校刊

天部

天第一　日第二　月第三
星第四　雲第五　風第六
雷第七

〔天第一〕敘事　河圖括地象云易有太極是生兩
儀兩儀未分其氣混沌清濁既分伏者爲天偃

01912 初學記三十卷　（唐）徐堅等輯　明嘉靖二十三年（1544）瀋藩朱胤栘刻本

匡高21厘米，廣16厘米。半葉九行，行十八字，小字雙行二十四字，白口，左右雙邊。新鄉市圖書館藏。

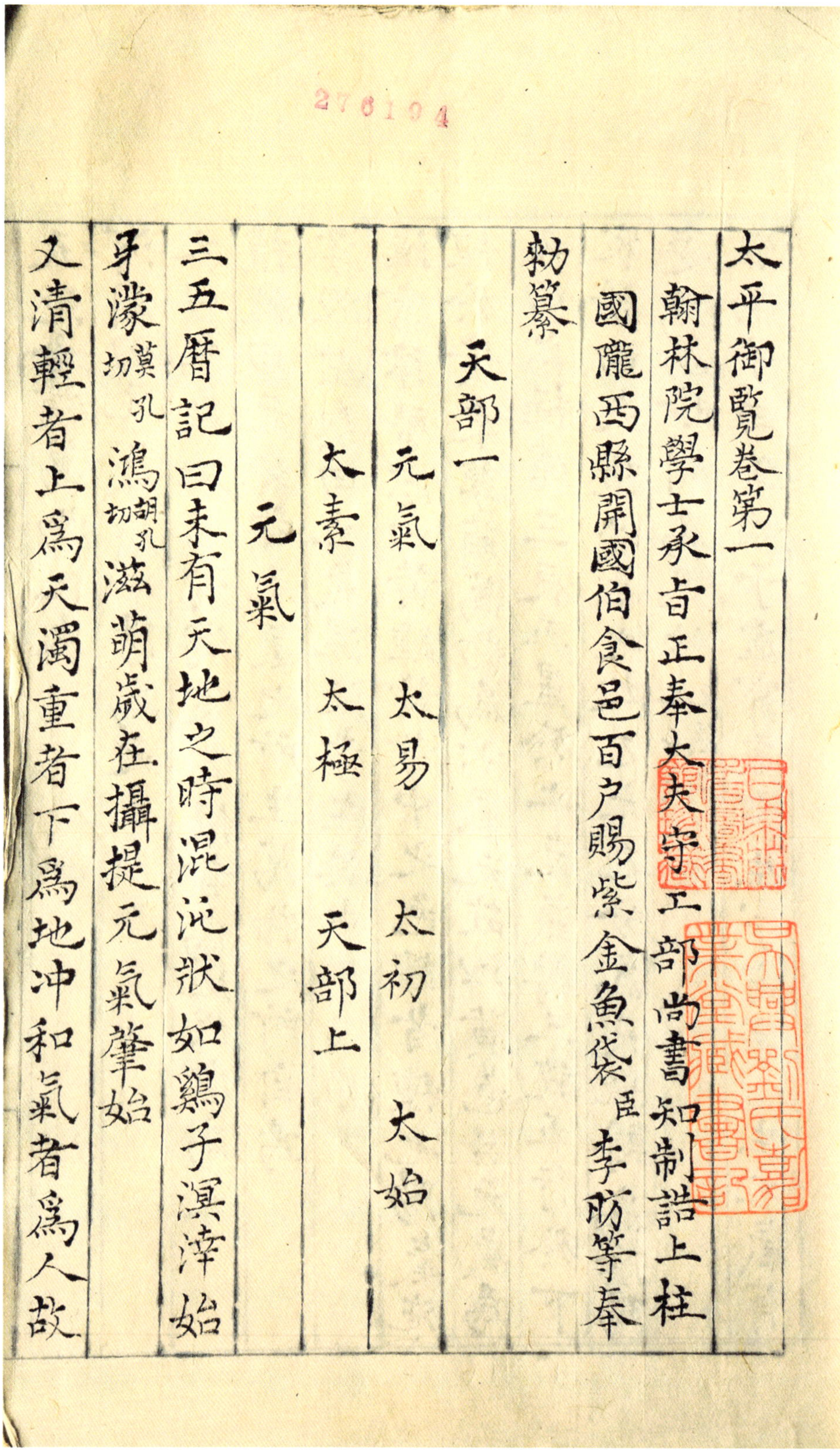

太平御覽卷第一
翰林院學士承旨正奉大夫守工部尚書知制誥上柱
國隴西縣開國伯食邑百户賜紫金魚袋臣李昉等奉
勑纂
天部一
元氣　太易　太初　太始
太素　太極　天部上
元氣
三五暦記曰未有天地之時混沌狀如鷄子溟涬始
牙濛（莫孔切）鴻（胡孔切）滋萌歲在攝提元氣肇始
又清輕者上爲天濁重者下爲地冲和氣者爲人故

01913　太平御覽一千卷目録十五卷　（宋）李昉編　明抄本

匡高20.6厘米，廣14.7厘米。半葉十一行，行二十字，小字雙行同，藍格，藍口，四周單邊。有“吳興劉氏嘉業堂藏書記”等印。甘肅省圖書館藏，存九百四十三卷。

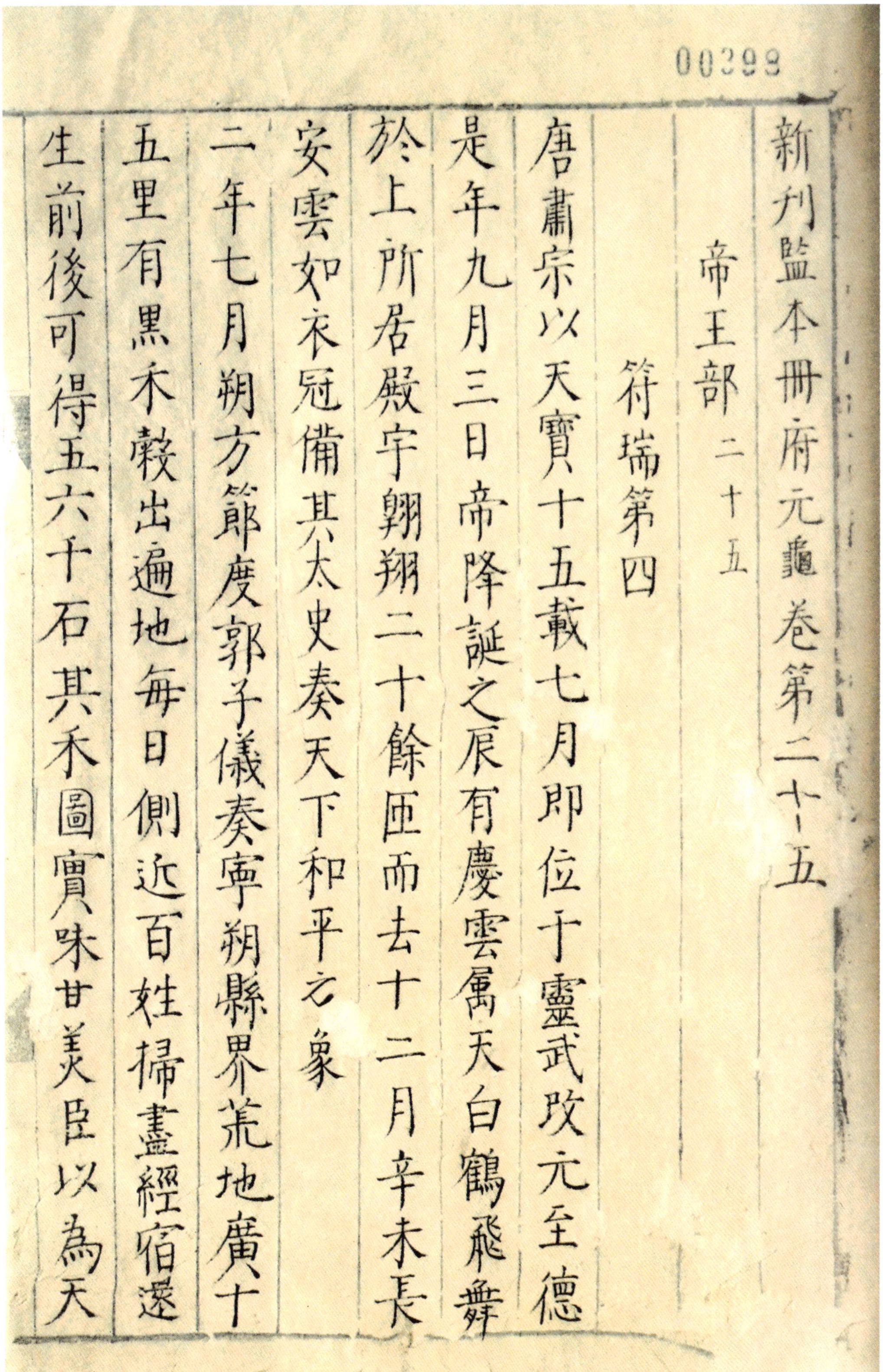

新刊監本冊府元龜卷第二十五

帝王部二十五

符瑞第四

唐肅宗以天寶十五載七月即位于靈武改元至德是年九月三日帝降誕之辰有慶雲屬天白鶴飛舞於上所居殿宇翱翔二十餘匝而去十二月辛未長安雲如衣冠備其太史奏天下和平之象

二年七月朔方節度郭子儀奏寧朔縣界荒地廣十五里有黑禾穀出遍地每日側近百姓掃盡經宿還生前後可得五六十石其禾圖實味甘美臣以為天

01914 新刊監本册府元龜一千卷目録十卷 （宋）王欽若等輯　明抄本

匡高19.5厘米，廣13.5厘米。半葉十行，行二十字，藍格，白口，四周單邊。青島市博物館藏，存七百二卷。

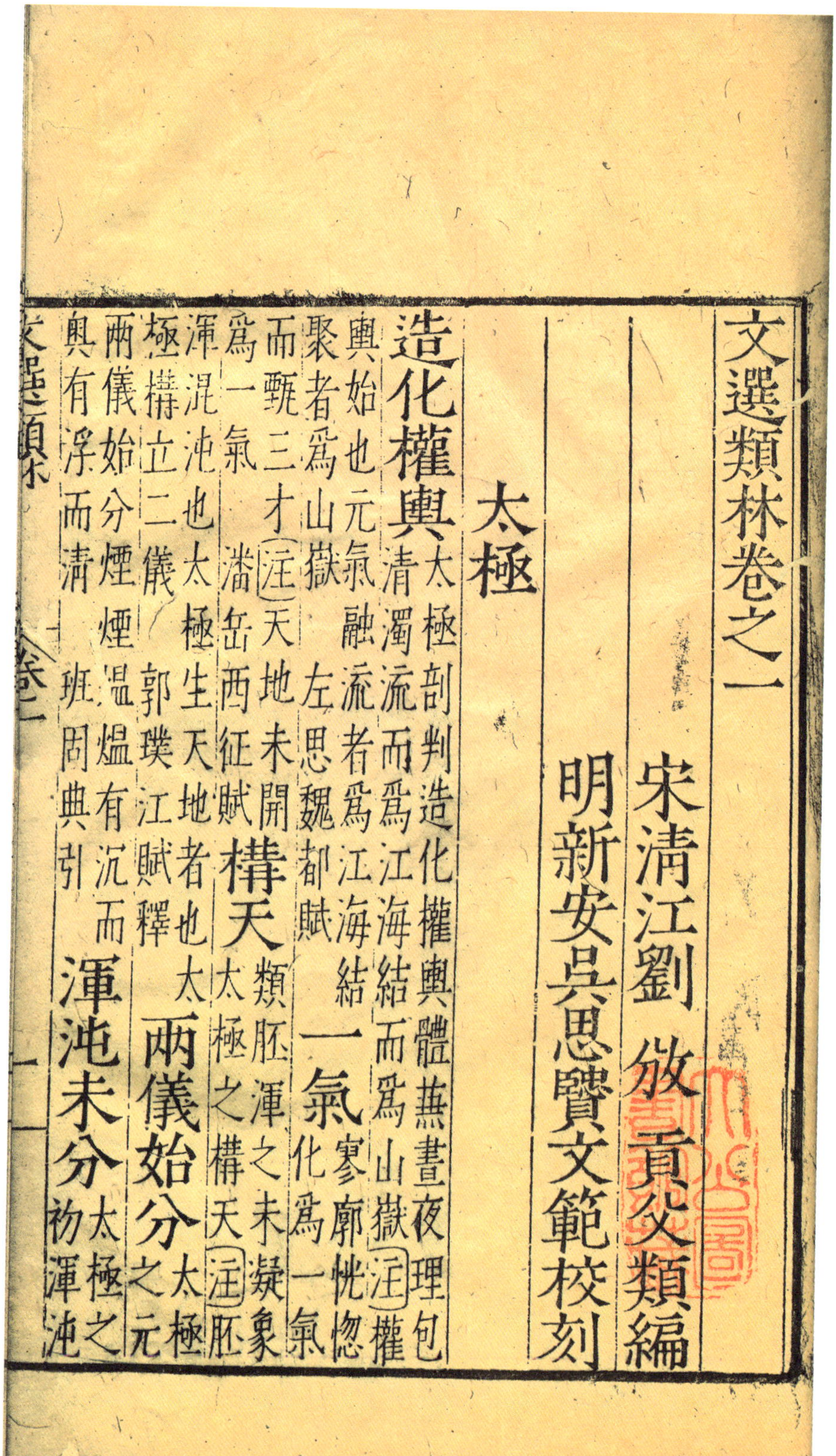
文選類林卷之一
宋清江劉　攽　貢父類編
明新安吳思賢文範校刻
太極
造化權輿太極剖判造化權輿體兼晝夜理包
清濁流而爲江海結而爲山嶽〔注〕權
輿始也元氣融流者爲江海結
聚者爲山嶽左思魏都賦一氣寥廓恍惚
化爲一氣
而甄三才〔注〕天地未開構天類胚渾之未凝象
爲一氣　潘岳西征賦太極之構天〔注〕胚
渾混沌也太極生天地者也太
極構立二儀　郭璞江賦釋兩儀始分太極
兩儀始分煙煴煴煴有沉而之元
與有浮而清　班固典引渾沌未分太極之
初渾沌
文選類林　卷之一　一

01915　文選類林十八卷（宋）劉攽輯　明嘉靖三十七年（1558）吳思賢刻本

匡高20.2厘米，廣15厘米。半葉九行，行十八字，小字雙行同，白口，左右雙邊。無錫市圖書館藏。

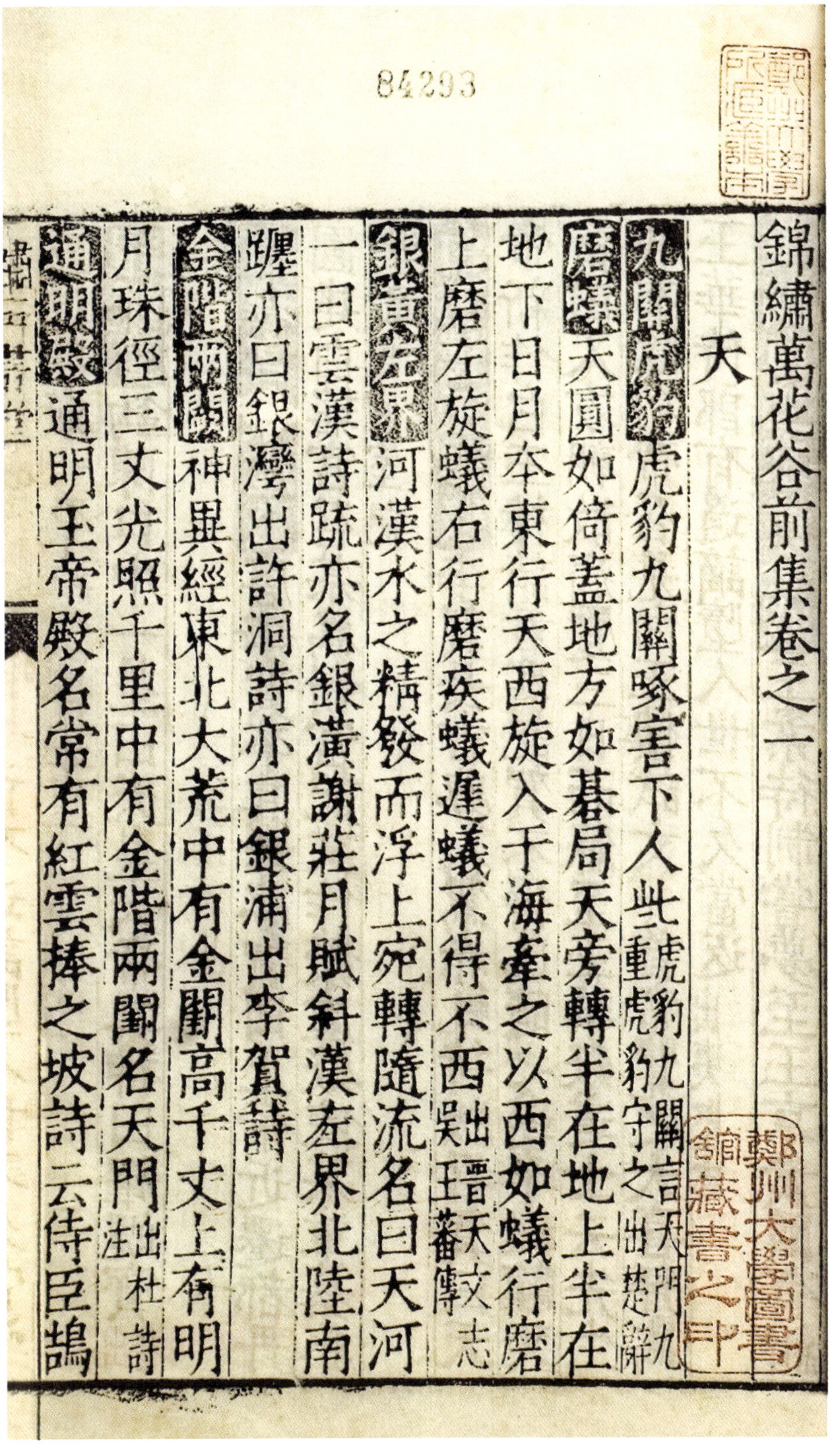

錦繡萬花谷前集卷之一

天

九關虎豹 虎豹九關啄害下人些虎豹九關言天門九重虎豹守之出楚辭

磨蟻 天圓如倚蓋地方如碁局天旁轉半在地上半在地下日月本東行天西旋入于海牽之以西如蟻行磨上磨左旋蟻右行磨疾蟻遲蟻不得不西出晉天文志吳王蕃傳

銀黃左界 河漢水之精發而浮上宛轉隨流名曰天河一曰雲漢詩疏亦名銀漢謝莊月賦斜漢左界北陸南躔亦曰銀灣出許洞詩亦曰銀浦出李賀詩

金階兩闕 神異經東北大荒中有金闕高千丈上有明月珠徑三丈光照千里中有金階兩闕名天門出杜詩注

通明殿 通明玉帝殿名常有紅雲捧之坡詩云侍臣鵠

01916、01917 錦繡萬花谷前集四十卷後集四十卷續集四十卷 明嘉靖秦汴繡石書堂刻本

匡高18.5厘米，廣13.5厘米。半葉十二行，行二十一字，小字雙行同，白口，左右雙邊。鄭州大學圖書館藏，有“怡府世寶”、“明善堂覽書画印記”等印；山東師範大學圖書館藏，有“王念曾印”等印。

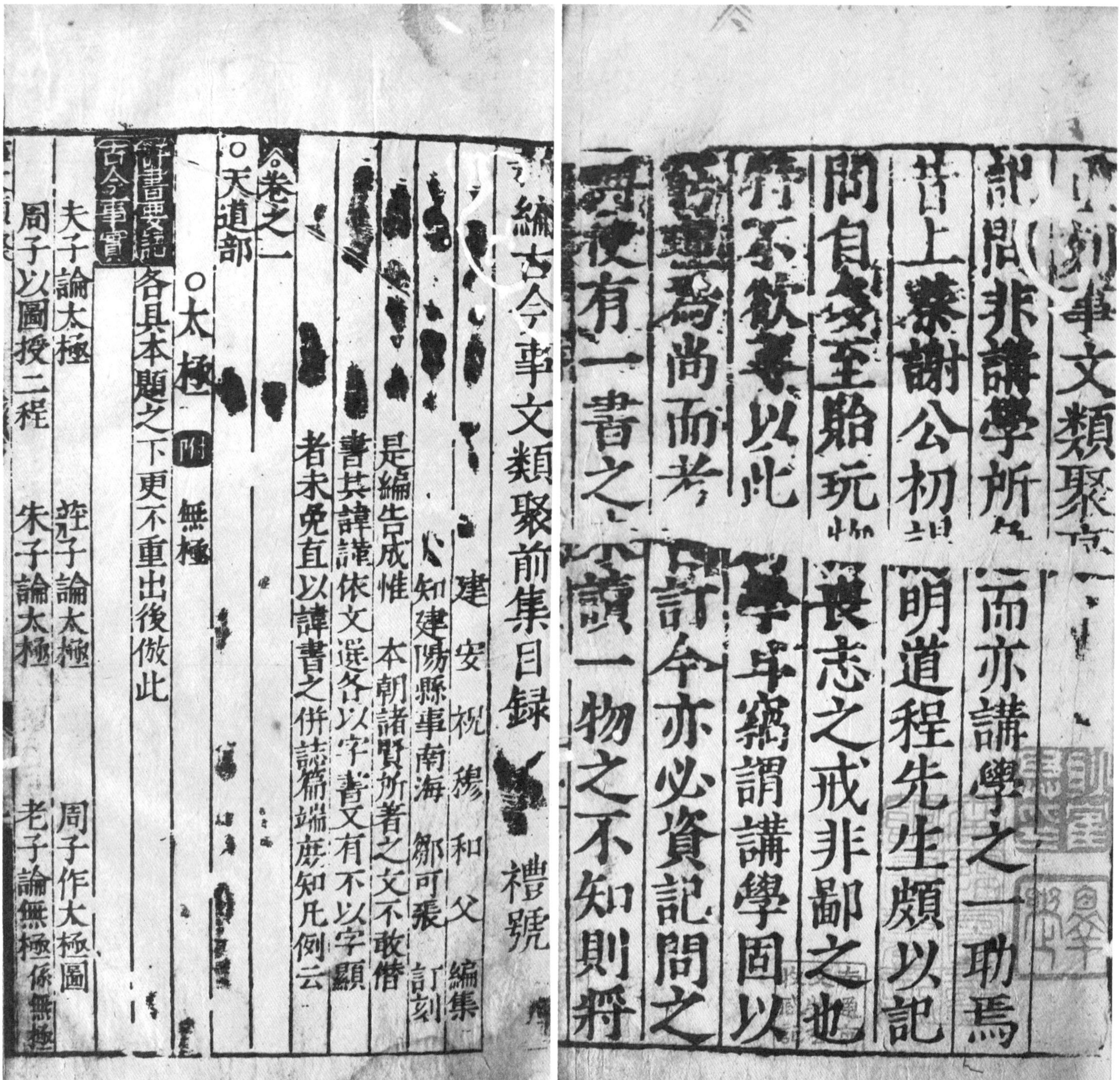

01918 新編古今事文類聚前集六十卷後集五十卷續集二十八卷别集三十二卷 （宋）祝穆輯 **新集三十六卷外集十五卷** （元）富大用輯 明嘉靖四十年（1561）書林楊歸仁刻本

匡高20.3厘米，廣12.8厘米。半葉十四行，行二十八字，黑口，四周單邊。江蘇省南通市圖書館藏。

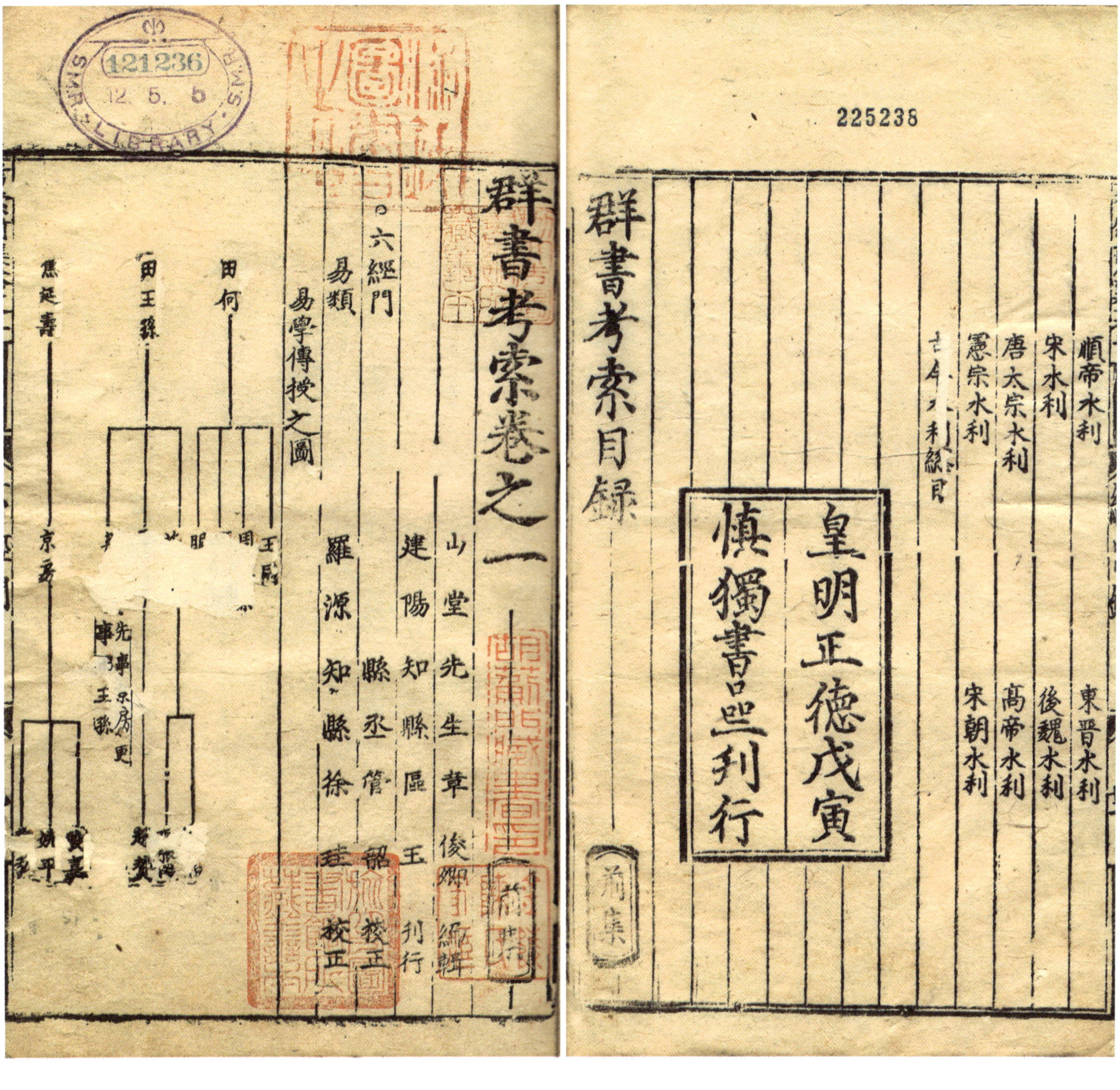

01919 群書考索前集六十六卷後集六十五卷續集五十六卷别集二十五卷 （宋）章如愚輯　明正德三至十三年（1508–1518）劉洪慎獨書齋刻十六年（1521）重修本

匡高20厘米，廣13.7厘米。半葉十四行，行二十二字，黑口，四周雙邊。有“皇明正德戊寅慎獨書齋刊行”牌記。有“金陵陳氏家藏”等印。大連圖書館藏。

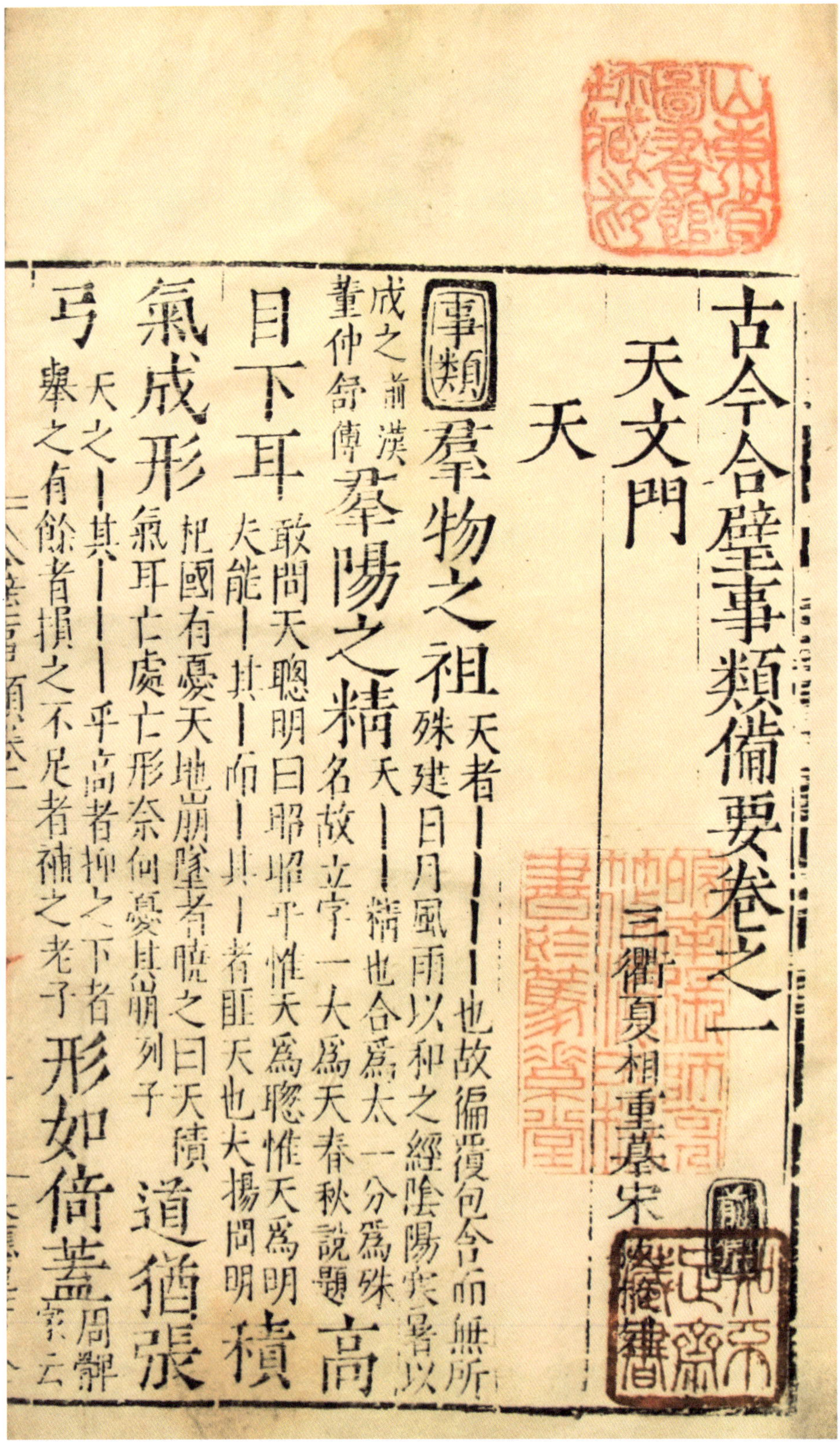

01920、01921、01922 古今合璧事類備要前集六十九卷後集八十一卷續集五十六卷 （宋）謝維新輯 **別集九十四卷外集六十六卷** （宋）虞載輯 明嘉靖三十一至三十五年（1552–1556）夏相刻本

匡高19.7厘米，廣14厘米。半葉八行，行十五字，小字雙行二十四字，白口，左右雙邊。河南省圖書館藏，前集十二至十三、續集五十二至五十六配清抄本，有"棟亭曹氏藏書"等印；鄭州大學圖書館藏；山東省圖書館藏，有"知不足齋藏書"等印。

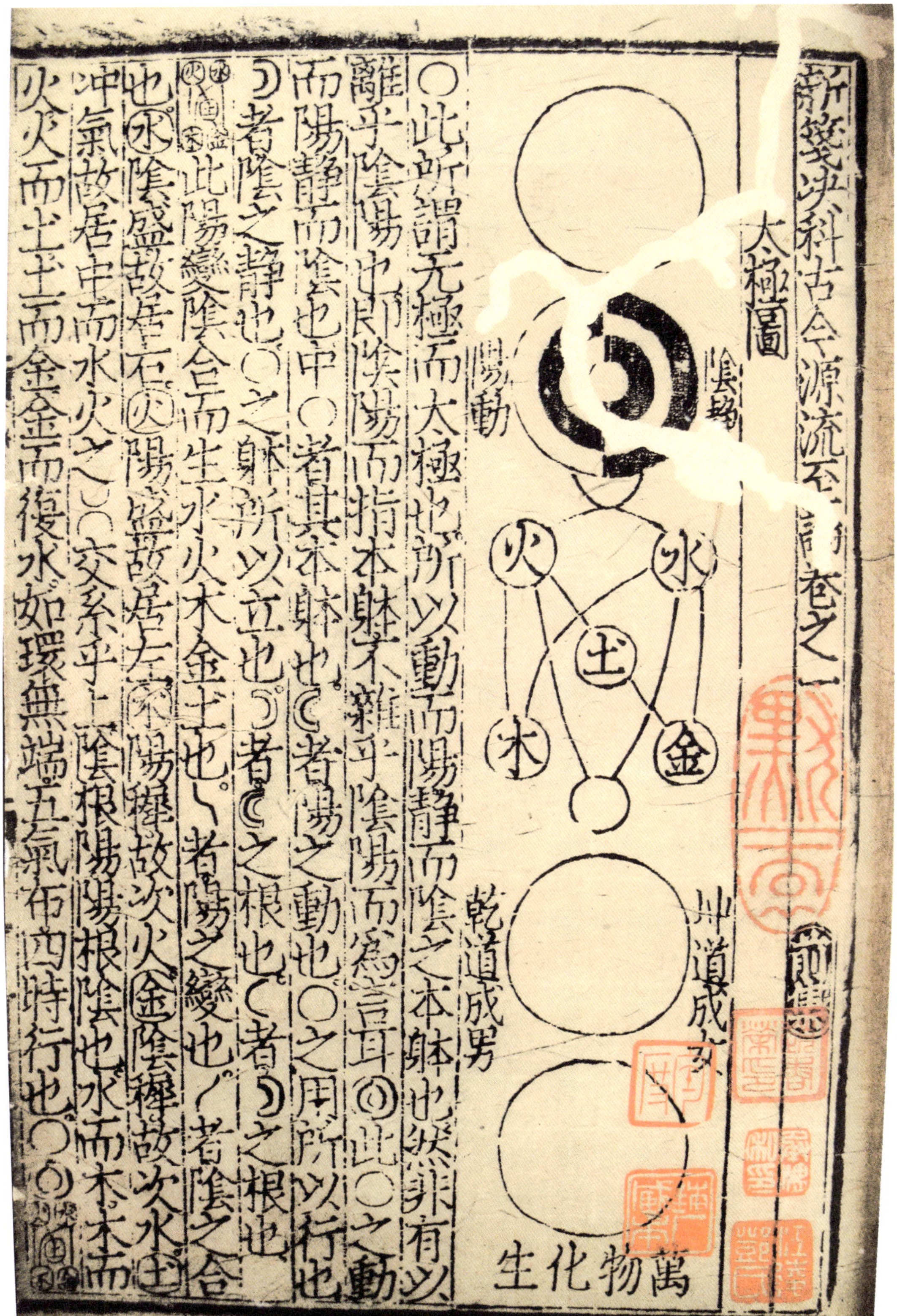

01923 新箋决科古今源流至論前集十卷後集十卷續集十卷 （宋）林駉撰 **別集十卷** （宋）黄履翁撰 明宣德二年（1427）建陽書林劉克常刻本

匡高18.9厘米，廣12.3厘米。半葉十五行，行二十六字，小字雙行同，黑口，四周雙邊。湖南圖書館藏。

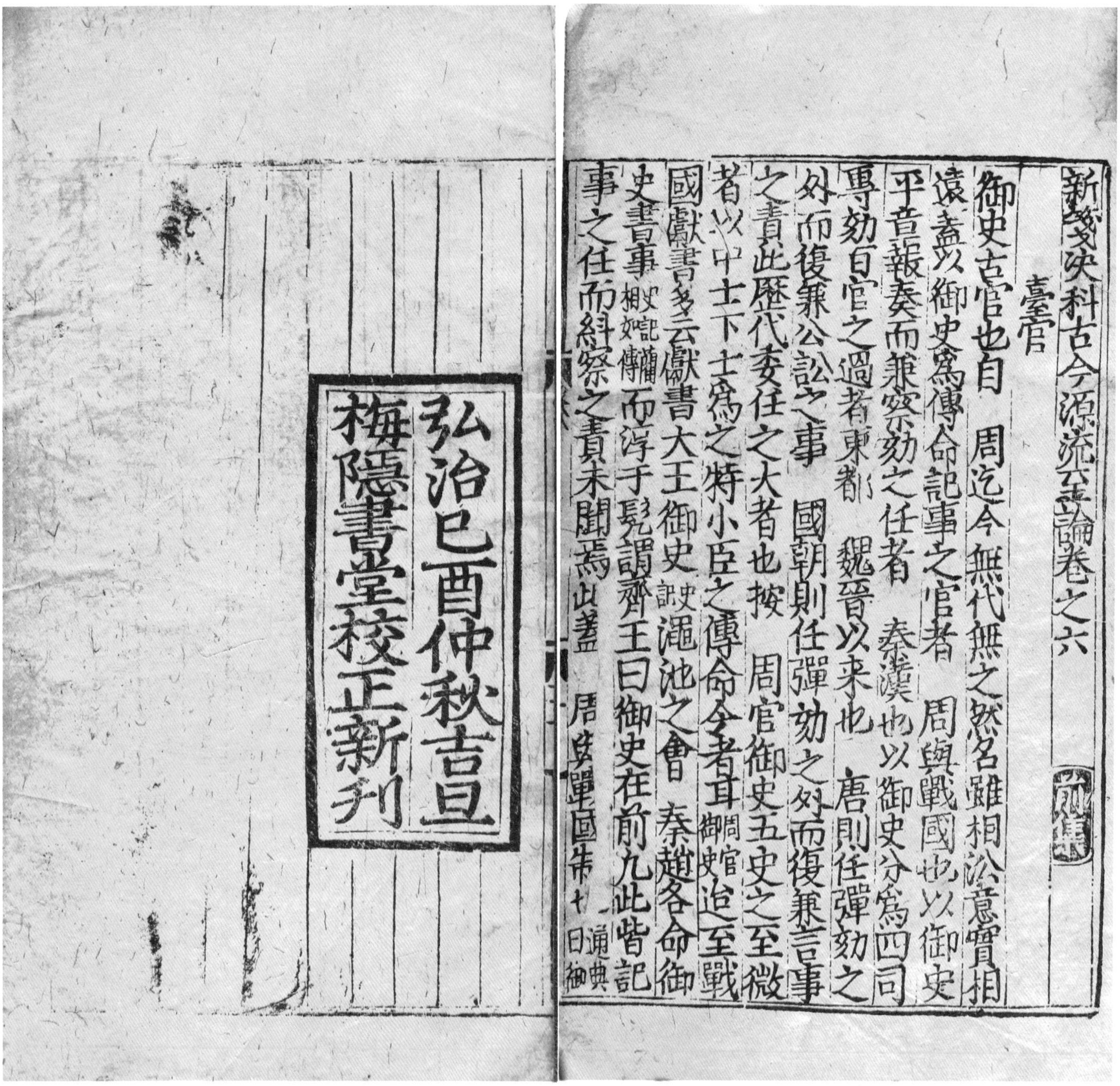

01924 新箋决科古今源流至論前集十卷後集十卷續集十卷 （宋）林駉撰 **別集十卷** （宋）黄履翁撰 明弘治二年（1489）梅隱書堂刻本

匡高19.3厘米，廣12.6厘米。半葉十二行，行二十二字，小字雙行同，黑口，四周雙邊。有“弘治己酉仲秋吉旦梅隱書堂校正新刊”牌記。河南省圖書館藏，存二十五卷。

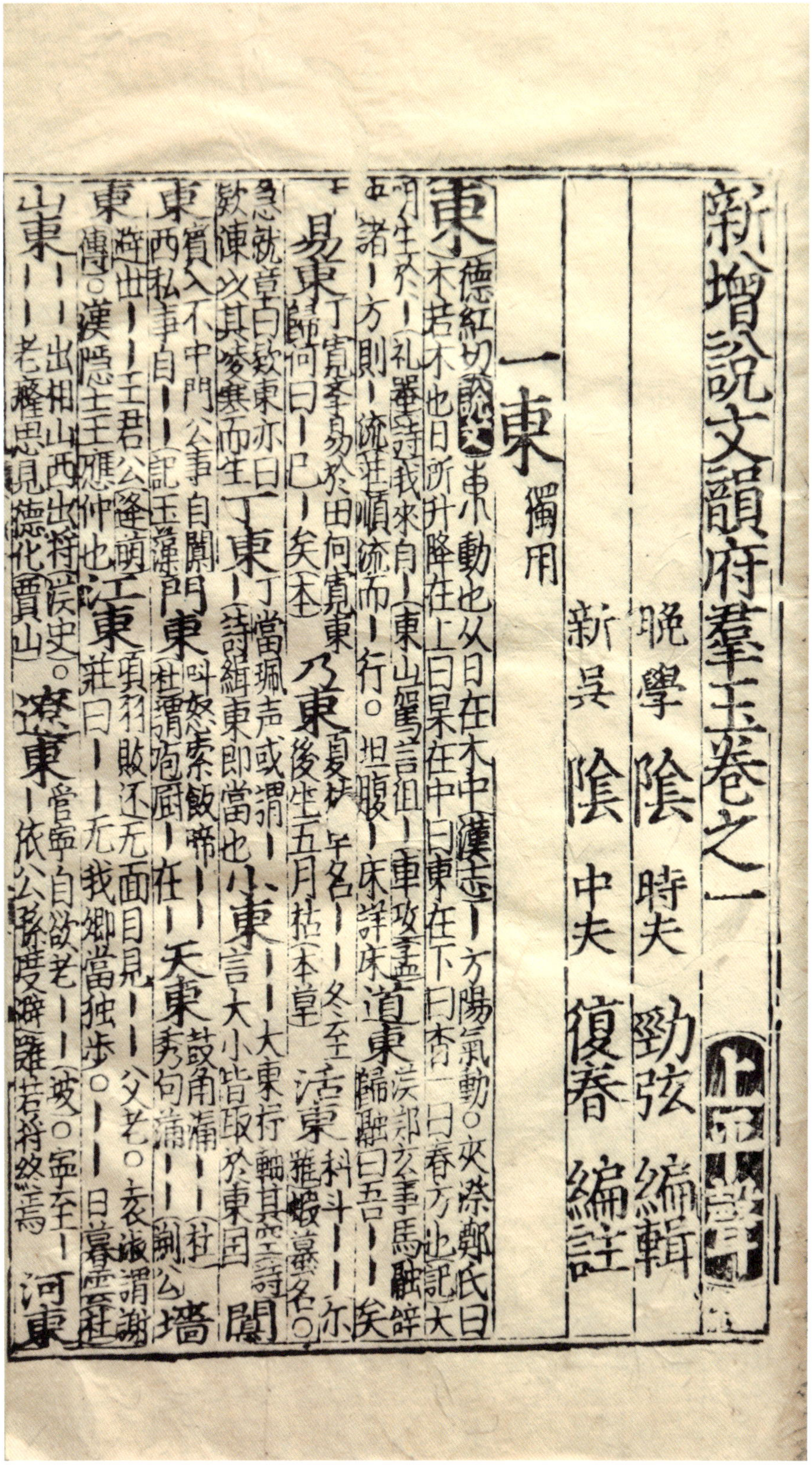
新增說文韻府羣玉卷之一
晚學 陰 時夫 勁弦 編輯
新吴 陰 中夫 復春 編註
一東 獨用

01925 新增說文韻府羣玉二十卷 （元）陰時夫輯 （元）陰中夫注 明弘治七年（1494）劉氏安正書堂刻本

匡高20.2厘米，廣13.6厘米。半葉十一行，行十九字，小字雙行二十九字，黑口，四周雙邊。有“弘治甲寅孟冬安正書堂重刊”牌記。鄭州市圖書館藏。

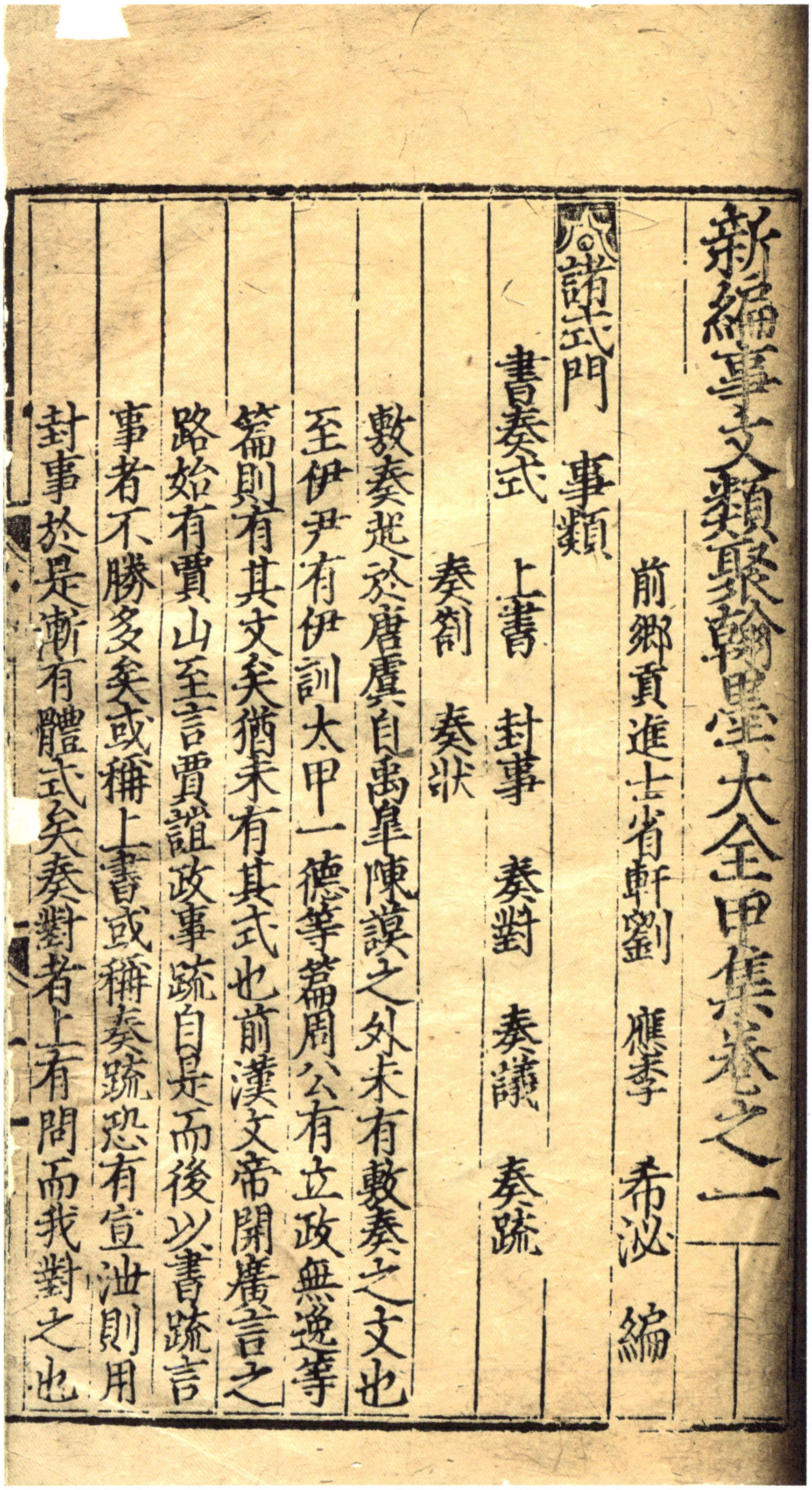

新編事文類聚翰墨大全甲集卷之一
前鄉貢進士省軒劉　應李　希泌　編
諸式門　事類
書奏式　上書　封事　奏對　奏議　奏疏
奏劄　奏狀
敷奏起於唐虞自禹皐陳謨之外未有敷奏之文也
至伊尹有伊訓太甲一德等篇周公有立政無逸等
篇則有其文矣猶未有其式也前漢文帝開廣言之
路始有賈山至言賈誼政事疏自是而後以書疏言
事者不勝多矣或稱上書或稱奏疏恐有宣泄則用
封事於是漸有體式矣奏對者上有問而我對之也

01926 新編事文類聚翰墨大全甲集十二卷乙集十八卷丙集十四卷丁集十一卷戊集十三卷己集十二卷庚集十五卷辛集十六卷壬集十七卷癸集十七卷後甲集十五卷後乙集十三卷後丙集十二卷後丁集十四卷後戊集九卷　（元）劉應李編　明初刻本

匡高16.4厘米，廣10.5厘米。半葉十二行，行二十四字，小字雙行同，黑口，四周雙邊。黑龍江省圖書館藏，存一百四十五卷。

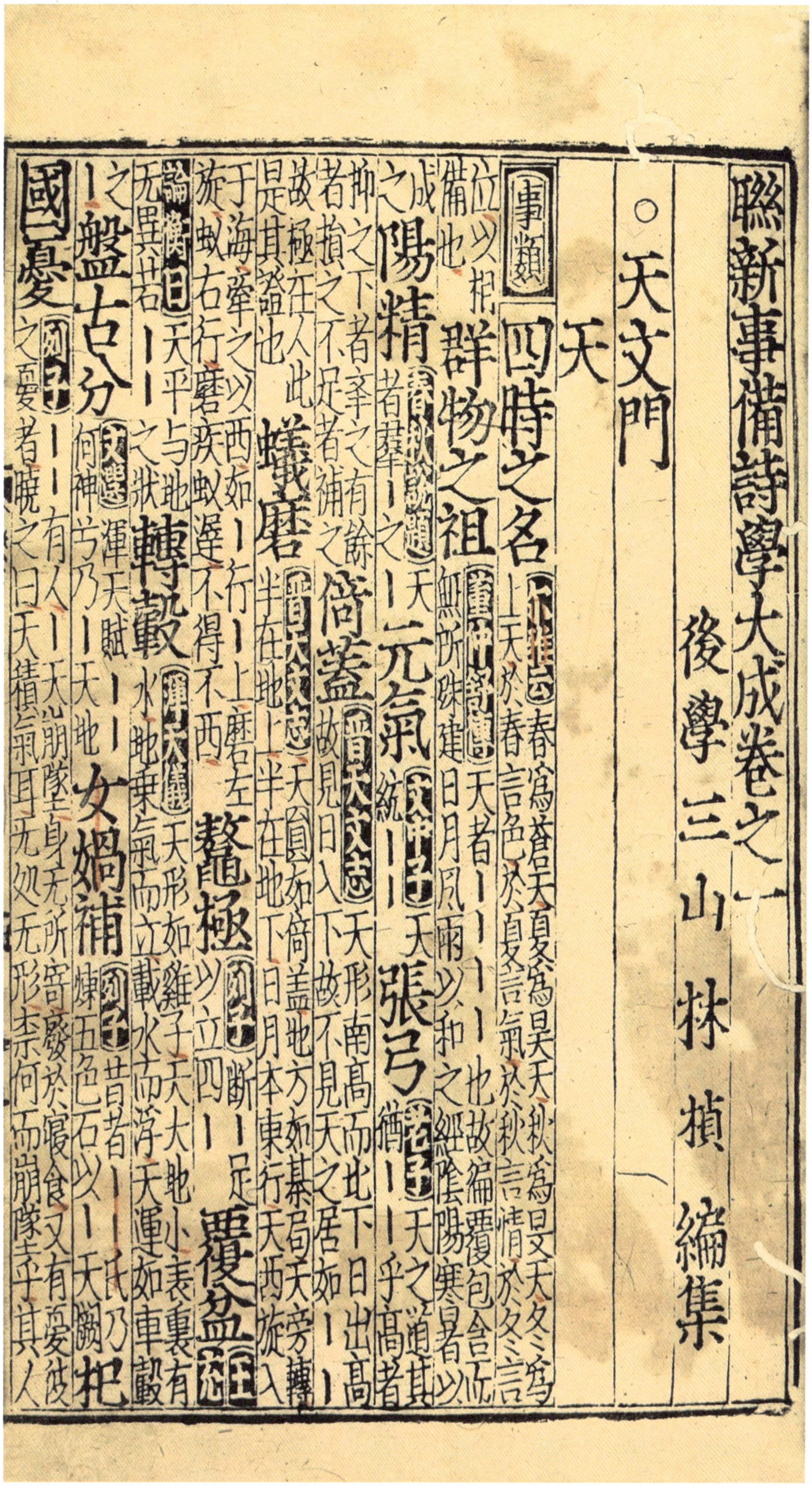

聯新事備詩學大成卷之一

後學三山林楨編集

○天文門

天

01927 聯新事備詩學大成三十卷 （元）林楨輯 明正統九年（1444）劉氏翠巖精舍刻景泰三年（1452）重修本

匡高21.1厘米，廣13厘米。半葉十三行，行字不等，小字雙行二十五字，細黑口，四周雙邊。有“大明正統八年孟冬翠巖精舍重刊”刻書題記。有“正統甲子劉氏翠巖精舍新刊”、“景泰壬申重行校正”牌記。浙江圖書館藏。

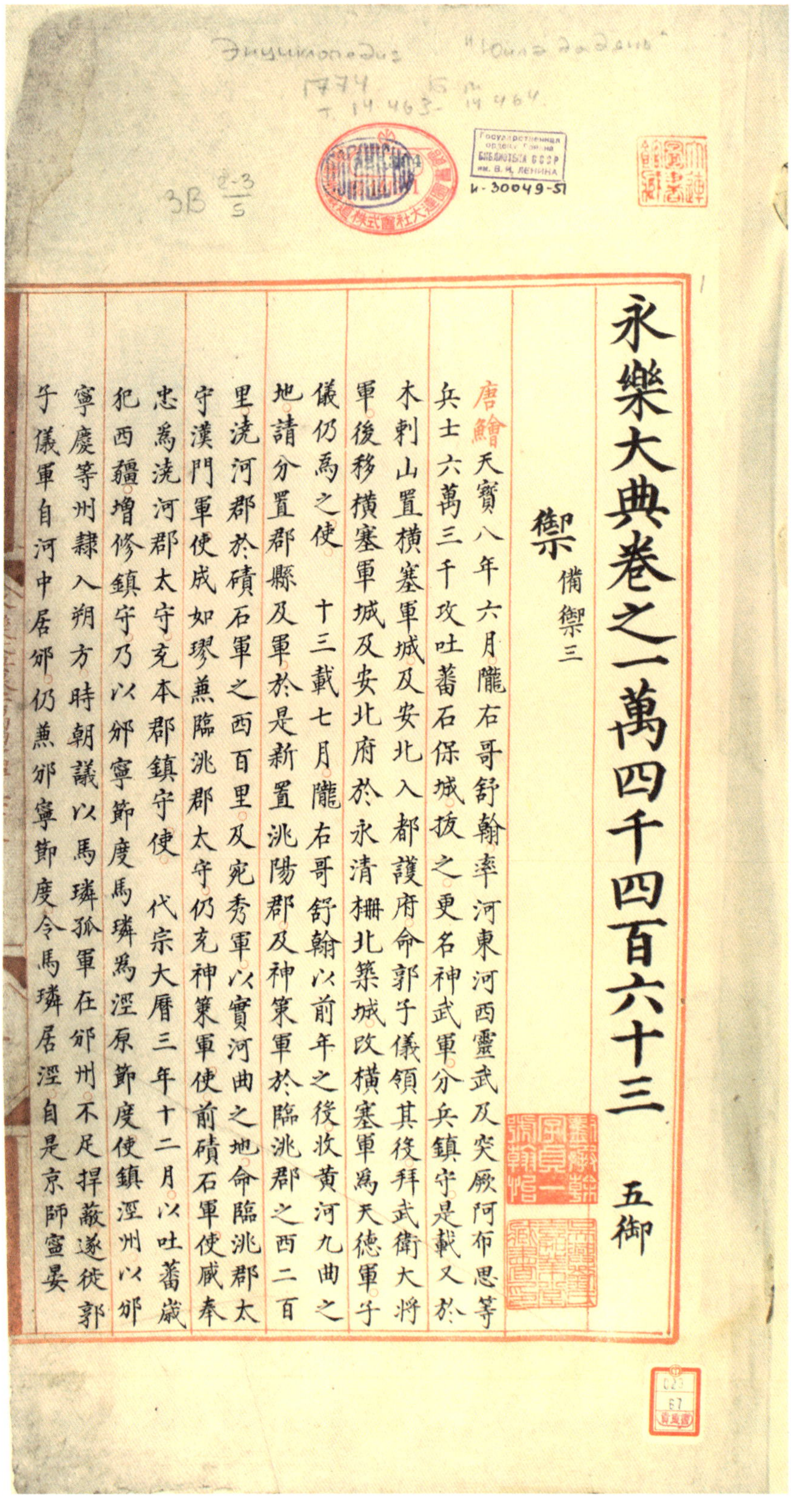

永樂大典卷之一萬四千四百六十三　五御

御　備禦三

唐會天寶八年六月隴右哥舒翰率河東河西靈武及突厥阿布思等兵士六萬三千攻吐蕃石保城拔之更名神武軍分兵鎮守是載又於木剌山置橫塞軍城及安北入都護府命郭子儀領其後拜武衛大將軍後移橫塞軍城及安北府於永清柵北築城改橫塞軍爲天德軍子儀仍爲之使　十三載七月隴右哥舒翰以前年之役收黃河九曲之地請分置郡縣及軍於是新置洮陽郡及神策軍於臨洮郡之西二百里澆河郡於積石軍之西百里及宛秀軍以實河曲之地命臨洮郡太守漢門軍使成如璆兼臨洮郡太守仍充神策軍使前積石軍使臧奉忠爲澆河郡太守充本郡鎮守使　代宗大曆三年十二月以吐蕃歲犯西疆增修鎮守乃以邠寧節度馬璘爲涇原節度使鎮涇州以邠寧慶等州隸入朔方時朝議以馬璘孤軍在邠州不足捍蔽遂徙郭子儀軍自河中居邠仍兼邠寧節度令馬璘居涇自是京師寧晏

01928 永樂大典二萬二千八百七十七卷　（明）解縉等輯　明嘉靖内府録副寫本

包背裝。匡高35.2厘米，廣23.1厘米。半葉八行，行十五字，小字雙行三十字，紅口，四周雙邊。國家圖書館藏，存二百二十一册。

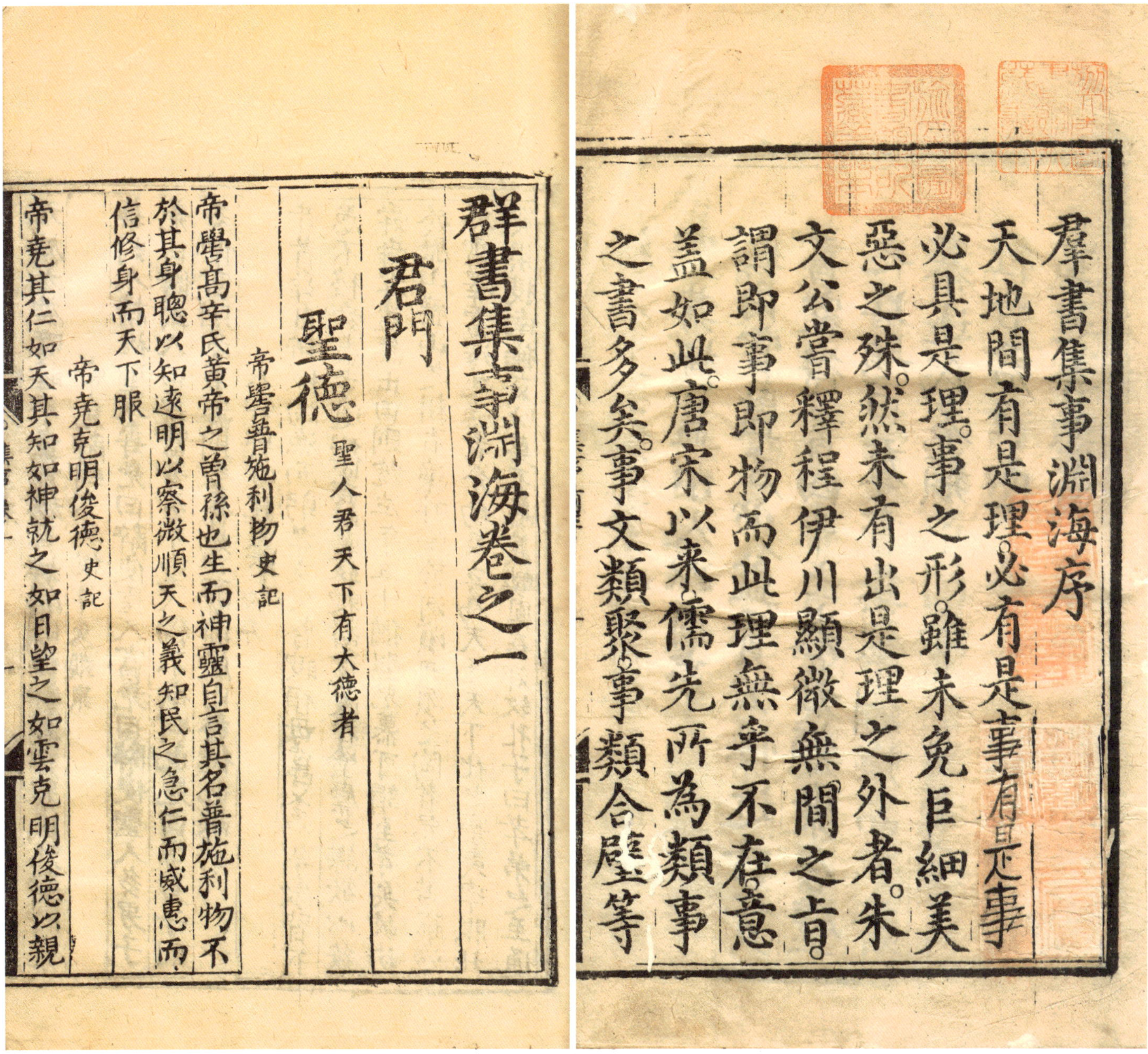
羣書集事淵海序
天地間有是理。必有是事。有是事
必具是理。事之形。雖未免巨細美
惡之殊。然未有出是理之外者。朱
文公嘗釋程伊川顯微無間之旨。
謂即事即物而此理無乎不在。意
蓋如此。唐宋以來。儒先所為類事
之書多矣。事文類聚。事類合璧等

群書集事淵海卷之一
君門
聖德　聖人君天下有大德者
帝嚳普施利物　史記
帝嚳高辛氏黃帝之曾孫也生而神靈自言其名普施利物不
於其身聰以知遠明以察微順天之義知民之急仁而威惠而
信修身而天下服
帝堯克明俊德　史記
帝堯其仁如天其知如神就之如日望之如雲克明俊德以親

01929 群書集事淵海四十七卷　明弘治十八年（1505）賈性刻本

匡高20厘米，廣13.7厘米。半葉十二行，行二十四字，黑口，四周雙邊。大連圖書館藏。

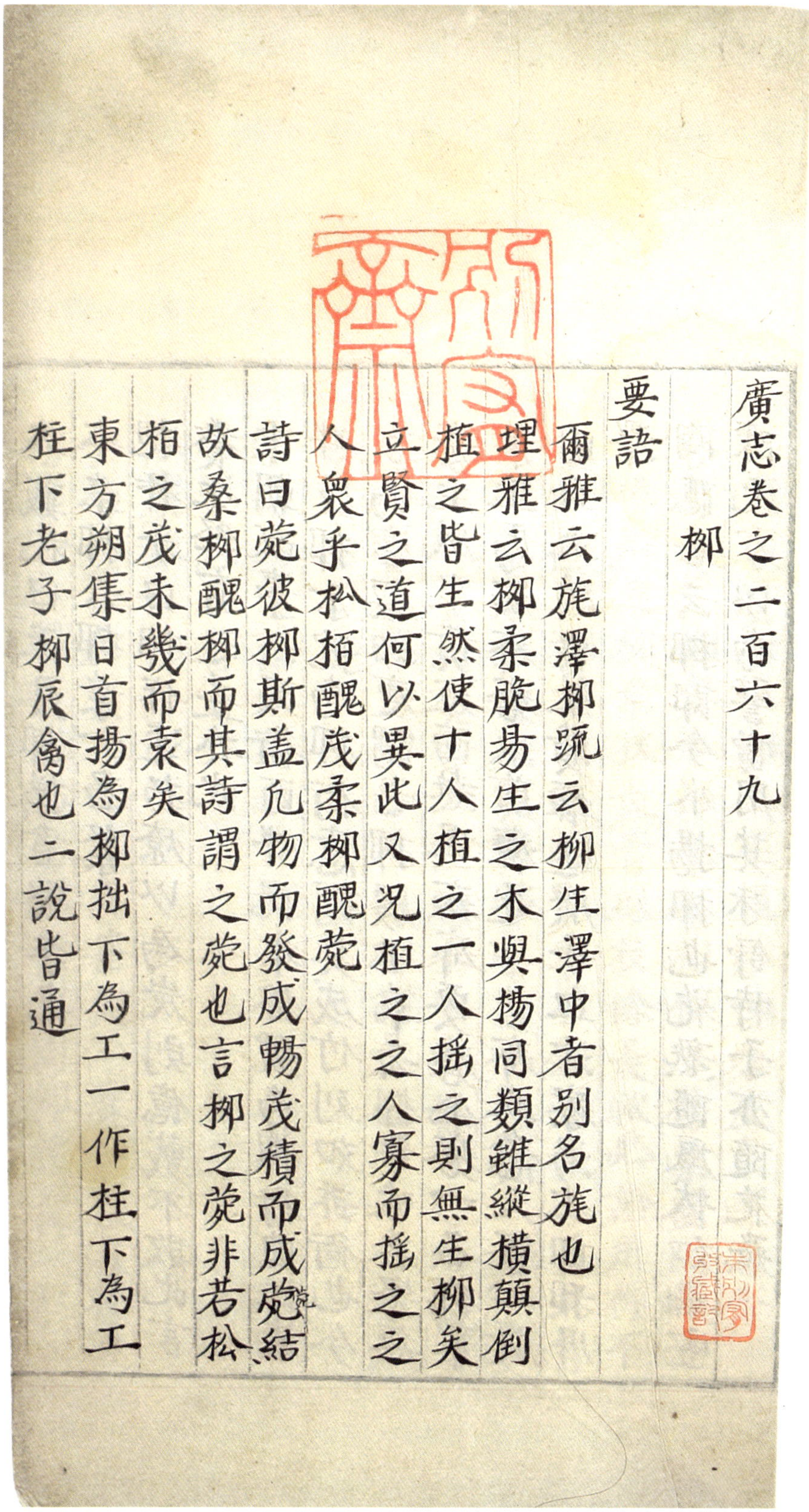

廣志卷之二百六十九

柳

要語

爾雅云旄澤柳疏云柳生澤中者別名旄也

埤雅云柳柔脆易生之木與楊同類縱横顛倒

植之皆生然使十人植之一人摇之則無生柳矣

立賢之道何以異此又况植之之人寡而摇之之

人衆乎松栢醜茂柔柳醜菀

詩曰菀彼柳斯蓋凡物而發成暢茂積而成菀結

故桑柳醜柳而其詩謂之菀也言柳之菀非若松

栢之茂未幾而衰矣

東方朔集日首揚為柳拙下為工一作柱下為工

柱下老子柳辰禽也二說皆通

01930 三才廣志一千一百八十四卷 （明）吴琉輯　明抄本

匡高21厘米，廣16.8厘米。半葉十三行，行二十字，藍格，白口，四周單邊。寧波市天一閣博物館藏，存二百九十四卷。

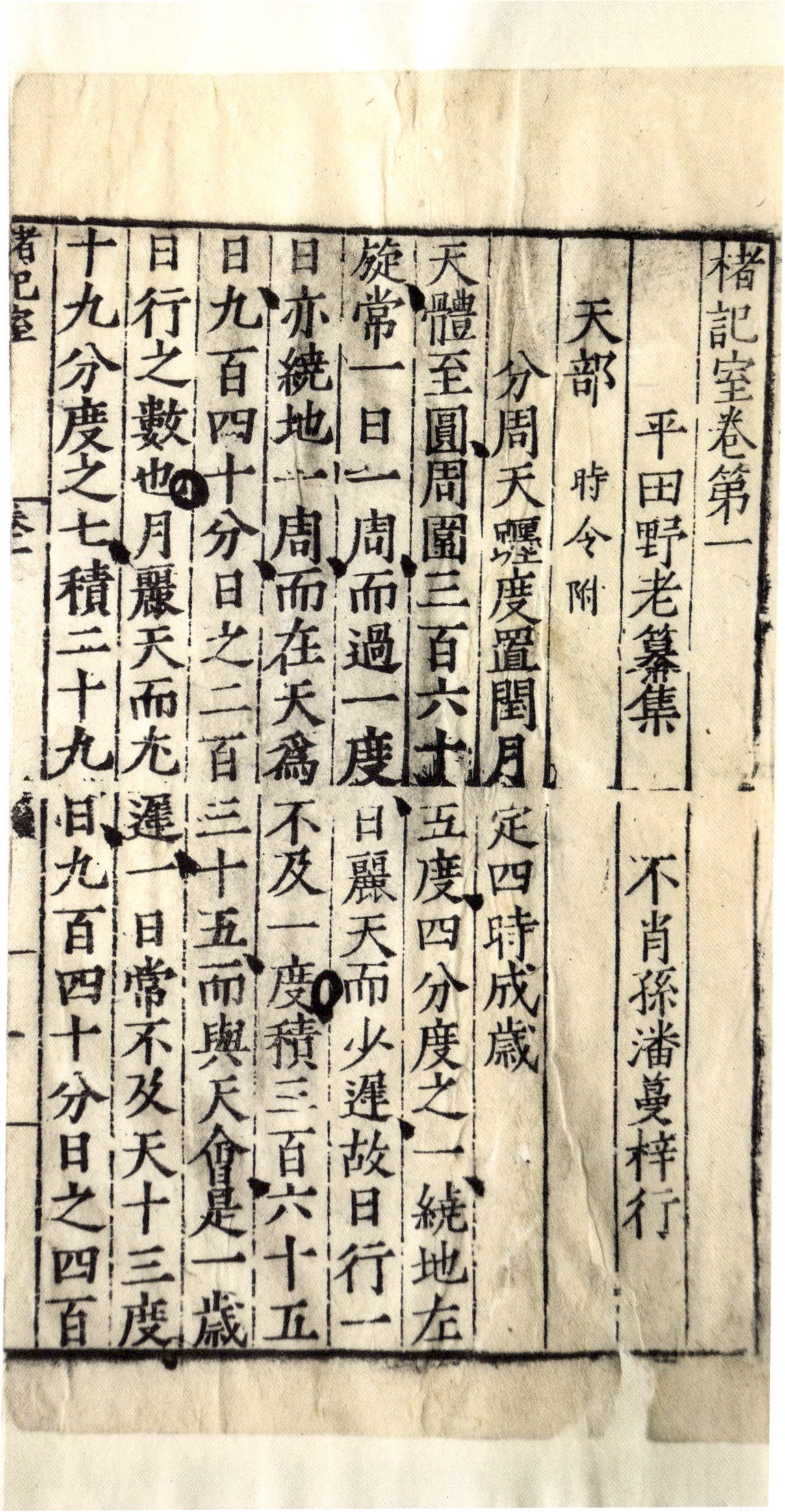

01931、01932 楮記室十五卷（明）潘塤輯　明嘉靖潘蔓刻本

匡高19.3厘米，廣13.7厘米。半葉十行，行二十字，白口，四周單邊。揚州市圖書館藏；河南省圖書館藏，存九卷。

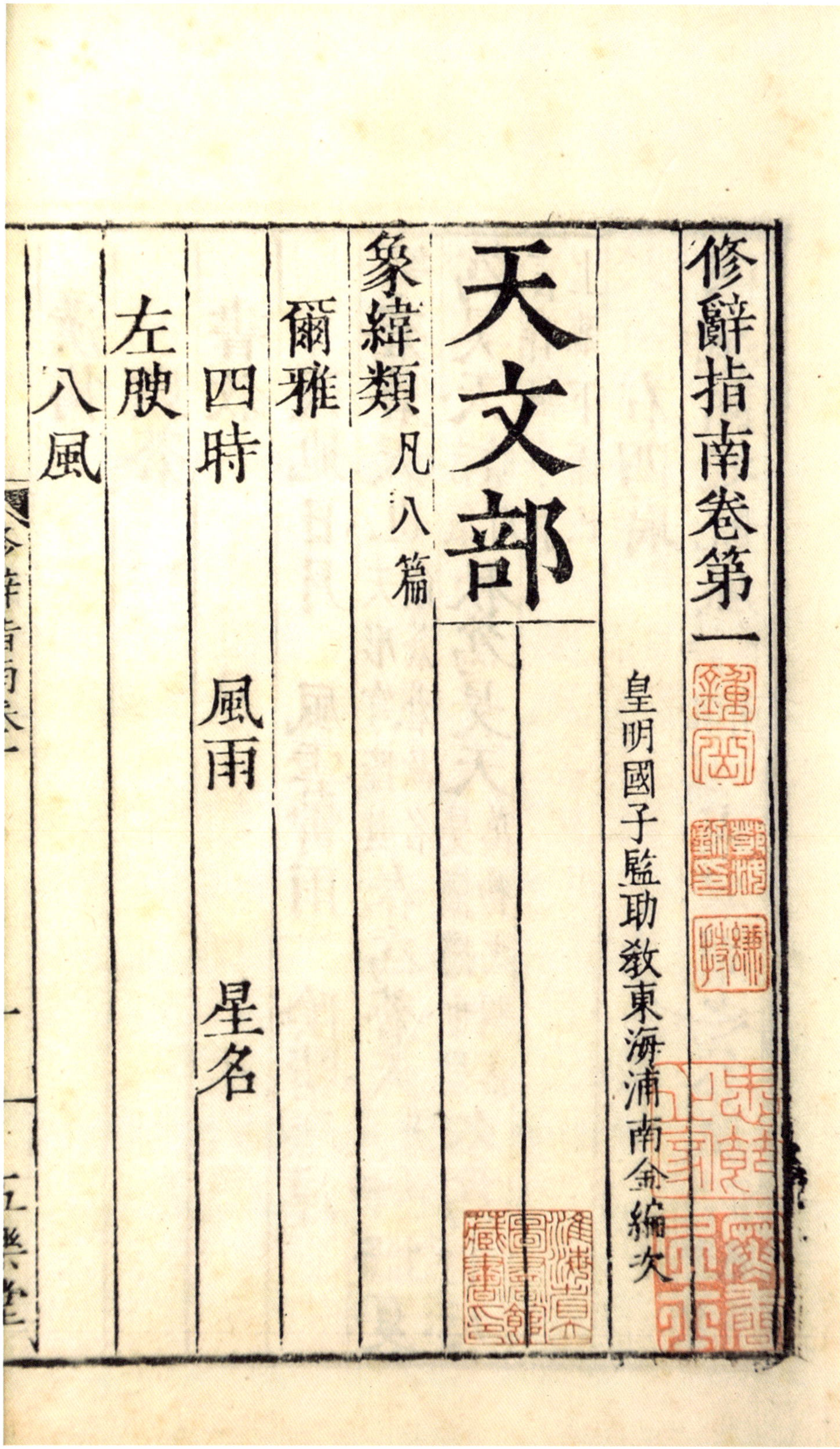
修辭指南卷第一
皇明國子監助教東海浦南金編次
天文部
象緯類凡八篇
爾雅
四時　風雨　星名
左腴
八風
修辭指南卷一　一　五樂堂

01933、01934 修辭指南二十卷 （明）浦南金輯　明嘉靖三十六年（1557）浦氏五樂堂刻本

匡高18.7厘米，廣13.5厘米。半葉九行，行十八字，小字雙行同，白口，左右雙邊。徐州市圖書館藏，有“謙持”等印；鄭州大學圖書館藏，有“朱濬”等印。

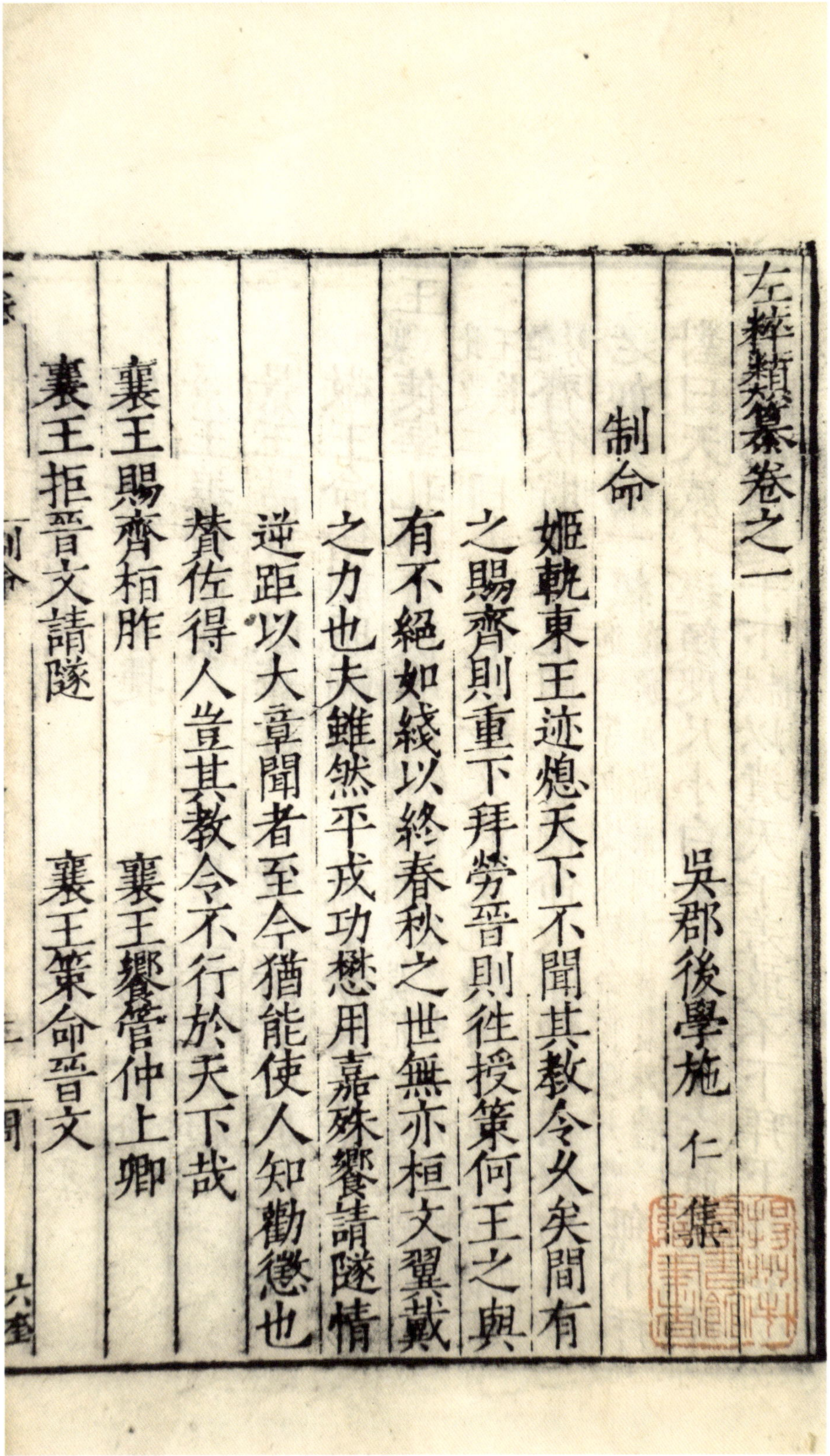
左粹類纂卷之一
吳郡後學施　仁　集
制命
姬轍東王迹熄天下不聞其教令久矣間有
之賜齊則重下拜勞晉則往授策何王之與
有不絕如綫以終春秋之世無亦桓文翼戴
之力也夫雖然平戎功懋用嘉殊饗請隧情
逆距以大章聞者至今猶能使人知勸懲也
賛佐得人豈其教令不行於天下哉
襄王賜齊桓胙　　襄王饗管仲上卿
襄王拒晉文請隧　　襄王策命晉文

01935 左粹類纂十二卷　（明）施仁輯　明嘉靖安國弘仁堂刻本

匡高19.9厘米，廣15厘米。半葉十一行，行二十二字，小字雙行同，白口，左右雙邊。揚州市圖書館藏。

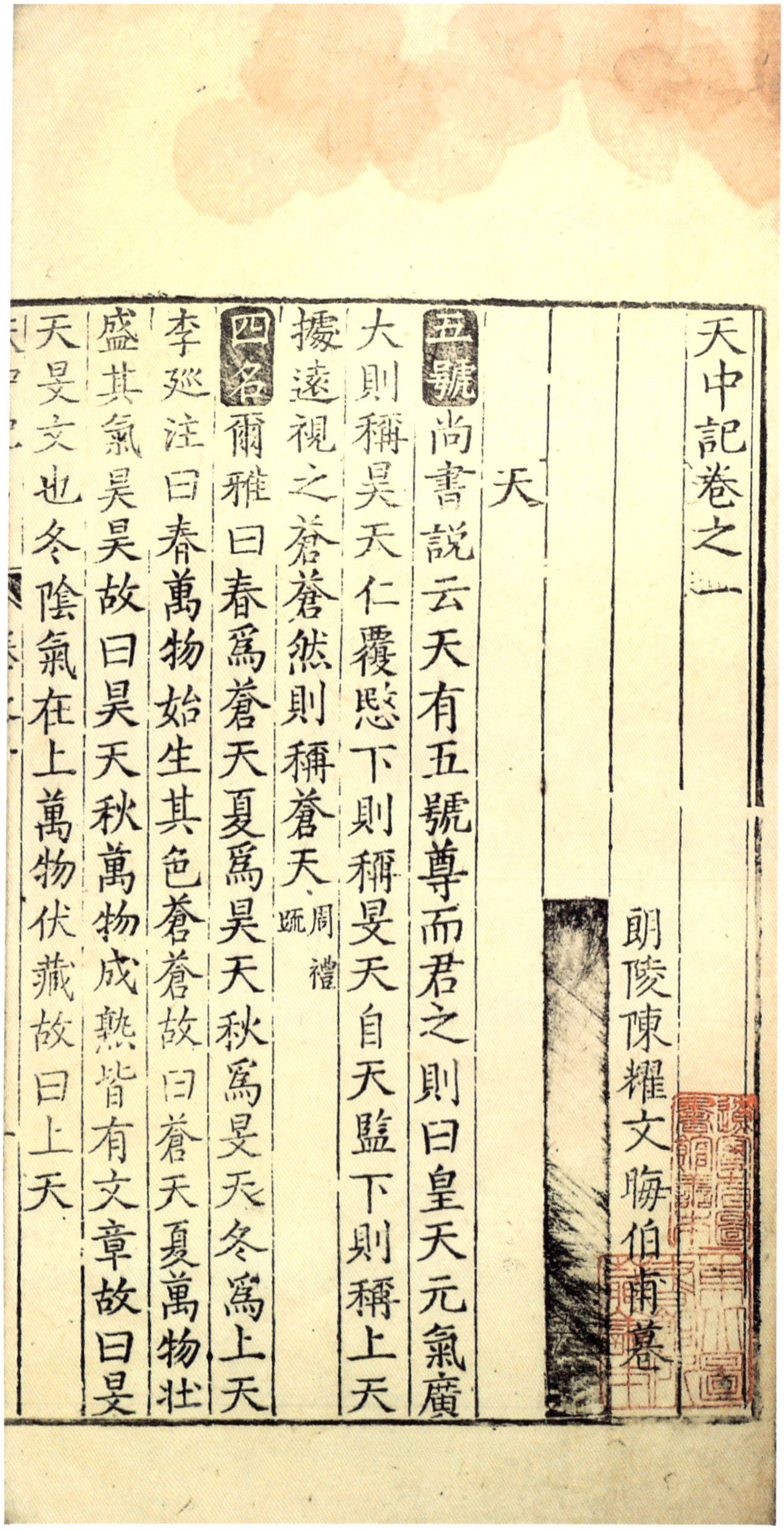
天中記卷之一
朗陵陳耀文晦伯甫纂
天
五號 尚書說云天有五號尊而君之則曰皇天元氣廣
大則稱昊天仁覆愍下則稱旻天自天監下則稱上天
據遠視之蒼蒼然則稱蒼天周禮疏
四名 爾雅曰春爲蒼天夏爲昊天秋爲旻天冬爲上天
李巡注曰春萬物始生其色蒼蒼故曰蒼天夏萬物壯
盛其氣昊昊故曰昊天秋萬物成熟皆有文章故曰旻
天旻文也冬陰氣在上萬物伏藏故曰上天

01936 天中記五十卷 （明）陳耀文輯　明隆慶三年（1569）刻本（卷三第五葉補配）

匡高19.5厘米，廣13.4厘米。半葉十一行，行二十一字，小字雙行同，白口，左右雙邊。遼寧省圖書館藏。

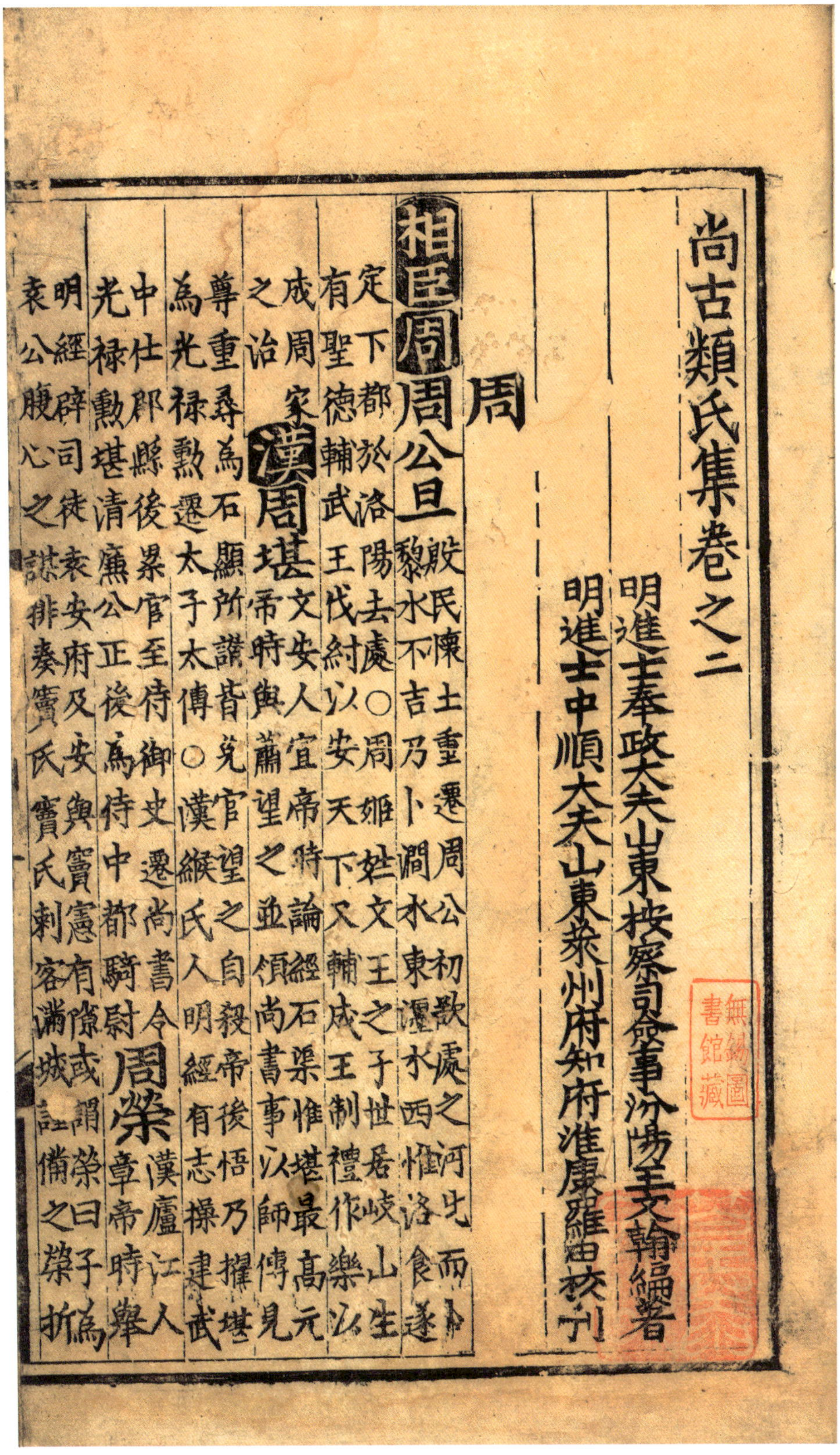
尚古類氏集卷之二
明進士奉政大夫山東按察司僉事汾陽王文翰編著
明進士中順大夫山東萊州府知府淮慶羅田校刊
周
相臣 周 周公旦 殷民陳土重遷周公初欲處之河北而卜 黎水不吉乃卜澗水東瀍水西惟洛食遂
定下都於洛陽去處○周雖姓文王之子世居岐山生 有聖德輔武王伐紂以安天下又輔成王制禮作樂以
成周家 之治 漢 周堪 文安人宣帝特論經石渠惟堪最高元 帝時與蕭望之並領尚書事以師傅見
尊重尋為石顯所譖皆免官望之自殺帝後悟乃擢堪 為光祿勳遷太子太傅○漢緱氏人明經有志操建武
中仕郡縣後累官至侍御史遷尚書令 光祿勳堪清廉公正後為侍中都騎尉 周榮 漢廬江人 章帝時舉
明經辟司徒袁安府及安與竇憲有隙或謂榮曰子為 袁公腹心之謀排奏竇氏竇氏刺客滿城詿備之榮折

01937 尚古類氏集十二卷 （明）王文翰輯　明隆慶羅田刻本

匡高27厘米，廣17.5厘米。半葉十行，行二十二字，小字雙行同，黑口，四周雙邊。無錫市圖書館藏。

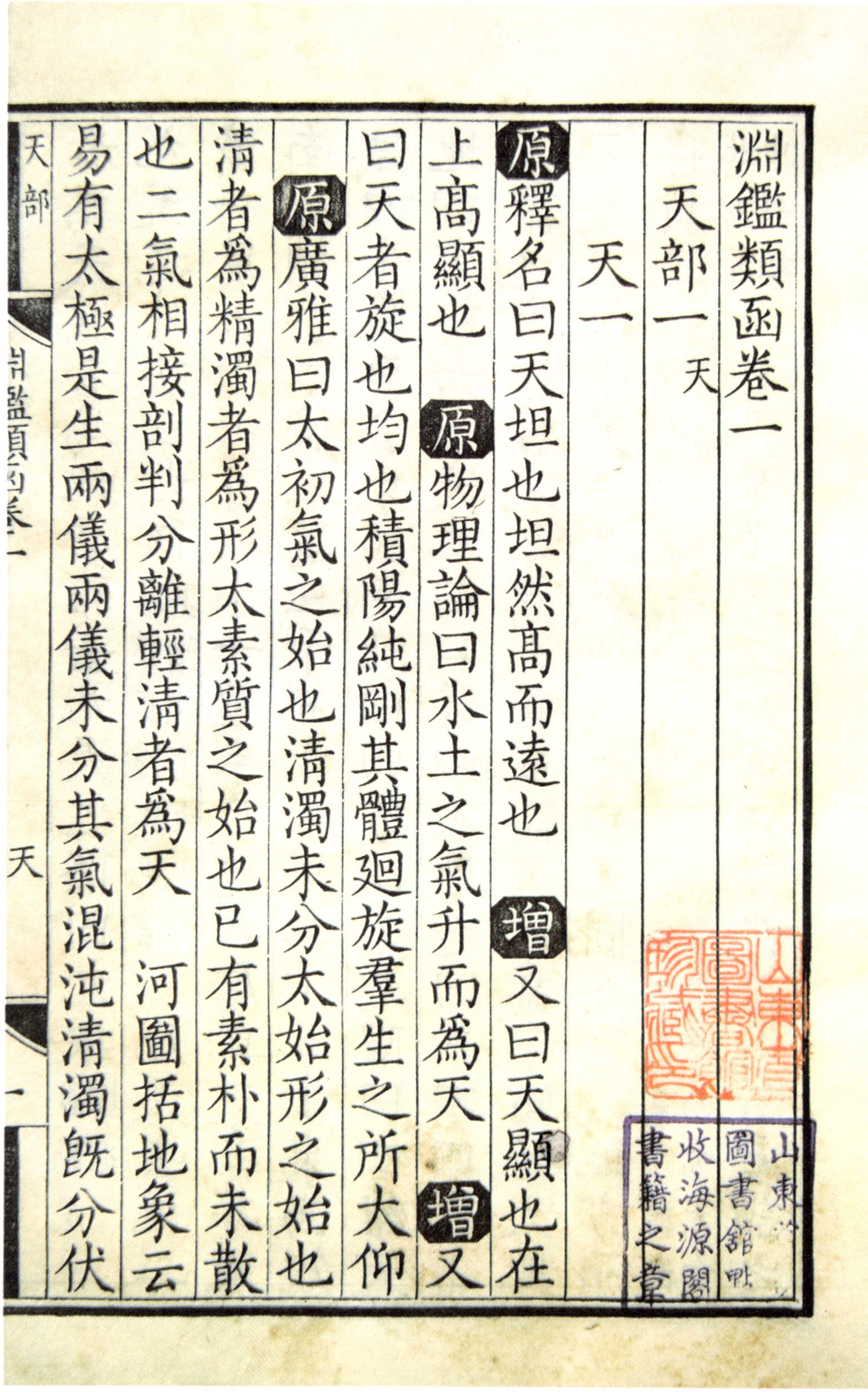

淵鑑類函卷一

天部一　天

天一

原釋名曰天坦也坦然高而遠也　增又曰天顯也在上高顯也　原物理論曰水土之氣升而爲天　增又曰天者旋也均也積陽純剛其體廻旋羣生之所大仰　原廣雅曰太初氣之始也清濁未分太始形之始也清者爲精濁者爲形太素質之始也已有素朴而未散也二氣相接剖判分離輕清者爲天　河圖括地象云易有太極是生兩儀兩儀未分其氣混沌清濁既分伏

淵鑑類函卷一　天部　天　一

01938、01939　淵鑑類函四百五十卷目録四卷　（清）張英等輯　清康熙四十九年（1710）内府刻本

匡高17厘米，廣12厘米。半葉十行，行二十一字，小字雙行同，黑口，四周雙邊。杭州市餘杭區圖書館藏，存四百四十六卷；山東省圖書館藏。

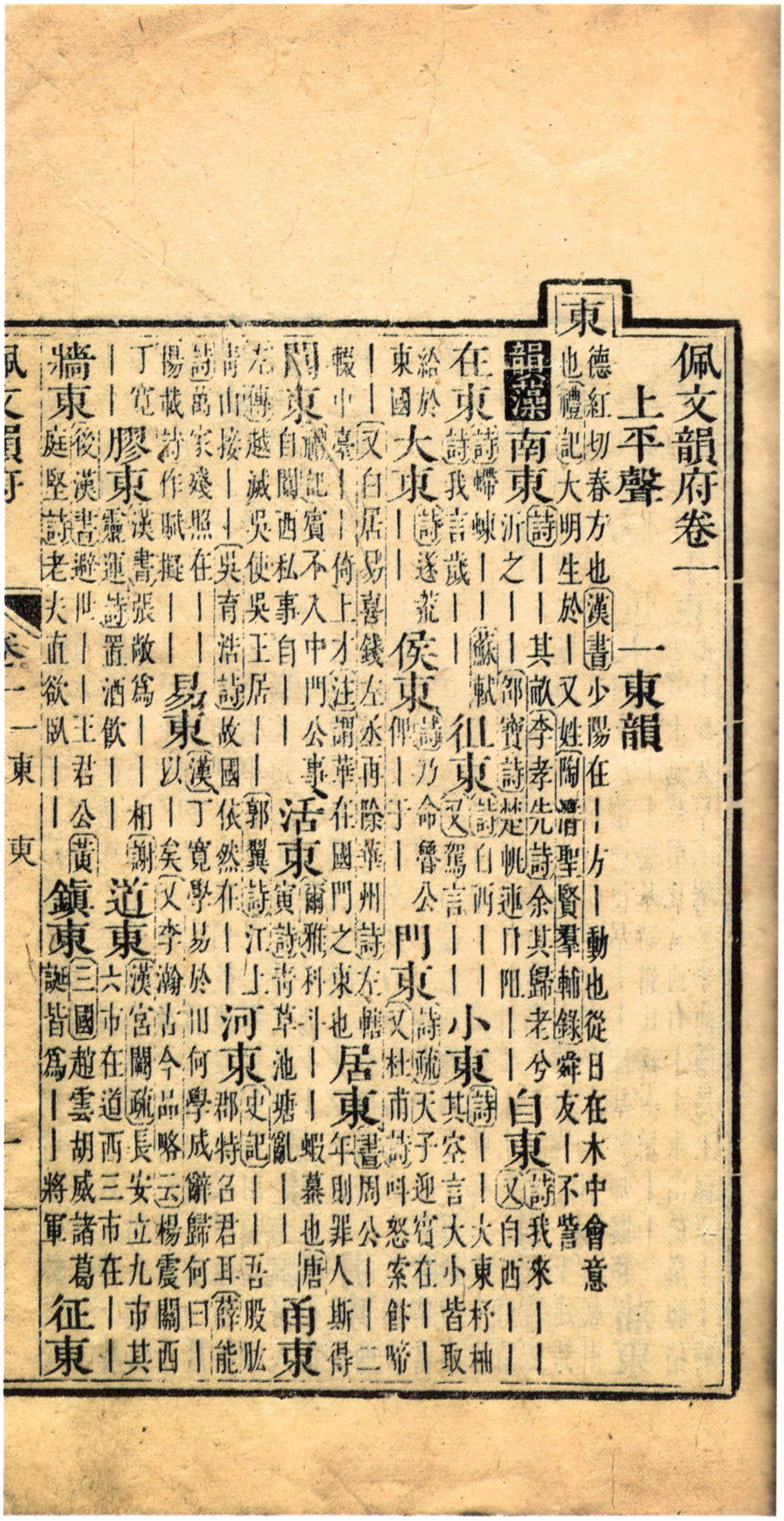

01940 佩文韻府一百六卷 （清）張玉書　蔡升元等輯　**拾遺一百六卷**　（清）汪灝　何焯等輯　清康熙內府刻本

匡高17厘米，廣11厘米。半葉十二行，行二十五字，小字雙行同，白口，四周雙邊。大連圖書館藏。

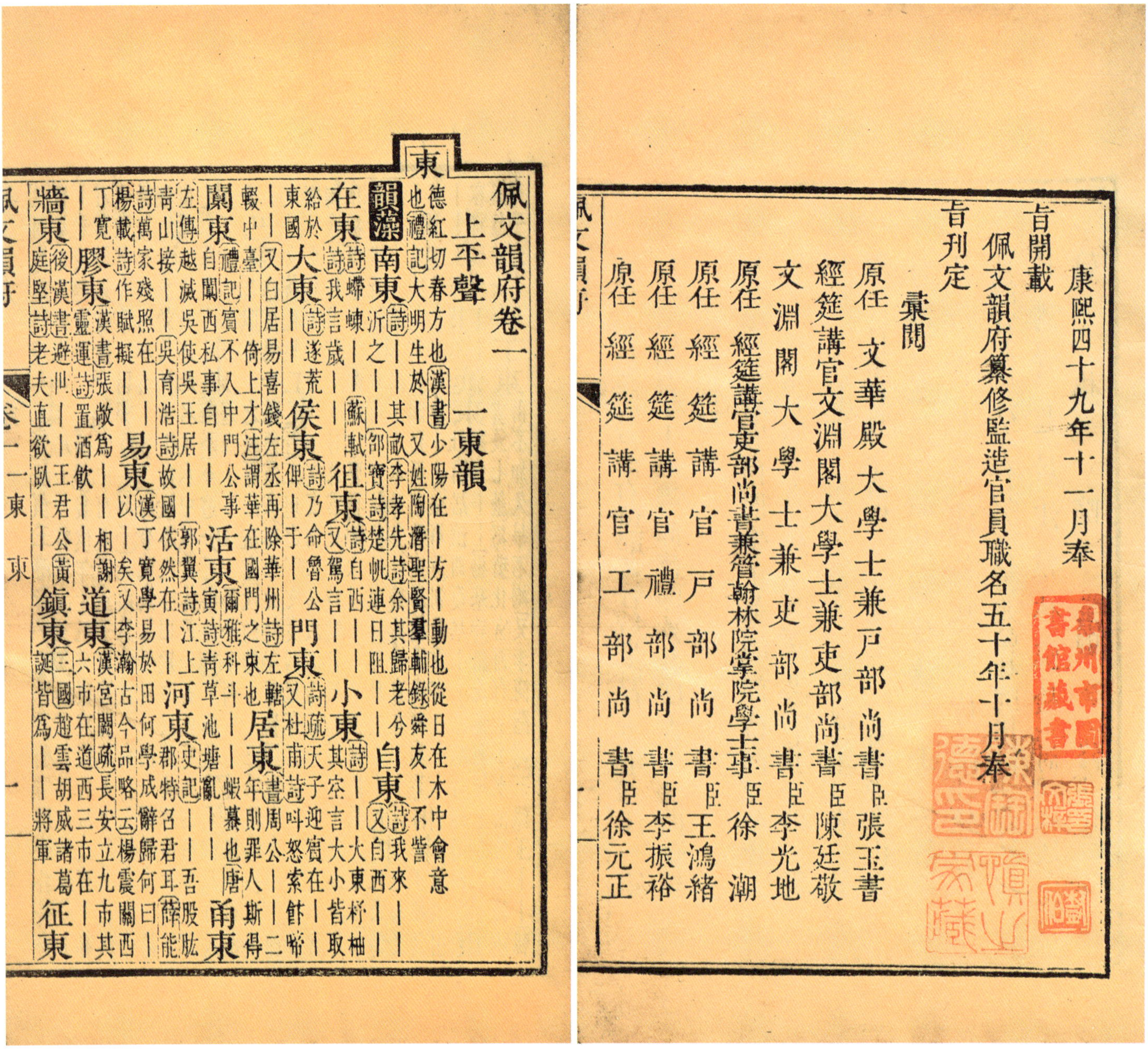

01941、01942 佩文韻府一百六卷 （清）張玉書　蔡升元等輯　清康熙内府刻本

匡高16.5厘米，廣11.3厘米。半葉十二行，行二十五字，小字雙行同，白口，四周雙邊。河南大學圖書館藏；泰州市圖書館藏，有“張印文梓”等印。

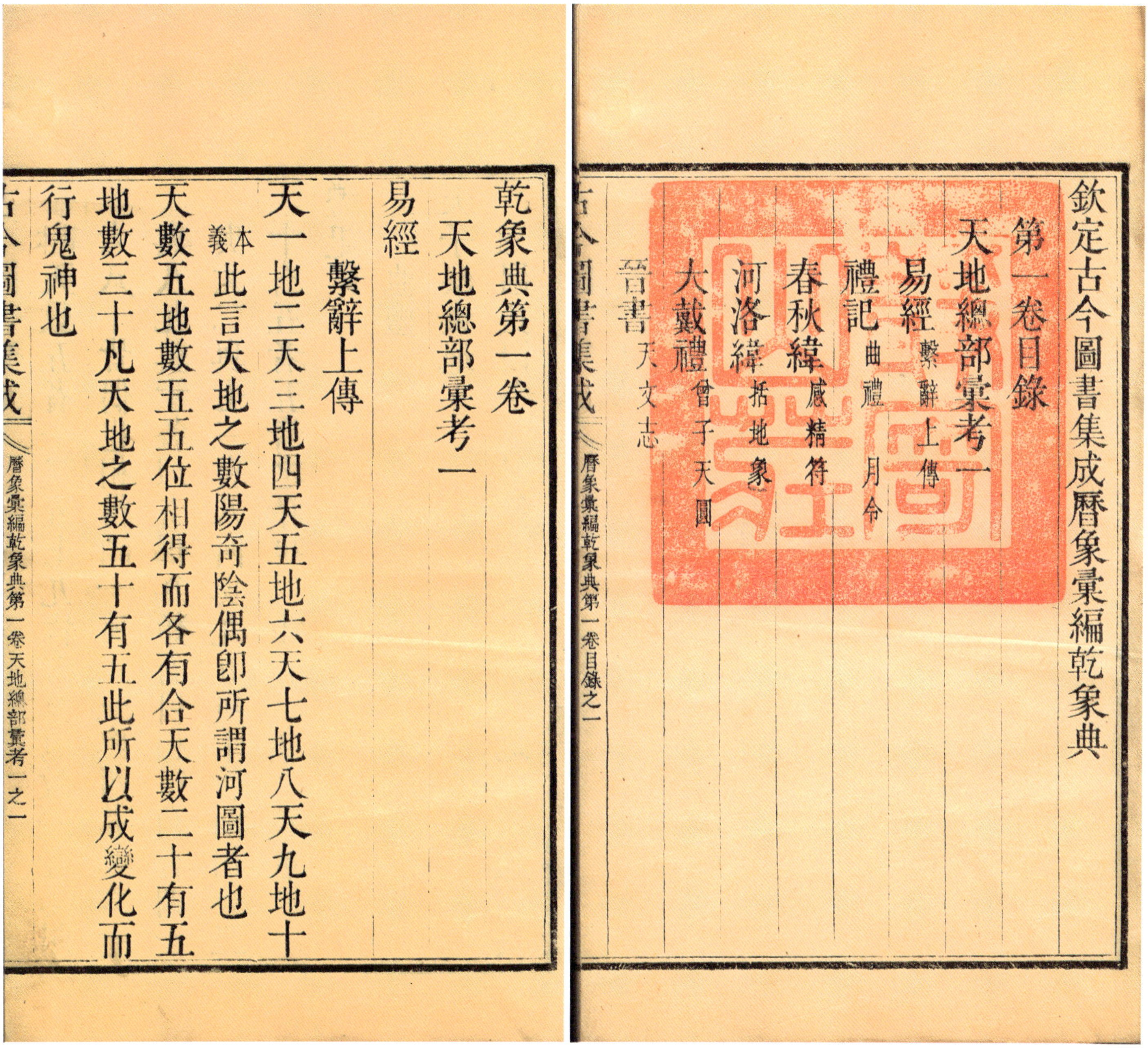

欽定古今圖書集成曆象彙編乾象典

第一卷目錄

天地總部彙考一

易經 繫辭上傳

禮記 曲禮 月令

春秋緯 感精符

河洛緯 括地象

大戴禮 曾子天圓

晉書 天文志

古今圖書集成 曆象彙編乾象典第一卷目錄之一

乾象典第一卷

天地總部彙考一

易經

繫辭上傳

天一地二天三地四天五地六天七地八天九地十

本義 此言天地之數陽奇陰偶即所謂河圖者也

天數五地數五五位相得而各有合天數二十有五

地數三十凡天地之數五十有五此所以成變化而

行鬼神也

古今圖書集成 曆象彙編乾象典第一卷天地總部彙考一之一

01943、01944、01945、01946、01947、01948、01949、01950、01951 欽定古今圖書集成一萬卷目録四十卷 （清）蔣廷錫　陳夢雷等輯　清雍正四年（1726）内府銅活字印本

匡高21.8厘米，廣14.9厘米。半葉九行，行二十字，小字雙行同，白口，四周雙邊。甘肅省圖書館藏，有“文溯閣寶”等印；故宫博物院藏，存九千九百九十八卷目録四十卷，有“重華宫寶”等印；南京博物院藏，有“文津閣寶”等印；陝西省圖書館藏，有補配，存九千二百六十四卷；寧波市天一閣博物館藏，毛裝，存八千二百四十三卷目録二十二卷；徐州市圖書館藏，有“冀縣王富晉印”等印；浙江圖書館藏，配光緒七年抄本；中國中醫科學院圖書館藏；山東省圖書館藏，存八千九百十三卷目録三十二卷。

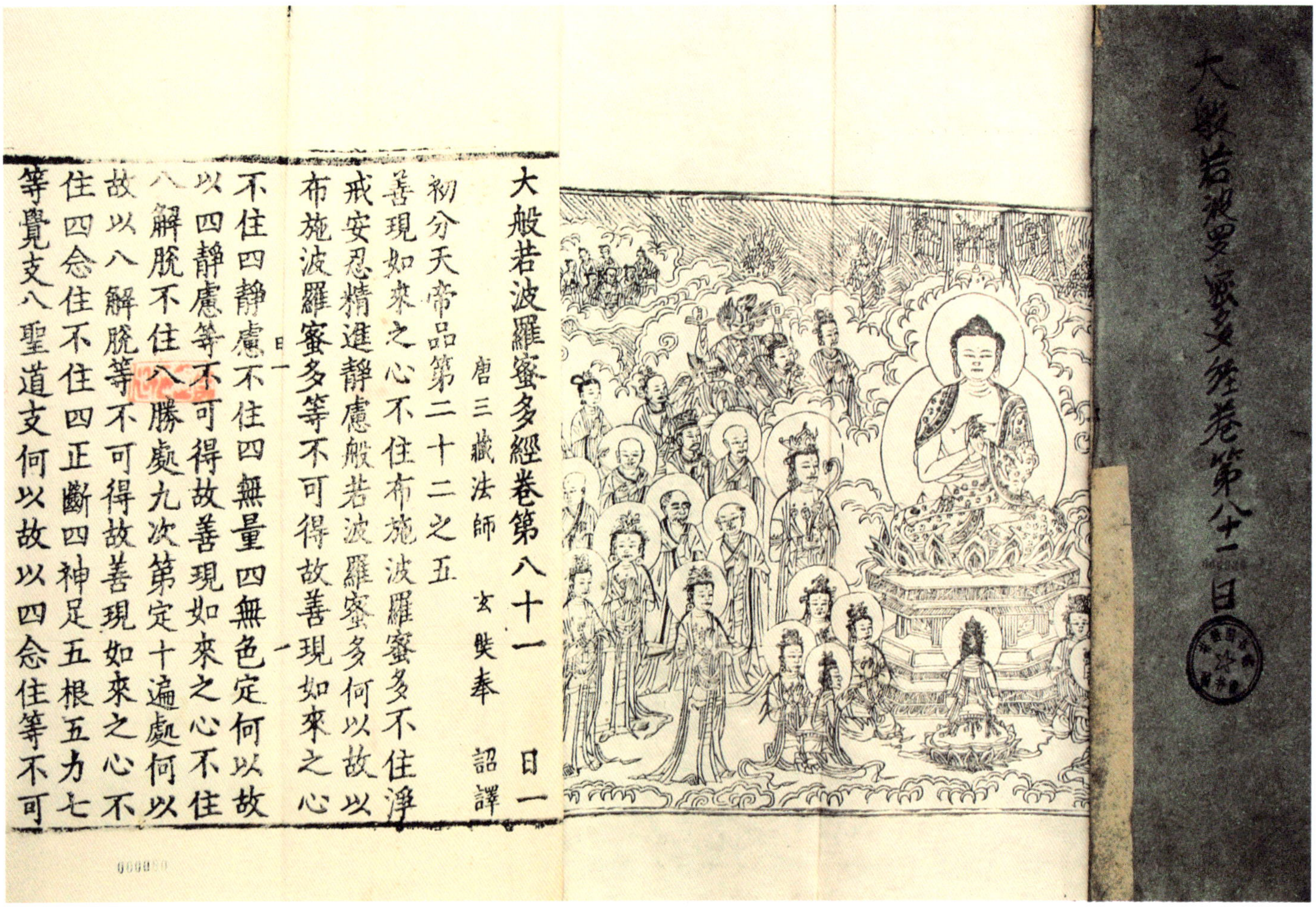

01952 洪武南藏 明洪武年間南京刻大藏經本

經折裝。匡高24.8厘米，廣11.5厘米。半葉六行，行十七字。上下單邊。石柱縣明末清初秦良玉家祠藏經。有請經牌記。千字文編號從“天”到“野”。重慶市北碚圖書館藏，有配補，存六千二百四十六卷。

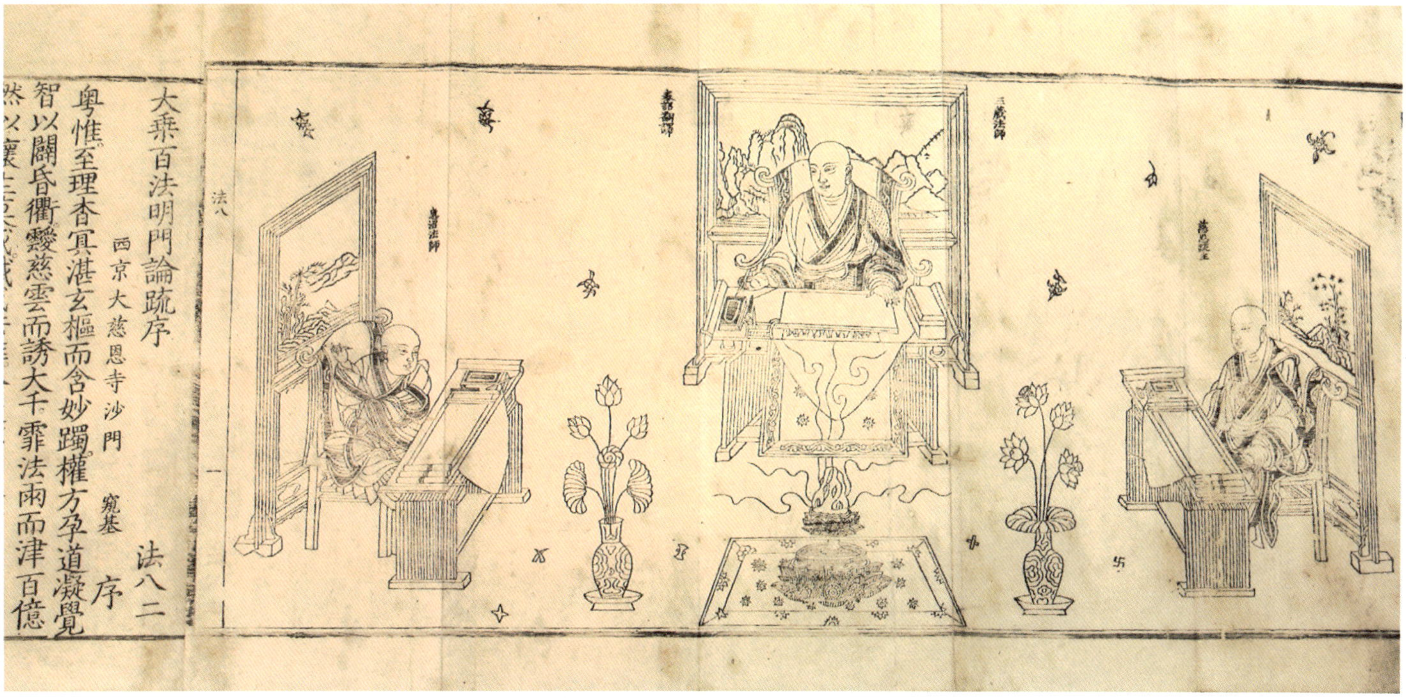

01953 洪武南藏 明洪武年間南京刻大藏經本

經折裝。匡高24厘米，廣12厘米。半葉六行，行十七字。上下單邊。1934年崇慶縣上古寺發現。千字文編號從"天"至"煩"。四川省圖書館藏，有配補，存六千六十五卷。

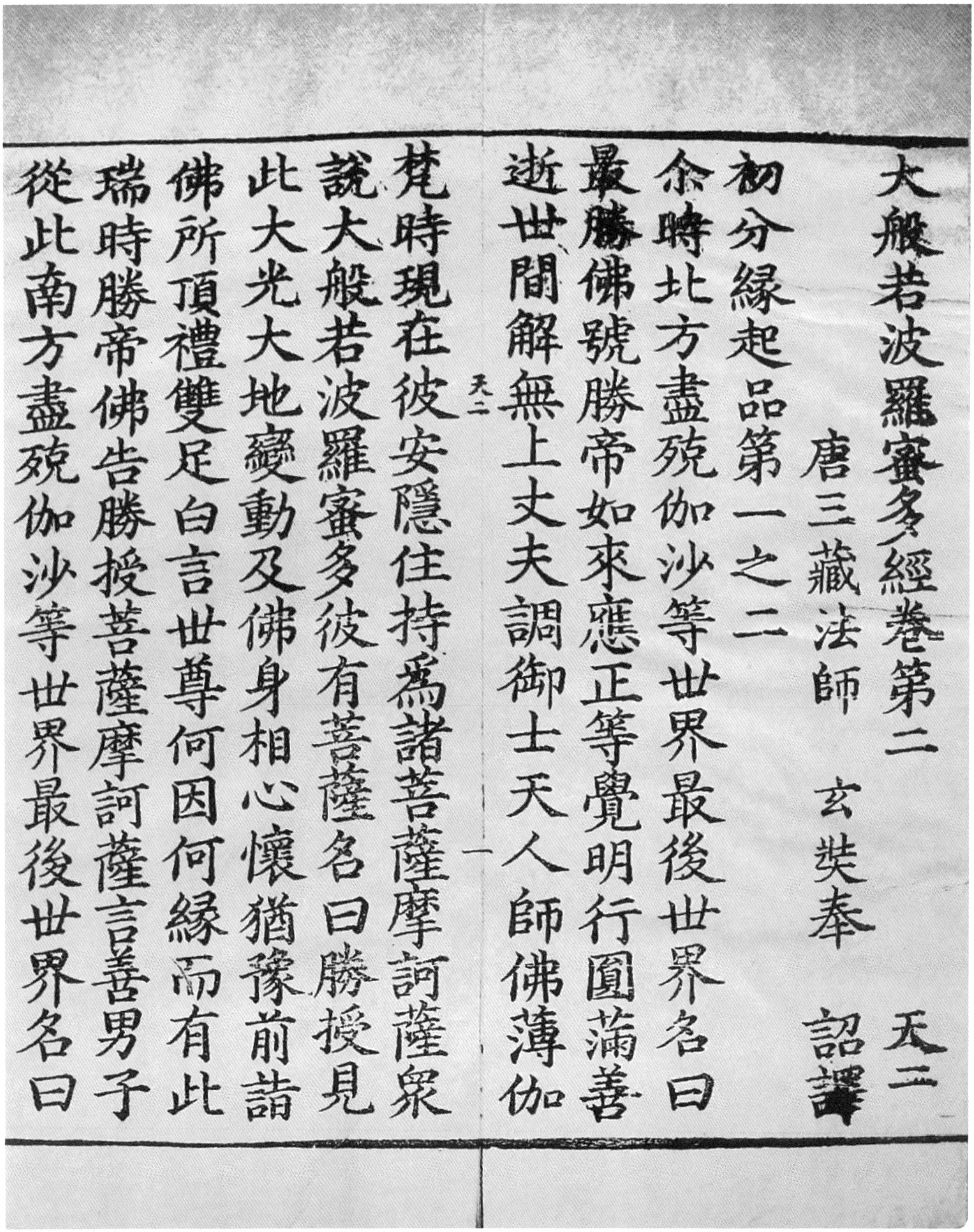

大般若波羅蜜多經卷第二　天二
唐三藏法師　玄奘奉　詔譯
初分緣起品第一之二
尒時北方盡殑伽沙等世界最後世界名曰
最勝佛號勝帝如來應正等覺明行圓滿善
逝世間解無上丈夫調御士天人師佛薄伽
天二　一
梵時現在彼安隱住持爲諸菩薩摩訶薩衆
說大般若波羅蜜多彼有菩薩名曰勝授見
此大光大地變動及佛身相心懷猶豫前詣
佛所頂禮雙足白言世尊何因何緣而有此
瑞時勝帝佛告勝授菩薩摩訶薩言善男子
從此南方盡殑伽沙等世界最後世界名曰

01954 永樂南藏六千三百三十一卷 明永樂十至十五年（1412–1417）刻本

經折裝。匡高24.5厘米，廣11.1厘米。一版五葉，半葉六行，行十七字。上下單邊。中國佛教圖書文物館藏，存六千三百三十一册。

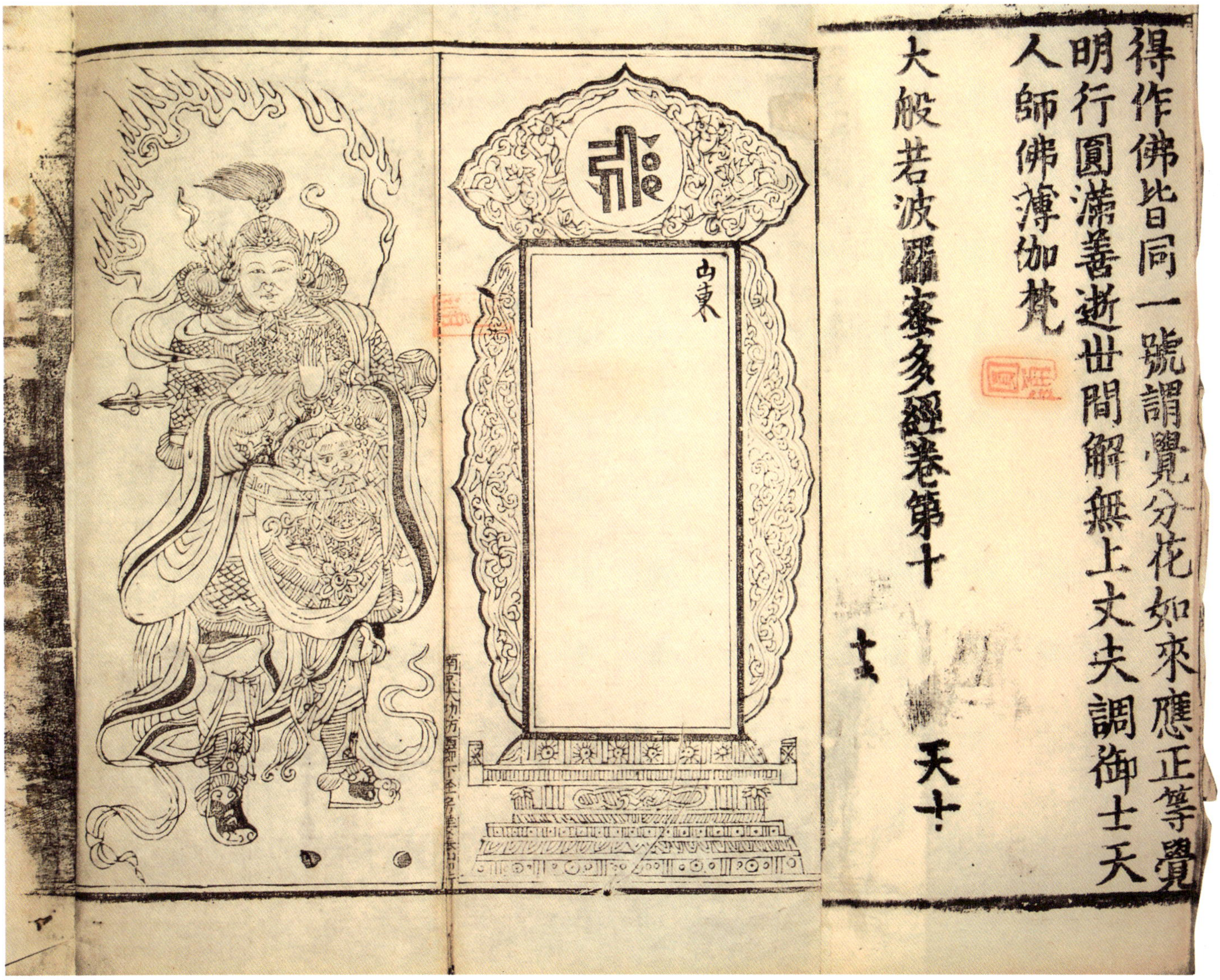

01955 永樂南藏六千三百三十一卷續藏四百十卷 明永樂十至十五年（1412-1417）刻萬曆十二年（1584）續刻本

經折裝。匡高24.5厘米，廣11.1厘米。一版五葉，半葉六行，行十七字，白口。四周單邊。有"南京大功坊西廊下經房姜奉山印行"等牌記。山東省圖書館藏，有補配，存六千五百十二册。

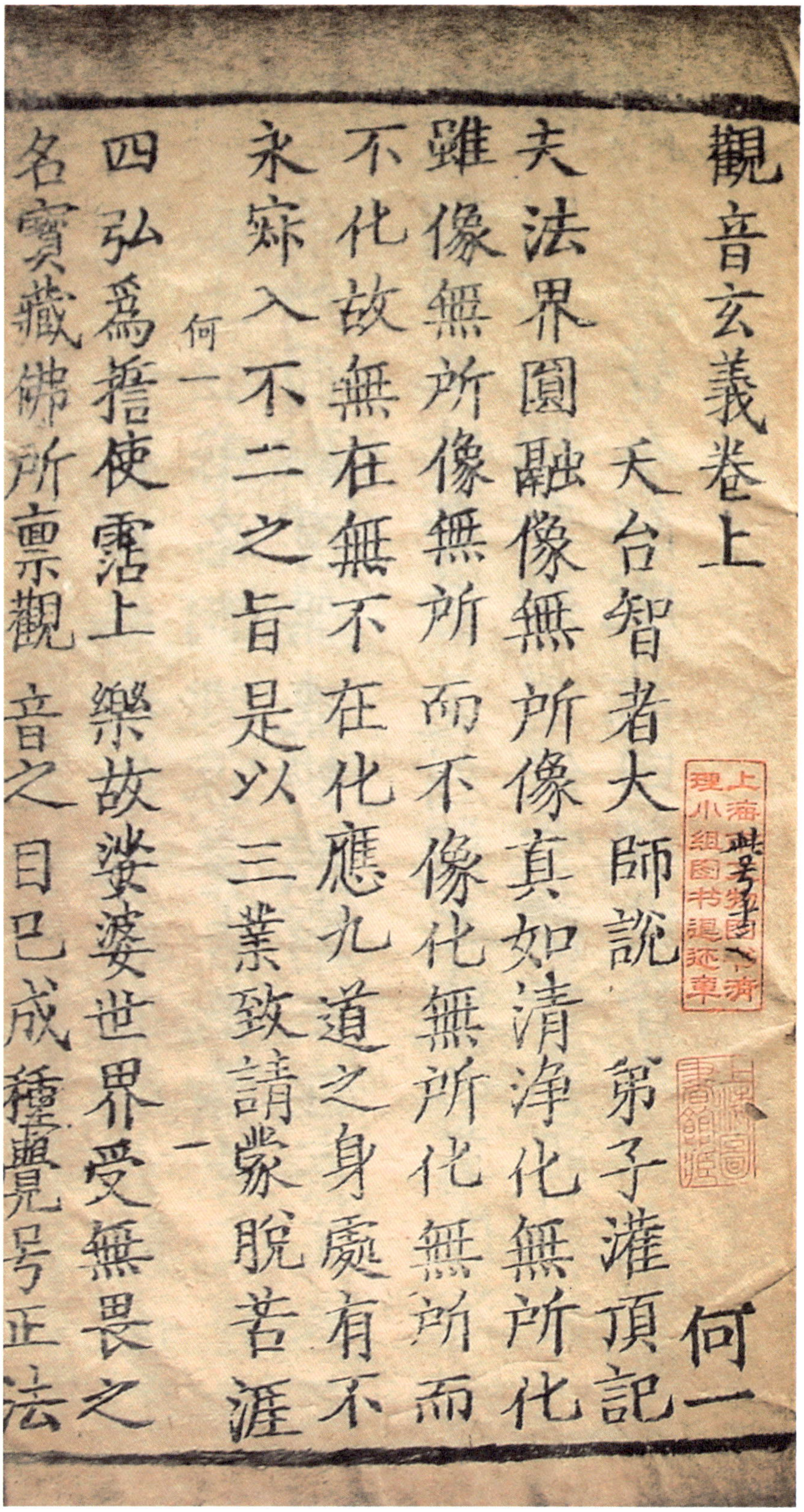

01956 永樂南藏六千三百三十一卷續藏四百十卷 明永樂十至十五年（1412–1417）刻萬曆十二年（1584）續刻本

匡高24厘米，廣16厘米。半葉九行，行十七字。上下單邊。每册兩到三卷。上海龍華寺藏，存二千八百七十册。

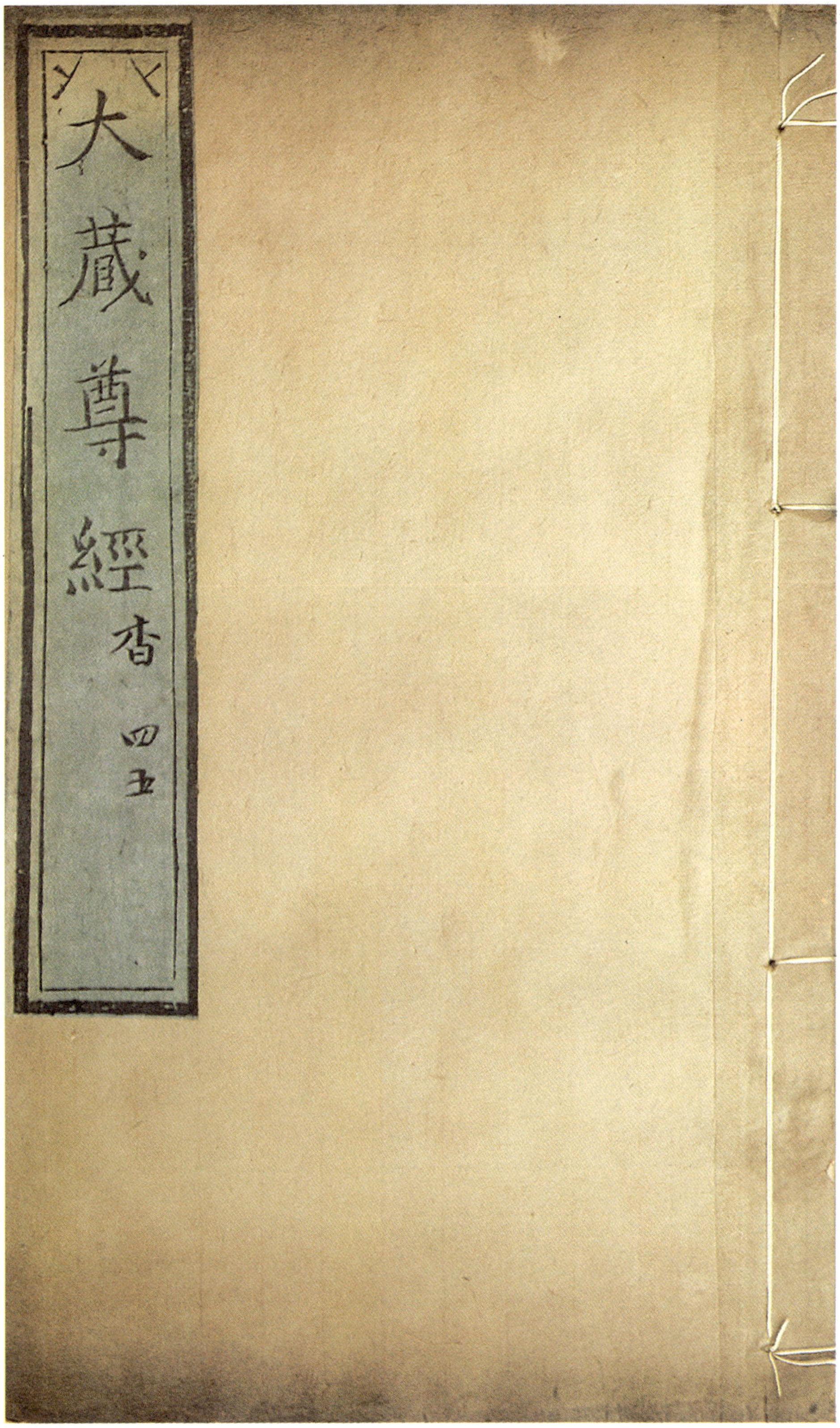
大藏尊經
杳
四五

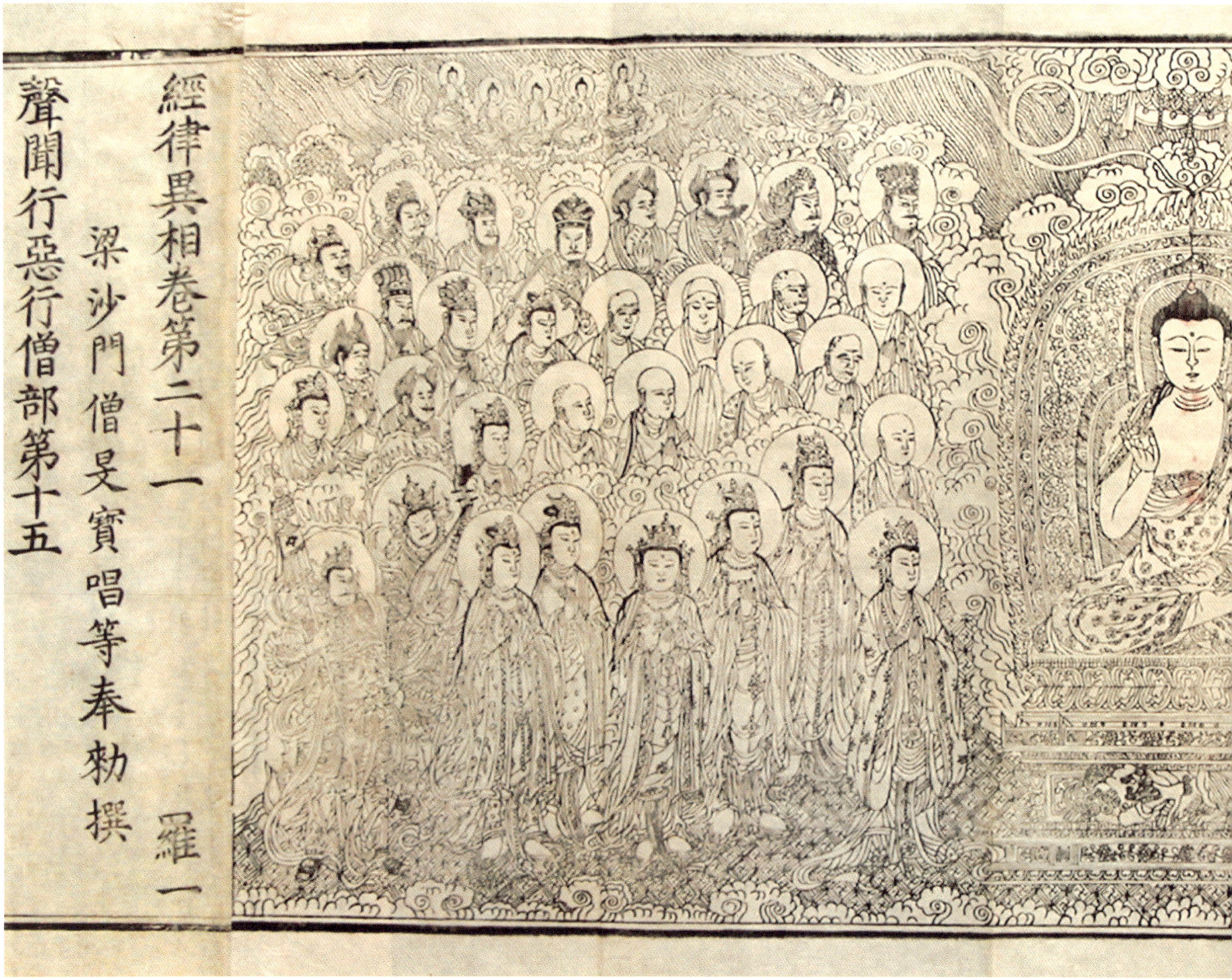

01957、01958 永樂北藏六千三百六十一卷 明永樂十九年至正統五年（1421－1440）刻本

經折裝。匡高28厘米，廣12.9厘米。一版五葉，半葉五行，行十七字。上下雙邊。有"……大明正統五年十一月十一日"牌記。中國佛教圖書文物館藏，存六千三百六十一册；甘肅省張掖市甘州區博物館藏，存五千三百一卷。

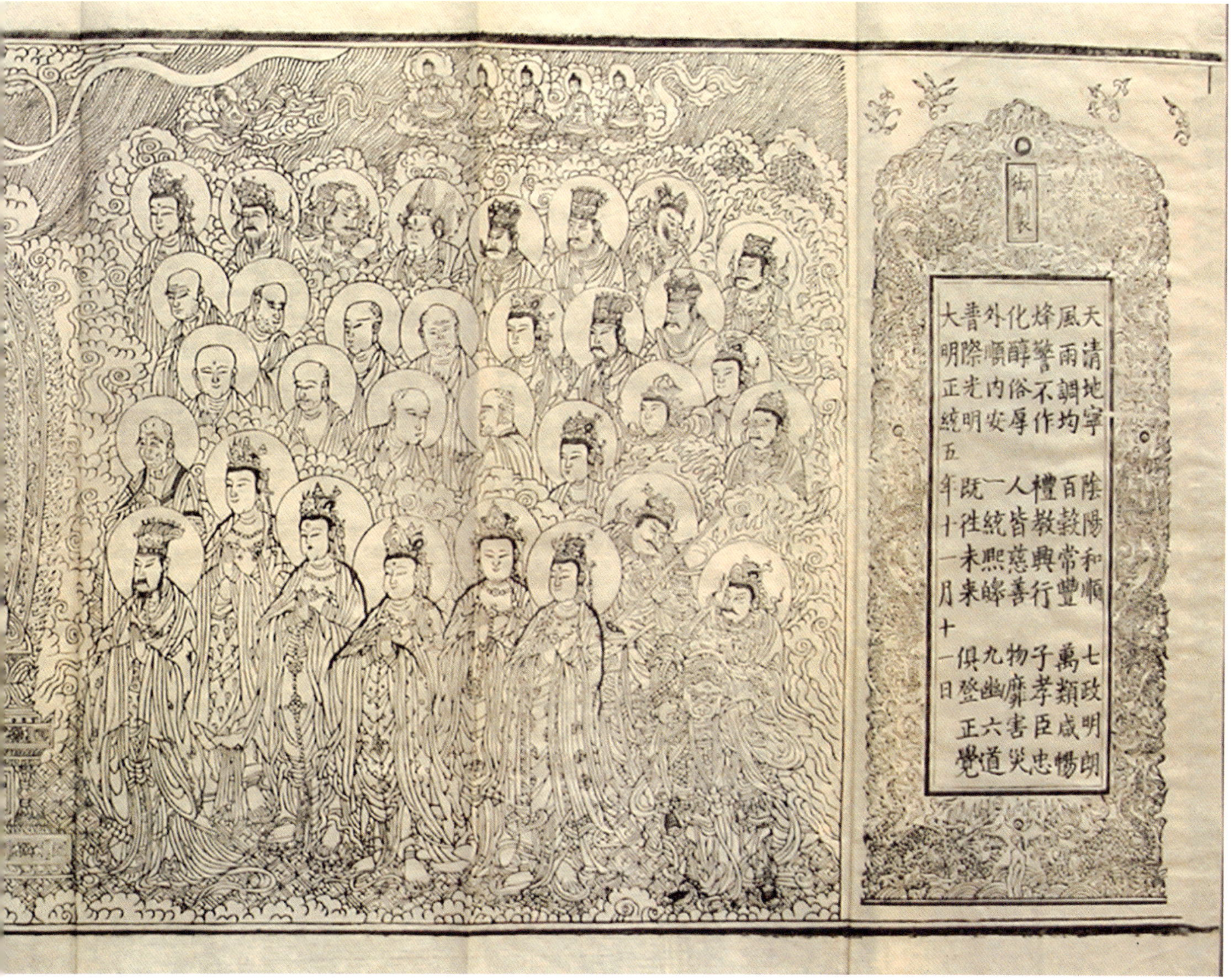
御製
天清地寧　陰陽和順　七政明朗
風雨調均　百穀常豐　萬類咸暢
烽警不作　禮教興行　子孝臣忠
化醇俗厚　人皆慈善　物靡害災
外順內安　一統熙皞　九幽六道
普際光明　既往未來　俱登正覺
大明正統五年十一月十一日

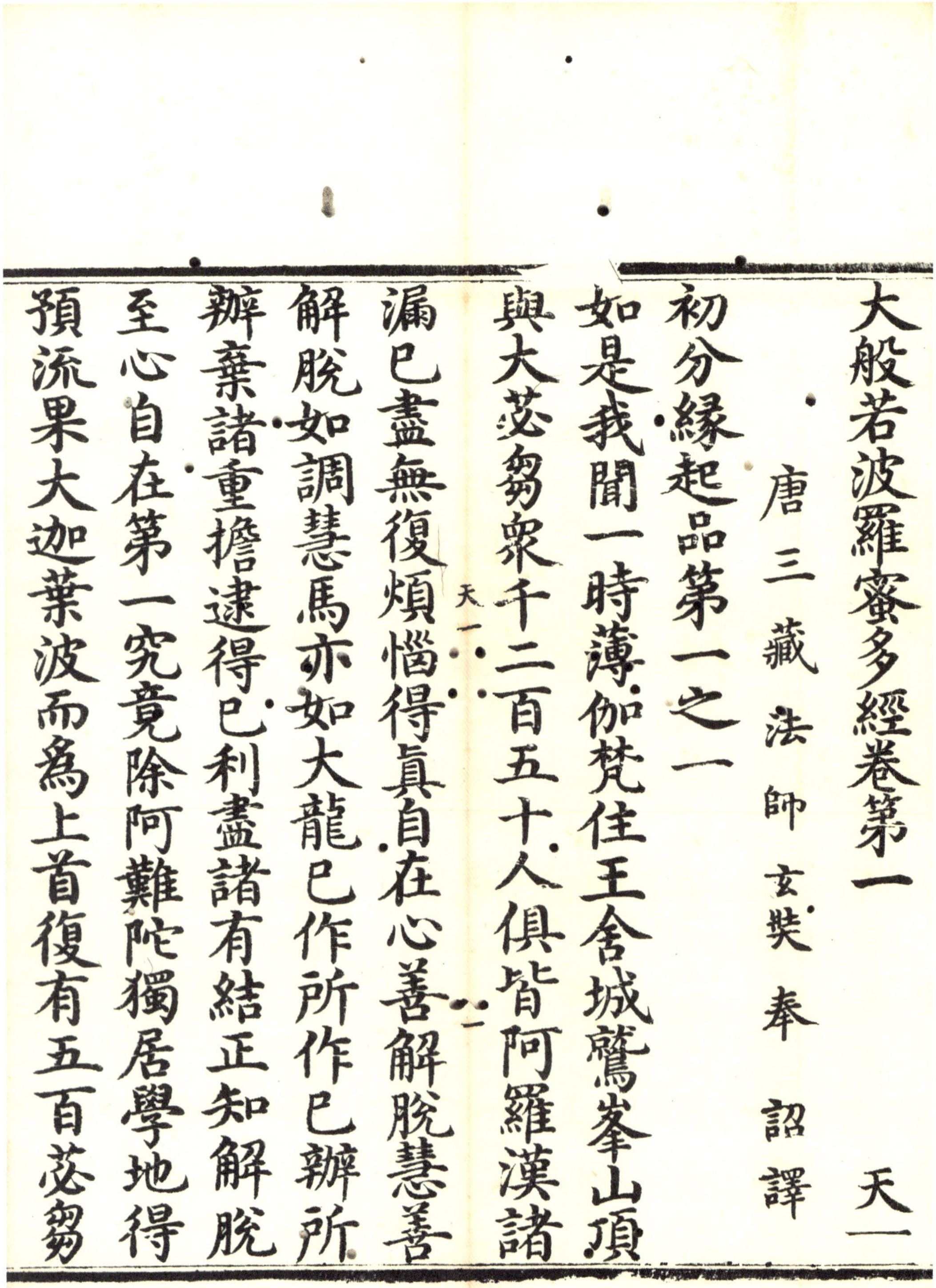
大般若波羅蜜多經卷第一　天一
唐三藏法師玄奘奉　詔譯
初分緣起品第一之一
如是我聞一時薄伽梵住王舍城鷲峯山頂
與大苾芻衆千二百五十人俱皆阿羅漢諸
天一　一
漏已盡無復煩惱得眞自在心善解脫慧善
解脫如調慧馬亦如大龍已作所作已辦所
辦棄諸重擔逮得已利盡諸有結正知解脫
至心自在第一究竟除阿難陀獨居學地得
預流果大迦葉波而為上首復有五百苾芻

01959、01960、01961、01962　永樂北藏六千三百六十一卷續藏四百十卷　明永樂十九年至正統五年（1421–1440）刻萬曆十二年（1584）續刻本

經折裝。匡高28厘米，廣12.9厘米。一版五葉，半葉五行，行十七字。上下雙邊。故宮博物院藏，存六千七百三十二册；浙江圖書館藏，存六千三百三十四册；山東省圖書館藏，存五千一百四十四卷；甘肅省武威市博物館藏，存六千二百六十五册。

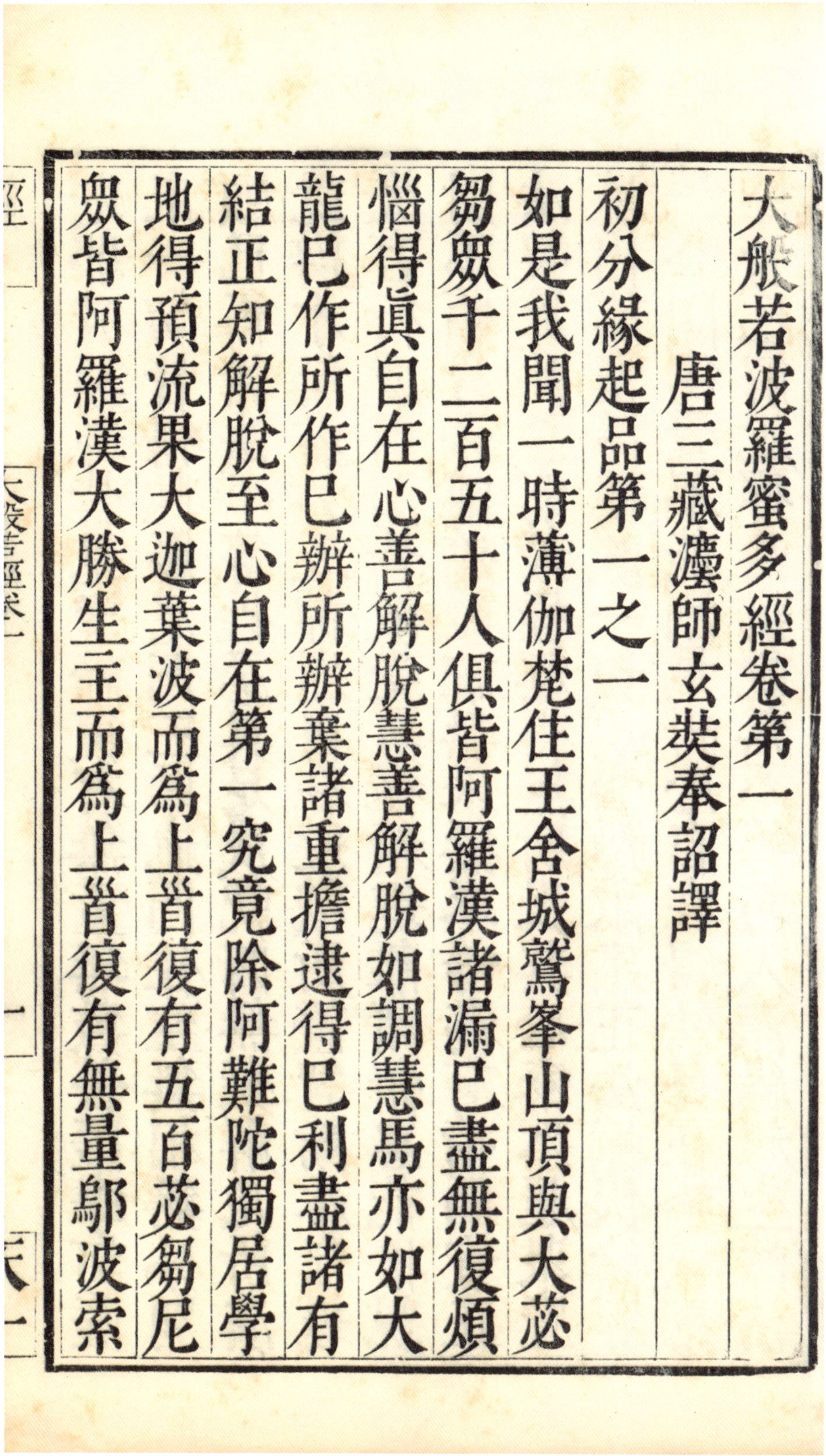

大般若波羅蜜多經卷第一
唐三藏灋師玄奘奉詔譯
初分緣起品第一之一
如是我聞一時薄伽梵住王舍城鷲峯山頂與大苾
芻衆千二百五十人俱皆阿羅漢諸漏已盡無復煩
惱得眞自在心善解脫慧善解脫如調慧馬亦如大
龍已作所作已辦所辦棄諸重擔逮得已利盡諸有
結正知解脫至心自在第一究竟除阿難陀獨居學
地得預流果大迦葉波而爲上首復有五百苾芻尼
衆皆阿羅漢大勝生主而爲上首復有無量鄔波索

經　大般若經卷一　一　天一

01963、01964 嘉興藏一萬二千六百餘卷 明萬曆十七年至清康熙十五年（1589-1676）刻本

匡高23.4厘米，廣14.8厘米。半葉十行，行二十字，白口。四周雙邊。各函首册首葉附有佛説法圖，末册尾附韋馱像。每經末有牌記。故宫博物院藏，存一萬八百八十八卷；中國佛教圖書文物館藏，存一萬二千六百卷。

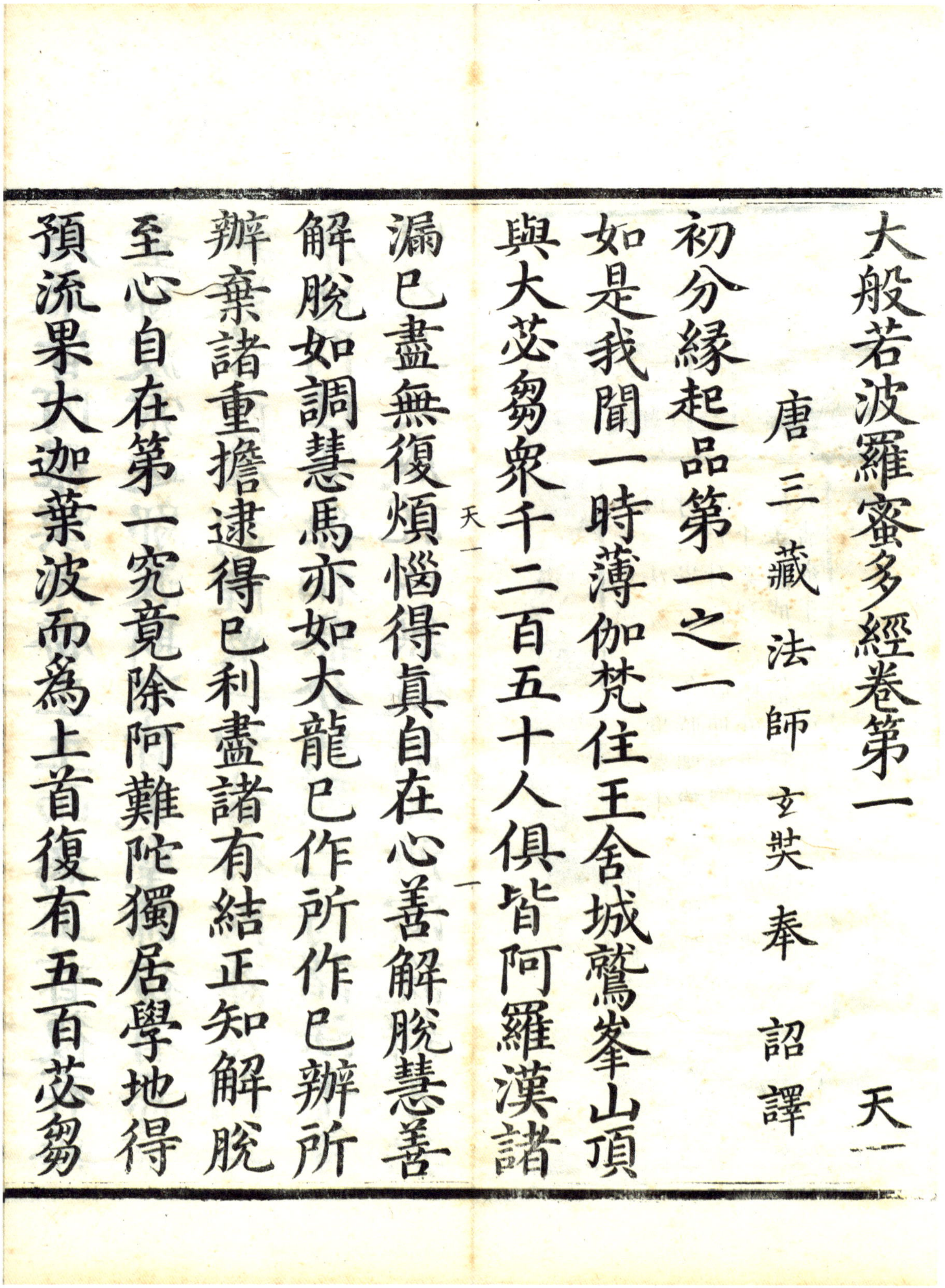

大般若波羅蜜多經卷第一　天一
唐三藏法師玄奘奉　詔譯
初分緣起品第一之一
如是我聞一時薄伽梵住王舍城鷲峯山頂
與大苾芻衆千二百五十人俱皆阿羅漢諸
天一　一
漏已盡無復煩惱得眞自在心善解脫慧善
解脫如調慧馬亦如大龍已作所作已辦所
辦棄諸重擔逮得已利盡諸有結正知解脫
至心自在第一究竟除阿難陀獨居學地得
預流果大迦葉波而爲上首復有五百苾芻

01965、01966、01967 乾隆大藏經七千一百六十七卷　清雍正十一年至乾隆三年（1733-1738）刻本

經折裝。匡高27.4厘米，廣18.2厘米。半葉五行，行十七字。上下雙邊。有"……大清雍正十三年四月初八日"牌記。故宫博物院藏，存六千七百九十五册；嘉興市圖書館藏，存五千三百七十三卷；中國佛教圖書文物館藏，存七千一百六十八册。

01968 金剛般若波羅蜜經一卷（後秦）釋鳩摩羅什譯　明文徵明寫本

經折裝。匡高15.2厘米，廣8.6厘米。半葉七行，行二十一字，有界欄。磁青紙，金粉書寫。有題記一行："奉佛弟子文徵明齋沐敬書"。有"徵明"等印。湖南圖書館藏，存一至六、十三至二十二葉。

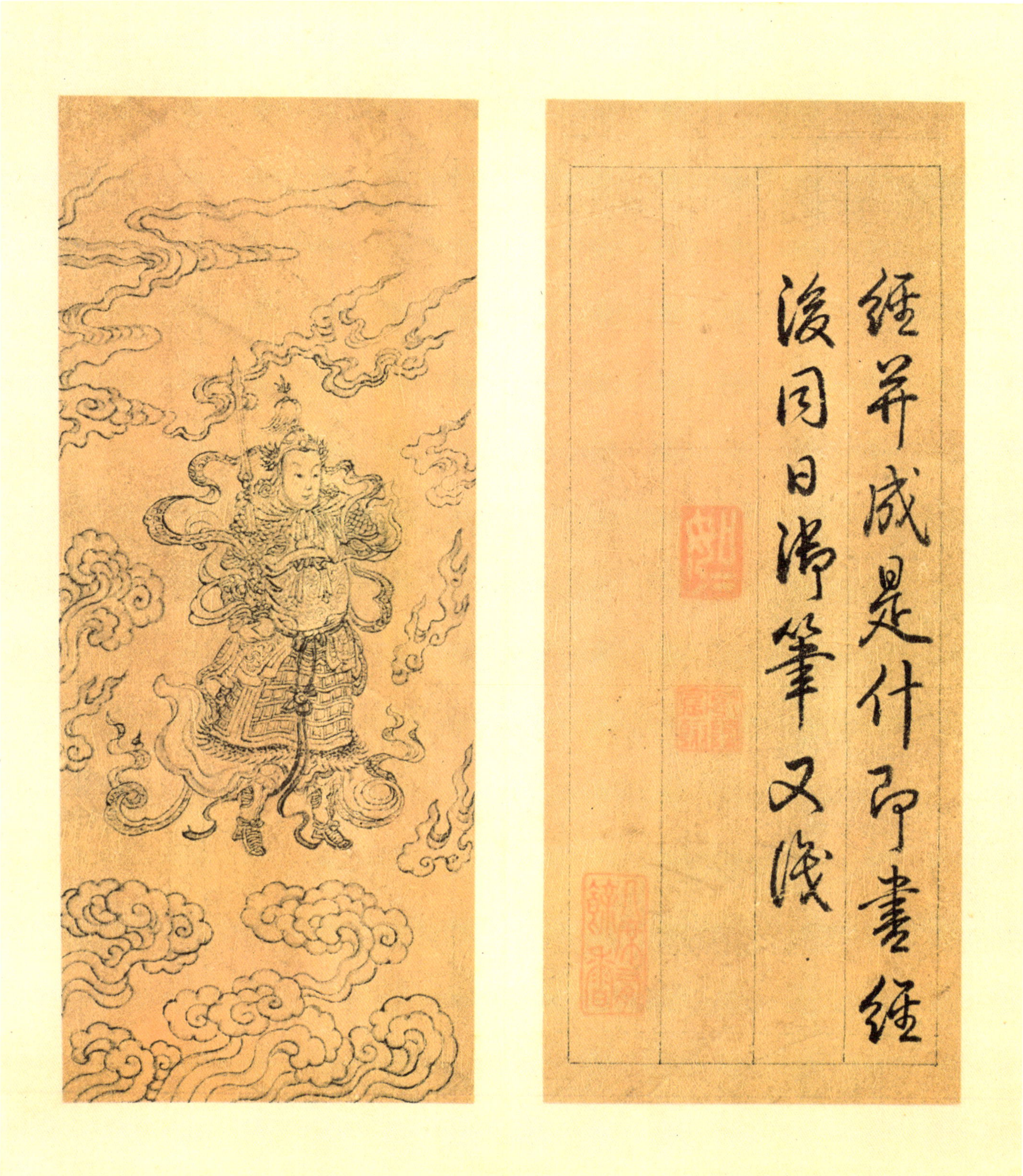

01969 般若波羅蜜多心經一卷 （唐）釋玄奘譯　清乾隆三十三年（1768）高宗弘曆菩提葉寫本

經折裝。匡高19厘米，廣8厘米。半葉四行，行九字。款署“乾隆戊子仲夏月朔沐手書”，鈐“乾”、“隆”連珠璽，有“如如”、“乾隆宸翰”、“入席有餘香”、“避暑山莊”、“五福五代堂古稀天子寶”、“八徵耄念之寶”等印。故宮博物院藏。

01970 大方廣佛華嚴經八十卷大方廣佛華嚴經入不思議解脱境界普賢行願品一卷（唐）

釋實叉難陀等譯　清康熙四明沙門深湛刺血填寫本

經折裝。匡高27.3厘米，廣12.1厘米。半葉五行，行十五字。上下雙邊。山東省圖書館藏。

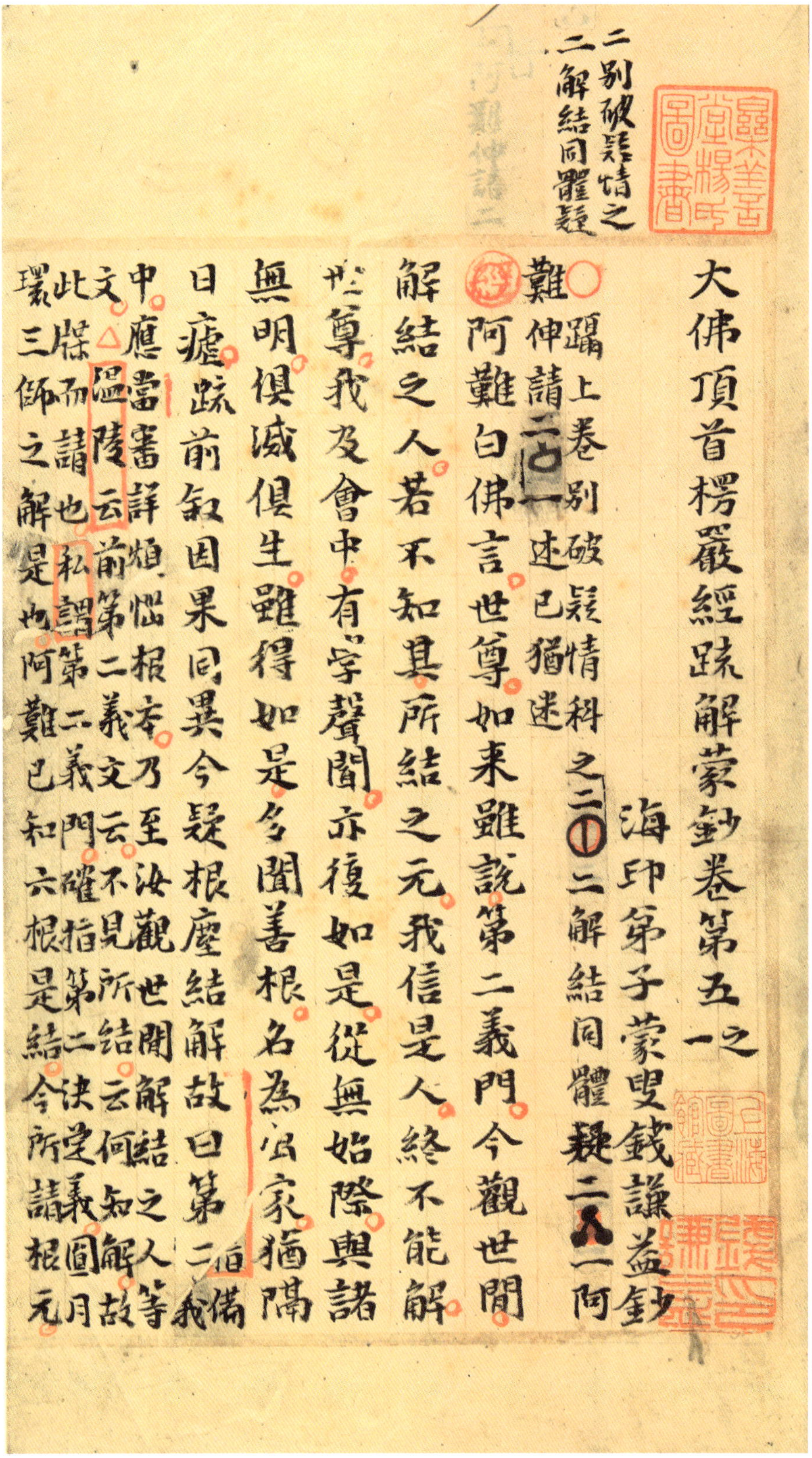
二別破疑情之二
二解結同體疑

大佛頂首楞嚴經疏解蒙鈔卷第五之一
海印弟子蒙叟錢謙益鈔
○躡上卷別破疑情科之二　二解結同體疑二　一阿難伸請二　一述已猶迷
阿難白佛言世尊如來雖說第二義門今觀世間
解結之人若不知其所結之元我信是人終不能解
於尊我及會中有學聲聞亦復如是從無始際與諸
無明俱滅俱生雖得如是多聞善根名為出家猶隔
日瘧疏前叙因果同異今疑根塵結解故曰第二義
中應當審詳煩惱根本乃至汝觀世間解結之人等
文△溫陵云前第二義文云不見所結云何知解故
此是而請也私謂第二義門指第二決定義圓月
環三師之解是也阿難已知六根是結今所請根元

01971 大佛頂首楞嚴經疏解蒙鈔十卷首一卷末一卷（清）錢謙益撰　稿本

匡高21.8厘米，廣15.3厘米。半葉十行，行二十字，紅格，白口。左右雙邊。有“錢印謙益”、“樂善堂楊氏圖書”等印。上海圖書館藏，存三卷。

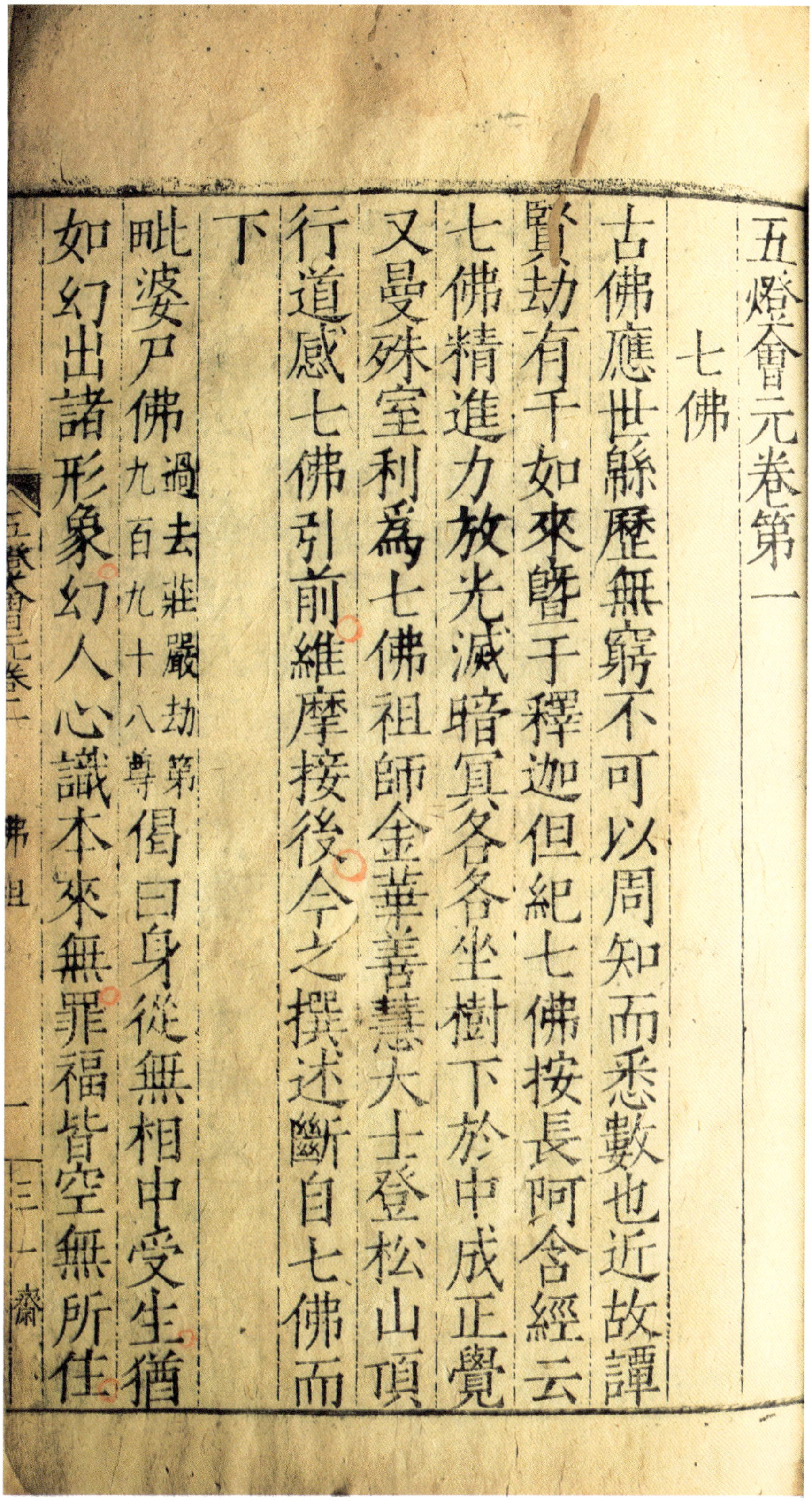
五燈會元卷第一

七佛

古佛應世綿歷無窮不可以周知而悉數也近故譚賢劫有千如來暨于釋迦但紀七佛按長阿含經云七佛精進力放光滅暗冥各各坐樹下於中成正覺又曼殊室利爲七佛祖師金華善慧大士登松山頂行道感七佛引前維摩接後今之撰述斷自七佛而下

毗婆尸佛過去莊嚴劫第九百九十八尊偈曰身從無相中受生猶如幻出諸形象幻人心識本來無罪福皆空無所住

五燈會元卷一　佛祖　一

01972 五燈會元二十卷 （宋）釋普濟撰　明嘉靖四十年（1561）嘉興徑山寺募刻本

匡高19.5厘米，廣13.5厘米。半葉十行，行二十字，細黑口，四周單邊。紹興圖書館藏。

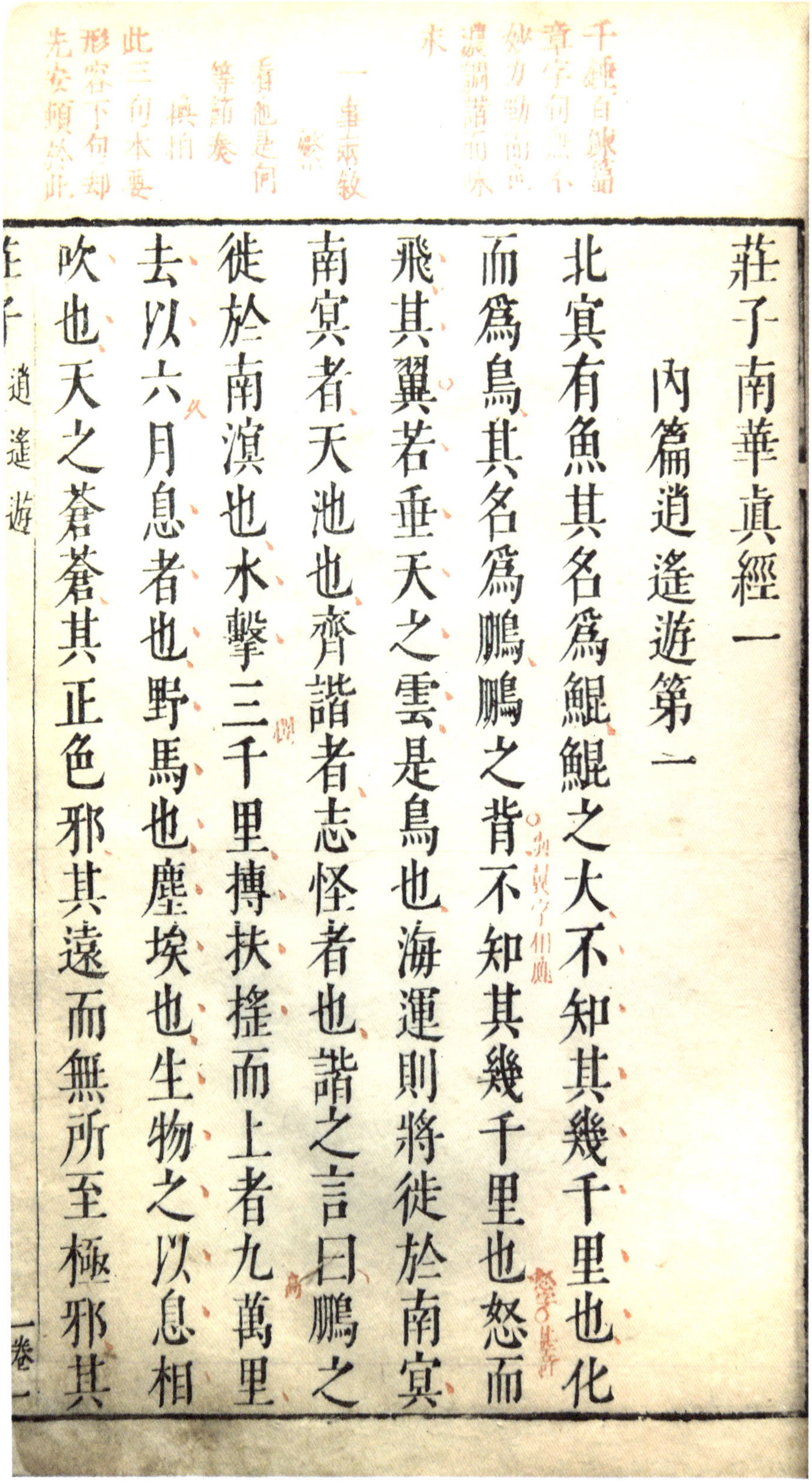

莊子南華眞經一

內篇逍遙遊第一

北冥有魚其名爲鯤鯤之大不知其幾千里也化而爲鳥其名爲鵬鵬之背不知其幾千里也怒而飛其翼若垂天之雲是鳥也海運則將徙於南冥南冥者天池也齊諧者志怪者也諧之言曰鵬之徙於南溟也水擊三千里摶扶搖而上者九萬里去以六月息者也野馬也塵埃也生物之以息相吹也天之蒼蒼其正色邪其遠而無所至極邪其

莊子　逍遙遊　卷一　一

01973、01974　三子合刊十三卷　（明）閔齊伋輯　明閔齊伋刻套印本

匡高21.4厘米，廣14.1厘米。半葉九行，行十九字，白口，四周單邊。新鄉市圖書館藏；鄭州市圖書館藏，有"畢際有載積氏藏書"等印。

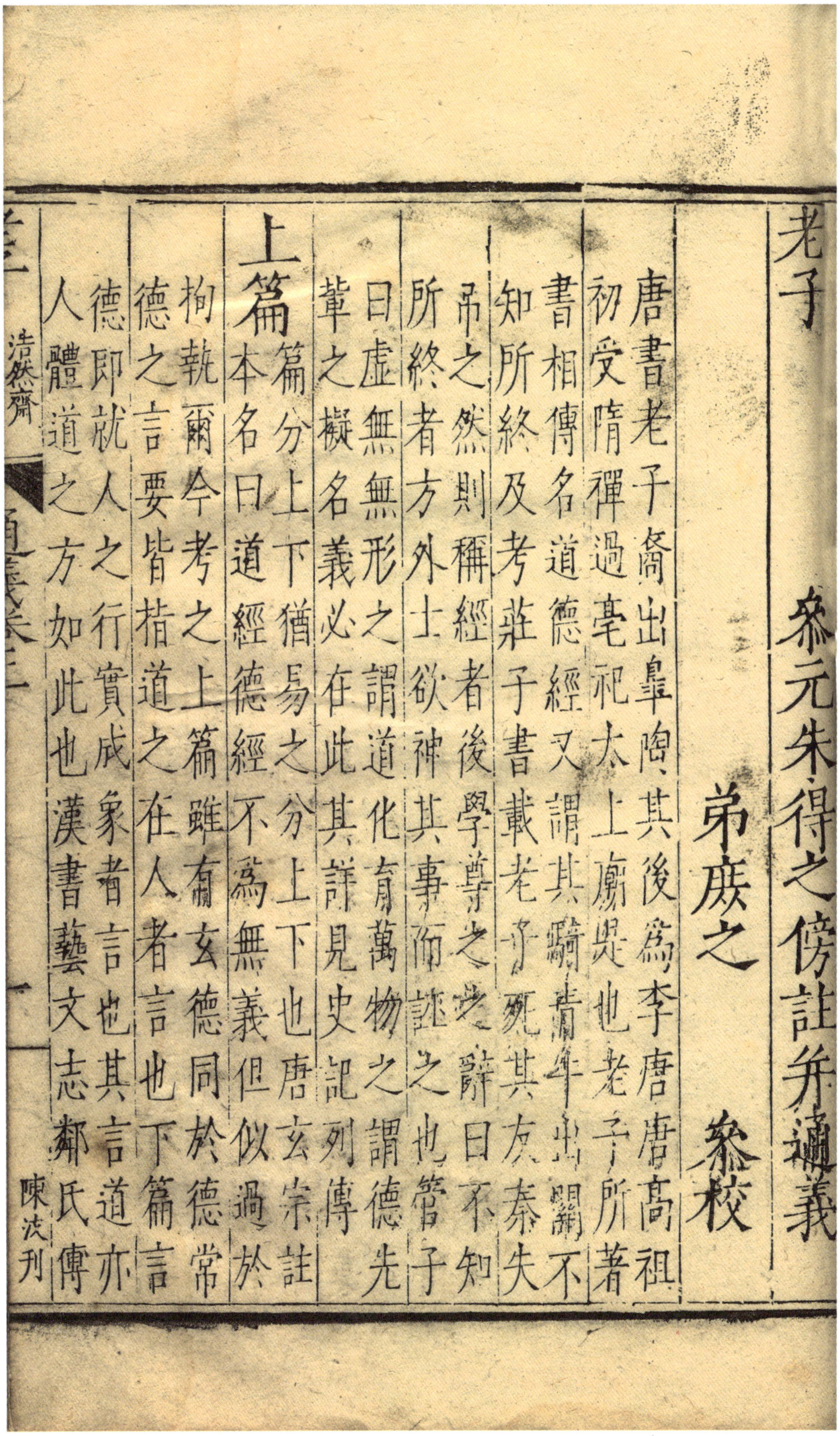

01975 三子通義二十卷 （明）朱得之撰　明嘉靖四十四年（1565）浩然齋刻本

匡高20.6厘米，廣15.9厘米。半葉九行，行十七字，小字雙行同，白口，四周雙邊。無錫市圖書館藏。

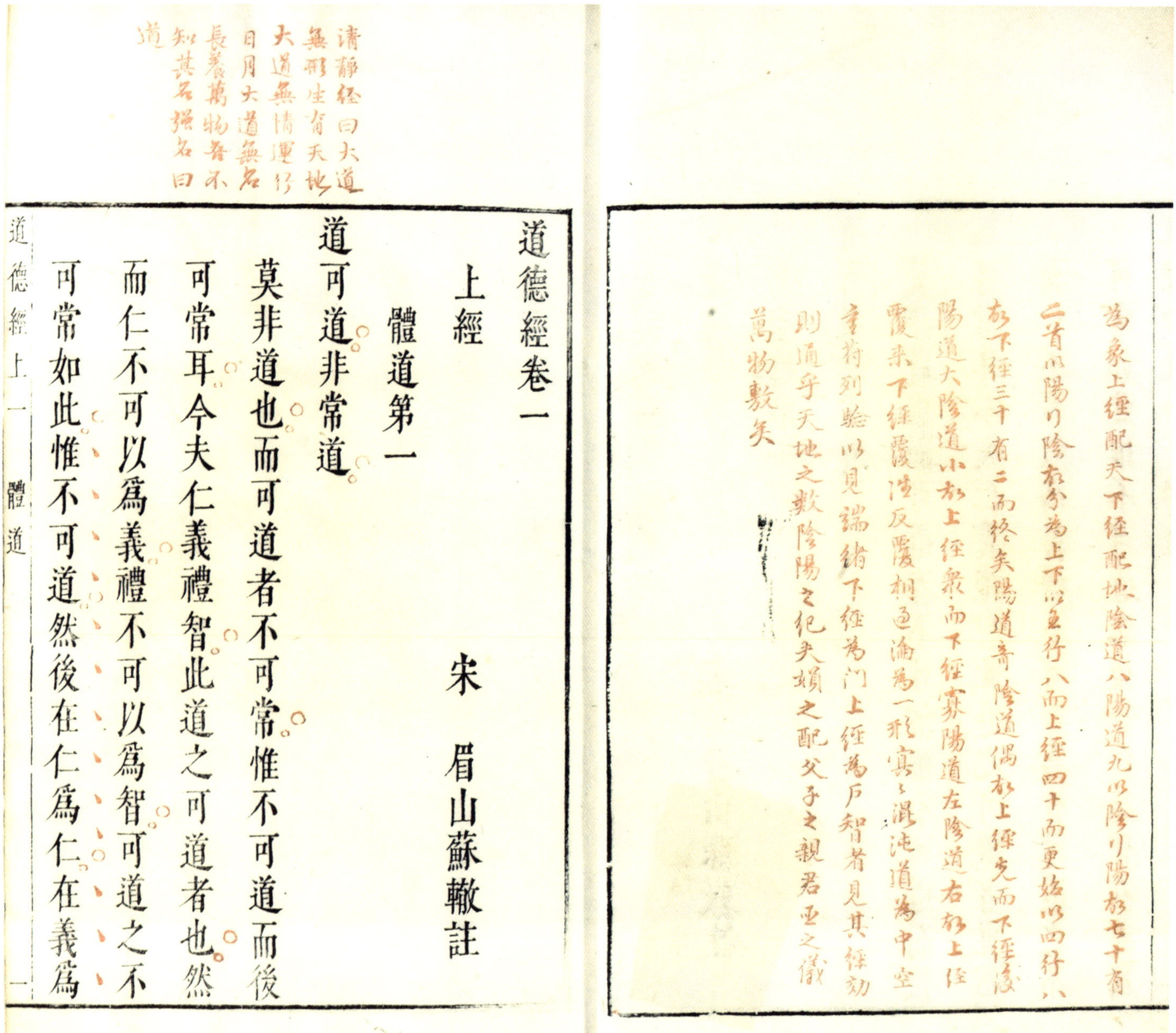

清靜經曰大道無形生育天地大道無情運行日月大道無名長養萬物吾不知其名强名曰道

道德經卷一

上經　　宋　眉山蘇轍註

體道第一

道可道非常道

莫非道也而可道者不可常惟不可道而後可常耳今夫仁義禮智此道之可道者也然而仁不可以爲義禮不可以爲智可道之不可常如此惟不可道然後在仁爲仁在義爲

道德經上一　體道　一

爲象上經配天下經配地陰道八陽道九以陰以陽於七十有二者以陽以陰於分爲上下以至行八而上經四十而更始以四行八於下經三十有二而終矣陽道奇陰道偶於上經先而下經後陽道大陰道小於上經衆而下經寡陽道左陰道右於上經覆來下經覆往反覆相迫渝爲一形寘之混沌道爲中空重狩列驗以見端緒下經爲門上經爲戶智者見其經劫則通乎天地之數陰陽之紀夫婦之配父子之親君臣之儀萬物數矣

01976、01977　道德經二卷（宋）蘇轍注　（明）凌以棟批點　**老子考異一卷**　明刻套印本

匡高20.1厘米，廣13.9厘米。半葉八行，行十八字，小字雙行同，白口，四周單邊。安徽省博物館、河南省圖書館藏。

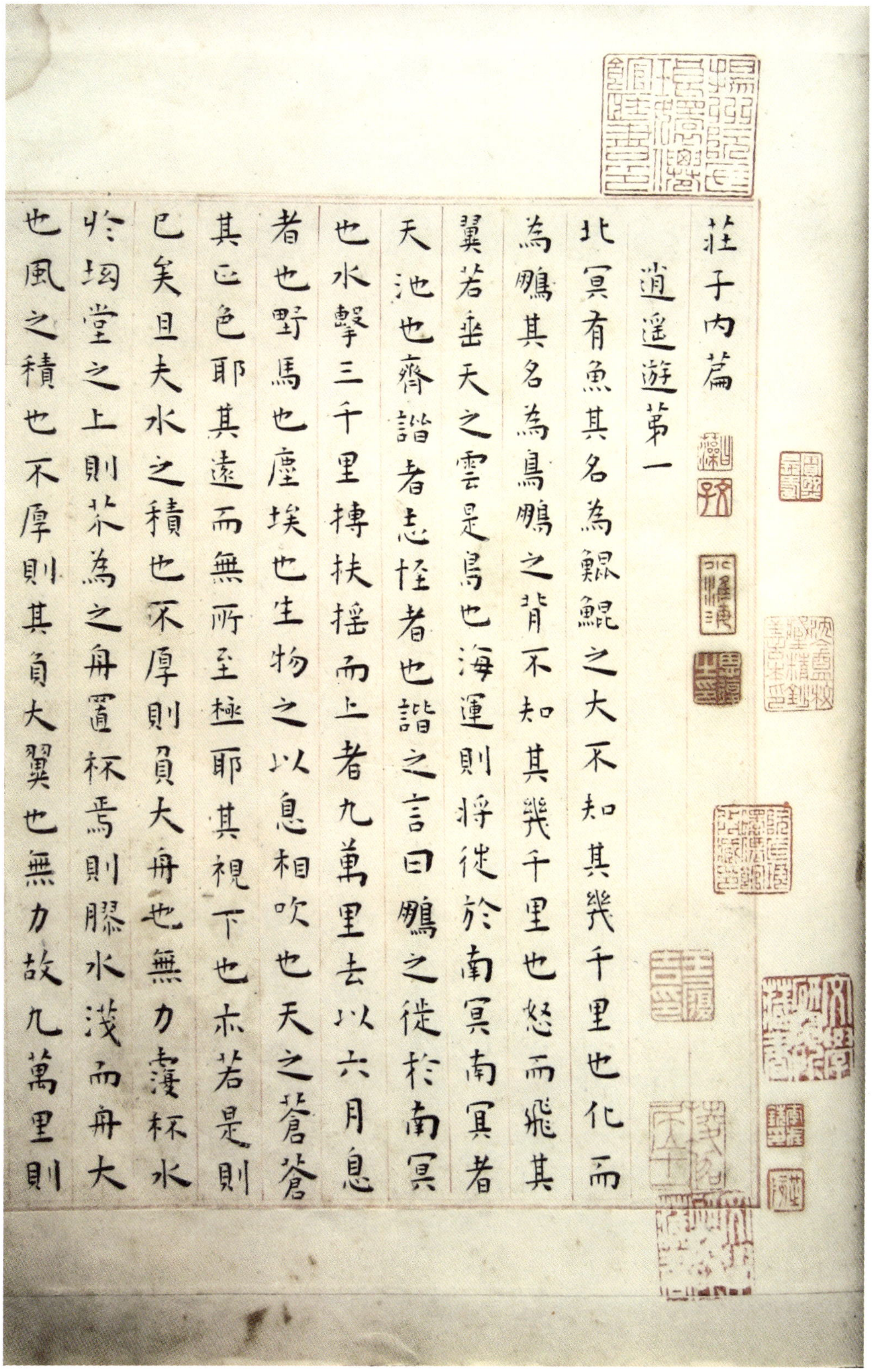

莊子内篇

逍遥遊第一

北冥有魚其名為鯤鯤之大不知其幾千里也化而
為鵬其名為鳥鵬之背不知其幾千里也怒而飛其
翼若垂天之雲是鳥也海運則將徙於南冥南冥者
天池也齊諧者志怪者也諧之言曰鵬之徙於南冥
也水擊三千里摶扶揺而上者九萬里去以六月息
者也野馬也塵埃也生物之以息相吹也天之蒼蒼
其正色耶其遠而無所至極耶其視下也亦若是則
已矣且夫水之積也不厚則負大舟也無力覆杯水
於坳堂之上則芥為之舟置杯焉則膠水淺而舟大
也風之積也不厚則其負大翼也無力故九萬里則

01978 莊子内篇不分卷 明抄本

匡高24.9厘米，廣19.3厘米。半葉十二行，行二十字，紅格，白口，四周雙邊。有“王履吉印”、“阮氏琅環僊館收藏印”等印。中國社會科學院文學研究所圖書館藏。

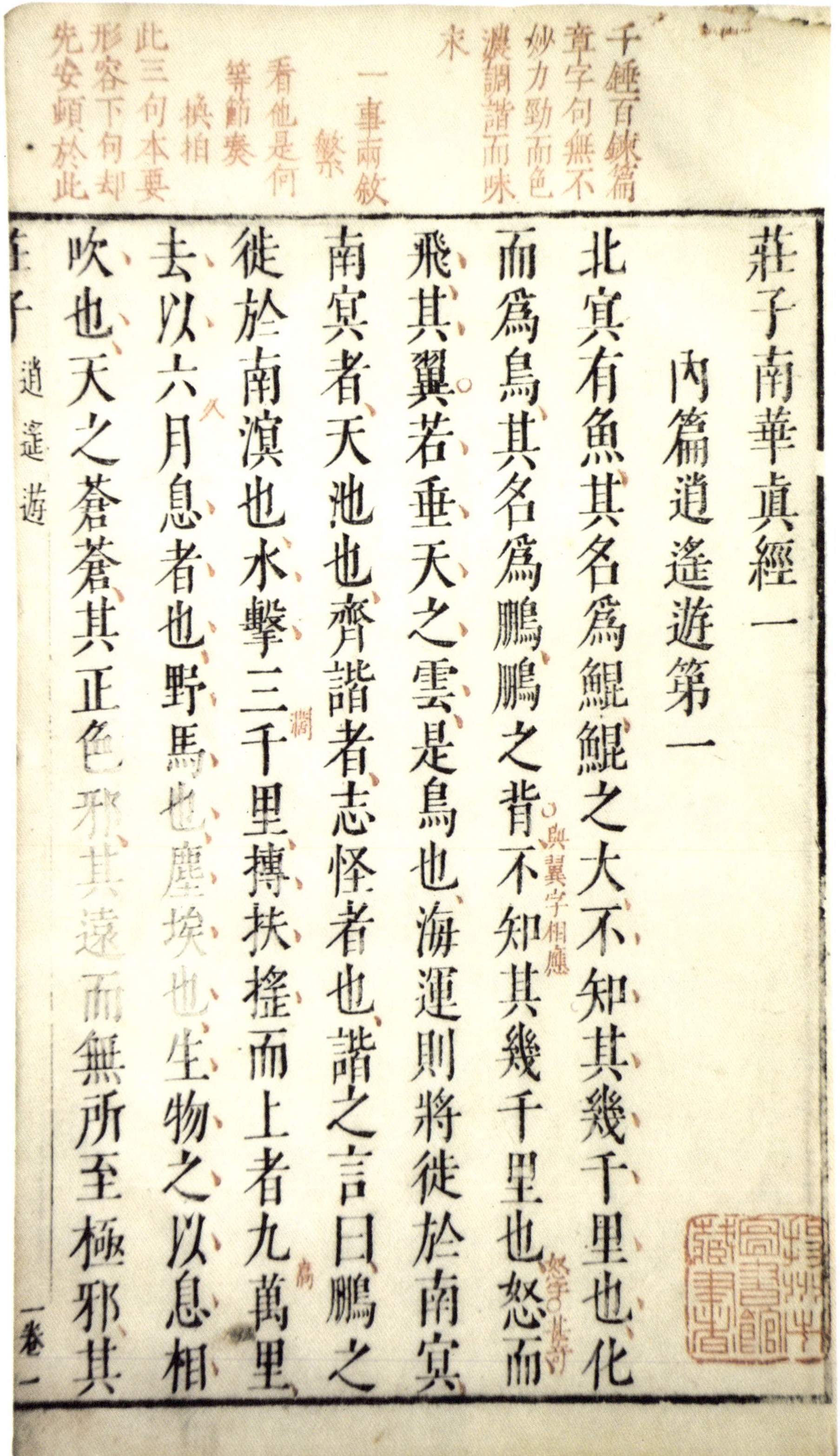

01979、01980、01981 莊子南華真經四卷（唐）陸德明音義　明末刻朱墨套印本

匡高21.5厘米，廣15厘米。半葉九行，行十九字，小字雙行同，白口，四周單邊。內蒙古自治區圖書館藏，卷一抄配；紹興圖書館藏，有“三味書屋圖書”等印，存二卷；揚州市圖書館藏。

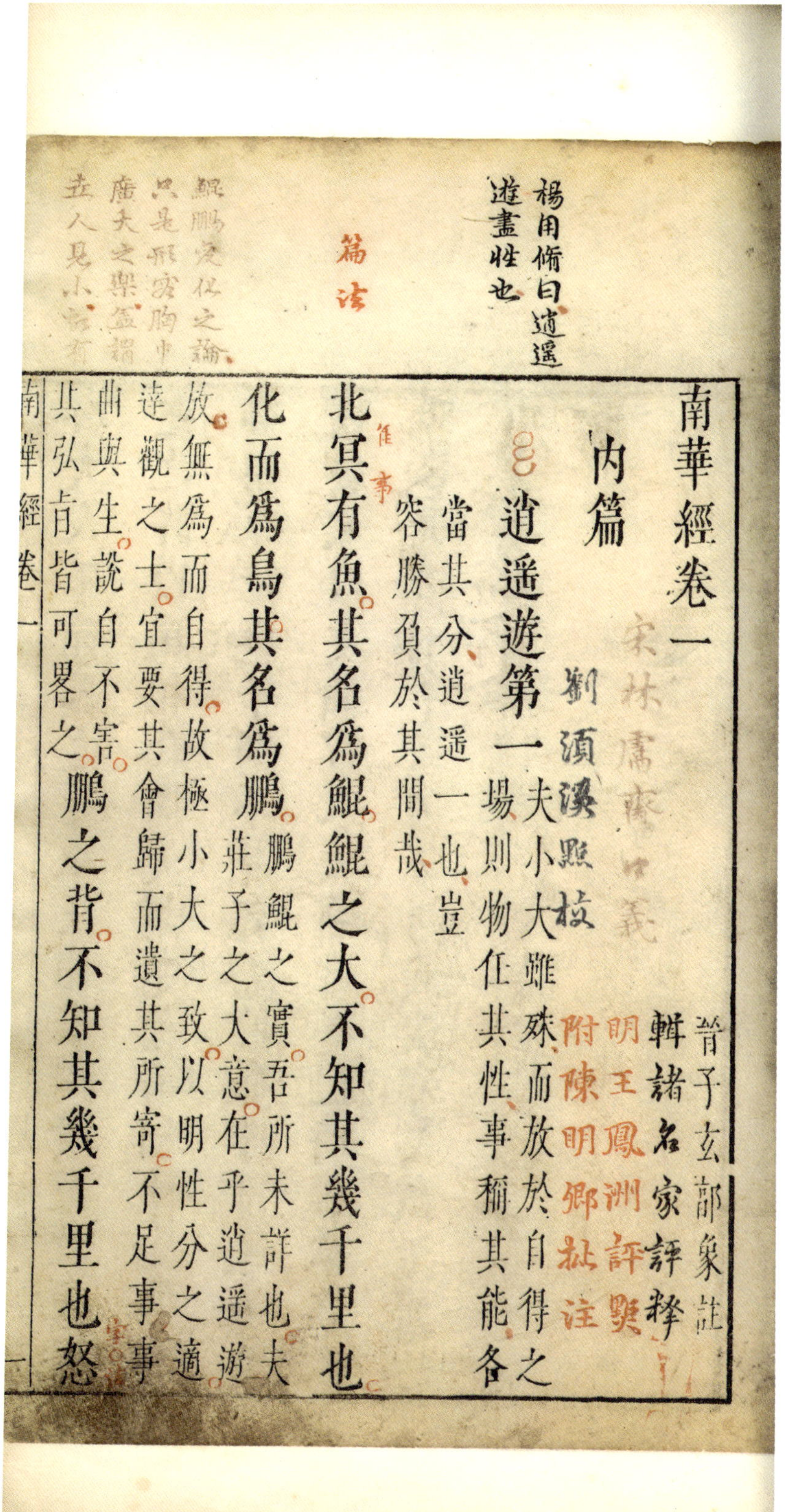

楊用脩曰逍遥遊盡性也

南華經卷一　晉子玄郭象註　宋林鬳齋口義　輯諸名家評釋　劉須溪點校　明王鳳洲評騭　附陳明卿批注

内篇

逍遥遊第一　夫小大雖殊而放於自得之場則物任其性事稱其能各當其分逍遥一也豈容勝負於其間哉

北冥有魚其名爲鯤鯤之大不知其幾千里也化而爲鳥其名爲鵬　鵬鯤之實吾所未詳也夫莊子之大意在乎逍遥遊放無爲而自得故極小大之致以明性分之適達觀之士宜要其會歸而遺其所寄不足事事曲與生說自不害其弘旨皆可畧之　鵬之背不知其幾千里也怒

01982、01983、01984、01985、01986、01987　南華經十六卷　（晉）郭象注　（宋）林希逸口義　（宋）劉辰翁點校　（明）王世貞評點　（明）陳仁錫批注　明刻四色套印本

匡高20.2厘米，廣14.7厘米。半葉八行，行十八字，小字雙行同，白口，四周單邊。安徽省圖書館藏，存十三卷；河南省圖書館藏；湖南圖書館藏；江蘇省南通市圖書館藏；中山大學圖書館藏，有“十萬卷樓”等印；廣東省立中山圖書館藏，存十五卷。

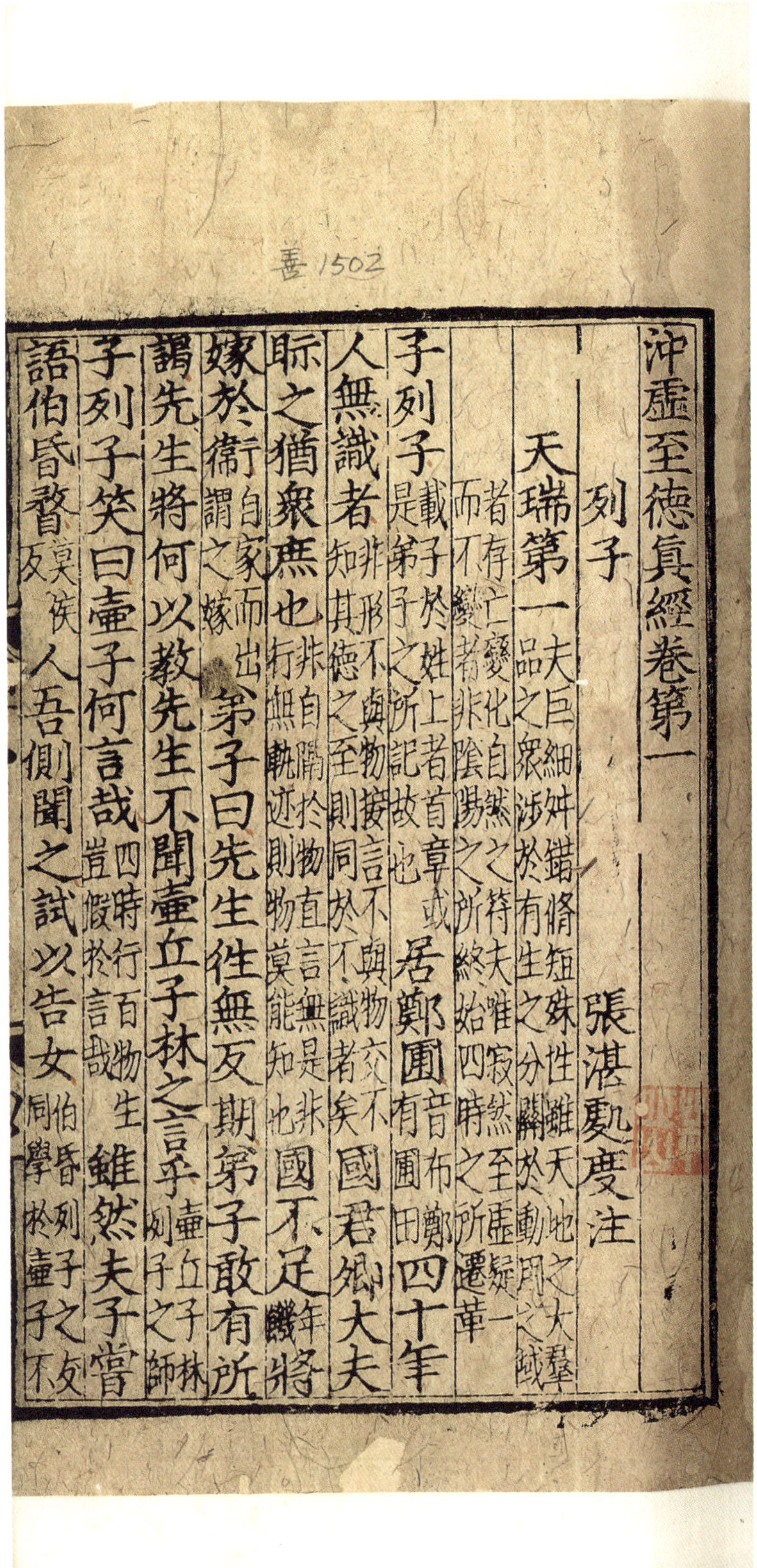

01988 沖虚至德真經八卷 （晉）張湛注 （唐）殷敬順釋文 明刻本

匡高18.3厘米，廣12厘米。半葉十一行，行二十一至二十二字，小字雙行同，黑口，四周雙邊。廣東省立中山圖書館藏。

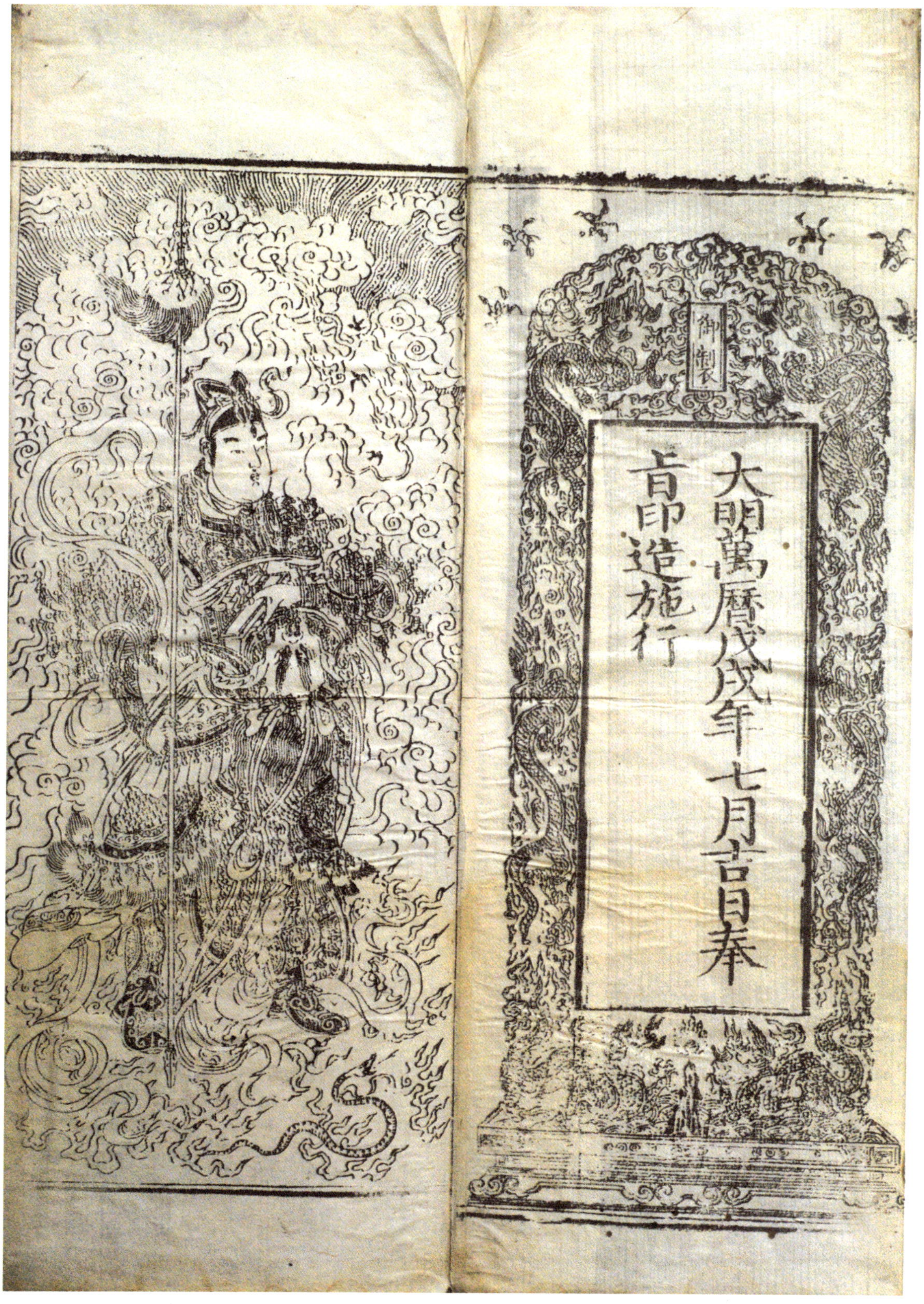

01989 道藏五千三百五卷 （明）張宇初等編　明正統十年（1445）内府刻萬曆二十六年（1598）官印本

經折裝。匡高27.7厘米，廣12.9厘米。半葉五行，行十七字，上下雙邊。有“大明萬曆戊戌年七月吉日奉旨印造施行”牌記。泰安市博物館藏，存一千三百六十卷。

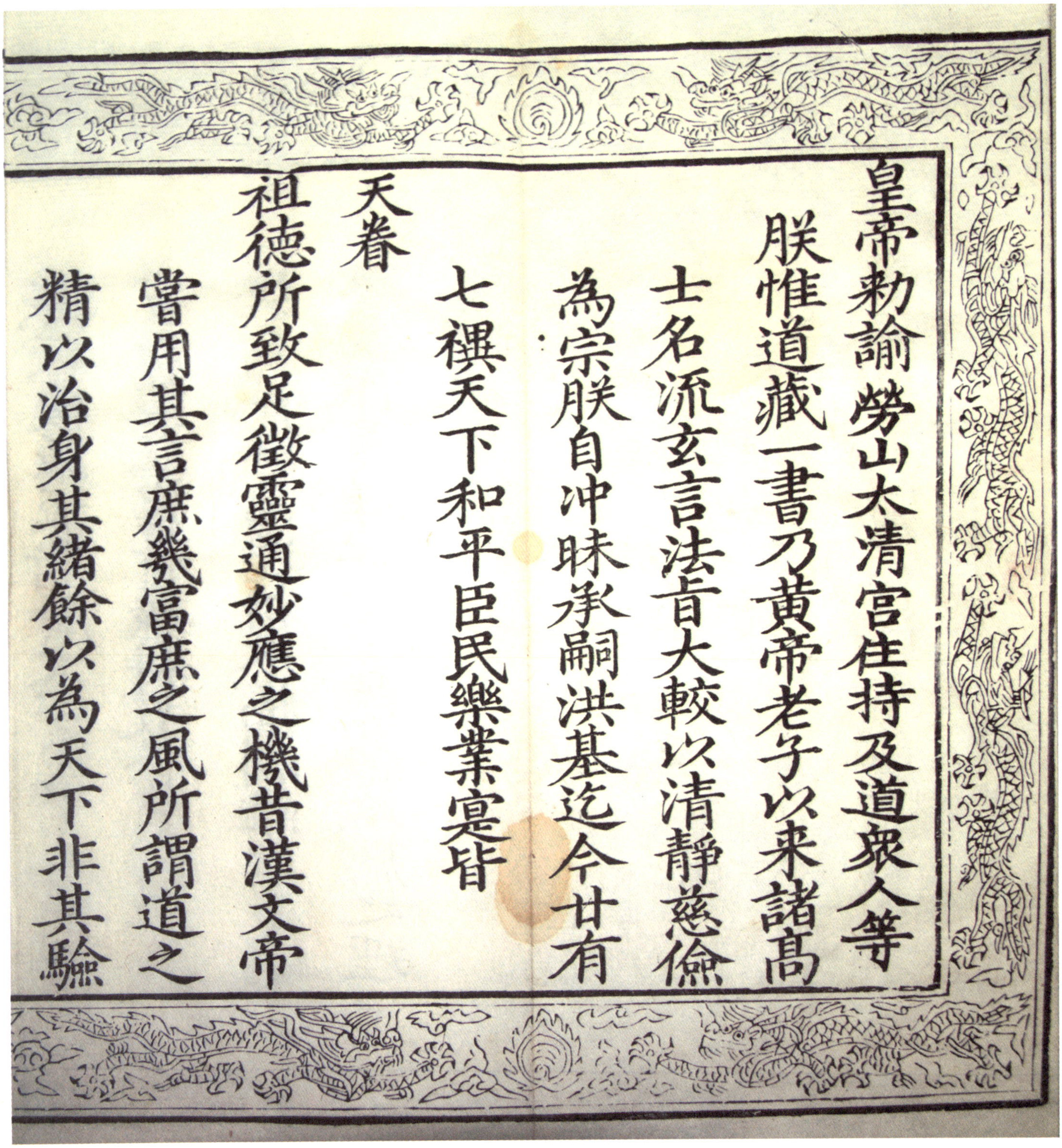

皇帝勑諭勞山太清宫住持及道衆人等
朕惟道藏一書乃黄帝老子以来諸高
士名流玄言法旨大較以清靜慈儉
為宗朕自冲眛承嗣洪基迄今廿有
七禩天下和平臣民樂業寔皆
天眷
祖德所致足徵靈通妙應之機昔漢文帝
嘗用其言庶幾富庶之風所謂道之
精以治身其緒餘以為天下非其驗

01990 道藏五千三百五卷 （明）張宇初等編　明正統十年（1445）内府刻萬曆二十八年（1600）官印本

經折裝。匡高27.7厘米，廣12.9厘米。半葉五行，行十七字，上下雙邊。青島市博物館藏，存四千九百四十六卷。

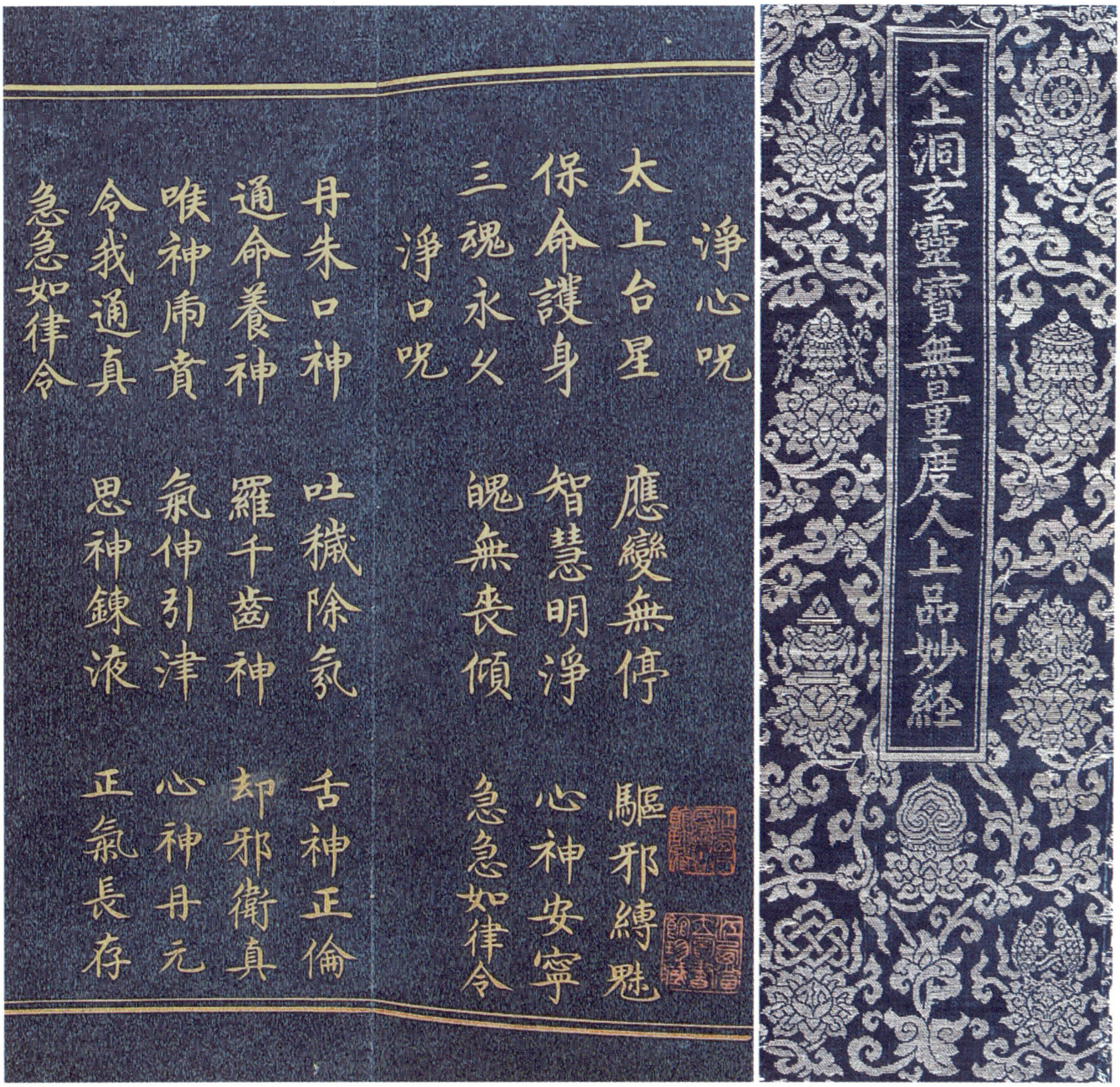

01991　太上洞玄靈寶無量度人上品妙經一卷　明泥金寫本

經折裝。匡高29.2厘米，廣12.2厘米。半葉五行，行十五字，上下雙邊。江西省圖書館藏。

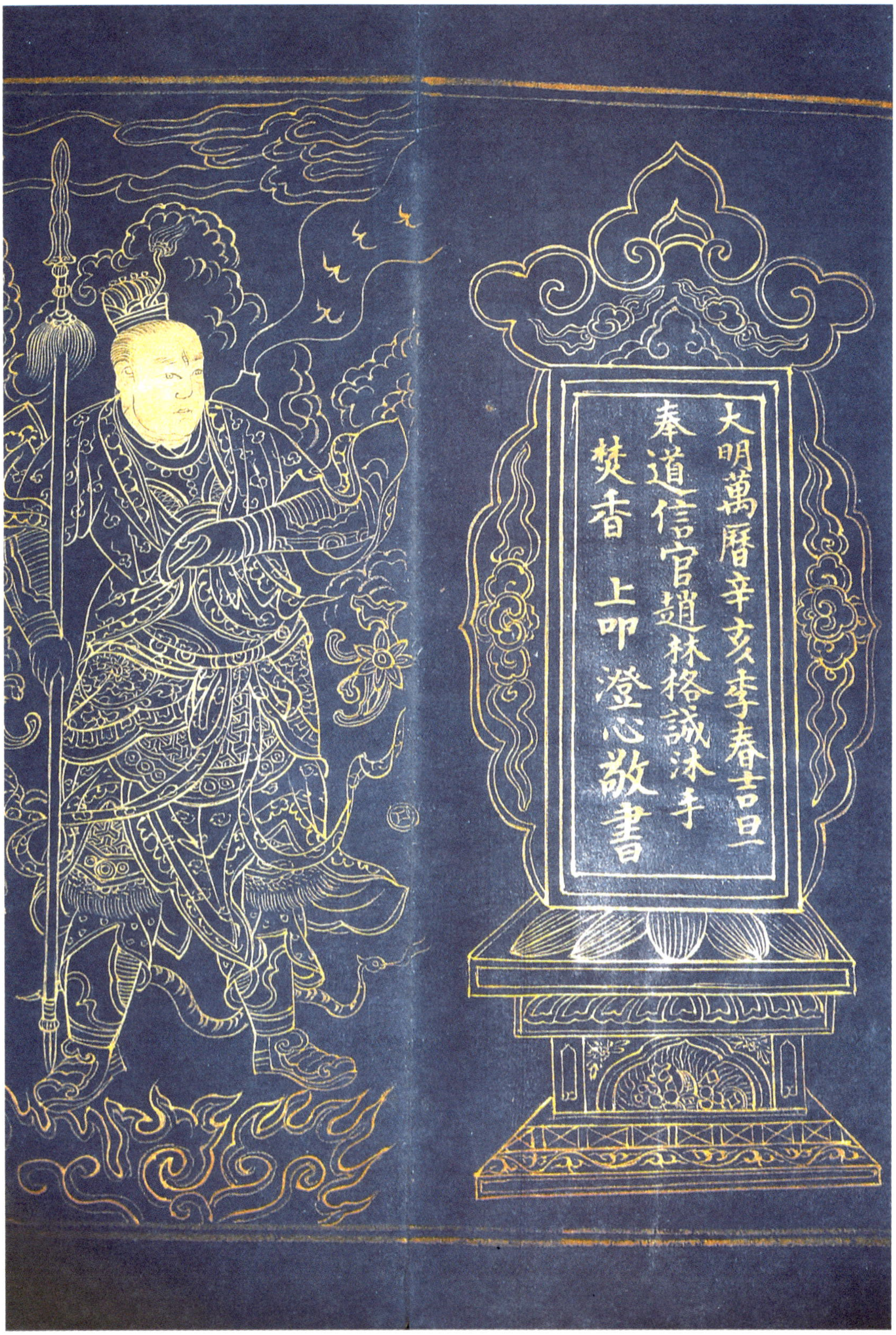

01992 高上玉皇本行集經三卷 （漢）張良注　明萬曆三十九年（1611）趙林泥金寫本

經折裝。匡高28.2厘米。半葉五行，行十四字，上下雙邊。有“大明萬曆辛亥季春吉旦奉道信官趙林格誠沐手焚香上叩澄心敬書”牌記。南陽市圖書館藏。

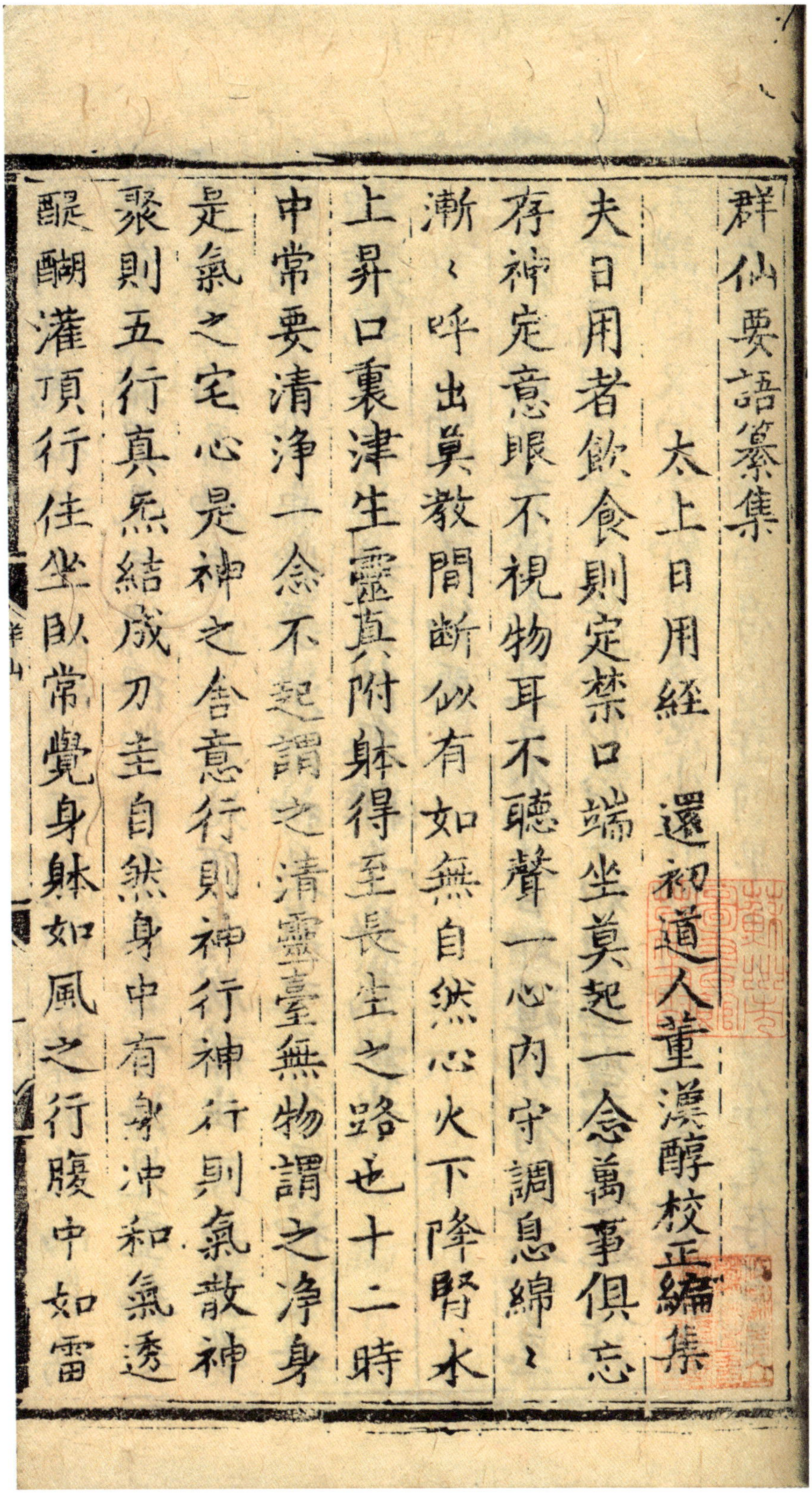

群仙要語纂集

太上日用經

還初道人董漢醇校正編集

夫日用者飲食則定禁口端坐莫起一念萬事俱忘存神定意眼不視物耳不聽聲一心内守調息綿〻漸〻呼出莫教間斷似有如無自然心火下降腎水上昇口裏津生靈真附躰得至長生之路也十二時中常要清淨一念不起謂之清靈臺無物謂之淨身是氣之宅心是神之舍意行則神行神行則氣散神聚則五行真炁結成刀圭自然身中有身冲和氣透醍醐灌頂行住坐臥常覺身躰如風之行腹中如雷

01993 群仙要語纂集不分卷 （元）董漢醇編 明弘治十七年（1504）刻本（首尾有缺葉）

包背裝。匡高20.2厘米，廣13.5厘米。半葉十行，行二十字，粗黑口，四周雙邊。

蘇州圖書館藏。

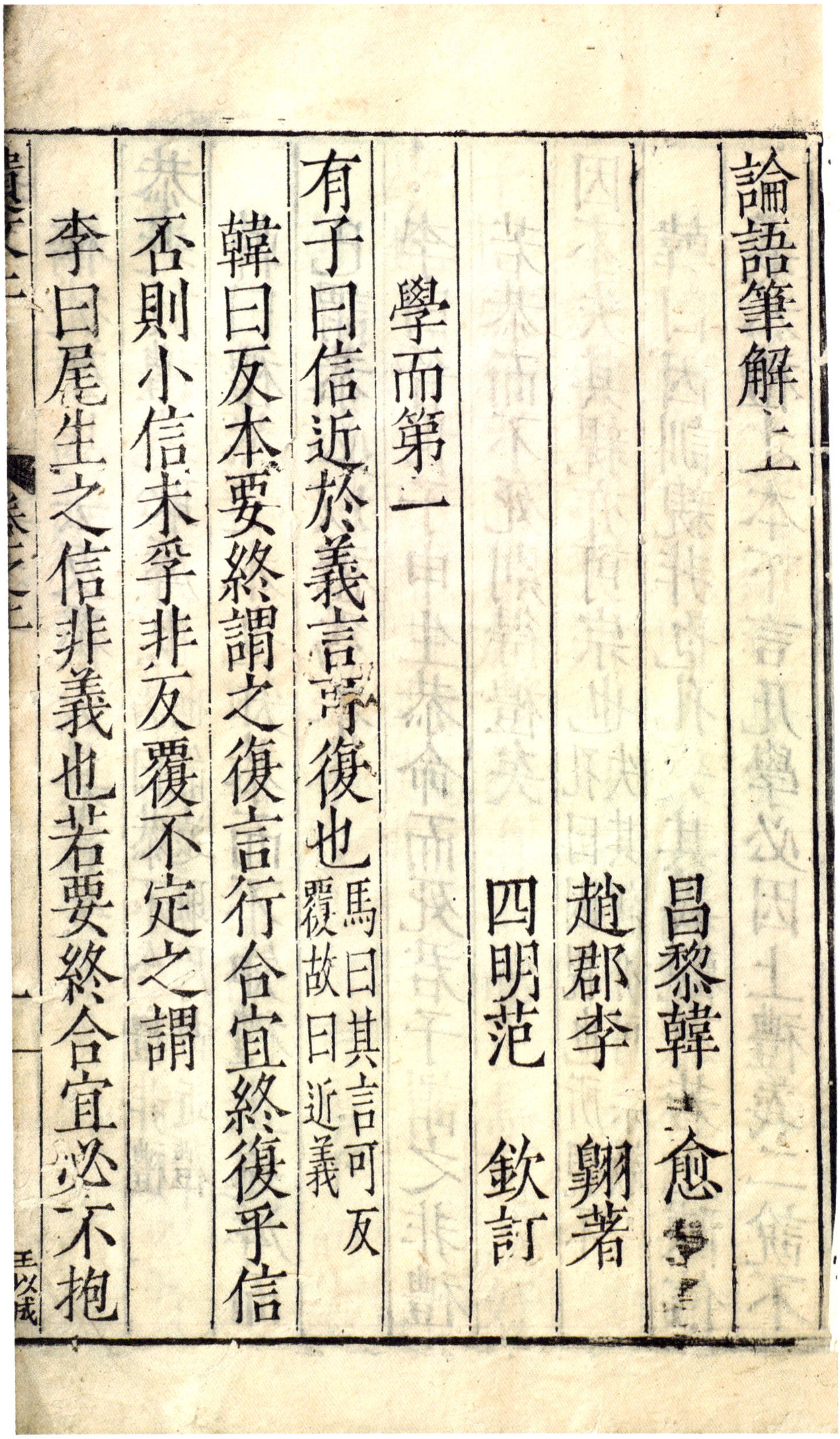
論語筆解上
昌黎韓　愈
趙郡李　翺著
四明范　欽訂
學而第一
有子曰信近於義言可復也馬曰其言可反覆故曰近義
韓曰反本要終謂之復言行合宜終復乎信
否則小信未孚非反覆不定之謂
李曰尾生之信非義也若要終合宜必不抱

01994　范氏奇書□□種□□卷　（明）范欽編　明嘉靖范氏天一閣刻本

匡高20.4厘米，廣14.8厘米。半葉九行，行十八字，小字雙行同，白口，左右雙邊。溫州市圖書館藏。

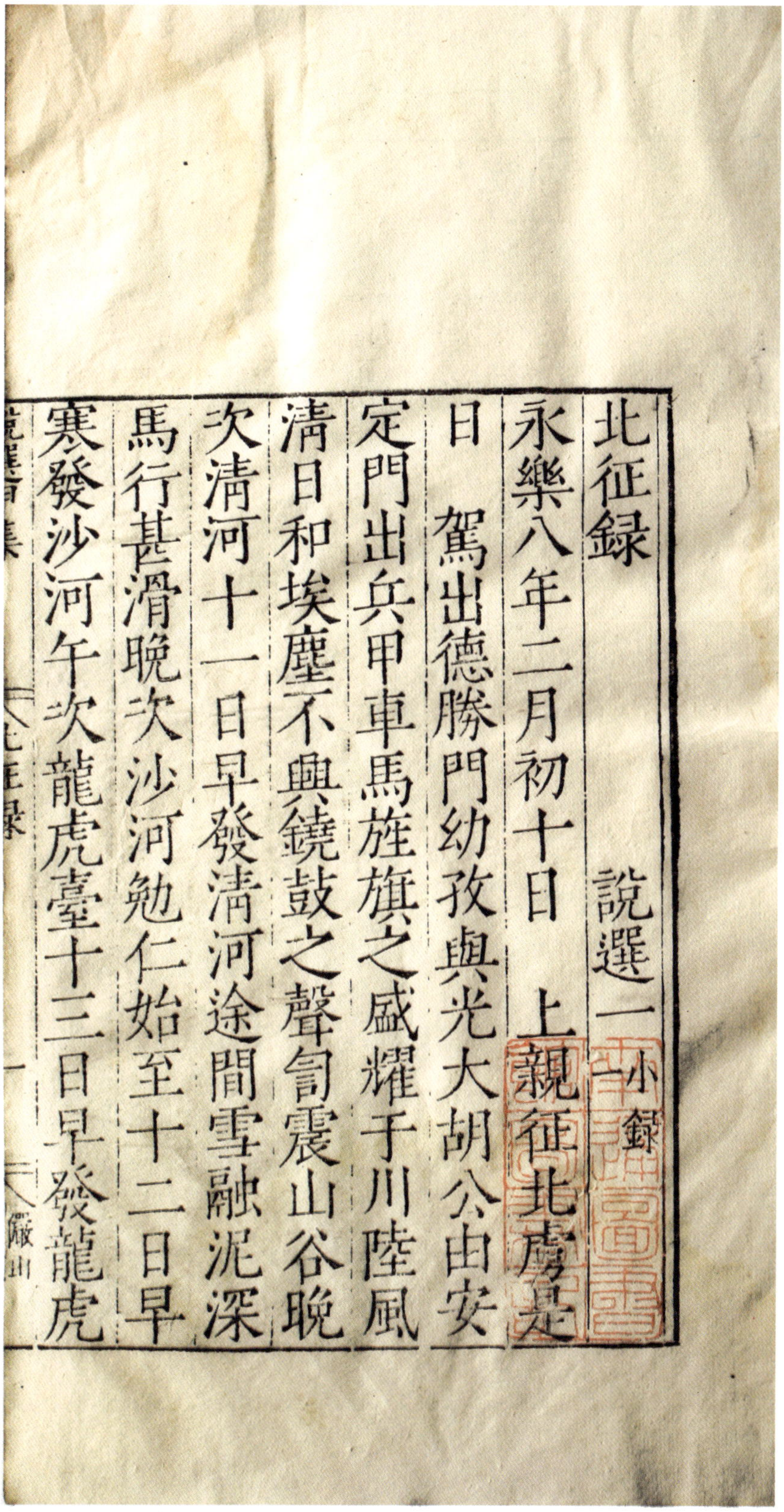

北征録　說選一　小録
永樂八年二月初十日　上親征北虜是
日　駕出德勝門幼孜與光大胡公由安
定門出兵甲車馬旌旗之盛耀于川陸風
清日和埃塵不興鐃鼓之聲訇震山谷晚
次清河十一日早發清河途間雪融泥深
馬行甚滑晚次沙河勉仁始至十二日早
寒發沙河午次龍虎臺十三日早發龍虎

01995 古今說海一百三十五種一百四十二卷（明）陸楫等編　明嘉靖二十三年（1544）刻本

匡高17厘米，廣11.5厘米。半葉八行，行十六字，白口，左右雙邊。江蘇省南通市圖書館藏。

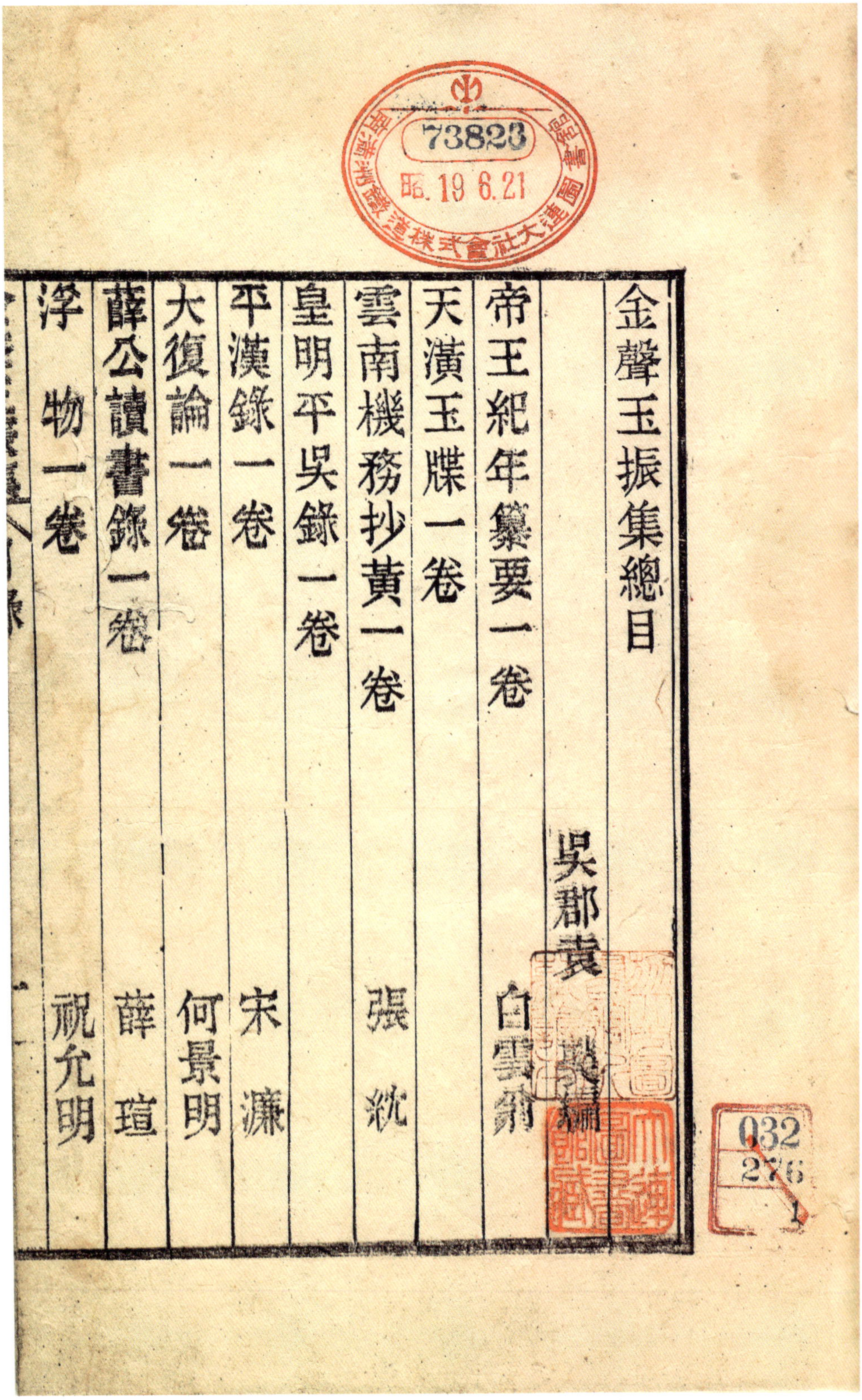

01996 金聲玉振集六十三卷 （明）袁褧編　明嘉靖二十九至三十年（1550－1551）袁氏嘉趣堂刻本

匡高17.6厘米，廣12.8厘米。半葉十行，行十八字，白口，左右雙邊。有“會稽徐樹蘭捐”等印。大連圖書館藏，存五十六卷。

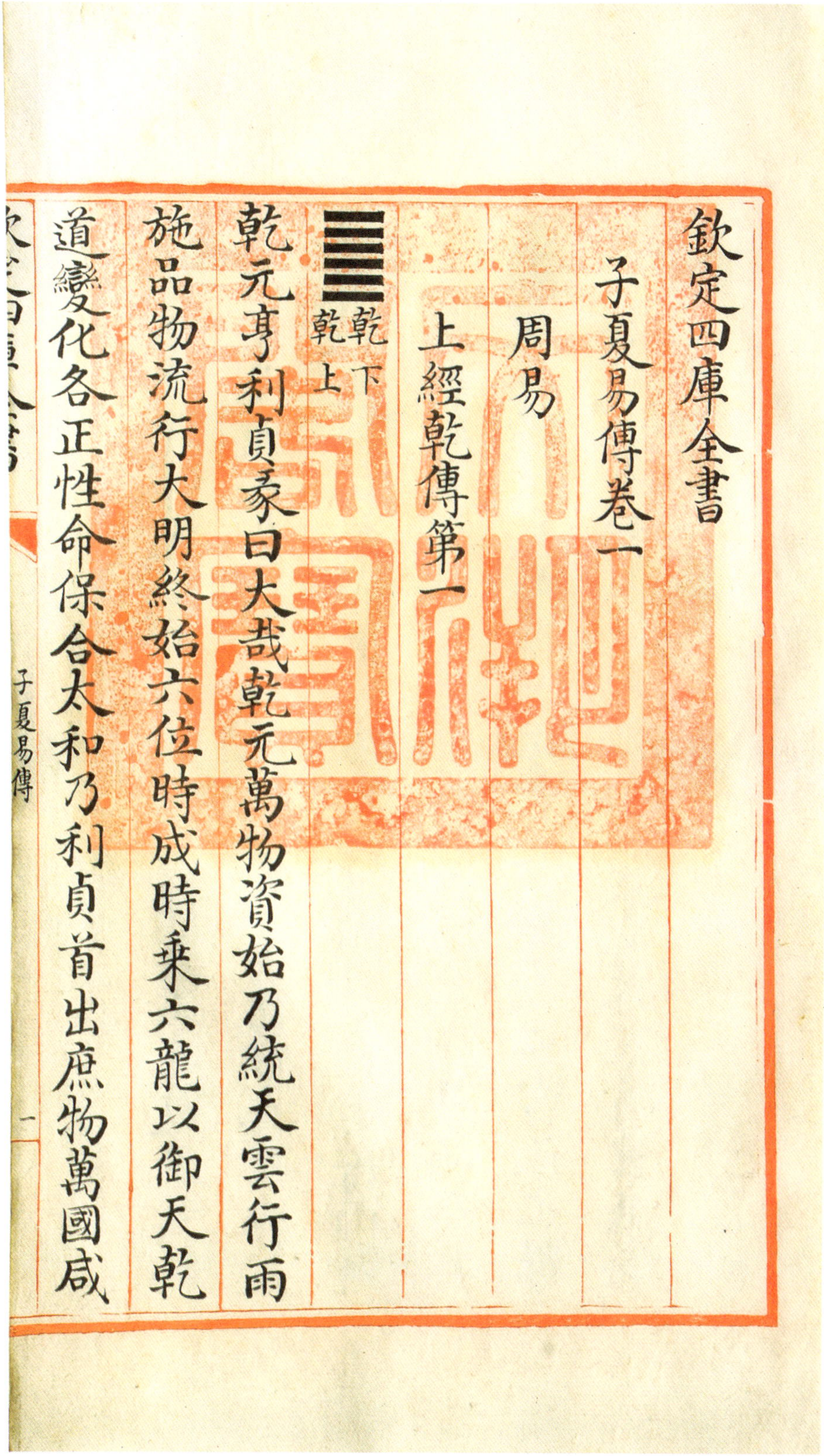
欽定四庫全書
子夏易傳卷一
周易
上經乾傳第一
☰ 乾下乾上
乾元亨利貞彖曰大哉乾元萬物資始乃統天雲行雨
施品物流行大明終始六位時成時乘六龍以御天乾
道變化各正性命保合太和乃利貞首出庶物萬國咸

欽定四庫全書　子夏易傳　一

01997 文溯閣四庫全書七萬九千八百九十七卷（清）永瑢　紀昀等纂修 清乾隆内府寫本（十七部六十册三千五百八十一葉補配）

包背裝。匡高22.5厘米，廣15.5厘米。半葉八行，行二十一字，小字雙行同，紅格，白口，四周雙邊。有“文溯閣寶”等印。甘肅省圖書館藏。

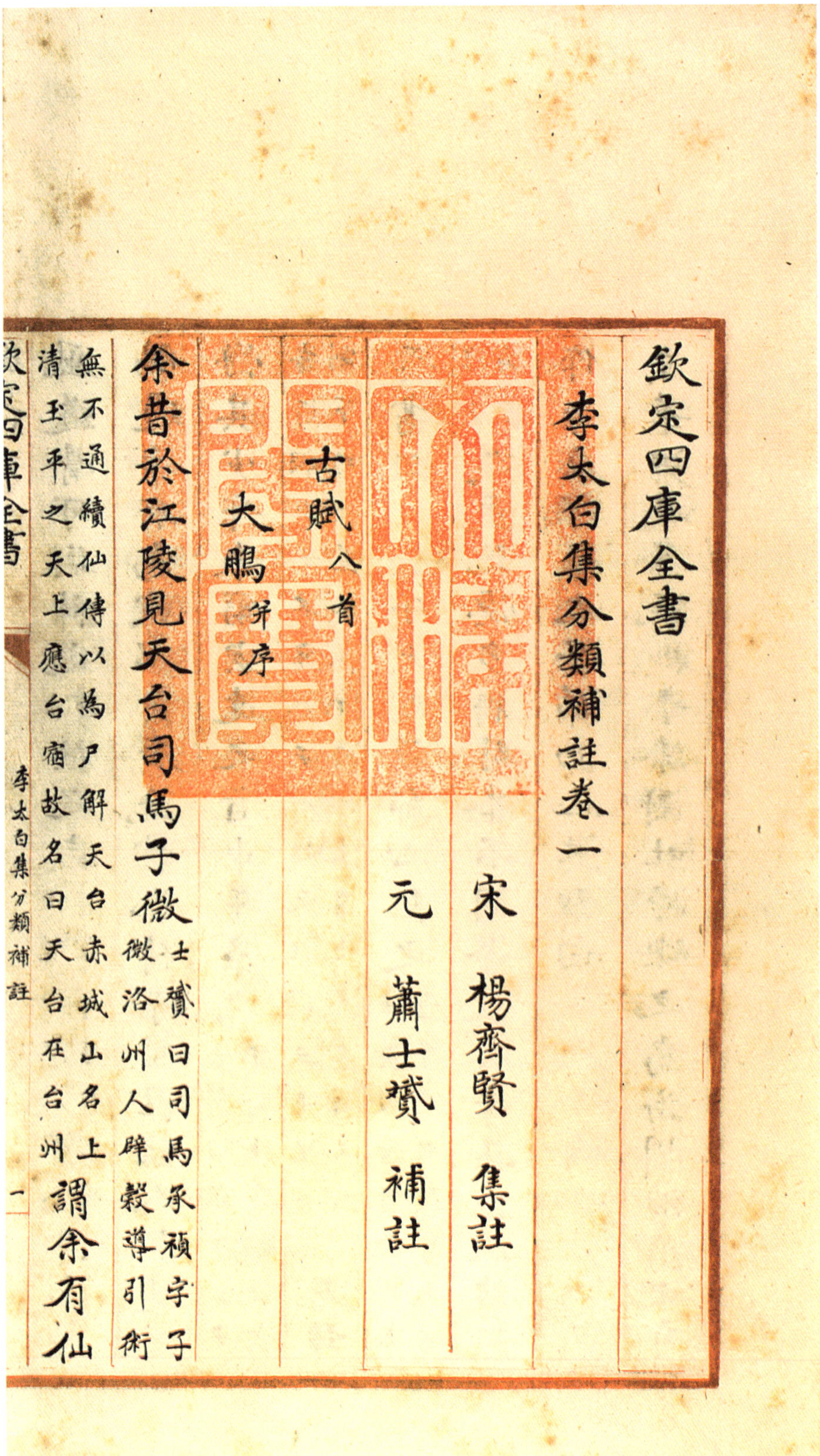
欽定四庫全書

李太白集分類補註卷一

宋 楊齊賢 集註

元 蕭士贇 補註

古賦八首

大鵬賦并序

余昔於江陵見天台司馬子微士贇曰司馬承禎字子微洛州人辟穀導引術無不通續仙傳以為尸解天台赤城山名上清玉平之天上應台宿故名曰天台在台州謂余有仙

欽定四庫全書　李太白集分類補註　一

01998 文津閣四庫全書七萬九千三百九卷 （清）永瑢 紀昀等纂修 清乾隆内府寫本

包背裝。匡高22.3厘米，廣15.1厘米。半葉八行，行二十一字，小字雙行同，紅格，白口，四周雙邊。有“文津閣寶”等印。國家圖書館藏。

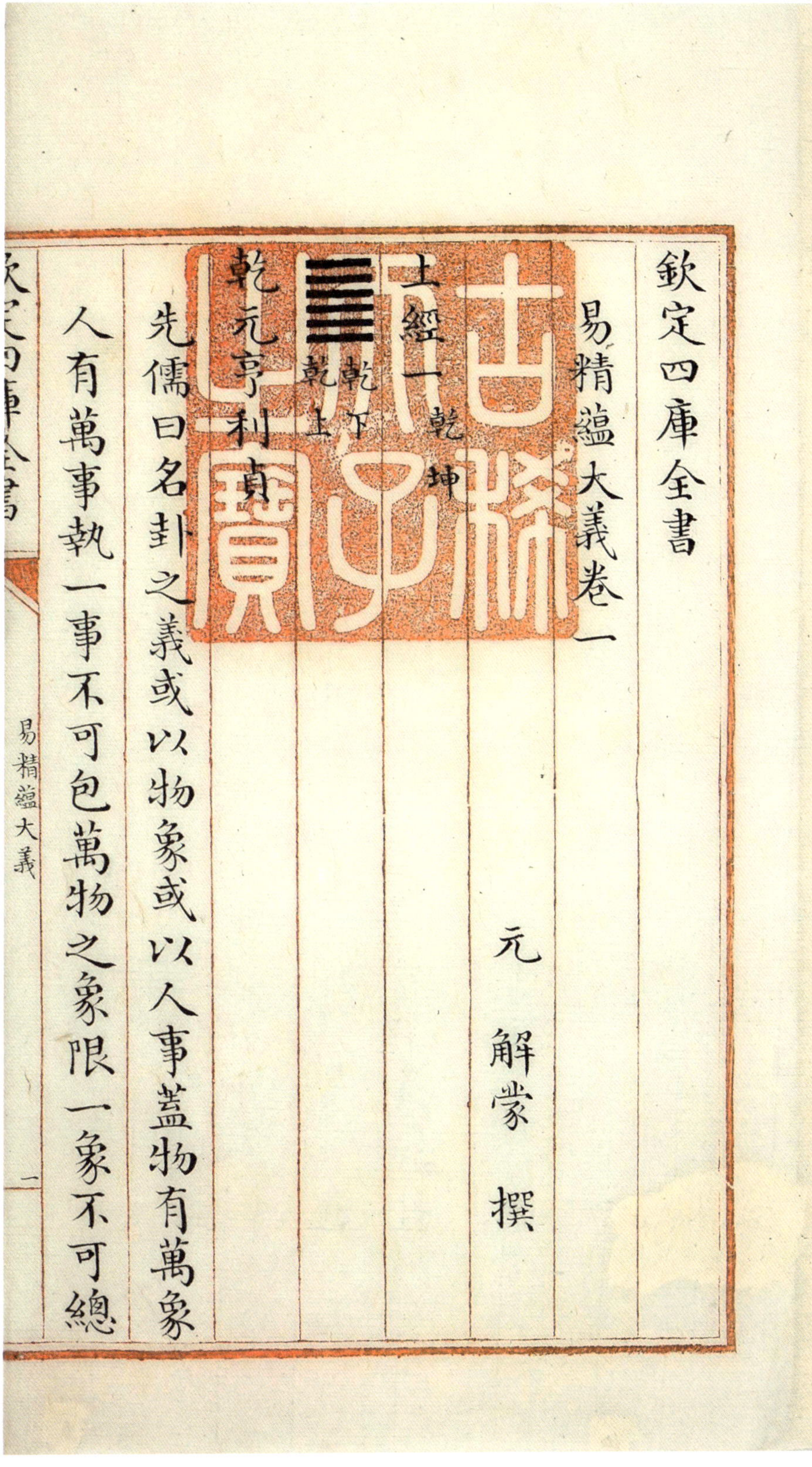

01999 文瀾閣四庫全書 （清）永瑢 紀昀等纂修 清乾隆内府寫本（清光緒、民國補抄二萬七千九十册）

包背裝。匡高20.8厘米，廣14厘米。半葉八行，行二十一字，小字雙行同，紅格，白口，四周雙邊。有"乾隆御覽之寶"、"古稀天子之寶"等印。浙江圖書館藏，存七萬二千七百八十卷。

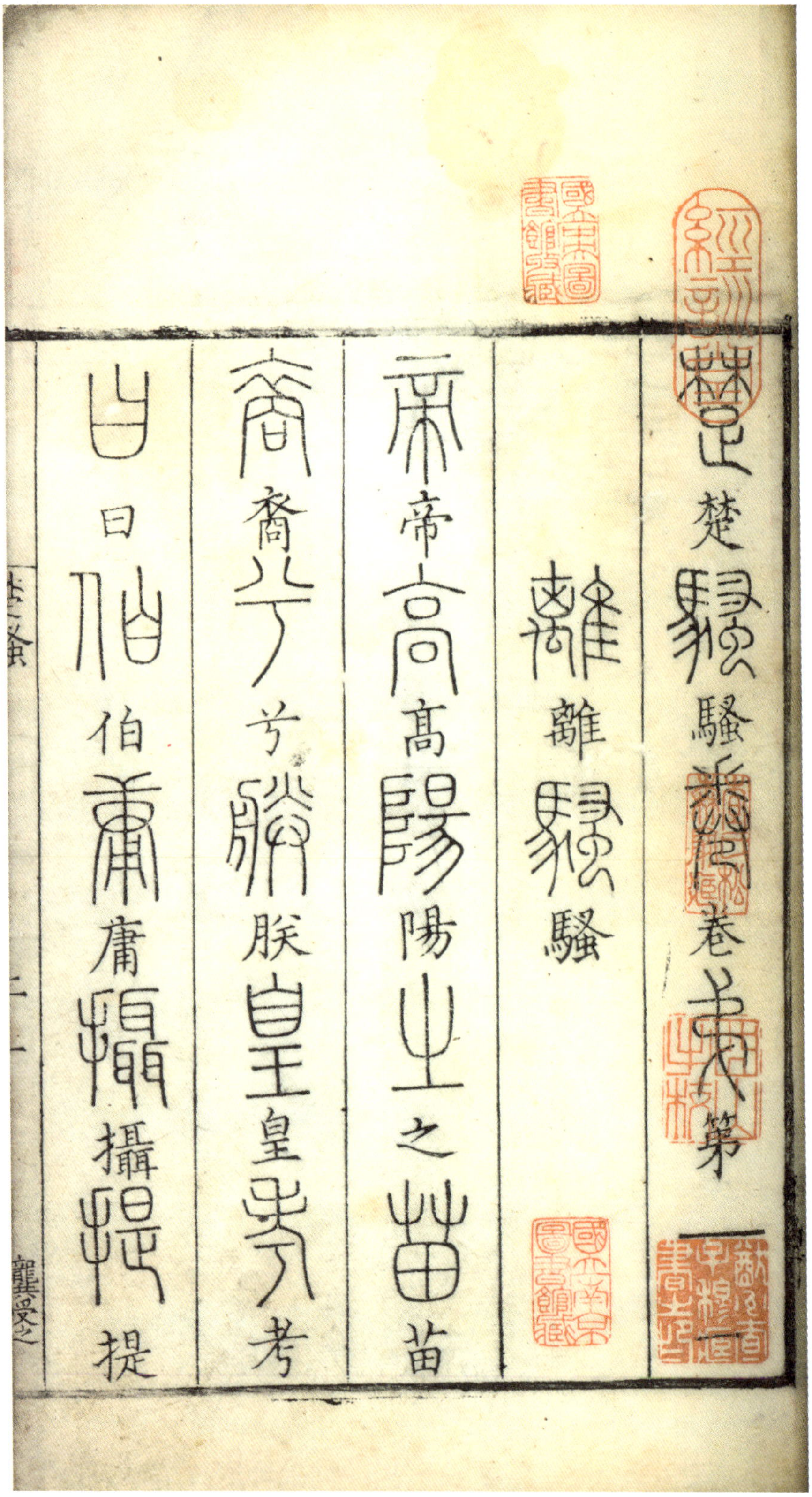

02000 楚騷五卷 （楚）屈原撰　**附録一卷** （漢）司馬遷撰　明正德十五年（1520）熊宇篆字刻本

匡高19.8厘米，廣14.8厘米。半葉五行，行十字，白口，四周單邊。有“經訓堂”等印。南京圖書館藏。

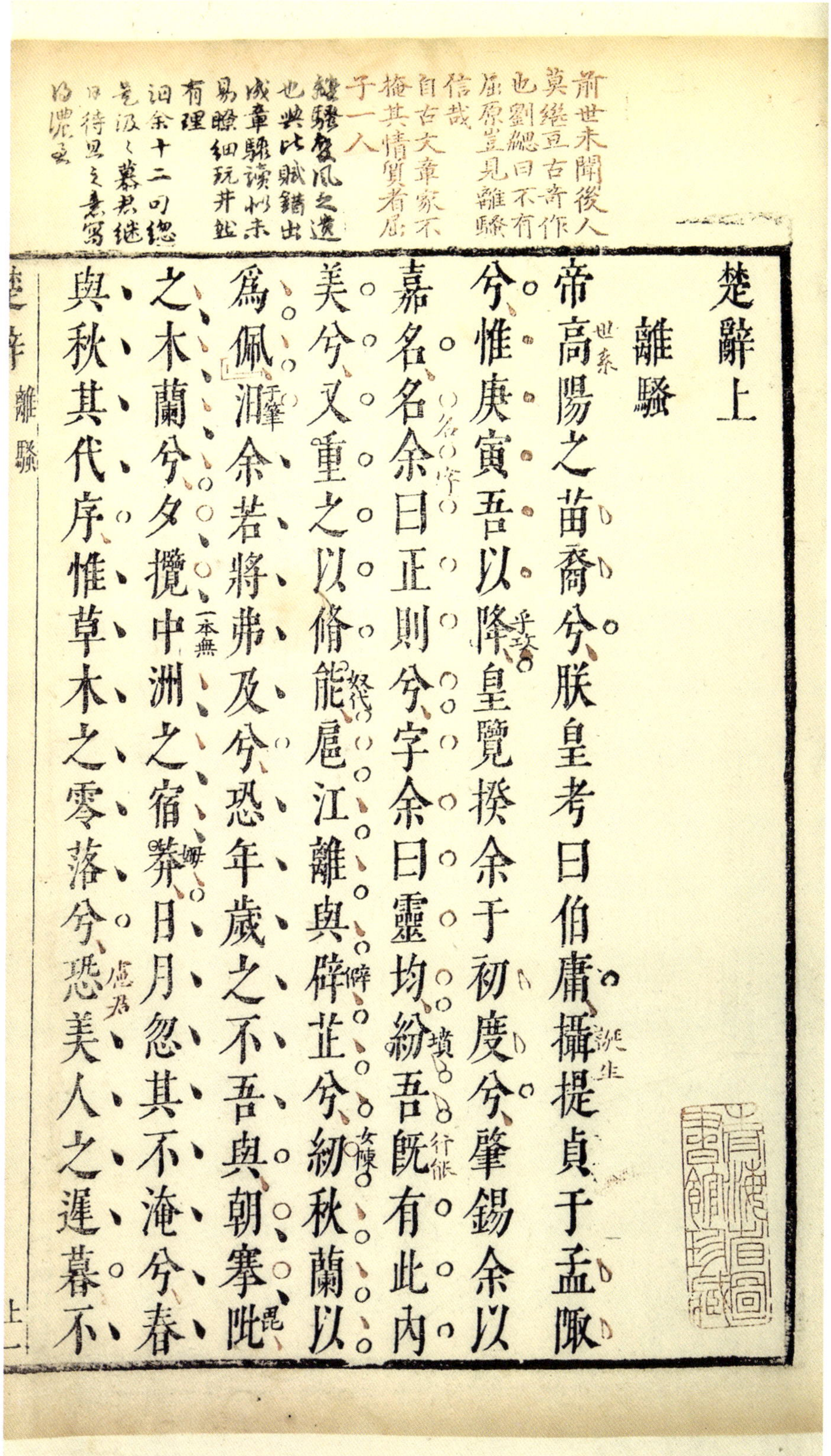
前世未聞後人莫繼亘古奇作也劉勰曰不有屈原豈見離騷信哉自古文章家不掩其情質者屈子一人

楚辭上

離騷

帝高陽之苗裔兮朕皇考曰伯庸攝提貞于孟陬兮惟庚寅吾以降皇覽揆余于初度兮肇錫余以嘉名名余曰正則兮字余曰靈均紛吾既有此內美兮又重之以脩能扈江離與辟芷兮紉秋蘭以爲佩汩余若將弗及兮恐年歲之不吾與朝搴阰之木蘭兮夕攬中洲之宿莽日月忽其不淹兮春與秋其代序惟草木之零落兮恐美人之遲暮不

楚辭 離騷 上一

02001 楚辭二卷 （楚）屈原 宋玉 （漢）賈誼等撰 明萬曆四十八年（1620）閔齊伋刻朱墨套印本

匡高21.5厘米，廣15.4厘米。半葉九行，行十九字，白口，四周單邊。青海省圖書館藏。

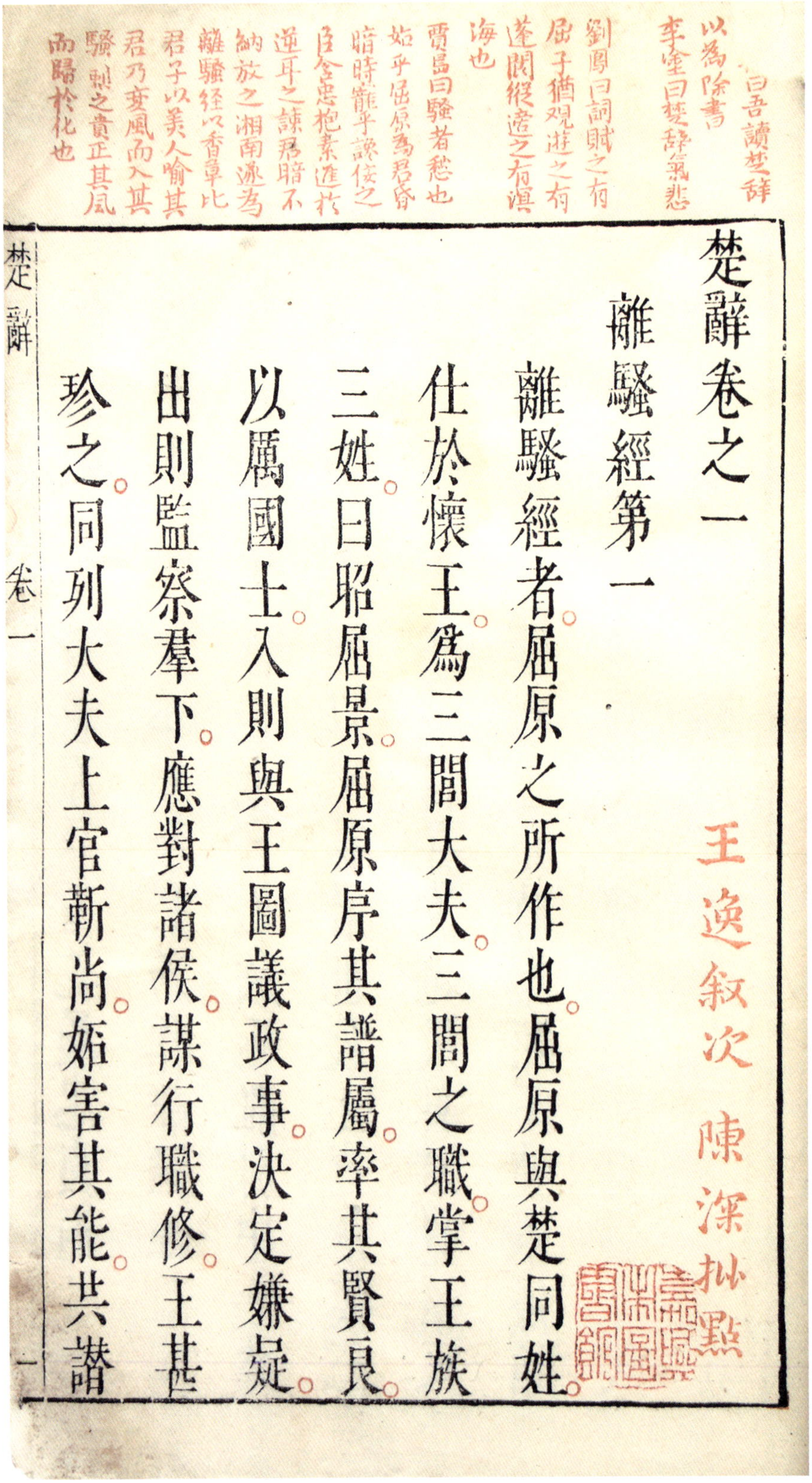

曰吾讀楚辭以爲除書
李奎曰楚辭氣悲
劉勰曰詞賦之有屈子猶觀遊之有蓬閬從遊之有溟海也
賈昌曰騷者愁也始乎屈原爲君昏暗時寵乎讒佞之臣含忠抱素進於逆耳之諫君暗不納放之湘南遂爲離騷經以香草比君子以美人喻其君乃变風而入其騷製之貴正其風而歸於化也

楚辭卷之一

離騷經第一

王逸叙次　陳深批點

離騷經者屈原之所作也屈原與楚同姓仕於懷王爲三閭大夫三閭之職掌王族三姓曰昭屈景屈原序其譜屬率其賢良以厲國士入則與王圖議政事決定嫌疑出則監察羣下應對諸侯謀行職修王甚珍之同列大夫上官靳尚妬害其能共譖

楚辭　卷一　一

02002 楚辭十七卷（漢）王逸叙次　（明）陳深批點　**附録一卷** 明萬曆二十八年（1600）吳興凌毓枏刻套印本

匡高21.7厘米，廣14.8厘米。半葉八行，行十八字，白口，四周單邊。嘉興市圖書館藏。

02003 離騷圖不分卷 （清）蕭雲從繪并注　清初刻本

匡高18.3厘米，廣12厘米。半葉九行，行二十四字，白口，四周單邊。南京圖書館藏。

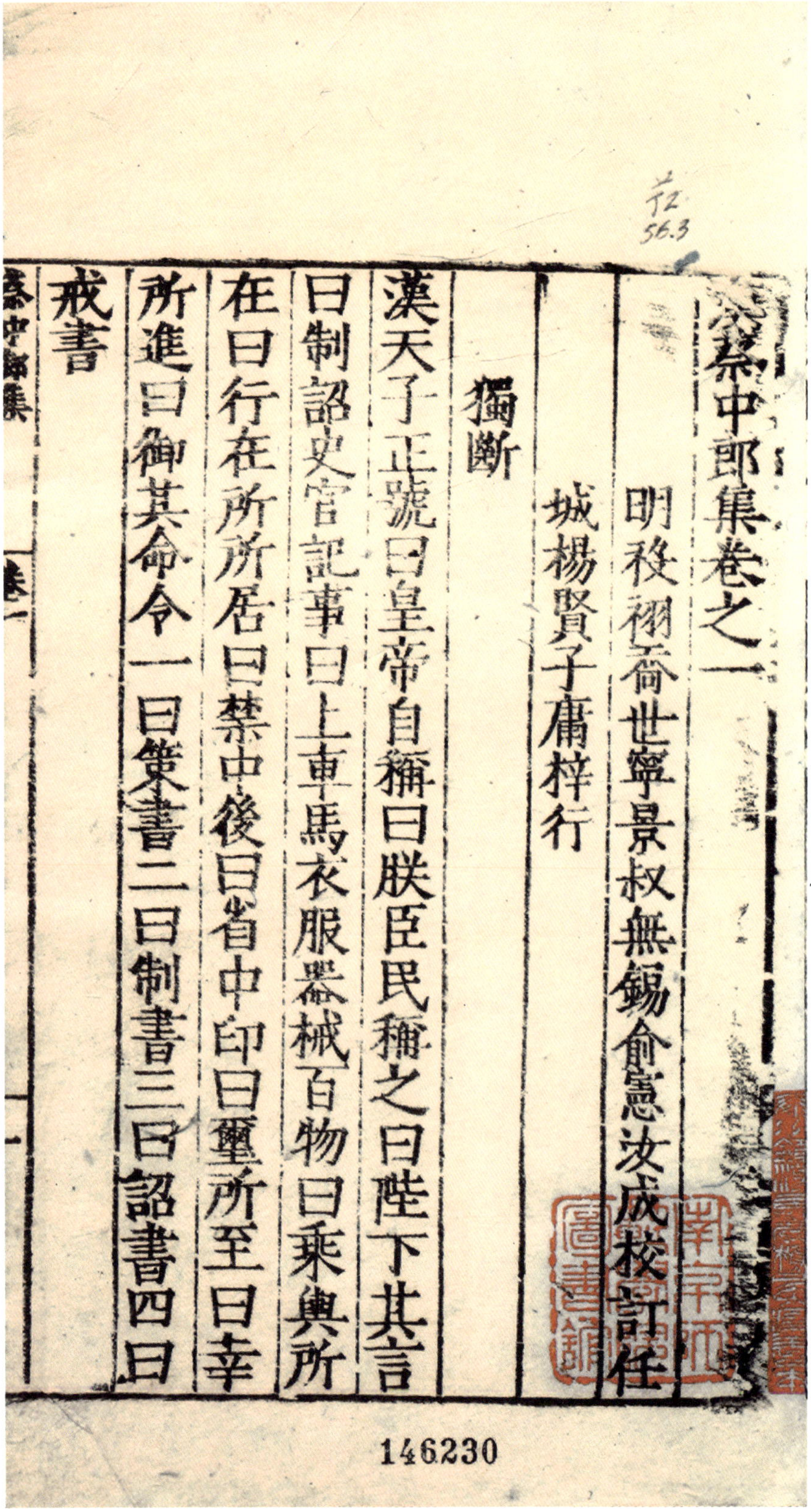
蔡中郎集卷之一
明後裔世寧景叔無錫俞憲汝成校訂任
城楊賢子庸梓行
獨斷
漢天子正號曰皇帝自稱曰朕臣民稱之曰陛下其言
曰制詔史官記事曰上車馬衣服器械百物曰乘輿所
在曰行在所所居曰禁中後曰省中印曰璽所至曰幸
所進曰御其命令一曰策書二曰制書三曰詔書四曰
戒書

146230

02004、02005 漢蔡中郎集六卷 （漢）蔡邕撰　明嘉靖二十七年（1548）楊賢刻本

匡高19.6厘米，廣14.2厘米。半葉九行，行二十一字，白口，四周單邊。南京師範大學圖書館、河南省圖書館藏。

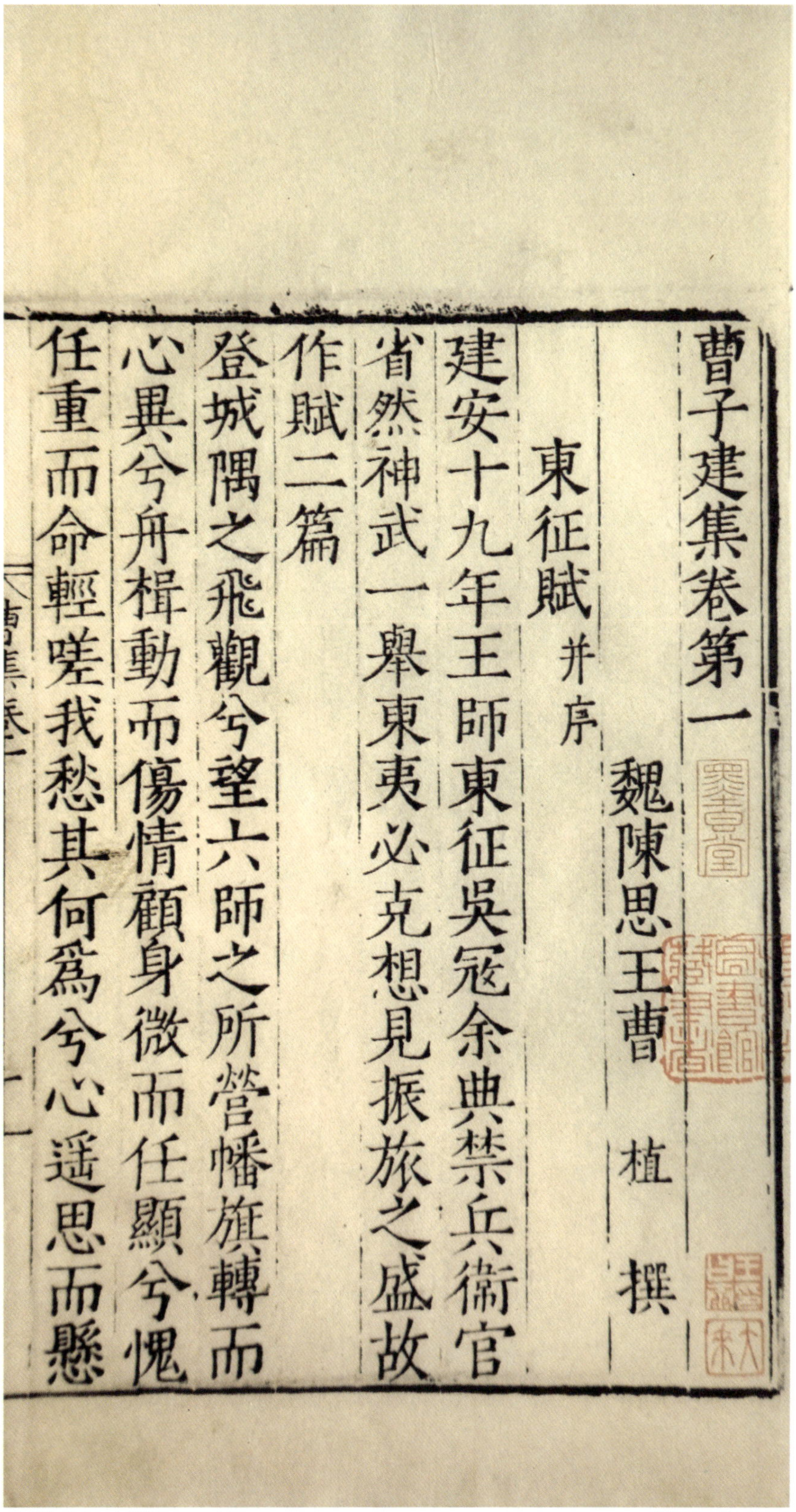

02006 曹子建集十卷 （魏）曹植撰 **疑字音釋一卷** 明嘉靖二十一年（1542）郭雲鵬刻本

匡高19.5厘米，廣14.5厘米。半葉九行，行十七字，白口，左右雙邊。揚州市圖書館藏。

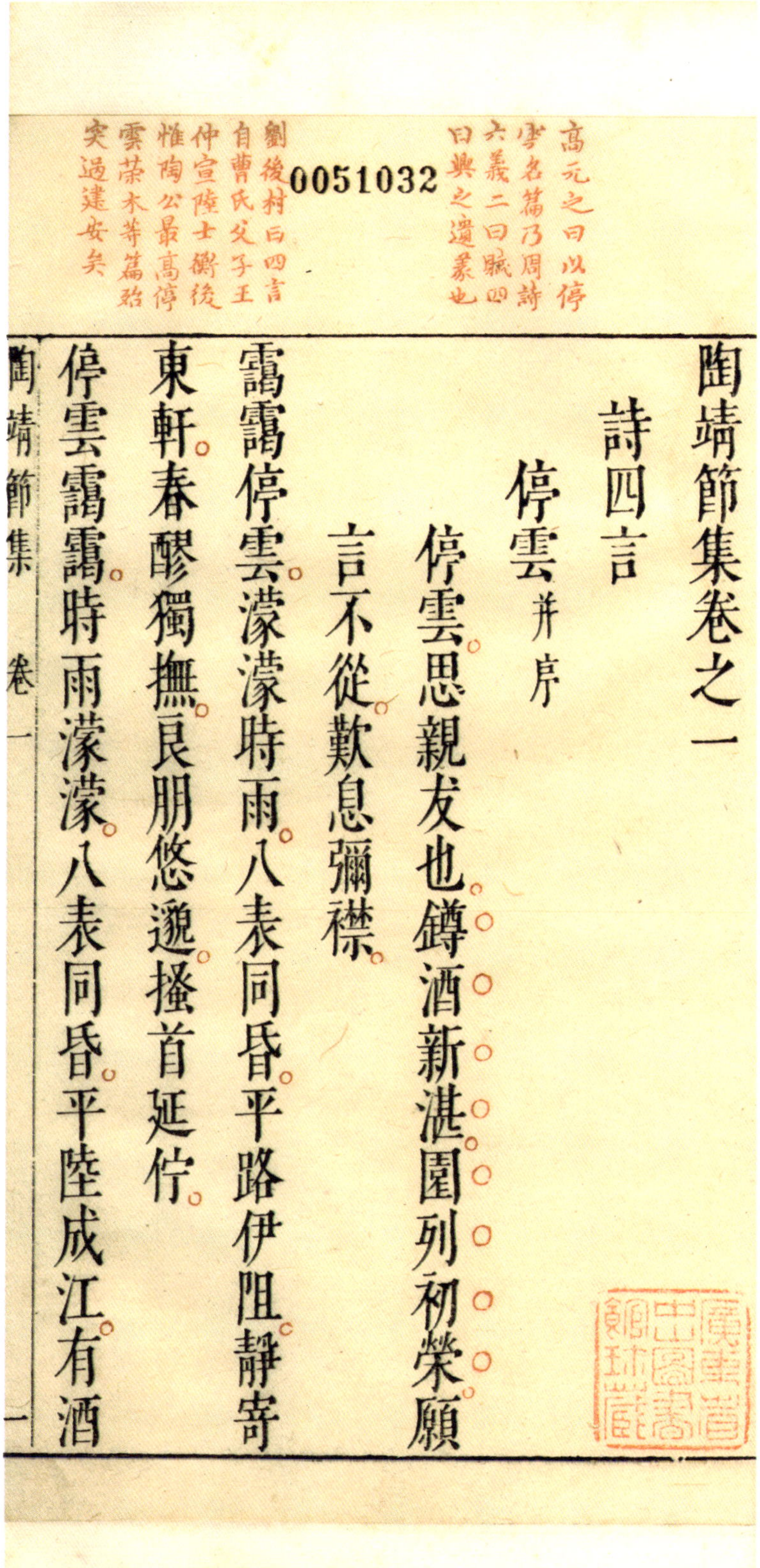
高元之曰以停雲名篇乃周詩六義二曰賦四曰興之遺意也
劉後村曰四言自曹氏父子王仲宣陸士衡後惟陶公最高停雲榮木等篇殆突過建安矣
0051032
陶靖節集卷之一
詩四言
停雲并序
停雲思親友也罇酒新湛園列初榮願言不從歎息彌襟
靄靄停雲濛濛時雨八表同昏平路伊阻靜寄東軒春醪獨撫良朋悠邈搔首延佇
停雲靄靄時雨濛濛八表同昏平陸成江有酒
陶靖節集　卷一　一
廣東省中山圖書館珍藏

02007 陶靖節集八卷 （晋）陶潛撰　**總論一卷**　明萬曆凌濛初刻朱墨套印本

匡高20.8厘米，廣14.7厘米。半葉八行，行十八字，白口，四周單邊。廣東省立中山圖書館藏。

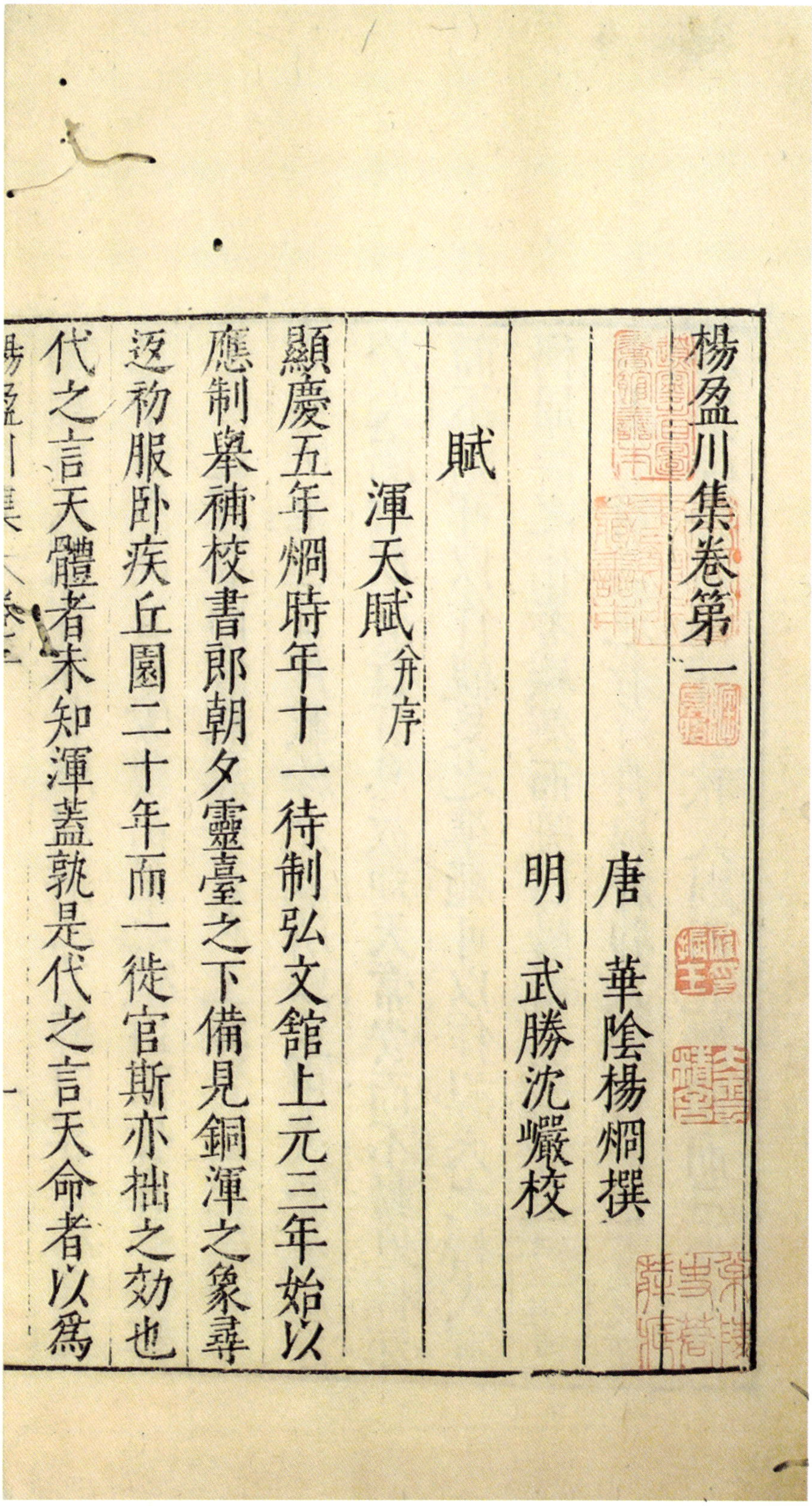
楊盈川集卷第一
唐　華陰楊炯撰
明　武勝沈巖校
賦
渾天賦并序
顯慶五年烱時年十一待制弘文館上元三年始以
應制舉補校書郎朝夕靈臺之下備見銅渾之象尋
返初服卧疾丘園二十年而一徙官斯亦拙之効也
代之言天體者未知渾蓋孰是代之言天命者以爲

02008 楊盈川集十卷 （唐）楊炯撰 **附録一卷** 明刻本

匡高19.5厘米，廣14.1厘米。半葉九行，行二十字，白口，左右雙邊。有“松陵史蓉莊藏”、“大雲精舍”、“羅印振玉”等印。遼寧省圖書館藏。

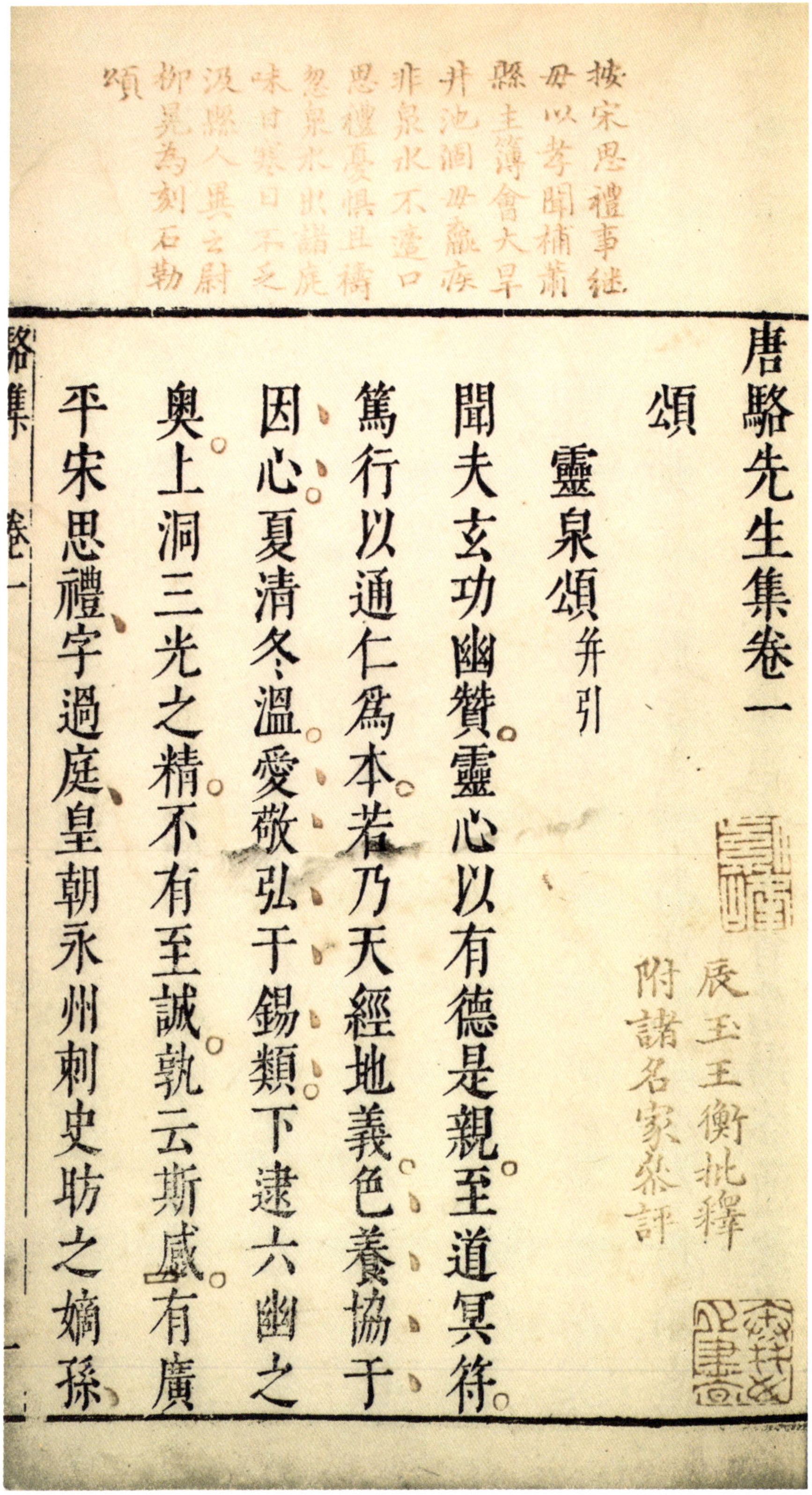

02009、02010 唐駱先生集八卷 （唐）駱賓王撰 （明）王衡等評釋 **附録一卷** 明凌毓枏刻朱墨套印本

匡高19.4厘米，廣14.7厘米。半葉八行，行十八字，白口，四周單邊。中山大學圖書館、河南省圖書館藏。

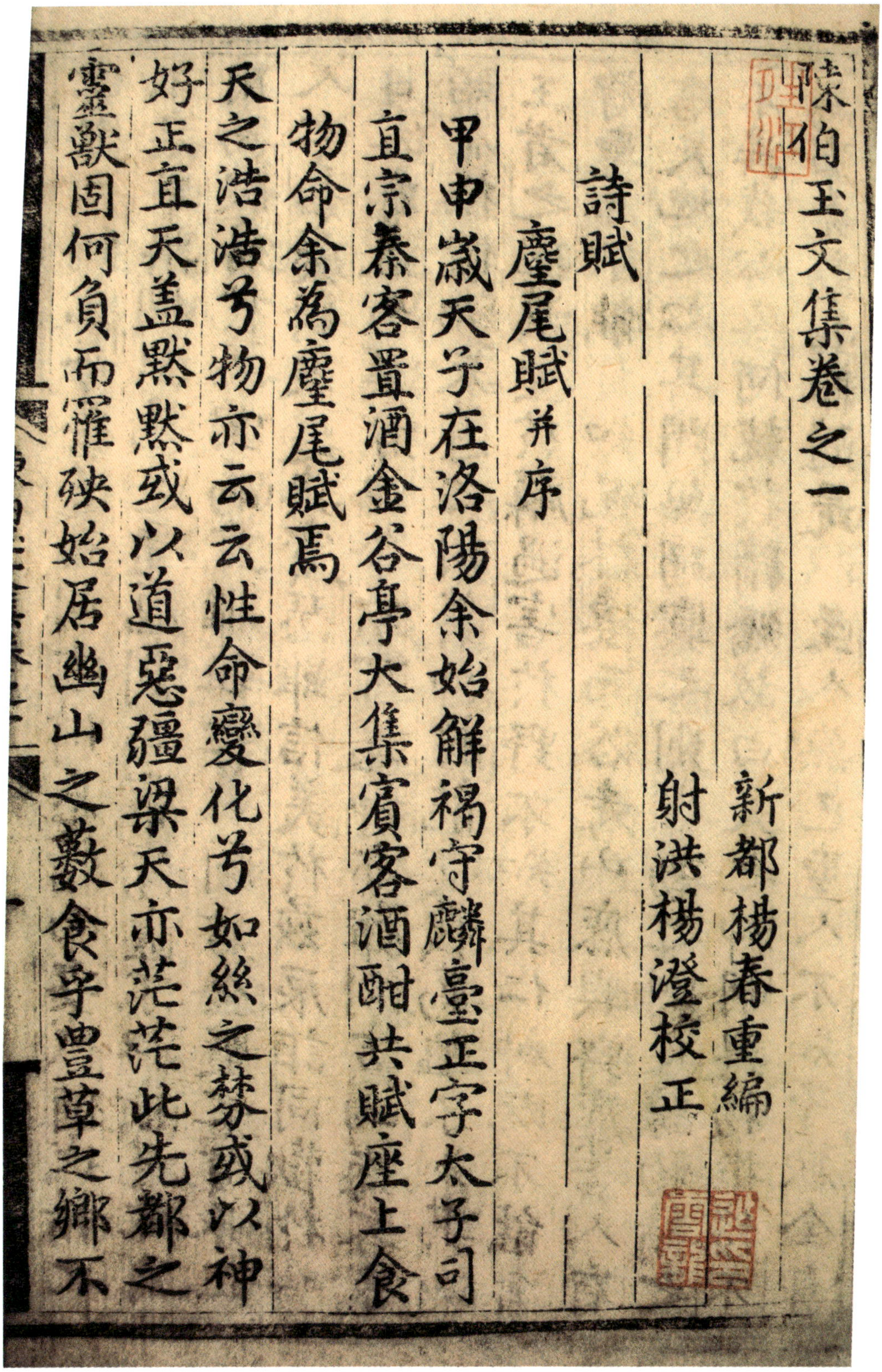

陳伯玉文集卷之一

新都楊春重編

射洪楊澄校正

詩賦

麈尾賦 并序

甲申歲天子在洛陽余始解褐守麟臺正字太子司直宗秦客置酒金谷亭大集賓客酒酣共賦座上食物命余為麈尾賦焉

天之浩浩兮物亦云云性命變化兮如絲之棼或以神好正直天蓋默默或以道惡彊梁天亦茫茫此先鄰之靈獸固何負而罹殃始居幽山之藪食乎豐草之鄉不

02011 陳伯玉文集十卷 （唐）陳子昂撰 （明）楊春輯 **附録一卷** 明弘治四年（1491）楊澄刻本

匡高21.8厘米，廣15厘米。半葉十一行，行二十一字，黑口，四周雙邊。湖南圖書館藏。

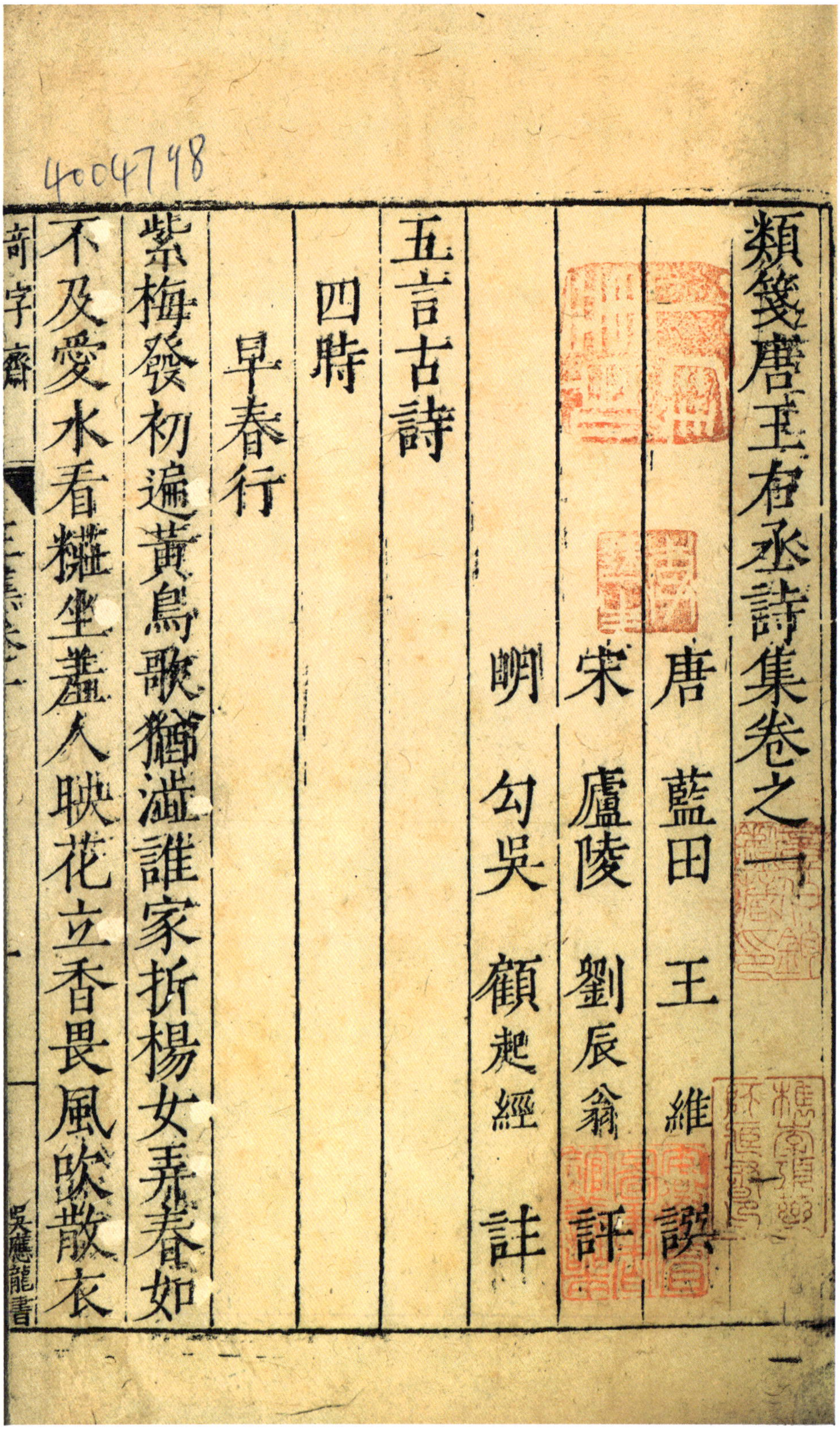

02012、02013 類箋唐王右丞詩集十卷 （唐）王維撰 （宋）劉辰翁評 （明）顧起經輯并注 **文集四卷外編一卷** （唐）王維撰 （明）顧起經輯并注 明嘉靖三十五年（1556）無錫顧氏奇字齋刻本

匡高20.4厘米，廣15.1厘米。半葉九行，行十八字，細黑口，左右雙邊。開封市圖書館藏；安徽省圖書館藏，無文集四卷外編一卷，有“檇李項藥師藏書印”、“章伯鈞鑑藏印”等印。

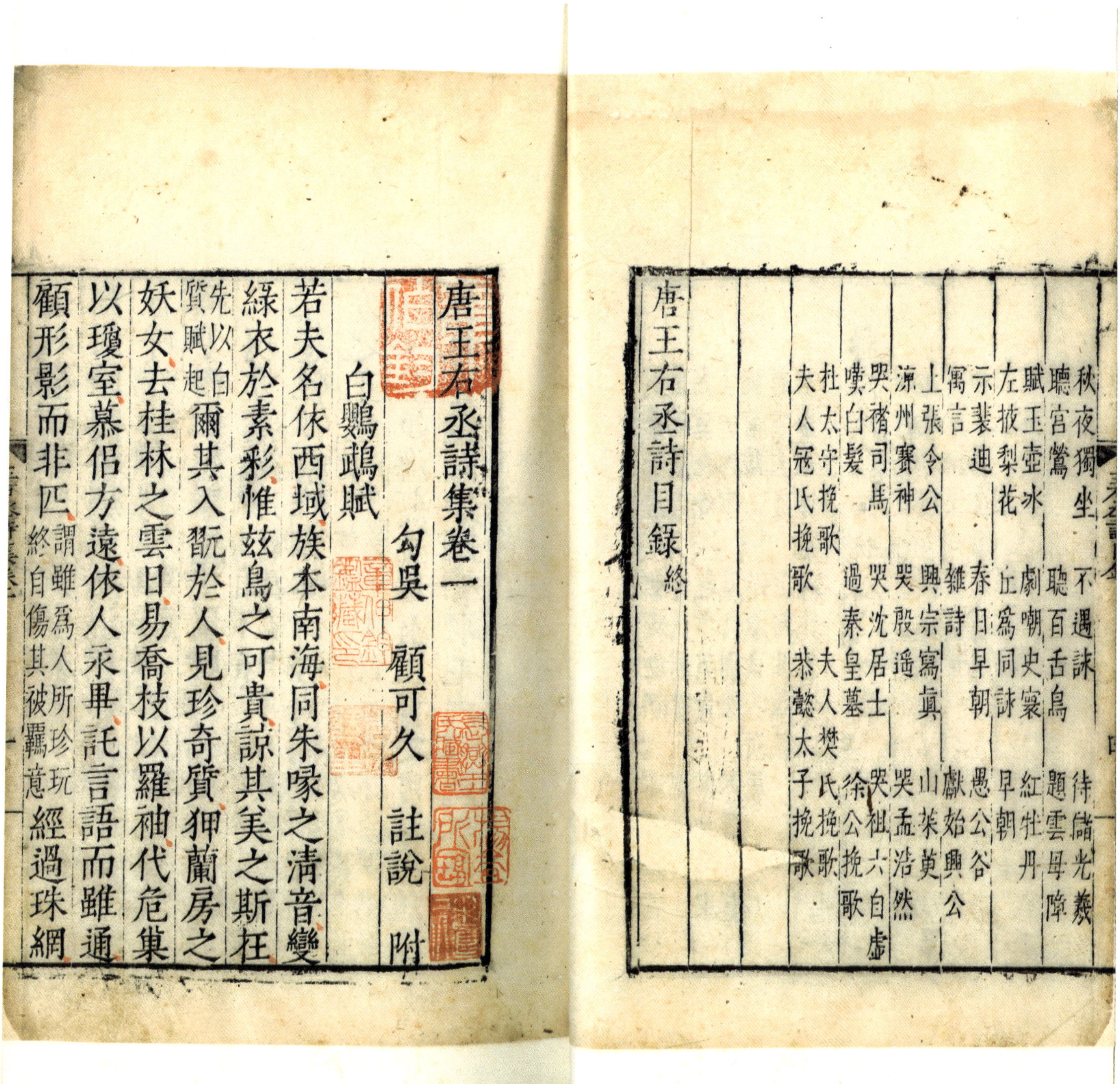

02014 唐王右丞詩集六卷 （唐）王維撰 （明）顧可久注 明嘉靖三十八年（1559）洞易書院刻本

匡高18.3厘米，廣13.1厘米。半葉九行，行十七字，白口，左右雙邊。有“嘉靖己未歲季冬月幾望洞易書院刊梓”牌記。有“章伯鈞鑑藏印”等印。安徽省圖書館藏。

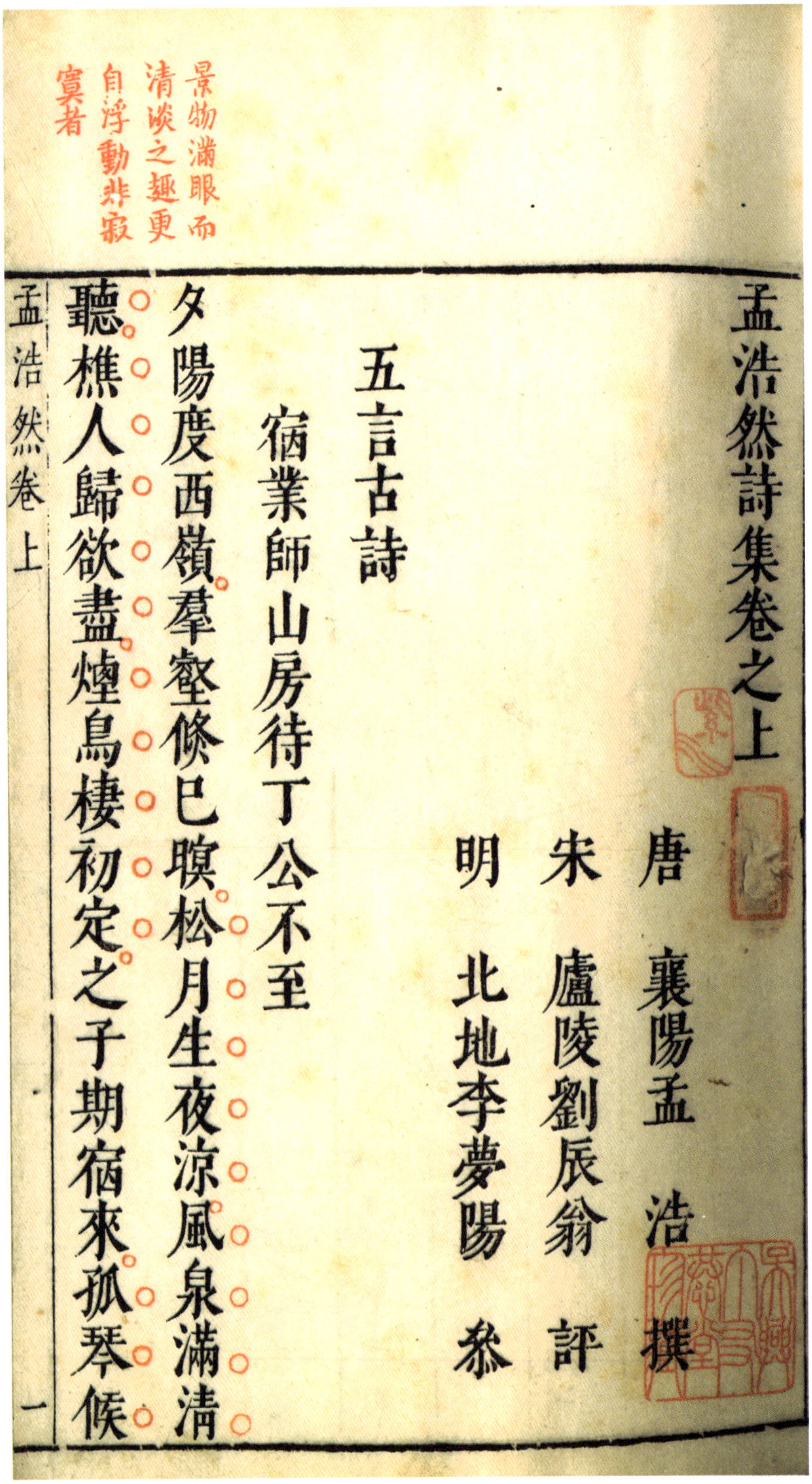
孟浩然詩集卷之上
唐　襄陽孟　浩　撰
宋　廬陵劉辰翁　評
明　北地李夢陽　叅
五言古詩
宿業師山房待丁公不至
夕陽度西嶺羣壑倏已暝松月生夜涼風泉滿清
聽樵人歸欲盡煙鳥棲初定之子期宿來孤琴候
景物滿眼而清淡之趣更自浮動非寂寞者
孟浩然卷上　一

02015、02016　孟浩然詩集二卷（唐）孟浩然撰　（宋）劉辰翁　（明）李夢陽評　明吴興凌濛初刻朱墨套印本

匡高20.5厘米，廣14.4厘米。半葉八行，行十九字，白口，左右雙邊。安徽省圖書館藏，有“章伯鈞鑑藏印”等印；山東省圖書館藏。

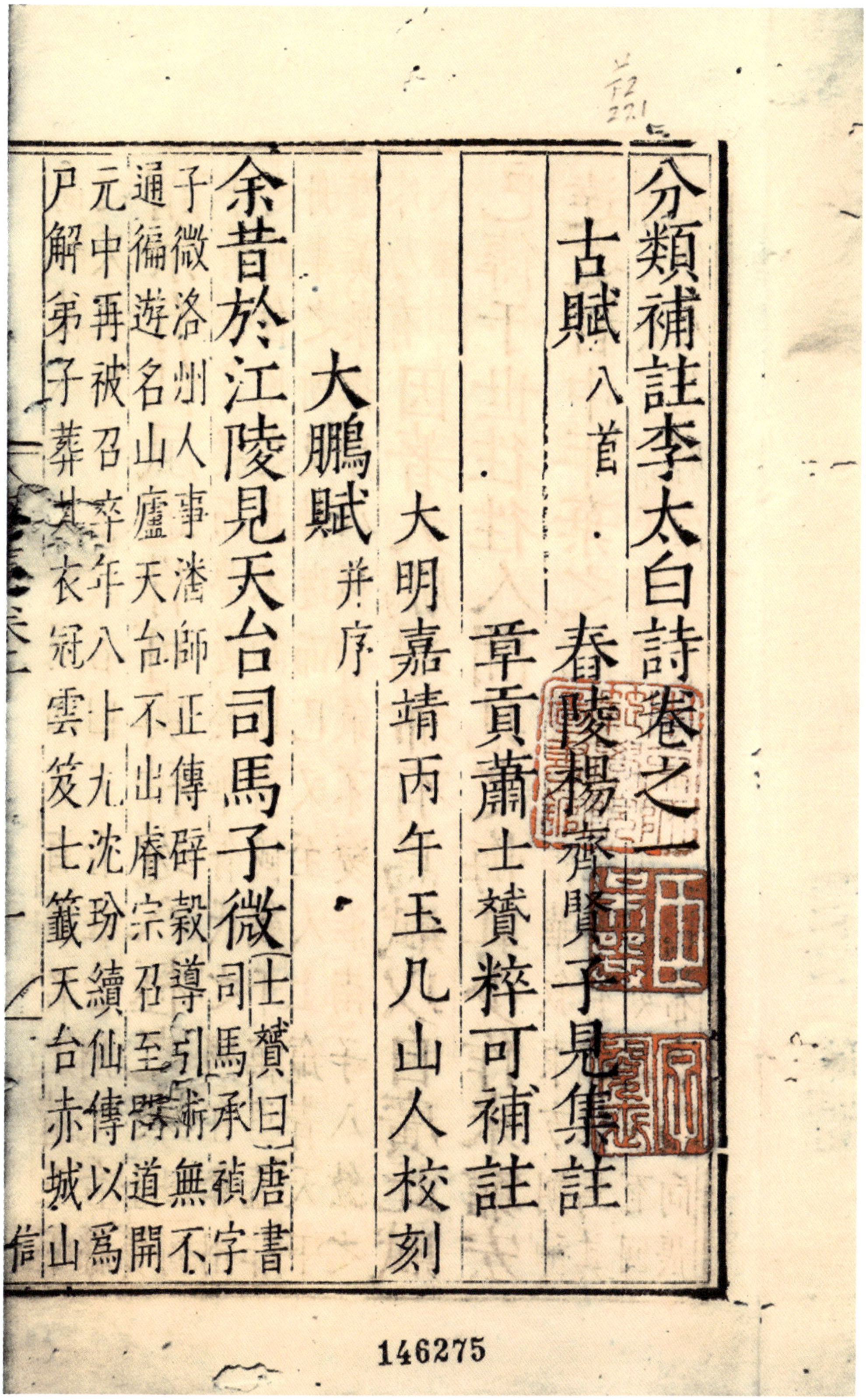
分類補註李太白詩卷之一
古賦八首　春陵楊齊賢子見集註
章貢蕭士贇粹可補註
大明嘉靖丙午玉几山人校刻
大鵬賦并序
余昔於江陵見天台司馬子微士贇曰唐書司馬承禎字子微洛州人事潘師正傳辟穀導引術無不通徧遊名山廬天台不出睿宗召至闕道開元中再被召卒年八十九沈玢續仙傳以爲尸解弟子葬其衣冠雲笈七籤天台赤城山信

02017 分類補註李太白詩二十五卷 （唐）李白撰　（宋）楊齊賢集注　（元）蕭士贇補注
年譜一卷 （宋）薛仲邕撰　明嘉靖二十五年（1546）玉几山人刻本

匡高21.8厘米，廣14.2厘米。半葉八行，行十七字，小字雙行同，白口，四周雙邊。南京師範大學圖書館藏。

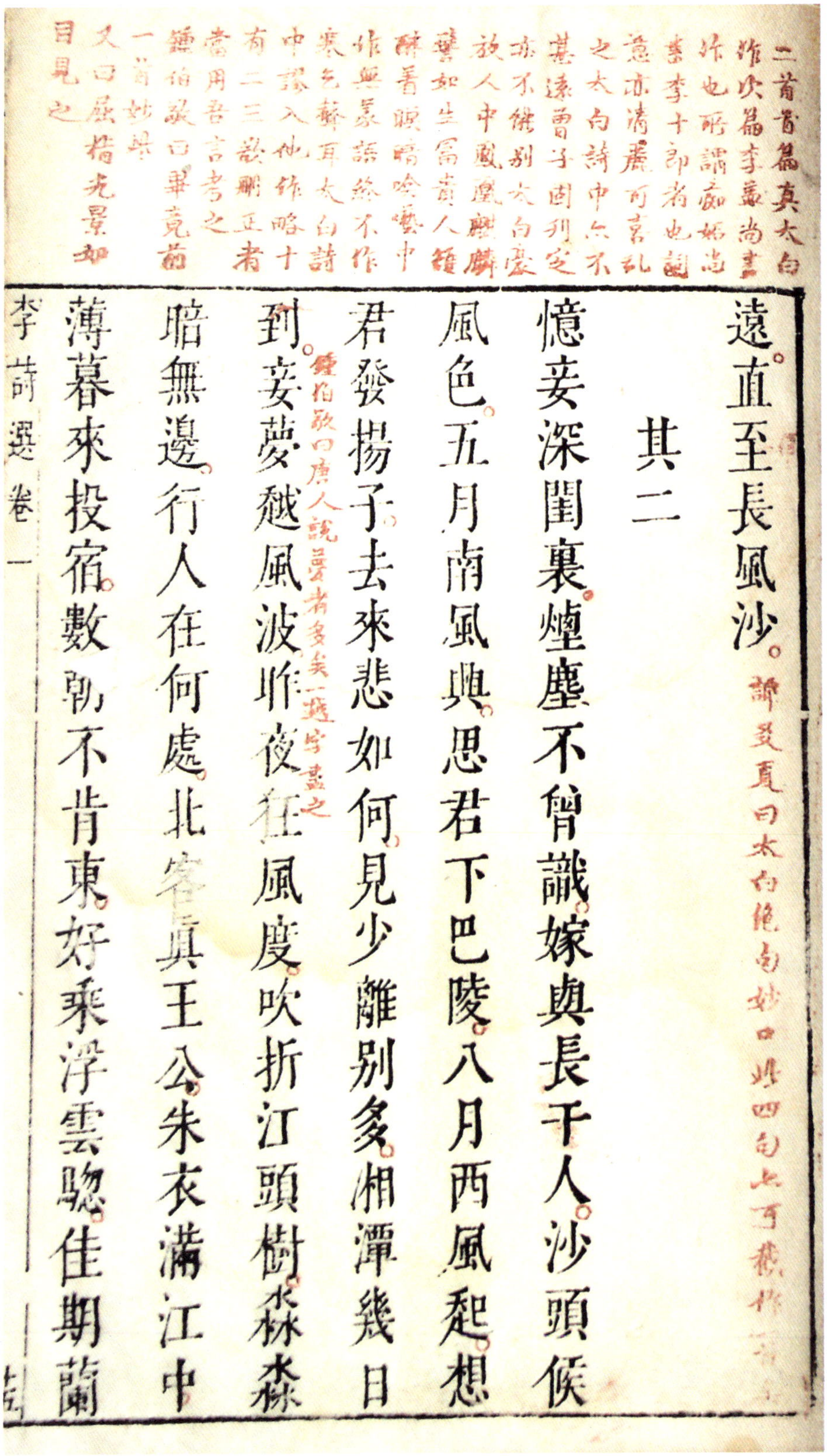
二首皆篇真太白作次篇李益尚書作也所謂痴婦尚書李十郎者也詞意亦清麗可喜亂之太白詩中亦不甚遠曾子固刊定亦不能別太白豪放人中鳳凰麒麟譬如生富貴人雖醉著眠時唸囈中作無寒語終不作寒乞聲耳太白詩中豫入他作略十有二三欲刪正者當用吾言考之鍾伯敬曰畢竟前一首妙甚又曰歷指光景如目見之

遠直至長風沙。

其二

憶妾深閨裏煙塵不曾識嫁與長干人沙頭候風色五月南風興思君下巴陵八月西風起想君發揚子去來悲如何見少離別多湘潭幾日到妾夢越風波昨夜狂風度吹折江頭樹森森暗無邊行人在何處北客真王公朱衣滿江中薄暮來投宿數朝不肯東好乘浮雲驄佳期蘭

鍾伯敬曰唐人說景者多矣一邊字盡之

李詩選　卷一

02018 李詩選五卷　（明）張含輯　（明）楊慎評點　明刻朱墨套印本

匡高19.8厘米，廣14.4厘米。半葉八行，行十八字，白口，四周單邊。嘉興市圖書館藏。

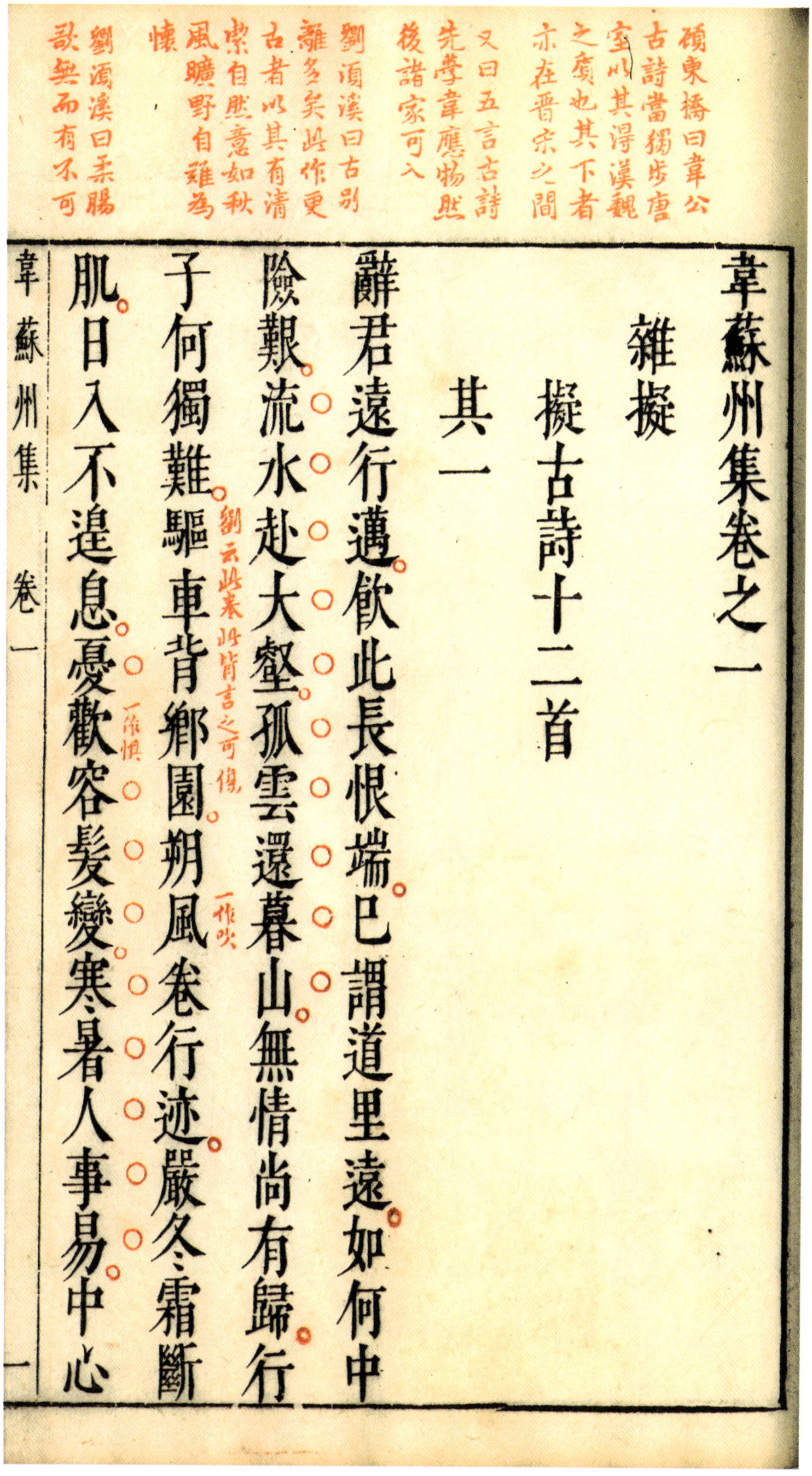

02019、02020、02021 韋蘇州集十卷拾遺一卷 （唐）韋應物撰　明凌氏刻朱墨套印本

匡高21.5厘米，廣14.9厘米。半葉八行，行十八字，白口，四周單邊。中山大學圖書館、安徽省圖書館、廣東省立中山圖書館藏。

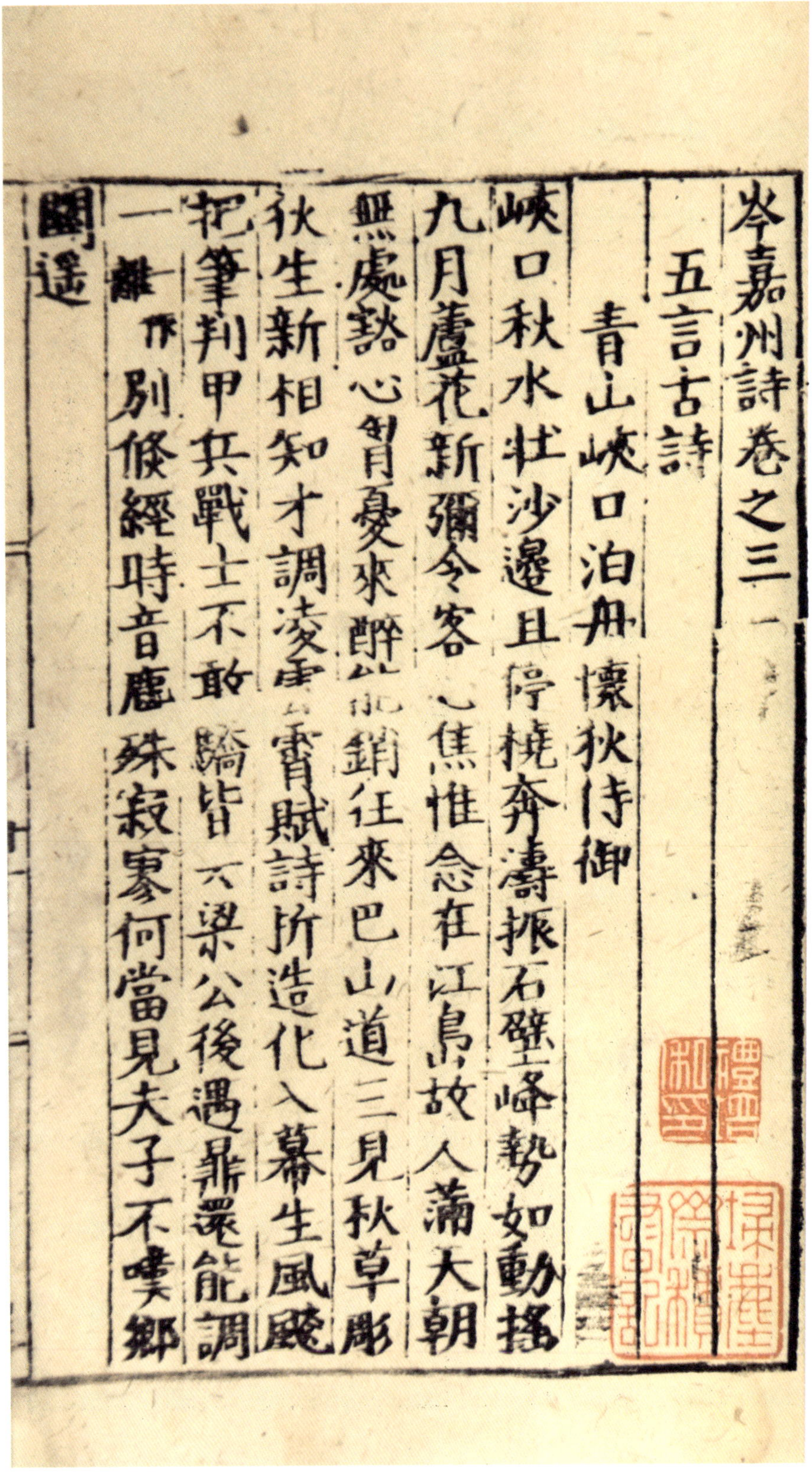

岑嘉州詩卷之三 一

五言古詩

青山峽口泊舟懷狄侍御

峽口秋水壯沙邊且停橈奔濤振石壁峰勢如動搖九月蘆花新彌令客心焦惟念在江島故人滿天朝無處豁心胸憂來醉能銷往來巴山道三見秋草彫狄生新相知才調凌雲霄賦詩析造化入幕生風飈把筆判甲兵戰士不敢驕皆云梁公後遇鼎還能調一離一作別倏經時音塵殊寂寥何當見夫子不嘆鄉園遙

02022 岑嘉州詩八卷 （唐）岑參撰　明正德十五年（1520）謝元良刻本

匡高19.5厘米，廣13厘米。半葉十行，行二十字，白口，四周單邊。湖南師範大學圖書館藏。

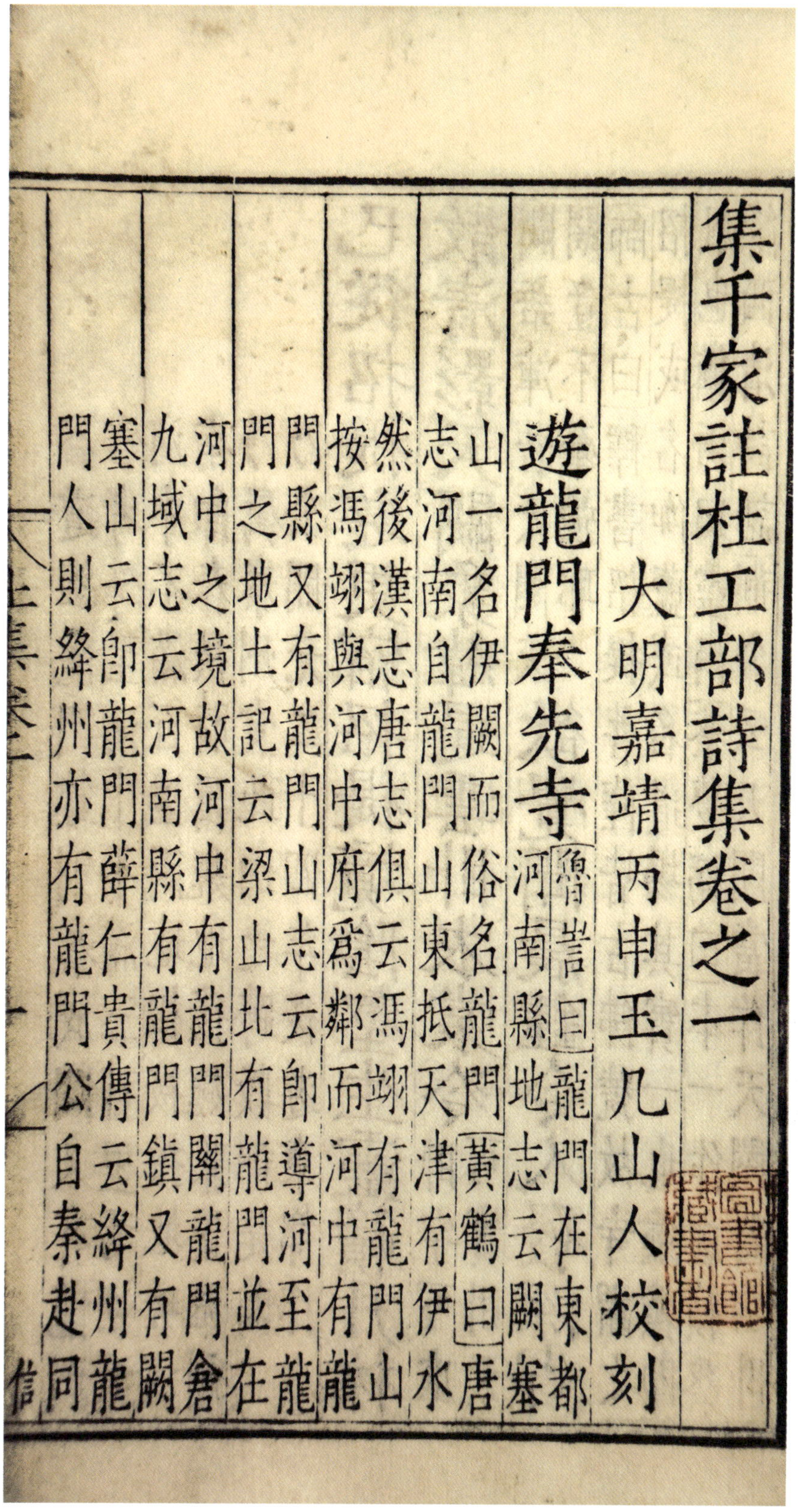

02023、02024 集千家註杜工部詩集二十卷文集二卷（唐）杜甫撰（宋）黄鶴補注 **附録一卷** 明嘉靖十五年（1536）玉几山人刻本

匡高22.1厘米，廣14.2厘米。半葉八行，行十七字，小字雙行同，白口，四周雙邊。揚州市圖書館、嘉興市圖書館藏。

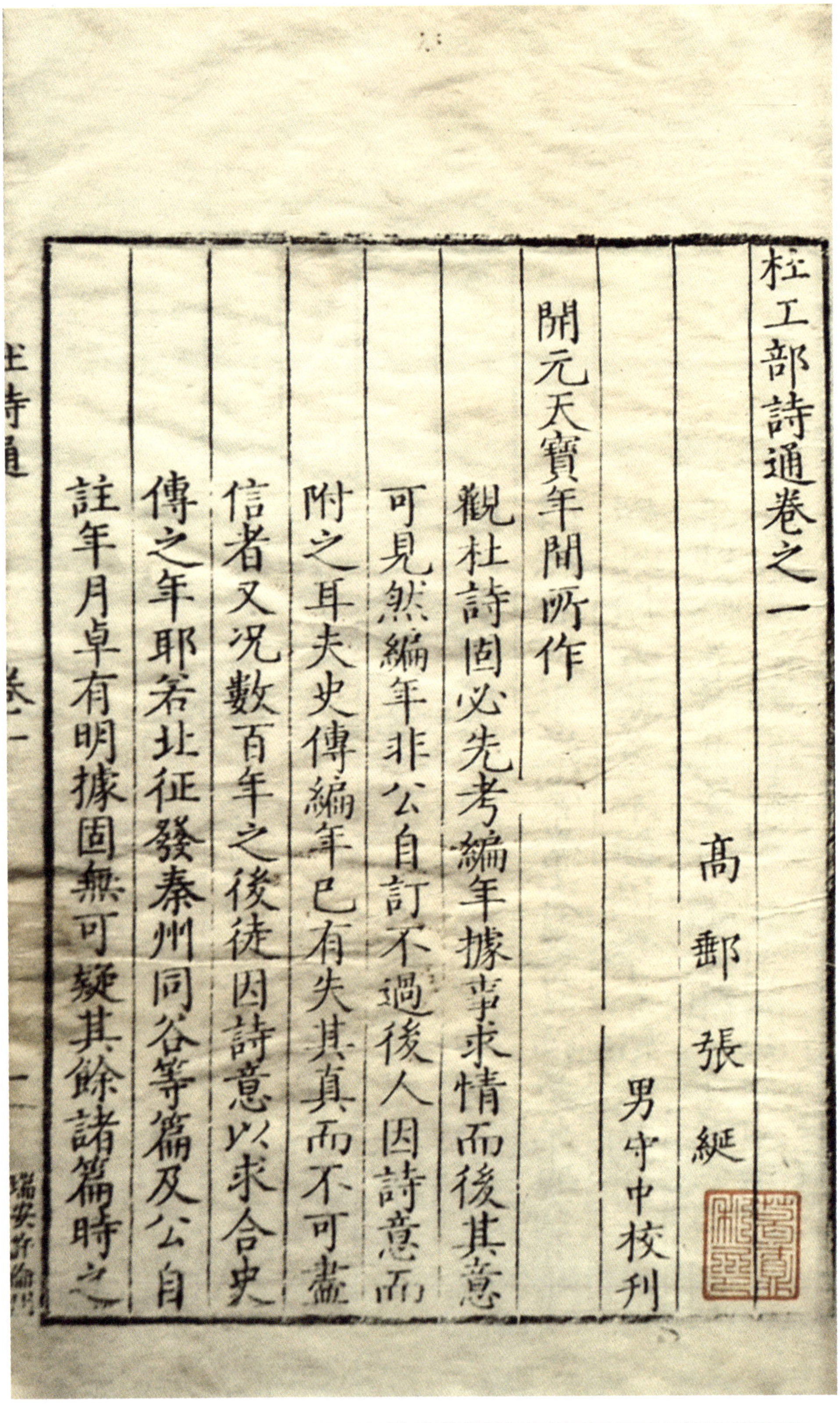

杜工部詩通卷之一

高郵張綖

男守中校刊

開元天寶年間所作

觀杜詩固必先考編年據事求情而後其意
可見然編年非公自訂不過後人因詩意而
附之耳夫史傳編年已有失其真而不可盡
信者又況數百年之後徒因詩意以求合史
傳之年耶若北征發秦州同谷等篇及公自
註年月卓有明據固無可疑其餘諸篇時之

杜詩通　卷之一　一

02025 杜工部詩通十六卷　（唐）杜甫撰　（明）張綖注　明隆慶六年（1572）高郵張守中刻本

匡高20厘米，廣15.2厘米。半葉十行，行二十二字，小字雙行同，白口，四周單邊。瀋陽市圖書館藏。

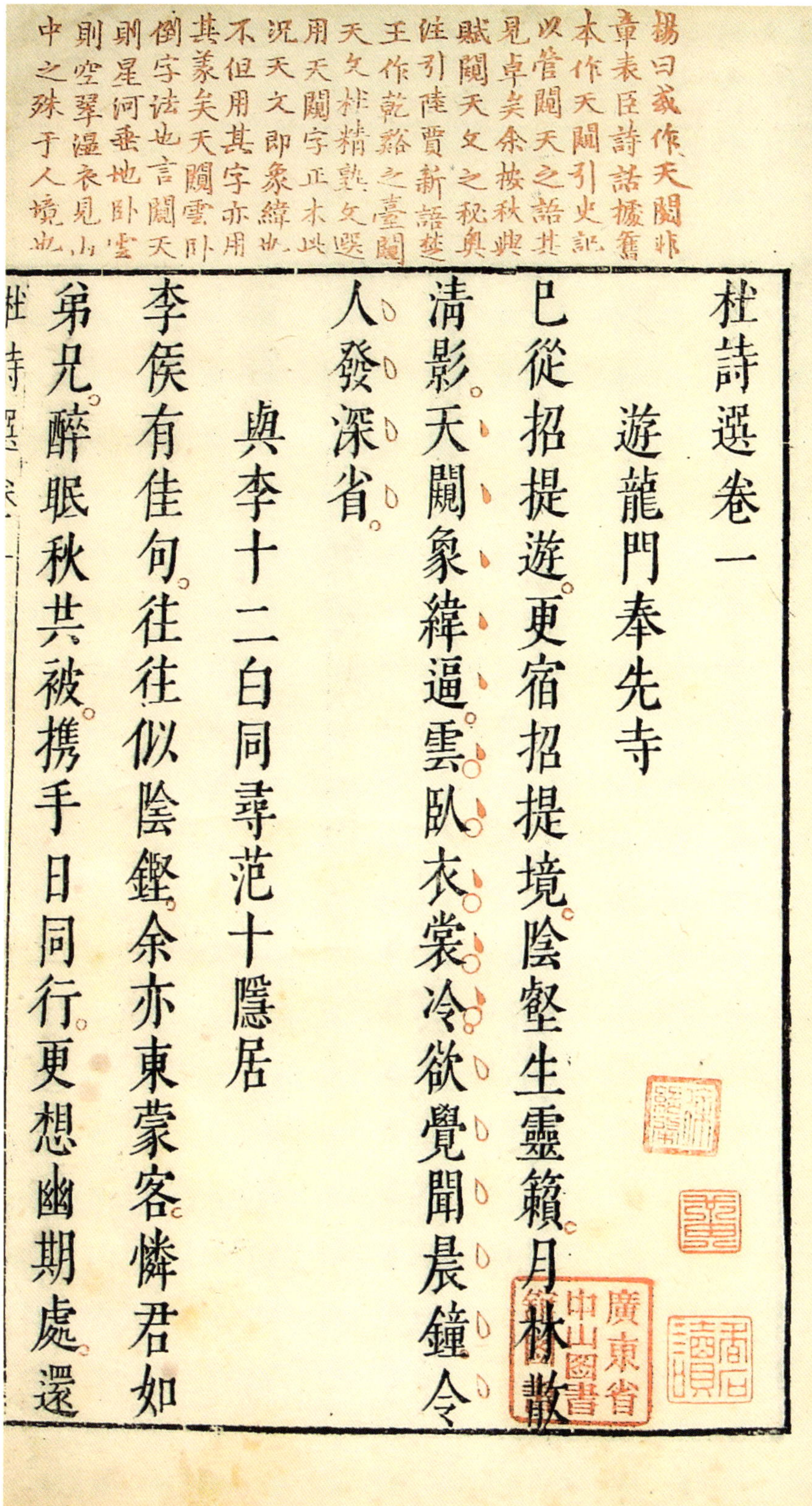

揚曰或作天闕非章表臣詩話據舊本作天闕引史記以管闚天之語其見卓矣余按秋興賦闚天文之秘與注引陸賈新語楚王作乾谿之臺闕天文柱精熟文選用天天闕字正本此況天文即象緯也不但用其字亦用其義矣天闕雲卧倒字法也言闕天則星河垂地卧雲則空翠濕衣見山中之殊于人境也

杜詩選卷一

遊龍門奉先寺

已從招提遊更宿招提境陰壑生靈籟月林散清影天闕象緯逼雲卧衣裳冷欲覺聞晨鐘令人發深省

與李十二白同尋范十隱居

李侯有佳句往往似陰鏗余亦東蒙客憐君如弟兄醉眠秋共被携手日同行更想幽期處還

02026 杜詩選六卷（唐）杜甫撰　（明）閔暎璧集評　明烏程閔氏刻朱墨套印本

匡高20.3厘米，廣14.6厘米。半葉八行，行十八字，白口，四周單邊。有“徐紹棨”等印。廣東省立中山圖書館藏。

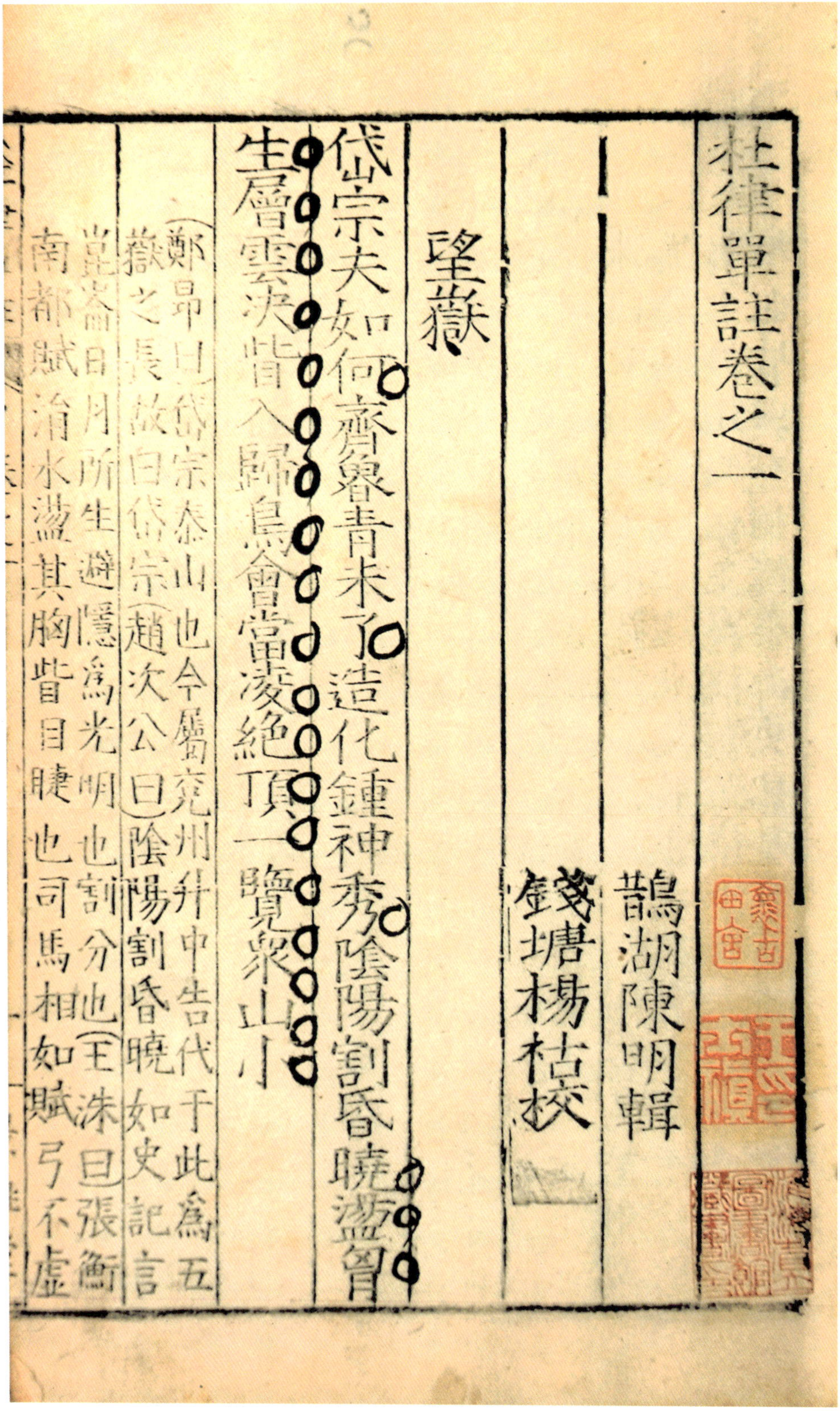

02027 杜律單註十卷（明）單復撰　（明）陳明輯　明嘉靖景姚堂刻本

匡高21厘米，廣14.5厘米。半葉八行，行二十二字，小字雙行同，白口，四周單邊。有“王印士禛”等印。徐州市圖書館藏。

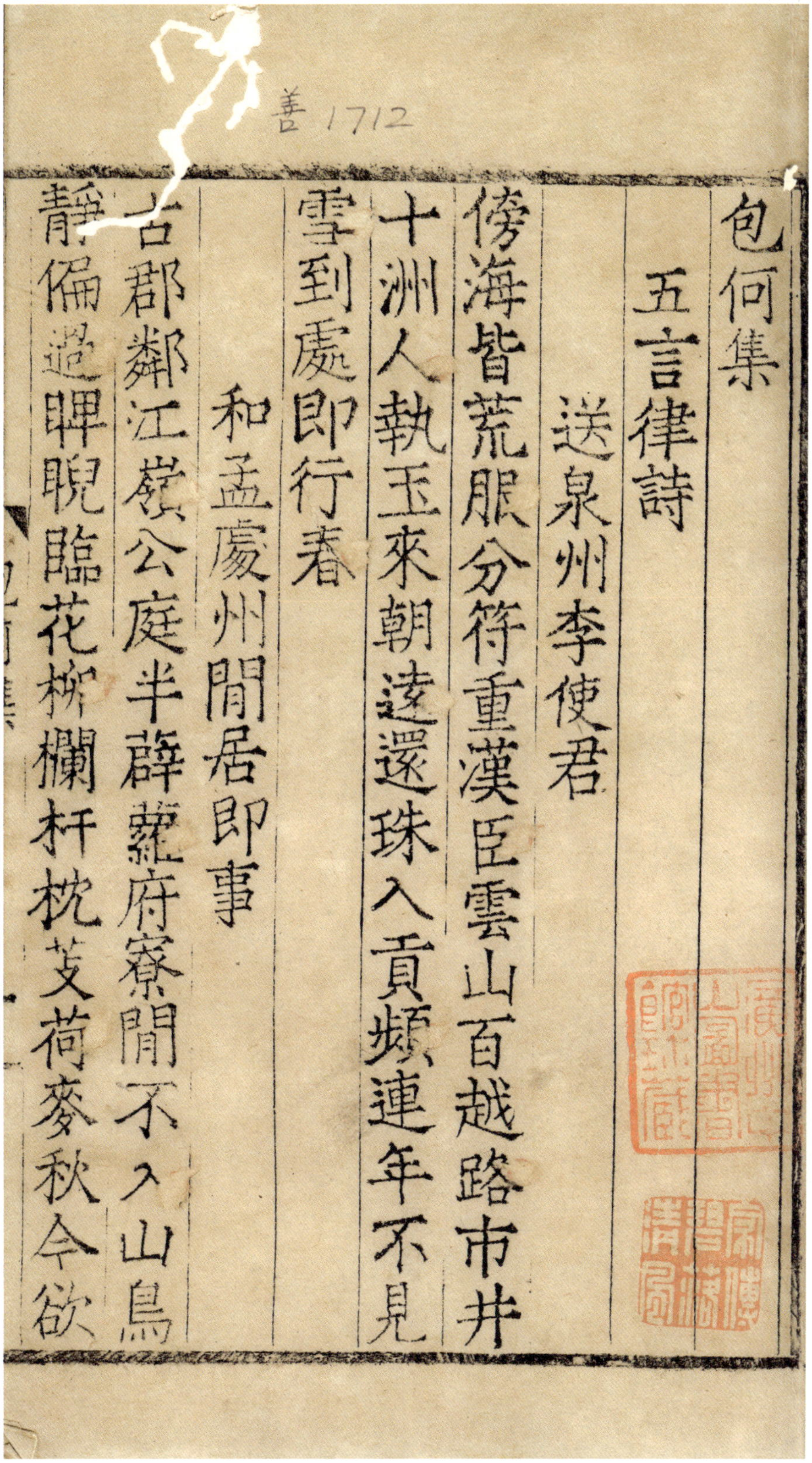

包何集
五言律詩
送泉州李使君
傍海皆荒服分符重漢臣雲山百越路市井
十洲人執玉來朝遠還珠入貢頻連年不見
雪到處即行春
和孟虔州閒居即事
古郡鄰江嶺公庭半薜蘿府寮閒不入山鳥
靜偏過睥睨臨花柳欄杆枕芰荷麥秋今欲

02028 包何集一卷 （唐）包何撰 **包佶集一卷** （唐）包佶撰　明銅活字印本

匡高19.1厘米，廣13.1厘米。半葉九行，行十七字，白口，左右雙邊。廣東省立中山圖書館藏。

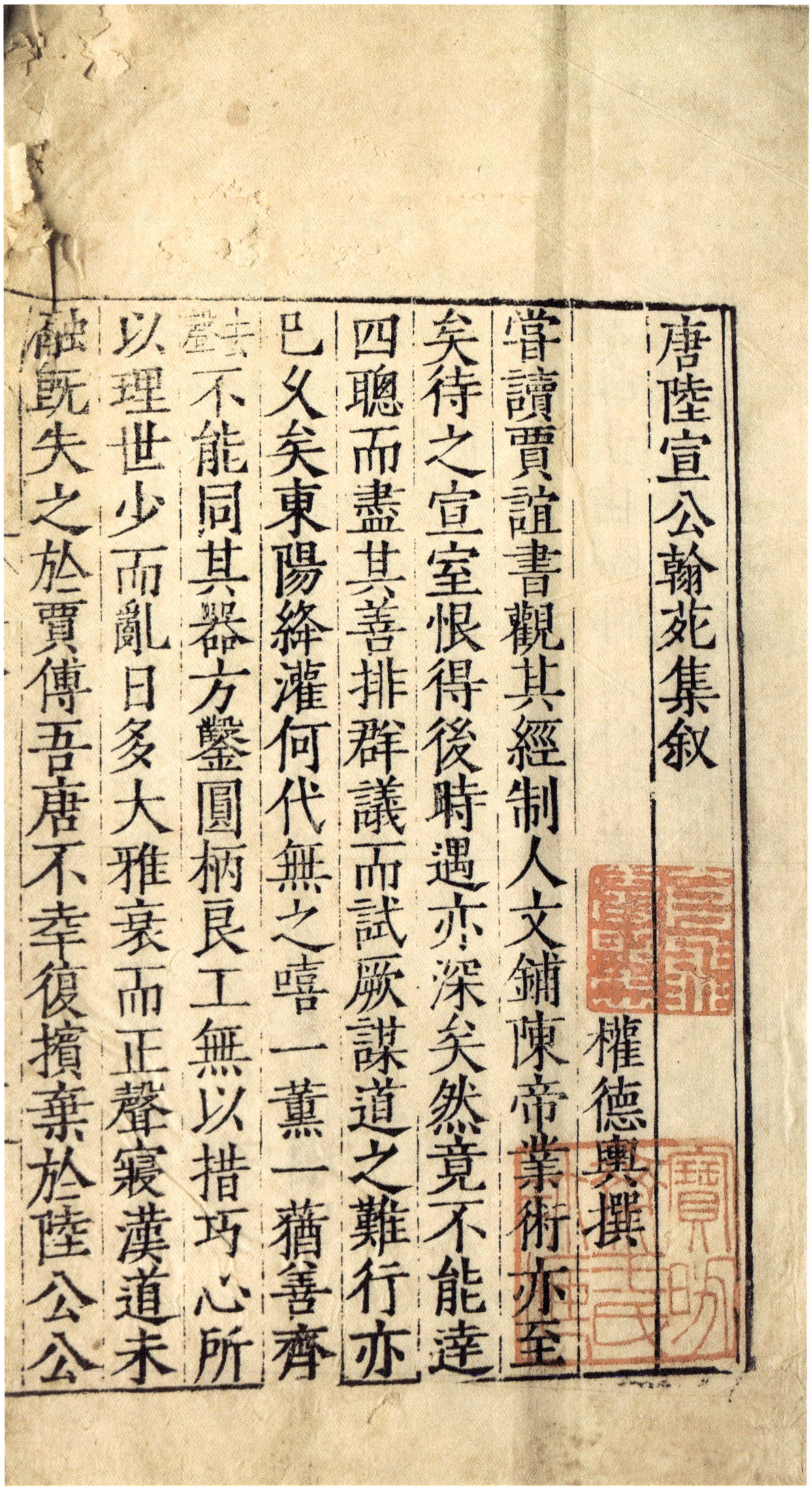
唐陸宣公翰苑集敘

權德輿撰

嘗讀賈誼書觀其經制人文鋪陳帝業術亦至矣待之宣室恨得後時遇亦深矣然竟不能達四聰而盡其善排群議而試厥謀道之難行亦已久矣東陽絳灌何代無之嘻一薰一蕕善齊去聲不能同其器方鑿圓柄良工無以措巧心所以理世少而亂日多大雅衰而正聲寢漢道未融既失之於賈傅吾唐不幸復擯棄於陸公公

02029 唐陸宣公集二十四卷（唐）陸贄撰　明嘉靖刻本

匡高19.5厘米，廣13.8厘米。半葉九行，行十八字，白口，左右雙邊。鎮江市圖書館藏。

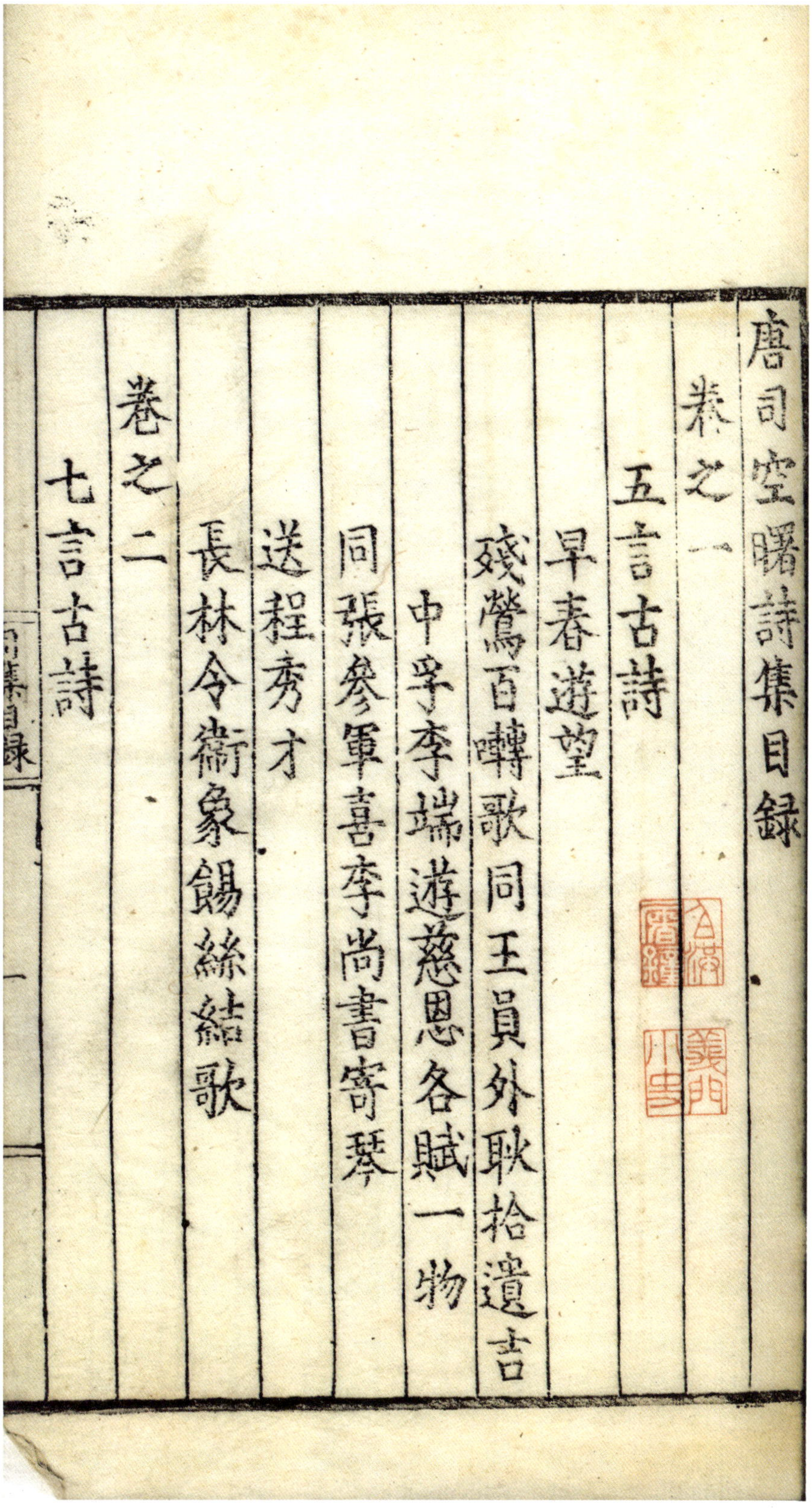
唐司空曙詩集目録
卷之一
五言古詩
早春遊望
殘鶯百囀歌同王員外耿拾遺吉
中孚李端遊慈恩各賦一物
同張參軍喜李尚書寄琴
送程秀才
長林令衞象餳絲結歌
卷之二
七言古詩

司集目録　一

02030 唐司空曙詩集七卷 （唐）司空曙撰　明正德刻本

匡高18厘米，廣13.5厘米。半葉十一行，行十六字，白口，四周單邊。有“義門小史”等印。蘇州市吴中區圖書館藏。

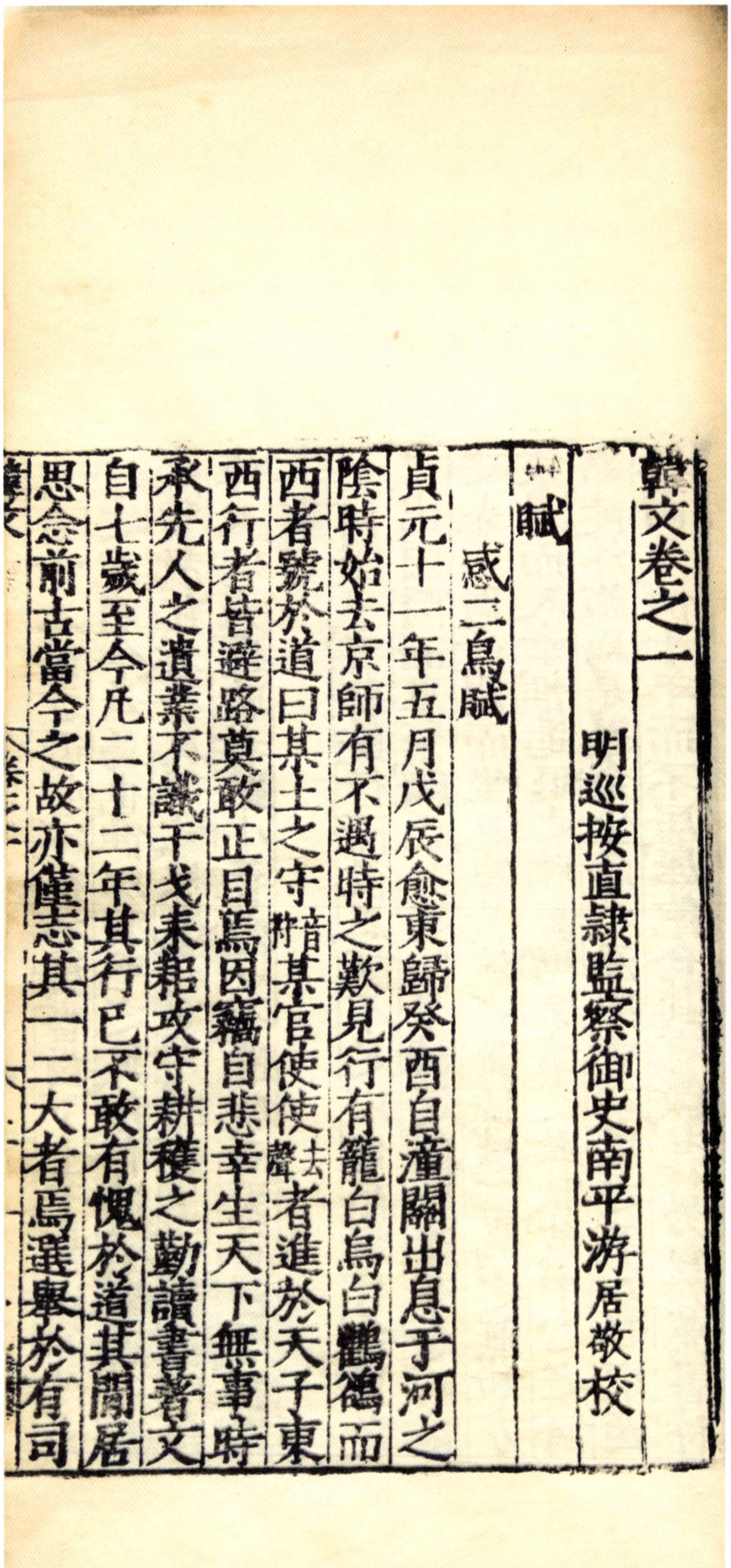

韓文卷之一

明巡按直隷監察御史南平游居敬校

賦

感二鳥賦

貞元十一年五月戊辰愈東歸癸酉自潼關出息于河之陰時始去京師有不遇時之歎見行有籠白烏白鸜鵒而西者號於道曰某土之守（音狩）某官使使（去聲）者進於天子東西行者皆避路莫敢正目焉因竊自悲幸生天下無事時承先人之遺業不識干戈耒耜攻守耕穫之勤讀書著文自七歲至今凡二十二年其行巳不敢有愧於道其閒居思念前古當今之故亦僅志其一二大者焉選舉於有司

02031、02032 韓文四十卷外集十卷遺集一卷 （唐）韓愈撰　**集傳一卷** 明嘉靖十六年（1537）游居敬刻本

匡高19厘米，廣13厘米。半葉十一行，行二十二字，白口，左右雙邊。鄭州市圖書館、山東省圖書館藏。

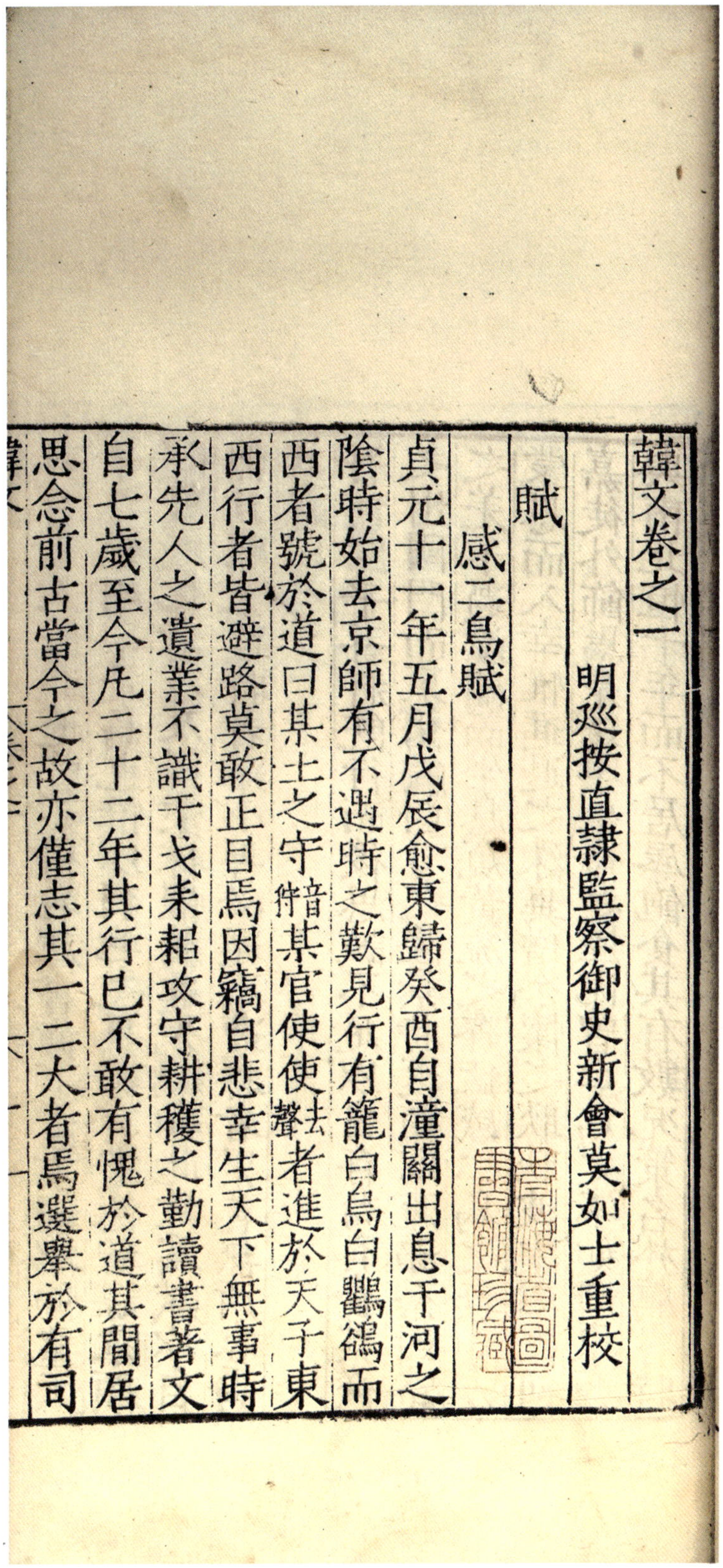

韓文卷之一　明巡按直隸監察御史新會莫如士重校
賦
感二鳥賦
貞元十一年五月戊辰愈東歸癸酉自潼關出息于河之
陰時始去京師有不遇時之歎見行有籠白鳥白鸜鵒而
西者號於道曰某土之守（音狩）某官使使（去聲）者進於天子東
西行者皆避路莫敢正目焉因竊自悲幸生天下無事時
承先人之遺業不識干戈耒耜攻守耕穫之勤讀書著文
自七歲至今凡二十二年其行已不敢有愧於道其間居
思念前古當今之故亦僅志其一二大者焉選舉於有司

02033、02034 韓文四十卷外集十卷遺集一卷（唐）韓愈撰 **集傳一卷** 明嘉靖三十五年（1556）莫如士刻本

匡高19厘米，廣13.4厘米。半葉十一行，行二十二字，白口，左右雙邊。青海省圖書館、鄭州市圖書館藏。

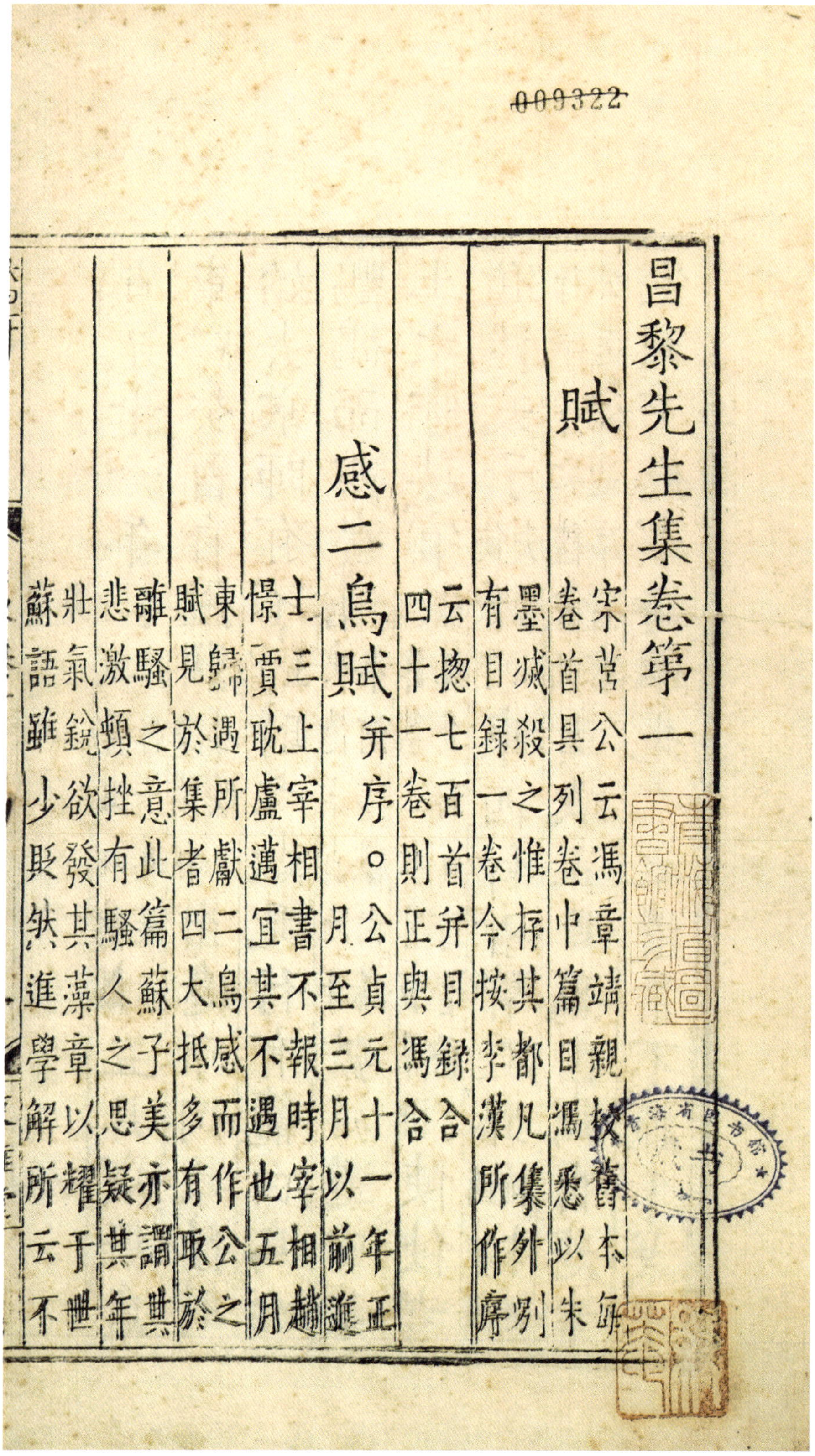

02035、02036 昌黎先生集四十卷外集十卷遺文一卷（唐）韓愈撰　（宋）廖瑩中校正　明徐氏東雅堂刻本

匡高20.8厘米，廣13.6厘米。半葉九行，行十七字，小字雙行同，白口，四周雙邊。有“東吴徐氏刻梓家塾”牌記。青海省圖書館、鎮江市圖書館藏。

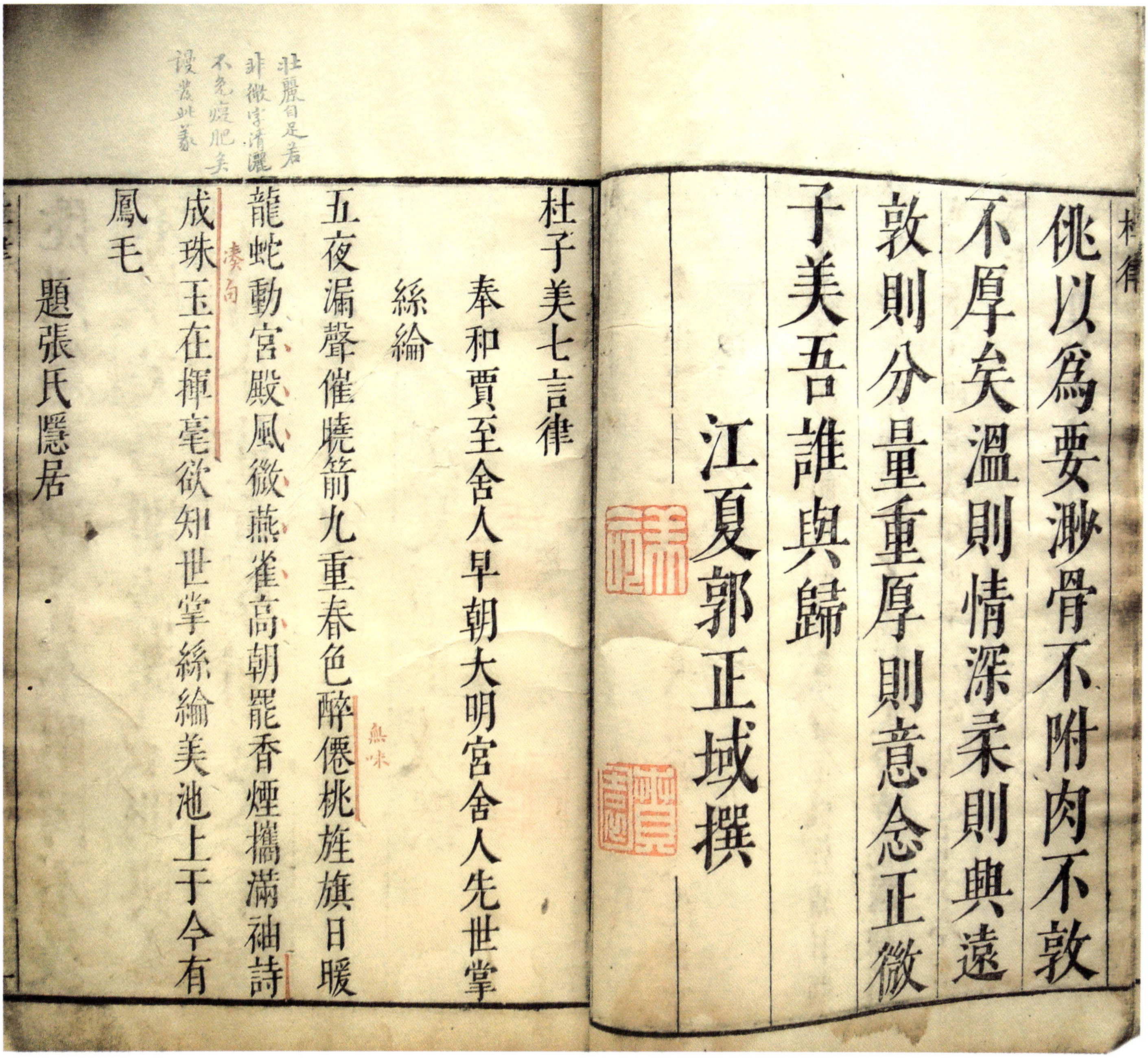

02037 韓文杜律二卷（唐）韓愈　杜甫撰　（明）郭正域評輯　明萬曆閔齊伋刻三色套印本

匡高20.2厘米，廣15.2厘米。半葉八行，行十八字，白口，左右雙邊。中山大學圖書館藏。

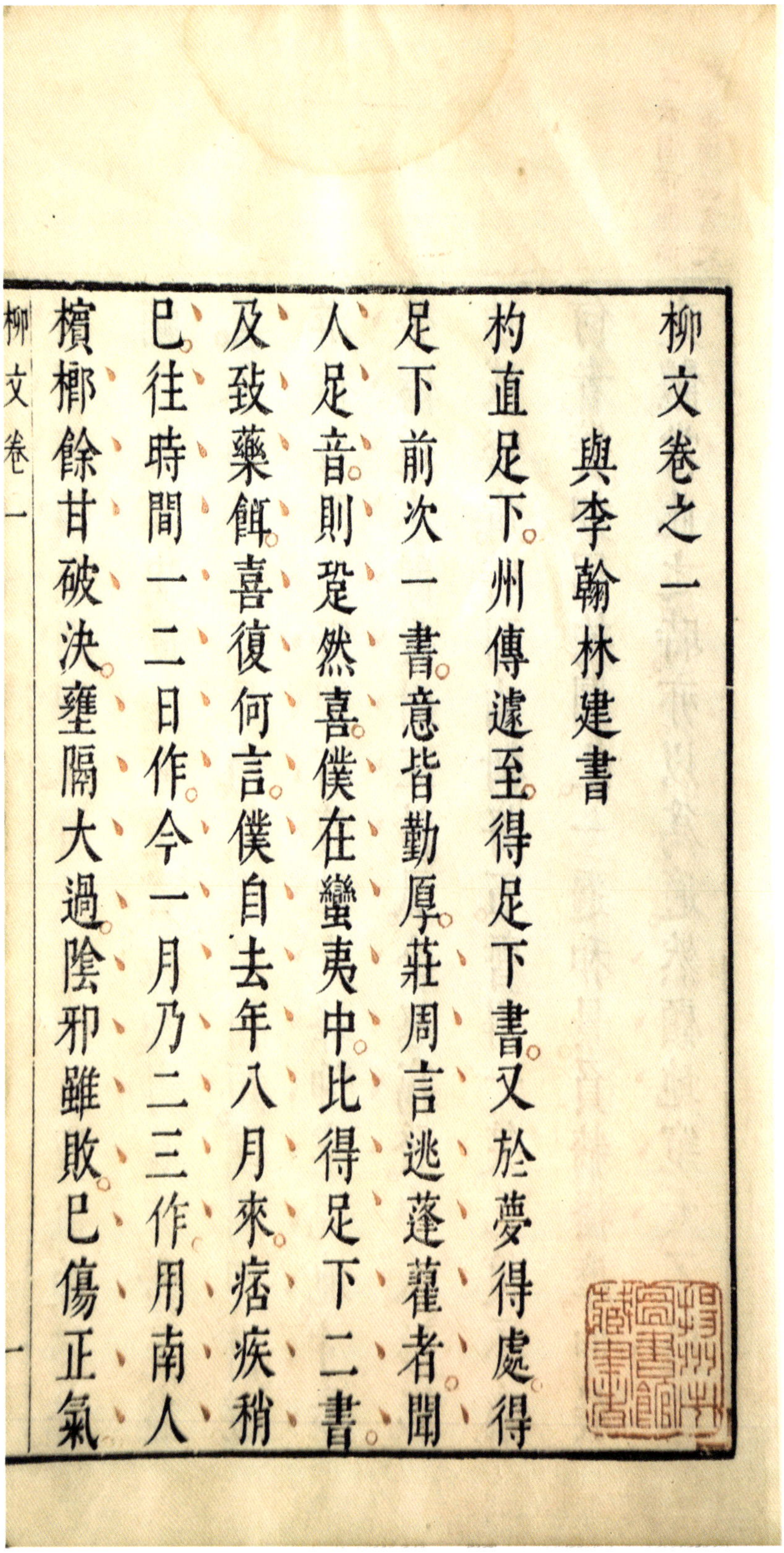
柳文卷之一
與李翰林建書
杓直足下州傳遽至得足下書又於夢得處得
足下前次一書意皆勤厚莊周言逃蓬藋者聞
人足音則跫然喜僕在蠻夷中比得足下二書
及致藥餌喜復何言僕自去年八月來痞疾稍
已往時間一二日作今一月乃二三作用南人
檳榔餘甘破決壅隔大過陰邪雖敗已傷正氣
柳文卷一　一

02038、02039、02040、02041 柳文七卷（唐）柳宗元撰　（明）茅坤輯　明刻朱墨套印本

匡高20.2厘米，廣14.7厘米。半葉八行，行十八字，白口，四周單邊。鎮江市圖書館藏；揚州市圖書館藏；山東省圖書館藏，有“香南室”等印；青海省圖書館藏，存六卷。

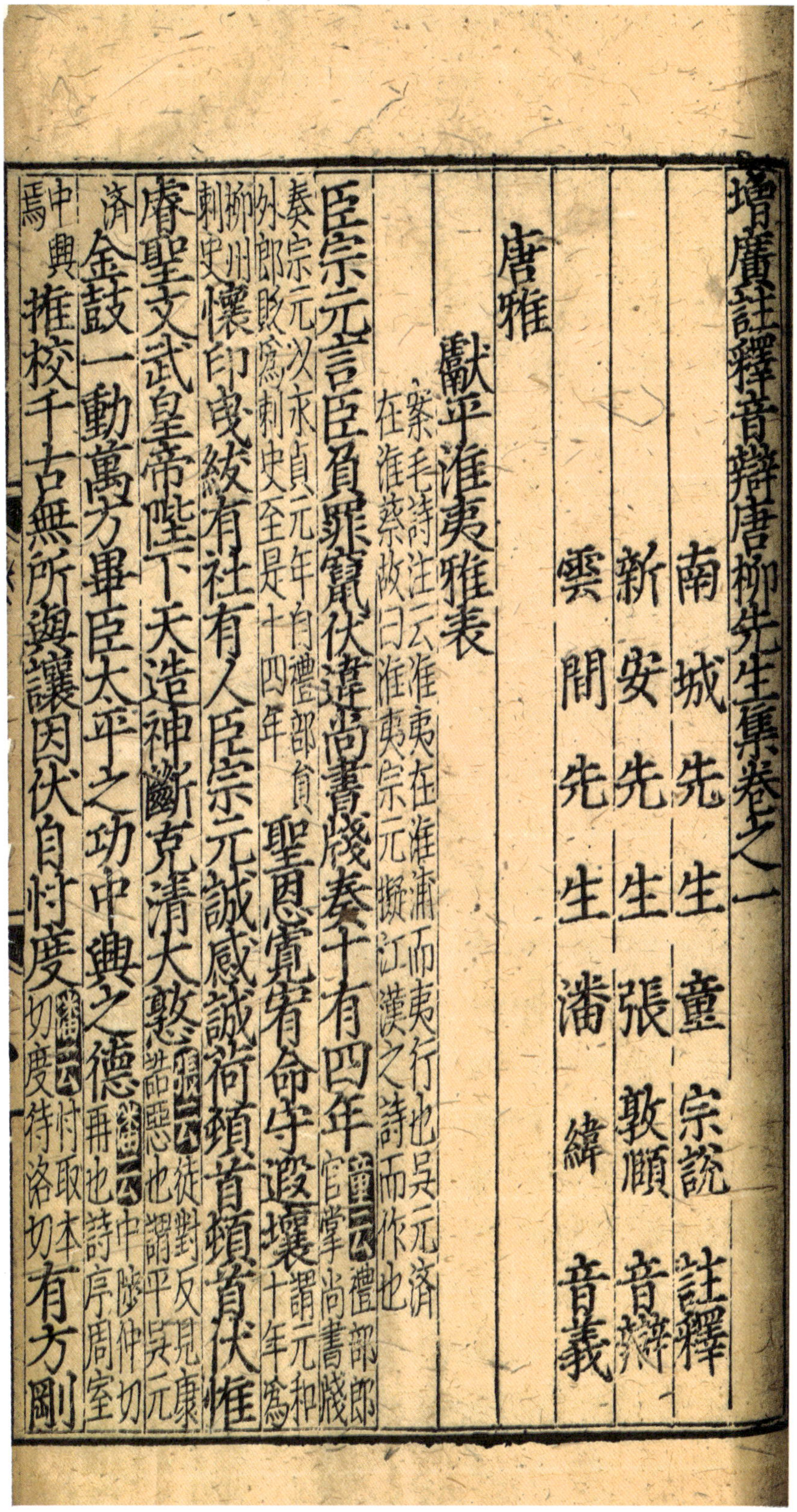
增廣註釋音辯唐柳先生集卷之一
南城先生童宗説註釋
新安先生張敦頤音辯
雲間先生潘緯音義
唐雅
獻平淮夷雅表
案毛詩注云淮夷在淮浦而夷行也吴元濟在淮蔡故曰淮夷宗元擬江漢之詩而作也
臣宗元言臣負罪竄伏違尚書牋奏十有四年童云禮部郎官掌尚書牋奏宗元以永貞元年自禮部員外郎貶爲刺史至是十四年聖恩寛宥命守遐壤謂元和十年爲柳州刺史懐印曳紱有社有人臣宗元誠感誠荷頓首頓首伏惟
睿聖文武皇帝陛下天造神斷克清大憝張云徒對反見康誥惡也謂平吴元濟金鼓一動萬方畢臣太平之功中興之德潘云中陟仲切冊也詩序周室中興焉推校千古無所與讓因伏自忖度潘云忖取本切度待洛切有方剛

02042、02043、02044、02045 增廣註釋音辯唐柳先生集四十三卷別集二卷外集二卷 （唐）柳宗元撰 （宋）童宗説注釋 （宋）張敦頤音辯 （明）潘緯音義 **附録一卷** 明正統十三年（1448）善敬堂刻本

匡高19.8厘米，廣12.2厘米。半葉十三行，行二十三字，細黑口，四周雙邊。有"正統戊辰善敬堂刊"牌記。甘肅省圖書館藏，有"且亭"、"楊印思聖"等印；浙江圖書館藏；安徽省圖書館藏，無附録一卷；湖南圖書館藏，爲明正統十三年（1448）善敬堂刻萬曆三年補刻本。

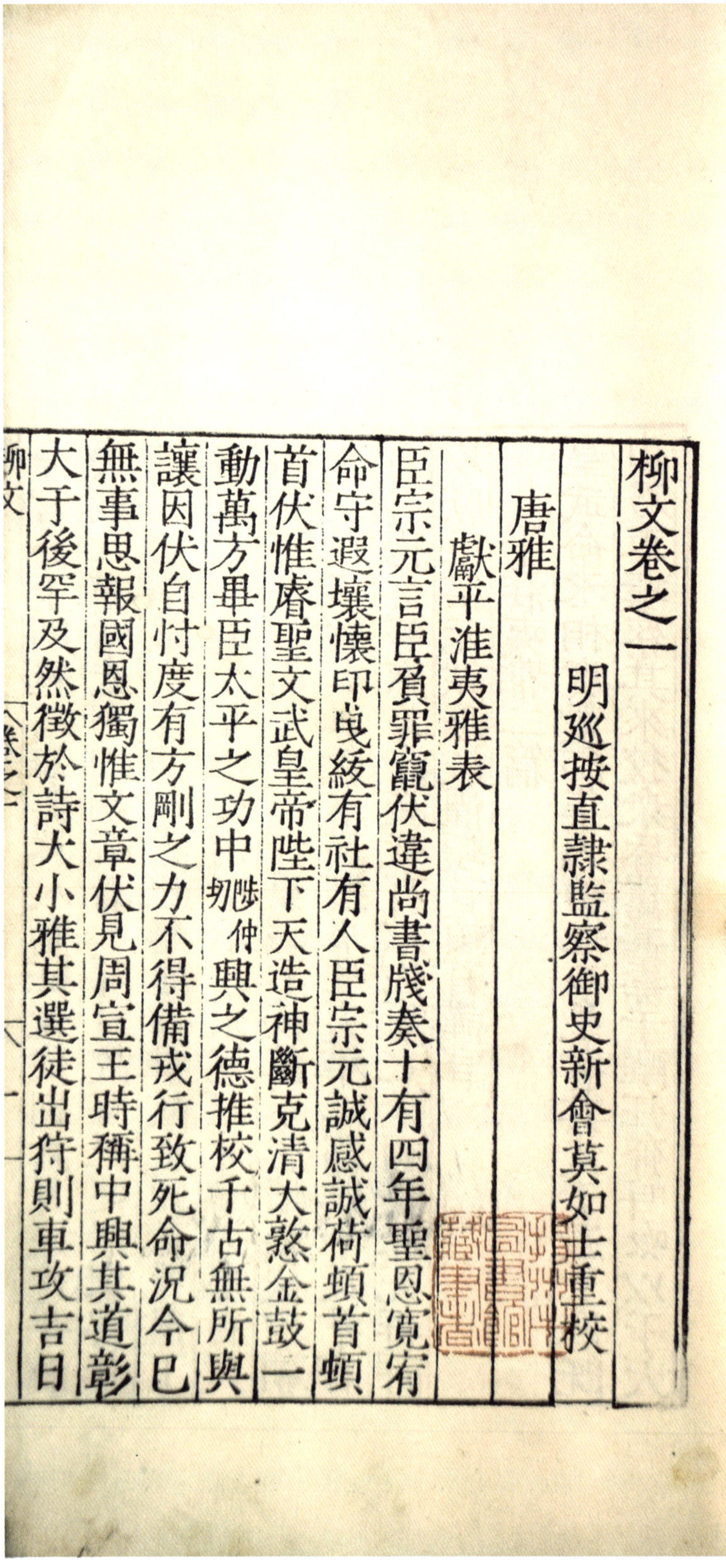

柳文卷之一　　明巡按直隸監察御史新會莫如士重校

唐雅

獻平淮夷雅表

臣宗元言臣負罪竄伏違尚書牋奏十有四年聖恩寛宥
命守遐壤懷印曳綬有社有人臣宗元誠感誠荷頓首頓
首伏惟睿聖文武皇帝陛下天造神斷克清大憝金鼓一
動萬方畢臣太平之功中（陟仲切）興之德推校千古無所與
讓因伏自忖度有方剛之力不得備戎行致死命況今已
無事思報國恩獨惟文章伏見周宣王時稱中興其道彰
大于後罕及然徵於詩大小雅其選徒出狩則車攻吉日

柳文　卷之一　一

02046　柳文四十三卷別集二卷外集二卷（唐）柳宗元撰　**附録一卷**　明嘉靖三十五年（1556）莫如士刻本

匡高18.2厘米，廣13.5厘米。半葉十一行，行二十二字，白口，左右雙邊。揚州市圖書館藏。

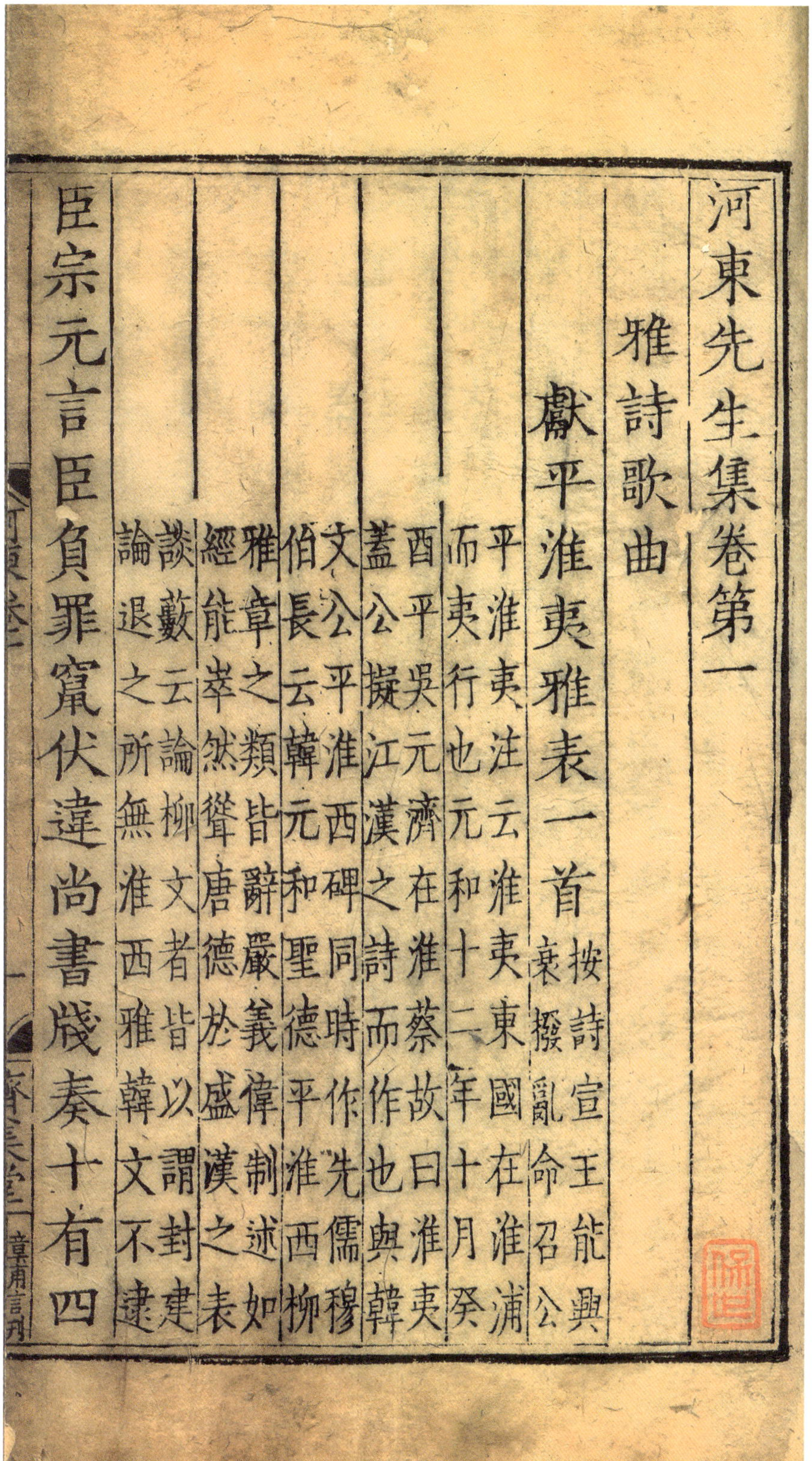
河東先生集卷第一

雅詩歌曲

獻平淮夷雅表一首 按詩宣王能興衰撥亂命召公平淮夷注云淮夷東國在淮浦而夷行也元和十二年十月癸酉平吳元濟在淮蔡故曰淮夷蓋公擬江漢之詩而作也與韓文公平淮西碑同時作先儒穆伯長云韓元和聖德平淮西柳雅章之類皆辭嚴義偉制述如經能崒然聳唐德於盛漢之表談藪云論柳文者皆以謂封建論退之所無淮西雅韓文不逮

臣宗元言臣負罪竄伏違尚書牋奏十有四

02047、02048 河東先生集四十五卷外集二卷龍城録二卷 （唐）柳宗元撰　（宋）廖瑩中校正　**附録二卷傳一卷**

明郭雲鵬濟美堂刻本

匡高20厘米，廣13厘米。半葉九行，行十七字，小字雙行同，細黑口，四周雙邊。有“東吳郭雲鵬校壽梓”牌記。西北師範大學圖書館藏；鎮江市圖書館藏，無附録二卷傳一卷。

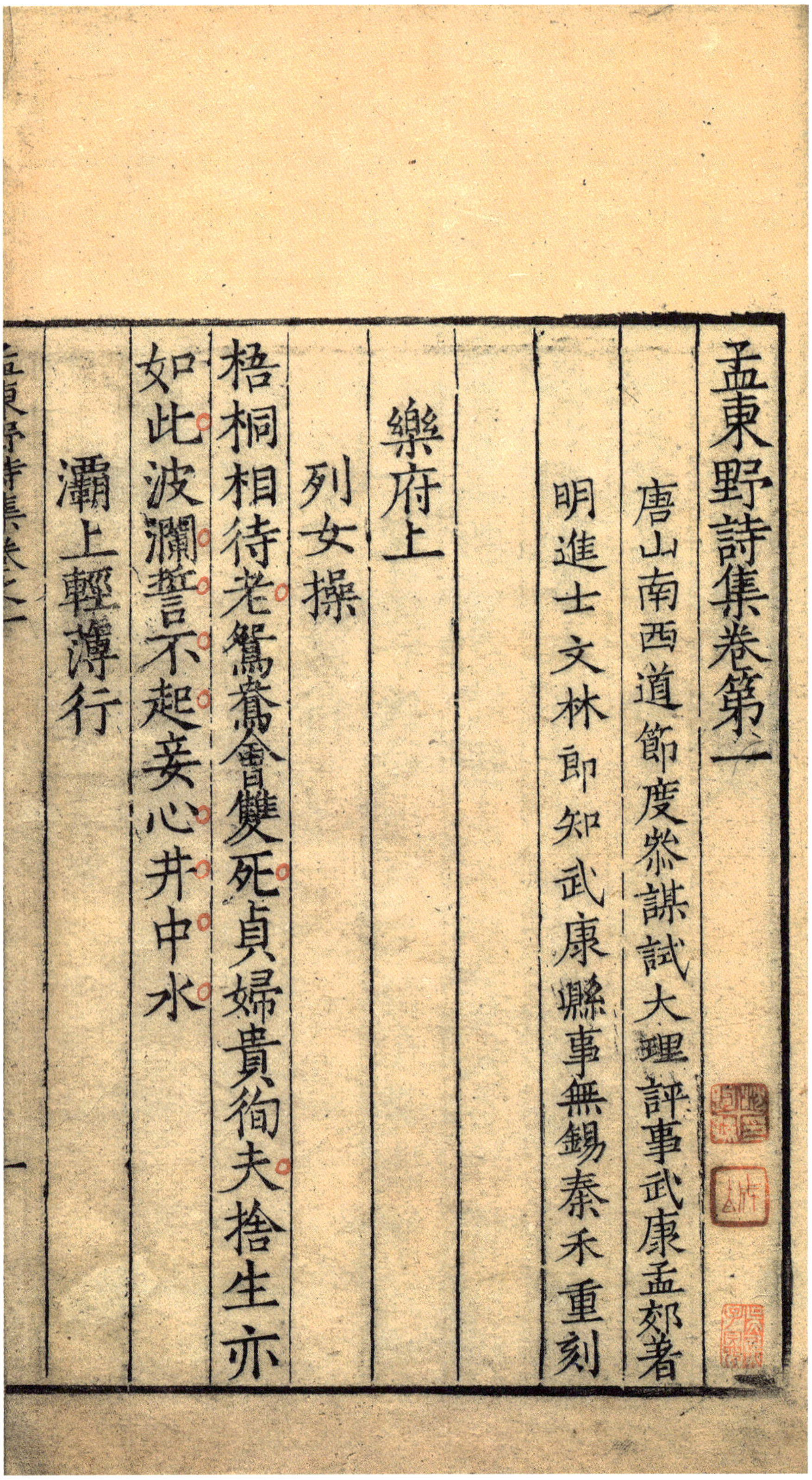
孟東野詩集卷第一
唐山南西道節度叅謀試大理評事武康孟郊著
明進士文林郎知武康縣事無錫秦禾重刻
樂府上
列女操
梧桐相待老鴛鴦會雙死貞婦貴徇夫捨生亦
如此波瀾誓不起妾心井中水
灞上輕薄行
孟東野詩集卷之一　一

02049 孟東野詩集十卷 （唐）孟郊撰　**聯句一卷** 明嘉靖三十五年（1556）秦禾刻本

匡高18.5厘米，廣13.6厘米。半葉九行，行十八字，白口，四周單邊。有"沈印煦孫"等印。無錫市圖書館藏。

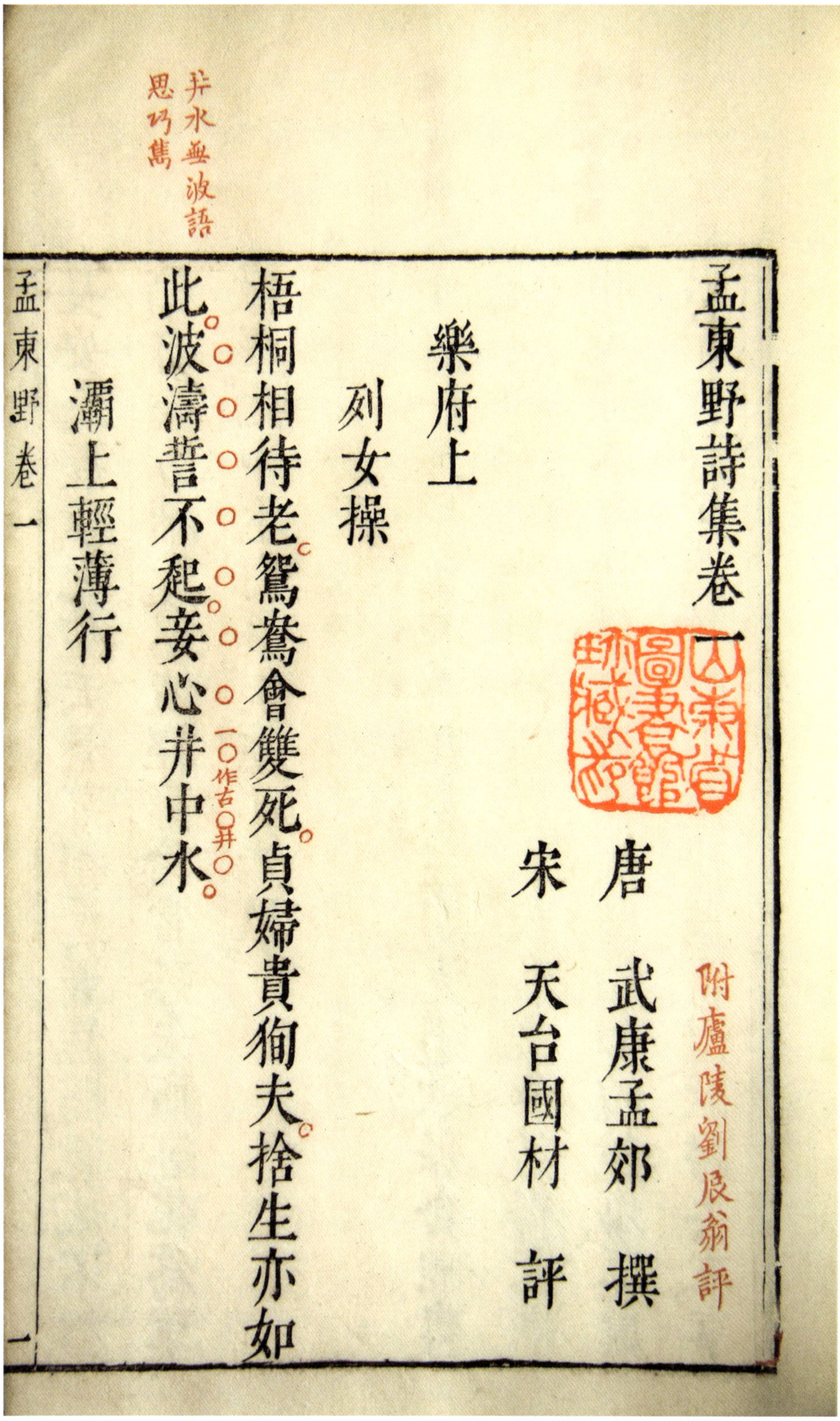

井水無波語思巧雋

孟東野詩集卷一

附廬陵劉辰翁評

唐　武康孟郊　撰

宋　天台國材　評

樂府上

列女操

梧桐相待老鴛鴦會雙死貞婦貴徇夫捨生亦如此波濤誓不起妾心井中水

一作古井

灞上輕薄行

孟東野卷一　一

02050、02051、02052　孟東野詩集十卷　（唐）孟郊撰　（宋）國材　劉辰翁評　明凌濛初刻朱墨套印本

匡高20.3厘米，廣13.9厘米。半葉八行，行十九字，白口，左右雙邊。陝西省社會科學院圖書館藏；廣東省立中山圖書館藏，有"曾振綺印"等印；山東省圖書館藏。

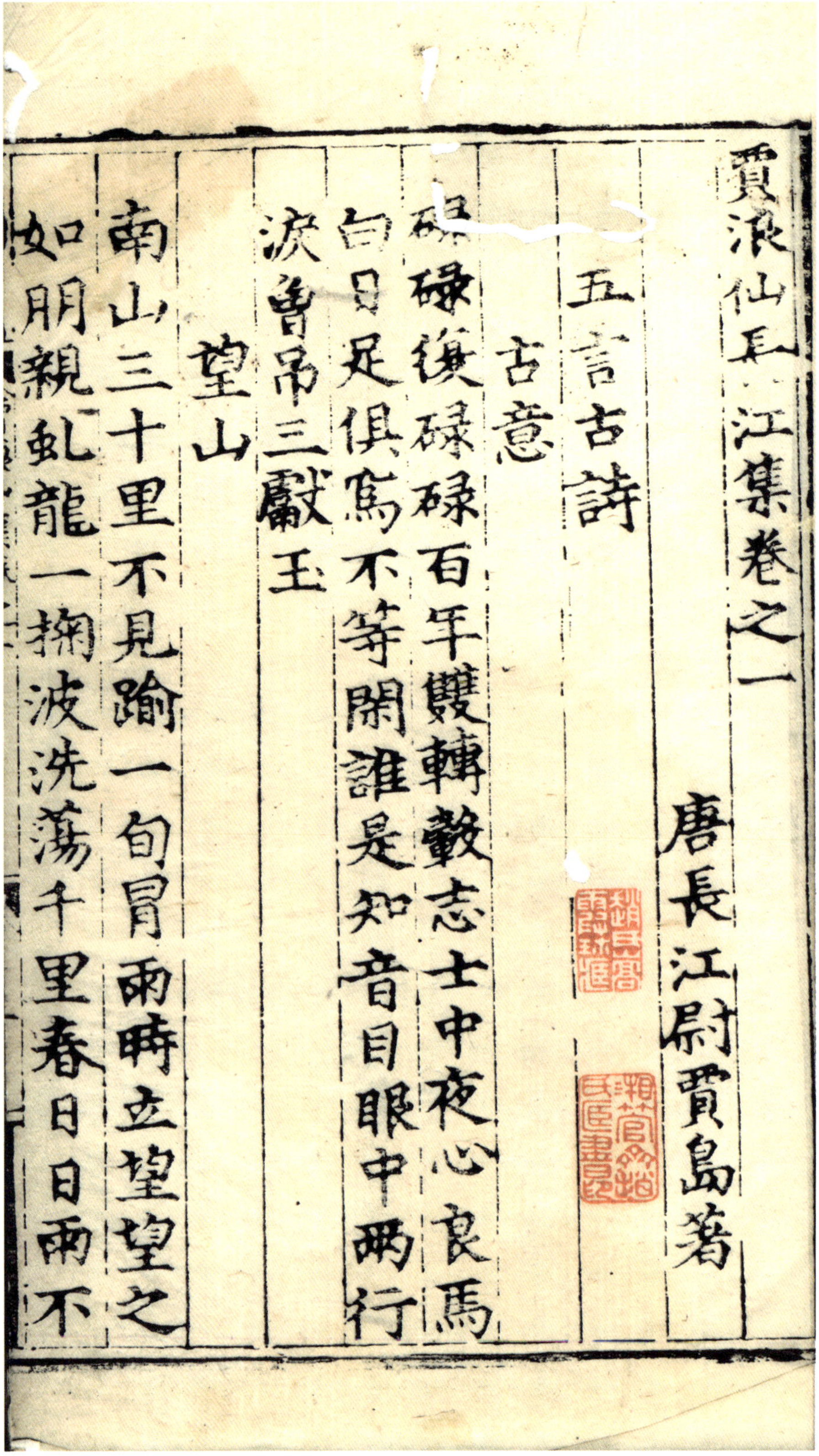
賈浪仙長江集卷之一
唐長江尉賈島著
五言古詩
古意
碌碌復碌碌百年雙轉轂志士中夜心良馬
白日足俱爲不等閑誰是知音目眼中兩行
淚曾弔三獻玉
望山
南山三十里不見踰一旬冐雨時立望望之
如朋親虬龍一掬波洗蕩千里春日日雨不

02053 賈浪仙長江集七卷 （唐）賈島撰　明奉新縣刻本

匡高20.7厘米，廣14厘米。半葉十行，行十八字，黑口，四周雙邊。有“趙氏嵩霞珍藏”等印。蘇州市吴中區圖書館藏。

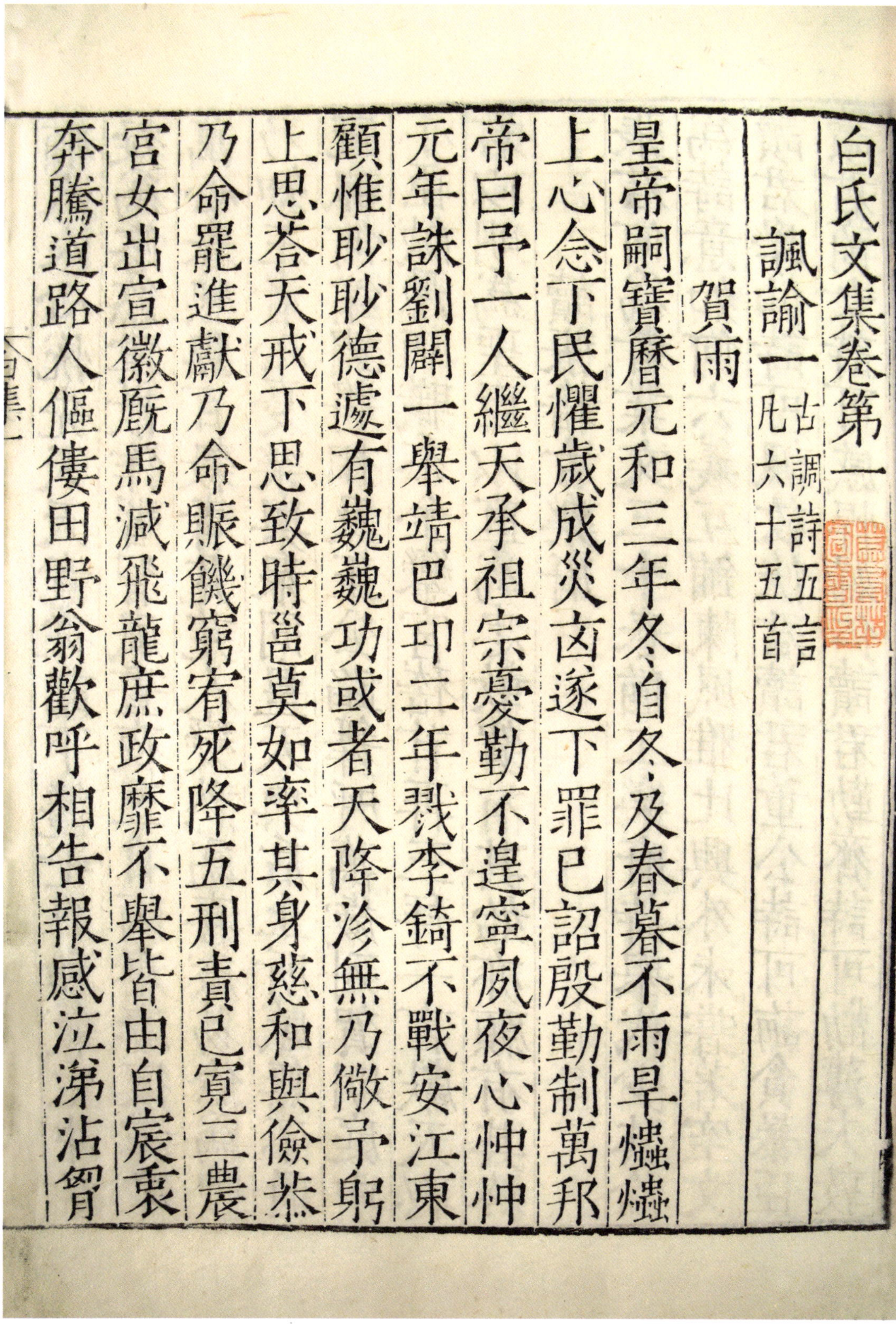

白氏文集卷第一

諷諭一 古調詩五言 凡六十五首

賀雨

皇帝嗣寶曆元和三年冬自冬及春暮不雨旱爞爞
上心念下民懼歲成災凶遂下罪己詔殷勤制萬邦
帝曰予一人繼天承祖宗憂勤不遑寧夙夜心忡忡
元年誅劉闢一舉靖巴邛二年戮李錡不戰安江東
顧惟眇眇德遽有巍巍功或者天降沴無乃儆予躬
上思荅天戒下思致時邕莫如率其身慈和與儉恭
乃命罷進獻乃命賑饑窮宥死降五刑責己寬三農
宮女出宣徽廄馬減飛龍庶政靡不舉皆由自宸衷
奔騰道路人傴僂田野翁歡呼相告報感泣涕沾胷

02054 白氏文集七十一卷 （唐）白居易撰　明嘉靖十七年（1538）伍忠光龍池草堂刻錢應龍重修本

匡高19.3厘米，廣15.5厘米。半葉十二行，行二十字，白口，左右雙邊。有“莫友芝圖書印”等印。湖南圖書館藏。

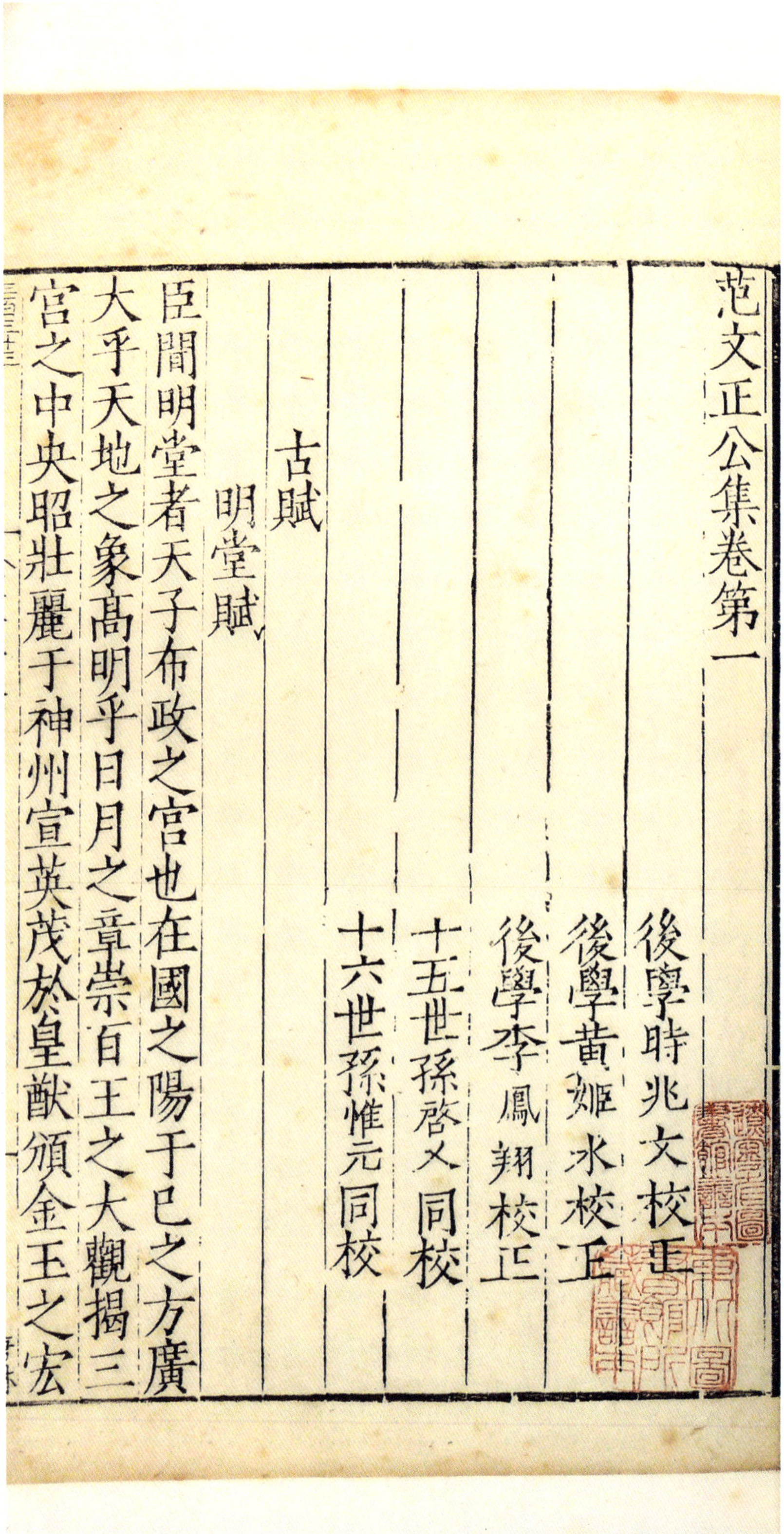

范文正公集卷第一

後學時兆文校正

後學黃姬水校正

後學李鳳翔校正

十五世孫啓乂同校

十六世孫惟元同校

古賦

明堂賦

臣聞明堂者天子布政之宫也在國之陽于巳之方廣大乎天地之象高明乎日月之章崇百王之大觀揭三宫之中央昭壯麗于神州宣英茂於皇猷須金玉之宏

02055 范文正公集二十卷別集四卷政府奏議二卷尺牘三卷 （宋）范仲淹撰　明嘉靖范惟元刻本

匡高21.4厘米，廣15.3厘米。半葉十一至十二行，行二十一字，白口，左右雙邊。有“天曆戊辰改元褒賢世家重刻于家塾歲寒堂”牌記。有“大興朱氏竹君藏書之印”等印。遼寧省圖書館藏。

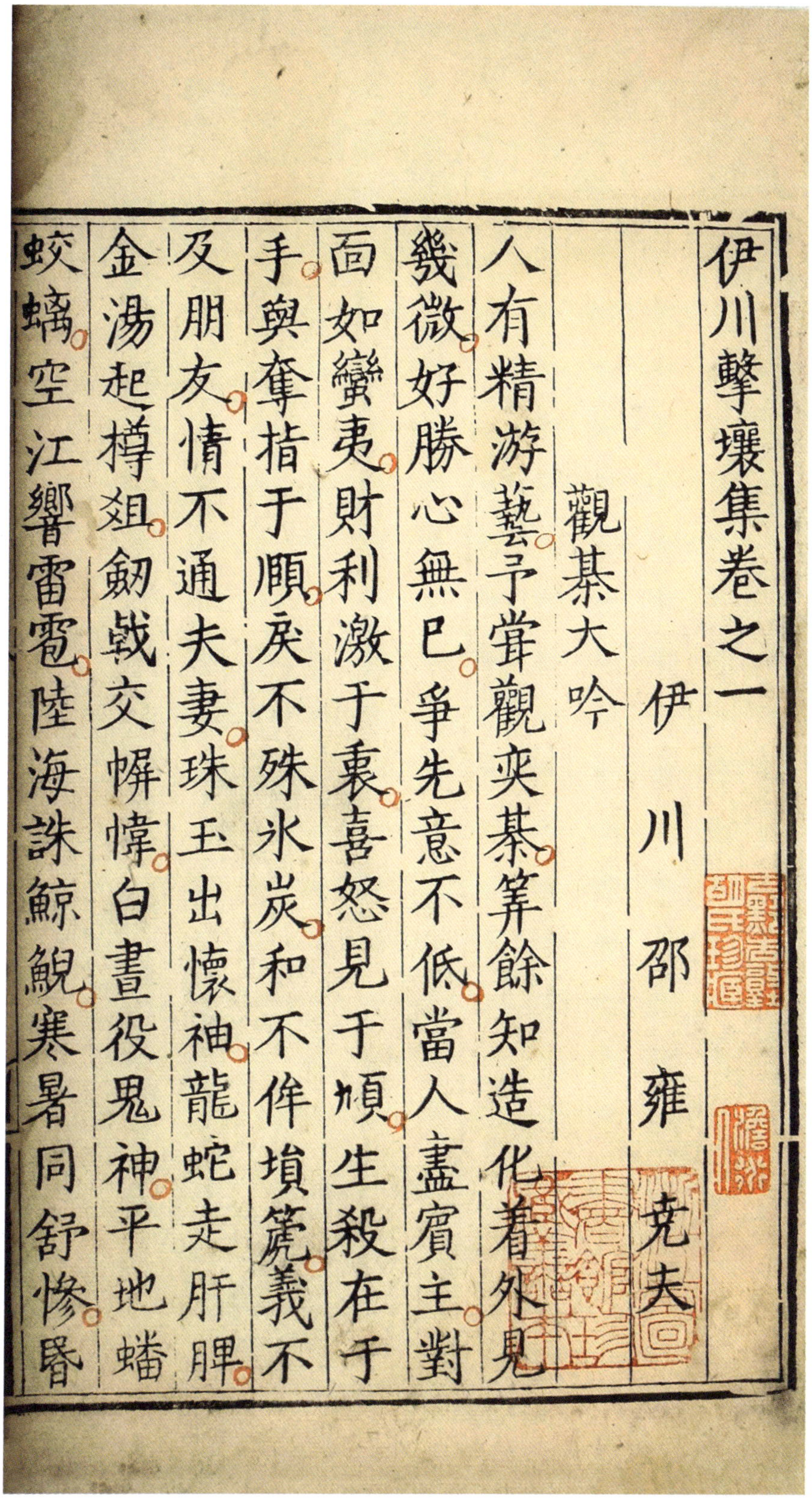

伊川擊壤集卷之一

伊川邵雍堯夫

觀棊大吟

人有精游藝予甞觀奕棊筭餘知造化着外見幾微好勝心無已爭先意不低當人盡賓主對面如蠻夷財利激于衷喜怒見于頄生殺在于手與奪指于頤戾不殊氷炭和不侔塤篪義不及朋友情不通夫妻珠玉出懷袖龍蛇走肝脾金湯起樽俎劒戟交幈幃白晝役鬼神平地蟠蛟螭空江響雷雹陸海誅鯨鯢寒暑同舒慘昬

02056、02057 伊川擊壤集二十卷集外詩一卷 （宋）邵雍撰 明成化畢亨刻十六年（1480）劉尚文重修本

匡高24.9厘米，廣16.7厘米。半葉十行，行十八字，黑口，四周雙邊。浙江圖書館藏；新鄉市圖書館藏，無集外詩一卷。

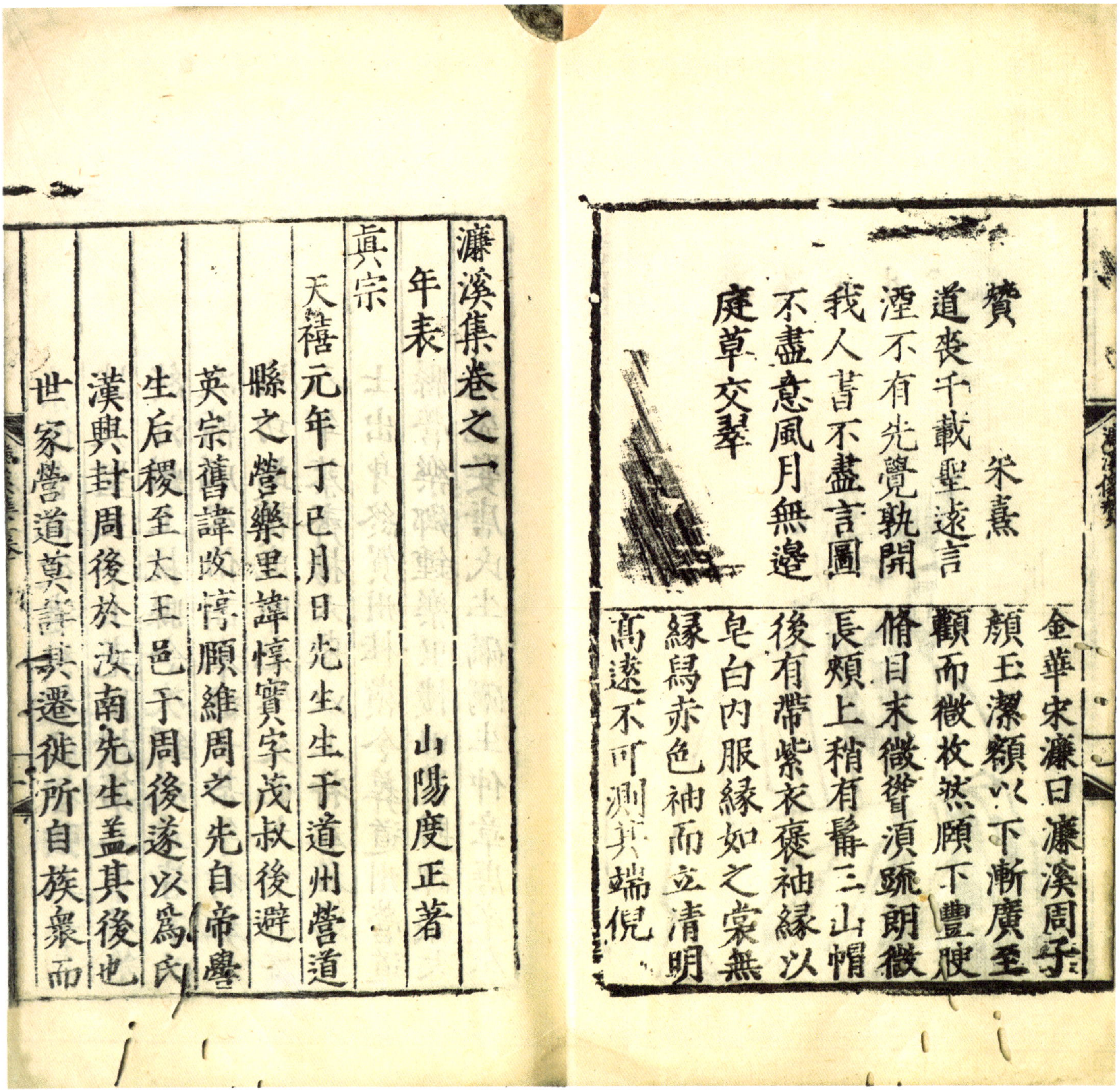

贊　朱熹
道喪千載聖遠言
湮不有先覺孰開
我人書不盡言圖
不盡意風月無邊
庭草交翠

金華宋濂曰濂溪周子
顏玉潔額以下漸廣至
顴而微收煞頤下豐腴
脩目末微聳須疏朗微
長頰上稍有髯三山帽
後有帶紫衣褒袖緣以
皂白内服緣如之裳無
緣舄亦色袖而立清明
高遠不可測其端倪

濂溪集卷之一
年表　山陽度正著
真宗
天禧元年丁巳月日先生生于道州營道
縣之營樂里諱惇實字茂叔後避
英宗舊諱改惇頤維周之先自帝嚳
生后稷至太王邑于周後遂以爲氏
漢興封周後於汝南先生蓋其後也
世家營道莫詳其遷徙所自族衆而

02058 濂溪集六卷　（宋）周敦頤撰　明嘉靖十四年（1535）刻本

匡高20.1厘米，廣13.6厘米。半葉九行，行十七字，細黑口，四周單邊。

安徽省圖書館藏。

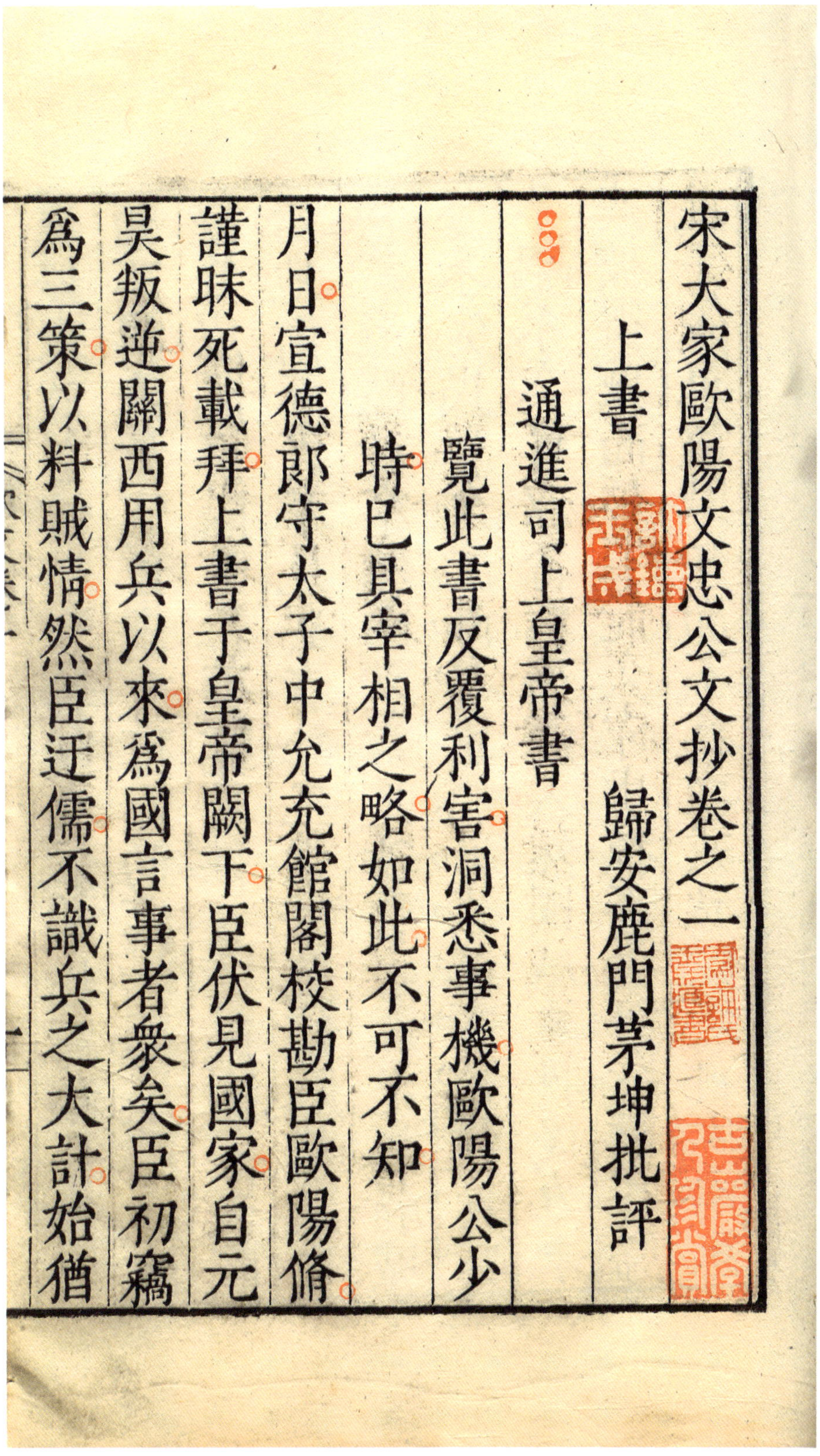

宋大家歐陽文忠公文抄卷之一
上書　　歸安鹿門茅坤批評
通進司上皇帝書
覽此書反覆利害洞悉事機歐陽公少
時巳具宰相之略如此不可不知
月日宣德郎守太子中允充館閣校勘臣歐陽脩
謹昧死載拜上書于皇帝闕下臣伏見國家自元
昊叛逆關西用兵以來爲國言事者衆矣臣初竊
爲三策以料賊情然臣迂儒不識兵之大計始猶

02059 宋大家歐陽文忠公文抄三十二卷　（宋）歐陽修撰　（明）茅坤批評　明茅一桂刻本

匡高20.5厘米，廣14厘米。半葉九行，行十九字，白口，左右雙邊。有“古巖學人珍賞”等印。西北師範大學圖書館藏。

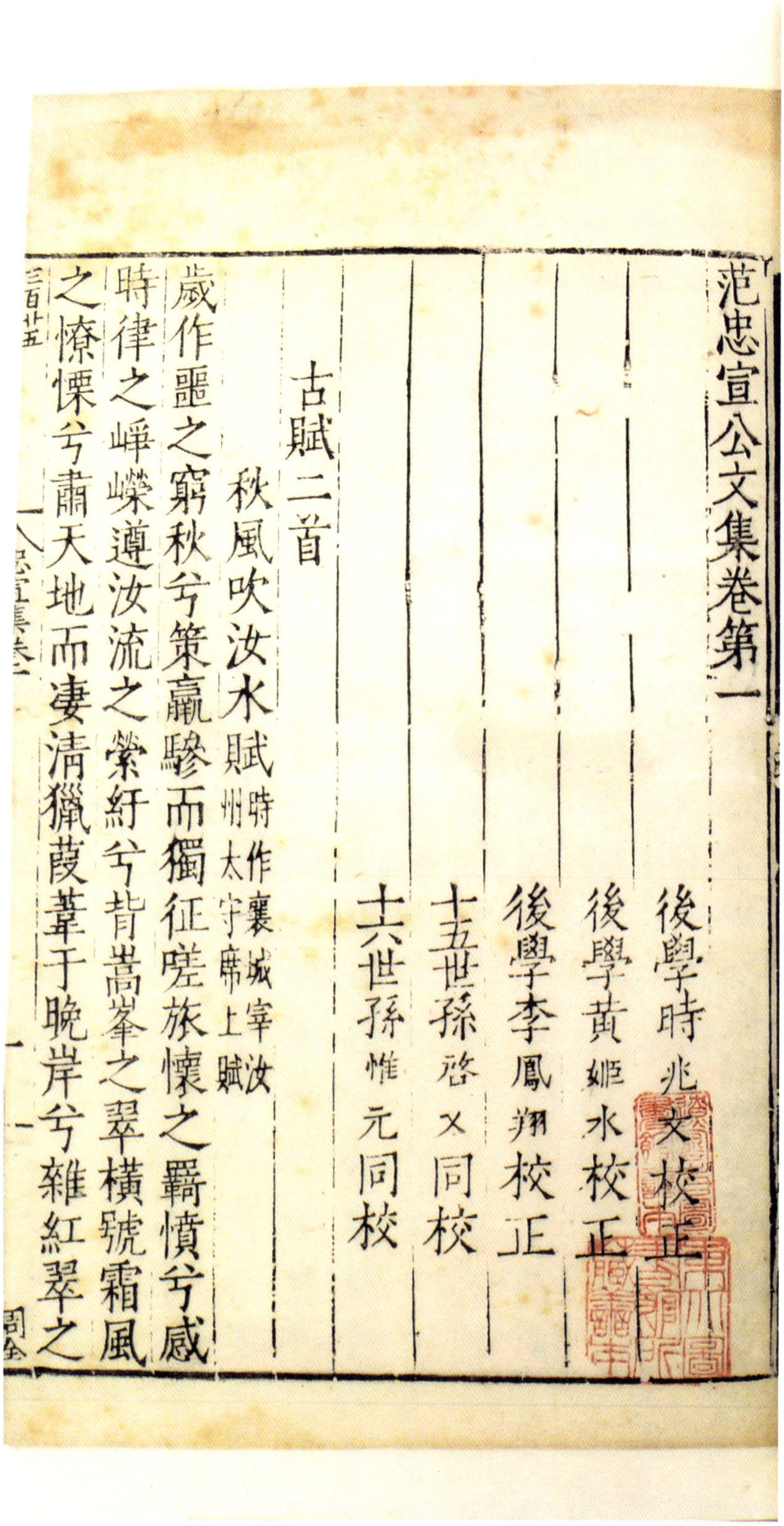

范忠宣公文集卷第一

後學時兆文校正

後學黄姬水校正

後學李鳳翔校正

十五世孫啓乂同校

十六世孫惟元同校

古賦二首

秋風吹汝水賦 時作襄城宰汝州太守席上賦

歲作噩之窮秋兮策羸驂而獨征嗟旅懷之羈憤兮感時律之崢嶸遵汝流之縈紆兮背嵩峯之翠橫虢霜風之憭慄兮肅天地而淒清獵葭葦于晚岸兮雜紅翠之

02060 范忠宣公文集二十卷 （宋）范純仁撰　明嘉靖范惟元刻本

匡高21.4厘米，廣15.3厘米。半葉十一至十二行，行二十一字，白口，左右雙邊。有“大興朱氏竹君藏書之印”等印。遼寧省圖書館藏。

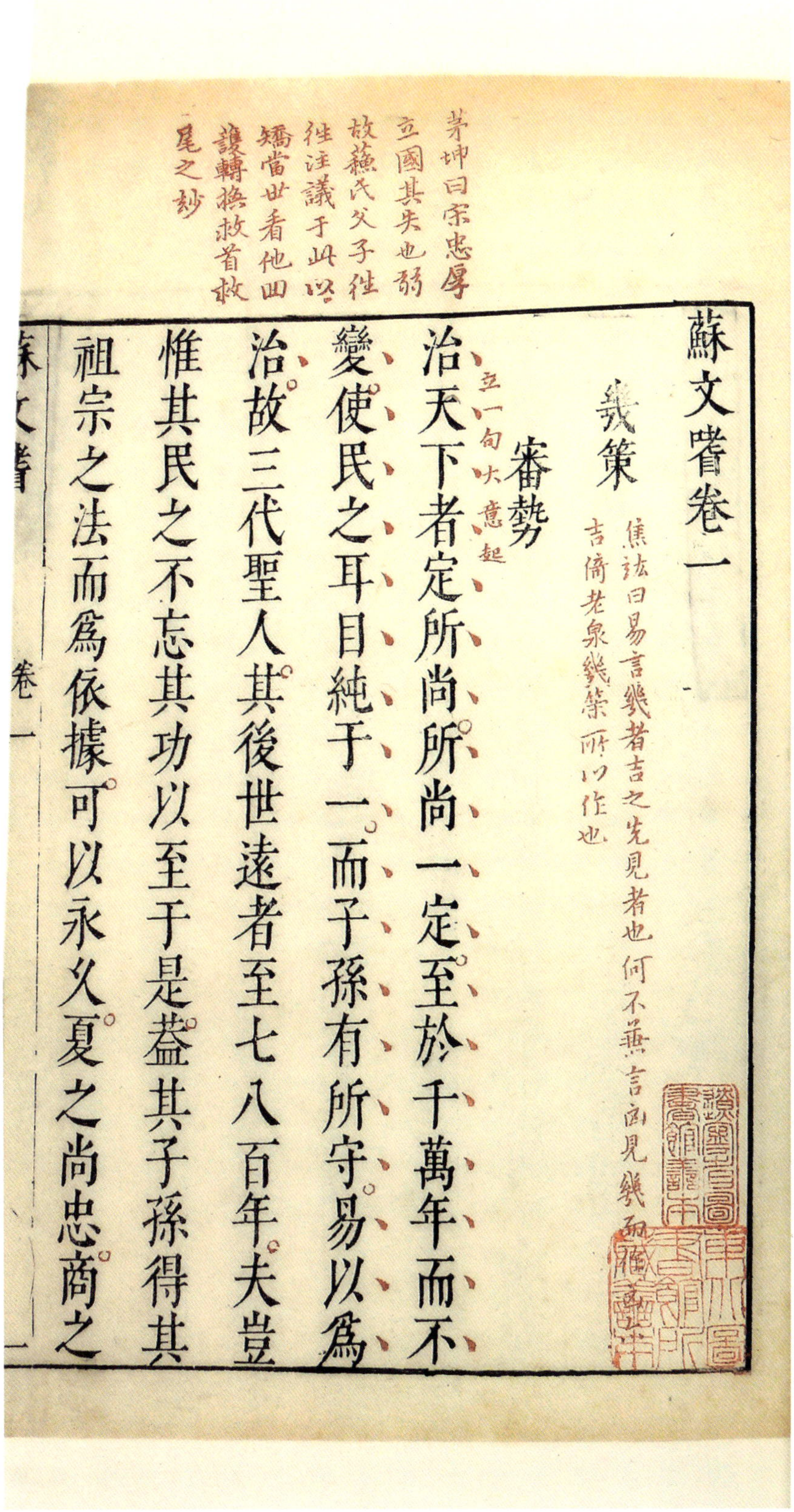

02061 蘇文嗜六卷 （宋）蘇洵撰 （明）茅坤集評 明凌雲刻三色套印本

匡高20厘米，廣14.6厘米。半葉八行，行十八字，白口，四周單邊。遼寧省圖書館藏。

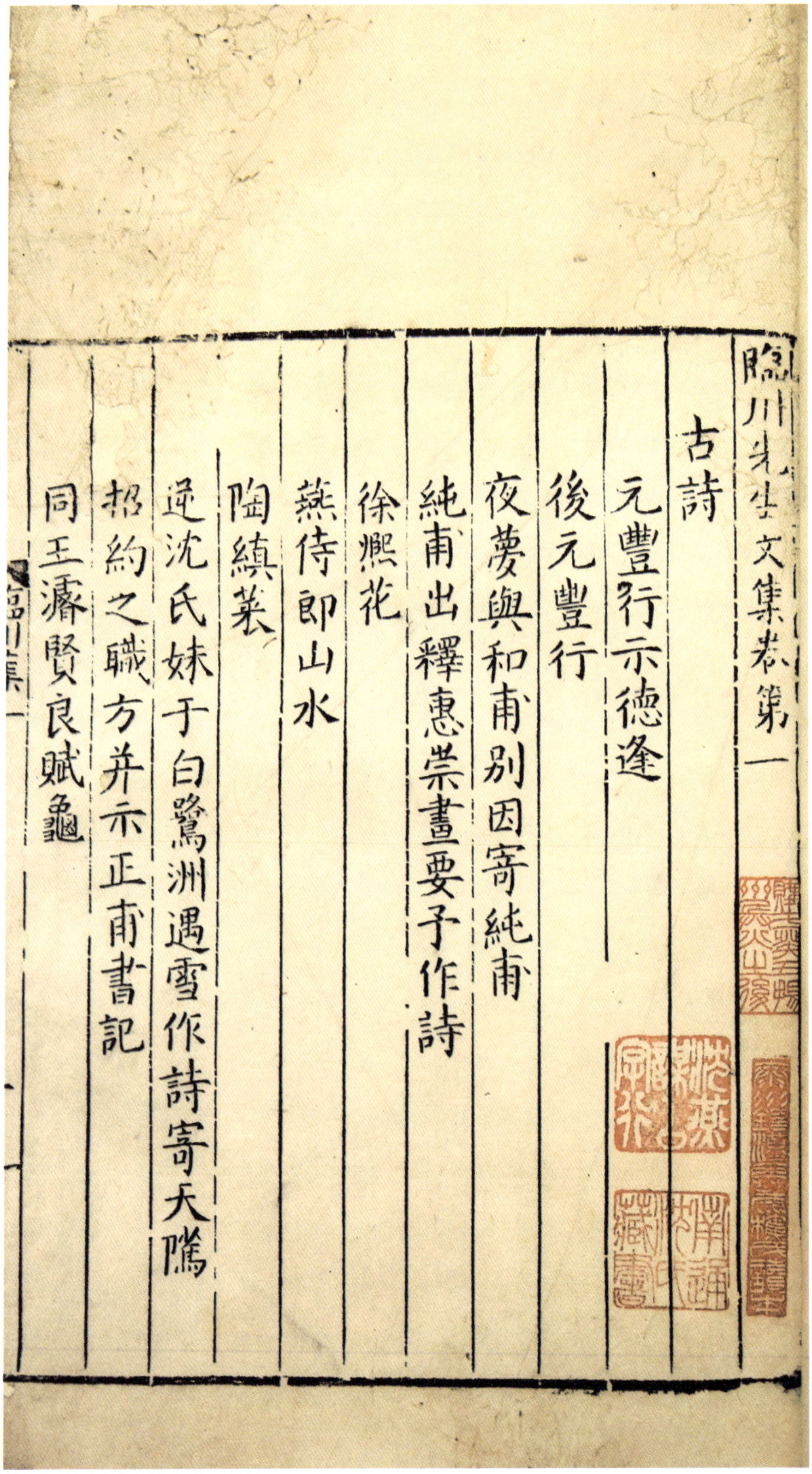
臨川先生文集卷第一

古詩

元豐行示德逢

後元豐行

夜夢與和甫别因寄純甫

純甫出釋惠崇畫要予作詩

徐熈花

燕侍郎山水

陶縝菜

送沈氏妹于白鷺洲遇雪作詩寄天隲

招約之職方并示正甫書記

同王濬賢良賦龜

臨川集一

02062 臨川先生文集一百卷目録二卷 （宋）王安石撰　明嘉靖三十九年（1560）撫州何遷刻本

匡高20.4厘米，廣16厘米。半葉十二行，行二十字，白口，左右雙邊。有“南通沈氏藏書”等印。青海民族學院圖書館藏。

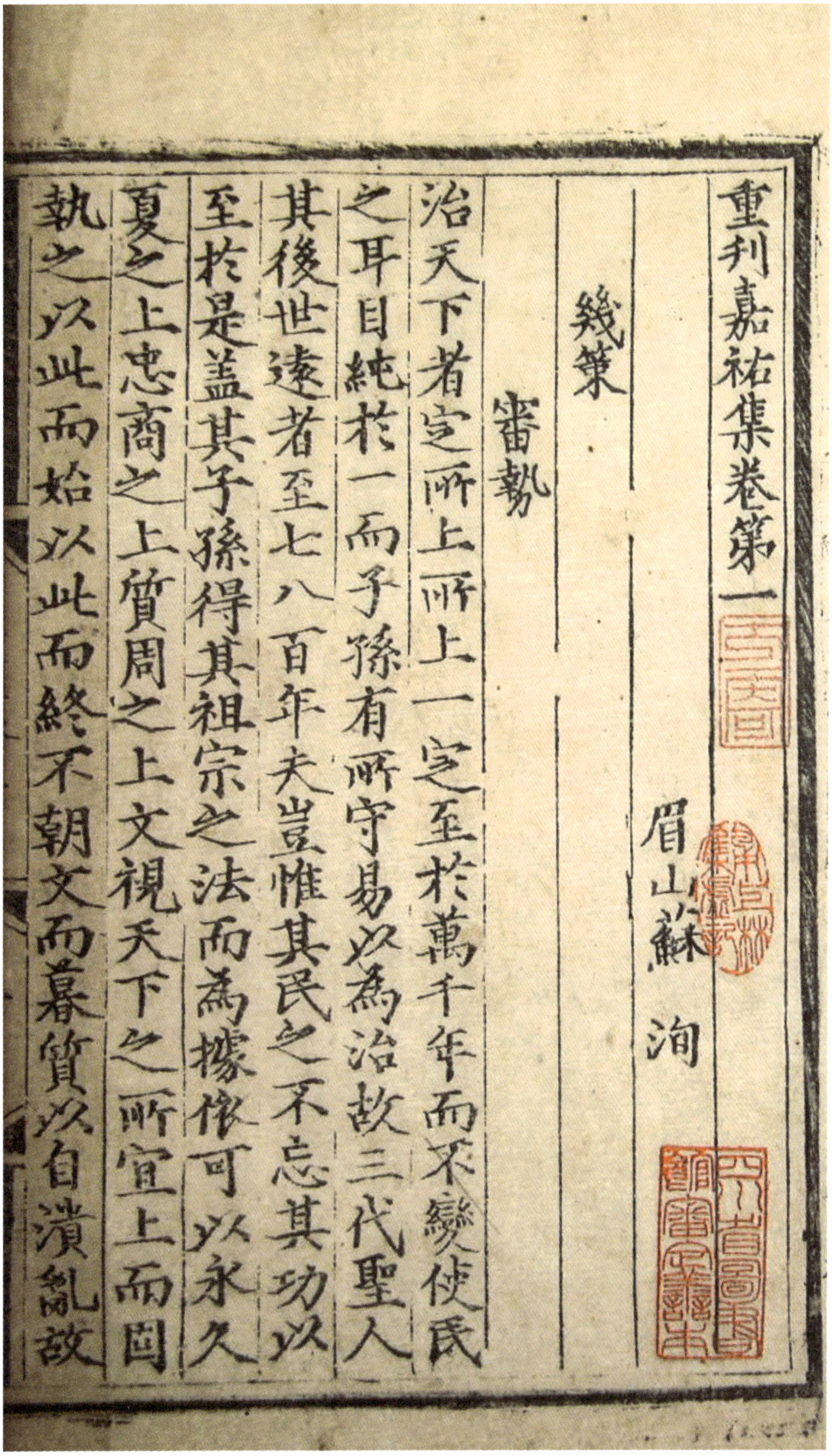

重刊嘉祐集卷第一

眉山蘇 洵

幾策

審勢

治天下者定所上所上一定至於萬千年而不變使民之耳目純於一而子孫有所守易以為治故三代聖人其後世遠者至七八百年夫豈惟其民之不忘其功以至於是蓋其子孫得其祖宗之法而為據依可以永久夏之上忠商之上質周之上文視天下之所宜上而固執之以此而始以此而終不朝文而暮質以自潰亂故

02063 重刊嘉祐集十五卷 （宋）蘇洵撰　明弘治刻本（卷十三、十五有補配）

匡高23厘米，廣13.2厘米。半葉十行，行二十一字，黑口，四周雙邊。四川省圖書館藏。

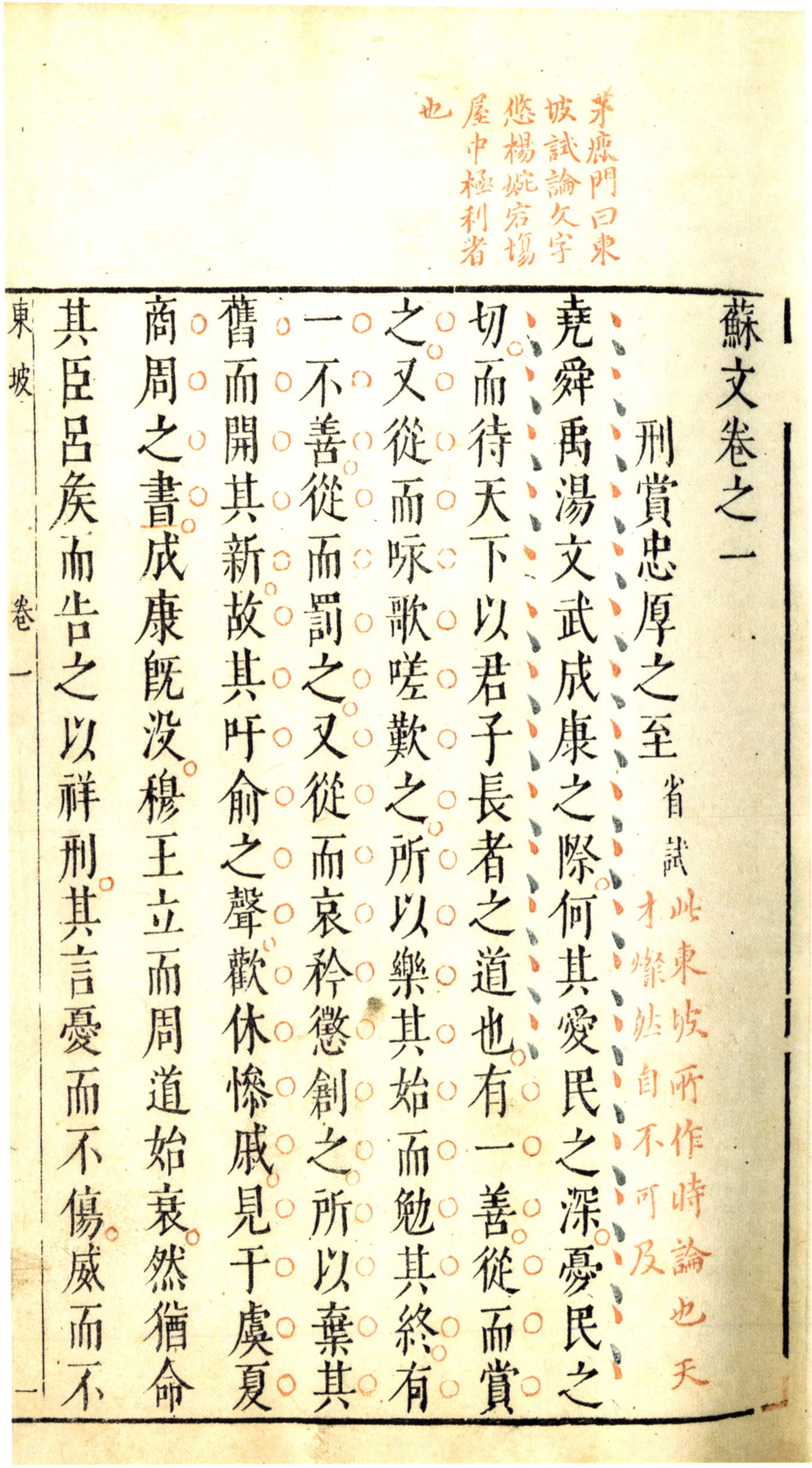

02064、02065、02066、02067 蘇文六卷 （宋）蘇軾撰 （明）茅坤等評 明烏程閔爾容刻三色套印本

匡高20.2厘米，廣14.5厘米。半葉九行，行十九字，白口，四周單邊。安徽省圖書館藏；新鄉市圖書館藏；中山大學圖書館藏，有“退結草堂”、“璜川吴氏收藏圖書”等印；湖南圖書館藏。

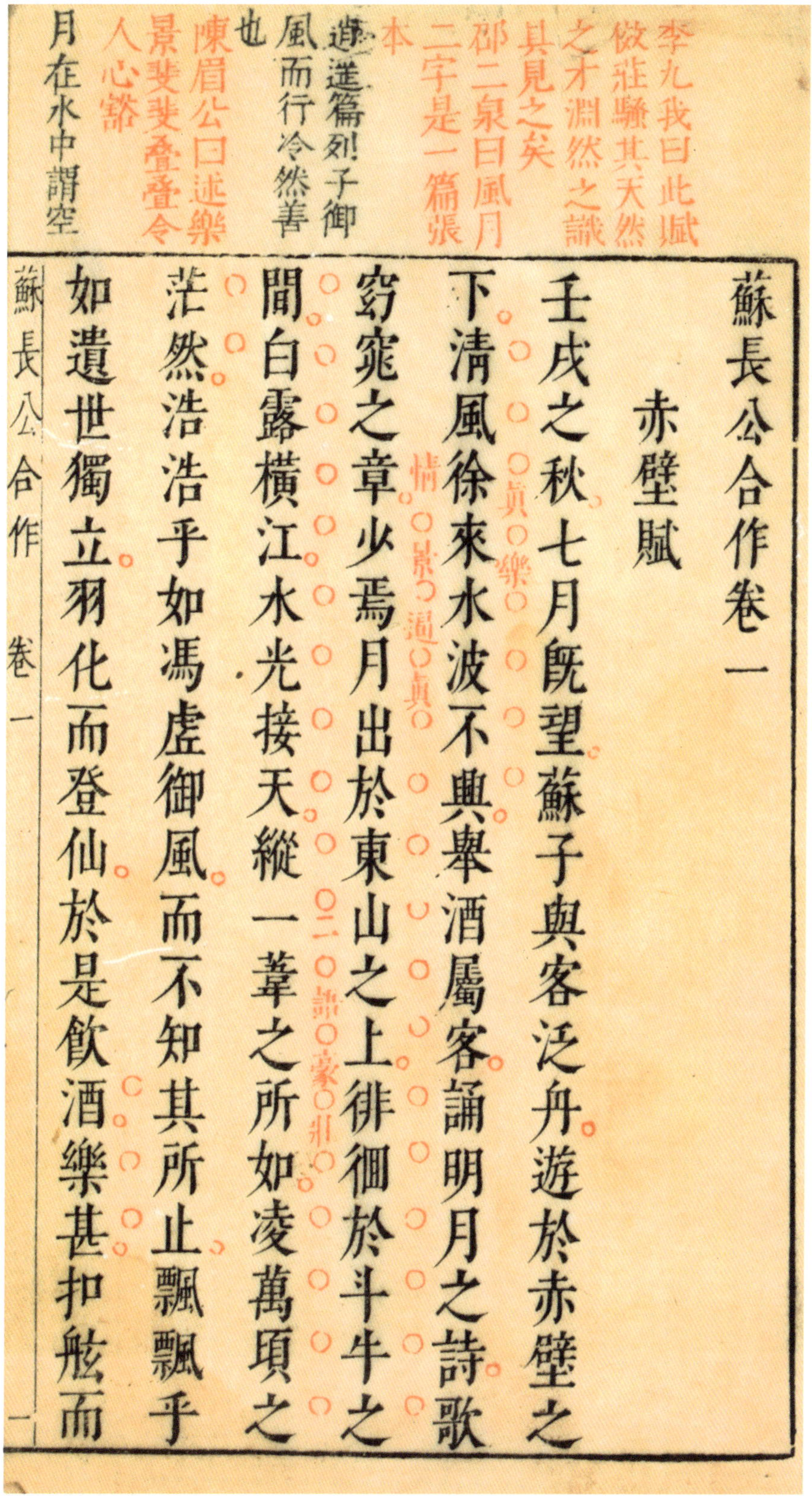
李九我曰此賦倣莊騷其天然之才淵然之識具見之矣
邵二泉曰風月二字是一篇張本
逍遥篇列子御風而行冷然善也
陳眉公曰述樂景斐斐疊疊令人心豁
月在水中謂空

蘇長公合作卷一

赤壁賦

壬戌之秋七月既望蘇子與客泛舟遊於赤壁之下清風徐來水波不興舉酒屬客誦明月之詩歌窈窕之章少焉月出於東山之上徘徊於斗牛之間白露横江水光接天縱一葦之所如凌萬頃之茫然浩浩乎如馮虚御風而不知其所止飄飄乎如遺世獨立羽化而登仙於是飲酒樂甚扣舷而

蘇長公合作　卷一　一

02068、02069 蘇長公合作八卷補二卷（宋）蘇軾撰　（明）高啟等批點　明萬曆四十八年（1620）凌啟康刻三色套印本

匡高20.4厘米，廣13.3厘米。半葉八行，行十九字，白口，四周單邊。南京師範大學藏，無補二卷；安徽省博物館藏。

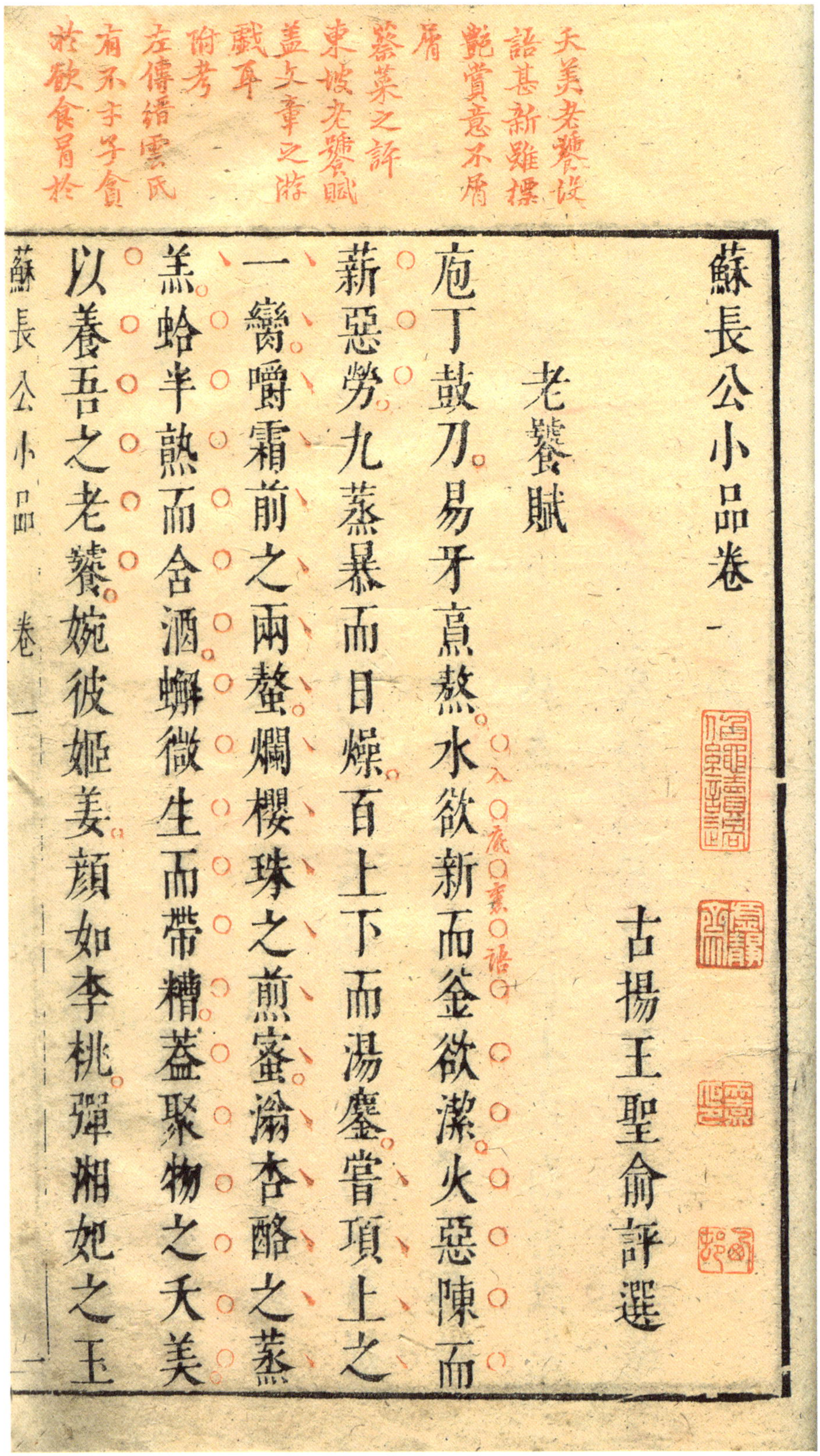

天美老饕設語甚新雖標艷賞意不屑屑蔡蓀之許東坡老饕賦蓋文章之游戲耳

附考左傳縉雲氏有不才子貪於飲食冒於

蘇長公小品卷一

古揚王聖俞評選

老饕賦

庖丁鼓刀易牙烹熬水欲新而釜欲潔火惡陳而薪惡勞九蒸暴而日燥百上下而湯鏖嘗項上之一臠嚼霜前之兩螯爛櫻珠之煎蜜滃杏酪之蒸羔蛤半熟而含酒蟹微生而帶糟蓋聚物之夭美以養吾之老饕婉彼姬姜顏如李桃彈湘妃之玉

入底裏語

蘇長公小品　卷一　一

02070、02071、02072　蘇長公小品四卷蘇長公啟二卷蘇長公表三卷（宋）蘇軾撰（明）王納諫評選　明凌啟康刻朱墨套印本

匡高21.2厘米，廣13.8厘米。半葉八行，行十九字，白口，四周單邊。鄭州市圖書館藏；西北師範大學圖書館藏，無蘇長公啟二卷蘇長公表三卷，有“西邨”、“虛静齋”、“伯繩讀過”等印；揚州市圖書館藏，無蘇長公啟二卷蘇長公表三卷。

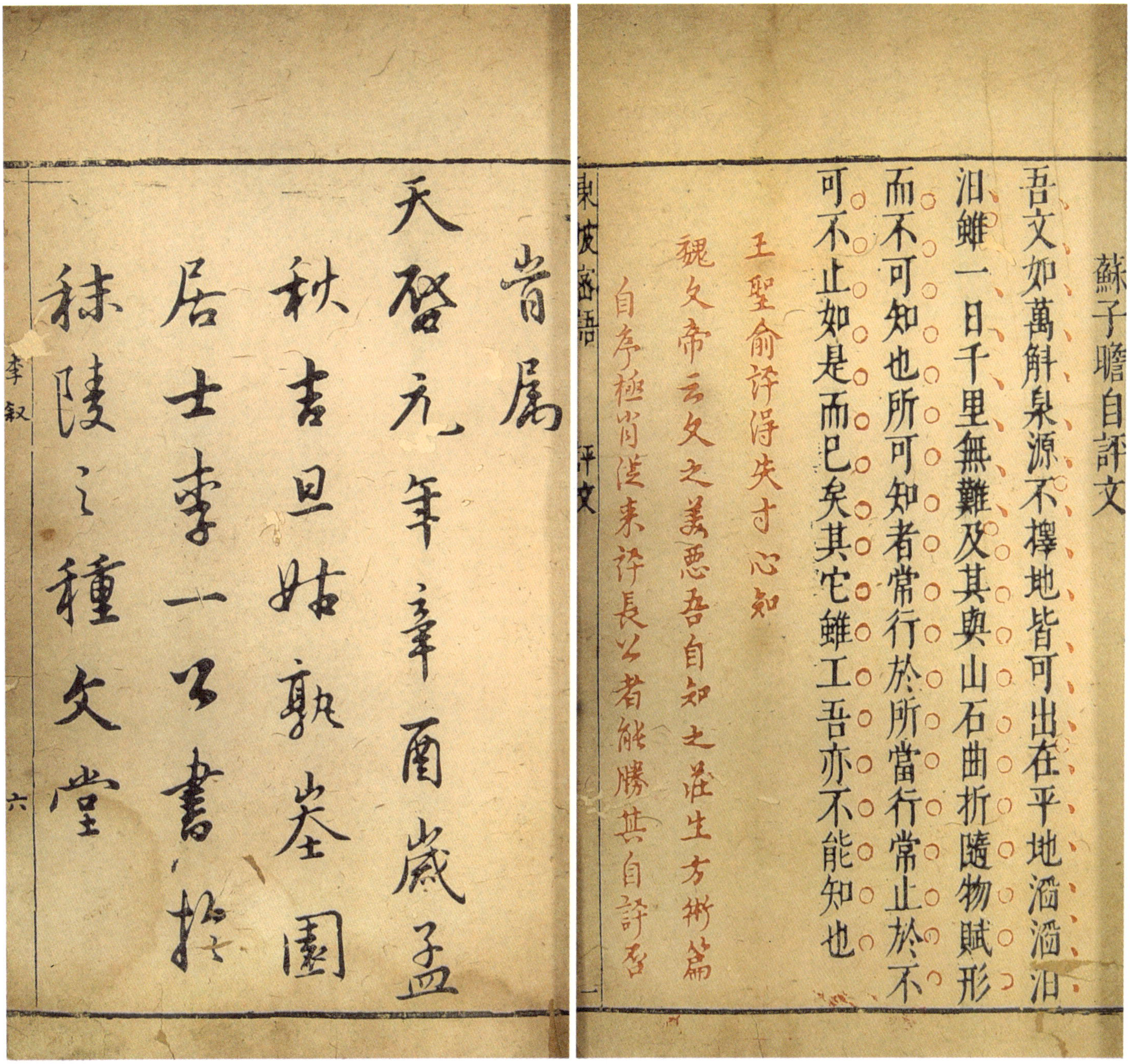

02073 蘇長公密語十六卷首一卷 （宋）蘇軾撰　明天啟元年（1621）刻朱墨套印本

匡高20.2厘米，廣14.2厘米。半葉八行，行十九字，白口，四周單邊。南京市博物館藏。

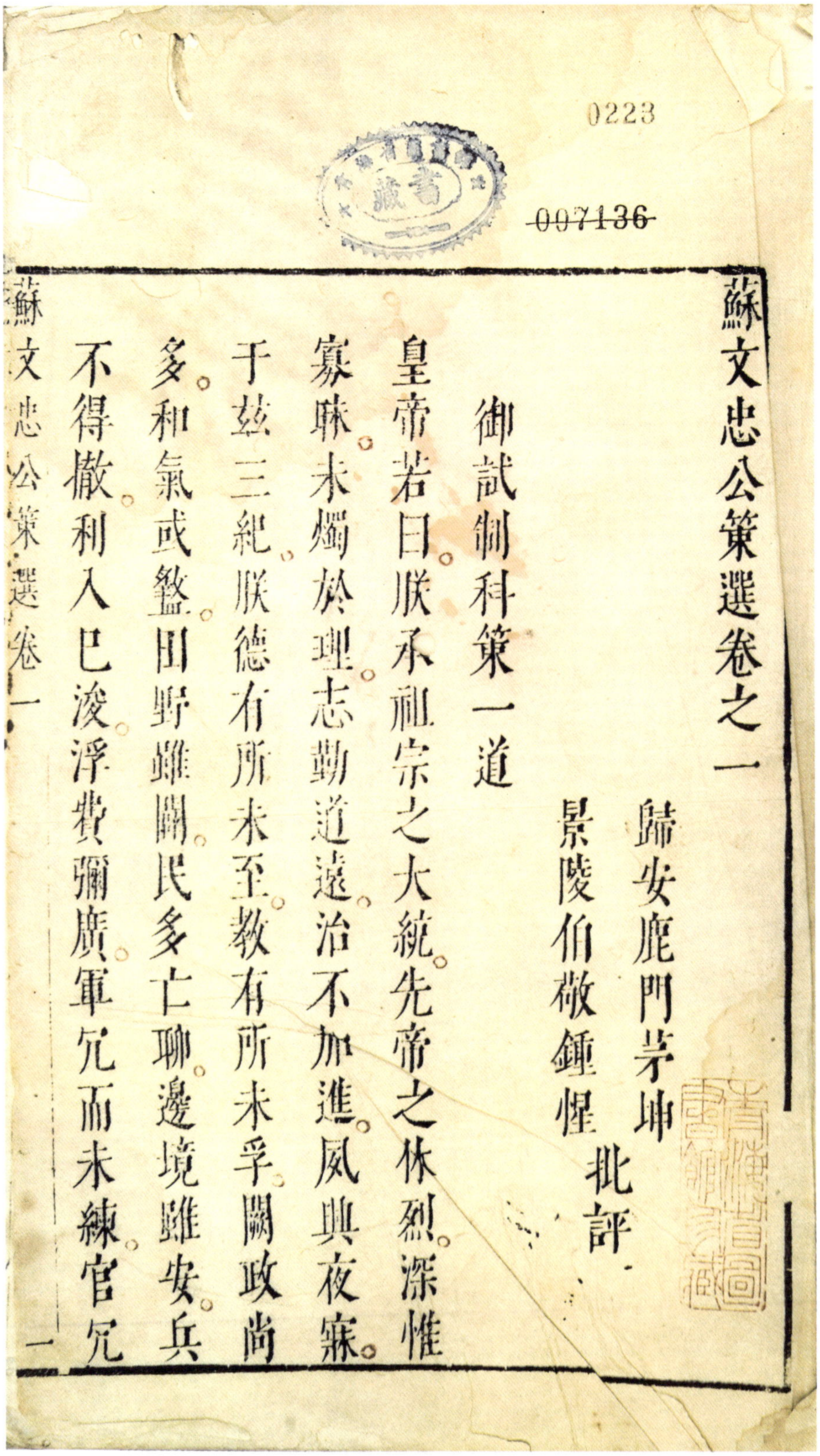

02074 蘇文忠公策論選十二卷 （宋）蘇軾撰　（明）茅坤　鍾惺評　明刻三色套印本

匡高20.2厘米，廣14.5厘米。半葉九行，行十九字，白口，四周單邊。青海省圖書館藏。

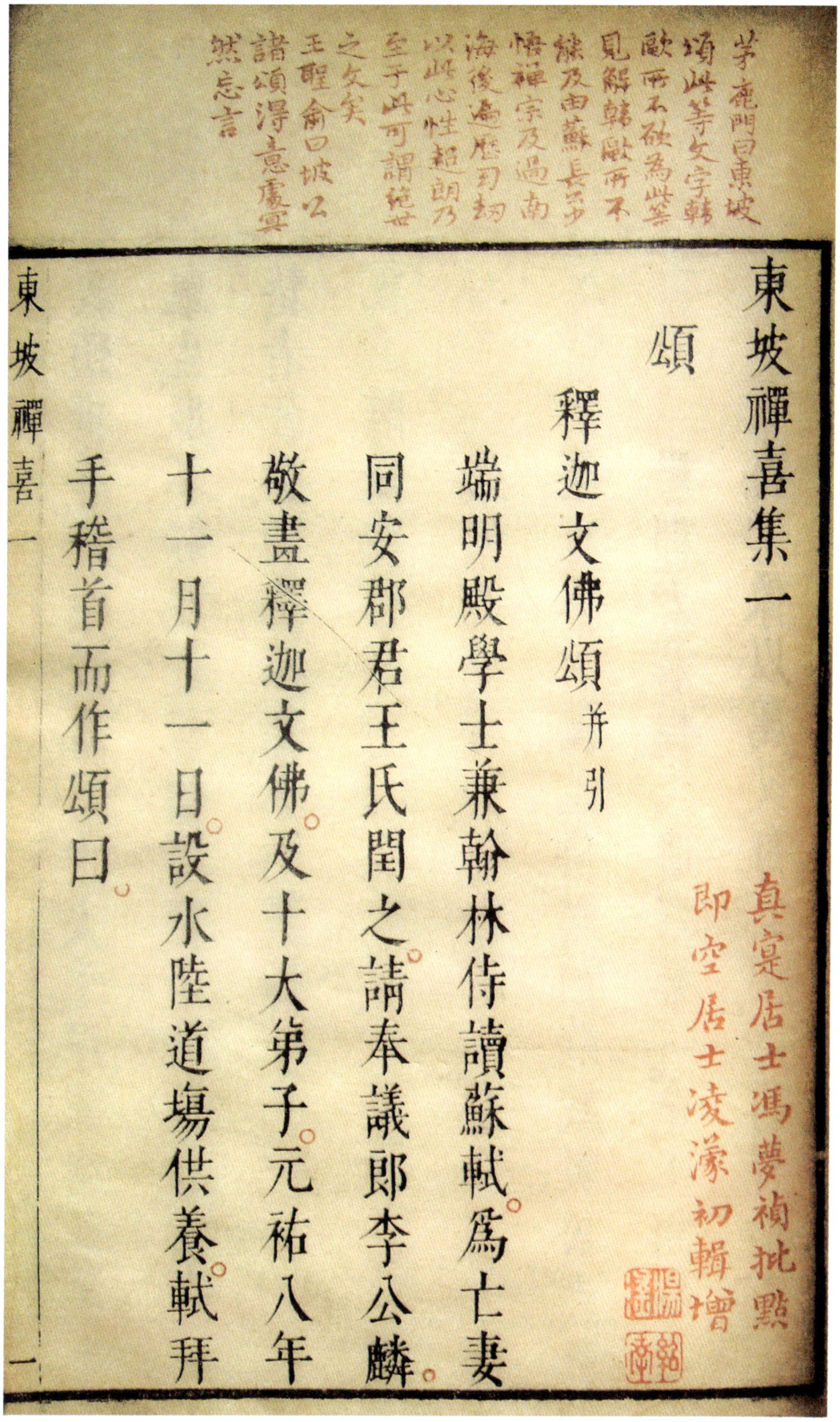

02075 東坡禪喜集十四卷 （宋）蘇軾撰　（明）馮夢禎批點　（明）凌濛初輯　明天啟元年（1621）凌濛初刻朱墨套印本

匡高20.5厘米，廣14.8厘米。半葉八行，行十八字，白口，四周單邊。有“真州吴氏有福讀書堂藏書”、“湯滏”、“紹南”等印。唐文獻跋。中山大學圖書館藏。

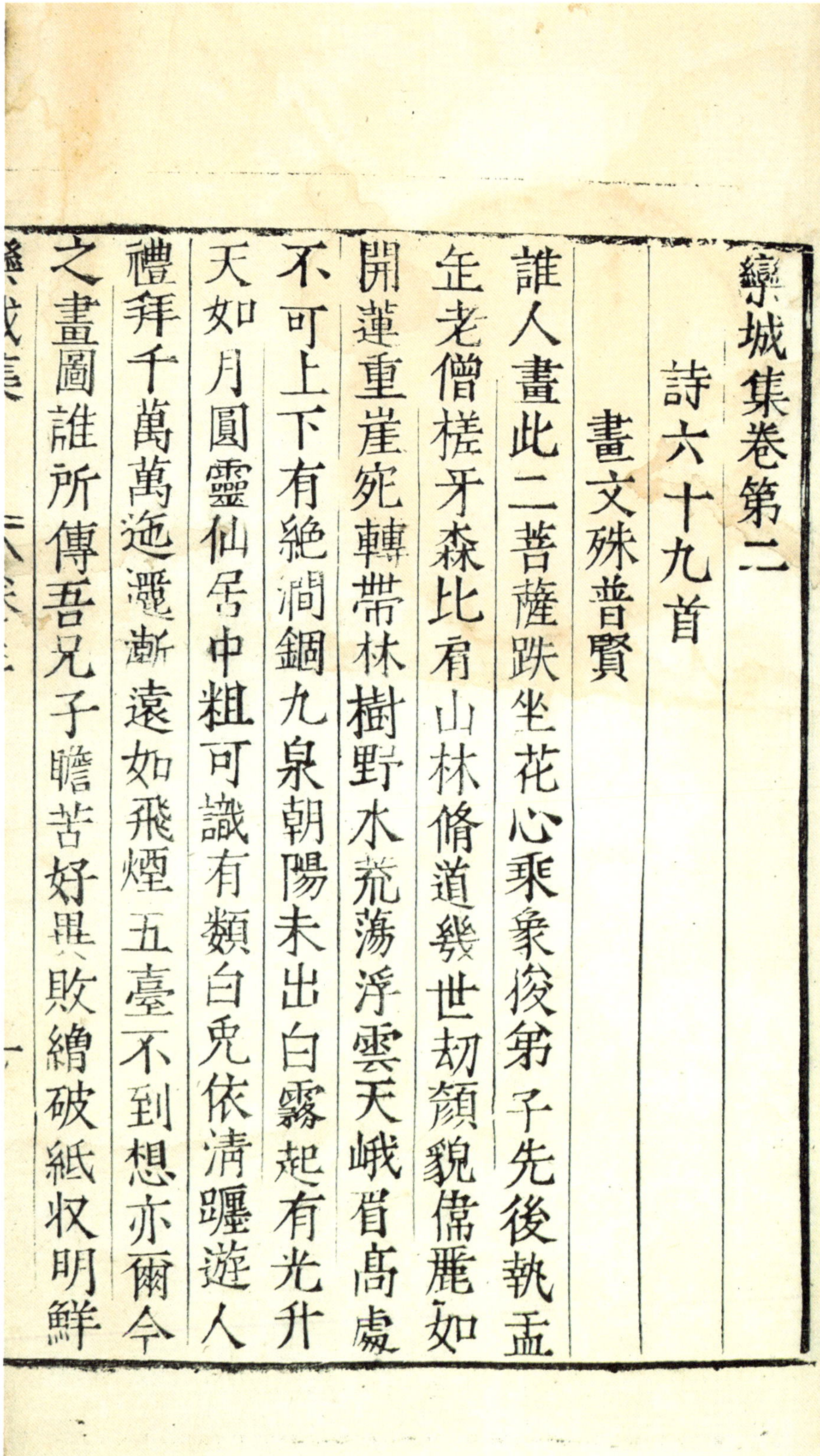

欒城集卷第二

詩六十九首

畫文殊普賢

誰人畫此二菩薩趺坐花心乘象狻弟子先後執盂缶老僧槎牙森比肩山林脩道幾世刼顔貌儒麗如開蓮重崖宛轉帶林樹野木荒蕩浮雲天峨眉高處不可上下有絕澗錮九泉朝陽未出白露起有光升天如月圓靈仙居中粗可識有類白兎依清躔遊人禮拜千萬萬迤邐漸遠如飛煙五臺不到想亦爾今之畫圖誰所傳吾兄子瞻苦好異敗繒破紙收明鮮

02076 欒城集五十卷後集二十四卷三集十卷 （宋）蘇轍撰　明活字印本

匡高18.5厘米，廣14厘米。半葉十行，行二十字，白口，四周單邊。浙江圖書館藏。

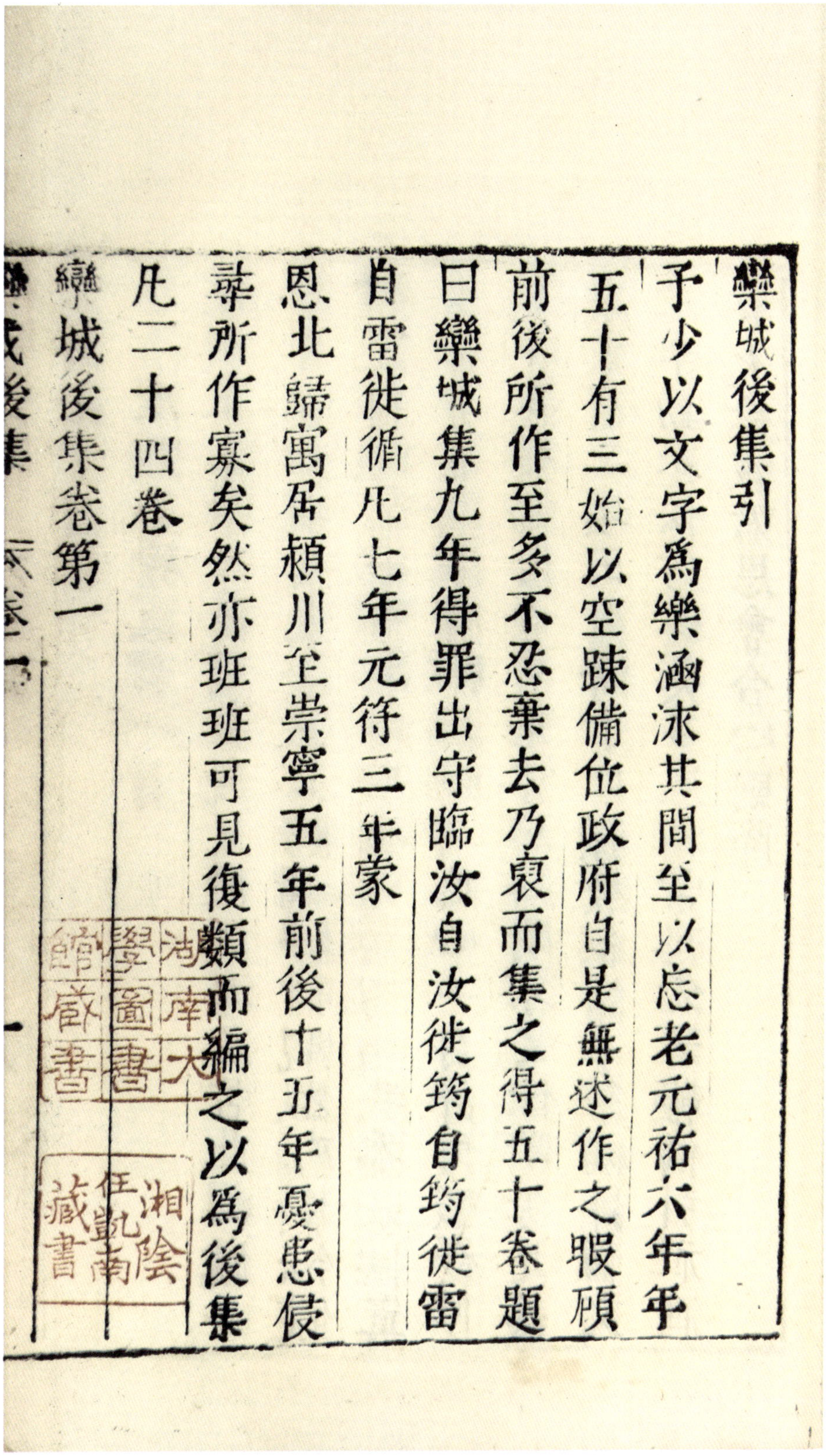
欒城後集引

予少以文字爲樂涵泳其間至以忘老元祐六年年五十有三始以空踈備位政府自是無述作之暇頋前後所作至多不忍棄去乃裒而集之得五十卷題曰欒城集九年得罪出守臨汝自汝徙筠自筠徙雷自雷徙循凡七年元符三年蒙

恩北歸寓居潁川至崇寧五年前後十五年憂患侵尋所作寡矣然亦班班可見復類而編之以爲後集凡二十四卷

欒城後集卷第一

02077 欒城後集二十四卷三集十卷 （宋）蘇轍撰　明活字印本

匡高18.5厘米，廣14厘米。半葉十行，行二十字，小字雙行同，白口，四周單邊。湖南師範大學圖書館藏。

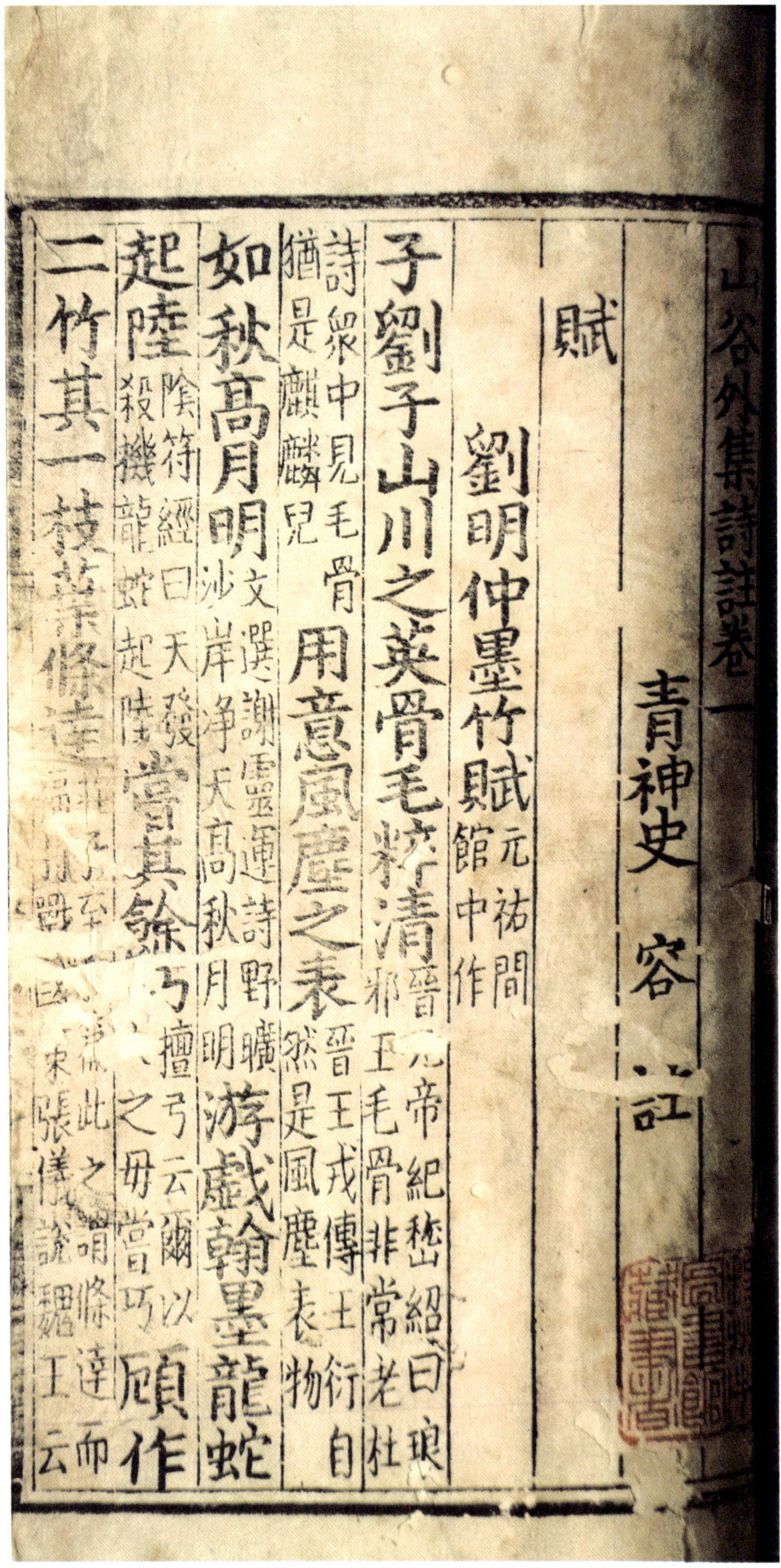

02078 山谷外集詩註十七卷 （宋）黄庭堅撰 （宋）史容注 **山谷别集詩註二卷** （宋）黄庭堅撰 （宋）史季溫注 明弘治九年（1496）陳沛刻本

匡高20.5厘米，廣12.8厘米。半葉九行，行十九字，小字雙行同，黑口，四周雙邊。揚州市圖書館藏。

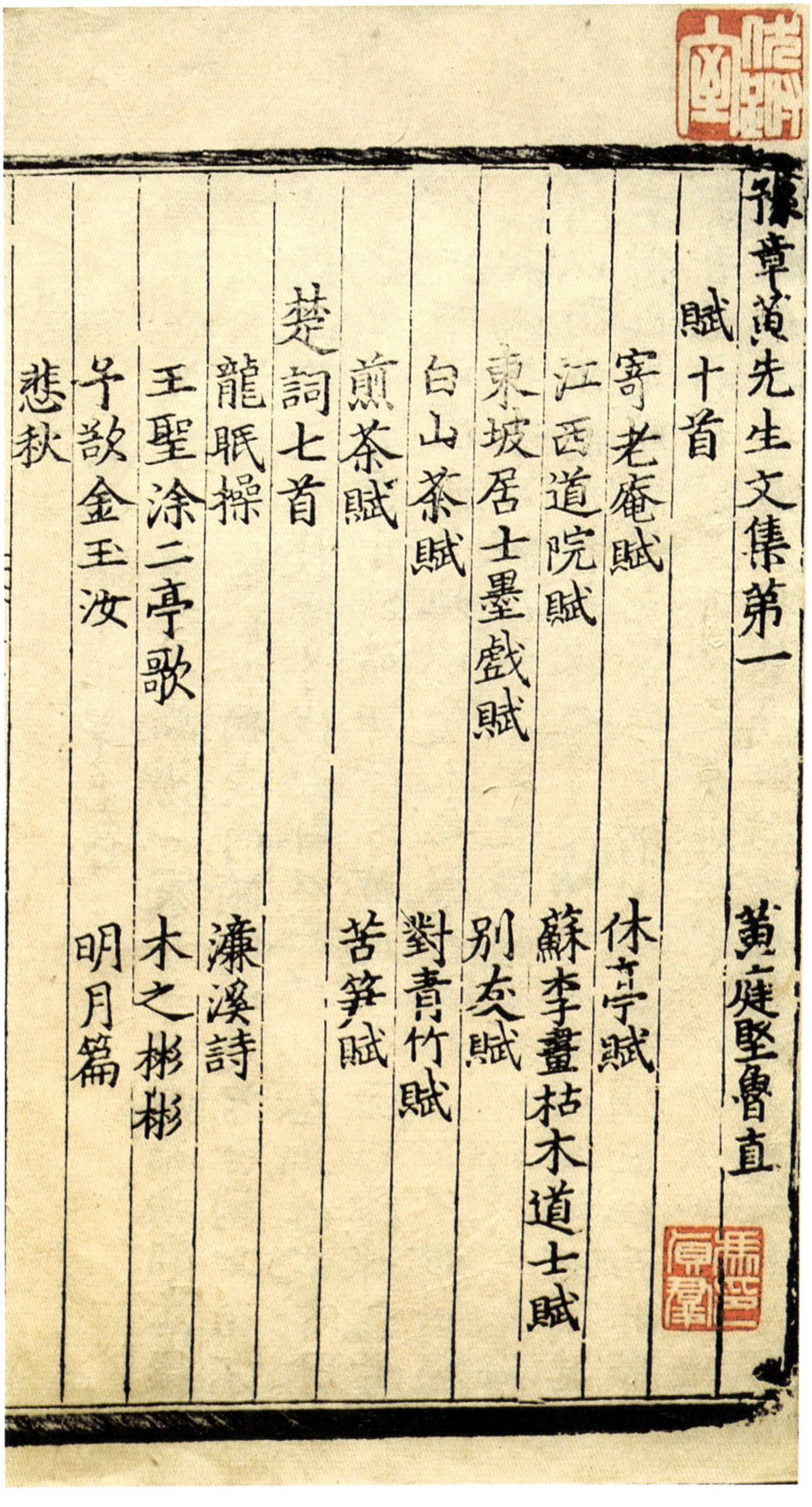

豫章黄先生文集第一　黄庭堅魯直

賦十首

寄老庵賦　休亭賦

江西道院賦　蘇李畫枯木道士賦

東坡居士墨戲賦　别友賦

白山茶賦　對青竹賦

煎茶賦　苦笋賦

楚詞七首

龍眠操　濂溪詩

王聖塗二亭歌　木之彬彬

子欲金玉汝　明月篇

悲秋

02079 豫章黄先生文集三十卷外集十四卷别集二十卷簡尺二卷詞一卷 （宋）黄庭堅撰　明弘治葉天爵刻嘉靖六年（1527）喬遷、余載仕重修本

匡高23.3厘米，廣15.7厘米。半葉十二行，行二十二字，白口，四周雙邊。有“伏跗室”、“馮印貞群”等印。杭州圖書館藏。

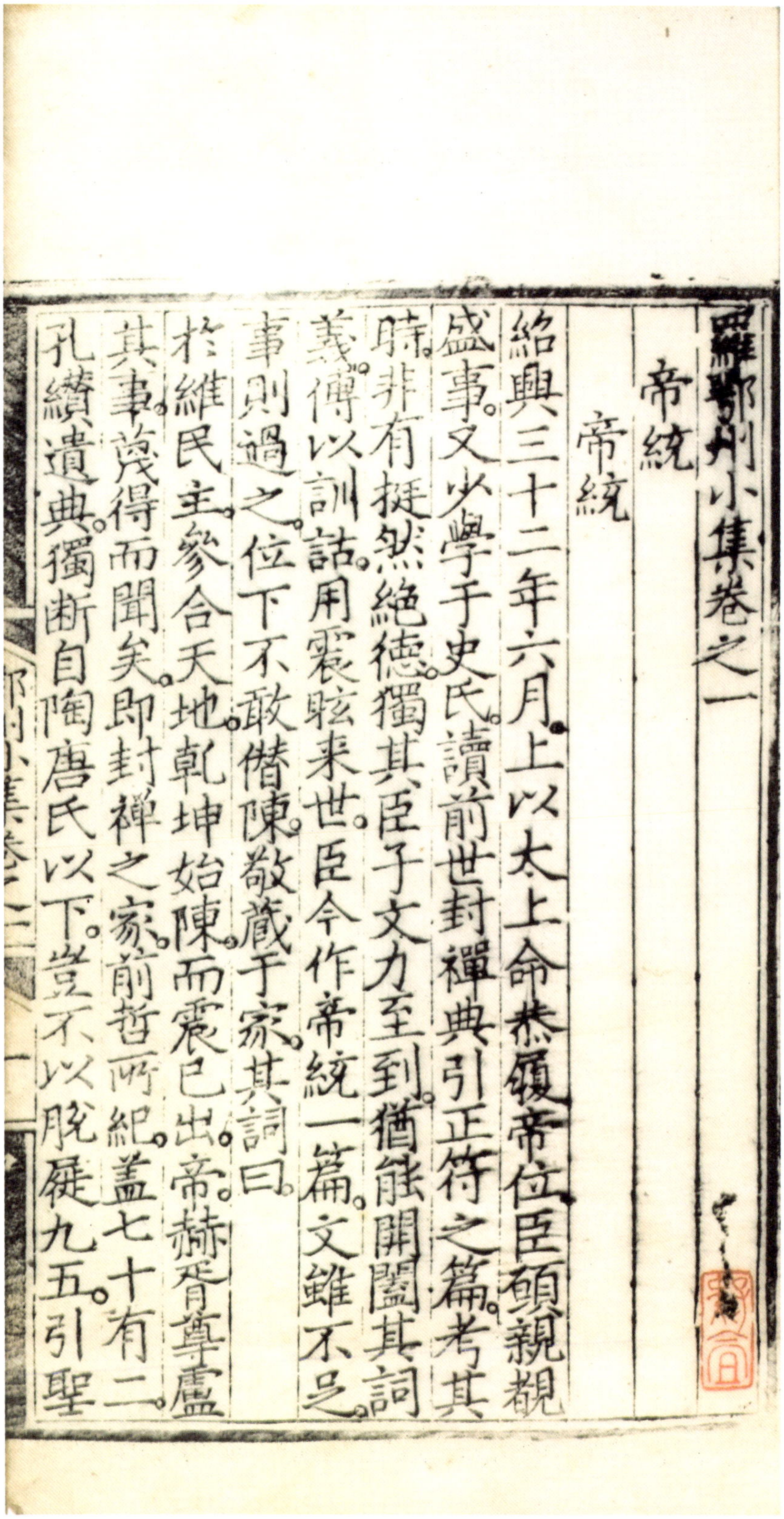
羅鄂州小集卷之一

帝統

帝統

紹興三十二年六月上以太上命恭膺帝位臣頓親覩盛事又少學于史氏讀前世封禪典引正符之篇考其時非有挺然絶德獨其臣子文力至到猶能開闔其詞義傳以訓詁用震眩来世臣令作帝統一篇文雖不足事則過之位下不敢僭陳敬藏于家其詞曰

於維民主參合天地乾坤始陳而震巳出帝赫胥尊盧其事蔑得而聞矣即封禪之家前哲所紀蓋七十有二孔纘遺典獨断自陶唐氏以下豈不以脫凝九五引聖

02080 羅鄂州小集五卷附羅鄂州遺文一卷 （宋）羅願撰　明洪武二年（1369）刻本

匡高19.8厘米，廣13.6厘米。半葉十一行，行二十一字，小字雙行二十二字，黑口，四周雙邊。有“疑庵秘笈”等印。許承堯跋。安徽省博物館藏。

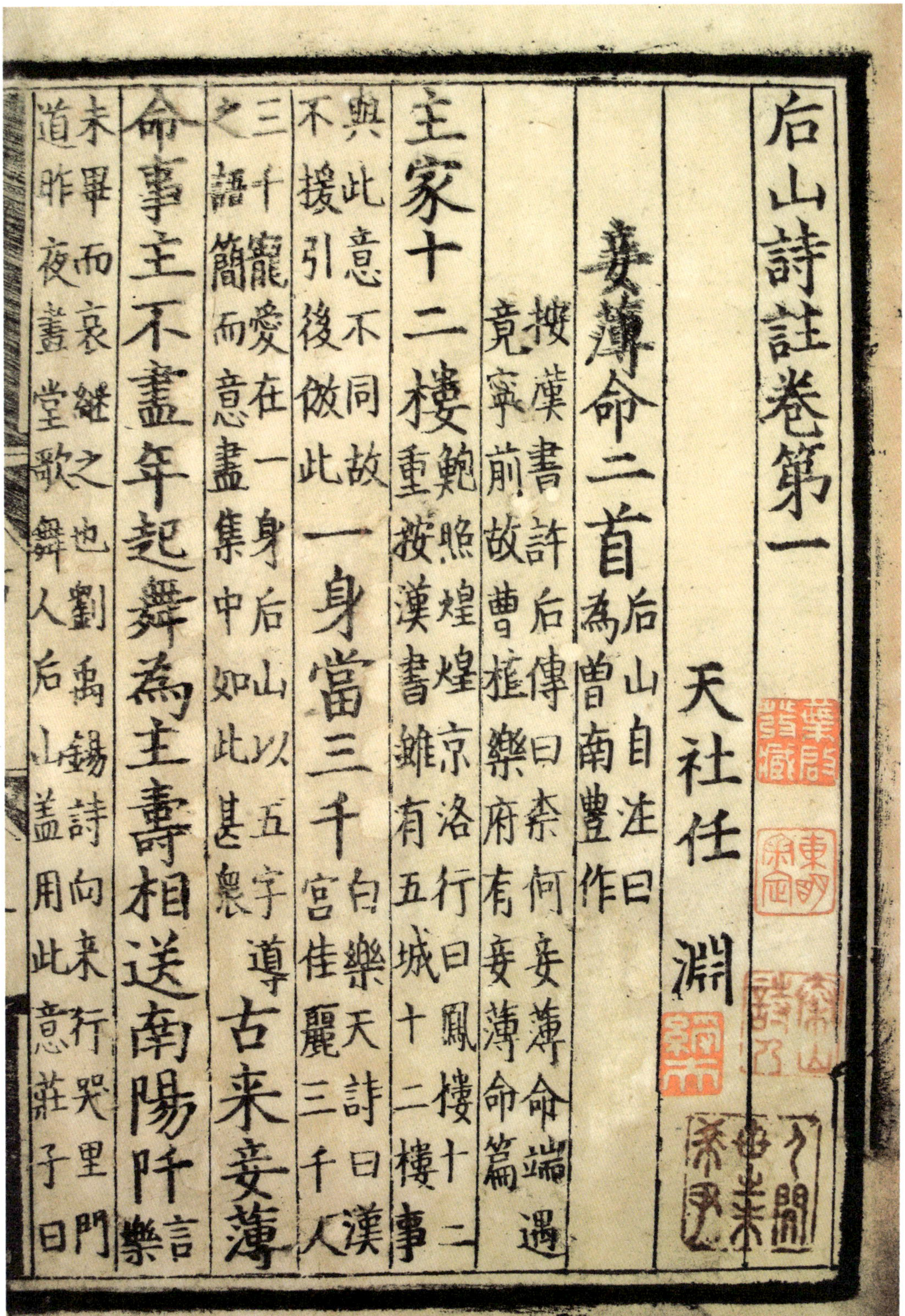
后山詩註卷第一
天社任　淵
妾薄命二首后山自注曰為曾南豐作
按漢書許后傳曰柰何妾薄命端遇竟寧前故曹植樂府有妾薄命篇
主家十二樓鮑照煌煌京洛行曰鳳樓十二重按漢書雖有五城十二樓事與此意不同故不援引後倣此
一身當三千白樂天詩曰漢宮佳麗三千人三千寵愛在一身后山以五字導之語簡而意盡集中如此甚衆
古來妾薄命事主不盡年起舞為主壽相送南陽阡言樂未畢而哀繼之也劉禹錫詩向來行哭里門道昨夜畫堂歌舞人后山盖用此意莊子曰

02081 后山詩註十二卷（宋）陳師道撰　（宋）任淵注　明弘治十年（1497）袁宏刻本

匡高19.2厘米，廣13.5厘米。半葉九行，行十七字，小字雙行同，黑口，四周雙邊。有“人間世之朱希尹”、“秦山詩人”、“葉啟發藏”等印。湖南圖書館藏。

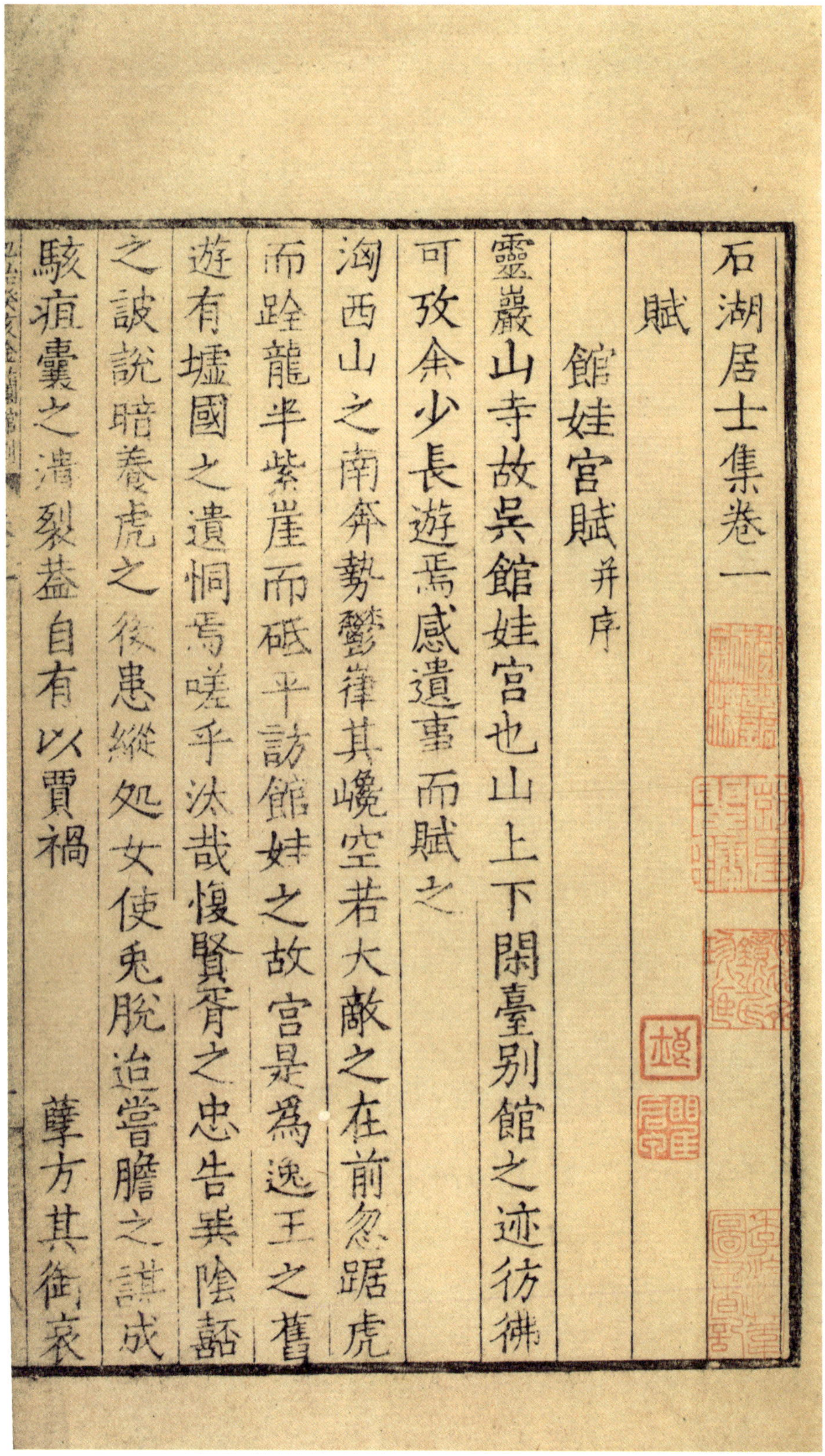
石湖居士集卷一
賦
館娃宮賦并序
靈巖山寺故吳館娃宮也山上下閑臺別館之迹彷彿
可攷余少長遊焉感遺事而賦之
洶西山之南奔勢鬱律其巉空若大敵之在前忽踞虎
而跧龍半紫崖而砥平訪館娃之故宮是爲逸王之舊
遊有墟國之遺恫焉嗟乎汰哉愎賢胥之忠告巽陰嚭
之詖説暗養虎之後患縱処女使免脱迨嘗膽之謀成
駭疽囊之潰裂蓋自有以賈禍　孽方其銜哀

02082 石湖居士集三十四卷（宋）范成大撰　明弘治十六年（1503）金蘭館銅活字印本

匡高21厘米，廣14.8厘米。半葉十行，行二十一字，白口，左右雙邊。有“季滄葦圖書記”、“鐵琴銅劍樓”等印。國家圖書館藏。

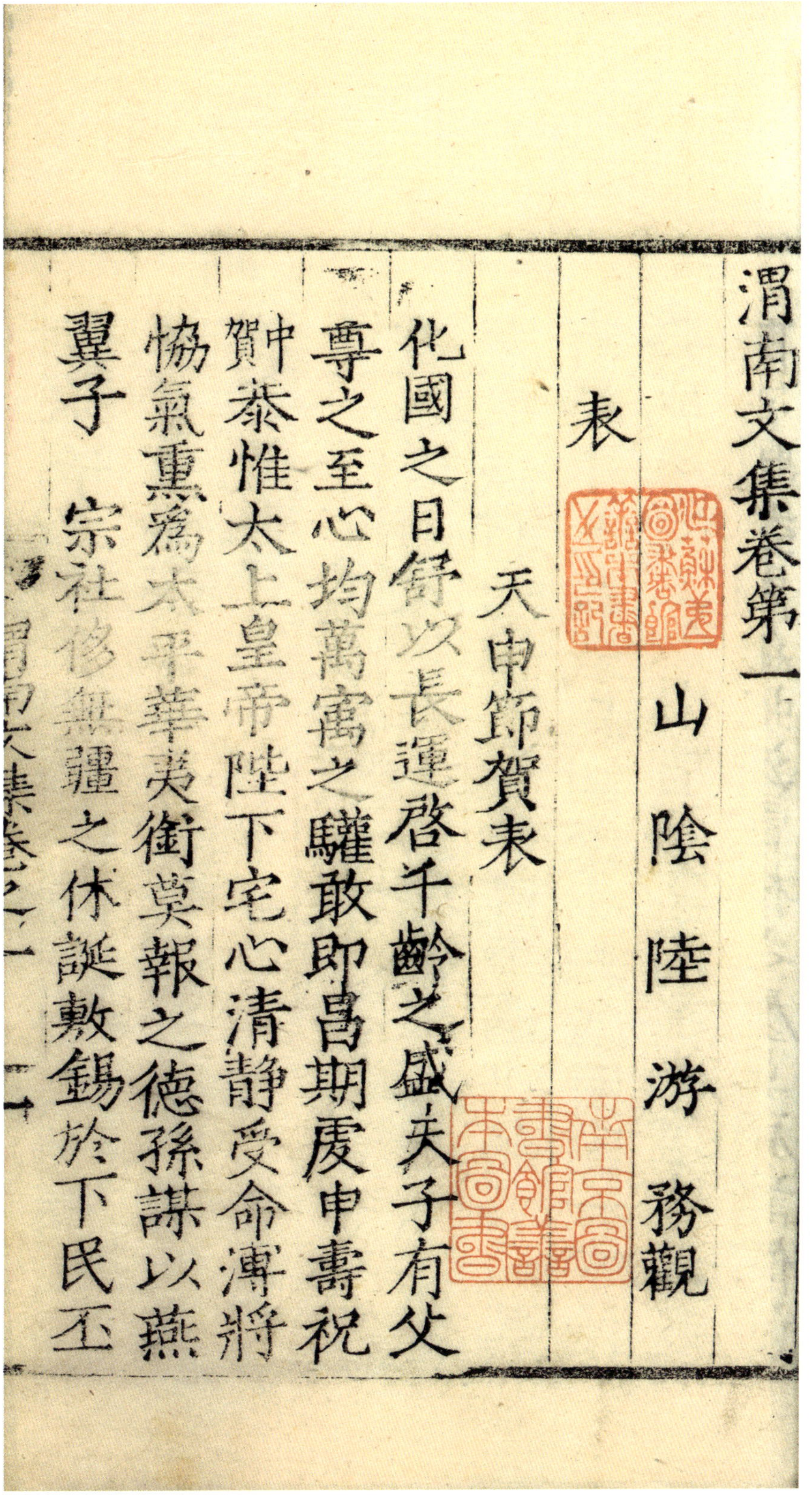
渭南文集卷第一
山陰陸游務觀
表
天申節賀表
化國之日舒以長運啓千齡之盛夫子有父
尊之至心均萬寓之驩敢即昌期虔申壽祝
中賀恭惟太上皇帝陛下宅心清靜受命溥將
協氣熏爲太平華夷衘莫報之德孫謀以燕
翼子 宗社侈無疆之休誕敷錫於下民丕

02083 渭南文集五十卷 （宋）陸游撰　明弘治十五年（1502）華珵銅活字印本

匡高23.4厘米，廣14.1厘米。半葉九行，行十八字，白口，左右雙邊。南京圖書館藏。

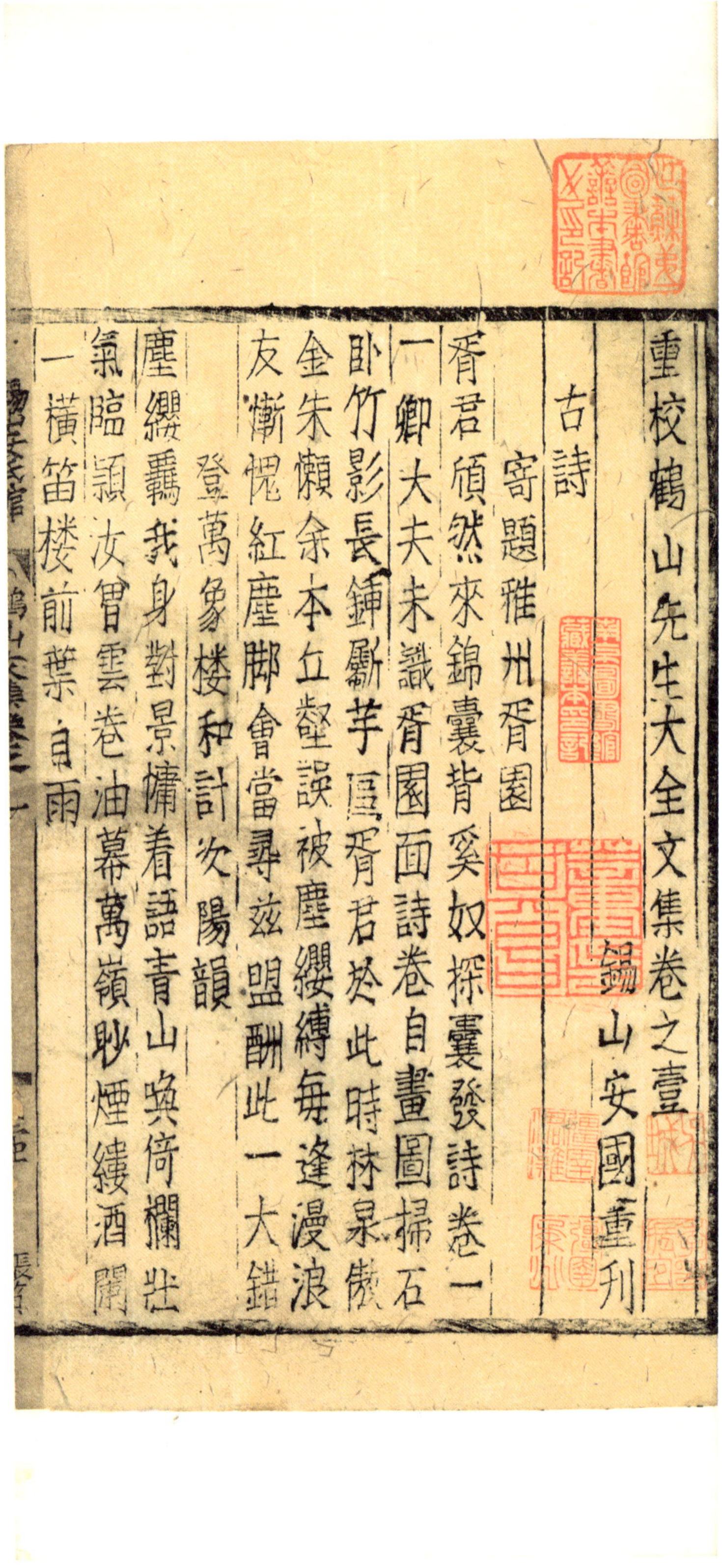
重校鶴山先生大全文集卷之壹
錫山安國重刊
古詩
寄題雅州胥園
胥君頎然來錦囊背奚奴探囊發詩卷一
一卿大夫未識胥園面詩卷自畫圖掃石
卧竹影長鍾斸芋區胥君於此時移泉傲
金朱懶余本丘壑誤被塵纓縛每逢漫浪
友慚愧紅塵脚會當尋兹盟酬此一大錯
登萬象樓和計次陽韻
塵纓羈我身對景慵着語青山與倚欄壯
氣臨潁汝胷雲卷油幕萬嶺眇煙縷酒闌
一横笛楼前葉自雨

02084　重校鶴山先生大全文集一百十卷　（宋）魏了翁撰　明嘉靖安國銅活字印本

匡高19.5厘米，廣13.8厘米。半葉十三行，行十六字，白口，左右雙邊。有“季印振宜”等印。季振宜、丁丙等跋。南京圖書館藏，存一百八卷。

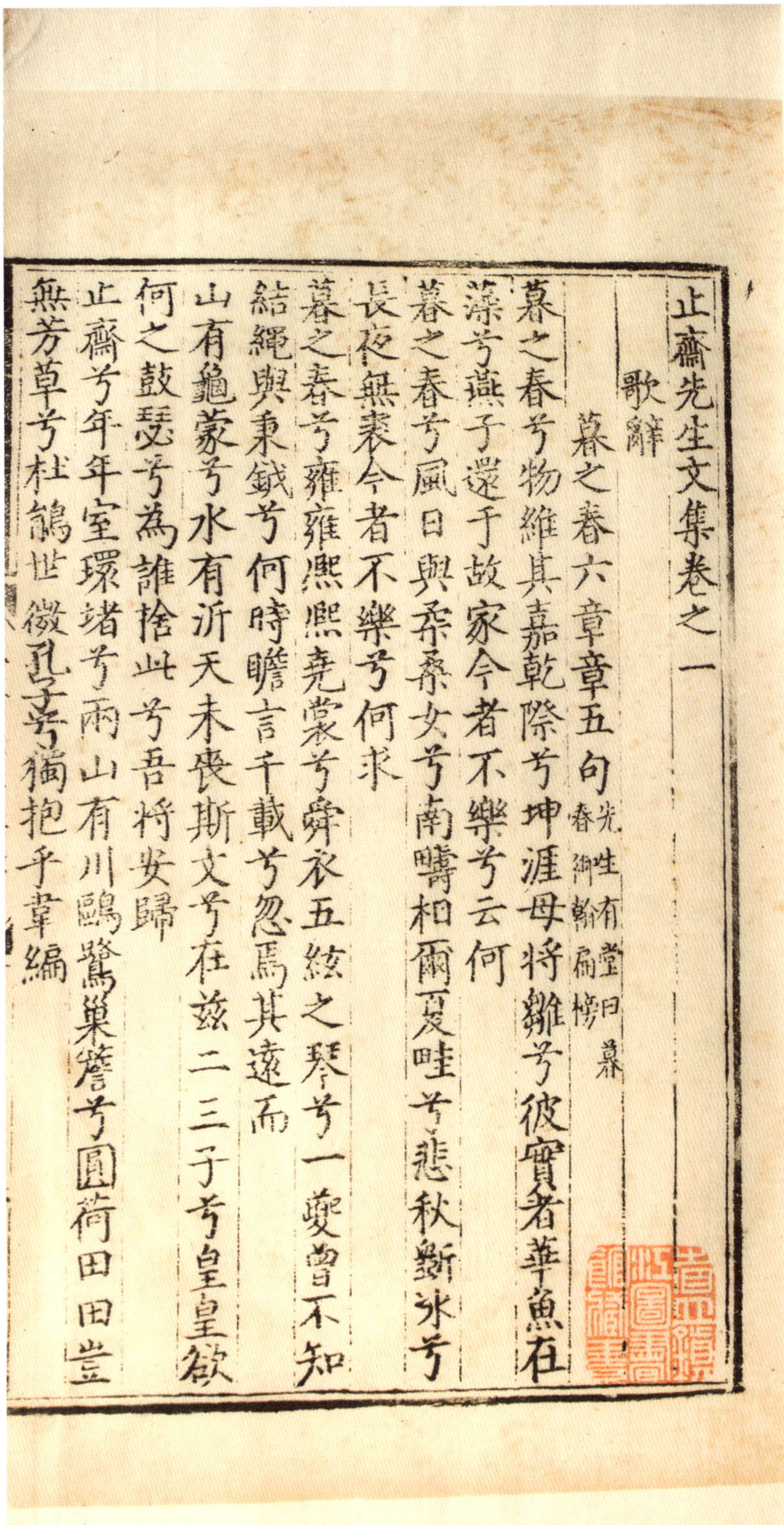

02085 止齋先生文集五十二卷 （宋）陳傅良撰　明正德元年（1506）刻本

匡高20.5厘米，廣14.3厘米。半葉十三行，行二十三字，黑口，四周雙邊。有“徐乃昌讀”等印。康有爲、徐乃昌跋。鎮江市圖書館藏。

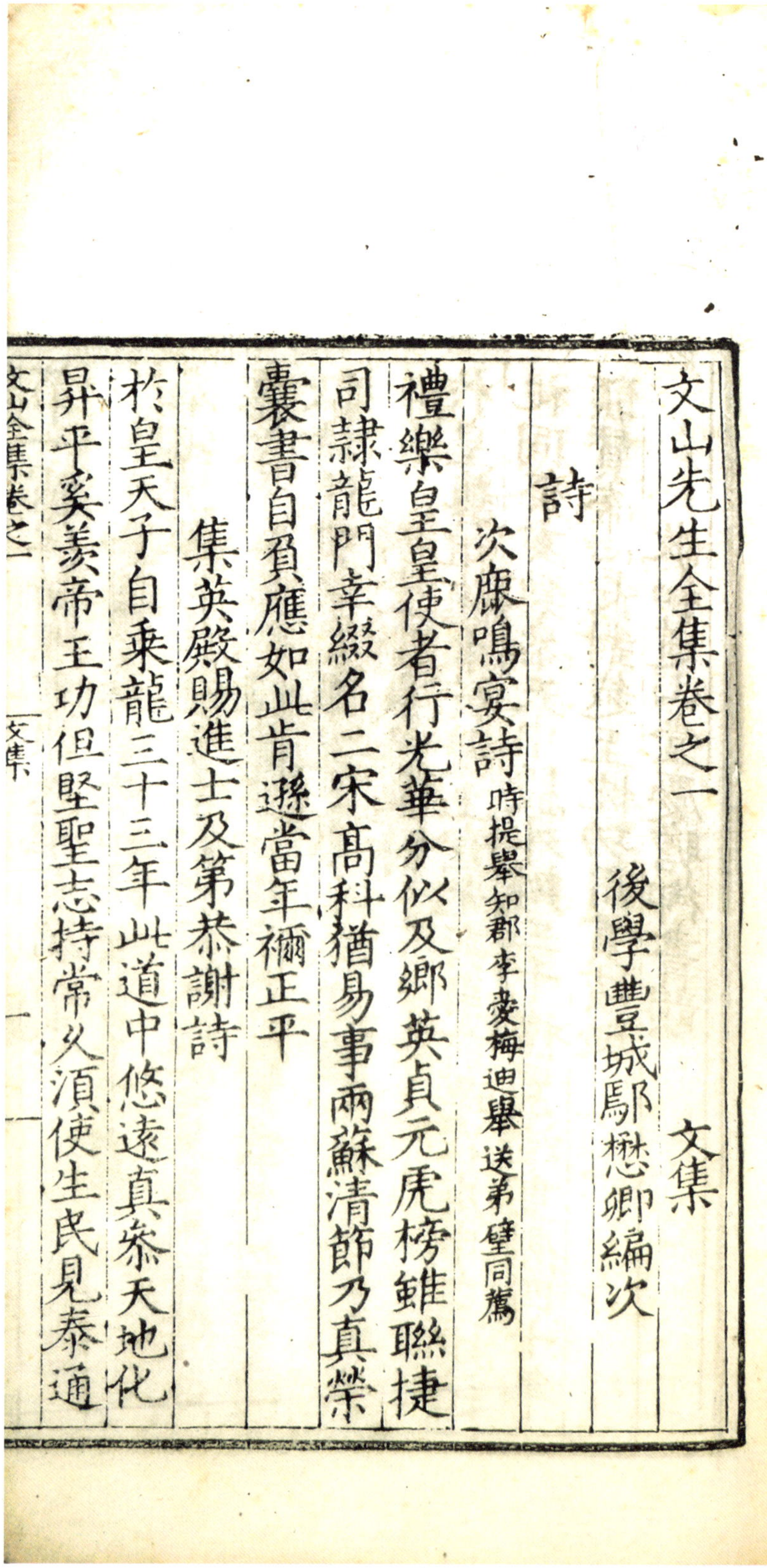
文山先生全集卷之一
後學豐城鄢懋卿編次　文集
詩
次鹿鳴宴詩 時提舉知郡李雯梅迪舉送弟璧同薦
禮樂皇皇使者行光華分似及鄉英貞元虎榜雖聯捷
司隷龍門幸綴名二宋高科猶易事兩蘇清節乃真榮
囊書自負應如此肯遜當年禰正平
集英殿賜進士及第恭謝詩
於皇天子自乘龍三十三年此道中悠遠真叅天地化
昇平奚羨帝王功但堅聖志持常久須使生民見泰通
文山全集卷之一　文集　一

02086 文山先生全集二十八卷（宋）文天祥撰　（明）鄢懋卿輯　明嘉靖三十一年（1552）刻本

匡高20.7厘米，廣13.5厘米。半葉十行，行二十一字，白口，四周雙邊。安慶市圖書館藏。

第一批國家珍貴古籍名録圖録

第八册

中國國家圖書館
中國國家古籍保護中心 編

國家圖書館出版社

第八册目録

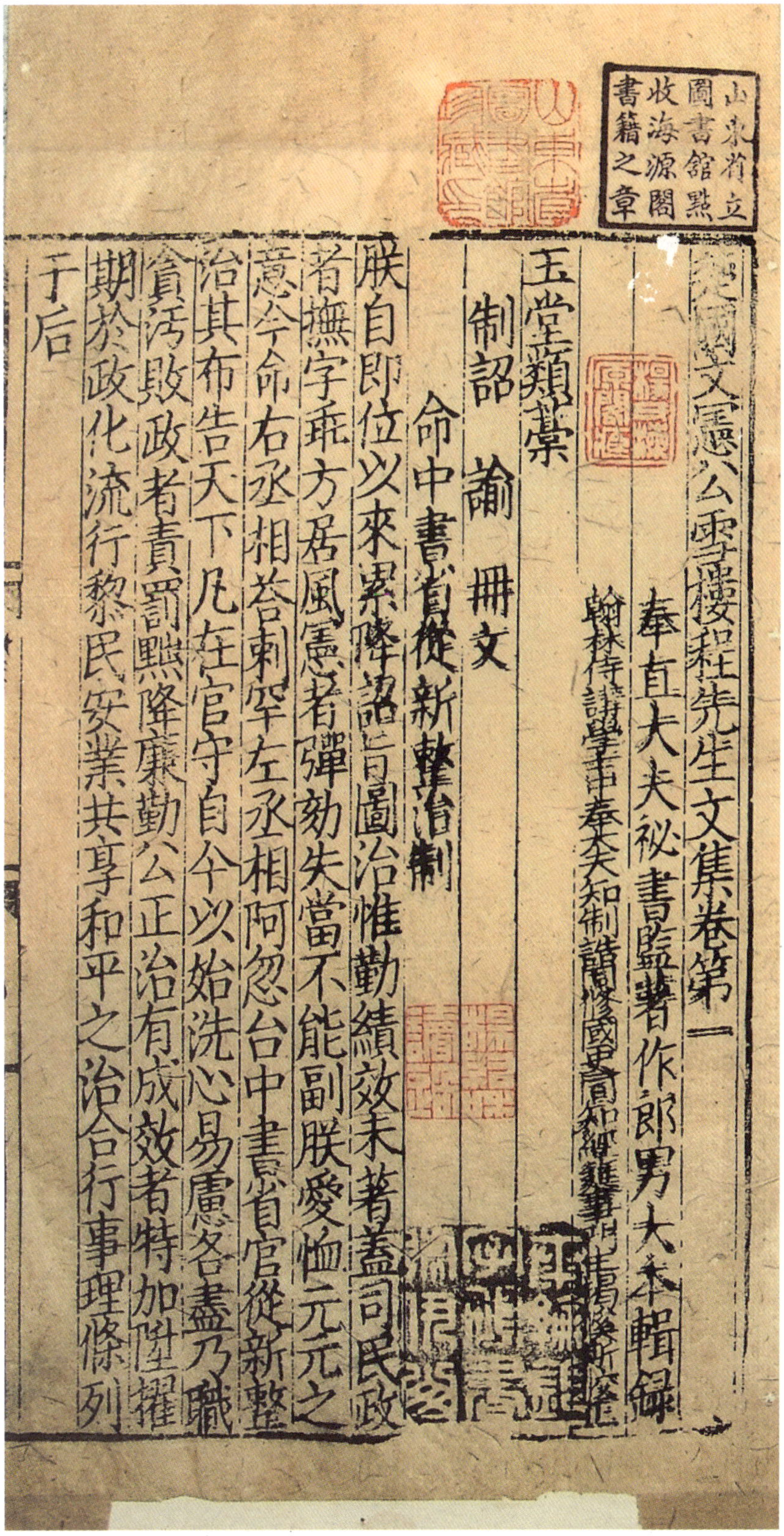

02087 楚國文憲公雪樓程先生文集三十卷　（元）程鉅夫撰　**附録一卷年譜一卷**　（元）程世京編　明洪武二十八年（1395）與耕書堂刻本

匡高19.1厘米，廣14厘米。半葉十三行，行二十二字，黑口，四周雙邊或左右雙邊。有“楊紹和讀過”、“楊氏海原閣藏”等印。康綸鈞、楊紹和跋。山東省圖書館藏。

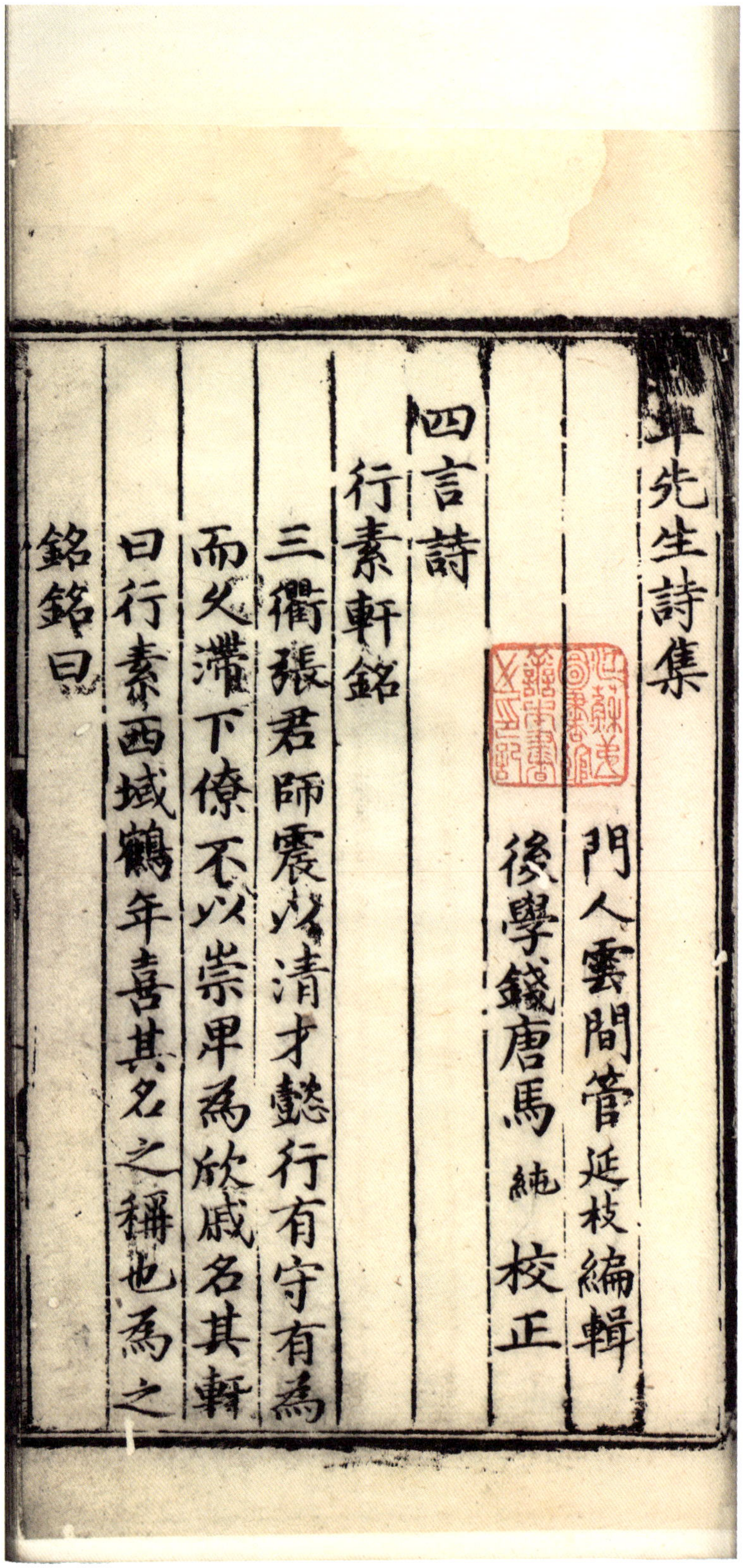
年先生詩集
門人雲間管延枝編輯
後學錢唐馬　純　校正
四言詩
行素軒銘
三衢張君師震以清才懿行有守有爲
而父滯下僚不以崇卑爲欣戚名其軒
曰行素西域鶴年喜其名之稱也爲之
銘銘曰

02088 鶴年先生詩集一卷　（元）丁鶴年撰　**附録一卷**　（元）吉雅謨丁　愛理沙　吴惟善撰　明正統九年（1444）楚藩刻本

匡高21.2厘米，廣13.8厘米。半葉九行，行十八字，黑口，四周雙邊。丁丙跋。南京圖書館藏。

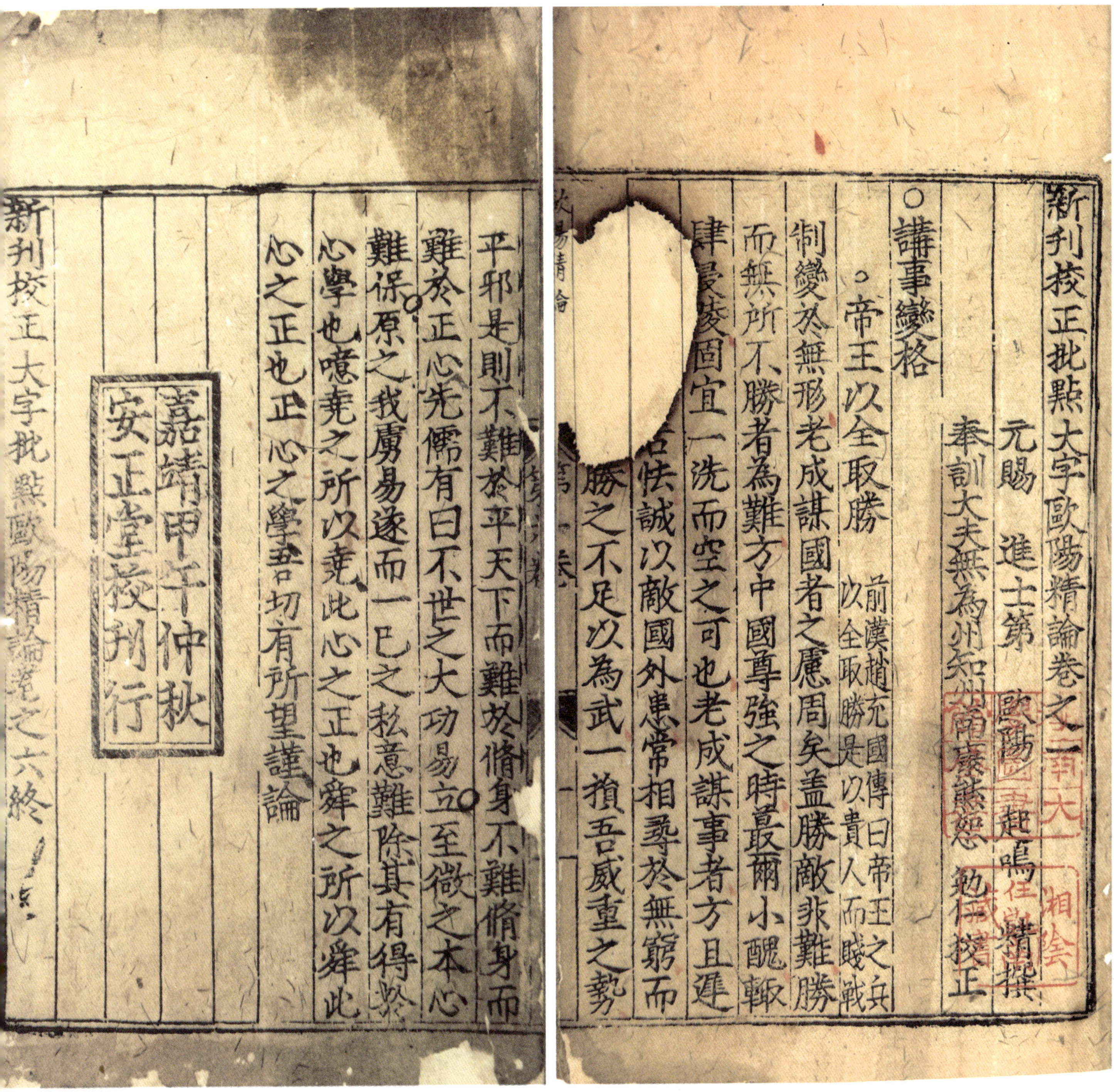
新刊校正批點大字歐陽精論卷之一
元賜進士第　歐陽起鳴精撰
奉訓大夫無為州知州南康熊□勉校正
○講事變格
○帝王以全取勝　前漢趙充國傳曰帝王之兵以全取勝是以貴人而賤戰
制變於無形老成謀國者之慮周矣盖勝敵非難勝
而無所不勝者為難方中國尊強之時蕞爾小醜輙
肆侵陵固宜一洗而空之可也老成謀事者方且遲
□怯誠以敵國外患常相尋於無窮而
勝之不足以為武一損吾威重之勢

平邪是則不難於平天下而難於脩身不難脩身而
難於正心先儒有曰不世之大功易立至微之本心
難保原之我廣易遂而一己之私意難除其有得於
心學也噫堯之所以堯此心之正也舜之所以舜此
心之正也正心之學吾切有所望謹論
嘉靖甲午仲秋
安正堂校刊行
新刊校正大字批點歐陽精論卷之六終

02089 新刊校正批點大字歐陽精論六卷　（元）歐陽起鳴撰　明嘉靖十三年（1534）劉氏安正堂刻本

匡高18厘米，廣12.1厘米。半葉十行，行二十一字，白口，四周雙邊。有“嘉靖甲午仲秋安正堂校刊行”牌記。有“湘陰任凱南藏書”等印。湖南師範大學圖書館藏。

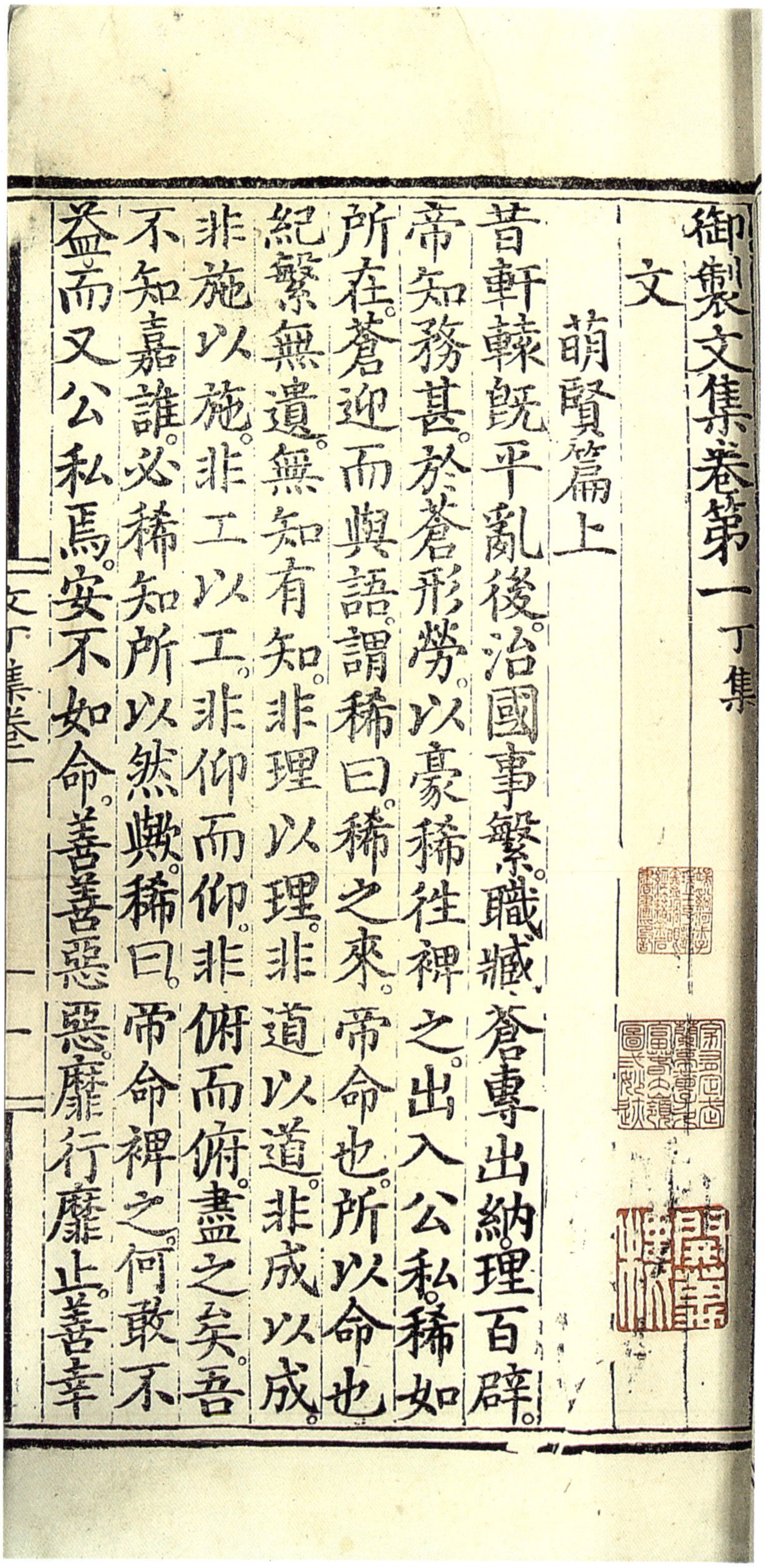

御製文集卷第一　丁集

文

萌賢篇上

昔軒轅既平亂後治國事繁職藏蒼專出納理百辟帝知務甚於蒼形勞以豪稀往裨之出入公私稀如所在蒼迎而與語謂稀曰稀之來帝命也所以命也紀繁無遺無知有知非理以理非道以道非成以成非施以施非工以工非仰而仰非俯而俯盡之矣吾不知嘉誰必稀知所以然歟稀曰帝命裨之何敢不益而又公私焉安不如命善善惡惡靡行靡止善幸

文丁集卷一　一

02090 御製文集甲集二卷乙集三卷丙集十四卷丁集十卷 （明）太祖朱元璋撰　明初刻本

匡高26.5厘米，廣16.8厘米。半葉十行，行二十字，黑口，四周雙邊。有“開萬樓”等印。南京市博物館藏。

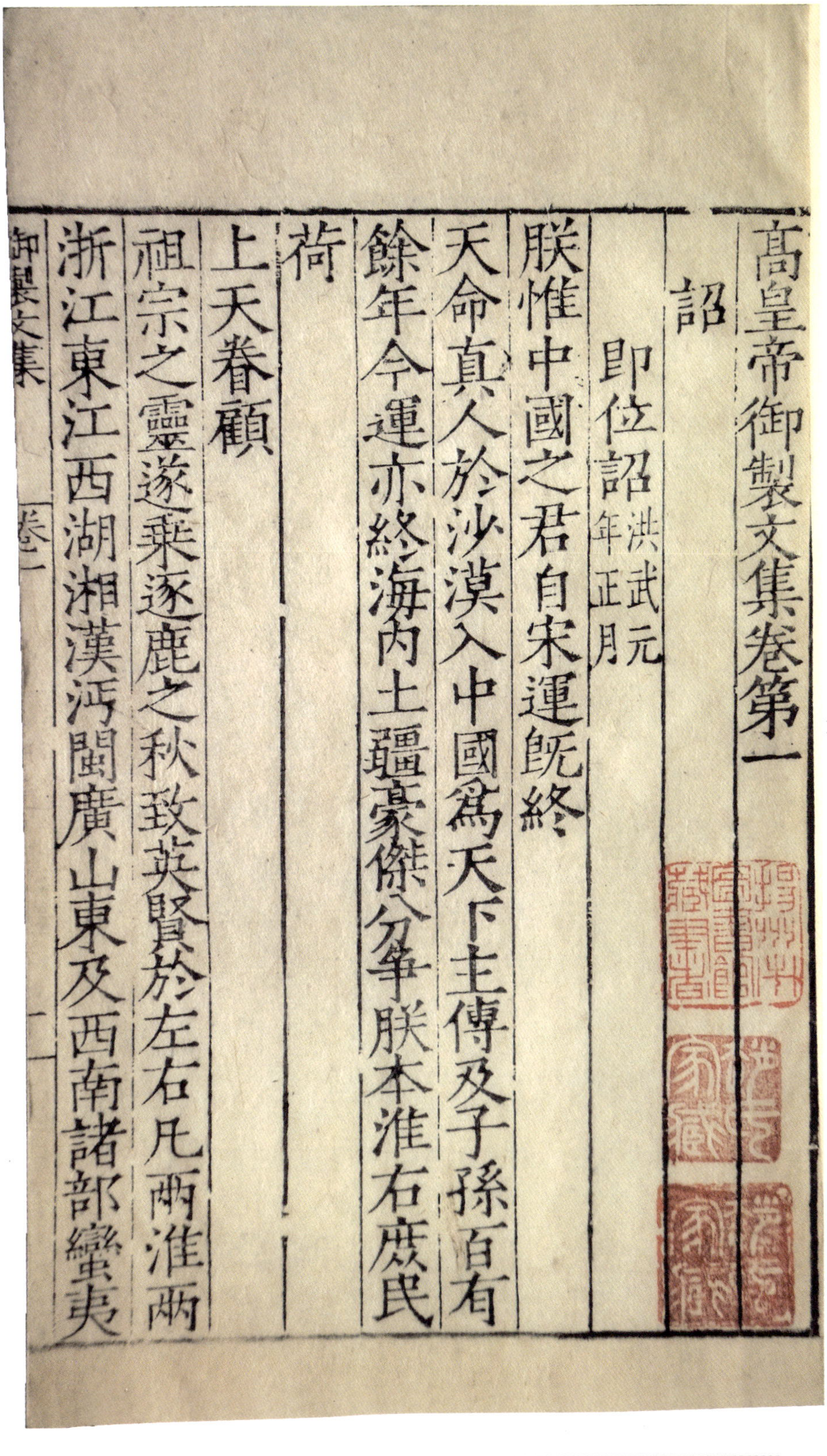
高皇帝御製文集卷第一
詔
即位詔 洪武元年正月
朕惟中國之君自宋運既終
天命真人於沙漠入中國爲天下主傳及子孫百有
餘年今運亦終海内土疆豪傑分爭朕本淮右庶民
荷
上天眷顧
祖宗之靈遂乘逐鹿之秋致英賢於左右凡兩淮兩
浙江東江西湖湘漢沔閩廣山東及西南諸部蠻夷

御製文集 卷一 一

02091 高皇帝御製文集二十卷 （明）太祖朱元璋撰 明嘉靖徐九皋、王惟賢刻本

匡高20.4厘米，廣14.7厘米。半葉十行，行二十字，白口，四周單邊。有“趙氏家藏”等印。揚州市圖書館藏。

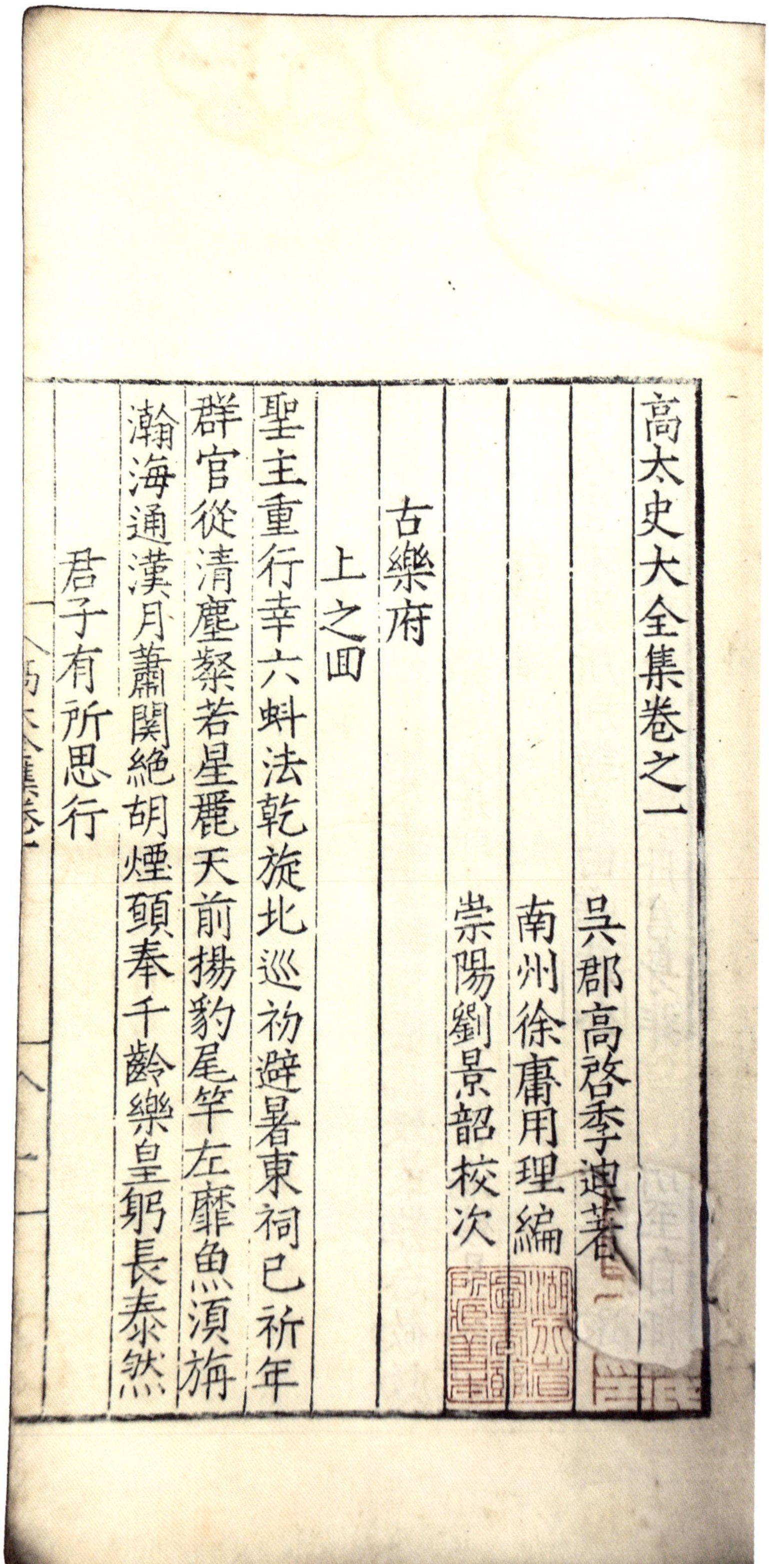

高太史大全集卷之一
吴郡高啓季迪著
南州徐庸用理編
崇陽劉景韶校次
古樂府
上之回
聖主重行幸六蚪法乾旋北巡衸避暑東祠已祈年
群官從清塵㮣若星羅天前揚豹尾竿左靡魚須旃
瀚海通漢月蕭關絶胡煙頓奉千齡樂皇躬長泰然
君子有所思行

02092 高太史大全集十八卷 （明）高啟撰 （明）徐庸編 （明）劉景韶校 明嘉靖刻藍印本

匡高19厘米，廣12.9厘米。半葉十行，行二十字，白口，四周單邊。有“春霆印信”等印。湖北省圖書館藏。

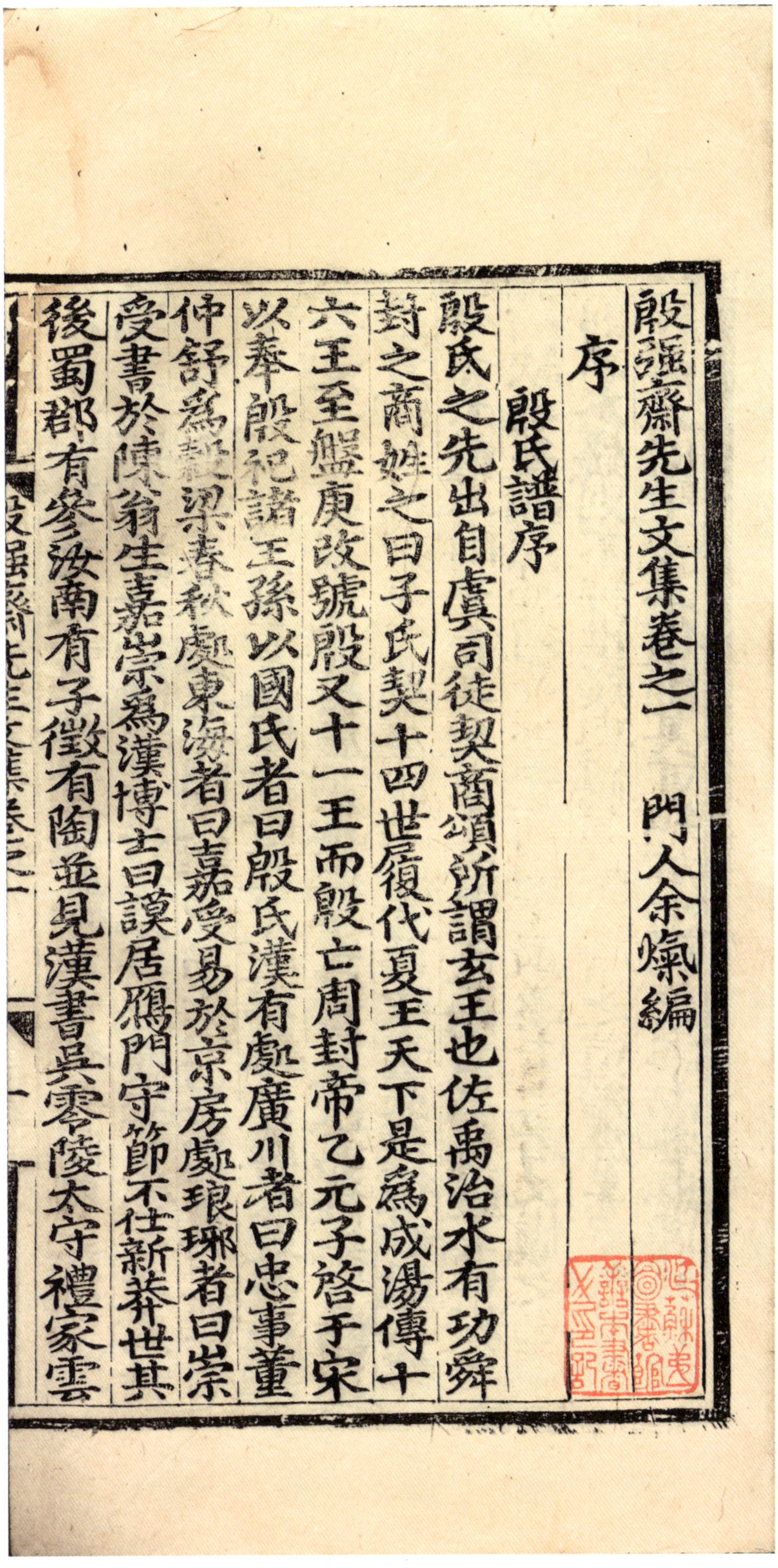

殷强齋先生文集卷之一　門人余熫編

序

殷氏譜序

殷氏之先出自虞司徒契商頌所謂玄王也佐禹治水有功舜封之商姓之曰子氏契十四世履復代夏王天下是爲成湯傳十六王至盤庚改號殷又十一王而殷亡周封帝乙元子啓于宋以奉殷祀諸王孫以國氏者曰殷氏漢有處廣川者曰忠事董仲舒爲穀梁春秋處東海者曰嘉受易於京房處琅琊者曰崇受書於陳翁生嘉崇爲漢博士曰謨居鴈門守節不仕新莽世其後蜀郡有參汝南有子徵有陶並見漢書吳零陵太守禮家雲

02093 殷强齋先生文集十卷　（明）殷奎撰　明正統十三年（1448）王叔政刻本

匡高22.4厘米，廣14.2厘米。半葉十行，行二十三至二十五字，黑口，四周雙邊。丁丙跋。南京圖書館藏。

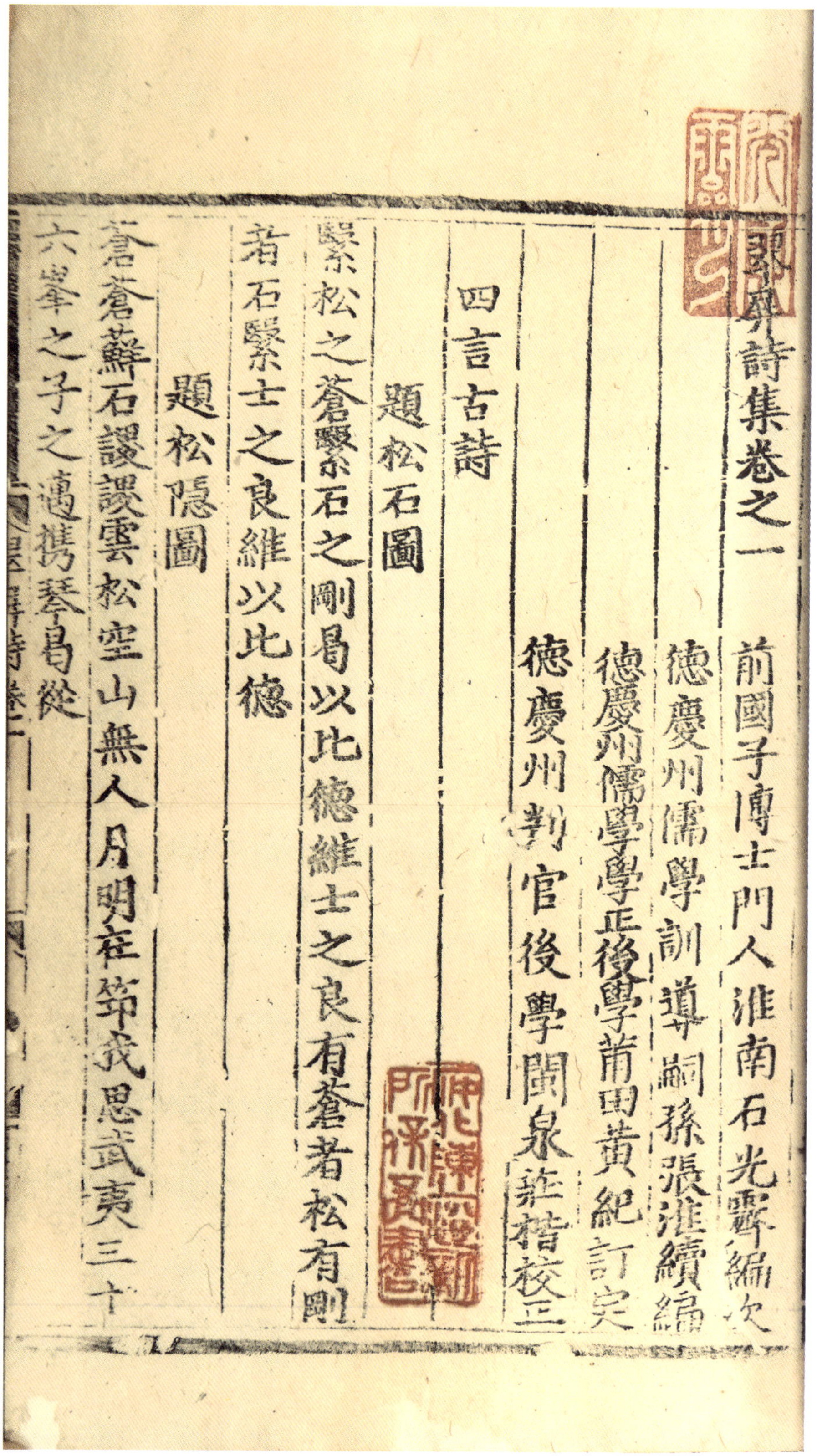

02094 翠屏集四卷 （明）張以寧撰 明成化十六年（1480）張淮刻明清遞修本

匡高17.3厘米，廣13厘米。半葉十一行，行二十二字，黑口，四周雙邊。有“郭氏白陽藏書”等印。湖南師範大學圖書館藏，存二卷。

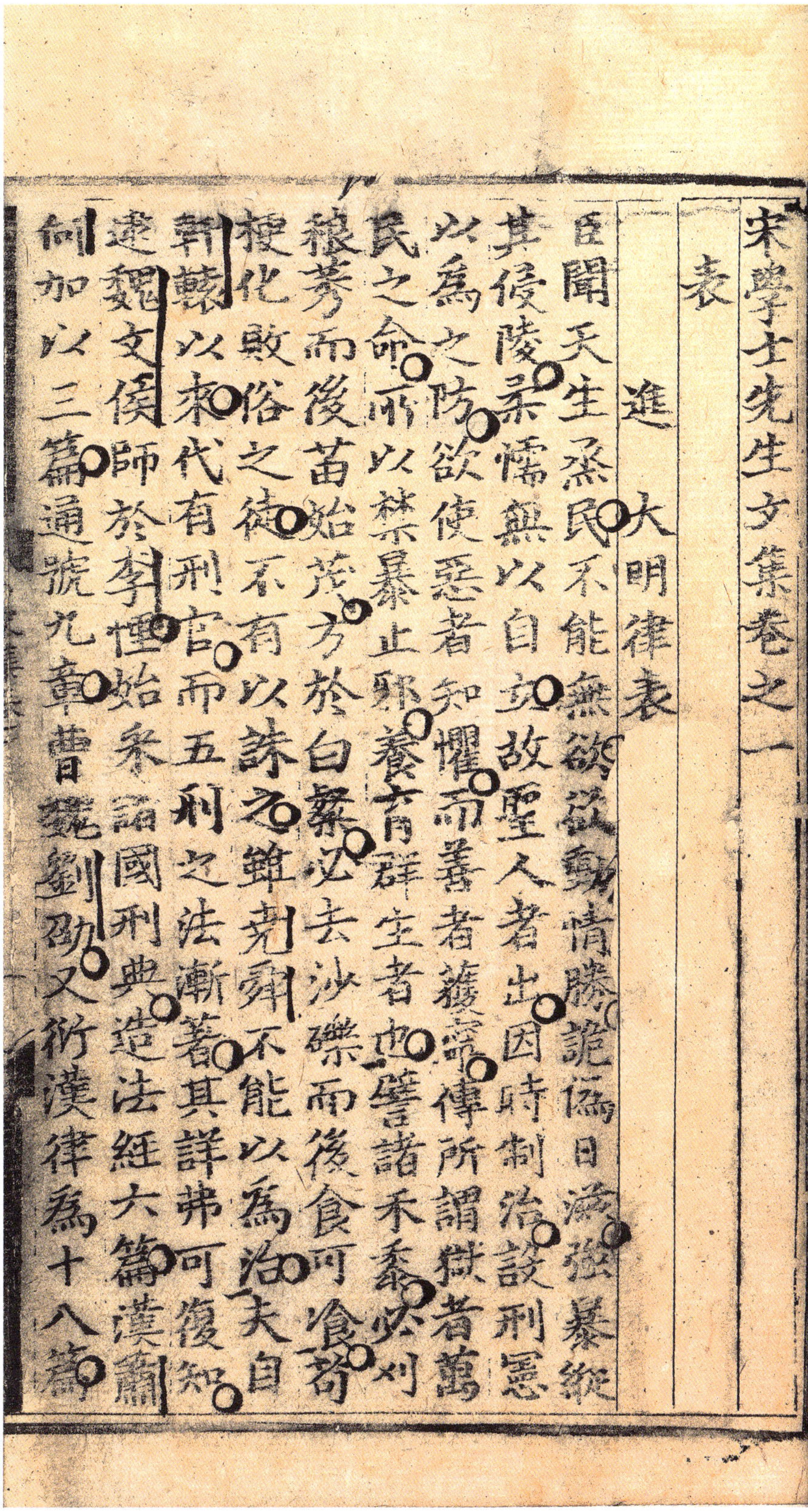

宋學士先生文集卷之一

表

進大明律表

臣聞天生烝民不能無欲欲動情勝詭偽日滋強暴縱其侵陵柔懦無以自立故聖人者出因時制治設刑憲以為之防欲使惡者知懼而善者獲寧傳所謂獄者萬民之命所以禁暴止邪養育群生者也譬諸禾黍必刈稂莠而後苗始茂方於白粲必去沙礫而後食可飡苟梗化敗俗之徒不有以誅之雖堯舜不能以為治夫自軒轅以來代有刑官而五刑之法漸著其詳弗可復知逮魏文侯師於李悝始采諸國刑典造法經六篇漢蕭何加以三篇通號九章曹魏劉劭又衍漢律為十八篇

02095、02096 宋學士先生文集二十六卷 （明）宋濂撰 **附録一卷**

明天順五年（1461）黃譽刻本

匡高21.6厘米，廣14.3厘米。半葉十二行，行二十一字，黑口，四周雙邊。

無錫市圖書館藏；南京師範大學圖書館藏，無附録一卷。

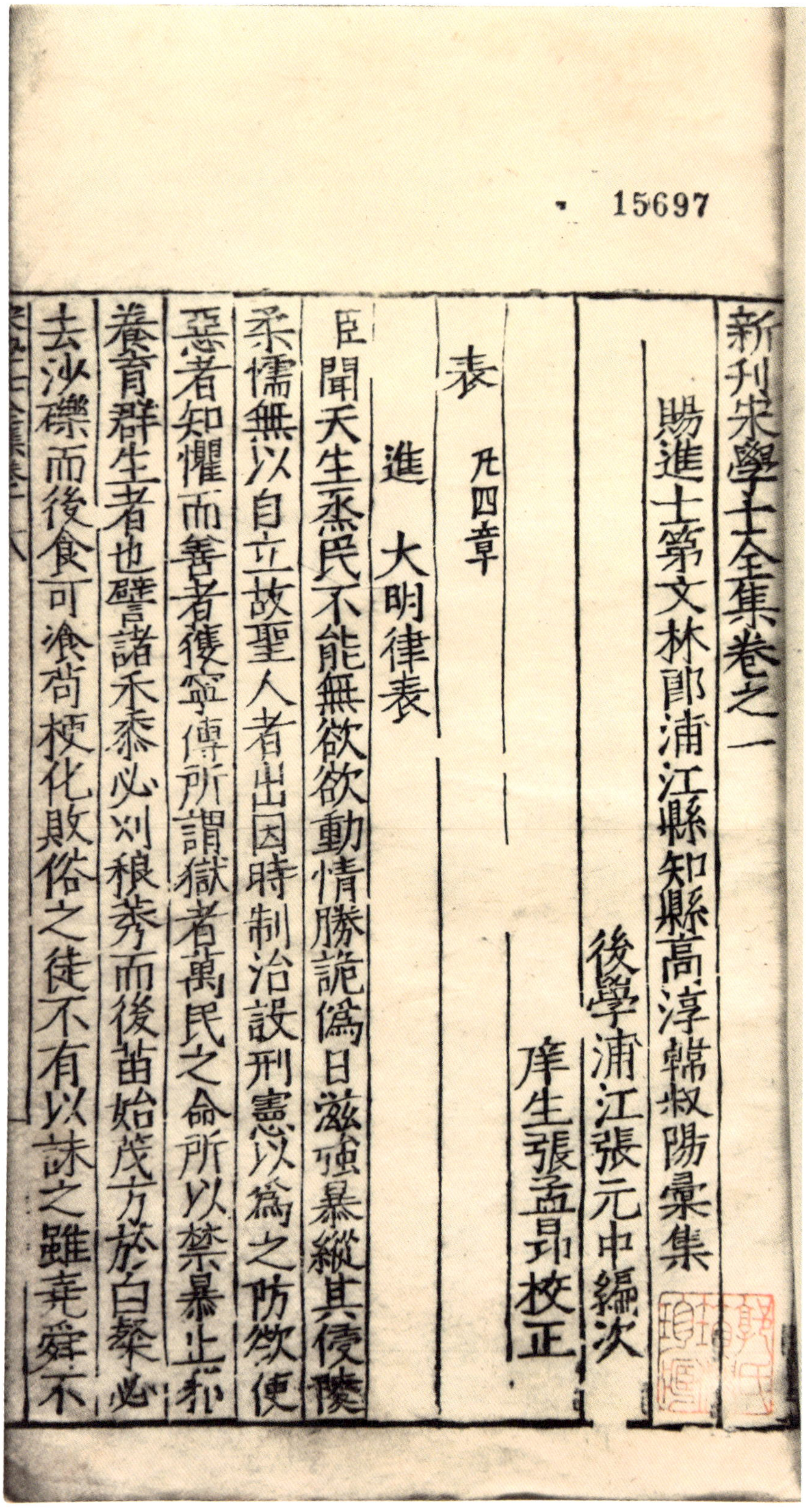
15697

新刊宋學士全集卷之一
賜進士第文林郎浦江縣知縣高淳韓叔陽彙集
後學浦江張元中編次
庠生張孟昂校正

表 凡四章
進大明律表
臣聞天生烝民不能無欲欲動情勝詭僞日滋強暴縱其侵陵
柔懦無以自立故聖人者出因時制治設刑憲以爲之防欲使
惡者知懼而善者獲寧傳所謂獄者萬民之命所以禁暴止邪
養育群生者也譬諸禾黍必刈稂莠而後苗始茂方於白粲必
去沙礫而後食可飡苟梗化敗俗之徒不有以誅之雖堯舜不

02097 新刊宋學士全集三十三卷 （明）宋濂撰 （明）韓叔陽彙集 （明）張元中編次 明嘉靖三十年（1551）韓叔陽刻本

匡高19.6厘米，廣13.6厘米。半葉十一行，行二十四字，白口，左右雙邊。有“郭氏筠僊珍藏”等印。鄭州市圖書館藏。

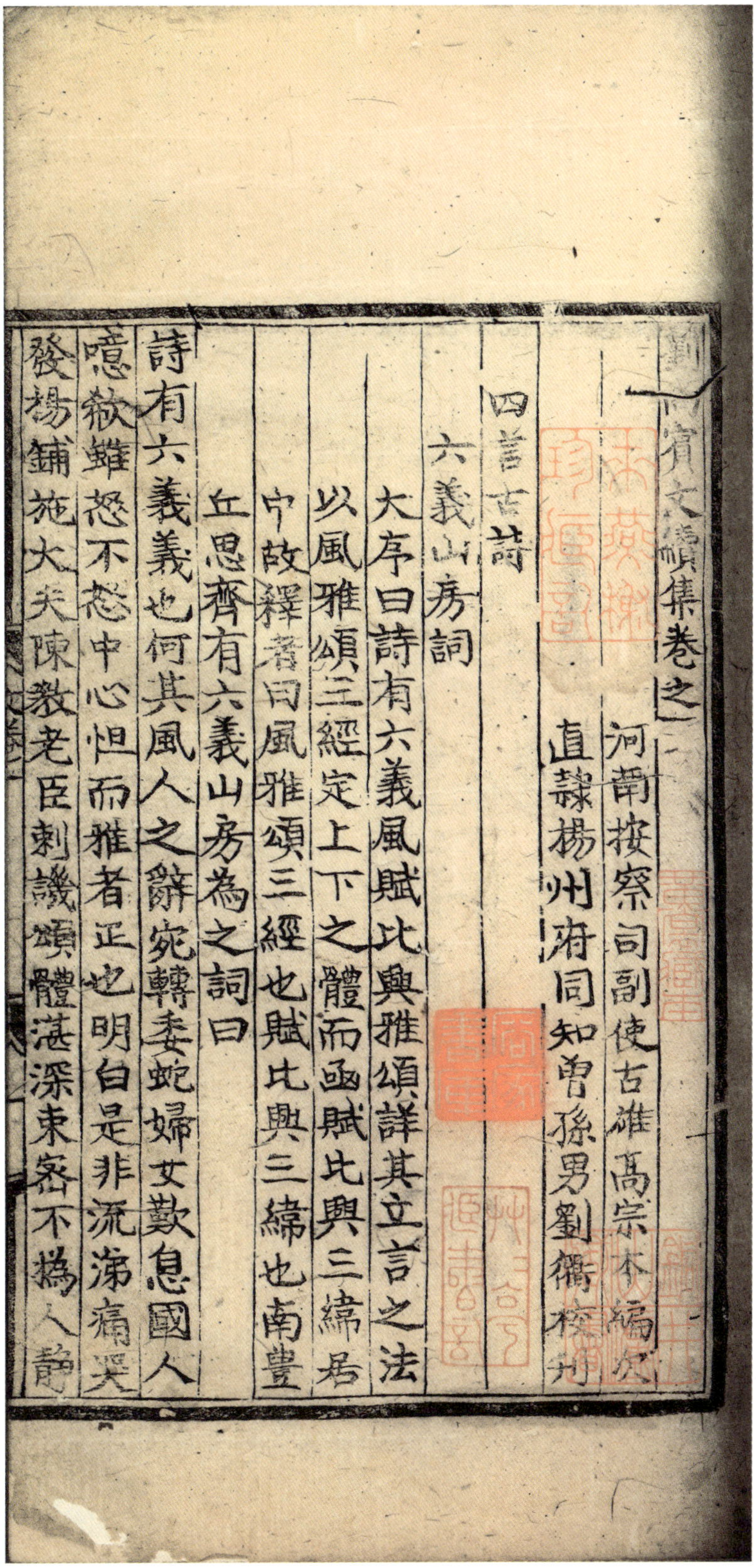
劉尚賓文續集卷之一
河南按察司副使古雄高宗本編次
直隸揚州府同知曾孫男劉衢校刊
四言古詩
六義山房詞
大序曰詩有六義風賦比興雅頌詳其立言之法
以風雅頌三經定上下之體而函賦比興三緯居
中故釋者曰風雅頌三經也賦比興三緯也南豐
丘思齊有六義山房為之詞曰
詩有六義義也何其風人之辭宛轉委蛇婦女歎息國人
噫欷雖怨不怒中心怛而雅者正也明白是非流涕痛哭
發揚鋪施大夫陳教老臣刺譏頌體湛深柬辭不爲人靜

02098 劉尚賓文集五卷續集四卷[奉使交趾贈送詩一卷] （明）劉夏撰　明永樂劉拙刻成化劉衢續刻本

匡高20厘米，廣13.3厘米。半葉十二行，行二十二字，黑口，四周雙邊。有“銅井山廬藏書”、“黄裳藏本”、“來燕榭珍藏記”等印。黄裳題款。南京圖書館藏。

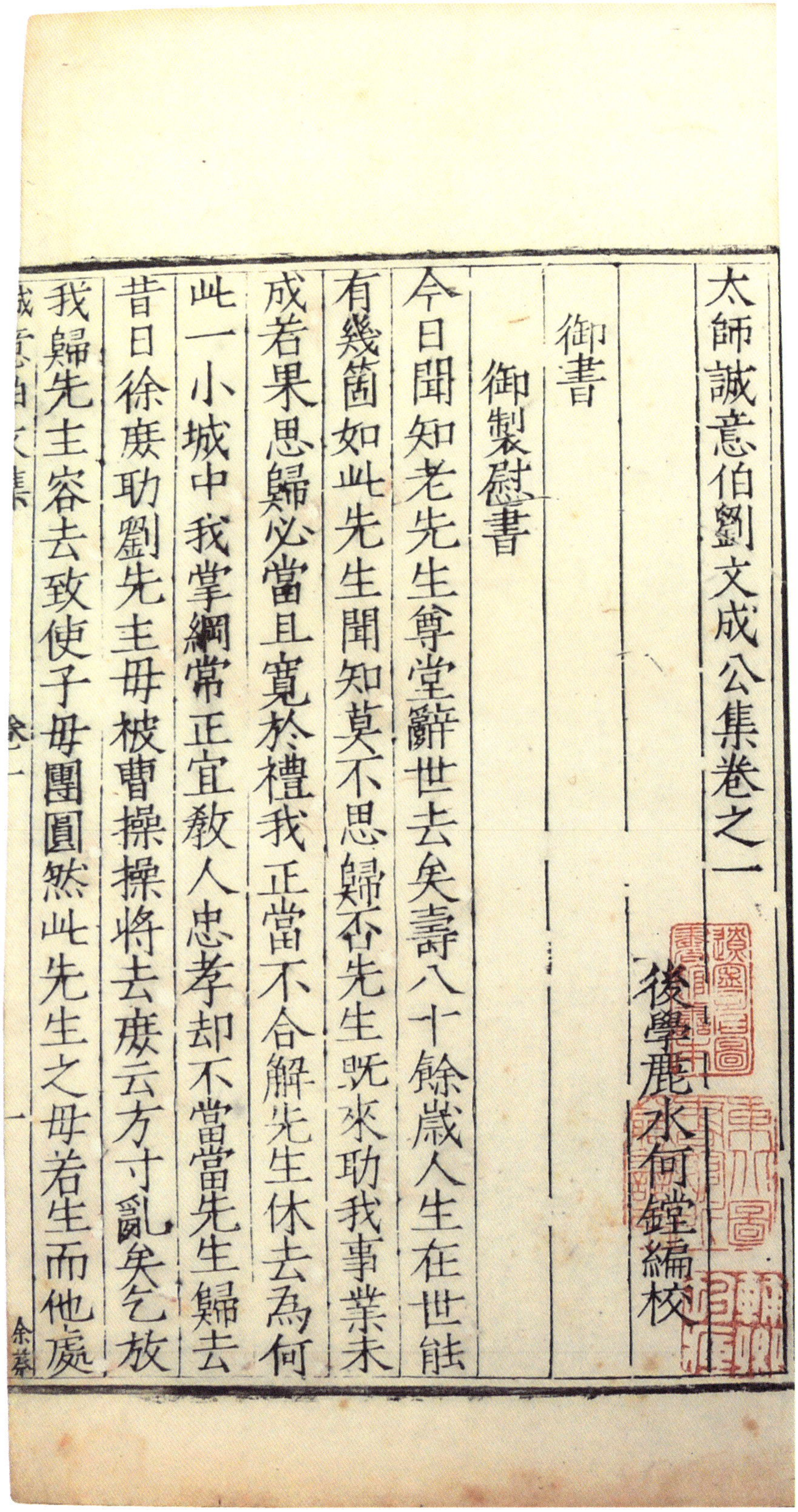

太師誠意伯劉文成公集卷之一

後學鹿水何鏜編校

御書

御製慰書

今日聞知老先生尊堂辭世去矣壽八十餘歲人生在世能有幾箇如此先生聞知莫不思歸否先生既來助我事業未成若果思歸必當且寬於禮我正當不合解先生休去為何此一小城中我掌綱常正宜教人忠孝却不當先生歸去昔日徐庶助劉先主母被曹操操將去庶云方寸亂矣乞放我歸先主容去致使子母團圓煞此先生之母若生而他處

誠意伯文集　卷一　一　余蔡

02099、02100 太師誠意伯劉文成公集二十卷　（明）劉基撰　明隆慶六年（1572）謝廷傑、陳烈刻本

匡高20.5厘米，廣14.8厘米。半葉十行，行二十三字，白口，四周雙邊。天水市圖書館藏；遼寧省圖書館藏，有“輔卿珍藏”等印。

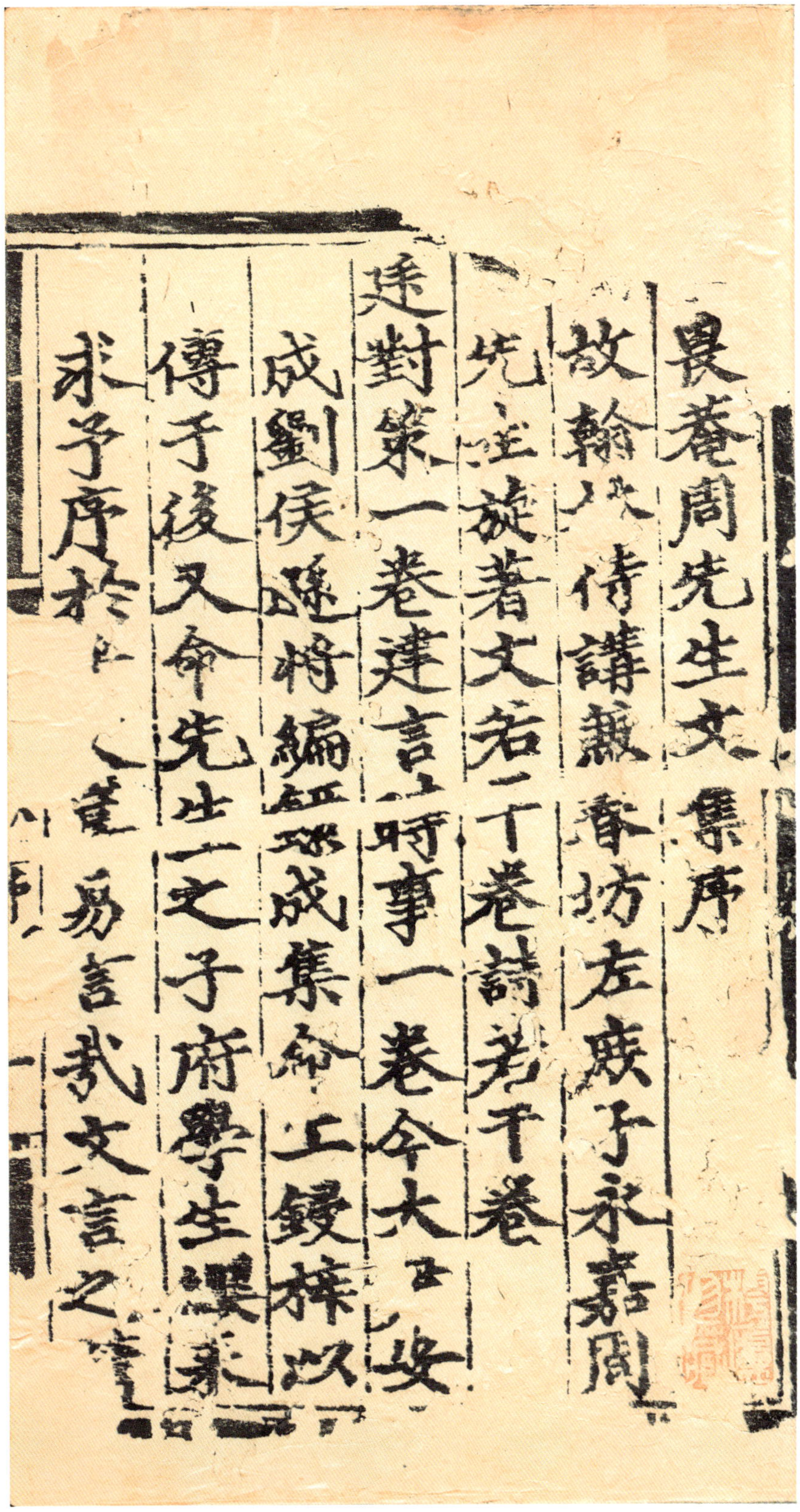

畏菴周先生文集序
故翰林侍講兼春坊左庶子永嘉周
先生旋著文若干卷詩若干卷
廷對策一卷建言時事一卷今太子少
成劉侯璲將編錄成集命工鋟梓以
傳于後又命先生之子府學生濮來
求予序於[illegible]易言哉文言之

02101 畏菴集十卷 （明）周旋撰 明成化十九年（1483）刻本

匡高21.5厘米，廣13.9厘米。半葉十行，行二十字，黑口，四周雙邊。有“楞盧珍藏”等印。浙江大學圖書館藏。

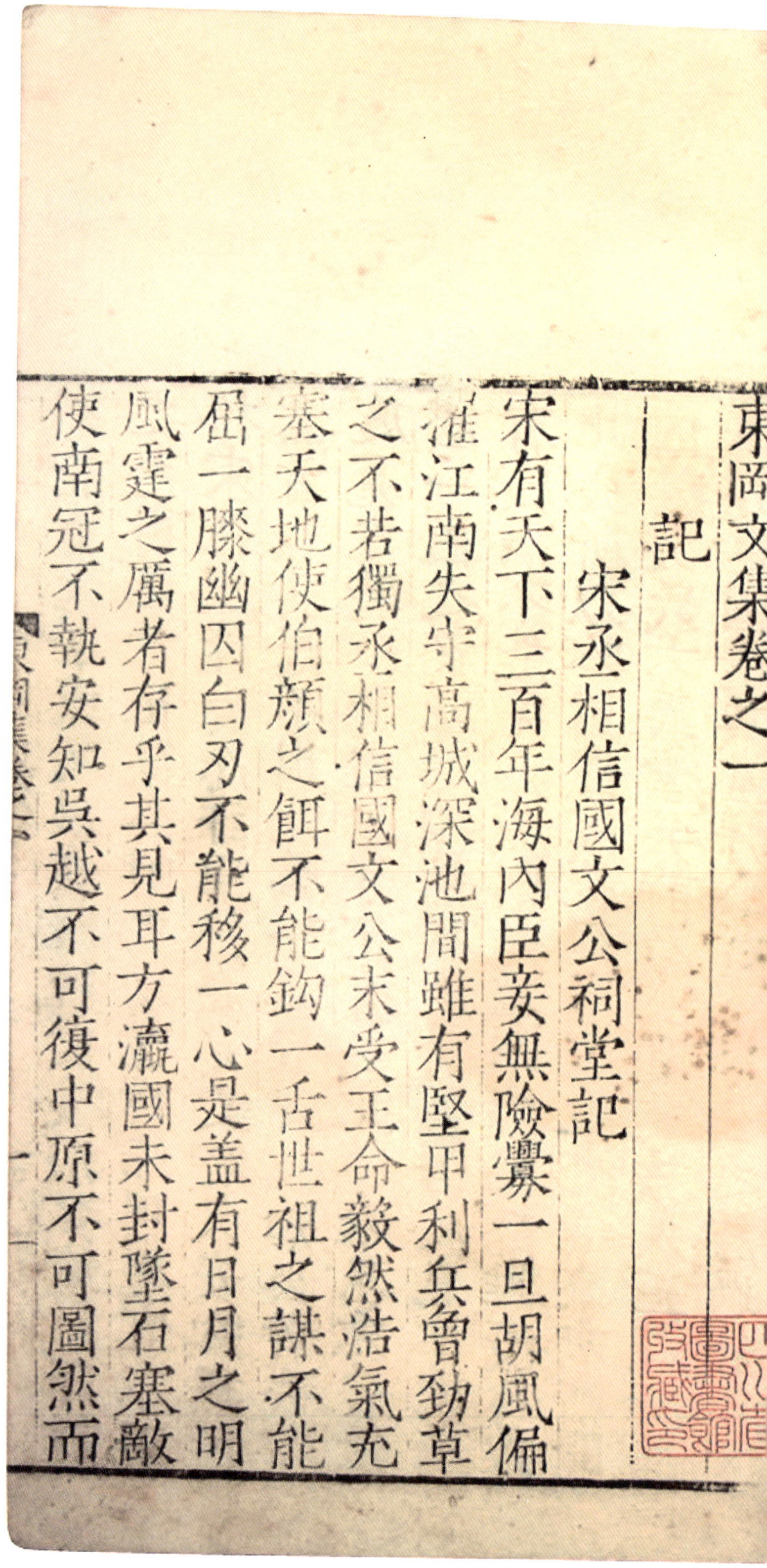

東岡文集卷之一

記

宋丞相信國文公祠堂記

宋有天下三百年海內臣妾無險釁一旦胡風偏擢江南失守高城深池間雖有堅甲利兵曾勁草之不若獨丞相信國文公未受王命毅然浩氣充塞天地使伯顔之餌不能鈎一舌世祖之誅不能屈一膝幽囚白刃不能移一心是盖有日月之明風霆之厲者存乎其見耳方瀛國未封墜石塞敵使南冠不執安知吴越不可復中原不可圖然而

東岡集卷之一　一

02102 東岡文集十二卷　（明）柯暹撰　明嘉靖刻本

匡高18.3厘米，廣12.5厘米。半葉十行，行十九字，白口，左右雙邊。四川省圖書館藏。

汝目聧疑無所知汝齒鈌

宜無所詵如之何視必極

明言必盡誠雖由是而辱

亦由是而榮

自述

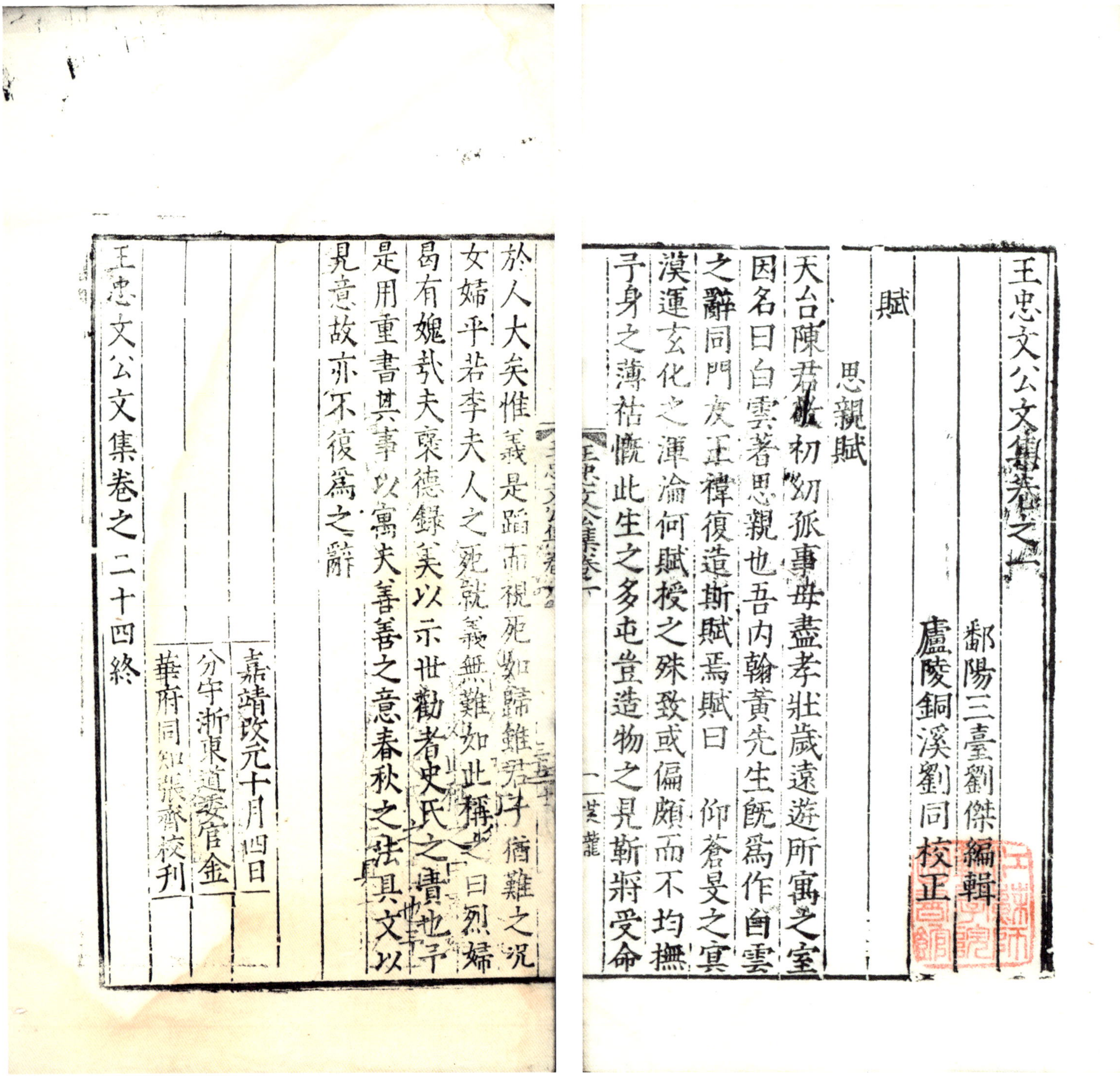

王忠文公文集卷之一

鄱陽三臺劉傑編輯

廬陵銅溪劉同校正

賦

思親賦

天台陳君敬初幼孤事母盡孝壯歲遠遊所寓之室因名曰白雲著思親也吾内翰黃先生旣爲作白雲之辭同門友王禕復造斯賦焉賦曰　仰蒼旻之冥漠運玄化之渾淪何賦授之殊致或偏頗而不均撫予身之薄祜慨此生之多屯豈造物之見靳將受命

於人大矣惟義是蹈而視死如歸雖君子猶難之況女婦乎若李夫人之死就義無難如此稱之曰烈婦曷有媿哉夫稟德録矣以示世勸者史氏之責也予是用重書其事以寓夫善善之意春秋之法具文以見意故亦不復爲之辭

嘉靖改元十月四日
分守浙東道委官金
華府同知張齊校刊

王忠文公文集卷之二十四終

02103 王忠文公文集二十四卷　（明）王禕撰　（明）劉傑輯　（明）劉同校正　明嘉靖元年（1522）刻本

匡高18.9厘米，廣12.4厘米。半葉十行，行二十字，白口，左右雙邊。有“嘉靖改元十月四日分守浙東道委官金華府同知張齊校刊”牌記。蘇州大學圖書館藏。

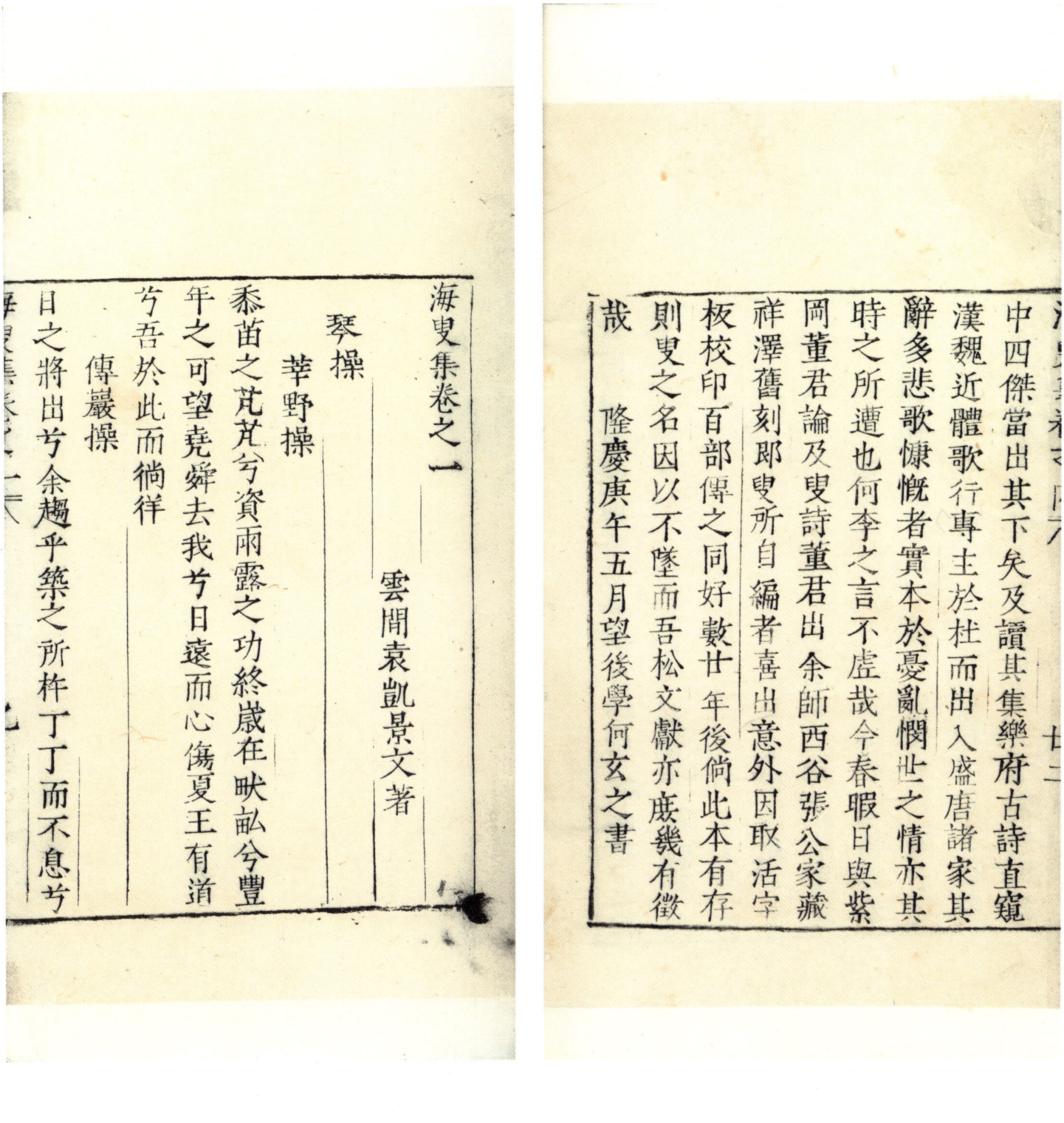

中四傑當出其下矣及讀其集樂府古詩直竊
漢魏近體歌行專主於杜而出入盛唐諸家其
辭多悲歌慷慨者實本於憂亂憫世之情亦其
時之所遭也何李之言不虛哉今春暇日與紫
岡董君論及叟詩董君出余師西谷張公家藏
祥澤舊刻即叟所自編者喜出意外因取活字
板校印百部傳之同好數十年後倘此本有存
則叟之名因以不墜而吾松文獻亦庶幾有徵
哉　隆慶庚午五月望後學何玄之書

海叟集卷之一
雲間袁凱景文著
琴操
莘野操
黍苗之芃芃兮資雨露之功終歲在畎畝兮豐
年之可望堯舜去我兮日遠而心傷夏王有道
兮吾於此而徜徉
傳巖操
日之將出兮余趨乎築之所杵丁丁而不息兮

02104 海叟集四卷　（明）袁凱撰　明隆慶四年（1570）何玄之活字印本

匡高17.6厘米，廣13.4厘米。半葉九行，行十八字，白口，四周單邊。楊引傳跋。南京圖書館藏。

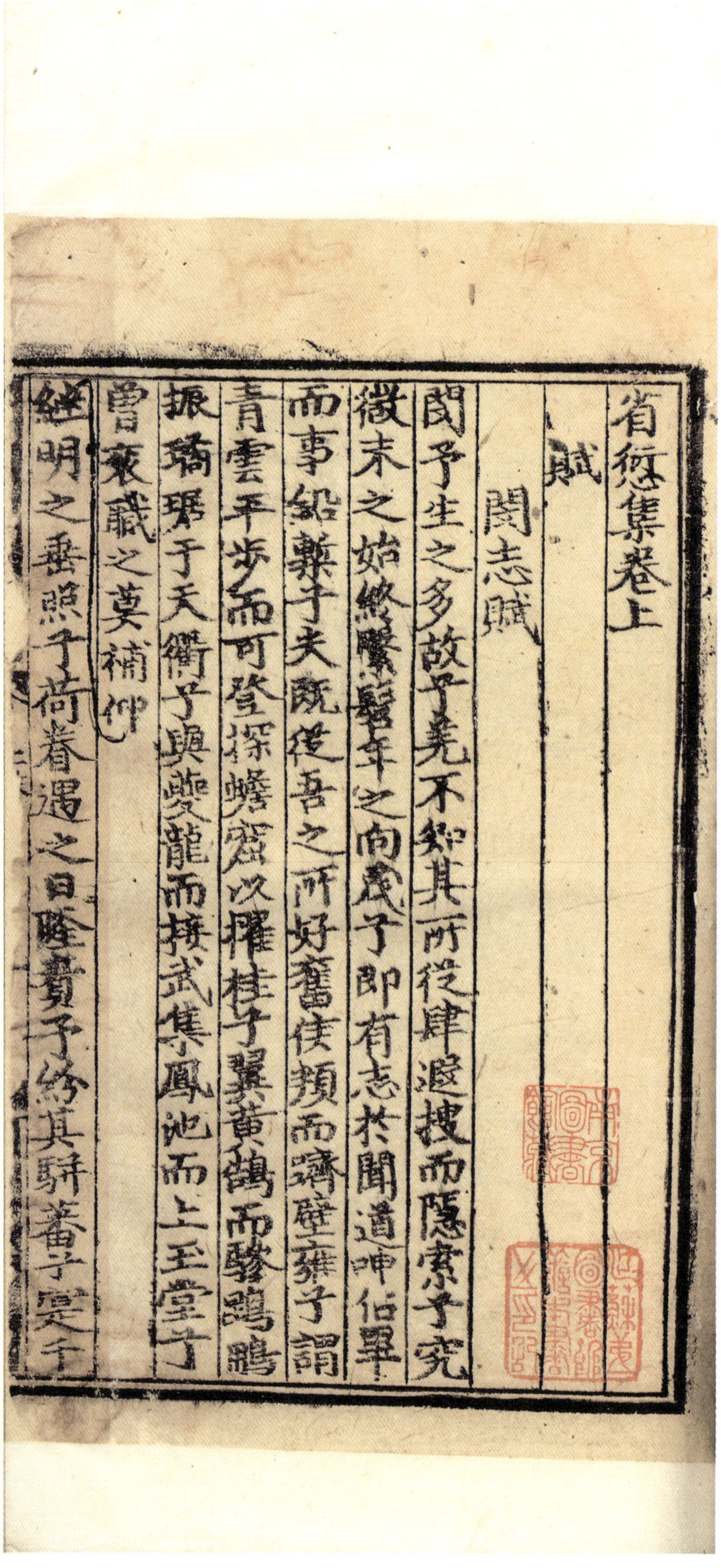

省愆集卷上

賦

閔志賦

閔予生之多故兮羌不知其所從肆遐搜而隱索兮究微末之始終暨髫年之向成兮即有志於聞道呻佔畢而事鉛槧兮夫既從吾之所好奮使類而躋璧雍兮謂青雲平步而可登探蟾窟以攫桂兮翼黃鵠而驂鵷鶵振羽翮于天衢兮與夔龍而接武集鳳池而上玉堂兮曾衰識之莫補仰

繼明之垂照兮荷眷遇之日隆賚予以其駢蕃兮寔千

02105 省愆集二卷 （明）黄淮撰 明正統八年（1443）王豫刻本

匡高21.1厘米，廣13.7厘米。半葉十行，行二十一字，黑口，四周雙邊。有“翰林院印”等印。南京圖書館藏。

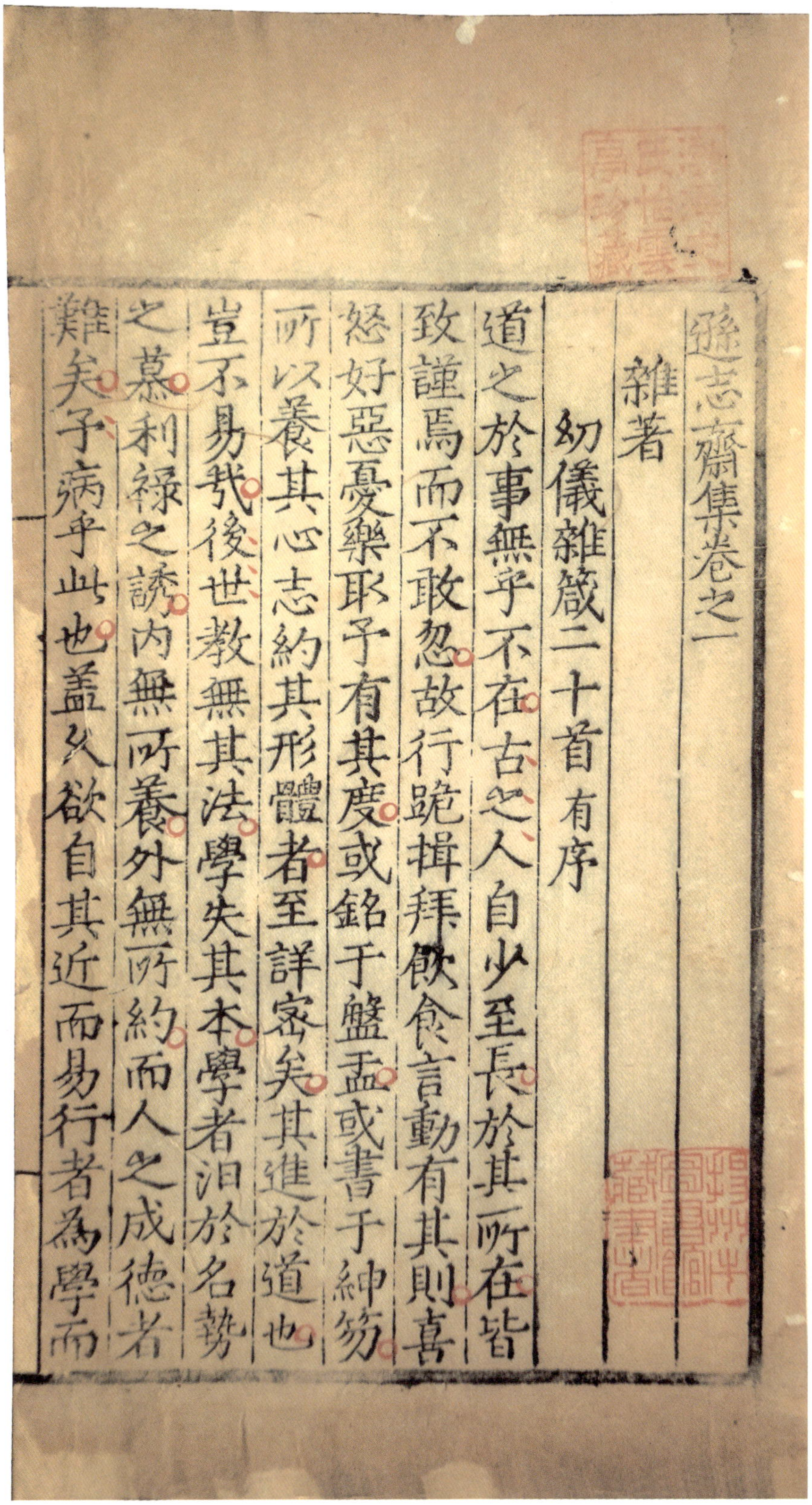
遜志齋集卷之一

雜著

幼儀雜箴二十首 有序

道之於事無乎不在古之人自少至長於其所在皆致謹焉而不敢忽故行跪揖拜飲食言動有其則喜怒好惡憂樂取予有其度或銘于盤盂或書于紳笏所以養其心志約其形體者至詳密矣其進於道也豈不易哉後世教無其法學失其本學者汩於名勢之慕利禄之誘內無所養外無所約而人之成德者難矣予病乎此也蓋久欲自其近而易行者為學而

02106 遜志齋集二十四卷 （明）方孝孺撰 **附録一卷** 明嘉靖二十年（1541）蜀藩朱讓栩刻本

匡高19厘米，廣13.3厘米。半葉十行，行二十字，白口，四周單邊。有"渤海史氏怡雲亭珍藏"等印。揚州市圖書館藏。

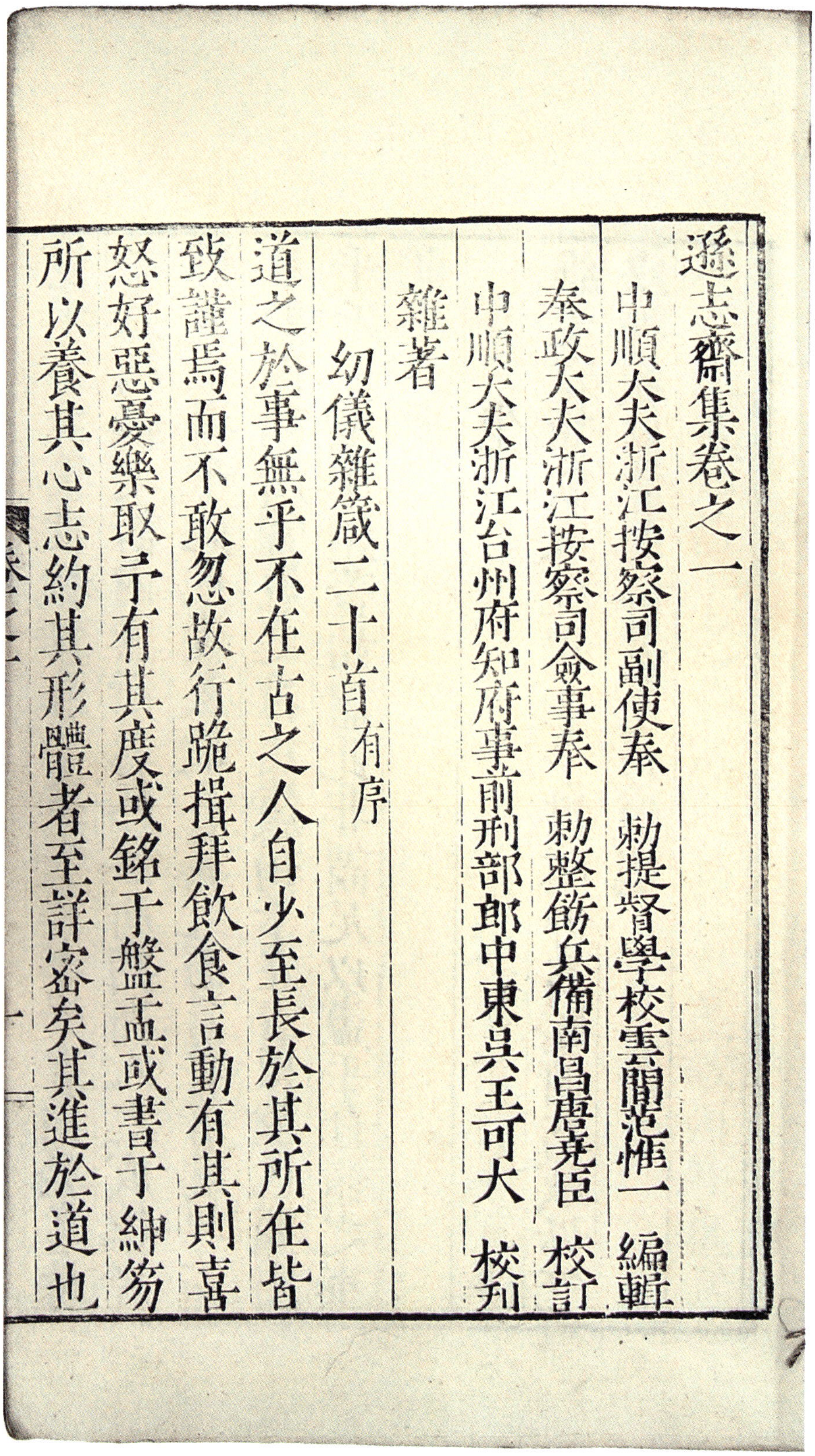

遜志齋集卷之一

中順大夫浙江按察司副使奉　勅提督學校雲間范惟一　編輯

奉政大夫浙江按察司僉事奉　勅整飭兵備南昌唐堯臣　校訂

中順大夫浙江台州府知府事前刑部郎中東吳王可大　校刊

雜著

幼儀雜箴二十首有序

道之於事無乎不在古之人自少至長於其所在皆致謹焉而不敢忽故行跪揖拜飲食言動有其則喜怒好惡憂樂取予有其度或銘于盤盂或書于紳笏所以養其心志約其形體者至詳密矣其進於道也

02107 遜志齋集二十四卷　（明）方孝孺撰　**附録一卷**　明嘉靖四十年（1561）王可大刻本

匡高19.8厘米，廣14.4厘米。半葉十行，行二十字，白口，左右雙邊。南京市博物館藏。

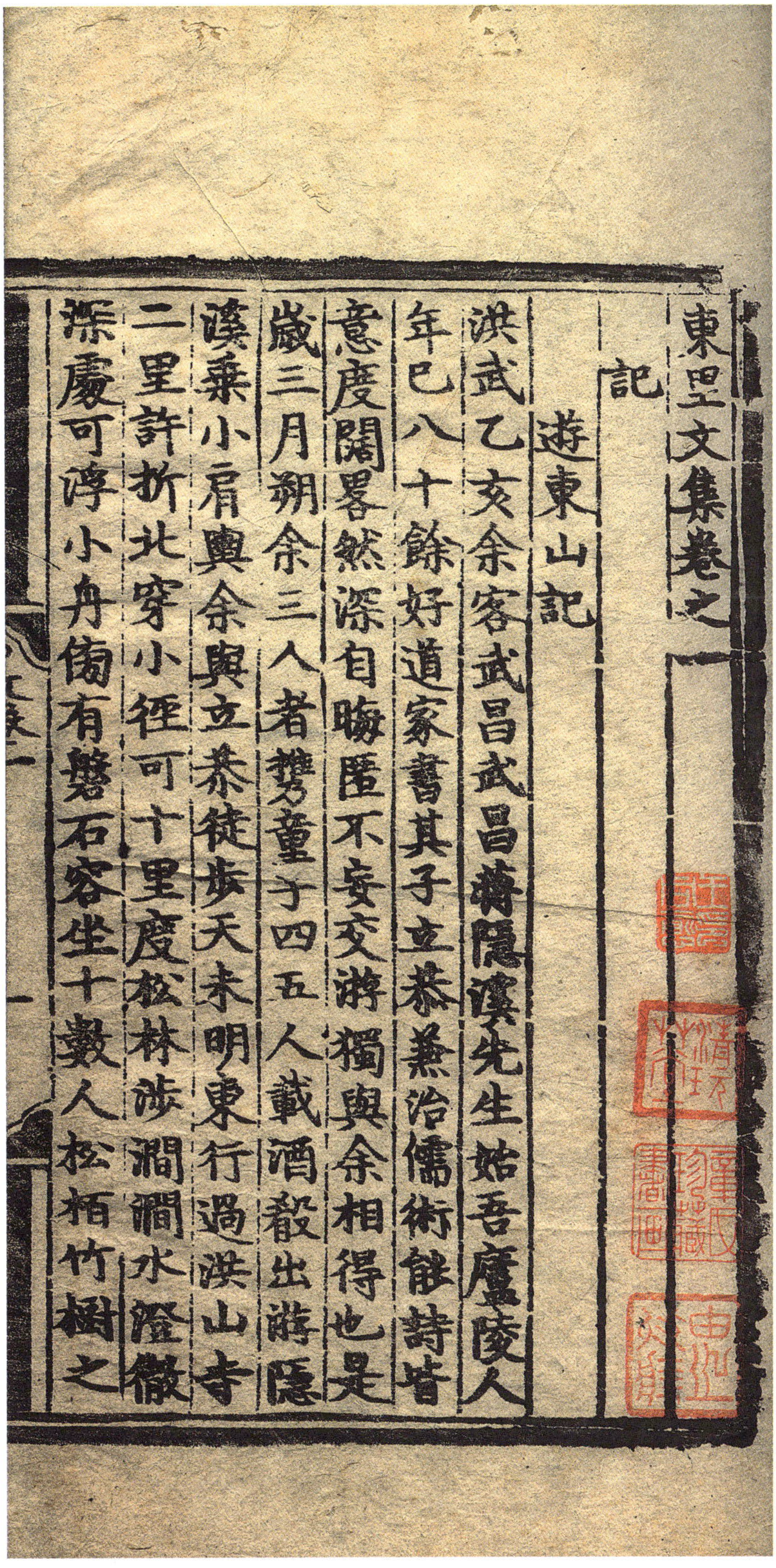

東里文集卷之一

記

遊東山記

洪武乙亥余客武昌武昌蔣隱溪先生始吾廬陵人年已八十餘好道家書其子立恭兼治儒術能詩皆意度闊畧然深自晦匿不妄交游獨與余相得也是歲三月朔余三人者擕童子四五人載酒殽出游隱溪乘小肩輿余與立恭徒步天未明東行過洪山寺二里許折北穿小徑可十里度松林涉澗澗水澄徹深處可浮小舟傍有盤石容坐十數人松柏竹樹之

02108 東里文集二十五卷 （明）楊士奇撰　明正統刻本

匡高19.8厘米，廣13.2厘米。半葉十行，行二十字，黑口，四周雙邊。有“章氏珍藏書画”、“王印同愈”等印。無錫市圖書館藏。

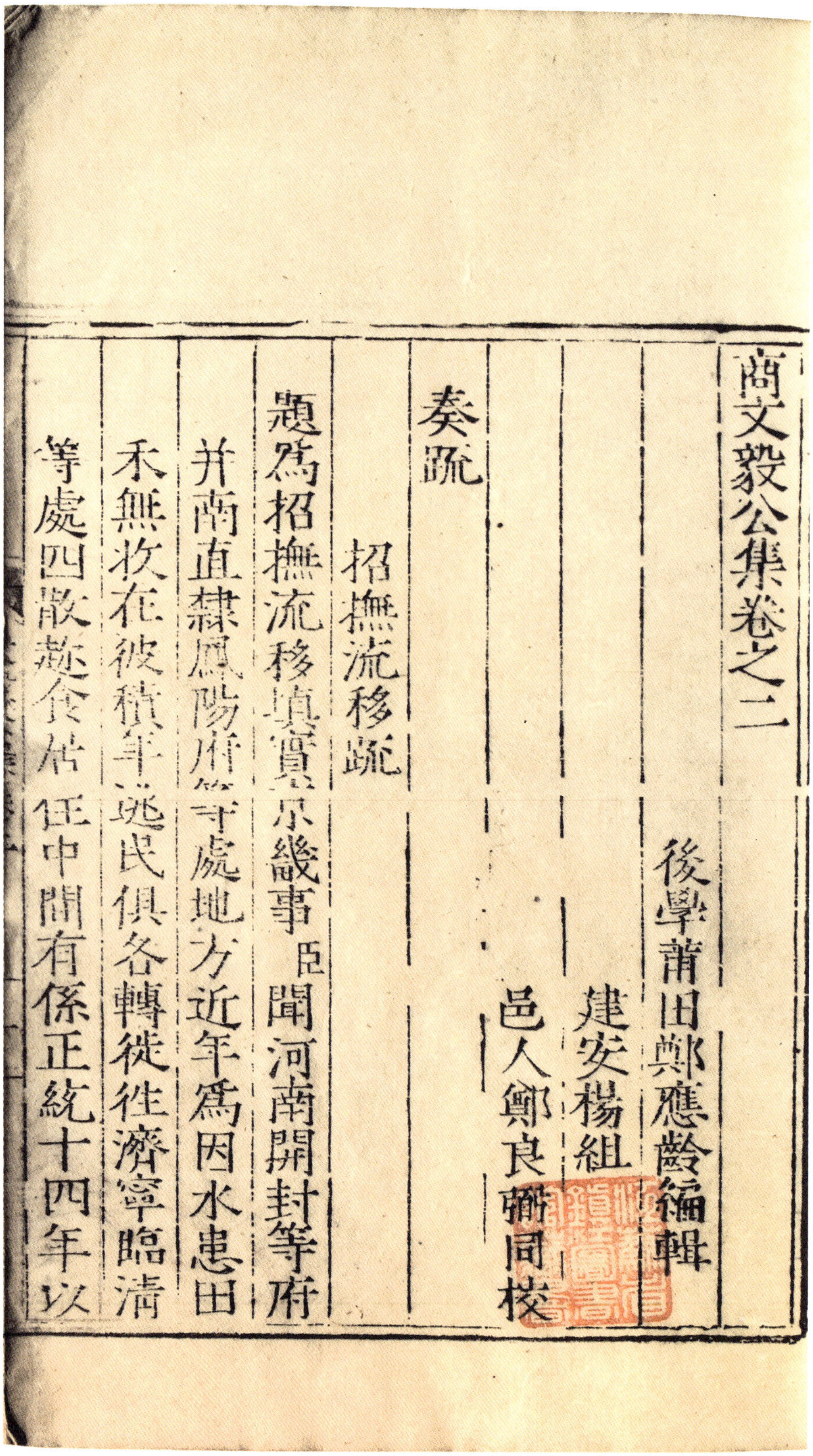

商文毅公集卷之二

後學莆田鄭應齡編輯

建安楊組

邑人鄭良弼同校

奏疏

招撫流移疏

題爲招撫流移填實京畿事臣聞河南開封等府并南直隸鳳陽府等處地方近年爲因水患田禾無收在彼積年逃民俱各轉徙往濟寧臨清等處四散趁食居住中間有係正統十四年以

02109 商文毅公集十一卷 （明）商輅撰 （明）鄭應齡輯 明隆慶六年（1572）鄭應齡刻本

匡高18.7厘米，廣14.6厘米。半葉十行，行二十字，白口，四周雙邊。鎮江市圖書館藏，存八卷。

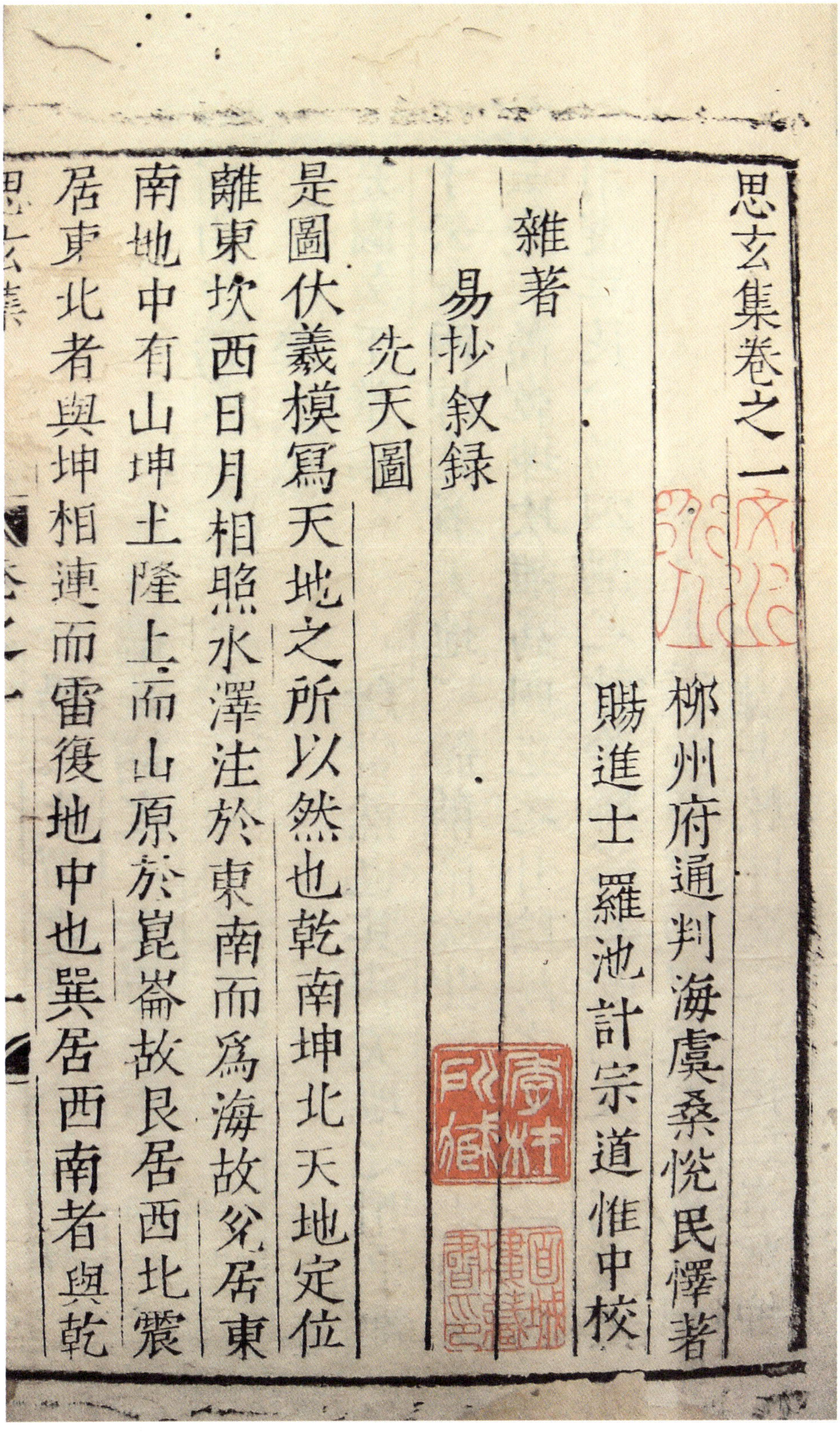
思玄集卷之一
郴州府通判海虞桑悅民懌著
賜進士羅池計宗道惟中校
雜著
易抄叙録
先天圖
是圖伏羲模寫天地之所以然也乾南坤北天地定位
離東坎西日月相照水澤注於東南而爲海故兌居東
南地中有山坤土隆上而山原於崑崙故艮居西北震
居東北者與坤相連而雷復地中也巽居西南者與乾

02110 思玄集十六卷 （明）桑悅撰　明萬曆二年（1574）桑大協活字印本

匡高20厘米，廣13.4厘米。半葉十行，行二十一字，白口，四周單邊。有“面城樓藏書印”、“順德温氏六篆樓藏本”等印。中山大學圖書館藏。

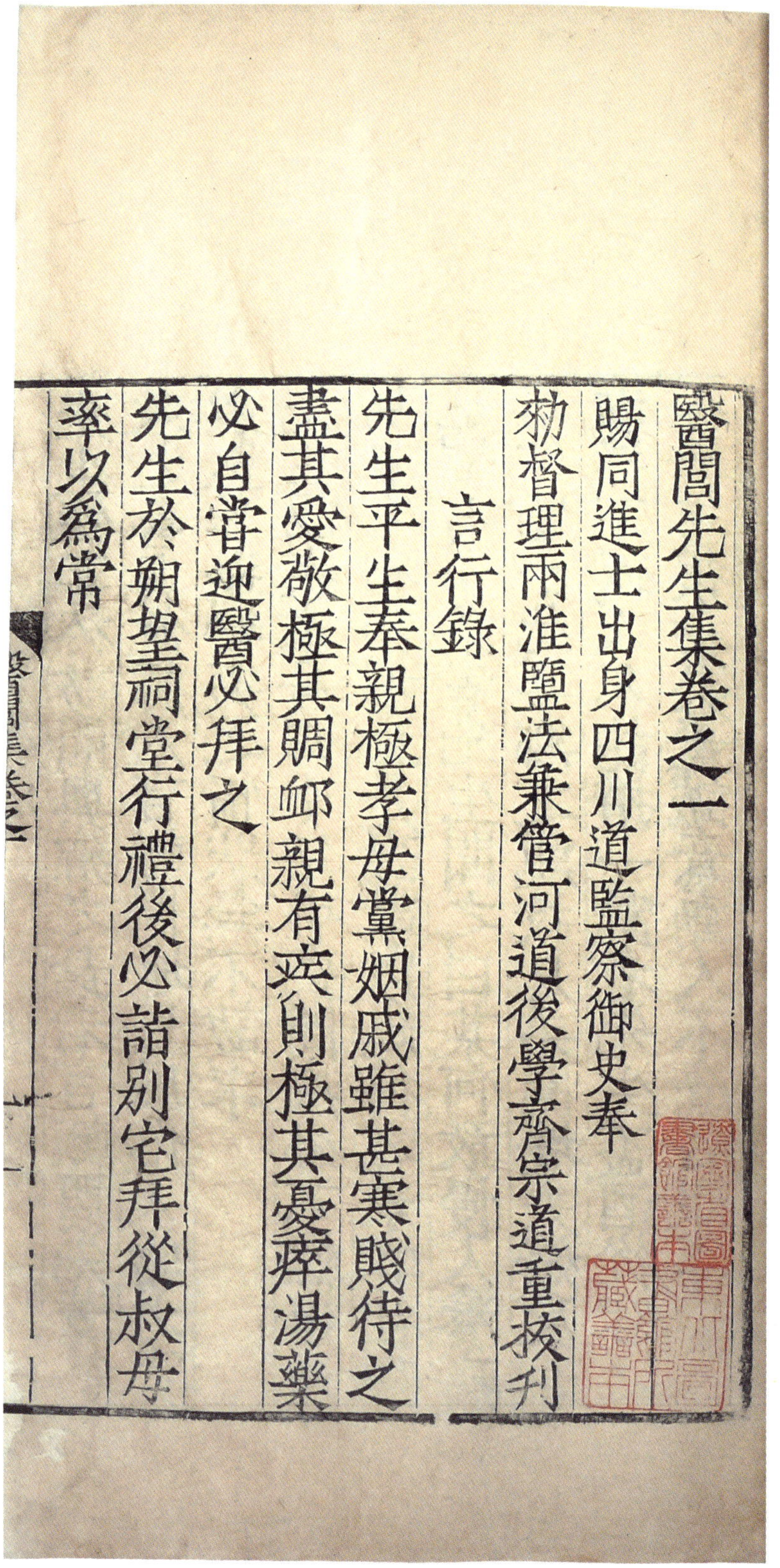

02111 醫閭先生集九卷 （明）賀欽撰 明嘉靖二十三年（1544）齊宗道刻本

匡高19.2厘米，廣14.3厘米。半葉九行，行十八字，白口，左右雙邊。有“有嬀之後”等印。遼寧省圖書館藏。

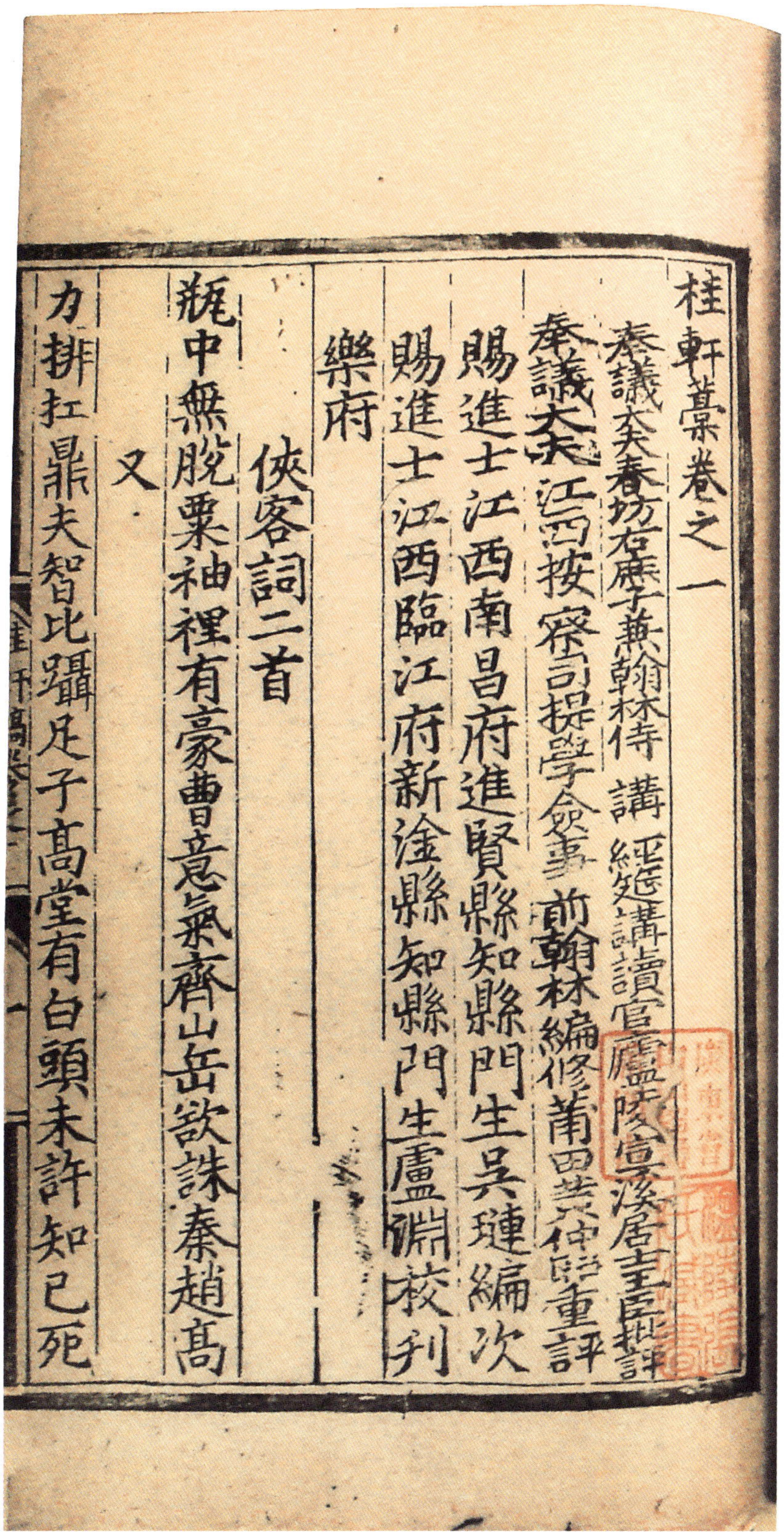

桂軒藁卷之一
奉議大夫春坊右庶子兼翰林侍講 經筵講讀官廬陵宣溪居士臣批評
奉議大夫江西按察司提學僉事 前翰林編修莆田黄仲昭重評
賜進士江西南昌府進賢縣知縣門生吳璉編次
賜進士江西臨江府新淦縣知縣門生盧淵校刊
樂府
俠客詞二首
瓶中無脫粟袖裡有豪曹意氣齊山岳欲誅秦趙高
又
力排扛鼎夫智比躡足子高堂有白頭未許知已死

02112 桂軒藁十卷 （明）江源撰 明弘治四年（1491）刻本

匡高19.8厘米，廣13.4厘米。半葉十行，行二十字，黑口，四周雙邊。廣東省立中山圖書館藏。

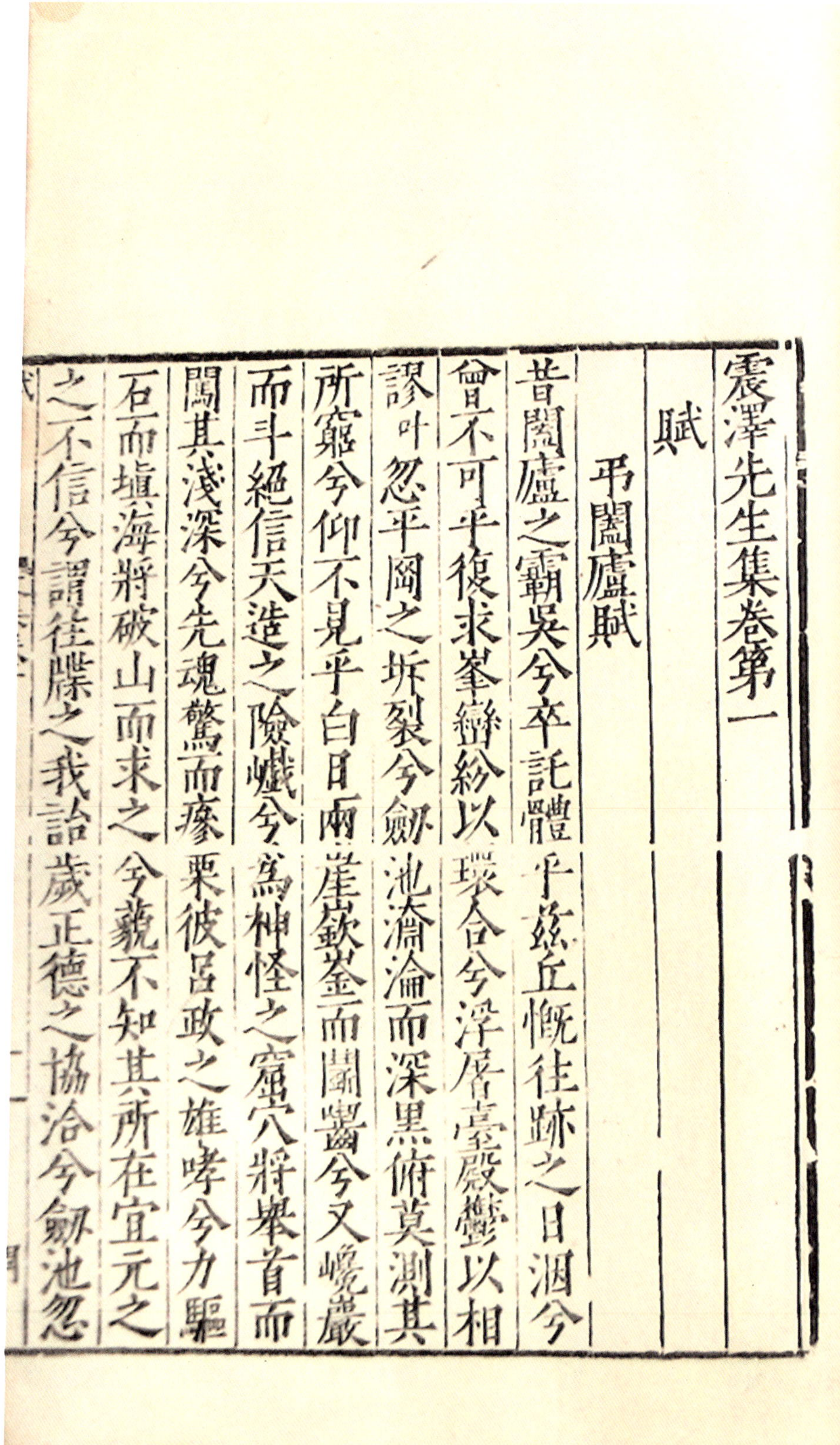

震澤先生集卷第一

賦

弔闔廬賦

昔闔廬之霸吳兮卒託體乎茲丘慨往跡之日湮兮曾不可乎復求峯巒紛以環合兮浮屠臺殿鬱以相謬叶忽平岡之坼裂兮劍池濬淪而深黑俯莫測其所窮兮仰不見乎白日兩崖嵌嵚而鬪齧兮又巉巖而斗絕信天造之險巇兮為神怪之窟穴將舉首而闖其淺深兮先魂驚而瘮栗彼呂政之雄哮兮力驅石而塡海將破山而求之兮藐不知其所在宜元之之不信兮謂往牒之我詒歲正德之協洽兮劍池忽

02113、02114 震澤先生集三十六卷 （明）王鏊撰 明嘉靖刻本

匡高17.5厘米，廣14.4厘米。半葉十一行，行二十字，白口，左右雙邊。揚州大學圖書館、無錫市圖書館藏。

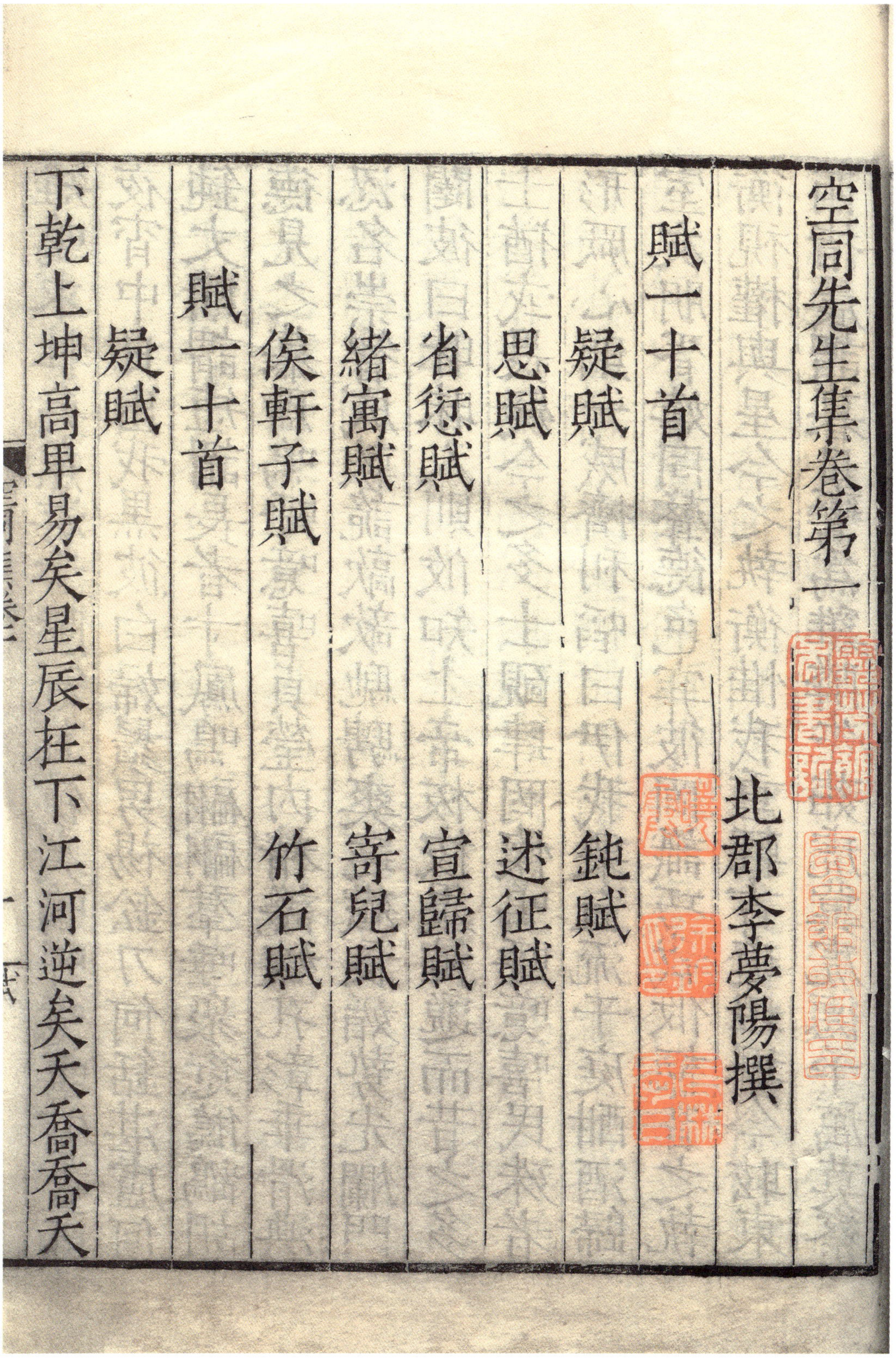

空同先生集卷第一

北郡李夢陽撰

賦一十首

疑賦　鈍賦

思賦　述征賦

省愆賦　宣歸賦

緒寓賦　寄兒賦

俟軒子賦　竹石賦

賦一十首

疑賦

下乾上坤高卑易矣星辰在下江河逆矣天喬喬天

02115 空同先生集六十三卷　（明）李夢陽撰　明嘉靖黄省曾刻本

匡高19.2厘米，廣15.7厘米。半葉十一行，行二十字，白口，左右雙邊。有“悉曰館收藏印”、“靈芬館圖書記”等印。西北師範大學圖書館藏。

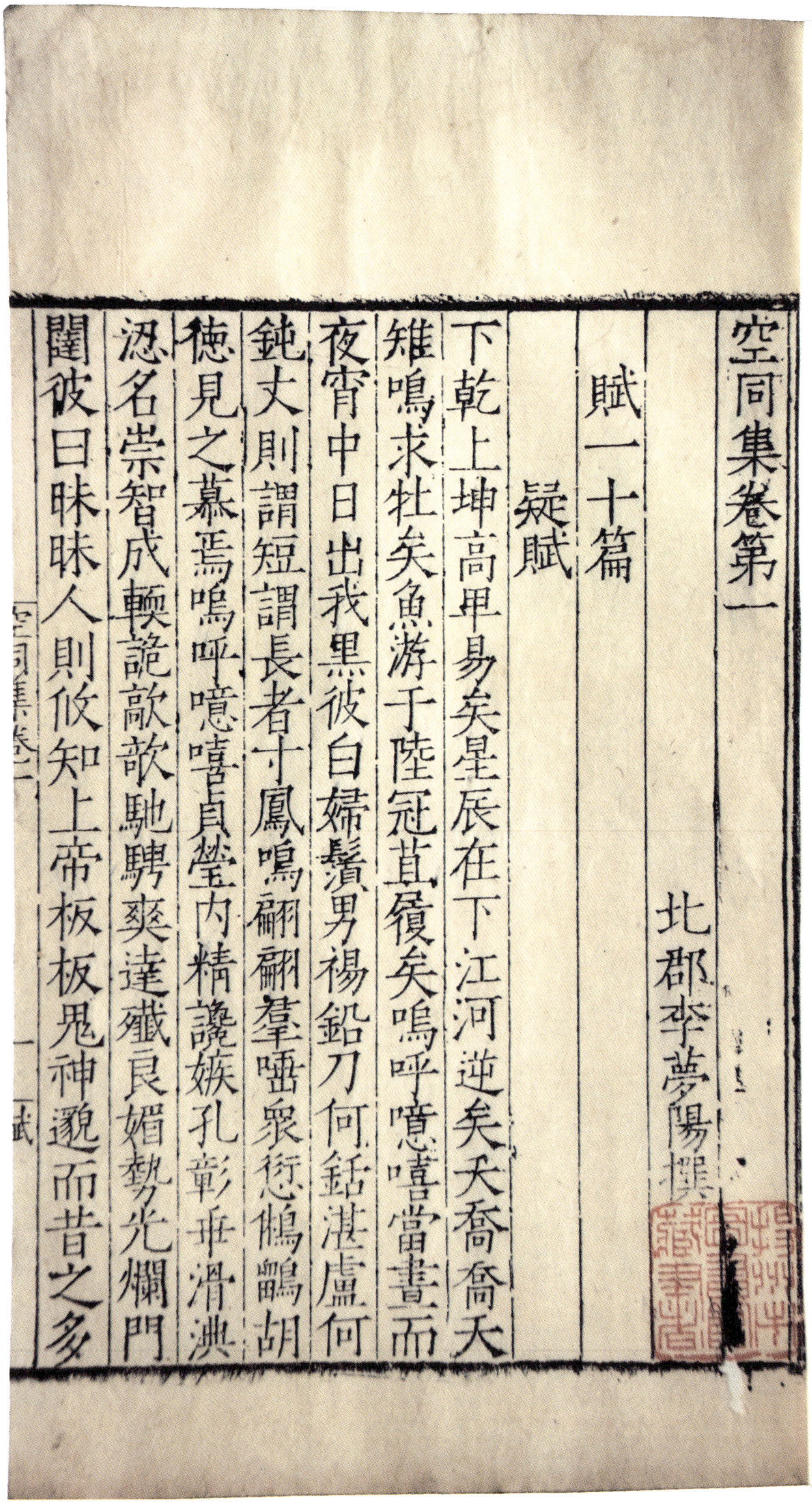

空同集卷第一

北郡李夢陽撰

賦一十篇

疑賦

下乾上坤高卑易矣星辰在下江河逆矣天喬喬天雉鳴求牡矣魚游于陸冠苴履矣嗚呼噫嘻當晝而夜宵中日出我黑彼白婦鬚男裼鉛刀何銛湛盧何鈍丈則謂短謂長者寸鳳鳴翩翩羣嚾衆衒鵂鶹胡徳見之慕焉嗚呼噫嘻貞瑩內精讒嫉孔彰乖滑澳涊名崇智成輭詭欵欵馳騁爽達殲良媢勢光爛門闉彼日昧昧人則佽知上帝板板鬼神邈而昔之多

空同集卷一　一　賦

02116 空同集六十三卷　（明）李夢陽撰　明嘉靖十一年（1532）刻本

匡高18.6厘米，廣14.3厘米。半葉十一行，行二十字，白口，左右雙邊。揚州市圖書館藏。

知究其極有如此之美也且今天下之材如李子者
幾人哉如李子之材而未究其極乎而塗人也則可
乎而苟一交遊也寧能忘於懷乎夫如李子之材未
究其極也且如此天下無李子之材者乃或又遺其
大而惟他乎徇焉則又豈但爲乎之所惜乎雖然觀
李子之集者能先請事乎狀疏一卷徐以讀他文若
詩亦可以思過半矣
嘉靖十一年歲次壬辰冬十一月高陵呂柟序

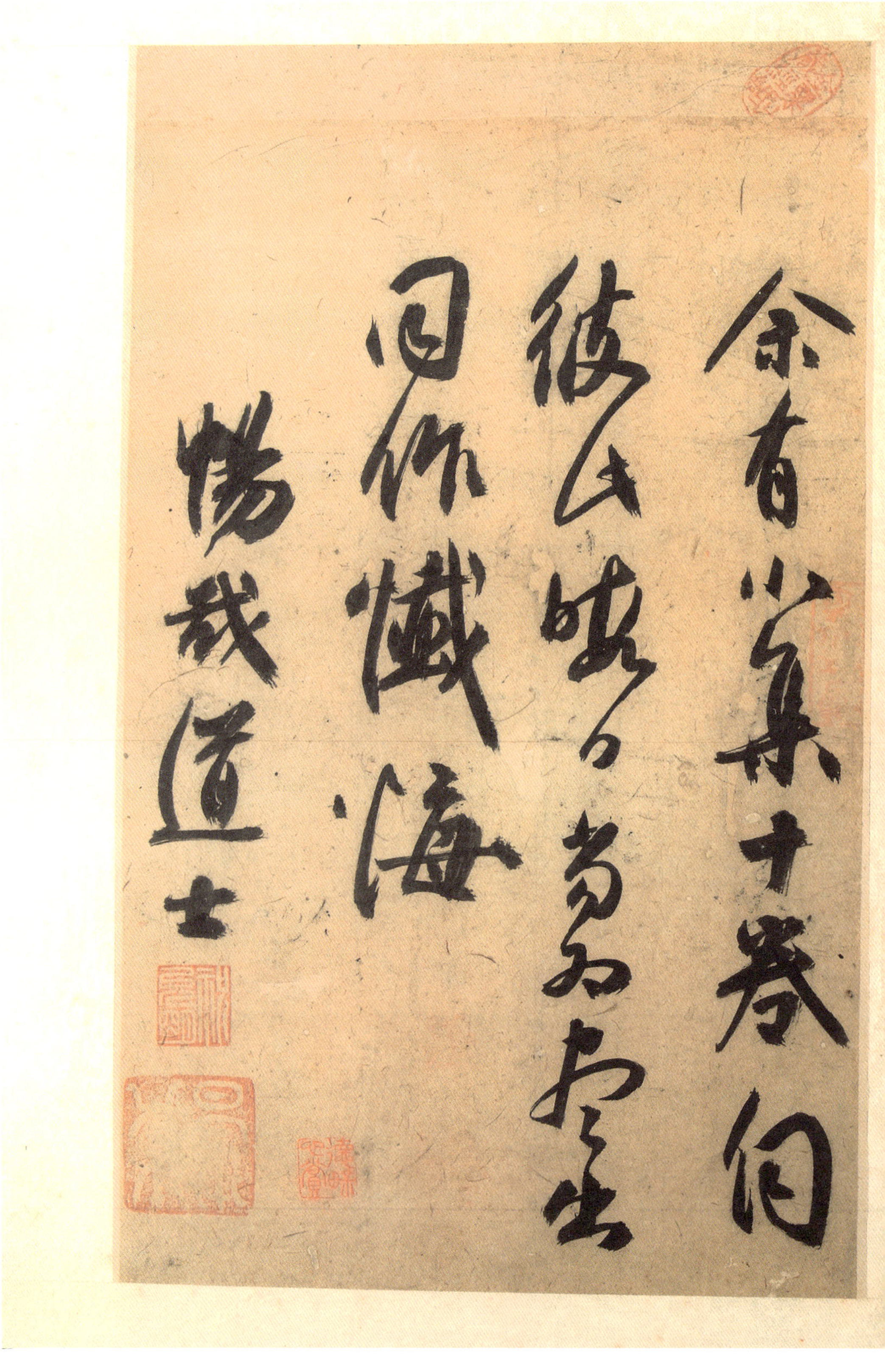

02117 暢哉道人艷體詩不分卷 （明）祝允明撰 稿本

經折裝。有“祝允明”、“潘氏仲子”等印。陳鎏、黄姬水、王世貞跋。上海圖書館藏。

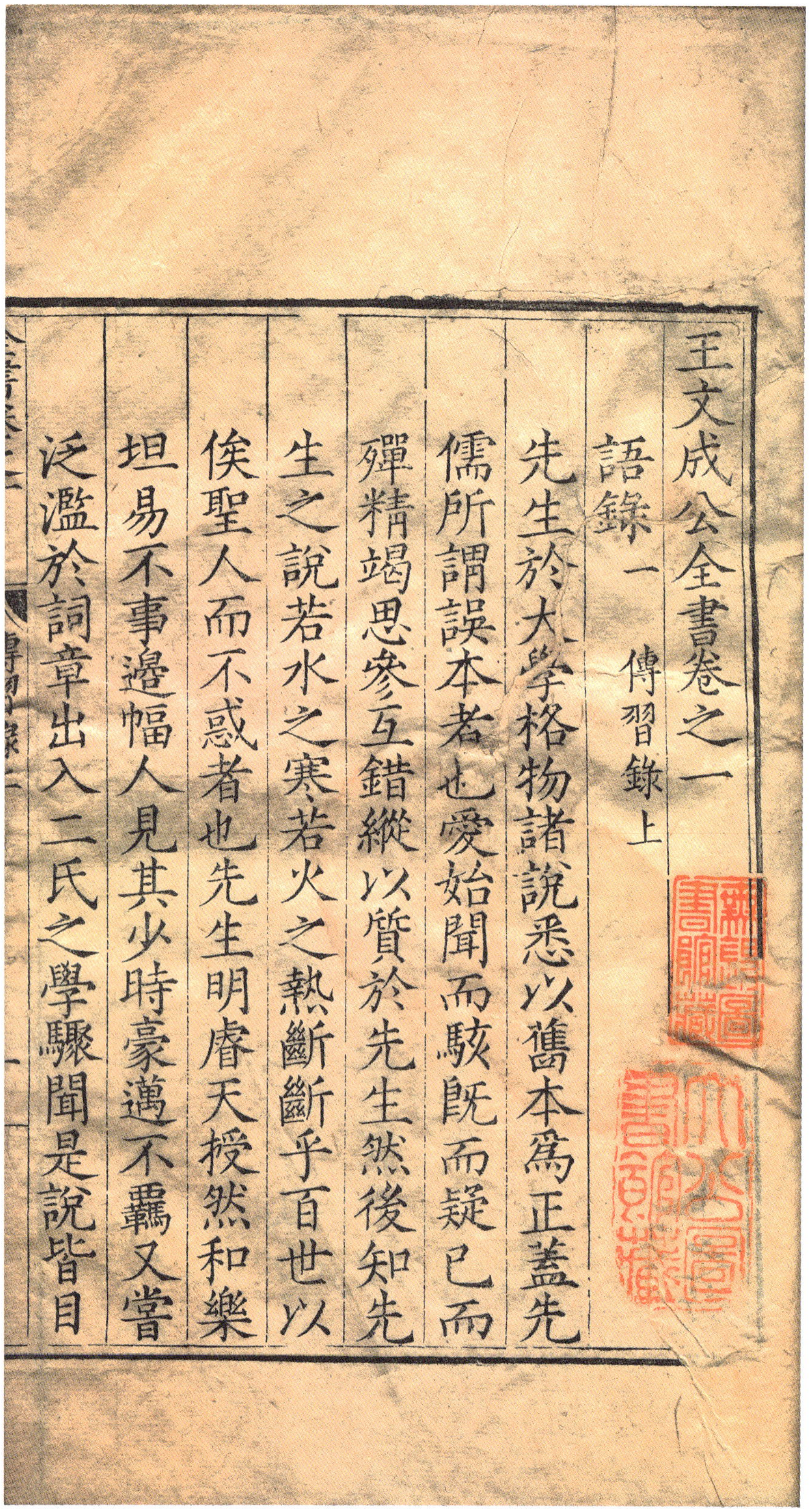
王文成公全書卷之一
語錄一　傳習錄上
先生於大學格物諸說悉以舊本爲正蓋先
儒所謂誤本者也愛始聞而駭既而疑已而
殫精竭思參互錯縱以質於先生然後知先
生之說若水之寒若火之熱斷斷乎百世以
俟聖人而不惑者也先生明睿天授然和樂
坦易不事邊幅人見其少時豪邁不羈又嘗
泛濫於詞章出入二氏之學驟聞是說皆目

02118 王文成公全書三十八卷 （明）王守仁撰 明隆慶六年（1572）謝廷傑刻本

匡高19.1厘米，廣14厘米。半葉九行，行十九字，白口，四周雙邊。無錫市圖書館藏。

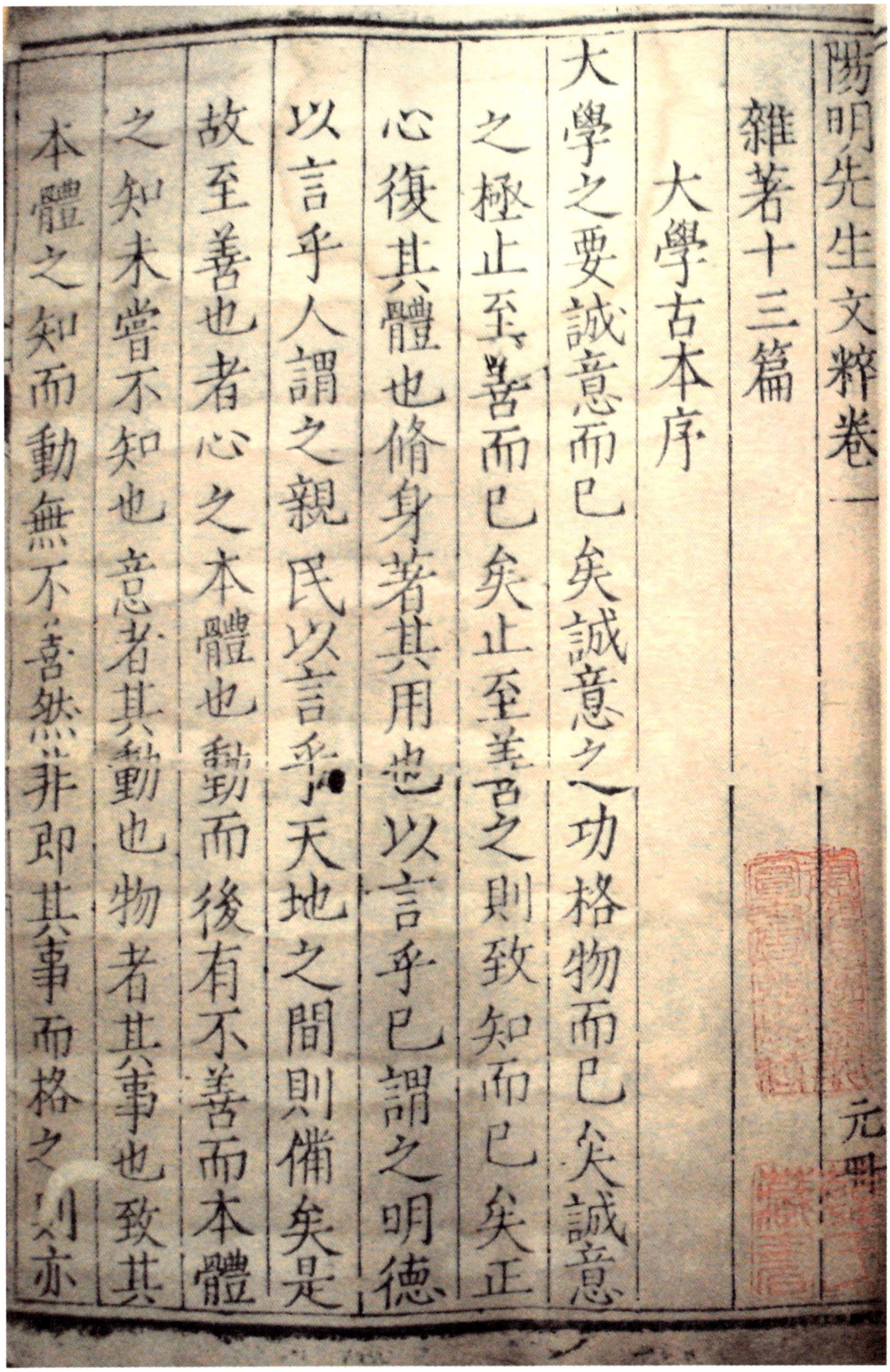

陽明先生文粹卷一

雜著十三篇

大學古本序

大學之要誠意而已矣誠意之功格物而已矣誠意之極止至善而已矣止至善之則致知而已矣正心復其體也脩身著其用也以言乎已謂之明德以言乎人謂之親民以言乎天地之間則備矣是故至善也者心之本體也動而後有不善而本體之知未嘗不知也意者其動也物者其事也致其本體之知而動無不善然非即其事而格之則亦

02119 陽明先生文粹十一卷 （明）王守仁撰 明嘉靖三十六年（1557）刻本

匡高21.1厘米，廣16厘米。半葉十行，行二十字，黑口，四周雙邊。有“萬卷樓藏”、“韓氏藏書”等印。青海民族學院圖書館藏。

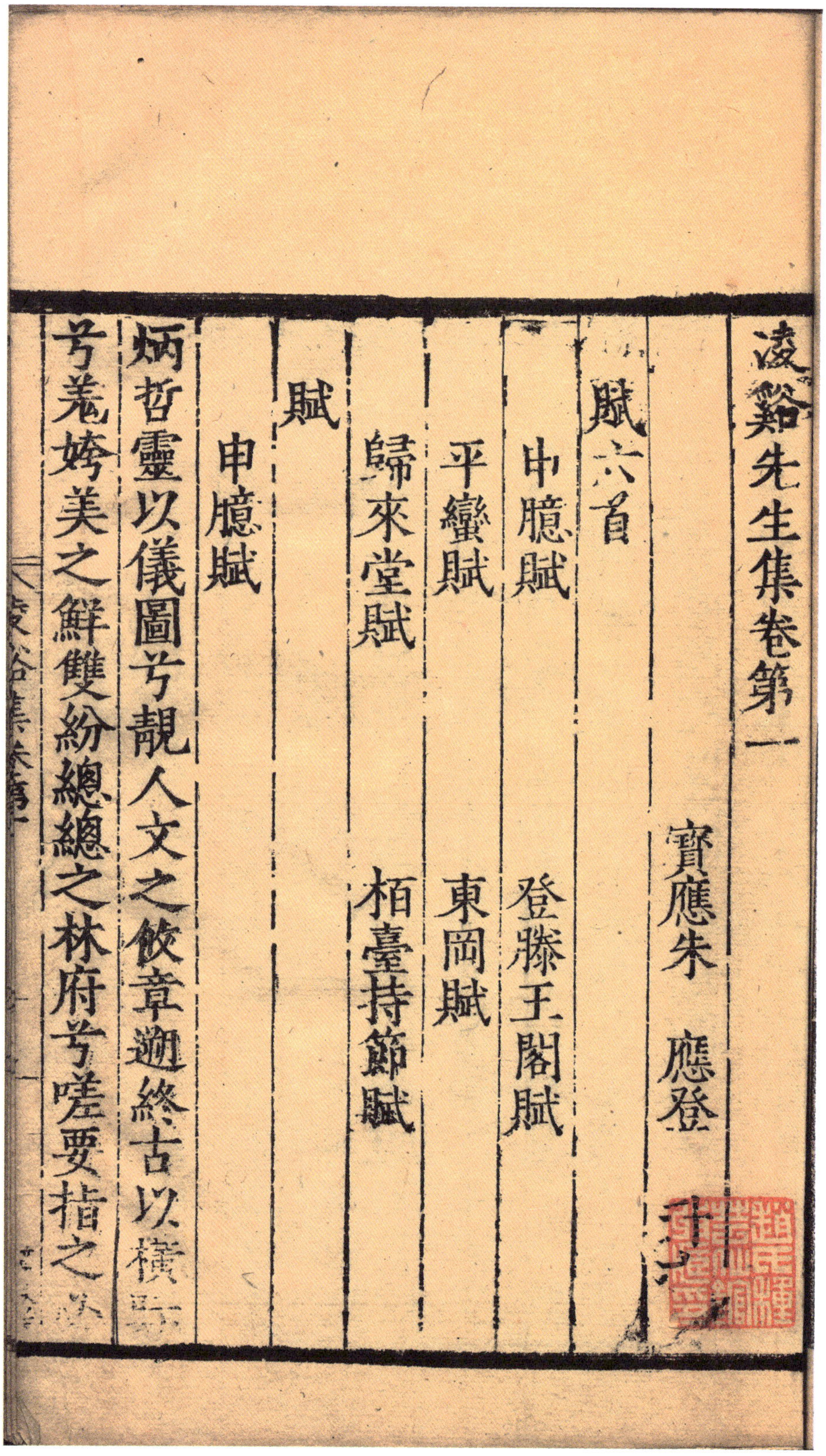
凌谿先生集卷第一

寶應朱　應登

賦六首

申臆賦　登滕王閣賦

平蠻賦　東岡賦

歸來堂賦　栢臺持節賦

賦

申臆賦

炳哲靈以儀圖兮靚人文之攸章邈終古以横覽

兮羌姱美之鮮雙紛總總之林府兮嗟要指之

02120、02121 凌谿先生集十八卷　（明）朱應登撰　明嘉靖刻本

匡高18.8厘米，廣14厘米。半葉十行，行十九字，白口，四周單邊。揚州市寶應縣圖書館藏，有“翰林院印”等印；無錫市圖書館藏，爲遞修本。

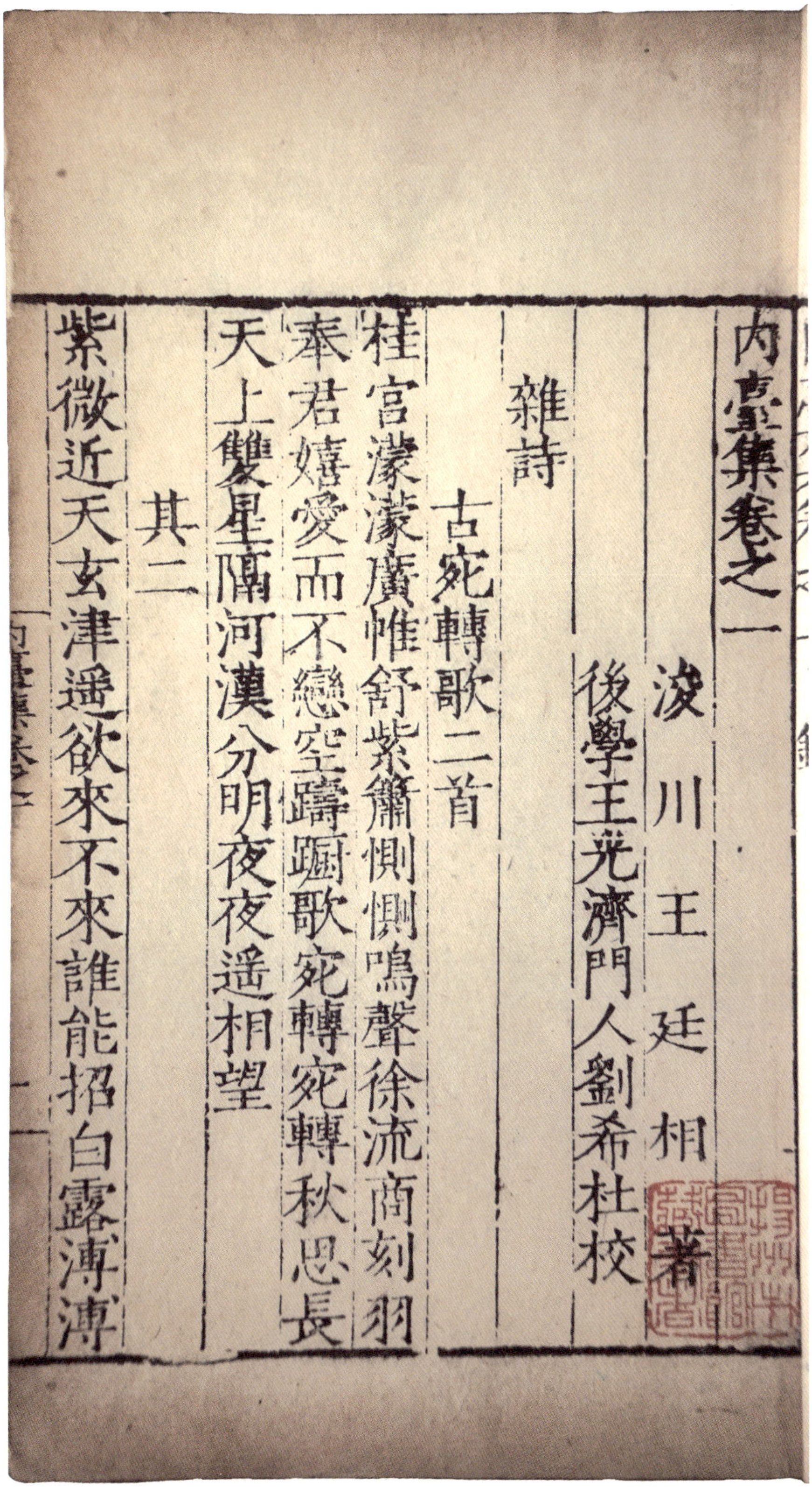
内臺集卷之一

浚川王廷相著

後學王兆濟門人劉希杜校

雜詩

古宛轉歌二首

桂宮濛濛廣帷舒紫簾惻惻鳴聲徐流商刻羽
奉君嬉愛而不戀空躊躕歌宛轉宛轉秋思長
天上雙星隔河漢分明夜夜遥相望

其二

紫微近天玄津遥欲來不來誰能招白露溥溥

02122 内臺集七卷 （明）王廷相撰 明嘉靖十五至十八年（1536－1539）張鵬刻本

匡高18.4厘米，廣14.1厘米。半葉十行，行十八字，白口，四周單邊。揚州市圖書館藏。

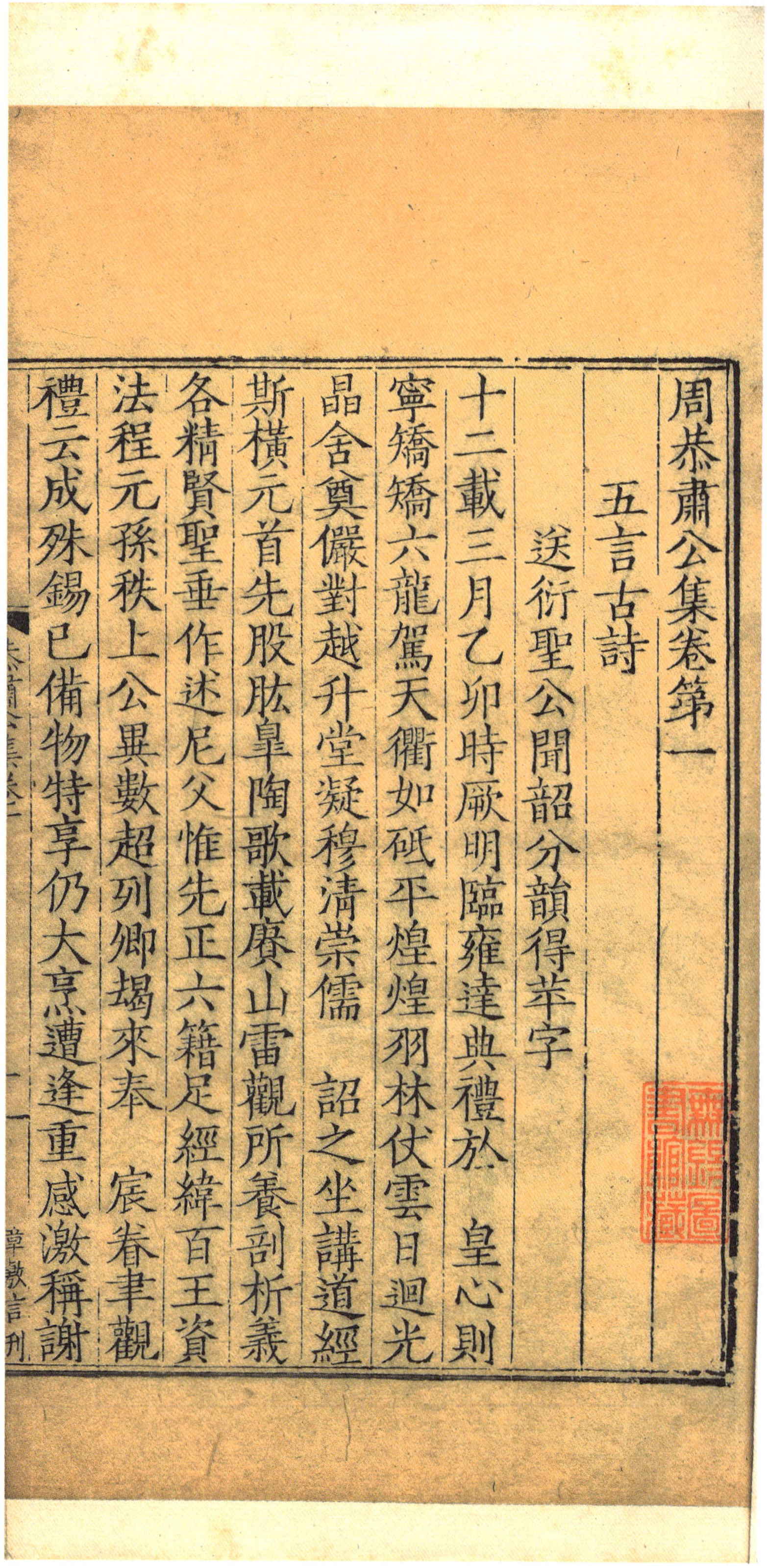

周恭肅公集卷第一

五言古詩

送衍聖公聞韶分韻得芊字

十二載三月乙卯時厥明臨雍達典禮於　皇心則寧矯矯六龍駕天衢如砥平煌煌羽林仗雲日迴光晶舍奠儼對越升堂凝穆清崇儒　詔之坐講道經斯橫元首先股肱皐陶歌載賡山雷觀所養剖析義各精賢聖垂作述尼父惟先正六籍足經緯百王資法程元孫秩上公異數超列卿揭來奉　宸眷聿觀禮云成殊錫已備物特享仍大烹遭逢重感激稱謝

周恭肅公集卷一　一　章敏言刊

02123 周恭肅公集十六卷　（明）周用撰　**附録一卷**　明嘉靖二十八年（1549）周國南川上草堂刻本

匡高19.4厘米，廣14.1厘米。半葉十行，行二十字，白口，四周雙邊。無錫市圖書館藏。

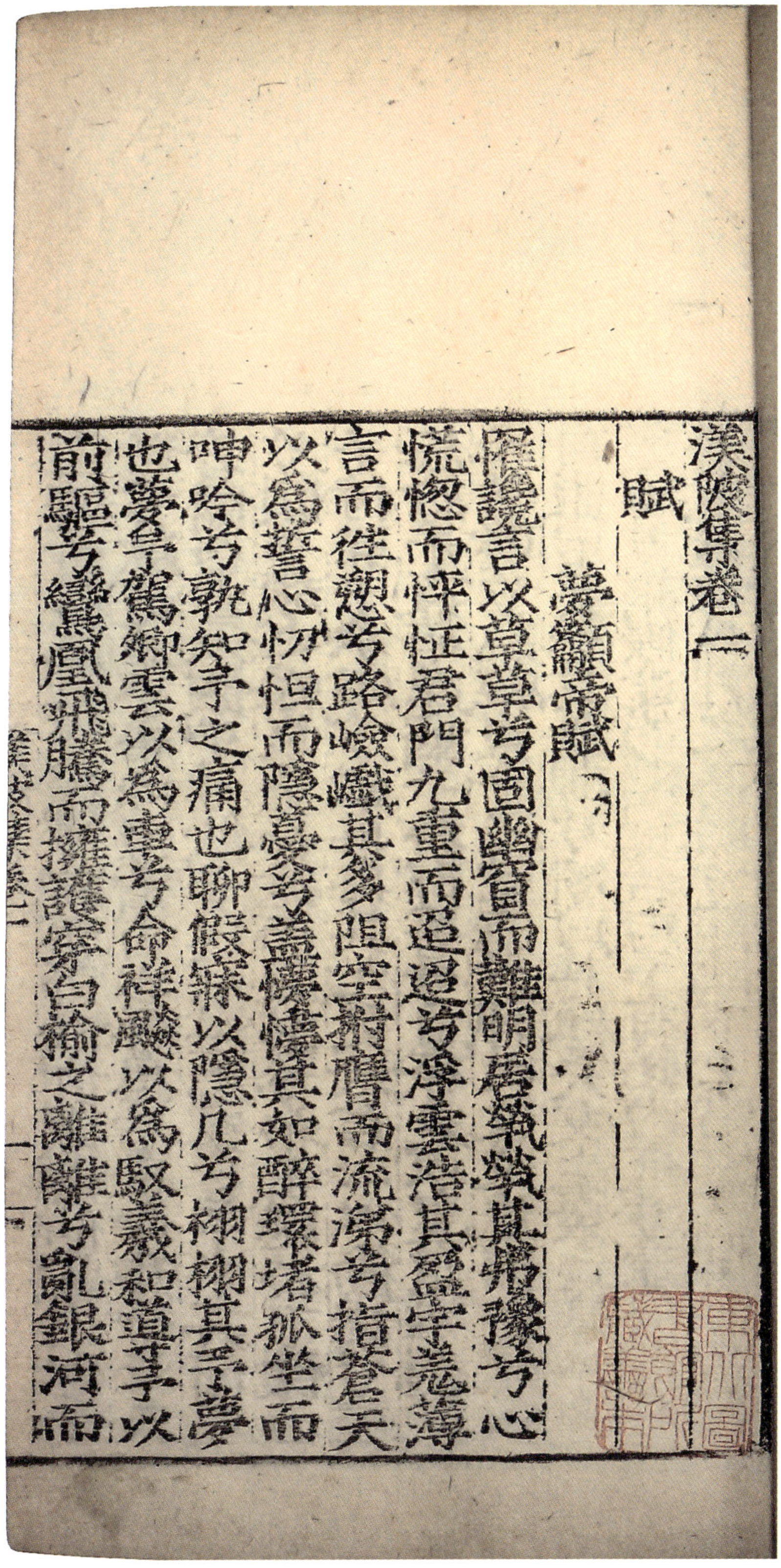
渼陂集卷一
賦
夢顓帝賦
偃讒言以草草兮固幽昏而難明眷氣縈其弗豫兮心
慌惚而怦怔君門九重而迢迢兮浮雲浩其盈宇羌薄
言而徃愬兮路嶮巇其多阻空拊膺而流涕兮指蒼天
以爲誓心忉怛而隱憂兮羌懊憹其如醉環堵孤坐而
呻吟兮孰知予之痛也聊假寐以隱几兮栩栩其予夢
也夢予駕卿雲以爲車兮命祥飈以爲馭羲和導予以
前驅兮鸞鳳飛騰而擁護穿白榆之離離兮亂銀河而

02124 渼陂集正集十六卷續集三卷 （明）王九思撰 明嘉靖十二年（1533）刻二十四年（1545）續刻崇禎十三年（1640）重修本

匡高17.9厘米，廣13.4厘米。半葉十行，行二十一字，白口，四周單邊。遼寧省圖書館藏。

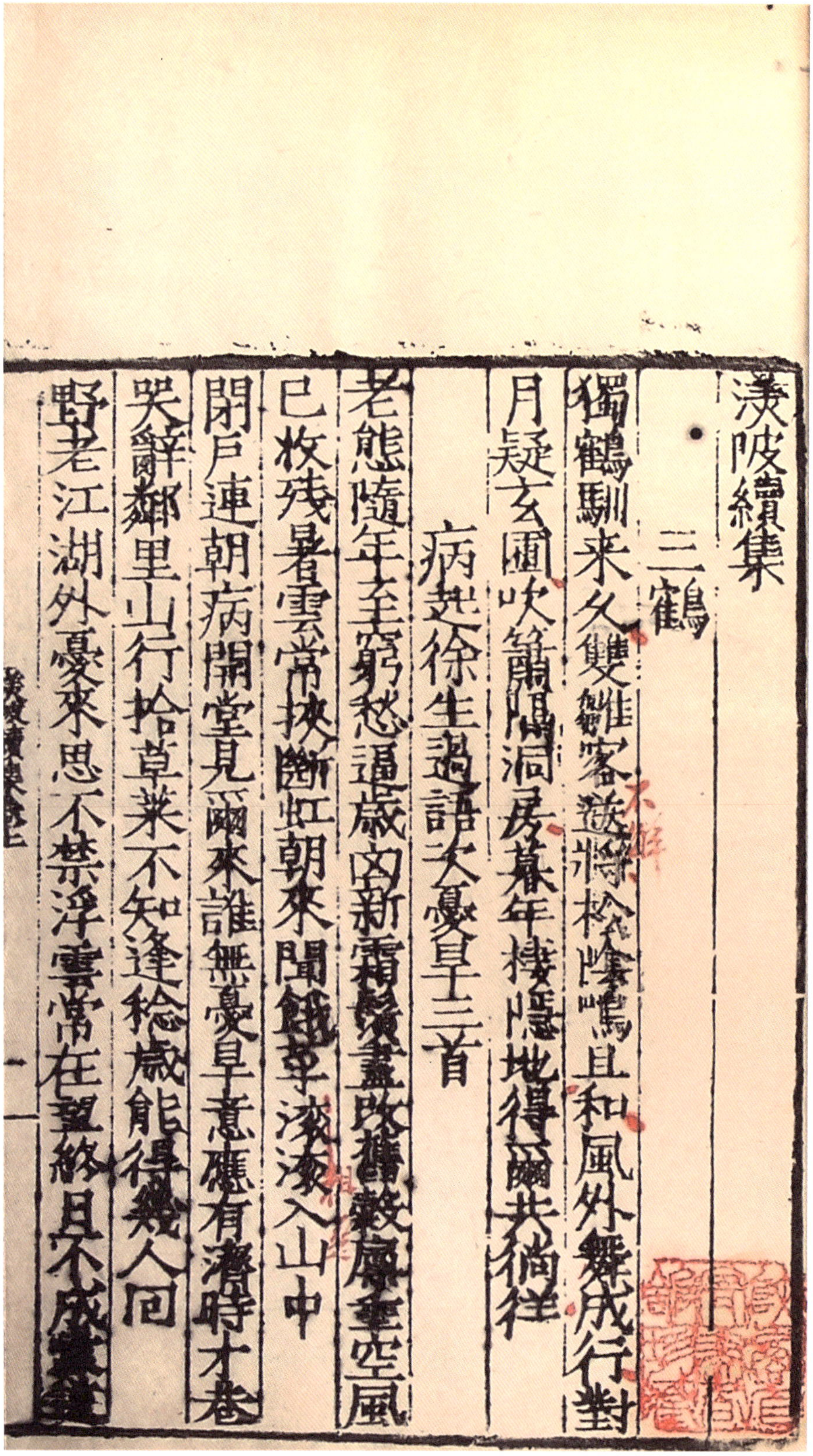

渼陂續集

三鶴

獨鶴馴来久雙雛客遊將棲陰鳴且和風外舞成行對

月疑玄圃吹笙隔洞房暮年棲隠地得爾共徜徉

病起徐生過語又憂旱三首

老態隨年至窮愁逼歲內新霜積鬢盡改舊穀廪垂空屢

已收殘暑雲常挾斷虹朝來聞餓莩滚滚入山中

閉戶連朝病開堂見爾來誰無憂旱意應有濟時才卷

哭辭鄰里山行拾草萊不知逢稔歲能得幾人回

野老江湖外憂來思不禁浮雲常在望終日不成[illegible]

渼陂續集卷上　一

02125 渼陂續集三卷　（明）王九思撰　明嘉靖二十五年（1546）廣東揭陽翁萬達刻本

匡高17.6厘米，廣13.6厘米。半葉十行，行二十一字，白口，四周單邊。陝西省圖書館藏。

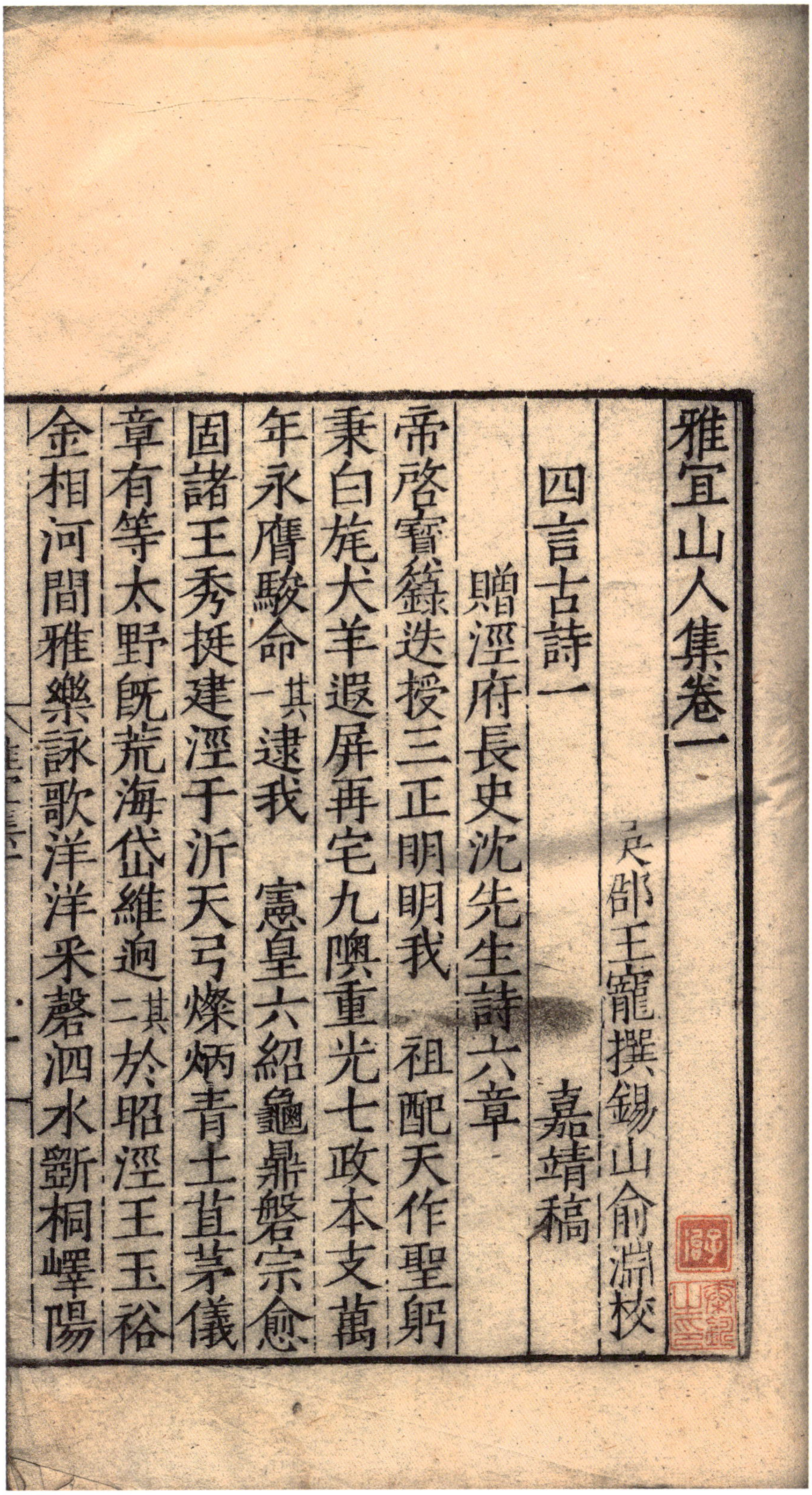

雅宜山人集卷一
吳郡王寵撰　錫山俞耑校
嘉靖稿
四言古詩一
贈涇府長史沈先生詩六章
帝啓寶籙迭授三正明明我　祖配天作聖躬
秉白旄犬羊遐屏再宅九隩重光七政本支萬
年永膺駿命其一逮我　憲皇六紹龜鼎磐宗愈
固諸王秀挺建涇于沂天弓爍炳青土苴茅儀
章有等太野既荒海岱維迥其二於昭涇王玉裕
金相河間雅樂詠歌洋洋釆磬泗水斲桐嶧陽

02126 雅宜山人集十卷　（明）王寵撰　明嘉靖十六年（1537）董宜陽、朱浚明刻本

匡高17.4厘米，廣13.7厘米。半葉十行，行十八字，白口，左右雙邊。有“子治”等印。無錫市圖書館藏。

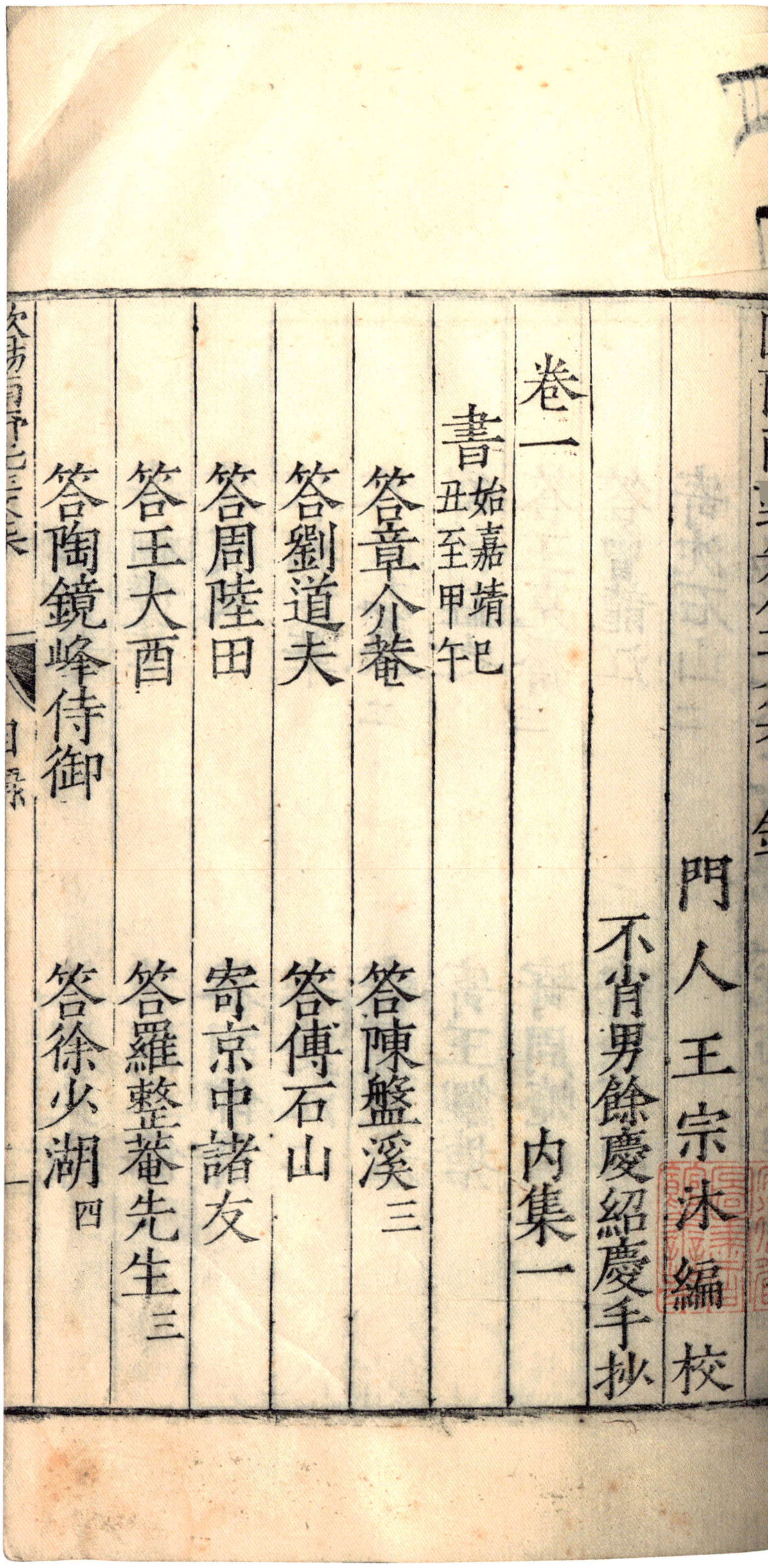

門人王宗沐編校
不肖男餘慶紹慶手抄
卷一　內集一
書始嘉靖己丑至甲午
答章介菴　答陳盤溪三
答劉道夫　答傅石山
答周陸田　寄京中諸友
答王大酉　答羅整菴先生三
答陶鏡峰侍御　答徐少湖四
歐陽南野先生文集　目錄　一

02127 歐陽南野先生文集二十卷　（明）歐陽德撰　（明）王宗沐編校　明嘉靖三十七年（1558）商洛梁汝魁刻本

匡高19.9厘米，廣15.3厘米。半葉十行，行二十字，白口，四周單邊。安徽省圖書館藏。

則守臨江沈君科南昌陸君九成贛州王君春復吉安黄君國卿南安丘君玳皆嘗及先生之門者也嘉靖丙辰七月

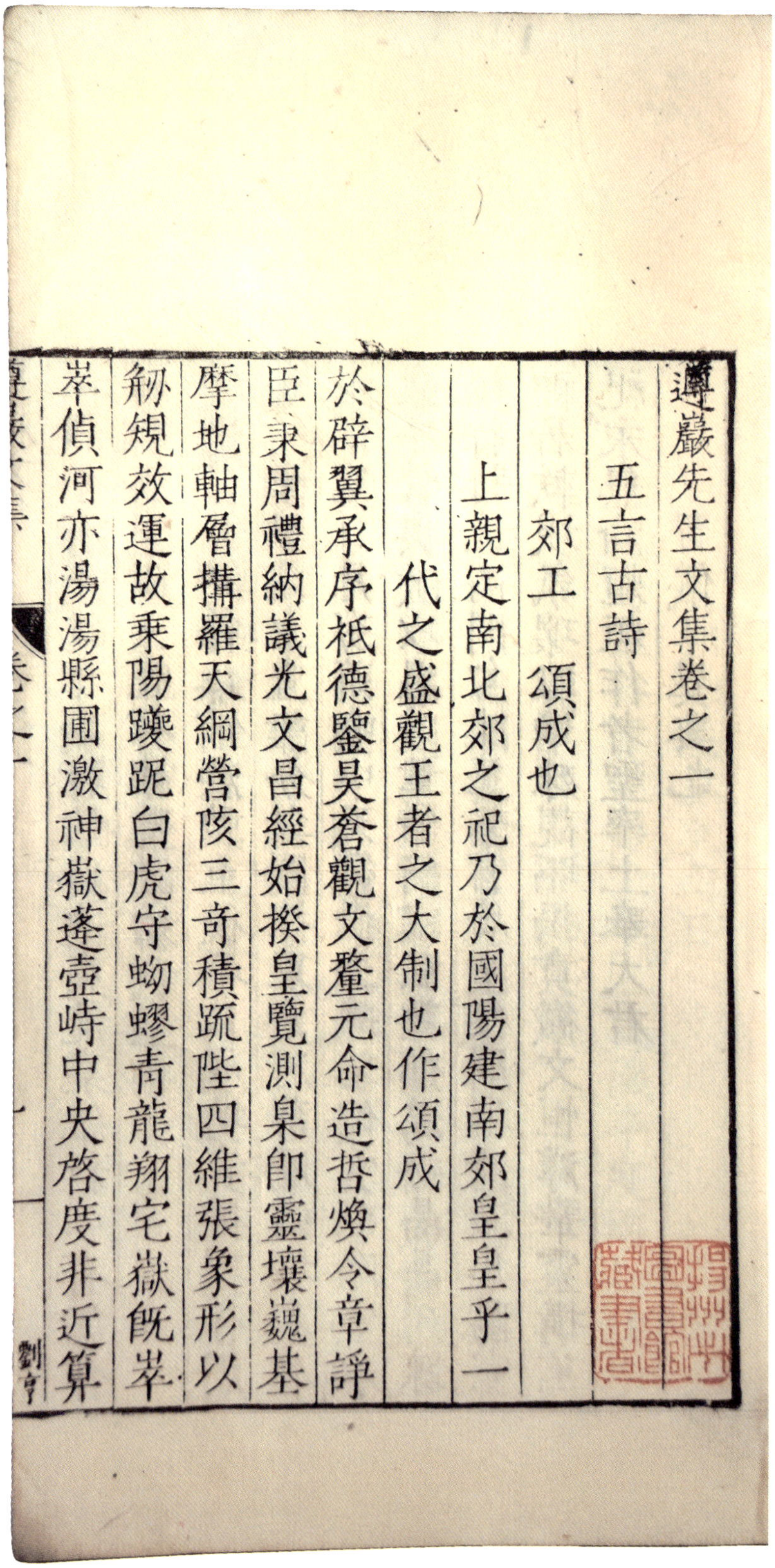
遵巖先生文集卷之一
五言古詩
郊工　頌成也
上親定南北郊之祀乃於國陽建南郊皇皇乎一
代之盛觀王者之大制也作頌成
於辟翼承序祇德鑒昊蒼觀文鼇元命造哲煥令章諍
臣隶周禮納議光文昌經始揆皇覽測臬卽靈壤巍基
擘地軸層構羅天綱營陔三奇積蹠陛四維張象形以
紒規效運故乘陽躔距白虎守蚴蟉青龍翔宅嶽旣崒
崒偵河亦湯湯縣圃激神嶽蓬壺峙中央啓庋非近算

遵巖文集　卷之一　劉亨

02128 遵巖先生文集四十一卷　（明）王慎中撰　明隆慶五年（1571）邵廉刻本

匡高20.2厘米，廣14.2厘米。半葉十行，行二十一字，白口，四周單邊。揚州市圖書館藏。

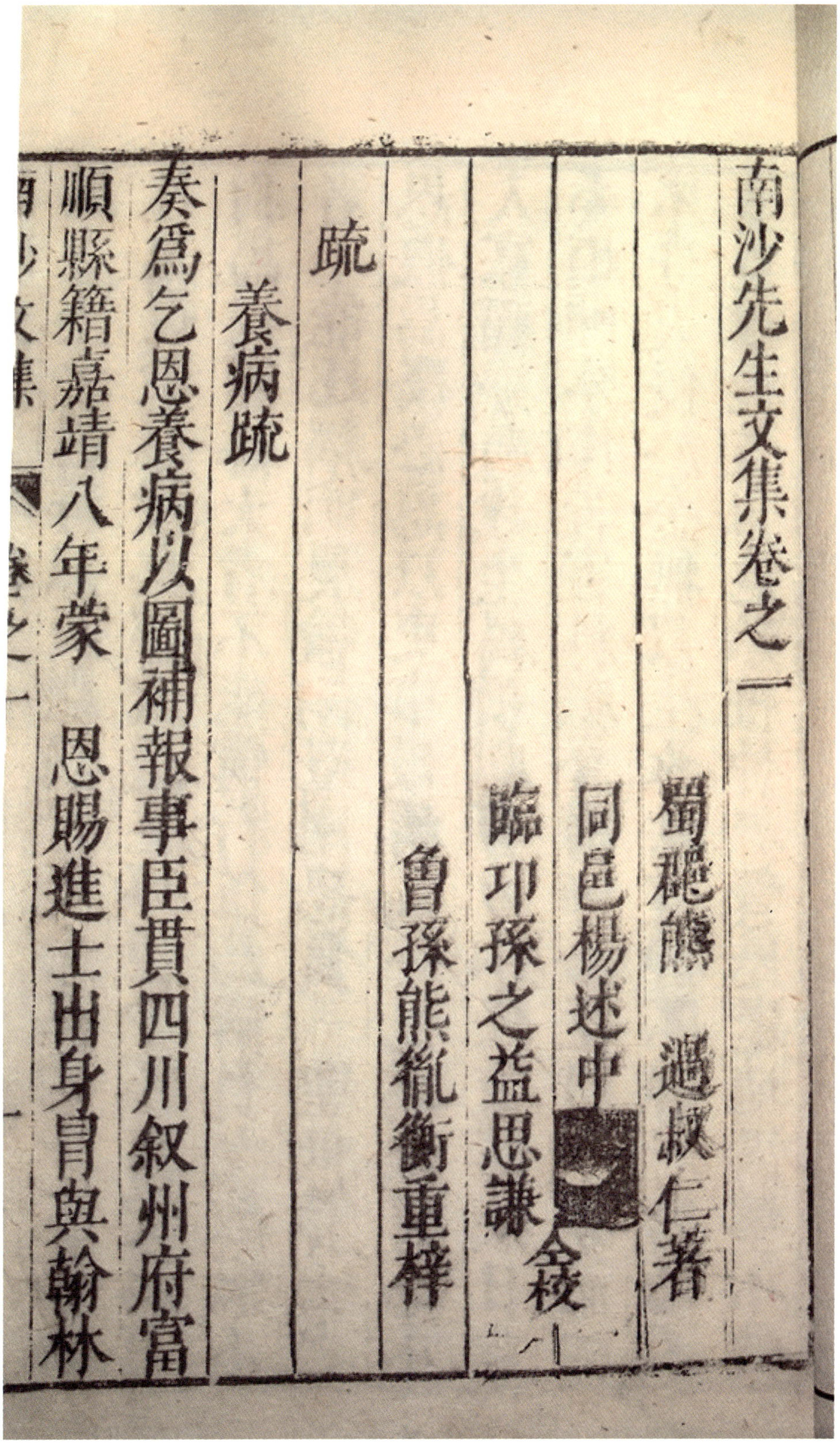
南沙先生文集卷之一
蜀瀘熊　過叔仁著
同邑楊述中
臨邛孫之益思謙　僉校
曾孫熊胤衡重梓
疏
養病疏
奏爲乞恩養病以圖補報事臣貫四川叙州府富
順縣籍嘉靖八年蒙　恩賜進士出身冒與翰林
南沙文集　卷之一　一

02129 南沙先生文集八卷　（明）熊過撰　明泰昌元年（1620）熊胤衡刻本

匡高21.1厘米，廣14.3厘米。半葉九行，行十九字，白口，四周單邊。四川省瀘州市圖書館藏。

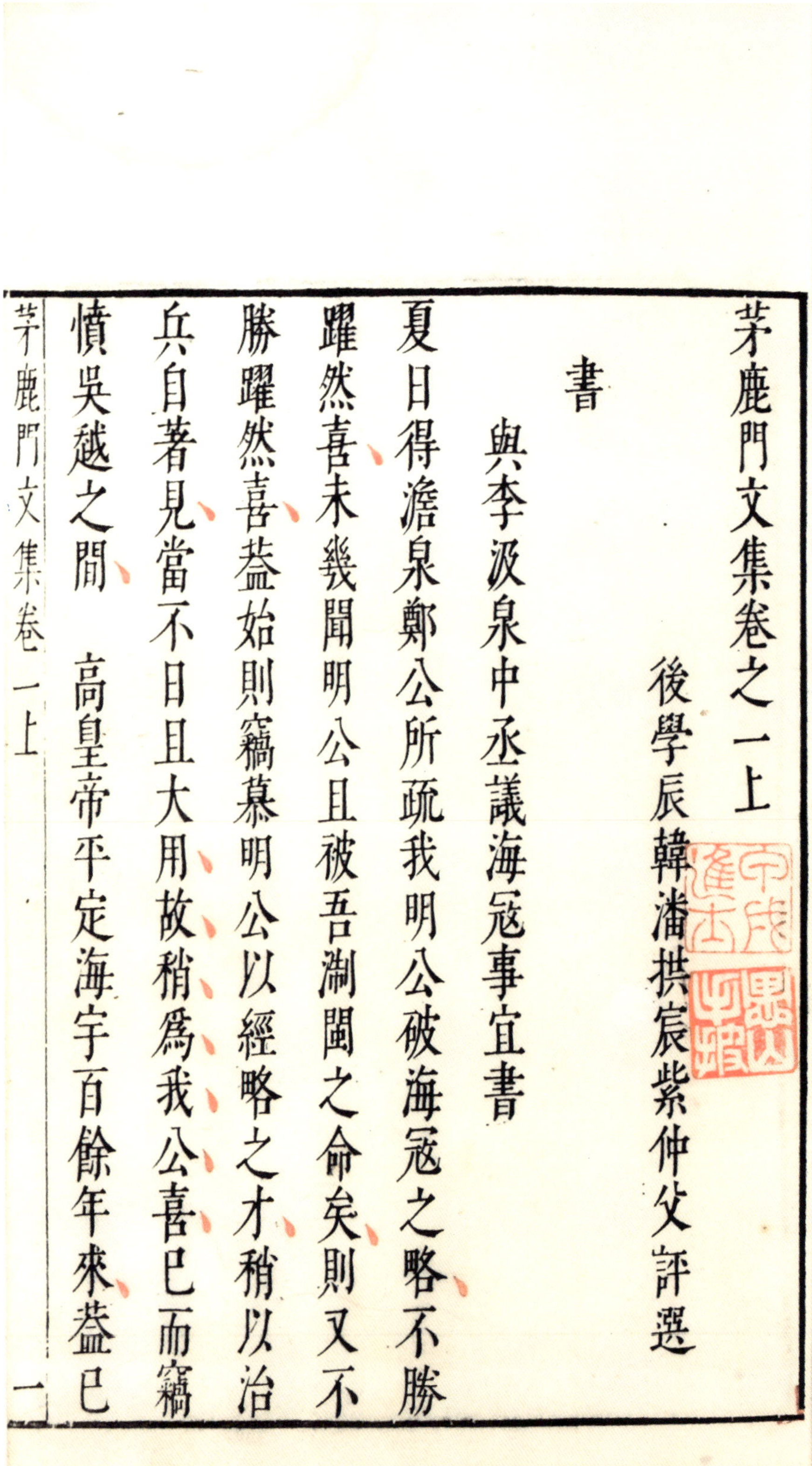
茅鹿門文集卷之一上

後學辰韓潘拱宸紫仲父評選

書

與李汲泉中丞議海寇事宜書

夏日得澹泉鄭公所疏我明公破海寇之略不勝躍然喜未幾聞明公且被吾浙閫之命矣則又不勝躍然喜蓋始則竊慕明公以經略之才稍以治兵自著見當不日且大用故稍爲我公喜已而竊憤吳越之間 高皇帝平定海宇百餘年來蓋已

茅鹿門文集卷之一上　一

02130 茅鹿門文集八卷 （明）茅坤撰　（明）潘拱宸輯并評　明末刻套印本

匡高20厘米，廣14.5厘米。半葉九行，行十九字，白口，四周單邊。有“愚山手披”、“甲戌進士”等印。安徽省博物館藏。

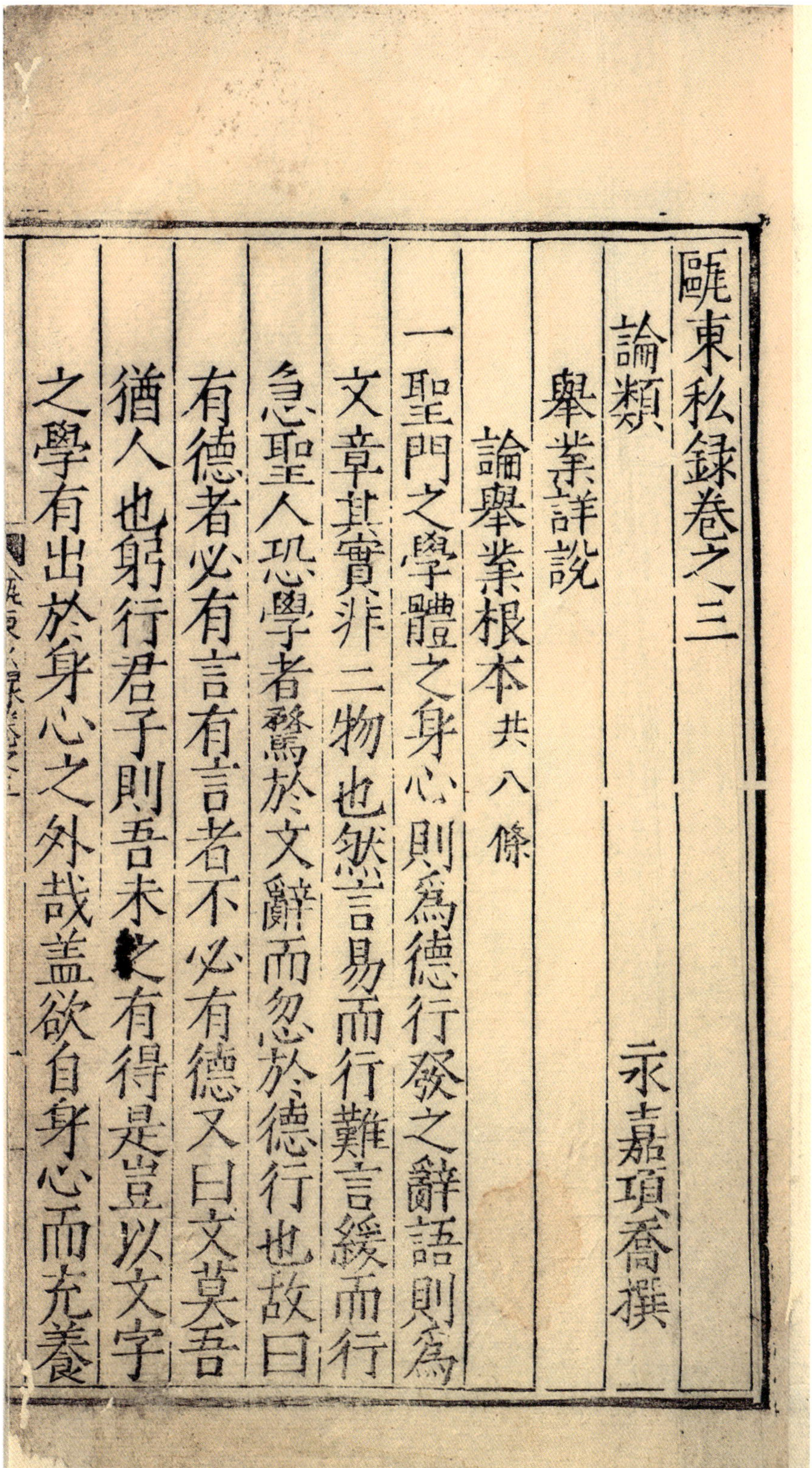

甌東私録卷之三

論類　　永嘉項喬撰

舉業詳說

論舉業根本 共八條

一聖門之學體之身心則為德行發之辭語則為文章其實非二物也然言易而行難言緩而行急聖人恐學者騖於文辭而忽於德行也故曰有德者必有言有言者不必有德又曰文莫吾猶人也躬行君子則吾未之有得是豈以文字之學有出於身心之外哉蓋欲自身心而充養

02131 甌東私録十卷　（明）項喬撰　明嘉靖三十年（1551）刻本

匡高20.8厘米，廣13.3厘米。半葉十行，行二十字，白口，四周雙邊。溫州市圖書館藏，存五卷。

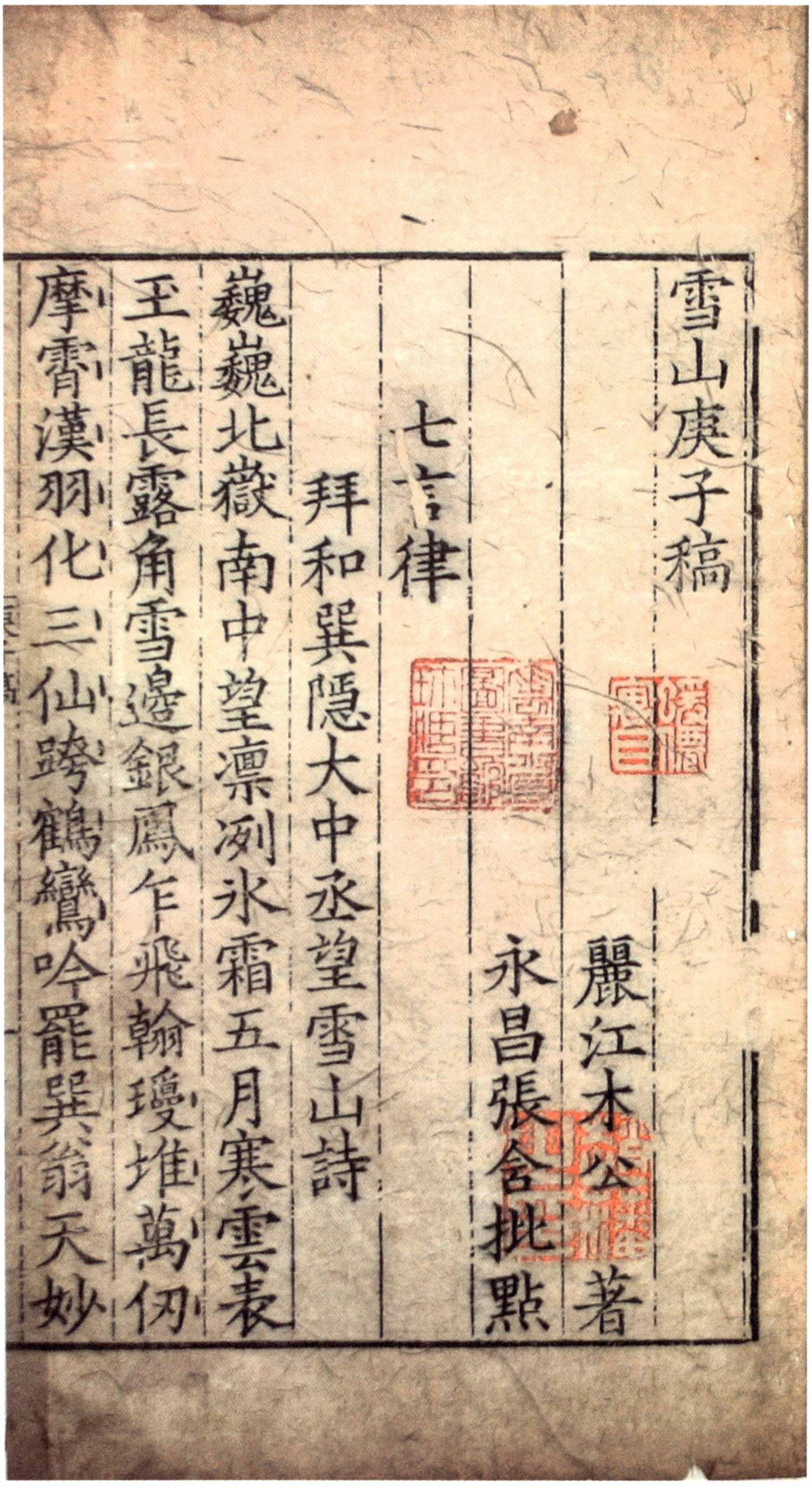

02132 雪山庚子稿不分卷雪山始音二卷仙樓瓊華不分卷 （明）木公撰　明嘉靖刻本

雪山庚子稿不分卷：匡高19.1厘米，廣13.6厘米。半葉八行，行十六字，白口，左右雙邊。雪山始音二卷：匡高15.3厘米，廣11.6厘米。半葉八行，行十五字，白口，左右雙邊。仙樓瓊華不分卷：匡高16.8厘米，廣13.5厘米。半葉八行，行十五字，白口，左右雙邊。有“趙藩之印”等印。雲南省圖書館藏。

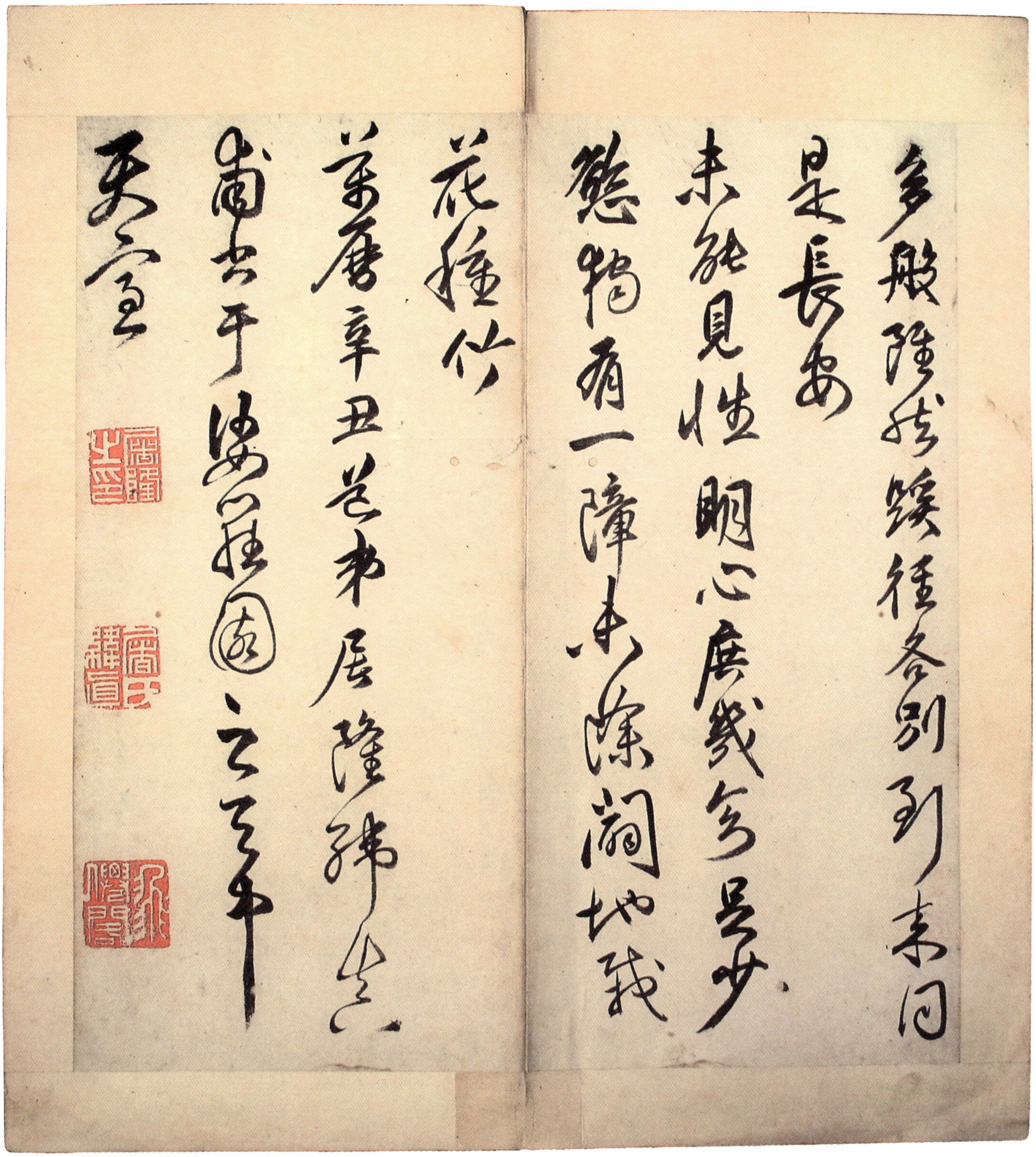

02133 園居雜詠五十首不分卷 （明）屠隆撰 稿本

經折裝。顧皋、童槐、黄定文、朱爲弼、陸言、强上林、錢儀吉、顧蒓、楊九畹、玉麟、張壽鏞、葉恭綽、劉逢禄、王開運、何紹基等跋。中國科學院國家科學圖書館藏。

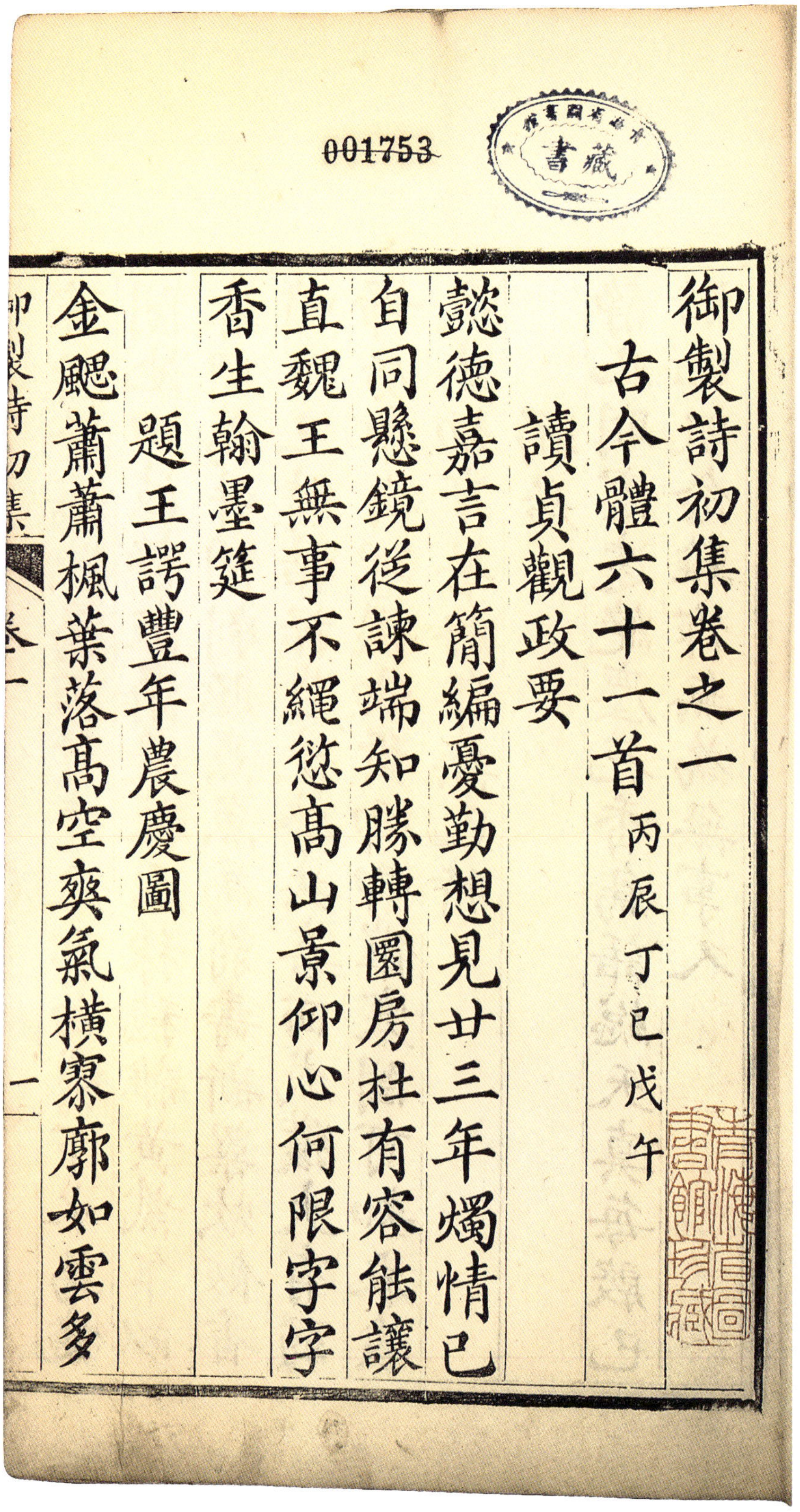

御製詩初集卷之一
古今體六十一首 丙辰丁巳戊午
讀貞觀政要
懿德嘉言在簡編憂勤想見廿三年燭情已
自同懸鏡從諫端知勝轉圜房杜有容能讓
直魏王無事不繩愆高山景仰心何限字字
香生翰墨筵
題王翬豐年農慶圖
金颸蕭蕭楓葉落高空爽氣横寥廓如雲多

御製詩初集 卷一 一

02134 御製詩初集四十四卷目録四卷 （清）高宗弘曆撰　清乾隆十四年（1749）内府刻本

匡高20.3厘米，廣13.9厘米。半葉九行，行十七字，白口，四周雙邊。青海省圖書館藏。

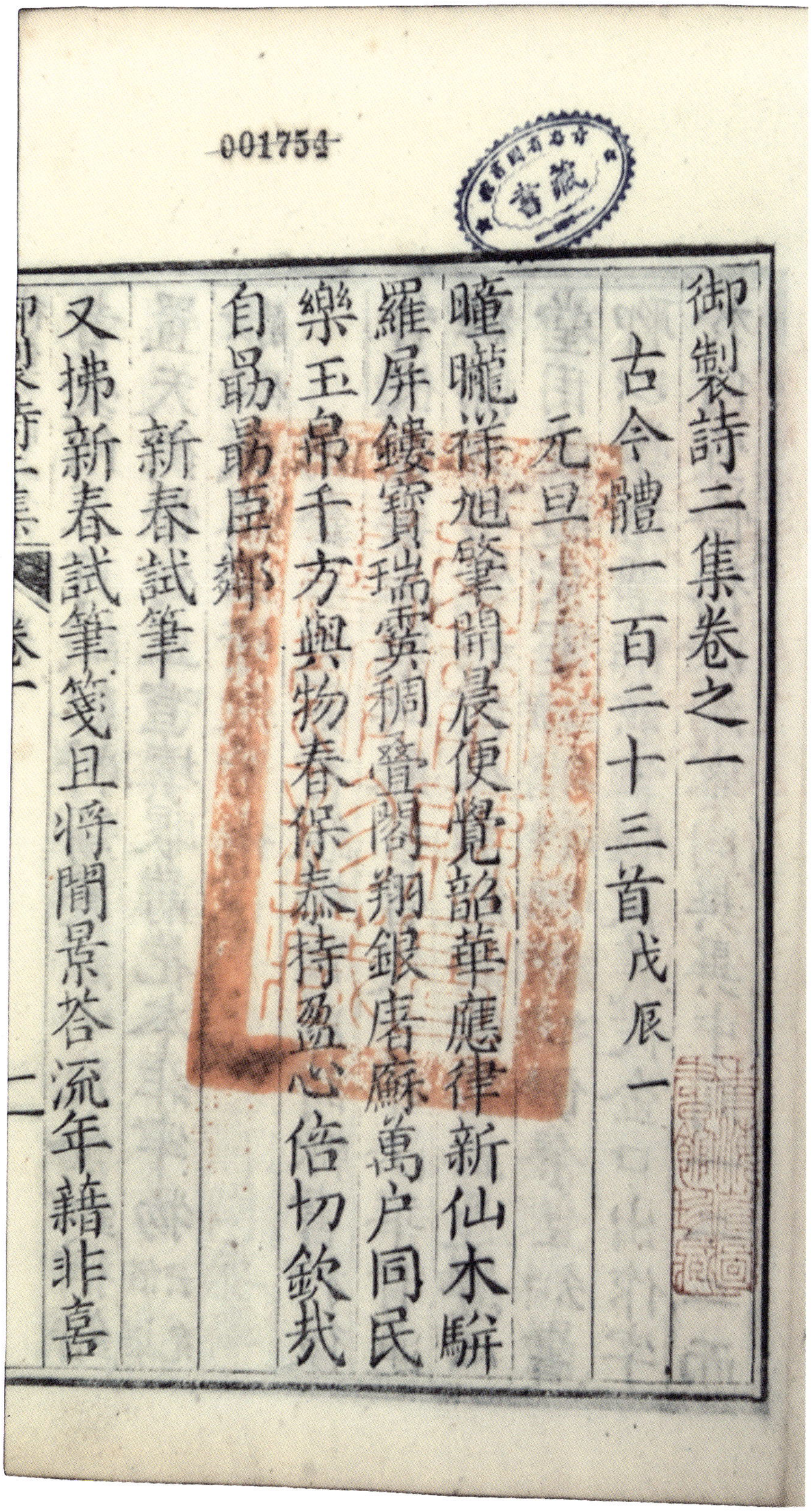

02135 御製詩二集九十卷目録十卷 （清）高宗弘曆撰　清乾隆二十五年（1760）内府刻本

匡高20.5厘米，廣14厘米。半葉九行，行十七字，白口，四周雙邊。蔣溥、沈德潛跋。青海省圖書館藏。

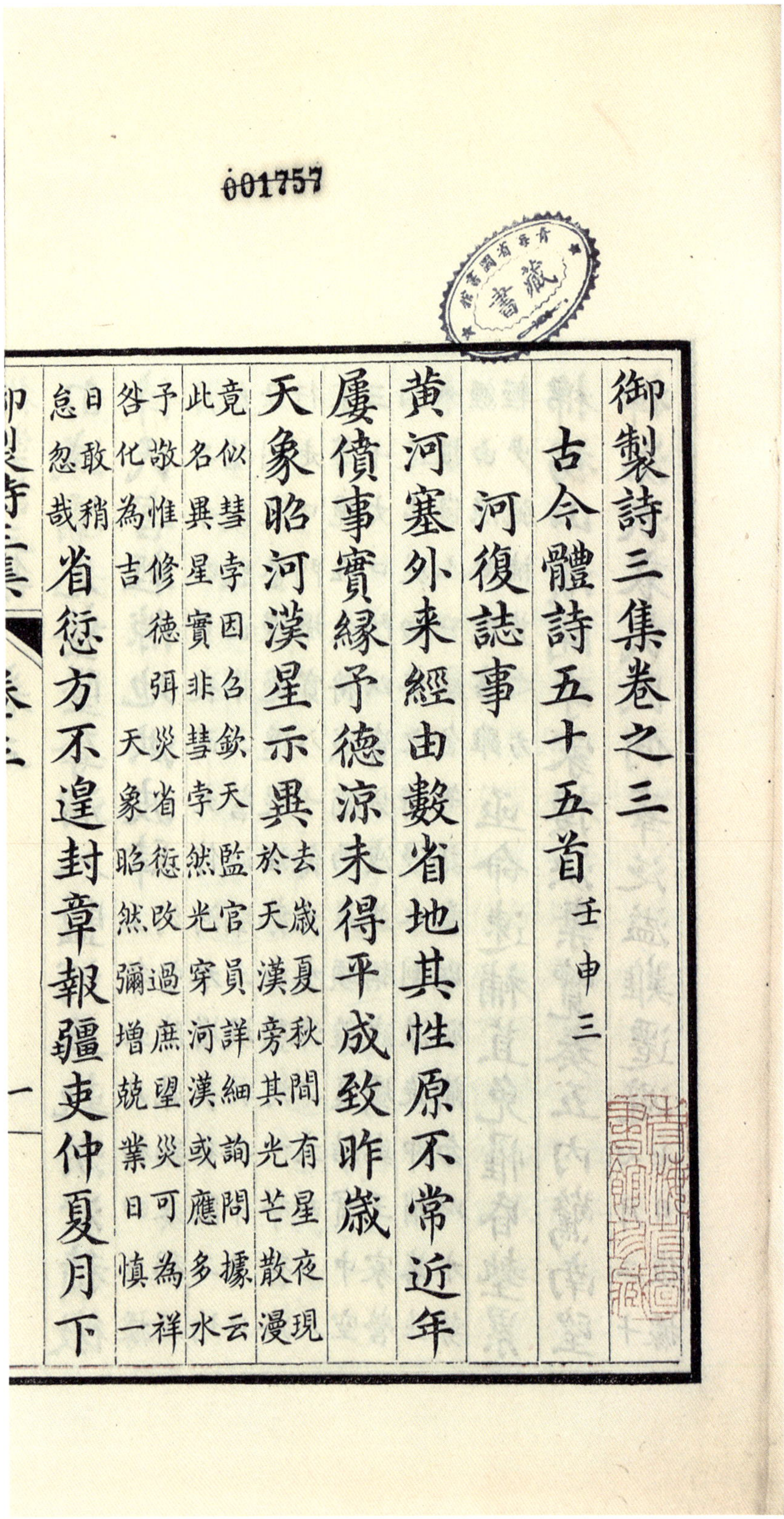

御製詩三集卷之三

古今體詩五十五首 壬申三

河復誌事

黄河塞外来經由數省地其性原不常近年屢僨事實緣予德涼未得平成致昨歳天象昭河漢星示異去歳夏秋間有星夜現於天漢旁其光芒散漫竟似彗孛因名欽天監官員詳細詢問據云此名異星實非彗孛然光穿河漢或應多水予敬惟修德弭災省愆改過庶望災可為祥咎化為吉天象昭然彌增兢業日慎一日敢稍怠忽哉省愆方不遑封章報疆吏仲夏月下

02136 御製詩三集一百卷目録十二卷 （清）高宗弘曆撰 清乾隆三十六年（1771）内府刻本

匡高19.5厘米，廣13.6厘米。半葉九行，行十七字，白口，四周雙邊。吳信中跋。青海省圖書館藏。

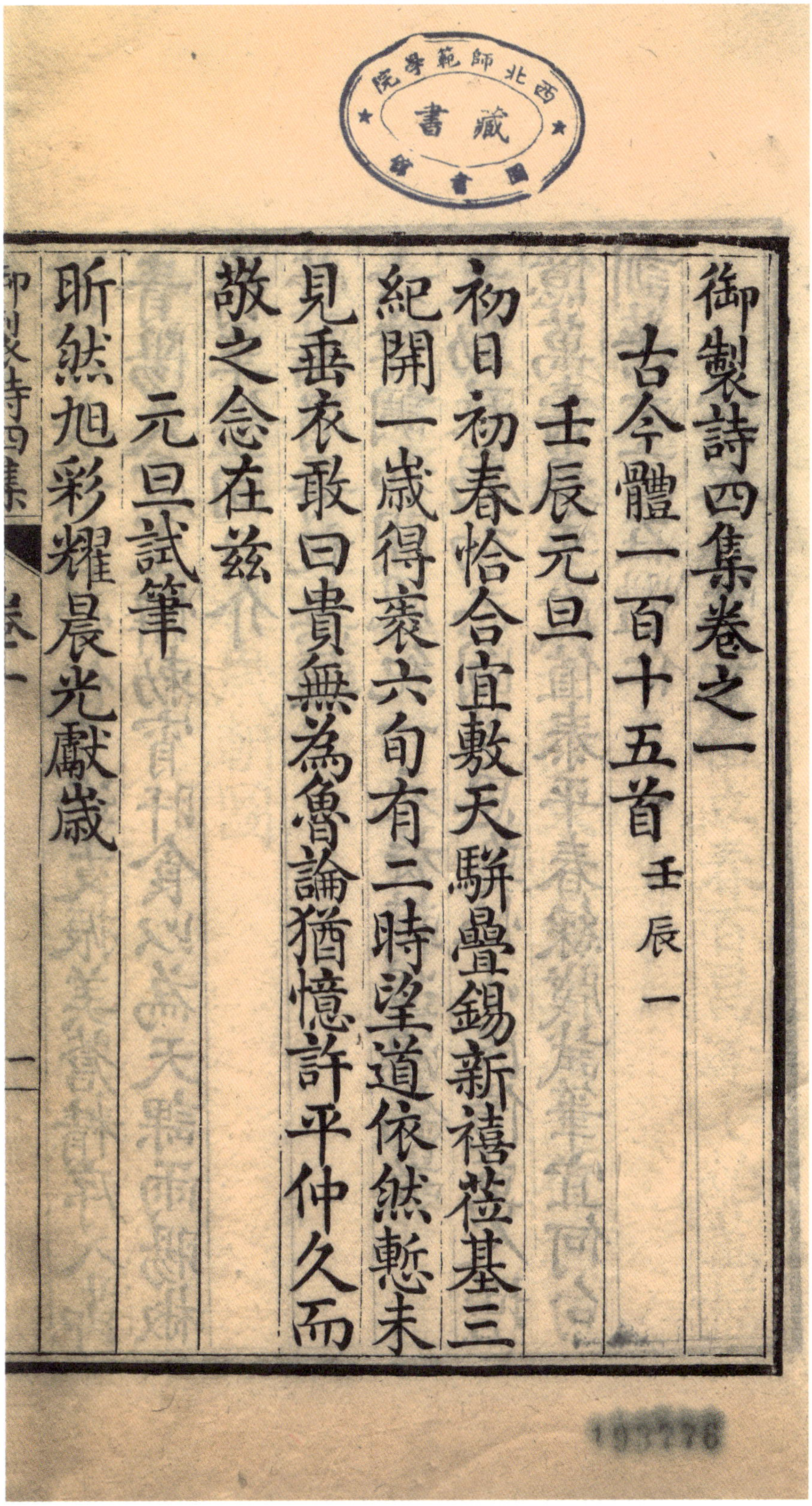

御製詩四集卷之一

古今體一百十五首 壬辰一

壬辰元旦

初日初春恰合宜敷天駢疊錫新禧莅基三紀開一歲得袞六旬有二時望道依然慙未見垂衣敢曰貴無為魯論猶憶許平仲久而敬之念在茲

元旦試筆

昕然旭彩耀晨光獻歲

御製詩四集 卷一 二

02137 御製詩四集一百卷目録十二卷 （清）高宗弘曆撰 清乾隆内府刻本

匡高20厘米，廣13.4厘米。半葉九行，行十七字，白口，四周雙邊。西北師範大學圖書館藏。

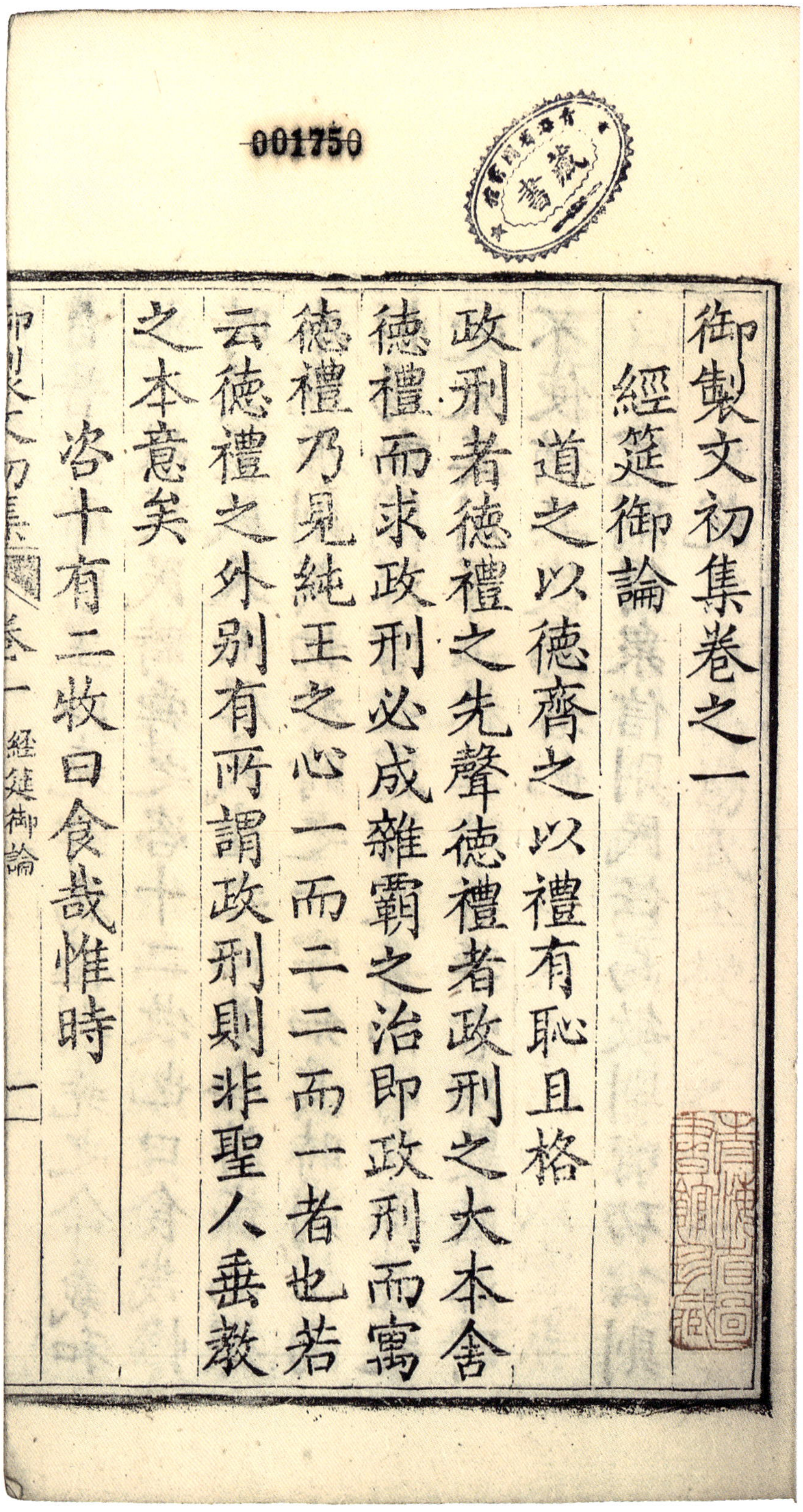

御製文初集卷之一

經筵御論

道之以德齊之以禮有恥且格

政刑者德禮之先聲德禮者政刑之大本舍德禮而求政刑必成雜霸之治即政刑而寓德禮乃見純王之心一而二二而一者也若云德禮之外别有所謂政刑則非聖人垂教之本意矣

咨十有二牧曰食哉惟時

御製文初集　卷一　經筵御論　一

02138、02139 御製文初集三十卷目録二卷　（清）高宗弘曆撰　清乾隆二十八年（1763）内府刻本

匡高19.9厘米，廣14厘米。半葉九行，行十七字，白口，四周雙邊。青海省圖書館、山東省圖書館藏。

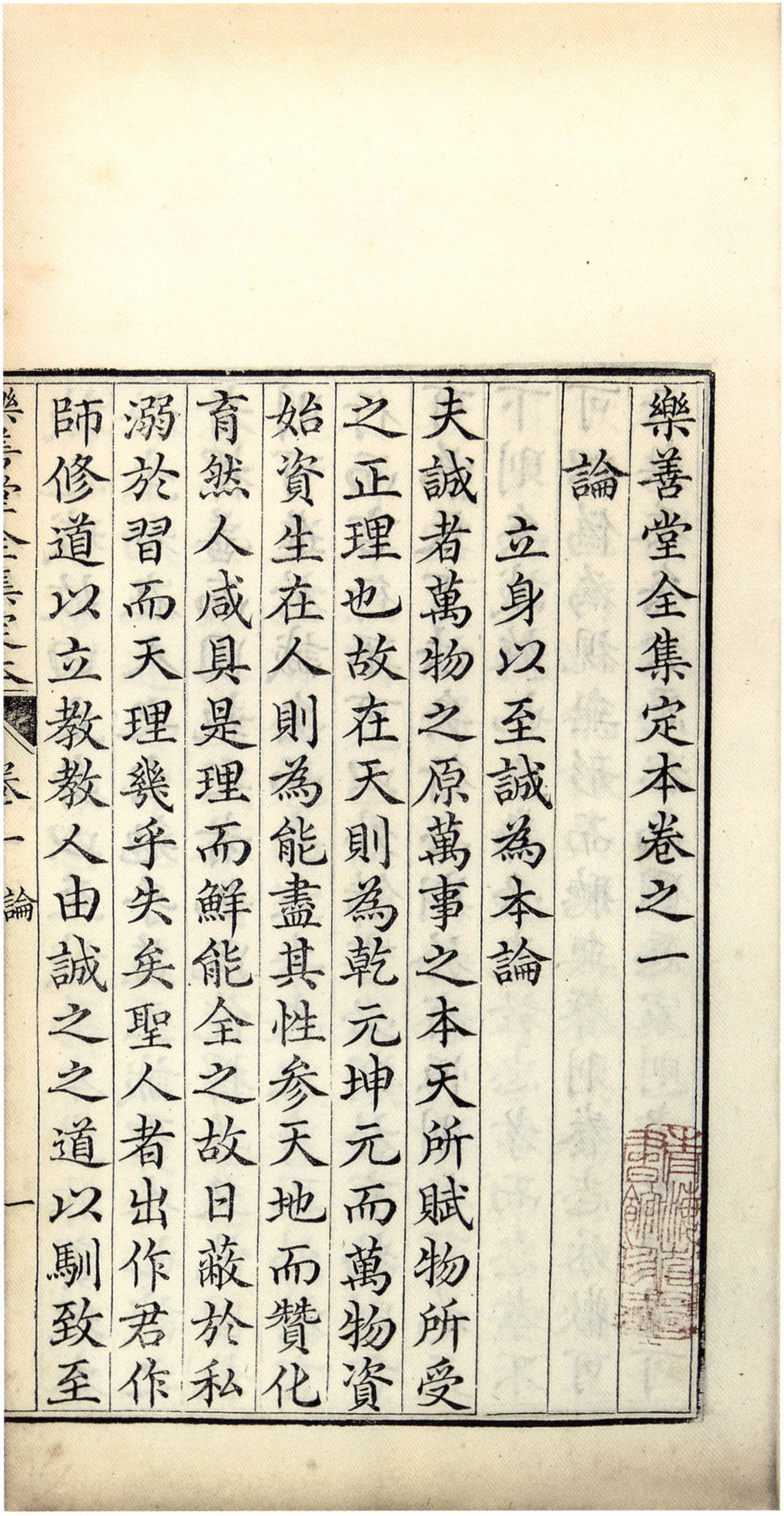
樂善堂全集定本卷之一

論

立身以至誠為本論

夫誠者萬物之原萬事之本天所賦物所受之正理也故在天則為乾元坤元而萬物資始資生在人則為能盡其性參天地而贊化育然人咸具是理而鮮能全之故曰蔽於私溺於習而天理幾乎失矣聖人者出作君作師修道以立教教人由誠之之道以馴致至

樂善堂全集定本　卷一　論　一

02140 樂善堂全集定本三十卷　（清）高宗弘曆撰　清乾隆二十四年（1759）武英殿刻本

匡高19.8厘米，廣13.9厘米。半葉九行，行十七字，白口，四周雙邊。青海省圖書館藏。

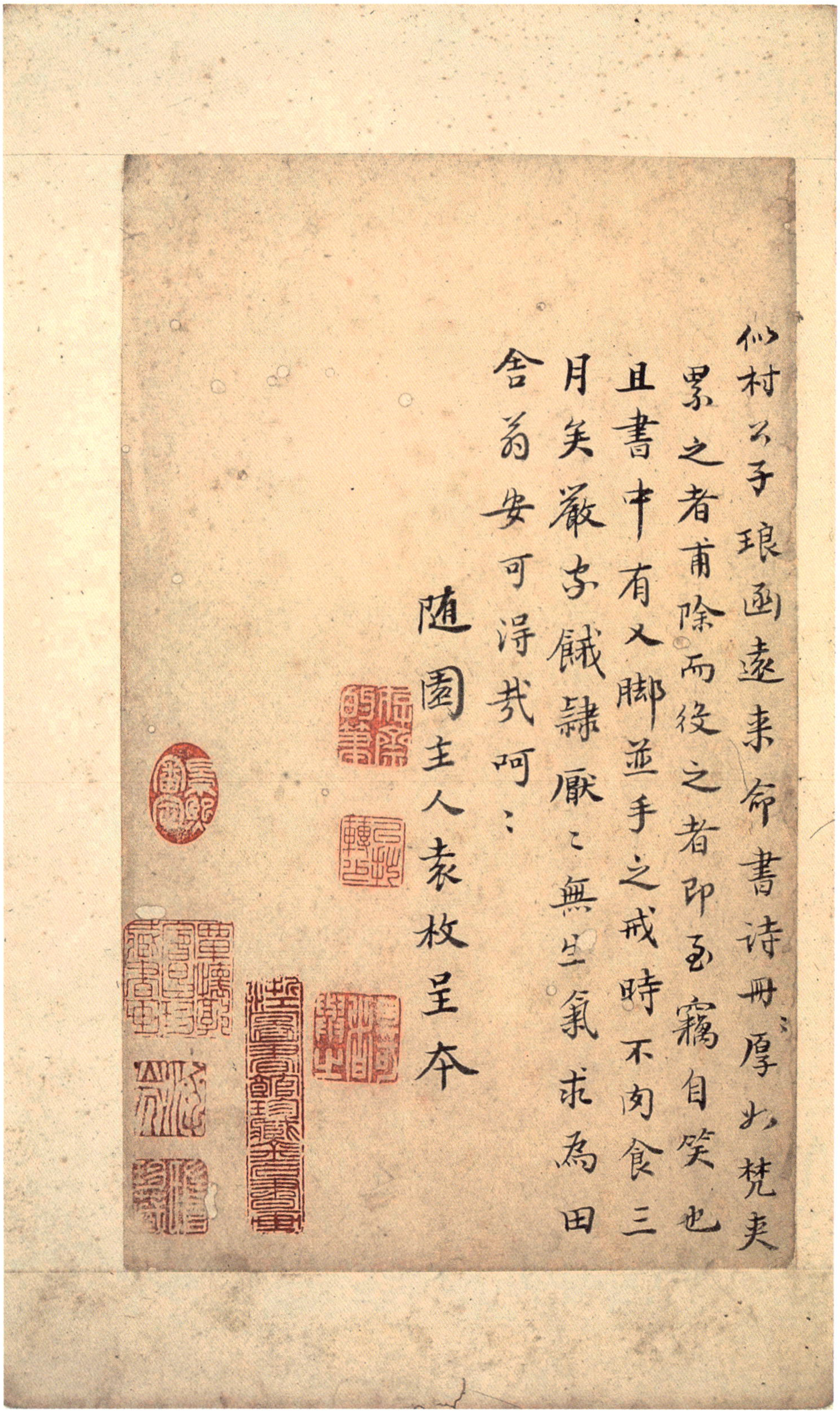
似村公子琅函遠來命書詩冊厚如梵夾累之者甫除而役之者即至竊自笑也且書中有又脚並手之戒時不肉食三月矣嚴字饑隷厭厭無生氣求為田舍翁安可得哉呵呵
隨園主人袁枚呈本

02141 隨園詩稿不分卷 （清）袁枚撰　稿本

冊葉裝。有“景熙審定”等印。浙江圖書館藏。

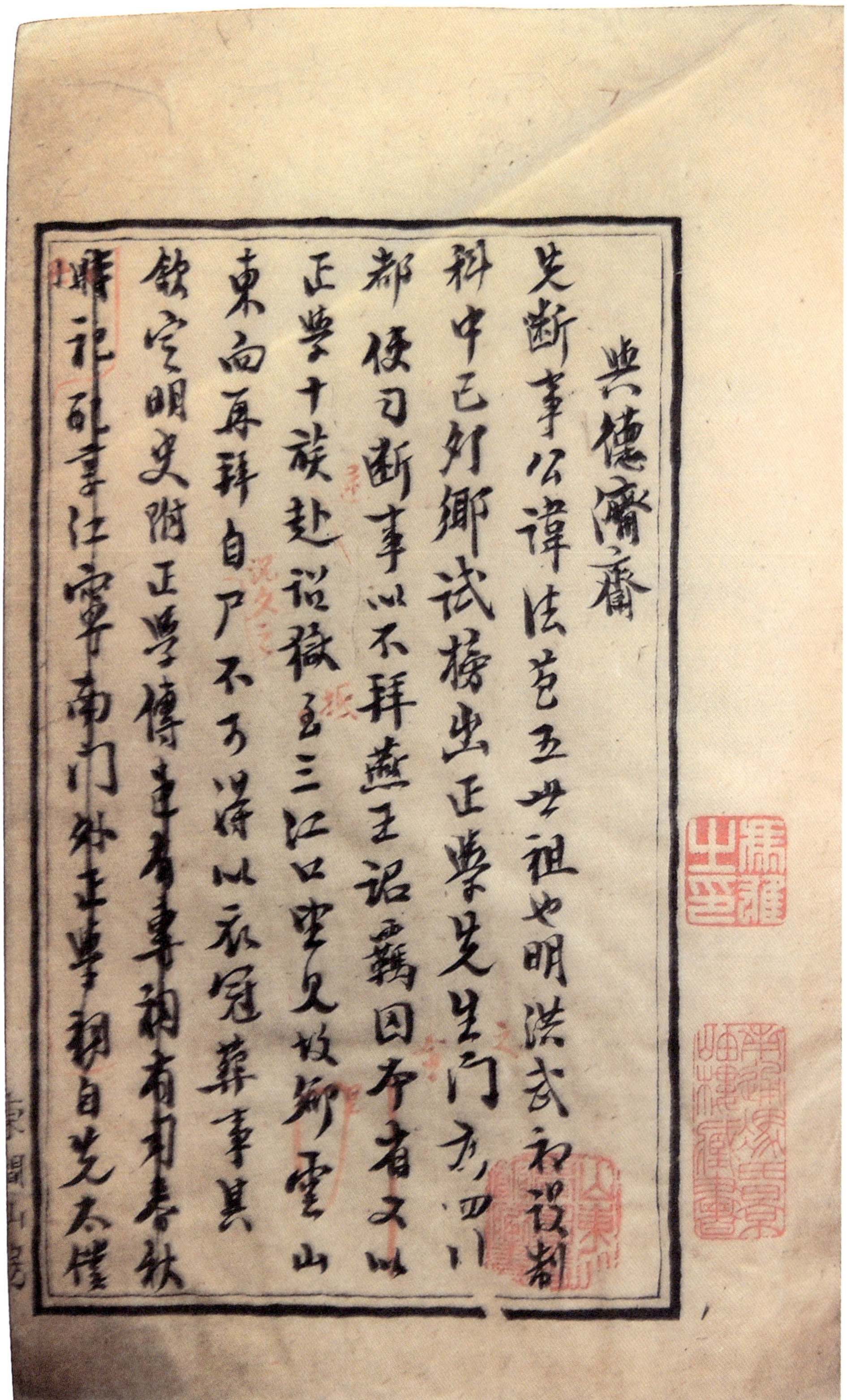

02142 方望溪先生文稿不分卷 （清）方苞撰 稿本

匡高19.2厘米，廣11.7厘米。半葉八行，行十六至二十字，白口，四周雙邊。有“南通馮氏景岫樓藏書”、“馮雄之印”等印。傅增湘跋。山東大學圖書館藏。

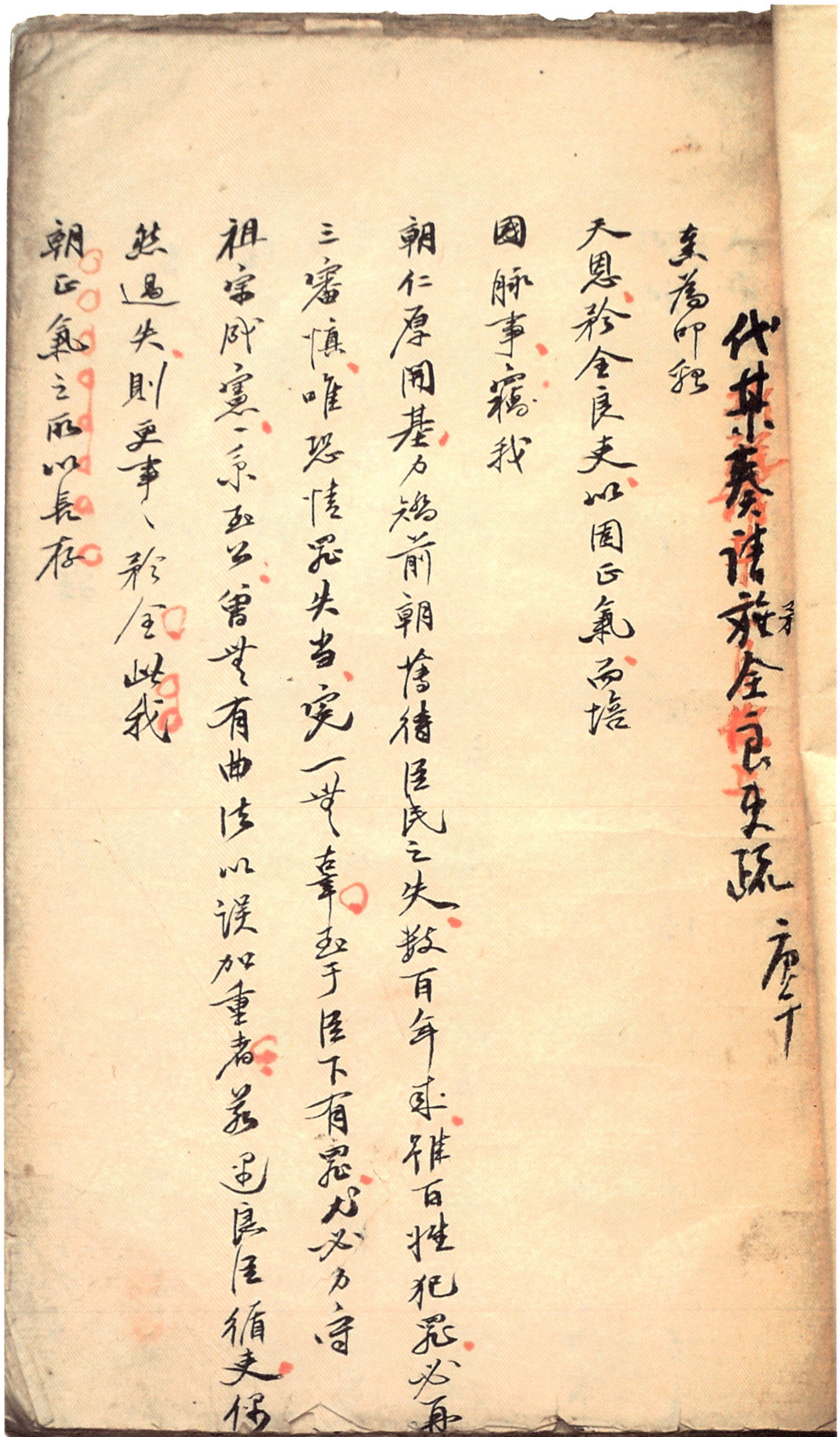
代某奏請矜全良吏疏
奏爲仰懇
天恩矜全良吏以固正氣而培
國脈事竊我

02143 桐城方宗誠先生文稿 （清）方宗誠撰　稿本

行字不等。桐城市圖書館藏。

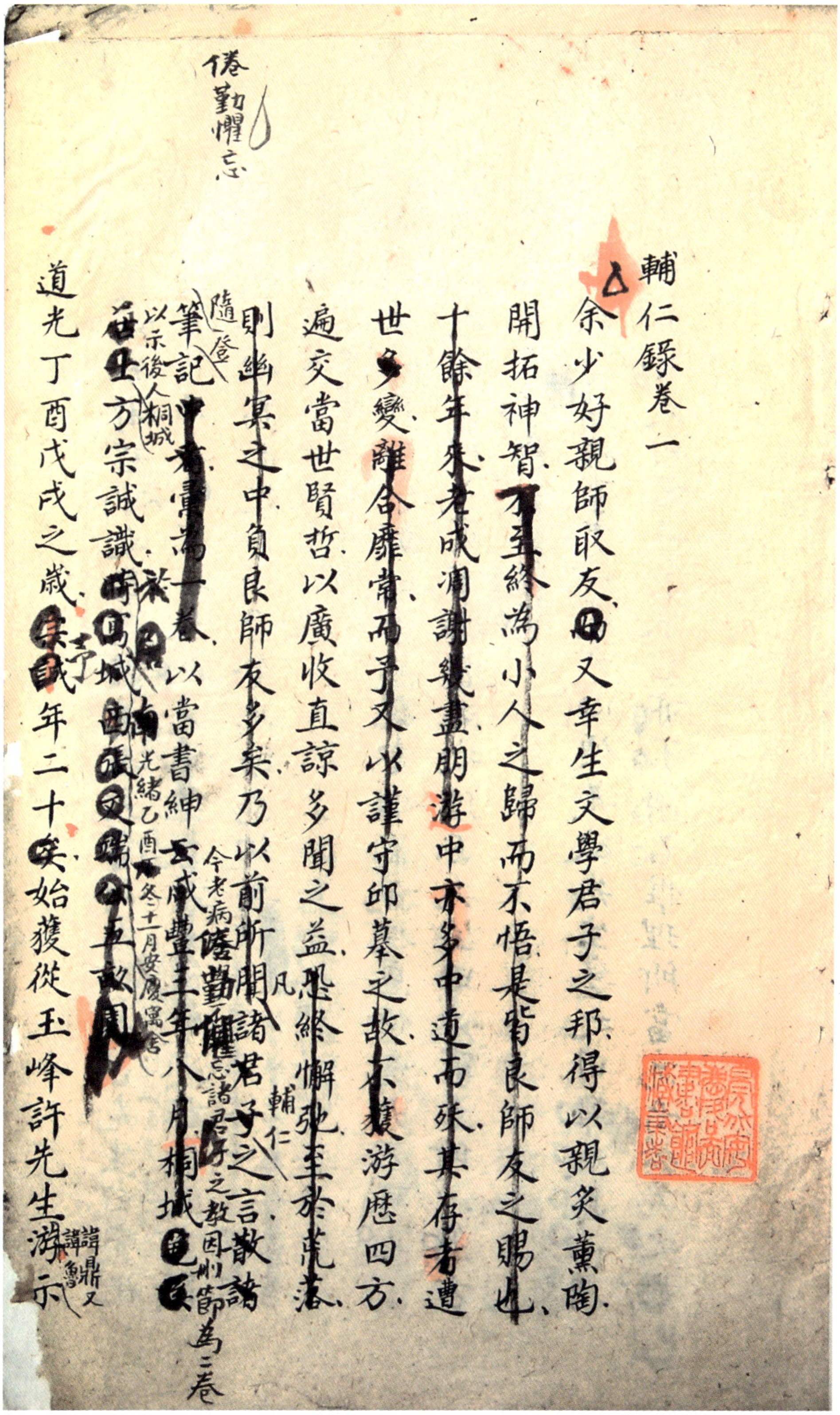
輔仁録卷一
余少好親師取友，又幸生文學君子之邦，得以親炙薰陶
開拓神智，不至終為小人之歸，而不悟是皆良師友之賜也
十餘年來老成凋謝，朋游中亦多中道而殀，其存者遭
世多變，離合靡常，而予又以謹守邱墓之故，不獲游歷四方
遍交當世賢哲，以廣收直諒多聞之益，恐終懈弛至於荒落
則幽寡之中負良師友多矣，乃以前所聞諸君子之言，散諸
筆記者，彙為一卷，以當書紳
方宗誠識
道光丁酉戊戌之歲，余年二十矣，始獲從玉峰許先生游，示

02144 輔仁録四卷 （清）方宗誠撰　稿本

半葉十行，行字不等。安慶市圖書館藏，存一卷。

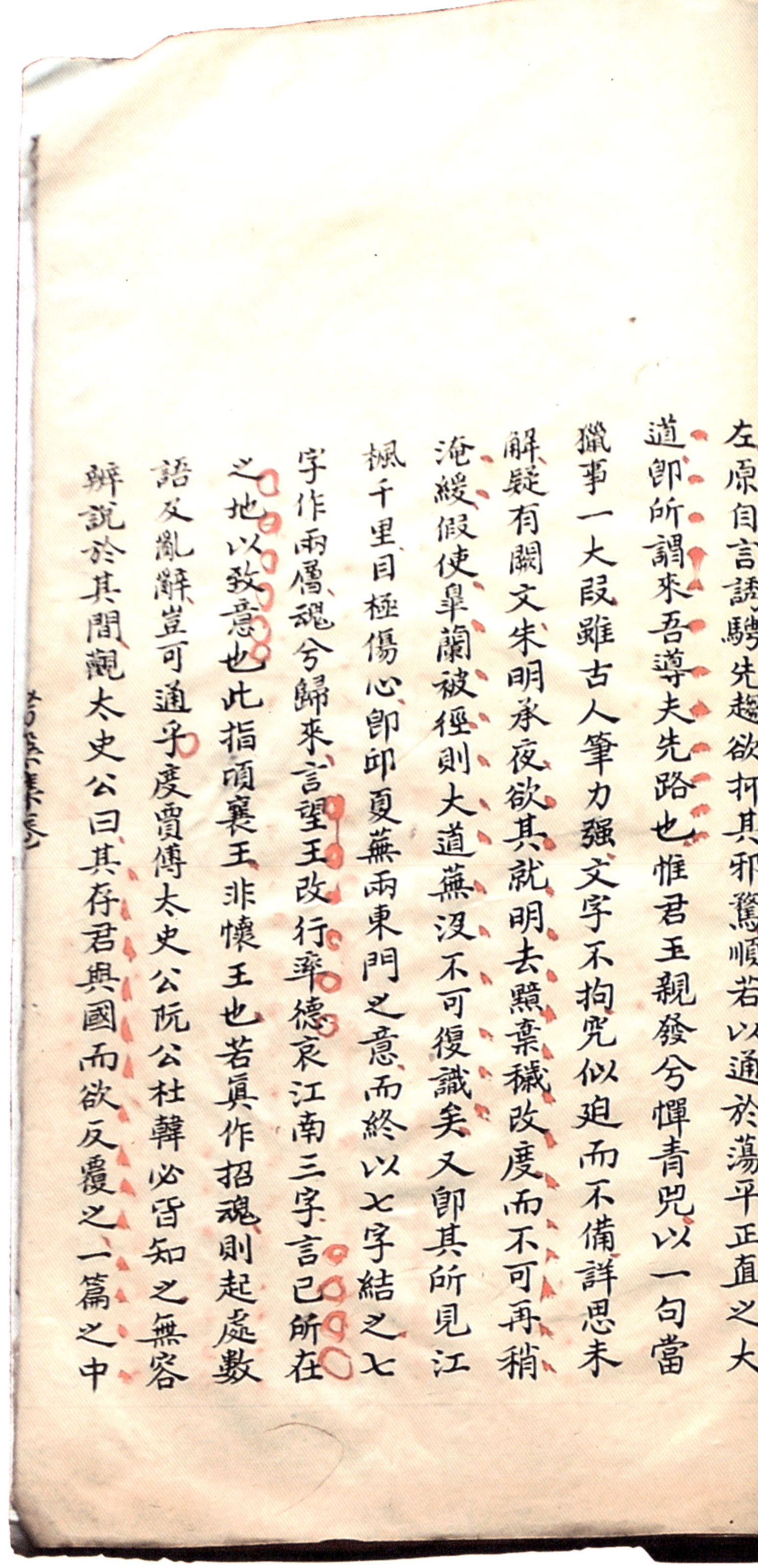
左原自言誘騁先趨欲抑其邪驁順若以通於蕩平正直之大
道即所謂來吾導夫先路也惟君王親發兮憚青兕以一句當
獵事一大段雖古人筆力強文字不拘究似迫而不備詳思未
解疑有闕文朱明承夜欲其就明去顯棄穢改度而不可再稍
淹緩假使皋蘭被徑則大道蕪沒不可復識矣又即其所見江
楓千里目極傷心即卭夏蕪兩東門之意而終以七字結之七
字作兩層魂兮歸來言望王改行率德哀江南三字言已所在
之地以致意也此指頃襄王非懷王也若真作招魂則起處數
語又亂辭豈可適乎度賈傅太史公阮公杜韓必皆知之無容
辨說於其間觀太史公曰其存君興國而欲反覆之一篇之中

02145 儀衛軒遺書不分卷 （清）方東樹撰 稿本

匡高17厘米，廣11.5厘米。半葉十行，行二十四字。桐城市圖書館藏。

有荒淫其死徵如魂已去身而不知反歸也此原放於江南浮夏上沅時所作故望其復存而已在江南目極江楓千里抱此哀痛也既諷其荒淫而復以荒淫招之何也曰此於言為從順理體當然也王者之居匪同儉陋既言其外之害則不得不陳其內之樂題面當如是也而極其奢靡則荒淫意亦在言外此文用意既隱曲迷離全用比興體豈可以尋常正言直諫之義例之乎惟中叙荒淫而獨將禽荒一事入於亂辭作結世未有能分而析之合而悟之識其用法之奇用意之隱者也意原初放時適值王之獵夢郎事寄意兼著其時也其曰引軍右旋古者右為正為貴左為邪為賤故王制誅左道秦漢發戍卒取閭

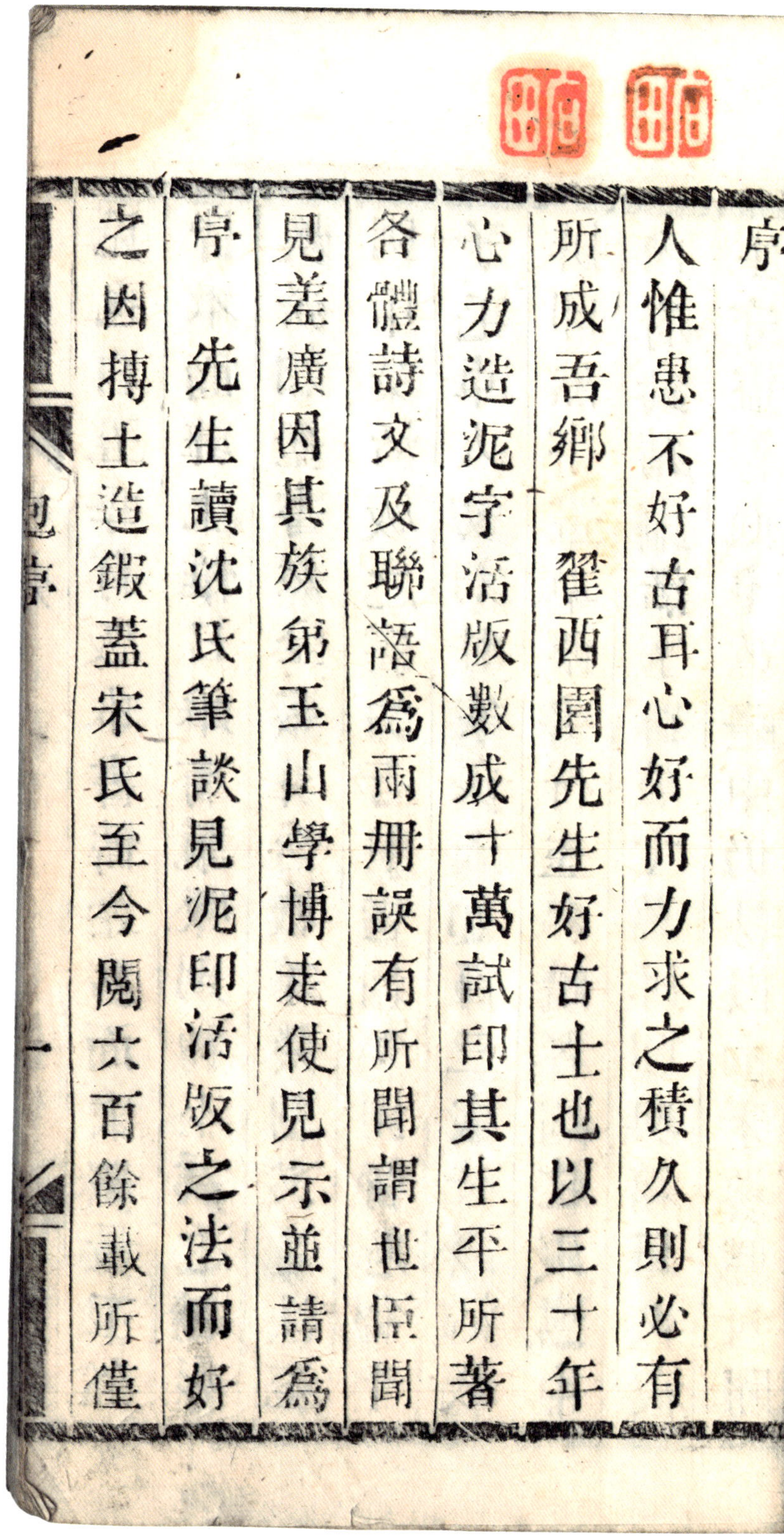
序
人惟患不好古耳心好而力求之積久則必有
所成吾鄉　翟西園先生好古士也以三十年
心力造泥字活版數成十萬試印其生平所著
各體詩文及聯語爲兩冊誤有所聞謂世罕聞
見差廣因其族弟玉山學博走使見示並請爲
序　先生讀沈氏筆談見泥印活版之法而好
之因摶土造鍜蓋宋氏至今閱六百餘載所僅

02146、02147 泥版試印初編十一卷　（清）翟金生撰　清道光二十四年（1844）翟金生泥活字印本

匡高17.4厘米，廣11.2厘米。半葉八行，行十八字，黑口，左右雙邊。有“歙州翟西園自造泥鬥板”牌記。安徽省圖書館、廣東省立中山圖書館藏。

朝聚珍之傳此其有裨載籍將爲不朽功臣豈比瓌磚

崔瓖僅誇窯技已哉復憶桃潭西岸峭壁高數十丈其

石均齊方正有若書版扶輿之秀實萃于斯然則西園

此製其必與此石同壽爲無疑矣宜黃黃爵滋撰

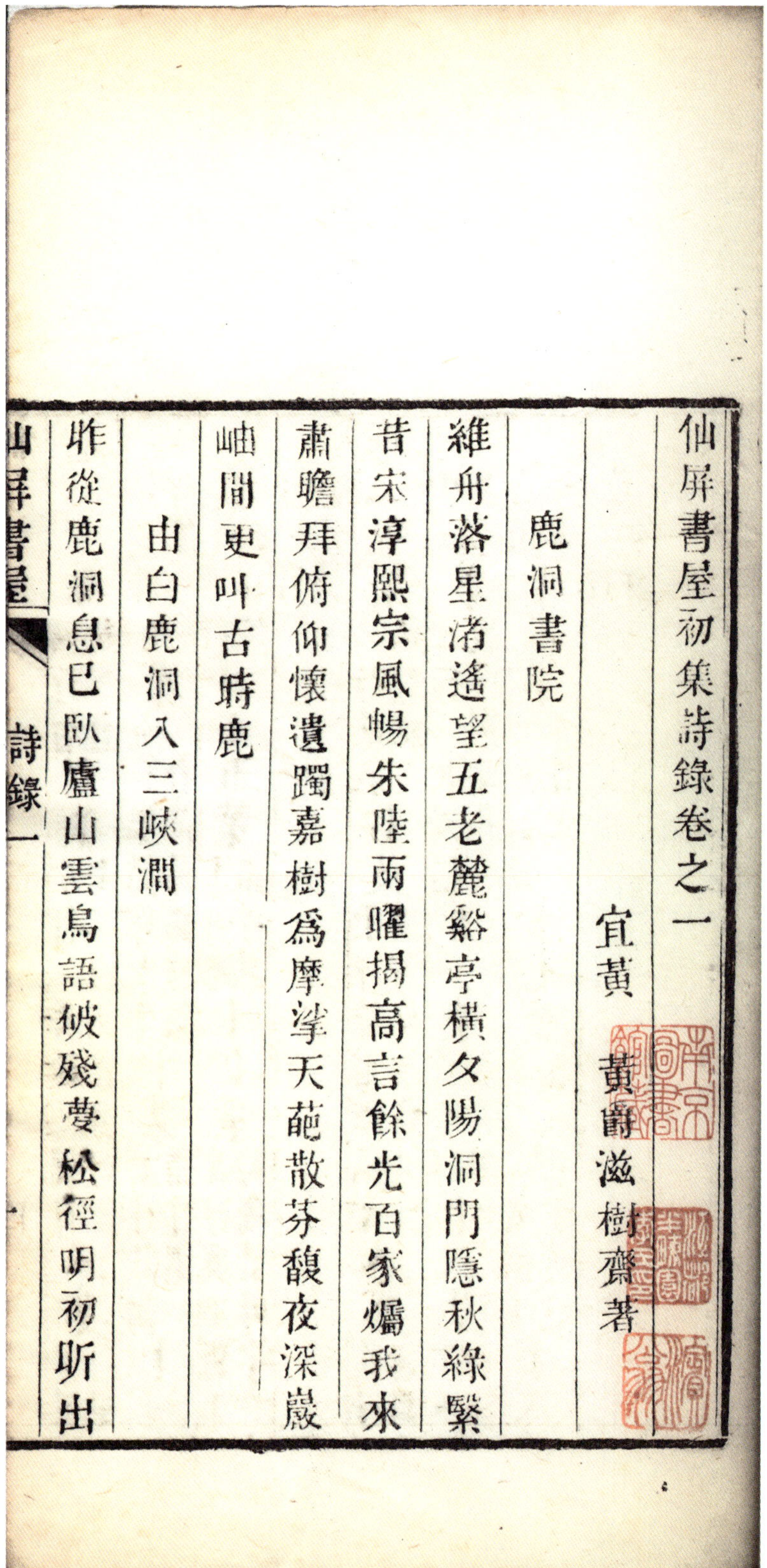

仙屏書屋初集詩錄卷之一

宜黃　黃爵滋樹齋著

鹿洞書院

維舟落星渚遙望五老麓谿亭横夕陽洞門隱秋綠緊
昔宋淳熙宗風暢朱陸兩曜揭高言餘光百家燭我來
肅瞻拜俯仰懷遺躅嘉樹爲摩挲天葩散芬馥夜深巖
岫間更叫古時鹿

由白鹿洞入三峽澗

昨從鹿洞息已臥廬山雲鳥語破殘夢松徑明初昕出

仙屏書屋　詩錄　一

02148、02149、02150、02151、02152、02153、02154、02155 仙屏書屋初集詩録十六卷後録二卷　（清）黄爵滋撰　清道光二十七年（1847）涇縣翟金生泥活字印本

匡高17.5厘米，廣12.5厘米。半葉九行，行二十一字，白口，左右雙邊。有“涇翟西園泥字排印”刻書題記。嘉興市圖書館藏，有“秀水余氏雙桂堂藏”等印；安徽省圖書館藏；廣東省立中山圖書館藏；河南大學圖書館藏；浙江圖書館藏；南京圖書館藏，有“江都半畮園李氏印”等印；山東省圖書館藏；江西省圖書館藏。

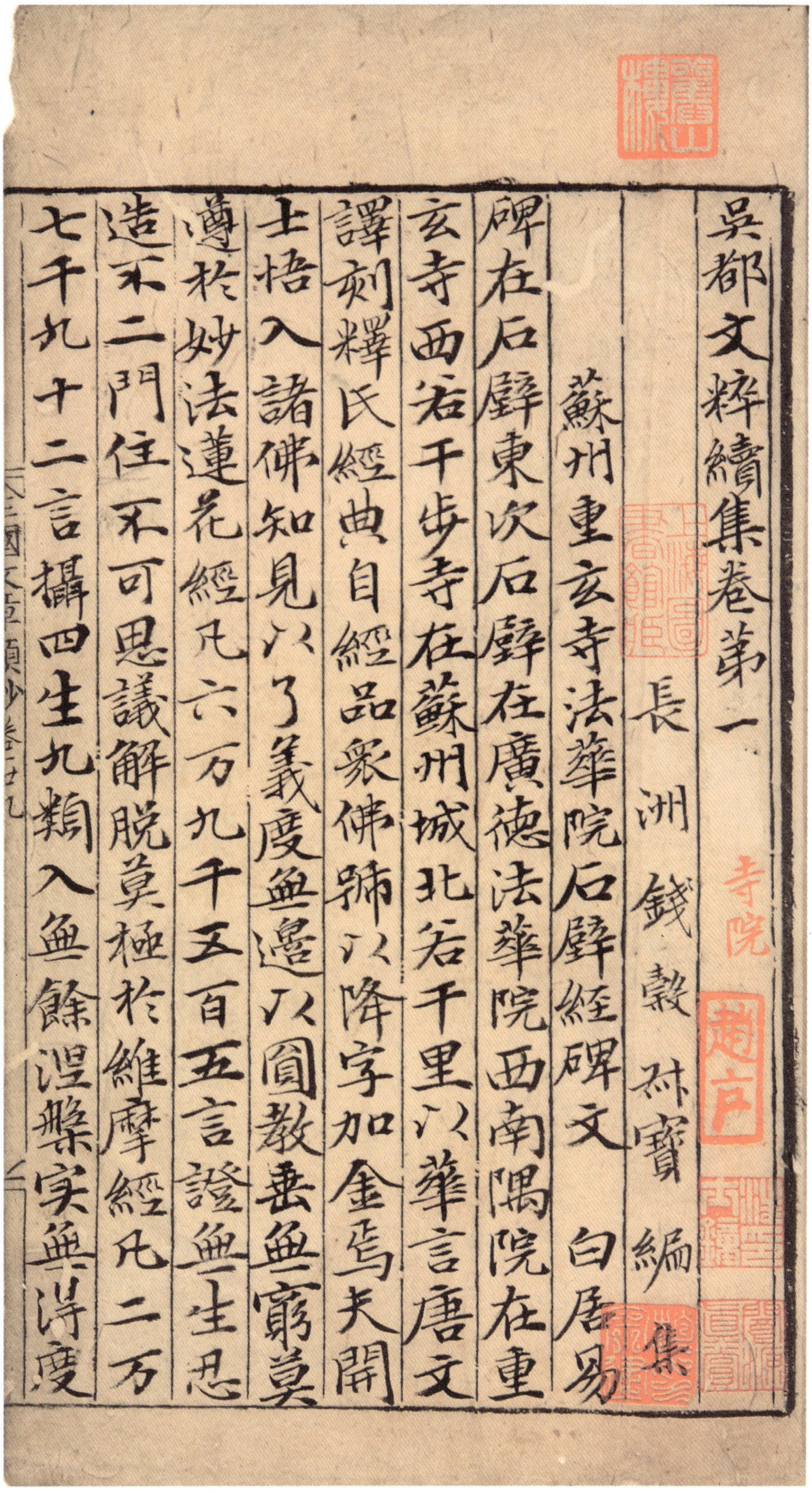

吳都文粹續集卷第一
長洲錢穀叔寶編集
蘇州重玄寺法華院石壁經碑文　白居易
碑在石壁東次石壁在廣德法華院西南隅院在重
玄寺西若干步寺在蘇州城北若干里以華言唐文
譯刻釋氏經典自經品衆佛號以降字加金焉夫開
士悟入諸佛知見以了義度無邊以圓教垂無窮莫
尊於妙法蓮花經凡六万九千五百五言證無生忍
造不二門住不可思議解脱莫極於維摩經凡二万
七千九十二言攝四生九類入無餘涅槃実無得度

02156 吳都文粹續集五十六卷　（明）錢穀輯　稿本

匡高18.8厘米，廣11.1厘米。半葉十行，行二十字，白口，左右雙邊。有“汪印士鐘”等印。上海圖書館藏，存九卷。

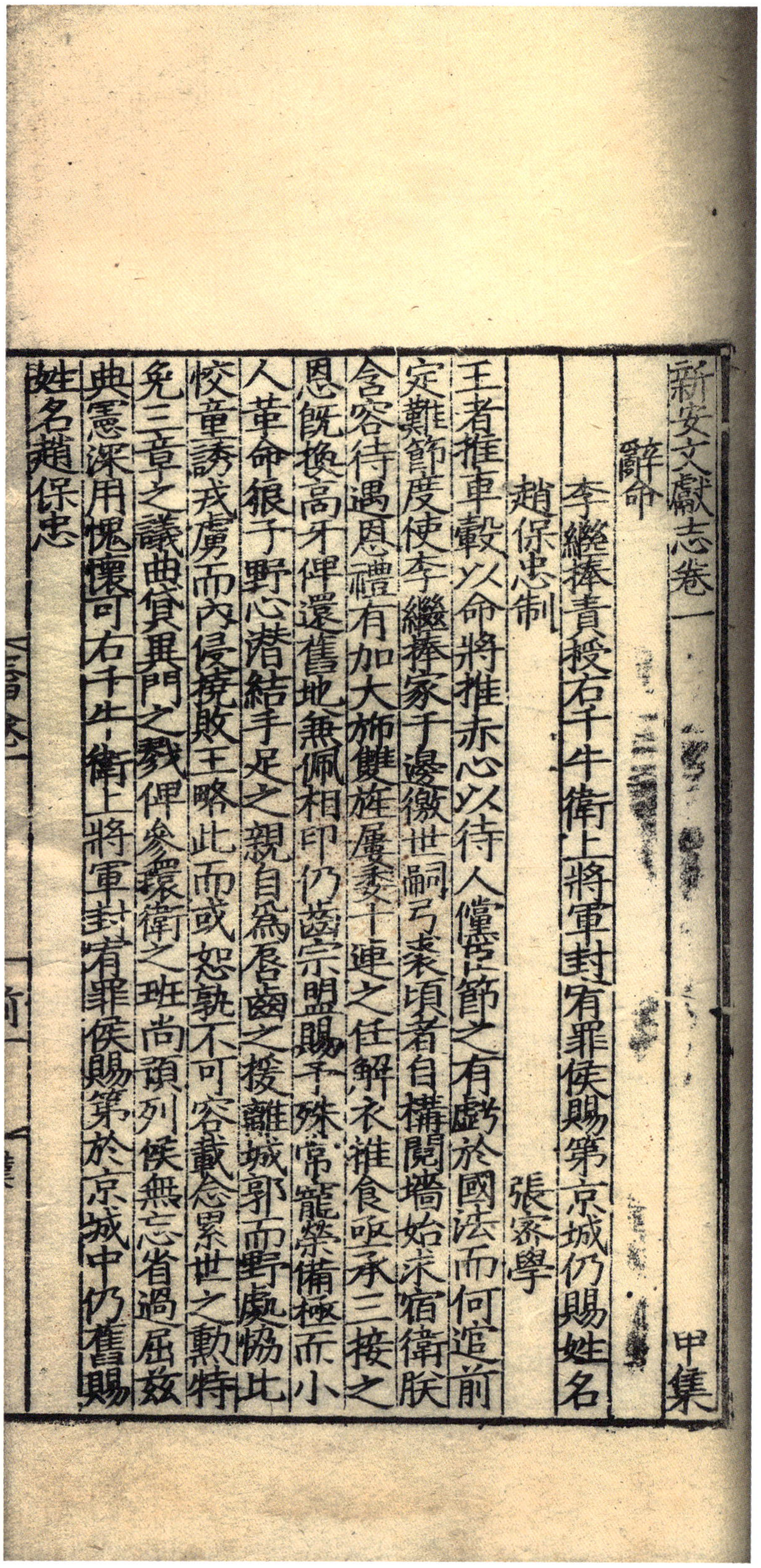
新安文獻志卷一　　甲集
辭命
李繼捧責授右千牛衛上將軍封宥罪侯賜第京城仍賜姓名
趙保忠制　　張洎學
王者推車轂以命將推赤心以待人儻喜節之有虧於國法而何逭前
定難節度使李繼捧家于邊徼世嗣弓裘頃者自構閱墻始求宿衛朕
含容待遇恩禮有加大旆雙旌屢委千連之任解衣推食亟承三接之
恩既換高牙俾還舊地無佩相印仍齒宗盟賜予殊常寵榮備極而小
人革命狠子野心潛結手足之親自為唇齒之援離城郭而野處協比
狡童誘戎虜而內侵撓敗王略此而或恕孰不可容載念累世之勳特
免三章之議曲貸異門之戮俾參環衛之班尚顓列侯無忘省過屈茲
典憲深用愧懷可右千牛衛上將軍封宥罪侯賜第於京城中仍舊賜
姓名趙保忠

02157、02158、02159 新安文獻志一百卷先賢事略二卷目録二卷　（明）程敏政輯　明弘治十年（1497）祁司員、彭哲等刻本

匡高19.3厘米，廣13.4厘米。半葉十三行，行二十七字，白口，左右雙邊。無錫市圖書館藏；安徽省博物館藏；安徽師範大學圖書館藏，有“研易樓藏書印”等印。

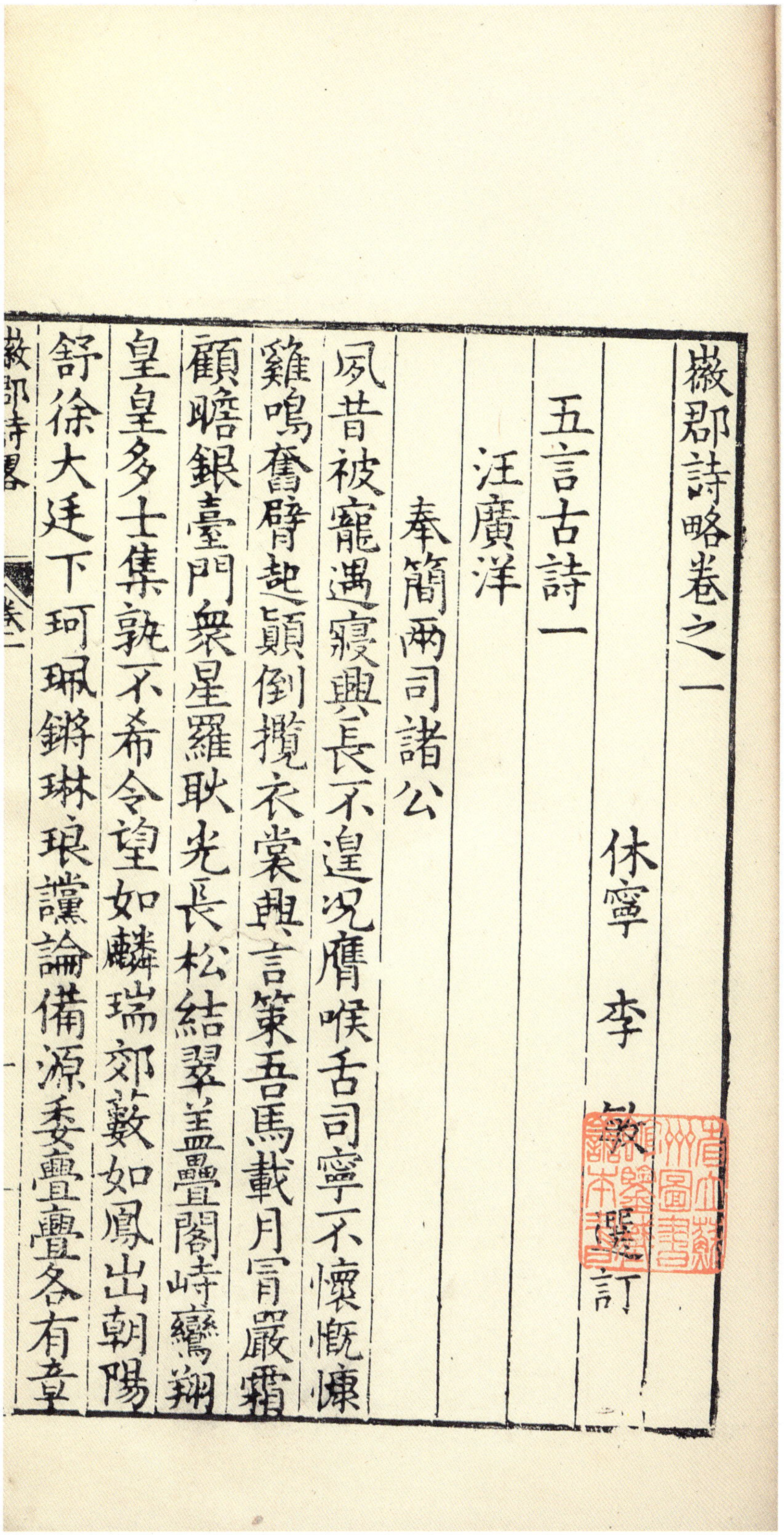
徽郡詩畧卷之一
休寧 李敏選訂
五言古詩一
汪廣洋
奉簡兩司諸公
夙昔被寵遇寢興長不遑况膺喉舌司寧不懷慨慷
雞鳴奮臂起顛倒攬衣裳輿言策吾馬載月冒嚴霜
顧瞻銀臺門衆星羅耿光長松結翠蓋疊閣峙鸞翔
皇皇多士集孰不希令望如麟瑞郊藪如鳳出朝陽
舒徐大廷下珂珮鏘琳琅讜論備源委亹亹各有章
徽郡詩畧 卷一 一

02160 徽郡詩略二十一卷 （明）李敏選訂 明嘉靖三十九年（1560）刻本

匡高18.5厘米，廣13厘米。半葉十行，行二十字，白口，四周單邊。蘇州圖書館藏。

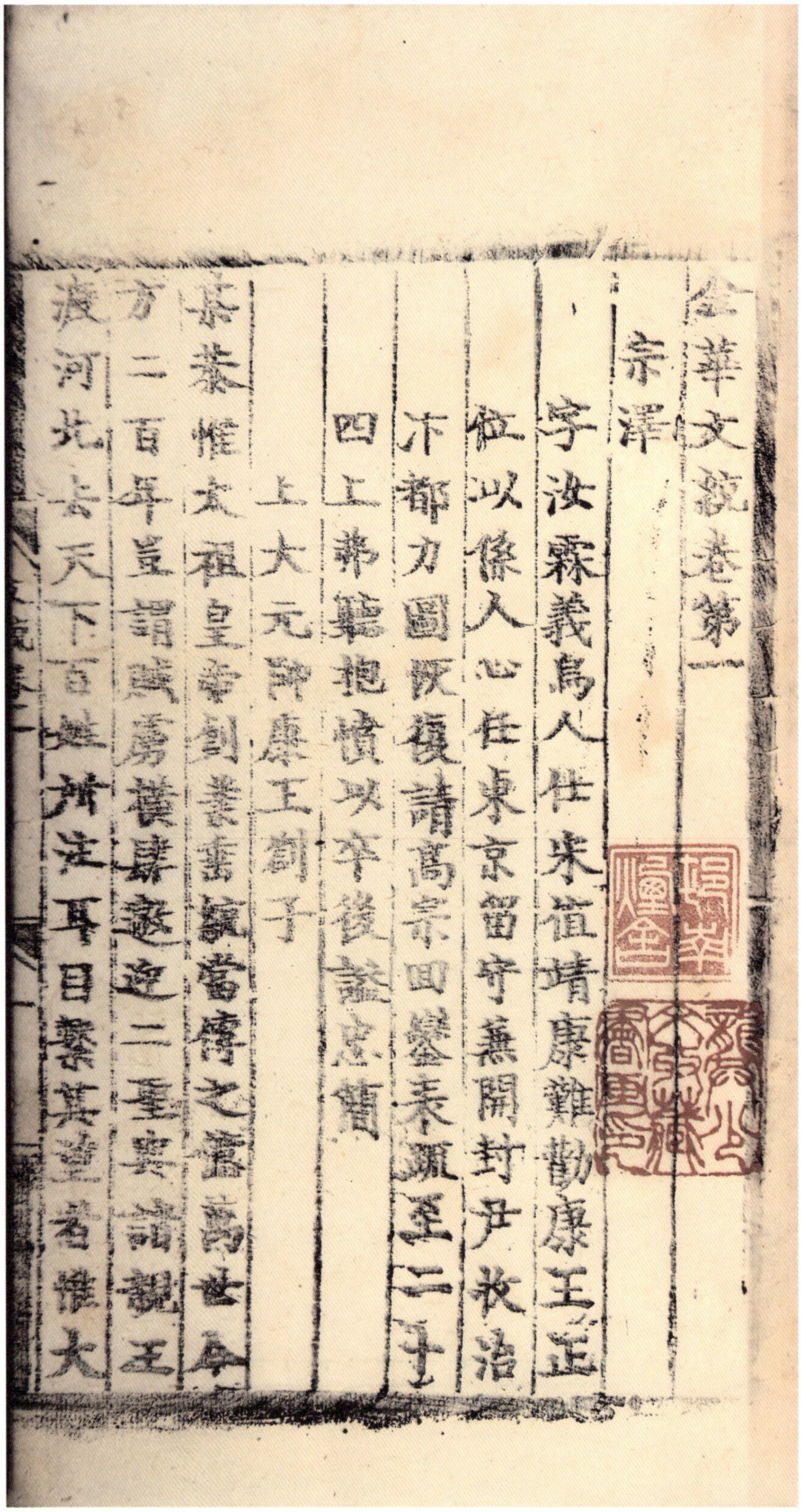

02161 金華文統十三卷 （明）趙鶴輯 明正德七年（1512）趙鶴、李玘刻本

匡高19厘米，廣12.5厘米。半葉十行，行十八字，黑口，四周單邊。有"龔少文收藏書画印"、"邨南烟舍"等印。湖南師範大學圖書館藏。

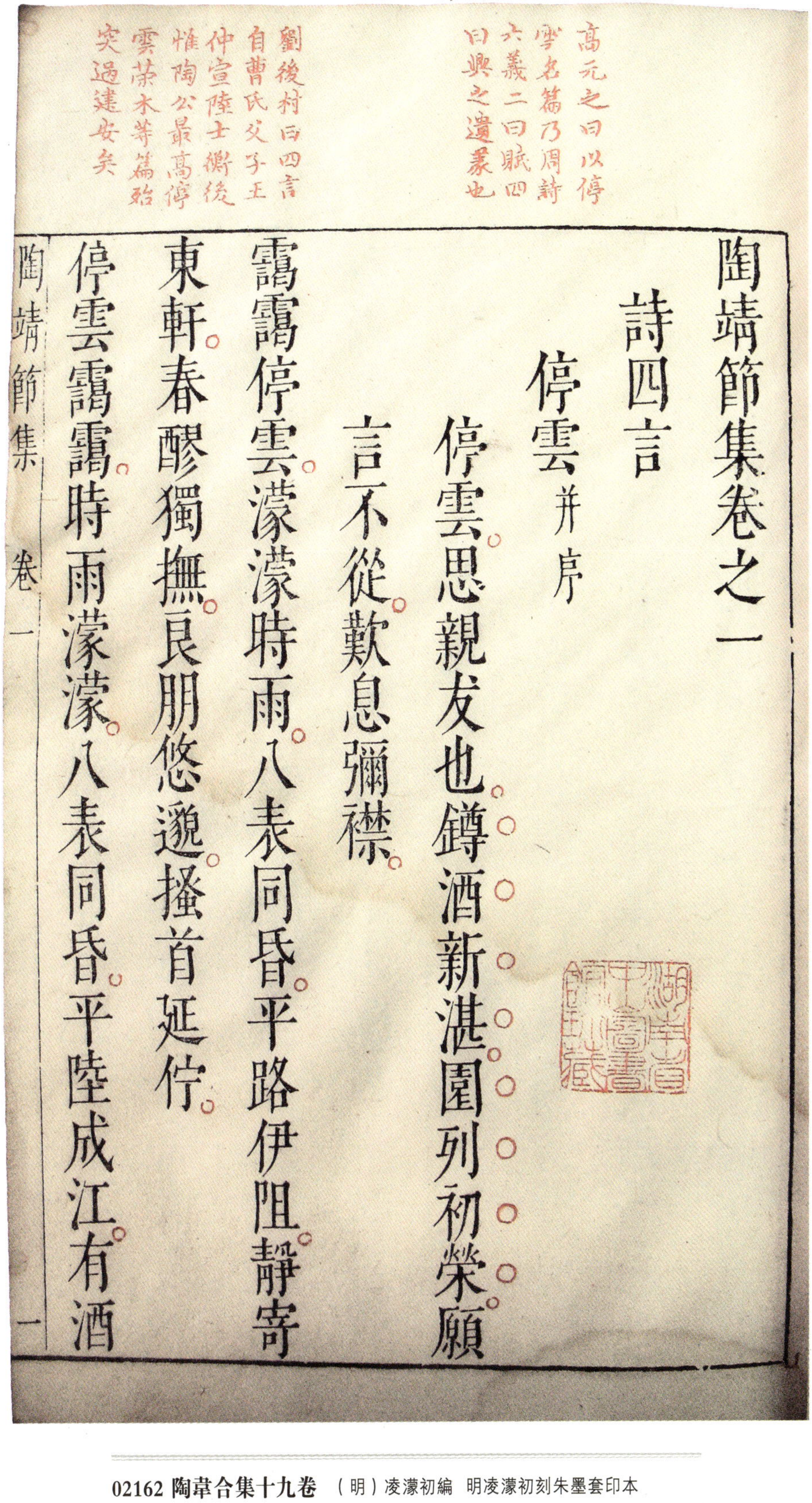

高元之曰以停雲名篇乃周詩六義二曰賦四曰興之遺象也

劉後村曰四言自曹氏父子王仲宣陸士衡後惟陶公最高停雲榮木等篇殆突過建安矣

陶靖節集卷之一

詩四言

停雲并序

停雲思親友也罇酒新湛園列初榮願言不從歎息彌襟

靄靄停雲濛濛時雨八表同昏平路伊阻靜寄東軒春醪獨撫良朋悠邈搔首延佇

停雲靄靄時雨濛濛八表同昏平陸成江有酒

陶靖節集　卷一　一

02162 陶韋合集十九卷　（明）凌濛初編　明凌濛初刻朱墨套印本

匡高21厘米，廣14.8厘米。半葉八行，行十八字，白口，四周單邊。有“家在江南黄葉邨”、“師古藏書之印”等印。湖南圖書館藏。

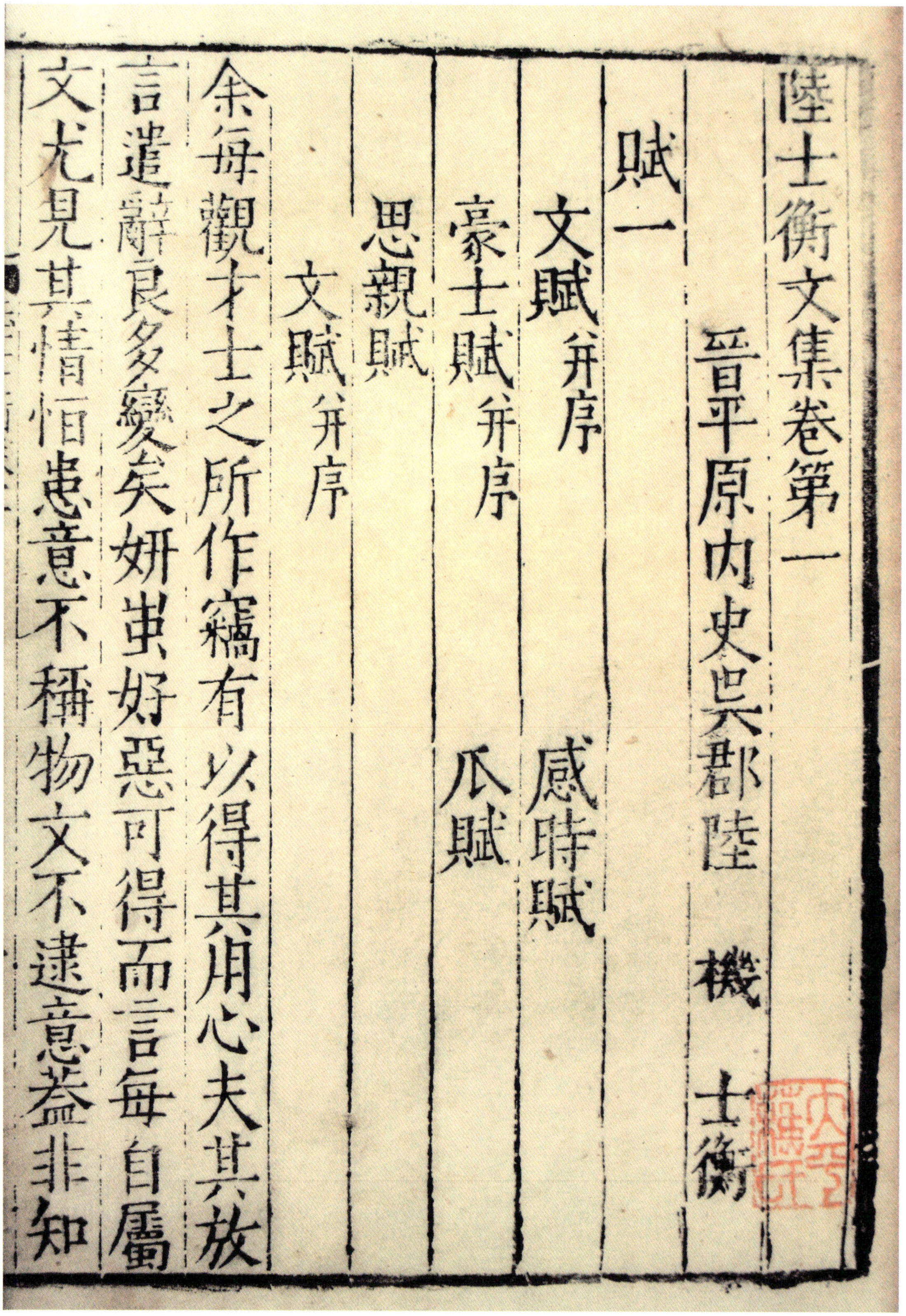
陸士衡文集卷第一
晉平原内史吳郡陸　機　士衡
賦一
文賦并序　感時賦
豪士賦并序　瓜賦
思親賦
文賦并序
余每觀才士之所作竊有以得其用心夫其放
言遣辭良多變矣妍蚩好惡可得而言每自屬
文尤見其情恒患意不稱物文不逮意蓋非知

02163 晉二俊文集二十卷　（晉）陸機　陸雲撰　明正德陸元大刻本

匡高18厘米，廣13.5厘米。半葉十行，行十八字，小字雙行同，白口，左右雙邊。湖南圖書館藏。

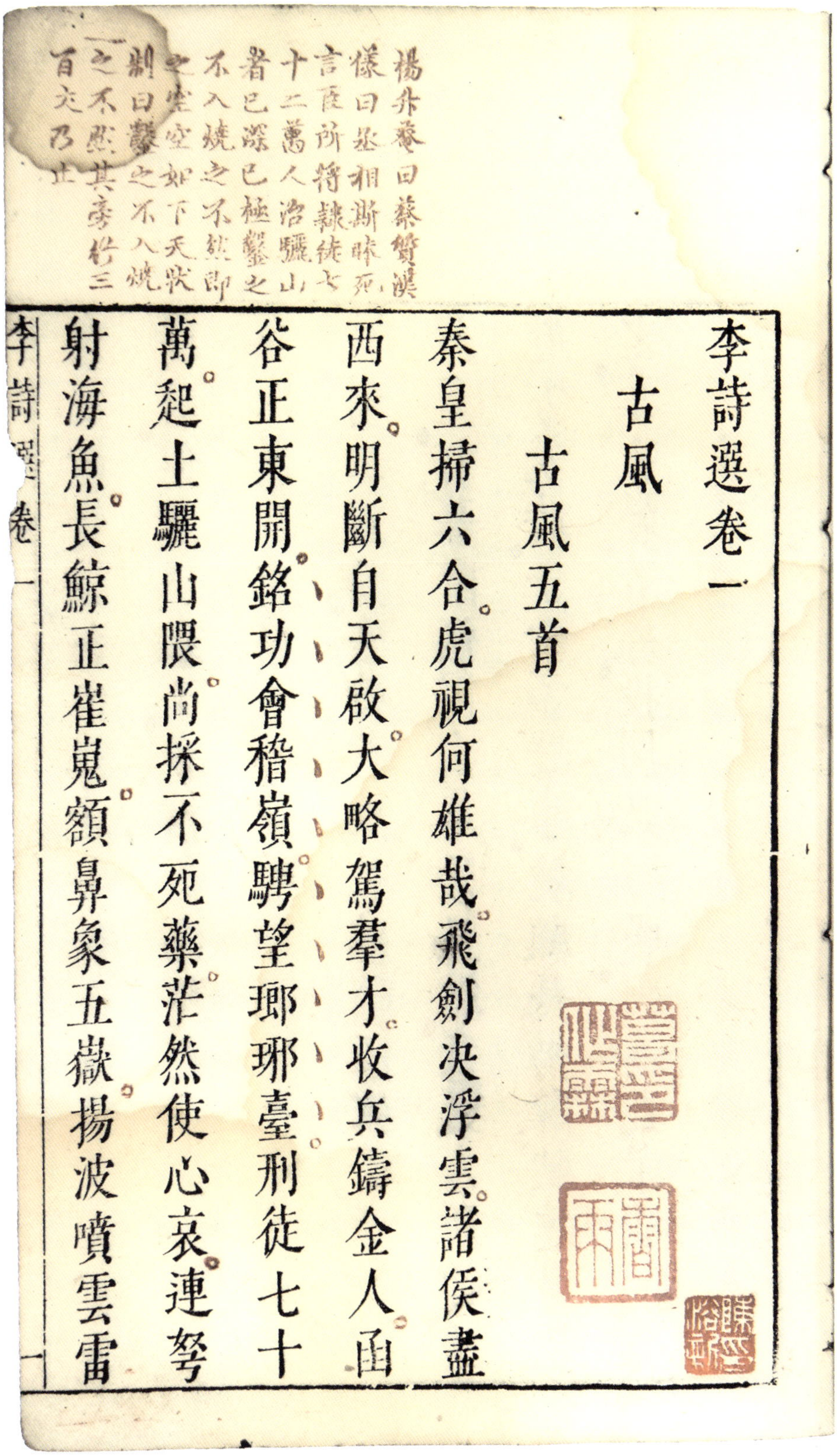

楊升菴曰蔡賛漢儀曰恐相斯昧死言臣所將隸徒七十二萬人治驪山者已深已極鑿之不入燒之不然叩之空空如下天狀制曰鑿之不入燒之不然其旁行三百丈乃止

李詩選卷一

古風

古風五首

秦皇掃六合虎視何雄哉飛劍決浮雲諸侯盡西來明斷自天啟大略駕羣才收兵鑄金人函谷正東開銘功會稽嶺騁望瑯琊臺刑徒七十萬起土驪山隈尚採不死藥茫然使心哀連弩射海魚長鯨正崔嵬額鼻象五嶽揚波噴雲雷

李詩選卷一　一

02164、02165、02166 李杜詩選十一卷 （明）張含輯 楊慎等評 明刻朱墨套印本

匡高20.2厘米，廣14.6厘米。半葉八行，行十八字，白口，四周單邊。中山大學圖書館藏，有“鄒魯”、“清新優逸”等印；安徽省博物館藏；湖南師範大學圖書館藏，有“葛作霖印”、“葛氏藏書”、“安化陳浴新氏收藏金石書畫”等印。

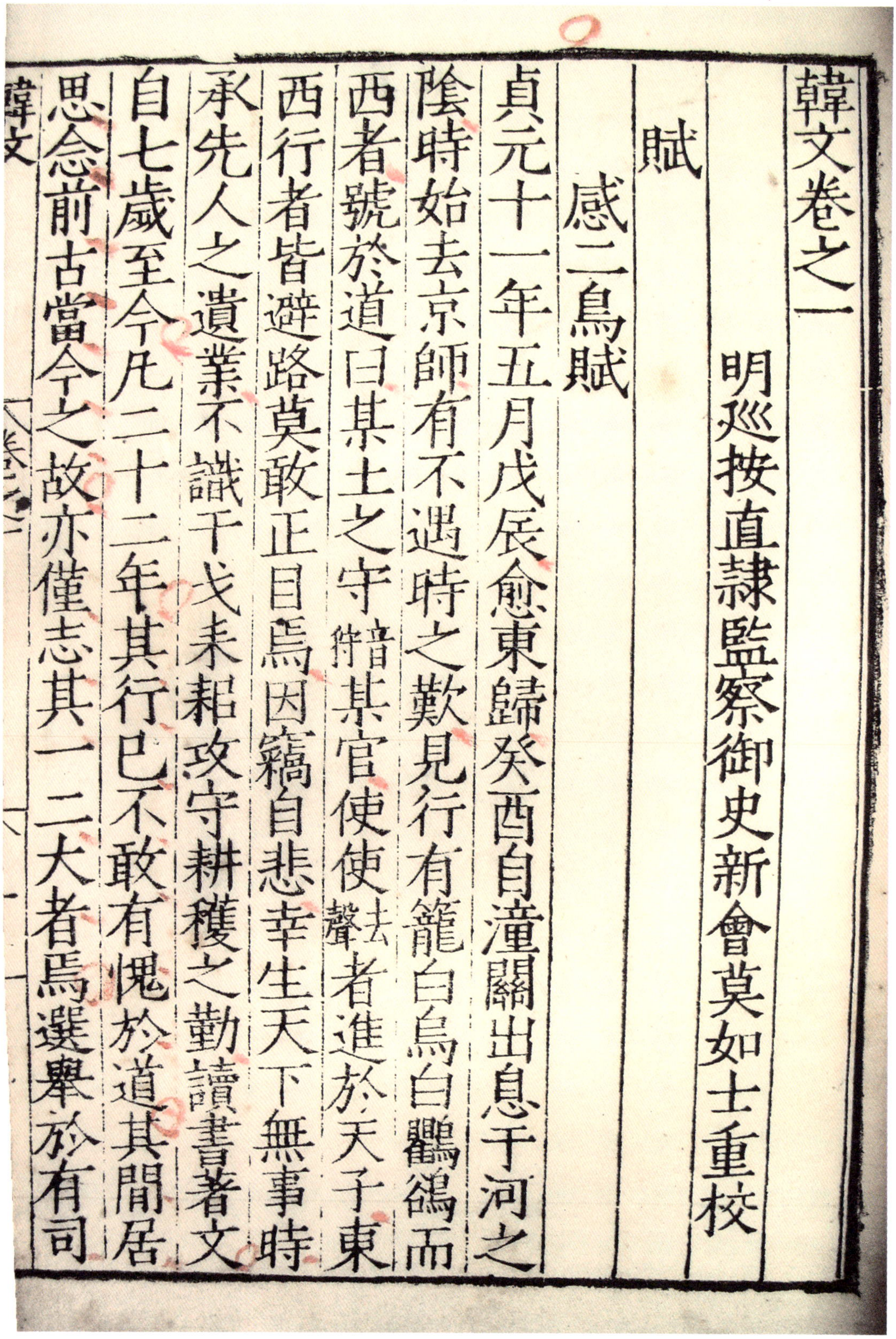

韓文卷之一

明巡按直隸監察御史新會莫如士重校

賦

感二鳥賦

貞元十一年五月戊辰愈東歸癸酉自潼關出息于河之
陰時始去京師有不遇時之歎見行有籠白烏白鸜鵒而
西者號於道曰某土之守（音狩）某官使使（去聲）者進於天子東
西行者皆避路莫敢正目焉因竊自悲幸生天下無事時
承先人之遺業不識干戈耒耜攻守耕穫之勤讀書著文
自七歲至今凡二十二年其行已不敢有愧於道其閒居
思念前古當今之故亦僅志其一二大者焉選舉於有司

韓文　卷之一

02167、02168 韓柳文一百卷　（唐）韓愈 柳宗元撰　（明）游居敬編　明嘉靖三十五年（1556）莫如士刻本

匡高18.5厘米，廣13厘米。半葉十一行，行二十二字，白口，左右雙邊。青海民族學院圖書館、湖南圖書館藏。

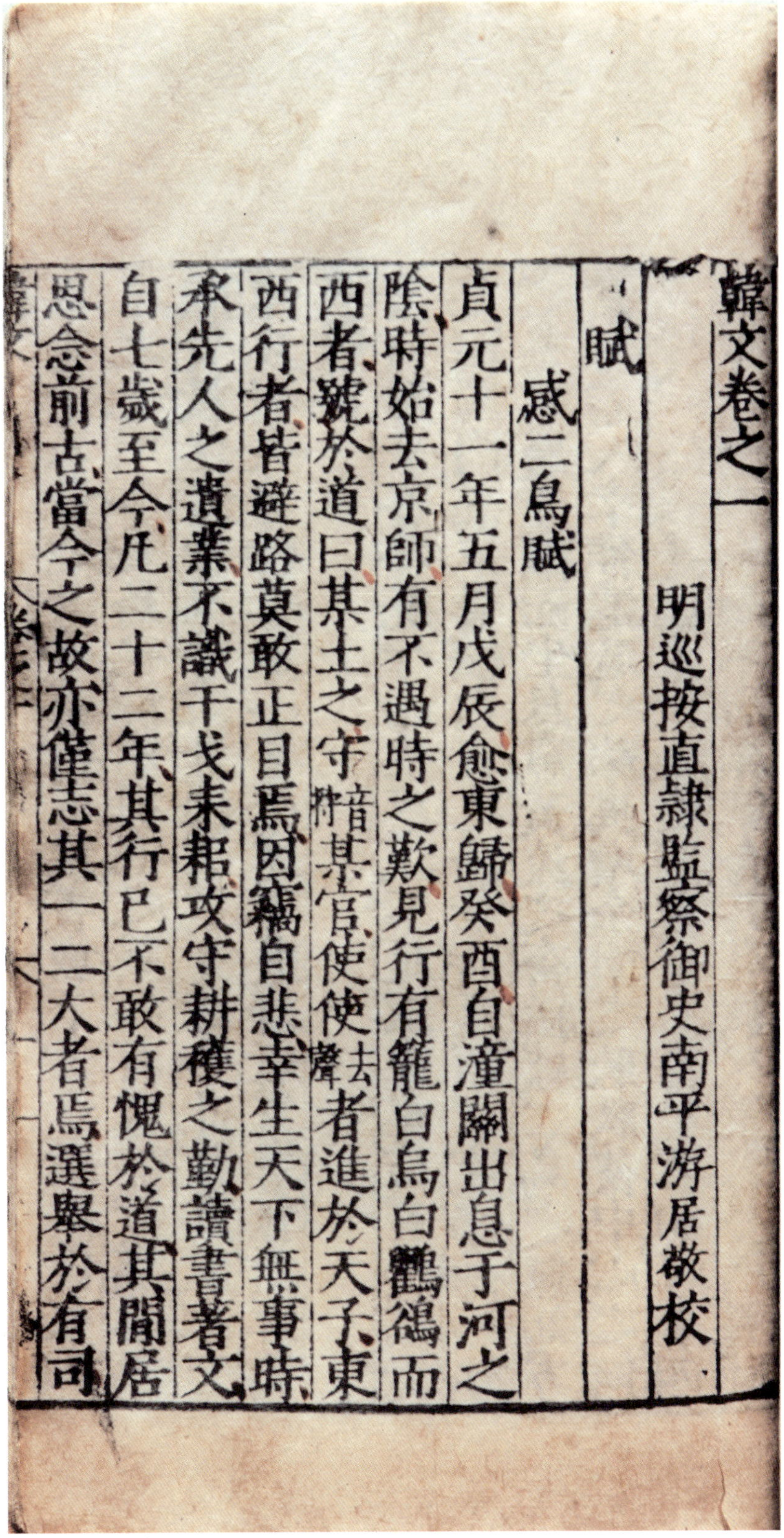
韓文卷之一
明巡按直隸監察御史南平游居敬校
賦
感二鳥賦
貞元十一年五月戊辰愈東歸癸酉自潼關出息于河之
陰時始去京師有不遇時之歎見行有籠白烏白鸜鵒而
西者號於道曰某土之守音狩某官使使去聲者進於天子東
西行者皆避路莫敢正目焉因竊自悲幸生天下無事時
承先人之遺業不識干戈耒耜攻守耕穫之勤讀書著文
自七歲至今凡二十二年其行已不敢有愧於道其閑居
思念前古當今之故亦僅志其一二大者焉選舉於有司

02169 韓柳文一百卷 （唐）韓愈 柳宗元撰 （明）游居敬編 明嘉靖十六年（1537）游居敬刻本

匡高19.4厘米，廣13.4厘米。半葉十一行，行二十二字，白口，左右雙邊。台州市黄巖區圖書館藏。

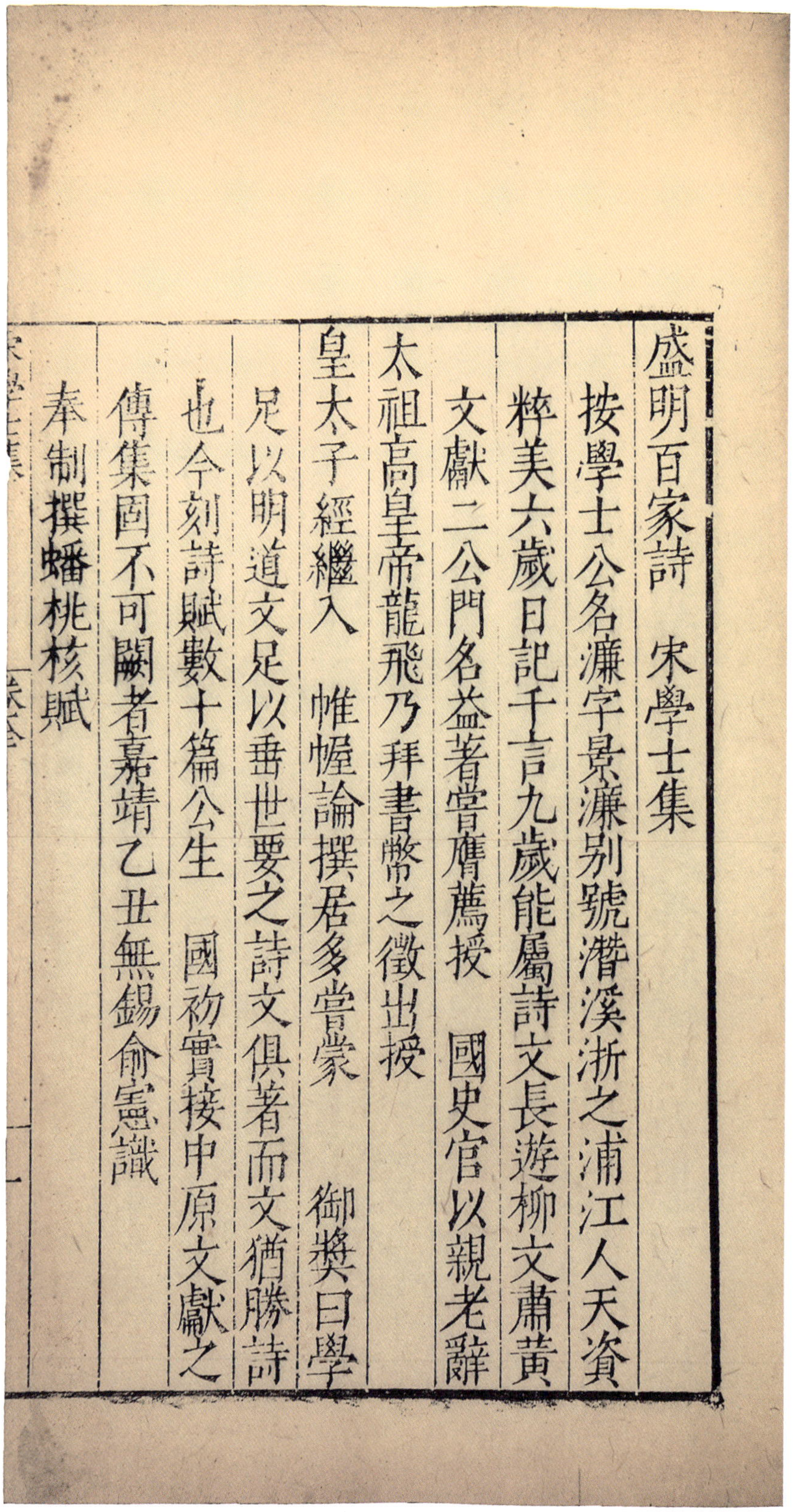
盛明百家詩　宋學士集
按學士公名濂字景濂別號潛溪浙之浦江人天資
粹美六歲日記千言九歲能屬詩文長遊柳文肅黄
文獻二公門名益著嘗膺薦授　國史官以親老辭
太祖高皇帝龍飛乃拜書幣之徵出授
皇太子經繼入　帷幄論撰居多嘗蒙　御奬曰學
足以明道文足以垂世要之詩文俱著而文猶勝詩
也今刻詩賦數十篇公生　國初實接中原文獻之
傳集固不可闕者嘉靖乙丑無錫俞憲識
奉制撰蟠桃核賦

02170 盛明百家詩三百二十四卷　（明）俞憲編　明嘉靖隆慶間刻本（序、凡例、總目、高楊張徐集卷上、何大復集卷下爲抄配）

匡高18.7厘米，廣12.9厘米。半葉十行，行二十一字，白口，四周單邊。青海省圖書館藏。

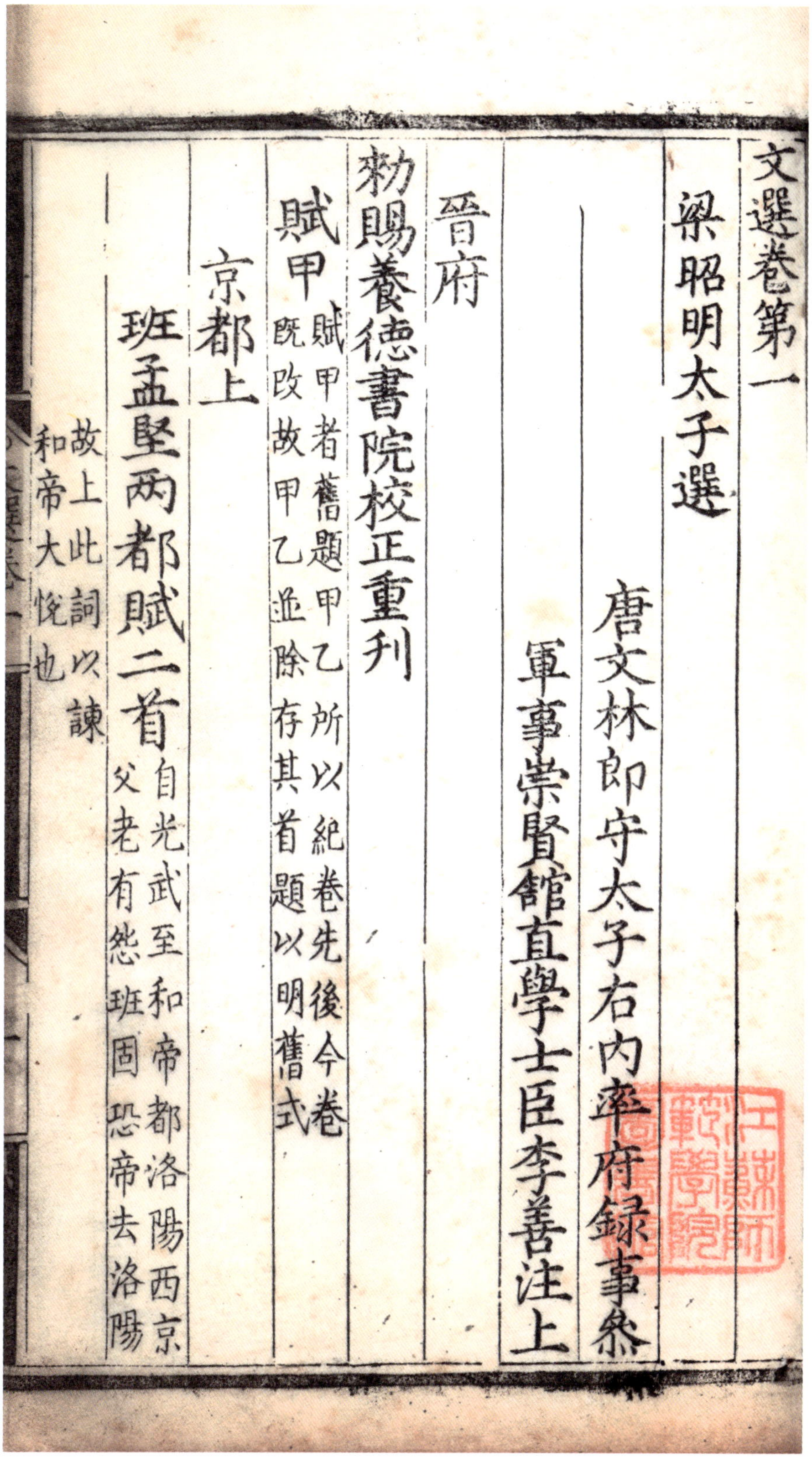
文選卷第一
梁昭明太子選
唐文林郎守太子右内率府録事參
軍事崇賢館直學士臣李善注上
晉府
勑賜養德書院校正重刊
賦甲 賦甲者舊題甲乙所以紀卷先後今卷既改故甲乙並除存其首題以明舊式
京都上
班孟堅兩都賦二首 自光武至和帝都洛陽西京父老有怨班固恐帝去洛陽故上此詞以諫和帝大悅也

02171、02172、02173 文選六十卷 （梁）蕭統輯 （唐）李善注 明嘉靖四年（1525）晉府養德書院刻本

匡高22.8厘米，廣15厘米。半葉十行，行二十二字，黑口，四周雙邊。蘇州大學圖書館、湖南圖書館、徐州市圖書館藏。

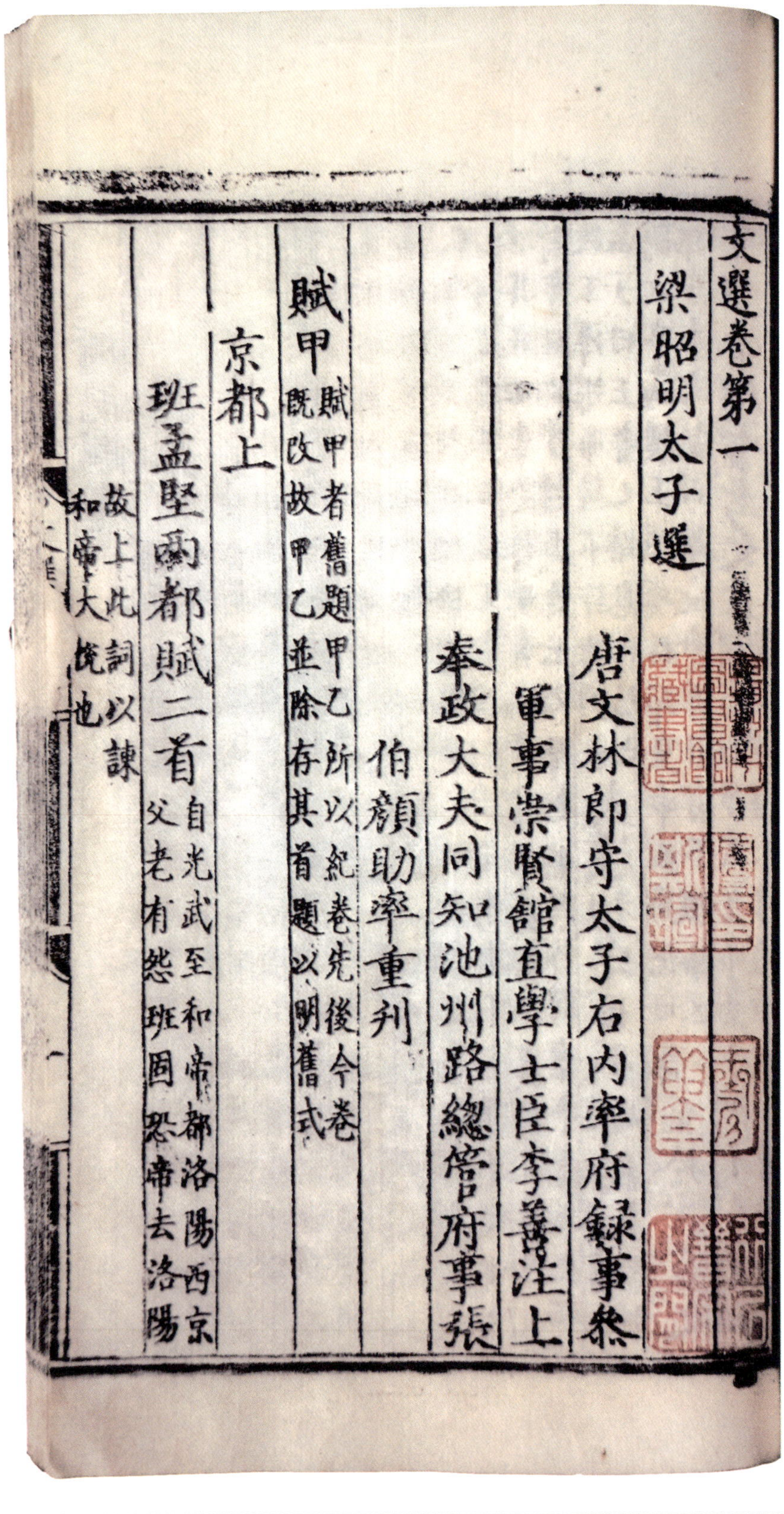

02174 文選六十卷 （梁）蕭統輯 （唐）李善注 明成化二十三年（1487）唐藩朱芝址刻本

匡高22.6厘米，廣14.9厘米。半葉十行，行二十二字，黑口，四周雙邊。有“傅印斯瑄”等印。揚州市圖書館藏。

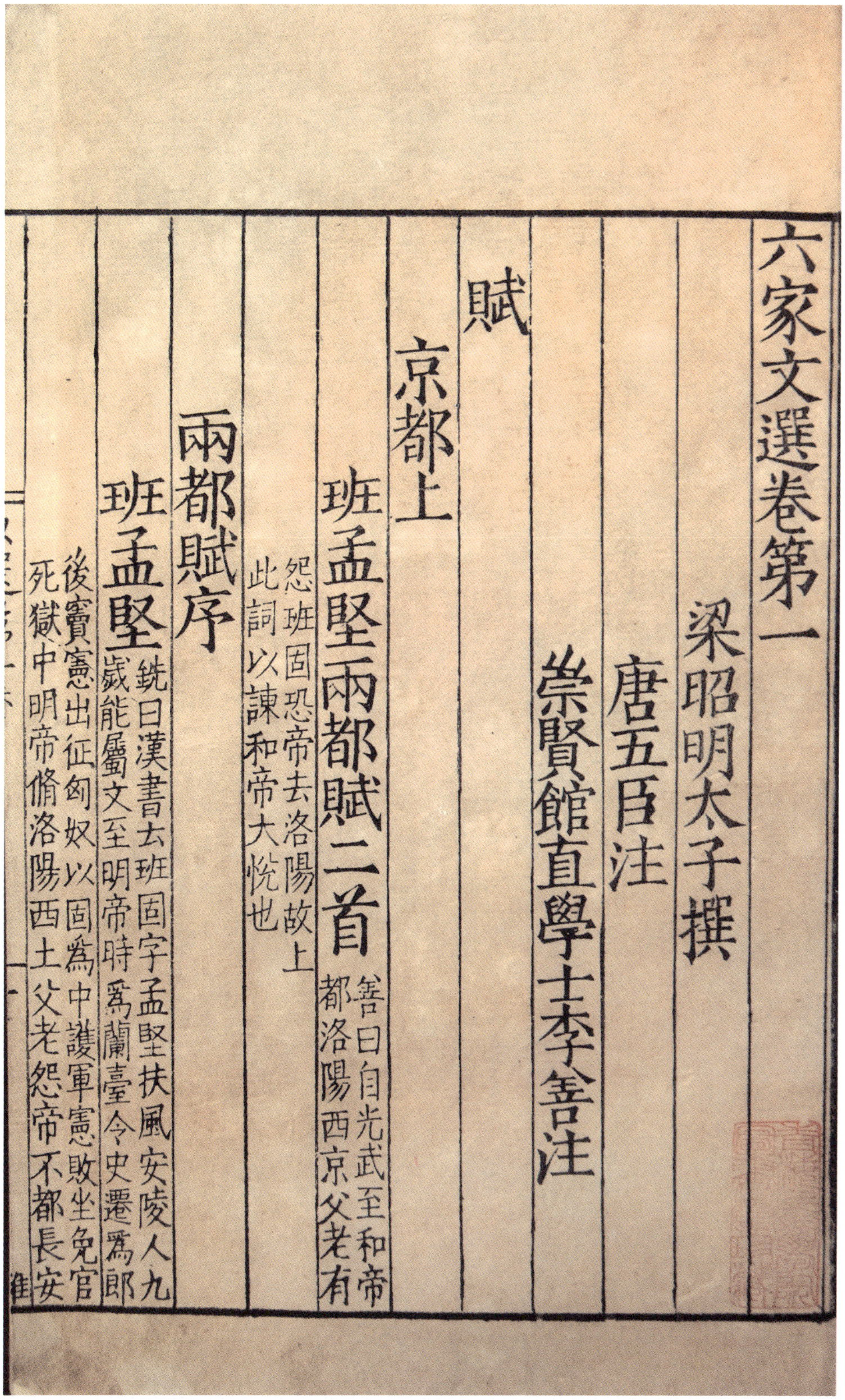

六家文選卷第一

梁昭明太子撰

唐五臣注

崇賢館直學士李善注

賦

京都上

班孟堅兩都賦二首善曰自光武至和帝都洛陽西京父老有怨班固恐帝去洛陽故上此詞以諫和帝大悅也

兩都賦序

班孟堅銑曰漢書云班固字孟堅扶風安陵人九歲能屬文至明帝時爲蘭臺令史遷爲郎後竇憲出征匈奴以固爲中護軍憲敗坐免官死獄中明帝脩洛陽西土父老怨帝不都長安

02175 六家文選六十卷 （唐）李善等注 明嘉靖潘侃傑刻蔣先庚重印本

匡高20.4厘米，廣15.1厘米。半葉十一行，行十八字，小字雙行二十六字，白口，左右雙邊。青海民族學院圖書館藏。

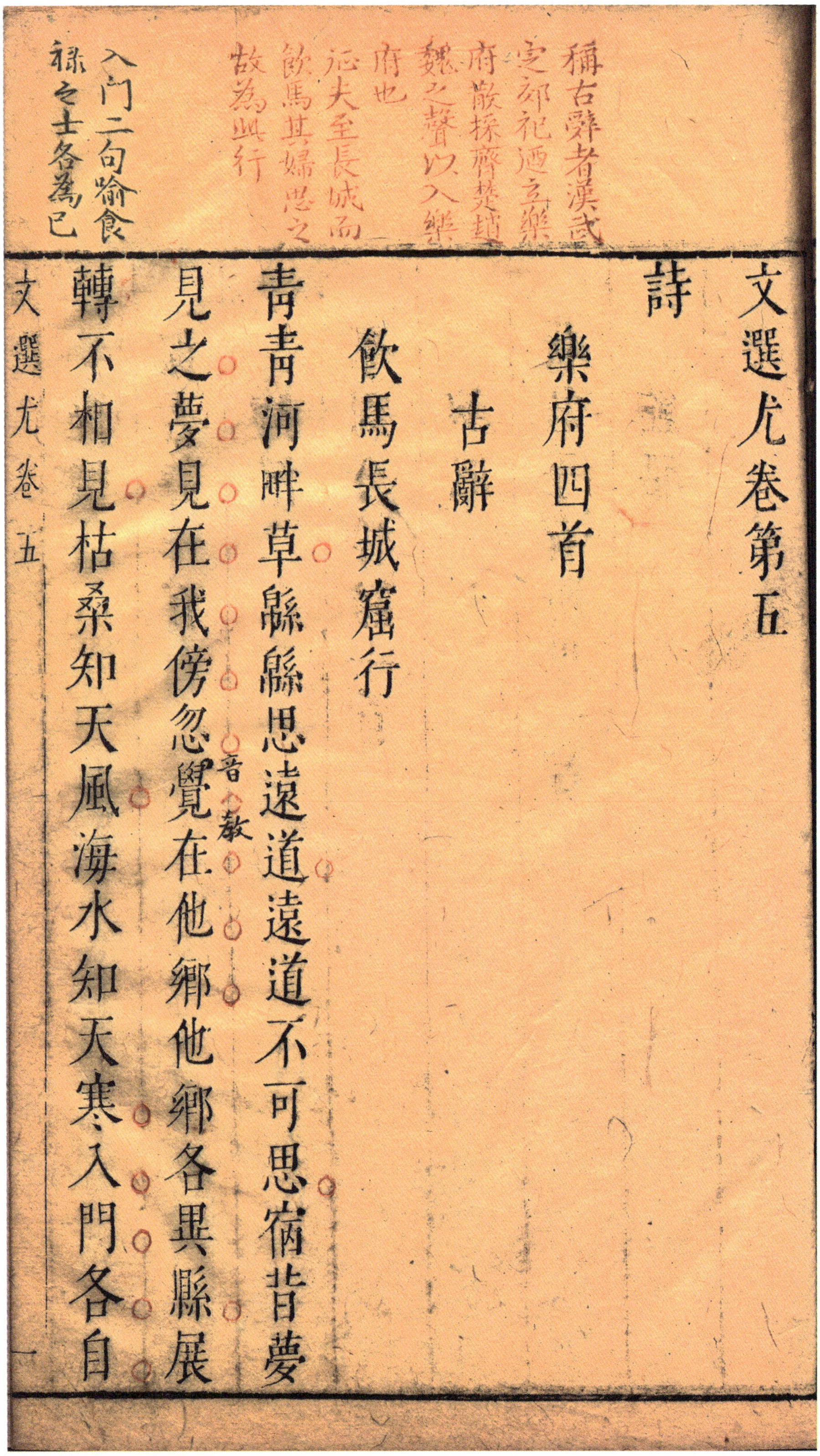

稱古辭者漢武定郊祀乃立樂府散採齊楚趙魏之聲以入樂府也征夫至長城而飲馬其婦思之故爲此行

入門二句喻食禄之士各爲已

文選尤卷第五

詩

樂府四首

古辭

飲馬長城窟行

青青河畔草緜緜思遠道遠道不可思宿昔夢見之夢見在我傍忽覺（音敫）在他鄉他鄉各異縣展轉不相見枯桑知天風海水知天寒入門各自

文選尤卷五　一

02176、02177、02178 文選尤十四卷 （梁）蕭統輯 （明）鄒思明删訂 明天啟二年（1622）刻三色套印本

匡高20.4厘米，廣14.8厘米。半葉八行，行十八字，白口，四周單邊。湖南圖書館藏，有“子秋漁父”等印；無錫市圖書館藏；鄭州市圖書館藏。

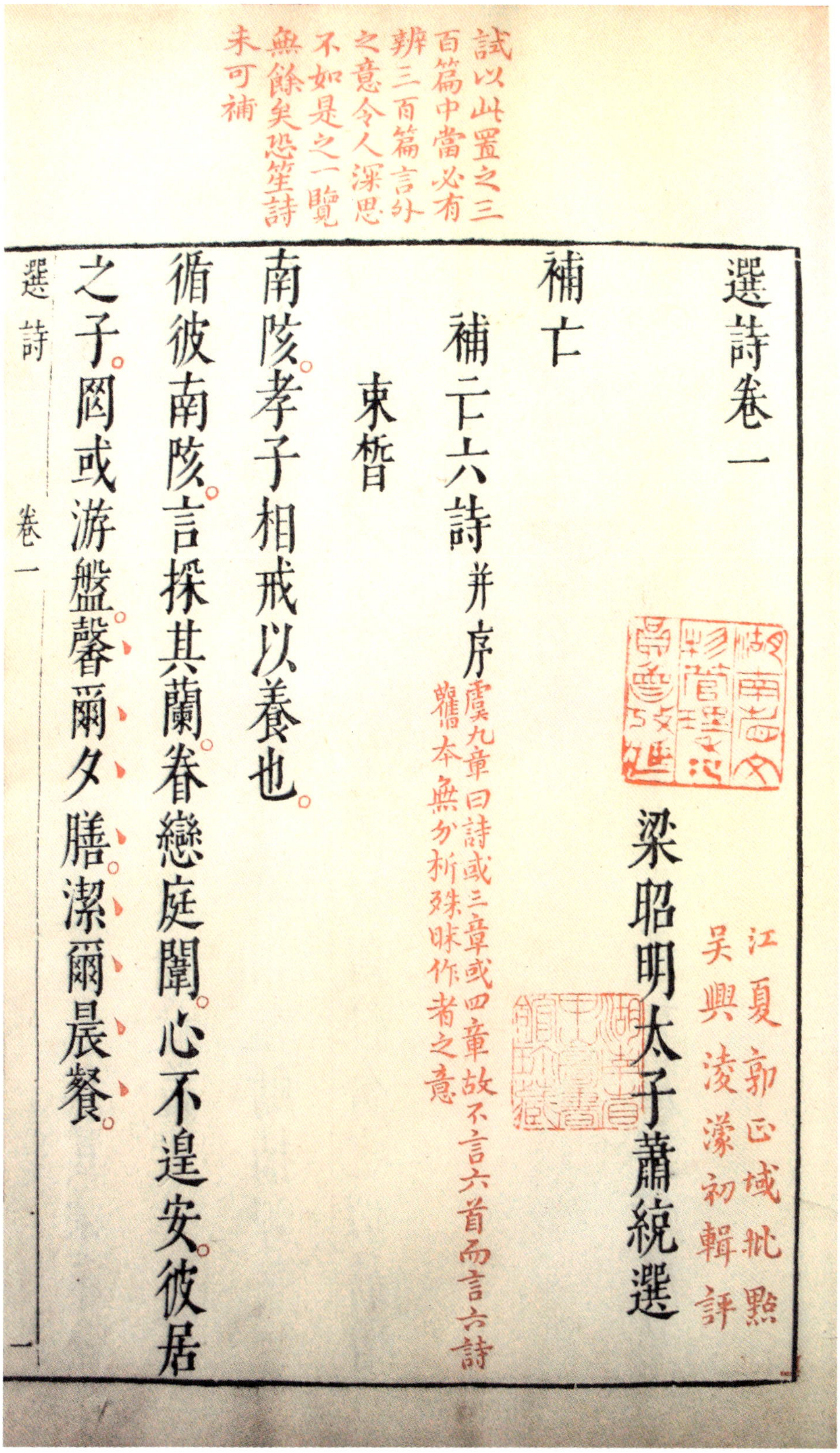

02179、02180、02181 選詩七卷 （梁）蕭統輯 （明）郭正域評點 （明）凌濛初輯評 明凌濛初刻朱墨套印本

匡高20.3厘米，廣14.7厘米。半葉八行，行十八字，白口，四周單邊。湖南圖書館藏；西北師範大學圖書館藏；南京師範大學圖書館藏，另有詩人世次爵里一卷。

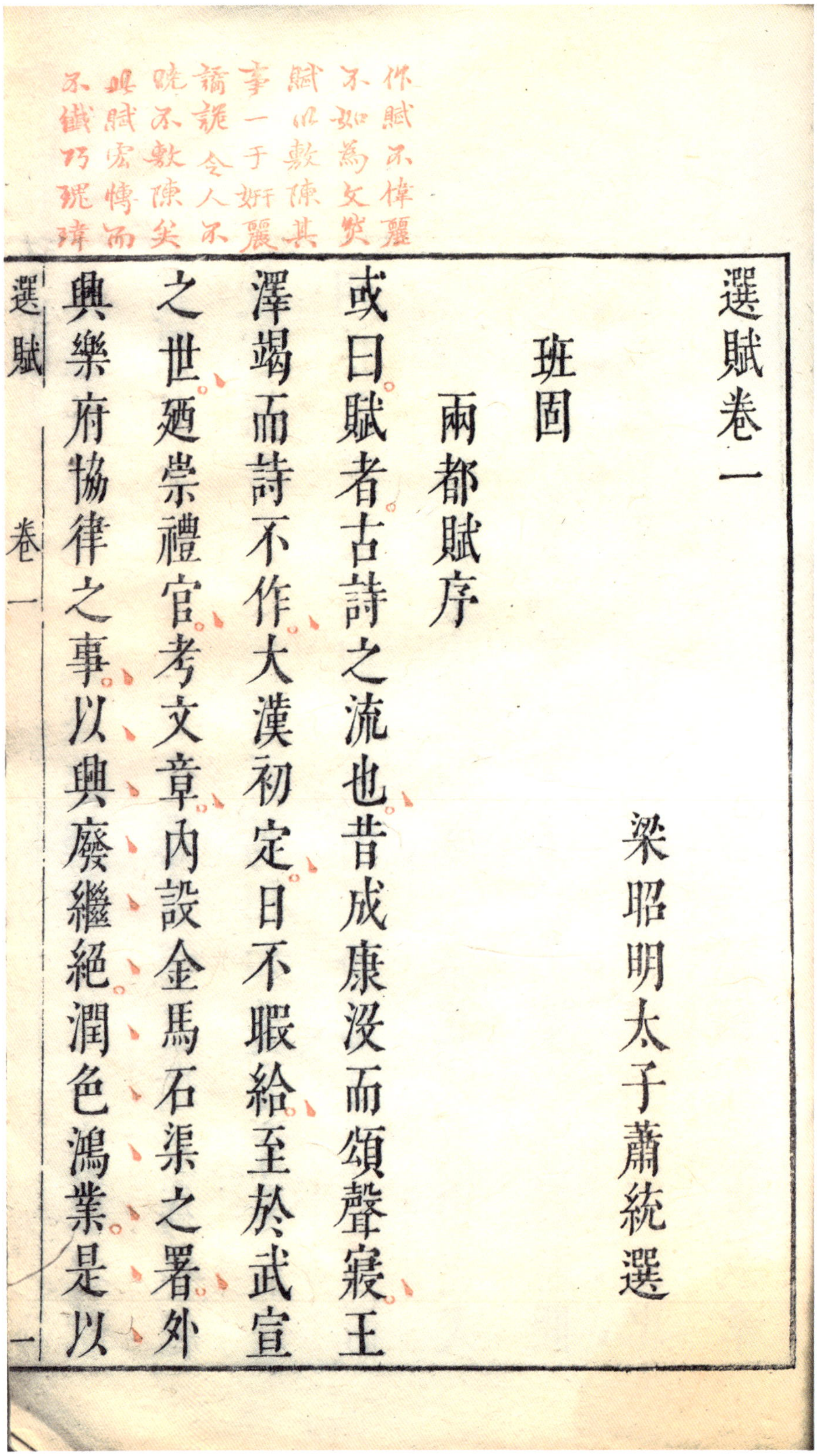

作賦不偉麗，不知爲文笑。賦以敷陳其事，一于妍麗，譎誑今人，不曉不敷陳矣。且賦宏情而不識巧瑰瑋。

選賦卷一

梁昭明太子蕭統選

班固

兩都賦序

或曰：賦者，古詩之流也。昔成康沒而頌聲寢，王澤竭而詩不作。大漢初定，日不暇給，至於武宣之世，廼崇禮官，考文章，內設金馬石渠之署，外興樂府協律之事，以興廢繼絕，潤色鴻業。是以

選賦　卷一　一

02182、02183、02184、02185 選賦六卷　（梁）蕭統輯　（明）郭正域評　明凌氏鳳笙閣刻朱墨套印本

匡高20.3厘米，廣14厘米。半葉八行，行十八字，白口，四周單邊。南京師範大學圖書館藏；西北師範大學圖書館藏；中山大學圖書館藏，另有名人世次爵里一卷，有"宗濂印信"等印；湖南圖書館藏。

余見詞壇摛觚擬都麗媚雅動稱昭明選賦云顧文繁意奥句裂字綴每為呫嗶所苦江夏郜明龍先生削以丹鉛加之品隲甕牖繩樞之子亦得側弁而哦矣先儒用脩當世博雅著籍幾百種或間有發明者聊復綴之首玉屑盈車兼潤全璧耳若句字獨李善詳確五臣荒陋識者所歎力加校訂實不敢諉

吴興凌氏鳳笙閣主人識

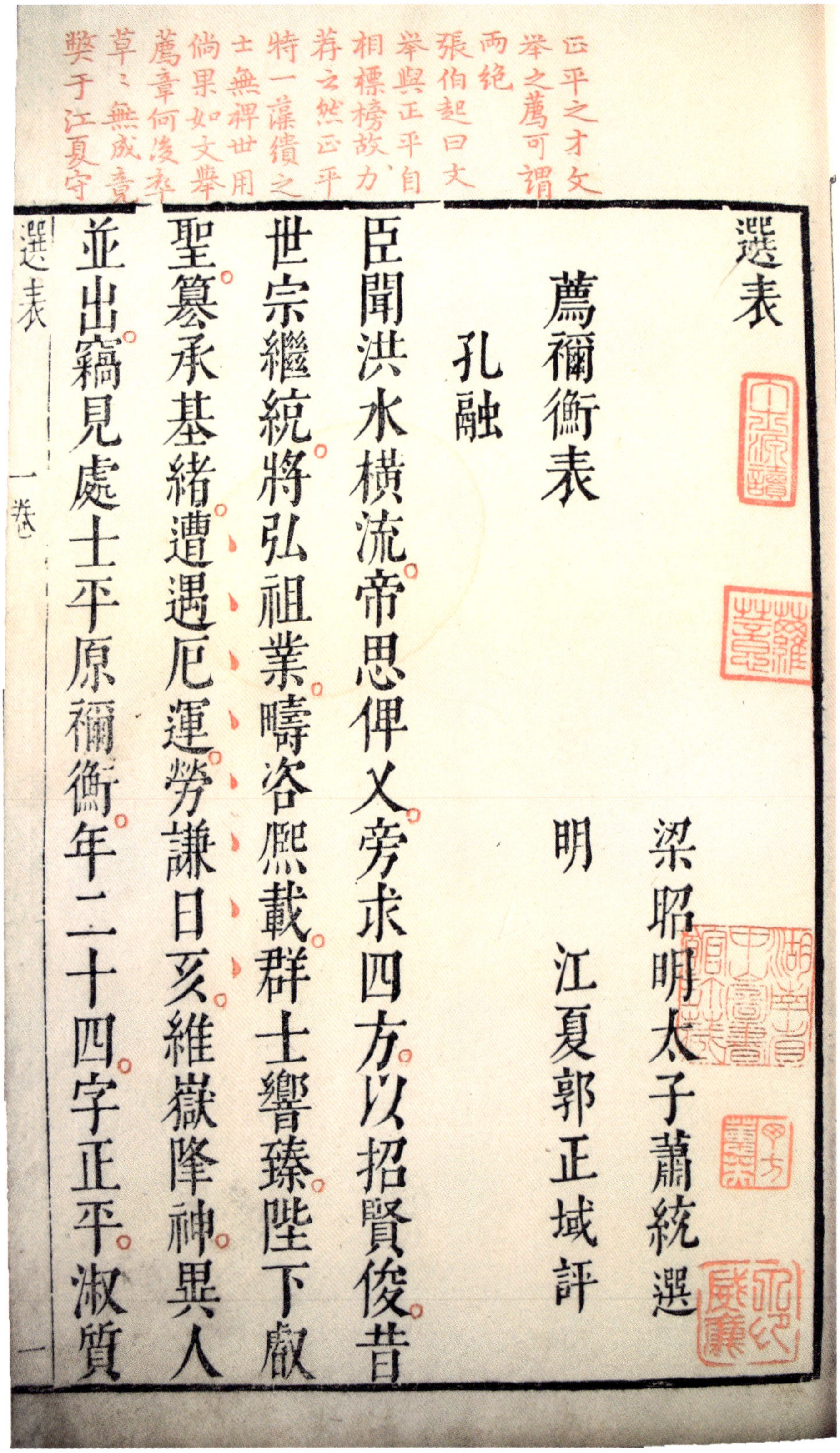

02186 文選後集五卷 （梁）蕭統撰 （明）郭正域評 明閔于忱刻朱墨套印本

匡高20.5厘米，廣14.4厘米。半葉八行，行十九字，白口，四周單邊。有“丁印威廉”等印。湖南圖書館藏。

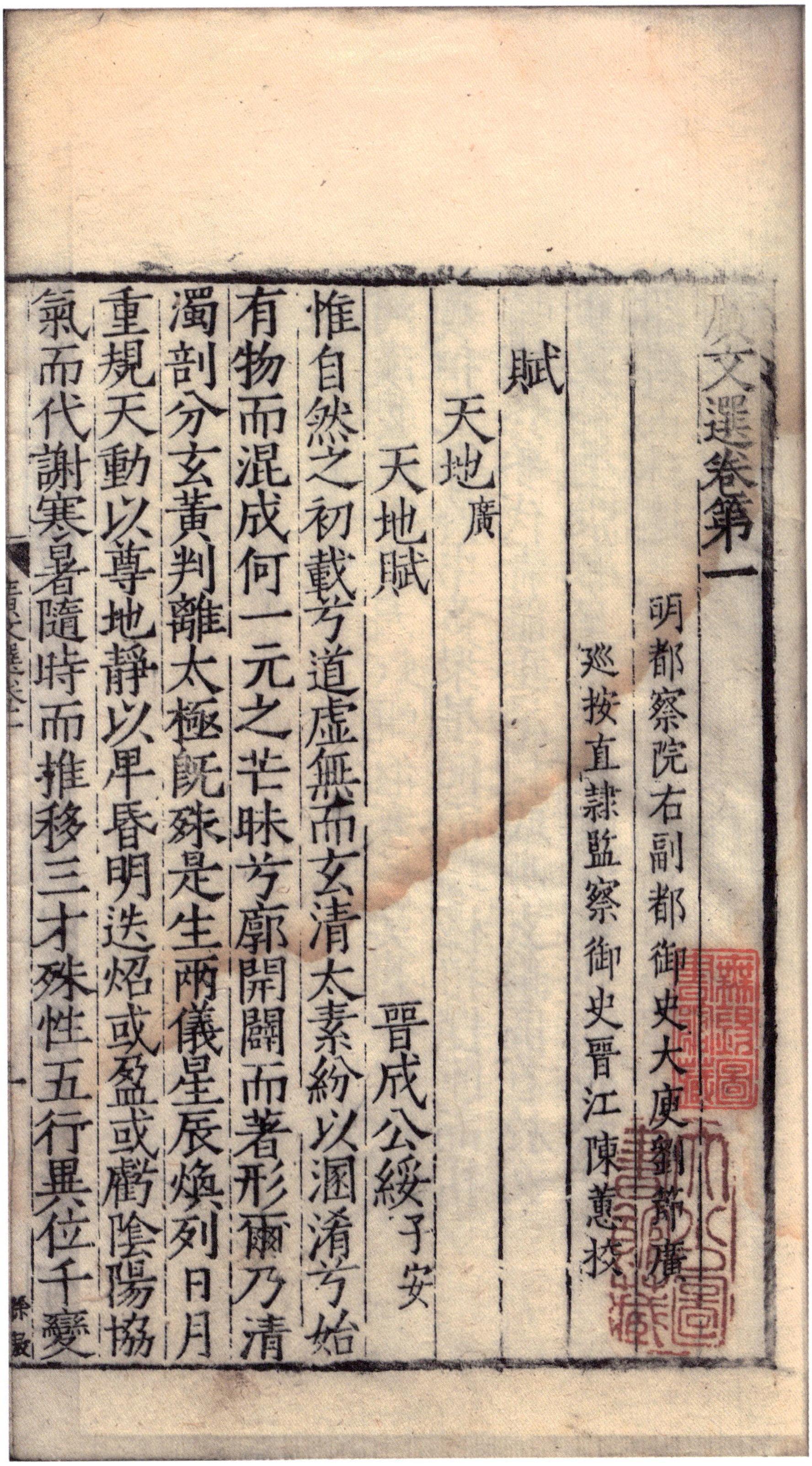
廣文選卷第一
明都察院右副都御史大庾劉節廣
巡按直隸監察御史晉江陳蕙校
賦
天地 廣
天地賦　　晉成公綏子安
惟自然之初載兮道虛無而玄清太素紛以溷淆兮始
有物而混成何一元之芒昧兮廓開闢而著形爾乃清
濁剖分玄黃判離太極既殊是生兩儀星辰煥列日月
重規天動以尊地靜以卑昏明迭炤或盈或虧陰陽協
氣而代謝寒暑隨時而推移三才殊性五行異位千變
廣文選卷一　一

02187 廣文選六十卷　（明）劉節輯　（明）陳蕙重編　明嘉靖十六年（1537）陳蕙刻本

匡高21厘米，廣15厘米。半葉十一行，行二十一字，白口，四周單邊。無錫市圖書館藏。

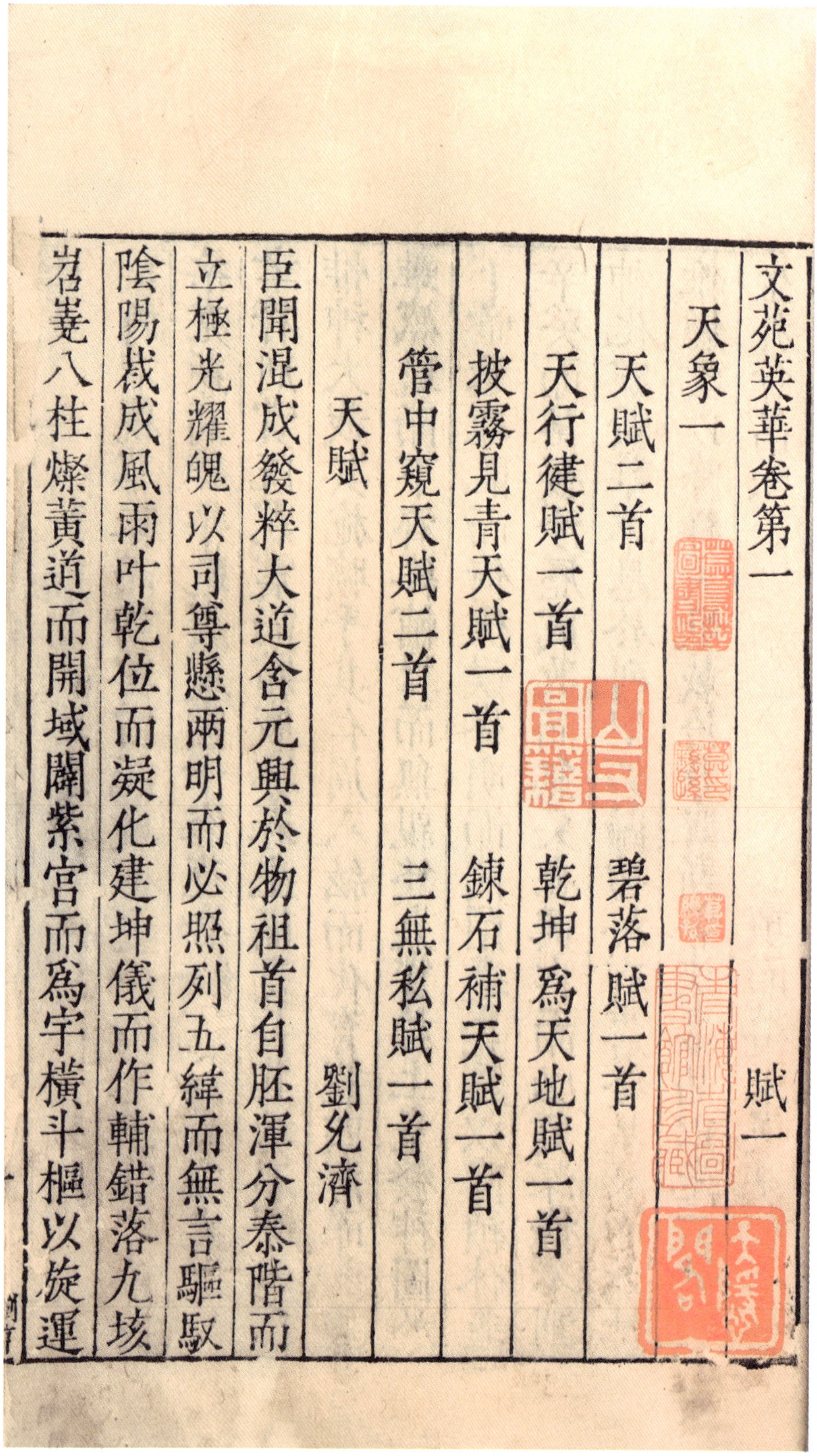
文苑英華卷第一　　賦一
天象一
天賦二首　碧落賦一首
天行健賦一首　乾坤爲天地賦一首
披霧見青天賦一首　鍊石補天賦一首
管中窺天賦二首　三無私賦一首
天賦　劉允濟
臣聞混成發粹大道含元與於物祖首自胚渾分泰階而
立極光耀魄以司尊懸兩明而必照列五緯而無言驅馭
陰陽裁成風雨叶乾位而凝化建坤儀而作輔錯落九垓
岧嶤八柱爍黃道而開域闢紫宮而爲宇横斗樞以旋運

02188 文苑英華一千卷　（宋）李昉等輯　明隆慶元年（1567）胡維新等刻本（有抄配）

匡高21.2厘米，廣15.6厘米。半葉十一行，行二十二字，白口，四周單邊。有“莫友芝圖書印”、“莫繩孫印”等印。青海省圖書館藏。

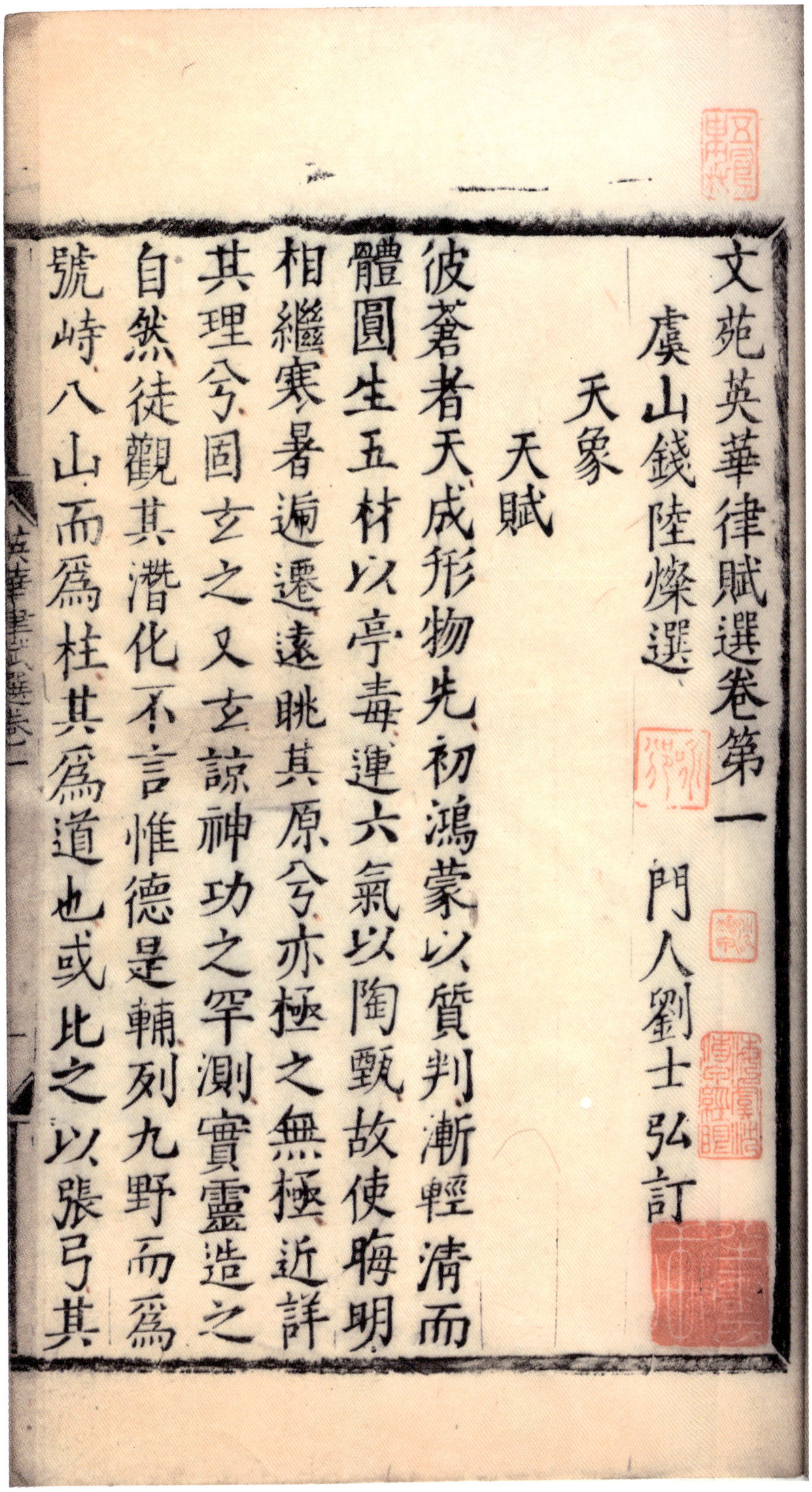
文苑英華律賦選卷第一
虞山錢陸燦選　門人劉士弘訂
天象
天賦
彼蒼者天成形物先初鴻蒙以質判漸輕清而體圓生五材以亭毒運六氣以陶甄故使晦明相繼寒暑遞遷遠眺其原兮亦極之無極近詳其理兮固玄之又玄諒神功之罕測實靈造之自然徒觀其潛化不言惟德是輔列九野而爲號峙八山而爲柱其爲道也或比之以張弓其

02189 文苑英華律賦選四卷　（清）錢陸燦輯　清康熙二十五年（1686）吹藜閣銅活字印本

匡高20.9厘米，廣14.6厘米。半葉十行，行十八字，黑口，四周單邊。南京圖書館藏。

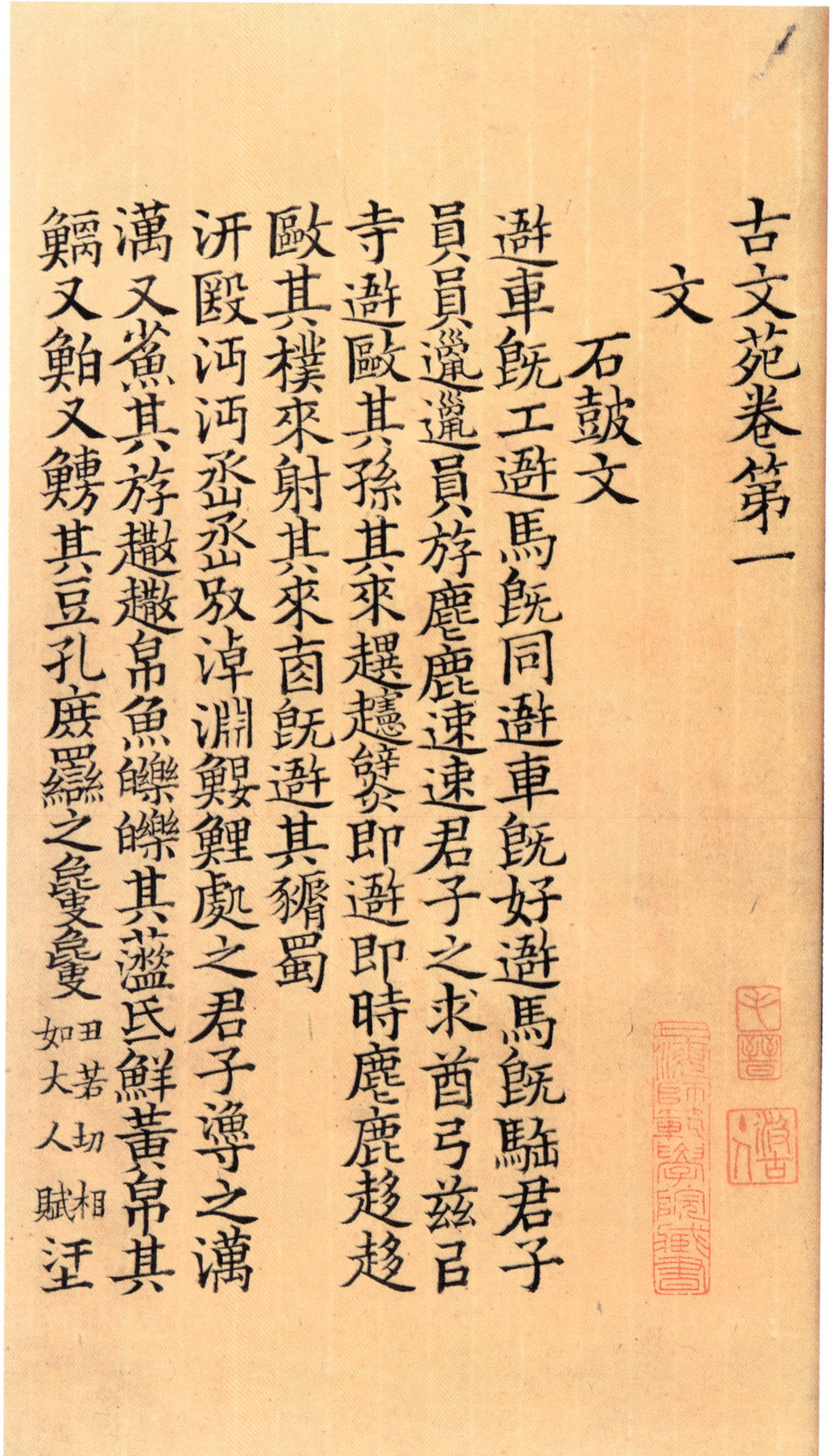

古文苑卷第一

文

石鼓文

避車既工避馬既同避車既好避馬既駘君子

員員邋邋員斿麀鹿速速君子之求酋弓茲吕

寺避歐其孫其來趩趩發即避即時麀鹿趍趍

歐其樸來射其來囱既避其貙蜀

汧殹沔沔丞丞敄淖淵鰋鯉處之君子漁之澫

澫又鯊其斿趣趣帛魚鱳鱳其菹氐鮮黃帛其

鯾又鮊又鱄其豆孔庶罷絲之㝪㝪田若切相如大人賦迂

02190 古文苑九卷 （唐）闕名編 （宋）韓元吉編 明吳縣趙均影宋抄本

匡高25.6厘米，廣18.3厘米。半葉十行，行十八字。有“毛晉”、“汲古主人”等印。毛晉題跋。上海師範大學圖書館藏。

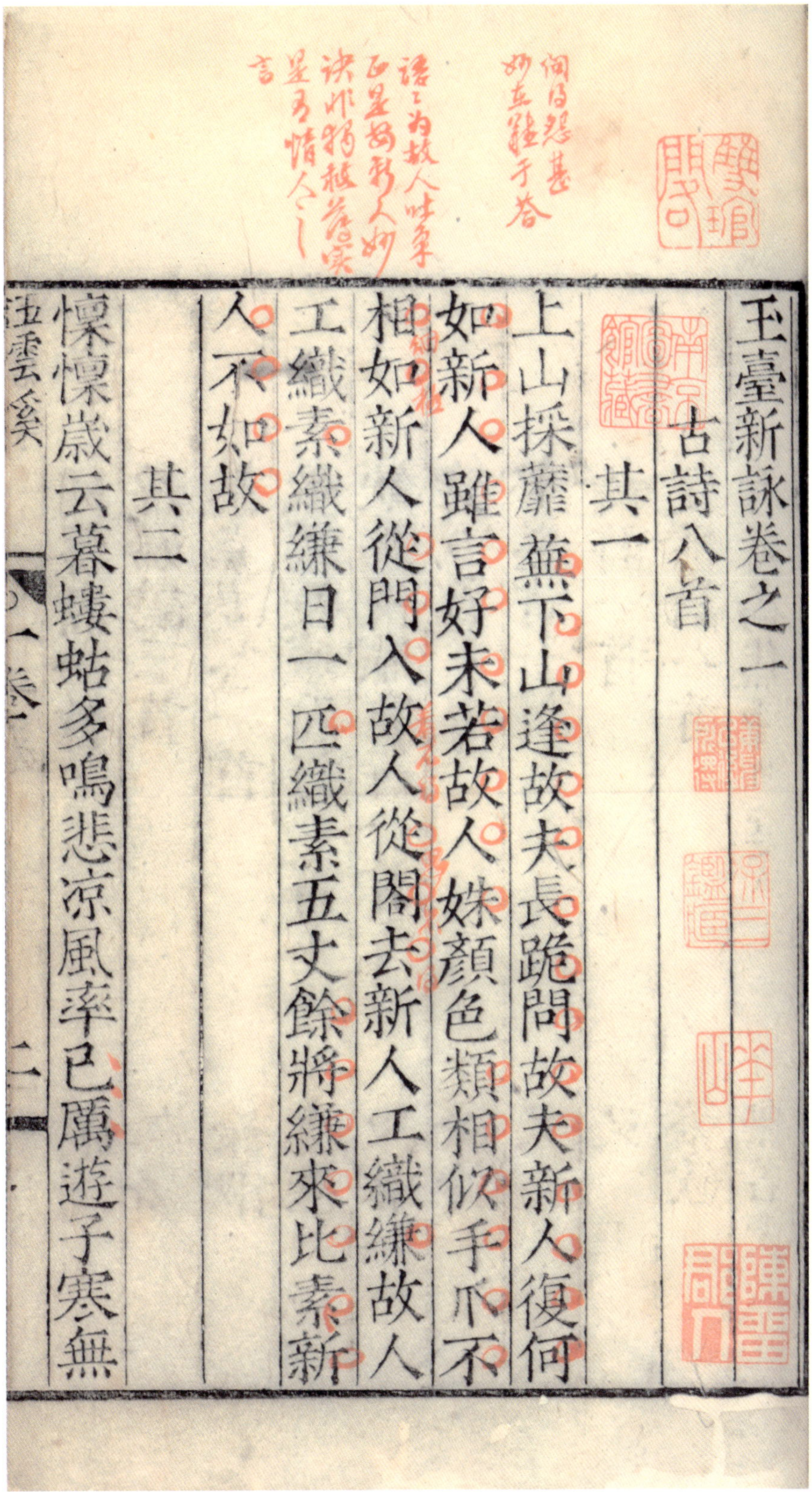
玉臺新詠卷之一
古詩八首
其一
上山採蘼蕪下山逢故夫長跪問故夫新人復何
如新人雖言好未若故人姝顏色類相似手爪不
相如新人從門入故人從閤去新人工織縑故人
工織素織縑日一匹織素五丈餘將縑來比素新
人不如故
其二
懍懍歲云暮螻蛄多鳴悲涼風率已厲遊子寒無

02191 玉臺新詠十卷 （陳）徐陵輯 明五雲溪館銅活字印本

匡高18.9厘米，廣14厘米。半葉十行，行十九字，白口，左右雙邊。有“陳留郡人”等印。丁丙跋。南京圖書館藏。

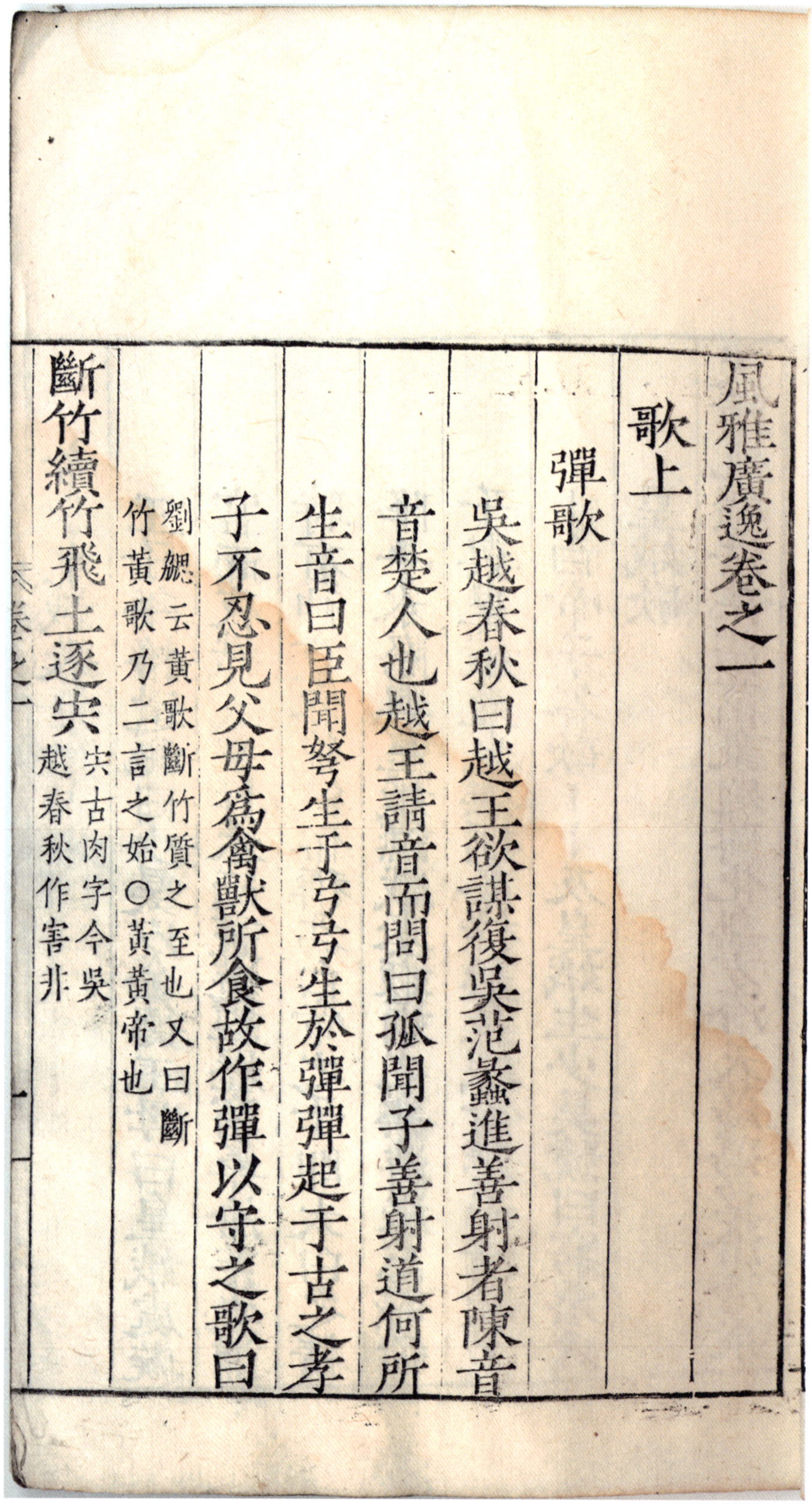
風雅廣逸卷之一
歌上
彈歌
吳越春秋曰越王欲謀復吳范蠡進善射者陳音音楚人也越王請音而問曰孤聞子善射道何所生音曰臣聞弩生于弓弓生於彈彈起于古之孝子不忍見父母爲禽獸所食故作彈以守之歌曰
劉勰云黃歌斷竹質之至也又曰斷竹黃歌乃二言之始○黃黃帝也
斷竹續竹飛土逐宍 宍古肉字今吳越春秋作害非

02192 風雅廣逸十卷附録一卷 （明）馮惟訥輯 明嘉靖三十年（1551）上海喬承慈刻本

匡高18.7厘米，廣14.4厘米。半葉九行，行二十二字，白口，四周單邊。安徽省圖書館藏。

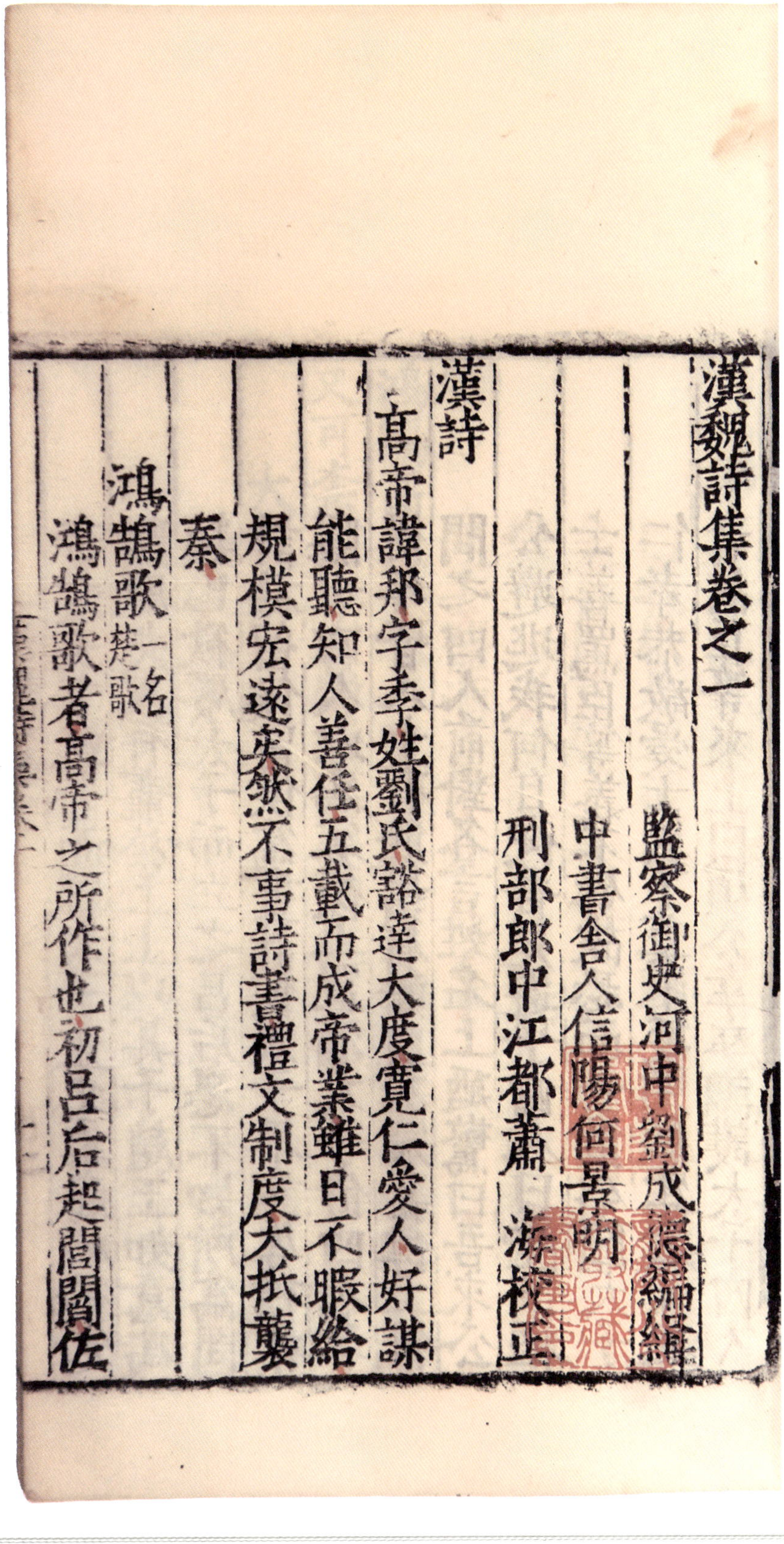

漢魏詩集卷之一
監察御史河中劉成德編緝
中書舍人信陽何景明
刑部郎中江都蕭　海校正
漢詩
高帝諱邦字季姓劉氏豁達大度寬仁愛人好謀
能聽知人善任五載而成帝業雖日不暇給
規模宏遠矣歟不事詩書禮文制度大抵襲
秦
鴻鵠歌一名楚歌
鴻鵠歌者高帝之所作也初呂后起閭閻佐

02193、02194、02195 漢魏詩集十四卷　（明）劉成德輯　（明）何景明　蕭海校正　明正德十二年（1517）何景暘刻本
匡高18.5厘米，廣13.6厘米。半葉十一行，行二十字，白口，左右雙邊。安徽省圖書館藏，有“桐山皖水”、“章伯鈞鑑藏印”等印；青海師範大學圖書館藏；湖南師範大學圖書館藏，有“郘南烟舍”、“龔少文收藏書画印”等印。

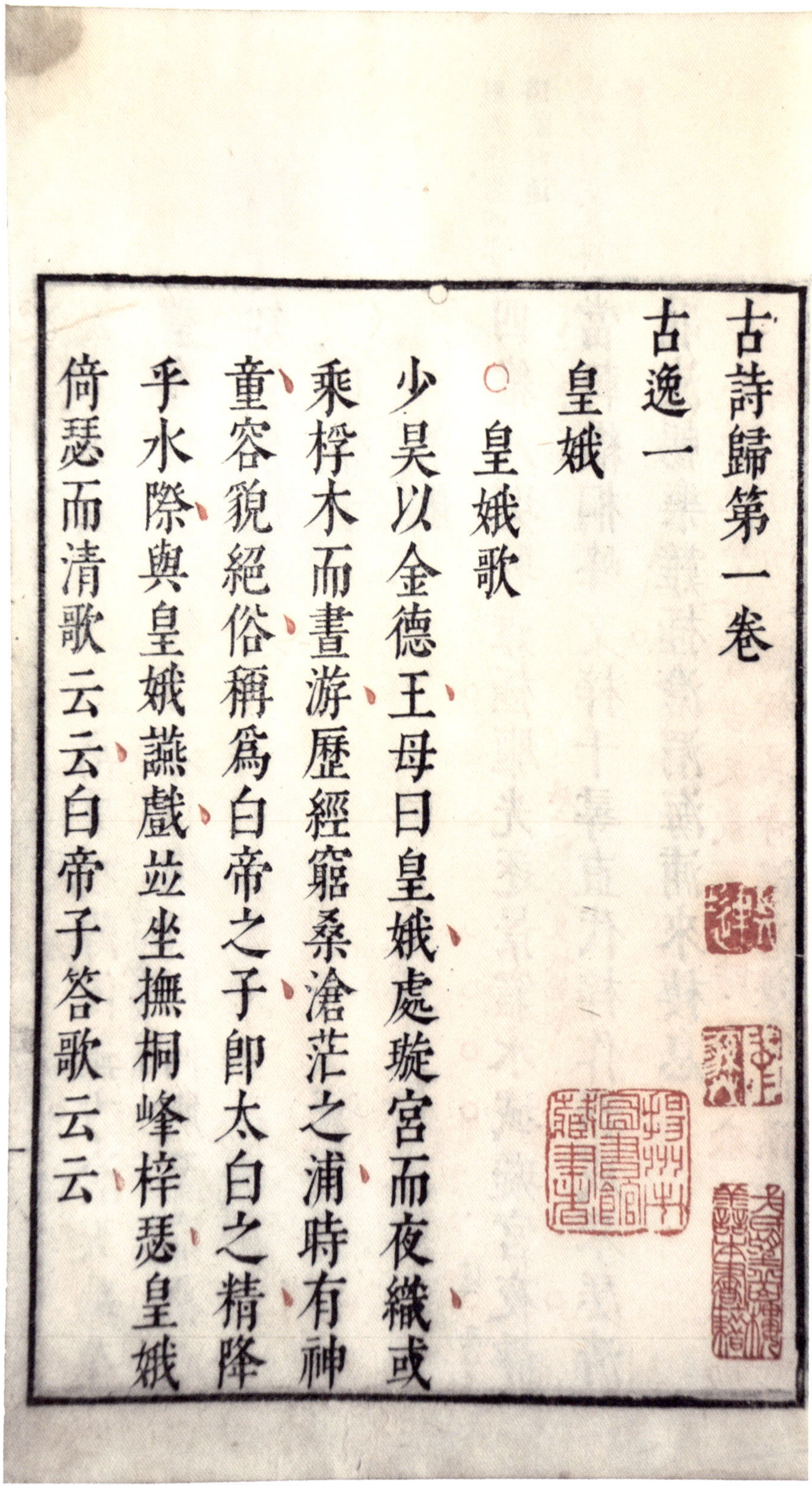

古詩歸第一卷

古逸一

皇娥

○皇娥歌

少昊以金德王母曰皇娥處璇宮而夜織或乘桴木而晝游歷經窮桑滄茫之浦時有神童容貌絕俗稱爲白帝之子即太白之精降乎水際與皇娥讌戲竝坐撫桐峰梓瑟皇娥倚瑟而清歌云云白帝子答歌云云

02196 古詩歸十五卷 （明）鍾惺 譚元春輯 明閔振業刻三色套印本

匡高20.7厘米，廣15.1厘米。半葉九行，行十八字，白口，四周單邊。有“戈氏望岳樓善本書籍”等印。揚州市圖書館藏。

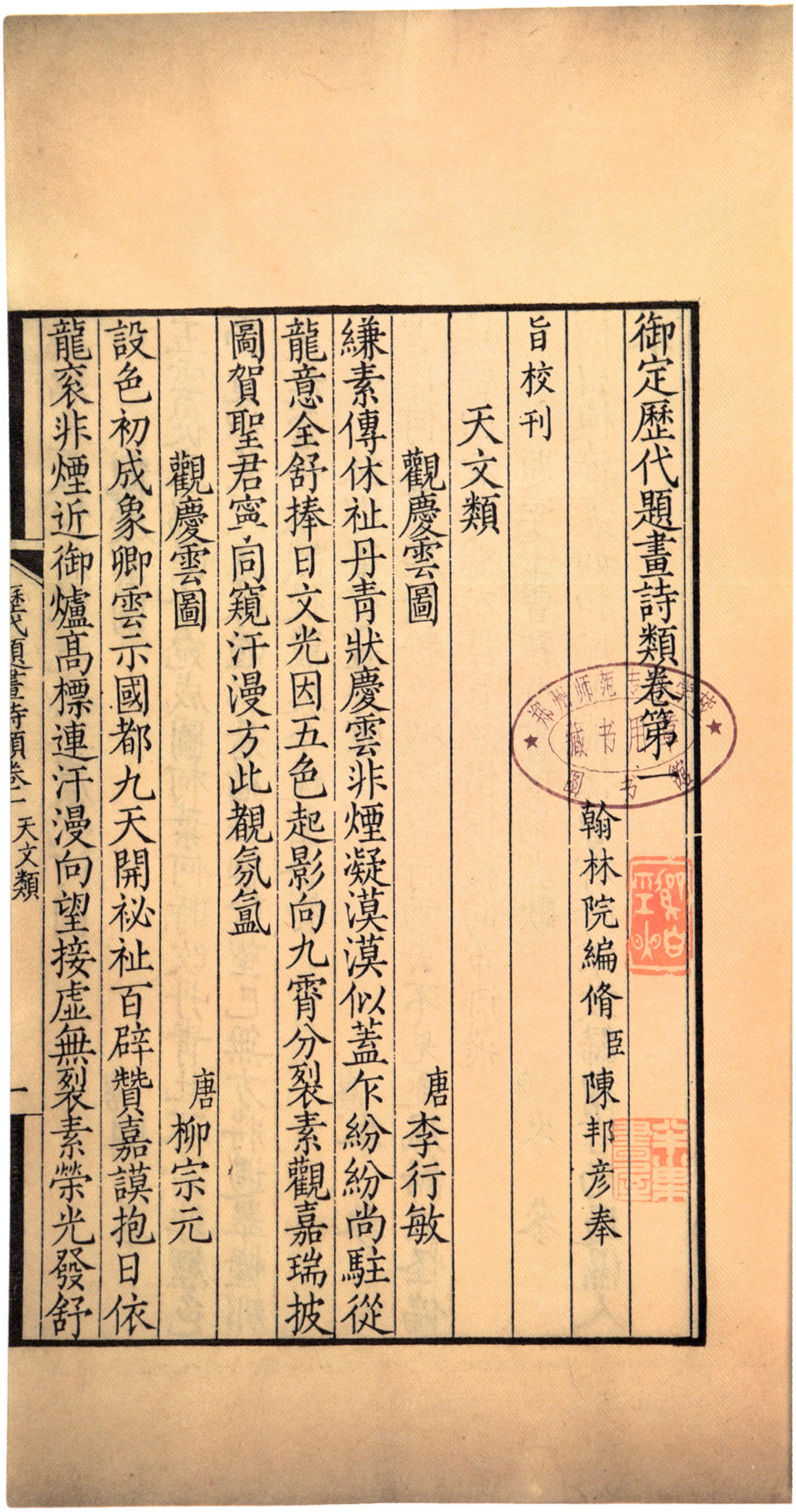
御定歷代題畫詩類卷第一
翰林院編脩臣陳邦彥奉
旨校刊
天文類
觀慶雲圖　唐　李行敏
縑素傳休祉丹青狀慶雲非煙凝漠漠似蓋乍紛紛尚駐從
龍意全舒捧日文光因五色起影向九霄分裂素觀嘉瑞披
圖賀聖君寵向窺汗漫方此覩氛氳
觀慶雲圖　唐　柳宗元
設色初成象卿雲示國都九天開祕祉百辟贊嘉謨抱日依
龍衮非煙近御爐高標連汗漫向望接虛無裂素榮光發舒
歷代題畫詩類卷一　天文類　一

02197、02198、02199 御定歷代題畫詩類一百二十卷　（清）陳邦彥輯　清康熙四十六年（1707）内府刻本

匡高18.6厘米，廣12.5厘米。半葉十一行，行二十三字，黑口，左右雙邊。河南大學圖書館藏，有“半巢書屋”等印；大連圖書館藏，有“鄉嬛妙境”等印；山東師範大學圖書館藏。

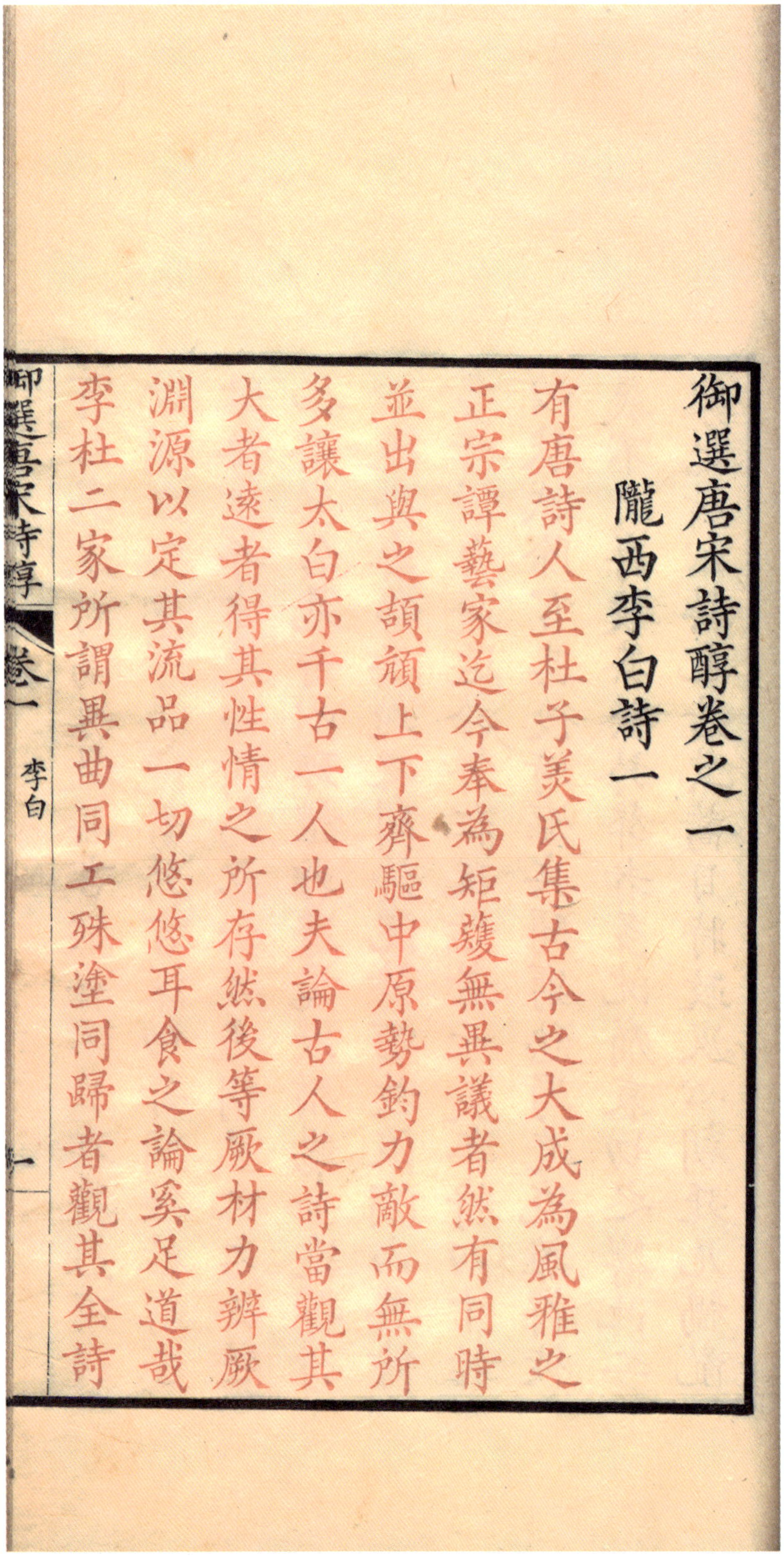
御選唐宋詩醇卷之一

隴西李白詩一

有唐詩人至杜子美氏集古今之大成為風雅之正宗譚藝家迄今奉為矩矱無異議者然有同時並出與之頡頏上下齊驅中原勢鈞力敵而無所多讓太白亦千古一人也夫論古人之詩當觀其大者遠者得其性情之所存然後等厥材力辨厥淵源以定其流品一切悠悠耳食之論奚足道哉李杜二家所謂異曲同工殊塗同歸者觀其全詩

御選唐宋詩醇　卷一　李白　一

02200 御選唐宋詩醇四十七卷目録二卷　（清）高宗弘曆輯　清乾隆十六年（1751）内府刻四色套印本

匡高19.6厘米，廣14.2厘米，半葉九行，行十九字，白口，四周單邊。大連圖書館藏。

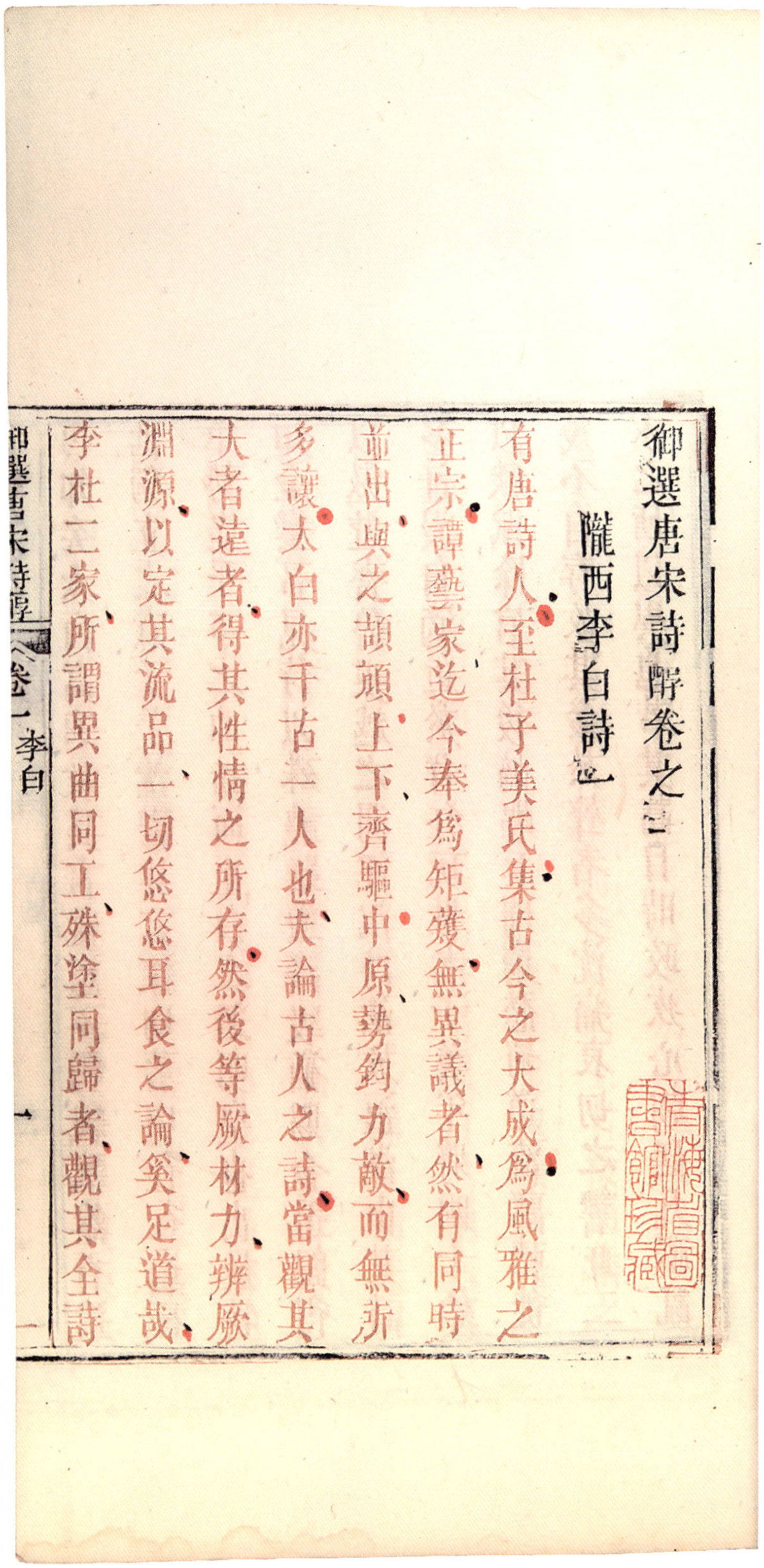

御選唐宋詩醇卷之一

隴西李白詩一

有唐詩人至杜子美氏集古今之大成爲風雅之正宗譚藝家迄今奉爲矩矱無異議者然有同時並出與之頡頏上下齊驅中原勢鈞力敵而無所多讓太白亦千古一人也夫論古人之詩當觀其大者遠者得其性情之所存然後等厥材力辨厥淵源以定其流品一切悠悠耳食之論奚足道哉李杜二家所謂異曲同工殊塗同歸者觀其全詩

御選唐宋詩醇　卷一　李白　一

02201 御選唐宋詩醇四十七卷目録二卷　（清）高宗弘曆輯　清乾隆二十五年（1760）兩儀堂刻朱墨套印本

匡高18.7厘米，廣14.2厘米。半葉九行，行十九字，白口，四周雙邊。青海省圖書館藏。

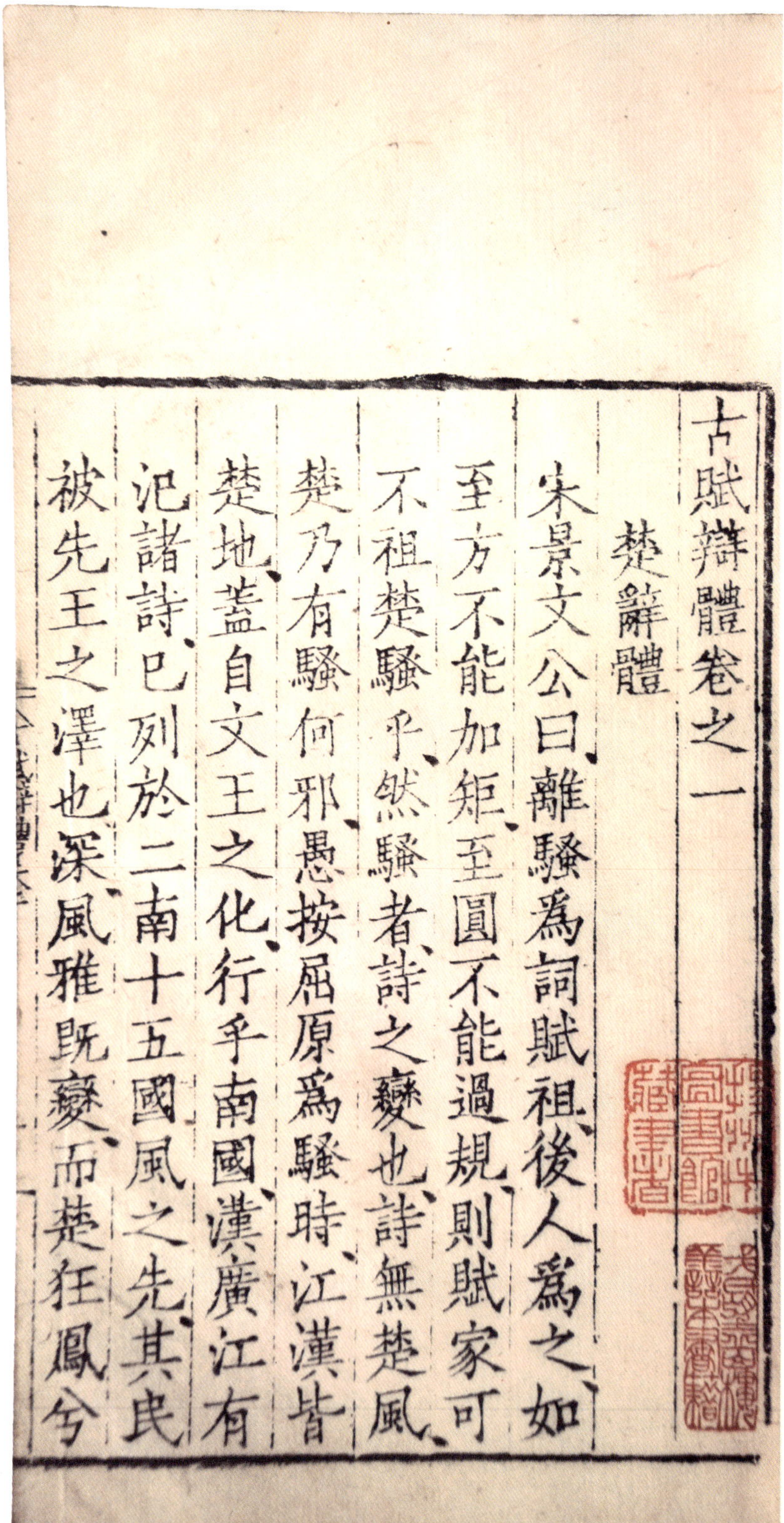
古賦辯體卷之一

楚辭體

宋景文公曰離騷爲詞賦祖後人爲之如
至方不能加矩至圓不能過規則賦家可
不祖楚騷乎然騷者詩之變也詩無楚風
楚乃有騷何邪愚按屈原爲騷時江漢皆
楚地蓋自文王之化行乎南國漢廣江有
汜諸詩已列於二南十五國風之先其民
被先王之澤也深風雅既變而楚狂鳳兮

02202 古賦辯體十卷 （元）祝堯輯 明嘉靖二十一年（1542）蘇祐刻本

匡高18.9厘米，廣13.7厘米。半葉九行，行十七字，白口，左右雙邊。有“戈氏望岳樓善本書籍”等印。揚州市圖書館藏。

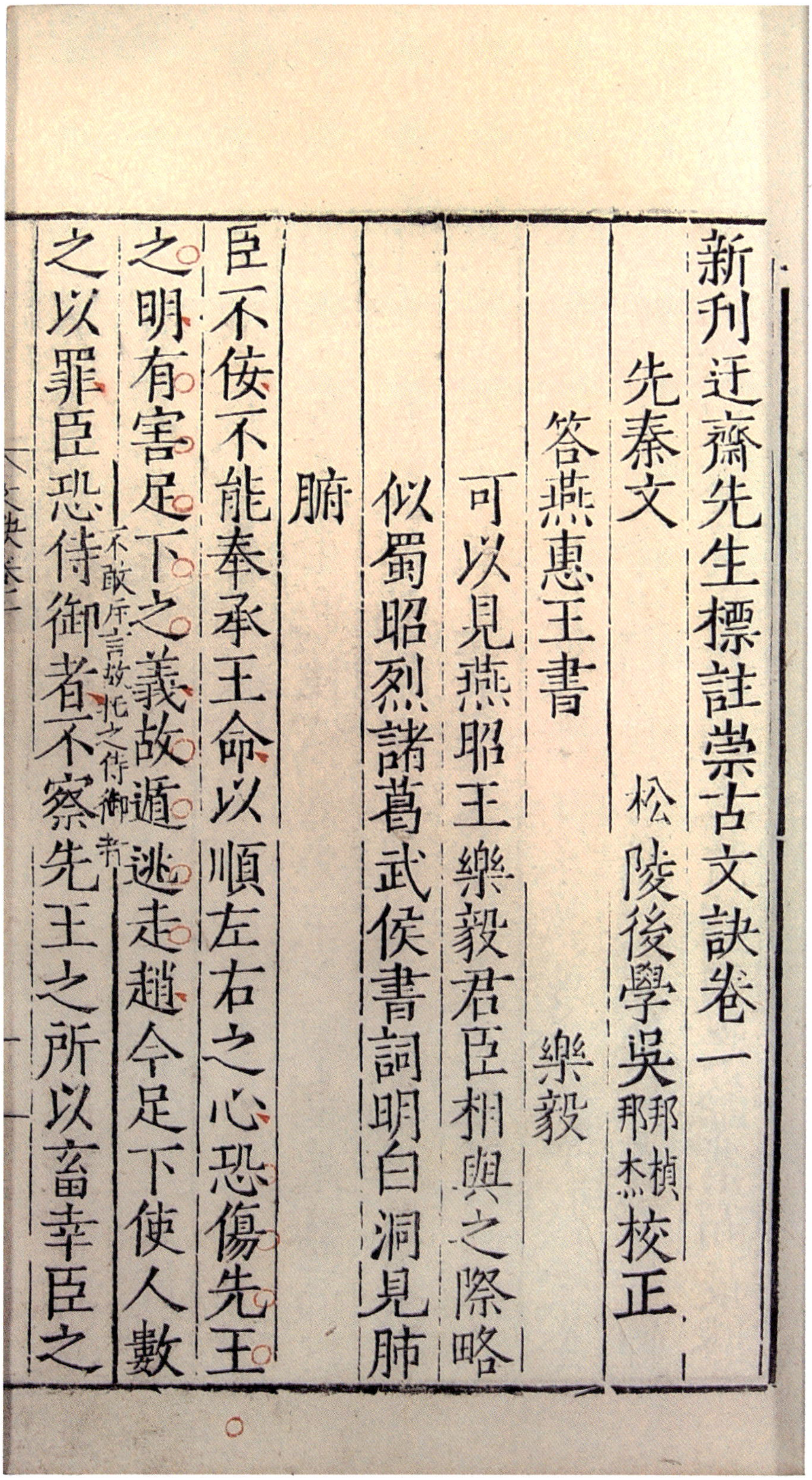
新刊迂齋先生標註崇古文訣卷一
先秦文　松陵後學吳邦楨邦杰校正
答燕惠王書　樂毅
可以見燕昭王樂毅君臣相與之際略
似蜀昭烈諸葛武侯書詞明白洞見肺
腑
臣不佞不能奉承王命以順左右之心恐傷先王
之明有害足下之義故遁逃走趙今足下使人數
之以罪臣恐侍御者不敢斥言故托之侍御者不察先王之所以畜幸臣之

02203 新刊迂齋先生標註崇古文訣三十五卷 （宋）樓昉輯　明刻本

匡高20.1厘米，廣13.6厘米。半葉九行，行十九字，白口，左右雙邊。南京市博物館藏。

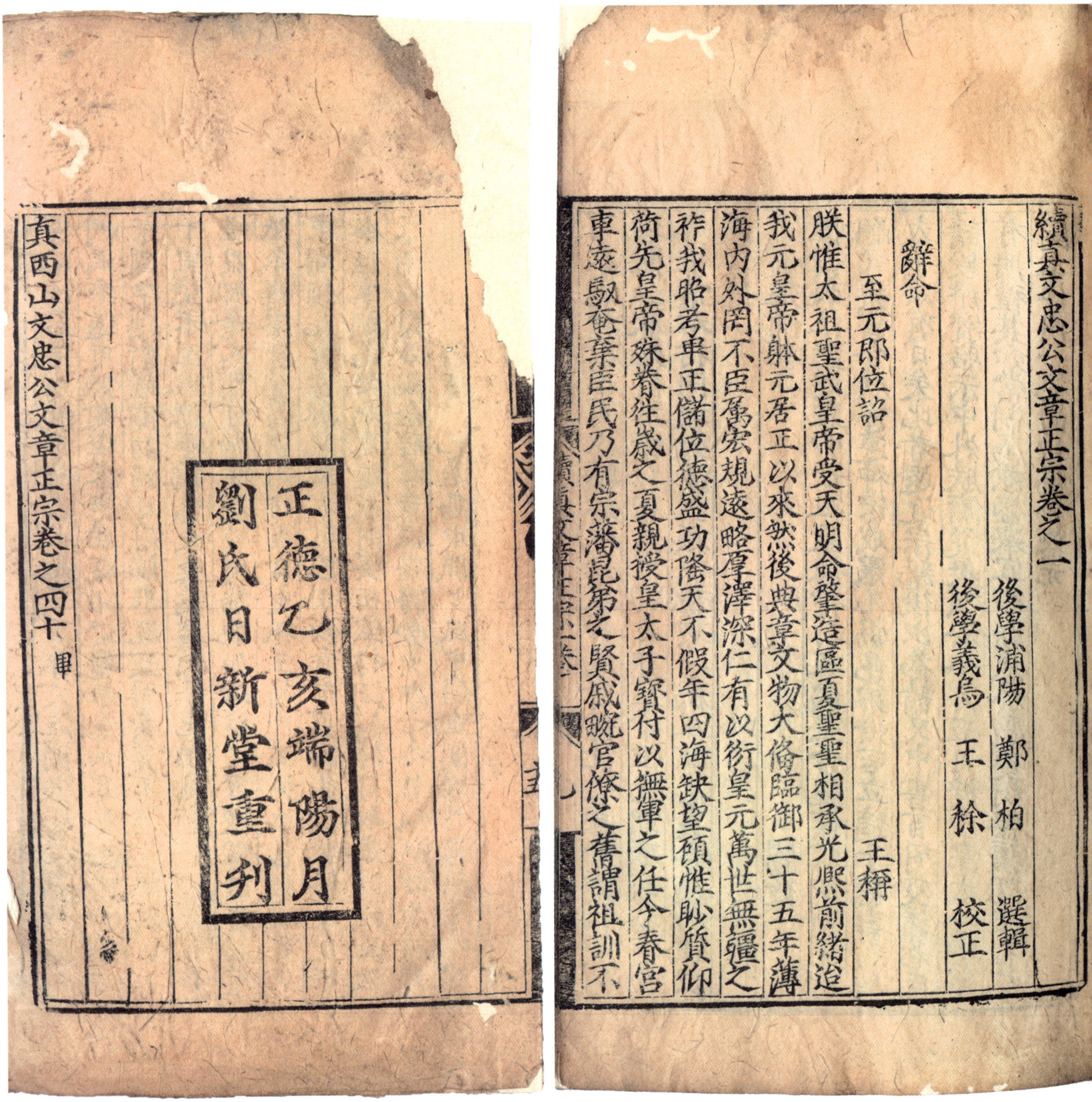

真西山文忠公文章正宗卷之四十

正德乙亥端陽月
劉氏日新堂重刊

續真文忠公文章正宗卷之一

後學浦陽　鄭柏　選輯
後學義烏　王稌　校正

辭命

至元即位詔　　王構

朕惟太祖聖武皇帝受天明命肇造區夏聖聖相承光熙前緒迨
我先皇帝躰元居正以來然後典章文物大備臨御三十五年薄
海内外罔不臣屬宏規遠略厚澤深仁有以衍皇元萬世無疆之
祚我昭考早正儲位德盛功隆天不假年四海缺望頃惟眇質仰
荷先皇帝殊眷往歲之夏親授皇太子寶付以撫軍之任今春宮
車遠馭奄棄臣民乃有宗藩昆弟之賢戚畹官僚之舊謂祖訓不

02204 續真文忠公文章正宗四十卷（明）鄭柏輯　明正德十年（1515）建安劉氏日新堂刻本

匡高18.5厘米，廣13.5厘米。半葉十一行，行二十五字，黑口，四周雙邊。有“正德乙亥端陽月劉氏日新堂重刊”牌記。安徽省圖書館藏。

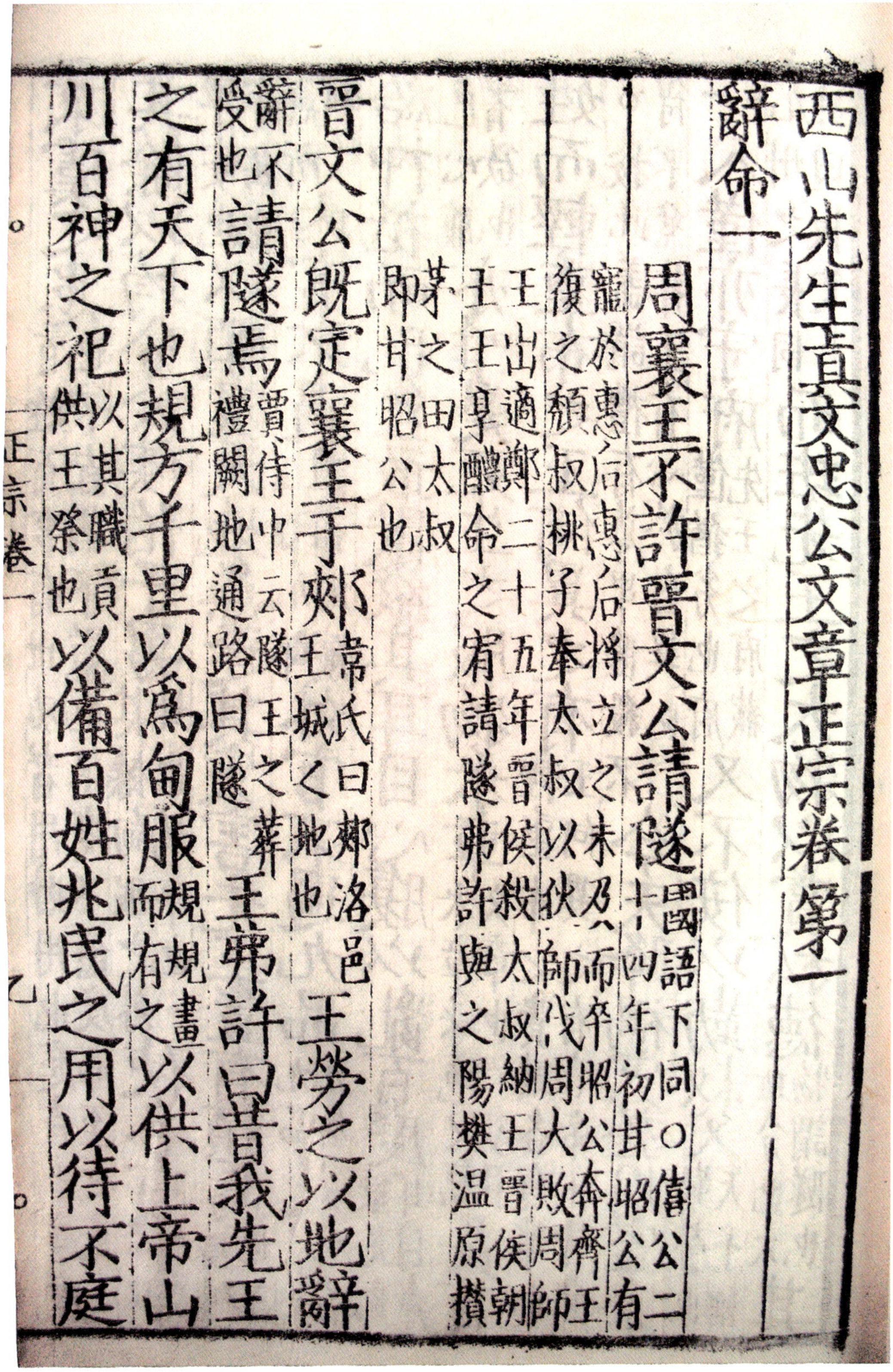
西山先生真文忠公文章正宗卷第一

辭命一

周襄王不許晉文公請隧國語下同○僖公二十四年初甘昭公有寵於惠后惠后將立之未及而卒昭公奔齊王復之頹叔桃子奉太叔以狄師伐周大敗周師王出適鄭二十五年晉侯殺太叔納王晉侯朝王王享醴命之宥請隧弗許與之陽樊溫原攢茅之田太叔即甘昭公也

晉文公既定襄王于郟韋氏曰郟鄏洛邑王城之地也王勞之以地辭辭不受也請隧焉賈侍中云隧王之葬禮闕地通路曰隧王弗許曰昔我先王之有天下也規方千里以爲甸服規規畫而有之以供上帝山川百神之祀以其職貢供王祭也以備百姓兆民之用以待不庭

正宗卷一　乙

02205 西山先生真文忠公文章正宗二十四卷（宋）真德秀編　明正德十五年（1520）馬卿刻本

匡高19.5厘米，廣13.2厘米。半葉十行，行二十一字，白口，四周單邊。湖南圖書館藏。

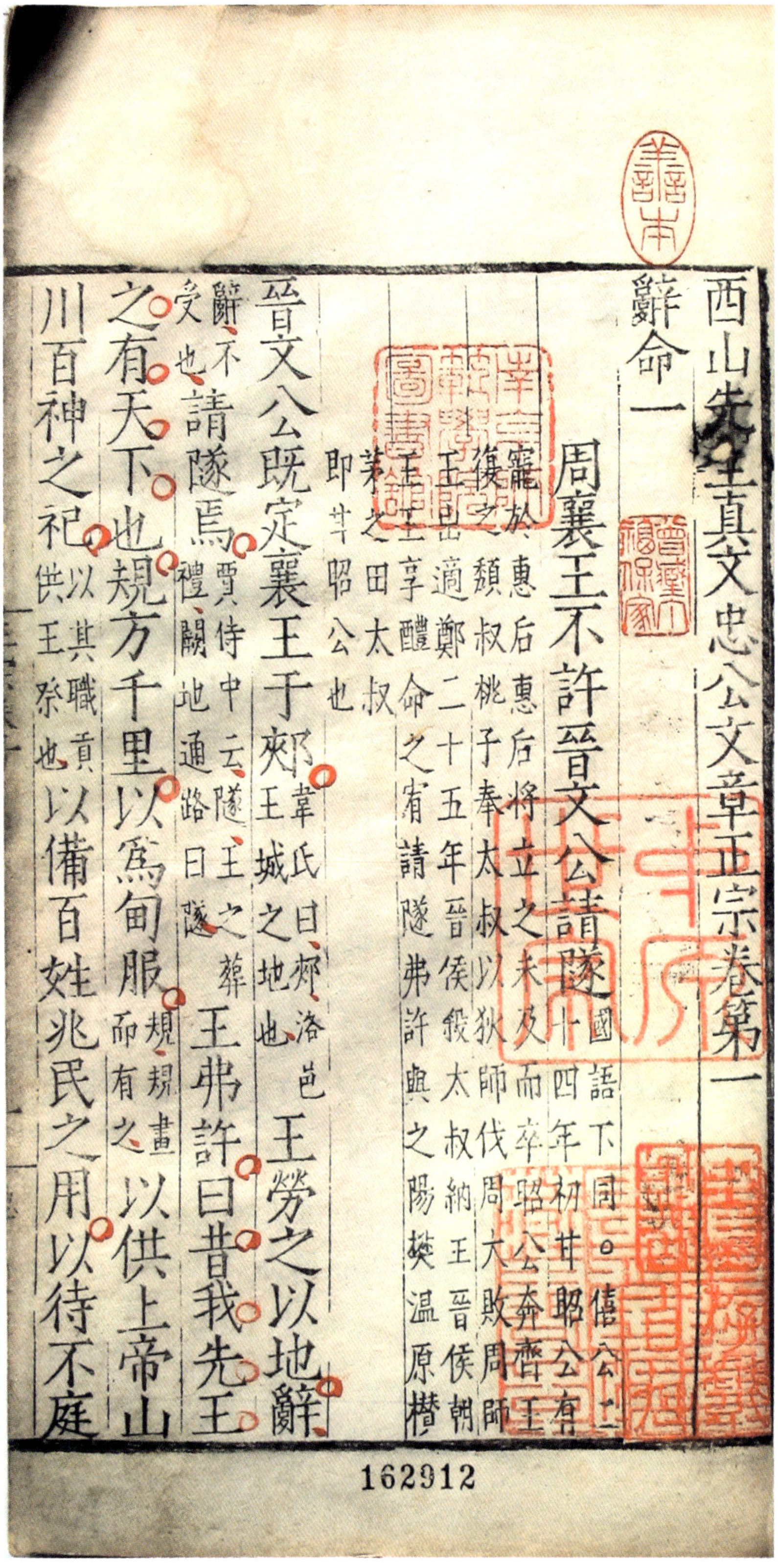

02206 西山先生真文忠公文章正宗二十四卷續二十卷 （宋）真德秀撰　明嘉靖四十四年（1565）鍾沂刻本

匡高21.2厘米，廣14.4厘米。半葉十行，行二十一字，白口，四周單邊。有“中原世家”、“曾藏丁福保家”等印。南京師範大學圖書館藏。

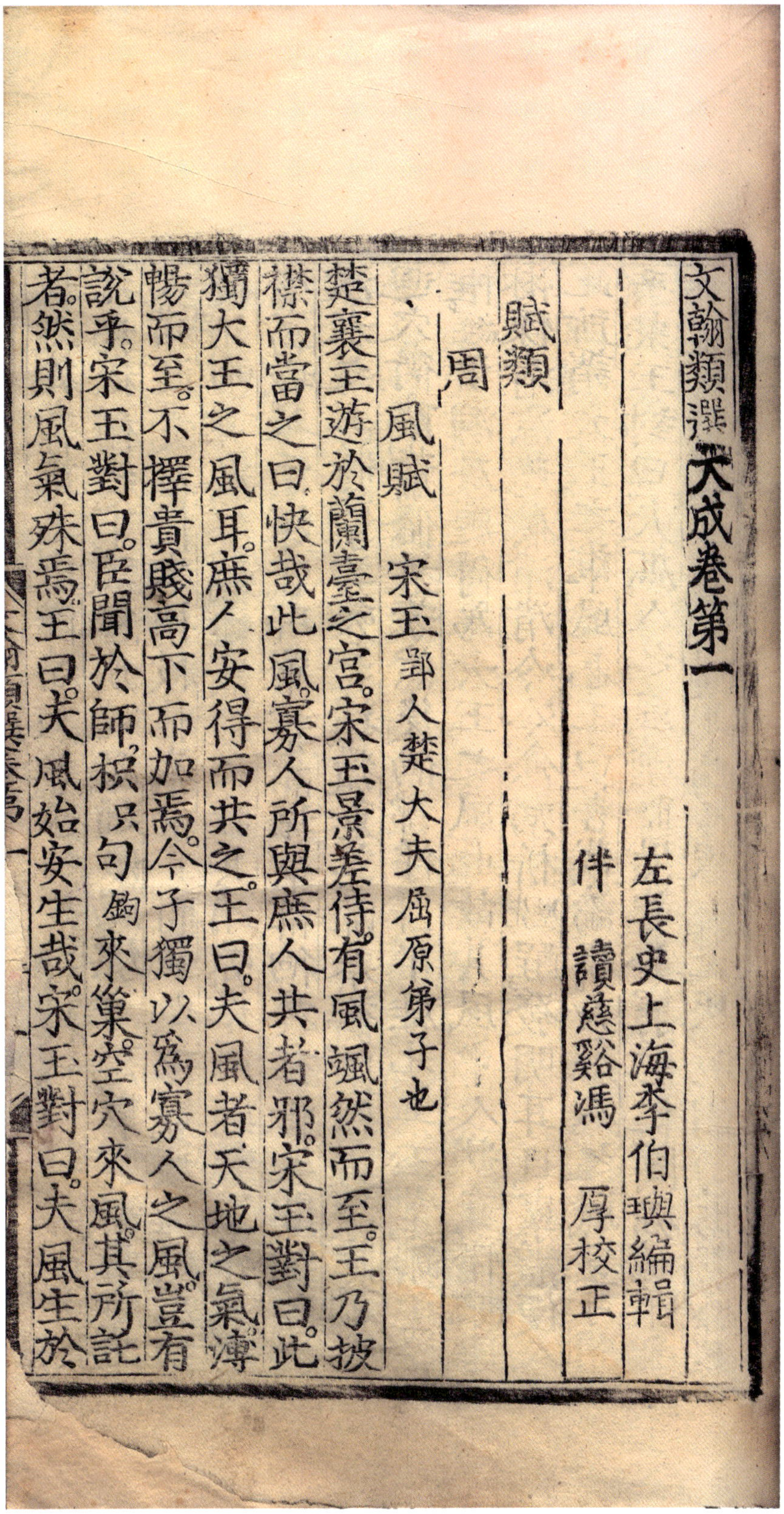

02207 文翰類選大成一百六十三卷　（明）李伯璵　馮厚輯　明成化八年（1472）淮府刻弘治十四年至嘉靖二十五年（1501-1546）遞修本

匡高23.3厘米，廣15.6厘米。半葉十二行，行二十三字，黑口，四周雙邊。無錫市圖書館藏。

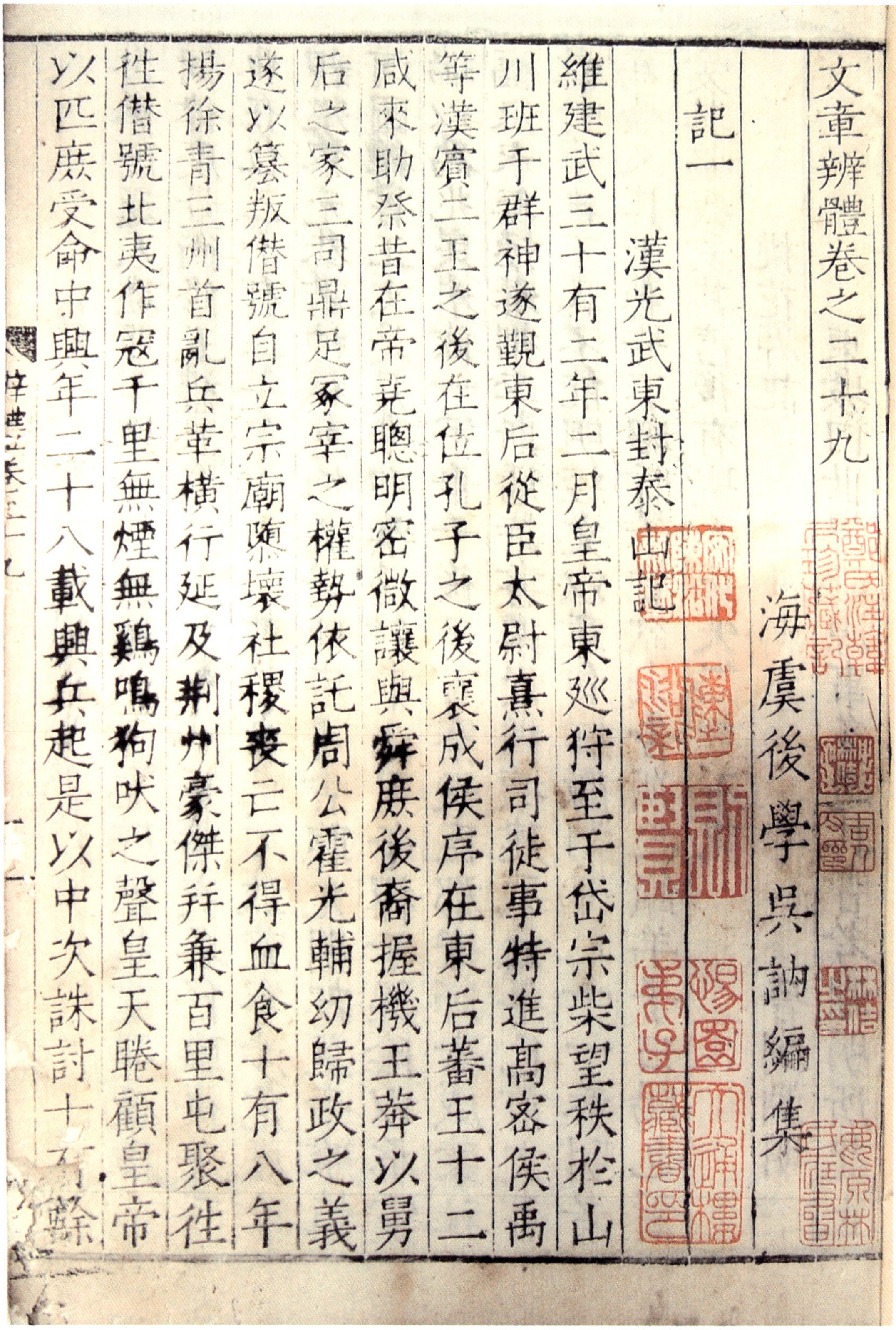

文章辨體卷之二十九

海虞後學吳訥編集

記一

漢光武東封泰山記

維建武三十有二年二月皇帝東廵狩至于岱宗柴望秩扵山川班于群神遂覲東后從臣太尉熹行司徒事特進高密侯禹等漢賓二王之後在位孔子之後褒成侯序在東后蕃王十二咸來助祭昔在帝堯聰明密微讓與舜庶後裔握機王莽以舅后之家三司鼎足冢宰之權勢依託周公霍光輔幼歸政之義遂以篡叛僭號自立宗廟隳壞社稷喪亡不得血食十有八年揚徐青三州首亂兵革橫行延及荆州豪傑并兼百里屯聚往往僭號北夷作寇千里無煙無鷄鳴狗吠之聲皇天睠顧皇帝以匹庶受命中興年二十八載興兵起是以中次誅討十有餘

02208 文章辨體五十卷外集五卷總論一卷 （明）吳訥輯 明天順八年（1464）劉孜等刻本

匡高23.5厘米，廣16.2厘米。半葉十三行，行二十四字，白口，左右雙邊。有“林佶之印”、“鹿原林氏藏書”、“樸學齋”、“大通樓藏書印”等印。湖南師範大學圖書館藏，存五十一卷。

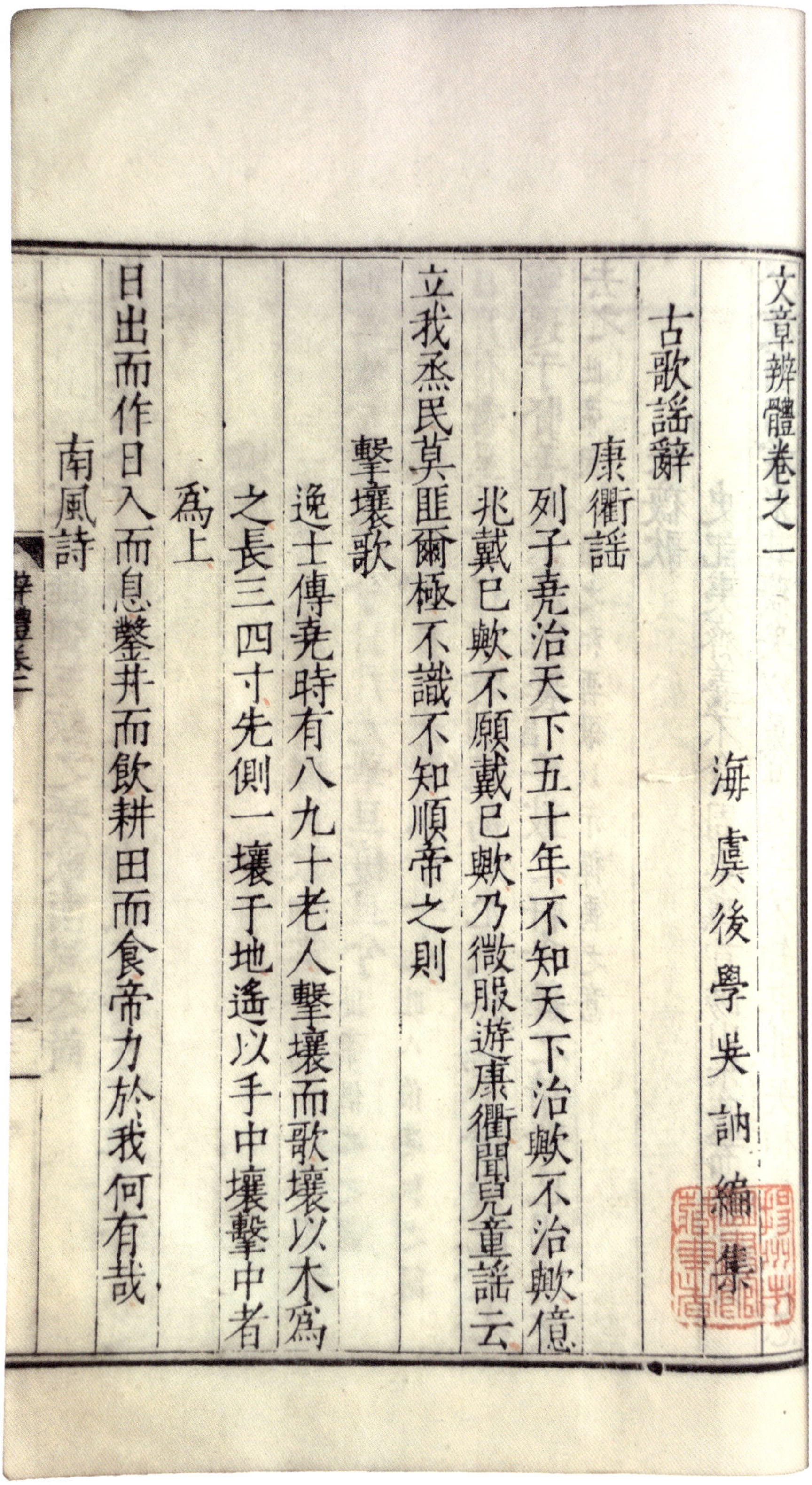
文章辨體卷之一

海虞後學吳訥編集

古歌謠辭

康衢謠

列子堯治天下五十年不知天下治歟不治歟億兆戴己歟不願戴己歟乃微服遊康衢聞兒童謠云

立我烝民莫匪爾極不識不知順帝之則

擊壤歌

逸士傳堯時有八九十老人擊壤而歌壤以木為之長三四寸先側一壤于地遙以手中壤擊中者為上

日出而作日入而息鑿井而飲耕田而食帝力於我何有哉

南風詩

02209 文章辨體五十卷外集五卷總論一卷 （明）吳訥輯　明嘉靖三十四年（1555）徐洛刻本

匡高22厘米，廣16.4厘米。半葉十三行，行二十四字，白口，四周雙邊。揚州市圖書館藏。

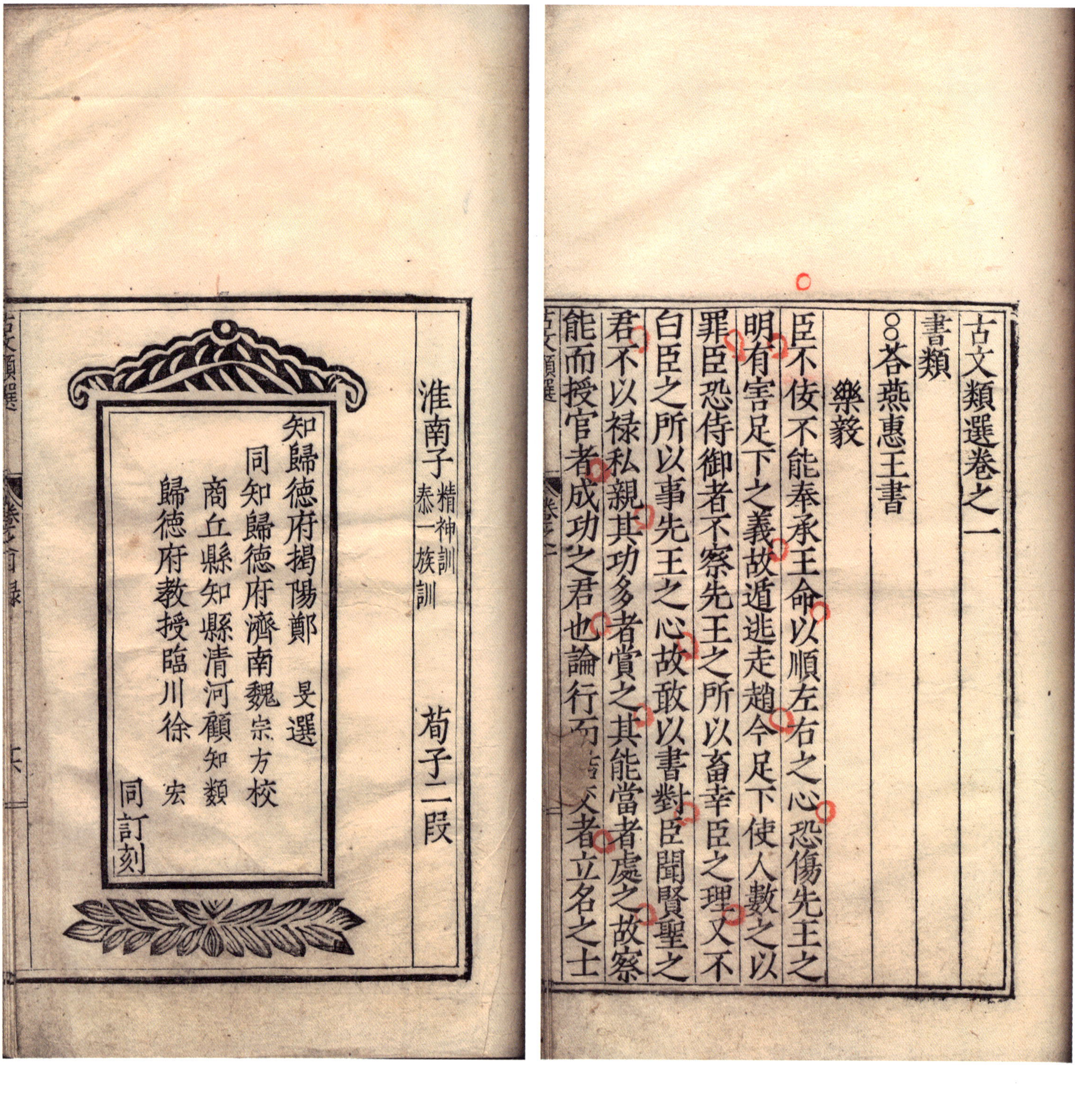
淮南子 精神訓 泰一族訓　荀子二段
知歸德府揭陽鄭　旻選
同知歸德府濟南魏　宗方校
商丘縣知縣清河顧　知類
歸德府教授臨川徐　宏
同訂刻
古文類選　卷之首　目錄

古文類選卷之一
書類
○○荅燕惠王書
樂毅
臣不佞不能奉承王命以順左右之心恐傷先王之明有害足下之義故遁逃走趙今足下使人數之以罪臣恐侍御者不察先王之所以畜幸臣之理又不白臣之所以事先王之心故敢以書對臣聞賢聖之君不以祿私親其功多者賞之其能當者處之故察能而授官者成功之君也論行而結交者立名之士

02210、02211、02212、02213 古文類選十八卷　（明）鄭旻輯　明隆慶六年（1572）顧知類、徐宏等刻本

匡高19.8厘米，廣13.5厘米。半葉十行，行二十字，小字雙行同，白口，四周雙邊。湖南圖書館藏，存十七卷；青海省圖書館藏；無錫市圖書館藏；山東省圖書館藏，有“顧氏完白”、“庚邨鄭氏珍藏”等印。

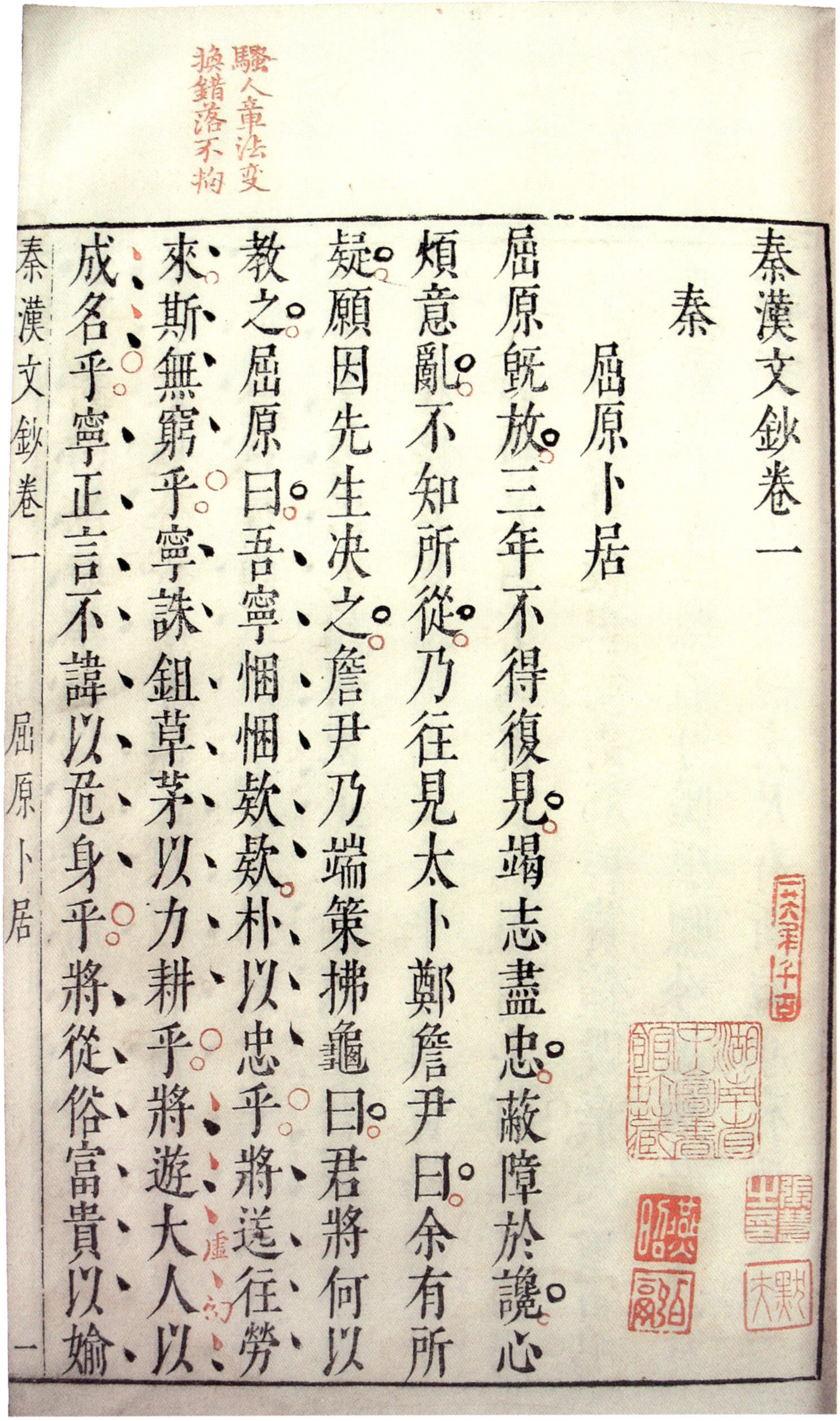

騷人章法變換錯落不拘

秦漢文鈔卷一

秦

屈原卜居

屈原既放三年不得復見竭志盡忠蔽障於讒心煩意亂不知所從乃往見太卜鄭詹尹曰余有所疑願因先生決之詹尹乃端策拂龜曰君將何以教之屈原曰吾寧悃悃款款朴以忠乎將送往勞來斯無窮乎寧誅鉏草茅以力耕乎將遊大人以成名乎寧正言不諱以危身乎將從俗富貴以媮

秦漢文鈔卷一　屈原卜居　一

02214、02215 秦漢文鈔六卷　（明）閔邁德等輯　（明）楊融博批點　明萬曆四十八年（1620）閔氏刻朱墨套印本

匡高20.6厘米，廣14.7厘米。半葉九行，行十九字，小字雙行二十字，白口，四周單邊。廣東省立中山圖書館藏，有“祖望”、“山陰徐趣園”、“冷雲書屋”等印；湖南圖書館藏，有“項氏家藏子孫永保”、“泰和蕭敷收蒲郉氏珍藏書籍之章”等印。

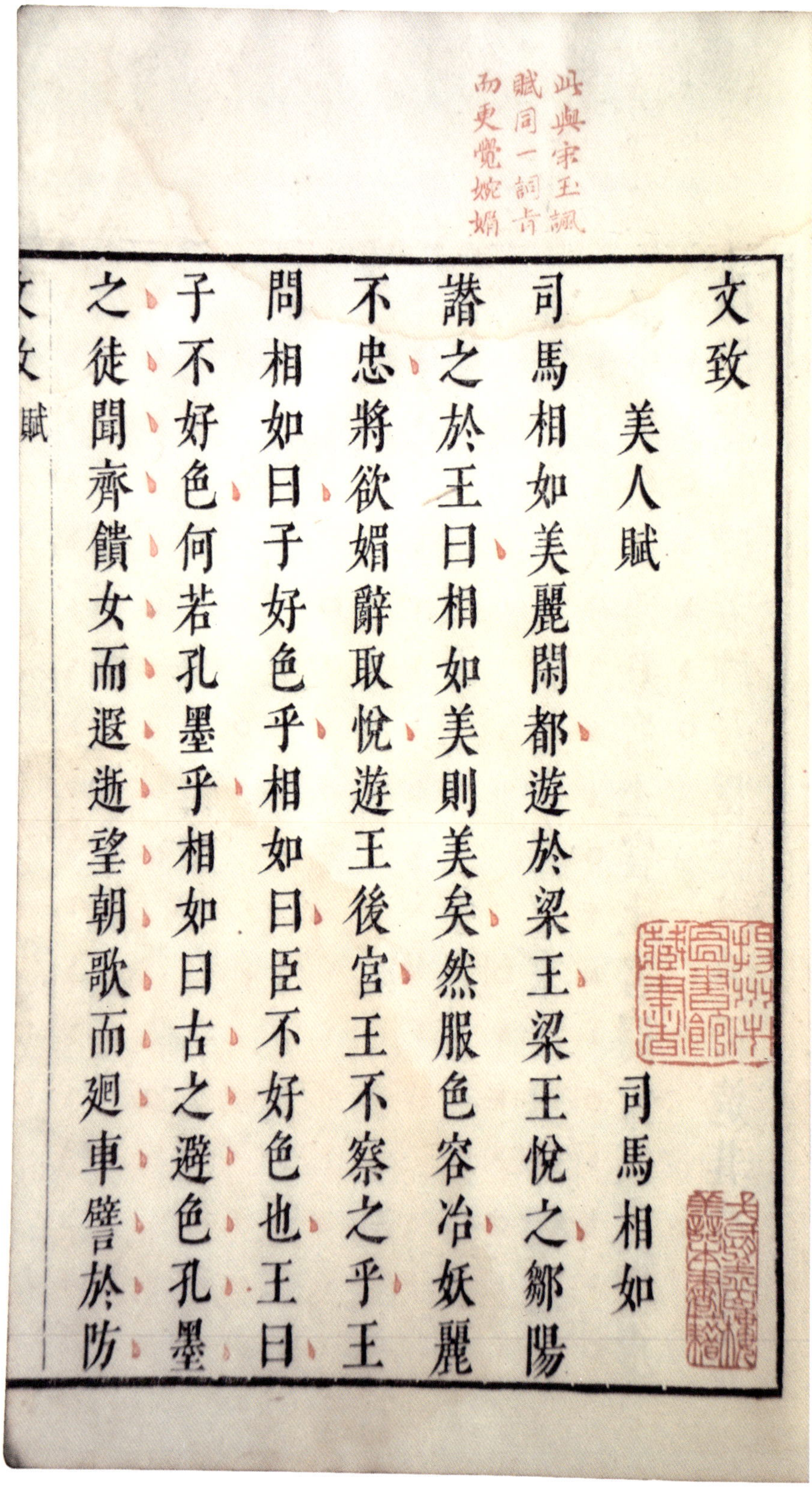

02216、02217、02218 文致不分卷　（明）劉士鏻輯　明天啟元年（1621）閔元衢刻朱墨套印本

匡高20.9厘米，廣13.9厘米。半葉八行，行十八字，白口，四周單邊。湖南圖書館藏，有“王子辨”、“蘇生”等印；中山大學圖書館藏；揚州市圖書館藏，有“戈氏望岳樓善本書籍”等印。

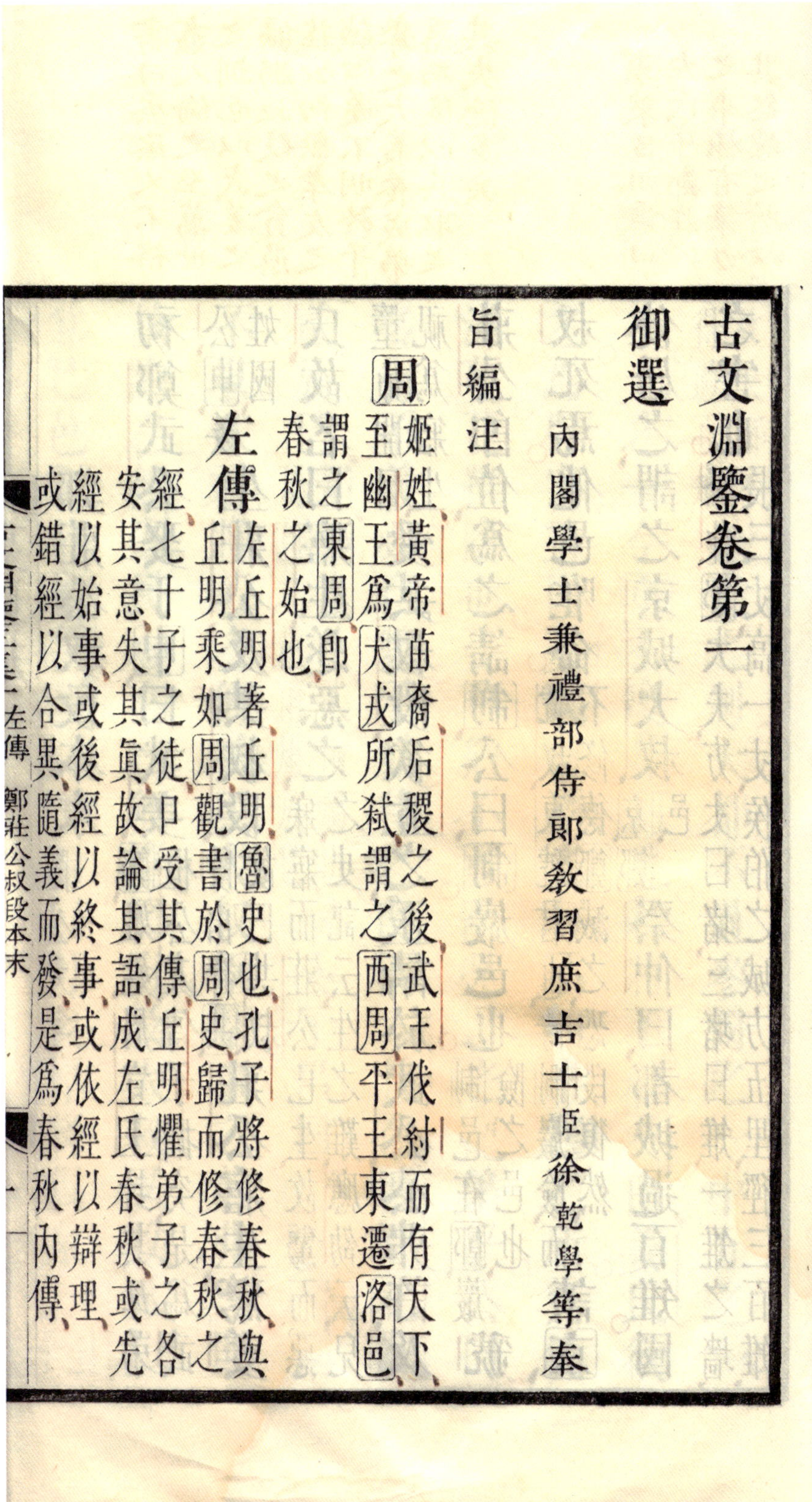
古文淵鑒卷第一
御選
內閣學士兼禮部侍郎教習庶吉士臣徐乾學等奉
旨編注
周 姬姓黃帝苗裔后稷之後武王伐紂而有天下至幽王爲犬戎所弒謂之西周平王東遷洛邑謂之東周卽春秋之始也
左傳 左丘明著丘明魯史也孔子將修春秋與丘明乘如周觀書於周史歸而修春秋之經七十子之徒口受其傳丘明懼弟子之各安其意失其眞故論其語成左氏春秋或先經以始事或後經以終事或依經以辯理或錯經以合異隨義而發是爲春秋內傳
左傳 鄭莊公叔段本末

02219、02220、02221、02222、02223、02224、02225 古文淵鑒六十四卷 （清）徐乾學等輯并注 清康熙內府刻五色套印本

匡高18.2厘米，廣14.1厘米。半葉九行，行二十字，小字雙行同，黑口，四周單邊。陝西省安康市漢濱區少年兒童圖書館藏，存二十五卷；青海省圖書館藏，有“敬書堂”、“周氏敬書堂圖書”等印；西北師範大學圖書館藏；廣東省立中山圖書館藏，有“秦更年”、“陳洵長壽”等印；陝西省社會科學院圖書館藏；安慶市圖書館；蘇州市吴中區圖書館。

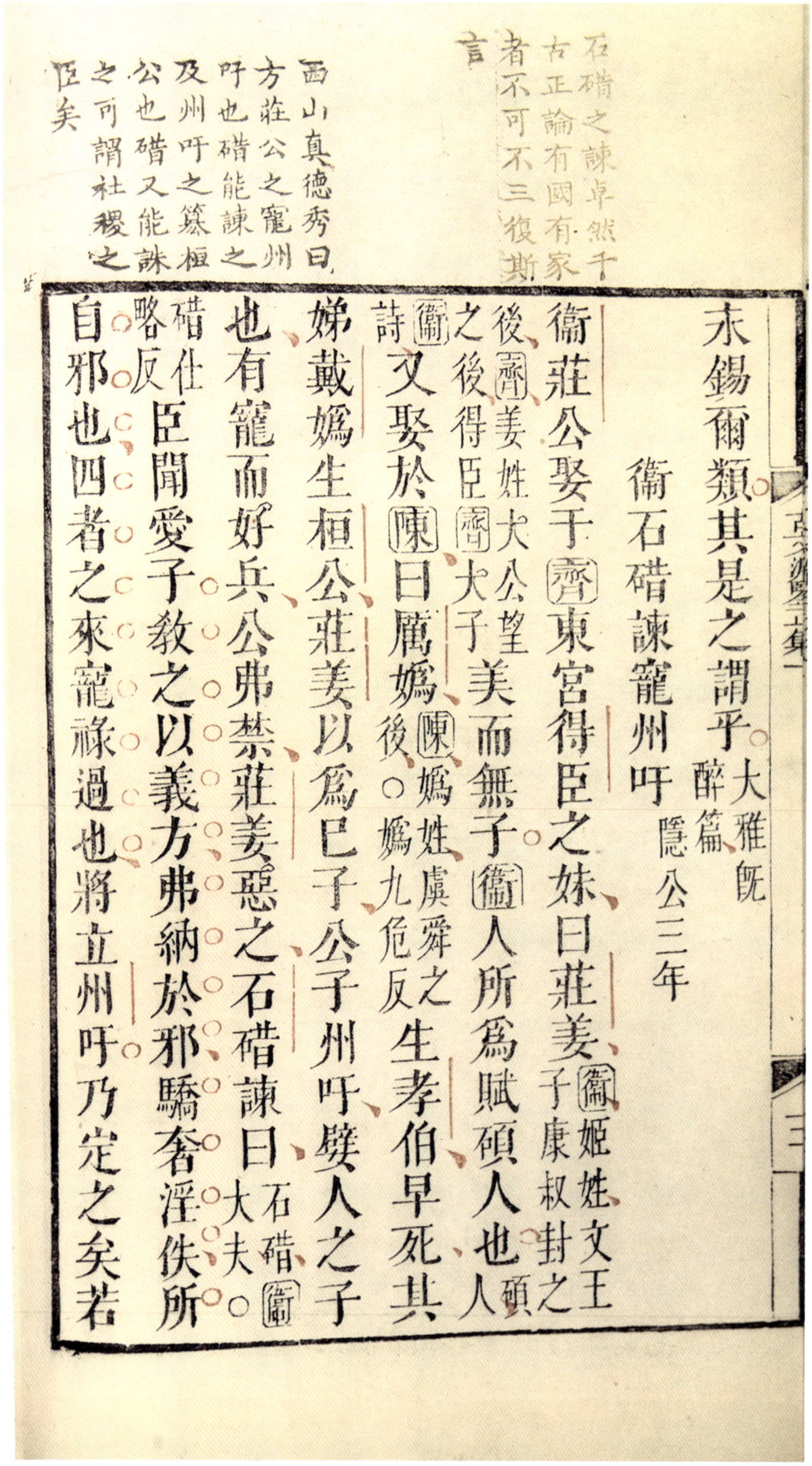
石碏之諫卓然千古正論有國有家者不可不三復斯言

西山真德秀曰方莊公之寵州吁也碏能諫之及州吁之篡桓公也碏又能誅之可謂社稷之臣矣

永錫爾類其是之謂乎大雅既醉篇

衛石碏諫寵州吁隱公三年

衛莊公娶于齊東宮得臣之妹曰莊姜衛姬姓文王子康叔封之後齊姜姓大公望之後得臣齊大子美而無子衛人所爲賦碩人也碩人詩衛又娶於陳曰厲嬀陳嬀姓虞舜之後○嬀九危反生孝伯早死其娣戴嬀生桓公莊姜以爲己子公子州吁嬖人之子也有寵而好兵公弗禁莊姜惡之石碏諫曰石碏衛大夫○碏仕略反臣聞愛子教之以義方弗納於邪驕奢淫佚所自邪也四者之來寵祿過也將立州吁乃定之矣若

02219、02220、02221、02222、02223、02224、02225 古文淵鑒六十四卷 （清）徐乾學等輯并注　清康熙内府刻五色套印本

謂自心與行事罪過屢當力鋤治斷絶使善道日增長後世反施之於人豈惟不能去惡又助惡矣

臣乾學曰陳侯昧于親仁善隣之義所謂長惡自及也左氏辭義嚴正垂戒切矣

鄭莊公入人之國而不利其土地雖休於齊曾猶庶幾能以私自克者君

許君子曰善不可失惡不可長其陳桓公之謂乎長惡不悛從自及也悛止也從隨也雖欲救之其將能乎商書曰惡之易也如火之燎於原不可鄉邇其猶可撲滅言不可撲滅 周任有言曰周任周大夫為國家者見惡如農夫之務去草焉芟夷蘊崇之絶其本根勿使能殖則善者信矣芟刈也夷殺也蘊積也崇聚也○芟所銜反蘊紆粉反

鄭伯命大夫百里居許 隱公十一年

夏公會鄭伯于郲謀伐許也郲鄭地許姜姓堯四岳伯夷之後 鄭伯將伐許五月甲辰授兵於大宮大宮鄭祖廟也盖授兵車於祖廟也凡出

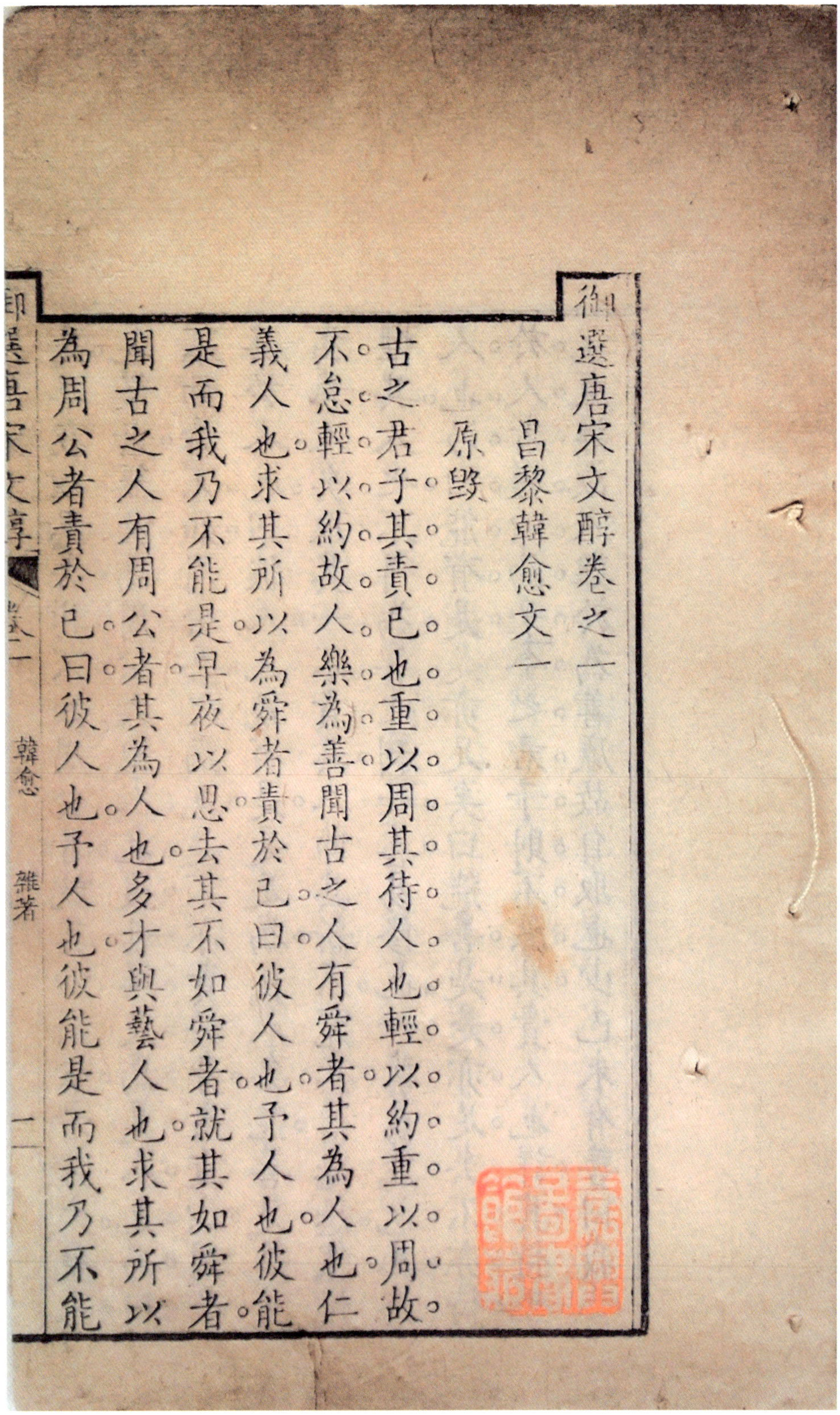

御選唐宋文醇卷之一
昌黎韓愈文一
原毀
古之君子其責己也重以周其待人也輕以約重以周故
不怠輕以約故人樂為善聞古之人有舜者其為人也仁
義人也求其所以為舜者責於己曰彼人也予人也彼能
是而我乃不能是早夜以思去其不如舜者就其如舜者
聞古之人有周公者其為人也多才與藝人也求其所以
為周公者責於己曰彼人也予人也彼能是而我乃不能

御選唐宋文醇 卷之一 韓愈 雜著 一

02226 御選唐宋文醇五十八卷 （清）高宗弘曆輯 清乾隆六年（1741）內府刻本

匡高18厘米，廣11.5厘米。半葉九行，行二十二至二十三字，白口，左右雙邊。嘉興市圖書館藏。

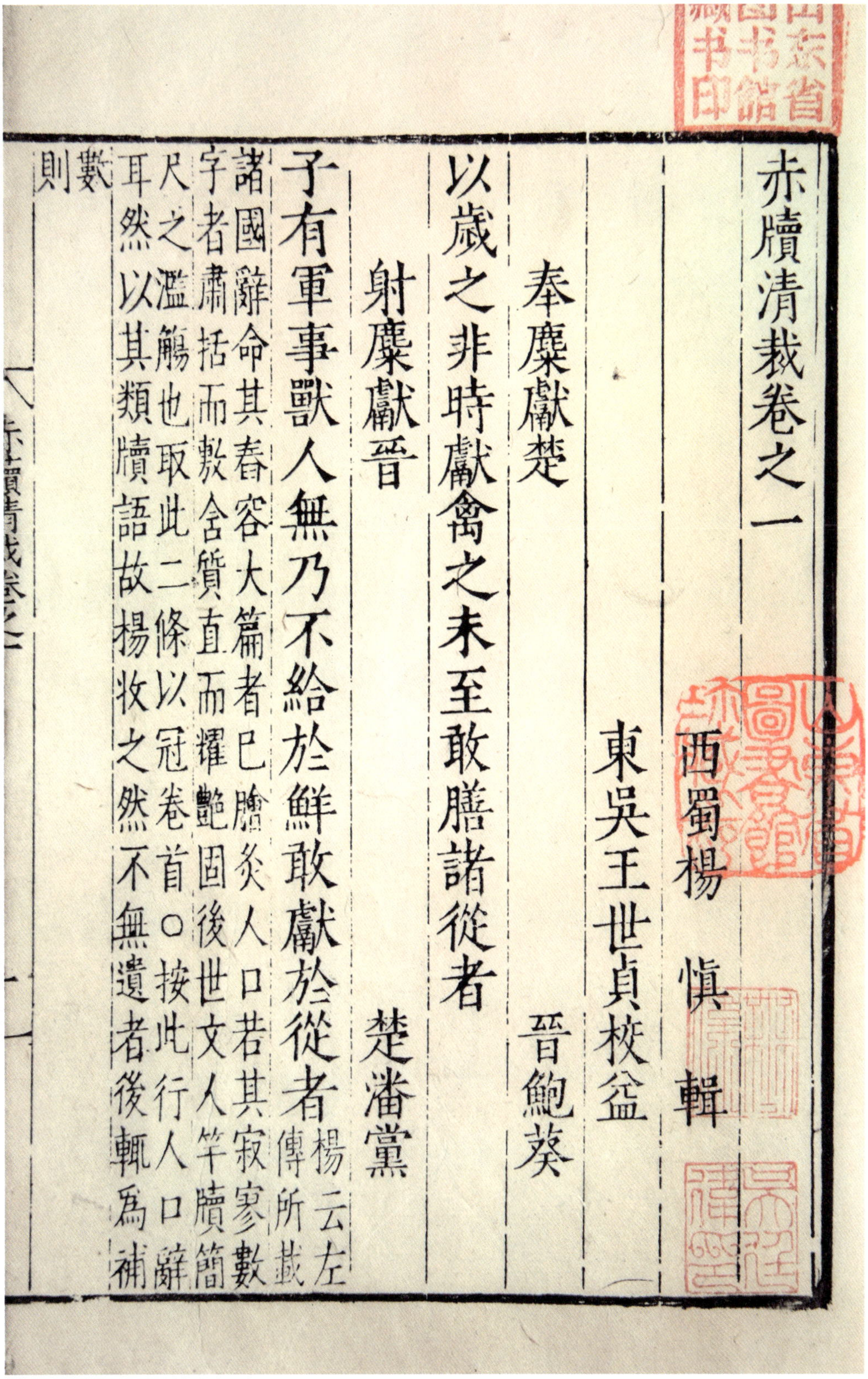
赤牘清裁卷之一
西蜀楊　慎　輯
東吳王世貞校益
奉麋獻楚　　晉鮑癸
以歲之非時獻禽之未至敢膳諸從者
射麋獻晉　　楚潘黨
子有軍事獸人無乃不給於鮮敢獻於從者楊云左傳所載
諸國辭命其春容大篇者已膾炙人口若其寂寥數
字者肅括而穀含質直而耀艷固後世文人竿牘簡
尺之濫觴也取此二條以冠卷首〇按此行人口辭
耳然以其類牘語故楊收之然不無遺者後輒爲補
數則

02227 赤牘清裁二十八卷　（明）楊慎輯　（明）王世貞增輯　明嘉靖三十七年（1558）刻本

匡高19.9厘米，廣14.6厘米。半葉十行，行二十字，白口，左右雙邊。有“吳廷偉印”等印。山東省圖書館藏。

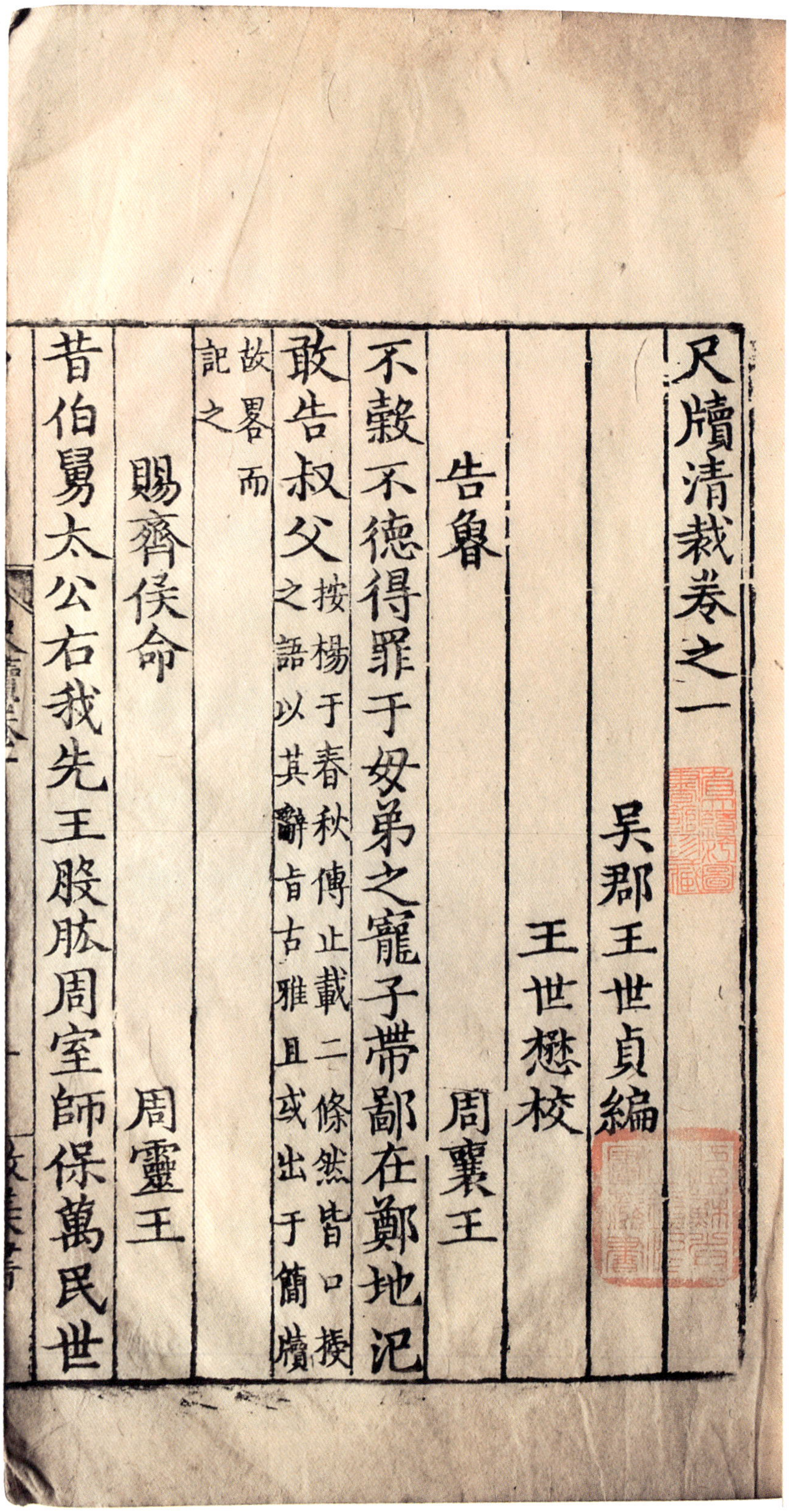

尺牘清裁卷之一
吴郡王世貞編
王世懋校
告魯　周襄王
不穀不德得罪于母弟之寵子帶鄙在鄭地氾
敢告叔父按楊于春秋傳止載二條然皆口授之語以其辭旨古雅且或出于簡牘故畧而記之
賜齊侯命　周靈王
昔伯舅太公右我先王股肱周室師保萬民世

02228 尺牘清裁六十卷補遺一卷　（明）王世貞輯　明隆慶五年（1571）自刻本

匡高18.5厘米，廣13.5厘米。半葉九行，行十八字，白口，左右雙邊。鎮江市圖書館藏。

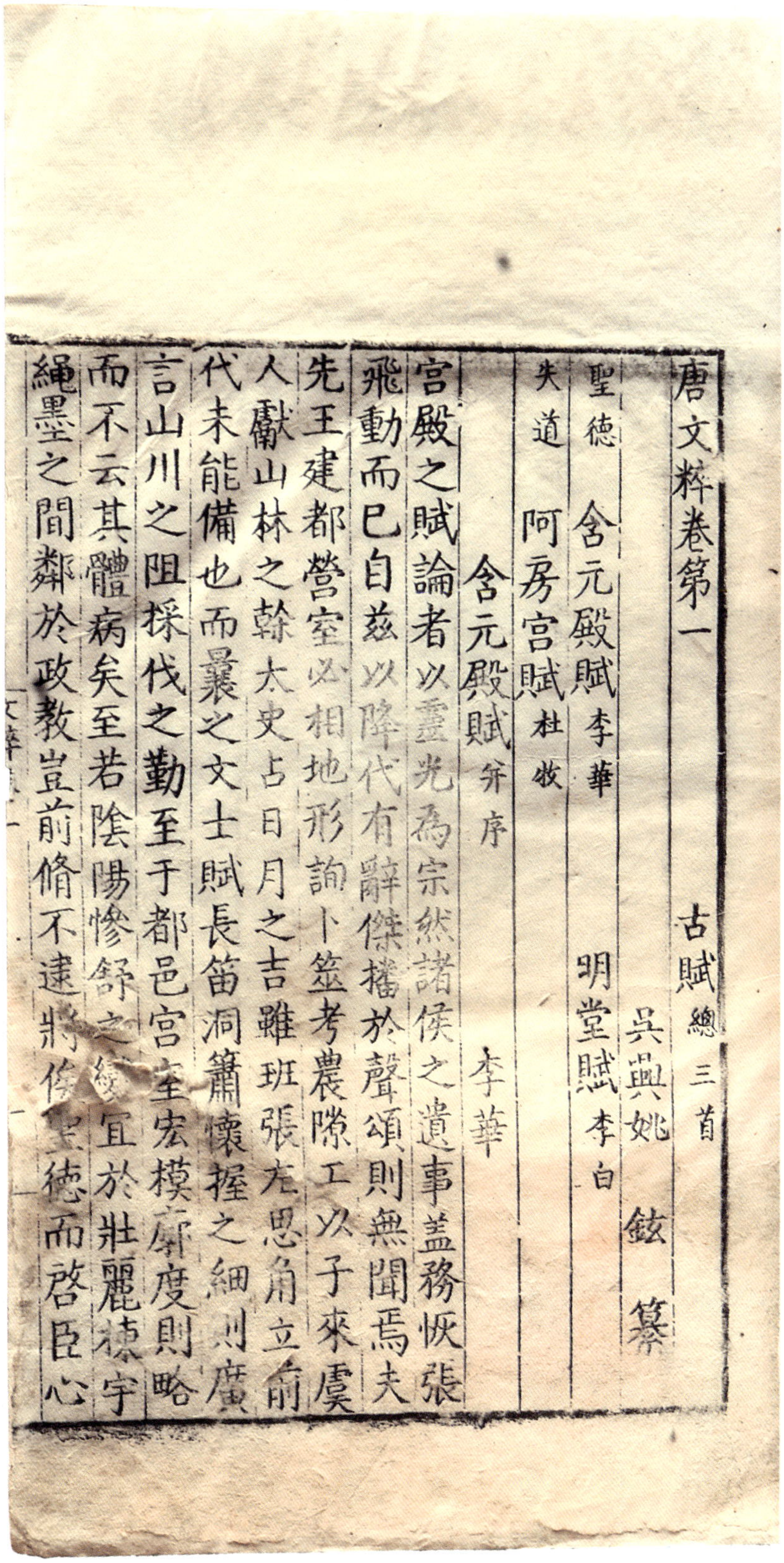

唐文粹卷第一　古賦總三首

吳興姚鉉纂

聖德　含元殿賦李華　明堂賦李白

失道　阿房宮賦杜牧

含元殿賦并序　李華

宮殿之賦論者以靈光爲宗然諸侯之遺事蓋務恢張飛動而已自茲以降代有辭傑播於聲頌則無聞焉夫先王建都營室必相地形詢卜筮考農隙工以子來虞人獻山林之榦太史占日月之吉離班張左思角立前代未能備也而曩之文士賦長笛洞簫懷握之細則廣言山川之阻採伐之勤至于都邑宮室宏模廓度則略而不云其體病矣至若陰陽慘舒之變宜於壯麗棟宇繩墨之間鄰於政教豈前脩不逮將俟聖德而啓臣心

02229 唐文粹一百卷　（宋）姚鉉輯　明嘉靖八年（1529）晉府養德書院刻本

匡高21.5厘米，廣14.8厘米。半葉十三行，行二十一字，白口，四周單邊。有“羅以智印”等印。台州市黃巖區圖書館藏。

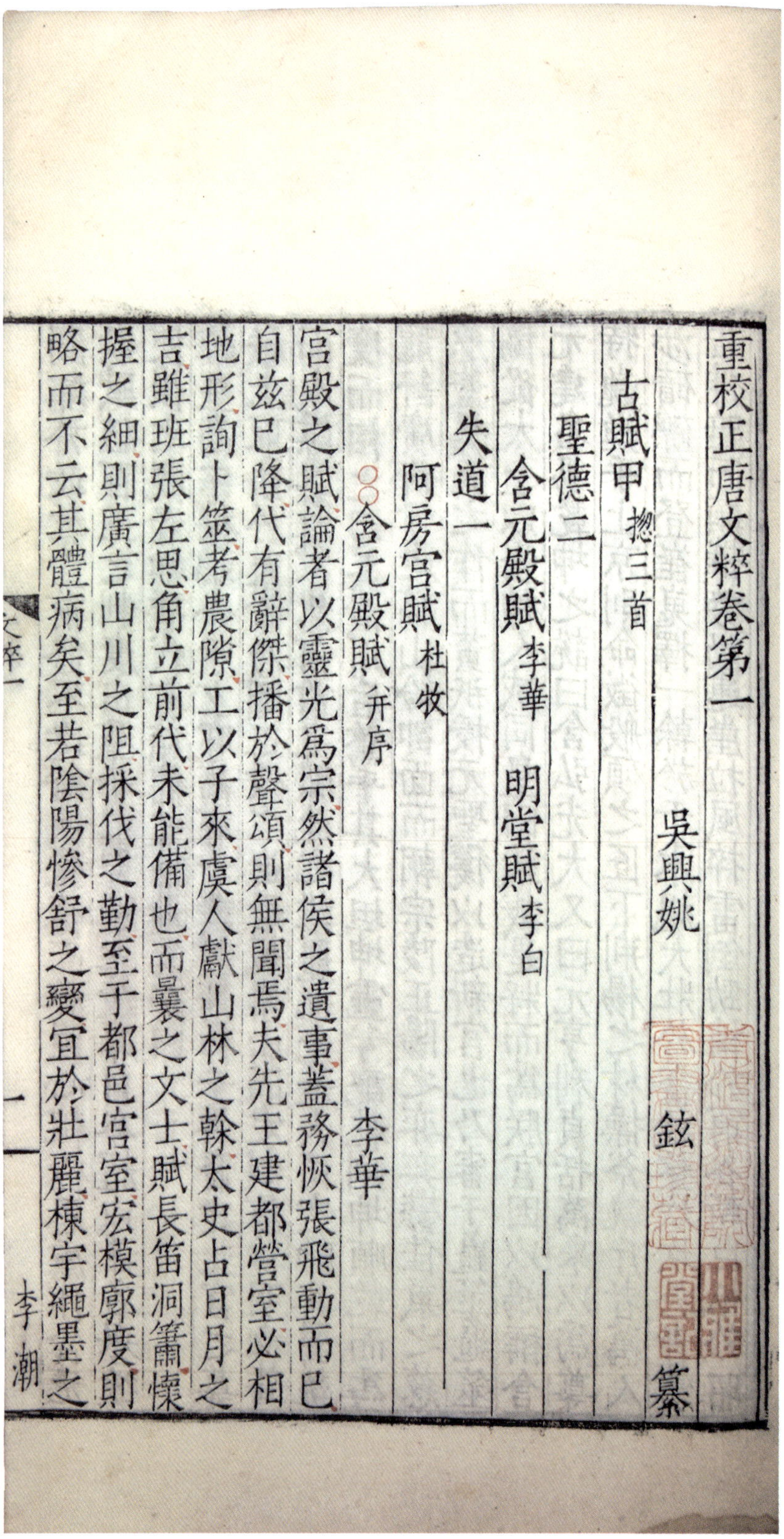
重校正唐文粹卷第一
吳興姚鉉纂
古賦甲 揔三首
聖德二
含元殿賦 李華　明堂賦 李白
失道一
阿房宫賦 杜牧
含元殿賦 幷序　李華
宮殿之賦論者以靈光爲宗然諸侯之遺事蓋務恢張飛動而巳自玆巳降代有辭傑播於聲頌則無聞焉夫先王建都營室必相地形詢卜筮考農隙工以子來虞人獻山林之榦太史占日月之吉雖班張左思角立前代未能備也而曩之文士賦長笛洞簫懐握之細則廣言山川之阻採伐之勤至于都邑宫室宏模廓度則略而不云其體病矣至若陰陽慘舒之變宜於壯麗棟宇繩墨之
李潮
文粹一　一

02230 重校正唐文粹一百卷　（宋）姚鉉輯　明嘉靖三年（1524）徐焴刻本

匡高20.2厘米，廣14.3厘米。半葉十四行，行二十五字，白口，左右雙邊。有“嘉靖甲申歲太學生姑蘇徐焴文明刻於家塾”牌記。有“小雅堂記”等印。青海民族學院圖書館藏。

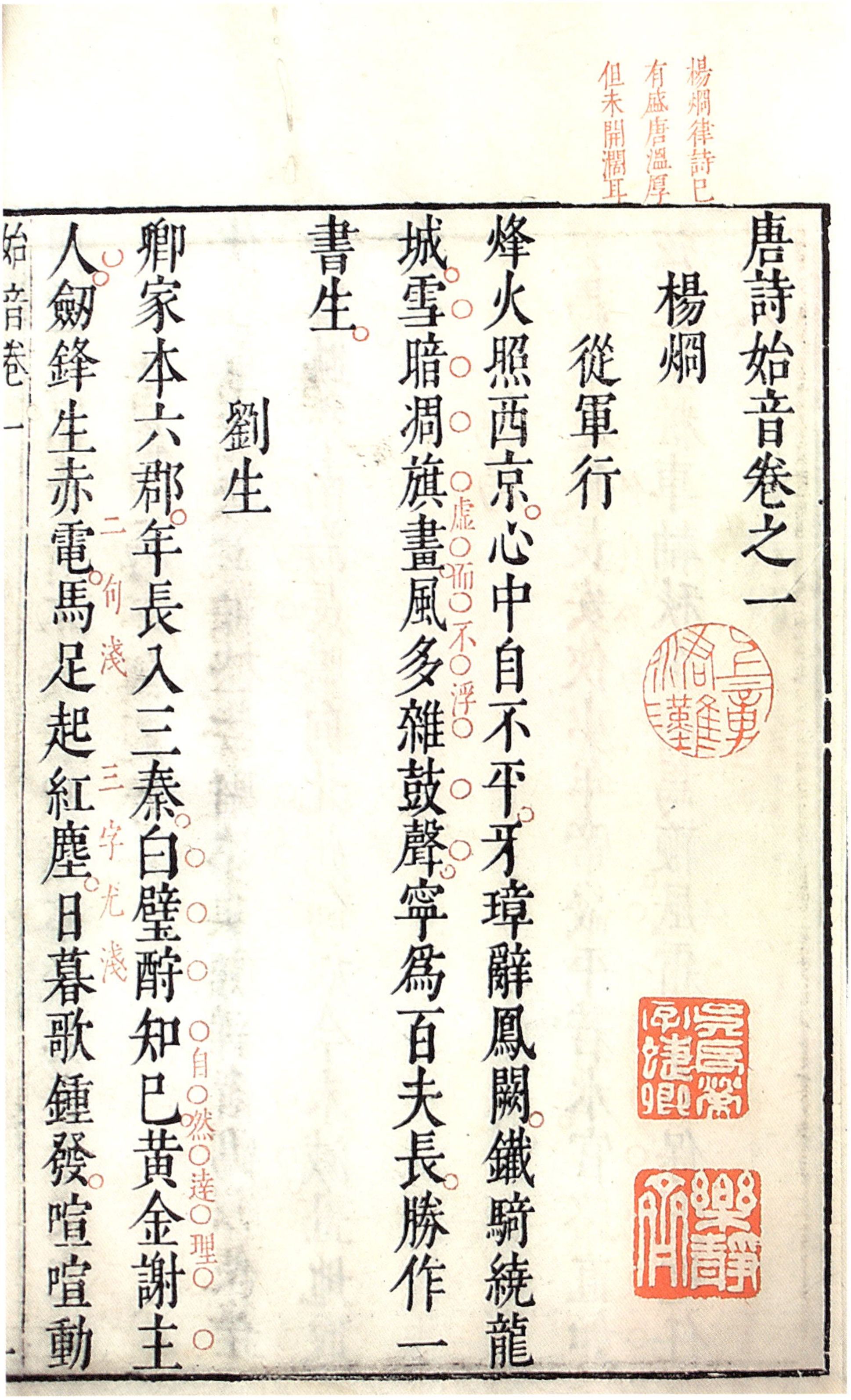

02231 唐音十五卷　（元）楊士弘輯　（明）顧璘批點　明刻朱墨套印本

匡高20.3厘米，廣14.3厘米。半葉九行，行十九字，白口，四周單邊。有“吳長榮字婕卿”、“樂静齋”等印。安徽省博物館藏。

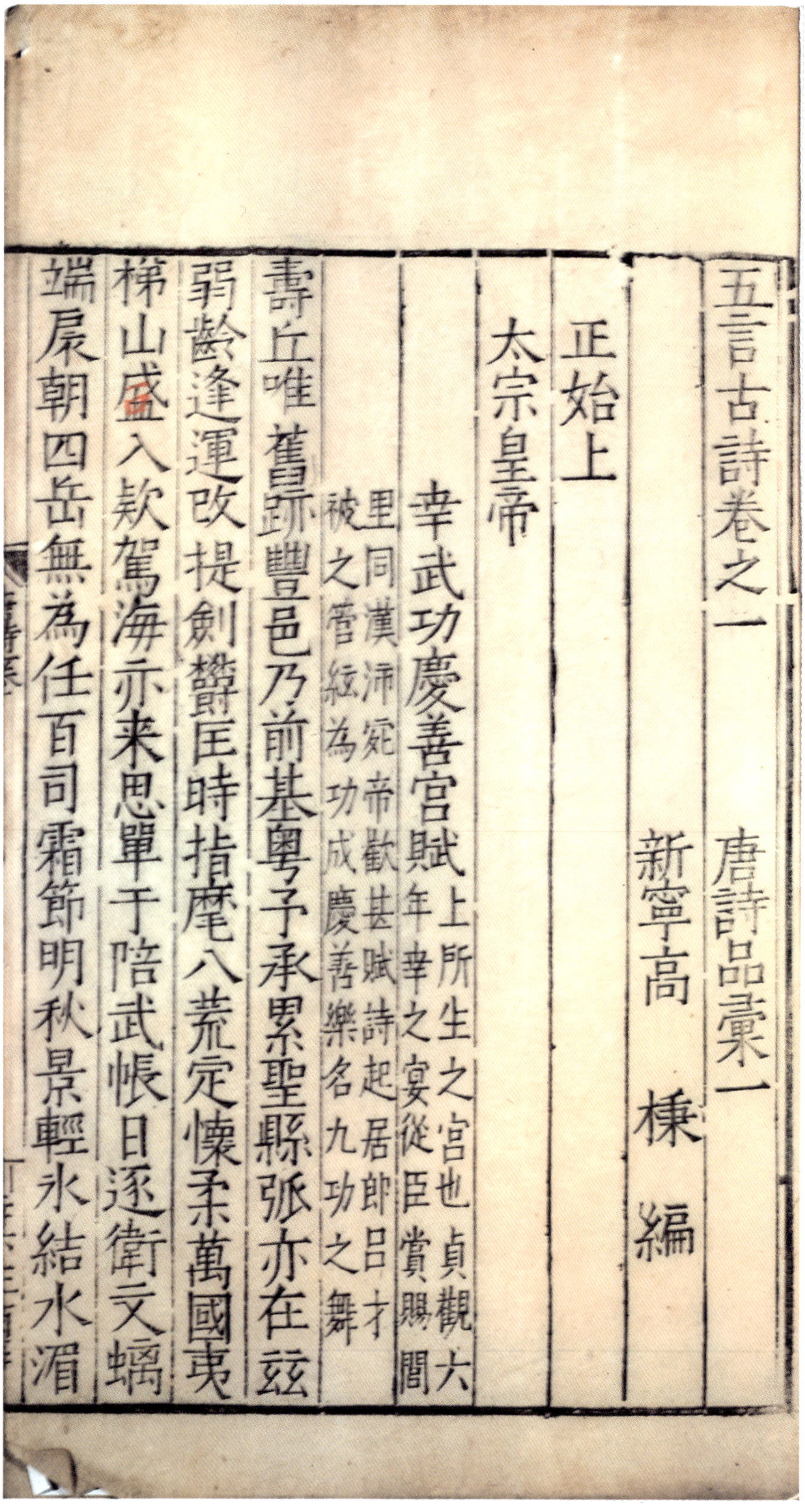
五言古詩卷之一　唐詩品彙一
新寧高棅編
正始上
太宗皇帝
幸武功慶善宮賦上所生之宫也貞觀六年幸之宴從臣賞賜閭里同漢沛宛帝歡甚賦詩起居郎呂才被之管絃為功成慶善樂名九功之舞
壽丘唯舊跡豐邑乃前基粤子承累聖縣弧亦在茲
弱齡逢運改提劍鬱匡時指麾八荒定懷柔萬國夷
梯山盛入款駕海亦来思單于陪武帳日逐衛文螭
端扆朝四岳無為任百司霜節明秋景輕氷結水湄

02232 唐詩品彙九十卷　（明）高棅輯　明建文三年（1401）刻本

匡高22厘米，廣15.5厘米。半葉十行，行二十字，小字雙行同，白口，左右雙邊。有“吴長榮字婕卿”、“樂静齋”等印。安徽省博物館藏，存八十一卷。

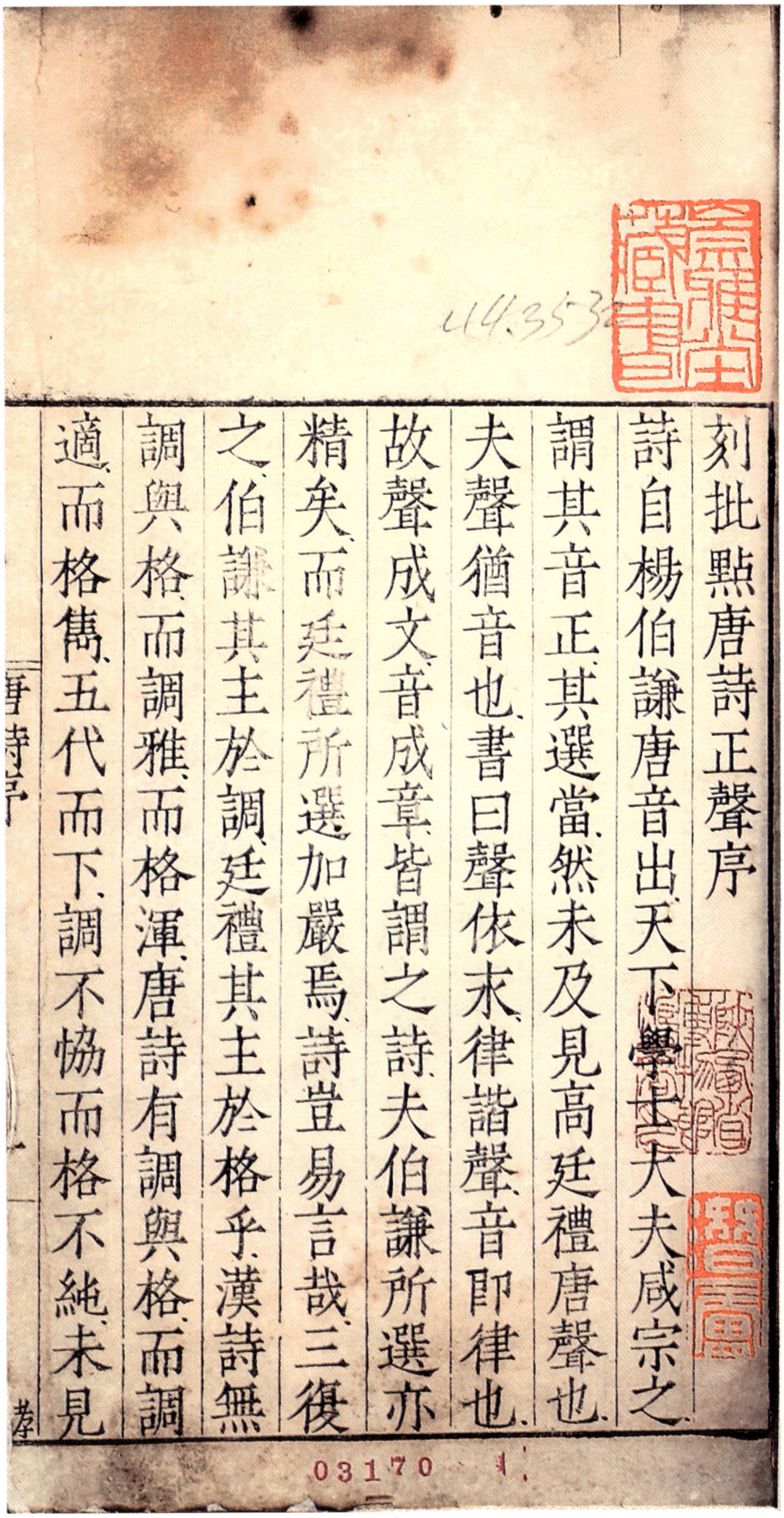

刻批點唐詩正聲序

詩自楊伯謙唐音出天下學士大夫咸宗之謂其音正其選當然未及見高廷禮唐聲也夫聲猶音也書曰聲依永律諧聲音即律也故聲成文音成章皆謂之詩夫伯謙所選亦精矣而廷禮所選加嚴焉詩豈易言哉三復之伯謙其主於調廷禮其主於格乎漢詩無調與格而調雅而格渾唐詩有調與格而調適而格雋五代而下調不協而格不純未見

02233 批點唐詩正聲二十二卷 （明）高棅輯 （明）桂天祥批點 明萬世德刻本

匡高19.4厘米，廣14.8厘米。半葉十行，行二十字，白口，四周單邊。有“潛廬”、“崇雅堂藏書”等印。西安碑林博物館藏。

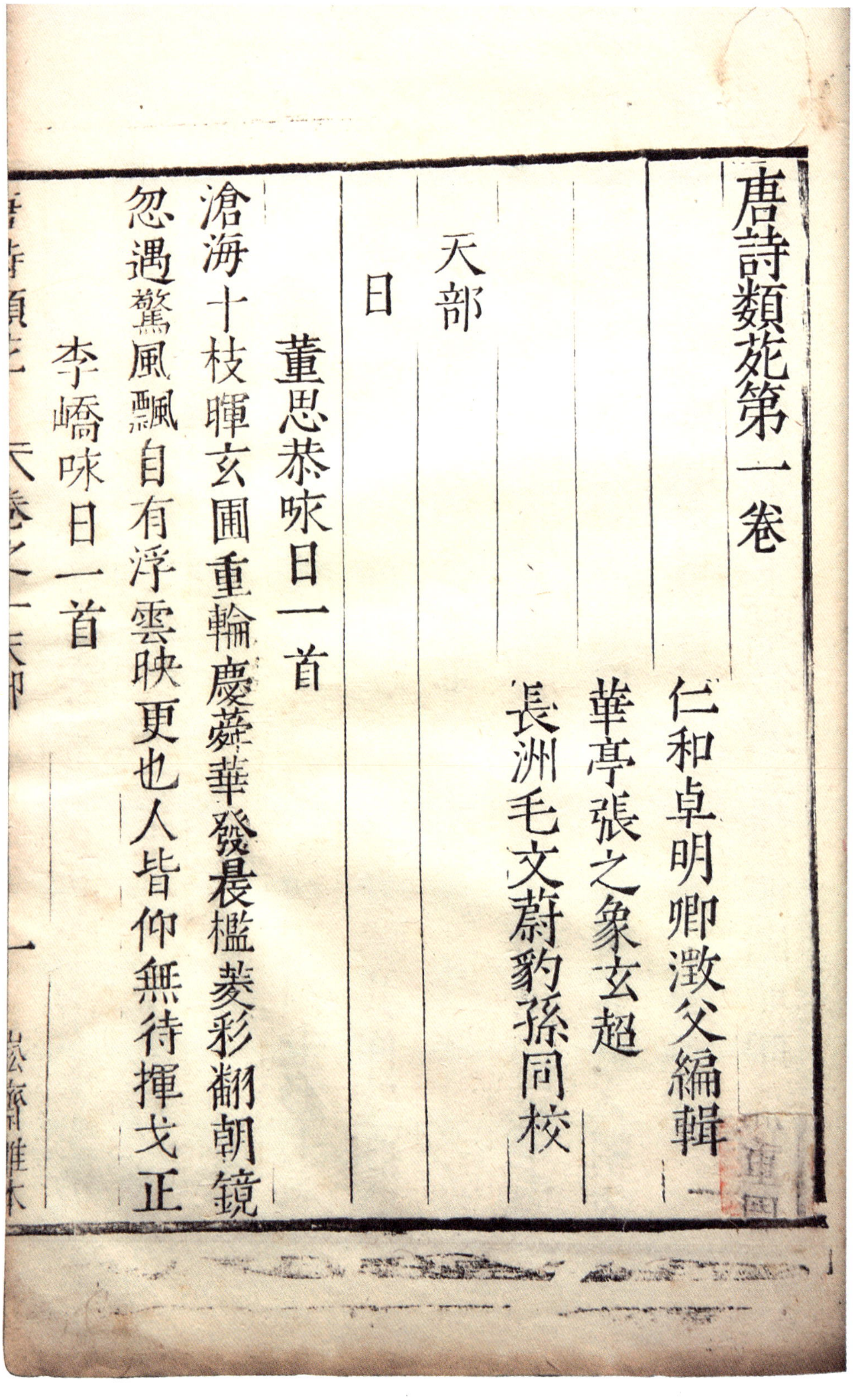
唐詩類苑第一卷
仁和卓明卿澂父編輯
華亭張之象玄超
長洲毛文蔚豹孫同校
天部
日
董思恭詠日一首
滄海十枝暉玄圃重輪慶蕣華發晨檻菱彩翻朝鏡
忽遇驚風飄自有浮雲映更也人皆仰無待揮戈正
李嶠詠日一首
唐詩類苑 天卷之一 天部 一 崧齋雕本

02234 唐詩類苑一百卷 （明）卓明卿輯 明萬曆十四年（1586）崧齋活字印本

匡高19厘米，廣14.7厘米。半葉十行，行二十字，白口，四周單邊。湖南圖書館藏。

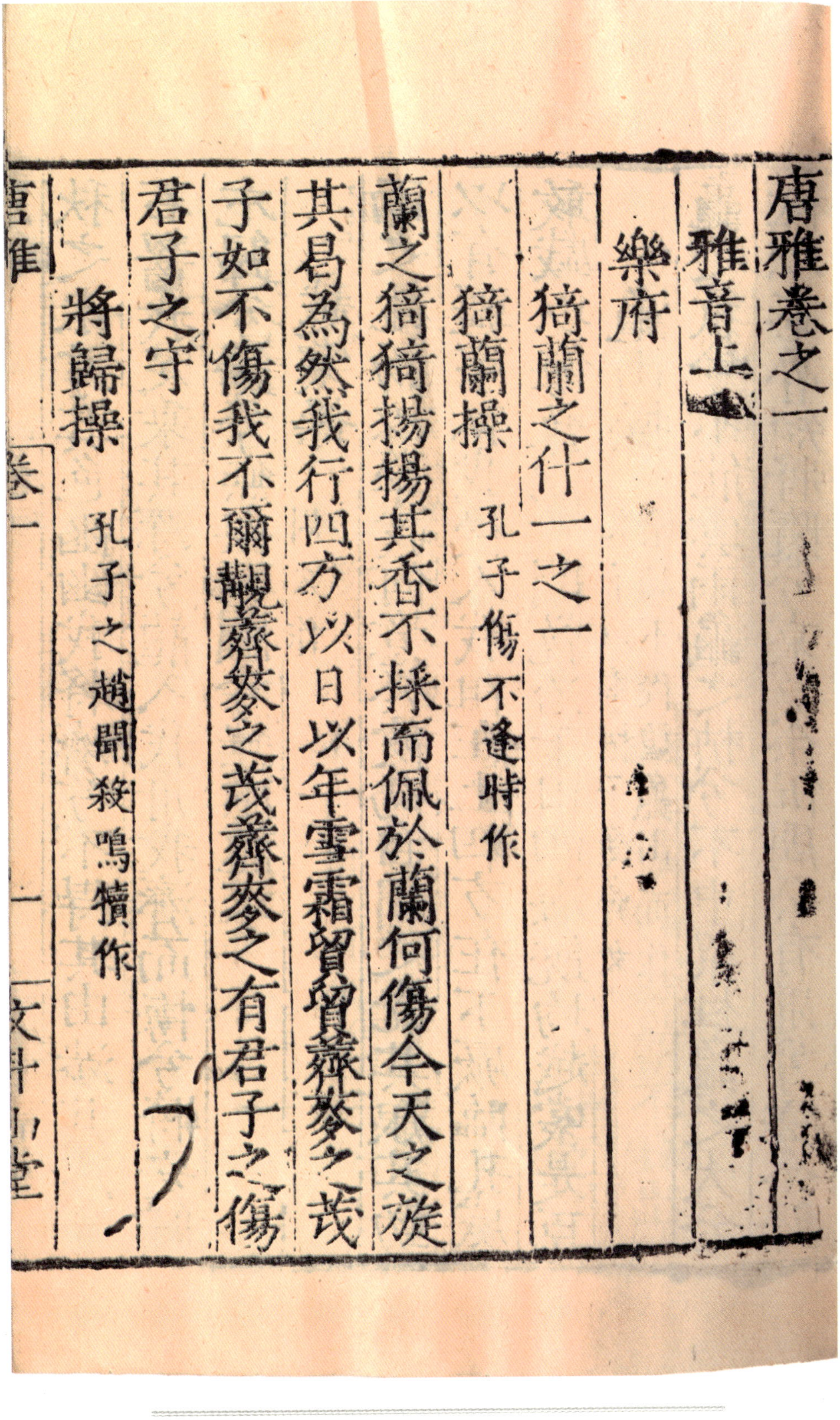

唐雅卷之一
雅音上
樂府
猗蘭之什一之一
猗蘭操　孔子傷不逢時作
蘭之猗猗揚揚其香不採而佩於蘭何傷今天之旋其曷為然我行四方以日以年雪霜貿貿薺麥之茂子如不傷我不爾覯薺麥之茂薺麥之有君子之傷君子之守
將歸操　孔子之趙聞殺鳴犢作

唐雅　卷一　一　文斗山堂

02235 唐雅八卷　（明）胡纘宗輯　明嘉靖二十八年（1549）文斗山堂刻本

匡高18.1厘米，廣14.4厘米。半葉十行，行二十字，白口，四周單邊。安徽省圖書館藏。

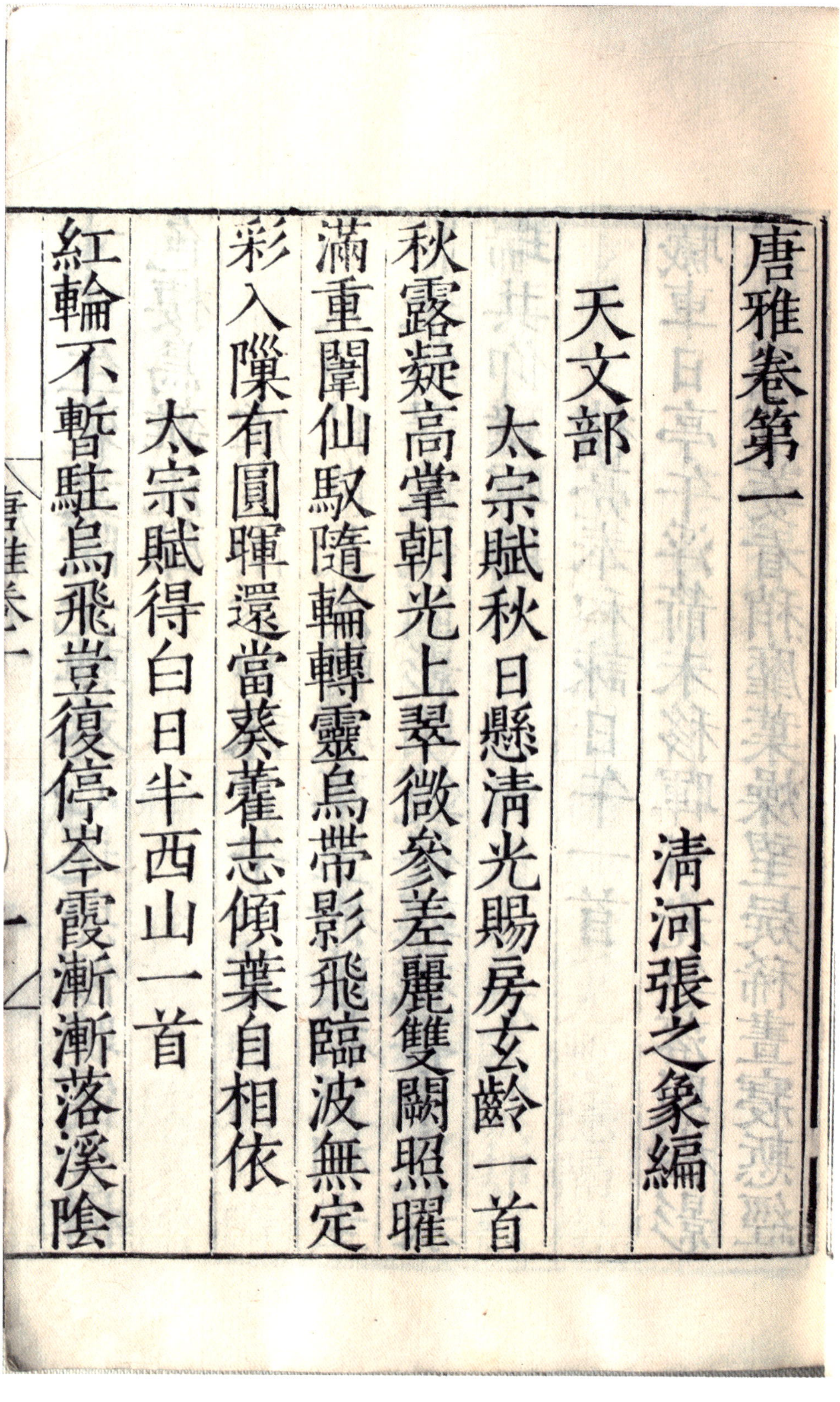
唐雅卷第一
清河張之象編
天文部
太宗賦秋日懸清光賜房玄齡一首
秋露凝高掌朝光上翠微參差麗雙闕照曜
滿重闈仙馭隨輪轉靈烏帶影飛臨波無定
彩入隟有圓暉還當葵藿志傾葉自相依
太宗賦得白日半西山一首
紅輪不暫駐烏飛豈復停岑霞漸漸落溪陰
唐雅卷一　一

02236 唐雅二十六卷　（明）張之象輯　明嘉靖三十一年（1552）無錫縣刻本

匡高20厘米，廣14.9厘米。半葉九行，行十七字，白口，左右雙邊。紹興圖書館藏。

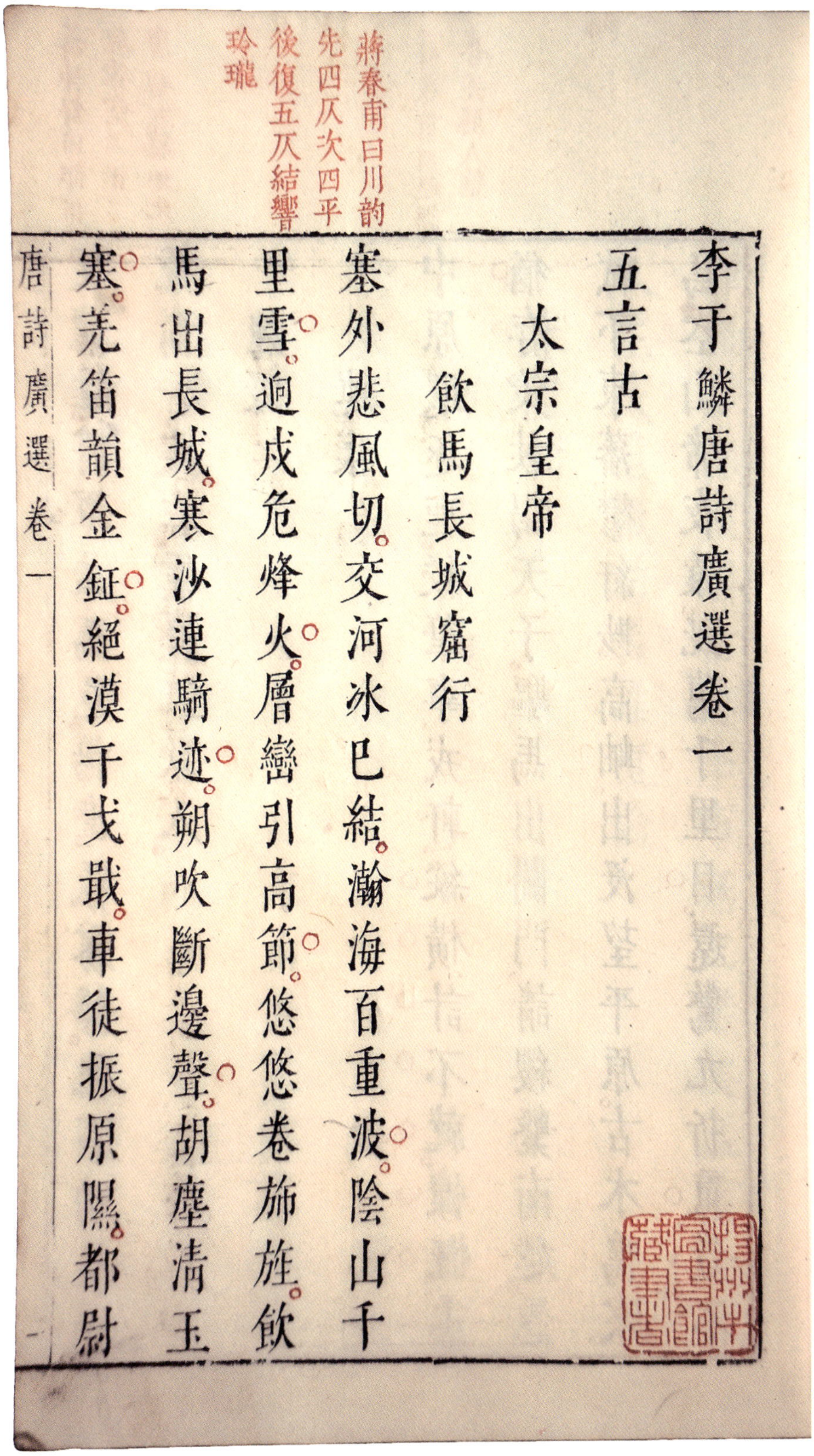
蔣春甫曰川韵先四仄次四平後復五仄結響玲瓏

李于鱗唐詩廣選卷一

五言古

太宗皇帝

飲馬長城窟行

塞外悲風切交河冰已結瀚海百重波陰山千里雪迥戍危烽火層巒引高節悠悠卷旆旌飲馬出長城寒沙連騎迹朔吹斷邊聲胡塵清玉塞羌笛韻金鉦絕漠干戈戢車徒振原隰都尉

唐詩廣選卷一

02237 李于鱗唐詩廣選七卷 （明）李攀龍輯 （明）凌瑞森 凌南榮輯評 明萬曆三年（1575）凌氏盟鷗館刻朱墨套印本
匡高21.9厘米，廣14.8厘米。半葉八行，行十八字，白口，四周單邊。揚州市圖書館藏。

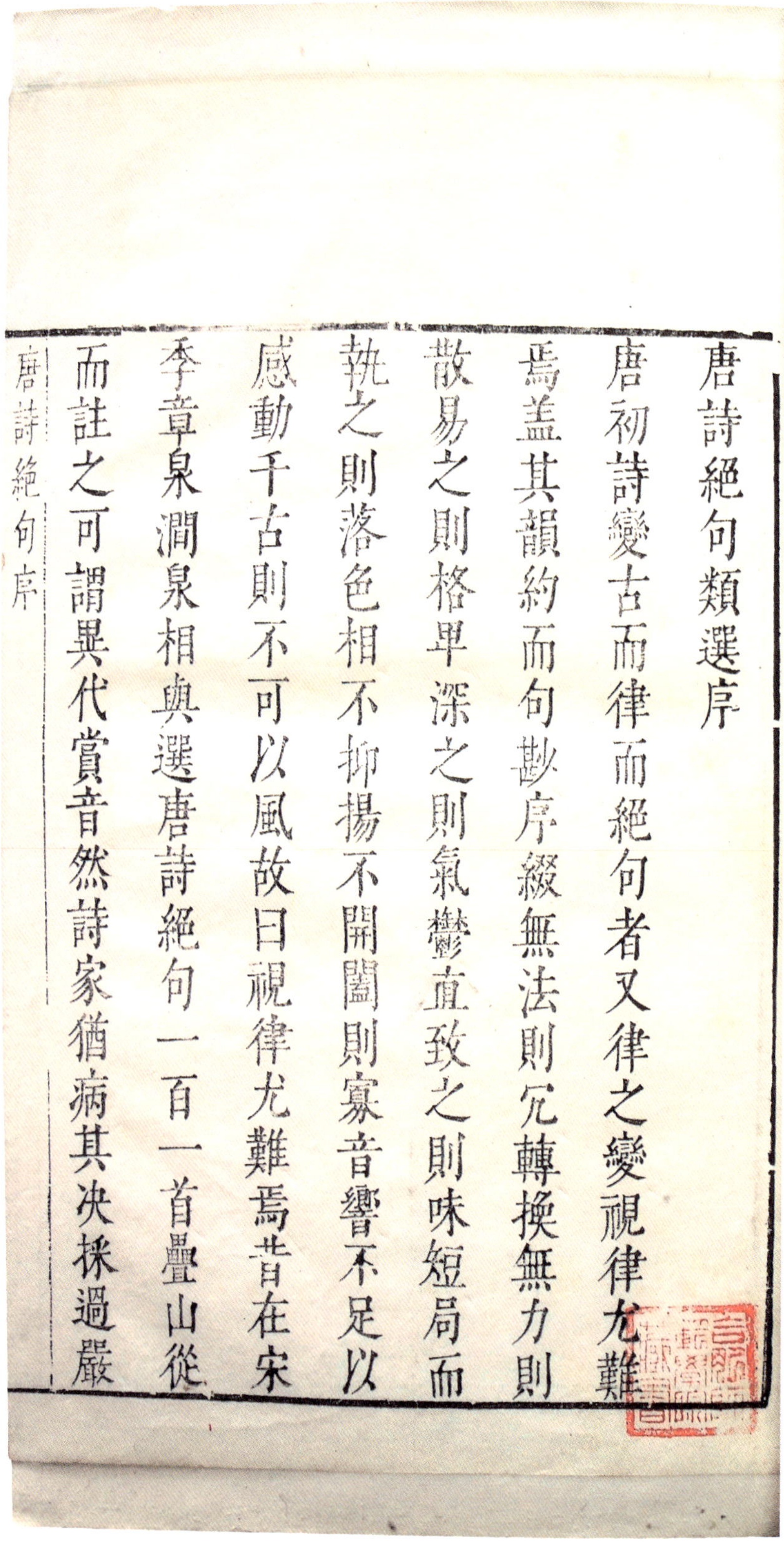
唐詩絕句類選序
唐初詩變古而律而絕句者又律之變視律尤難
焉蓋其韻約而句尠序綴無法則冗轉換無力則
散易之則格卑深之則氣鬱直致之則味短局而
執之則落色相不抑揚不開闔則寡音響不足以
感動千古則不可以風故曰視律尤難焉昔在宋
季章泉澗泉相與選唐詩絕句一百一首疊山從
而註之可謂異代賞音然詩家猶病其決採過嚴
唐詩絕句序

02238 唐詩絕句類選四卷補總評一卷人物一卷 （明）敖英 凌雲輯 （明）敖英等評 明凌雲刻三色套印本

匡高20.5厘米，廣14.6厘米。半葉八行，行十九字，白口，四周單邊。安徽師範大學圖書館藏。

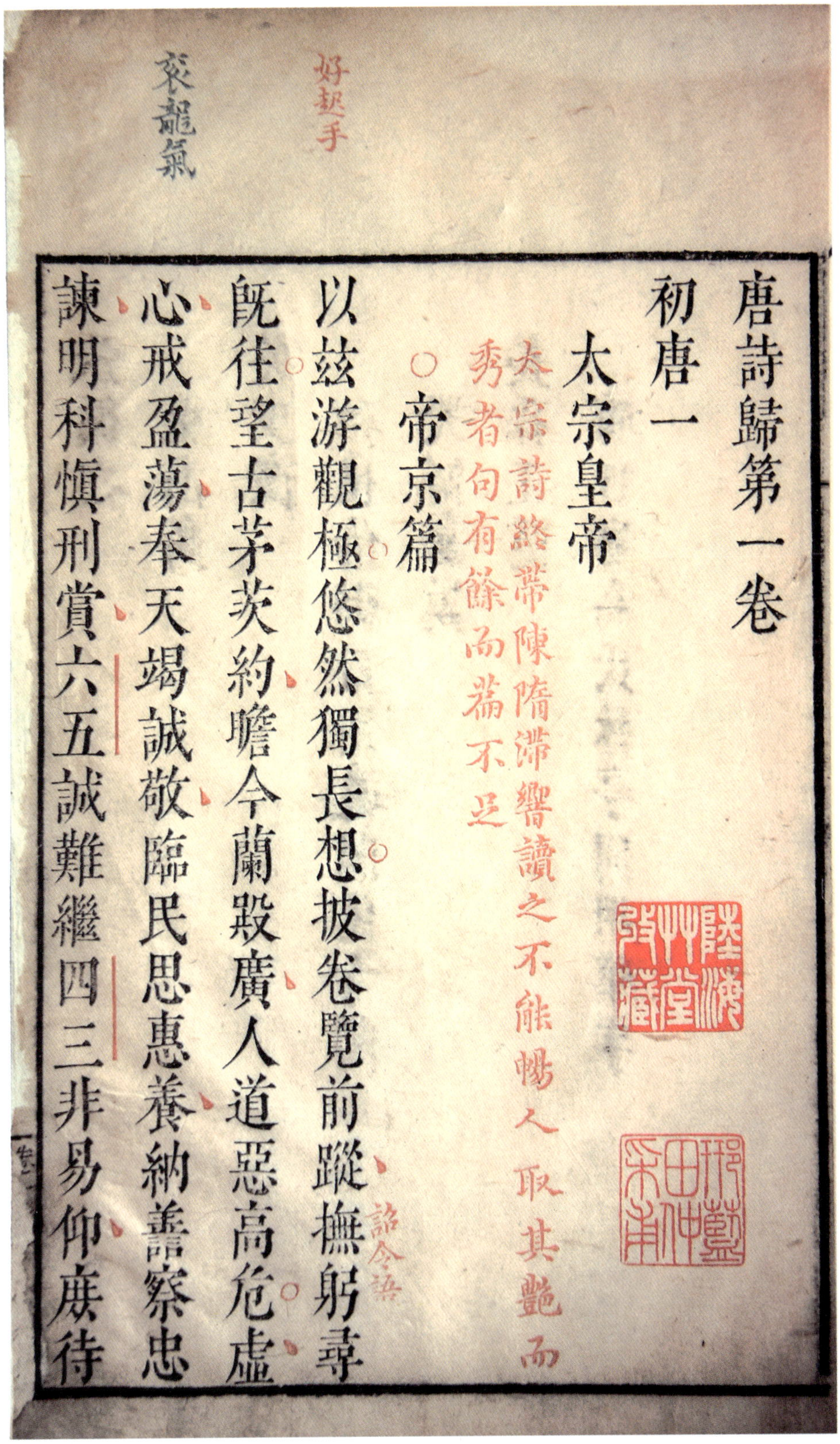
衮龍氣
好起手
唐詩歸第一卷
初唐一
太宗皇帝
太宗詩終帶陳隋滯響讀之不能暢人取其艷而秀者句有餘而篇不足
○帝京篇
以茲游觀極悠然獨長想披卷覽前蹤撫躬尋
既往望古茅茨約贍今蘭殿廣人道惡高危虛
心戒盈蕩奉天竭誠敬臨民思惠養納善察忠
諫明科慎刑賞六五誠難繼四三非易仰庶待
詔令語
陸海艸堂收藏
邢藍田仲采甫

02239、02240 唐詩歸三十六卷　（明）鍾惺　譚元春輯　明萬曆刻三色套印本

匡高20.4厘米，廣15厘米。半葉九行，行十八字，白口，四周單邊。廣東省立中山圖書館藏；山東省圖書館藏，有“陸海艸堂收藏”、“邢藍田仲采甫”等印。

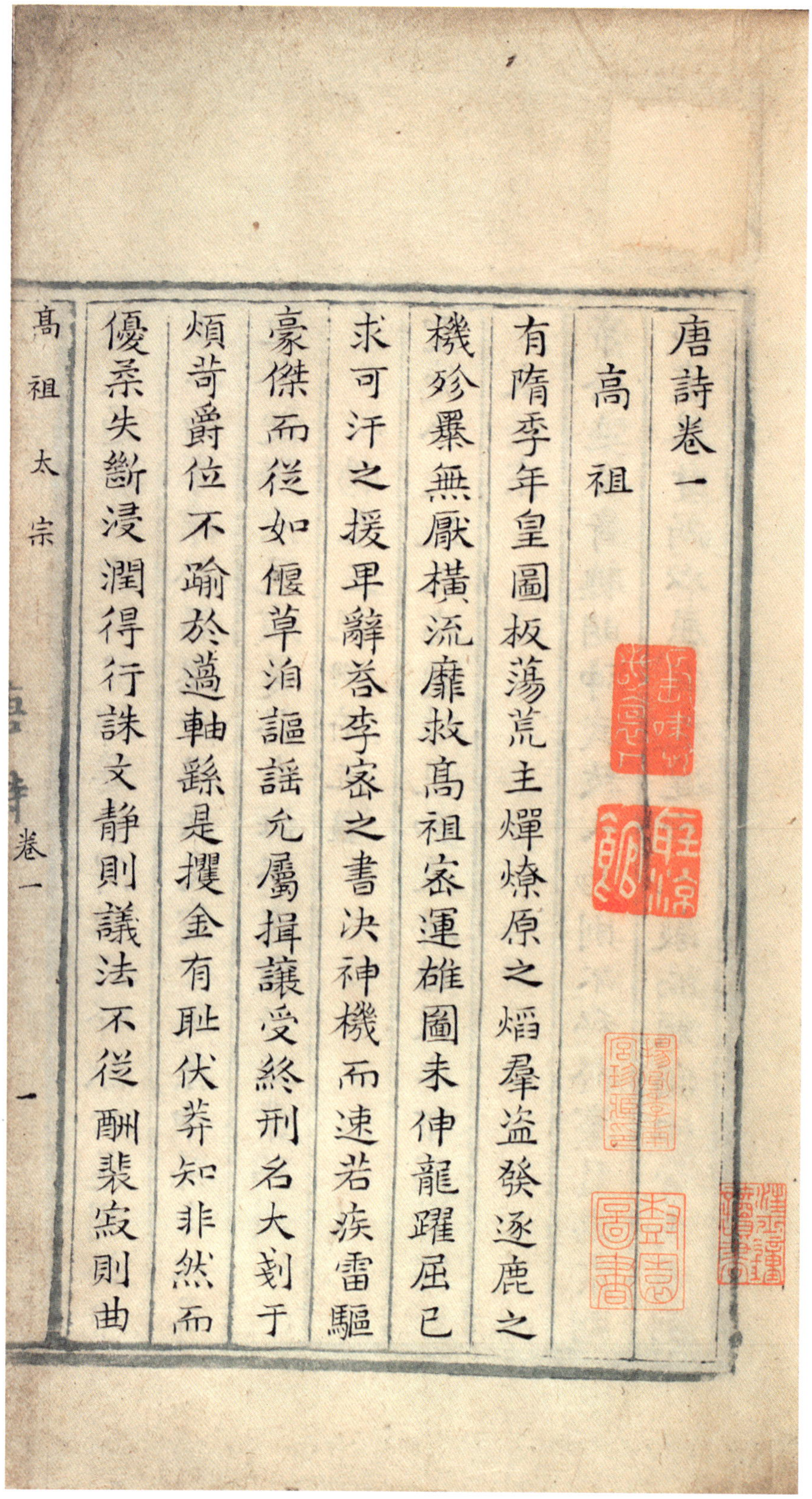

唐詩卷一

高祖

有隋季年皇圖板蕩荒主燀燎原之熖羣盜發逐鹿之機殄纍無厭橫流靡救高祖密運雄圖未伸龍躍屈已求可汗之援卑辭荅李密之書決神機而速若疾雷驅豪傑而從如偃草洎謳謠允屬揖讓受終刑名大剗于煩苛爵位不踰於邁軸繇是攫金有耻伏莽知非然而優柔失斷浸潤得行誅文靜則議法不從酬裴寂則曲

高祖太宗　唐詩　卷一　一

02241 唐詩七百十七卷目録五卷　（清）季振宜輯　稿本

半葉八行，行二十一字，白口，四周雙邊。有"汪士鐘讀書"等印。季振宜、鄧邦述、章鈺跋。國家圖書館藏，存七百十六卷。

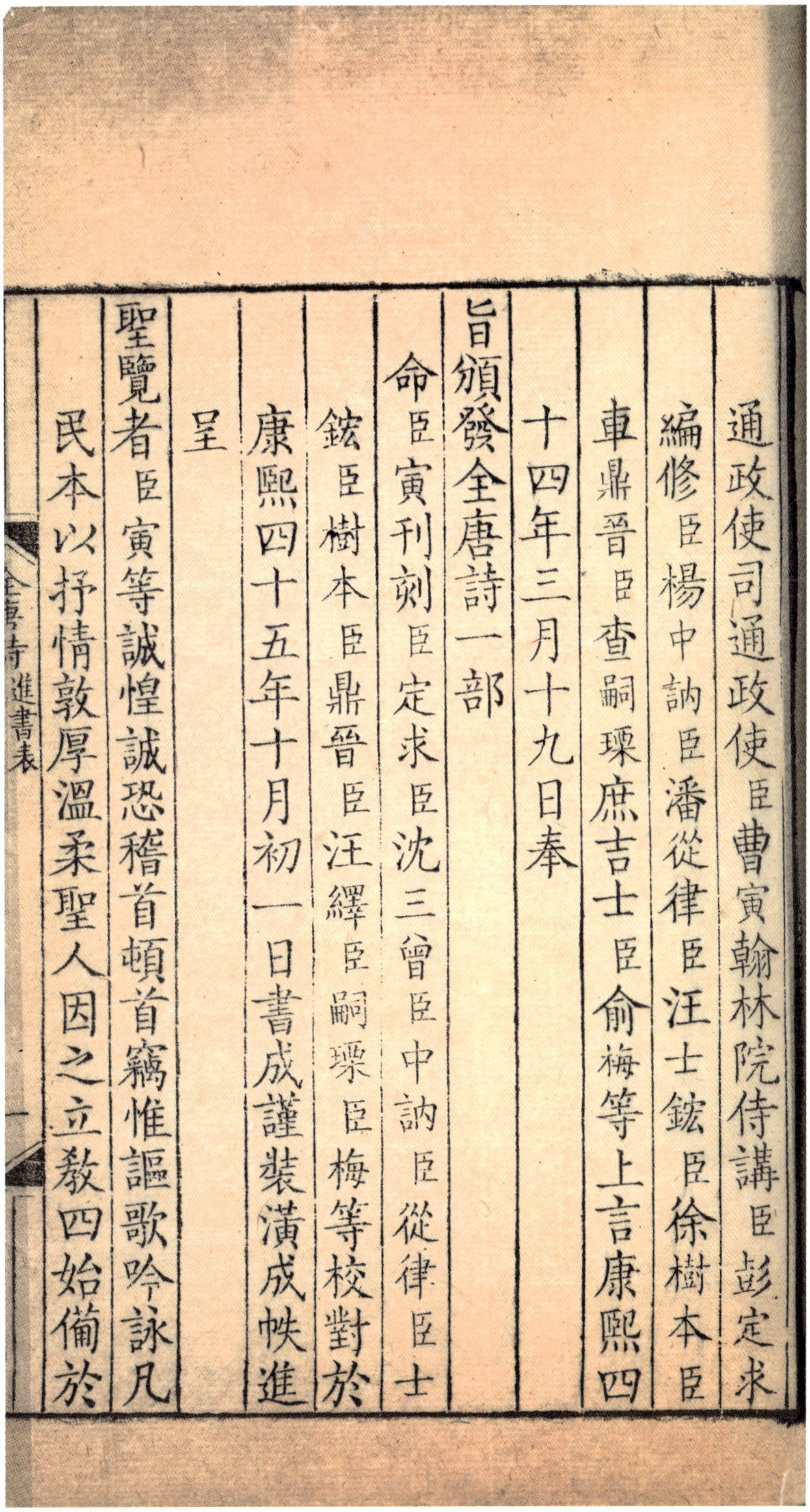
通政使司通政使臣曹寅翰林院侍講臣彭定求
編修臣楊中訥臣潘從律臣汪士鋐臣徐樹本臣
車鼎晉臣查嗣瑮庶吉士臣俞梅等上言康熙四
十四年三月十九日奉
旨頒發全唐詩一部
命臣寅刊刻臣定求臣沈三曾臣中訥臣從律臣士
鋐臣樹本臣鼎晉臣汪繹臣嗣瑮臣梅等校對於
康熙四十五年十月初一日書成謹裝潢成帙進
呈
聖覽者臣寅等誠惶誠恐稽首頓首竊惟謳歌吟詠凡
民本以抒情敦厚溫柔聖人因之立敎四始備於

全唐詩進書表　一

02242 全唐詩九百卷　（清）曹寅等輯　清康熙四十四至四十六年（1705-1707）揚州詩局刻本

匡高16.6厘米，廣11.6厘米。半葉十一行，行二十一字，白口，左右雙邊。

泰州市圖書館藏。

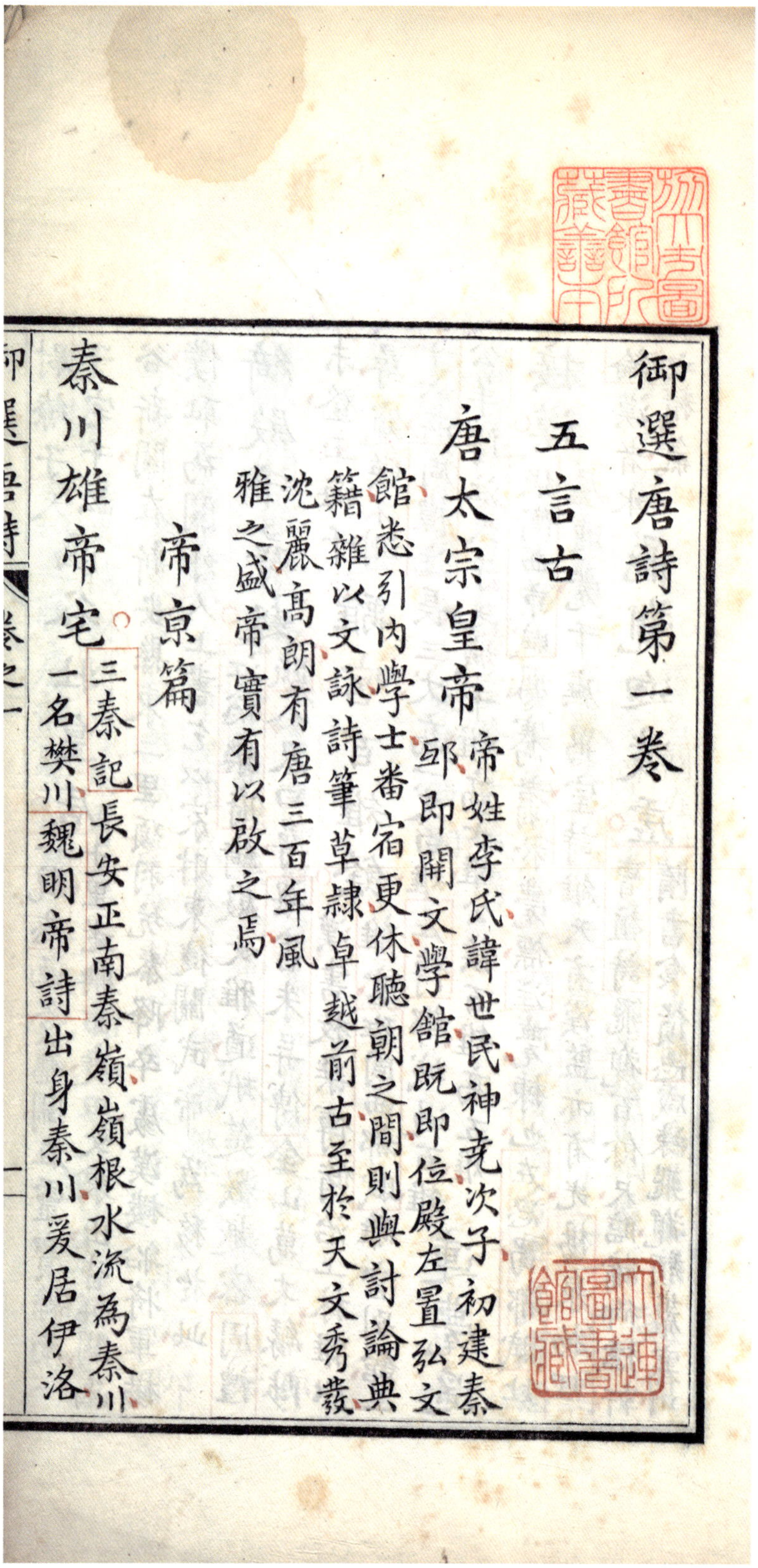
御選唐詩第一卷
五言古
唐太宗皇帝 帝姓李氏諱世民神堯次子初建秦邸即開文學館既即位殿左置弘文館悉引內學士番宿更休聽朝之間則與討論典籍雜以文詠詩筆草隸卓越前古至於天文秀發沈麗高朗有唐三百年風雅之盛帝實有以啟之焉
帝京篇
秦川雄帝宅 三秦記長安正南秦嶺嶺根水流為秦川一名樊川魏明帝詩出身秦川爰居伊洛
御選唐詩 卷之一

02243、02244、02245、02246 御選唐詩三十二卷目録三卷 （清）聖祖玄燁輯 （清）陳廷敬等輯注 清康熙五十二年（1713）内府刻朱墨套印本

匡高19.1厘米，廣12.6厘米。半葉七行，行十七字，白口，四周雙邊。青海省圖書館藏；大連圖書館藏；山東師範大學圖書館藏，有“真州吳氏有福讀書堂藏書”、“徐衡之印”等印；湖南師範大學圖書館藏，有“杭州王氏九峰舊廬藏書之章”、“琅園秘笈”等印。

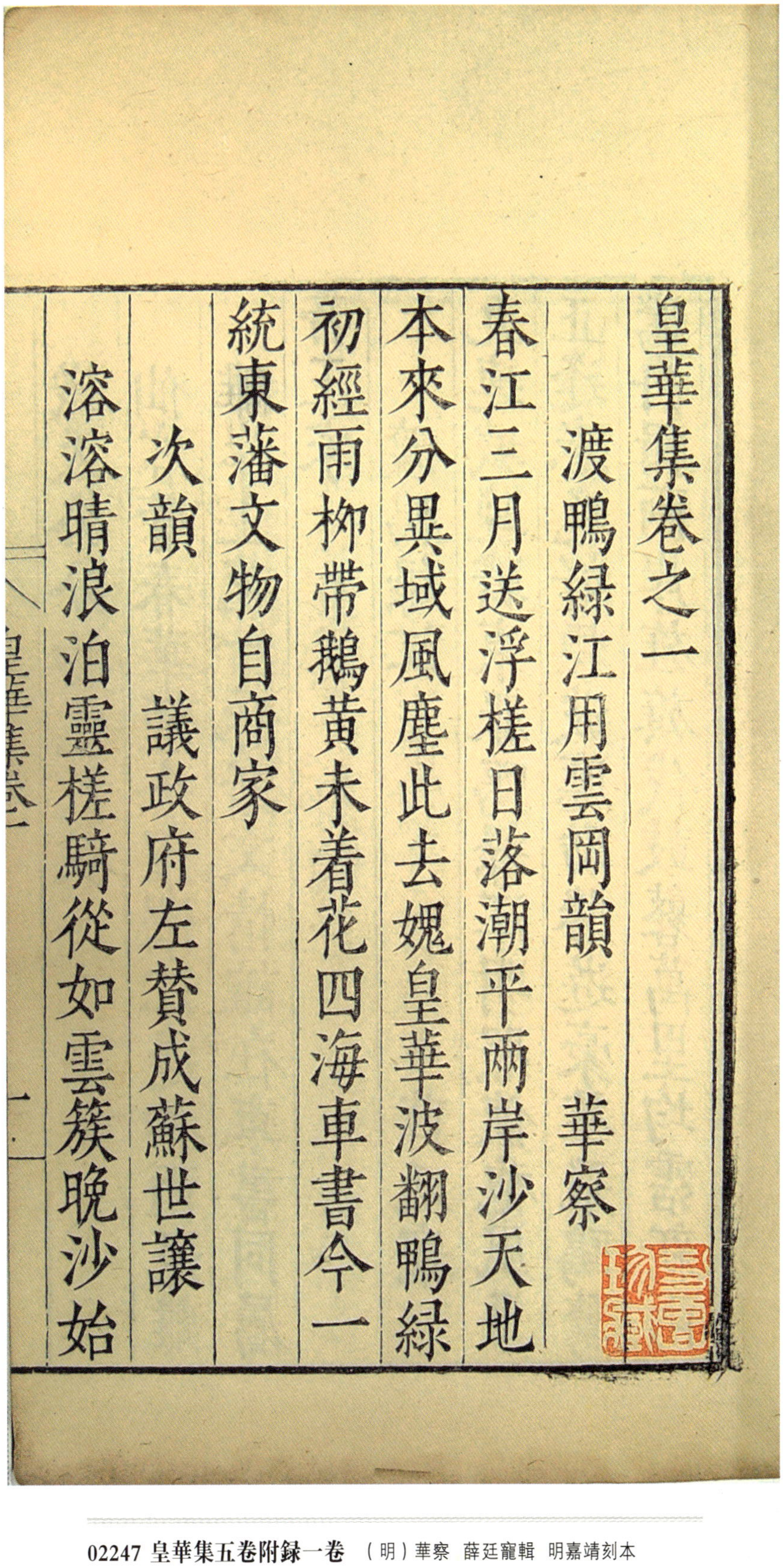
皇華集卷之一
渡鴨緑江用雲岡韻　華察
春江三月送浮槎日落潮平兩岸沙天地
本來分異域風塵此去媿皇華波翻鴨緑
初經雨柳帶鵝黃未着花四海車書今一
統東藩文物自商家
次韻　議政府左賛成蘇世讓
溶溶晴浪泊靈槎騎從如雲簇晚沙始

02247 皇華集五卷附録一卷　（明）華察　薛廷寵輯　明嘉靖刻本

匡高19.2厘米，廣13.2厘米。半葉八行，行十六字，白口，左右雙邊。沈仲亨跋。南京市博物館藏。

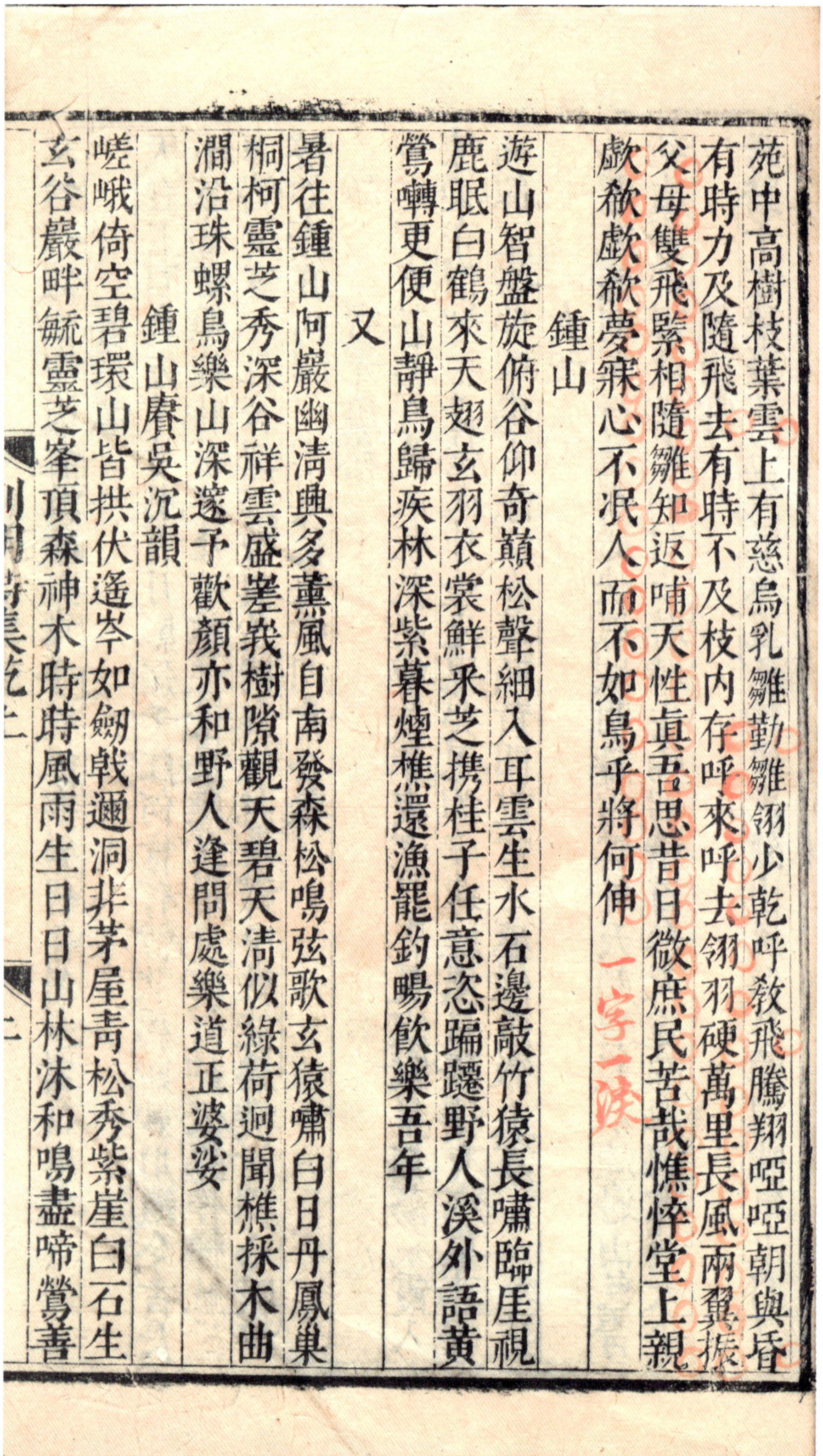

苑中高樹枝葉雲上有慈烏乳雛勤雛翎少乾呼敎飛騰翔啞啞朝與昏
有時力及隨飛去有時不及枝内存呼來呼去翎羽硬萬里長風兩翼振
父母雙飛緊相隨雛知返哺天性真吾思昔日微庶民苦哉憔悴堂上親
歔欷歔欷夢寐心不泯人而不如烏乎將何伸

鍾山

遊山智盤旋俯谷仰奇巔松聲細入耳雲生水石邊敲竹猿長嘯臨崖視
鹿眠白鶴來天翅玄羽衣裳鮮采芝携桂子任意恣蹁躚野人溪外語黃
鶯囀更便山靜鳥歸疾林深紫暮煙樵還漁罷釣暢飲樂吾年

又

暑往鍾山阿巖幽清興多薰風自南發森松鳴弦歌玄猿嘯白日丹鳳巢
桐柯靈芝秀深谷祥雲盛嵳峩樹隙觀天碧天清似緑荷迴聞樵採木曲
澗沿珠螺鳥樂山深遂予歡顔亦和野人逢問處樂道正婆娑

鍾山賡吳沉韻

嵯峨倚空碧環山皆拱伏遥岑如劒戟邇洞非茅屋青松秀紫崖白石生
玄谷巖畔毓靈芝峯頂森神木時時風雨生日日山林沐和鳴盡啼鶯善

列朝詩集乾之二　二

02248 列朝詩集八十一卷　（明）錢謙益輯　清順治汲古閣刻本

匡高20.5厘米，廣13.2厘米。半葉十五行，行二十八字，白口，四周雙邊。

泰州市圖書館藏。

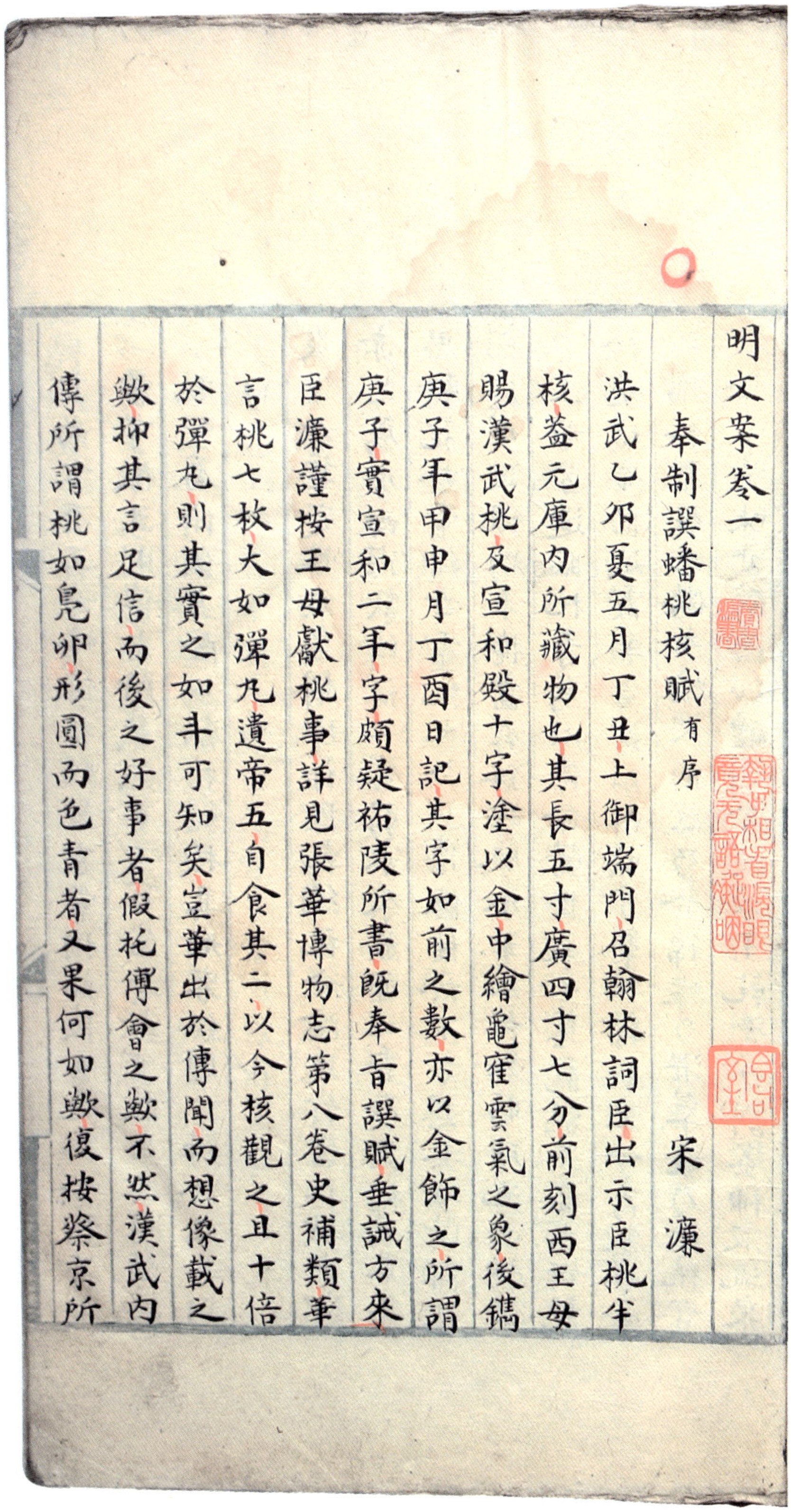

明文案卷一

奉制譔蟠桃核賦有序　宋濂

洪武乙卯夏五月丁丑上御端門召翰林詞臣出示臣桃半核蓋元庫內所藏物也其長五寸廣四寸七分前刻西王母賜漢武桃及宣和殿十字塗以金中繪龜鶴雲氣之象後鐫庚子年甲申月丁酉日記其字如前之數亦以金飾之所謂庚子實宣和二年字頗疑祐陵所書既奉旨譔賦垂誡方來臣濂謹按王母獻桃事詳見張華博物志第八卷史補類華言桃七枚大如彈丸遺帝五自食其二以今核觀之且十倍於彈丸則其實之如斗可知矣豈華出於傳聞而想像載之歟抑其言足信而後之好事者假托傅會之歟不然漢武內傳所謂桃如鵝卵形圓而色青者又果何如歟復按蔡京所

02249 明文案二百十七卷　（清）黄宗羲輯　清抄本

半葉十二行，行二十三至二十四字，藍格，藍口，左右雙邊。有"蕭山朱鼎照收藏書籍"等印。寧波市天一閣博物館藏，存一百八十八卷。

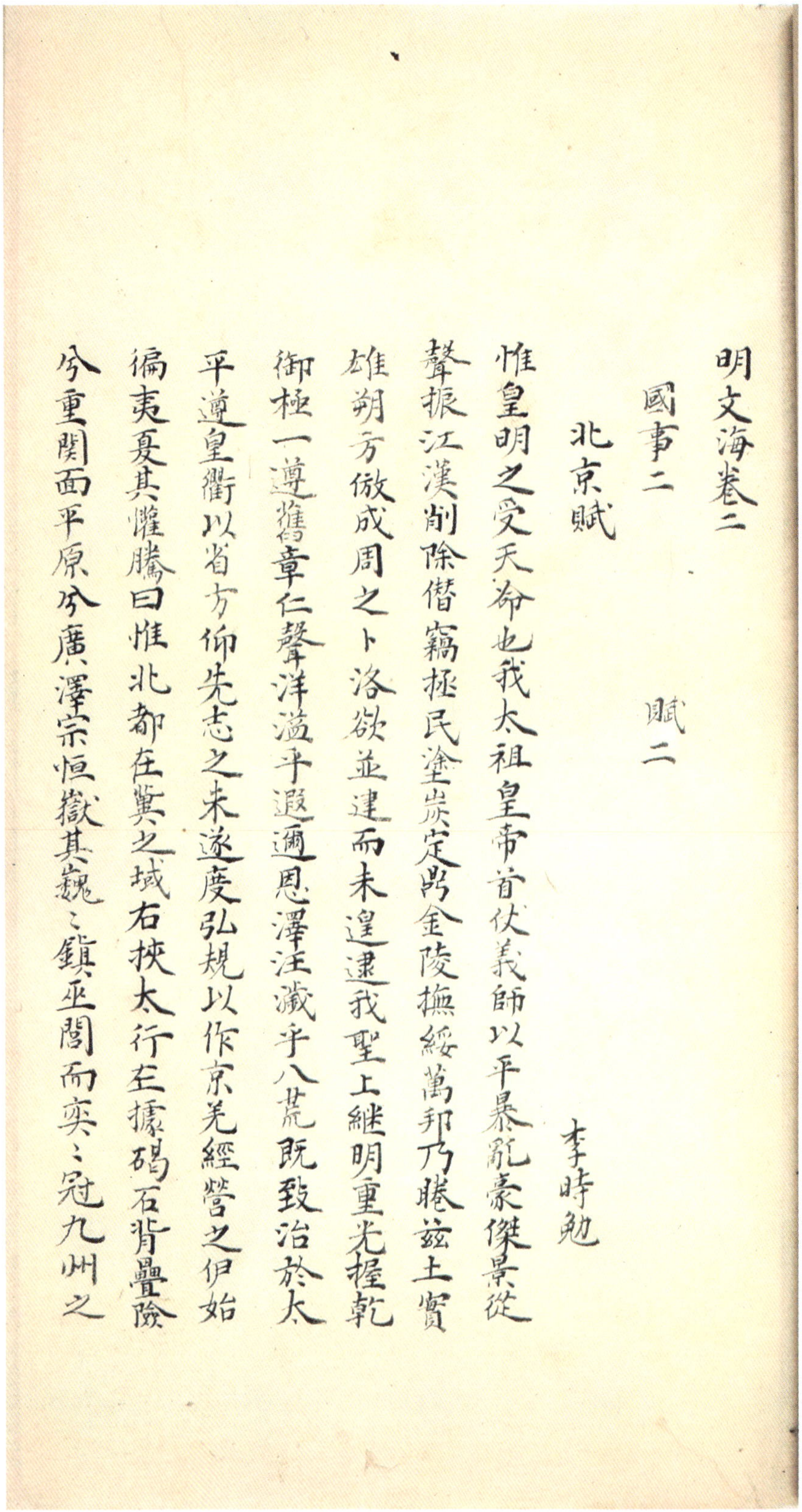

明文海卷二
國事二　　賦二
北京賦　　李時勉
惟皇明之受天命也我太祖皇帝首伏義師以平暴亂豪傑景從
聲振江漢削除僭竊拯民塗炭定鼎金陵撫綏萬邦乃睠茲上實
雄朔方倣成周之卜洛欲並建而未遑逮我聖上繼明重光握乾
御極一遵舊章仁聲洋溢乎遐邇恩澤汪濊乎八荒既致治於太
平遵皇衢以省方仰先志之未遂度弘規以作京羌經營之伊始
偏夷夏其攡騰曰惟北都在冀之域右挾太行左據碣石背疊險
兮重關面平原兮廣澤宗恒嶽其巍巍鎮巫閭而奕奕冠九州之

02250 明文海四百八十二卷　（清）黄宗羲輯　清初抄本

半葉十行，行二十五至二十六字。浙江圖書館藏，存四百七十三卷。

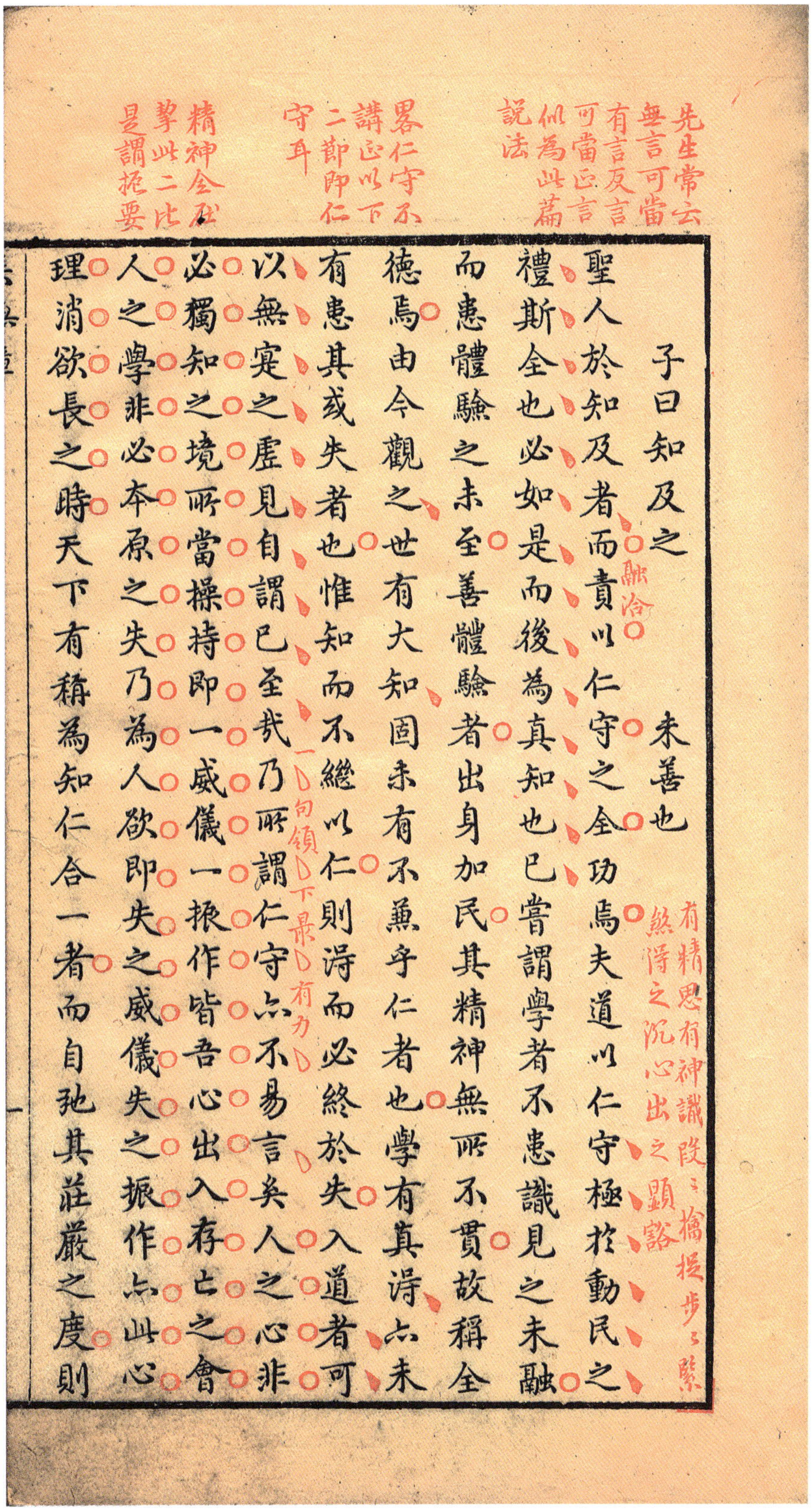
先生常云無言可當有言反言可當正言何為此篇說法

畧仁守不講正以下二節即仁守耳

精神全在挈此二比是謂扼要

子曰知及之　　　　　　　　未善也

聖人於知及者而責以仁守之全功焉夫道以仁守極於動民之

禮斯全也必如是而後為真知也已嘗謂學者不患識見之未融

而患體驗之未至善體驗者出身加民其精神無所不貫故稱全

德焉由今觀之世有大知固未有不兼乎仁者也學有真得亦未

有患其或失者也惟知而不繼以仁則得而必終於失入道者可

以無寔之虛見自謂已至哉乃所謂仁守亦不易言矣人之心非

必獨知之境所當操持即一威儀一振作皆吾心出入存亡之會

人之學非必本原之失乃為人欲即失之威儀失之振作亦此心

理消欲長之時天下有稱為知仁合一者而自弛其莊嚴之度則

融洽

一句領下最有力

有精思有神識段段擒提步步緊

絲絲得之沉心出之顯豁

02251 九會元集九卷　（明）吳默　湯賓尹等撰　（明）閔齊華輯　明天啟元年（1621）閔齊華刻朱墨套印本

匡高20.4厘米，廣12.5厘米。半葉十行，行二十五字，白口，四周單邊。無錫市圖書館藏。

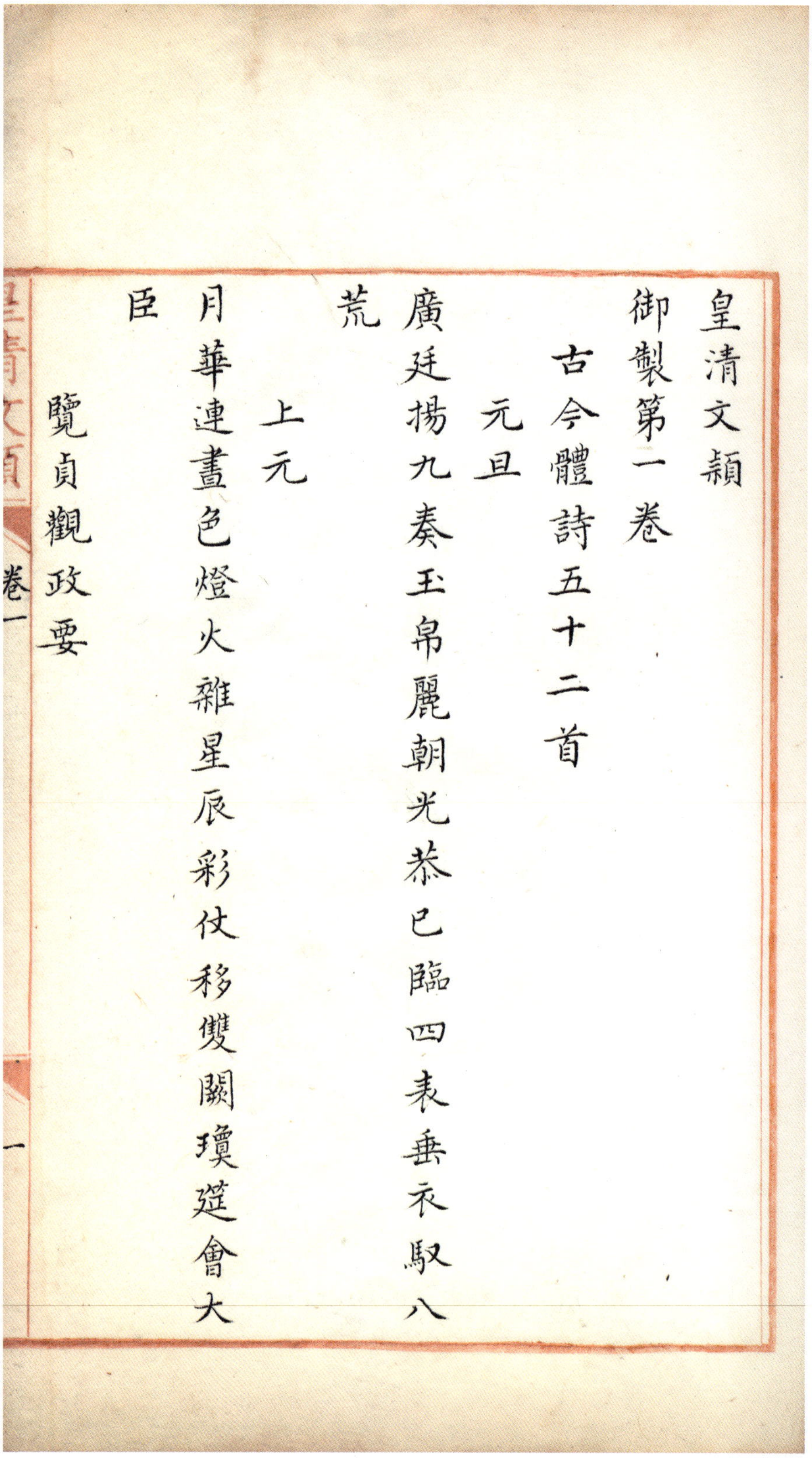
皇清文頴
御製第一卷
古今體詩五十二首
元旦
廣廷揚九奏玉帛麗朝光恭巳臨四表垂衣馭八
荒
上元
月華連畫色燈火雜星辰彩仗移雙闕瓊筵會大
臣
覽貞觀政要

02252 皇清文頴六十卷總目二卷 （清）陳廷敬 王鴻緒輯 清康熙五十一年（1712）内府抄本

匡高18.9厘米，廣14.1厘米。半葉十行，行十九字，白口，左右雙邊。大連圖書館藏。

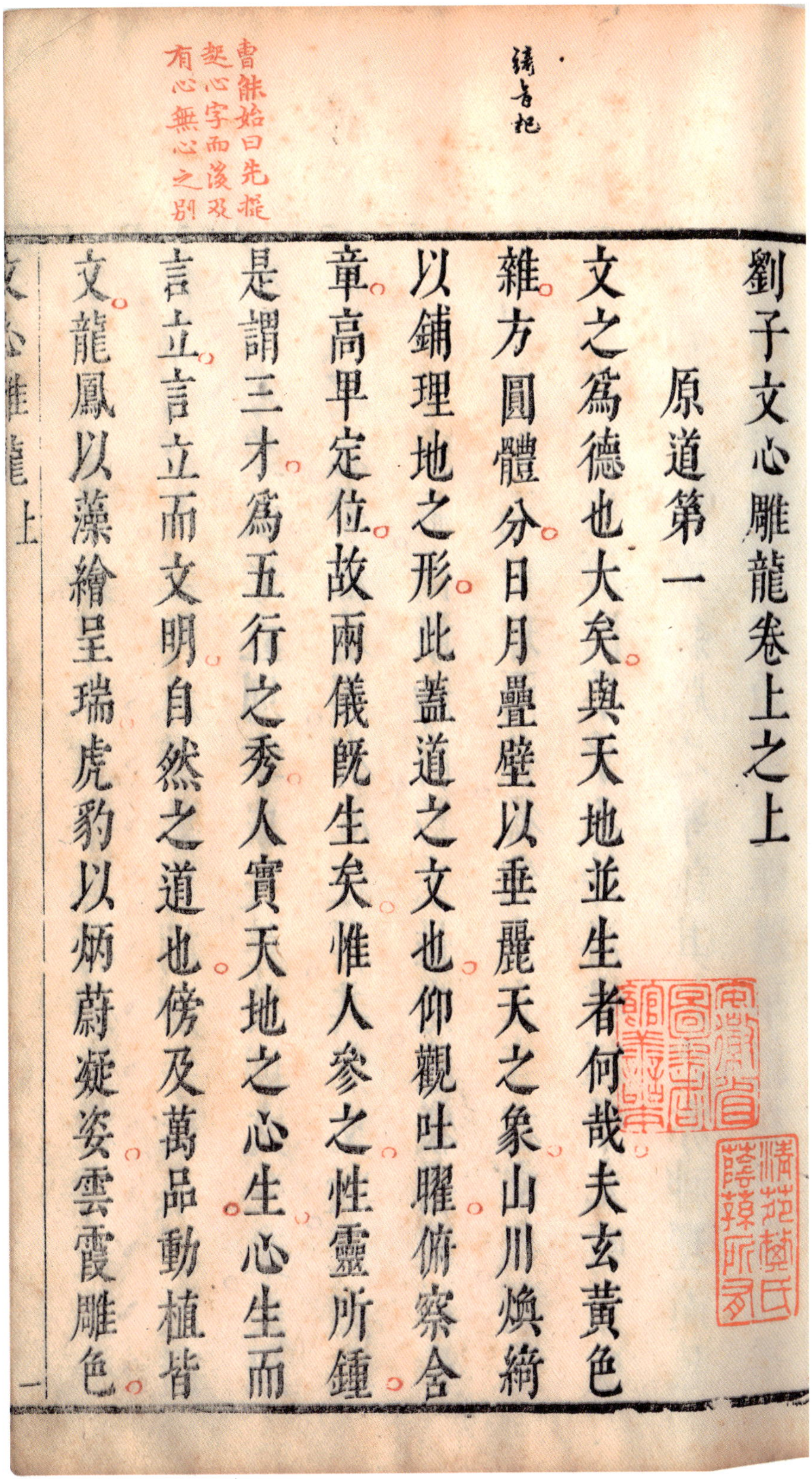

曹能始曰先提契心字而後及有心無心之別

劉子文心雕龍卷上之上

原道第一

文之爲德也大矣與天地並生者何哉夫玄黃色雜方圓體分日月疊璧以垂麗天之象山川煥綺以鋪理地之形此蓋道之文也仰觀吐曜俯察含章高卑定位故兩儀既生矣惟人參之性靈所鍾是謂三才爲五行之秀人實天地之心生心生而言立言立而文明自然之道也傍及萬品動植皆文龍鳳以藻繪呈瑞虎豹以炳蔚凝姿雲霞雕色

文心雕龍上　一

02253、02254、02255 劉子文心雕龍二卷 （梁）劉勰撰 （明）楊慎 曹學佺等批點 **注二卷** （明）梅慶生撰 明閔繩初刻五色套印本

匡高20.3厘米，廣14.5厘米。半葉九行，行十九字，白口，四周單邊。安徽省博物館藏，有“曹學佺”等印；安徽省圖書館藏，有“廷霖之章”等印；遼寧省圖書館藏。

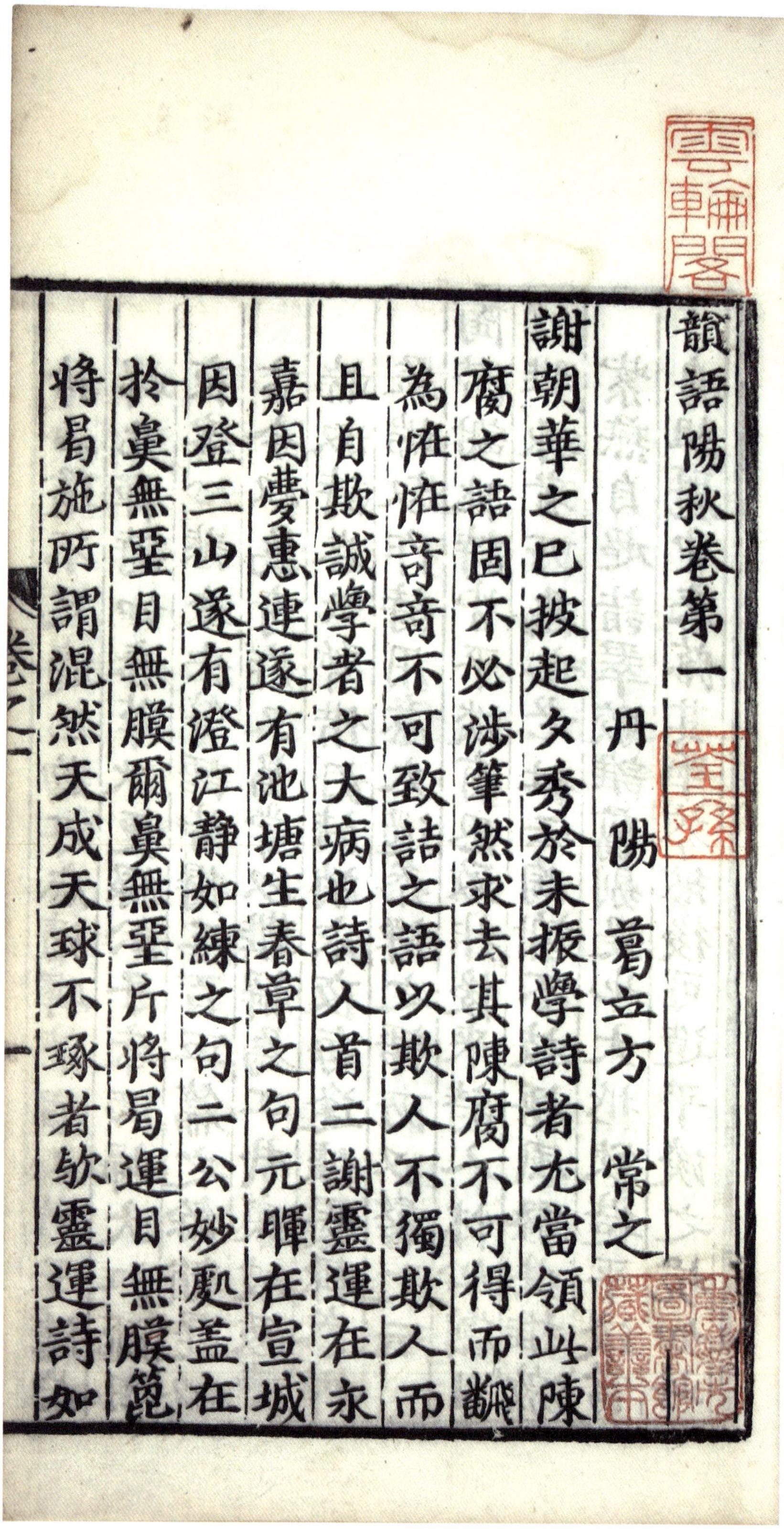
韻語陽秋卷第一
丹陽　葛立方　常之
謝朝華之已披起夕秀於未振學詩者尤當領此陳
腐之語固不必涉筆然求去其陳腐不可得而飜
為恠恠奇奇不可致詰之語以欺人不獨欺人而
且自欺誠學者之大病也詩人首二謝靈運在永
嘉因夢惠連遂有池塘生春草之句元暉在宣城
因登三山遂有澄江靜如練之句二公妙處蓋在
於鼻無堊目無膜爾鼻無堊斤將曷運目無膜篦
將曷施所謂混然天成天球不琢者歟靈運詩如

02256、02257 韻語陽秋二十卷　（宋）葛立方撰　明正德二年（1507）葛諶刻本

匡高20.4厘米，廣14.5厘米。半葉十行，行二十字，白口，左右雙邊。安徽省圖書館藏，李流芳跋；重慶圖書館藏，有“荃蓀”、“雲輪閣”等印。

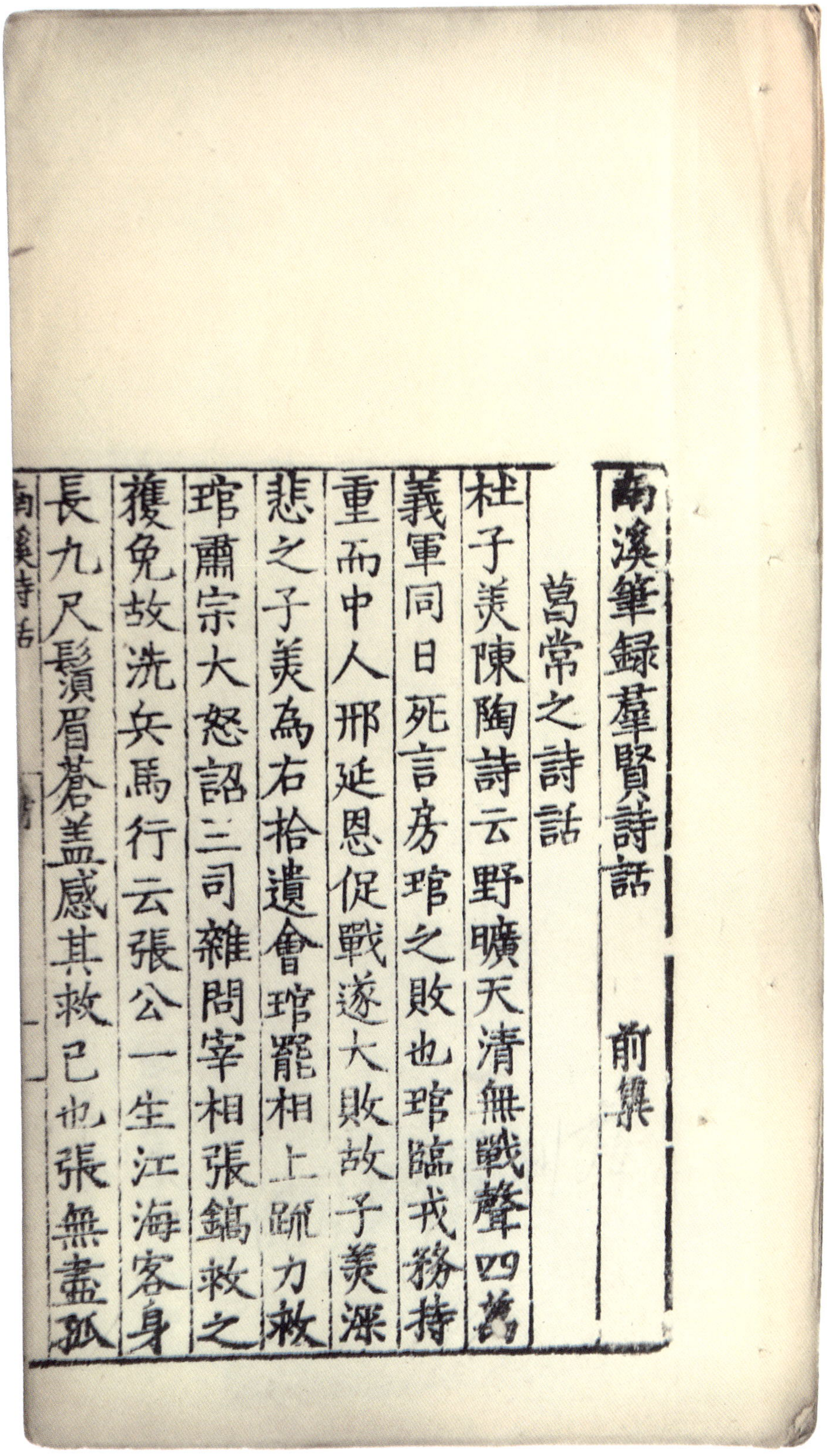

南溪筆録羣賢詩話　前集

葛常之詩話

杜子美陳陶詩云野曠天清無戰聲四萬義軍同日死言房琯之敗也琯臨戎務持重而中人邢延恩促戰遂大敗故子美深悲之子美為右拾遺會琯罷相上疏力救琯肅宗大怒詔三司雜問宰相張鎬救之獲免故洗兵馬行云張公一生江海客身長九尺鬚眉蒼盖感其救已也張無盡孤

南溪詩話　一

02258 南溪筆録羣賢詩話前集一卷後集一卷續集一卷　（明）王昶輯　明正德五年（1510）程啟充刻本

匡高16.2厘米，廣12.4厘米。半葉九行，行十六字，白口，四周單邊。湖南師範大學圖書館藏。

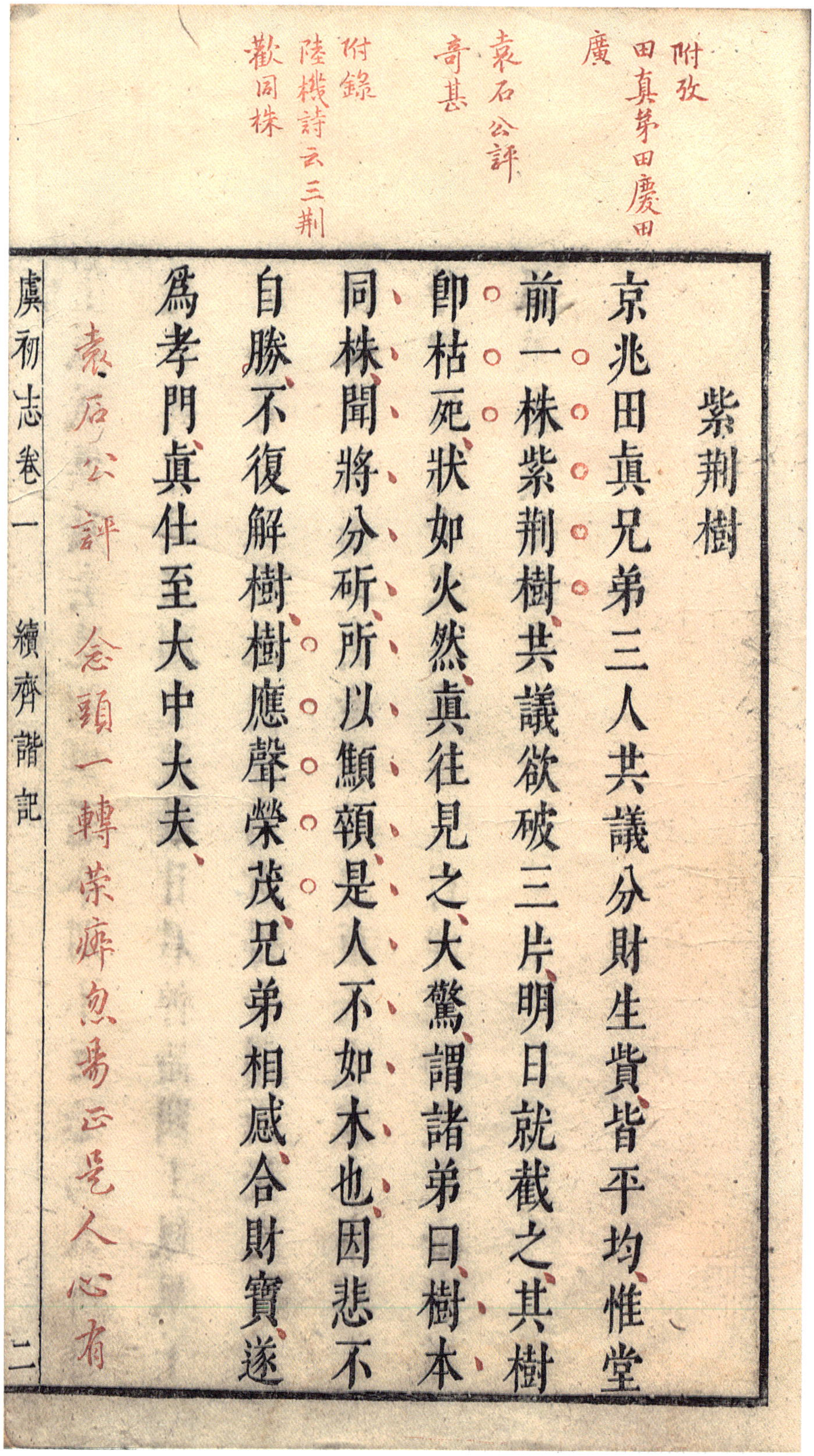

附攷
田眞弟田慶田廣

袁石公評
奇甚

附錄
陸機詩云三荊歡同株

紫荊樹

京兆田眞兄弟三人共議分財生貲皆平均惟堂前一株紫荊樹共議欲破三片明日就截之其樹即枯死狀如火然眞往見之大驚謂諸弟曰樹本同株聞將分斫所以顦顇是人不如木也因悲不自勝不復解樹樹應聲榮茂兄弟相感合財寶遂爲孝門眞仕至大中大夫

袁石公評 念頭一轉榮瘁忽易正是人心有

虞初志卷一 續齊諧記 二

02259、02260 虞初志七卷 （明）袁宏道評 明凌性德刻朱墨套印本

匡高21.4厘米，廣14.4厘米。半葉八行，行十九字，白口，四周單邊。南京師範大學圖書館藏，有“致德堂珍藏”等印；無錫市圖書館藏。

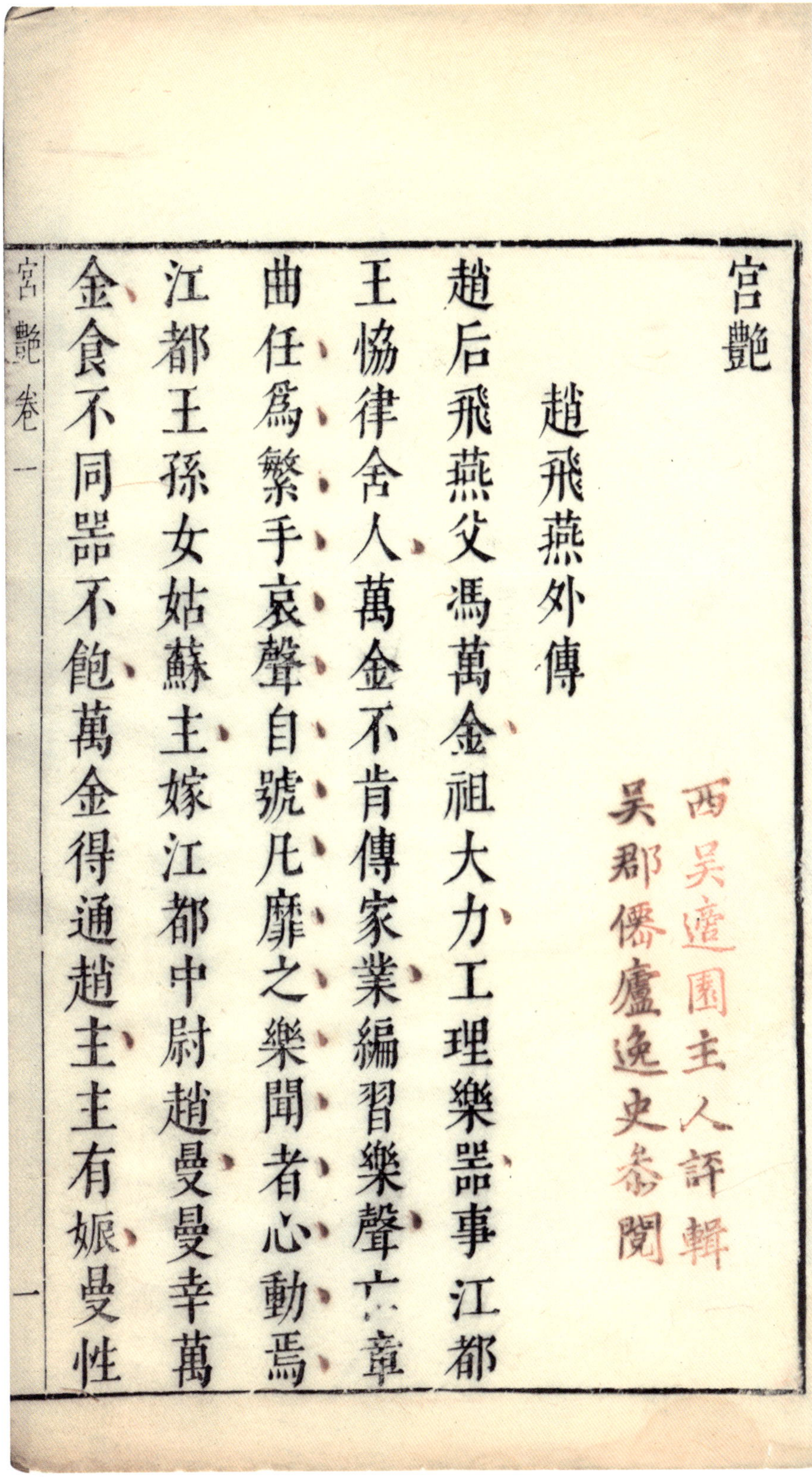

宮艷

趙飛燕外傳

西吳適園主人評輯
吳郡僊廬逸史參閱

趙后飛燕父馮萬金祖大力工理樂器事江都
王協律舍人萬金不肯傳家業編習樂聲亡章
曲任爲繁手哀聲自號凡靡之樂聞者心動焉
江都王孫女姑蘇主嫁江都中尉趙曼曼幸萬
金食不同器不飽萬金得通趙主主有娠曼性

宮艷 卷一 一

02261 宮艷二卷 題（明）適園主人輯并評 明刻套印本

匡高20厘米，廣14.4厘米。半葉八行，行十八字，白口，四周單邊。南京圖書館藏。

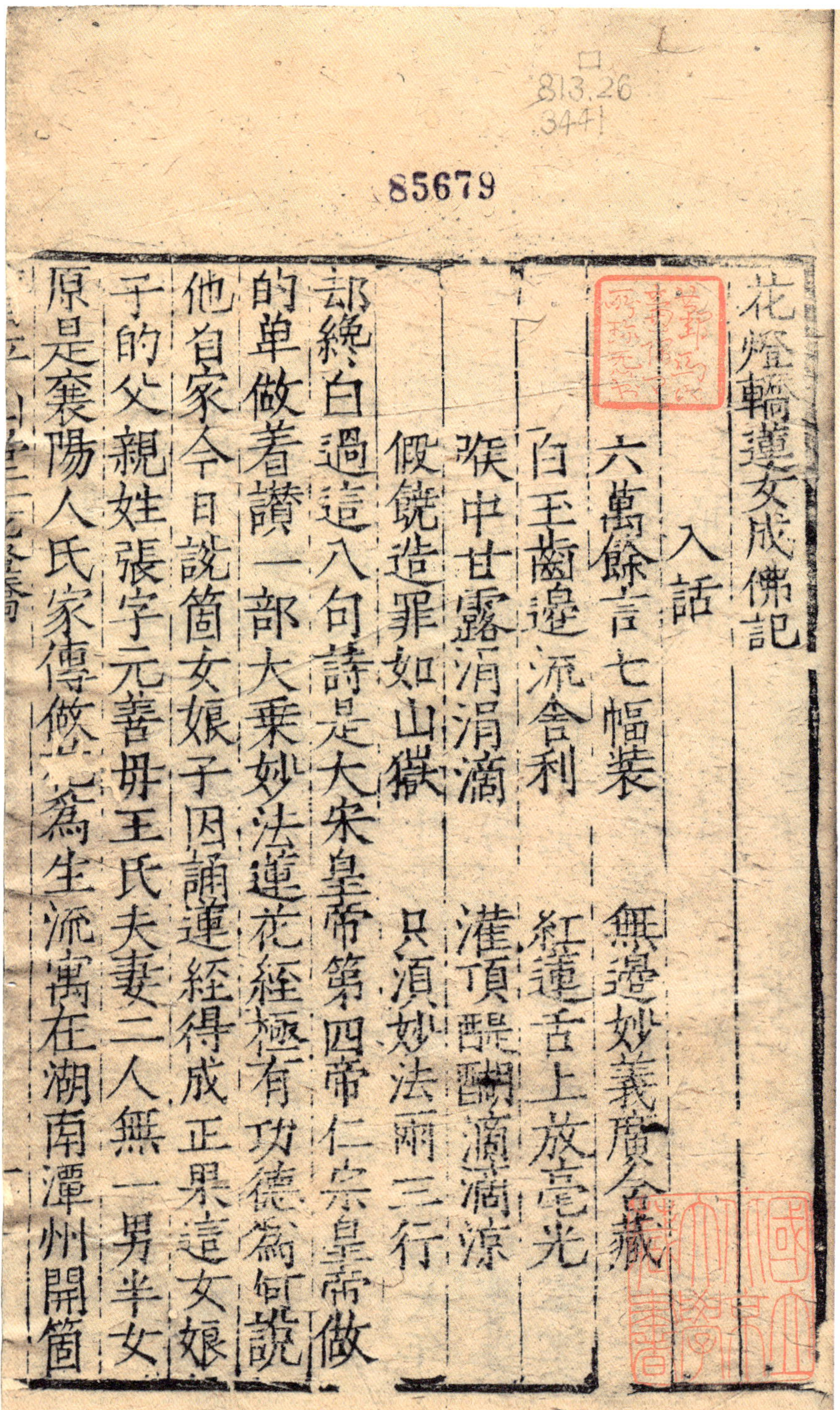
花燈轎蓮女成佛記
入話
六萬餘言七幅裝　無邊妙義廣含藏
白玉齒邊流舍利　紅蓮舌上放毫光
喉中甘露涓涓滴　灌頂醍醐滴滴涼
假饒造罪如山嶽　只消妙法兩三行
說纔白過這八句詩是大宋皇帝第四帝仁宗皇帝做
的單做着讚一部大乘妙法蓮花經極有功德為何說
他自家今日說箇女娘子因誦蓮經得成正果這女娘
子的父親姓張字元善母王氏夫妻二人無一男半女
原是襄陽人氏家傳做□為生流寓在湖南潭州開箇

02262 清平山堂話本二集十二種　（明）洪楩輯　明清平山堂刻本

匡高16.4厘米，廣12.7厘米。半葉十一行，行二十一字，白口，四周單邊。北京大學圖書館藏。

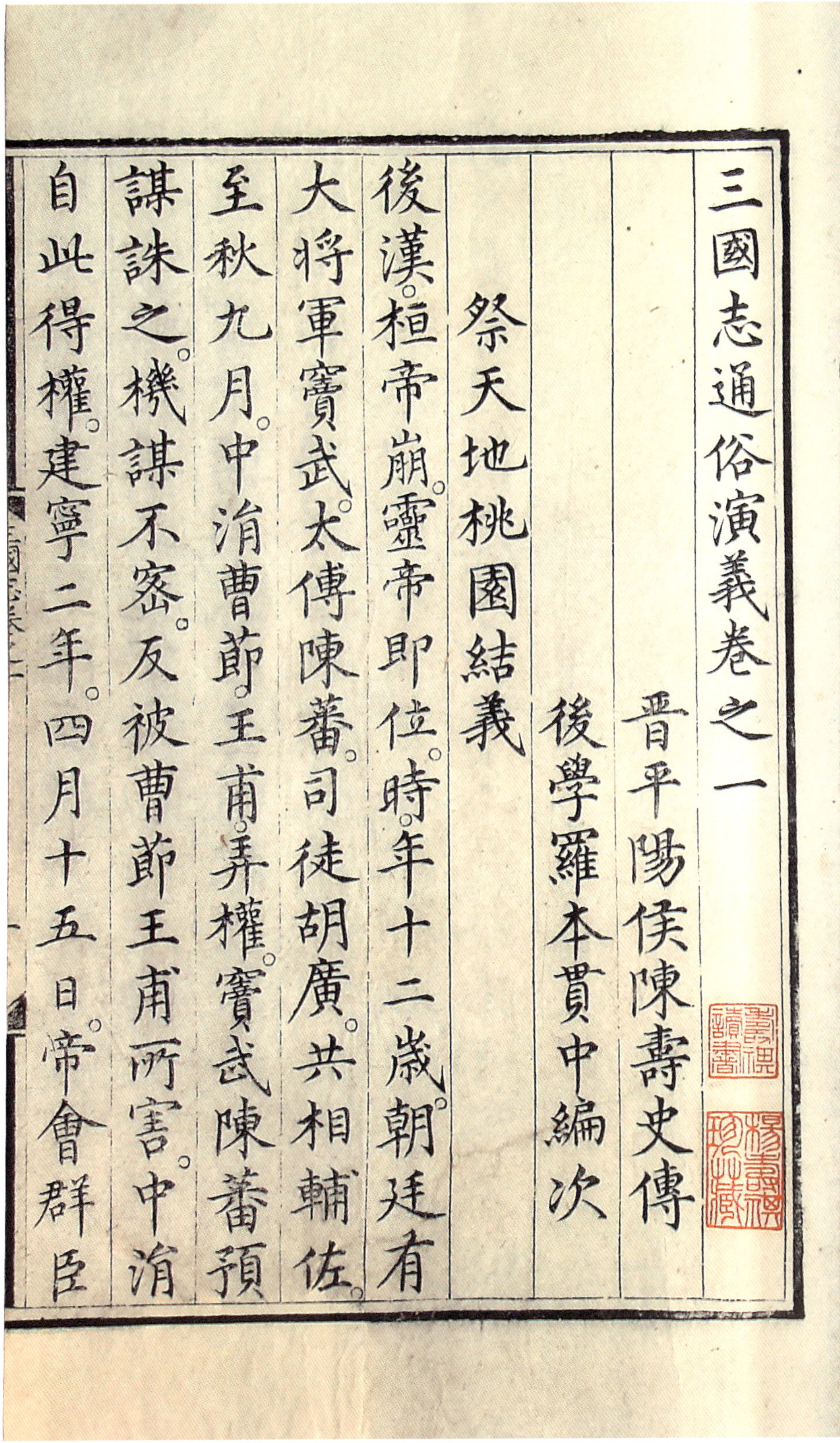

三國志通俗演義卷之一
晋平陽侯陳壽史傳
後學羅本貫中編次
祭天地桃園結義
後漢桓帝崩靈帝即位時年十二歲朝廷有大將軍竇武太傅陳蕃司徒胡廣共相輔佐至秋九月中涓曹節王甫弄權竇武陳蕃預謀誅之機謀不密反被曹節王甫所害中涓自此得權建寧二年四月十五日帝會群臣

02263 三國志通俗演義二十四卷 （明）羅本撰 明嘉靖元年（1522）刻本

匡高24.2厘米，廣16.1厘米。半葉九行，行十七字，黑口，四周雙邊。有“楊壽祺珍藏”、“陶蘭泉”等印。甘肅省圖書館藏。

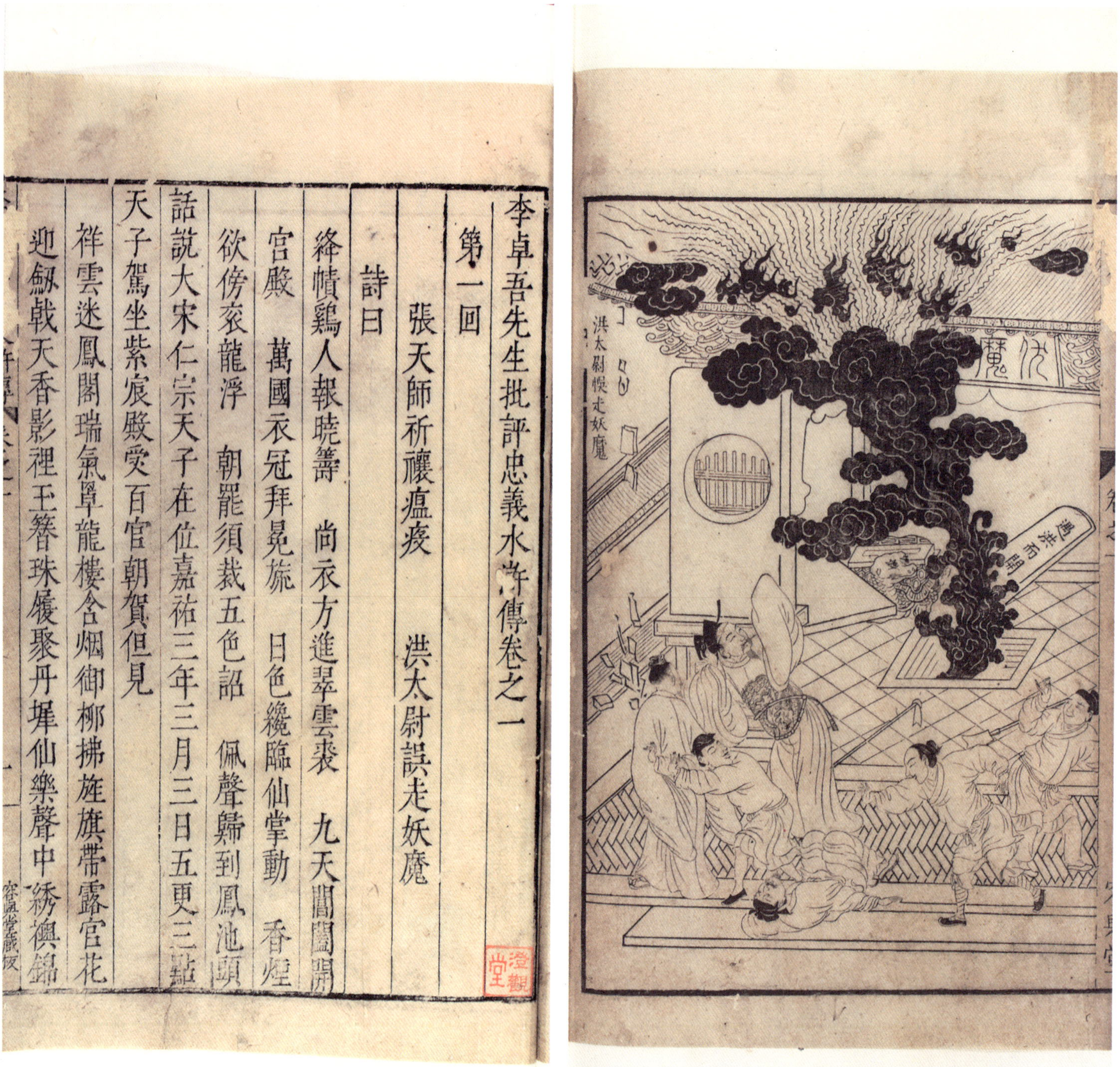
李卓吾先生批評忠義水滸傳卷之一
第一回　張天師祈禳瘟疫　洪太尉誤走妖魔
詩曰
絳幘鷄人報曉籌　尚衣方進翠雲裘　九天閶闔開
宮殿　萬國衣冠拜冕旒　日色纔臨仙掌動　香煙
欲傍衮龍浮　朝罷須裁五色詔　佩聲歸到鳳池頭
話說大宋仁宗天子在位嘉祐三年三月三日五更三點
天子駕坐紫宸殿受百官朝賀但見
祥雲迷鳳閣瑞氣罩龍樓含烟御柳拂旌旗帶露宮花
迎劒戟天香影裡玉簪珠履聚丹墀仙樂聲中綉襖錦
容與堂藏版

02264 李卓吾先生批評忠義水滸傳一百卷引首一卷　（元）施耐庵撰　（明）李贄評　明容與堂刻本

匡高21.3厘米，廣14.4厘米。半葉十一行，行二十二字，白口，四周單邊。有“澄觀堂”等印。國家圖書館藏。

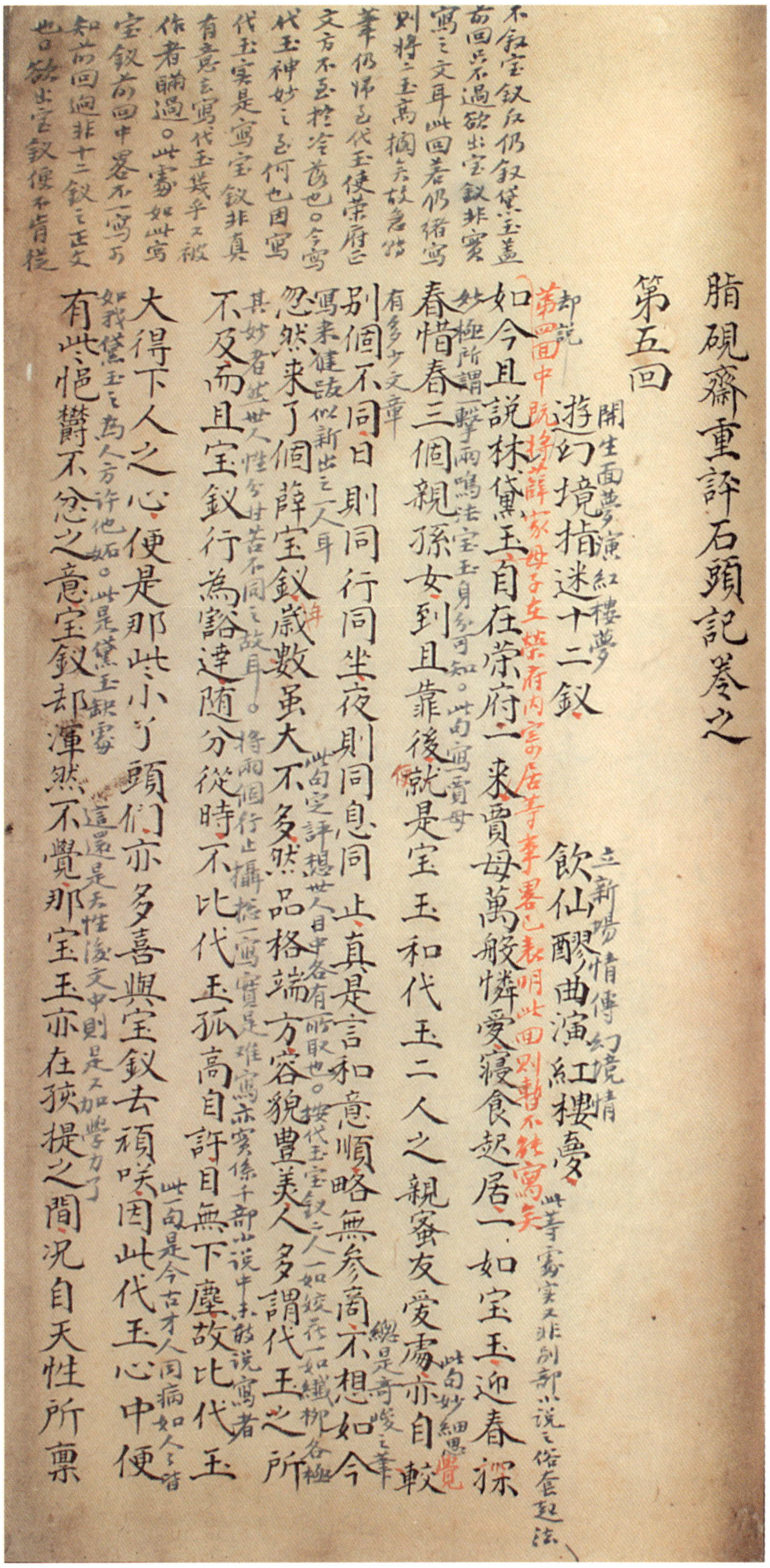

不叙宝釵反仍叙黛玉蓋前回只不過欲出宝釵非實寫之文耳此回若仍續寫則將二玉高擱矣故急轉筆仍歸至代玉使榮府正文方不至於冷落也。今寫代玉神妙之至何也因寫代玉實是寫宝釵非真有意之寫代玉幾乎又被作者瞞過。此處如此寫宝釵前回中略不一寫可知前回迥非十二釵之正文也。欲出宝釵便不肯從

脂硯齋重評石頭記卷之

第五回

遊幻境指迷十二釵　飲仙醪曲演紅樓夢

如今且說林黛玉自在榮府一來賈母萬般憐愛寢食起居一如宝玉迎春探春惜春三個親孫女到且靠後就是宝玉和代玉二人之親密友愛處亦自較別個不同日則同行同坐夜則同息同止真是言和意順略無參商不想如今忽然來了個薛宝釵歲數雖大不多然品格端方容貌豐美人多謂代玉之所不及而且宝釵行為豁達隨分從時不比代玉孤高自許目無下塵故比代玉大得下人之心便是那些小丫頭們亦多喜與宝釵去頑笑因此代玉心中便有些悒鬱不忿之意宝釵卻渾然不覺那宝玉亦在孩提之間況自天性所稟

02265 脂硯齋重評石頭記八十回　（清）曹霑撰　題（清）脂硯齋主人評　清抄本（第二十一至三十回佚名抄補）

匡高22厘米，廣13厘米。半葉十至十一行，行二十五至三十字。國家圖書館藏，存五十回。

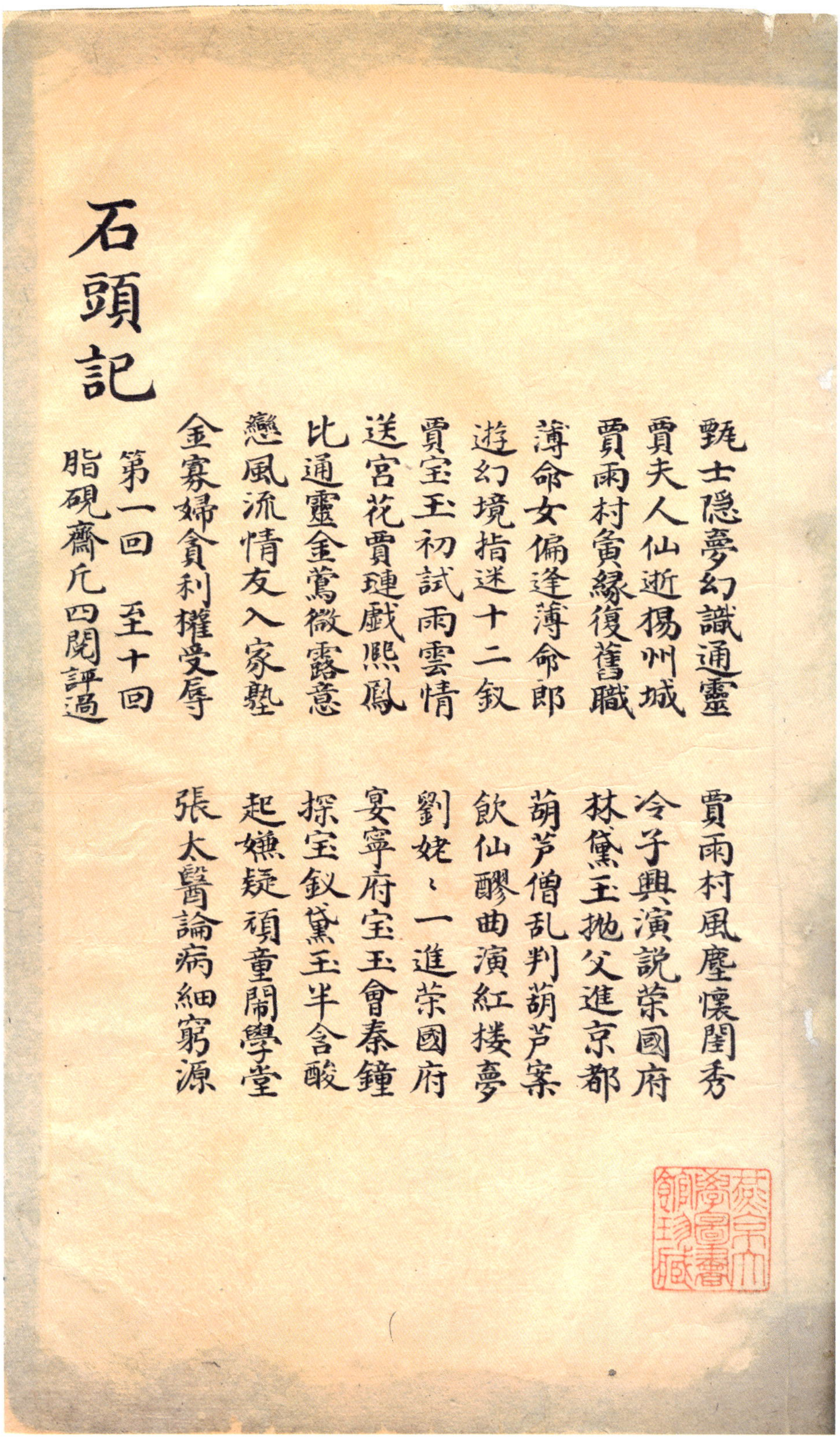

石頭記

甄士隱夢幻識通靈　賈雨村風塵懷閨秀
賈夫人仙逝揚州城　冷子興演説榮國府
賈雨村寅緣復舊職　林黛玉拋父進京都
薄命女偏逢薄命郎　葫芦僧乱判葫芦案
遊幻境指迷十二釵　飲仙醪曲演紅樓夢
賈宝玉初試雨雲情　劉姥〻一進榮國府
送宮花賈璉戲熙鳳　宴寧府宝玉會秦鐘
比通靈金鶯微露意　探宝釵黛玉半含酸
戀風流情友入家塾　起嫌疑頑童鬧學堂
金寡婦貪利權受辱　張太醫論病細窮源

第一回　至十回
脂硯齋凡四閱評過

02266 脂硯齋重評石頭記八十回　（清）曹霑撰　題（清）脂硯齋主人評　清抄本

北京大學圖書館藏，存七十八回。

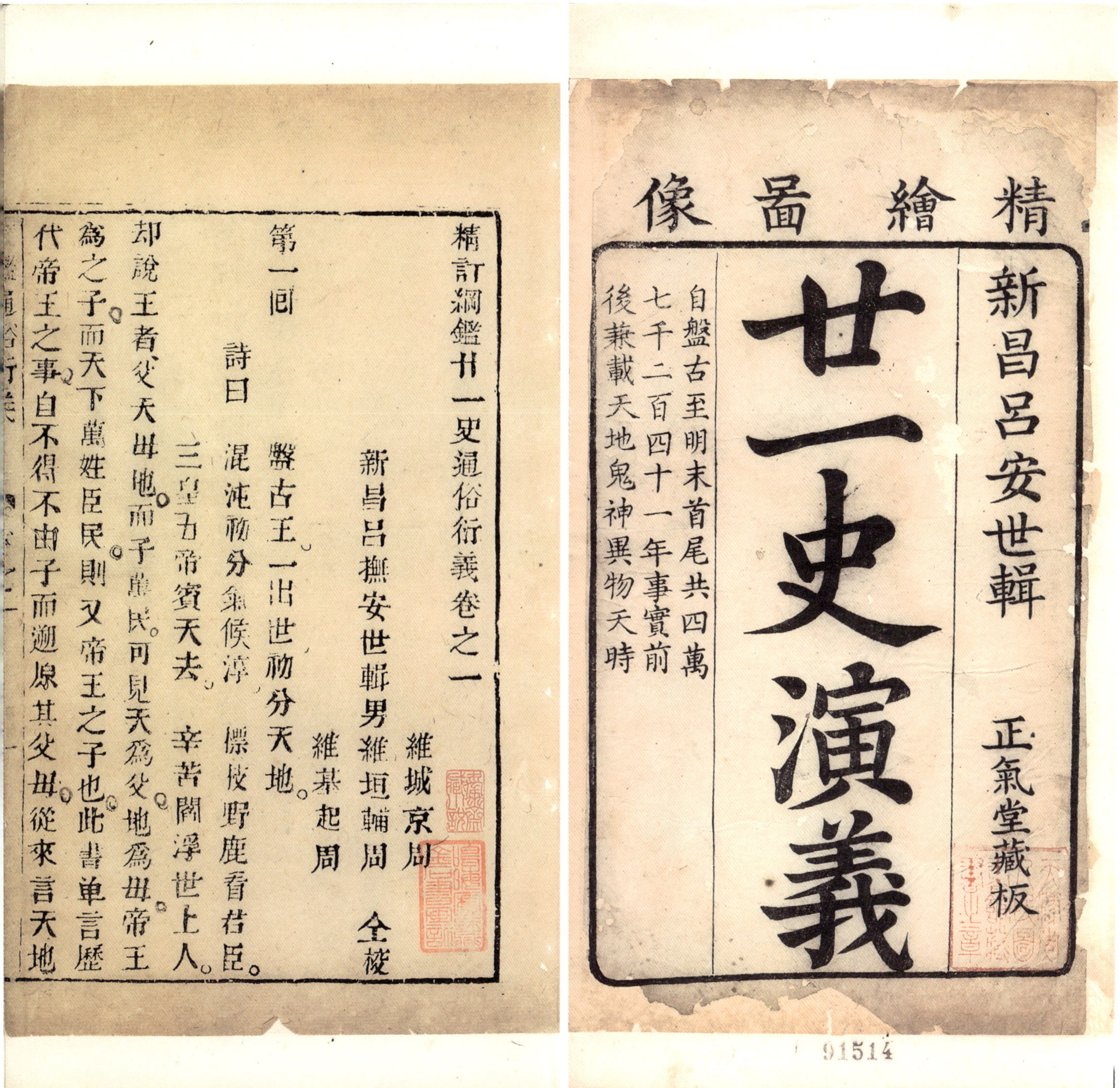
精繪圖像
新昌呂安世輯
廿一史演義
自盤古至明末首尾共四萬七千二百四十一年事實前後兼載天地鬼神異物天時
正氣堂藏板
91514

精訂綱鑑廿一史通俗衍義卷之一
新昌呂撫安世輯　男維城京周　維垣輔周　維基起周　仝校
第一回
盤古王一出世初分天地
詩曰
混沌初分氣候淳　慄悽野鹿看君臣
三皇五帝賓天去　辛苦閻浮世上人
却說王者父天母地而子庶民可見天爲父地爲母帝王爲之子而天下萬姓臣民則又帝王之子也此書单言歷代帝王之事自不得不由子而遡原其父母從來言天地

02267 精訂綱鑑廿一史通俗衍義二十六卷四十四回　（清）呂撫撰　清雍正呂撫活字泥版印本

匡高21厘米，廣13.8厘米。半葉十行，行二十二字，白口，四周單邊。有“鳴晦廬珍藏金石書画記”等印。天津圖書館藏。

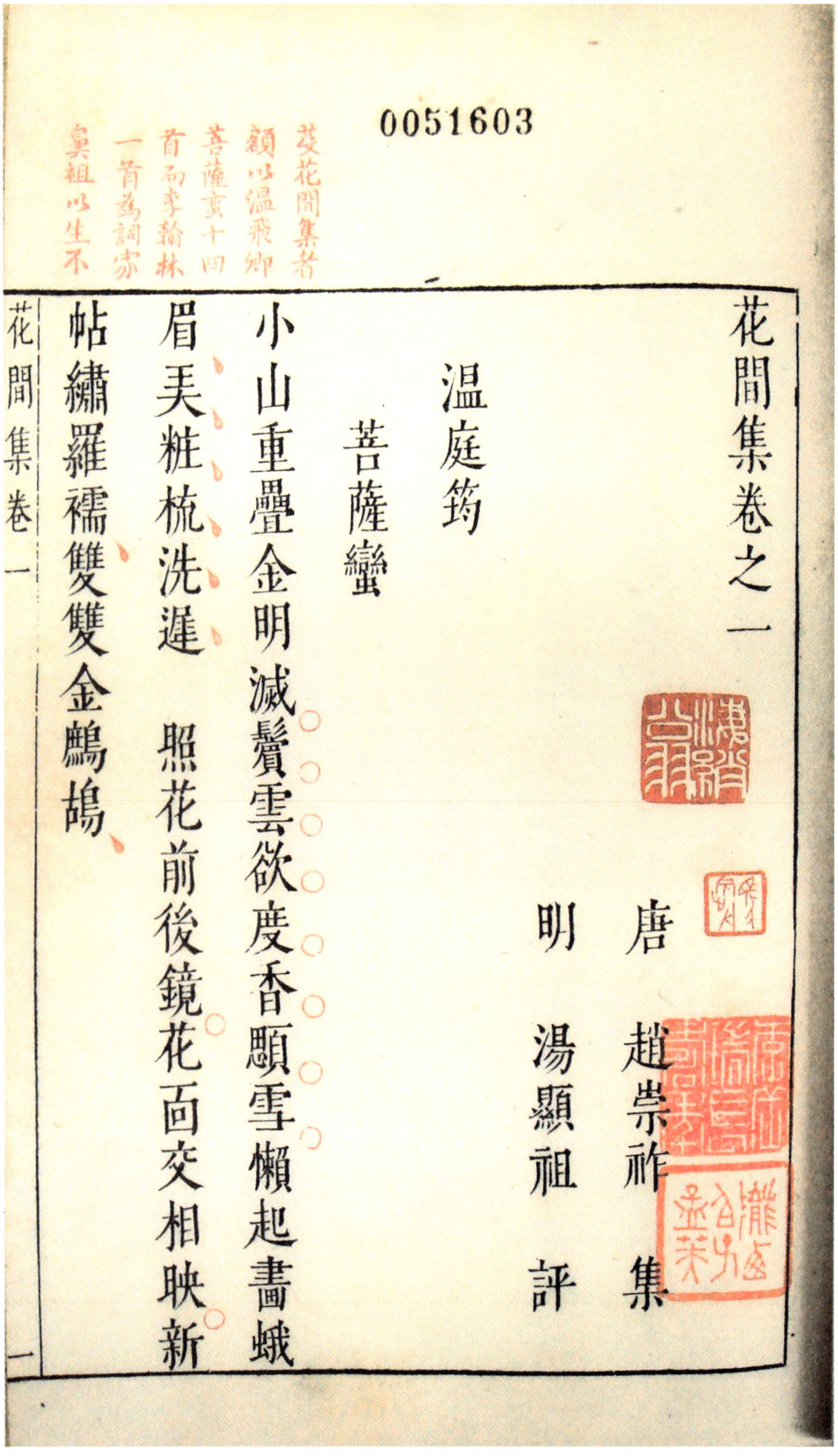
0051603

芟花間集者
額以温飛卿
菩薩蠻十四
首而李翰林
一首為詞家
鼻祖以生不

花間集卷之一

唐 趙崇祚 集

明 湯顯祖 評

温庭筠

菩薩蠻

小山重疊金明滅鬢雲欲度香顋雪懶起畫蛾眉弄粧梳洗遲 照花前後鏡花面交相映新帖繡羅襦雙雙金鷓鴣

花間集卷一 一

02268 花間集四卷 （後蜀）趙崇祚輯 （明）湯顯祖評 明萬曆四十八年（1620）刻朱墨套印本

匡高19.9厘米，廣14.6厘米。半葉八行，行十八字，白口，四周單邊。有“隴西伯子孟芙”、“海綃翁”等印。廣東省立中山圖書館藏。

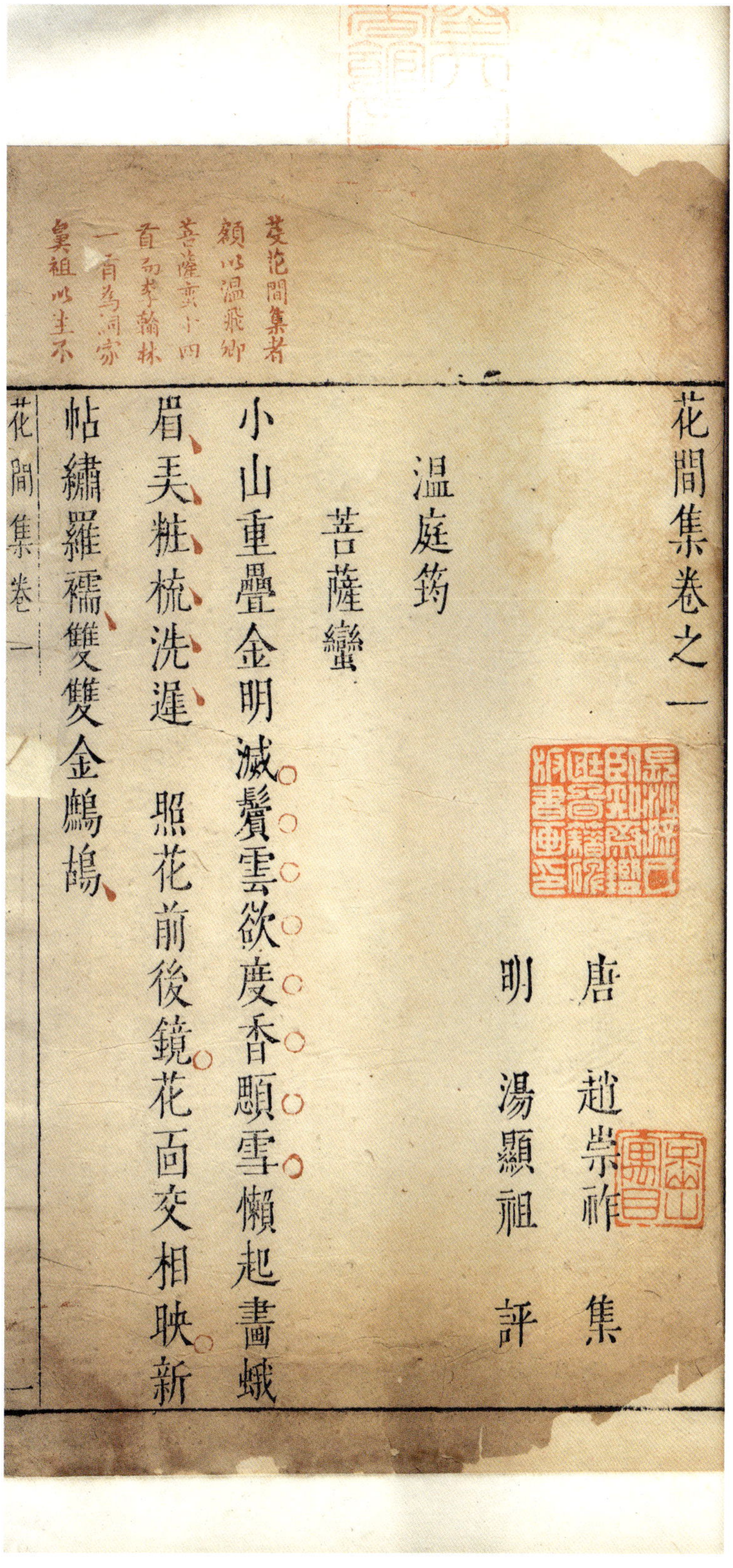

02269 花間集四卷 （後蜀）趙崇祚輯 （明）湯顯祖評 明萬曆四十八年（1620）刻朱墨套印本

匡高19.9厘米，廣14.6厘米。半葉八行，行十八字，白口，四周單邊。大連圖書館藏。

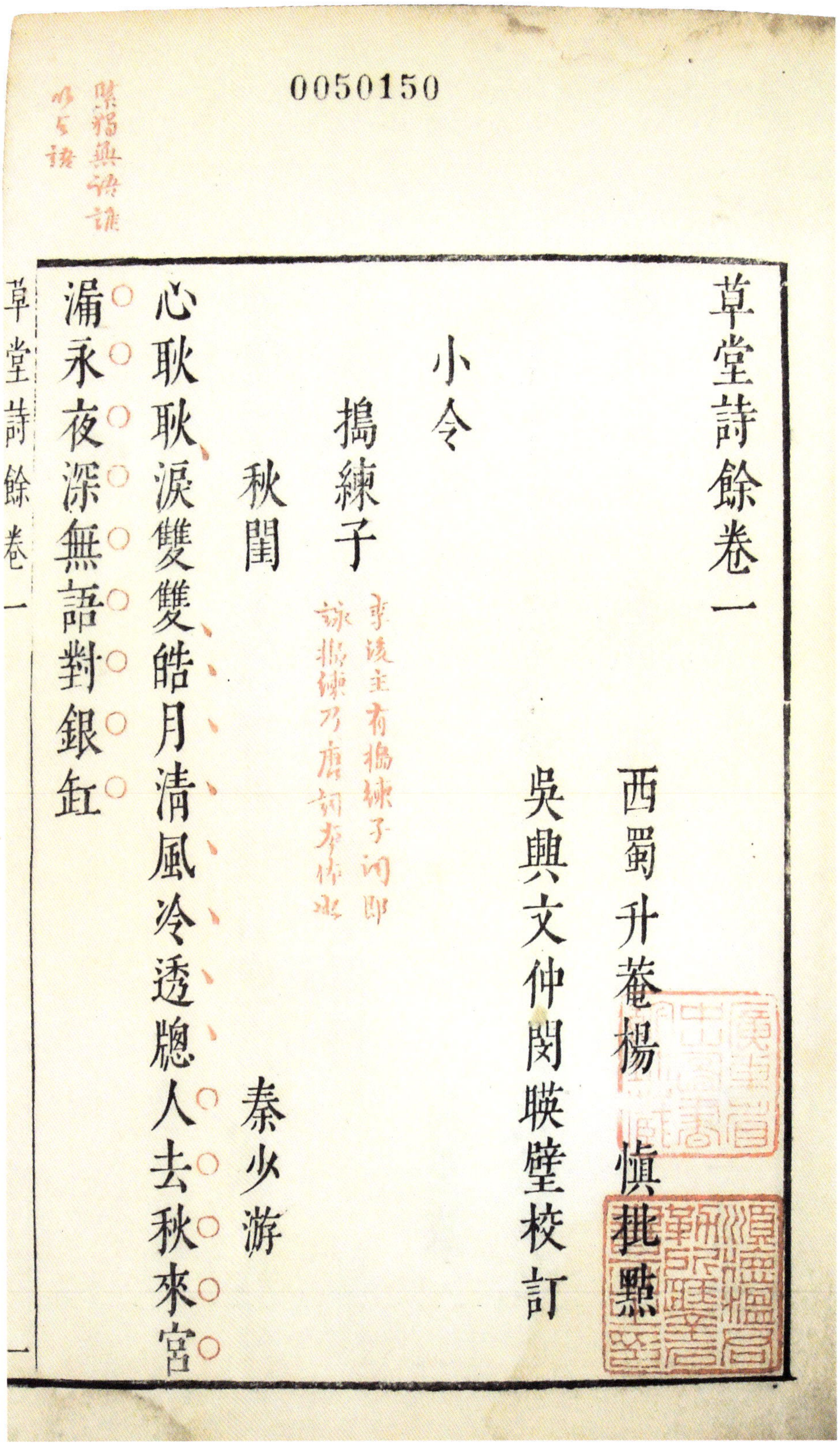

02270 草堂詩餘五卷 （宋）何士信編選 （明）楊慎批點 明閔暎璧刻朱墨套印本

匡高20.5厘米，廣14.8厘米。半葉八行，行十八字，白口，四周單邊。有“順德溫君勒所藏金石書画之印”藏印。廣東省立中山圖書館藏。

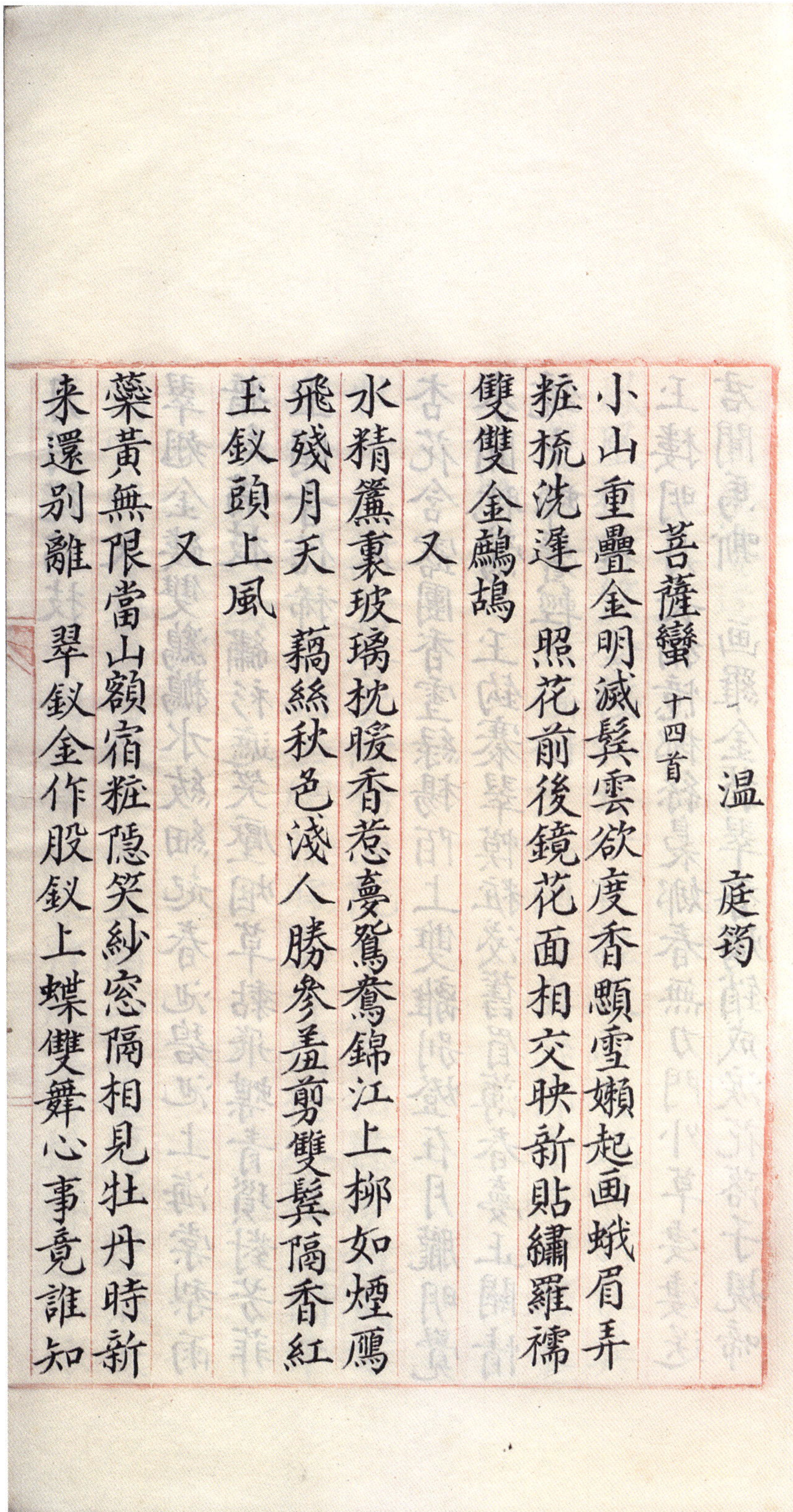

温庭筠

菩薩蠻 十四首

小山重疊金明滅鬢雲欲度香顋雪嬾起画蛾眉弄粧梳洗遲 照花前後鏡花面相交映新貼繡羅襦雙雙金鷓鴣

又

水精簾裏玻璃枕暖香惹夢鴛鴦錦江上栁如煙鴈飛殘月天 藕絲秋色淺人勝參差剪雙鬢隔香紅玉釵頭上風

又

蘂黄無限當山額宿粧隱笑紗窗隔相見牡丹時新來還别離 翠釵金作股釵上蝶雙舞心事竟誰知

02271 唐宋名賢百家詞一百三十二卷 （明）吳訥編 明抄本

半葉十二行，行二十字，紅格，白口，四周單邊。梁啓超跋。天津圖書館藏。

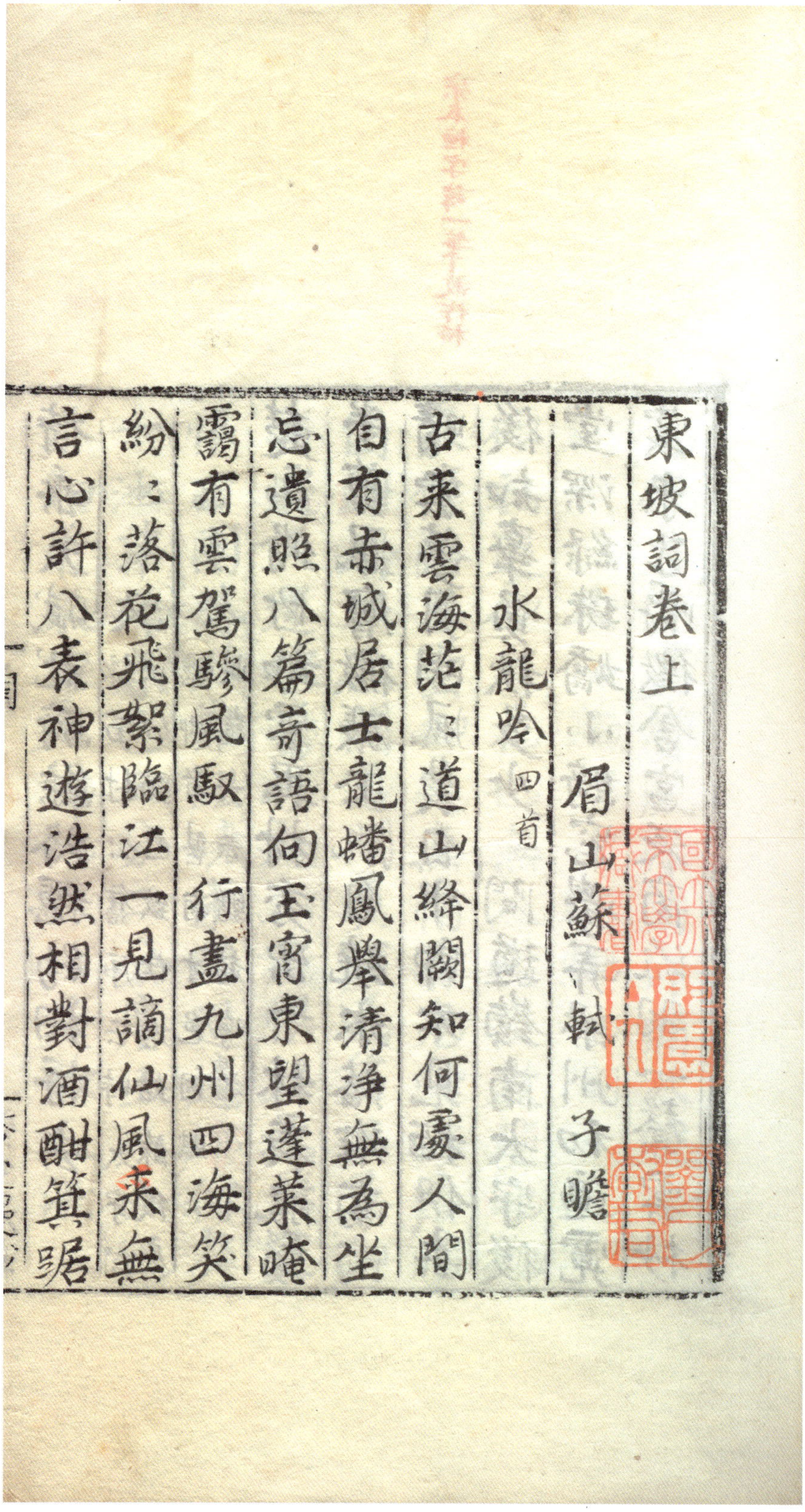

東坡詞卷上

眉山蘇　軾子瞻

水龍吟 四首

古来雲海茫〻道山絳闕知何處人間自有赤城居士龍蟠鳳舉清淨無為坐忘遺照八篇奇語向玉霄東望蓬萊晻靄有雲駕驂風馭行盡九州四海笑紛〻落花飛絮臨江一見謫仙風采無言心許八表神遊浩然相對酒酣箕踞

02272 宋元名家詞七十種　明抄本

半葉九行，行十五字，白口，左右雙邊。有“劉氏樹君”等印。北京大學圖書館藏。

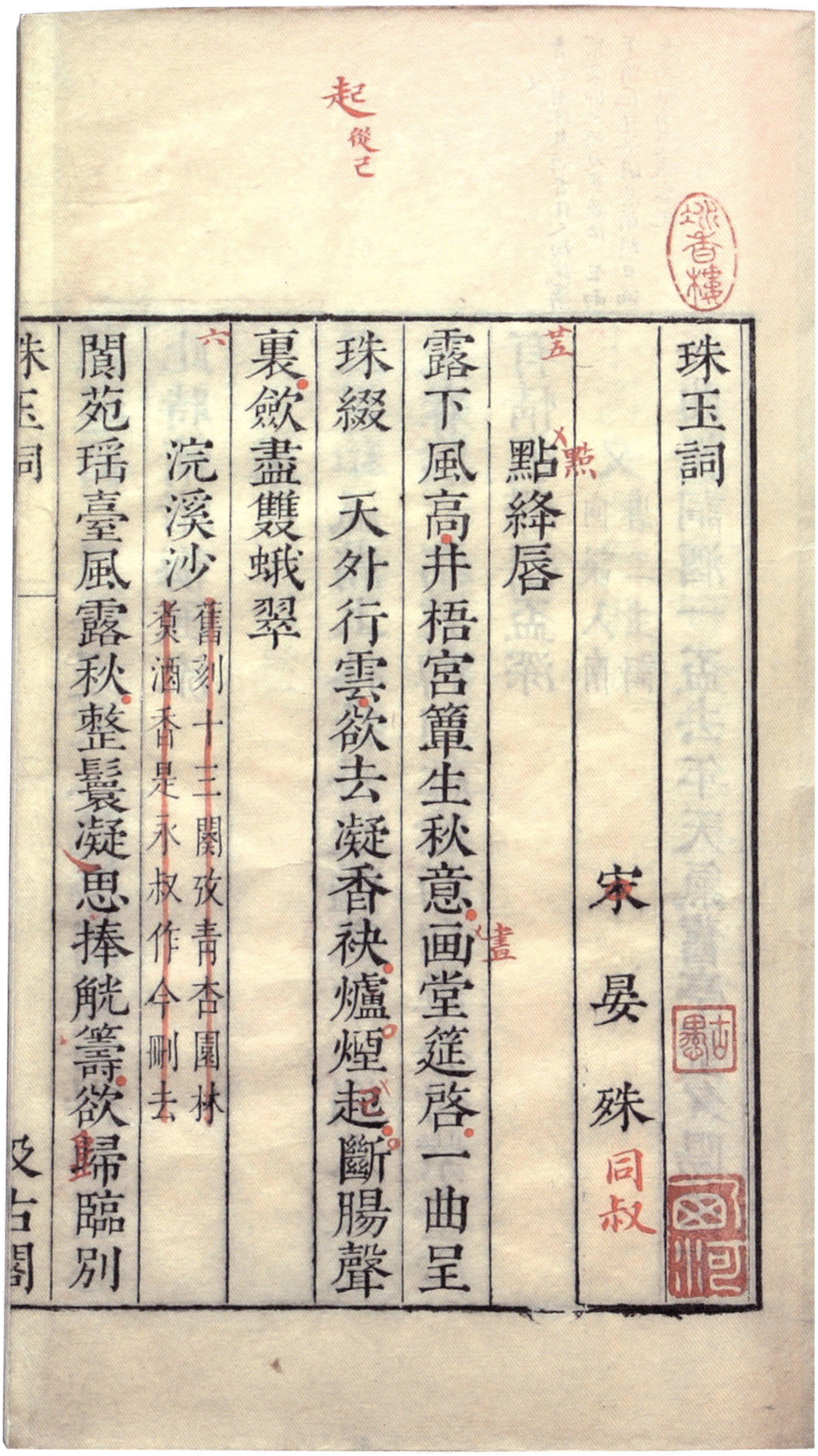
珠玉詞
宋 晏殊 同叔
點絳唇
露下風高井梧宮簟生秋意画堂筵啓一曲呈
珠綴天外行雲欲去凝香袂爐煙起斷腸聲
裏斂盡雙蛾翠
浣溪沙 舊刻十三闋攺青杏園林煮酒香是永叔作今刪去
閬苑瑤臺風露秋整鬟凝思捧觥籌欲歸臨别
珠玉詞 汲古閣

02273 宋名家詞六十一種九十卷 （明）毛晉編 明崇禎毛氏汲古閣刻本

匡高18.8厘米，廣14.5厘米。半葉八行，行十八字，白口，左右雙邊。有“西河”、“古愚”等印。陸貽典、黄儀、毛扆、季錫疇、瞿熙邦校并跋。國家圖書館藏。

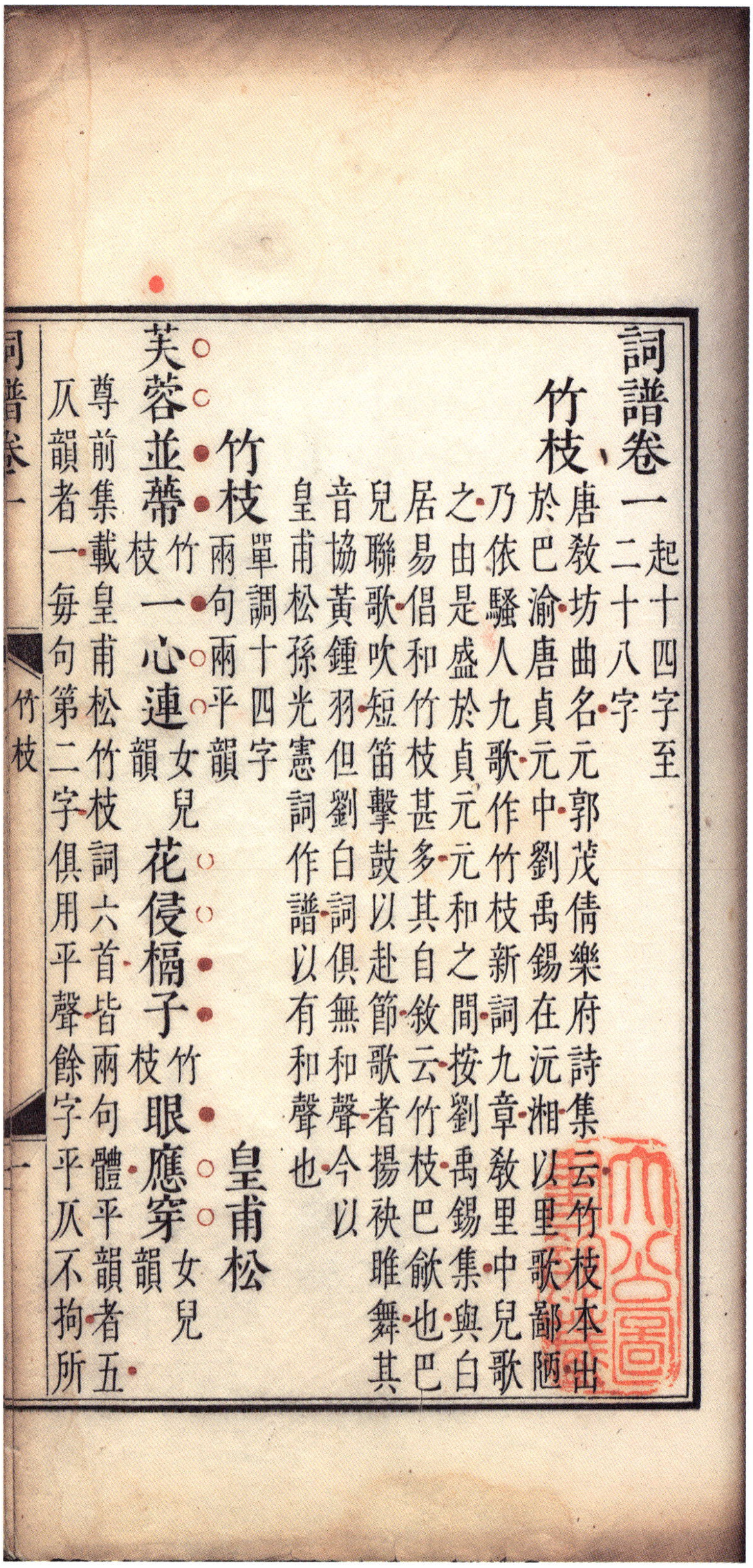
詞譜卷一
竹枝 起十四字至二十八字
唐教坊曲名元郭茂倩樂府詩集云竹枝本出於巴渝唐貞元中劉禹錫在沅湘以里歌鄙陋乃依騷人九歌作竹枝新詞九章教里中兒歌之由是盛於貞元元和之間按劉禹錫集與白居易倡和竹枝甚多其自敘云竹枝巴歈也巴兒聯歌吹短笛擊鼓以赴節歌者揚袂睢舞其音協黃鍾羽但劉白詞俱無和聲今以皇甫松孫光憲詞作譜以有和聲也
竹枝 單調十四字兩句兩平韻 皇甫松
芙蓉並蔕竹枝一心連女兒韻 花侵槅子竹枝眼應穿女兒韻
尊前集載皇甫松竹枝詞六首皆兩句體平韻者五仄韻者一毋句第二字俱用平聲餘字平仄不拘所

02274 詞譜四十卷 （清）王奕清等撰 清康熙五十四年（1715）内府刻朱墨套印本

匡高19.4厘米，廣12.5厘米。半葉八行，行二十一字，白口，四周雙邊。無錫市圖書館藏。

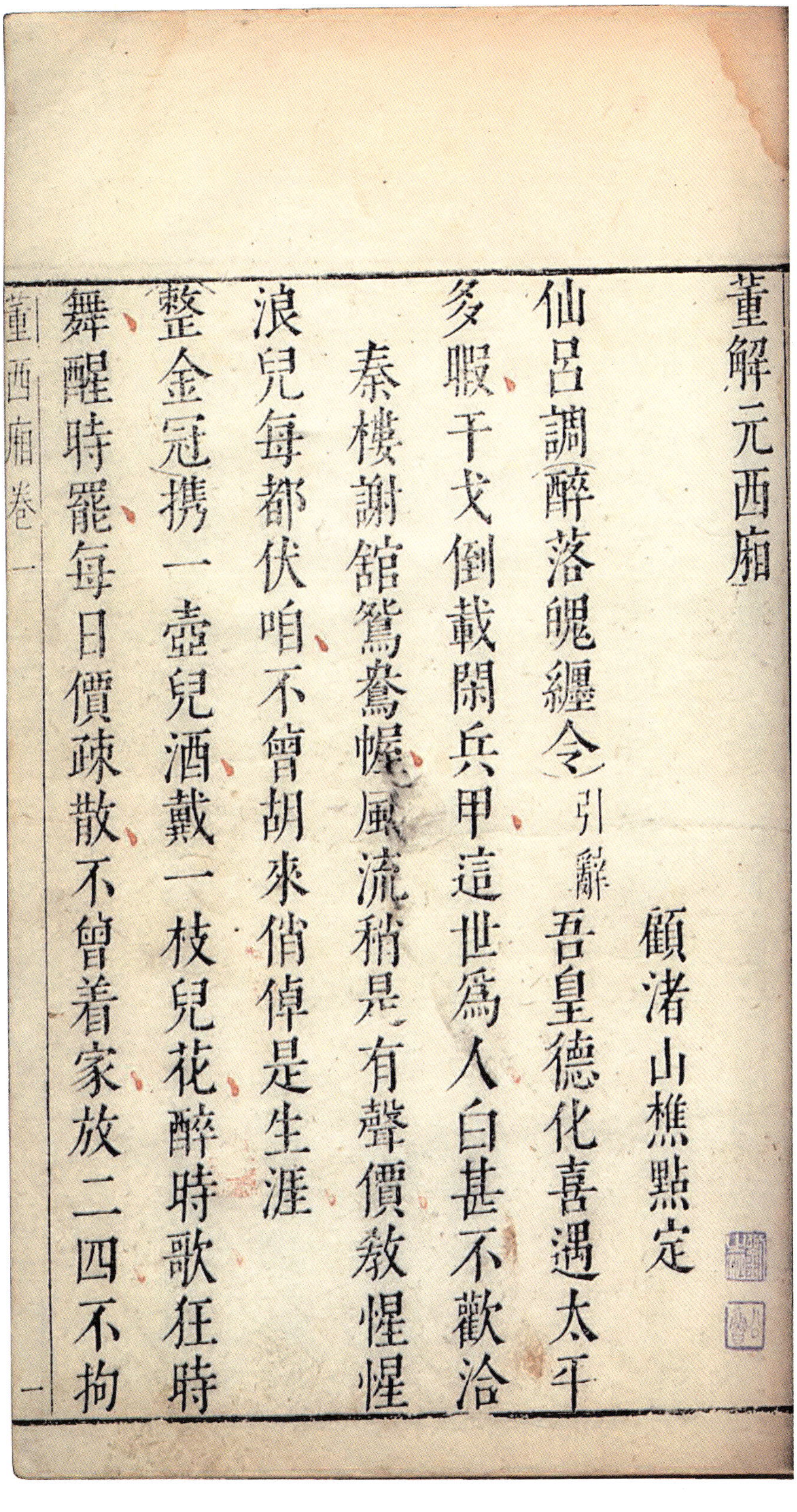
董解元西廂
顧渚山樵點定
仙呂調〔醉落魄纏令〕引辭　吾皇德化喜遇太平
多暇干戈倒載閑兵甲這世爲人白甚不歡洽
秦樓謝館鴛鴦幄風流稍是有聲價教惺惺
浪兒每都伏咱不曾胡來俏倬是生涯
〔整金冠〕携一壺兒酒戴一枝兒花醉時歌狂時
舞醒時罷每日價疎散不曾着家放二四不拘
董西廂卷一　一

02275 董解元西廂四卷　（金）董解元撰　明刻朱墨套印本

匡高20.5厘米，廣14.8厘米。半葉八行，行十八字，白口，四周單邊。南京圖書館藏。

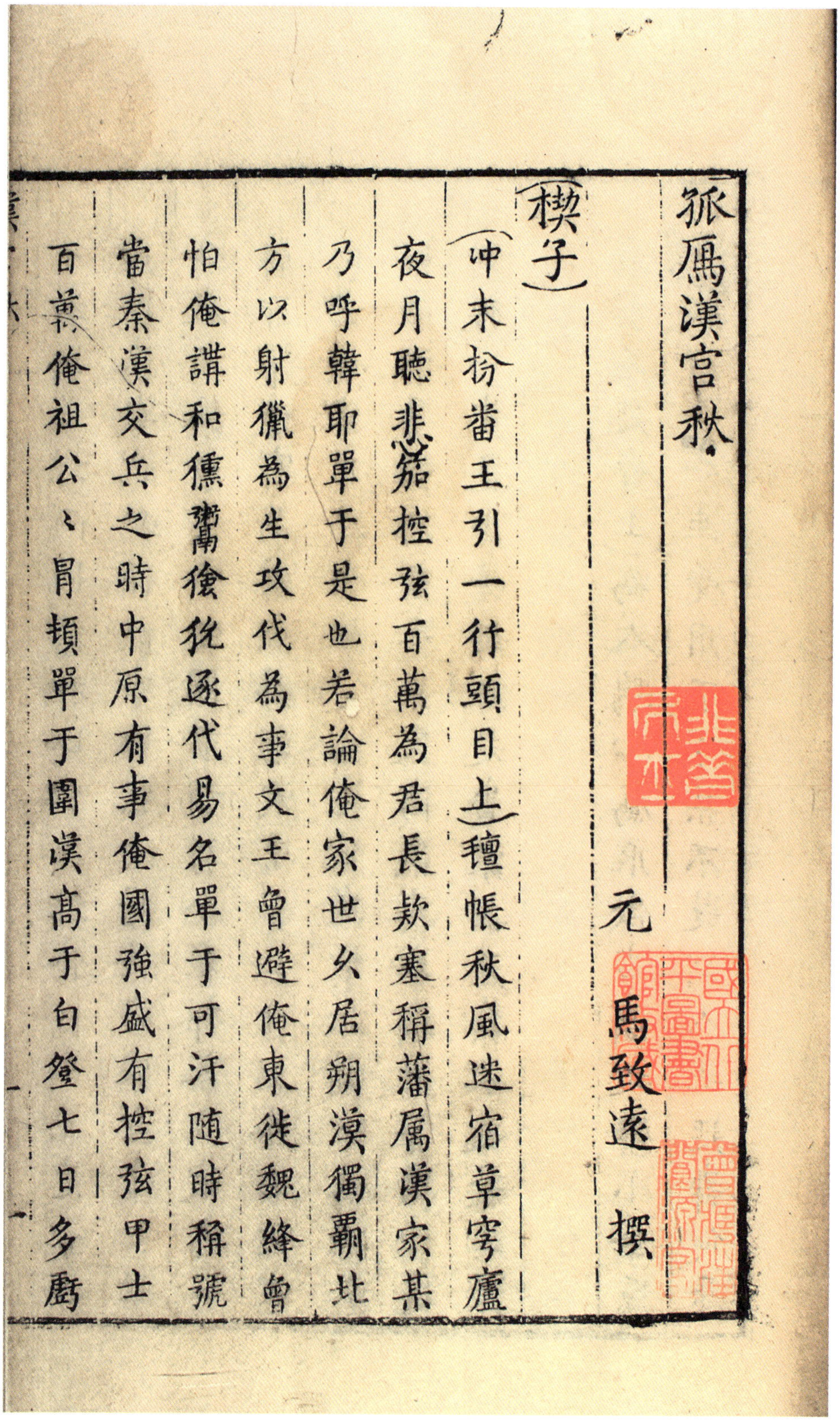

孤鴈漢宮秋

元　馬致遠　撰

楔子

（冲末扮番王引一行頭目上）氊帳秋風迷宿草穹廬夜月聽悲笳控弦百萬為君長款塞稱藩屬漢家某乃呼韓耶單于是也若論俺家世久居朔漠獨覇北方以射獵為生攻伐為事文王曾避俺東徙魏絳曾怕俺講和獯鬻獫狁逐代易名單于可汗隨時稱號當秦漢交兵之時中原有事俺國強盛有控弦甲士百萬俺祖公公冒頓單于圍漢高于白登七日多虧

02276 古今雜劇二百四十二種　明抄本（内十五種配明刻息機子雜劇選本、五十五種配明刻古名家雜劇本）

版匡、行款不一。有“曾藏汪閬源家”等印。黄丕烈録自藏曲目并跋，董其昌、何煌等校跋。國家圖書館藏。

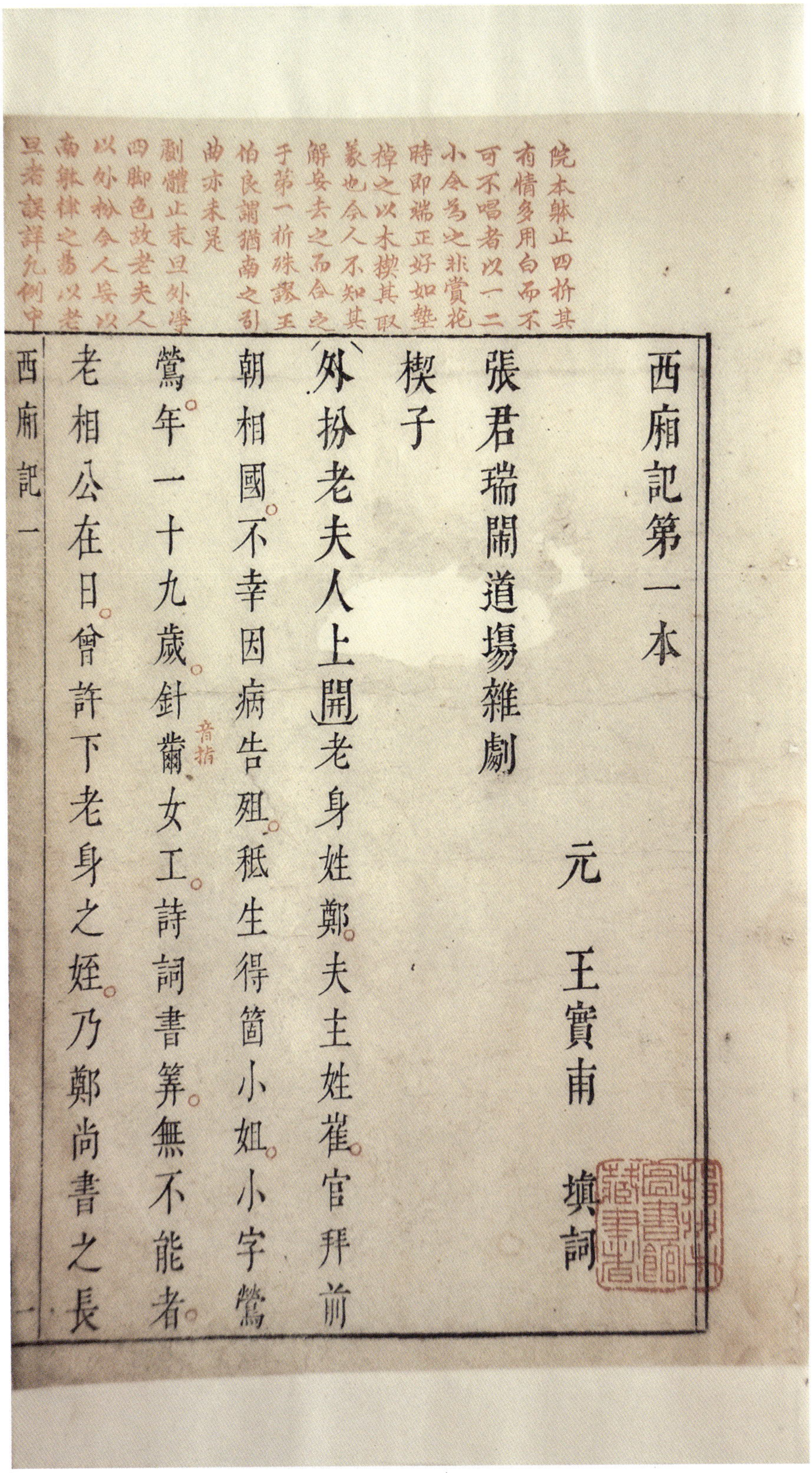

院本躰止四折其有情多用白而不可不唱者以一二小令為之非賞花時即端正好如墊楔之以木楔其取義也今人不知其解妄去之而合之于第一折殊謬王伯良謂猶南之引曲亦未是

劇體止末旦外淨四脚色故老夫人以外扮今人妄以南戲律之易以老旦者誤詳凡例中

西廂記第一本

張君瑞鬧道場雜劇

元　王實甫　塡詞

楔子

（外）扮老夫人上開　老身姓鄭。夫主姓崔。官拜前朝相國。不幸因病告殂。秪生得箇小姐。小字鶯鶯。年一十九歲。針黹（音指）女工。詩詞書筭。無不能者。老相公在日。曾許下老身之姪。乃鄭尚書之長

西廂記一　　一

02277 西廂記五卷　（元）王德信　關漢卿撰　（明）凌濛初評　**解證五卷**　（明）凌濛初撰　**會真記一卷**　（唐）元稹撰　**附録一卷**　明凌氏刻套印本

匡高20.6厘米，廣14.6厘米。半葉八行，行十八字，白口，左右雙邊。揚州市圖書館藏。

02278 琵琶記四卷附録一卷 （元）高明撰　明凌濛初刻朱墨套印本

匡高20.3厘米，廣14厘米。半葉八行，行十八字，白口，四周單邊。安徽省博物館藏。

樓者竟蔑之若無不一攷索余向爲憤懣溯由正之會同時即空觀主人度喬合衫襟記更悉此道之詳旋復見攷覈西廂記爲北曲一洗塵魔因請并致力于琵琶以爲雙絕遂相與參訂殫精幾年許始得竣業此詞壇快事敢以急公同好因錄其槪如此

西吳三珠生跋

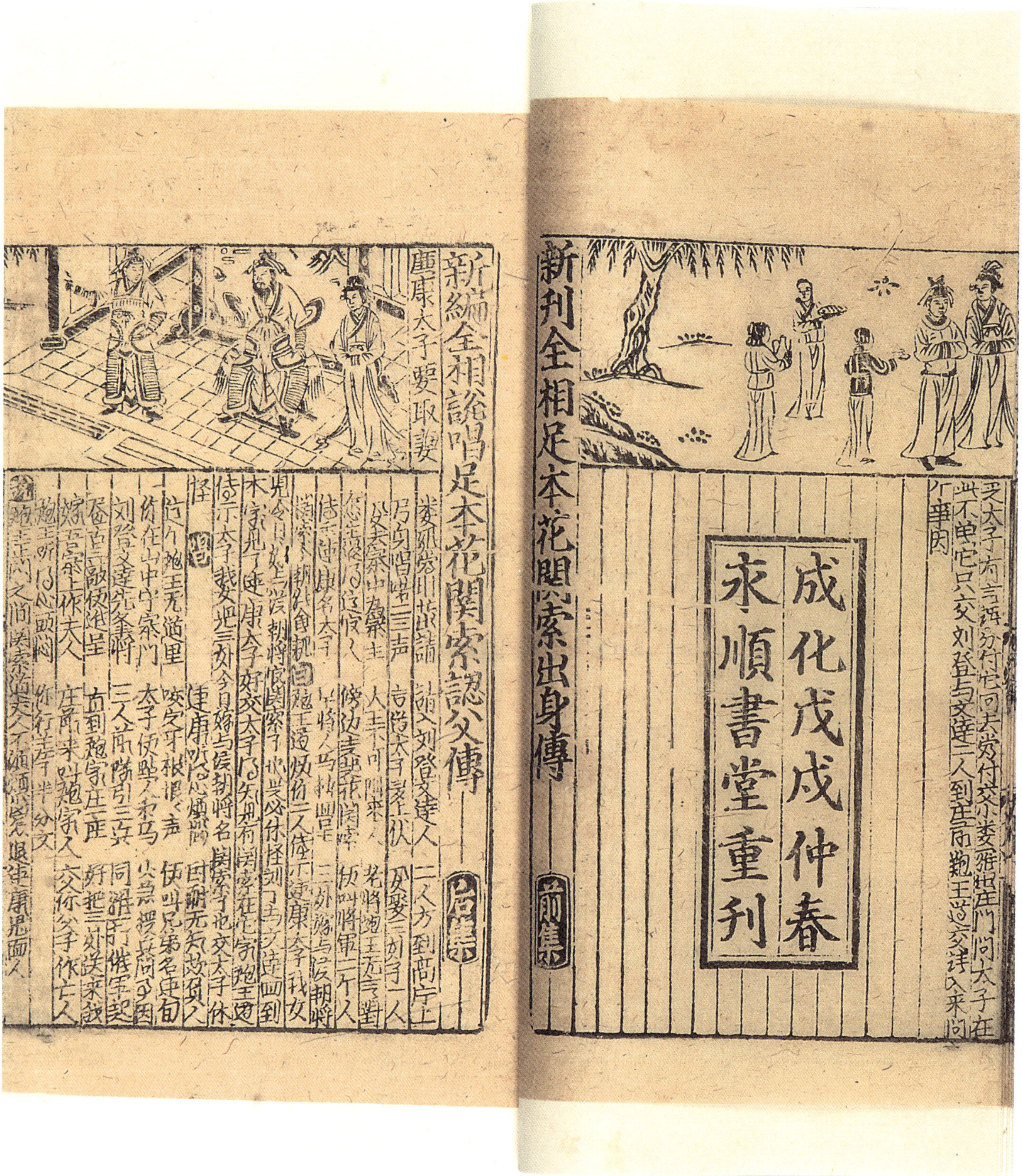

02279 明成化說唱詞話十九卷傳奇一卷 明成化永順書堂刻本

版匡不一。半葉十一至十九行，行二十三至二十八字，黑口，四周雙邊。有“成化戊戌仲春永順書堂重刊”等牌記。上海博物館藏。

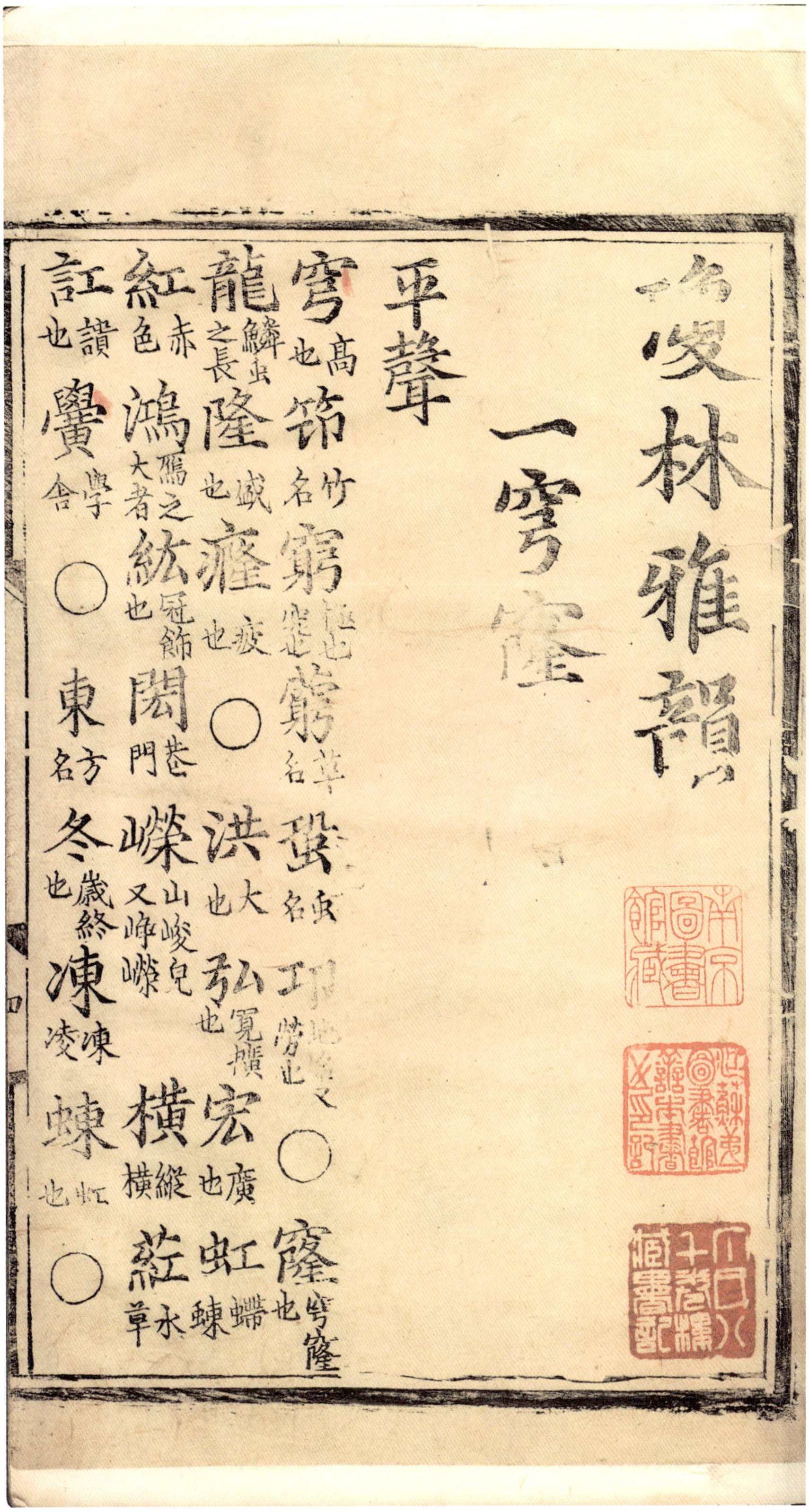
瓊林雅韻
一 穹窿
平聲
穹高也 筇竹名 窮極也 藭芎藭草名 蛩虫名 邛勞也 ○ 窿穹窿也
龍鱗虫之長 隆盛也 癃疲也 ○ 洪大也 弘寬也 宏廣也 虹螮蝀
紅赤色 鴻鴈之大者 紘冠飾也 閧巷門 嶸山峻皃又崢嶸 横縱横 葒水草
訌讀也 黌學舍 ○ 東方名 冬歲終也 凍凍凌 蝀虹也 ○

02280 瓊林雅韻不分卷 （明）朱權撰 明洪武三十一年（1398）刻本

匡高24.9厘米，廣16.7厘米。半葉九行，行字不等，黑口，四周雙邊。有“丁氏八千卷樓藏書記”等印。丁丙跋。南京圖書館藏。

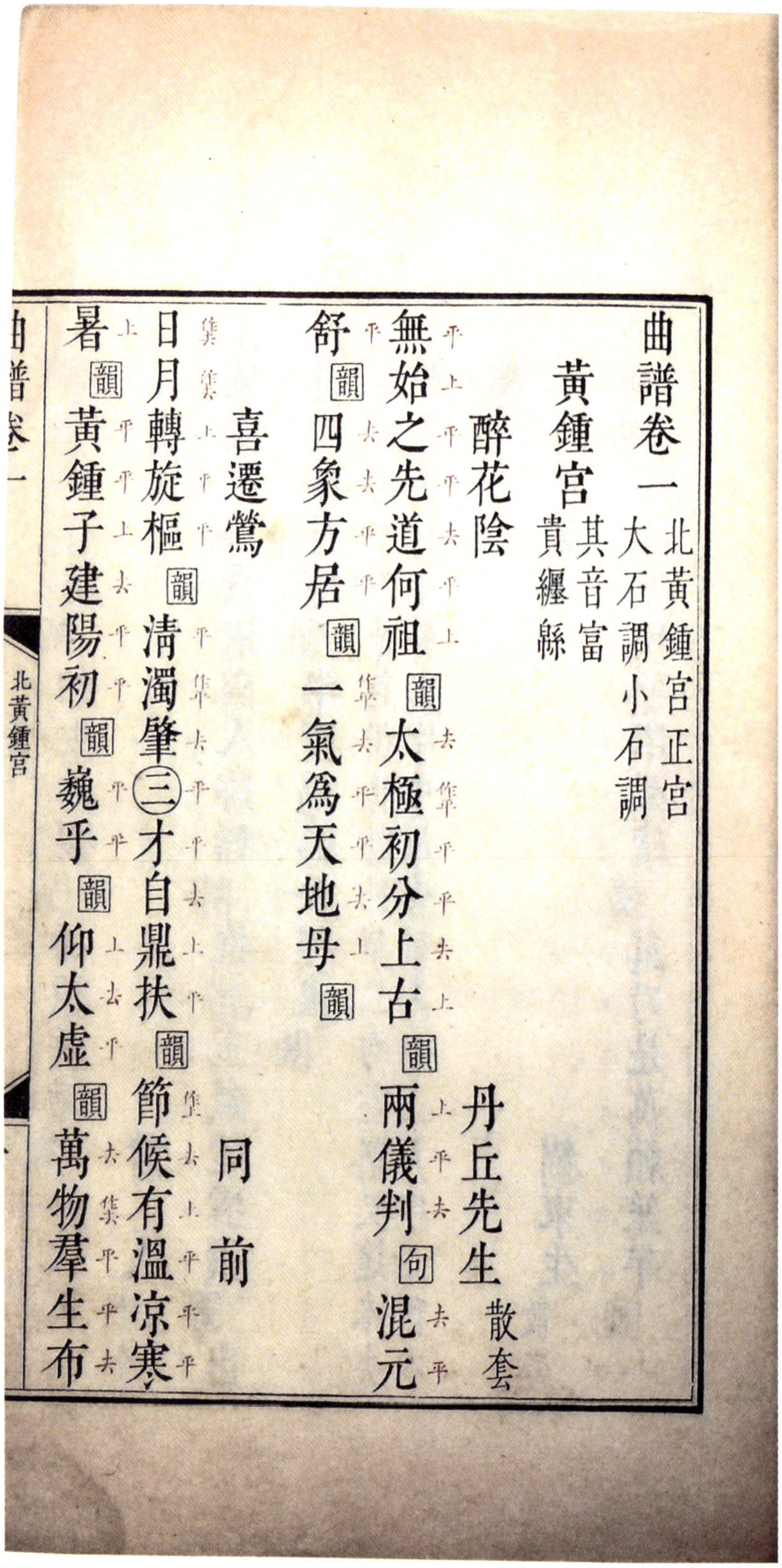
曲譜卷一 北黃鍾宮正宮 大石調小石調
黃鍾宮 其音富貴纏綿
醉花陰 丹丘先生散套
無始之先道何祖韻太極初分上古韻兩儀判句混元
舒韻四象方居韻一氣爲天地母韻
喜遷鶯 同前
日月轉旋樞韻清濁肇三才自鼎扶韻節候有溫涼寒
暑韻黃鍾子建陽初韻巍乎韻仰太虛韻萬物羣生布
曲譜卷一 北黃鍾宮

02281 曲譜十二卷首一卷末一卷 （清）王奕清等編纂 清康熙五十四年（1715）内府刻本

匡高19.3厘米，廣12.5厘米。半葉八行，行二十一字，白口，四周雙邊。遼寧省圖書館藏。

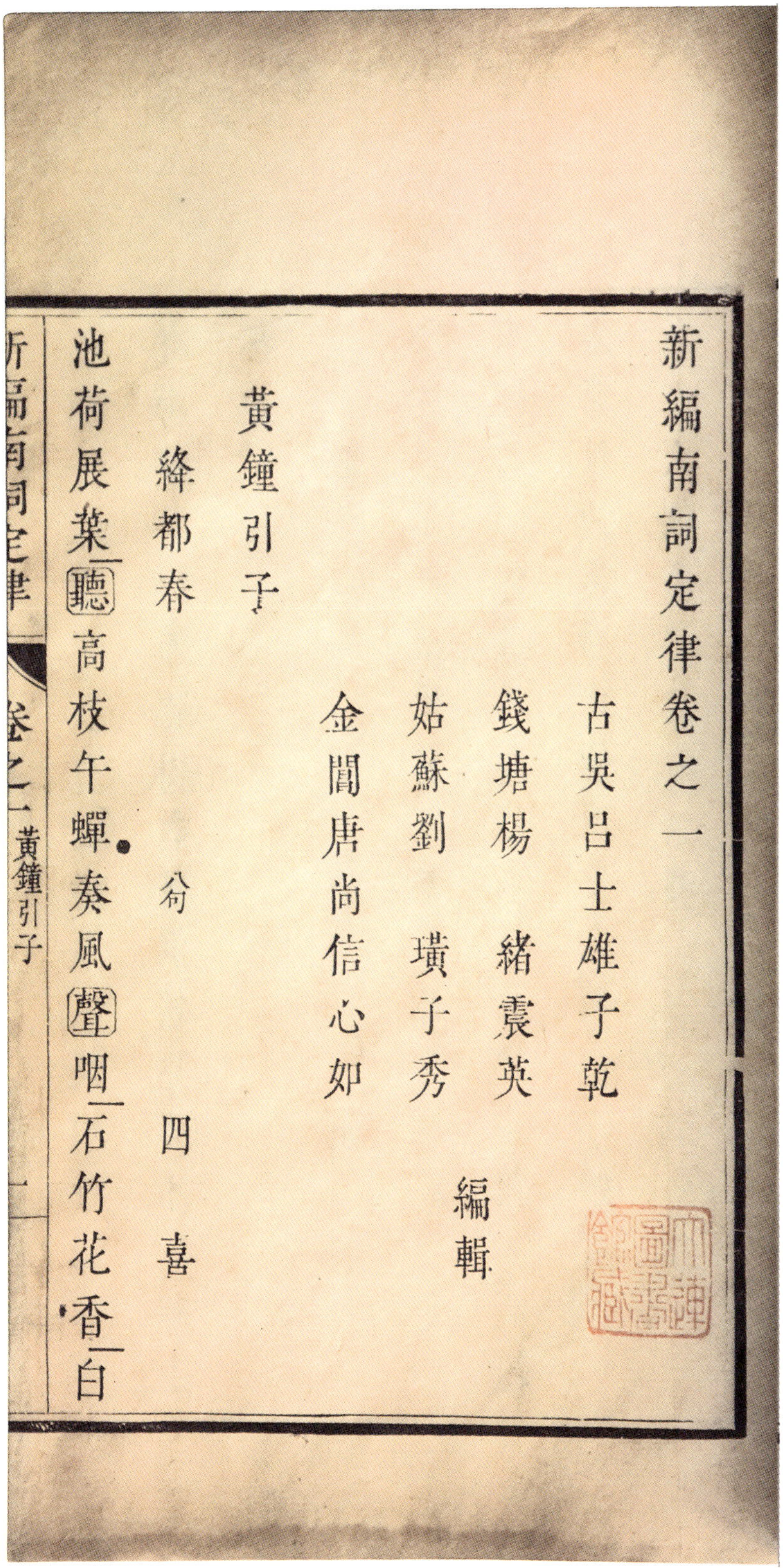

新編南詞定律卷之一

古吳呂士雄子乾
錢塘楊緒震英　編輯
姑蘇劉璜子秀
金閶唐尚信心如

黃鐘引子

絳都春　八句　四喜

池荷展葉［聽］高枝午蟬。奏風［聲］咽石竹花香白

新編南詞定律　卷之一　黃鐘引子　一

02282 新編南詞定律十三卷首一卷　（清）呂士雄等撰　清康熙五十九年（1720）刻朱墨套印本

匡高20.7厘米，廣13.7厘米。半葉八行，行十八字，白口，四周雙邊。大連圖書館藏。

第一批國家珍貴古籍名録圖録

少數民族文字珍貴古籍名録

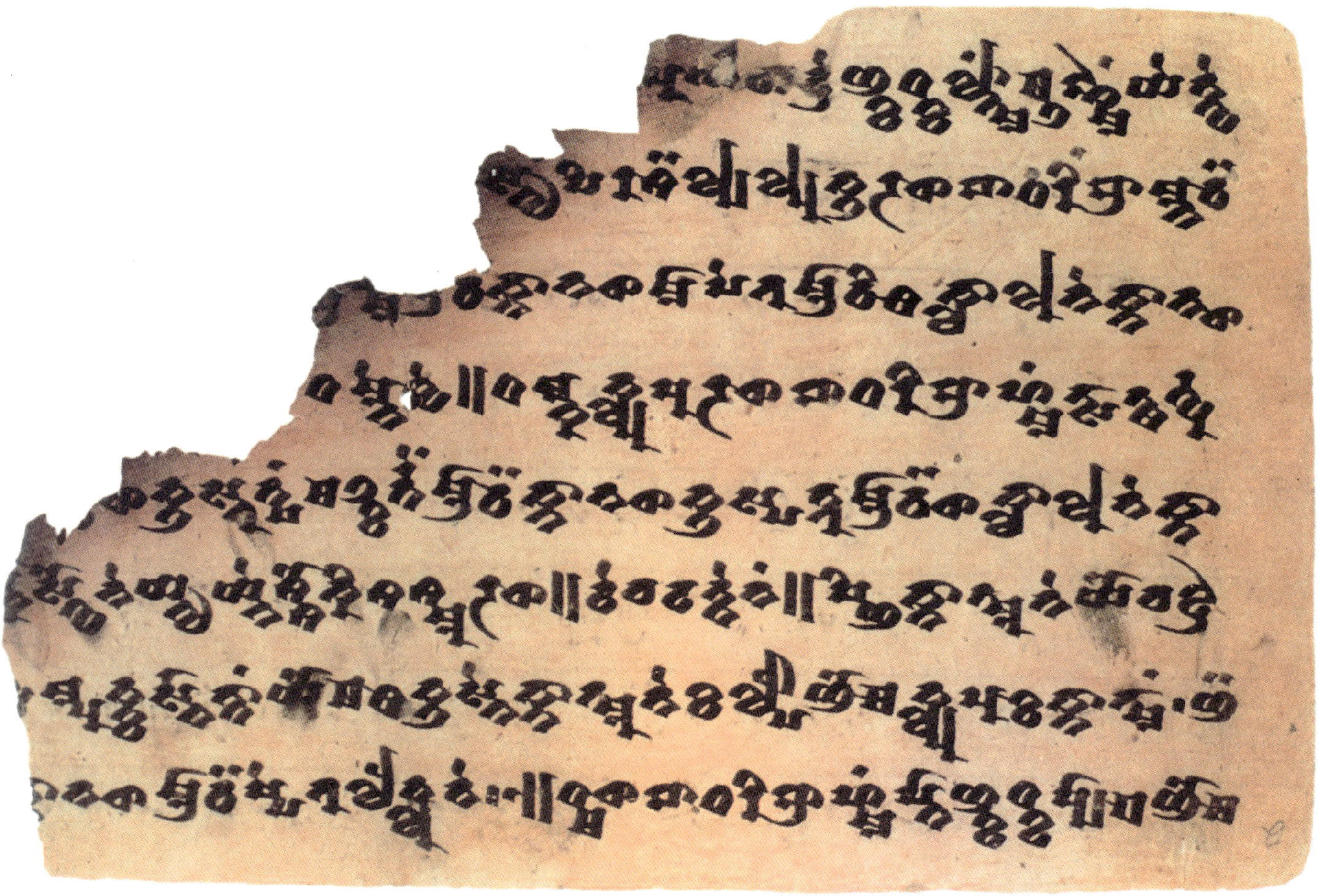

02283 彌勒會見記 焉耆-龜茲文 九世紀前寫本

開本高18.5厘米，廣31.5厘米。每葉八行，兩面書寫。新疆維吾爾自治區博物館藏，存四十四葉。

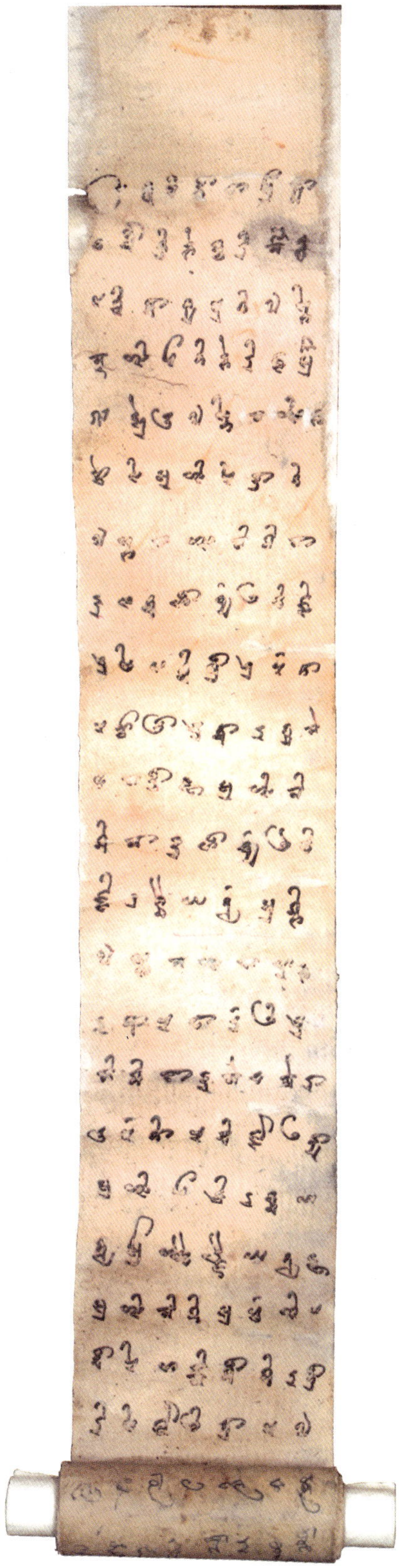

02284 陀羅尼一卷 于闐文 十世紀前寫本

卷軸裝。長171厘米，寬7厘米，國家圖書館藏。

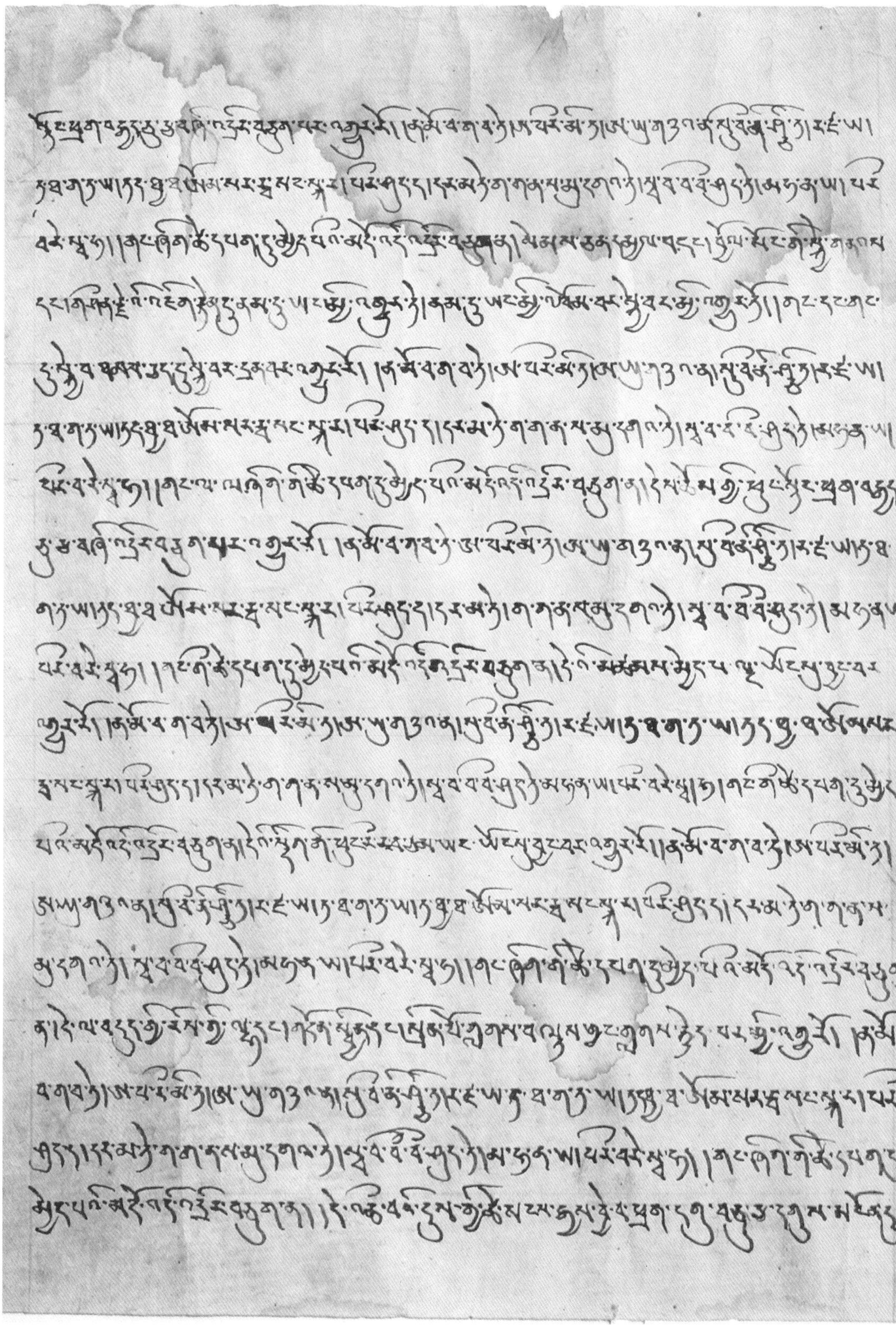

02285 大乘無量壽宗要經 藏文 九至十世紀敦煌寫本

原爲卷軸裝，現爲單葉，五張。開本高31.5厘米，廣45.5厘米。每葉十九行，烏絲欄。該經尾題btsan bo lha sras gyi sku yon du bsngos te bris (爲回向神子贊普功德而寫)，另有寫經生題名khong legs bris (孔勒寫)。中國書店藏，存一卷。

ཏ་པར་མཛད་དོ། །སངས་རྒྱས་སྟོང་ཕྲག་ཅིག་གིས་དེ་ལ་ཕྱག་རྐྱོང་བར་འགྱུར། །སངས་རྒྱས་ཀྱི་ཞིང་ནས་སངས་རྒྱས་
ཀྱི་ཞིང་དུ་འགྲོ་བར་མཛད་པར་འགྱུར་ཏེ། །འདི་ལ་ཐེ་ཚོམ་དཔྱད་ཅམ་དང་། ཡིད་གཉིས་མ་བྱེད་ཅིག །ན་མོ་བ་ག་བ་ཏེ
་ཨ་པ་རི་མི་ཏ། ཨ་ཡུ་ཛྙཱ་ན། སུ་བི་ནི་ཤྩི་ཏ། ཏེ་ཛོ་ར་ཛ་ཡ། ཏ་ཐཱ་ག་ཏཱ་ཡ། ཨརྷ་ཏེ་སམྱཀ་སམྦུདྡྷཱ་ཡ། ཏདྱ་ཐཱ། ཨོཾ་སརྦ་སཾ་སྐཱ་ར་པ་རི་ཤུདྡྷ་དྷརྨ་ཏེ། ག་ག་ན་ས་མུད་ག་ཏེ
སྭ་བྷཱ་བ་བི་ཤུདྡྷེ། མ་ཧཱ་ན་ཡ་པ་རི་བཱ་རེ་སྭཱ་ཧཱ། །གང་ཞིག་གིས་ཚེ་དཔག་ཏུ་མེད་པའི་མདོ་འདི་ཡི་གེར་བྲིས་སམ་བྲིར་བཅུག་ན། རྒྱལ་པོ་ཆེན་པོ་བཞི་ཕྱི་བཞིན་
འབྲང་ཞིང་བསྲུང་བ་དང་། བསྐྱབ་པ་དང་། སྲུང་བ་བྱེད་པར་འགྱུར་རོ། །ན་མོ་བ་ག་བ་ཏེ། ཨ་པ་རི་མི་ཏ། ཨ་ཡུ་ཛྙཱ་ན། སུ་བི་ནི་ཤྩི་ཏ། ཏེ་ཛོ་
ར་ཛ་ཡ། ཏ་ཐཱ་ག་ཏཱ་ཡ། ཨརྷ་ཏེ་སམྱཀ་སམྦུདྡྷཱ་ཡ། ཏདྱ་ཐཱ། ཨོཾ་སརྦ་སཾ་སྐཱ་ར་པ་རི་ཤུདྡྷ་དྷརྨ་ཏེ། ག་ག་ན་ས་མུད་ག་ཏེ། སྭ་བྷཱ་བ་བི་ཤུདྡྷེ། མ་ཧཱ་ན་ཡ་པ་རི་བཱ་རེ་སྭཱ་ཧཱ། །
གང་ཞིག་ཚེ་དཔག་ཏུ་མེད་པའི་མདོ་འདི་ཡི་གེར་བྲིས་སམ། བྲིར་བཅུག་ན། དེ་དེ་བཞིན་གཤེགས་པ་ཚེ་དཔག་ཏུ་མེད་པའི་སངས་རྒྱས་ཀྱི་ཞིང་བདེ་བ་
ཅན་གྱི་ཁམས་བདེ་བ་ཅན་དུ་སྐྱེ་བར་འགྱུར་རོ། །ན་མོ་བ་ག་བ་ཏེ། ཨ་པ་རི་མི་ཏ། ཨ་ཡུ་ཛྙཱ་ན། སུ་བི་ནི་ཤྩི་ཏ། ཏེ་ཛོ་ར་ཛ་ཡ། ཏ་ཐཱ་ག་ཏཱ་ཡ། ཨརྷ་ཏེ་སམྱཀ་སམ
བུདྡྷཱ་ཡ། ཏདྱ་ཐཱ། ཨོཾ་སརྦ་སཾ་སྐཱ་ར་པ་རི་ཤུདྡྷ་དྷརྨ་ཏེ། ག་ག་ན་ས་མུད་ག་ཏེ། སྭ་བྷཱ་བ་བི་ཤུདྡྷེ། མ་ཧཱ་ན་ཡ་པ་རི་བཱ་རེ་སྭཱ་ཧཱ། །ས་ཕྱོགས
སུ་དཀོན་མཆོག་མདོ་སྡེ་འདི་འདྲིར་བར་འགྱུར་བ་ལ་ས་ཕྱོགས་ཡང་མཆོད་རྟེན་དུ་འགྱུར་ཏེ། །ཕྱག་འཚལ་བར་འགྱུར་རོ། །
ཀ་ལ་དེ་བྱོལ་སོང་གི་སྐྱེ་གནས་སུ་སྐྱེས་པ་དང་། བྱི་དགས་གང་དག་གི་རྣ་ལམ་དུ་སྒྲ་གྲག་པར་འགྱུར་བ་དེ་དེ་དག་ཐམས་ཅད་བླ་ན
མེད་པ་ཡང་དག་པར་རྫོགས་པའི་བྱང་ཆུབ་ཏུ་མངོན་པར་རྫོགས་པར་འཚང་རྒྱ་བར་འགྱུར་རོ། །ན་མོ་བ་ག་བ་ཏེ། ཨ་པ་རི་མི་ཏ
ཨ་ཡུ་ཛྙཱ་ན། སུ་བི་ནི་ཤྩི་ཏ། ཏེ་ཛོ་ར་ཛ་ཡ། ཏ་ཐཱ་ག་ཏཱ་ཡ། ཨརྷ་ཏེ་སམྱཀ་སམྦུདྡྷཱ་ཡ། ཏདྱ་ཐཱ། ཨོཾ་སརྦ་སཾ་སྐཱ་ར་པ་རི་ཤུདྡྷ་དྷརྨ་ཏེ། ག་ག་ན་ས་མུ
ད་ག་ཏེ། སྭ་བྷཱ་བ་བི་ཤུདྡྷེ། མ་ཧཱ་ན་ཡ་པ་རི་བཱ་རེ་སྭཱ་ཧཱ། །གང་ཞིག་ཚེ་དཔག་ཏུ་མེད་པའི་མདོ་འདི་ཡི་གེར་འདྲིས་པ་ལ་ཀྱི་དེ་བུད་མེད་
ཀྱི་ངེས་པར་ཉན་ཡང་མི་འགྱུར་རོ། །ན་མོ་བ་ག་བ་ཏེ། ཨ་པ་རི་མི་ཏ། ཨ་ཡུ་ཛྙཱ་ན། སུ་བི་ནི་ཤྩི་ཏ། ཏེ་ཛོ་ར་ཛ་ཡ། ཏ་
ཐཱ་ག་ཏཱ་ཡ། ཨརྷ་ཏེ་སམྱཀ་སམྦུདྡྷཱ་ཡ། ཏདྱ་ཐཱ། ཨོཾ་སརྦ་སཾ་སྐཱ་ར་པ་རི་ཤུདྡྷ་དྷརྨ་ཏེ། ག་ག་ན་ས་མུད་ག་ཏེ། སྭ་བྷཱ་བ་བི་ཤུདྡྷེ། མ་ཧཱ་ན་ཡ་པ་རི་བཱ་རེ་
སྭཱ་ཧཱ། ཨརྷ་ཏེ་སམྱཀ་སམྦུདྡྷཱ་ཡ། ཏདྱ་ཐཱ། ཨོཾ་སརྦ་སཾ་སྐཱ་ར་པ་རི་ཤུདྡྷ་དྷརྨ་ཏེ། ག་ག་ན་ས་མུད་ག་ཏེ། སྭ་བྷཱ་བ་བི་ཤུདྡྷེ། མ་ཧཱ་ན་ཡ་པ་རི་བཱ་རེ་སྭཱ་ཧཱ། །གང་ལ་ལ
ཞིག་ཆོས་ཀྱི་རྣམ་གྲངས་འདི་ཉིད་ཕྱིར་གང་ལ་ཕ་ཅི་ཁ་བ་ཞིག་སྦྱིན་པ་བྱིན་ན། དེས་སྟོང་གསུམ་གྱི་སྟོང་ཆེན་པོའི་
འཇིག་རྟེན་གྱི་ཁམས་རིན་པོ་ཆེ་སྣ་བདུན་གྱིས་ཡོངས་སུ་བཀང་སྟེ། སྦྱིན་པ་བྱིན་པར་འགྱུར་རོ། །ན་མོ་བ་ག་བ་ཏེ། ཨ་པ་རི་མི

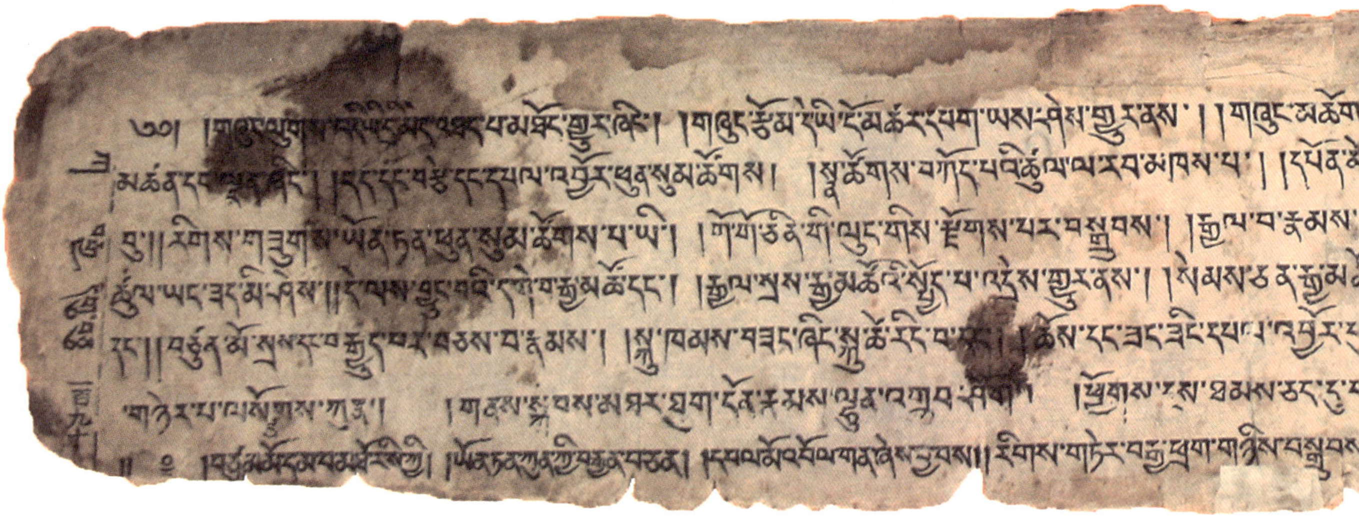

02286 因明正解藏論 藏文 薩迦班智達•貢嘎堅贊撰 元寫本

梵夾裝。開本高12.7厘米，廣65.2厘米。每葉七行。藏文烏金體寫本，左邊欄綫外寫有漢文頁碼。西藏圖書館藏。

02287 三傳密經三卷 藏文 （吐蕃）藏巴甲熱撰 十三世紀寫本

梵夾裝。開本高6厘米，廣17.5厘米。每葉七行，左右單邊。中國民族圖書館藏。

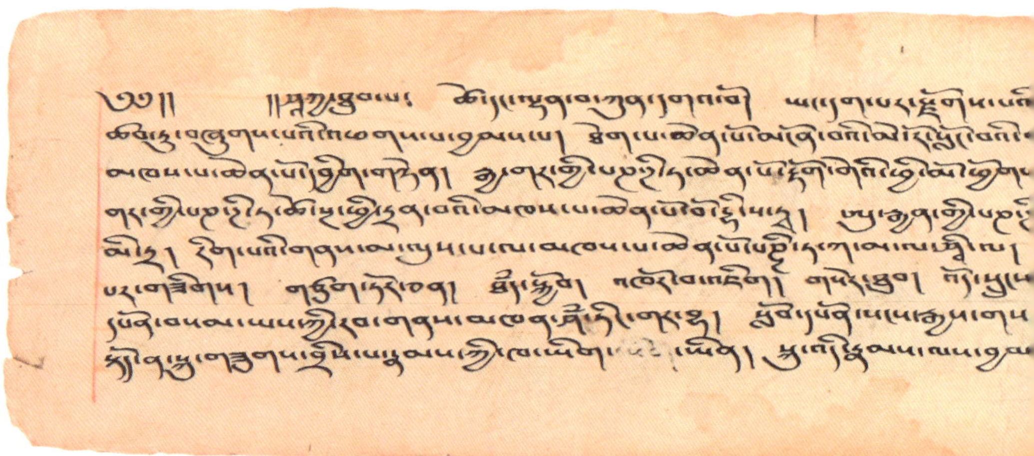

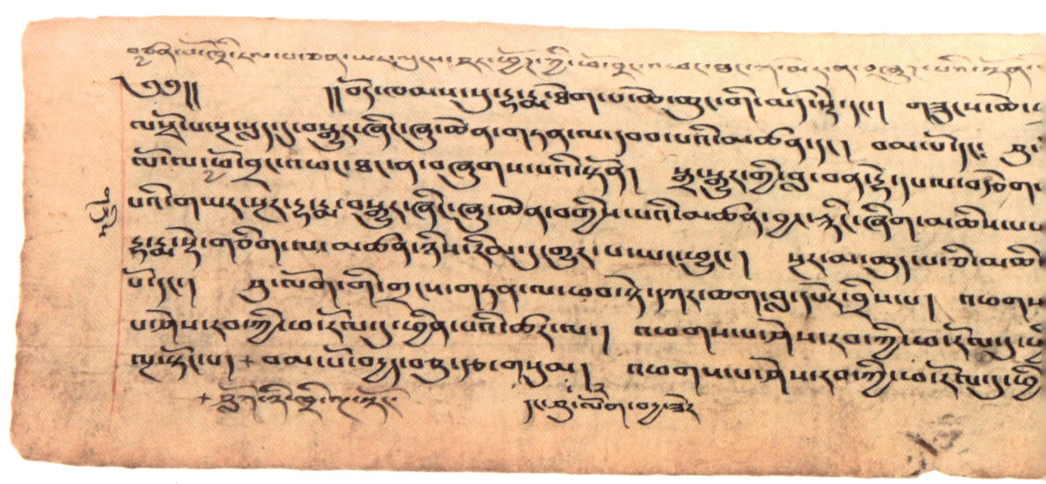

02288 旁唐目録 藏文 （吐蕃）嘎哇•白澤等編 十四世紀寫本

梵夾裝。開本高7.6厘米，廣40厘米。西藏博物館藏。

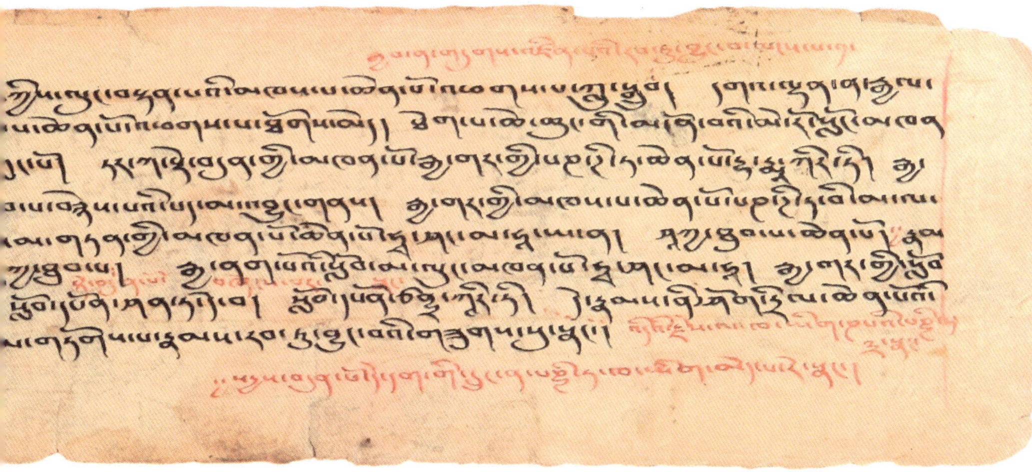

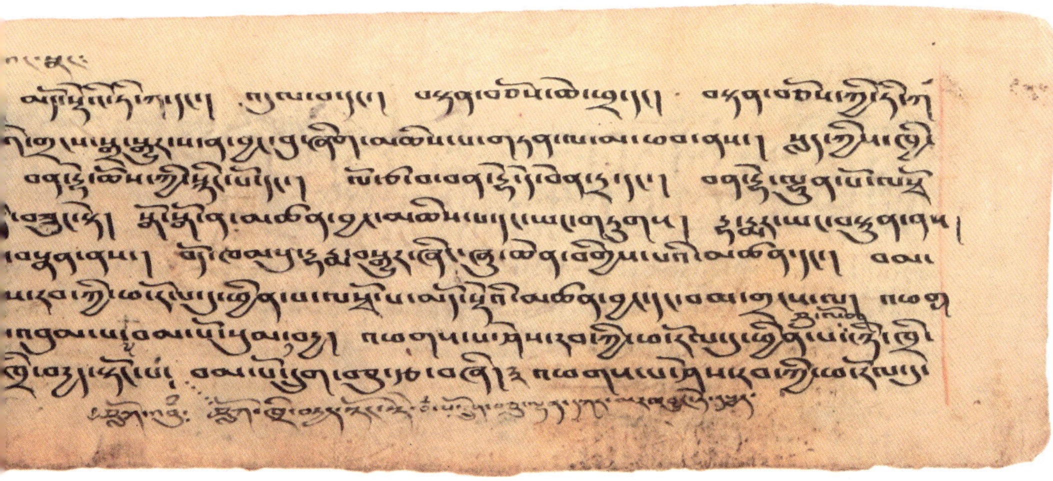

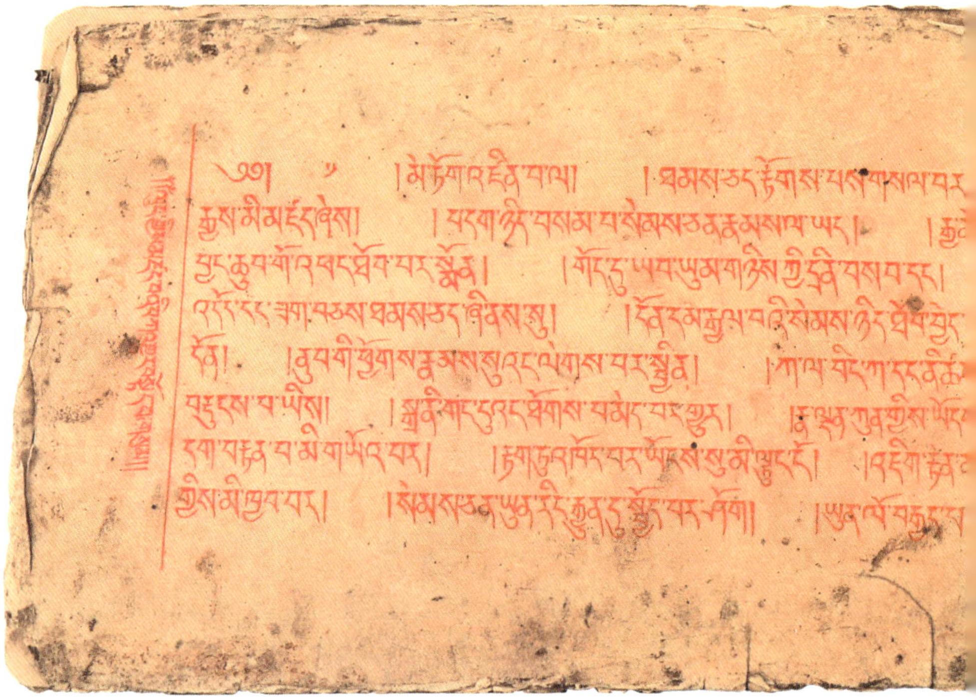

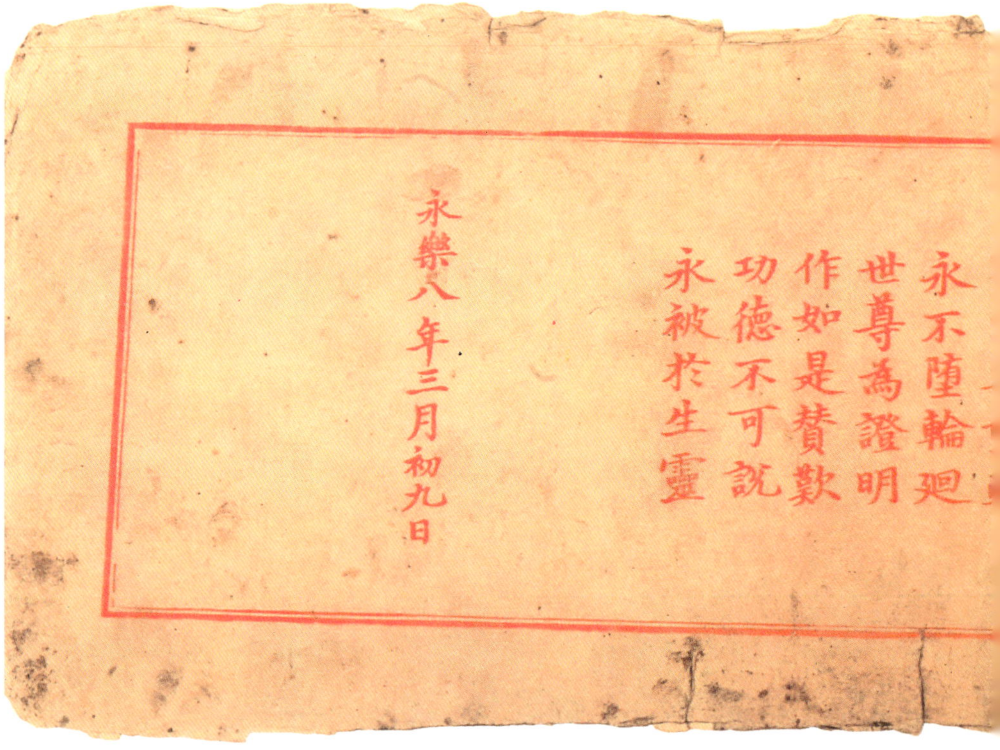

02289 大藏經•甘珠爾一百六卷 藏文 明永樂八年（1410）刻本

梵夾裝。開本高26.3厘米，廣72.8厘米。西藏布達拉宫藏。

御製藏經贊第三

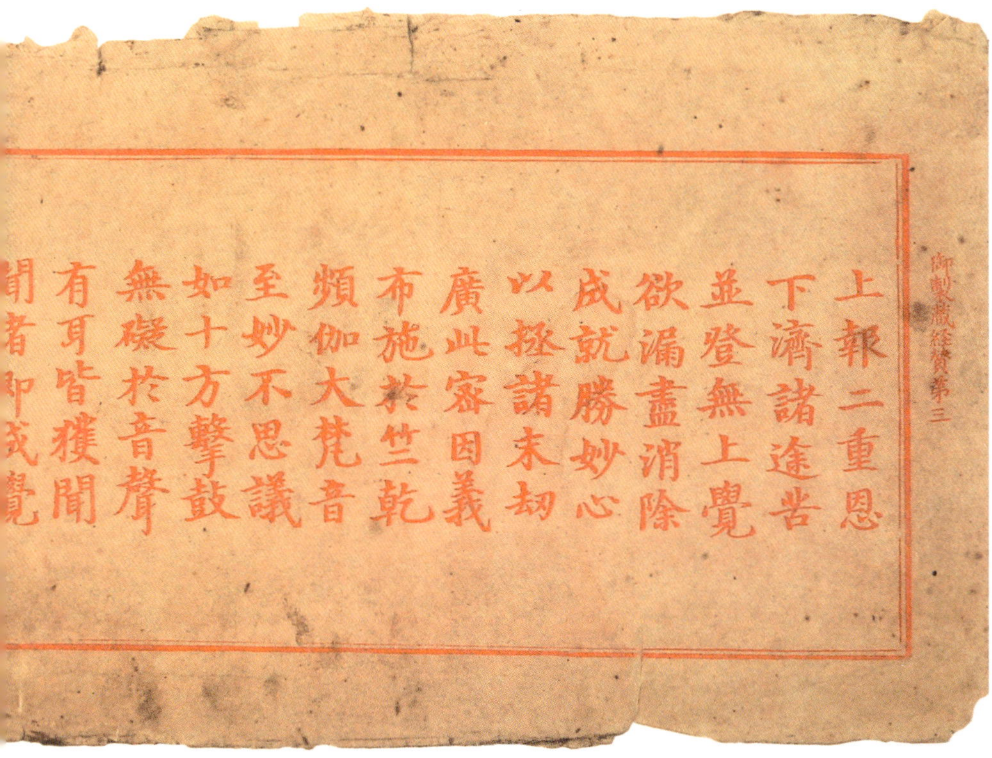
御製藏經贊第三
上報二重恩
下濟諸途苦
並登無上覺
欲漏盡消除
成就勝妙心
以拯諸末刧
廣此密因義
布施於竺乾
頻伽大梵音
至妙不思議
如十方擊鼓
無礙於音聲
有耳皆獲聞
聞者即成覺

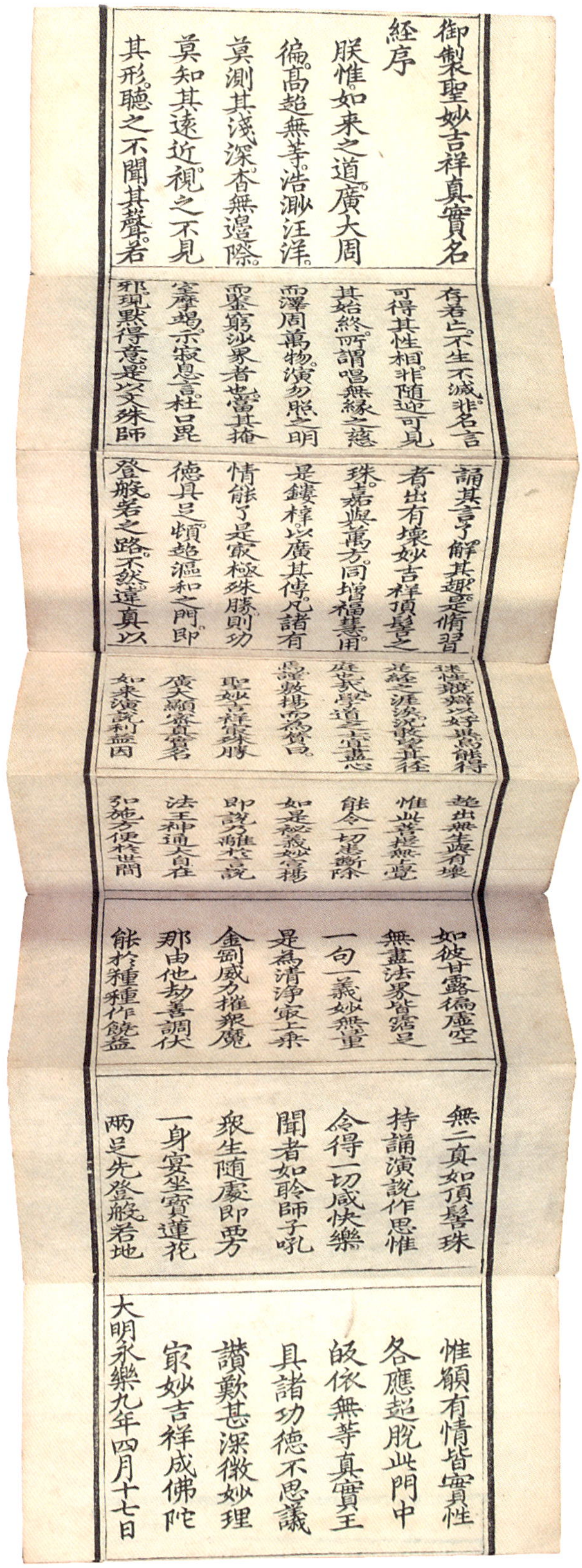

02290 聖妙吉祥真實名經 藏文 （吐蕃）仁欽桑布譯 明永樂九年（1411）刻本

經折裝。開本高5.8厘米，廣11.7厘米。匡高5.5厘米，廣8.4厘米。漢文序一面七行，藏文一面六行，左右雙邊。後附發願文，首尾分别有永樂帝所纂漢文前後序及藏文譯文。國家圖書館藏。

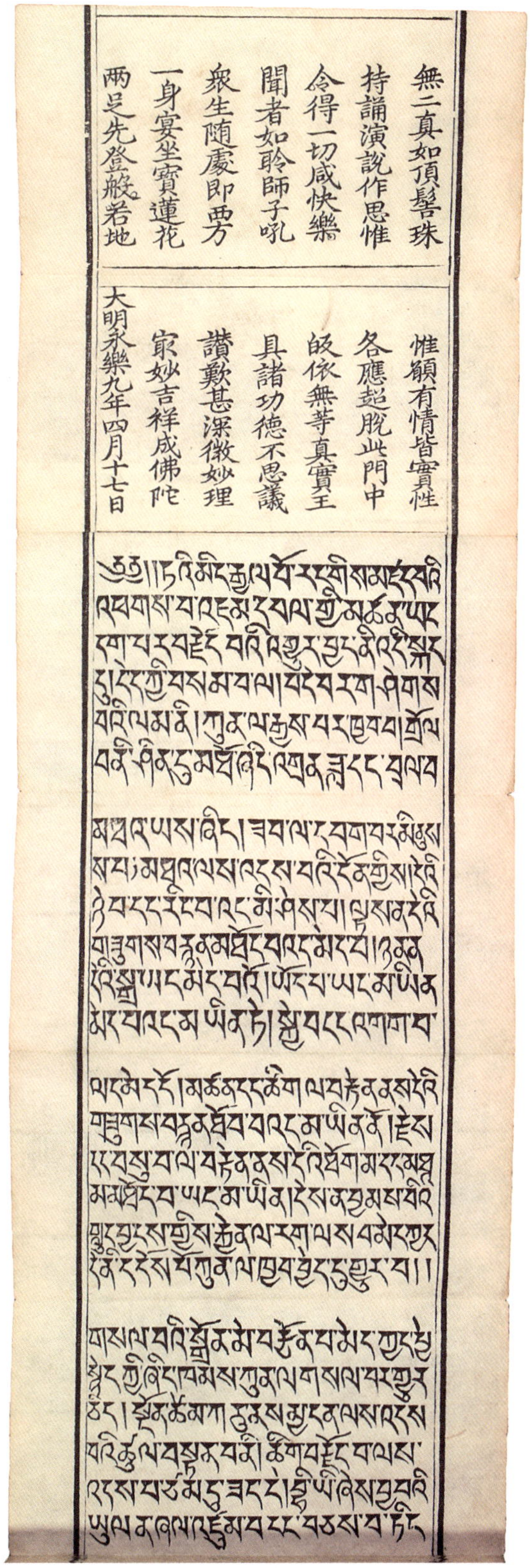
無二真如頂髻珠
持誦演說作思惟
念得一切咸快樂
聞者如聆師子吼
衆生隨處即勇方
一身宴坐寶蓮花
兩足先登般若地

惟願有情皆實性
各應超脫此門中
皈依無等真實王
具諸功德不思議
讚歎甚深微妙理
㝡妙吉祥成佛陀
大明永樂九年四月十七日

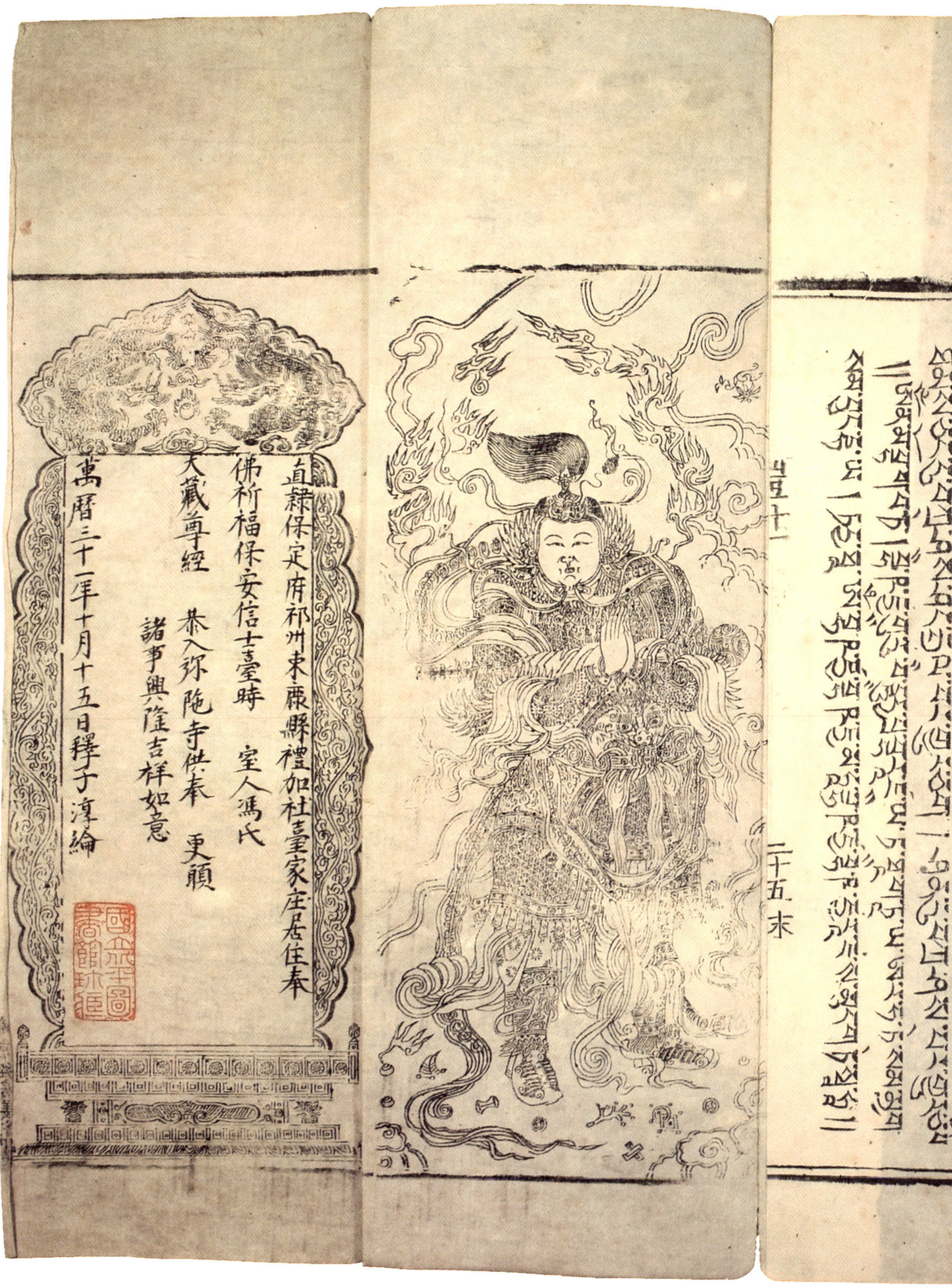

02291 七佛如來本願功德經 藏文 （吐蕃）详•也協德等譯 元刻明萬曆三十一年（1603）重印本

經折裝。開本高34.2厘米，廣11.2厘米。匡高23.8厘米，半葉七行，左右雙邊。有牌記。首尾有佛像，前十葉及後部分紙張上有手寫蒙文頁碼。國家圖書館藏。

ཡུལ་ཕྱོགས་ཐམས་ཅད་དུ་ཡང་། །མུ་གེ་དང་། །ནད་ཡམས་དང་། །འཁྲུག་པ་དང་། །
རྩོད་པ་དང་། །ཐན་པ་དང་། །སད་དང་། །སེར་བ་དང་། །ཕ་རོལ་གྱི་དམག་ཚོགས་ལས་
སོགས་པའི་གནོད་པ་དང་། ཉེ་བར་འཚེ་བ་ཐམས་ཅད་ཞི་ཞིང་ཆར་ཆུ་དུས་སུ་འབབ་སྟེ། །
ལོ་ཕྱུགས་རྟག་ཏུ་ལེགས་པ་ལ་སོགས་པ། །བཀྲ་ཤིས་དང་བདེ་ལེགས་ཕུན་སུམ་
ཚོགས་པ་མཐའ་དག་འབྱུང་བར་བྱིན་གྱིས་བརླབ་ཏུ་གསོལ། ། ཡོན་གྱི་བདག་པོ་
རྣམས་ཀྱིས་གཙོ་བྱས་པའི་ནམ་མཁའི་མཐའ་དང་མཉམ་པའི་སེམས་ཅན་ཐམས་
ཅད་ཀྱི་སྡིག་པ་དང་། །སྒྲིབ་པ་ཐམས་ཅད་བྱང་ཞིང་ཚོགས་གཉིས་མྱུར་དུ་རྫོགས་ནས

རྣམ་པ་ཐམས་ཅད་མཁྱེན་པའི་སངས་རྒྱས་ཀྱི་གོ་འཕང་མྱུར་དུ་ཐོབ་པར་བྱིན་གྱིས་
བརླབ་ཏུ་གསོལ། ། བྱ་ལོ་ཟླ་བ་བཅུ་གཅིག་པའི་ཚེས་བཅུ་ལ་ ཧོར་དུའི་མཆོད་རྟེན་དྲུང་དུ་
མདོ་འདི་སྐྱེ་རིན་པོ་ཆེ་འབང་པོ་དང་བསྐྱབས་པའི་ཡོན་བདག་ལྷ་ས་པ་ཤག་ཀུ་བཟང་པོ་
དགེ་བྱས་ལགས་ལ་ཡིན་དགེ་སློང་རིན་ཆེན་དཔལ་། །དགེ་སློང་མ་དཀོན་མཆོག་དཔལ་
གྱིས་ཡི་གེར་བྲིས། །རྒྱ་ནག་པ་ཟླ་འོད་ལ་སོགས་པ་ས་མ་ལུས་པ་སེམས་ཅན་གྱི། །ཕྱུག
བསམ་དེ་མེད་དཔལ་དབང་གྱིས་སྦྱ་ལ་རྣམ་དཔྱོད་རྒྱུད་ཐེ་ཚོམ་སྐྱོབས་པའི་ཀླུག་རྩོད་ཀུན
ནས་རབ་ཏུ་འཁྲུལ་ལས། །ཀུན་ཏུ་བཟང་པོ་ཡི་རྣམ་འཕྲུལ་ཇི་བཞིན་ཀུན་ནས་དགེ

བའི་སེམས་ཀྱིས་སྨྲ་བའི་དྲི་མེད་མཆོད་པའི་ཆར་རྒྱུན་གང་། །ཉེ་བར་ཞི་བ་པས
སྐྱེ་དགུ་ཀུན་ཡིད་ཀྱི་དང་བ་ཆེ་[illegible] རྣམ་པར་འཚལ་ [illegible] སེམས་ཅན་ཡོན་བསྔོ
ཐུས་ནས། །འཇོར་པའི་ [illegible]

02292 苯教經咒集要 藏文 明寫本

梵夾裝。開本高14厘米，廣42厘米。每葉七至八行。銀汁寫本，藏文烏金體。西藏圖書館藏。

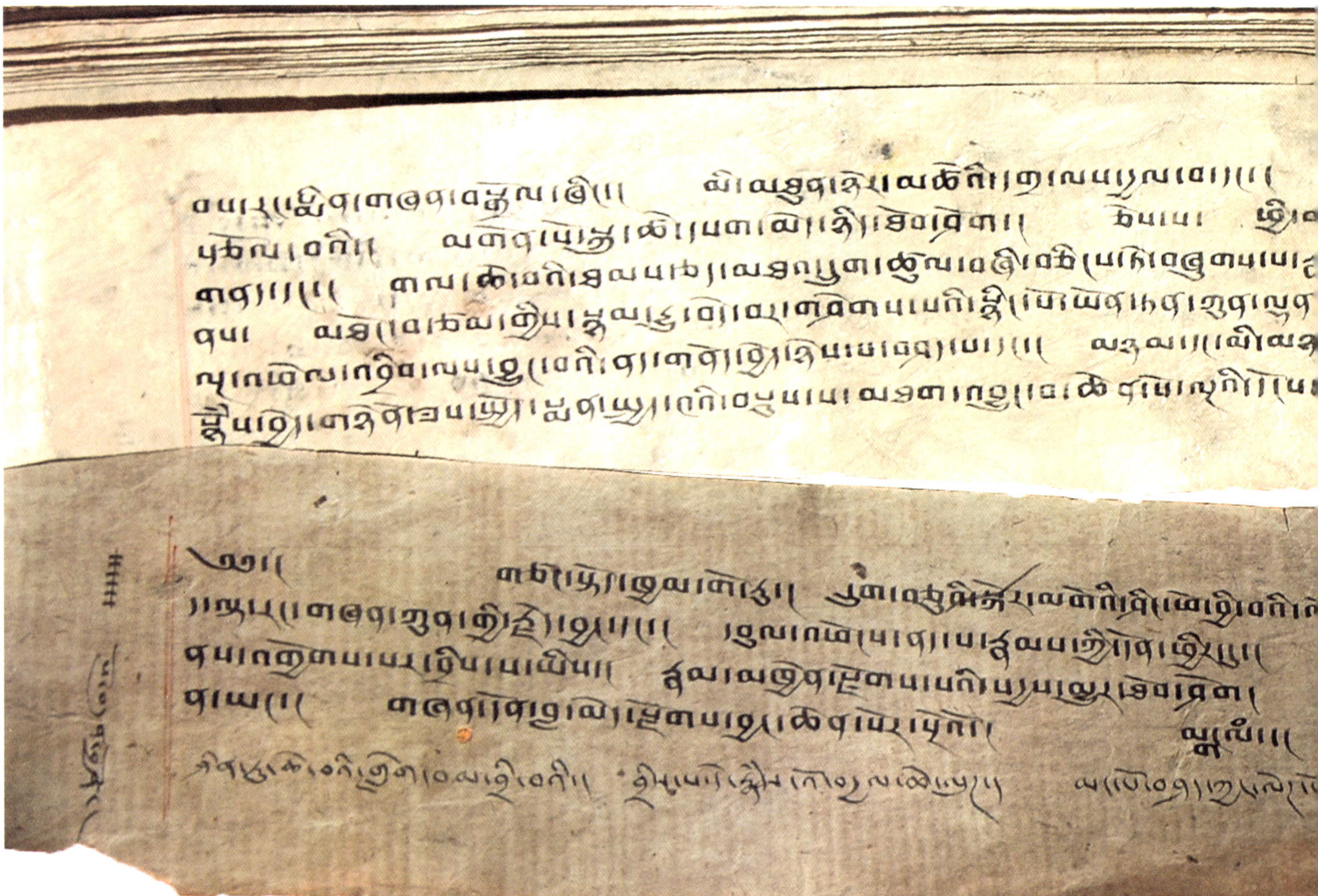

02293 四部醫典•後續醫典部注釋 藏文 （明）朗嘎洛珠撰 明寫本

梵夾裝。開本高7厘米，廣45厘米。每葉六行。藏文烏金體寫本。西藏藏醫學院圖書館藏。

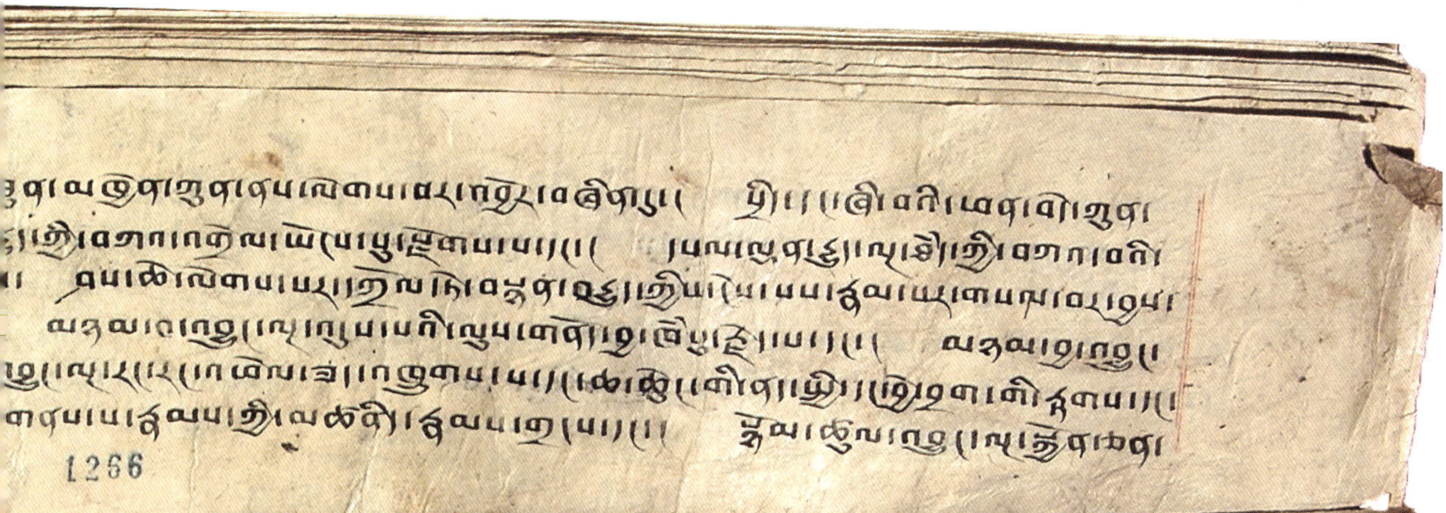
1266

1269

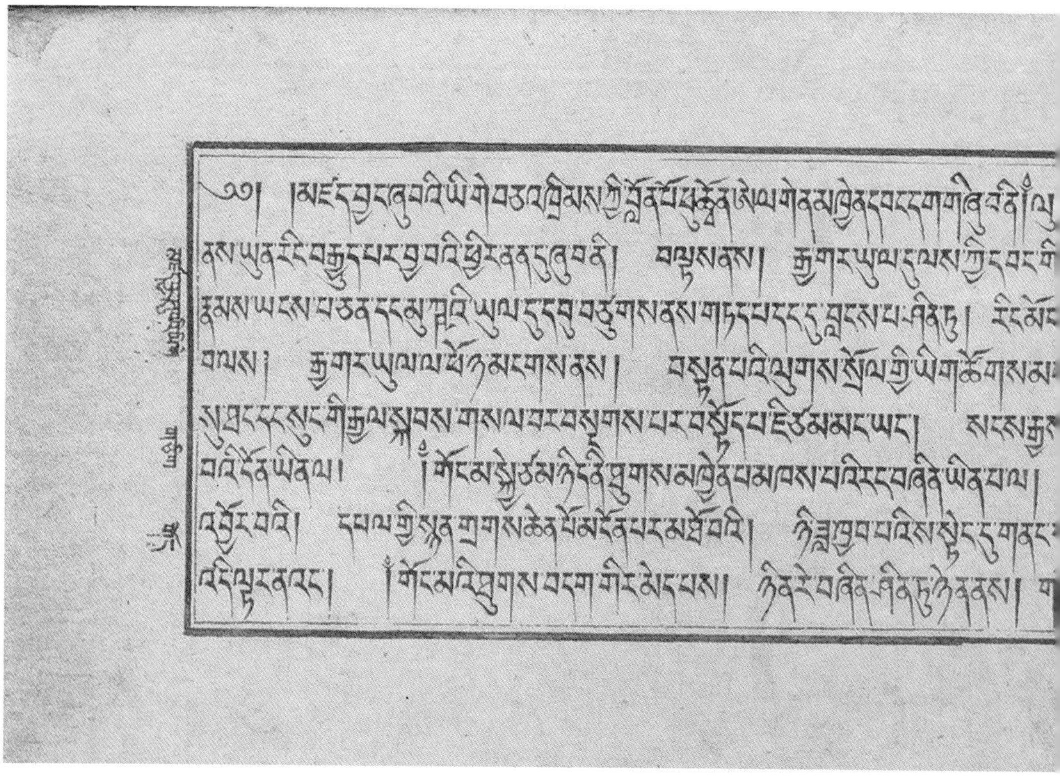

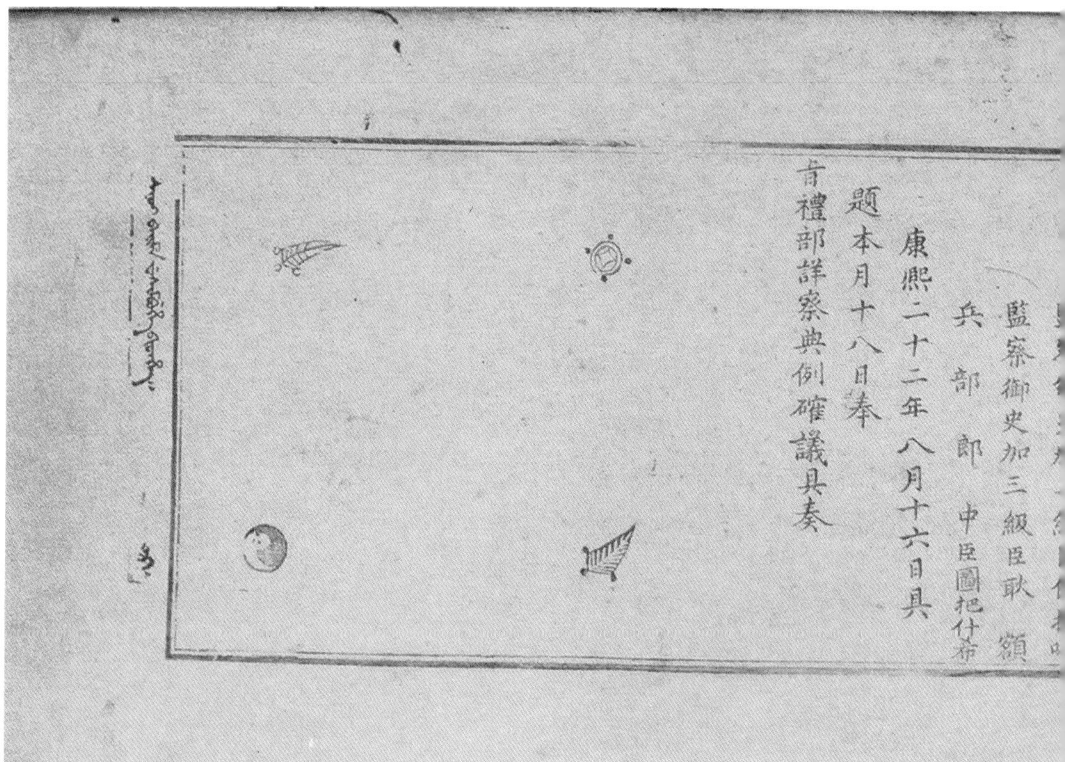

02294 大藏經•甘珠爾一千五十五卷 藏文 清康熙二十二年(1683)

北京刻本

梵夾裝。開本高24.3厘米，廣72.3厘米。匡高15.3厘米，廣59.4厘米。每葉八行。各夾扉畫爲手工繪製。中國民族圖書館藏。

...འབྲང་ནས། བཀའ་འགྱུར་གྱི་པར་བཞེངས་པའི་དོན། ༄རྒྱལ་པོའི་མཛད་པའི་ཁྲིམས་སྲུངས་བཀོད
...ར་སྤྱེལ་པའི་རྣམ་འཕྲུལ་ཐོག་མར་བྱུང་ལ། འཕགས་ལམ་ཡན་ལག་བརྒྱད། ཐེག་པ་རིམ་པ་ལྔ
...ནག་གི་རྒྱན་དང་མིང་ཞེས་བྱ་བའི། །རྒྱལ་པོའི་དུས་སུ། འཕགས་པ་གསེར་གྱི་མདོག་ཅན་མི
...ཚོགས་བཅད་རྣམས་རིམ་པར་ཡུལ་དབུས་སུ་བརྒྱུད་ནས། ལོ་ཉི་སྟོང་ཉེ་བ་བྱུང་ཞིང་། འདི་ཡི་འཆམས
...ན་པ་དང་རབ་ཞིང་རྒྱས་པ་གཅིག་བུའི་དོན་དུ་འདང་མི་ནི་ཅིང་། ཆེ་དང་འདིས་ཀྱང་རྣམ་པ་ཁྲི་ཕྲག་མང་པོ་སྤེལ
...ང་ཡོན་ཏན་རིན་མཚར་ཆེ་བ་ནི། གནམས་དང་འགྲན་ཟླ་བའི། མཚའ་ཁྲིམས། སྤྱན་སྔོན་ལེགས་པར
...ཕྱབ་པར་རང་དུ་བླངས། ལོ་དང་ཟླ་བའི་དུས་ཀྱི་རྗེས་འབྲང་ནས། ཁྲལ་གྱི་རིག་མི་འཛིན་པའདང་མེད།
...བྱིང་གསོལ་ཕྱིབ། གཞུངས་དོན་ཆེ་དང་དུ་གཉེར་ཞིང་འབངས་ལ་བརྩེ་སྐྱོངས་ཆེ། ཡང་ཁྲི་ཕྲག

唐太宗勅名僧翻譯經文六百餘
部特製序文明太祖親撰佛母像
讃永樂中校刻大藏真經皆當開
國盛時表章梵典況我
皇上仁敬孝慈逈非唐明三君所能比
擬萬一
宸翰所頒便可燭照諸天康濟率土伏
祈
皇上俯念佛果
特賜御製序文弁諸經首開示顓蒙昭
垂萬禩廣慧日頼
奎章而並煥慈雲同
聖澤以長流矣為此具本謹題請
旨

和碩裕親　王臣福全
內閣侍讀學士食三品俸加四級臣烏喇代
宗人府右當掌印理事官加級臣覺羅舜拜
…

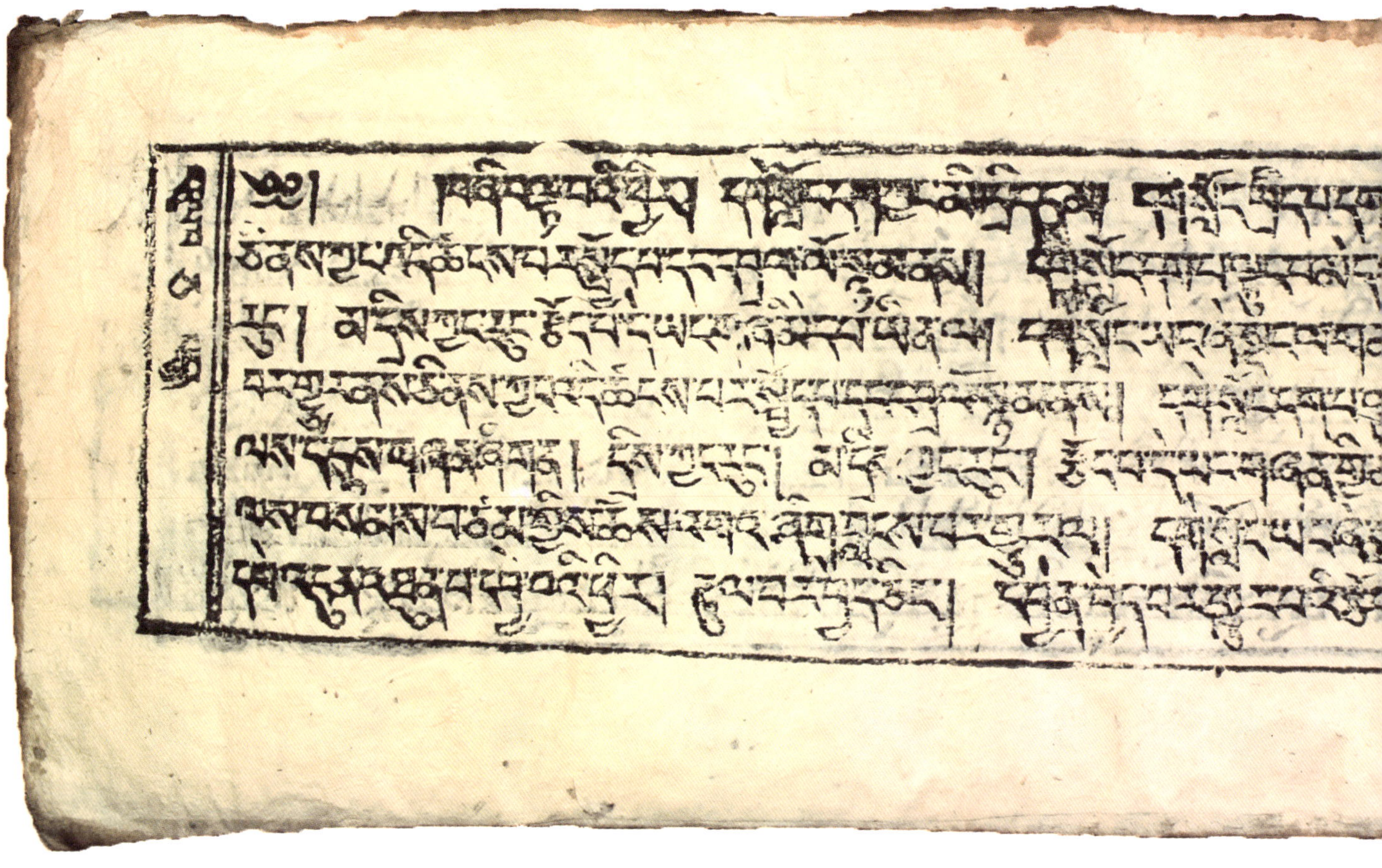

02295 大藏經·甘珠爾一百七函 藏文 清雍正八年（1730）納塘刻本

梵夾裝。開本高16.6厘米，廣61厘米。匡高8.1厘米，廣56.4厘米。每葉七行。國家圖書館藏，存一百三函。

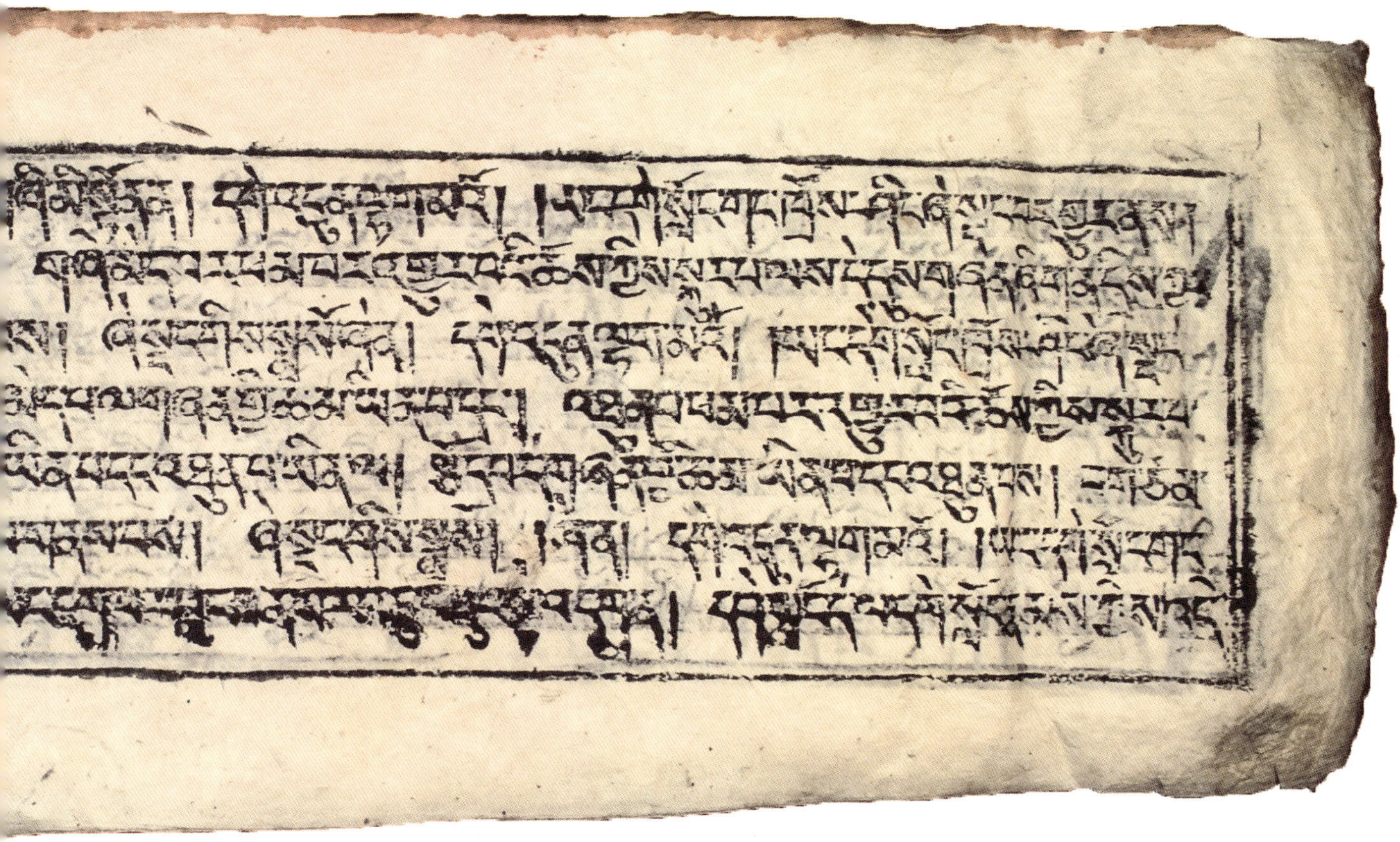

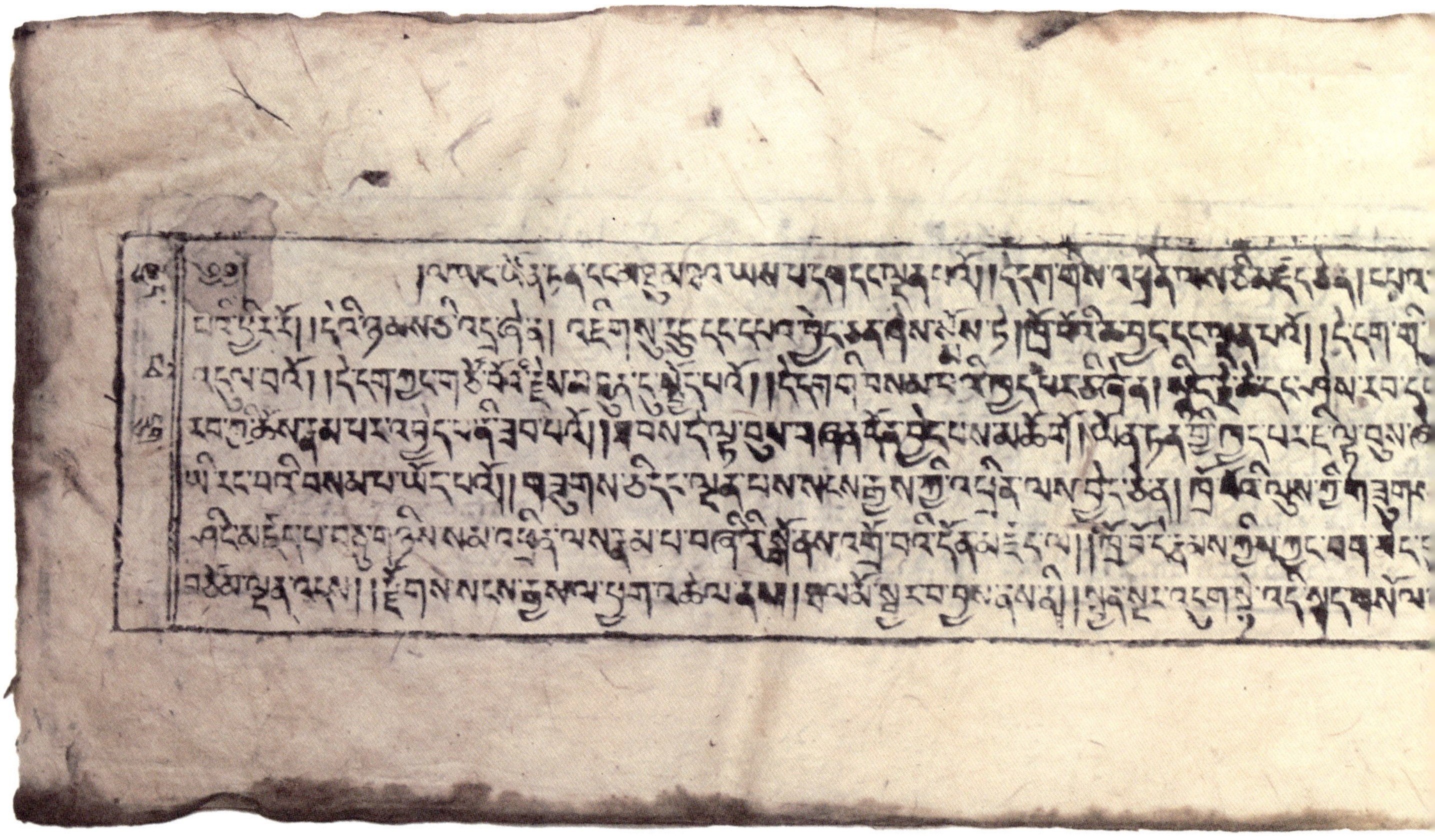

02296 大藏經•丹珠爾二百二十五函 藏文 清雍正八年（1730）納塘刻本

梵夾裝。開本高16.6厘米，廣61厘米。匡高7.8厘米，廣58厘米。每葉七行。國家圖書館藏，存二百十八函。

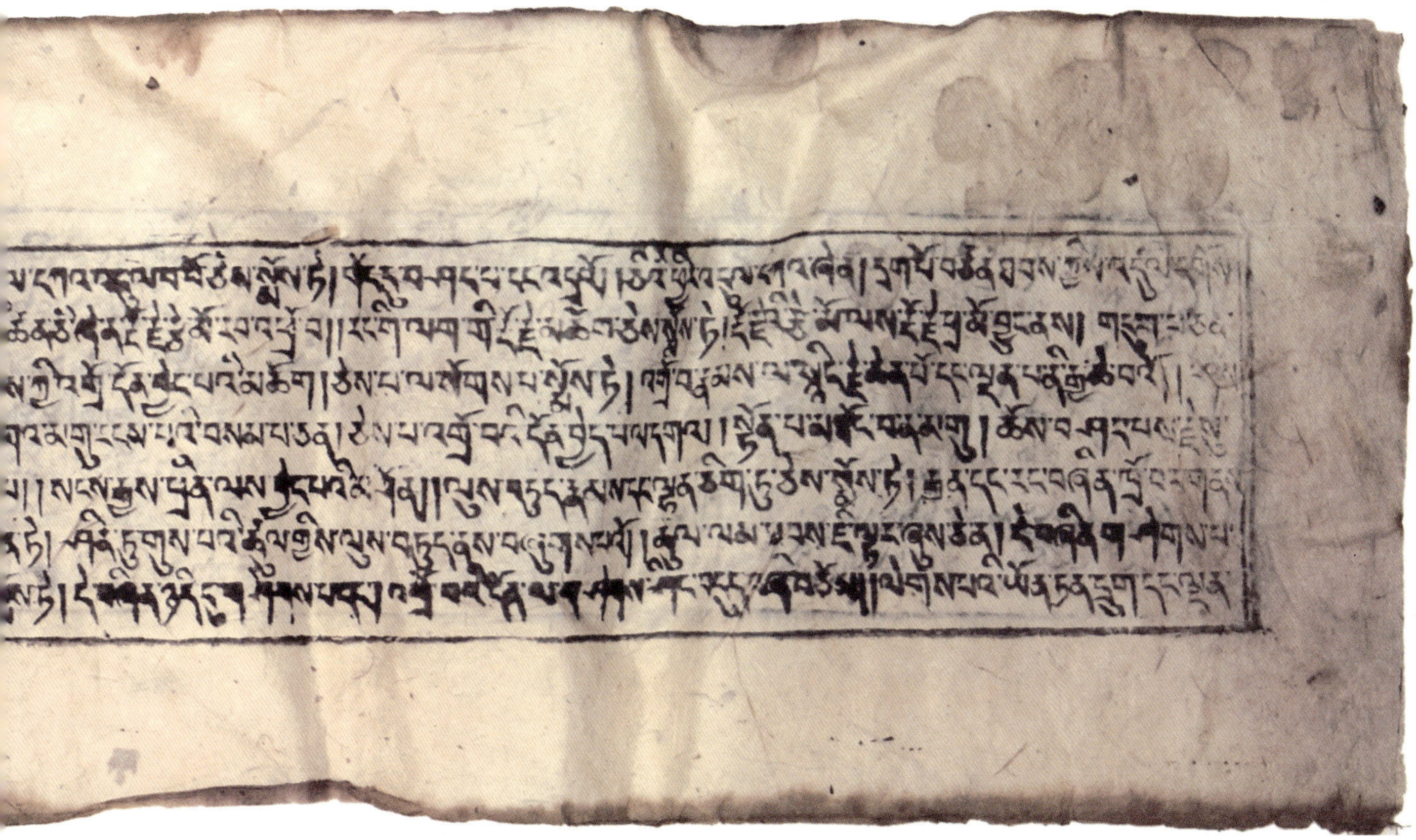

02297 大藏經•丹珠爾二百二十五函 藏文 清雍正八年（1730）納塘刻本

梵夾裝。開本高16厘米，廣63.5厘米。匡高8厘米，廣56.5厘米。每葉七行。内蒙古自治區圖書館藏，存二百二十三函。

02298 大藏經•甘珠爾一百八函 藏文 清乾隆三十五年（1770）泥金寫本

梵夾裝。開本高28.5厘米，廣75厘米。匡高25.5厘米，廣72.7厘米。每葉八行。雙面用泥金精寫烏金體藏文目録和經文，各函前均附目録，首函有“乾隆三十五年七月二十五日御製甘珠爾大藏經文序”。故宫博物院藏，存九十六函。

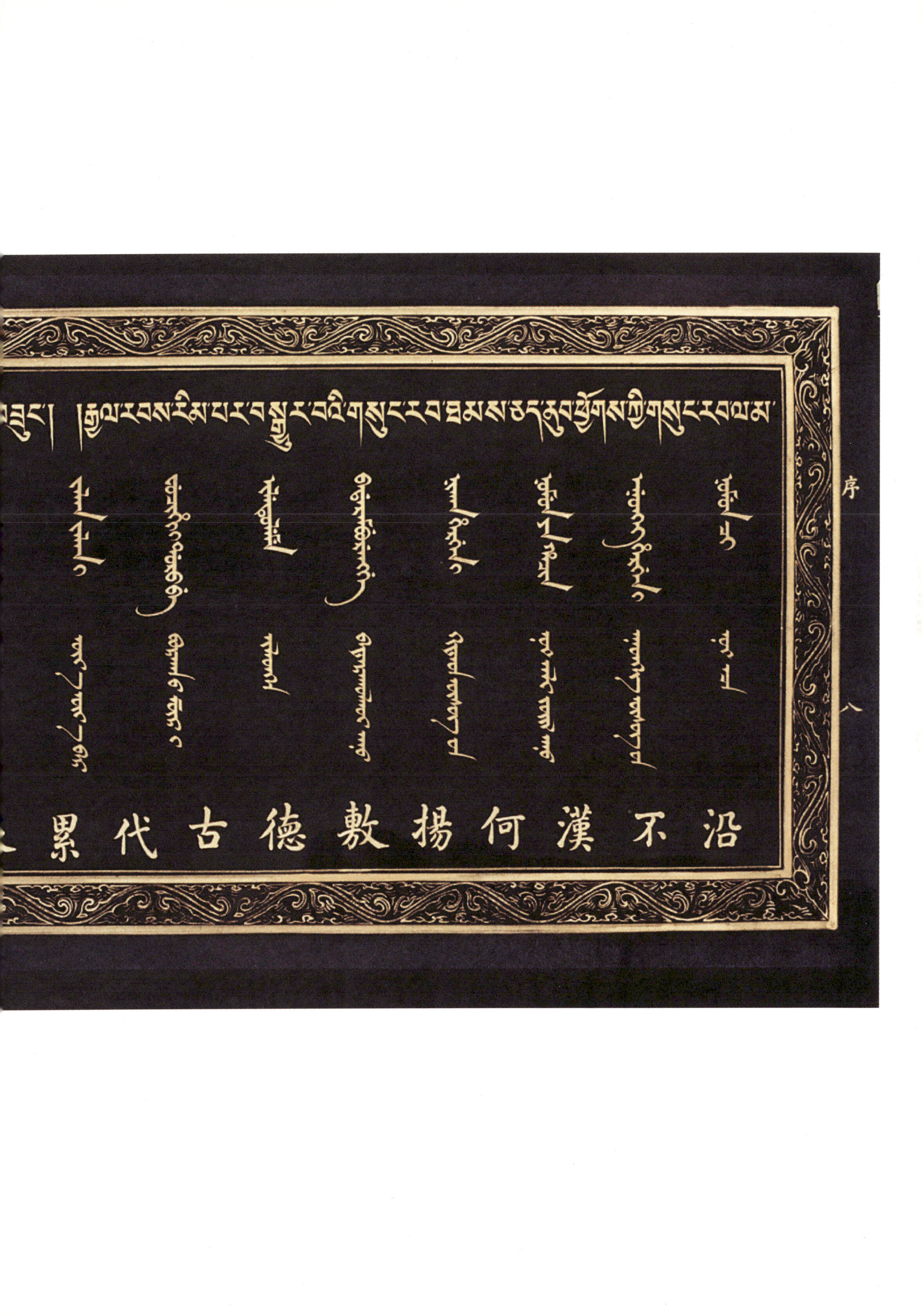

བྱུང་། །རྒྱལ་རབས་རིམ་པར་བསྒྱུར་བའི་གསུང་རབ་ཐམས་ཅད་ནུབ་ཕྱོགས་ཀྱི་གསུང་རབ་ལམ་

沿不漢何揚敷德古代累

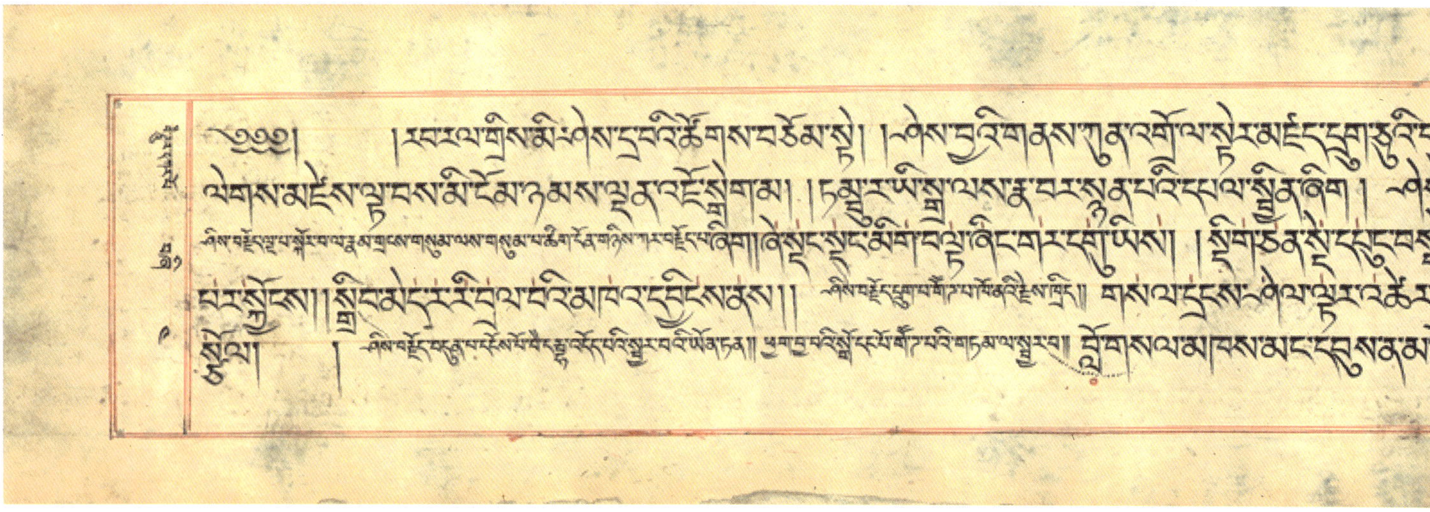

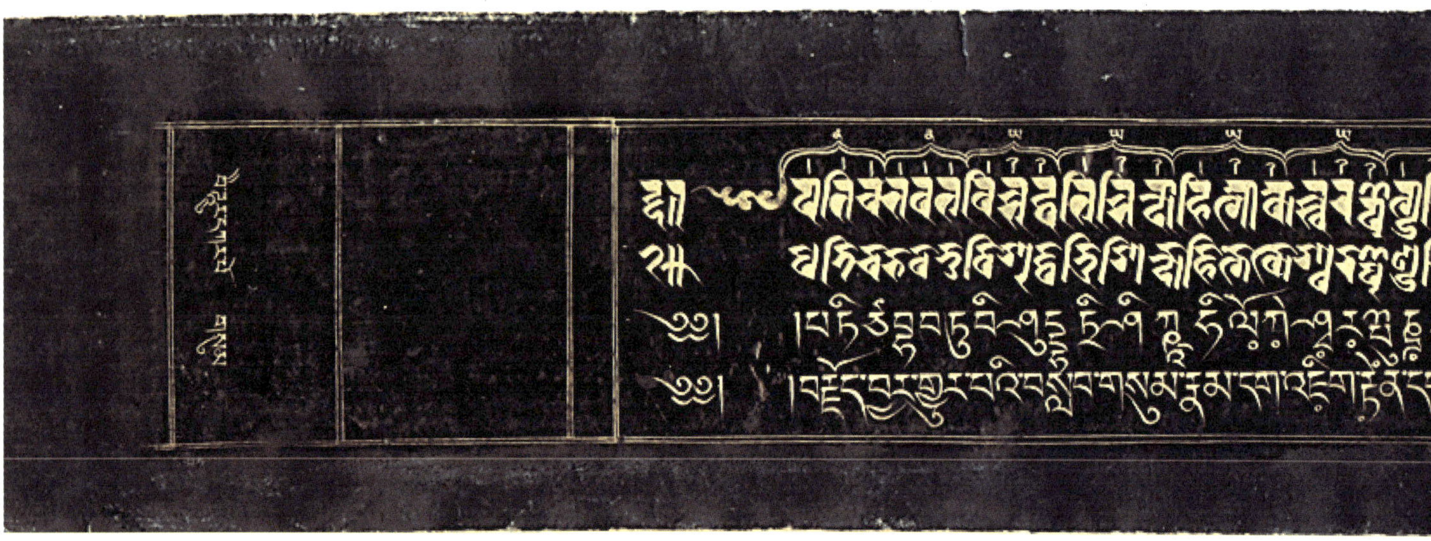

02299 白琉璃 藏文 （清）第司•桑結嘉措撰 清抄本

梵夾裝。開本高10厘米，廣60厘米。每葉五行。西藏布達拉宮藏。

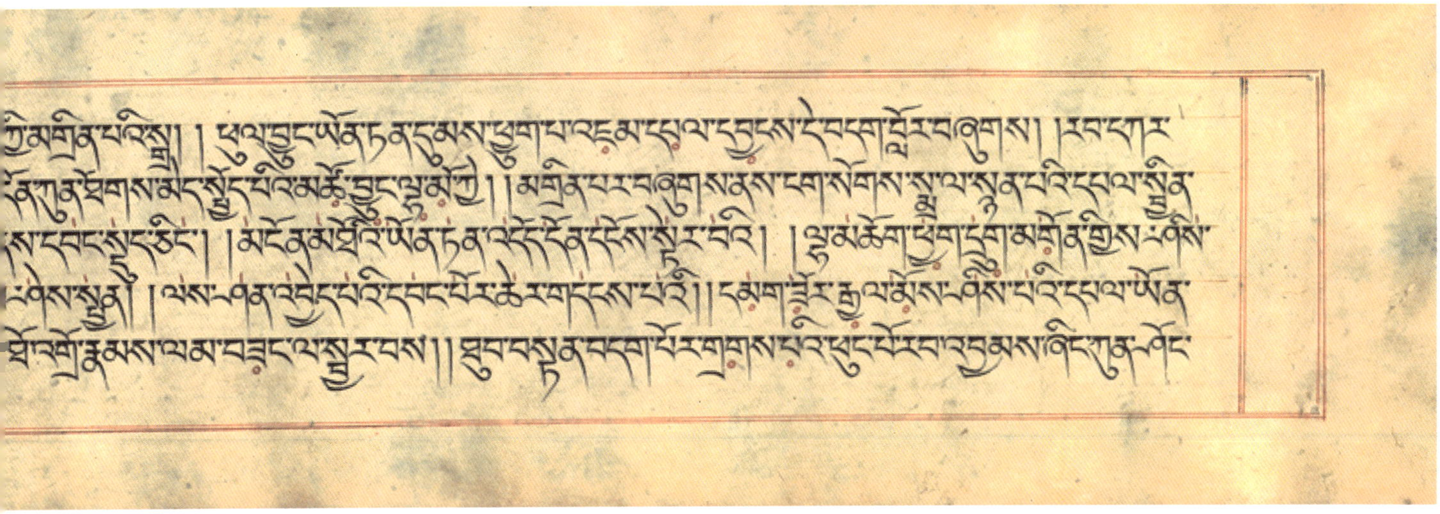

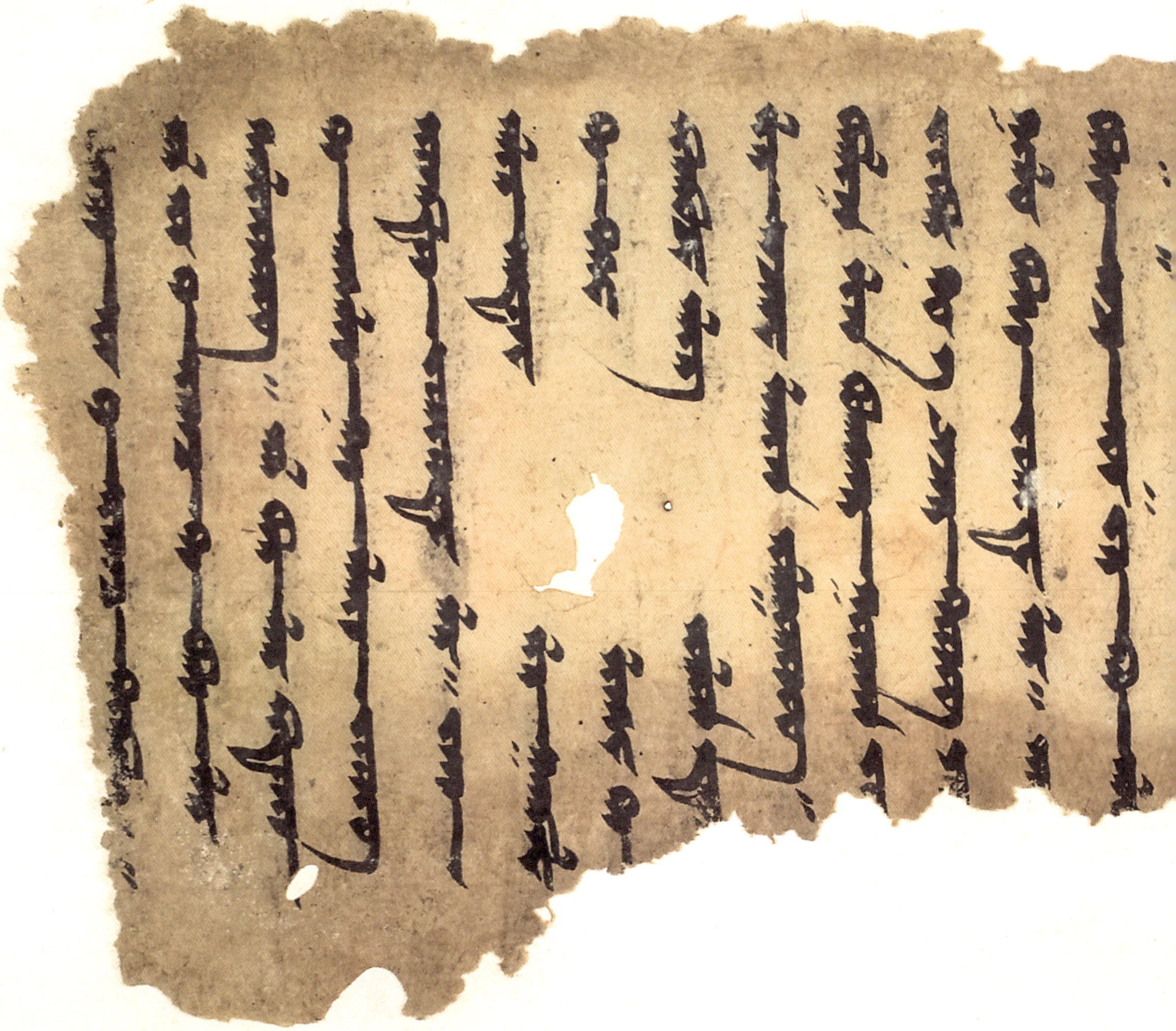

02300 大唐大慈恩寺三藏法師傳 回鶻文 （唐）慧立 彦悰撰 勝光法師譯 十世紀寫本

梵夾裝。開本高18厘米，廣43厘米。國家圖書館藏，存二百四十八葉。

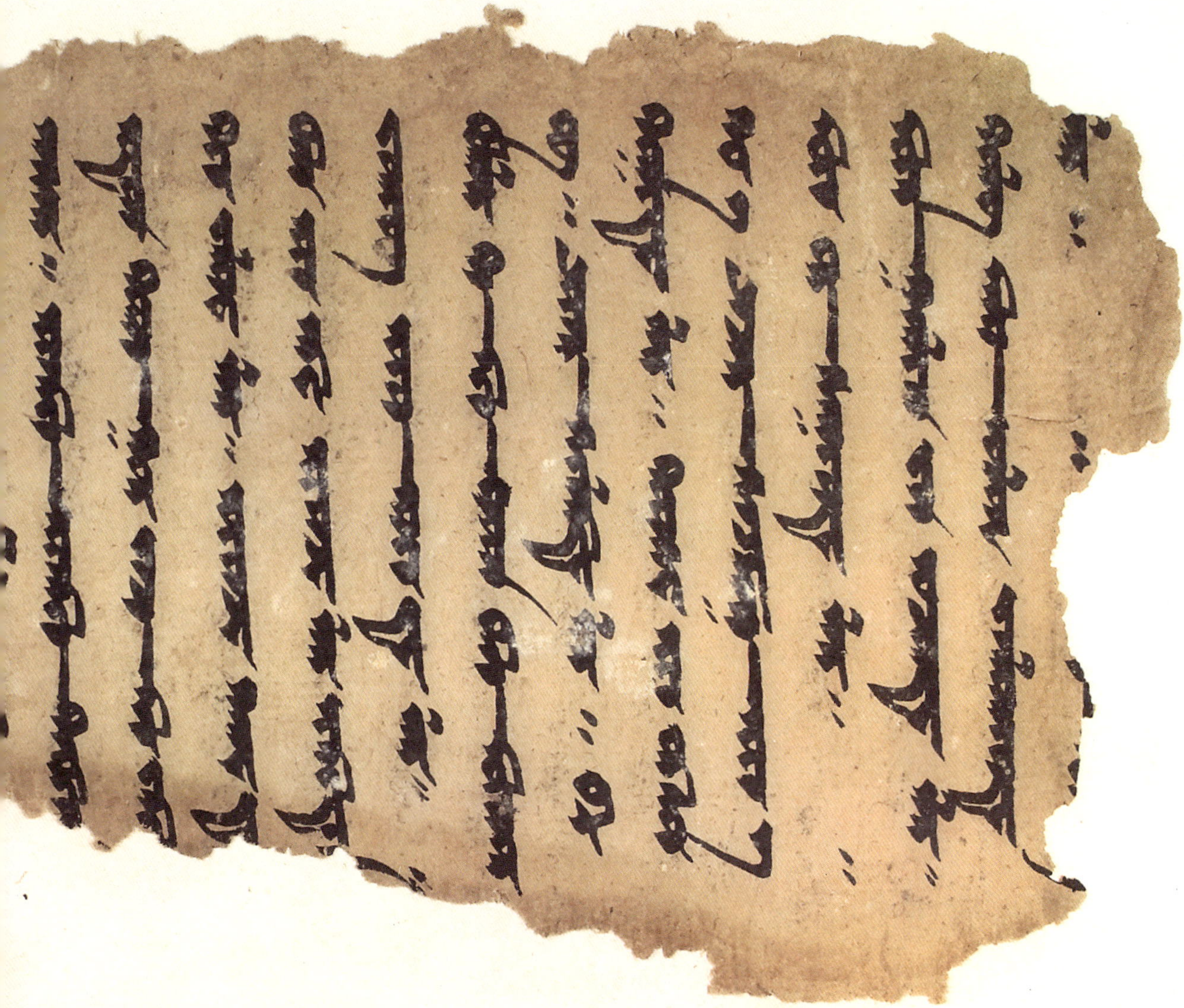

2A

02301 阿彌陀經 回鶻文 十世紀寫本

梵夾裝。開本高25厘米，廣21厘米。殘。有回鶻文題“阿彌陀經第四卷”。國家圖書館藏，存二十五葉。

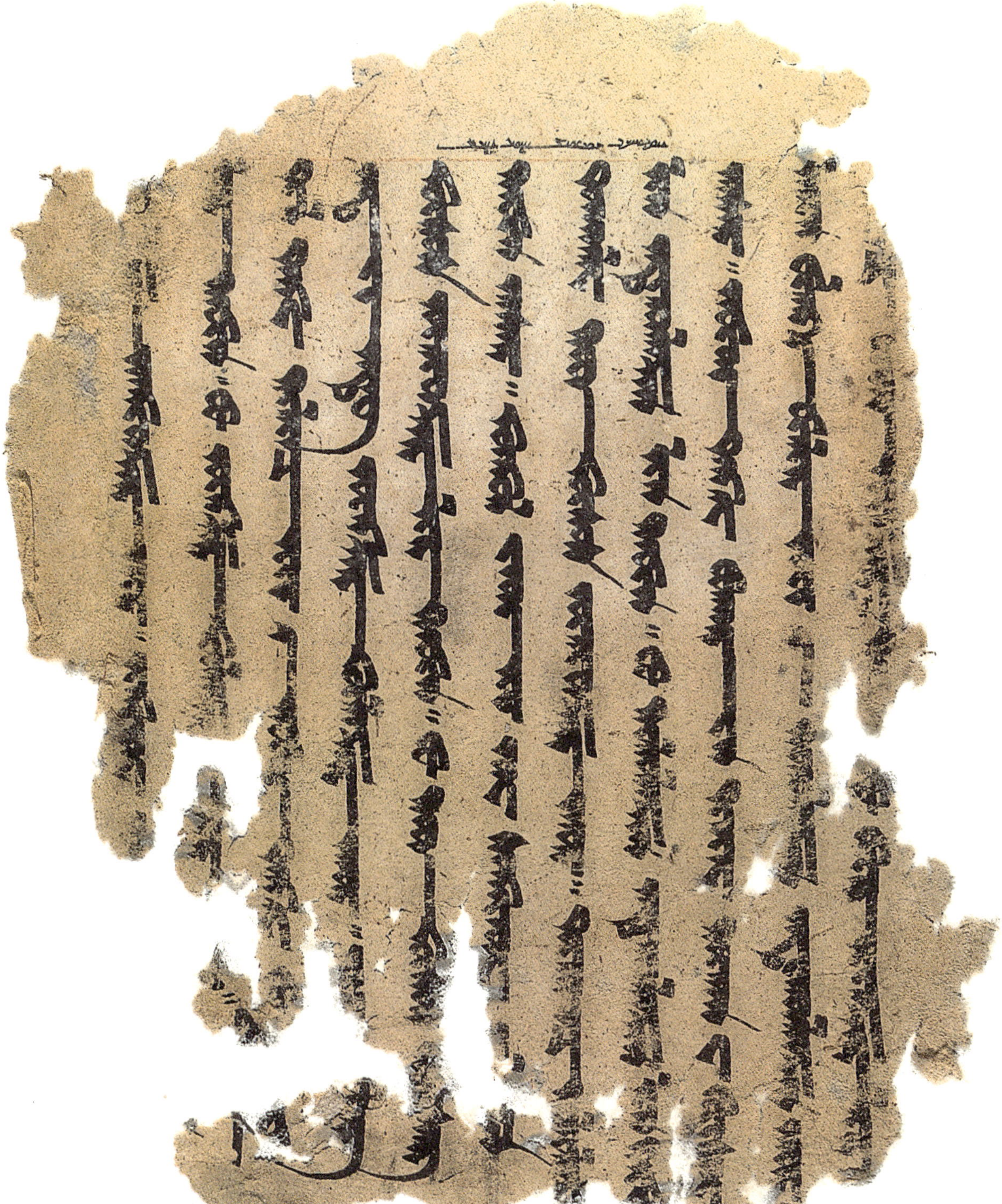

02302 彌勒會見記 回鶻文 公元1067年寫本

梵夾裝。開本高21.5厘米，廣48.6厘米。每葉三十至三十一行，兩面墨寫。新疆維吾爾自治區博物館藏，存二百九十三葉。

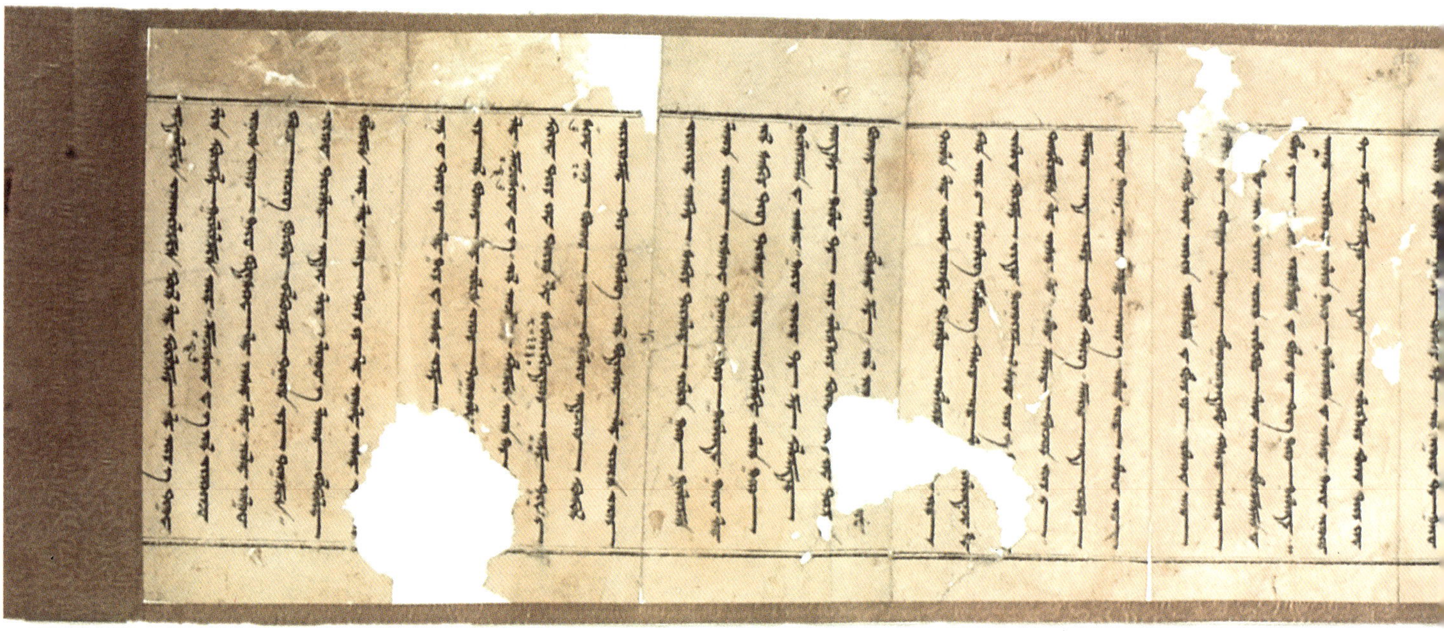

02303 藥師琉璃光七佛本願功德經 回鶻文 元刻本

經折裝。開本高26.5厘米，廣13厘米。匡高22.5厘米。半葉六行。新疆維吾爾自治區博物館藏。

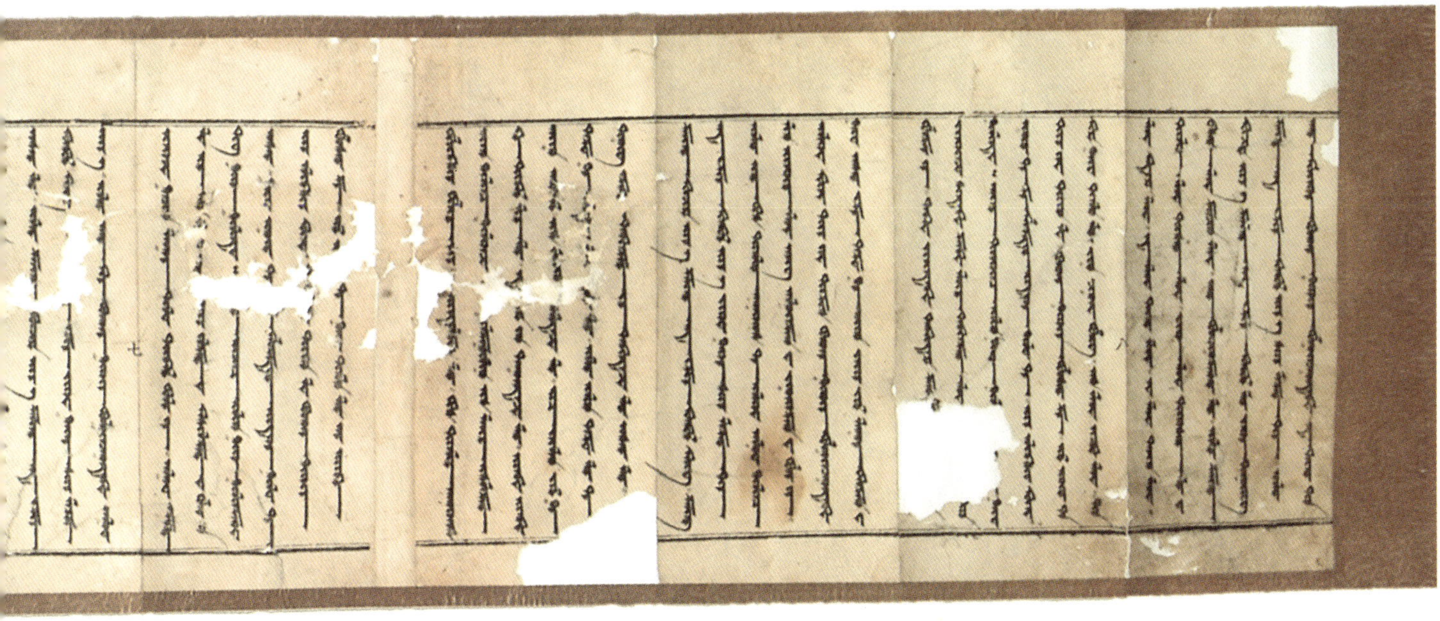

02304 大般若波羅蜜多經六百卷 西夏文 （西夏）仁宗校 寫本

經折裝。開本高30至37厘米，廣11至15厘米。匡高25至30厘米，半葉六至七行，行字不等。卷三十四首有刻印説法圖。其中有卷存西夏仁宗“奉天顯道耀武宣文神謀睿智制義去邪惇睦懿恭皇帝嵬名御校”題款，有卷存寫者題款或存者題款。修復時在封面封底發現大量西夏時期賬目、契約等文書殘葉。國家圖書館藏，存二十一卷。

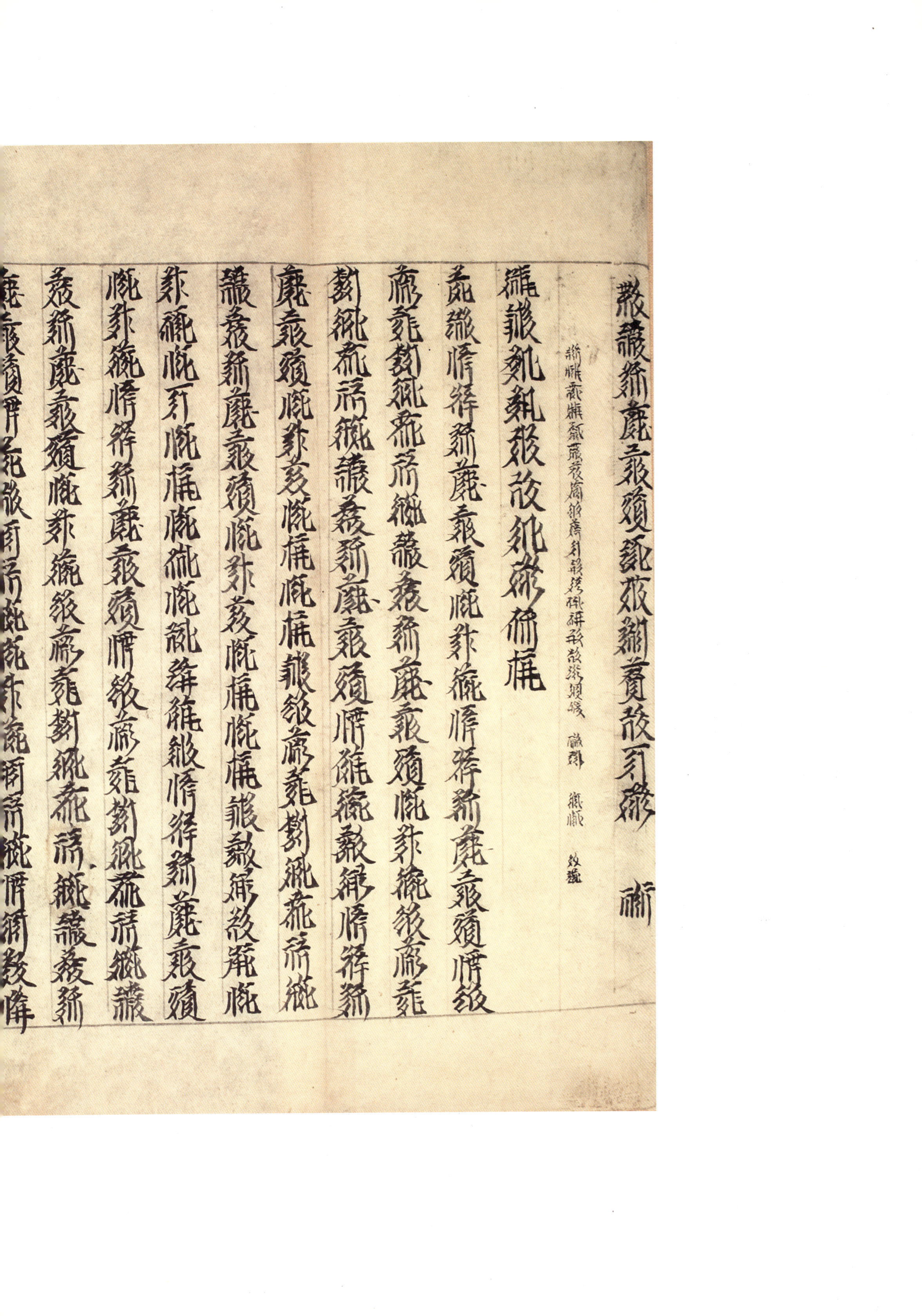

[illegible]

[illegible]

[illegible]

[illegible]

[illegible]

[illegible]

[illegible]

[illegible]

[illegible]

[illegible]

[illegible]

[illegible]

[illegible]

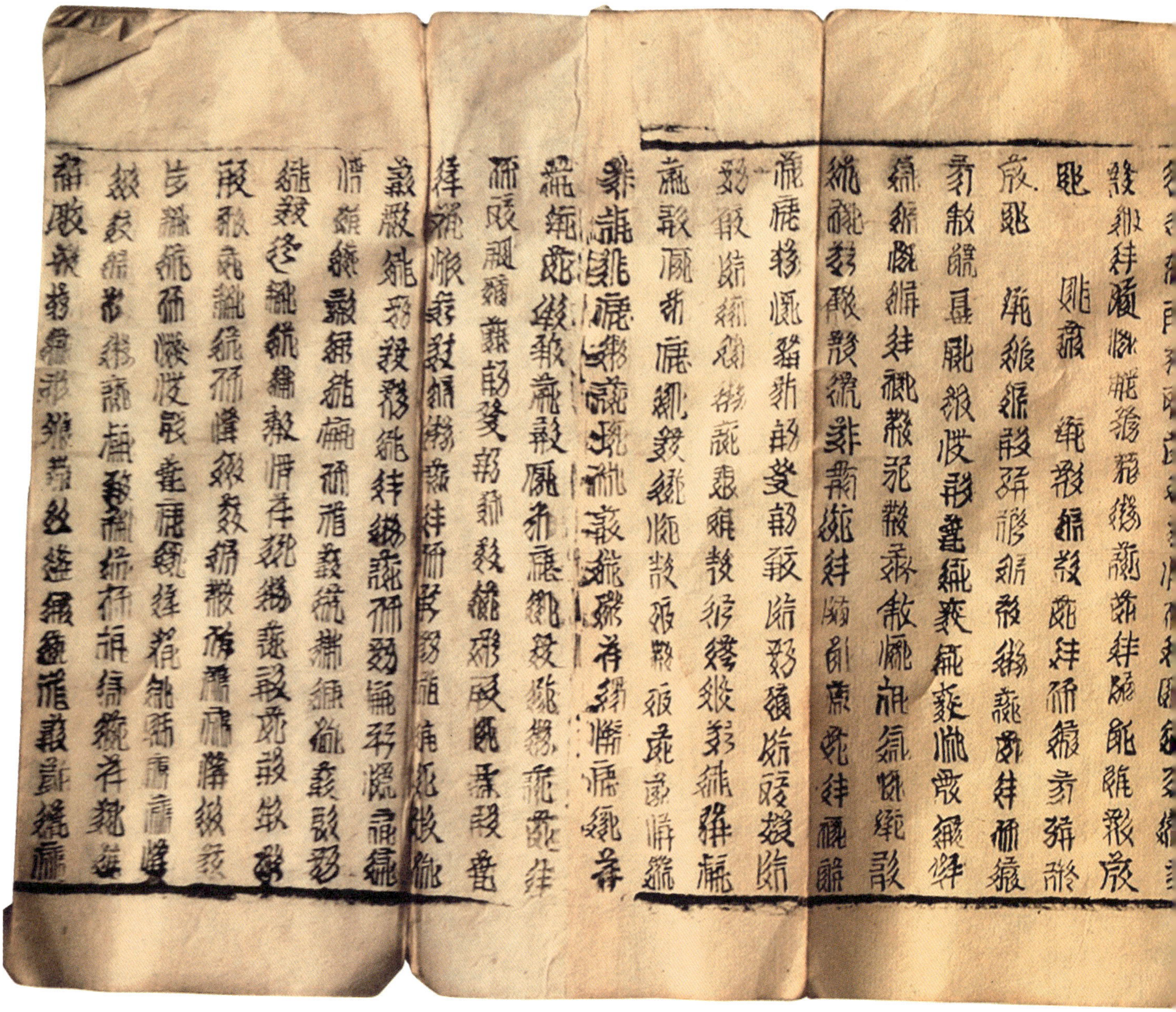

02305 維摩詰所説經三卷 西夏文 西夏活字本

經折裝。開本高28.5厘米，廣11.6厘米。匡高25厘米。半葉七行，行十七字，上下單邊。卷首有西夏仁宗尊號“奉天顯道耀武宣文神謀睿智制義去邪惇睦懿恭”款識。甘肅省武威市博物館藏，存一卷（殘）。

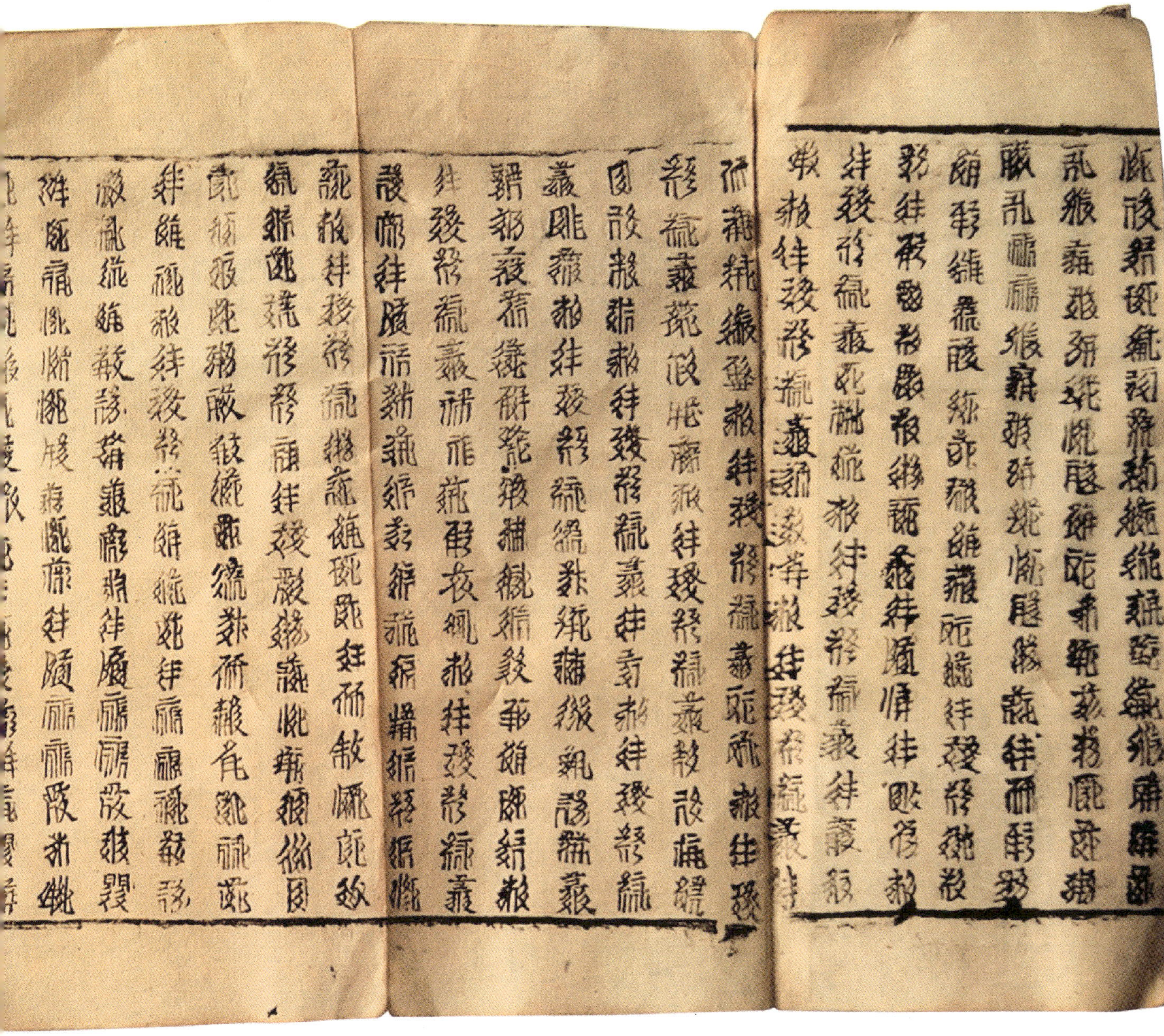

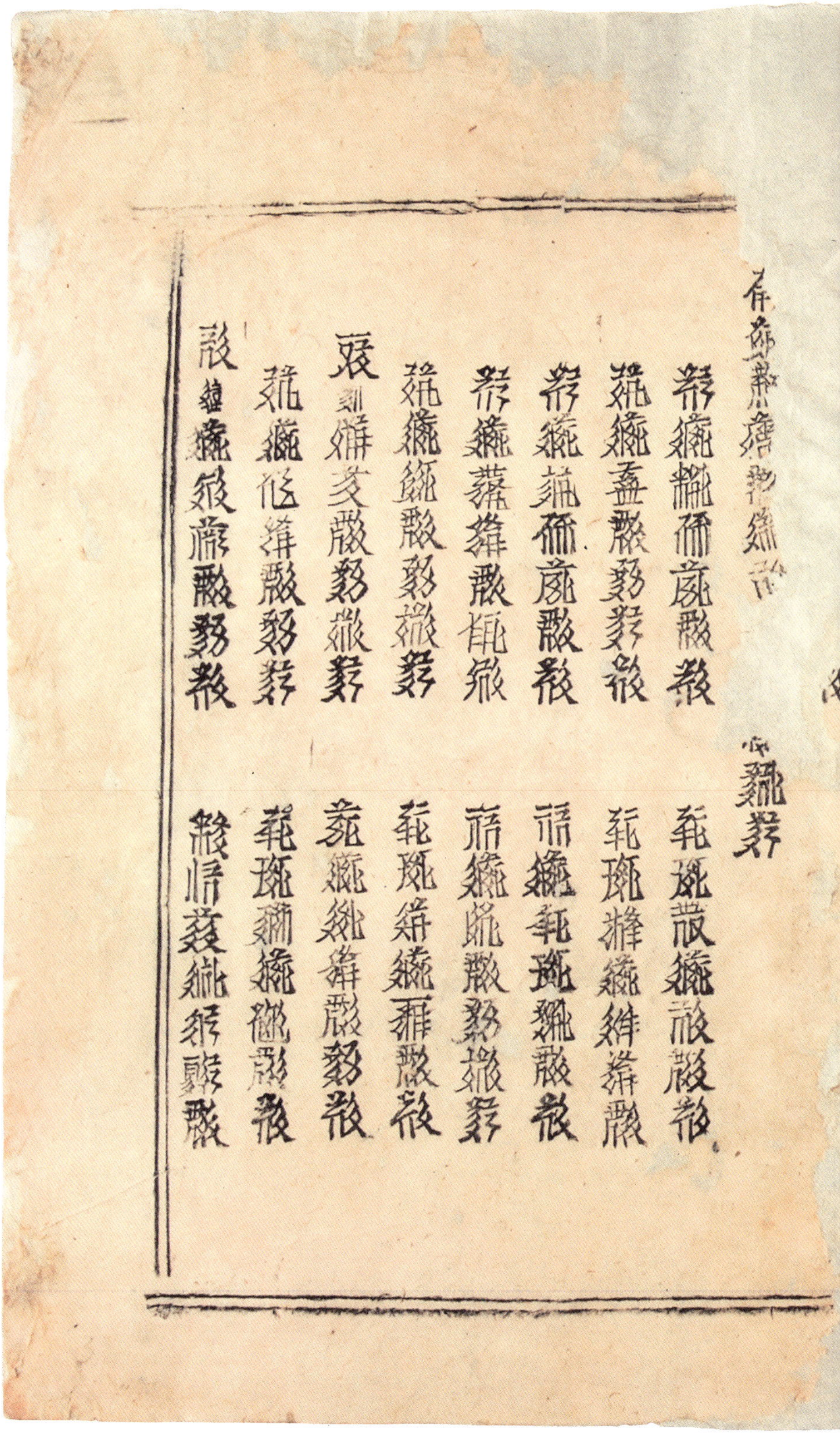

02306 吉祥遍至口和本續　西夏文　（西夏）釋毗菩提福譯　西夏木活字本　蝴蝶裝。匡高30.5厘米，廣19.4厘米。半葉十行，行字不等，四周雙邊。寧夏文物考古研究所藏，存九卷。

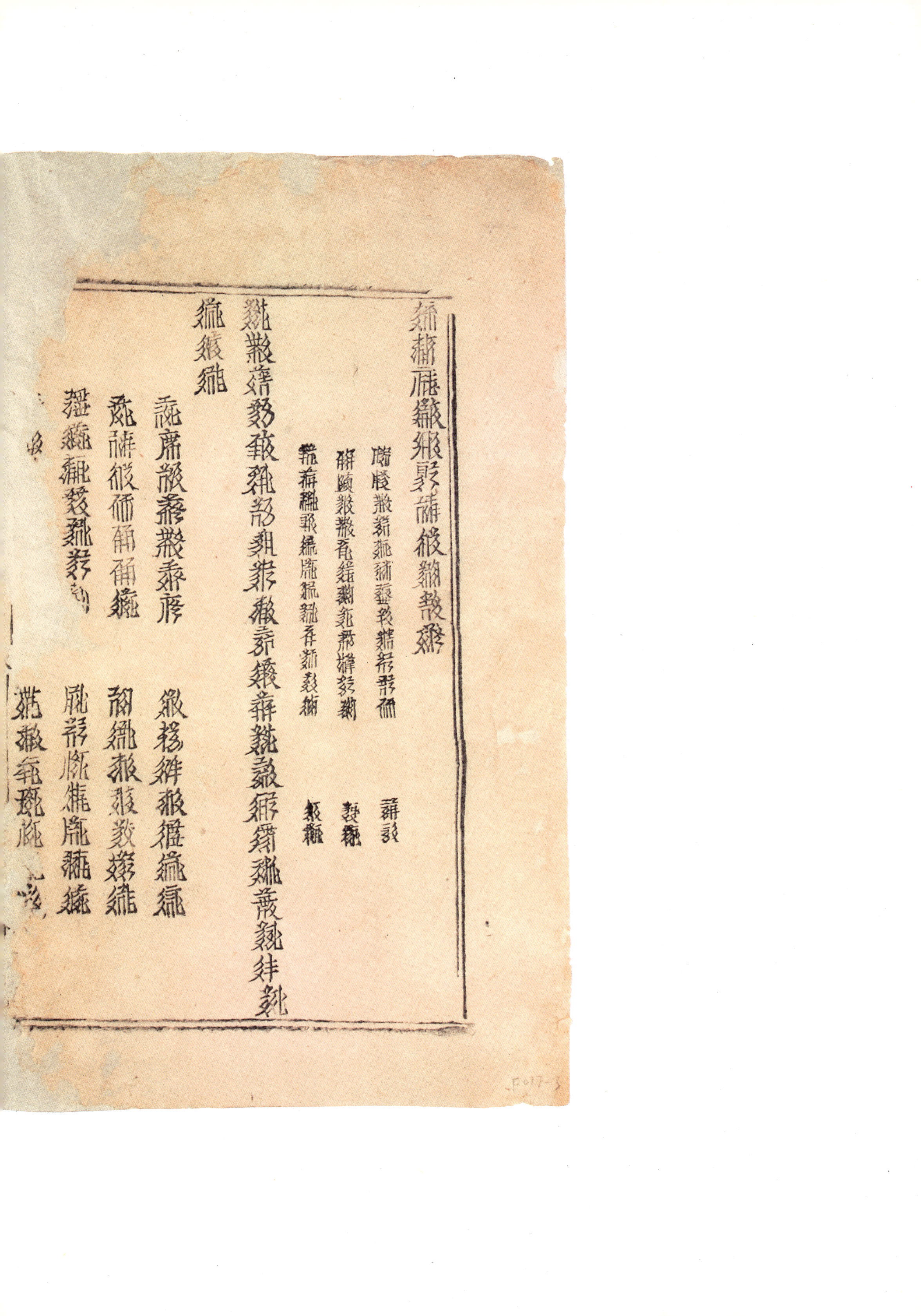

[illegible]

[illegible]
[illegible]
[illegible]

[illegible]

[illegible]

[illegible]
[illegible]
[illegible]
[illegible]

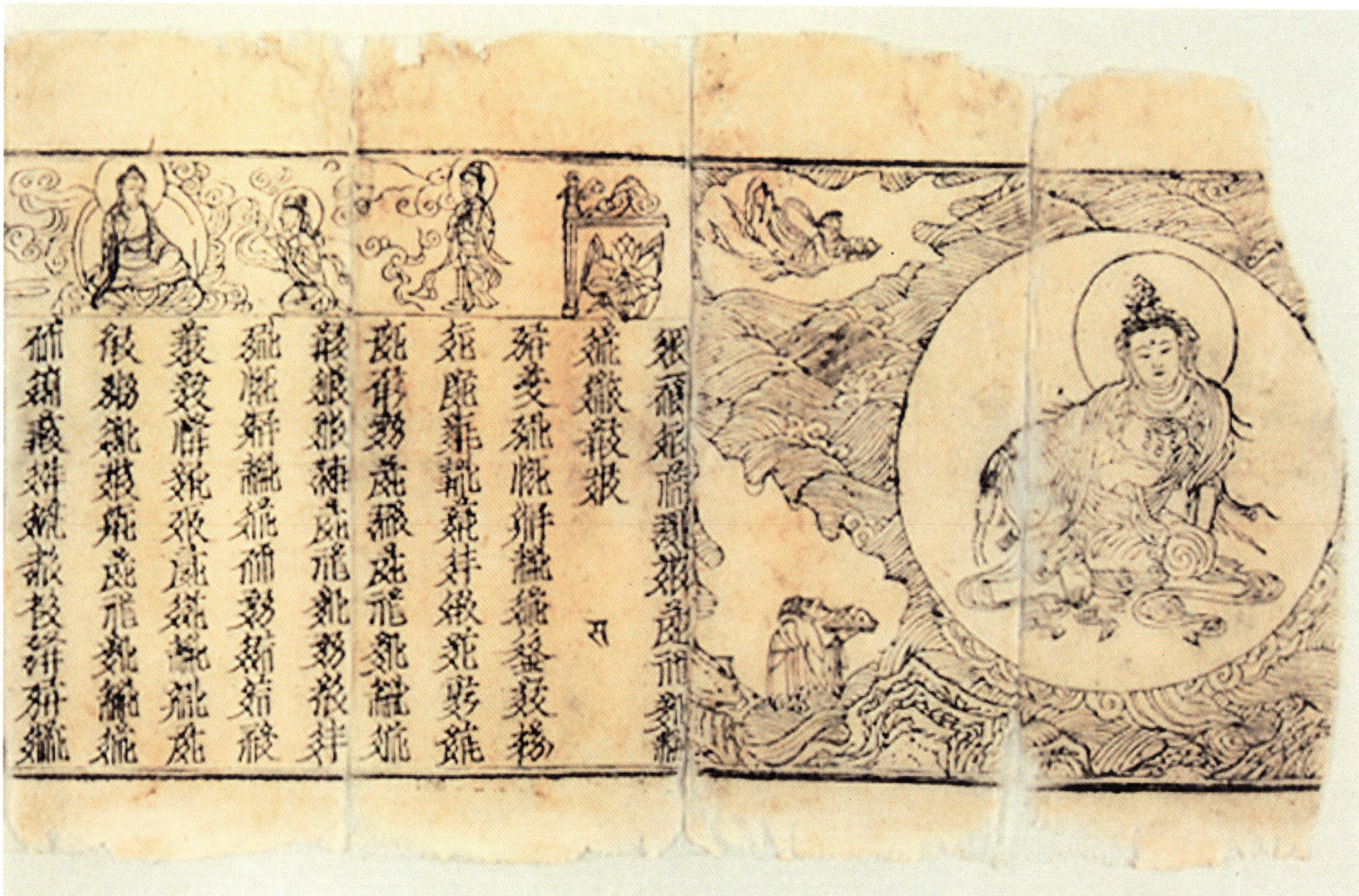

02307 妙法蓮華經觀世音菩薩普門品一卷 西夏文 西夏刻本

經折裝。開本高20.5厘米，廣9厘米。半葉五行，行十字，上下單邊。卷首有水月觀音圖一幅。其後有圖五十四幅，圖解其經文。末三行爲施經發願文。敦煌研究院藏。

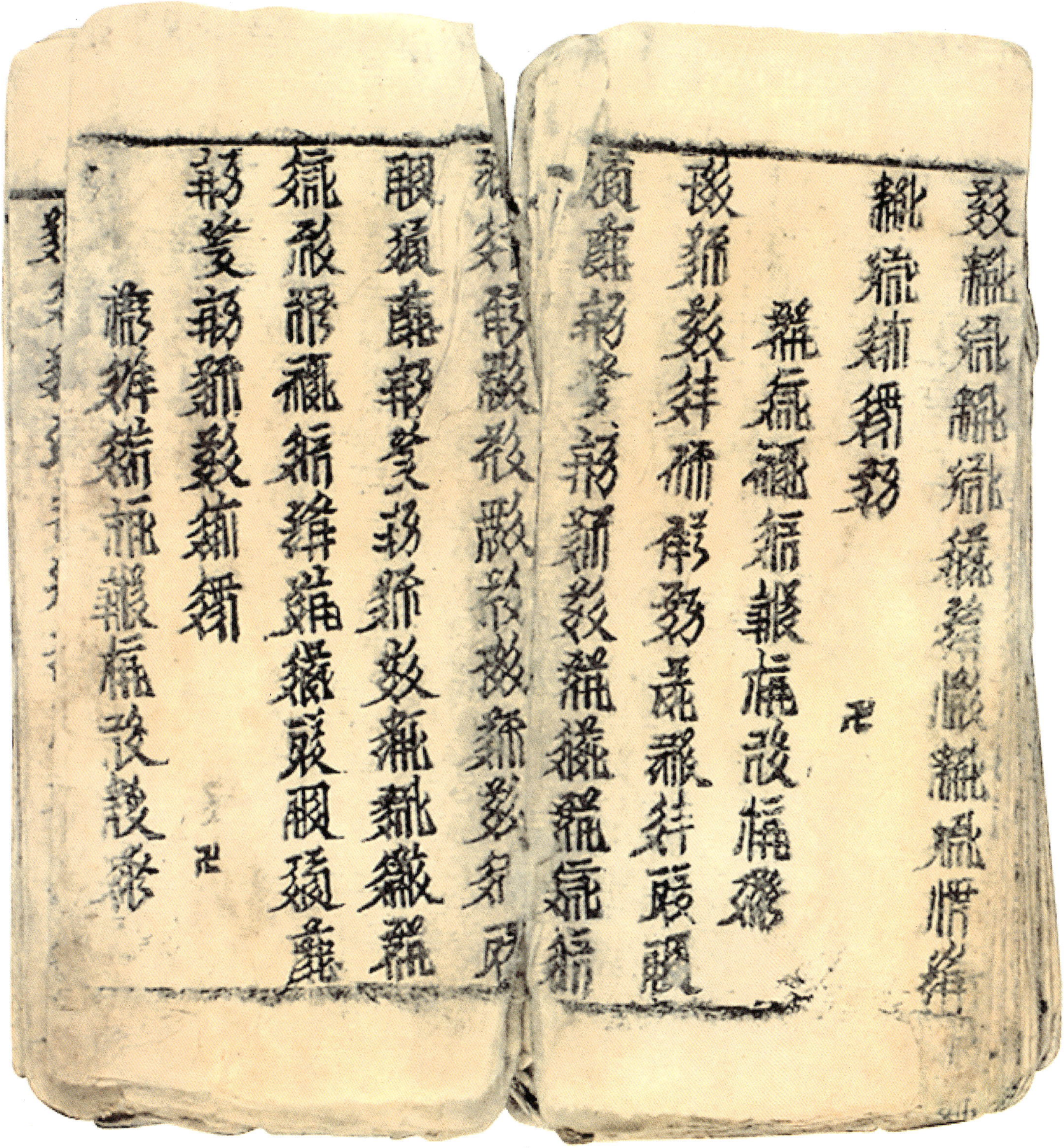

02308 金剛般若波羅蜜多經 西夏文 （西夏）仁宗校 西夏刻本

經折裝。開本高19厘米，廣9厘米。半葉五行，行十二字，上下單邊。封面用綢布托裱，經文一百八半葉。第一、二面繪佛説法圖，後爲八金剛、四菩薩名和發願文。正文卷端首行爲經名，次行爲西夏仁宗尊號題名。敦煌研究院藏。

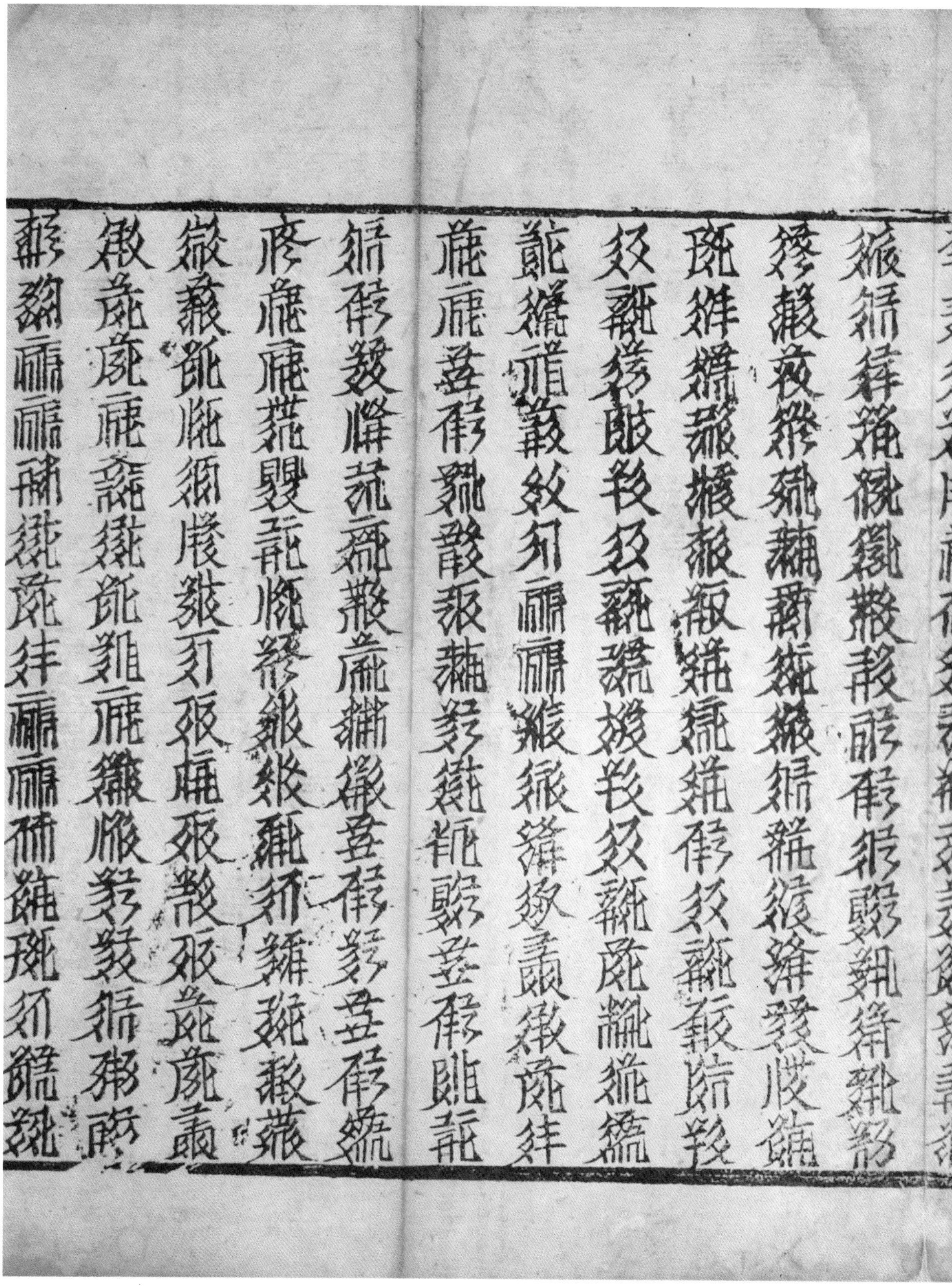

02309、02310、02311 金光明最勝王經十卷 西夏文 （西夏）白智光譯 蒙古國時期刻本

經折裝。開本高25厘米，廣10厘米。匡高19厘米，半葉六行，行十六字。卷首有佛畫，卷一前有《金光明經懺悔滅罪記》、《金光明最勝王經流傳序》。有“蘭山石臺巖雲谷慈恩眾宫一行沙門慧覺集”和“奉白高大夏國仁尊聖德珠城皇帝敕重校”題款。卷十末刻跋文、後記、發願者人名。國家圖書館藏，存一部八卷、又一部四卷、再一部二卷。

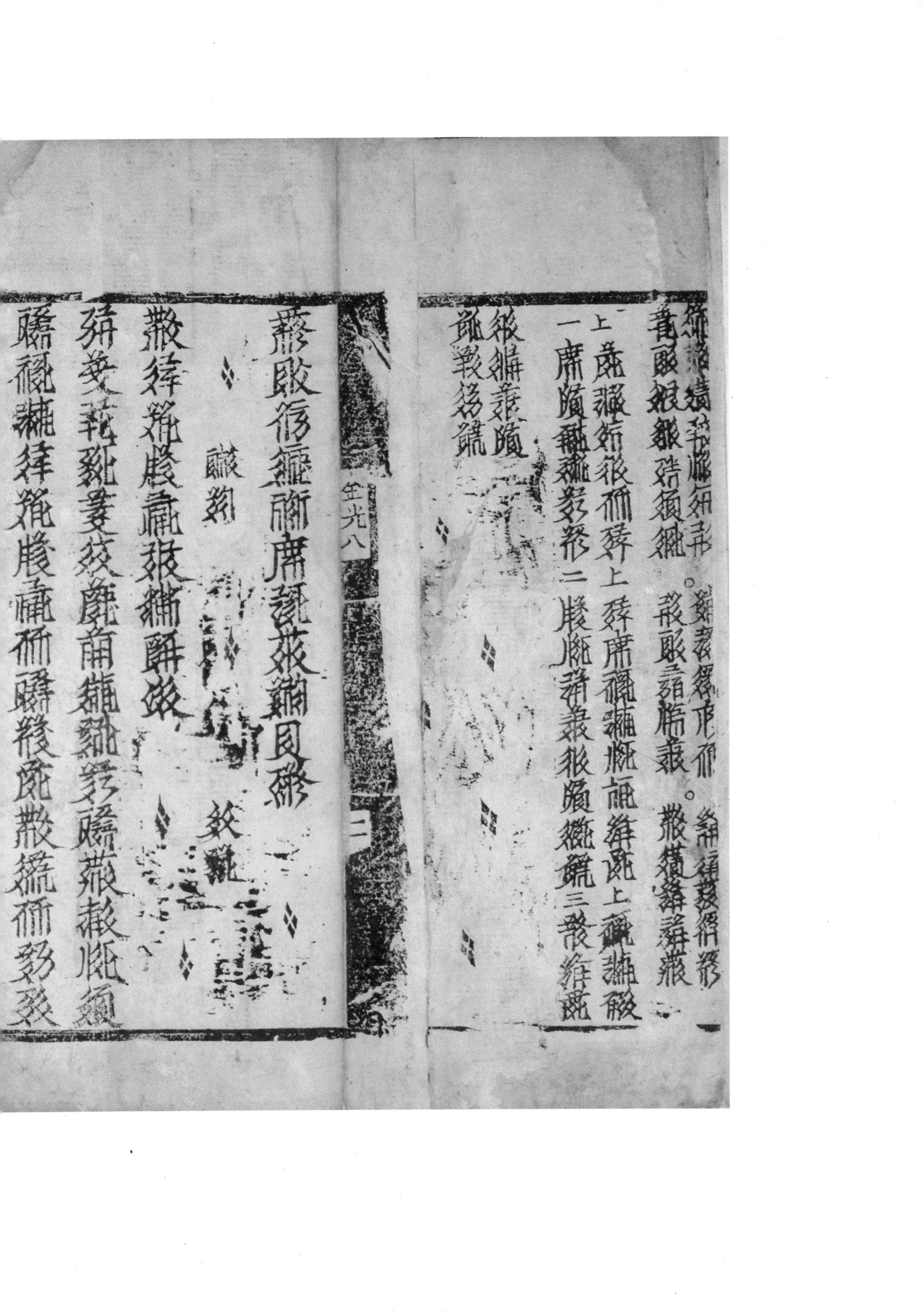

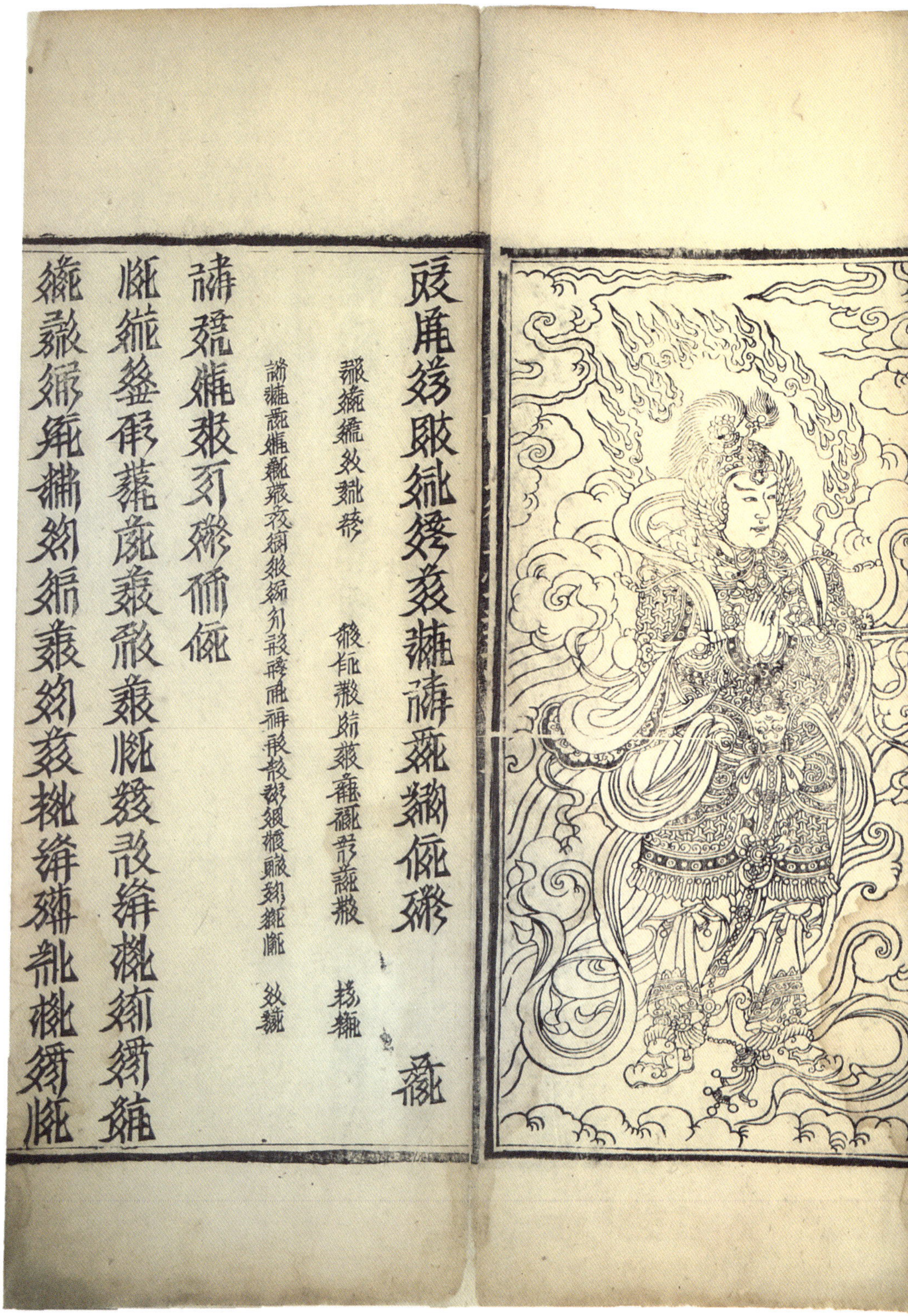

02312 說一切有部阿毗達磨順正理論八十卷 西夏文 （唐）釋玄奘漢譯 （西夏）仁宗校 元大德十一年（1307）刻本 經折裝。開本高33厘米，廣12厘米。匡高23.8厘米，半葉六行，行十七字。卷首有佛説法圖一幅、祝贊、韋陀像。祝贊中有印經題款，經題後有西夏文“尊者普賢撰作 漢本大唐三藏法師玄奘譯 奉天顯道耀武宣文神謀睿智制義去邪惇睦懿恭皇帝嵬名御校”。經末有墨書漢字人名題款五行。國家圖書館藏，存一卷。

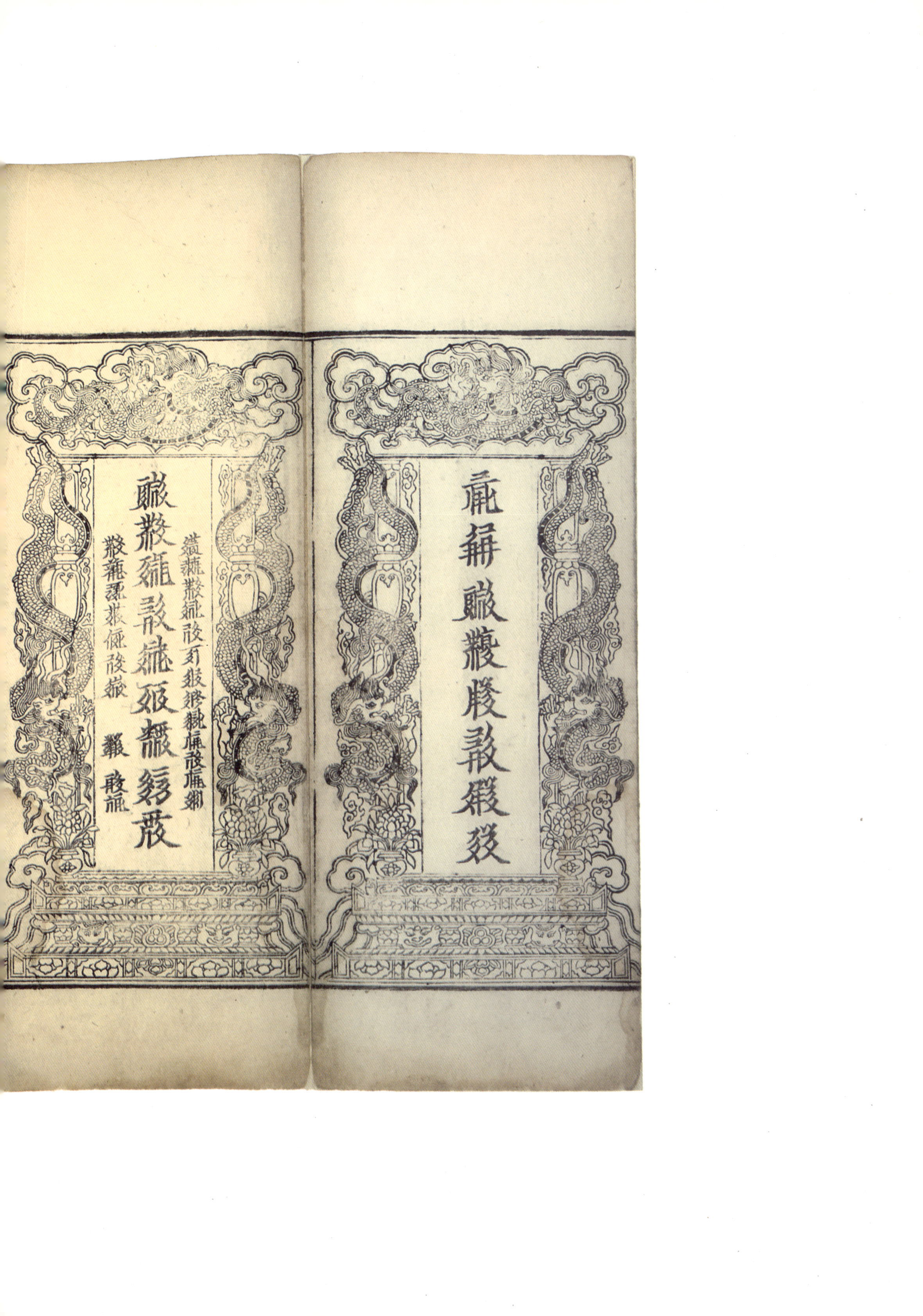

[illegible]

[illegible]

[illegible]

[illegible]

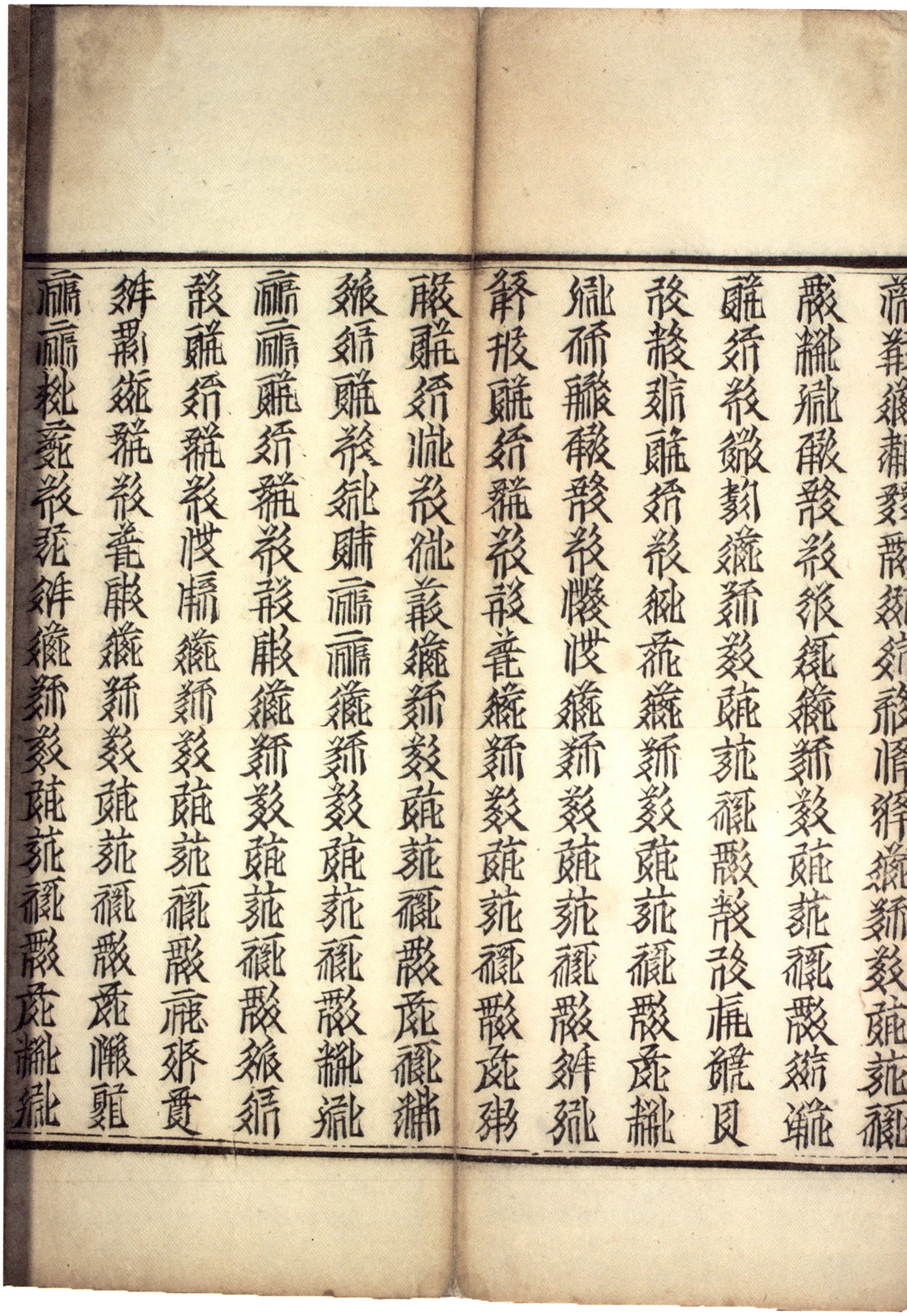

02313 悲華經十卷 西夏文 （西夏）梁太后 惠宗譯 元大德十一年（1307）杭州刻本

經折裝。開本高33厘米，廣12.2厘米。匡高23.8厘米，半葉六行，行十七字。卷首有佛説法圖一幅、祝贊、韋陀像。祝贊中有印經題款，經題後有梁太后與惠宗譯經題款及仁宗皇帝校經題款："天生全能禄蕃佑聖式法皇太后梁氏御譯，救德主世增福正民大明皇帝嵬名御譯，奉天顯道耀武宣文神謀睿智制義去邪惇睦懿恭皇帝嵬名御校"。國家圖書館藏，存一卷。

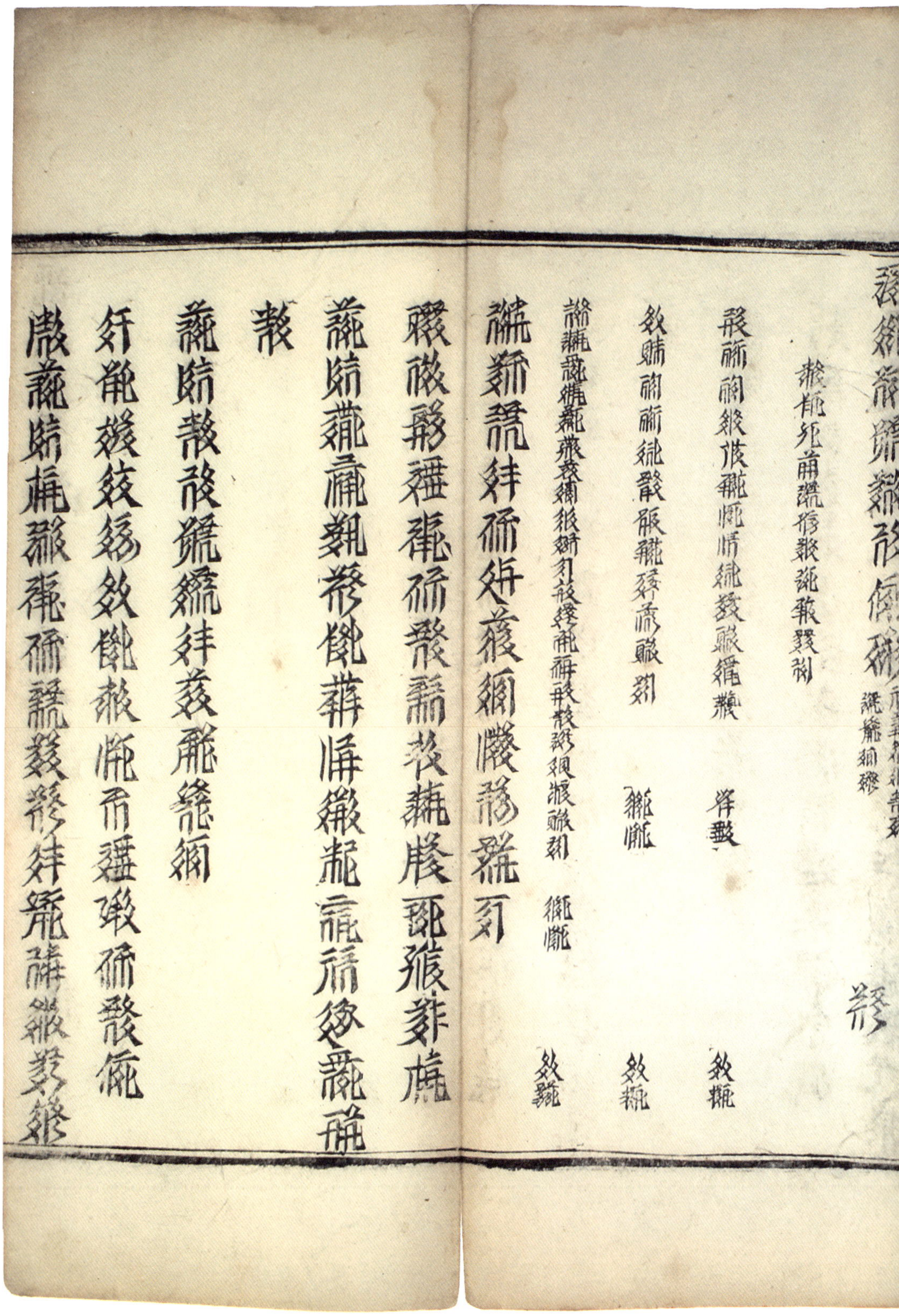

02314 經律異相五十卷 西夏文 （梁）旻寶唱等集漢本 （西夏）梁太后 崇宗譯 仁宗校 元大德十一年（1307）杭州刻本

經折裝。開本高33厘米，廣12厘米。匡高23.8厘米，半葉六行，行十七字。卷首有佛説法圖一幅、祝贊、韋陀像。祝贊中有印經題款，經題後有漢本集者、西夏梁太后與崇宗皇帝譯經、仁宗皇帝校之題款：“漢本沙門僧旻寶唱等集，勝智廣禄治民集禮德聖皇太后梁氏御譯，神功勝禄習德治庶仁淨皇帝嵬名御譯，奉天顯道耀武宣文神謀睿智制義去邪惇睦懿恭皇帝嵬名御校”。國家圖書館藏，存一卷。

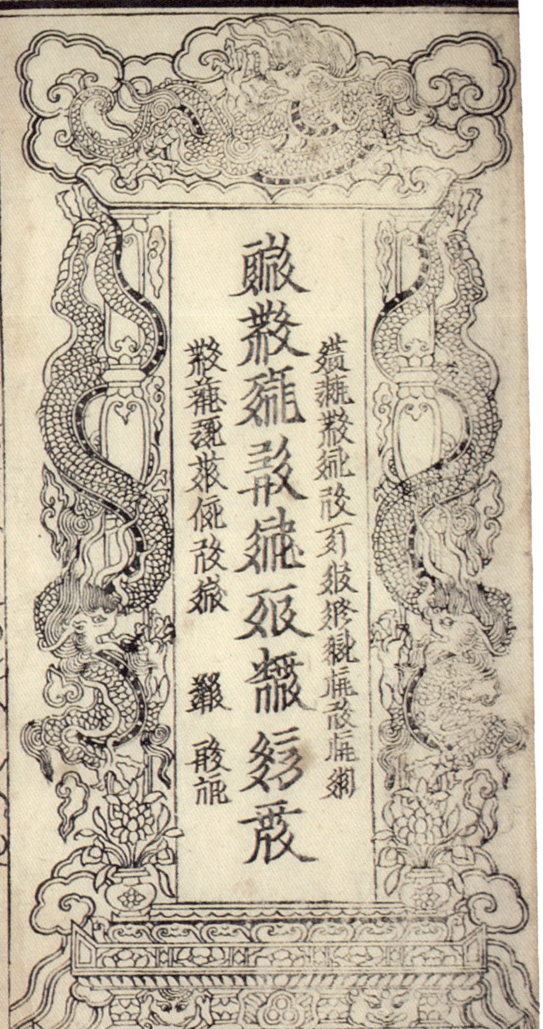

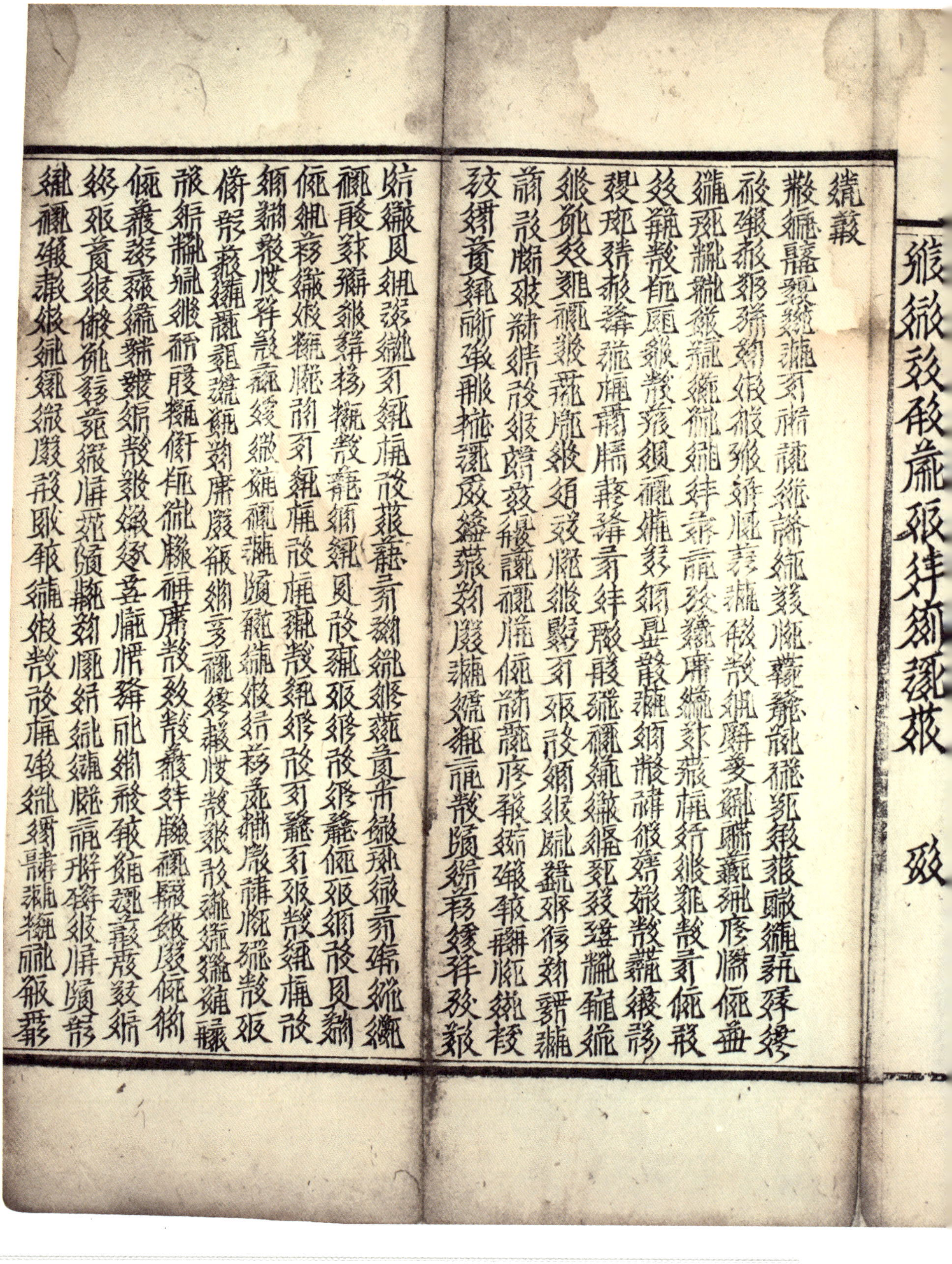

02315 過去莊嚴劫千佛名經一卷 西夏文 （西夏）梁太后 惠宗譯 元皇慶元年（1312）刻本

經折裝。開本高31厘米，廣12厘米。匡高23厘米，半葉六行，行十七字。卷首有西夏梁太后和惠宗皇帝譯經題款："天生全能禄蕃祐聖式法皇太后梁氏御譯，救德主世增福正民大明皇帝嵬名御譯"。卷末有元皇慶元年長篇發願文（發願文署名者有同知杭州路總管府使臣捨古、奉敕總管印施佛經的黨項人御史臺侍御臣楊朵爾衹）。國家圖書館藏。

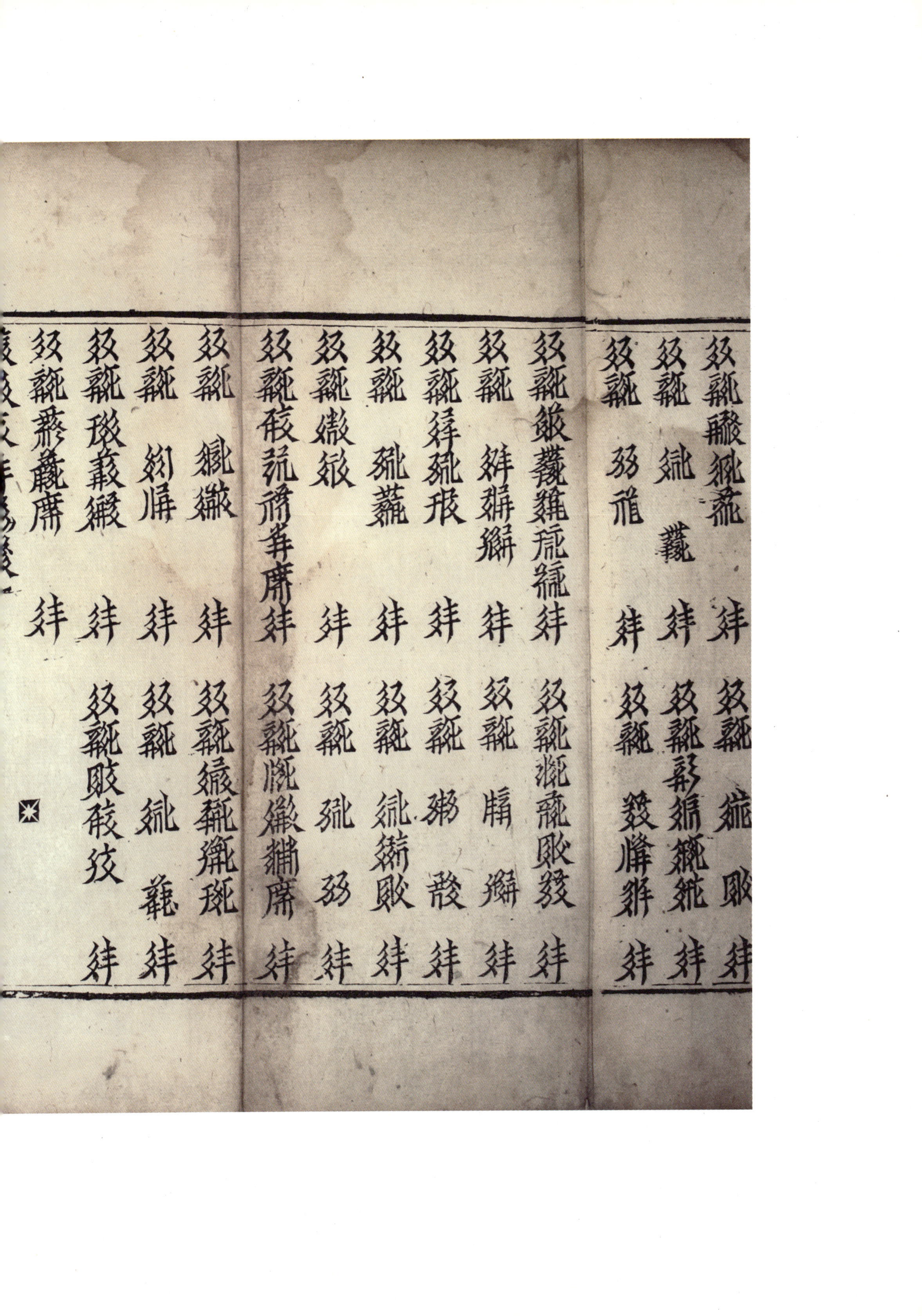

[illegible]

02316 現在賢劫千佛名經上、下卷 西夏文 （西夏）仁宗校 元刻本

經折裝。開本高32厘米，廣12厘米。匡高26.4厘米。半葉五行，行十三字。兩卷分别存二十八半葉、二十二半葉。上卷首有刻本西夏譯經圖一幅。卷首有西夏仁宗校經題款："奉天顯道耀武宣文神謀睿智制義去邪惇睦懿恭皇帝嵬名御校"。有夏元之交賀蘭山高僧一行沙門慧覺作《滌罪禮懺要門》。有西夏文和漢文發願者題款。國家圖書館藏。

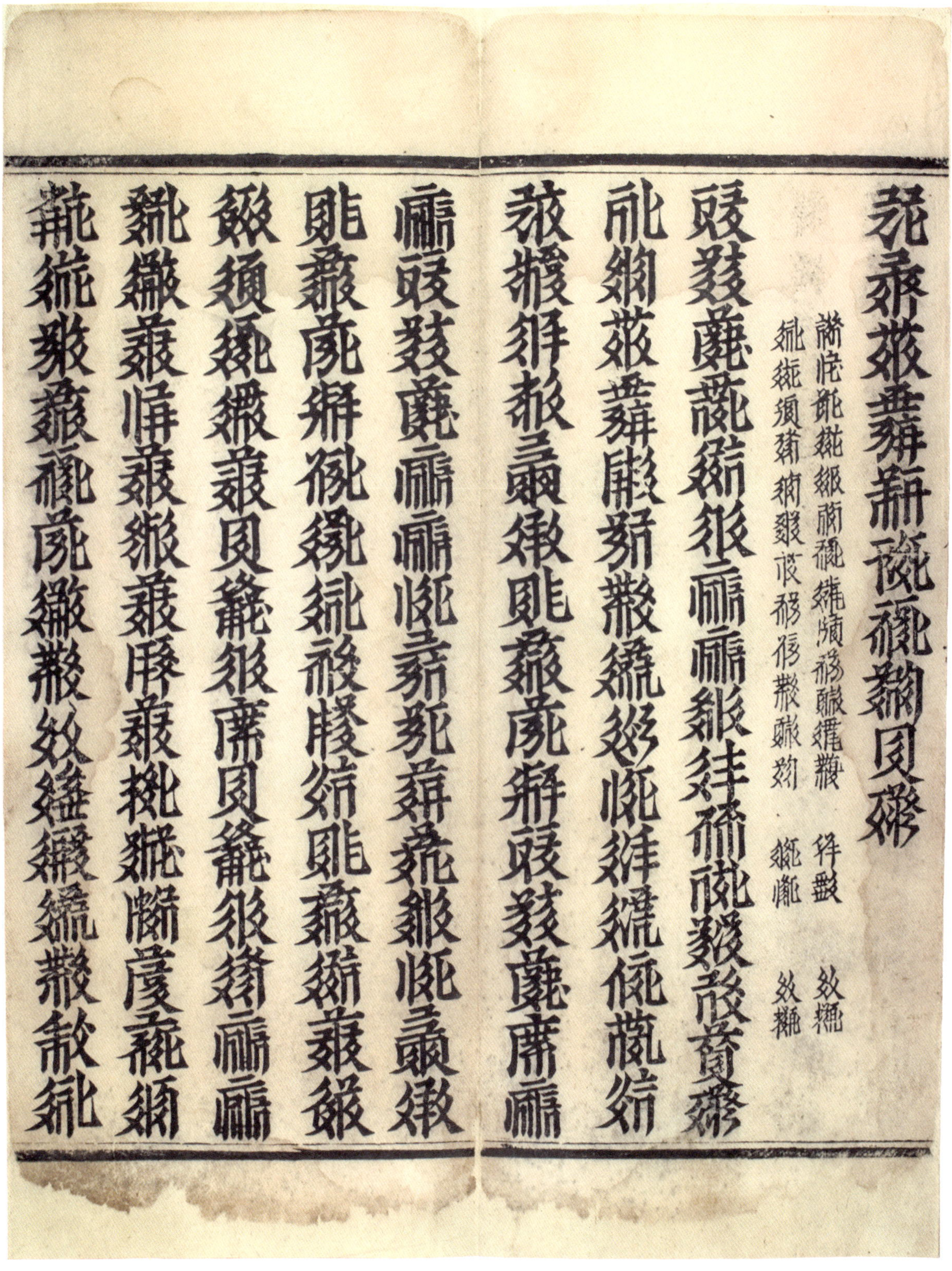

02317 慈悲道場懺法十卷 西夏文 （西夏）梁太后 惠宗譯 元建康刻本

經折裝。開本高32厘米，廣13厘米。匡高26厘米。半葉五行，行十五字。各卷首皆有梁皇寶懺圖一幅，有四十四身不同類型的人物。圖右有元代刻工名“俞聲刊”，卷首有西夏梁太后、惠宗皇帝譯經題款：“天生全能禄蕃祐聖式法皇太后梁氏御譯，救德主世增福正民大明皇帝嵬名御譯”。卷第一序文末有於金陵建康府集經西夏文雙行小字題款，有刊刻者和所屬者題款。國家圖書館藏，存九卷。

02318、02319 大方廣佛華嚴經八十卷 西夏文 （唐）釋實叉難陀漢譯 （西夏）仁宗校 元活字本

經折裝。開本高32厘米，廣13厘米。匡高25厘米。半葉六行，行十七字。卷首有譯、校經題款："唐于闐三藏實叉難陀譯，奉天顯道耀武宣文神謀睿智制義去邪惇睦懿恭皇帝御校"，卷四十有活字印本題款。國家圖書館藏，存一部五十二卷，又一部十一卷。

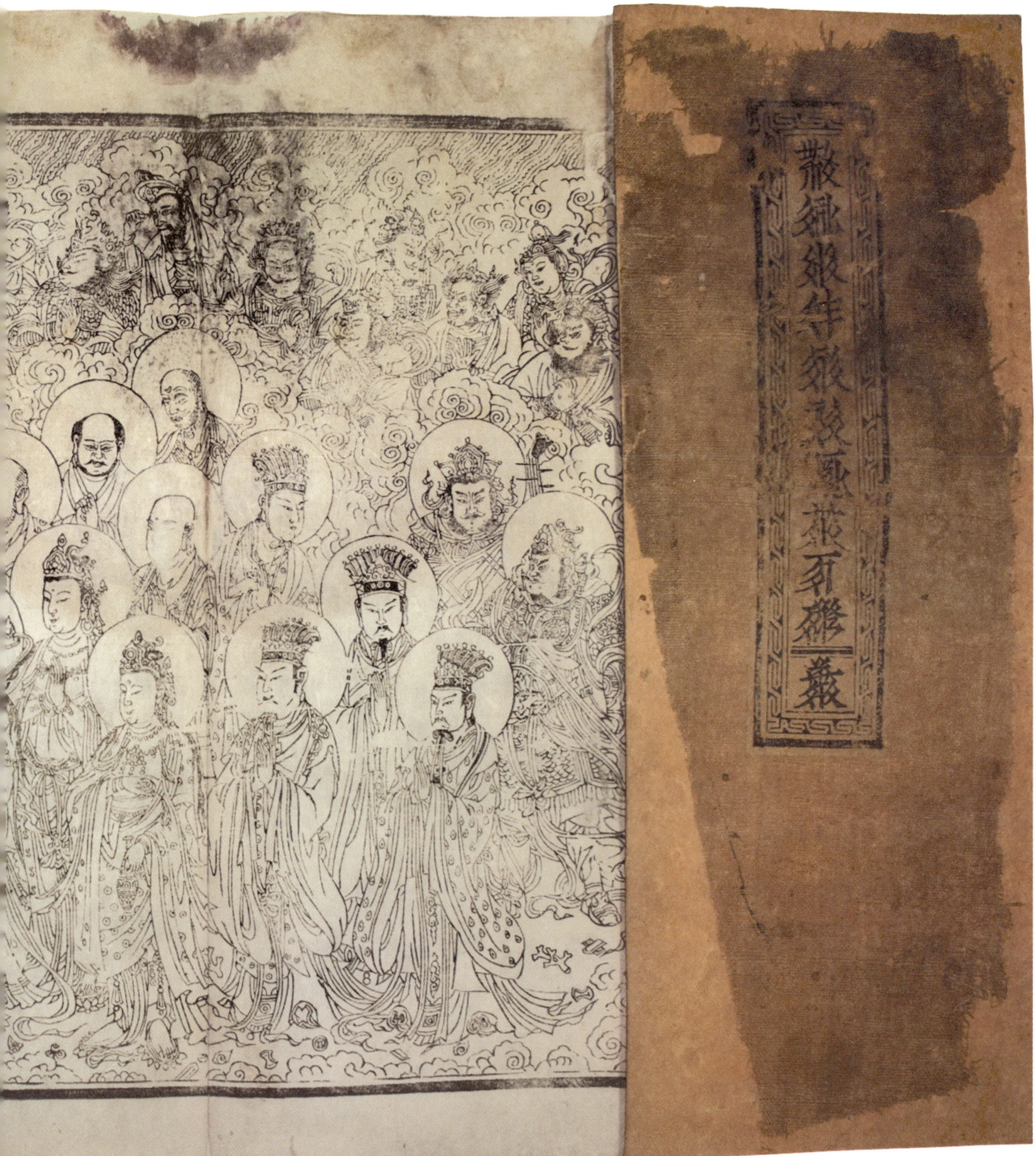

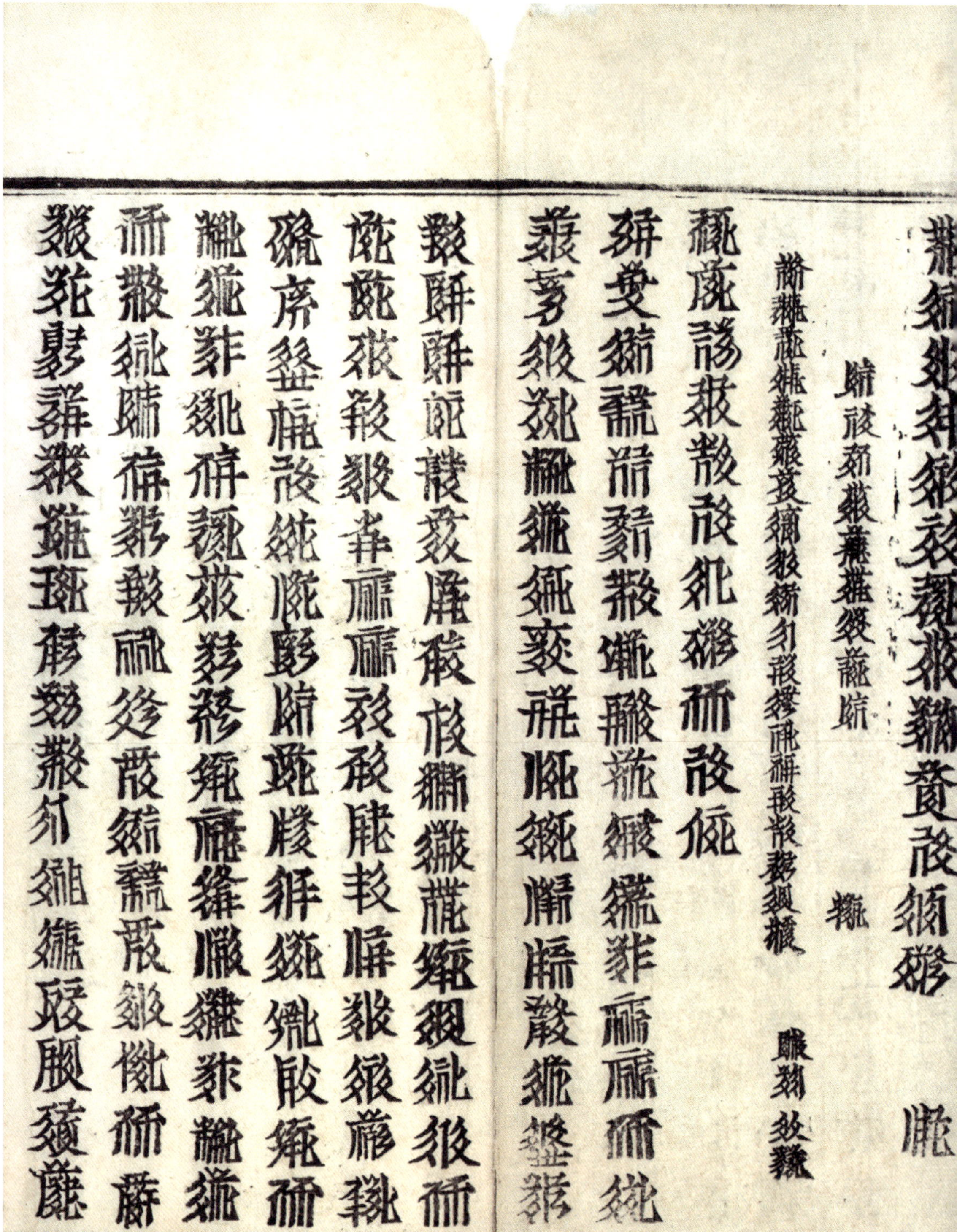

02320 大方廣佛華嚴經八十卷 西夏文 （唐）釋實叉難陀漢譯 （西夏）仁宗校 元活字本

經折裝。開本高31.4厘米，廣13厘米。匡高25厘米。半葉六行，行十七字。卷首有譯、校經題款："唐于闐三藏實叉難陀譯，奉天顯道耀武宣文神謀睿智制義去邪惇睦懿恭皇帝御校"，卷末有北京廣濟寺現明所書後記，周肇祥題跋。故宫博物院藏，存一卷。

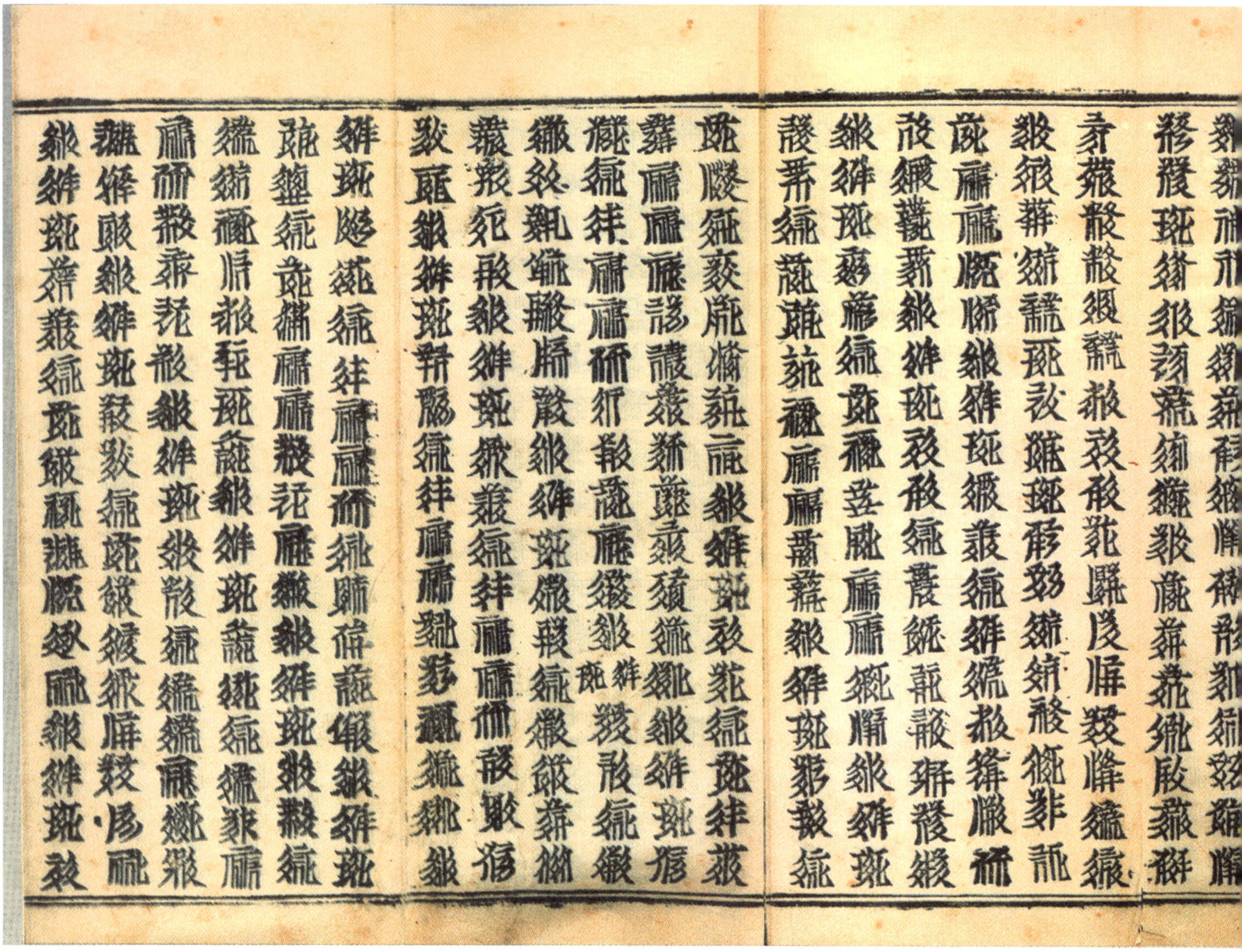

02321 大方廣佛華嚴經八十卷 西夏文 （唐）釋實叉難陀漢譯 （西夏）仁宗校 元活字本

經折裝。開本高31.4厘米，廣13厘米。匡高25厘米。半葉六行，行十七字。卷首有譯、校經題款："唐于闐三藏實叉難陀譯，奉天顯道耀武宣文神謀睿智制義去邪惇睦懿恭皇帝御校"。寧夏回族自治區博物館藏，存一卷。

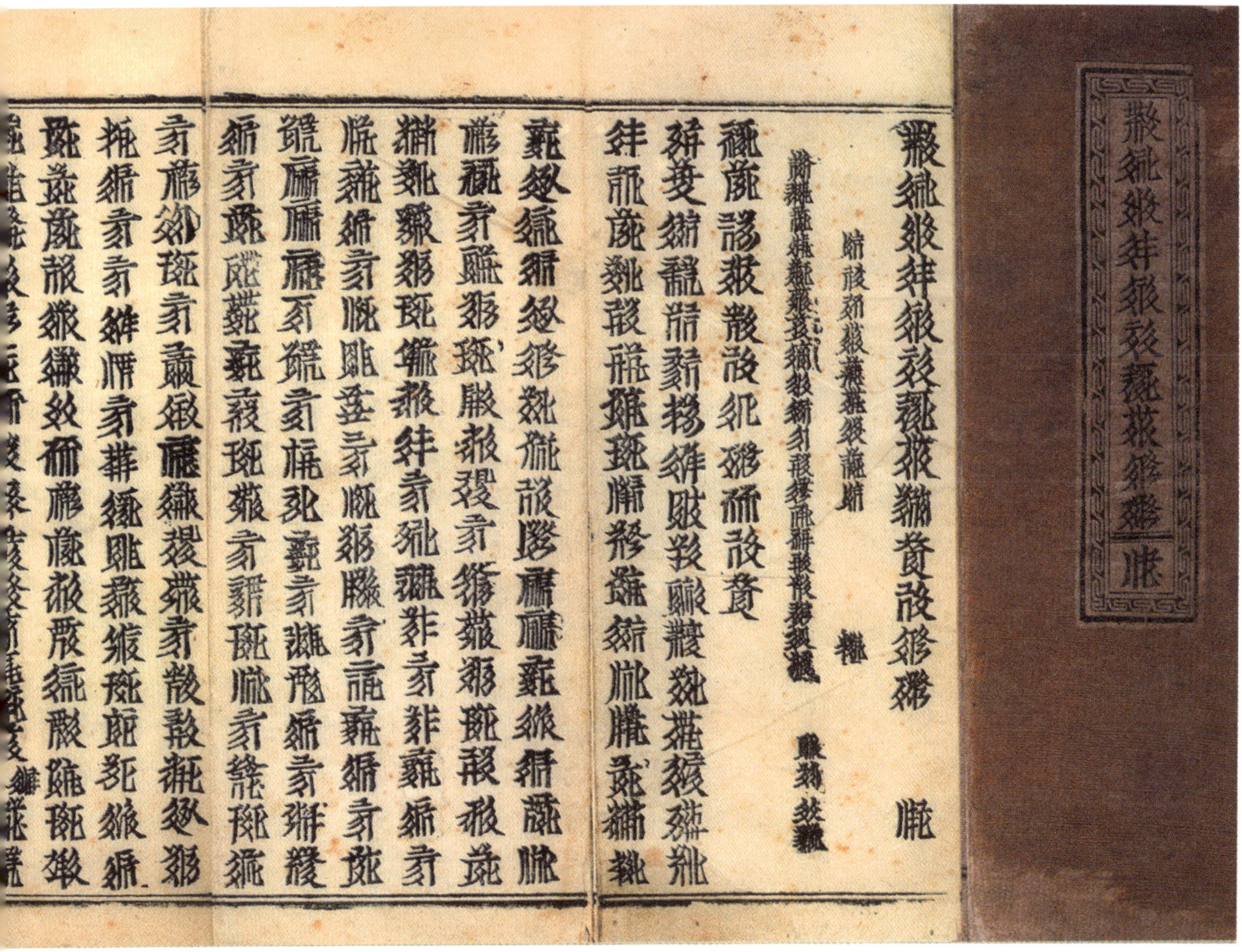

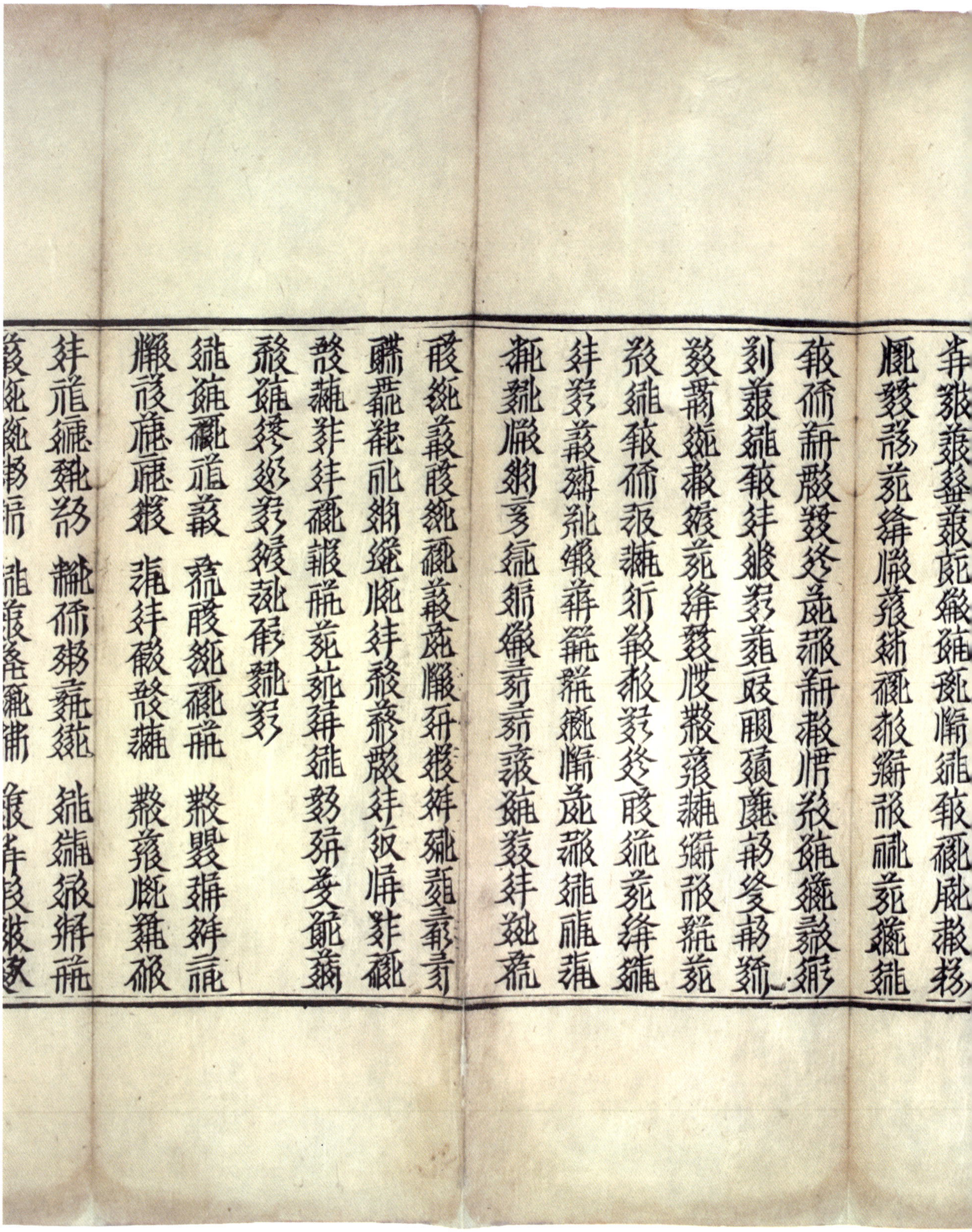

02322 妙法蓮華經七卷 西夏文 （後秦）釋鳩摩羅什漢譯 元刻本

經折裝。開本高33厘米，廣10.6厘米。匡高18.6厘米。半葉六行，行十六字。卷首有佛説法圖。祝贊中有元代印經題款："當今皇帝御印"，"儀天興聖仁慈昭懿壽元皇太后御印"，"正宫皇后御印"。題後有西夏文題款："姚秦三藏法師鳩摩羅什漢譯，奉當今皇帝詔重校正"。國家圖書館藏，存一卷。

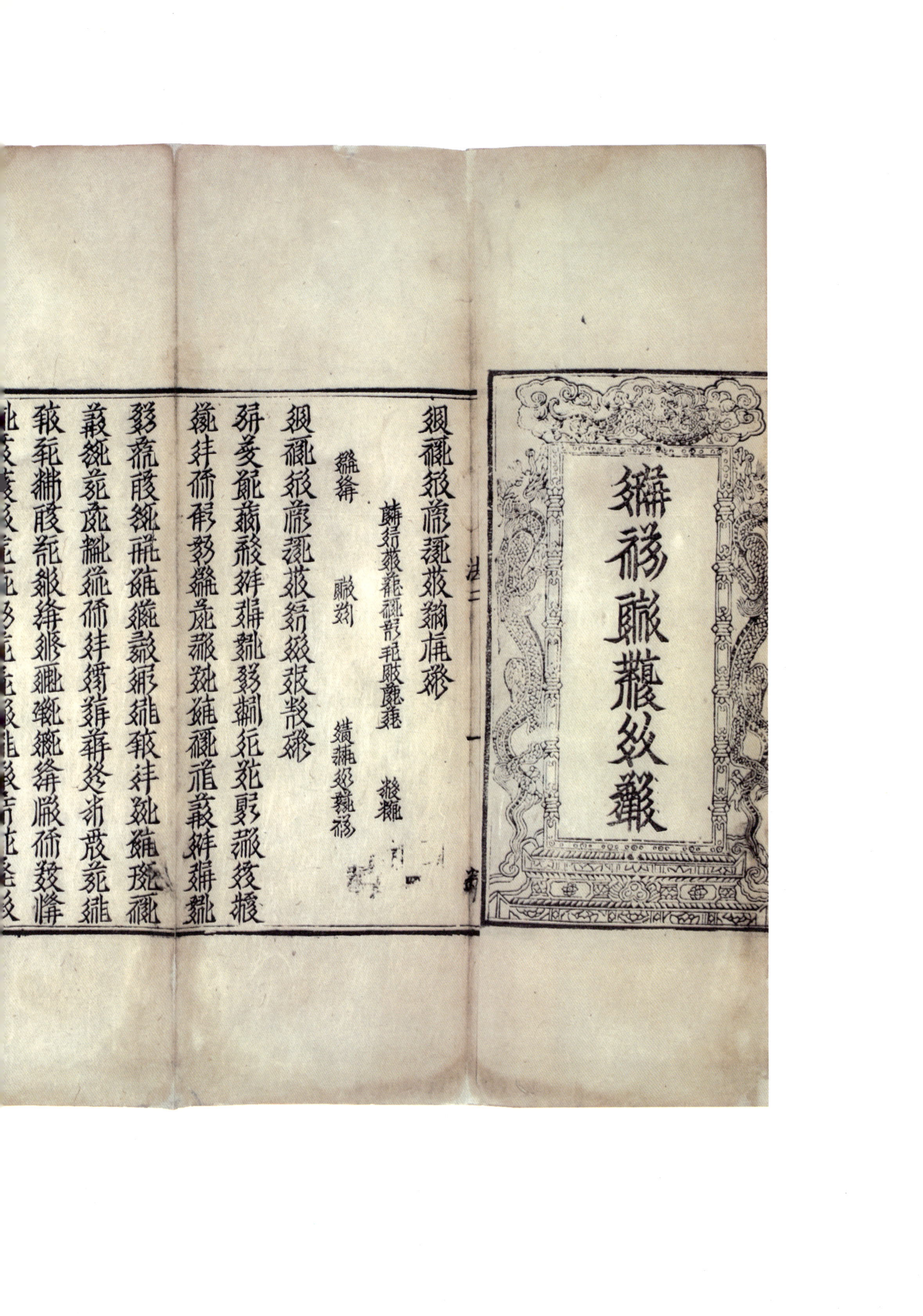

[illegible]

[illegible]

[illegible]

[illegible]

[illegible]

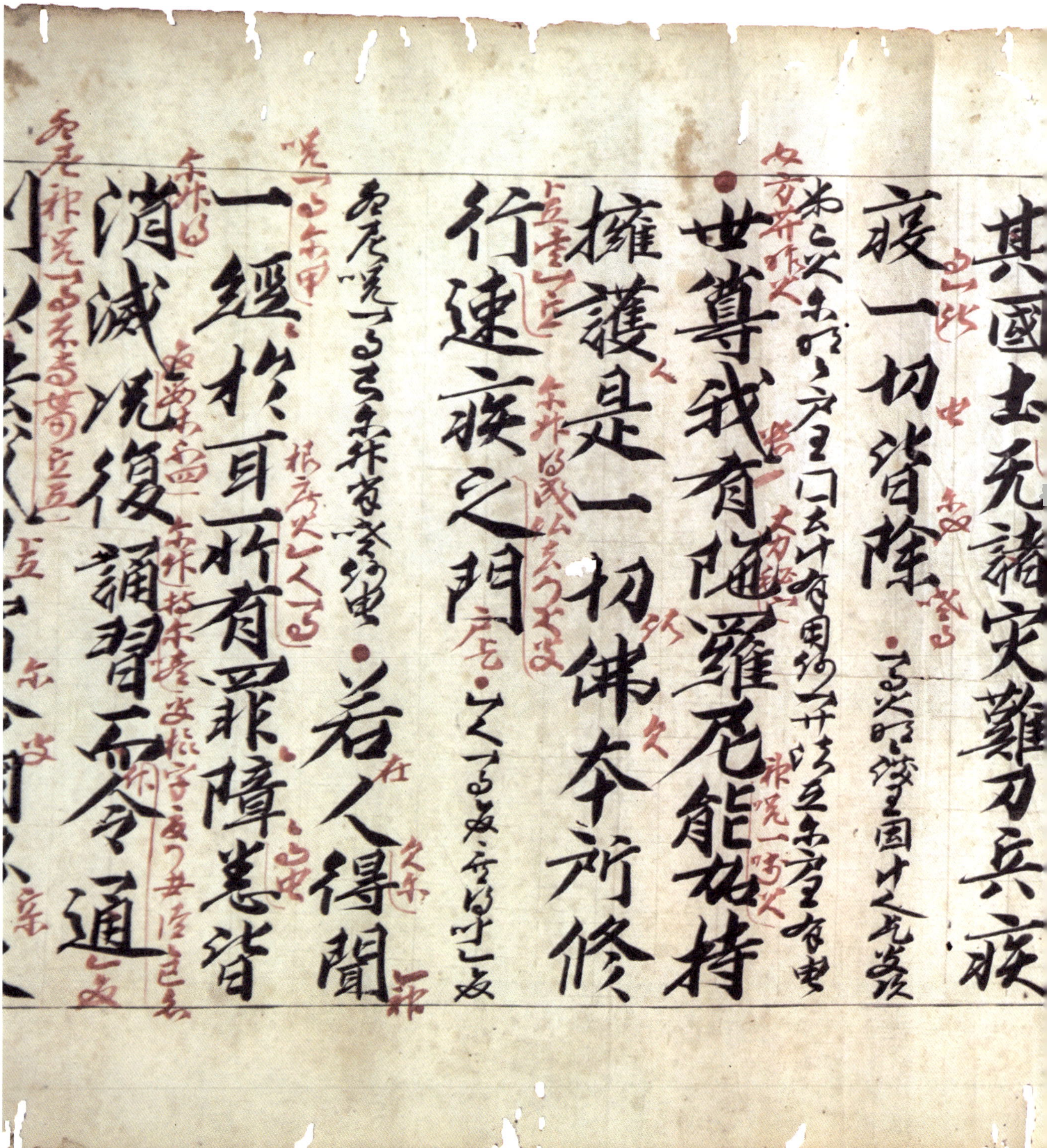

02323 仁王護國般若波羅蜜經抄（原卷數不詳） 白文 （唐）釋不空漢譯 （唐）良賁疏 大理國寫本

卷軸裝。匡高21厘米，長1399厘米。上下單邊。正文爲漢文，宋大理國佚名白文注。雲南省圖書館藏，存二卷。

爾時金剛手菩薩摩訶薩
等即從座起頂礼佛足却
住一面而白佛言世尊我等
本願承佛神力十方世界

一切國土若有此經受持
讀誦解說之處我當各
與如是眷屬於一念頃
即至其所守護正法建
立正法

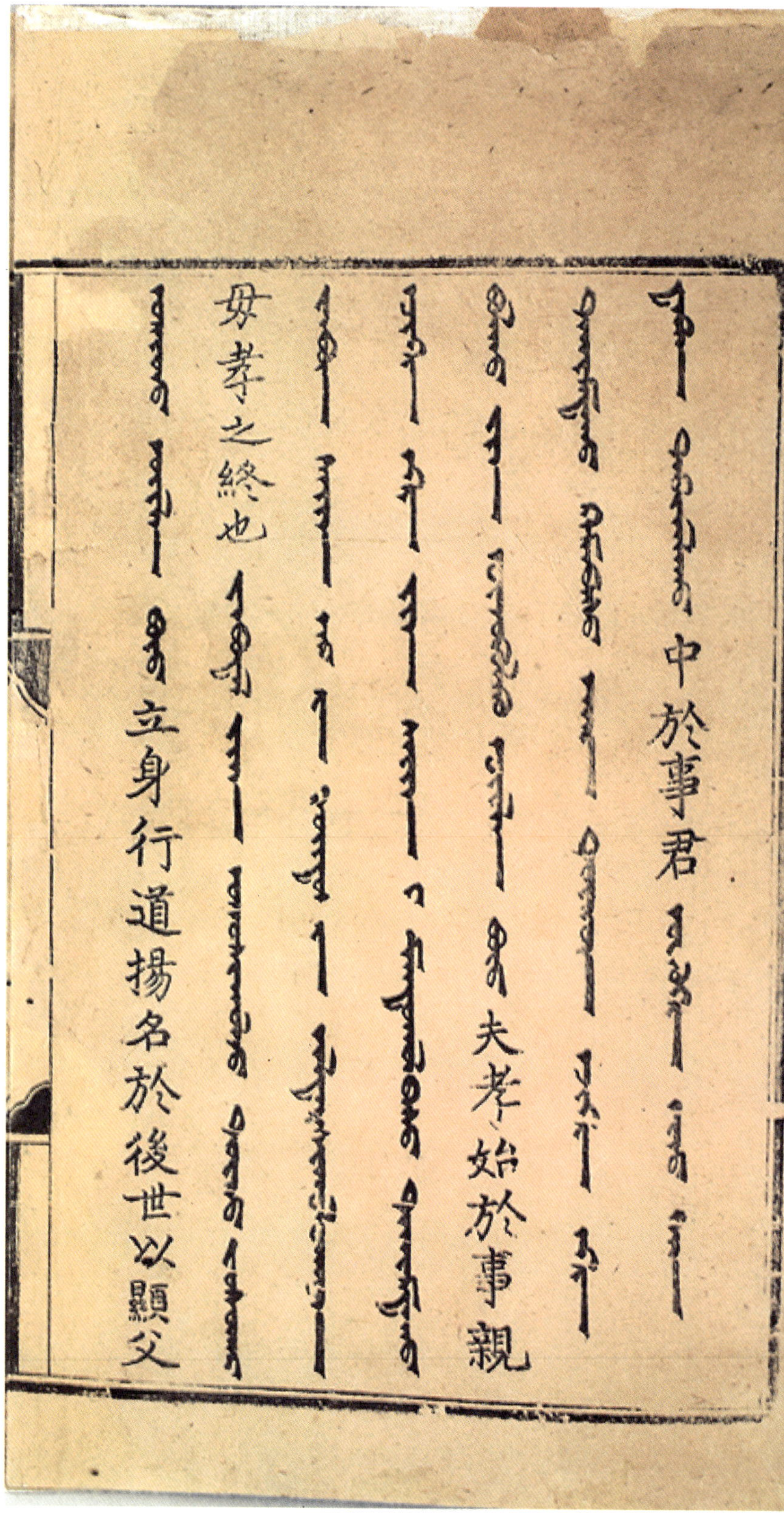
中於事君
夫孝始於事親
母孝之終也
立身行道揚名於後世以顯父

02324 孝經 蒙古文 （元）孛羅鐵木兒譯 元或明内府刻本

綫裝。開本高31.4厘米，廣21厘米。匡高24厘米，廣17.1厘米。半葉七行，粗黑口，四周雙邊。内有漢文《孝經》正文。書内附有“民國三十七年（1948）一月二十六日蘇聯使館秘書潘克福贈”題記。故宫博物院藏。

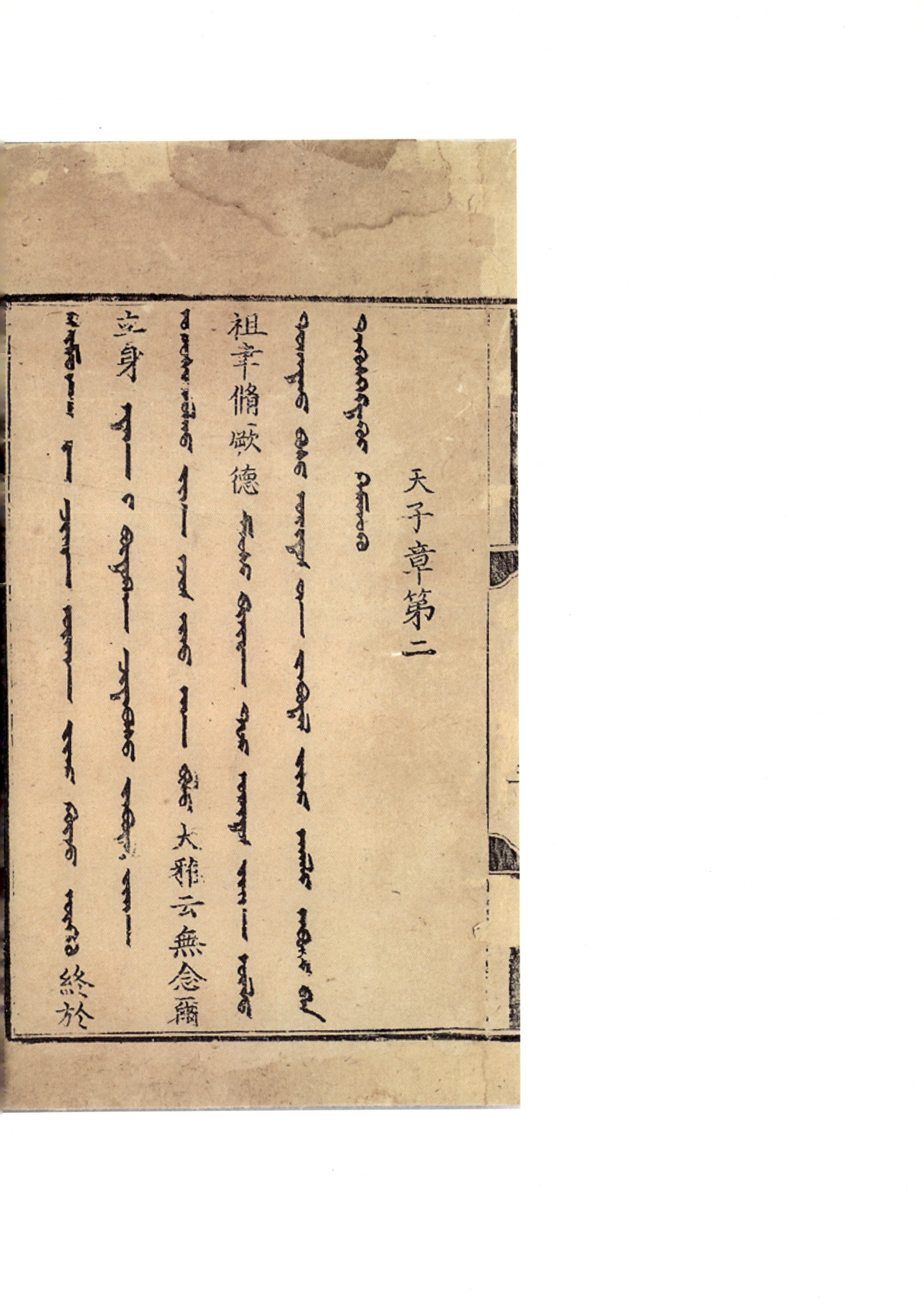

終於
立身
大雅云無念爾
祖聿脩厥德

天子章第二

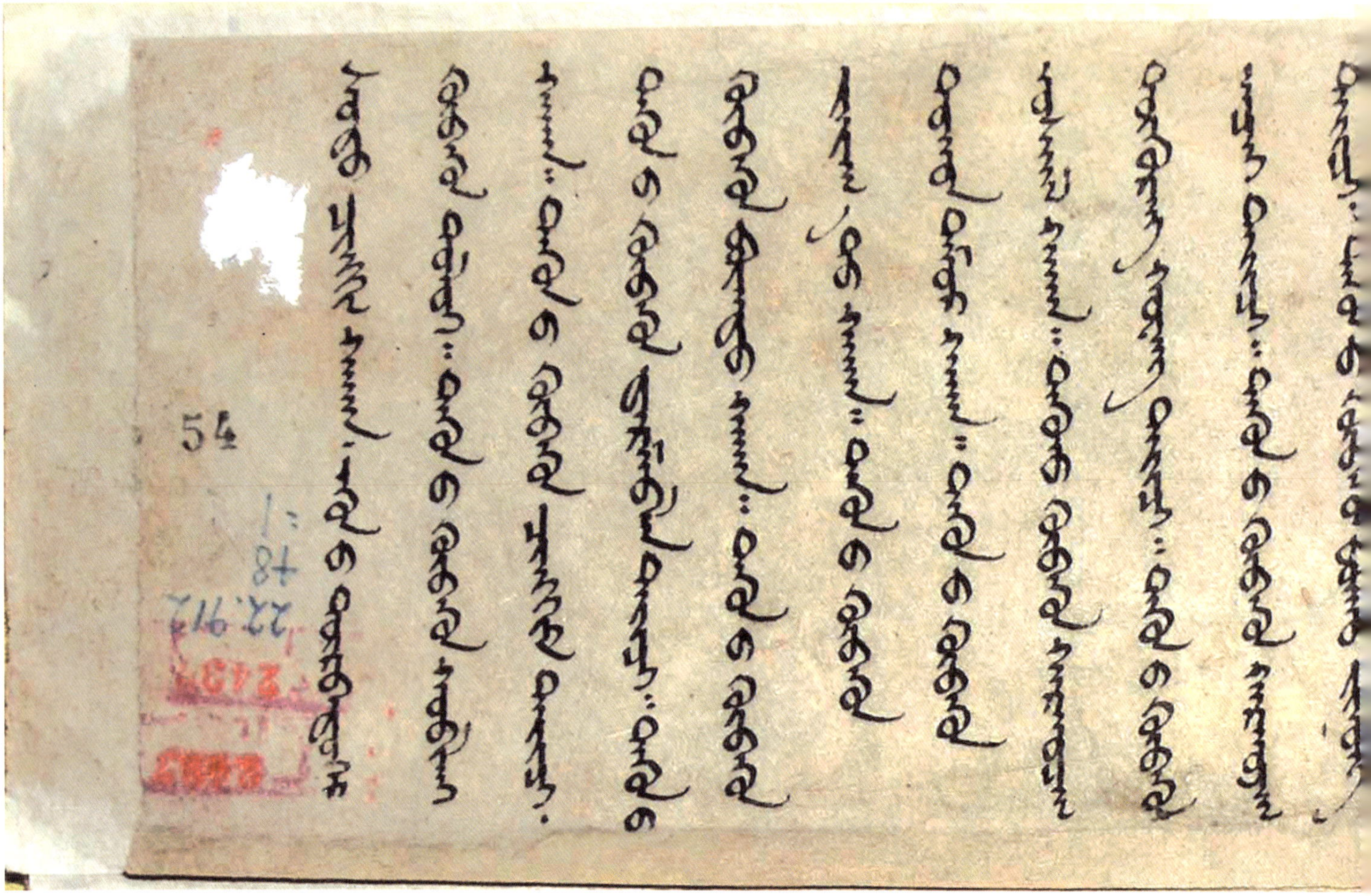

02325 阿勒坦汗傳 蒙古文 明抄本

梵夾裝。開本高10.7厘米，廣34.9厘米。每葉行不等。明代削竹抄本。内蒙古社會科學院圖書館藏。

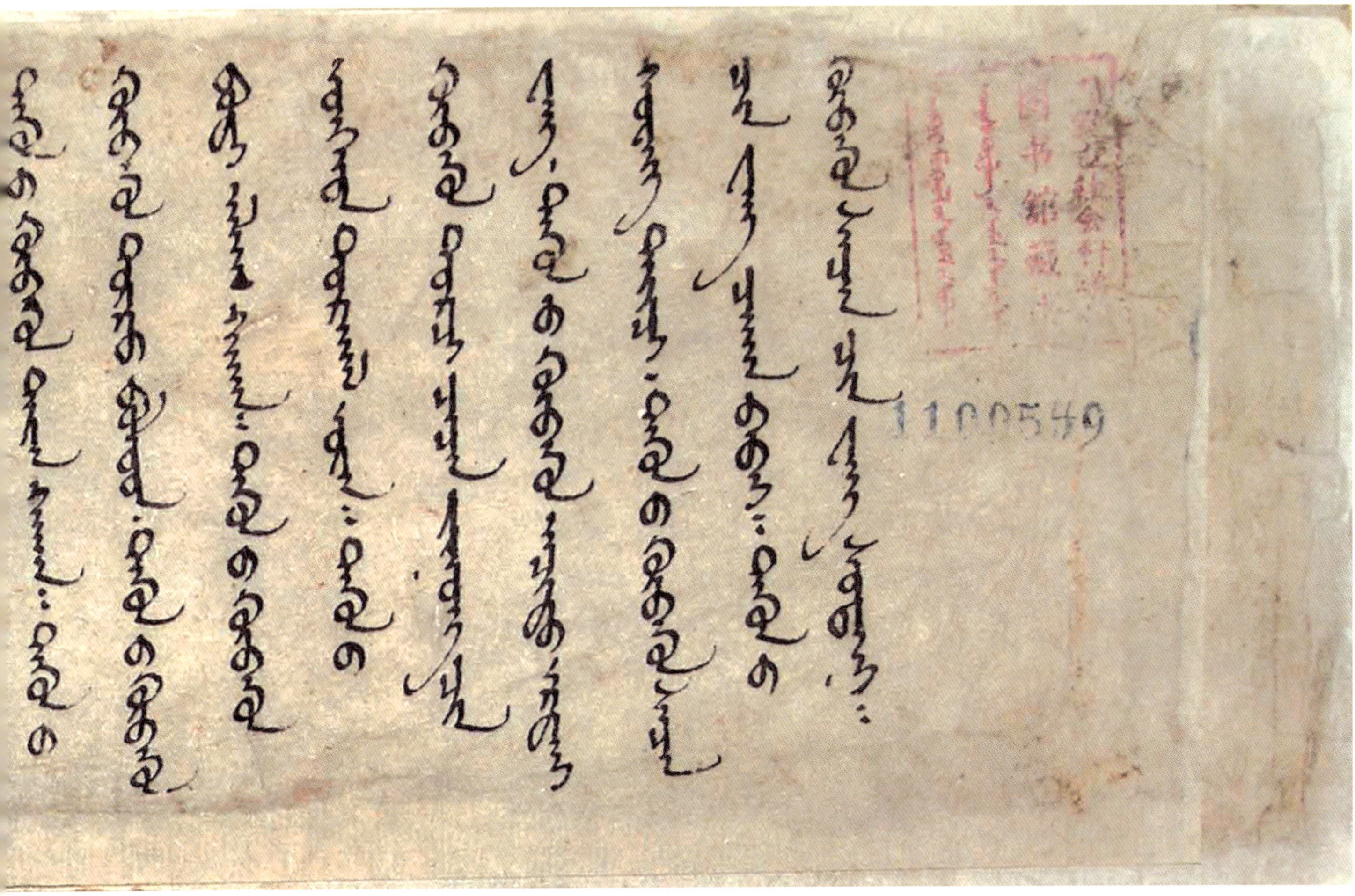
1100549

02326 成吉思汗祭祀經 蒙古文 明抄本

梵夾裝。開本高9.9厘米，廣27.4厘米。每葉行不等。內蒙古社會科學院圖書館藏。

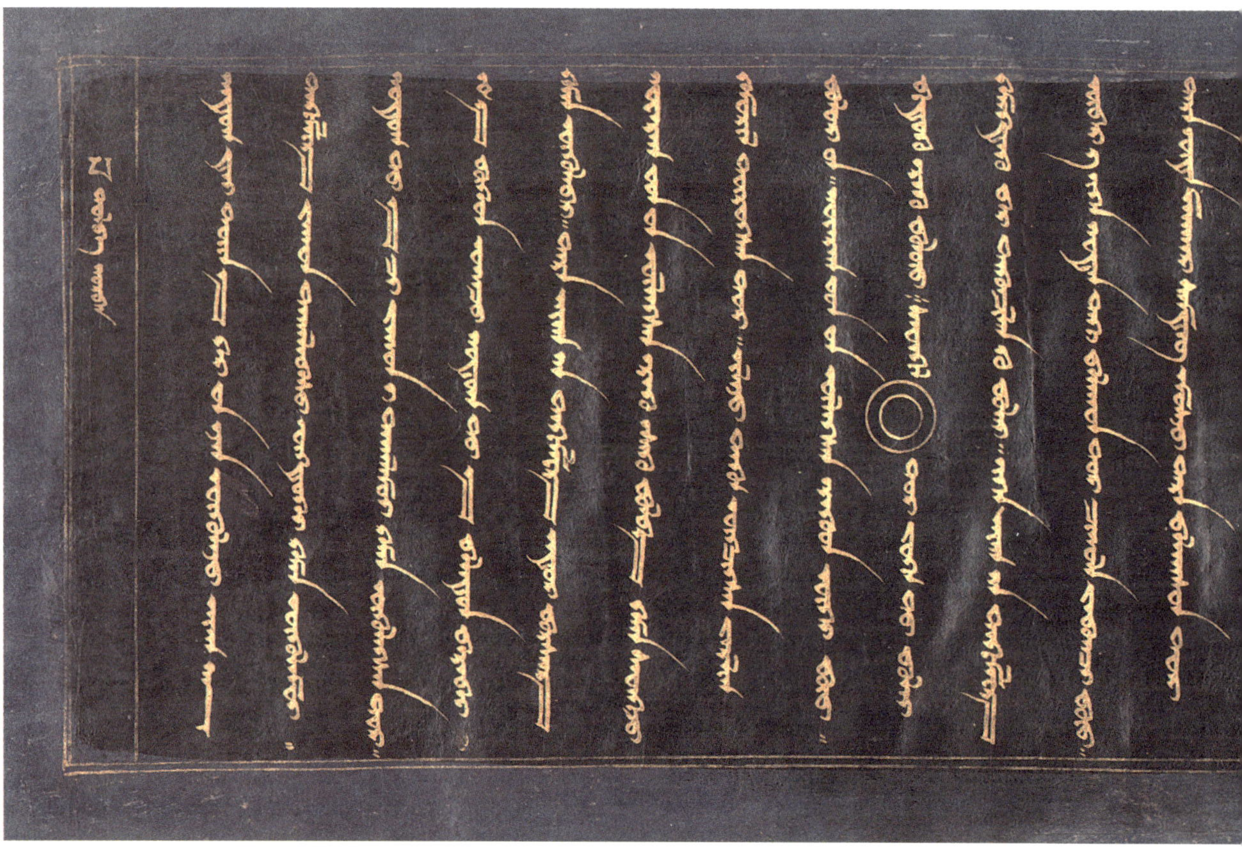

02327 大藏經•甘珠爾一百十三函 蒙古文 明泥金寫本

梵夾裝。開本高17厘米，廣57厘米。每葉行不等。内蒙古社會科學院圖書館藏，存十九函。

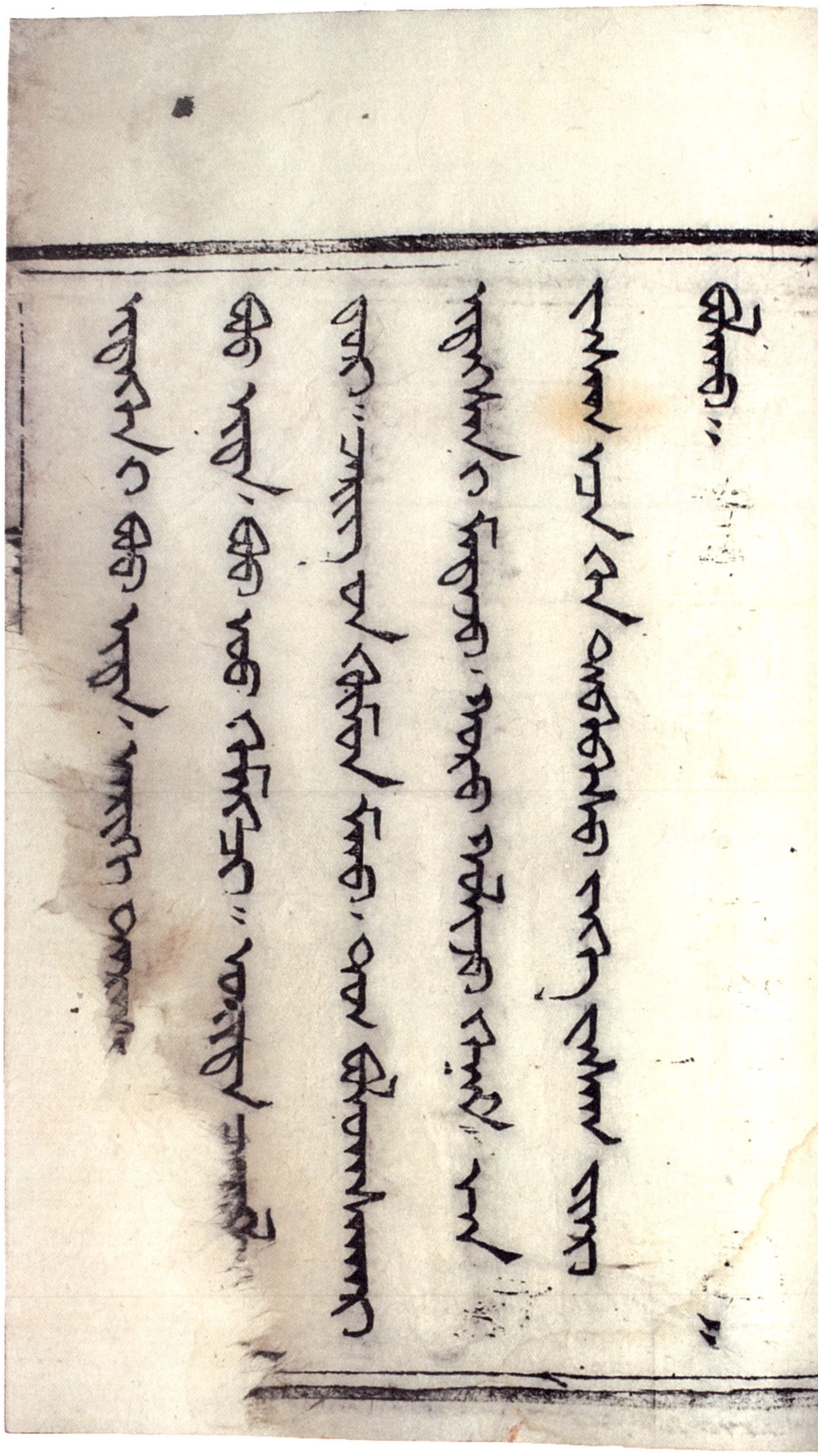

02328 軍律 蒙古文 清崇德刻本

綫裝。開本高27.5厘米，廣19厘米。匡高22厘米，廣16.5厘米。半葉六行，四周雙邊。國家圖書館藏。

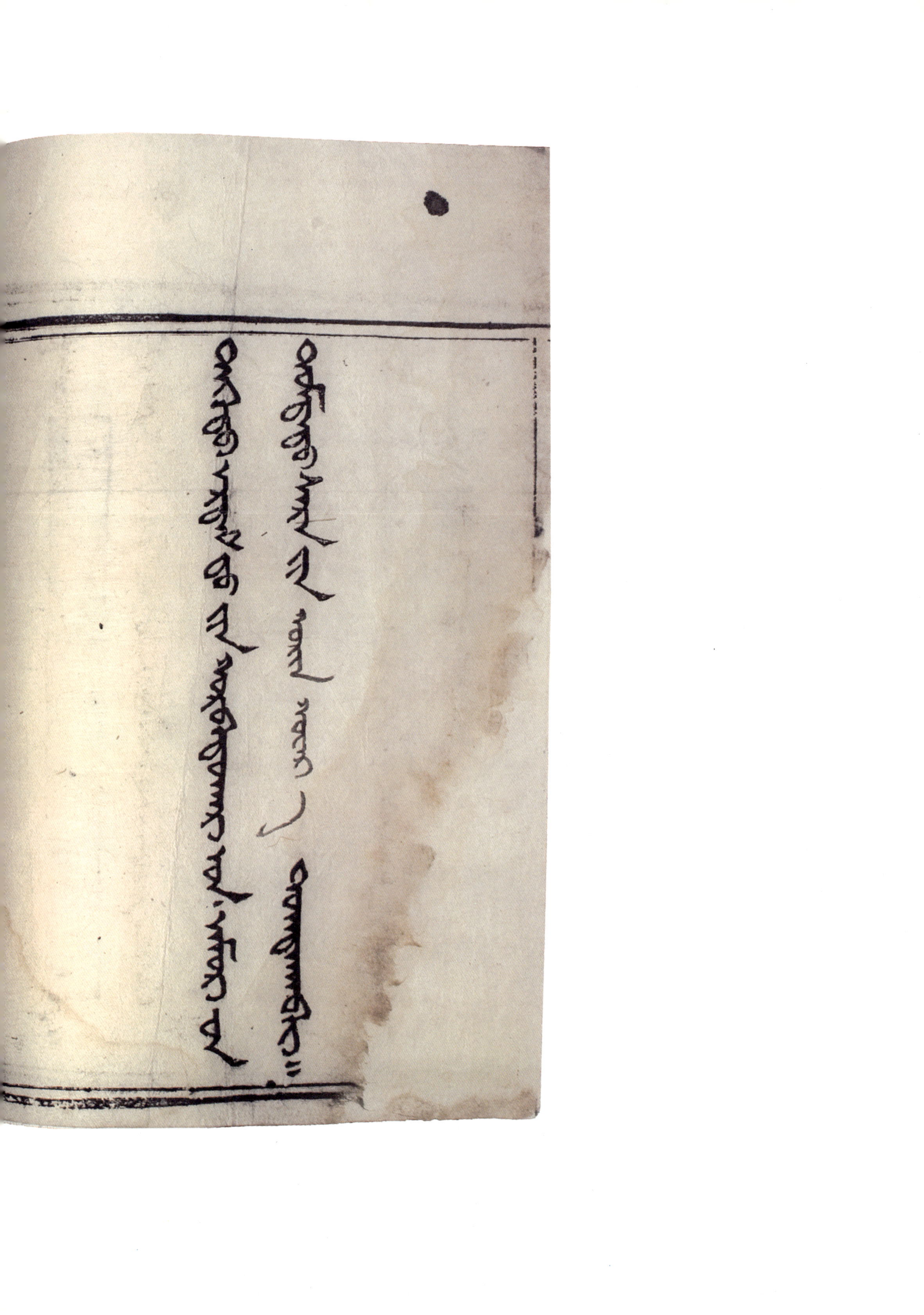

[illegible] [illegible] [illegible] [illegible] [illegible] [illegible] [illegible]

[illegible] [illegible] [illegible] [illegible] [illegible] [illegible] [illegible] ᠃

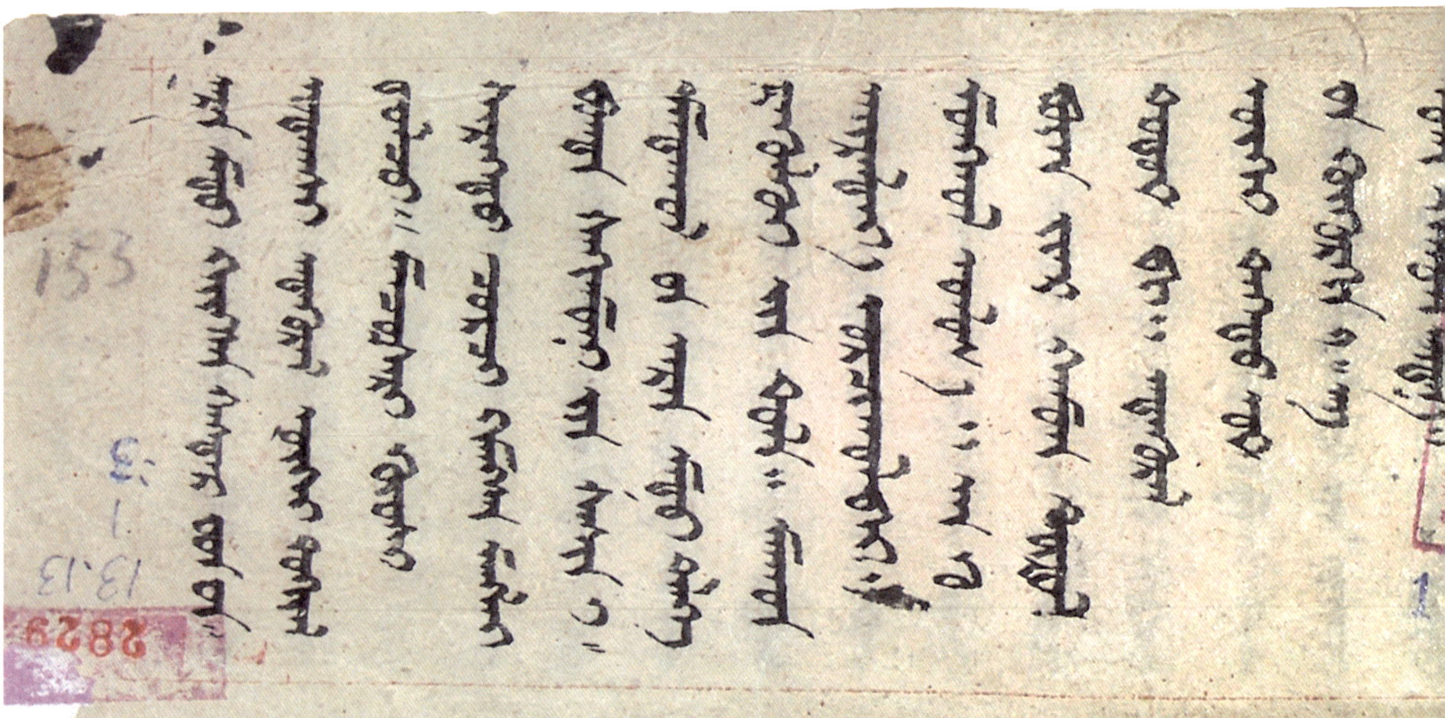

02329 必用之全義經 蒙古文 （明）錫埒圖•固什•綽爾濟譯 清初抄本

梵夾裝。開本高5.9厘米，廣27厘米。每葉行不等。内蒙古社會科學院圖書館藏。

2829

02330 大藏經·甘珠爾一百九函 蒙古文　清康熙五十九年（1720）內府刻本

梵夾裝。開本高33厘米，廣88 厘米。匡高17厘米，廣57 厘米。每葉三十一行，四周雙邊。內蒙古自治區圖書館藏。

秘密經第一卷上

秘密經第一卷上二

02331 大藏經•甘珠爾一百九函 蒙古文 清康熙五十九年（1720）内府刻本

梵夾裝。開本高33厘米，廣88 厘米。匡高17厘米，廣59 厘米。每葉三十一行，四周雙邊。内蒙古大學圖書館藏。

大寶積經第三卷下一百九十九

02332 大藏經·丹珠爾二百二十五函 蒙古文 清乾隆十四年（1749）内府刻本

梵夾裝。開本高33厘米，廣88 厘米。匡高17厘米，廣 59 厘米。每葉行不等，四周雙邊。内蒙古自治區圖書館藏。

第一函
本續解

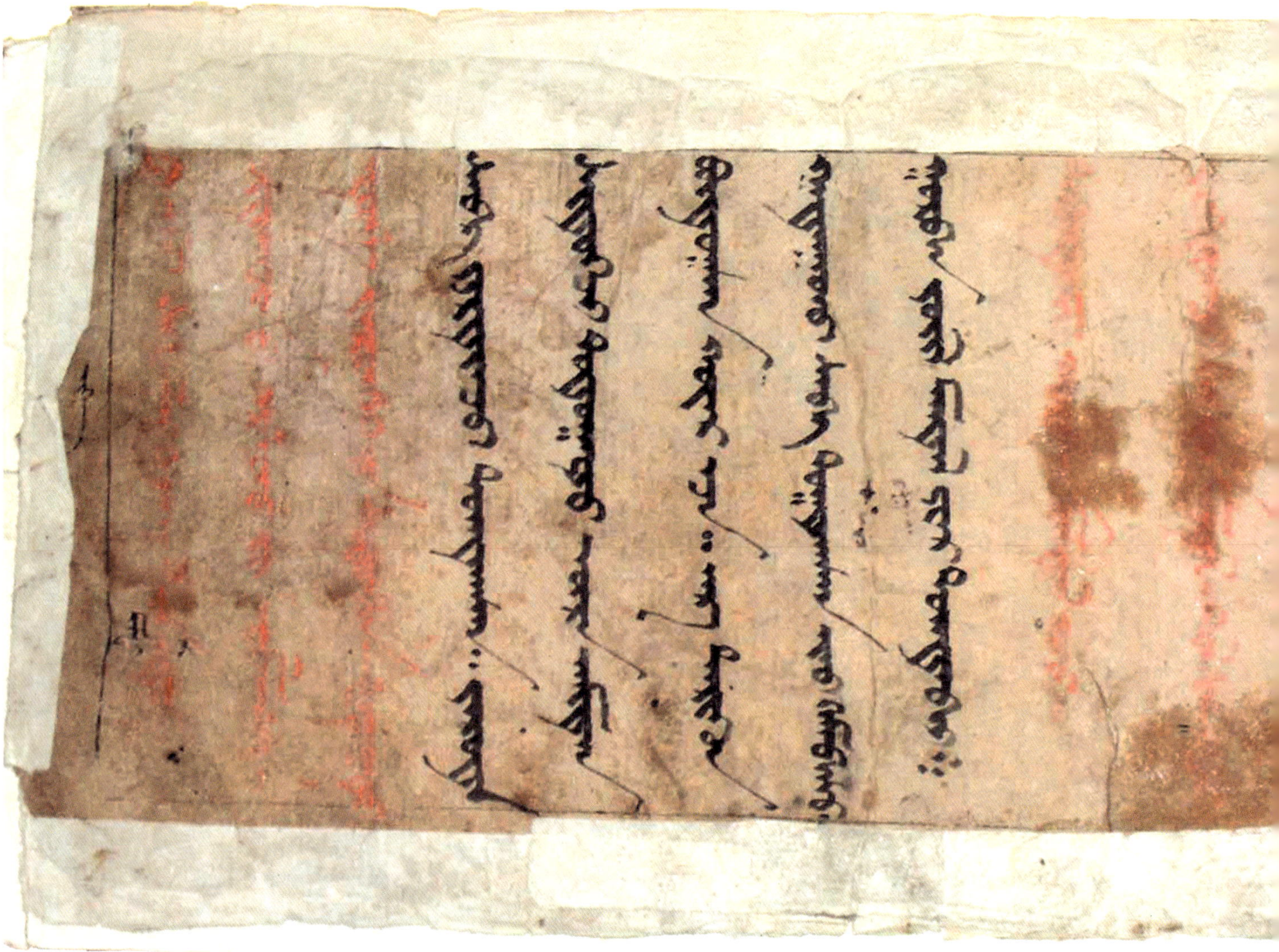

02333 蒙古源流 蒙古文 （清）薩岡徹辰撰 清抄本

梵夾裝。開本高10.6厘米，廣35厘米。每葉行不等。内蒙古社會科學院圖書館藏。

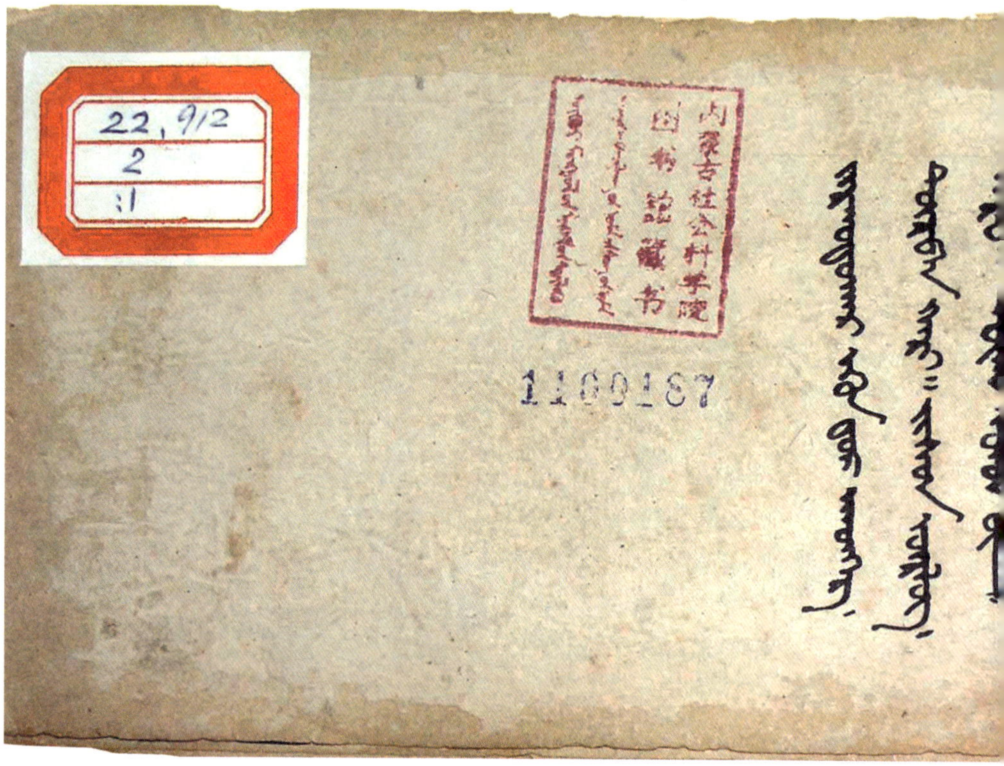

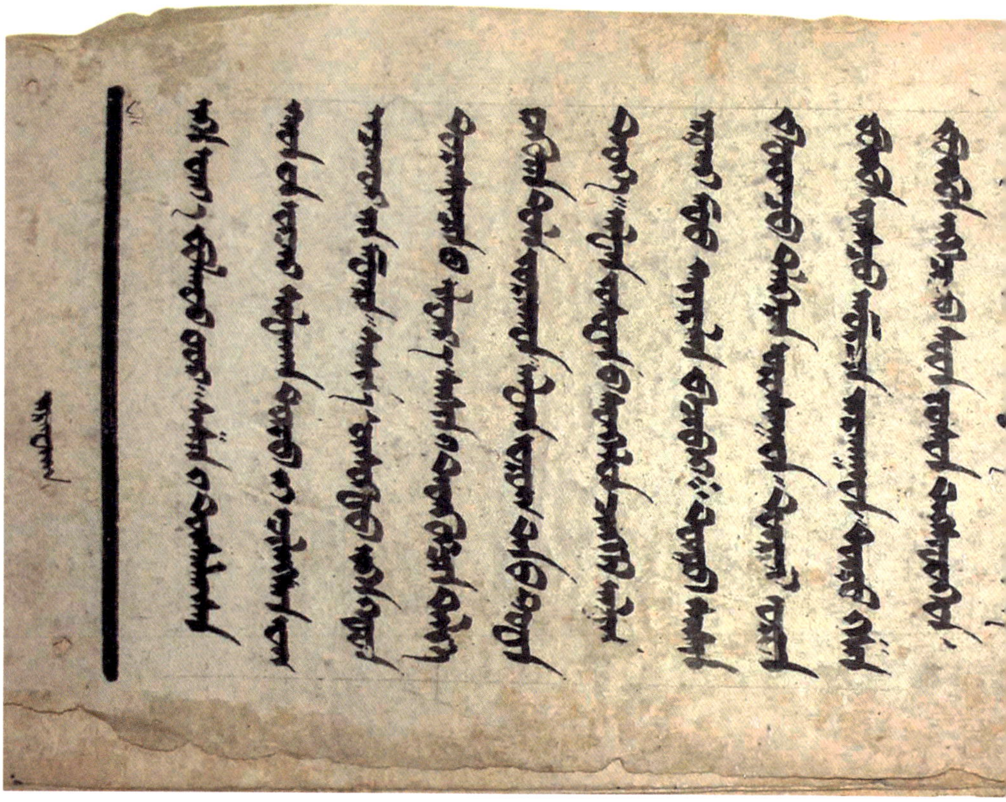

02334 金輪千輻 蒙古文 （清）固什•答哩麻撰 清抄本

梵夾裝。開本高10.2厘米，廣25.6厘米。每葉行不等。清代削竹抄本,書的開頭和中間部分有缺葉。內蒙古社會科學院圖書館藏。

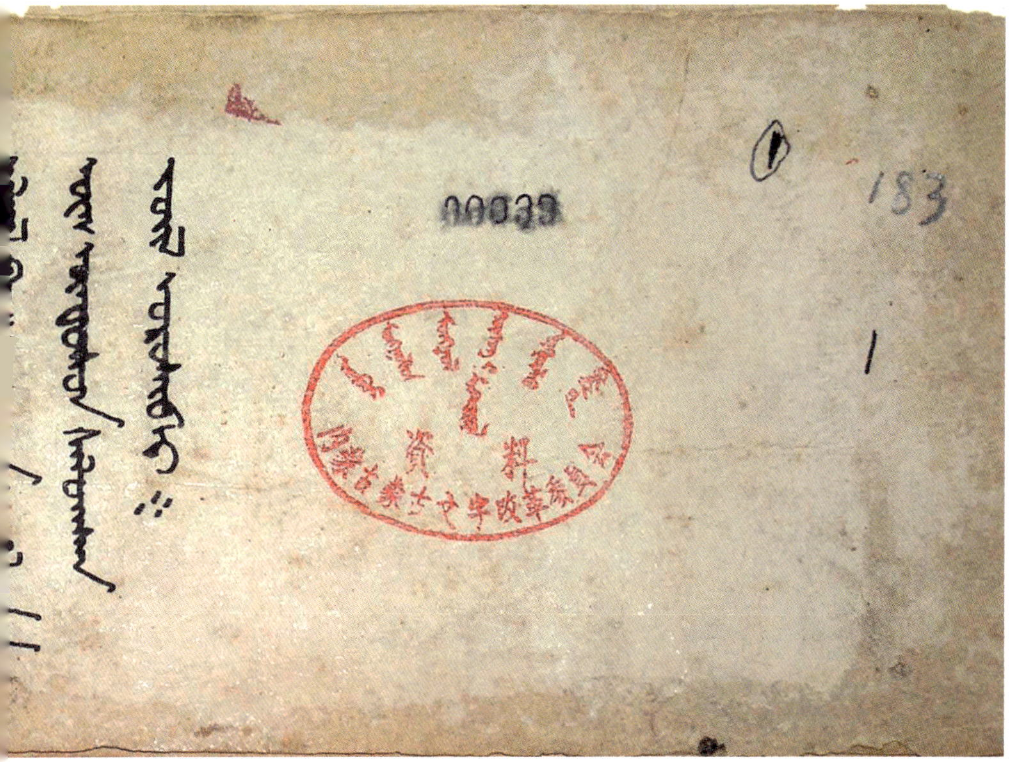
183

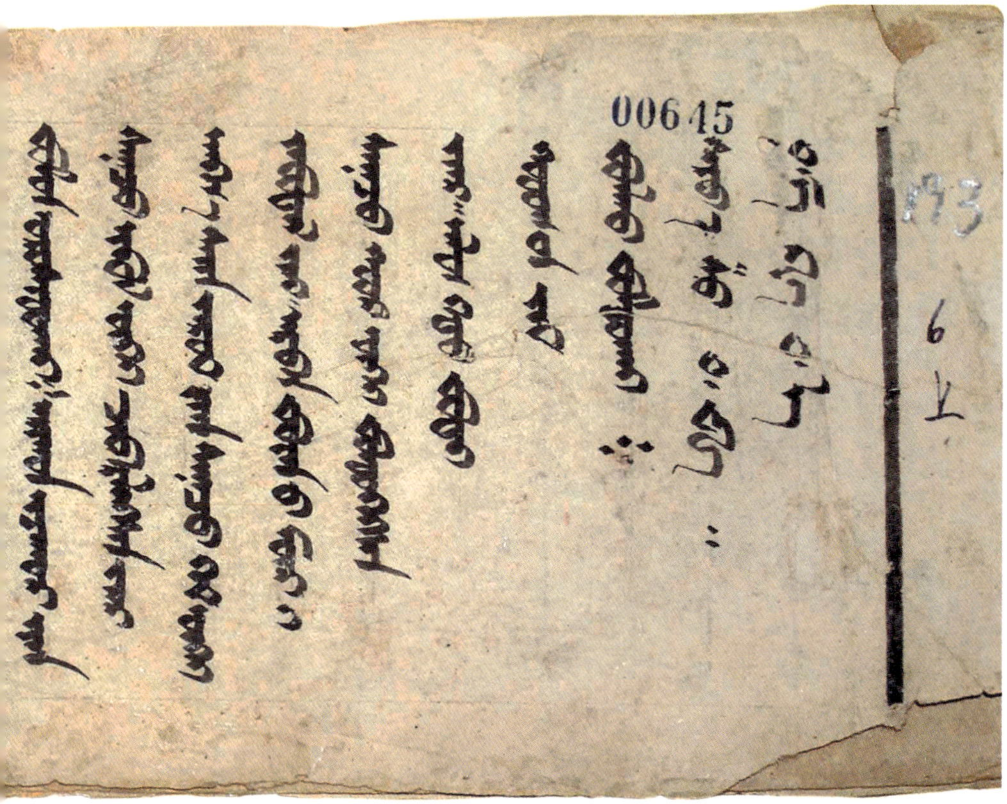
00645

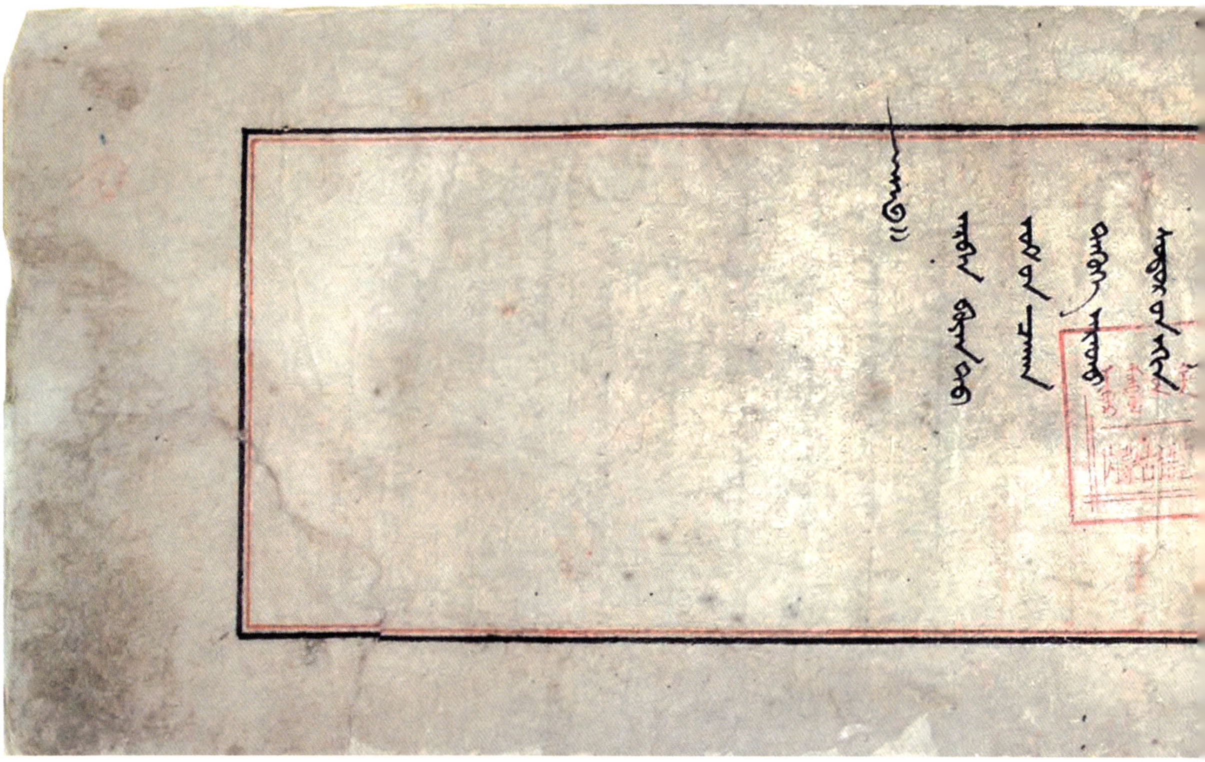

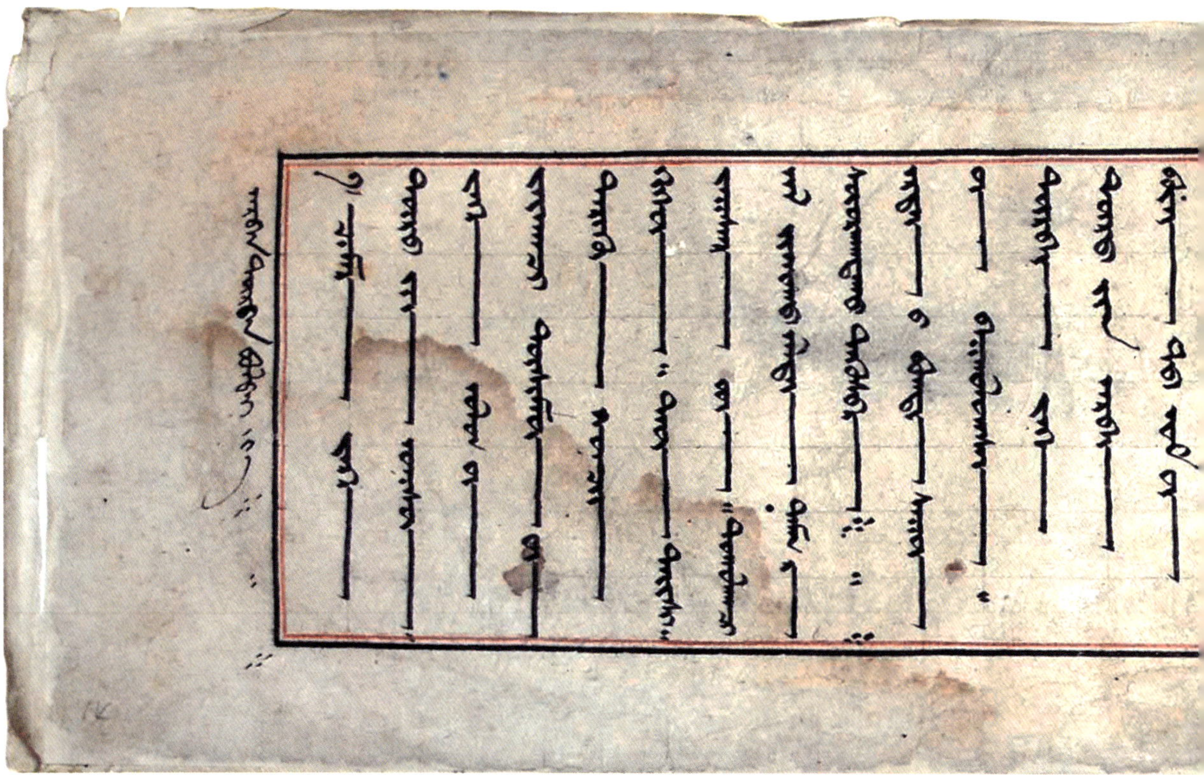

02335 十善福白史 蒙古文 清抄本

梵夾裝。開本高10.8厘米，廣42.3厘米。每葉行不等。内蒙古社會科學院圖書館藏。

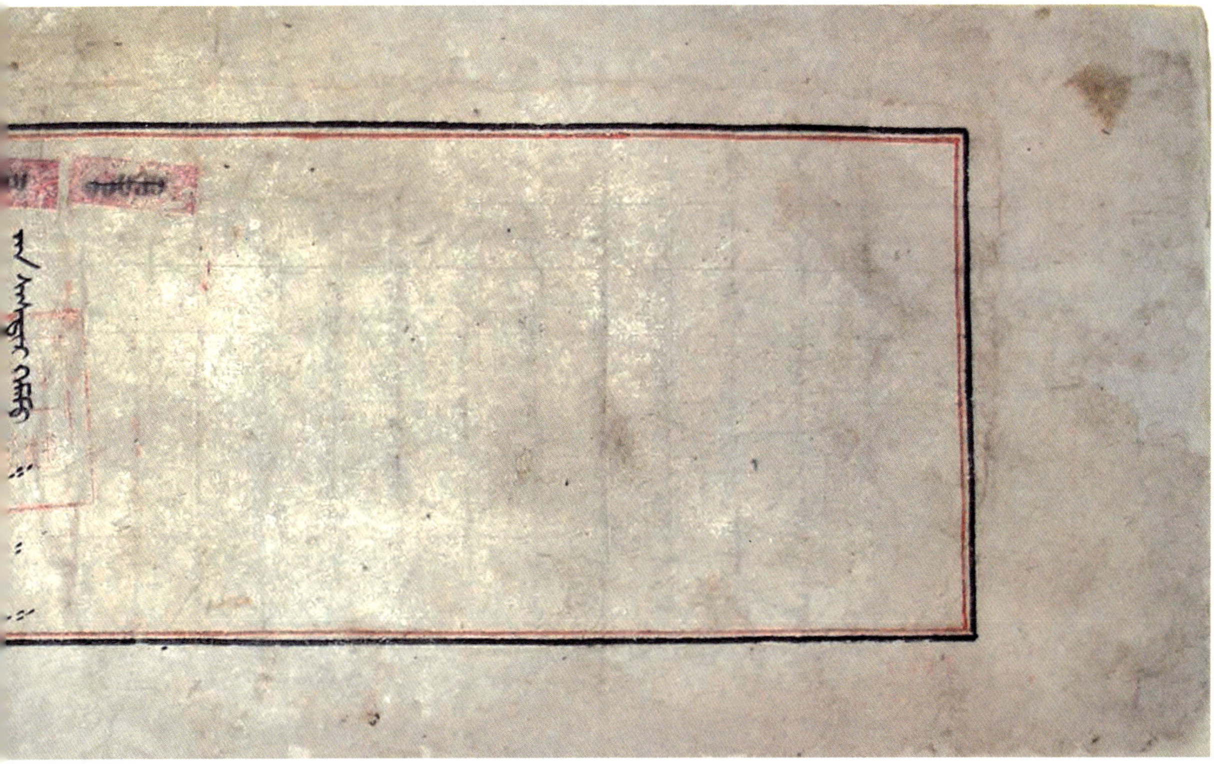

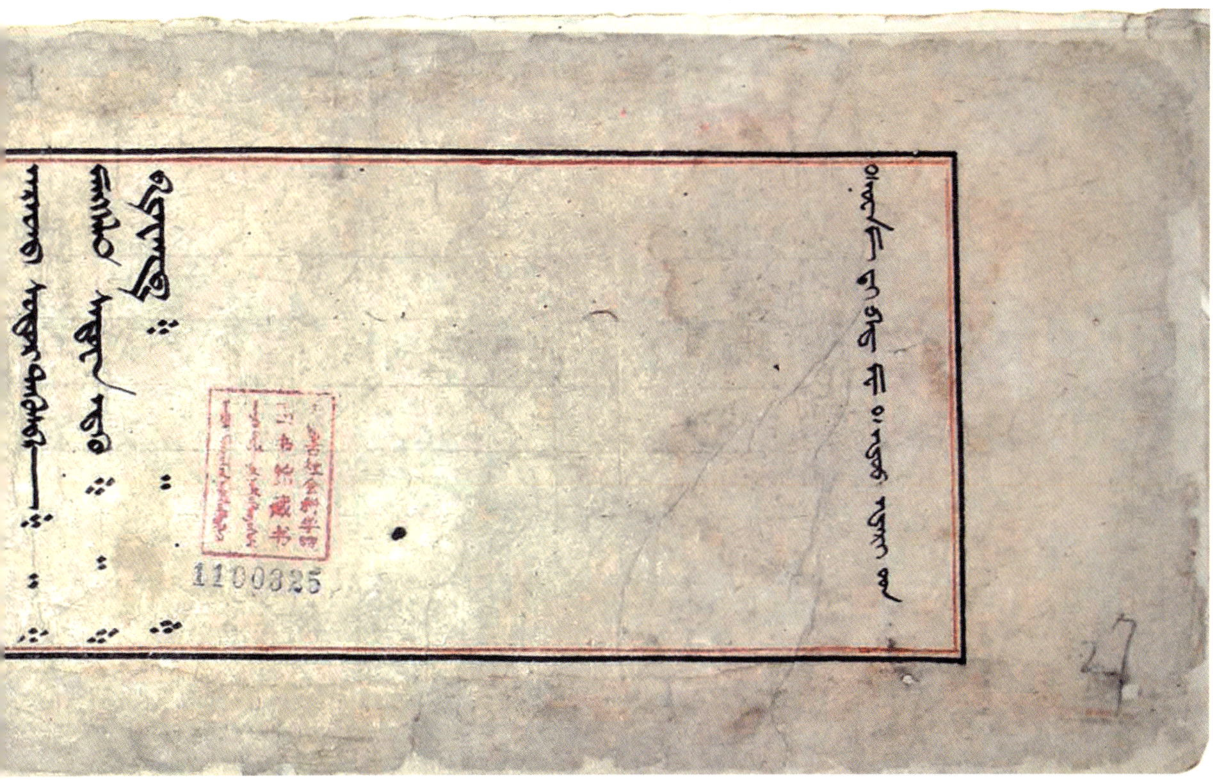
1100325

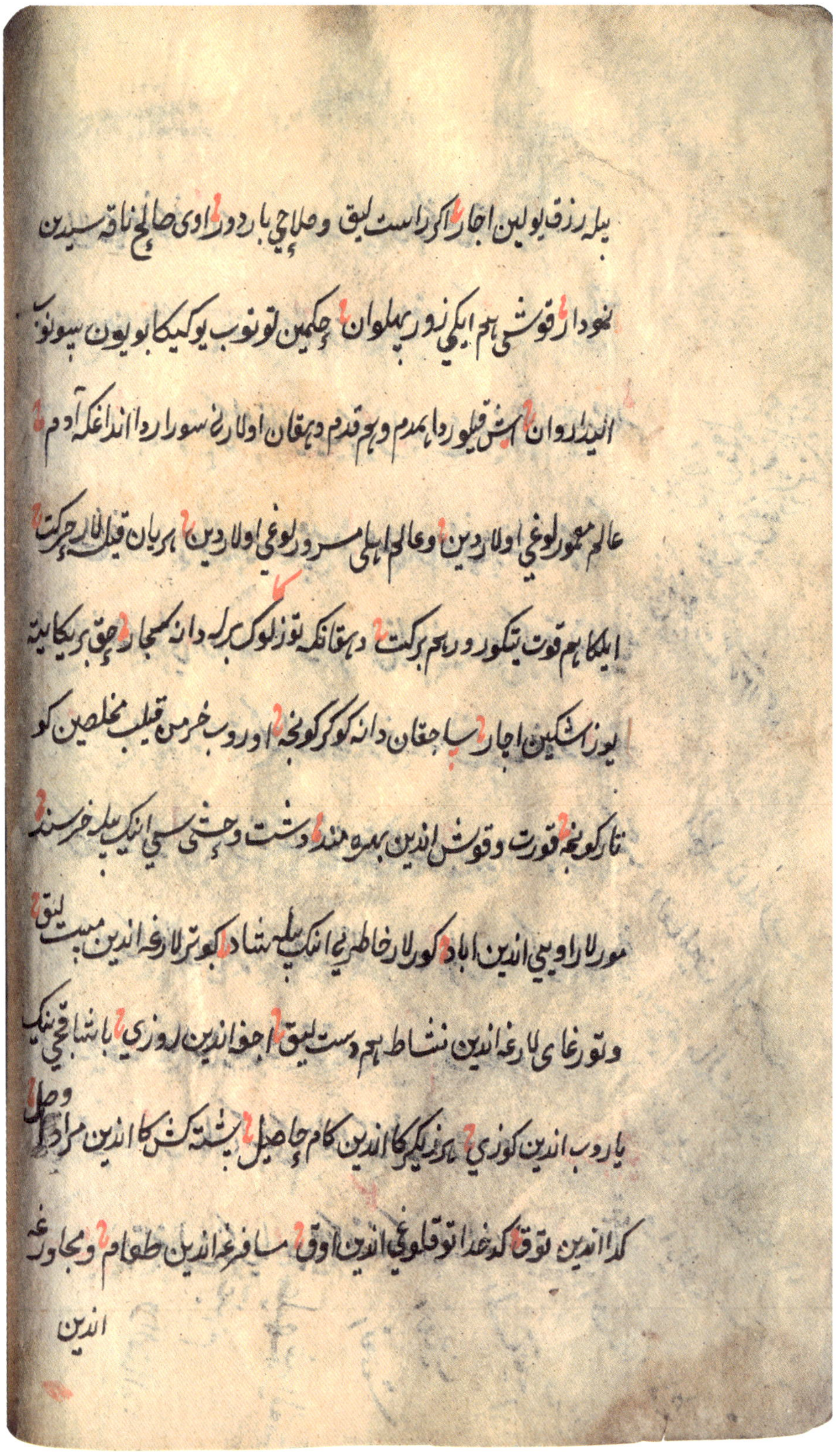

02336 情之所鍾 察合台文 艾里希爾•納瓦依撰 清乾隆末年抄本

羊皮精裝。開本高19厘米，廣11 厘米。每頁十一行。中國社會科學院民族學與人類學研究所藏。

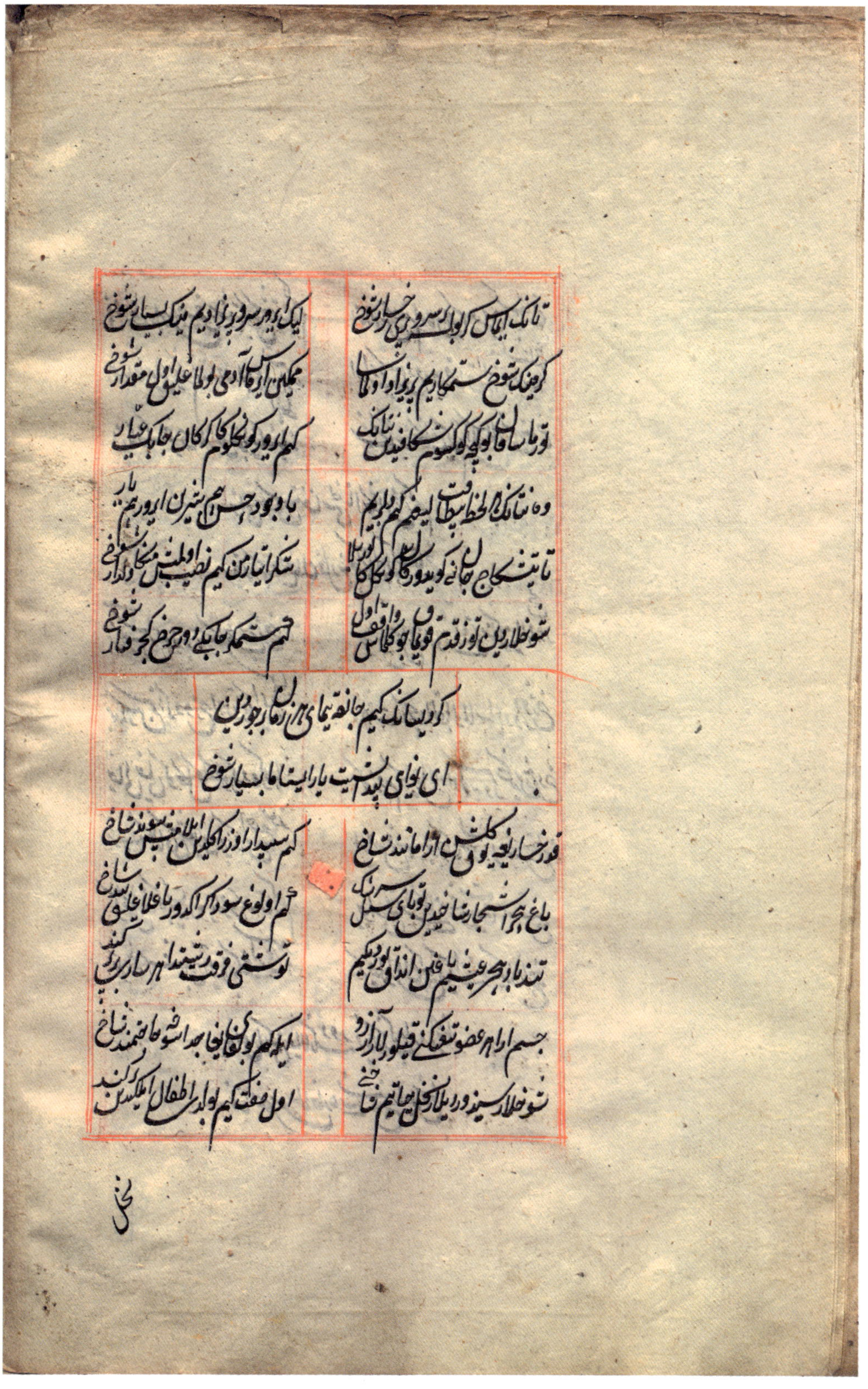

02337 恰哈爾迪瓦尼 察合台文 艾里希爾•納瓦依撰 清嘉慶抄本

羊皮精裝。開本高26厘米，廣16 厘米。匡高17厘米，廣10 厘米。中國社會科學院民族學與人類學研究所藏。

02338 納瓦依詩集 察合台文 艾里希爾•納瓦依撰 清抄本

羊皮精裝。開本高31.3厘米，廣19厘米。新疆維吾爾自治區圖書館藏。

بسم الله الرحمن الرحیم

علوم حقایقی نینکه حقایق علومی نینک فصیح کلام الیقی و صحیح حدیث
مدرسه لاری کشاف طبع فوایشی مطالع العیدین معانی لطوالع
پیمان لوامعی برله ربع مسکون معموره سی نینک مربع حجره لاری
داغی موزون ادالیغ مطبوع لقالیغ طلبه سی نینک ضمیرلاری مشکاتی
و خیال لاری مصباحی غه ایضاح قیلا الماقلاری نینک باعثی اول
الفغیم هدایت ادا اوراق لاری بدایتین و درایت آساسی بنیادی
نهایتین اول خالق عالم زاهر حمدی برله و جواهر شکری برله
ملخص و منور قیلورلار کیم آدم نبی صلوات الله علیه و لقد کرمنا
بنی آدم اکرامی برله مکرم قیلیب و علم آدم الاسماء تشریفی برله
مشرف ایتیب ملکوت عالمی نینک مقرنس طاق لیغ مدرسه سیغه
کروبی لار افاده و استفاده سی اوچون اجلاس قیلدی

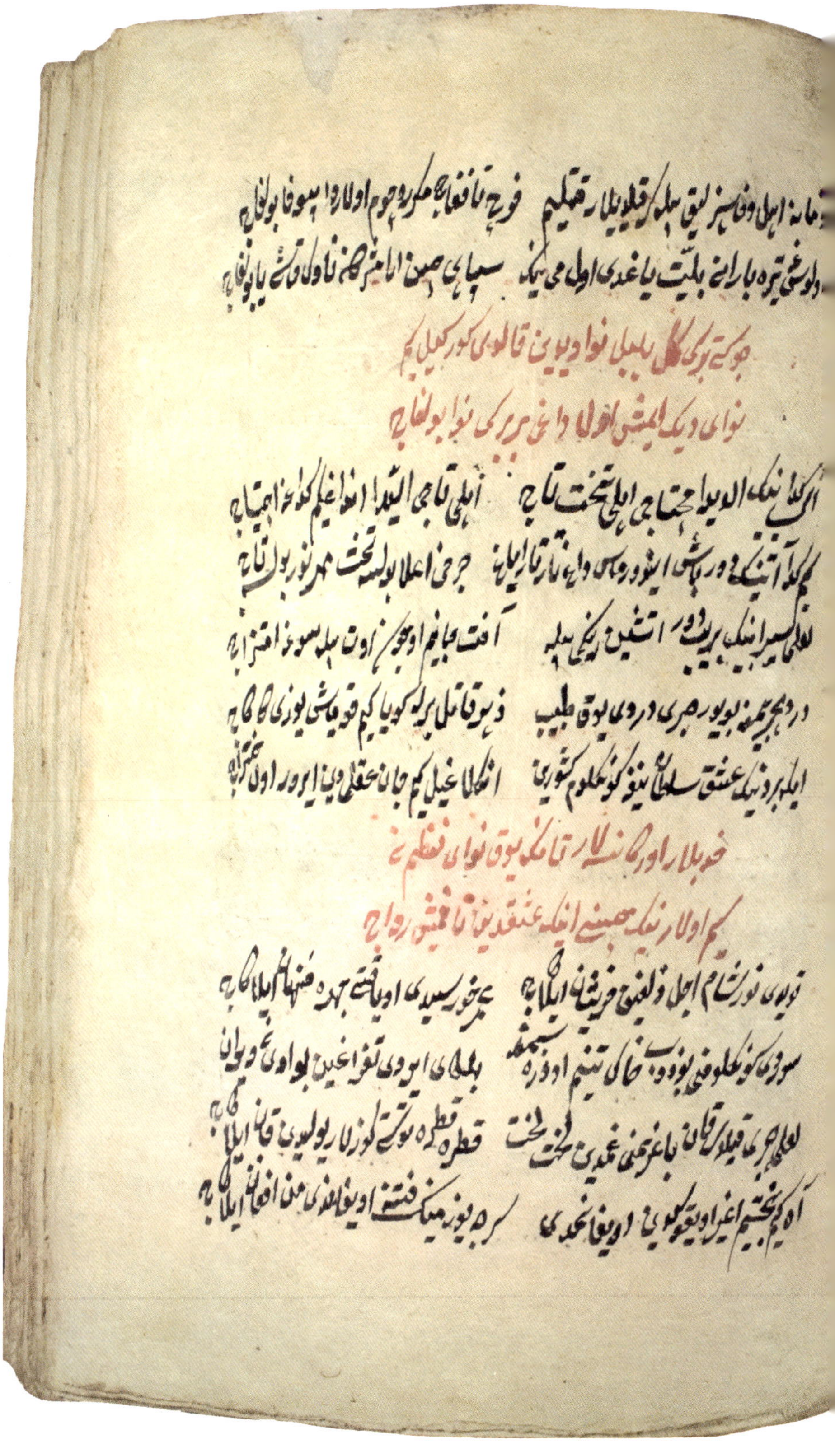

02339 納瓦依詩集 察合台文 艾里希爾•納瓦依撰 清抄本

平裝。開本高37.5厘米，廣23.3厘米。寫於新疆特製桑皮紙上。國家圖書館藏。

نوای خرده نظمیکنی انداغ ایلادینک تحریر
کیم سا قبای خرده بیتینی اوزره شاهی خرده دان لوراج

ذهی بابینکا اوزره والشمس ونور ربانی تاج — سما جیک سواد یوا تغنینی لیلة المعراج

سپهر پایشلی علمی ودین لوانکا اوزره شقه — فلک قالبین چتری بوی سپاهی انکا افواج

بهشت سرایا تخت تیره کوردی بار جای — شفاعتینک الغی توتماسین بولیوسراج

هوا اینکا قولیدی شربت شفا تاپیبان — انی کی ایلادی کنو ایلابان ضعیف مزاج

صلوات تحفه‌غه اوپان نوا ایلادینک راسخ — بو نسخه بر له ملکنی نیک یوز یکه اوردون تاج

نوای بولوبی جو محتاجینک ایلا کیم انتظار رحم
غنی کریم ایپ ابرام غه ایلیاسی محتاج

کوزی قیل اتی کونکلوم وفیغی هجران مبتلا بولغاج — که قوتیشی بسمیل اوچوب نوربیت ونی بلا بولغاج

رقیب مین کیلورغ کونکل وصلینه چون اوز جمالینی — عجب ایرماس کیدا اوزنی ایتور کدا بولغاج

نی سوردونک بر بولی تا لی قراغان روزی کارکنی — بو حالت برله هجرانیدین شام قرا بولغاج

تجلی بولوونک دیمانک یغمانه عقل هوش تقدیر نه — مو نی سوناقچه جاجب اولبریله اشنا بولغاج

ملائکه خیلی جانونی تولا بولوب فلک خوفی — جهان اول پری وصلینه جان نقدسی بها اولغاج

نجالت لار کیلور فرهاد مجنون روحینه مندین — مینینک عشقیم سوزیدین خلق ایره ماجرا بولغاج

ذها

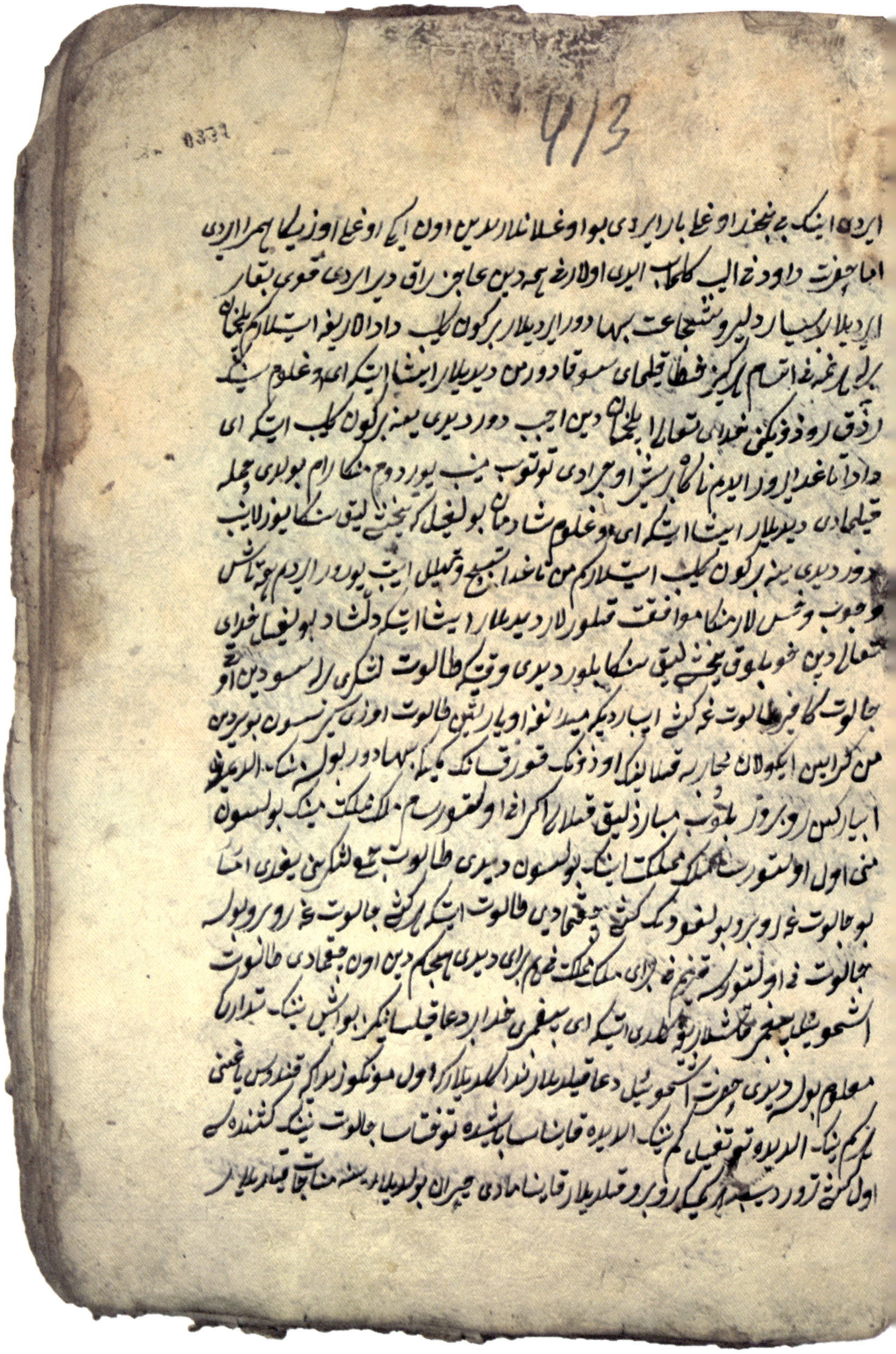

02340 先知傳 察合台文 （元）拉勃胡孜撰 抄本

牛皮精裝。開本高35厘米，廣23厘米。新疆維吾爾自治區少數民族古籍整理出版規劃領導小組辦公室藏。

بر اوچ سوا ایچکانلار اولارغه هیچ تغیر یوق دیدیلار ایلالار سیغه بر بوتوغ سوا اوچرادی یار جنبد
تولا ایچکانلار تولا لار اق تشنه بولدیلار اول سودین بر اوچ تغیره ایچب قناعت قیلغان اوچ
یوز اون اوچ کشی ایردی اولار سلامت قالدیلار چون قاتونلاریکم قلیب ایردیلار جالوت عمالقه
نینک پادشاهی ایردی اینک بر روب قیلدی قوله تعالی لا طاقة لنا الیوم بجالوت
وجنوده یعنی ایتدیلار اول مقلوم لار ایکه بیزده قوت یوقتور بکم جالوت بر لا
جنک قیلغایمیز دیب اولاریکم سودین ایچب هاریب قیلب ایدیلار اولارهم اول مقلو
م لارنینک ایتغان سوزینی ایشیتلار اولاریکم سوغه ایچب ایدیلار خدای تعالی غه توکل قیلدی
لار بسنه ایت سلام قیه جانغه اولادورمز انکا کورا اولساک شهید بولورمیز حکم خدای صبار لالخ
تورور قوله تعالی و لما برزوا لجالوت وجنوده وقالوا ربنا افرغ علینا صبرا وثبت
اقدامنا وانصرنا علی القوم الکافرین یعنی طالوت لشکری بیله مناجات قیلدیلار کم بیزغه
صبرلار دین قیلیغلی قدم توتسقل و کافرلار اوزره نصرت بار کیل دیدیلار قوله تعالی فهز
موهم باذن الله وقتل داود جالوت یعنی هزیمت باردیلار طالوت لشکری جالوت
کافرلارنی اولتوردی جالوت حضرت داود علیه السلام غه قیلدی والله تعالی اعلم بحقیقة
الحال قصه حضرت داود علیه السلام نینک واقعه لاری تورور ان هذا اخی له تسع
وتسعون نعجة ابتلاس ابتلا بولغان وفتنوه ... راکعا مستجرا والابه سجده
بین قیلغان فغفرنا له ذلک خلیفتین کیکان یا داود جعلناک خلیفة فی
الارض خطابین ایتکان فاحکم بین الناس بالحق امرینی توتغان ولا تتبع الهوی
هوا و هوسدین ایراق تورغان حضرت داود النبی علیه السلام تورور انداغ روایت قیلور
لارکم حضرت داود علیه السلام ایشانینک اوغلی ایردیلار یهودانینک اوروغی دین ایردیلار
حضرت داود علیه السلام نینک لار یره قوی باقیب یوروب طاعت و عبادتغه مشغول
ایردیلار اوروغ بولغانده پادشاه بولاری دیب دورلار روایت ده انداغ کلتورور بیره
دلارکم چون طالوت اول سوغه دین اوته حضرت داود نینک دادالاری ایشا دیکان هرا

فغفرنا له ذلک

ایردی

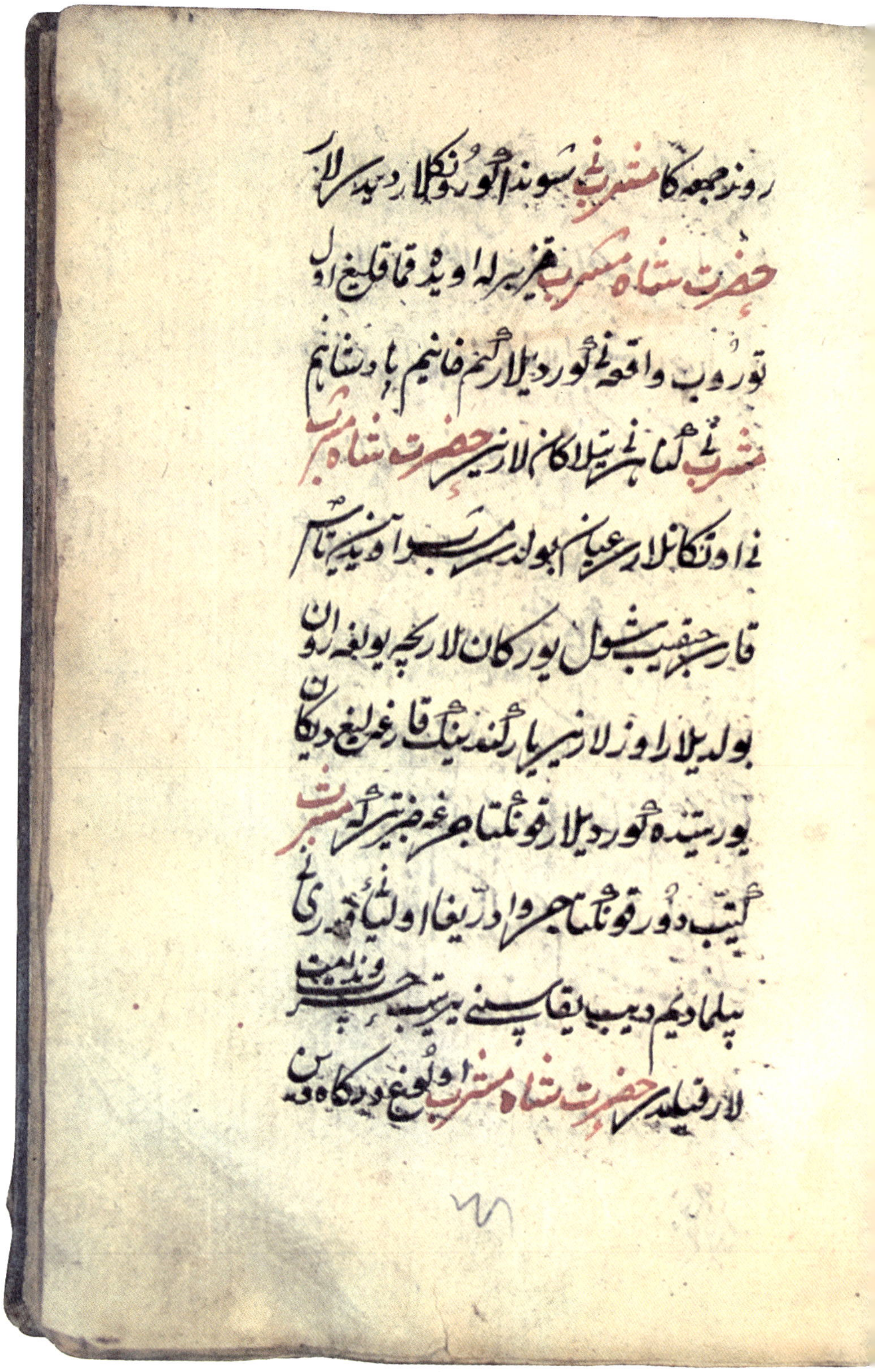

02341 謝赫麥石來布傳 察合台文 （清）麥石來夫撰 抄本

牛皮精裝。開本高20厘米，廣12厘米。新疆維吾爾自治區少數民族古籍整理出版規劃領導小組辦公室藏。

خدمت لاریده ایردیلار ایدیلار کیم حضرت
لاریننگ قول لاری سلام ولایتیدین کیلدی
آغریغا آشنغتیکانده درگاه لاریدین رد بولدی
سول مشرب گناهین تیلار دور مز دیدیلار حضرت
هیچ جواب بیرمدیلار ینه ایدیلار بر تکلیه بار
قویوب ایردوک محرم روزگاریم تردین
دیب حضرت صاحب قرانغه حقدین سول
مشرب گناهین تیلایدور مز دیدیلار حضرت
ایدیلار حضرت صاحب قرانغه مالیم تصدق
جانیم هم تصدق مشرب دیکان بر قول نینکه اینینگ
دیکیت مینینگ قول بولسه هم گناهی یوق ادوتوم نیه

ادز

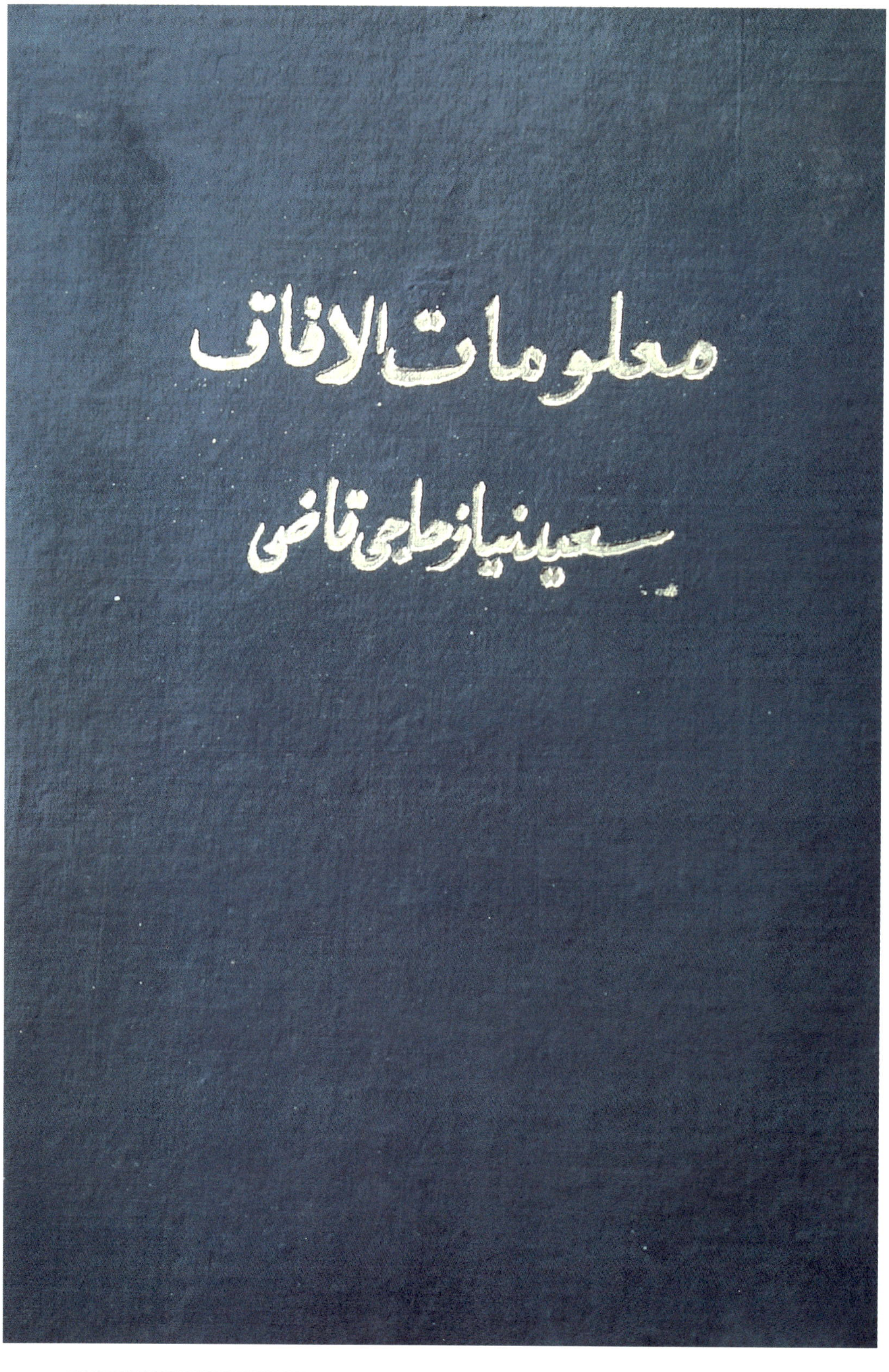

02342 麥魯麻提阿帕克（世界通訊） 察合台文 烏布勒•伊斯拉木撰 清抄本

牛皮精裝。開本高26厘米，廣18厘米。每頁九行。新疆維吾爾自治區吐魯番地區少數民族古籍整理出版規劃領導小組辦公室藏。

431

قویغان ایکیز ییکی الته کز دورهر عضوغه بر دست چقاریب هر دست
غه بیر بیت نی توتقاریب اول جونک بیت نینک عضولاری
هر رنگده بویاب برکراوزاه چقاریب اولتورغوزوبدو
القصه ذوالقعده نینک سکزی صحیح دین ایلکری شهر خانبلیق
نینک دروازه سی ییتّی لار بو شهر تورت قات سفیل
لیق شهر ایکان هر سفیل نینک آرالیقی بر فرسنگ بو شهر چین
مملکتی نینک سواد اعظمی دور بو مملکت نی ختا هم دیرلار اول
شهر نینک حدودی هر طرفی یکرم تورت فرسنگ دور هر فرسنگ
اون ایکی مینگ مانکدام دور بو شهر نینک ابتداسیدین

انتهاسیغه

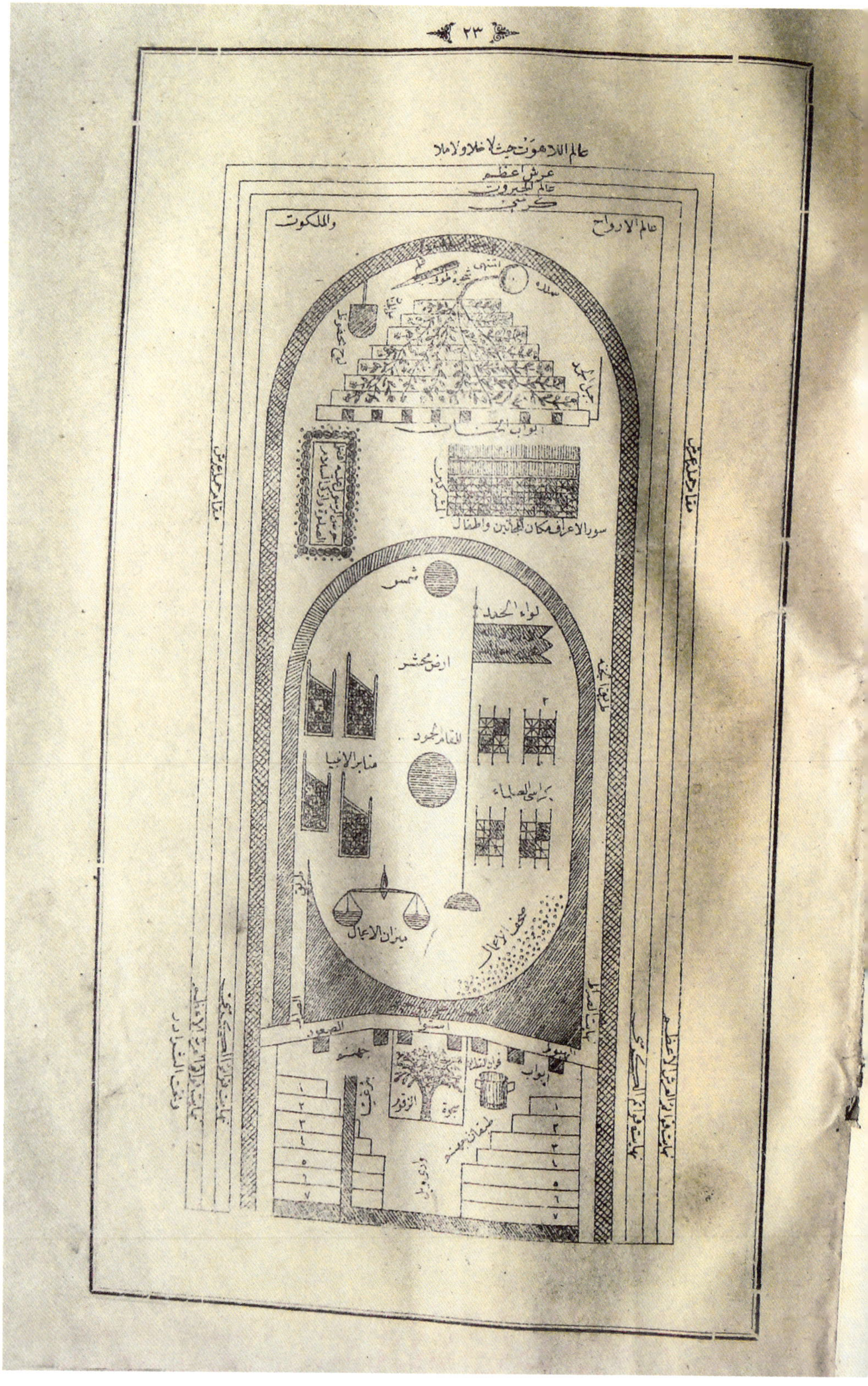

02343 醫學之目的 察合台文 木拉德拜克•艾里拜克撰 抄本

牛皮精裝。開本高50厘米，廣35厘米。新疆維吾爾自治區維吾爾醫藥研究所藏。

عالم اللاهوت حيث لا خلا ولا ملا
عرش عظيم
عالم الجبروت
كرسي
والملكوت
عالم الارواح
قلم
المنتهى
سدرة
ابواب الجنان
السموات السبع
جبال ثلج وبرد
غمام وسحاب
كعبة مكرمة
جبل قاف
مكان الملك الحامل للارضين السبع
جسر صراط على متن جهنم
جهنم
ابواب
شجرة الزقوم

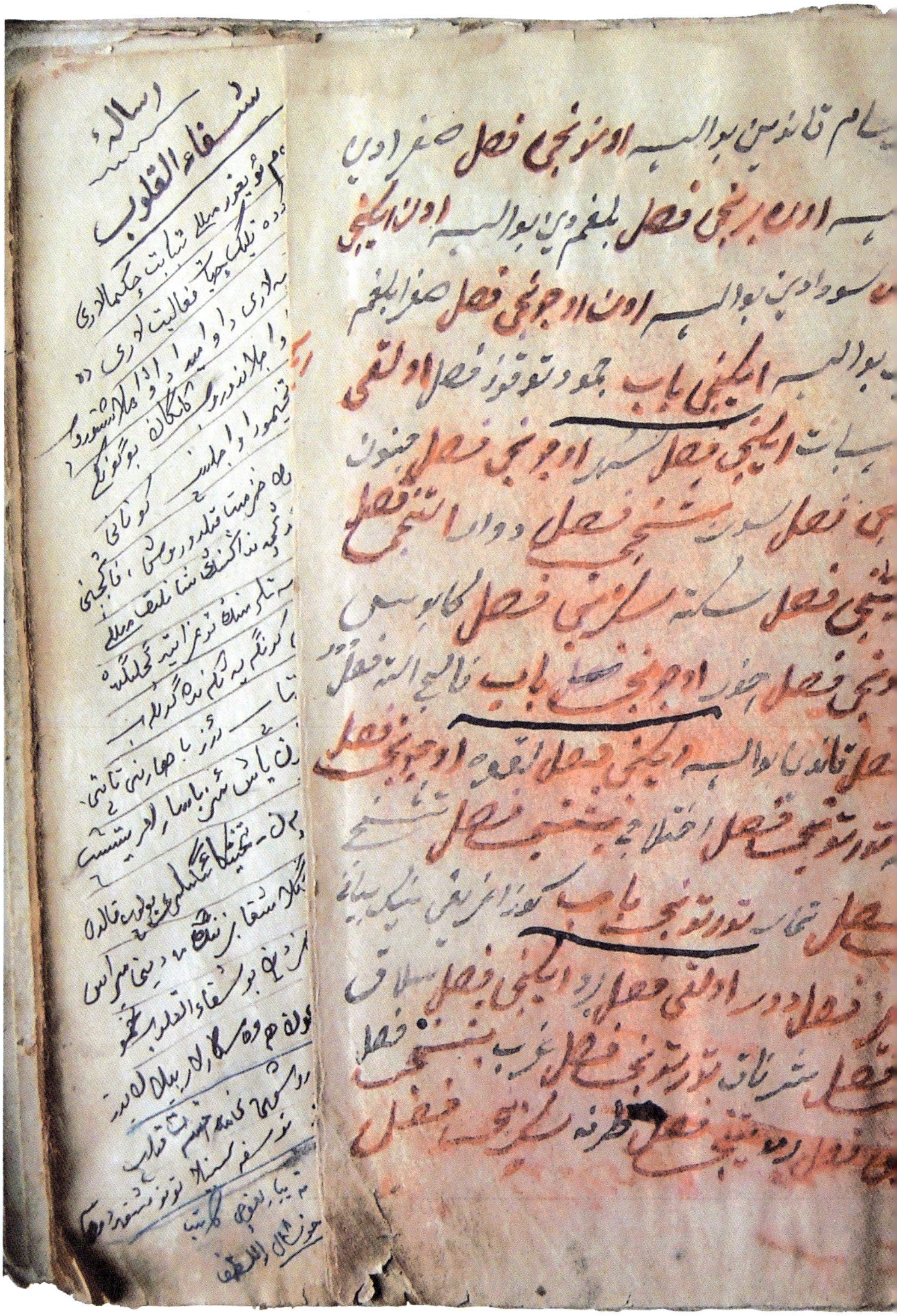

02344 身心之康復 察合台文 白的爾丁·蘇皮阿洪撰 抄本

牛皮精裝。開本高50厘米，廣38厘米。新疆維吾爾自治區維吾爾醫藥研究所藏。

واجب بولیب انجه بر تقدیر و بر تقدیر اقراری

قیلغه اوردوم بو خطار بسهو بیله بو رساله دا

واقع بولسه دامن عفو بیرله بیتقیصا اصلاح

قیلغه کوزیتیپ تلمیدیلار تا اننگ جمیع مسلمانلار

بو رساله دین خطانی دفع ایلنگای بو رساله نینگ

المقلوب با دیب الاقر بالدری والله تعالی اعلم

قق والمتعلمین بو رساله نینگ باب اولکی باب

مطلق باشی اغریغی نینگ بیانی اوت اوچ فصل دور اول

غی فصل باش اغریغی تاندین بولسه ایکنچی فصل صفرا

دین بولسه اوچونچی فصل بلغمدین بولسه تورتونچی فصل

سوداوی بولسه بشنچی فصل اسقیدا باشی اغریسه

التنچی فصل سودا و تشنه باشی اغریسه یتینچی

فصل شقیقه سکزنچی فصل بیضه توقوزنچی فصل

انر

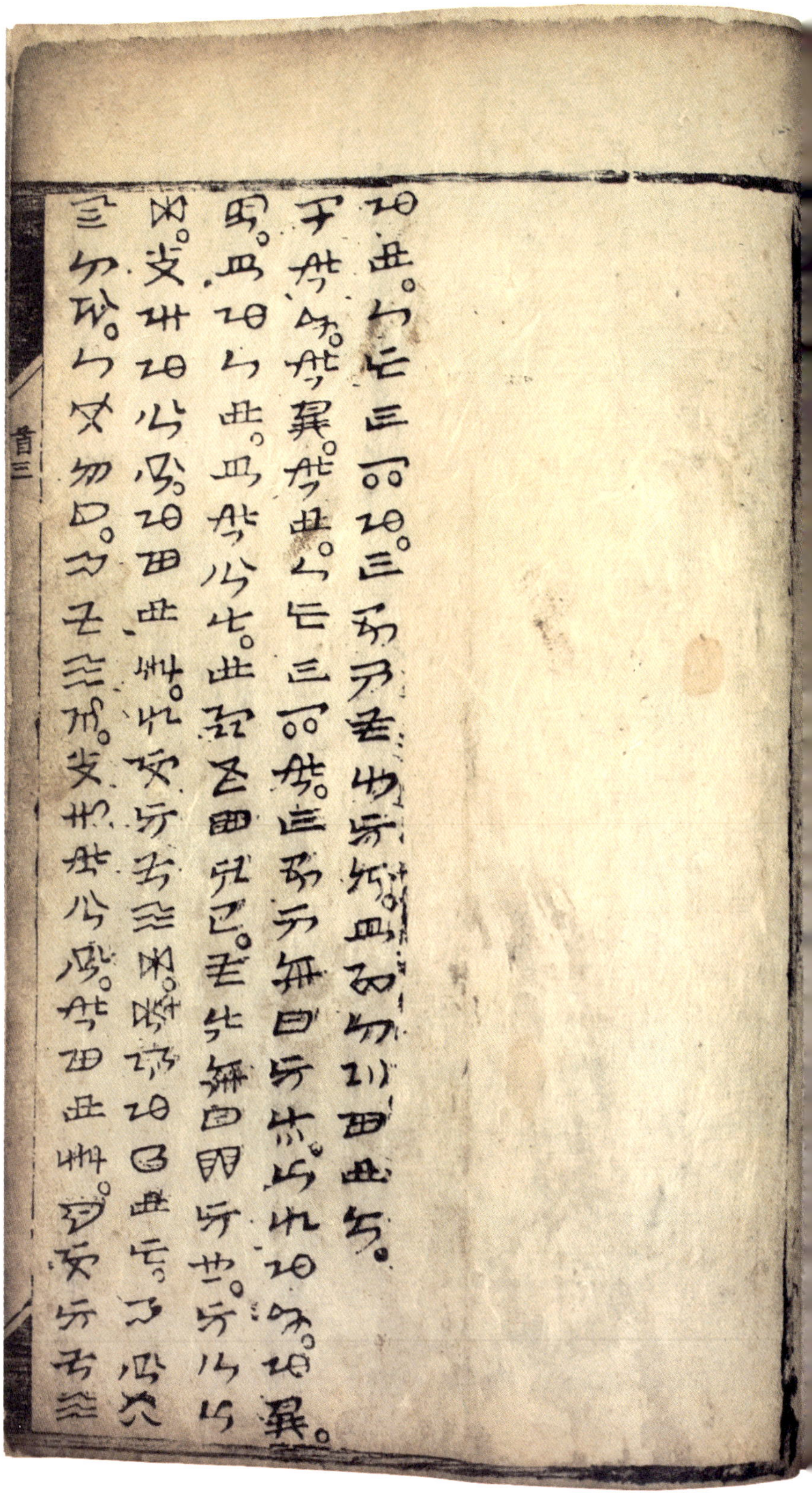

02345 勸善經 彝文 明刻本

綫裝。開本高25.3厘米，廣17.5厘米。匡高22.5厘米，廣14厘米。半葉十行，首三葉每行二十五字，後每行二十四字，白口，四周單邊。國家圖書館藏。

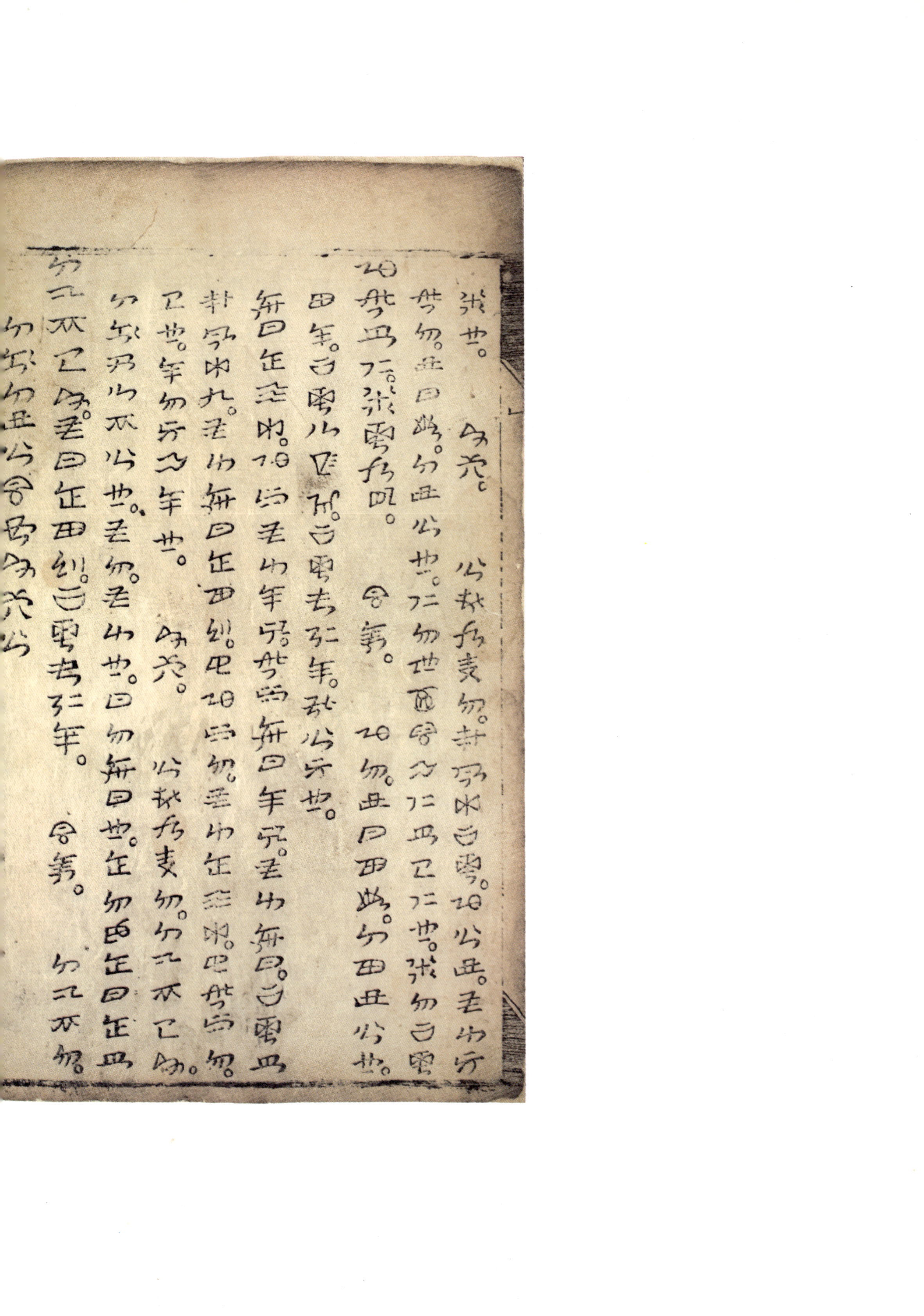

[illegible]

[illegible]

[illegible]

[illegible]

[illegible]

[illegible]

[illegible]

[illegible]

[illegible]

[illegible]

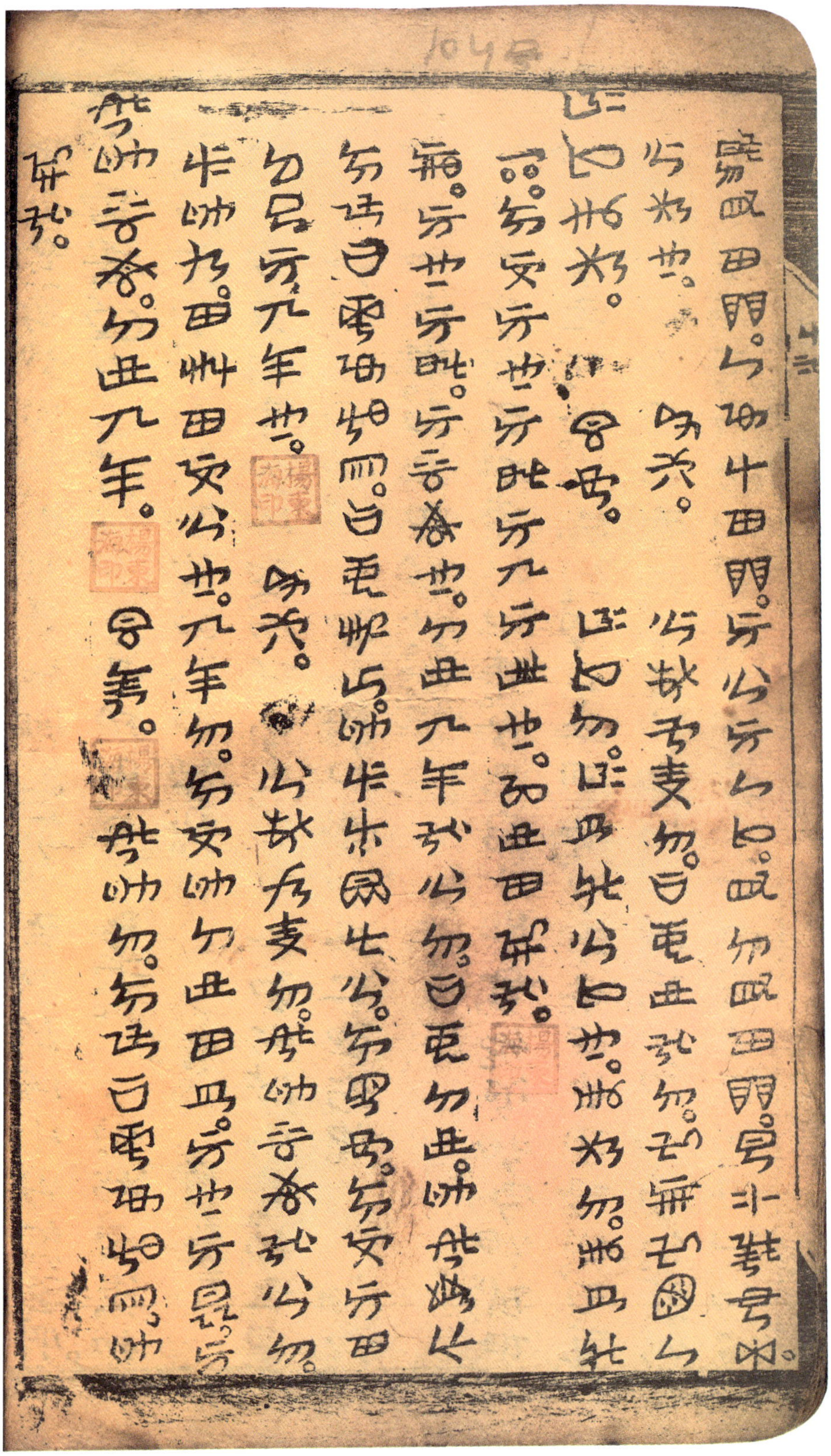

02346 勸善經 彝文 明刻本

綫裝。開本高25厘米，廣16.5厘米。匡高23厘米，廣14厘米。半葉十行，行二十四字，白口，四周單邊。中國社會科學院民族學與人類學研究所藏。

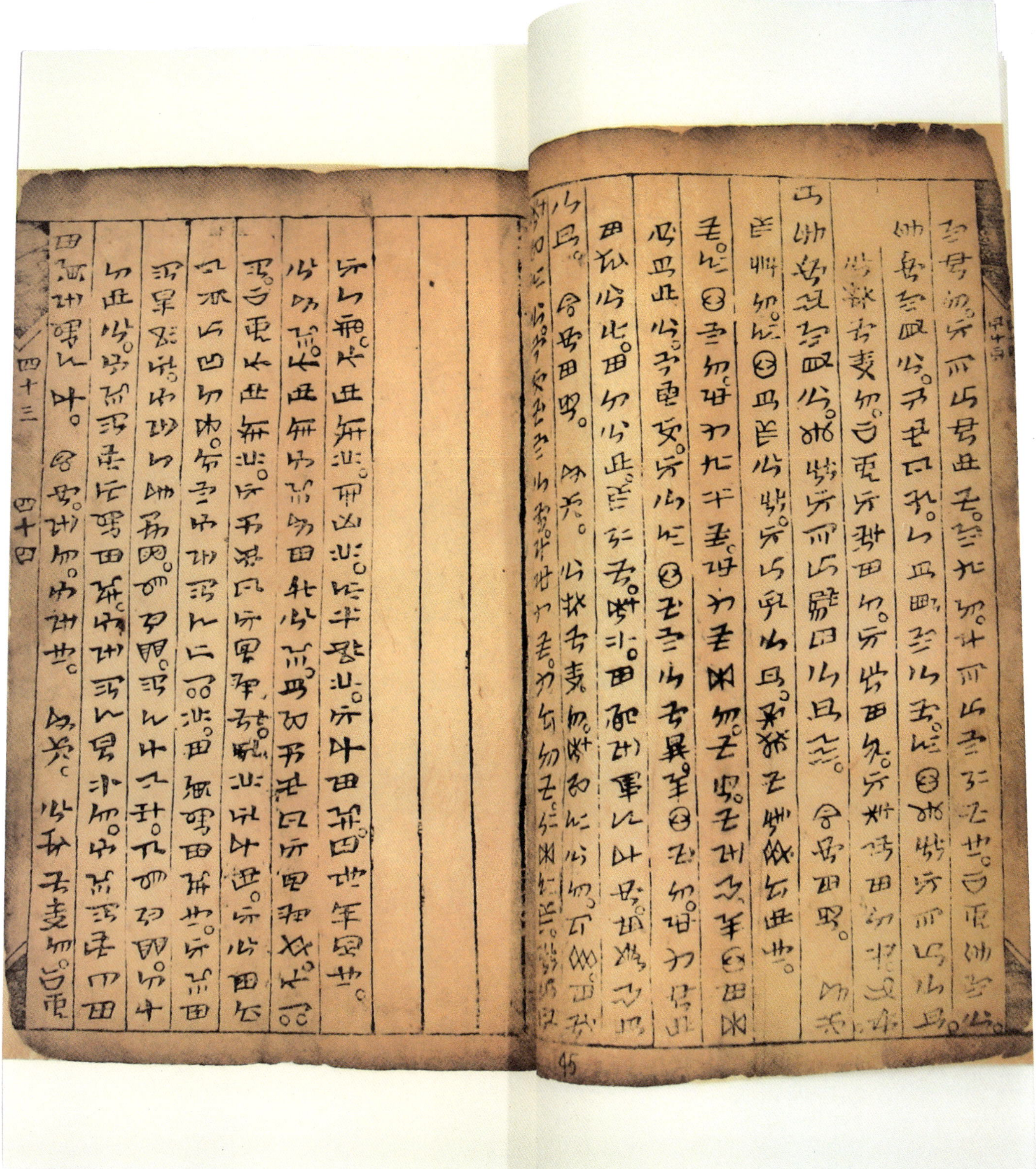

02347 勸善經 彝文 明刻本

毛裝。開本高24.9厘米，廣18.5厘米。匡高22.5厘米，廣13.7厘米。半葉十行，行二十五字，白口，四周單邊。清華大學圖書館藏。

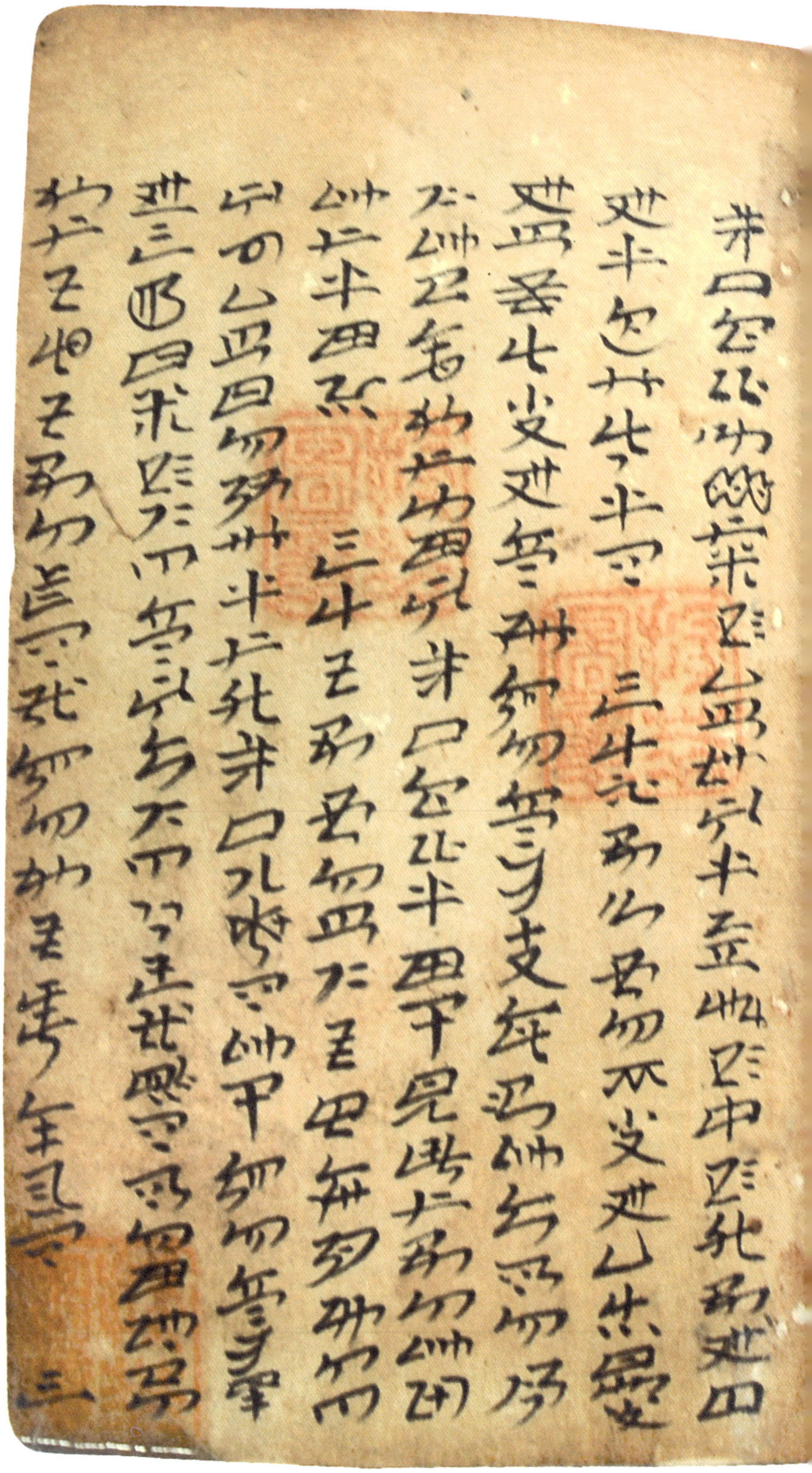

02348 尼蘇　彝文　明嘉靖十六年（1537）抄本

綫裝。開本高18厘米，廣12厘米。半葉八行，行字不等。書後説明此書爲土司所有，爲其執政三十二年時所抄。書中有土司印等六枚印章。雲南省楚雄彝族自治州民族事務委員會藏。

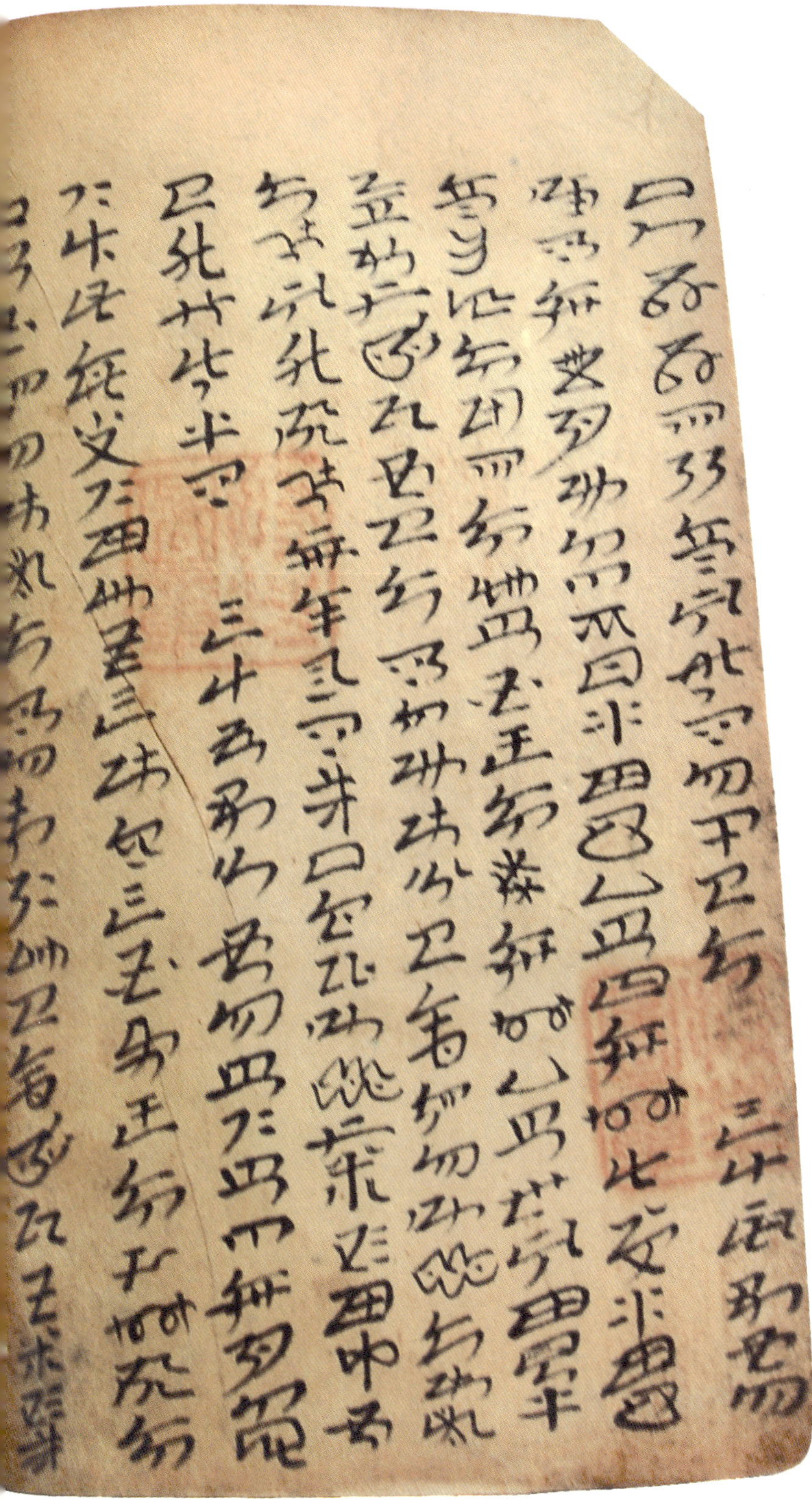

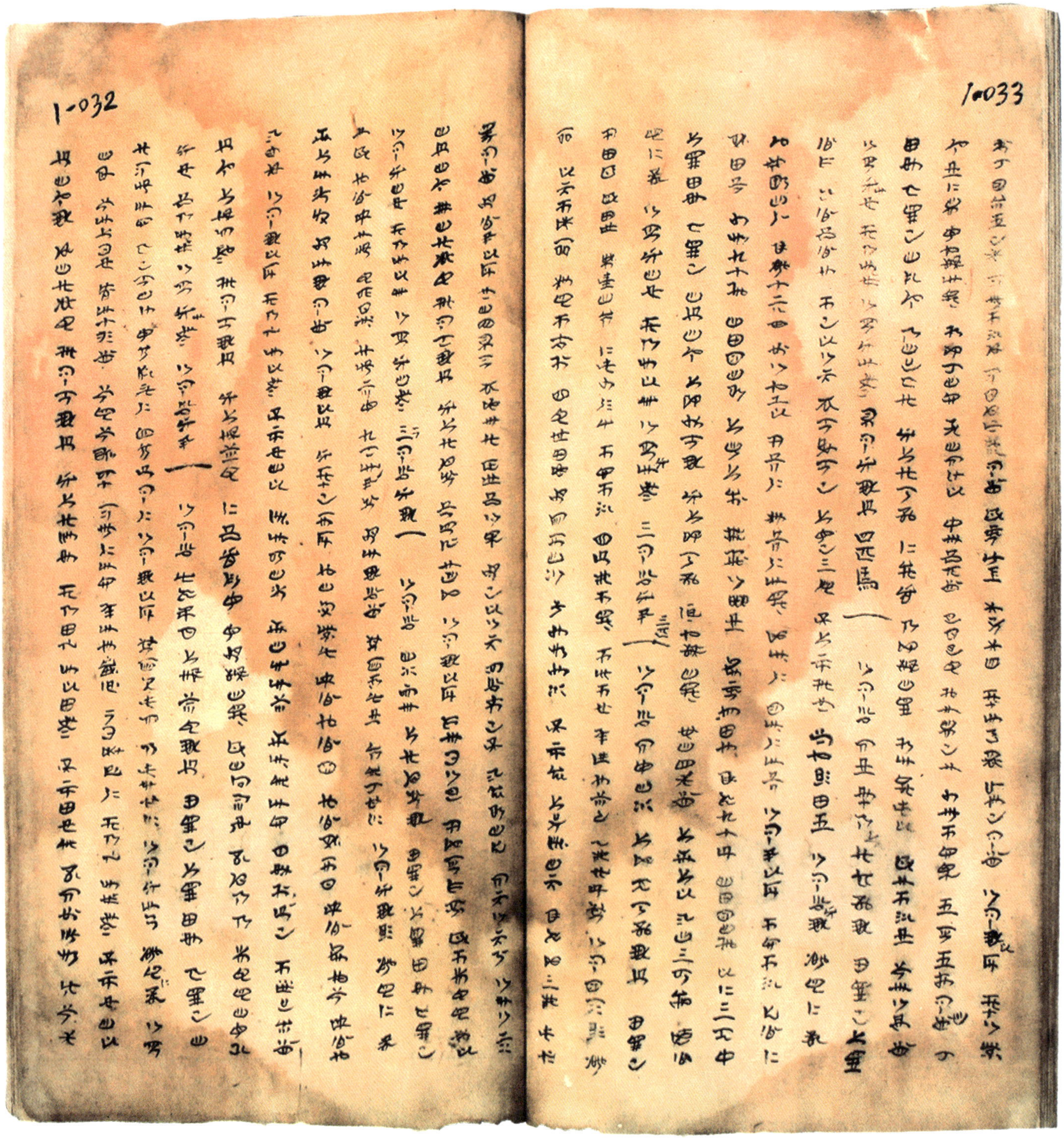

02349 西南彝志 彝文 （清）熱臥慕史編著 清雍正七年（1729）抄本 綫裝。一至二册開本高46.7厘米，廣24.7厘米；三至四册開本高49.2厘米，廣30.2厘米；五至八册開本高51.7厘米，廣32.4厘米。各葉行字不等。中國民族圖書館藏。

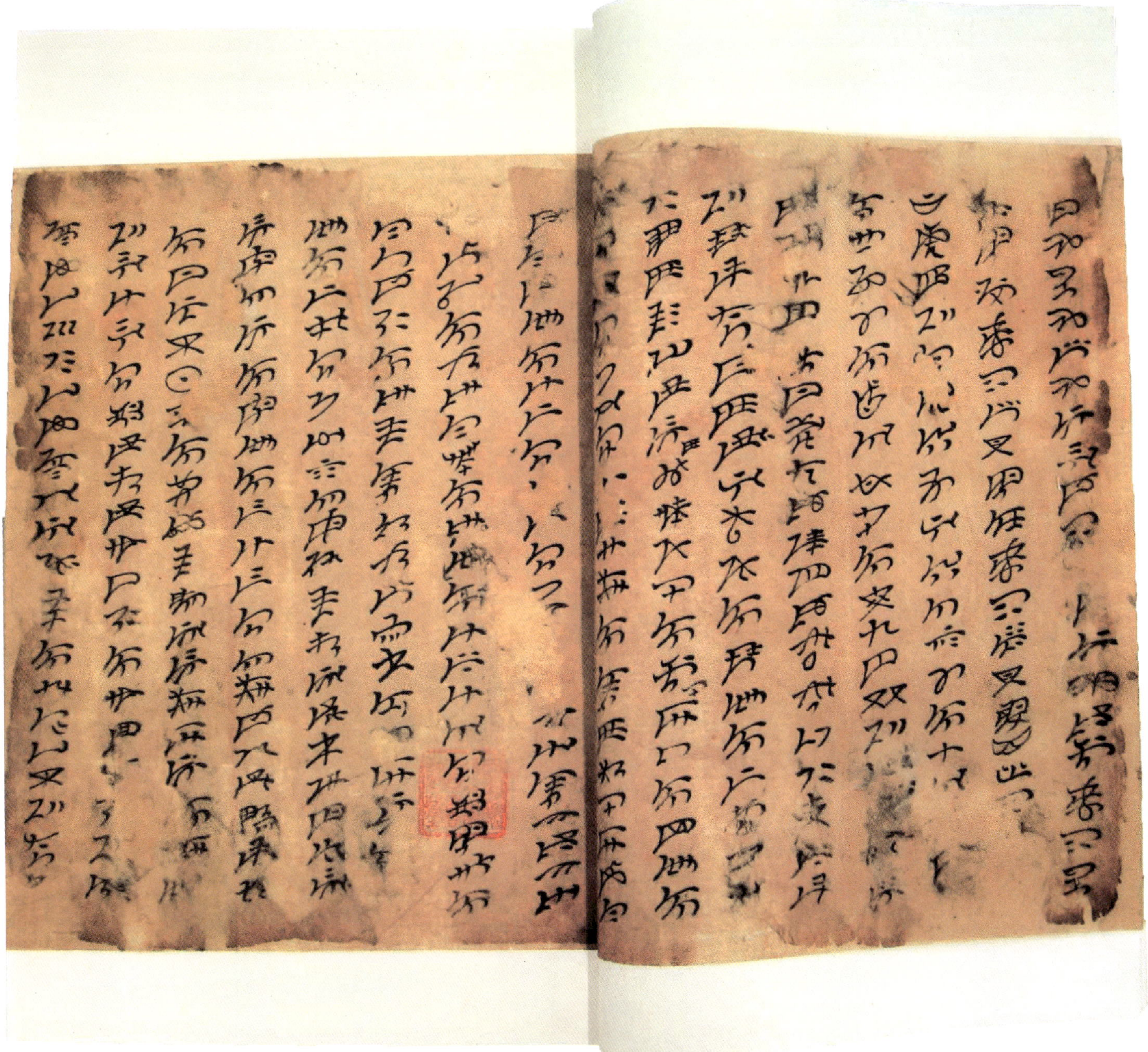

02350 彝漢教典 彝文 清乾隆二十一年（1756）抄本

綫裝。開本高25.5厘米，廣24厘米。半葉八行，行字不等。清華大學圖書館藏。

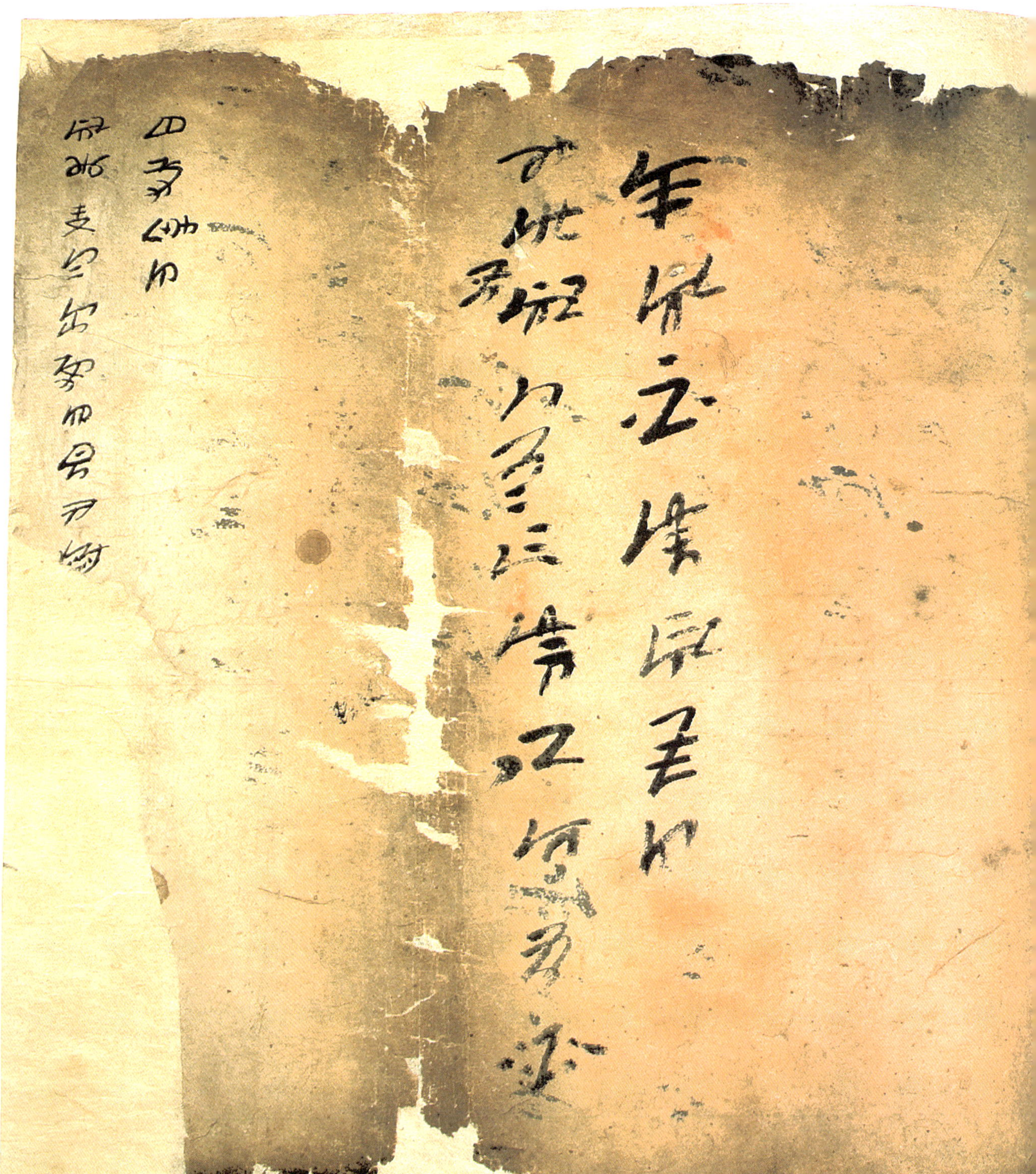

02351 田賦賬簿 彝文　清乾隆二十五年（1760）抄本

綫裝。開本高27.3厘米，廣27厘米。各葉行字不等。國家圖書館藏。

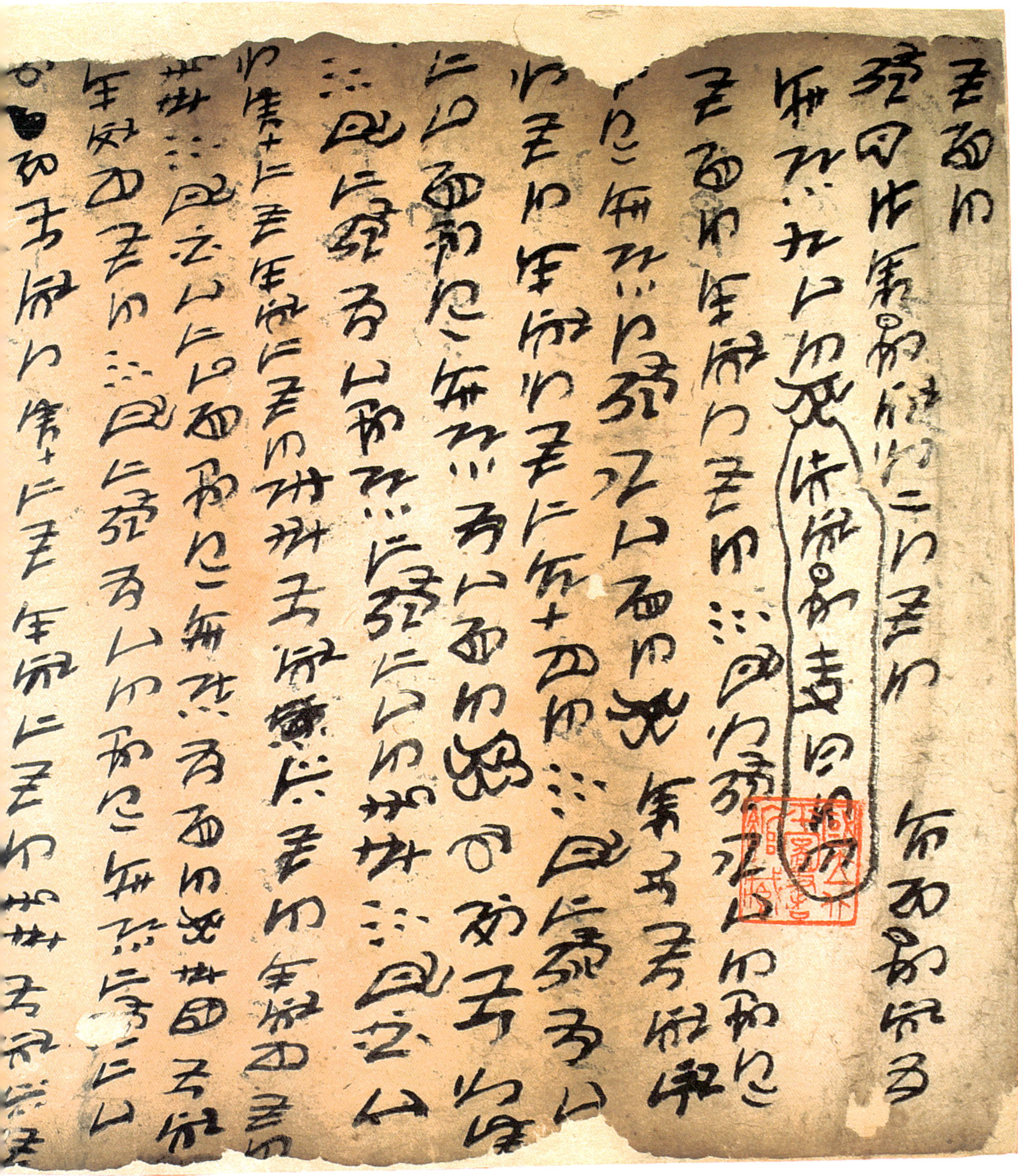

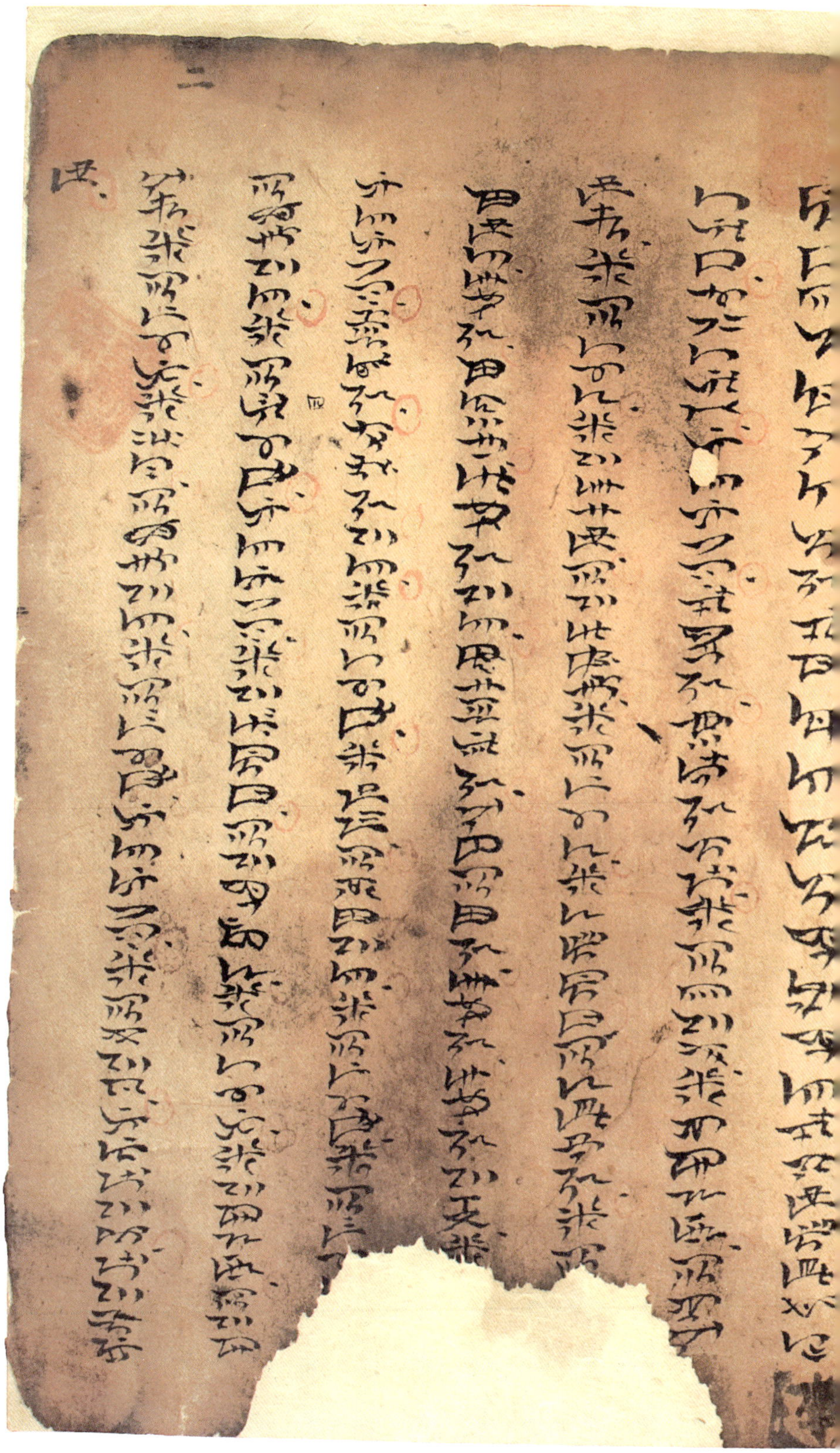

02352 六祖經緯史 彝文 詩高嬌著 清嘉慶十九年（1814）抄本

綫裝。開本高27.5厘米，廣19厘米。半葉七行，行字不等。國家圖書館藏。

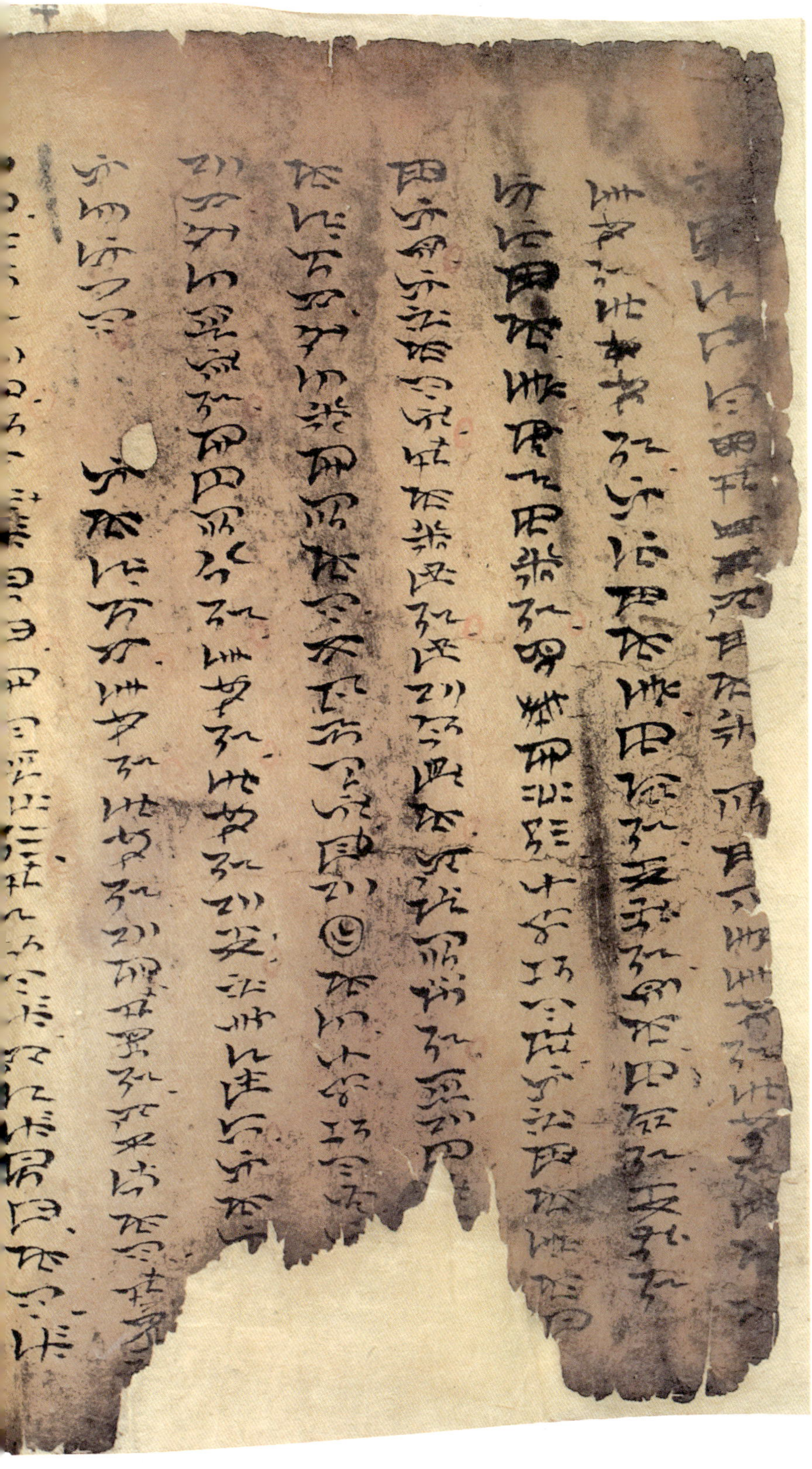

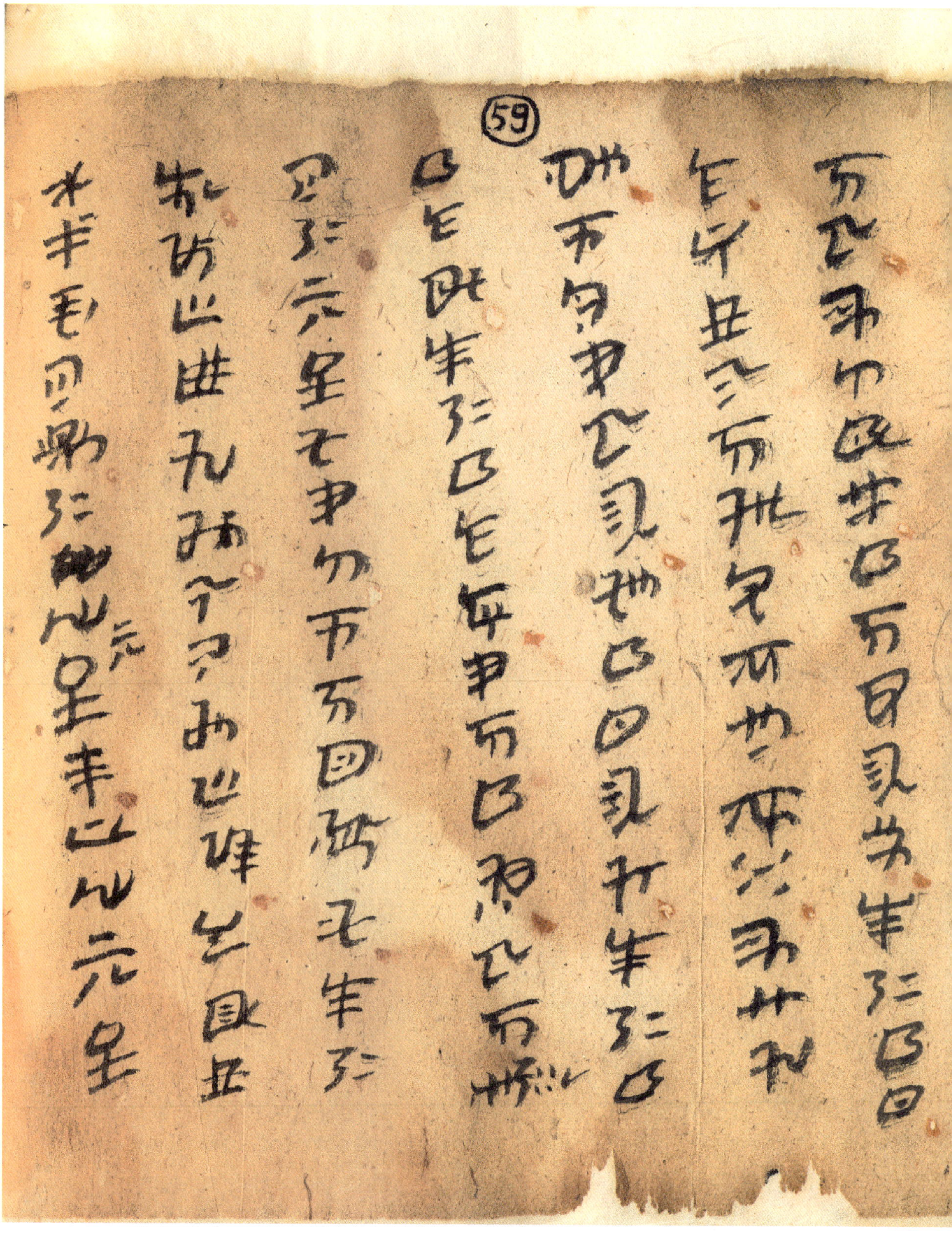

02353 彝族源流二十七卷 彝文 清抄本

綫裝。開本第一册高19.4厘米，廣34.5厘米；第二册至第三册高24.6厘米，廣35厘米；第四册至第五册高27.6厘米，廣32厘米；第六册高22厘米，廣22.5厘米。各葉行字不等。貴州省畢節地區彝文翻譯組藏，存十一卷。

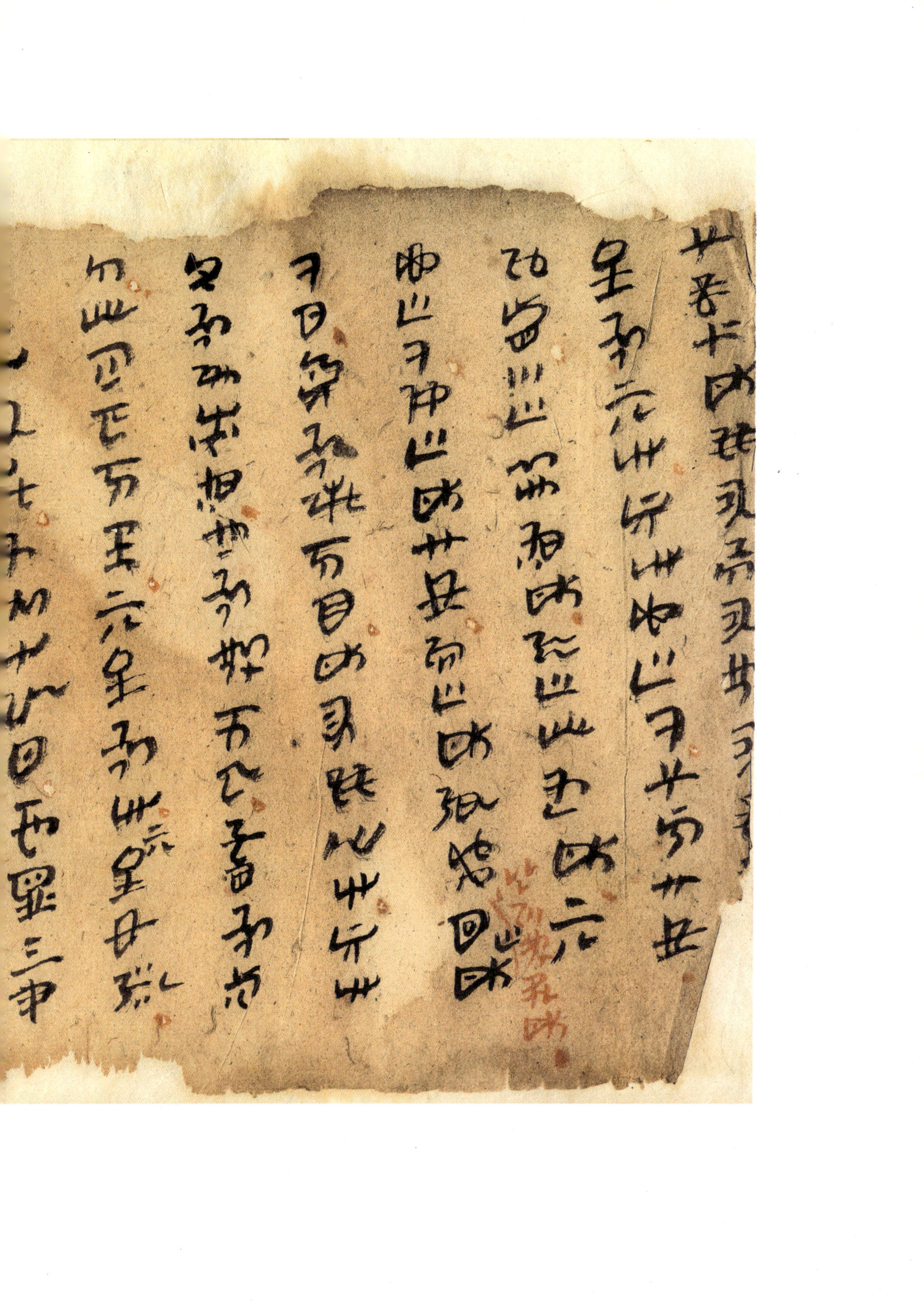

02354 百樂書 彝文 清抄本

綫裝。開本高22厘米，廣30厘米。半葉二十四行，行字不等。雲南省少數民族古籍整理出版規劃辦公室藏。

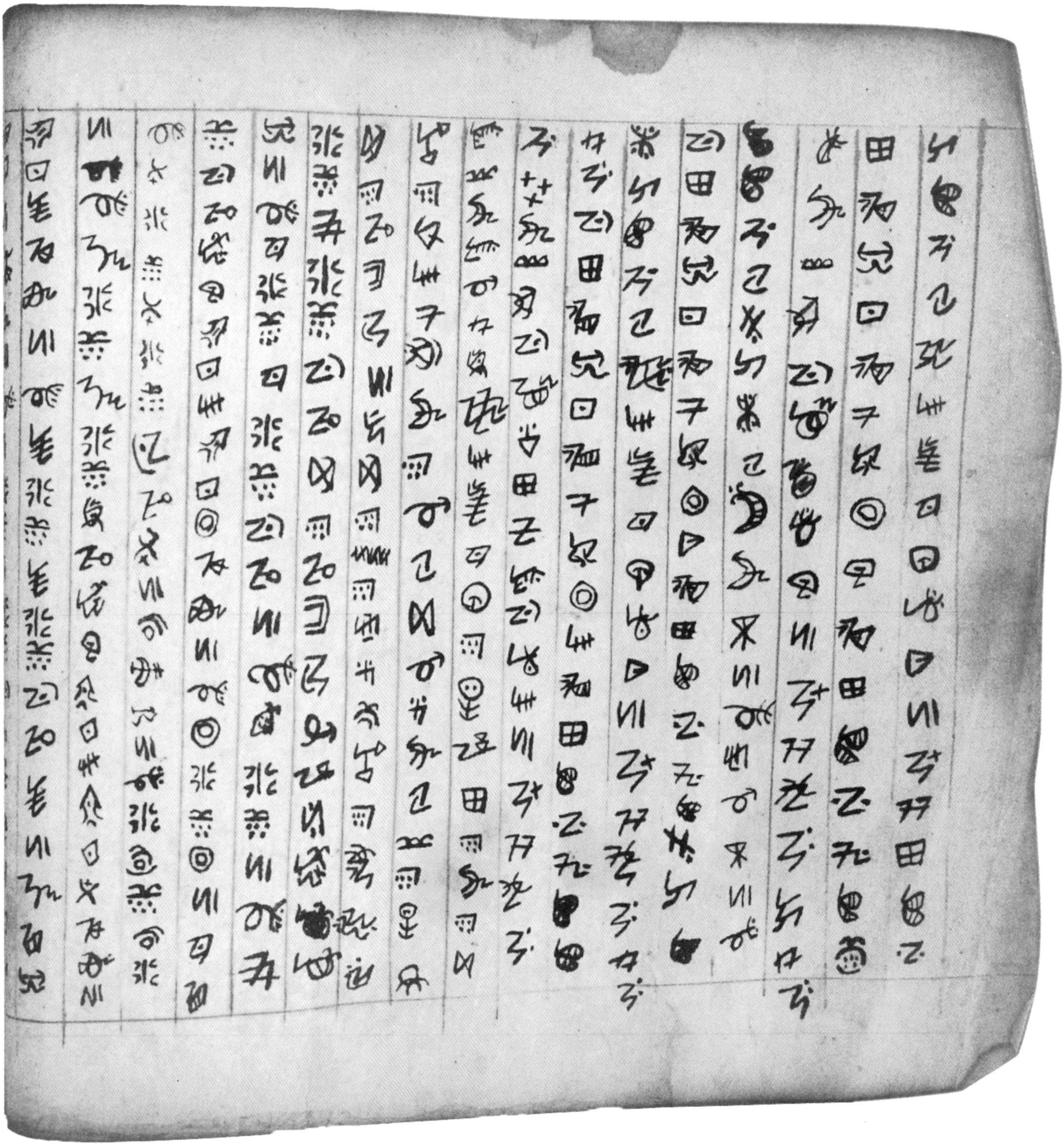

02355 指路經 彝文 清抄本

綫裝。開本高28厘米，廣25厘米。半葉二十二行，行字不等。雲南省昆明市石林彝族自治縣圖書館藏。

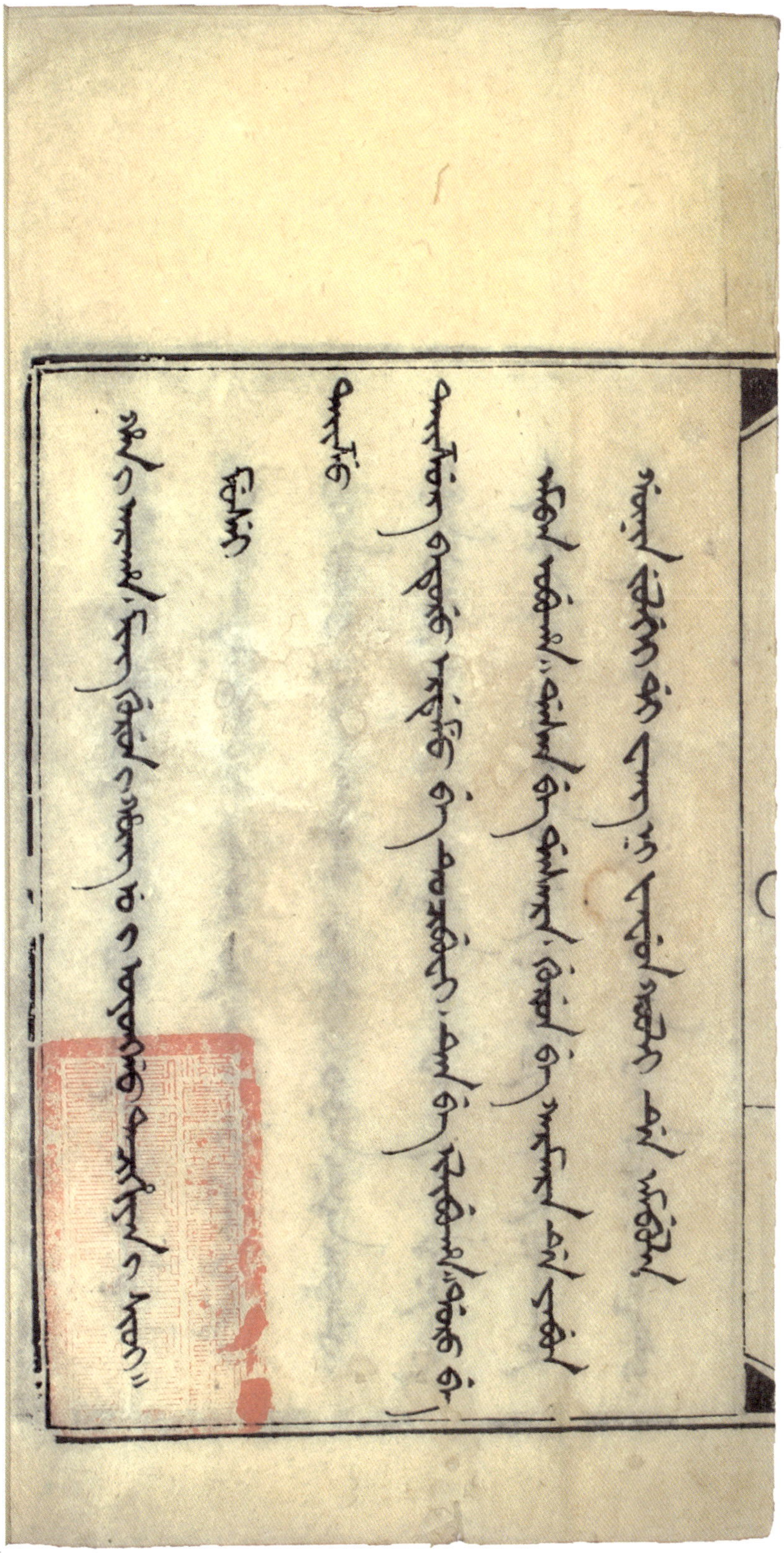

02356 洪武寶訓六卷 滿文 （清）剛林等譯 清順治三年（1646）內府刻本

綫裝。開本高37.5厘米，廣22.5厘米。匡高26厘米，廣18.7厘米。半葉八行，白口，四周雙邊。國家圖書館藏。

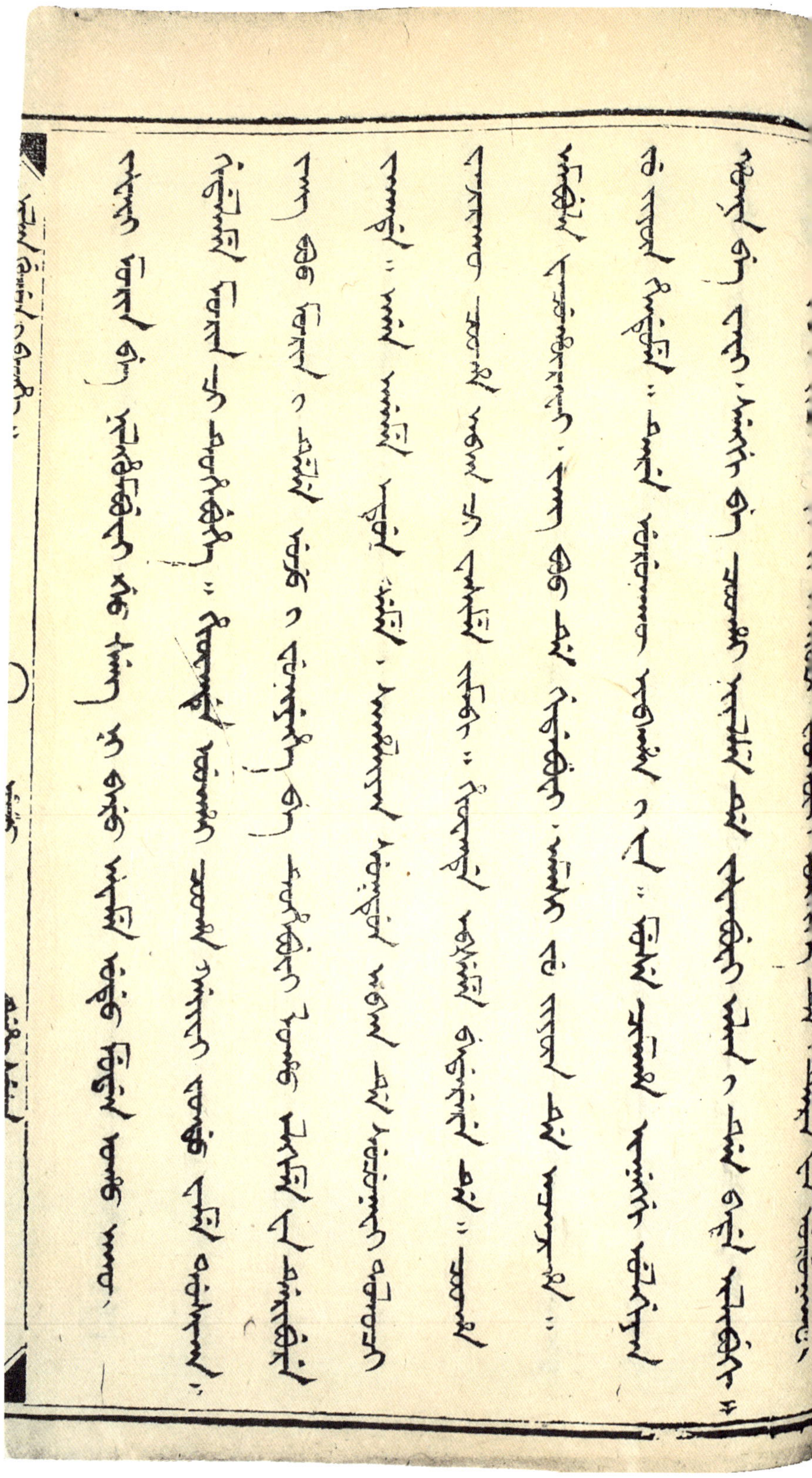

02357 三國演義二十四卷 滿文 （明）羅貫中撰 （清）祁充格等譯 清順治七年（1650）内府刻本 包背裝。開本高32.5厘米，廣21.7厘米。匡高29.4厘米，廣21厘米。半葉九行，白口，四周雙邊。有"滿蒙文高等學堂監督關防"等印。國家圖書館藏，存十六卷。

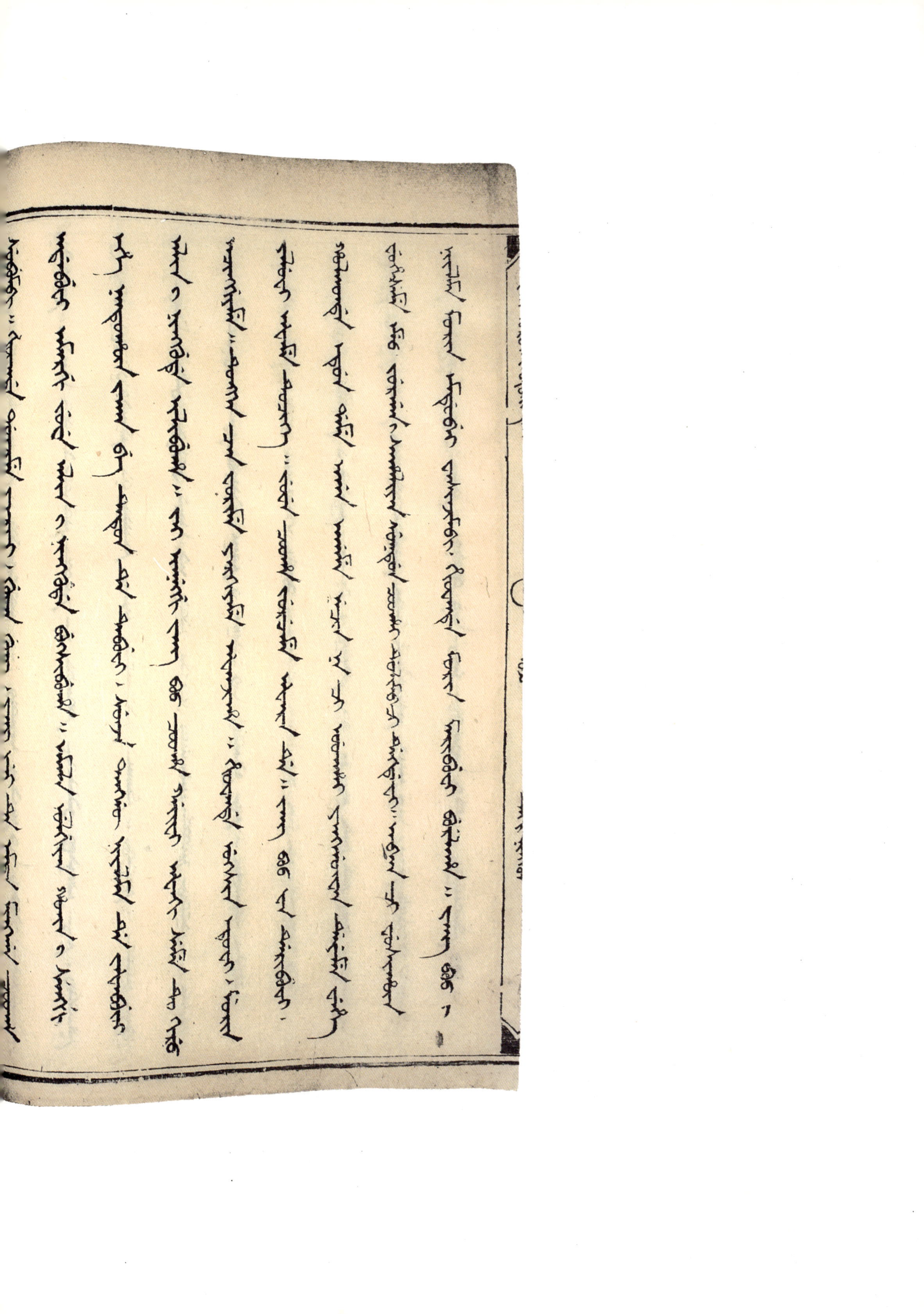

[illegible]

[illegible]

[illegible]

[illegible]

[illegible]

[illegible]

[illegible]

[illegible]

[illegible]

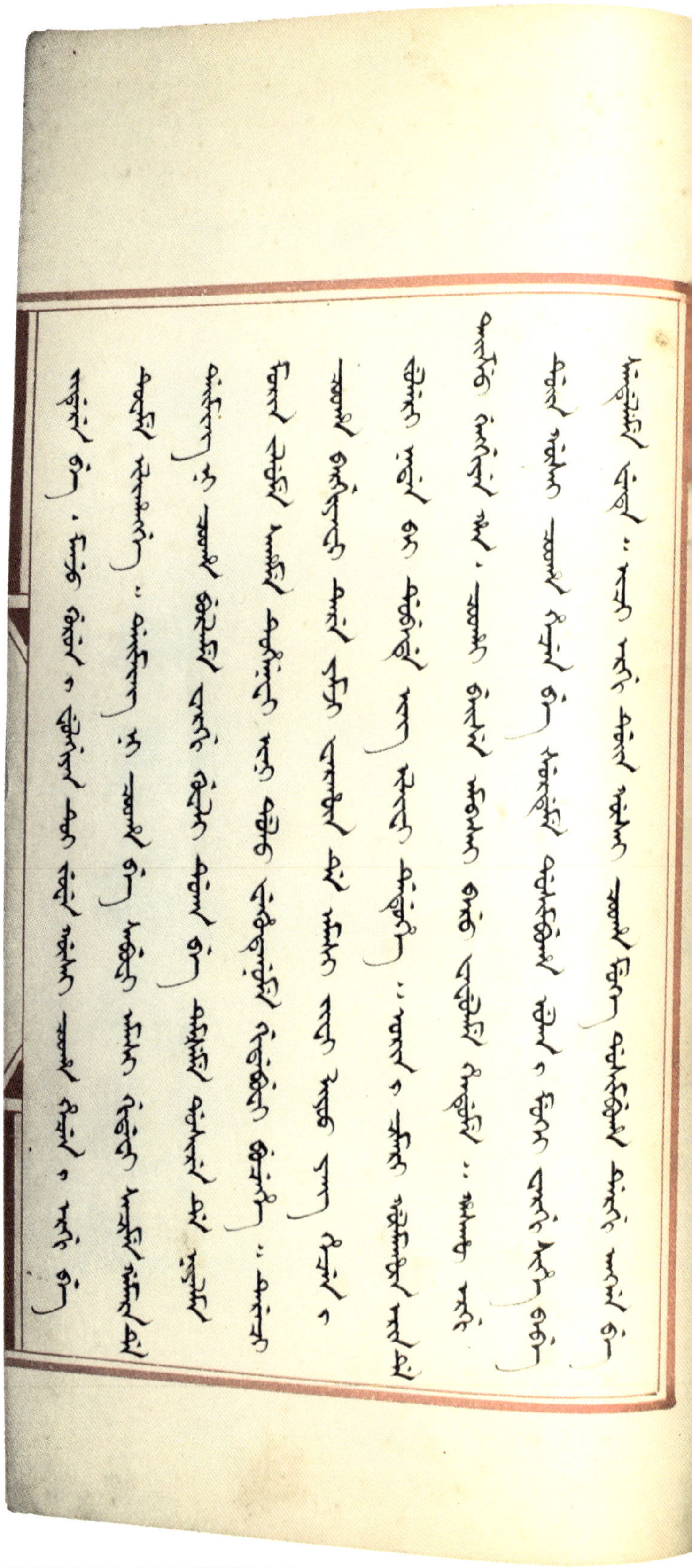

02358 大清太祖武皇帝實録四卷 滿文 清順治抄本

包背裝。開本高37.5厘米，廣23.3厘米。匡高27.2厘米，廣18厘米。半葉九行，紅匡，四周雙邊。國家圖書館藏，存三卷。

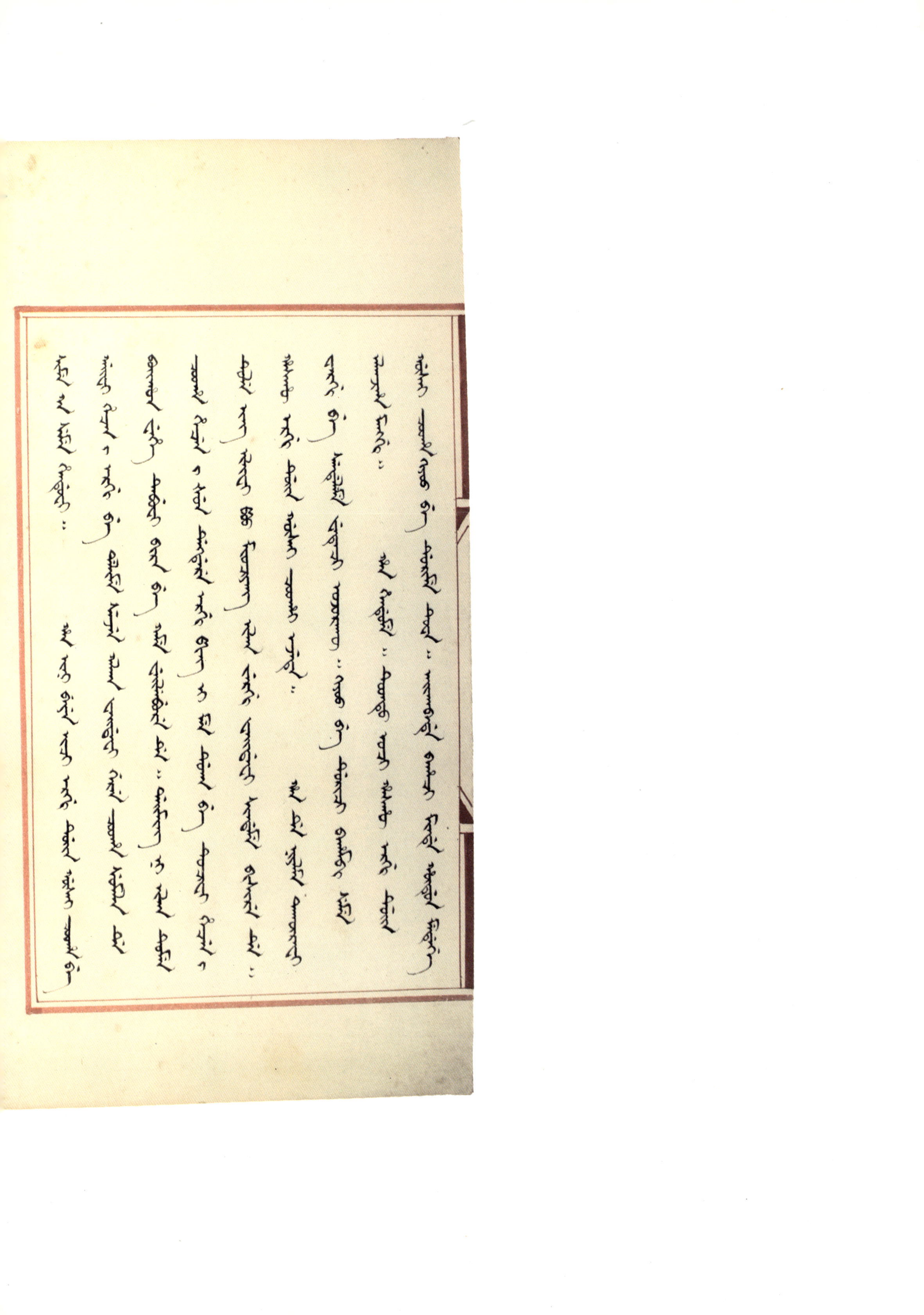

[illegible]

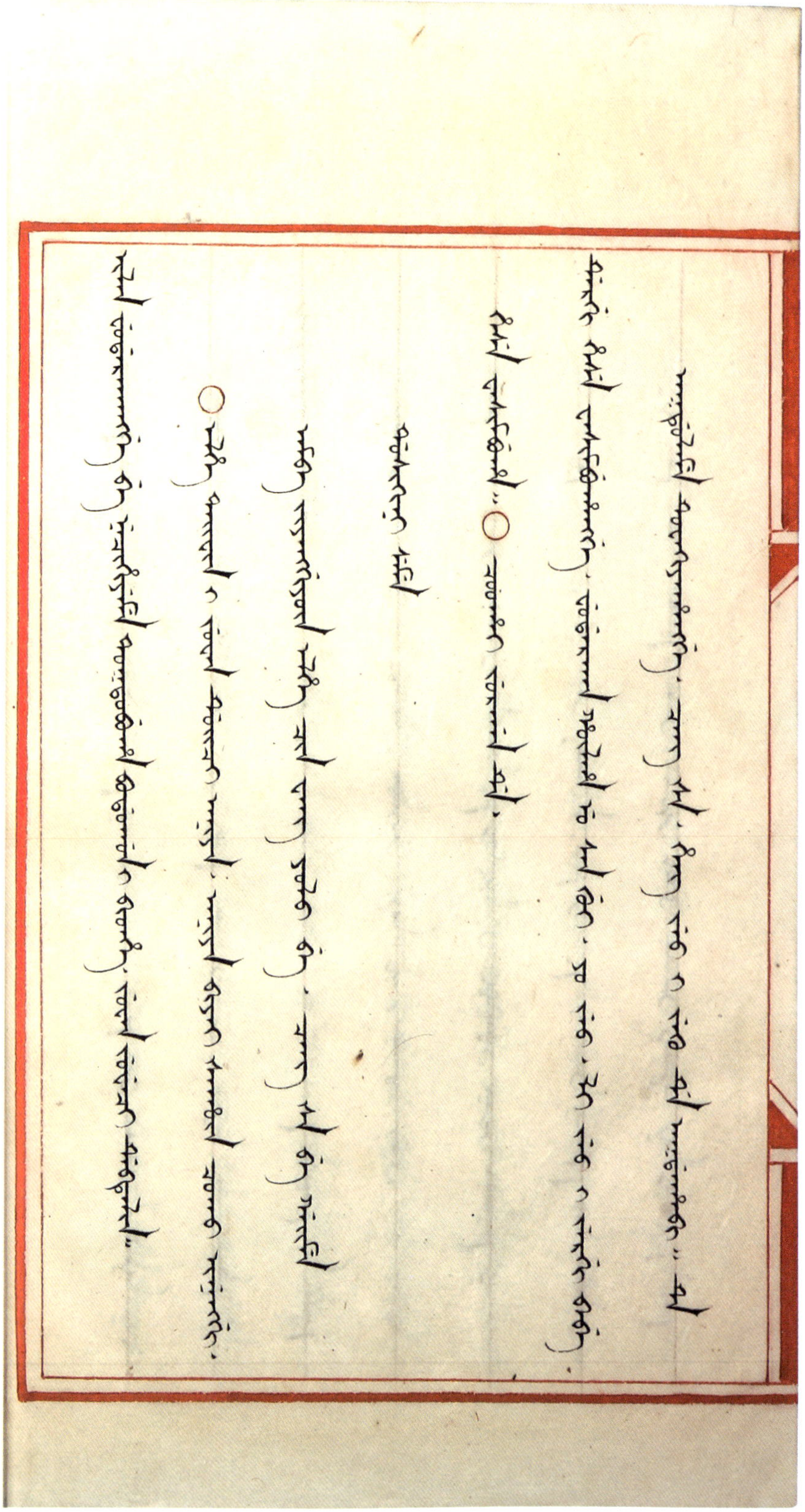

02359 平定三逆方略六十卷 滿文 （清）勒德洪等撰 清康熙二十五年（1686）内府抄本

綫裝。開本高31.6厘米，廣19.2厘米。匡高24.7厘米，廣16.7厘米。半葉七行，紅匡，四周雙邊。中國第一歷史檔案館藏，存十四卷。

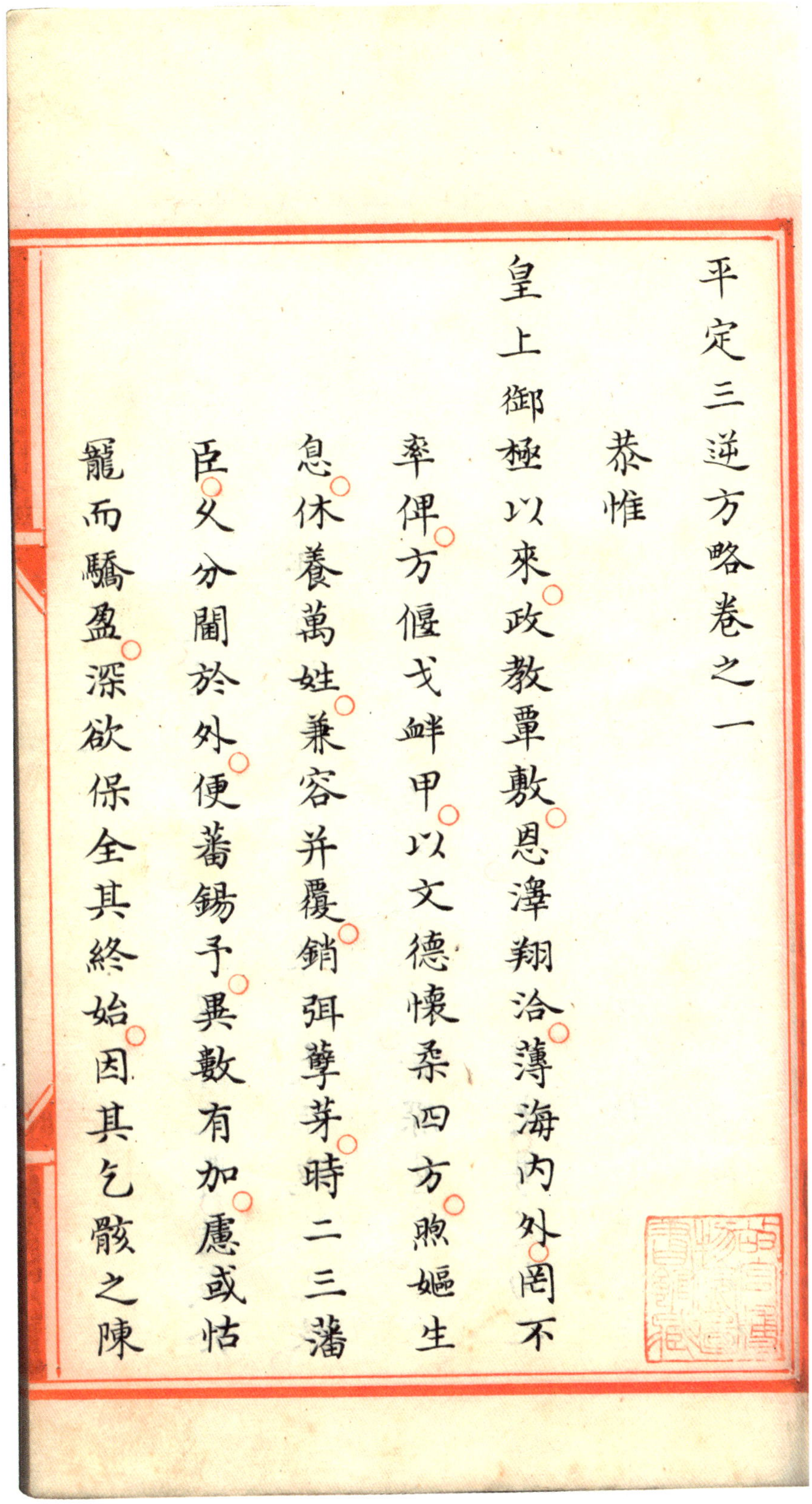

平定三逆方略卷之一
恭惟
皇上御極以來政教覃敷恩澤翔洽薄海內外罔不
率俾方偃戈衅甲以文德懷柔四方煦嫗生
息休養萬姓兼容并覆銷弭孽芽時二三藩
臣父分閫於外便蕃錫予異數有加慮或怙
寵而驕盈深欲保全其終始因其乞骸之陳

02360 平定三逆方略六十卷 滿文 （清）勒德洪等撰 清康熙二十五年（1686）内府抄本

綫裝。開本高31.6厘米，廣19.2厘米。匡高24.7厘米，廣16.7厘米。半葉七行，紅匡，四周雙邊。故宫博物院藏，存四十卷。

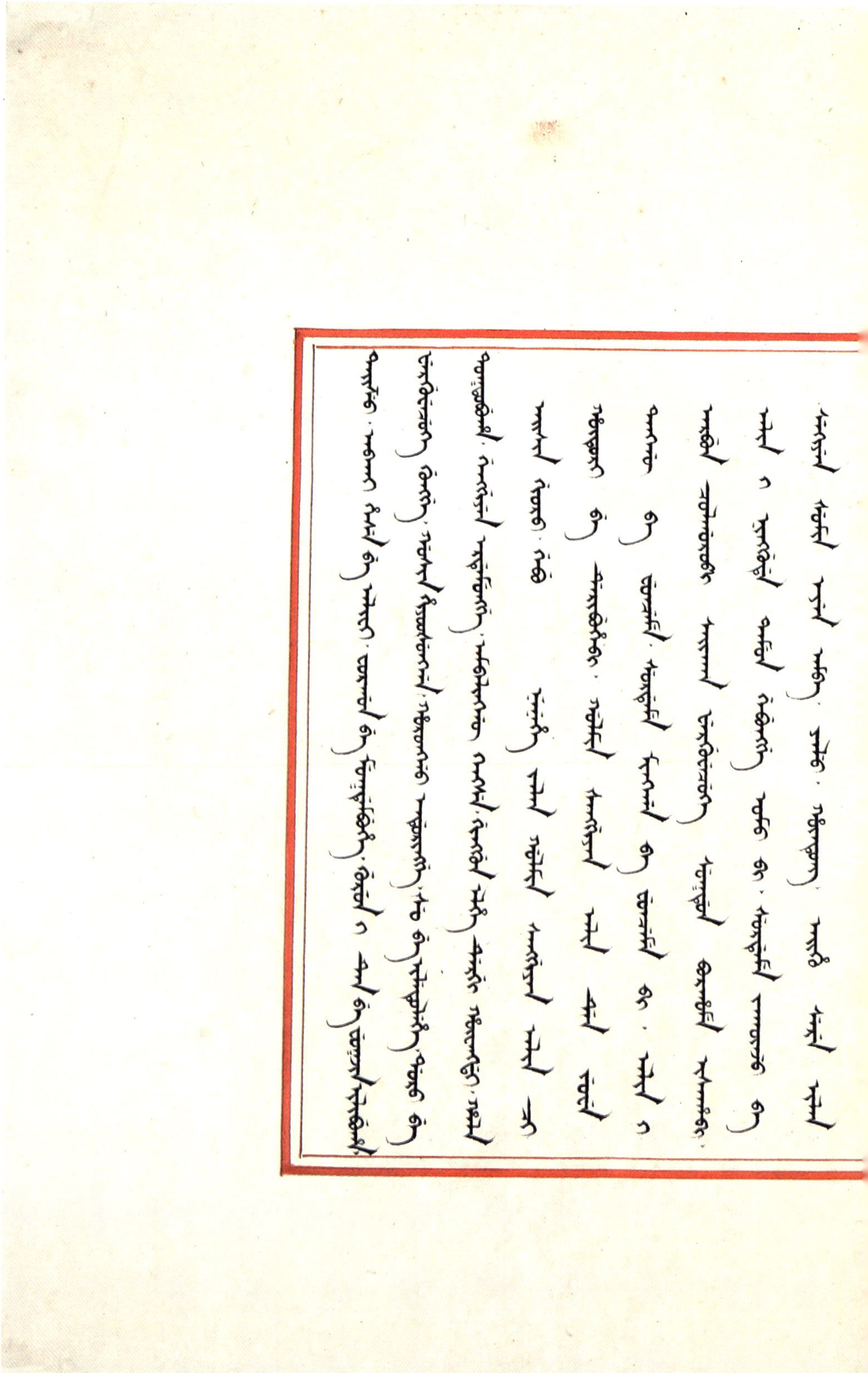

02361 清朝實録三千七百五十四卷目録二十八卷 滿文 （清）巴岱 圖海等撰 清乾隆至光緒内府抄本

蝴蝶裝。開本高44.5厘米，廣29厘米。匡高29.5厘米，廣19.5厘米。半葉九行，白口，四周雙邊。大紅綾封面。中國第一歷史檔案館藏。

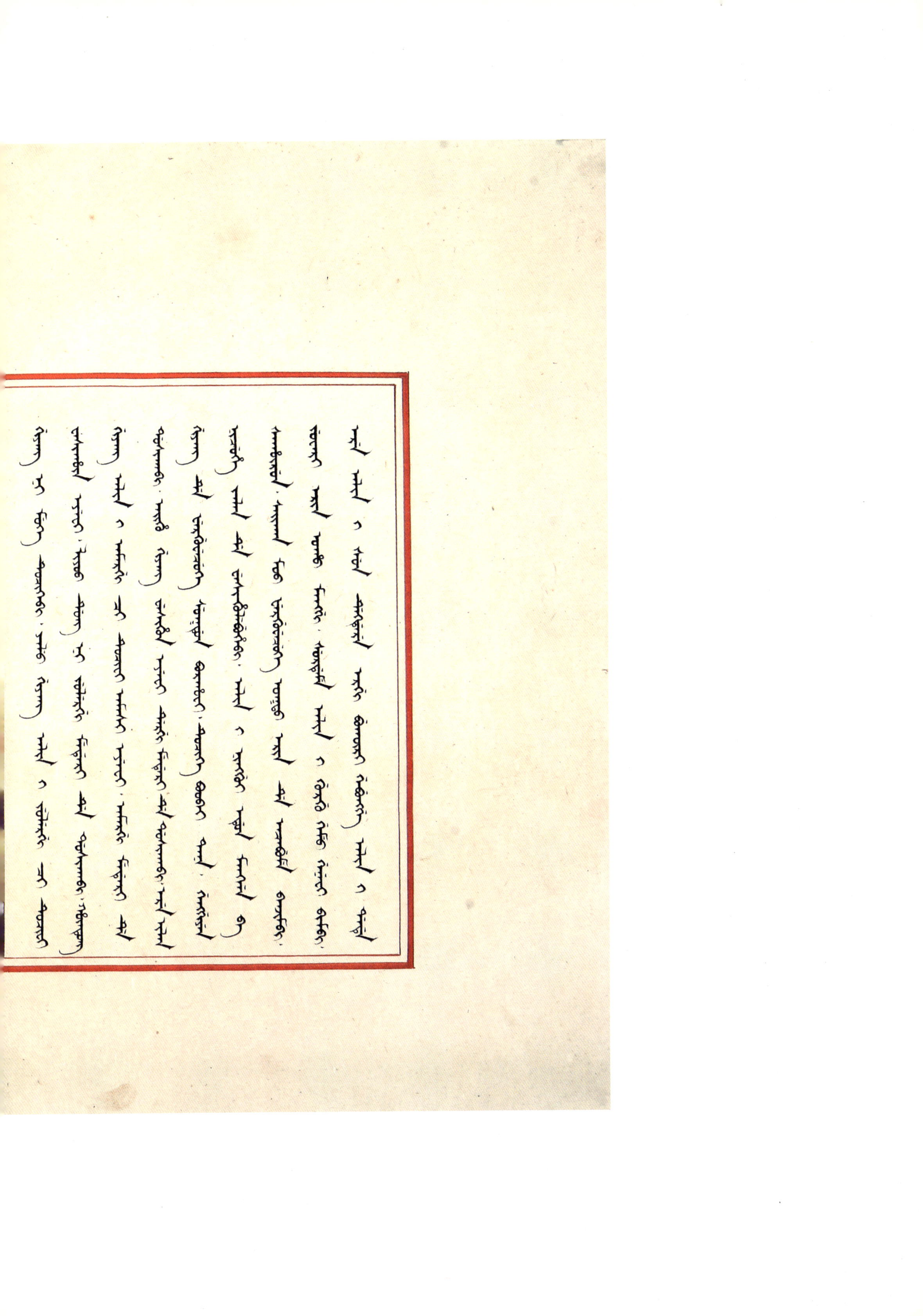

[illegible]
[illegible]
[illegible]
[illegible]
[illegible]
[illegible]
[illegible]
[illegible]
[illegible]

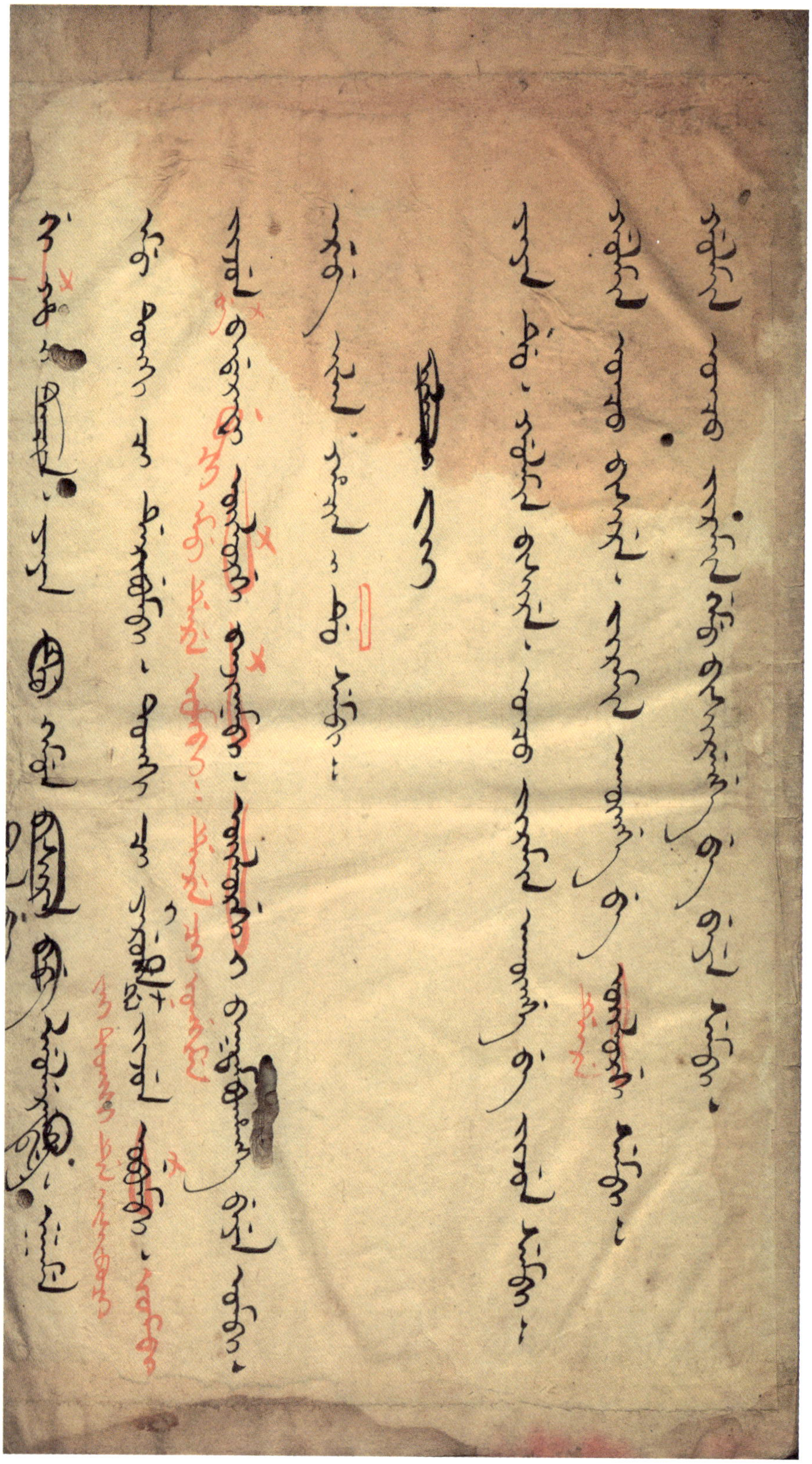

02362 幾何原本 滿文 （希臘）歐几里德著 （法）白晉 張誠編譯 清康熙稿本

綫裝。開本高28.8厘米，廣19厘米。半葉八行。書中朱筆批改字跡或認爲康熙御筆。内蒙古自治區圖書館藏。

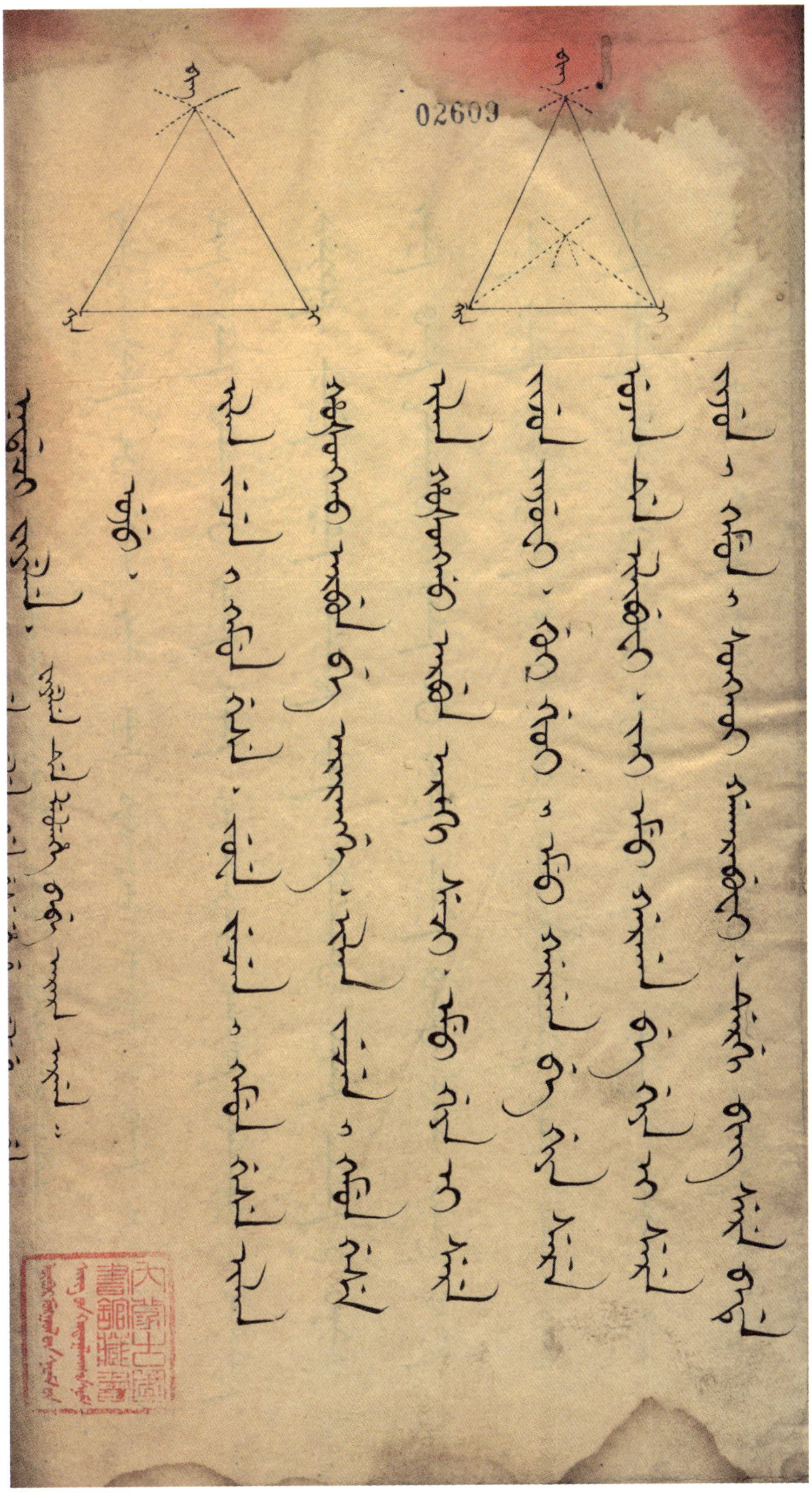
02609

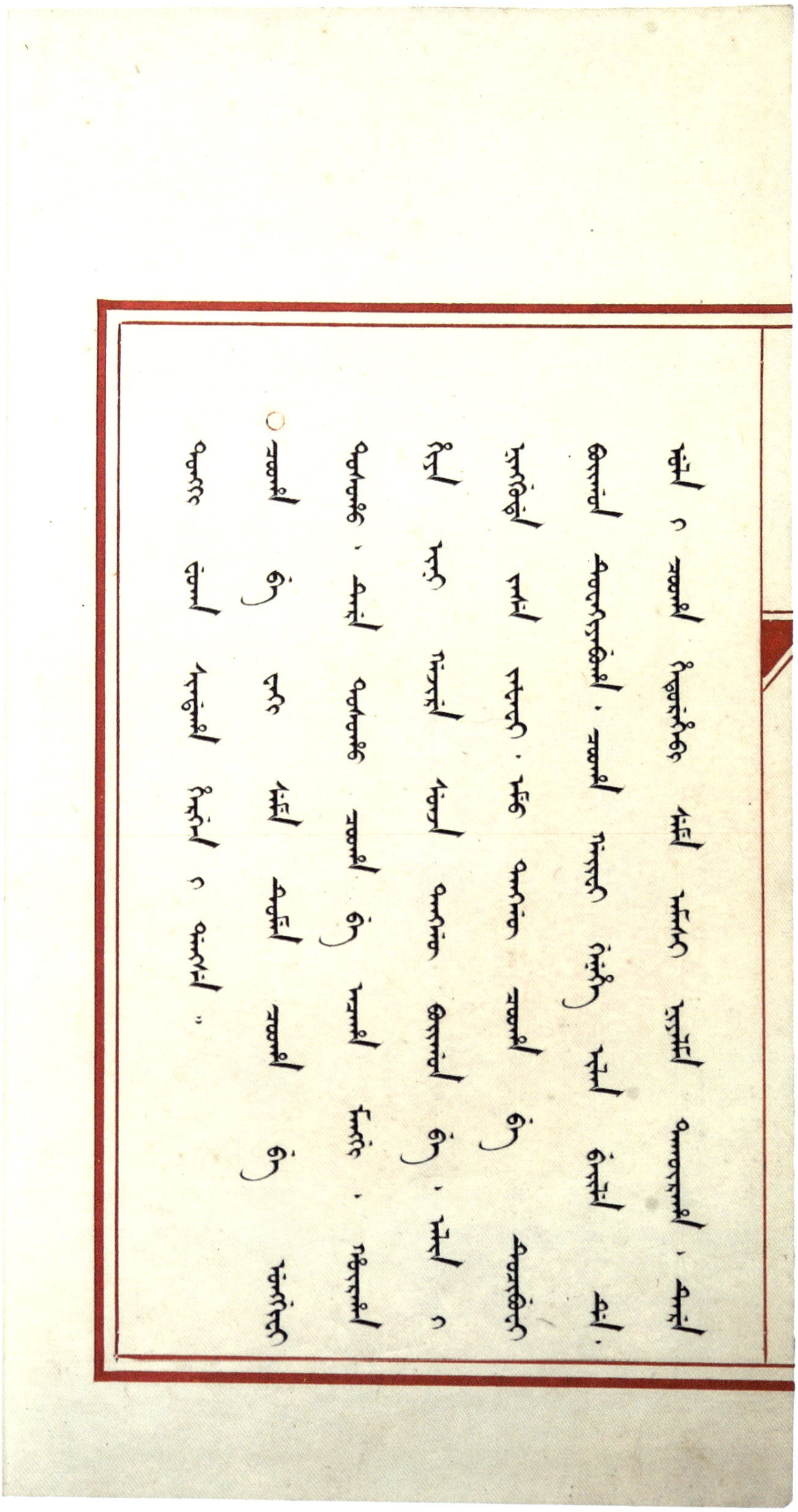

02363 有圈點字檔一百八十卷 滿文 （清）舒赫德等編 清乾隆四十三年（1778）內府抄本

綫裝。開本高39.5厘米，廣23.6厘米。匡高28.1厘米，廣18.1厘米。半葉七行，紅匡，四周雙邊。內閣大庫藏版，黃綾函套，黃綾封面。書眉有簽注，標注新老滿文的差異。中國第一歷史檔案館藏。

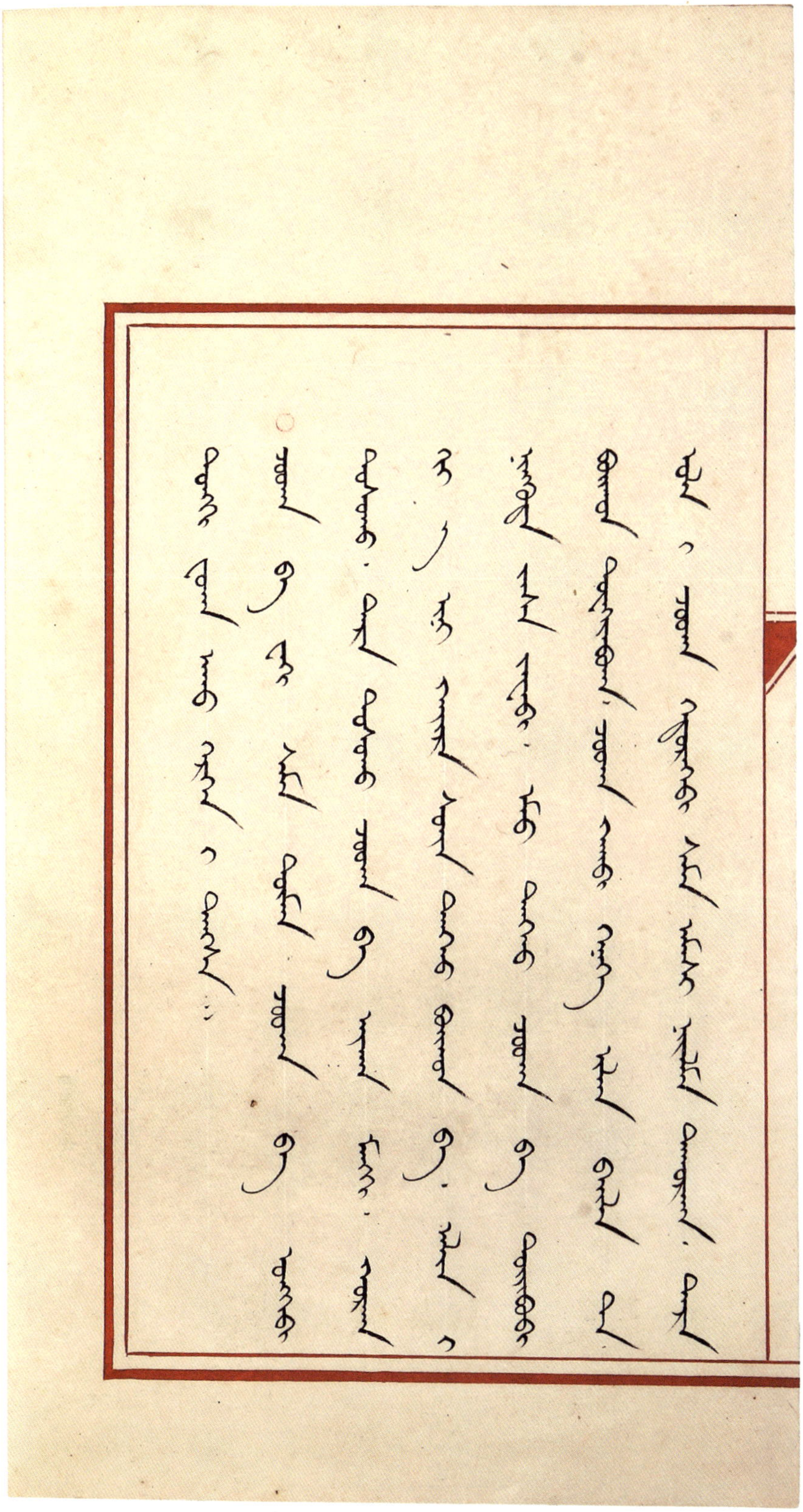

02364 無圈點字檔一百八十卷 老滿文 （清）舒赫德等編 清乾隆四十三年（1778）内府抄本

綫裝。開本高39.5，廣23.6厘米。匡高28.1厘米，廣18.1厘米。半葉七行，紅匡，四周雙邊。内閣大庫藏版，黄綾函套，黄綾封面。朱絲欄，書眉有簽注，標注新老滿文的差異。中國第一歷史檔案館藏。

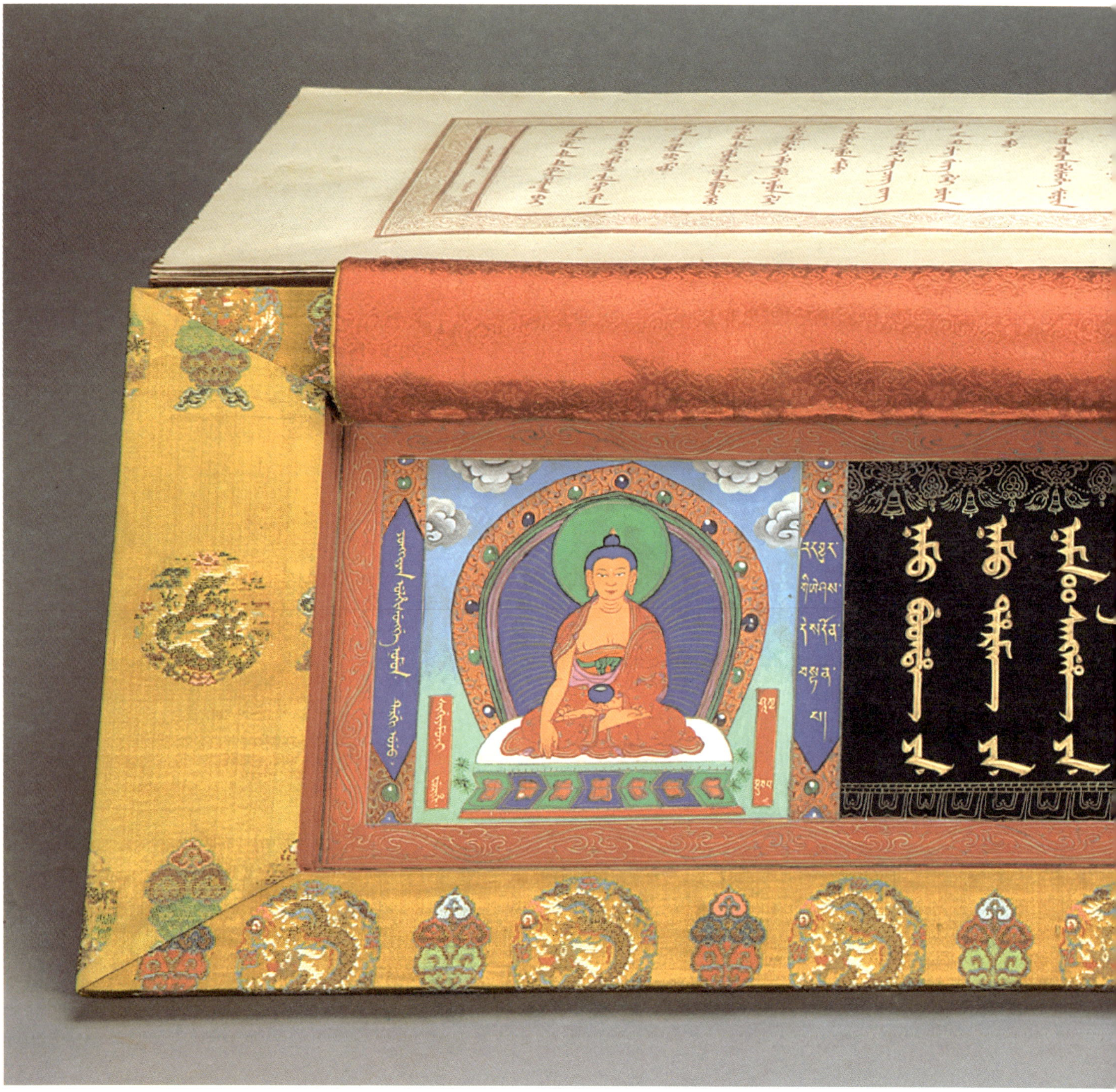

02365 清文翻譯全藏經二千五百三十五卷 滿文 清乾隆五十五年（1790）内府刻本

梵夾裝。開本高24.5厘米，廣73厘米。匡高16.5厘米，廣59厘米。每葉三十一行，紅匡，四周雙邊。故宫博物院藏，存七十六函。

圓覺經
上一

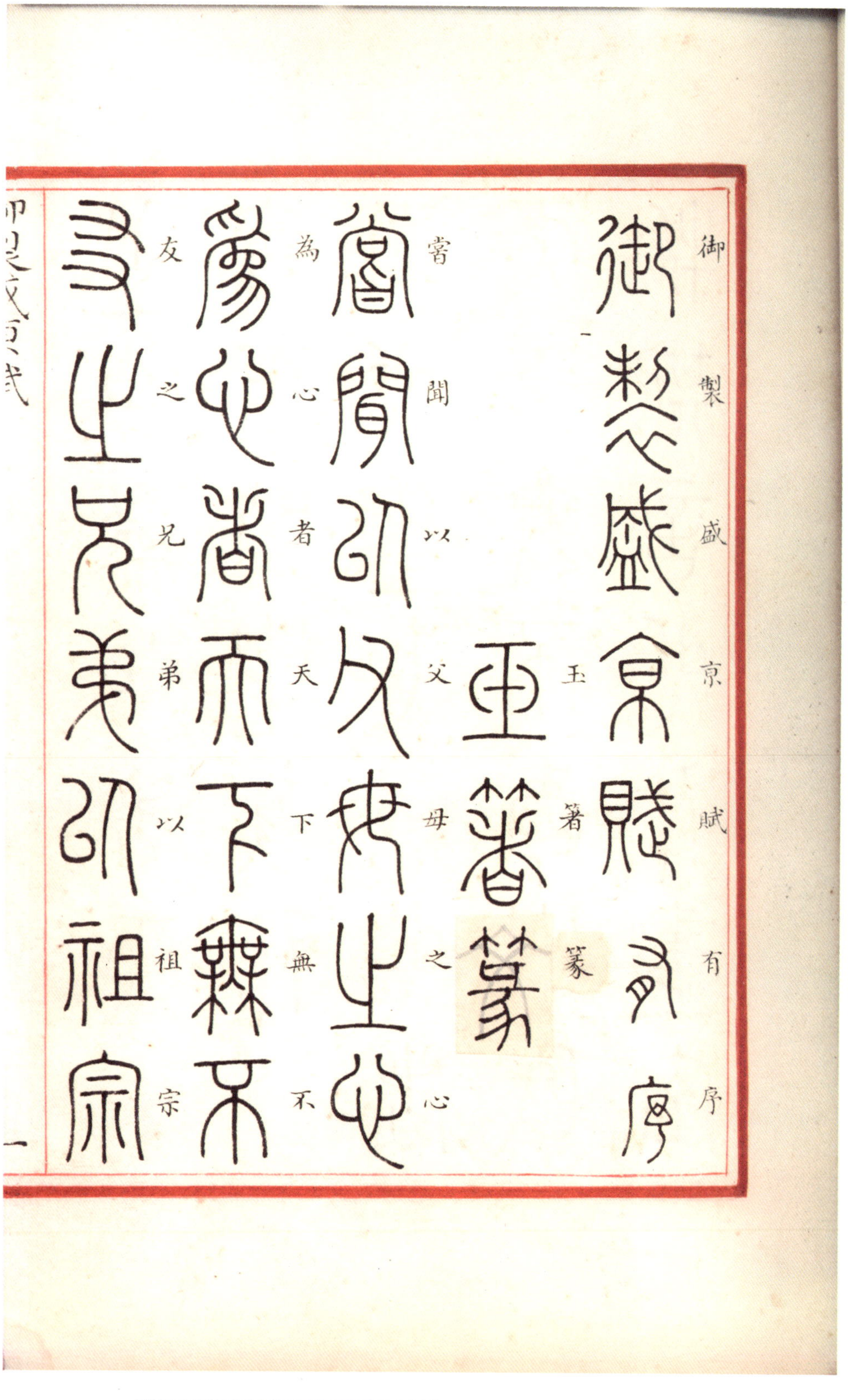

御製盛京賦有序
玉著篆
嘗聞以父母之心
為心者天下無不
友之兄弟以祖宗

02366 御製盛京賦三十二卷 滿文 （清）高宗弘曆撰 清乾隆内府抄本

綫裝。開本高35.3厘米，廣21.7厘米。匡高22.4厘米，廣16.8厘米。半葉十行，漢文行七字，紅匡，白口，四周雙邊。遼寧省圖書館藏，存二十一卷。

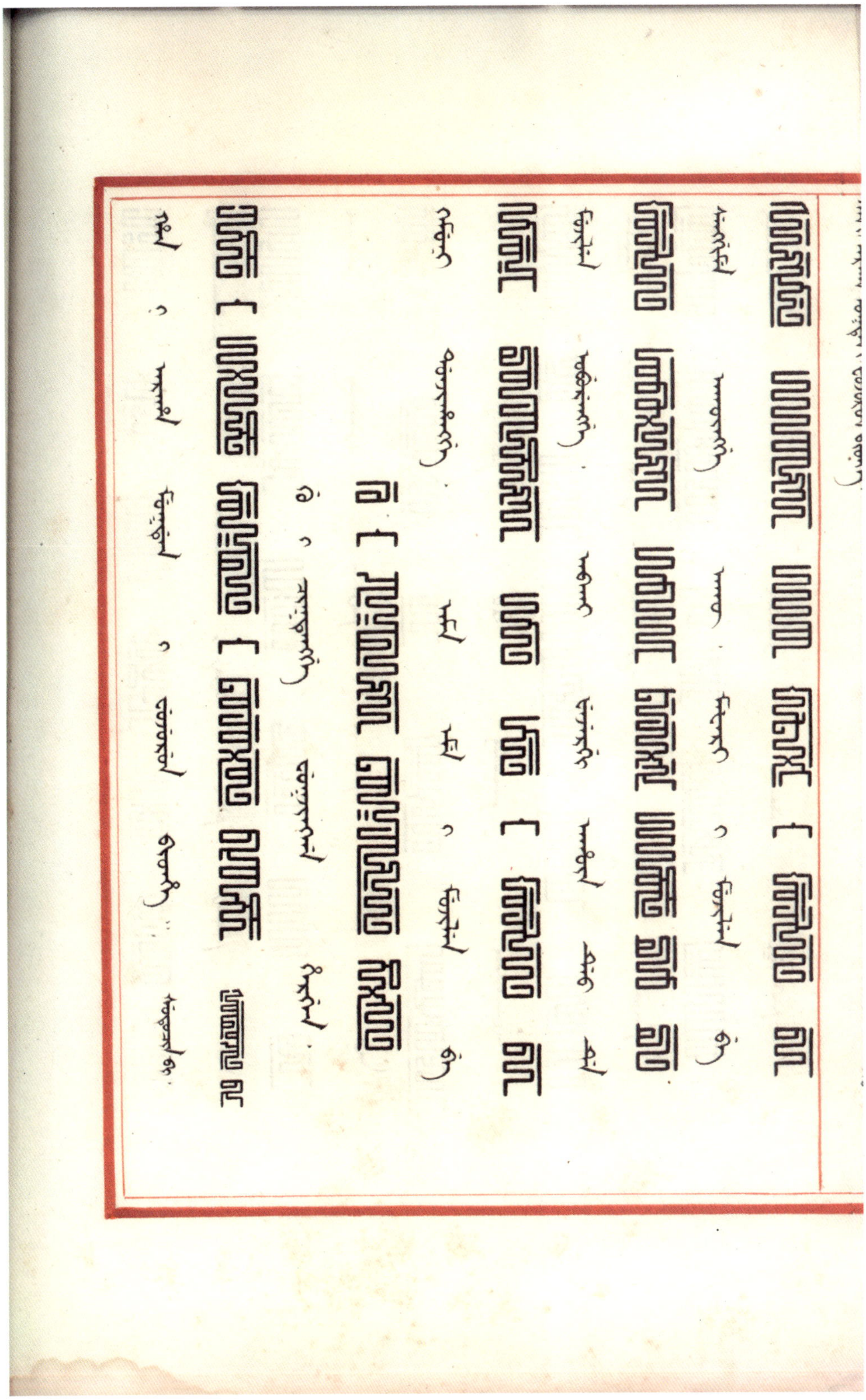

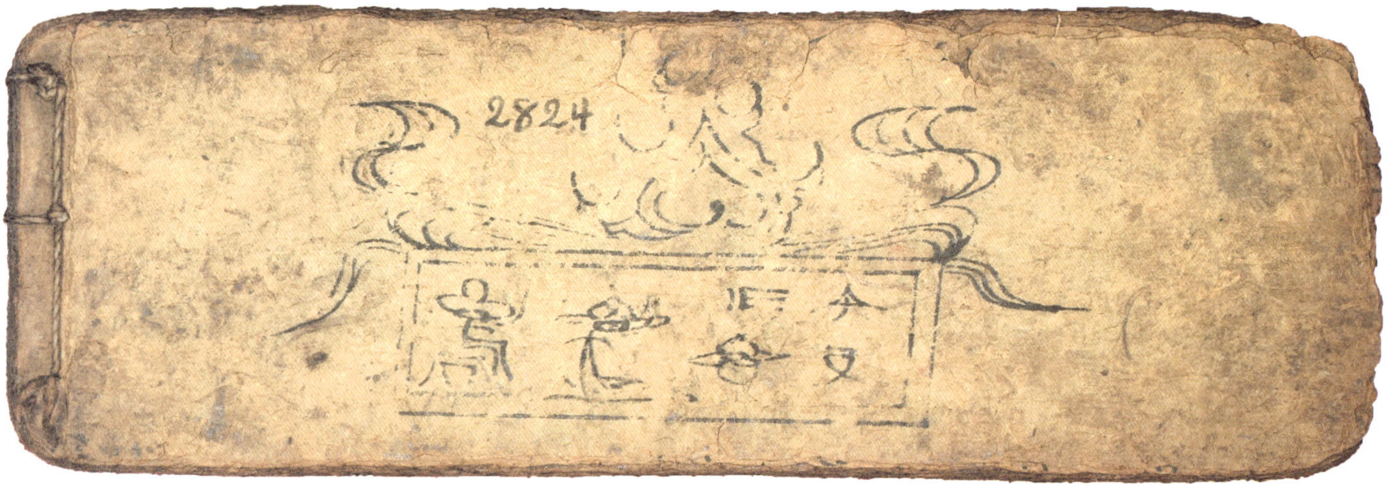

02367 創世經 東巴文 抄本

綫裝。左側釘綫。開本高9厘米，廣27.2厘米。國家圖書館藏。

02368 東巴舞譜 東巴文 抄本

綫裝。左側釘綫。第一册：開本高9.5厘米，廣29.1厘米；第二册：開本高8.8厘米，廣29.4厘米。雲南省麗江市東巴文化研究院藏。

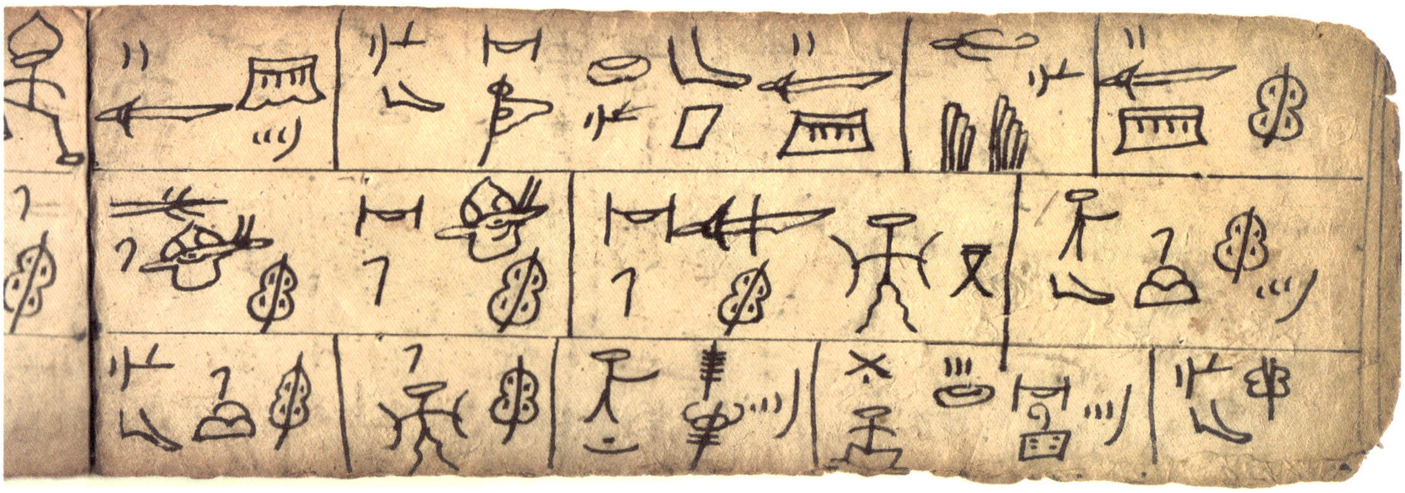

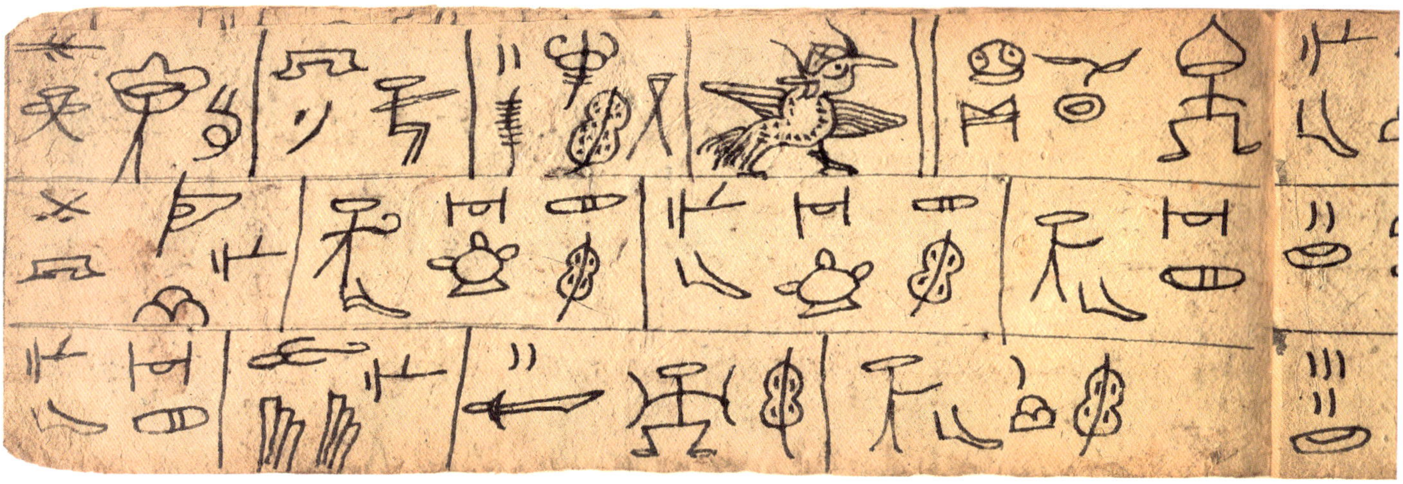

02369 東巴舞譜 東巴文 抄本

綫裝。左側釘綫。開本高9.6厘米，廣29.3厘米。國家圖書館藏。

02370 白蝙蝠取經記 東巴文 抄本

綫裝。左側釘綫。開本高9.7厘米，廣28.7厘米。雲南省麗江市東巴文化研究院藏。

02371 董術戰争 東巴文 抄本

綫裝。左側釘綫。開本高8.7厘米，廣29.7厘米。雲南省麗江市東巴文化研究院藏。

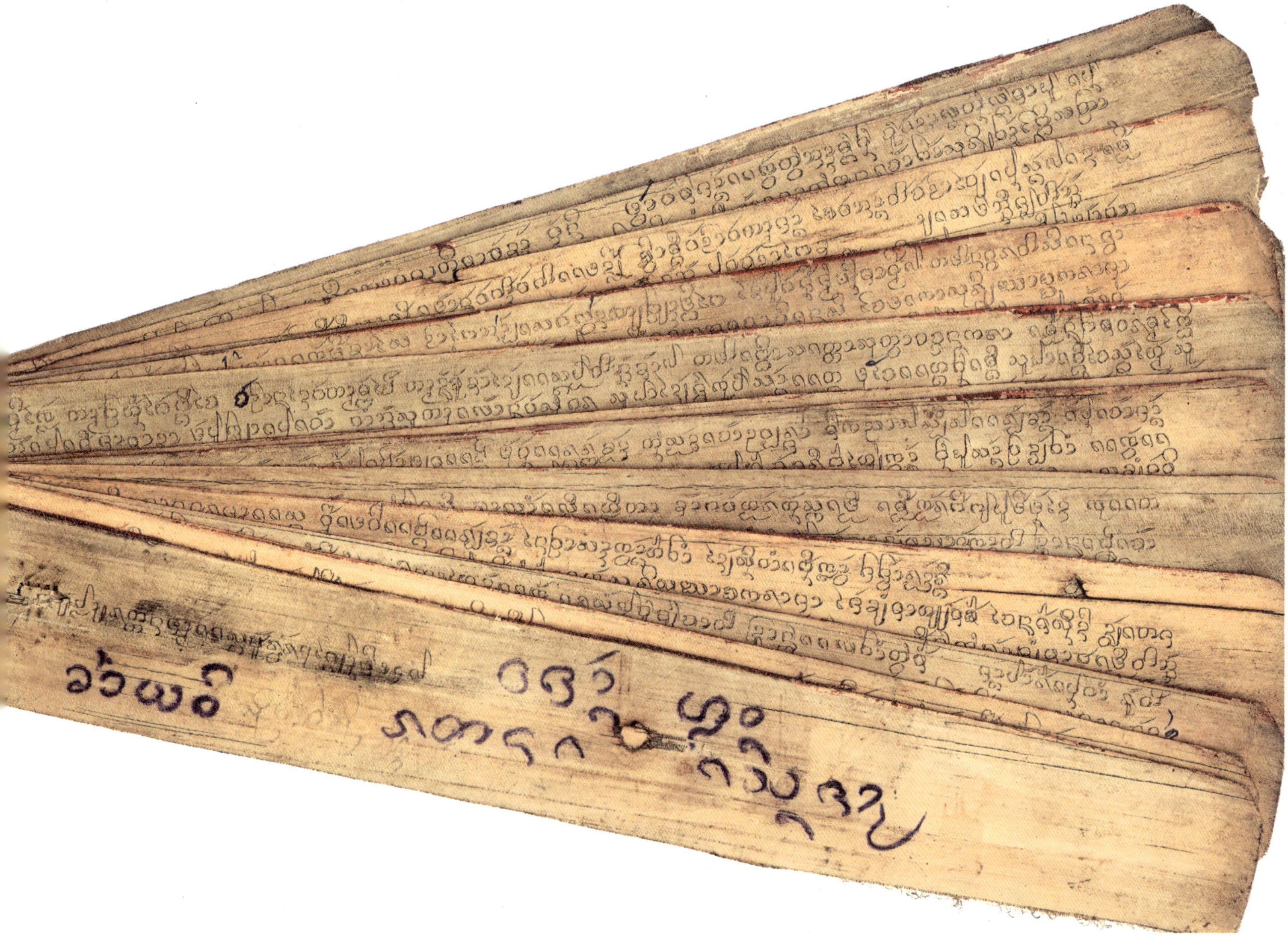

02372 粘響 傣文 清貝葉經

梵夾裝。高4.5厘米，橫寬46厘米。每葉五行，分十二册。雲南省少數民族古籍整理出版規劃辦公室。

02373 羯磨説 傣文 清抄本

梵夾式上下折叠。開本高9.9厘米，廣57厘米。每葉五行。此書爲將傣紙剪裁成貝葉經狀，以牛血蒸泡，晾幹後刷多層樹膠，并用金粉（另一版本用銀粉）書寫而成。此工藝現已失傳，用此工藝製作的書在西雙版納僅存此件。雲南省西雙版納傣族自治州少數民族研究所藏。

02374 大藏經 傣文 清貝葉經

梵夾裝。高6厘米，橫寬49厘米。分一百六十册。國家圖書館藏。

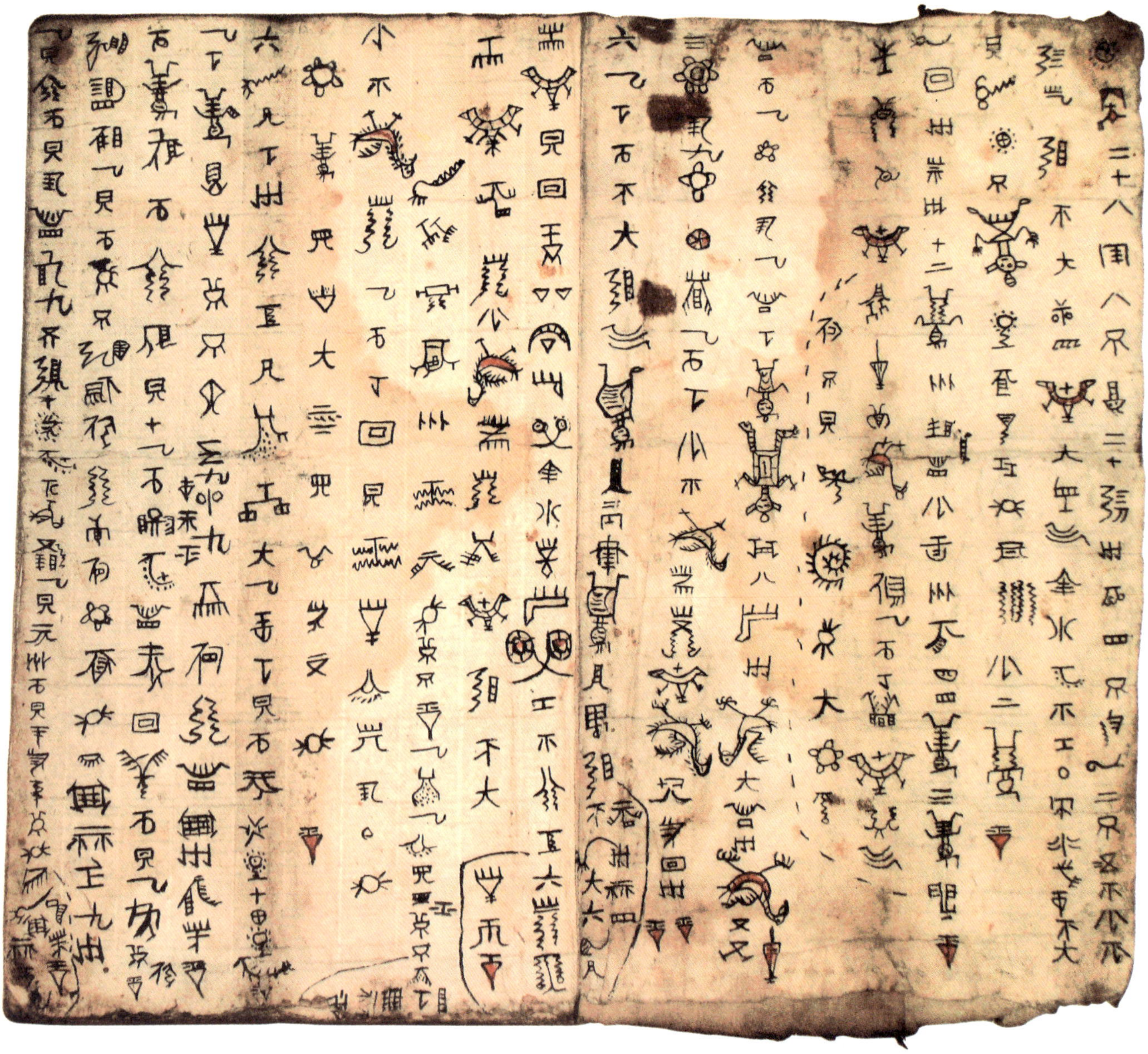

02375 九星誦讀 水文 清嘉慶抄本

綫裝。開本高31.5厘米，廣19.5厘米。半葉七至九行。用自製竹簽筆抄寫。貴州民族學院潘朝霖藏。

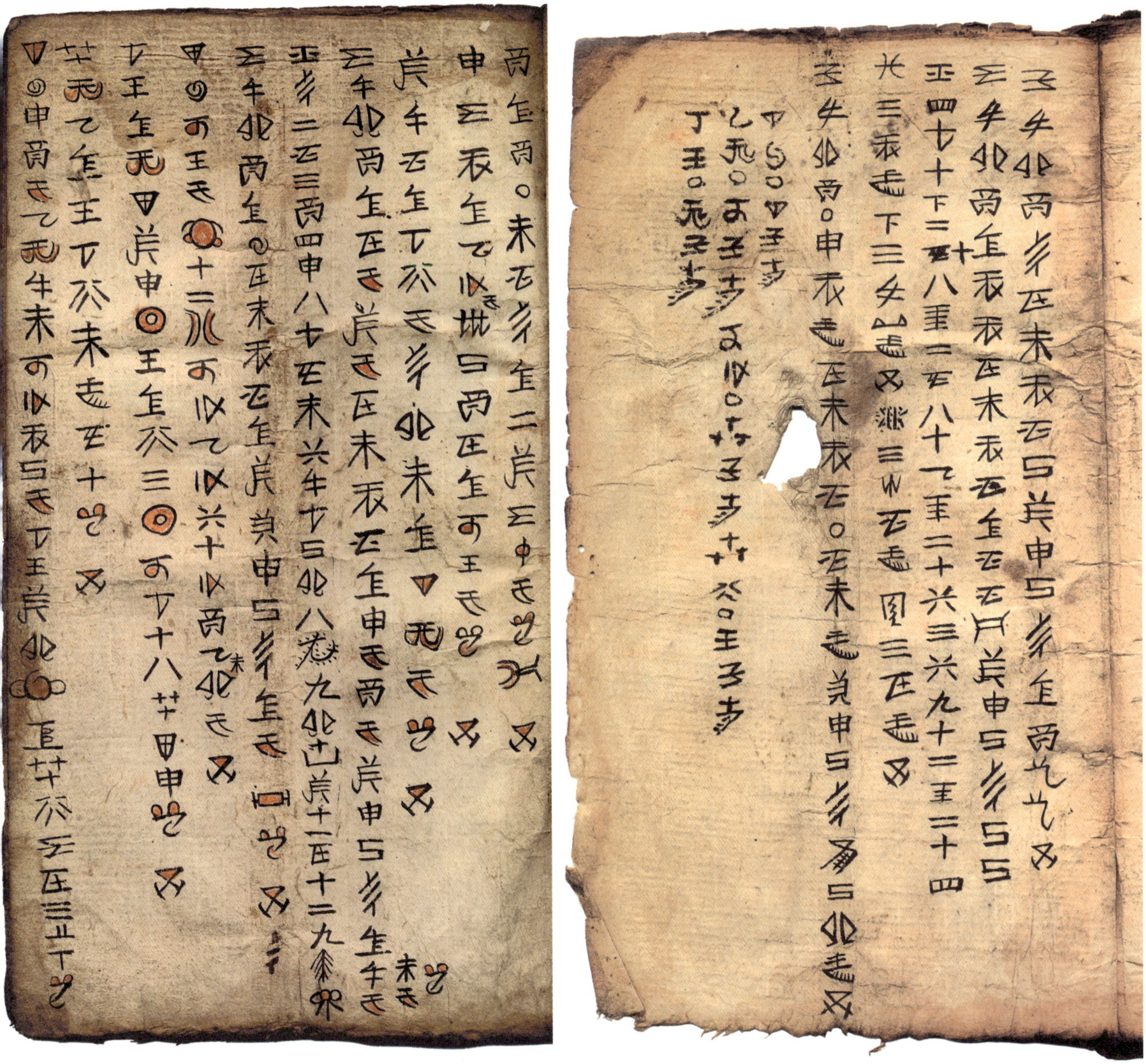

02376 庚甲 水文 清道光二十九年（1849）韋朝忠抄本

綫裝。開本高32.3厘米，廣20厘米。封面題有“大清道光二十九年正月初六日一亥日字韋朝忠立字”。貴州省荔波縣檔案館藏。

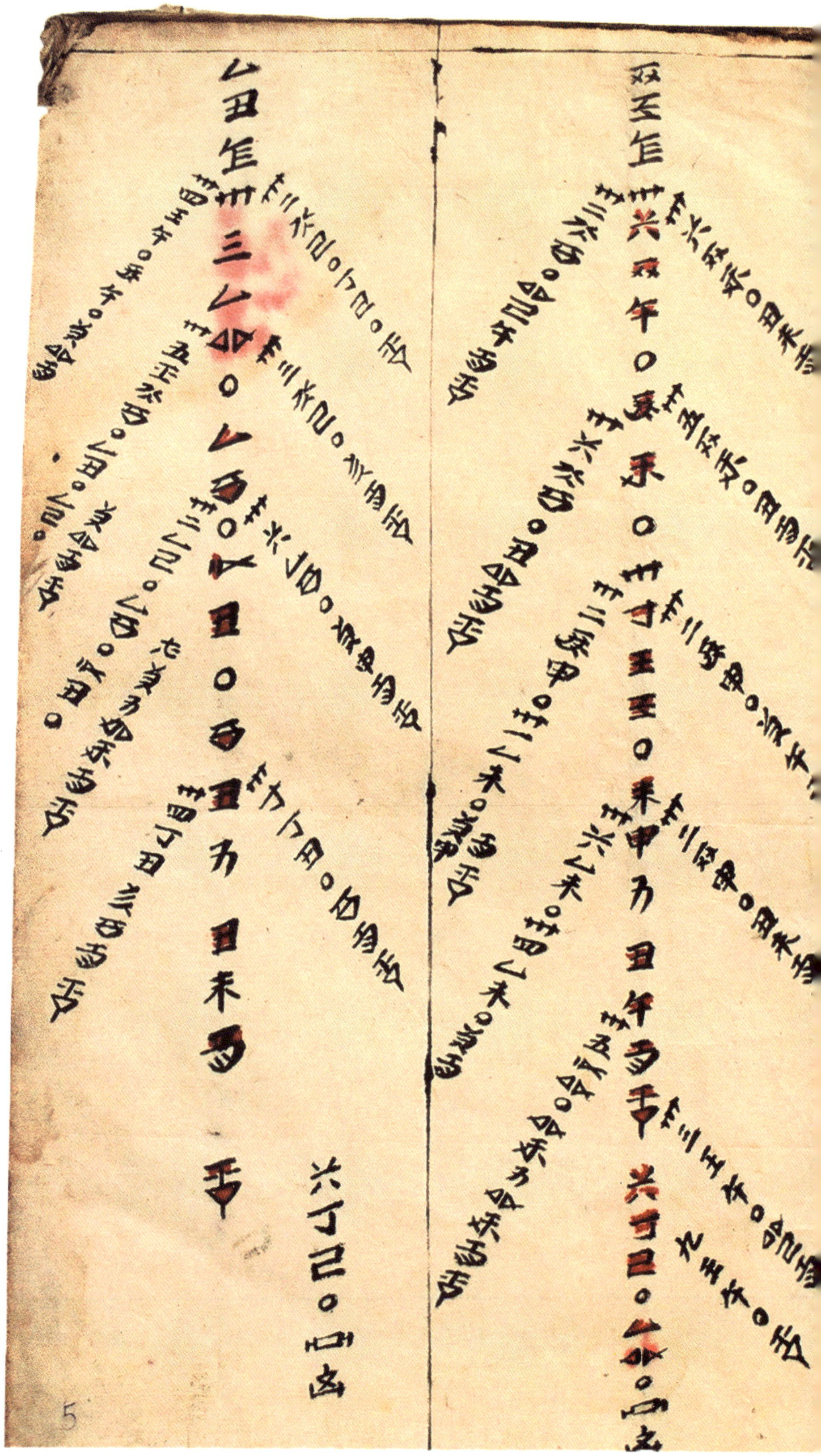

02377 逢井 水文 清光緒十八年（1892）韋錦秀抄本

毛裝。開本高33.3厘米，廣21.8厘米。封面有題名"逢井"、"光緒十八年六月十四日"及抄書者姓名"韋錦秀記"等字。中國民族圖書館藏。

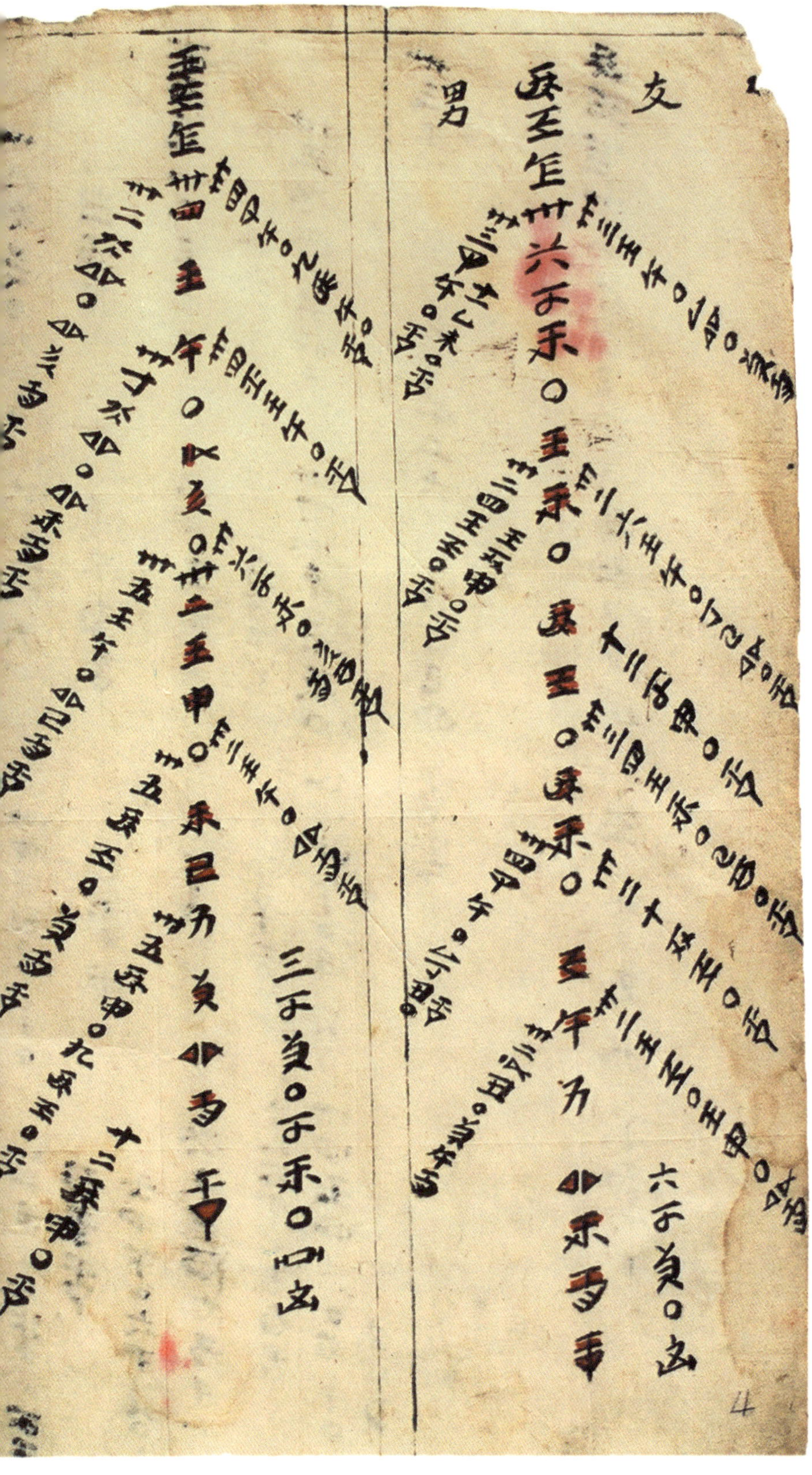

02378 萬年經鏡 水文 清抄本

綫裝。第一卷：開本高24厘米，廣26.5厘米；第二卷：開本高24.5厘米，廣29厘米；第三卷：開本高25厘米，廣29厘米。此書以棉布做書皮，部分章節以漢文標題。貴州省三都水族自治縣檔案館藏。

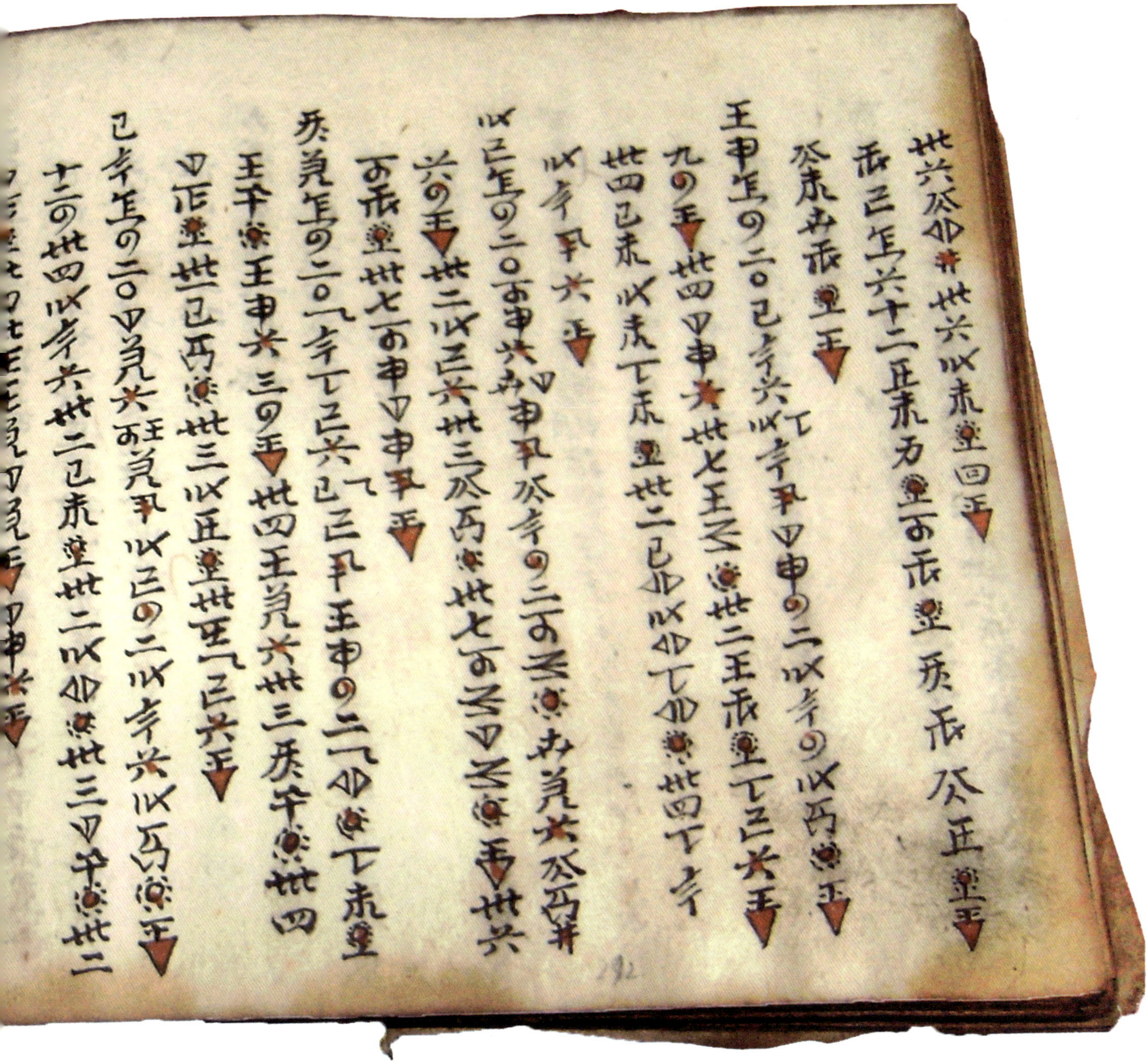

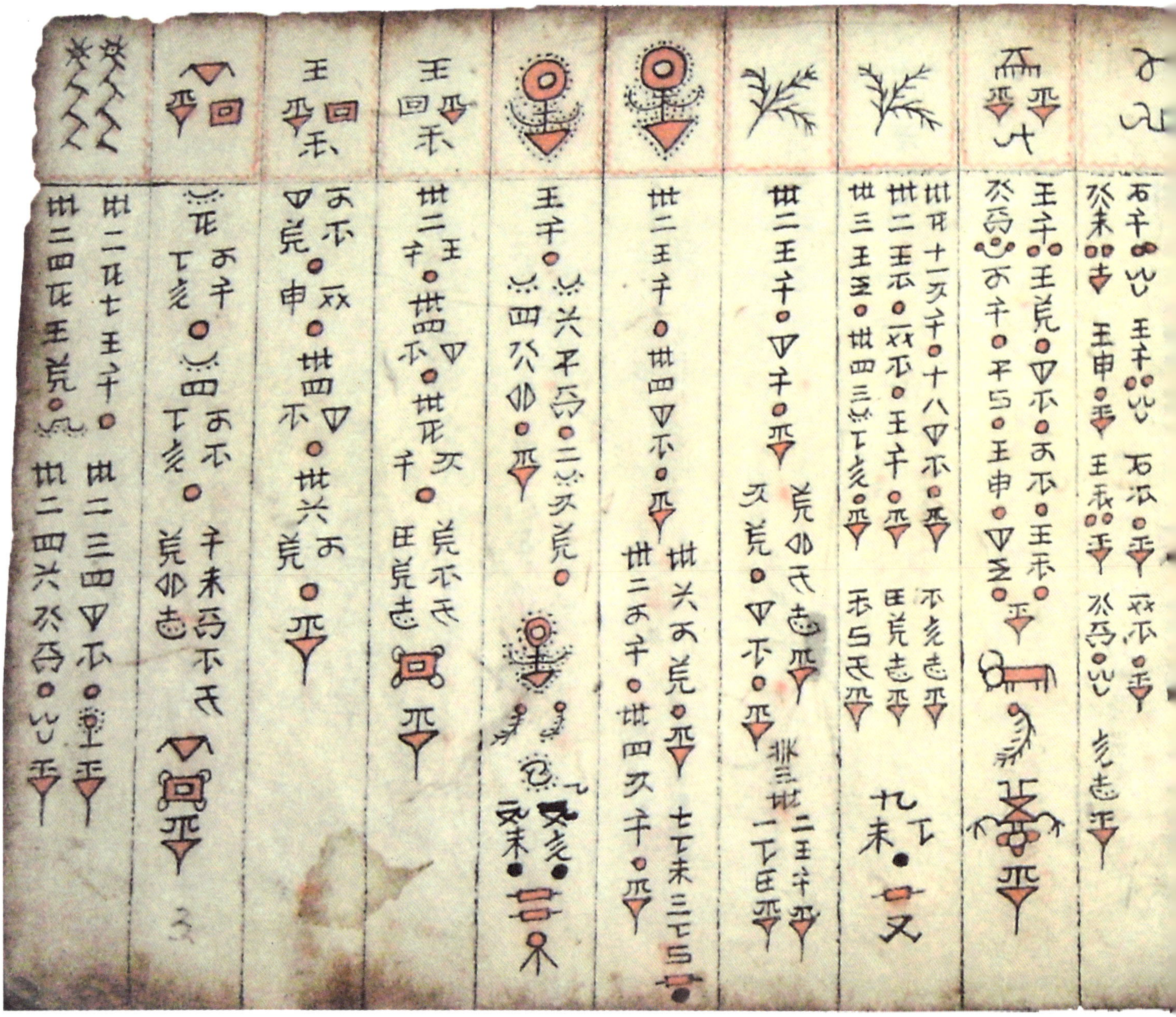

02379 六十龍備要 水文 清抄本

綫裝。開本高16厘米，廣26厘米。貴州省三都水族自治縣檔案館藏。

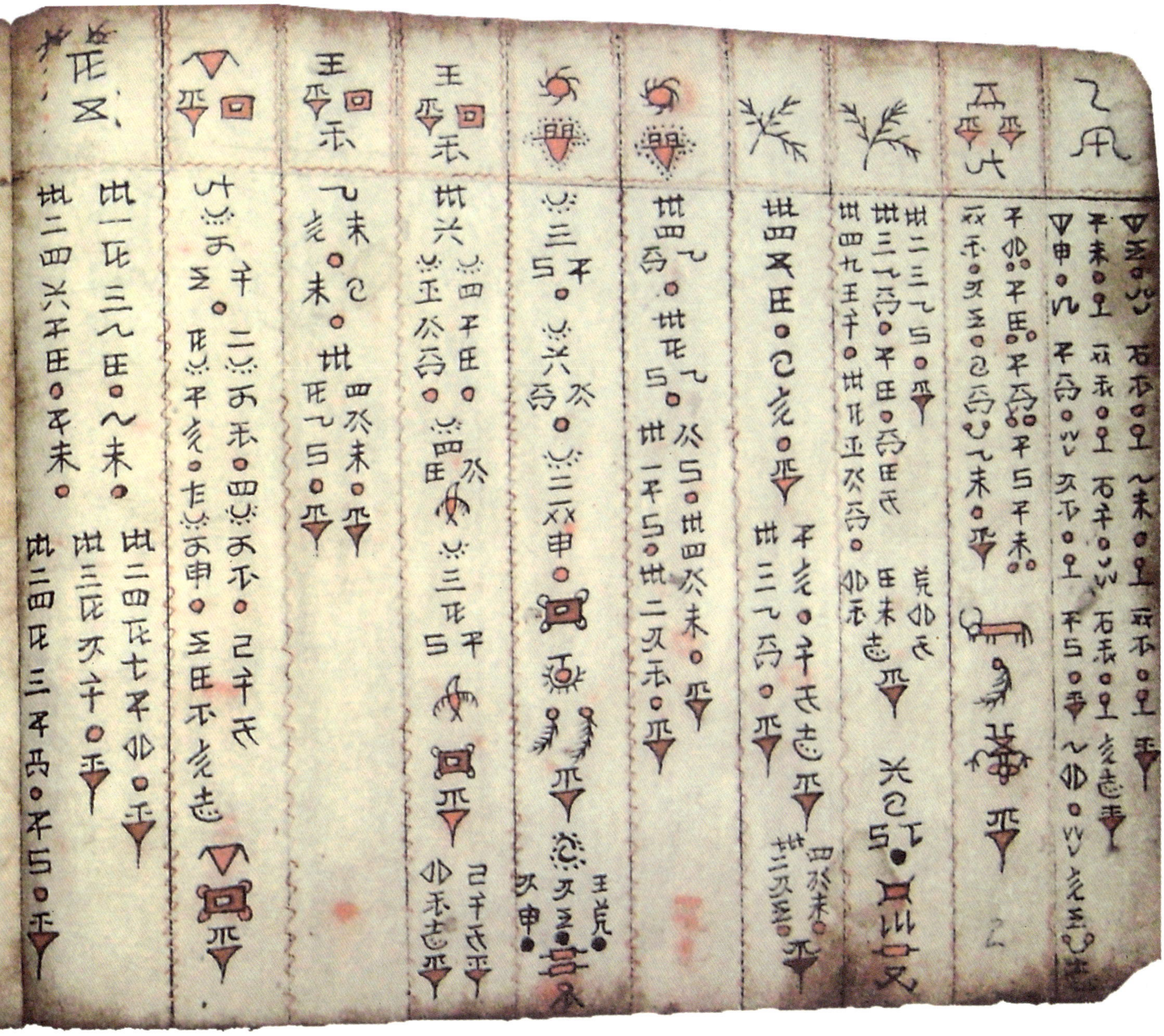

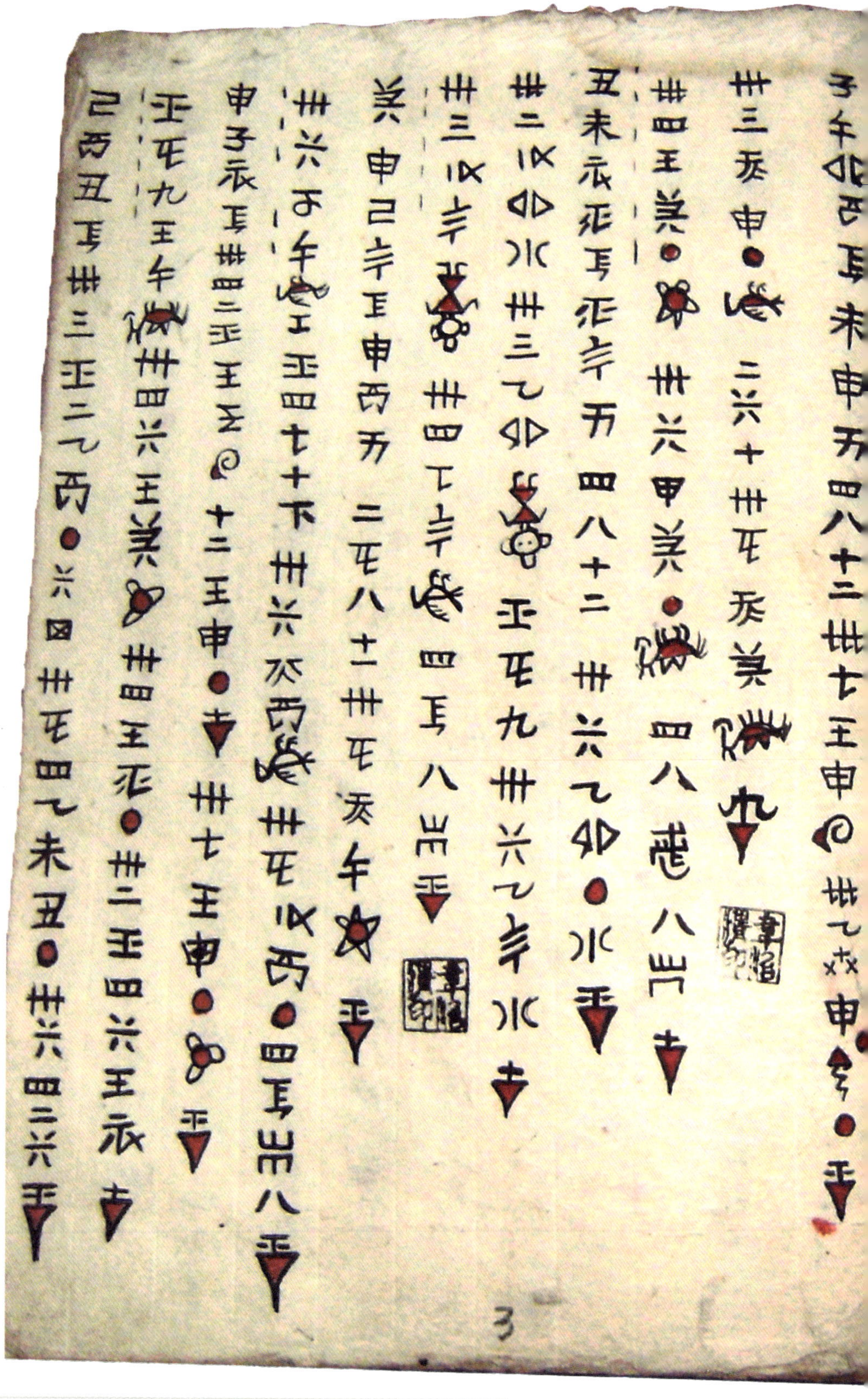

02380 吉星 水文 清韋景春抄本

綫裝。開本高30厘米，廣21厘米。有“吉星”等印，扉頁題“韋景春治清”。貴州省三都水族自治縣檔案館藏。

韋景春 治清

韋[illegible][illegible] 治[illegible]

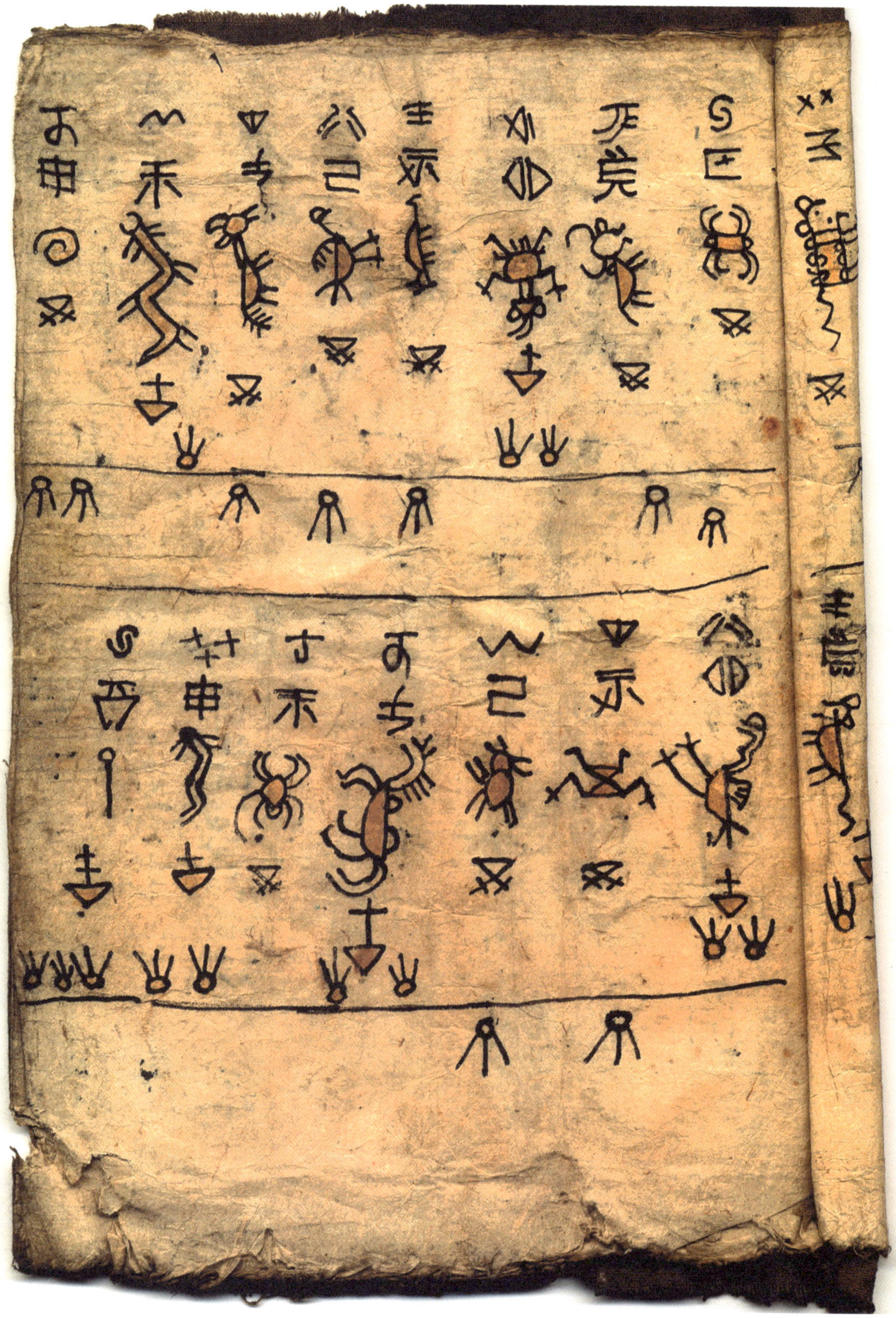

02381 泐金•紀日 水文 清抄本

綫裝。開本高32厘米，廣22.8厘米。貴州省荔波縣檔案館藏。

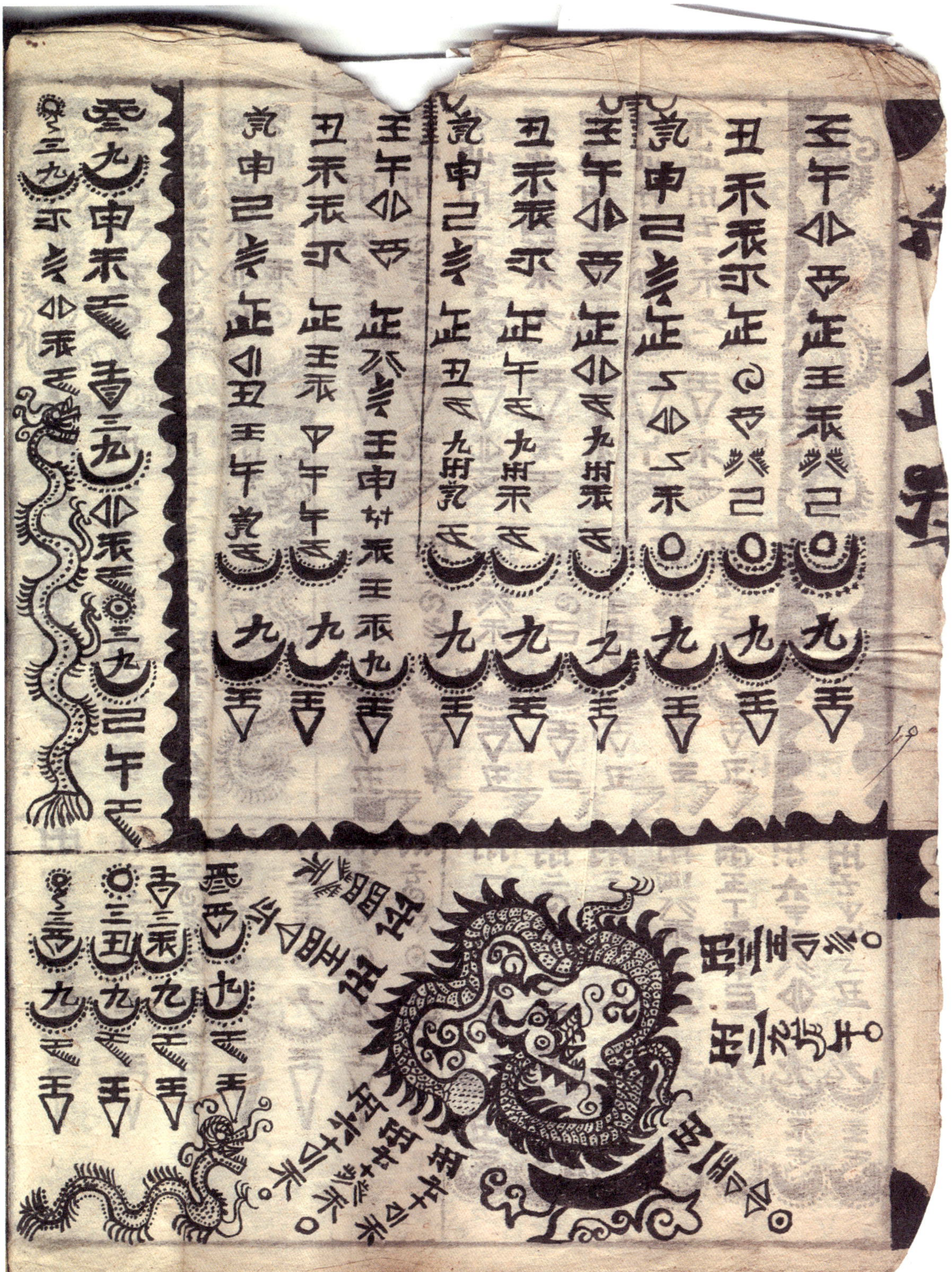

02382 金銀 水文 清抄本

綫裝。開本高32厘米，廣26厘米。匡高29.6厘米，廣24.1厘米。貴州省荔波縣檔案館藏。

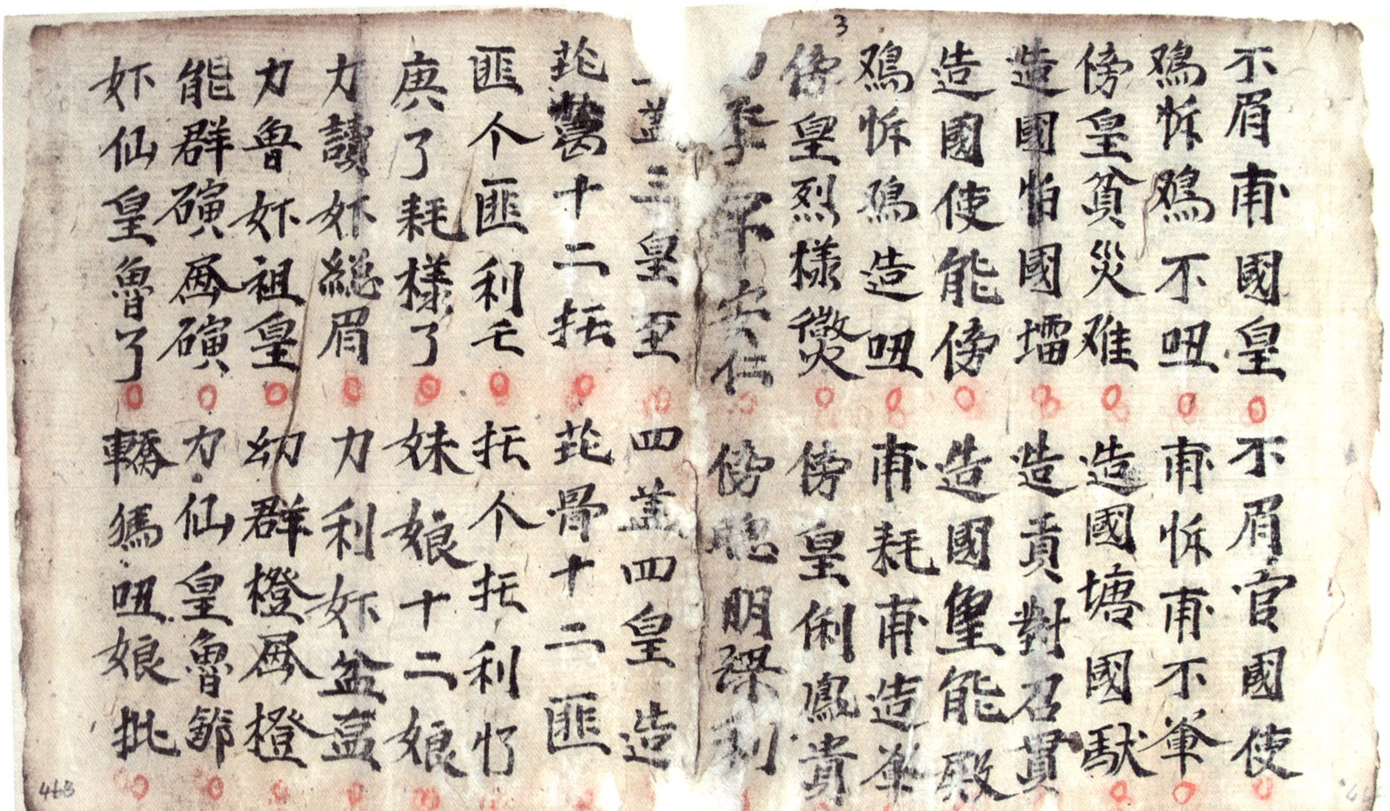

02383 麼破塘 古壯字 清光緒七年（1881）抄本

毛裝。開本高19厘米，廣17厘米。半葉八行，行八字。扉頁題“韋文顯記號”，經末有“光緒七辛巳年九月廿完筆手筆立少塘降晚夜免不求人”等題記。廣西壯族自治區少數民族古籍整理出版規劃領導小組辦公室藏。

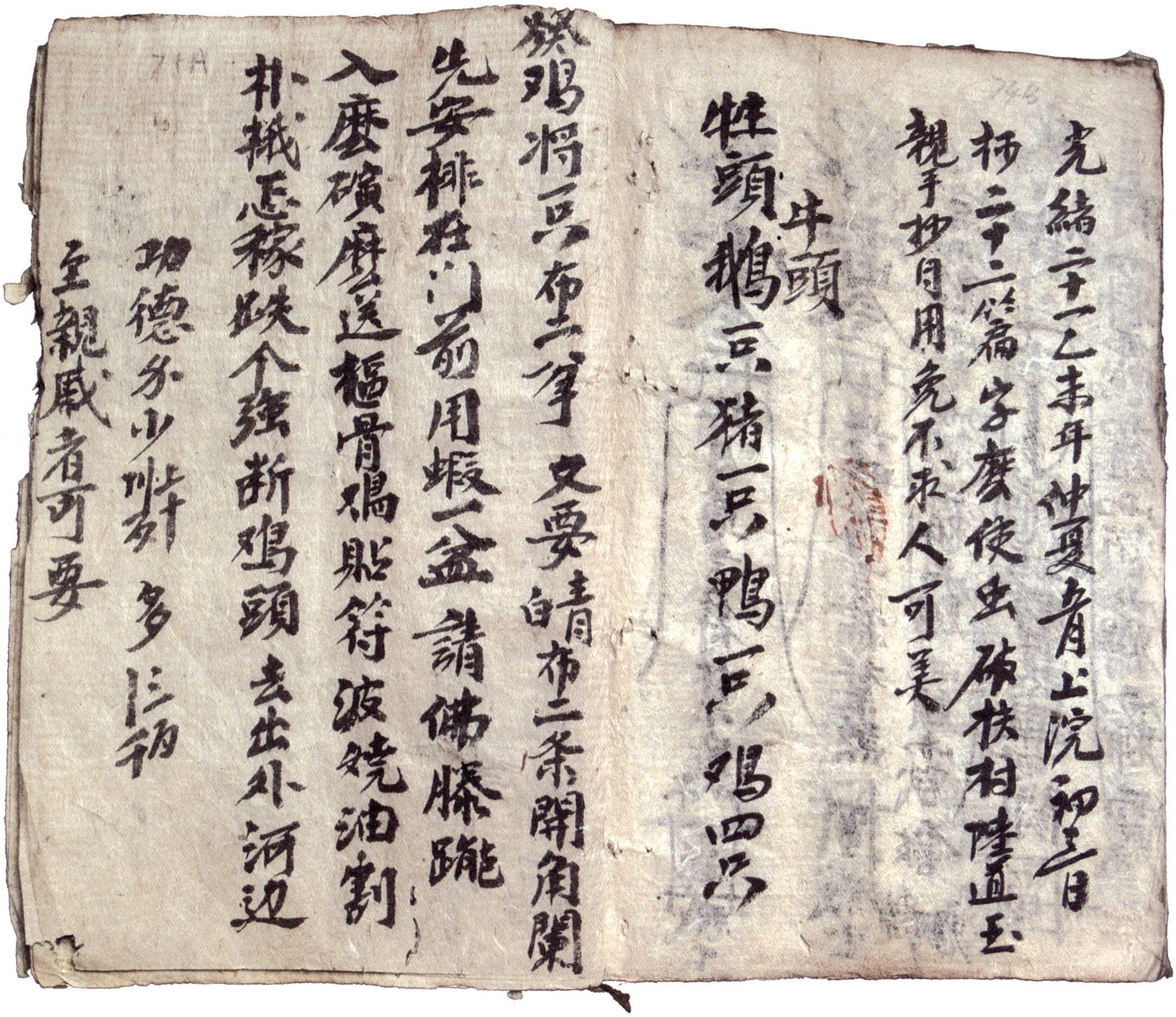

02384 麽使蟲郎甲科 古壯字 清光緒二十一年（1895）陸道玉抄本

綫裝。開本高20厘米，廣14厘米。半葉六行，行十字。封面題抄本名“麽使蟲郎甲科”，署“陸道玉書記”。第二十葉B面有：“光緒二十一乙未年仲夏五月上浣初三日抄二十二篇字麽使蟲破扶村陸道玉親手抄自用免不求人可美”。廣西壯族自治區少數民族古籍整理出版規劃領導小組辦公室藏。

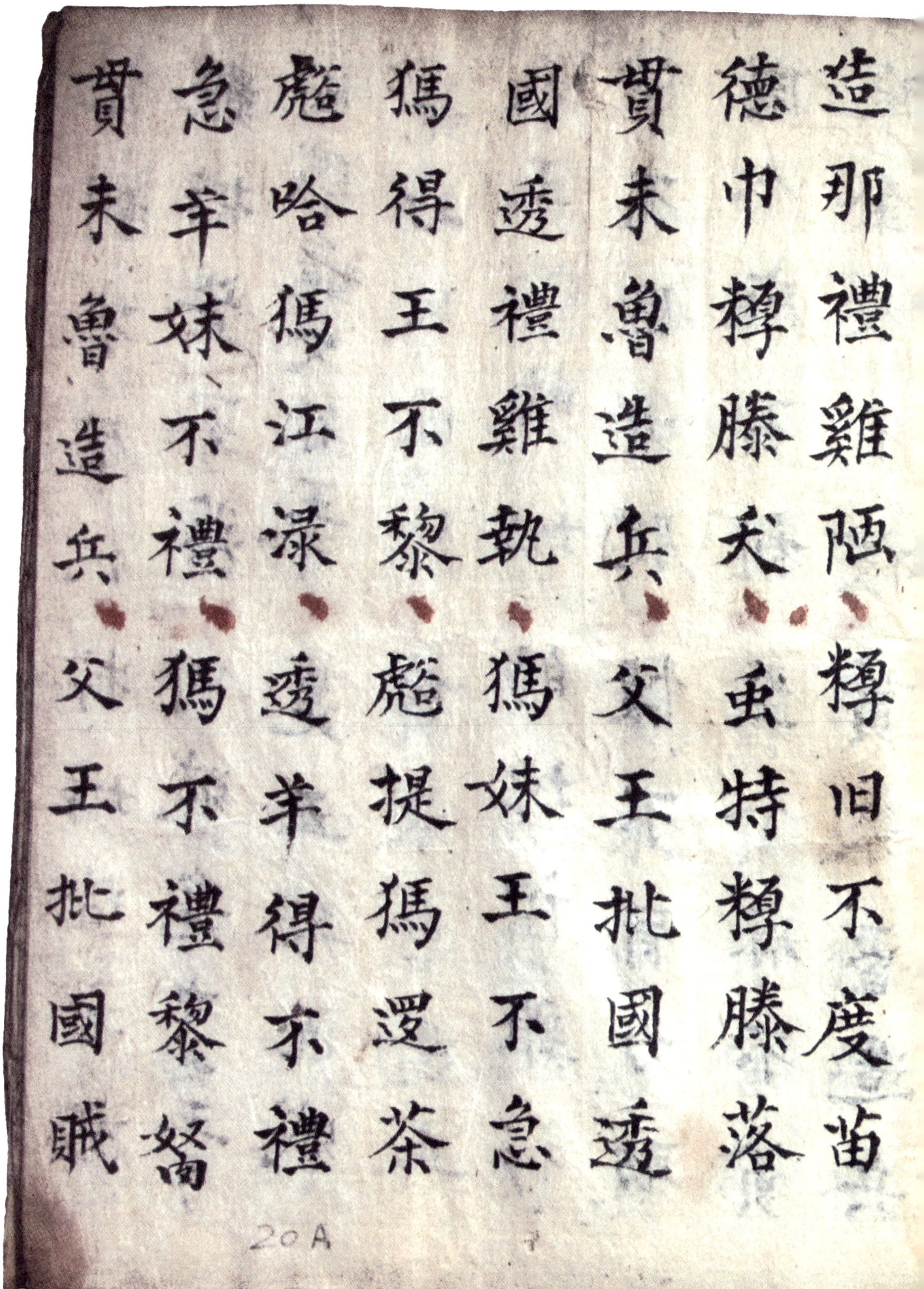

02385 麼叭床能一科 古壯字 清光緒二十一年（1895）陸道玉抄本

綫裝。開本高19.2厘米，廣14.8厘米。半葉八行，行十字。封面題“陸道玉”、“名法陸道玉書記”、“麼叭床一科收禾魂和冤家共三卷”。廣西壯族自治區少數民族古籍整理出版規劃領導小組辦公室藏。

周須魯兵配周須魯罪吇
周斗侵躺利侵躺以躺限
畢鉄旧不禮毙畢謀連雞
貫未魯造兵父王批造塘
造塘禮雞家鮀塘王不訾
鮀不訾淋塘禀不斤土召
限塘勒三尽㺃巾鮀滕玖
貫未魯造兵父王批造那

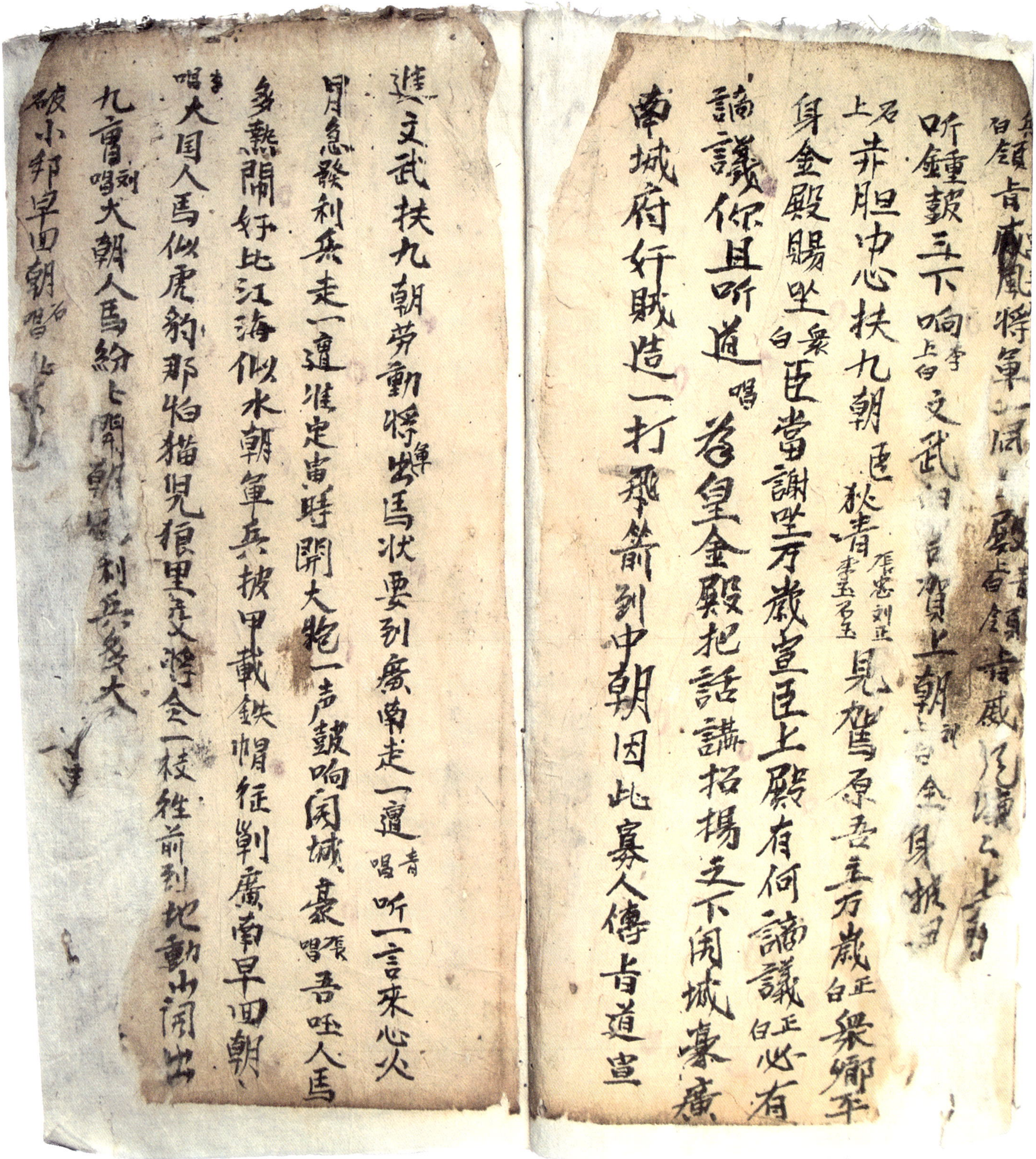

02386 農老 古壯字 清光緒三十三年（1907）抄本

毛裝。開本高28厘米，廣13.5厘米。半葉七行。封面題有“光緒叁拾叁年二月初二日立平南一本”。廣西壯族自治區少數民族古籍整理出版規劃領導小組辦公室藏。

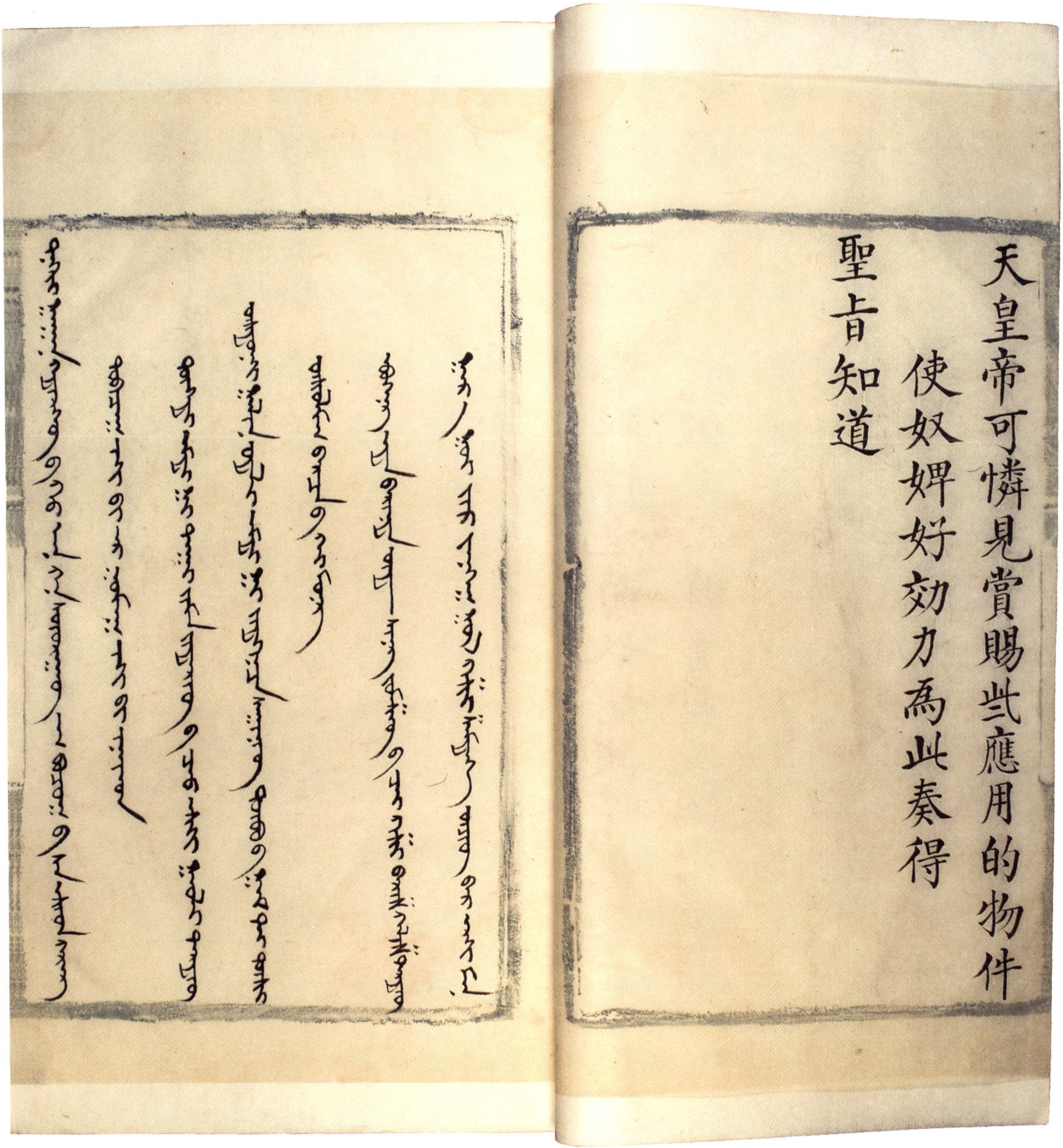

02387 高昌館課 多文種 明抄本

綫裝。開本高28.8厘米，廣19.5厘米。匡高23厘米，廣15厘米。漢文第一册六行，其餘七行，每行漢文十二至十四字，四周雙邊。共四册，前三册以漢、回鶻文對照，後一册爲漢文與回鶻式蒙古文合璧。國家圖書館藏。

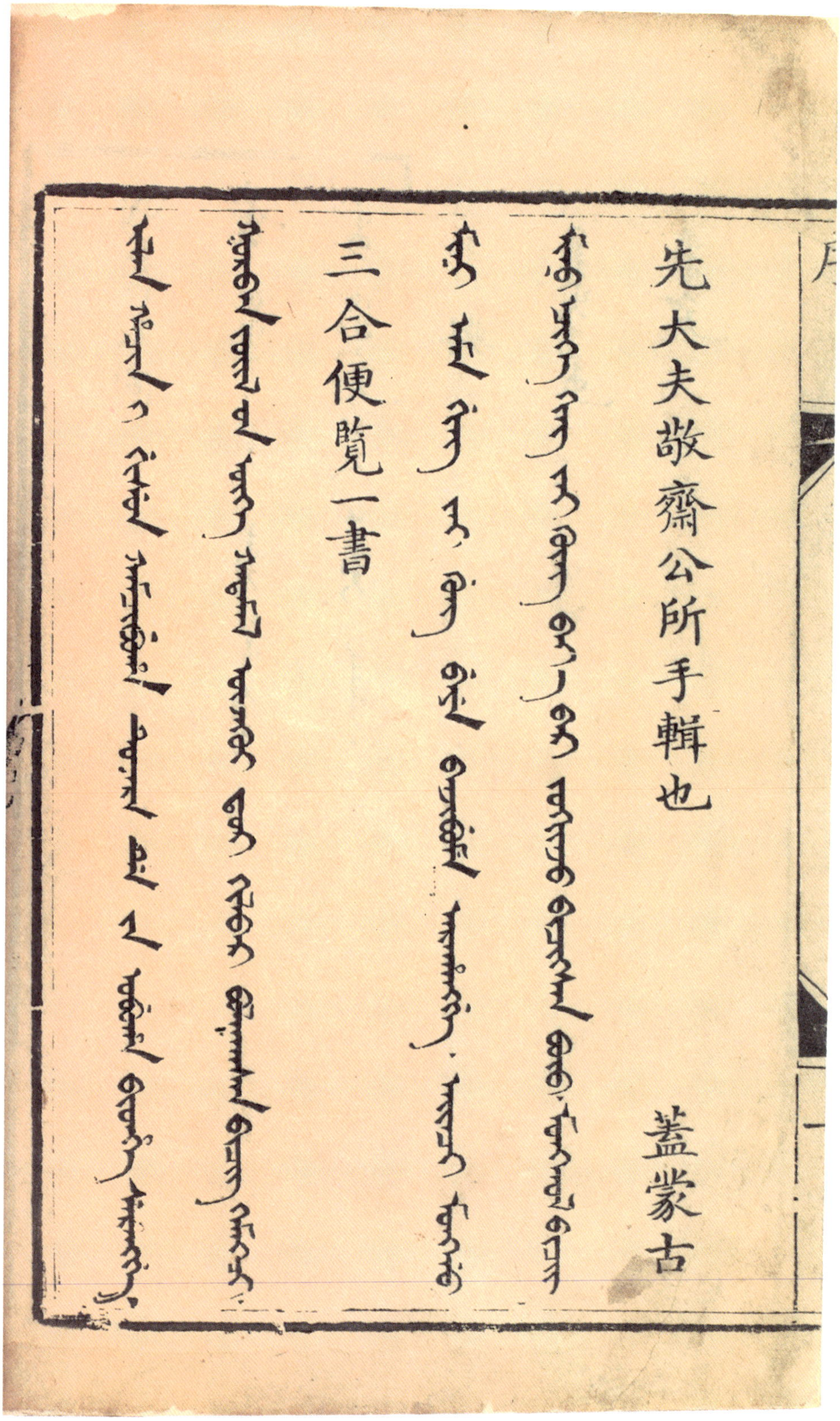
蓋蒙古
先大夫敬齋公所手輯也
三合便覽一書

02388 三合便覽十二卷 多文種 （清）敬齋輯 （清）富俊補 清乾隆四十五年（1780）刻本

綫裝。開本高27厘米，廣17.6厘米。匡高20.3厘米，廣15.3厘米。半葉八行，白口，四周雙邊。爲滿漢蒙三體合璧標音詞典。故宫博物院藏。

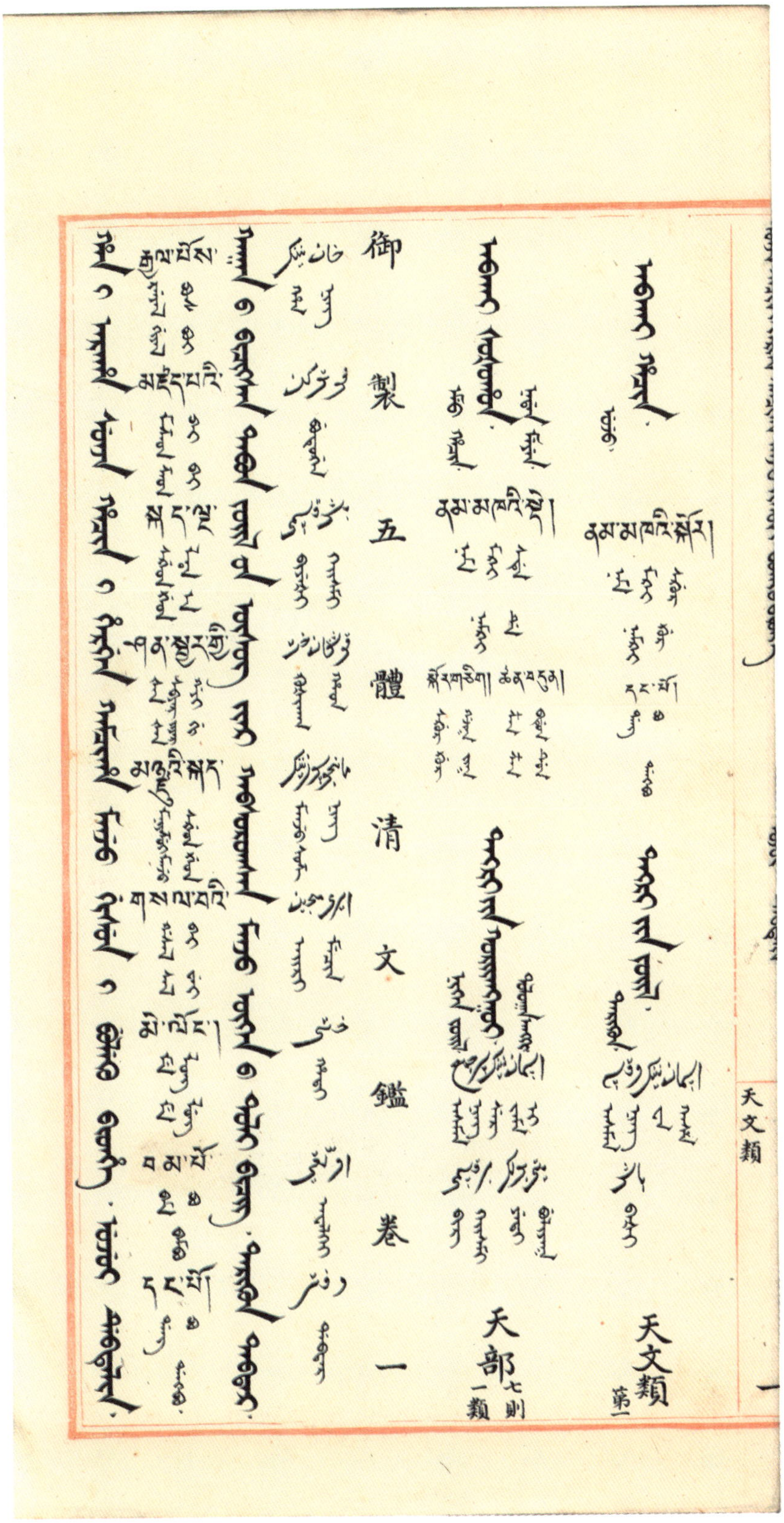

02389 御製五體清文鑑三十六卷 多文種 清乾隆内府抄本

綫裝。開本高41.8厘米，廣24.5厘米。匡高34厘米，廣19厘米。紅匡，四周雙邊。爲滿、藏、蒙、維吾爾、漢五種文字。故宫博物院藏。

02390 會同四譯館譯語 多文種 （清）傅恒 陳大受等奉敕編纂 清抄本

綫裝。開本高26.8厘米，廣17.2厘米。匡高21.5厘米，廣15.5厘米。白口，四周雙邊。其中包括西番譯語一種五册，川番譯語九種九册，倮羅譯語五種五册，雲南耿馬、僰夷、車裏、猛麻等譯語十三種十三册，廣西省慶遠府、鎮安府、太平府屬地民族譯語三種三册，緬甸、暹羅、蘇禄、琉球譯語四種八册，英、法、拉丁、意、葡、德及西天譯語七種二十八册。故宫博物院藏。

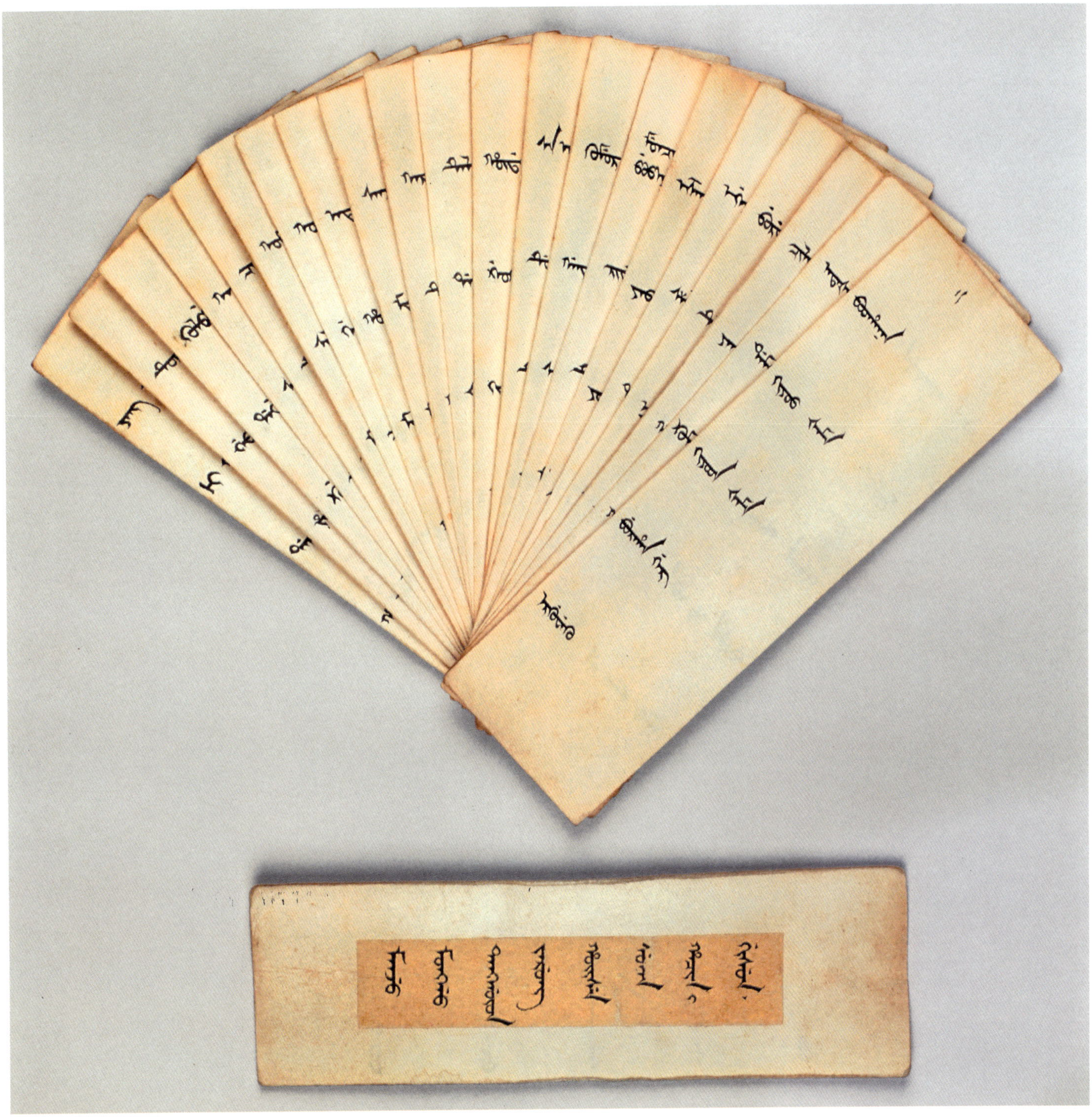

02391 滿蒙藏嘉戎維語五體字書 多文種 清抄本

梵夾裝。開本高13.1厘米，廣18.7厘米。每葉五行。故宫博物院藏。

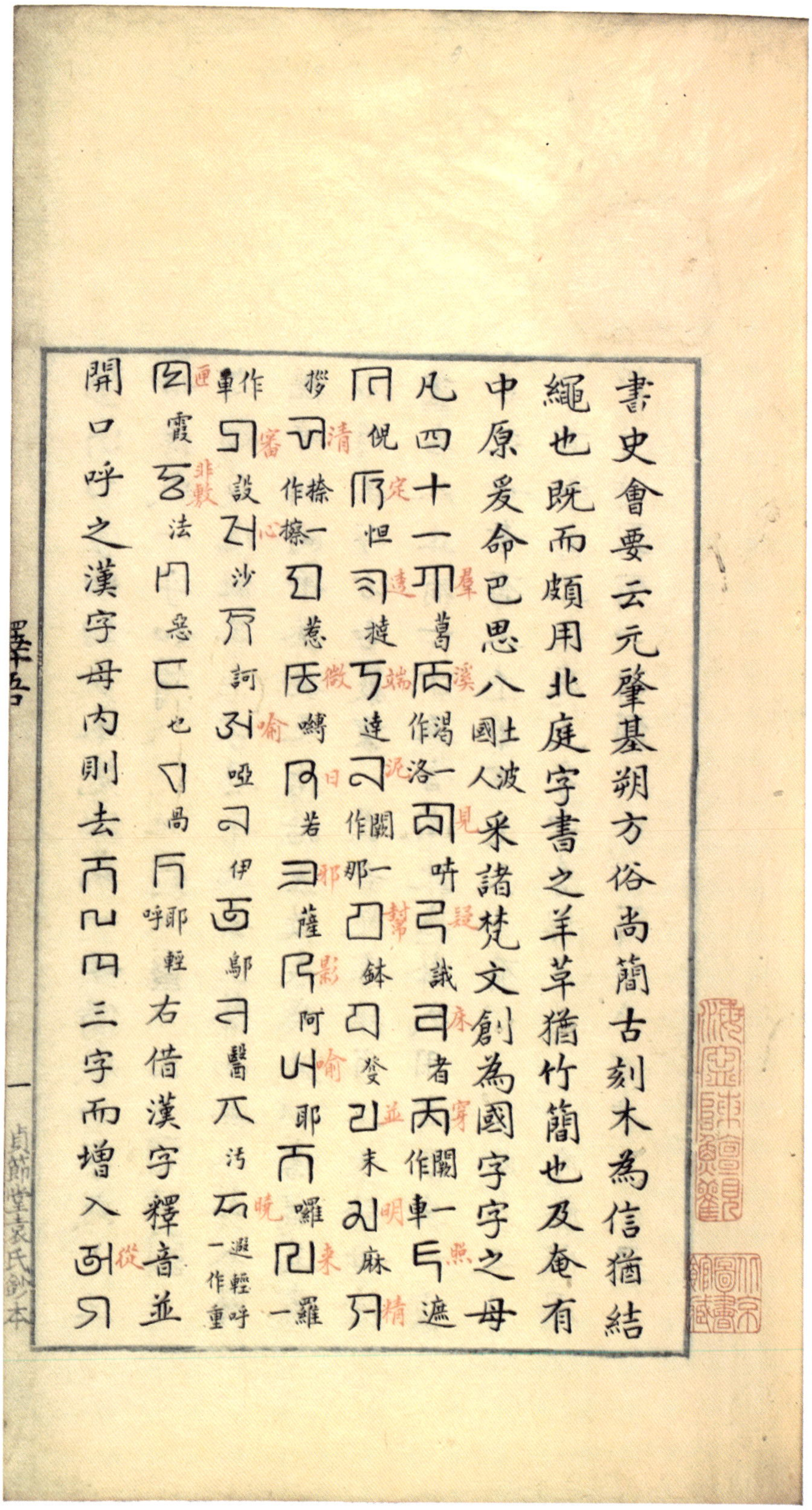
書史會要云元肇基朔方俗尚簡古刻木為信猶結
繩也既而頗用北庭字書之羊革猶竹簡也及奄有
中原爰命巴思八國字字之母

譯語 一 貞節堂袁氏鈔本

02392 譯語 多文種 清抄本

綫裝。開本高29.4厘米，廣18.1厘米。匡高19.5厘米，廣13.5厘米。半葉十一行，四周單邊。封面題“譯語”、“貞節堂袁氏抄本”。末葉題有“宣光元年十一月中禮部造”。有八思巴字“太尉之印”等印。收蒙古譯語、譯語韃靼蒙古、委兀爾譯語，回回、河西五種譯語及八思巴字彙。國家圖書館藏。

後　記

2007年1月，中華人民共和國國務院辦公廳發佈了《關於進一步加強古籍保護工作的意見》，中華古籍保護計劃全面啟動。半年多來，經過申報單位、專家、部際聯席會議單位的不斷努力，2008年3月1日，國務院批准並公佈了《第一批國家珍貴古籍名錄》和“全國古籍重點保護單位”名單（國發〔2008〕9號）。為了讓更多的人瞭解這批珍貴古籍，我們編輯了這套《第一批國家珍貴古籍名錄圖錄》。本書在編纂過程中，得到了全國各級圖書館、博物館、文物研究所等古籍收藏單位和個人的鼎力支持，以及有關同仁的密切配合。在此，《第一批國家珍貴古籍名錄圖錄》編撰人員向所有給予此書以各種幫助的專家學者及同仁致以衷心的感謝！

第一批公佈的2392種國家珍貴古籍名錄，在本次編輯的圖冊中基本得到了體現，但這僅僅是開始，今後，隨着全國古籍普查的進一步開展，還將陸續編輯出版相關圖錄，以期滿足人們瞭解中國歷史文化的要求。

本書圖片由古籍申報單位組織拍攝，現將國家珍貴古籍名錄申報單位恭列於後，以示感謝。

國家圖書館
首都圖書館
北京大學圖書館
清華大學圖書館
中國人民大學圖書館
中央民族大學圖書館
北京中醫藥大學圖書館
北京師範大學圖書館
國家博物館
故宮博物院
中國文化遺產研究院
北京市文物局
中國科學院國家科學圖書館
中國社會科學院圖書館
中國社會科學院考古研究所
中國社會科學院文學研究所圖書館
中國中醫科學院圖書館
軍事科學院軍事圖書資料館
中國社會科學院民族學與人類學研究所
中國第一歷史檔案館
中國佛教圖書文物館
中國民族圖書館
中國書店
中華書局
芷蘭齋
中國藝術研究院圖書館

天津圖書館
南開大學圖書館
天津醫學高等專科學校圖書館
天津博物館
天津市醫學科學技術資訊研究所
河北省文物研究所
唐山市豐潤區文物管理所
河北大學圖書館
山西省圖書館
山西省曲沃縣圖書館
山西省祁縣圖書館
山西博物院
山西省應縣木塔文物管理所
山西省高平市文博館
內蒙古圖書館
內蒙古大學圖書館
內蒙古社會科學院圖書館
內蒙古巴林右旗博物館
黑龍江省圖書館
吉林省圖書館
東北師範大學圖書館
遼寧省圖書館
遼寧省博物館
瀋陽故宮博物院
旅順博物館
瀋陽市圖書館
大連圖書館
上海圖書館
上海博物館
復旦大學圖書館
華東師範大學圖書館
上海中醫藥大學圖書館
上海師範大學圖書館
上海圖書公司
上海辭書出版社
中國科學院上海生命科學信息中心
上海龍華寺
南京圖書館
南京博物院
南京市博物館
江蘇常熟博物館
蘇州博物館
泰州市圖書館
蘇州圖書館
蘇州市吳中區圖書館
江蘇省連雲港市博物館
徐州市圖書館
常熟市圖書館
江蘇省南通市圖書館
吳江圖書館
西泠印社社務委員會
無錫市圖書館
金陵圖書館
鎮江市圖書館
揚州市圖書館
啟東市圖書館

揚州市寶應縣圖書館
揚州大學圖書館
蘇州大學圖書館
南京師範大學圖書館
南京大學圖書館
浙江圖書館
杭州圖書館
上虞市圖書館
溫州市圖書館
嘉興市圖書館
湖州市圖書館
紹興圖書館
杭州市余杭區圖書館
台州市黄巖區圖書館
嵊州市圖書館
平湖市圖書館
寧波市天一閣博物館
浙江省博物館
浙江大學圖書館
安徽省圖書館
安徽省博物館
安徽中醫學院圖書館
安徽大學圖書館
安徽師範大學圖書館
安慶市圖書館
桐城市圖書館
安徽省阜陽市博物館
福建省圖書館

江西省圖書館
江西省九江市星子縣文物管理所
山東省圖書館
青島市圖書館
煙臺圖書館
蓬萊市文化局慕湘藏書館
青島市博物館
山東省博物館
青州市博物館
即墨市博物館
膠州市博物館
曲阜文物管理委員會
泰安市博物館
山東大學圖書館
山東師範大學圖書館
曲阜師範大學圖書館
河南省圖書館
河南中醫學院圖書館
河南大學圖書館
鄭州市圖書館
鄭州大學圖書館
開封市圖書館
開封市博物館
南陽市圖書館
南陽師範學院
河南省唐河縣圖書館
武陟縣圖書館
新鄉市圖書館

湖北省圖書館

湖北省博物館

湖北省荊門市博物館

湖北省荊州市博物館

武漢大學圖書館

華中師範大學圖書館

湖南圖書館

湖南省社會科學院圖書館

湖南師範大學圖書館

湖南省博物館

廣東省立中山圖書館

中山大學圖書館

廣西壯族自治區少數民族古籍整理出版規劃領導小組辦公室

重慶圖書館

西南大學圖書館

重慶市北碚圖書館

四川省圖書館

四川大學圖書館

四川師範大學圖書館

四川省瀘州市圖書館

貴州省博物館

貴州省畢節地區彝文翻譯組

貴州省荔波縣檔案館

貴州省三都水族自治縣檔案館

貴州民族學院潘朝霖

雲南省圖書館

雲南省博物館

雲南省社會科學院

雲南省西雙版納傣族自治州少數民族研究所

雲南省昆明市石林彝族自治縣圖書館

雲南省少數民族古籍整理出版規劃辦公室

雲南省麗江市東巴文化研究院

雲南省楚雄彝族自治州民族事務委員會

西藏博物館

西藏圖書館

西藏布達拉宮

西藏藏醫學院圖書館

陝西省圖書館

陝西省社會科學院圖書館

陝西中醫學院圖書館

西北大學圖書館

陝西省安康市漢濱區少年兒童圖書館

西安碑林博物館

甘肅省圖書館

天水市圖書館

甘谷縣圖書館

甘肅省定西市安定區圖書館

張掖甘州圖書館

通渭縣圖書館

甘肅農業大學圖書館

西北師範大學圖書館

西北師範大學博物館

甘肅省張掖市甘州區博物館

甘肅省博物館

敦煌市博物館

甘肅省武威市博物館

甘肅簡牘保護研究中心

敦煌研究院

麥積山石窟藝術研究所

青海省圖書館

青海師範大學圖書館

青海大學醫學院圖書館

青海民族學院圖書館

寧夏文物考古研究所

寧夏回族自治區博物館

新疆維吾爾自治區圖書館

新疆維吾爾自治區維吾爾醫藥研究所

新疆維吾爾自治區少數民族古籍整理出版規劃領導小組辦公室

新疆大學圖書館

新疆維吾爾自治區博物館

新疆維吾爾自治區吐魯番地區少數民族古籍整理出版規劃領導小組辦公室

吐魯番地區博物館

第一批國家珍貴古籍名録圖録

第一册

中國國家圖書館
中國國家古籍保護中心 編

國家圖書館出版社

图书在版编目（CIP）数据

第一批國家珍貴古籍名録圖録／中國國家圖書館·中國國家古籍保護中心編.—北京：國家圖書館出版社，2008.12

ISBN 978-7-5013-3662-3/Z·312

I.第… II.①中…②中… III.古籍-圖書目録-中國 IV.Z838

中國版本圖書館CIP數據核字(2008)第169963號

第一批國家珍貴古籍名録圖録

主　任　周和平
副主任　詹福瑞　張　旭　劉小琴　李致忠
主　編　詹福瑞
常務主編　李致忠
副主編　史金波　朱鳳瀚
編　者　中國國家圖書館·中國國家古籍保護中心
責任編輯　徐　蜀　殷夢霞
裝　幀　姜尋工作室
出　版　國家圖書館出版社（100034 北京市西城區文津街7號）
發　行　(010)66139745,66175620,66126153
66174391(傳真),66126156(門市部)
E-mail　cbs@nlc.gov.cn(投稿)　btsfxb@nlc.gov.cn(郵購)　www.nlcpress.com
Website　www.nlcpress.com
經　銷　新華書店
印　刷　北京畫中畫印刷技術有限公司
開　本　889×1194毫米　1/16
印　張　158
版　次　2008年12月第1版　2008年12月第1次印刷
書　號　ISBN 978-7-5013-3662-3/Z·312
定　價　2000.00圓（全八册）

0003420

国务院文件

国发〔2008〕9号

国务院关于公布第一批国家珍贵古籍名录和第一批全国古籍重点保护单位名单的通知

各省、自治区、直辖市人民政府，国务院各部委、各直属机构：

国务院批准文化部确定的第一批国家珍贵古籍（2392部）名录和第一批全国古籍重点保护单位（51个）名单，现予公布。

我国是历史悠久的文明古国，拥有卷帙浩繁的文献典籍。这些文献典籍是中华民族的宝贵精神财富，是人类文明的瑰宝，保护和利用好珍贵文献典籍，对于继承和发扬民族优秀文化传统，增进民族团结和维护国家统一，增强民族自信心和凝聚力，建设社会主义核心价值体系，提高国家文化软实力，都具有重要意义。

各地区、各部门要进一步贯彻“保护为主、抢救第一、合理利用、加强管理”的指导方针，以第一批国家珍贵古籍名录和第一批全国古籍重点保护单位的公布为契机，加强科学规划，加大工作力度，切实做好珍贵古籍的保护、管理和合理利用工作，使中华民族珍贵的文献典籍永泽后世。

附件：1. 第一批国家珍贵古籍名录（2392 部）

2. 第一批全国古籍重点保护单位名单（51 个）

中华人民共和国国务院

二〇〇八年三月一日

（附件 1 发地方和有关部门）

《第一批國家珍貴古籍名録圖録》
編輯委員會

前言

中華文化源遠流長,是世界上唯一未曾中斷的文化，具有舉世公認的重要地位和影響，其中很重要的原因，就是我國擁有浩瀚的古籍文獻。從最古的甲骨刻辭、青銅器銘文、石刻文算起，到簡帛書和寫、印在紙上的書籍，中華古籍文獻歷時三千多年，其歷史之悠久，數量之繁多，內容之豐富，世所罕見。這些珍貴古籍是中華民族在數千年歷史發展過程中創造的重要文明成果，蘊含着中華民族特有的精神價值、思維方式和想像力、創造力，是中華民族綿延數千年，一脈相承的歷史見證，也是人類文明的瑰寶。

中國歷代對於傳承、保護古籍文獻均給予了高度重視，大規模的古籍整理一直持續不斷，無論是政府還是民間，編纂、珍藏、整理古籍漸成傳統，成為中華人文精神的重要內涵。儘管我國古籍浩如煙海，但由於歷史久遠，加之戰爭、動亂等各種原因，古籍屢遭厄運，留存至今的已百不存一，十分珍貴。保護中華古籍，是我們黨和國家一以貫之的政策。新中國成立以來，在黨中央和國務院的重視關懷下，我國的古籍保護工作取得了很大成績，為全面開展古籍保護工作打下了堅實基礎：國家徵集了大量民間古籍善本，使散落民間的珍貴古籍入藏圖書館、博物館、高校、科研院所等；組織修復了珍貴的《趙城金藏》、《永樂大典》、“敦煌遺書”和西夏文獻,以及眾多的宋元明清善本,使得大批珍貴古籍得到有效保護；自1985年起，陸續開始了對全國古籍的縮微複製工作，20多年來共拍攝完成古籍善本近3.2萬種；自2002年起，文化部、財政部共同實施“中華再造善本工程”，從保存在國內圖書館、博物館等單位兼具文獻價值和版本價值的古籍善本中，精選唐宋元時期的珍貴版本，採用現代和傳統相結合的印刷技術影印出版，使稀有、珍貴的古籍善本“化身千百”，實現了“繼絕存真，傳本揚學”的目的；初步建立了一支古籍保護工作隊伍。上世紀80年代以來，許多高校建立古籍研究所和文獻專業，培養和造就了一批古籍保護的相關專業人才。多數藏有古籍的圖書館都成立了古籍部，有專門人員從事古籍保護工作。許多專家學者針對古籍開展學術研究，取得了豐碩研究成果，為繼承和發揚中華傳統文化，做出了積極貢獻。

我國古籍保護工作雖取得了很大成績，但也存在着一些比較突出的困難和問題：我國尚未對古籍進行過全面系統普查，對古籍情況缺乏全面系統掌握，特別是對大量散藏於民間的古籍情況所知甚少；由於環境污染和人為原因，古籍酸化和脆化程度加快，使一些珍貴古籍的破壞程度加重；古籍保護和修復人才仍相當匱乏；古籍修復手段落後，修復工作進展緩慢，古籍保護工作任重而道遠。然而令人欣慰的是，近年來，隨着全社會文化遺產保護意識的日益增強，及我國綜合國力的顯著提高，古籍保護工作迎來新的春天。在黨的十七大報告中，胡錦濤總書記強調：要“加強對各民族文化的挖掘和保護，重視文物和非物質文化遺產保護，做好文化典籍整理工作。”為加強古籍保護工作，2007年1月19日，國務院辦公廳發佈《關於進一步加強古籍保護工作的意見》，古籍保護工作進入加快發展的新階段。2007年4月，國務院批准建立了由文化部、發改委、財政部、教育部等十個部委（局）組成的全國古籍保護工作部際聯席會議。2007年5月，國家古籍保護中心成立。2008年3月1日，國務院批准頒佈了《第一批國家珍貴古籍名錄》及第一批全國古籍重點保護單位，標誌着全國古籍保護工作取得了重大的階段性成果。7月28日，文化部在京隆重召開《第一批國家珍貴古籍名錄》頒證暨第一批全國古籍重點保護單位授牌儀式，中共中央政治局委員、國務委員劉延東同志出席儀式並做重要講話，充分肯定了古籍保護工作取得的成績，對不斷推動古籍保護工作全面、有序、健康、持續發展提出了明確要求。

《第一批國家珍貴古籍名錄》共收錄古籍2392種,其中，漢文古籍2282部，民族文字古籍110部。漢文古籍包括簡帛117種、敦煌文書72件、古籍2020部、碑帖73部。民族文字古籍包括焉耆-龜茲文、于闐文、藏文、回鶻文、西夏文、白文、蒙古文、察合台文、彝文、滿文、東巴文、傣文、水文、古壯字等14種文字。在編排體例上，《名錄》努力體現科學性並尊重學術傳統，總體上採取以文字分類、以時代先後為序的原則。先按文字類型將入選古籍劃分為漢文古籍和民族文字古籍兩大類。漢文古籍的編排以時代先後為序，分先秦兩漢、魏晉南北朝隋唐五代、宋遼夏金元、明清四個時期。各時期內的古籍一般按傳統方式編排。先秦兩漢時期古籍主要為簡牘帛書，其編排原則上按照刻寫、抄寫年代先後，同一年代刻寫、抄寫的按照《漢書•藝文志》各類順序編排；魏晉南北朝隋唐五代時期古籍主體為敦煌文書，按照佛教文獻、其他宗教文獻、四部文獻的順序編排，佛教文獻按照《開元釋教錄》的順序編排，其他宗教文獻按照宗教類別編排，四部文獻按照經史子集的順序編排；宋遼夏金元時期和明清時期按照經史子集順序編排。碑帖拓片分別歸入史部傳記類、金石類和子部藝術類。民族文字古籍原則上按民族文字出現的先後順序依次排列為焉耆-龜茲文、于闐文、藏文、回鶻文、西夏文、白文、蒙古文、察合台文、彝文、滿文、東巴文、傣文、水文、古壯字、多文種共15個小類。各小類中的多部古籍，一般按時代先後排序。《第一批國家珍貴古籍名錄》和“全國古籍重點保護單位” 的公佈，在中國歷史上尚屬首次，在世界上也絕無僅有，充分彰顯了黨和政府對古籍保護工作的高度重視。為紀念這一具有重要歷史意義的事件，傳承、弘揚中華民族優秀傳統文化，提高全社會古籍保護意識，國家古籍保護中心茲將入選《第一批國家珍貴古籍名錄》的珍貴古籍圖影彙編成冊，為學界及社會各界服務，留後世書香。

改革開放三十年來，我國的政治文明、物質文明、精神文明建設取得了舉世矚目的成就，剛剛閉幕的第29屆北京奧林匹克運動會，成為我國向全世界展現當代中國偉大建設成就的良好契機。在短短三十年取得如此巨大的成就，其原因不僅在於我國始終堅持改革開放，勇於學習和借鑒外來優秀文明成果，也在於我們對於優秀傳統文化的尊重、繼承和創造性的發揚。作為優秀傳統文化的重要載體，中華古籍是祖先留給我們的寶貴文化遺産，是中華民族文化傳承的血脈，是弘揚民族精神的基礎。保護好中華古籍，就是維繫中華文化的根脈，是一項功在當代、利在千秋的工作，是歷史賦予當代中國人的神聖使命。我們將繼續堅持"保護為主、搶救第一、合理利用、加強管理"的方針，繼續推動《國家珍貴古籍名錄》和全國古籍重點保護單位的申報、評審和命名工作，全面開展古籍普查，不斷改善古籍保管條件，大力推進古籍的修復和開發利用，加強保護隊伍建設，逐步建立科學、規範、有效的古籍保護制度，使滋養一代又一代中華兒女的珍貴古籍永澤後世，使中華文明薪火相傳，成為中華民族實現偉大復興的強大精神動力！

《第一批國家珍貴古籍名錄圖錄》編輯委員會

二〇〇八年四月

凡例

根據國務院辦公廳《關於進一步加強古籍保護工作的意見》（國辦發[2007]6號）要求，對各級圖書館、博物館及民間收藏古籍進行普查。在各收藏單位申報的基礎上，經全國古籍評審工作委員會反復審議、遴選、論證，並徵求全國古籍保護工作部際聯席會議成員單位及有關方面的意見，現出版《第一批國家珍貴古籍名錄圖錄》，目的是加強對珍貴古籍的重點保護，提高全社會對古籍保護工作的認識，更好地傳承中華民族優秀傳統文化。

為使《第一批國家珍貴古籍名錄圖錄》能夠準確、簡明地反映珍貴古籍特點，特定此圖錄凡例。

一、收錄原則：本書所收古籍，是經國務院審批頒佈的《第一批國家珍貴古籍名錄》中的古籍。

二、編排原則：本書分漢文珍貴古籍和少數民族文字珍貴古籍兩大類。漢文珍貴古籍按時間編排，主要為先秦兩漢時期、魏晉南北朝隋唐五代時期、宋遼夏金元時期、明清時期，各時期內根據文獻類型慣常的分類方式分類；少數民族文字珍貴古籍按語種編排。

三、題名原則：題名需著錄本書書名、卷數、著者、版本。

四、選圖原則：每種古籍選圖一至二幀不等，能反映各類版本特徵。具體原則為：

（一）題名葉。多卷本，原則上選取正文第一卷卷端原刻原印葉，如卷一首葉缺失、補刻、補抄等，則另選其他卷端的原刻原印葉；單卷本，即不分卷或一卷，原則上選取正文首葉卷端原刻原印葉，如首葉缺失、補刻、補抄等，則選取其他的原刻原印葉；合刻本，原則上選取合刻書的題名葉，如沒有或缺失，則選擇反映該書為合刻本的原刻原印葉。

（二）責任者葉。選取正文首卷卷端，或序跋等反映責任者的書葉。

（三）出版者、出版時間葉。選取牌記、刻書題記，或與出版者、出版時間相關的序、跋等葉。

（四）彩色套印葉。盡量選取色彩最多最清晰的書葉。

（五）版印方式葉。選取具有本書版本或材料特徵的書葉，或具有相關文字記載的序、跋等書葉。如銅活字印刷，選取反映銅活字印刷的書葉或序跋等。

（六）特色葉。本書特有的著名藏書家印章、批、校、題、跋等葉。

（七）裝幀特色。具有裝幀特色的古籍，可以選取反映特色裝幀的圖片。如梵夾裝、旋風裝等。

五、著錄原則：主要進行客觀著錄，著錄本書書名、作者、版本、存卷、流傳過程、裝幀形式（線裝形式者不著錄）、現藏單位等。

六、本書按《第一批國家珍貴古籍名錄》條目選配書影，加以著錄。如有書目完全相同而收藏地不同者，則并為一條著錄，所有收藏地信息在釋文最後依先後順序注明。

七、本書大部分採用原件拍攝，簡帛部分為保護文物，未重新拍照，採用公開出版物的照片掃描，均得到相關出版社授權。暫無圖像者，本次出版只存目錄，圖片暫缺。

總目録

一、漢文珍貴古籍名録

（一）先秦兩漢時期

00001 窮達以時 戰國 竹簡 湖北荊門郭店1號戰國楚墓 湖北省荊門市博物館

00002 緇衣 戰國 竹簡 湖北荊門郭店1號戰國楚墓 湖北省荊門市博物館

00003 魯穆公問子思 戰國 竹簡 湖北荊門郭店1號戰國楚墓 湖北省荊門市博物館

00004 五行 戰國 竹簡 湖北荊門郭店1號戰國楚墓 湖北省荊門市博物館

00005 成之聞之 戰國 竹簡 湖北荊門郭店1號戰國楚墓 湖北省荊門市博物館

00006 語叢一、二、三、四 戰國 竹簡 湖北荊門郭店1號戰國楚墓 湖北省荊門市博物館

00007 六德 戰國 竹簡 湖北荊門郭店1號戰國楚墓 湖北省荊門市博物館

00008 性自命出 戰國 竹簡 湖北荊門郭店1號戰國楚墓 湖北省荊門市博物館

00009 尊德義 戰國 竹簡 湖北荊門郭店1號戰國楚墓 湖北省荊門市博物館

00010 唐虞之道 戰國 竹簡 湖北荊門郭店1號戰國楚墓 湖北省荊門市博物館

00011 忠信之道 戰國 竹簡 湖北荊門郭店1號戰國楚墓 湖北省荊門市博物館

00012 太一生水 戰國 竹簡 湖北荊門郭店1號戰國楚墓 湖北省荊門市博物館

00013 老子（甲、乙、丙） 戰國 竹簡 湖北荊門郭店1號戰國楚墓 湖北省荊門市博物館

00014 周易 戰國 竹簡 上海博物館

00015 逸詩 戰國 竹簡 上海博物館

00016 孔子詩論 戰國 竹簡 上海博物館

00017 容成氏 戰國 竹簡 上海博物館

00018 緇衣 戰國 竹簡 上海博物館

00019 性情論 戰國 竹簡 上海博物館

00020 內豐 戰國 竹簡 上海博物館

00021 民之父母 戰國 竹簡 上海博物館

00022 子羔 戰國 竹簡 上海博物館

00023 中弓 戰國 竹簡 上海博物館

00024 昔者君老 戰國 竹簡 上海博物館

00025 相邦之道 戰國 竹簡 上海博物館

00026 魯邦大旱 戰國 竹簡 上海博物館

00027 從政甲乙篇 戰國 竹簡 上海博物館

00028 恒先 戰國 竹簡 上海博物館

00029 曹沫之陳 戰國 竹簡 上海博物館

00030 志怪故事 秦 竹簡 甘肅天水放馬灘1號秦墓 甘肅簡牘保護研究中心

00031 戰國末期秦木板地圖 秦 木板 甘肅天水放馬灘1號秦墓 甘肅簡牘保護研究中心

00032 日書甲乙種 秦 竹簡 甘肅天水放馬灘1號秦墓 甘肅簡牘保護研究中心

00033 編年記 秦 竹簡 湖北雲夢睡虎地11號秦墓 國家博物館

00034 為吏之道 秦 竹簡 湖北雲夢睡虎地11號秦墓 湖北省博物館

00035 封診式 秦 竹簡 湖北雲夢睡虎地11號秦墓 湖北省博物館

00036 法律答問 秦 竹簡 湖北雲夢睡虎地11號秦墓 湖北省博物館

00037 效律 秦 竹簡 湖北雲夢睡虎地11號秦墓 湖北省博物館

00038 秦律雜抄 秦 竹簡 湖北雲夢睡虎地11號秦墓 湖北省博物館

00039 秦律十八種 秦 竹簡 湖北雲夢睡虎地11號秦墓 湖北省博物館

00040 日書甲乙種 秦 竹簡 湖北雲夢睡虎地11號秦墓 湖北省博物館

00041 秦始皇三十四年曆譜 秦 竹簡 湖北沙市周家臺30號秦墓 湖北省荊州市博物館

00042 日書 秦 竹簡 湖北江陵王家臺15號秦墓 湖北省荊州市博物館

00043 歸藏 秦 竹簡 湖北江陵王家臺15號秦墓 湖北省荊州市博物館

00044 二年律令 西漢 竹簡 湖北江陵張家山247號漢墓 湖北省荊州市博物館

00045 奏讞書 西漢 竹簡 湖北江陵張家山247號漢墓 湖北省荊州市博物館

00046 莊子•盜蹠 西漢 竹簡 湖北江陵張家山136號漢墓 湖北省荊州市博物館

00047 蓋廬 西漢 竹簡 湖北江陵張家山247號漢墓 湖北省荊州市博物館

00048 算數書 西漢 竹簡 湖北江陵張家山247號漢墓 湖北省荊州市博物館

00049 曆譜 西漢 竹簡 湖北江陵張家山247號漢墓 湖北省荊州市博物館

00050 脈書 西漢 竹簡 湖北江陵張家山247號漢墓 湖北省荊州市博物館

00051 引書 西漢 竹簡 湖北江陵張家山247號漢墓 湖北省荊州市博物館

00052 周易 西漢 竹簡 安徽阜陽雙古堆1號漢墓 安徽省阜陽市博物館

00053 詩經 西漢 竹簡 安徽阜陽雙古堆1號漢墓 安徽省阜陽市博物館

00054 春秋事語 西漢 木牘 安徽阜陽雙古堆1號漢墓 安徽省阜陽市博物館

00055 年表 西漢 竹簡 安徽阜陽雙古堆1號漢墓 安徽省阜陽市博物館

00056 大事記 西漢 竹簡 安徽阜陽雙古堆1號漢墓 安徽省阜陽市博物館

00057 蒼頡篇 西漢 竹簡 安徽阜陽雙古堆1號漢墓 安徽省阜陽市博物館

00058 儒家者言 西漢 木牘 安徽阜陽雙古堆1號漢墓 安徽省阜陽市博物館

00059 楚辭 西漢 竹簡 安徽阜陽雙古堆1號漢墓 安徽省阜陽市博物館

00060 刑德 西漢 竹簡 安徽阜陽雙古堆1號漢墓 安徽省阜陽市博物館

00061 萬物 西漢 竹簡 安徽阜陽雙古堆1號漢墓 安徽省阜陽市博物館

00062 晏子 西漢 竹簡 山東臨沂銀雀山1號漢墓 山東省博物館

00063 唐勒 西漢 竹簡 山東臨沂銀雀山1號漢墓 山東省博物館

00064 孫子兵法 西漢 竹簡 山東臨沂銀雀山1號漢墓 山東省博物館

00065 孫臏兵法 西漢 竹簡 山東臨沂銀雀山1號漢墓 山東省博物館

00066 六韜 西漢 竹簡 山東臨沂銀雀山1號漢墓 山東省博物館

00067 守法守令十三篇 西漢 竹簡 山東臨沂銀雀山1號漢墓 山東省博物館

00068 尉繚子 西漢 竹簡 山東臨沂銀雀山1號漢墓 山東省博物館

00069 地典 西漢 竹簡 山東臨沂銀雀山1號漢墓 山東省博物館

00070 天地八風五行客主五音之居 西漢 竹簡 山東臨沂銀雀山1號漢墓 山東省博物館

00071 占書 西漢 竹簡 山東臨沂銀雀山1號漢墓 山東省博物館

00072 元光元年曆譜 西漢 竹簡 山東臨沂銀雀山2號漢墓 山東省博物館

00073 合陰陽 西漢 竹簡 湖南長沙馬王堆3號漢墓 湖南省博物館

00074 天下至道談 西漢 竹簡 湖南長沙馬王堆3號漢墓 湖南省博物館

00075 **雜禁方** 西漢 木簡 湖南長沙馬王堆3號漢墓 湖南省博物館

00076 **十問** 西漢 竹簡 湖南長沙馬王堆3號漢墓 湖南省博物館

00077 **論語** 西漢 竹簡 河北定縣八角廊40號漢墓 河北省文物研究所

00078 **儒家者言** 西漢 竹簡 河北定縣八角廊40號漢墓 河北省文物研究所

00079 **文子** 西漢 竹簡 河北定縣八角廊40號漢墓 河北省文物研究所

00080 **地節元年曆譜** 西漢 木簡 甘肅漢長城青水溝東墩烽燧遺址 敦煌市博物館

00081 **元延二年日記** 西漢 木簡 江蘇連雲港尹灣村漢墓 江蘇省連雲港市博物館

00082 **神烏傅（賦）** 西漢 竹簡 江蘇連雲港尹灣村漢墓 江蘇省連雲港市博物館

00083 **元延元年曆譜** 西漢 木牘 江蘇連雲港尹灣村漢墓 江蘇省連雲港市博物館

00084 **元延三年五月曆譜** 西漢 木牘 江蘇連雲港尹灣村漢墓 江蘇省連雲港市博物館

00085 **神龜占** 西漢 木牘 江蘇連雲港尹灣村漢墓 江蘇省連雲港市博物館

00086 **六甲占雨** 西漢 木牘 江蘇連雲港尹灣村漢墓 江蘇省連雲港市博物館

00087 **博局占** 西漢 木牘 江蘇連雲港尹灣村漢墓 江蘇省連雲港市博物館

00088 **刑德行時** 西漢 竹簡 江蘇連雲港尹灣村漢墓 江蘇省連雲港市博物館

00089 **行道吉凶** 西漢 竹簡 江蘇連雲港尹灣村漢墓 江蘇省連雲港市博物館

00090 **相寶劍刀** 西漢 木簡 甘肅居延破城子遺址 甘肅省博物館

00091 **甲本儀禮** 西漢 木簡 甘肅武威磨嘴子6號漢墓 甘肅省博物館

00092 **乙本服傳** 西漢 木簡 甘肅武威磨嘴子6號漢墓 甘肅省博物館

00093 **丙本喪服經** 西漢 竹簡 甘肅武威磨嘴子6號漢墓 甘肅省博物館

00094 **東漢醫簡** 東漢 木簡 甘肅武威旱灘坡1號漢墓 甘肅省博物館

00095 **周易及卷後佚書（二三子問、要、昭力、繆和、易之義）** 西漢 帛書 湖南長沙馬王堆3號漢墓 湖南省博物館

00096 **繫辭** 西漢 帛書 湖南長沙馬王堆3號漢墓 湖南省博物館

00097 **喪服圖** 西漢 帛書 湖南長沙馬王堆3號漢墓 湖南省博物館

00098 **春秋事語** 西漢 帛書 湖南長沙馬王堆3號漢墓 湖南省博物館

00099 **戰國縱橫家書** 西漢 帛書 湖南長沙馬王堆3號漢墓 湖南省博物館

00100 **老子甲本及卷後佚書（五行、九主、明君、德聖）** 西漢 帛書 湖南長沙馬王堆3號漢墓 湖南省博物館

00101 **老子乙本及卷前四篇佚書（經法、十六經、稱、道原）** 西漢 帛書 湖南長沙馬王堆3號漢墓 湖南省博物館

00102 **長沙國南部地形圖** 西漢 帛書 湖南長沙馬王堆3號漢墓 湖南省博物館

00103 **刑德甲乙本** 西漢 帛書 湖南長沙馬王堆3號漢墓 湖南省博物館

00104 **五星占** 西漢 帛書 湖南長沙馬王堆3號漢墓 湖南省博物館

00105 **天文氣象雜占** 西漢 帛書 湖南長沙馬王堆3號漢墓 湖南省博物館

00106 **陰陽五行甲乙本** 西漢 帛書 湖南長沙馬

王堆3號漢墓 湖南省博物館

00107 **相馬經** 西漢 帛書 湖南長沙馬王堆3號漢墓 湖南省博物館

00108 **足臂十一脈灸經** 西漢 帛書 湖南長沙馬王堆3號漢墓 湖南省博物館

00109 **陰陽十一脈灸經（甲本、乙本）** 西漢 帛書 湖南長沙馬王堆3號漢墓 湖南省博物館

00110 **脈法** 西漢 帛書 湖南長沙馬王堆3號漢墓 湖南省博物館

00111 **陰陽脈死候** 西漢 帛書 湖南長沙馬王堆3號漢墓 湖南省博物館

00112 **五十二病方** 西漢 帛書 湖南長沙馬王堆3號漢墓 湖南省博物館

00113 **胎產書** 西漢 帛書 湖南長沙馬王堆3號漢墓 湖南省博物館

00114 **雜療方** 西漢 帛書 湖南長沙馬王堆3號漢墓 湖南省博物館

00115 **養生方** 西漢 帛書 湖南長沙馬王堆3號漢墓 湖南省博物館

00116 **導引圖** 西漢 帛書 湖南長沙馬王堆3號漢墓 湖南省博物館

00117 **卻穀食氣** 西漢 帛書 湖南長沙馬王堆3號漢墓 湖南省博物館

（二）魏晉南北朝隋唐五代時期

00118 **大般若波羅蜜多經** （唐）釋玄奘譯 唐寫本 西北師範大學博物館

存三卷（一、二百七十一、三百八十八）

00119 **大般若波羅蜜多經卷三十** （唐）釋玄奘譯 唐寫本 重慶圖書館

00120 **大般若波羅蜜多經卷五十四** （唐）釋玄奘譯 晚唐五代寫本 山西省曲沃縣圖書館

00121 **大般若波羅蜜多經卷三百六十三** （唐）釋玄奘譯 唐洪贇寫本 黑龍江省圖書館

00122 **摩訶般若波羅蜜經卷一** （後秦）釋鳩摩羅什譯 唐寫本 國家圖書館

00123 **金剛般若波羅蜜經** （後秦）釋鳩摩羅什譯 唐儀鳳元年（676）寫本 國家圖書館

00124 **仁王護國般若波羅蜜經卷下** （後秦）釋鳩摩羅什譯 隋開皇二十年（600）寫本 國家圖書館

00125 **大菩薩藏經卷第三** （唐）釋玄奘譯 唐貞觀二十二年（648）寫本 國家圖書館

00126 **大方等大集經無盡意菩薩品第二** （北涼）釋曇無讖等譯 唐寫本 山東省圖書館

00127 **大方廣佛華嚴經卷八** （東晉）釋佛陀跋陀羅譯 北魏延昌二年（513）寫本 國家圖書館

00128 **大般涅槃經卷七** （北涼）釋曇無讖譯 隋寫本 中國書店

00129 **大般涅槃經卷三十九** （北涼）釋曇無讖譯 唐寫本 山西省曲沃縣圖書館

00130 **維摩詰所說經卷上** （後秦）釋鳩摩羅什譯 北魏神龜元年（518）寫本 上海圖書館

00131 **維摩詰所說經卷下** （後秦）釋鳩摩羅什譯 唐寫本 山西省圖書館

00132 **金光明最勝王經卷七** （唐）釋義淨譯 吐蕃統治敦煌時期寫本 山東省博物館

00133 **思益梵天所問經四卷** （後秦）釋鳩摩羅什譯 吐蕃統治敦煌時期寫本 國家圖書館

00134 **思益梵天所問經卷三** （後秦）釋鳩摩羅什譯 唐寫本 山東省圖書館

00135 **藥師琉璃光七佛本願功德經** （唐）釋義淨譯 唐景龍元年（707）寫本 國家圖書館

00136 **諸佛要集經** （西晉）釋竺法護譯 西晉元康六年（296）寫本 旅順博物館
存殘片十二件

00137 **賢劫千佛名經卷上** 後梁貞明六年（920）寫本 國家圖書館

00138 **四分律初分卷三** （後秦）釋佛陀耶舍 釋竺佛念譯 西涼建初十二年十二月（417）寫本 國家圖書館

00139 **雜阿毗曇心論** （南朝宋）釋僧伽跋摩譯 南北朝寫本 國家圖書館

00140 **金光明經卷二** （北涼）釋曇無讖譯 庚午年（430？）寫本 新疆維吾爾自治區博物館

00141 **金光明經卷四** （北涼）釋曇無讖譯 唐末寫本 甘肅省麥積山石窟藝術研究所

00142 **三十七品經** 失譯 東晉寫本 南京博物院

00143 **戒緣卷下** 北魏太安四年（458）寫本 國家圖書館

00144 **十方千五百佛名經一卷** 大魏三年寫本 山東省博物館

00145 **妙法蓮華經卷一** （後秦）釋鳩摩羅什譯 唐寫本 南京師範大學圖書館

00146 **妙法蓮華經卷三** （後秦）釋鳩摩羅什譯 唐寫本 山西省圖書館

00147 **妙法蓮華經卷五** （後秦）釋鳩摩羅什譯 唐垂拱四年（688）寫本 山東省博物館

00148 **觀世音經一卷** （後秦）釋鳩摩羅什譯 唐天復二年（902）血書 國家圖書館

00149 **觀世音經一卷** （後秦）釋鳩摩羅什譯 歸義軍時期寫本 國家圖書館

00150 **[大般涅槃經疏]** 南北朝釋曇鸞寫本 上海圖書館

00151 **妙法蓮華經玄贊卷十** （唐）釋窺基撰 唐寫本 國家圖書館

00152 **如來莊嚴智慧光明入一切佛境界經卷上** （北魏）釋曇摩流支譯 唐寫本 南京師範大學圖書館

00153 **無量壽觀經** （南朝宋）釋畺良耶舍譯 唐寫本 吉林省圖書館

00154 **諸經要集卷九** （唐）道世編 唐寶應二年（763）寫本 國家圖書館

00155 **最妙勝定經** 唐寫本 國家圖書館

00156 **維摩詰經義記卷三** 西魏大統三年（537）寫本 國家圖書館

00157 **十地論義記卷一** 西魏大統十三年（547）寫本 上海圖書公司

00158 **行事鈔中分門圖錄** 唐寫本 國家圖書館

00159 **[佛門問答十二論]** 南朝陳天嘉六年（565）寫本 卷背 **[三佛五門義記]** 南北朝寫本 天津博物館

00160 **禪數雜事卷下** 隋開皇十三年（593）寫本 天津博物館

00161 **諸文要集** 唐大曆二年（767）寫本 北京大學圖書館

00162 **高聲念佛讚等四十三種** 歸義軍時期寫本 上海博物館

00163 **菩提達摩南宗定是非論** （唐）釋神會撰 **南陽和上頓教解脫禪門直了性壇語** （唐）釋神會撰 **南宗定邪正五更轉** （唐）釋神會撰 **南宗頓教最上大乘摩訶般若波羅蜜經六祖惠能大師于韶州大梵寺施法壇經一卷兼授無相戒** （唐）釋法海集記 **注般若波羅蜜多心經** （唐）釋淨覺注 歸義軍時期寫本 敦煌市博物館

00164 **息諍論等三種** 唐寫本 國家圖書館

00165 **七祖法寶記** 歸義軍時期寫本 國家圖書館

00166 **維摩詰所說經卷下** （後秦）釋鳩摩羅什

譯 唐寫本 卷背 [曲子詞] 歸義軍時期寫本 天津博物館

00167 **維摩詰經講經文** 歸義軍時期寫本 國家圖書館

00168 **首羅比丘見五百仙人并見月光童子經** 唐寫本 北京大學圖書館

00169 **佛為心王菩薩說頭陀經卷上** 釋惠辯注疏 唐寫本 國家圖書館

00170 **佛說孝順子修行成佛經** 唐寫本 國家圖書館

00171 **老子道德經五千文卷上** 唐寫本 國家圖書館

00172 **[老子道德經五千文義疏]** 唐寫本 國家圖書館

00173 **南華真經田子方品第二十一** 唐寫本 國家圖書館

00174 **無上秘要卷五十二** （北周）宇文邕主持編纂 唐開元六年（718）寫本 國家圖書館

00175 **[摩尼教經典]** 唐寫本 國家圖書館

00176 **古文尚書傳** 唐寫本 國家圖書館

00177 **論語鄭氏注** 唐西州卜天壽抄本 吐魯番地區博物館

00178 **孝經義** （梁）叔明撰 闞氏高昌抄本 吐魯番地區博物館

00179 **三國志•孫權傳** （晉）陳壽撰 晉寫本 新疆維吾爾自治區博物館

00180 **三國志•步騭傳** （晉）陳壽撰 晉寫本 敦煌研究院

00181 **[唐景雲二年張君義勳告]** 唐景雲二年（711）寫本 敦煌研究院

00182 **地志** 唐寫本 卷背 **[紫微宮星圖][占雲氣書]** 唐寫本 敦煌市博物館

00183 **開元新格卷三戶部** 唐開元寫本 國家圖書館

00184 **逆刺占** 唐天復二年（902）寫本 卷背 **毛詩傳箋** （漢）鄭玄箋 歸義軍時期寫本 國家圖書館

00185 **辯亡論** （西晉）陸機撰 唐寫本 國家圖書館

00186 **劉子新論卷中** 題（南梁）劉勰撰 唐寫本 國家圖書館

00187 **李陵變文** 唐寫本 國家圖書館

00188 **刊謬補缺切韻五卷** （唐）王仁昫撰 （唐）長孫訥言注 （唐）裴務齊正字 唐寫本 故宮博物院

（三）宋遼夏金元時期

00189 **十三經注疏三百五十三卷** 元刻明修本 北京市文物局

00190 **十三經注疏三百五十三卷** 元刻明修本 軍事科學院軍事圖書資料館

存三百四十一卷

00191 **周易九卷** （魏）王弼 （晉）韓康伯注 （唐）陸德明釋文 **略例一卷** （魏）王弼撰 （唐）邢璹注 南宋初刻本 董其昌 文嘉 文震孟 文從簡 秦蕙田跋 國家圖書館

00192 **周易九卷** （魏）王弼 （晉）韓康伯注 （唐）陸德明釋文 **略例一卷** （魏）王弼撰 （唐）邢璹注 元相臺岳氏荊谿家塾刻本 國家圖書館

00193 **周易正義十四卷** （唐）孔穎達撰 南宋初刻遞修本 翁方綱 傅增湘跋 國家圖書館

00194 **周易注疏十三卷** （魏）王弼 （晉）韓康伯注 （唐）孔穎達疏 南宋初兩浙東路茶鹽司刻宋元遞修本（序、表、卷一配清陳氏士

鄉堂抄本）陳鱣跋 國家圖書館

00195 **伊川程先生周易經傳十卷上下篇義一卷** （宋）程頤撰 元刻本 國家圖書館

00196 **周易本義十二卷五贊一卷筮儀一卷易圖一卷** （宋）朱熹撰 宋咸淳元年（1265）吳革建寧府刻本 國家圖書館

00197 **晦庵先生朱文公易說二十三卷** （宋）朱熹撰 （宋）朱鑑輯 元刻本 國家圖書館

00198 **程朱二先生周易傳義十卷首一卷** （宋）程頤 朱熹撰 元延祐元年（1314）翠巖精舍刻本 北京大學圖書館
存九卷（一至八、首一卷）

00199 **程朱二先生周易傳義十卷** （宋）程頤 朱熹撰 **上下篇義一卷** （宋）程頤撰 **易圖集錄一卷** （宋）朱熹撰 元後至元二年（1336）建安碧灣書堂刻本 國家圖書館

00200 **周易程朱傳義音訓十卷** （宋）程頤 朱熹撰 （宋）呂祖謙音訓 **易圖一卷** （宋）朱熹撰 元至正六年（1346）虞氏務本堂刻本 傅增湘跋 國家圖書館

00201 **周易程朱先生傳義附錄二十卷** （宋）董楷撰 **上下篇義一卷** （宋）程頤撰 **朱子易圖說一卷周易五贊一卷筮儀一卷** （宋）朱熹撰 （宋）董楷輯 元延祐二年（1315）圓沙書院刻本 國家圖書館

00202 **大易粹言十二卷** （宋）曾穜輯 宋淳熙三年（1176）舒州公使庫刻本 國家圖書館

00203 **張先生校正楊寶學易傳二十卷** （宋）楊萬里撰 （宋）張敬之校正 宋刻本 鄭希聖 朱良育跋 國家圖書館

00204 **童溪王先生易傳三十卷** （宋）王宗傳撰 宋開禧元年（1205）建安劉日新宅三桂堂刻本 國家圖書館
存二十二卷（一至十四、十八至二十二、二十八至三十）

00205 **童溪王先生易傳三十卷** （宋）王宗傳撰 宋開禧元年（1205）建安劉日新宅三桂堂刻本 遼寧省圖書館
存六卷（十五至十七、二十五至二十七）

00206 **大易集義六十四卷** （宋）魏了翁輯 宋淳祐十二年（1252）魏克愚徽州紫陽書院刻元至元二十五年（1288）吳夢炎重修本（卷六至十、二十四至二十六配清抄本） 國家圖書館

00207 **周易要義十卷** （宋）魏了翁撰 宋淳祐十二年（1252）魏克愚徽州紫陽書院刻本 國家圖書館
存六卷（一至二、七至十）

00208 **東谷鄭先生易翼傳二卷** （宋）鄭汝諧撰 元大德十一年（1307）廬陵學官刻本 國家圖書館
存一卷（下）

00209 **易學啓蒙通釋二卷圖一卷** （宋）胡方平撰 元至元二十九年（1292）熊禾武夷書室刻明修本 國家圖書館

00210 **易學啓蒙通釋二卷** （宋）胡方平撰 元至元二十九年（1292）熊禾武夷書室刻明修本 山東省博物館

00211 **周易象義十二卷** （宋）丁易東撰 元刻本（上經、下經配抄本） 季錫疇校 國家圖書館

00212 **周易本義啓蒙翼傳四卷** （元）胡一桂撰 元皇慶延祐胡氏家刻本 上海圖書館

00213 **易纂言外翼十二卷** （元）吳澄撰 元刻本 國家圖書館

00214 **周易本義集成十二卷** （元）熊良輔撰 元

刻本 山東省圖書館

存七卷（六至十二）

00215 周易本義集成十二卷 （元）熊良輔撰 元刻明修本 國家圖書館

00216 周易經傳集程朱解附錄纂註十四卷朱子易圖附錄纂注一卷朱子啓蒙五贊附錄纂註一卷朱子筮儀附錄纂注一卷 （元）董真卿撰 元刻本 山東省圖書館

00217 學易記九卷附圖經綱領一卷 （元）李簡撰 蒙古中統刻本 遼寧省圖書館

存四卷（一至四上）

00218 學易記九卷 （元）李簡撰 蒙古中統刻本 國家圖書館

存六卷（四至九）

00219 古三墳書三卷 宋紹興十七年（1147）婺州州學刻本 陸元通 陶日發 寶康題款 國家圖書館

00220 尚書十三卷 題（漢）孔安國傳 南宋初刻乾道重修本 北京大學圖書館

00221 尚書正義二十卷 （唐）孔穎達撰 南宋初兩浙東路茶鹽司刻本（卷七至八、十九至二十配日本影宋抄本） 楊守敬跋 國家圖書館

00222 禹貢論二卷後論一卷山川地理圖二卷 （宋）程大昌撰 宋淳熙八年（1181）陳應行泉州州學刻本 國家圖書館

00223 杏溪傅氏禹貢集解二卷 （宋）傅寅撰 宋刻元修本 國家圖書館

00224 朱文公訂正門人蔡九峯書集傳六卷 （宋）蔡沈撰 書傳問答一卷 宋淳祐十年（1250）呂遇龍上饒郡學刻本 國家圖書館

00225 書集傳六卷書圖一卷 （宋）蔡沈撰 （元）鄒季友音釋 朱子說書綱領一卷 （宋）朱熹撰 元至正十一年（1351）德星書堂刻本 國家圖書館

00226 書集傳六卷首一卷末一卷 （宋）蔡沈撰 （元）鄒季友音釋 元至正雙桂書堂刻本 吉林省圖書館

00227 書集傳十二卷或問二卷 （宋）陳大猷撰 元刻本 國家圖書館

00228 書集傳輯錄纂註六卷又一卷朱子說書綱領輯錄一卷 （元）董鼎撰 元延祐五年（1318）建安余氏勤有堂刻本 王元亮點校 國家圖書館

00229 朱子訂定蔡氏書集傳六卷 （元）董鼎輯錄纂注 元刻本 山東省博物館

00230 尚書通考十卷 （元）黃鎮成撰 元至正刻本 沈祥龍跋 國家圖書館

00231 書義矜式六卷 （元）王充耘撰 元刻本 南京圖書館

00232 直音傍訓尚書句解十三卷 （元）朱祖義撰 元泰定敏德書堂刻本 國家圖書館

00233 詩外傳十卷 （漢）韓嬰撰 元至正十五年（1355）嘉興路儒學刻明修本（卷三、四有抄配） 黃丕烈校并跋 顧廣圻 瞿中溶 傅增湘跋 國家圖書館

00234 韓魯齊三家詩攷六卷 （宋）王應麟輯 元泰定四年（1327）劉君佐翠巖精舍刻本 國家圖書館

00235 毛詩詁訓傳二十卷 （漢）毛萇傳 （漢）鄭玄箋 （唐）陸德明釋文 宋刻本 國家圖書館

00236 監本纂圖重言重意互註點校毛詩二十卷圖譜一卷 （漢）毛萇傳 （漢）鄭玄箋 （唐）陸德明釋文 宋刻本（卷五至七配清黃氏士禮居影宋抄本） 黃丕烈 勞健 周叔

弢跋 國家圖書館

00237 **詩集傳二十卷** （宋）蘇轍撰 宋淳熙七年（1180）蘇詡筠州公使庫刻本 國家圖書館

00238 **詩集傳二十卷** （宋）朱熹撰 宋刻本 吳壽暘 丁丙跋 南京圖書館

存八卷（一至八）

00239 **詩集傳十卷** （宋）朱熹撰 元刻本 國家圖書館

00240 **詩集傳附錄纂疏二十卷詩序附錄纂疏一卷詩傳綱領附錄纂疏一卷** （元）胡一桂撰 **語錄輯要一卷** （元）胡一桂輯 元泰定四年（1327）翠巖精舍刻本 國家圖書館

00241 **詩集傳名物鈔音釋纂輯二十卷** （元）羅復撰 元至正十一年（1351）雙桂書堂刻本 國家圖書館

00242 **詩集傳通釋二十卷綱領一卷外綱領一卷** （元）劉瑾撰 元至正十二年（1352）建安劉氏日新書堂刻本 國家圖書館

00243 **詩集傳通釋二十卷綱領一卷外綱領一卷** （元）劉瑾撰 元至正十二年（1352）建安劉氏日新書堂刻本 韓應陛跋 北京大學圖書館

00244 **詩集傳通釋二十卷綱領一卷外綱領一卷** （元）劉瑾撰 元至正十二年（1352）建安劉氏日新書堂刻本 湖北省圖書館

00245 **呂氏家塾讀詩記三十二卷** （宋）呂祖謙撰 宋淳熙九年（1182）丘密江西漕臺刻本 國家圖書館

00246 **詩童子問二十卷** （宋）輔廣撰 元至正三年（1343）余志安勤有堂刻本 上海圖書館

00247 **詩說十二卷總說一卷** （宋）劉克撰 宋淳祐六年（1246）劉坦郴州州學刻本 吳寬跋 錢同愛題款 國家圖書館

存十卷（一、三至八、十一至十二，總說）

00248 **詩經疑問七卷** （元）朱倬撰 **附編一卷** （元）趙悳撰 元至正七年（1347）建安書林劉錦文刻本 國家圖書館

00249 **直音傍訓毛詩句解二十卷** （元）李公凱撰 元刻本 國家圖書館

00250 **周禮十二卷** （漢）鄭玄注 宋婺州市門巷唐宅刻本 勞健抄補并跋 國家圖書館

00251 **京本點校附音重言重意互註周禮十二卷** （漢）鄭玄注 南宋建陽刻本 北京大學圖書館

存四卷（二、四至六）

00252 **周禮十二卷周禮圖一卷** （漢）鄭玄注 （唐）陸德明釋文 宋刻本 北京大學圖書館

00253 **周禮十二卷** （漢）鄭玄注 **釋音一卷** （唐）陸德明撰 金刻本 國家圖書館

00254 **纂圖互註周禮十二卷** （漢）鄭玄注 （唐）陸德明釋文 **圖說一卷** 宋刻本 國家圖書館

00255 **周禮疏五十卷** （唐）賈公彥等撰 南宋初兩浙東路茶鹽司刻宋元遞修本 國家圖書館

00256 **周禮疏五十卷** （唐）賈公彥等撰 南宋初兩浙東路茶鹽司刻宋元遞修本 北京大學圖書館

存二十七卷（一至二、十三至十四、二十七至四十七、四十九至五十）

00257 **禮經會元四卷** （宋）葉時撰 元至正二十六年（1366）刻明修本 湖北省圖書館

00258 **鬳齋考工記解二卷** （宋）林希逸撰 **釋音二卷** 南宋刻元延祐四年（1317）重修本（有抄配） 上海圖書館

00259 **儀禮經傳通解三十七卷** （宋）朱熹撰 宋嘉定十年（1217）南康道院刻元明遞修本（卷八至十、二十三配明抄本） 丁丙跋 南

京圖書館

存三十六卷（一至十四、十六至三十七）

00260 **儀禮圖十七卷儀禮旁通圖一卷附儀禮十七卷** （宋）楊復撰 元刻本 北京大學圖書館

00261 **儀禮要義五十卷** （宋）魏了翁撰 宋淳祐十二年（1252）魏克愚徽州紫陽書院刻本（目錄、卷一至六、二十五至二十八、四十一至四十三配清抄本） 國家圖書館

00262 **儀禮集說十七卷** （元）敖繼公撰 元大德刻明修本 國家圖書館

00263 **禮記二十卷** （漢）鄭玄注 **釋文四卷** （唐）陸德明撰 宋淳熙四年（1177）撫州公使庫刻咸淳九年（1273）高夢炎重修本 顧廣圻跋 國家圖書館

00264 **禮記二十卷** （漢）鄭玄注 （唐）陸德明音義 宋余仁仲萬卷堂家塾刻本 周叔弢跋 國家圖書館

00265 **禮記二十卷** （漢）鄭玄注 （唐）陸德明音義 宋刻本 北京大學圖書館

00266 **禮記二十卷** （漢）鄭玄注 宋刻本 遼寧省圖書館

存五卷（一至五）

00267 **纂圖互註禮記二十卷禮記舉要圖一卷** （漢）鄭玄注 （唐）陸德明音義 宋紹熙福建刻本 錢天樹 孫鋆 楊希鈺 李兆洛 陳鑾 吳憲澄 張爾旦 季錫疇 吳輔仁 張蓉鏡跋 國家圖書館

00268 **監本纂圖重言重意互注禮記二十卷** （漢）鄭玄注 （唐）陸德明音義 宋刻本 上海圖書公司

00269 **禮記正義七十卷** （唐）孔穎達撰 宋紹熙三年（1192）黃唐兩浙東路茶鹽司刻宋元遞修本 惠棟 李盛鐸跋 國家圖書館

00270 **禮記集說一百六十卷統說一卷** （宋）衛湜撰 宋嘉熙四年（1240）衛湜新定郡齋刻本（卷三十四至四十、九十三至九十五、一百至一百六配清抄本） 黃丕烈跋 國家圖書館

00271 **禮記要義三十三卷** （宋）魏了翁撰 宋淳祐十二年（1252）魏克愚徽州紫陽書院刻本 金錫爵跋 國家圖書館

存三十一卷（三至三十三）

00272 **禮記集說十六卷** （元）陳澔撰 元天曆元年（1328）建安鄭明德宅刻本 國家圖書館

存十四卷（一至六、九至十六）

00273 **禮記集說十六卷** （元）陳澔撰 元天曆元年（1328）建安鄭明德宅刻本 北京大學圖書館

存十二卷（一至六、九至十、十三至十六）

00274 **禮記集說十六卷** （元）陳澔撰 元天曆元年（1328）建安鄭明德宅刻重修本 北京師範大學圖書館

00275 **大戴禮記十三卷** （漢）戴德撰 （北周）盧辯注 元至正十四年（1354）嘉興路儒學刻本 嵇承謙校并跋 俞樾跋 國家圖書館

00276 **大戴禮記十三卷** （漢）戴德撰 （北周）盧辯注 元至正十四年（1354）嘉興路儒學刻本 國家圖書館

00277 **新定三禮圖二十卷** （宋）聶崇義集注 宋淳熙二年（1175）鎮江府學刻公文紙印本 錢謙益跋 國家圖書館

00278 **禮書一百五十卷** （宋）陳祥道撰 元至正七年（1347）福州路儒學刻明修本 國家圖書館

00279 禮書一百五十卷 （宋）陳祥道撰 元至正七年（1347）福州路儒學刻明修本（有十四卷抄配） 山東省博物館

00280 家禮五卷 題（宋）朱熹撰 附錄一卷 宋淳祐刻本（卷一至三配清影宋抄本） 國家圖書館

00281 五服圖解一卷 （元）龔端禮撰 元泰定元年（1324）杭州路儒學刻本 黄丕烈跋 國家圖書館

00282 樂書二百卷目錄二十卷 （宋）陳暘撰 元至正七年（1347）福州路儒學刻明修本 柯逢時跋 國家圖書館

00283 樂書二百卷目錄二十卷 （宋）陳暘撰 正誤一卷 （宋）樓鑰撰 元至正七年（1347）福州路儒學刻明修明成化公文紙印本（目錄、正誤配清抄本） 河南省圖書館
存一百九十六卷（一至一百七十五、目錄全、正誤）

00284 春秋經傳集解三十卷春秋二十國年表一卷 （晉）杜預撰 （唐）陸德明釋文 南宋刻本（有抄配） 上海圖書館

00285 纂圖互註春秋經傳集解三十卷 （晉）杜預撰 （唐）陸德明釋文 春秋名號歸一圖二卷 （蜀）馮繼先撰 宋刻本 國家圖書館

00286 春秋經傳集解三十卷 （晉）杜預撰 （唐）陸德明釋文 春秋名號歸一圖二卷 （蜀）馮繼先撰 年表一卷 元岳氏荊谿家塾刻本（卷十九至二十配明刻本） 國家圖書館

00287 京本點校重言重意春秋經傳集解三十卷 （晉）杜預撰 （唐）陸德明釋文 宋刻本 湖南圖書館
存十五卷（十六至三十）

00288 春秋左傳正義三十六卷 （唐）孔穎達撰 宋慶元六年（1200）沈作賓紹興府刻宋元遞修本 國家圖書館

00289 音註全文春秋括例始末左傳句讀直解七十卷 （宋）林堯叟撰 元刻明修本 國家圖書館

00290 春秋公羊經傳解詁十二卷 （漢）何休撰 釋文一卷 （唐）陸德明撰 宋淳熙撫州公使庫刻紹熙四年（1193）重修本 國家圖書館

00291 春秋公羊經傳解詁十二卷 （漢）何休撰 （唐）陸德明音義 宋紹熙二年（1191）余仁仲萬卷堂刻本 國家圖書館

00292 春秋公羊疏三十卷 （唐）徐彥撰 宋刻元修本 國家圖書館
存七卷（一至七）

00293 春秋名號歸一圖二卷 （蜀）馮繼先撰 春秋二十國年表一卷春秋圖說一卷 宋刻本 國家圖書館

00294 春秋名號歸一圖二卷 （蜀）馮繼先撰 春秋二十國年表一卷春秋圖說一卷 元刻本 中國科學院國家科學圖書館

00295 春秋意林二卷 （宋）劉敞撰 宋刻本 遼寧省圖書館

00296 西疇居士春秋本例二十卷 （宋）崔子方撰 宋刻本 上海圖書館

00297 春秋五禮例宗十卷 （宋）張大亨撰 宋刻本 國家圖書館
存七卷（一至三、七至十）

00298 春秋傳三十卷 （宋）胡安國撰 宋乾道四年（1168）刻慶元五年（1199）黄汝嘉重修本 北京大學圖書館

00299 增入音註括例始末胡文定公春秋傳三十

卷 （宋）胡安國撰 （宋）林堯叟標注 **春秋名號歸一圖** （蜀）馮繼先撰 **經傳始見諸國圖一卷東坡春秋列國圖說二卷列國興廢一卷氏族二卷** 元初刻本 山東省博物館

00300 **春秋集註十一卷綱領一卷** （宋）張洽撰 宋寶祐三年（1255）方應發臨江郡庠刻本 國家圖書館

00301 **春秋集註十一卷綱領一卷** （宋）張洽撰 宋德祐元年（1275）衛宗武華亭義塾刻本 遼寧省圖書館

00302 **春秋纂言十二卷總例七卷** （元）吴澄撰 元刻本 國家圖書館

00303 **春秋諸國統紀六卷** （元）齊履謙撰 元延祐刻本 遼寧省圖書館

00304 **春秋本義三十卷** （元）程端學撰 元刻本 浙江圖書館

存七卷（十六至十八、二十七至三十）

00305 **春秋諸傳會通二十四卷** （元）李廉撰 元至正十一年（1351）虞氏明復齋刻本 國家圖書館

00306 **春秋諸傳會通二十四卷** （元）李廉撰 元至正十一年（1351）虞氏明復齋刻本 故宫博物院

00307 **春秋諸傳會通二十四卷** （元）李廉撰 元至正十一年（1351）虞氏明復齋刻本 北京大學圖書館

00308 **春秋師説三卷附録二卷** （元）趙汸撰 元至正二十至二十四年（1360-1364）休寧商山義塾刻明弘治六年（1493）高忠重修本 國家圖書館

00309 **春秋屬辭十五卷** （元）趙汸撰 元至正二十至二十四年（1360-1364）休寧商山義塾刻明弘治六年（1493）高忠重修本 國家圖書館

00310 **春秋屬辭十五卷** （元）趙汸撰 元至正二十至二十四年（1360-1364）休寧商山義塾刻明弘治六年（1493）高忠重修本 安徽省博物館

存十二卷（一至七、十一至十五）

00311 **春秋屬辭十五卷** （元）趙汸撰 元至正二十至二十四年（1360-1364）休寧商山義塾刻明弘治六年（1493）高忠重修本 四川師範大學圖書館

00312 **春秋屬辭十五卷** （元）趙汸撰 元至正二十至二十四年（1360-1364）休寧商山義塾刻明弘治六年（1493）高忠重修本 北京大學圖書館

存十卷（一至十）

00313 **春秋屬辭十五卷春秋左氏傳補注十卷春秋師説三卷附録二卷** （元）趙汸撰 元至正二十至二十四年（1360-1364）休寧商山義塾刻明弘治六年（1493）高忠重修本 蘇州圖書館

00314 **春秋胡氏傳纂疏三十卷** （元）汪克寬撰 元至正八年（1348）建安劉叔簡日新堂刻本 國家圖書館

00315 **春秋胡氏傳纂疏三十卷** （元）汪克寬撰 元至正八年（1348）建安劉叔簡日新堂刻本 安徽師範大學圖書館

存十四卷（三至四、七至八、十至十二、十四至十九、二十二）

00316 **春秋胡氏傳纂疏三十卷** （元）汪克寬撰 元至正八年（1348）建安劉叔簡日新堂刻本 天津圖書館

存九卷（一至九）

00317 **春秋繁露十七卷** （漢）董仲舒撰 宋嘉定四年（1211）胡槻江右計臺刻本 國家圖書館

00318 **孝經一卷** （唐）玄宗李隆基注 （唐）陸德明音義 元岳氏荊谿家塾刻本 國家圖書館

00319 **四書集註二十一卷** （宋）朱熹撰 元至正二十二年（1362）沈氏尚德堂刻本 山東省博物館

00320 **四書章句集註二十八卷** （宋）朱熹撰 宋嘉定十年（1217）當塗郡齋刻嘉熙四年（1240）淳祐八年（1248）十二年（1252）遞修本 國家圖書館

00321 **四書輯釋三十六卷** 元至正二年（1342）日新書堂刻本 蓬萊市文化局慕湘藏書館
存二卷（大學一卷、中庸一卷）

00322 **讀四書叢說八卷** （元）許謙撰 元刻本 國家圖書館

00323 **讀四書叢說八卷** （元）許謙撰 元刻本 上海圖書館

00324 **四書經疑問對八卷** （元）董彝撰 元至正十一年（1351）同文堂刻本 國家圖書館

00325 **中庸輯略二卷** （宋）石𡻕輯 （宋）朱熹刪定 宋慶元元年至嘉定十七年（1195-1224）刻本 國家圖書館

00326 **論語集解十卷** （魏）何晏撰 （唐）陸德明釋文 元岳氏荊谿家塾刻本 國家圖書館

00327 **監本纂圖重言重意互註論語二卷** （魏）何晏集解 宋劉氏天香書院刻本 北京大學圖書館

00328 **附音傍訓句解論語二卷** （魏）何晏集解 元刻本 重慶圖書館

00329 **論語集說十卷** （宋）蔡節撰 宋淳祐六年（1246）姜文龍湖州頖官刻本 國家圖書館

00330 **孟子註疏解經十四卷** （漢）趙岐注 （宋）孫奭疏 南宋兩浙東路庾司刻本 北京大學圖書館
存四卷（三、四、十三、十四）

00331 **孟子註疏解經十四卷** （漢）趙岐注 （宋）孫奭疏 宋刻元明遞修本 南京博物院
存十卷（一至六、十一至十四）

00332 **孟子或問纂要一卷** （宋）朱熹撰 宋刻本 上海圖書館

00333 **附音傍訓句解孟子七卷** （元）李公凱撰 元刻本 湖南圖書館

00334 **魁本大字詳音句讀孟子二卷** 元廣陽羅氏刻本 國家圖書館

00335 **新編十一經問對五卷** （元）何異孫撰 元刻本 北京大學圖書館

00336 **爾雅三卷** （晉）郭璞注 **音釋三卷** 南宋初刻本 國家圖書館

00337 **爾雅三卷** （晉）郭璞注 元雪牕書院刻本 國家圖書館

00338 **爾雅三卷** （晉）郭璞注 **音釋三卷** 元大德三年（1299）平水曹氏進德齋刻本（音釋卷下配清影元抄本） 國家圖書館

00339 **爾雅三卷** （晉）郭璞注 元大德三年（1299）平水曹氏進德齋刻本 北京大學圖書館

00340 **爾雅三卷** （宋）鄭樵注 元刻本 國家圖書館

00341 **爾雅疏十卷** （宋）邢昺撰 宋刻宋元明初遞修公文紙印本 國家圖書館

00342 **爾雅注疏十卷** （晉）郭璞注 （宋）邢昺疏 元刻明修本 甘肅省圖書館
存九卷（一至九）

00343 **輶軒使者絕代語釋別國方言十三卷** （漢）揚雄撰 （晉）郭璞注 宋慶元六年（1200）

李孟傳潯陽郡齋刻本 王闓運 繆荃孙 沈曾植 袁克文 鄧邦述 章钰跋 國家圖書館

00344 羣經音辨七卷 （宋）賈昌朝撰 宋紹興九年（1139）臨安府學刻宋元遞修本 國家圖書館

00345 說文解字十五卷 （漢）許慎撰 宋刻元修本 丁晏跋 國家圖書館

00346 說文解字十五卷 （漢）許慎撰 宋刻元修本 湖南圖書館

00347 說文解字十五卷標目一卷 （漢）許慎撰 宋刻元修本 北京大學圖書館

存七卷（一、八至十三）

00348 說文解字韻譜五卷 （南唐）徐鍇撰 元延祐三年（1316）種善堂刻本 國家圖書館

00349 說文解字韻譜五卷 （南唐）徐鍇撰 元延祐三年（1316）種善堂刻本 北京大學圖書館

00350 重刊許氏說文解字五音韻譜十二卷 （宋）李燾撰 宋刻元明遞修本 中國書店

00351 重刊許氏說文解字五音韻譜十二卷 （宋）李燾撰 宋刻元明遞修本 甘肅省圖書館

00352 大廣益會玉篇三十卷 （梁）顧野王撰 （唐）孫強增字 （宋）陳彭年等重修 玉篇廣韻指南一卷 元延祐二年（1315）圓沙書院刻本 國家圖書館

00353 復古編二卷 （宋）張有撰 元至正六年（1346）吳志淳好古齋刻本 楊哲 周叔弢跋 國家圖書館

00354 龍龕手鑑四卷 （遼）釋行均撰 宋刻本（卷二配清初毛氏汲古閣影宋抄本） 國家圖書館

00355 新修絫音引證群籍玉篇三十卷 （金）邢準撰 金刻本 國家圖書館

存二十九卷（一至二十、二十二至三十）

00356 六書統二十卷 （元）楊桓撰 元至大元年（1308）江浙行省儒學刻元明遞修本 國家圖書館

00357 六書統二十卷 （元）楊桓撰 元至大元年（1308）江浙行省儒學刻元明遞修本 北京大學圖書館

00358 六書統二十卷 （元）楊桓撰 元至大元年（1308）江浙行省儒學刻元明遞修本 中山大學圖書館

00359 六書統二十卷 （元）楊桓撰 元至大元年（1308）江浙行省儒學刻元明遞修本（序、自序、後序抄配） 重慶圖書館

00360 六書統二十卷 （元）楊桓撰 元至大元年（1308）江浙行省儒學刻元明遞修本 中國人民大學圖書館

00361 六書統溯原十三卷 （元）楊桓撰 元至大元年（1308）江浙行省儒學刻元明遞修本 國家圖書館

00362 六書統溯原十三卷 （元）楊桓撰 元至大元年（1308）江浙行省儒學刻元明遞修本 中國人民大學圖書館

00363 說文字原一卷 （元）周伯琦撰 元至正十五年（1355）高德基等刻公文紙印本 國家圖書館

00364 說文字原一卷 （元）周伯琦撰 元刻本 吳燕紹 姜可能 陳文中跋 北京大學圖書館

00365 六書正譌五卷 （元）周伯琦撰 元至正十五年（1355）高德基等刻本（卷三至五抄配） 北京大學圖書館

00366 切韻指掌圖一卷 題（宋）司馬光撰 宋紹定三年（1230）越州讀書堂四世從孫刻本

國家圖書館

00367 **漢隸分韻七卷** 元刻本 國家圖書館

00368 **鉅宋廣韻五卷** （宋）陳彭年等撰 宋乾道五年（1169）建寧府黄三八郎刻本（卷四配元刻本） 上海圖書館

00369 **廣韻五卷** （宋）陳彭年等撰 宋刻本 上海圖書館

00370 **廣韻五卷** （宋）陳彭年等撰 元泰定二年（1325）圓沙書院刻本 北京大學圖書館

00371 **廣韻五卷** （宋）陳彭年等撰 元刻本 山東省圖書館

00372 **廣韻五卷** （宋）陳彭年等撰 元刻本 國家圖書館

00373 **廣韻五卷** （宋）陳彭年等撰 元刻本 四川師範大學圖書館

00374 **集韻十卷** （宋）丁度等撰 宋明州刻修補本 上海圖書館

00375 **集韻十卷** （宋）丁度等撰 南宋初刻本 國家圖書館

00376 **韻補五卷** （宋）吴棫撰 宋刻本 遼寧省圖書館

00377 **韻補五卷** （宋）吴棫撰 元刻本 國家圖書館

00378 **韻補五卷** （宋）吴棫撰 元刻本 南京圖書館

00379 **韻補五卷** （宋）吴棫撰 元刻本 湖南圖書館

00380 **附釋文互註禮部韻略五卷韻略條式一卷** 宋紹定三年（1230）藏書閣刻本 國家圖書館

00381 **增修互註禮部韻略五卷** （宋）毛晃增注 （宋）毛居正重增 宋杭州刻元公文紙印本（有抄配） 上海圖書館

00382 **押韻釋疑五卷拾遺一卷** （宋）歐陽德隆撰 宋嘉熙三年（1239）余天任禾興郡齋刻本 國家圖書館
存五卷（上平、下平、上、入、拾遺）

00383 **紫雲先生增修校正押韻釋疑五卷** （宋）歐陽德隆撰 （宋）郭守正增修 宋刻本 上海圖書館

00384 **魁本足註釋疑韻寶五卷** 元刻本 上海圖書館

00385 **古今韻會舉要三十卷禮部韻畧七音三十六母通考一卷** （元）熊忠撰 元刻本 國家圖書館

00386 **古今韻會舉要三十卷禮部韻略七音三十六母通考一卷** （元）熊忠撰 元刻本 北京大學圖書館
存二十八卷（三至三十）

00387 **古今韻會舉要三十卷禮部韻畧七音三十六母通攷一卷** （元）熊忠撰 元刻明遞修本 湖南師範大學圖書館

00388 **韻書二卷免疑雜字一卷** 元抄本 山東省博物館

00389 **隸韻十卷** （宋）劉球纂集 南宋淳熙二年（1175）刻版 宋拓本 國家圖書館
存九卷（一至三、五至十）

00390 **隸韻十卷** （宋）劉球纂集 南宋淳熙二年（1175）刻版 宋拓本 上海圖書館
存六卷（三至四、六、八至九、碑目）

00391 **廣政石經** 十國後蜀廣政初年至南宋乾道六年（1170）刻石 宋拓本 黄丕烈跋 上海圖書館

00392 **廣政石經** 十國後蜀廣政初年至南宋乾道六年（1170）刻石 宋元拓本 錢大昕跋 國家圖書館

00393 **史記一百三十卷** （漢）司馬遷撰 （南朝宋）裴駰集解 北宋刻本（卷一至四、八至一百三十配南宋初建陽刻本） 北京大學圖書館

00394 **史記一百三十卷** （漢）司馬遷撰 （南朝宋）裴駰集解 （唐）司馬貞索隱 宋乾道七年（1171）蔡夢弼東塾刻本（卷四十三配清光緒元年楊保彝影宋抄本） 季振宜題款 國家圖書館

00395 **史記一百三十卷** （漢）司馬遷撰 （南朝宋）裴駰集解 （唐）司馬貞索隱 宋淳熙三年（1176）張杅桐川郡齋刻八年（1181）耿秉重修本 國家圖書館

00396 **史記一百三十卷** （漢）司馬遷撰 （南朝宋）裴駰集解 （唐）司馬貞索隱 蒙古中統二年（1261）段子成刻明修本（卷三十至四十三配明刻本） 袁克文跋 國家圖書館

00397 **史記一百三十卷** （漢）司馬遷撰 （南朝宋）裴駰集解 （唐）司馬貞索隱 （唐）張守節正義 宋建安黃善夫家塾刻本 黃紹箕 羅振玉題款 國家圖書館
存六十八卷（一、四至十二、十九至二十一、二十三至二十八、三十、三十九至六十七、七十三至九十、一百三十）

00398 **史記一百三十卷** （漢）司馬遷撰 （南朝宋）裴駰集解 （唐）司馬貞索隱 （唐）張守節正義 宋元明清集配本 中國書店

00399 **南史八十卷** （唐）李延壽撰 宋刻本（卷十一、十五至十八、二十一配清初抄本） 國家圖書館
存四十五卷（一至二、六至十三、十五至十八、二十一至三十一、三十四至三十六、六十三至六十九、七十一至八十）

00400 **北史一百卷** （唐）李延壽撰 宋刻本 國家圖書館
存二十七卷（十三至三十八、四十九）

00401 **五代史記七十四卷** （宋）歐陽修撰 （宋）徐無黨注 元宗文書院刻明修本 國家圖書館

00402 **漢書一百卷** （漢）班固撰 （唐）顏師古注 北宋刻遞修本（卷二十九配宋嘉定蔡琪刻本、卷三十配宋慶元元年劉元起刻本） 倪瓚 黃丕烈 顧廣圻跋 國家圖書館

00403 **漢書一百卷** （漢）班固撰 （唐）顏師古注 宋建安黃善夫刻慶元元年（1195）建安劉元起修印本 北京大學圖書館

00404 **漢書一百卷** （漢）班固撰 （唐）顏師古注 宋蔡琪家塾刻本（卷二十九、四十五至四十七、五十六至五十七上、八十六、八十八、九十九配另一宋刻本） 國家圖書館

00405 **漢書一百卷** （漢）班固撰 （唐）顏師古注 宋嘉定十七年（1224）白鷺洲書院刻本（卷七十八至八十一配明影宋刻本） 國家圖書館

00406 **漢書一百卷** （漢）班固撰 （唐）顏師古注 元大德九年（1305）太平路儒學刻明成化、正德遞修本 國家圖書館

00407 **後漢書九十卷** （南朝宋）范曄撰 （唐）李賢注 **志三十卷** （晉）司馬彪撰 （梁）劉昭注補 北宋刻遞修本（目錄、卷一、七十至七十二、志卷二十一至二十二配清初抄本，卷四十五至四十七、六十四至六十六、六十八至六十九、七十八至八十三、志卷三十配宋刻元修本） 國家圖書館

存一百十五卷（一至二、六至十、十一至九十，志注補三至三十）

00408 後漢書九十卷 （南朝宋）范曄撰 （唐）李賢注 志三十卷 （晉）司馬彪撰 （梁）劉昭注 宋錢塘王叔邊建陽刻本（卷四十下配另一宋刻本） 國家圖書館

00409 後漢書九十卷 （南朝宋）范曄撰 （唐）李賢注 志三十卷 （晉）司馬彪撰 （梁）劉昭注 宋建安黄善夫刻本（有抄配） 潘祖蔭跋 北京大學圖書館

00410 後漢書九十卷 （南朝宋）范曄撰 （唐）李賢注 志三十卷 （晉）司馬彪撰 （梁）劉昭注 元大德九年（1305）寧國路儒學刻明遞修本 國家圖書館

00411 後漢書九十卷 （南朝宋）范曄撰 （唐）李賢注 志三十卷 （晉）司馬彪撰 （梁）劉昭注 元大德九年（1305）寧國路儒學刻明遞修本 山東省圖書館

00412 三國志六十五卷 （晉）陳壽撰 （南朝宋）裴松之注 宋衢州州學刻元明遞修本 北京大學圖書館

00413 三國志六十五卷 （晉）陳壽撰 （南朝宋）裴松之注 宋刻本（卷二、四十至四十一配清影宋抄本） 國家圖書館

00414 晉書一百三十卷 （唐）房玄齡等撰 南宋初期刻本 國家圖書館

00415 宋書一百卷 （梁）沈約撰 宋刻宋元明遞修本 國家圖書館

00416 南齊書五十九卷 （梁）蕭子顯撰 宋刻宋元明初遞修本 繆荃孫 楊守敬 吳慈培 章鈺跋 沈曾植題款 國家圖書館

00417 南齊書五十九卷 （梁）蕭子顯撰 宋刻元明遞修本 四川大學圖書館

00418 南齊書五十九卷 （梁）蕭子顯撰 宋刻元明遞修本 湖南圖書館

00419 南齊書五十九卷 （梁）蕭子顯撰 宋刻元明遞修本 重慶圖書館

00420 南齊書五十九卷 （梁）蕭子顯撰 宋刻元明遞修本 雲南省圖書館

00421 南齊書五十九卷 （梁）蕭子顯撰 宋刻元明遞修本 西北大學圖書館

00422 陳書三十六卷 （唐）姚思廉撰 宋刻宋元遞修本 國家圖書館

00423 魏書一百十四卷 （北齊）魏收撰 宋刻宋元遞修公文紙印本（配宋元明遞修本） 國家圖書館

00424 北齊書五十卷 （唐）李百藥撰 宋刻宋元明遞修本 國家圖書館

00425 北齊書五十卷 （唐）李百藥撰 宋刻宋元明遞修本 武漢大學圖書館

00426 北齊書五十卷 （唐）李百藥撰 宋刻宋元明遞修本 四川大學圖書館

00427 北齊書五十卷 （唐）李百藥撰 宋刻宋元明遞修本 開封市圖書館

00428 周書五十卷 （唐）令狐德棻等撰 宋刻宋元明遞修本 北京大學圖書館

00429 周書五十卷 （唐）令狐德棻等撰 宋刻宋元明遞修本 武漢大學圖書館

00430 周書五十卷 （唐）令狐德棻等撰 宋刻宋元明遞修本 湖南圖書館

00431 周書五十卷 （唐）令狐德棻等撰 宋刻宋元明遞修本 甘肅省圖書館

00432 周書五十卷 （唐）令狐德棻等撰 宋刻宋元明遞修本 雲南省圖書館

00433 隋書八十五卷 （唐）魏徵等撰 宋刻遞修本 沈曾植題款 國家圖書館

存六十五卷（一至九、十三至十五、十九至二十六、三十二至七十六）

00434 **隋書八十五卷** （唐）魏徵等撰 宋刻本 李盛鐸 袁克文跋 國家圖書館

存五卷（二十四至二十五、八十三至八十五）

00435 **唐書二百卷** （後晉）劉昫等撰 宋紹興兩浙東路茶鹽司刻本 國家圖書館

存六十九卷（志十一至十四、二十一至二十五、二十八至三十，列傳十五至二十八、三十八至四十七、五十至六十、七十八至八十三、一百十五至一百十九、一百二十九至一百三十四、一百四十下至一百四十四上）

00436 **唐書二百二十五卷目録二卷** （宋）歐陽修 宋祁等撰 宋紹興刻宋元遞修公文紙印本 國家圖書館

存一百三十二卷（一至四十三、四十五至四十七、七十下、七十四至七十五、九十二至一百九、一百五十六至二百十五上、二百二十至二百二十二，目録全）

00437 **宋史四百九十六卷** （元）脱脱等撰 元至正六年（1346）江浙等處行中書省刻本 國家圖書館

存一百二十七卷（十九至二十二、四十三至四十四、五十一、五十三至五十四、六十四至六十七、七十五至七十六、八十四至八十六、九十五、一百三至一百四、一百十至一百十二、一百二十一至一百二十三、一百二十六至一百二十七、一百三十七至一百四十四、一百四十七至一百五十、一百五十三至一百五十六、一百六十、一百七十、一百七十三至一百七十五、一百七十七至一百七十八、一百八十一至一百八十五、二百十五至二百十七、二百二十一至二百二十二、二百三十六、二百三十九、二百六十三至二百六十四、二百六十七、二百六十九至二百七十、二百七十三至二百七十四、二百七十七至二百七十九、二百九十一至二百九十二、三百一至三百二、三百五至三百八、三百十一至三百十二、三百十九至三百二十、三百三十三至三百三十四、三百三十七至三百三十八、三百四十至三百四十三、三百四十八至三百四十九、三百五十二至三百五十三、三百五十八至三百五十九、三百八十九至三百九十、三百九十二至三百九十三、三百九十九至四百四、四百九至四百十一、四百二十九至四百三十、四百四十一至四百四十五、四百五十至四百五十三、四百六十一至四百六十二、四百九十五）

00438 **金史一百三十五卷目録二卷** （元）脱脱等撰 元至正五年（1345）江浙等處行中書省刻本 國家圖書館

存五十四卷（三、二十四至二十五、二十七、三十五至三十六、三十九至四十六、四十九至五十、五十二至五十三、五十五至五十七、七十二、七十五至七十六、七十九至八十、八十二至八十四、九十三至九十七、一百一至一百三、一百八、一百十至一百十一、一百十三至一百十五、一百二十一至一百二十四、一百二十八至一百二十九、一百三十二、一百三十四至一百三十五，目録全）

00439 **古史六十卷** （宋）蘇轍撰 宋刻元明遞修

本（有明人抄配） 楊守敬跋 國家圖書館

00440 **通志二百卷** （宋）鄭樵撰 元大德三山郡庠刻元明遞修明弘治公文紙印本 重慶圖書館

00441 **通志二百卷** （宋）鄭樵撰 元大德三山郡庠刻元明遞修本 國家圖書館

00442 **通志二百卷** （宋）鄭樵撰 元大德三山郡庠刻元明遞修本 山東省圖書館

00443 **建康實錄二十卷** （唐）許嵩撰 宋紹興十八年（1148）荊湖北路安撫使司刻遞修本 國家圖書館

00444 **資治通鑑殘稿** （宋）司馬光撰 稿本 任希夷 趙汝述 葛洪 程珌 趙崇龢 柳貫 黃溍 宇文公諒 朱德潤 鄭元祐跋 國家圖書館

00445 **資治通鑑二百九十四卷目錄三十卷** （宋）司馬光撰 宋紹興二至三年（1132-1133）兩浙東路茶鹽司公使庫刻本 國家圖書館

00446 **資治通鑑二百九十四卷目錄三十卷** （宋）司馬光撰 元至元二十六至二十八年（1289-1291）魏天祐刻本 國家圖書館

存七十一卷（七至八、七十四至八十一、八十四、九十至九十二、一百十五至一百十六、一百二十、一百二十二、一百二十六至一百二十八、一百三十二至一百三十三、一百四十五至一百四十七、一百六十至一百六十三、一百六十五、一百六十九、一百七十二至一百七十四、一百八十至一百八十一、一百八十七至一百九十七、二百二十一、二百二十五至二百二十七、二百四十至二百四十二、二百四十六至二百四十八、二百五十一、二百五十四至二百五十五、二百六十四至二百六十六、二百七十八至二百八十、二百八十三、目錄十至十二）

00447 **資治通鑑二百九十四卷** （宋）司馬光撰 （元）胡三省音注 **通鑑釋文辨誤十二卷** （元）胡三省撰 元刻本 上海圖書館

00448 **資治通鑑二百九十四卷** （宋）司馬光撰 （元）胡三省音注 **通鑑釋文辨誤十二卷** （元）胡三省撰 元刻本 江西省圖書館

00449 **資治通鑑考異三十卷** （宋）司馬光撰 宋紹興二至三年（1132-1133）兩浙東路茶鹽司公使庫刻宋元遞修本（卷二十七至三十配清影宋抄本） 國家圖書館

00450 **資治通鑑釋文三十卷** （宋）史炤撰 宋刻本 國家圖書館

00451 **入注附音司馬温公資治通鑑一百卷** 宋刻本 傅增湘跋 國家圖書館

存八十一卷（一至十四、二十四至四十八、五十一至六十二、六十七至七十九、八十四至一百）

00452 **增節標目音註精議資治通鑑一百二十卷** 題（宋）呂祖謙輯 蒙古憲宗三至五年（1253-1255）張宅晦明軒刻本（卷二十五至二十九、六十二至六十五、八十一至八十五、九十一至九十五、一百三至一百五配宋刻本） 國家圖書館

00453 **呂大著點校標抹增節備註資治通鑑一百二十卷** （宋）呂大著撰 宋刻本（卷三十至三十八、六十一、七十四至七十七、九十一至九十四配瞿氏鐵琴銅劍樓影宋抄本） 國家圖書館

存八十六卷（九至十三、十七至四十四、五十四至一百六）

00454 少微家塾點校附音通鑑節要五十六卷 外紀四卷 （宋）江贄撰 元至治元年（1321）趙氏鍾秀家塾刻本 山東省博物館

00455 資治通鑑綱目五十九卷 （宋）朱熹撰 宋刻本（卷四十六至五十一配其他兩種宋刻本） 國家圖書館

00456 資治通鑑綱目五十九卷 （宋）朱熹撰 元至元二十四年（1287）詹光祖月崖書堂刻本 國家圖書館

00457 重新校正集註附音資治通鑑外紀四卷 （宋）劉恕撰 元刻本 國家圖書館

00458 資治通鑑外紀詳節十卷 宋刻本 國家圖書館

00459 歷代紀年十卷 （宋）晁公邁撰 宋紹熙三年（1192）盱江郡齋刻本 黃丕烈跋 國家圖書館
存九卷（二至十）

00460 蜀漢本末三卷 （元）趙居信撰 元至正十一年（1351）建寧路建安書院刻本 國家圖書館

00461 續資治通鑑長編一百八卷 （宋）李燾撰 宋刻本 遼寧省圖書館
存一百六卷（一至七十四、七十七至一百八）

00462 續資治通鑑長編撮要一百八卷 （宋）李燾撰 宋刻本（卷八至二十九、三十五至三十八之一、四十一之二至六十一、六十七至七十九、八十一之三至八十二之三、八十七至八十八配清乾隆八年楊濬抄本） 楊濬 蔣重光跋 國家圖書館

00463 續資治通鑑十八卷 題（宋）李燾撰 元陳氏餘慶堂刻本 國家圖書館

00464 續資治通鑑十八卷 題（宋）李燾撰 元朱氏與畊堂刻本 丁丙跋 南京圖書館

00465 續資治通鑑前集十八卷 題（宋）李燾撰 後集十五卷 （宋）劉時舉撰 元雲衢張氏刻本 國家圖書館

00466 皇朝編年備要三十卷 （宋）陳均撰 宋刻本 錢大昕跋 上海圖書館

00467 皇朝中興繫年要錄節要□□卷 （宋）佚名輯 宋刻本 上海圖書館
存十卷（八至十七）

00468 中興兩朝編年綱目十八卷 宋刻元修本 國家圖書館
存十卷（一至七、十二至十四）

00469 續資治通鑑十五卷 （宋）劉時舉撰 元陳氏餘慶堂刻本 上海圖書館

00470 宋季三朝政要六卷 元皇慶元年（1312）陳氏餘慶堂刻本 趙烈文 費念慈 鄧邦述跋 上海圖書館

00471 宋季三朝政要六卷 元至治三年（1323）雲衢張氏刻本 國家圖書館

00472 宋史全文續資治通鑑三十六卷增入名儒講義續資治通鑑宋季朝事實二卷 （元）佚名撰 元建陽刻本（有缺葉） 復旦大學圖書館

00473 通鑑紀事本末四十二卷 （宋）袁樞撰 宋淳熙二年（1175）嚴陵郡庠刻本 顧廣圻 石韞玉 宗舜年跋 國家圖書館

00474 通鑑紀事本末四十二卷 （宋）袁樞撰 宋寶祐五年（1257）趙與簒刻元明遞修本 中華書局

00475 通鑑紀事本末四十二卷 （宋）袁樞撰 宋寶祐五年（1257）趙與簒刻元明遞修本 楊守敬 繆荃孫 葉德輝跋 上海辭書出版社

00476 袁氏通鑑紀事本末撮要八卷 （宋）蔡文

子輯 宋刻本 張敦仁校 國家圖書館

00477 **汲冢周書十卷** （晉）孔晁注 元至正十四年（1354）嘉興路儒學刻本 王振聲跋 國家圖書館

00478 **國語二十一卷** （吴）韋昭注 **補音三卷** （宋）宋庠撰 宋刻宋元遞修本 國家圖書館

00479 **戰國策三十三卷** （漢）高誘注 （宋）姚宏校正 宋紹興刻本 黄丕烈 顧廣圻跋并題詩 鈕樹玉 袁廷檮 夏文燾題詩 國家圖書館

00480 **鮑氏國策十卷** （宋）鮑彪校注 宋紹熙二年（1191）會稽郡齋刻本 國家圖書館

00481 **戰國策十卷** （宋）鮑彪校注 （元）吴師道補正 元至正二十五年（1365）平江路儒學刻明修本 國家圖書館

00482 **戰國策十卷** （宋）鮑彪校注 （元）吴師道補正 元至正二十五年（1365）平江路儒學刻明修本（卷一至三配清抄本） 山東省博物館

00483 **吴越春秋十卷** （漢）趙曄撰 （元）徐天祜音注 元大德十年（1306）紹興路儒學刻明修本 國家圖書館

00484 **契丹國志二十七卷** （宋）葉隆禮撰 元刻本 黄丕烈跋 國家圖書館

00485 **眉山新編十七史策要一百五十卷** 宋刻本 國家圖書館

存一百十一卷（史記六卷全，前漢書一至十五、二十二至二十七，後漢書二十六卷全，魏志一至四，蜀志二卷全，吴志五卷全，晉書六至二十一，南齊書三卷全，梁書三卷全，陳書二卷全，魏書八卷全，周書二卷全，北齊書二卷全，隋書三卷全，唐書一至四、十至十三）

00486 **新增音義釋文古今歷代十八史略二卷** （元）曾先之輯 元刻本 北京大學圖書館

00487 **通鑑總類二十卷** （宋）沈樞輯 元至正二十三年（1363）吴郡庠刻本 國家圖書館

00488 **諸儒校正西漢詳節三十卷** （宋）吕祖謙輯 宋刻本 羅振常跋 華東師範大學圖書館

存二十八卷（一至二十三、二十六至三十）

00489 **兩漢博聞十二卷** （宋）楊侃輯 宋乾道八年（1172）胡元質姑孰郡齋刻本（卷一至三配清抄本） 國家圖書館

00490 **漢雋十卷** （宋）林鉞輯 宋淳熙五年（1178）滁陽郡齋刻本 上海圖書館

00491 **漢雋十卷** （宋）林鉞輯 宋淳熙十年（1183）象山縣學刻本 國家圖書館

00492 **漢雋十卷** （宋）林鉞輯 宋淳熙十年（1183）象山縣學刻本（卷五至六配元刻本） 遼寧省圖書館

00493 **名公增修晉書詳節三十卷** （宋）吕祖謙輯 宋刻本 上海圖書館

00494 **名公增修標註南史詳節二十五卷** （宋）吕祖謙輯 宋刻本 南京大學圖書館

存六卷（一、六、二十二至二十五）

00495 **名公增修標註隋書詳節二十卷** （宋）吕祖謙輯 宋刻本 重慶圖書館

00496 **京本增修五代史詳節十卷** （宋）吕祖謙輯 宋刻本 國家圖書館

00497 **諸史提要十五卷** （宋）錢端禮撰 宋乾道紹興府學刻本 國家圖書館

00498 **唐鑑十二卷** （宋）范祖禹撰 宋刻本 上海圖書館

00499 **東萊先生音註唐鑑二十四卷** （宋）范祖禹撰 （宋）吕祖謙注 宋刻元修本 劉啟瑞校并跋 國家圖書館

00500 **致堂讀史管見三十卷** （宋）胡寅撰 宋嘉定十一年（1218）衡陽郡齋刻本（卷五至六、九至十、十三至三十配元刻本） 國家圖書館

00501 **致堂讀史管見三十卷** （宋）胡寅撰 宋寶祐二年（1254）刻元明遞修本 北京大學圖書館

存十二卷（一至十二）

00502 **致堂讀史管見三十卷** （宋）胡寅撰 宋寶祐二年（1254）刻元明遞修本 重慶市北碚圖書館

00503 **李侍郎經進六朝通鑑博議十卷** （宋）李燾撰 宋畢萬裔宅富學堂刻本 國家圖書館

00504 **十七史纂古今通要十七卷** （元）胡一桂撰 **史纂通要後集三卷** （元）董鼎撰 元刻本（有抄配） 國家圖書館

00505 **五朝名臣言行錄十卷三朝名臣言行錄十四卷** （宋）朱熹輯 宋淳熙江西刻本 國家圖書館

00506 **新纂門目十朝名臣言行錄四十卷** 宋刻本 國家圖書館

00507 **新刊名臣碑傳琬琰之集上集二十七卷中集五十五卷下集二十五卷** （宋）杜大珪輯 宋刻元明遞修本（上集十一、中集六至十二、二十九至三十六、下集一至六、二十至二十五配明抄本）（四庫底本） 俞樾題款 浙江圖書館

00508 **新刊名臣碑傳琬琰之集上集二十七卷中集五十五卷下集二十五卷** （宋）杜大珪輯 宋刻元明遞修本 湖南圖書館

00509 **新刊名臣碑傳琬琰之集上集二十七卷中集五十五卷下集二十五卷** （宋）杜大珪輯 宋刻元明遞修本 華東師範大學圖書館

00510 **新刊名臣碑傳琬琰之集上集二十七卷中集五十五卷下集二十五卷** （宋）杜大珪輯 宋刻元明遞修本 寧波市天一閣博物館

00511 **伊洛淵源錄十四卷** （宋）朱熹撰 元刻本 廣東省立中山圖書館

00512 **東家雜記二卷** （宋）孔傳撰 宋刻遞修本 袁則明 黃丕烈 錢大昕跋 國家圖書館

00513 **漢丞相諸葛忠武侯傳一卷** （宋）張栻撰 宋刻本 黃丕烈跋 上海圖書館

00514 **忠文王紀事實錄五卷** （宋）謝起巖撰 宋咸淳七年（1271）吳安朝等刻明洪武公文紙印本 傅增湘跋 國家圖書館

00515 **晦菴先生朱文公行狀二卷** （宋）黃榦輯 元至正九年（1349）謝池刻本 首都圖書館

存一卷（上）

00516 **運使復齋郭公言行錄一卷** （元）徐東撰 **敏行錄一卷** 元至順福州路儒學刻本 國家圖書館

00517 **蕭敷及敬太妃墓志** 南朝梁普通元年（520）刻石 宋拓本 上海博物館

00518 **化度寺邕禪師塔銘** （唐）李百藥撰文 （唐）歐陽詢書 唐貞觀五年（631）刻石 宋拓本 上海圖書館

00519 **魏元丕碑** 東漢光和四年（181）刻石 宋拓本 故宮博物院

00520 **范式碑** 三國魏青龍三年（235）刻石 宋拓本 故宮博物院

00521 **溫彥博碑** （唐）岑文本撰 （唐）歐陽詢書 唐貞觀十一年（637）刻石 宋拓本 故宮博物院

00522 **溫彥博碑** （唐）岑文本撰 （唐）歐陽詢書 唐貞觀十一年（637）刻石 宋拓本 上海圖書館

00523 **皇甫誕碑** （唐）于志寧撰文 （唐）歐陽詢書 唐貞觀十七年（643）刻石 宋拓本 故宮博物院

00524 **李思訓碑** （唐）李邕撰文并書 唐開元八年（720）刻石 宋拓本 故宮博物院

00525 **大智禪師碑** （唐）嚴挺之撰文 史維則隸書并篆額 史子華刻 唐開元二十四年（736）刻石 宋拓本 國家圖書館

00526 **李秀碑** （唐）李邕撰文并書 （唐）郭卓然摹勒并題額 （唐）□慈敏 張昂等鐫 唐天寶元年（742）刻石 宋拓本 故宮博物院

00527 **元郭髯手寫日記不分卷** （元）郭畀撰 稿本 翁方綱 崇恩跋 周爾墉題識 上海圖書館

00528 **孔氏祖庭廣記十二卷** （金）孔元措撰 蒙古乃馬真后元年（1242）孔氏刻本 國家圖書館

00529 **新安旌城汪氏家錄七卷** （元）汪炤纂修 元泰定元年（1324）刻本 安徽省博物館
存七卷（一至七）

00530 **忠惠咸陽王賽氏家傳不分卷** （元）番東明 （清）賽宣 賽灼等輯 元大德三年至清光緒八年（1299-1882）寫本 山東省博物館

00531 **通典二百卷** （唐）杜佑撰 宋刻宋元遞修本 北京大學圖書館
存八十八卷（一至五、二十六至三十五、八十一至一百、一百十一至一百四十五、一百六十三至一百八十）

00532 **通典二百卷** （唐）杜佑撰 宋刻宋元遞修本 國家圖書館
存二十三卷（十一至十五、二十一至二十七、三十六至三十八、四十六至四十八、一百八十一至一百八十三、一百九十四至一百九十五）

00533 **通典二百卷** （唐）杜佑撰 宋刻宋元遞修本 國家圖書館
存七卷（七十九至八十、一百六至一百十）

00534 **通典二百卷** （唐）杜佑撰 宋刻宋元遞修本 國家圖書館
存五卷（一百九十一至一百九十三、一百九十八至一百九十九）

00535 **新入諸儒議論杜氏通典詳節四十二卷圖譜一卷** 宋紹熙五年（1194）擇善堂刻本 國家圖書館
存十九卷（一至十八、圖譜）

00536 **增入諸儒議論杜氏通典詳節四十二卷** 元至元二十三年（1286）刻本 北京大學圖書館
存四十卷（一至三十一、三十四至四十）

00537 **文獻通考三百四十八卷** （元）馬端臨撰 元泰定元年（1324）西湖書院刻本 國家圖書館
存二百八十二卷（三至七十三、七十七至八十一、八十八至一百二、一百六至一百二十、一百二十八至一百三十一、一百三十六至一百四十八、一百五十六至一百六十七、一百七十一至一百八十七、一百九十三至二百三十三、二百四十五至二百五十三、二百五十七至二百七十七、二百八十七至三百十一、三百十五至三百四十八）

00538 **西漢會要七十卷** （宋）徐天麟撰 宋嘉定建寧郡齋刻元明遞修公文紙印本 南京圖書館

00539 **西漢會要七十卷** （宋）徐天麟撰 宋嘉定建寧郡齋刻元明遞修本 上海圖書館

00540 **東漢會要四十卷** （宋）徐天麟撰 宋寶慶二年（1226）建寧郡齋刻本（卷三十六至四十配清抄本） 上海圖書館

00541 **東漢會要四十卷** （宋）徐天麟撰 宋寶慶二年（1226）建寧郡齋刻元明遞修本 南京圖書館

00542 **律十二卷音義一卷** （宋）孫奭撰 宋刻宋元遞修本 錢泰吉 邵懿辰跋 國家圖書館

00543 **故唐律疏議三十卷** （唐）長孫無忌等撰 佚名釋文 **纂例十二卷** （元）王元亮撰 元余志安勤有堂刻本 國家圖書館

00544 **故唐律疏議三十卷** （唐）長孫無忌等撰 佚名釋文 **纂例十二卷** （元）王元亮撰 元余志安勤有堂刻本 首都圖書館

00545 **大唐六典三十卷** （唐）玄宗李隆基撰 （唐）李林甫注 宋紹興四年（1134）溫州州學刻遞修本 王秉恩 沈曾植跋 國家圖書館

存四卷（三、二十八至三十）

00546 **大唐六典三十卷** （唐）玄宗李隆基撰 （唐）李林甫注 宋紹興四年（1134）溫州州學刻遞修本 北京大學圖書館

存七卷（一至三、十二至十五）

00547 **大唐六典三十卷** （唐）玄宗李隆基撰 （唐）李林甫注 宋紹興四年（1134）溫州州學刻遞修本 王秉恩 沈曾植跋 南京博物院

存五卷（七至十一）

00548 **牧民忠告二卷經進風憲忠告一卷廟堂忠告一卷** （元）張養浩撰 元刻本 郭尚先跋 國家圖書館

00549 **兩漢詔令二十三卷** （宋）林虙 樓昉輯 元至正九年（1349）蘇天爵刻明修本（西漢卷二配清抄本） 上海圖書館

00550 **新編詔誥章表機要□卷** （金）郭明如撰 金刻本 南京圖書館

存三卷（一、三至四）

00551 **新編詔誥章表機要□卷** （金）郭明如撰 金刻本 國家圖書館

存一卷（二）

00552 **註陸宣公奏議十五卷** （唐）陸贄撰 （宋）郎曄注 元至正十四年（1354）劉氏翠巖精舍刻本 國家圖書館

00553 **註陸宣公奏議十五卷** （唐）陸贄撰 （宋）郎曄注 元至正十四年（1354）劉氏翠巖精舍刻本 南京圖書館

00554 **註陸宣公奏議十五卷** （唐）陸贄撰 （宋）郎曄注 元至正十四年（1354）劉氏翠巖精舍刻本 山東省圖書館

00555 **育德堂奏議六卷** （宋）蔡幼學撰 宋刻本 國家圖書館

00556 **翠微先生北征錄十二卷** （宋）華岳撰 元抄本 顧廣圻跋 國家圖書館

00557 **輿地廣記三十八卷** （宋）歐陽忞撰 宋刻遞修本（卷一至二配清抄本） 黃丕烈 顧廣圻跋 國家圖書館

00558 **新編方輿勝覽七十卷** （宋）祝穆輯 宋咸淳三年（1267）吳堅、劉震孫刻本 俞誠跋 上海圖書館

00559 **新編方輿勝覽七十卷** （宋）祝穆輯 元刻本 北京大學圖書館

00560 **[至正]金陵新志十五卷** （元）張鉉纂修 元至正四年（1344）集慶路儒學溧陽州學溧水州學刻本 國家圖書館

00561 **[紹定]吳郡志五十卷** （宋）范成大纂修 （宋）汪泰亨等續修 宋紹定刻元修本 國家

圖書館

00562 **[咸淳]臨安志一百卷** （宋）潛說友纂修 宋咸淳刻本（卷七至十、十七至十九、三十三至三十四、四十至四十五、六十一至六十三、七十六至七十七、七十九、九十一至九十七配清抄本） 傅玉露 楊紹和跋 國家圖書館

存七十八卷（一至二十五、二十九至四十五、六十至六十三、六十五至八十九、九十一至九十七）

00563 **[咸淳]臨安志一百卷** （宋）潛說友纂修 宋咸淳刻本（目錄、卷一至二、五至十、十三至十九、三十二至五十、五十六至六十三、六十五至八十九、九十一至九十七配清鮑氏知不足齋抄本） 周廣業校并跋 沈烺校跋并題詩 丁丙跋 南京圖書館

存九十五卷（一至六十三、六十五至八十九、九十一至九十七）

00564 **[寶慶]四明志二十一卷** （宋）胡榘 羅濬纂修 宋刻本 鄧邦述跋 國家圖書館

00565 **[開慶]四明續志十二卷** （宋）梅應發 劉錫纂修 宋開慶元年（1259）刻本 國家圖書館

00566 **幽蘭居士東京夢華錄十卷** （宋）孟鉞撰 元刻本 國家圖書館

00567 **南嶽總勝集三卷** （宋）陳田夫撰 宋刻本 國家圖書館

00568 **水經注四十卷** （北魏）酈道元撰 宋刻本 袁克文跋 國家圖書館

存十二卷（五至八、十六至十九、三十四、三十八至四十）

00569 **三輔黄圖六卷** 元致和元年（1328）余氏勤有堂刻本 國家圖書館

00570 **金石錄三十卷** （宋）趙明誠撰 宋淳熙龍舒郡齋刻本（有抄配） 張元濟跋 國家圖書館

00571 **嘯堂集古錄二卷** （宋）王俅撰 宋刻本 國家圖書館

00572 **華山廟碑** 東漢延熹八年（165）刻石 宋拓本 故宫博物院

00573 **華山廟碑** 東漢延熹八年（165）刻石 元拓本 故宫博物院

00574 **瘞鶴銘** （梁）華陽真逸撰文 上皇山樵書 南朝梁刻石 宋拓本 故宫博物院

00575 **龍藏寺碑** （隋）張公禮撰文 隋開皇六年（586）刻石 元拓本 沈樹鏞跋 上海圖書館

00576 **昭仁寺碑** （唐）朱子奢撰文 唐貞觀四年（630）刻石 宋拓本 北京大學圖書館

00577 **九成宫醴泉銘** （唐）魏徵撰文 （唐）歐陽詢書 唐貞觀六年（632）刻石 宋拓本 故宫博物院

00578 **九成宫醴泉銘** （唐）魏徵撰文 （唐）歐陽詢書 唐貞觀六年（632）刻石 宋拓本 故宫博物院

00579 **懷仁集王聖教序** （唐）太宗李世民撰文序 （唐）高宗李治撰文記 （唐）釋懷仁集王羲之書 唐咸亨三年（672）刻石 宋拓本 天津博物館

00580 **懷仁集王聖教序** （唐）太宗李世民撰文序 （唐）高宗李治撰文記 （唐）釋懷仁集王羲之書 唐咸亨三年（672）刻石 宋拓本 西安碑林博物館

00581 **懷仁集王聖教序** （唐）太宗李世民撰文序 （唐）高宗李治撰文記 （唐）釋懷仁集王羲之書 唐咸亨三年（672）刻石 南宋拓本

西安碑林博物館

00582 **郎官石柱記** （唐）陳九言撰文 （唐）張旭書 唐開元二十九年（741）刻石 宋拓本 王世貞跋 上海博物館

00583 **孔子廟堂碑** （唐）虞世南撰文并書 （唐）睿宗李旦篆額 宋刻石 宋拓本 故宫博物院

00584 **滑臺新驛記** （唐）李勉撰文 （唐）李陽冰書 唐大曆九年（774）刻石 宋拓本 中國社會科學院考古研究所

00585 **神策軍碑** （唐）崔鉉撰文 （唐）柳公權書 唐會昌三年（843）刻石 宋拓本 國家圖書館

00586 **許真人井銘** （五代）徐鉉撰文并書 十國南唐刻石 宋拓本 上海圖書館

00587 **水頭鑊銘** （宋）黄庭堅撰文并書 （宋）邢肅刊 北宋元祐二年（1087）刻石 宋拓本 北京大學圖書館

00588 **纂圖互註四子四種** 元覆刻宋建安書坊本 北京大學圖書館

00589 **新編孔子家語句解十卷** 元至正二十七年（1367）劉祥卿家刻本 國家圖書館

00590 **荀子二十卷** （唐）楊倞注 宋刻本 顧廣圻跋 國家圖書館

00591 **孔叢子七卷** 題（漢）孔鮒撰 （宋）宋咸注 **釋文一卷** 宋刻本 上海圖書館

00592 **新序十卷** （漢）劉向撰 宋刻本 錢謙益 黄丕烈 金錫爵跋 國家圖書館

00593 **說苑二十卷** （漢）劉向撰 宋咸淳元年（1265）鎮江府學刻元明遞修本 上海圖書館

00594 **說苑二十卷** （漢）劉向撰 宋咸淳元年（1265）鎮江府學刻元明遞修本（卷八至十三配清道光三年黄氏士禮居抄本） 黄丕烈校并跋 顧廣圻跋 國家圖書館

00595 **校正劉向說苑二十卷** （漢）劉向撰 元大德七年（1303）雲謙刻本 上海圖書館

00596 **纂圖分門類題五臣註揚子法言十卷** （漢）揚雄撰 （晉）李軌 （唐）柳宗元 （宋）宋咸 吳祕 司馬光注 **新增麗澤編次揚子事實品題一卷** （宋）吕祖謙輯 **新刊揚子門類題目一卷** （宋）陳傅良輯 宋劉通判宅仰高堂刻本（有明人抄配） 國家圖書館

00597 **中說十卷** （宋）阮逸注 宋刻本 錢謙益 葉奕等跋 國家圖書館

00598 **張子語錄三卷後錄二卷** 宋天台吳堅福建漕治刻本（有抄配） 國家圖書館

00599 **河南程氏遺書附錄一卷** 宋刻本 國家圖書館

00600 **龜山先生語錄四卷後錄二卷** （宋）楊時撰 宋天台吳堅福建漕治刻本 國家圖書館

00601 **龜山先生語錄四卷** （宋）楊時撰 元刻本 天津圖書館

00602 **袁氏世範三卷** （宋）袁采撰 **集事詩鑒一卷** （宋）方昕撰 宋刻本 韓應陛跋并錄袁表、袁褧、袁廷檮題識 國家圖書館

00603 **諸儒鳴道七十二卷** 宋刻端平二年（1235）閩川黄壯猷重修本（目錄半葉、卷二、十一至十五、二十六至三十三配清抄本） 上海圖書館

00604 **近思錄集解十四卷** （宋）葉采撰 元刻明修本 國家圖書館

00605 **泳齋近思錄衍註十四卷** （宋）楊伯嵒撰 宋末刻本 北京大學圖書館

00606 **類編標註文公先生經濟文衡前集二十五卷後集二十五卷續集二十二卷** （宋）滕

珙編輯　元泰定元年（1324）梅溪書院刻本　清華大學圖書館

00607 **類編標註文公先生經濟文衡前集二十五卷後集二十五卷續集二十二卷**　（宋）滕珙編輯　元泰定元年（1324）梅溪書院刻本　中國人民大學圖書館

存四十七卷（前集一至十、後集一至十五、續集全）

00608 **晦庵先生語錄大綱領十卷附錄三卷**　宋刻本（有抄配）　國家圖書館

00609 **朱子成書十卷**　（元）黃瑞節輯　元至正元年（1341）日新書堂刻本　國家圖書館

00610 **麗澤論說集錄十卷**　（宋）呂祖儉輯　宋嘉泰四年（1204）呂喬年刻本　國家圖書館

00611 **麗澤論說集錄十卷**　（宋）呂祖儉輯　宋嘉泰四年（1204）呂喬年刻元明遞修本　南開大學圖書館

00612 **西山先生真文忠公讀書記甲集三十七卷乙集下二十二卷丁集二卷**　（宋）真德秀撰　宋開慶元年（1259）福州官刻元修本（有抄配）　國家圖書館

00613 **西山先生真文忠公讀書記甲集三十七卷乙集下二十二卷丁集二卷**　（宋）真德秀撰　宋開慶元年（1259）福州官刻元明遞修本　吉林省圖書館

00614 **新編音點性理羣書句解前集二十三卷**　（宋）熊節輯　（宋）熊剛大集解　**後集二十三卷**　（宋）朱熹　呂祖謙撰　（宋）熊剛大集解　元刻本　北京大學圖書館

存十八卷（前集一至十、後集一至八）

00615 **潛室陳先生木鍾集十一卷**　（宋）陳埴撰　元建安吳氏友于堂刻本（有抄配）　上海圖書館

存十卷（一、三至十一）

00616 **慈溪黃氏日抄分類九十七卷**　（宋）黃震撰　元後至元三年（1337）刻本（卷九十三至九十七配明刻本）　上海圖書館

00617 **武經七書二十五卷**　宋刻宋元明遞修本　南京博物院

存十二卷（孫子三卷、黃石公三略三卷、六韜六卷）

00618 **十一家註孫子三卷**　（漢）曹操　（唐）杜牧等撰　**十家註孫子遺說一卷**　（宋）鄭友賢撰　宋刻本　國家圖書館

00619 **十一家註孫子三卷**　（漢）曹操　（唐）杜牧等撰　**十家註孫子遺說一卷**　（宋）鄭友賢撰　宋刻本　上海圖書館

00620 **管子二十四卷**　（唐）房玄齡注　宋刻本　黃丕烈　戴望跋　國家圖書館

00621 **棠陰比事一卷**　（宋）桂萬榮撰　元刻本　北京大學圖書館

00622 **刑統賦一卷**　（宋）傅霖撰　（元）郄□韻釋　元刻本　首都圖書館

00623 **宋提刑洗冤集錄五卷**　（宋）宋慈撰　元刻本　北京大學圖書館

00624 **吏學指南八卷**　（元）徐元瑞撰　元刻本　國家圖書館

00625 **農桑輯要七卷**　（元）大司農司撰　元後至元五年（1339）杭州路刻明修本（明補版若干葉）　上海圖書館

00626 **黃帝內經素問二十四卷**　（唐）王冰注　（宋）林億等校正　（宋）孫兆改誤　**亡篇一卷**　金刻本　國家圖書館

存十三卷（三至五、十一至十八、二十，亡篇）

00627 **新刊補註釋文黃帝內經素問十二卷**　（唐）

王冰注 （宋）林億等校正 （宋）孫兆改誤 元後至元五年（1339）胡氏古林書堂刻本 國家圖書館

00628 **新刊補註釋文黄帝內經素問十二卷** （唐）王冰注 （宋）林億等校正 （宋）孫兆改誤 **素問入式運氣論奥三卷** （宋）劉溫舒撰 **黄帝内經素問遺篇一卷** 元後至元五年（1339）胡氏古林書堂刻本（卷八第二十六葉抄配） 北京大學圖書館

00629 **新刊素問入式運氣論奥三卷** （宋）劉溫舒撰 **黄帝内經素問遺篇一卷** 元後至元五年（1339）胡氏古林書堂刻本 國家圖書館

00630 **新刊素問入式運氣論奥三卷** （宋）劉溫舒撰 **黄帝内經素問遺篇一卷** 元後至元五年（1339）胡氏古林書堂刻本 北京大學圖書館

00631 **新刊素問入式運氣論奥三卷** （宋）劉溫舒撰 **黄帝内經素問遺篇一卷** 元後至元五年（1339）胡氏古林書堂刻本 廣東省立中山圖書館

00632 **校正素問精要宣明論方七卷** （金）劉完素撰 元刻本 中國中醫科學院圖書館

00633 **新刊黄帝内經靈樞十二卷** 元後至元五年（1339）胡氏古林書堂刻六年（1340）印本 國家圖書館

00634 **新刊黄帝内經靈樞十二卷** 元後至元五年（1339）胡氏古林書堂刻本 中國科學院上海生命科學信息中心

00635 **經史證類備急本草三十一卷** （宋）唐慎微撰 （宋）寇宗奭衍義 宋嘉定四年（1211）劉甲刻本 國家圖書館

00636 **經史證類大觀本草三十一卷** （宋）唐慎微撰 元大德六年（1302）宗文書院刻本 國家圖書館

00637 **經史證類大觀本草三十一卷** （宋）唐慎微撰 元大德六年（1302）宗文書院刻本 北京大學圖書館

00638 **經史證類大觀本草三十一卷** （宋）唐慎微撰 元大德六年（1302）宗文書院刻本（卷八至十二、十四配清宣統二年（1910）柯逢時刻本） 上海圖書館

00639 **經史證類大觀本草三十一卷** （宋）唐慎微撰 元大德六年（1302）宗文書院刻本（序、牌記補配） 溫州市圖書館

00640 **重修政和經史證類備用本草三十卷** （宋）唐慎微撰 （宋）寇宗奭衍義 蒙古定宗四年（1249）平陽張存惠晦明軒刻本 錢謙益跋 國家圖書館

00641 **類編圖經集註衍義本草四十二卷序例五卷** （宋）唐慎微撰 （宋）寇宗奭衍義 （元）釋慧昌校正 元刻本 中國中醫科學院圖書館 存三卷（序例一至三）

00642 **本草衍義二十卷** （宋）寇宗奭撰 宋淳熙十二年（1185）江西轉運司刻慶元元年（1195）重修本 國家圖書館

00643 **本草衍義二十卷** （宋）寇宗奭撰 元刻本 北京大學圖書館

00644 **本草衍義二十卷** （宋）寇宗奭撰 元刻本 中國中醫科學院圖書館

00645 **新刊王氏脉經十卷** （晉）王叔和撰 （宋）林億等校定 元天曆三年（1330）廣勤書堂刻本 國家圖書館

00646 **傷寒論注解十卷圖解一卷** （金）成無己撰 元至正二十五年（1365）西園余氏刻本 朱顔校 國家圖書館

00647 **傷寒論注解十卷圖解一卷** （金）成無己

注解　元至正二十五年（1365）西園余氏刻本　北京大學圖書館

00648 **傷寒明理論三卷方論一卷**　（金）成無己撰　宋刻本（明理論卷三、方論抄配）　袁克文跋　國家圖書館

00649 **張仲景註解傷寒百證歌五卷**　（宋）許叔微撰　元刻本　國家圖書館

00650 **張仲景註解傷寒百證歌五卷新編張仲景註解發微論二卷**　（宋）許叔微撰　元刻本　南京圖書館

00651 **傷寒要旨一卷藥方一卷**　（宋）李檉撰　宋乾道七年（1171）姑孰郡齋刻本　楊象濟題款　黄丕烈跋　國家圖書館

00652 **新刊河間劉守真傷寒直格三卷**　（金）劉完素撰　（元）葛雍編校　元天曆元年（1328）建安翠巖精舍刻本　北京大學圖書館

00653 **新編金匱方論三卷**　（漢）張機撰　（晉）王叔和輯　（宋）林億詮次　元至元刻本　楊守敬跋　北京大學圖書館

00654 **重刊巢氏諸病源候總論五十卷**　（隋）巢元方撰　元刻本（有抄配）　國家圖書館

00655 **重刊巢氏諸病源候總論五十卷**　（隋）巢元方撰　元刻本（卷六至十一配清抄本）　北京大學圖書館

00656 **重刊孫真人備急千金要方三十卷**　（唐）孫思邈撰　（宋）林億等校正　元刻本（各卷間有殘破，日人抄配）　國家圖書館

00657 **重刊孫真人備急千金要方三十卷**　（唐）孫思邈撰　（宋）林億等校正　元刻本　國家圖書館

00658 **重刊孫真人備急千金要方三十卷**　（唐）孫思邈撰　（宋）林億等校正　元刻本（卷一抄配）　森立之跋　北京大學圖書館

00659 **重刊孫真人備急千金要方三十卷**　（唐）孫思邈撰　（宋）林億等校正　元刻本（卷二第十八葉抄配）　北京大學圖書館

00660 **重刊孫真人備急千金要方三十卷**　（唐）孫思邈撰　（宋）林億等校正　元刻本　上海圖書館

00661 **外臺祕要方四十卷**　（唐）王燾撰　宋紹興兩浙東路茶鹽司刻本（卷一、七至二十、二十四至二十五、二十七至三十二、三十四至四十配明抄本，二十六至二十七配清抄本）　國家圖書館

存三十六卷（一至二十、二十四至三十二、三十四至四十）

00662 **太平惠民和劑局方十卷**　（宋）陳師文等撰　**指南總論三卷**　（宋）許洪撰　**增廣和劑局方圖經本草藥性總論一卷**　元至正二十六年（1366）高氏日新堂刻本　國家圖書館

00663 **太平惠民和劑局方十卷**　（宋）陳師文等撰　元陳氏留畊書堂刻本　天津市醫學科學技術信息研究所

00664 **太平惠民和劑局方十卷**　（宋）陳師文等撰　**指南總論三卷**　（宋）許洪撰　**圖經本草藥性總論一卷**　元刻本（卷首序、進表、凡例抄配）　北京大學圖書館

00665 **洪氏集驗方五卷**　（宋）洪遵輯　宋乾道六年（1170）姑孰郡齋刻本　黄丕烈　顧廣圻跋　國家圖書館

00666 **三因極一病證方論十八卷**　（宋）陳言撰　宋刻本（缺葉配元麻沙刻本）　北京大學圖書館

00667 **醫說十卷** （宋）張杲撰 宋刻本 黃丕烈 丁丙 柳詒徵跋 南京圖書館

00668 **醫說十卷** （宋）張杲撰 宋刻本（序第一至二葉、卷七第一至四十六葉抄配） 北京大學圖書館

00669 **太醫張子和先生儒門事親三卷直言治病百法二卷十形三療三卷** （金）張從正撰 蒙古中統三年（1262）刻本 北京大學圖書館

00670 **濟生拔粹方十九種** （元）杜思敬編 元延祐刻本 國家圖書館
存十五種

00671 **濟生拔粹方十九種** （元）杜思敬編 元延祐刻本 北京大學圖書館
存十八種

00672 **濟生拔粹方十九種** （元）杜思敬編 元延祐刻本 湖南圖書館
存十五種

00673 **永類鈐方二十二卷首一卷** （元）李仲南撰 （元）孫允賢校定 元至順二年（1331）刻本 上海圖書館

00674 **永類鈐方二十二卷首一卷** （元）李仲南撰 （元）孫允賢校定 元至順二年（1331）刻本 南京圖書館

00675 **永類鈐方二十二卷首一卷** （元）李仲南撰 （元）孫允賢校定 元至順二年（1331）刻本（卷七至九以明書林鄭筆山刻本配補） 北京大學圖書館

00676 **世醫得效方十九卷** （元）危亦林撰 **孫真人養生書一卷** （唐）孫思邈撰 元至正建寧路官醫提領陳志刻本（卷首補配） 北京大學圖書館

00677 **劉涓子鬼遺方五卷** （南朝齊）龔慶宣撰 宋刻本 國家圖書館

00678 **衛生家寶產科備要八卷** （宋）朱端章輯 宋淳熙十一年（1184）南康郡齋刻本 瞿中溶 黃丕烈跋 錢大昕題款 國家圖書館

00679 **新編婦人大全良方二十四卷辨識修製藥物法度一卷** （宋）陳自明撰 元勤有書堂刻本 國家圖書館

00680 **針灸四書九卷** （元）竇桂芳編 元至大四年（1311）燕山竇氏活濟堂刻本 寧波市天一閣博物館

00681 **新編西方子明堂灸經八卷** 元明間刻本 武漢大學圖書館

00682 **周髀筭經二卷** （漢）趙君卿注 （北周）甄鸞注 （唐）李淳風等注釋 **音義一卷** （宋）李籍撰 宋嘉定六年（1213）鮑澣之汀州刻本 上海圖書館

00683 **九章筭經九卷** （晉）劉徽注 （唐）李淳風等注釋 宋嘉定六年（1213）鮑澣之汀州刻本 上海圖書館
存五卷（一至五）

00684 **孫子筭經三卷** （唐）李淳風等注釋 宋嘉定六年（1213）鮑澣之汀州刻本 上海圖書館

00685 **數術記遺一卷** （漢）徐岳撰 （北周）甄鸞注 宋嘉定六年（1213）鮑澣之汀州刻本 北京大學圖書館

00686 **筭學源流一卷** 宋嘉定六年（1213）鮑澣之汀州刻本 北京大學圖書館

00687 **五曹筭經五卷** （唐）李淳風等注釋 宋嘉定六年（1213）鮑澣之汀州刻本 北京大學圖書館

00688 **張丘建筭經三卷** （北周）甄鸞注 （唐）李淳風等注釋 （唐）劉孝孫細草 宋嘉定六年（1213）鮑澣之汀州刻本 顧廣圻跋 上海

圖書館

00689 **元包經傳五卷** （北周）衛元嵩撰 （唐）蘇源明傳 （唐）李江注 **元包數總義二卷** （宋）張行成撰 宋紹興三十一年（1161）張洸刻本 陳乃乾跋 上海圖書館

00690 **邵子觀物内篇二卷外篇二卷後録二卷漁樵問對一卷** （宋）邵雍撰 宋天台吳堅福建漕治刻本 上海圖書館

00691 **重校正地理新書十五卷** 金刻本 北京大學圖書館

00692 **玉靈聚義五卷** （元）陸森編 元天曆二年（1329）平江路儒學刻本 北京大學圖書館

00693 **新雕注疏珞琭子三命消息賦三卷** （宋）李仝注 （宋）東方明疏 **新雕李燕陰陽三命二卷** 金刻本 黄丕烈跋 國家圖書館

00694 **洪範政鑑十二卷** （宋）仁宗趙禎撰 宋淳熙十三年（1186）内府寫本 邵章 傅增湘跋 國家圖書館

00695 **三曆撮要一卷** 宋刻本 錢大昕 孫星衍跋 瞿中溶題款 國家圖書館

00696 **新編曆法集成前集一卷後集一卷續集一卷别集一卷** （元）何士泰撰 元刻本 國家圖書館

00697 **蘭亭續考二卷** （宋）俞松輯 宋淳祐刻本（卷一數葉及卷二配勞健抄本） 勞健跋 國家圖書館

00698 **書苑菁華二十卷** （宋）陳思輯 宋刻本（卷二第六葉以下抄配） 國家圖書館

00699 **蘭亭序** （晉）王羲之撰文并書 隋開皇刻石 宋拓開皇本 故宫博物院

00700 **爭座位帖** （唐）顏真卿撰文并書 唐廣德二年（764）書寫 宋拓本 何紹基跋 上海圖書館

00701 **十七帖** （晉）王羲之書 唐大曆元年（766）刻石 宋拓本 上海圖書館

00702 **淳化閣帖十卷** （宋）王著摹 北宋淳化三年（992）刻版 宋拓本 故宫博物院

00703 **淳化閣帖十卷** （宋）王著摹 北宋淳化三年（992）刻版 宋拓本 上海博物館

00704 **淳化閣帖十卷** （宋）王著摹 北宋淳化三年（992）刻版 宋拓本 王淮等跋 上海博物館

存四卷（四、六至八）

00705 **淳化閣帖十卷** （宋）王著摹 北宋淳化三年（992）刻版 宋拓本 上海圖書館

存一卷（九）

00706 **絳帖二十卷** （宋）潘師旦摹 北宋皇祐至嘉祐刻石 宋拓本 故宫博物院

00707 **絳帖二十卷** （宋）潘師旦摹 北宋皇祐至嘉祐刻石 宋拓本 國家圖書館

存四卷（前三、四，後一、二）

00708 **絳帖二十卷** （宋）潘師旦摹 北宋皇祐至嘉祐刻石 宋拓本 國家圖書館

存二卷（前一、二）

00709 **大觀帖十卷** （宋）蔡京等輯 北宋大觀三年（1109）刻石 宋拓本 故宫博物院

存三卷（二、四、五）

00710 **大觀帖十卷** （宋）蔡京等輯 北宋大觀三年（1109）刻石 宋拓本 故宫博物院

存五卷（二、四、六、八、十）

00711 **大觀帖十卷** （宋）蔡京等輯 北宋大觀三年（1109）刻石 宋拓本 王世貞等跋 南京大學圖書館

存一卷（六）

00712 **汝帖十二卷** （宋）王寀輯 北宋大觀三年（1109）刻石 宋拓本 故宫博物院

00713 **蘭亭續帖上下冊** 北宋政和初年刻石 宋拓本 上海博物館

00714 **慈恩寺雁塔唐賢題名帖** 北宋宣和二年（1120）刻石 宋拓本 中國社會科學院考古研究所

存一卷（九）

00715 **鼎帖** （宋）張斛輯 南宋紹興十一年（1141）刻版 宋拓本 上海圖書館

存卷不詳

00716 **紹興米帖** （宋）米芾書 （宋）趙構輯 南宋紹興十一年（1141）刻石 南宋拓本 上海圖書館

存一卷（九）

00717 **歷代鐘鼎款識法帖** （宋）薛尚功輯 南宋紹興十四年（1144）刻石 宋拓本 中國社會科學院考古研究所

存一卷（十八）

00718 **西樓蘇帖** （宋）蘇軾書 （宋）汪應辰輯刻 南宋乾道四年（1168）刻石 宋拓本 天津博物館

00719 **松桂堂法帖** （南宋）米巨容刻 南宋淳熙刻石 宋拓本 故宮博物院

存卷不詳

00720 **甲秀堂帖** （宋）廬山陳氏輯 （宋）李氏刻 南宋淳熙刻石 宋拓本 故宮博物院

00721 **忠義堂帖** （唐）顏真卿撰文并書 南宋嘉定八年（1215）刻石 宋拓本 浙江省博物館

存卷不詳

00722 **群玉堂帖** （宋）向若水摹 （宋）韓侂胄刻 南宋嘉定刻石 宋拓本 故宮博物院

存卷不詳

00723 **英光堂帖** （宋）米芾書 （宋）岳珂刻 南宋嘉定刻石 宋拓本 故宮博物院

存卷不詳

00724 **鬱孤臺法帖** （宋）聶子述輯 南宋紹定元年（1228）刻石 宋拓本 上海圖書館

存二卷（六、不詳）

00725 **鳳墅帖** （宋）曾宏父輯 （宋）張節摹勒 歐陽信明 歐陽庚等刻 南宋淳祐刻石 宋拓本 上海圖書館

存十二卷（前十一、十五、十八、續三、四、十至十六）

00726 **澄清堂帖** （宋）施宿摹勒 南宋淳祐刻石 宋拓本 故宮博物院

存三卷（一、三、四）

00727 **澄清堂帖** （宋）施宿摹勒 南宋淳祐刻石 宋拓本 故宮博物院

存二卷（二、五）

00728 **寶晉齋法帖十卷** （宋）曹之格輯 南宋咸淳五年（1269）刻石 宋拓本 上海圖書館

00729 **圖畫見聞誌六卷** （宋）郭若虛撰 宋刻本（卷一至三配元抄本） 黃丕烈跋 國家圖書館

00730 **畫繼十卷** （宋）鄧椿撰 **五代名畫補遺一卷** （宋）劉道醇撰 宋臨安府陳道人書籍鋪刻本 遼寧省圖書館

00731 **圖繪寶鑑五卷補遺一卷** （元）夏文彥撰 元至正二十六年（1366）刻明修本 吳騫 陳鱣 黃丕烈跋 上海圖書館

00732 **圖繪寶鑑五卷補遺一卷** （元）夏文彥撰 元至正二十六年（1366）刻本 王獻唐批校 山東省博物館

00733 **梅花喜神譜二卷** （宋）宋伯仁輯 宋景定二年（1261）金華雙桂堂刻本 黃丕烈跋并題詩 錢大昕 孫星衍跋 上海博物館

00734 **棋經十三篇** （宋）張擬撰 元刻本 中國文

化遺産研究院
00735 忘憂清樂集一卷 （宋）李逸民撰 宋刻本 黄丕烈跋 丁秉衡校 國家圖書館
00736 漢官儀三卷 （宋）劉攽撰 宋紹興九年（1139）臨安府刻本 國家圖書館
00737 飲膳正要三卷 （元）忽思慧撰 元刻本 北京大學圖書館
存一卷（三）
00738 酒經三卷 （宋）朱翼中撰 宋刻本 錢謙益跋 國家圖書館
00739 古迂陳氏家塾尹文子二卷 元陳仁子刻本 國家圖書館
00740 吕氏春秋二十六卷 （漢）高誘注 元至正嘉興路儒學刻本 北京大學圖書館
00741 吕氏春秋二十六卷 （漢）高誘注 元至正嘉興路儒學刻本（卷十四第五、六、十一、十二葉，卷十七第十三葉，卷十五第一、十七葉，卷十八第九、二十葉的下半葉，卷十九第六、七葉的下半葉，卷二十第三、四葉等補配） 山東省博物館
00742 吕氏春秋二十六卷 （漢）高誘注 元至正嘉興路儒學刻本 吴騫跋 上海圖書館
00743 吕氏春秋二十六卷 （漢）高誘注 元至正嘉興路儒學刻明修本 重慶圖書館
00744 白虎通二卷 （漢）班固撰 元刻本 上海圖書館
00745 白虎通二卷 （漢）班固撰 元刻本 黄丕烈跋 國家圖書館
00746 白虎通德論十卷 （漢）班固撰 元大德九年（1305）無錫州學刻明修本 國家圖書館
00747 白虎通德論十卷 （漢）班固撰 元大德九年（1305）無錫州學刻本 上海圖書館
00748 論衡三十卷 （漢）王充撰 宋乾道三年（1167）紹興府刻宋元明遞修本 黄丕烈跋 葉昌熾題款 國家圖書館
00749 風俗通義十卷 （漢）應劭撰 元大德九年（1305）無錫州學刻明修本 上海圖書館
00750 風俗通義十卷 （漢）應劭撰 元大德九年（1305）無錫州學刻公文紙印本 北京大學圖書館
存七卷（四至十）
00751 劉子十卷 （北齊）劉晝撰 （唐）袁孝政注 宋刻本（卷一至二配明刻本） 孫星衍 黄丕烈跋 上海圖書館
00752 顔氏家訓七卷 （北齊）顔之推撰 附攷證一卷 （宋）沈揆撰 元刻本 何焯 錢大昕 孫星衍 黄丕烈跋 上海圖書館
00753 長短經九卷 （唐）趙蕤撰 宋刻本 沈新民跋 清高宗題詩 上海圖書館
00754 化書六卷 （五代）譚峭撰 宋刻本 康綸鈞題款 國家圖書館
00755 鼇隅子歔欷瑣微論二卷 （宋）黄晞撰 宋刻本 嚴元照 丁丙跋 南京圖書館
00756 古迂陳氏家藏夢溪筆談二十六卷 （宋）沈括撰 元大德九年（1305）陳仁子東山書院刻本 國家圖書館
00757 清波雜志十二卷 （宋）周煇撰 宋刻本 國家圖書館
00758 容齋續筆十六卷 （宋）洪邁撰 宋嘉定五年（1212）章貢郡齋刻本 國家圖書館
00759 容齋隨筆十六卷續筆十六卷 （宋）洪邁撰 宋嘉定五年（1212）章貢郡齋刻本 繆荃孫跋 蘇州圖書館
00760 賓退錄十卷 （宋）趙與旹撰 宋臨安睦親坊陳宅經籍鋪刻本 張雯題款 國家圖書館
00761 衍約說十三卷 宋刻本 伊秉綬 宋葆淳 阮

元跋 謝蘭生 許乃濟 王玉璋等題款 國家圖書館

00762 閑居錄一卷 （元）吾衍撰 元至正十八年（1358）孫道明抄本 國家圖書館

00763 東觀餘論二卷 （宋）黄伯思撰 宋嘉定三年（1210）溫陵莊夏刻本 豐坊題記 項元汴跋 惠兆壬題識 上海圖書館

00764 程氏演蕃露十六卷 （宋）程大昌撰 宋刻本 國家圖書館

存十卷（一至十）

00765 新刊履齋示兒編二十三卷 （宋）孫奕撰 元劉氏學禮堂刻本（有抄配） 國家圖書館

00766 困學紀聞二十卷 （宋）王應麟撰 元泰定二年（1325）慶元路儒學刻本 國家圖書館

00767 龍川略志六卷龍川別志四卷 （宋）蘇轍撰 宋刻本（卷二第四葉抄配） 曹元忠跋 南京圖書館

00768 甲申雜記一卷聞見近錄一卷 （宋）王鞏撰 宋刻本 盛昱 樊增祥跋 國家圖書館

00769 重雕改正湘山野錄三卷續湘山野錄一卷 （宋）釋文瑩撰 宋刻本（卷下、續錄配元抄本） 黄丕烈 喬松年 繆荃孫跋 國家圖書館

00770 揮麈前錄四卷後錄十一卷第三錄三卷餘話二卷 （宋）王明清撰 宋龍山書堂刻本 國家圖書館

00771 桯史十五卷 （宋）岳珂撰 宋刻元明遞修公文紙印本 北京大學圖書館

00772 愧郯錄十五卷 （宋）岳珂撰 宋刻本 國家圖書館

00773 雲仙散錄一卷 題（唐）馮贄撰 宋開禧刻公文紙印本 徐渭仁 丁丙跋 南京圖書館

00774 皇朝仕學規範四十卷 （宋）張鎡輯 宋刻本 國家圖書館

00775 皇朝仕學規範四十卷 （宋）張鎡輯 宋刻本 曲阜市文物管理委員會

存二十九卷（一至二十九）

00776 自警編不分卷 （宋）趙善璙輯 宋刻本 翁方綱題記 遼寧省圖書館

00777 自警編不分卷 （宋）趙善璙輯 宋刻本 遼寧省圖書館

00778 山海經十八卷 （晉）郭璞注 宋淳熙七年（1180）池陽郡齋刻本 國家圖書館

00779 新編連相搜神廣記前集一卷後集一卷 （元）秦子晉撰 元刻本 國家圖書館

00780 續幽怪錄四卷 （唐）李復言撰 宋臨安府太廟前尹家書籍鋪刻本 黄丕烈跋 國家圖書館

00781 重彫足本鑑誡錄十卷 （五代後蜀）何光遠撰 宋刻本 趙懷玉校 上海圖書館

00782 湖海新聞夷堅續志前集十二卷 元碧山精舍刻本 國家圖書館

存十卷（一至十）

00783 新刊分類江湖紀聞前集□卷 （元）郭霄鳳撰 元刻本 國家圖書館

存五卷（六至十）

00784 藝文類聚一百卷 （唐）歐陽詢輯 宋刻本（序目，卷一至四、四十九至五十三、五十四之第二至十一葉、五十五之第一葉配明嘉靖六至七年胡纘宗、陸采刻本） 上海圖書館

00785 蒙求三卷 （唐）李翰撰 遼刻本 山西省應縣木塔文物管理所

存七葉

00786 補注蒙求八卷 （唐）李翰撰 （宋）徐子光注 宋刻本（卷五、卷八缺葉配明抄本）

喬松年跋 上海圖書館

00787 **事類賦三十卷** （宋）吴淑撰并注 宋紹興十六年（1146）兩浙東路茶鹽司刻本 國家圖書館

00788 **冊府元龜一千卷** （宋）王欽若等輯 宋刻本 朱文鈞等跋 傅增湘題款 國家圖書館
存二十卷（二百八十六至二百九十五、三百九、四百四十二、四百四十四至四百四十五、四百八十二至四百八十四、七百八十六至七百八十七、七百八十九）

00789 **冊府元龜一千卷** （宋）王欽若等輯 宋刻本 國家圖書館
存五卷（九百一至九百五，五百二存一葉）

00790 **新刊監本冊府元龜一千卷** （宋）王欽若等輯 宋刻本 國家圖書館
存八卷（二百四十九、二百五十一至二百五十四、二百六十一至二百六十二、二百七十六）

00791 **文選雙字類要三卷** 題（宋）蘇易簡撰 宋淳熙八年（1181）池陽郡齋刻紹熙三年（1192）重修本（上卷末二葉抄配） 上海圖書館
存二卷（上、下）

00792 **太學新增合璧聯珠万卷菁華前集六十卷** （宋）李昭玘輯 **後集八十卷** （宋）李似之輯 宋刻本（目錄第一葉，卷七第一、八至九葉，卷九第十三葉，卷十二至二十四抄配） 山東省圖書館
存一百二十六卷（前集全、後集一至四十三、四十六至六十八）

00793 **字苑類編□卷** （宋）朱熹 李幼武輯 宋刻本 南京圖書館
存十卷（卷上一至十）

00794 **帝王經世圖譜十卷** （宋）唐仲友撰 宋嘉泰元年（1201）金式、趙善鐻廬陵刻本（有抄配） 國家圖書館
存八卷（一至八）

00795 **誠齋四六發遣膏馥十卷** 題（宋）楊萬里撰 （宋）周公恕輯 宋佘卓刻本 遼寧省圖書館

00796 **錦繡萬花谷前集四十卷後集四十卷別集三十卷** （宋）佚名撰 宋刻本（有抄配） 國家圖書館
存六十九卷（前集一至八、十一至十九、二十一至二十五、二十九、三十一至三十三、三十五至四十，後集二至三十七，別集二十四）

00797 **錦繡萬花谷續集四十卷** （宋）佚名撰 宋刻本 國家圖書館

00798 **分門史志通典治原之書十五卷目錄一卷** （宋）佚名輯 宋南陽子實刻本 遼寧省圖書館

00799 **新編古今事文類聚前集六十卷後集五十卷續集二十八卷別集三十二卷** （宋）祝穆輯 **新集三十六卷外集十五卷** （元）富大用輯 元刻本 國家圖書館

00800 **新編古今事文類聚前集六十卷後集五十卷別集三十二卷** （宋）祝穆輯 **新集三十六卷外集十五卷** （元）富大用輯 元泰定三年（1326）廬陵武溪書院刻本 北京大學圖書館

00801 **新編古今事文類聚前集六十卷後集五十卷續集二十八卷別集三十二卷** （宋）祝穆輯 **新集三十六卷外集十五卷** （元）富大用輯 元泰定三年（1326）廬陵武溪書院刻本（卷三十七至四十、五十三至六十補

配） 天津圖書館

存一百六卷（前集十九、二十一至二十四、三十至三十四、三十七至四十二、四十七至六十，後集十三至四十六、四十九至五十，續集一至八、十至二十八，別集一至十三）

00802 **新編古今事文類聚前集六十卷後集五十卷續集二十八卷別集三十二卷** （宋）祝穆輯 **新集三十六卷外集十五卷** （元）富大用輯 元泰定三年（1326）廬陵武溪書院刻本（前集卷十四第十二葉、卷二十七第二十葉、卷三十三第十二葉、卷四十四第十二葉、卷六十第五至十葉抄配，後集配元建安雲莊書院劉氏刻本） 浙江圖書館

存二百五卷（前集全，後集全，續集全，別集一至十二、十四至三十二，新集全）

00803 **新編古今事文類聚前集六十卷後集五十卷續集二十八卷別集三十二卷** （宋）祝穆輯 **新集三十六卷外集十五卷** （元）富大用輯 元泰定三年（1326）廬陵武溪書院刻明修本 湖北省圖書館

00804 **記纂淵海一百九十五卷** （宋）潘自牧輯 宋刻本（卷一至十四、十六至十八、五十五至六十、八十三至八十七、一百八十四至一百八十五、一百八十九至一百九十一配清影宋抄本，有抄配） 國家圖書館

00805 **記纂淵海一百九十五卷** （宋）潘自牧輯 宋刻本 遼寧省圖書館

存十七卷（一至十二、一百六十六至一百七十）

00806 **重添校正蜀本書林事類韻會一百卷** （宋）佚名輯 宋刻本（卷一百六十六第十葉下半葉、卷一百六十七第一至七葉、卷一百六十八第一至六葉補配） 嚴可均跋 國家圖書館

存二十七卷（三、四、五十至五十一、五十三至五十四、五十九至六十一、八十至九十四、九十八至一百）

00807 **新刊山堂先生章宮講考索甲集十卷** （宋）章如愚編 宋金華曹氏中隱書院刻本 中國書店

00808 **山堂先生羣書考索前集六十六卷後集六十五卷續集五十六卷別集二十五卷** （宋）章如愚輯 元延祐七年（1320）圓沙書院刻本 荊一朋跋 北京大學圖書館

00809 **山堂先生羣書考索前集六十六卷後集六十五卷續集五十六卷別集二十五卷** （宋）章如愚輯 元延祐七年（1320）圓沙書院刻本 上海圖書館

00810 **山堂先生羣書考索前集六十六卷後集六十五卷續集五十六卷別集二十五卷** （宋）章如愚輯 元延祐七年（1320）圓沙書院刻本 天津圖書館

存一百三十一卷（前集全、後集全）

00811 **山堂先生羣書考索前集六十六卷後集六十五卷續集五十六卷別集二十五卷** （宋）章如愚輯 元延祐七年（1320）圓沙書院刻本 福建省圖書館

存一百十六卷（前集一至三、九至五十三、五十五至六十六，後集一至二十、二十三至四十六、五十四至六十五）

00812 **古今合璧事類備要前集六十九卷後集八十一卷續集五十六卷** （宋）謝維新輯 **別集九十四卷外集六十六卷** （宋）虞載輯 宋刻本（前集卷一、十七至十九、二十一、四十一至四十二、五十三至五十五，別集卷二十七至三十、四十五至

四十六，外集卷四十四配明抄本） 國家圖書館

00813 **古今合璧事類備要前集六十九卷後集八十一卷續集五十六卷** （宋）謝維新輯 **別集九十四卷外集六十六卷** （宋）虞載輯 宋刻本 佚名題識 浙江圖書館

存七十六卷（前集一、四至十二、二十一至二十四、三十五至五十二、五十六至六十二、六十六至六十九，後集一至十二、四十三至四十七、六十二、六十三、六十五至七十四、七十七、七十八、八十、八十一）

00814 **十二先生詩宗集韻二十卷** （宋）裴良甫輯 宋刻本 國家圖書館

00815 **纂圖增新羣書類要事林廣記十集二十卷** （宋）陳元靚輯 元後至元六年（1340）鄭氏積誠堂刻本（有抄配） 北京大學圖書館

00816 **新箋決科古今源流至論前集十卷後集十卷續集十卷** （宋）林駉撰 **別集十卷** （宋）黃履翁撰 元延祐四年（1317）圓沙書院刻本（有抄配） 國家圖書館

00817 **婚禮新編二十卷** （宋）丁昇之輯 宋刻元修本（有抄配） 國家圖書館

00818 **玉海二百卷辭學指南四卷** （宋）王應麟撰 元後至元六年（1340）慶元路儒學刻本 國家圖書館

存一百十卷（一至四、七至九、十四至十七、二十二至二十三、二十九至三十、三十四至五十四、五十九至六十、七十三至八十二、八十六至八十八、九十三至九十八、一百五至一百十、一百十七至一百二十一、一百二十三至一百二十六、一百三十四至一百三十七、一百四十至一百四十二、一百四十五至一百四十七、一百五十三至一百五十四、一百六十二至一百六十九、一百七十三至一百八十六、一百九十二至一百九十三上，辭學指南二至三）

00819 **玉海二百卷辭學指南四卷詩攷一卷詩地理攷六卷漢藝文志攷證十卷通鑑地理通釋十四卷漢制攷四卷踐阼篇集解一卷周易鄭康成注一卷姓氏急就篇二卷急就篇補注四卷周書王會補注一卷小學紺珠十卷六經天文篇二卷通鑑答問五卷** （宋）王應麟撰 元後至元六年（1340）慶元路儒學刻元明遞修本 國家圖書館

00820 **玉海二百卷辭學指南四卷詩攷一卷詩地理攷六卷漢藝文志攷證十卷通鑑地理通釋十四卷周書王會補注一卷漢制攷四卷踐阼篇集解一卷急就篇補注四卷小學紺珠十卷姓氏急就篇二卷六經天文篇二卷周易鄭康成注一卷通鑑答問五卷** （宋）王應麟撰 元後至元六年（1340）慶元路儒學刻明修本 河北大學圖書館

00821 **玉海二百卷** （宋）王應麟撰 元後至元六年（1340）慶元路儒學刻元明遞修本（卷三十九有抄配，卷三十二有缺葉） 東北師範大學圖書館

00822 **玉海二百卷辭學指南四卷詩考一卷詩地理考六卷漢藝文志考證十卷通鑑地理通釋十四卷漢制考四卷踐阼篇集解一卷周易鄭康成注一卷姓氏急就篇二卷周書王會補注一卷急就篇補注四卷小學紺珠十卷六經天文篇二卷通鑑答問五卷** （宋）王應麟撰 元後至元六年（1340）慶元路儒學刻元至正十一年重修本 河南省圖書館

存一百五十四卷（玉海一至十五、十八

至三十八上、三十九至四十一、四十八至六十九、七十五至七十八、八十一至一百八、一百十一至一百四十四、一百六十六至一百六十九、一百七十三至一百七十五、一百八十七至一百九十四，辭學指南三至四，漢藝文志考證十）

00823 **韻府羣玉二十卷** （元）陰時夫輯 （元）陰中夫注 元元統二年（1334）梅溪書院刻本 國家圖書館

00824 **韻府羣玉二十卷** （元）陰時夫輯 （元）陰中夫注 元元統二年（1334）梅溪書院刻本 重慶圖書館

00825 **韻府羣玉二十卷** （元）陰時夫輯 （元）陰中夫注 元元統二年（1334）梅溪書院刻本 黎庶昌跋 黑龍江省圖書館

00826 **新增說文韻府羣玉二十卷** （元）陰時夫輯 （元）陰中夫注 元至正十六年（1356）劉氏日新堂刻本（卷一配明初刻本） 上海圖書館

00827 **新增說文韻府羣玉二十卷** （元）陰時夫輯 （元）陰中夫注 元至正十六年（1356）劉氏日新堂刻本 四川師範大學圖書館

存十二卷（一至二、五至十、十七至二十）

00828 **新編事文類聚啓劄雲錦甲集六卷乙集六卷丙集六卷丁集六卷戊集六卷己集六卷庚集六卷辛集五卷壬集九卷癸集七卷** 元刻本 國家圖書館

00829 **重刊增廣門類換易新聯詩學攔江網七集七十卷** 元刻本 北京大學圖書館

00830 **聯新事備詩學大成三十卷** （元）林楨輯 元至正九年（1349）建寧路書市劉衡甫刻本 丁丙跋 南京圖書館

00831 **聯新事備詩學大成三十卷** （元）林楨輯 元刻本 華東師範大學圖書館

00832 **新編類意集解諸子瓊林前集二十四卷後集十六卷** （元）蘇應龍輯 元刻本 國家圖書館

00833 **漢唐事箋對策機要十二卷後集八卷** （元）朱禮撰 元至正六年（1346）日新堂刻本 邵淵耀等跋 程恩澤題款 國家圖書館

00834 **詩學集成押韻淵海二十卷** （元）嚴毅輯 元後至元六年（1340）蔡氏梅軒刻本 國家圖書館

00835 **詩學集成押韻淵海二十卷** （元）嚴毅輯 元後至元六年（1340）蔡氏梅軒刻本 北京大學圖書館

00836 **詩學集成押韻淵海二十卷** （元）嚴毅輯 元後至元六年（1340）蔡氏梅軒刻本 丁丙跋 南京圖書館

00837 **群書鉤玄十二卷** （元）高耻傳輯 元至正七年（1347）刻明修本 北京大學圖書館

00838 **新編事文類要啓劄青錢後集十卷** 元刻本 北京大學圖書館

00839 **思溪藏五千九百十三卷** 宋靖康元年至紹興二年（1126-1132）王永從刻本 國家圖書館

存四千六百四十七冊

00840 **趙城金藏六千九百八十卷** 金皇統九年至大定十三年（1149-1173）解州天寧寺刻本（有明人補抄） 國家圖書館

存四千八百十三卷

00841 **磧砂藏六千三百六十二卷** 南宋刻元補明遞修本 陝西省圖書館

存五千五百四十六卷

00842 **大般若波羅蜜多經六百卷** （唐）釋玄奘譯 北宋開寶五年（972）刻元符三年

(1100) 印開寶藏本 山西博物院
存一卷 (二百六)

00843 **大般若波羅蜜多經六百卷** (唐) 釋玄奘譯 北宋開寶五年 (972) 刻開寶藏本 中國佛教圖書文物館
存一卷 (五百八十一)

00844 **大寶積經一百二十卷** (唐) 釋菩提流志等譯 北宋開寶年間刻開寶藏本 國家圖書館
存一卷 (一百一)

00845 **大方等大集經六十卷** (隋) 釋那連提耶舍譯 北宋開寶年間刻大觀二年 (1108) 印開寶藏本 上海圖書館
存一卷 (四十三)

00846 **阿惟越致遮經三卷** (晉) 釋竺法護譯 北宋開寶六年 (973) 刻大觀二年 (1108) 印開寶藏本 國家圖書館
存一卷 (上)

00847 **大雲經請雨品第卷六十四** (北周) 釋闍那耶舍譯 北宋開寶六年 (973) 刻開寶藏本 山西省高平市文博館

00848 **妙法蓮華經七卷** (後秦) 釋鳩摩羅什譯 北宋開寶四年 (971) 刻大觀二年 (1108) 印開寶藏本 山西省高平市文博館
存一卷 (七)

00849 **大般若波羅蜜多經、阿毗達磨大毗婆沙論兩種** (唐) 釋玄奘譯 北宋寫金粟山廣惠禪院大藏經本 貴州省博物館
存二卷 (大般若波羅蜜多經卷第十三、阿毗達磨大毗婆沙論卷第八十七)

00850 **大般若波羅蜜多經六百卷** (唐) 釋玄奘譯 北宋寫金粟山廣惠禪院大藏經本 國家圖書館
存一卷 (五百五)

00851 **放光摩訶般若波羅蜜經三十卷** (晉) 釋無羅叉 釋竺叔蘭譯 北宋寫金粟山廣惠禪院大藏經本 國家圖書館
存一卷 (八)

00852 **添品妙法蓮華經七卷** (隋) 釋闍那笈多等譯 北宋寫金粟山廣惠禪院大藏經本 國家圖書館
存一卷 (七)

00853 **持世經四卷** (後秦) 釋鳩摩羅什譯 北宋熙寧元年 (1068) 寫金粟山廣惠禪院大藏經本 國家圖書館
存一卷 (一)

00854 **中阿含經六十卷** (晉) 釋瞿曇僧伽提婆譯 北宋寫金粟山廣惠禪院大藏經本 國家圖書館
存一卷 (二)

00855 **阿毗達磨識身足論十六卷** (唐) 釋玄奘譯 北宋寫金粟山廣惠禪院大藏經本 國家圖書館
存一卷 (一)

00856 **溫室洗浴眾僧經一卷** (漢) 釋安世高譯 北宋熙寧元年 (1068) 寫金粟山廣惠禪院大藏經本 南京圖書館

00857 **大般若波羅蜜多經六百卷** (唐) 釋玄奘譯 北宋熙寧十年 (1077) 寫法喜寺轉輪大藏經本 國家圖書館
存一卷 (八十九)

00858 **大方廣佛華嚴經八十卷** (唐) 釋實叉難陀譯 宋寫大和寧國藏經本 國家圖書館
存一卷 (五)

00859 **大方廣佛華嚴經六十卷** (東晉) 釋佛陀跋陀羅譯 遼刻大藏經大字本 山西省應縣木塔文物管理所

存一卷（四十七）

00860 **大法炬陀羅尼經二十卷** （隋）釋闍那崛多等譯 遼刻大藏經大字本 山西省應縣木塔文物管理所

存一卷（十三）

00861 **大方便佛報恩經七卷** 失譯 遼刻大藏經大字本 山西省應縣木塔文物管理所

存一卷（一）

00862 **中阿含經六十卷** （東晉）釋伽提波譯 遼刻大藏經大字本 山西省應縣木塔文物管理所

存一卷（三十六）

00863 **阿毗達磨發智論二十卷** （唐）釋玄奘譯 遼刻大藏經大字本 山西省應縣木塔文物管理所

存一卷（十三）

00864 **佛說大乘聖無量壽決定光明王如來陀羅尼經一卷** （宋）釋法天譯 遼刻大藏經大字本 山西省應縣木塔文物管理所

00865 **一切佛菩薩名集二十二卷** （遼）釋德雲等集 遼刻大藏經大字本 山西省應縣木塔文物管理所

存一卷（六）

00866 **金光明最勝王經十卷** （唐）釋義淨譯 遼清寧五年（1059）刻大藏經小字本 唐山市豐潤區文物管理所

00867 **大般若波羅蜜多經六百卷** （唐）釋玄奘譯 宋元豐三年至政和二年（1080-1112）刻福州東禪等覺禪院崇寧萬壽大藏經本 國家圖書館

存五卷（二十二、二百四十六、五百三十九、二百七十、二百九十三）

00868 **放光般若波羅蜜經二十卷** （西晉）釋無羅叉譯 宋元豐三年至政和二年（1080-1112）刻福州東禪等覺禪院崇寧萬壽大藏經本 南京圖書館

存一卷（十三）

00869 **勝鬘師子吼一乘大方便方廣經一卷** （南朝宋）釋求那跋陀羅譯 宋元豐三年至政和二年（1080-1112）刻福州東禪等覺禪院崇寧萬壽大藏經本 山西博物院

00870 **大方廣佛華嚴經八十卷** （唐）釋實叉難陀譯 宋元豐三年至政和二年（1080-1112）刻福州東禪等覺禪院崇寧萬壽大藏經本 國家圖書館

存一卷（五十一）

00871 **大般涅槃經四十卷** （北涼）釋曇無讖譯 宋元豐三年至政和二年（1080-1112）刻福州東禪等覺禪院崇寧萬壽大藏經本 國家圖書館

存一卷（十八）

00872 **如來智印經一卷** 失譯 宋元豐三年至政和二年（1080-1112）刻福州東禪等覺禪院崇寧萬壽大藏經本 山西博物院

00873 **菩薩瓔珞經十三卷** （後秦）釋竺佛念譯 宋元豐三年至政和二年（1080-1112）刻福州東禪等覺禪院崇寧萬壽大藏經本 國家圖書館

存一卷（四）

00874 **金剛頂瑜伽中略出念誦經四卷** （唐）釋金剛智撰 宋元豐三年至政和二年（1080-1112）刻福州東禪等覺禪院崇寧萬壽大藏經本 國家圖書館

存一卷（三）

00875 **牟梨曼陀羅咒一卷** 失譯 宋元豐三年至政和二年（1080-1112）刻福州東禪等覺禪院

崇寧萬壽大藏經本 國家圖書館

00876 **菩薩善戒經九卷** （南朝宋）釋求那跋摩譯 宋元豐三年至政和二年（1080-1112）刻福州東禪等覺禪院崇寧萬壽大藏經本 山西博物院
存一卷（八）

00877 **顯揚聖教論二十卷** （唐）釋玄奘譯 宋元豐三年至政和二年（1080-1112）刻福州東禪等覺禪院崇寧萬壽大藏經本 國家圖書館
存一卷（十）

00878 **長阿含經二十二卷** （後秦）釋佛陀耶舍 釋竺佛念譯 宋元豐三年至政和二年（1080-1112）刻福州東禪等覺禪院崇寧萬壽大藏經本 國家圖書館
存一卷（五）

00879 **中阿含經六十卷** （晉）釋瞿曇僧伽提婆譯 宋元豐三年至政和二年（1080-1112）刻福州東禪等覺禪院崇寧萬壽大藏經本 國家圖書館
存一卷（五十一）

00880 **正法念處經七十卷** （北魏）釋瞿曇般若流支譯 宋元豐三年至政和二年（1080-1112）刻福州東禪等覺禪院崇寧萬壽大藏經本 國家圖書館
存一卷（七）

00881 **佛本行集經六十卷** （隋）釋闍那堀多譯 宋元豐三年至政和二年（1080-1112）刻福州東禪等覺禪院崇寧萬壽大藏經本 山西博物院
存二卷（九、十一）

00882 **說一切有部集異門足論二十卷** （唐）釋玄奘譯 宋元豐三年至政和二年（1080-1112）刻福州東禪等覺禪院崇寧萬壽大藏經本 山西博物院
存一卷（三）

00883 **阿毗達磨大毗婆沙論二百卷** （唐）釋玄奘譯 宋元豐三年至政和二年（1080-1112）刻福州東禪等覺禪院崇寧萬壽大藏經本 山西博物院
存一卷（一百八）

00884 **尊婆須蜜菩薩所集論十卷** （前秦）釋伽跋澄等譯 宋元豐三年至政和二年（1080-1112）刻福州東禪等覺禪院崇寧萬壽大藏經本 國家圖書館
存一卷（九）

00885 **鞞婆沙論卷九** （前秦）釋伽跋澄等譯 宋元豐三年至政和二年（1080-1112）刻福州東禪等覺禪院崇寧萬壽大藏經本 國家圖書館

00886 **一切經音義二十五卷** （唐）釋玄應音義 宋元豐三年至政和二年（1080-1112）刻福州東禪等覺禪院崇寧萬壽大藏經本 山西博物院
存一卷（十七）

00887 **法苑珠林一百卷** （唐）釋道世撰 宋元豐三年至政和二年（1080-1112）刻福州東禪等覺禪院崇寧萬壽大藏經本 山西博物院
存二卷（七十四、七十六）

00888 **宗鏡錄一百卷** （宋）釋延壽撰 宋元豐三年至政和二年（1080-1112）刻福州東禪等覺禪院崇寧萬壽大藏經本 國家圖書館
存一卷（三）

00889 **佛吉祥德讚三卷** （宋）釋施護譯 宋元豐三年至政和二年（1080-1112）刻福州東禪等覺禪院崇寧萬壽大藏經本 山西博物院
存一卷（上）

00890 **一切如來真實攝大乘現證三昧大教王經三十卷** （宋）釋施護等譯 宋元豐三年至政和二年（1080-1112）刻福州東禪等覺禪院崇寧萬壽大藏經本 山西博物院
存一卷（二十七）

00891 **海意菩薩所問淨印法門經十八卷** （宋）釋惟淨等譯 宋元豐三年至政和二年（1080-1112）刻福州東禪等覺禪院崇寧萬壽大藏經本 山西博物院
存二卷（九、十）

00892 **大方廣佛華嚴經合論一百二十卷** （唐）李通玄造論 釋志寧合論 宋紹聖三年（1096）刻福州東禪等覺禪院崇寧萬壽大藏經本 山東省博物館
存一卷（一百十八）

00893 **大般若波羅蜜多經六百卷** （唐）釋玄奘譯 北宋靖康元年（1126）刻福州開元寺毗盧大藏經本 國家圖書館
存二卷（一百四十六、一百四十八）

00894 **大方廣佛華嚴經八十卷** （唐）釋實叉難陀譯 北宋靖康元年（1126）刻福州開元寺毗盧大藏經本 山西省圖書館
存一卷（二）

00895 **大般涅槃經四十卷** （北涼）釋曇無讖譯 北宋靖康元年（1126）刻福州開元寺毗盧大藏經本 國家圖書館
存八卷（一至二、四至五、九至十、十三至十四）

00896 **合部金光明經八卷** （隋）釋寶貴合入 北宋靖康元年（1126）刻南宋咸淳四年（1268）補福州開元寺毗盧大藏經本 山西省圖書館
存一卷（八）

00897 **大方廣佛華嚴經音義二卷** （唐）釋慧苑撰 北宋靖康元年（1126）刻福州開元寺毗盧大藏經本 國家圖書館
存一卷（上）

00898 **大方便佛報恩經七卷** 失譯 金皇統九年至大定十三年（1149-1173）刻元重修趙城金藏本 中國民族圖書館
存三卷（二、五、七）

00899 **菩薩本行經三卷** 失譯 金皇統九年至大定十三年（1149-1173）刻元重修趙城金藏本 中國民族圖書館

00900 **龍龕法寶大藏殘葉** （元）釋完吉祥譯 元大德二年（1298）刻本 山西省圖書館
存殘葉兩折

00901 **大寶積經一百二十卷** （唐）釋菩提流志等譯 元延祐二年（1315）建陽后山報恩萬壽堂刻毗盧大藏經本 國家圖書館
存二卷（二十、五十九）

00902 **大方廣佛華嚴經八十卷** （唐）釋實叉難陀譯 元延祐二年（1315）建陽后山報恩萬壽堂刻毗盧大藏經本 山西省圖書館
存一卷（二十八）

00903 **大般若波羅蜜多經六百卷** （唐）釋玄奘譯 元官刻大藏經本 雲南省圖書館
存八卷（二百六十一、二百六十二、二百六十六、二百六十六、二百六十七至二百六十九、五百五）

00904 **小品般若波羅蜜經十卷** （後秦）釋鳩摩羅什譯 元官刻大藏經本 雲南省圖書館
存一卷（三）

00905 **大寶積經一百二十卷** （唐）釋菩提流志等譯 元官刻大藏經本 雲南省圖書館
存一卷（四十一）

00906 **文殊師利所說不思議佛境界經二卷** （唐）釋菩提流志等譯 元官刻大藏經本 雲南省社會科學院
存一卷（下）

00907 **大方等大集經六十卷** （隋）釋那連提耶舍譯 元官刻大藏經本 雲南省圖書館
存一卷（十）

00908 **無言童子經二卷** （西晉）釋竺法護譯 元官刻大藏經本 雲南省圖書館
存一卷（上）

00909 **自在王菩薩經二卷** （後秦）釋鳩摩羅什譯 元官刻大藏經本 雲南省圖書館
存一卷（上）

00910 **大集大虛空藏菩薩所問經八卷** （唐）釋不空譯 元官刻大藏經本 雲南省圖書館
存一卷（六）

00911 **阿惟越致遮經三卷** （晉）釋竺法護譯 元官刻大藏經本 雲南省圖書館
存一卷（二）

00912 **大方便佛報恩經七卷** 失譯 元官刻大藏經本 雲南省圖書館
存一卷（六）

00913 **法集經六卷** （北魏）釋菩提流支譯 元官刻大藏經本 雲南省圖書館
存一卷（四）

00914 **寶授菩薩菩提行經一卷** （宋）釋法賢譯 元官刻大藏經本 國家圖書館

00915 **大法鼓經二卷** （南朝宋）釋求那跋陀羅譯 元官刻大藏經本 國家圖書館
存一卷（上）

00916 **佛說頂生王因緣經六卷** （宋）釋施護等譯 元官刻大藏經本 雲南省圖書館
存一卷（一）

00917 **佛說頂生王因緣經六卷** （宋）釋施護等譯 元官刻大藏經本 上海龍華寺
存一卷（一）

00918 **佛說頂生王因緣經六卷** （宋）釋施護等譯 元官刻大藏經本 國家圖書館
存五卷（二至六）

00919 **不空羂索陀羅尼自在王咒經三卷** （唐）釋寶思惟譯 元官刻大藏經本 雲南省圖書館
存一卷（下）

00920 **一字佛頂輪王經五卷** （唐）釋菩提流志譯 元官刻大藏經本 國家圖書館
存一卷（三）

00921 **菩提場所說一字頂輪王經五卷** （唐）釋不空譯 元官刻大藏經本 上海龍華寺
存一卷（三）

00922 **菩提場莊嚴陀羅尼經一卷** （唐）釋不空譯 元官刻大藏經本 雲南省圖書館

00923 **大方廣菩薩藏文殊師利根本儀軌經二十卷** （宋）釋天息災譯 元官刻大藏經本 國家圖書館
存一卷（三）

00924 **觀自在大悲成就瑜珈蓮華部念誦法門一卷** （唐）釋不空譯 元官刻大藏經本 雲南省圖書館

00925 **彌沙塞部五分律三十卷** （南朝宋）釋佛陀什 釋竺道生譯 元官刻大藏經本 雲南省圖書館
存一卷（二十四）

00926 **四分律藏六十卷** （後秦）釋佛陀耶舍 釋竺佛念等譯 元官刻大藏經本 雲南省圖書館
存一卷（二十一）

00927 **五分彌沙塞比丘戒本一卷** （南朝宋）釋佛陀什等譯 元官刻大藏經本 雲南省圖書館

00928 **根本說一切有部毗奈耶藥事十八卷** （唐）釋義淨譯 元官刻大藏經本 雲南省圖書館

存一卷（十六）

00929 **十地經論十二卷** （北魏）釋菩提留支譯 元官刻大藏經本 雲南省圖書館

存一卷（七）

00930 **釋摩訶衍論十卷** （後秦）釋筏提摩多譯 元官刻大藏經本 雲南省圖書館

存二卷（四、五）

00931 **衆經目錄** （隋）釋法經等撰 元官刻大藏經本 雲南省圖書館

存二卷（二、五）

00932 **續高僧傳三十卷** （唐）釋道宣撰 元官刻大藏經本 雲南省圖書館

存一卷（八）

00933 **大慧普覺禪師住徑山能仁禪院語錄四卷** （宋）釋蘊聞編 元官刻大藏經本 雲南省圖書館

存一卷（一）

00934 **大般若波羅蜜多經六百卷** （唐）釋玄奘譯 大理國天開十九年（1223）寫本 雲南省博物館

存一卷（四十一）

00935 **金剛般若波羅蜜經** （後秦）釋鳩摩羅什譯 大理國寫本 雲南省圖書館

00936 **大方廣佛華嚴經八十卷** （唐）釋實叉難陀譯 遼刻本 山西省應縣木塔文物管理所

存一卷（二十四）

00937 **大方廣佛花嚴經八十卷** （唐）釋實叉難陀譯 遼重熙四年（1035）泥金寫本 南京圖書館

存一卷（七十）

00938 **大般涅槃經後分二卷** （唐）釋若那跋陀羅譯 北宋刻本 山西省曲沃縣圖書館

存一卷（下）

00939 **妙法蓮華經七卷** （後秦）釋鳩摩羅什譯 五代宋初刻本 山西省高平市文博館

存一卷（六）

00940 **妙法蓮華經七卷** （後秦）釋鳩摩羅什譯 北宋慶曆四年（1044）寫本（卷一明洪熙元年修補） 山東即墨市博物館 膠州市博物館

00941 **妙法蓮華經七卷** （後秦）釋鳩摩羅什譯 宋刻本（卷一明配補） 南京圖書館

00942 **妙法蓮華經八卷** （後秦）釋鳩摩羅什譯 遼刻本 山西省應縣木塔文物管理所

存一卷（一）

00943 **妙法蓮華經八卷** （後秦）釋鳩摩羅什譯 遼刻本 山西省應縣木塔文物管理所

存一卷（二）

00944 **妙法蓮華經八卷** （後秦）釋鳩摩羅什譯 遼刻本 山西省應縣木塔文物管理所

存一卷（三）

00945 **妙法蓮華經八卷** （後秦）釋鳩摩羅什譯 遼刻本 山西省應縣木塔文物管理所

存一卷（三）

00946 **妙法蓮華經八卷** （後秦）釋鳩摩羅什譯 遼刻本 山西省應縣木塔文物管理所

存一卷（四）

00947 **妙法蓮華經八卷** （後秦）釋鳩摩羅什譯 遼刻本 山西省應縣木塔文物管理所

存一卷（四）

00948 **稱讚大乘功德經一卷** （唐）釋玄奘譯 遼刻本 山西省應縣木塔文物管理所

00949 **無垢淨光大陀羅尼經一卷** （唐）釋彌陀山譯 遼重熙十八年（1049）刻 內蒙古巴林

右旗博物館

00950 **大方廣圓覺修多羅了義經一卷** （唐）釋佛陀多羅譯 元趙孟頫寫至正十三年（1353）刻本 故宫博物院

00951 **大佛頂如來密因修證了義諸菩薩萬行首楞嚴經十卷** （唐）釋般剌密諦 釋彌伽釋迦譯 元至正十年（1350）寫本 江蘇常熟博物館

存六卷（一至六）

00952 **一切如來心秘密全身舍利寶篋印陀羅尼經一卷** （唐）釋不空譯 宋開寶八年（975）刻本 上海圖書公司

00953 **一切如來心秘密全身舍利寶篋印陀羅尼經一卷** （唐）釋不空譯 宋開寶八年（975）刻本 上海龍華寺

00954 **一切如來心秘密全身舍利寶篋印陀羅尼經一卷** （唐）釋不空譯 北宋寫本 山東省博物館

00955 **佛說北斗七星經一卷** 失譯 北宋雍熙三年（986）刻本 山西省圖書館

00956 **長壽命經** 大理國刻本 雲南省博物館

00957 **[仁王護國般若波羅蜜多經科文]一卷** 遼寫本 山西省應縣木塔文物管理所

00958 **大方廣佛華嚴經合論一百二十卷** （唐）李通玄造論 釋志寧合論 金皇統九年（1149）刻本 山西省圖書館

存一卷（六）

00959 **大方廣佛花嚴經疏**（分卷不詳） （唐）釋澄觀撰 遼刻本 山西省應縣木塔文物管理所

存一卷（四下）

00960 **大方廣佛花嚴經隨疏演義鈔**（分卷不詳） （唐）釋澄觀撰 遼刻本 山西省應縣木塔文物管理所

存四卷（一上、一下、五上半、五上）

00961 **大方廣佛華嚴經隨疏演義鈔玄鏡記**（分卷不詳） （遼）釋思積集 遼寫本 山西省應縣木塔文物管理所

存一卷（三上半）

00962 **妙法蓮華經譬喻合文一卷** 宋元符二年（1099）寫本 山西省曲沃縣圖書館

00963 **[妙法蓮華經科文一卷]** 佚名著 **妙法蓮華經七喻合文一卷** （宋）釋義僩集 宋抄本 山西省曲沃縣圖書館

存二卷合為一軸

00964 **妙法蓮華經品前記六卷** 金皇統八年（1148）刻本 山西省曲沃縣圖書館

存五卷（一至三、五、六）

00965 **法華經玄贊會古通今新抄十卷** （遼）釋詮明述 遼刻本 山西省應縣木塔文物管理所

存二卷（二、六）

00966 **灌頂藥師經疏** （東晉）釋帛尸梨蜜多羅譯 佚名疏 大理國寫本 雲南省圖書館

存一卷

00967 **[藥師琉璃光如來本願功德經疏]** （唐）釋玄奘譯 佚名疏 大理國寫本 雲南省圖書館

00968 **觀彌勒菩薩上生兜率天經疏二卷** （唐）釋窺基撰 宋天聖二年（1024）刻本 山西省曲沃縣圖書館

存一卷（上）

00969 **觀彌勒菩薩上生兜率天經疏二卷** （唐）釋窺基撰 遼刻本 芷蘭齋

存一卷（上）

00970 **上生經疏科文一卷** （遼）釋詮明改定 遼刻本 山西省應縣木塔文物管理所

00971 圓覺經并抄疏科文七卷 宋寫本 山西省圖書館
存一卷（卷次不詳）

00972 大佛頂如來密因修證了義諸菩薩萬行首楞嚴經疏 （唐）釋般剌密帝譯 佚名疏 大理國寫本 雲南省圖書館

00973 [普賢菩薩行願贊疏] （唐）釋不空譯 佚名疏 大理國寫本 雲南省圖書館

00974 成唯識論了義燈抄七卷 （唐）釋惠沼撰 金刻本 山西省曲沃縣圖書館
存一卷（四）

00975 成唯識論了義燈鈔科文三卷 齊阜昌八年（1137）醴州乹明院刻本 山西省圖書館
存一卷（中）

00976 成唯識論述記應新抄科文四卷 （遼）釋詮明述 遼刻本 山西省應縣木塔文物管理所
存一卷（三）

00977 釋摩訶衍論通贊疏十卷 （遼）釋守臻述 遼刻本 山西省應縣木塔文物管理所
存一卷（十）

00978 釋摩訶衍論通贊疏科三卷 （遼）釋守臻述 遼刻本 山西省應縣木塔文物管理所
存一卷（下）

00979 夾註輔教編原教要義三卷 （宋）釋契嵩編注 元延祐七年（1320）翻宋刻本 北京大學圖書館
存一卷（一）

00980 [勸懺悔文]、略示戒相儀、毗奈耶藏近事優婆塞五戒本合卷 （遼）釋守臻 釋思孝集 遼寫本 山西省應縣木塔文物管理所
存一卷

00981 發菩提心戒本、大乘八關齋戒儀、菩薩十無盡戒儀合卷 遼寫本 山西省應縣木塔文物管理所
存一卷

00982 諸佛菩薩金剛等啟請一卷 大理國保天八年（1136）寫本 雲南省博物館、雲南省圖書館

00983 [密教散食儀]一卷 大理國寫本 雲南省圖書館

00984 通用啟請儀軌一卷 （大理）周梵彰等述 大理國寫本 雲南省圖書館

00985 [密教啟請次第] 大理國寫本 雲南省圖書館

00986 [密教觀行次第] 大理國寫本 雲南省圖書館

00987 大華嚴方廣普賢滅罪稱讚佛名寶懺卷下 （元）釋自周綴集 元延祐五年（1318）刻本 雲南省圖書館

00988 湖州雙髻禪菴語錄一卷杭州西天目山師子禪院語錄一卷示禪人語一卷 （元）釋原妙語錄 參學門人編 元元貞二年（1296）刻本 山東師範大學圖書館

00989 老子鬳齋口義二卷 （宋）林希逸撰 元刻本（有抄配） 秦更年 袁克文跋 國家圖書館

00990 老子道德經古本集註二卷 （宋）范應元撰 宋刻本（有抄配） 繆荃孫 沈曾植 楊守敬 鄧邦述 章鈺 王闓運跋 國家圖書館

00991 南華真經十卷 （晉）郭象注 宋刻本 國家圖書館

00992 纂圖互註南華真經十卷 （晉）郭象注 （唐）陸德明音義 元刻本 丁丙跋 南京圖書館

00993 纂圖互註南華真經十卷 （晉）郭象注 （唐）陸德明音義 元刻本 孫星衍跋 北京

大學圖書館

00994 **莊子鬳齋口義十卷** （宋）林希逸撰 **釋音一卷** 宋刻本 國家圖書館

00995 **莊子鬳齋口義十卷** （宋）林希逸撰 元刻本 北京大學圖書館

00996 **莊子鬳齋口義十卷** （宋）林希逸撰 元刻本 天津圖書館

00997 **列子沖虛至德真經八卷** （晉）張湛注 宋刻本 中國文化遺産研究院
存四卷（一至四）

00998 **沖虛至德真經八卷** （晉）張湛注 宋刻宋元遞修本（缺葉配清初毛氏汲古閣影宋抄本） 黃丕烈 汪駿昌 葉昌熾跋 國家圖書館

00999 **列子鬳齋口義二卷** （宋）林希逸撰 元初刻本 國家圖書館

01000 **通玄真經十二卷** （唐）徐靈府注 宋刻本（卷十二配影宋抄本） 國家圖書館

01001 **抱朴子内篇二十卷** （晉）葛洪撰 宋紹興二十二年（1152）臨安府榮六郎家刻本（卷十一至十二、卷十七第八葉、卷十九第二葉配清初錢氏述古堂抄本） 遼寧省圖書館

01002 **新雕洞靈真經五卷** 題何粲注 宋刻本（有抄配） 國家圖書館

01003 **金丹大要十卷** （元）陳致虛撰 元刻本 山東省博物館

01004 **太上感應篇八卷** （宋）李昌齡傳 鄭清之贊 元刻本 國家圖書館

01005 **太清風露經一卷** 題無住真人撰 蒙古太宗九年至乃馬真后三年（1237-1244）宋德方等刻玄都寶藏本 國家圖書館

01006 **百川學海一百種一百七十九卷** （宋）左圭編 宋刻本（配1927年陶氏涉園刻本，有抄配） 劉占洪題記 國家圖書館

01007 **楚辭集註八卷辯證二卷後語六卷** （宋）朱熹撰 宋端平刻本 國家圖書館

01008 **楚辭集註八卷辯證二卷** （宋）朱熹撰 **反離騷一卷** （漢）揚雄撰 宋嘉定六年（1213）王涔章貢郡齋刻本（卷一至二配清影宋抄本） 楊訥庵圈點批校 國家圖書館

01009 **楚辭集註八卷辯證二卷後語六卷** （宋）朱熹撰 元至治元年（1321）建安虞信亨宅刻本 山東省圖書館

01010 **離騷集傳一卷** （宋）錢杲之撰 宋刻本 朱承爵 費念慈 邵松年題款 黃丕烈 孫延跋 國家圖書館

01011 **離騷草木疏四卷** （宋）吳仁傑撰 宋慶元六年（1200）方燦羅田縣庠刻本 國家圖書館

01012 **曹子建文集十卷** （魏）曹植撰 宋刻本 上海圖書館

01013 **陸士龍文集十卷** （晉）陸雲撰 宋慶元六年（1200）華亭縣學刻本 項元汴跋 國家圖書館

01014 **陶淵明集十卷** （晉）陶潛撰 宋刻遞修本 金俊明 孫延題簽 汪駿昌跋 國家圖書館

01015 **陶淵明詩一卷雜文一卷** （晉）陶潛撰 宋紹熙三年（1192）曾集刻本 國家圖書館

01016 **陶靖節先生詩四卷補注一卷** （晉）陶潛撰 （宋）湯漢注 宋刻本 周春 顧自修 黃丕烈跋 孫延題簽 國家圖書館

01017 **箋註陶淵明集十卷總論一卷** （晉）陶潛撰 （宋）湯漢等箋注 （宋）李公煥輯 元刻本 浙江圖書館

01018 **駱賓王文集十卷** （唐）駱賓王撰 南宋初蜀刻本（卷六至十配毛氏汲古閣影宋抄本）

黄丕烈 顧廣圻跋 國家圖書館

01019 **杜審言詩集一卷** （唐）杜審言撰 宋刻本 國家圖書館

01020 **常建詩集二卷** （唐）常建撰 宋刻本 國家圖書館

01021 **王摩詰文集十卷** （唐）王維撰 北宋末蜀刻本 袁褧題款 顧廣圻跋 國家圖書館

01022 **劉文房集十卷** （唐）劉長卿撰 南宋中期四川眉山刻唐六十家集本 國家圖書館

存六卷（五至十）

01023 **孟浩然詩集三卷** （唐）孟浩然撰 南宋中期四川眉山刻唐六十家集本 黄丕烈跋 國家圖書館

01024 **寒山詩一卷** （唐）釋寒山子撰 **豐干拾得詩一卷** （唐）釋豐干 釋拾得撰 宋刻本 國家圖書館

01025 **李太白文集三十卷** （唐）李白撰 南宋初蜀刻本（卷十五至二十四配清康熙五十六年繆曰芑雙泉草堂刻本） 國家圖書館

01026 **分類補註李太白詩二十五卷** （唐）李白撰 （宋）楊齊賢集注 （元）蕭士贇補注 元建安余氏勤有堂刻本 四川大學圖書館

01027 **分類補註李太白詩二十五卷** （唐）李白撰 （宋）楊齊賢集注 （元）蕭士贇補注 **唐翰林李太白年譜一卷** （宋）薛仲邕撰 元建安余氏勤有堂刻本 浙江圖書館

存二十五卷（一至五、七至二十五，年譜）

01028 **韋蘇州集十卷拾遺一卷** （唐）韋應物撰 宋刻本 國家圖書館

01029 **韋蘇州集十卷拾遺一卷** （唐）韋應物撰 宋乾道七年（1171）魏杞平江府學刻遞修本 國家圖書館

01030 **須溪先生校本韋蘇州集十卷拾遺一卷** （唐）韋應物撰 （宋）劉辰翁校 元刻本 丁丙跋 南京圖書館

存七卷（五至十，拾遺全）

01031 **岑嘉州詩八卷** （唐）岑參撰 宋刻本 國家圖書館

存四卷（一至四）

01032 **杜工部集二十卷補遺一卷** （唐）杜甫撰 宋刻本（卷十至十二配宋紹興建康郡齋刻本，卷二至九、十三至十六配清毛氏汲古閣影宋抄本） 毛扆跋 上海圖書館

01033 **分門集註杜工部詩二十五卷** （唐）杜甫撰 （宋）王洙 趙次公等注 **年譜一卷** （宋）吕大防 蔡興宗 魯訔撰 宋刻本 國家圖書館

01034 **王狀元集百家注編年杜陵詩史三十二卷** （唐）杜甫撰 題（宋）王十朋集注 （宋）魯訔編年并注 宋刻本 蘇州圖書館

01035 **黄氏補千家註紀年杜工部詩史三十六卷** （唐）杜甫撰 （宋）黄希 黄鶴補注 **年譜辨疑一卷** （宋）黄鶴撰 元至元二十四年（1287）詹光祖月崖書堂刻本 山東省博物館

01036 **皇甫冉詩集二卷** （唐）皇甫冉撰 宋刻本 國家圖書館

01037 **陸宣公文集二十二卷** （唐）陸贄撰 南宋中期四川眉山刻唐六十家集本（卷十一至十二配抄本） 國家圖書館

存十二卷（一至十二）

01038 **王建詩集十卷** （唐）王建撰 宋臨安府陳解元宅刻本（目錄及卷一至四、九至十配清影宋抄本） 唐寅題款 上海圖書館

01039 **李長吉文集四卷** （唐）李賀撰 南宋中期四川眉山刻唐六十家集本 國家圖書館

01040 **歌詩編四卷** （唐）李賀撰 蒙古憲宗六年（1256）趙衍燕京刻本 黃丕烈跋 陸拙生題款 國家圖書館

01041 **新刊經進詳註昌黎先生文四十卷外集十卷遺文三卷** （唐）韓愈撰 （宋）文讜注 （宋）王儔補注 **韓文公志三卷** 宋刻本（卷十二至十八配另一無注宋刻本） 國家圖書館

01042 **音註韓文公文集四十卷外集十二卷** （唐）韓愈撰 （宋）祝充音注 宋刻本 國家圖書館

01043 **昌黎先生文集四十卷昌黎先生外集十卷** （唐）韓愈撰 南宋中期四川眉山刻唐六十家集本（卷五至七、十七至二十四，外集一至十配清抄本） 國家圖書館

01044 **昌黎先生集四十卷外集十卷遺文一卷** （唐）韓愈撰 （宋）廖瑩中校正 **朱子校昌黎先生集傳一卷** 宋咸淳廖氏世綵堂刻本 國家圖書館

01045 **昌黎先生集考異十卷** （宋）朱熹撰 宋紹定二年（1229）張洽刻本 山西省祁縣圖書館

01046 **晦庵朱侍講先生韓文考異十卷** （宋）朱熹撰 宋刻本（卷一至二配清抄本） 王棻跋 南京圖書館

存八卷（三至十）

01047 **朱文公校昌黎先生集四十卷外集十卷遺文一卷** （唐）韓愈撰 （宋）朱熹考異 **集傳一卷** 南宋紹定六年（1233）臨江軍學刻本 遼寧省圖書館

存五十卷（一至十四、十七至四十，外集全，遺文全，集傳一卷）

01048 **朱文公校昌黎先生文集四十卷外集十卷遺文一卷** （唐）韓愈撰 （宋）朱熹考異 （宋）王伯大音釋 **集傳一卷** 元至元十八年（1281）日新書堂刻本 山東省博物館

01049 **新刊五百家註音辯昌黎先生文集四十卷外集十卷** （唐）韓愈撰 （宋）魏仲舉輯注 **序傳碑記一卷韓文類譜十卷** （宋）魏仲舉輯 宋慶元六年（1200）魏仲舉家塾刻本（卷三至四、六至七、十五至十七、二十一配清抄本） 王棻 丁丙跋 南京圖書館

存五十四卷（文集一至二、五、八至十四、十八至四十，餘全）

01050 **河東先生集四十五卷外集二卷** （唐）柳宗元撰 （宋）廖瑩中校正 宋咸淳廖氏世綵堂刻本（卷三至五、十配明影宋刻本） 朱彝尊跋 國家圖書館

01051 **五百家註音辯唐柳先生文集四十五卷** （唐）柳宗元撰 （宋）童宗說 韓醇等注釋 （宋）魏仲舉輯 宋刻本 黃丕烈跋并題詩 國家圖書館

存十一卷（十六至二十一、三十七至四十一）

01052 **增廣註釋音辯唐柳先生集四十三卷別集二卷外集二卷** （唐）柳宗元撰 （宋）童宗說注釋 （宋）張敦頤音辯 （宋）潘緯音義 **附錄一卷** 元刻本 紹興圖書館

存四十四卷（一至二十二、二十七至四十三，外集全，別集全，附錄）

01053 **劉夢得文集三十卷** （唐）劉禹錫撰 南宋中期四川眉山刻唐六十家集本 國家圖書館

存四卷（一至四）

01054 **新刊元微之文集六十卷** （唐）元稹撰 南宋中期四川眉山刻唐六十家集本 傅增湘跋

國家圖書館
存二十五卷（一至十四、三十、五十一至六十）

01055 **孟東野詩集十卷** （唐）孟郊撰 宋刻本 黃丕烈 傅增湘跋 北京大學圖書館

01056 **孟東野文集十卷** （唐）孟郊撰 宋刻本 黃丕烈 傅增湘 勞健跋 國家圖書館
存五卷（一至五）

01057 **張文昌文集八卷** （唐）張籍撰 南宋中期四川眉山刻唐六十家集本 國家圖書館
存四卷（一至四）

01058 **白氏文集七十一卷** （唐）白居易撰 南宋紹興杭州刻本（卷三十二至三十三配明影宋抄本） 國家圖書館

01059 **會昌一品制集二十卷** （唐）李德裕撰 宋刻本 黃丕烈跋 上海圖書館
存十卷（一至十）

01060 **新刊權載之文集五十卷** （唐）權德輿撰 南宋中期四川眉山刻唐六十家集本 國家圖書館
存十九卷（一至八、二十一至三十一）

01061 **皇甫持正文集六卷** （唐）皇甫湜撰 南宋中期四川眉山刻唐六十家集本 袁克文跋 國家圖書館

01062 **姚少監詩集十卷** （唐）姚合撰 南宋中期四川眉山刻唐六十家集本 黃丕烈跋 國家圖書館
存五卷（一至五）

01063 **周賀詩集一卷** （唐）周賀撰 宋臨安府陳宅書籍鋪刻本 何焯跋 王穉登題簽 國家圖書館

01064 **張承吉集十卷** （唐）張祜撰 南宋中期四川眉山刻唐六十家集本 國家圖書館

01065 **朱慶餘詩集一卷** （唐）朱慶餘撰 宋臨安府陳宅經籍鋪刻本 黃丕烈 瞿中溶跋 季振宜題款 國家圖書館

01066 **許用晦文集二卷遺篇一卷拾遺一卷** （唐）許渾撰 南宋中期四川眉山刻唐六十家集本 國家圖書館

01067 **丁卯集二卷** （唐）許渾撰 宋刻本 黃丕烈 翁心存 翁同龢跋 上海圖書館

01068 **孫可之文集十卷** （唐）孫樵撰 南宋中期四川眉山刻唐六十家集本 黃丕烈 顧廣圻跋 國家圖書館

01069 **司空表聖文集十卷** （唐）司空圖撰 南宋中期四川眉山刻唐六十家集本 國家圖書館

01070 **唐女郎魚玄機詩一卷** （唐）魚玄機撰 宋臨安府陳宅書籍鋪刻本 黃丕烈 顧蒓 潘奕雋跋并題詩 曹貞秀 吳嘉泰 瞿中溶 戴延介 孫延 董國華 袁廷檮 徐雲路 夏文燾 釋達真 女道士韻香 陳文述 石韞玉 徐渭仁題詩 李福 歸懋儀題詞 朱承爵 沈宷 王芑孫 潘遵祁 盛昱題款 國家圖書館

01071 **甲乙集十卷** （唐）羅隱撰 宋臨安府陳宅經籍鋪刻本 黃丕烈跋 國家圖書館

01072 **鄭守愚文集三卷** （唐）鄭谷撰 南宋中期四川眉山刻唐六十家集本 國家圖書館

01073 **杜荀鶴文集三卷** （唐）杜荀鶴撰 南宋中期四川眉山刻唐六十家集本 季振宜題記 上海圖書館

01074 **唐求詩集一卷** （唐）唐求撰 宋刻本 黃丕烈跋 季振宜題款 顧蒓題簽 國家圖書館

01075 **李丞相詩集二卷** （南唐）李建勳撰 宋臨安府陳宅書籍鋪刻本 國家圖書館

01076 **乖崖先生文集十二卷** （宋）張詠撰 **附錄一卷** 宋嘉定間郭森卿刻本 上海博物館

01077 **王黄州小畜集三十卷** （宋）王禹偁撰 宋紹興十七年（1147）黄州刻遞修本（卷一至十一、十七、二十五至三十配清吕氏吾研齋抄本） 黄丕烈跋 國家圖書館

01078 **鉅鹿東觀集十卷** （宋）魏野撰 宋紹定元年（1228）嚴陵郡齋刻本（卷四至六配明抄本） 黄丕烈跋 國家圖書館

01079 **范文正公文集二十卷** （宋）范仲淹撰 北宋刻本（卷一配抄本） 國家圖書館

01080 **范文正公集二十卷別集四卷** （宋）范仲淹撰 元天曆至正間褒賢世家家塾歲寒堂刻本 無錫市圖書館

01081 **莆陽居士蔡公文集三十六卷** （宋）蔡襄撰 宋刻本（序目、卷一至六、三十五至三十六配清抄本） 朱錫庚跋 國家圖書館

01082 **慶元府雪竇明覺大師祖英集二卷** （宋）釋重顯撰 **瀑泉集一卷** （宋）釋允誠輯 **雪竇顯和尚明覺大師頌古集一卷** （宋）釋遠塵輯 **雪竇和尚拈古一卷** 宋刻本 國家圖書館

01083 **古靈先生文集二十五卷** （宋）陳襄撰 **年譜一卷** （宋）陳曄撰 **附錄一卷** 宋紹興三十一年（1161）陳輝刻本 上海圖書館

01084 **温國文正公文集八十卷** （宋）司馬光撰 宋刻本（卷一至四、七十七至八十配明弘治十八年盧雍抄本） 盧雍 黄丕烈跋 錢大昕題款 國家圖書館

01085 **趙清獻公文集十六卷** （宋）趙抃撰 宋景定元年（1260）陳仁玉刻元明遞修本 國家圖書館

01086 **南豐曾子固先生集三十四卷** （宋）曾鞏撰 金刻本 國家圖書館

01087 **元豐類藁五十卷** （宋）曾鞏撰 **續附一卷** 元大德八年（1304）丁思敬刻本 朱錫庚跋 國家圖書館

01088 **曾南豐先生文粹十卷** （宋）曾鞏撰 宋刻本 國家圖書館

01089 **宛陵先生文集六十卷** （宋）梅堯臣撰 宋紹興十年（1140）汪伯彦刻嘉定十六至十七年（1223-1224）重修本 島田翰跋 上海圖書館

存三十卷（十三至十八、三十七至六十）

01090 **無爲集十五卷** （宋）楊傑撰 宋紹興十三年（1143）趙士粲無爲軍刻遞修本 國家圖書館

01091 **重刊邵堯夫擊壤集七卷** （宋）邵雍撰（宋）蔡弼重編 宋刻本 江西省九江市星子縣文物管理所

01092 **邵堯夫先生詩全集九卷** （宋）邵雍撰 宋刻本 江西省九江市星子縣文物管理所

01093 **元公周先生濂溪集十二卷** （宋）周敦頤撰 **年表一卷** 宋刻本 國家圖書館

01094 **節孝先生文集三十卷** （宋）徐積撰 **節孝先生語一卷事實一卷本朝名臣言行錄一卷皇朝東都事略卓行傳序一卷諸君子帖一卷** 元刻明修本（卷一民國二十九年抄配） 北京大學圖書館

01095 **節孝先生文集三十卷** （宋）徐積撰 **語錄一卷事實一卷** 元刻明嘉靖四十四年（1565）劉祐修補本 泰州市圖書館

01096 **歐陽先生文粹五卷** （宋）歐陽修撰（宋）陳亮輯 宋刻公文紙印本（有抄配） 胡鳳丹 丁丙跋 南京圖書館

01097 **歐陽文忠公集一百五十三卷** （宋）歐陽修撰 **年譜一卷** （宋）胡柯撰 **附錄五卷** 宋慶元二年（1196）周必大刻本（卷三

至六、三十八至四十四、六十一至六十三、九十五、一百三十四至一百四十三配明抄本） 國家圖書館

01098 **樂全先生文集四十卷** （宋）張方平撰 宋淳熙九年（1182）錫山尤袤江西漕臺刻本 國家圖書館

存十八卷（十七至三十四）

01099 **嘉祐集十五卷** （宋）蘇洵撰 宋刻本 黄丕烈 喬松年跋 上海圖書館

01100 **東萊標註老泉先生文集十二卷** （宋）蘇洵撰 （宋）吕祖謙注 宋紹熙四年（1193）吴炎刻本 國家圖書館

01101 **王文公文集一百卷目録二卷** （宋）王安石撰 宋紹興龍舒郡齋刻公文紙印本 上海博物館

存七十二卷（一至三、八至十六、二十一至三十六、四十八至六十、七十至一百）

01102 **臨川先生文集一百卷目録二卷** （宋）王安石撰 宋紹興二十一年（1151）兩浙西路轉運司王珏刻元明遞修本 湖南圖書館

01103 **臨川先生文集一百卷** （宋）王安石撰 宋紹興二十一年（1151）兩浙西路轉運司王珏刻元明遞修本 江西省圖書館

存七卷（六十五至六十七、七十四至七十七）

01104 **臨川先生文集一百卷** （宋）王安石撰 宋紹興二十一年（1151）兩浙西路轉運司王珏刻元明遞修本 廣東省立中山圖書館

01105 **王荊文公詩五十卷目録三卷** （宋）王安石撰 （宋）李壁箋注 （宋）劉辰翁批點 **年譜一卷** （宋）詹大和撰 元大德五年（1301）王常刻本 國家圖書館

01106 **東坡集四十卷** （宋）蘇軾撰 宋刻本（卷三配明抄本） 韓應陛跋 國家圖書館

存三十卷（一至二十四、三十三、三十五至三十九）

01107 **王狀元集百家註分類東坡先生詩二十五卷** （宋）蘇軾撰 題（宋）王十朋纂集 **東坡紀年録一卷** （宋）傅藻撰 宋建安黄善夫家塾刻本（卷一至四、九至十二配另一印本） 國家圖書館

01108 **王狀元集百家註分類東坡先生詩二十五卷** （宋）蘇軾撰 題（宋）王十朋纂集 （宋）劉辰翁批點 **東坡紀年録一卷** （宋）傅藻撰 元建安熊氏刻本 傅增湘跋 國家圖書館

01109 **註東坡先生詩四十二卷** （宋）蘇軾撰 （宋）施元之 顧禧注 宋嘉定六年（1213）淮東倉司刻景定三年（1262）鄭羽補刻本 翁同龢 潘祖蔭跋 上海圖書館

存三十二卷（三至四、十一至十八、二十一至四十二）

01110 **東坡先生往還尺牘十卷** （宋）蘇軾撰 元刻本 上海圖書館

01111 **欒城集五十卷後集二十四卷** （宋）蘇轍撰 宋刻遞修本 國家圖書館

存二十一卷（三十三至四十、後集九至二十一）

01112 **東萊標註潁濱先生文集二十二卷** （宋）蘇轍撰 （宋）吕祖謙標注 元刻本 遼寧省博物館

01113 **類編增廣黄先生大全文集五十卷** （宋）黄庭堅撰 宋乾道麻沙鎮水南劉仲吉宅刻本（卷十三至十八配清抄本） 沈廷芳 黄丕烈跋 北京大學圖書館

01114 **山谷黄先生大全詩註二十卷** （宋）黄庭

堅撰（宋）任淵注 元刻本（卷九至十配清抄本） 上海圖書館

01115 山谷老人刀筆二十卷（宋）黃庭堅撰 元刻本（有抄配） 國家圖書館

01116 後山居士文集二十卷（宋）陳師道撰 宋蜀刻本 翁方綱跋并題詩 國家圖書館

01117 後山詩注六卷（宋）陳師道撰（宋）任淵注 宋蜀刻本 周叔弢跋 國家圖書館
存四卷（三下至六）

01118 淮海先生閒居集四十卷（宋）秦觀撰 宋刻本 國家圖書館
存二十六卷（一至十八、二十七至三十四）

01119 淮海集四十卷後集六卷長短句三卷（宋）秦觀撰 宋乾道九年（1173）高郵軍學刻紹熙三年（1192）謝雩重修本（缺葉缺字清初毛氏汲古閣影宋抄補） 國家圖書館

01120 參寥子詩集十二卷（宋）釋道潛撰（宋）釋法孫 釋法頴編 宋刻本 黃丕烈跋 勒方錡等題款 國家圖書館

01121 寶晉山林集拾遺八卷（宋）米芾撰 宋嘉泰元年（1201）筠陽郡齋刻本 豐坊跋 國家圖書館

01122 青山集三十卷（宋）郭祥正撰 宋紹興建康郡齋刻本 國家圖書館

01123 倚松老人詩集二卷（宋）饒節撰 宋慶元五年（1199）黃汝嘉刻宋重修江西詩派本 袁克文題詩并跋 李盛鐸 傅增湘跋 上海圖書館
存一卷（二）

01124 謝幼槃文集十卷（宋）謝薖撰 宋紹興二十二年（1152）撫州州學刻本 楊守敬跋 上海博物館

01125 唐先生文集二十卷（宋）唐庚撰 宋刻本 國家圖書館

01126 梁谿先生文集一百八十卷（宋）李綱撰 宋刻本 李枚 黃丕烈跋 上海圖書館
存三十七卷（十三至十四、四十一至五十二、六十二至七十、九十一至九十五、九十七至九十八、一百、一百四十八、一百五十三至一百五十四、一百六十一至一百六十三）

01127 簡齋詩外集一卷（宋）陳與義撰 元抄本 錢翼之 鮑毓東跋 國家圖書館

01128 增廣箋註簡齋詩集三十卷無住詞一卷（宋）陳與義撰（宋）胡穉箋注 胡學士續添簡齋詩箋正誤一卷簡齋先生年譜一卷（宋）胡穉撰 元刻本（無住詞配清影元抄本） 國家圖書館

01129 孫尚書大全文集五十七卷（宋）孫覿撰 宋刻本 黃丕烈跋 張祥河題款 國家圖書館
存三十三卷（六、□、十五至十九、二十三至二十四、二十九至三十五、四十、四十二至五十七）

01130 李學士新註孫尚書內簡尺牘十六卷（宋）孫覿撰（宋）李祖堯注 宋蔡氏家塾刻本 上海圖書館

01131 新刊李學士新註孫尚書內簡尺牘十卷（宋）孫覿撰（宋）李祖堯注 元刻本 傅增湘跋 國家圖書館

01132 豫章羅先生文集十七卷（宋）羅從彥撰 年譜一卷（元）曹道振撰 元至正二十五至二十七年（1365-1367）豫章書院刻本（卷四至六、八至十一配清抄本） 南京圖書館

01133 東萊先生詩集二十卷外集三卷（宋）呂本中撰 宋慶元五年（1199）黃汝嘉刻宋重

修江西詩派本 國家圖書館

存六卷（十八至二十、外集全）

01134 **橫浦先生文集二十卷** （宋）張九成撰 **家傳一卷** （宋）張寀撰 **施先生孟子發題一卷** （宋）施德操撰 宋刻本 國家圖書館

01135 **新刊嵩山居士文全集五十四卷** （宋）晁公遡撰 宋乾道四年（1168）嘉州刻本 上海圖書館

存四十二卷（五至二十五、三十至三十二、三十七至五十四）

01136 **侍郎葛公歸愚集二十卷** （宋）葛立方撰 宋刻本 黄丕烈跋 上海圖書館

存九卷（五至十三）

01137 **晦菴先生文集一百卷目錄二卷** （宋）朱熹撰 宋刻本 國家圖書館

01138 **晦菴先生朱文公文集一百卷續集十一卷目錄二卷** （宋）朱熹撰 宋咸淳元年（1265）建寧府建安書院刻宋元明遞修本 湖南圖書館

01139 **朱文公大同集十卷** （宋）朱熹撰 （宋）陳利用輯 **年譜一卷** （元）都璋撰 元至正十二年（1352）都璋刻明修本（年譜配清抄本） 國家圖書館

01140 **東萊呂太史文集十五卷別集十六卷外集五卷** （宋）呂祖謙撰 **麗澤論說集錄十卷** （宋）呂祖儉輯 **附錄三卷附錄拾遺一卷** 宋嘉泰四年（1204）呂喬年刻元明遞修本 蘇州博物館

存十四卷（文集六至十五、附錄全、附錄拾遺）

01141 **東萊呂太史文集十五卷別集十六卷外集五卷** （宋）呂祖謙撰 **附錄三卷附錄拾遺一卷** 宋嘉泰四年（1204）呂喬年刻元明遞修本 江西省圖書館

01142 **東萊呂太史文集十五卷別集十六卷外集五卷** （宋）呂祖謙撰 **麗澤論說集錄十卷** （宋）呂祖儉撰 **附錄三卷附錄拾遺一卷** 宋嘉泰四年（1204）呂喬年刻元明遞修本 甘肅省圖書館

存二十七卷（別集三至十六，麗澤論說集錄一、三至十，附錄三，附錄拾遺一）

01143 **會稽三賦一卷** （宋）王十朋撰 （宋）周世則 史鑄注 宋刻元修本 顧廣圻抄補 黄丕烈跋 國家圖書館

01144 **頤堂先生文集五卷** （宋）王灼撰 宋乾道八年（1172）王撫幹宅刻本（目錄及附錄抄配） 丁申 丁丙跋 南京圖書館

01145 **攻媿先生文集一百二十卷** （宋）樓鑰撰 **目錄五卷** 宋四明樓氏家刻本 北京大學圖書館

存一百八卷（一至一百三、目錄全）

01146 **義豐文集一卷** （宋）王阮撰 宋淳祐三年（1243）王旦刻本 李盛鐸 傅增湘跋 國家圖書館

01147 **盤洲文集八十卷** （宋）洪适撰 宋刻本 國家圖書館

01148 **誠齋先生江湖集十四卷荊谿集十卷西歸集四卷南海集八卷江西道院集五卷朝天續集八卷退休集十四卷** （宋）楊萬里撰 宋淳熙、紹熙刻本 國家圖書館

存六十卷（西歸集卷一至三，退休集卷一至三、六至十四，餘全）

01149 **批點分類誠齋先生文膾前集十二卷後集十二卷** （宋）楊萬里撰 （宋）李誠父輯 元刻本 國家圖書館

01150 **新刊劍南詩稾二十卷** （宋）陸游撰 宋淳

熙十四年（1187）鄭師尹嚴州郡齋刻本 國家圖書館
存十卷（一至四、八至十、十四至十六）

01151 **放翁先生劍南詩稾六十七卷目錄□卷** （宋）陸游撰 宋嘉泰吉州刻本 黃丕烈跋并題詩 李放跋 國家圖書館
存十五卷（四十二至四十四、五十八至六十二、目錄一至二、四至八）

01152 **渭南文集五十卷** （宋）陸游撰 宋嘉定十三年（1220）陸子遹溧陽學宮刻本 黃丕烈跋 張祖翼 繆荃孫題款 國家圖書館
存四十六卷（一至二、五至十、十三至五十）

01153 **蟠室老人文集二十二卷奏議一卷涉史隨筆一卷** （宋）葛洪撰 宋刻本 南京圖書館
存二卷（十四至十五）

01154 **重校鶴山先生大全文集一百十卷目錄二卷** （宋）魏了翁撰 宋開慶元年（1259）刻本 錢大昕 黃丕烈跋 國家圖書館
存九十四卷（一至十七、二十至三十四、三十九至四十二、四十七至四十九、五十四至七十四、七十八至一百七、一百九至一百十，目錄全）

01155 **瓊琯白玉蟾上清集八卷** （宋）葛長庚撰 元建安余氏靜庵刻本 上海圖書館

01156 **方是閒居士小藁二卷** （宋）劉學箕撰 元至正二十年（1360）屏山書院刻本 上海圖書館

01157 **梅亭先生四六標準四十卷** （宋）李劉撰 宋刻本 國家圖書館

01158 **後村先生大全詩集十五卷** （宋）劉克莊撰 宋刻本 黃丕烈 孫原湘 邵淵耀 姚畹真 錢天樹 王芑孫 單學傅跋 上海圖書館
存十一卷（一至四、九至十五）

01159 **棠湖詩藁一卷** （宋）岳珂撰 宋臨安府陳宅書籍鋪刻本 錢儀吉 錢駿祥 鄧邦述 傅增湘跋 天津圖書館

01160 **北磵文集十卷** （宋）釋居簡撰 宋崔尚書宅刻本 國家圖書館
存八卷（一至八）

01161 **無文印二十卷語錄四卷贊一卷偈頌一卷題跋一卷** （宋）釋無文撰 宋咸淳九年（1273）惟康刻本（卷十二至二十、語錄、贊、偈頌、題跋配清抄本） 遼寧省圖書館

01162 **棲霞長春子丘神仙磻溪集三卷** （金）丘處機撰 金刻本 傅增湘跋 國家圖書館

01163 **知常先生雲山集五卷** （元）姬志真撰 元延祐六年（1319）李懷素刻本 章鈺跋 國家圖書館
存三卷（三至五）

01164 **張文忠公文集二十八卷** （元）張養浩撰 元至正十四年（1354）刻本 北京大學圖書館

01165 **水雲村泯稾□□卷** （元）劉塤撰 元抄本 國家圖書館
存十卷（十五、二十至二十五、三十五至三十七）

01166 **廬山外集四卷** （元）釋性空撰 元延祐三年（1316）刻本（卷三至四配清抄本） 北京大學圖書館

01167 **趙子昂詩集七卷** （元）趙孟頫撰 元至正元年（1341）虞氏務本堂刻本 傅增湘跋 國家圖書館

01168 **筠溪牧潛集七卷** （元）釋圓至撰 元大德刻本 楊紹和跋 國家圖書館

01169 **靜修先生文集二十二卷** （元）劉因撰 元

至順元年（1330）宗文堂刻本 國家圖書館

01170 **存悔齋詩一卷** （元）龔璛撰 元至正五年（1345）俞楨抄本 俞楨 張丑跋 **補遺一卷** （明）朱存理輯 稿本 黄丕烈 張鳴珂 王頌蔚 龔易圖 葉昌熾跋 傅以禮 魏錫曾題款 國家圖書館

01171 **漢泉曹文貞公詩集十卷後錄一卷** （元）曹伯啟撰 元後至元四年（1338）曹復亨刻本 國家圖書館

01172 **清容居士集五十卷目錄二卷** （元）袁桷撰 元刻本（卷二十七至二十九、三十七至三十九、四十七至五十配清抄本） 國家圖書館

01173 **蒲室集十五卷書問一卷疏一卷** （元）釋大訢撰 **笑隱和尚語錄不分卷** （元）釋廷俊等輯 元後至元四年（1338）刻本 國家圖書館

01174 **梅花字字香二卷** （元）郭豫亨撰 元至大刻本 楊紹和跋 國家圖書館

01175 **石田先生文集十五卷** （元）馬祖常撰 **附錄一卷** 元後至元五年（1339）揚州路儒學刻本（卷二至三、十四至十五，附錄配1933年徐宗浩抄本） 徐宗浩校跋并題詩 國家圖書館

01176 **雍虞先生道園類藁五十卷** （元）虞集撰 元刻本（卷十七至二十配抄本） 耿文光 傅增湘跋 國家圖書館

01177 **道園遺藁六卷** （元）虞集撰 元至正十四年（1354）金伯祥刻本 傅增湘跋 北京大學圖書館

01178 **伯生詩續編三卷** （元）虞集撰 **題葉氏四愛堂詩一卷** （元）虞集 吳全節等撰 元後至元六年（1340）劉氏日新堂刻本 黄丕烈 葉昌熾 王國維跋 張裕釗 高墅侯題款 錢恂 邵章題詞 金兆蕃題詩 國家圖書館

01179 **范德機詩集七卷** （元）范梈撰 元後至元六年（1340）益友書堂刻本 楊紹和跋 山東省博物館

01180 **疇齋文稿不分卷** （元）張仲壽撰 稿本 國家圖書館

01181 **揭曼碩詩集三卷** （元）揭傒斯撰 元後至元六年（1340）日新堂刻本 傅增湘跋 國家圖書館

01182 **揭曼碩詩集三卷** （元）揭傒斯撰 元後至元六年（1340）日新堂刻本 福建省圖書館

01183 **金華黄先生文集四十三卷** （元）黄溍撰 元至正十五年（1355）三山學官刻本（卷二十一至四十三配清抄本）（四庫底本） 繆荃孫跋 上海圖書館

01184 **柳待制文集二十卷標目二卷** （元）柳貫撰 **附錄一卷** 元至正十年（1350）余闕浦江學官刻明永樂四年（1406）柳貴重修本（卷十四至十五配清抄本） 上海圖書館

01185 **順齋先生閑居叢藁二十六卷** （元）蒲道源撰 **附錄一卷** 元至正十年（1350）刻本 張雋題識 上海圖書館

01186 **陳眾仲文集十三卷** （元）陳旅撰 元至正刻明修本（卷八至十三配清抄本） 黄丕烈 錢天樹 李兆洛 程恩澤 季錫疇 王振聲跋 黄丕烈 錢大昕 瞿熙邦填補缺字 國家圖書館

01187 **師山先生文集十一卷** （元）鄭玉撰 元至正刻明修本 國家圖書館

存九卷（一至四、六至七、九至十一）

01188 **梅花百咏一卷** （元）韋珪撰 元至正刻本 黄丕烈跋并題詩 國家圖書館

01189 新刊麗則遺音古賦程式四卷 （元）楊維楨撰 元刻本（序、卷一至二配清嘉慶二十二年黃氏士禮居影元抄本） 黃丕烈校跋 國家圖書館

01190 四家四六四卷 宋刻本 國家圖書館

01191 文選六十卷 （梁）蕭統輯 （唐）李善注 北宋刻遞修本 羅振玉題簽 勞健跋 國家圖書館

存二十一卷（十七至十九、三十至三十一、三十六至三十八、四十六至四十七、四十九至五十八、六十）

01192 文選三十卷 （梁）蕭統輯 （唐）呂延濟 劉良 張銑 呂向 李周翰注 宋杭州開牋紙馬鋪鍾家刻本 北京大學圖書館

存一卷（二十九）

01193 文選三十卷 （梁）蕭統輯 （唐）呂延濟 劉良 張銑 呂向 李周翰注 宋杭州開牋紙馬鋪鍾家刻本 國家圖書館

存一卷（三十）

01194 文選六十卷 （梁）蕭統輯 （唐）李善注 李善與五臣同異一卷 宋淳熙八年（1181）池陽郡齋刻本 丁鈞跋 國家圖書館

01195 文選六十卷 （梁）蕭統輯 （唐）呂延濟 劉良 張銑 呂向 李周翰 李善注 宋紹興明州刻遞修本 國家圖書館

存二十四卷（三至五、九至十一、十五至十七、二十一至二十三、二十七至三十五、四十五至四十七）

01196 文苑英華一千卷 （宋）李昉等輯 宋嘉泰元年至四年（1201-1204）周必大刻本 國家圖書館

存一百三十卷（二百三十一至二百四十、二百五十一至二百六十、二百九十一至三百、六百一至七百）

01197 文苑英華纂要八十四卷 （宋）高似孫輯 宋嘉定刻元修本 蔡同瑺跋 國家圖書館

存八十三卷（一至七十、七十二至八十四）

01198 古文苑九卷 宋刻本 國家圖書館

01199 古文苑二十一卷 （宋）章樵注 宋端平三年（1236）常州軍刻淳祐六年（1246）盛如杞重修本 國家圖書館

01200 樂府詩集一百卷目錄二卷 （宋）郭茂倩輯 宋刻本（卷十九至二十六、九十六至一百配元至正元年集慶路儒學刻本，卷二十七至三十四配清抄本） 傅增湘跋 國家圖書館

01201 樂府詩集一百卷目錄二卷 （宋）郭茂倩輯 元至正元年（1341）集慶路儒學刻本 紹興圖書館

存三卷（三十二至三十四）

01202 樂府詩集一百卷目錄二卷 （宋）郭茂倩輯 元至正元年（1341）集慶路儒學刻明修本 陸貽典校并跋 上海圖書館

01203 樂府詩集一百卷目錄二卷 （宋）郭茂倩輯 元至正元年（1341）集慶路儒學刻明修本 無錫市圖書館

01204 樂府詩集一百卷目錄二卷 （宋）郭茂倩輯 元至正元年（1341）集慶路儒學刻明修本 蘇州博物館

存七十二卷（一至四十二、七十一至一百）

01205 樂府詩集一百卷目錄二卷 （宋）郭茂倩輯 元至正元年(1341)集庆路儒学刻明修本 開封市圖書館

存一卷（目錄下）

01206 古樂府十卷 （元）左克明輯 元至正刻明修本 黃丕烈 季錫疇 喬松年跋 國家圖書

館

01207 古今絕句三卷 （宋）吴說輯 宋刻本（卷中配清抄本） 國家圖書館

01208 分門纂類唐宋時賢千家詩選前集□□卷後集□□卷 （宋）劉克莊輯 元刻本 繆荃孫跋 北京大學圖書館
存二十一卷（前集一至四、八至十五、十八至二十，後集二至四、八至十）

01209 增註東萊呂成公古文關鍵二十卷 （宋）呂祖謙輯 （宋）蔡文子注 宋刻本 國家圖書館

01210 迂齋先生標註崇古文訣三十五卷 （宋）樓昉輯 元刻本 國家圖書館

01211 續增歷代奏議麗澤集文十卷附關鍵增廣麗澤集文一卷 宋刻本 國家圖書館

01212 東澗先生妙絕今古文選四卷 （宋）湯漢輯 元刻本 國家圖書館

01213 疊山先生批點文章軌範七卷 （宋）謝枋得輯 元刻本 錢謙益批點 許運昌跋 國家圖書館

01214 新刻諸儒批點古文集成前集七十八卷 （宋）王霆震輯 宋刻本（甲集卷六、乙集卷一、丁集卷九配清抄本）（四庫底本） 沈曾植跋 國家圖書館
存七十六卷（甲集六卷、乙集八卷、丙集七卷、丁集九卷、戊集八卷、己集八卷、庚集一至六、辛集七卷、壬集八卷、癸集九卷）

01215 魁本大字諸儒箋解古文真寶前集十卷後集十卷 （元）黄堅輯 元刻本 紹興圖書館
存十卷（前集六至十、後集一至五）

01216 古文會選十卷 （元）王子與輯編 元至正二十四年（1364）王氏家塾刻本 北京大學圖書館

01217 音訓句解古今文鑑續集十卷 （元）張肇輯 元刻本 華東師範大學圖書館

01218 應氏類編西漢文章十八卷 宋刻本 朱錫庚跋 國家圖書館

01219 文粹一百卷 （宋）姚鉉輯 宋紹興九年（1139）臨安府刻本 國家圖書館

01220 河岳英靈集二卷 （唐）殷璠輯 宋刻本 莫友芝跋 國家圖書館

01221 才調集十卷 （蜀）韋縠輯 宋臨安府陳宅經籍鋪刻本（卷一、六至十配清抄本） 上海圖書館

01222 王荊公唐百家詩選二十卷 （宋）王安石輯 宋刻本 潘承弼跋 上海圖書館
存九卷（一至九）

01223 唐詩鼓吹十卷 （金）元好問輯 （元）郝天挺注 元冲和書堂刻本 浙江圖書館

01224 新刊國朝二百家名賢文粹三百卷 宋慶元三年（1197）書隱齋刻本 國家圖書館
存一百九十七卷（一至一百九十七，卷次俱經剜改）

01225 皇朝文鑑一百五十卷目錄三卷 （宋）呂祖謙輯 宋嘉泰四年（1204）新安郡齋刻本（序、目錄下、卷一至三、二十八、四十八至六十八、七十五至七十七、一百五至一百三十五、一百四十二至一百五十配清張蓉鏡抄本） 邵淵耀 錢天樹 方若蘅跋 孫雲鴻 程恩澤 徐康題款 國家圖書館

01226 皇朝文鑑一百五十卷目錄三卷 （宋）呂祖謙輯 南宋麻沙劉將仕宅刻本（有抄配及明刻本配補） 北京大學圖書館

01227 聖宋名賢五百家播芳大全文粹□□卷目錄□卷 （宋）魏齊賢 葉棻輯 宋刻本 國家圖書館

存一百七卷（文粹一百卷、目錄七卷）

01228 **二十先生回瀾文鑑二十卷後集二十卷** （宋）虞祖南輯 （宋）虞夔注 宋江仲達群玉堂刻本（前集卷十三至二十、後集卷八配清抄本） 陸心源 丁丙跋 南京圖書館

存二十三卷（前集十三至二十，後集一至八、十四至二十）

01229 **中州集十卷樂府一卷** （金）元好問輯 元至大三年（1310）曹氏進德齋刻遞修本（中州樂府配影元抄本） 國家圖書館

01230 **皇元風雅六卷** （元）傅習 孫存吾輯 元刻本 國家圖書館

01231 **皇元風雅後集六卷** （元）孫存吾輯 元李氏建安書堂刻本 國家圖書館

01232 **國朝風雅不分卷雜編三卷** （元）蔣易輯 元刻本 黃丕烈跋 國家圖書館

01233 **國朝文類七十卷** （元）蘇天爵輯 元至正刻本 重慶圖書館

01234 **國朝文類七十卷目錄三卷** （元）蘇天爵輯 元刻本 中山大學圖書館

01235 **國朝文類七十卷** （元）蘇天爵輯 元刻本 紹興圖書館

存三卷（五十七至五十九）

01236 **崑山雜詠三卷** （宋）龔昱輯 宋開禧三年（1207）徐挺之崑山縣齋刻本 國家圖書館

01237 **竇氏聯珠集五卷** （唐）竇常等撰 宋淳熙五年（1178）王崧刻本 錢謙益題簽 何焯批校 國家圖書館

01238 **三蘇先生文粹七十卷** （宋）蘇洵 蘇軾 蘇轍撰 宋婺州吴宅桂堂刻本 上海圖書館

01239 **重廣眉山三蘇先生文集八十卷** （宋）蘇洵 蘇軾 蘇轍撰 宋紹興三十年（1160）饒州德興縣銀山莊谿董應夢集古堂刻本 北京大學圖書館

存七十卷（一至四、十五至八十）

01240 **東萊標註三蘇文集五十九卷** （宋）蘇洵 蘇軾 蘇轍撰 （宋）呂祖謙輯 宋刻本 國家圖書館

存五十一卷（老泉先生文集十一卷全、東坡先生文集一至二十五、潁濱先生文集一至十五）

01241 **文心雕龍十卷** （梁）劉勰撰 元至正十五年（1355）嘉興路儒學刻明修本 上海圖書館

01242 **葉先生詩話三卷** （宋）葉夢得撰 元陳仁子刻本 國家圖書館

01243 **雲莊四六餘話一卷** （宋）楊囦道撰 宋刻本 國家圖書館

01244 **韻語陽秋二十卷** （宋）葛立方撰 宋刻本 上海圖書館

01245 **漁隱叢話前集六十卷** （宋）胡仔輯 元翠巖精舍刻本 傅增湘跋 北京大學圖書館

存五十卷（一至五十）

01246 **苕溪漁隱叢話後集四十卷** （宋）胡仔輯 南宋淳熙二年（1175）胡仰兩浙東路提點刑獄司刻本 北京大學圖書館

存三十八卷（一至二、五至四十）

01247 **作義要訣一卷科場備用書義斷法六卷** （元）倪士毅撰 元刻本 北京大學圖書館

01248 **東坡樂府二卷** （宋）蘇軾撰 元延祐七年（1320）葉辰南阜書堂刻本 黃丕烈跋 國家圖書館

01249 **東山詞二卷** （宋）賀鑄撰 宋刻本 國家圖書館

存一卷（上）

01250 **詳註周美成詞片玉集十卷** （宋）周邦彦

撰 （宋）陳元龍注 宋刻本 李盛鐸跋 朱孝臧校并跋 國家圖書館

01251 **蘆川詞二卷** （宋）張元幹撰 宋刻本 黄丕烈跋 國家圖書館

01252 **稼軒長短句十二卷** （宋）辛棄疾撰 元大德三年（1299）廣信書院刻本 黄丕烈跋 顧廣圻抄補并跋 陶梁 瞿中溶 汪鳴鑾 王鵬運 許玉瑑題款 國家圖書館

01253 **蕭閑老人明秀集注六卷** （金）蔡松年撰（金）魏道明注 金刻本 國家圖書館

存三卷（一至三）

01254 **花間集十卷** （後蜀）趙崇祚輯 宋刻遞修公文紙印本 楊保彝題款 國家圖書館

01255 **花間集十卷** （後蜀）趙崇祚輯 宋紹興十八年（1148）晁謙之建康郡齋刻本 國家圖書館

01256 **中興以來絕妙詞選十卷** （宋）黃 𦋺輯 宋淳祐九年（1249）劉誠甫刻本 國家圖書館

01257 **精選名儒草堂詩餘三卷** 題鳳林書院輯 元刻本 國家圖書館

01258 **劉知遠諸宮調十二卷** 金刻本 國家圖書館

存五卷（一至三、十一至十二）

01259 **古今雜劇三十卷** 元刻本 國家圖書館

01260 **朝野新聲太平樂府九卷** （元）楊朝英輯 元刻本 國家圖書館

存八卷（一至八）

01261 **樂府新編陽春白雪前集五卷後集五卷** （元）楊朝英輯 元刻本 柳是校 黄丕烈丁丙跋 南京圖書館

01262 **梨園按試樂府新聲三卷** 元刻本 國家圖書館

01263 **大目犍連變文** 宋太平興國二年（977）寫本 國家圖書館

01264 **漢將王陵變** 宋太平興國三年（978）寫本 北京大學圖書館

（四）明清時期

01265 **五經正文七卷** 明嘉靖三十一年（1552）翁溥刻本 江蘇省南通市圖書館

01266 **御定仿宋相臺岳氏本五經九十六卷附考證** （元）岳浚編 清乾隆四十八年（1783）武英殿刻本 故宮博物院

01267 **師伏堂經說不分卷** （清）皮錫瑞撰 稿本 湖南師範大學圖書館

01268 **易傳八卷** （宋）蘇軾傳 **王輔嗣論易一卷** （魏）王弼撰 明吳興閔齊伋刻朱墨套印本 無錫市圖書館

01269 **易傳八卷** （宋）蘇軾傳 **王輔嗣論易一卷** （魏）王弼撰 明吳興閔齊伋刻朱墨套印本 溫州市圖書館

01270 **漢上易傳十一卷** （宋）朱震撰 **漢上先生履歷一卷** 清初毛氏汲古閣影宋抄本 國家圖書館

01271 **周易傳義十卷** （宋）程頤 朱熹撰 **上下篇義一卷** （宋）程頤撰 **易圖集錄一卷易五贊一卷筮儀一卷** （宋）朱熹撰 **易說綱領一卷** （宋）程頤 朱熹撰 明正統十二年（1447）司禮監刻本 重慶圖書館

01272 **周易傳義十卷** （宋）程頤 朱熹撰 **上下篇義一卷** （宋）程頤撰 **易圖集錄一卷易五贊一卷筮儀一卷** （宋）朱熹撰 **易說綱領一卷** （宋）程頤 朱熹撰 明正統十二年（1447）司禮監刻本 安徽省圖書館

01273 **周易傳義十卷** （宋）程頤 朱熹撰 **上下篇義一卷** （宋）程頤撰 **易圖集錄一卷**

易五贊一卷筮儀一卷 （宋）朱熹撰 易說綱領一卷 （宋）程頤 朱熹撰 明正統十二年（1447）司禮監刻本 湖南圖書館

01274 周易程朱傳義二十四卷 （宋）程頤 朱熹撰 上下篇義一卷 （宋）程頤撰 朱子圖說一卷周易五贊一卷筮儀一卷 （宋）朱熹撰 明嘉靖吉澄刻樊獻科、楊一鶚遞修本 安徽省圖書館

01275 周易程朱傳義二十四卷 （宋）程頤 朱熹撰 明嘉靖刻本 湖南省社會科學院圖書館

01276 周易傳義十六卷 （宋）程頤 朱熹撰 上下篇義一卷 （宋）程頤撰 朱子圖說一卷卦變圖一卷易五贊一卷筮儀一卷 （宋）朱熹撰 明嘉靖常州府應檟刻本 揚州市圖書館

存十六卷（周易傳義一至十六）

01277 新刻官板周易本義四卷 （宋）朱熹撰 明書林新賢堂張閩岳刻本 故宮博物院

01278 誠齋先生易傳二十卷 （宋）楊萬里撰 明嘉靖二十一年（1542）尹耕療鶴亭刻本 福建省圖書館

01279 周易傳義大全二十四卷綱領一卷朱子圖說一卷 （明）胡廣等輯 明永樂十三年（1415）內府刻本 河南省圖書館

01280 周易傳義大全二十四卷綱領一卷朱子圖說一卷 （明）胡廣等輯 明永樂十三年（1415）內府刻本 湖南圖書館

01281 周易傳義大全二十四卷綱領一卷朱子圖說一卷 （明）胡廣等輯 明永樂十三年（1415）內府刻本 青島市圖書館

01282 周易傳義大全二十四卷綱領一卷朱子圖說一卷 （明）胡廣等撰 明永樂十三年(1415)內府刻本 河南省武陟縣圖書館

01283 周易傳義大全二十四卷 （明）胡廣等輯 明嘉靖十五年（1536）劉氏安正堂刻本 蘇州圖書館

01284 易象大旨八卷象原一卷 （明）薛甲撰 明嘉靖四十年（1561）刻本 揚州市圖書館

01285 讀易餘言五卷 （明）崔銑撰 明嘉靖十五年（1536）崔氏家塾刻本 遼寧省圖書館

01286 學易記五卷 （明）金賁亨撰 明嘉靖刻本 福建省圖書館

01287 今文周易演義十二卷首一卷 （明）徐師曾撰 明隆慶二年（1568）董漢策刻本 無錫市圖書館

01288 易學象數舉隅二卷 （明）汪敬撰 明嘉靖十八年（1539）汪氏刻本 安徽省圖書館

01289 蓮谷先生讀易索隱六卷 （明）洪鼐撰 明嘉靖二十六年（1547）順裕堂刻本 遼寧省圖書館

01290 易經抉微四卷圖一卷 （明）梁廷棟 李行志撰 明版築居刻三色套印本 河南省圖書館

01291 筮儀象解不分卷 （清）陳洪綬撰 稿本 浙江圖書館

01292 御纂周易折中二十二卷首一卷 （清）李光地等撰 清康熙五十四年（1715）內府刻本 山東師範大學圖書館

01293 御纂周易折中二十二卷 （清）李光地等撰 清康熙五十四年（1715）內府刻本 甘肅省定西市安定區圖書館

01294 御纂周易折中二十二卷 （清）李光地等撰 清康熙五十四年（1715）內府刻本 鄭州市圖書館

01295 周易說略八卷 （清）張爾岐撰 清康熙五十八年（1719）刻泰山徐志定真合齋磁版印本 國家圖書館

01296 **周易說略八卷** （清）張爾岐撰 清康熙五十八年（1719）刻泰山徐志定真合齋磁版印本 四川省圖書館

01297 **周易說略八卷** （清）張爾岐撰 清康熙五十八年（1719）刻泰山徐志定真合齋磁版印本 無錫市圖書館

01298 **讀易大旨五卷後傳一卷** （清）孫奇逢撰 稿本 新鄉市圖書館

01299 **周易古義不分卷** （清）惠棟撰 稿本 蘇州博物館

01300 **六十四卦經解八卷** （清）朱駿聲撰 稿本 浙江圖書館

01301 **周易闡理四卷** （清）戴虞皋撰 清康熙烈藻堂抄本 清華大學圖書館

01302 **周易虞氏義九卷** （清）張惠言撰 稿本 上海圖書館

01303 **虞氏易變表二卷** （清）江承之撰 （清）張惠言校補 稿本 杭州圖書館

01304 **演易一卷** （清）錢大昕撰 稿本 上海圖書館

01305 **十翼後錄七卷** （清）黃以周撰 稿本 清華大學圖書館

01306 **東坡書傳二十卷** （宋）蘇軾撰 （明）楊慎等注 明吳興凌濛初刻朱墨套印本 安徽省圖書館

01307 **書集傳六卷序一卷圖一卷** （宋）蔡沈撰 （元）鄒季友音釋 明正統十二年（1447）內府刻本 湖南圖書館

01308 **書集傳六卷序一卷圖一卷** （宋）蔡沈撰 （元）鄒季友音釋 **朱子說書綱領一卷** （宋）朱熹撰 明正統十二年（1447）內府刻本 安徽省博物館

01309 **書集傳六卷序一卷圖一卷** （宋）蔡沈撰 （元）鄒季友音釋 **朱子說書綱領一卷** （宋）朱熹撰 明正統十二年（1447）內府刻本 河南省圖書館

存七卷（一至五、序、圖）

01310 **書集傳六卷圖一卷** （宋）蔡沈撰 （元）鄒季友音釋 **朱子說書綱領一卷** （宋）朱熹撰 明正統十二年（1447）內府刻本 鄭州市圖書館

01311 **書經集傳六卷** （宋）蔡沈撰 清金閶步月樓刻本 丁晏批校并跋 杭州圖書館

01312 **書傳大全十卷綱領一卷圖一卷** （明）胡廣輯 明刻本 湖南圖書館

01313 **詩集傳二十卷詩序辨說一卷詩傳綱領一卷詩圖一卷** （宋）朱熹撰 明正統十二年（1447）司禮監刻本 安徽省圖書館

01314 **詩集傳二十卷詩序辨說一卷詩傳綱領一卷詩圖一卷** （宋）朱熹撰 明翻刻正統十二年（1447）司禮監本 河南省圖書館

01315 **詩集傳二十卷詩序辨說一卷詩傳綱領一卷詩圖一卷** （宋）朱熹撰 明翻刻正統十二年（1447）司禮監本 新鄉市圖書館

01316 **詩集傳二十卷** （宋）朱熹撰 明翻刻正統十二年（1447）司禮監本 湖南圖書館

01317 **呂氏家塾讀詩記三十二卷** （宋）呂祖謙撰 明嘉靖十年（1531）傅鳳翱刻本 山東省圖書館

存十九卷（二至十一、十五至十六、二十至二十三、二十五至二十七）

01318 **詩緝三十六卷** （宋）嚴粲撰 明嘉靖趙府味經堂刻本 湖南圖書館

01319 **詩緝三十六卷** （宋）嚴粲撰 明嘉靖趙府味經堂刻本 河南大學圖書館

01320 **詩緝三十六卷** （宋）嚴粲撰 明嘉靖趙府

味經堂刻本 山東師範大學圖書館

01321 **詩經四卷** （明）鍾惺批點 （明）沈春澤校閱 明泰昌元年（1620）刻本 湖北省圖書館

01322 **毛詩正變指南圖一卷詩經金丹彙考一卷詩經難字一卷** 題（明）顧起元撰 明版築居刻朱墨套印本 北京師範大學圖書館

01323 **毛詩振雅六卷** （明）張元芳 魏浣初撰 明天啟版築居刻朱墨套印本 揚州市圖書館

01324 **毛詩振雅六卷** （明）張元芳 魏浣初撰 明天啟版築居刻朱墨套印本 河南省圖書館

01325 **讀風臆評一卷** （明）戴君恩撰 明萬曆四十八年（1620）吳興閔齊伋刻朱墨套印本 無錫市圖書館

01326 **讀風臆評一卷** （明）戴君恩撰 明萬曆四十八年（1620）吳興閔齊伋刻朱墨套印本 安徽省博物館

01327 **毛詩箋疏辯異三十卷毛詩辯異鄭譜不分卷毛詩目録表不分卷** （清）李兆勛撰 稿本 清華大學圖書館

01328 **陸璣疏考證二卷** （清）焦循撰 稿本 南京圖書館

01329 **欽定詩經傳説彙纂二十一卷詩序二卷首二卷** （清）王鴻緒等撰 清雍正五年（1727）內府刻本 青海省圖書館

01330 **周禮十二卷** （漢）鄭玄注 明嘉靖徐刻三禮本 揚州市圖書館

01331 **周禮句解十二卷** （宋）朱申撰 明嘉靖三十五年（1556）蔡揚金刻本 蘇州市吳中區圖書館

01332 **周禮句解十二卷** （宋）朱申撰 明刻本 安徽省圖書館

01333 **考工記二卷** （明）郭正域批點 明萬曆四十四年（1616）吳興閔齊伋刻套印本 金陵圖書館

01334 **考工記二卷** （明）郭正域批點 明萬曆四十四年（1616）吳興閔齊伋刻套印本 安徽省圖書館

01335 **考工記二卷** （明）郭正域批點 明萬曆四十四年（1616）吳興閔齊伋刻套印本 甘肅省圖書館

01336 **考工記二卷** （明）郭正域批點 明萬曆四十四年（1616）吳興閔齊伋刻套印本 山東師範大學圖書館

01337 **考工記二卷** （明）郭正域批點 明萬曆四十四年（1616）吳興閔齊伋刻套印本 廣東省立中山圖書館

01338 **周禮政要二卷** （清）孫詒讓撰 稿本 南京圖書館

01339 **儀禮十七卷** （漢）鄭玄注 明正德十六年（1521）陳鳳梧刻本 河南省圖書館

01340 **儀禮十七卷** （漢）鄭玄注 明嘉靖徐氏刻三禮本（卷一至四抄配） 河南省圖書館

01341 **檀弓二卷** （宋）謝枋得批點 明萬曆四十四年（1616）吳興閔齊伋刻朱墨套印本 安徽省圖書館

01342 **檀弓二卷** （宋）謝枋得批點 明萬曆四十四年（1616）吳興閔齊伋刻朱墨套印本 金陵圖書館

01343 **檀弓二卷** （宋）謝枋得批點 明萬曆四十四年（1616）吳興閔齊伋刻朱墨套印本 山東省圖書館

01344 **檀弓二卷** （宋）謝枋得批點 明萬曆四十四年（1616）吳興閔齊伋刻朱墨套印本 山東師範大學圖書館

01345 **檀弓二卷** （宋）謝枋得批點 明萬曆

四十四年（1616）吳興閔齊伋刻朱墨套印本
廣東省立中山圖書館

01346 **禮記集說十六卷** （元）陳澔撰 明正統十二年（1447）司禮監刻本 湖南圖書館

01347 **禮記集說十六卷** （元）陳澔撰 明正統十二年（1447）司禮監刻本 浙江圖書館

01348 **禮記集說十六卷** （元）陳澔撰 明正統十二年（1447）司禮監刻本 新鄉市圖書館

01349 **禮記集說三十卷** （元）陳澔撰 明嘉靖十一年（1532）建寧府刻本 開封市圖書館

01350 **禮記纂言三十六卷** （元）吳澄撰 明嘉靖黃氏刻本 青海大學醫學院圖書館

01351 **禮記集說補義一卷** （清）方宗誠撰 稿本 安慶市圖書館

01352 **三禮考註六十四卷** （元）吳澄撰 明成化九年（1473）謝士元校刻本 湖南圖書館

01353 **三禮考註六十四卷** （元）吳澄撰 明成化九年（1473）謝士元校刻本 遼寧省圖書館

01354 **二禮集解十二卷** （明）李黼撰 明嘉靖十六年（1537）常州府刻本 無錫市圖書館

01355 **家禮集說不分卷** （明）馮善撰 明宣德刻本 瀋陽故宮博物院

01356 **鄉校禮輯十一卷** （明）方可立等輯（明）屠羲英校 明隆慶刻本 安徽省圖書館
存九卷（一至三、六至十一）

01357 **春秋集註三十卷首一卷** （宋）胡安國撰（宋）林堯叟音注 明嘉靖三十年（1551）逢原谿館刻本 大連圖書館
存三十卷（一至三十）

01358 **春秋胡傳三十卷** （宋）胡安國撰 （宋）林堯叟音注 明成化十五年（1479）徽州府張英退思堂刻本 湖南圖書館

01359 **春秋胡傳三十卷** （宋）胡安國撰 （宋）林堯叟音注 明成化十五年（1479）徽州府張英退思堂刻本 安徽省博物館

01360 **春秋胡傳三十卷** （宋）胡安國撰 明隆慶五年（1571）興正堂刻本 鄭州市圖書館

01361 **音點春秋左傳十六卷** 明弘治十五年（1502）徽州陳理刻本 安徽省博物館

01362 **東萊呂先生左氏博議句解六卷** （宋）呂祖謙撰 （明）瞿景淳選 明嘉靖刻本 浙江省平湖市圖書館

01363 **春秋國華十七卷** （明）嚴訥輯 明萬曆三年（1575）活字印本 中山大學圖書館

01364 **春秋左傳十五卷** （明）孫鑛批點 明萬曆四十四年（1616）吳興閔齊伋刻朱墨套印本
揚州市圖書館

01365 **春秋左傳十五卷** （明）孫鑛批點 明萬曆四十四年（1616）吳興閔齊伋刻朱墨套印本
揚州市圖書館

01366 **春秋左傳十五卷** （明）孫鑛批點 明萬曆四十四年（1616）吳興閔齊伋刻朱墨套印本
南陽師範學院圖書館

01367 **春秋左傳十五卷** （明）孫鑛批點 明萬曆四十四年（1616）吳興閔齊伋刻朱墨套印本
青海省圖書館

01368 **春秋左傳十五卷** （明）孫鑛批點 明萬曆四十四年（1616）吳興閔齊伋刻朱墨套印本
湖南省社會科學院圖書館

01369 **春秋左傳十五卷** （明）孫鑛批點 明萬曆四十四年（1616）吳興閔齊伋刻朱墨套印本
山東省圖書館

01370 **春秋左傳十五卷** （明）孫鑛批點 明萬曆四十四年（1616）吳興閔齊伋刻朱墨套印本
山東師範大學圖書館

01371 **春秋左傳十五卷** （明）孫鑛批點 明萬曆

四十四年（1616）吳興閔齊伋刻朱墨套印本 安慶市圖書館

01372 春秋左傳十五卷 （明）孫鑛批點 明萬曆四十四年（1616）吳興閔齊伋刻朱墨套印本 安徽省博物館

01373 左傳文苑八卷 （明）張鼒評選 （明）陳繼儒注釋 明刻套印本 安徽省博物館

01374 春秋續義纂要發微七卷 （明）鄭良弼撰 明抄本 清華大學圖書館

01375 欽定春秋傳說彙纂三十八卷首二卷 （清）王掞 張廷玉等撰 清康熙六十年（1721）內府刻本 大連圖書館

01376 欽定春秋傳說彙纂三十八卷首二卷 （清）王掞 張廷玉等撰 清康熙六十年（1721）內府刻本 嘉興市圖書館

01377 欽定春秋傳說彙纂三十八卷首二卷 （清）王掞 張廷玉等撰 清康熙六十年（1721）內府刻本 湖南省社會科學院圖書館

01378 御纂春秋直解十二卷 （清）傅恒等撰 清乾隆二十三年（1758）內府刻本 遼寧省博物館

01379 御纂春秋直解十二卷 （清）傅恒等撰 清乾隆二十三年（1758）內府刻本 山東省圖書館

01380 春秋左傳補注四卷 （清）惠棟撰 稿本 上海圖書館

01381 春秋傳正誼四卷 （清）方宗誠撰 稿本 安慶市圖書館
存二卷（三至四）

01382 春秋集義十二卷 （清）方宗誠撰 稿本 安慶市圖書館
存八卷（一至五、八至九、十二）

01383 春秋四傳三十八卷 明嘉靖十一年（1532）建寧府刻本（卷三十四抄配，卷三十五至三十八配另一版本） 內蒙古自治區圖書館

01384 春秋四傳三十八卷 明嘉靖十一年（1532）建寧府刻本 湖南省社會科學院圖書館

01385 春秋四傳三十八卷綱領一卷提要一卷列國東坡圖說一卷春秋二十國年表一卷諸國興廢說一卷 明嘉靖吉澄刻本 南京市博物館

01386 春秋四傳三十八卷 明嘉靖吉澄刻樊獻科重修本 西北師範大學圖書館

01387 春秋四傳三十八卷提要一卷春秋二十國年表一卷諸國興廢說一卷 明嘉靖吉澄刻樊獻科、楊一鶚遞修本 揚州市圖書館
存三十八卷（春秋四傳三十八卷）

01388 天蓋樓四書語錄四十六卷 （清）周在延編 （清）呂留良評選 清康熙二十三年（1684）天蓋樓刻本 嘉興市圖書館
存二十五卷（五至八、二十一至四十一）

01389 呂晚邨先生四書講義四十三卷 （清）呂留良撰 （清）陳鏦編 清康熙天蓋樓刻本 河南大學圖書館

01390 晚邨天蓋樓偶評六卷 （清）呂留良撰 清康熙十二年（1673）刻本 嘉興市圖書館

01391 晚邨天蓋樓偶評六卷 （清）呂留良撰 清康熙十七年（1678）刻本 嘉興市圖書館

01392 四書遇不分卷 （清）張岱撰 稿本 浙江圖書館

01393 孝經今文音義一卷論語音義一卷孟子音義二卷 （唐）陸德明撰 明汲古閣影宋抄本 蘇州圖書館

01394 **論語集註十卷序説一卷** （宋）朱熹撰 明正統十二年（1447）司禮監刻本 廣東省立中山圖書館
存七卷（一至七）

01395 **孟子二卷** （宋）蘇洵批點 明萬曆吳興閔齊伋刻三色套印本 安徽省圖書館

01396 **大學説一卷** （清）惠士奇撰 稿本 上海圖書館

01397 **李氏樂書六種二十卷** （明）李文察撰 明嘉靖刻本 福建省圖書館

01398 **樂律全書四十八卷** （明）朱載堉撰 明萬曆鄭藩刻增修本 江蘇省南通市圖書館

01399 **疑辯錄三卷** （明）周洪謨撰 明嘉靖十三年（1534）刻本 江蘇省南通市圖書館

01400 **皇清經解輯説不分卷** （清）沈豫撰 稿本 清華大學圖書館

01401 **學思稿不分卷** （清）陳澧撰 稿本 廣東省立中山圖書館

01402 **小爾雅義證十三卷** （清）胡世琦撰 稿本 上海圖書館

01403 **續方言二卷** （清）戴震撰 稿本 清華大學圖書館

01404 **説文釋例八卷** （清）王筠撰 稿本 湖南圖書館

01405 **説文釋例二十卷** （清）王筠撰 稿本 南京圖書館

01406 **説文新附攷不分卷** （清）鈕樹玉撰 稿本 蘇州博物館

01407 **説文解字段注攷正十五卷** （清）馮桂芬撰 稿本 蘇州圖書館

01408 **説文古籀疏證六卷** （清）莊述祖撰 稿本 南京大學圖書館

01409 **六書正譌五卷** （元）周伯琦撰 明嘉靖元年（1522）于鏊刻本 揚州市圖書館

01410 **漢隸分韻七卷** 明正德十一年（1516）刻本 湖南圖書館

01411 **六書本義十二卷圖一卷** （明）趙撝謙撰 明正德十四年（1519）刻本 無錫市圖書館

01412 **六書本義十二卷圖一卷** （明）趙撝謙撰 明正德十四年（1519）刻本 福建省圖書館

01413 **六書精薀六卷** （明）魏校撰 **音釋舉要一卷** （明）徐官撰 明嘉靖十九年（1540）魏希明刻本 中國社會科學院圖書館

01414 **六書精薀六卷** （明）魏校撰 **音釋舉要一卷** （明）徐官撰 明嘉靖十九年（1540）魏希明刻本 福建省圖書館

01415 **六書精薀六卷** （明）魏校撰 **音釋舉要一卷** （明）徐官撰 明嘉靖十九年（1540）魏希明刻本 河南大學圖書館

01416 **六書精薀六卷** （明）魏校撰 **音釋舉要一卷** （明）徐官撰 明嘉靖十九年（1540）魏希明刻本 湖南省社會科學院圖書館

01417 **金石韻府五卷** （明）朱雲撰 明嘉靖十年（1531）俞顯謨刻朱印本 鄭州大學圖書館

01418 **金石韻府五卷** （明）朱雲撰 明嘉靖十年（1531）俞顯謨刻朱印本 江蘇省南通市圖書館

01419 **廣金石韻府五卷字略一卷** （清）林尚葵輯 清康熙九年（1670）周亮工賴古堂朱墨套印本 大連圖書館

01420 **廣金石韻府五卷字略一卷** （清）林尚葵輯 清康熙九年（1670）周亮工賴古堂朱墨套印本 青海省圖書館

01421 **集鍾鼎古文韻選五卷** （明）釋道泰撰 明抄本 大連圖書館

01422 **六書古訓二十四卷** （清）王棻撰 稿本

台州市黄巖區圖書館

01423 **康熙字典十二集三十六卷總目一卷檢字一卷辨似一卷等韻一卷補遺一卷備考一卷** （清）張玉書 凌紹雯等撰 清康熙内府朱墨抄本 故宫博物院

01424 **康熙字典十二集三十六卷總目一卷檢字一卷辨似一卷等韻一卷補遺一卷備考一卷** （清）張玉書 凌紹雯等撰 清康熙五十五年（1716）内府刻本 大連圖書館

01425 **康熙字典十二集三十六卷總目一卷檢字一卷辨似一卷等韻一卷補遺一卷備考一卷** （清）張玉書 凌紹雯等撰 清康熙五十五年（1716）内府刻本 湖南師範大學圖書館

01426 **同文備攷八卷首三卷聲韻會通一卷韻要粗釋四卷** （明）王應電撰 明嘉靖刻本 河南省圖書館

存八卷（同文備考一至五、首三卷）

01427 **重編廣韻五卷** （宋）陳彭年等撰 （明）朱祐檳編 明嘉靖刻本 中國社會科學院圖書館

01428 **集韻十卷** （宋）丁度等撰 明末毛氏汲古閣影宋抄本 寧波市天一閣博物館

01429 **大明成化丁亥重刊改併五音類聚四聲篇十五卷** （金）韓道昭撰 明成化七年（1471）金臺大隆福寺刻本 南京師範大學圖書館

01430 **大明成化丁亥重刊改併五音類聚四聲篇十五卷** （金）韓道昭撰 明成化七年（1471）金臺大隆福寺刻本 湖南圖書館

01431 **大明成化丁亥重刊改併五音類聚四聲篇十五卷** （金）韓道昭撰 明成化七年（1471）刻正德十四年（1519）重修本 青海大學醫學院圖書館

01432 **大明成化丁亥重刊改併五音類聚四聲篇十五卷** （金）韓道昭撰 明成化七年（1471）刻本 甘肅省張掖市甘州區圖書館

存十二卷（一至九、十三至十五）

01433 **大明正德乙亥重刊改併五音類聚四聲篇十五卷** （金）韓道昭撰 明正德十五年（1520）刻本 湖南圖書館

01434 **大明正德乙亥重刊改併五音類聚四聲篇十五卷** （金）韓道昭撰 明正德十五年（1520）刻本 河南省唐河縣圖書館

存十一卷（一至五、七至十二）

01435 **大明成化庚寅重刊改併五音集韻十五卷** （金）韓道昭撰 明成化六至七年（1470-1471）刻本 大連圖書館

01436 **大明成化庚寅重刊改併五音集韻十五卷** （金）韓道昭撰 明成化六至七年（1470-1471）刻本 安徽師範大學圖書館

01437 **大明成化庚寅重刊改併五音集韻十五卷** （金）韓道昭撰 明成化六至七年（1470-1471）金臺大隆福寺刻本 南京師範大學圖書館

01438 **大明弘治甲子重刊改併五音集韻十五卷** （金）韓道昭撰 明弘治十七至十八年（1504-1505）刻本 四川省圖書館

01439 **大明正德乙亥重刊改併五音集韻十五卷** （金）韓道昭撰 明正德十一年（1516）刻本 青海大學醫學院圖書館

01440 **大明正德乙亥重刊改併五音集韻十五卷** （金）韓道昭撰 明正德十一年（1516）刻本 青海省圖書館

01441 **大明正德乙亥重刊改併五音集韻十五卷** （金）韓道昭撰 明正德十一年（1516）刻

本 河南省唐河縣圖書館

01442 **古今韻會舉要三十卷禮部韻略七音三十六母通考一卷** （元）熊忠撰 明嘉靖十五年（1536）秦鉞、李舜臣刻十七年（1538）劉儲秀重修本 杭州圖書館

01443 **新編經史正音切韻指南一卷** （元）劉鑑撰 明弘治九年（1496）釋思宜刻本 大連圖書館

01444 **新編經史正音切韻指南一卷** （元）劉鑑撰 明正德十一年（1516）刻本 河南省唐河縣圖書館

01445 **洪武正韻十六卷** （明）樂韶鳳 宋濂等撰 明初刻本 安徽師範大學圖書館

01446 **洪武正韻十六卷** （明）樂韶鳳 宋濂等撰 明刻本 揚州市圖書館

01447 **洪武正韻十六卷** （明）樂韶鳳 宋濂等撰 明刻本 青海師範大學圖書館

01448 **洪武正韻十六卷** （明）樂韶鳳 宋濂等撰 明正德十年（1515）張淮刻本 青海省圖書館

01449 **洪武正韻十六卷** （明）樂韶鳳 宋濂等撰 明嘉靖二十七年（1548）衡藩刻藍印本 安徽省博物館

01450 **洪武正韻十六卷** （明）樂韶鳳 宋濂等撰 明嘉靖二十七年（1548）衡藩刻藍印本 溫州市圖書館

01451 **洪武正韻十六卷** （明）樂韶鳳 宋濂等撰 明嘉靖二十七年（1548）衡藩刻藍印本 青海省圖書館
存十卷（四至六、十至十六）

01452 **洪武正韻十六卷** （明）樂韶鳳 宋濂等撰 明隆慶元年（1567）衡藩刻本 湖南圖書館

01453 **洪武正韻十六卷** （明）樂韶鳳 宋濂等撰 明隆慶元年（1567）衡藩刻本 河南省圖書館

01454 **新編并音連聲韻學集成十三卷** （明）章黼撰 明成化十七年（1481）刻嘉靖二十四年（1545）張重補刻萬曆九年（1581）高薦重修本 南陽市圖書館
存十卷（一至十）

01455 **新編篇韻貫珠集八卷** （明）釋真空撰 明弘治六年（1493）刻本 大連圖書館

01456 **新編篇韻貫珠集八卷附直指玉鑰匙門法一卷** （明）釋真空撰 明正德十一年（1516）金臺衍法寺釋覺恒募刻本 河南省唐河縣圖書館

01457 **韻譜二卷** （明）朱睦㮮撰 明嘉靖二十四年（1545）白濬刻本 廣東省立中山圖書館

01458 **音學五書十三卷** （清）顧炎武撰 清福建候官林春祺福田書海銅活字印本 金陵圖書館

01459 **音韻闡微十八卷** （清）李光地等撰 清雍正六年（1728）內府刻本 河南省圖書館

01460 **諧聲類篇四卷** （清）丁履恒撰 稿本 上海圖書館

01461 **東塾初學編一卷** （清）陳澧撰 稿本 廣東省立中山圖書館

01462 **史記一百三十卷** （漢）司馬遷撰 （南朝宋）裴駰集解 （唐）司馬貞索隱 （唐）張守節正義 明嘉靖四至六年（1525-1527）王延喆刻本 揚州市圖書館

01463 **史記一百三十卷** （漢）司馬遷撰 （南朝宋）裴駰集解 （唐）司馬貞索隱 （唐）張守節正義 明嘉靖四至六年（1525-1527）王延喆刻本 四川省圖書館

01464 **史記一百三十卷** （漢）司馬遷撰 （南朝

宋）裴駰集解 （唐）司馬貞索隱 （唐）張守節正義 明嘉靖十三年（1534）秦藩朱惟焯刻二十九年（1550）重修本 新疆大學圖書館

01465 通志略五十二卷 （宋）鄭樵撰 明嘉靖二十九年（1550）陳宗夔刻本 安徽省圖書館

01466 通志略五十二卷 （宋）鄭樵撰 明嘉靖二十九年（1550）陳宗夔刻本 揚州市寶應縣圖書館

01467 二史會編十六卷 （明）况叔祺輯 明嘉靖四十年（1561）刻本 無錫市圖書館

01468 二史會編十六卷 （明）况叔祺輯 明嘉靖四十年（1561）刻本 大連圖書館

01469 前漢書一百卷 （漢）班固撰 明德藩最樂軒刻本 新鄉市圖書館

01470 漢書一百卷 （漢）班固撰 （唐）顔師古注 明刻嘉靖十六年（1537）廣東崇正書院重修本（卷一至五配清抄本） 泰州市圖書館

01471 前漢書一百卷 （漢）班固撰 （唐）顔師古注 明嘉靖刻明清遞修本 桐城市圖書館
存八十三卷（五至十二、十五至十八、二十至六十六、七十一至七十六、八十三至一百）

01472 漢書一百卷 （漢）班固撰 （唐）顔師古注 明嘉靖汪文盛等刻本 青海民族學院圖書館

01473 班馬異同三十五卷 （宋）倪思撰 （宋）劉辰翁評 明嘉靖十六年（1537）李元陽刻本 蘇州大學圖書館

01474 唐書二百卷 （後晉）劉昫等撰 明嘉靖十八年（1539）聞人詮刻本 杭州圖書館

01475 唐書二百卷 （後晉）劉昫等撰 明嘉靖十八年（1539）聞人詮刻本 湖南圖書館

01476 宋史四百九十六卷目錄三卷 （元）脱脱等撰 明成化七至十六年（1471-1480）朱英刻明清南京國子監遞修本 内蒙古自治區圖書館

01477 宋史新編二百卷 （明）柯維騏撰 明嘉靖刻本 揚州市圖書館

01478 宋史新編二百卷 （明）柯維騏撰 明嘉靖刻本（卷七十二至八十一配抄本） 大連圖書館

01479 遼史一百十六卷 （元）脱脱等撰 明初刻本 上海圖書館

01480 遼史一百十六卷 （元）脱脱等撰 明初刻嘉靖南京國子監遞修本 内蒙古自治區圖書館

01481 遼史一百十六卷 （元）脱脱等撰 明初刻嘉靖南京國子監遞修本 西北師範大學圖書館

01482 金史一百三十五卷 （元）脱脱等撰 明初刻本 國家圖書館

01483 金史一百三十五卷 （元）脱脱等撰 明初刻明清南京國子監遞修本 内蒙古自治區圖書館
存一百三卷（三十三至一百三十五）

01484 元史二百十卷 （明）宋濂等撰 明洪武三年（1370）内府刻本 國家圖書館
存九十九卷（二十八至三十一、四十八至四十九、五十三至六十、七十五至七十八、九十五至一百一、一百六至一百十八、一百二十六至一百三十二、一百三十四至一百三十七、一百四十一至一百四十四、一百四十九至一百六十八、一百七十二至

一百九十四、二百八至二百十）

01485 **元史二百十卷** （明）宋濂等撰 明洪武三年（1370）內府刻嘉靖南京國子監遞修本 北京大學圖書館

01486 **元史二百十卷** （明）宋濂等撰 明洪武三年（1370）內府刻嘉靖南京國子監遞修本 上海圖書館

01487 **元史二百十卷** （明）宋濂等撰 明洪武三年（1370）內府刻嘉靖南京國子監遞修本 泰州市圖書館

存十四卷（一至八、四十九至五十四）

01488 **石匱書□□卷** （清）張岱撰 稿本 南京圖書館

存二百八卷（一至十一、二十四至二百十四、續一至六）

01489 **明史三百三十六卷** （明）張廷玉等撰 清乾隆內府寫文源閣四庫全書本 廣東省立中山圖書館

存五卷（九至十三）

01490 **史館傳稿三十篇** （清）朱彝尊撰 稿本 上海圖書館

01491 **明史稿不分卷** （清）萬斯同等撰 稿本 寧波市天一閣博物館

存人物卷

01492 **欽定國史忠義傳四十八卷** 清國史館寫本 煙臺圖書館

01493 **少微通鑑節要五十六卷外紀四卷** （宋）江贄撰 明弘治二年（1489）司禮監刻本 青海民族學院圖書館

存五十七卷（一至四十二、四十六至五十六、外紀全）

01494 **少微通鑑節要五十卷** （宋）江贄撰 明正德九年（1514）司禮監刻本 湖南圖書館

01495 **資治通鑑綱目五十九卷** （宋）朱熹撰 明嘉靖刻本 江蘇省啟東市圖書館

存十一卷（十二至十四、二十三至三十）

01496 **資治通鑑綱目五十九卷** （宋）朱熹撰 明嘉靖刻本 河南大學圖書館

存三十七卷（十三至二十一、二十三至四十一、四十三至四十五、四十八至五十三）

01497 **通鑑綱目全書一百八卷** 明嘉靖三十九年（1560）書林楊氏歸仁齋刻本 江蘇省南通市圖書館

存四十九卷（資治通鑑綱目前編外紀一卷、資治通鑑綱目前編十八卷舉要三卷、續資治通鑑綱目二十七卷）

01498 **資治通鑑綱目發明五十九卷** （宋）尹起莘撰 （元）劉友益書法 （元）汪克寬考異 （元）徐昭文考證 （明）陳濟正誤 （明）馮智舒質實 明弘治十四年（1501）日新堂刻本 內蒙古自治區圖書館

01499 **資治通鑑綱目發明五十九卷** （宋）尹起莘撰 明刻本 開封市圖書館

01500 **續資治通鑑綱目廣義一百三十卷** （明）張時泰撰 明弘治三年（1490）刻本 內蒙古自治區圖書館

01501 **宋元通鑑一百五十七卷** （明）薛應旂撰 明嘉靖四十五年（1566）自刻本 青海省圖書館

01502 **續資治通鑑六十四卷** （明）王宗沐撰 明隆慶五年（1571）刻本 安徽省圖書館

01503 **續資治通鑑六十四卷** （明）王宗沐撰 明隆慶五年（1571）刻本 揚州市圖書館

01504 **歷代通鑑纂要九十二卷** （明）李東陽等撰 明正德二年（1507）內府刻本 內蒙古自

治區圖書館

存七卷（一至七）

01505 歷代通鑑纂要九十二卷 （明）李東陽等撰 明正德十四年（1519）慎獨齋刻本 甘肅省通渭縣圖書館

存三十四卷（一至二十九、六十三至六十四、七十三、八十九至九十）

01506 歷代通鑑纂要九十二卷 （明）李東陽等撰 明正德十四年（1519）慎獨齋刻本 杭州圖書館

01507 新刻校正古本歷史大方通鑑四十一卷首一卷 （明）李廷機 葉向高輯 明嘉靖周時泰刻本 紹興圖書館

存三十六卷（一至八、十一至二十，宋元卷一至二、七至二十一，首一卷）

01508 世史正綱三十二卷 （明）丘濬撰 明弘治三年（1490）刻本 湖南師範大學圖書館

01509 諸史會編大全一百十二卷 （明）金燫撰 明嘉靖四年（1525）金壇縣刻本 大連圖書館

存一百十卷（一至一百十）

01510 諸史會編大全一百十二卷 （明）金燫撰 明嘉靖四年（1525）金壇縣刻公文紙印本 無錫市圖書館

01511 兩漢紀六十卷 （宋）王銍編 明嘉靖二十七年（1548）黃姬水刻本 揚州市圖書館

01512 大明憲宗純皇帝實錄二百九十三卷 （明）劉吉等纂修 明抄本 浙江圖書館

存二百六十六卷（一至八、十三至十七、四十一至二百九十三）

01513 大明神宗顯皇帝實錄不分卷 （明）顧秉謙等纂修 明抄本 浙江圖書館

01514 清太祖實錄不分卷 清內府抄本 南京市博物館

01515 大清太祖高皇帝實錄十卷 （清）勒德洪明珠等纂修 清內府抄本 南京市博物館

01516 大清歷朝實錄 清乾隆至光緒間內府抄本 故宮博物院

01517 鴻猷錄十六卷 （明）高岱撰 明嘉靖四十四年（1565）高思誠刻本 遼寧省圖書館

01518 鴻猷錄十六卷 （明）高岱撰 明嘉靖四十四年（1565）高思誠刻本 大連圖書館

01519 荒史六卷 （明）陳士元輯 明萬曆二年（1574）德安府刻本 遼寧省圖書館

01520 國語二十一卷 （三國吳）韋昭注 明嘉靖七年（1528）金李澤遠堂刻本 鄭州市圖書館

01521 國語二十一卷 （三國吳）韋昭注 明嘉靖七年（1528）金李澤遠堂刻本 開封市博物館

01522 國語九卷 （明）閔齊伋裁注 明萬曆四十七年（1619）閔齊伋刻三色套印本 安徽省圖書館

01523 鮑氏國策十卷 （宋）鮑彪校注 明嘉靖七年（1528）龔雷刻本 西北師範大學圖書館

01524 戰國策十二卷 （明）閔齊伋裁注 明萬曆四十八年（1620）閔齊伋刻三色套印本 故宮博物院

01525 戰國策十二卷 （明）閔齊伋裁注 明萬曆四十八年（1620）閔齊伋刻三色套印本 山東師範大學圖書館

01526 華陽國志十二卷 （晉）常璩撰 明嘉靖四十三年（1564）楊經刻本 四川省圖書館

01527 漢唐秘史二卷 （明）朱權撰 明建文四年

（1402）寧藩刻本 杭州圖書館

01528 **貞觀政要十卷** （唐）吴兢撰 明成化元年（1465）刻本 青海民族學院圖書館

01529 **貞觀政要十卷** （唐）吴兢撰 明成化十二年（1476）内府刻本 揚州市圖書館

01530 **國初禮賢錄一卷** （明）劉基撰 明抄本 甘肅省圖書館

01531 **吾學編六十九卷** （明）鄭曉撰 明隆慶元年（1567）鄭履淳刻本 甘肅省甘谷縣圖書館

01532 **吾學編六十九卷** （明）鄭曉撰 明隆慶元年（1567）鄭履淳刻本 無錫市圖書館

01533 **今言四卷** （明）鄭曉撰 明嘉靖四十五年（1566）項篤壽刻本 江蘇省南通市圖書館

01534 **皇明政要二十卷** （明）婁性撰 明正德二年（1507）慎獨齋刻本 南京圖書館

01535 **交泰錄五卷** （明）龍大有編 明嘉靖十九年（1540）自刻本（卷一抄配） 大連圖書館

01536 **遼紀一卷** （明）田汝成撰 清初抄本 杭州圖書館

01537 **中興實錄不分卷** （明）馮夢龍撰 明弘光刻本 南京圖書館

01538 **十七史詳節二百七十四卷** （明）吕祖謙輯 明正德十三年（1518）劉弘毅慎獨齋刻本 青海民族學院圖書館
存二百六十八卷（一至二百六十三、二百六十九至二百七十三）

01539 **全史論贊八十一卷** （明）項篤壽輯 明嘉靖四十五年（1566）項氏萬卷堂刻本 江蘇省南通市圖書館

01540 **全史論贊八十一卷** （明）項篤壽輯 明嘉靖四十五年（1566）項氏萬卷堂刻本 山東省圖書館

01541 **歷代史纂左編一百四十二卷** （明）唐順之輯 明嘉靖四十年（1561）胡宗憲刻本 江蘇省南通市圖書館

01542 **史記鈔九十一卷** （明）茅坤輯 閔振業集評 明泰昌元年（1620）閔氏刻朱墨套印本 無錫市圖書館

01543 **兩漢博聞十二卷** （宋）楊侃輯 明嘉靖三十七年（1558）黄魯曾刻本 河南大學圖書館

01544 **漢雋十卷** （宋）林鉞撰 明嘉靖十一年（1532）刻本 河南大學圖書館

01545 **漢雋十卷** （宋）林鉞撰 明嘉靖四十年（1561）何鏜刻本 華中師範大學圖書館

01546 **前漢書抄八卷後漢書抄八卷** （明）王廷輯 明嘉靖刻本 山東省圖書館

01547 **前漢書抄八卷後漢書抄八卷** （明）王廷輯 明嘉靖刻本 青海民族學院圖書館

01548 **歐陽文忠公五代史抄二十卷** （明）茅坤輯 明閔刻套印本 青海師範大學圖書館

01549 **歐陽文忠公五代史抄二十卷** （明）茅坤輯 明閔刻套印本 鎮江市圖書館

01550 **歐陽文忠公五代史抄二十卷** （明）茅坤輯 明閔刻套印本 中山大學圖書館

01551 **歐陽文忠公五代史抄二十卷** （明）茅坤輯 明閔刻套印本 大連圖書館

01552 **歐陽文忠公五代史抄二十卷** （明）茅坤輯 明閔刻套印本 山東師範大學圖書館

01553 **宋儒致堂胡先生讀史管見三十卷** （宋）胡寅撰 明正德七年（1512）劉弘毅慎獨齋刻本 無錫市圖書館

01554 **新刊通鑑綱目策論摘題二十卷** （明）嚴時泰輯 明嘉靖三年（1524）鄭氏宗文堂刻

本 安徽省圖書館

01555 史衡六卷 （明）陳堯撰 明嘉靖刻本 遼寧省圖書館

01556 學史十三卷 （明）邵寶撰 明嘉靖七年（1528）陳察刻本 揚州市圖書館

01557 政監三十二卷 （明）夏寅撰 明正德十六年（1521）刻本 大連圖書館

01558 戰國人才言行錄十卷 （明）秦瀹輯 明嘉靖三十二年（1553）敬業書院刻本 無錫市圖書館

01559 建寧人物傳四卷 （明）李默撰 明嘉靖十七年（1538）李東光刻本 遼寧省圖書館

01560 吳中人物志不分卷 （明）錢穀輯 稿本 羅振常跋 上海圖書館

01561 潤州先賢錄六卷 （明）姚堂 劉文徽輯 明天順七年（1463）刻本 南京圖書館

01562 天潢玉牒一卷 明嘉靖十八年（1539）秦汴繡石書堂抄本 南京圖書館

01563 先賢譜圖 （清）改琦編繪 清嘉慶十年（1805）稿本 上海師範大學圖書館

01564 新安名族志二卷 （明）汪孟沚等撰 明嘉靖刻本 安徽省圖書館

01565 陸氏族譜不分卷 （明）陸珩輯 明抄本 蘇州市吳中區圖書館

01566 新安左田黃氏正宗譜派系二十卷文獻十九卷 （明）黃積瑜纂修 明嘉靖三十七年（1558）自刻本 溫州市圖書館

01567 華氏傳芳集十一卷 （明）華守方輯 續集五卷 （明）華察輯 明嘉靖十一年（1532）華從智刻隆慶六年（1572）華察續刻本 南京圖書館

01568 恩綸不分卷 （明）畢自嚴輯 明刻藍印本 大連圖書館

01569 錢氏族譜言行紀略一卷 （清）錢澧撰 稿本 雲南省圖書館

01570 歷代君鑑五十卷 （明）代宗朱祁鈺撰 明景泰四年（1453）內府刻本 鎮江市圖書館

01571 歷代君鑑五十卷 （明）代宗朱祁鈺撰 明景泰四年（1453）內府刻本 蘇州圖書館

01572 歷代君鑑五十卷 （明）代宗朱祁鈺撰 明景泰四年（1453）內府刻本 清華大學圖書館

01573 歷代君鑑五十卷 （明）代宗朱祁鈺撰 明景泰四年（1453）內府刻本 湖南圖書館

01574 歷代君鑑五十卷 （明）代宗朱祁鈺撰 明景泰四年（1453）內府刻本 甘肅省圖書館

01575 歷代臣鑑三十七卷 （明）宣宗朱瞻基撰 明宣德元年（1426）內府刻本 蘇州圖書館

01576 歷代臣鑑三十七卷 （明）宣宗朱瞻基撰 明宣德元年（1426）內府刻本 浙江圖書館

01577 歷代臣鑑三十七卷 （明）宣宗朱瞻基撰 明宣德元年（1426）內府刻本 湖南師範大學圖書館

01578 歷代臣鑑三十七卷 （明）宣宗朱瞻基撰 明宣德元年（1426）內府刻本 鎮江市圖書館

01579 歷代臣鑑三十七卷 （明）宣宗朱瞻基撰 明宣德元年（1426）內府刻本 湖南圖書館

01580 宋相臣傳□□卷 明刻本 甘肅省圖書館 存八卷（九至十六）

01581 皇明名臣琬琰錄三十二卷 （明）王世貞輯 明抄本 浙江圖書館

01582 明瑠彰癉錄一卷 （明）顧爾邁輯 明抄本 揚州市圖書館

01583 殿閣詞林記二十二卷 （明）廖道南撰 明嘉靖刻本 遼寧省圖書館

01584 **台學統一百卷** （清）王棻編 稿本 台州市黃巖區圖書館

01585 **宋元學案補遺一百卷** （清）馮雲濠 王梓材輯 稿本 浙江圖書館

01586 **孝順事實十卷** （明）成祖朱棣撰 明永樂十八年（1420）內府刻本 浙江圖書館

01587 **孝順事實十卷** （明）成祖朱棣撰 明永樂十八年（1420）內府刻本 湖南圖書館

01588 **精忠錄三卷圖一卷** （明）袁純輯 明景泰刻本 安徽省圖書館

01589 **古今列女傳三卷** （明）解縉撰 明永樂元年（1403）內府刻本 重慶圖書館

01590 **晏子春秋八卷** 明活字印本（目錄、卷一第三至五葉、卷七第一至六葉、卷八第二十八至二十九葉、後序配清抄本） 丁丙跋 南京圖書館

01591 **晏子春秋六卷** 明凌澄初刻套印本 湖南圖書館

01592 **晏子春秋六卷** 明凌澄初刻套印本 山東師範大學圖書館

01593 **朱子實紀十二卷** （明）戴銑輯 明正德八年（1513）鮑雄刻本 遼寧省圖書館

01594 **楓山章文懿公年譜二卷** （明）阮鶚撰 明嘉靖三十三年（1554）唐鉞刻本 嘉興市圖書館

01595 **陶文毅公使蜀日記不分卷** （清）陶澍撰 稿本 湖南圖書館

01596 **何紹基日記不分卷**（清道光十四年五月至十五年三月 道光十九年五月至十二月 道光二十三年閏七月至二十四年七月 咸豐元年閏八月至十二月 咸豐二年正月 咸豐二年七月至三年三月 咸豐四年正月至九月 咸豐十年二月至十一年三月附同治元年元旦部分） （清）何紹基撰 稿本 湖南省社會科學院圖書館

01597 **養知書屋日記不分卷**（清咸豐五年十二月至光緒十七年六月）（清）郭嵩燾撰 稿本 湖南圖書館

01598 **潘祖蔭日記不分卷**（清同治二年 光緒七年至十三年 光緒十五年至十六年） （清）潘祖蔭撰 稿本 蘇州博物館

01599 **王文韶日記不分卷**（清同治六年至十一年 光緒元年至二十八年）（清）王文韶撰 稿本 杭州圖書館

01600 **出使英法義比四國日記六卷續十卷** （清）薛福成撰 稿本 南京圖書館 存十一卷（一、續全）

01601 **洪鈞日記不分卷**（清同治九年九月十六日至同治十年九月二十九日 光緒二年十一月初四至光緒四年九月二十二日 光緒七年正月初一至光緒九年正月二十九日 光緒十年七月十五日至光緒十三年九月十二日 光緒十八年四月初一至光緒十九年七月初三） （清）洪鈞撰 稿本 蘇州博物館

01602 **皇明歷科狀元錄四卷** （明）陳鎏輯 明隆慶刻本 湖南圖書館

01603 **洪武四年進士登科錄一卷** 明洪武刻本 寧波市天一閣博物館

01604 **杜氏通典二百卷** （唐）杜佑撰 明嘉靖十八年（1539）王德溢、吳鵬刻本（序、目錄、卷五、十五至十六配明嘉靖李元陽刻本） 青海民族學院圖書館

01605 **杜氏通典二百卷** （唐）杜佑撰 明嘉靖十八年（1539）王德溢、吳鵬刻本 無錫市圖書館

01606 **文獻通考三百四十八卷** （元）馬端臨撰

明正德十一至十四年（1516－1519）劉洪慎獨齋刻十六年（1521）重修本 山東師範大學圖書館

01607 **文獻通考三百四十八卷** （元）馬端臨撰 明正德十一至十四年（1516－1519）劉洪慎獨齋刻十六年（1521）重修本（卷一、二十、二百、二百七十九至二百八十等補抄） 大連圖書館

存三百三十八卷（一至五、八至六十五、六十七至六十八、七十至二百三十一、二百三十六至三百三十六、三百三十九至三百四十八）

01608 **文獻通考三百四十八卷** （元）馬端臨撰 明嘉靖三年（1524）司禮監刻本 新疆大學圖書館

01609 **文獻通考三百四十八卷** （元）馬端臨撰 明嘉靖馮天馭刻本 揚州市圖書館

01610 **大明會典一百八十卷** （明）徐溥等撰 明正德六年（1511）司禮監刻本 大連圖書館

01611 **大明會典二百八十卷** （明）申時行 趙用賢等纂修 明萬曆十五年（1587）內府刻本 湖南師範大學圖書館

01612 **皇明典禮不分卷** 明建文刻本 大連圖書館

01613 **明倫大典二十四卷** （明）楊一清 熊浹等纂修 明嘉靖七年（1528）內府刻本 四川師範大學圖書館

01614 **大明集禮五十三卷** （明）徐一夔 梁寅等撰 明嘉靖九年（1530）內府刻本 湖南師範大學圖書館

01615 **國朝宮史三十六卷** （清）鄂爾泰 張廷玉等編纂 清嘉慶十一年（1806）抄呈進本 故宮博物院

01616 **南巡盛典七十卷** （清）高晉等纂修 清乾隆三十一年（1766）內府抄本 南京博物院

01617 **歷代兵制八卷** （宋）陳傅良撰 明張應文怡顏堂抄本 浙江圖書館

01618 **方城均田志一卷** （明）呂琦輯 明嘉靖十七年（1538）陳鳳刻本 無錫市圖書館

01619 **使規一卷使緬附錄一卷** （明）張洪撰 明成化十年（1474）湯魯寶刻本 常熟市圖書館

01620 **經國雄略四十八卷** （明）鄭大郁撰 明弘光元年（1645）觀社刻本 華東師範大學圖書館

存四十五卷（畿甸考五卷、省藩考四卷、河防考四卷、海防考三卷、江防考三卷、賦徭考二卷、賦稅考二卷、屯政考二卷、邊塞考六卷、四夷考二卷、奇門考三卷、武備考九卷）

01621 **海軍旗式及章服圖說不分卷** 清宣統彩繪本 故宮博物院

01622 **天聖令三十卷** （宋）呂夷簡 龐籍等修 明抄本 寧波市天一閣博物館

存十卷（田令、賦令、倉庫令、廄牧令、關市令、醫疾令、獄官令、營繕令、喪葬令、雜令）

01623 **御製大誥一卷續編一卷三編一卷大誥武臣一卷** （明）太祖朱元璋撰 明初刻本 清華大學圖書館

01624 **馬政志四卷** （明）陳講撰 明嘉靖刻本 四川省圖書館

存二卷（一、四）

01625 **營造法式三十四卷** （宋）李誡編修 清初影宋抄本 故宮博物院

01626 **奉使公函稿不分卷** （清）呂海寰撰 稿本 大連圖書館

01627 **趙秉忠殿試卷** （明）趙秉忠撰 明萬曆二十六年（1598）稿本 山東省青州市博物館

01628 **皇明詔令二十一卷** （明）傅鳳翱輯 明嘉靖十八年（1539）自刻本 安徽省圖書館

01629 **歷代名臣奏議三百五十卷** （明）黄淮 楊士奇等輯 明永樂内府刻本 重慶圖書館
存三百二十七卷（一至三百二十七）

01630 **歷代名臣奏議三百五十卷** （明）黄淮 楊士奇等輯 明永樂内府刻本 杭州圖書館
存五十八卷（五十二至五十八、六十一至七十、一百二十六至一百二十八、一百六十七至一百六十八、一百七十一至一百七十五、一百八十至一百八十三、二百一至二百五、三百十九至三百三十四、三百三十七至三百三十八、三百四十一至三百四十四）

01631 **歷代名臣奏議集畧四十卷** （明）歐陽一敬 魏時亮輯 明隆慶三年（1569）王廷瞻刻本 大連圖書館

01632 **皇明名臣經濟錄十八卷** （明）陳九德輯 明嘉靖二十八年（1549）刻本 青海省圖書館

01633 **皇明名臣經濟錄十八卷** （明）陳九德輯 明嘉靖二十八年（1549）刻本（卷四、七、十四抄配） 大連圖書館

01634 **大儒大奏議六卷** （明）邵寶輯 明弘治十八年（1505）王德明刻本 清華大學圖書館

01635 **石林奏議十五卷** （宋）葉夢得撰 明毛氏汲古閣影宋抄本 毛晉 傅增湘跋 中國社會科學院文學研究所圖書館

01636 **孝肅包公奏議集十卷** （宋）包拯撰 明弘治五年（1492）合肥刻本 大連圖書館

01637 **宋丞相李忠定公奏議六十九卷附錄九卷** （宋）李綱撰 明正德十一年（1516）胡文靜、蕭泮刻本 安徽省圖書館

01638 **鄭端簡公奏議十四卷** （明）鄭曉撰 明隆慶四年（1570）項氏萬卷堂刻本 安徽省圖書館

01639 **馬端肅公奏議十六卷** （明）馬文升撰 明嘉靖二十六年（1547）葛洞邗江書館刻本 無錫市圖書館

01640 **陶文毅公奏議不分卷** （清）陶澍撰 稿本 湖南圖書館

01641 **平遠宫保奏議不分卷** （清）丁寶楨撰 稿本 清華大學圖書館

01642 **崔敬邕墓誌** 北魏熙平二年（517）刻石 清出土初拓本 蔣祖詒跋 上海圖書館

01643 **曹輔墓誌** （宋）楊時撰文 陳淵書 □經篆蓋 翁文模鐫 南宋建炎二年（1128）刻石 明拓本 北京大學圖書館

01644 **孔宙碑** 東漢延熹七年（164）刻石 明拓本 故宫博物院

01645 **張遷碑** 東漢中平三年（186）刻石 明拓本 故宫博物院

01646 **趙清獻公碑** （宋）蘇軾撰文并書 北宋元祐四年（1089）刻石 明拓本 上海圖書館

01647 **方輿考證一百卷首一卷** （清）許鴻磐撰 稿本 西南大學圖書館

01648 **肇域志不分卷** （清）顧炎武撰 清同治初抄本 雲南省圖書館

01649 **大明一統志九十卷圖一卷** （明）李賢 萬安等纂修 明天順五年（1461）内府刻本 中山大學圖書館

01650 **大明一統志九十卷** （明）李賢 萬安等纂

修　明天順五年（1461）內府刻本　四川大學圖書館

01651 大明一統志九十卷　（明）李賢　萬安等纂修　明弘治十八年（1505）慎獨書齋刻本　杭州圖書館

01652 天下郡國利病書不分卷　（清）顧炎武撰　稿本　錢大昕　黃丕烈（倩沈書山書）跋　南京圖書館

01653 明季郡國利病全書一百二十卷　（清）顧炎武撰　清顧蒓等抄本　傅增湘題識　重慶圖書館
存一百二卷（一至十三、二十至三十八、四十七至八十四、八十九至一百二十）

01654 讀史方輿紀要一百三十卷　（清）顧祖禹撰　稿本（卷三十三、八十九配清抄本）　陶濬宣　葉景葵跋　上海圖書館

01655 皇輿表十六卷　（清）揆敘等撰　清康熙四十三年（1704）內府刻本　大連圖書館

01656 [嘉靖]吳江縣志二十八卷　首一卷　（明）曹一麟　徐師曾纂修　明嘉靖刻本　吳江圖書館

01657 洪武京城圖志一卷　明弘治五年（1492）朱宗刻本　南京圖書館

01658 州乘資四卷　（清）邵潛撰　明弘光刻本　江蘇省南通市圖書館

01659 八閩通誌八十七卷　（明）陳道　黃仲昭纂修　明弘治刻本　湖南師範大學圖書館

01660 [洪武]無錫志四卷　明初刻本　北京大學圖書館

01661 [正德]姑蘇志六十卷　（明）林世遠　王鏊等纂修　明正德元年（1506）刻本　大連圖書館

01662 [正德]姑蘇志六十卷　（明）林世遠　王鏊等纂修　明正德元年（1506）刻本　江蘇省南通市圖書館

01663 [弘治]常熟縣志四卷　（明）楊子器　桑瑜纂修　明弘治刻本　常熟市圖書館

01664 [弘治]徽州府志十二卷　（明）彭澤　汪舜民纂修　明弘治刻本　安徽省博物館

01665 [嘉靖]休寧縣志八卷　（明）宋國華　吳宗堯等纂修　明嘉靖二十七年（1548）刻本　安徽省博物館

01666 [萬曆]休寧縣志八卷　（明）李喬岱纂修　明萬曆三十五年（1607）刻朱印本　安徽省博物館

01667 齊乘六卷　（元）于欽纂修　明嘉靖四十三年（1564）刻本　遼寧省圖書館

01668 [泰昌]登州府志十八卷　（明）徐應元纂修　明泰昌元年（1620）徐應元刻本　河南省圖書館
存十六卷（一至六、九至十八）

01669 [正德]武功縣志三卷　（明）康海纂修　明正德十四年（1519）刻本　安徽省博物館

01670 [正德]武功縣志三卷　（明）康海纂修　明正德十四年（1519）刻本　湖州市圖書館

01671 [嘉靖]河南通志四十五卷　（明）鄒守愚　李濂纂修　明嘉靖三十四年（1555）刻本　河南大學圖書館

01672 [天順]重刊襄陽郡誌四卷　（明）張恒纂修　明天順李人儀刻本　陝西省圖書館

01673 [嘉靖]廣東通志七十卷　（明）黃佐纂修　明嘉靖刻本　廣東省立中山圖書館

01674 [正德]興寧志四卷　（明）祝允明纂修　明正德刻本　溫州市圖書館
存一卷（一）

01675 [乾隆]奉節縣誌四卷　（清）鄭王選　王良弼　楊崇纂修　清乾隆十年（1745）木活字印

本 故宫博物院

01676 [嘉靖]秦安志九卷 （明）亢世英 胡纘宗纂修 明嘉靖十四年（1535）刻本（有抄配） 大連圖書館

01677 保安志畧二卷 （清）侯昌銘撰 稿本 天水市圖書館

01678 白鹿洞志十九卷 （明）鄭廷鵠等撰 明嘉靖刻本 清華大學圖書館

01679 百泉書院志四卷 （明）吕顯撰 明嘉靖十二年（1533）刻本 大連圖書館

01680 會稽三賦四卷 （宋）王十朋撰 （明）南逢吉注 （明）尹壇補注 （明）陶望齡評 明天啟元年（1621）凌氏刻朱墨套印本 溫州市圖書館

01681 武林風俗記一卷 （清）王同撰 稿本 杭州圖書館

01682 東城雜記二卷 （清）厲鶚撰 稿本 南京圖書館

01683 江漢叢談二卷 （明）陳士元撰 明隆慶六年（1572）刻本 遼寧省圖書館

01684 蜀典八卷附張介侯先生詩抄一卷 （清）張澍撰 稿本 四川省圖書館

01685 雍録十卷 （宋）程大昌撰 明嘉靖十一年（1532）李經刻本 大連圖書館

01686 西湖遊覽志二十四卷志餘二十六卷 （明）田汝成撰 明嘉靖二十六年（1547）嚴寬刻本（有補版、有抄配） 四川省圖書館

01687 古今游名山記十七卷總錄三卷 （明）何鏜輯 明嘉靖四十四年（1565）自刻本 大連圖書館

存十四卷（一至十四）

01688 水經注四十卷 （北魏）酈道元撰 清小山堂抄本 全祖望校 天津圖書館

01689 水經注疏證四十卷 （清）沈欽韓撰 稿本 南京圖書館

01690 北游記一卷西游記一卷東游記一卷 （明）安國撰 附録北游贈言三卷 明安氏西林書屋抄本 南京圖書館

01691 康衛紀行十二卷附重訂本目錄一卷 （清）姚瑩撰 稿本 安徽省圖書館

01692 東輶紀程二卷 （清）聶士成撰 （清）葉存刪定 稿本 安徽省圖書館

01693 皇明四夷考二卷 （明）鄭曉撰 明嘉靖四十三年（1564）刻本 內蒙古自治區圖書館

01694 星槎勝覽四卷 （明）費信撰 明嘉靖二十三年（1544）儼山書院刻本 內蒙古自治區圖書館

01695 琉球國志略十六卷首一卷 （清）周煌輯 清乾隆抄進呈本 故宫博物院

01696 今古輿地圖三卷 （明）吳國輔 沈定之等撰 明崇禎十六年（1643）刻朱墨套印本 國家圖書館

01697 今古輿地圖三卷 （明）吳國輔 沈定之等撰 明崇禎十六年（1643）刻朱墨套印本 大連圖書館

01698 今古輿地圖三卷 （明）吳國輔 沈定之等撰 明崇禎十六年（1643）刻朱墨套印本 無錫市圖書館

01699 歷代地理指掌圖 題（宋）蘇軾撰 明嘉靖刻本 張宗祥校 國家圖書館

01700 廣輿圖 （元）朱思本撰 （明）羅洪先 胡松增補 明嘉靖刻本 河南省圖書館

01701 全海圖註 （明）李化龍撰 明萬曆十九年（1591）刻本 國家圖書館

01702 **天下九邊分野人跡路程全圖** （明）曹君義編 明崇禎十七年（1644）刻本 國家圖書館

01703 **陝西輿圖** 明天啟彩繪本 國家圖書館

01704 **福建輿圖** 清康熙彩繪進呈本 國家圖書館

01705 **圓明園長春園圖** 清乾隆五十一年（1786）內府銅版印本 故宮博物院

01706 **金石古文十四卷** （明）楊慎輯 明嘉靖三十三年（1554）孫昭、李懿刻本 無錫市圖書館

01707 **考古圖十卷** （宋）吕大臨撰 （元）羅更翁考訂 明初刻本 華東師範大學圖書館

01708 **西清古鑑四十卷附錢錄十六卷** （清）梁詩正等編纂 乾隆十六年（1751）武英殿銅版印本 瀋陽故宮博物院

01709 **集古印譜二卷** （明）顧從德輯 明隆慶鈐印本 開封市圖書館

01710 **集古印譜六卷** （明）王常輯 明萬曆三年（1575）顧氏芸閣刻朱印本 泰州市圖書館

01711 **集古印譜六卷** （明）王常輯 明萬曆三年（1575）顧氏芸閣刻朱印本 湖南省社會科學院圖書館

01712 **楊氏集古印章四卷** （明）楊元祥輯 明萬曆十五年（1587）鈐印本 西泠印社社務委員會

01713 **宣和集古印史八卷** （明）來行學輯 明萬曆二十四年（1596）來氏寶印齋刻鈐印本 安徽省圖書館
存六卷（一至六）

01714 **宣和集古印史八卷** （明）來行學輯 明萬曆二十四年（1596）來氏寶印齋刻鈐印本 湖南省社會科學院圖書館

01715 **羅氏古今印藪不分卷** （明）羅龍文輯 明鈐印本 安徽省博物館

01716 **石鼓文** 戰國秦刻石 明拓本 故宮博物院

01717 **石鼓文** 戰國秦刻石 明拓本 故宮博物院

01718 **泰山刻石** 傳（秦）李斯書 秦始皇二十八年（前219）刻石 明拓本 北京大學圖書館

01719 **乙瑛碑** 東漢永興元年（153）刻石 明拓本 故宮博物院

01720 **伊闕佛龕碑** （唐）岑文本撰文 （唐）褚遂良書 唐貞觀十五年（641）刻石 明拓本 國家圖書館

01721 **天一池碑** （元）揭傒斯撰文并書 （元）張宴篆額 元至正七年（1347）刻石 明拓本 國家圖書館

01722 **直齋書錄解題五十六卷** （宋）陳振孫撰 （清）盧文弨訂正 稿本 上海圖書館
存四十七卷（一至七、十七至五十六）

01723 **欽定天祿琳琅書目十卷** （清）于敏中等撰 **欽定天祿琳琅書目後編二十卷** （清）彭元瑞等撰 清內府抄本 故宮博物院

01724 **欽定天祿琳琅書目十卷** （清）于敏中等撰 清內府抄本 甘肅省圖書館

01725 **欽定四庫全書分架圖不分卷** 清內府抄本 甘肅省圖書館

01726 **欽定四庫全書薈要分架圖不分卷** 清嘉慶內府抄本 故宮博物院

01727 **欽定四庫全書簡明目錄二十卷** （清）紀昀等撰 清內府抄本 甘肅省圖書館

01728 **欽定四庫全書考證一百卷** （清）王太岳王燕緒等撰 清內府抄本 甘肅省圖書館

01729 **溫州經籍志二十五卷外編一卷辨誤不分卷** （清）孫詒讓撰 初稿本 孫衣言批校 溫州市圖書館
存十八卷（一至七、九至十二、十五至

十七、二十二至二十五）

01730 **溫州經籍志三十三卷外編二卷辨誤一卷** （清）孫詒讓撰 定稿本 楊紹廉 孫延釗校 溫州市圖書館

存十二卷（二、五至六、十七至十八、二十三至二十五、三十、三十三，外編全）

01731 **溫州經籍志三十三卷附外編二卷辨誤一卷** （清）孫詒讓撰 謄清稿本（卷八楊紹廉抄配） 孫衣言批校 溫州市圖書館

存三十二卷（敘例、一、三至二十、二十三至三十、三十二至三十三，外編全，辨誤）

01732 **孔子家語十卷** 題（魏）王肅注 明隆慶六年（1572）徐祚錫刻本 蘇州大學圖書館

01733 **孔子家語八卷** （明）何孟春注 明正德十六年（1521）張公瑞刻本 蘇州大學圖書館

01734 **新編顏子五卷** （元）李純仁輯 明萬曆二十五年（1597）沈一貫抄本 羅振常跋 河南省圖書館

01735 **中說十卷** 題（隋）王通撰 （宋）阮逸注 明刻本 許瀚批校 王獻唐題跋 曲阜師範大學圖書館

01736 **中說十卷** 題（隋）王通撰 （宋）阮逸注 明初刻本 廣東省立中山圖書館

01737 **二程子抄釋十卷** （明）吕柟撰 明嘉靖二十七年（1548）周璞刻藍印本 廣東省立中山圖書館

01738 **文公先生經世大訓十六卷** （明）余祐輯 明嘉靖五年（1526）湖廣布政司刻本 安徽省圖書館

存十二卷（一至十二）

01739 **朱子語畧二十卷** （宋）楊與立輯 明弘治四年（1491）南京國子監刻本 溫州市圖書館

01740 **朱子大全私抄十二卷** （明）王宗沐輯 明嘉靖三十二年（1553）自刻本 蘇州大學圖書館

01741 **朱子大全私抄十二卷** （明）王宗沐輯 明嘉靖三十二年（1553）自刻本 台州市黃巖區圖書館

01742 **大學衍義補一百六十卷首一卷表一卷** （明）丘濬撰 明弘治元年（1488）建寧府刻本 王貢忱跋 山東省圖書館

01743 **大學衍義補一百六十卷首一卷** （明）丘濬撰 明嘉靖十二年（1533）宗文堂刻本 揚州市圖書館

01744 **大學衍義補一百六十卷首一卷目錄一卷** （明）丘濬撰 明嘉靖十三年（1534）刻本 揚州市圖書館

01745 **大學衍義補纂要六卷** （明）徐栻輯 明嘉靖三十七年（1558）刻本 浙江省平湖市圖書館

01746 **慈溪黃氏日抄分類九十七卷古今紀要十九卷** （宋）黃震撰 明正德十四年（1519）書林龔氏重刻本 安徽師範大學圖書館

01747 **辯惑編四卷附錄一卷** （元）謝應芳輯 **續編七卷附錄二卷** （明）顧亮撰 明萬曆二年（1574）益藩活字印本 鎮江市圖書館

01748 **聖學心法四卷** （明）成祖朱棣撰 明永樂七年（1409）刻本 重慶圖書館

01749 **性理大全書七十卷** （明）胡廣等撰 明永樂十三年（1415）內府刻本 大連圖書館

存六十四卷（一至十七、二十二至二十三、二十六至七十）

01750 **性理大全書七十卷** （明）胡廣等撰 明永

樂十三年（1415）内府刻本 河南省圖書館
存六十四卷（一至八、十一至二十五、二十九至六十九）

01751 **性理大全書七十卷** （明）胡廣等撰 明永樂十三年（1415）内府刻本 湖南圖書館

01752 **性理大全書七十卷** （明）胡廣等撰 明嘉靖三十八年（1559）樊獻科刻本 鄭州大學圖書館

01753 **新刊性理大全七十卷** （明）胡廣等撰 明嘉靖三十一年（1552）葉氏廣勤堂刻本 湖北省圖書館

01754 **新刊性理大全七十卷首一卷** （明）胡廣等撰 明隆慶二年（1568）張氏靜山齋刻本 安徽大學圖書館

01755 **五倫書六十二卷** （明）宣宗朱瞻基撰 明正統十二年（1447）内府刻本 湖南省社會科學院圖書館

01756 **五倫書六十二卷** （明）宣宗朱瞻基撰 明正統十二年（1447）内府刻本 無錫市圖書館

01757 **五倫書六十二卷** （明）宣宗朱瞻基撰 明景泰五年（1454）劉氏翠巖精舍刻本 揚州市圖書館

01758 **諸儒講義二卷** （明）章懋 董遵輯 明嘉靖三十七年（1558）漢東書院刻本 無錫市圖書館

01759 **陽明先生則言二卷** （明）王守仁撰 明嘉靖十六年（1537）薛侃刻本 安徽省圖書館

01760 **庸言十二卷** （明）黄佐撰 明嘉靖三十一年（1552）孫學古等刻本 無錫市圖書館

01761 **薛子庸語十二卷** （明）薛應旂撰 （明）向程釋 明隆慶刻本 無錫市圖書館

01762 **武經直解二十三卷** （明）劉寅撰 明成化二十二年（1486）刻嘉靖十六年（1537）重修本 軍事科學院軍事圖書資料館

01763 **武經摘要六卷** （明）吴相輯 明嘉靖二十七年（1548）張玭刻藍印本 廣東省立中山圖書館

01764 **兵垣四編四卷附四種四卷** （明）閔聲編 明天啟元年（1621）閔氏刻套印本 安徽省圖書館
存七卷（陰符經一卷、孫子一卷、素書一卷、附四卷）

01765 **兵垣四編四卷附四種四卷** （明）閔聲編 明天啟元年（1621）閔氏刻套印本 大連圖書館

01766 **兵垣四編四卷附四種四卷** （明）閔聲編 明天啟元年（1621）閔氏刻套印本 河南省圖書館

01767 **兵垣四編四卷附四種四卷** （明）閔聲編 明天啟元年（1621）閔氏刻套印本 軍事科學院軍事圖書資料館

01768 **新刊京本孫武子十三篇本義三卷** （明）鄭靈撰 明成化二十年（1484）陳道刻本 中央民族大學圖書館

01769 **孫子參同五卷** （明）閔于忱輯 明萬曆四十八年（1620）閔氏松筠館刻朱墨套印本 嘉興市圖書館

01770 **五火玄機二十卷** （明）劉基撰 明洪武元年（1368）抄本 軍事科學院軍事圖書資料館

01771 **管子二十四卷** （明）趙用賢 朱長春等評 明萬曆四十八年（1620）凌汝亨刻套印本 安徽省博物館

01772 **管子二十四卷** （明）趙用賢 朱長春等評 明萬曆四十八年（1620）凌汝亨刻套印本

安徽省圖書館

01773 **管子二十四卷** （明）趙用賢 朱長春等評 明萬曆四十八年（1620）凌汝亨刻套印本 河南大學圖書館

01774 **管子二十四卷** （明）趙用賢 朱長春等評 明萬曆四十八年（1620）凌汝亨刻套印本 浙江省嵊州市圖書館

存十八卷（一至十二、十九至二十四）

01775 **管子二十四卷** （明）趙用賢 朱長春等評 明萬曆四十八年（1620）凌汝亨刻套印本 中山大學圖書館

01776 **韓子迂評二十卷** 題（明）門無子撰 明刻套印本 河南省圖書館

01777 **韓子迂評二十卷** 題（明）門無子撰 明刻套印本 揚州市圖書館

01778 **韓子迂評二十卷** 題（明）門無子撰 明刻套印本 揚州市圖書館

01779 **農書三卷** （宋）陳旉撰 **蠶書一卷** （宋）秦觀撰 **於潛令樓公進耕織二圖詩一卷** （宋）樓璹撰 明末毛氏汲古閣影宋抄本 河南省圖書館

01780 **農書三十六卷** （元）王禎撰 明嘉靖九年（1530）山東布政使司刻本 南京圖書館

01781 **農書三十六卷** （元）王禎撰 明嘉靖九年（1530）山東布政使司刻本 山東省圖書館

存二十六卷（農桑通訣六卷、農器圖譜二十卷）

01782 **司牧安驥集五卷** 明弘治十七年（1504）楊一清刻本 丁丙跋 南京圖書館

01783 **東垣十書** 明嘉靖八年（1529）遼藩朱寵瀼梅南書屋刻本（總目及脈訣一卷抄配） 中國中醫科學院圖書館

01784 **黄帝内經素問十二卷素問靈樞經十二卷** 明嘉靖刻本 揚州市圖書館

01785 **補註釋文黄帝内經素問十二卷** （唐）王冰注 （宋）林億等校正 （宋）孫兆改誤 **遺篇一卷黄帝素問靈樞經十二卷** （宋）史崧音釋 明嘉靖趙府居敬堂刻本 北京中醫藥大學圖書館

01786 **補註釋文黄帝内經素問十二卷** （唐）王冰注 （宋）林億等校正 （宋）孫兆改誤 **遺篇一卷黄帝素問靈樞經十二卷** （宋）史崧音釋 明嘉靖趙府居敬堂刻本 中國中醫科學院圖書館

01787 **重廣補註黄帝内經素問二十四卷** （唐）王冰注 （宋）林億等校正 （宋）孫兆改誤 明嘉靖二十九年（1550）顧從德影宋刻本 安徽省圖書館

01788 **重廣補註黄帝内經素問二十四卷** （唐）王冰注 （宋）林億等校正 （宋）孫兆改誤 明嘉靖二十九年（1550）顧從德影宋刻本（卷十五至十七配補） 北京中醫藥大學圖書館

01789 **重廣補註黄帝内經素問二十四卷** （唐）王冰注 （宋）林億等校正 （宋）孫兆改誤 明嘉靖二十九年（1550）顧從德影宋刻本 湖南圖書館

01790 **重廣補註黄帝内經素問二十四卷** （唐）王冰注 （宋）林億等校正 （宋）孫兆改誤 明嘉靖二十九年（1550）顧從德影宋刻本 江蘇省南通市圖書館

01791 **重廣補註黄帝内經素問二十四卷** （唐）王冰注 （宋）林億等校正 （宋）孫兆改誤 明嘉靖二十九年（1550）顧從德影宋刻本 陝西中醫學院圖書館

01792 **重廣補註黄帝内經素問二十四卷** （唐）

王冰注 （宋）林億等校正 （宋）孫兆改誤 明嘉靖二十九年（1550）顧從德影宋刻本 紹興圖書館

01793 **重廣補註黄帝内經素問二十四卷** （唐）王冰注 （宋）林億等校正 （宋）孫兆改誤 明嘉靖二十九年（1550）顧從德影宋刻本 天津醫學高等專科學校圖書館

01794 **重廣補註黄帝内經素問二十四卷** （唐）王冰注 （宋）林億等校正 （宋）孫兆改誤 明嘉靖二十九年（1550）顧從德影宋刻本 鄭州市圖書館

01795 **重修政和經史證類備用本草三十卷** （宋）唐慎微撰 （宋）寇宗奭衍義 明成化四年（1468）原傑、雷復刻本 無錫市圖書館

存十八卷（一至六、十至二十一）

01796 **重修政和經史證類備用本草三十卷** （宋）唐慎微撰 （宋）寇宗奭衍義 明嘉靖三十一年（1552）周珫、李遷刻本 江蘇省南通市圖書館

01797 **重修政和經史證類備用本草三十卷** （宋）唐慎微撰 （宋）寇宗奭衍義 明萬曆十五年（1587）内府刻本 山東省圖書館

01798 **本草綱目五十二卷首一卷附圖二卷** （明）李時珍撰 （明）李建中 李建元校正 明萬曆二十一年（1593）金陵胡承龍刻本 中國中醫科學院圖書館

01799 **補遺雷公炮製便覽十四卷** 明萬曆十九年（1591）内府寫彩繪稿本 中國中醫科學院圖書館

存十三卷（一至十一、十三至十四）

01800 **脉經十卷** （晉）王叔和撰 （宋）林億等校定 明成化十年（1474）畢玉刻本 大連圖書館

01801 **新刊校正王叔和脈訣四卷** （晉）王叔和撰 （明）熊宗立注解 明隆慶元年（1567）四仁堂刻本 大連圖書館

01802 **重刊巢氏諸病源候總論五十卷** （隋）巢元方撰 明嘉靖汪濟川刻本 上海中醫藥大學圖書館

01803 **孫真人備急千金要方九十三卷** （唐）孫思邈撰 明嘉靖二十二年（1543）喬世定小丘山房刻本 安徽中醫學院圖書館

01804 **孫真人備急千金要方九十三卷** （唐）孫思邈撰 明嘉靖二十二年（1543）喬世定小丘山房刻本 中國中醫科學院圖書館

01805 **醫説十卷** （宋）張杲撰 明嘉靖二十三年（1544）顧定芳刻本 安徽中醫學院圖書館

01806 **醫説十卷** （宋）張杲撰 明嘉靖二十三年（1544）顧定芳刻本 中國中醫科學院圖書館

01807 **衛生寶鑑二十四卷** （元）羅天益撰 **補遺一卷** 明永樂十五年（1417）韓彝刻本 中國中醫科學院圖書館

01808 **重訂丹溪先生心法三卷** （元）朱震亨撰 （明）程充重訂 明弘治六年（1493）程祖興等刻本 中國中醫科學院圖書館

01809 **奇效良方六十九卷** （明）方賢纂輯 明成化七年（1471）刻本 中國中醫科學院圖書館

01810 **重刊醫方選要十卷** （明）周文采輯 明隆慶四年（1570）金陵書坊東塘胡氏刻本 大連圖書館

01811 **醫學統旨六卷** （明）葉文齡撰 明嘉靖十四年（1535）胡體乾刻本 無錫市圖書館

01812 **諸症辨疑四卷** （明）吴球撰 明抄本 四

川省圖書館

01813 **急救良方二卷** （明）張時徹輯 明萬曆三十八年（1610）張一棟刻本 河南中醫學院圖書館

01814 **急救良方二卷** （明）張時徹輯 明嘉靖二十九年（1550）自刻本 山東省圖書館

01815 **醫指如宜方脉四卷** （明）閔道揚輯 明隆慶四年（1570）刻本 吳江圖書館

存二卷（一至二）

01816 **外科精要三卷** （宋）陳自明撰 （明）薛己校注 明嘉靖二十七年（1548）刻本 中國中醫科學院圖書館

01817 **袖珍小兒方十卷** （明）徐用宣撰 明嘉靖十一年（1532）陳琦刻本 安徽省圖書館

01818 **嬰童百問十卷** （明）魯伯嗣撰 明嘉靖二十三年（1544）陳與音刻本 安徽中醫學院圖書館

01819 **嬰童百問十卷** （明）魯伯嗣撰 明嘉靖二十三年（1544）陳與音刻本 中國中醫科學院圖書館

01820 **鼎雕銅人腧穴鍼灸圖經三卷** （宋）王惟一輯 明書林宗文堂刻本 中國中醫科學院圖書館

01821 **安老懷幼書四卷** （明）劉宇編 明弘治十一年（1498）自刻本 中國中醫科學院圖書館

01822 **渾盖通憲圖說二卷** （明）李之藻撰 明萬曆三十五年（1607）樊良樞刻本 清華大學圖書館

01823 **大明天順四年歲次庚辰大統曆一卷** 明天順刻本 陝西省圖書館

01824 **大明崇禎十二年歲次己卯大統曆一卷** 明崇禎十二年（1639）刻藍印本 廣東省立中山圖書館

01825 **測圓海鏡分類釋術十卷測圓算術四卷勾股算術二卷弧矢算術一卷方圓術一卷** （明）顧應祥撰 明嘉靖刻本 浙江圖書館

01826 **開方通釋一卷** （清）焦循撰 稿本 中國科學院國家科學圖書館

01827 **皇極經世通變四十卷** （宋）張行成撰 明抄本 清華大學圖書館

01828 **天原發微五卷圖一卷篇目名義一卷** （宋）鮑雲龍撰 （明）鮑寧辨正 **問答節要一卷** （明）鮑寧輯 明天順五年（1461）鮑氏耕讀書堂刻本 揚州市圖書館

01829 **天原發微五卷圖一卷篇目名義一卷** （宋）鮑雲龍撰 （明）鮑寧辨正 **問答節要一卷** （明）鮑寧輯 明天順五年（1461）鮑氏耕讀書堂刻本 浙江圖書館

01830 **皇極經世觀物外篇釋義四卷** （明）余本撰 明嘉靖青州府刻四十四年（1565）杜思重修本 安徽省圖書館

01831 **天元玉曆祥異賦七卷** （明）仁宗朱高熾撰 明洪熙元年（1425）內府刻本 丁丙跋 南京圖書館

01832 **地理發微論集註一卷** （宋）蔡發撰 （明）謝昌注 **附錄宋山陵議狀一卷** （宋）朱熹撰 明弘治十四年（1501）刻本 安徽省圖書館

01833 **新刊地理紫囊書八卷** （明）趙祐撰 （明）鄭復初評 （明）戴聖胤圈點 明萬曆四十三年（1615）舒一泉刻本 祁承爜校 紹興圖書館

存四卷（一至三、五）

01834 **古今識鑑八卷** （明）袁忠徹輯 明景泰二年（1451）刻本 丁丙跋 南京圖書館

01835 大定新編四卷 （明）楊向春撰 明嘉靖二十五年（1546）刻本 杭州圖書館

01836 洪範淺解十一卷 （明）程宗舜撰 明嘉靖三十六年（1557）楊可教等刻本 遼寧省圖書館

01837 臞仙肘後經二卷 （明）朱權撰 明嘉靖三十九年（1560）晉府寶賢堂刻本 徐州市圖書館

01838 奇門鴻寶不分卷 明天啟元年（1621）刻三色套印本 大連圖書館

01839 中書楷訣一卷 （明）姜立綱撰 明弘治十八年（1505）休邑萃英堂周樂軒刻本 安徽省圖書館

01840 樂善堂法帖 （元）趙孟頫書并繪 （元）顧信摹勒 （元）吳世昌 茅紹之鐫 元延祐五年（1318）刻石 明拓本 國家圖書館
存卷不詳

01841 真賞齋帖 （明）華夏輯 （明）章文鐫 明嘉靖元年（1522）刻石 明拓火前本 故宮博物院
存一卷（三）

01842 蘿軒變古箋譜二卷 （明）吳發祥輯 明天啟六年（1626）刻彩色套印本 上海博物館

01843 天下有山堂畫藝二卷 （清）汪之元撰 清樵石山房刻套印本 南京圖書館

01844 甘氏印集四卷 （明）甘暘篆刻 明萬曆刻鈐印本 南京圖書館

01845 方元長印譜五卷 （明）方逢吉篆刻 （明）朱統鑈輯 明萬曆四十八年（1620）鈐印本 湖北省圖書館

01846 鄭弘佑印譜一卷 （明）鄭基相篆刻 明崇禎六年（1633）刻鈐印本 安徽省圖書館

01847 太古遺音三卷 （明）謝琳輯 明正德八年（1513）刻本 中國藝術研究院圖書館

01848 風宣玄品十卷 （明）朱厚爝輯 明嘉靖十八年（1539）徽藩刻本 中國藝術研究院圖書館

01849 梧岡琴譜十卷 （明）黃獻輯 明嘉靖二十五年（1546）刻本 中國藝術研究院圖書館
存二卷（一至二）

01850 琴譜正傳六卷 （明）楊嘉森編 明一樂堂刻本 中國藝術研究院圖書館

01851 壺譜一卷 （明）王梟征撰 明嘉靖四十一年（1562）刻本 南京圖書館

01852 南輝西獻圖二十幅 （明）文徵明繪 明彩繪本 文徵明 彭年題跋 劉樹題款 青海民族學院圖書館

01853 程氏墨苑十二卷 （明）程大約撰 明萬曆程氏滋蘭堂彩色套印本 國家圖書館

01854 程氏墨苑十二卷 （明）程大約撰 明萬曆程氏滋蘭堂彩色套印本 故宮博物院

01855 佩文齋廣羣芳譜一百卷 （清）汪灝撰 清康熙四十七年（1708）内府刻本 鄭州大學圖書館

01856 吕氏春秋二十六卷 （漢）高誘注 明弘治十一年（1498）李瀚刻本 蘇州市吳中區圖書館

01857 吕氏春秋二十六卷 （漢）高誘注 明嘉靖七年（1528）許宗魯刻本 安徽省博物館

01858 吕氏春秋二十六卷 （漢）高誘注 明宋邦乂等刻本 甘肅農業大學圖書館

01859 吕氏春秋二十六卷 題（宋）陸游評 （明）凌稚隆批 明萬曆四十八年（1620）凌毓枏刻朱墨套印本 新鄉市圖書館

01860 吕氏春秋二十六卷 題（宋）陸游評 （明）凌稚隆批 明萬曆四十八年（1620）凌毓枏刻

朱墨套印本 無錫市圖書館

01861 **呂氏春秋二十六卷** 題（宋）陸游評 （明）凌稚隆批 明萬曆四十八年（1620）凌毓枬刻朱墨套印本 廣東省立中山圖書館

01862 **淮南子二十八卷** （漢）劉安撰 明嘉靖九年（1530）王鎣刻萬曆十一年(1583)黃克纘重修本 河南省圖書館

01863 **淮南鴻烈解二十一卷** （漢）劉安撰 （明）茅坤等評 明刻朱墨套印本 泰州市圖書館

01864 **淮南鴻烈解二十一卷** （漢）劉安撰 （明）茅坤等評 明刻朱墨套印本 無錫市圖書館

01865 **淮南鴻烈解二十一卷** （漢）劉安撰 （明）茅坤等評 明刻朱墨套印本 中山大學圖書館

01866 **淮南鴻烈解二十一卷** （漢）劉安撰 （明）茅坤等評 明刻朱墨套印本 廣東省立中山圖書館

01867 **東坡先生志林五卷** （宋）蘇軾撰 明刻朱墨套印本 安徽省圖書館

01868 **東坡先生志林五卷** （宋）蘇軾撰 明刻朱墨套印本 山東師範大學圖書館

01869 **草木子四卷** （明）葉子奇撰 明正德十一年（1516）刻本 湖南圖書館

01870 **古源山人日錄十卷** （明）李呈祥撰 明嘉靖二十五年（1546）李敬之、李謙然刻本 無錫市圖書館

01871 **獨斷二卷** （漢）蔡邕撰 明弘治十六年（1503）劉遜刻本 湖南師範大學圖書館

01872 **困學紀聞二十卷** （宋）王應麟撰 明刻本 青島市博物館

01873 **丹鉛總錄二十七卷** （明）楊慎撰 明嘉靖三十三年（1554）梁佐刻藍印本 華東師範大學圖書館

01874 **丹鉛總錄二十七卷** （明）楊慎撰 明嘉靖三十三年（1554）梁佐刻本 南京市博物館

01875 **丹鉛總錄二十七卷** （明）楊慎撰 明嘉靖三十三年（1554）梁佐刻本 揚州市圖書館

01876 **古今論畧十卷** （明）張珍編 明嘉靖十九年（1540）楊上林刻本 蘇州圖書館

01877 **密之先生雜誌不分卷** （清）方以智撰 稿本 中國科學院國家科學圖書館

01878 **日知錄八卷** （清）顧炎武撰 稿本 北京大學圖書館

01879 **日知錄三十二卷** （清）顧炎武撰 清康熙三十四年（1695）潘耒遂初堂刻本 李慈銘批校并跋 上虞市圖書館

01880 **世說新語三卷** （南朝宋）劉義慶撰 （梁）劉孝標注 明嘉靖十四年（1535）袁褧嘉趣堂刻本（卷下之下配另一明刻本） 鄭州市圖書館

01881 **世說新語八卷** （南朝宋）劉義慶撰 （梁）劉孝標注 （宋）劉辰翁 劉應登 （明）王世懋評 明凌瀛初刻四色套印本 安徽省博物館

01882 **世說新語八卷** （南朝宋）劉義慶撰 （梁）劉孝標注 （宋）劉辰翁 劉應登 （明）王世懋評 明凌瀛初刻四色套印本 大連圖書館

01883 **世說新語八卷** （南朝宋）劉義慶撰 （梁）劉孝標注 （宋）劉辰翁 劉應登 （明）王世懋評 明凌瀛初刻四色套印本 湖南圖書館

01884 **世說新語八卷** （南朝宋）劉義慶撰 （梁）劉孝標注 （宋）劉辰翁 劉應登 （明）王世懋評 明凌瀛初刻四色套印本 江蘇省南通市圖書館

01885 **世說新語八卷** （南朝宋）劉義慶撰

（梁）劉孝標注 （宋）劉辰翁 劉應登（明）王世懋評 明凌瀛初刻四色套印本 南京市博物館

01886 **世說新語八卷** （南朝宋）劉義慶撰（梁）劉孝標注 （宋）劉辰翁 劉應登（明）王世懋評 明凌瀛初刻四色套印本 紹興圖書館

01887 **世說新語八卷** （南朝宋）劉義慶撰（梁）劉孝標注 （宋）劉辰翁 劉應登（明）王世懋評 明凌瀛初刻四色套印本 中山大學圖書館

01888 **世說新語八卷** （南朝宋）劉義慶撰（梁）劉孝標注 （宋）劉辰翁 劉應登（明）王世懋評 明凌瀛初刻四色套印本 新疆大學圖書館

01889 **世說新語八卷** （南朝宋）劉義慶撰（梁）劉孝標注 （宋）劉辰翁 劉應登（明）王世懋評 明凌瀛初刻四色套印本 安徽師範大學圖書館

01890 **桯史十五卷** （宋）岳珂撰 明成化十一年（1475）江泝刻本 湖南師範大學圖書館

01891 **何氏語林三十卷** （明）何良俊撰 明嘉靖二十九年（1550）何氏清森閣刻本 遼寧省圖書館

01892 **何氏語林三十卷** （明）何良俊撰 明嘉靖二十九年（1550）何氏清森閣刻本 青海民族學院圖書館

01893 **何氏語林三十卷** （明）何良俊撰 明嘉靖二十九年（1550）何氏清森閣刻本 鄭州大學圖書館

01894 **居家必用事類全集十卷** 明隆慶二年（1568）飛來山人刻本 南京圖書館

01895 **清異錄二卷** （宋）陶穀撰 明隆慶六年（1572）葉氏菉竹堂刻本 河南省圖書館

01896 **大明仁孝皇后勸善書二十卷** （明）仁孝皇后徐氏撰 明永樂五年（1407）內府刻本 江蘇省南通市圖書館

01897 **大明仁孝皇后勸善書二十卷** （明）仁孝皇后徐氏撰 明永樂五年（1407）內府刻本 重慶圖書館

存十二卷（一至十二）

01898 **典籍格言不分卷** （明）王恕輯 明弘治十八年（1505）刻本 陝西省圖書館

01899 **初潭集三十卷** （明）李贄撰 明閔氏刻朱墨套印本 湖南省社會科學院圖書館

01900 **重刊明心寶鑑二卷** （元）范立本輯 明嘉靖三十二年（1553）曹玄刻本 蘇州圖書館

01901 **芸心識餘七卷續芸心識餘一卷** （明）陳其力撰 明嘉靖刻本 安徽省圖書館

01902 **醉古堂劍掃十二卷** （明）陸紹珩輯 明天啟四年（1624）刻套印本 蘇州圖書館

01903 **醉古堂劍掃十二卷** （明）陸紹珩輯 明天啟四年（1624）刻套印本 山東省圖書館

01904 **新鐫諸子拔萃八卷** （明）李雲翔輯 明天啟七年（1627）余大茂刻朱墨套印本 無錫市圖書館

01905 **新鐫諸子拔萃八卷** （明）李雲翔輯 明天啟七年（1627）余大茂刻朱墨套印本 山東省圖書館

01906 **效顰集三卷** （明）趙弼撰 明宣德王靜刻本 丁丙跋 南京圖書館

01907 **效顰集二卷** （明）趙弼撰 明嘉靖二十七年（1548）趙子伯刻本 南京市博物館

01908 **初學記三十卷** （唐）徐堅等輯 明嘉靖十年（1531）錫山安國桂坡館刻本 河南大學圖書館

01909 初學記三十卷 （唐）徐堅等輯 明嘉靖十年（1531）錫山安國桂坡館刻本 南京師範大學圖書館

01910 初學記三十卷 （唐）徐堅等輯 明嘉靖十三年（1534）晋府虚益堂刻本 西北師範大學圖書館

01911 初學記三十卷 （唐）徐堅等輯 明嘉靖十三年（1534）晋府虚益堂刻本 揚州市圖書館

01912 初學記三十卷 （唐）徐堅等輯 明嘉靖二十三年（1544）瀋藩朱胤栘刻本 新鄉市圖書館

01913 太平御覽一千卷目錄十五卷 （宋）李昉編 明抄本 甘肅省圖書館
存九百四十三卷（一至八百三十八、八百九十六至一千）

01914 新刊監本册府元龜一千卷目錄十卷 （宋）王欽若等輯 明抄本 青島市博物館
存七百二卷（二十五至七十四、一百六十一至二百、二百二十六至三百、三百十至三百九十五、四百一至六百、六百五十一至八百四十八、八百七十一至八百九十五、九百五十一至九百七十八）

01915 文選類林十八卷 （宋）劉攽輯 明嘉靖三十七年（1558）吳思賢刻本 無錫市圖書館

01916 錦繡萬花谷前集四十卷後集四十卷續集四十卷 明嘉靖秦汴繡石書堂刻本 鄭州大學圖書館

01917 錦繡萬花谷前集四十卷後集四十卷續集四十卷 明嘉靖秦汴繡石書堂刻本 山東師範大學圖書館

01918 新編古今事文類聚前集六十卷後集五十卷續集二十八卷別集三十二卷 （宋）祝穆輯 新集三十六卷外集十五卷 （元）富大用輯 明嘉靖四十年（1561）書林楊歸仁刻本 江蘇省南通市圖書館

01919 群書考索前集六十六卷後集六十五卷續集五十六卷別集二十五卷 （宋）章如愚輯 明正德三至十三年（1508-1518）劉洪慎獨書齋刻十六年（1521）重修本 大連圖書館

01920 古今合璧事類備要前集六十九卷後集八十一卷續集五十六卷 （宋）謝維新輯 別集九十四卷外集六十六卷 （宋）虞載輯 明嘉靖三十一至三十五年（1552-1556）夏相刻本（前集十二至十三、續集五十二至五十六配清抄本） 河南省圖書館

01921 古今合璧事類備要前集六十九卷後集八十一卷續集五十六卷 （宋）謝維新輯 別集九十四卷外集六十六卷 （宋）虞載輯 明嘉靖三十一至三十五年（1552-1556）夏相刻本 鄭州大學圖書館

01922 古今合璧事類備要前集六十九卷後集八十一卷續集五十六卷 （宋）謝維新輯 別集九十四卷外集六十六卷 （宋）虞載輯 明嘉靖三十一至三十五年（1552-1556）夏相刻本 山東省圖書館

01923 新箋决科古今源流至論前集十卷後集十卷續集十卷 （宋）林駉撰 別集十卷 （宋）黄履翁撰 明宣德二年（1427）建陽書林劉克常刻本 湖南圖書館

01924 新箋决科古今源流至論前集十卷後集十卷續集十卷 （宋）林駉撰 別集十卷 （宋）黄履翁撰 明弘治二年（1489）梅隱書堂刻本 河南省圖書館

存二十五卷（前集六至十、後集一至十、續集六至十卷、別集一至五）

01925 **新增說文韻府羣玉二十卷** （元）陰時夫輯 （元）陰中夫注 明弘治七年（1494）劉氏安正書堂刻本 鄭州市圖書館

01926 **新編事文類聚翰墨大全甲集十二卷乙集十八卷丙集十四卷丁集十一卷戊集十三卷己集十二卷庚集十五卷辛集十六卷壬集十七卷癸集十七卷後甲集十五卷後乙集十三卷後丙集十二卷後丁集十四卷後戊集九卷** （元）劉應李編 明初刻本 黑龍江省圖書館

存一百四十五卷（甲集十二卷、乙集十八卷、丙集十四卷、丁集十一卷、戊集十三卷、己集十二卷、庚集十五卷、辛集十六卷、壬集十七卷、癸集十七卷）

01927 **聯新事備詩學大成三十卷** （元）林楨輯 明正統九年（1444）劉氏翠巖精舍刻景泰三年（1452）重修本 浙江圖書館

01928 **永樂大典二萬二千八百七十七卷** （明）解縉等輯 明嘉靖內府錄副寫本 國家圖書館

存二百二十一冊

01929 **群書集事淵海四十七卷** 明弘治十八年（1505）賈性刻本 大連圖書館

01930 **三才廣志一千一百八十四卷** （明）吳琉輯 明抄本 寧波市天一閣博物館

存二百九十四卷

01931 **楮記室十五卷** （明）潘塤輯 明嘉靖潘蔓刻本 揚州市圖書館

01932 **楮記室十五卷** （明）潘塤輯 明嘉靖潘蔓刻本 河南省圖書館

存九卷（四至十二）

01933 **修辭指南二十卷** （明）浦南金輯 明嘉靖三十六年（1557）浦氏五樂堂刻本 徐州市圖書館

01934 **修辭指南二十卷** （明）浦南金輯 明嘉靖三十六年（1557）浦氏五樂堂刻本 鄭州大學圖書館

01935 **左粹類纂十二卷** （明）施仁輯 明嘉靖安國弘仁堂刻本 揚州市圖書館

01936 **天中記五十卷** （明）陳耀文輯 明隆慶三年（1569）刻本（卷三第五葉補配） 遼寧省圖書館

01937 **尚古類氏集十二卷** （明）王文翰輯 明隆慶羅田刻本 無錫市圖書館

01938 **淵鑑類函四百五十卷目錄四卷** （清）張英等輯 清康熙四十九年（1710）內府刻本 杭州市餘杭區圖書館

存四百四十六卷（一至六、八至十九、二十三至一百四十一、一百四十六至四百五十，目錄全）

01939 **淵鑑類函四百五十卷目錄四卷** （清）張英等輯 清康熙四十九年（1710）內府刻本 山東省圖書館

01940 **佩文韻府一百六卷** （清）張玉書 蔡升元等輯 **拾遺一百六卷** （清）汪灝 何焯等輯 清康熙內府刻本 大連圖書館

01941 **佩文韻府一百六卷** （清）張玉書 蔡升元等輯 清康熙內府刻本 河南大學圖書館

01942 **佩文韻府一百六卷** （清）張玉書 蔡升元等輯 清康熙內府刻本 泰州市圖書館

01943 **欽定古今圖書集成一萬卷目錄四十卷** （清）蔣廷錫 陳夢雷等輯 清雍正四年（1726）內府銅活字印本 甘肅省圖書館

01944 **欽定古今圖書集成一萬卷目錄四十卷** （清）蔣廷錫 陳夢雷等輯 清雍正四年

（1726）内府銅活字印本 故宮博物院

存九千九百九十八卷目錄四十卷

01945 **欽定古今圖書集成一萬卷目錄四十卷**（清）蔣廷錫 陳夢雷等輯 清雍正四年（1726）内府銅活字印本 南京博物院

01946 **欽定古今圖書集成一萬卷目錄四十卷**（清）蔣廷錫 陳夢雷等輯 清雍正四年（1726）内府銅活字印本（有補配） 陝西省圖書館

存九千二百六十四卷

01947 **欽定古今圖書集成一萬卷目錄四十卷**（清）蔣廷錫 陳夢雷等輯 清雍正四年（1726）内府銅活字印本 寧波市天一閣博物館

存八千二百四十三卷目錄二十二卷

01948 **欽定古今圖書集成一萬卷目錄四十卷**（清）蔣廷錫 陳夢雷等輯 清雍正四年（1726）内府銅活字印本 徐州市圖書館

01949 **欽定古今圖書集成一萬卷目錄四十卷**（清）蔣廷錫 陳夢雷等輯 清雍正四年（1726）内府銅活字印本（配光緒七年抄本） 浙江圖書館

01950 **欽定古今圖書集成一萬卷目錄四十卷**（清）蔣廷錫 陳夢雷等輯 清雍正四年（1726）内府銅活字印本 中國中醫科學院圖書館

01951 **欽定古今圖書集成一萬卷目錄四十卷**（清）蔣廷錫 陳夢雷等輯 清雍正四年（1726）内府銅活字印本 山東省圖書館

存八千九百十三卷目錄三十二卷

01952 **洪武南藏** 明洪武年間南京刻本 重慶市北碚圖書館

存六千二百四十六卷

01953 **洪武南藏** 明洪武年間南京刻本 四川省圖書館

存六千六十五卷

01954 **永樂南藏六千三百三十一卷** 明永樂十至十五年（1412-1417）刻本 中國佛教圖書文物館

存六千三百三十一冊

01955 **永樂南藏六千三百三十一卷續藏四百十卷** 明永樂十至十五年（1412-1417）刻萬曆十二年（1584）續刻本（有補抄、補刻） 山東省圖書館

存六千五百十二冊

01956 **永樂南藏六千三百三十一卷續藏四百十卷** 明永樂十至十五年（1412-1417）刻萬曆十二年（1584）續刻本 上海龍華寺

存二千八百七十冊

01957 **永樂北藏六千三百六十一卷** 明永樂十九年至正統五年（1421-1440）刻本 中國佛教圖書文物館

存六千三百六十一冊

01958 **永樂北藏六千三百六十一卷** 明永樂十九年至正統五年（1421-1440）刻本 甘肅省張掖市甘州區博物館

存五千三百一卷

01959 **永樂北藏六千三百六十一卷續藏四百十卷** 明永樂十九年至正統五年（1421-1440）刻萬曆十二年（1584）續刻本 故宮博物院

存六千七百三十二冊

01960 **永樂北藏六千三百六十一卷續藏四百十卷** 明永樂十九年至正統五年（1421-1440）刻萬曆十二年（1584）續刻本 浙江圖書館

存六千三百三十四冊

01961 **永樂北藏六千三百六十一卷續藏四百十**

卷 明永樂十九年至正統五年（1421-1440）刻萬曆十二年（1584）續刻本 山東省圖書館

存五千一百四十四卷

01962 **永樂北藏六千三百六十一卷續藏四百十卷** 明永樂十九年至正統五年（1421-1440）刻萬曆十二年（1584）續刻本 甘肅省武威市博物館

存六千二百六十五冊

01963 **嘉興藏一萬二千六百餘卷** 明萬曆十七年至清康熙十五年（1589-1676）刻本 故宮博物院

存一萬八百八十八卷

01964 **嘉興藏一萬二千六百餘卷** 明萬曆十七年至清康熙十五年（1589-1676）刻本 中國佛教圖書文物館

01965 **乾隆大藏經七千一百六十七卷** 清雍正十一年至乾隆三年（1733-1738）刻本 故宮博物院

存六千七百九十五冊

01966 **乾隆大藏經七千一百六十七卷** 清雍正十一年至乾隆三年（1733-1738）刻本 嘉興市圖書館

存五千三百七十三冊

01967 **乾隆大藏經七千一百六十七卷** 清雍正十一年至乾隆三年（1733-1738）刻本 中國佛教圖書文物館

01968 **金剛般若波羅蜜經一卷** （後秦）釋鳩摩羅什譯 明文徵明寫本 湖南圖書館

01969 **般若波羅蜜多心經一卷** （唐）釋玄奘譯 清乾隆三十三年（1768）高宗弘曆菩提葉寫本 故宮博物院

01970 **大方廣佛華嚴經八十卷大方廣佛華嚴經入不思議解脱境界普賢行願品一卷** （唐）釋實叉難陀等譯 清康熙四明沙門深湛刺血填寫本 山東省圖書館

01971 **大佛頂首楞嚴經疏解蒙鈔十卷首一卷末一卷** （清）錢謙益撰 稿本 上海圖書館

存三卷（五、八之四、九）

01972 **五燈會元二十卷** （宋）釋普濟撰 明嘉靖四十年（1561）嘉興徑山寺募刻本 紹興圖書館

01973 **三子合刊十三卷** （明）閔齊伋輯 明閔齊伋刻套印本 新鄉市圖書館

01974 **三子合刊十三卷** （明）閔齊伋輯 明閔齊伋刻套印本 鄭州市圖書館

01975 **三子通義二十卷** （明）朱得之撰 明嘉靖四十四年（1565）浩然齋刻本 無錫市圖書館

01976 **道德經二卷** （宋）蘇轍注 （明）凌以棟批點 **老子考異一卷** 明刻套印本 安徽省博物館

01977 **道德經二卷** （宋）蘇轍注 （明）凌以棟批點 **老子考異一卷** 明刻套印本 河南省圖書館

01978 **莊子內篇不分卷** 明抄本 中國社會科學院文學研究所圖書館

01979 **莊子南華真經四卷** （唐）陸德明音義 明末刻朱墨套印本（卷一補配） 內蒙古自治區圖書館

01980 **莊子南華真經四卷** （唐）陸德明音義 明末刻朱墨套印本 紹興圖書館

存二卷（二、三）

01981 **莊子南華真經四卷** （唐）陸德明音義 明末刻朱墨套印本 揚州市圖書館

01982 **南華經十六卷** （晉）郭象注 （宋）林希

逸口義 （宋）劉辰翁點校 （明）王世貞評點 （明）陳仁錫批注 明刻四色套印本 安徽省圖書館

存十三卷（一至二、四至十四）

01983 **南華經十六卷** （晉）郭象注 （宋）林希逸口義 （宋）劉辰翁點校 （明）王世貞評點 （明）陳仁錫批註 明刻四色套印本 河南省圖書館

01984 **南華經十六卷** （晉）郭象注 （宋）林希逸口義 （宋）劉辰翁點校 （明）王世貞評點 （明）陳仁錫批註 明刻四色套印本 湖南圖書館

01985 **南華經十六卷** （晉）郭象注 （宋）林希逸口義 （宋）劉辰翁點校 （明）王世貞評點 （明）陳仁錫批註 明刻四色套印本 江蘇省南通市圖書館

01986 **南華經十六卷** （晉）郭象注 （宋）林希逸口義 （宋）劉辰翁點校 （明）王世貞評點 （明）陳仁錫批註 明刻四色套印本 中山大學圖書館

01987 **南華經十六卷** （晉）郭象注 （宋）林希逸口義 （宋）劉辰翁點校 （明）王世貞評點 （明）陳仁錫批註 明刻四色套印本 廣東省立中山圖書館

存十五卷（一至十五）

01988 **沖虛至德真經八卷** （晉）張湛注 （唐）殷敬順釋文 明刻本 廣東省立中山圖書館

01989 **道藏五千三百五卷** （明）張宇初等編 明正統十年（1445）內府刻萬曆二十六年（1598）官印本 泰安市博物館

存一千三百六十卷

01990 **道藏五千三百五卷** （明）張宇初等編 明正統十年（1445）內府刻萬曆二十八年（1600）官印本 青島市博物館

存四千九百四十六卷

01991 **太上洞玄靈寶無量度人上品妙經一卷** 明泥金寫本 江西省圖書館

01992 **高上玉皇本行集經三卷** （漢）張良注 明萬曆三十九年（1611）趙林泥金寫本 南陽市圖書館

01993 **群仙要語纂集不分卷** （元）董漢醇編 明弘治十七年（1504）刻本（首尾有缺葉） 蘇州圖書館

01994 **范氏奇書□□種□□卷** （明）范欽編 明嘉靖范氏天一閣刻本 溫州市圖書館

01995 **古今說海一百三十五種一百四十二卷** （明）陸楫等編 明嘉靖二十三年（1544）刻本 江蘇省南通市圖書館

01996 **金聲玉振集六十三卷** （明）袁褧編 明嘉靖二十九至三十年（1550-1551）袁氏嘉趣堂刻本 大連圖書館

存五十六卷

01997 **文淵閣四庫全書七萬九千八百九十七卷** （清）永瑢 紀昀等纂修 清乾隆內府寫本（十七部六十冊三千五百八十一葉補配） 甘肅省圖書館

01998 **文津閣四庫全書七萬九千三百九卷** （清）永瑢 紀昀等纂修 清乾隆內府寫本 國家圖書館

01999 **文瀾閣四庫全書** （清）永瑢 紀昀等纂修 清乾隆內府寫本（清光緒、民國補抄二萬七千九十冊） 浙江圖書館

存七萬二千七百八十卷

02000 **楚騷五卷** （楚）屈原撰 **附錄一卷** （漢）司馬遷撰 明正德十五年（1520）熊宇篆字刻本 南京圖書館

02001 **楚辭二卷** （楚）屈原 宋玉 （漢）賈誼等撰 明萬曆四十八年（1620）閔齊伋刻朱墨套印本 青海省圖書館

02002 **楚辭十七卷** （漢）王逸敘次 （明）陳深批點 **附錄一卷** 明萬曆二十八年（1600）吳興凌毓枏刻套印本 嘉興市圖書館

02003 **離騷圖不分卷** （清）蕭雲從繪并注 清初刻本 南京圖書館

02004 **漢蔡中郎集六卷** （漢）蔡邕撰 明嘉靖二十七年（1548）楊賢刻本 南京師範大學圖書館

02005 **漢蔡中郎集六卷** （漢）蔡邕撰 明嘉靖二十七年（1548）楊賢刻本 河南省圖書館

02006 **曹子建集十卷** （魏）曹植撰 **疑字音釋一卷** 明嘉靖二十一年（1542）郭雲鵬刻本 揚州市圖書館

02007 **陶靖節集八卷** （晉）陶潛撰 **總論一卷** 明萬曆凌濛初刻朱墨套印本 廣東省立中山圖書館

02008 **楊盈川集十卷** （唐）楊炯撰 **附錄一卷** 明刻本 遼寧省圖書館

02009 **唐駱先生集八卷** （唐）駱賓王撰 （明）王衡等評釋 **附錄一卷** 明凌毓枏刻朱墨套印本 中山大學圖書館

02010 **唐駱先生集八卷** （唐）駱賓王撰 （明）王衡等評釋 **附錄一卷** 明凌毓枏刻朱墨套印本 河南省圖書館

02011 **陳伯玉文集十卷** （唐）陳子昂撰 （明）楊春輯 **附錄一卷** 明弘治四年（1491）楊澄刻本 湖南圖書館

02012 **類箋唐王右丞詩集十卷** （唐）王維撰 （宋）劉辰翁評 （明）顧起經輯并注 **文集四卷外編一卷** （唐）王維撰 （明）顧起經輯并注 明嘉靖三十五年（1556）無錫顧氏奇字齋刻本 開封市圖書館

02013 **類箋唐王右丞詩集十卷** （唐）王維撰 （宋）劉辰翁評 （明）顧起經注 明嘉靖三十五年（1556）無錫顧氏奇字齋刻本 安徽省圖書館

02014 **唐王右丞詩集六卷** （唐）王維撰 （明）顧可久注 明嘉靖三十八年（1559）洞易書院刻本 安徽省圖書館

02015 **孟浩然詩集二卷** （唐）孟浩然撰 （宋）劉辰翁 （明）李夢陽評 明吳興凌濛初刻朱墨套印本 安徽省圖書館

02016 **孟浩然詩集二卷** （唐）孟浩然撰 （宋）劉辰翁 （明）李夢陽評 明吳興凌濛初刻朱墨套印本 山東省圖書館

02017 **分類補註李太白詩二十五卷** （唐）李白撰 （宋）楊齊賢集注 （元）蕭士贇補注 **年譜一卷** （宋）薛仲邕撰 明嘉靖二十五年（1546）玉几山人刻本 南京師範大學圖書館

02018 **李詩選五卷** （明）張含輯 （明）楊慎評點 明刻朱墨套印本 嘉興市圖書館

02019 **韋蘇州集十卷拾遺一卷** （唐）韋應物撰 明凌氏刻朱墨套印本 中山大學圖書館

02020 **韋蘇州集十卷拾遺一卷** （唐）韋應物撰 明凌氏刻朱墨套印本 安徽省圖書館

02021 **韋蘇州集十卷拾遺一卷** （唐）韋應物撰 明凌氏刻朱墨套印本 廣東省立中山圖書館

02022 **岑嘉州詩八卷** （唐）岑參撰 明正德十五年（1520）謝元良刻本 湖南師範大學圖書館

02023 **集千家註杜工部詩集二十卷文集二卷** （唐）杜甫撰 （宋）黃鶴補注 **附錄一卷**

明嘉靖十五年（1536）玉几山人刻本 揚州市圖書館

02024 **集千家註杜工部詩集二十卷文集二卷** （唐）杜甫撰 （宋）黄鶴補注 **附錄一卷** 明嘉靖十五年（1536）玉几山人刻本 嘉興市圖書館

02025 **杜工部詩通十六卷** （唐）杜甫撰 （明）張綖注 明隆慶六年（1572）高郵張守中刻本 瀋陽市圖書館

02026 **杜詩選六卷** （唐）杜甫撰 （明）閔暎璧集評 明烏程閔氏刻朱墨套印本 廣東省立中山圖書館

02027 **杜律單註十卷** （明）單復撰 （明）陳明輯 明嘉靖景姚堂刻本 徐州市圖書館

02028 **包何集一卷** （唐）包何撰 **包佶集一卷** （唐）包佶撰 明銅活字印本 廣東省立中山圖書館

02029 **唐陸宣公集二十四卷** （唐）陸贄撰 明嘉靖二十七年（1548）沈伯咸西清書舍刻本 鎮江市圖書館

02030 **唐司空曙詩集七卷** （唐）司空曙撰 明正德刻本 蘇州市吴中區圖書館

02031 **韓文四十卷外集十卷遺集一卷** （唐）韓愈撰 **集傳一卷** 明嘉靖十六年（1537）游居敬刻本 鄭州市圖書館

02032 **韓文四十卷外集十卷遺集一卷** （唐）韓愈撰 **集傳一卷** 明嘉靖十六年（1537）游居敬刻本 山東省圖書館

02033 **韓文四十卷外集十卷遺集一卷** （唐）韓愈撰 **集傳一卷** 明嘉靖三十五年（1556）莫如士刻本 青海省圖書館

02034 **韓文四十卷外集十卷遺集一卷** （唐）韓愈撰 **集傳一卷** 明嘉靖三十五年（1556）莫如士刻本 鄭州市圖書館

02035 **昌黎先生集四十卷外集十卷遺文一卷** （唐）韓愈撰 （宋）廖瑩中校正 明徐氏東雅堂刻本 青海省圖書館

02036 **昌黎先生集四十卷外集十卷遺文一卷** （唐）韓愈撰 （宋）廖瑩中校正 明徐氏東雅堂刻本 鎮江市圖書館

02037 **韓文杜律二卷** （唐）韓愈 杜甫撰 （明）郭正域評輯 明萬曆閔齊伋刻三色套印本 中山大學圖書館

02038 **柳文七卷** （唐）柳宗元撰 （明）茅坤輯 明刻朱墨套印本 鎮江市圖書館

02039 **柳文七卷** （唐）柳宗元撰 （明）茅坤輯 明刻朱墨套印本 揚州市圖書館

02040 **柳文七卷** （唐）柳宗元撰 （明）茅坤輯 明刻朱墨套印本 山東省圖書館

02041 **柳文七卷** （唐）柳宗元撰 （明）茅坤輯 明刻朱墨套印本 青海省圖書館 存六卷（一至六）

02042 **增廣註釋音辯唐柳先生集四十三卷別集二卷外集二卷** （唐）柳宗元撰 （宋）童宗説注釋 （宋）張敦頤音辯 （明）潘緯音義 **附錄一卷** 明正統十三年（1448）善敬堂刻本 甘肅省圖書館

02043 **增廣註釋音辯唐柳先生集四十三卷別集二卷外集二卷** （唐）柳宗元撰 （宋）童宗説注釋 （宋）張敦頤音辯 （明）潘緯音義 **附錄一卷** 明正統十三年（1448）善敬堂刻本 浙江圖書館

02044 **增廣註釋音辯唐柳先生集四十三卷別集二卷外集二卷** （唐）柳宗元撰 （宋）童宗説注釋 張敦頤音辯 潘緯音義 明正統十三年（1448）善敬堂刻本 安徽省圖書館

02045 **增廣註釋音辯唐柳先生集四十三卷別集二卷外集二卷** （唐）柳宗元撰 （宋）童宗說注釋 張敦頤音辯 潘緯音義 **附錄一卷** 明正統十三年（1448）善敬堂刻萬曆三年（1575）補刻本 湖南圖書館

02046 **柳文四十三卷別集二卷外集二卷** （唐）柳宗元撰 **附錄一卷** 明嘉靖三十五年（1556）莫如士刻本 揚州市圖書館

02047 **河東先生集四十五卷外集二卷龍城錄二卷** （唐）柳宗元撰 （宋）廖瑩中校正 **附錄二卷傳一卷** 明郭雲鵬濟美堂刻本 西北師範大學圖書館

02048 **河東先生集四十五卷外集二卷龍城錄二卷** （唐）柳宗元撰 （宋）廖瑩中校正 明郭雲鵬濟美堂刻本 鎮江市圖書館

02049 **孟東野詩集十卷** （唐）孟郊撰 **聯句一卷** 明嘉靖三十五年（1556）秦禾刻本 無錫市圖書館

02050 **孟東野詩集十卷** （唐）孟郊撰 （宋）國材 劉辰翁評 明凌濛初刻朱墨套印本 陝西省社會科學院圖書館

02051 **孟東野詩集十卷** （唐）孟郊撰 （宋）國材 劉辰翁評 明凌濛初刻朱墨套印本 廣東省立中山圖書館

02052 **孟東野詩集十卷** （唐）孟郊撰 （宋）國材 劉辰翁評 明凌濛初刻朱墨套印本 山東省圖書館

02053 **賈浪仙長江集七卷** （唐）賈島撰 明奉新縣刻本 蘇州市吳中區圖書館

02054 **白氏文集七十一卷** （唐）白居易撰 明嘉靖十七年（1538）伍忠光龍池草堂刻錢應龍重修本 湖南圖書館

02055 **范文正公集二十卷別集四卷政府奏議二卷尺牘三卷** （宋）范仲淹撰 明嘉靖范惟元刻本 遼寧省圖書館

02056 **伊川擊壤集二十卷集外詩一卷** （宋）邵雍撰 明成化畢亨刻十六年（1480）劉尚文重修本 浙江圖書館

02057 **伊川擊壤集二十卷** （宋）邵雍撰 明成化畢亨刻十六年（1480）劉尚文重修本 新鄉市圖書館

02058 **濂溪集六卷** （宋）周敦頤撰 明嘉靖十四年（1535）刻本 安徽省圖書館

02059 **宋大家歐陽文忠公文抄三十二卷** （宋）歐陽修撰 （明）茅坤批評 明茅一桂刻本 西北師範大學圖書館

02060 **范忠宣公文集二十卷** （宋）范純仁撰 明嘉靖范惟元刻本 遼寧省圖書館

02061 **蘇文嗜六卷** （宋）蘇洵撰 （明）茅坤集評 明凌雲刻三色套印本 遼寧省圖書館

02062 **臨川先生文集一百卷目錄二卷** （宋）王安石撰 明嘉靖三十九年（1560）撫州何遷刻本 青海民族學院圖書館

02063 **重刊嘉祐集十五卷** （宋）蘇洵撰 明弘治刻本（卷十三、十五有補配） 四川省圖書館

02064 **蘇文六卷** （宋）蘇軾撰 （明）茅坤等評 明烏程閔爾容刻三色套印本 安徽省圖書館

02065 **蘇文六卷** （宋）蘇軾撰 （明）茅坤等評 明烏程閔爾容刻三色套印本 新鄉市圖書館

02066 **蘇文六卷** （宋）蘇軾撰 （明）茅坤等評 明烏程閔爾容刻三色套印本 中山大學圖書館

02067 **蘇文六卷** （宋）蘇軾撰 （明）茅坤等評 明烏程閔爾容刻三色套印本 湖南圖書館

02068 **蘇長公合作八卷** （宋）蘇軾撰 （明）高

啟等批點 明萬曆四十八年（1620）凌啟康刻三色套印本 南京師範大學圖書館

02069 **蘇長公合作八卷補二卷** （宋）蘇軾撰 （明）高啟等批點 明萬曆四十八年（1620）凌啟康刻三色套印本 安徽省博物館

02070 **蘇長公小品四卷蘇長公啟二卷蘇長公表三卷** （宋）蘇軾撰 （明）王納諫評選 明凌啟康刻朱墨套印本 鄭州市圖書館

02071 **蘇長公小品四卷** （宋）蘇軾撰 （明）王納諫評選 明凌啟康刻朱墨套印本 西北師範大學圖書館

02072 **蘇長公小品四卷** （宋）蘇軾撰 （明）王納諫評選 明凌啟康刻朱墨套印本 揚州市圖書館

02073 **蘇長公密語十六卷首一卷** （宋）蘇軾撰 明天啟元年（1621）刻朱墨套印本 南京市博物館

02074 **蘇文忠公策論選十二卷** （宋）蘇軾撰 （明）茅坤 鍾惺評 明刻三色套印本 青海省圖書館

02075 **東坡禪喜集十四卷** （宋）蘇軾撰 （明）馮夢禎批點 （明）凌濛初輯 明天啟元年（1621）凌濛初刻朱墨套印本 中山大學圖書館

02076 **欒城集五十卷後集二十四卷三集十卷** （宋）蘇轍撰 明活字印本 浙江圖書館

02077 **欒城後集二十四卷三集十卷** （宋）蘇轍撰 明活字印本 湖南師範大學圖書館

02078 **山谷外集詩註十七卷** （宋）黃庭堅撰 （宋）史容注 **山谷別集詩註二卷** （宋）黃庭堅撰 （宋）史季溫注 明弘治九年（1496）陳沛刻本 揚州市圖書館

02079 **豫章黃先生文集三十卷外集十四卷別集二十卷簡尺二卷詞一卷** （宋）黃庭堅撰 明弘治葉天爵刻嘉靖六年（1527）喬遷、余載仕重修本 杭州圖書館

02080 **羅鄂州小集五卷附羅鄂州遺文一卷** （宋）羅願撰 明洪武二年（1369）刻本 安徽省博物館

02081 **后山詩註十二卷** （宋）陳師道撰 （宋）任淵注 明弘治十年（1497）袁宏刻本 湖南圖書館

02082 **石湖居士集三十四卷** （宋）范成大撰 明弘治十六年（1503）金蘭館銅活字印本 國家圖書館

02083 **渭南文集五十卷** （宋）陸游撰 明弘治十五年（1502）華珵銅活字印本 南京圖書館

02084 **重校鶴山先生大全文集一百十卷** （宋）魏了翁撰 明嘉靖安國銅活字印本 南京圖書館

存一百八卷（一至一百七、一百九）

02085 **止齋先生文集五十二卷** （宋）陳傅良撰 明正德元年（1506）刻本 鎮江市圖書館

02086 **文山先生全集二十八卷** （宋）文天祥撰 （明）鄢懋卿輯 明嘉靖三十一年（1552）刻本 安慶市圖書館

02087 **楚國文憲公雪樓程先生文集三十卷** （元）程鉅夫撰 **附錄一卷年譜一卷** （元）程世京編 明洪武二十八年（1395）與耕書堂刻本 康綸鈞 楊紹和跋 山東省圖書館

02088 **鶴年先生詩集一卷** （元）丁鶴年撰 **附錄一卷** （元）吉雅謨丁 愛理沙 吳惟善撰 明正統九年（1444）楚藩刻本 南京圖書館

02089 **新刊校正批點大字歐陽精論六卷** （元）

歐陽起鳴撰 明嘉靖十三年（1534）劉氏安正堂刻本 湖南師範大學圖書館

02090 御製文集甲集二卷乙集三卷丙集十四卷丁集十卷 （明）太祖朱元璋撰 明初刻本 南京市博物館

02091 高皇帝御製文集二十卷 （明）太祖朱元璋撰 明嘉靖徐九皋、王惟賢刻本 揚州市圖書館

02092 高太史大全集十八卷 （明）高啟撰 （明）徐庸編 （明）劉景韶校 明嘉靖刻藍印本 湖北省圖書館

02093 殷強齋先生文集十卷 （明）殷奎撰 明正統十三年（1448）王叔政刻本 南京圖書館

02094 翠屏集四卷 （明）張以寧撰 明成化十六年（1480）張淮刻明清遞修本 湖南師範大學圖書館
存二卷（一、四）

02095 宋學士先生文集二十六卷 （明）宋濂撰 附錄一卷 明天順五年（1461）黃譽刻本 無錫市圖書館

02096 宋學士先生文集二十六卷 （明）宋濂撰 明天順五年（1461）黃譽刻本 南京師範大學圖書館

02097 新刊宋學士全集三十三卷 （明）宋濂撰 （明）韓叔陽彙集 （明）張元中編次 明嘉靖三十年（1551）韓叔陽刻本 鄭州市圖書館

02098 劉尚賓文集五卷續集四卷[奉使交趾贈送詩一卷] （明）劉夏撰 明永樂劉拙刻成化劉衢續刻本 南京圖書館

02099 太師誠意伯劉文成公集二十卷 （明）劉基撰 明隆慶六年（1572）謝廷傑、陳烈刻本 天水市圖書館

02100 太師誠意伯劉文成公集二十卷 （明）劉基撰 明隆慶六年（1572）謝廷傑、陳烈刻本 遼寧省圖書館

02101 畏菴集十卷 （明）周旋撰 明成化十九年（1483）刻本 浙江大學圖書館

02102 東岡文集十二卷 （明）柯暹撰 明嘉靖刻本 四川省圖書館

02103 王忠文公文集二十四卷 （明）王禕撰 （明）劉傑輯 （明）劉同校正 明嘉靖元年（1522）刻本 蘇州大學圖書館

02104 海叟集四卷 （明）袁凱撰 明隆慶四年（1570）何玄之活字印本 南京圖書館

02105 省愆集二卷 （明）黃淮撰 明正統八年（1443）王豫刻本 南京圖書館

02106 遜志齋集二十四卷 （明）方孝孺撰 附錄一卷 明嘉靖二十年（1541）蜀藩朱讓栩刻本 揚州市圖書館

02107 遜志齋集二十四卷 （明）方孝孺撰 附錄一卷 明嘉靖四十年（1561）王可大刻本 南京市博物館

02108 東里文集二十五卷 （明）楊士奇撰 明正統刻本 無錫市圖書館

02109 商文毅公集十一卷 （明）商輅撰 （明）鄭應齡輯 明隆慶六年（1572）鄭應齡刻本 鎮江市圖書館
存八卷（二至七、十至十一）

02110 思玄集十六卷 （明）桑悅撰 明萬曆二年（1574）桑大協活字印本 中山大學圖書館

02111 醫閭先生集九卷 （明）賀欽撰 明嘉靖二十三年（1544）齊宗道刻本 遼寧省圖書館

02112 桂軒藁十卷 （明）江源撰 明弘治四年（1491）刻本 廣東省立中山圖書館

02113 震澤先生集三十六卷 （明）王鏊撰 明嘉靖刻本 揚州大學圖書館

02114 震澤先生集三十六卷 （明）王鏊撰 明嘉靖刻本 無錫市圖書館

02115 空同先生集六十三卷 （明）李夢陽撰 明嘉靖黄省曾刻本 西北師範大學圖書館

02116 空同集六十三卷 （明）李夢陽撰 明嘉靖十一年（1532）刻本 揚州市圖書館

02117 暢哉道人艷體詩不分卷 （明）祝允明撰 稿本 上海圖書館

02118 王文成公全書三十八卷 （明）王守仁撰 明隆慶六年（1572）謝廷傑刻本 無錫市圖書館

02119 陽明先生文粹十一卷 （明）王守仁撰 明嘉靖三十六年（1557）刻本 青海民族學院圖書館

02120 凌谿先生集十八卷 （明）朱應登撰 明嘉靖刻本 揚州市寶應縣圖書館

02121 凌谿先生集十八卷 （明）朱應登撰 明嘉靖刻遞修本 無錫市圖書館

02122 內臺集七卷 （明）王廷相撰 明嘉靖十五至十八年（1536-1539）張鵬刻本 揚州市圖書館

02123 周恭肅公集十六卷 （明）周用撰 附錄一卷 明嘉靖二十八年（1549）周國南川上草堂刻本 無錫市圖書館

02124 渼陂集正集十六卷續集三卷 （明）王九思撰 明嘉靖十二年（1533）刻二十四年（1545）續刻崇禎十三年（1640）重修本 遼寧省圖書館

02125 渼陂續集三卷 （明）王九思撰 明嘉靖二十五年（1546）廣東揭陽翁萬達刻本 陝西省圖書館

02126 雅宜山人集十卷 （明）王寵撰 明嘉靖十六年（1537）董宜陽、朱浚明刻本 無錫市圖書館

02127 歐陽南野先生文集二十卷 （明）歐陽德撰 （明）王宗沐編校 明嘉靖三十七年（1558）商洛梁汝魁刻本 安徽省圖書館

02128 遵巖先生文集四十一卷 （明）王慎中撰 明隆慶五年（1571）邵廉刻本 揚州市圖書館

02129 南沙先生文集八卷 （明）熊過撰 明泰昌元年（1620）熊胤衡刻本 四川省瀘州市圖書館

02130 茅鹿門文集八卷 （明）茅坤撰 （明）潘拱宸輯并評 明末刻套印本 安徽省博物館

02131 甌東私錄十卷 （明）項喬撰 明嘉靖三十年（1551）刻本 溫州市圖書館
存五卷（三至四、八至十）

02132 雪山庚子稿不分卷雪山始音二卷仙樓瓊華不分卷 （明）木公撰 明嘉靖刻本 雲南省圖書館

02133 園居雜詠五十首不分卷 （明）屠隆撰 稿本 中國科學院國家科學圖書館

02134 御製詩初集四十四卷目錄四卷 （清）高宗弘曆撰 清乾隆十四年（1749）內府刻本 青海省圖書館

02135 御製詩二集九十卷目錄十卷 （清）高宗弘曆撰 清乾隆二十五年（1760）內府刻本 青海省圖書館

02136 御製詩三集一百卷目錄十二卷 （清）高宗弘曆撰 清乾隆三十六年（1771）內府刻本 青海省圖書館

02137 御製詩四集一百卷目錄十二卷 （清）高宗弘曆撰 清乾隆內府刻本 西北師範大學圖

書館

02138 **御製文初集三十卷目錄二卷** （清）高宗弘曆撰 清乾隆二十八年（1763）內府刻本 青海省圖書館

02139 **御製文初集三十卷目錄二卷** （清）高宗弘曆撰 清乾隆二十八年（1763）內府刻本 山東省圖書館

02140 **樂善堂全集定本三十卷** （清）高宗弘曆撰 清乾隆二十四年（1759）武英殿刻本 青海省圖書館

02141 **隨園詩稿不分卷** （清）袁枚撰 稿本 浙江圖書館

02142 **方望溪先生文稿不分卷** （清）方苞撰 稿本 山東大學圖書館

02143 **桐城方宗誠先生文稿** （清）方宗誠撰 稿本 桐城市圖書館

02144 **輔仁錄四卷** （清）方宗誠撰 稿本 安慶市圖書館

存一卷（一）

02145 **儀衛軒遺書不分卷** （清）方東樹撰 稿本 桐城市圖書館

02146 **泥版試印初編十一卷** （清）翟金生撰 清道光二十四年（1844）翟金生泥活字印本 安徽省圖書館

02147 **泥版試印初編十一卷** （清）翟金生撰 清道光二十四年（1844）翟金生泥活字印本 廣東省立中山圖書館

02148 **仙屏書屋初集詩錄十六卷後錄二卷** （清）黄爵滋撰 清道光二十七年（1847）涇縣翟金生泥活字印本 嘉興市圖書館

02149 **仙屏書屋初集詩錄十六卷後錄二卷** （清）黄爵滋撰 清道光二十七年（1847）涇縣翟金生泥活字印本 安徽省圖書館

02150 **仙屏書屋初集詩錄十六卷後錄二卷** （清）黄爵滋撰 清道光二十七年（1847）涇縣翟金生泥活字印本 廣東省立中山圖書館

02151 **仙屏書屋初集詩錄十六卷後錄二卷** （清）黄爵滋撰 清道光二十七年（1847）涇縣翟金生泥活字印本 河南大學圖書館

02152 **仙屏書屋初集詩錄十六卷後錄二卷** （清）黄爵滋撰 清道光二十七年（1847）涇縣翟金生泥活字印本 浙江圖書館

02153 **仙屏書屋初集詩錄十六卷後錄二卷** （清）黄爵滋撰 清道光二十七年（1847）涇縣翟金生泥活字印本 南京圖書館

02154 **仙屏書屋初集詩錄十六卷後錄二卷** （清）黄爵滋撰 清道光二十七年（1847）涇縣翟金生泥活字印本 山東省圖書館

02155 **仙屏書屋初集詩錄十六卷後錄二卷** （清）黄爵滋撰 清道光二十七年（1847）涇縣翟金生泥活字印本 江西省圖書館

02156 **吴都文粹續集五十六卷** （明）錢穀輯 稿本 上海圖書館

存九卷（二至四、二十九至三十、三十三至三十四、四十一至四十二）

02157 **新安文獻志一百卷先賢事略二卷目錄二卷** （明）程敏政輯 明弘治十年（1497）祁司員、彭哲等刻本 無錫市圖書館

02158 **新安文獻志一百卷先賢事略二卷目錄二卷** （明）程敏政輯 明弘治十年（1497）祁司員、彭哲等刻本 安徽省博物館

02159 **新安文獻志一百卷先賢事略二卷目錄二卷** （明）程敏政輯 明弘治十年（1497）祁司員、彭哲等刻本 安徽師範大學圖書館

02160 **徽郡詩略二十一卷** （明）李敏選訂 明嘉

靖三十九年（1560）刻本 蘇州圖書館

02161 **金華文統十三卷** （明）趙鶴輯 明正德七年（1512）趙鶴、李玘刻本 湖南師範大學圖書館

02162 **陶韋合集十九卷** （明）凌濛初編 明凌濛初刻朱墨套印本 湖南圖書館

02163 **晉二俊文集二十卷** （晉）陸機 陸雲撰 明正德陸元大刻本 湖南圖書館

02164 **李杜詩選十一卷** （明）張含輯 楊慎等評 明刻朱墨套印本 中山大學圖書館

02165 **李杜詩選十一卷** （明）張含輯 楊慎等評 明刻朱墨套印本 安徽省博物館

02166 **李杜詩選十一卷** （明）張含輯 楊慎等評 明刻朱墨套印本 湖南師範大學圖書館

02167 **韓柳文一百卷** （唐）韓愈 柳宗元撰 （明）游居敬編 明嘉靖三十五年（1556）莫如士刻本 青海民族學院圖書館

02168 **韓柳文一百卷** （唐）韓愈 柳宗元撰 （明）游居敬編 明嘉靖三十五年（1556）莫如士刻本 湖南圖書館

02169 **韓柳文一百卷** （唐）韓愈 柳宗元撰 （明）游居敬編 明嘉靖十六年（1537）游居敬刻本 台州市黄巖區圖書館

02170 **盛明百家詩三百二十四卷** （明）俞憲編 明嘉靖隆慶間刻本（第一冊為抄配） 青海省圖書館

02171 **文選六十卷** （梁）蕭統輯 （唐）李善注 明嘉靖四年（1525）晉府養德書院刻本 蘇州大學圖書館

02172 **文選六十卷** （梁）蕭統輯 （唐）李善注 明嘉靖四年（1525）晉府養德書院刻本 湖南圖書館

02173 **文選六十卷** （梁）蕭統輯 （唐）李善注 明嘉靖四年（1525）晉府養德書院刻本 徐州市圖書館

02174 **文選六十卷** （梁）蕭統輯 （唐）李善注 明成化二十三年（1487）唐藩朱芝址刻本 揚州市圖書館

02175 **六家文選六十卷** （唐）李善等注 明嘉靖潘侃傑刻蔣先庚重印本 青海民族學院圖書館

02176 **文選尤十四卷** （梁）蕭統輯 （明）鄒思明刪訂 明天啟二年（1622）刻三色套印本 湖南圖書館

02177 **文選尤十四卷** （梁）蕭統輯 （明）鄒思明刪訂 明天啟二年（1622）刻三色套印本 無錫市圖書館

02178 **文選尤十四卷** （梁）蕭統輯 （明）鄒思明刪訂 明天啟二年（1622）刻三色套印本 鄭州市圖書館

02179 **選詩七卷** （梁）蕭統輯 （明）郭正域評點 （明）凌濛初輯評 明凌濛初刻朱墨套印本 湖南圖書館

02180 **選詩七卷** （梁）蕭統輯 （明）郭正域評點 （明）凌濛初輯評 明凌濛初刻朱墨套印本 西北師範大學圖書館

02181 **選詩七卷** （梁）蕭統輯 （明）郭正域評點 （明）凌濛初輯評 **詩人世次爵里一卷** 明凌濛初刻朱墨套印本 南京師範大學圖書館

02182 **選賦六卷** （梁）蕭統輯 （明）郭正域評 明凌氏鳳笙閣刻朱墨套印本 南京師範大學圖書館

02183 **選賦六卷** （梁）蕭統輯 （明）郭正域評 明凌氏鳳笙閣刻朱墨套印本 西北師範大學圖書館

02184 **選賦六卷** （梁）蕭統輯 （明）郭正域評

名人世次爵里一卷 明凌氏鳳笙閣刻朱墨套印本 中山大學圖書館

02185 選賦六卷 （梁）蕭統輯 （明）郭正域評 明凌氏鳳笙閣刻朱墨套印本 湖南圖書館

02186 文選後集五卷 （梁）蕭統撰 （明）郭正域評 明閔于忱刻朱墨套印本 湖南圖書館

02187 廣文選六十卷 （明）劉節輯 陳蕙重編 明嘉靖十六年（1537）陳蕙刻本 無錫市圖書館

02188 文苑英華一千卷 （宋）李昉等輯 明隆慶元年（1567）胡維新等刻本（有抄配） 青海省圖書館

02189 文苑英華律賦選四卷 （清）錢陸燦輯，清康熙二十五年（1686）吹藜閣銅活字印本 南京圖書館

02190 古文苑九卷 （唐）闕名編 （宋）韓元吉編 明吳縣趙均影宋抄本 上海師範大學圖書館

02191 玉臺新詠十卷 （陳）徐陵輯 明五雲溪館銅活字印本 南京圖書館

02192 風雅廣逸十卷附錄一卷 （明）馮惟訥輯 明嘉靖三十年（1551）上海喬承慈刻本 安徽省圖書館

02193 漢魏詩集十四卷 （明）劉成德輯 （明）何景明 蕭海校正 明正德十二年（1517）何景暘刻本 安徽省圖書館

02194 漢魏詩集十四卷 （明）劉成德輯 （明）何景明 蕭海校正 明正德十二年（1517）何景陽刻本 青海師範大學圖書館

02195 漢魏詩集十四卷 （明）劉成德輯 （明）何景明 蕭海校正 明正德十二年（1517）何景陽刻本 湖南師範大學圖書館

02196 古詩歸十五卷 （明）鍾惺 譚元春輯 明閔振業刻三色套印本 揚州市圖書館

02197 御定歷代題畫詩類一百二十卷 （清）陳邦彥輯 清康熙四十六年（1707）內府刻本 河南大學圖書館

02198 御定歷代題畫詩類一百二十卷 （清）陳邦彥輯 清康熙四十六年（1707）內府刻本 大連圖書館

02199 御定歷代題畫詩類一百二十卷 （清）陳邦彥輯 清康熙四十六年（1707）內府刻本 山東師範大學圖書館

02200 御選唐宋詩醇四十七卷目錄二卷 （清）高宗弘曆輯 清乾隆十六年（1751）內府刻四色套印本 大連圖書館

02201 御選唐宋詩醇四十七卷目錄二卷 （清）高宗弘曆輯 清乾隆二十五年（1760）兩儀堂刻朱墨套印本 青海省圖書館

02202 古賦辯體十卷 （元）祝堯輯 明嘉靖二十一年（1542）蘇祐刻本 揚州市圖書館

02203 新刊迂齋先生標註崇古文訣三十五卷 （宋）樓昉輯 明刻本 南京市博物館

02204 續真文忠公文章正宗四十卷 （明）鄭柏輯 明正德十年（1515）建安劉氏日新堂刻本 安徽省圖書館

02205 西山先生真文忠公文章正宗二十四卷 （宋）真德秀編 明正德十五年（1520）馬卿刻本 湖南圖書館

02206 西山先生真文忠公文章正宗二十四卷續二十卷 （宋）真德秀撰 明嘉靖四十四年（1565）鍾沂刻本 南京師範大學圖書館

02207 文翰類選大成一百六十三卷 （明）李伯璵 馮厚輯 明成化八年（1472）淮府刻弘治十四年至嘉靖二十五年（1501-1546）遞修本 無錫市圖書館

02208 **文章辨體五十卷外集五卷總論一卷** （明）吳訥輯 明天順八年（1464）劉孜等刻本 湖南師範大學圖書館
存五十一卷（一至五十、總論一卷）

02209 **文章辨體五十卷外集五卷總論一卷** （明）吳訥輯 明嘉靖三十四年（1555）徐洛刻本 揚州市圖書館

02210 **古文類選十八卷** （明）鄭旻輯 明隆慶六年（1572）顧知類、徐宏等刻本 湖南圖書館
存十七卷（一至十七）

02211 **古文類選十八卷** （明）鄭旻輯 明隆慶六年（1572）顧知類、徐宏等刻本 青海省圖書館

02212 **古文類選十八卷** （明）鄭旻輯 明隆慶六年（1572）顧知類、徐宏等刻本 無錫市圖書館

02213 **古文類選十八卷** （明）鄭旻輯 明隆慶六年（1572）顧知類、徐宏等刻本 山東省圖書館

02214 **秦漢文鈔六卷** （明）閔邁德等輯 （明）楊融博批點 明萬曆四十八年（1620）閔氏刻朱墨套印本 廣東省立中山圖書館

02215 **秦漢文鈔六卷** （明）閔邁德等輯 （明）楊融博批點 明萬曆四十八年（1620）閔氏刻朱墨套印本 湖南圖書館

02216 **文致不分卷** （明）劉士鏻輯 明天啟元年（1621）閔元衢刻朱墨套印本 湖南圖書館

02217 **文致不分卷** （明）劉士鏻輯 明天啟元年（1621）閔元衢刻朱墨套印本 中山大學圖書館

02218 **文致不分卷** （明）劉士鏻輯 明天啟元年（1621）閔元衢刻朱墨套印本 揚州市圖書館

02219 **古文淵鑑六十四卷** （清）徐乾學等輯并注 清康熙內府刻五色套印本 陝西省安康市漢濱區少年兒童圖書館
存二十五卷（一至十八、二十八至三十四）

02220 **古文淵鑑六十四卷** （清）徐乾學等輯并注 清康熙內府刻五色套印本 青海省圖書館

02221 **古文淵鑑六十四卷** （清）徐乾學等輯并注 清康熙內府刻五色套印本 西北師範大學圖書館

02222 **古文淵鑑六十四卷** （清）徐乾學等輯并注 清康熙內府刻五色套印本 廣東省立中山圖書館

02223 **古文淵鑑六十四卷** （清）徐乾學等輯并注 清康熙內府刻五色套印本 陝西省社會科學院圖書館

02224 **古文淵鑑六十四卷** （清）徐乾學等輯并注 清康熙內府刻五色套印本 安慶市圖書館

02225 **古文淵鑑六十四卷** （清）徐乾學等輯并注 清康熙內府刻五色套印本 蘇州市吳中區圖書館

02226 **御選唐宋文醇五十八卷** （清）高宗弘曆輯 清乾隆六年（1741）內府刻本 嘉興市圖書館

02227 **赤牘清裁二十八卷** （明）楊慎輯 （明）王世貞增輯 明嘉靖三十七年（1558）刻本 山東省圖書館

02228 **尺牘清裁六十卷補遺一卷** （明）王世貞輯 明隆慶五年（1571）自刻本 鎮江市圖書館

02229 **唐文粹一百卷** （宋）姚鉉輯 明嘉靖八年（1529）晉府養德書院刻本 台州市黃巖區圖書館

02230 **重校正唐文粹一百卷** （宋）姚鉉輯 明嘉靖三年（1524）徐焴刻本 青海民族學院圖書館

02231 **唐音十五卷** （元）楊士弘輯 （明）顧璘批點 明刻朱墨套印本 安徽省博物館

02232 **唐詩品彙九十卷** （明）高棅輯 明建文三年（1401）刻本 安徽省博物館

存八十一卷（一至八十一）

02233 **批點唐詩正聲二十二卷** （明）高棅輯（明）桂天祥批點 明萬世德刻本 西安碑林博物館

02234 **唐詩類苑一百卷** （明）卓明卿輯 明萬曆十四年（1586）崧齋活字印本 湖南圖書館

02235 **唐雅八卷** （明）胡纘宗輯 明嘉靖二十八年（1549）文斗山堂刻本 安徽省圖書館

02236 **唐雅二十六卷** （明）張之象輯 明嘉靖三十一年（1552）無錫縣刻本 紹興圖書館

02237 **李于鱗唐詩廣選七卷** （明）李攀龍輯（明）凌瑞森 凌南榮輯評 明萬曆三年（1575）凌氏盟鷗館刻朱墨套印本 揚州市圖書館

02238 **唐詩絶句類選四卷補總評一卷人物一卷** （明）敖英 凌雲輯 （明）敖英等評 明凌雲刻三色套印本 安徽師範大學圖書館

02239 **唐詩歸三十六卷** （明）鍾惺 譚元春輯 明萬曆刻三色套印本 廣東省立中山圖書館

02240 **唐詩歸三十六卷** （明）鍾惺 譚元春輯 明萬曆刻三色套印本 山東省圖書館

02241 **唐詩七百十七卷目録五卷** （清）季振宜輯 稿本 季振宜校并跋 鄧邦述 章鈺跋 國家圖書館

存七百十六卷（一至一百八十一、一百八十六至三百六十一、三百六十四至七百十七、目録全）

02242 **全唐詩九百卷** （清）曹寅等輯 清康熙四十四年至四十六年（1705－1707）揚州詩局刻本 泰州市圖書館

02243 **御選唐詩三十二卷目録三卷** （清）聖祖玄燁輯 （清）陳廷敬等輯注 清康熙五十二年（1713）内府刻朱墨套印本 青海省圖書館

02244 **御選唐詩三十二卷目録二卷** （清）聖祖玄燁輯 （清）陳廷敬等輯注 清康熙五十二年（1713）内府刻朱墨套印本 大連圖書館

02245 **御選唐詩三十二卷目録三卷** （清）聖祖玄燁輯 （清）陳廷敬等輯注 清康熙五十二年（1713）内府刻朱墨套印本 山東師範大學圖書館

02246 **御選唐詩三十二卷目録三卷** （清）聖祖玄燁輯 （清）陳廷敬等輯注 清康熙五十二年（1713）内府刻朱墨套印本 湖南師範大學圖書館

02247 **皇華集五卷附録一卷** （明）華察 薛廷寵輯 明嘉靖刻本 南京市博物館

02248 **列朝詩集八十一卷** （明）錢謙益輯 清順治汲古閣刻本 泰州市圖書館

02249 **明文案二百十七卷** （清）黄宗羲輯 清抄本 寧波市天一閣博物館

存一百八十八卷（一至三十七、四十二至一百十四、一百十九至一百三十一、一百三十六至一百四十七、一百五十一至二百三）

02250 **明文海四百八十二卷** （清）黄宗羲輯 清初抄本 浙江圖書館

存四百七十三卷（一至一百八十三、一百八十八至四百六十、四百六十五至四百八十一）

02251 **九會元集九卷** （明）吳默 湯賓尹等撰 （明）閔齊華輯 明天啟元年（1621）閔齊華刻朱墨套印本 無錫市圖書館

02252 **皇清文穎六十卷總目二卷** （清）陳廷敬 王鴻緒輯 清康熙五十一年（1712）內府抄本 大連圖書館

02253 **劉子文心雕龍二卷** （梁）劉勰撰 （明）楊慎 曹學佺等批點 **注二卷** （明）梅慶生撰 明閔繩初刻五色套印本 安徽省博物館

02254 **劉子文心雕龍二卷** （梁）劉勰撰 （明）楊慎 曹學佺等批點 **注二卷** （明）梅慶生撰 明閔繩初刻五色套印本 安徽省圖書館

02255 **劉子文心雕龍二卷** （梁）劉勰撰 （明）楊慎 曹學佺等批點 **注二卷** （明）梅慶生撰 明閔繩初刻五色套印本 遼寧省圖書館

02256 **韻語陽秋二十卷** （宋）葛立方撰 明正德二年（1507）葛諶刻本 安徽省圖書館

02257 **韻語陽秋二十卷** （宋）葛立方撰 明正德二年（1507）葛諶刻本 重慶圖書館

02258 **南溪筆錄羣賢詩話前集一卷後集一卷續集一卷** （明）王恕輯 明正德五年（1510）程啟充刻本 湖南師範大學圖書館

02259 **虞初志七卷** （明）袁宏道評 明凌性德刻朱墨套印本 南京師範大學圖書館

02260 **虞初志七卷** （明）袁宏道評 明凌性德刻朱墨套印本 無錫市圖書館

02261 **宮艷二卷** 題（明）適園主人輯并評 明刻套印本 南京圖書館

02262 **清平山堂話本二集十二種** （明）洪楩輯 明清平山堂刻本 北京大學圖書館

02263 **三國志通俗演義二十四卷** （明）羅本撰 明嘉靖元年（1522）刻本 甘肅省圖書館

02264 **李卓吾先生批評忠義水滸傳一百卷引首一卷** （元）施耐庵撰 （明）李贄評 明容與堂刻本 國家圖書館

02265 **脂硯齋重評石頭記八十回** （清）曹霑撰 題（清）脂硯齋主人評 清抄本（第二十一至三十回佚名抄補） 國家圖書館
存五十回

02266 **脂硯齋重評石頭記八十回** （清）曹霑撰 題（清）脂硯齋主人評 清抄本 北京大學圖書館
存七十八回

02267 **精訂綱鑑廿一史通俗衍義二十六卷四十四回** （清）呂撫撰 清雍正呂撫活字泥版印本 天津圖書館

02268 **花間集四卷** （後蜀）趙崇祚輯 （明）湯顯祖評 明萬曆四十八年（1620）刻朱墨套印本 廣東省立中山圖書館

02269 **花間集四卷** （後蜀）趙崇祚輯 （明）湯顯祖評 明萬曆四十八年（1620）刻朱墨套印本 大連圖書館

02270 **草堂詩餘五卷** （宋）何士信編選 （明）楊慎批點 明閔暎璧刻朱墨套印本 廣東省立中山圖書館

02271 **唐宋名賢百家詞一百三十二卷** （明）吳訥編 明抄本 梁啓超跋 天津圖書館

02272 **宋元名家詞七十種** 明抄本 北京大學圖書館

02273 **宋名家詞六十一種九十卷** （明）毛晉編 明崇禎毛氏汲古閣刻本 陸貽典 黃儀 毛扆 季錫疇 瞿熙邦校并跋 何煌 何元錫校 國家圖書館

02274 **詞譜四十卷** （清）王奕清等撰 清康熙五十四年（1715）內府刻朱墨套印本 無錫市圖書館

02275 **董解元西廂四卷** （金）董解元撰 明刻朱墨套印本 南京圖書館

02276 **古今雜劇二百四十二種** 明抄本（內十五種配明刻息機子雜劇選本、五十五種配明刻古名家雜劇本） 黃丕烈錄自藏曲目并跋 國家圖書館

02277 **西廂記五卷**（元）王德信 關漢卿撰 （明）凌濛初評 **解證五卷**（明）凌濛初撰 **會真記一卷**（唐）元稹撰 **附錄一卷** 明凌氏刻套印本 揚州市圖書館

02278 **琵琶記四卷附錄一卷** （元）高明撰 明凌濛初刻朱墨套印本 安徽省博物館

02279 **明成化說唱詞話十九卷傳奇一卷** 明成化永順書堂刻本 上海博物館

02280 **瓊林雅韻不分卷** （明）朱權撰 明洪武三十一年（1398）刻本 丁丙跋 南京圖書館

02281 **曲譜十二卷首一卷末一卷** （清）王奕清等編纂 清康熙內府刻朱墨套印本 遼寧省圖書館

02282 **新編南詞定律十三卷首一卷** （清）呂士雄等撰 清康熙五十九年（1720）刻朱墨套印本 大連圖書館

二、少數民族文字珍貴古籍名録

（一）焉耆-龜茲文

02283 **彌勒會見記** 九世紀前寫本 新疆維吾爾自治區博物館

存四十四葉

（二）于闐文

02284 **陀羅尼一卷** 十世紀前寫本 國家圖書館

（三）藏文

02285 **大乘無量壽宗要經** 九至十世紀敦煌寫本 中國書店

存一卷

02286 **因明正解藏論** 薩迦班智達•貢嘎堅贊撰 元寫本 西藏圖書館

02287 **三傳密經** （吐蕃）藏巴甲熱撰 十三世紀寫本 中國民族圖書館

02288 **旁唐目錄** （吐蕃）嘎哇•白澤等編 十四世紀寫本 西藏博物館

02289 **大藏經•甘珠爾** 明永樂八年（1410）刻本 西藏布達拉宮

02290 **聖妙吉祥真實名經** （吐蕃）仁欽桑布譯 明永樂九年（1411）刻本 國家圖書館

02291 **七佛如來本願功德經** （吐蕃）詳•也協德等譯 元刻明萬曆三十一年（1603）重印本 國家圖書館

02292 **苯教經咒集要** 明寫本 西藏圖書館

02293 **四部醫典•後續醫典部注釋** （明）朗嘎洛珠撰 明寫本 西藏藏醫學院圖書館

02294 **大藏經•甘珠爾** 清康熙二十二年（1683）北京刻本 中國民族圖書館

02295 **大藏經•甘珠爾** 清雍正八年（1730）納塘刻本 國家圖書館

存一百三函

02296 **大藏經•丹珠爾** 清雍正八年（1730）納塘刻本 國家圖書館

存二百十八函

02297 **大藏經•丹珠爾** 清雍正八年（1730）納塘刻本 內蒙古自治區圖書館

存二百二十三函

02298 **大藏經•甘珠爾** 清乾隆三十五年（1770）泥金寫本 故宮博物院

02299 **白琉璃** （清）第司•桑結嘉措撰 清抄本 西藏布達拉宮

（四）回鶻文

02300 **大唐大慈恩寺三藏法師傳** （唐）慧立 彦悰撰 勝光法師譯 十世紀寫本 國家圖書館

存二百四十八葉

02301 **阿彌陀經** 十世紀寫本 國家圖書館

存二十五葉

02302 **彌勒會見記** 公元1067年寫本 新疆維吾爾自治區博物館

存二百九十三葉（第一至二十五幕及序文）

02303 **藥師琉璃光七佛本願功德經** 元刻本 新疆維吾爾自治區博物館

（五）西夏文

02304 **大般若波羅蜜多經六百卷** （西夏）仁宗校 寫本 國家圖書館

存二十一卷（十八、二十一至二十二、二十六至二十七、三十四、七十一、九十三至九十七、一百三至一百四、一百十二至一百十三、二百八十一、二百八十三、二百九十三至二百九十四、三百五十五）

02305 **維摩詰所說經三卷** 西夏活字本 甘肅省武威市博物館

存一卷（下）

02306 **吉祥遍至口和本續** （西夏）釋毗菩提福譯 西夏木活字本 寧夏文物考古研究所

存九卷（吉祥遍至口和本續卷三至卷五，吉祥遍至口和本續解生喜解補第一至第三、第五，吉祥遍至口和本續之要文，吉祥遍至口和本續廣義文下半）

02307 **妙法蓮華經觀世音菩薩普門品一卷** 西夏刻本 敦煌研究院

02308 **金剛般若波羅蜜多經** （西夏）仁宗校 西夏刻本 敦煌研究院

02309 **金光明最勝王經十卷** （西夏）白智光譯 蒙古國時期刻本 國家圖書館

存八卷（一、三至六、八至十）

02310 **金光明最勝王經十卷** （西夏）白智光譯 蒙古國時期刻本 國家圖書館

存四卷（一、五至六、十）

02311 **金光明最勝王經十卷** （西夏）白智光譯 蒙古國時期刻本 國家圖書館

存二卷（一、五）

02312 **說一切有部阿毗達磨順正理論八十卷** （唐）釋玄奘漢譯 （西夏）仁宗校 元大德十一年（1307）刻本 國家圖書館

存一卷（五）

02313 **悲華經十卷** （西夏）梁太后 惠宗譯 元大德十一年（1307）杭州刻本 國家圖書館

存一卷（九）

02314 **經律異相五十卷** （梁）旻寶唱等集漢本 （西夏）梁太后 崇宗譯 仁宗校 元大德十一年（1307）杭州刻本 國家圖書館

存一卷（十五）

02315 **過去莊嚴劫千佛名經一卷** （西夏）梁太后 惠宗譯 元皇慶元年（1312）刻本 國家圖書館

02316 **現在賢劫千佛名經上、下卷** （西夏）仁宗校 元刻本 國家圖書館

02317 **慈悲道場懺法十卷** （西夏）梁太后 惠宗譯 元建康刻本 國家圖書館
存九卷（一、三至十）

02318 **大方廣佛華嚴經八十卷** （唐）釋實叉難陀漢譯 （西夏）仁宗校 元活字本 國家圖書館
存五十二卷（十一至十二、十四至十六、十九至二十三、二十七至三十五、三十七、三十九至四十六、四十八、五十一、五十三至五十四、五十七、五十九至七十五、七十九至八十）

02319 **大方廣佛華嚴經八十卷** （唐）釋實叉難陀漢譯 （西夏）仁宗校 元活字本 國家圖書館
存十一卷（三十三、三十五、三十七、三十九、四十五、六十五、六十七、六十九至七十一、八十）

02320 **大方廣佛華嚴經八十卷** （唐）釋實叉難陀漢譯 （西夏）仁宗校 周肇祥跋 元活字本 故宫博物院
存一卷（七十四）

02321 **大方廣佛華嚴經八十卷** （唐）釋實叉難陀漢譯 （西夏）仁宗校 元活字本 寧夏回族自治區博物館
存一卷（七十六）

02322 **妙法蓮華經七卷** （後秦）釋鳩摩羅什漢譯 元刻本 國家圖書館
存一卷（二）

（六）白文

02323 **仁王護國般若波羅蜜經抄**（原卷數不詳） （唐）釋不空漢譯 （唐）良賁疏 大理國寫本 雲南省圖書館
存二卷

（七）蒙古文

02324 **孝經** （元）孛羅鐵木兒譯 元或明內府刻本 故宫博物院

02325 **阿勒坦汗傳** 明抄本 內蒙古社會科學院圖書館

02326 **成吉思汗祭祀經** 明抄本 內蒙古社會科學院圖書館

02327 **大藏經•甘珠爾** 明泥金寫本 內蒙古社會科學院圖書館

02328 **軍律** 清崇德刻本 國家圖書館

02329 **必用之全義經** （明）錫埒圖•固什•綽爾濟譯 清初抄本 內蒙古社會科學院圖書館

02330 **大藏經•甘珠爾** 清康熙五十九年（1720）內府刻本 內蒙古自治區圖書館

02331 **大藏經•甘珠爾** 清康熙五十九年（1720）內府刻本 內蒙古大學圖書館

02332 **大藏經•丹珠爾** 清乾隆十四年（1749）內府刻本 內蒙古自治區圖書館

02333 **蒙古源流** （清）薩岡徹辰撰 清抄本 內蒙古社會科學院圖書館

02334 **金輪千輻** （清）固什•答哩麻撰 清抄本 內蒙古社會科學院圖書館

02335 **十善福白史** 清抄本 內蒙古社會科學院圖書館

（八）察合台文

02336 **情之所鍾** 艾里希爾•納瓦依撰 清乾隆末年抄本 中國社會科學院民族學與人類學研究所

02337 **恰哈爾迪瓦尼** 艾里希爾•納瓦依撰 清嘉慶抄本 中國社會科學院民族學與人類學研究所

02338 **納瓦依詩集** 艾里希爾•納瓦依撰 清抄本 新疆維吾爾自治區圖書館

02339 **納瓦依詩集** 艾里希爾•納瓦依撰 清抄本 國家圖書館

02340 **先知傳** （元）拉勃胡孜撰 抄本 新疆維吾爾自治區少數民族古籍整理出版規劃領導小組辦公室

02341 **謝赫麥石來布傳** （清）麥石來夫撰 抄本 新疆維吾爾自治區少數民族古籍整理出版規劃領導小組辦公室

02342 **麥魯麻提阿帕克（世界通訊）** 烏布勒•伊斯拉木撰 清抄本 新疆維吾爾自治區吐魯番地區少數民族古籍整理出版規劃領導小組辦公室

02343 **醫學之目的** 木拉德拜克•艾里拜克撰 抄本 新疆維吾爾自治區維吾爾醫藥研究所

02344 **身心之康復** 白的爾丁•蘇皮阿洪撰 抄本 新疆維吾爾自治區維吾爾醫藥研究所

（九）彝文

02345 **勸善經** 明刻本 國家圖書館

02346 **勸善經** 明刻本 中國社會科學院民族學與人類學研究所

02347 **勸善經** 明刻本 清華大學圖書館

02348 **尼蘇** 明嘉靖十六年（1537）抄本 雲南省楚雄彝族自治州民族事務委員會

02349 **西南彝志** （清）熱臥慕史編著 清雍正七年（1729）抄本 中國民族圖書館

02350 **彝漢教典** 清乾隆二十一年（1756）抄本 清華大學圖書館

02351 **田賦賬簿** 清乾隆二十五年（1760）抄本 國家圖書館

02352 **六祖經緯史** 詩高嬌著 清嘉慶十九年（1814）抄本 國家圖書館

02353 **彝族源流二十七卷** 清抄本 貴州省畢節地區彝文翻譯組

存十一卷（一至十一）

02354 **百樂書** 清抄本 雲南省少數民族古籍整理出版規劃辦公室

02355 **指路經** 清抄本 雲南省昆明市石林彝族自治縣圖書館

（十）滿文

02356 **洪武寶訓六卷** （清）剛林等譯 清順治三年（1646）內府刻本 國家圖書館

02357 **三國演義二十四卷** （明）羅貫中撰 （清）祁充格等譯 清順治七年（1650）內府刻本 國家圖書館

存十六卷（一至十六）

02358 **大清太祖武皇帝實錄四卷** 清順治抄本 國家圖書館

存三卷（二至四）

02359 **平定三逆方略六十卷** （清）勒德洪等撰 清康熙二十五年（1686）內府抄本 中國第一歷史檔案館

存十四卷（十二至二十、五十六至六十）

02360 **平定三逆方略六十卷** （清）勒德洪等撰

清康熙二十五年（1686）內府抄本 故宮博物院
存四十卷（一至十一、二十一至四十九）

02361 **清朝實錄三千七百五十四卷目錄二十八卷** （清）巴岱 圖海等撰 清乾隆至光緒內府抄本 中國第一歷史檔案館

02362 **幾何原本** （希臘）歐几里德著 （法）白晉 張誠編譯 清康熙稿本 內蒙古自治區圖書館

02363 **有圈點字檔一百八十卷** （清）舒赫德等編 清乾隆四十三年（1778）內府抄本 中國第一歷史檔案館

02364 **無圈點字檔一百八十卷** （清）舒赫德等編 清乾隆四十三年（1778）內府抄本 中國第一歷史檔案館

02365 **清文翻譯全藏經二千五百三十五卷** 清乾隆五十五年（1790）內府刻本 故宮博物院

02366 **御製盛京賦三十二卷** （清）高宗弘曆撰 清乾隆內府抄本 遼寧省圖書館
存二十一卷（玉箸篆、小篆、上方大篆、墳書、柳葉篆、倒薤篆、轉宿篆、芝英篆、碧落篆、垂露篆、垂雲篆、鳥跡書、雕蟲篆、鸞鳳書、龍爪篆、剪刀篆、纓絡篆、懸針篆、殳篆、刻符書、飛白書）

（十一）東巴文

02367 **創世經** 抄本 國家圖書館

02368 **東巴舞譜** 抄本 雲南省麗江市東巴文化研究院

02369 **東巴舞譜** 抄本 國家圖書館

02370 **白蝙蝠取經記** 抄本 雲南省麗江市東巴文化研究院

02371 **董術戰爭** 抄本 雲南省麗江市東巴文化研究院

（十二）傣文

02372 **粘響** 清貝葉經 雲南省少數民族古籍整理出版規劃辦公室

02373 **羯磨說** 清抄本 雲南省西雙版納傣族自治州少數民族研究所

02374 **大藏經** 清貝葉經 國家圖書館

（十三）水文

02375 **九星誦讀** 清嘉慶抄本 貴州民族學院潘朝霖

02376 **庚甲** 清道光二十九年（1849）韋朝忠抄本 貴州省荔波縣檔案館

02377 **逢井** 清光緒十八年（1892）韋錦秀抄本 中國民族圖書館

02378 **萬年經鏡** 清抄本 貴州省三都水族自治縣檔案館

02379 **六十龍備要** 清抄本 貴州省三都水族自治縣檔案館

02380 **吉星** 清韋景春抄本 貴州省三都水族自治縣檔案館

02381 **泐金•紀日** 清抄本 貴州省荔波縣檔案館

02382 **金銀** 清抄本 貴州省荔波縣檔案館

（十四）古壯字

02383 **麼破塘** 清光緒七年（1881）抄本 廣西壯族自治區少數民族古籍整理出版規劃領導小組辦公室

02384 **麼使蟲郎甲科** 清光緒二十一年（1895）陸

道玉抄本 廣西壯族自治區少數民族古籍整理出版規劃領導小組辦公室

02385 **麼叭床能一科** 清光緒二十一年（1895）陸道玉抄本 廣西壯族自治區少數民族古籍整理出版規劃領導小組辦公室

02386 **農老** 清光緒三十三年（1907）抄本 廣西壯族自治區少數民族古籍整理出版規劃領導小組辦公室

（十五）多文種

02387 **高昌館課** 明抄本 國家圖書館

02388 **三合便覽** （清）敬齋輯 （清）富俊補 清乾隆四十五年（1780）刻本 故宮博物院

02389 **御製五體清文鑑三十六卷** 清乾隆內府抄本 故宮博物院

02390 **會同四譯館譯語** （清）傅恒 陳大受等奉敕編纂 清抄本 故宮博物院

02391 **滿蒙藏嘉戎維語五體字書** 清抄本 故宮博物院

02392 **譯語** 清抄本 國家圖書館

第一册目録

第一批國家珍貴古籍名録圖録

漢文珍貴古籍名錄

00001 窮達以時

戰國楚竹簡。湖北荆門郭店1號戰國楚墓出土。現存15枚，簡長26.4厘米。原無篇題，整理者據内容擬定。湖北省荆門市博物館藏。

00002 緇衣

戰國楚竹簡。湖北荆門郭店1號戰國楚墓出土。現存47枚，簡長32.5厘米。原無篇題，整理者據内容擬定。湖北省荆門市博物館藏。

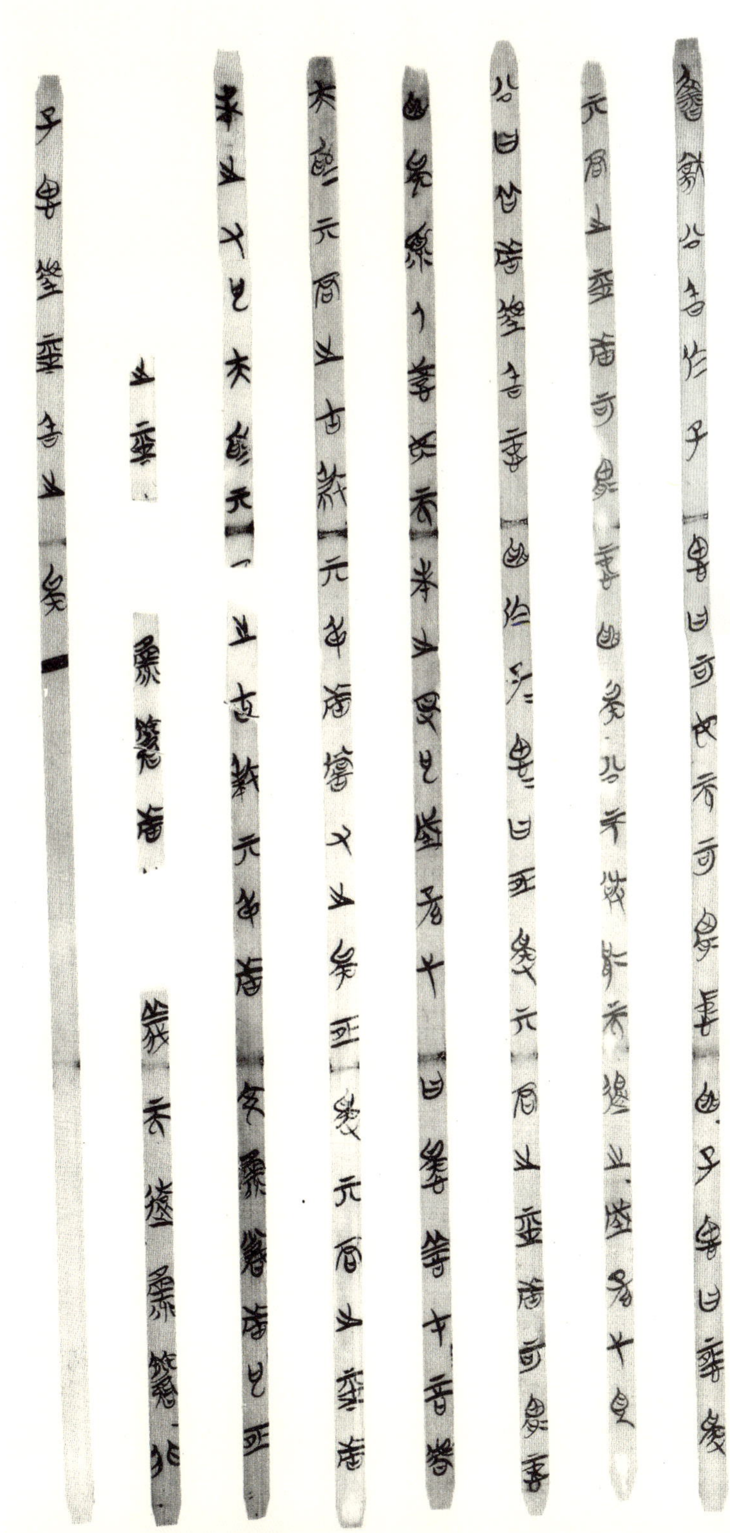

00003 魯穆公問子思

戰國楚竹簡。湖北荊門郭店1號戰國楚墓出土。現存8枚，簡長26.4厘米。原無篇題，整理者據内容擬定。湖北省荊門市博物館藏。

00004 五行

戰國楚竹簡。湖北荆門郭店1號戰國楚墓出土。現存50枚，簡長32.5厘米。首尾完整，原有篇題，抄寫在篇首第一簡正面上端。湖北省荆門市博物館藏。

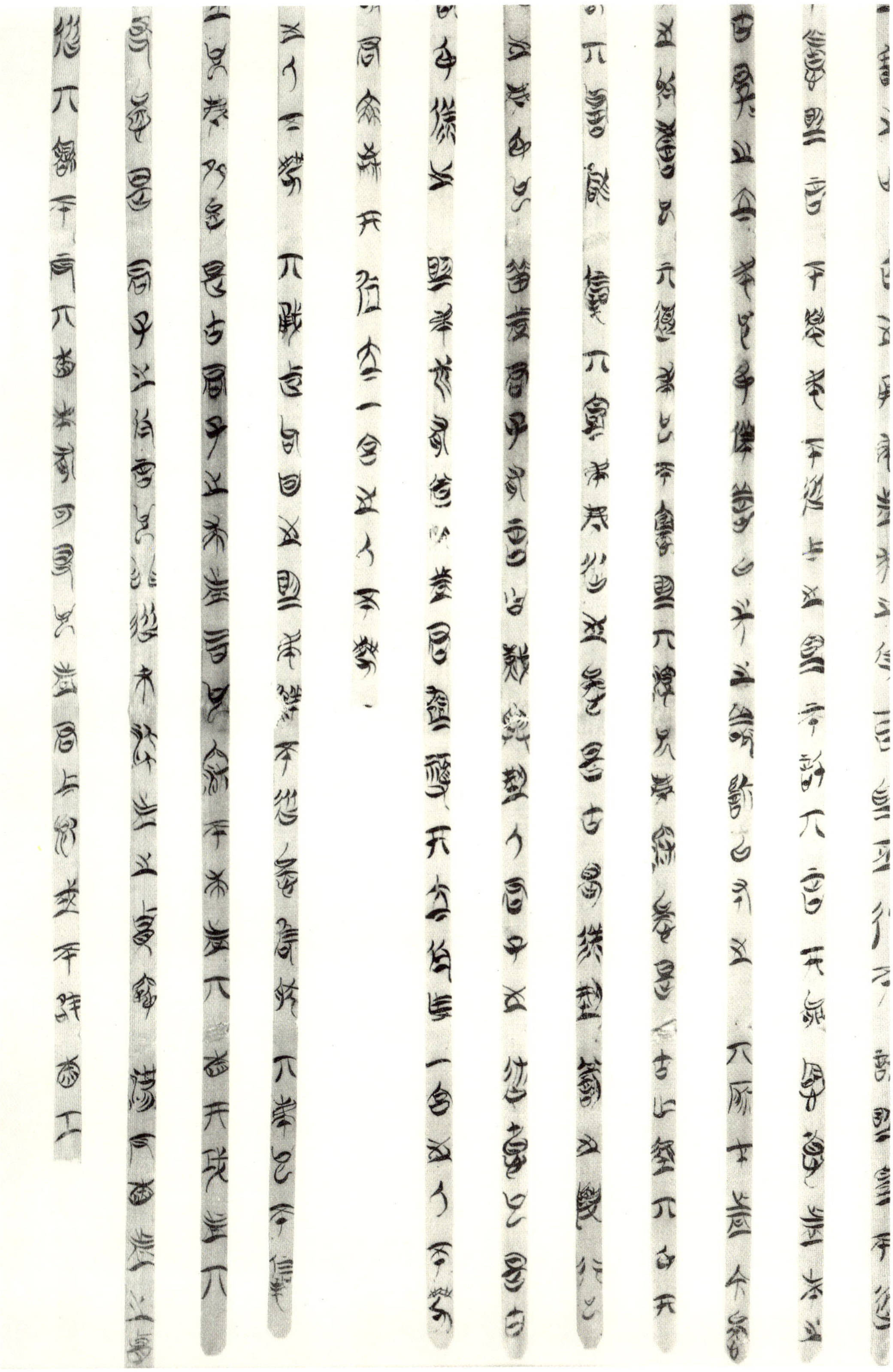

00005 成之聞之

戰國楚竹簡。湖北荊門郭店1號戰國楚墓出土。現存40枚，簡長32.5厘米左右。原無篇題，整理者據篇首語擬定。湖北省荊門市博物館藏。

00006 語叢一、二、三、四

戰國楚竹簡。湖北荆門郭店1號戰國楚墓出土。現存265枚。原無篇題，整理者據内容擬定。湖北省荆門市博物館藏。

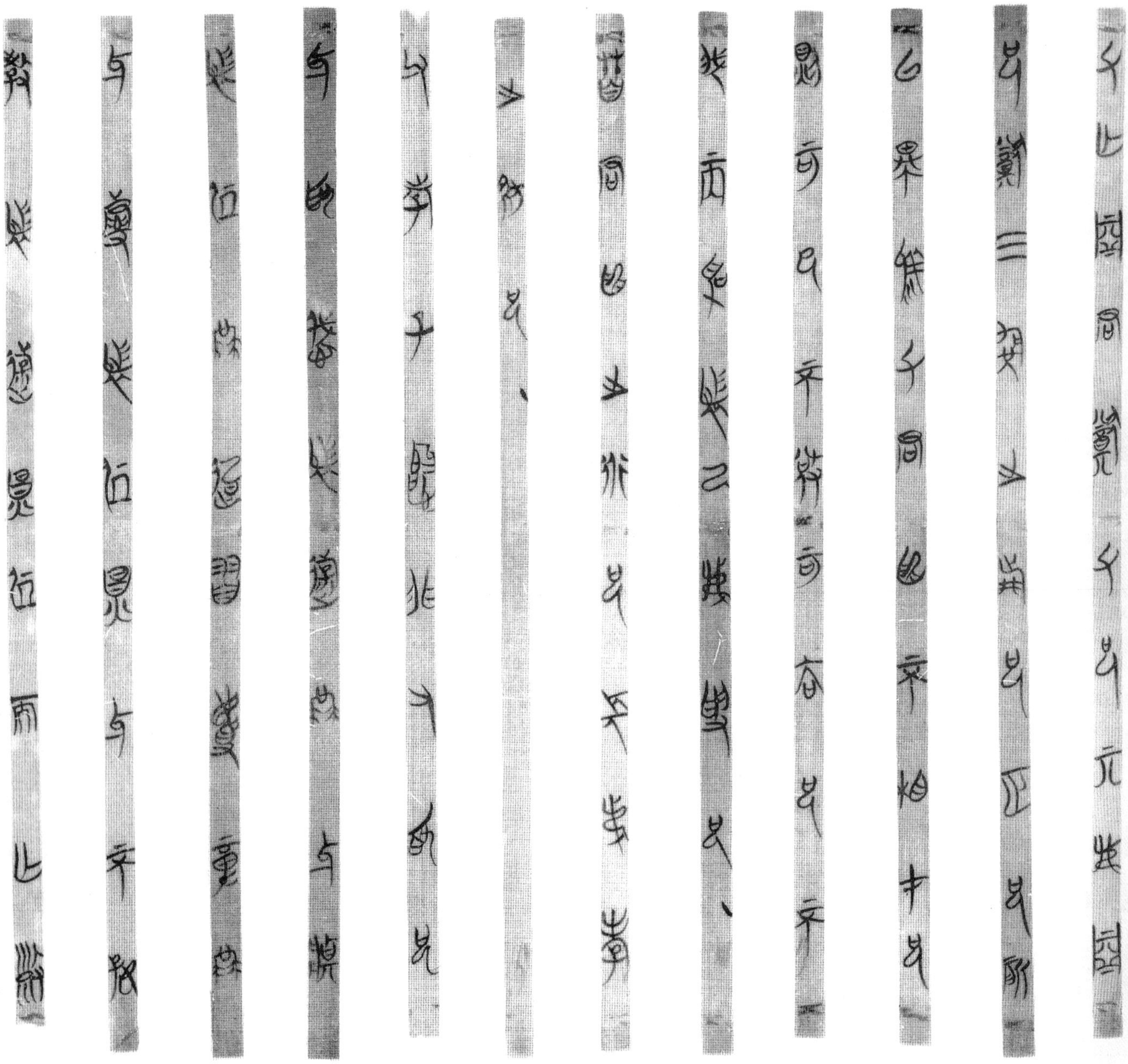

00007 六德

戰國楚竹簡。湖北荆門郭店1號戰國楚墓出土。現存49枚，簡長32.5厘米左右。原無篇題，整理者據内容擬定。湖北省荆門市博物館藏。

00008 性自命出

戰國楚竹簡。湖北荆門郭店1號戰國楚墓出土。現存67枚，簡長32.5厘米左右。原無篇題，取自第二簡的文字。湖北省荆門市博物館藏。

00009 尊德義

戰國楚竹簡。湖北荆門郭店1號戰國楚墓出土。現存39枚，簡長32.5厘米左右。原無篇題，整理者據篇首文字擬定。湖北省荆門市博物館藏。

00010 唐虞之道

戰國楚竹簡。湖北荆門郭店1號戰國楚墓出土。現存19枚，簡長28.3厘米左右。原無篇題，整理者據内容擬定。湖北省荆門市博物館藏。

00011 忠信之道

戰國楚竹簡。湖北荆門郭店1號戰國楚墓出土。現存9枚，簡長28.3厘米左右。原無篇題，整理者據文義擬定。湖北省荆門市博物館藏。

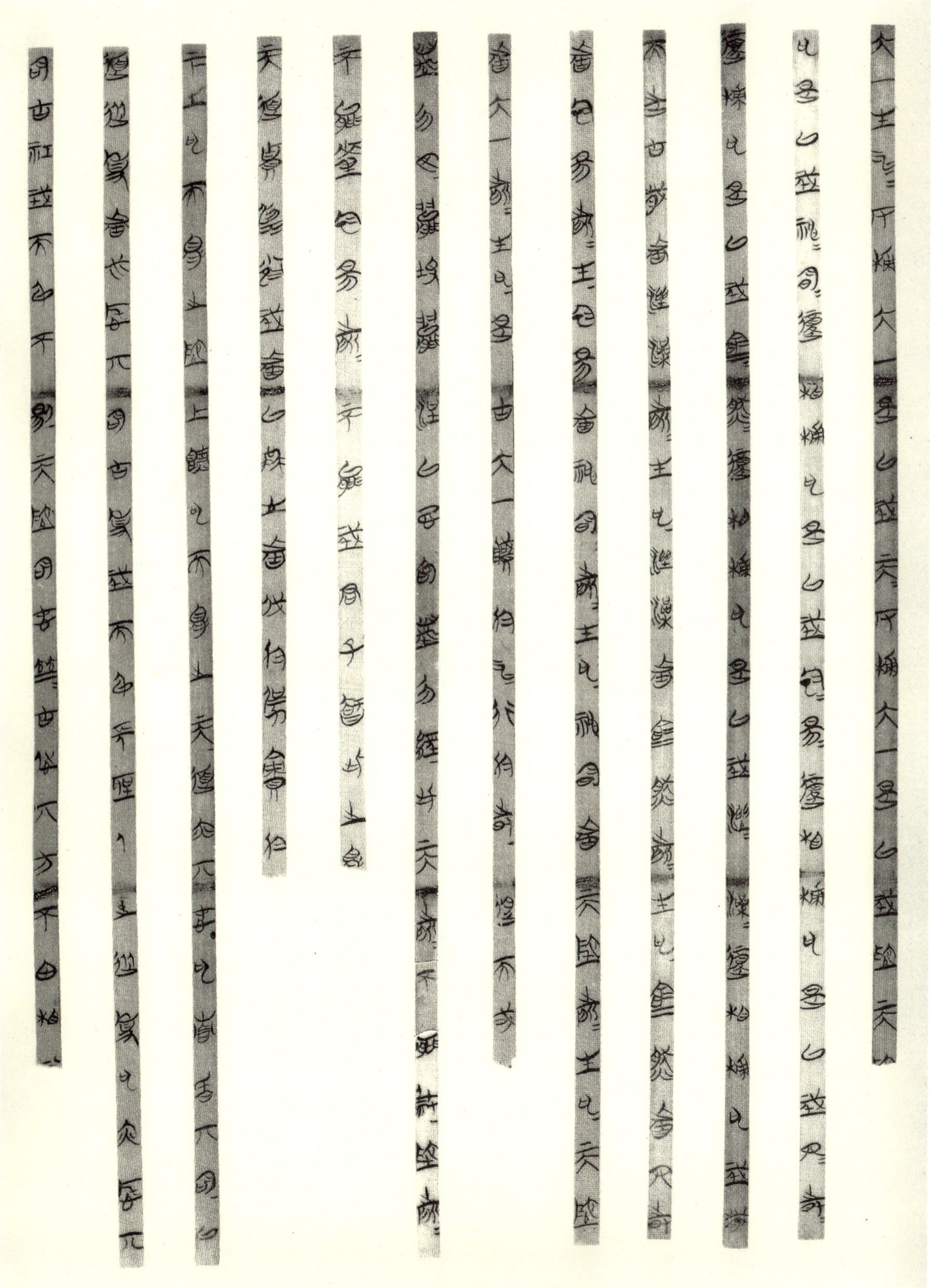

00012 太一生水

戰國楚竹簡。湖北荆門郭店1號戰國楚墓出土。現存14枚，簡長26.5厘米。原無篇題，整理者據内容擬定。湖北省荆門市博物館藏。

00013 老子（甲、乙、丙）

戰國楚竹簡。湖北荆門郭店1號戰國楚墓出土。現存71枚，分三組：甲組存39枚，簡長32.3厘米，存1000餘字；乙組存18枚，簡長30.6厘米，存260字左右；丙組存14枚，簡長26.5厘米，存380字。湖北省荆門市博物館藏。

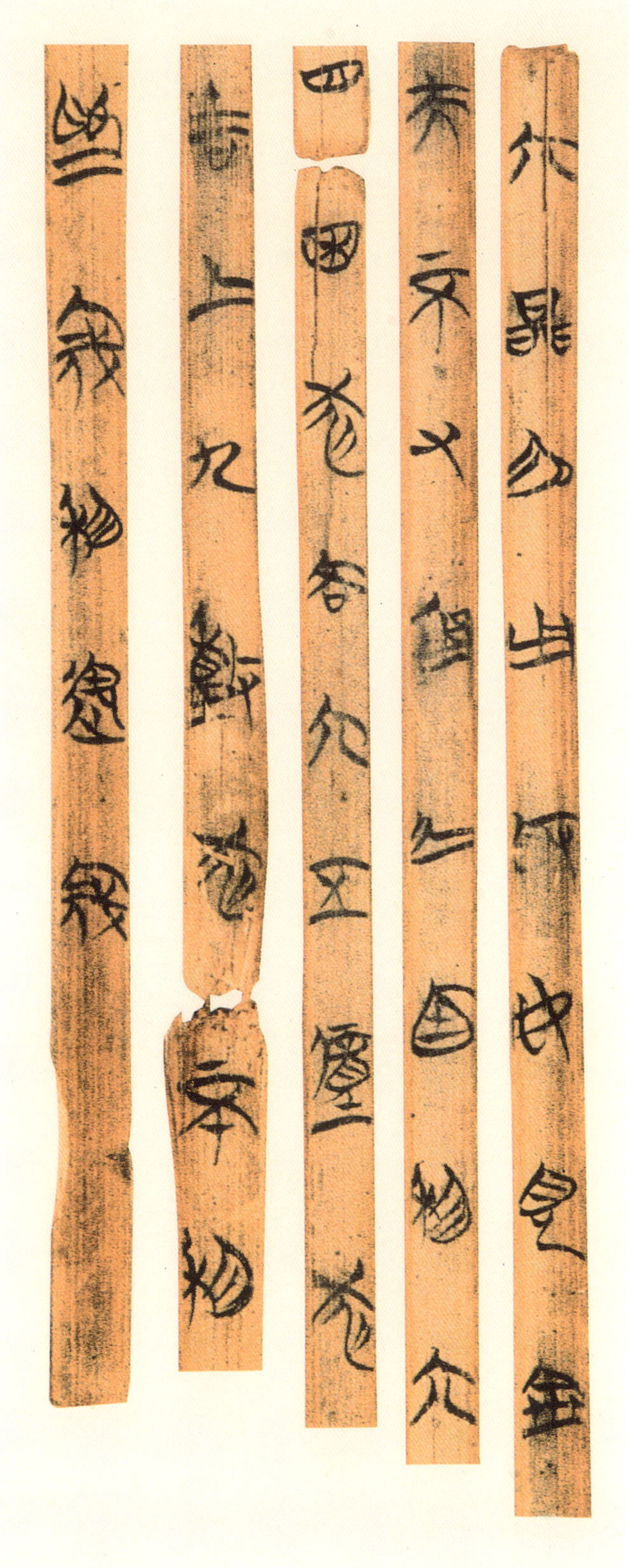

00014 周易

戰國楚竹簡。上海博物館藏。

00015 逸詩

戰國楚竹簡。現存6枚，上海博物館藏。

00016 孔子詩論

戰國楚竹簡。原無篇題，整理者據内容擬定。上海博物館藏。

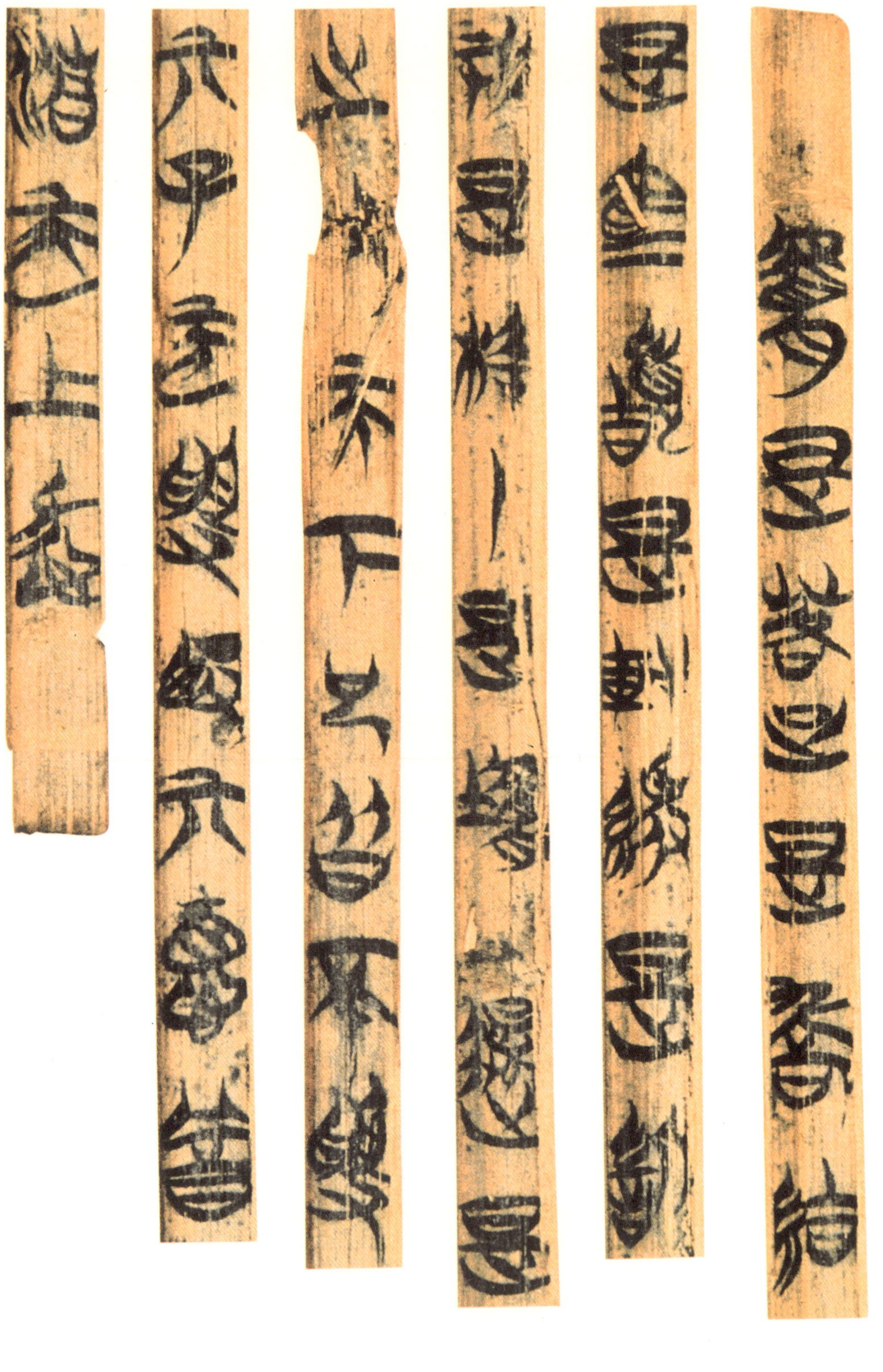

00017 容成氏

戰國楚竹簡。上海博物館藏。

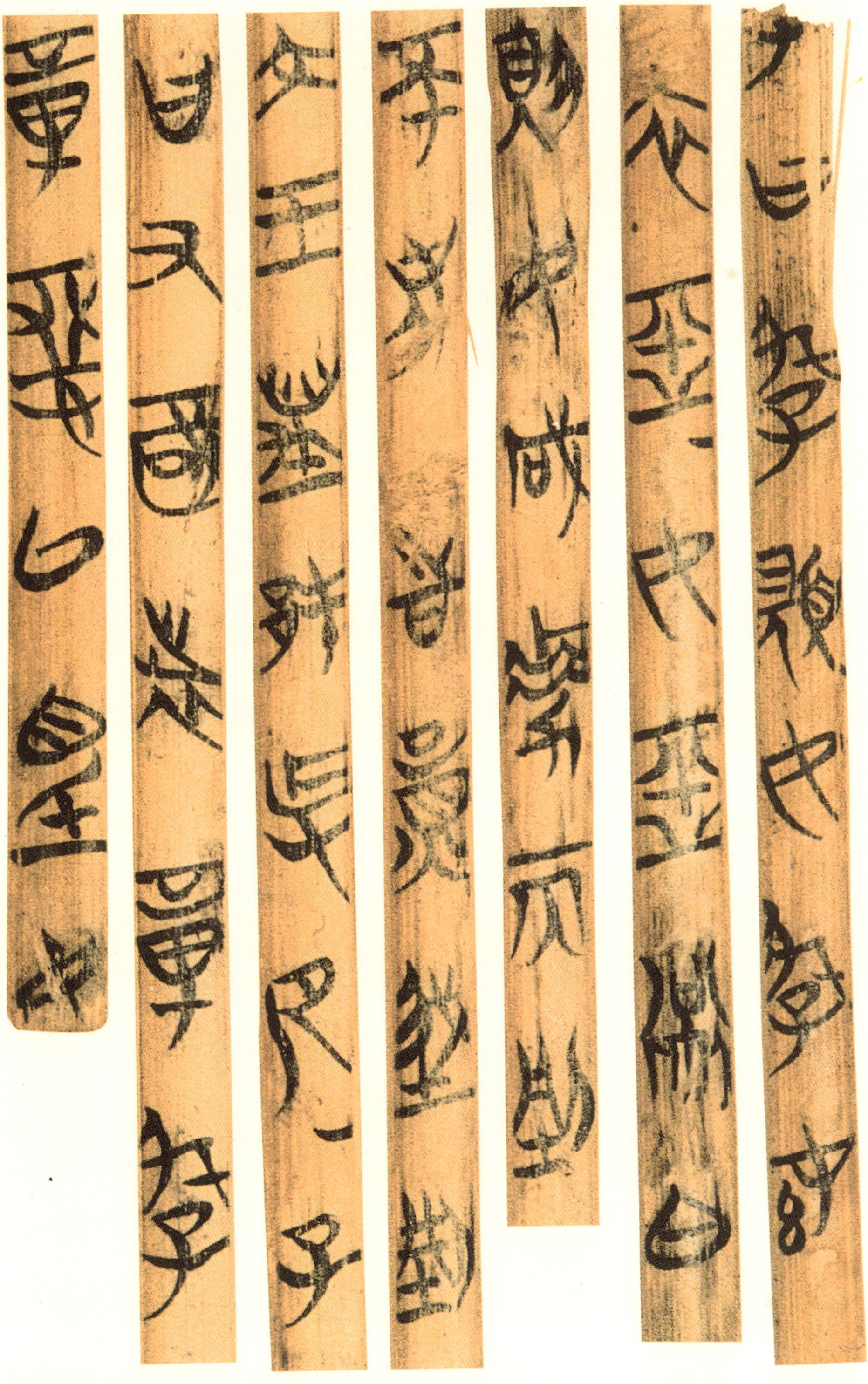

00018 緇衣

戰國楚竹簡。上海博物館藏。

00019 性情論

戰國楚竹簡。上海博物館藏。

00020 内豊

戰國楚竹簡。"内豊"篇題書於簡背。上海博物館藏。

00021 民之父母

戰國楚竹簡。上海博物館藏。

00022 子羔

戰國楚竹簡。上海博物館藏。

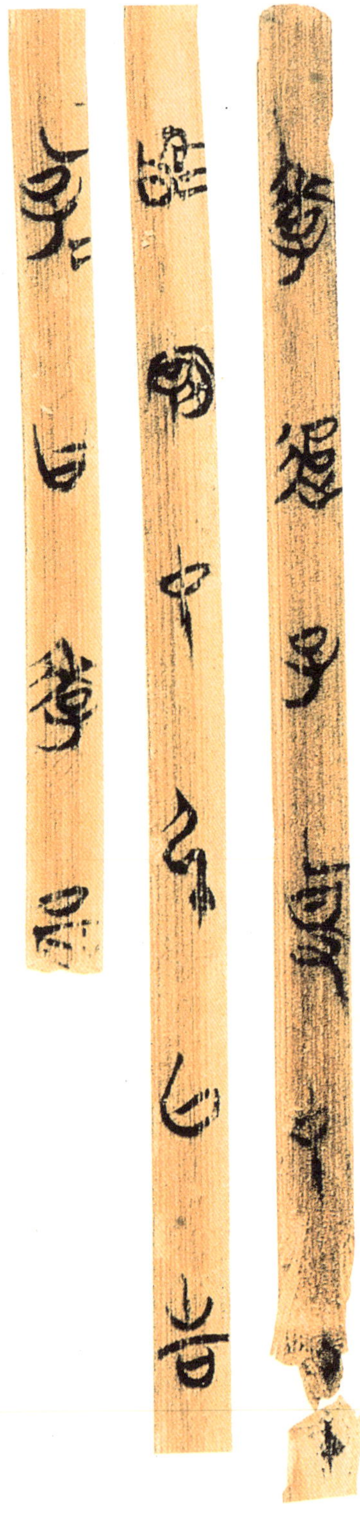

00023 中弓

戰國楚竹簡。上海博物館藏。

00024 昔者君老

戰國楚竹簡。上海博物館藏。

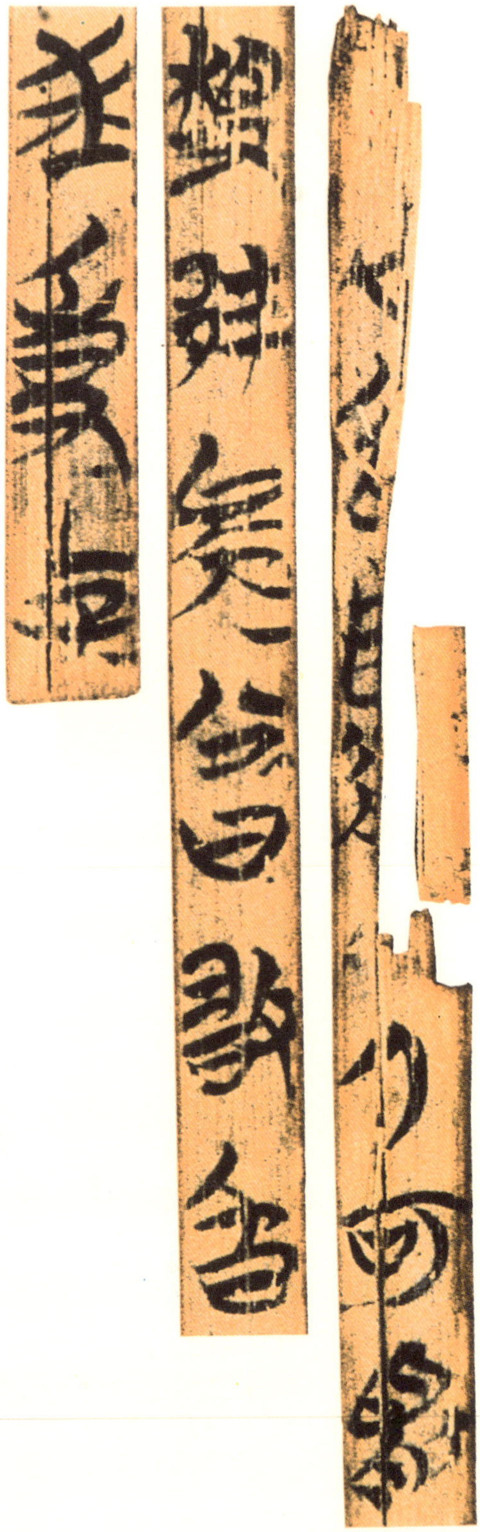

00025 相邦之道

戰國楚竹簡。原無篇題，整理者據末簡内容擬定。上海博物館藏。

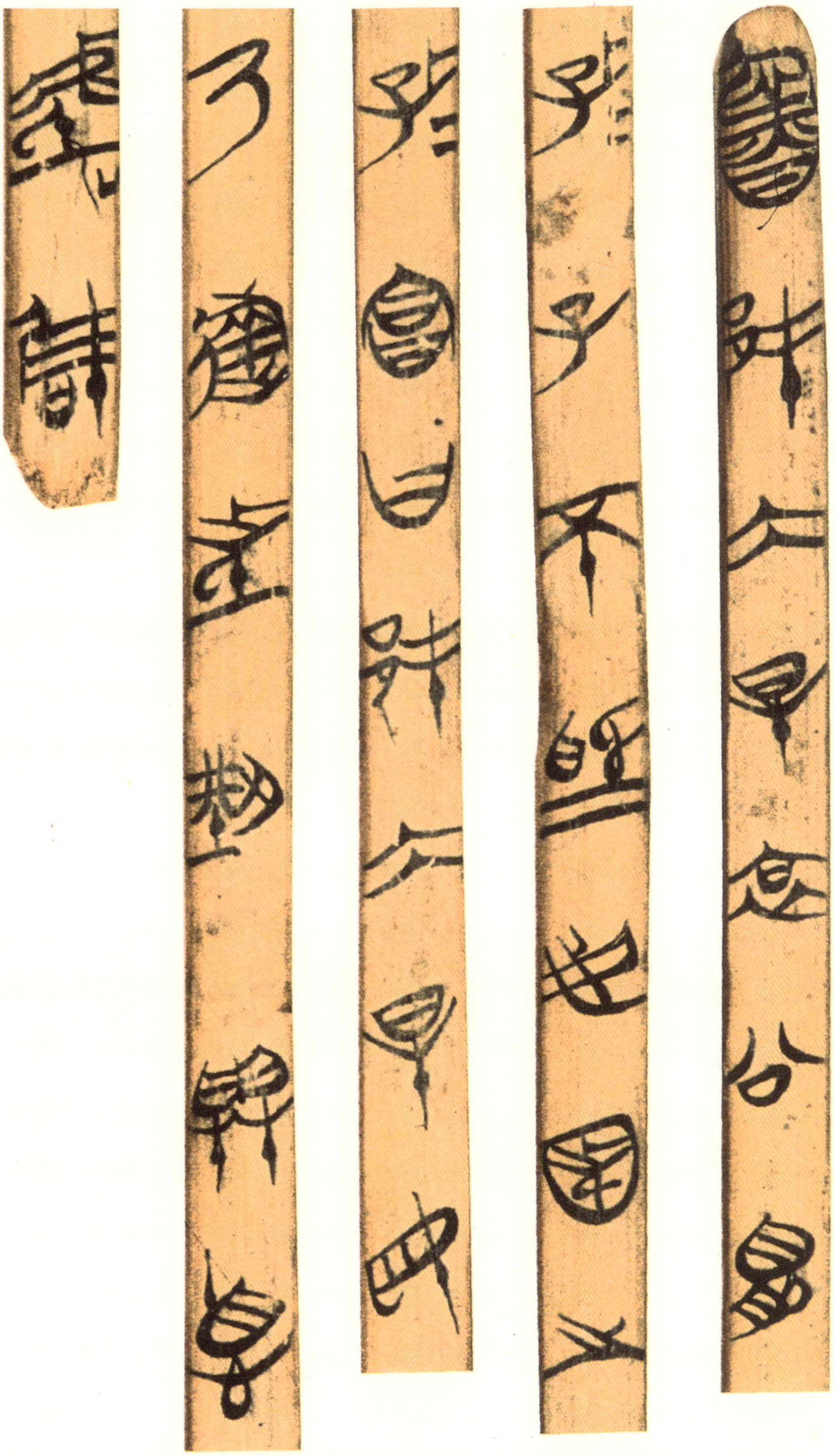

00026 魯邦大旱

戰國楚竹簡。上海博物館藏。

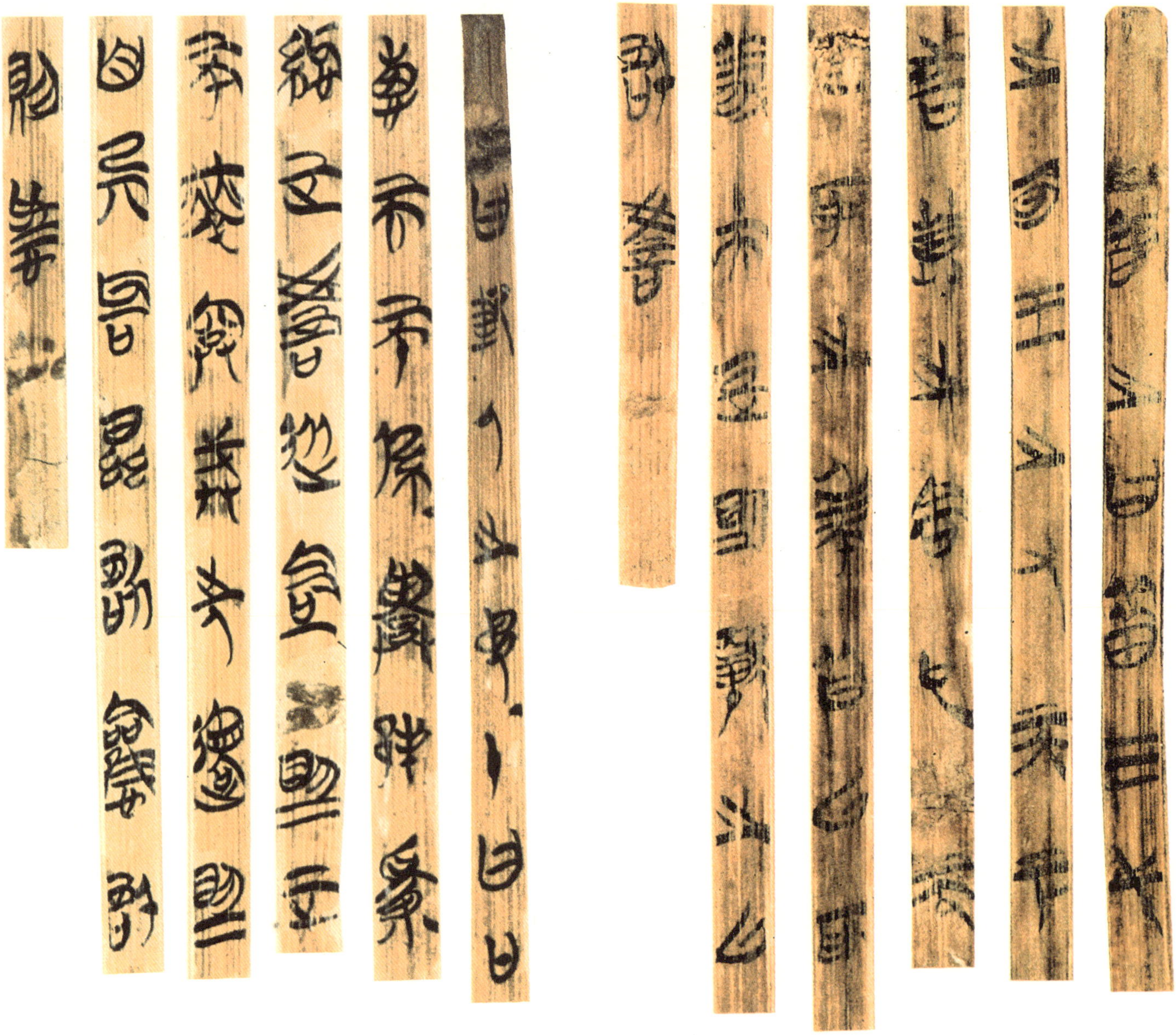

00027 從政甲乙篇

戰國楚竹簡。上海博物館藏。

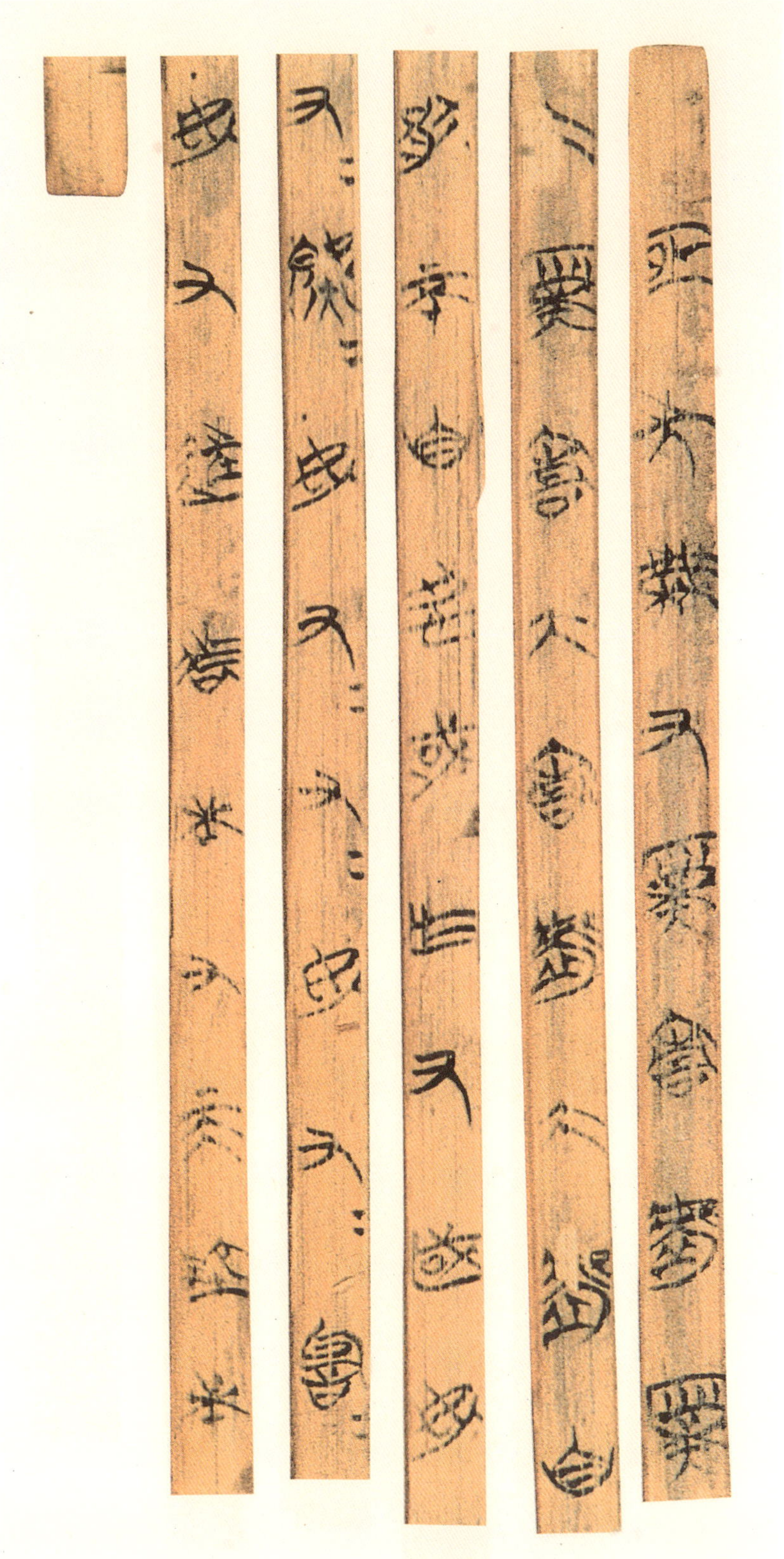

00028 恒先

戰國楚竹簡。上海博物館藏。

00029 曹沫之陳

戰國楚竹簡。上海博物館藏。

00030 志怪故事

秦竹簡。1986年6月天水市北道區黨川鄉放馬灘1號秦墓出土。甘肅簡牘保護研究中心藏。

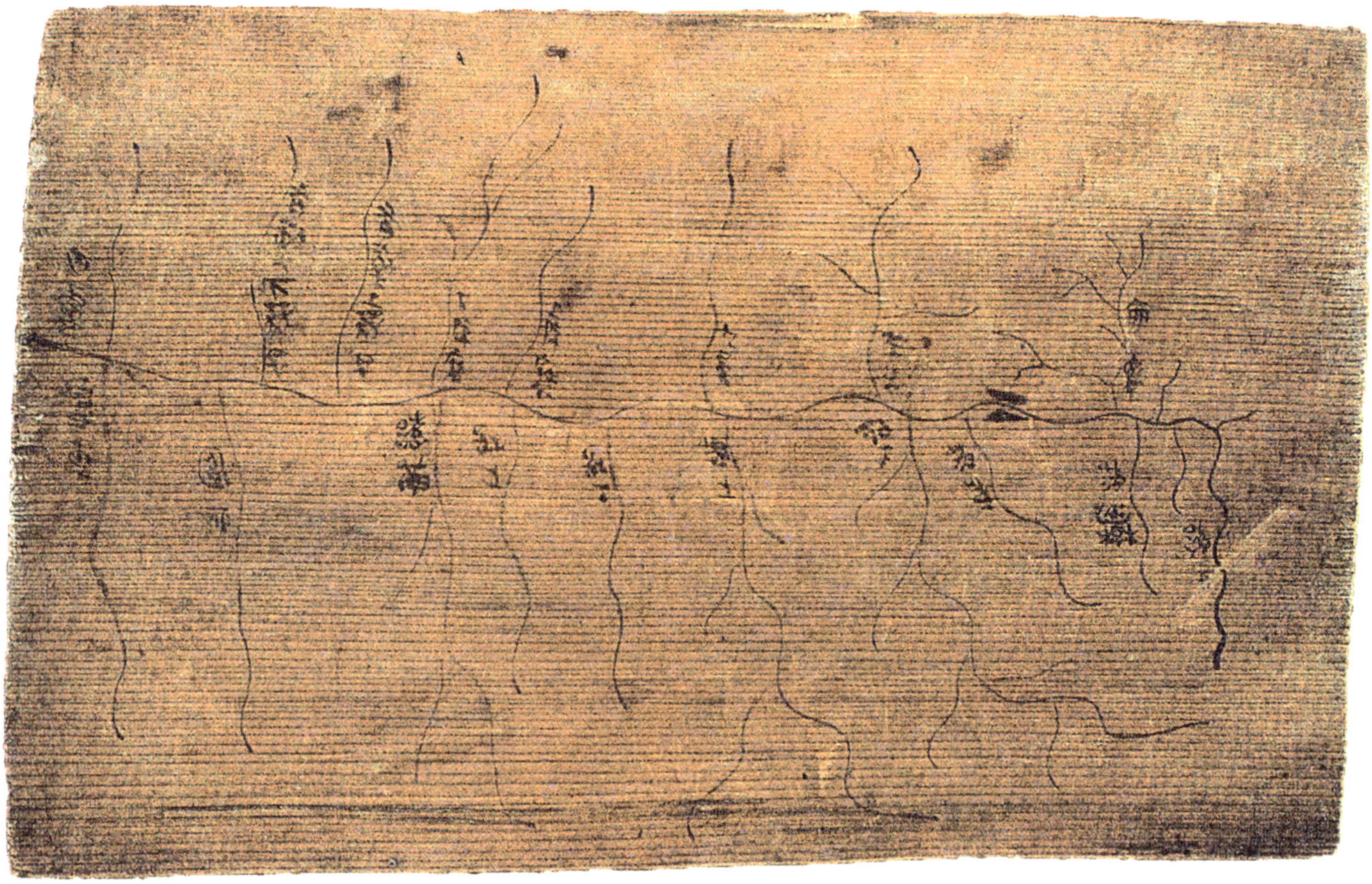

00031 戰國末期秦木板地圖

秦木板。1986年6月天水市北道區黨川鄉放馬灘1號秦墓出土。現存4塊。甘肅簡牘保護研究中心藏。

00032 日書甲乙種

秦竹簡。1986年6月天水市北道區黨川鄉放馬灘1號秦墓出土。現存甲種73枚，乙種380枚。甘肅簡牘保護研究中心藏。

00033 編年記

秦竹簡。湖北雲夢睡虎地11號秦墓出土。現存53枚。原無書題，整理組據簡文内容擬定。國家博物館藏。

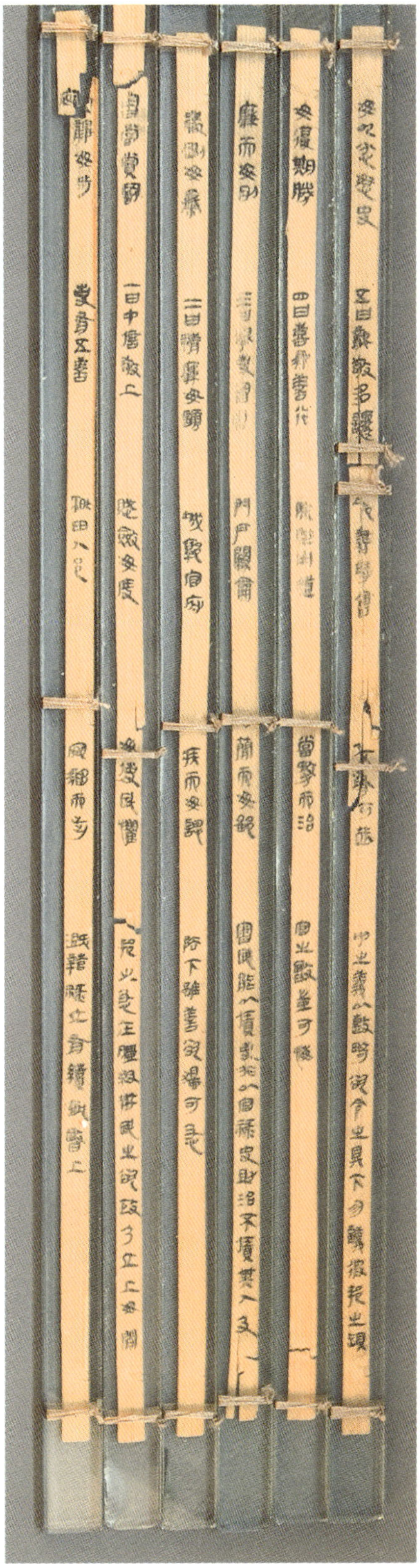

00034 爲吏之道

秦竹簡。湖北雲夢睡虎地11號秦墓出土。現存50枚。湖北省博物館藏。

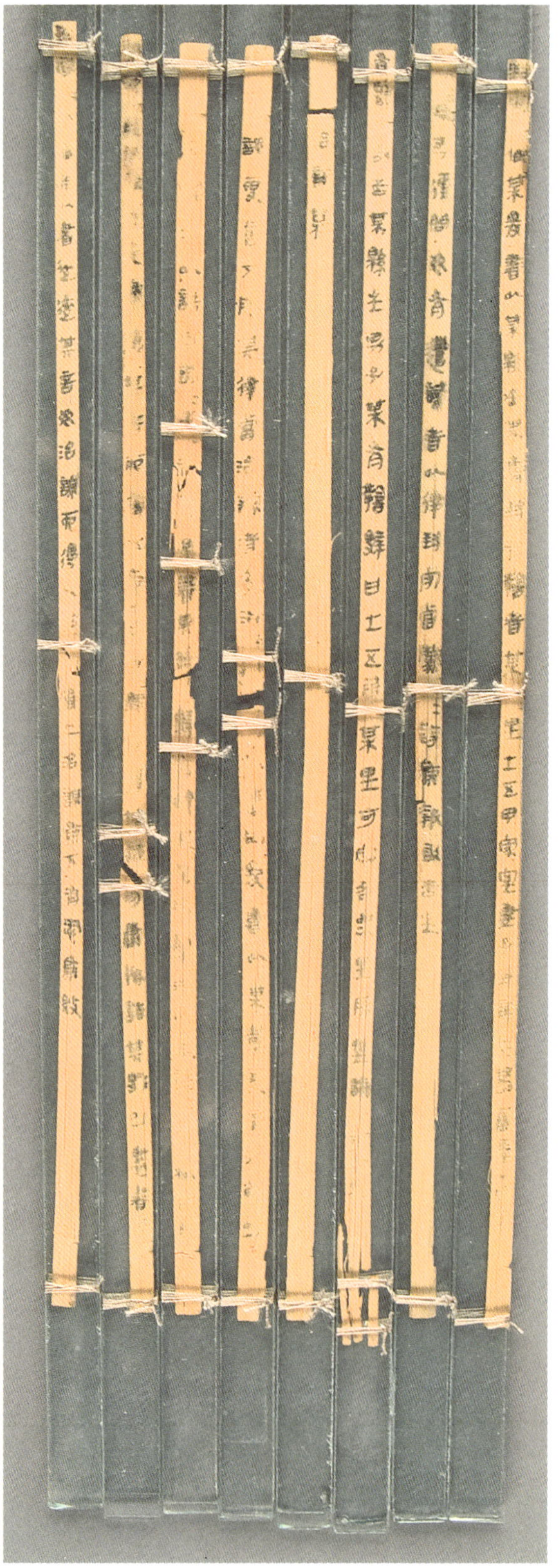

00035 封診式

秦竹簡。湖北雲夢睡虎地11號秦墓出土。現存98枚。湖北省博物館藏。

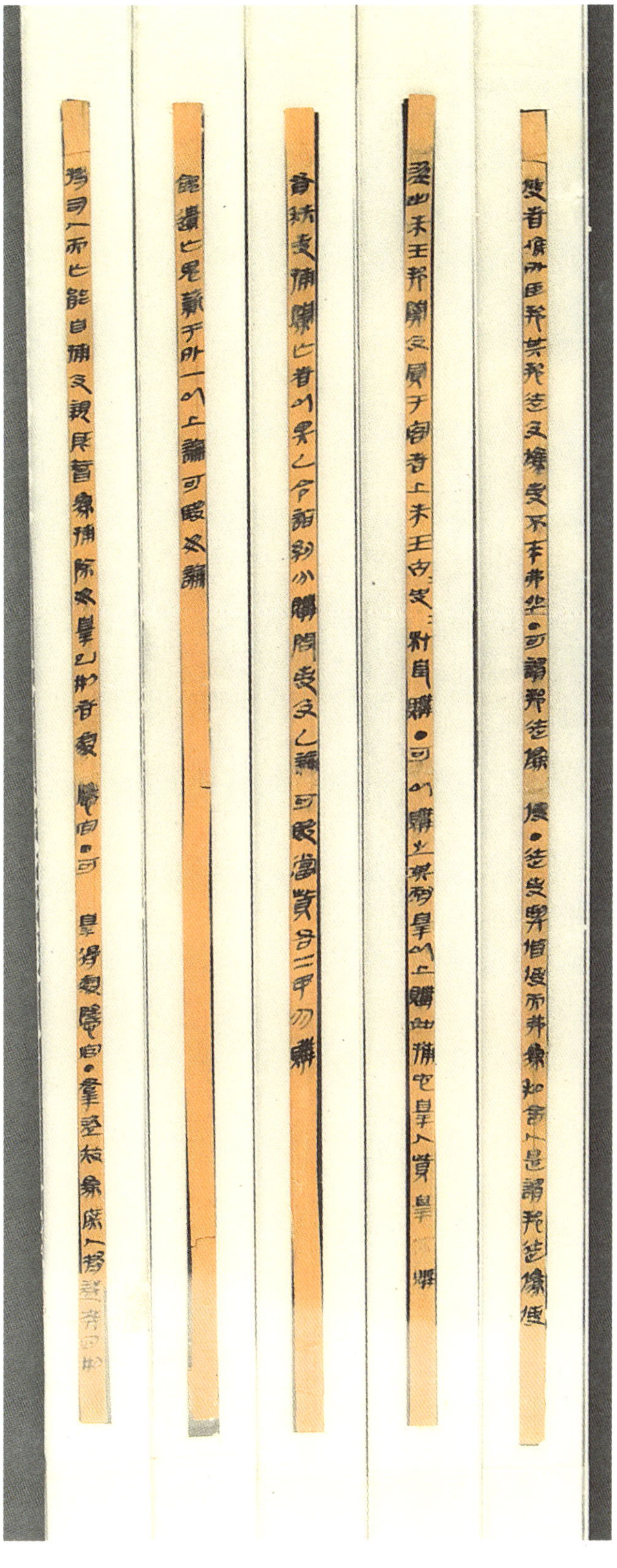

00036 法律答問

秦竹簡。湖北雲夢睡虎地11號秦墓出土。原無篇題，整理者據内容擬定。湖北省博物館藏。

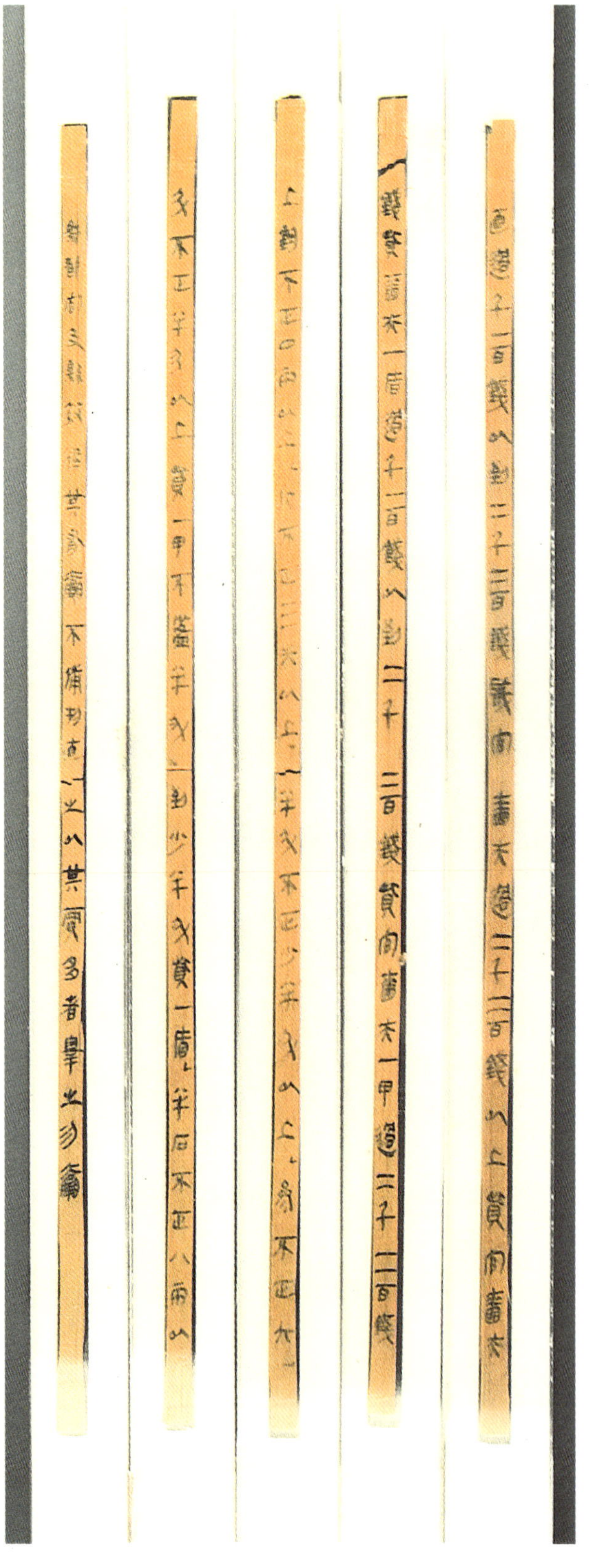

00037 效律

秦竹簡。湖北雲夢睡虎地11號秦墓出土。湖北省博物館藏。

00038 秦律雜抄

秦竹簡。湖北雲夢睡虎地11號秦墓出土。湖北省博物館藏。

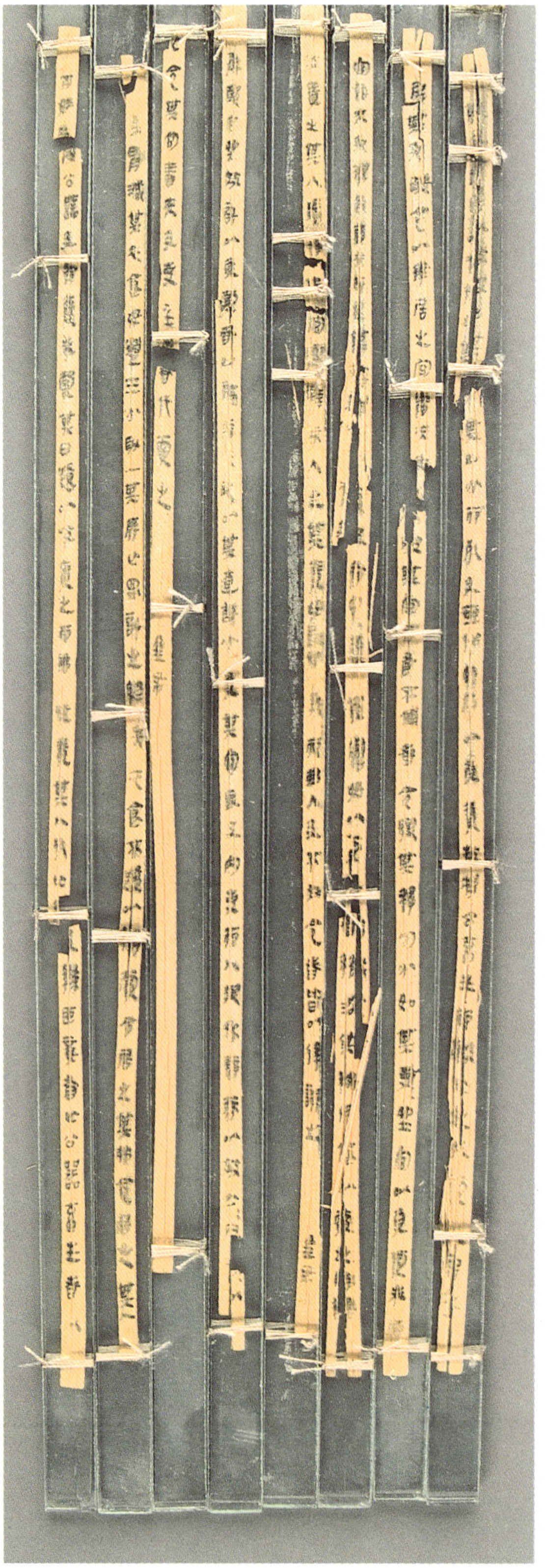

00039 秦律十八種

秦竹簡。湖北雲夢睡虎地11號秦墓出土。湖北省博物館藏。

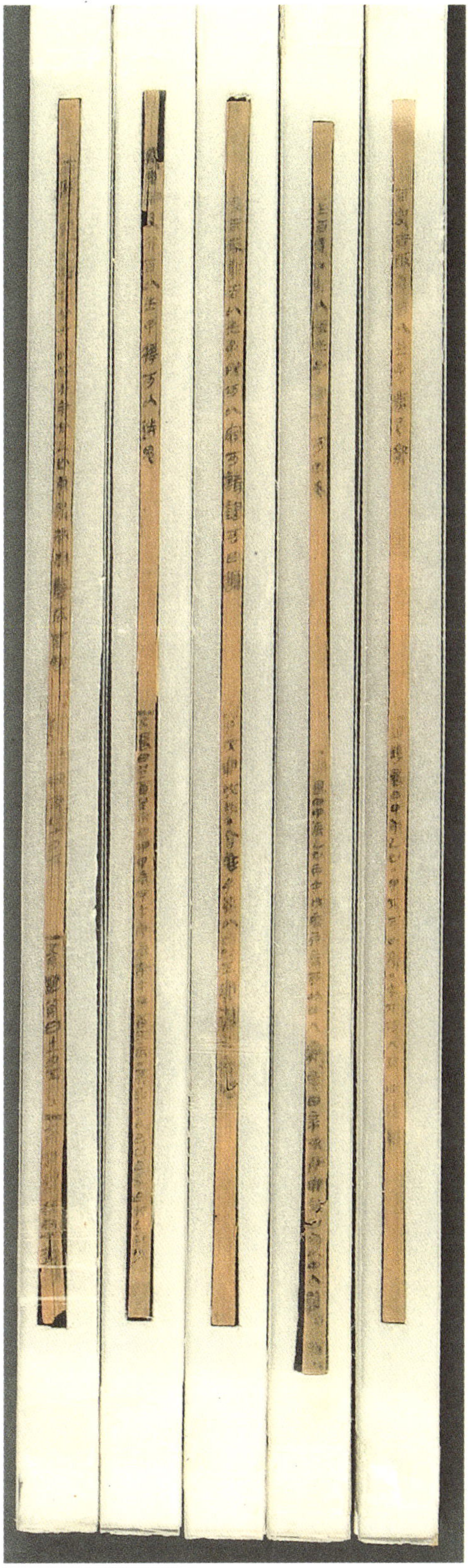

00040 日書甲乙種

秦竹簡。湖北雲夢睡虎地11號秦墓出土。湖北省博物館藏。

00041 秦始皇三十四年曆譜

秦竹簡。湖北沙市周家臺30號秦墓出土。湖北省荆州市博物館藏。

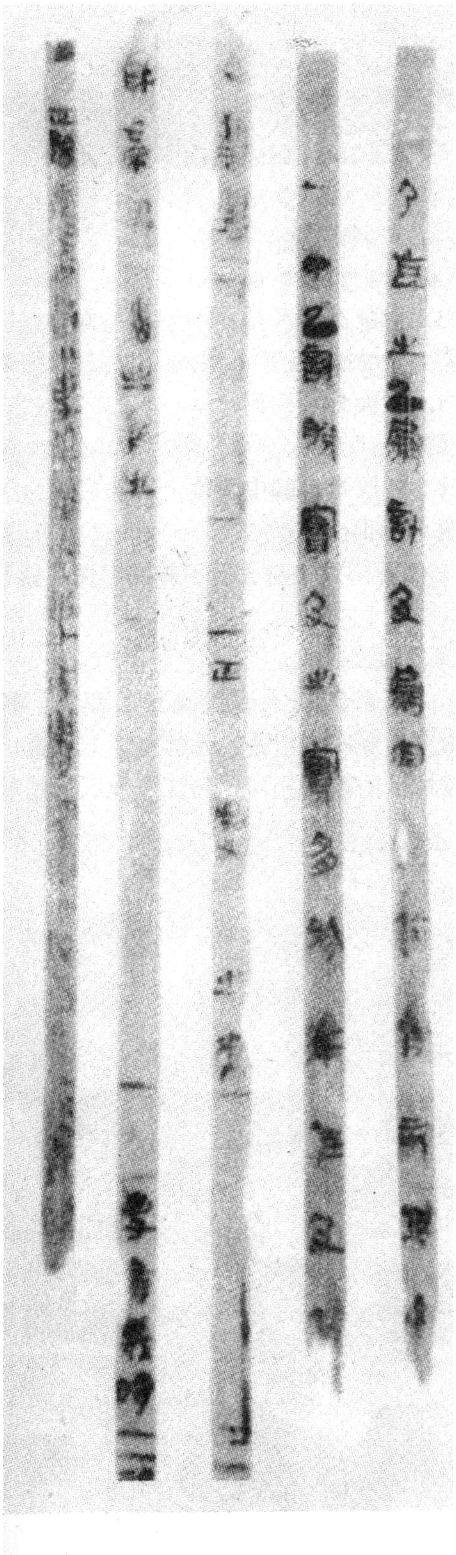

00042 日書

秦竹簡。湖北江陵王家臺15號秦墓出土。湖北省荆州市博物館藏。

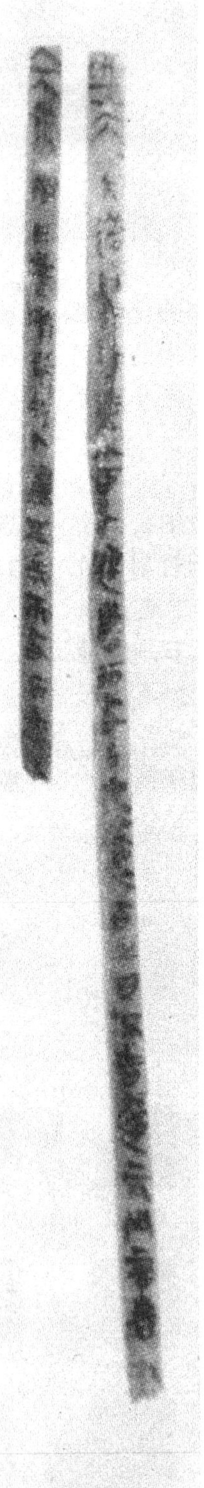

00043 歸藏

秦竹簡。湖北江陵王家臺15號秦墓出土。湖北省荊州市博物館藏。

00044 二年律令

西漢竹簡。湖北江陵張家山247號漢墓出土。現存526枚，簡長31厘米。湖北省荆州市博物館藏。

00045 奏讞書

西漢竹簡。湖北江陵張家山247號漢墓出土。現存228枚，簡長28.6至30.1厘米。湖北省荆州市博物館藏。

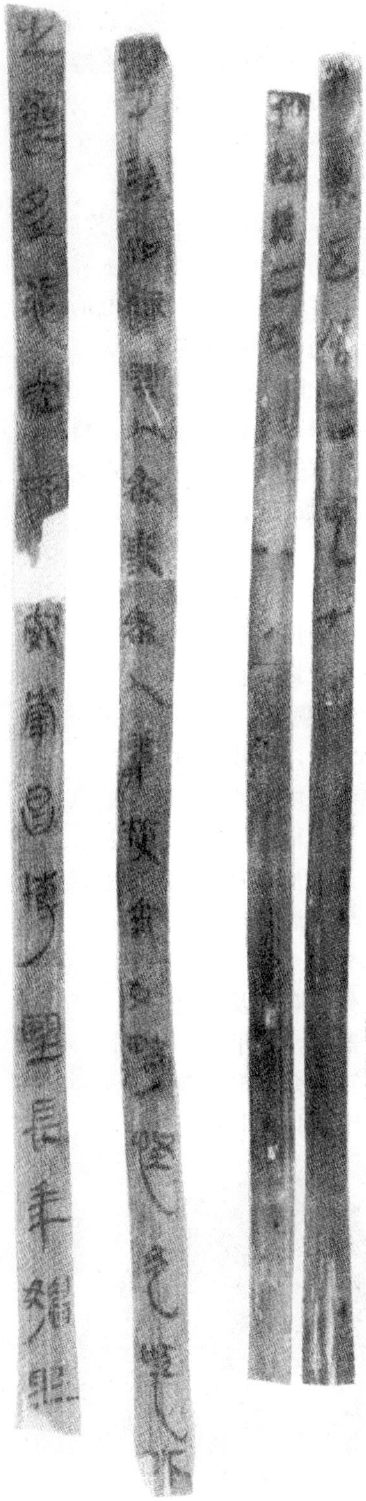

00046 莊子 · 盜蹠

西漢竹簡。湖北江陵張家山136號漢墓出土。現存44枚，簡長30厘米。湖北省荊州市博物館藏。

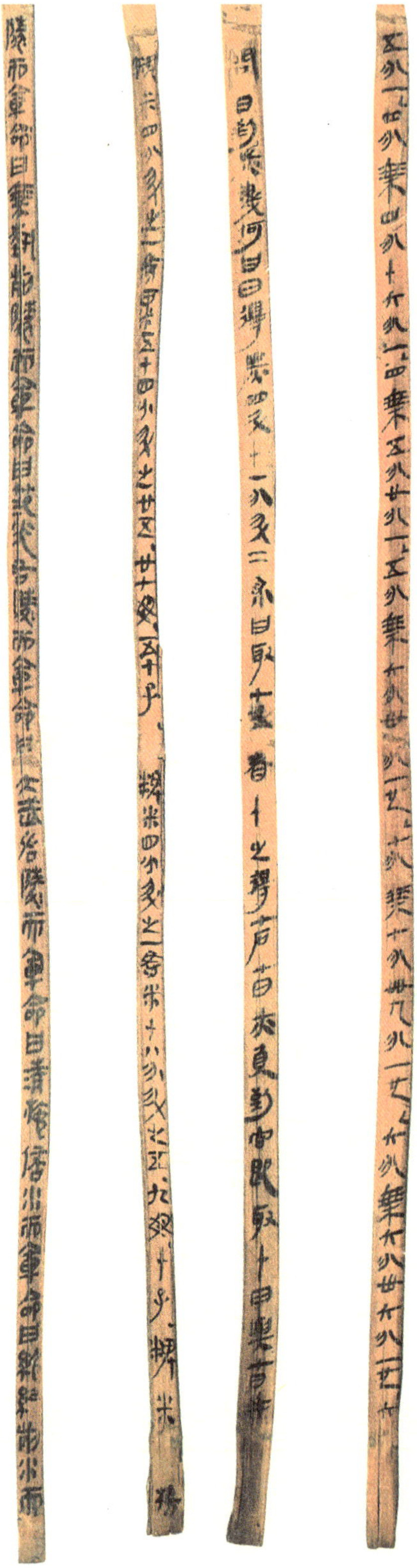

00047 蓋廬

西漢竹簡。湖北江陵張家山247號漢墓出土。現存55枚，簡長30至30.5厘米。湖北省荆州市博物館藏。

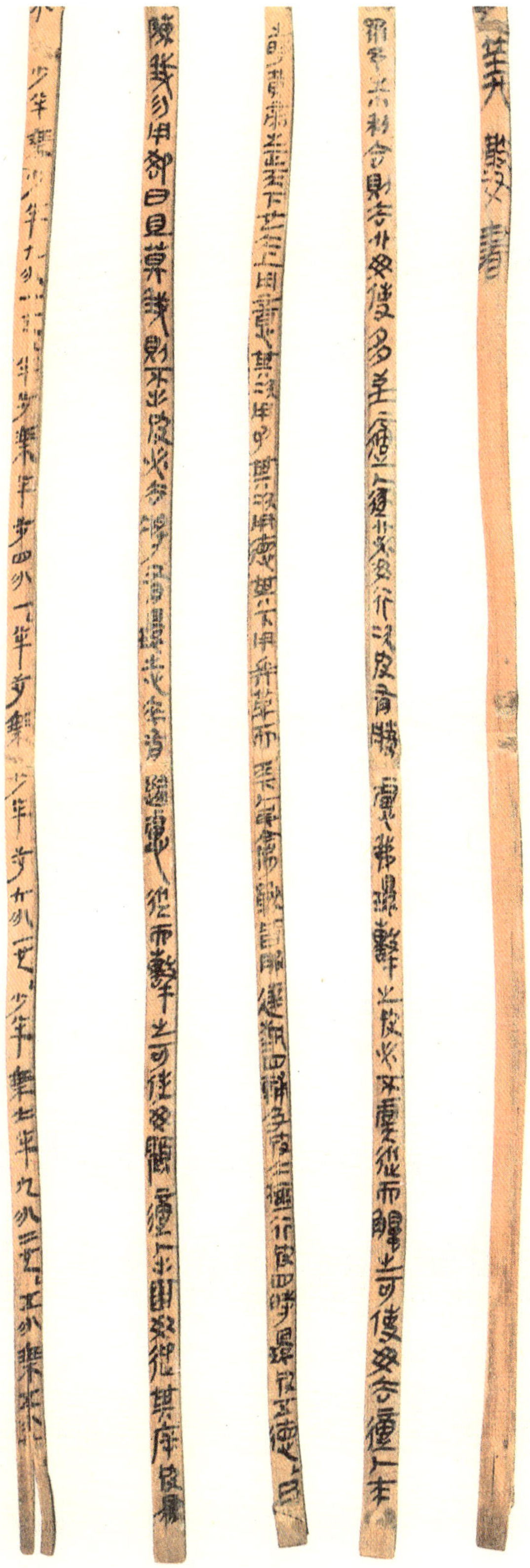

00048 算數書

西漢竹簡。湖北江陵張家山247號漢墓出土。現存190枚，簡長29.6至30.2厘米。湖北省荆州市博物館藏。

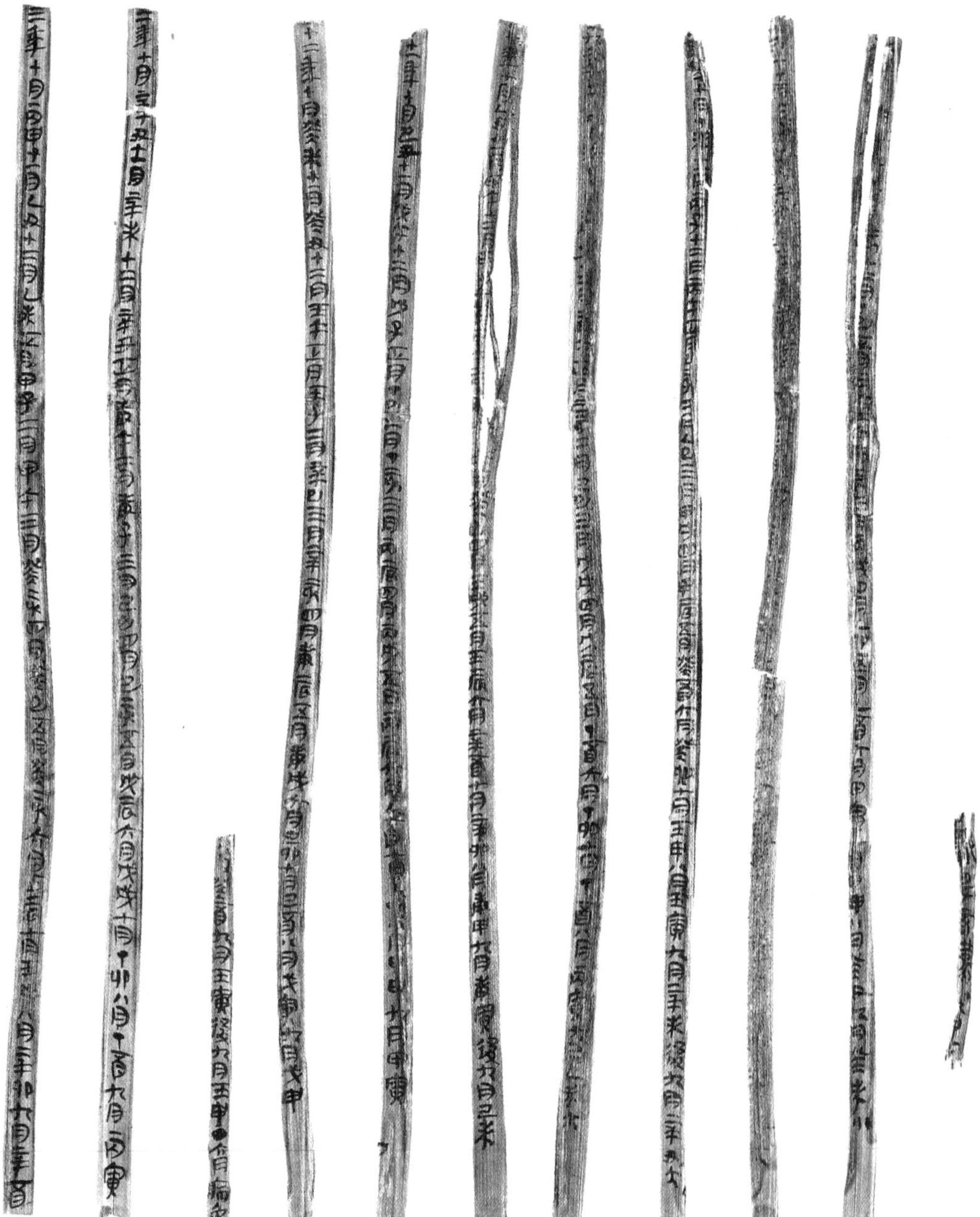

00049 曆譜

西漢竹簡。湖北江陵張家山247號漢墓出土。現存18枚，簡長23厘米。湖北省荆州市博物館藏。

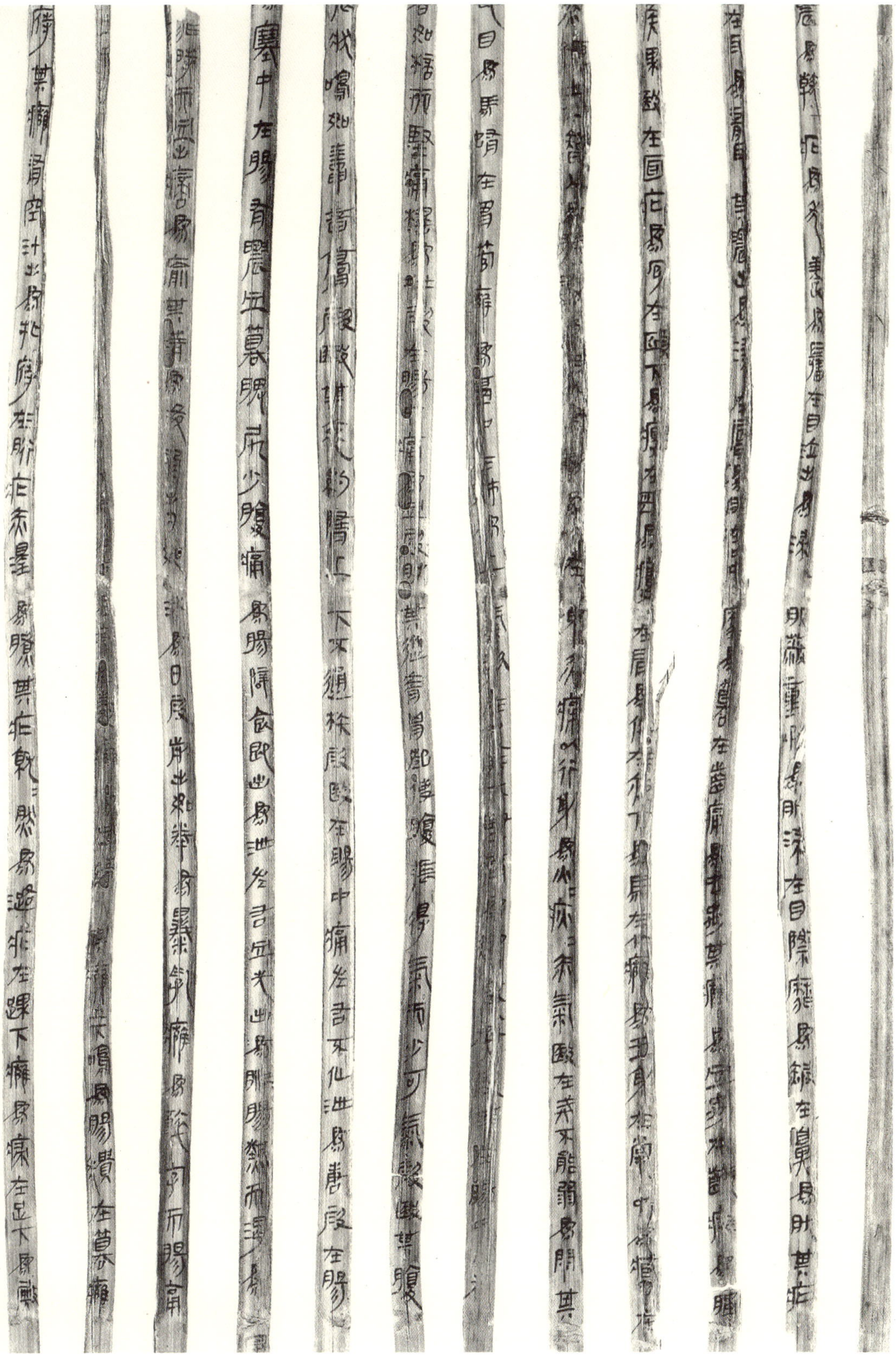

七五

00050 脈書

西漢竹簡。湖北江陵張家山247號漢墓出土。現存66枚，簡長34.2至34.6厘米。湖北省荆州市博物館藏。

00051 引書

西漢竹簡。湖北江陵張家山247號漢墓出土。現存112枚，簡長30至30.5厘米。湖北省荊州市博物館藏。

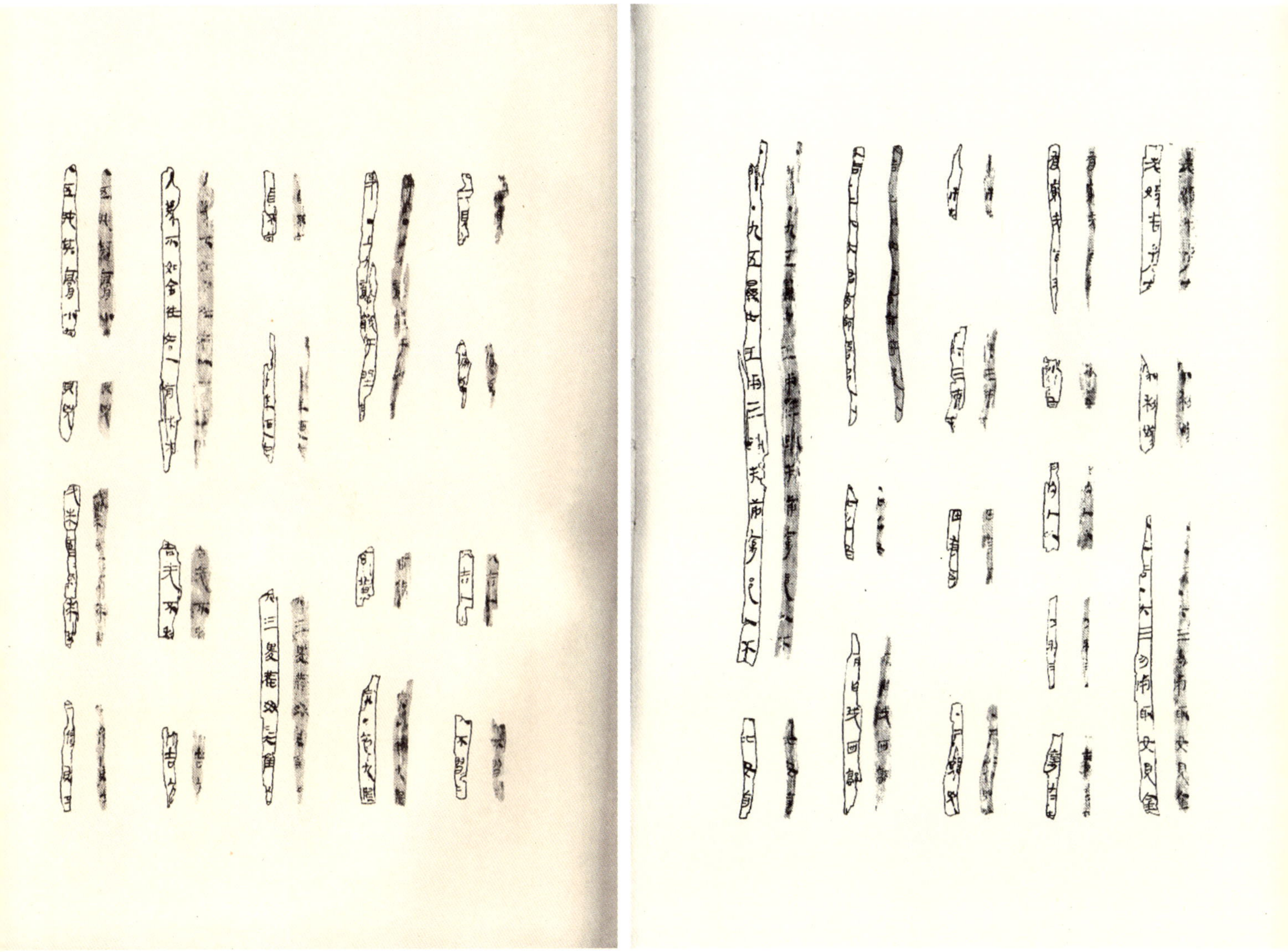

00052 周易

西漢竹簡。安徽省阜陽雙古堆1號漢墓出土。現存752枚，計3119字。安徽省阜陽市博物館藏。

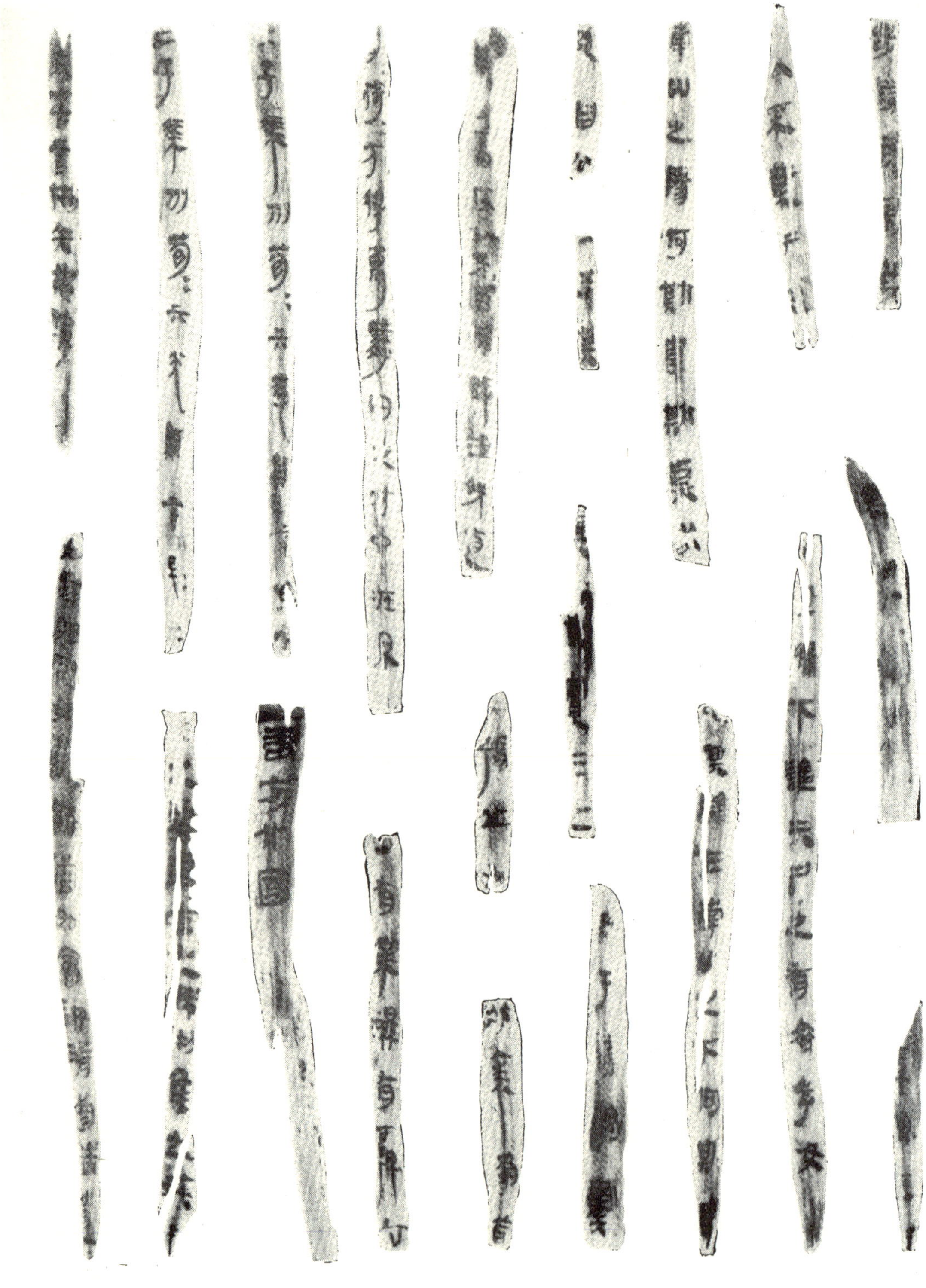

00053 詩經

西漢竹簡。安徽省阜陽雙古堆1號漢墓出土。現存182枚。安徽省阜陽市博物館藏。

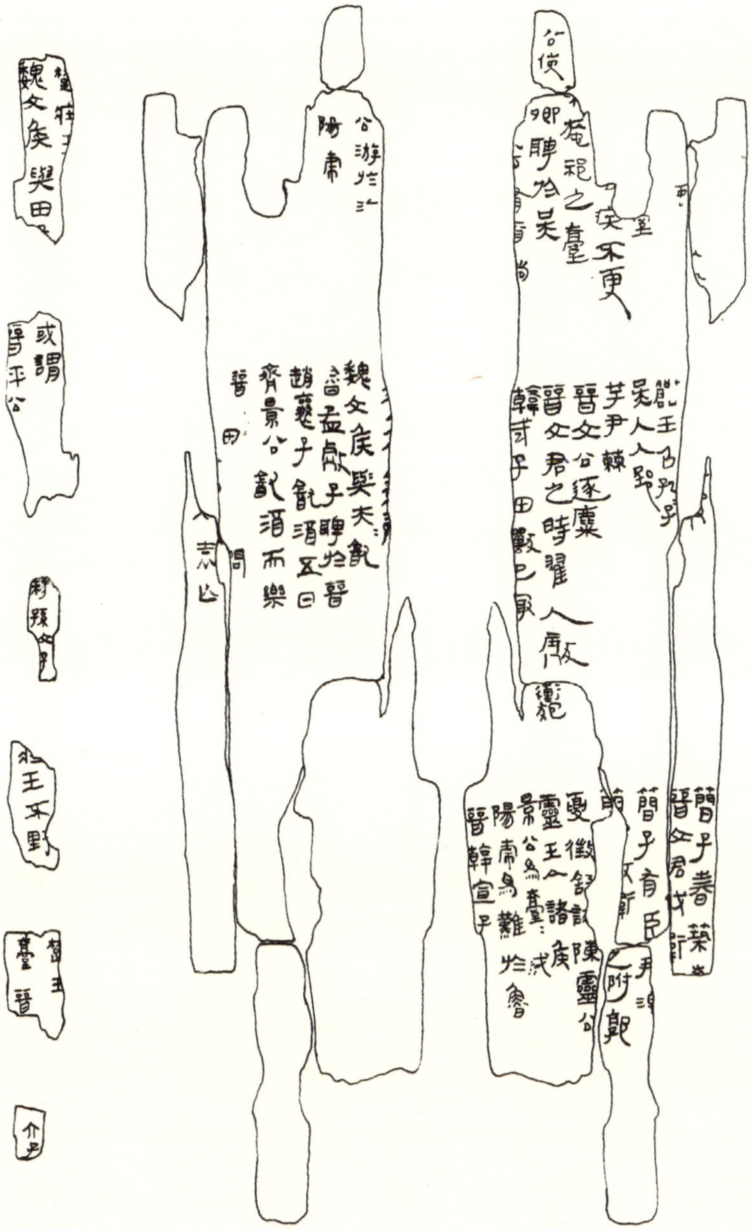

00054 春秋事語

西漢木牘。安徽省阜陽雙古堆1號漢墓出土。安徽省阜陽市博物館藏。

00057 蒼頡篇

西漢竹簡。安徽省阜陽雙古堆1號漢墓出土。現存124枚，計541字。安徽省阜陽市博物館藏。

00058 儒家者言

西漢木牘。安徽省阜陽雙古堆1號漢墓出土。原無題名，因與1973年河北定縣劉修墓出土《儒家者言》多有相同之處，故從其名。安徽省阜陽市博物館藏。

00059 楚辭

西漢竹簡。安徽省阜陽雙古堆1號漢墓出土。已整理出兩枚，一爲《離騷》殘句，存4字；一爲《涉江》殘句，存5字。安徽省阜陽市博物館藏。

00060 刑德

西漢竹簡。安徽省阜陽雙古堆1號漢墓出土。包括甲、乙兩種，甲種現存84枚，乙種現存69枚。安徽省阜陽市博物館藏。

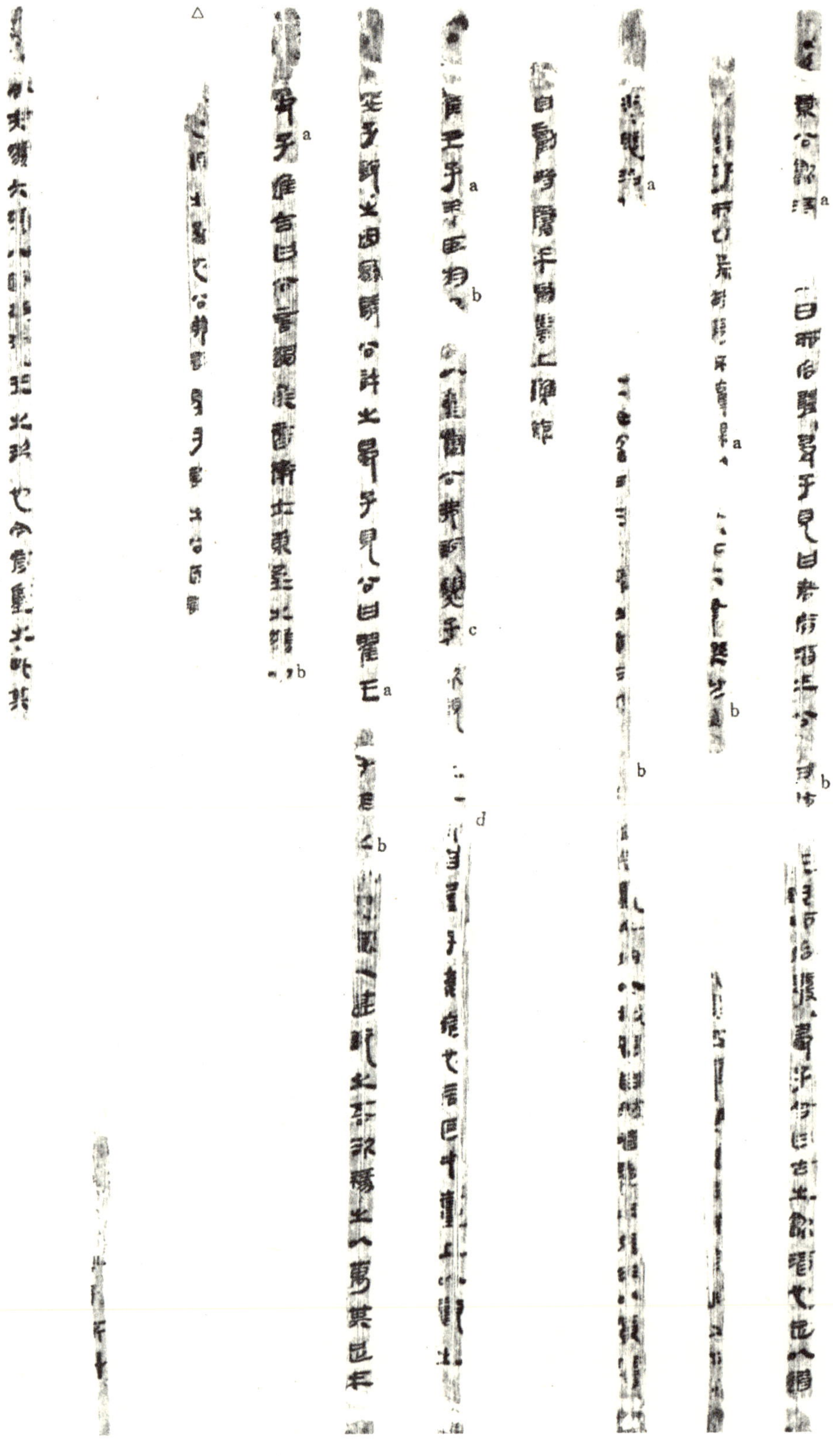

00062 晏子

西漢竹簡。山東臨沂銀雀山1號漢墓出土。現存215枚。長短不一，寬約1厘米，簡上字數不等。原無書題，整理者據内容擬定。山東省博物館藏。

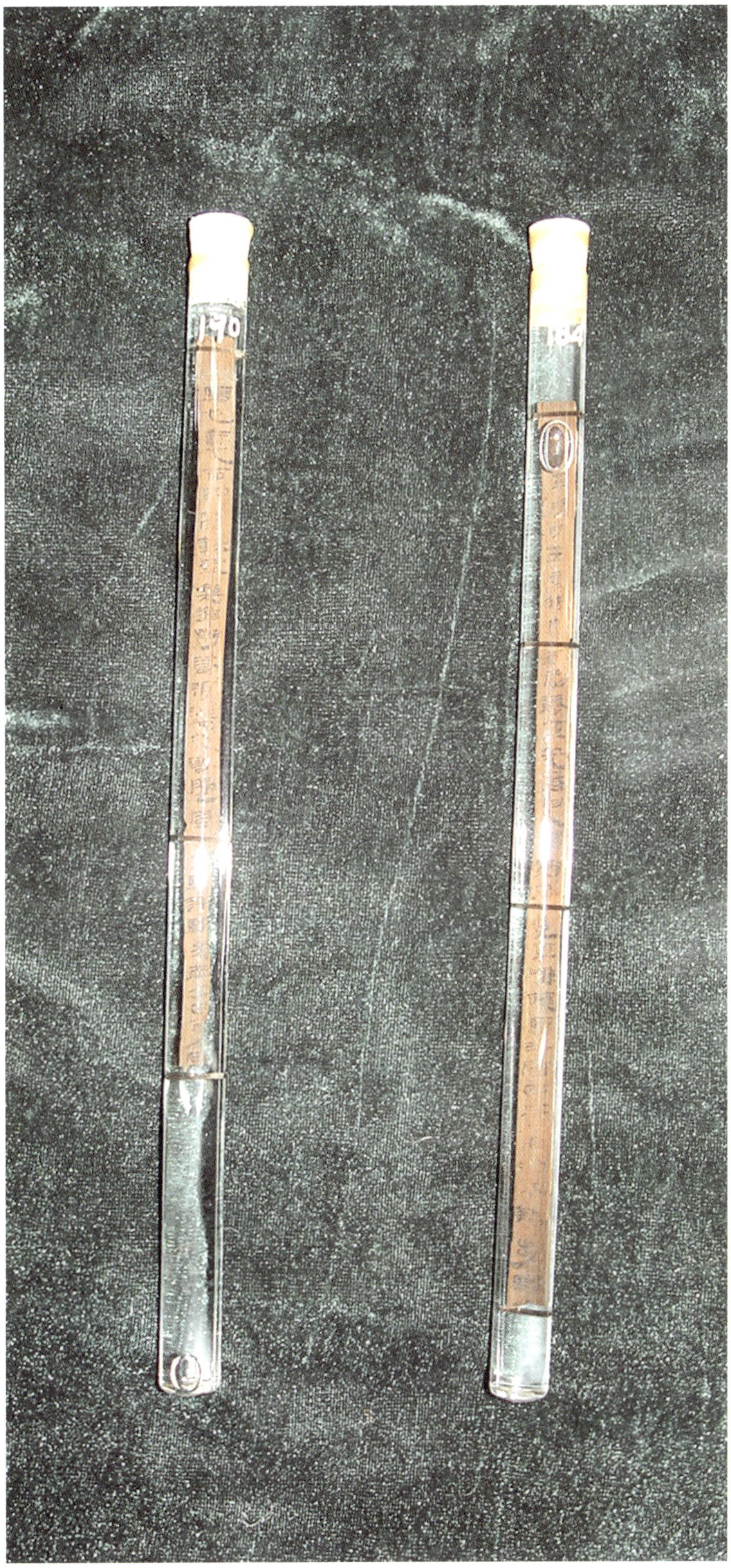

00063 唐勒

西漢竹簡。山東臨沂銀雀山1號漢墓出土。原有篇名“唐革(勒)”二字，抄於0184號簡背。山東省博物館藏。

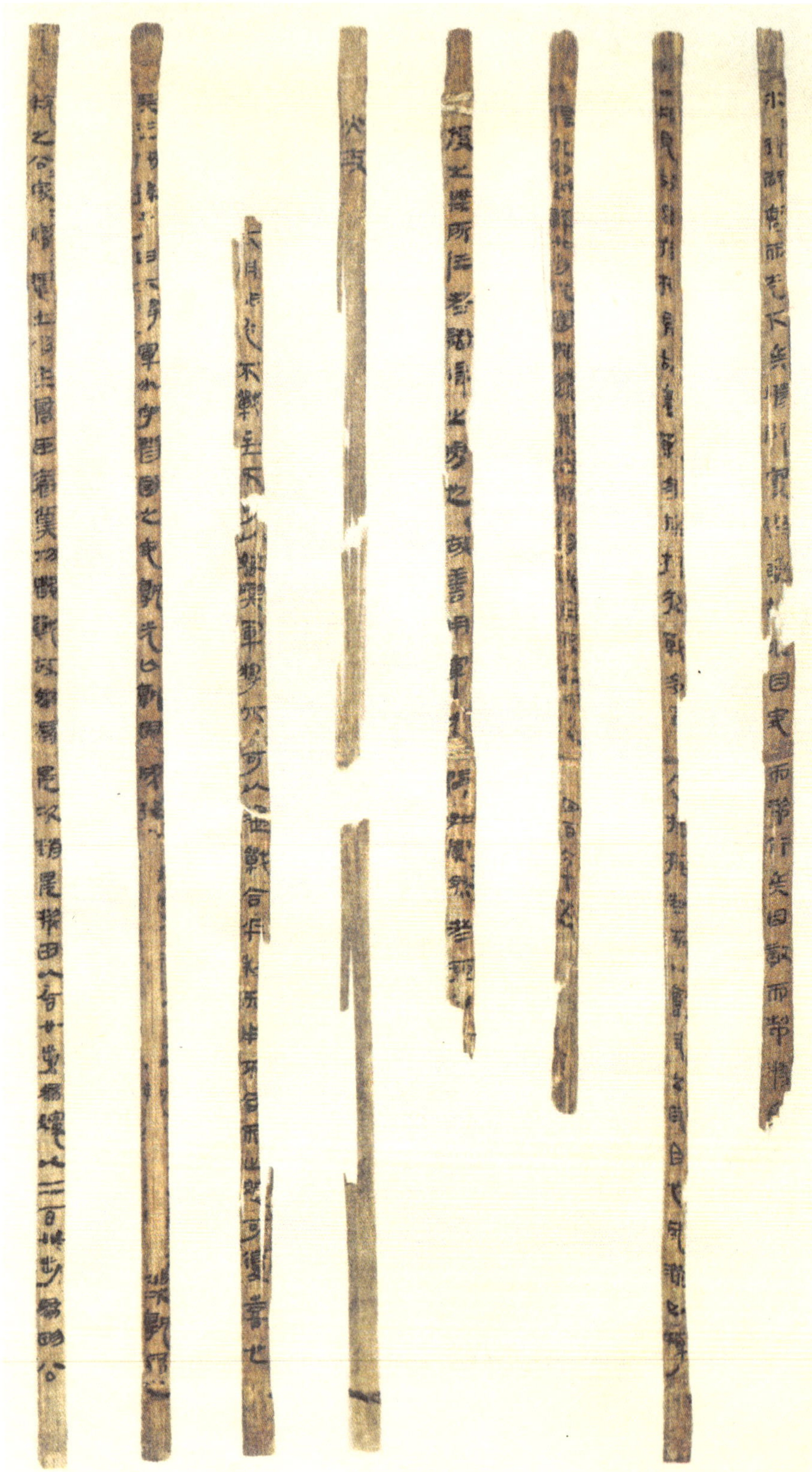

00064 孫子兵法

西漢竹簡。山東臨沂銀雀山1號漢墓出土。山東省博物館藏。

00065 孫臏兵法

西漢竹簡。山東臨沂銀雀山1號漢墓出土。山東省博物館藏。

00066 六韜

西漢竹簡。山東臨沂銀雀山1號漢墓出土。現存簡155枚。山東省博物館藏。

00067 守法守令十三篇

西漢竹簡。山東臨沂銀雀山1號漢墓出土。現存288枚，長短不一，寬約1厘米，簡上字數不等。山東省博物館藏。

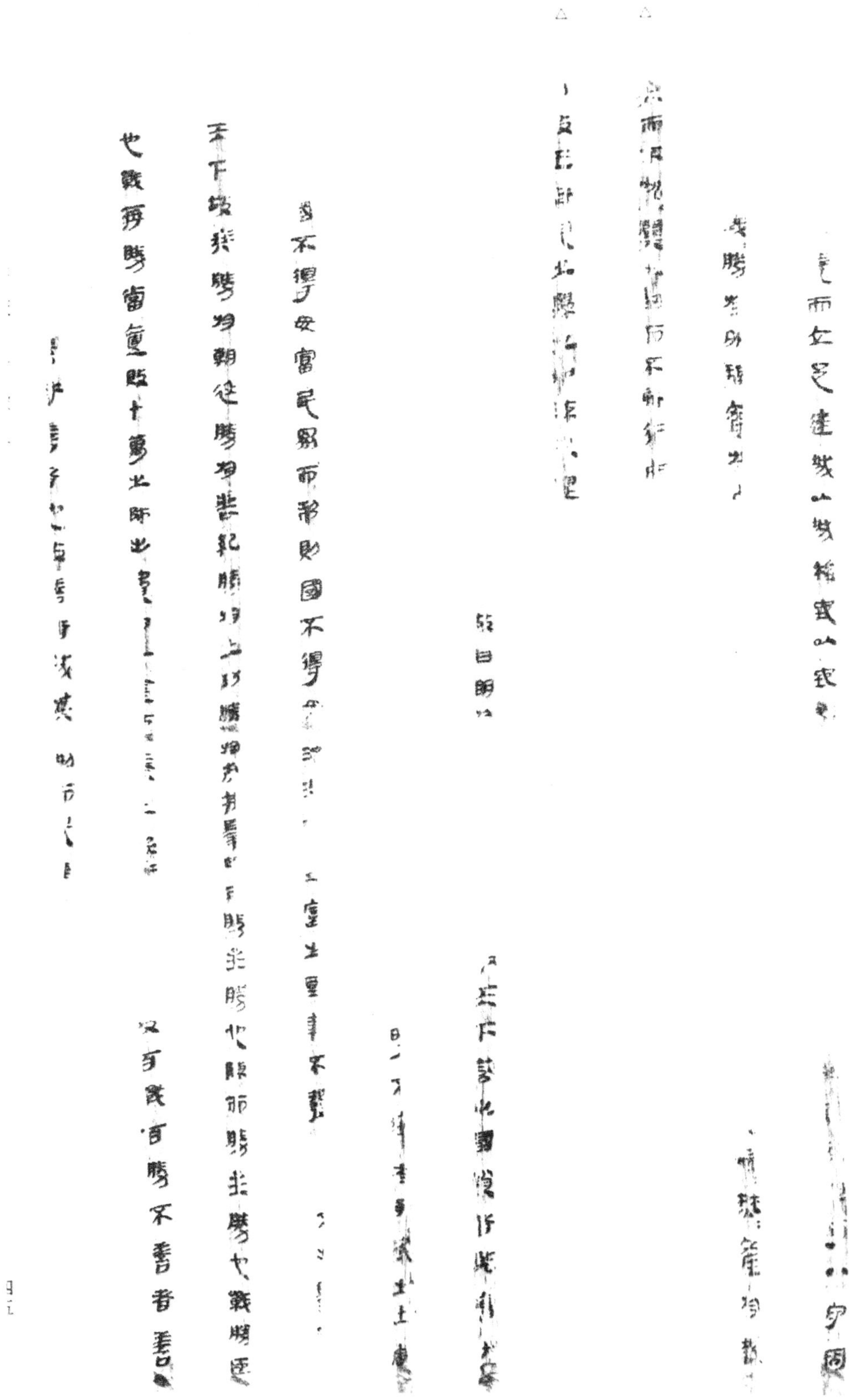

00068 尉繚子

西漢竹簡。山東臨沂銀雀山1號漢墓出土。現存89枚，長短不一，寬約1厘米，簡上字數不等。原無書題，整理者據内容擬定。山東省博物館藏。

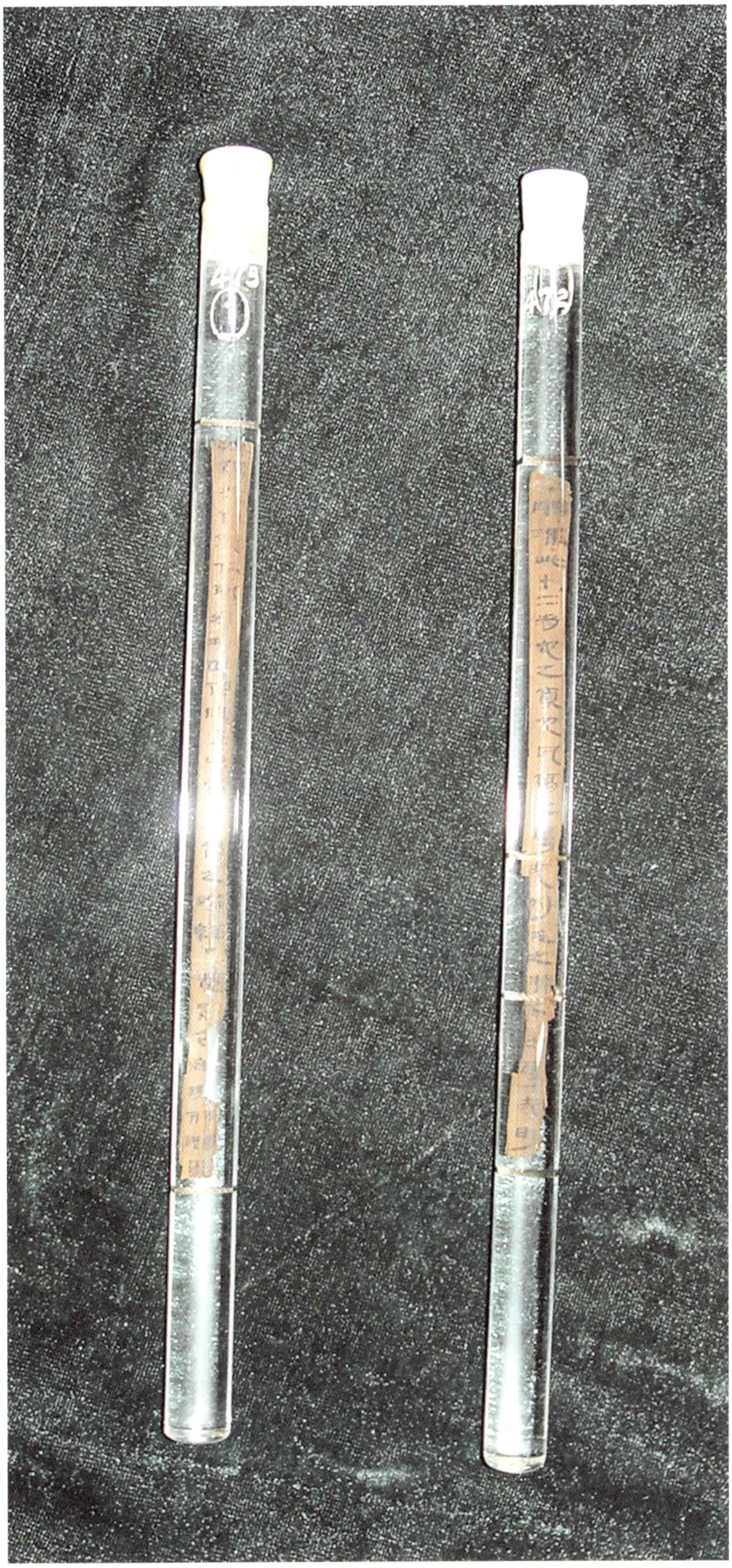

00069 地典

西漢竹簡。山東臨沂銀雀山1號漢墓出土。現存38枚，長短不一，寬約0.5至0.7厘米，一些簡僅存一二字。山東省博物館藏。

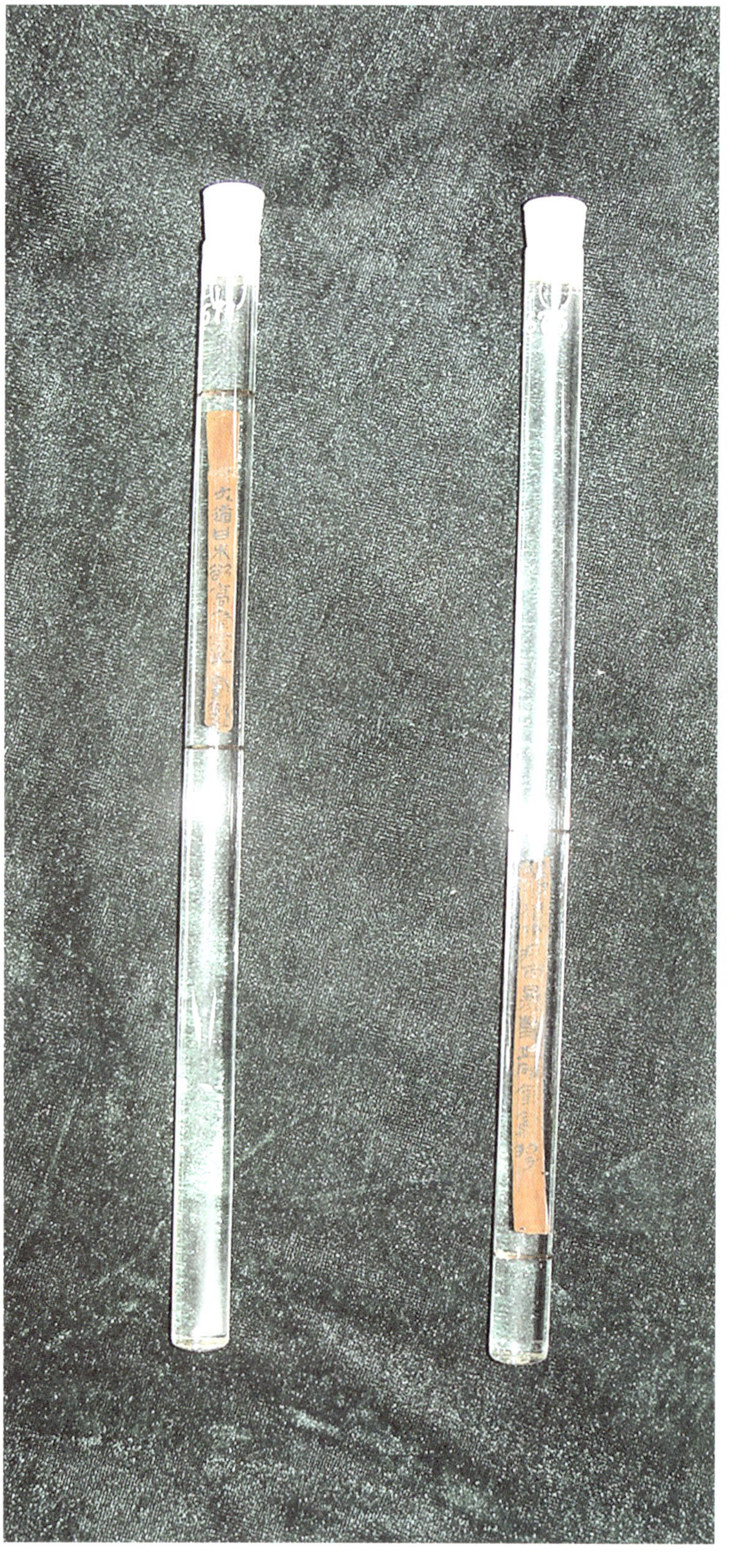

00070 天地八風五行客主五音之居

西漢竹簡。山東臨沂銀雀山1號漢墓出土。現存100枚。山東省博物館藏。

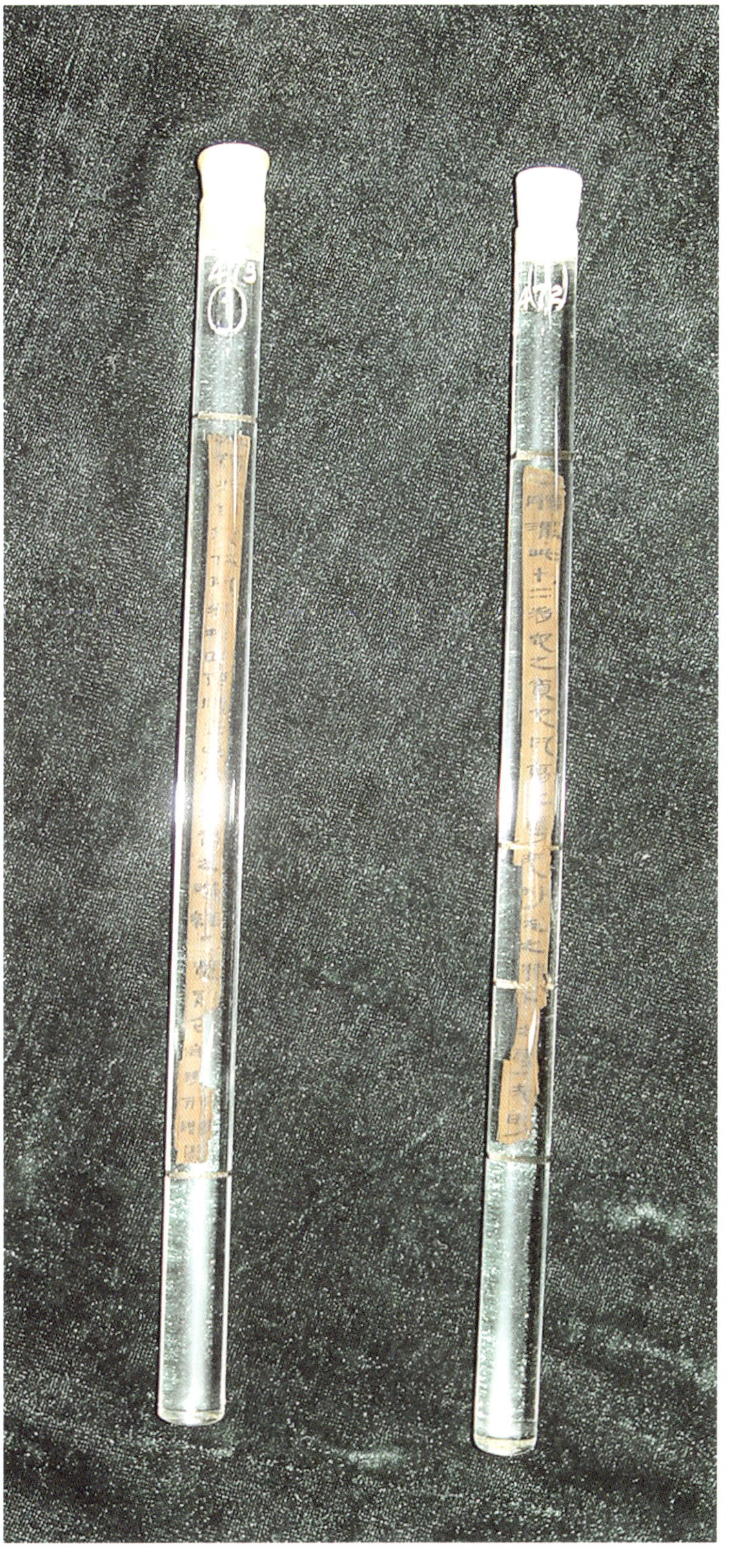

00071 占書

西漢竹簡。山東臨沂銀雀山1號漢墓出土。現存49枚，長短不一，寬約0.5至0.7厘米，有不少僅存一二字。山東省博物館藏。

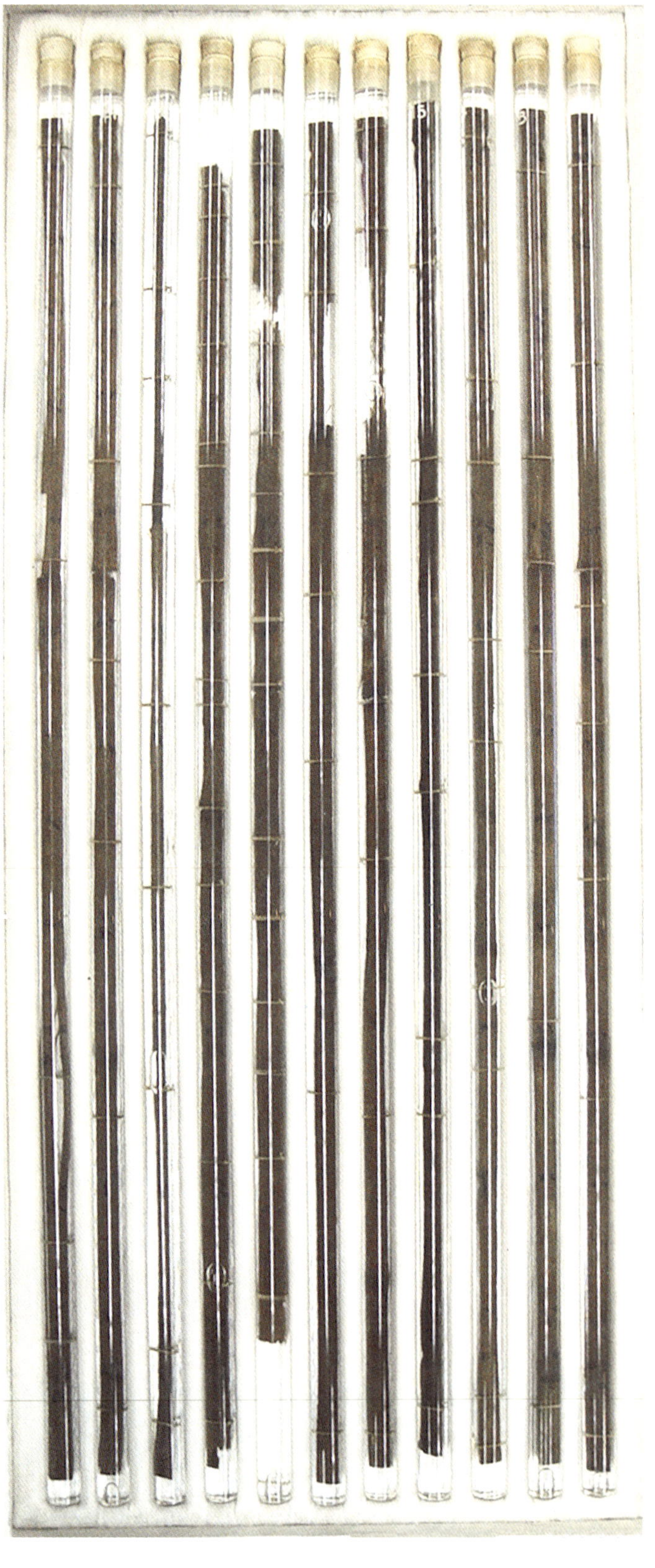

00072 元光元年曆譜

西漢竹簡。山東臨沂銀雀山2號漢墓出土。現存32枚。山東省博物館藏。

00073 合陰陽

西漢竹簡。湖南長沙馬王堆3號漢墓出土。湖南省博物館藏。

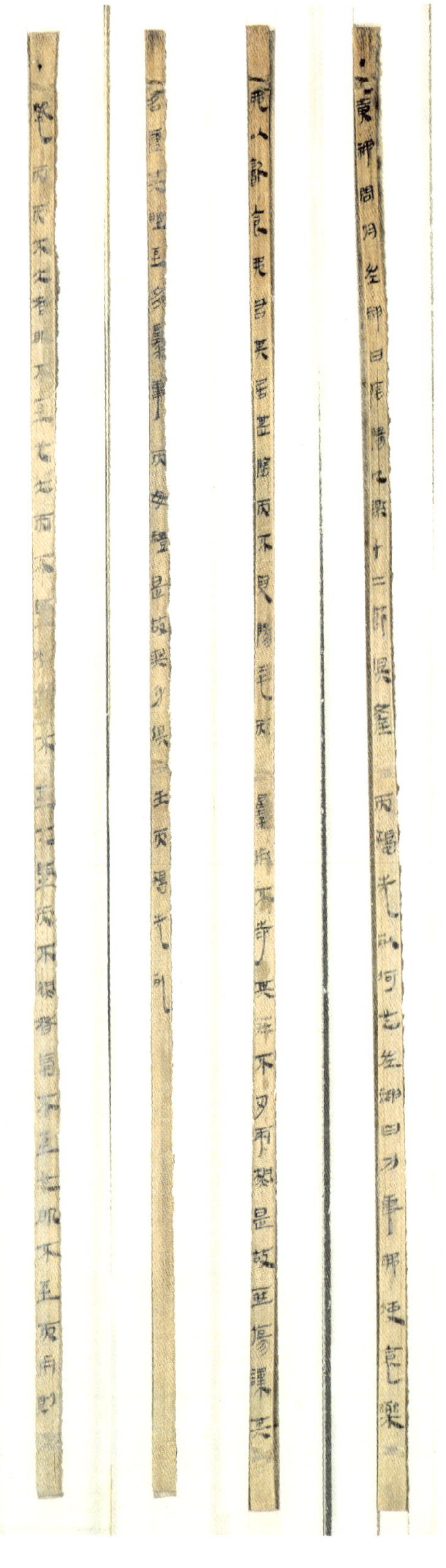

00074 天下至道談

西漢竹簡。湖南長沙馬王堆3號漢墓出土。湖南省博物館藏。

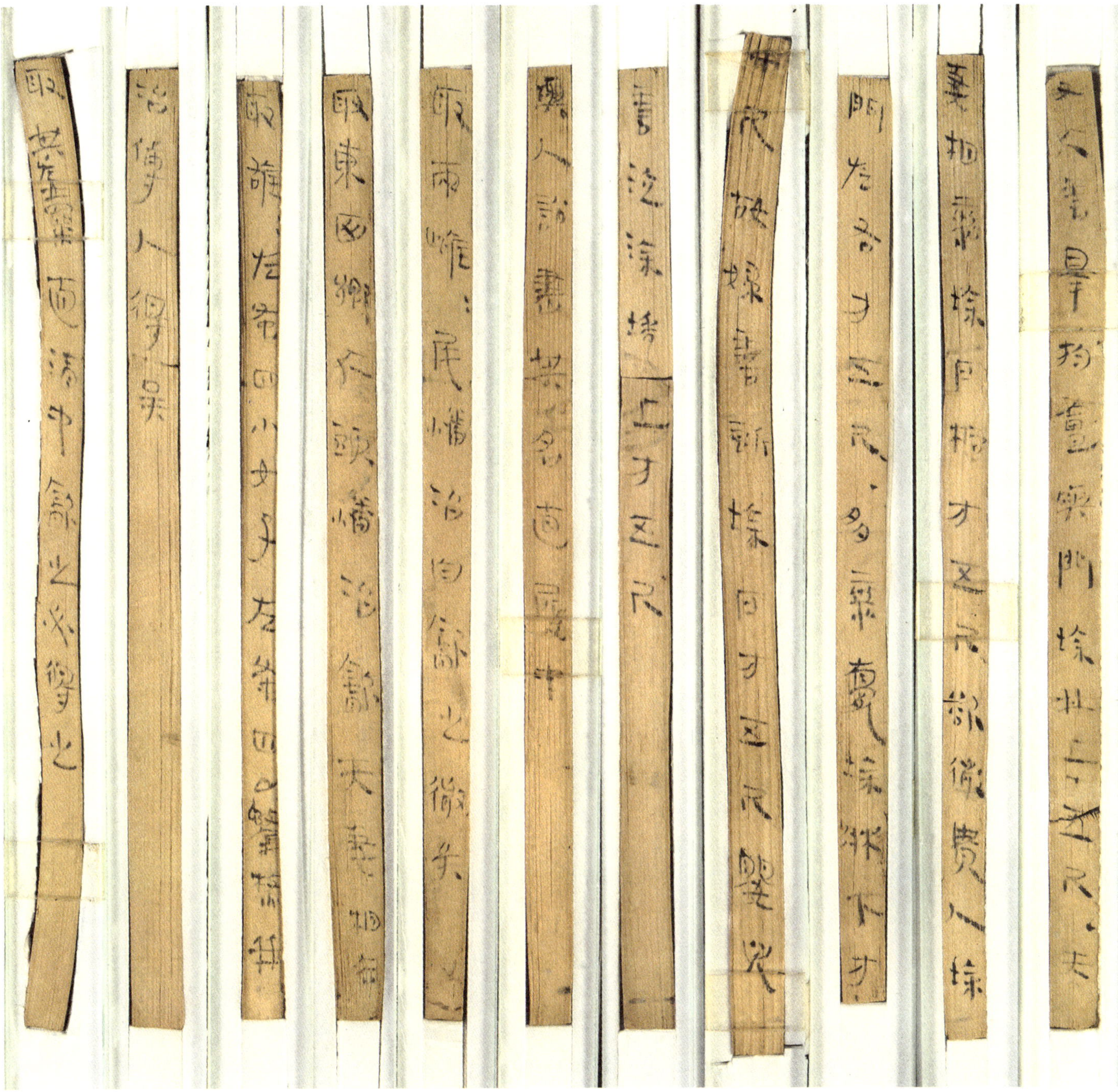

00075 雜禁方

西漢木簡。湖南長沙馬王堆3號漢墓出土。湖南省博物館藏。

00076 十問

西漢竹簡。湖南長沙馬王堆3號漢墓出土。湖南省博物館藏。

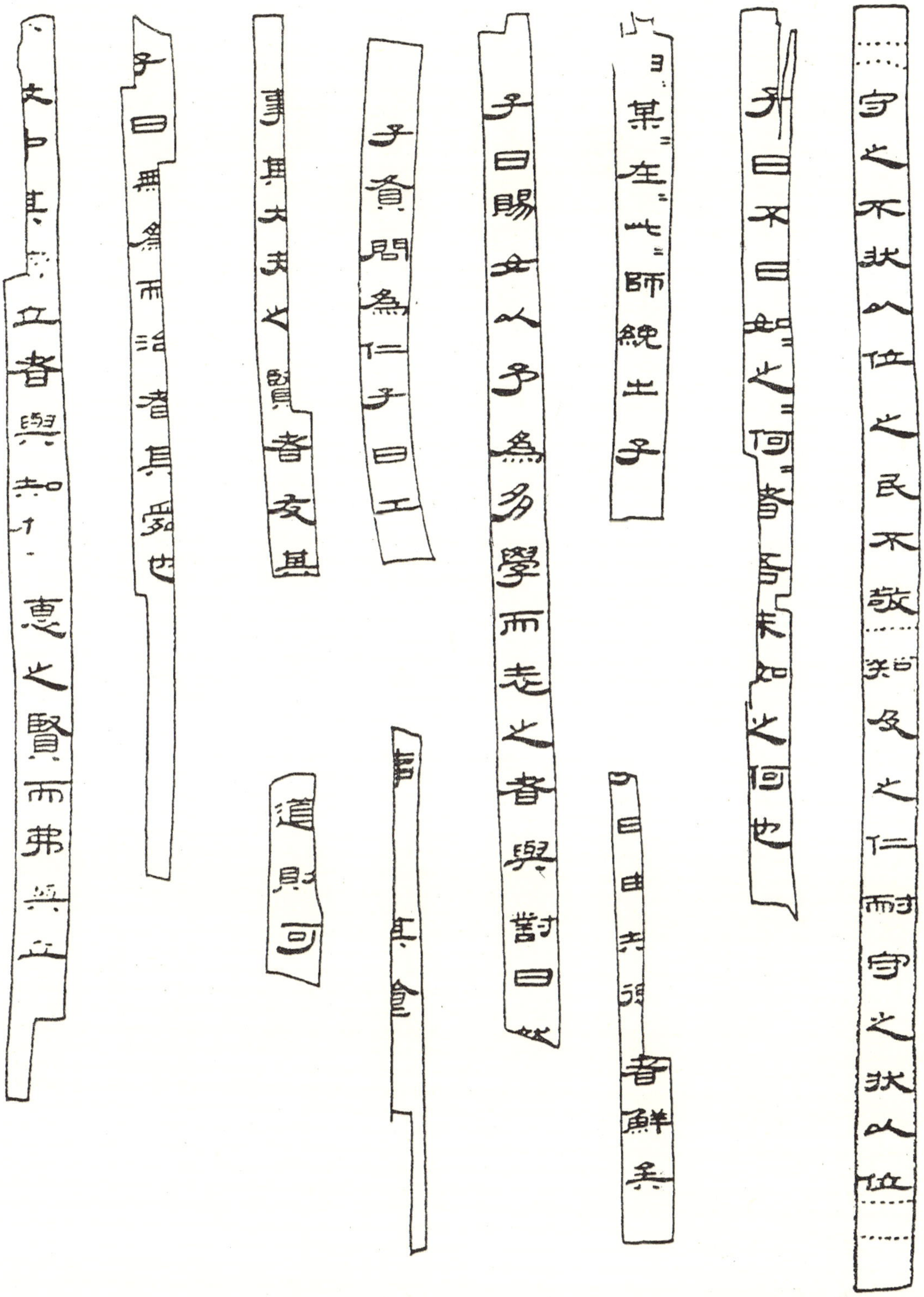

00077 論語

西漢竹簡。河北定縣八角廊40號漢墓出土。現存600餘枚，釋文7576字。河北省文物研究所藏。

00078 儒家者言

西漢竹簡。河北定縣八角廊40號漢墓出土。河北省文物研究所藏。

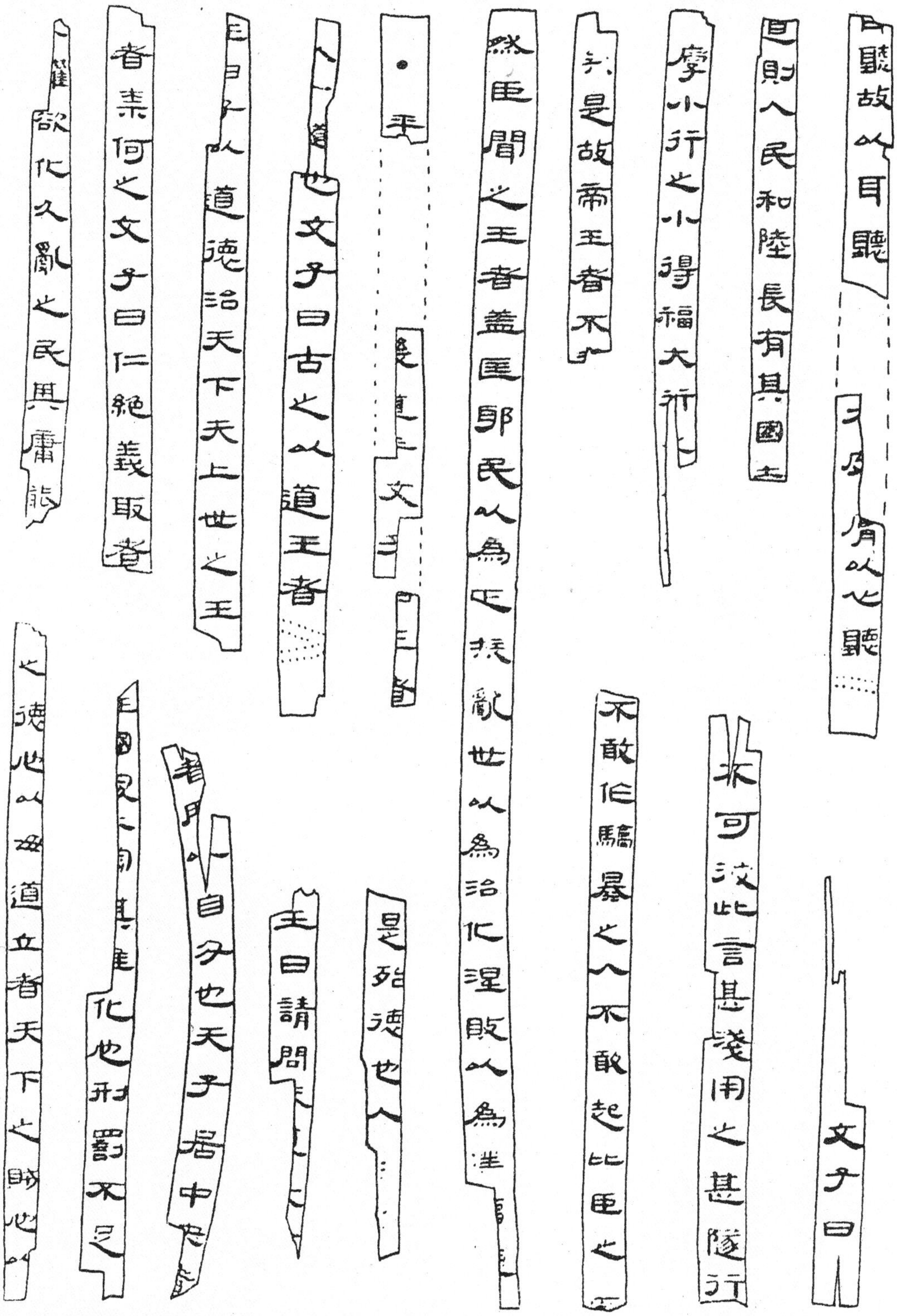

00079 文子

西漢竹簡。河北定縣八角廊40號漢墓出土。河北省文物研究所藏。

00080 地節元年曆譜

西漢木簡。甘肅漢長城青水溝東墩烽燧遺址出土。現存27枚。敦煌市博物館藏。

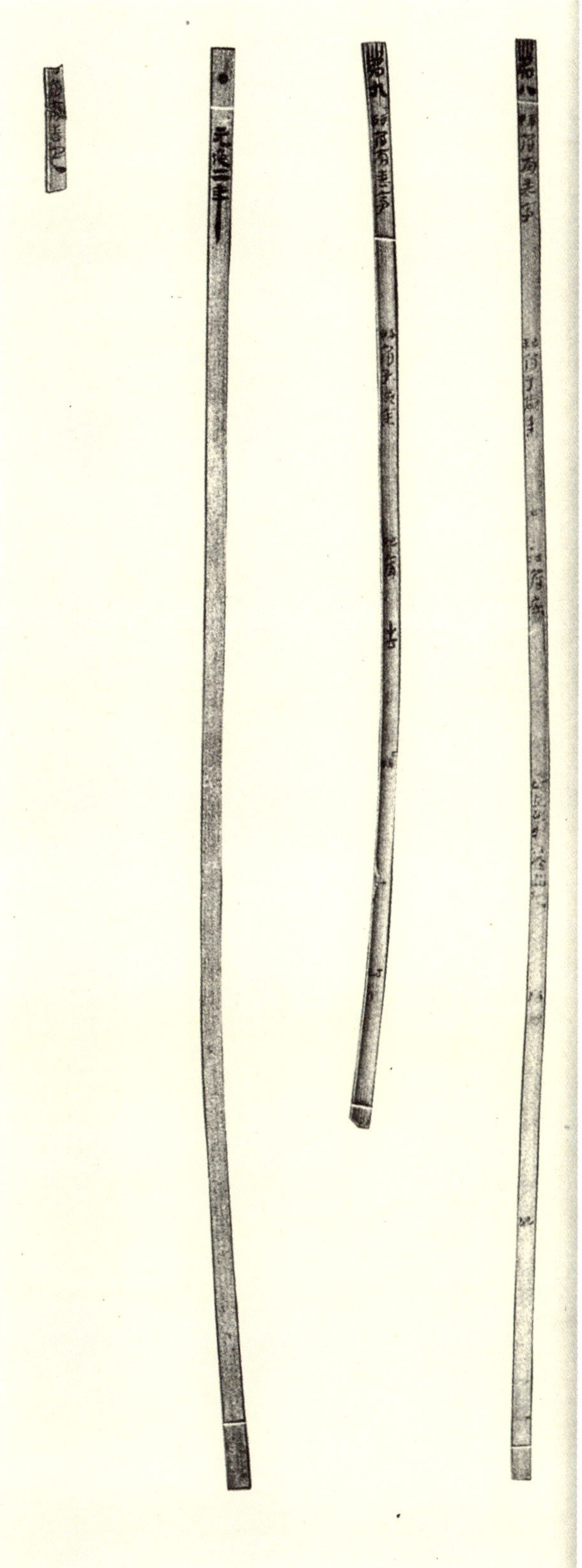

00081 元延二年日記

西漢木簡。江蘇連雲港尹灣村漢墓出土。江蘇省連雲港市博物館藏。

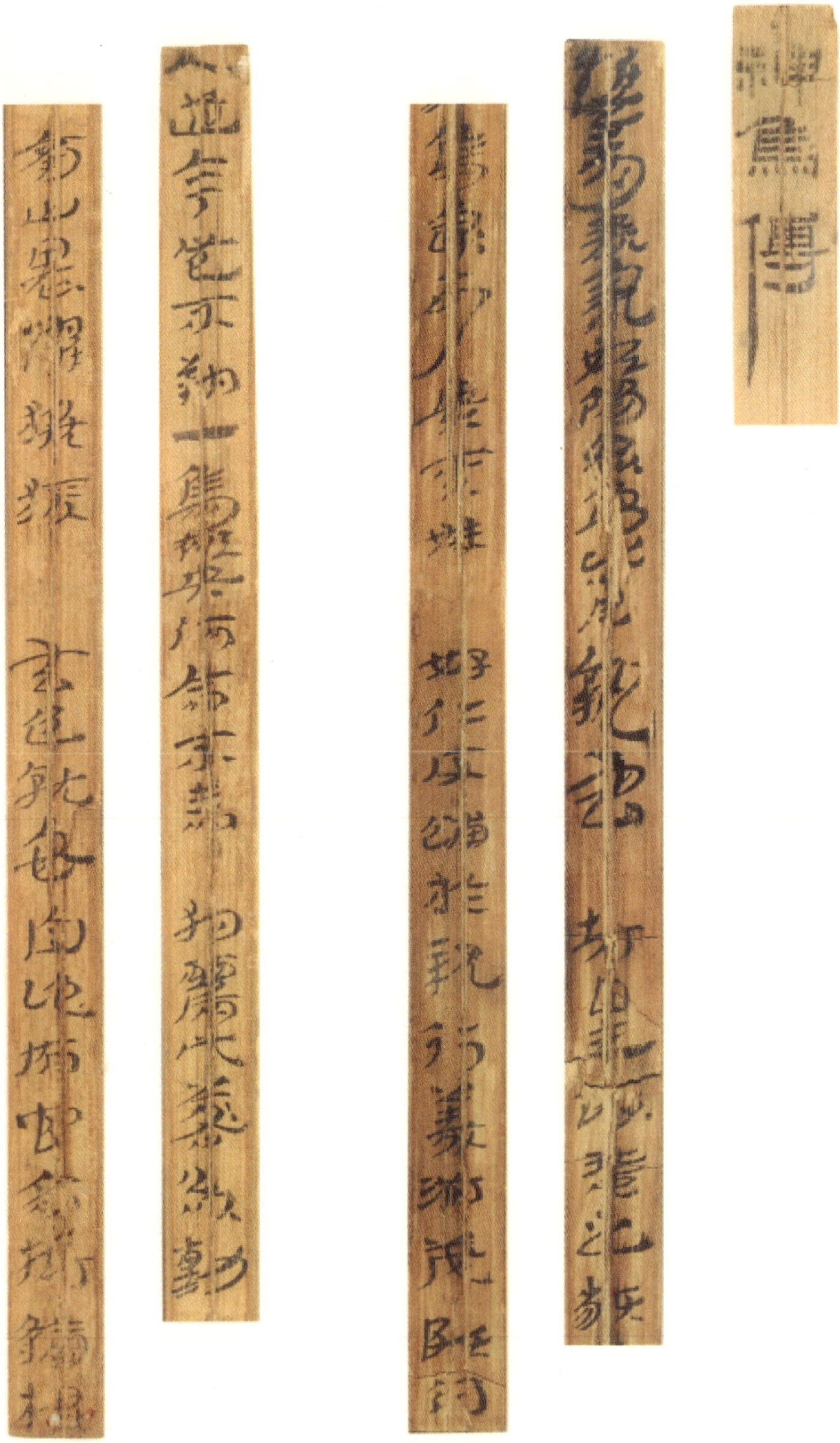

00082 神烏傅（賦）

西漢竹簡。江蘇連雲港尹灣村漢墓出土。現存18枚。原有篇題“神烏傅”三字，單占一簡。江蘇省連雲港市博物館藏。

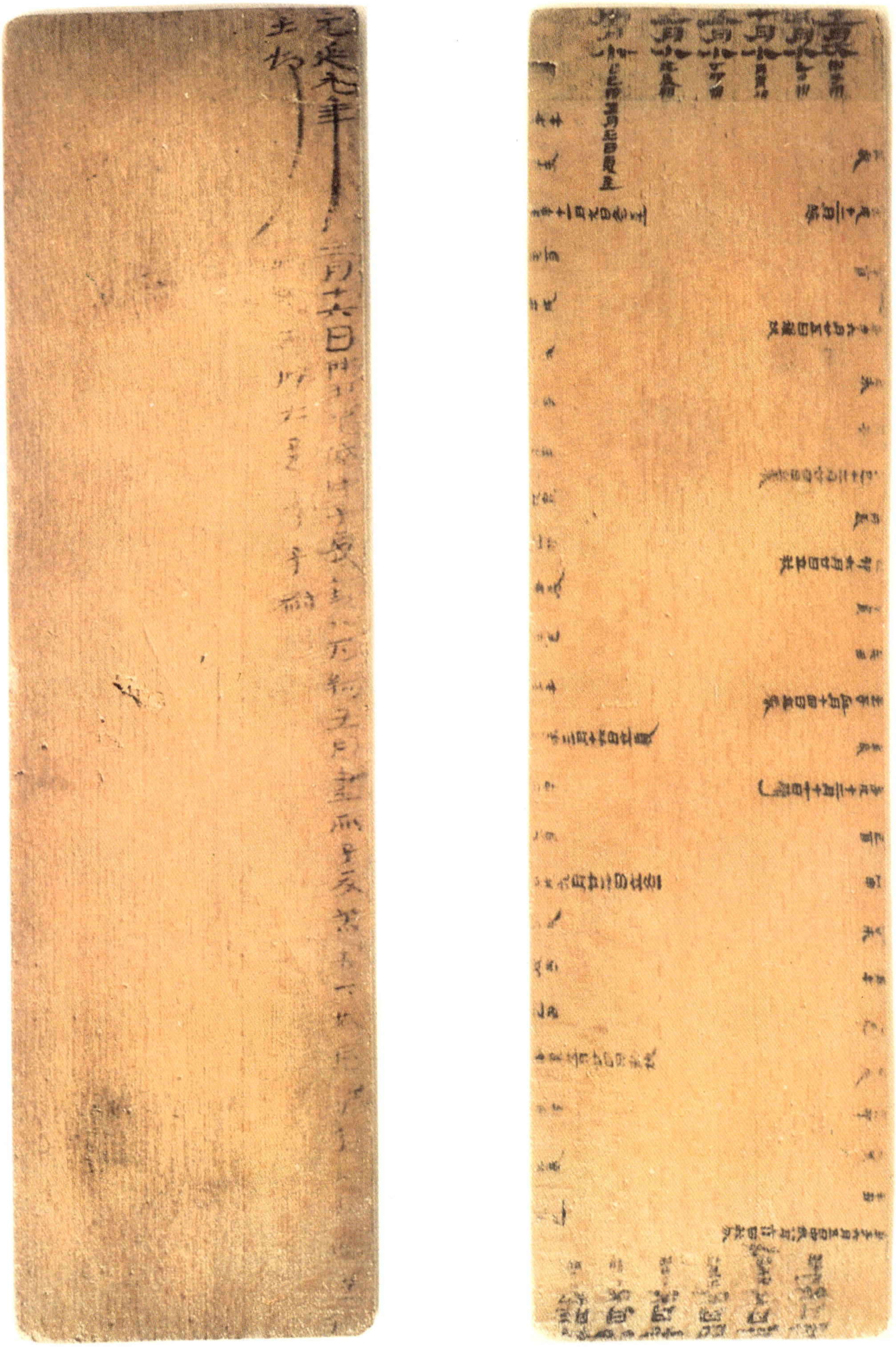

00083 元延元年曆譜

西漢木牘。江蘇連雲港尹灣村漢墓出土。長23厘米，寬6.5厘米。江蘇省連雲港市博物館藏。

00084 元延三年五月曆譜

西漢木牘。江蘇連雲港尹灣村漢墓出土。江蘇省連雲港市博物館藏。

00085、00086 神龜占　六甲占雨

西漢木牘。江蘇連雲港尹灣村漢墓出土。長23厘米，寬7厘米。正面上端抄有八段説明文字。“六甲占雨”位於神龜圖下部。江蘇省連雲港市博物館藏。

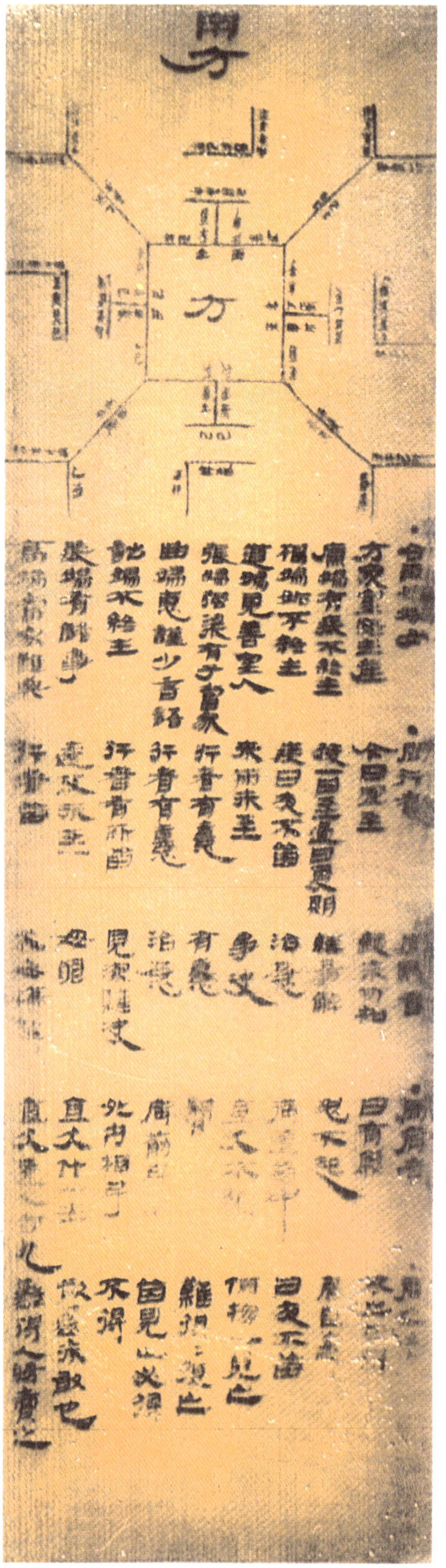

00087 博局占

西漢木牘。江蘇連雲港尹灣村漢墓出土。江蘇省連雲港市博物館藏。

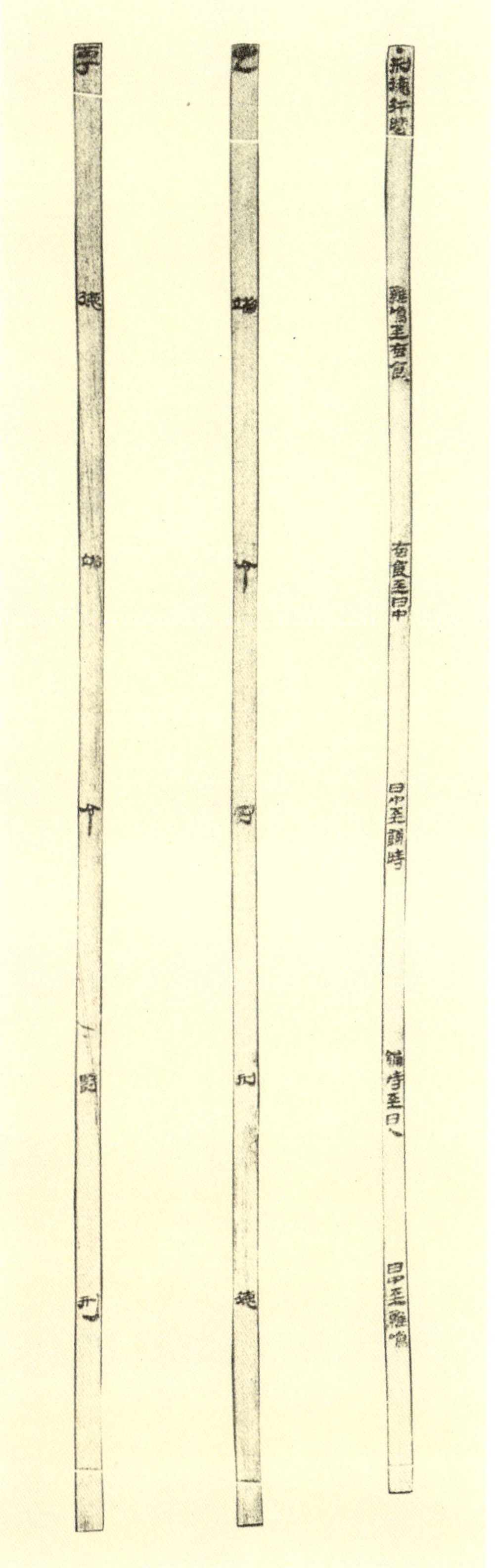

00088 刑德行時

西漢竹簡。江蘇連雲港尹灣村漢墓出土。現存11枚。江蘇省連雲港市博物館藏。

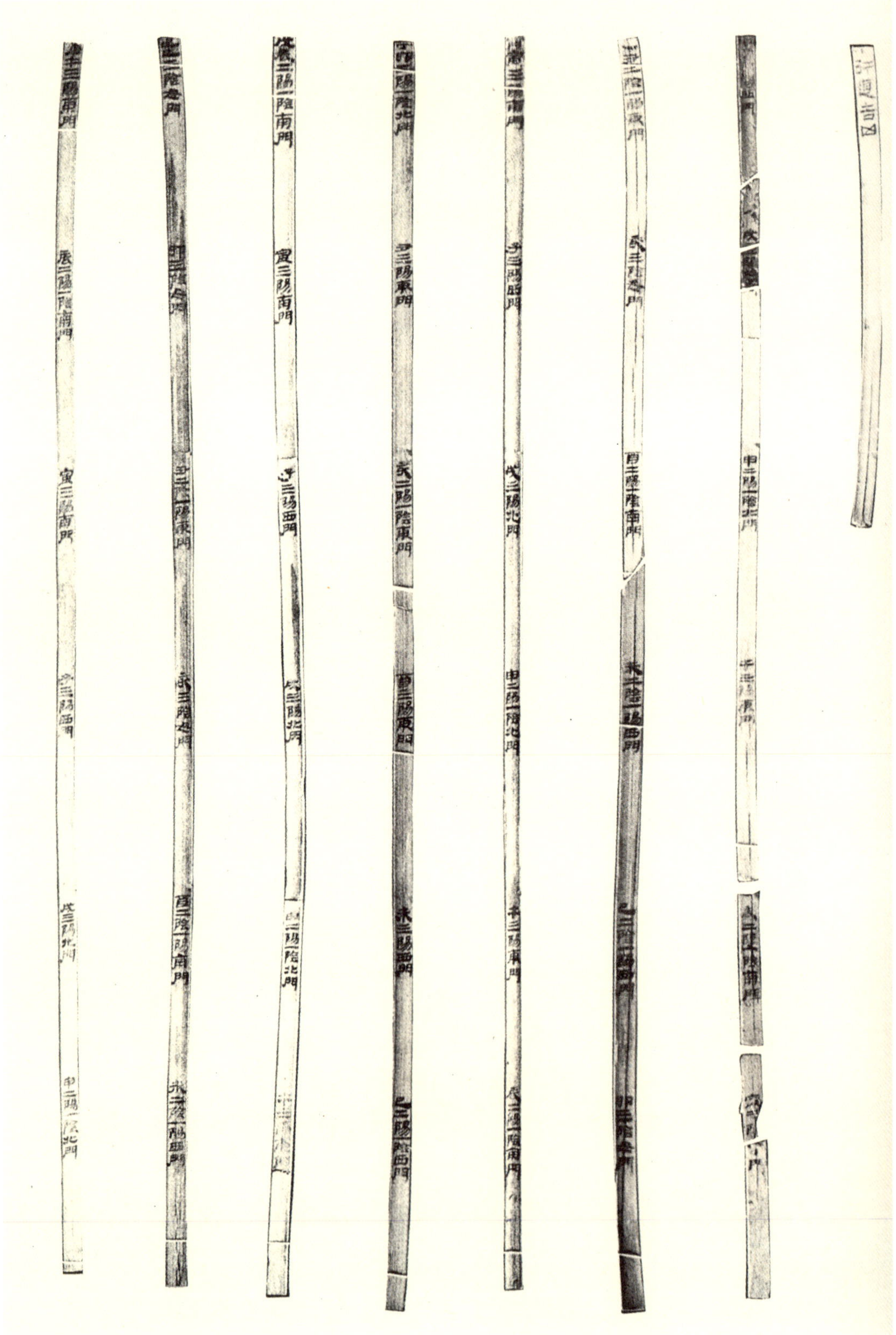

00089 行道吉凶

西漢竹簡。江蘇連雲港尹灣村漢墓出土。現存16枚。書題“行道吉凶”抄寫於第一簡簡端。江蘇省連雲港市博物館藏。

00090 相寶劍刀

西漢木簡。甘肅居延破城子遺址出土。現存6枚木簡，每簡一行，共210字。隸書。甘肅省博物館藏。

00091 甲本儀禮

西漢木簡。甘肅武威磨嘴子6號漢墓出土。現存398枚。原無書題，有篇題、篇序，計七篇，共22971字。甘肅省博物館藏。

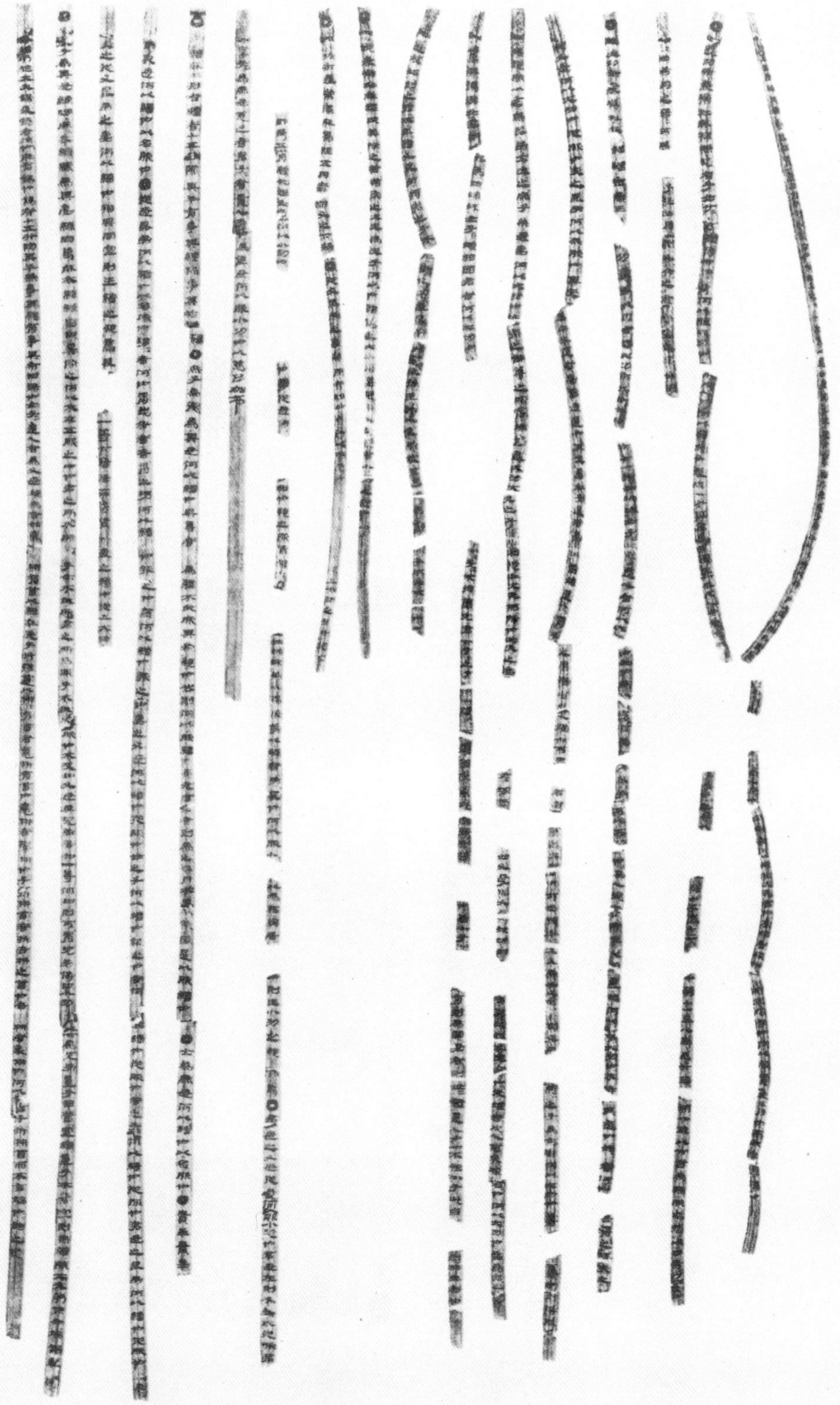

00092 乙本服傳

西漢木簡。甘肅武威磨嘴子6號漢墓出土。乙本現存37枚，較甲本木簡短而窄，共3024字。篇題寫於篇首一、二簡背。甘肅省博物館藏。

00093 丙本喪服經

西漢竹簡。甘肅武威磨嘴子6號漢墓出土。現存34枚，共1285字。甘肅省博物館藏。

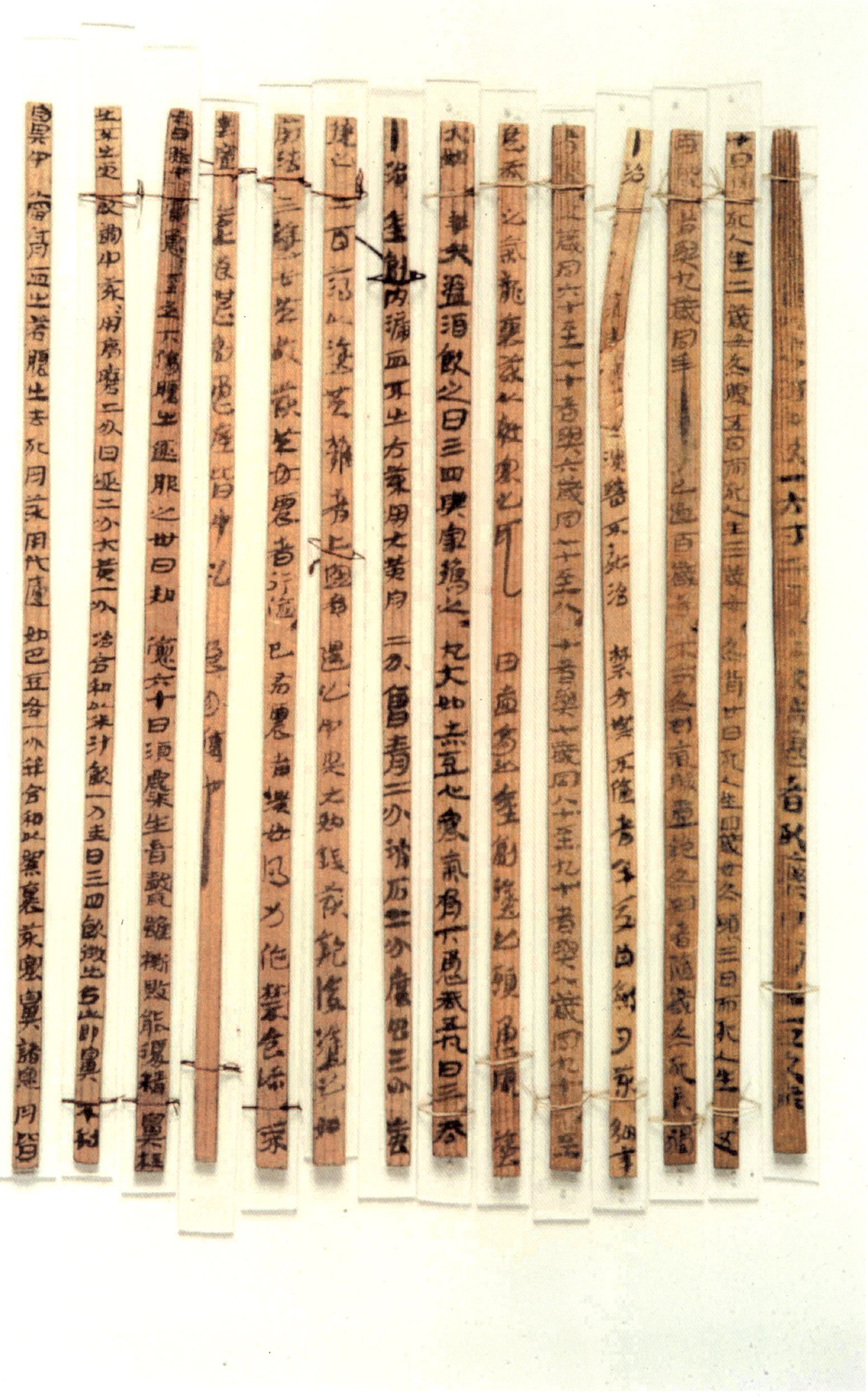

00094 東漢醫簡

東漢木簡。甘肅武威旱灘坡1號漢墓出土。現存92枚。末簡抄“右治百病方”，爲尾題書名。甘肅省博物館藏。

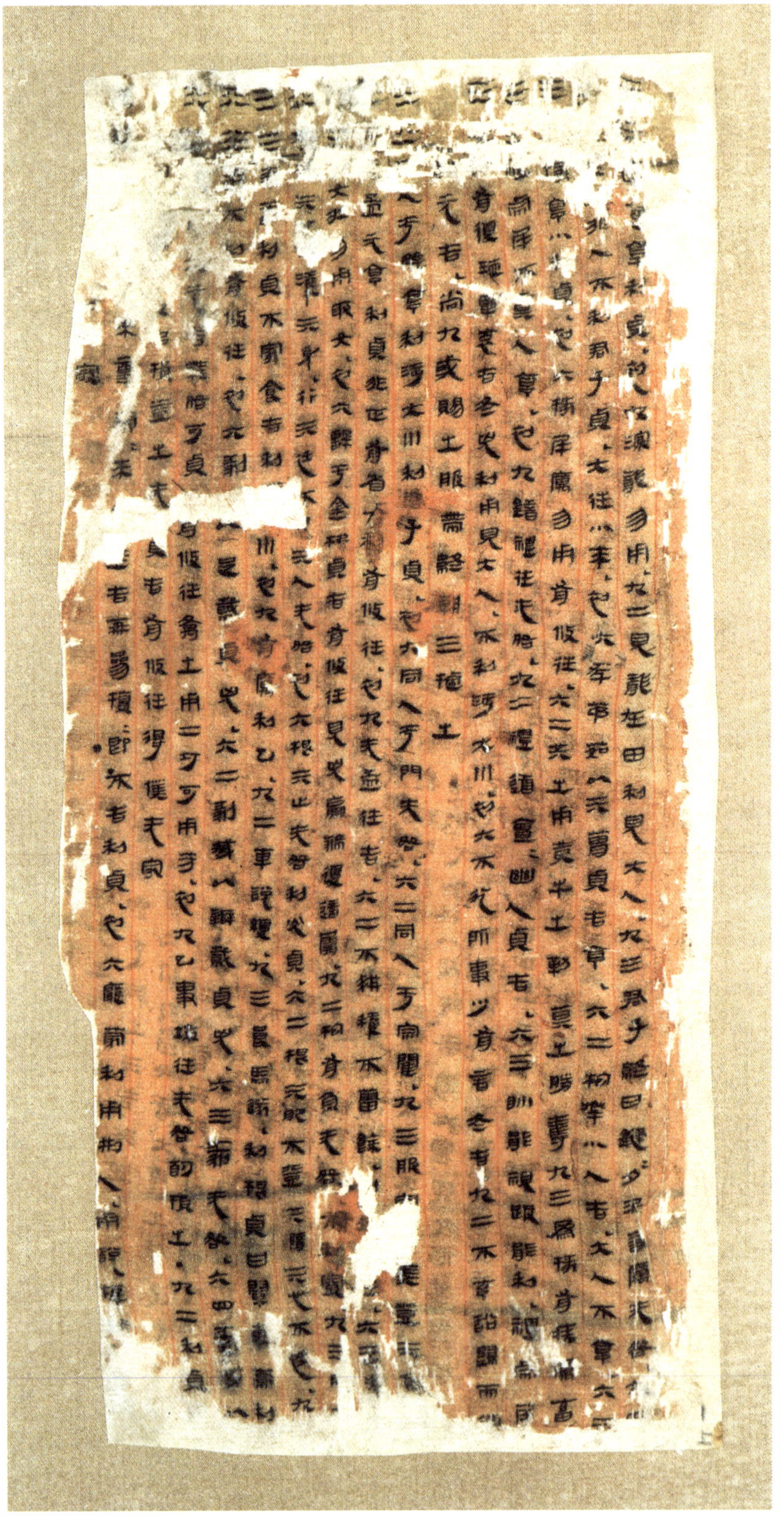

00095 周易及卷後佚書（二三子問、要、昭力、繆和、易之義）

西漢帛書。湖南長沙馬王堆3號漢墓出土。《周易》卷後古佚書，據帛書中以墨塊爲記分篇的慣例，分别稱之：《二三子問》、《要》、《易之義》、《繆和》、《昭力》。湖南省博物館藏。

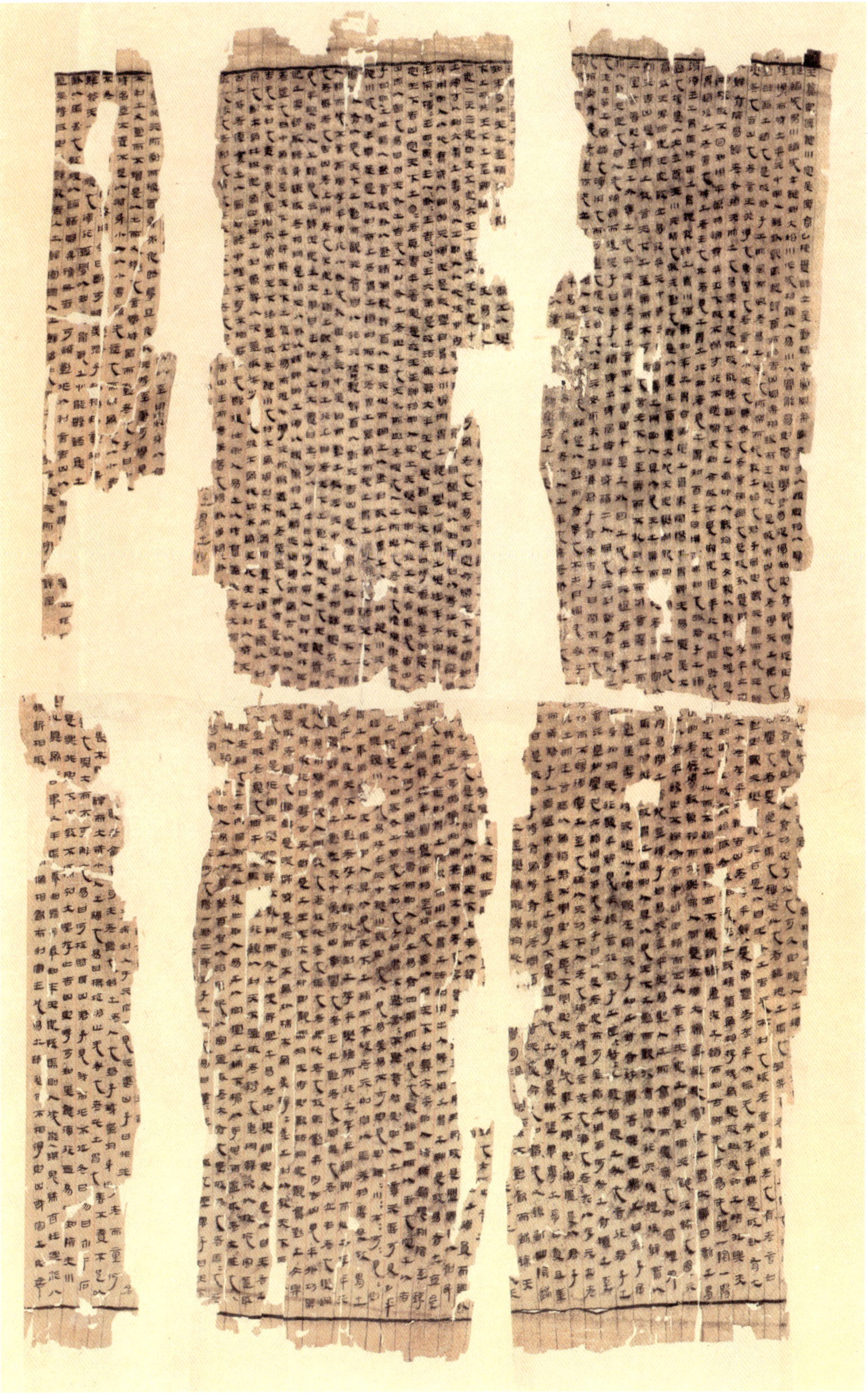

00096 繫辭

西漢帛書。湖南長沙馬王堆3號漢墓出土。湖南省博物館藏。

00097 喪服圖

西漢帛書。湖南長沙馬王堆3號漢墓出土。湖南省博物館藏。

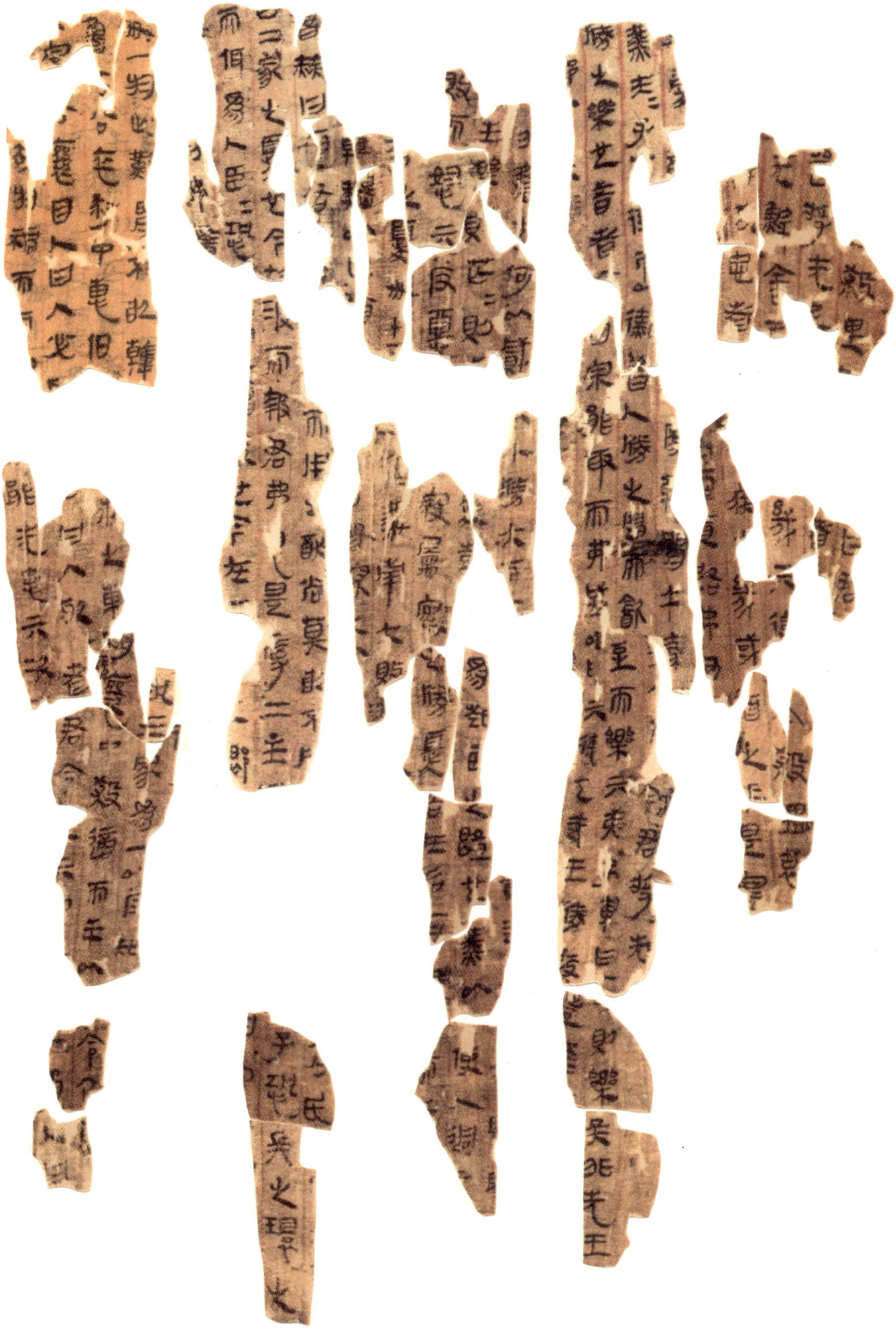

00098 春秋事語

西漢帛書。湖南長沙馬王堆3號漢墓出土。湖南省博物館藏。

00099 戰國縱横家書

西漢帛書。湖南長沙馬王堆3號漢墓出土。湖南省博物館藏。

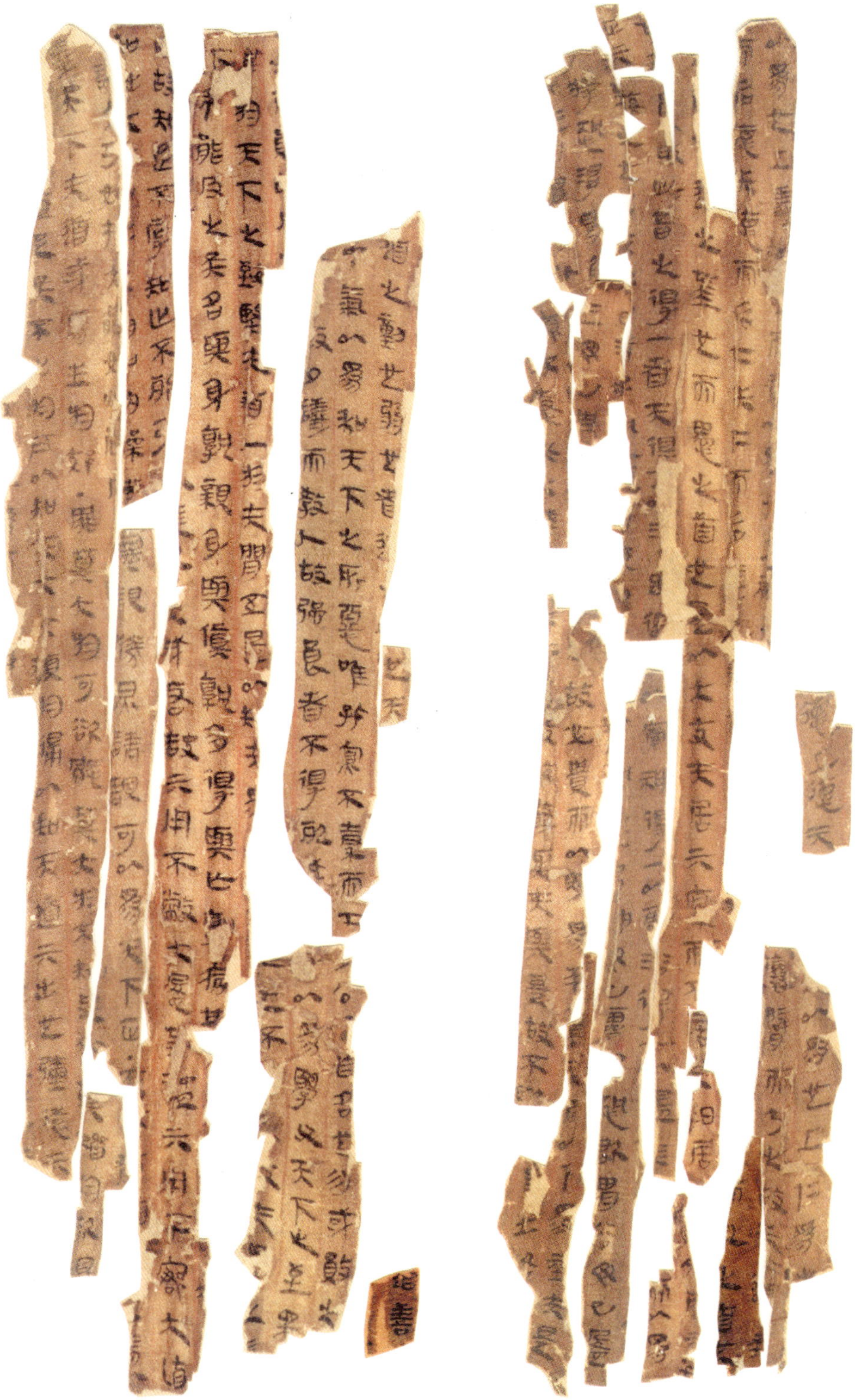

00100 老子甲本及卷後佚書（五行、九主、明君、德聖）

西漢帛書。湖南長沙馬王堆3號漢墓出土。湖南省博物館藏。

00101 老子乙本及卷前四篇佚書（經法、十六經、稱、道原）

西漢帛書。湖南長沙馬王堆3號漢墓出土。湖南省博物館藏。

00102 長沙國南部地形圖

西漢帛書。湖南長沙馬王堆3號漢墓出土。湖南省博物館藏。

00103 刑德甲乙本

西漢帛書。湖南長沙馬王堆3號漢墓出土。湖南省博物館藏。

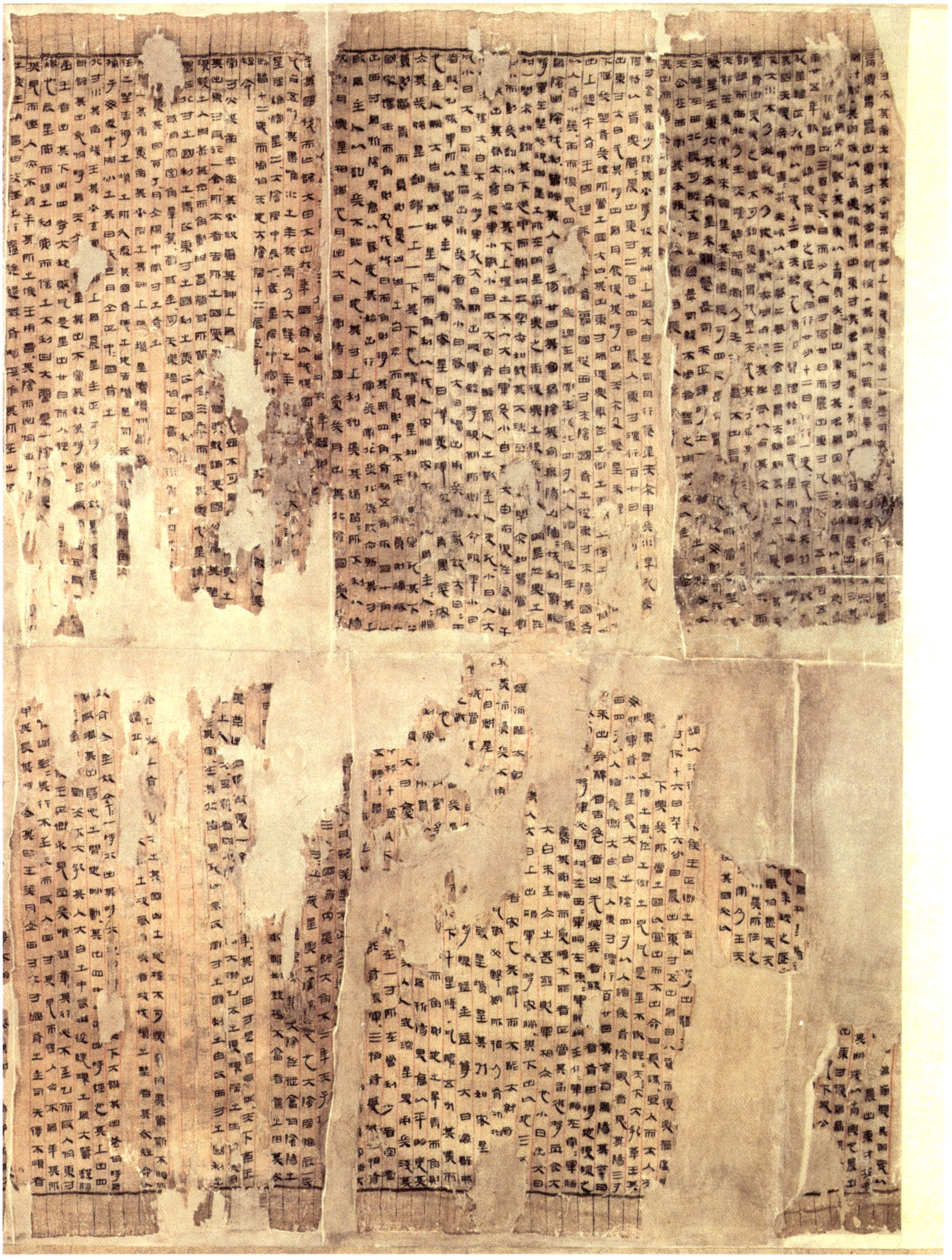

00104 五星占

西漢帛書。湖南長沙馬王堆3號漢墓出土。湖南省博物館藏。

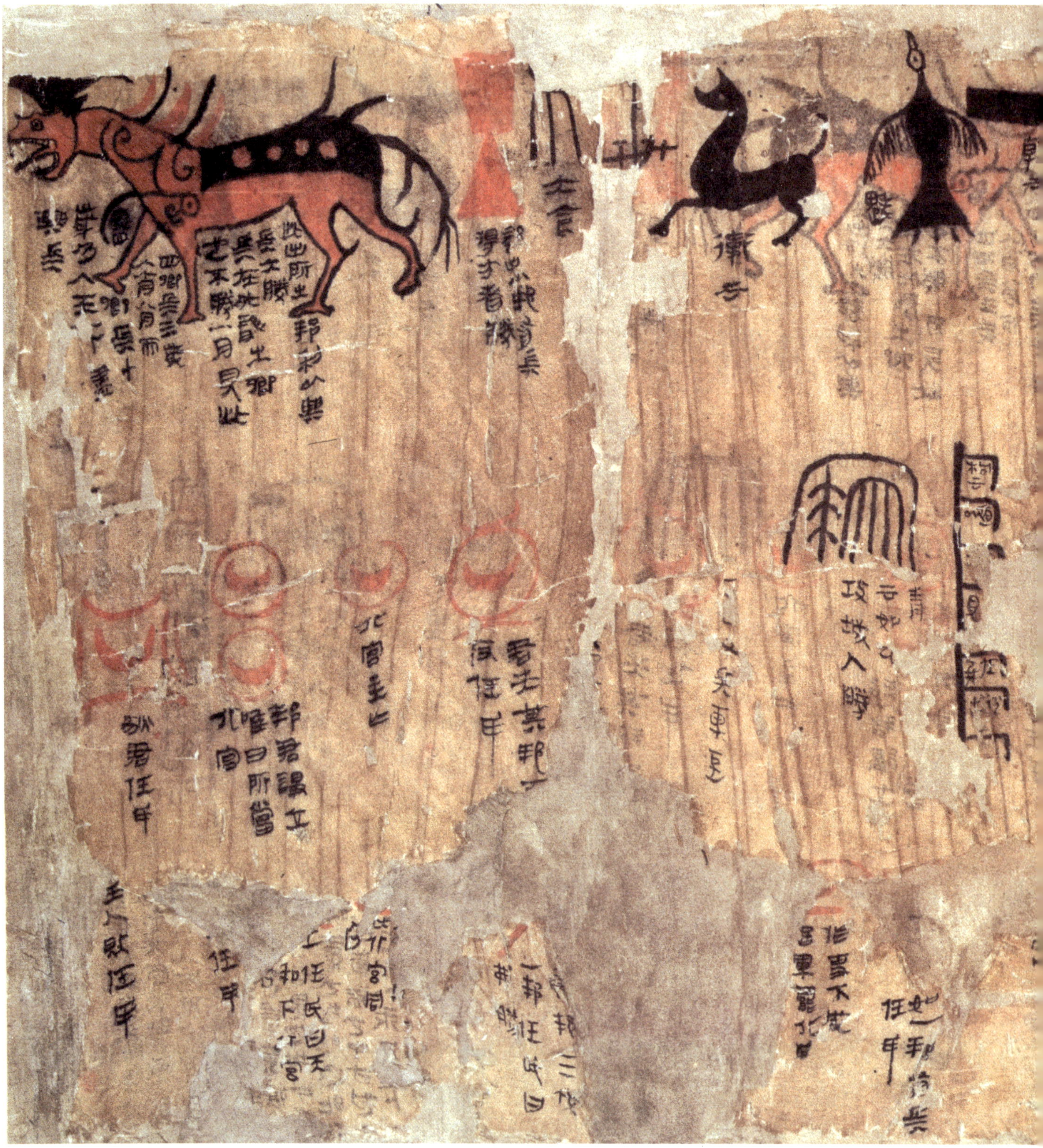

00105 天文氣象雜占

西漢帛書。湖南長沙馬王堆3號漢墓出土。湖南省博物館藏。

00106 陰陽五行甲乙本

西漢帛書。湖南長沙馬王堆3號漢墓出土。湖南省博物館藏。

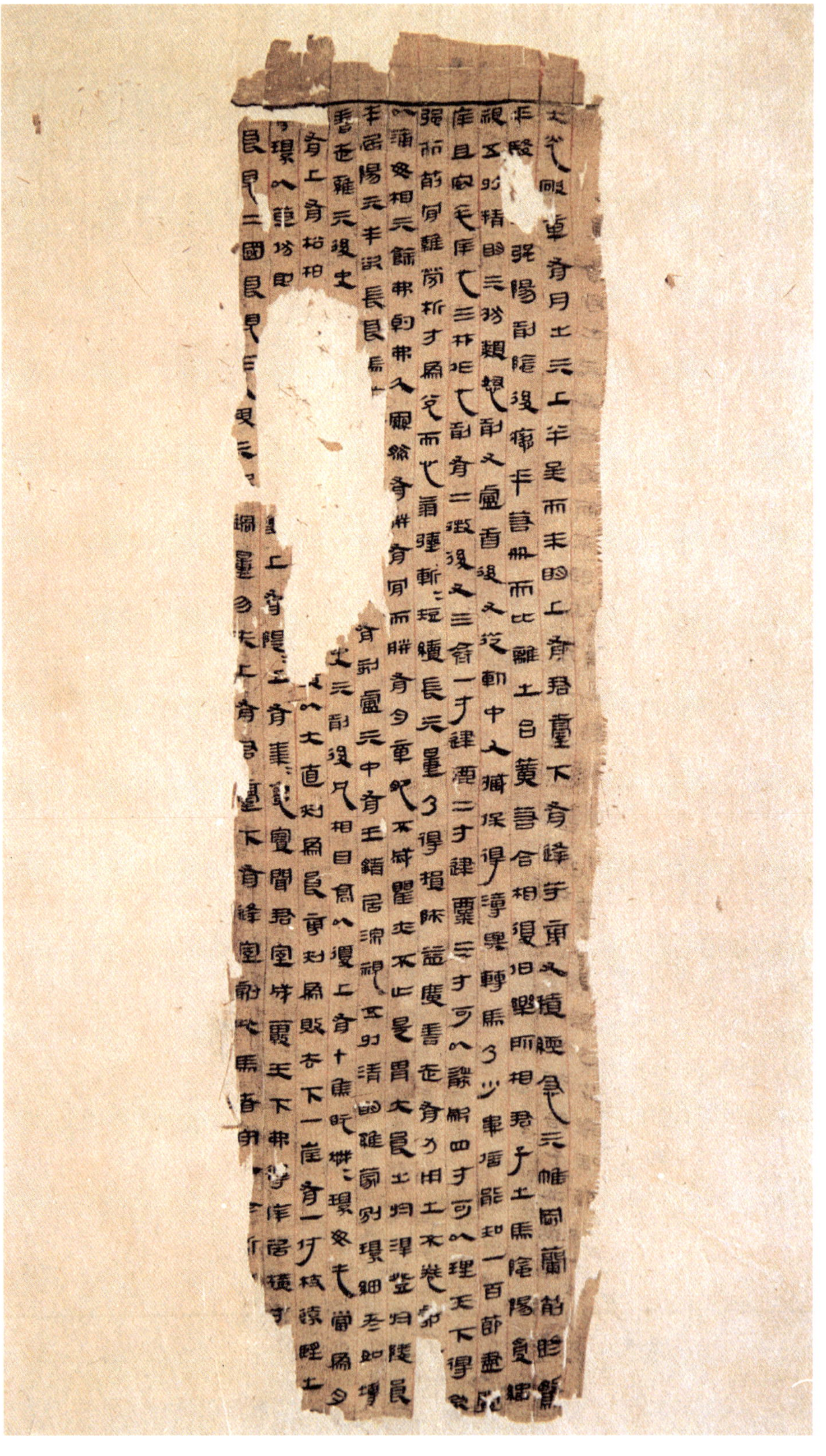

00107 相馬經

西漢帛書。湖南長沙馬王堆3號漢墓出土。湖南省博物館藏。

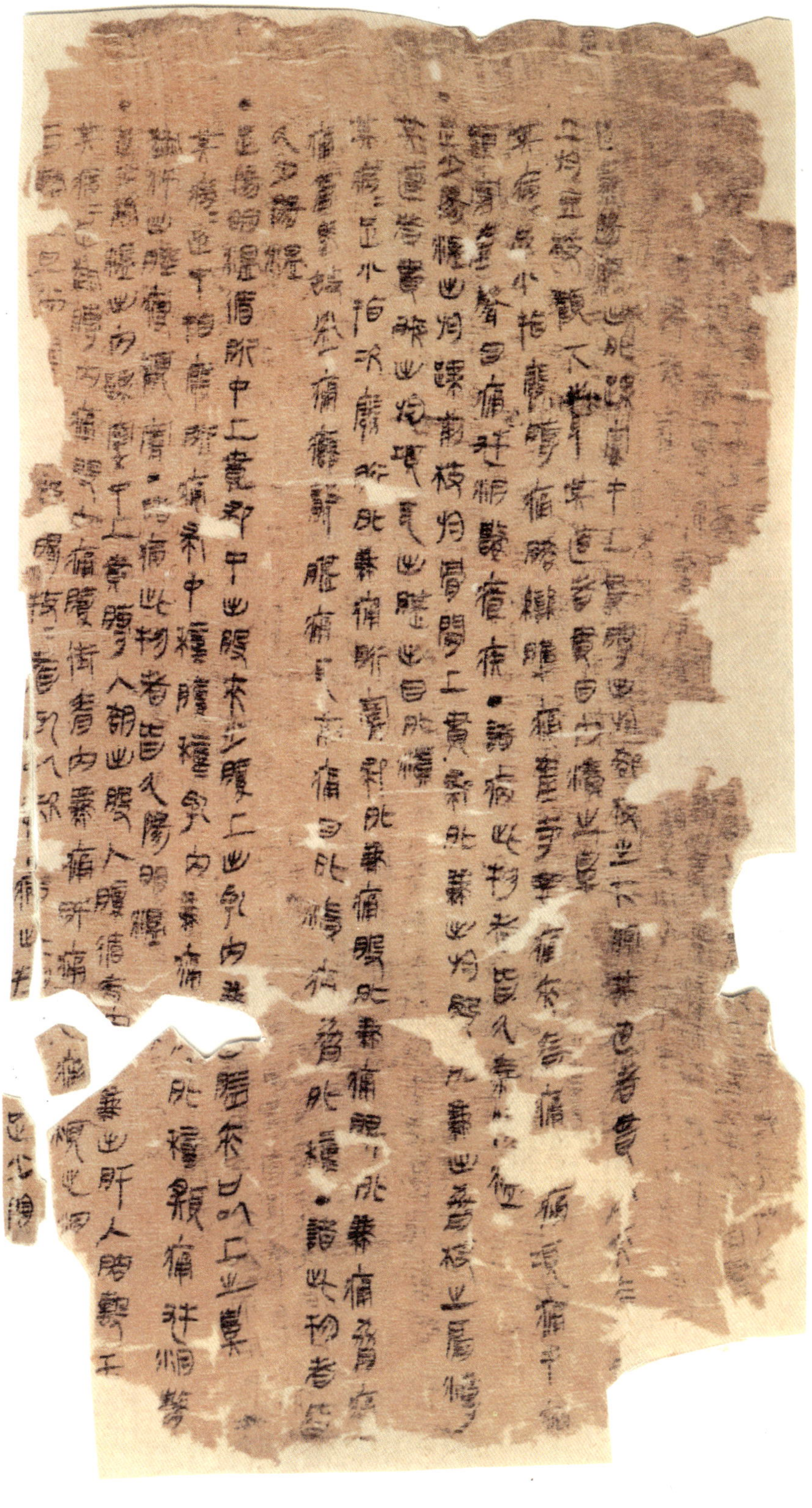

00108 足臂十一脈灸經

西漢帛書。湖南長沙馬王堆3號漢墓出土。湖南省博物館藏。

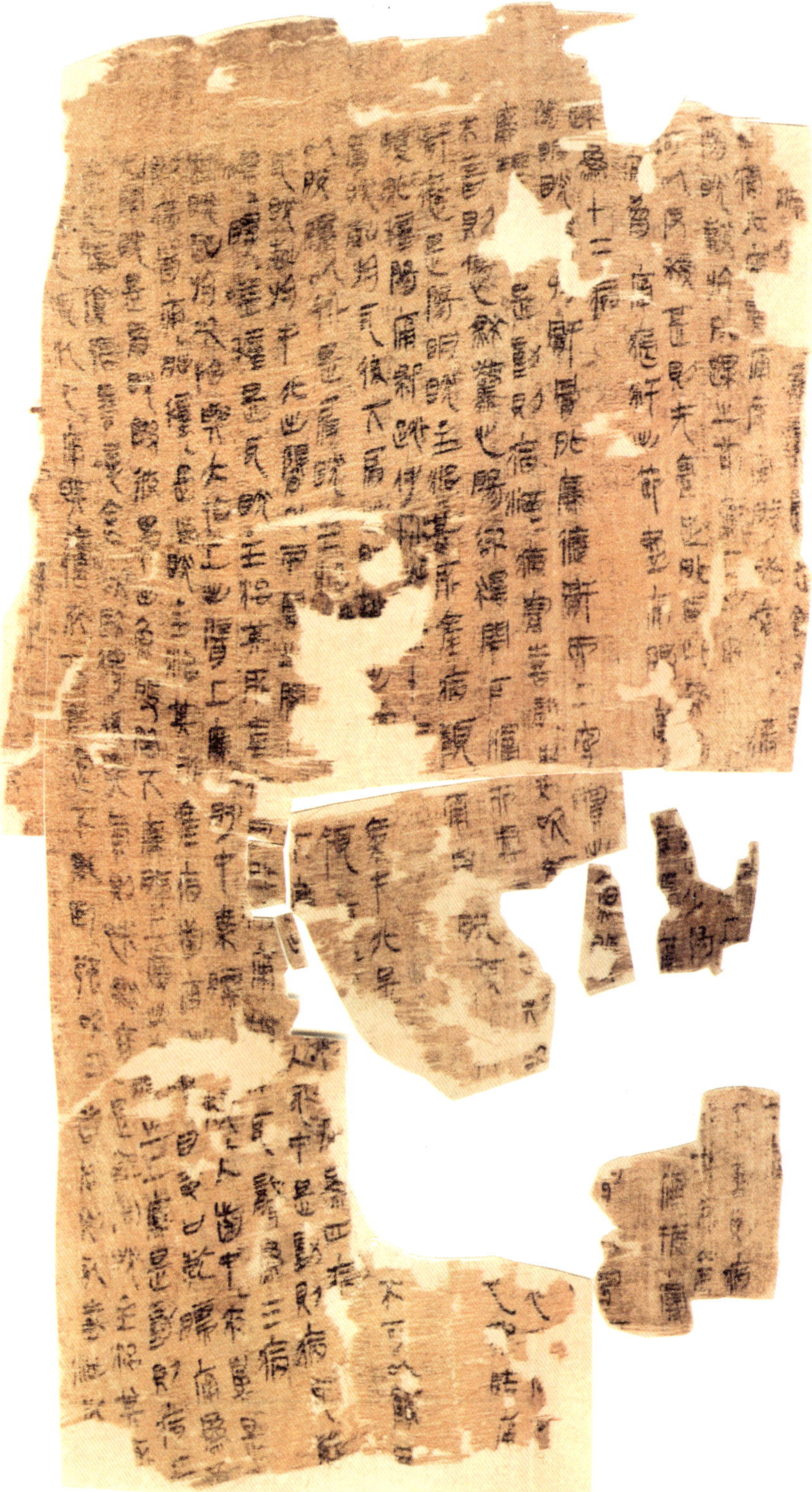

00109 陰陽十一脈灸經（甲本、乙本）

西漢帛書。湖南長沙馬王堆3號漢墓出土。湖南省博物館藏。

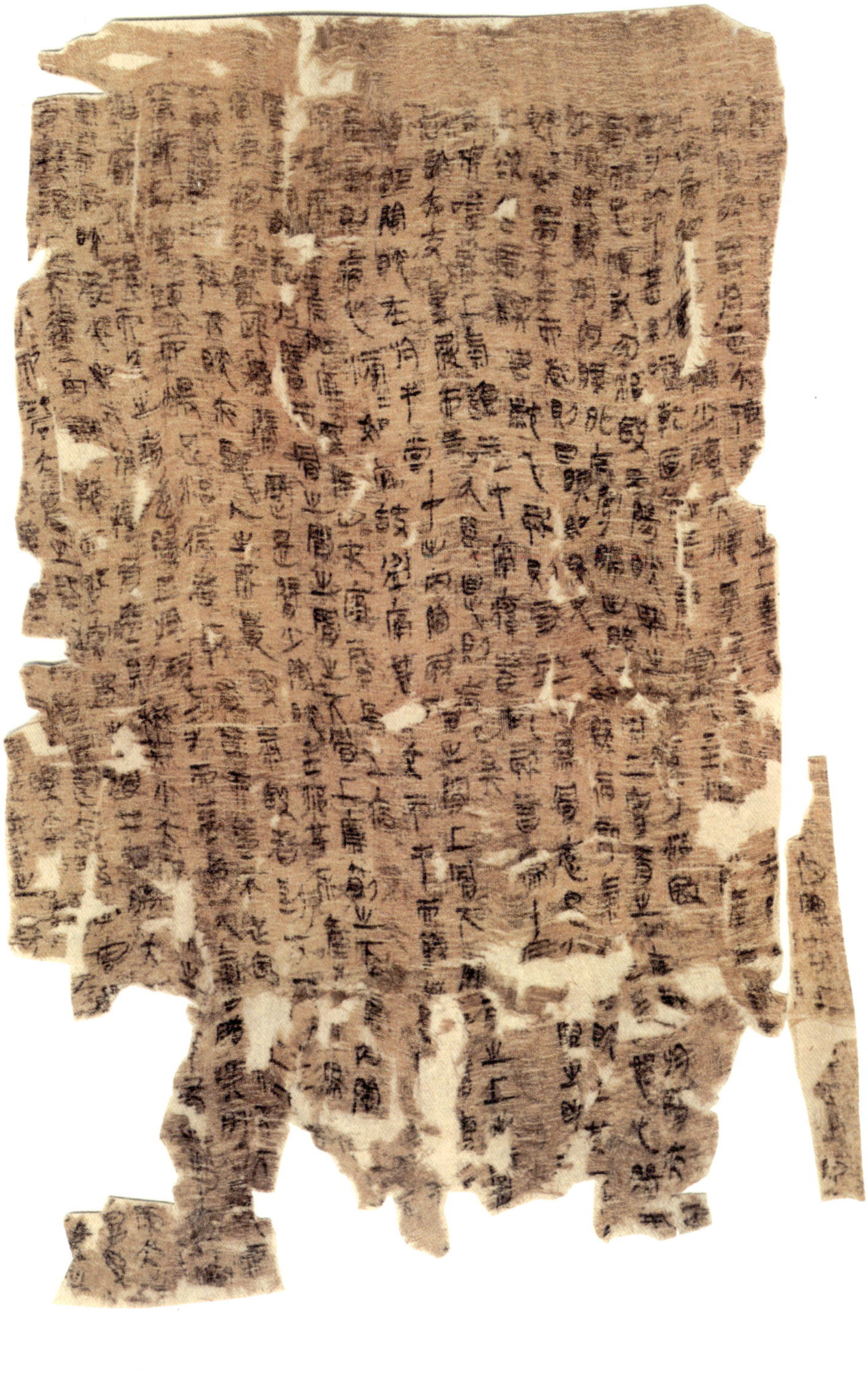

00110 脈法

西漢帛書。湖南長沙馬王堆3號漢墓出土。後八行爲脈法。湖南省博物館藏。

00111 陰陽脈死候

西漢帛書。湖南長沙馬王堆3號漢墓出土。左半部分为陰陽脈死候。湖南省博物館藏。

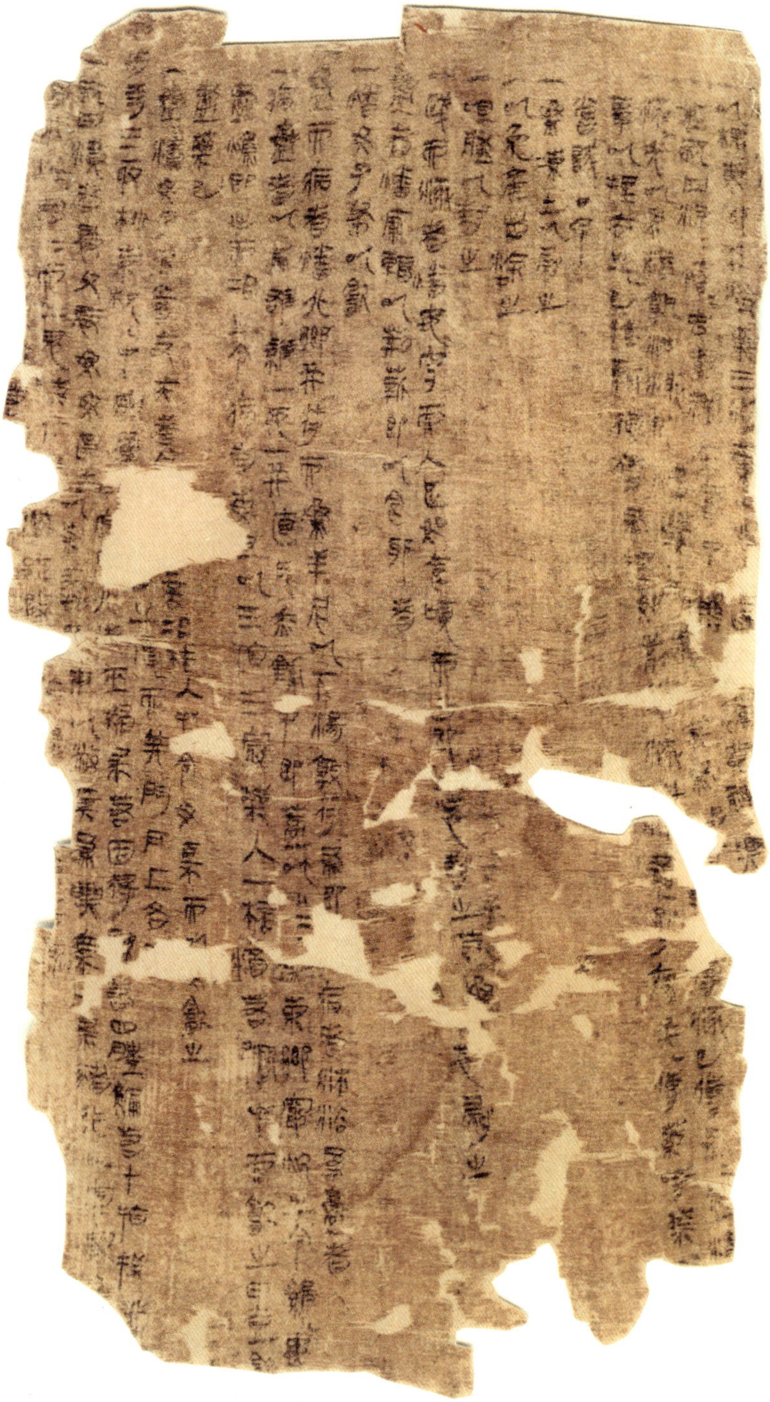

00112 五十二病方

西漢帛書。湖南長沙馬王堆3號漢墓出土。爲迄今所知我國最古的醫方書。湖南省博物館藏。

00113 胎産書

西漢帛書。湖南長沙馬王堆3號漢墓出土。原無篇題，整理者據其内容定名爲“胎産書”。湖南省博物館藏。

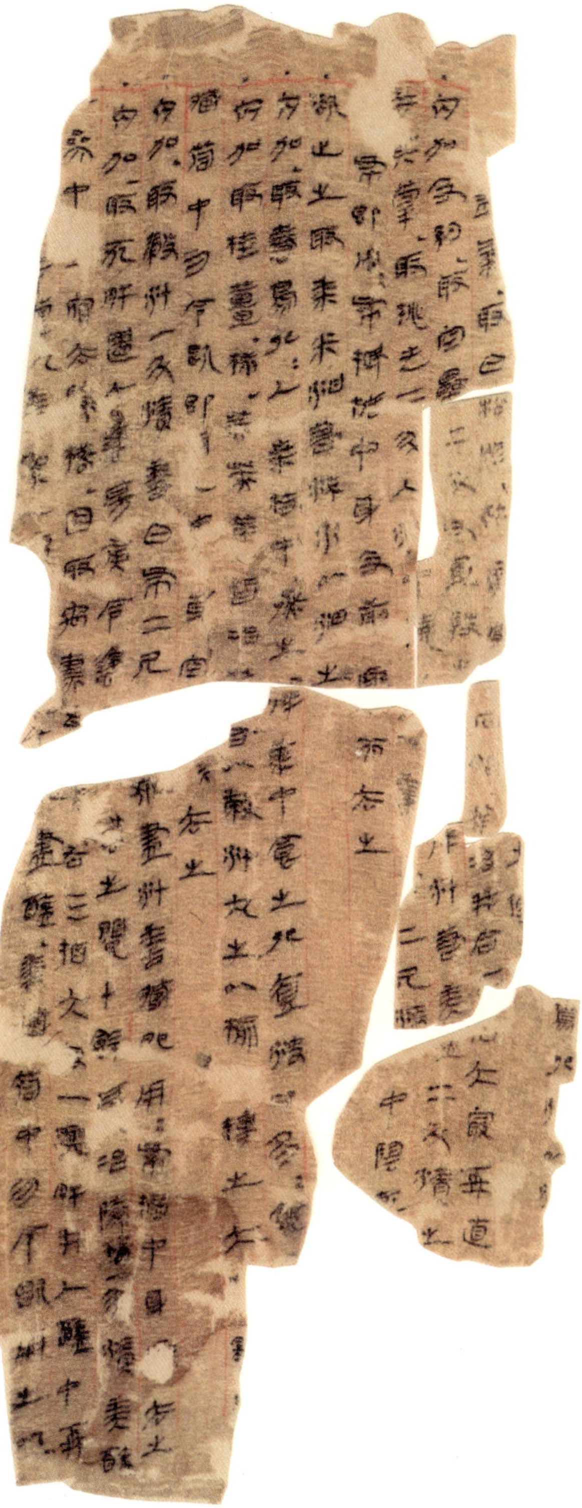

00114 雜療方

西漢帛書。湖南長沙馬王堆3號漢墓出土。現存文字約79行，大約有45條醫方。原無篇題，整理者據内容擬定。湖南省博物館藏。

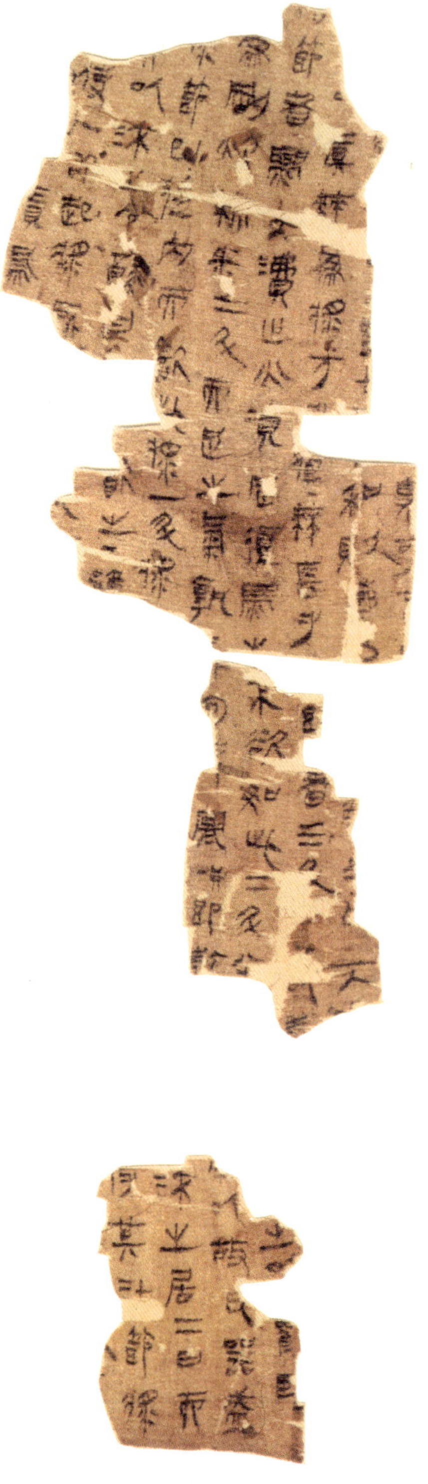

00115 養生方

西漢帛書。湖南長沙馬王堆3號漢墓出土。湖南省博物館藏。

00116 導引圖

西漢帛書。湖南長沙馬王堆3號漢墓出土。湖南省博物館藏。

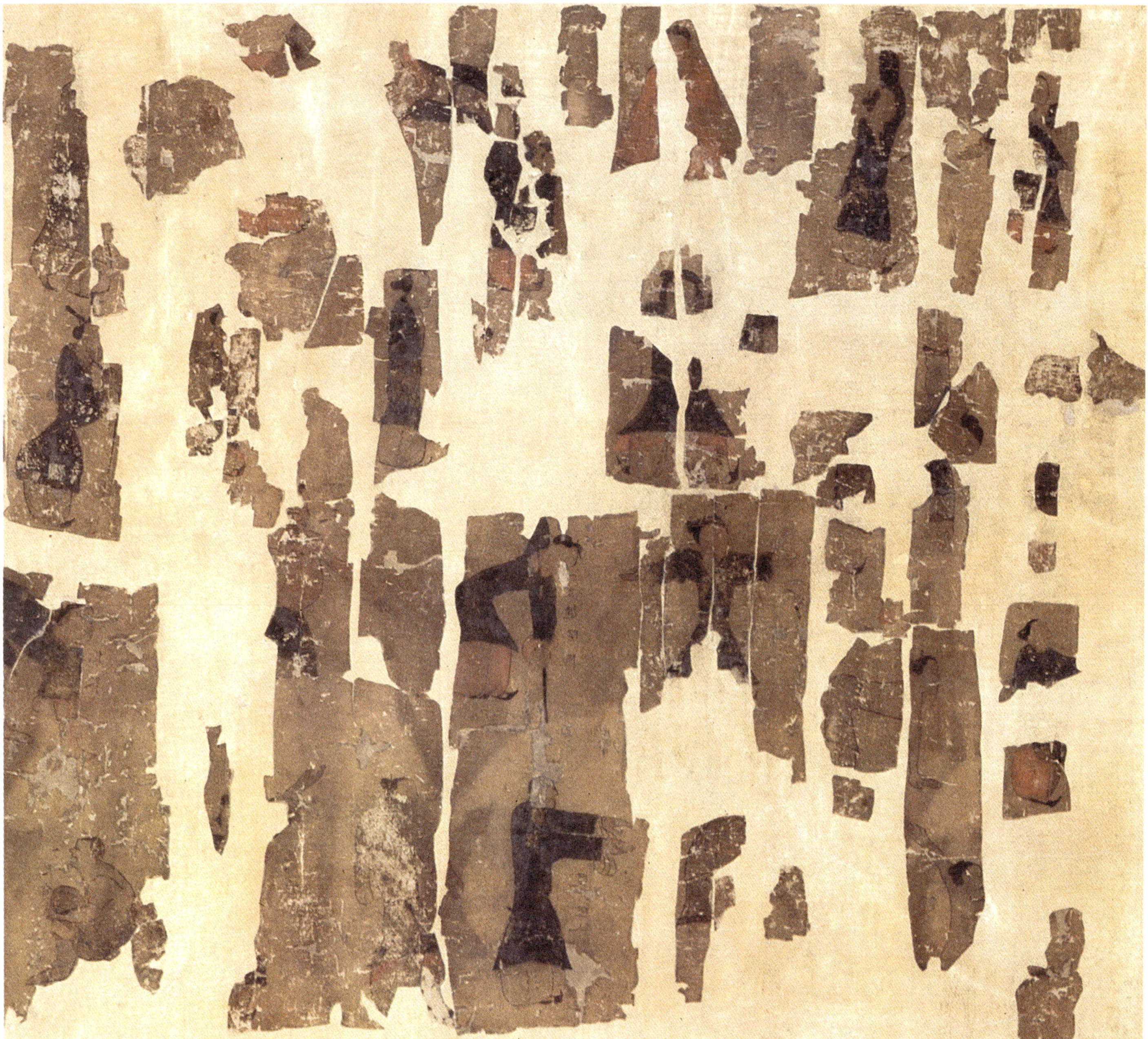

（釋文同前頁）

00117 卻穀食氣

西漢帛書。湖南長沙馬王堆3號漢墓出土。湖南省博物館藏。

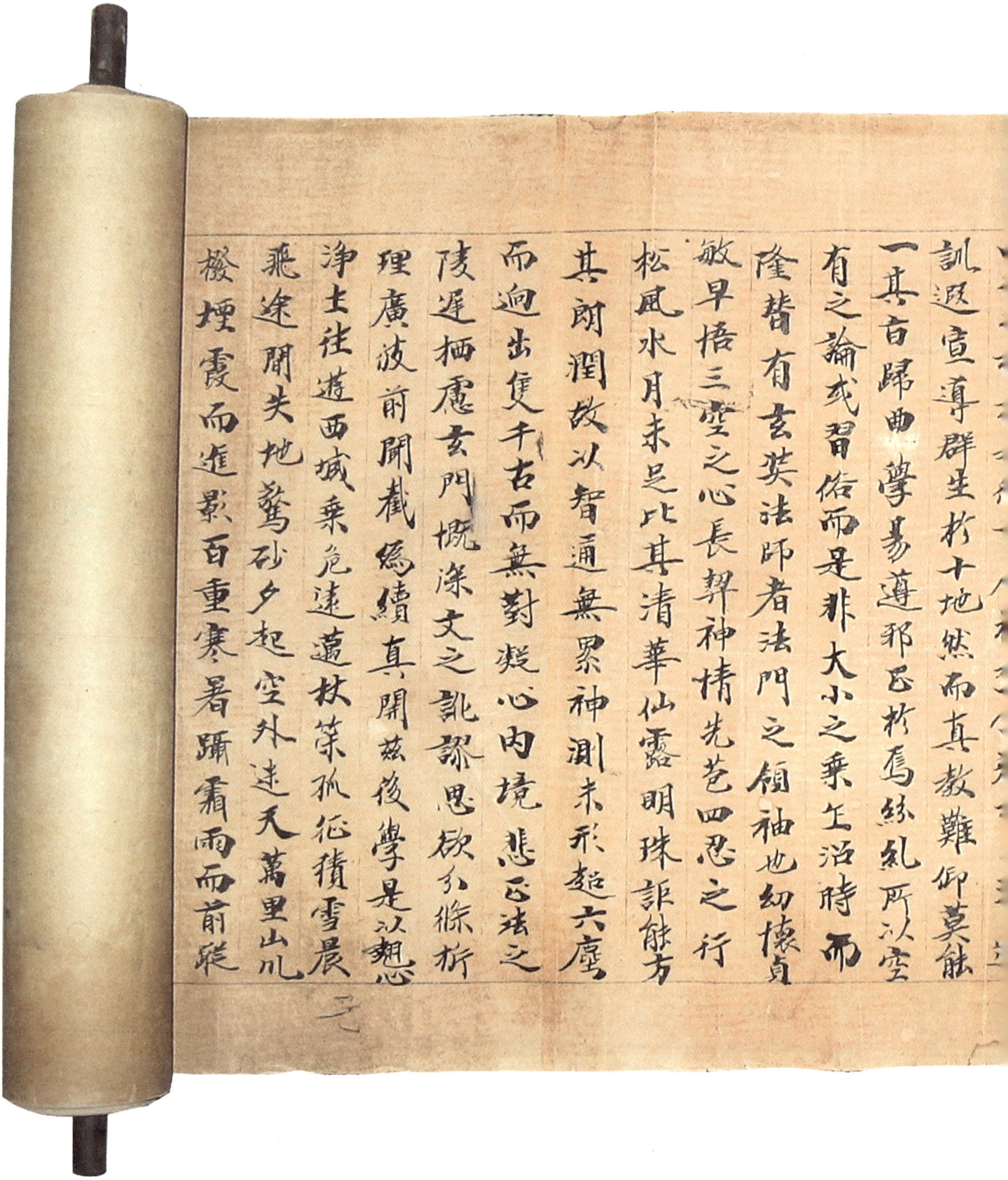

訓遐宣導群生於十地然而真教難仰莫能
一其旨歸曲學易遵邪正於焉紛糺所以空
有之論或習俗而是非大小之乘乍沿時而
隆替有玄奘法師者法門之領袖也幼懷貞
敏早悟三空之心長契神情先苞四忍之行
松風水月未足比其清華仙露明珠詎能方
其朗潤故以智通無累神測未形超六塵
而迥出隻千古而無對凝心內境悲正法之
陵遲栖慮玄門慨深文之訛謬思欲分條析
理廣彼前聞截偽續真開茲後學是以翹心
淨土往遊西域乘危遠邁杖策孤征積雪晨
飛途閒失地驚砂夕起空外迷天萬里山川
撥煙霞而進影百重寒暑躡霜雨而前蹤

00118 大般若波羅蜜多經 （唐）釋玄奘譯 唐寫本

卷軸裝。三卷分别高25.4、27、25.8厘米，長847.8、746.5、887厘米；行十七至十八字。烏絲欄。第一卷卷首背面有"禪密要法卷上"六字貼竿。西北師範大學博物館藏，存三卷。

大般若波羅蜜多經卷第一

大唐三藏聖教序　　太宗文皇帝製

蓋聞二儀有像顯覆載以含生四時無形潛
寒暑以化物是以窺天鑑地庸愚皆識其
端明陰洞陽賢哲罕窮其數然而天地苞乎
陰陽而易識者以其有像也陰陽處乎天地
而難窮者以其無形也故知像顯可徵雖愚不
惑形潛莫覩在智猶迷況乎佛道崇虛乘幽
控寂弘濟萬品典御十方舉威靈而無上抑
神力而無下大之則彌於宇宙細之則攝於
豪釐無滅無生歷千劫而不古若隱若顯運
百福而長今妙道凝玄遵之莫知其際法流
湛寂挹之莫測其源故知蠢蠢凡愚區區庸
鄙投其旨趣能無疑惑者哉然則大教之興
基乎西土騰漢庭而皎夢照東域而流慈昔
者分形分跡之時言未馳而成化當常現常
之世民仰德而知遵及乎晦影歸真遷儀越

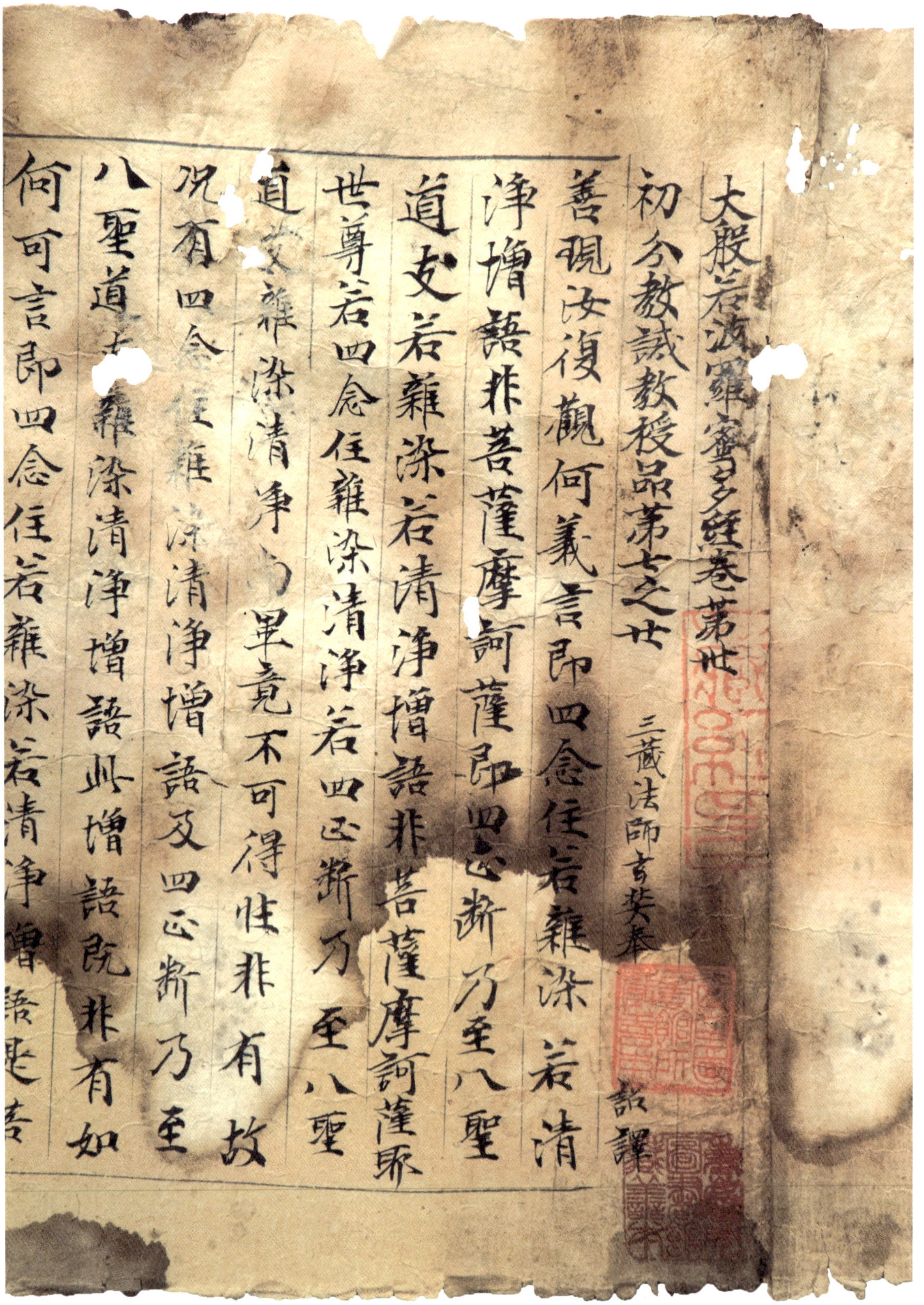
大般若波羅蜜多經卷第卅
初分教誡教授品第七之廿　　三藏法師玄奘奉　詔譯
善現汝復觀何義言即四念住若雜染若清
淨增語非菩薩摩訶薩即四正斷乃至八聖
道支若雜染若清淨增語非菩薩摩訶薩耶
世尊若四念住雜染清淨若四正斷乃至八聖
道支雜染清淨尚畢竟不可得性非有故
況有四念住雜染清淨增語及四正斷乃至
八聖道支雜染清淨增語此增語既非有如
何可言即四念住若雜染若清淨增語是菩

00119 大般若波羅蜜多經卷卅　（唐）釋玄奘譯　唐寫本

卷軸裝。高25.5厘米，長740厘米，行十七字。烏絲欄。卷前有“藏經印”朱文印，卷末有“三界寺藏經”藍色印兩枚，另有“□□寺藏經印”朱文印一枚。重慶圖書館藏。

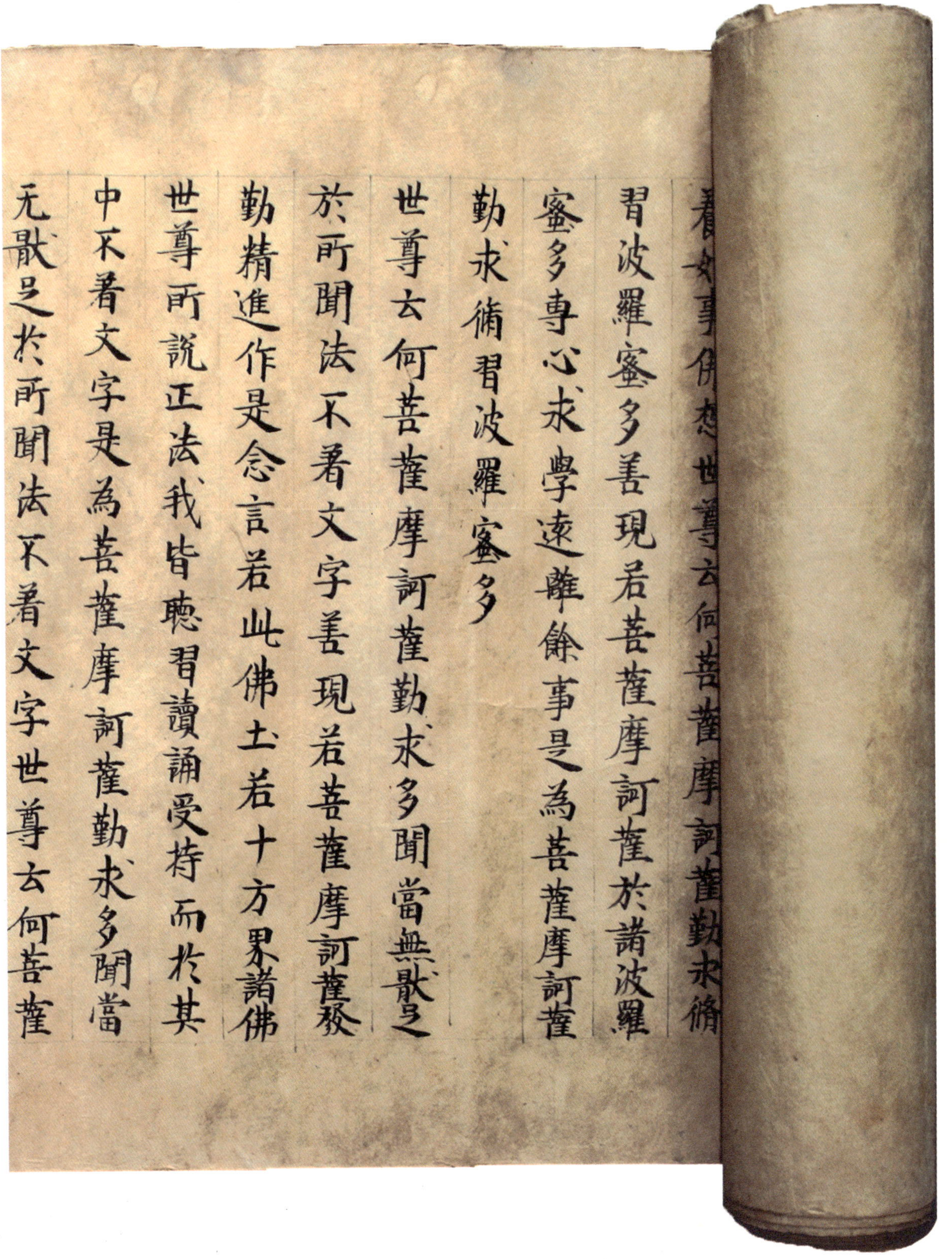

00120 大般若波羅蜜多經卷五十四 （唐）釋玄奘譯 晚唐五代寫本

卷軸裝。斷爲三段。高28.7厘米，一紙長53厘米。每紙二十八行，行十七字。烏絲欄。背面有文獻，名稱及時代待考。山西省曲沃縣圖書館藏。

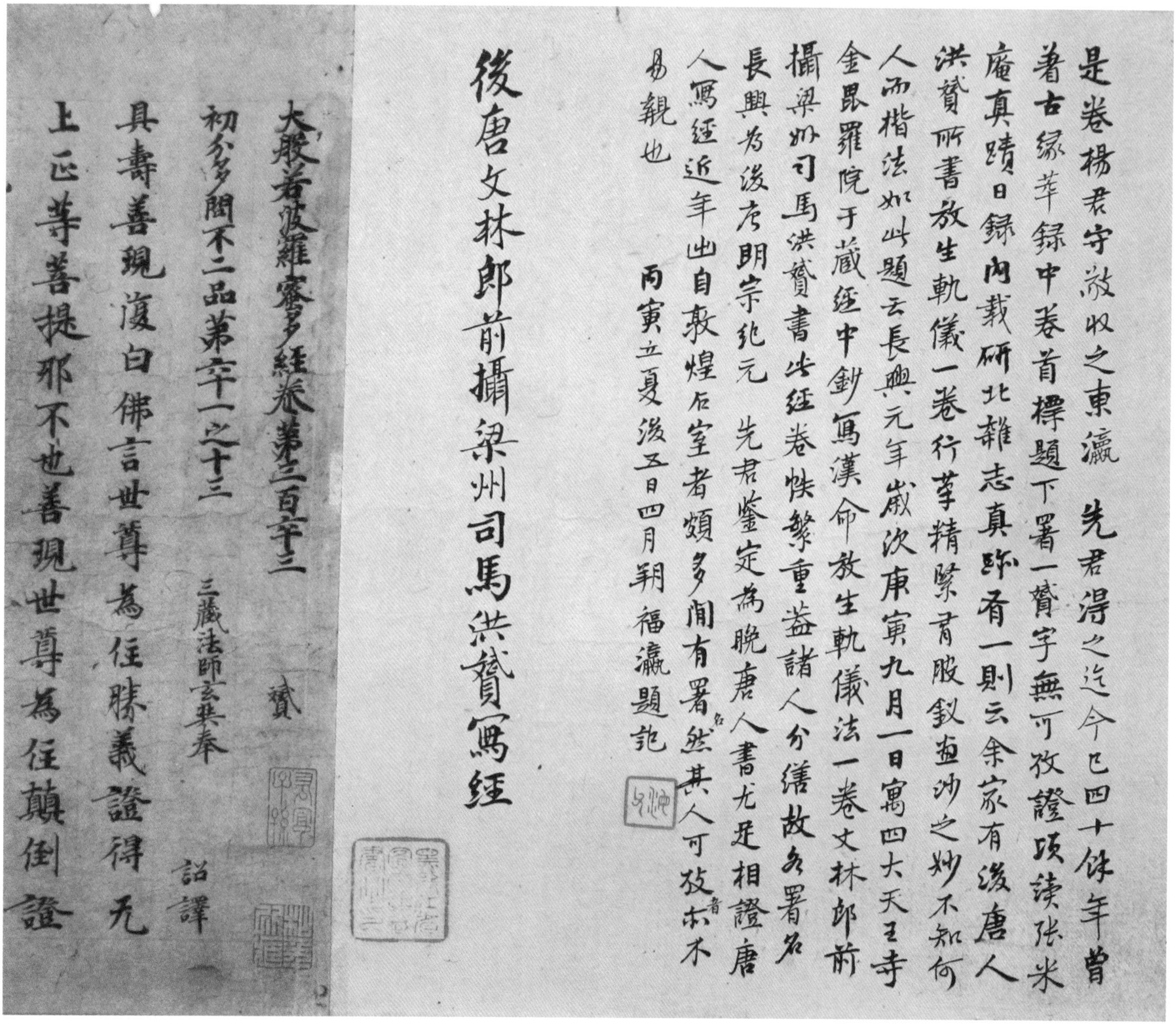

00121 大般若波羅蜜多經卷三百六十三 （唐）釋玄奘譯 唐洪贇寫本

卷軸裝。高23.8厘米，長924厘米，每行十七字。烏絲欄。黑龍江省圖書館藏。

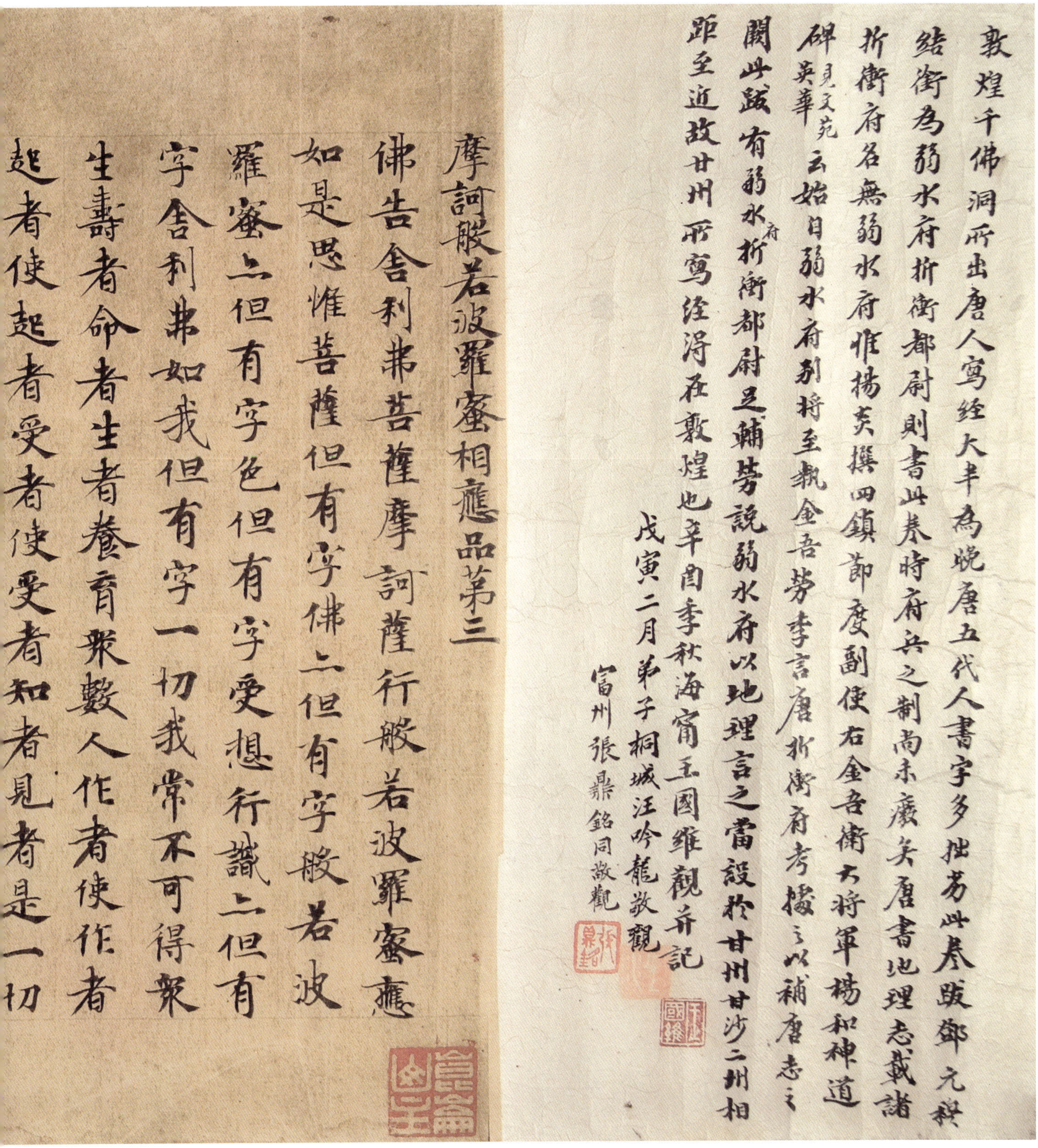

摩訶般若波羅蜜相應品第三

佛告舍利弗菩薩摩訶薩行般若波羅蜜應如是思惟菩薩但有字佛亦但有字般若波羅蜜亦但有字色但有字受想行識亦但有字舍利弗如我但有字一切我常不可得衆生壽者命者生者養育衆數人作者使作者起者使起者受者使受者知者見者是一切

敦煌千佛洞所出唐人寫經大半爲晚唐五代人書字多拙劣此卷跋鄭元穊結銜爲弱水府折衝都尉則書此卷時府兵之制尚未廢矣唐書地理志載諸折衝府名無弱水府惟楊炎撰四鎮節度副使右金吾衛大將軍楊和神道碑見文苑英華云始自弱水府別將至執金吾勞季言唐折衝府考據之以補唐志之闕此跋有弱水府折衝都尉足補勞說弱水府以地理言之當設於甘州甘沙二州相距至近故甘州所寫經得在敦煌也辛酉季秋海寧王國維觀并記

戊寅二月弟子桐城汪吟龍敬觀

富州張鼎銘同敬觀

00122 摩訶般若波羅蜜經卷一 （後秦）釋鳩摩羅什譯 唐寫本

卷軸裝。高26厘米，長502厘米。一紙長48.5厘米。每紙二十八行，行十七字。烏絲欄。王國維、汪吟龍、張鼎銘等題跋。國家圖書館藏。

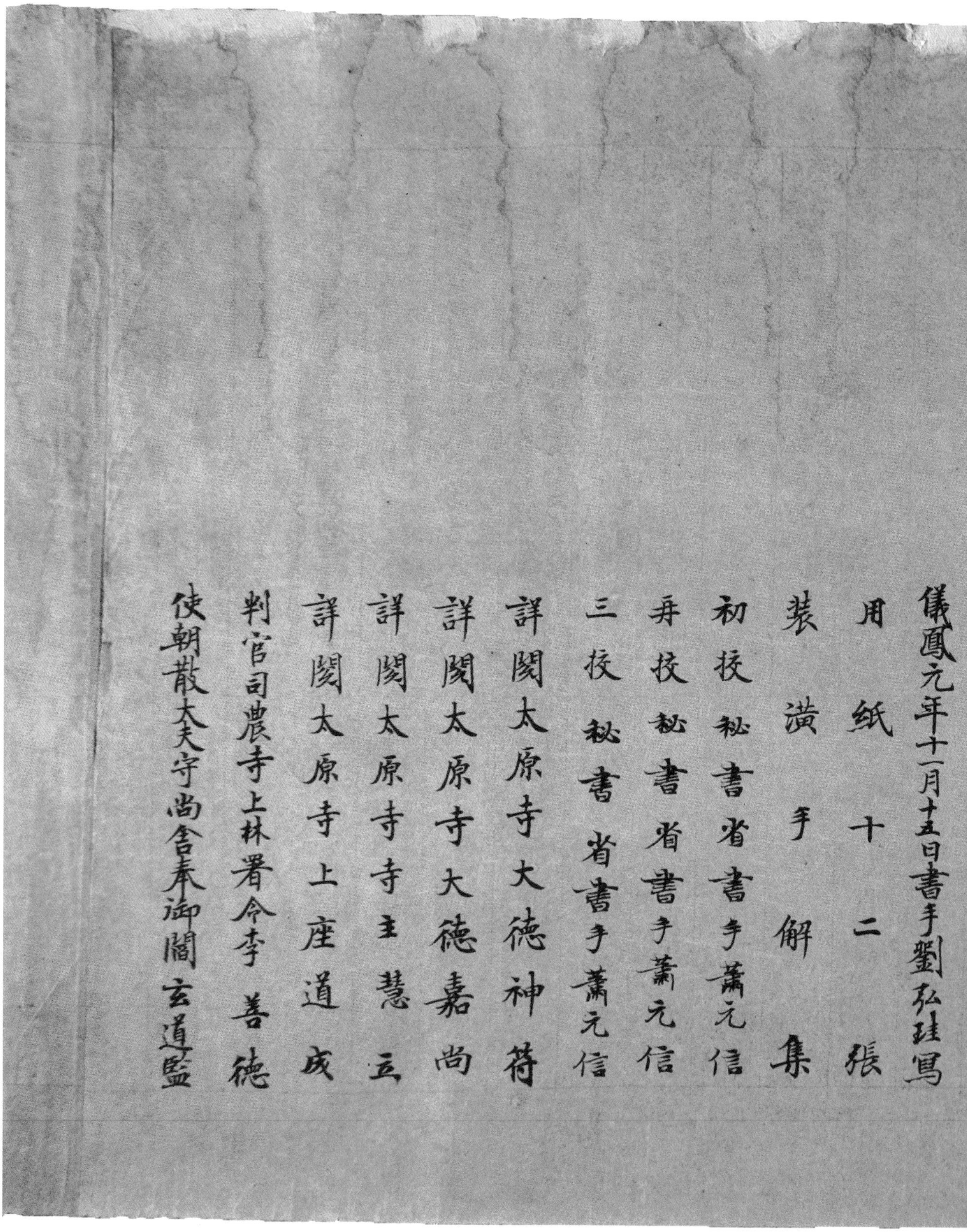
儀鳳元年十一月十五日書手劉弘珪寫
用紙十二張
裝潢手解集
初校秘書省書手蕭元信
再校秘書省書手蕭元信
三校秘書省書手蕭元信
詳閱太原寺大德神符
詳閱太原寺大德嘉尚
詳閱太原寺寺主慧立
詳閱太原寺上座道成
判官司農寺上林署令李善德
使朝散大夫守尚舍奉御閻玄道監

00123 金剛般若波羅蜜經 （後秦）釋鳩摩羅什譯 唐儀鳳元年（676）寫本

卷軸裝。高25.7厘米，長457.3厘米。一紙長46.5厘米。每紙三十一行，行十七字。烏絲欄。國家圖書館藏。

人見衆生見壽者見須菩提發阿耨多羅三
藐三菩提心者於一切法應如是知如是見
如是信解不生法相須菩提所言法相者如
來說即非法相是名法相須菩提若有人以
滿无量阿僧祇世界七寶持用布施若有善
男子善女人發菩薩心者持於此經乃至
四句偈等受持讀誦為人演說其福勝彼云
何為人演說不取於相如如不動何以故
一切有為法　如夢幻泡影　如露亦如電　應作如是觀
佛說是經已長老須菩提及諸比丘比丘尼
優婆塞優婆夷一切世間天人阿脩羅聞
佛所說皆大歡喜信受奉持

金剛般若波羅蜜經

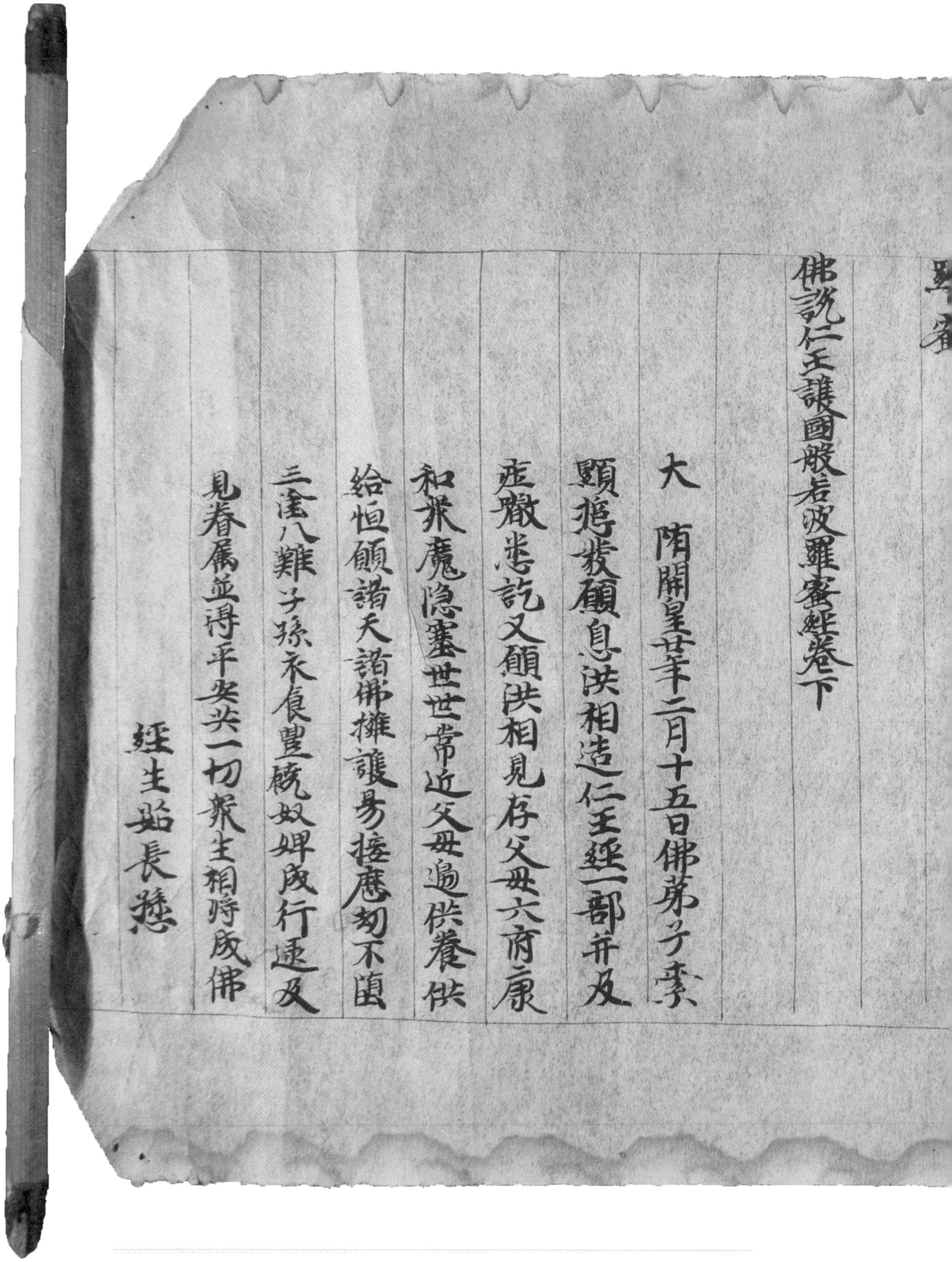

00124 仁王護國般若波羅蜜經卷下 （後秦）釋鳩摩羅什譯 隋開皇二十年（600）寫本

卷軸裝。高25.7厘米，長305.5厘米。一紙長52.7厘米。每紙三十行，行十七字。烏絲欄。國家圖書館藏。

佛常所行道諸惡比丘多求名利於國王太
子王子前説破佛法因緣破國因緣其王不
别信聽此語横作法制不依佛戒是為破佛
破國因緣當尒之時正法不久
尒時十六大國王聞佛七戒所説未來世中
中非泣涕出聲動三千日月五星廿八宿失
光不現時諸王等各各至心受持佛語不制
四部弟子出家當如佛教
尒時大衆十八梵天王六欲諸天子嘆言當
尒之時世間空虚是无佛世
尒時无量大衆中百億菩薩弥勒師子月等
百億舍利弗須菩提等五百億十八梵六欲
諸天三界六通阿須輪王聞佛説護佛因緣

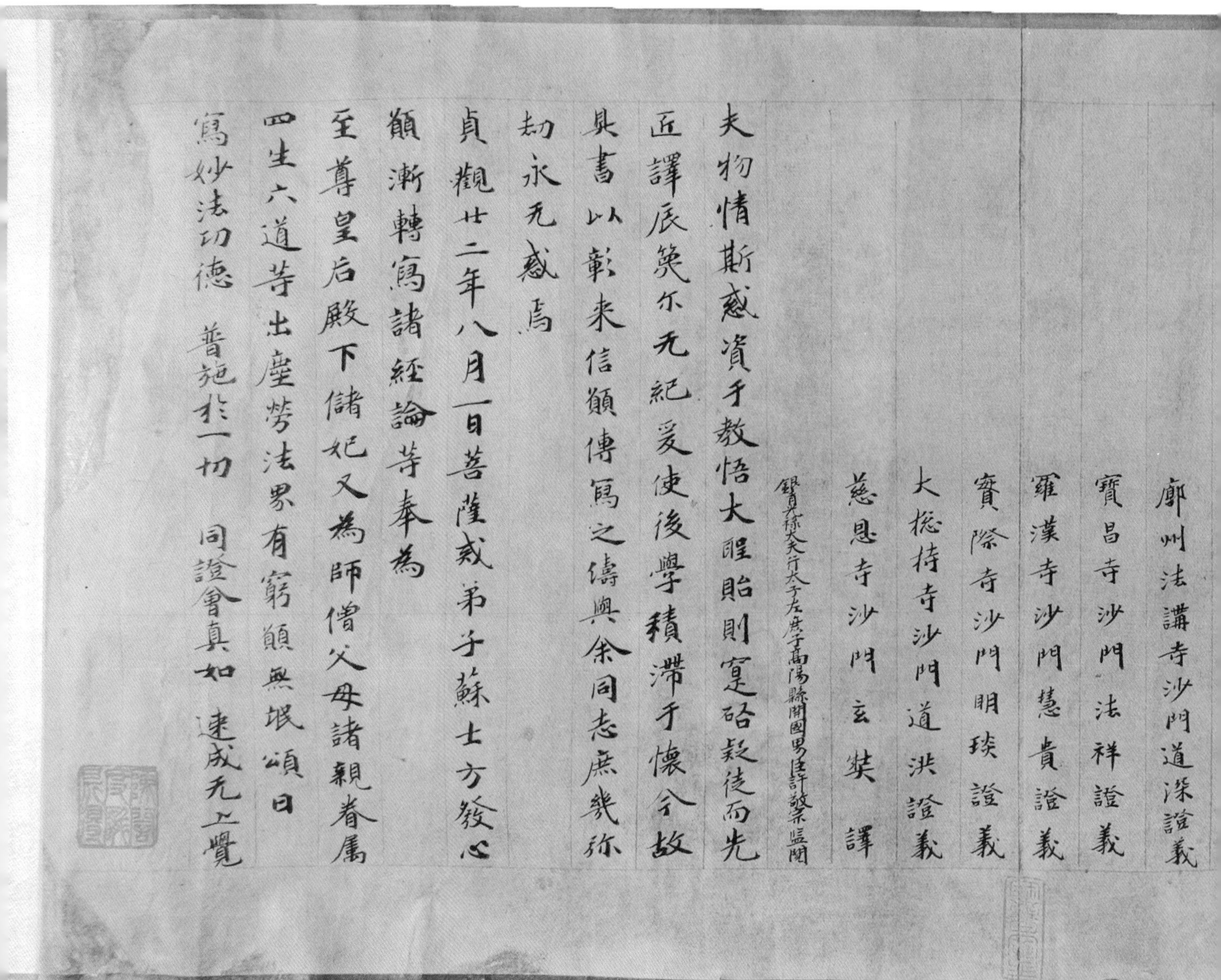

廓州法講寺沙門道深證義
寶昌寺沙門法祥證義
羅漢寺沙門慧貴證義
實際寺沙門明琰證義
大總持寺沙門道洪證義
慈恩寺沙門玄奘譯
銀青光祿大夫行太子左庶子高陽縣開國男臣許敬宗監閱
夫物情斯惑資于教悟大聖貽則寔啓疑徒而先
匠譯辰筴尔无紀爰使後學積滯于懷今故
具書以彰來信願傳寫之儔與余同志庶幾弥
劫永无惑焉
貞觀廿二年八月一日菩薩戒弟子蘇士方發心
願漸轉寫諸經論等奉為
至尊皇后殿下儲妃又為師僧父母諸親眷屬
四生六道等出塵勞法界有窮願無垠頌曰
寫妙法功德　普施於一切　同證會真如　速成无上覺

00125 大菩薩藏經卷第三　（唐）釋玄奘譯　唐貞觀二十二年（648）寫本

卷軸裝。高25.4厘米，長946.5厘米。存二十紙，五百四十五行。烏絲欄。陳閭題簽并跋。國家圖書館藏。

如是舍利子是名如來不可思議大神通力

菩薩摩訶薩信受諦奉清淨无疑倍復踊躍

深生歡喜發希奇想

大菩薩藏經卷第三

弘福寺沙門渭知仁筆受

弘福寺沙門靈雋筆受

大總持寺沙門道觀筆受

瑤臺寺沙門道卓筆受

清禪寺沙門明覺筆受

簡州福聚寺沙門靖邁證文

蒲州普救寺沙門行友證文

普光寺沙門道智證文

汴州真諦寺沙門玄忠證文

弘福寺沙門明濬正字

大總持寺沙門玄應正字

弘福寺沙門玄謨證梵語

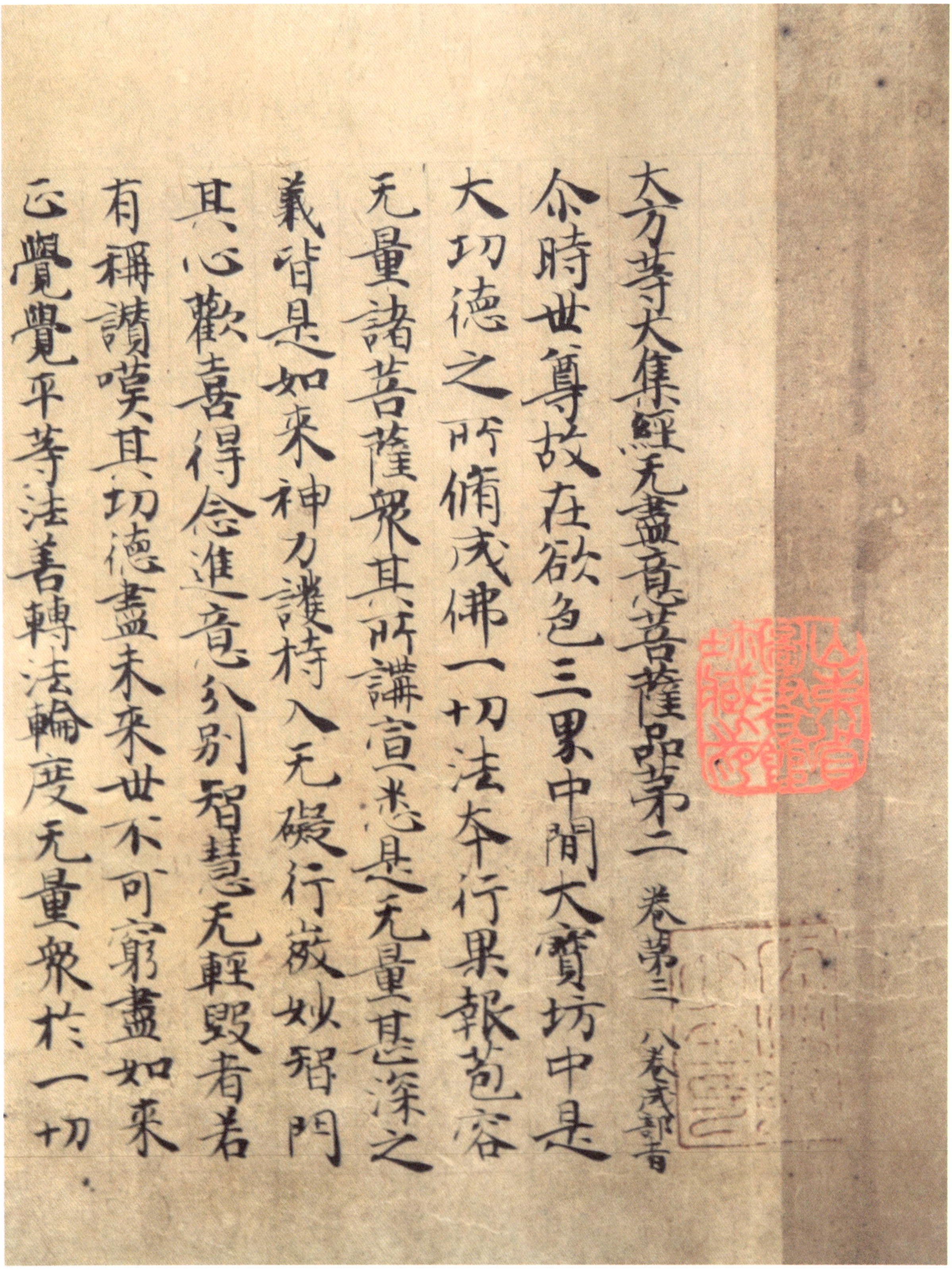
大方等大集經无盡意菩薩品第二　卷第三　八卷成部青
尒時世尊故在欲色三界中間大寶坊中是
大功德之所備成佛一切法本行果報苞容
无量諸菩薩衆其所講宣悉是无量甚深之
義皆是如來神力護持入无礙行微妙智門
其心歡喜得念進意分别智慧无輕毀者若
有稱讚嘆其功德盡未來世不可窮盡如來
正覺覺平等法善轉法輪度无量衆於一切

00126 大方等大集經無盡意菩薩品第二 （北涼）釋曇無讖等譯　唐寫本

卷軸裝。高26.5厘米，長772厘米。每行十七字。烏絲欄。山東省圖書館藏。

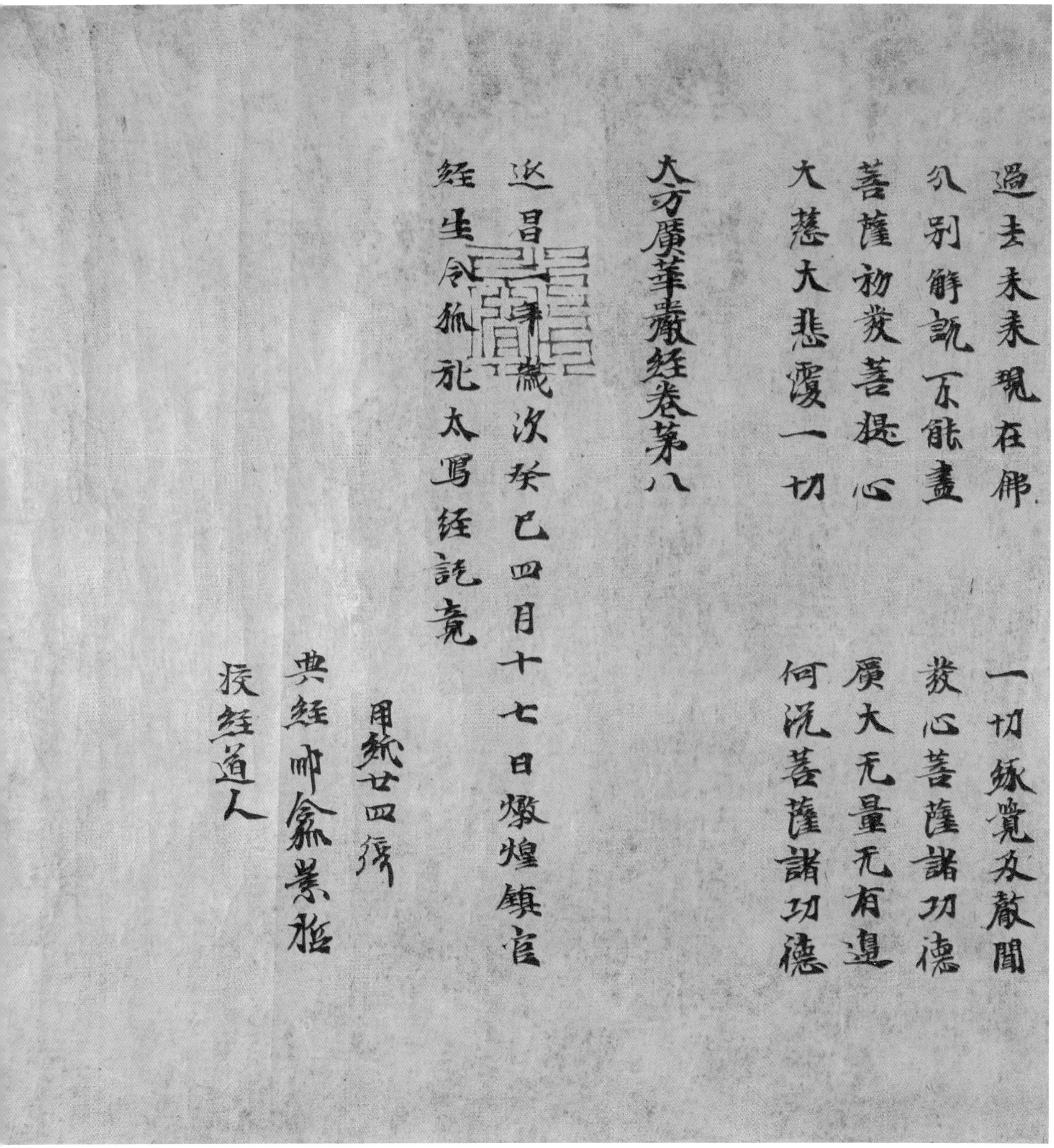
過去未來現在佛 一切緣覺及聲聞
分別解說不能盡 發心菩薩諸功德
菩薩初發菩提心 廣大無量無有邊
大慈大悲覆一切 何況菩薩諸功德
大方廣華嚴經卷第八
延昌二年歲次癸巳四月十七日燉煌鎮官
經生令狐礼太寫經訖竟
用紙廿四張
典經帥令狐崇哲
校經道人

00127 大方廣佛華嚴經卷八 （東晉）釋佛陀跋陀羅譯 北魏延昌二年（513）寫本

卷軸裝。高26.3厘米，長145.5厘米。一紙長37厘米。每紙二十一至二十二行，偈頌行十四字。題記上有中國紙本古籍上現知最早的鈐印。國家圖書館藏。

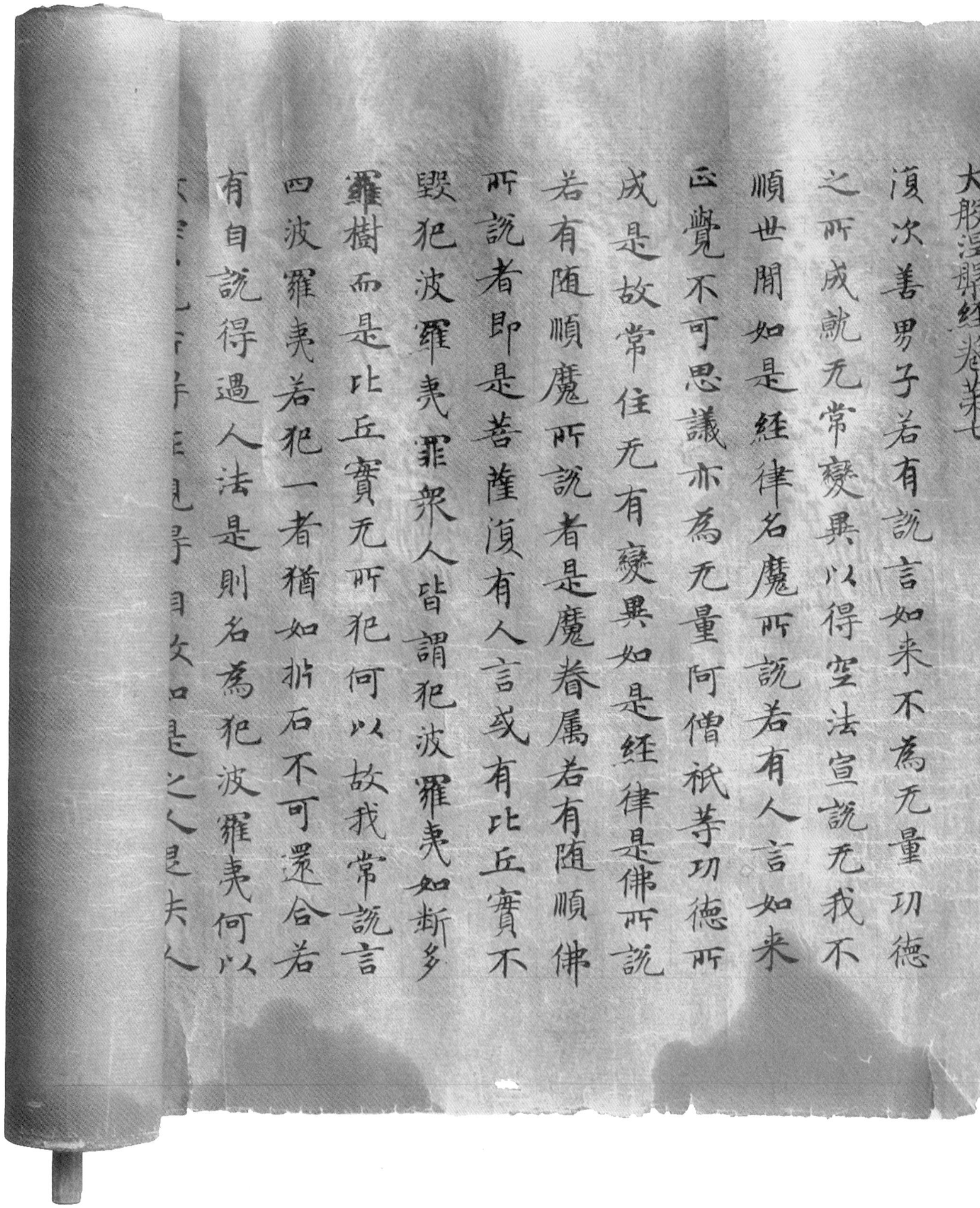

大般涅槃經卷第七
復次善男子若有說言如來不爲无量功德
之所成就无常變異以得空法宣說无我不
順世間如是經律名魔所說若有人言如來
正覺不可思議亦爲无量阿僧祇等功德所
成是故常住无有變異如是經律是佛所說
若有隨順魔所說者是魔眷屬若有隨順佛
所說者即是菩薩復有人言或有比丘實不
毀犯波羅夷罪衆人皆謂犯波羅夷如斷多
羅樹而是比丘實无所犯何以故我常說言
四波羅夷若犯一者猶如折石不可還合若
有自說得過人法是則名爲犯波羅夷何以

00128 大般涅槃經卷七 （北凉）釋曇無讖譯　隋寫本

卷軸裝。高26.6厘米，長751厘米。一紙最長爲143厘米。行十七字。烏絲欄。有護首，有竹質天竿，存緑紅白彩色編織縹帶殘根。中國書店藏。

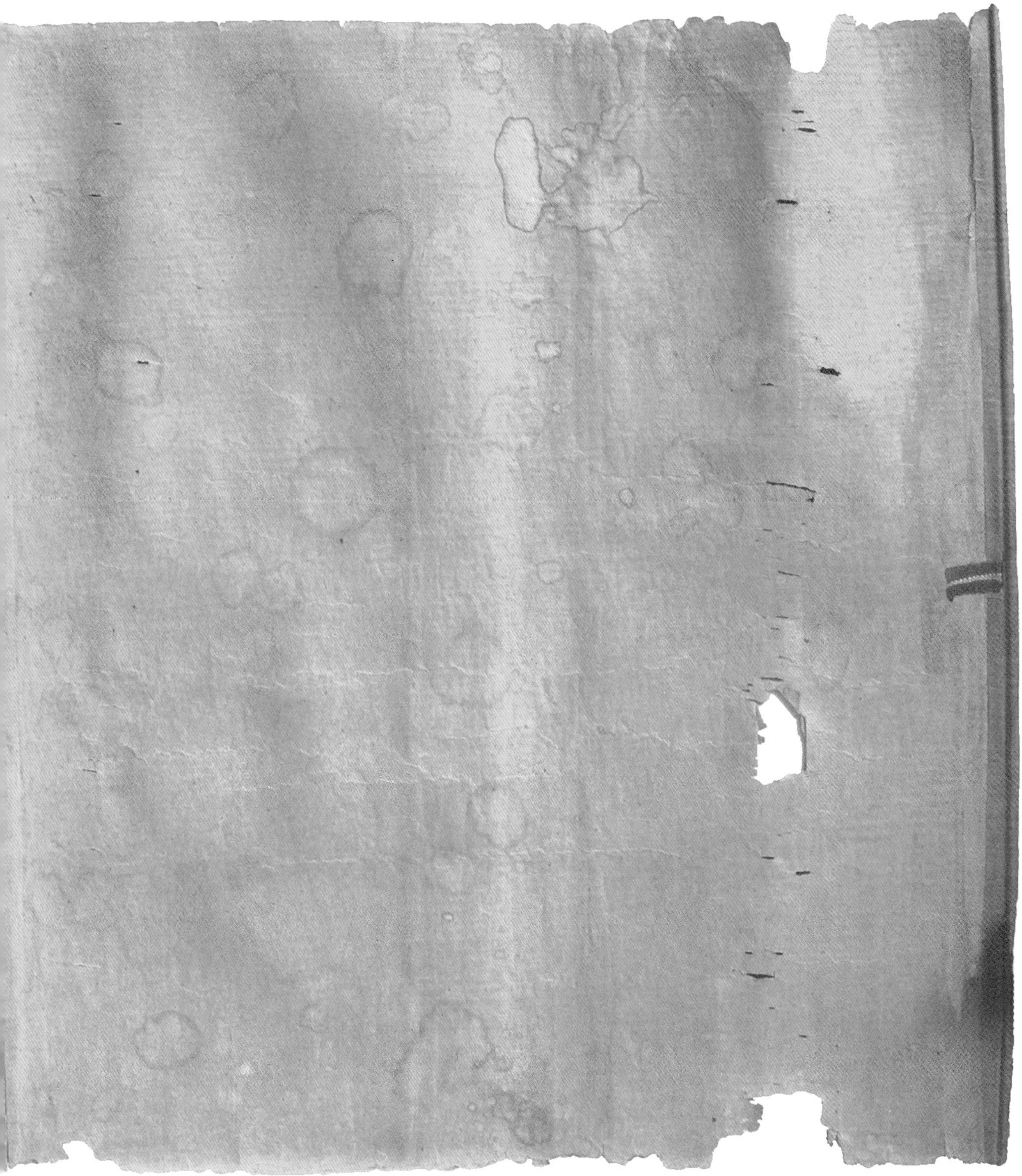

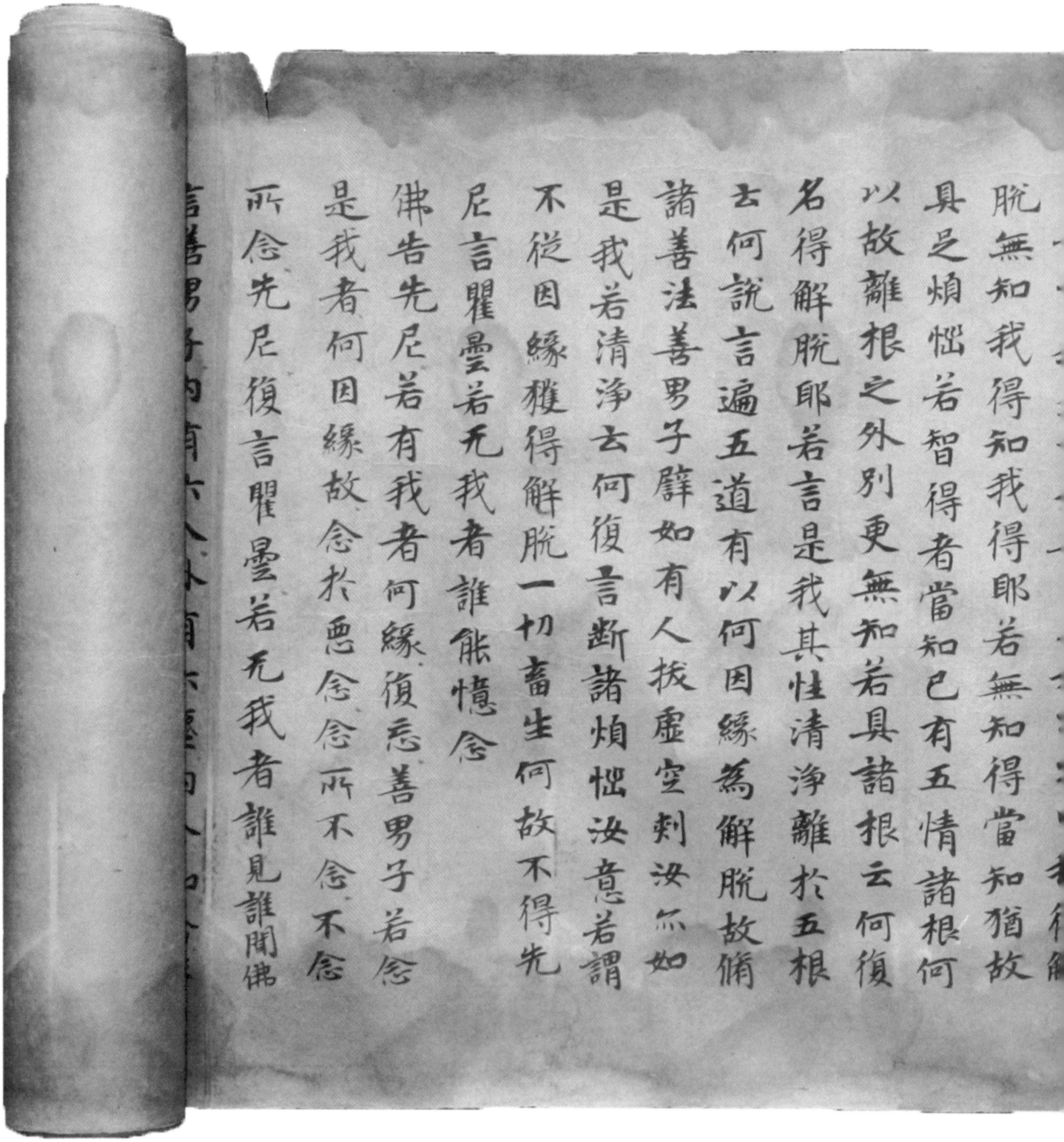

00129 大般涅槃經卷三十九　（北涼）釋曇無讖譯　唐寫本

卷軸裝。高25.8厘米，長790厘米。一紙長48.5厘米。每紙二十八行，行十七字。烏絲欄。軸紙上有簡寫經名“大般”二字。山西省曲沃縣圖書館藏。

見者智人云何說言有我善男子汝意若謂
身作我受是義不然何以故世間不見天得
作業佛得受果若言不是身作我非因受汝
等何故從於因緣求解脫耶汝先是身非因
緣生得解脫已亦應非因而更生身如身一切
煩惱亦應如是先尼言瞿曇我有二種一者
有知二者無知無知之我能得於身有知之
我能捨離身猶如坏瓶既被燒已失於本色
更不復生智者煩惱亦復如是既滅壞已
終不更生佛言善男子所言知者智能知耶
我能知乎若智能知何故說言我是知也若
我知者何故方便更求於智汝意若謂我因
智知同華喻壞善男子譬如剌樹性自能剌

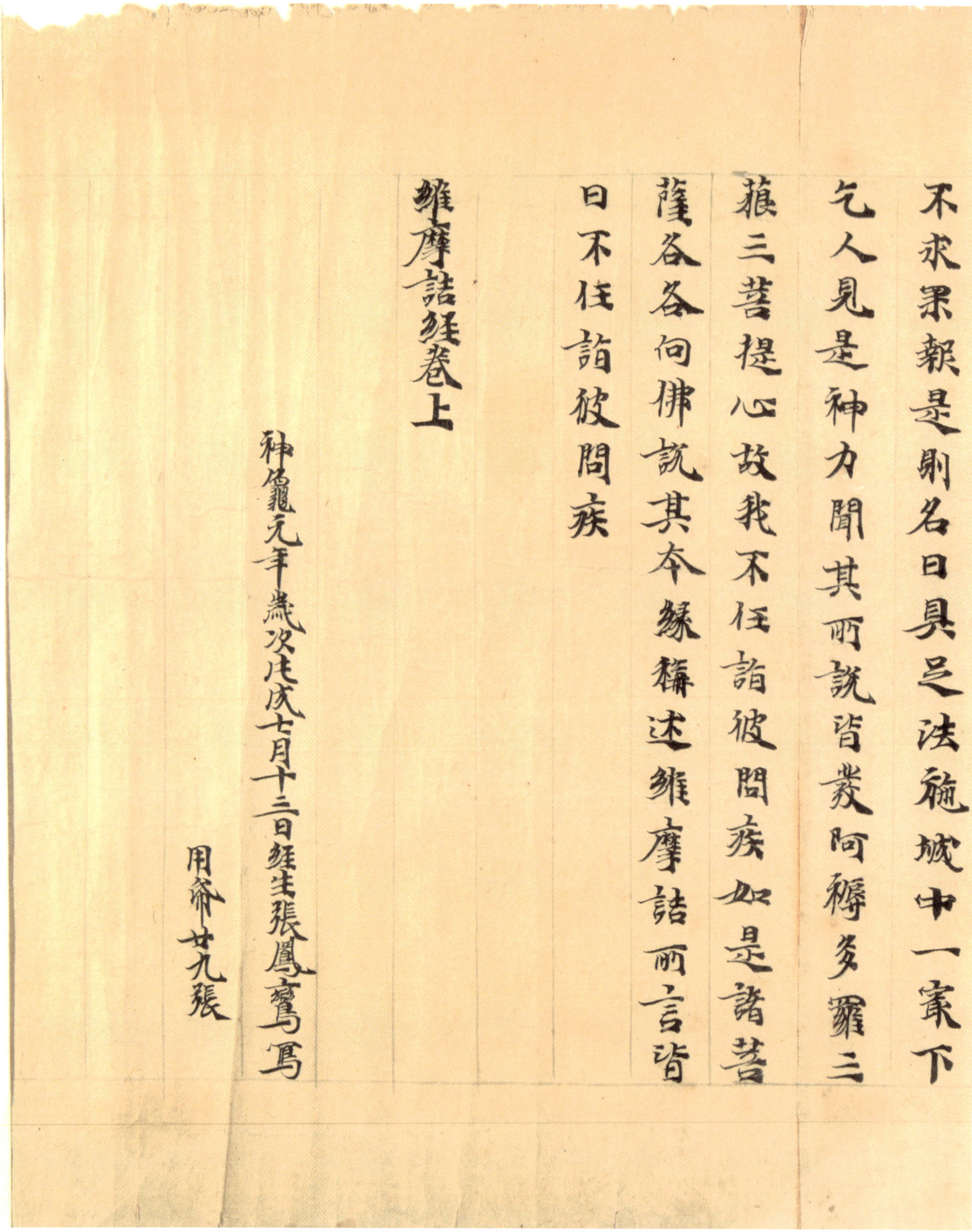

不求果報是則名曰具足法施城中一最下
乞人見是神力聞其所說皆發阿耨多羅三
藐三菩提心故我不任詣彼問疾如是諸菩
薩各各向佛說其本緣稱述維摩詰所言皆
曰不任詣彼問疾

維摩詰經卷上

神龜元年歲次戊戌七月十三日經生張鳳鸞寫
用紙廿九張

00130 維摩詰所説經卷上 （後秦）釋鳩摩羅什譯 北魏神龜元年（518）寫本

卷軸裝。高26.7厘米，長677厘米。一紙長36.8厘米。共三百八十四行，行十七字。烏絲欄。上海圖書館藏。

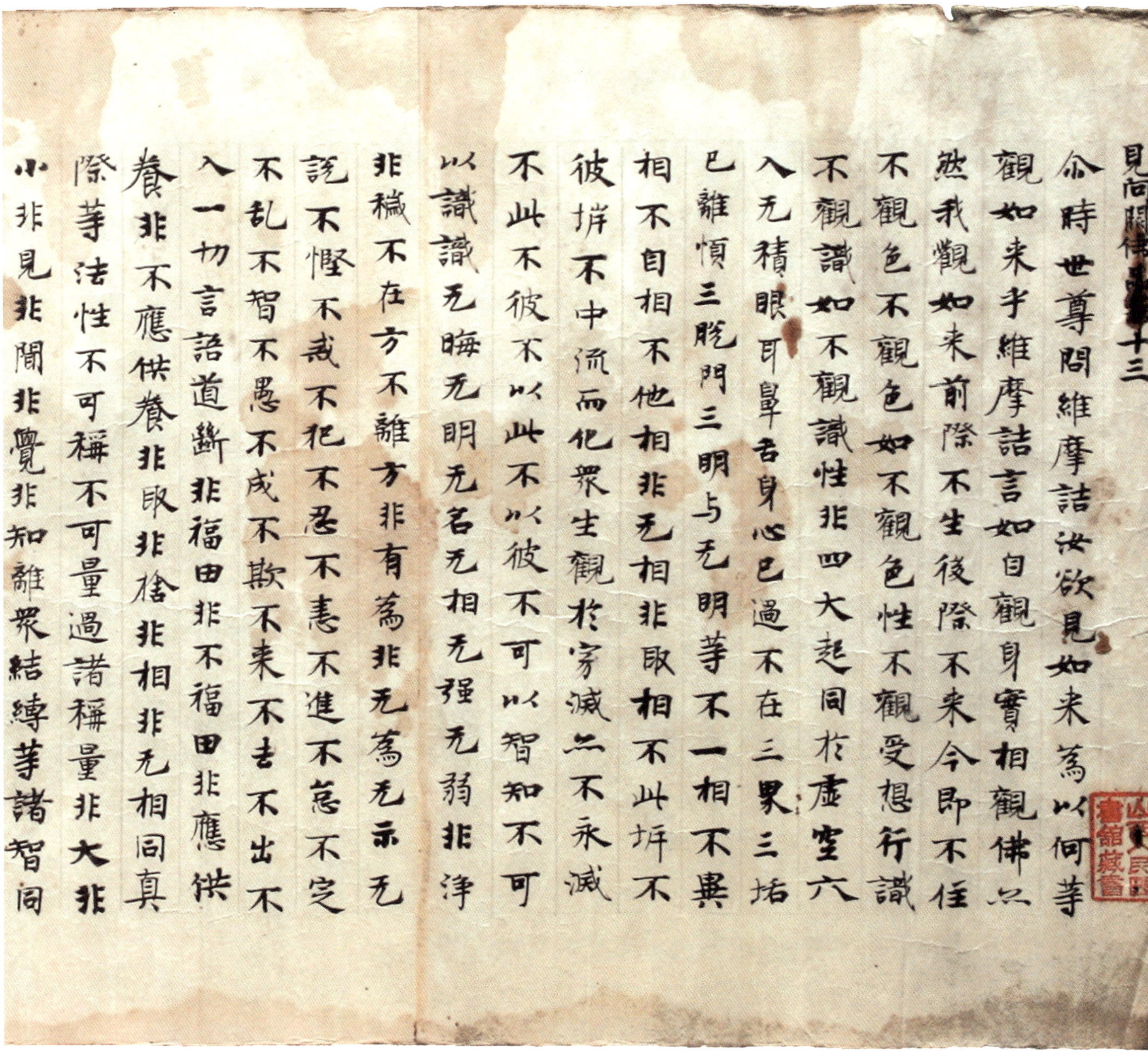

00131　維摩詰所説經卷下　（後秦）釋鳩摩羅什譯　唐寫本

卷軸裝。高27.7厘米，長136.3厘米。一紙長46.5厘米。存四紙，每紙二十八行，行十七字。烏絲欄。山西省圖書館藏。

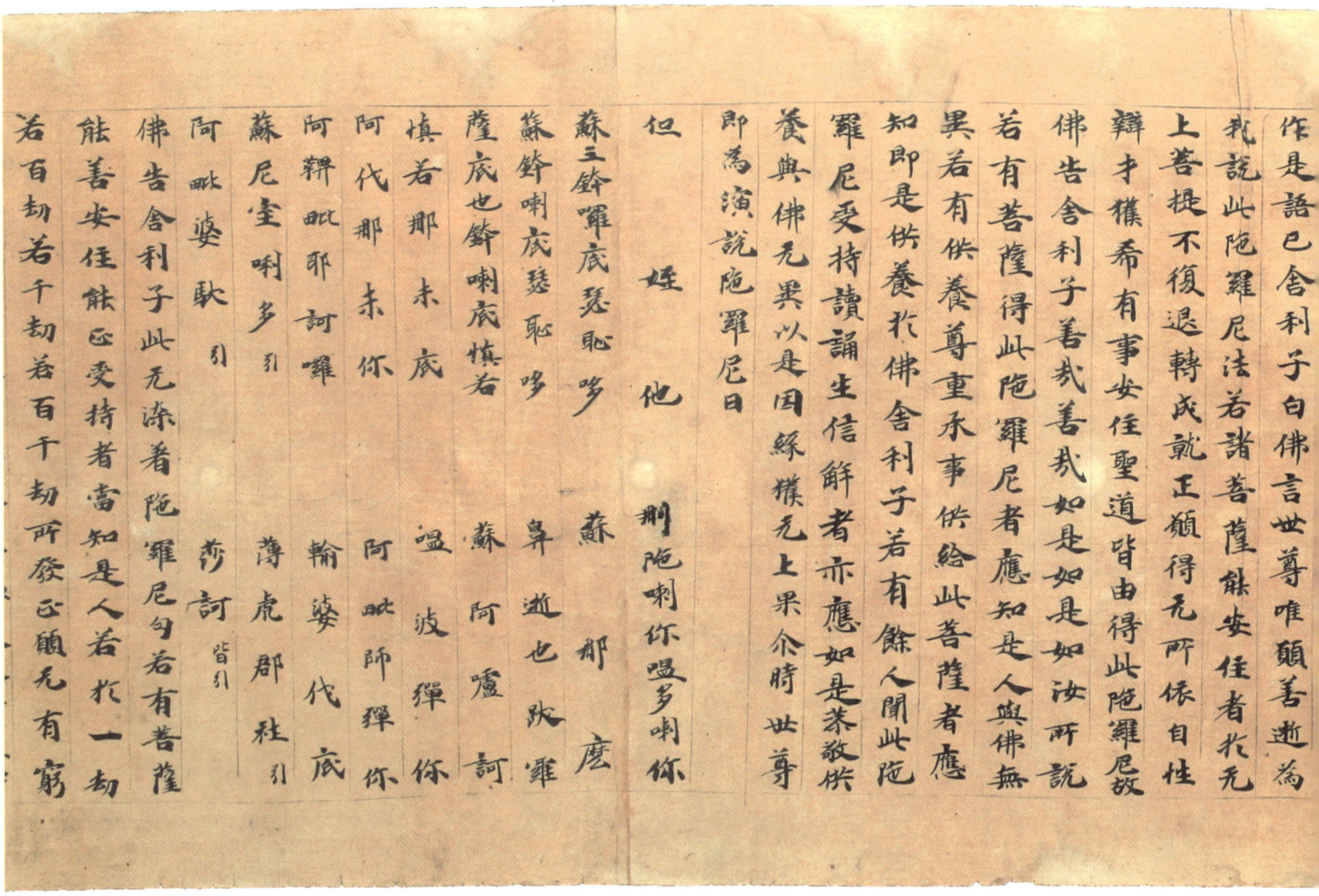

00132 金光明最勝王經卷七 （唐）釋義淨譯 吐蕃統治敦煌時期寫本

卷軸裝。高21.6厘米，長716.2厘米。行十七至十九字。烏絲欄。有護首、扉畫。山東省博物館藏。

金光明最勝王經無染著陀羅尼品第十三之七

三藏法師義淨奉　制譯

尒時世尊告具壽舍利子今有法門名无染
著陀羅尼是諸菩薩所脩行法過去菩薩之
所受持是菩薩母說是語已具壽舍利子白
佛言世尊陀羅尼者是何句義世尊陀羅
尼者非方處非非方處作是語已佛告舍利
子善哉善哉舍利子汝於大乘已能發趣信解
大乘尊重大乘如汝所說陀羅尼者非方處
非非方處非法非非法非過去非未來非現
在非事非非事非緣非非緣非行非非行无
有法生亦无法滅然為利益諸菩薩文作如
是說於此陀羅尼切用正道理趣勢力安立

00133 思益梵天所問經四卷　（後秦）釋鳩摩羅什譯　吐蕃統治敦煌時期寫本

梵夾裝。每葉高26.5厘米，寬8.6厘米，總計一百二十葉二百四十個半葉，長1032厘米。國家圖書館藏。

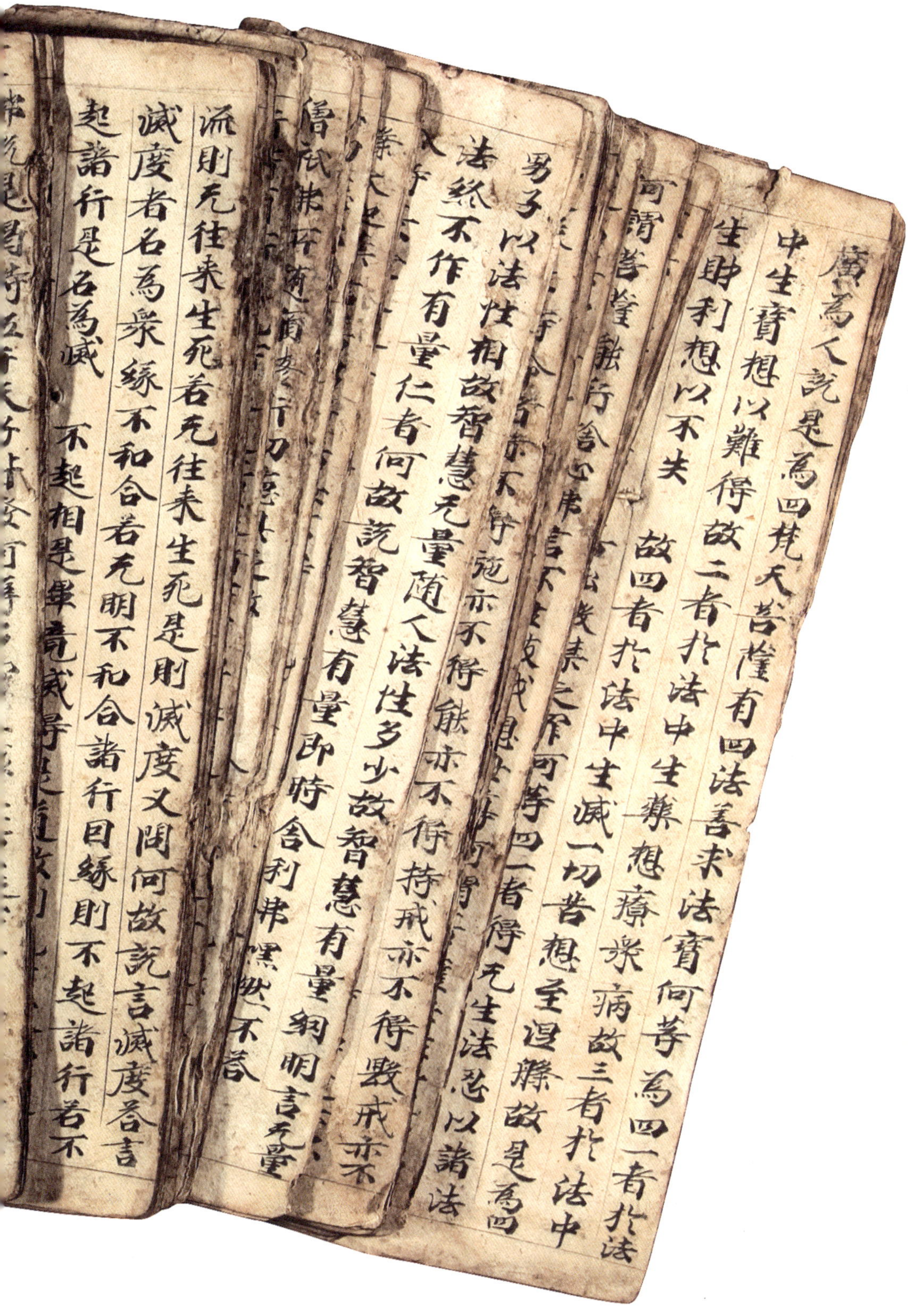

廣爲人說是爲四梵天菩薩有四法善求法寶何等爲四一者於法
中生寶想以難得故二者於法中生藥想療衆病故三者於法中
生財利想以不失故四者於法中生滅一切苦想至涅槃故是爲四
男子以法性相故智慧无量隨人法性多少故智慧有量
法然不作有量仁者何故說智慧有量即時舍利弗默然不答
流則无往來生死者无往來生死是則滅度又問何故說言滅度答言
滅度者名爲衆緣不和合者无明不和合諸行因緣則不起諸行若不
起諸行是名爲滅

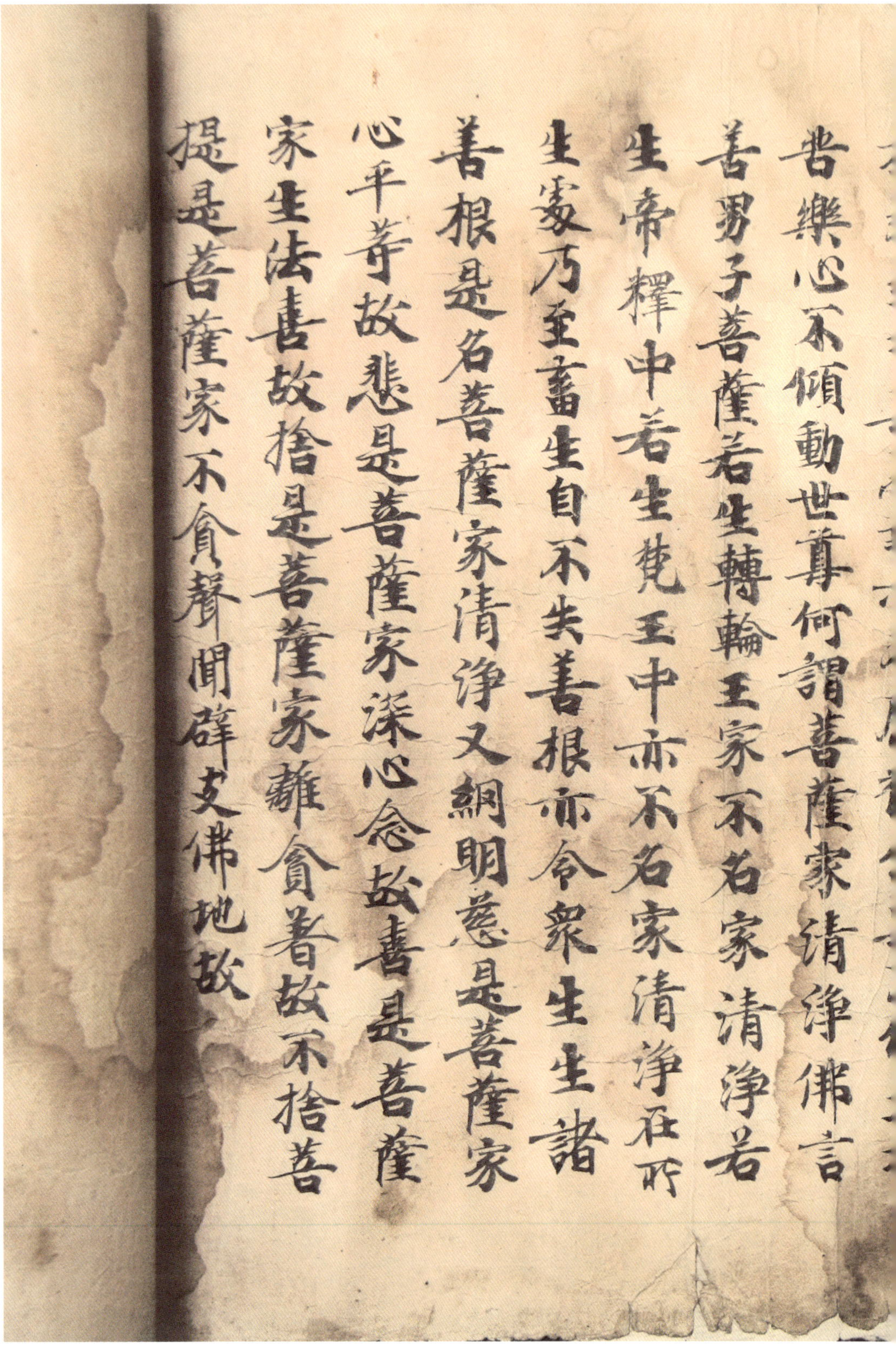

00134 思益梵天所問經卷三　（後秦）釋鳩摩羅什譯　唐寫本

卷軸裝。高26.4厘米，長964.6厘米。行十七字。山東省圖書館藏。

卷第三
網明菩薩白佛言世尊若有菩薩悕望
德利而發菩提心者不名為發大乘也所以
者何一切法无功德利以无對妄故世尊菩
薩摩訶薩不應為功德利故發菩提心但為
大悲心故滅衆生諸苦惱故不自憂苦故生
諸善法故解脫諸邪見故滅除諸病故捨我
所貪著故不觀憎愛故不沒世法故猒患有

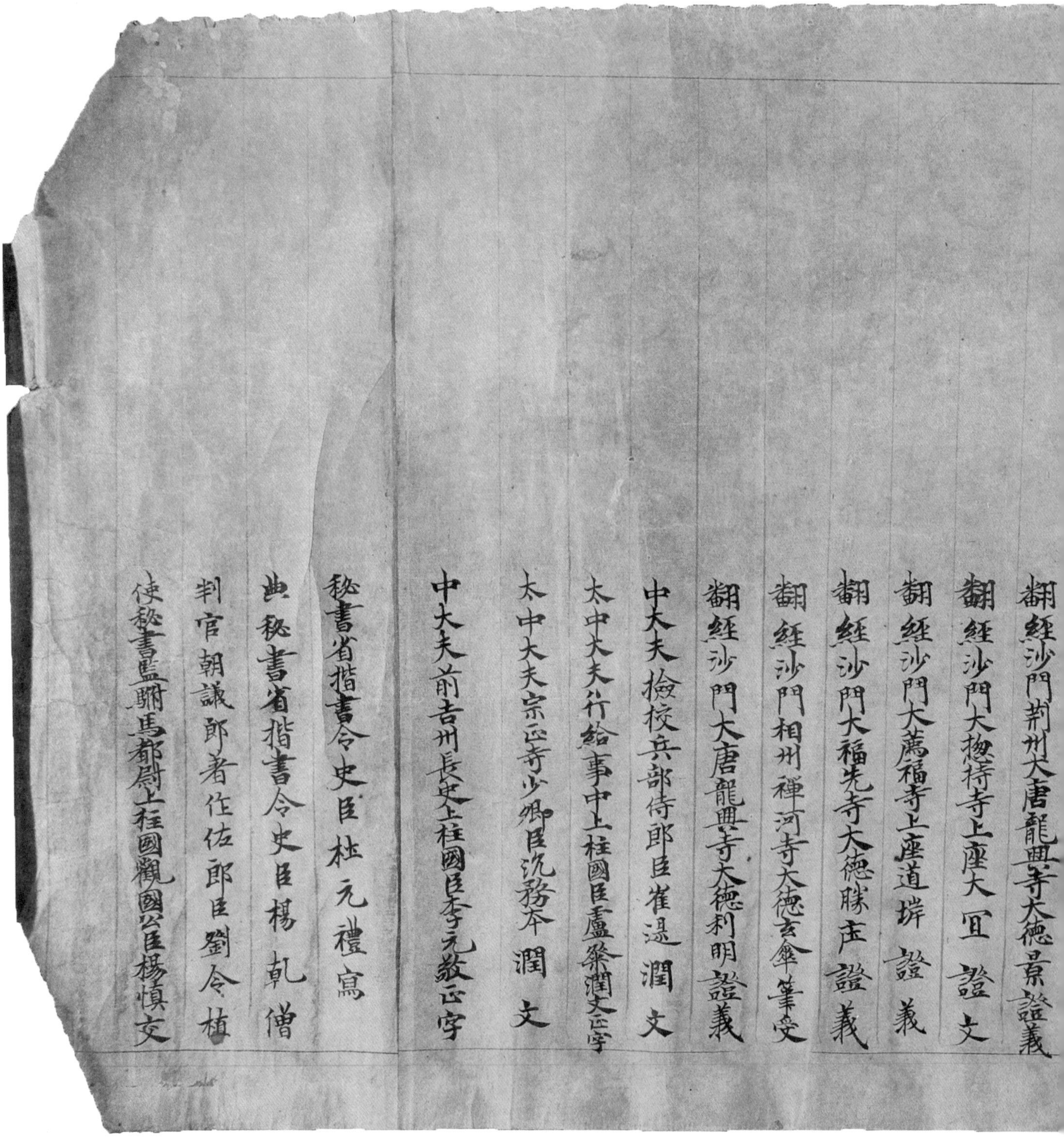
翻經沙門荊州大唐龍興寺大德景證義
翻經沙門大揔持寺上座大宜 證文
翻經沙門大薦福寺上座道岸 證義
翻經沙門大福先寺大德勝莊 證義
翻經沙門相州禪河寺大德玄傘筆受
翻經沙門大唐龍興寺大德利明證義
中大夫撿校兵部侍郎臣崔湜 潤文
太中大夫行給事中上柱國臣盧粲潤文正字
太中大夫宗正寺少卿臣沈務本 潤 文
中大夫前吉州長史上柱國臣李元敬正字
秘書省揩書令史臣杜元禮寫
典秘書省揩書令史臣楊乹僧
判官朝議郎著作佐郎臣劉令植
使秘書監駙馬都尉上柱國觀國公臣楊慎交

00135 藥師琉璃光七佛本願功德經 （唐）釋義淨譯 唐景龍元年（707）寫本

卷軸裝。高26.1厘米，長619.1厘米。十三紙，三百二十二行。烏絲欄。國家圖書館藏。

不現尒時具壽阿難陁即從座起礼佛雙足右
膝著地合掌恭敬而白佛言世尊當何名此經
我等云何受持佛告阿難陁此經名為七佛如
来應正等覺本願功德殊勝莊嚴亦名曼殊室
利所問亦名藥師瑠璃光如来本願功德亦名
執金剛菩薩發願要期亦名淨除一切業障亦
名所有願求皆得圓滿亦名十二大將發願護
持如是名字汝當奉持時薄伽梵說是經已
諸大菩薩及聲聞衆天龍藥叉乾闥婆阿蘇
羅揭路荼緊那羅莫呼洛伽人非人等一
切大衆聞佛所說皆大歡喜信受奉行

新譯藥師瑠璃光七佛本願功德經卷下

大唐景龍元年歲次丁未乙甲申朔音
辛丑翻經三藏沙門義淨奉
制在內道場譯并綴文

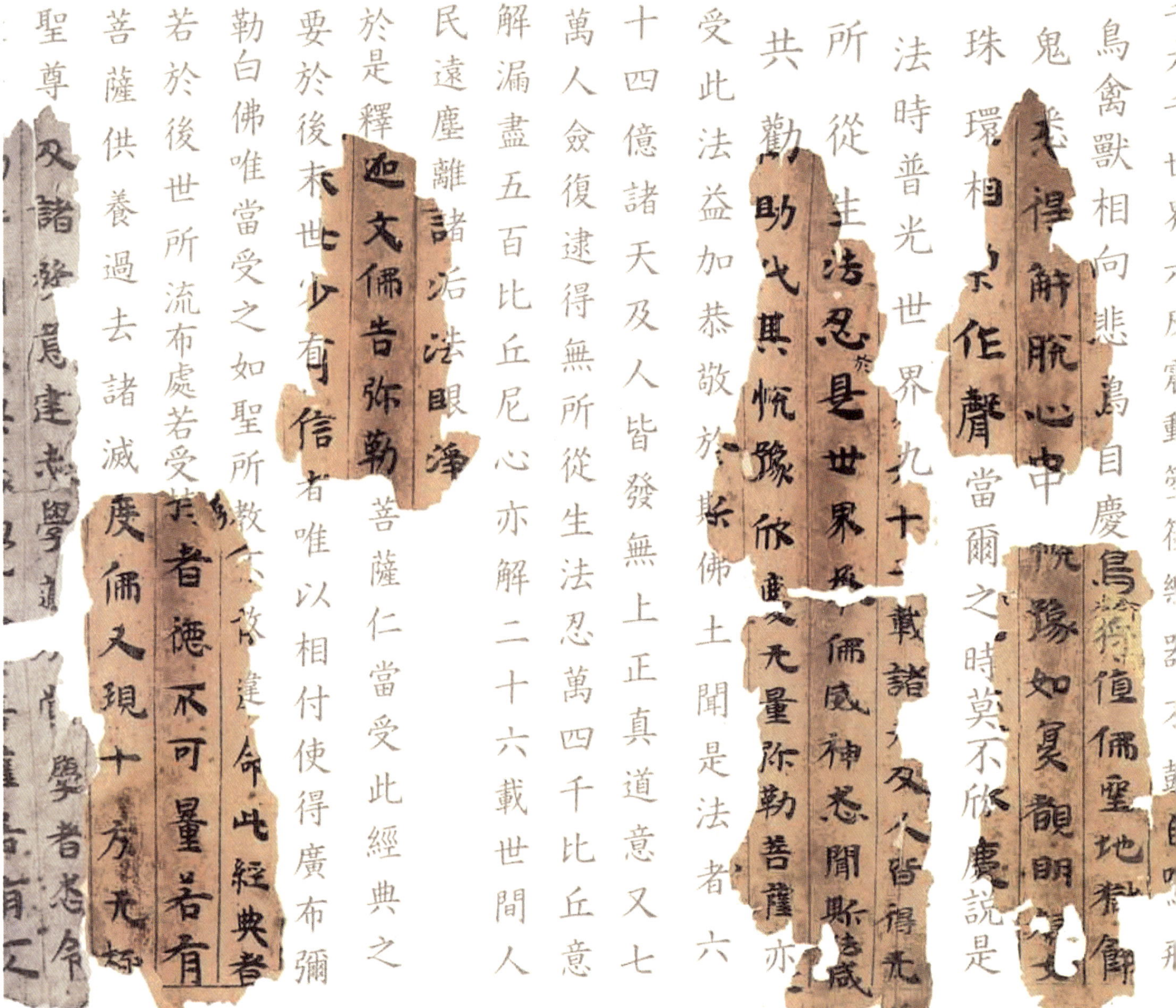

00136 諸佛要集經　（西晉）釋竺法護譯　西晉元康六年（296）寫本

卷軸裝。烏絲欄。旅順博物館藏，存殘片十二件。

逮棄諸陰蓋菩薩大士所得三昧定力聖慧百
千億倍無以為喻不能突知棄諸陰蓋菩薩
之力之所興發正使十方一切生悉得定慧
如棄諸陰蓋菩薩聖慧不及如來身是一足身
動進止之所開化如來聖慧不可思議魏魏如
是不可攀時佛歎此諸佛慧德七萬二千
人悉發無上正真道意異口同音各舉嘆曰令
我等身逮得聖慧亦當如斯
彼時世尊告善調菩薩是離意女本勸文殊
師利令發道意如文殊師利等東方世界如恒
河沙等南方西方北方四維上下亦復如是悉女
所化又族姓子棄諸陰蓋菩薩大士勸離意女
使發道意八維上下恒河沙等亦復如是在所
化令離意女等無差特令我於此得成佛道亦
轉法輪本因族姓子亦勸化吾使發道意乃至
往久遠過去世時須彌幡等等佛在世發化如
等類在於十方若江河沙等如來現在其

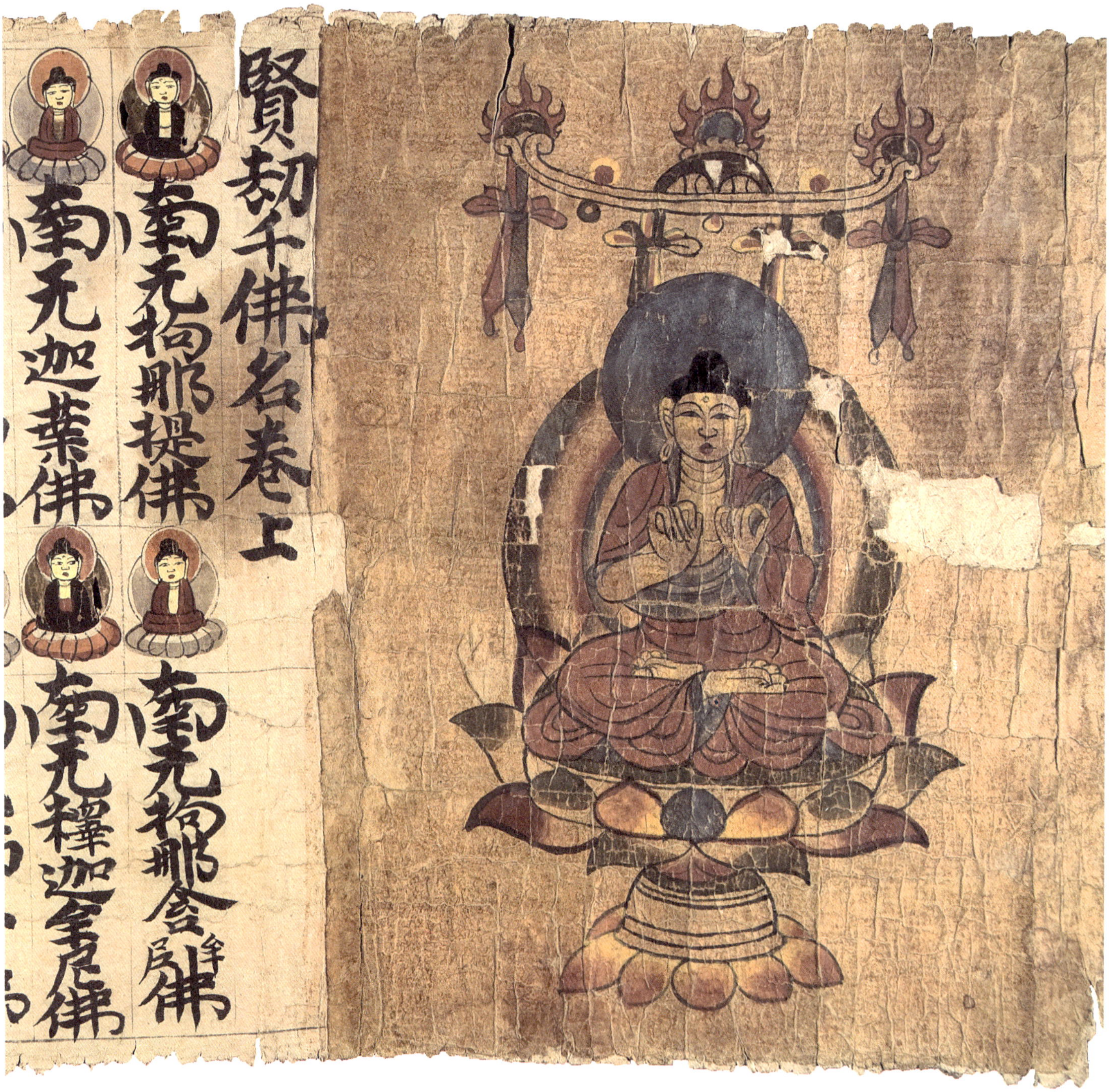

00137 賢劫千佛名經卷上 後梁貞明六年（920）寫本

卷軸裝。高31厘米，長1248.2厘米。一紙長45厘米。每紙十五行，行字不等。烏絲欄。國家圖書館藏。

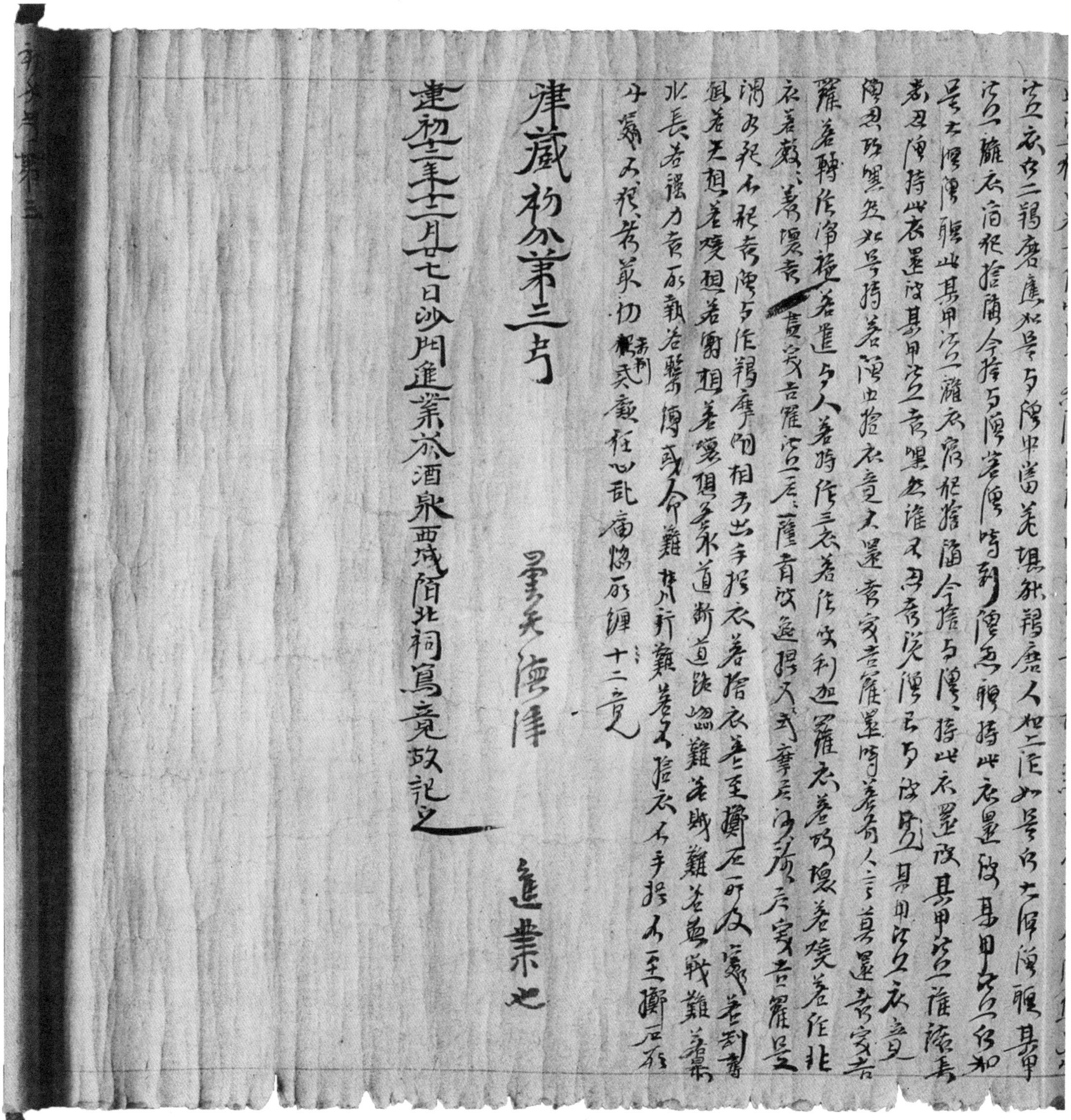

00138 四分律初分卷三　（後秦）釋佛陀耶舍　釋竺佛念譯　西涼建初十二年十二月（417）寫本

卷軸裝。高24.9厘米，長1049.5厘米。一紙長44厘米。每紙二十八行，行二十七至三十一字。烏絲欄。國家圖書館藏。

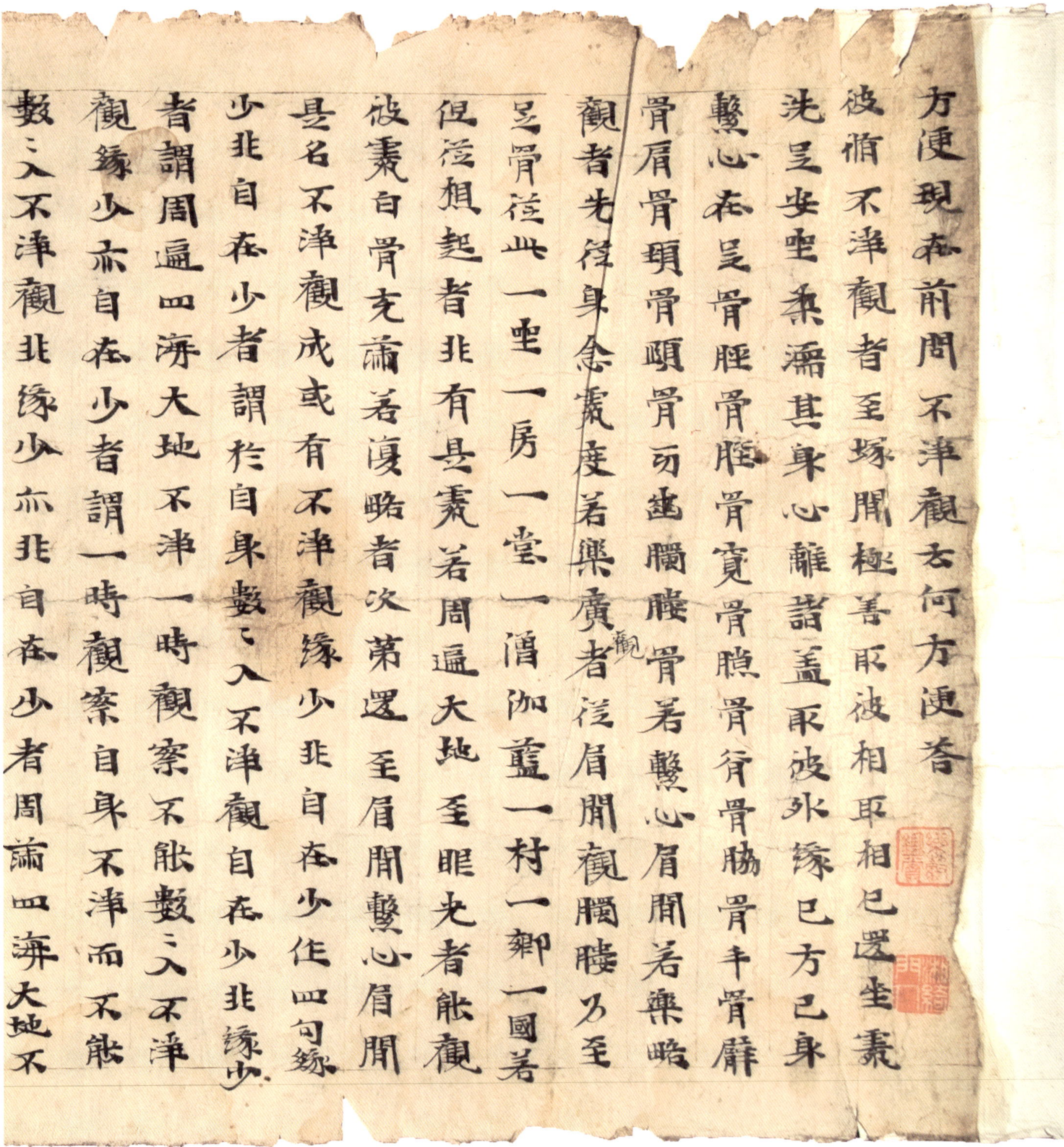

方便現在前問不淨觀云何方便答
彼脩不淨觀者至塚間極善取彼相取相已還坐處
洗足安坐柔濡其身心離諸蓋取彼外緣已方已身
繫心在足骨脛骨髀骨寬骨臆骨脊骨脇骨手骨髆
骨肩骨頸骨頤骨牙齒髑髏骨若繫心眉間若樂略
觀者先從身念處度若樂廣者從眉間觀髑髏乃至
足骨從此一坐一房一僧伽藍一村一鄉一國若
但從想起者非有是處若周遍大地至眼光者能觀
彼處白骨充滿若復略者次第還至眉間繫心眉間
是名不淨觀成或有不淨觀緣少非自在少作四句緣
少非自在少者謂於自身數數入不淨觀自在少非緣少
者謂周遍四海大地不淨一時觀察不能數數入不淨
觀緣少亦自在少者謂一時觀察自身不淨而不能
數數入不淨觀非緣少亦非自在少者周滿四海大地不

00139 雜阿毗曇心論 （南朝宋）釋僧伽跋摩譯　南北朝寫本

卷軸裝。高27.9厘米，長135.1厘米。七紙，一百七十四行。烏絲欄。有“永興郡印”（即今敦煌）朱印。曾熙等人題跋、鈐印。國家圖書館藏。

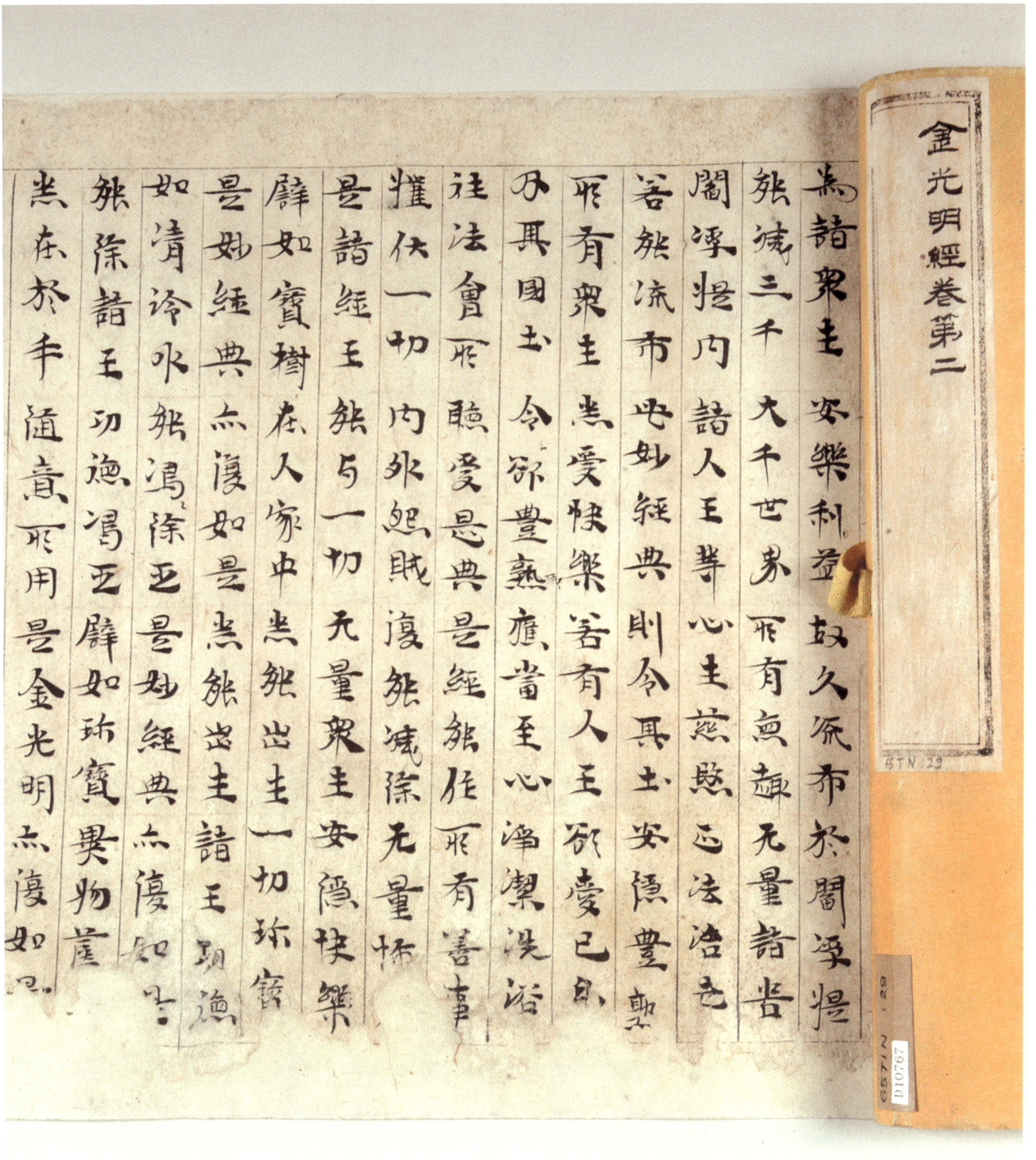

00140 金光明經卷二 （北涼）釋曇無讖譯 庚午年（430？）寫本

卷軸裝。兩段，分别長92、53厘米。行十六至十七字。吐魯番出土。新疆維吾爾自治區博物館藏。

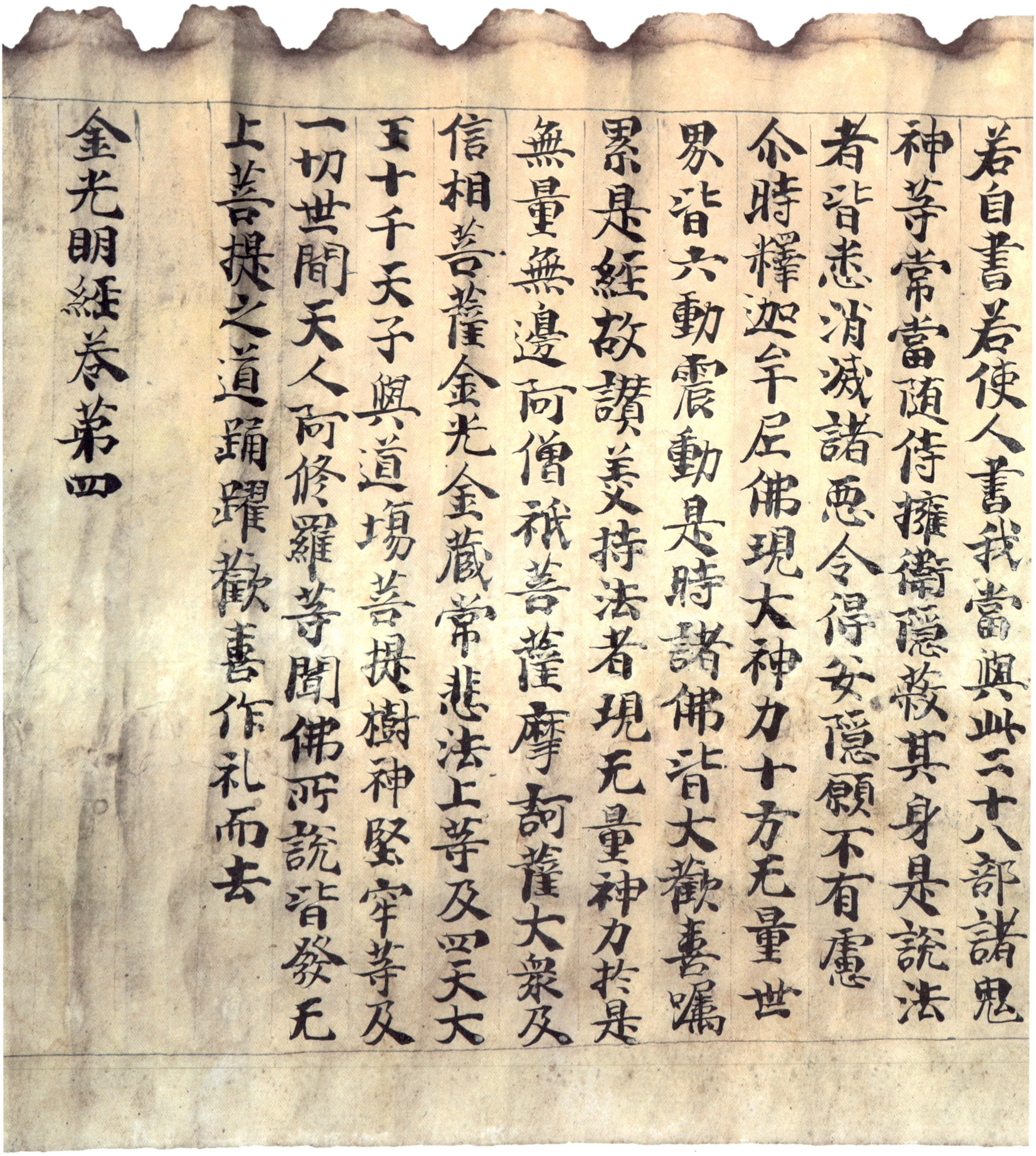
若自書若使人書我當與此三十八部諸鬼
神等常當隨侍擁衛隱蔽其身是說法
者皆悉消滅諸惡令得安隱顧不有慮
尒時釋迦牟尼佛現大神力十方无量世
界皆六動震動是時諸佛皆大歡喜囑
累是經故讚美持法者現无量神力於是
無量無邊阿僧祇菩薩摩訶薩大衆及
信相菩薩金光金藏常悲法上等及四天大
王十千天子與道場菩提樹神堅牢等及
一切世間天人阿修羅等聞佛所說皆發无
上菩提之道踊躍歡喜作礼而去
金光明經卷第四

00141 金光明經卷四 （北涼）釋曇無讖譯 唐末寫本

卷軸裝。高25厘米，長740厘米。行十五至十八字。烏絲欄。麥積山第13窟東崖大佛頭部出土。甘肅省麥積山石窟藝術研究所藏。

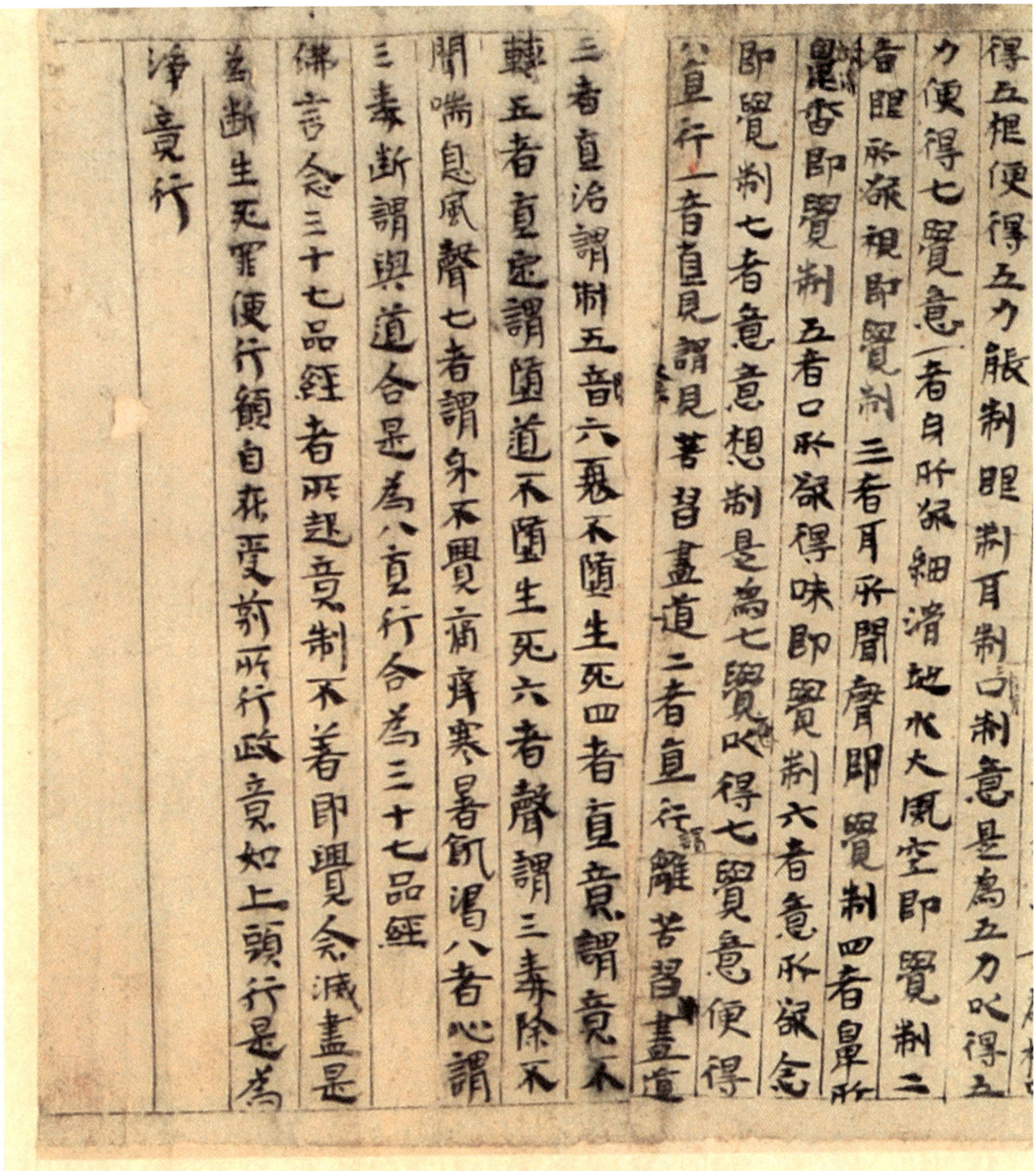

00142 三十七品經 失譯 東晉寫本

卷軸裝。長203.7厘米。存一百四十三行半，行字不等。烏絲欄。最後六十三行爲《三十七品經》。南京博物院藏。

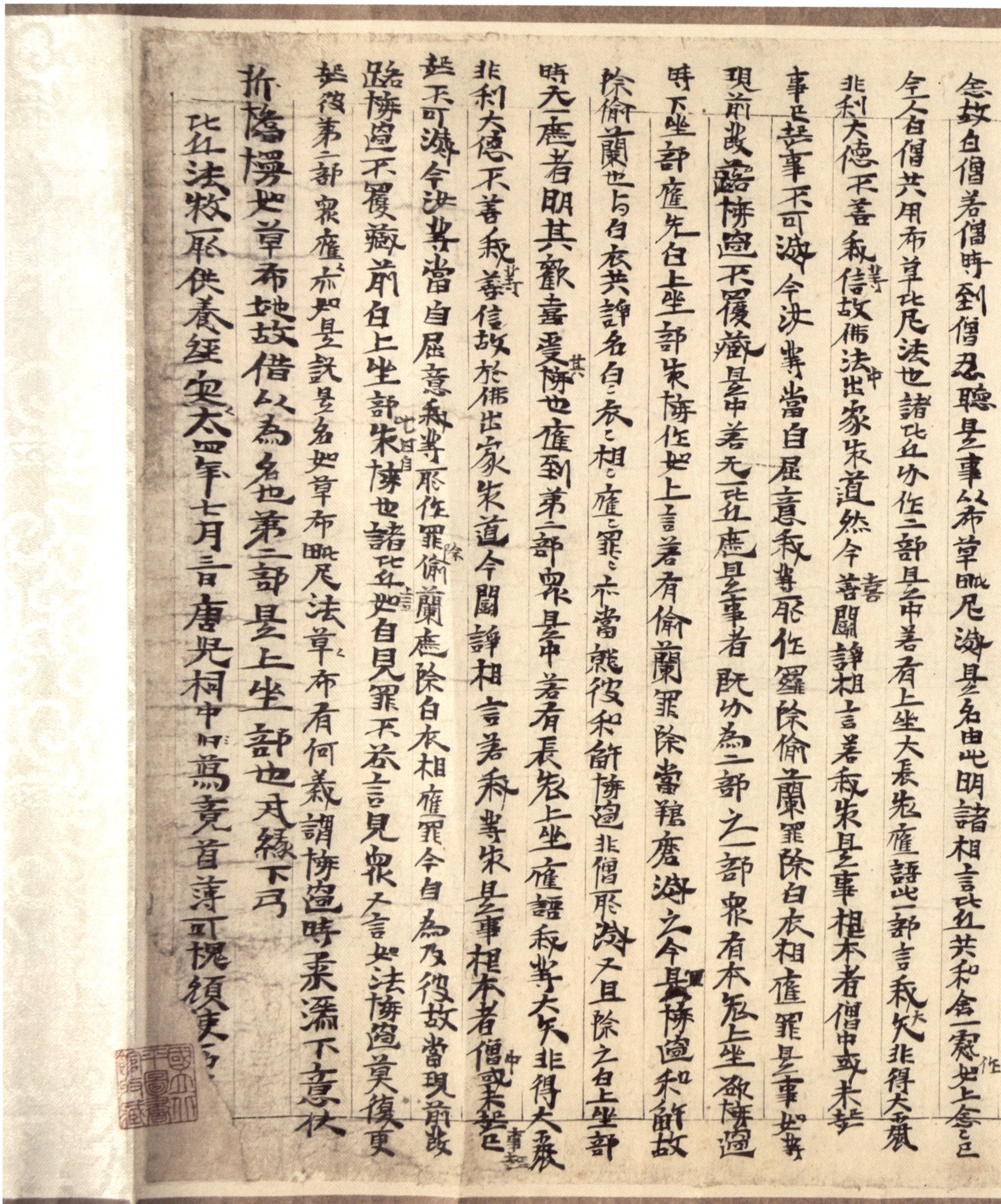

00143 戒緣卷下 北魏太安四年（458）寫本

卷軸裝。高28.1厘米，長739.1厘米。一紙長46至53厘米。每紙三十至三十六行，行三十三至三十九字。烏絲欄。國家圖書館藏。

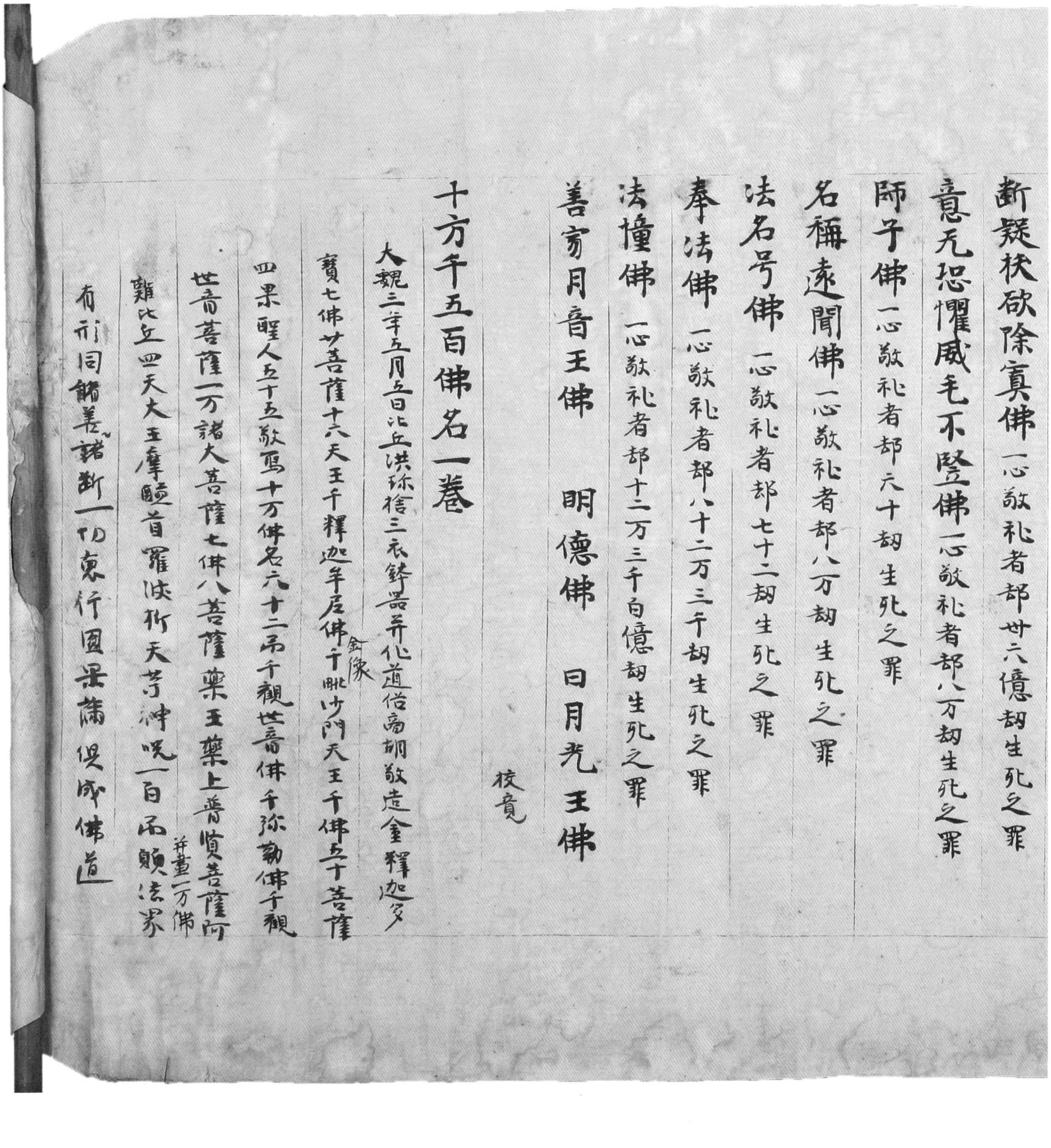

斷疑扶欲除真佛 一心敬禮者卻卌六億劫生死之罪
意无怨懼威毛不竪佛 一心敬禮者卻八万劫生死之罪
師子佛 一心敬禮者卻六十劫生死之罪
名稱遠聞佛 一心敬禮者卻八万劫生死之罪
法名号佛 一心敬禮者卻七十二劫生死之罪
奉法佛 一心敬禮者卻八十二万三千劫生死之罪
法幢佛 一心敬禮者卻十二万三千百億劫生死之罪
善寂月音王佛 明德佛 日月光王佛
校竟
十方千五百佛名一卷
大魏三年五月五日比丘洪珎捨三衣鉢器并化道俗高胡敬造金釋迦多（金像）
寶七佛廿菩薩十六天王千釋迦牟尼佛千毗沙門天王千佛五十菩薩
四果聖人五十五敬寫十方佛名六十二部千觀世音佛千弥勒佛千觀
世音菩薩一万諸大菩薩七佛八菩薩藥王藥上普賢菩薩阿
難比丘四天大王摩醯首羅㳂術天等神呪一百部願法界（并畫一万佛）
有形同歸善諸斷一切惡行圓果滿俱成佛道

00144 十方千五百佛名經一卷 大魏三年寫本

卷軸裝。高26.8厘米，長426.6厘米。一紙長42.6厘米。十二紙，二百四十九行，行字不等。烏絲欄。山東省博物館藏。

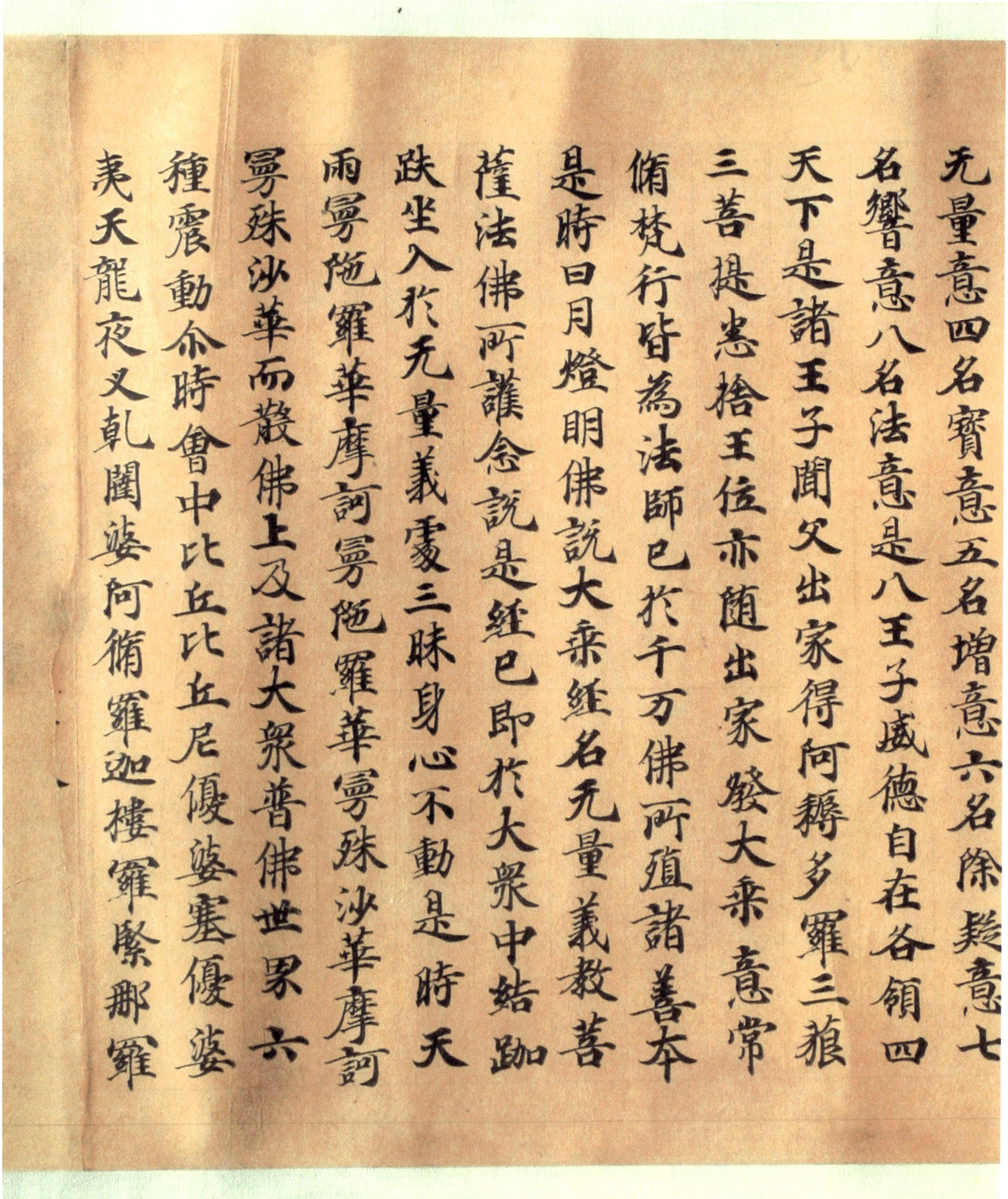
无量意四名寶意五名增意六名除疑意七
名響意八名法意是八王子威德自在各領四
天下是諸王子聞父出家得阿耨多羅三藐
三菩提悉捨王位亦隨出家發大乘意常
脩梵行皆為法師已於千万佛所殖諸善本
是時日月燈明佛說大乘經名无量義教菩
薩法佛所護念說是經已即於大衆中結跏
趺坐入於无量義處三昧身心不動是時天
雨曼陁羅華摩訶曼陁羅華曼殊沙華摩訶
曼殊沙華而散佛上及諸大衆普佛世界六
種震動尒時會中比丘比丘尼優婆塞優婆
夷天龍夜叉乾闥婆阿脩羅迦樓羅緊那羅

00145 妙法蓮華經卷一 （後秦）釋鳩摩羅什譯 唐寫本

卷軸裝。高25.5厘米，長822厘米。一紙長47.5厘米。十六紙，每紙二十八行，行十七字。烏絲欄。南京師範大學圖書館藏。

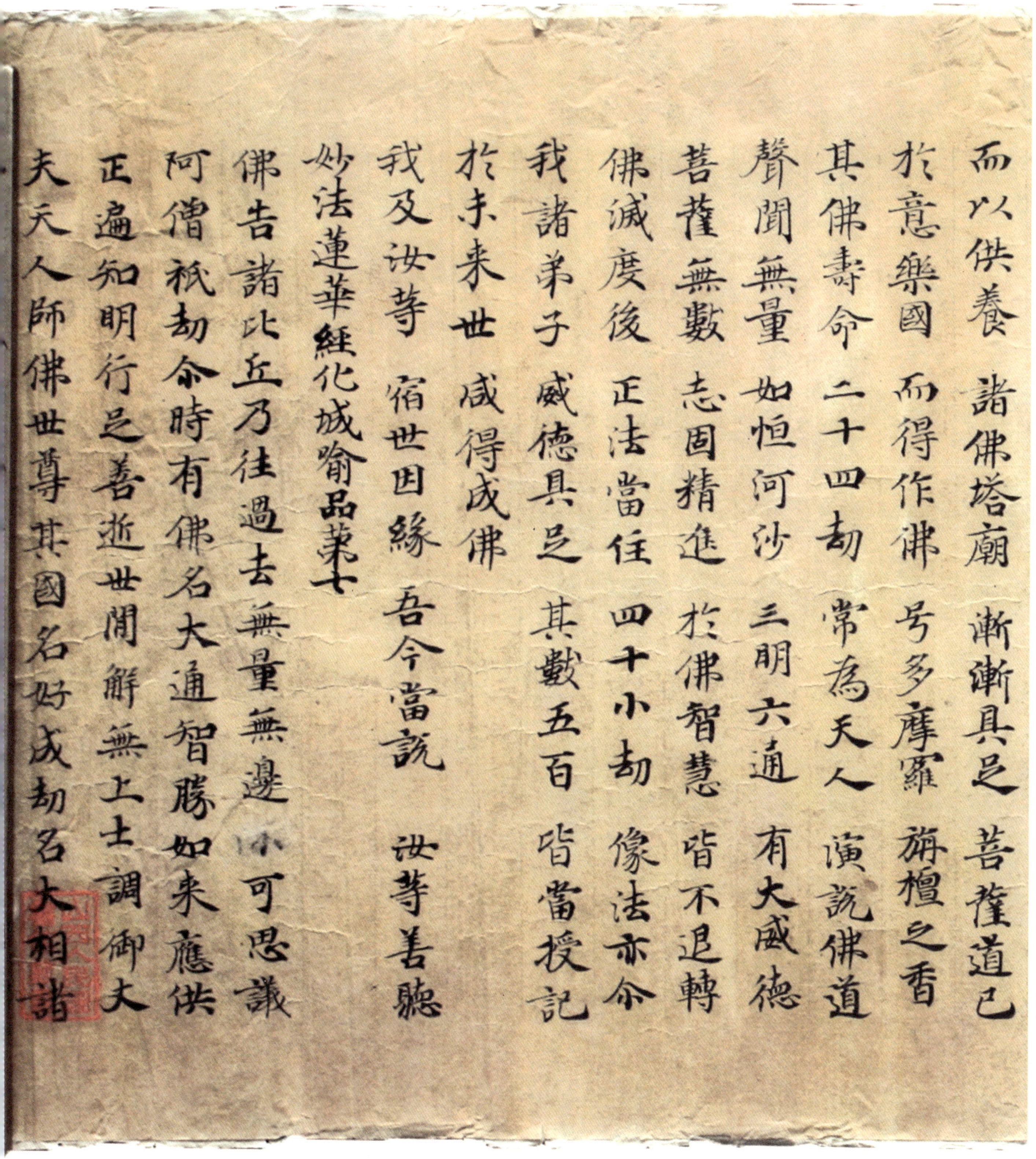

而以供養　諸佛塔廟　漸漸具足　菩薩道已
於意樂國　而得作佛　号多摩羅　旃檀之香
其佛壽命　二十四劫　常為天人　演說佛道
聲聞無量　如恒河沙　三明六通　有大威德
菩薩無數　志固精進　於佛智慧　皆不退轉
佛滅度後　正法當住　四十小劫　像法亦尒
我諸弟子　威德具足　其數五百　皆當授記
於未來世　咸得成佛
我及汝等　宿世因緣　吾今當說　汝等善聽
妙法蓮華經化城喻品第七
佛告諸比丘乃往過去無量無邊不可思議
阿僧祇劫尒時有佛名大通智勝如來應供
正遍知明行足善逝世間解無上士調御大
夫天人師佛世尊其國名好成劫名大相諸

00146 妙法蓮華經卷三　（後秦）釋鳩摩羅什譯　唐寫本

卷軸裝。存一紙，高25.4厘米，長47.3厘米。烏絲欄。山西省圖書館藏。

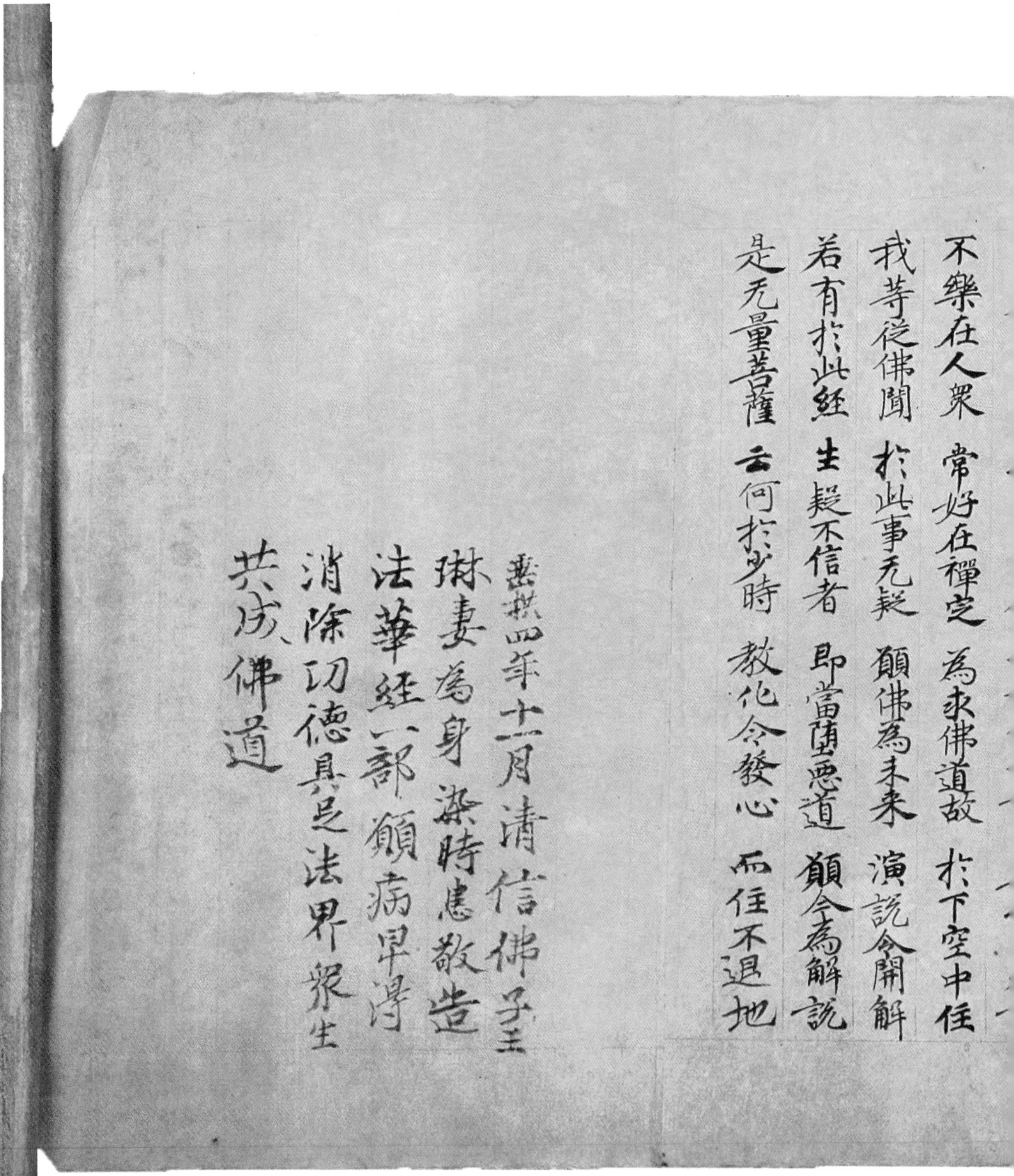

不樂在人衆 常好在禪定 為求佛道故 於下空中住
我等從佛聞 於此事无疑 願佛為未來 演說令開解
若有於此經 生疑不信者 即當墮惡道 願今為解說
是无量菩薩 云何於少時 教化令發心 而住不退地

垂拱四年十二月清信佛子王琳妻為身染時患敬造法華經一部願病早滑消除功德具足法界衆生共成佛道

00147 妙法蓮華經卷五 （後秦）釋鳩摩羅什譯 唐垂拱四年（688）寫本

卷軸裝。高25厘米，長854.6厘米。行十七字。烏絲欄。山東省博物館藏。

等雖復信佛隨宜所説佛所出言未曾虛妄佛所知者皆悉通達然諸新發意菩薩於佛滅後若聞是語或不信受而起破法罪業因縁唯然世尊願爲解説除我等疑及未來世諸善男子聞此事已亦不生疑尒時弥勒菩薩欲重宣此義而説偈言

佛昔從釋種　出家近伽耶　坐於菩提樹　尒來尚未久
此諸佛子等　其數不可量　久已行佛道　住神通智力
善學菩薩道　不染世間法　如蓮華在水　從地而踊出
皆起恭敬心　住於世尊前　是事難思議　云何而可信
佛得道甚近　所成就甚多　願爲除衆疑　如實分別説
譬如少壯人　年始二十五　示人百歲子　髮白而面皺
是等我所生　子亦説是父　父少而子老　擧世所不信
世尊亦如是　得道來甚近　是諸菩薩等　志固无怯弱

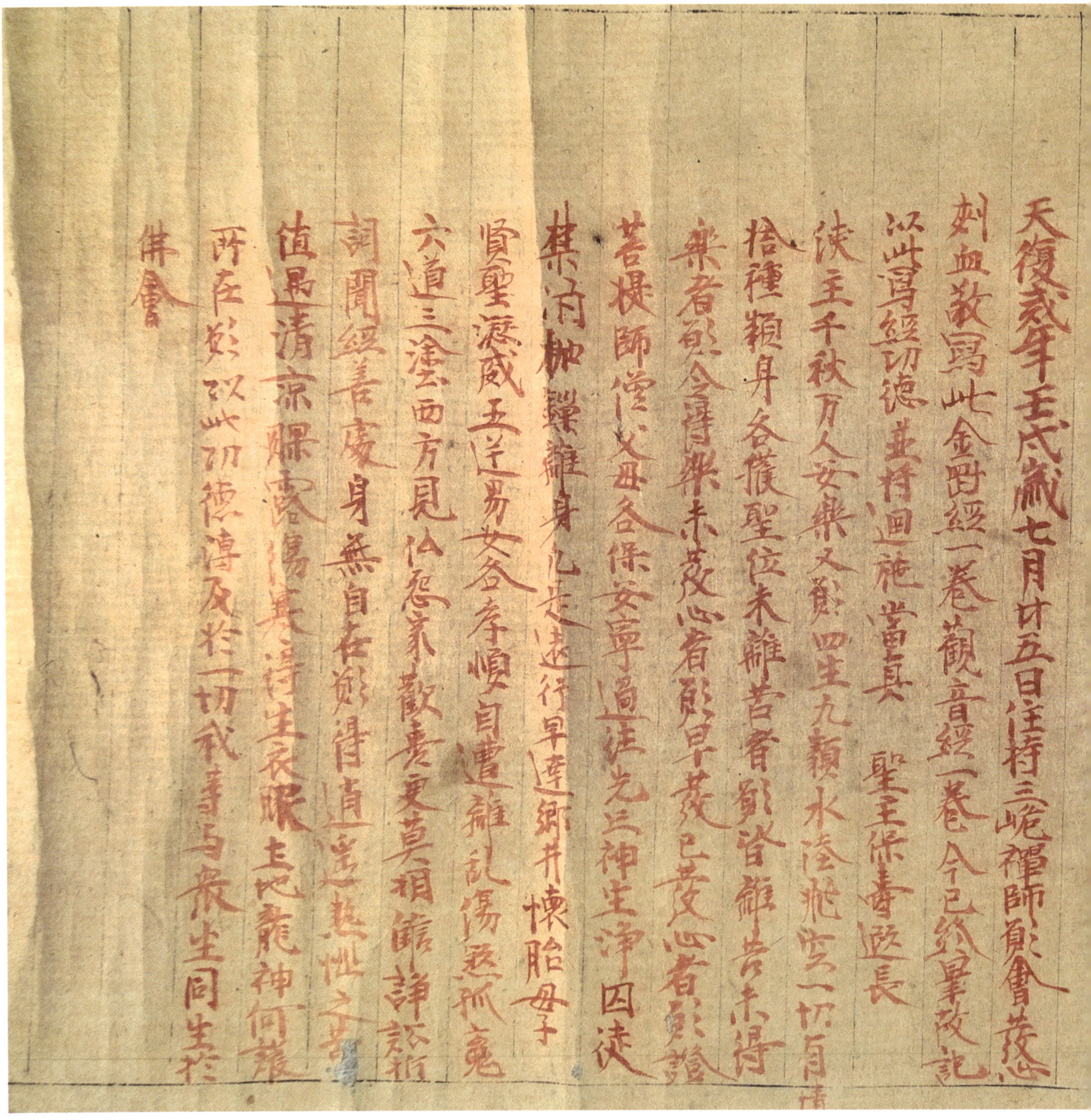

00148 觀世音經一卷 （後秦）釋鳩摩羅什譯 唐天復二年（902）血書

卷軸裝。高25.8厘米，長120.5厘米。一紙長45.5厘米。殘存各紙行數不等，行二十至二十三字。烏絲欄。國家圖書館藏。

諍訟經官處　怖畏軍陣中　念彼觀音力　衆怨悉退散
妙音觀世音　梵音海潮音　勝彼世間音　是故須常念
念念勿生疑　觀世音淨聖　於苦惱死厄　能為作依怙
具一切功德　慈眼視衆生　福聚海无量　是故應頂禮

尒時持地菩薩即從座起前白佛言世尊若有衆生
聞是觀世音菩薩品自在之業普門示現神通力者
當知是人功德不少佛說是普門品時衆中八万四千
衆生皆發无等等阿耨多羅三藐三菩提心

觀音經一卷

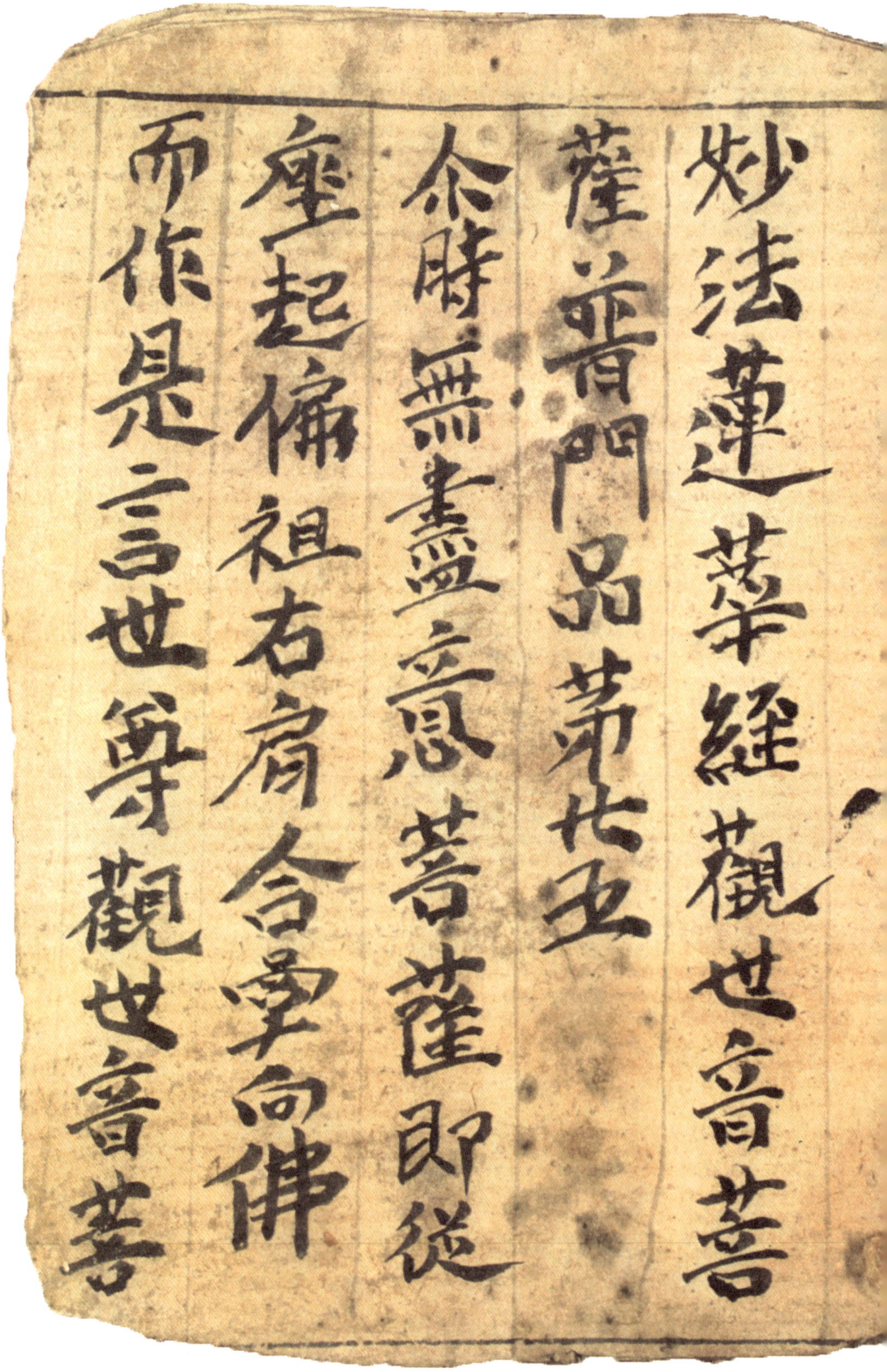

妙法蓮華經觀世音菩
薩普門品第廿五
尒時無盡意菩薩即從
座起偏袒右肩合掌向佛
而作是言世尊觀世音菩

00149 觀世音經一卷 （後秦）釋鳩摩羅什譯 歸義軍時期寫本

縫繢裝。高14.3厘米，長150厘米。存三帖十紙十五葉三十半葉。烏絲欄。第十八半葉爲田字欄。國家圖書館藏。

大吉

甲子日起

百靈來

二百甲乙中

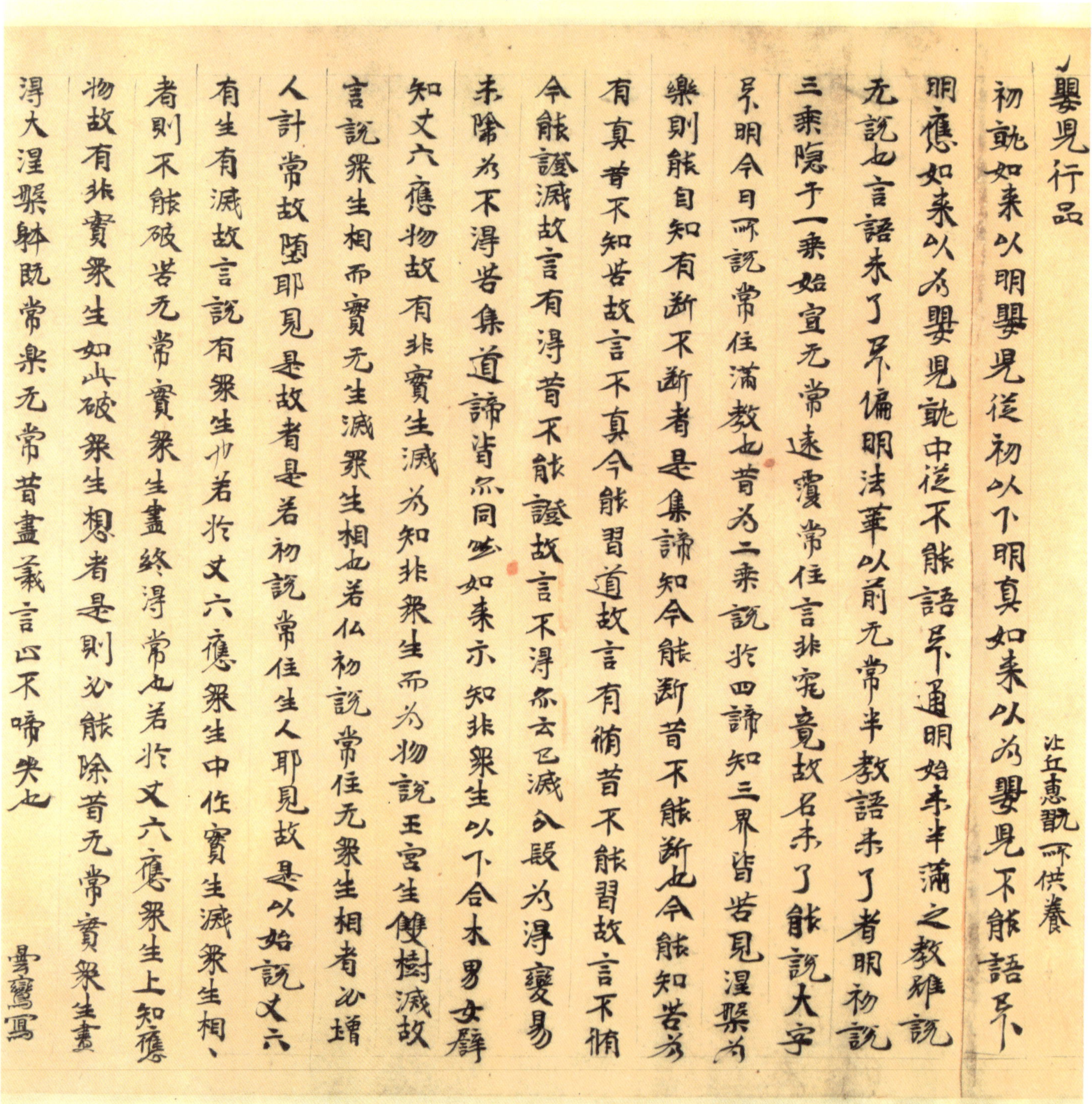

嬰兒行品
初就如来以明嬰兒從初以下明真如来以為嬰兒不能語㝵下　比丘惠翫所供養
明應如来以為嬰兒就中從不能語㝵通明始未半滿之教雖說
无說也言語未了㝵偏明法華以前无常半教語未了者明初說
三乘隐于一乘始宣无常遠覆常住言非究竟故名未了能說大字
㝵明今日所說常住滿教也昔為二乘說於四諦知三界皆苦見涅槃為
樂則能自知有斷不斷者是集諦知今能斷昔不能斷也今能知苦為
有真昔不知苦故言不真今能習道故言有脩昔不能習故言不脩
今能證滅故言有得昔不能證故言不得尔去已滅今段為淨變易
未除為不得苦集道諦皆尔同些如来亦知非衆生以下合木男女辟
知丈六應物故有非實生滅為知非衆生而為物說王宮生雙樹滅故
言說衆生相而實无生滅衆生相也若仏初說常住无衆生相者必增
人計常故墮耶見是故者是若初說常住生人耶見故是以始說丈六
有生有滅故言說有衆生也若於丈六應衆生中作實生滅衆生相、
者則不能破苦无常實衆生盡終得常也若於丈六應衆生上知應
物故有非實衆生如此破衆生想者是則必能除昔无常實衆生盡
得大涅槃躰既常樂无常昔盡義言止不啼哭也
曇鸞寫

00150 [大般涅槃經疏] 南北朝釋曇鸞寫本

卷軸裝。高27.4厘米，長476.5厘米。存十一紙半，每紙二十四行，行二十七字。烏絲欄。空白處有“曇鸞寫”、“比丘惠翫所供養”題記二則。有“遐翁”、“恭綽之印”等印。葉恭綽跋。上海圖書館藏。

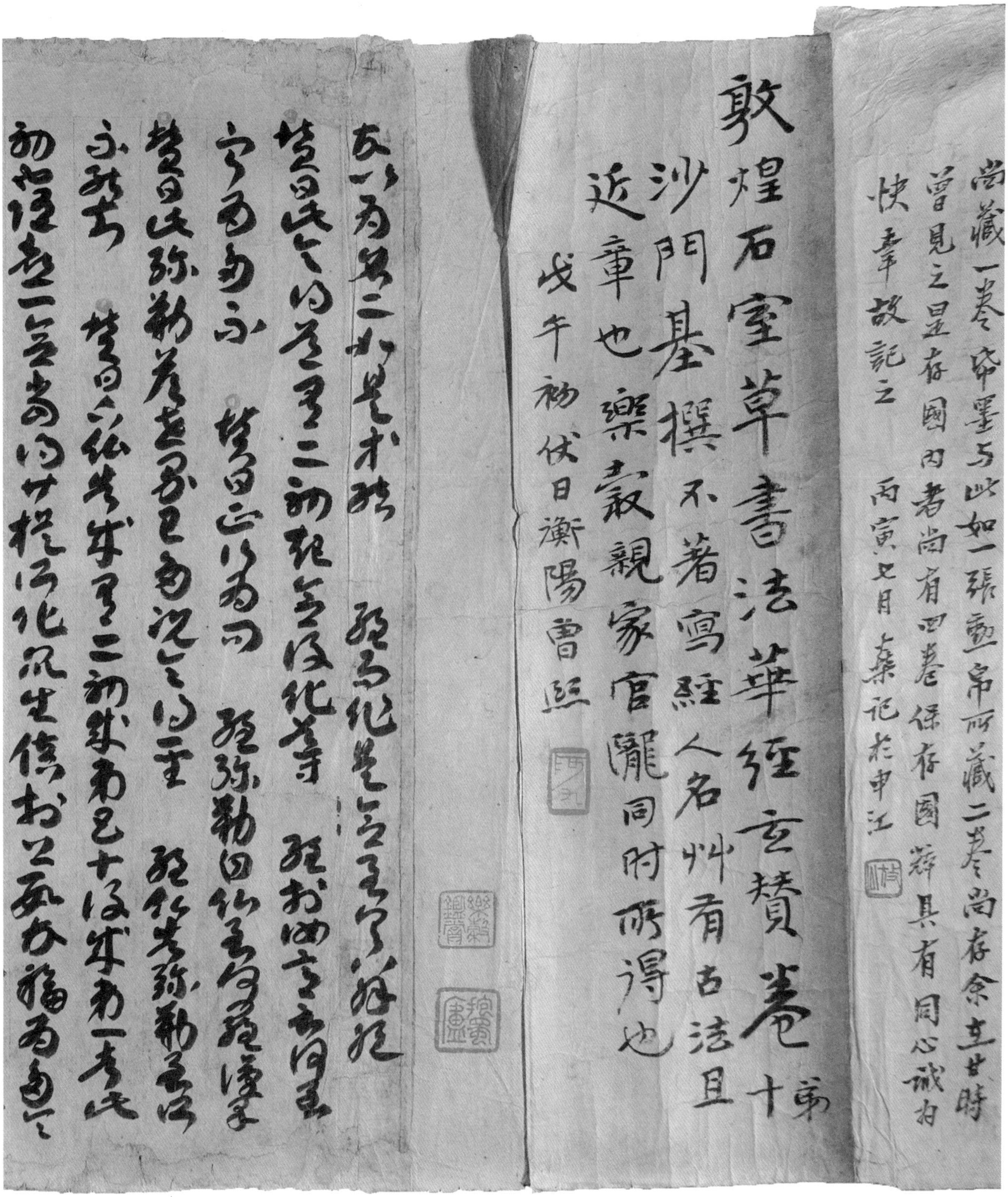

00151 妙法蓮華經玄贊卷十 （唐）釋窺基撰 唐寫本

卷軸裝。高28.6厘米，長1755.8厘米。一紙長43厘米。每紙二十五行，行二十二至二十三字。烏絲欄。向樂等跋五則。國家圖書館藏。

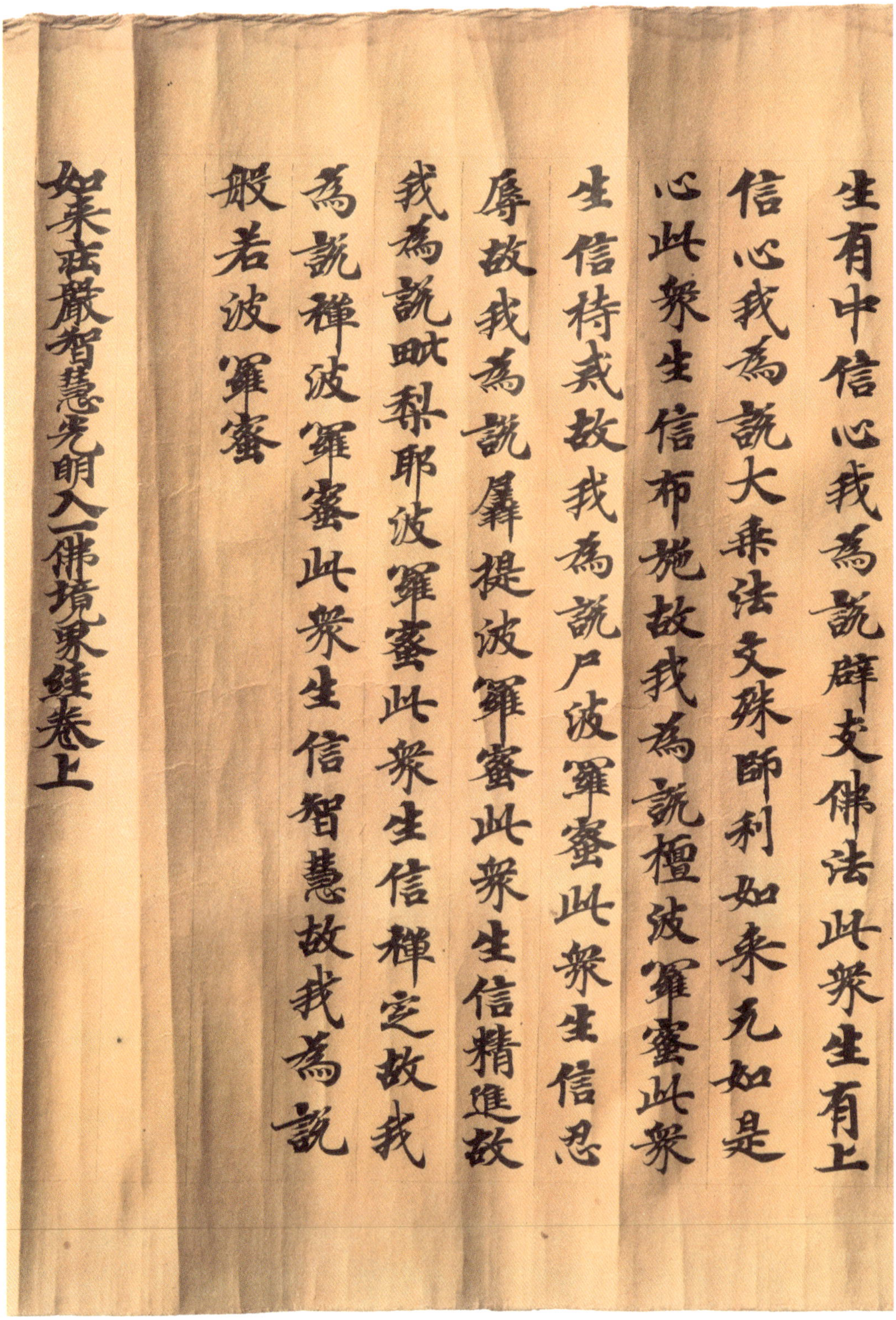

生有中信心我為說辟支佛法此衆生有上
信心我為說大乘法文殊師利如來无如是
心此衆生信布施故我為說檀波羅蜜此衆
生信持戒故我為說尸波羅蜜此衆生信忍
辱故我為說羼提波羅蜜此衆生信精進故
我為說毗梨耶波羅蜜此衆生信禪定故我
為說禪波羅蜜此衆生信智慧故我為說
般若波羅蜜

如來莊嚴智慧光明入一切佛境界經卷上

00152 如來莊嚴智慧光明入一切佛境界經卷上 （北魏）釋曇摩流支譯　唐寫本

卷軸裝。高25.5厘米，長755厘米。每紙二十八行，行十七字。烏絲欄。南京師範大學圖書館藏。

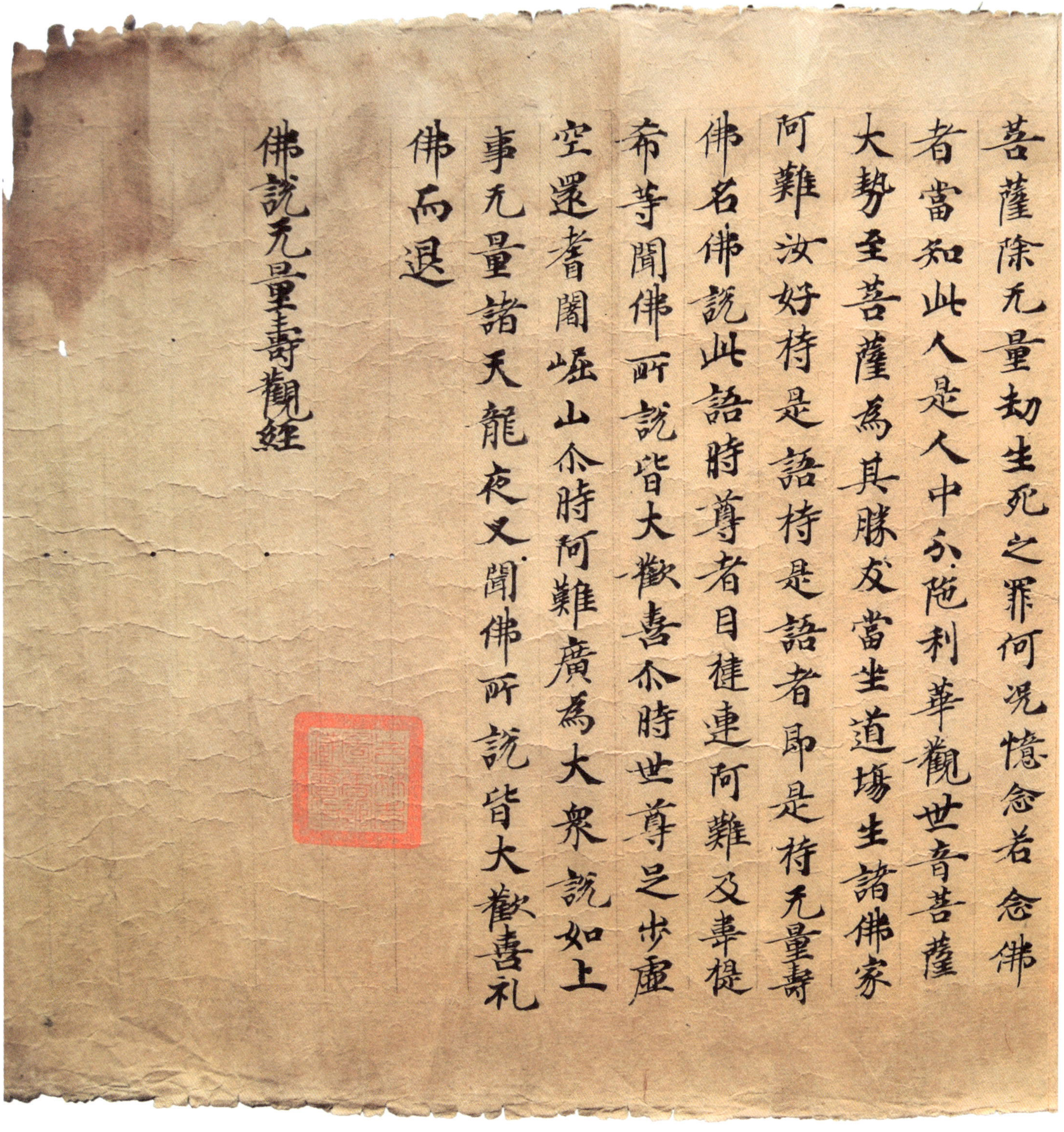
菩薩除无量劫生死之罪何况憶念若念佛
者當知此人是人中分陁利華觀世音菩薩
大勢至菩薩為其勝友當坐道場生諸佛家
阿難汝好持是語持是語者即是持无量壽
佛名佛說此語時尊者目揵連阿難及韋提
希等聞佛所說皆大歡喜尒時世尊足步虛
空還耆闍崛山尒時阿難廣為大衆說如上
事无量諸天龍夜叉聞佛所說皆大歡喜礼
佛而退

佛說无量壽觀經

00153 無量壽觀經 （南朝宋）釋畺良耶舍譯　唐寫本

卷軸裝。高24.5厘米，長370厘米。存二百四行，行十七字。烏絲欄。吉林省圖書館藏。

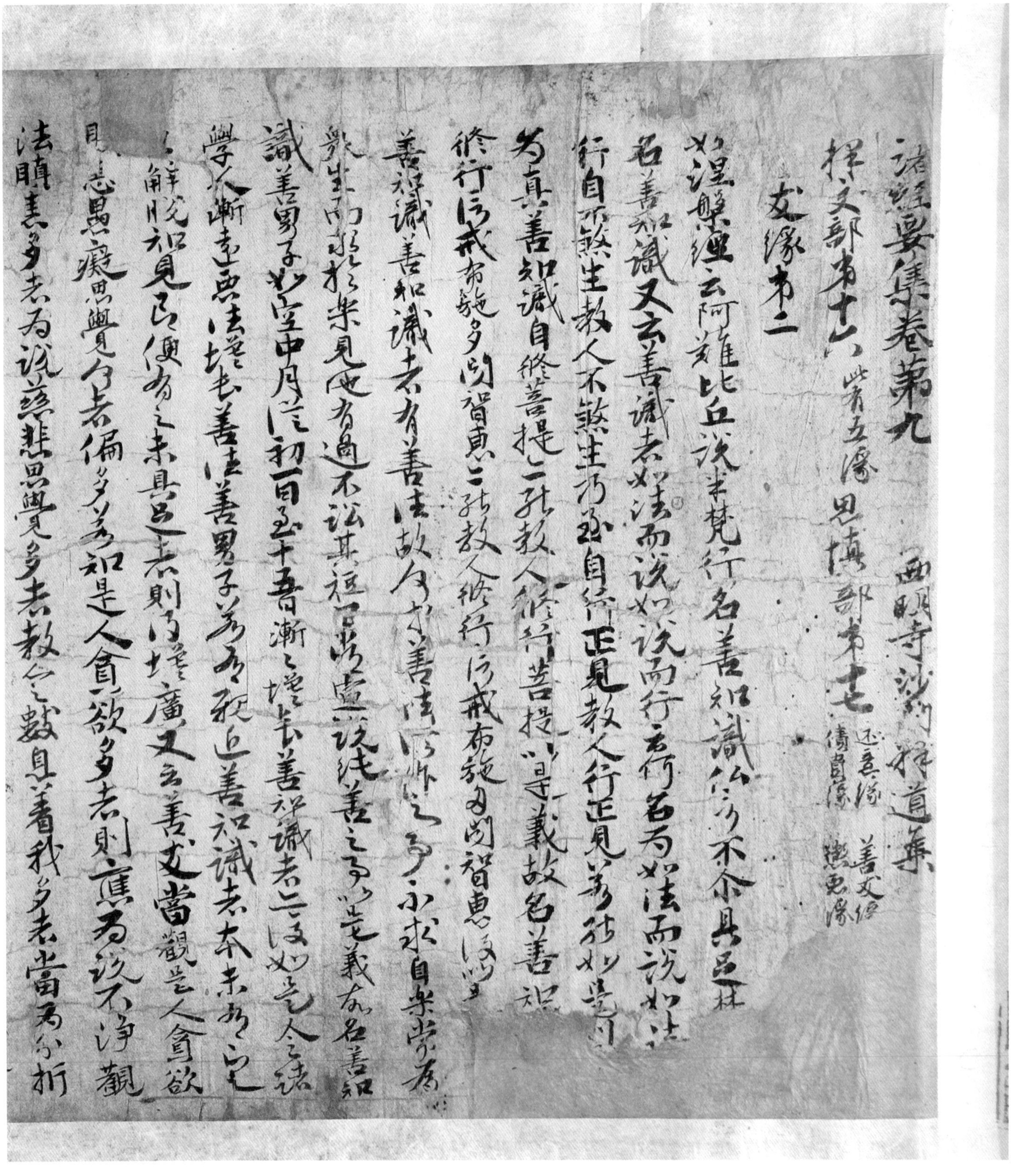
諸經要集卷第九　西明寺沙門釋道世集
擇交部第十六　此有五緣　思慎部第十七　述意緣　善友緣　債負緣　懲過緣
善友緣第二
如涅槃經云阿難比丘說半梵行名善知識佛言不爾具足梵行
名善知識又云善知識者如法而說如說而行云何名為如法而說如說
行自不殺生教人不殺生乃至自行正見教人行正見若能如是則
名為真善知識自修菩提亦能教人修行菩提以是義故名善知
識自修行信戒布施多聞智慧亦能教人修行信戒布施多聞智慧以是
義故名善知識善知識者有善法故何等善法所作之事不求自樂常為
眾生而作於樂見他有過不訟其短口常宣說純善之事以是義故名善知
識善男子如空中月從初一日至十五日漸漸增長善知識者亦復如是令諸
學人漸遠惡法增長善法善男子若有親近善知識者本未有戒定
慧解脫解脫知見即便有之未具足者則得增廣又云善友當觀是人貪欲
瞋恚愚癡思覺何者偏多若知是人貪欲多者則應為說不淨觀
法瞋恚多者為說慈悲思覺多者教令數息著我多者當為分析

00154 諸經要集卷九　（唐）釋道世編　唐寶應二年（763）寫本

卷軸裝。高26.7厘米，長605.5厘米。九紙，存四百三十七行，行字不等。烏絲欄。黄賓虹題字，石園居士繪畫，章松齡題識，章松齡、徐森玉、沈尹默等多人題款。國家圖書館藏。

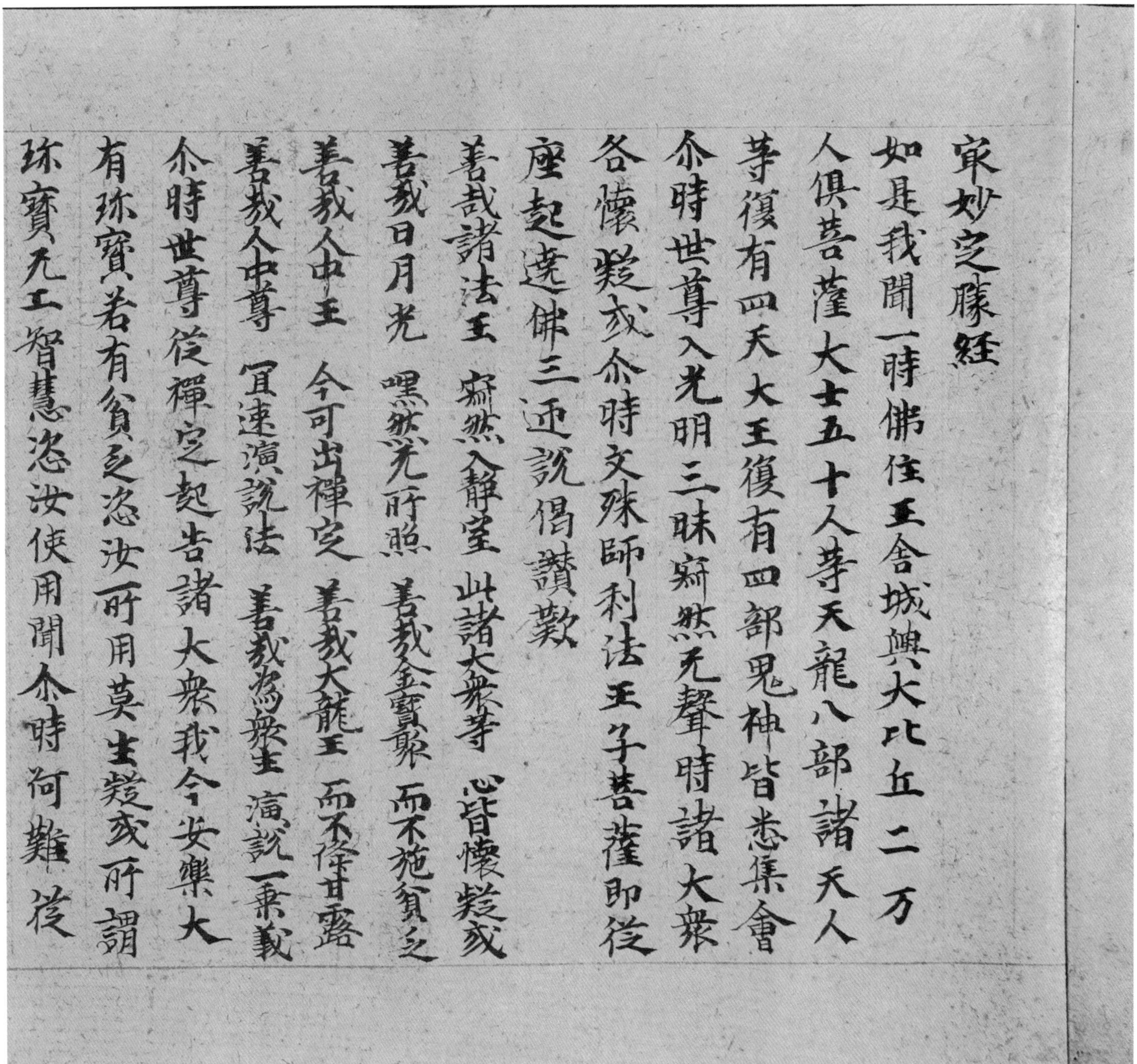

00155 最妙勝定經 唐寫本

卷軸裝。高25.2厘米，長445.3厘米。九紙，一卷。二百三十六行，行十七字。烏絲欄。國家圖書館藏。

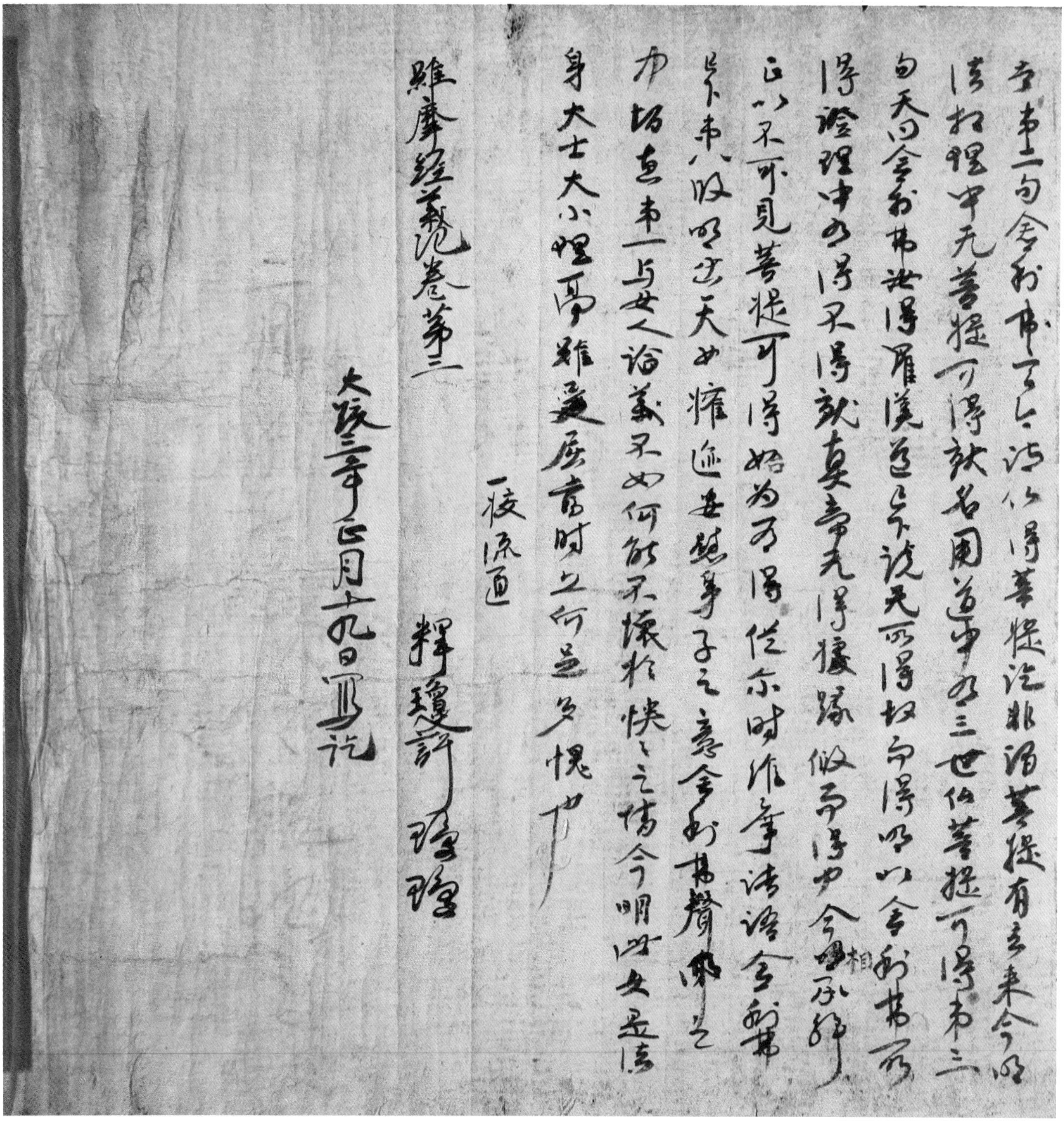

00156 維摩詰經義記卷三 西魏大統三年（537）寫本

卷軸裝。高26.3厘米，長1169.5厘米。三十二紙，七百五十五行。折疊欄。國家圖書館藏。

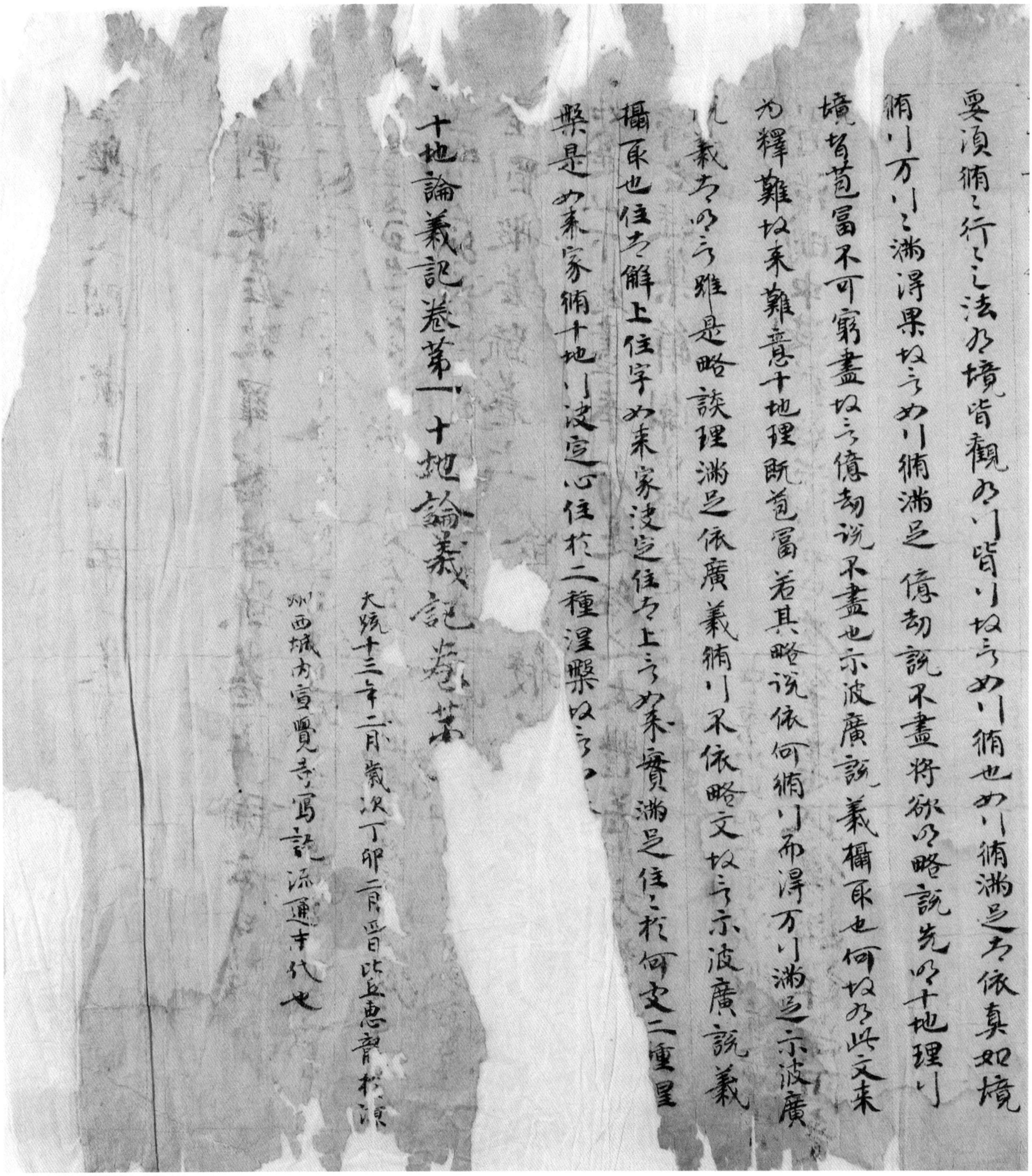
要須修〻行〻之法乃境皆觀乃行皆行故言如行修也如行修滿足者依真如境
修行萬行〻滿得果故言如行修滿足 億劫說不盡將欲略說先明十地理行
境皆色冨不可窮盡故言億劫說不盡也示彼廣說義攝取也何故乃與文來
為釋難故來難意十地理既色冨若其略說依何修行而得萬行滿足示彼廣
說義者明言雖是略談理滿足依廣義修行不依略文故言示彼廣說義
攝取也住者解上住字如來家淨定住者上言如來實滿足住〻於何處二種涅
槃是如來家修十地行波定心住於二種涅槃故言
十地論義記卷第一 十地論義記卷第
大統十三年二月歲次丁卯二月四日比丘惠龍於漢
州西城内宣覺寺寫訖流通末代也

00157 十地論義記卷一 西魏大統十三年（547）寫本

卷軸裝。高28.5厘米，長1042厘米。存六百四十一行，行三十至三十二字。烏絲欄。上海圖書公司藏。

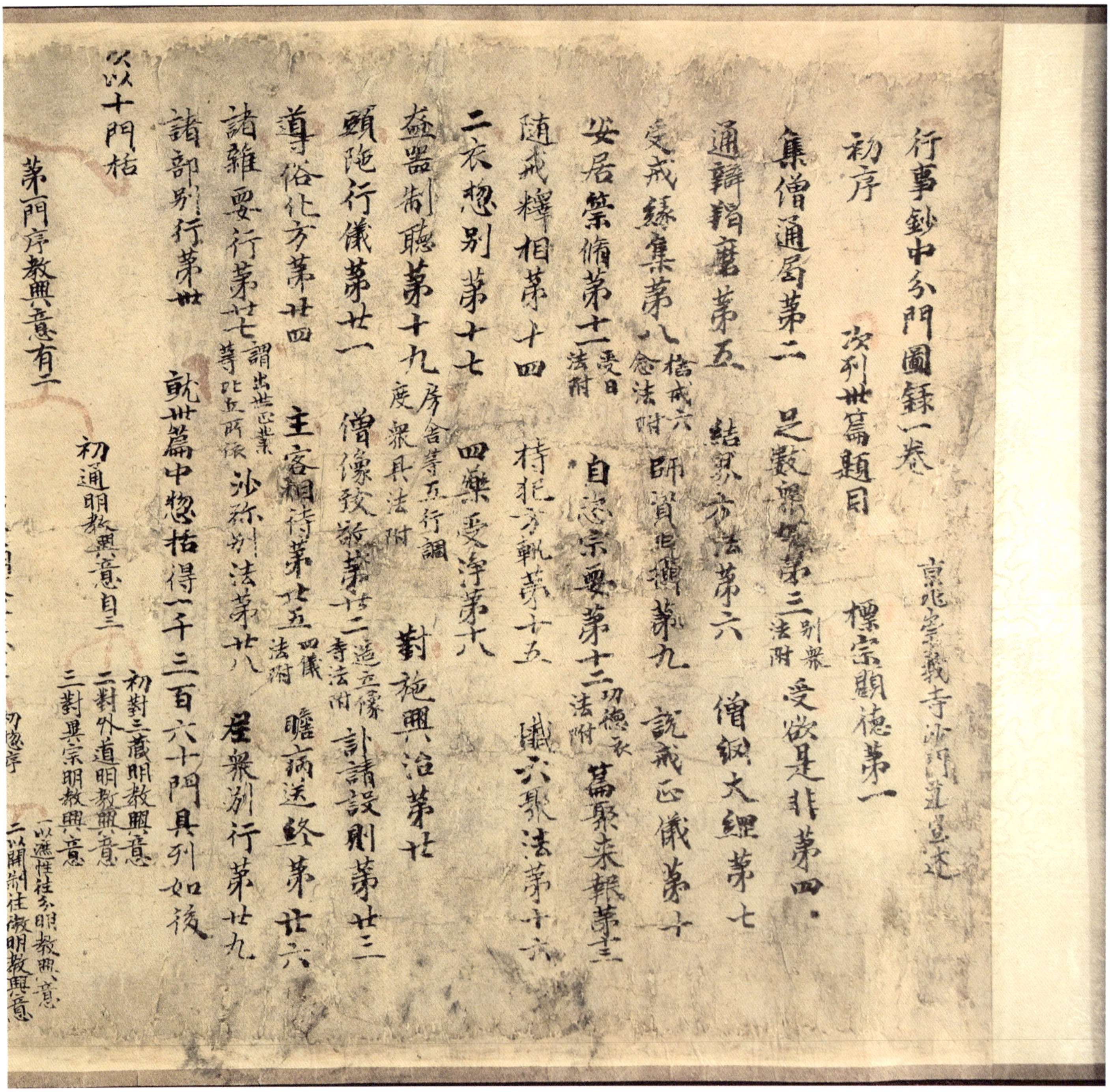

00158 行事鈔中分門圖録 唐寫本

卷軸裝。高29.5厘米，長773.1厘米。存十九紙，界欄四百七十三行，行字不等。國家圖書館藏。

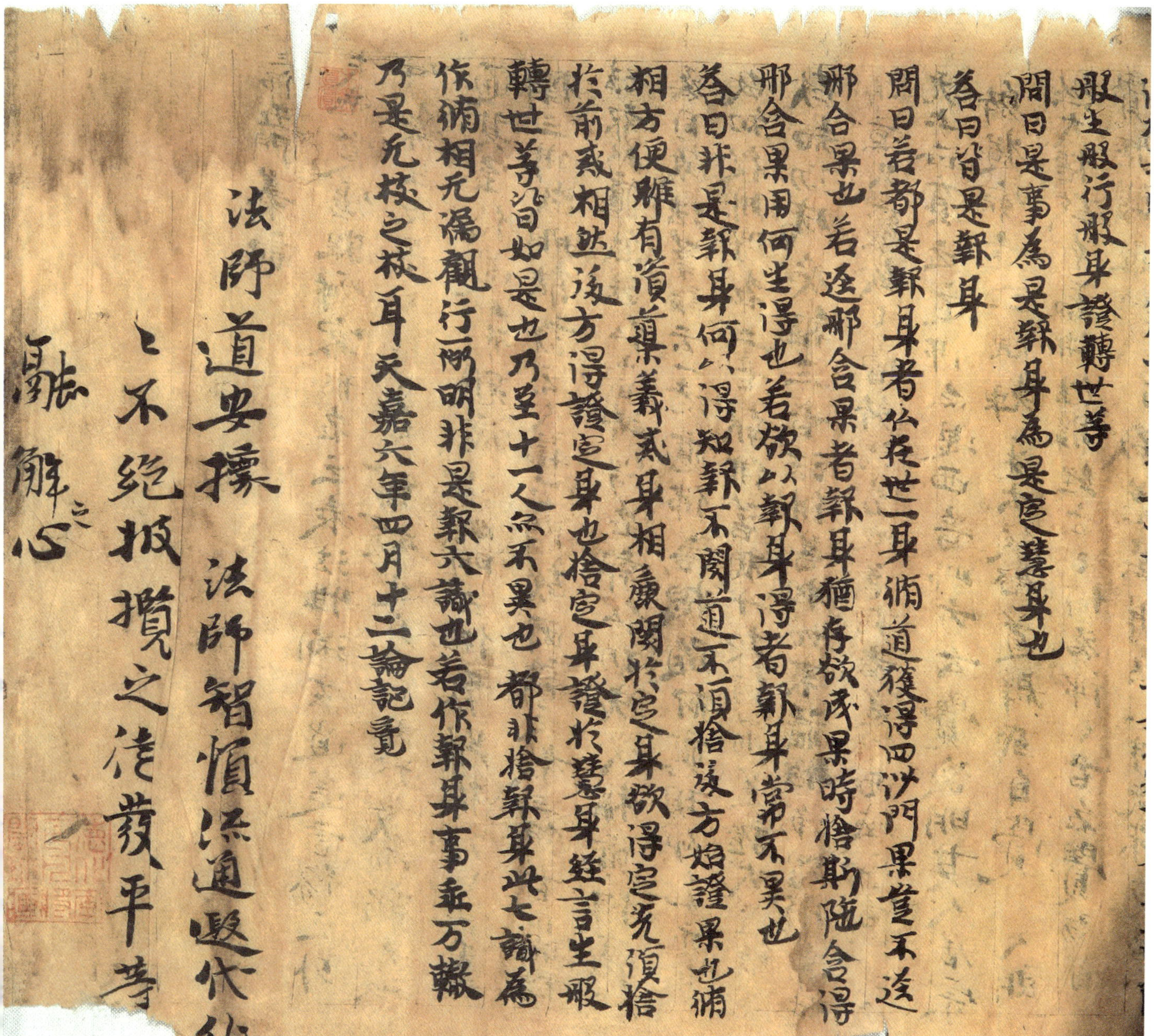

00159 [佛門問答十二論] 南朝陳天嘉六年（565）寫本 卷背 **[三佛五門義記]** 南北朝寫本

卷軸裝。高28厘米，長478厘米。每紙二十三至二十四行，行二十三至二十四字。烏絲欄。有"德化李氏凡將閣珍藏"等印。天津博物館藏。

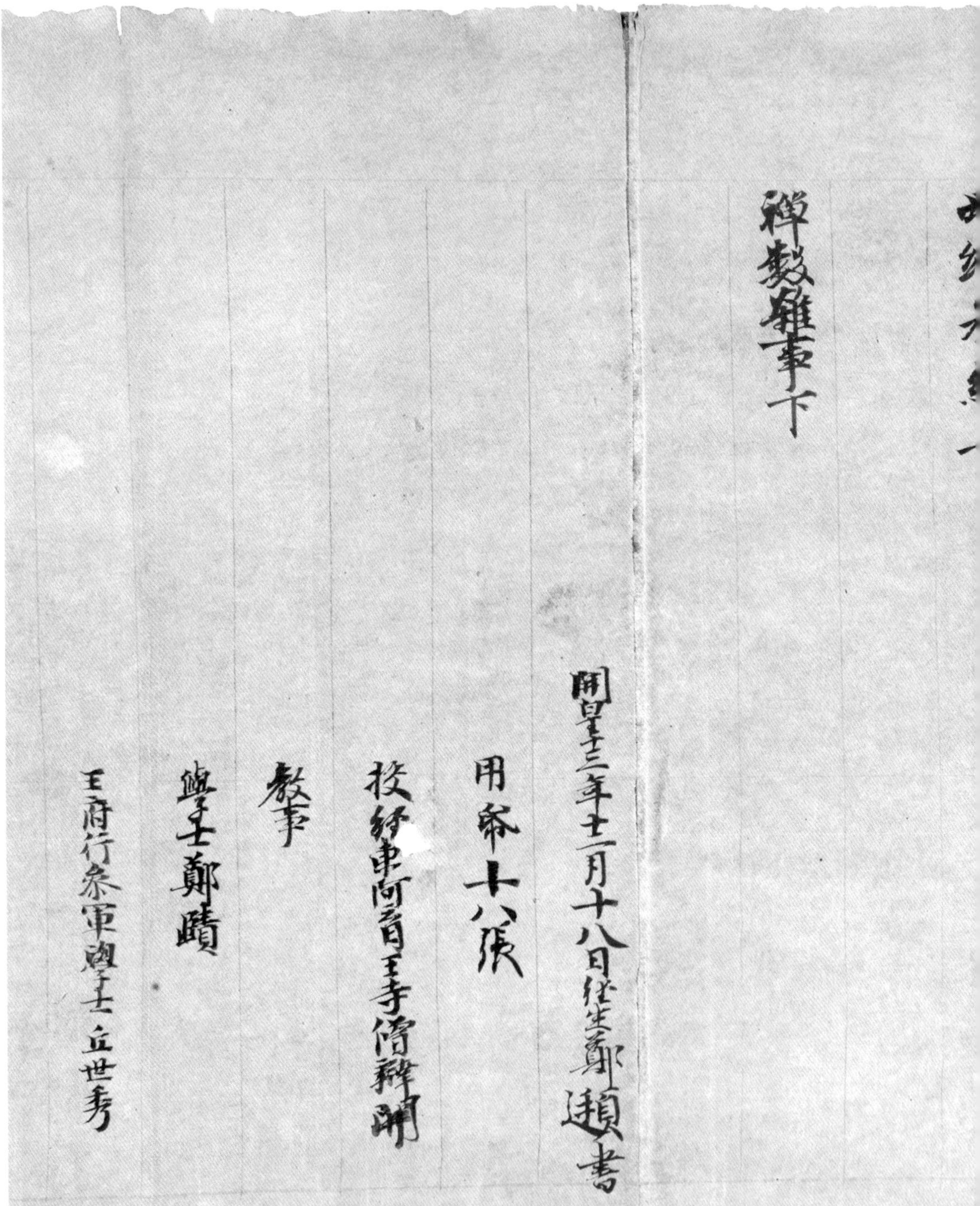

禪數雜事下

開皇十三年十二月十八日經生鄭頲書

用紙十八張

校經東阿育王寺僧辯開

教事

學士鄭頲

王府行參軍學士丘世秀

00160 禪數雜事卷下 隋開皇十三年（593）寫本

卷軸裝。高27.3厘米，長450厘米。每紙二十二行，行十七字。烏絲欄。天津博物館藏。

爲相色受當復生故名爲根耳目鼻口身以不

向對是爲力眼不受色耳不受聲鼻不受香

口不受味身不受細滑使爲道根制意精進

爲五力不隨七使爲觀意以八宜爲道行五

根爲堅意五力爲不轉意七覺爲政意八行

爲真意

問曰信根中有幾陰師曰三陰何等三有痛

痒陰有思想陰有識陰

問曰定根中有幾陰師曰有一陰何等一有

識陰

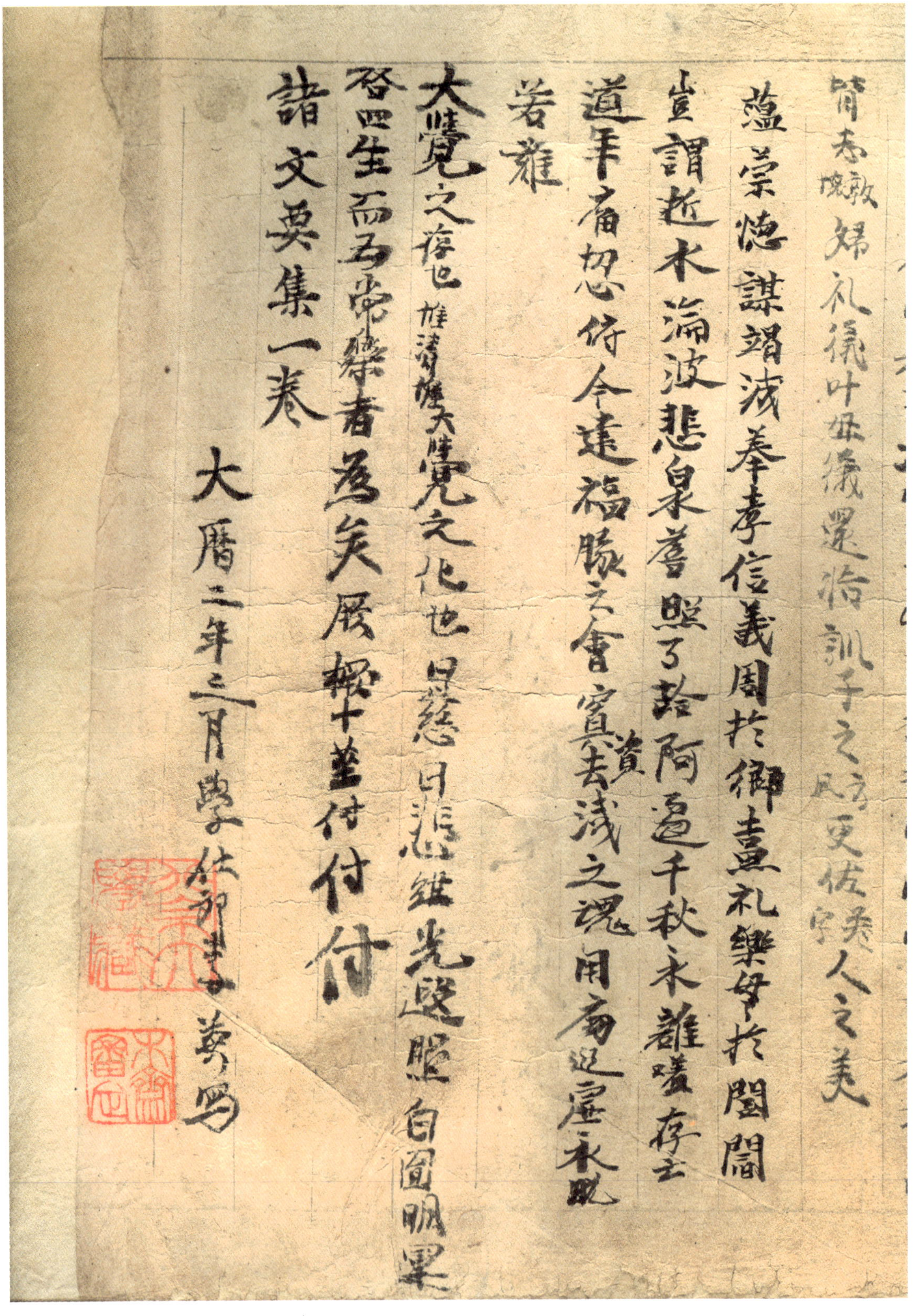
諸文要集一卷

00161 諸文要集 唐大曆二年（767）寫本

卷軸裝。高29.3厘米，長286厘米。存一百五十三行，行二十至二十八字。烏絲欄。有“木齋審定”等印。北京大學圖書館藏。

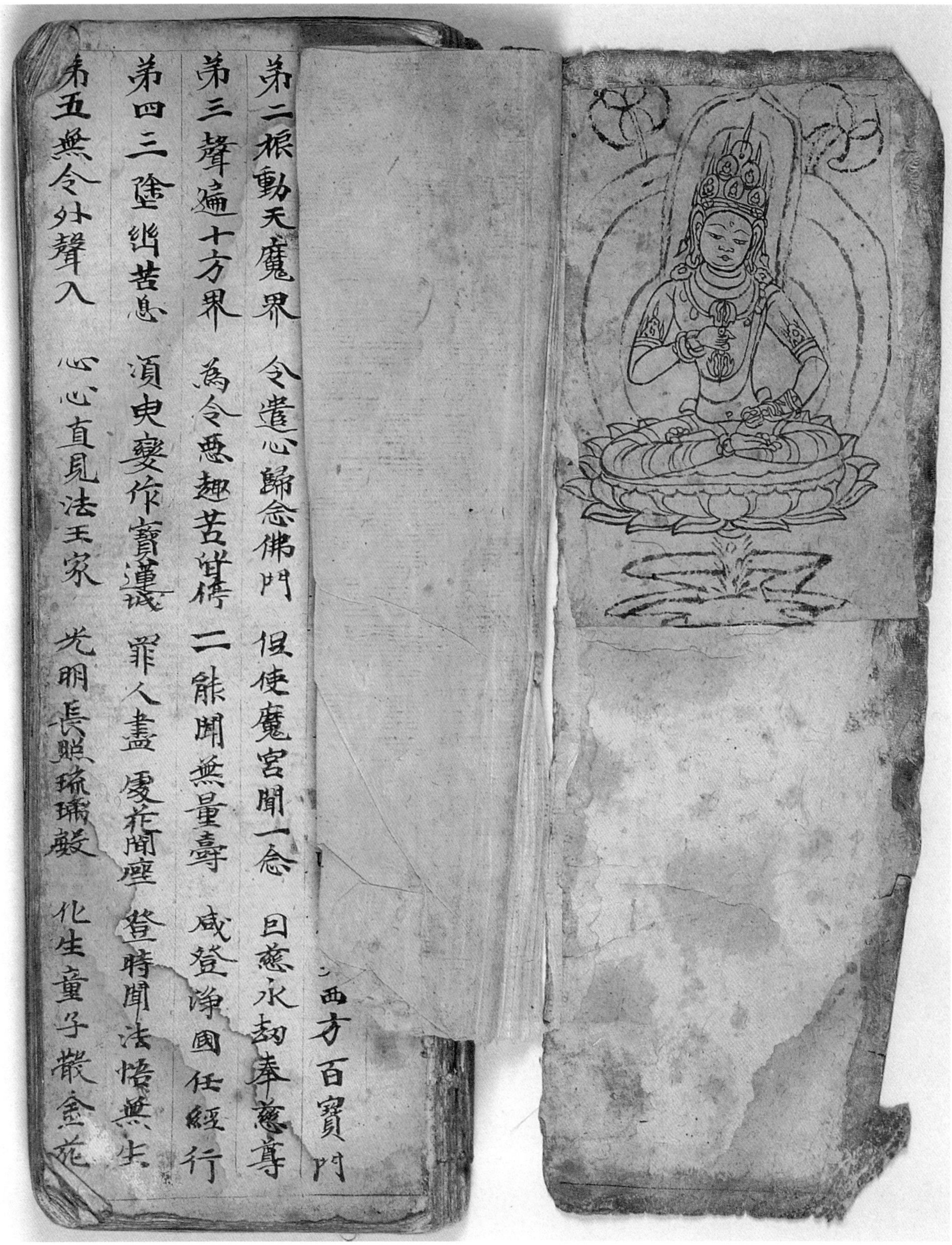

00162 高聲念佛讚等四十三種 歸義軍時期寫本

包背縫繢裝。一紙高30.5厘米，廣10.4厘米。一百零一紙，每紙六行，行字不等。墨色界欄。每種卷首有紅紙粘書口。上海博物館藏。

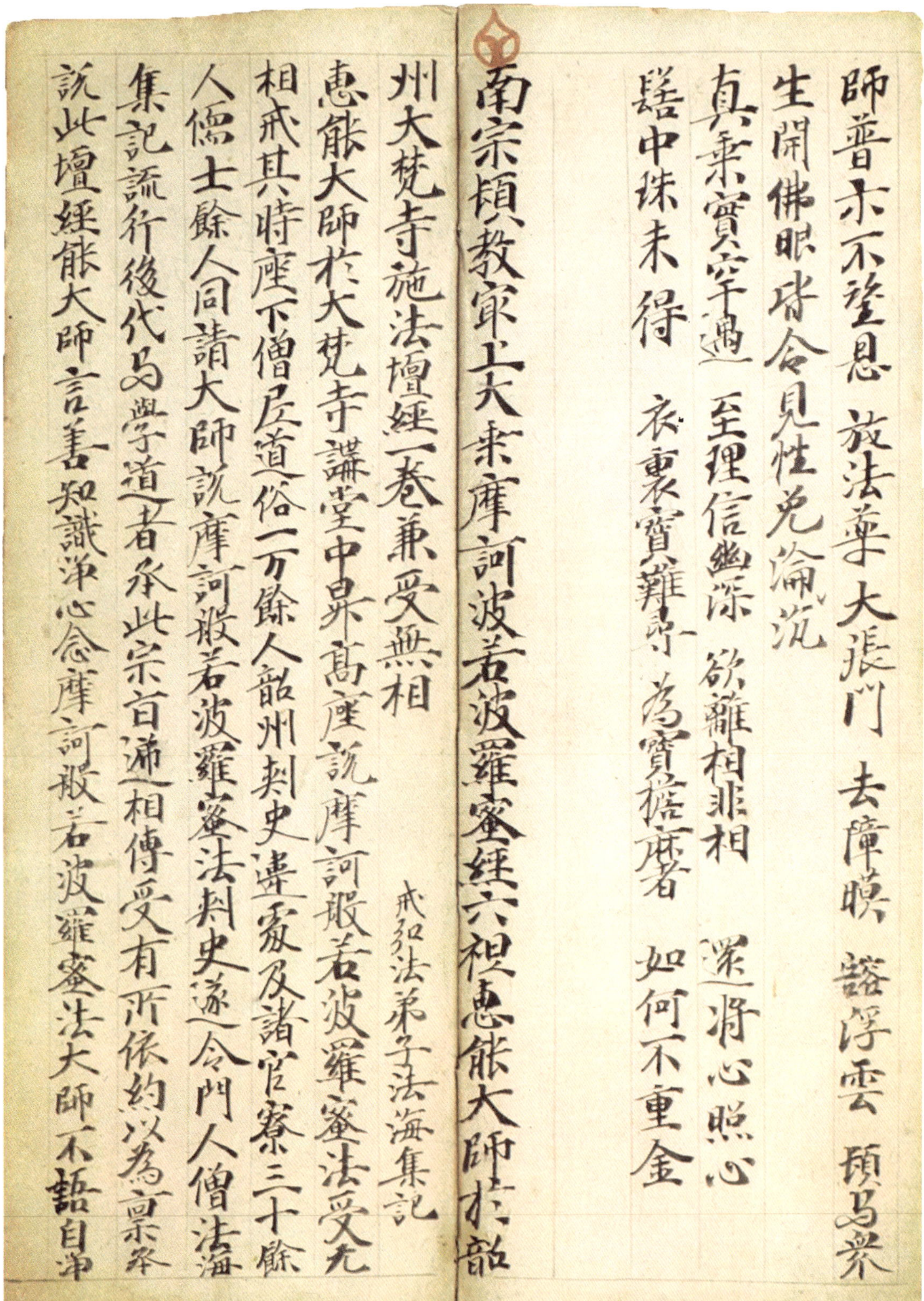
師普示不遂息 旋法華大張门 去障膜 豁浮雲 頓爲衆
生開佛眼 皆令見性免淪沉
真乘寶罕遇 至理信幽深 欲離相非相 還將心照心
髻中珠未得 衣裏寶難尋 為寶磋磨者 如何不重金
南宗頓教最上大乘摩訶般若波羅蜜經六祖惠能大師於韶
州大梵寺施法壇經一卷兼受無相
戒弘法弟子法海集記
惠能大師於大梵寺講堂中昇高座說摩訶般若波羅蜜法受无
相戒 其時座下僧尼道俗一万餘人 韶州刺史韋處及諸官寮三十餘
人儒士餘人同請大師說摩訶般若波羅蜜法 刺史遂令門人僧法海
集記 流行後代 与學道者承此宗旨 遞相傳受 有所依約 以為稟承
說此壇經 能大師言 善知識 淨心念摩訶般若波羅蜜法 大師不語 自淨

00163 菩提達摩南宗定是非論 （唐）釋神會撰 **南陽和上頓教解脱禪門直了性壇語** （唐）釋神會撰 **南宗定邪正五更轉** （唐）釋神會撰 **南宗頓教最上大乘摩訶般若波羅蜜經六祖惠能大師於韶州大梵寺施法壇經一卷兼授無相戒** （唐）釋法海集記 **注般若波羅蜜多心經** （唐）釋淨覺注 歸義軍時期寫本

縫繢裝，高32.2厘米，寬11.8厘米。一紙長23.4厘米。半葉六行，行二十二至二十六字。存一千八十二行。切口處塗銀粉。烏絲欄。原爲敦煌人士任子宜舊藏。敦煌市博物館藏。

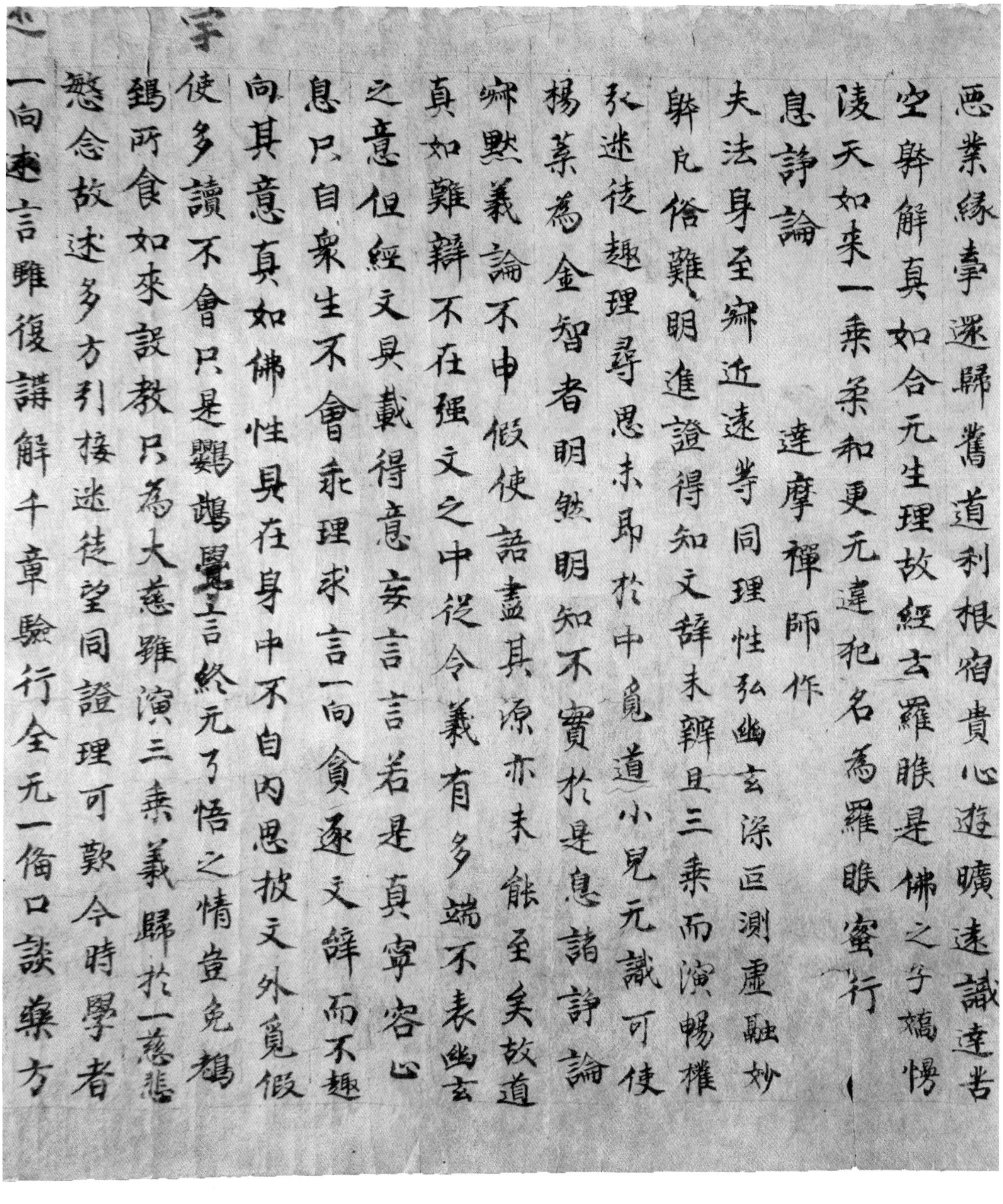
悪業緣牽遂歸舊道利根宿貴心遊曠遠識達普
空辯解真如合元生理故經云羅睺是佛之子嬌慢
凌天如來一乘柔和更元違犯名爲羅睺蜜行
息諍論　達摩禪師作
夫法身至寂近遠等同理性弘幽玄深叵測虛融妙
辯凡俗難明進證得知文辭未辯且三乘而演暢權
引迷徒趣理尋思未即於中覓道小兒元識可使
揚葉爲金智者明然明知不實於是息諸諍論
寂默義論不申假使語盡其源亦未能至矣故道
真如難辯不在經文之中從令義有多端不表幽玄
之意但經文具載得意妄言言若是真寧容心
息只自衆生不會乖理求言一向貪逐文辭而不趣
向其意真如佛性具在身中不自内思披文外覓假
使多讀不會只是鸚鵡學言終元了悟之情豈免鵡
鵡所食如來設教只爲大慈雖演三乘義歸於一慈悲
愍念故述多方引接迷徒望同證理可歎今時學者
一向逐言雖復講解千章驗行全元一箇口談藥方

00164 息諍論等三種　唐寫本

卷軸裝。高28厘米，原卷於兩紙接縫處脱落，形成兩件，一件長297.5厘米，一件長170厘米。烏絲欄。國家圖書館藏。

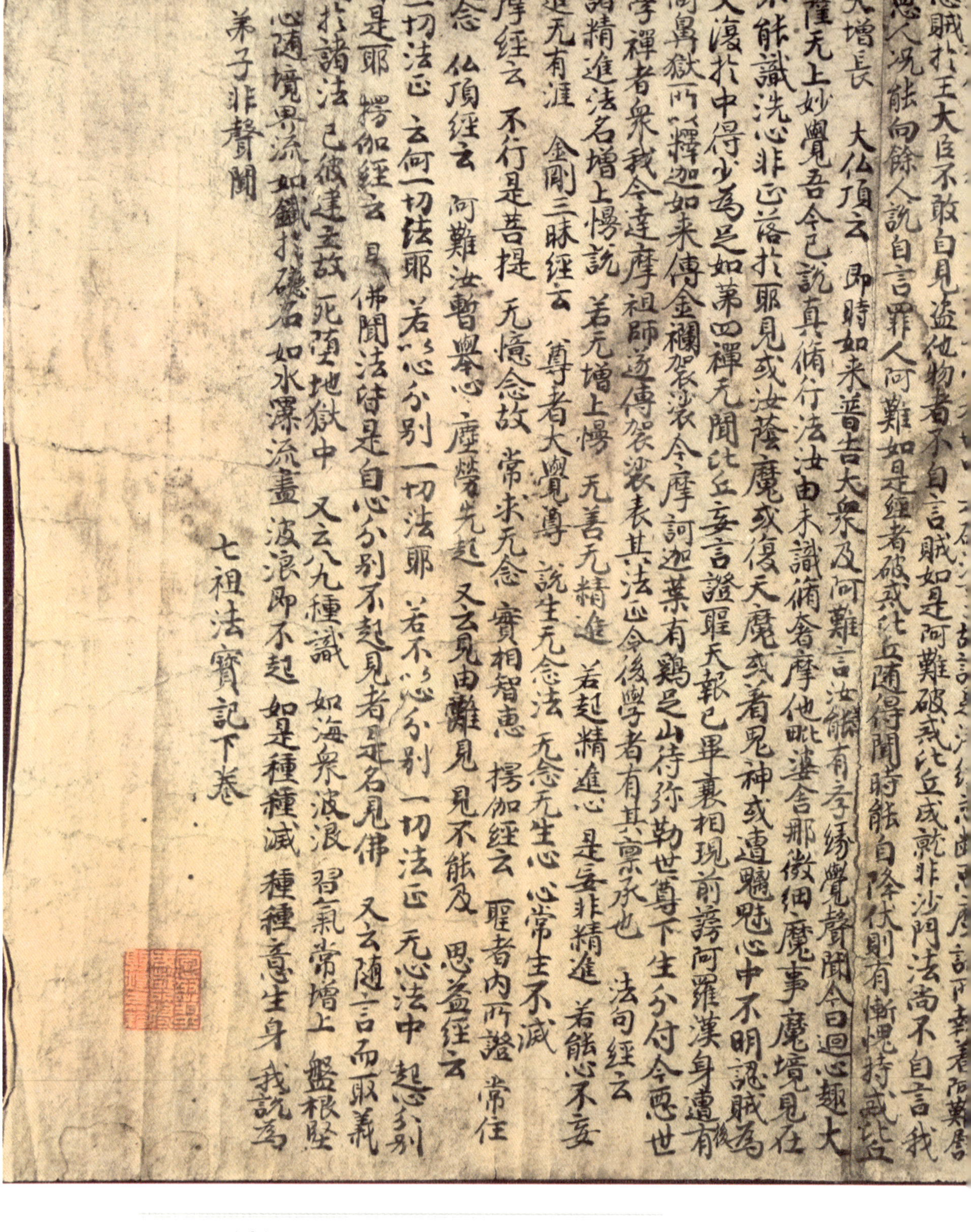
如惡賊於王大臣不敢自見盜他物者不自言賊如是阿難破戒比丘成就非沙門法尚不自言我
是惡人況能向餘人說自言罪人阿難如是經者破戒比丘隨得聞時能自降伏則有慚愧持戒比丘
得大增長　大佛頂云　即時如來普告大衆及阿難言汝能有學緣覺聲聞今日迴心趣大
菩薩无上妙覺吾今已說真脩行法汝由未識脩奢摩他毗婆舍那微細魔事魔境見在
汝不能識洗心非正落於邪見或汝陰魔或復天魔或着鬼神或遭魑魅心中不明認賊為
子又復於中得少為足如第四禪无聞比丘妄言證聖天報已畢衰相現前謗阿羅漢身遭後有
墮阿鼻獄所以釋迦如來傳金襴袈裟令摩訶迦葉在鷄足山待彌勒世尊下生分付令惡世
時學禪者衆我今達摩祖師遂傳袈裟表其法正令後學者有其稟承也　法句經云
說諸精進法名增上慢說　若无增上慢　无善无精進　若起精進心　是妄非精進　若能心不妄
精進无有涯　金剛三昧經云　尊者大覺尊　說生无念法　无念无生心　心常生不滅
維摩經云　不行是菩提　无憶念故　常求无念　實相智惠　楞伽經云　聖者內所證　常住
於无念　佛頂經云　阿難汝暫舉心　塵勞先起　又云見由離見　見不能及　思益經云
云何一切法正　云何一切法邪　若心分別　一切法邪　若不心分別　一切法正　无心法中　起心分別
並皆是邪　楞伽經云　見佛聞法皆是自心分別　不起見者是名見佛　又云隨言而取義
建立於諸法　已彼建立故　死墮地獄中　又云八九種識　如海衆波浪　習氣常增上　盤根堅
固依　心隨境界流　如鐵於磁石　如水瀑流盡　波浪即不起　如是種種滅　種種意生身　我說為
心量　弟子非聲聞
七祖法寶記下卷

00165 七祖法寶記 歸義軍時期寫本

卷軸裝。高28.6厘米，長129.4厘米。存四紙，一百二十五行。有“抱殘翁壬戌歲所得敦煌古籍”等印。國家圖書館藏。

諸法空 是名……

不可得亦无生 是故无思能解脫 須菩提白佛言云何世尊應得云何應住云何脩

行云何發阿耨多羅三藐三菩提 佛告須菩提諸法自相空即是三菩提 平等一相无自

无他不緣境界覺觀心息自然得解无有分別是非處所是人不久成佛行我行處到我到

處見我見處住我住處得我得處坐我坐處无有煩惱若境若智本来不生本来不滅不来不

去不一不異不回不果非惟无有亦復无无不靜不乱不散不去諸法无是有脩多羅般若波

羅蜜如是有如是發心上求作佛所以无求為救下度衆生所以无度為度發菩薩心有所得

者即是耶見耶見之人永不見佛斷一切智名為佛智 須菩提白佛言世尊所說脩多羅般若波

羅蜜甚深何者是佛言空相是无相是无造无作趣无生无滅无垢无淨无所有无依心无住處如虛空

是脩多般若波羅蜜甚深不可思議不生不滅相不垢不淨相不散不乱相不說不聽相不言不義相

不得不失相何以故脩多羅般若波羅蜜法中无是諸法相一切諸法因緣和合有皆悉畢竟空求无處所覓

不可得應如是解色受想行識亦復如是 諸經大乘要抄 楞伽經云 乃至有所立 一切皆錯乱

若見於自心 是則无為諍 又云若依心少法 而有少法起 若依心於事 此法即便壞 又云隨言而取義

建立於諸法 以彼建立故 死墮地獄中 又云 理教中求我是惡妄垢惡離聖道教心理欲滅或及

增是外道狂言智者不應說 金剛經云 離一相諸相即名諸佛 又云若以色見我 以音聲求我

是人行耶道 不能見如来 思益經云 比丘云何隨仏教云何隨仏語若稱讚毀辱其心不動是

名隨仏教又云若不依文字語言是名隨仏語比丘云何應受供養答言於法无所取者云何消供

養食不為世法之所牽者誰人報仏恩答言依法脩行者 楞伽經云 如是種種相 墮於外道見

法句經云 若學諸三昧 是動非坐禪 心隨境界流 云何名為定 金剛三昧經云 我不入三昧不

住坐禪无生无行不動不禪是无生禪 思益經云 不依心欲界 不住色无界 行如是禪定

是菩薩遍行 維摩經云 維摩詰訶舍利弗林間宴坐訶須菩提大迦葉不平等 轉女身經云

无垢光女訶天帝釋汝聲聞人乗畏生死樂涅槃 決定毗尼經云 菩薩乗人持闕過戒聲聞乗人

持盡護戒盡護戒 藥師經云 佛訶阿難汝聲聞人如盲如聾不識无上空義 佛頂經云

訶聲聞人得少為足 佛藏經云 舍利弗如来在世三寶一味我滅度後分為五部舍利弗惡魔於今

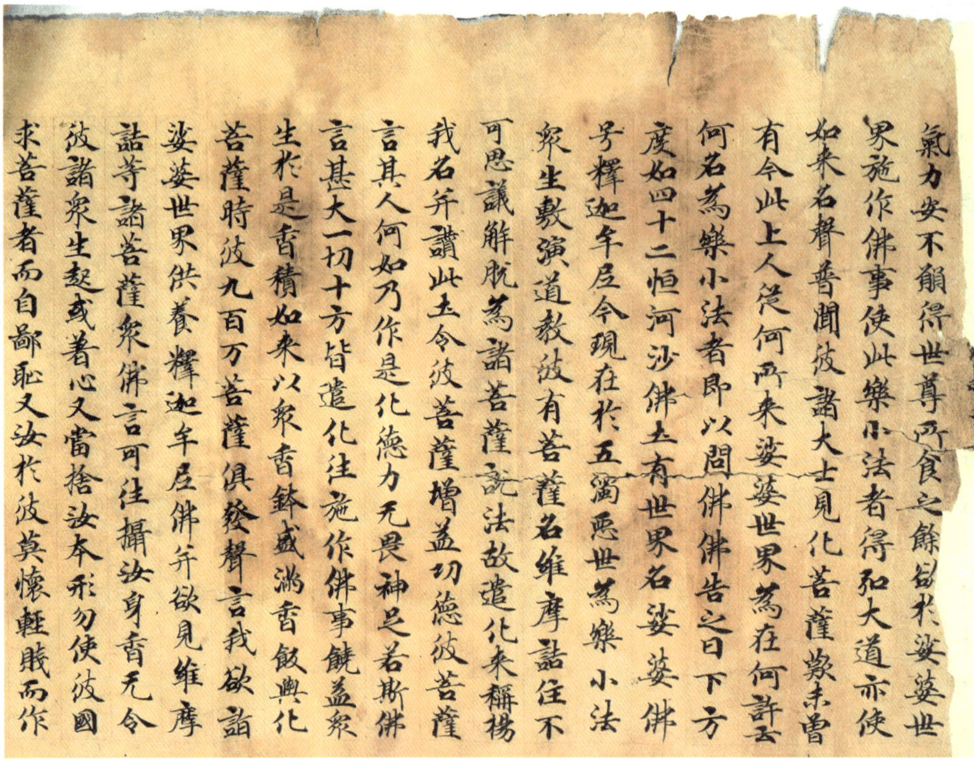
氣力安不能得世尊所食之餘欲於娑婆世
界施作佛事使此樂小法者得弘大道亦使
如來名聲普聞彼諸大士見化菩薩歎未曾
有今此上人從何所來娑婆世界為在何許云
何名為樂小法者即以問佛佛告之曰下方
度如四十二恒河沙佛土有世界名娑婆佛
號釋迦牟尼今現在於五濁惡世為樂小法
衆生敷演道教彼有菩薩名維摩詰住不
可思議解脱為諸菩薩説法故遣化來稱揚
我名并讚此土令彼菩薩增益功德彼菩薩
言其人何如乃作是化德力無畏神足若斯佛
言甚大一切十方皆遣化往施作佛事饒益衆
生於是香積如來以衆香鉢盛滿香飯與化
菩薩時彼九百万菩薩俱發聲言我欲詣
娑婆世界供養釋迦牟尼佛并欲見維摩
詰等諸菩薩衆佛言可往攝汝身香无令
彼諸衆生起惑著心又當捨汝本形勿使彼國
求菩薩者而自鄙恥又汝於彼莫懷輕賤而作

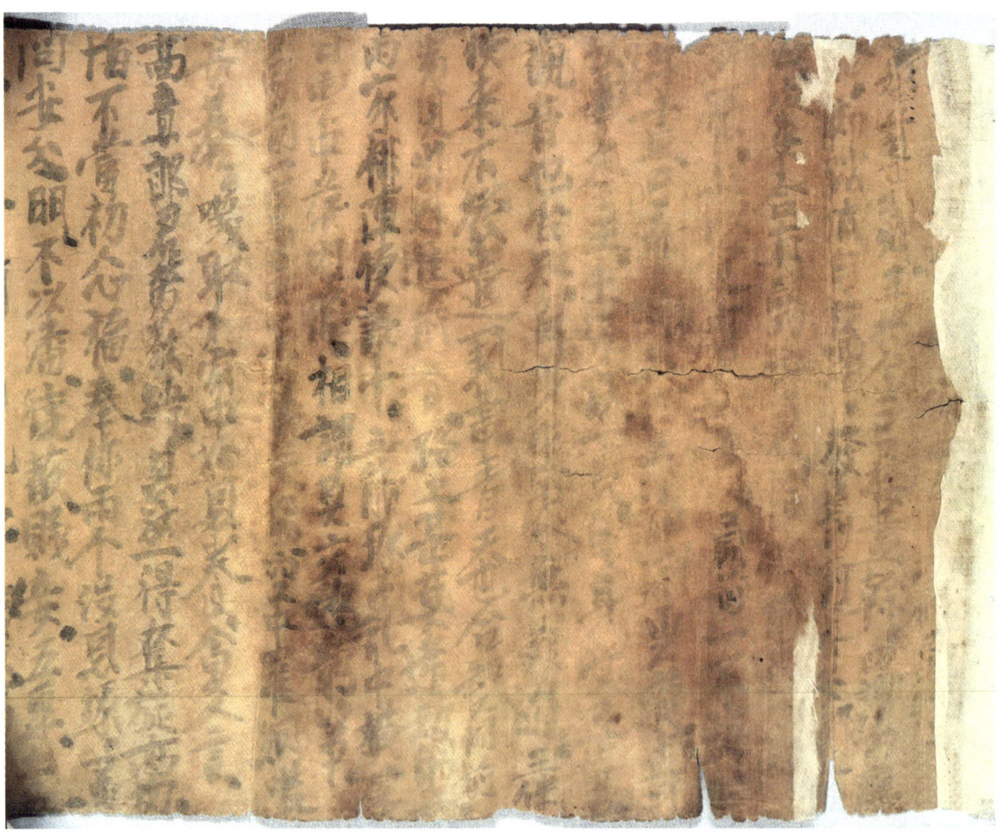

00166 維摩詰所説經卷下 （後秦）釋鳩摩羅什譯 唐寫本 卷背**[曲子詞]** 歸義軍時期寫本。

卷軸裝。高26.1厘米，長394厘米。烏絲欄。天津博物館藏。

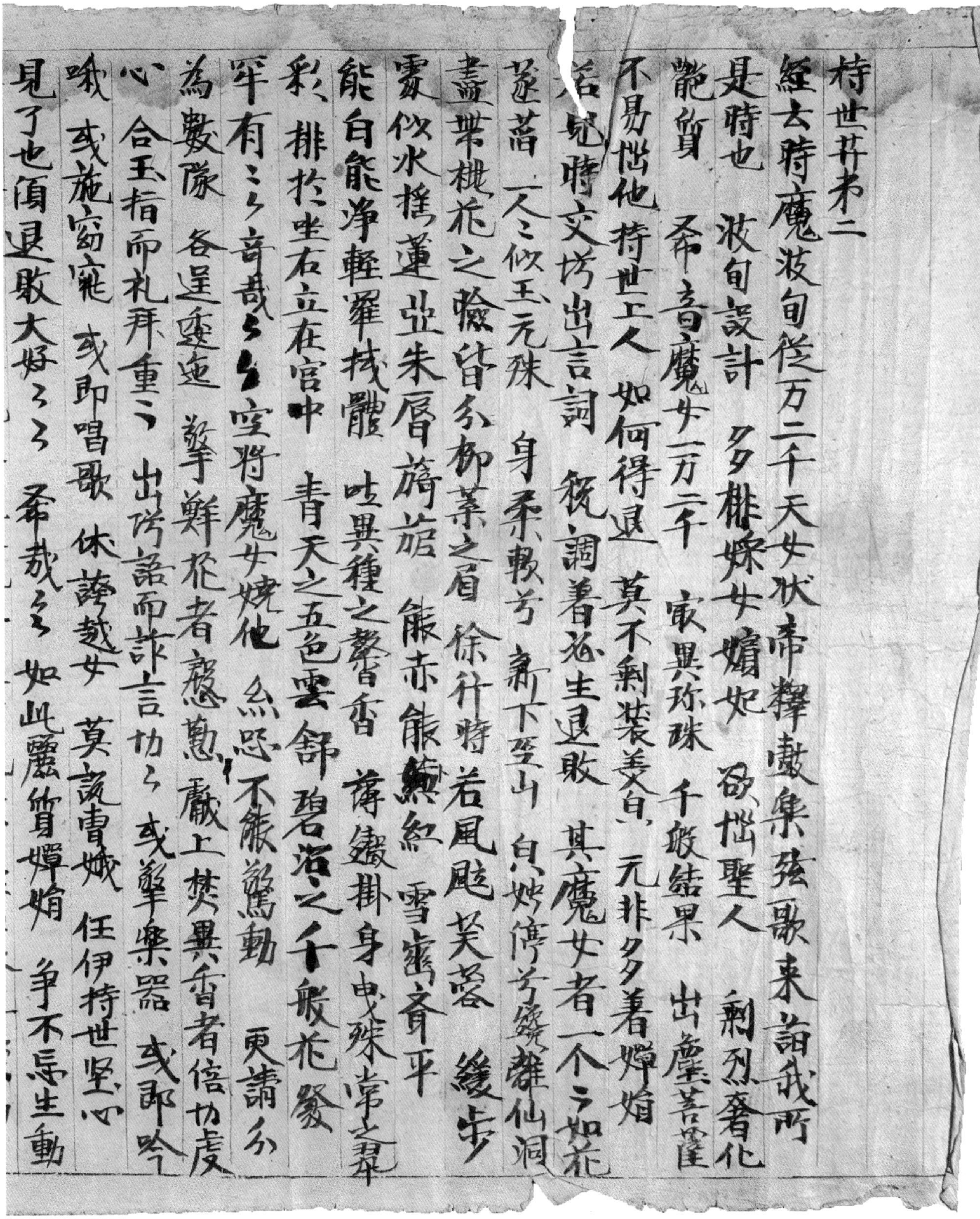

持世菩薩第二
經云時魔波旬從万二千天女狀帝釋鼓樂絃歌來詣我所
是時也 波旬設計 多排婇女嬪妃 欲惱聖人 剩列奢化
艷質 希音魔女一万二千 容貌珎殊 千般結果 出塵菩薩
不易惱他 持世上人 如何得退 莫不剩裝美白 元非多着嬋娟
若見時文巧出言詞 魏調着怎生退敗 其魔女者一个个如花
菡萏 一人人似玉无殊 身柔軟兮 新下巫山 貌婷兮 才離仙洞
盡帶桃花之臉 皆分柳葉之眉 徐行時若風颭芙蓉 緩步
處似水搖蓮亞 朱脣旖旎 能赤能紅 雪齒齊平
能白能淨 輕羅拭體 吐異種之馨香 薄縠掛身 曳殊常之翠
彩 排於坐右 立在宮中 青天之五色雲舒 碧沼之千般花發
罕有罕有 奇哉奇哉 空將魔女嬈他 終恐不能驚動 更請分
為數隊 各逞逶迤 擎鮮花者 殷勤獻上 焚異香者 倍切虔
心 合玉指而禮拜重重 出巧語而詐言切切 或擎樂器 或即吟
哦 或施窈窕 或即唱歌 休誇越女 莫說曹娥 任伊持世堅心
見了也須退敗 大好大好 希哉希哉 如此麗質嬋娟 爭不妄生動

00167 維摩詰經講經文 歸義軍時期寫本

卷軸裝。高30厘米，長314厘米。八紙，二百十五行。烏絲欄。國家圖書館藏。

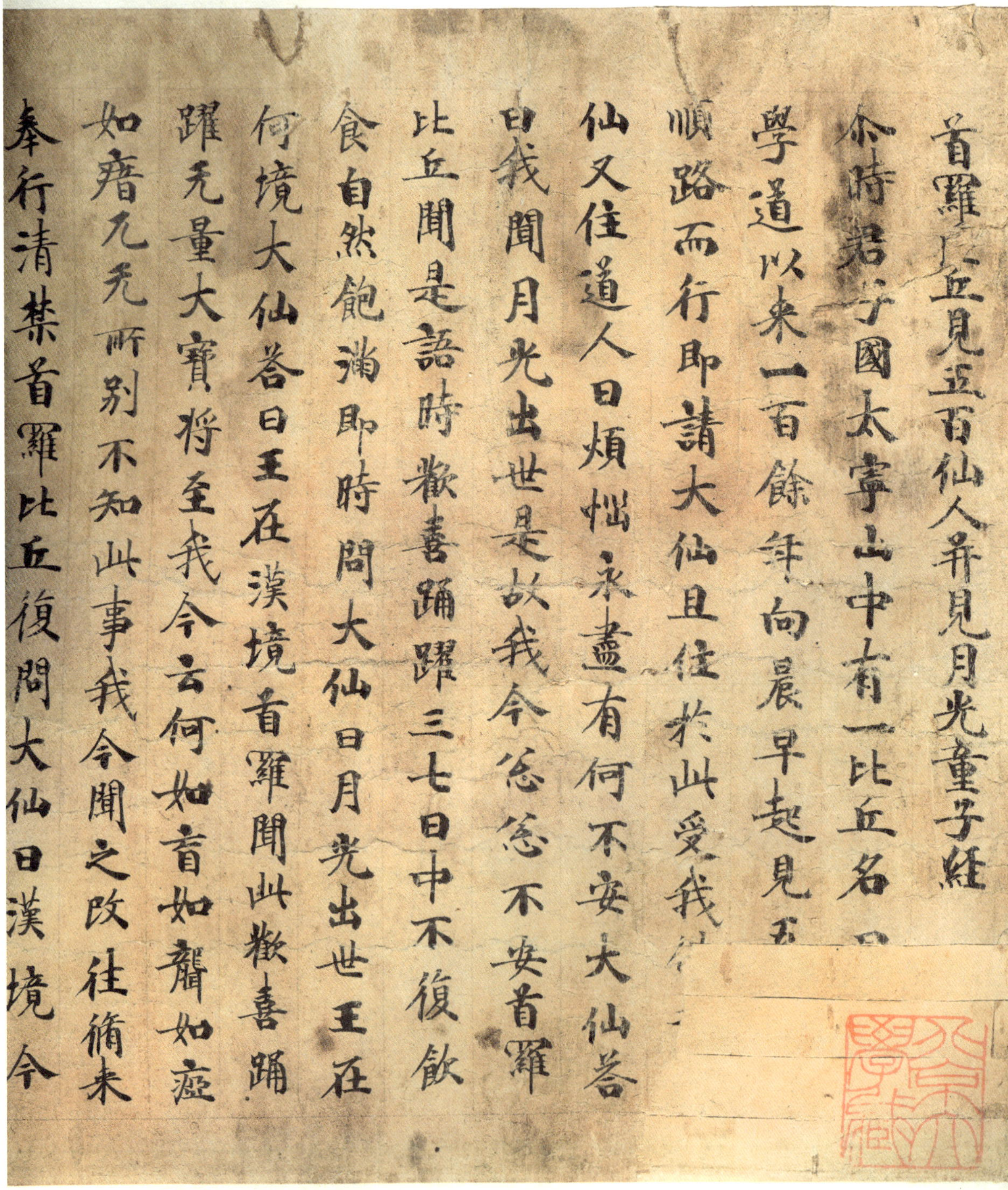

首羅比丘見五百仙人并見月光童子經
尒時君子國太寧山中有一比丘名
學道以來一百餘年向晨早起見五
順路而行即請大仙且住於此受我
仙又住道人曰煩惱永盡有何不安大仙荅
曰我聞月光出世是故我今悤悤不安首羅
比丘聞是語時歡喜踊躍三七日中不復飲
食自然飽滿即時問大仙曰月光出世王在
何境大仙荅曰王在漢境首羅聞此歡喜踊
躍无量大寶將至我今云何如盲如聾如瘂
如瘖无无所別不知此事我今聞之改往脩來
奉行清禁首羅比丘復問大仙曰漢境今

00168 首羅比丘見五百仙人并見月光童子經 唐寫本

卷軸裝。高22.8厘米，長299厘米。行十六至十七字。烏絲欄。陳垣跋。北京大學圖書館藏。

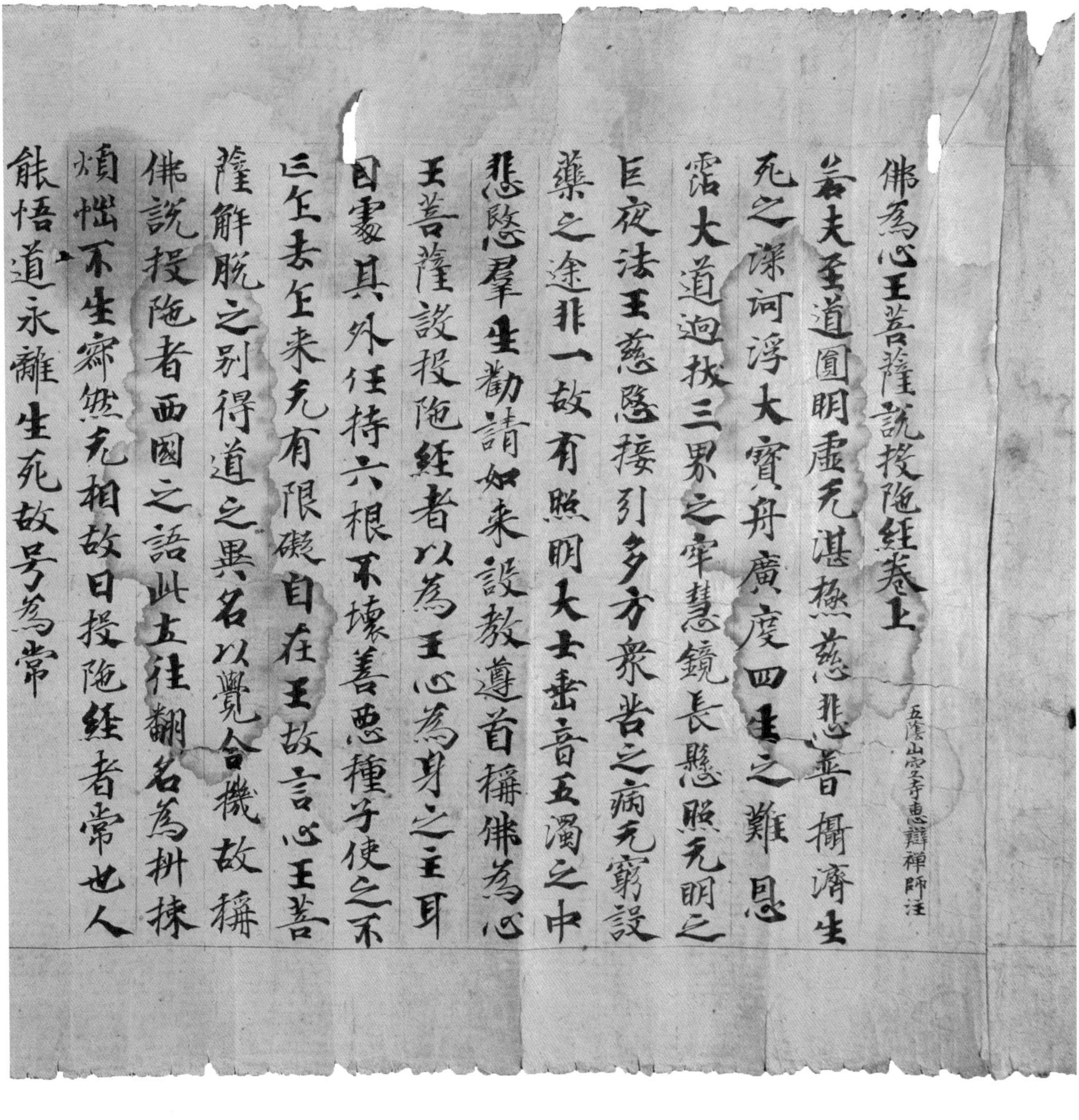

佛爲心王菩薩説投陁經卷上
五陰山室寺惠辯禪師注
若夫至道圓明虚无湛然慈悲普攝濟生
死之深河浮大寶舟廣度四生之難恩
霑大道迴拔三界之牢慧鏡長懸照无明之
巨夜法王慈悲接引多方衆生之病无窮設
藥之途非一故有照明大士垂音五濁之中
悲愍羣生勸請如来設教遵首稱佛爲心
王菩薩説投陁經者以爲王心爲身之主耳
因處其外任持六根不壞善惡種子使之不
亡生去生来无有限礙自在王故言心王菩
薩解脱之别得道之異名以覺合機故稱
佛説投陁者西國之語此土往翻名爲抖捒
煩惱不生寂然无相故曰投陁經者常也人
能悟道永離生死故号爲常

00169 佛爲心王菩薩説頭陀經卷上 釋惠辯注疏 唐寫本

卷軸裝。高27厘米，長1286.5厘米。一紙長42厘米。每紙二十四行，行十七字。小字雙行字不等。烏絲欄。國家圖書館藏。

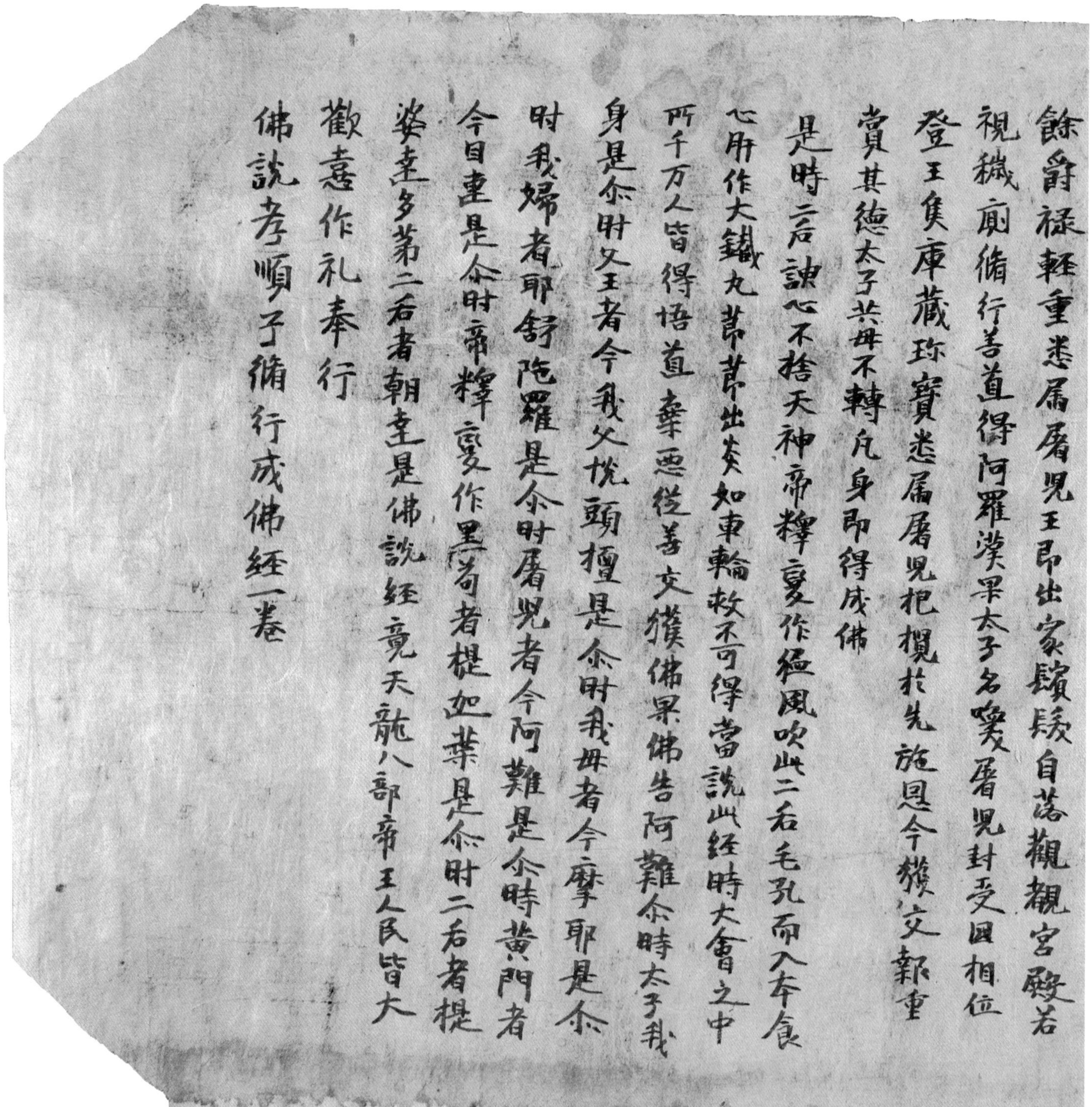

餘爵祿輕重悉屬屠兒王即出家鬚髮自落覦覩宮殿若
視織廁脩行善道得阿羅漢果太子名嚢屠兒封受國相位
登王集庫藏珍寶悉屬屠兒把攬於先旋回今獲文鄣重
賞其德太子共母不轉凡身即得成佛
是時二后諫心不捨天神帝釋變作猛風吹此二后毛孔而入本食
心所作大鐵丸節節出火如車輪救不可得當說此經時大會之中
所千万人皆得悟道棄惡從善文獲佛果佛告阿難尔時太子我
身是尔時父王者今我父悅頭檀是尔時我母者今摩耶是尔
時我婦者耶輸陀羅是尔時屠兒者今阿難是尔時黃門者
今目連是尔時帝釋變作黑[illegible]者提迦葉是尔時二后者提
婆達多第二后者朝達是佛說經竟天龍八部帝王人民皆大
歡喜作礼奉行
佛說孝順子脩行成佛經一卷

00170 佛說孝順子修行成佛經 唐寫本

卷軸裝。高28厘米，長230.7厘米。行字不等。國家圖書館藏。

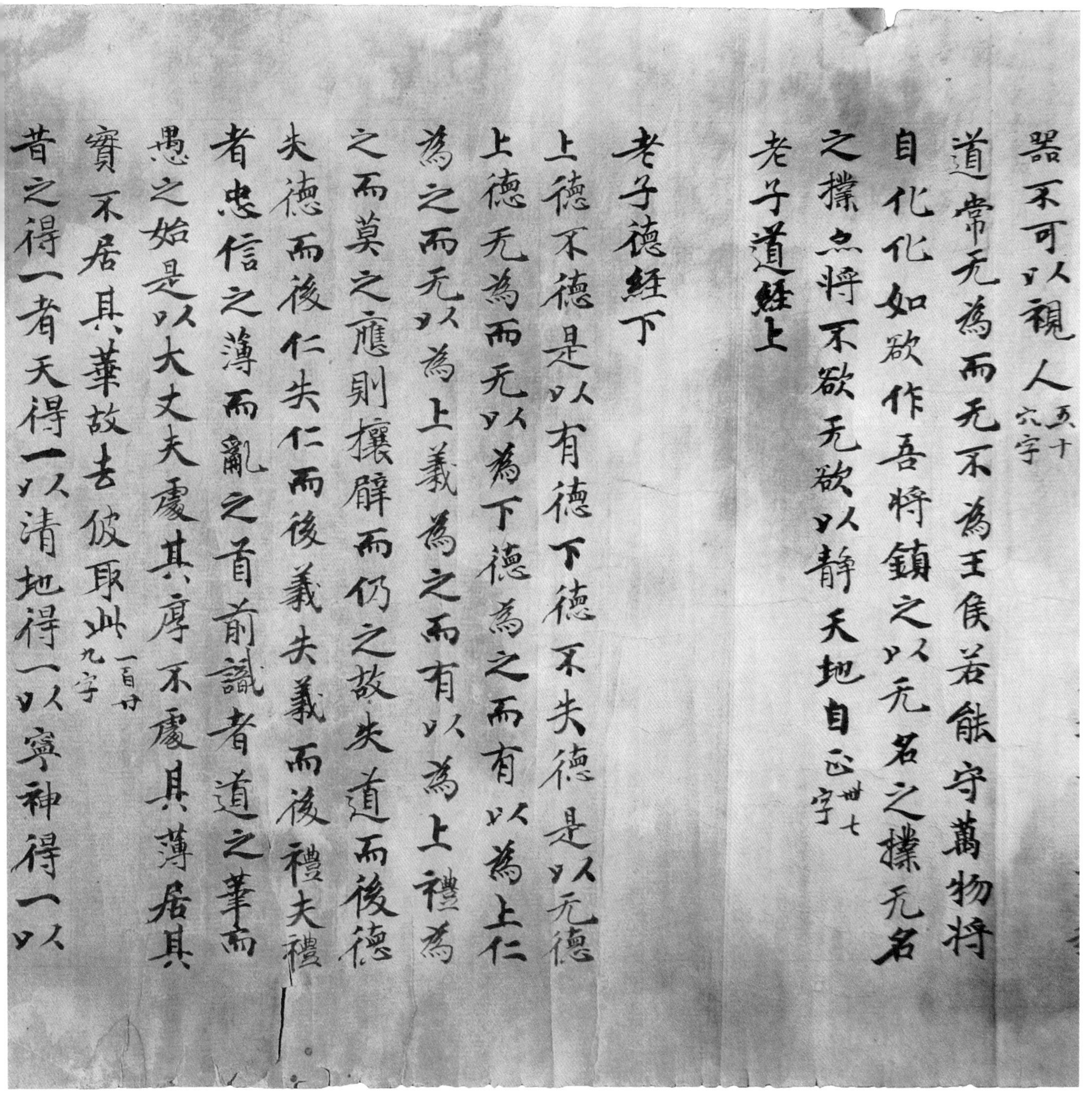
器不可以視人五十六字
道常无為而无不為王侯若能守萬物將
自化化如欲作吾將鎮之以无名之樸无名
之樸亦將不欲无欲以靜天地自正卌七字
老子道經上
老子德經下
上德不德是以有德下德不失德是以无德
上德无為而无以為下德為之而有以為上仁
為之而无以為上義為之而有以為上禮為
之而莫之應則攘辟而仍之故失道而後德
失德而後仁失仁而後義失義而後禮夫禮
者忠信之薄而亂之首前識者道之華而
愚之始是以大丈夫處其厚不處其薄居其
實不居其華故去彼取此一百卅九字
昔之得一者天得一以清地得一以寧神得一以

00171 老子道德經五千文卷上 唐寫本

卷軸裝。高24.5厘米，長259.2厘米。存一百五十八行，行十七字。烏絲欄。勞健補臨并跋。國家圖書館藏。

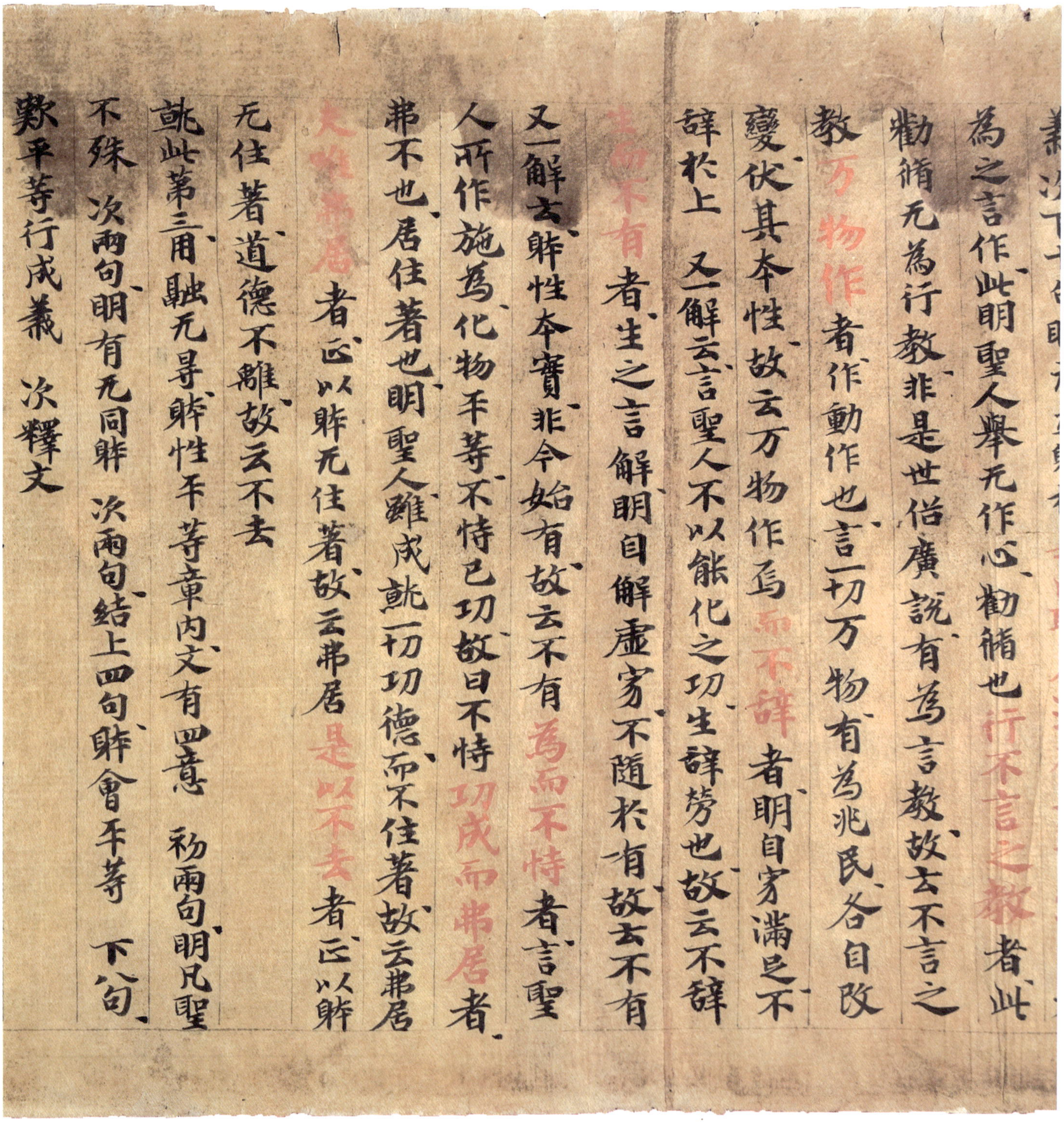

爲之言作此明聖人舉无作心勸循也行不言之教者此
勸循无爲行教非是世俗廣說有爲言教故云不言之
教万物作者作動作也言一切万物有爲兆民各自改
變伏其本性故云万物作焉而不辭者明自家滿足不
辭於上 又一解云言聖人不以能化之功生辭勞也故云不辭
生而不有者生之言解明自解虛家不隨於有故云不有
又一解云悟性本實非今始有故云不有爲而不恃者言聖
人所作施爲化物平等不恃已功故曰不恃功成而弗居者
弗不也居住著也明聖人雖成就一切功德而不住著故云弗居
夫唯弗居者正以悟无住著故云弗居是以不去者正以悟
无住著道德不離故云不去
就此第三用顯无导悟性平等章內文有四意 初兩句明凡聖
不殊 次兩句明有无同悟 次兩句結上四句悟會平等 下句
歎平等行成義 次釋文

00172 [老子道德經五千文義疏] 唐寫本

卷軸裝。高27厘米，長270.5厘米。一紙長51.3厘米。每紙二十八行，行二十一至二十五字。烏絲欄。曾藏味青齋。國家圖書館藏。

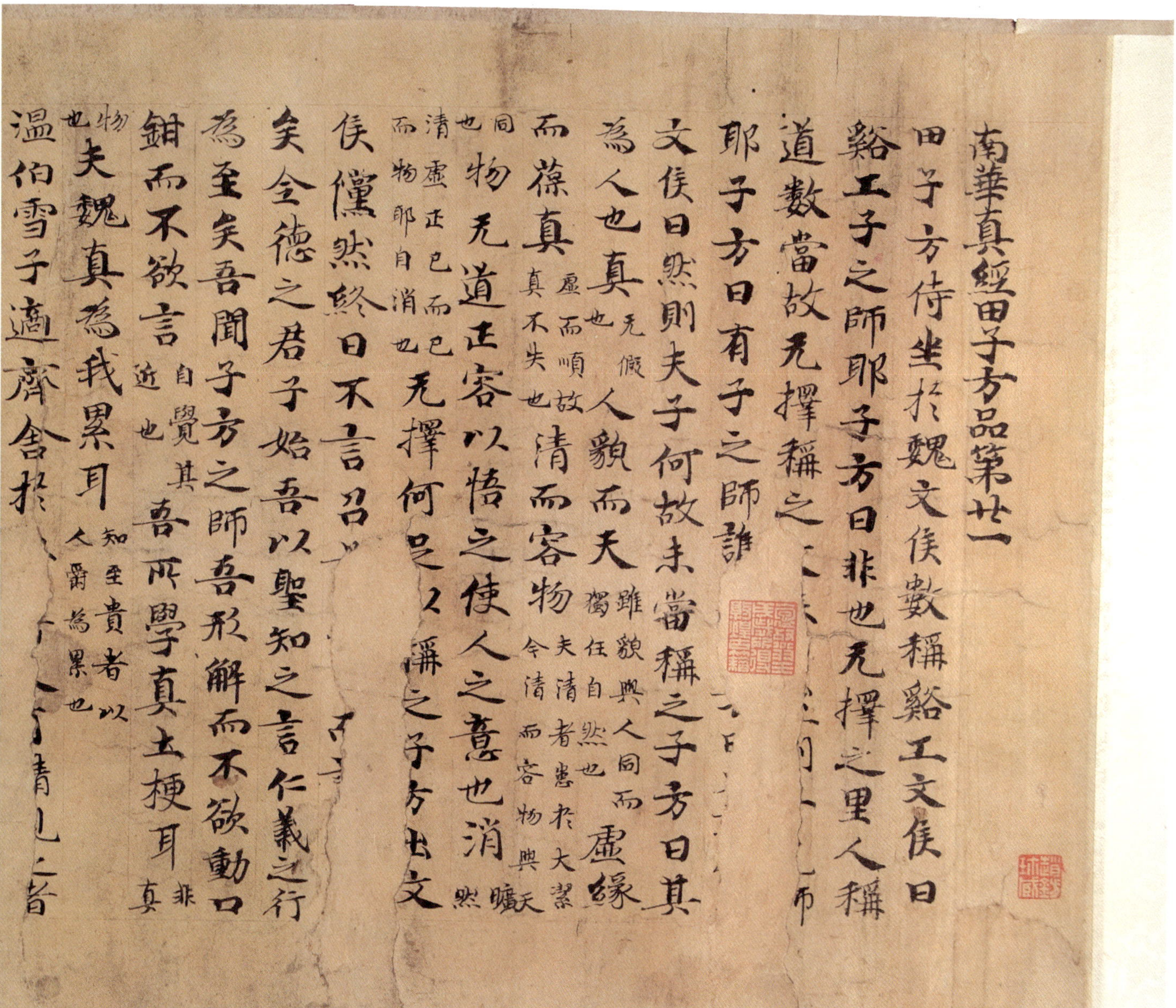
南華真經田子方品第廿一
田子方侍坐於魏文侯數稱谿工文侯曰
谿工子之師耶子方曰非也无擇之里人稱
道數當故无擇稱之[illegible]
耶子方曰有子之師誰[illegible]
文侯曰然則夫子何故未當稱之子方曰其
為人也真无假人貌而天雖貌與人同而獨任自然也虛緣
而葆真虛而順物故真不失也清而容物夫清者患於大潔今清而容物與天同也
物无道正容以悟之使人之意也消然曠
清虛正己而已而物邪自消也
无擇何足以稱之子方出文
侯儻然終日不言召[illegible]
矣全德之君子始吾以聖知之言仁義之行
為至矣吾聞子方之師吾形解而不欲動口
鉗而不欲言自覺其近也吾所學真土梗耳非真
物也夫魏真為我累耳知至貴者以人爵為累也
溫伯雪子適齊舍於[illegible]

00173 南華真經田子方品第二十一 唐寫本

卷軸裝。高24.4厘米，長136.5厘米。存三紙，八十三行。烏絲欄。有"趙鈁珍藏"、"抱殘翁壬戌歲所得敦煌古籍"、"羅振玉印" 等印。國家圖書館藏。

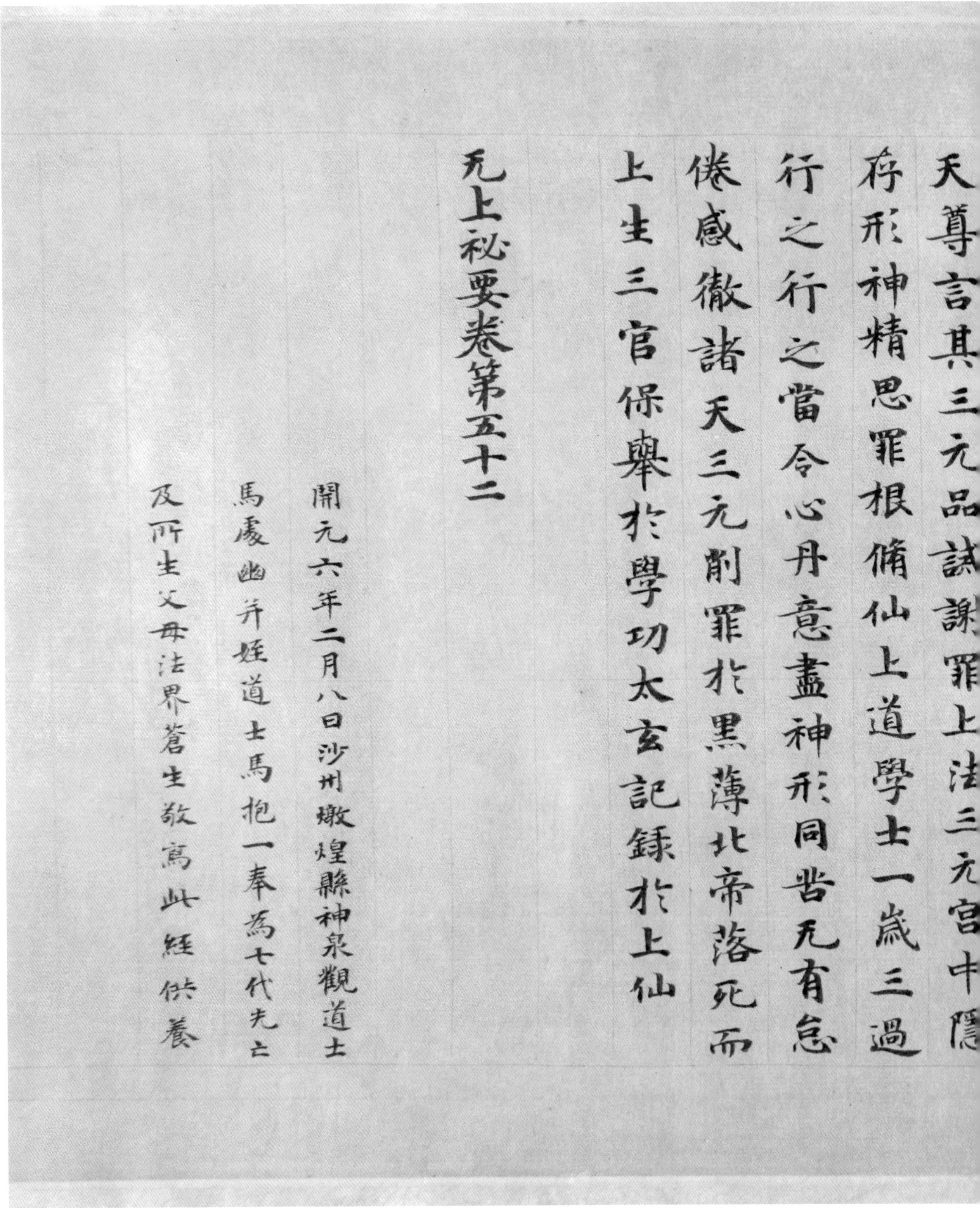
天尊言其三元品誡謝罪上法三元宫中
存形神精思罪根脩仙上道學士一歲三過
行之行之當令心丹意盡神形同皆无有怠
倦感徹諸天三元削罪於黑薄北帝落死而
上生三官保舉於學功太玄記録於上仙
无上秘要卷第五十二
開元六年二月八日沙州燉煌縣神泉觀道士
馬處幽并姪道士馬抱一奉為七代先亡
及所生父母法界蒼生敬寫此經供養

00174 無上秘要卷五十二 （北周）宇文邕主持編纂 唐開元六年（718）寫本

卷軸裝。高24.9厘米，長497.9厘米。一紙長50.5厘米。每紙二十八行，行十七字。烏絲欄。國家圖書館藏。

乚
謝水官畢次向北三拜謝三寶神經長跪
言甲令歸命太上无極大道至真无上三十
六部尊經三寶靈文仙圖籙符章自然天
書金書玉字侍經玉童玉女三部威神乞丐
謝如上東方法畢叩頭自搏各三百六十
過乚
謝畢左行還西向東三上香呪曰
香官使者左右龍虎捧香驛龍騎吏當令臣
靜室齋堂生自然金液丹精百靈芝英交會
在此香火前令臣得道遂獲神仙舉家万福
天下受恩十方玉童玉女侍衛香烟傳臣所

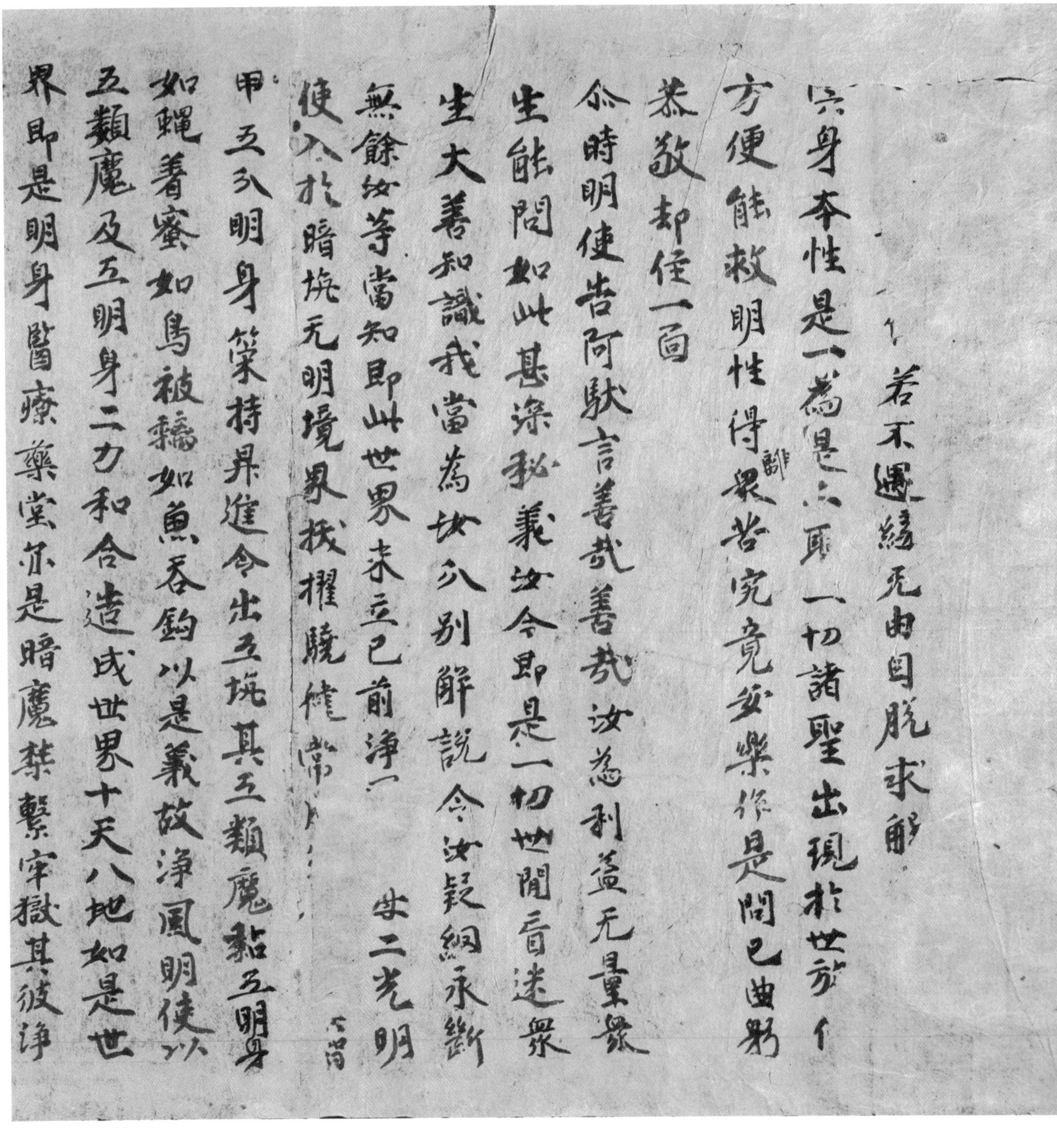
若不遇緣无由自脫求解
宍身本性是一爲是[illegible][illegible]一切諸聖出現於世施亻
方便能救明性得離衆苦究竟安樂作是問已曲躬
恭敬却住一面
尒時明使告阿馱言善哉善哉汝爲利益无量衆
生能問如此甚深祕義汝今即是一切世間盲迷衆
生大善知識我當爲汝分別解說令汝疑網永斷
無餘汝等當知即此世界未立已前淨[illegible] 母二光明
使入於暗坑无明境界拔擢驍健常[illegible]
甲五分明身榮持昇進令出五坑其五類魔黏五明身
如蠅著蜜如鳥被黐如魚吞鉤以是義故淨風明使以
五類魔及五明身二力和合造成世界十天八地如是世
界即是明身醫療藥堂亦是暗魔禁繫牢獄其彼淨

00175 [摩尼教經典] 唐寫本

卷軸裝。長27.5厘米，長624厘米。一紙高36厘米。每紙二十行，行十九至二十一字。折疊欄。國家圖書館藏。

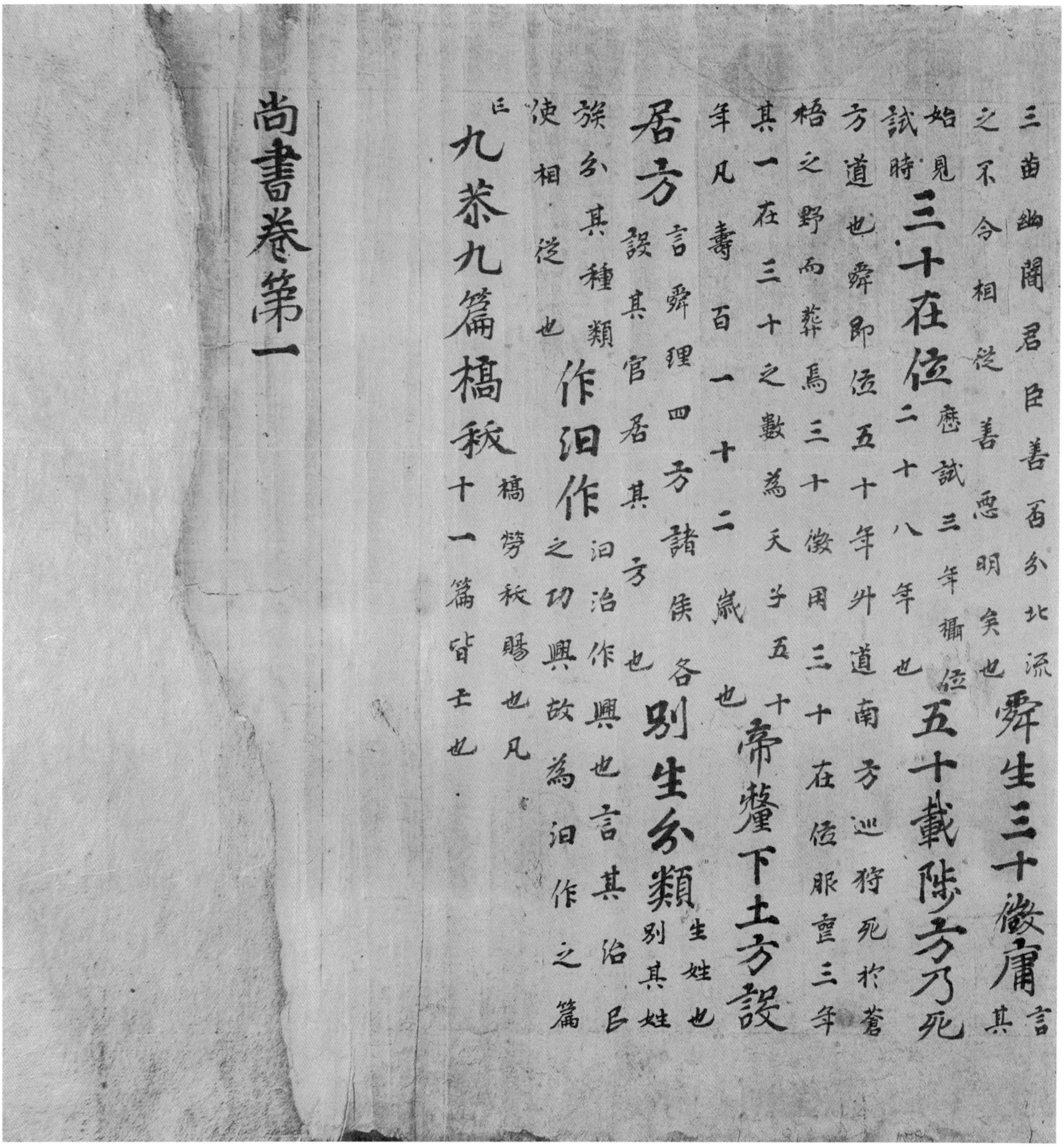

三苗幽闇，君臣善否分北流之，不令相從，善惡明矣也。舜生三十徵庸，言其始見試時。三十在位，歷試三年，攝位二十八年也。五十載陟方乃死，方，道也。舜即位五十年，升道南方巡狩，死於蒼梧之野而葬焉。三十徵庸，三十在位，服喪三年，其一在三十之數，為天子五十年，凡壽百一十二歲也。帝釐下土方設居方，言舜理四方諸侯，各設其官，居其方也。別生分類，生，姓也，別其姓族，分其種類，使相從也。作汨作，汨，治，作，興也，言其治臣之功興，故為汨作之篇。九共九篇槀飫，槀，勞，飫，賜也。凡十一篇皆亡也。

尚書卷第一

00176 古文尚書傳 唐寫本

卷軸裝。高28.2厘米，長367.2厘米。一紙長約43厘米。每紙十九行，行十七字，小字雙行字不等。烏絲欄。國家圖書館藏。

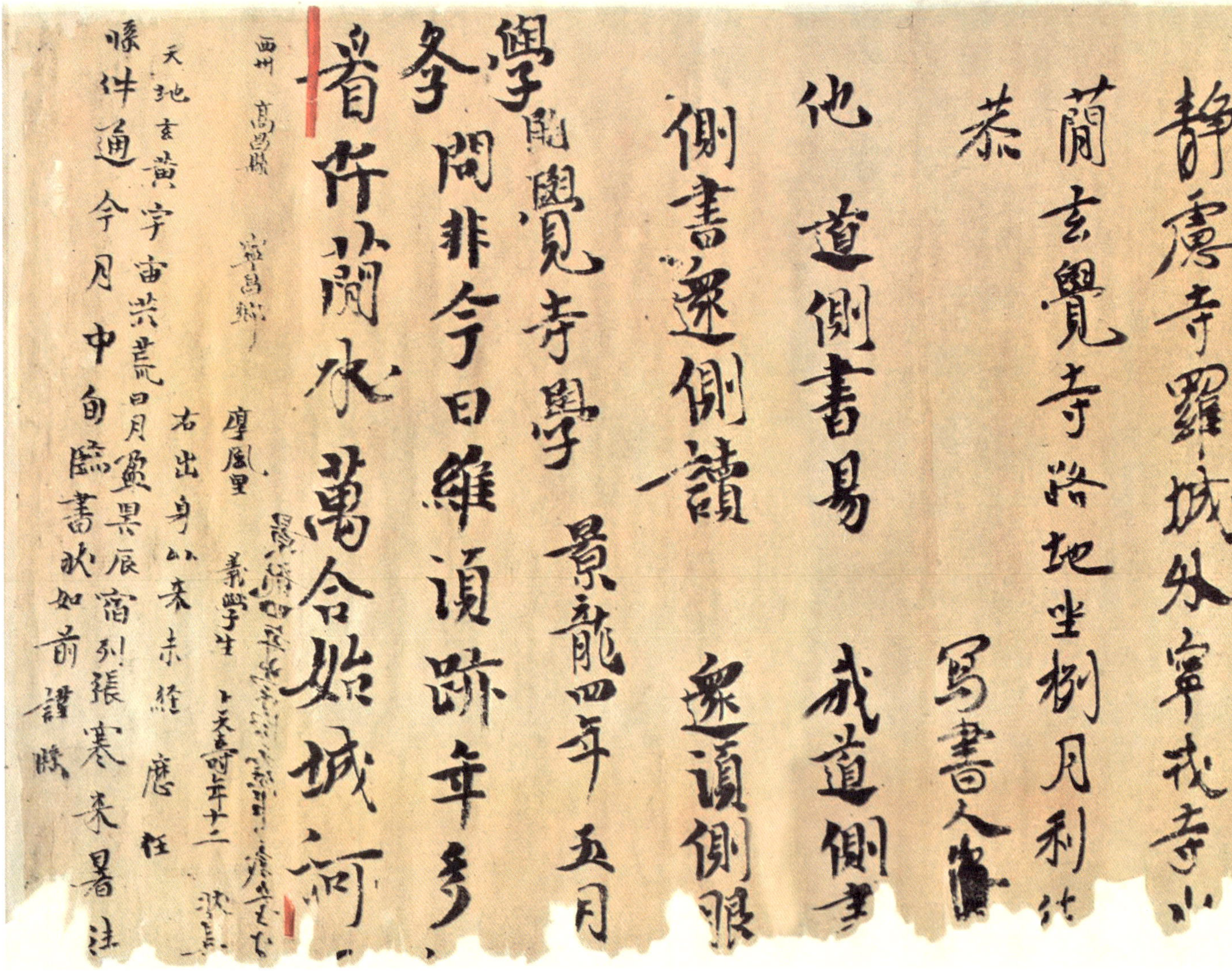

00177 論語鄭氏注 唐西州卜天壽抄本

卷軸裝。吐魯番出土。高27厘米，長538厘米。行字不等。吐魯番地區博物館藏。

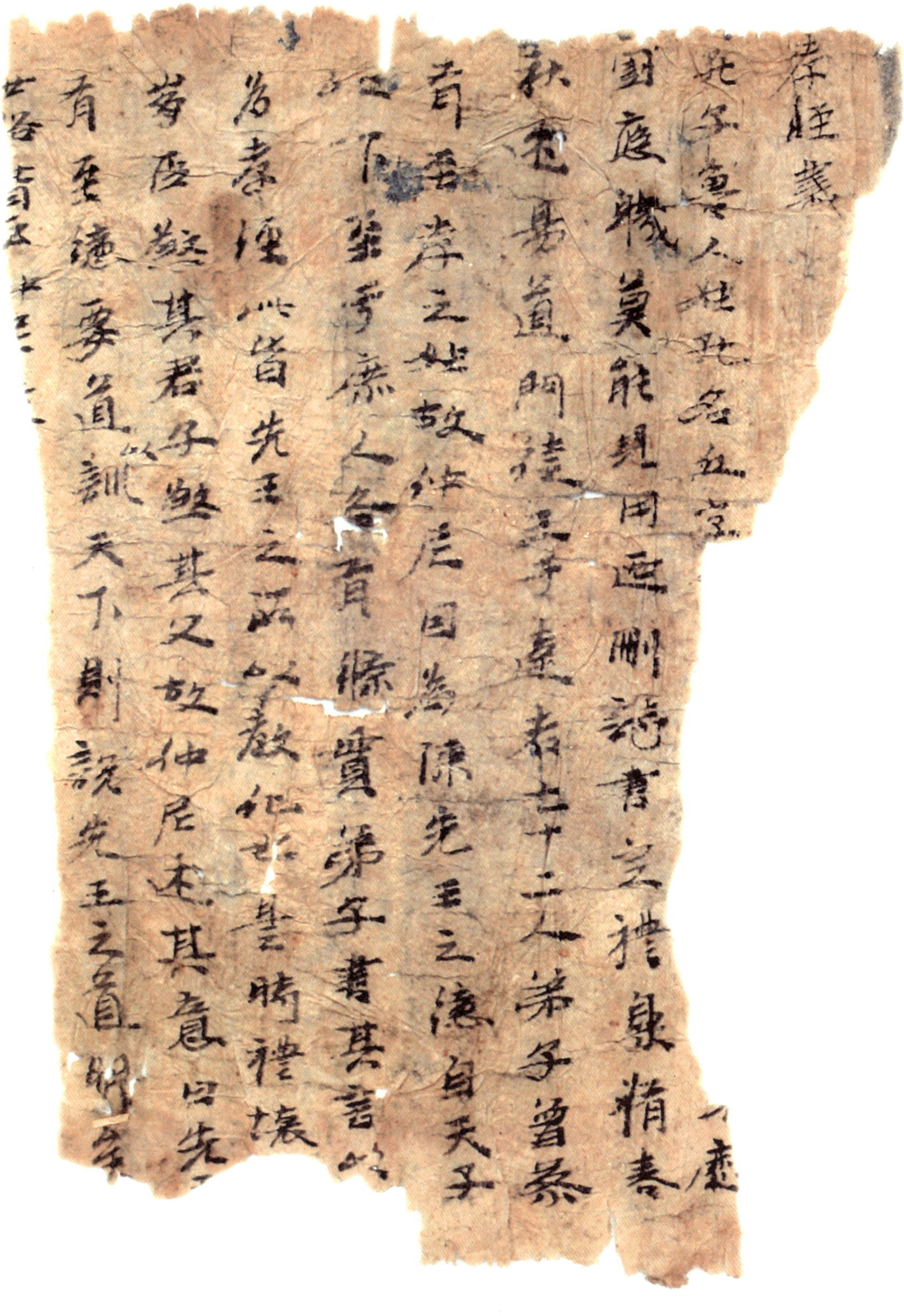

00178 孝經義 （梁）叔明撰 闞氏高昌抄本

吐魯番出土。存文字十行，行字不等。共一百餘字。吐魯番地區博物館藏。

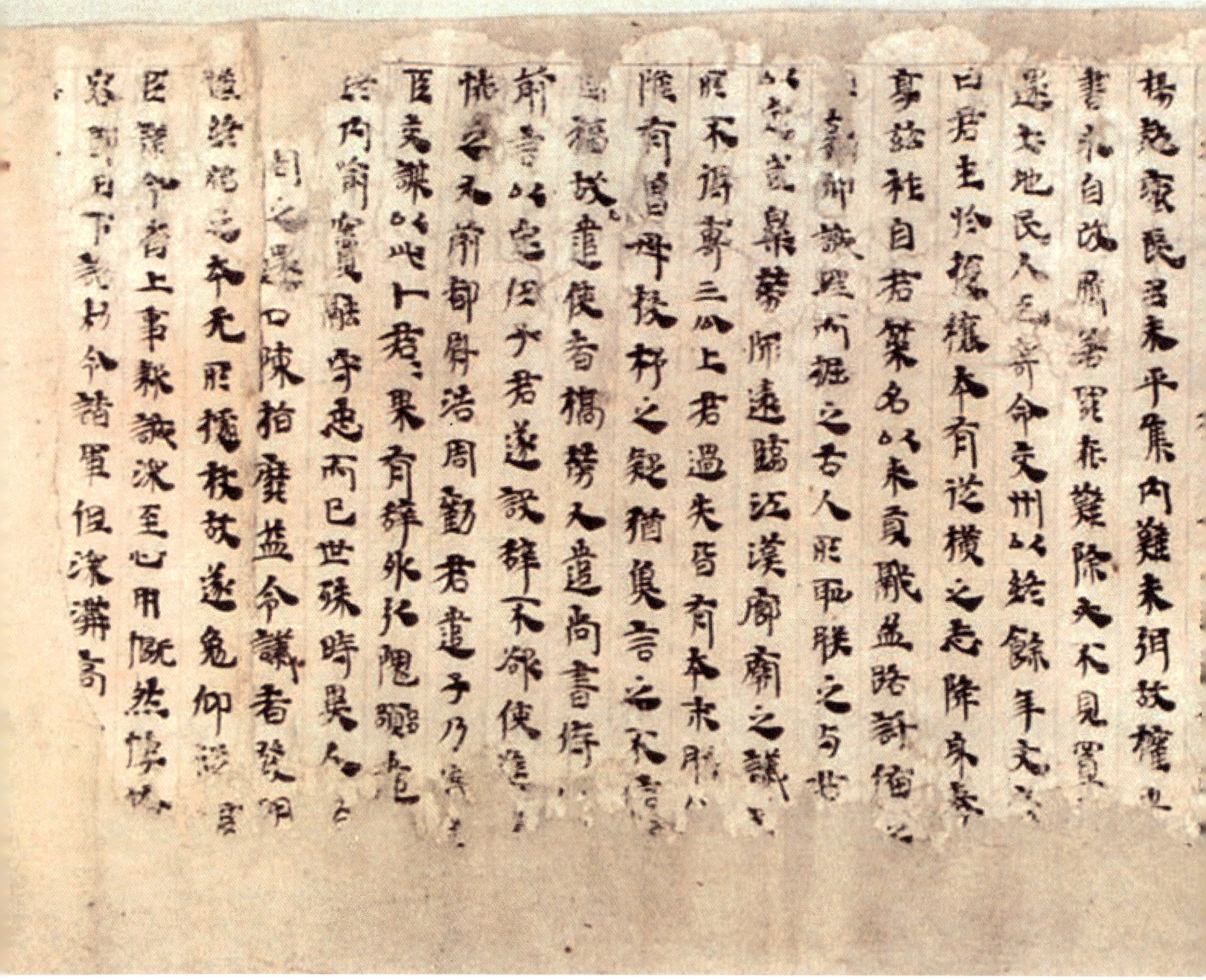

00179 三國志•孫權傳　（晉）陳壽撰　晉寫本

卷軸裝。吐魯番出土。高22厘米，長72厘米。存四十行，五百七十餘字。烏絲欄。新疆維吾爾自治區博物館藏。

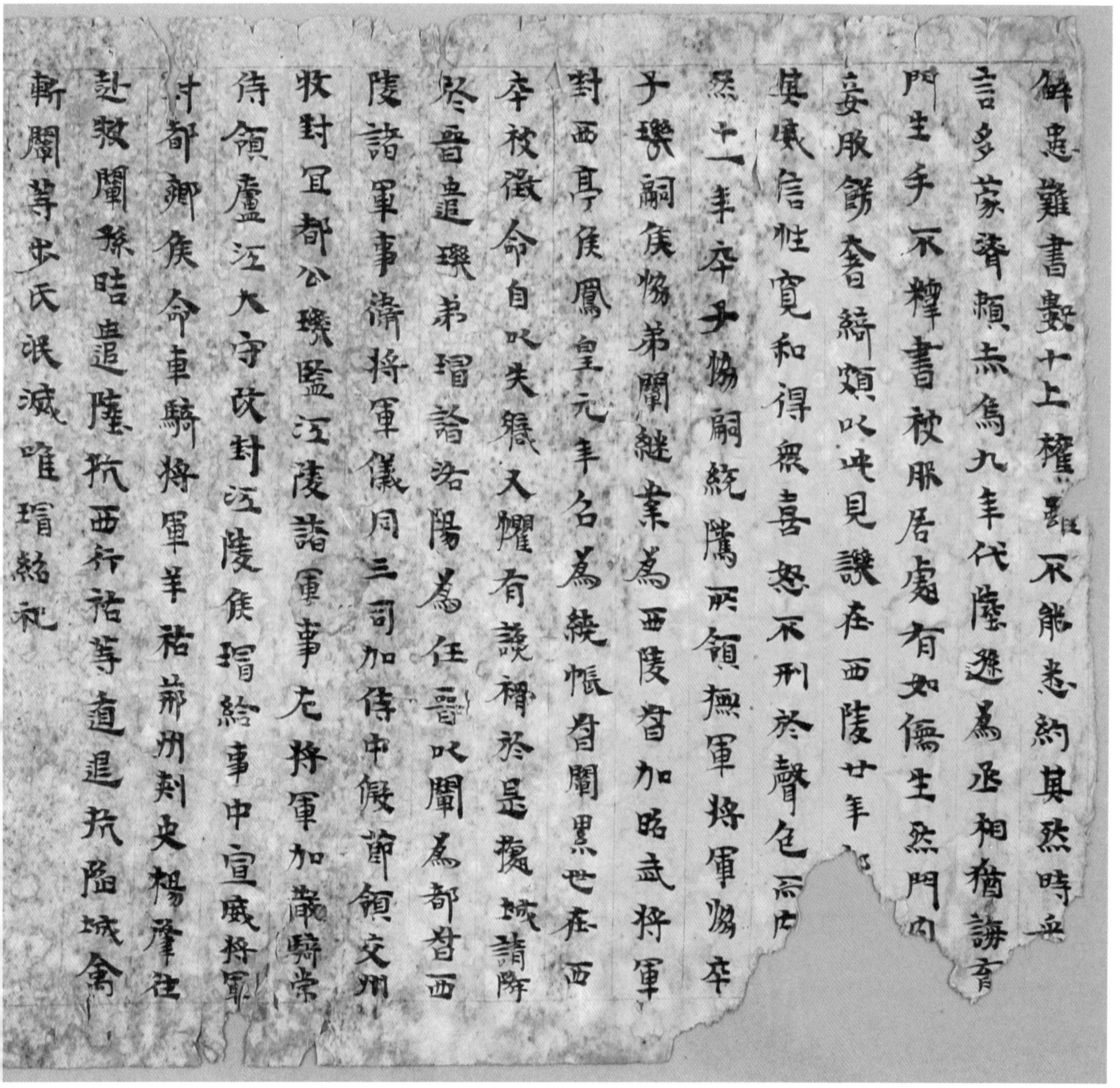

解患難書數十上權雖不能悉納其然時采
言多蒙濟賴赤烏九年代陸遜為丞相猶誨育
門生手不釋書被服居處有如儒生然門內
妻妾服飾奢綺頗以此見譏在西陵廿年鄰
其威信性寬和得衆喜怒不形於聲色而外
然十一年卒子協嗣統騭所領撫軍將軍協卒
子璣嗣侯協弟闡繼業為西陵督加昭武將軍
封西亭侯鳳皇元年名為繞帳督闡累世在西
陵卒被徵命自以失職又懼有讒禍於是據城請降
晉遣璣弟璿詣洛陽為任晉以闡為都督西
陵諸軍事衞將軍儀同三司加侍中假節領交州
牧封宜都公璣監江陵諸軍事左將軍加散騎常
侍領廬江太守改封江陵侯璿給事中宣威將軍
封都鄉侯命車騎將軍羊祜荊州刺史楊肇往
赴救闡孫皓遣陸抗西行祜等遁退抗陷城禽
斬闡等步氏泯滅唯璿紹祀

00180 三國志•步騭傳 （晉）陳壽撰 晉寫本

卷軸裝。高24.4厘米，長41.8厘米。存一紙，文字二十五行。烏絲欄。敦煌研究院藏。

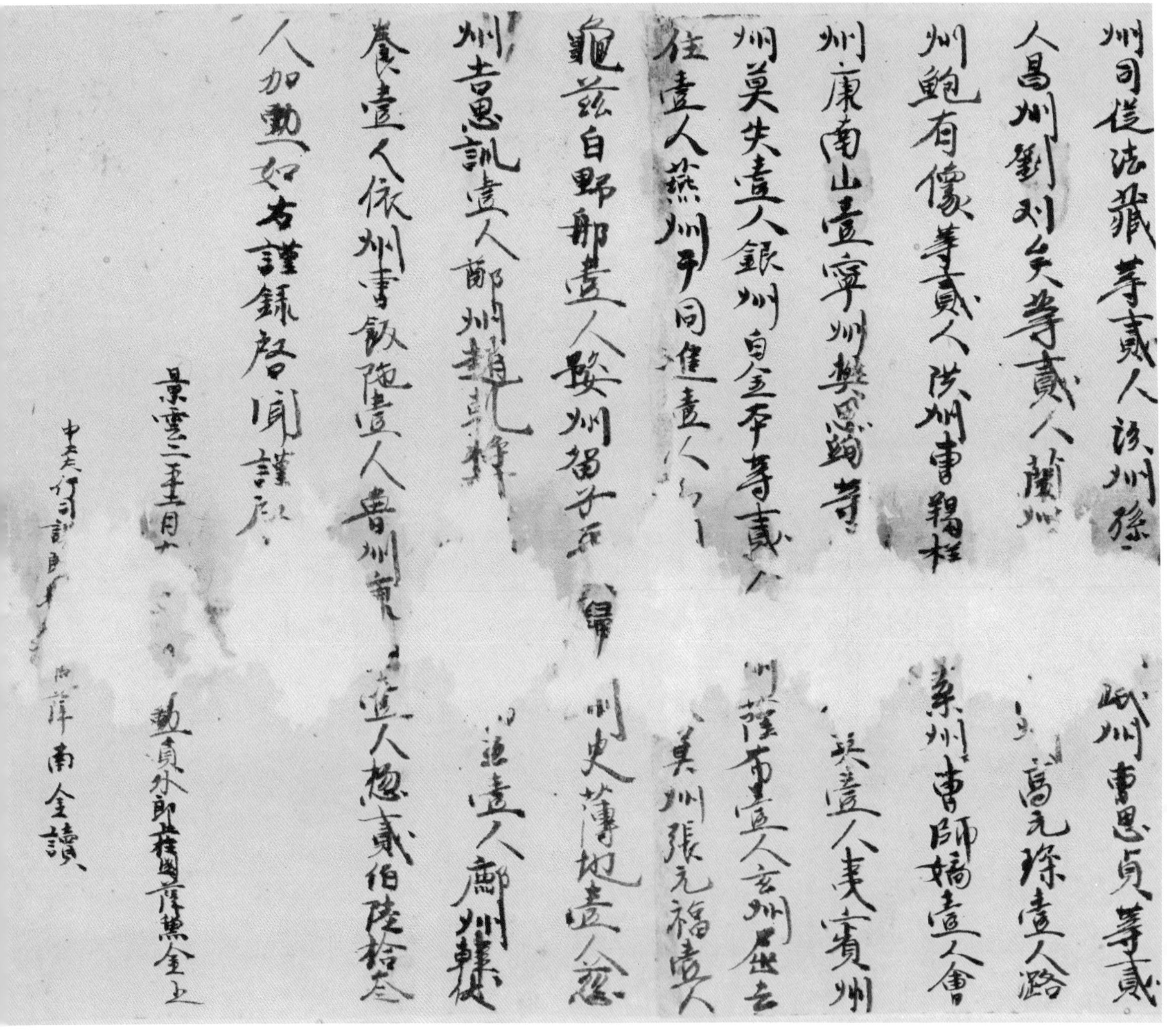

00181 [唐景雲二年張君義勳告] 唐景雲二年（711）寫本

卷軸裝。發現於莫高窟前沙中。高27.6厘米，長155.1厘米。四紙，存字五十行。敦煌研究院藏。

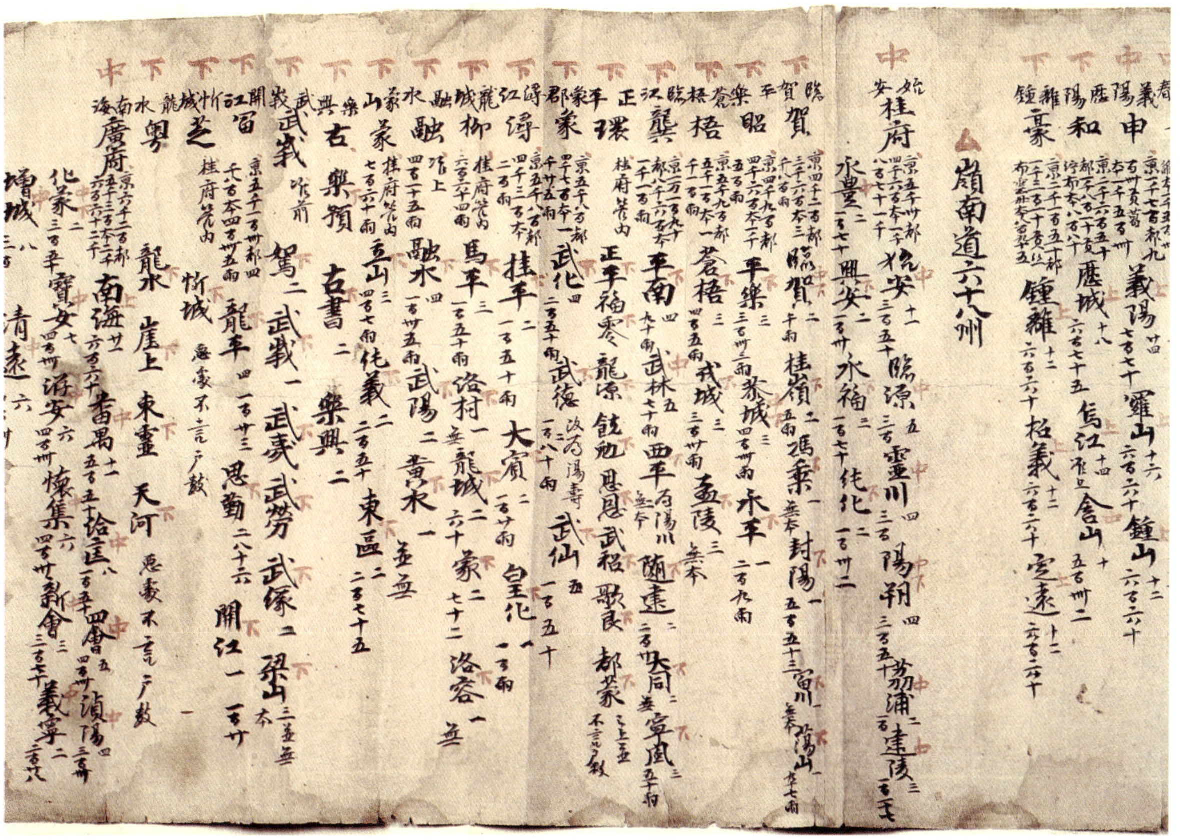

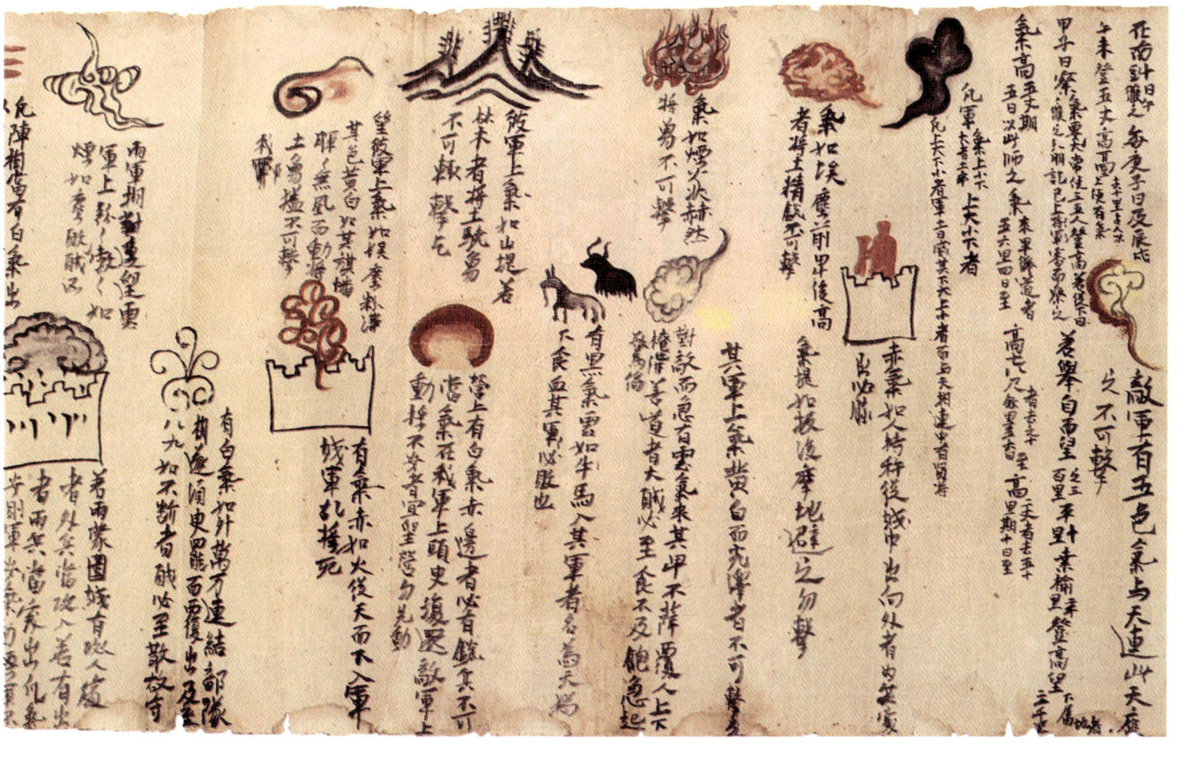

00182 地志 卷背 **[紫微宮星圖][占雲氣書]** 唐寫本

卷軸裝。高31厘米，長301.9厘米。一紙長45厘米。存七紙。敦煌市博物館藏。

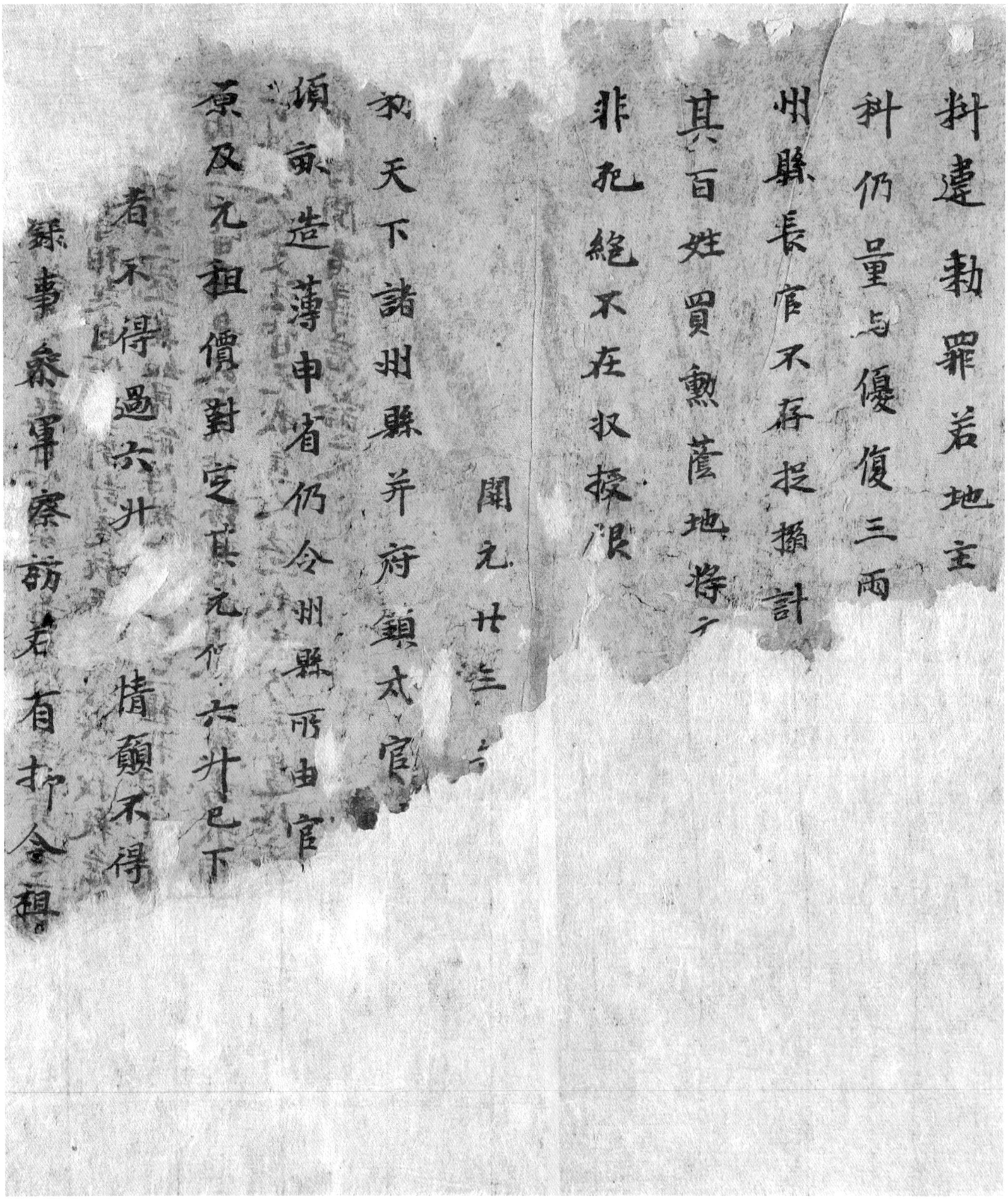
料違勅罪若地主
斗仍量与優復三両
州縣長官不存捉搦計
其百姓買勳蔭地將亻
非死絶不在収授限
開元廿三
勅天下諸州縣并府鎮戍官
須爲造薄申省仍令州縣所由官
粟及元租價對定其元佃六升已下
者不得過六升 情願不得
録事參軍察訪若有抑令租

00183 開元新格卷三戶部 唐開元寫本

卷軸裝。高21厘米，長97.2厘米。四紙，存字四十五行，卷背存五十行。國家圖書館藏。

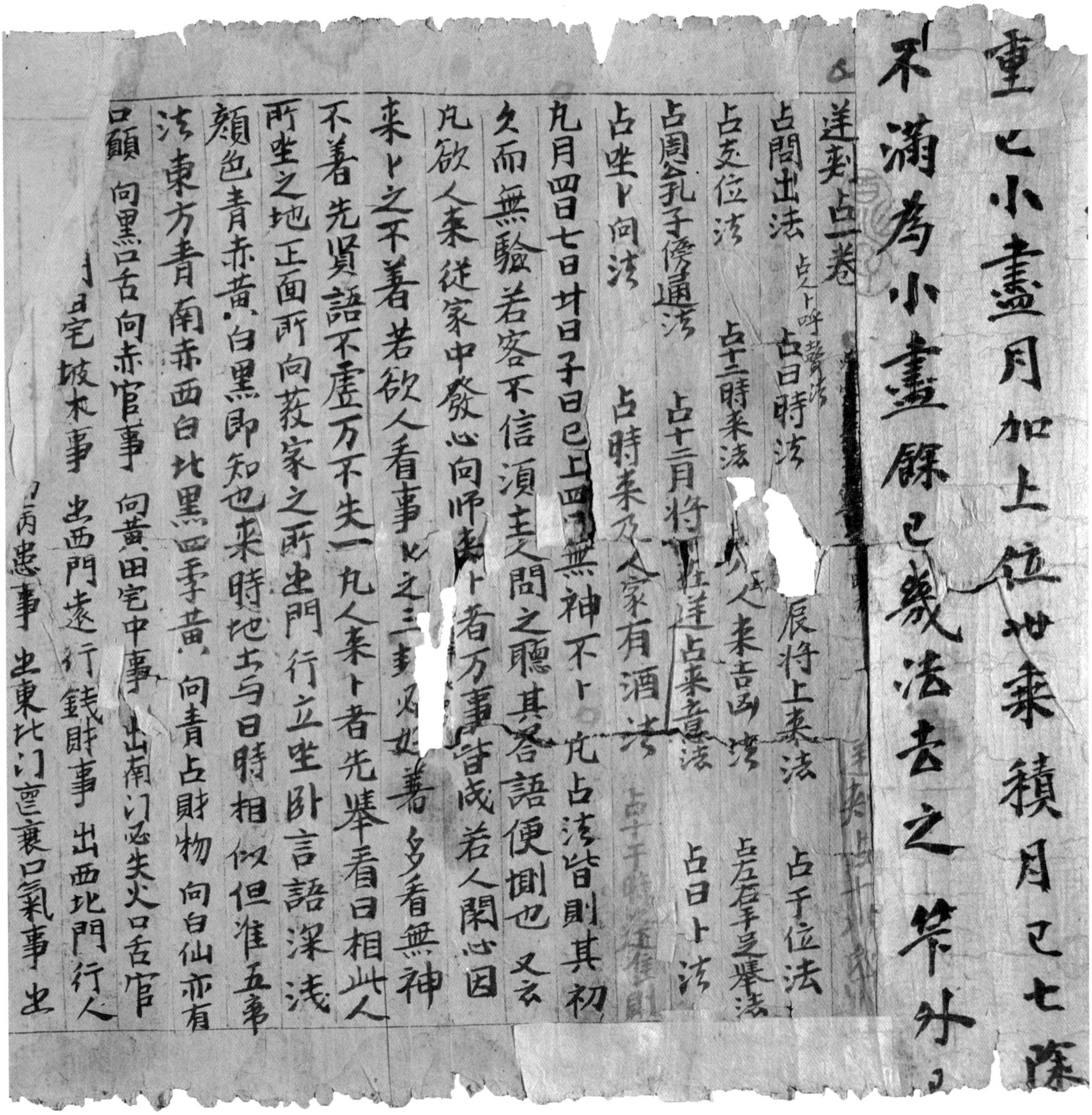

00184 逆刺占　唐天復二年（902）寫本　卷背 **毛詩傳箋**（漢）鄭玄箋　歸義軍時期寫本

卷軸裝。高27厘米，長450.3厘米。每紙大小不一，行數不等，行二十至二十二字。烏絲欄。國家圖書館藏。

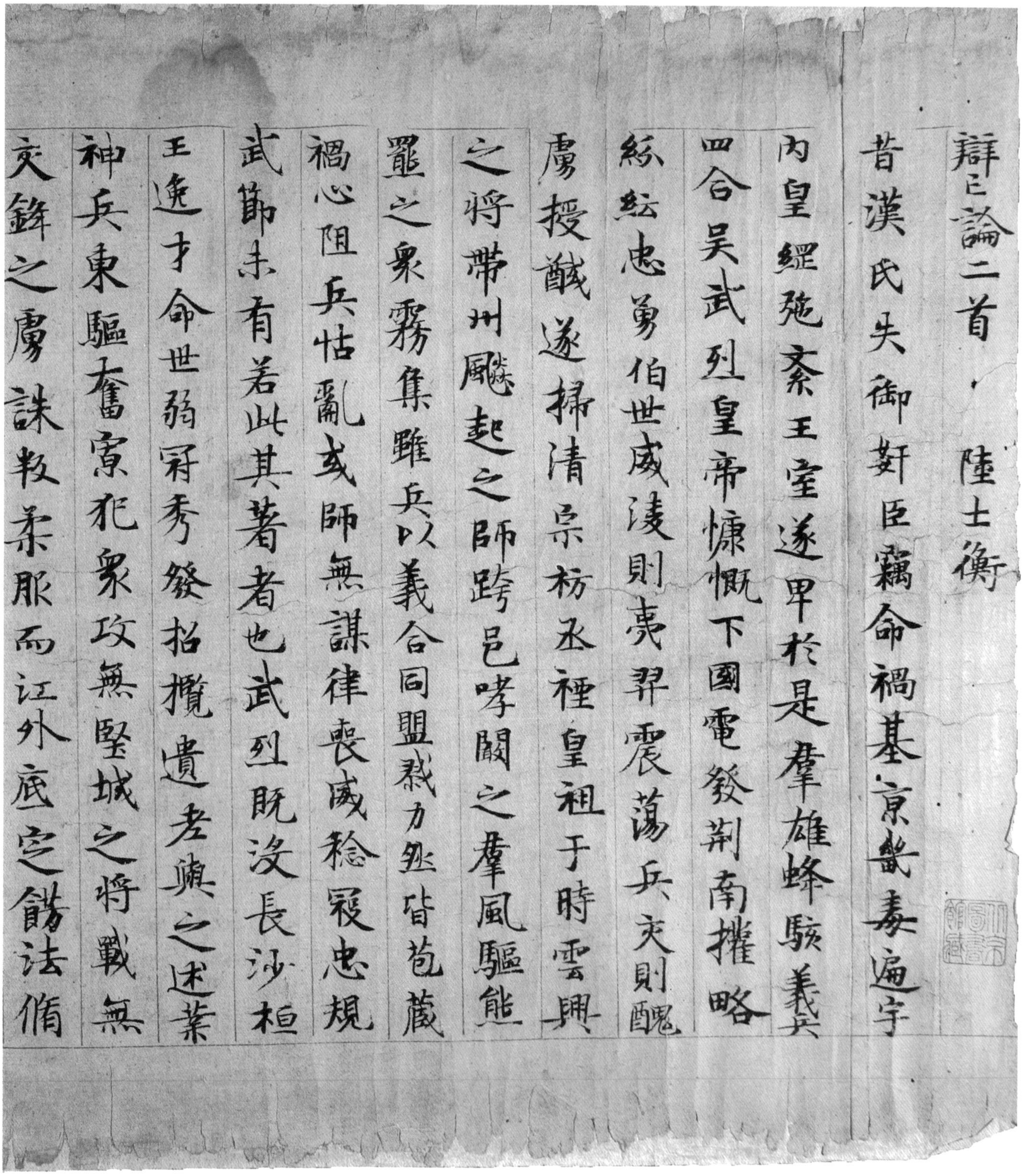

辯亡論二首　陸士衡
昔漢氏失御姧臣竊命禍基京畿毒遍宇
内皇綱弛紊王室遂卑於是羣雄蜂駭義兵
四合吳武烈皇帝慷慨下國電發荆南權略
紛紜忠勇伯世威稜則夷羿震蕩兵交則醜
虜授馘遂掃清宗祊烝禋皇祖于時雲興
之將帶州飆起之師跨邑哮闞之羣風驅熊
羆之衆霧集雖兵以義合同盟戮力然皆苞藏
禍心阻兵怙亂或師無謀律喪威稔寇忠規
武節未有若此其著者也武烈既沒長沙桓
王逸才命世弱冠秀發招攬遺老與之述業
神兵東驅奮寡犯衆攻無堅城之將戰無
交鋒之虜誅叛柔服而江外底定飭法脩

00185 辯亡論　（西晉）陸機撰　唐寫本

卷軸裝。高28.8厘米，長137.7厘米。一紙長42.6厘米。存三紙，每紙二十二行，行十六至十七字。烏絲欄。國家圖書館藏。

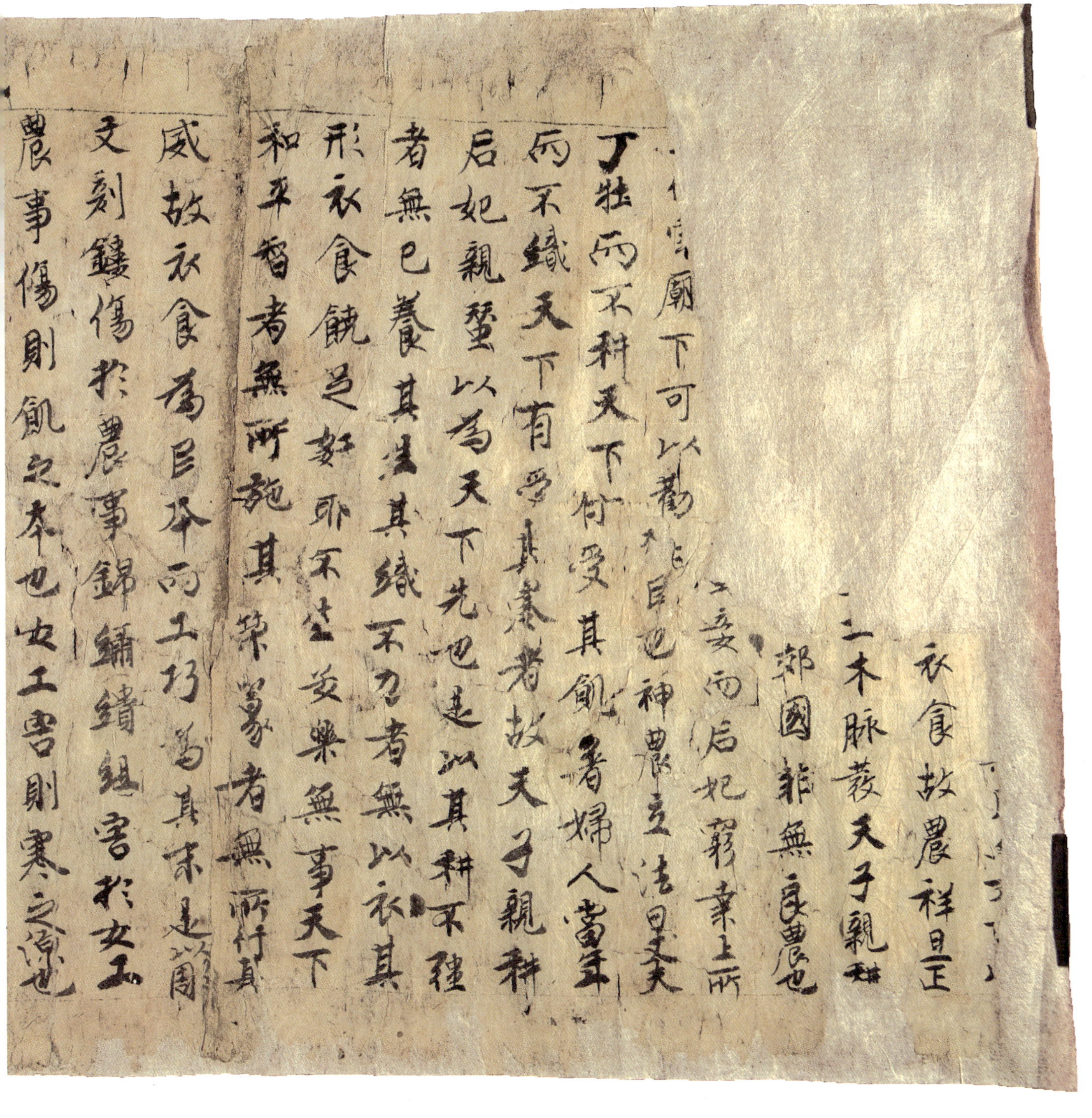

00186 劉子新論卷中 題（南梁）劉勰撰 唐寫本

卷軸裝。高28.5厘米，長563.7厘米。一紙長39.1厘米。每紙二十至二十一行，行十七至十八字。劉廷琛舊藏。國家圖書館藏。

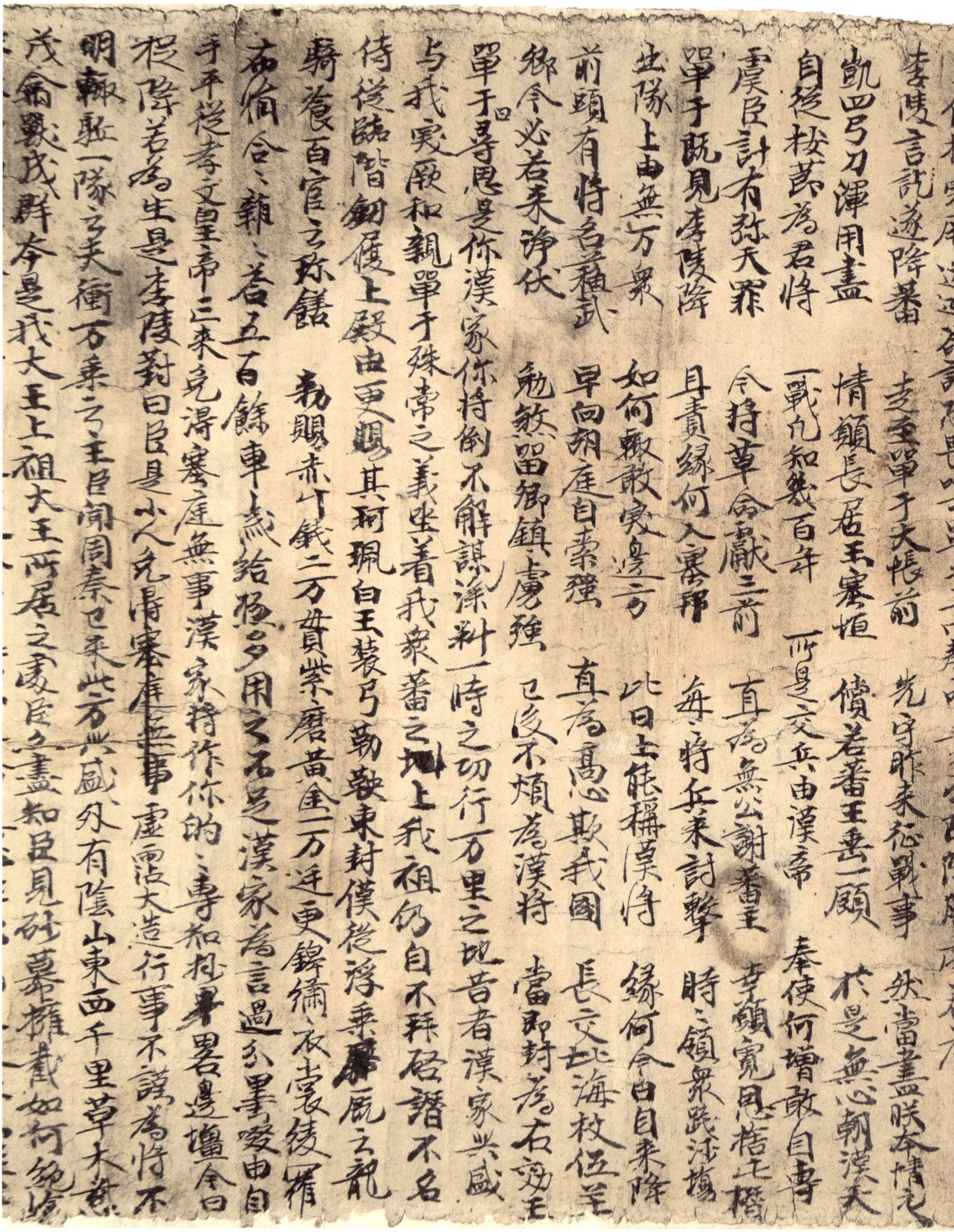

00187 李陵變文 唐寫本

卷軸裝。高27.4厘米，長165.5厘米。一紙長42.1厘米。每紙三十四至三十五行，行二十八至三十一字。國家圖書館藏。

藏大將軍兵無頭不行鳥無翼不飛軍無糧不存任饒軍[illegible]
有黄石三略陳平六奇滔神述之法鬼没方爲三人三兵無救獲皇天[illegible]
兵顏大將軍不如降却陵曰吾三軍蒿度六綿旗戰天子受吾令將破虜歸朝奈
何殺胡旗鼓零落蒿度恓惶人雖命在軍見無糧眼看食盡道理須降君須
去努力同歸莫相拋擲可不聞道千世時君万世鄉里好即同榮惡即同恥庭
果勉卧平旦早起若至漢朝好防胡賊吾令尊命大道蓋此僕若至朝庭明申
道理起居我北堂慈母再拜吾南面天子道陵生作異域之人死作失鄉之鬼永
別親故長辭知己與欲云云不能已已與看李陵共兵士別處若爲陳説

丈夫出塞令能利　大衆胡聽事實難　辭君樓前咒奴賊　自坐千金明月鞍

丈夫失制輸在虜　負特昔天孤傳士　非但無面見天王　黄泉地下羞先祖

嗟嘆數息乃長吟　只爲敗胡若入深　上天使來知何道　陛下應知陵赤心

左右聞言皆落淚　將軍今日何千次　豈容獨領五千人　戰敵兇奴十万騎

赤血滂沛若水流　胡兵屍遍世横尸卧　縱令無面見天王　亦合留名在便記

大丈夫況金何在　乳哺之恩須愧司　將軍詳莫輒行非　相將歸國朝天子

陵聞左右説尊堂　大哭號咷淚万行　更若人爲十僕矣　兼嗟重得見家鄉

左右今須鳥戮亦　失路迷津望月奔　償若南歸見天子　爲報陵章陛下恩

李陵言訖長吁數聲報左右曰吾聞鳥之在空由藉六翮皮既不存三覆何依須
運不棐之謀非常之計先降後出斬虜朝天帝側陵情當不信於是獲叔孫寳
脱下翻旗埋着地中莫令賊見左右李陵吾自信緣若至天明必當受縛左右
聞語當即埋[illegible]至天明朝[illegible]

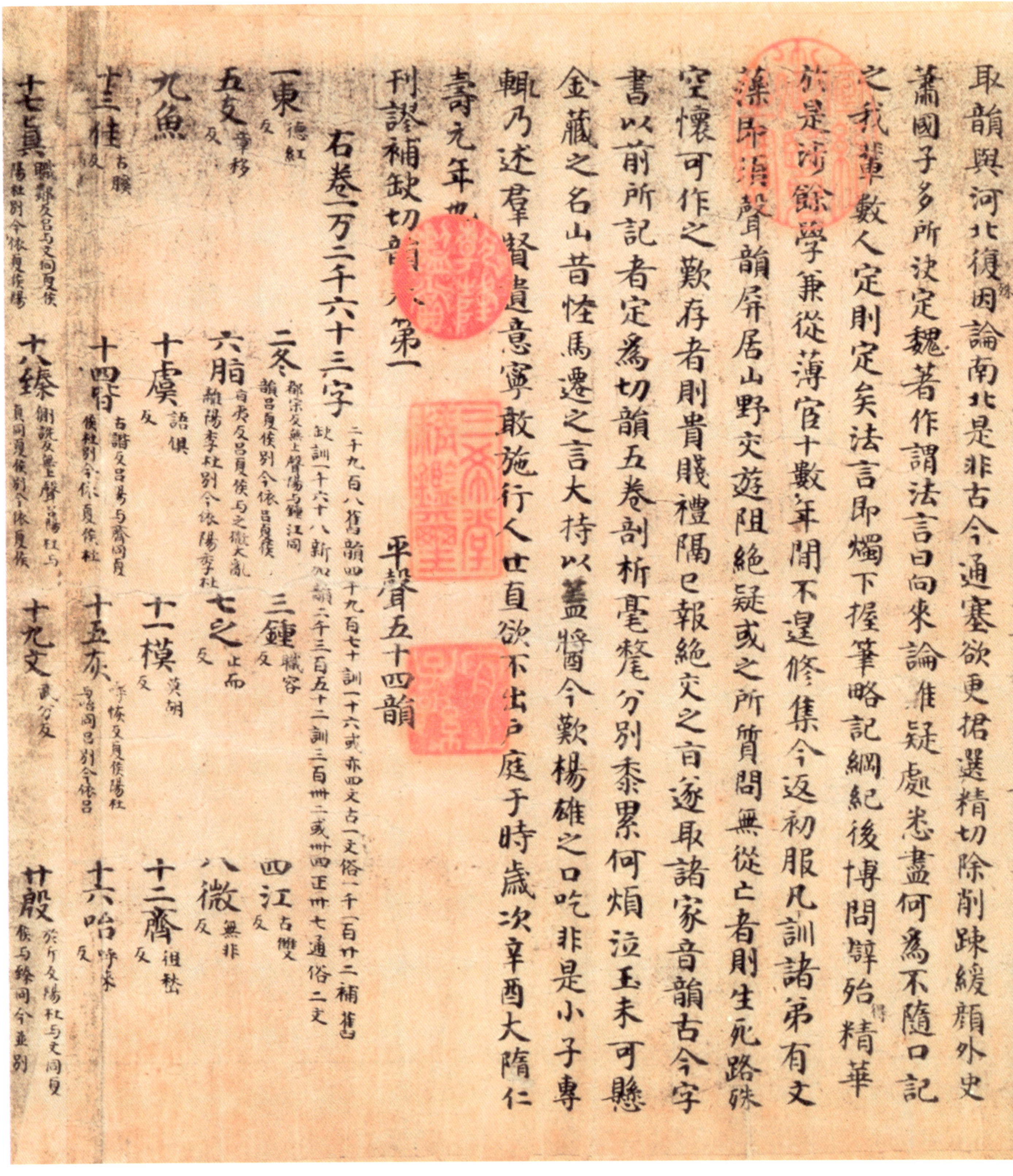

取韻與河北復因論南北是非古今通塞欲更捃選精切除削疏緩顏外史
蕭國子多所決定魏著作謂法言曰向來論難疑處悉盡何為不隨口記
之我輩數人定則定矣法言即燭下握筆略記綱紀後博問辯殆精華
於是涉餘學兼從薄宦十數年間不遑修集今返初服凡訓諸弟有文
藻即須聲韻屏居山野交遊阻絕疑惑之所質問無從亡者則生死路殊
空懷可作之歎存者則貴賤禮隔已報絕交之旨遂取諸家音韻古今字
書以前所記者定為切韻五卷剖析豪氂分別黍累何煩泣玉未可懸
金藏之名山昔怪馬遷之言大持以蓋醬今歎楊雄之口吃非是小子專
輒乃述羣賢遺意寧敢施行人世直欲不出戶庭于時歲次辛酉大隋仁
壽元年
刊謬補缺切韻卷第一
平聲五十四韻
右卷一万二千六十三字

一東德紅反 二冬都宗反無上聲陽與鍾江同韻呂夏侯別今依呂夏侯 三鍾職容反 四江古雙反
五支章移反 六脂旨夷反呂夏侯與之微大亂雜陽李杜別今依陽李杜 七之止而反 八微無非反
九魚語居反 十虞語俱反 十一模莫胡反 十二齊徂嵇反
十三佳古膎反 十四皆古諧反呂陽與齊同夏侯杜別今依夏侯杜 十五灰呼恢反夏侯陽杜與咍同呂別今依呂 十六咍呼來反
十七真職鄰反呂與文同夏侯陽杜別今依夏侯陽 十八臻側詵反無上聲呂陽杜與真同夏侯別今依夏侯 十九文武分反 廿殷於斤反陽杜與文同夏侯與臻同今並別

00188 刊謬補缺切韻五卷 （唐）王仁煦撰 （唐）長孫訥言注 （唐）裴務齊正字 唐寫本

旋風裝。紙高25.5厘米，長47.8厘米。宣和七璽存四，有“三希堂精鑑”、“乾隆鑑賞”等印。故宮博物院藏。

刊謬補缺切韻序（刊謬者謂刊正訛謬　補缺者謂加字及訓）

朝議郎行衢州信安縣尉王仁昫字德溫新撰定（[illegible]）

大唐龍興，廉問寓縣，有江東道巡察黜陟大使侍御史平侯（嗣先）者，燕國鼎族，京兆冠蓋，博識多才，智周鑒遠，觀風察俗，政肅令清，即持斧埋輪，而鸇逐隼擊，古雖銓異，今也何殊。爰屆衢州，精加采訪。昫祇務守職，絕私奉公，無聞以退食餘閑，莫不以修書自悅。所撰字樣音注律等，謬承清白之譽，叨眷註撰之能。蒙索書看，曲垂幽旨，遂顧謂昫曰：陸法言切韻，時俗共重，以為典規，然若字少，復闕字義，可補缺切韻，削舊濫俗，添新正典，并各加訓，啓導愚蒙，救俗切須，斯便要省。既字該樣式，乃備應危疑，韻以部居，分別清切。舊本墨寫，新加朱書，兼本闕訓，亦用朱書。其字有疑涉，亦略注所從，以決疑謬。使各區析，不相雜廁，家家競寫，人人習傳，濟俗救凡，豈過斯甚。昫沐承高議，課率下愚，謹依切韻增加，亦各隨韻註訓，仍於韻目具數云爾。（所有新加字並朱書，其訓即用墨書。或本有正體及通俗者，皆於本字下朱書。若有數字同所從者，唯於通字下注其正及通一字，餘類所從皆准此。其正通等既非韻數，並不入韻數之限也。）

陸詞字法言撰切韻序

昔開皇初，有劉儀同（臻）、顏外史（之推）、盧武陽（思道）、李常侍（若）、蕭國子（該）、辛諮議（德源）、薛吏部（道衡）、魏著作（彥淵）等八人同詣法言宿，夜永酒闌，論及音韻。古今聲調既自有別，諸家取捨亦復不同。吳楚則傷輕淺，燕趙則多涉重濁，秦隴則去聲為入，梁益則平聲似去。又支（章移反）脂（旨夷反）魚（語居反）虞（語俱反）共為不韻，先（蘇前反）仙（相然反）尤（雨求反）侯

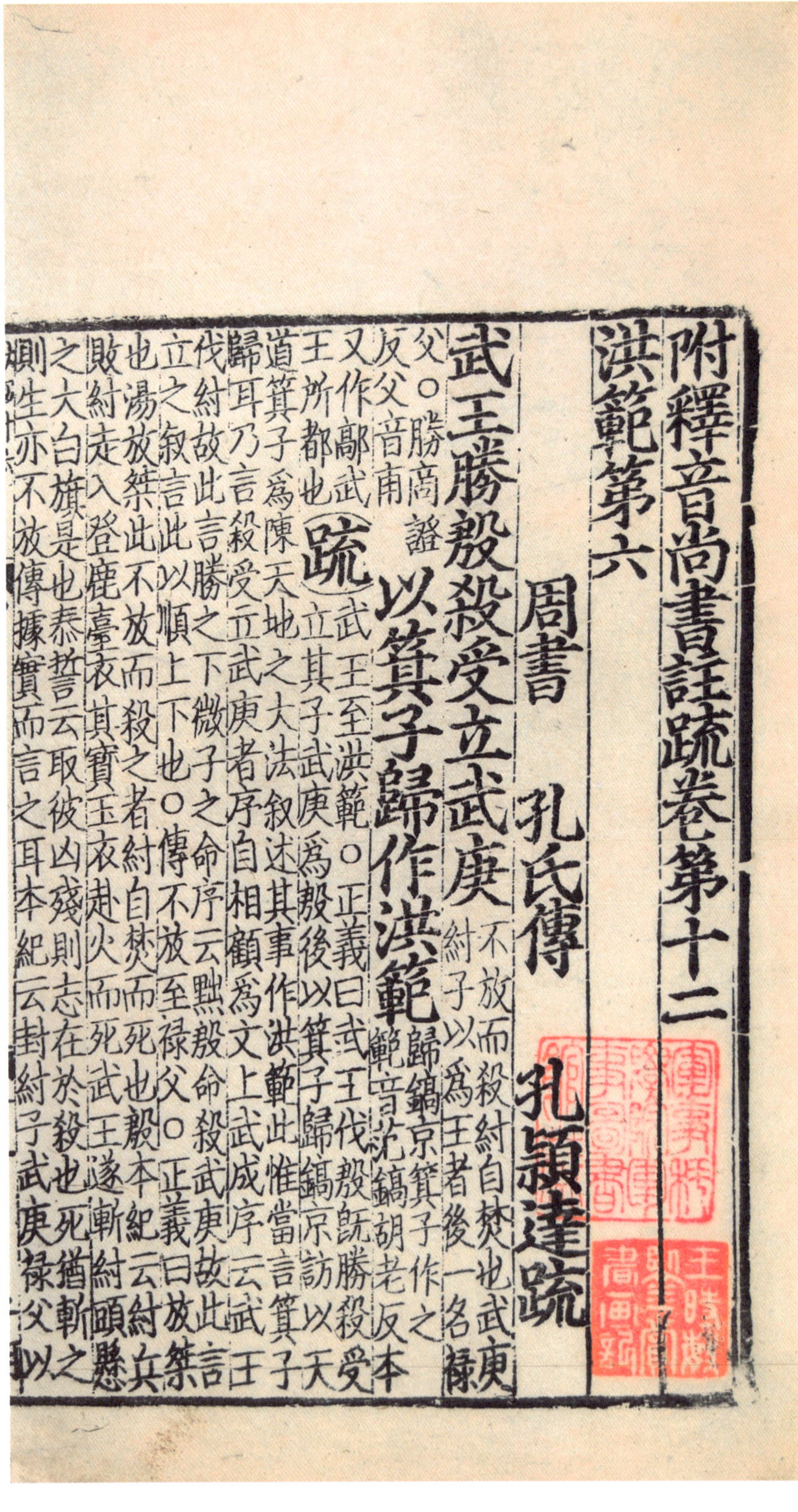
附釋音尚書註疏卷第十二

洪範第六　周書　孔氏傳　孔穎達疏

武王勝殷殺受立武庚不放而殺紂自焚也武庚紂子以爲王者後一名祿父○勝商證反父音甫以箕子歸作洪範歸鎬京箕子作之範音犯鎬胡老反本又作鄗武王所都也疏武王至洪範○正義曰武王伐殷既勝殺受立其子武庚爲殷後以箕子歸鎬京訪以天道箕子爲陳天地之大法敘述其事作洪範此惟當言箕子歸耳乃言殺受立武庚者序自相顧爲文上武成序云武王伐紂故此言勝之下微子之命序云黜殷命殺武庚故此言立之敘言此以順上下也○傳不放至祿父○正義曰放桀也湯放桀此不放而殺之者紂自焚而死也殷本紀云紂兵敗紂走入登鹿臺衣其寶玉衣赴火而死武王遂斬紂頭懸之大白旗是也泰誓云取彼凶殘則志在於殺也死猶斬之則生亦不放傳據實而言之耳本紀云封紂子武庚祿父以

00189、00190　十三經註疏三百五十三卷　元刻明修本

匡高19.1厘米，廣13.1厘米。半葉十行，行十七字，小字雙行二十三字，白口，左右雙邊。北京市文物局藏，有“劉盼遂印”等印；軍事科學院軍事圖書資料館藏，有“王時敏鑒賞書画記”等印，存三百四十一卷。

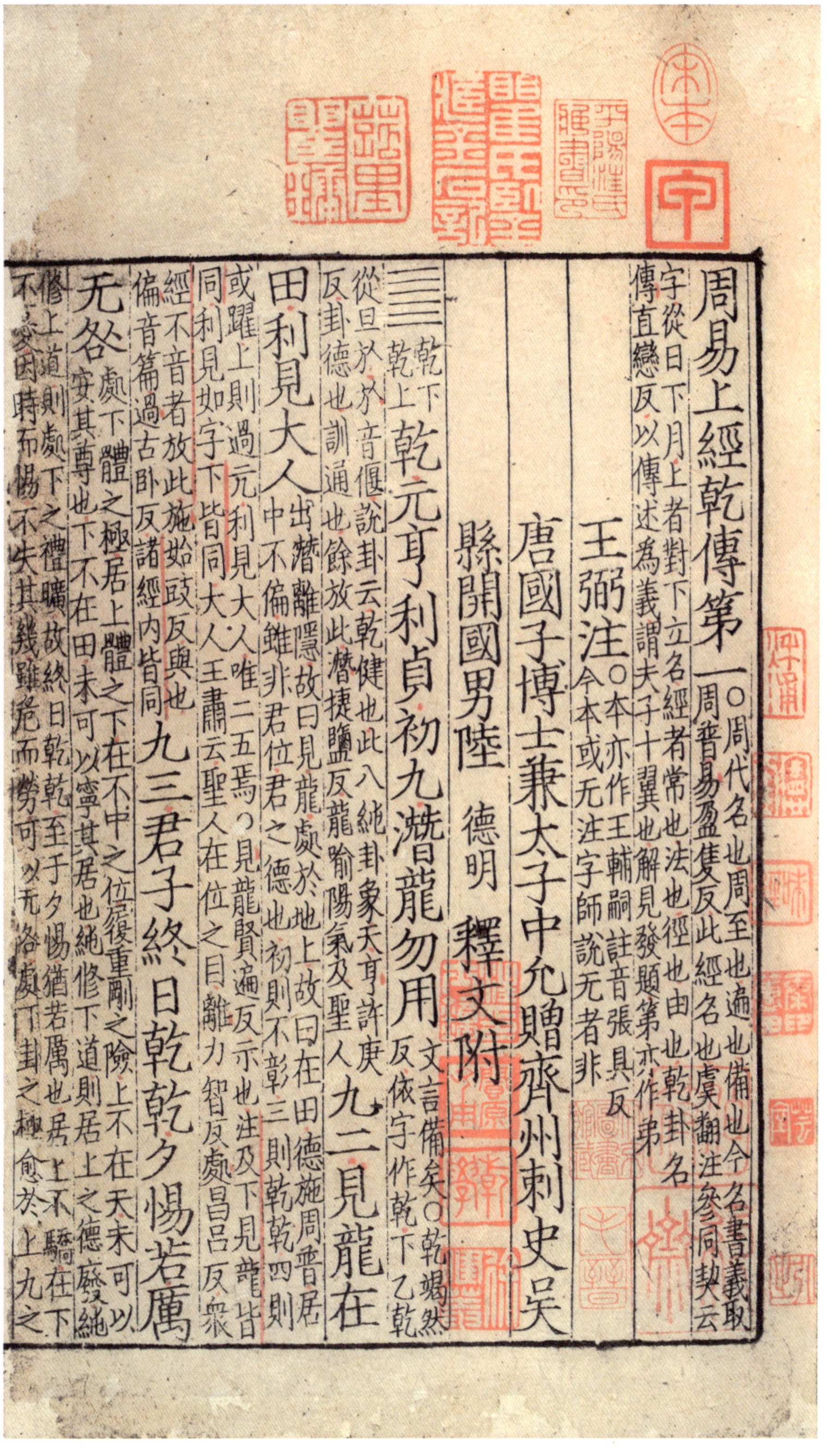

00191 周易九卷 （魏）王弼 （晉）韓康伯注 （唐）陸德明釋文 **略例一卷** （魏）王弼撰 （唐）邢璹注 南宋初刻本

匡高18.3厘米，廣13.1厘米。半葉十二行，行二十一至二十二字，小字雙行二十八字，白口，左右雙邊。有“玉蘭堂圖書記”、“毛”、“晉”、“徐健菴”、“汪印士鐘”等印。董其昌、文嘉、文震孟、文從簡、秦蕙田跋。國家圖書館藏。

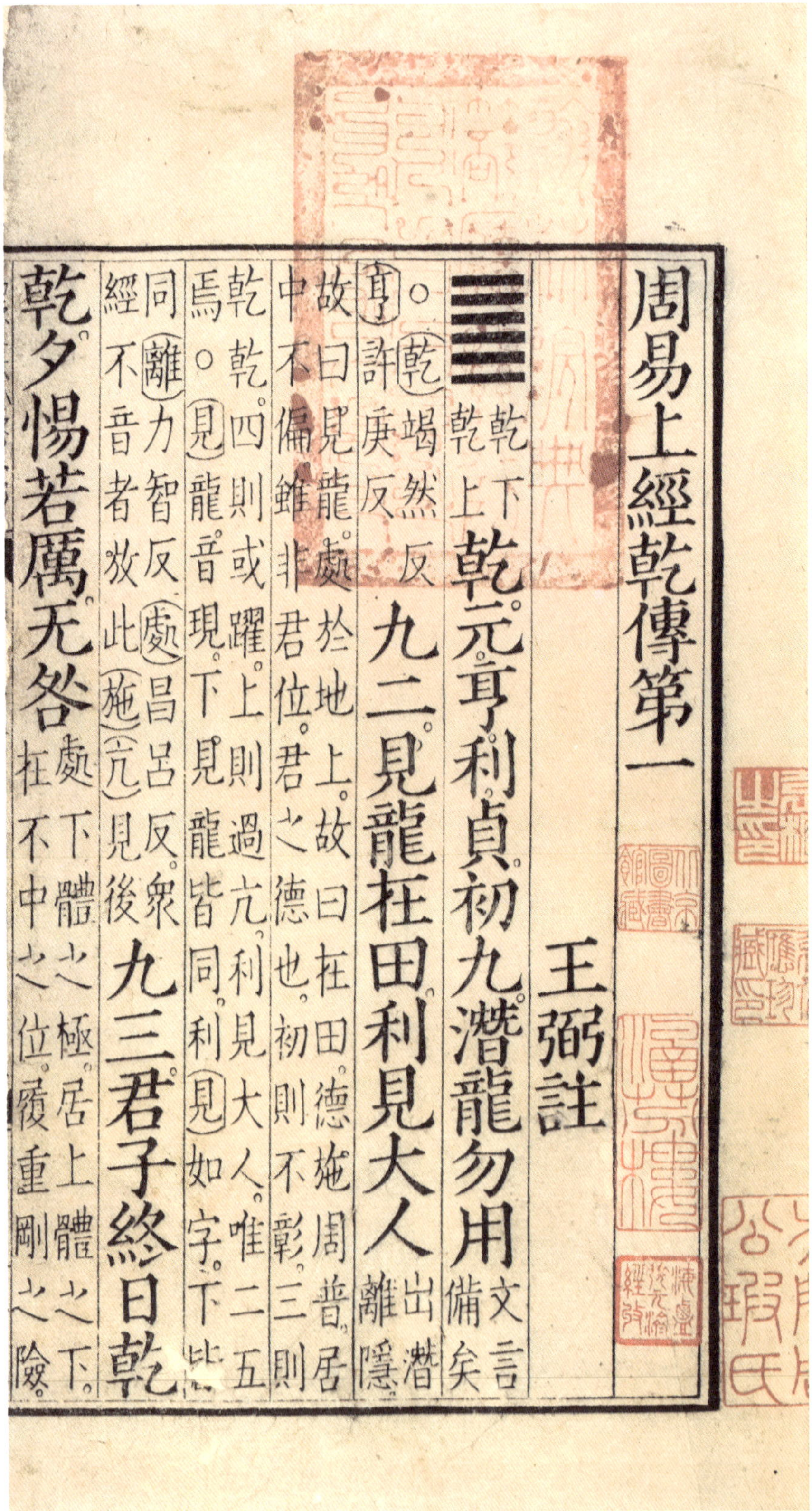
周易上經乾傳第一

王弼註

☰☰ 乾下乾上 乾元亨利貞初九潛龍勿用 文言備矣

○乾竭然反 亨許庚反 九二見龍在田利見大人 出潛離隱

故曰見龍處於地上故曰在田德施周普居中不偏雖非君位君之德也初則不彰三則

乾乾四則或躍上則過亢利見大人唯二五焉○見龍音現下見龍皆同利見如字下皆

同離力智反處昌呂反衆經不音者放此施亢見後 九三君子終日乾

乾夕惕若厲无咎 處下體之極居上體之下在不中之位履重剛之險

00192 周易九卷 （魏）王弼 （晉）韓康伯注 （唐）陸德明釋文 **略例一卷** （魏）王弼撰 （唐）邢璹注 元相臺岳氏荆谿家塾刻本

匡高21.4厘米，廣13.5厘米。半葉八行，行十七字，小字雙行同，細黑口，四周雙邊。有“相臺岳氏刻梓荆谿家塾”牌記。有“涵芬樓”等印。國家圖書館藏。

觀

相臺岳氏刻梓荊谿家塾

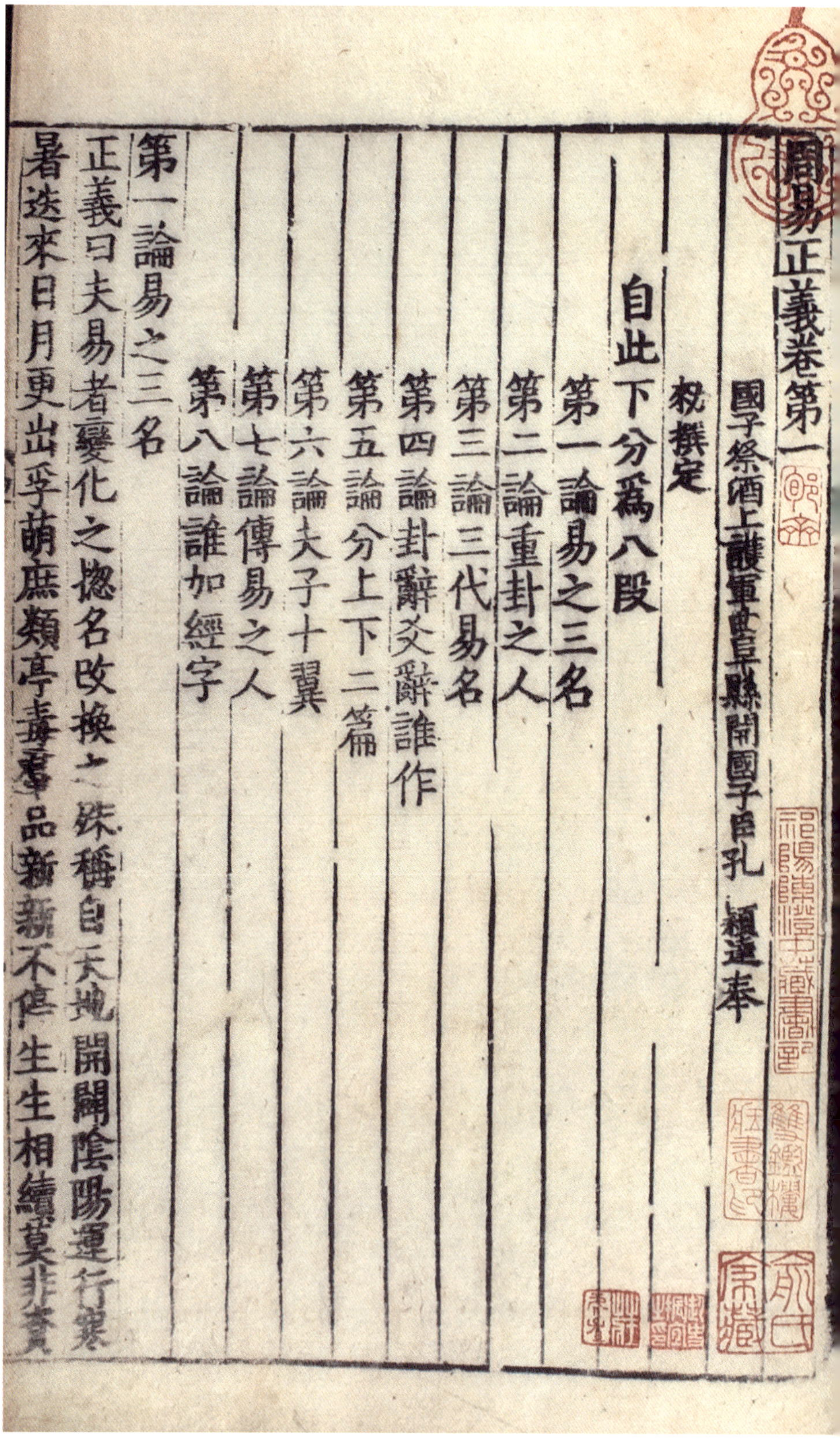
周易正義卷第一

國子祭酒上護軍曲阜縣開國子臣孔穎達奉

敕撰定

自此下分爲八段

第一論易之三名

第二論重卦之人

第三論三代易名

第四論卦辭爻辭誰作

第五論分上下二篇

第六論夫子十翼

第七論傳易之人

第八論誰加經字

第一論易之三名

正義曰夫易者變化之揔名改換之殊稱自天地開闢陰陽運行寒暑迭來日月更出孚萌庶類亭毒羣品新新不停生生相續莫非資

00193 周易正義十四卷 （唐）孔穎達撰 南宋初刻遞修本

匡高23.5厘米，廣16.1厘米。半葉十五行，行二十六字，白口，左右雙邊。有“讀易樓圖書記”、“季印振宜”、“雙鑑樓藏書記”、“祁陽陳澄中藏書記”等印。翁方綱、傅增湘跋。國家圖書館藏。

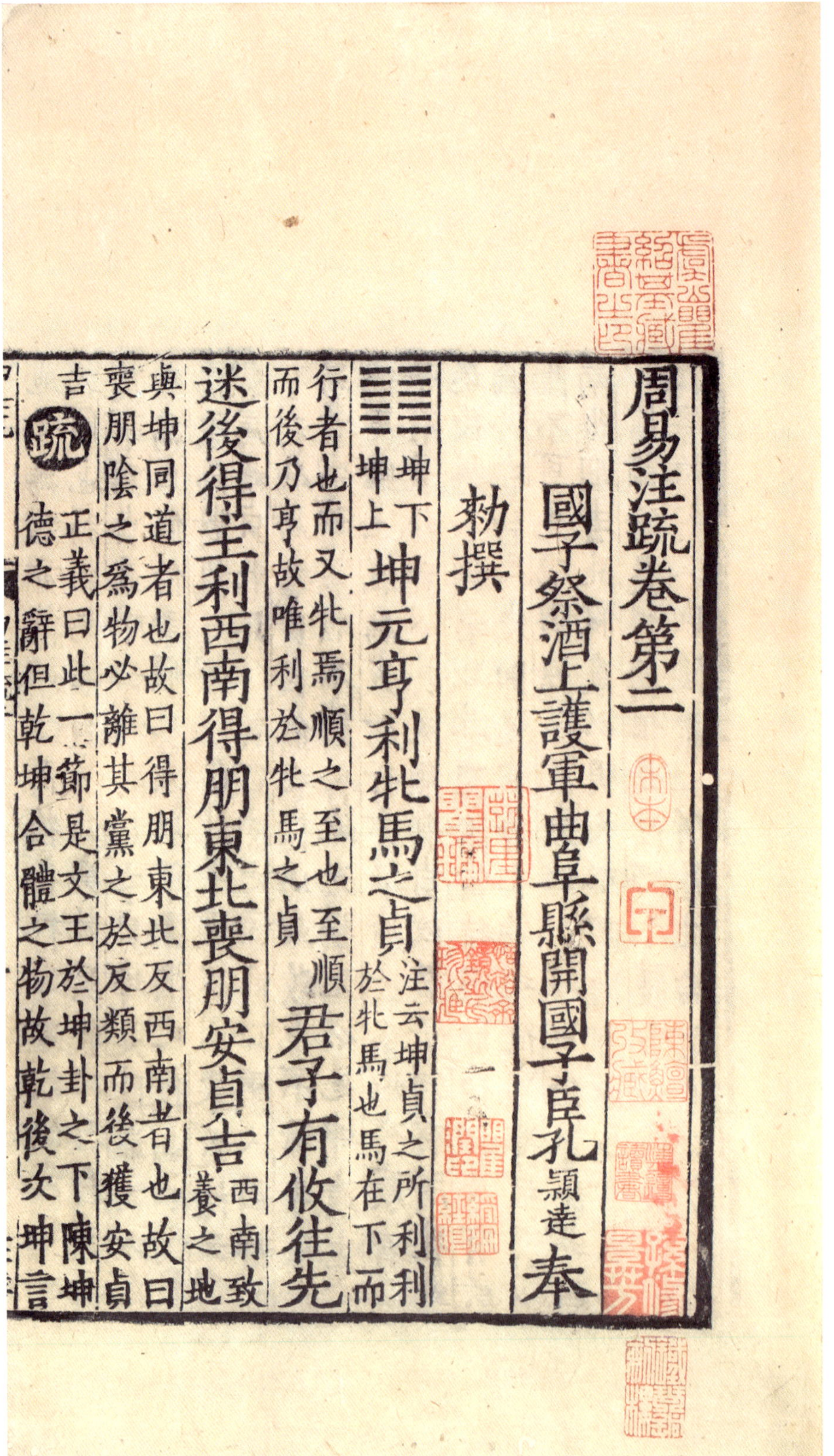
周易注疏卷第二
國子祭酒上護軍曲阜縣開國子臣孔穎達奉
勑撰
☷坤下坤上 坤元亨利牝馬之貞 注云坤貞之所利利於牝馬也馬在下而行者也而又牝焉順之至也至順而後乃亨故唯利於牝馬之貞 君子有攸往先迷後得主利西南得朋東北喪朋安貞吉 西南致養之地與坤同道者也故曰得朋東北反西南者也故曰喪朋陰之爲物必離其黨之於反類而後獲安貞吉 疏 正義曰此一節是文王於坤卦之下陳坤德之辭但乾坤合體之物故乾後次坤言

00194 周易注疏十三卷 （魏）王弼 （晉）韓康伯注 （唐）孔穎達疏 南宋初兩浙東路茶鹽司刻宋元遞修本（序、表、卷一配清陳氏士鄉堂抄本）

匡高21.5厘米，廣16.3厘米。半葉八行，行十九字，小字雙行同，白口，左右雙邊。有“陳鱣收藏”、“平陽汪氏藏書印”、“鐵琴銅劍樓”等印。陳鱣跋。國家圖書館藏。

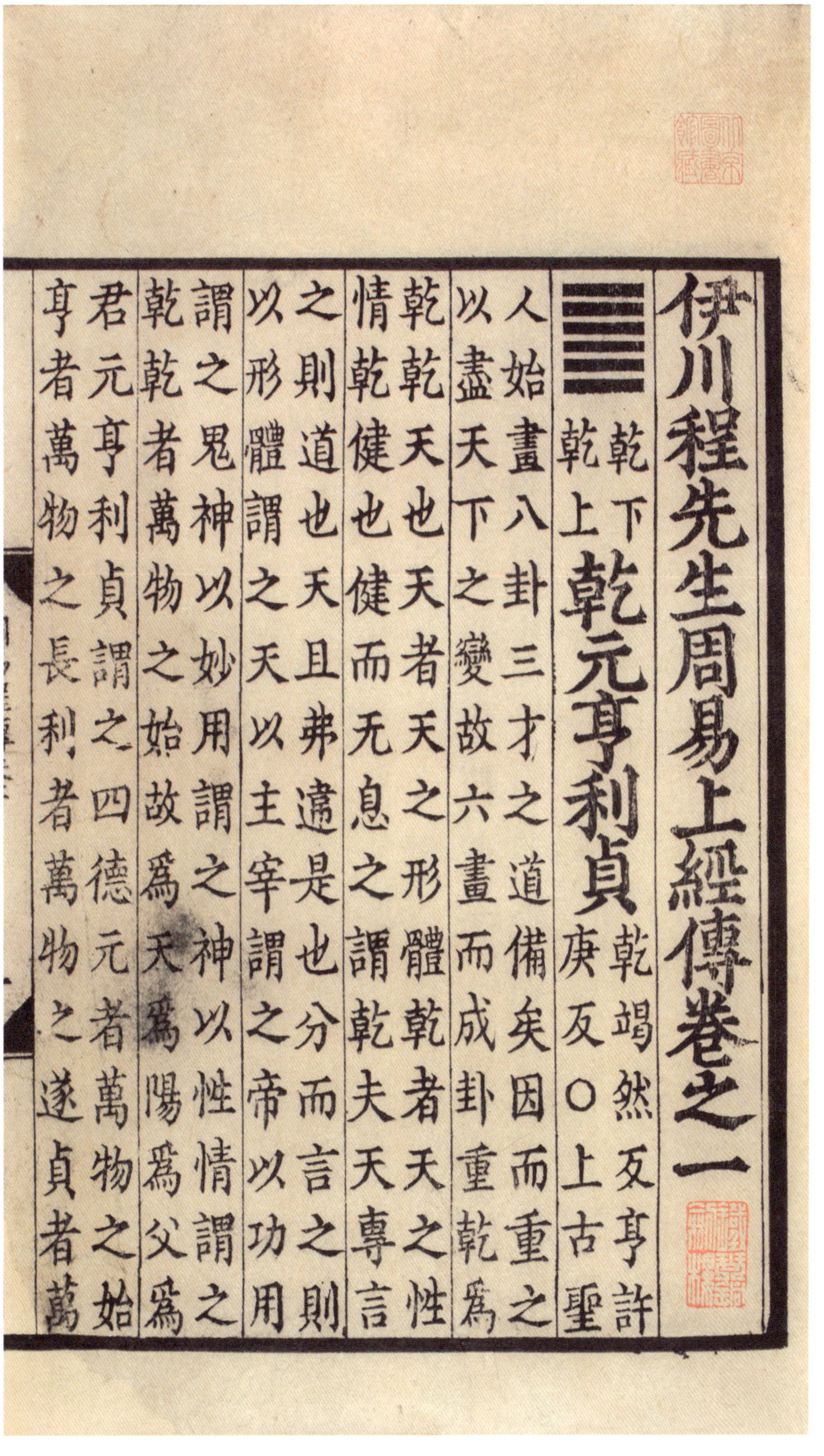
伊川程先生周易上經傳卷之一

☰ 乾下
乾上 乾元亨利貞 乾竭然反亨許
庚反○上古聖
人始畫八卦三才之道備矣因而重之
以盡天下之變故六畫而成卦重乾爲
乾乾天也天者天之形體乾者天之性
情乾健也健而无息之謂乾夫天專言
之則道也天且弗違是也分而言之則
以形體謂之天以主宰謂之帝以功用
謂之鬼神以妙用謂之神以性情謂之
乾乾者萬物之始故爲天爲陽爲父爲
君元亨利貞謂之四德元者萬物之始
亨者萬物之長利者萬物之遂貞者萬

00195 伊川程先生周易經傳十卷上下篇義一卷 （宋）程頤撰　元刻本

匡高23.6厘米，廣17.4厘米。半葉七行，行十五字，小字雙行同，細黑口，左右雙邊。有“鐵琴銅劍樓”等印。國家圖書館藏。

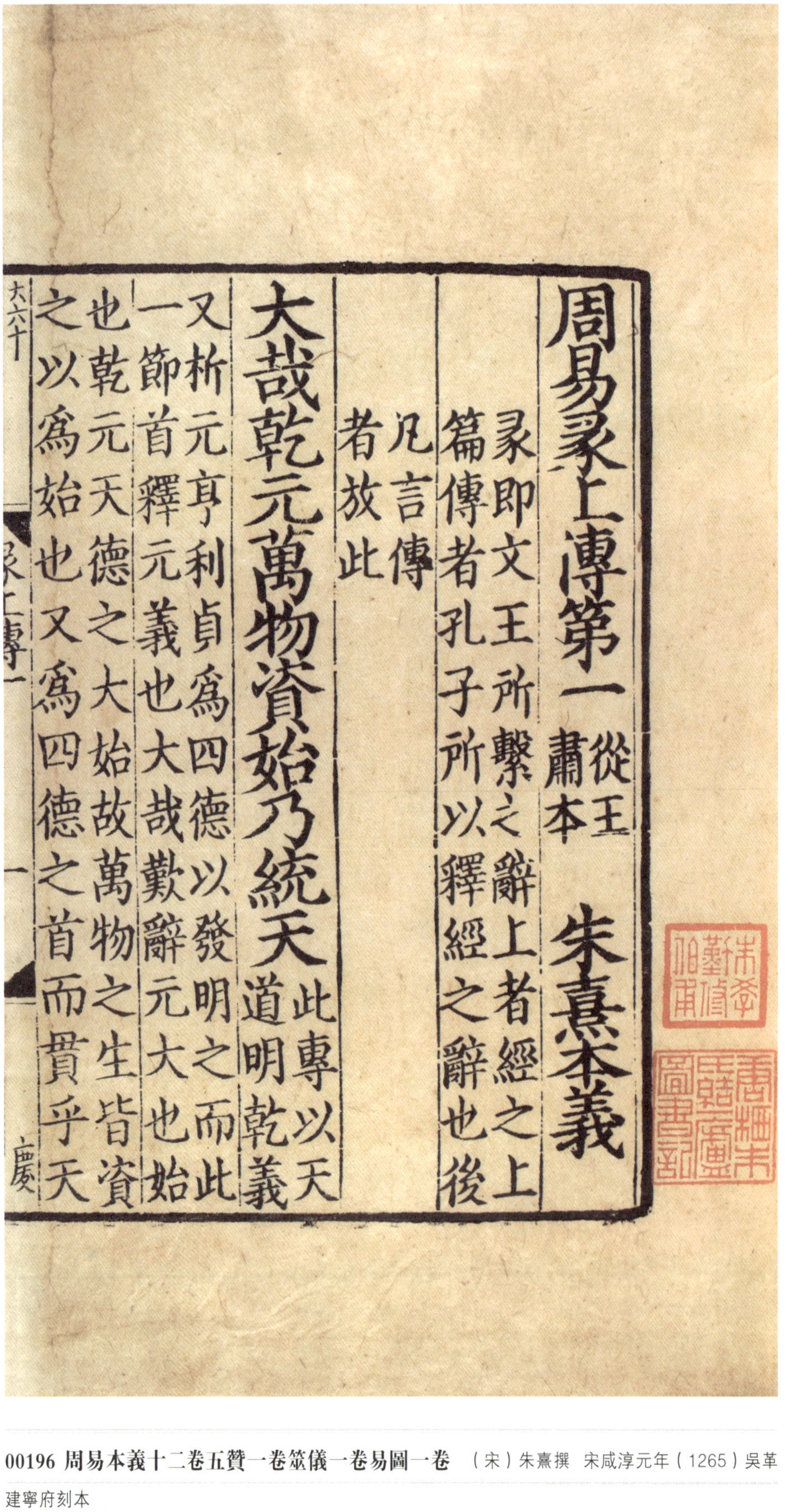
周易彖上傳第一 從王肅本 朱熹本義
彖即文王所繫之辭上者經之上篇傳者孔子所以釋經之辭也後凡言傳者放此
大哉乾元萬物資始乃統天 此專以天道明乾義又析元亨利貞爲四德以發明之而此一節首釋元義也大哉歎辭元大也始也乾元天德之大始故萬物之生皆資之以爲始也又爲四德之首而貫乎天

00196 周易本義十二卷五贊一卷筮儀一卷易圖一卷 （宋）朱熹撰 宋咸淳元年（1265）吴革建寧府刻本

匡高24.5厘米，廣16.6厘米。半葉六行，行十五字，小字雙行同，白口，左右雙邊。有“唐栖朱氏結一廬圖書記”、“朱學勤修伯甫”等印。國家圖書館藏。

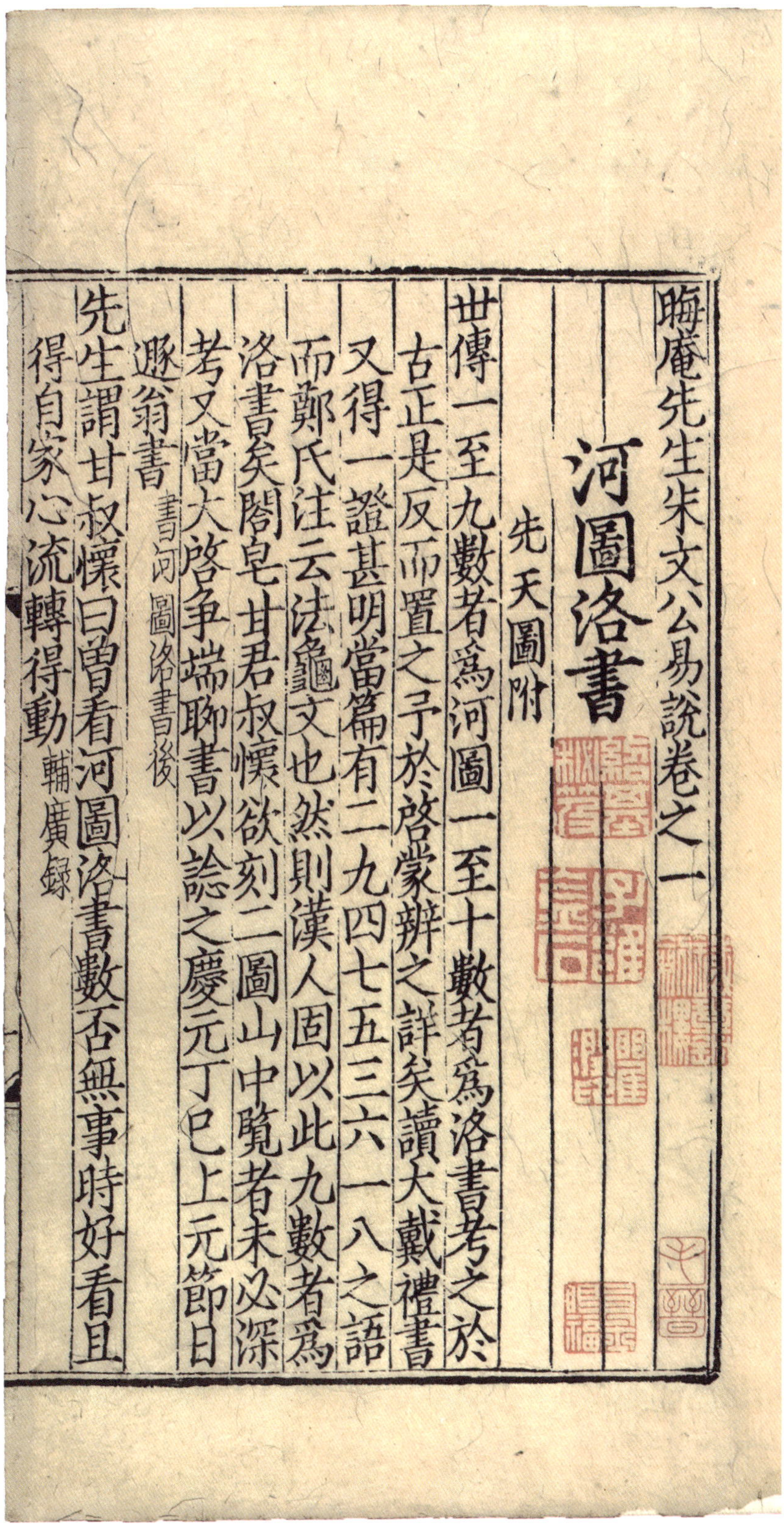
晦庵先生朱文公易説卷之一
河圖洛書
先天圖附
世傳一至九數者爲河圖一至十數者爲洛書考之於古正是反而置之予於啓蒙辨之詳矣讀大戴禮書又得一證甚明當篇有二九四七五三六一八之語而鄭氏注云法龜文也然則漢人固以此九數者爲洛書矣閤皂甘君叔懷欲刻二圖山中覧者未必深考又當大啓争端聊書以諗之慶元丁巳上元節日遯翁書 書河圖洛書後
先生謂甘叔懷曰曾看河圖洛書數否無事時好看且得自家心流轉得動 輔廣録

00197 晦庵先生朱文公易説二十三卷 （宋）朱熹撰 （宋）朱鑒輯 元刻本

匡高19.1厘米，廣12.6厘米。半葉十三行，行二十一字，黑口，四周雙邊。有“毛晉私印”、“鐵琴銅劍樓”等印。國家圖書館藏。

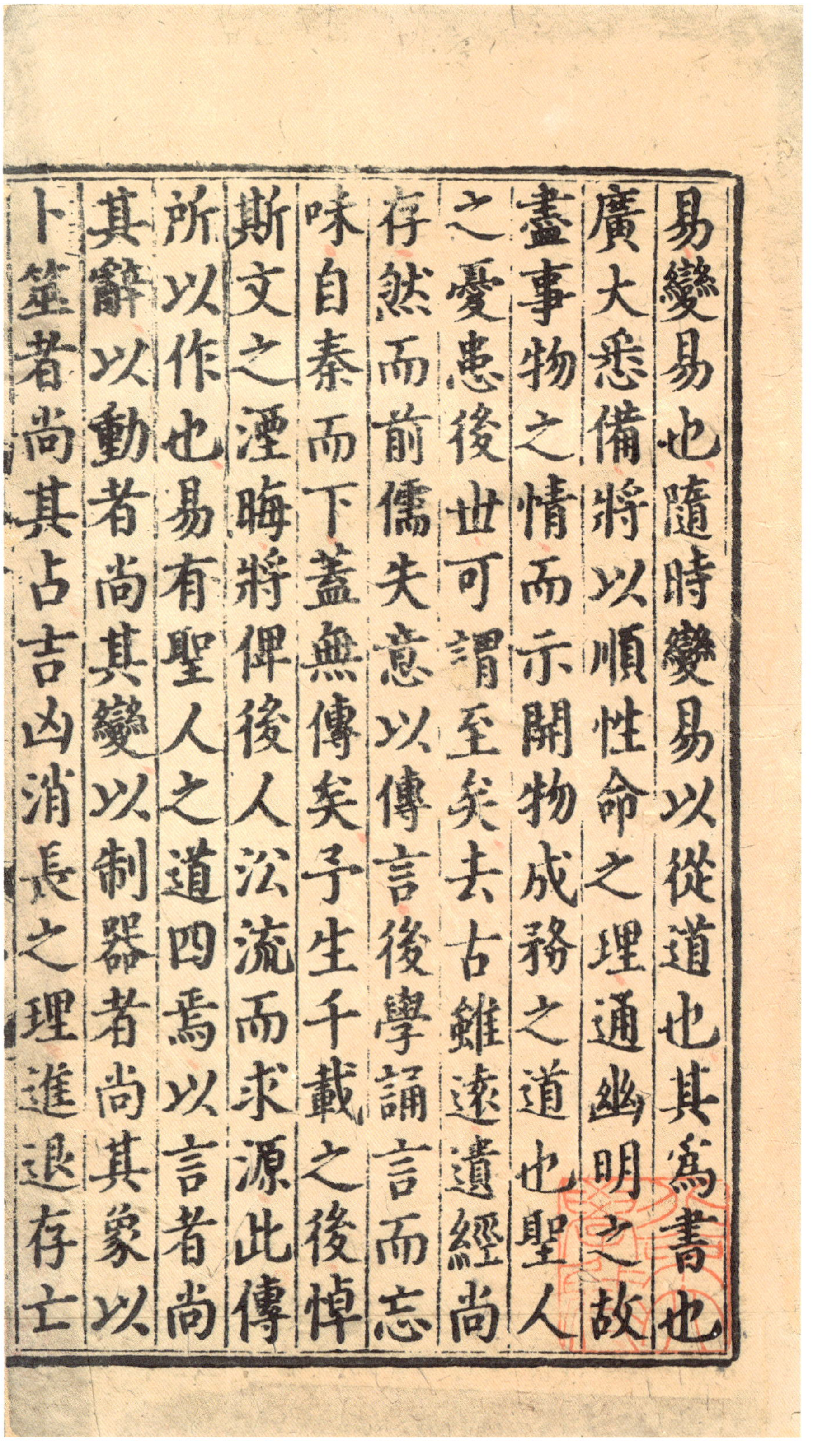

易變易也隨時變易以從道也其爲書也
廣大悉備將以順性命之理通幽明之故
盡事物之情而示開物成務之道也聖人
之憂患後世可謂至矣去古雖遠遺經尚
存然而前儒失意以傳言後學誦言而忘
味自秦而下蓋無傳矣予生千載之後悼
斯文之湮晦將俾後人沿流而求源此傳
所以作也易有聖人之道四焉以言者尚
其辭以動者尚其變以制器者尚其象以
卜筮者尚其占吉凶消長之理進退存亡

00198 程朱二先生周易傳義十卷首一卷 （宋）程頤 朱熹撰 元延祐元年（1314）翠巖精舍刻本

匡高20.3厘米，廣13厘米。半葉十一行，行二十一字，小字雙行二十五字，細黑口，四周雙邊。有"延祐甲寅孟冬翠巖精舍新刊"牌記。北京大學圖書館藏，存九卷。

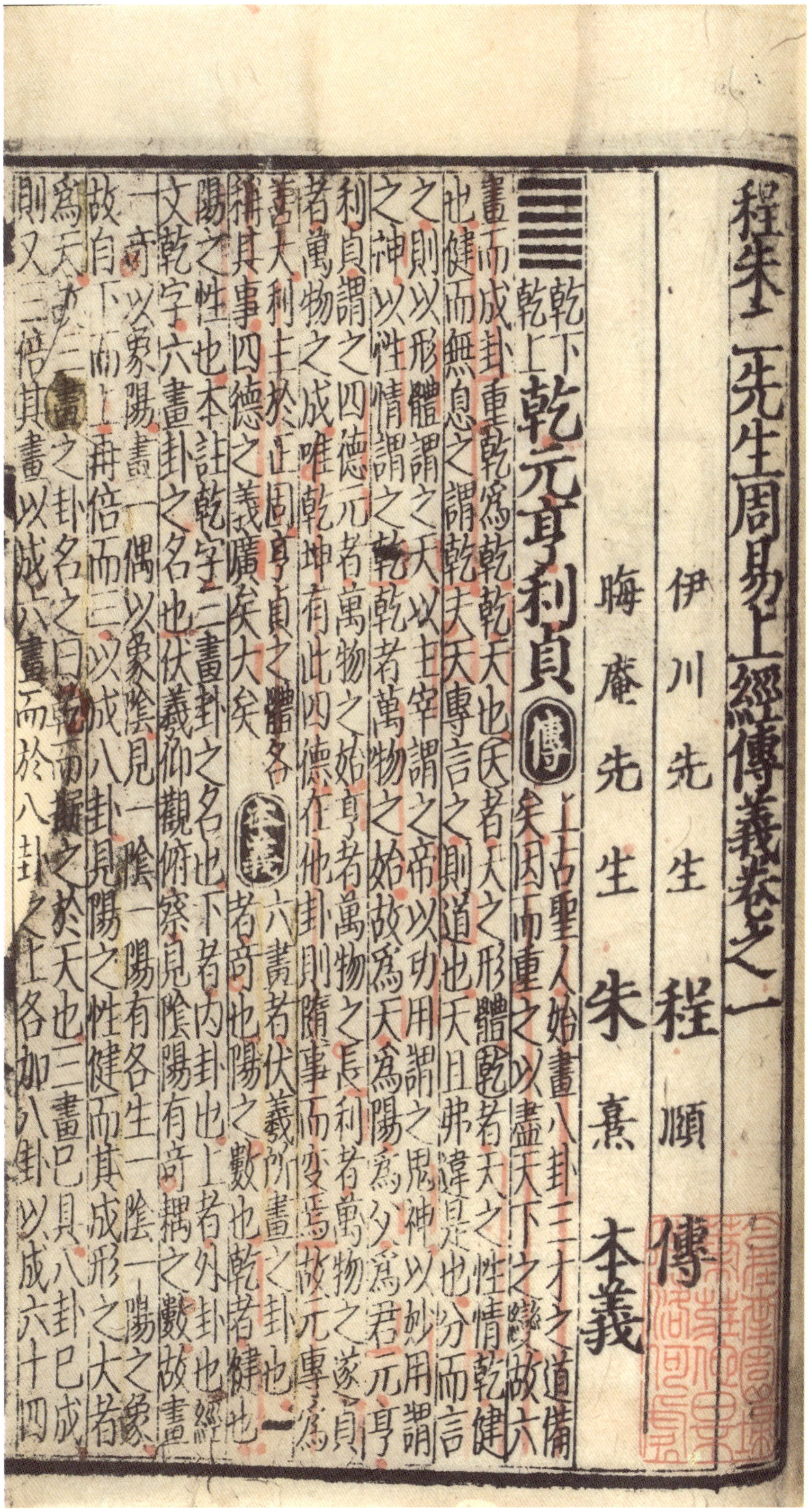

00199 程朱二先生周易傳義十卷 （宋）程頤 朱熹撰 **上下篇義一卷** （宋）程頤撰 **易圖集録一卷** （宋）朱熹撰 元後至元二年（1336）建安碧灣書堂刻本

匡高20.4厘米，廣12.9厘米。半葉十一行，行二十一字，小字雙行二十五字，黑口，四周雙邊。有“至元丙子孟夏碧灣書堂新刊”牌記。有“東莞莫氏五十萬卷樓”等印。國家圖書館藏。

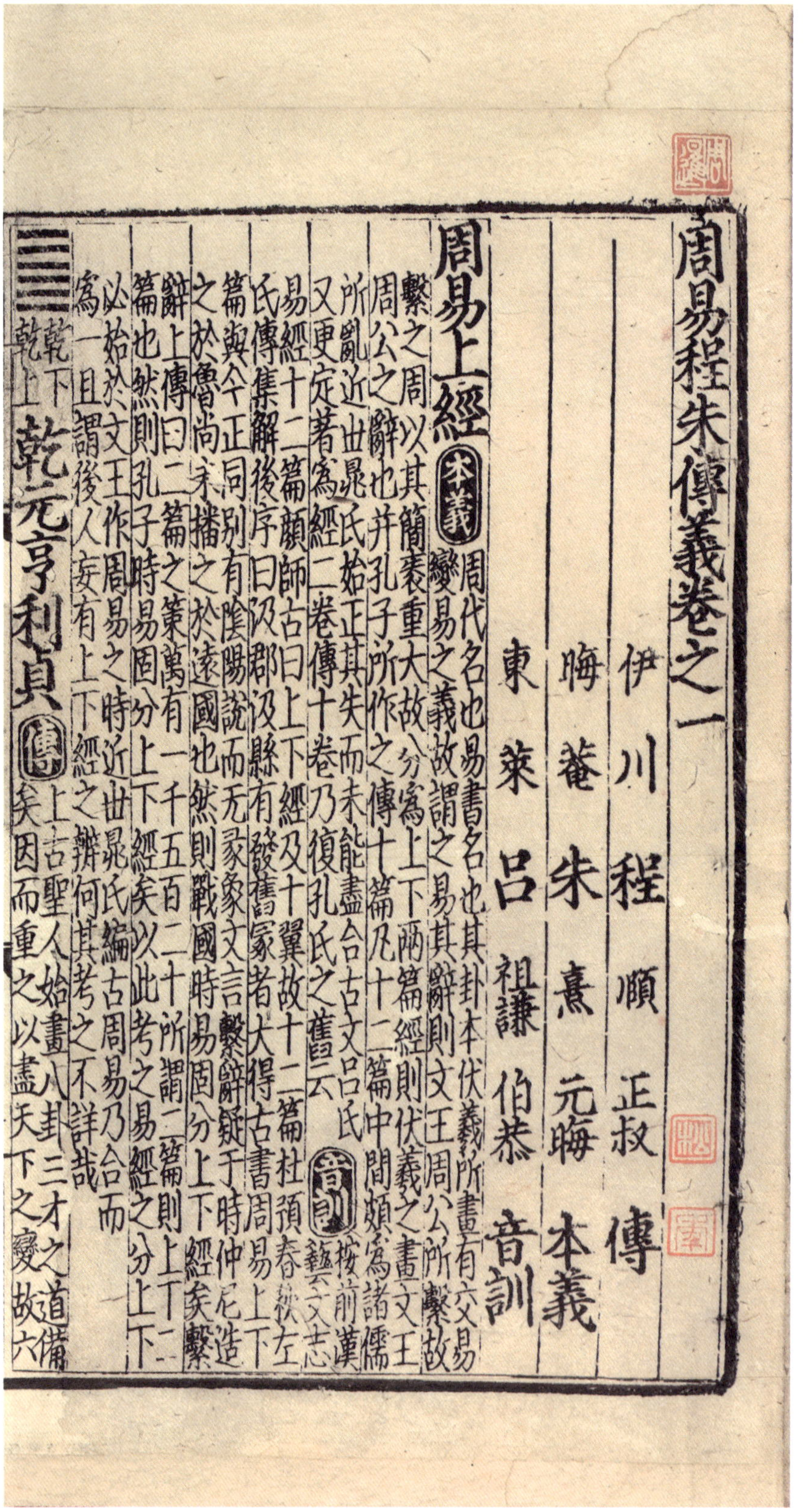

周易程朱傳義卷之一
伊川程頤正叔傳
晦菴朱熹元晦本義
東萊呂祖謙伯恭音訓
周易上經 本義 周代名也易書名也其卦本伏羲所畫有交易變易之義故謂之易其辭則文王周公所繫故繫之周以其簡袠重大故分爲上下兩篇經則伏羲之畫文王周公之辭也并孔子所作之傳十篇凡十二篇中間頗爲諸儒所亂近世晁氏始正其失而未能盡合古文呂氏又更定著爲經二卷傳十卷乃復孔氏之舊云 音訓 按前漢藝文志易經十二篇顏師古曰上下經及十翼故十二篇杜預春秋左氏傳集解後序曰汲郡汲縣有發舊冢者大得古書周易上下篇與今正同別有陰陽說而无彖象文言繫辭疑于時仲尼造之於魯尚未播之於遠國也然則戰國時易固分上下經矣繫辭上傳曰二篇之策萬有一千五百二十所謂二篇則上下二篇也然則孔子時易固分上下經矣以此考之易經之分上下必始於文王作周易之時近世晁氏編古周易乃合而爲一且謂後人妄有上下經之辨何其考之不詳哉
乾下乾上 乾元亨利貞 傳 上古聖人始畫八卦三才之道備矣因而重之以盡天下之變故六

00200 周易程朱傳義音訓十卷 （宋）程頤 朱熹撰 （宋）呂祖謙音訓 **易圖一卷** （宋）朱熹撰 元至正六年（1346）虞氏務本堂刻本

匡高20.9厘米，廣13.5厘米。半葉十二行，行二十一字，小字雙行二十五字，黑口，四周雙邊。有“至正丙戌良月虞氏務本堂刊”刻書題記。有“平陽汪氏藏書印”、“松”、“年”“寒雲秘笈珍藏之印”、“周暹”等印。傅增湘跋。國家圖書館藏。

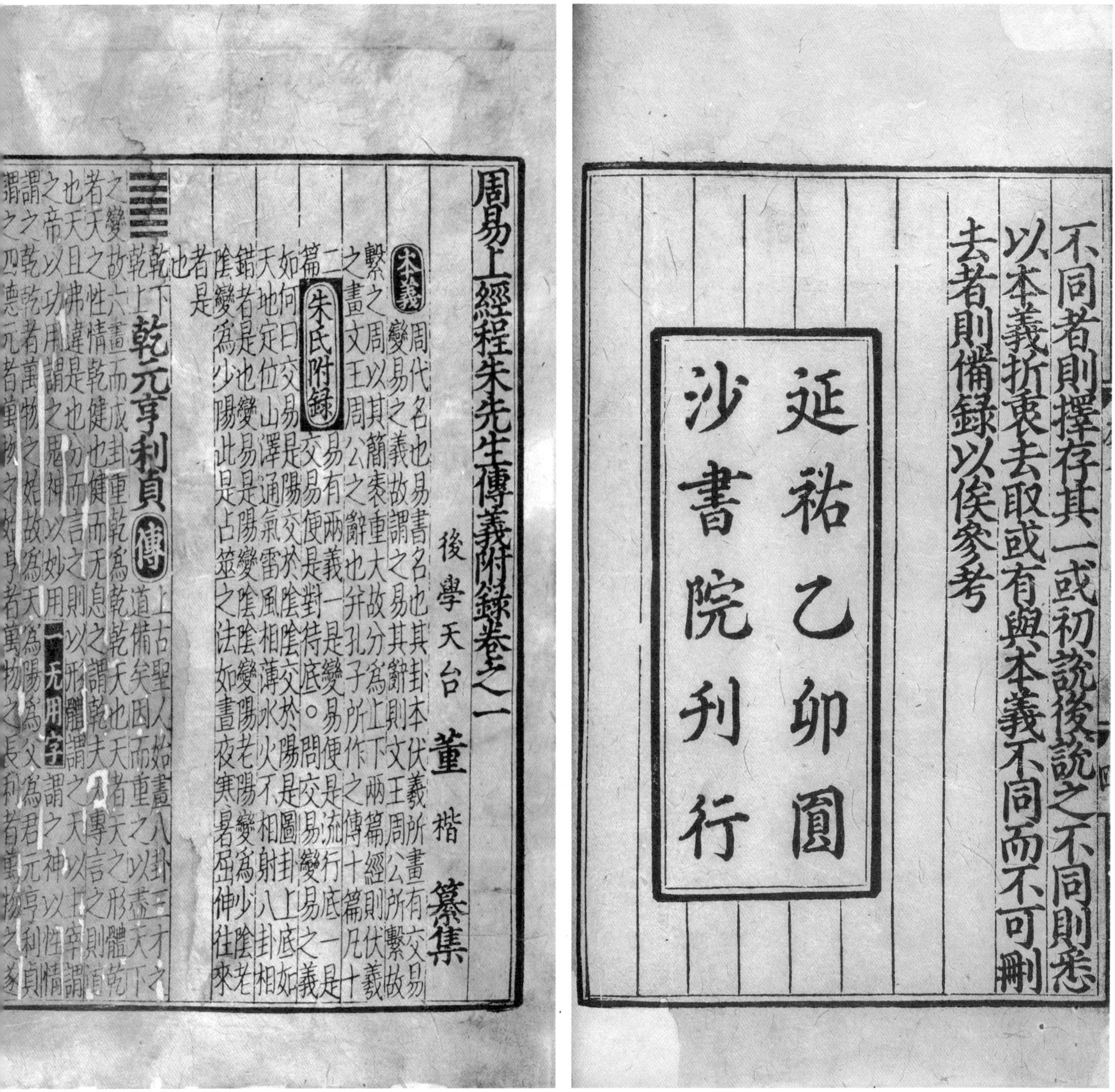

周易上經程朱先生傳義附錄卷之一

後學天台董楷纂集

本義 周代名也易書名也其卦本伏羲所畫有交易變易之義故謂之易其辭則文王周公所繫故繫之周以其簡袠重大故分爲上下兩篇經則伏羲之畫文王周公之辭也并孔子所作之傳十篇凡十二篇

朱氏附錄 易有兩義一是變易便是流行底一是交易便是對待底。問交易變易之義如何曰交易是陽交於陰陰交於陽是圖上底如天地定位山澤通氣雷風相薄水火不相射八卦相錯者是也變易是陽變陰陰變陽老陽變爲少陰老陰變爲少陽此是占筮之法如晝夜寒暑屈伸往來者是也

☰ 乾下乾上 乾元亨利貞

傳 上古聖人始畫八卦三才之道備矣因而重之以盡天下之變故六畫而成卦重乾爲乾乾天也天者天之形體乾者天之性情乾健也健而无息之謂乾夫天專言之則道也天且弗違是也分而言之則以形體謂之天以主宰謂之帝以功用謂之鬼神以妙用（一无用字）謂之神以性情謂之乾乾者萬物之始故爲天爲陽爲父爲君元亨利貞謂之四德元者萬物之始亨者萬物之長利者萬物之遂

不同者則擇存其一或初說後說之不同則悉以本義折衷去取或有與本義不同而不可刪去者則備錄以俟參考

延祐乙卯圓沙書院刊行

00201 周易程朱先生傳義附録二十卷 （宋）董楷撰 **上下篇義一卷** （宋）程頤撰 **朱子易圖說一卷周易五贊一卷筮儀一卷** （宋）朱熹撰 （宋）董楷辑 元延祐二年（1315）圓沙書院刻本

匡高20.2厘米，廣13厘米。半葉十二行，行二十二字，小字雙行同，黑口，四周雙邊。有“延祐乙卯圓沙書院刊行”牌記。有“宗室盛昱收藏圖書印”、“涵芬樓藏”等印。國家圖書館藏。

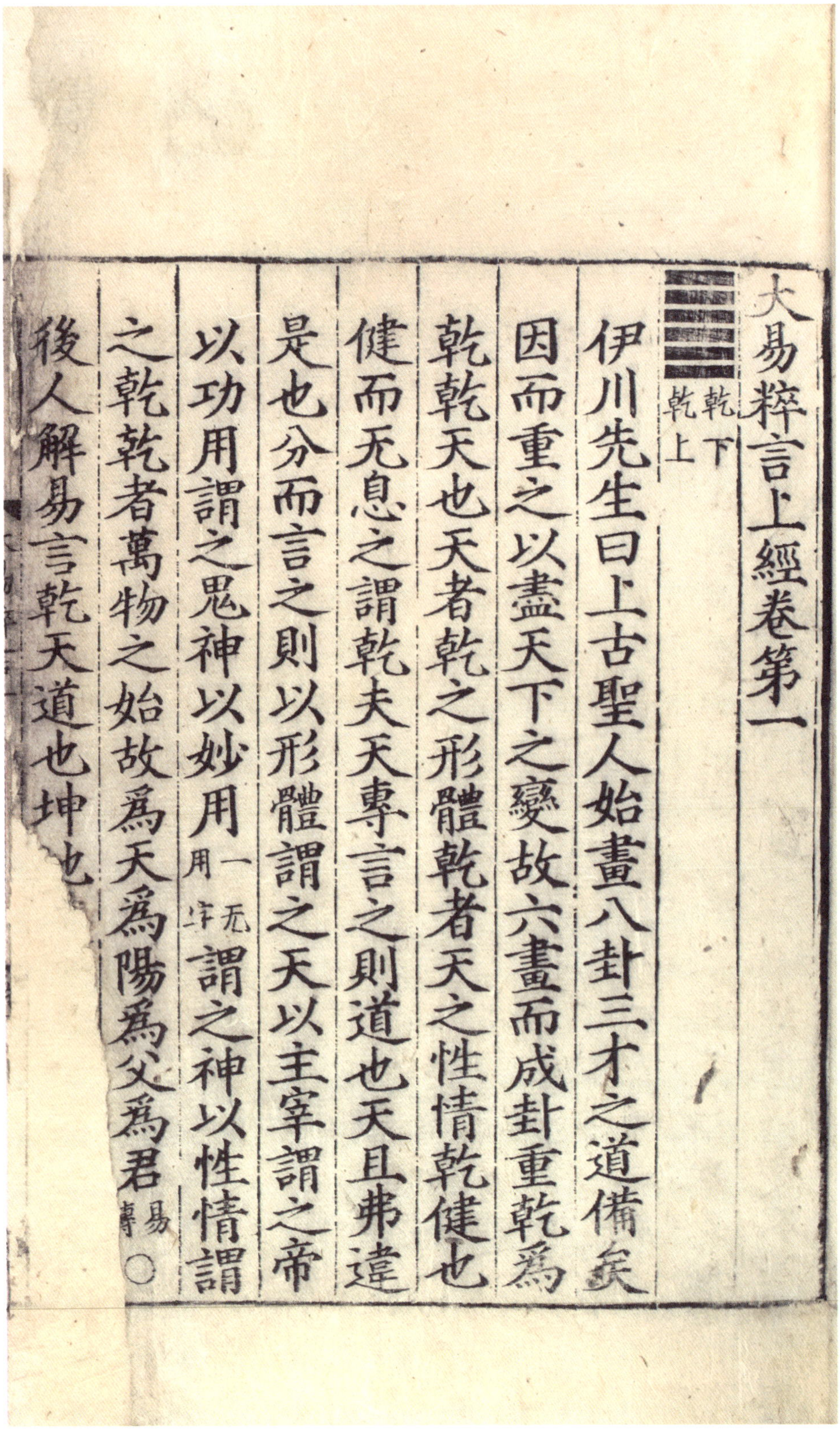
大易粹言上經卷第一

乾下 乾上

伊川先生曰上古聖人始畫八卦三才之道備矣因而重之以盡天下之變故六畫而成卦重乾爲乾乾天也天者乾之形體乾者天之性情乾健也健而无息之謂乾夫天專言之則道也天且弗違是也分而言之則以形體謂之天以主宰謂之帝以功用謂之鬼神以妙用一无用字謂之神以性情謂之乾乾者萬物之始故爲天爲陽爲父爲君易傳○

後人解易言乾天道也坤也

00202 大易粹言十二卷 （宋）曾穜輯 宋淳熙三年（1176）舒州公使庫刻本

匡高22厘米，廣17.8厘米。半葉十行，行二十字，白口，左右雙邊。有“國子監印”、“蕉林藏書”、“天禄琳琅”、“天禄繼鑑”等印。國家圖書館藏。

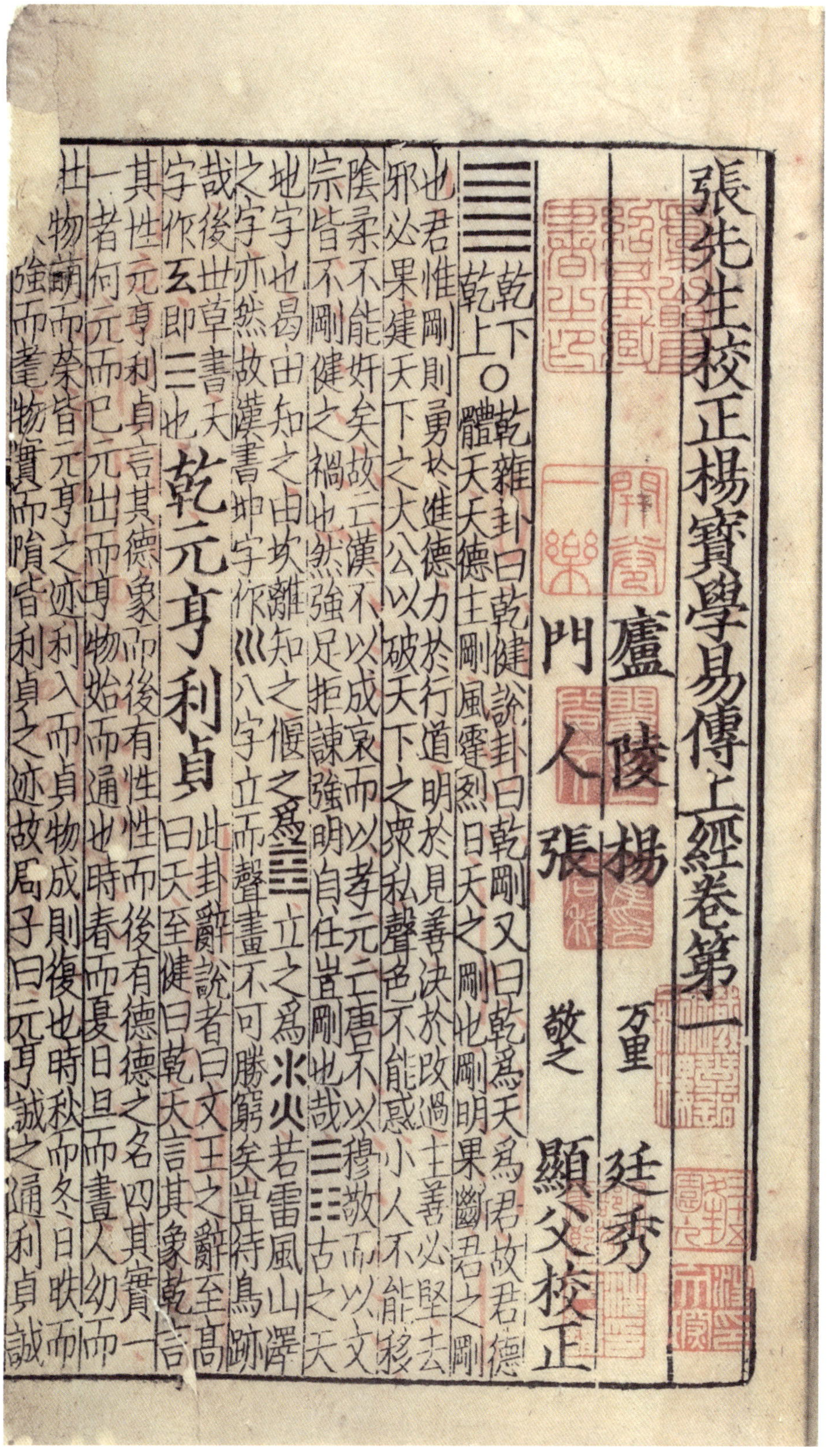

張先生校正楊寶學易傳上經卷第一

廬陵楊　万里　廷秀

門人張　敬之　顯父校正

☰乾下☰乾上　○乾雜卦曰乾健說卦曰乾剛又曰乾爲天爲君故君德體天天德生剛風雷烈日天之剛也剛明果斷君之剛也君惟剛則勇於進德力於行道明於見善決於改過主善必堅去邪必果建天下之大公以破天下之衆私聲色不能惑小人不能移陰柔不能奸矣故三漢不以成哀而以孝元亡唐不以穆敬而以文宗皆不剛健之禍也然強足拒諫強明自任岂剛也哉☰☷古之天地字也易由知之由坎離知之偃之爲☲立之爲水火若雷風山澤之字亦然故漢書坤字作巛八字立而聲畫不可勝窮矣岂待鳥跡哉後世草書天字作乙即☰也　**乾元亨利貞**　此卦辭說者曰文王之辭至高曰天至健曰乾天言其象乾言其性元亨利貞言其德象而後有性性而後有德德之名四其實一一者何元而已元出而亨物始而通也時春而夏日旦而晝人幼而壯物萌而榮皆元亨之迹利入而貞物成則復也時秋而冬日昳而強而耄物實而隕皆利貞之迹故周子曰元亨誠之通利貞誠

00203 張先生校正楊寶學易傳二十卷　（宋）楊萬里撰　（宋）張敬之校正　宋刻本

匡高19.5厘米，廣12.4厘米。半葉十行，行二十一字，小字雙行二十六至二十八字，黑口，左右雙邊。有“汪印文琛”、“汪印士鐘”、“鐵琴銅劍樓”等印。鄭希聖、朱良育跋。國家圖書館藏。

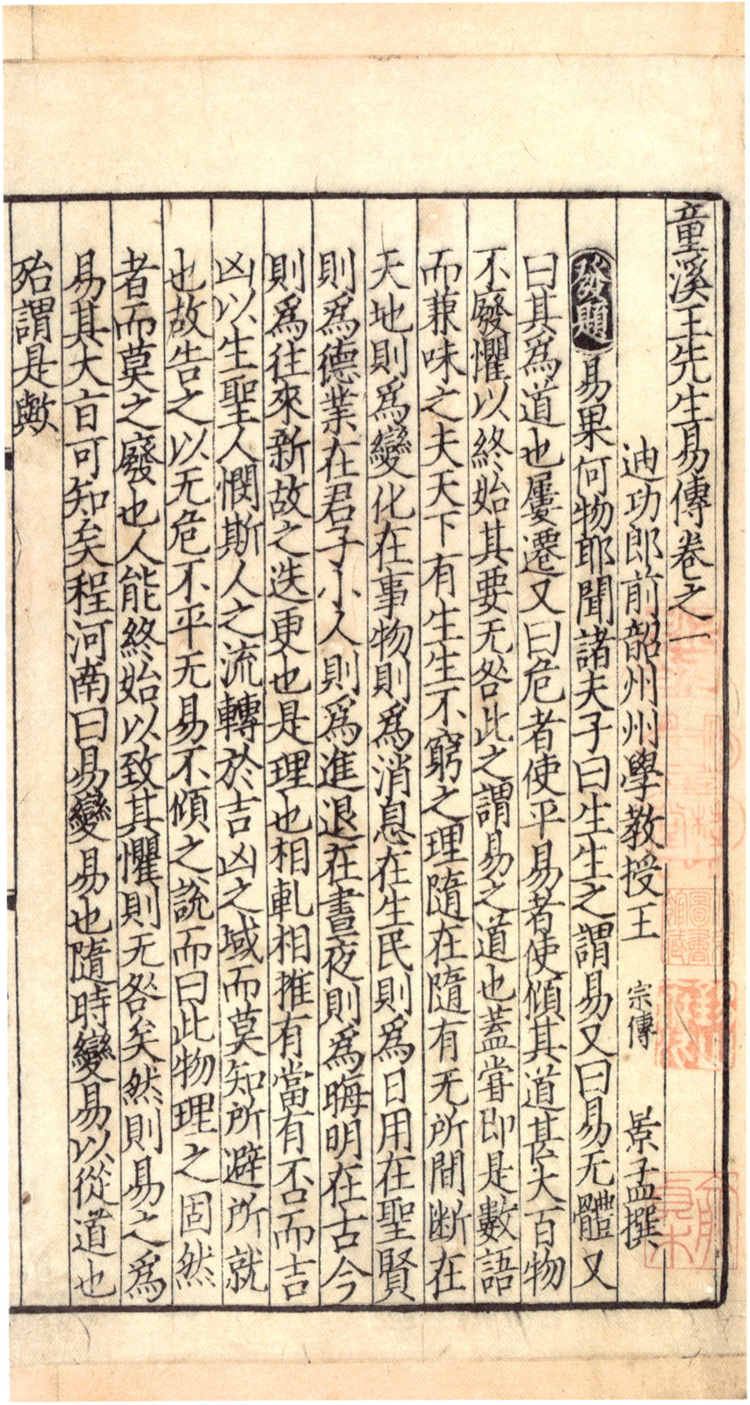
童溪王先生易傳卷之一
迪功郎前韶州州學教授王　宗傳　景孟撰
發題　易果何物耶聞諸夫子曰生生之謂易又曰易无體又曰其爲道也屢遷又曰危者使平易者使傾其道甚大百物不廢懼以終始其要无咎此之謂易之道也蓋嘗即是數語而兼味之夫天下有生生不窮之理隨在隨有无所間斷在天地則爲變化在事物則爲消息在生民則爲日用在聖賢則爲德業在君子小人則爲進退在晝夜則爲晦明在古今則爲往來新故之迭更也是理也相軋相推有當有否而吉凶以生聖人憫斯人之流轉於吉凶之域而莫知所避所就也故告之以无危不平无易不傾之説而曰此物理之固然者而莫之廢也人能終始以致其懼則无咎矣然則易之爲易其大旨可知矣程河南曰易變易也隨時變易以從道也殆謂是歟

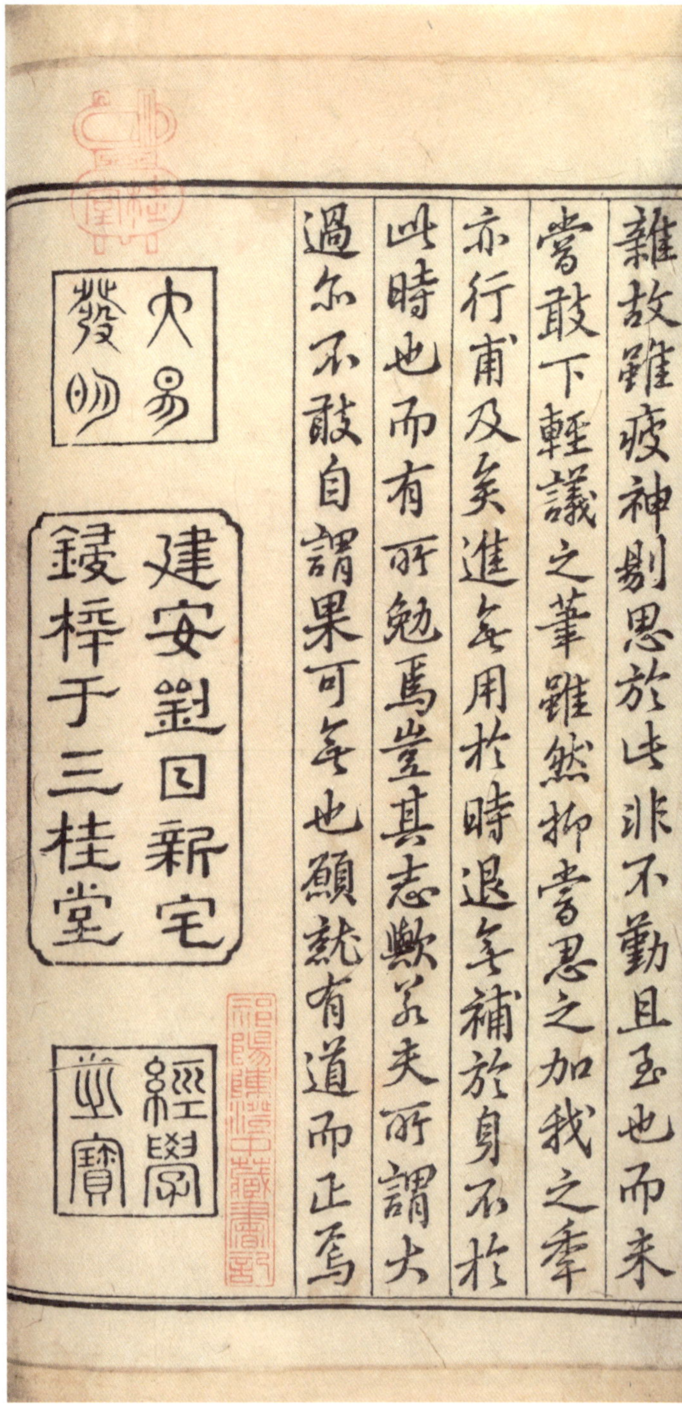
雜故雖疲神竭思於此非不勤且至也而未嘗敢下輕議之筆雖然抑嘗思之加我之年亦行甫及矣進無用於時退無補於身不於此時也而有所勉焉豈其志歟若夫所謂大過尔不敢自謂果可無也顧就有道而正焉

建安劉日新宅鋟梓于三桂堂

00204、00205　童溪王先生易傳三十卷　（宋）王宗傳撰　宋開禧元年（1205）建安劉日新宅三桂堂刻本

匡高19.2厘米，廣12.8厘米。半葉十四行，行二十四字，細黑口，左右雙邊。有“建安劉日新宅鋟梓于三桂堂”牌記。國家圖書館藏，有“俞貞木”、“毛晉私印”、“謙牧堂藏書記”、“天禄琳琅”、“祁陽陳澄中藏書記”等印，存二十二卷；遼寧省圖書館藏，有“毛晉”、“謙牧堂藏書記”、“乾隆御覽之寶”、“天禄繼鑑”等印，存六卷。

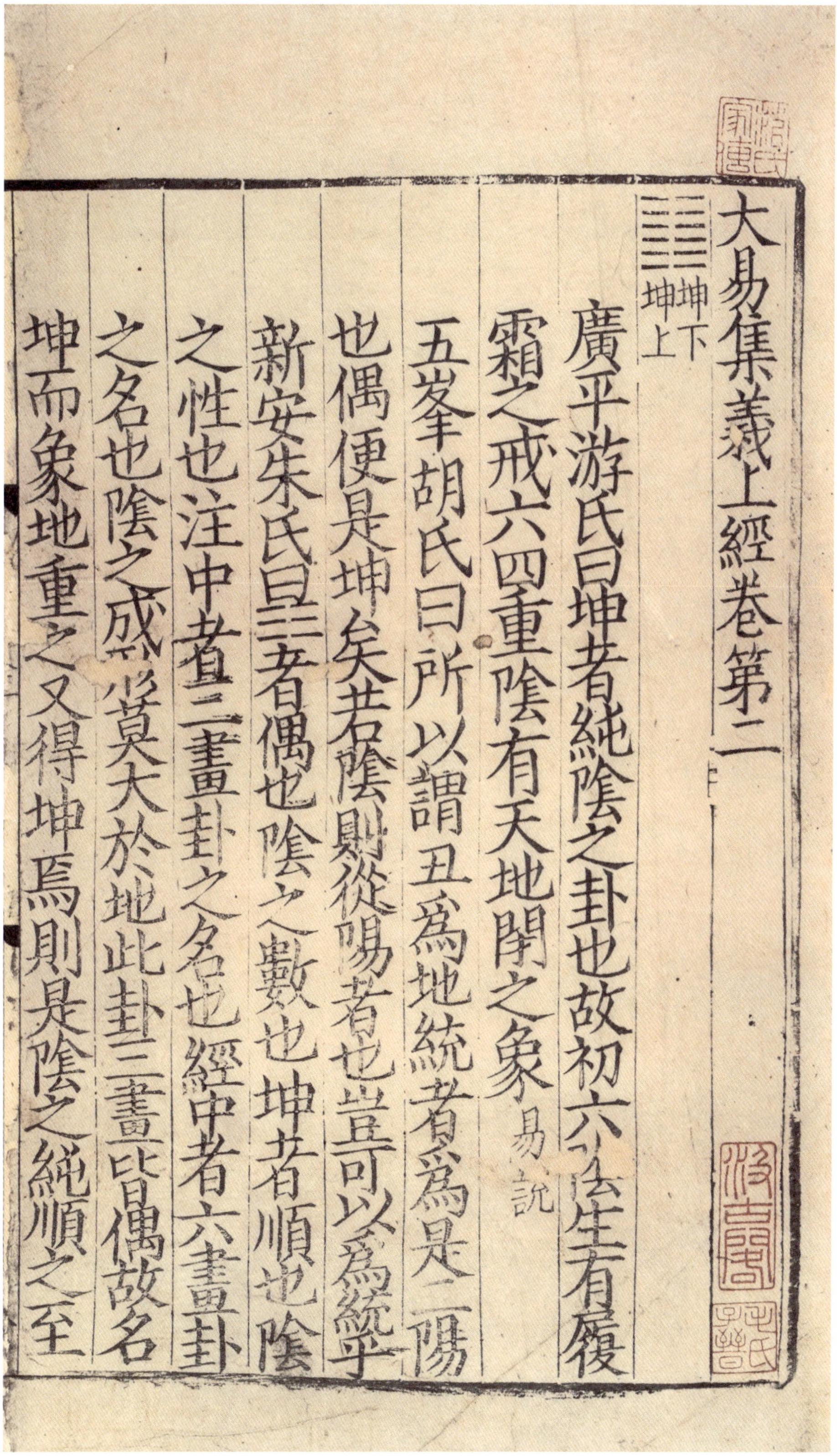
大易集義上經卷第二

䷁ 坤下坤上

廣平游氏曰坤者純陰之卦也故初六陰生有履霜之戒六四重陰有天地閉之象易說

五峯胡氏曰所以謂丑爲地統者爲是二陽也偶便是坤矣若陰則從陽者也豈可以爲統乎

新安朱氏曰☷者偶也陰之數也坤者順也陰之性也注中者☷畫卦之名也經中者六畫卦之名也陰之成形莫大於地此卦☷畫皆偶故名坤而象地重之又得坤焉則是陰之純順之至

00206 大易集義六十四卷　（宋）魏了翁輯　宋淳祐十二年（1252）魏克愚徽州紫陽書院刻元至元二十五年（1288）吳夢炎重修本（卷六至十、二十四至二十六配清抄本）

匡高22.9厘米，廣15.5厘米。半葉十行，行二十字，白口，左右雙邊。有“毛氏子晉”、“汲古閣”等印。國家圖書館藏。

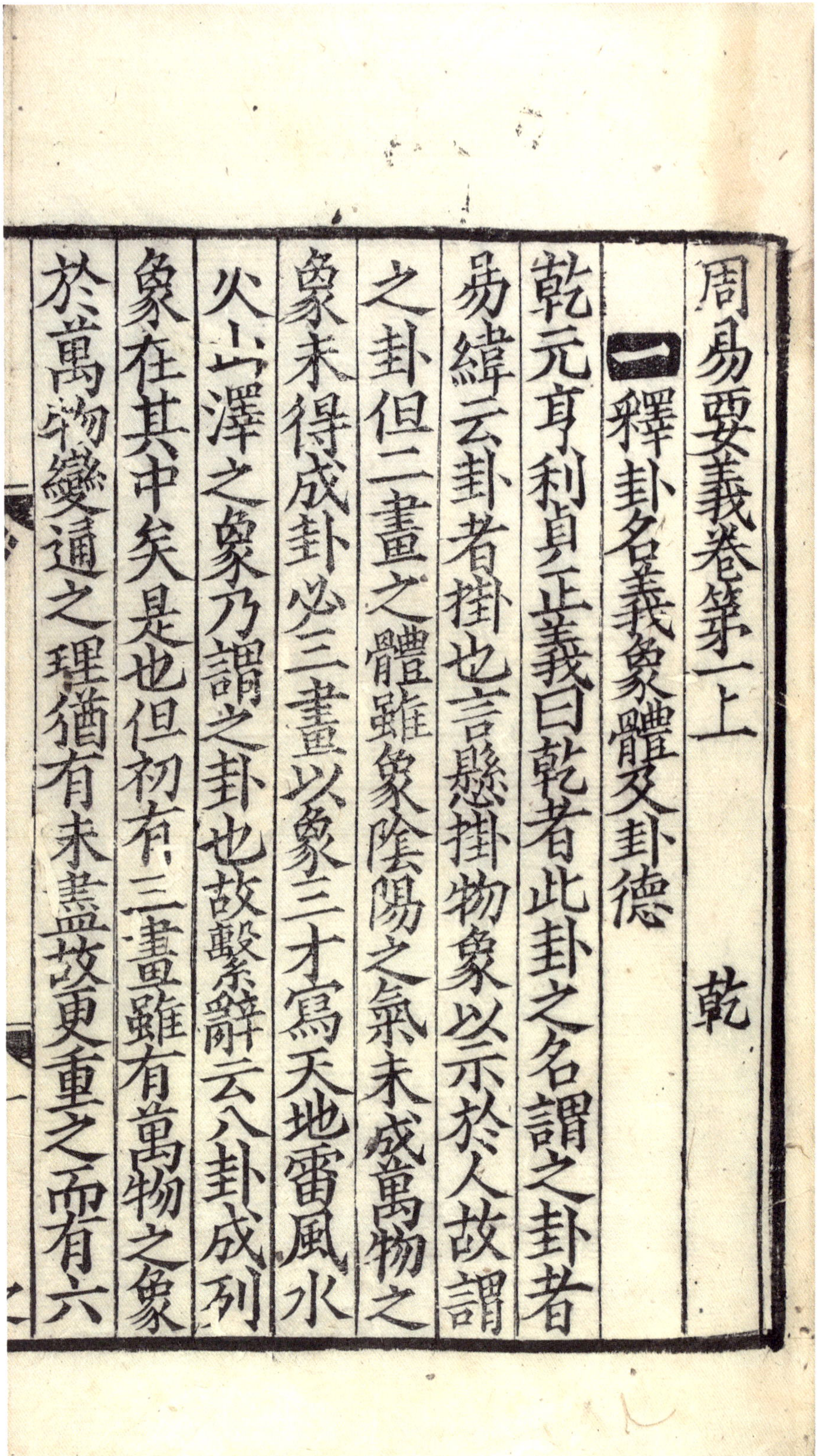
周易要義卷第一上　　乾
一 釋卦名義象體及卦德
乾元亨利貞正義曰乾者此卦之名謂之卦者
易緯云卦者掛也言懸掛物象以示於人故謂
之卦但二畫之體雖象陰陽之氣未成萬物之
象未得成卦必三畫以象三才寫天地雷風水
火山澤之象乃謂之卦也故繫辭云八卦成列
象在其中矣是也但初有三畫雖有萬物之象
於萬物變通之理猶有未盡故更重之而有六

00207 周易要義十卷 （宋）魏了翁撰 宋淳祐十二年（1252）魏克愚徽州紫陽書院刻本

匡高20.5厘米，廣14.9厘米。半葉九行，行十八字，白口，左右雙邊。有“涵芬樓”等印。國家圖書館藏，存六卷。

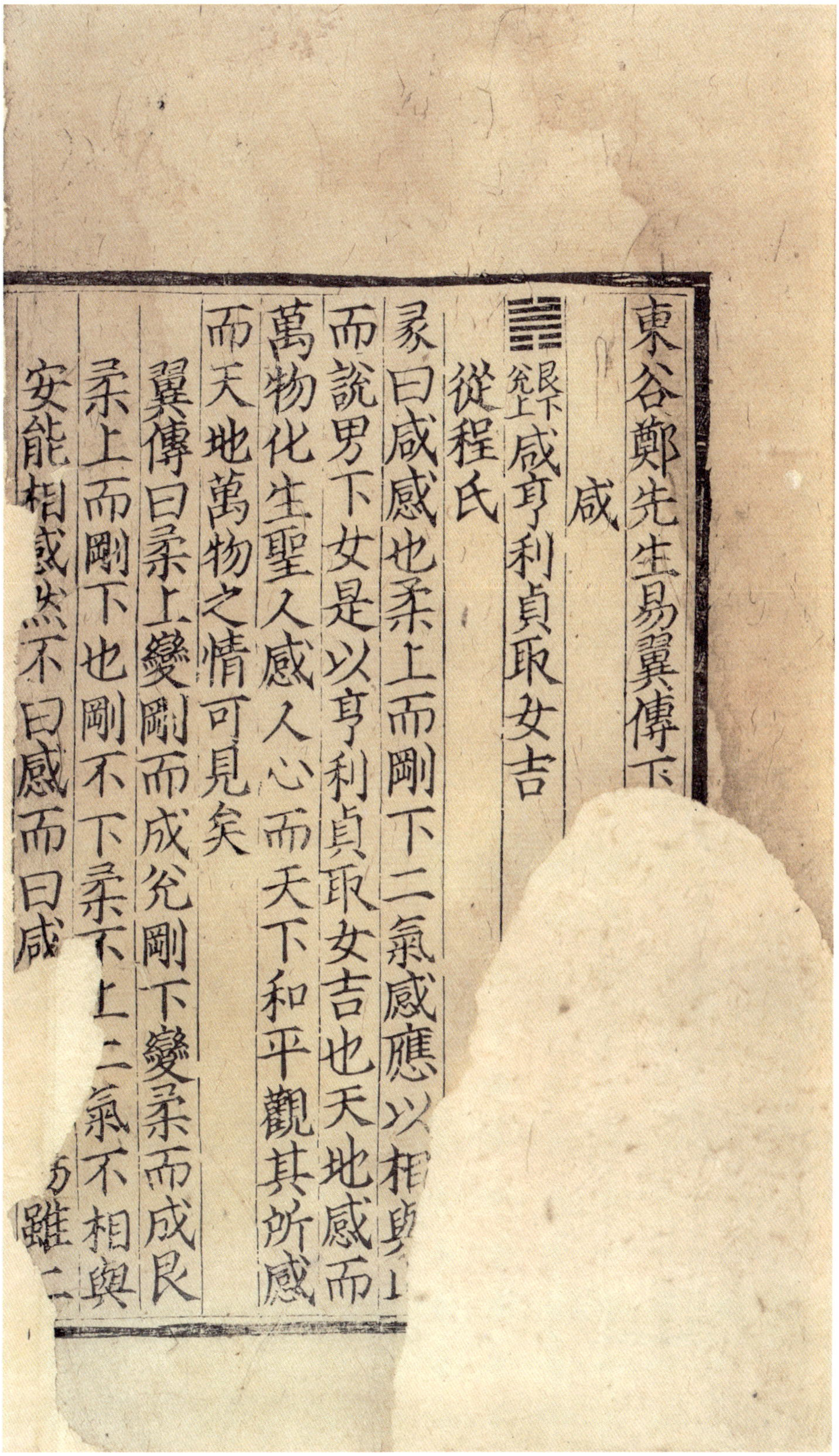
東谷鄭先生易翼傳下
咸
䷞艮下兌上咸亨利貞取女吉
從程氏
彖曰咸感也柔上而剛下二氣感應以相與
而說男下女是以亨利貞取女吉也天地感而
萬物化生聖人感人心而天下和平觀其所感
而天地萬物之情可見矣
翼傳曰柔上變剛而成兌剛下變柔而成艮
柔上而剛下也剛不下柔不上二氣不相與
安能相感然不曰感而曰咸[illegible]雖二

00208 東谷鄭先生易翼傳二卷 （宋）鄭汝諧撰 元大德十一年（1307）廬陵學官刻本

匡高19.7厘米，廣13.5厘米。半葉十一行，行十八字，細黑口，四周雙邊。有“汲古閣”、“鐵琴銅劍樓”等印。國家圖書館藏，存一卷。

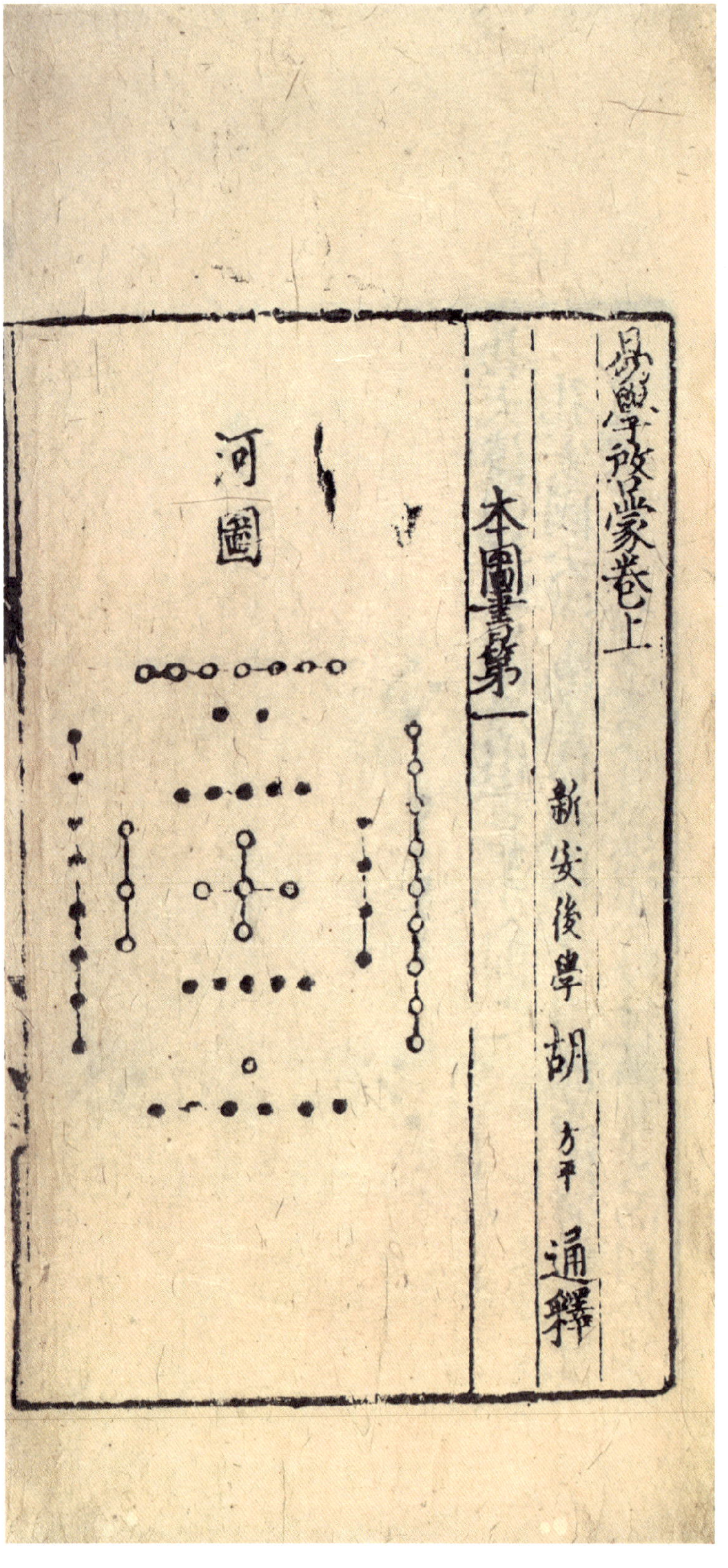

00209 易學啓蒙通釋二卷圖一卷 （宋）胡方平撰　元至元二十九年（1292）熊禾武夷書室刻明修本

匡高20.2厘米，廣12.7厘米。半葉十行，行二十至二十一字，小字雙行同，黑口，左右雙邊。國家圖書館藏。

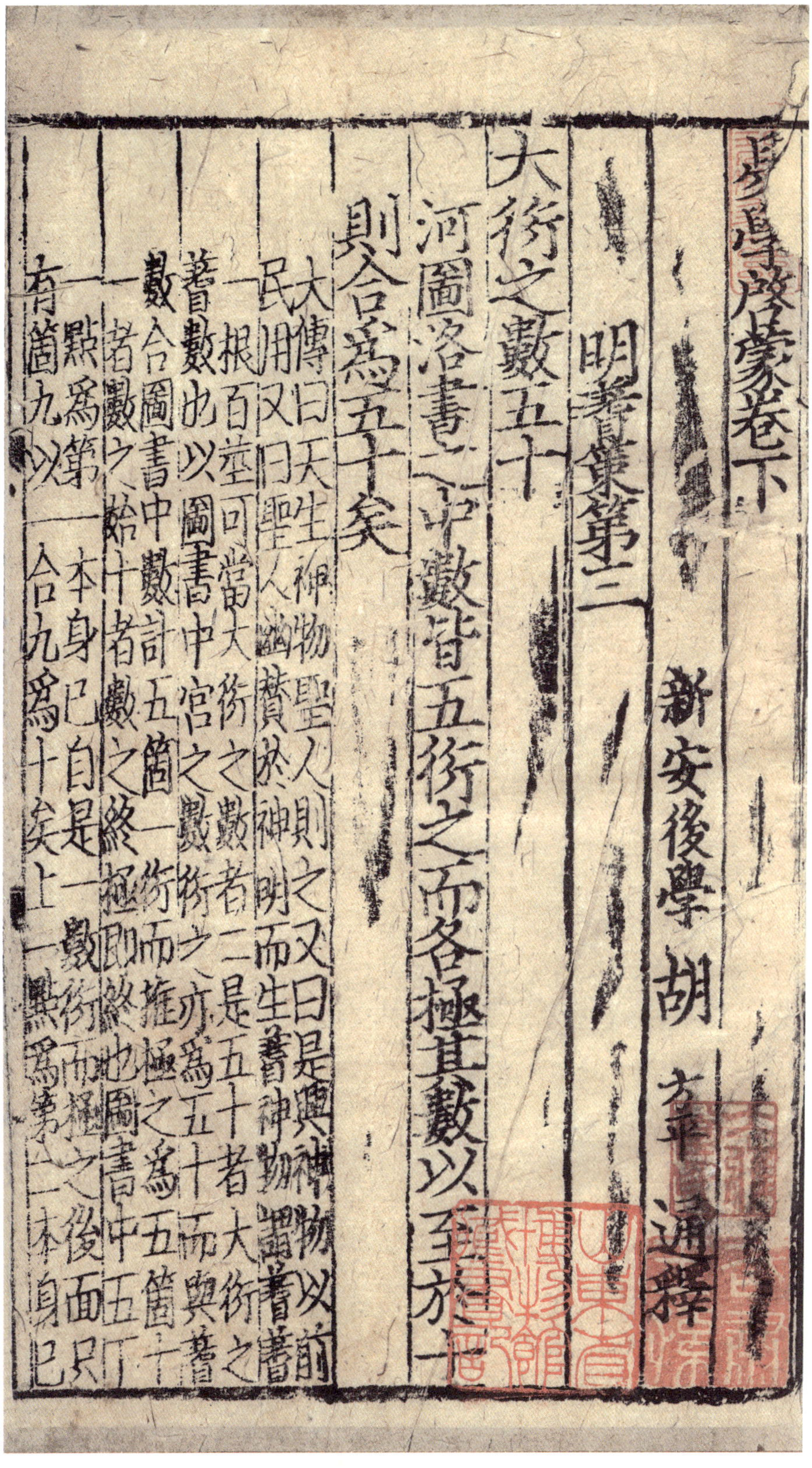
易學啓蒙卷下
新安後學胡　方平　通釋
明蓍策第三
大衍之數五十
河圖洛書之中數皆五衍之而各極其數以至於十
則合爲五十矣
大傳曰天生神物聖人則之又曰是興神物以前
民用又曰聖人幽贊於神明而生蓍神物謂蓍蓍
一根百莖可當大衍之數者二是五十者大衍之
蓍數也以圖書中宮之數衍之亦爲五十而與蓍
數合圖書中數計五箇一衍而推極之爲五箇十
一者數之始十者數之終極即終也圖書中五乃
一點爲第一本身已自是一數衍而極之後面只
有箇九以合九爲十矣上一點爲第二本身已

00210 易學啓蒙通釋二卷　（宋）胡方平撰　元至元二十九年（1292）熊禾武夷書室刻明修本

匡高19.6厘米，廣12.6厘米。半葉十行，行二十一字，小字雙行同，細黑口，左右雙邊。有“錢伯子孫”、“大雅堂印”等印。山東省博物館藏。

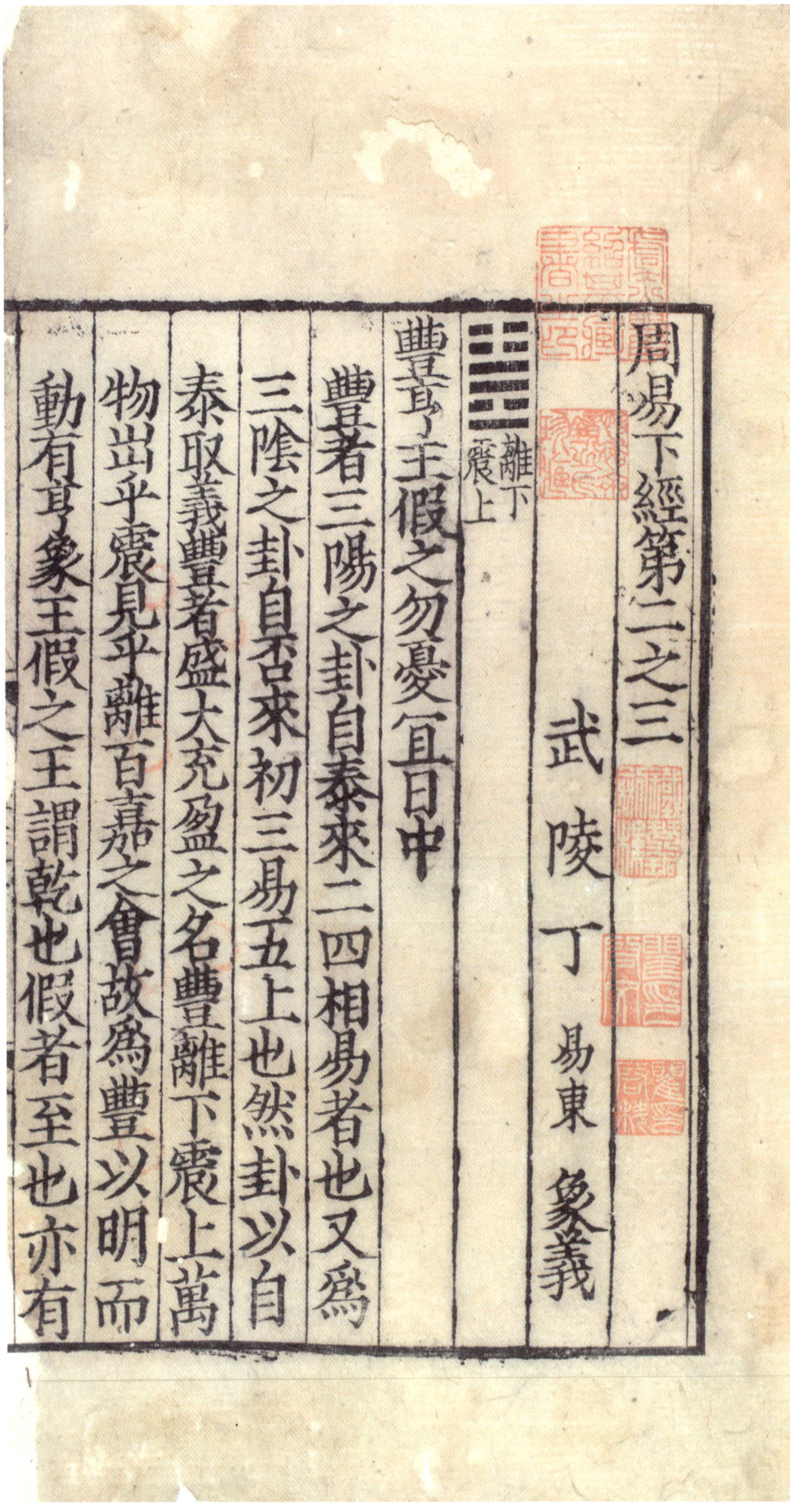
周易下經第二之三
武陵丁易東象義
䷶ 離下震上
豐亨王假之勿憂宜日中
豐者三陽之卦自泰來二四相易者也又爲
三陰之卦自否來初三易五上也然卦以自
泰取義豐者盛大充盈之名豐離下震上萬
物出乎震見乎離百嘉之會故爲豐以明而
動有亨象王假之王謂乾也假者至也亦有

00211 周易象義十二卷 （宋）丁易東撰　元刻本（上經、下經配抄本）

匡高21.4厘米，廣14.9厘米。半葉九行，行十八字，白口，左右雙邊。有“孫印承澤”、“鐵琴銅劍樓”等印。季錫疇校。國家圖書館藏。

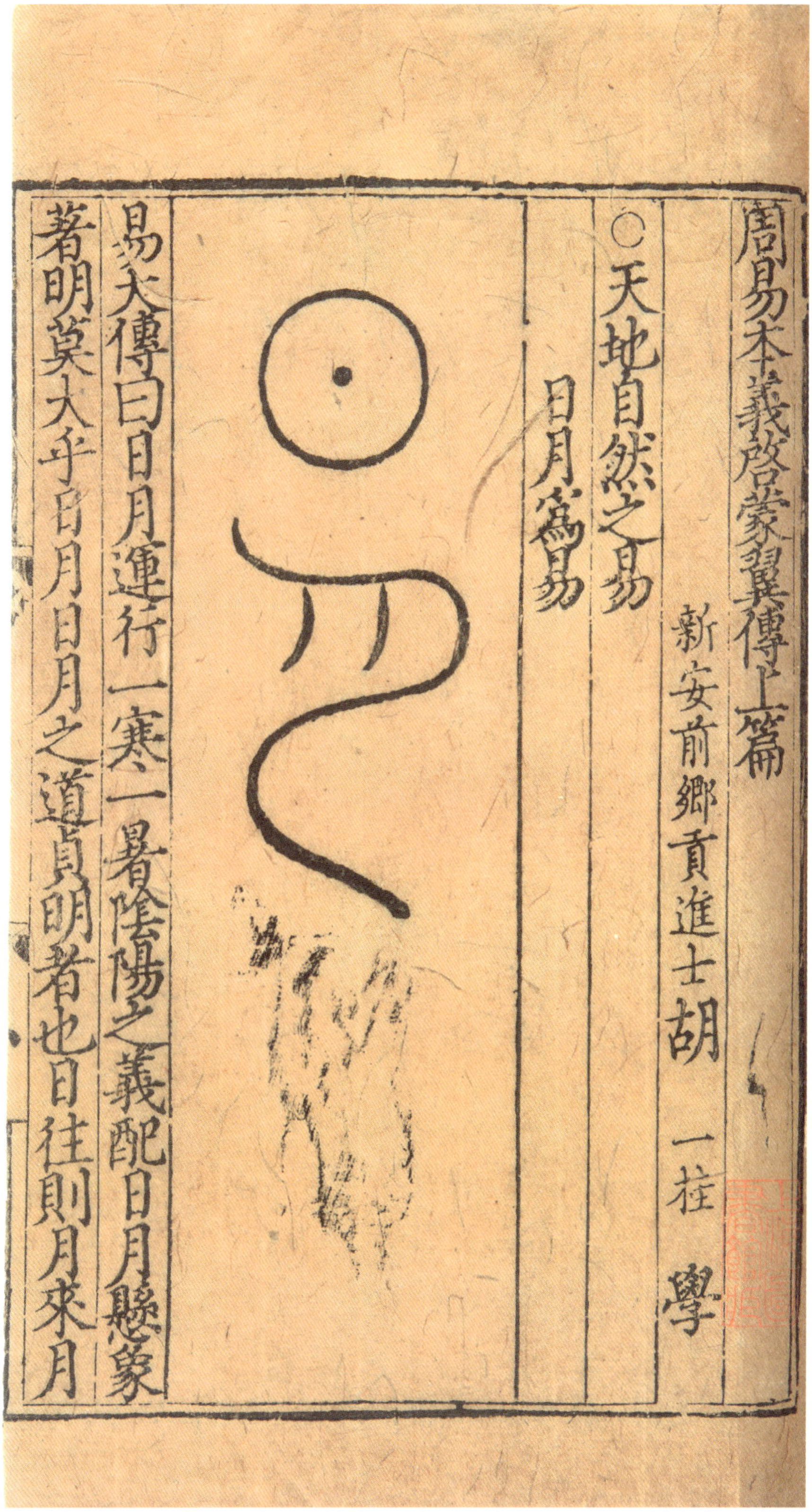

周易本義啓蒙翼傳上篇

新安前鄉貢進士胡　一桂　學

○天地自然之易

日月爲易

易大傳曰日月運行一寒一暑陰陽之義配日月懸象

著明莫大乎日月日月之道貞明者也日往則月來月

00212 周易本義啓蒙翼傳四卷 （元）胡一桂撰　元皇慶延祐胡氏家刻本

匡高19.1厘米，廣12.5厘米。半葉十一行，行二十一字，小字雙行同，黑口，四周雙邊。上海圖書館藏。

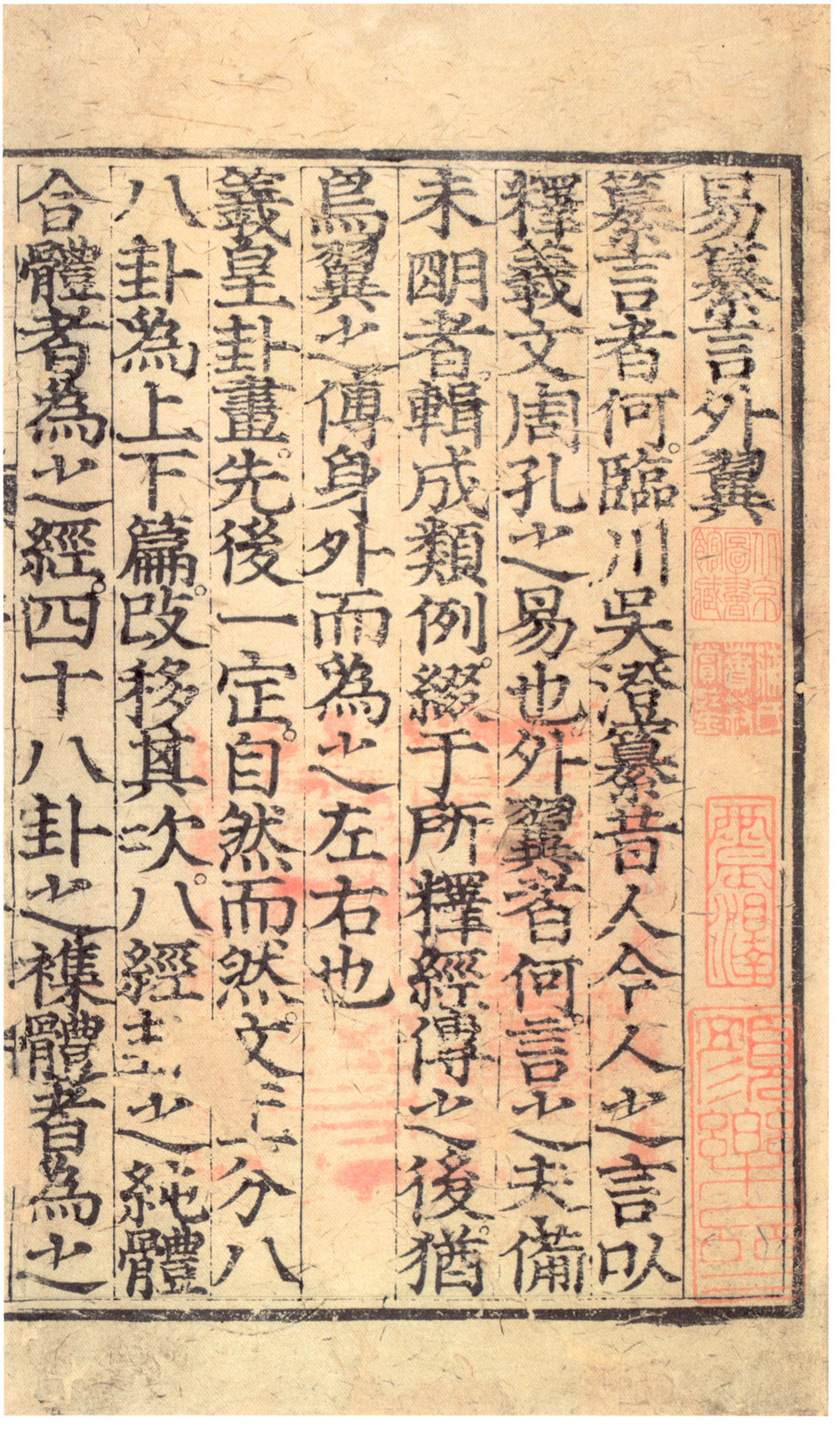

易纂言外翼

纂言者何臨川吳澄纂昔人今人之言以釋羲文周孔之易也外翼者何言之未備未明者輯成類例綴于所釋經傳之後猶鳥翼之傅身外而為之左右也

羲皇卦畫先後一定自然而然文王分八八卦為上下篇改移其次八經卦之純體合體者為之經四十八卦之襍體者為之

00213 易纂言外翼十二卷 （元）吴澄撰 元刻本

匡高19.4厘米，廣14.1厘米。半葉九行，行二十字，細黑口，四周雙邊。有“震澤”等印。國家圖書館藏。

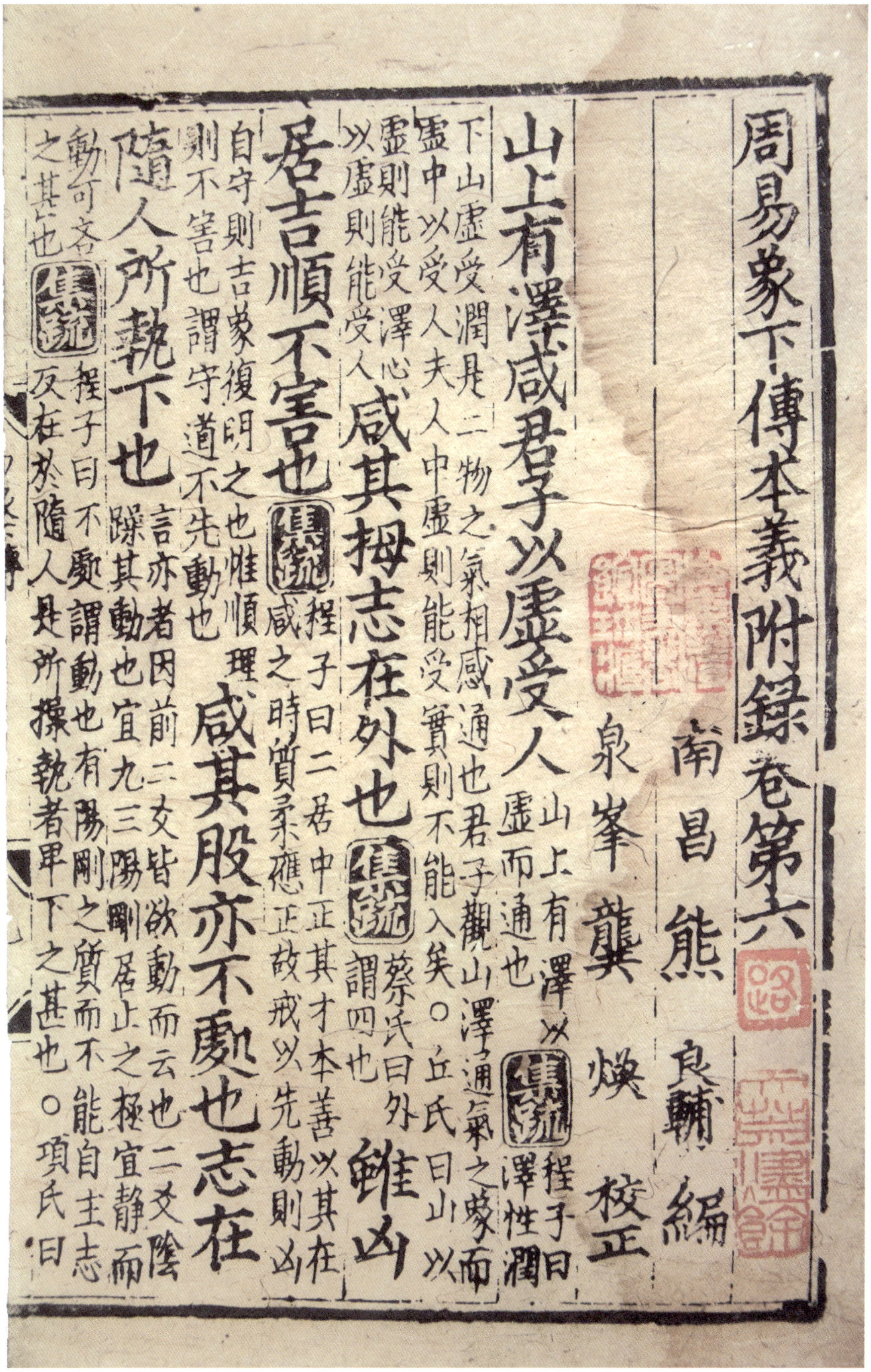
周易彖下傳本義附錄卷第六
南昌熊　良輔編
泉峯龔　煥校正
山上有澤咸君子以虛受人山上有澤以虛而通也集疏程子曰澤性潤下山虛受潤是二物之氣相感通也君子觀山澤通氣之象而虛中以受人夫人中虛則能受實則不能入矣○丘氏曰山以虛則能受澤心以虛則能受人咸其拇志在外也集疏蔡氏曰外謂四也雖凶居吉順不害也集疏程子曰二居中正其才本善以其在咸之時質柔應正故戒以先動則凶自守則吉象復明之也惟順理則不害也謂守道不先動也咸其股亦不處也志在隨人所執下也言亦者因前二爻皆欲動而云也二爻陰躁其動也宜九三陽剛居止之極宜靜而動可吝之甚也集疏程子曰不處謂動也有陽剛之質而不能自主志反在於隨人是所操執者卑下之甚也○項氏曰

00214 周易本義集成十二卷　（元）熊良輔撰　元刻本

匡高19.7厘米，廣13.6厘米。半葉十行，行十七至十九字，小字雙行二十三至二十六字，黑口，四周雙邊。有“路”、“大荒燼餘”等印。山東省圖書館藏，存七卷。

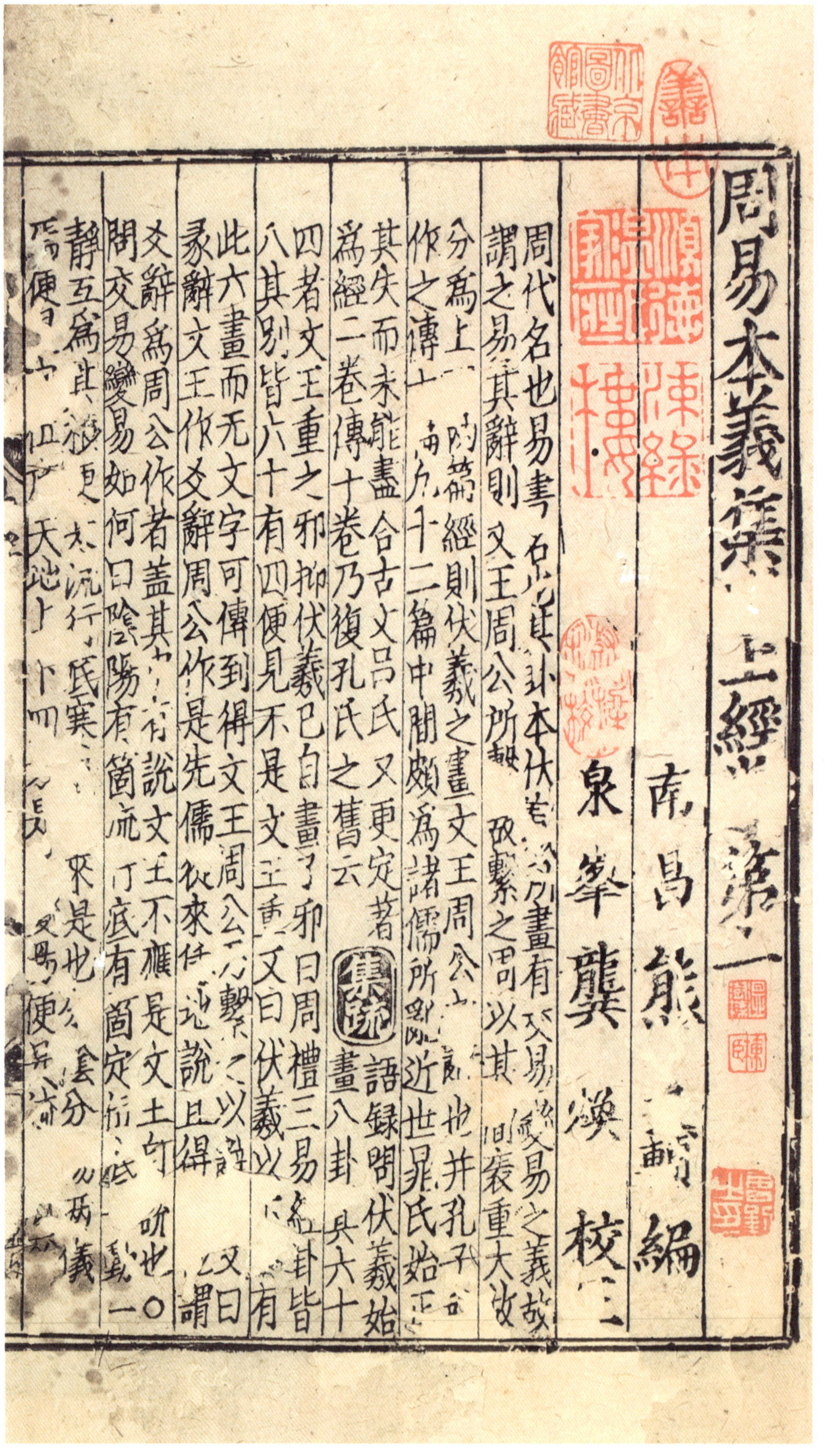
周易本義集成上經卷第一
南昌熊良輔編
泉峯龔渙校正
周代名也易書名其卦本伏羲所畫有交易變易之義故謂之易其辭則文王周公所繫故繫之周以其簡袠重大故分為上下兩篇經則伏羲之畫文王周公之辭也并孔子所作之傳十篇凡十二篇中間頗為諸儒所亂近世晁氏始正其失而未能盡合古文呂氏又更定著為經二卷傳十卷乃復孔子之舊云

00215 周易本義集成十二卷　（元）熊良輔撰　元刻明修本

匡高19.6厘米，廣13.4厘米。半葉十行，行十六至十九字，小字雙行二十四字，細黑口，四周雙邊。有“曾釗之印”等印。國家圖書館藏。

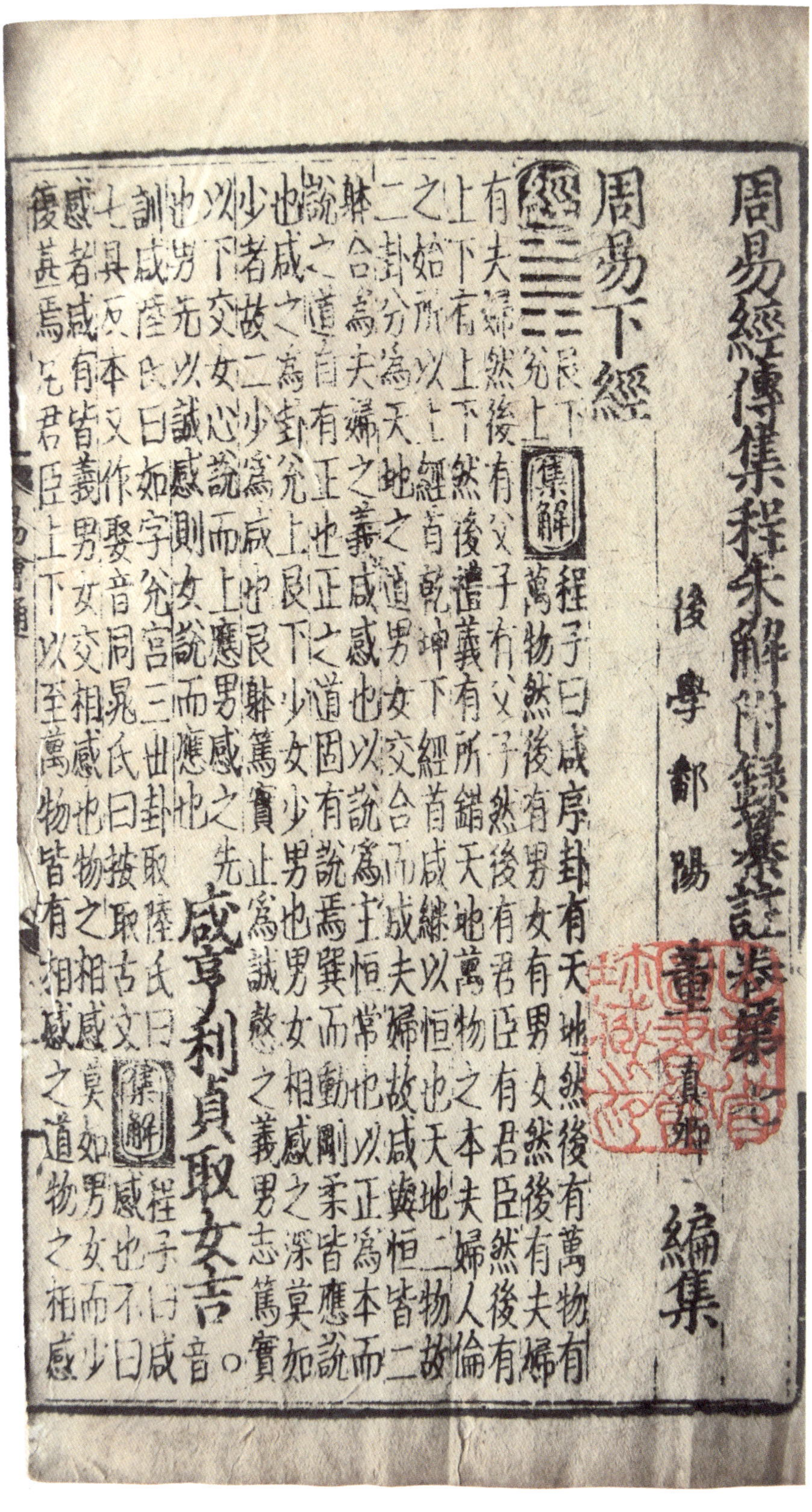
周易經傳集程朱解附録纂註卷第七
後學鄱陽 董真卿 編集
周易下經
咸亨利貞取女吉

00216 周易經傳集程朱解附録纂註十四卷朱子易圖附録纂註一卷朱子啓蒙五贊附録纂註一卷朱子筮儀附録纂註一卷 （元）董真卿撰 元刻本

匡高20.4厘米，廣13厘米。半葉十一行，行十九字，小字雙行二十二字，細黑口，四周雙邊。有“趙録績印”等印。山東省圖書館藏。

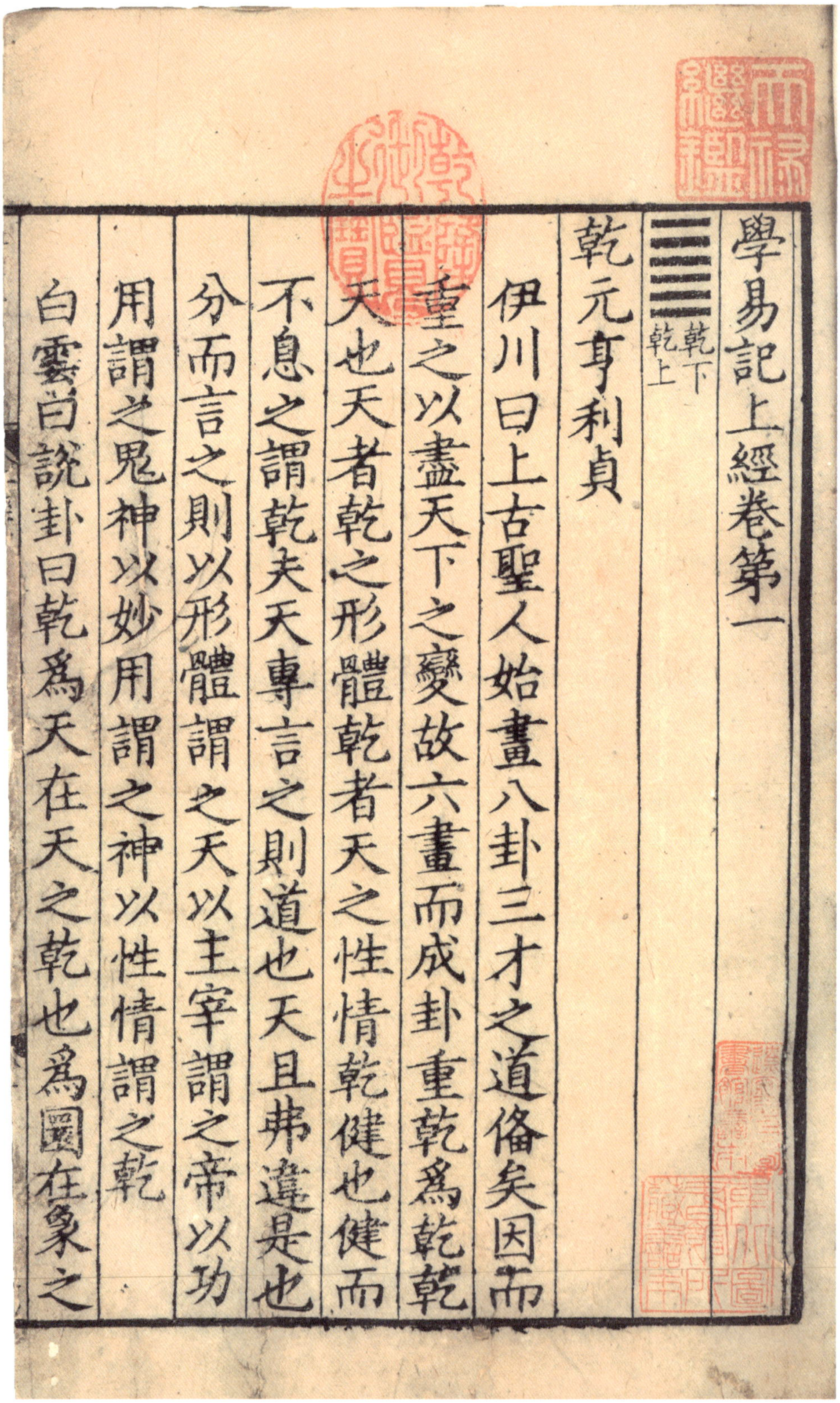

學易記上經卷第一

☰ 乾下乾上

乾元亨利貞

伊川曰上古聖人始畫八卦三才之道備矣因而重之以盡天下之變故六畫而成卦重乾爲乾乾天也天者乾之形體乾者天之性情乾健也健而不息之謂乾夫天專言之則道也天且弗違是也分而言之則以形體謂之天以主宰謂之帝以功用謂之鬼神以妙用謂之神以性情謂之乾

白雲曰說卦曰乾爲天在天之乾也爲圜在象之

00217、00218 學易記九卷附圖經綱領一卷 （元）李簡撰 蒙古中統刻本

匡高22.2厘米，廣17.1厘米。半葉十行，行二十字，白口，左右雙邊。有“乾隆御覽之寶”、“天禄繼鑑”等印。遼寧省圖書館藏，存四卷；國家圖書館藏，存六卷。

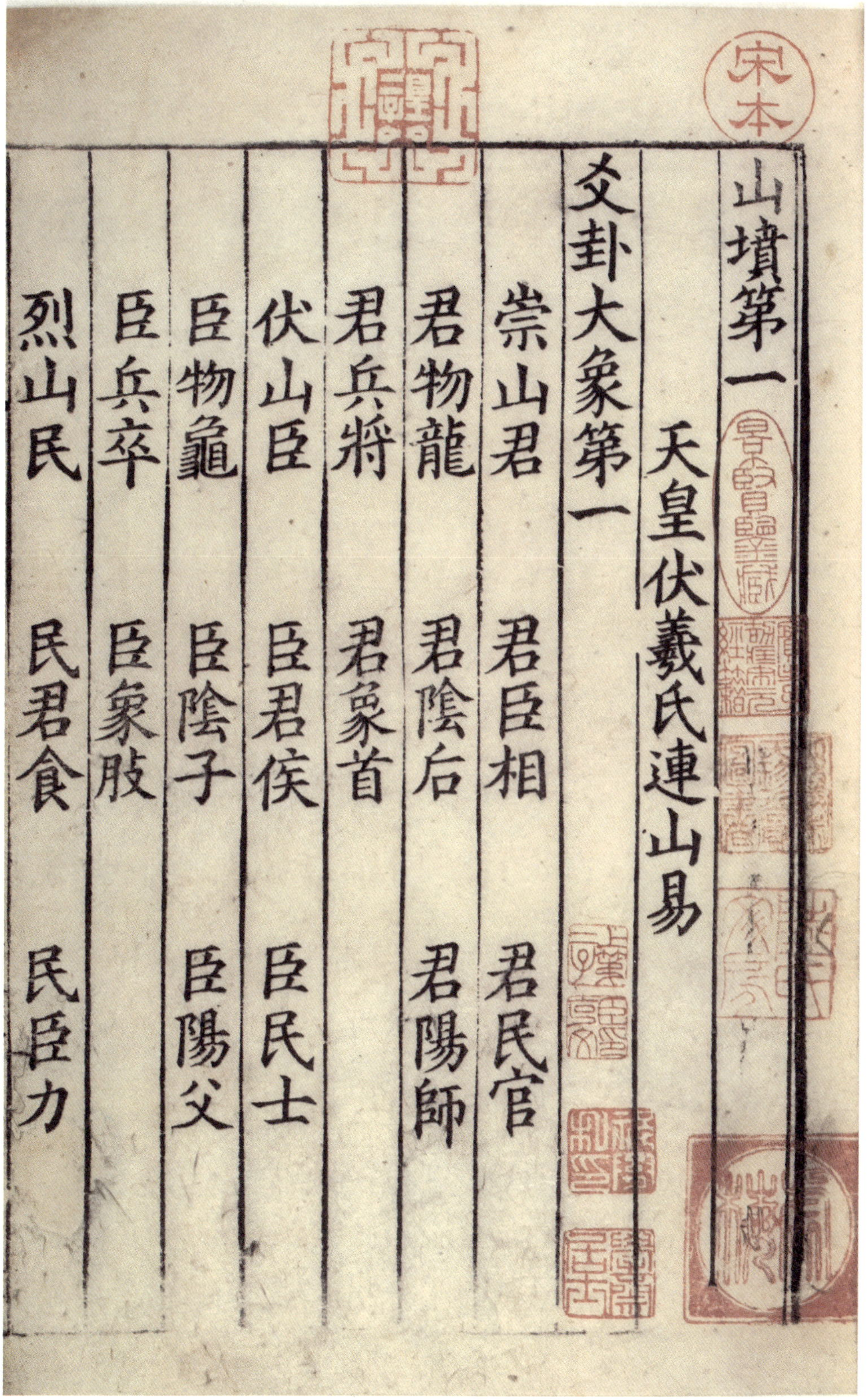

山墳第一
天皇伏羲氏連山易
爻卦大象第一
崇山君　君臣相　君民官
君物龍　君陰后　君陽師
君兵將　君象首
伏山臣　臣君侯　臣民士
臣物龜　臣陰子　臣陽父
臣兵卒　臣象肱
烈山民　民君食　民臣力

00219 古三墳書三卷　宋紹興十七年（1147）婺州州學刻本

匡高22.1厘米，廣15.2厘米。半葉十行，行十八字，白口，左右雙邊。有“葉氏進學齋藏書記”、“陸氏文房”、“景賢鑒藏”、“皇二子”等印。陸元通、陶日發、寶康題款。國家圖書館藏。

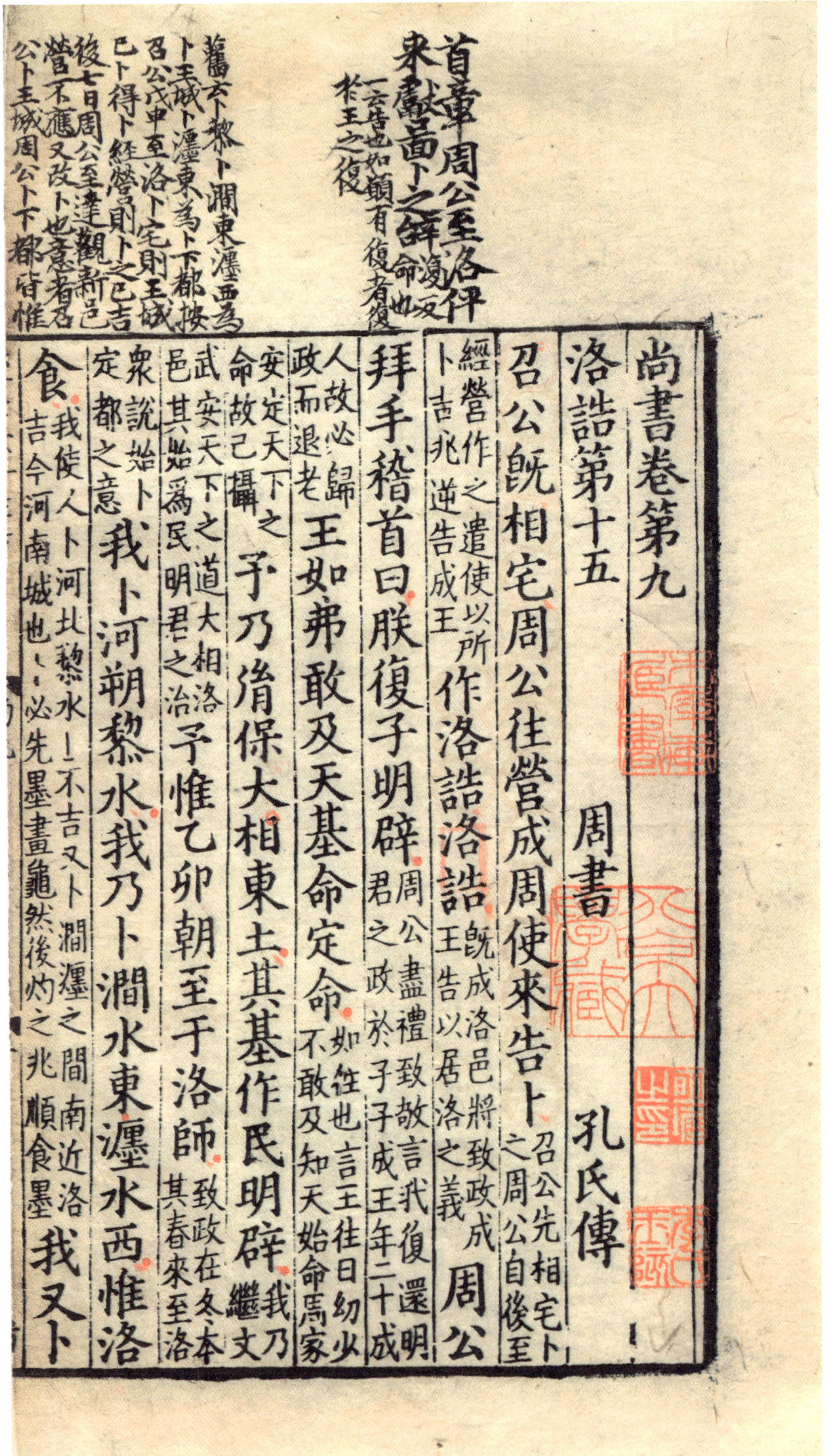

首章周公至洛伻來獻圖卜之辭　復反命也一云告也如顏有復者復於王之復

舊云卜黎水卜澗東瀍西爲卜王城卜瀍東爲卜下都按召公戊申至洛卜宅則王城已卜得卜經營則卜之已吉後七日周公至達觀新邑營不應又改卜也意者召公卜王城周公卜下都皆惟

尚書卷第九

周書　孔氏傳

洛誥第十五

召公既相宅周公往營成周使來告卜召公先相宅卜之周公自後至經營作之遣使以所卜吉兆逆告成王作洛誥洛誥既成洛邑將致政成王告以居洛之義周公拜手稽首曰朕復子明辟周公盡禮致敬言我復還明君之政於子子成王年二十成人故必歸政而退老王如弗敢及天基命定命如往也言王往日幼少不敢及知天始命周家安定天下之命故已攝予乃胤保大相東土其基作民明辟我乃繼文武安天下之道大相洛邑其始爲民明君之治予惟乙卯朝至于洛師致政在冬本其春來至洛衆說始卜定都之意我卜河朔黎水我乃卜澗水東瀍水西惟洛食我使人卜河北黎水不吉又卜澗瀍之間南近洛吉今河南城也卜必先墨畫龜然後灼之兆順食墨我又卜

00220 尚書十三卷　題（漢）孔安國傳　南宋初刻乾道重修本

匡高20.2厘米，廣14厘米。半葉十行，行十八至二十字，小字雙行二十至二十二字，白口，左右雙邊。有"木犀軒藏書"等印。北京大學圖書館藏。

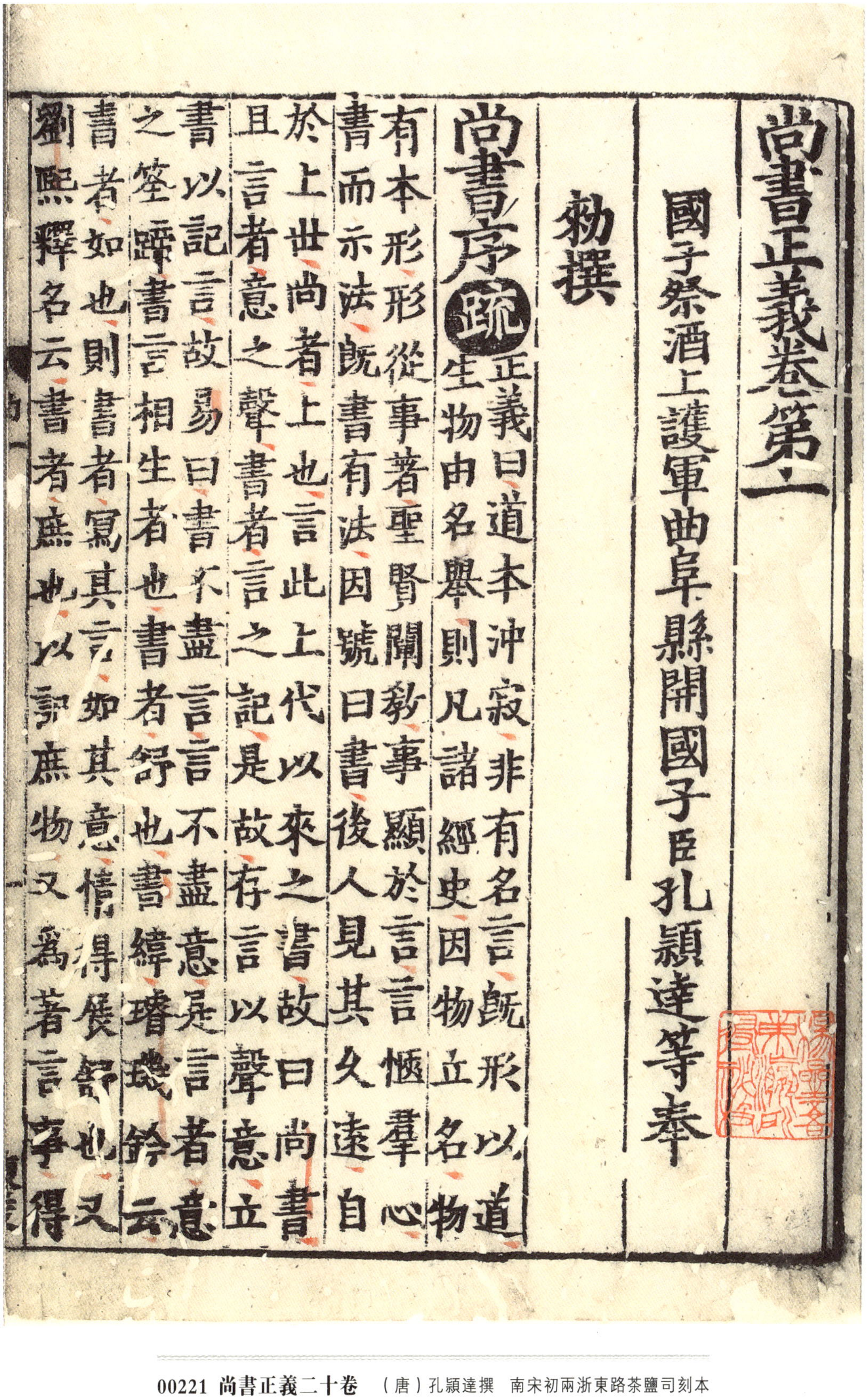
尚書正義卷第一
國子祭酒上護軍曲阜縣開國子臣孔穎達等奉
勑撰
尚書序 疏 正義曰道本沖寂非有名言既形以道生物由名舉則凡諸經史因物立名物
有本形形從事著聖賢闡教事顯於言言愜羣心
書而示法既書有法因號曰書後人見其久遠自
於上世尚者上也言此上代以來之書故曰尚書
且言者意之聲書者言之記是故存言以聲意立
書以記言故易曰書不盡言言不盡意是言者意
之筌蹄書言相生者也書者舒也書緯璿璣鈐云
書者如也則書者寫其言如其意情得展舒也又
劉熙釋名云書者庶也以記庶物又爲著言事得

00221 尚書正義二十卷 （唐）孔穎達撰　南宋初兩浙東路茶鹽司刻本（卷七至八、十九至二十配日本影宋抄本）

匡高22厘米，廣16.3厘米。半葉八行，行十九字，小字雙行同，白口，左右雙邊。有“楊星吾東瀛所得秘笈”印。楊守敬跋。國家圖書館藏。

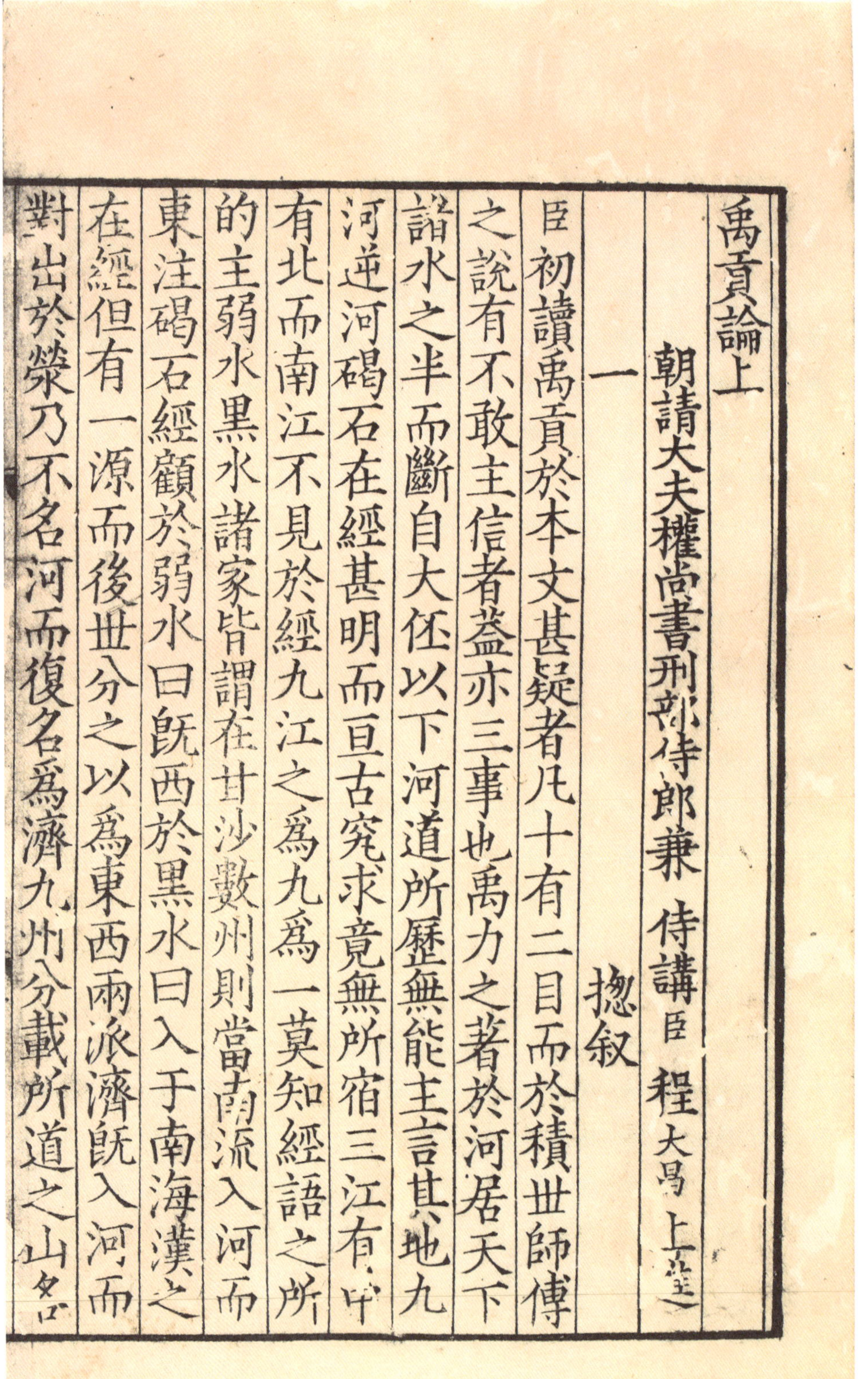

禹貢論上

朝請大夫權尚書刑部侍郎兼 侍講臣 程大昌 上進

一 揔叙

臣初讀禹貢於本文甚疑者凡十有二目而於積世師傳之說有不敢主信者益亦三事也禹力之著於河居天下諸水之半而斷自大伾以下河道所歷無能主言其地九河逆河碣石在經甚明而亘古窮求竟無所宿三江有中有北而南江不見於經九江之爲九爲一莫知經語之所的主弱水黑水諸家皆謂在甘沙數州則當南流入河而東注碣石經顧於弱水曰既西於黑水曰入于南海漢之在經但有一源而後世分之以爲東西兩派濟既入河而對出於滎乃不名河而復名爲濟九州分載所道之山名山

00222 禹貢論二卷後論一卷山川地理圖二卷 （宋）程大昌撰 宋淳熙八年（1181）陳應行泉州州學刻本

匡高19.6厘米，廣13.6厘米。半葉十二行，行二十二字，白口，左右雙邊。有“郁印松年”、“田耕堂藏”、“蔣祖詒”、“穀孫”、“祁陽陳澄中藏書記”等印。國家圖書館藏。

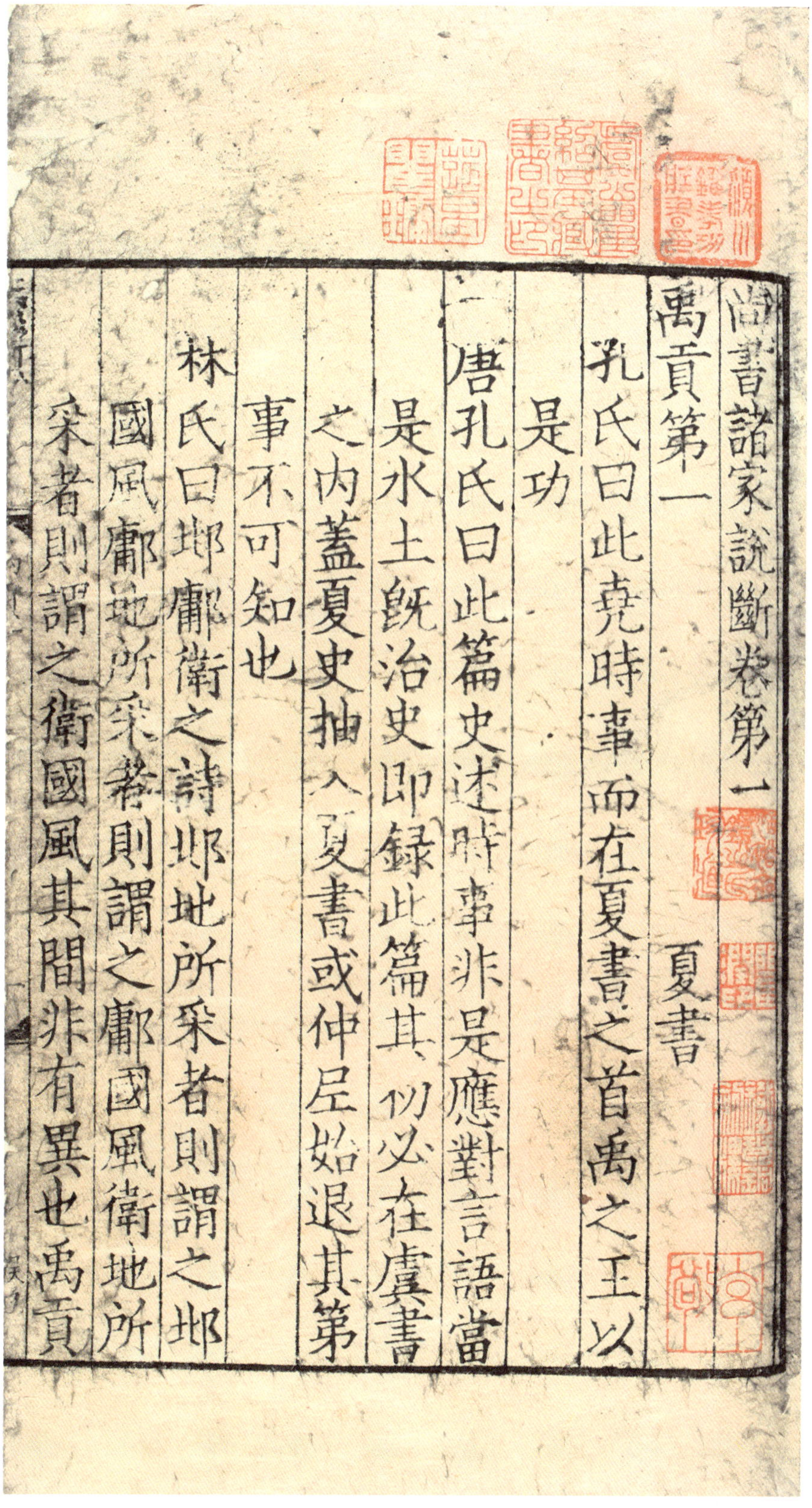
尚書諸家説斷卷第一
禹貢第一　夏書
孔氏曰此堯時事而在夏書之首禹之王以
是功
唐孔氏曰此篇史述時事非是應對言語當
是水土既治史即録此篇其初必在虞書
之内蓋夏史抽入夏書或仲尼始退其第
事不可知也
林氏曰邶鄘衛之詩邶地所采者則謂之邶
國風鄘地所采者則謂之鄘國風衛地所
采者則謂之衛國風其間非有異也禹貢

00223 杏溪傅氏禹貢集解二卷　（宋）傅寅撰　宋刻元修本

包背裝。匡高22.2厘米，廣16.3厘米。半葉十一行，行十八字，細黑口，左右雙邊。有“潁川鎦考功藏書印”、“乾學”、“鐵琴銅劍樓”等印。國家圖書館藏。

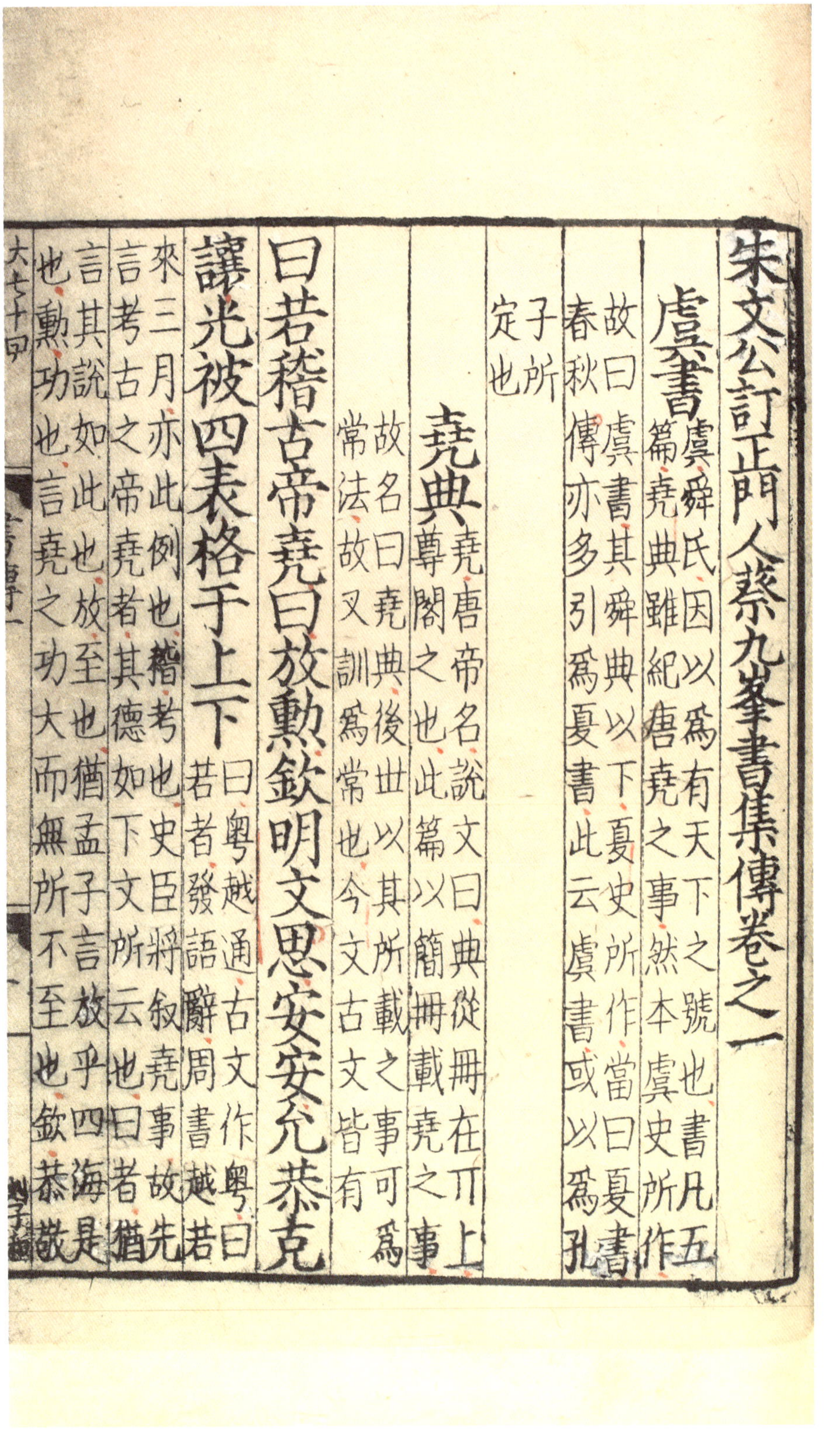
朱文公訂正門人蔡九峯書集傳卷之一

虞書 虞舜氏因以爲有天下之號也書凡五篇堯典雖紀唐堯之事然本虞史所作故曰虞書其舜典以下夏史所作當曰夏書春秋傳亦多引爲夏書此云虞書或以爲孔子所定也

堯典 堯唐帝名說文曰典從册在丌上尊閣之也此篇以簡册載堯之事故名曰堯典後世以其所載之事可爲常法故又訓爲常也今文古文皆有

曰若稽古帝堯曰放勳欽明文思安安允恭克讓光被四表格于上下 曰粤越通古文作粤曰若者發語辭周書越若來三月亦此例也稽考也史臣將敘堯事故先言考古之帝堯者其德如下文所云也曰若稽言其說如此也放至也猶孟子言放乎四海是也勳功也言堯之功大而無所不至也欽恭敬

00224 朱文公訂正門人蔡九峯書集傳六卷 （宋）蔡沈撰 **書傳問答一卷** 宋淳祐十年（1250）呂遇龍上饒郡學刻本

匡高21.4厘米，廣16.8厘米。半葉十行，行十八字，小字雙行同，細黑口，左右雙邊。有“淳祐庚戌季秋金華後學呂遇龍校正刊于上饒郡學之極高明”刻書題記。有“安樂堂藏書記”、“東郡宋存書室珍藏”等印。國家圖書館藏。

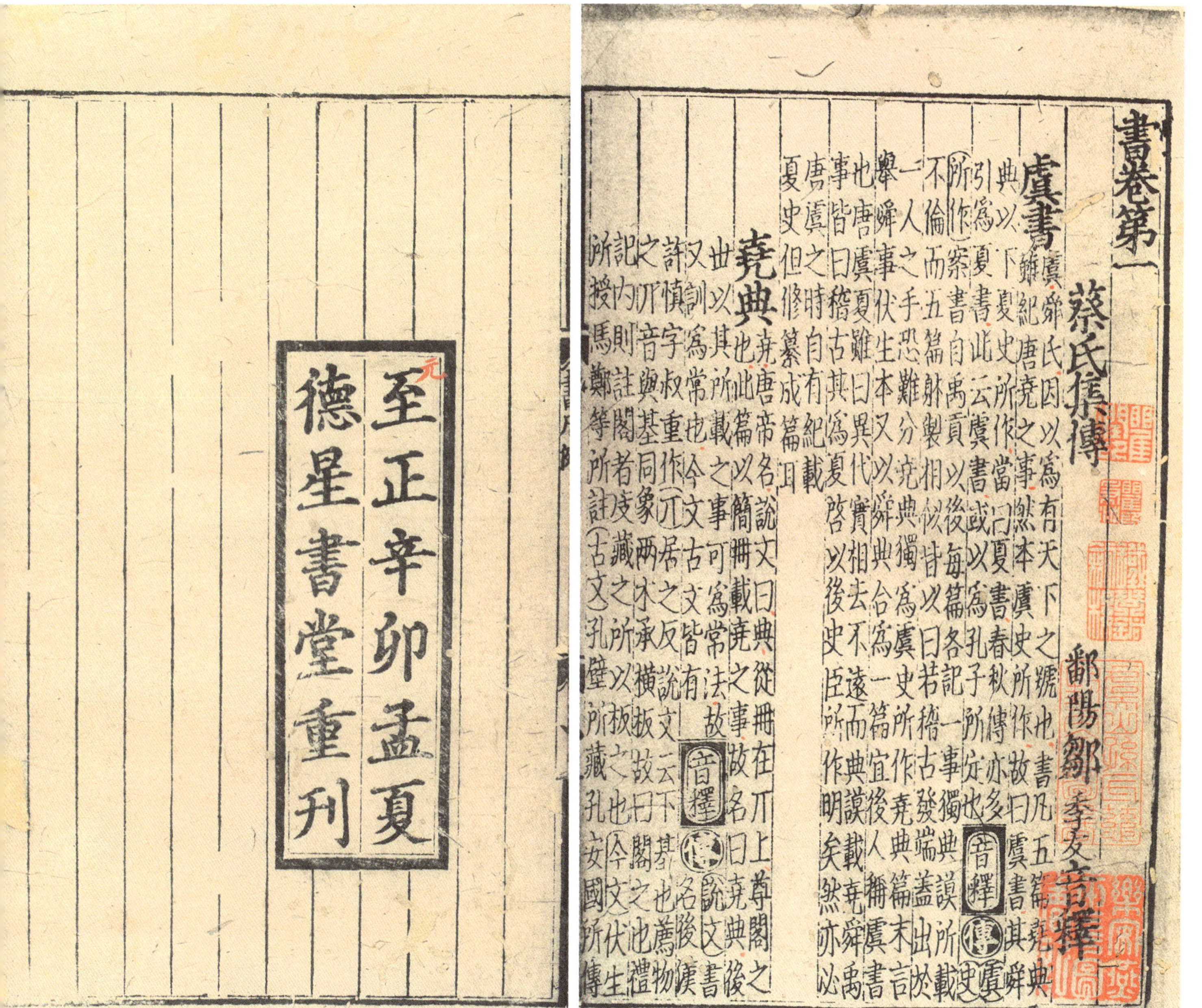

00225 書集傳六卷書圖一卷 （宋）蔡沈撰 （元）鄒季友音釋 **朱子説書綱領一卷** （宋）朱熹撰 元至正十一年（1351）德星書堂刻本

匡高20.8厘米，廣13.8厘米。半葉十二行，行二十一字，小字雙行同，黑口，四周雙邊。有“至正辛卯孟夏德星書堂重刊”牌記。有“虞山孫氏慈封丙舍圖書”、“鐵琴銅劍樓”等印。國家圖書館藏。

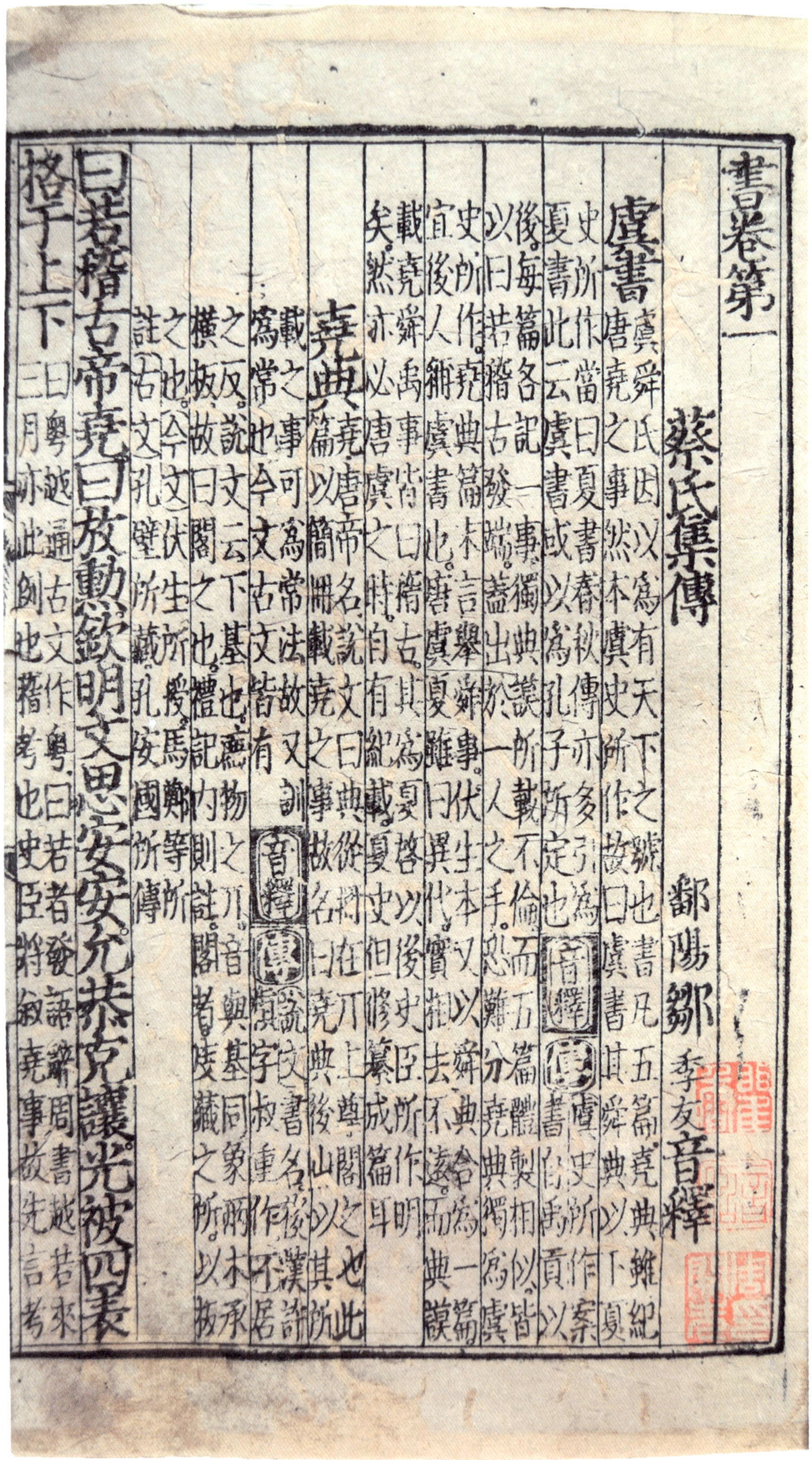
書卷第一　蔡氏集傳　鄱陽鄒季友音釋
虞書　虞舜氏因以爲有天下之號也書凡五篇堯典雖紀唐堯之事然本虞史所作故曰虞書

00226 書集傳六卷首一卷末一卷　（宋）蔡沈撰　（元）鄒季友音釋　元至正雙桂書堂刻本

匡高21.2厘米，廣13.6厘米。半葉十三行，行二十三字，小字雙行同，黑口，四周雙邊。有“至正辛卯孟夏雙桂書堂重刊”牌記。顧廣圻校并跋。吉林省圖書館藏。

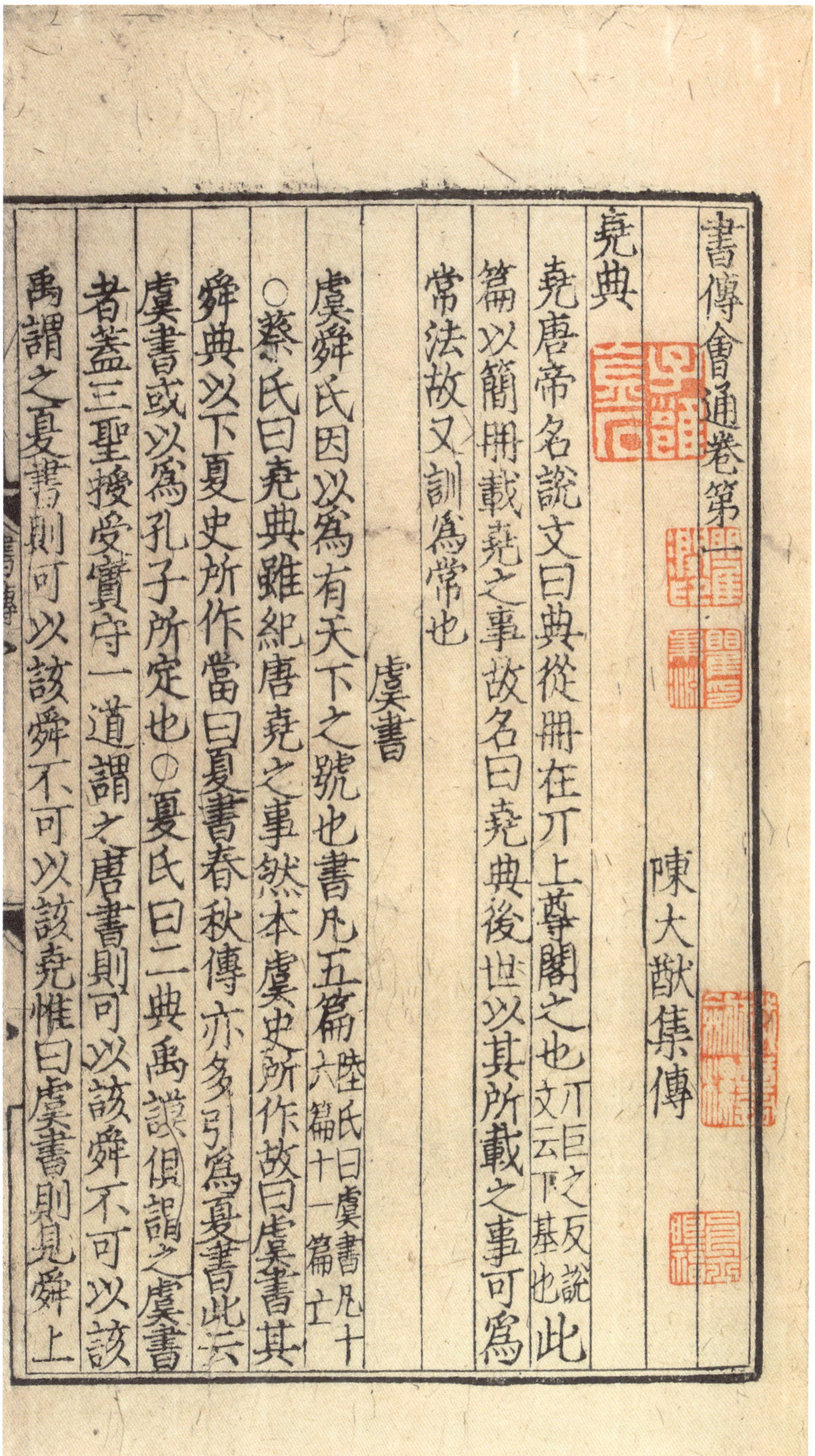
書傳會通卷第一
陳大猷集傳
堯典
堯唐帝名說文曰典從冊在丌上尊閣之也丌巨之反說文云下基也此
篇以簡冊載堯之事故名曰堯典後世以其所載之事可爲
常法故又訓爲常也
虞書
虞舜氏因以爲有天下之號也書凡五篇陸氏曰虞書凡十六篇十一篇亡
○蔡氏曰堯典雖紀唐堯之事然本虞史所作故曰虞書其
舜典以下夏史所作當曰夏書春秋傳亦多引爲夏書此云
虞書或以爲孔子所定也○夏氏曰二典禹謨俱謂之虞書
者蓋三聖授受實守一道謂之唐書則可以該舜不可以該
禹謂之夏書則可以該舜不可以該堯惟曰虞書則見舜上

00227 書集傳十二卷或問二卷 （宋）陳大猷撰 元刻本

匡高20厘米，廣13.2厘米。半葉十三行，行二十四字，黑口，四周雙邊。有“鐵琴銅劍樓”等印。國家圖書館藏。

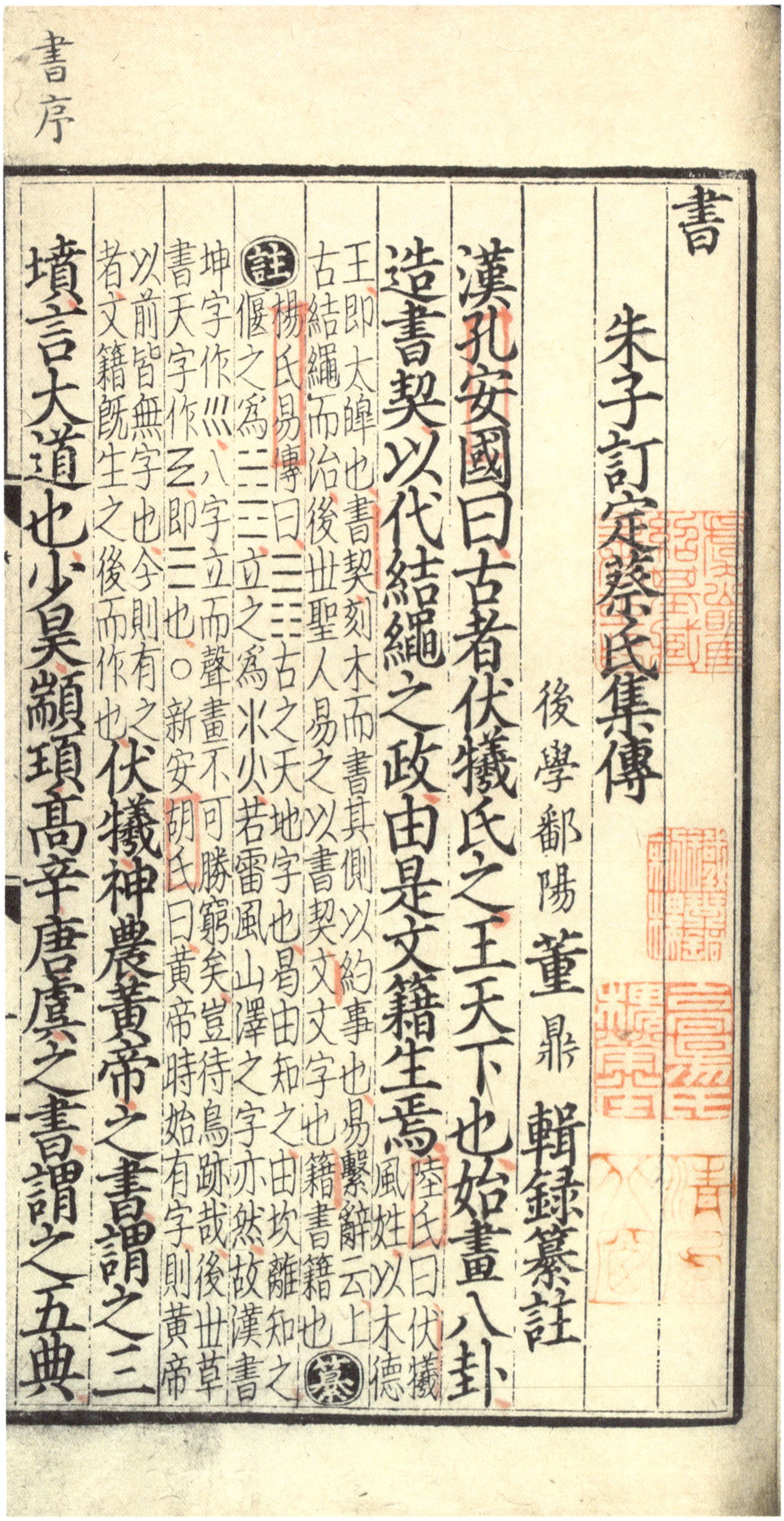
書序

書

朱子訂定蔡氏集傳

後學鄱陽 董鼎 輯録纂註

漢孔安國曰古者伏犧氏之王天下也始畫八卦造書契以代結繩之政由是文籍生焉陸氏曰伏犧風姓以木德王即太皡也書契刻木而書其側以約事也易繫辭云上古結繩而治後世聖人易之以書契文文字也籍書籍也（纂）（註）楊氏易傳曰☰☷古之天地字也咼由知之由坎離知之偃之爲☵☲立之爲水火若雷風山澤之字亦然故漢書坤字作巛八字立而聲畫不可勝窮矣豈待鳥跡哉後世草書天字作乙即☰也○新安胡氏曰黃帝時始有字則黃帝以前皆無字也今則有之者文籍既生之後而作也伏犧神農黃帝之書謂之三墳言大道也少昊顓頊高辛唐虞之書謂之五典

00228 書集傳輯録纂註六卷又一卷朱子説書綱領輯録一卷 （元）董鼎撰 元延祐五年（1318）建安余氏勤有堂刻本

匡高21厘米，廣13.1厘米。半葉十行，行二十字，小字雙行二十四字，黑口，四周雙邊。有“延祐戊午”、“勤有堂”、“建安余氏勤有堂刊”等牌記。有“鐵琴銅劍樓”等印。王元亮點校。國家圖書館藏。

建安余氏
勤有堂刊

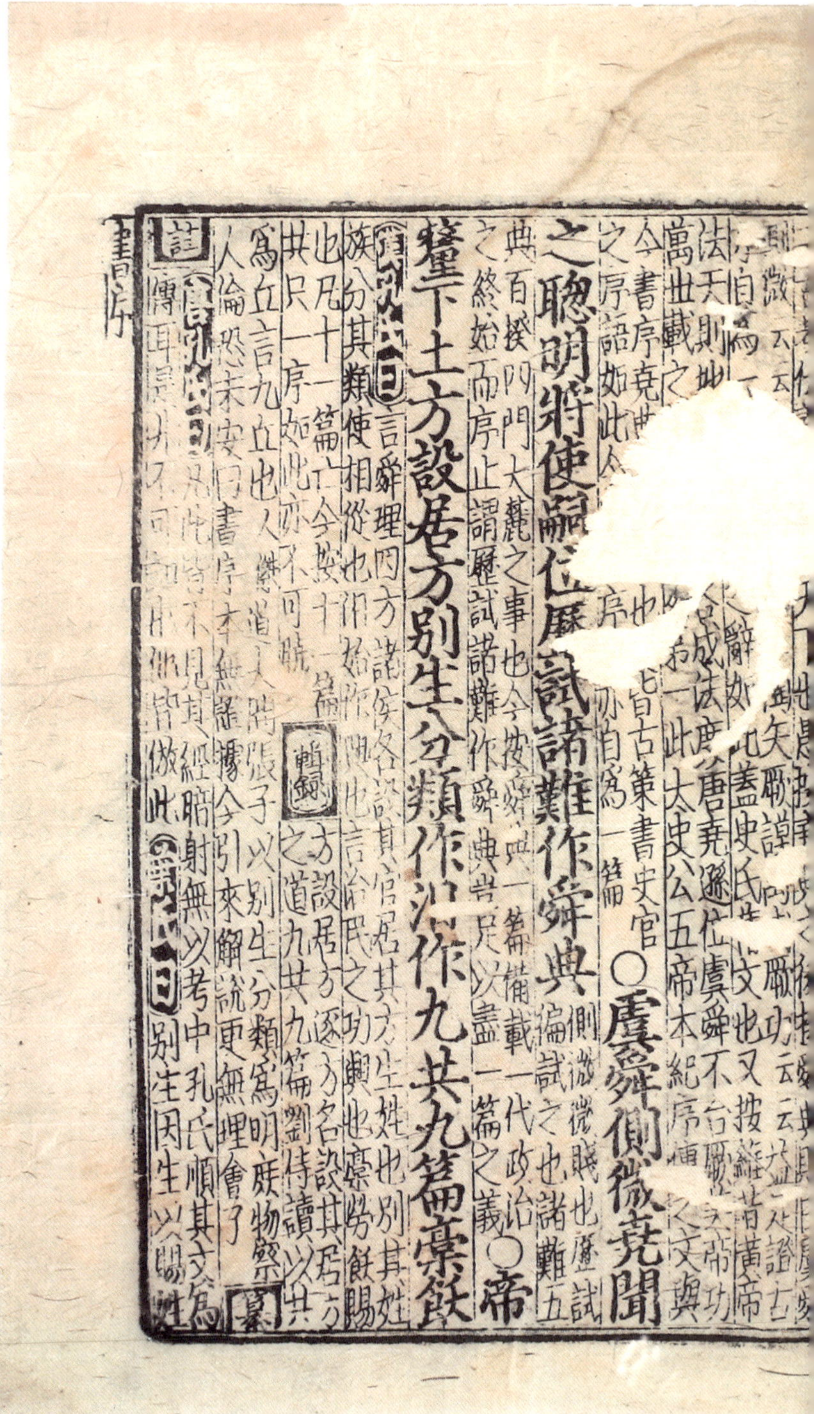

00229 朱子訂定蔡氏書集傳六卷 （元）董鼎輯録纂注 元刻本

蝴蝶裝。匡高19.2厘米，廣12.2厘米。半葉十一行，行二十字，小字雙行二十四字，細黑口，四周雙邊。1970年明魯荒王墓出土。山東省博物館藏。

書序

○朱子訂定蔡氏集傳

後學鄱陽董鼎輯録纂註

漢劉歆曰孔子修易序書班固曰孔子纂書凡百篇而爲之序言其作意今攷序文於見存之篇雖頗依文立義而識見淺陋無所發明其間至有與經相戾者於已亡之篇則依阿簡畧尤無所補其非孔子所作明甚顧世代久遠不可復知然孔安國雖云得之壁中而亦未嘗以爲孔子所作但謂書序序所以爲作者之意與[illegible]論堯典等語隔越不屬意亦可見今姑依安[illegible]壁[illegible]之舊復合序爲一篇以附卷末而疏其[illegible]於下

昔在帝堯[illegible]思光宅天下將遜于位讓于虞舜[illegible]明文思也光宅[illegible]下光被四表也將遜[illegible]以虞書也[illegible]追言作書之恩如此

作堯典

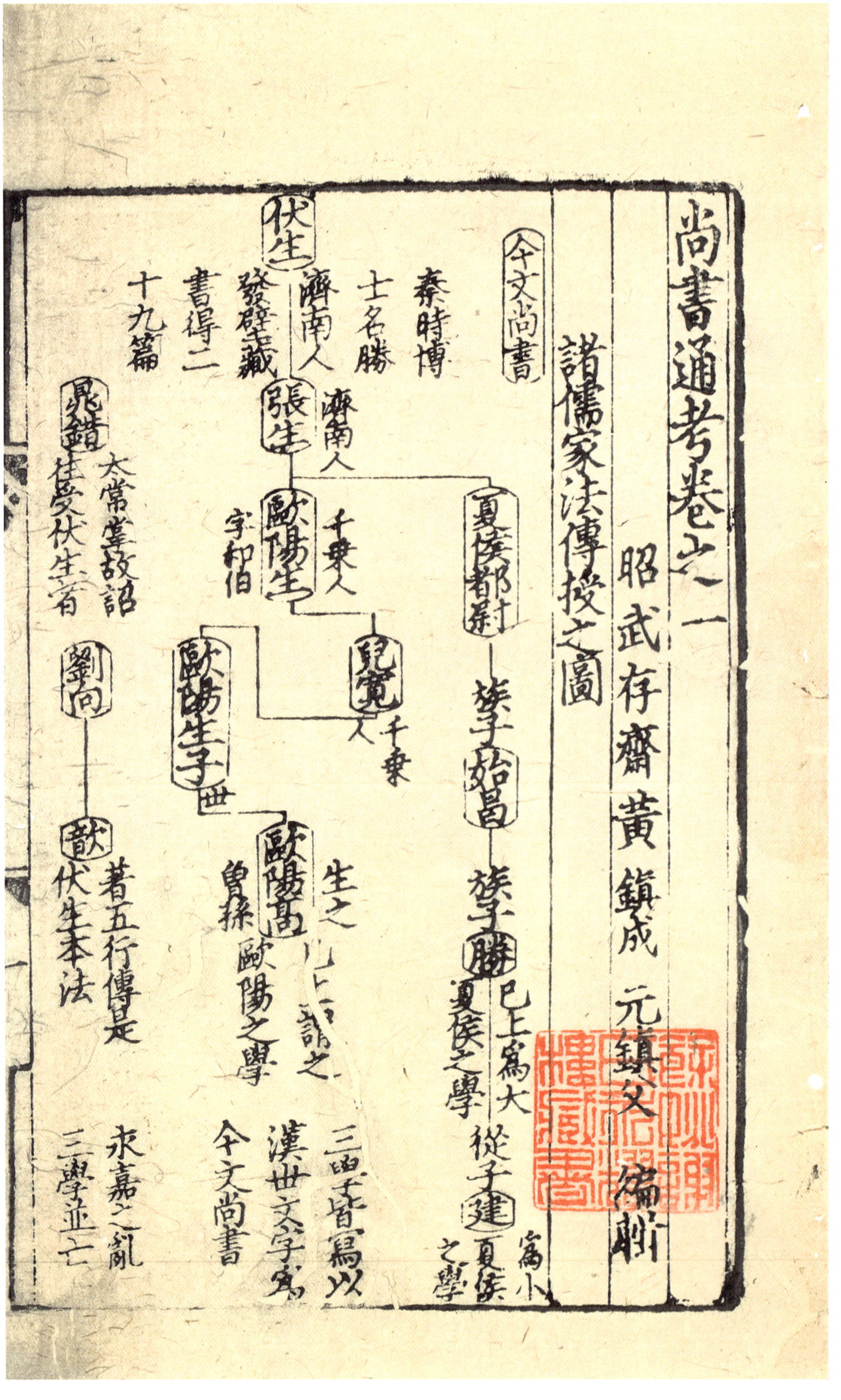

00230 尚書通考十卷 （元）黄鎮成撰 元至正刻本

匡高19.3厘米，廣13厘米。半葉十二行，行二十四字，黑口，左右雙邊。有“餘姚謝氏永耀樓藏書”等印。沈祥龍跋。國家圖書館藏。

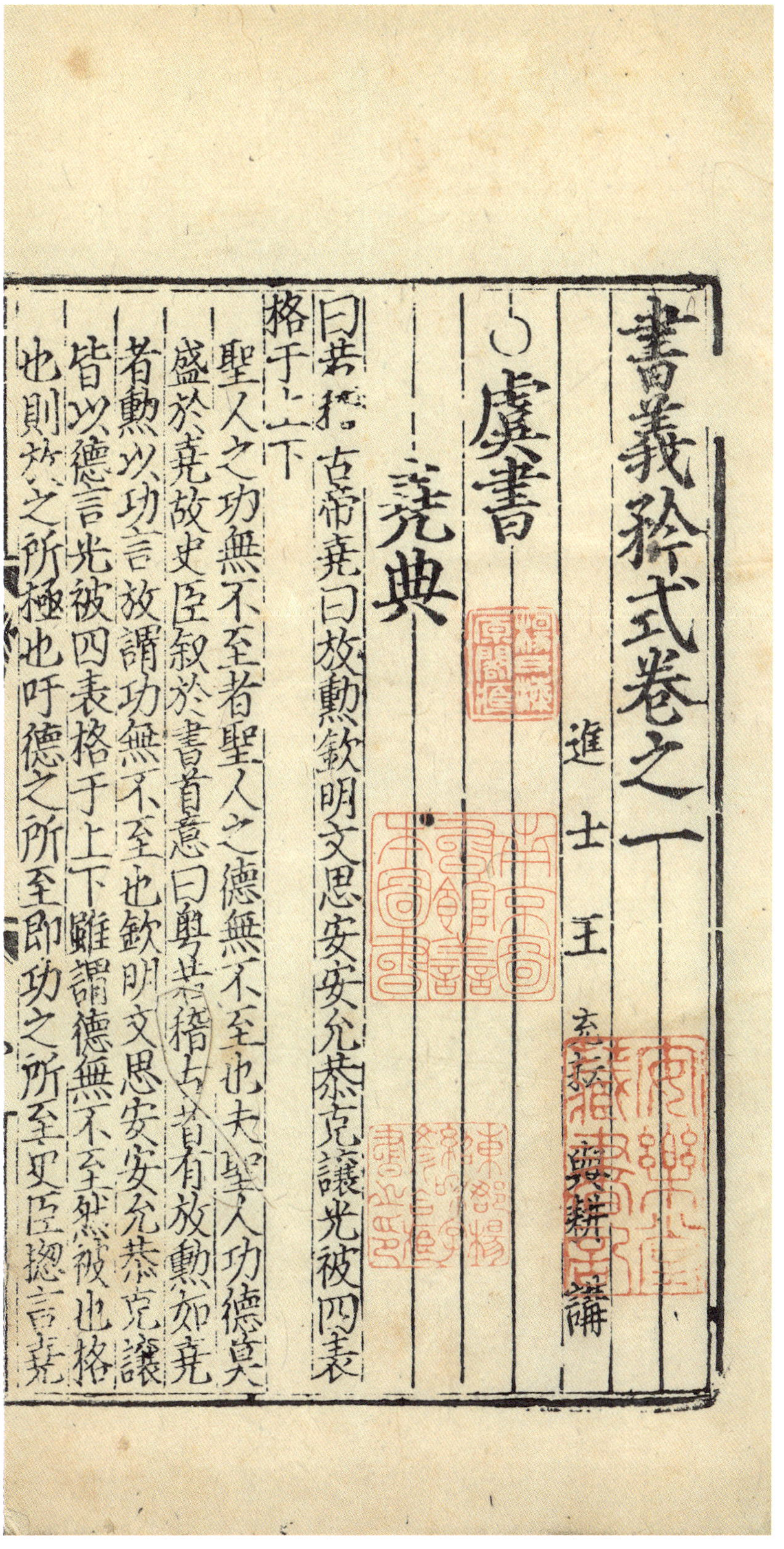

書義矜式卷之一
進士王充耘與耕講
虞書
堯典
曰若稽古帝堯曰放勳欽明文思安安允恭克讓光被四表
格于上下
聖人之功無不至者聖人之德無不至也夫聖人功德莫
盛於堯故史臣敘於書首意曰粤若稽古首有放勳如堯
者勳以功言放謂功無不至也欽明文思安安允恭克讓
皆以德言光被四表格于上下雖謂德無不至然被也格
也則於之所極也吁德之所至即功之所至史臣摠言堯

00231 書義矜式六卷　（元）王充耘撰　元刻本

匡高18.8厘米，廣12.2厘米。半葉十四行，行二十三字，黑口，四周雙邊。有“安樂堂藏書記”、“東郡楊紹和字彥合藏書之印”等印。南京圖書館藏。

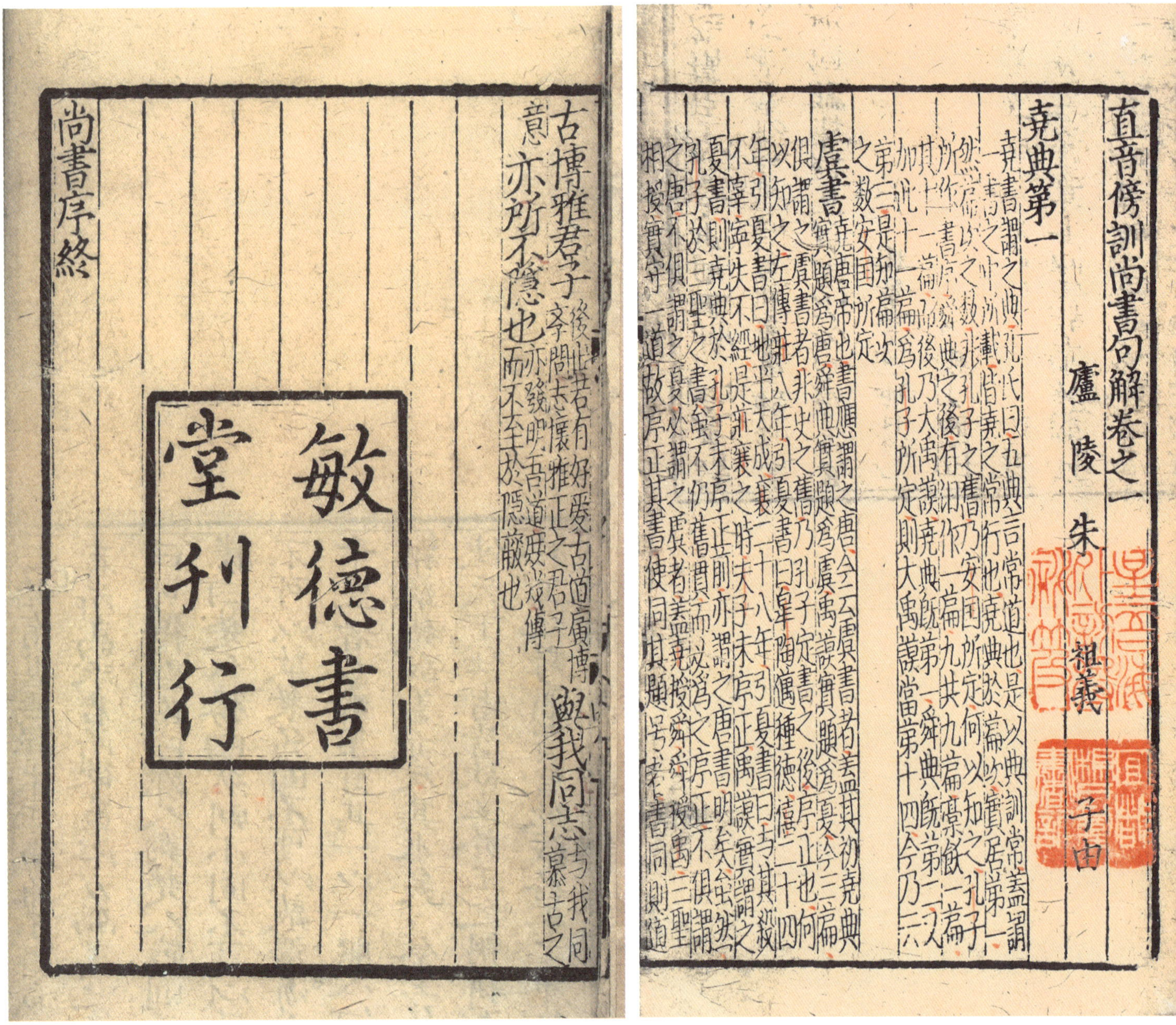
尚書序終

敏德書堂刊行

直音傍訓尚書句解卷之一

廬陵　朱祖義子由

堯典第一

00232 直音傍訓尚書句解十三卷　（元）朱祖義撰　元泰定敏德書堂刻本

匡高17.7厘米，廣10.6厘米。半葉十二行，行二十二至二十四字，小字雙行同，細黑口，左右雙邊。有“敏德書堂刊行”牌記。有“星吾海外訪得秘笈”、“涵芬樓藏”等印。國家圖書館藏。

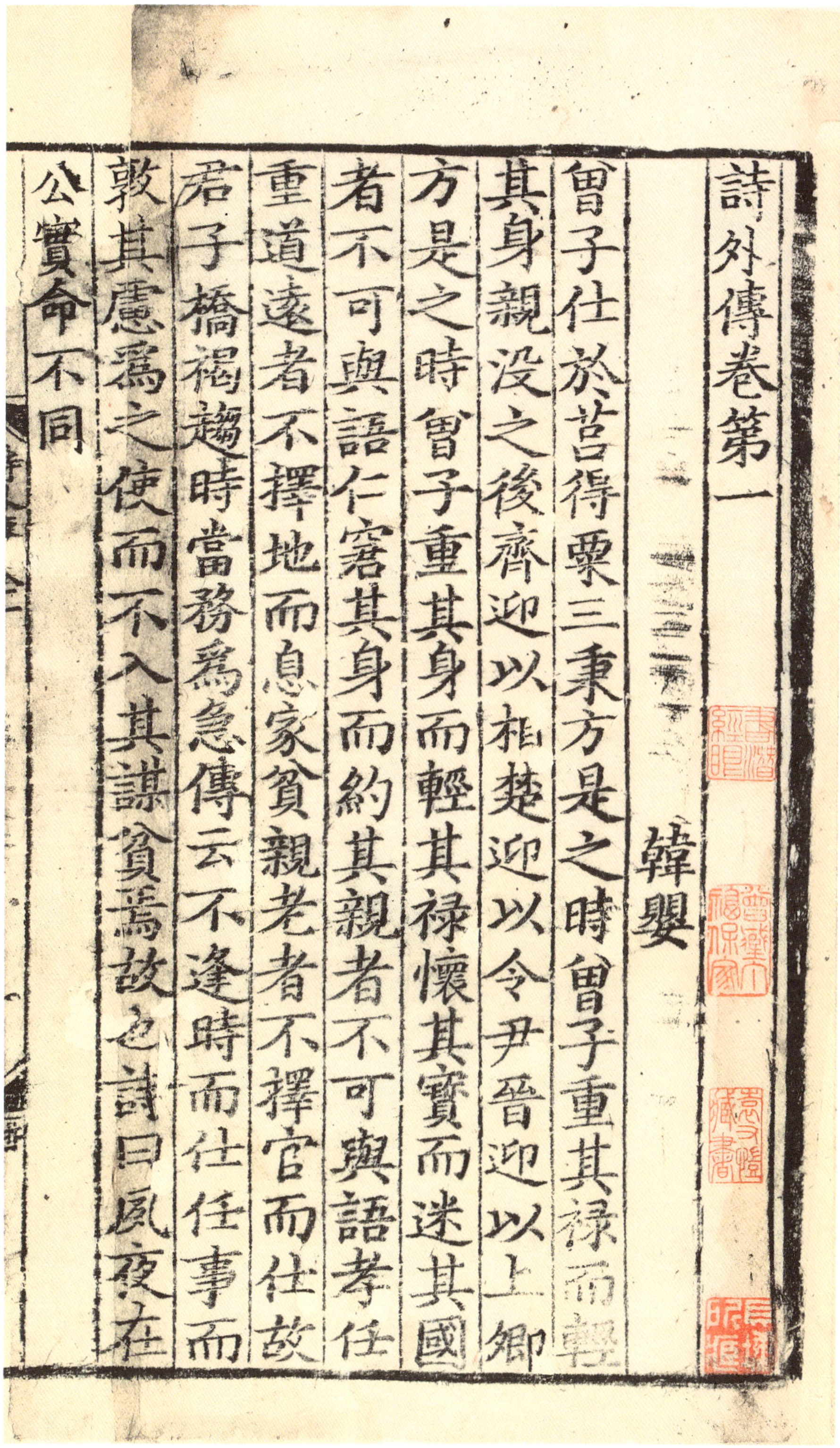

詩外傳卷第一

韓嬰

曾子仕於莒得粟三秉方是之時曾子重其禄而輕其身親没之後齊迎以相楚迎以令尹晉迎以上卿方是之時曾子重其身而輕其禄懷其寶而迷其國者不可與語仁窘其身而約其親者不可與語孝任重道遠者不擇地而息家貧親老者不擇官而仕故君子橋褐趨時當務爲急傳云不逢時而仕任事而敦其慮爲之使而不入其謀貧焉故也詩曰夙夜在公實命不同

00233 詩外傳十卷 （漢）韓嬰撰 元至正十五年（1355）嘉興路儒學刻明修本（卷三、四有抄配）

匡高23.2厘米，廣14.4厘米。半葉十行，行二十字，細黑口，左右雙邊。有“貝墉所藏”、“袁又愷藏書”、“曾藏丁福保家”等印。黄丕烈校并跋，顧廣圻、瞿中溶、傅增湘跋。國家圖書館藏。

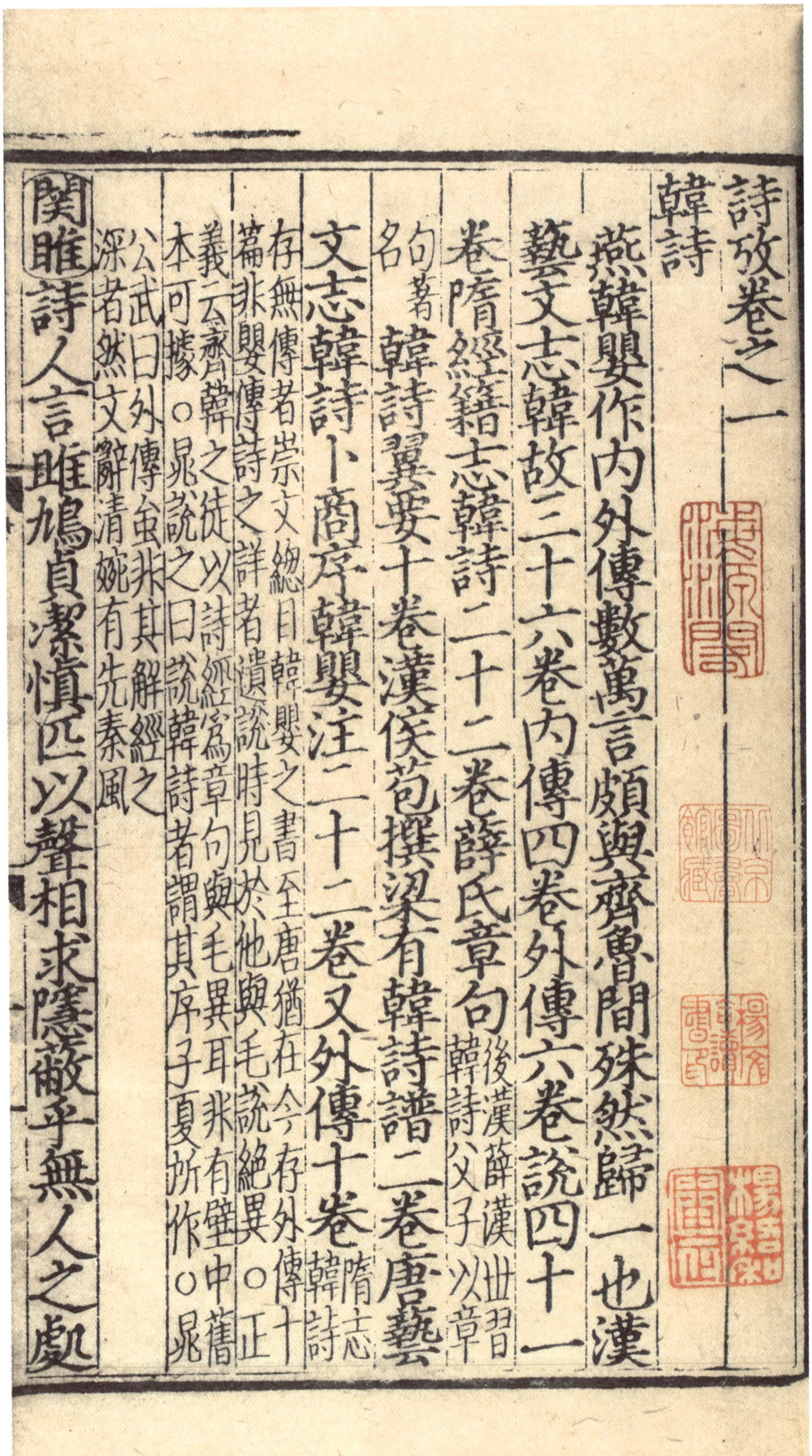
詩攷卷之一

韓詩

燕韓嬰作內外傳數萬言頗與齊魯閒殊然歸一也漢藝文志韓故三十六卷內傳四卷外傳六卷說四十一卷隋經籍志韓詩二十二卷薛氏章句後漢薛漢世習韓詩父子以章句著名韓詩翼要十卷漢侯苞撰梁有韓詩譜二卷唐藝文志韓詩卜商序韓嬰注二十二卷又外傳十卷隋志韓詩存無傳者崇文總目韓嬰之書至唐猶在今存外傳十篇非嬰傳詩之詳者遺說時見於他與毛說絕異○正義云齊韓之徒以詩經爲章句與毛異耳非有壁中舊本可據○晁說之曰說韓詩者謂其序子夏所作○晁公武曰外傳雖非其解經之深者然文辭清婉有先秦風

關雎詩人言雎鳩貞潔慎匹以聲相求隱蔽乎無人之處

00234 韓魯齊三家詩攷六卷 （宋）王應麟輯 元泰定四年（1327）劉君佐翠巖精舍刻本

匡高19.8厘米，廣13.4厘米。半葉十一行，行二十二字，小字雙行同，黑口，四周雙邊。有“汪士鐘藏”、“海源閣”等印。國家圖書館藏。

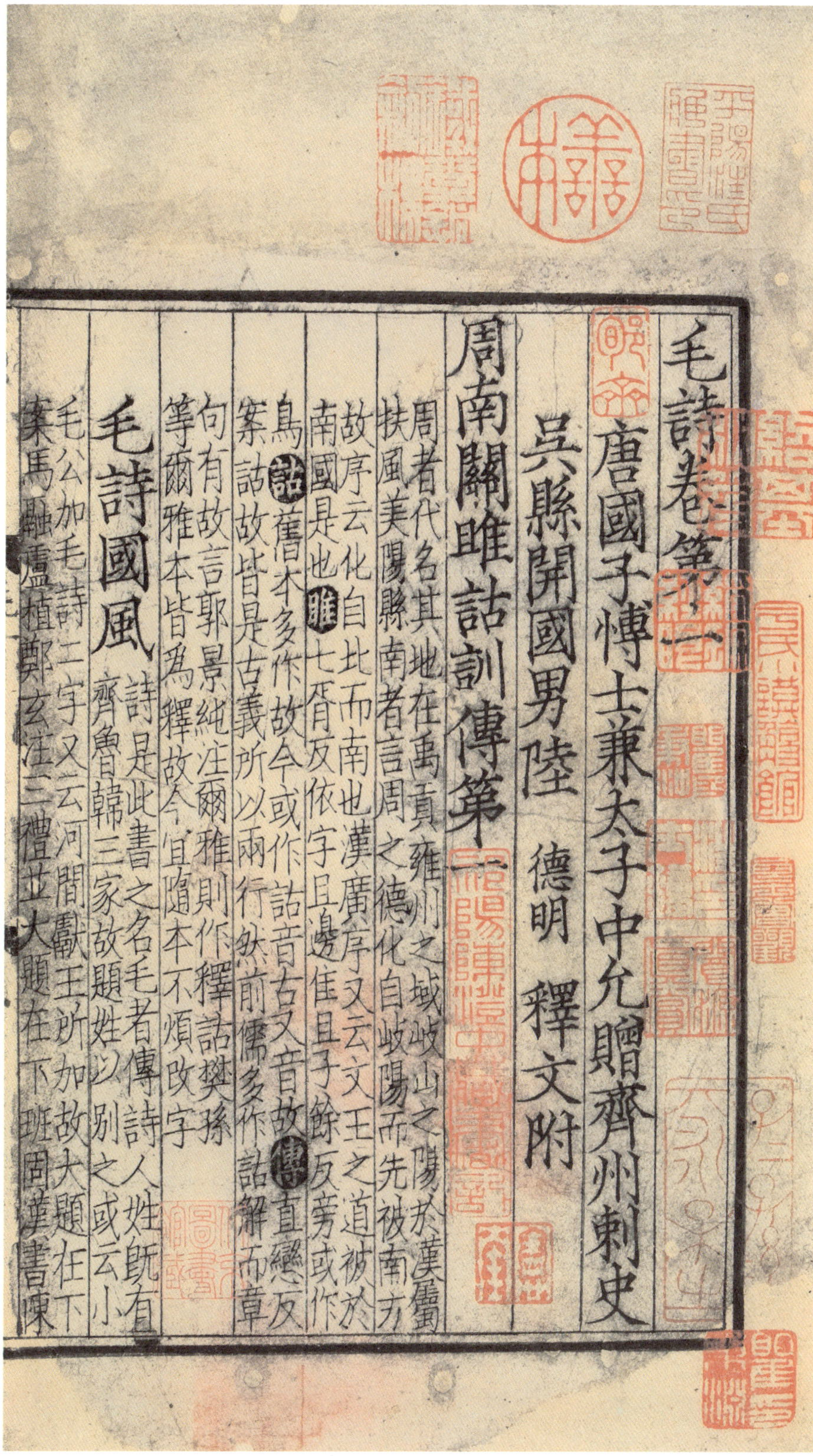
毛詩卷第一
唐國子博士兼太子中允贈齊州刺史
吳縣開國男陸　德明　釋文附
周南關雎詁訓傳第一
周者代名其地在禹貢雍州之域岐山之陽於漢屬扶風美陽縣南者言周之德化自岐陽而先被南方故序云化自北而南也漢廣序又云文王之道被於南國是也雎七胥反依字且邊隹且子餘反旁或作鳥詁舊本多作故今或作詁音古又音故傳直戀反案詁故皆是古義所以兩行然前儒多作詁解而章句有故言郭景純注爾雅則作釋詁樊孫等爾雅本皆爲釋故今宜隨本不煩改字
毛詩國風 詩是此書之名毛者傳詩人姓既有齊魯韓三家故題姓以別之或云小毛公加毛詩二字又云河閒獻王所加故大題在下案馬融盧植鄭玄注三禮並大題在下班固漢書陳

00235 毛詩詁訓傳二十卷 （漢）毛萇傳 （漢）鄭玄箋 （唐）陸德明釋文 宋刻本

匡高14.3厘米，廣10.3厘米。半葉十行，行十七字，小字雙行二十二字，白口，左右雙邊或四周雙邊。有“汪印士鐘”、“紹基秘笈”、“文登于氏家藏”、“祁陽陳澄中藏書記”等印。國家圖書館藏。

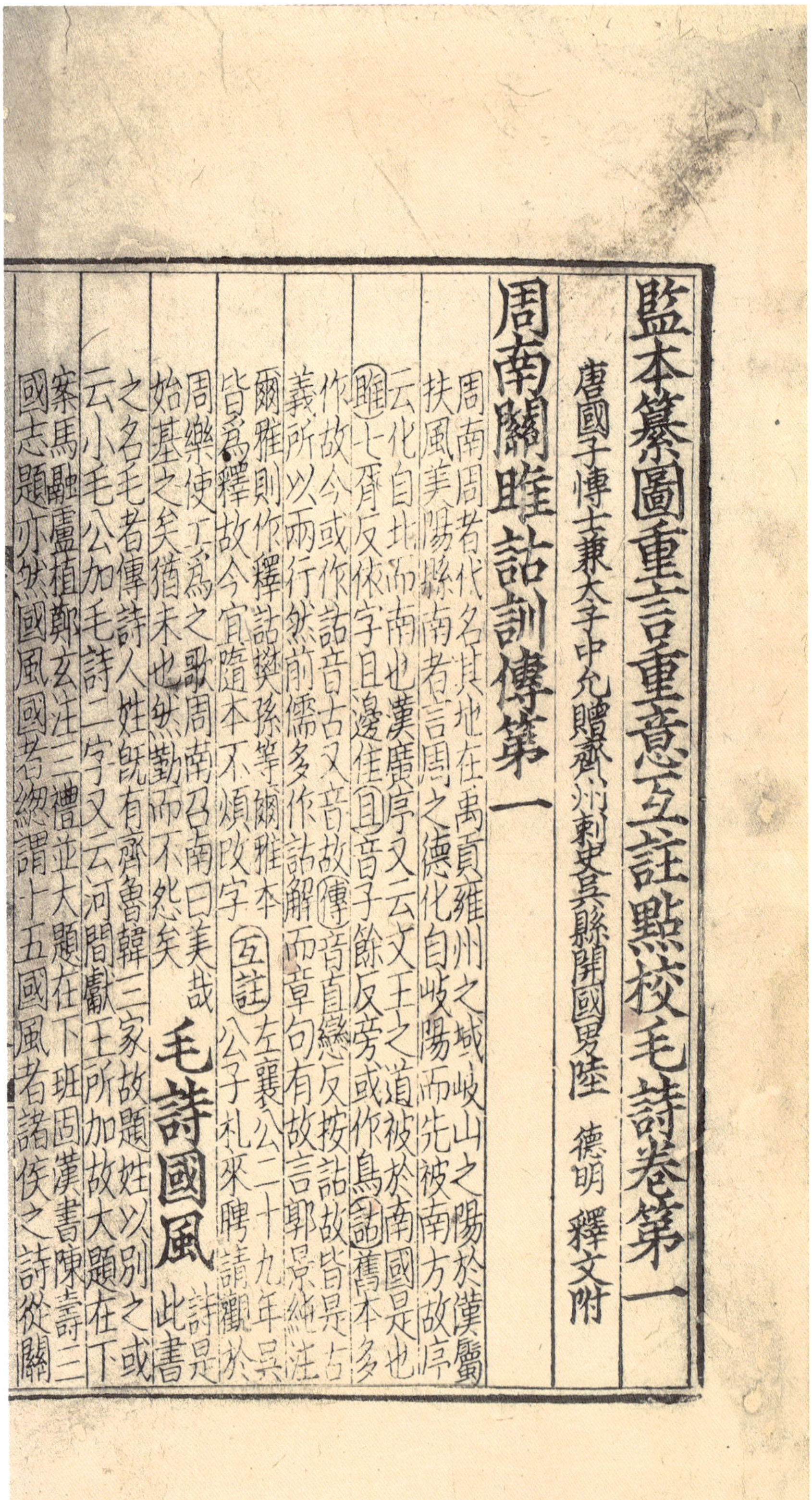
監本纂圖重言重意互註點校毛詩卷第一
唐國子博士兼太子中允贈齊州刺史吳縣開國男陸　德明　釋文附
周南關雎詁訓傳第一
周南周者代名其地在禹貢雍州之域岐山之陽於漢屬扶風美陽縣南者言周之德化自岐陽而先被南方故序云化自北而南也漢廣序又云文王之道被於南國是也雎七胥反依字且邊隹且音子餘反旁或作鳥詁舊本多作故今或作詁音古又音故傳音直戀反按詁故皆是古義所以兩行然前儒多作詁解而章句有故言郭景純注爾雅則作釋詁樊孫等爾雅本皆爲釋故今宜隨本不煩改字 互註 左襄公二十九年吳公子札來聘請觀於周樂使工爲之歌周南召南曰美哉始基之矣猶未也然勤而不怨矣
毛詩國風 詩是此書之名毛者傳詩人姓既有齊魯韓三家故題姓以別之或云小毛公加毛詩二字又云河間獻王所加故大題在下案馬融盧植鄭玄注三禮並大題在下班固漢書陳壽三國志題亦然國風國者總謂十五國風者諸侯之詩從關

00236 監本纂圖重言重意互註點校毛詩二十卷圖譜一卷　（漢）毛萇傳　（漢）鄭玄箋　（唐）陸德明釋文　宋刻本（卷五至七配清黃氏士禮居影宋抄本）

匡高20.5厘米，廣13.2厘米。半葉十行，行十八字，小字雙行二十四字，細黑口，四周雙邊。有“汪士鐘藏”、“周暹”等印。黃丕烈、勞健、周叔弢跋。國家圖書館藏。

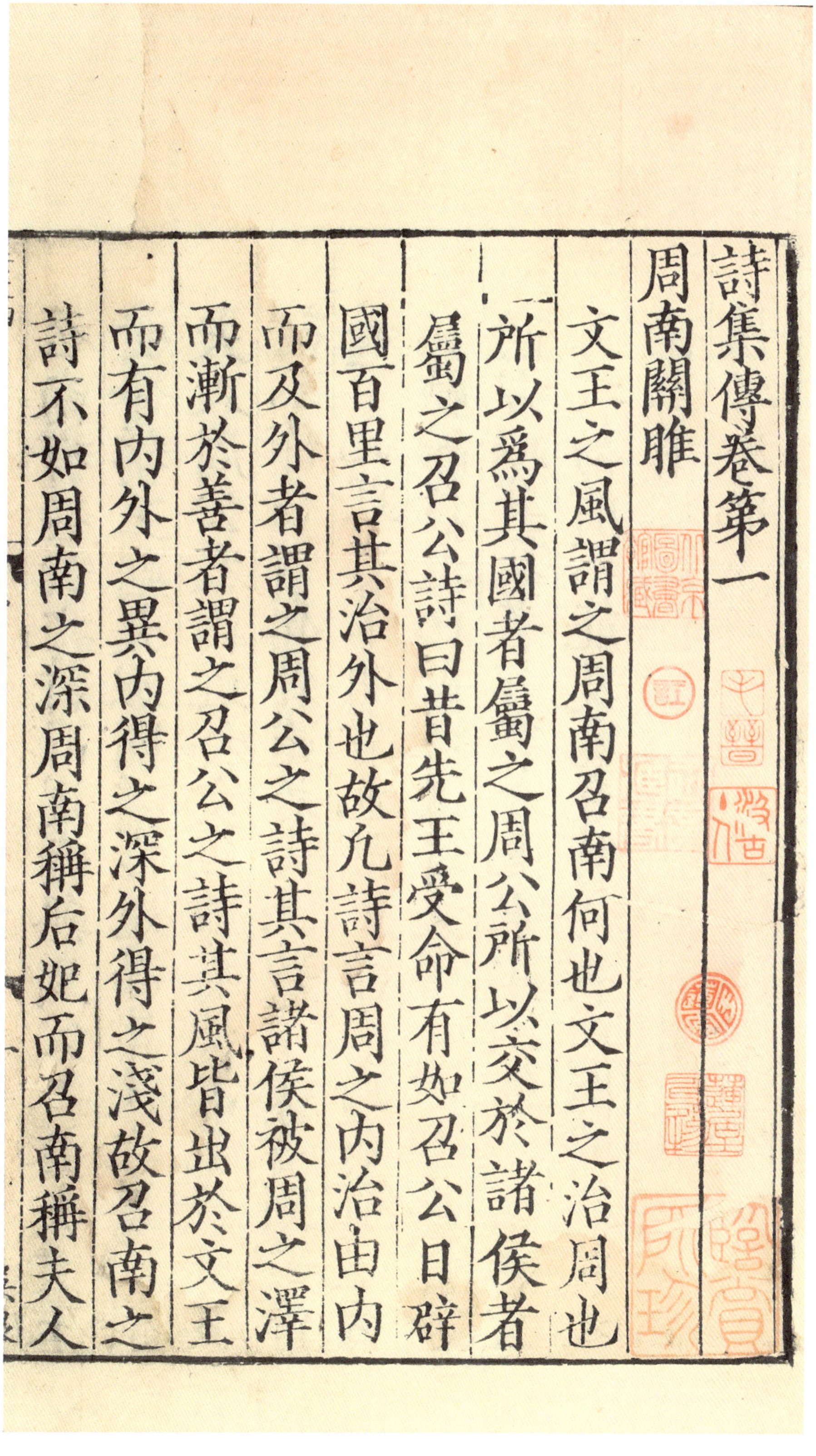

詩集傳卷第一
周南關雎
文王之風謂之周南召南何也文王之治周也
所以爲其國者屬之周公所以交於諸侯者
屬之召公詩曰昔先王受命有如召公日辟
國百里言其治外也故凡詩言周之内治由内
而及外者謂之周公之詩其言諸侯被周之澤
而漸於善者謂之召公之詩其風皆出於文王
而有内外之異内得之深外得之淺故召南之
詩不如周南之深周南稱后妃而召南稱夫人

00237 詩集傳二十卷 （宋）蘇轍撰 宋淳熙七年（1180）蘇詡筠州公使庫刻本

匡高20.1厘米，廣14.5厘米。半葉十行，行十九字，白口，左右雙邊。有“毛”、“晉”等印。國家圖書館藏。

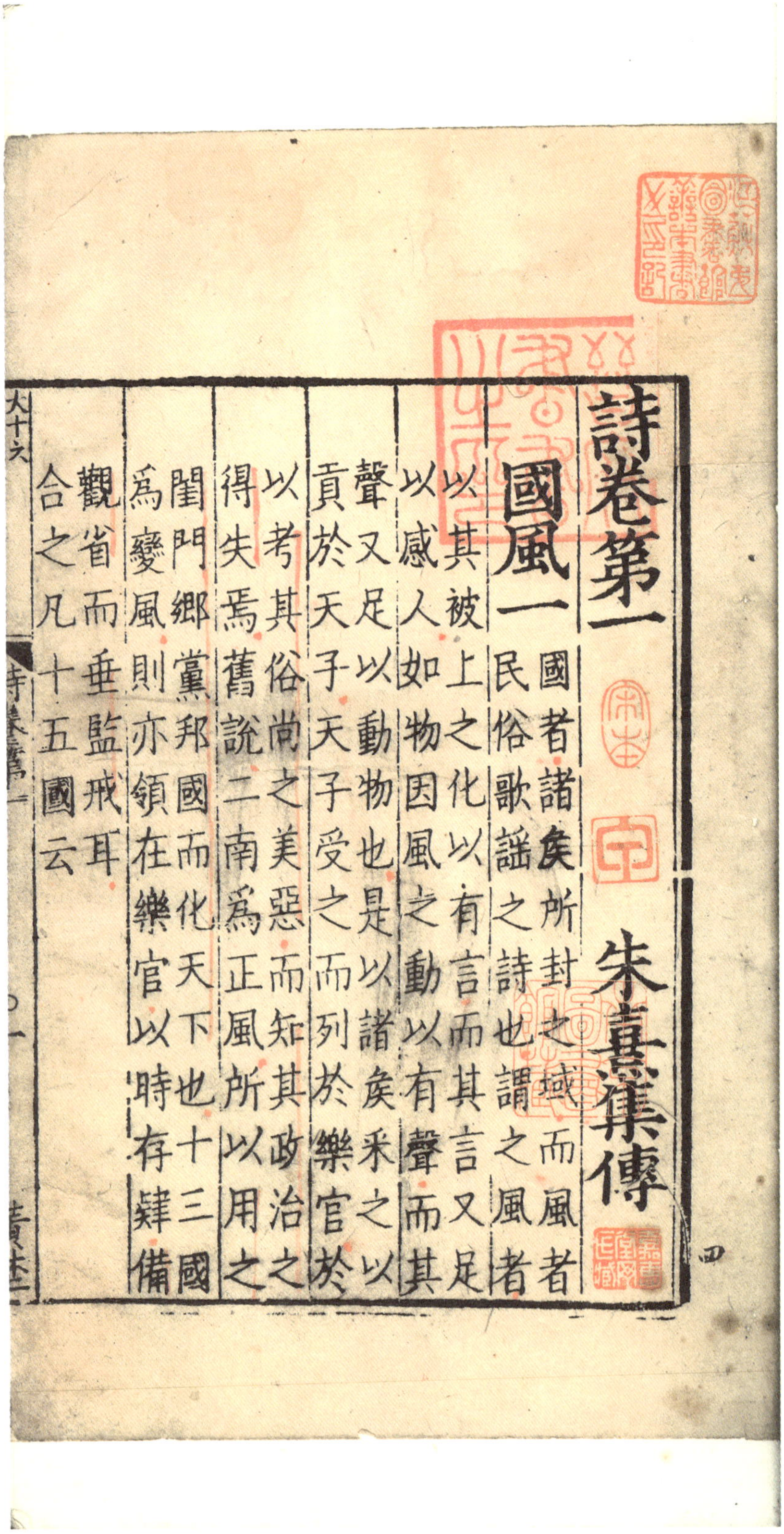

詩卷第一　朱熹集傳

國風一

國者諸侯所封之域而風者民俗歌謠之詩也謂之風者以其被上之化以有言而其言又足以感人如物因風之動以有聲而其聲又足以動物也是以諸侯采之以貢於天子天子受之而列於樂官於以考其俗尚之美惡而知其政治之得失焉舊說二南爲正風所以用之閨門鄉黨邦國而化天下也十三國爲變風則亦領在樂官以時存肄備觀省而垂監戒耳合之凡十五國云

00238 詩集傳二十卷　（宋）朱熹撰　宋刻本

匡高19.1厘米，廣14.2厘米。半葉七行，行十五字，小字雙行同，白口，左右雙邊。有“晉府書畫之印”、“嘉惠堂丁氏藏”等印。吳壽暘、丁丙跋。南京圖書館藏，存八卷。

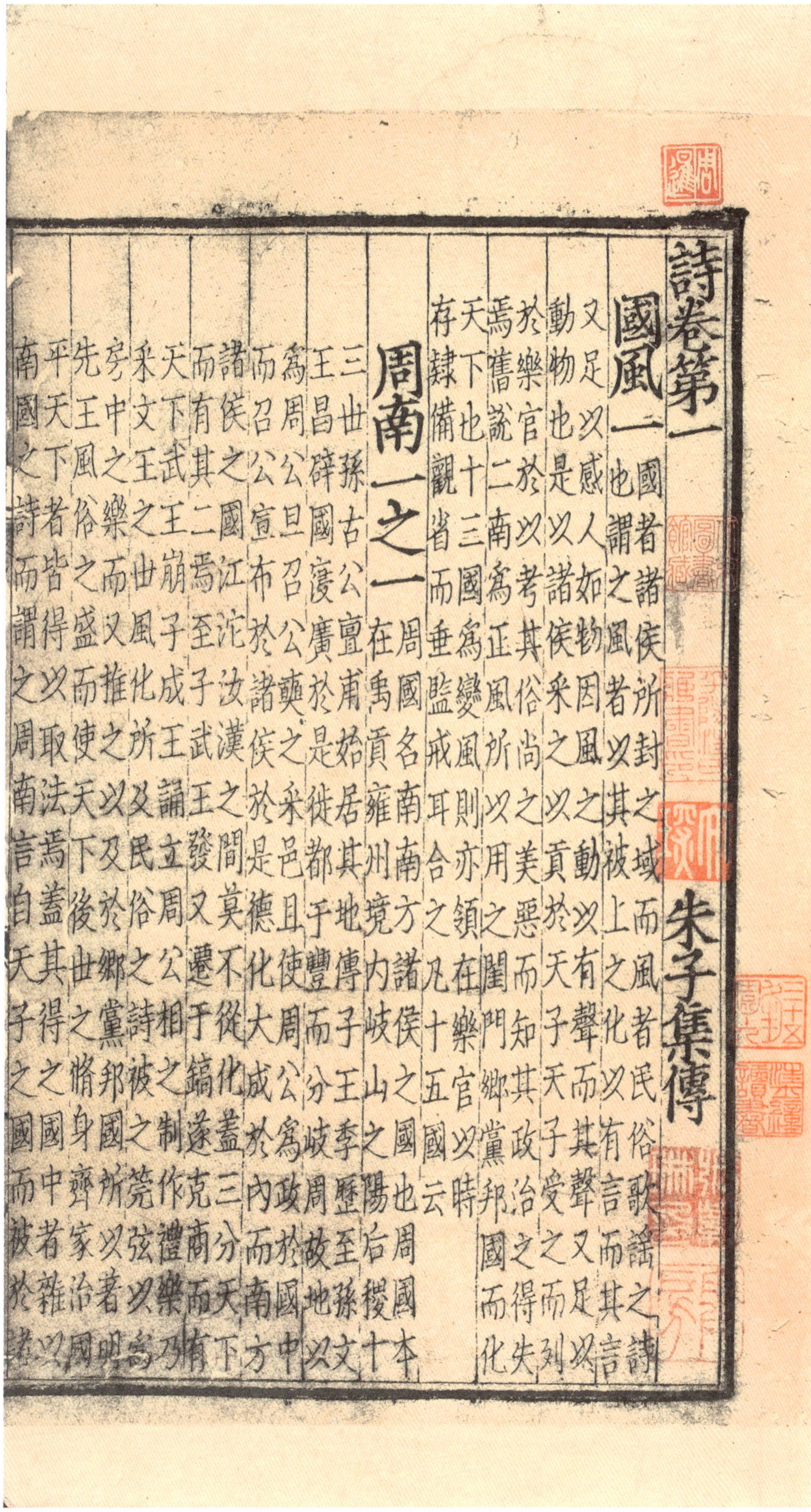
詩卷第一　朱子集傳

國風一 國者諸侯所封之域而風者民俗歌謠之詩也謂之風者以其被上之化以有言而其言又足以感人如物因風之動以有聲而其聲又足以動物也是以諸侯采之以貢於天子天子受之而列於樂官於以考其俗尚之美惡而知其政治之得失焉舊說二南為正風所以用之閨門鄉黨邦國而化天下也十三國為變風則亦領在樂官以時存隸備觀省而垂監戒耳合之凡十五國云

周南一之一 周國名南南方諸侯之國也周國本在禹貢雍州境内岐山之陽后稷十三世孫古公亶甫始居其地傳子王季歷至孫文王昌辟國寖廣於是徙都于豐而分岐周故地以為周公旦召公奭之采邑且使周公為政於國中而召公宣布於諸侯於是德化大成於内而南方諸侯之國江沱汝漢之間莫不從化蓋三分天下而有其二焉至子武王發又遷于鎬遂克商而有天下武王崩子成王誦立周公相之制作禮樂乃采文王之世風化所及民俗之詩被之筦弦以為房中之樂而又推之以及於鄉黨邦國所以著明先王風俗之盛使天下後世之脩身齊家治國平天下者皆得以取法焉蓋其得之國中者雜以南國之詩而謂之周南言自天子之國而被於諸

00239 詩集傳十卷 （宋）朱熹撰　元刻本

匡高20.8厘米，廣13.2厘米。半葉十二行，行二十一字，黑口，四周雙邊。有“汪士鐘讀書”、“周暹”等印。國家圖書館藏。

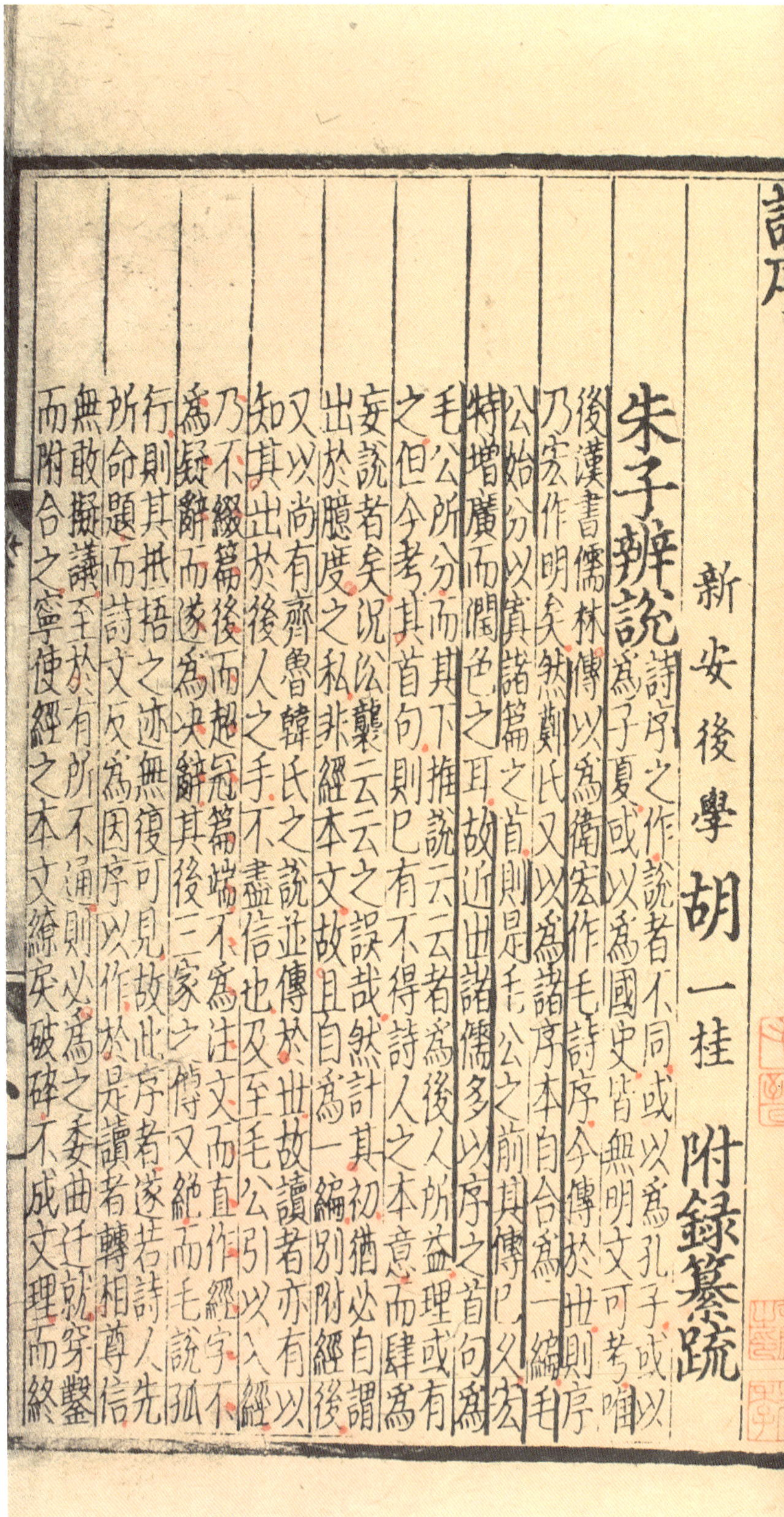

新安後學胡一桂附録纂疏

朱子辨説 詩序之作説者不同或以爲孔子或以爲子夏或以爲國史皆無明文可考唯後漢書儒林傳以爲衛宏作毛詩序今傳於世則序乃宏作明矣然鄭氏又以爲諸序本自合爲一編毛公始分以寘諸篇之首則是毛公之前其傳已久宏特增廣而潤色之耳故近世諸儒多以序之首句爲毛公所分而其下推説云云者爲後人所益理或有之但今考其首句則已有不得詩人之本意而肆爲妄説者矣況沿襲云云之誤哉然計其初猶必自謂出於臆度之私非經本文故且自爲一編別附經後又以尚有齊魯韓氏之説並傳於世故讀者亦有以知其出於後人之手不盡信也及至毛公引以入經乃不綴篇後而超冠篇端不爲注文而直作經字不爲疑辭而遂爲決辭其後三家之傳又絶而毛説孤行則其抵牾之迹無復可見故此序者遂若詩人先所命題而詩文反爲因序以作於是讀者轉相尊信無敢擬議至於有所不通則必爲之委曲遷就穿鑿而附合之寧使經之本文繚戾破碎不成文理而終

00240 詩集傳附録纂疏二十卷詩序附録纂疏一卷詩傳綱領附録纂疏一卷　（元）胡一桂撰　**語録輯要一卷**　（元）胡一桂輯　元泰定四年（1327）翠巖精舍刻本

匡高20.2厘米，廣13.3厘米。半葉十一行，行二十字，小字雙行二十四字，黑口，左右雙邊或四周雙邊。有“泰定丁卯仲冬翠巖精舍新刊”牌記。有“毛”、“晉”、“爱日精廬藏書”、“汪士鐘藏”、“鐵琴銅劍樓”等印。國家圖書館藏。

益而已僃

泰定丁卯仲冬

翠巖精舍新刊

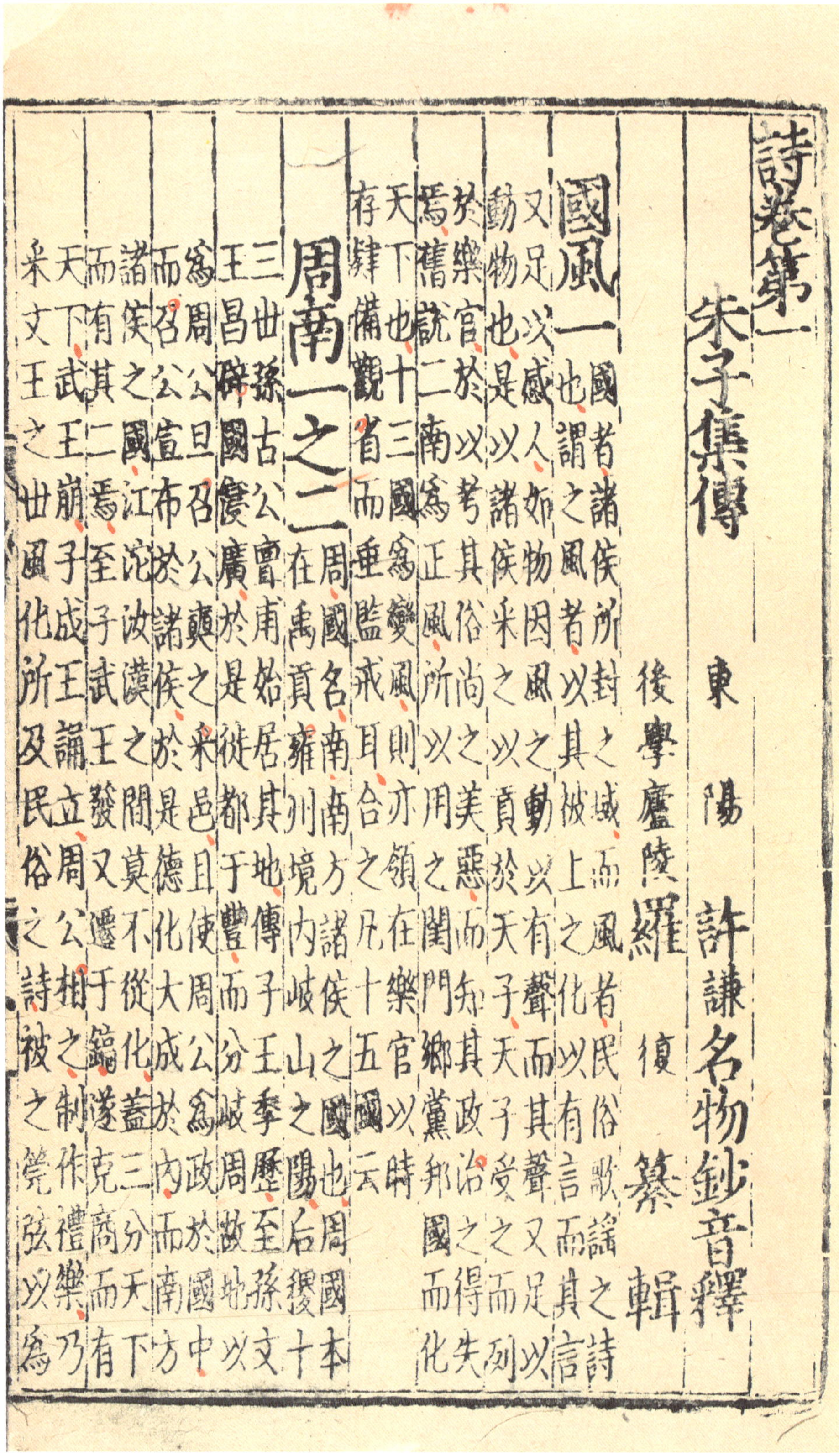

詩卷第一　朱子集傳

東陽許謙名物鈔音釋

後學廬陵羅復纂輯

國風一　國者諸侯所封之域而風者民俗歌謠之詩也謂之風者以其被上之化以有言而其言又足以感人如物因風之動以有聲而其聲又足以動物也是以諸侯采之以貢於天子天子受之而列於樂官於以考其俗尚之美惡而知其政治之得失焉舊說二南為正風所以用之閨門鄉黨邦國而化天下也十三國為變風則亦領在樂官以時存肄備觀省而垂監戒耳合之凡十五國云

周南一之一　周國名南南方諸侯之國也周國本在禹貢雍州境內岐山之陽后稷十三世孫古公亶甫始居其地傳子王季歷至孫文王昌辟國寖廣於是徙都于豐而分岐周故地以為周公旦召公奭之采邑且使周公為政於國中而召公宣布於諸侯於是德化大成於內而南方諸侯之國江沱汝漢之間莫不從化蓋三分天下而有其二焉至子武王發又遷于鎬遂克商而有天下武王崩子成王誦立周公相之制作禮樂乃采文王之世風化所及民俗之詩被之筦弦以為

00241 詩集傳名物鈔音釋纂輯二十卷（元）羅復撰　元至正十一年（1351）雙桂書堂刻本

匡高23.8厘米，廣13.3厘米。半葉十二行，行二十一字，小字雙行同，黑口，四周雙邊。有"至正辛卯孟夏雙桂書堂重刊"牌記。有"張氏克紹家藏"、"鐵琴銅劍樓"等印。國家圖書館藏。

地理昆蟲草木著見之實變化之跡皆檃括而無遺非洞達弘識者其能然乎觀詩勿以爲訓詁之一末而忽之可也

一古今名物之理雖聖人猶必待學以驗其實況學者乎若詩三百餘篇備比興賦之體其間名物制度居其半焉舊無釋音往往費檢閱之功稽考之勞今因名物鈔而覩夫纂言記事之要則詩之義無餘藴矣

至正辛卯孟夏
雙桂書堂重刊

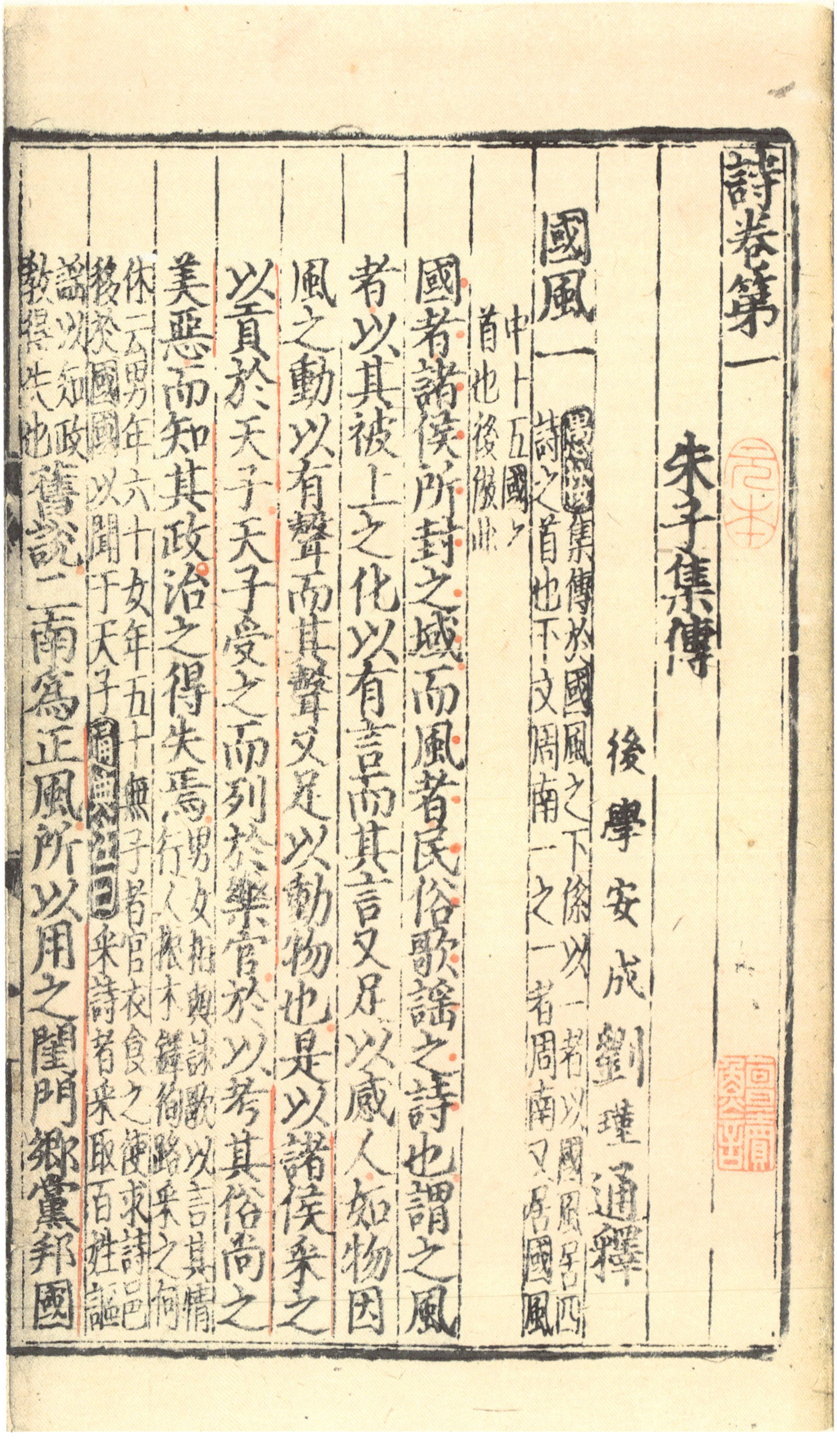
詩卷第一　朱子集傳
後學安成劉瑾通釋
國風一 [illegible]集傳於國風之下係以一者以國風居四詩之首也下文周南一之一者周南又居國風中十五國之首也後倣此
國者諸侯所封之域而風者民俗歌謠之詩也謂之風者以其被上之化以有言而其言又足以感人如物因風之動以有聲而其聲又足以動物也是以諸侯采之以貢於天子天子受之而列於樂官於以考其俗尚之美惡而知其政治之得失焉男女相與詠歌以言其情行人振木鐸徇路采之何休云男年六十女年五十無子者官衣食之使求詩邑移於國國以聞于天子[illegible]曰采詩者采取百姓謳謡以知政教得失也舊說二南為正風所以用之閨門鄉黨邦國

00242、00243、00244 詩集傳通釋二十卷綱領一卷外綱領一卷　（元）劉瑾撰　元至正十二年（1352）建安劉氏日新書堂刻本

匡高20.2厘米，廣13.4厘米。半葉十二行，行二十三字，小字雙行同，細黑口，四周雙邊。有“至正壬辰仲春日新書堂刻梓”牌記。國家圖書館藏，有“簡莊審定”、“汪士鐘曾讀”、“虞山張蓉鏡芙川信印”、“鐵琴銅劍樓”等印；北京大學圖書館藏，有“李印盛鐸”等印；湖北省圖書館藏，有“商輅”、“彝尊讀過”等印。

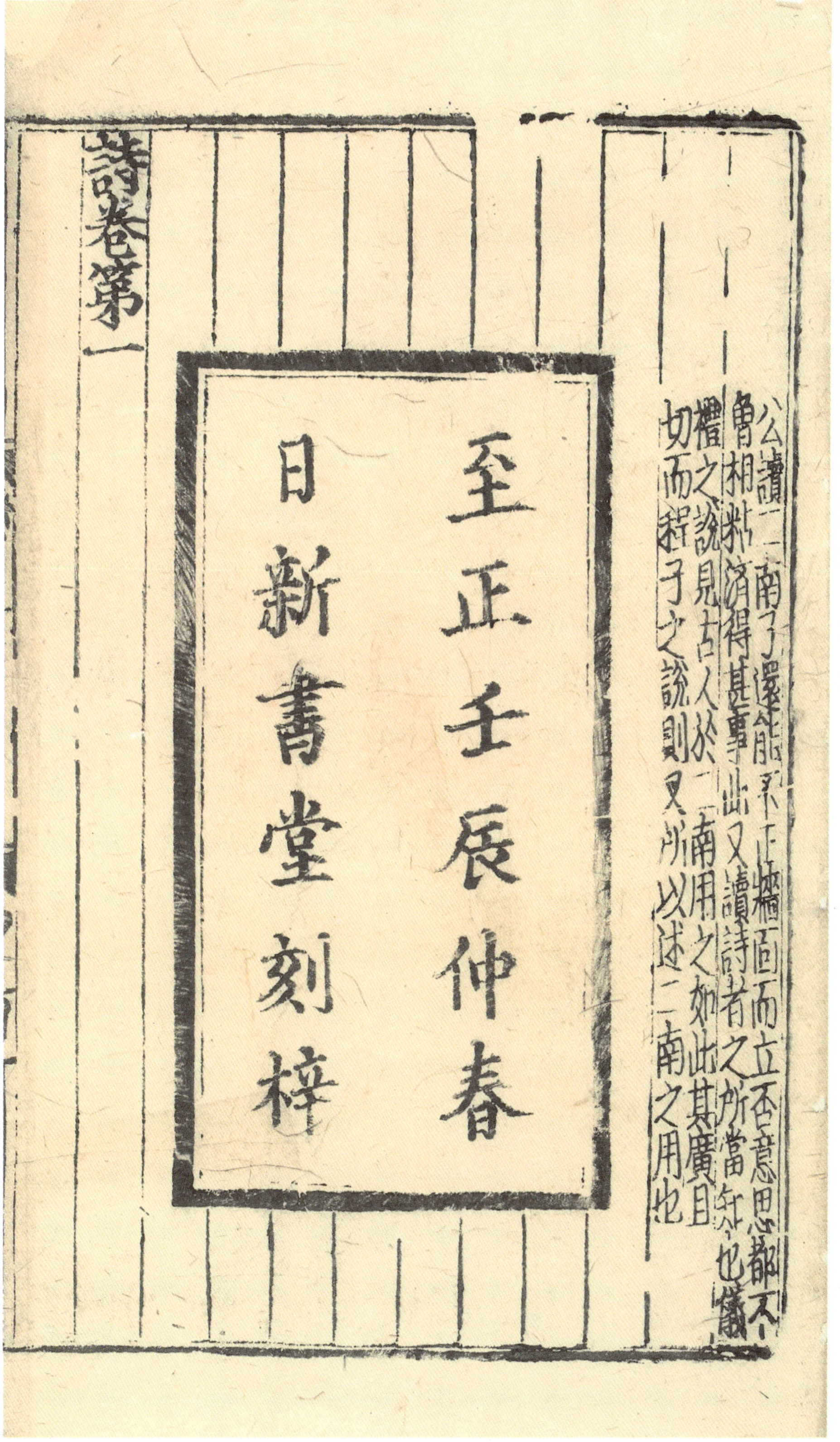

公讀二南了還能不正墻面而立否意思都不
曾相黏濟得甚事出又讀詩者之所當知也儀
禮之說見古人於二南用之如此其廣且
切而程子之說則又所以述二南之用也

至正壬辰仲春
日新書堂刻梓

詩卷第一

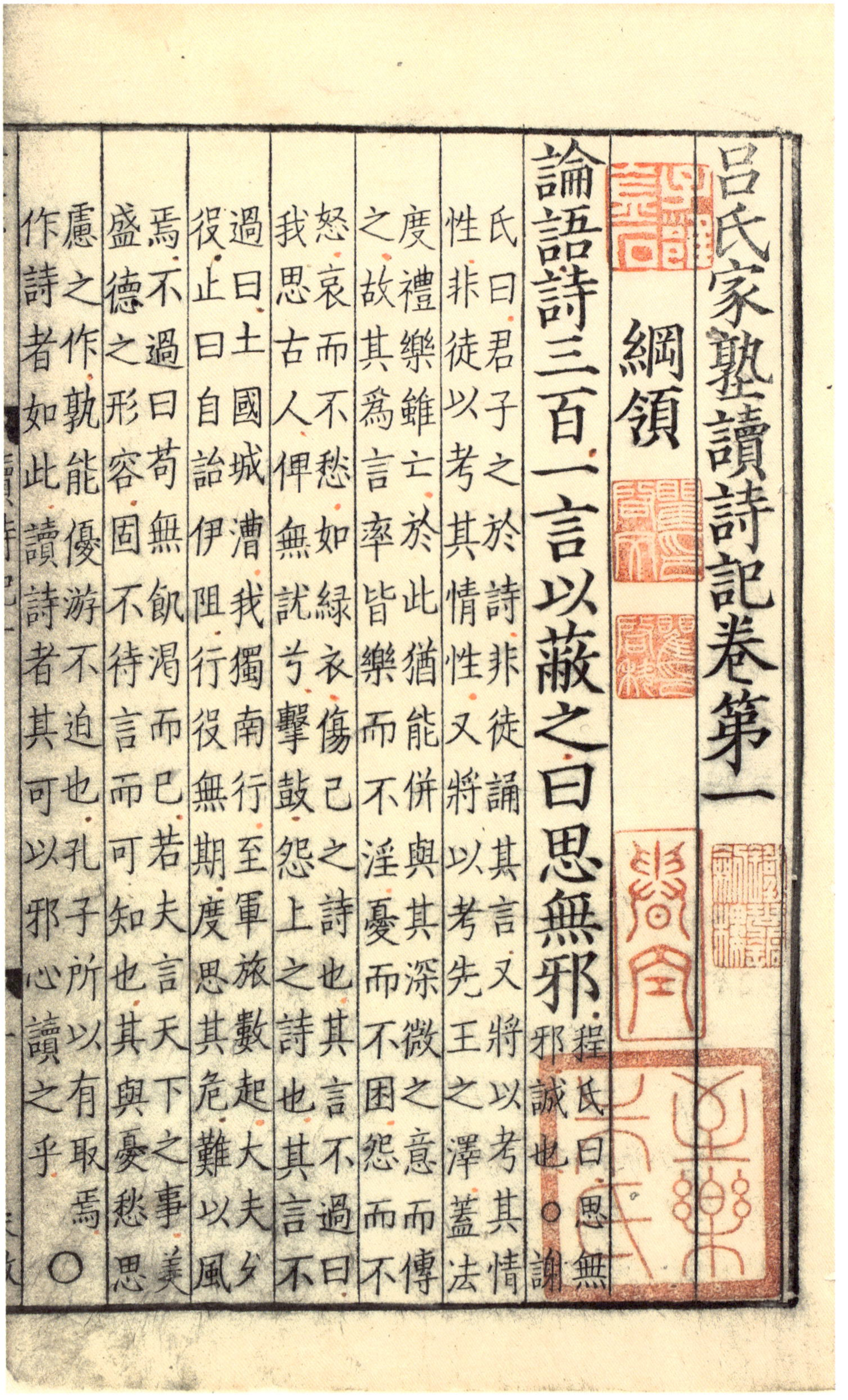

呂氏家塾讀詩記卷第一

綱領

論語詩三百一言以蔽之曰思無邪程氏曰思無邪誠也○謝氏曰君子之於詩非徒誦其言又將以考其情性非徒以考其情性又將以考先王之澤蓋法度禮樂雖亡於此猶能併與其深微之意而傳之故其爲言率皆樂而不淫憂而不困怨而不怒哀而不愁如緑衣傷已之詩也其言不過曰我思古人俾無訧兮擊鼓怨上之詩也其言不過曰土國城漕我獨南行至軍旅數起大夫久役止曰自詒伊阻行役無期度思其危難以風焉不過曰苟無飢渴而已若夫言天下之事美盛德之形容固不待言而可知也其與憂愁思慮之作孰能優游不迫也孔子所以有取焉○作詩者如此讀詩者其可以邪心讀之乎

00245 呂氏家塾讀詩記三十二卷 （宋）呂祖謙撰 宋淳熙九年（1182）丘崈江西漕臺刻本

匡高21.4厘米，廣14.9厘米。半葉九行，行十九字，小字雙行同，白口，左右雙邊。有“周印良金”、“鐵琴銅劍樓”等印。國家圖書館藏。

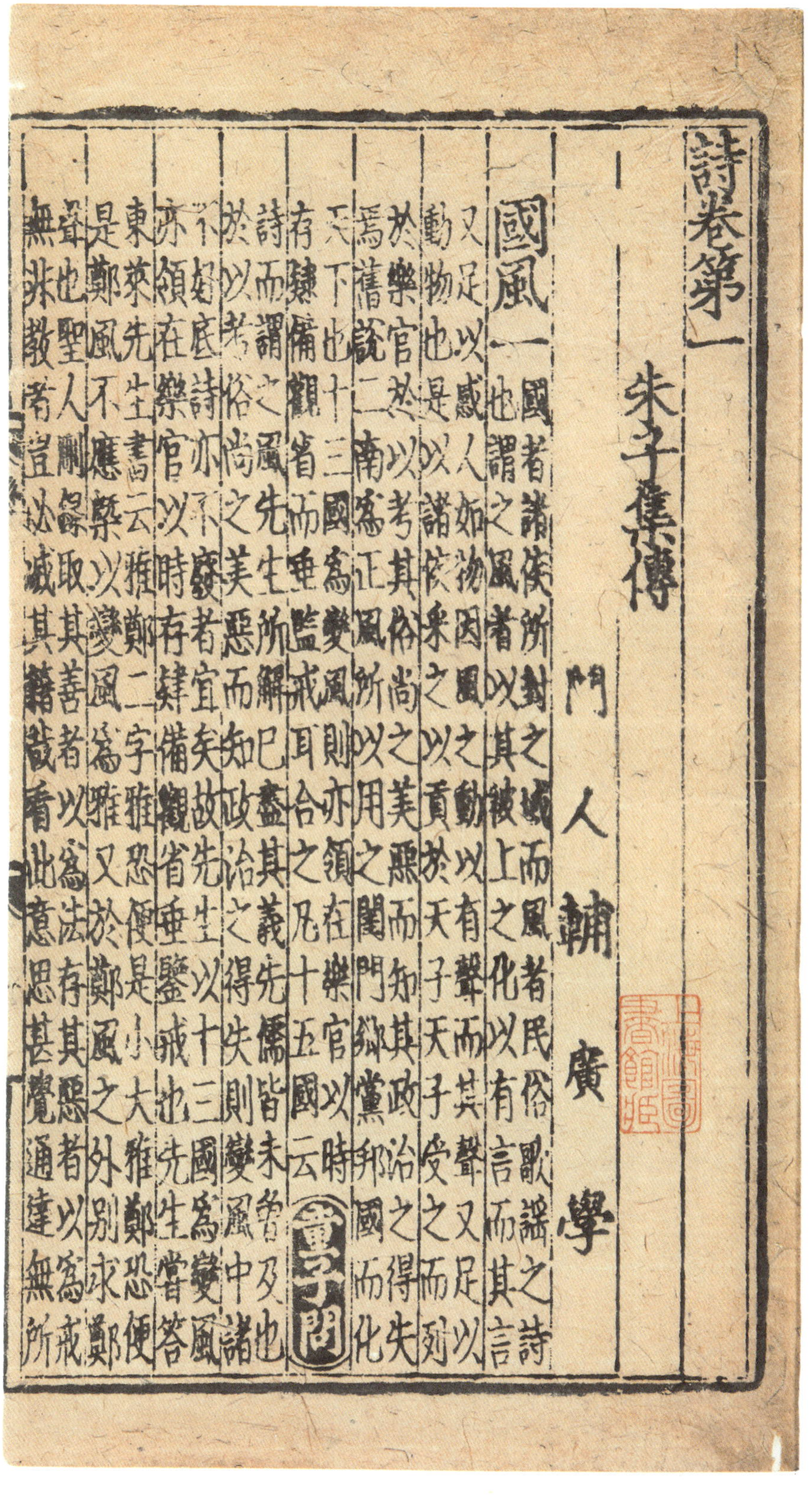
詩卷第一
朱子集傳　門人輔廣學
國風一國者諸侯所封之域而風者民俗歌謠之詩也謂之風者以其被上之化以有言而其言
又足以感人如物因風之動以有聲而其聲又足以動物也是以諸侯采之以貢於天子天子受之而列
於樂官於以考其俗尚之美惡而知其政治之得失焉舊說二南為正風所以用之閨門鄉黨邦國而化
天下也十三國為變風則亦領在樂官以時存肄備觀省而垂監戒耳合之凡十五國云 童子問
詩而謂之風先生所解已盡其義先儒皆未曾及也於以考俗尚之美惡而知政治之得失則變風中諸
不好底詩亦不廢者宜矣故先生以十三國為變風亦領在樂官以時存肄備觀省垂鑒戒也先生嘗答
東萊先生書云雅鄭二字雅恐便是小大雅鄭恐便是鄭風不應槩以變風為雅又於鄭風之外別求鄭
聲也聖人刪錄取其善者以為法存其惡者以為戒無非教者豈必滅其籍哉看此意思甚覺通達無所

00246 詩童子問二十卷 （宋）輔廣撰 元至正三年（1343）余志安勤有堂刻至正四年（1344）印本

匡高20.8厘米，廣12.5厘米。半葉十一行，行二十一字，小字雙行同，黑口，四周雙邊。有“崇化余志安刻於勤有堂”、“至正甲申上元印”牌記。有“安樂堂藏書記”等印。上海圖書館藏。

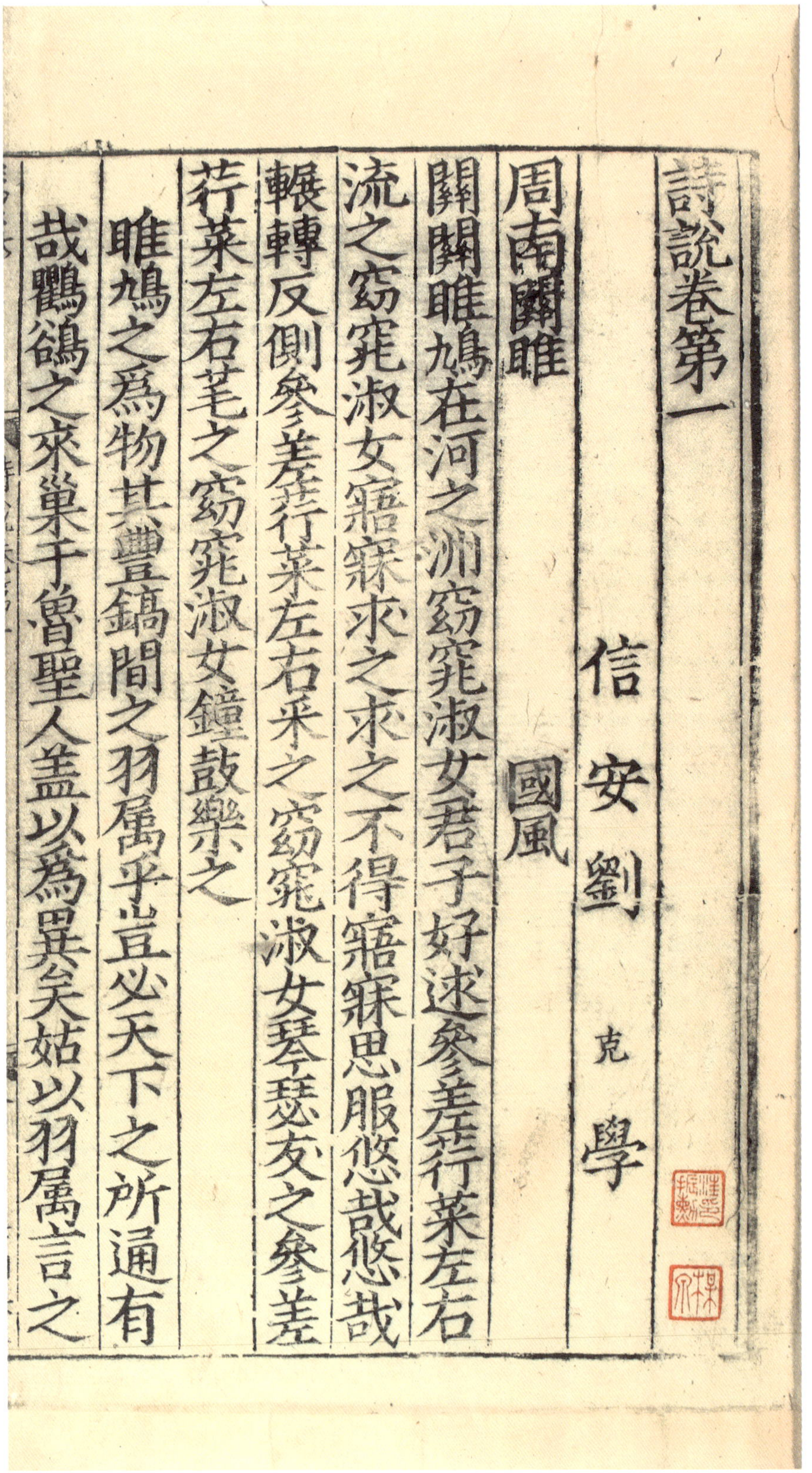

詩說卷第一

信安劉　克　學

周南關雎　國風

關關雎鳩在河之洲窈窕淑女君子好逑參差荇菜左右
流之窈窕淑女寤寐求之求之不得寤寐思服悠哉悠哉
輾轉反側參差荇菜左右采之窈窕淑女琴瑟友之參差
荇菜左右芼之窈窕淑女鐘鼓樂之
雎鳩之爲物其豐鎬間之羽屬乎豈必天下之所通有
哉鸛鴿之來巢于魯聖人葢以爲異矣姑以羽屬言之

00247 詩説十二卷總説一卷　（宋）劉克撰　宋淳祐六年（1246）劉坦郴州州學刻本

匡高22.2厘米，廣14.3厘米。半葉九行，行二十二字，白口，左右雙邊。有“貞元”、“王履吉印”、“汪印振勳”、“楊印以增”等印。吴寬跋，錢同愛題款。國家圖書館藏，存十卷。

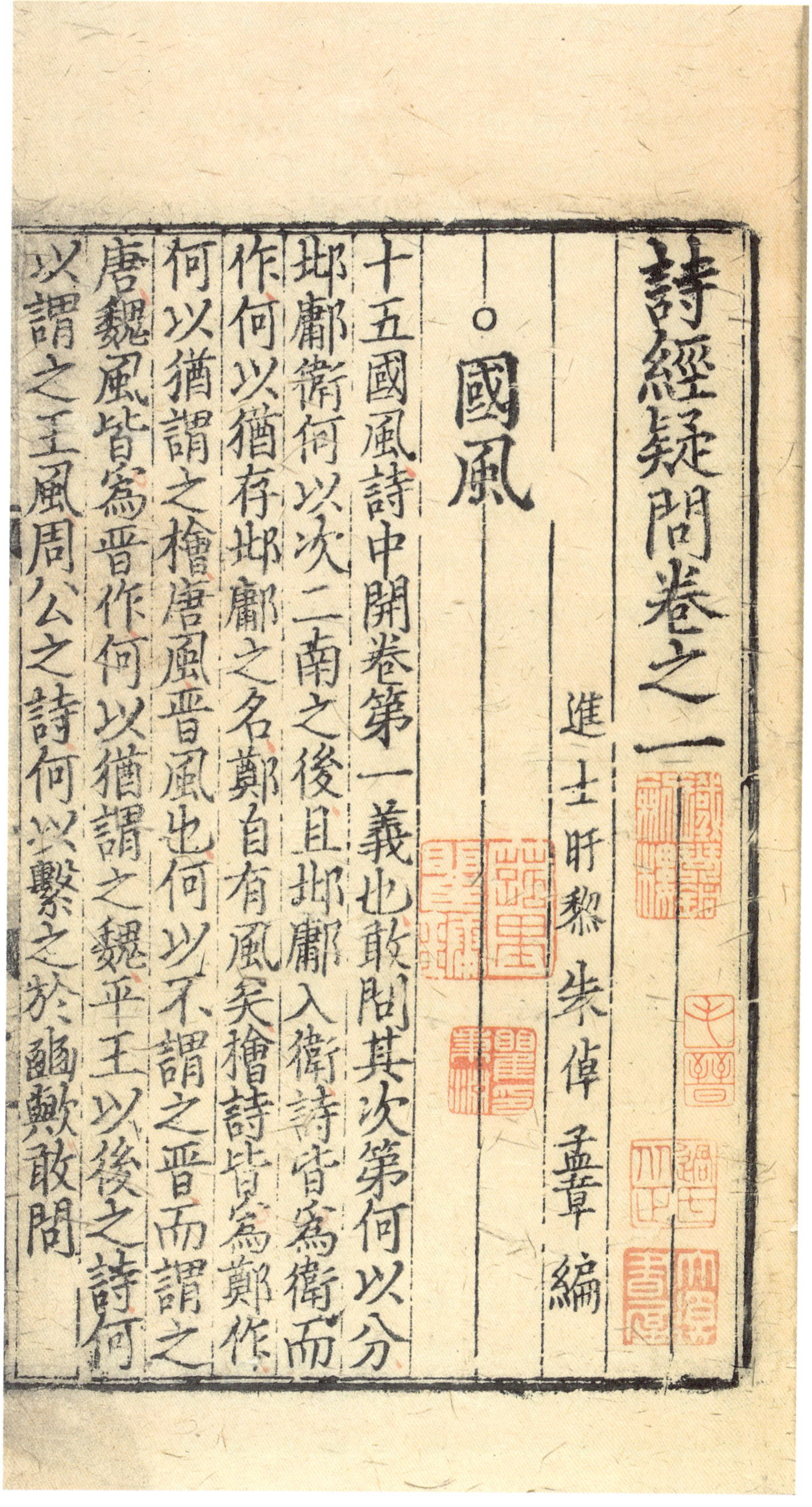
詩經疑問卷之一
進士盱黎朱倬孟章編
○國風
十五國風詩中開卷第一義也敢問其次第何以分
邶鄘衛何以次二南之後且邶鄘入衛詩皆爲衛而
作何以猶存邶鄘之名鄭自有風矣檜詩皆爲鄭作
何以猶謂之檜唐風晉風也何以不謂之晉而謂之
唐魏風皆爲晉作何以猶謂之魏平王以後之詩何
以謂之王風周公之詩何以繫之於豳歟敢問

00248 詩經疑問七卷 （元）朱倬撰 **附編一卷** （元）趙悳撰 元至正七年（1347）建安書林劉錦文刻本

匡高17.9厘米，廣11.8厘米。半葉十一行，行二十字，黑口，四周雙邊。有“至正丁亥菖節刊”牌記。有“毛”、“晉”、“汪士鐘讀書”、“鐵琴銅劍樓”等印。國家圖書館藏。

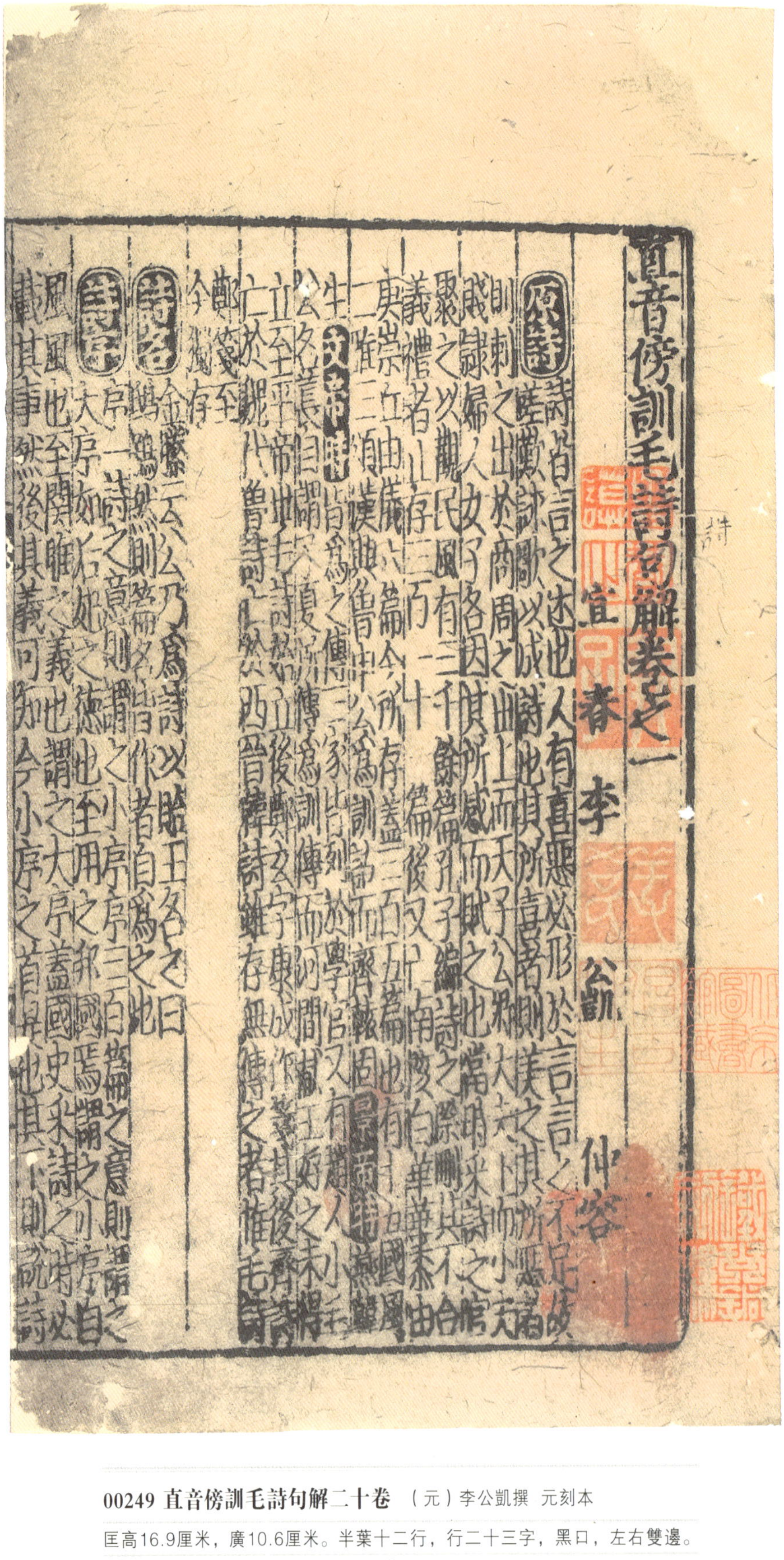

00249 直音傍訓毛詩句解二十卷 （元）李公凱撰 元刻本

匡高16.9厘米，廣10.6厘米。半葉十二行，行二十三字，黑口，左右雙邊。有“鐵琴銅劍樓”等印。國家圖書館藏。